Contents an...

All **headwords** are...

The **tilde (swung ...** ceding bold headw...

Superior numbers are used to differentiate homographs (words of like spelling yet different etymology and meaning).

Roman numerals are used to separate different parts of speech and to subdivide verbs (*vt, vi, vr, vi impers* etc).

Arabic numerals are used to separate fundamentally different meanings of the same headword.

Phonetics are given in square brackets immediately after the headword. Whenever the pronunciation varies phonetics are given in the appropriate place.

Irregular plurals are given after the singular form of the headword. They are also listed in their alphabetical place with phonetics and are referred back to the singular form.

Irregular forms of the verb are given after the infinitive; they are also listed in their alphabetical place with phonetics and are referred back to the infinitive.

A wealth of indicating material showing the use of the headword and its translation in context, is given in the following ways:
● **explanations** which distinguish the various translations,

● **typical collocations,**

● **typical subjects,**

and **typical objects,**

● **field labels** to indicate specialist areas,
● **style labels** which are used for all words which deviate from the register of the written language,
● **labelling of regionalisms** (*US, Brit, Scot, Austral* etc).

---

dairy cattle *npl* Milch-

...*f*) Treffen *nt*; **we have a** ...einmal im Jahr; **get-up** ...achung *f* (*inf*); **to buy a** ...ausstaffieren (*inf*); ...

...*r*) Pa(pa) *m* (*inf*); ... ...op *m*.

...rand *m* ... **II** *adj* (*also* ...sten lassen. **IV** *vi* rosten; ...*guages*) (ein)rosten.

...*f*; (*Aut*) Wagenheber *m*.

...ge *f*.

...) alle ohne Ausnahme.

...*fig*) Kind *nt* ...

...) **I** *vt* ...

...letzung, Fleischwunde *f*; ... Platzwunde *f*; (*from* ...s) Schnittwunde *f*; (*from*

...sund und munter, voller ...ig, urwüchsig; *appetite* ...ut, kräftig; *push, kick etc*

...(*people*) sich zusammen- ...zusammenpassen; (*com-* ...en ...

...*its of evidence* miteinan- ...*aceships* koppeln.

...ube *f*. **2.** (*Aut*) Bank *f*.

...(*of society also*) ausstei-

...*f*) kleiner Finger.

GLOBALWÖRTERBUCH
ENGLISCH-DEUTSCH
ENGLISH-GERMAN
DICTIONARY

Collins
London & Glasgow

COLLINS

ENGLISH-GERMAN
DICTIONARY

by

Roland Breitsprecher
Veronika Calderwood-Schnorr

Peter Terrell
Wendy V. A. Morris

Collins
London & Glasgow

PONS

ENGLISCH-DEUTSCH

von

Roland Breitsprecher

Veronika Calderwood-Schnorr

Peter Terrell

Wendy V. A. Morris

Globalwörterbuch

Ernst Klett Verlag

PONS-Globalwörterbuch Englisch-Deutsch

Bearbeitet von/Edited by:
Jennifer Turner-Flechsenhar; Veronika Calderwood-Schnorr, Verlagsredakteu-
rin/Editor
unter Mitwirkung und Leitung der Verlagsredaktion Wörterbücher/in collab-
oration with and under the supervision of the dictionary department
Leiter/Publishing Manager: Wolfgang H. Kaul, M. A.
Verlagsredakteure/Editors: Marie-Pierre Hazera, Christian Nekvedavičius
auf der Basis von/based on
PONS-COLLINS Großwörterbuch
von/by Peter Terrell, Veronika Calderwood-Schnorr, Wendy V. A. Morris,
Roland Breitsprecher.

Warenzeichen
Wörter, die unseres Wissens eingetragene Warenzeichen darstellen, sind als sol-
che gekennzeichnet. Es ist jedoch zu beachten, daß weder das Vorhandensein
noch das Fehlen derartiger Kennzeichnungen die Rechtslage hinsichtlich ein-
getragener Warenzeichen berührt.

Trademarks
Words which we have reason to believe constitute registered trademarks are de-
signated as such. However, neither the presence nor the absence of such desig-
nation should be regarded as affecting the legal status of any trademark.

CIP-Titelaufnahme der Deutschen Bibliothek
Pons-Globalwörterbuch. – Stuttgart : Klett
Englisch-deutsch u. Deutsch-englisch außerdem im Verl. Collins,
London, Glasgow
Englisch-deutsch = Teil 1 / von Roland Breitsprecher . . .
[Bearb. von: Jennifer Turner-Flechsenhar . . .]. – 1. Aufl.,
Nachdr. – 1989
ISBN 3-12-517131-8
NE: Breitsprecher, Roland [Mitverf.]; Turner-Flechsenhar, Jennifer
[Bearb.]

1. Auflage 1983 – Nachdruck 1989
© Copyright 1983 William Collins Sons & Co Ltd.
Alle Rechte vorbehalten/All rights reserved.
Typographische Konzeption/Typographical design: Erwin Poell, Heidelberg.
Fotosatz/Computer typeset by G. A. Pindar & Son Ltd, Scarborough, England.
Druck/Printed by C. H. Beck'sche Buchdruckerei, Nördlingen.
Printed in Germany
ISBN 3-12-517131-8

Inhalt

Contents

Anhang

Appendix

Inhalt   Contents

Anhang   Appendix

Erläuterungen

Guide to the dictionary

1. Schriftarten

1. Typefaces

Fettdruck	für Stichworteinträge, unregelmäßige Verb- und Pluralformen, Verweise, bei denen keine Übersetzung zum Stichwort gegeben wird;	**primary bold**	for headwords, irregular verb and plural forms, direct crossreferences where no translation is given for the headword;
Halbfettdruck	für die Anwendungsbeispiele und Redewendungen der Quellsprache und für die römischen und arabischen Ziffern;	**secondary bold**	for illustrative and idiomatic phrases and for Roman and Arabic numerals;
Halbfette kursiv	in ausgangssprachlichen Wendungen bezeichnet betonte Wörter oder Silben;	***bold italics***	in a source language phrase indicate that the word is stressed;
Kursivschrift	für Angaben von Wortarten und Genus etc., für erklärende Zusätze, für Bezeichnungen des Sachgebiets und der Sprachebene, um ein betontes Wort in der Übersetzung eines Beispielsatzes hervorzuheben;	*italics*	for parts of speech and gender markings, for indicating and explanatory material, for field and style labels, to indicate emphasis on a word in the translation of a phrase;
Grundschrift	für die Entsprechungen in der Zielsprache (Übersetzungen)	roman	for the target language equivalent (translation).

Beispiel:　　　　　*example:*

nip [nɪp] **I** *n* **1.** (*pinch*) Kniff *m*; (*bite from animal etc*) Biß *m*. **to give sb a ~ in the arm** jdn in den Arm zwikken *or* kneifen; **the dog gave him a ~** der Hund hat kurz zugeschnappt; **it was ~ and tuck** (*esp US inf*) das war eine knappe Sache.

2. there's a ~ in the air today es ist ganz schön frisch heute.

II *vt* **1.** (*bite*) zwicken; (*pinch also*) kneifen. **the dog ~ped his ankle** der Hund hat ihn am Knöchel gezwickt; **to ~ oneself/one's finger in sth** sich (*dat*) den Finger in etw (*dat*) klemmen.

2. (*Hort*) *bud, shoot* abknipsen. **to ~ sth in the bud** (*fig*) etw im Keim ersticken.
3. (*cold, frost etc*) *plants* angreifen. **the cold air ~ped our faces** die Kälte schnitt uns ins Gesicht.
III *vi* (*Brit inf*) sausen (*inf*), flitzen (*inf*). **to ~ up(stairs)/down(stairs)** hoch-/runtersausen (*inf*) *or* -flitzen (*inf*); **I'll just ~ down to the shops** ich gehe mal kurz einkaufen (*inf*); **I'll ~ on ahead** ich gehe schon mal voraus (*inf*).

2. Stichwortanordnung und Gliederung der Stichworteinträge

2. Order of headwords and layout of entries

Alle fettgedruckten Stichwörter sind alphabetisch angeordnet.
Die *römischen Ziffern* dienen zur Unterscheidung der verschiedenen Wortarten, denen ein Stichwort angehört, und zur Gliederung der Verben (*vt, vi, vr, vi impers, vt impers, vi + prep obj* etc.).

All headwords in bold type are in alphabetical order.
Roman numerals are used to distinguish between the different parts of speech of the headword and to subdivide verbs (*vt, vi, vr, vi impers, vt impers, vi + prep obj* etc).

Beispiel: *example:*

rain [reɪn] **I** *n* **1.** Regen *m.* **in the ~** im Regen; **~ or shine, come ~ or come shine** (*lit*) ob es regnet oder schneit; (*fig*) was auch geschieht; **the ~s** die Regenzeit; *see* **right.**
2. (*fig: of arrows, blows etc*) Hagel *m.*
II *vti impers* (*lit, fig*) regnen. **it is ~ing** es regnet; **it never ~s but it pours** (*prov*) ein Unglück kommt selten allein (*prov*); **it's ~ing buckets** (*inf*) *or* **cats and dogs** (*inf*) es gießt wie aus Kübeln.
III *vt* **to ~ blows on sb** einen Hagel von Schlägen auf jdn niedergehen lassen; **to ~ abuse on sb** jdn mit Schimpfwörtern überschütten.

Grundlegend verschiedene Bedeutungen eines Stichworts sind durch *arabische Ziffern* differenziert.

Arabic numerals are used to distinguish meanings which are fundamentally different.

Beispiel: *example:*

tab¹ [tæb] *n* **1.** (*loop on coat etc*) Aufhänger *m;* (*on back of boot, book*) Schlaufe *f;* (*fastener on coat etc*) Riegel *m;* (*name ~*) (*of owner*) Namensschild *nt;* (*of maker*) Etikett *nt;* (*on collar*) Verschluß(riegel) *m;* (*Mil*)

Spiegel *m;* (*on shoulder, pocket*)
Klappe, Patte *f;* (*on filing cards*)
Reiter *m.* **to keep ~s on sb/sth** (*inf*)
jdn/etw genau im Auge behalten.
2. (*Aviat*) Klappe *f.*
3. (*US inf: bill*) Rechnung *f.*

3. Geschlechtsbezeichnung

Alle deutschen Substantive sind mit der Geschlechtsbezeichnung *(m, f, nt)* versehen, wobei nur das letzte von zwei oder mehreren gleichgeschlechtlichen, durch Kommas getrennten Substantiven die Geschlechtsbezeichnung erhält.

3. Gender markings

The gender is given for all German nouns (*m, f, nt*). Where there are several nouns of the same gender separated by commas, the gender marking comes at the end of the series.

Beispiel: *example:*

imbecility [ˌɪmbə'sɪlɪtɪ] *n* **1.** Beschränktheit, Idiotie *f,* Schwachsinn *m.*
2. (*Med*) Schwachsinn *m.*

Substantive, die wie Adjektive dekliniert werden und sowohl männlich als auch weiblich sein können, werden wie folgt dargestellt:

Nouns which are declined as adjectives and which can be masculine or feminine are shown in the following way:

Angestellte(r) *mf* = der Angestellte,
ein Angestellter
die Angestellte,
eine Angestellte

Bei Substantiven, die wie Adjektive dekliniert werden, aber nur ein Geschlecht haben, steht folgendes:

Nouns which are declined as adjectives but have only one gender are shown as follows:

Beamte(r) *m* = der Beamte, ein Beamter
Gute(s) *nt* = das Gute, ein Gutes

Wird bei der weiblichen Form ein *-in* an die männliche angehängt, steht diese mit der dazugehörigen Geschlechtsbezeichnung in Klammern.

Where the feminine noun is formed by adding *-in* to the masculine, *-in* is given in brackets together with the appropriate gender marking.

Beispiel: *example:*

Lehrer(in *f*) *m*

Besteht die Übersetzung aus einem Adjektiv und einem Substantiv, wird auf die Geschlechtsangabe verzichtet, da sich das Geschlecht des Substantivs an der deklinierten Form des Adjektivs ersehen läßt.

In cases where the translation consists of an adjective and a noun the gender marking is omitted since the gender of the noun can always be deduced from the declined form of the adjective.

Beispiel: *example:*

vacancy ['veɪkənsɪ] *n* **1.** (*emptiness*) Leere *f;* (*of look also*) Ausdruckslosigkeit *f;* (*of post*) Unbesetztsein, Freisein *nt.*

2. (*in boarding house*) (freies) Zimmer. **have you any vacancies for August?** haben Sie im August noch Zimmer frei?; **"no vacancies"** „belegt".

3. (*job*) offene *or* freie Stelle; (*at university*) Vakanz *f*, unbesetzte Stelle ...

4. Präpositionen

Bei Verben, Substantiven und Adjektiven, die mit bestimmten Präpositionen verbunden werden, ist die zugehörige Präposition und ihre Übersetzung in Klammern angegeben.

4. Prepositions

Prepositions used in combination with verbs, nouns and adjectives and their translations are given in brackets.

Beispiel: *example:*

abundance [ə'bʌndəns] *n* (großer) Reichtum (*of* an + *dat*); (*of hair, vegetation, details, illustrations, information, ideas, colours also, proof*) Fülle *f* (*of* von *gen*) ...

5. Erklärende Zusätze

Bei nicht austauschbaren Übersetzungen sind die Unterschiede in Gebrauch und Bedeutung in der folgenden Form dargestellt:

In Klammern stehende Zusätze (Indikatoren):

Synonyme und Teildefinitionen,

5. Indicating material

Wherever translations are not interchangeable the differences in meaning and usage are indicated in the following ways:

Indicators in parentheses:

synonyms and partial definitions,

languor ['læŋgə'] *n* (*indolence*) Trägheit, Schläfrigkeit *f*; (*weakness*) Mattigkeit, Schlappheit *f*; (*emotional*) Stumpfheit, Apathie *f*. **the ~ of the tropical days** die schläfrige Schwüle der tropischen Tage.

typische Subjekte in Verb-Einträgen,

within verb entries, typical subjects of the headword,

◆**last out I** *vt sep* ausreichen für; (*people*) durchhalten. **II** *vi* (*money, resources*) ausreichen; (*person*) durchhalten.

typische Substantiv-Ergänzungen des Stichworts in Substantiv-Einträgen.

within noun entries, typical noun complements of the headword.

gaggle ['gægl] *n* (*of geese*) Herde *f*; (*hum: of girls, women*) Schar, Horde *f*.

Kollokatoren, die nicht in Klammern stehen:

Collocators, not in parentheses:

typische Objekte des Stichworts bei transitiven Verb-Einträgen,

within transitive verb entries, typical objects of the headword,

> **dent** *vt hat, car, wing* einbeulen, verbeulen; *wood, table* eine Delle machen in (+ *acc*); (*inf*) *pride* anknacksen (*inf*).

typische, durch das Stichwort näher bestimmte Substantive in Adjektiv-Einträgen,

within adjective entries, typical nouns modified by the headword,

> **languorous** ['læŋgərəs] *adj* träge, schläfrig; *heat* schläfrig, wohlig; *feeling* wohlig; *music* schmelzend; *rhythm, metre* gleitend, getragen; *tone, voice* schläfrig. **a ~ beauty** eine schwüle Schönheit.

typische, durch das Stichwort näher bestimmte Verben oder Adjektive bei Adverb-Einträgen.

within adverb entries, typical verbs or adjectives modified by the headword.

> **cumbersomely** *adv move, write* schwerfällig; *phrased also* umständlich; *dressed* hinderlich.

Fachgebietsangaben (z. B. *Med, Bot etc*) werden verwendet, um die verschiedenen Bedeutungen des Stichworts zu unterscheiden, und wenn die Bedeutung in der Ausgangssprache klar ist, in der Zielsprache jedoch mehrdeutig sein könnte.

Field labels are used to differentiate various meanings of the headword and when the meaning in the source language is clear but may be ambiguous in the target language.

> **Virgo** ['vɜːgəʊ] *n* (*Astrol*) Jungfrau *f*.
> **Jungfrau** *f* virgin; (*Astron, Astrol*) Virgo.

Stilangaben werden verwendet zur Kennzeichnung aller Wörter und Wendungen, die keiner neutralen Stilebene oder nicht mehr dem modernen Sprachgebrauch angehören. Die Angaben erfolgen sowohl in der Ausgangsals auch in der Zielsprache und sollen in erster Linie dem Nicht-Muttersprachler helfen. Stilangaben zu Beginn eines Eintrages oder einer Kategorie beziehen sich auf alle Bedeutungen und Wendungen innerhalb dieses Eintrages oder dieser Kategorie.

Style labels are used to mark all words and phrases which are not neutral in style level or which are no longer current in the language. This labelling is given for both source and target languages and serves primarily as an aid to the non-native speaker. When a style label is given at the beginning of an entry or category it covers all meanings and phrases in that entry or category.

(*inf*)	bezeichnet umgangssprachlichen Gebrauch, wie er für eine formlose Unterhaltung oder einen zwanglosen Brief typisch ist, in förmlicherer Rede oder förmlicherem Schriftverkehr jedoch unangebracht wäre.	(*inf*)	denotes colloquial language typically used in an informal conversational context or a chatty letter, but which would be inappropriate in more formal speech or writing.
(*sl*)	soll anzeigen, daß das Wort oder die Wendung äußerst salopp ist und nur unter ganz bestimmten Umständen, z. B. unter Mitgliedern einer besonderen Altersgruppe, verwendet wird. In Verbindung mit einer Fachgebietsangabe, z. B. *(Mil sl), (Sch sl)*, wird auf die Zugehörigkeit des Ausdrucks zum Jargon dieser Gruppe hingewiesen.	(*sl*)	indicates that the word or phrase is highly informal and is only appropriate in very restricted contexts, for example among members of a particular age group. When combined with a field label eg *(Mil sl), (Sch sl)* it denotes that the expression belongs to the jargon of that group.
(*vulg*)	bezeichnet Wörter, die allgemein als tabu gelten und an denen vielfach Anstoß genommen wird.	(*vulg*)	denotes words generally regarded as taboo which are likely to cause offence.
(*geh*)	bezeichnet einen gehobenen Stil, sowohl im gesprochenen wie geschriebenen Deutsch, wie er von gebildeten, sich gewählt ausdrückenden Sprechern verwendet werden kann.	(*geh*)	denotes an elevated style of spoken or written German such as might be used by an educated speaker choosing his words with care.
(*form*)	bezeichnet förmlichen Sprachgebrauch, wie er uns auf Formularen, im amtlichen Schriftverkehr oder in förmlichen Ansprachen begegnet.	(*form*)	denotes formal language such as that used on official forms, for official communications and in formal speeches.
(*spec*)	gibt an, daß es sich um einen Fachausdruck handelt, der ausschließlich dem Wortschatz des Fachmanns angehört.	(*spec*)	indicates that the expression is a technical term restricted to the vocabulary of specialists.
(*dated*)	weist darauf hin, daß das Wort bzw. die Wendung heute recht altmodisch klingt, obwohl sie besonders von älteren Sprechern noch gelegentlich benutzt werden.	(*dated*)	indicates that the word or phrase, while still occasionally being used especially by older speakers, now sounds somewhat old-fashioned.
(*old*)	bezeichnet nicht mehr geläufiges Wortgut, das dem Benutzer jedoch noch beim Lesen begegnet.	(*old*)	denotes languages no longer in current use but which the user will find in reading.

(obs) bezeichnet veraltete Wörter, die der Benutzer im allgemeinen nur in der klassischen Literatur antreffen wird.

(liter) bezeichnet literarischen Sprachgebrauch. Es sollte nicht mit der Fachgebietsangabe *(Liter)* verwechselt werden, die angibt, daß der betreffende Ausdruck dem Gebiet der Literaturwissenschaften angehört, und ebensowenig mit der Abkürzung *(lit),* die die wörtliche im Gegensatz zur übertragenen Bedeutung eines Wortes bezeichnet.

Eine vollständige Liste der Abkürzungen, die zur Kennzeichnung der Fachgebiete und des Stils dienen, befindet sich auf den hinteren Vorsatzblättern.

(obs) denotes obsolete words which the user will normally only find in classical literature.

(liter) denotes language of a literary style level. It should not be confused with the field label *(Liter)* which indicates that the expression belongs to the field of literary studies, or with the abbreviation *(lit)* which indicates the literal as opposed to the figurative meaning of a word.

A full list of field and style labels is given on the end-papers at the back of the dictionary.

6. Phrasal Verbs

Feste Verbindungen von Verb und Präposition bzw. Adverb im Englischen (Phrasal Verbs) werden in eigenen Einträgen behandelt. Sie folgen auf den Eintrag des Simplexverbs, sind mit einer Raute ◆ gekennzeichnet und in der alphabetischen Reihenfolge der Präpositionen/Adverbien angeordnet.

Unregelmäßige Formen des Präteritums und des 2. Partizips werden nur in den seltenen Fällen angegeben, wo sie von den im Haupteintrag angegebenen abweichen.

Phrasal Verbs werden in vier verschiedene Kategorien unterschieden

6. Phrasal verbs

Phrasal verbs are covered in separate headword entries. They follow the main headword, are marked with a lozenge ◆ and are listed in the alphabetical order of the prepositions/adverbs.

Irregular preterites and past participles are only given in the rare cases where they differ from those given in the main entry.

Phrasal verbs are treated in four grammatical categories:

1. *vi*

1. *vi*

grow apart *vi* (*fig*) sich auseinanderentwickeln.

2. *vi + prep obj*
Hiermit soll gezeigt werden, daß das Verbelement intransitiv ist, daß aber die Partikel ein Objekt erfordert.

2. *vi + prep obj*
This indicates that the verbal element is intransitive but that the particle requires an object.

agree on *vi + prep obj* solution sich einigen auf (+*acc*), Einigkeit erzielen über (+*acc*); *price, policy also* vereinbaren ...

3. *vt*
Dies gibt an, daß das Verbelement transitiv ist. In den meisten Fällen kann das Objekt vor oder hinter der Partikel stehen; diese Fälle sind mit *sep* bezeichnet.

3. *vt*
This indicates that the verbal element is transitive. In most cases the object can be placed either before or after the particle; these cases are marked *sep*.

> **hand in** *vt sep* abgeben; *forms, thesis also, resignation* einreichen.

In einigen Fällen muß das Objekt der Partikel vorangehen; solche Fälle sind durch *always separate* bezeichnet.

In some cases the object must precede the particle; these cases are marked *always separate*.

> **get over with** *vt always separate* hinter sich (*acc*) bringen. **let's ~ it ~** (~) bringen wir's hinter uns; **to ~ sth ~ and done ~** etw ein für allemal erledigen.

Gelegentlich muß das Objekt der Partikel nachgestellt werden; solche Fälle sind durch *insep* bezeichnet.

Occasionally the object must come after the particle; these cases are marked *insep*.

> **put forth** *vt insep (liter) buds, shoots* hervorbringen.

4. *vt + prep obj*
Hiermit wird gezeigt, daß sowohl das Verbelement wie die Partikel ein Objekt verlangen.

4. *vt + prep obj*
This indicates that both the verbal element and the particle require an object.

> **take upon** *vt + prep obj* **he took that job ~ himself** er hat das völlig ungebeten getan.

In Fällen, wo ein Präpositionalobjekt möglich, aber nicht nötig ist, findet man die entsprechende Übersetzung unter *vi* oder *vt*.

In cases where a prepositional object is optional its translation is covered under *vi* or *vt*.

> **get off** *vi* (*from bus, train*) aussteigen (*prep obj* aus); (*from bicycle, horse*) absteigen (*prep obj* von).

7. Englische Adjektive und Adverbien

7. English adjectives and adverbs

Englische Adverbien sind als selbständige Stichwörter aufgeführt.

English adverbs have been accorded the status of headwords in their own right.

In Fällen, wo ein Adverb auf sein Adjektiv-Äquivalent verwiesen wird, gelten die für das Adjektiv angegebenen Übersetzungen auch für das Adverb.

In cases where an adverb is cross-referred to its related adjective, the German translations given under the adjective apply to the adverb too.

> **moodily** *adv see adj.*
> **moody** *adj* launisch, launenhaft; (*bad-tempered*) schlechtgelaunt *attr*, schlecht gelaunt *pred*; *look, answer* verdrossen, übellaunig.

In Fällen, wo Adjektiv und dazugehöriges Adverb in der alphabetischen Anordnung aufeinanderfolgen und wo die gleichen Übersetzungen für beide gelten, sind die Einträge zusammengefaßt worden.

In cases where the adverb and its related adjective occur consecutively in the alphabetical order and where the same translations apply to both, the entries have been conflated.

maladroit *adj,* **~ly** *adv* ungeschickt.

Steigerung der englischen Adjektive und Adverbien

Comparison of English adjectives and adverbs

Adjektive und Adverbien, deren Komparativ und Superlativ im allgemeinen durch Flexionsendungen gebildet werden, sind im Text durch (+ er) bezeichnet, z. B.

Adjectives and adverbs which form the comparative and superlative by adding -er, and -est are marked (+ er) in the text, e. g.

young *adj* (+ er)

Komparativ und Superlativ aller nicht durch (+ er) bezeichneten Adjektive und Adverbien sind mit *more* und *most* zu bilden. Das gilt auch für alle auf -*ly* endenden Adverbien.

The comparative and superlative of all adjectives and adverbs not marked (+ er) are formed with *more* and *most.* This also applies to all adverbs ending in -*ly.*

Unregelmäßige Formen des Komparativs und Superlativs sind im Text angegeben, z. B.

Irregular forms of the comparative and superlative are given in the text, e. g.

bad *adj comp* **worse,** *superl* **worst**
well² *comp* **better,** *superl* **best**

Die flektierten Formen des Komparativs und Superlativs werden nach folgenden Regeln gebildet:

Rules for the formation of the comparative and superlative with -er and -est are as follows:

1. Adjektive und manche Adverbien fügen -er zur Bildung des Komparativs und -est zur Bildung des Superlativs an:

1. Adjectives and some adverbs add -er to form the comparative and -est to form the superlative:

small smaller smallest

2. Bei auf Konsonant + y endenden Adjektiven und Adverbien wird das auslautende -y in -i umgewandelt, bevor die Endung -er bzw. -est angefügt wird:

2. With adjectives and adverbs ending in a consonant + y, the -y changes to -i before the ending -er or -est is added:

happy happier happiest

3. Mehrsilbige Adjektive auf -ey wandeln diese Endsilbe in -ier, -iest um:

3. With adjectives of more than one syllable ending in -ey, the final syllable changes to -ier, -iest:

homey homier homiest

4. Bei Adjektiven und Adverbien, die auf stummes -e enden, entfällt dieser Auslaut:

4. Adjectives and adverbs ending in -e drop the -e:

brave braver bravest

5. Bei Adjektiven, die auf -ee enden, entfällt das zweite -e:

5. Adjectives ending in -ee drop the second -e:

free freer freest

6. Adjektive, die auf einen Konsonanten nach einfachem betonten Vokal enden, verdoppeln den Konsonanten im Auslaut:

6. Adjectives which end in a consonant after a single stressed vowel double the consonant:

sad sadder saddest

Nach Doppelvokal wird der auslautende Konsonant nicht verdoppelt:

The consonant is not doubled after a double vowel:

loud louder loudest

8. Aussprache

Die Zeichen der im Text verwendeten Lautschrift entsprechen denen der *International Phonetic Association*. Die angegebene Aussprache basiert auf dem weltweit als maßgebend anerkannten „English Pronouncing Dictionary" von Daniel Jones (vierzehnte Auflage, ausführlich überarbeitet und herausgegeben von A. C. Gimson).

Die Lautschrift gibt die Aussprache für das in Südengland gesprochene britische Englisch (Received Pronunciation) an, das in der gesamten Englisch sprechenden Welt akzeptiert und verstanden wird. Nordamerikanische Formen werden angegeben, wenn die Aussprache des betreffenden Wortes im amerikanischen Englisch erheblich abweicht (z. B. lever), nicht aber, wenn die Abweichung nur im „Akzent" besteht, wenn also Verständigungsschwierigkeiten nicht zu befürchten sind.

Jedes Hauptstichwort hat die volle phonetische Umschrift; teilweise Umschrift wird bei Derivativen angegeben und leitet sich von der vorhergehenden Aussprache ab. Bei Phrasal Verbs und zusammengesetzten Wörtern, deren einzelne Teile an anderer Stelle im Wörterbuch mit der Umschrift versehen sind, wird auf die Wiederholung der Ausspracheangabe verzichtet. Bei Homographen (Stichwörter mit Hochzahlen) wird die Aussprache nur dann angegeben, wenn sie von der beim ersten Homographen angegebenen abweicht.

Die Aussprache von Abkürzungen, die als Kurzwörter *(Akronyme)* gebraucht werden, ist angegeben (z. B. NATO ['neɪtəʊ], ASLEF ['æzlef]). Wenn jeder Buchstabe einzeln ausgesprochen wird (z. B. MOT, RIP), erfolgt keine Ausspracheangabe.

Die Aussprache von unregelmäßigen Verb- und Pluralformen ist angegeben. Wo sie sich in der alphabetischen Reihenfolge nicht in unmittelbarer Nähe des Haupteintrags befinden, sind sie an entsprechender Stelle als Stichwort aufgeführt und dort mit der Lautschrift versehen.

9. Satzzeichen und Symbole

, zwischen Übersetzungen zeigt an, daß die Übersetzungen gleichwertig sind:
zwischen Wendungen in der Ausgangssprache zeigt an, daß die Wendungen die gleiche Bedeutung haben.

; zwischen Übersetzungen zeigt einen Bedeutungsunterschied an, der durch erklärende Zusätze erläutert ist, außer:
1. wenn die Unterscheidung innerhalb desselben Eintrags schon gemacht worden ist;
2. bei Komposita, wo die Unterscheidung schon unter dem Simplex getroffen wurde;

9. Punctuation and Symbols

, between translations indicates that the translations are interchangeable;
between source language phrases indicates that the phrases have the same meaning.

; between translations indicates a difference in meaning which is clarified by indicating material unless:
1. the distinction has already been made within the same entry;
2. in the case of some compounds the distinction is made under the simple form;

3. wenn die Unterscheidung offensichtlich ist.

: zwischen Stichwort und Wendung gibt an, daß das Stichwort im allgemeinen nur in der aufgeführten Wendung vorkommt.

/ zwischen Übersetzungen zeigt an, daß es sich um analoge Strukturen, aber verschiedene Übersetzungen handelt, z. B. to feel good/bad.

1. der Schrägstrich in einer ausgangssprachlichen Wendung wird im allgemeinen seine Entsprechung in der Übersetzung finden; wo das nicht der Fall ist, gilt die Übersetzung für beide Bedeutungen;

2. hat ein Schrägstrich in der Zielsprache kein Äquivalent in der Ausgangssprache, geht die getroffene Unterscheidung entweder aus dem im Eintrag bereits Gesagten hervor, oder sie ist offensichtlich;

3. bei Zusammensetzungen kann der Schrägstrich verwendet werden, um an eine für das Simplex getroffene Unterscheidung anzuknüpfen.

~ ersetzt in Anwendungsbeispielen und Redewendungen das vorhergehende, fettgedruckte Stichwort; bei Phrasal Verbs steht je eine Tilde für das Verb und eine für die Präposition/das Adverb, z. B.

keel over vi (*ship*) kentern; (*fig inf*) umkippen. **she ~ed ~ in a faint** sie klappte zusammen (*inf*), sie kippte um (*inf*).

– unterscheidet zwischen zwei Sprechern.

≃ soll darauf hinweisen, daß es sich bei der Übersetzung zwar um eine Entsprechung handelt, daß aber auf Grund kultureller Unterschiede Deckungsgleichheit nicht in allen Aspekten gegeben ist.

or wird verwendet, um Bestandteile einer Wendung zu unterscheiden, die semantisch austauschbar sind.

3. the distinction is self-evident.

: between a headword and a phrase indicates that the headword is normally only used in that phrase.

/ between translations indicates parallel structure but different meanings, e.g. to feel good/bad.

1. in a source language phrase it will normally be paralleled in the translation; where this is not the case, the translation covers both meanings;

2. in a target language phrase where it is not paralleled by an oblique in the source language the distinction will either be made clear earlier in the entry or will be self-evident;

3. in compounds it may be used to reflect a distinction made under the simple form.

~ replaces the immediately preceding bold headword in illustrative and idiomatic phrases; two swung dashes are given for phrasal verbs, one replacing the verb the other the preposition/adverb, e.g.

– separates two speakers.

≃ indicates that the translation is the cultural equivalent of the term and may not be exactly the same in every detail.

or is used to separate parts of a word of phrase which are semantically interchangeable.

also, nach erklärenden Zusätzen gibt
auch an, daß die folgende(n) Überset-
zung(en) zusätzlich zu der ersten
Übersetzung oder Folge von aus-
tauschbaren Übersetzungen, die
in dem Eintrag oder der Katego-
rie angegeben sind, benutzt wer-
den kann/können.

also, used after indicating material
auch denotes that the translations fol-
lowing it can be used in addition
to the first translation or set of
interchangeable translations
given in the respective entry, cat-
egory or phrase.

Liste der Lautschriftzeichen
Phonetic Symbols

Vokale und Diphthonge
Vowels and Diphthongs

[ɑ:] plant, arm, father
[ɑ̃:] agent provocateur
[aɪ] life
[aʊ] house
[æ] man, sad
[ʌ] but, son
[e] get, bed
[eɪ] name, lame
[ə] ago, better
[ɜ:] bird, her
[ɛə] there, care
[ɪ] it, wish
[i:] bee, see, me, beat, belief
[ɪə] here
[əʊ] no, low
[ɒ] not, long
[ɔ:] law, all
[ɔ̃:] restaurant
[ɔɪ] boy, oil
[ʊ] push, look
[u:] you, do
[ʊə] poor, sure

Konsonanten
Consonants

[b] been, blind
[d] do, had
[dʒ] jam, object
[f] father, wolf
[g] go, beg
[h] house
[j] youth, Indian
[k] keep, milk
[l] lamp, oil, ill
[m] man, am
[n] no, manner
[ŋ] long, sing
[p] paper, happy
[r] red, dry
[s] stand, sand, yes
[ʃ] ship, station
[t] tell, fat
[θ] thank, death
[ð] this, father
[tʃ] church, catch
[v] voice, live
[w] water, we, which
[x] loch
[z] zeal, these, gaze
[ʒ] pleasure

[ʳ] vor Vokal ausgesprochenes [r] / [r] pronounced before a vowel
[ˈ] Hauptton / main stress
[ˌ] Nebenton / secondary stress

A

A, a [eɪ] *n* A, a *nt; (Sch: as a mark)* eins, sehr gut; *(Mus)* A, a *nt.* **from A to Z** von A bis Z; **to get from A to B** von A nach B kommen; **A sharp/flat** *(Mus)* Ais, ais *nt*/As, as *nt; see also* **major, minor, natural.**

a [eɪ, ə] *indef art, before vowel* **an** **1.** ein(e). **so large ~ country** so ein großes *or* ein so großes Land; **~ Mr X/~ certain young man** ein Herr X/ein gewisser junger Mann. **2.** *(in negative constructions)* **not ~** kein(e); **not ~ single man/woman/child** kein einziger *or* nicht ein einziger Mann/ keine einzige *or* nicht eine einzige Frau/ kein einziges *or* nicht ein einziges Kind; **he didn't want ~ present** er wollte kein Geschenk. **3.** *(with profession, nationality etc)* **he's ~ doctor/Frenchman** er ist Arzt/ Franzose; **he's ~ famous doctor/ Frenchman** er ist ein berühmter Arzt/ Franzose; **as ~ young girl** als junges Mädchen. **4.** *(with quantities)* ein(e). **~ few** ein paar, einige; **~ dozen** ein Dutzend *nt*; **~ handful** eine Handvoll; **~ great many** viele; **~ lot of** eine Menge. **5.** *(the same)* **to be of ~n age/~ size** gleich alt/groß sein, in einem Alter sein/ eine Größe haben; *see* **kind. 6.** *(per)* pro. **£4 ~ head** £ 4 pro Person *or* Kopf *(inf);* **50p ~ kilo** 50 Pence das *or* pro Kilo; **twice ~ month** zweimal im *or* pro Monat; **50 km ~n hour** 50 Stundenkilometer, 50 Kilometer pro Stunde. **7. in ~ good/bad mood** gut/schlecht gelaunt; **in ~ hurry** in Eile; **to come/to have come to ~n end** zu Ende gehen/sein; **in ~ loud voice** mit lauter Stimme, laut; **to have ~ headache/temperature/fear** Kopfschmerzen/erhöhte Temperatur/ Angst haben.

A *abbr of* **1. answer** Antw. **2.** *(Brit Film) von der Filmkontrolle als nicht ganz jugendfrei gekennzeichneter Film.*

a- *pref* **1.** *(privative)* **~moral/~typical** amoralisch/atypisch. **2.** *(old, dial)* **they came ~-running** sie kamen angerannt.

AA *abbr of* **1. Automobile Association** Britischer Automobilclub. **2. Alcoholics Anonymous** AA. **3.** *(Brit Film)* ≃ *für Jugendliche ab 14 freigegebener Film.*

aardvark [ˈɑːdvɑːk] *n* Erdferkel *nt.*

Aaron's beard [ˈɛərnzˈbɪəd] *n* Harthen *nt.*

AB *abbr of* **1.** *(Naut)* **able-bodied seaman. 2.** *(US Univ) see* **BA.**

aback [əˈbæk] *adv:* **to be taken ~** erstaunt sein; *(upset)* betroffen sein.

abacus [ˈæbəkəs] *n, pl* **abaci** [ˈæbəsiː] Abakus *m.*

abaft [əˈbɑːft] *(Naut)* **I** *adv* achtern. **to go ~** achtern gehen. **II** *prep* achtern von.

abandon [əˈbændən] **I** *vt* **1.** *(leave, forsake)* verlassen; *woman also* sitzenlassen; *baby* aussetzen; *car also* (einfach) stehenlassen. **they ~ed the city to the enemy** sie flohen und überließen dem Feind die Stadt; **to ~ ship** das Schiff verlassen. **2.** *(give up) project, hope, attempt* aufgeben. **to ~ play** das Spiel abbrechen. **3.** *(fig)* **to ~ oneself to sth** sich einer Sache *(dat)* hingeben. **II** *n, no pl* Hingabe, Selbstvergessenheit *f.* **with ~** mit Leib und Seele.

abandoned [əˈbændənd] *adj* **1.** *(dissolute)* verkommen. **2.** *(unrestrained) dancing* selbstvergessen, hingebungsvoll, hemmungslos *(pej); joy* unbändig.

abandonment [əˈbændənmənt] *n* **1.** *(forsaking, desertion)* Verlassen *nt.* **2.** *(giving-up)* Aufgabe *f.* **3.** *(abandon)* Hingabe, Selbstvergessenheit, Hemmungslosigkeit *(pej) f.*

abase [əˈbeɪs] *vt person* erniedrigen; *morals* verderben.

abasement [əˈbeɪsmənt] *n* Erniedrigung *f; (of concept of love etc)* Abwertung *f; (lowering of standards)* Verfall, Niedergang *m.* **~ of morality** Verfall der Moral.

abashed [əˈbæʃt] *adj* beschämt.

abate [əˈbeɪt] **I** *vi* nachlassen; *(storm, eagerness, interest, noise also)* abflauen; *(pain, fever also)* abklingen; *(flood)* zurückgehen. **II** *vt (form) noise, sb's interest, enthusiasm* dämpfen; *anger* besänftigen; *rent, tax, fever* senken; *pain* lindern.

abatement [əˈbeɪtmənt] *n* **1.** *see vi* Nachlassen *nt;* Abflauen *nt;* Abklingen *nt;* Rückgang *m.* **2.** *(form: reducing) see vt* Dämpfung *f;* Beschwichtigung *f;* Senkung *f;* Linderung *f.* **the noise ~ society** die Gesellschaft zur Bekämpfung von Lärm.

abattoir [ˈæbətwɑːˀ] *n* Schlachthof *m.*

abbess [ˈæbɪs] *n* Äbtissin *f.*

abbey [ˈæbɪ] *n* Abtei *f;* Klosterkirche *f.*

abbot [ˈæbət] *n* Abt *m.*

abbreviate [əˈbriːvɪeɪt] *vt word, title* abkürzen *(to* mit); *book, speech* verkürzen.

abbreviation [ə,briːvɪˈeɪʃən] *n (of word, title)* Abkürzung *f; (of book, speech)* Verkürzung *f.*

ABC [ˈeɪbiːˈsiː] *n (lit, fig)* Abc *nt.* **it's as easy as ~** das ist doch kinderleicht.

abdicate [ˈæbdɪkeɪt] **I** *vt* verzichten auf (+ *acc*). **II** *vi (monarch)* abdanken; *(pope)* zurücktreten.

abdication [ˌæbdɪˈkeɪʃən] *n (of monarch)* Abdankung *f; (of pope)* Verzicht *m.* **his ~ of the throne** sein Verzicht auf den Thron.

abdomen [ˈæbdəmən, *(Med)* æbˈdəumen] *n* Abdomen *nt (form); (of man, mammals also)* Unterleib *m; (of insects also)* Hinterleib *m.*

abdominal [æbˈdɒmɪnl] *adj see n* abdominal *(form);* Unterleibs-; Hinterleibs-. **~ segments** Abdominalsegmente *pl;* **~ wall** Bauchdecke *f.*

abduct [æb'dʌkt] *vt* entführen.

abduction [æb'dʌkʃən] *n* Entführung *f*.

abductor [æb'dʌktər] *n* Entführer(in *f*) *m*.

abeam [ə'biːm] *adv* (*Naut*) querab.

Aberdonian [ˌæbə'dəʊnjən] I *n* Aberdeener(in *f*) *m*. II *adj* Aberdeener *inv*.

aberrant [ə'berənt] *adj* anomal.

aberration [ˌæbə'reɪʃən] *n* Anomalie *f*; (*Astron, Opt*) Aberration *f*; (*in statistics, from course*) Abweichung *f*; (*mistake*) Irrtum *m*; (*moral*) Verirrung *f*. **in a moment of (mental) ~** (*inf*) in einem Augenblick geistiger Verwirrung.

abet [ə'bet] I *vt crime, criminal* begünstigen, Vorschub leisten (+*dat*); (*fig*) unterstützen. II *vi see* **aid II**.

abetter, abettor [ə'betər] *n* Helfershelfer(in *f*) *m*.

abeyance [ə'beɪəns] *n, no pl* **to be in ~** (*law, rule, issue*) ruhen; (*custom, office*) nicht mehr ausgeübt werden; **to fall into ~** außer Gebrauch kommen; **to hold sth in ~** etw ruhenlassen.

abhor [əb'hɔːr] *vt* verabscheuen.

abhorrence [əb'hɒrəns] *n* Abscheu *f* (*of* vor +*dat*). **to hold sb/sth in ~** eine Abscheu vor jdm/etw haben.

abhorrent [əb'hɒrənt] *adj* abscheulich. **the very idea is ~ to me** schon der Gedanke daran ist mir zuwider; **it is ~ to me to have to ...** es widerstrebt mir, ... zu müssen.

abidance [ə'baɪdəns] *n* (*form*) **~ by the laws** die Einhaltung der Gesetze.

abide [ə'baɪd] *pret, ptp* **~d** *or* **abode** *vt* (*usu neg, interrog: tolerate*) ausstehen; (*endure*) aushalten. **I cannot ~ living here** ich kann es nicht aushalten, hier zu leben.

◆**abide by** *vi* +*prep obj rule, law, decision, promise, results* sich halten an (+*acc*); *consequences* tragen. **I ~ ~ what I said** ich bleibe bei dem, was ich gesagt habe.

abiding [ə'baɪdɪŋ] *adj* (*liter: lasting*) unvergänglich; *desire also* bleibend.

ability [ə'bɪlɪtɪ] *n* Fähigkeit *f*. **~ to pay/hear** Zahlungs-/Hörfähigkeit *f*; **to the best of my ~** nach (besten) Kräften; (*with mental activities*) so gut ich es kann; **a pianist/man of great ~** ein ausgesprochen fähiger *or* begabter Pianist/ein sehr fähiger Mann; **a man of many abilities** ein sehr vielseitiger Mensch; **his ~ in German** seine Fähigkeiten im Deutschen.

abject ['æbdʒekt] *adj* **1.** (*wretched*) *state, liar, thief* elend, erbärmlich; *poverty* bitter. **2.** (*servile*) demütig; *person, gesture also* unterwürfig.

abjection [æb'dʒekʃən] *n see* **abjectness**.

abjectly ['æbdʒektlɪ] *adv see adj*.

abjectness ['æbdʒektnɪs] *n see adj* Erbärmlichkeit *f*; Demut *f*; Unterwürfigkeit *f*.

abjure [əb'dʒʊər] *vt* abschwören (+*dat*).

ablative ['æblətɪv] I *n* Ablativ *m*. **~ absolute** Ablativus absolutus. II *adj ending, case* Ablativ-; *noun* im Ablativ.

ablaze [ə'bleɪz] *adv, adj pred* in Flammen. **to be ~** in Flammen stehen; **to set sth ~** etw in Brand stecken; **the paraffin really set the fire ~** das Paraffin ließ das Feuer wirklich auflodern; **his face was ~ with joy/anger** sein Gesicht glühte vor Freude/ brannte vor Ärger; **to be ~ with light** hell erleuchtet sein.

able ['eɪbl] *adj* **1.** (*skilled, talented*) *person* fähig, kompetent; *piece of work, exam paper, speech* gekonnt. **2. to be ~ to do sth** etw tun können; **if you're not ~ to understand that** wenn Sie nicht fähig sind, das zu verstehen; **I'm afraid I am not ~ to give you that information** ich bin leider nicht in der Lage, Ihnen diese Informationen zu geben, ich kann Ihnen leider diese Informationen nicht geben.

able-bodied [ˌeɪbl'bɒdɪd] *adj* (gesund und) kräftig; (*Mil*) tauglich.

able(-bodied) seaman *n* Vollmatrose *m*.

ablution [ə'bluːʃən] *n* Waschung *f*. **~s** *pl* (*lavatory*) sanitäre Einrichtungen *pl*; **to perform one's ~s** (*esp hum*) seine Waschungen vornehmen; (*go to lavatory*) seine Notdurft verrichten.

ably ['eɪblɪ] *adv* gekonnt, fähig.

ABM *abbr of* **anti-ballistic missile**.

abnegate ['æbnɪgeɪt] *vt* entsagen (+*dat*).

abnegation [ˌæbnɪ'geɪʃən] *n* Verzicht *m* (*of* auf +*acc*), Entsagung *f*.

abnormal [æb'nɔːməl] *adj* anormal; (*deviant, Med*) anorm.

abnormality [ˌæbnɔː'mælɪtɪ] *n* Anomalie(s) *nt*; (*deviancy, Med*) Abnormität *f*.

abnormally [æb'nɔːməlɪ] *adv see adj*.

aboard [ə'bɔːd] I *adv* (*on plane, ship*) an Bord; (*on train*) im Zug; (*on bus*) im Bus. **all ~!** alle an Bord!; (*on train, bus*) alles einsteigen!; **to go ~** an Bord gehen; **they were no sooner ~ than the train/bus moved off** sie waren kaum eingestiegen, als der Zug/Bus auch schon abfuhr. II *prep* **~ the ship/train/bus** an Bord des Schiffes/im Zug/Bus.

abode [ə'bəʊd] I *pret, ptp of* **abide**. II *n* (*liter: dwelling place*) Behausung *f*, Aufenthalt *m* (*liter*); (*Jur: also* **place of ~**) Wohnsitz *m*. **a humble ~** (*iro*) eine bescheidene Hütte (*iro*); **of no fixed ~** ohne festen Wohnsitz.

abolish [ə'bɒlɪʃ] *vt* abschaffen.

abolishment [ə'bɒlɪʃmənt], **abolition** [ˌæbəʊ'lɪʃən] *n* Abschaffung *f*; (*of slavery also*) Abolition *f* (*form*).

A-bomb ['eɪbɒm] *n* Atombombe *f*.

abominable [ə'bɒmɪnəbl] *adj* gräßlich, abscheulich; *spelling* gräßlich, entsetzlich. **A~ Snowman** Schneemensch *m*.

abominably [ə'bɒmɪnəblɪ] *adv see adj*.

abominate [ə'bɒmɪneɪt] *vt* verabscheuen.

abomination [əˌbɒmɪ'neɪʃən] *n* **1.** *no pl* Verabscheuung *f*. **to be held in ~ by sb** jdm verabscheut werden. **2.** (*loathsome act*) Abscheulichkeit *f*; (*loathsome thing*) Scheußlichkeit *f*.

aboriginal [ˌæbə'rɪdʒənl] I *adj* der (australischen) Ureinwohner, aboriginal; *tribe also* australisch. II *n see* **aborigine**.

aborigine [ˌæbə'rɪdʒɪnɪ] *n* Ureinwohner (in *f*) *m* (Australiens), Australide *m*, Australidin *f*.

abort [ə'bɔːt] I *vi* (*Med*) (*mother*) eine Fehlgeburt haben; (*foetus*) abgehen; (*perform abortion*) die Schwangerschaft abbrechen; (*fig: go wrong*) scheitern. II *vt* (*Med*) *foetus* (durch Abort) entfernen, abtreiben (*pej*); (*Space*) *mission* abbrechen.

III *n* (*Space*) Abort *m* (*form*).

abortion [ə'bɔ:ʃən] *n* Schwangerschaftsabbruch *m*, Abtreibung *f* (*pej*); (*miscarriage*) Fehlgeburt *f*, Abort *m* (*form*); (*fig: plan, project etc*) Fehlschlag, Reinfall (*inf*) *m*; (*pej: person*) Mißgeburt *f* (*pej*). **to get** *or* **have an ~** abtreiben lassen, eine Abtreibung vornehmen lassen.

abortionist [ə'bɔ:ʃənɪst] *n* Abtreibungshelfer(in *f*) *m*; (*doctor also*) Abtreibungsarzt *m*/-ärztin *f*; *see* **back-street**.

abortive [ə'bɔ:tɪv] *adj* **1.** (*unsuccessful*) *attempt, plan* gescheitert, fehlgeschlagen. **2.** (*Med*) *drug* abtreibend.

abound [ə'baʊnd] *vi* (*exist in great numbers*) im Überfluß vorhanden sein; (*persons*) sehr zahlreich sein; (*have in great numbers*) reich sein (*in* an +*dat*)/ wimmeln (*with* von).

about [ə'baʊt] **I** *adv* **1.** herum, umher; (*present*) in der Nähe. **to run/walk ~** herum- *or* umherrennen/-gehen; **I looked all ~** ich sah ringsumher; **with flowers all ~** mit Blumen ringsumher *or* überall; **to leave things (lying) ~** Sachen herumliegen lassen; **to be (up and) ~ again** wieder auf den Beinen sein; **we were ~ early** wir waren früh auf den Beinen; **there's a thief/ a lot of measles/plenty of money ~** ein Dieb geht um/die Masern gehen um/es ist Geld in Mengen vorhanden; **there was nobody ~ who could help** es war niemand in der Nähe, der hätte helfen können; **at night when there's nobody ~** nachts, wenn niemand unterwegs ist; **where is he/it?** — **he's/it's ~ somewhere** wo ist er/es? — (er/es ist) irgendwo in der Nähe; **it's the other way ~** es ist gerade umgekehrt; **day and day ~** (täglich) abwechselnd.

2. to be ~ to im Begriff sein zu; (*esp US inf: intending*) vorhaben, zu ...; **I was ~ to go out** ich wollte gerade ausgehen; **it's ~ to rain** es regnet gleich *or* demnächst; **he's ~/almost ~ to start school** *or* kommt demnächst in die Schule; **are you ~ to tell me ...?** willst du mir etwa erzählen ...?

3. (*approximately*) ungefähr, (so) um ... (herum). **he's ~ 40** er ist ungefähr 40 *or* (so) um (die) 40 (herum); **~ 2 o'clock** ungefähr *or* so um 2 Uhr; **he is ~ the same, doctor** sein Zustand hat sich kaum geändert, Herr Doktor; **that's ~ it** das ist so ziemlich alles, das wär's (so ziemlich) (*inf*); **that's ~ right** das stimmt (so) ungefähr; **I've had ~ enough (of this nonsense)** jetzt reicht es mir aber allmählich (mit diesem Unsinn) (*inf*); **he was ~ dead from exhaustion** er war halb tot vor Erschöpfung; *see* **just, round, time**.

II *prep* **1.** um (... herum); (*in*) in (+*dat*) (... herum). **the fields ~ the house** die Felder ums Haus (herum); **scattered ~ the room** im ganzen *or* über das ganze Zimmer verstreut; **somewhere ~ here** irgendwo hier herum; **all ~ the house** im ganzen Haus (herum); **to sit/do jobs ~ the house** im Haus herumsitzen/sich im Haus (herum) nützlich machen; **he looked ~ him** er schaute sich um; **he had a mysterious air ~ him** er hatte etwas Geheimnisvolles an sich; **there's something ~ him/~ the way he speaks** er/seine Art zu reden hat so etwas an sich; **while you're ~ it** wenn du gerade *or* schon dabei bist; **you've been a long time ~ it** du hast lange dazu gebraucht; **and be quick ~ it!** und beeil dich damit!

2. (*concerning*) über (+*acc*). **tell me all ~ it** erzähl doch mal; **he knows ~ it** er weiß darüber Bescheid, er weiß davon; **what's it all ~?** worum *or* um was (*inf*) handelt es sich *or* geht es (eigentlich)?; **he knows what it's all ~** er weiß Bescheid; **he's promised to do something ~ it** er hat versprochen, (in der Sache) etwas zu unternehmen; **they fell out ~ money** sie haben sich wegen Geld zerstritten; **how** *or* **what ~ me?** und ich, was ist mit mir? (*inf*); **how** *or* **what ~ it/going to the pictures?** wie wär's damit/mit (dem) Kino?; **what ~ that book? have you brought it back?** was ist mit dem Buch? hast du es zurückgebracht?; **(yes,) what ~ it/him?** ja *or* na und(, was ist damit/mit ihm)?

about-face [ə,baʊt'feɪs], **about-turn** [ə,baʊt'tɜ:n] **I** *n* (*Mil*) Kehrtwendung *f*; (*fig also*) Wendung *f* um hundertachtzig Grad. **to do an ~** kehrtmachen; (*fig*) sich um hundertachtzig Grad drehen. **II** *vi* (*Mil*) eine Kehrtwendung ausführen *or* machen. **III** *interj* **about face** *or* **turn!** (und) kehrt!

above [ə'bʌv] **I** *adv* **1.** (*overhead*) oben; (*in heaven also*) in der Höhe; (*in a higher position*) darüber. **from ~** von oben; (*from heaven also*) aus der Höhe; **the flat ~** die Wohnung oben *or* (~ **that one**) darüber.

2. (*in text*) oben.

II *prep* über (+*dat*); (*with motion*) über (+*acc*); (*upstream of*) oberhalb (+*gen*). **~ all** vor allem, vor allen Dingen; **I couldn't hear ~ the din** ich konnte bei dem Lärm nichts hören; **he valued money ~ his family** er schätzte Geld mehr als seine Familie; **to be ~ sb/sth** über jdm/etw stehen; **~ criticism/praise** über jede Kritik/jedes Lob erhaben; **he's ~ that sort of thing** er ist über so etwas erhaben; **he's not ~ a bit of blackmail** er ist sich (*dat*) nicht zu gut für eine kleine Erpressung; **it's ~ my head** *or* **me** das ist mir zu hoch; **to be/get ~ oneself** (*inf*) größenwahnsinnig werden (*inf*).

III *adj attr* **the ~ persons/figures** die obengenannten *or* -erwähnten Personen/ Zahlen; **the ~ paragraph** der vorher- *or* vorangehende *or* obige Abschnitt.

IV *n*: **the ~** (*statement etc*) Obiges *nt* (*form*); (*person*) der/die Obengenannte/ die Obengenannten *pl*.

above board *adj pred* korrekt; **open and ~** offen und ehrlich; **above-mentioned** *adj* obenerwähnt; **above-named** *adj* obengenannt.

abracadabra [,æbrəkə'dæbrə] *n* Abrakadabra *nt*.

Abraham ['eɪbrəhæm] *n* Abraham *m*.

abrasion [ə'breɪʒən] *n* (*Med*) (Haut)- abschürfung *f*; (*Geol*) Abtragung *f*.

abrasive [ə'breɪsɪv] **I** *adj* **1.** *cleanser* Scheuer-, scharf; *surface* rauh. **2.** (*fig*) *personality, person* aggressiv; *tongue,* *voice* scharf. **II** *n* (*cleanser*) Scheuermittel *nt*; (~ *substance*) Schleifmittel *nt*.

abrasiveness [ə'breɪsɪvnɪs] *n see adj* **1.** Schärfe *f*; Rauheit *f*. **2.** Aggressivität *f*; Schärfe *f*.

abreact [ˌæbrɪ'ækt] *vt* (*Psych*) abreagieren.

abreast [ə'brest] *adv* Seite an Seite; (*Naut also*) Bug an Bug. **to march four ~** im Viererglied *or* zu viert nebeneinander marschieren; **~ of sb/sth** neben jdm/etw, auf gleicher Höhe mit jdm/etw; **to keep ~ of the times/news** *etc* mit seiner Zeit/den Nachrichten *etc* auf dem laufenden bleiben.

abridge [ə'brɪdʒ] *vt book* kürzen.

abroad [ə'brɔːd] *adv* **1.** im Ausland. **to go/be sent ~** ins Ausland gehen/geschickt werden; **from ~** aus dem Ausland.
2. (*esp liter: out of doors*) draußen. **to venture ~** sich nach draußen wagen.
3. there is a rumour ~ that ... ein Gerücht geht um *or* kursiert, daß ...

abrogate ['æbrəʊgeɪt] *vt law, treaty* außer Kraft setzen; *responsibility* ablehnen.

abrogation [ˌæbrəʊ'geɪʃən] *n see vt* Außerkraftsetzung, Ungültigkeitserklärung *f*; Ablehnung *f*.

abrupt [ə'brʌpt] *adj* abrupt; *descent, drop* unvermittelt, jäh; *bend* plötzlich; *manner, reply* schroff, brüsk.

abruptly [ə'brʌptlɪ] *adv see adj*.

abruptness [ə'brʌptnɪs] *n* abrupte Art; (*of person*) schroffe *or* brüske Art; (*of descent, drop, bend*) Plötzlichkeit, Jäheit *f*; (*of style, writing also*) Abgerissenheit *f*; (*of reply*) Schroffheit *f*.

abscess ['æbsɪs] *n* Abszeß *m*.

abscond [əb'skɒnd] *vi* sich (heimlich) davonmachen, türmen (*inf*).

abseil ['æpsaɪl] **I** *vi* (*Mountaineering: also ~ down*) sich abseilen. **II** *n* Abstieg *m* (am Seil).

absence ['æbsəns] *n* **1.** Abwesenheit *f*; (*from school, work etc also*) Fehlen *nt*; (*from meetings etc also*) Nichterscheinen *nt* (*from* bei). **in the ~ of the chairman** in Abwesenheit des Vorsitzenden; **sentenced in one's ~** in Abwesenheit verurteilt; **it's not fair to criticize him in his ~** es ist nicht fair, ihn in seiner Abwesenheit zu kritisieren; **~ makes the heart grow fonder** (*Prov*) die Liebe wächst mit der Entfernung (*Prov*).
2. (*lack*) Fehlen *nt*. **~ of enthusiasm** Mangel *m* an Enthusiasmus; **in the ~ of further evidence** in Ermangelung weiterer Beweise.
3. (*person absent*) **he counted the ~s** er stellte die Zahl der Abwesenden fest; **how many ~s do we have today?** wie viele fehlen heute *or* sind heute nicht da *or* anwesend?
4. **~ of mind** Geistesabwesenheit *f*.

absent ['æbsənt] **I** *adj* **1.** (*not present*) *person* abwesend, nicht da. **to be ~ from school/work** in der Schule/am Arbeitsplatz fehlen; **~!** (*Sch*) fehlt!; **to be ~ or go ~ without leave** (*Mil*) sich unerlaubt von der Truppe entfernen; **to ~ friends!** auf unsere abwesenden Freunde!
2. (*~-minded*) *expression, look* (geistes)abwesend. **in an ~ moment** in einem Augenblick geistiger Abwesenheit.

3. (*lacking*) **to be ~** fehlen; **nothing was further ~ from my mind** nichts lag mir ferner.
II [æb'sent] *vr* **to ~ oneself (from)** (*not go, not appear*) fernbleiben (+*dat*, von); (*leave temporarily*) sich zurückziehen *or* absentieren (*hum, geh*).

absentee [ˌæbsən'tiː] *n* Abwesende(r) *mf*. **there were a lot of ~s** es fehlten viele.

absentee ballot *n* (*esp US*) ≃ Briefwahl *f*.

absenteeism [ˌæbsən'tiːɪzəm] *n* häufige Abwesenheit; (*of workers also*) Nichterscheinen *nt* am Arbeitsplatz; (*pej*) Krankfeiern *nt*; (*Sch*) Schwänzen *nt*. **the rate of ~ among workers** die Abwesenheitsquote bei Arbeitern.

absentee landlord *n* nicht ortsansässiger Haus-/Grundbesitzer; **absentee voter** *n* (*esp US*) ≃ Briefwähler(in *f*) *m*.

absently ['æbsəntlɪ] *adv* (geistes)abwesend.

absent-minded [ˌæbsənt'maɪndɪd] *adj* (*lost in thought*) geistesabwesend; (*habitually forgetful*) zerstreut.

absent-mindedly [ˌæbsənt'maɪndɪdlɪ] *adv behave* zerstreut; *look* (geistes)abwesend.

absent-mindedness [ˌæbsənt'maɪndɪdnɪs] *n see adj* Geistesabwesenheit *f*; Zerstreutheit *f*.

absinth(e) ['æbsɪnθ] *n* Absinth *m*.

absolute ['æbsəluːt] *adj* absolut; *power, liberty, support also, command* uneingeschränkt; *monarch also* unumschränkt; *lie, idiot* ausgemacht. **the ~** das Absolute; **~ majority** absolute Mehrheit.

absolutely ['æbsəluːtlɪ] *adv* absolut; *prove* eindeutig; *agree, trust also, true* vollkommen, völlig; *deny, refuse also* strikt; *forbidden also* streng; *stupid also* völlig; *necessary also* unbedingt. **~!** durchaus; (*I agree*) genau!; **do you/don't you agree? — ~** sind Sie einverstanden? — vollkommen/sind Sie nicht einverstanden? — doch, vollkommen; **he ~ refused to do that** er wollte das absolut *or* durchaus nicht tun; **it's ~ amazing** es ist wirklich erstaunlich; **you look ~ stunning/awful** du siehst wirklich großartig/schrecklich aus.

absolution [ˌæbsə'luːʃən] *n* (*Eccl*) Absolution, Lossprechung *f*.

absolutism ['æbsəluːtɪzəm] *n* Absolutismus *m*.

absolve [əb'zɒlv] *vt person* (*from sins*) lossprechen (*from* von); (*from blame*) freisprechen (*from* von); (*from vow, oath etc*) entbinden (*from* von).

absorb [əb'sɔːb] *vt* absorbieren, aufnehmen; *liquid also* aufsaugen; *knowledge, news also* in sich (*acc*) aufnehmen; *vibration* auffangen, absorbieren; *shock* dämpfen; *light, sound* absorbieren, schlucken; *people, firm also* integrieren (*into* in +*acc*); *costs etc* tragen; *one's time* in Anspruch nehmen. **she ~s things quickly** sie hat eine rasche Auffassungsgabe; **to be/get ~ed in a book** *etc* in ein Buch *etc* vertieft *or* versunken sein/sich in ein Buch *etc* vertiefen; **she was completely ~ed in her family/job** sie ging völlig in ihrer Familie/Arbeit auf.

absorbency [əb'sɔːbənsɪ] *n* Saug- *or*

Absorptionsfähigkeit f.

absorbent [əb'sɔːbənt] adj saugfähig, absorbierend.

absorbent cotton n (US) Watte f.

absorbing [əb'sɔːbɪŋ] adj fesselnd.

absorption [əb'sɔːpʃən] n see vt Absorption, Aufnahme f; Aufsaugung f; Aufnahme f; Auffangen nt; Dämpfung f; Integration f. **her total ~ in her family/studies/book** ihr vollkommenes Aufgehen in ihrer Familie/ihrem Studium/ihre völlige Versunkenheit in dem Buch; **to watch with ~** gebannt beobachten.

abstain [əb'steɪn] vi 1. sich enthalten (from gen). **to ~ from alcohol/drinking** sich des Alkohols/Trinkens enthalten (geh); **to ~ from comment** sich eines Kommentars enthalten. 2. (in voting) sich der Stimme enthalten.

abstainer [əb'steɪnə^r] n 1. (from alcohol) Abstinenzler(in f) m. 2. see **abstention** 2.

abstemious [əb'stiːmɪəs] adj person, life enthaltsam; meal, diet bescheiden.

abstemiousness [əb'stiːmɪəsnɪs] n see adj Enthaltsamkeit f; Bescheidenheit f.

abstention [əb'stenʃən] n 1. no pl Enthaltung f; (from alcohol also) Abstinenz f. 2. (in voting) (Stimm)enthaltung f. **were you one of the ~s?** waren Sie einer von denen, die sich der Stimme enthalten haben?

abstinence ['æbstɪnəns] n Abstinenz, Enthaltung f (from von); (self-restraint) Enthaltsamkeit f.

abstract¹ ['æbstrækt] I adj (all senses) abstrakt. **in the ~** abstrakt; ~ **noun** Abstraktum nt, abstraktes Substantiv. II n (kurze) Zusammenfassung f; (as title) Übersicht f (of gen, über +acc).

abstract² [æb'strækt] vt abstrahieren; information entnehmen (from aus); metal etc trennen; (inf: steal) entwenden.

abstraction [æb'strækʃən] n Abstraktion f; (abstract term also) Abstraktum nt; (mental separation also) Abstrahieren nt; (extraction: of information etc) Entnahme f; (absent-mindedness) Entrücktheit f (geh). **to argue in ~s** in abstrakten Begriffen or Abstraktionen argumentieren.

abstractness ['æbstræktnɪs] n Abstraktheit f.

abstruse [æb'struːs] adj abstrus.

abstruseness [æb'struːsnɪs] n abstruse Unklarheit.

absurd [əb'sɜːd] adj absurd. **don't be ~!** sei nicht albern; **if you think that, you're just being ~** du bist ja nicht recht bei Trost, wenn du das glaubst; **what an ~ waste of time!** so eine blödsinnige Zeitverschwendung!; **theatre of the ~** absurdes Theater.

absurdity [əb'sɜːdɪtɪ] n Absurde(s) nt no pl (of an +dat); (thing etc also) Absurdität f.

absurdly [əb'sɜːdlɪ] adv behave absurd; fast, (inf) rich, expensive etc unsinnig.

abundance [ə'bʌndəns] n (großer) Reichtum (of an +dat); (of hair, vegetation, details, illustrations, information, ideas, colours also, proof) Fülle f (of von, gen). **in ~** in Hülle und Fülle; **a country with an ~ of oil/raw materials** ein Land mit reichen Ölvorkommen/großem Reichtum an Rohstoffen; **with his ~ of energy** mit

seiner ungeheuren Energie.

abundant [ə'bʌndənt] adj reich; growth, hair üppig; time, proof reichlich; energy, self-confidence etc ungeheuer. **to be ~ in** sth reich an etw (dat) sein.

abundantly [ə'bʌndəntlɪ] adv reichlich; grow in Hülle und Fülle, üppig. **to make it ~ clear that ...** mehr als deutlich zu verstehen geben, daß ...; **it was ~ clear (to me) that ...** es war (mir) mehr als klar, daß ...

abuse [ə'bjuːs] I n 1. no pl (insults) Beschimpfungen pl. **to shout ~ at sb** jdm Beschimpfungen an den Kopf werfen; **to heap ~ on sb** jdn mit Beschimpfungen überschütten; see **shower, stream**.
2. (misuse) Mißbrauch m; (unjust practice) Mißstand m. ~ **of confidence/authority** Vertrauens-/Amtsmißbrauch m; **the system is open to ~** das System läßt sich leicht mißbrauchen.
II [ə'bjuːz] vt 1. (revile) beschimpfen.
2. (misuse) mißbrauchen; one's health Raubbau treiben mit.

abusive [ə'bjuːsɪv] adj beleidigend. ~ **language** Beschimpfungen, Beleidigungen pl; **to be ~ (to sb)** (jdm gegenüber) beleidigend or ausfallend sein; **to become/get ~ (with sb)** (jdm gegenüber) beleidigend or ausfallend werden.

abusiveness [ə'bjuːsɪvnɪs] n (of person) ausfallende Art. **language of such ~** eine derart ausfallende Ausdrucksweise.

abut [ə'bʌt] vi stoßen (on(to) an +acc); (land also) grenzen (on(to) an +acc); (two houses, fields etc) aneinanderstoßen/-grenzen.

abutment [ə'bʌtmənt] n (Archit) Flügel- or Wangenmauer f.

abutter [ə'bʌtə^r] n (US) Anlieger m; (to one's own land) (Grenz)nachbar(in f) m.

abutting [ə'bʌtɪŋ] adj (daran) anstoßend attr; (fields also) (daran) angrenzend attr. **the two ~ houses** die zwei aneinanderstoßenden Häuser.

abysmal [ə'bɪzməl] adj (fig) entsetzlich; performance, work, taste etc miserabel.

abysmally [ə'bɪzməlɪ] adv see adj.

abyss [ə'bɪs] n (lit, fig) Abgrund m.

Abyssinia [ˌæbɪ'sɪnɪə] n Abessinien nt.

Abyssinian [ˌæbɪ'sɪnɪən] I adj attr abessinisch. II n Abessinier(in f) m.

A/C abbr of **account**.

AC abbr of **alternating current**.

acacia [ə'keɪʃə] n (also ~ **tree**) Akazie f.

academic [ˌækə'demɪk] I adj 1. akademisch; publisher, reputation wissenschaftlich.
2. (intellectual) approach, quality, interest wissenschaftlich; interests geistig; person, appearance intellektuell; style, book also akademisch.
3. (theoretical) akademisch.
II n Akademiker(in f) m; (Univ) Universitätslehrkraft f.

academically [ˌækə'demɪkəlɪ] adv 1. wissenschaftlich. **to be ~ inclined/minded** geistige Interessen haben/wissenschaftlich denken.
2. **she is not doing well ~** sie ist in der Schule nicht gut/mit ihrem Studium nicht sehr erfolgreich; **she's good at handicraft**

but is not doing so well ~ im Werken ist sie gut, aber in den wissenschaftlichen Fächern hapert es.

academician [əˌkædəˈmɪʃən] n Akademiemitglied nt.

academy [əˈkædəmɪ] n Akademie f. **naval/ military** ~ Marine/Militärakademie f.

acanthus [əˈkænθəs] n (plant) Bärenklau f, Akanthus m (also Archit).

accede [ækˈsiːd] vi **1.** to ~ **to the throne** den Thron besteigen; **to** ~ **to the Premiership/ office of President** die Nachfolge als Premierminister/Präsident antreten. **2.** (agree) zustimmen (to dat); (yield) einwilligen (to in +acc). **3.** to ~ **to a treaty** einem Pakt beitreten.

accelerate [ækˈseləreɪt] I vt beschleunigen; speed also erhöhen.

   II vi beschleunigen; (driver also) Gas geben; (work-rate, speed, change) sich beschleunigen, zunehmen; (growth, inflation etc) zunehmen. **he** ~**d away** er gab Gas und fuhr davon; **to** ~ **away** (runner etc) lospurten; (car etc) losfahren.

acceleration [ækˌseləˈreɪʃən] n Beschleunigung f; (of speed also) Erhöhung f. **to have good/poor** ~ eine gute/schlechte Beschleunigung haben.

acceleration ratio n Beschleunigungswert m.

accelerator [ækˈseləreɪtəʳ] n **1.** (also ~ **pedal**) Gaspedal, Gas (inf) nt. **to step on the** ~ aufs Gas treten or drücken (inf). **2.** (Phys) Beschleuniger m.

accent [ˈæksənt] I n (all senses) Akzent m; (stress also) Betonung f; (mark on letter also) Akzentzeichen nt; (pl liter: tones) Töne pl, Tonfall m. **to speak (a language) without/with an** ~ (eine Sprache) akzentfrei or ohne/mit Akzent sprechen; **to put the** ~ **on sth** (fig) den Akzent auf etw (acc) legen; **to shift the** ~ **from sth to sth** den Akzent von etw auf etw (acc) verlagern; **the** ~ **is on bright colours** der Akzent liegt auf leuchtenden Farben.

   II [ækˈsent] vt betonen.

accentuate [ækˈsentjʊeɪt] vt betonen; (in speaking, Mus) akzentuieren; (Ling: give accent to) mit einem Akzent versehen. **to** ~ **the need for sth** die Notwendigkeit einer Sache (gen) betonen.

accentuation [ækˌsentjʊˈeɪʃən] n Betonung f; (in speaking, Mus) Akzentuierung f. **his** ~ **of the need to ...** seine Betonung der Notwendigkeit zu ...

accept [əkˈsept] I vt **1.** offer, gift annehmen; suggestion, work also, report, findings akzeptieren; responsibility übernehmen; person akzeptieren; (believe) story glauben; excuse akzeptieren, gelten lassen. **a photograph of the President** ~**ing the award** ein Bild von dem Präsidenten, wie er die Auszeichung entgegennimmt; **to** ~ **sb into society** jdn in die Gesellschaft aufnehmen.

   2. (recognize) need einsehen, anerkennen; person, duty akzeptieren, anerkennen. **it is generally** ~**ed that ...** es ist allgemein anerkannt, daß ...; **we must** ~ **the fact that ...** wir müssen uns damit abfinden, daß ...; **I** ~ **that it might take a little longer** ich sehe ein, daß es etwas länger

dauern könnte; **to** ~ **that sth is one's responsibility/duty** etw als seine Verantwortung/Pflicht akzeptieren. **3.** (allow, put up with) behaviour, fate, conditions hinnehmen. **we'll just have to** ~ **things as they are** wir müssen die Dinge eben so (hin)nehmen, wie sie sind. **4.** (Comm) annehmen.

   II vi annehmen; (with offers also) akzeptieren; (with invitations also) zusagen.

acceptability [əkˌseptəˈbɪlətɪ] n see adj Annehmbarkeit f, Akzeptierbarkeit f; Zulässigkeit f; Passendheit f. **social** ~ (of person) gesellschaftliche Akzeptabilität; (of behaviour) gesellschaftliche Zulässigkeit.

acceptable [əkˈseptəbl] adj annehmbar (to für), akzeptabel (to für); behaviour zulässig; (suitable) gift passend. **tea is always** ~ Tee ist immer gut or willkommen; **that would be most** ~ das wäre sehr or höchst willkommen; **any job would be** ~ **to him** ihm wäre jede Stelle recht, er würde jede Stelle (an)nehmen.

acceptance [əkˈseptəns] n see vt **1.** Annahme f; Akzeptierung f; Übernahme f; (believing) Glauben nt; (receiving: of award) Entgegennahme f. **his** ~ **into the family** seine Aufnahme in der or die Familie; **to find** or **win** or **gain** ~ (theories, people) anerkannt werden, Anerkennung finden; **to find** or **win** or **gain** ~ **for one's ideas** Anerkennung f für seine Ideen finden; **to meet with general** ~ allgemeine Anerkennung finden.

   2. Anerkennung f.

   3. Hinnahme f.

   4. Annahme f; Abnahme f.

accepted [əkˈseptɪd] adj truth, fact (allgemein) anerkannt. **it's the** ~ **thing** es ist üblich or der Brauch.

access [ˈækses] I n **1.** Zugang m (to zu); (to room, private grounds etc also) Zutritt m (to zu). **to be easy of** ~ leicht zugänglich sein; **to give sb** ~ jdm Zugang gewähren (to sb/sth zu jdm/etw); jdm Zutritt gewähren (to sth zu etw); **to refuse sb** ~ jdm den Zugang verwehren (to sth zu jdm/etw); jdm den Zutritt verwehren (to sth zu etw); **this door gives** ~ **to the garden** diese Tür führt in den Garten; **this location offers easy** ~ **to shops and transport facilities** von hier sind Läden und Verkehrsmittel leicht zu erreichen; **to have/ gain** ~ **to sb/sth** Zugang zu jdm/etw haben/sich (dat) Zugang zu jdm/etw verschaffen; **the thieves gained** ~ **through the window** die Diebe gelangten durch das Fenster hinein; ~ **road** Zufahrt(sstraße) f; **"**~ **only"** „nur für Anlieger", „Anlieger frei"; **right of** ~ **to one's children/a house** Besuchsrecht für seine Kinder/Wegerecht zu einem Haus.

   2. (liter: attack, fit) Anfall m. **in an** ~ **of rage** etc in einem Zornesausbruch etc.

   3. (Computers) Zugriff m. ~ **time** Zugriffszeit f.

   II vt (Computers) file, data Zugriff haben auf (+acc).

accessary [ækˈsesərɪ] n see **accessory 2.**

accessibility [ækˌsesɪˈbɪlɪtɪ] n (of place, information) Zugänglichkeit f.

accessible [æk'sesəbl] *adj information,
person* zugänglich (*to dat*); *place also*
(leicht) zu erreichen (*to* für). **~ to reason**
vernünftigen Argumenten zugänglich.

accession [æk'seʃən] *n* **1.** (*to an office*)
Antritt *m* (*to gen*); (*also* ~ **to the throne**)
Thronbesteigung *f*; (*to estate, power*)
Übernahme *f* (*to gen*).
2. (*consent: to treaty, demand*) Zustim-
mung (*to* zu), Annahme (*to gen*) *f*.
3. (*addition*) (*to property*) Zukauf *m*;
(*to library also*) (Neu)anschaffung *f*.

accessory [æk'sesərɪ] *n* **1.** Extra *nt*; (*in
fashion*) Accessoire *nt*. **accessories** *pl*
Zubehör *nt*; **toilet accessories** Toilettenar-
tikel *pl*.
2. (*Jur*) Helfershelfer(in *f*) *m*; (*actively
involved*) Mitschuldige(r) *mf* (*to* an
+*dat*). **to be an** ~ **after/before the fact** sich
der Begünstigung/Beihilfe schuldig
machen; **this made him an** ~ **to the crime**
dadurch wurde er an dem Verbrechen
mitschuldig.

accident ['æksɪdənt] *n* (*Mot, in home, at
work*) Unfall *m*; (*Rail, Aviat, disaster*)
Unglück *nt*; (*mishap*) Mißgeschick *nt*;
(*chance occurrence*) Zufall *m*. ~ **in-
surance** Unfallversicherung *f*; **she has had
an** ~ sie hat einen Unfall gehabt *or*
(*caused it*) gebaut (*inf*); (*by car, train etc
also*) sie ist verunglückt; (*in kitchen etc*)
ihr ist etwas *or* ein Mißgeschick *or* ein
Malheur passiert; **little Jimmy has had an**
~ (*euph*) bei dem kleinen Jimmy hat es
ein Unglück gegeben (*inf*); **by** ~ (*by
chance*) durch Zufall, zufällig; (*uninten-
tionally*) aus Versehen; **~s will happen**
(*prov*) so was kann vorkommen, so was
kommt in den besten Familien vor (*inf*);
it was an ~ es war ein Versehen; **it was
pure** ~ **that ...** es war reiner Zufall, daß
...; **it's no** ~ **that ...** es ist kein Zufall, daß
...; (*not surprisingly*) es kommt nicht von
ungefähr, daß ...

accidental [æksɪ'dentl] **I** *adj* **1.** (*un-
planned*) *meeting, benefit* zufällig,
Zufalls-; (*unintentional*) versehentlich.
2. (*resulting from accident*) *injury,
death* durch Unfall.
II *n* (*Mus*) (*sign*) Versetzungszeichen
nt, Akzidentale *f* (*form*); (*note*) erhöhter/
erniedrigter Ton.

accidentally [æksɪ'dentəlɪ] *adv* (*by
chance*) zufällig; (*unintentionally*) ver-
sehentlich.

accident-prone ['æksɪdənt‚prəʊn] *adj* vom
Pech verfolgt.

acclaim [ə'kleɪm] **I** *vt* **1.** (*applaud*) feiern
(*as* als); (*critics*) anerkennen. **2.** (*pro-
claim*) **to** ~ **sb king/winner** jdn zum
König/als Sieger ausrufen. **II** *n* Beifall *m*;
(*of critics*) Anerkennung *f*.

acclamation [æklə'meɪʃən] *n* Beifall *m*,
no pl; (*of audience etc also*) Beifallskund-
gebung, Beifallsbezeigung *f*; (*of critics
also*) Anerkennung *f*. **by** ~ durch Ak-
klamation.

acclimate [ə'klaɪmət] *vt* (*US*) *see*
acclimatize.

acclimatization [ə‚klaɪmətaɪ'zeɪʃən], (*US*)
acclimation [æklaɪ'meɪʃən] *n*
Akklimatisierung, Akklimatisation *f* (*to*

an +*acc*); (*to new surroundings etc also*)
Gewöhnung *f* (*to* an +*acc*).

acclimatize [ə'klaɪmətaɪz], (*US*)
acclimate [ə'klaɪmət] **I** *vt* gewöhnen (*to
an* +*acc*). **to become** ~**d** sich
akklimatisieren; (*person also*) sich
eingewöhnen. **II** *vi* (*also vr* ~ **oneself**) sich
akklimatisieren (*to* an +*acc, to a country
etc* in einem Land *etc*).

accolade ['ækəʊleɪd] *n* (*award*) Auszeich-
nung *f*; (*praise*) Lob *nt, no pl*; (*Hist,
Mus*) Akkolade *f*.

accommodate [ə'kɒmədeɪt] **I** *vt* **1.** (*provide
lodging for*) unterbringen.
2. (*hold, have room for*) Platz haben
für. **the car can** ~ **five people** das Auto hat
Platz für fünf Personen; **the housing** ~**s
several components** das Gehäuse enthält
verschiedene Baugruppen.
3. (*be able to cope with: theory, plan,
forecasts*) Rechnung *f* tragen (+*dat*).
4. (*form: oblige*) dienen (+*dat*); *wishes*
entgegenkommen (+*dat*). **I think we
might be able to** ~ **you** ich glaube, wir
können Ihnen dienen.
II *vi* (*eye*) sich einstellen (*to* auf +*acc*).
III *vr to* ~ **oneself to sth** sich einer Sache
(*dat*) anpassen.

accommodating [ə'kɒmədeɪtɪŋ] *adj* ent-
gegenkommend.

accommodation [ə‚kɒmə'deɪʃən] *n* **1.** (*US
also* ~**s** *pl: lodging*) Unterkunft *f*; (*room
also*) Zimmer *nt*; (*flat also*) Wohnung *f*;
(*holiday* ~ *also*) Quartier *nt*. "**~**"
,,Fremdenzimmer''; **hotel** ~ **is scarce**
Hotelzimmer sind knapp; ~ **wanted**
Zimmer/Wohnung gesucht.
2. (*space: US also* ~**s**) Platz *m*. **seating/
library** ~ Sitz-/Bibliotheksplätze *pl*; **there
is** ~ **for twenty passengers in the plane** das
Flugzeug hat für zwanzig Passagiere
Platz; **I didn't book sleeping** ~ ich habe
kein Bett/keine Betten bestellt.
3. (*form: agreement*) **to reach an** ~ ein
Übereinkommen erzielen.
4. (*of eye*) Einstellung *f* (*to* auf +*acc*).

accommodation address *n* Briefka-
stenadresse *f*; **accommodation bill** *n*
Gefälligkeitswechsel *m*; **accommoda-
tion bureau** *n* Wohnungsvermittlung *f*;
(*Univ*) Zimmervermittlung *f*.

accompaniment [ə'kʌmpənɪmənt] *n* Be-
gleitung *f* (*also Mus*). **to the** ~ **of sth** zu der
Begleitung von etw; **with piano** ~ mit
Klavierbegleitung.

accompanist [ə'kʌmpənɪst] *n* Begleiter(in
f) *m*.

accompany [ə'kʌmpənɪ] **I** *vt* begleiten
(*also Mus*). **II** *vr to* ~ **oneself** (*Mus*) sich
selbst begleiten.

accomplice [ə'kʌmplɪs] *n* Komplize *m*,
Komplizin *f*, Mittäter(in *f*) *m*. **to be an** ~
to a crime Komplize bei einem Ver-
brechen sein.

accomplish [ə'kʌmplɪʃ] *vt* schaffen. **he** ~**ed
a great deal in his short career** er hat in der
kurzen Zeit seines Wirkens Großes
geleistet; **that didn't** ~ **anything** damit
war nichts erreicht.

accomplished [ə'kʌmplɪʃt] *adj* **1.** (*skilled*)
player, carpenter fähig; *performance*
vollendet; *young lady* vielseitig. **to be** ~ **in**

the art of ... die Kunst ... (*gen*) beherrschen. **2.** *fact* vollendet.

accomplishment [əˈkʌmplɪʃmənt] *n* **1.** *no pl* (*completion*) Bewältigung *f*. **2.** (*skill*) Fertigkeit *f*; (*achievement*) Leistung *f*. **social ~s** gesellschaftliche Gewandtheit.

accord [əˈkɔːd] **I** *n* (*agreement*) Übereinstimmung, Einigkeit *f*; (*esp US Pol*) Abkommen *nt*. **I'm not in ~ with him/his views** ich stimme mit ihm/seinen Ansichten nicht überein; **of one's/its own ~** von selbst; (*of persons also*) aus freien Stücken; **with one ~** geschlossen; *sing, cheer, say etc* wie aus einem Mund(e); **to be in ~ with sth** mit etw in Einklang stehen.

II *vt* (*sb sth* jdm etw) gewähren; *praise* erteilen; *courtesy* erweisen; *honorary title* verleihen; *welcome* bieten.

III *vi* sich *or* einander entsprechen.

accordance [əˈkɔːdəns] *n* **in ~ with** entsprechend (+*dat*), gemäß (+*dat*).

accordingly [əˈkɔːdɪŋlɪ] *adv* (*correspondingly*) (dem)entsprechend; (*so, therefore also*) folglich.

according to [əˈkɔːdɪŋtuː] *prep* (*as stated or shown by*) zufolge (+*dat*), nach; *person, book, letter also* laut; (*in agreement with, in proportion to*) entsprechend (+*dat*), nach. **~ the map** der Karte nach *or* zufolge; **~ Peter** laut Peter, Peter zufolge; **we did it ~ the rules** wir haben uns an die Regeln gehalten.

accordion [əˈkɔːdɪən] *n* Akkordeon *nt*.

accordionist [əˈkɔːdɪənɪst] *n* Akkordeonspieler(in *f*), Akkordeonist(in *f*) *m*.

accost [əˈkɒst] *vt* ansprechen, anpöbeln (*pej*).

account [əˈkaʊnt] **I** *n* **1.** Darstellung *f*; (*written also*) Aufzeichnung *f*; (*report also*) Bericht *m*. **to keep an ~ of one's expenses/experiences** über seine Ausgaben Buch führen/seine Erlebnisse schriftlich festhalten; **by all ~s** nach allem, was man hört; **by your own ~** nach Ihrer eigenen Darstellung; **to give an ~ of sth** (*acc*) Bericht erstatten; **to give an ~ of oneself** Rede und Antwort stehen; **to give a good/bad ~ of oneself** sich in einem guten/schlechten Licht zeigen; **to call** *or* **hold sb to ~** jdn zur Rechenschaft ziehen; **to be held to ~ for sth** über etw (*acc*) Rechenschaft ablegen müssen.

2. (*consideration*) **to take ~ of sb/sth, to take sb/sth into ~** jdn/etw in Betracht ziehen; **to take no ~ of sb/sth, to leave sb/sth out of ~** jdn/etw außer Betracht lassen; **on no ~, not on any ~** auf (gar) keinen Fall; **on this/that ~** deshalb, deswegen; **on ~ of him/his mother/the weather** seinetwegen/wegen seiner Mutter/wegen *or* aufgrund des Wetters; **on my/his/their ~** meinet-/seinet-/ihretwegen; **on one's own ~** für sich (selbst).

3. (*benefit*) Nutzen *m*. **to turn** *or* **put sth to ~** (**good**) (guten) Gebrauch von etw machen, etw (gut) nützen.

4. (*importance*) **of no/small/great** *etc* ~ ohne/von geringer/großer Bedeutung.

5. (*Fin, Comm*) (*at bank, shop*) Konto *nt* (*with* bei); (*client*) Kunde *m*; (*bill*) Rechnung *f*. **to buy sth on ~** etw auf (Kun-

den)kredit kaufen; **please put it down to** *or* **charge it to my ~** stellen Sie es mir bitte in Rechnung; **£50 on ~** £ 50 als Anzahlung; **~(s) department** (*of shop*) Kreditbüro *nt*; **to settle** *or* **square ~s** *or* **one's ~ with sb** (*fig*) mit jdm abrechnen.

6. **~s** *pl* (*of company, club*) (Geschäfts)bücher *pl*; (*of household*) Einnahmen und Ausgaben *pl*; **to keep the ~s** die Bücher führen, die Buchführung machen.

II *vt* (*form: consider*) erachten als. **to be ~ed innocent** als unschuldig gelten; **to ~ oneself lucky** sich glücklich preisen.

◆**account for** *vi* +*prep obj* **1.** (*explain*) erklären; (*give account of*) *actions, expenditure* Rechenschaft ablegen über (+*acc*); (*illness*) dahinraffen; *chances* zunichte machen. **how do you ~ ~ it?** wie erklären Sie sich (*dat*) das?; **all the children were/money was ~ed ~** man wußte, wo die Kinder alle waren/wo das Geld (geblieben) war; **there's no ~ing ~ taste** über Geschmack läßt sich (nicht) streiten.

2. (*be the source of*) der Grund sein für. **this area ~s ~ most of the country's mineral wealth** aus dieser Gegend stammen die meisten Bodenschätze des Landes; **this area alone ~s ~ some 25% of the population** diese Gegend allein macht etwa 25% der Bevölkerung aus.

3. (*be the cause of defeat, destruction etc*) zur Strecke bringen.

accountability [ə͵kaʊntəˈbɪlətɪ] *n* Verantwortlichkeit *f* (*to sb* jdm gegenüber).

accountable [əˈkaʊntəbl] *adj* verantwortlich (*to sb* jdm). **to hold sb ~ (for sth)** jdn (für etw) verantwortlich machen.

accountancy [əˈkaʊntənsɪ] *n* Buchführung, Buchhaltung *f*; (*tax ~*) Steuerberatung *f*.

accountant [əˈkaʊntənt] *n* Buchhalter(in *f*) *m*; (*external financial adviser*) Wirtschaftsprüfer(in *f*) *m*; (*auditor*) Rechnungsprüfer(in *f*) *m*; (*tax ~*) Steuerberater(in *f*) *m*.

accredit [əˈkredɪt] *vt* **1.** *ambassador, representative* akkreditieren (*form*), beglaubigen. **to be ~ed to an embassy** bei einer Botschaft akkreditiert sein/werden.

2. (*approve officially*) zulassen, genehmigen; *herd* staatlich überwachen; (*US*) *educational institution* anerkennen; (*establish*) *belief, custom* anerkennen. **~ed herd** staatlich überwachter Viehbestand.

3. (*ascribe, attribute*) zuschreiben (*to sb* jdm).

accrual [əˈkruːəl] *n see vi* **1.** Ansammlung *f*; Auflaufen *nt*; Hinzukommen *nt*.

accrue [əˈkruː] *vi* **1.** (*accumulate*) sich ansammeln, zusammenkommen (*to* für); (*Fin: interest*) auflaufen; (*be added to*) hinzukommen (*to* zu). **2. to ~ to sb** (*honour, costs etc*) jdm erwachsen (*geh*) (*from* aus).

accumulate [əˈkjuːmjʊleɪt] **I** *vt* ansammeln, anhäufen, akkumulieren (*form*); *evidence* sammeln; (*Fin*) *interest* akkumulieren *or* zusammenkommen lassen. **II** *vi* sich ansammeln *or* akkumulieren (*form*); (*possessions, wealth also*) sich anhäufen; (*evidence*) sich häufen.

accumulation [əˌkjuːmjʊ'leɪʃən] *n see vi* Ansammlung, Akkumulation (*form*) *f*; Anhäufung *f*; Häufung *f*.

accumulative [ə'kjuːmjʊlətɪv] *adj see* **cumulative.**

accumulator [ə'kjuːmjʊleɪtəʳ] *n* Akkumulator *m*.

accuracy ['ækjʊrəsɪ] *n* Genauigkeit *f*.

accurate ['ækjʊrɪt] *adj worker, observation, translation, copy, instrument* genau, akkurat (*rare*). **the clock is ~** die Uhr geht genau; **his aim/shot was ~** er hat genau gezielt/getroffen; **to be strictly ~** um ganz genau zu sein.

accurately ['ækjʊrɪtlɪ] *adv* genau.

accursed, accurst [ə'kɜːst] *adj* 1. (*old, liter: under a curse*) unter einem Fluch *or* bösen Zauber *pred.* 2. (*inf: hateful*) verwünscht.

accusation [ˌækjʊ'zeɪʃən] *n* Beschuldigung, Anschuldigung *f*; (*Jur*) Anklage *f*; (*reproach*) Vorwurf *m*.

accusative [ə'kjuːzətɪv] I *n* Akkusativ *m*. II *adj ending* Akkusativ-.

accuse [ə'kjuːz] *vt* 1. (*Jur*) anklagen (*of* wegen, *gen*). **he is** *or* **stands ~d of murder/ theft** er ist des Mordes/Diebstahls angeklagt, er steht unter Anklage des Mordes/ Diebstahls (*form*).
 2. *sb* beschuldigen, bezichtigen. **to ~ sb of doing sth** jdn beschuldigen *or* bezichtigen, etw getan zu haben; **are you accusing me of lying/not having checked the brakes?** willst du (damit) vielleicht sagen, daß ich lüge/die Bremsen nicht nachgesehen habe?; **to ~ sb of being untidy** jdm vorwerfen, unordentlich zu sein; **who are you accusing, the police or society?** wem machen Sie einen Vorwurf *or* wen klagen Sie an, die Polizei oder die Gesellschaft?; **I ~ the government of neglect** ich mache der Regierung Nachlässigkeit zum Vorwurf; **we all stand ~d** uns alle trifft eine Schuld.

accused [ə'kjuːzd] *n* **the ~** der/die Angeklagte/die Angeklagten *pl*.

accuser [ə'kjuːzəʳ] *n* Ankläger *m*.

accusing [ə'kjuːzɪŋ] *adj* anklagend.

accusingly [ə'kjuːzɪŋlɪ] *adv see adj*.

accustom [ə'kʌstəm] *vt* **to ~ sb/oneself to sth/to doing sth** jdn/sich an etw (*acc*) gewöhnen/daran gewöhnen, etw zu tun; **to be ~ed to sth/to doing sth** an etw (*acc*) gewöhnt sein/gewöhnt sein, etw zu tun; **to become** *or* **get ~ed to sth/to doing sth** sich an etw (*acc*) gewöhnen/sich daran gewöhnen, etw zu tun.

accustomed [ə'kʌstəmd] *adj attr* (*usual*) gewohnt.

AC/DC *adj* 1. *abbr of* **alternating current/ direct current** Allstrom(-). 2. **ac/dc** (*sl*) bi (*sl*).

ace [eɪs] I *n* 1. (*Cards*) As *nt*. **the ~ of clubs** das Kreuzas; **to have an ~ up one's sleeve** noch einen Trumpf in der Hand haben; **he was/came within an ~ of success** *or* **of succeeding** es wäre ihm um ein Haar gelungen.
 2. (*inf: expert*) As *nt* (*at* in +*dat*). **tennis ~** Tennisas *nt*.
 3. (*Tennis: serve*) As *nt*. **to serve an ~** ein As spielen.

II *adj attr swimmer, pilot etc* Star-.

acerbity [ə'sɜːbɪtɪ] *n* Schärfe *f*.

acetate ['æsɪteɪt] *n* Acetat *nt*.

acetic [ə'siːtɪk] *adj* essigsauer. **~ acid** Essigsäure *f*.

acetone ['æsɪtəʊn] *n* Aceton *nt*.

acetylene [ə'setɪliːn] *n* Acetylen *nt*.

ache [eɪk] I *n* (dumpfer) Schmerz *m*. **I have an ~ in my side** ich habe Schmerzen in der Seite; **her body was a mass of ~s and pains** es tat ihr am ganzen Körper weh; **a few little ~s and pains** ein paar Wehwehchen (*inf*).
 II *vi* 1. weh tun, schmerzen. **my head/ stomach ~s** mir tut der Kopf/Magen weh; **it makes my head/eyes ~** davon bekomme ich Kopfschmerzen/tun mir die Augen weh; **I'm aching all over** mir tut alles weh; **it makes my heart ~ to see him** (*fig*) es tut mir in der Seele weh, wenn ich ihn sehe.
 2. (*fig: yearn*) **to ~ for sb/sth** sich nach jdm/etw sehnen; **to ~ to do sth** sich danach sehnen, etw zu tun.

achieve [ə'tʃiːv] I *vt* erreichen, schaffen; *success* erzielen; *victory* erringen; *rank also, title* erlangen. **she ~d a great deal** (*did a lot of work*) sie hat eine Menge geleistet; (*was quite successful*) sie hat viel erreicht; **he will never ~ anything** er wird es nie zu etwas bringen.
 II *vi* (*Psych, Sociol*) leisten. **the achieving society** die Leistungsgesellschaft.

achievement [ə'tʃiːvmənt] *n* 1. (*act*) *see vt* Erreichen *nt*; Erzielen *nt*; Erringen *nt*; Erlangen *nt*. 2. (*thing achieved*) (*of individual*) Leistung *f*; (*of society, civilization, technology*) Errungenschaft *f*. **that's quite an ~!** das ist schon eine Leistung! (*also iro*); **for his many ~s** für seine zahlreichen Verdienste; **~ quotient/test** Leistungsquotient *m*/-test *m*.

Achilles [ə'kɪliːz] *n* Achill(es) *m*. **~' heel** (*fig*) Achillesferse *f*; **~' tendon** Achillessehne *f*.

aching ['eɪkɪŋ] *adj attr bones, head* schmerzend; (*fig*) *heart* wund, weh (*liter*).

acid ['æsɪd] I *adj* (*sour, Chem*) sauer; (*fig*) ätzend, beißend. **~ drop** saurer *or* saures Drops; **~ test** (*fig*) Feuerprobe *f*. II *n* 1. (*Chem*) Säure *f*. 2. (*sl: LSD*) Acid *nt* (*sl*).

acidic [ə'sɪdɪk] *adj* sauer.

acidity [ə'sɪdɪtɪ] *n* Säure *f*; (*Chem also*) Säuregehalt *m*; (*of stomach*) Magensäure *f*.

acidly ['æsɪdlɪ] *adv* (*fig*) ätzend, beißend.

ack-ack ['æk'æk] *n* (*fire*) Flakfeuer *nt*; (*gun*) Flak *f*.

acknowledge [ək'nɒlɪdʒ] *vt* anerkennen; *quotation* angeben; (*admit*) *truth, fault, defeat etc* eingestehen, zugeben; (*note receipt of*) *letter etc* bestätigen; *present* den Empfang bestätigen von; (*respond to*) *greetings, cheers etc* erwidern. **to ~ oneself beaten** sich geschlagen geben; **to ~ receipt of sth** den Empfang von etw bestätigen; **to ~ sb's presence** jds Anwesenheit zur Kenntnis nehmen.

acknowledgement [ək'nɒlɪdʒmənt] *n see vt* Anerkennung *f*; Angabe *f*; Eingeständnis *nt*; Bestätigung *f*; Empfangsbestätigung *f*; Erwiderung *f*. **he waved in ~** er winkte zurück; **in ~ of** in Anerkennung

(+*gen*); **I received no** ~ ich erhielt keine Antwort; **as an** ~ **of my gratitude/your kindness** zum Zeichen meiner Dankbarkeit/zum Dank für Ihre Freundlichkeit; ~**s are due to ...** ich habe/wir haben ... zu danken.

acme ['ækmɪ] *n* Höhepunkt, Gipfel *m*; (*of task, elegance etc*) Inbegriff *m*.

acne ['æknɪ] *n* Akne *f*.

acolyte ['ækəʊlaɪt] *n* (*Eccl*) (*Catholic*) Akoluth *m*; (*Protestant: server*) Meßdiener *m*; (*fig*) Gefolgsmann *m*.

aconite ['ækənaɪt] *n* (*Bot*) Eisenhut *m*, Aconitum *nt*; (*drug*) Aconitin *nt*.

acorn ['eɪkɔːn] *n* Eichel *f*.

acoustic [ə'kuːstɪk] *adj* akustisch; (*soundproof*) *tiles, panel* Dämm-.

acoustically [ə'kuːstɪkəlɪ] *adv* akustisch.

acoustics [ə'kuːstɪks] *n* 1. *sing* (*subject*) Akustik *f*. 2. *pl* (*of room etc*) Akustik *f*.

acquaint [ə'kweɪnt] *vt* 1. (*make familiar*) bekannt machen. **to be** ~**ed/thoroughly** ~**ed with sth** mit etw bekannt/vertraut sein; **to become** ~**ed with sth** etw kennenlernen; *facts, truth* etw erfahren; **to** ~ **oneself** *or* **make oneself** ~**ed with sth** sich mit etw vertraut machen.

  2. (*with person*) **to be** ~**ed with sb** mit jdm bekannt sein; **we're not** ~**ed** wir kennen einander *or* uns nicht; **to become** *or* **get** ~**ed** sich (näher) kennenlernen; **I'll leave you two to get** ~**ed** ich laß euch erst einmal allein, damit ihr euch kennenlernen *or* beschnuppern (*inf*) könnt.

acquaintance [ə'kweɪntəns] *n* 1. (*person*) Bekannte(r) *mf*. **we're just** ~**s** wir kennen uns bloß flüchtig; **a wide circle of** ~**s** ein großer Bekanntenkreis.

  2. (*with person*) Bekanntschaft *f*; (*with subject etc*) Kenntnis *f* (*with gen*); (*intimate, with sorrow etc*) Vertrautheit *f*. **to make sb's** ~, **to make the** ~ **of sb** jds Bekanntschaft *or* die Bekanntschaft jds machen; **I have some** ~ **with Italian wines** ich kenne mich mit italienischen Weinen einigermaßen aus; **he/it improves on** ~ er gewinnt bei näherer Bekanntschaft/man kommt mit der Zeit auf den Geschmack.

acquiesce [ˌækwɪ'es] *vi* einwilligen (*in* in + *acc*); (*submissively*) sich fügen (*in* dat).

acquiescence [ˌækwɪ'esns] *n see vi* Einwilligung *f* (*in* in +*acc*); Fügung *f* (*in* in + *acc*).

acquiescent [ˌækwɪ'esnt] *adj* fügsam; *smile* ergeben; *attitude* zustimmend.

acquire [ə'kwaɪə*r*] *vt* erwerben; (*by dubious means*) sich (*dat*) aneignen; *habit* annehmen. **I see he has** ~**d a secretary/wife** wie ich sehe, hat er sich eine Sekretärin/Frau angeschafft (*inf*); **he** ~**d a fine tan** er hat eine gute Farbe bekommen; **to** ~ **a taste/liking for sth** Geschmack/Gefallen an etw (*dat*) finden; **once you've** ~**d a taste for it** wenn du erst mal auf den Geschmack gekommen bist; **caviar is an** ~**d taste** Kaviar ist (nur) für Kenner; ~**d** (*Psych*) erworben; ~**d characteristics** (*Biol*) erworbene Eigenschaften *pl*.

acquirement [ə'kwaɪəmənt] *n* 1. (*act*) *see* **acquisition** 1. 2. (*skill etc acquired*) Fertigkeit *f*.

acquisition [ˌækwɪ'zɪʃən] *n* 1. (*act*) Erwerb

m; (*by dubious means*) Aneignung *f*; (*of habit*) Annahme *f*. 2. (*thing acquired*) Anschaffung *f*; (*hum: secretary, girlfriend etc*) Errungenschaft *f*. **he's a useful** ~ **to the department** er ist ein Gewinn für die Abteilung.

acquisitive [ə'kwɪzɪtɪv] *adj* auf Erwerb aus, habgierig (*pej*), raffgierig (*pej*). **the** ~ **society** die Erwerbsgesellschaft.

acquisitiveness [ə'kwɪzɪtɪvnɪs] *n* Habgier *f*.

acquit [ə'kwɪt] I *vt* freisprechen. **to be** ~**ted of a crime** von einem Verbrechen freigesprochen werden.

  II *vr* (*conduct oneself*) sich verhalten; (*perform*) seine Sache machen. **he** ~**ted himself well** er hat seine Sache gut gemacht; (*stood up well*) er hat sich gut aus der Affäre gezogen.

acquittal [ə'kwɪtl] *n* Freispruch *m*.

acre ['eɪkə*r*] *n* ≈ Morgen *m*. ~**s** (*old, liter: land*) Fluren *pl* (*old, liter*); ~**s** (*and* ~**s**) **of garden/open land** hektarweise Garten/meilenweise freies Land.

acreage ['eɪkərɪdʒ] *n* Land *nt*; (*Agr*) Anbaufläche *f*.

acrid ['ækrɪd] *adj* *taste* bitter; (*of wine*) sauer; *comment, smoke* beißend.

acrimonious [ˌækrɪ'məʊnɪəs] *adj* *discussion, argument* erbittert; *person, words* bissig.

acrimoniously [ˌækrɪ'məʊnɪəslɪ] *adv* see *adj*.

acrimony ['ækrɪmənɪ] *n see* **acrimonious** erbitterte Schärfe; Bissigkeit *f*.

acrobat ['ækrəbæt] *n* Akrobat(in *f*) *m*.

acrobatic [ˌækrəʊ'bætɪk] *adj* akrobatisch.

acrobatics [ˌækrəʊ'bætɪks] *npl* Akrobatik *f*. **mental** ~ (*fig*) Gedankenakrobatik *f*.

across [ə'krɒs] I *adv* 1. (*direction*) (*to the other side*) hinüber; (*from the other side*) herüber; (*crosswise*) (quer)durch. **shall I go** ~ **first?** soll ich zuerst hinüber(gehen/-schwimmen *etc*)?; **to throw/row** ~/**help sb** ~ hinüberwerfen/hinüberrudern/jdm hinüberhelfen; herüberwerfen/herüberrudern/jdm herüberhelfen; **to cut sth** ~ etw (quer) durchschneiden; **he was already** ~ er war schon drüben; ~ **from your house** gegenüber von eurem Haus; **the stripes go** ~ es ist quergestreift.

  2. (*measurement*) breit; (*of round object*) im Durchmesser.

  3. (*in crosswords*) waagerecht.

  II *prep* 1. (*direction*) über (+*acc*); (*diagonally* ~) quer durch (+*acc*). **to run** ~ **the road** über die Straße laufen; **to wade** ~ **a river** durch einen Fluß waten; **a tree fell** ~ **the path** ein Baum fiel quer über den Weg; ~ **country** querfeldein; (*over long distance*) quer durch das Land; **to draw a line** ~ **the page** einen Strich machen; (*diagonal*) einen Strich quer durch die Seite machen; **the stripes go** ~ **the material** der Stoff ist quergestreift.

  2. (*position*) über (+*dat*). **a tree lay** ~ **the path** ein Baum lag quer über dem Weg; **he was sprawled** ~ **the bed** er lag quer auf dem Bett; **with his arms** (folded) ~ **his chest** die Arme vor der Brust verschränkt; **from** ~ **the sea** von der anderen Seite des Meeres; **he lives** ~ **the street from us** er wohnt uns gegenüber; **you**

could hear him (from) ~ **the hall** man konnte ihn von der anderen Seite der Halle hören; *see vbs.*

across-the-board [ə'krɒsθə'bɔːd] *adj attr* allgemein; *see also* **board.**

acrylic [ə'krɪlɪk] I *n* Acryl *nt.* II *adj* Acryl-; *dress* aus Acryl.

act [ækt] I *n* 1. *(deed, thing done)* Tat *f*; *(official, ceremonial)* Akt *m*. **my first** ~ **was to phone him** meine erste Tat *or* mein erstes war, ihn anzurufen; **an** ~ **of mercy/ judgement** *m*/eine (wohl)-überlegte Tat; **an** ~ **of God** höhere Gewalt *no pl*; **an** ~ **of folly/madness** reine Dummheit/reiner Wahnsinn; **A~s, the A~s of the Apostles** *(Bibl)* die Apostelgeschichte.

2. *(process of doing)* **to be in the** ~ **of doing sth** (gerade) dabei sein, etw zu tun; **to catch sb in the** ~ jdn auf frischer Tat *or* *(sexually)* in flagranti ertappen; **to catch/ watch sb in the** ~ **of doing sth** jdn dabei ertappen/beobachten, wie er etw tut.

3. *(Parl)* Gesetz *nt*. **under an** ~ **of Parliament passed in 1976 this is illegal** nach einem 1976 vom Parlament verabschiedeten Gesetz ist das verboten.

4. *(Theat)* *(of play, opera)* Akt *m*; *(turn)* Nummer *f*. **a one-~ play/opera** ein Einakter *m*/eine Oper in einem Akt; **to get into** *or* **in on the** ~ *(fig inf)* mit von der Partie sein; **how did he get in on the ~?** *(inf)* wie kommt es, daß er da mitmischt? *(inf).*

5. *(fig: pretence)* Theater *nt*, Schau *f* *(inf).* **it's all an** ~ das ist alles nur Theater *or* Schau *(inf);* **to put on an** ~ Theater spielen.

II *vt part* spielen; *play also* aufführen. **to** ~ **the fool** herumalbern.

III *vi* 1. *(Theat)* *(perform)* spielen; *(to be an actor)* schauspielern, Theater spielen; *(fig)* Theater spielen, schauspielern, markieren. **to** ~ **on TV/on the radio** fürs Fernsehen/in Hörspielen auftreten *or* spielen; **who's ~ing in it?** wer spielt darin?; **he should learn to ~!** er sollte erst mal richtig schauspielern lernen; **... but she can't** ~ ... aber sie kann nicht spielen *or* ist keine Schauspielerin; **he's only ~ing** er tut (doch) nur so, er markiert *or* spielt (doch) nur; **to** ~ **stupid/ innocent** *etc* sich dumm/unschuldig *etc* stellen.

2. *(function)* *(brakes etc)* funktionieren; *(drug)* wirken. **to** ~ **as ...** wirken als ...; *(have function)* fungieren als ...; *(person)* das Amt des/der ... übernehmen, fungieren als ...; **~ing in my capacity as chairman** in meiner Eigenschaft als Vorsitzender; **it ~s as a deterrent** das wirkt abschreckend; **to** ~ **for sb** jdn vertreten.

3. *(behave)* sich verhalten. ~ **like a man!** sei ein Mann!; **she ~ed as if** *or* **as though she was hurt/surprised** *etc* sie tat so, als ob sie verletzt/überrascht *etc* wäre; **he ~s as though he owns the place** *(inf)* er tut so, als ob der Laden ihm gehört *(inf).*

4. *(take action)* handeln. **he ~ed to stop it** er unternahm etwas *or* Schritte, um dem ein Ende zu machen.

◆**act on** *or* **upon** *vi +prep obj* 1. *(affect)* wirken auf *(+acc).* **~ing** ~ **an impulse** einer plötzlichen Eingebung gehorchend *or* folgend.

2. *(take action on)* *warning, report, evidence* handeln auf *(+acc)* ... hin; *(suggestion, advice* folgen *(+dat).* **~ing** ~ **information received, the police ...** die Polizei handelte aufgrund der ihr zugegangenen Information und ...; **did you** ~ ~ **the letter?** haben Sie auf den Brief hin etwas unternommen?

◆**act out** *vt sep fantasies, problems etc* durchspielen. **the drama/affair was ~ed at ...** das Drama/die Affäre spielte sich in ... ab.

◆**act up** *vi (inf)* jdm Ärger machen; *(person also)* Theater machen *(inf);* *(to attract attention)* sich aufspielen; *(machine also)* verrückt spielen *(inf).*

◆**act upon** *vi +prep obj see* **act on.**

actable ['æktəbl] *adj play* spielbar.

acting ['æktɪŋ] I *adj* 1. stellvertretend *attr*, in Stellvertretung *pred.*

2. *attr (Theat)* schauspielerisch.

II *n (Theat)* *(performance)* Darstellung *f*; *(activity)* Spielen *nt*; *(profession)* Schauspielerei *f*. **what was the/his** ~ **like?** wie waren die Schauspieler/wie hat er gespielt? **he's done some** ~ er hat schon Theater gespielt.

actinium [æk'tɪnɪəm] *n (abbr* Ac) Aktinium *nt.*

action ['ækʃən] *n* 1. *no pl (activity)* Handeln *nt*; *(of play, novel etc)* Handlung *f*. **now is the time for** ~ die Zeit zum Handeln ist gekommen; **a man of** ~ ein Mann der Tat; **to take** ~ etwas *or* Schritte unternehmen; **have you taken any** ~ **on his letter?** haben Sie auf seinen Brief hin irgend etwas *or* irgendwelche Schritte unternommen?; **course of** ~ Vorgehen *nt*; **"~"** *(on office tray)* ,,zur Bearbeitung''; **no further** ~ keine weiteren Maßnahmen; *(label on file etc)* abgeschlossen; **the** ~ **of the play/novel takes place ...** das Stück/der Roman spielt ...; ~! *(Film)* Achtung, Aufnahme!

2. *(deed)* Tat *f*. **his first** ~ **was to phone me** als erstes rief er mich an; **to suit the** ~ **to the word** dem Wort die Tat folgen lassen; **~s speak louder than words** *(Prov)* die Tat wirkt mächtiger als das Wort *(prov).*

3. *(motion, operation)* **in/out of** ~ in/nicht in Aktion; *(machine)* in/außer Betrieb; *(operational)* einsatzfähig/nicht einsatzfähig; **to go into** ~ in Aktion treten; **to put a plan into** ~ einen Plan in die Tat umsetzen; **to put out of** ~ außer Gefecht setzen; **he needs prodding into** ~ man muß ihm immer erst einen Stoß geben.

4. *(exciting events)* Action *f (sl).* **there's no** ~ **in this film** in dem Film passiert nichts, dem Film fehlt (die) Action *(sl);* **a novel full of** ~ ein handlungsreicher Roman; **let's have some ~!** *(inf)* machen wir mal was los! *(inf);* **to go where the** ~ **is** *(inf)* hingehen, wo was los ist *(inf);* **that's where the** ~ **is** *(inf)* da ist was los.

5. *(Mil) (fighting)* Aktionen *pl*; *(battle)*

Kampf *m*, Gefecht *nt*. **enemy** ~ feindliche Handlungen *or* Aktionen *pl*; **killed in** ~ **gefallen; the first time they went into** ~ bei ihrem ersten Einsatz.

6. (*way of operating*) (*of machine*) Arbeitsweise *f*; (*of piano etc*) Mechanik *f*; (*of watch, gun*) Mechanismus *m*; (*way of moving*) (*of athlete etc*) Bewegung *f*; (*of horse*) Aktion *f*. **the piano/typewriter has a stiff** ~ das Klavier/die Schreibmaschine hat einen harten Anschlag; **to move with an easy/a smooth** ~ (*Sport*) sich ganz locker und leicht bewegen.

7. (*esp Chem, Phys: effect*) Wirkung *f* (*on auf +acc*).

8. (*Jur*) Klage *f*. **to bring an** ~ (**against sb**) eine Klage (gegen jdn) anstrengen.

9. (*Fin sl*) **a piece of the** ~ ein Stück aus dem Kuchen (*sl*).

actionable [ˈækʃnəbl] *adj* verfolgbar; *statement* klagbar.

action group *n* Bürger-/Studenten-/Elterninitiative *etc f*; **action-packed** *adj film, book* aktions- *or* handlungsgeladen; **action painting** *n* Aktion *f*; **action replay** *n* Wiederholung *f*; **action stations** *npl* Stellung *f*; ~! Stellung!; (*fig*) an die Plätze!

activate [ˈæktɪveɪt] *vt mechanism* (*person*) betätigen; (*heat*) auslösen; (*switch, lever*) in Gang setzen; *alarm* auslösen; *bomb* zünden; (*Chem, Phys*) aktivieren; (*US Mil*) mobilisieren.

active [ˈæktɪv] **I** *adj* aktiv (*also Gram*); *mind, social life* rege; *volcano also* tätig; *hostility also* offen; *dislike* offen, unverhohlen; *file* im Gebrauch; (*radio~*) radioaktiv. **to be** ~ **in politics** politisch aktiv *or* tätig sein; **to be under** ~ **consideration** ernsthaft erwogen werden; **on** ~ **service** (*Mil*) im Einsatz; **to be on the** ~ **list** (*Mil*) zur ständigen Verfügung stehen. **II** *n* (*Gram*) Aktiv *nt*.

actively [ˈæktɪvlɪ] *adv* aktiv; *dislike* offen, unverhohlen.

activism [ˈæktɪvɪzm] *n* Aktivismus *m*.

activist [ˈæktɪvɪst] *n* Aktivist(in *f*) *m*.

activity [ækˈtɪvɪtɪ] *n* **1.** *no pl* Aktivität *f*; (*in classroom, station, on beach etc also*) reges Leben; (*in market, town, office*) Geschäftigkeit *f* or geschäftiges Treiben; (*mental*) Betätigung *f*. **a scene of great** ~ ein Bild geschäftigen Treibens; **a new sphere of** ~ ein neues Betätigungsfeld.

2. (*pastime*) Betätigung *f*. **classroom activities** schulische Tätigkeiten *pl*; **the church organizes many activities** die Kirche organisiert viele Veranstaltungen; **business/social activities** geschäftliche/ gesellschaftliche Unternehmungen *pl*; **criminal activities** kriminelle Tätigkeiten *or* Aktivitäten *pl*.

3. (*radio~*) Radioaktivität *f*.

activity holiday *n* Aktivurlaub *m*.

actor [ˈæktəʳ] *n* (*lit, fig*) Schauspieler *m*.

actress [ˈæktrɪs] *n* (*lit, fig*) Schauspielerin *f*.

actual [ˈæktjʊəl] *adj* eigentlich; *reason, price also, result* tatsächlich; *case, example* konkret. **in** ~ **fact** eigentlich; **what were his** ~ **words?** (*what did he really say*) was hat er eigentlich gesagt?; (*what were his exact words*) was genau hat er

gesagt?; **this is the** ~ **house** das ist hier das Haus; **there is no** ~ **contract** es besteht kein eigentlicher Vertrag; **your** ~ ... (*inf*) ein echter/eine echte/ein echtes ...; der/ die/das echte ...

actuality [ˌæktjʊˈælɪtɪ] *n* (*reality*) Wirklichkeit, Realität *f*; (*realism*) Aktualität *f*.

actualize [ˈæktjʊəlaɪz] *vt* verwirklichen.

actually [ˈæktjʊəlɪ] *adv* **1.** (*used as a filler*) *usually not translated*. ~ **I haven't started yet** ich habe noch (gar) nicht damit angefangen; ~ **we were just talking about you** wir haben eben von Ihnen geredet; ~ **his name is Smith** er heißt (übrigens) Smith.

2. (*to tell the truth, in actual fact*) eigentlich; (*by the way*) übrigens. **as you said before – and** ~ **you were quite right** wie Sie schon sagten – und eigentlich hatten Sie völlig recht; ~ **you were quite right, it was a bad idea** Sie hatten übrigens völlig recht, es war eine schlechte Idee; **do you want that/know him?** — ~ **I do/don't** möchten Sie das/kennen Sie ihn? — ja, durchaus *or* schon/nein, eigentlich nicht; **you don't want that/know him, do you?** — ~ **I do** Sie möchten das/kennen ihn (doch) nicht, oder? — doch, eigentlich schon; **do you know her?** — ~ **I'm her husband** kennen Sie sie? — ja, ich bin nämlich ihr Mann; **I'm going soon, tomorrow** ~ ich gehe bald, nämlich morgen; **you're never home** — ~ **I was home last night** du bist nie zu Hause — doch, gestern abend war ich da.

3. (*truly, in reality, showing surprise*) tatsächlich. **if you** ~ **own a flat** wenn Sie tatsächlich eine Wohnung besitzen; **don't tell me you're** ~ **going now!** sag bloß, du gehst jetzt tatsächlich *or* wirklich!; **oh, you're** ~ **in/dressed/ready!** oh, du bist sogar da/angezogen/fertig!; **I haven't** ~ **started/done it/met him yet** ich habe noch nicht angefangen/es noch nicht gemacht/ ihn noch nicht kennengelernt; **not** ~ ..., **but ...** zwar nicht ..., aber ...; **I wasn't** ~ **there, but/so ...** ich war zwar selbst nicht dabei, aber .../ich war selbst nicht dabei, deshalb ...; **what did he** ~ **say?** (*what did he really say*) was hat er eigentlich gesagt?; (*what were his exact words*) was genau hat er gesagt?, was hat er tatsächlich gesagt?; **what do you** ~ **want?** was möchten Sie eigentlich?; **does that** ~ **exist?** gibt es das denn überhaupt?; **as for** ~ **working** ... was die Arbeit selbst betrifft ...; **as for** ~ **doing it** wenn es dann daran geht, es auch zu tun; **it's the first time that I've** ~ **seen him** das ist das erste Mal, daß ich ihn mal gesehen habe; **without** ~ **knowing him/his books** ohne ihn/seine Bücher überhaupt zu kennen.

4. **it's** ~ **taking place this very moment** das findet genau in diesem Augenblick statt; **it was** ~ **taking place when he ...** es fand genau zu der Zeit statt, als er ...

actuarial [ˌæktjʊˈɛərɪəl] *adj* (*Insur*) versicherungsmathematisch, versicherungsstatistisch.

actuary [ˈæktjʊərɪ] *n* (*Insur*) Aktuar *m*.

actuate [ˈæktjʊeɪt] *vt* (*lit*) auslösen; (*fig*) treiben.

acuity [ə'kjuːɪtɪ] n Scharfsinn m, Klugheit f; (of mind) Schärfe f.

acumen ['ækjʊmen] n Scharfsinn m. **business/political** ~ Geschäftssinn m/ politische Klugheit.

acupuncture ['ækjʊˌpʌŋktʃəʳ] n Akupunktur f.

acute [ə'kjuːt] adj **1.** (intense, serious, Med) pain, shortage, appendicitis akut; pleasure intensiv. **2.** (keen) eyesight scharf; hearing also, sense of smell fein. **3.** (shrewd) scharf; person scharfsinnig; child aufgeweckt. **4.** (Math) angle spitz. **5.** (Ling) ~ **accent** Akut m.

acutely [ə'kjuːtlɪ] adv **1.** (intensely) akut; feel intensiv; embarrassed, sensitive, uncomfortable äußerst; aware schmerzlich. **2.** (shrewdly) scharfsinnig; criticize, observe scharf.

acuteness [ə'kjuːtnɪs] n see adj **1.** Intensität f. **2.** Schärfe f; Feinheit f. **3.** Schärfe f; Scharfsinn m; Aufgewecktheit f.

AD abbr of **Anno Domini** A.D.

ad [æd] n abbr of **advertisement** Anzeige f, Inserat nt. **small** ~s Kleinanzeigen pl.

adage ['ædɪdʒ] n Sprichwort nt.

Adam ['ædəm] n Adam m. ~'s **apple** Adamsapfel m; **I don't know him from** ~ (inf) ich habe keine Ahnung, wer er ist.

adamant ['ædəmənt] adj hart; refusal also hartnäckig. **to be** ~ unnachgiebig sein, darauf bestehen; **he was** ~ **about going er** bestand hartnäckig darauf zu gehen; **he was** ~ **in his refusal** er weigerte sich hartnäckig.

adamantine [ˌædə'mæntaɪn] adj (liter) (lit) diamanten (liter); (fig) hartnäckig.

adapt [ə'dæpt] **I** vt anpassen (to dat); machine umstellen (to, for auf +acc); vehicle, building umbauen (to, for für); text, book adaptieren, bearbeiten (for für). ~**ed to your requirements** nach Ihren Wünschen abgeändert; ~**ed for children/television** für Kinder/für das Fernsehen adaptiert or bearbeitet; ~**ed from the Spanish** aus dem Spanischen übertragen und bearbeitet.
II vi sich anpassen (to dat); (Sci also) sich adaptieren (to an +acc).

adaptability [əˌdæptə'bɪlɪtɪ] n see adj Anpassungsfähigkeit f; Vielseitigkeit f; Flexibilität f; Eignung f zur Adaption.

adaptable [ə'dæptəbl] adj plant, animal, person anpassungsfähig; vehicle, hairstyle vielseitig; schedule flexibel; book zur Adaption or Bearbeitung geeignet. **to be** ~ **to sth** (person, animal, plant) sich an etw (acc) anpassen können; (vehicle) sich in etw (dat) verwenden lassen.

adaptation [ˌædæp'teɪʃən] n **1.** (process) Adaptation f (to an +acc); (of person, plant, animal also) Anpassung f (to an + acc); (of machine) Umstellung f (to auf + acc); (of vehicle, building) Umbau m; (of text also) Bearbeitung f. **2.** (of book, play etc) Adaption, Bearbeitung f.

adapter, adaptor [ə'dæptəʳ] n **1.** (of book etc) Bearbeiter(in f) m. **2.** (for connecting pipes etc) Verbindungs- or Zwischenstück nt; (to convert machine etc) Adapter m.

3. (Elec) Adapter m; (for several plugs) Doppel-/Dreifachstecker, Mehrfachstecker m; (on appliance) Zwischenstecker m.

add [æd] **I** vt **1.** (Math) addieren; (~ on) one number also hinzu- or dazuzählen (to zu); (~ up) several numbers also zusammenzählen. **to** ~ **8 and/to 5** 8 und 5 zusammenzählen/8 zu 5 hinzuzählen.
2. hinzufügen (to zu); ingredients, money also dazugeben, dazutun (to zu); name also dazusetzen (to auf +acc); (say in addition also) dazusagen; (build on) anbauen. ~**ed to which ...** hinzu kommt, daß ...; **it** ~**s nothing to our knowledge** unser Wissen wird dadurch nicht erweitert; **transport/VAT** ~**s 10% to the cost** es kommen 10% Transportkosten hinzu/zu den Kosten kommen noch 10% Mehrwertsteuer; **they** ~ **10% for service** sie rechnen or schlagen 10% für Bedienung dazu; see insult.
II vi **1.** (Math) zusammenzählen, addieren. **she just can't** ~ sie kann einfach nicht rechnen.
2. to ~ **to sth** zu etw beitragen; **to** ~ **to one's income** sein Einkommen aufbessern; **the house had been** ~**ed to** an das Haus war (etwas) angebaut worden.

◆**add on** vt sep number, amount dazurechnen; two weeks mehr rechnen; room anbauen; storey aufstocken; (append) comments etc anfügen.

◆**add up I** vt sep zusammenzählen or -rechnen.
II vi **1.** (figures etc) stimmen; (fig: make sense) sich reimen. **it's beginning to** ~ ~ jetzt wird so manches klar.
2. to ~ ~ **to** (column, figures) ergeben (+acc); (expenses also) sich belaufen auf (+acc); **that all** ~**s** ~ **to a rather unusual state of affairs** alles in allem ergibt das eine recht ungewöhnliche Situation; **it doesn't** ~ ~ **to much** (fig) das ist nicht berühmt (inf).

added ['ædɪd] adj attr zusätzlich.

addendum [ə'dendəm] n, pl **addenda** [ə'dendə] Nachtrag m.

adder ['ædəʳ] n Viper, Natter f.

addict ['ædɪkt] n (lit, fig) Süchtige(r) mf. **he's a television/heroin/real** ~ er ist fernseh-/heroinsüchtig/richtig süchtig.

addicted [ə'dɪktɪd] adj süchtig. **to be/ become** ~ **to heroin/drugs/drink** heroin-/ rauschgift-/trunksüchtig sein/werden; **you might get** ~ **to it** das kann zur Sucht werden; (Med) davon kann man süchtig werden.

addiction [ə'dɪkʃən] n Sucht f (to nach); (no pl: state of dependence also) Süchtigkeit f. ~ **to drugs/alcohol/pleasure/sport** Rauschgift-/Trunk-/Vergnügungssucht/ übermäßige Sportbegeisterung; **to become an** ~ zur Sucht werden.

addictive [ə'dɪktɪv] adj **to be** ~ (lit) süchtig machen; (fig) zu einer Sucht werden können; **these drugs/watching TV can become** ~ diese Drogen können/Fernsehen kann zur Sucht werden; ~ **drug** Suchtdroge f.

adding machine n Addiermaschine f.

Addis Ababa [ˌædɪs'æbəbə] n Addis Abeba nt.

addition [ə'dɪʃən] n **1.** (Math) Addition f;

(*act also*) Zusammenzählen *nt*. ~ **sign** Pluszeichen *nt*.

2. (*adding*) Zusatz *m*. **the ~ of one more person would make the team too large** eine zusätzliche *or* weitere Person würde das Team zu groß machen.

3. (*thing added*) Zusatz *m* (**to** zu); (*to list*) Ergänzung *f* (**to** zu); (*to building*) Anbau *m* (**to** an +*acc*); (*to income*) Aufbesserung *f* (*to gen*); (*to bill*) Zuschlag (**to** zu), Aufschlag (**to** auf +*acc*) *m*. **they are expecting an ~ to their family** (*inf*) sie erwarten (Familien)zuwachs (*inf*).

4. in ~ außerdem, obendrein; **in ~ (to this) he said … und** außerdem sagte er …; **in ~ to sth** zusätzlich zu etw; **she's studying for her exams in ~ to her other pursuits** zusätzlich zu ihren anderen Tätigkeiten bereitet sie sich auch noch auf ihr Examen vor.

additional [ə'dɪʃənl] *adj* zusätzlich. ~ **charge** Aufpreis *m*; **any ~ expenditure beyond this limit** alle weiteren Ausgaben über diese Grenze hinaus; **any ~ suggestions will have to be raised at the next meeting** irgendwelche weiteren Vorschläge müssen bei der nächsten Sitzung vorgebracht werden.

additionally [ə'dɪʃənlɪ] *adv* außerdem; *say* ergänzend. ~ **there is …** außerdem ist da noch …, dazu kommt noch …; ~ **difficult** (nur) noch schwieriger.

additive ['ædɪtɪv] *n* Zusatz *m*.

addle ['ædl] I *vt* **1.** verdummen. **2.** *egg* faul werden lassen, verderben lassen. II *vi* (*egg*) verderben, faul werden.

addled ['ædld] *adj* **1.** *brain, person* benebelt; (*permanently*) verdummt. **2.** *egg* verdorben, faul.

addle-headed ['ædl'hedɪd], **addle-pated** ['ædl'peɪtɪd] *adj* (*inf*) trottelig (*inf*), dußlig (*inf*).

address [ə'dres] I *n* **1.** (*of person, on letter etc*) Adresse, Anschrift *f*. **home ~** Privatadresse *f*; (*when travelling*) Heimatanschrift *f*; **what's your ~?** wo wohnen Sie?; **I've come to the wrong ~** ich bin hier falsch; **at this ~** unter dieser Adresse; **who else lives at this ~?** wer wohnt noch in dem Haus?; **"not known at this ~"** „Adressat unbekannt".

2. (*speech*) Ansprache *f*. **the A~** (*Parl*) die Adresse (*die Erwiderung auf die Thronrede*).

3. (*bearing, way of behaving*) Auftreten *nt*; (*way of speaking*) Art *f* zu reden.

4. (*form: skill, tact*) Gewandtheit *f*.

5. form of ~ (Form *f* der) Anrede *f*.

6. (*Computers*) Adresse *f*.

II *vt* **1.** *letter* adressieren (**to** an +*acc*).

2. *complaints* richten (**to** an +*acc*).

3. (*speak to*) *meeting* sprechen zu; *jury* sich wenden an (+*acc*); *person* anreden. **don't ~ me as "Colonel"** nennen Sie mich nicht „Colonel".

III *vr* **1. to ~ oneself to sb** (*speak to*) jdn ansprechen; (*apply to*) sich an jdn wenden.

2. (*form*) **to ~ oneself to a task** sich einer Aufgabe widmen.

addressee [ˌædre'siː] *n* Empfänger(in *f*), Adressat(in *f*) *m*.

addresser, addressor [ə'dresəʳ] *n* (*form*) Absender(in *f*) *m*.

address label *n* Klebadresse *f*.

addressograph [ə'dresəʊɡrɑːf] *n* Adressiermaschine, Adrema ® *f*.

adduce [ə'djuːs] *vt* (*form*) anführen; *proof* erbringen.

adduction [æ'dʌkʃən] *n* (*form*) *see vt* Anführung *f*; Erbringung *f*.

Aden ['eɪdn] *n* Aden *nt*.

adenoidal ['ædɪnɔɪdl] *adj* adenoid; *voice, adolescent* näselnd.

adenoids ['ædɪnɔɪdz] *npl* Rachenmandeln, Polypen (*inf*) *pl*.

adept ['ædept] I *n* (*form*) Meister(in *f*) *m*, Experte *m*, Expertin *f* (**in, at** in +*dat*). II *adj* geschickt (**in, at** in +*dat*). **to be ~ at hanging wallpaper** geschickt *or* ein Meister *or* Experte im Tapezieren sein.

adequacy ['ædɪkwəsɪ] *n* Adäquatheit, Angemessenheit *f*. **we doubt the ~ of his explanation/theory/this heating system** wir bezweifeln, daß seine Erklärung/Theorie/diese Heizung angemessen *or* adäquat *or* ausreichend ist; **he's beginning to doubt his ~ as a father** er zweifelt langsam an seiner Eignung als Vater.

adequate ['ædɪkwɪt] *adj* adäquat; (*sufficient also*) *supply, heating system* ausreichend; *time* genügend *inv*; (*good enough also*) zulänglich; *excuse* angemessen. **to be ~** (*sufficient*) (aus)reichen, genug sein; (*good enough*) zulänglich *or* adäquat sein; **this is just not ~** das ist einfach unzureichend *or* (*not good enough also*) nicht gut genug; **more than ~** mehr als genug; (*heating*) mehr als ausreichend.

adequately ['ædɪkwɪtlɪ] *adv see adj*.

adhere [əd'hɪəʳ] *vi* (**to** an +*dat*) (*stick*) haften; (*more firmly*) kleben.

◆**adhere to** *vi* +*prep obj* (*support, be faithful*) bleiben bei; *to plan, belief, principle, determination also* festhalten an (+*dat*); *to rule* sich halten an (+*acc*).

adherence [əd'hɪərəns] *n* Festhalten *nt* (**to** an +*dat*); (*to rule*) Befolgung *f* (*to gen*).

adherent [əd'hɪərənt] *n* Anhänger(in *f*) *m*.

adhesion [əd'hiːʒən] *n* **1.** (*of particles etc*) Adhäsion, Haftfähigkeit *f*; (*more firmly: of glue*) Klebefestigkeit *f*. **powers of ~** Adhäsionskraft *f*; (*of glue*) Klebekraft *f*.

2. *see* **adherence**.

adhesive [əd'hiːzɪv] I *n* Klebstoff *m*. II *adj* haftend; (*more firmly*) klebend. **to be highly/not very ~** sehr/nicht gut haften/kleben; ~ **plaster** Heftpflaster *nt*; ~ **tape** Klebstreifen *m*; ~ **strength/powers** Adhäsionskraft *f*; (*of glue*) Klebekraft *f*.

ad hoc [ˌæd'hɒk] *adj, adv* ad hoc *inv*.

ad infinitum [ˌædɪnfɪ'naɪtəm] *adv* ad infinitum (*geh*), für immer.

adipose ['ædɪpəʊs] *adj* (*form*) adipös (*form*), Fett-. ~ **tissue** Fettgewebe *nt*; (*hum*) Fettpölsterchen *pl*.

adjacent [ə'dʒeɪsənt] *adj* angrenzend; *room also, angles* Neben-. **to be ~ to sth** an etw (*acc*) angrenzen, neben etw (*dat*) liegen; **in the room ~ to ours** in dem Zimmer, das neben unserem liegt.

adjectival *adj*, ~**ly** *adv* [ˌædʒek'taɪvəl, -ɪ] adjektivisch.

adjective ['ædʒektɪv] n Adjektiv, Eigen-
schaftswort nt.

adjoin [ə'dʒɔɪn] I vt grenzen an (+acc). II vi
nebeneinander liegen, aneinander gren-
zen.

adjoining [ə'dʒɔɪnɪŋ] adj room Neben-,
Nachbar-; (esp Archit etc) anstoßend;
field Nachbar-, angrenzend; (of two
things) nebeneinanderliegend. in the ~
office im Büro daneben or nebenan.

adjourn [ə'dʒɜːn] I vt 1. vertagen (until auf
+acc). ~ed the meeting for three hours
er unterbrach die Konferenz für drei
Stunden.
  2. (US: end) beenden.
  II vi 1. sich vertagen (until auf +acc). to
~ for lunch/one hour zur Mittagspause/
für eine Stunde unterbrechen.
  2. (go to another place) sich begeben. to
~ to the sitting room sich ins Wohn-
zimmer begeben.

adjournment [ə'dʒɜːnmənt] n (to another
day) Vertagung f (until auf +acc); (within
a day) Unterbrechung f.

adjudge [ə'dʒʌdʒ] vt 1. (Jur) the court ~d
that ... das Gericht entschied or befand,
daß ...; to ~ sb guilty/insane jdn für
schuldig/unzurechnungsfähig erklären or
befinden; the estate was ~d to the second
son der Besitz wurde dem zweiten Sohn
zugesprochen.
  2. (award) prize zuerkennen, zuspre-
chen (to sb jdm). he was ~d the winner er
wurde zum Sieger or Gewinner erklärt.

adjudicate [ə'dʒuːdɪkeɪt] I vt 1. (judge)
claim entscheiden; competition Preis-
richter sein bei.
  2. (Jur: declare) to ~ sb bankrupt jdn
für bankrott erklären.
  II vi entscheiden, urteilen (on, in bei);
(in dispute) Schiedsrichter sein (on bei, in
+dat); (in competition, dog-show etc) als
Preisrichter fungieren.

adjudication [ə,dʒuːdɪ'keɪʃən] n Ent-
scheidung f, Beurteilung f; (result also)
Urteil nt. ~ of bankruptcy Bankrotter-
klärung f.

adjudicator [ə'dʒuːdɪkeɪtəʳ] n (in com-
petition, dog-show etc) Preisrichter(in f)
m; (in dispute) Schiedsrichter(in f)m.

adjunct ['ædʒʌŋkt] n Anhängsel nt. a dic-
tionary is an indispensable ~ to language
learning ein Wörterbuch ist unerläßlich
fürs Sprachenlernen.

adjuration [,ædʒʊə'reɪʃən] n (liter)
Beschwörung f.

adjure [ə'dʒʊəʳ] vt (liter) beschwören.

adjust [ə'dʒʌst] I vt 1. (set) machine, engine,
carburettor, brakes, height, speed, flow etc
einstellen; knob, lever (richtig) stellen;
(alter) height, speed verstellen; length of
clothes ändern; (correct, re-adjust) nach-
stellen; height, speed, flow regulieren;
formula, plan, production, exchange
rates, terms (entsprechend) ändern;
salaries angleichen (to an +acc); hat, tie
zurechtrücken. you can ~ the speed of the
record-player die Geschwindigkeit des
Plattenspielers läßt sich verstellen; to ~
the lever upwards/downwards den Hebel
nach oben/unten stellen; you have to ~
this knob to regulate the ventilation Sie

müssen an diesem Knopf drehen, um die
Ventilation zu regulieren; do not ~ your
set ändern Sie nichts an der Einstellung
Ihres Geräts; to ~ sth to new
requirements/conditions etc etw auf neue
Erfordernisse/Umstände etc abstimmen,
etw neuen Erfordernissen/Umständen etc
anpassen; the terms have been ~ed slight-
ly in your favour die Bedingungen sind zu
Ihren Gunsten leicht abgeändert worden;
we ~ed all salaries upwards/downwards
wir haben alle Gehälter nach oben/unten
angeglichen.
  2. to ~ oneself to sth (to new country,
circumstances etc) sich einer Sache (dat)
anpassen; (to new requirements, demands
etc) sich auf etw (acc) einstellen.
  3. (settle) differences beilegen, schlich-
ten; (Insur) claim regulieren.
  II vi 1. (to new country, circumstances
etc) sich anpassen (to dat); (to new
requirements, demands etc) sich einstellen
(to auf +acc).
  2. (machine etc) sich einstellen lassen.

adjustability [ə,dʒʌstə'bɪlɪtɪ] n see adj Ver-
stellbarkeit f; Veränderlichkeit, Varia-
bilität f; Regulierbarkeit f; Beweglich-
keit, Flexibilität f; Anpassungsfähigkeit f.

adjustable [ə'dʒʌstəbl] adj tool, height,
angle verstellbar; height also, speed, temperature
variabel; height also, speed, temperature
regulierbar; tax, deadline, rate of
production/repayment beweglich, flexi-
bel; person, animal, plant anpassungs-
fähig.

adjuster [ə'dʒʌstəʳ] n (Insur) (Schadens)-
sachverständige(r) mf.

adjustment [ə'dʒʌstmənt] n 1. (setting) (of
machine, engine, carburettor, brakes,
height, speed, flow etc) Einstellung f; (of
knob, lever) (richtige) Stellung f; (altera-
tion) (of height, speed) Verstellung f; (of
length of clothes) Änderung f; (correc-
tion, re-adjustment) Nachstellung f; (of
height, speed, flow) Regulierung f; (of
formula, plan, production, exchange rate,
terms) (entsprechende) Änderung f; (of
hat, tie) Zurechtrücken nt. if you could
make a slight ~ to my salary (hum inf)
wenn Sie eine leichte Korrektur meines
Gehalts vornehmen könnten (hum); to
make ~s Änderungen vornehmen; brakes
require regular ~ Bremsen müssen regel-
mäßig nachgestellt werden.
  2. (socially etc) Anpassung f.
  3. (settlement) Beilegung, Schlichtung
f; (Insur) Regulierung f.

adjutant ['ædʒətənt] n 1. (Mil) Adjutant m.
  2. (Orn: also ~ bird) Indischer Marabu.

ad-lib [æd'lɪb] I adv aus dem Stegreif. II n
Improvisation f. III adj improvisiert,
Stegreif-. IV vti improvisieren.

adman ['ædmæn] n (inf) Werbefachmann,
Reklamemensch (inf) m. **admen** Wer-
beleute pl.

admin ['ædmɪn] abbr of **administration**
Verw.

administer [əd'mɪnɪstəʳ] I vt 1. institution,
funds verwalten; business, affairs führen;
(run) company, department die Verwal-
tungsangelegenheiten regeln von.
  2. (dispense) relief, alms gewähren; law

ausführen, vollstrecken, vollziehen; *punishment* verhängen (*to* über +*acc*). **to ~ justice** Recht sprechen; **to ~ a severe blow to sb** (*fig*) jdm einen schweren Schlag versetzen.
3. (*cause to take*) (*to sb* jdm) *medicine, drugs* verabreichen; *sacraments* spenden; *last rites* geben. **to ~ an oath to sb** jdm einen Eid abnehmen.
II *vi* **1.** (*act as administrator*) die Verwaltungsangelegenheiten regeln.
2. (*form*) **to ~ to the sick/sb's needs** *etc* sich der Kranken/sich jds annehmen.

administrate [ˈædˈmɪnɪstreɪt] *see* **administer I 1, II 1.**

administration [ədˌmɪnɪsˈtreɪʃən] *n* **1.** *no pl* Verwaltung *f*; (*of an election, a project etc*) Organisation *f*. **to spend a lot of time on ~** viel Zeit auf Verwaltungsangelegenheiten *or* -sachen verwenden.
2. (*government*) Regierung *f*. **the Schmidt ~** die Regierung Schmidt.
3. *no pl* (*of remedy*) Verabreichung *f*; (*of sacrament*) Spenden *nt*. **the ~ of an oath** die Vereidigung; **the ~ of justice** die Rechtsprechung.

administrative [ədˈmɪnɪstrətɪv] *adj* administrativ, Verwaltungs-.

administrator [ədˈmɪnɪstreɪtəʳ] *n* Verwalter *m*; (*Jur*) Verwaltungsbeamte(r) *m*.

admirable *adj*, **~bly** *adv* [ˈædmərəbl, -ɪ] (*praiseworthy, laudable*) bewundernswert, erstaunlich; (*excellent*) vortrefflich, ausgezeichnet.

admiral [ˈædmərəl] *n* Admiral *m*. **A~ of the Fleet** (*Brit*) Großadmiral *m*; *see* **red ~**.

Admiralty [ˈædmərəltɪ] *n* (*Brit*) Admiralität *f*; (*department, building*) britisches Marineministerium. **First Lord of the ~** britischer Marineminister.

admiration [ˌædməˈreɪʃən] *n* **1.** Bewunderung *f*. **2.** (*person, object*) **to be the ~ of all/of the world** von allen/von aller Welt bewundert werden.

admire [ədˈmaɪəʳ] *vt* bewundern.

admirer [ədˈmaɪərəʳ] *n* Bewund(e)rer(in *f*), Verehrer(in *f*) *m*.

admiring *adj*, **~ly** *adv* [ədˈmaɪərɪŋ, -lɪ] bewundernd.

admissibility [ədˌmɪsəˈbɪlɪtɪ] *n* Zulässigkeit *f*.

admissible [ədˈmɪsəbl] *adj* zulässig.

admission [ədˈmɪʃən] *n* **1.** (*entry*) Zutritt *m*; (*to club also, university*) Zulassung *f*; (*price*) Eintritt *m*. **to gain ~ to a building** Zutritt zu einem Ort erhalten; (*thieves etc*) sich (*dat*) Zutritt zu einem Ort verschaffen; **he had gained ~ to a whole new world** er hatte Zugang zu einer ganz neuen Welt gefunden; **a visa is necessary for ~ to the country** für die Einreise ist ein Visum nötig.
2. (*Jur: of evidence etc*) Zulassung *f*.
3. (*confession*) Eingeständnis *nt*. **on** *or* **by his own ~** nach eigenem Eingeständnis; **that would be an ~ of failure** das hieße, sein Versagen eingestehen.

admit [ədˈmɪt] *vt* **1.** (*let in*) hinein-/hereinlassen; (*permit to join*) zulassen (*to* zu), aufnehmen (*to* in +*acc*). **children not ~ted** kein Zutritt für Kinder; **he was not ~ted to the cinema/to college** er wurde

nicht ins Kino hineingelassen/zur Universität zugelassen; **to be ~ted to the Bar** bei Gericht zugelassen werden; **this ticket ~s two** die Karte ist für zwei (Personen).
2. (*have space for: halls, harbours etc*) Platz bieten für.
3. (*acknowledge*) zugeben. **do you ~ stealing his hat?** geben Sie zu, seinen Hut gestohlen zu haben?; **he ~ed himself beaten** er gab sich geschlagen; **it is generally ~ted that ...** es wird allgemein zugegeben, daß ...

◆**admit of** *vi* +*prep obj* (*form*) zulassen (+*acc*).

◆**admit to** *vi* +*prep obj* eingestehen. **I have to ~ ~ a certain feeling of admiration** ich muß gestehen, daß mir das Bewunderung abnötigt.

admittance [ədˈmɪtəns] *n* (*to building*) Zutritt (*to* zu), Einlaß (*to* in +*acc*) *m*; (*to club*) Zulassung (*to* zu), Aufnahme (*to* in +*acc*) *f*. **I gained ~ to the hall** mir wurde der Zutritt zum Saal gestattet; **I was denied ~** mir wurde der Zutritt verwehrt *or* verweigert; **no ~ except on business** Zutritt für Unbefugte verboten.

admittedly [ədˈmɪtɪdlɪ] *adv* zugegebenermaßen.

admixture [ədˈmɪkstʃəʳ] *n* (*thing added*) Zusatz *m*, Beigabe *f*.

admonish [ədˈmɒnɪʃ] *vt* **1.** (*reprove*) ermahnen (*for* wegen). **2.** (*warn*) (er)mahnen; (*exhort*) ermahnen.

admonishment [ədˈmɒnɪʃmənt], **admonition** [ˌædməʊˈnɪʃən] *n* **1.** (*rebuke*) Ermahnung *f*. **2.** (*warning*) (Er)mahnung *f*; (*exhortation*) Ermahnung *f*.

admonitory [ədˈmɒnɪtərɪ] *adj* (er)mahnend.

ad nauseam [ˌædˈnɔːsɪæm] *adv* bis zum Überdruß.

ado [əˈduː] *n, no pl* Aufheben, Trara (*inf*) *nt*. **much ~ about nothing** viel Lärm um nichts; **without more** *or* **further ~** ohne weiteres.

adolescence [ˌædəʊˈlesns] *n* Jugend *f*; (*puberty*) Pubertät, Adoleszenz (*form*) *f*.

adolescent [ˌædəʊˈlesnt] **I** *n* Jugendliche(r) *mf*. **he's still an ~** er ist noch im Heranwachsen/in der Pubertät.
II *adj* Jugend-; (*in puberty*) Pubertäts-, pubertär; (*immature*) unreif. **he is so ~** er steckt noch in der Pubertät.

Adonis [əˈdəʊnɪs] *n* (*Myth, fig*) Adonis *m*.

adopt [əˈdɒpt] *vt* **1.** *child* adoptieren, an Kindes Statt annehmen (*form*); *child in a different country, family, city also* die Patenschaft übernehmen für. **the waif was ~ed into the family** der/die Waise wurde in die Familie aufgenommen; **the London court ~ed the young musician as its own** der Londoner Hof nahm den jungen Musiker als einen der ihren auf.
2. *idea, suggestion, attitude, method* übernehmen; *mannerisms* annehmen; *career* einschlagen, sich (*dat*) wählen.
3. (*Pol*) *motion* annehmen; *candidate* nehmen.

adopted [əˈdɒptɪd] *adj son, daughter* Adoptiv-, adoptiert; *country* Wahl-.

adoption [əˈdɒpʃən] *n* **1.** (*of child*) Adoption *f*, Annahme *f* an Kindes Statt (*form*);

(*of city, of child in other country*) Übernahme *f* der Patenschaft; (*into the family*) Aufnahme *f*. **parents/Japanese by** ~ Adoptiveltern *pl*/Japaner(in *f*) *m* durch Adoption.

2. (*of method, idea*) Übernahme *f*; (*of mannerisms*) Annahme *f*; (*of career*) Wahl *f*. **his country of** ~ die Heimat seiner Wahl; **this custom is Japanese only by** ~ dieser Brauch ist von den Japanern nur übernommen worden.

3. (*of motion, law, candidate*) Annahme *f*.

adoptive [ə'dɒptɪv] *adj* parent, child Adoptiv-. ~ **country** Wahlheimat *f*.

adorable [ə'dɔːrəbl] *adj* bezaubernd, hinreißend. **you are** ~ du bist ja so lieb.

adorably [ə'dɔːrəblɪ] *adv see adj*.

adoration [ˌædə'reɪʃən] *n see vt* **1.** Anbetung *f*. **2.** grenzenlose Liebe (*of* für). **3.** Liebe *f* (*of* für).

adore [ə'dɔːʳ] *vt* **1.** *God* anbeten. **2.** (*love very much*) *family, wife* über alles lieben. **3.** (*inf: like very much*) *French, whisky etc* (über alles) lieben; *Mozart also* schwärmen für. **like it? I** ~ **it** ob es mir gefällt? ich finde es hinreißend.

adoring [ə'dɔːrɪŋ] *adj* bewundernd.

adoringly [ə'dɔːrɪŋlɪ] *adv see adj*.

adorn [ə'dɔːn] *vt* schmücken, zieren (*geh*); *oneself* schmücken.

adornment [ə'dɔːnmənt] *n* Schmuck *m no pl*; (*act*) Schmücken *nt*; (*on dress, cake, design*) Verzierung *f* (*also act*); (*on manuscript*) Ornament *nt*.

adrenal [ə'driːnl] *adj* Adrenal-, Nebennieren-. ~ **glands** Nebennieren *pl*.

adrenalin(e) [ə'drenəlɪn] *n* Adrenalin *nt*. **I could feel the** ~ **rising** ich fühlte, wie mein Blutdruck stieg; **to build up sb's** ~ jdn in Stimmung bringen; **you burn up a lot of** ~ Sie verbrauchen eine Menge Energie.

Adriatic (Sea) [ˌeɪdrɪ'ætɪk('siː)] *n* Adria *f*, Adriatisches Meer.

adrift [ə'drɪft] *adv, adj pred* **1.** (*Naut*) treibend. **to be** ~ treiben; **to go** ~ sich losmachen *or* loslösen; **to set** *or* **cut a boat** ~ ein Boot losmachen.

2. (*fig*) **to come** ~ (*wire, hair etc*) sich lösen; (*plans*) fehlschlagen; (*theory*) zusammenbrechen. **we are** ~ **on the sea of life** wir treiben dahin auf dem Meer des Lebens; **you're all** ~ (*inf*) da liegst du völlig verkehrt *or* falsch.

adroit [ə'drɔɪt] *adj* lawyer, reply, reasoning gewandt, geschickt; *mind* scharf. **to be** ~ **at sth/doing sth** gewandt *or* geschickt in etw (*dat*) sein/gewandt *or* geschickt darin sein, etw zu tun.

adroitly [ə'drɔɪtlɪ] *adv* gewandt, geschickt.

adroitness [ə'drɔɪtnɪs] *n see adj* Gewandtheit, Geschicklichkeit *f*; Schärfe *f*.

adsorb [æd'sɔːb] *vt* adsorbieren.

adsorption [æd'sɔːpʃən] *n* Adsorption *f*.

adulation [ˌædjʊ'leɪʃən] *n* Verherrlichung *f*.

adult ['ædʌlt, (*US*) ə'dʌlt] **I** *n* Erwachsene(r) *mf*. ~**s only** nur für Erwachsene. **II** *adj* **1.** *person* erwachsen; *animal* ausgewachsen. **2.** (*for adults*) *book, film* für Erwachsene; (*mature*) *decision* reif. ~ **education** Erwachsenenbildung *f*.

adulterate [ə'dʌltəreɪt] *vt* **1.** wine, whisky etc panschen; *food* abwandeln. **2.** (*fig*) text, original version vergewaltigen.

adulteration [əˌdʌltə'reɪʃən] *n* **1.** (*of wine*) Panschen *nt*; (*of food*) Abwandlung *f*. **2.** (*fig*) Vergewaltigung *f*.

adulterer [ə'dʌltərəʳ] *n* Ehebrecher *m*.

adulteress [ə'dʌltərɪs] *n* Ehebrecherin *f*.

adulterous [ə'dʌltərəs] *adj* ehebrecherisch.

adultery [ə'dʌltərɪ] *n* Ehebruch *m*. **to commit** ~ Ehebruch begehen.

adulthood ['ædʌlthʊd] *n* Erwachsenenalter *nt*. **to reach** ~ erwachsen werden.

advance [əd'vɑːns] **I** *n* **1.** (*progress*) Fortschritt *m*.

2. (*movement forward*) (*of old age*) Voranschreiten *nt*; (*of science*) Weiterentwicklung *f*; (*of ideas*) Vordringen *nt*, Vormarsch *m*; (*of sea*) Vordringen *nt*. **with the** ~ **of old age** mit fortschreitendem Alter.

3. (*Mil*) Vormarsch *m*, Vorrücken *nt*.

4. (*money*) Vorschuß *m* (*on auf* +*acc*).

5. (*amorous, fig*) ~**s** *pl* Annäherungsversuche *pl*.

6. in ~ im voraus; (*temporal also*) vorher; **to send sb on in** ~ jdn vorausschicken; **£10 in** ~ £ 10 als Vorschuß; **thanking you in** ~ mit bestem Dank im voraus; **to arrive in** ~ **of the others** vor den anderen ankommen; **to be (well) in** ~ **of sb/one's time** jdm/seiner Zeit (weit) vorausssein.

II *vt* **1.** (*move forward*) date, time vorverlegen. **the dancer slowly** ~**s one foot** die Tänzerin setzt langsam einen Fuß vor.

2. (*Mil*) troops vorrücken lassen.

3. (*further*) work, project voran- *or* weiterbringen, förderlich sein für; *cause, interests* fördern; *knowledge* vergrößern; (*accelerate*) *growth* vorantreiben; (*promote*) *employee etc* befördern.

4. (*put forward*) reason, suggestion, opinion, idea, plan vorbringen.

5. (*pay beforehand*) (*sb* jdm) (als) Vorschuß geben, vorschießen (*inf*).

6. (*raise*) prices anheben.

III *vi* **1.** (*Mil*) vorrücken.

2. (*move forward*) vorankommen. **to** ~ **towards sb/sth** auf jdn/etw zugehen/-kommen; **to** ~ **upon sb** drohend auf jdn zukommen; **as the sea** ~**s over the rocks** während die See über die Felsen vordringt; **old age** ~**s** das Alter schreitet voran.

3. (*fig: progress*) Fortschritte machen. **we've** ~**d a long way since those days** wir sind seither ein gutes Stück voran- *or* weitergekommen; **the work is advancing well** die Arbeit macht gute Fortschritte *pl*; **as mankind** ~**s in knowledge** während die Menschheit an Wissen gewinnt.

4. (*prices*) anziehen; (*costs*) hochgehen, ansteigen.

advance booking *n* Reservierung *f*; (*Theat*) Vorverkauf *m*; **advance copy** *n* Vorausexemplar *nt*, Vorabdruck *m*.

advanced [əd'vɑːnst] *adj* student, level, age fortgeschritten; *studies, mathematics etc* höher; *technology also, ideas* fortschrittlich; *version, model* anspruchsvoll, weiterentwickelt; *level of civilization*

hoch; *position, observation post etc* vor-
geschoben. ~ **work** anspruchsvolle Ar-
beit; ~ **in years** in fortgeschrittenem
Alter; **the summer was well** ~ der
Sommer war schon weit vorangeschritten.
advance guard *n* Vorhut *f*; **advance man**
n (US Pol) Wahlhelfer *m.*
advancement [əd'vɑ:nsmənt] *n* **1.** *(fur-
therance)* Förderung *f.* **2.** *(promotion in
rank)* Vorwärtskommen *nt*, Aufstieg *m.*
advance notice *or* **warning** *n* frühzeitiger
Bescheid; *(of sth bad)* Vorwarnung *f*; **to
give/receive** ~ frühzeitig Bescheid/eine
Vorwarnung geben/erhalten; **advance
party** *n (Mil, fig)* Vorhut *f*; **advance
payment** *n* Vorauszahlung *f.*
advantage [əd'vɑ:ntɪdʒ] *n* **1.** Vorteil *m.* **to
have an** ~ **(over sb)** (jdm gegenüber) im
Vorteil sein; **to have the** ~ **of sb** jdm über-
legen sein; **you have the** ~ **of me** *(form)*
ich kenne leider Ihren werten Namen
nicht *(form)*; **he had the** ~ **of youth/
greater experience** er hatte den Vorzug
der Jugend/er war durch seine größere
Erfahrung im Vorteil; **to get the** ~ **of sb
(by doing sth)** sich *(dat)* (durch etw) jdm
gegenüber einen Vorteil verschaffen;
don't let him get the ~ **of us** er darf uns
gegenüber keine Vorteile bekommen; **to
have the** ~ **of numbers** zahlenmäßig über-
legen sein.
  2. *(use, profit)* Vorteil *m.* **to take** ~ **of
sb/sth** jdn ausnutzen/etw ausnutzen *or*
sich *(dat)* zunutze machen; **to take** ~ **of sb**
(euph) jdn mißbrauchen; **to turn sth to
(good)** ~ Nutzen aus etw ziehen; **he
turned it to his own** ~ er machte es sich
(dat) zunutze; **of what** ~ **is that to us?**
welchen Nutzen haben wir davon?; **to use
sth to the best** ~ das Beste aus etw
machen; **the dress shows her off to** ~ das
Kleid ist vorteilhaft für sie.
  3. *(Tennis)* Vorteil *m.*
advantageous [,ædvən'teɪdʒəs] *adj* von
Vorteil, vorteilhaft.
advantageously [,ædvən'teɪdʒəslɪ] *adv*
vorteilhaft. **it worked out** ~ **for us** es
wirkte sich zu unserem Vorteil aus.
advent ['ædvənt] *n* **1.** *(of age, era)* Beginn,
Anbruch *m*; *(of jet plane etc)* Aufkommen
nt. **2.** *(Eccl)* A~ Advent *m.*
adventitious [,ædven'tɪʃəs] *adj (form)*
zufällig.
adventure [əd'ventʃəʳ] **I** *n* **1.** Abenteuer,
Erlebnis *nt.* **an** ~ **into the unknown** ein
Vorstoß ins Unbekannte. **2.** *no pl* love/
spirit of ~ Abenteuerlust *f.* **II** *vi see* **ven-
ture. III** *attr story, film, holiday*
Abenteuer-. ~ **playground** Abenteuer-
spielplatz *m.*
adventurer [əd'ventʃərəʳ] *n* Abenteurer(in
f) *m*; *(pej also)* Windhund *m.*
adventuress [əd'ventʃərɪs] *n (pej)* Aben-
teurerin *f.*
adventurous [əd'ventʃərəs] *adj* **1.** *person*
abenteuerlustig; *journey* abenteuerlich.
2. *(bold)* gewagt.
adventurousness [əd'ventʃərəsnɪs] *n see
adj* **1.** Abenteuerlust *f*; Abenteuerlichkeit
f. **2.** Gewagte(s) *nt.*
adverb ['ædvɜːb] *n* Adverb, Umstandswort
nt.

adverbial *adj*, ~**ly** *adv* [əd'vɜːbɪəl, -ɪ] ad-
verbial.
adversary ['ædvəsərɪ] *n* Widersacher(in *f*)
m; *(in contest)* Gegner(in *f*) *m.*
adverse ['ædvɜːs] *adj* ungünstig; *criticism,
comment also*, *reaction* negativ, ableh-
nend; *wind, conditions also* widrig; *effect
also* nachteilig; *balance of payments*
passiv.
adversely [əd'vɜːslɪ] *adv comment,
criticize, react* negativ; *affect also* nach-
teilig. **if they decide** ~ **for our interests**
falls sie sich zu unseren Ungunsten ent-
scheiden sollten.
adversity [əd'vɜːsɪtɪ] *n* **1.** *no pl* Not *f.* **a
period of** ~ eine Zeit der Not; **in** ~ im
Unglück, in der Not. **2.** *(misfortune)*
Widrigkeit *f (geh).*
advert[1] ['ædvɜːt] *vi (form)* hinweisen, auf-
merksam machen *(to* auf +*acc).*
advert[2] ['ædvɜːt] *n (Brit inf)* abbr *of* **adver-
tisement** Anzeige, Annonce *f*, Inserat
nt; *(on TV, radio)* Werbespot *m.*
advertise ['ædvətaɪz] **I** *vt* **1.** *(publicize)*
Werbung *or* Reklame machen für, wer-
ben für. **I've seen that soap** ~**d on
television** ich habe die Werbung *or* Re-
klame für diese Seife im Fernsehen
gesehen; **as** ~**d on television** wie durch das
Fernsehen bekannt.
  2. *(in paper etc) flat, table etc* in-
serieren, annoncieren; *job, post also* aus-
schreiben. **to** ~ **sth in a shop window/
on local radio** etw durch eine Schau-
fensteranzeige/im Regionalsender an-
bieten.
  3. *(make conspicuous) fact* publik
machen; *ignorance also* offen zeigen.
  II *vi* **1.** *(Comm)* Werbung *or* Reklame
machen, werben.
  2. *(in paper)* inserieren, annoncieren
(for für). **to** ~ **for sb/sth** jdn/etw (per An-
zeige) suchen; **to** ~ **for sth on local radio/
in a shop window** etw per Regionalsender/
durch Anzeige im Schaufenster suchen.
advertisement [əd'vɜːtɪsmənt, *(US)*
ædvə'taɪsmənt] *n* **1.** *(Comm)* Werbung,
Reklame *f no pl*; *(in paper also)* Anzeige
f. **the TV** ~**s** die Werbung *or* Reklame im
Fernsehen; **he is not a good** ~ **for his
school** er ist nicht gerade ein Aushän-
geschild für seine Schule.
  2. *(announcement)* Anzeige *f*; *(in paper
also)* Annonce *f*, Inserat *nt.* **to put an** ~ **in
the paper (for sb/sth)** eine Anzeige (für
jdn/etw) in die Zeitung setzen, (für jdn/
etw) in der Zeitung inserieren; ~ **column**
Anzeigenspalte *f.*
advertiser ['ædvətaɪzəʳ] *n (in paper)* In-
serent(in *f*) *m.*
advertising ['ædvətaɪzɪŋ] *n* Werbung, Re-
klame *f.* **he is in** ~ er ist in der Werbung
(tätig).
advertising *in cpds* Werbe-; ~ **agency** Wer-
beagentur *f or* -büro *nt*; ~ **campaign** Wer-
bekampagne *f or* -feldzug *m*; ~ **rates** In-
seratkosten *pl*; *(for TV, radio)* Einschalt-
preise *pl* für Werbespots; ~ **space** Platz *m*
für Anzeigen.
advice [əd'vaɪs] *n* **1.** *no pl* Rat *m no pl.* **a
piece of** *or* **some** ~ ein Rat(schlag) *m*; **let
me give you a piece of** *or* **some** ~ ich will

Ihnen einen guten Rat geben; **you're a fine one to give** ~ausgerechnet du willst hier Ratschläge geben; **that's good** ~ das ist ein guter Rat; **I didn't ask for your** ~ ich habe dich nicht um (deinen) Rat gebeten *or* gefragt; **to take sb's** ~ jds Rat (be)folgen; **take my** ~ höre auf mich; **to seek (sb's)** ~ (jdn) um Rat fragen; *(from doctor, lawyer etc)* Rat (bei jdm) einholen; **to take medical/legal** ~ einen Arzt/Rechtsanwalt zu Rate ziehen; **my** ~ **to him would be …** ich würde ihm raten … **2.** *(Comm: notification)* Mitteilung, Benachrichtigung *f*, Bescheid *m*.

advisability [ədˌvaɪzə'bɪlɪtɪ] *n* Ratsamkeit *f*.

advisable [əd'vaɪzəbl] *adj* ratsam, empfehlenswert.

advisably [əd'vaɪzəblɪ] *adv* zu Recht.

advise [əd'vaɪz] **I** *vt* **1.** *(give advice to)* person raten *(+dat)*; *(professionally)* beraten. **to** ~ **discretion/caution** zur Diskretion/Vorsicht raten, Diskretion/Vorsicht empfehlen; **I wouldn't** ~ **it** ich würde es nicht raten *or* empfehlen; **I would** ~ **you to do it/not to do it** ich würde dir raten/abraten; **to** ~ **sb against sth/doing sth** jdm von etw abraten/jdm abraten, etw zu tun; **what would you** ~ **me to do?** was *or* wozu würden Sie mir raten? **2.** *(Comm: inform)* unterrichten, verständigen. **to** ~ **sb of sth** jdn von etw in Kenntnis setzen.
II *vi* **1.** raten. **his function is merely to** ~ er hat nur beratende Funktion.
2. *(US)* **to** ~ **with sb** sich mit jdm beraten.

advisedly [əd'vaɪzɪdlɪ] *adv* richtig. **and I use the word** ~ ich verwende bewußt dieses Wort.

advisedness [əd'vaɪzɪdnɪs] *n* Klugheit, Ratsamkeit *f*.

advisement [əd'vaɪzmənt] *n* *(US)* **to keep sth under** ~ etw im Auge behalten; **to take sth under** ~ etw ins Auge fassen.

adviser [əd'vaɪzəʳ] *n* Ratgeber(in *f*) *m*; *(professional)* Berater(in *f*) *m*. **legal** ~ Rechtsberater(in *f*) *m*.

advisory [əd'vaɪzərɪ] *adj* beratend. **to act in a purely** ~ **capacity** rein beratende Funktion haben.

advocacy ['ædvəkəsɪ] *n* Eintreten *nt (of* für), Fürsprache *f (of* für); *(of plan)* Befürwortung *f*.

advocate ['ædvəkɪt] **I** *n* **1.** *(upholder: of cause etc)* Verfechter, Befürworter *m*.
2. *(esp Scot: Jur)* Rechts)anwalt *m*/-anwältin *f*, Advokat(in *f*) *m* *(old, dial)*.
II ['ædvəkeɪt] *vt* eintreten für; *plan etc* befürworten. **those who** ~ **extending the licensing laws** die, die eine Verlängerung der Öffnungszeiten befürworten; **what course of action would you** ~? welche Maßnahmen würden Sie empfehlen?

advocator ['ædvəkeɪtəʳ] *n see* **advocate I.**

Aegean [iː'dʒiːən] *adj* ägäisch; *islands* in der Ägäis. **the** ~ **(Sea)** die Ägäis, das Ägäische Meer.

aegis ['iːdʒɪs] *n* Ägide *f (geh)*. **under the** ~ **of** unter der Ägide *(geh) or* Schirmherrschaft von.

Aeneas [ɪ'niːəs] *n* Äneas *m*.

Aeneid [ɪ'niːɪd] *n* Äneide *f*.

Aeolian [iː'əʊlɪən] *adj* äolisch.

aeon ['iːən] *n* Äon *m (geh)*, Ewigkeit *f*. **through** ~**s of time** äonenlang *(geh)*.

aerate ['ɛəreɪt] *vt liquid* mit Kohlensäure anreichern; *blood* Sauerstoff zuführen *(+ dat)*; *soil* auflockern. ~**d water** kohlensaures Wasser.

aerial ['ɛərɪəl] **I** *n (esp Brit)* Antenne *f*. ~ **input** *(TV)* Antennenanschluß *m*. **II** *adj* Luft-.

aerial barrage *n (air to ground)* Bombardement *nt*; *(ground to air)* Flakfeuer *nt*; **aerial cableway** *n* Seilbahn *f*; **aerial camera** *n* Luftbildkamera *f*.

aerialist ['ɛərɪəlɪst] *n (US) (on trapeze)* Trapezkünstler(in *f*) *m*; *(on highwire)* Seiltänzer(in *f*) *m*.

aerial ladder *n* Drehleiter *f*; **aerial map** *n* Luftbildkarte *f*; **aerial navigation** *n* Luftfahrt *f*; **aerial photograph** *n* Luftbild *nt*, Luftaufnahme *f*; **aerial railway** *n* Schwebebahn *f*; **aerial reconnaissance** *n* Luftaufklärung *f*; **aerial view** *n* Luftbild *nt*, Luftansicht *f*; **aerial warfare** *n* Luftkrieg *m*.

aero- ['ɛərəʊ] *pref* aero- *(form)*, Luft-.

aerobatic ['ɛərəʊbætɪk] *adj display, skills* kunstfliegerisch, Kunstflug-.

aerobatics ['ɛərəʊ'bætɪks] *npl* Kunstfliegen *nt*, Aerobatik *f (form)*.

aerodrome ['ɛərədrəʊm] *n (Brit)* Flugplatz *m*, Aerodrom *nt (old)*.

aerodynamic ['ɛərədaɪ'næmɪk] *adj* aerodynamisch.

aerodynamics ['ɛərədaɪ'næmɪks] *n* **1.** *sing (subject)* Aerodynamik *f*. **2.** *pl (of plane etc)* Aerodynamik *f*.

aero-engine ['ɛərəʊˌendʒɪn] *n* Flugzeugmotor *m*.

aerofoil ['ɛərəʊfɔɪl] *n* Tragflügel *m*; *(on racing cars)* Spoiler *m*.

aeromodelling ['ɛərəʊ'mɒdlɪŋ] *n* Modellflugzeugbau *m*.

aeronaut ['ɛərənɔːt] *n* Aeronaut(in *f*) *m*.

aeronautic(al) [ˌɛərə'nɔːtɪk(əl)] *adj* aeronautisch, Luftfahrt-. ~ **engineering** Flugzeugbau *m*.

aeronautics [ˌɛərə'nɔːtɪks] *n sing* Luftfahrt, Aeronautik *f*.

aeroplane ['ɛərəpleɪn] *n (Brit)* Flugzeug *nt*.

aerosol ['ɛərəsɒl] *n (can)* Spraydose *f*; *(mixture)* Aerosol *nt*. ~ **paint** Spray- *or* Sprühfarbe *f*; ~ **spray** Aerosolspray *nt*.

aerospace ['ɛərəʊspeɪs] *n* äußere Erdatmosphäre.

aerospace *in cpds* Raumfahrt-; ~ **industry** Raumfahrtindustrie *f*.

Aesop ['iːsɒp] *n* Äsop *m*. ~**'s fables** die Äsopischen Fabeln.

aesthete, (US) esthete ['iːsθiːt] *n* Ästhet(in *f*) *m*.

aesthetic(al), (US) esthetic(al) [iːs'θetɪk(əl)] *adj* ästhetisch.

aesthetically, (US) esthetically [iːs'θetɪkəlɪ] *adv* in ästhetischer Hinsicht. ~ **pleasing** ästhetisch schön.

aestheticism, (US) estheticism [iːs'θetɪsɪzəm] *n* Ästhetizismus *m*.

aesthetics, (US) esthetics [iːs'θetɪks] *n sing* Ästhetik *f*.

afar [ə'fɑːʳ] *adv (liter)* weit. **from** ~ aus der Ferne, von weit her.

affability [͵æfə'bɪlɪtɪ] n Umgänglichkeit, Freundlichkeit f.

affable adj, ~ly adv ['æfəbl, -ɪ] umgänglich, freundlich.

affair [ə'fɛəʳ] n 1. (event, concern, matter, business) Sache, Angelegenheit f. **it was an odd ~ altogether, that investigation** die Untersuchung war schon eine seltsame Sache or Angelegenheit; **a scandalous ~** ein Skandal m; **the Watergate/Profumo ~** die Watergate-/Profumo-Affäre; **the state of ~s with the economy** die Lage der Wirtschaft; **in the present state of ~s** bei or in der gegenwärtigen Lage or Situation, beim gegenwärtigen Stand der Dinge; **a state of ~s I don't approve of** ein Zustand, den ich nicht billige; **there's a fine state of ~s!** das sind ja schöne Zustände!; **your private ~s don't concern me** deine Privatangelegenheiten sind mir egal; **financial ~s have never interested me** Finanzfragen haben mich nie interessiert; **I never interfere with his business ~s** ich mische mich nie in seine geschäftlichen Angelegenheiten ein; **~s of state** Staatsangelegenheiten pl; **~s of the heart** Herzensangelegenheiten pl; **it's not your ~ what I do in the evenings** was ich abends tue, geht dich nichts an; **that's my/his ~!** das ist meine/seine Sache!

2. (love ~) Verhältnis nt, Affäre f (dated). **to have an ~ with sb** ein Verhältnis mit jdm haben.

3. (duel) ~ **of honour** Ehrenhandel m.

4. (inf: object, thing) Ding nt. **what's this funny aerial ~?** was soll dieses komische Antennendings? (inf).

affect[1] [ə'fekt] vt 1. (have effect on) sich auswirken auf (+acc); decision, sb's life also beeinflussen; (detrimentally) health, nerves, condition, material also angreifen; health, person schaden (+dat).

2. (concern) betreffen.

3. (emotionally, move) berühren, treffen. **he was so emotionally ~ed that ...** er war so betroffen, daß ...

4. (diseases: attack) befallen.

affect[2] vt 1. (feign) ignorance, indifference vortäuschen, vorgeben. 2. (liter: like to use etc) clothes, colours eine Vorliebe or Schwäche haben für; accent sich befleißigen (+gen) (geh).

affectation [͵æfek'teɪʃən] n 1. (pretence) Vortäuschung, Vorgabe f. 2. (artificiality) Affektiertheit f no pl.

affected [ə'fektɪd] adj person, clothes affektiert; behaviour, style, accent also gekünstelt; behaviour also geziert.

affectedly [ə'fektɪdlɪ] adv see adj.

affecting [ə'fektɪŋ] adj rührend.

affection [ə'fekʃən] n 1. (fondness) Zuneigung f no pl (for, towards zu). **to win sb's ~s** (dated, hum) jds Zuneigung gewinnen; **I have or feel a great ~ for her** ich mag sie sehr gerne; **don't you even feel any ~ for her at all?** fühlst du denn gar nichts für sie?; **you could show a little more ~ towards me** du könntest mir gegenüber etwas mehr Gefühl zeigen; **he has a special place in her ~s** er nimmt einen besonderen Platz in ihrem Herzen ein; **displays of ~** Zärtlichkeiten in der Öffentlichkeit.

2. (form: Med) Erkrankung f.

affectionate [ə'fekʃənɪt] adj liebevoll, zärtlich. **your ~ daughter** (letter-ending) Deine Dich liebende Tochter; **to feel ~ towards sb** jdm sehr zugetan sein.

affectionately [ə'fekʃənɪtlɪ] adv liebevoll, zärtlich. **yours ~, Wendy** (letter-ending) in Liebe, Deine Wendy.

affective [ə'fektɪv] adj (Psych) affektiv.

affidavit [͵æfɪ'deɪvɪt] n (Jur) eidesstattliche Versicherung; (to guarantee support of immigrant) Affidavit nt. **to swear an ~ (to the effect that)** eine eidesstattliche Versicherung geben(, daß).

affiliate [ə'fɪlɪeɪt] I vt angliedern (to dat). **the two banks are ~d** die zwei Banken sind aneinander angeschlossen; **~d** angeschlossen, Schwester-. II vi sich angliedern (with an +acc). III n Schwestergesellschaft f; (union) angegliederte Gewerkschaft.

affiliation [ə͵fɪlɪ'eɪʃən] n 1. Angliederung f (to, with an +acc); (state) Verbund m. **what are his political ~s?** was ist seine politische Zugehörigkeit? 2. (Brit Jur) ~ **order** Verurteilung f zur Leistung des Regelunterhalts; ~ **proceedings** gerichtliche Feststellung der Vaterschaft.

affinity [ə'fɪnɪtɪ] n 1. (liking) Neigung f (for, to zu); (for person) Verbundenheit f (for, to mit). 2. (resemblance, connection) Verwandtschaft f. 3. (Chem) Affinität f.

affirm [ə'fɜːm] I vt 1. versichern; (very forcefully) beteuern. **he ~ed his innocence** er versicherte, daß er unschuldig sei. 2. (ratify) bestätigen. II vi (Jur) eidesstattlich or an Eides statt erklären.

affirmation [͵æfə'meɪʃən] n 1. see vt 1. Versicherung f; Beteuerung f. 2. (Jur) eidesstattliche Erklärung.

affirmative [ə'fɜːmətɪv] I n (Gram) Bejahung f; (sentence) bejahender or positiver Satz. **to answer in the ~** bejahend or mit „ja" antworten.

II adj bejahend, positiv; (Gram) affirmativ (form), bejahend. **the answer is ~** die Antwort ist bejahend or „ja".

III interj richtig.

affirmatively [ə'fɜːmətɪvlɪ] adv bejahend, positiv.

affix[1] [ə'fɪks] vt anbringen (to auf +dat); seal setzen (to auf +acc); signature setzen (to unter +acc).

affix[2] ['æfɪks] n (Gram) Affix nt.

afflict [ə'flɪkt] vt plagen, zusetzen (+dat); (emotionally, mentally also) belasten; (troubles, inflation, injuries) heimsuchen. **to be ~ed by a disease** an einer Krankheit leiden; **~ed with gout** von (der) Gicht geplagt; **to be ~ed with a tiresome child** mit einem anstrengenden Kind gestraft or geschlagen sein; **to be ~ed by doubts** von Zweifeln gequält werden; **all the troubles which ~ the nation** all die Schwierigkeiten, die das Land heimsuchen; **the ~ed** die Leidenden pl.

affliction [ə'flɪkʃən] n 1. (distress) Not, Bedrängnis f; (pain) Leiden pl.

2. (cause of suffering) (blindness etc) Gebrechen nt; (illness) Beschwerde f; (worry) Sorge f. **the ~s of old age** Alters-

beschwerden *pl*; **a delinquent son was not the least of his** ~s er war nicht zuletzt mit einem kriminellen Sohn geschlagen.

affluence ['æfluəns] *n* Reichtum, Wohlstand *m*.

affluent[1] ['æfluənt] *adj* reich, wohlhabend. **the** ~ **society** die Wohlstandsgesellschaft.

affluent[2] *n* (*Geog form*) Nebenfluß *m*.

afford [ə'fɔːd] *vt* **1.** sich (*dat*) leisten. **I can't** ~ **to buy both of them** ich kann es mir nicht leisten, beide zu kaufen; **he can't** ~ **to make a mistake** er kann es sich nicht leisten, einen Fehler zu machen; **I can't** ~ **the time (to do it)** ich kann es mir zeitlich nicht leisten(, das zu tun); **an offer you can't** ~ **to miss** ein Angebot, das Sie sich (*dat*) nicht entgehen lassen können; **can you** ~ **to go?** — **I can't** ~ **not to!** können Sie gehen? — ich kann wohl nicht anders. **2.** (*liter: provide*) (*sb sth* jdm etw) gewähren, bieten; *shade also* spenden; *pleasure* bereiten.

afforest [æ'fɒrɪst] *vt* aufforsten.

afforestation [æˌfɒrɪs'teɪʃən] *n* Aufforstung *f*.

affranchise [æ'fræntʃaɪz] *vt* befreien.

affray [ə'freɪ] *n* (*esp Jur*) Schlägerei *f*.

affront [ə'frʌnt] **I** *vt* beleidigen. **II** *n* Beleidigung *f* (*to sb* jds, *to sth* für etw), Affront *m* (*to* gegen). **such poverty is an** ~ **to our national pride** solche Armut verletzt unseren Nationalstolz.

Afghan ['æfgæn] **I** *n* **1.** Afghane *m*, Afghanin *f*. **2.** (*language*) Afghanisch *nt*. **3.** (*also* ~ **hound**) Afghane *m*, afghanischer Windhund. **4.** a~ (*coat*) Afghan *m*. **II** *adj* afghanisch.

Afghanistan [æf'gænɪstæn] *n* Afghanistan *nt*.

afield [ə'fiːld] *adv* **countries further** ~ weiter entfernte Länder; **too/very far** ~ zu/sehr weit weg *or* entfernt; **to venture further** ~ (*lit, fig*) sich etwas weiter (vor)-wagen; **to explore farther** ~ die weitere Umgebung erforschen; **his studies took him farther** ~ **into new areas of knowledge** seine Forschungen führten ihn immer weiter in neue Wissensbereiche.

afire [ə'faɪər] *adj pred, adv* in Brand. **to set sth** ~ etw in Brand stecken, etw anzünden; (*fig*) etw entzünden; ~ **with anger** wutentbrannt, flammend vor Zorn (*geh*).

aflame [ə'fleɪm] *adj pred, adv* in Flammen. **to set sth** ~ etw in Brand stecken, etw anzünden; **to be** ~ in Flammen stehen; **to be** ~ **with colour** in roter Glut leuchten; ~ **with anger/passion** flammend *or* glühend vor Zorn/Leidenschaft.

afloat [ə'fləʊt] *adj pred, adv* **1.** (*Naut*) **to be** ~ schwimmen; **to stay** ~ sich über Wasser halten; (*thing*) schwimmen, nicht untergehen; **to set a ship** ~ ein Schiff flottmachen; **cargo** ~ schwimmende Ladung; **the largest navy** ~ die größte Flotte auf See; **service** ~ Dienst *m* auf See. **2.** (*awash*) überschwemmt, unter Wasser. **to be** ~ unter Wasser stehen. **3.** (*fig*) **to get a business** ~ ein Geschäft auf die Beine stellen; **those who stayed** ~ **during the slump** die, die sich auch während der Krise über Wasser gehalten haben.

4. (*fig: rumour etc*) **there is a rumour** ~ **that ...** es geht das Gerücht um, daß ...

aflutter [ə'flʌtə] *adj pred, adv* aufgeregt. **to be** ~ **with anticipation** vor Erwartung zittern.

afoot [ə'fʊt] *adv* im Gange. **there is something** ~ da ist etwas im Gange; **what's** ~? was geht hier vor?

afore [ə'fɔː] (*obs, dial*) **I** *conj* bevor. **II** *adv* zuvor.

aforementioned [əˌfɔː'menʃənd], **aforesaid** [əˌfɔː'sed] *adj attr* (*form*) obengenannt, obenerwähnt.

aforethought [ə'fɔːθɔːt] *adj see* **malice.**

afoul [ə'faʊl] *adj pred, adv lines, ropes* verheddert, verwirrt. **to run** ~ **of the law** mit dem Gesetz in Konflikt geraten.

afraid [ə'freɪd] *adj pred* **1.** (*frightened*) **to be** ~ (**of sb/sth**) (vor jdm/etw) Angst haben, sich (vor jdm/etw) fürchten; **don't be** ~! keine Angst!; **it's quite safe, there's nothing to be** ~ **of** es ist ganz sicher, Sie brauchen keine Angst zu haben; **go and talk to him then, there's nothing to be** ~ **of** geh und sprich mit ihm, da ist doch nichts dabei; **I am** ~ **of hurting him** *or* **that I might hurt him** ich fürchte, ihm weh zu tun *or* ich könnte ihm weh tun; **I am** ~ **he will** *or* **might hurt me** ich fürchte, er könnte mir weh tun; **to make sb** ~ jdm Angst machen *or* einjagen, jdn ängstigen; **I am** ~ **to leave her alone** ich habe Angst davor, sie allein zu lassen; **I was** ~ **of waking the children** ich wollte die Kinder nicht wecken; **he's not** ~ **of hard work** er scheut schwere Arbeit nicht; **he's not** ~ **to say what he thinks** er scheut sich nicht, zu sagen, was er denkt; **that's what I was** ~ **of, I was** ~ **that would happen** das habe ich befürchtet; **I was** ~ **you'd ask that** ich habe diese Frage befürchtet.

2. (*expressing polite regret*) **I'm** ~ **I can't do it** leider kann ich es nicht machen; **there's nothing I can do, I'm** ~ ich kann da leider gar nichts machen; **I'm** ~ **to say that ...** ich muß Ihnen leider sagen, daß ...; **I'm** ~ **you'll have to wait** Sie müssen leider warten; **are you going?** —**I'm** ~ **not/I'm** ~ **so** gehst du? — leider nicht/ja, leider; **well, I'm** ~ **you're wrong** so leid es mir tut, aber Sie haben unrecht; **can I go now?** —**no, I'm** ~ **you can't** kann ich jetzt gehen? — nein, tut mir leid, noch nicht.

afresh [ə'freʃ] *adv* noch einmal von vorn *or* neuem.

Africa ['æfrɪkə] *n* Afrika *nt*.

African ['æfrɪkən] **I** *n* Afrikaner(in *f*) *m*. **II** *adj* afrikanisch. ~ **violet** Usambara-Veilchen *nt*.

Afrika(a)ner [ˌæfrɪ'kɑːnər] *n* Afrika(a)n-der(in *f*) *m*.

Afrikaans [ˌæfrɪ'kɑːns] *n* Afrikaans *nt*.

Afro ['æfrəʊ] **I** *pref* afro-. **II** *n*, *pl* ~**s** (*hairstyle*) Afro-Frisur *f*, Afro-Look *m*.

Afro-American [æfrəʊə'merɪkən] **I** *adj* afroamerikanisch; **II** *n* Afro-Amerikaner(in *f*) *m*; **Afro-Asian I** *adj* afro-asiatisch; **II** *n* Asiat(in *f*) *m* in Afrika.

aft [ɑːft] (*Naut*) **I** *adv* sit achtern; **go nach** achtern. **II** *adj* Achter-, achter.

after[1] ['ɑːftə'] *adj attr* (*Naut*) Achter-.

after[2] I *prep* **1.** (*time*) nach (+*dat*). ~ **dinner** nach dem Essen; ~ **that** danach; **the day** ~ **tomorrow** übermorgen; **the week** ~ **next** die übernächste Woche; **it was** ~ **two o'clock** es war nach zwei; **10** ~ **7** (*US*) 10 nach 7.

2. (*order*) nach (+*dat*), hinter (+*dat*); (*in priorities etc*) nach (+*dat*). **the noun comes** ~ **the verb** das Substantiv steht nach *or* hinter denı Verb; **I would put Keats** ~ **Shelley** für mich rangiert Keats unter Shelley; ~ **you** nach Ihnen; **I was** ~ **him** (*in queue etc*) ich war nach ihm dran.

3. (*place*) hinter (+*dat*). **to run** ~ **sb** hinter jdm herlaufen *or* -rennen; **he shut the door** ~ **him** er machte die Tür hinter ihm zu; **to shout** ~ **sb** hinter jdm herrufen; **to shout sth** ~ **sb** jdm etw nachrufen.

4. (*as a result of*) nach (+*dat*). ~ **what has happened** nach allem, was geschehen ist; ~ **this you might believe me** jetzt wirst du mir vielleicht endlich glauben.

5. (*in spite of*) **to do sth** ~ **all** etw schließlich doch tun; ~ **all our efforts!** und das, nachdem *or* wo (*inf*) wir uns soviel Mühe gegeben haben!; ~ **all I've done for you!** und das nach allem, was ich für dich getan habe!; ~ **all, he is your brother** er ist immerhin *or* schließlich dein Bruder.

6. (*succession*) nach (+*dat*). **you tell me lie** ~ **lie** du erzählst mir eine Lüge nach der anderen; **one** ~ **the other** eine(r, s) nach der/dem anderen; **one** ~ **the other she rejected all the offers** sie schlug ein Angebot nach dem anderen aus *or* Angebot um Angebot aus; **day** ~ **day** Tag für *or* um Tag.

7. (*manner: according to*) nach (+*dat*). ~ **El Greco** in der Art von *or* nach El Greco; **she takes** ~ **her mother** sie schlägt ihrer Mutter nach; *see* **name**.

8. (*pursuit, inquiry*) **to be** ~ **sb/sth** hinter jdm/etw hersein; **she asked** *or* **inquired** ~ **you** sie hat sich nach dir erkundigt; **what are you** ~? was willst du?; (*looking for*) was suchst du?; **he's just** ~ **a free meal** er ist nur auf ein kostenloses Essen aus.

II *adv* (*time, order*) danach; (*place, pursuit*) hinterher. **for years/weeks** ~ noch Jahre/Wochen danach; **the year/week** ~ das Jahr/die Woche danach *or* darauf; **I'll be back sometime the year** ~ ich komme irgendwann im darauffolgenden Jahr wieder; **soon** ~ kurz danach *or* darauf; **what comes** ~? was kommt danach *or* nachher?; **the car drove off with the dog running** ~ das Auto fuhr los, und der Hund rannte hinterher.

III *conj* nachdem. ~ **he had closed the door he began to speak** nachdem er die Tür geschlossen hatte, begann er zu sprechen; **what will you do** ~ **he's gone?** was machst du, wenn er weg ist?; ~ **finishing it I will/I went ...** wenn ich das fertig habe, werde ich .../als ich das fertig hatte, ging ich ...

IV *adj* **in** ~ **years** in späteren Jahren.

V *n* ~**s** *pl* (*Brit inf*) Nachtisch *m*; **what's for** ~**s?** was gibt's zum Nachtisch?

afterbirth ['ɑːftəbɜːθ] *n* Nachgeburt *f*; **afterburner** *n* Nachbrenner *m*; **afterburn-**

ing *n* Nachverbrennung *f*; **after-care** *n* (*of convalescent*) Nachbehandlung *f*; (*of ex-prisoner*) Resozialisierungshilfe *f*; **afterdeck** *n* Achterdeck *nt*; **after-dinner** *adj speech, speaker* Tisch-; *walk, rest etc* Verdauungs-; **after-effect** *n* (*of illness, Psych*) Nachwirkung *f*; (*of events etc also*) Folge *f*; **afterglow** *n* (*of sun*) Abendrot, Abendleuchten *nt*; (*fig*) angenehme Erinnerung; **after-image** *n* (*Psych*) Nachempfindung *f*, Nachbild *nt*; **afterlife** *n* Leben *nt* nach dem Tode; **aftermath** *n* Nachwirkungen *pl*; **in the** ~ **of sth** nach etw; **the country was still in the** ~ **of war** das Land litt immer noch an den Folgen *or* Auswirkungen des Krieges; **aftermost** *adj* (*Naut*) Achter-, Heck-.

afternoon ['ɑːftə'nuːn] I *n* Nachmittag *m*. **in the** ~, ~**s** (*esp US*) am Nachmittag, nachmittags; **at three o'clock in the** ~ (um) drei Uhr nachmittags; **on Sunday** ~ (am) Sonntag nachmittag; **on Sunday** ~**s** Sonntag *or* sonntags nachmittags, am Sonntagnachmittag; **on the** ~ **of December 2nd** am Nachmittag des 2. Dezember, am 2. Dezember nachmittags; **this/tomorrow/ yesterday** ~ heute/morgen/gestern nachmittag; **good** ~! Guten Tag!

II *adj attr* Nachmittags-. ~ **tea** Tee *m*.

after-pains ['ɑːftəpeɪnz] *npl* Nachwehen *pl*; **after-sales service** *n* Kundendienst *m*; **after shave (lotion)** *n* After-shave, Rasierwasser *nt*; **afterthought** *n* nachträgliche *or* zusätzliche Idee; **if you have any** ~**s about ...** wenn Ihnen noch irgend etwas zu ... einfällt; **he added as an** ~ fügte er hinzu, schickte er nach; **I just mentioned that as an** ~ das fiel mir noch dazu *or* nachträglich ein.

afterwards ['ɑːftəwədz] *adv* nachher; (*after that, after some event etc*) danach. **things were never the same again** danach war alles anders; **and** ~ **we could go to a disco** und anschließend *or* nachher *or* danach gehen wir in eine Disko; **this was added** ~ das kam nachträglich dazu.

afterworld ['ɑːftə'wɜːld] *n* Jenseits *nt*.

again [ə'gen] *adv* **1.** wieder. ~ **and** ~, **time and** ~ immer wieder; **to do sth** ~ etw noch (ein)mal tun; **not to do sth** ~ etw nicht wieder tun; **never** *or* **not ever** ~ nie wieder; **if that happens** ~ wenn das noch einmal passiert; **all over** ~ noch (ein)mal von vorn; **what's his name** ~? wie heißt er noch gleich?; **to begin** ~ von neuem *or* noch einmal anfangen; ~!, **not** ~! schon wieder Hackfleisch!; **it's me** ~ (*arriving*) da bin ich wieder; (*phoning*) ich bin's noch (ein)mal; (*my fault*) wieder mal ich; **not you** ~! du schon wieder!?; **he was soon well** ~ er war bald wieder gesund; **and these are different** ~ und diese sind wieder anders; **here we are** ~! da wären wir wieder!; (*finding another example etc*) oh, schon wieder!

2. (*in quantity*) **as ...** ~ doppelt so ...; **as much** ~ doppelt soviel, noch (ein)mal soviel; **he is as old** ~ **as Mary** er ist doppelt so alt wie Mary.

3. (*on the other hand*) wiederum; (*besides, moreover*) außerdem. **but then**

~, it may not be true vielleicht ist es auch
gar nicht wahr.

against [ə'genst] *prep* **1.** (*opposition,
protest*) gegen (+*acc*). **he's ~ her going** er
ist dagegen, daß sie geht; **to have some-
thing ~ sb/sth** etwas gegen jdn/etw haben;
~ that you have to consider ... Sie müssen
aber auch bedenken ...; **~ my will, I
decided ...** wider Willen habe ich
beschlossen ...; **~ their wish** entgegen
ihrem Wunsch; **to fight ~ sb** gegen *or*
wider (*liter*) jdn kämpfen.
   2. (*indicating impact, support, proxim-
ity*) **an** (+*acc*), **gegen** (+*acc*). **to hit one's
head against the mantelpiece** mit dem
Kopf gegen *or* an das Kaminsims stoßen;
push all the chairs right back ~ the wall
stellen Sie alle Stühle direkt an die Wand.
   3. (*in the opposite direction to*) gegen
(+*acc*).
   4. (*in front of, in juxtaposition to*) gegen
(+*acc*). **~ the light** gegen das Licht.
   5. (*in preparation for*) *sb's arrival,
departure, one's old age* für (+*acc*); *mis-
fortune, bad weather etc* im Hinblick auf
(+*acc*). **~ the possibility of a bad winter**
für den Fall, daß es einen schlechten Win-
ter gibt.
   6. (*compared with*) (**as**) ~ gegenüber
(+*dat*); **she had three prizes (as) ~ his six**
sie hatte drei Preise, er hingegen sechs;
**the advantages of flying (as) ~ going by
boat** die Vorteile von Flugreisen
gegenüber Schiffsreisen.
   7. (*Fin: in return for*) gegen. **the visa
will be issued ~ payment of ...** das Visum
wird gegen Zahlung von ... ausgestellt.

agape [ə'geɪp] *adj pred person* mit (vor
Staunen) offenem Mund.
agaric ['ægərɪk] *n* Blätterpilz *m*.
agate ['ægət] *n* Achat *m*.
agave [ə'geɪvɪ] *n* Agave *f*.
age [eɪdʒ] **I** *n* **1.** (*of person, star, building
etc*) Alter *nt*. **what is her ~, what ~ is
she?** wie alt ist sie?; **he is ten years of ~** er
ist zehn Jahre alt; **trees of such great ~**
Bäume von so hohem Alter; **~ doesn't
matter** das Alter spielt keine Rolle; **at the
~ of 15** im Alter von 15 Jahren, mit 15
Jahren; **at your ~** in deinem Alter; **when
I was your ~** als ich in deinem Alter war,
als ich so alt war wie du; **when you're my
~** wenn du erst in mein Alter kommst,
wenn du erst mal so alt bist wie ich; **I have
a daughter your ~** ich habe eine Tochter
in Ihrem Alter; **but he's twice your ~** aber
er ist ja doppelt so alt wie du; **we're of an
~** wir sind gleichaltrig; **he is now of an ~
to understand these things** er ist jetzt alt
genug, um das zu verstehen; **over ~** zu alt;
she doesn't look her ~ man sieht ihr ihr
Alter nicht an, sie sieht jünger aus, als sie
ist; **be *or* act your ~!** sei nicht kindisch!
   2. (*length of life*) (*of star, neutron etc*)
Lebensdauer *f*; (*of human, animal, plant
also*) Lebenserwartung *f*. **the ~ of a star
can be millions of years** ein Stern kann
viele Millionen Jahre existieren.
   3. (*Jur*) **to be of ~** volljährig *or* mündig
sein; **to come of ~** volljährig *or* mündig
werden; **under ~** minderjährig, unmün-
dig; **~ of consent** Ehemündigkeitsalter *nt*.

   4. (*old ~*) Alter *nt*. **~ before beauty**
(*hum*) Alter vor Schönheit.
   5. (*period, epoch*) Zeit(alter *nt*) *f*. **the
atomic ~** das Atomzeitalter; **the ~ of
technology** das technologische Zeitalter;
in this ~ of inflation in dieser in-
flationären Zeit; **the Stone ~** die Stein-
zeit; **the Edwardian ~** die Zeit *or* Ära
Edwards VII; **the ~ of Socrates** das
Zeitalter Sokrates; **down the ~s** durch alle
Zeiten; **what will future ~s think of us?**
was werden kommende Generationen
von uns halten?
   6. (*inf: long time*) ~**s, an ~** eine Ewig-
keit, Ewigkeiten *pl*, ewig (lang) (*all inf*);
I haven't seen him for ~s *or* **for an ~** ich
habe ihn eine Ewigkeit *or* Ewigkeiten *or*
ewig (lang) nicht gesehen (*inf*); **to take
~s** eine Ewigkeit dauern (*inf*); (*person*)
ewig brauchen (*inf*).
   II *vi* alt werden, altern; (*wine, cheese*)
reifen. **you have ~d** du bist alt geworden;
she seems to have ~d ten years sie scheint
um zehn Jahre gealtert zu sein.
   III *vt* **1.** (*dress, hairstyle etc*) alt
machen; (*worry, experience etc*) alt wer-
den lassen, altern lassen.
   2. *wine, cheese* lagern, reifen lassen.
aged [eɪdʒd] **I** *adj* **1.** im Alter von, ... Jahre
alt, -jährig. **a boy ~ ten** ein zehnjähriger
Junge. **2.** ['eɪdʒɪd] *person* bejahrt, betagt;
animal, car, building etc alt, betagt
(*hum*). **II** ['eɪdʒɪd] *npl* **the ~** die alten
Menschen, die Alten *pl*.
age difference *or* **gap** *n* Altersunterschied
m; **age-group** *n* Altersgruppe *f*.
ag(e)ing ['eɪdʒɪŋ] **I** *adj person* alternd *attr*;
animal, thing älter werdend *attr*. **II** *n*
Altern *nt*.
ageless ['eɪdʒlɪs] *adj* zeitlos; **she seems to be
one of those ~ people** sie scheint zu den
Menschen zu gehören, die nie alt werden;
age limit *n* Altersgrenze *f*.
agency ['eɪdʒənsɪ] *n* **1.** (*Comm*) (*news,
theatrical, advertising ~*) Geschäftsstelle *f*.
typing/tourist ~ Schreib-/Reisebüro *nt*;
this garage is *or* **has the Citroën ~** dies ist
eine Citroën-Vertragswerkstätte, diese
Werkstatt hat die Citroën-Vertretung.
   2. (*instrumentality*) **through** *or* **by the ~
of friends** durch die Vermittlung *or* mit
Hilfe von Freunden, durch Freunde;
through the ~ of water mit Hilfe von
Wasser, durch Wasser.
agenda [ə'dʒendə] *n* Tagesordnung *f*. **a full
~** (*lit*) eine umfangreiche Tagesord-
nung; (*fig*) ein volles Programm; **on the ~** auf
dem Programm.
agent ['eɪdʒənt] *n* **1.** (*Comm*) (*person*)
Vertreter(in *f*) *m*; (*organization*)
Vertretung *f*. **who is the ~ for this car in
Scotland?** wer hat die schottische
Vertretung für dieses Auto?
   2. (*literary, press ~ etc*) Agent(in *f*) *m*;
(*Pol*) Wahlkampfleiter(in *f*) *m*. **business
~** Agent(in *f*) *m*.
   3. (*secret ~, FBI etc*) Agent(in *f*) *m*.
   4. (*person having power to act*) **deter-
minism states that we are not free ~s** der
Determinismus behauptet, daß wir nicht
frei entscheiden können; **you're a free ~,**

do what you want du bist dein eigener Herr, tu was du willst.
5. (*means by which sth is achieved*) Mittel *nt*. **she became the unwitting ~ of his wicked plot** unwissentlich wurde sie zum Werkzeug für seinen niederträchtigen Plan; **bees as ~s of pollination play a very important role in nature** durch ihre Funktion bei der Bestäubung spielen Bienen eine wichtige Rolle in der Natur.
6. (*Chem*) **cleansing ~** Reinigungsmittel *nt*; **special protective ~** Spezialschutzmittel *nt*.

agent provocateur ['æʒɑ̃:ŋprə,vɒkə'tɜ:[r] *n, pl* **-s -s** Agent provocateur *m*, Lockspitzel *m*.

age-old ['eɪdʒəʊld] *adj* uralt.

agglomerate [ə'glɒməreɪt] **I** *vti* agglomerieren. **II** [ə'glɒmərət] *adj* agglomeriert. **III** [ə'glɒmərət] *n* Agglomerat *nt*.

agglomeration [ə,glɒmə'reɪʃən] *n* Anhäufung *f*, Konglomerat *nt*; (*Sci*) Agglomeration *f*.

agglutinate [ə'glu:tɪneɪt] **I** *vi* agglutinieren (*also Ling*), verklumpen. **II** [ə'glu:tɪnət] *adj* agglutiniert (*also Ling*), verklumpt.

agglutination [ə,glu:tɪ'neɪʃən] *n* Agglutination (*also Ling*), Verklumpung *f*.

aggrandize [ə'grændaɪz] *vt* one's power, empire vergrößern, ausdehnen, erweitern; person, one's family befördern. **to ~ oneself** sich befördern; (*be self-important*) sich wichtig machen.

aggrandizement [ə'grændɪzmənt] *n see vt* Vergrößerung, Ausdehnung, Erweiterung *f*; Beförderung *f*.

aggravate ['ægrəveɪt] *vt* **1.** verschlimmern. **2.** (*annoy*) aufregen; (*deliberately*) reizen. **don't get ~d** regen Sie sich nicht auf.

aggravating ['ægrəveɪtɪŋ] *adj* ärgerlich; noise, child lästig. **how ~ for you** wie ärgerlich für Sie!

aggravation [,ægrə'veɪʃən] *n* **1.** (*worsening*) Verschlimmerung *f*. **2.** (*annoyance*) Ärger *m*.

aggregate ['ægrɪgɪt] **I** *n* **1.** Gesamtmenge, Summe, Gesamtheit *f*; Gesamtzahl *f*. **considered in the ~** insgesamt betrachtet.
2. (*Build*) Zuschlagstoffe *pl*; (*Geol*) Gemenge *nt*.
3. (*Computers*) Datenverbund *m*.
II *adj* gesamt, Gesamt-.
III ['ægrɪgeɪt] *vt* **1.** (*gather together*) anhäufen, ansammeln.
2. (*amount to*) sich belaufen auf (+*acc*).
IV ['ægrɪgeɪt] *vi* sich anhäufen, sich ansammeln.

aggression [ə'greʃən] *n* **1.** (*attack*) Aggression *f*, Angriff *m*. **an act of ~** ein Angriff *m*, eine aggressive Handlung.
2. Aggression *f*; (*aggressiveness*) Aggressivität *f*. **to get rid of one's ~s** seine Aggressionen loswerden.

aggressive [ə'gresɪv] *adj* **1.** aggressiv; lover ungestüm. **2.** salesman, businessman etc dynamisch, aufdringlich (*pej*).

aggressively [ə'gresɪvlɪ] *adv* see adj.

aggressiveness [ə'gresɪvnɪs] *n see adj* **1.** Aggressivität *f*; Ungestüm *nt*.
2. Dynamik, Aufdringlichkeit (*pej*) *f*.

aggressor [ə'gresər] *n* Angreifer(in *f*),

Aggressor(in *f*) *m*.

aggrieved [ə'gri:vd] *adj* betrübt (*at, by* über +*acc*); (*offended*) verletzt (*at, by* durch); voice, look also gekränkt. **the ~ (party)** (*Jur*) der Beschwerte, die beschwerte Partei.

aggro ['ægrəʊ] *n, no pl* (*Brit sl*) Stunk *m* (*inf*); (*aggressive feeling*) Haß *m* (*inf*).

aghast [ə'gɑ:st] *adj pred* entgeistert (*at* über +*acc*).

agile ['ædʒaɪl] *adj* person, thinker beweglich, wendig; person also agil; body also, movements gelenkig, geschmeidig; animal flink, behende; debater geschickt, gewandt, wendig. **he has an ~ mind** er ist geistig sehr wendig or beweglich.

agilely ['ædʒaɪllɪ] *adv* move, jump etc geschickt, behende; argue geschickt, gewandt; think flink, beweglich.

agility [ə'dʒɪlɪtɪ] *n see adj* Beweglichkeit, Wendigkeit *f*; Agilität *f*; Gelenkigkeit, Geschmeidigkeit *f*; Flinkheit, Behendigkeit *f*; Geschick *nt*, Gewandtheit, Wendigkeit *f*.

aging *adj, n see* **ag(e)ing.**

agitate ['ædʒɪteɪt] **I** *vt* **1.** (*lit*) liquid aufrühren; surface of water aufwühlen; washing hin- und herbewegen. **2.** (*fig: excite, upset*) aufregen, aus der Fassung bringen. **II** *vi* agitieren. **to ~ for sth** sich für etw stark machen.

agitated *adj*, **~ly** *adv* ['ædʒɪteɪtɪd, -lɪ] aufgeregt, erregt.

agitation [,ædʒɪ'teɪʃən] *n* **1.** see vt 1. Aufrühren *nt*; Aufwühlen *nt*; Hin- und Herbewegung *f*. **2.** (*anxiety, worry*) Erregung *f*, Aufruhr *m*; (*on stock market*) Bewegung *f*. **3.** (*incitement*) Agitation *f*.

agitator ['ædʒɪteɪtər] *n* **1.** (*person*) Agitator(in *f*) *m*. **2.** (*device*) Rührwerk *nt*, Rührapparat *m*.

agleam [ə'gli:m] *adj pred* erleuchtet. **his eyes were ~ with mischief** seine Augen blitzten or funkelten schelmisch.

aglitter [ə'glɪtər] *adj pred* **to be ~** funkeln, glitzern.

aglow [ə'gləʊ] *adj pred* **to be ~** (*sky, fire, face*) glühen; **to be ~ with happiness/health** vor Glück strahlen/vor Gesundheit strotzen.

agnostic [æg'nɒstɪk] **I** *adj* agnostisch. **II** *n* Agnostiker(in *f*) *m*.

agnosticism [æg'nɒstɪsɪzəm] *n* Agnostizismus *m*.

ago [ə'gəʊ] *adv* vor. **years/a week/a little while ~** vor Jahren/einer Woche/kurzem; **that was years/a week ~** das ist schon Jahre/eine Woche her; **he was here less than a minute ~** er war erst vor einer Minute hier; **how long ~ is it since you last saw him?** wie lange haben Sie ihn schon nicht mehr gesehen?, wann haben Sie ihn das letzte Mal gesehen?; **how long ~ did it happen?** wie lange ist das her?; **he left 10 minutes ~** er ist vor 10 Minuten gegangen; **long, long ~** vor langer, langer Zeit; **how long ~?** wie lange ist das her?; **that was long ~** das ist schon lange her; **as long ~ as 1950** schon 1950; **no longer ~ than yesterday** erst gestern (noch).

agog [ə'gɒg] *adj pred* gespannt. **the children sat there ~ with excitement** die Kinder sperrten Augen und Ohren auf; **the whole village was ~ (with curiosity)** das ganze Dorf platzte fast vor Neugierde; **to set sb ~ jdn** auf die Folter spannen.

agonize ['ægənaɪz] *vi* sich (*dat*) den Kopf zermartern (*over* über +*acc*). **after weeks of agonizing he finally made a decision** nach wochenlangem Ringen traf er endlich eine Entscheidung.

agonized ['ægənaɪzd] *adj* gequält.

agonizing ['ægənaɪzɪŋ] *adj* qualvoll, quälend; *cry, experience* qualvoll.

agonizingly ['ægənaɪzɪŋlɪ] *adv* qualvoll.

agony ['ægənɪ] *n* **1.** Qual *f*; (*mental also*) Leid *nt*. **it's an ~** es ist eine Qual; **it's ~ doing that** es ist eine Qual, das zu tun; **to be in ~** Schmerzen *or* Qualen leiden; **in an ~ of indecision/suspense** *etc* in qualvoller Unentschlossenheit/Ungewißheit *etc*. **2.** (*death ~*) Todeskampf *m*, Agonie *f*; (*of Christ*) Todesangst *f*. **put him out of his ~** (*lit*) mach seiner Qual ein Ende; (*fig*) nun spann ihn doch nicht länger auf die Folter.

agony column *n* (*inf*) Kummerkasten *m*.

agoraphobia [ˌægərə'fəubjə] *n* Platzangst, Agoraphobie (*form*) *f*.

agrarian [ə'grɛərɪən] *adj* Agrar-.

agree [ə'griː] *pret, ptp* **~d I** *vt* **1.** *price, date etc* vereinbaren, abmachen.
2. (*consent*) **to ~ to do sth** sich einverstanden *or* bereit erklären, etw zu tun.
3. (*admit*) zugeben. **I ~ (that) I was wrong** ich gebe zu, daß ich mich geirrt habe.
4. (*come to or be in agreement about*) zustimmen (+*dat*). **we all ~ that ...** wir sind alle der Meinung, daß ...; **it was ~d that ...** man kam überein, daß ..., man einigte sich darauf *or* es wurde beschlossen, daß ...; **we ~d to do it** wir haben beschlossen, das zu tun; **to ~ to differ** sich (*dat*) verschiedene Meinungen zugestehen; **is that ~d then, gentlemen?** sind alle einverstanden?; *see also* **agreed**.
II *vi* **1.** (*hold same opinion*) (*two or more people*) sich einig sein, übereinstimmen, einer Meinung sein; (*one person*) der gleichen Meinung sein. **to ~ with sb** jdm zustimmen; **I ~!** der Meinung bin ich auch; **I couldn't ~ more/less** ich bin völlig/überhaupt nicht dieser Meinung, ich stimme dem völlig/überhaupt nicht zu; **it's too late now, don't you ~?** meinen Sie nicht auch, daß es jetzt zu spät ist?
2. to ~ with a theory/the figures *etc* (*accept*) eine Theorie/die Zahlen akzeptieren *or* für richtig halten.
3. (*come to an agreement*) sich einigen, Einigkeit erzielen (*about* über +*acc*).
4. (*people: get on together*) sich vertragen, miteinander auskommen.
5. (*statements, accounts, figures etc: tally*) übereinstimmen.
6. to ~ with sth (*approve of*) etw befürworten, mit etw einverstanden sein; **I don't ~ with children drinking wine** ich bin dagegen, daß Kinder Wein trinken.
7. (*food, climate etc*) **sth ~s with sb** jdm bekommt etw; **whisky doesn't ~ with me** ich vertrage Whisky nicht.
8. (*Gram*) übereinstimmen.

◆**agree on** *vi* +*prep obj solution* sich einigen auf (+*acc*), Einigkeit erzielen über (+*acc*); *price, policy also* vereinbaren. **a price/policy/solution has been ~d** ~ man hat sich auf einen Preis/eine Linie/eine Lösung geeinigt; **we ~d ~ the need to save** wir waren uns darüber einig, daß gespart werden muß.

◆**agree to** *vi* +*prep obj* zustimmen (+*dat*); *marriage also* einwilligen in (+*acc*), seine Einwilligung geben zu; *conditions, terms also* annehmen, akzeptieren.

agreeable [ə'griːəbl] *adj* **1.** (*pleasant*) angenehm; *decor, behaviour* nett. **2.** *pred* (*willing to agree*) einverstanden.

agreeably [ə'griːəblɪ] *adv* angenehm; *decorated* nett.

agreed [ə'griːd] *adj* **1.** *pred* (*in agreement*) einig. **to be ~ on sth/doing sth** sich über etw einig sein/sich darüber einig sein, etw zu tun.
2. (*arranged*) vereinbart; *price also* festgesetzt; *time also* verabredet, abgesprochen. **it's all ~** es ist alles abgesprochen; **~?** einverstanden?; **~!** (*regarding price etc*) abgemacht, in Ordnung; (*I agree*) stimmt, genau.

agreement [ə'griːmənt] *n* **1.** (*understanding, arrangement*) Abmachung, Übereinkunft *f*; (*treaty, contract*) Abkommen *nt*, Vertrag *m*. **to break the terms of an ~** einen Vertrag brechen, die Vertragsbestimmungen verletzen; **to enter into an ~ (with sb)** (mit jdm) einen Vertrag eingehen *or* (ab)schließen; **to reach an ~ (with sb)** (mit jdm) zu einer Einigung kommen, (mit jdm) Übereinstimmung erzielen; **there's a tacit ~ in the office that ...** im Büro besteht die stillschweigende Übereinkunft, daß ...; *see* **gentleman**.
2. (*sharing of opinion*) Einigkeit *f*. **unanimous ~** Einmütigkeit *f*; **by mutual ~** in gegenseitigem Einverständnis *or* Einvernehmen; **to be in ~ with sb** mit jdm einer Meinung sein; **to be in ~ with/about sth** mit etw übereinstimmen/über etw (*acc*) einig sein; **for once we were both in ~ on that point** ausnahmsweise waren wir uns in diesem Punkt einig *or* einer Meinung.
3. (*consent*) Einwilligung, Zustimmung *f* (*to* zu).
4. (*between figures, accounts etc*) Übereinstimmung *f*.
5. (*Gram*) Übereinstimmung *f*.

agricultural [ˌægrɪ'kʌltʃərəl] *adj produce, expert, tool etc* landwirtschaftlich; *ministry, association, science etc* Landwirtschafts-; **~ worker** Landarbeiter(in *f*) *m*; **~ nation** Agrarstaat *m*, Agrarland *nt*; **the ~ country in the north** das landwirtschaftliche Gebiet im Norden; **~ college** Landwirtschaftsschule *f*; **~ show** landwirtschaftliche Leistungsschau.

agricultur(al)ist [ˌægrɪ'kʌltʃər(ə)lɪst] *n* Landwirtschaftsexperte *m*/-expertin *f*; (*farmer*) Landwirt(in *f*) *m*.

agriculturally [ˌægrɪ'kʌltʃərəlɪ] *adv* landwirtschaftlich.

agriculture ['ægrɪkʌltʃər] *n* Landwirtschaft *f*.

agronomist [ə'grɒnəmɪst] *n* Agronom *m*.

agronomy [ə'grɒnəmɪ] n Agronomie f.
aground [ə'graʊnd] I adj pred ship gestrandet, aufgelaufen, auf Grund gelaufen.
II adv to go or run ~ auflaufen, auf Grund laufen, stranden.
ague ['eɪgjuː] n Schüttelfrost m no art.
ah [ɑː] interj ah; (pain) au, autsch; (pity) o, ach.
ahead [ə'hed] adv 1. there's some thick cloud ~ vor uns or da vorne ist eine große Wolke; the German runner was/drew ~ der deutsche Läufer lag vorn/zog nach vorne; he is ~ by about two minutes er hat etwa zwei Minuten Vorsprung; keep straight ~ immer geradeaus; full speed ~ (Naut) volle Kraft voraus; we sent him on ~ wir schickten ihn voraus; in the months ~ in den bevorstehenden Monaten; I can see problems ~ ich sehe Probleme auf mich/uns etc zukommen; we've a busy time ~ vor uns liegt eine Menge Arbeit; to plan ~ vorausplanen; see vbs.
2. ~ of sb/sth vor jdm/etw; walk ~ of me geh voran; the leader is two laps ~ of the others der Führende hat zwei Runden Vorsprung or liegt zwei Runden vor den anderen; we arrived ten minutes ~ of time wir kamen zehn Minuten vorher an; to be/get ~ of schedule schneller als geplant vorankommen; the dollar is still ~ of the mark der Dollar führt immer noch vor der Mark; to be ~ of one's time (fig) seiner Zeit voraus sein.
ahem [ə'həm] interj hm.
ahoy [ə'hɔɪ] interj (Naut) ahoi.
aid [eɪd] I n 1. no pl (help) Hilfe f. (foreign) ~ Entwicklungshilfe f; with the ~ of his uncle/a screwdriver mit Hilfe seines Onkels/eines Schraubenziehers; to come to sb's ~ jdm zu Hilfe kommen; a sale in ~ of the blind ein Verkauf zugunsten der Blinden; what's all this in ~ of? (inf) wozu soll das gut sein?
2. (useful person, thing) Hilfe f (to für); (piece of equipment, audio-visual ~ etc) Hilfsmittel nt; (hearing ~) Hörgerät nt; (teaching ~) Lehrmittel nt.
3. (esp US) see aide.
II vt unterstützen, helfen (+dat). to ~ one another sich gegenseitig helfen or unterstützen; to ~ sb's recovery jds Heilung fördern; to ~ and abet sb (Jur) jdm Beihilfe leisten; (after crime) jdn begünstigen.
aide [eɪd] n Helfer(in f) m; (adviser) (persönlicher) Berater.
aide-de-camp ['eɪddəkɒŋ] n, pl aides-de-camp 1. (Mil) Adjutant m. 2. see aide.
aide-memoire ['eɪdmem'wɑː] n Gedächtnisstütze f; (official memorandum) Aide-memoire nt.
aiding and abetting ['eɪdɪŋəndə'betɪŋ] n (Jur) Beihilfe f; (after crime) Begünstigung f.
ail [eɪl] I vt (old) plagen. what's ~ing you? (inf) was hast du?, was ist mit dir? II vi (inf) kränklich sein, kränkeln.
ailing ['eɪlɪŋ] adj (lit) kränklich, kränkelnd; (fig) industry etc krankend, krank.
ailment ['eɪlmənt] n Gebrechen, Leiden nt. minor ~s leichte Beschwerden pl; inflation, a national ~ die Inflation, eine

nationale Krankheit; all his little ~s all seine Wehwehchen.
aim [eɪm] I n 1. Zielen nt. to take ~ zielen (at auf +acc); to miss one's ~ sein Ziel verfehlen; his ~ was bad/good etc er zielte schlecht/gut etc.
2. (purpose) Ziel nt, Absicht f. with the ~ of doing sth mit dem Ziel or der Absicht, etw zu tun; what is your ~ in life? was ist Ihr Lebensziel?; to achieve one's ~ sein Ziel erreichen; what is your ~ in saying/doing that? warum sagen Sie das?/was wollen Sie damit bezwecken?
II vt 1. (direct) guided missile, camera richten (at auf +acc); stone etc zielen mit (at auf +acc). to teach sb how to ~ a gun jdm zeigen, wie man zielt; to ~ a pistol at sb/sth eine Pistole auf jdn/etw richten, mit einer Pistole auf jdn/etw zielen; you didn't ~ the camera properly du hast die Kamera nicht richtig angesetzt; he ~ed his camera at me er hat die Kamera auf mich gerichtet.
2. (fig) remark, insult, criticism richten (at gegen). this book/programme is ~ed at the general public dieses Buch/Programm wendet sich an die Öffentlichkeit; to be ~ed at sth (cuts, measure, new law etc) auf etw (acc) abgezielt sein; I think that was ~ed at me ich glaube, das war auf mich gemünzt or gegen mich gerichtet.
III vi 1. (with gun, punch etc) zielen (at, for auf +acc).
2. (try, strive for) to ~ high sich (dat) hohe Ziele setzen or stecken; isn't that ~ing a bit high? wollen Sie nicht etwas hoch hinaus?; to ~ at or for sth etw anstreben, auf etw (acc) abzielen; with this TV programme we're ~ing at a much wider audience mit diesem Fernsehprogramm wollen wir einen größeren Teilnehmerkreis ansprechen; we ~ to please bei uns ist der Kunde König; he always ~s for perfection er strebt immer nach Perfektion.
3. (inf: intend) to ~ to do sth vorhaben, etw zu tun, etw tun wollen.
aimless adj, **~ly** adv ['eɪmlɪs, -lɪ] ziellos; talk, act planlos.
aimlessness ['eɪmlɪsnɪs] n see adj Ziellosigkeit f; Planlosigkeit f.
ain't [eɪnt] (incorrect) = am not; is not; are not; has not; have not.
air [eə'] I n 1. Luft f. a change of ~ eine Luftveränderung; war in the ~ Luftkrieg m; to go out for a breath of (fresh) ~ frische Luft schöpfen (gehen); to take to the ~ sich in die Lüfte schwingen (geh); by ~ per or mit dem Flugzeug; to go by ~ (person) fliegen, mit dem Flugzeug reisen; (goods) per Flugzeug or auf dem Luftwege transportiert werden.
2. (fig phrases) there's something in the ~ es liegt etwas in der Luft; there's a rumour in the ~ that ... es geht ein Gerücht um, daß ...; it's still all up in the ~ (inf) es hängt noch alles in der Luft, es ist noch alles offen; to give sb the ~ (US inf) jdn abblitzen or abfahren lassen (inf); to clear the ~ die Atmosphäre reinigen; he went up in the ~ when he heard that (inf) (in anger) als er das hörte, ist er in

die Luft *or* an die Decke gegangen; (*in excitement*) als er das hörte, hat er einen Luftsprung gemacht; **to be up in the ~ about sth** (*inf*) wegen etw aus dem Häuschen sein (*inf*); **to be walking** *or* **treading on ~** wie auf Wolken gehen.

3. (*Rad, TV*) to be on the ~ (*programme*) gesendet werden; (*station*) senden; **you're on the ~** Sie sind auf Sendung; **he's on the ~ every day** er ist jeden Tag im Radio zu hören; **we come on the ~ at 6 o'clock** unsere Sendezeit beginnt um 6 Uhr; **to go off the ~** (*broadcaster*) die Sendung beenden; (*station*) das Programm beenden.

4. (*demeanour, manner*) Auftreten *nt*; (*facial expression*) Miene *f*; (*of building, town etc*) Atmosphäre *f*. **an unpleasant ~ of self-satisfaction** ein unangenehm selbstzufriedenes Gehabe; **there was** *or* **she had an ~ of mystery about her** sie hatte etwas Geheimnisvolles an sich; **it gives** *or* **lends her an ~ of affluence** das gibt ihr einen wohlhabenden Anstrich; **with a proud ~** mit stolzer Haltung; **she has a certain ~ about her** sie hat so etwas an sich, sie hat so ein gewisses Etwas.

5. **~s** *pl* Getue, Gehabe *nt*; **to put on ~s, to give oneself ~s** sich zieren, vornehm tun; **~s and graces** Allüren *pl*.

6. (*liter, Naut: breeze*) leichte Brise, Lüftchen *nt* (*liter*).

7. (*Mus*) Weise *f* (*old*); (*tune also*) Melodie *f*.

II *vt* **1.** *clothes, bed, room* (aus)lüften.

2. *anger, grievance* Luft machen (+*dat*); *opinion* darlegen.

III *vi* (*clothes etc*) (*after washing*) nachtrocknen; (*after storage*) (aus)lüften.

air *in cpds* Luft-; **air base** *n* Luftwaffenstützpunkt *m*; **air-bed** *n* Luftmatratze *f*; **airborne** *adj troops* Luftlande-; **to be ~** sich in der Luft befinden; **air brake** *n* (*on truck*) Druckluftbremse *f*; (*Aviat*) Brems- *or* Landeklappe *f*; **air-bridge** *n* Luftbrücke *f*; **air bubble** *n* Luftblase *f*; **airbus** *n* Airbus *m*; **Air Chief Marshal** *n* (*Brit*) General *m*; **Air Commodore** *n* (*Brit*) Brigadegeneral *m*; **air-conditioned** *adj* klimatisiert; **air-conditioning** *n* (*plant*) Klimaanlage *f*; (*process*) Klimatisierung *f*; **air-cooled** *adj engine* luftgekühlt; **air corridor** *n* Luftkorridor *m*; **air cover** *n* Luftunterstützung *f*; **aircraft** *n, pl* ~ Flugzeug *nt*, Maschine *f*; **various types of ~** verschiedene Luftfahrzeuge *pl*; **aircraft carrier** *n* Flugzeugträger *m*; **aircraft(s)man** *n* Gefreite(r) *m*; **aircrew** *n* Flugpersonal *nt*; **air-cushion** *n* Luftkissen *nt*; **air display** *n* Flugschau *f*; **airdrome** *n* (*US*) Flugplatz *m*; **airdrop I** *n* Fallschirmabwurf *m*; **II** *vt* mit Fallschirmen abwerfen; **air-duct** *n* Luftkanal *m*.

Airedale ['ɛədeɪl] *n* Airedale-Terrier *m*.

airfield ['ɛəfiːld] *n* Flugplatz *m*; **airflow** *n* Luftstrom *m*; (*in air-conditioning*) Luftzufuhr *f*; **airfoil** *n* (*US*) Tragflügel *m*; (*on racing cars*) Spoiler *m*; **air force** *n* Luftwaffe *f*; **airframe** *n* (*Aviat*) Flugwerk *nt*, Zelle *f*; **air-freight I** *n* Luftfracht *f*; (*charge*) Luftfrachtgebühr *f*; **to send sth by ~** etw als Luftfracht verschicken; **II** *vt*

per Luftfracht senden; **airgun** *n* Luftgewehr *nt*; **airhole** *n* Luftloch *nt*; **air hostess** *n* Stewardeß *f*.

airily ['ɛərɪlɪ] *adv* (*casually*) *say, reply etc* leichthin, lässig; (*vaguely*) vage; (*flippantly*) blasiert, erhaben.

airiness ['ɛərɪnɪs] *n see adj 1., 2.* **1. she liked the ~ of the rooms** ihr gefiel, daß die Zimmer so luftig waren. **2.** Lässigkeit, Nonchalance *f*; Vagheit *f*; Versponnenheit *f*; Blasiertheit, Erhabenheit *f*.

airing ['ɛərɪŋ] *n* **1.** (*of linen, room etc*) (Aus- *or* Durch)lüften *nt*. **to give sth a good ~** etw gut durch- *or* auslüften lassen.

2. to go for an ~ (*hum inf*) sich durchlüften (*hum inf*); **to give an idea an ~** (*fig inf*) eine Idee darlegen.

airing cupboard *n* (*Brit*) (Wäsche)trockenschrank *m*.

air intake *n* Lufteinlaß *or* -eintritt *m*; (*for engine*) Luftansaugstutzen *m*; (*quantity*) Luftmenge *f*; **airlane** *n* Flugroute *f*; **airless** *adj* (*lit*) *space* luftleer; (*stuffy*) *room* stickig; (*with no wind*) *day* windstill; **air letter** *n* Luftpostbrief *m*; **airlift I** *n* Luftbrücke *f*; **II** *vt* **to ~ sth into a place** etw über eine Luftbrücke herein-/hineinbringen; **airline** *n* **1.** Fluggesellschaft, Luftverkehrsgesellschaft, Fluglinie *f*. **2.** (*diver's tube*) Luftschlauch *m*; **airliner** *n* Verkehrsflugzeug *nt*; **airlock** *n* (*in spacecraft etc*) Luftschleuse *f*; (*in pipe*) Luftsack *m*.

airmail ['ɛəmeɪl] **I** *n* Luftpost *f*. **to send sth (by) ~** etw per *or* mit Luftpost schicken. **II** *vt letter, parcel* mit *or* per Luftpost schicken.

airmail edition *n* (*of newspaper*) Luftpostausgabe *f*; **airmail letter** *n* Luftpostbrief *m*.

airman ['ɛəmən] *n* (*flier*) Flieger *m*; (*US: in air force*) Gefreite(r) *m*; **Air Marshal** *n* (*Brit*) Generalleutnant *m*; **air mass** *n* Luftmasse *f*; **air mattress** *n* Luftmatratze *f*; **airplane** *n* (*US*) Flugzeug *nt*; **air pocket** *n* Luftloch *nt*; **airport** *n* Flughafen *m*; **air pressure** *n* Luftdruck *m*; **air pump** *n* Luftpumpe *f*; **air raid** *n* Luftangriff *m*; **air-raid shelter** *n* Luftschutzkeller *m*; **air-raid warning** *n* Fliegeralarm *m*; **air rifle** *n* Luftgewehr *nt*; **air route** *n* Flugroute *f*; **airscrew** *n* Luftschraube *f*; **air-sea rescue service** *n* Seenotrettungsdienst *m*; **airshaft** *n* (*Min*) Wetterschacht *m*; **airship** *n* Luftschiff *nt*; **air show** *n* Luftfahrtausstellung *f*; **airsick** *adj* luftkrank; **airsickness** *n* Luftkrankheit *f*; **air sleeve** *or* **sock** *n* Windsack *m*; **airspace** *n* Luftraum *m*; **airspeed** *n* Eigen- *or* Fluggeschwindigkeit *f*; **airstream** *n* (*of vehicle*) Luftsog *m*; (*Met*) Luftstrom *m*; **airstrip** *n* Start-und-Lande-Bahn *f*; **air terminal** *n* (Air-)Terminal *m or nt*; **airtight** *adj* (*lit*) luftdicht; (*fig*) *argument, case* hieb- und stichfest; *adj* **air-to-air** *adj* (*Mil*) Luft-Luft-; **air-to-ground**, **air-to-surface** *adj* (*Mil*) Luft-Boden-; **air-traffic controller** *n* Fluglotse *m*; **air vent** *n* Ventilator *m*; (*shaft*) Belüftungsschacht *m*; **Air Vice Marshal** *n* (*Brit*) Generalmajor *m*; **airway** *n* (*route*) Flugroute *f*; (*airline company*) Fluggesellschaft, Luftverkehrsgesellschaft *f*; **air-woman** *n* Fliegerin *f*; **airworthy** *adj* flugtüchtig.

airy ['ɛərɪ] *adj* (+*er*) **1.** *room* luftig; **2.** (*casual*) *manner, gesture* lässig, nonchalant; (*vague*) *promise* vage; *theory* versponnen; (*superior, flippant*) blasiert, erhaben. **3.** (*liter: immaterial*) körperlos.

airy-fairy ['ɛərɪ'fɛərɪ] *adj* (*inf*) versponnen; *excuse* windig; *talk also* larifari *inv* (*inf*).

aisle [aɪl] *n* Gang *m*; (*in church*) Seitenschiff *nt*; (*central* ~) Mittelgang *m*. **to lead a girl up the ~** ein Mädchen zum Altar führen; **he had them rolling in the ~s** er brachte sie soweit, daß sie sich vor Lachen kugelten (*inf*) or wälzten (*inf*).

ajar [ə'dʒɑ:ʳ] *adj, adv* angelehnt, einen Spalt offen stehend.

akimbo [ə'kɪmbəʊ] *adv*: **with arms ~** die Arme in die Hüften gestemmt.

akin [ə'kɪn] *adj pred* ähnlich (*to dat*), verwandt (*to* mit).

Alabama [ˌælə'bæmə] *n* (*abbr* **Ala, AL**) Alabama *nt*.

alabaster ['æləbɑːstəʳ] **I** *n* Alabaster *m*. **II** *adj* (*lit*) alabastern, Alabaster-; (*fig liter*) *skin, neck* Alabaster-, wie Alabaster.

à la carte [ɑːlɑː'kɑːt] **I** *adv* eat à la carte, nach der (Speise)karte. **II** *adj* menu à la carte.

alacrity [ə'lækrɪtɪ] *n* (*willingness*) Bereitwilligkeit *f*; (*eagerness*) Eifer *m*, Eilfertigkeit *f*. **to accept with ~** ohne zu zögern annehmen.

alarm [ə'lɑːm] **I** *n* **1.** *no pl* (*fear*) Sorge, Besorgnis, Beunruhigung *f*. **to cause a good deal of ~** große Unruhe auslösen; **to cause sb ~** jdn beunruhigen.
2. (*warning*) Alarm *m*. **to raise** or **give/sound the ~** Alarm geben or (*fig*) schlagen.
3. (*device*) Alarmanlage *f*. **~ (clock)** Wecker *m*.
II *vt* **1.** (*worry*) beunruhigen; (*frighten*) erschrecken.
2. (*warn of danger*) warnen; *fire brigade etc* alarmieren.

alarm *in cpds* Alarm-; **alarm bell** *n* Alarmglocke *f*; **alarm call** *n* (*Telec*) Weckruf *m*; **alarm clock** *n* Wecker *m*.

alarming [ə'lɑːmɪŋ] *adj* (*worrying*) beunruhigend; (*frightening*) erschreckend; *news* alarmierend.

alarmingly [ə'lɑːmɪŋlɪ] *adv* erschreckend.

alarmist [ə'lɑːmɪst] **I** *n* Unheilsprophet *m*, Kassandra *f* (*geh*). **II** *adj* *speech* Unheil prophezeiend *attr*.

alas [ə'læs] *interj* leider. **~, he didn't come** leider kam er nicht.

Alaska [ə'læskə] *n* (*abbr* **Alas, AK**) Alaska *nt*.

Alaskan [ə'læskən] **I** *n* Einwohner(in *f*) *m* von Alaska. **II** *adj* Alaska-; *customs, winter* in Alaska; *fish, produce* aus Alaska.

Albania [æl'beɪnɪə] *n* Albanien *nt*.

Albanian [æl'beɪnɪən] **I** *adj* albanisch. **II** *n* **1.** Albaner(in *f*) *m*. **2.** (*language*) Albanisch *nt*.

albatross ['ælbətrɒs] *n* Albatros *m*.

albeit [ɔːl'biːɪt] *conj* (*liter*) obgleich, wenn auch, wenngleich (*geh*).

albino [æl'biːnəʊ] **I** *n, pl* **~s** Albino *m*.

II *adj* Albino-.

Albion ['ælbɪən] *n* (*poet*) Albion *nt*.

album ['ælbəm] *n* Album *nt*.

albumen ['ælbjʊmɪn] *n* Albumin *nt*.

albuminous [æl'bjuːmɪnəs] *adj* albuminös.

alchemist ['ælkɪmɪst] *n* Alchemist *m*.

alchemy ['ælkɪmɪ] *n* Alchemie, Alchimie *f*.

alcohol ['ælkəhɒl] *n* Alkohol *m*.

alcoholic [ˌælkə'hɒlɪk] **I** *adj* *drink* alkoholisch; *person* alkoholsüchtig, trunksüchtig. **II** *n* (*person*) Alkoholiker(in *f*) *m*, Trinker(in *f*) *m*. **to be an ~** Alkoholiker(in) or Trinker(in) sein; **A~s Anonymous** Anonyme Alkoholiker.

alcoholism ['ælkəhɒlɪzəm] *n* Alkoholismus *m*, Trunksucht *f*.

alcove ['ælkəʊv] *n* Alkoven *m*, Nische *f*; (*in wall*) Nische *f*.

alder ['ɔːldəʳ] *n* Erle *f*.

alderman ['ɔːldəmən] *n, pl* **-men** [-mən] Alderman *m* (*Ratsherr*).

ale [eɪl] *n* (*old*) Ale *nt; see* **real**.

aleck ['ælɪk] *n see* **smart** ~.

alert [ə'lɜːt] **I** *adj* aufmerksam; (*as character trait*) aufgeweckt; *mind* scharf, hell; *dog* wachsam. **to be ~ to sth** vor etw (*dat*) auf der Hut sein. **II** *vt* warnen (*to* vor +*dat*); *troops* in Gefechtsbereitschaft versetzen; *fire brigade etc* alarmieren. **III** *n* Alarm *m*. **to give the ~** (*Mil*) Gefechtsbereitschaft befehlen; (*in the fire brigade etc*) den Alarm auslösen; (*fig*) warnen; **to put on the ~** in Gefechts-/Alarmbereitschaft versetzen; **to be on (the) ~** einsatzbereit sein; (*be on lookout*) auf der Hut sein (*for* vor +*dat*).

alertness [ə'lɜːtnɪs] *n see adj* Aufmerksamkeit *f*; Aufgewecktheit *f*; Schärfe *f*; Wachsamkeit *f*.

Aleutian Islands [ə'luːʃən] *npl* Aleuten *pl*.

A level ['eɪlevl] *n* (*Brit*) Abschluß *m* der Sekundarstufe 2. **to take one's ~s** ≈ das Abitur machen; **3 ~s** das Abitur in drei Fächern.

Alexander [ˌælɪg'zɑːndəʳ] *n* Alexander *m*. **~ the Great** Alexander der Große.

alexandrine [ˌælɪg'zændraɪn] **I** *n* Alexandriner *m*. **II** *adj* alexandrinisch.

alfresco [æl'freskəʊ] *adj, adv* im Freien.

alga ['ælgə] *n, pl* **-e** ['ælgɪ] Alge *f*.

algebra ['ældʒɪbrə] *n* Algebra *f*.

algebraic [ˌældʒɪ'breɪk] *adj* algebraisch.

Algeria [æl'dʒɪərɪə] *n* Algerien *nt*.

Algerian [æl'dʒɪərɪən] **I** *n* Algerier(in *f*) *m*. **II** *adj* algerisch.

Algiers [æl'dʒɪəz] *n* Algier *nt*.

alias ['eɪlɪæs] **I** *adv* alias. **II** *n* Deckname *m*.

alibi ['ælɪbaɪ] **I** *n* Alibi *nt*. **II** *vt* ein Alibi liefern für.

alien ['eɪlɪən] **I** *n* (*esp Pol*) Ausländer(in *f*) *m*; (*Sci-Fi*) außerirdisches Wesen. **II** *adj* **1.** (*foreign*) ausländisch; (*Sci-Fi*) außerirdisch. **2.** (*different*) fremd. **to be ~ to sb/sb's nature/sth** jdm/jds Wesen/einer Sache fremd sein.

alienate ['eɪlɪəneɪt] *vt* **1.** *people* befremden; *affections* zerstören, sich (*dat*) verscherzen. **to ~ oneself from sb/sth** sich jdm/einer Sache entfremden. **2.** (*Jur*) *property, money* übertragen.

alienation [ˌeɪlɪə'neɪʃən] *n* **1.** Entfremdung *f* (*from* von); (*Theat*) Distanzierung *f*. **~**

effect Verfremdungseffekt *m*; ~ **of affections** (*Jur*) Entfremdung *f*. **2.** (*Jur: property*) Übertragung *f*. **3.** (*Psych*) Alienation *f*.

alight[1] [ə'laɪt] *vi* **1.** (*form: person*) aussteigen (*from* aus); (*from horse*) absitzen (*from* von). **2.** (*bird*) sich niederlassen (*on* auf +*dat*); (*form: aircraft etc*) niedergehen, landen (*on* auf +*dat*). **his eyes ~ed on the ring** sein Blick fiel auf den Ring.

alight[2] *adj pred* **to be ~** (*fire*) brennen; (*building also*) in Flammen stehen; **to keep the fire ~** das Feuer in Gang halten; **to set sth ~** etw in Brand setzen *or* stecken; **her face was ~ with pleasure** ihr Gesicht *or* sie glühte vor Freude.

align [ə'laɪn] **I** *vt* **1.** *wheels of car, gun sights etc* ausrichten; (*bring into line also*) in eine Linie bringen. **2.** (*Fin, Pol*) currencies, policies aufeinander ausrichten. **to ~ sth with sth** etw auf etw (*acc*) ausrichten; **to ~ oneself with a party** (*follow policy of*) sich nach einer Partei ausrichten; (*join forces with*) sich einer Partei anschließen; **they have ~ed themselves against him/it** sie haben sich gegen ihn/dagegen zusammengeschlossen; *see* **non-aligned. II** *vi* **1.** (*lit*) ausgerichtet sein (*with* nach); (*come into line*) eine Linie bilden. **2.** (*side*) *see vt 2.*

alignment [ə'laɪnmənt] *n* **1.** *see vt 1.* Ausrichtung *f*. **to be out of ~** nicht richtig ausgerichtet sein (*with* nach).
2. (*of currencies, policies etc*) Ausrichtung (*with* auf +*acc*), Orientierung (*with* nach) *f*. **to be out of ~ with one another** nicht übereinstimmen, sich nicht aneinander orientieren; **to bring sb back into ~ with the party** jdn zwingen, wieder auf die Parteilinie einzuschwenken; **his unexpected ~ with the Socialists** seine unerwartete Parteinahme für die Sozialisten.

alike [ə'laɪk] *adj pred, adv* gleich. **they're/they look very ~** sie sind/sehen sich (*dat*) sehr ähnlich; **they all look ~ to me** für mich sehen sie alle gleich aus; **you men are all ~!** ihr Männer seid doch alle gleich!; **it's all ~ to me** mir ist das gleich *or* einerlei; **they always think ~** sie sind immer einer Meinung; **winter and summer ~** Sommer wie Winter.

alimentary [ˌælɪ'mentərɪ] *adj* (*Anat*) Verdauungs-. ~ **canal** Verdauungskanal *m*.

alimony ['ælɪmənɪ] *n* Unterhaltszahlung *f*. **to pay ~** Unterhalt zahlen.

alive [ə'laɪv] *adj* **1.** *pred* (*living*) lebendig, lebend *attr*. **dead or ~** tot oder lebendig; **to be ~** leben; **the greatest musician ~** der größte lebende Musiker; **while ~ he was always ...** zu seinen Lebzeiten war er immer ...; **it's good to be ~** das Leben ist schön; **no man ~** niemand auf der ganzen Welt; **the wickedest man ~** der schlechteste Mensch auf der ganzen Welt; **to stay *or* keep ~** am Leben bleiben; **to keep sb/sth ~** (*lit, fig*) jdn am Leben erhalten/etw am Leben *or* lebendig erhalten; **to be ~ and kicking** (*hum inf*) *or* ~ **and well** gesund und munter sein.
2. (*lively*) lebendig. **to come ~** (*liven up*) lebendig werden; (*prick up ears etc*) wach werden.

3. *pred* (*aware*) **to be ~ to sth** sich (*dat*) einer Sache (*gen*) bewußt sein.
4. ~ **with** (*full of*) erfüllt von; **to be ~ with tourists/fish/insects** *etc* von Touristen/Fischen/Insekten *etc* wimmeln.

alkali ['ælkəlaɪ] *n*, *pl* **-(e)s** Base, Lauge *f*; (*metal, Agr*) Alkali *nt*.

alkaline ['ælkəlaɪn] *adj* basisch, alkalisch. ~ **solution** Lauge *f*.

alkalinity [ˌælkə'lɪnɪtɪ] *n* Alkalität *f*.

alkaloid ['ælkəlɔɪd] *n* Alkaloid *nt*.

all [ɔːl] **I** *adj* **1.** (*with pl n*) alle *no art*; (*every single one also*) sämtliche *no art*; (*with sing n*) ganze(r, s), alle(r, s) *no art*; (*preceding poss art also*) all. ~ **the books/people** alle Bücher/Leute, die ganzen Bücher/Leute; **she brought ~ the children** sie brachte alle *or* sämtliche Kinder mit; ~ **the tobacco/milk/fruit** der ganze Tabak/die ganze Milch/das ganze Obst, all der *or* aller Tabak/all die *or* alle Milch/all das *or* alles Obst; ~ **my strength/books/friends** all meine Kraft/all(e) meine Bücher/Freunde, meine ganze Kraft/ganzen Bücher/Freunde; ~ **my life** mein ganzes Leben (lang); ~ **Spain** ganz Spanien; **we ~ sat down** wir setzten uns alle; **I invited them ~** ich habe sie alle eingeladen; **they ~ came** sie sind alle gekommen; ~ **the time** die ganze Zeit; ~ **day (long)** den ganzen Tag (lang); **to dislike ~ sport** jeglichen Sport ablehnen; **I don't understand ~ that** ich verstehe das alles nicht; **what's ~ that water?** wo kommt das ganze *or* all das Wasser her?; **what's ~ this/that?** was ist denn das?; (*annoyed*) was soll denn das!; **what's ~ this mess?** was ist das denn für eine Unordnung?; **what's ~ this I hear about you leaving?** was höre ich da! Sie wollen gehen?; **he took/spent it ~** er hat alles genommen/ausgegeben; **the money was ~ there** das ganze Geld war da; ~ **kinds** *or* **sorts** *or* **manner of people** alle möglichen Leute; **to be ~ things to ~ men** sich mit jedem gut stellen; **it is beyond ~ doubt/question** es steht außer Zweifel/Frage; **in ~ respects** in jeder Hinsicht; **why me of ~ people?** warum ausgerechnet ich?; **of ~ the idiots/stupid things!** so ein Idiot/so was Dummes!
2. (*utmost*) **with ~ possible speed** so schnell wie möglich; **with ~ due care/speed** mit angemessener Sorgfalt/in angemessenem Tempo.
3. (*US inf*) **you ~** ihr (alle).
4. **for ~ his wealth** trotz (all) seines Reichtums; **for ~ that** trotz allem, trotzdem; **for ~ I know he could be ill** was weiß ich, vielleicht ist sie krank.

II *pron* **1.** (*everything*) alles; (*everybody*) alle *pl*. ~ **who knew him** alle, die ihn kannten; ~ **of them/of it** (sie) alle/alles; ~ **of Paris/of the house** ganz Paris/das ganze Haus; **that is ~ I can tell you** mehr kann ich Ihnen nicht sagen; **it was ~ I could do not to laugh** ich mußte an mich halten, um nicht zu lachen; ~ **of 5 km/£5** ganze 5 km/£ 5; **he ate the orange, peel and ~** er hat die ganze Orange gegessen, samt der Schale; **what with the snow and ~** (*inf*) mit dem ganzen Schnee und so (*inf*);

the whole family came, children and ~ (*inf*) die Familie kam mit Kind und Kegel; the score was/the teams were two ~ es stand zwei beide; ~ found insgesamt.
2. at ~ überhaupt; nothing at ~ überhaupt *or* gar nichts; did/didn't you say llocateanything at ~? haben Sie überhaupt etwas gesagt/gar *or* überhaupt nichts gesagt?; it's not bad at ~ das ist gar nicht schlecht.
3. in ~ insgesamt; ten people in ~ *or* ~ told insgesamt zehn Personen; ~ in ~ alles in allem.
4. (*with superl*) happiest/earliest/ clearest *etc* of ~ am glücklichsten/ frühsten/klarsten *etc*; that would be best of ~ das wäre am besten; I like him best of ~ von allen mag ich ihn am liebsten; most of ~ am meisten; most of ~ I'd like to be ... am liebsten wäre ich ...; the best car of ~ das allerbeste Auto.
III *adv* 1. (*quite, entirely*) ganz. dressed ~ in white, ~ dressed in white ganz in Weiß (gekleidet); ~ woman ganz Frau; ~ dirty/excited *etc* ganz schmutzig/aufgeregt *etc*; ~ wool reine Wolle; it was red ~ over es war ganz rot; ~ along the road die ganze Straße entlang; I feared that ~ along das habe ich schon die ganze Zeit befürchtet; there were chairs ~ round the room rundum im Zimmer standen Stühle; he ordered whiskies/drinks ~ round er hat für alle Whisky/Getränke bestellt; ~ the same trotzdem, trotz allem; it's ~ the same *or* ~ one to me das ist mir (ganz) egal *or* einerlei; ~ at once auf einmal; (*suddenly also*) ganz plötzlich; they spoke ~ at once/~ together sie sprachen alle auf einmal/alle gleichzeitig; ~ too soon viel zu schnell, viel zu früh; I'll tell you ~ about it ich erzähl dir alles; it was ~ about a little girl es handelte von einem kleinen Mädchen; that's ~ very fine *or* well das ist alles ganz schön und gut; it's not as bad as ~ that so schlimm ist das nun auch wieder nicht; it isn't ~ *that* expensive! so teuer ist es nun wieder auch nicht; if at ~ possible wenn irgend möglich; I'm not at ~ sure/ angry *etc*, I'm not sure/angry *etc* at ~ bin mir ganz und gar nicht sicher, ich bin gar nicht ganz sicher/bin ganz und gar nicht wütend *etc*; I'm ~ for it! ich bin ganz dafür; to be *or* feel ~ in (*inf*) total erledigt sein (*inf*); he's ~/not ~ there (*inf*) er ist voll/nicht ganz da (*inf*); *see* all right.
2. ~ but fast; he ~ but died er wäre fast gestorben.
3. (*with comp*) ~ the hotter/prettier/ happier *etc* noch heißer/hübscher/ glücklicher *etc*; ~ the funnier because ... um so lustiger, weil ...; I feel ~ the better for my holiday jetzt, wo ich im Urlaub gemacht habe, geht's mir viel besser; ~ the more so since ... besonders weil ...
IV *n* one's ~ alles; he staked his ~ on this race/venture er setzte alles auf dieses Rennen/Unternehmen; the horses were giving their ~ die Pferde gaben ihr Letztes.

Allah [ˈælə] *n* Allah *m*.
all-American [ˌɔ:ləˈmerɪkən] *adj* team, player amerikanische(r, s) National-; an

~ boy ein richtiger amerikanischer Junge; **all-around** *adj* (*US*) *see* all-round.
allay [əˈleɪ] *vt* verringern; doubt, fears, suspicion (weitgehend) zerstreuen.
all-clear [ˌɔ:lˈklɪər] *n* Entwarnung *f*; to give/ sound the ~ Entwarnung geben.
allegation [ˌælɪˈɡeɪʃən] *n* Behauptung *f*.
allege [əˈledʒ] *vt* behaupten. he is ~d to have said that ... er soll angeblich gesagt haben, daß ...
alleged *adj*, ~ly *adv* [əˈledʒd, əˈledʒɪdlɪ] angeblich.
allegiance [əˈli:dʒəns] *n* Treue *f* (*to dat*). oath of ~ Fahnen- *or* Treueeid *m*.
allegoric(al) [ˌælɪˈɡɒrɪk(əl)] *adj*, **allegorically** [ˌælɪˈɡɒrɪkəlɪ] *adv* allegorisch.
allegory [ˈælɪɡərɪ] *n* Allegorie *f*.
all-electric [ˌɔ:lɪˈlektrɪk] *adj* an ~ house ein Haus, in dem alles elektrisch ist; we're ~ bei uns ist alles elektrisch.
alleluia [ˌælɪˈlu:jə] I *interj* (h)alleluja. II *n* (H)alleluja *nt*.
all-embracing [ˌɔ:lɪmˈbreɪsɪŋ] *adj* (all)- umfassend.
allergen [ˈæləˌdʒən] *n* (*Med*) Allergen *nt*.
allergic [əˈlɜ:dʒɪk] *adj* (*lit, fig*) allergisch (*to* gegen).
allergy [ˈælədʒɪ] *n* Allergie *f* (*to* gegen). he seems to have an ~ to work (*hum*) er scheint gegen Arbeit allergisch zu sein.
alleviate [əˈli:vɪeɪt] *vt* lindern.
alleviation [əˌli:vɪˈeɪʃən] *n* Linderung *f*.
alley [ˈælɪ] *n* 1. (*between buildings*) (enge) Gasse; (*between gardens*) Weg, Pfad *m*; (*in garden*) Laubengang *m*; (*in supermarket*) Gang *m*. 2. (*bowling* ~) Bahn *f*.
alley cat *n* streunende Katze; **alleyway** *n* Durchgang *m*.
All Fools' Day *n der* erste April; **All Hallows' (Day)** *n see* **All Saints' Day.**
alliance [əˈlaɪəns] *n* Verbindung *f*; (*institutions also, of states*) Bündnis *nt*; (*in historical contexts*) Allianz *f*. partners in an ~ Bündnispartner *pl*.
allied [ˈælaɪd] *adj* 1. verbunden; (*for attack, defence etc*) verbündet, aliiert. 2. (*Biol, fig*) verwandt.
Allied [ˈælaɪd] *adj* the ~ forces die Alliierten.
alligator [ˈælɪɡeɪtər] *n* Alligator *m*.
all-important [ˈɔ:lɪmˌpɔ:tnt] *adj* außerordentlich wichtig; **all-in** [ˌɔ:lˈɪn] *adj* 1. (*inclusive*) Inklusiv-; 2. (*Sport*) ~ wrestling Freistilringen *nt*; *see also* all III 1.
alliteration [əˌlɪtəˈreɪʃən] *n* Alliteration *f*, Stabreim *m*.
alliterative [əˈlɪtərətɪv] *adj* Stabreim-, stabend, alliterierend.
all-merciful [ˌɔ:lˈmɜ:sɪfəl] *adj* God allbarmherzig, allgütig; **all-night** *adj attr café* die ganze Nacht) durchgehend geöffnet; we had an ~ party wir haben die ganze Nacht durchgemacht; it was an ~ journey wir/sie *etc* sind die ganze Nacht durchgefahren; ~ opening is allowed in some countries in manchen Ländern sind 24stündige Öffnungszeiten erlaubt; we have an ~ service wir haben einen durchgehenden Nachtdienst; there is an ~ bus service die Busse verkehren die ganze Nacht über.
allocate [ˈæləʊkeɪt] *vt* (*allot*) zuteilen, zuweisen (*to sb* jdm); (*apportion*) ver-

teilen (*to* auf +*acc*); *tasks* vergeben (*to* an +*acc*). **to ~ money to** or **for a project** Geld für ein Projekt bestimmen.

allocation [ˌæləʊˈkeɪʃən] *n see vt* Zuteilung, Zuweisung *f*; Verteilung *f*; (*sum allocated*) Zuwendung *f*.

allot [əˈlɒt] *vt* zuteilen, zuweisen (*to sb/sth* jdm/etw); *time* vorsehen (*to* für); *money* bestimmen (*to* für).

allotment [əˈlɒtmənt] *n* **1.** *see vt* Zuteilung, Zuweisung *f*; Vorsehen *nt*; Bestimmung *f*; (*amount of money allotted*) Zuwendung *f*. **2.** (*Brit: plot of ground*) Schrebergarten *m*.

all-out [ˌɔːlˈaʊt] **I** *adj strike* total; *attack* massiv; *effort, attempt* äußerste(r, s); *support* uneingeschränkt; **II** *adv* mit aller Kraft; **to go ~** sein Letztes *or* Äußerstes geben; **to go ~ to do sth** alles daransetzen, etw zu tun; **all-over** *adj* ganzflächig.

allow [əˈlaʊ] **I** *vt* **1.** (*permit*) *sth* erlauben, gestatten; *behaviour etc also* zulassen. **to ~ sb sth/to do sth** jdm etw erlauben *or* gestatten/jdm erlauben *or* gestatten, etw zu tun; **to be ~ed to do sth** etw tun dürfen; **smoking is not ~ed** Rauchen ist nicht gestattet; **"no dogs ~ed"** ,,Hunde müssen draußen bleiben''; **we were ~ed one drink** uns wurde ein Drink erlaubt *or* gestattet; **will you be ~ed to?** darfst du denn?; **will you ~ him to?** erlauben Sie es ihm?, lassen Sie ihn denn? (*inf*); **to ~ oneself sth** sich (*dat*) etw erlauben; (*treat oneself*) sich (*dat*) etw gönnen; **to ~ oneself to be persuaded/convinced/waited on** *etc* sich überreden/überzeugen/bedienen *etc* lassen; **~ me to help you** gestatten Sie, daß ich Ihnen helfe (*form*); **to ~ sth to happen** etw zulassen, zulassen, daß etw geschieht; **to ~ sb in/out/past** *etc* jdn hinein-/hinaus-/vorbeilassen; **to be ~ed in/out/past** hinein-/hinaus-/vorbeidürfen.
2. (*recognize, accept*) *claim, appeal* anerkennen; *goal also* geben.
3. (*allocate, grant*) *discount* geben; *space* lassen; *time* einplanen, einberechnen; *money* geben, zugestehen; (*in tax, Jur*) zugestehen. **~** (*yourself*) **an hour to cross the city** rechnen Sie mit einer Stunde, um durch die Stadt zu kommen; **~ 5 cms extra** geben Sie 5 cm zu.
4. (*concede*) annehmen. **~ing** *or* **if we ~ that ...** angenommen, (daß) ...

II *vi* **if time ~s** falls es zeitlich möglich ist.

◆**allow for** *vi +prep obj* berücksichtigen; *factor, cost, shrinkage, error also* einrechnen, einkalkulieren. **~ing ~ the circumstances** unter Berücksichtigung der gegebenen Umstände; **after ~ing ~** nach Berücksichtigung (+*gen*).

◆**allow of** *vi +prep obj* zulassen.

allowable [əˈlaʊəbl] *adj* zulässig; (*Fin: in tax*) absetzbar, abzugsfähig. **~ expenses** (*Fin*) abzugsfähige Kosten.

allowance [əˈlaʊəns] *n* **1.** finanzielle Unterstützung; (*paid by state*) Beihilfe *f*; (*father to son*) Unterhaltsgeld *nt*; (*as compensation: for unsociable hours, overseas ~ etc*) Zulage *f*; (*on business trip*) Spesen *pl*; (*spending money*) Taschengeld *nt*. **clothing ~** Kleidungsgeld *nt*; **petrol ~**

Benzingeld *nt*; **travelling ~** Fahrtkostenzuschuß *m*; **he made her an ~ of £50 a month** er stellte ihr monatlich £ 50 zur Verfügung.
2. (*Fin: tax ~*) Freibetrag *m*.
3. (*Fin, Comm: discount*) (Preis)nachlaß *m* (*on* für); (*quantity allowed: for shrinkage etc*) Zugabe *f*.
4. (*admission, acceptance: of goal, claim, appeal*) Anerkennung *f*.
5. Zugeständnisse *pl*. **to make ~(s) for sth** etw berücksichtigen.

allowedly [əˈlaʊɪdlɪ] *adv* gewiß, zugegeben.

alloy [ˈælɔɪ] **I** *n* Legierung *f*. **II** *vt* legieren; (*fig liter*) (ver)mischen. **pleasure ~ed with suffering** von Leid getrübte Freude.

all-powerful [ˌɔːlˈpaʊəfəl] *adj* allmächtig; **all-purpose** *adj* Allzweck-.

all right [ˈɔːlˈraɪt] **I** *adj pred* **1.** (*satisfactory*) in Ordnung, okay (*inf*). **it's ~** (*not too bad*) es geht; (*working properly*) es ist in Ordnung; **that's** *or* **it's ~** (*after thanks*) schon gut, gern geschehen; (*after apology*) schon gut, das macht nichts; **to taste/look/smell ~** ganz gut schmecken/aussehen/riechen; **is it ~ for me to leave early?** kann ich früher gehen?; **it's ~ by me** ich habe nichts dagegen, von mir aus gern; **it's ~ for you** du hast's gut; **it's ~ for you (to talk)** du hast gut reden; **it'll be ~ on the night** es wird schon klappen, wenn es darauf ankommt; **I don't like it particularly but I suppose it's ~** besonders gut finde ich es nicht, aber es geht; **he's ~** (*inf: is a good guy*) der ist in Ordnung.
2. (*safe, unharmed*) *person, machine, mechanical object* in Ordnung, okay (*inf*); *object, building, tree etc* heil, ganz, okay (*inf*). **are you ~?** (*healthy*) geht es Ihnen gut?; (*unharmed*) ist Ihnen etwas passiert?; **are you feeling ~?** fehlt Ihnen was?; (*iro*) sag mal, fehlt dir was?; **he's ~ again** es geht ihm wieder gut, er ist wieder in Ordnung (*inf*); **are you ~ (in there)?** ist alles in Ordnung (da drin)?; **can we come out? is it ~?** können wir rauskommen? ist es sicher?; **is it ~ for us to come out now?** können wir jetzt rauskommen?; **it's ~ now, Mummy's here** jetzt ist alles wieder gut, Mutti ist ja da; **it's ~, don't worry** keine Angst, machen Sie sich keine Sorgen.

II *adv* **1.** (*satisfactorily*) ganz gut, ganz ordentlich; (*safely*) gut. **did I do it ~?** habe ich es recht gemacht?; **did you get home ~?** bist du gut nach Hause gekommen?; **did you get/find it ~?** haben Sie es denn bekommen/gefunden?
2. (*certainly*) schon. **he'll come ~** er wird schon kommen; **he's a clever man ~** er ist schon intelligent; **we heard you ~** und ob wir dich gehört haben.

III *interj* gut, schön, okay (*inf*); (*in agreement also*) in Ordnung. **may I leave early? — ~** kann ich früher gehen? — ja; **~ that's enough!** okay *or* komm, jetzt reicht's (aber)!; **~, ~!** **I'm coming** schon gut, schon gut, ich komme ja!

all-round [ˌɔːlˈraʊnd] *adj athlete* Allround-; *student* vielseitig begabt; *improvement* in jeder Beziehung *or* Hinsicht; **all-rounder** *n* Allroundmann *m*; (*Sport*) Allroundsportler(in f) m; **All Saints' Day** n Allerheiligen nt; **All Souls' Day** n Allerseelen nt; **allspice** ['ɔ:lspaɪs] n Piment m or nt; **all-star** adj Star-; **all-time** adj aller Zeiten; **an ~ record** der Rekord aller Zeiten; **an ~ high/low** der höchste/ niedrigste Stand aller Zeiten; **to be an ~ favourite** seit eh und je beliebt sein.

allude to [ə'lu:d] vi +prep obj anspielen auf (+acc).

allure [ə'ljuə^r] I vt locken, anziehen. II n Reiz m.

allurement [ə'ljuərmənt] n Anziehungskraft f, Reiz m.

alluring [ə'ljuərɪŋ] adj verführerisch.

alluringly [ə'ljuərɪŋlɪ] adv see adj.

allusion [ə'lu:ʒən] n Anspielung f (to auf + acc).

allusive [ə'lu:sɪv] adj voller Anspielungen.

allusively [ə'lu:sɪvlɪ] adv indirekt. **to mention sth ~** auf etw (acc) anspielen.

alluvial [ə'lu:vɪəl] adj angeschwemmt.

alluvium [ə'lu:vɪəm] n Anschwemmung f.

all-weather ['ɔ:l'weðə^r] adj Allwetter-.

ally ['ælaɪ] I n Verbündete(r) mf, Bundesgenosse m; (Hist) Alliierte(r) m. II [ə'laɪ] vt verbinden (with, to mit); (for attack, defence etc) verbünden, alliieren (with, to mit). **to ~ oneself with or to sb** sich mit jdm zusammentun/verbünden.

almanac ['ɔ:lmənæk] n Almanach m.

almighty [ɔ:l'maɪtɪ] I adj 1. god, person allmächtig; power unumschränkt. A~ **God, God A~** (Eccl) der Allmächtige; (address in prayer, inf) allmächtiger Gott. 2. (inf) fool, idiot mordsmäßig (inf); blow mächtig (inf). **to make an ~ fool of oneself** sich mordsmäßig blamieren (inf). II n the A~ der Allmächtige.

almond ['ɑ:mənd] n Mandel f; (tree) Mandelbaum m.

almond in cpds Mandel-; **~-eyed** mandeläugig; **~ oil** Mandelöl nt; **~ paste** Marzipanmasse f; **~-shaped** mandelförmig.

almoner ['ɑ:mənə^r] n (dated Brit: in hospital) Krankenhausfürsorger(in f) m.

almost ['ɔ:lməʊst] adv fast, beinahe.

alms [ɑ:mz] npl Almosen pl.

aloe ['æləʊ] n (Bot, Med) Aloe f.

aloft [ə'lɒft] adv (into the air) empor; (in the air) hoch droben; (Naut) oben in der Takelung.

alone [ə'ləʊn] I adj pred allein(e). we're not ~ **in thinking that** wir stehen mit dieser Meinung nicht allein; **there is one man who, ~ in the world, knows ...** es gibt einen, der als einziger auf der Welt weiß ...; see leave, let³. II adv allein(e). **to live on bread ~** von Brot allein leben; **it's mine ~** das gehört mir (ganz) allein(e); **the hotel ~ cost £35** das Hotel allein kostete (schon) £ 35; **to stand ~** (fig) einzig dastehen.

along [ə'lɒŋ] I prep (direction) entlang (+acc), lang (+acc) (inf); (position) entlang (+dat). **he walked ~ the river** er ging den/(an) dem Fluß entlang; **somewhere ~ the way** irgendwo unterwegs; (fig) irgendwann einmal; **somewhere ~ here/there** irgendwo hier/dort (herum); (in this/that direction) irgendwo in dieser Richtung/ der Richtung.

II adv 1. (onwards) weiter-, vorwärts-. **to move ~** weitergehen; **he was just strolling ~** er ist bloß so dahingeschlendert; **run ~** nun lauf!; **he'll be ~ soon** er muß gleich da sein; **I'll be ~ about eight** ich komme ungefähr um acht.

2. (together) ~ **with** zusammen mit; **to come/sing ~ with sb** mit jdm mitkommen/ mitsingen; **take an umbrella ~** nimm einen Schirm mit.

alongside [ə'lɒŋ'saɪd] I prep neben (+dat). **he parked ~ the kerb** er parkte am Bordstein; **we were moored ~ the pier/the other boats** wir lagen am Pier vor Anker/lagen Bord an Bord mit den anderen Schiffen; **the houses ~ the river** die Häuser am Fluß entlang; **he works ~ me** (with) er ist ein Kollege von mir; (next to) er arbeitet neben mir.

II adv daneben. **a police car drew up ~** ein Polizeiauto fuhr neben mich/ihn etc heran.

aloof [ə'lu:f] I adv (lit, fig) abseits. **to remain ~** sich abseits halten; **buyers held ~** (Comm) die Käufer verhielten sich zurückhaltend.

II adj unnahbar.

aloofness [ə'lu:fnɪs] n Unnahbarkeit f.

aloud [ə'laʊd] adv laut.

alp [ælp] n Berg m in den Alpen.

alpaca [æl'pækə] I n Alpaka nt. II attr Alpaka-.

alpenstock ['ælpɪnstɒk] n Bergstock m.

alpha ['ælfə] n 1. (letter) Alpha nt. 2. (Brit: Sch, Univ) Eins f.

alphabet ['ælfəbet] n Alphabet nt. **does he know the or his ~?** kann er schon das Abc?

alphabetic(al) [ˌælfə'betɪk(əl)] adj alphabetisch. **in ~ order** in alphabetischer Reihenfolge.

alphabetically [ˌælfə'betɪkəlɪ] adv see adj.

alphabetization [ˌælfəbətaɪ'zeɪʃən] n Alphabetisierung f.

alphabetize ['ælfəbətaɪz] vt alphabetisieren, alphabetisch ordnen.

alphanumeric [ˌælfənju:'merɪk] adj alphanumerisch.

alpha particle n Alphateilchen nt; **alpha ray** n Alphastrahl m.

alpine ['ælpaɪn] adj 1. A~ alpin, Alpen-; dialects der Alpen. 2. (general) alpin; flowers Alpen-, Gebirgs-; (Geol) alpinisch; scenery Gebirgs-; hut Berg-; club Alpen-.

alpinism ['ælpɪnɪzəm] n Alpinistik f.

alpinist ['ælpɪnɪst] n Alpinist(in f) m.

Alps [ælps] npl Alpen pl.

already [ɔ:l'redɪ] adv schon. **I've ~ seen it, I've seen it ~** ich habe es schon gesehen.

alright ['ɔ:l'raɪt] adj, adv see all right.

Alsace ['ælsæs] n Elsaß nt.

Alsace-Lorraine ['ælsæslə'reɪn] n Elsaß-Lothringen nt.

alsatian [æl'seɪʃən] n (Brit: also ~ dog) Schäferhund m.

Alsatian [æl'seɪʃən] I adj elsässisch. **the ~ people** die Elsässer pl. II n (dialect) Elsässisch nt.

also ['ɔ:lsəʊ] adv 1. auch. **her cousin ~ came** or **came ~** ihre Kusine kam auch; **he has ~ been there** er ist auch (schon) dort gewesen; **not only ... but** ~ nicht nur ... sondern auch; ~ **present were ...** außerdem waren anwesend ...

2. (*moreover*) außerdem, ferner. ~, **I must explain that ...** außerdem muß ich erklären, daß ...

also-ran [ˈɔːlsəʊˈræn] *n* **to be among the** ~**s, to be an** ~ (*Sport, fig*) unter „ferner liefen" sein.

altar [ˈɒltəʳ] *n* Altar *m*. **to lead sb to the** ~ jdn zum Altar führen; **she was left standing at the** ~ sie wurde in letzter Minute sitzengelassen (*inf*).

altar boy *n* Ministrant *m*; **altarpiece** *n* Altarbild *nt*; **altar rail(s)** *n(pl)* Kommunionbank *f*.

alter [ˈɒltəʳ] **I** *vt* **1.** ändern; (*modify also*) abändern. **to** ~ **sth completely** etw vollkommen verändern; **it does not** ~ **the fact that ...** das ändert nichts an der Tatsache, daß ...

2. (*US: castrate, spay*) kastrieren.

II *vi* sich (ver)ändern. **to** ~ **for the better/worse** sich zu seinem Vorteil/ Nachteil (ver)ändern; (*things, situation*) sich zum Besseren/Schlechteren wenden.

alterable [ˈɒltərəbl] *adj* veränderbar.

alteration [ˌɒltəˈreɪʃən] *n* Änderung *f*; (*modification also*) Abänderung *f*; (*of appearance*) Veränderung *f*. **a complete** ~ eine vollständige Veränderung; **to make** ~**s in sth** Änderungen an etw (*dat*) vornehmen; (*this timetable is*) **subject to** ~ Änderungen (im Fahrplan sind) vorbehalten; **closed for** ~**s** wegen Umbau geschlossen.

altercation [ˌɒltəˈkeɪʃən] *n* Auseinandersetzung *f*.

alternate [ɒlˈtɜːnɪt] **I** *adj* **1. I go there on** ~ **days** ich gehe jeden zweiten Tag *or* alle zwei Tage hin; **they do their shopping on** ~ **days** (*every other day*) sie machen ihre Einkäufe jeden zweiten Tag; (*taking turns*) sie wechseln sich täglich mit dem Einkaufen ab; **to go through** ~ **periods of happiness and despair** abwechselnd Zeiten des Glücks und der Verzweiflung durchmachen; **they put down** ~ **layers of brick and mortar** sie schichteten abwechselnd Ziegel und Mörtel aufeinander.

2. (*alternative*) Alternativ-. ~ **route** Ausweichstrecke *f*.

II *n* (*US*) Vertreter(in *f*) *m*; (*Sport*) Ersatzspieler(in *f*) *m*.

III [ˈɔːltəneɪt] *vt* abwechseln lassen; *crops* im Wechsel anbauen. **to** ~ **one thing with another** zwischen einer Sache und einer anderen (ab)wechseln; **she** ~**d the two jobs** sie verrichtete die beiden Arbeiten immer abwechselnd.

IV [ˈɔːltəneɪt] *vi* (sich) abwechseln; (*Elec*) alternieren. **to** ~ **between one thing and another** zwischen einer Sache und einer anderen (ab)wechseln; **the two singers** ~**d in the part** die beiden Sänger sangen die Partie abwechselnd.

alternately [ɒlˈtɜːnɪtlɪ] *adv* **1.** (*in turn*) im Wechsel, wechselweise, (immer) abwechselnd. **2.** *see* **alternatively.**

alternating [ˈɒltəneɪtɪŋ] *adj* wechselnd. **a pattern with** ~ **stripes of red and white** ein Muster mit abwechselnd roten und wei-

ßen Streifen; ~ **current** Wechselstrom *m*.

alternation [ˌɒltəˈneɪʃən] *n* Wechsel *m*. **the** ~ **of crops** der Fruchtwechsel.

alternative [ɒlˈtɜːnətɪv] **I** *adj* Alternativ-; *route* Ausweich-. **the only** ~ **way/ possibility** die einzige Alternative; ~ **theatre** Antitheater *nt*; ~ **society** Alternativgesellschaft *f*.

II *n* Alternative *f*. **I had no** ~ (**but ...**) ich hatte keine andere Wahl *or* keine Alternative (als ...).

alternatively [ɒlˈtɜːnətɪvlɪ] *adv* als Alternative, als andere Möglichkeit. **or** ~, **he could come with us** oder aber, er kommt mit uns mit.

alternator [ˈɒltəneɪtəʳ] *n* (*Elec*) Wechselstromgenerator *m*; (*Aut*) Lichtmaschine *f*.

althorn [ˈæltˌhɔːn] *n* B-Horn *nt*.

although [ɔːlˈðəʊ] *conj* obwohl, obgleich. **the house,** ~ **small ...** wenn das Haus auch klein ist, obwohl *or* obgleich das Haus klein ist.

altimeter [ˈæltɪmiːtəʳ] *n* Höhenmesser *m*.

altitude [ˈæltɪtjuːd] *n* Höhe *f*. **what is our** ~? in welcher Höhe befinden wir uns?; **we are flying at an** ~ **of ...** wir fliegen in einer Höhe von ...

alto [ˈæltəʊ] **I** *n, pl* ~**s 1.** (*voice*) Alt *m*, Altstimme *f*; (*person*) Alt *m*. **2.** (*also* ~ **saxophone**) Altsaxophon *nt*. **II** *adj* Alt-. **an** ~ **voice** eine Altstimme. **III** *adv* **to sing** ~ Alt singen.

alto clef *n* Altschlüssel, C-Schlüssel *m*.

altogether [ˌɔːltəˈgeðəʳ] **I** *adv* **1.** (*including everything*) im ganzen, insgesamt. **taken** ~, *or* ~ **it was very pleasant** alles in allem war es sehr nett.

2. (*wholly*) vollkommen, ganz und gar. **he wasn't** ~ **wrong/pleased/surprised** er hatte nicht ganz unrecht/war nicht übermäßig *or* besonders zufrieden/überrascht.

II *n* **in the** ~ (*hum inf*) hüllenlos, im Adams-/Evaskostüm; **the King is in the** ~ der König hat ja gar nichts an.

alto part *n* Altpartie *f*.

alto sax(ophone) *n* Altsaxophon *nt*.

altruism [ˈæltruɪzəm] *n* Altruismus *m*.

altruist [ˈæltruɪst] *n* Altruist(in *f*) *m*.

altruistic *adj*, ~**ally** *adv* [ˌæltruˈɪstɪk, -əlɪ] altruistisch.

alum [ˈæləm] *n* Alaun *m*.

aluminium [ˌæljʊˈmɪnɪəm], (*US*) **aluminum** [əˈluːmɪnəm] *n* (*abbr* **Al**) Aluminium *nt*.

alumna [əˈlʌmnə] *n, pl* **-e** [əˈlʌmniː] (*US*) ehemalige Schülerin/Studentin.

alumnus [əˈlʌmnəs] *n, pl* **alumni** [əˈlʌmnaɪ] (*US*) ehemaliger Schüler/ Student.

alveolar [ælˈvɪələʳ] **I** *adj* alveolar, Alveolar-. **II** *n* (*Phon*) Alveolar *m*.

always [ˈɔːlweɪz] *adv* **1.** immer; (*constantly, repeatedly also*) ständig. **he is** ~ **forgetting** er vergißt das immer *or* ständig; **you can't** ~ **expect to be forgiven** du kannst nicht immer (wieder) erwarten, daß man dir vergibt.

2. we could ~ **go by train/sell the house** wir könnten doch auch den Zug nehmen/ könnten ja auch das Haus verkaufen; **there's** ~ **the possibility that ...** es besteht immer noch die Möglichkeit, daß ...; **you can ~ come later** Sie können ja auch noch später kommen.

am [æm] *1st pers sing present of* **be.**

amalgam [ə'mælgəm] *n* Amalgam *nt*; (*fig also*) Gemisch *nt*, Mischung *f*.

amalgamate [ə'mælgəmeɪt] **I** *vt companies, unions* fusionieren, verschmelzen; *departments* zusammenlegen; *metals* amalgamieren. **II** *vi* (*companies etc*) fusionieren; (*metals*) amalgamieren.

amalgamation [ə,mælgə'meɪʃən] *n* (*of companies etc*) Fusion *f*; (*of metals*) Amalgamation *f*.

amaryllis [,æmə'rɪlɪs] *n* Amaryllis *f*.

amass [ə'mæs] *vt* anhäufen; *money also* scheffeln; *material also* zusammentragen.

amateur ['æmətəʳ] **I** *n* **1.** Amateur *m*. **2.** (*pej*) Dilettant(in *f*) *m*. **II** *adj* **1.** *attr* Amateur-; *photographer also, painter, painting* Hobby-; *dramatics, work also* Laien-. **2.** (*pej*) *see* **amateurish.**

amateurish ['æmətərɪʃ] *adj* (*pej*) dilettantisch; *performance, work also* laienhaft.

amateurishly ['æmətərɪʃlɪ] *adv* (*pej*) dilettantisch.

amateurishness ['æmətərɪʃnɪs] *n* (*pej*) Dilettantismus *m*; (*of performance, work*) Laienhaftigkeit *f*.

amateurism ['æmətərɪzəm] *n* **1.** Amateursport *m*. **2.** (*pej*) Dilettantentum *nt*, Dilettantismus *m*.

amatory ['æmətərɪ] *adj poem, letter* Liebes-; *adventure also* amourös; *glance, look, remark, feelings* verliebt.

amaze [ə'meɪz] **I** *vt* erstaunen, in Erstaunen (ver)setzen. **to be ~d at sth** über etw (*acc*) erstaunt *or* verblüfft sein, sich über etw (*acc*) wundern; **you don't know that, you ~ me!** Sie wissen das nicht, das wundert mich aber; **no, really? you ~ me** (*iro*) nein wirklich? da bin ich aber erstaunt *or* Sie setzen mich in Erstaunen; **it ~s me that** *or* **how he doesn't fall** ich finde es erstaunlich, daß er nicht fällt. **II** *vi* **his virtuosity never fails to ~** man muß sich immer wieder über seine Virtuosität wundern.

amazement [ə'meɪzmənt] *n* Erstaunen *nt*, Verwunderung *f*. **much to my ~** zu meinem großen Erstaunen.

amazing [ə'meɪzɪŋ] *adj* erstaunlich. **he's the most ~ lawyer/idiot I've ever met** er ist der erstaunlichste Rechtsanwalt/der größte Trottel, den ich gesehen habe.

amazingly [ə'meɪzɪŋlɪ] *adv* erstaunlich; *simple, obvious also* verblüffend. **~, he got it right first time** erstaunlicherweise hat er es gleich beim ersten Male richtig gemacht.

Amazon ['æməzən] *n* **1.** (*river*) Amazonas *m*. **2.** (*Myth, fig*) Amazone *f*.

ambassador [æm'bæsədəʳ] *n* Botschafter *m*; (*fig*) Repräsentant, Vertreter *m*. **~ extraordinary, ~-at-large** (*esp US*) Sonderbotschafter(in *f*) *m*, Sonderbeauftragte(r) *mf*; *see* **roving.**

ambassadorial [æm,bæsə'dɔːrɪəl] *adj* Botschafter-; *rank, dignity* eines Botschafters.

ambassadress [æm'bæsɪdrɪs] *n* Botschafterin *f*.

amber ['æmbəʳ] **I** *n* (*substance*) Bernstein *m*; (*colour*) Bernsteingelb *nt*; (*in traffic lights*) Gelb *nt*. **II** *adj* (*made of ~*) Bernstein-, aus Bernstein; (*~-coloured*) bernsteinfarben; *traffic light* gelb.

ambergris ['æmbəgriːs] *n* Amber *m*, Ambra *f*.

ambidextrous [,æmbɪ'dekstrəs] *adj* ambidexter (*form*), mit beiden Händen gleich geschickt, beidhändig.

ambidextrousness [,æmbɪ'dekstrəsnɪs] *n* Ambidexterie (*form*), Beidhändigkeit *f*.

ambience ['æmbɪəns] *n* Atmosphäre *f*.

ambiguity [,æmbɪ'gjuːɪtɪ] *n see* **ambiguous** Zwei- *or* Doppeldeutigkeit *f*; Zweideutigkeit *f*; Mehr- *or* Vieldeutigkeit *f*.

ambiguous *adj*, **~ly** *adv* [æm'bɪgjʊəs, -lɪ] zwei- *or* doppeldeutig; *joke, comment etc* zweideutig; (*with many possible meanings*) mehr- *or* vieldeutig.

ambiguousness [æm'bɪgjʊəsnɪs] *n* Zwei- *or* Doppeldeutigkeit *f*; (*with many possible meanings*) Mehr- *or* Vieldeutigkeit *f*.

ambition [æm'bɪʃən] *n* **1.** (*desire*) Ambition *f*. **my one** *or* **big ~ in life is ...** meine große Ambition ist es, ...; **it is my ~ to become Prime Minister/to travel to the moon** es ist mein Ehrgeiz *or* Ziel *or* meine Ambition, Premierminister zu werden/ auf den Mond zu reisen; **it was never my ~ to take over your job** es war nie mein Bestreben *or* meine Absicht, Ihre Stelle zu übernehmen.

2. (*ambitious nature*) Ehrgeiz *m*.

ambitious [æm'bɪʃəs] *adj* **1.** *person* ehrgeizig, ambitioniert (*geh*), ambitiös (*pej*). **he is ~ to ...** er setzt seinen ganzen Ehrgeiz daran, zu ...; **she is ~ for her husband** sie hat ehrgeizige Pläne für ihren Mann.

2. ehrgeizig, ambitiös (*pej*); *idea, undertaking also* kühn.

ambitiously [æm'bɪʃəslɪ] *adv* voll(er) Ehrgeiz, ehrgeizig. **rather ~, we set out to prove the following** wir hatten uns das ehrgeizige Ziel gesteckt, das Folgende zu beweisen.

ambitiousness [æm'bɪʃəsnɪs] *n see adj* **1.** Ehrgeiz *m*. **2.** Ehrgeiz *m*; Kühnheit *f*.

ambivalence [æm'bɪvələns] *n* Ambivalenz *f*.

ambivalent [æm'bɪvələnt] *adj* ambivalent.

amble ['æmbl] **I** *vi* (*person*) schlendern; (*horse*) im Paßgang gehen. **II** *n* Schlendern *nt*; (*of horse*) Paßgang *m*.

ambrosia [æm'brəʊzɪə] *n* (*Myth, fig*) Ambrosia *f*.

ambulance ['æmbjʊləns] *n* Krankenwagen *m*, Krankenauto *nt*, Ambulanz *f*.

ambulance driver *n* Krankenwagenfahrer(in *f*) *m*; **ambulanceman** *n* Sanitäter *m*; **ambulance service** *n* Rettungs- *or* Ambulanzdienst *m*; (*system*) Rettungswesen *nt*.

ambush ['æmbʊʃ] **I** *n* **1.** *in* (*place*) Hinterhalt *m*; (*troops etc*) im Hinterhalt liegende Truppe/Guerillas *etc*; (*attack*) Überfall *m* (aus dem Hinterhalt). **to lay an ~** (*for sb*) (jdm) einen Hinterhalt legen; **to lie** *or* **wait in ~** (*Mil, fig*) im Hinterhalt liegen; **to lie** *or* **wait in ~ for sb** (*Mil, fig*) jdm im Hinterhalt auflauern; **to fall into an ~** in einen Hinterhalt geraten.

II *vt* (aus dem Hinterhalt) überfallen.

ameba *n* (*US*) *see* **amoeba**.

ameliorate [əˈmiːliəreɪt] (*form*) **I** *vt* verbessern. **II** *vi* sich verbessern.

amelioration [əˌmiːliˈreɪʃən] *n* (*form*) Verbesserung *f*.

amen [ˌɑːˈmen] **I** *interj* amen. ~ **to that!** (*fig inf*) ja, wahrlich *or* fürwahr! (*hum*). **II** *n* Amen *nt*.

amenability [əˌmiːnəˈbɪlɪtɪ] *n* (*responsiveness: of people*) Zugänglichkeit *f*. **the ~ of these data to the theory** die Möglichkeit, diese Daten in die Theorie einzuordnen.

amenable [əˈmiːnəbl] *adj* **1.** (*responsive*) zugänglich (*to dat*). **it is not ~ to this method of classification** es läßt sich in dieses Klassifikationssystem nicht einordnen.
2. (*Jur: answerable*) verantwortlich. ~ **to the law** dem Gesetz verantwortlich.

amend [əˈmend] *vt* **1.** *law, bill, constitution, text* ändern, amendieren (*form*), ein Amendement einbringen zu (*form*); (*by addition*) ergänzen.
2. (*improve*) *habits, behaviour* bessern.
3. *see* **emend**.

amendment [əˈmendmənt] *n* **1.** (*to bill, in text*) Änderung *f* (*to gen*), Amendement *nt* (*form*) (*to gen*); (*addition*) Amendement *nt* (*form*) (*to zu*), Zusatz *m* (*to zu*). **the First/Second** *etc* **A~** (*US Pol*) das Erste/Zweite *etc* Amendement, Zusatz 1/2 *etc*. **2.** (*in behaviour*) Besserung *f*.

amends [əˈmendz] *npl* **to make ~ (for sth)** etw wiedergutmachen; **to make ~ to sb for sth** jdn für etw entschädigen.

amenity [əˈmiːnɪtɪ] *n* **1.** (*aid to pleasant living*) (*public*) ~ öffentliche Einrichtung; **the lack of amenities in many parts of the city** der Mangel an Einkaufs-, Unterhaltungs- und Transportmöglichkeiten in vielen Teilen der Stadt; **close to all amenities** in günstiger (Einkaufs- und Verkehrs)lage; **this house has every ~** dieses Haus bietet jeden Komfort.
2. (*pleasantness: of place*) **the ~ of the climate/surroundings** das angenehme Klima/die angenehme Umgebung.

America [əˈmerɪkə] *n* Amerika *nt*. **the ~s** Amerika *nt*, der amerikanische Kontinent.

American [əˈmerɪkən] **I** *adj* amerikanisch. ~ **English** amerikanisches Englisch; ~ **Indian** Indianer(in *f*) *m*; ~ **plan** Vollpension *f*. **II** *n* **1.** Amerikaner(in *f*) *m*. **2.** (*language*) Amerikanisch *nt*.

americanism [əˈmerɪkənɪzəm] *n* **1.** (*Ling*) Amerikanismus *m*. **2.** (*quality*) Amerikanertum *nt*.

americanization [əˌmerɪkənaɪˈzeɪʃən] *n* Amerikanisierung *f*.

americanize [əˈmerɪkənaɪz] **I** *vt* amerikanisieren. **II** *vi* sich amerikanisieren.

americium [ˌæməˈrɪsɪəm] *n* (*abbr* **Am**) Americium *nt*.

amethyst [ˈæmɪθɪst] **I** *n* Amethyst *m*; (*colour*) Amethystblau *nt*. **II** *adj* Amethyst-; (*~-coloured*) amethystfarben.

amiability [ˌeɪmɪəˈbɪlɪtɪ] *n* Liebenswürdigkeit *f*.

amiable [ˈeɪmɪəbl] *adj* liebenswürdig.

amiably [ˈeɪmɪəblɪ] *adv* liebenswürdig.

amicable [ˈæmɪkəbl] *adj* *person, manner* freundlich; *relations* freundschaftlich; *discussion* friedlich; (*Jur*) *settlement* gütlich.

amicably [ˈæmɪkəblɪ] *adv* freundlich; *discuss* friedlich, in aller Freundschaft; (*Jur*) *settle* gütlich.

amid(st) [əˈmɪd(st)] *prep* inmitten (+*gen*).

amino acid [əˈmiːnəʊˈæsɪd] *n* Aminosäure *f*.

amiss [əˈmɪs] **I** *adj pred* **there's something ~** da stimmt irgend etwas nicht.
II *adv* **to take sth ~** (jdm) etw übelnehmen; **to speak ~ of sb** schlecht über jdn sprechen; **to say something ~** etwas Falsches *or* Verkehrtes sagen; **a drink would not come** *or* **go ~** etwas zu trinken wäre gar nicht verkehrt.

amity [ˈæmɪtɪ] *n* Freundschaftlichkeit *f*.

ammeter [ˈæmɪtəʳ] *n* Amperemeter *nt*.

ammonia [əˈməʊnɪə] *n* Ammoniak *nt*.

ammunition [ˌæmjʊˈnɪʃən] *n* (*lit, fig*) Munition *f*. ~ **dump** Munitionslager *nt*.

amnesia [æmˈniːzɪə] *n* Amnesie *f* (*form*), Gedächtnisschwund *m*.

amnesty [ˈæmnɪstɪ] *n* Amnestie *f*. **during** *or* **under the ~** unter der Amnestie; **A~ International** Amnesty International.

amoeba, (*US*) **ameba** [əˈmiːbə] *n* Amöbe *f*.

amoebic, (*US*) **amebic** [əˈmiːbɪk] *adj* amöbisch. ~ **dysentery** Amöbenruhr *f*.

amok [əˈmɒk] *adv see* **amuck**.

among(st) [əˈmʌŋ(st)] *prep* unter (+*acc or dat*). ~ **other things** unter anderem; ~ **the crowd** unter die/der Menge; **they shared it out ~ themselves** sie teilten es unter sich *or* untereinander auf; **Manchester is ~ the largest of our cities** Manchester gehört zu unseren größten Städten; **to count sb ~ one's friends** jdn zu seinen Freunden zählen; **this habit is widespread ~ the French** diese Sitte ist bei den Franzosen weitverbreitet; **there were ferns ~ the trees** zwischen den Bäumen wuchs Farnkraut; **to hide ~ the bushes** sich in den Büschen verstecken.

amoral [eɪˈmɒrəl] *adj* amoralisch.

amorous [ˈæmərəs] *adj* amourös; *look also* verliebt.

amorously [ˈæmərəslɪ] *adv* verliebt, voller Verliebtheit.

amorphous [əˈmɔːfəs] *adj* amorph, strukturlos, formlos; *style, ideas, play, novel* strukturlos, ungegliedert.

amorphousness [əˈmɔːfəsnɪs] *n* Strukturlosigkeit *f*.

amortization [əˌmɔːtaɪˈzeɪʃən] *n* Amortisation *f*.

amortize [əˈmɔːtaɪz] *vt debt* amortisieren, tilgen.

amount [əˈmaʊnt] **I** *vi* **1.** (*total*) sich belaufen (*to* auf +*acc*).
2. (*be equivalent*) gleichkommen (*to* + *dat*). **it ~s to the same thing** das läuft *or* kommt (doch) aufs gleiche hinaus *or* raus (*inf*); **he will never ~ to much** aus ihm wird nie etwas *or* viel werden; **their promises don't ~ to very much** ihre Versprechungen sind recht nichtssagend; **so**

what this ~s to is that ... worauf es also hinausläuft ist, daß ...

II n **1.** (of money) Betrag m. **total ~** Gesamtsumme f, Endbetrag m; **debts to the ~ of £20** Schulden in Höhe von £ 20; **I was shocked at the ~ of the bill** ich war über die Höhe der Rechnung erschrocken; **in 12 equal ~s** in 12 gleichen Teilen, in 12 gleichen Beträgen; **an unlimited/a large/a small ~ of money** eine unbeschränkte or unbegrenzte/große/ geringe Summe (Geldes); **a modest ~ of money** ein bescheidener Betrag; **any/quite an ~ of money** beliebig viel/ziemlich viel Geld, ein ziemlicher Betrag.

2. (quantity) Menge f; (of luck, intelligence, skill etc) Maß nt (of an +dat). **an enormous/a modest ~ of work/time** sehr viel/verhältnismäßig wenig Arbeit/ Zeit; **any/quite an ~ of time/food** beliebig viel/ziemlich viel Zeit/Essen, eine ziemliche Menge Essen; **no ~ of paint can hide the rust** keine noch so dicke Farbschicht kann den Rost verdecken.

amour-propre [ˌæmʊəˈprɔprə] n Eigenliebe f.

amp(ère) [ˈæmp(ɛəʳ)] n Ampere nt.

ampersand [ˈæmpəsænd] n Et-Zeichen nt.

amphetamine [æmˈfetəmiːn] n Amphetamin nt.

amphibian [æmˈfɪbɪən] n (animal, plant) Amphibie f; (vehicle) Amphibienfahrzeug nt; (aircraft) Amphibienflugzeug, Wasser-Land-Flugzeug nt.

amphibious [æmˈfɪbɪəs] adj animal, plant, (Mil) amphibisch; vehicle, aircraft Amphibien-.

amphitheatre, (US) **amphitheater** [ˈæmfɪˌθɪətəʳ] n **1.** Amphitheater nt; (lecture-hall) Hörsaal m. **2.** (Geog) Halbkessel m.

ample [ˈæmpl] adj (+er) **1.** (plentiful) reichlich. **more than ~** überreichlich; **the house is ~ for his family** das Haus bietet reichlich Platz für seine Familie.

2. (large) figure, proportions üppig; boot of car etc geräumig; garden weitläufig, ausgedehnt.

amplification [ˌæmplɪfɪˈkeɪʃən] n weitere Ausführungen pl, Erläuterungen pl; (Rad) Verstärkung f. **in ~ of this ...** dies weiter ausführend ...

amplifier [ˈæmplɪfaɪəʳ] n Verstärker m.

amplify [ˈæmplɪfaɪ] I vt **1.** verstärken.

2. (expand) statement, idea näher erläutern, genauer ausführen.

3. (inf: exaggerate) übertreiben.

II vi **would you care to ~ a little?** würden Sie das bitte näher or ausführlicher erläutern?; **to ~ on sth** etw näher erläutern, einen Punkt ausführen.

amplitude [ˈæmplɪtjuːd] n (of knowledge) Weite, Breite f; (of bosom) Üppigkeit, Fülle f; (Phys) Amplitude f.

amply [ˈæmplɪ] adv reichlich; proportioned figure üppig; proportioned rooms geräumig, großzügig.

ampoule, (US) **ampull(e)** [ˈæmpuːl] n Ampulle f.

amputate [ˈæmpjʊteɪt] vti amputieren.

amputation [ˌæmpjʊˈteɪʃən] n Amputation f.

amputee [ˌæmpjʊˈtiː] n Amputierte(r) mf.

Amsterdam [ˌæmstəˈdæm] n Amsterdam nt.

amuck, amok [əˈmʌk] adv: **to run ~** (lit, fig) Amok laufen.

amulet [ˈæmjʊlɪt] n Amulett nt.

amuse [əˈmjuːz] I vt **1.** (cause mirth) amüsieren, belustigen. **I was ~d to hear ...** es hat mich amüsiert or belustigt zu hören ...; **we are not ~d** das ist durchaus nicht komisch; **he was anything but ~d to find the door locked** er fand es keineswegs or durchaus nicht komisch, daß die Tür verschlossen war; **you ~ me, how can anyone ...** da muß ich ja (mal) lachen, wie kann man nur ...

2. (entertain) unterhalten. **let the children do it if it ~s them** laß die Kinder doch, wenn es ihnen Spaß macht; **give him his toys, that'll keep him ~d** gib ihm sein Spielzeug, dann ist er friedlich; **I have no problem keeping myself ~d now I'm retired** ich habe keinerlei Schwierigkeiten, mir die Zeit zu vertreiben, jetzt wo ich im Ruhestand bin.

II vr **the children can ~ themselves for a while** die Kinder können sich eine Zeitlang selbst beschäftigen; **to ~ oneself (by) doing sth** etw zu seinem Vergnügen or aus Spaß tun; **how do you ~ yourself now you're retired?** wie vertreiben Sie sich (dat) die Zeit, wo Sie jetzt im Ruhestand sind?

amusement [əˈmjuːzmənt] n **1.** (enjoyment, fun) Vergnügen nt; (state of being entertained) Belustigung f, Amüsement nt. **the toys were a great source of ~** das Spielzeug bereitete großen Spaß; **what do you do for ~?** was machst du als Freizeitbeschäftigung?; (retired people) was machen Sie zu Ihrer Unterhaltung or als Zeitvertreib?; **I see no cause for ~** ich sehe keinen Grund zur Heiterkeit; **to do sth for one's own ~** etw zu seinem Vergnügen or Amüsement tun; **to my great ~/to everyone's ~** zu meiner großen/zur allgemeinen Belustigung.

2. (entertainment: of guests) Belustigung, Unterhaltung f.

3. **~s** pl (place of entertainment) Vergnügungsstätte f usu pl; (at fair) Attraktionen pl; (stand, booth) Buden pl; (at the seaside) Spielautomaten und Spiegelkabinett etc; **what sort of ~s do you have around here?** was für Vergnügungs- und Unterhaltungsmöglichkeiten gibt es hier?

amusement arcade n Spielhalle f; **amusement park** n Vergnügungspark m.

amusing [əˈmjuːzɪŋ] adj **1.** amüsant. **how ~** wie lustig or witzig!, das ist aber lustig or witzig!; **I've just had an ~ thought** mir ist gerade etwas Lustiges or Amüsantes eingefallen; **I don't find that very ~** das finde ich nicht gerade or gar nicht lustig.

2. (inf) hat, little dress etc apart.

amusingly [əˈmjuːzɪŋlɪ] adv amüsant. **he was so ~ indignant** er war so entrüstet, daß es (schon wieder) lustig war.

an [æn, ən, n] indef art see **a**.

Anabaptism [ˌænəˈbæptɪzəm] n Anabaptismus m.

Anabaptist [ˌænəˈbæptɪst] n Anabaptist,

Wiedertäufer(in f) m.

anabolic steroid [ˌænəˈbɒlɪkˈstɪərɔɪd] n Anabolikum nt.

anachronism [əˈnækrənɪzəm] n Anachronismus m.

anachronistic [əˌnækrəˈnɪstɪk] adj anachronistisch; (not fitting modern times) nicht zeitgemäß, unzeitgemäß.

anaconda [ˌænəˈkɒndə] n Anakonda f.

anaemia, (US) **anemia** [əˈniːmɪə] n Anämie, Blutarmut f.

anaemic, (US) **anemic** [əˈniːmɪk] adj 1. anämisch, blutarm. 2. (fig) anämisch, saft- und kraftlos; colour, appearance also bleichsüchtig.

anaesthesia, (US) **anesthesia** [ˌænɪsˈθiːzɪə] n Betäubung f.

anaesthetic, (US) **anesthetic** [ˌænɪsˈθetɪk] I n Narkose, Anästhesie (spec) f; (substance) Narkosemittel, Anästhetikum (spec) nt. **general** ~ Vollnarkose f; **local** ~ örtliche Betäubung; **the nurse gave him a local** ~ die Schwester gab ihm eine Spritze zur örtlichen Betäubung; **the patient is still under the** ~ der Patient ist noch in der Narkose; **when he comes out of the** ~ wenn er aus der Narkose aufwacht. II adj effect betäubend, anästhetisch; drug Betäubungs-.

anaesthetist, (US) **anesthetist** [æˈniːsθɪtɪst] n Anästhesist(in f) m, Narkose(fach)arzt m/-(fach)ärztin f.

anaesthetize, (US) **anesthetize** [æˈniːsθɪtaɪz] vt (Med) betäuben; (generally also) narkotisieren.

anagram [ˈænəgræm] n Anagramm nt.

anal [ˈeɪnəl] adj anal, Anal-, After- (Med).

analgesia [ˌænælˈdʒiːzɪə] n Schmerzlosigkeit, Analgesie (spec) f.

analgesic [ˌænælˈdʒiːsɪk] I n schmerzstillendes Mittel, Schmerzmittel, Analgetikum (spec) nt. II adj schmerzstillend.

analog computer [ˈænəlɒgkəmˈpjuːtəʳ] n Analogrechner m.

analogic(al) [ˌænəˈlɒdʒɪk(əl)] adj, **analogically** [ˌænəˈlɒdʒɪkəlɪ] adv analog.

analogous adj, **~ly** adv [əˈnæləgəs, -lɪ] analog (to, with zu).

analogue [ˈænəlɒg] n Gegenstück nt, Parallele f.

analogy [əˈnælədʒɪ] n Analogie f. **to argue from** or **by** ~ analog argumentieren, Analogieschlüsse/einen Analogieschluß ziehen; **to draw an** ~ eine Analogie herstellen, einen analogen Vergleich ziehen; **on the** ~ **of** analog zu, nach dem Muster (+gen).

analyse, (US) **analyze** [ˈænəlaɪz] vt 1. analysieren; (Chem also) untersuchen; (in literary criticism also) kritisch untersuchen; (Gram) sentence also (zer)gliedern. **to** ~ **the situation** (fig) die Situation analysieren or (to others) erläutern; **to** ~ **sth into its parts** etw in seine Bestandteile zerlegen. 2. (psycho~) psychoanalytisch behandeln, analysieren (inf).

analysis [əˈnæləsɪs] n, pl **analyses** [əˈnæləsiːz] 1. see vt Analyse f; (Zer)gliederung f. **what's your** ~ **of the situation?** wie beurteilen Sie die Situation?; **in the last** or **final** ~ letzten Endes; **on**

(closer) ~ bei genauerer Untersuchung. 2. (psycho~) Psychoanalyse f.

analyst [ˈænəlɪst] n Analytiker m; (Chem) Chemiker(in f) m. **food** ~ Lebensmittelchemiker(in f) m; **the police sent specimens off to the** ~ die Polizei schickte Proben zur Untersuchung or Analyse or ins Labor.

analytic [ˌænəˈlɪtɪk] adj (Philos) analytisch.

analytical [ˌænəˈlɪtɪkəl] adj analytisch. **you should try to be more** ~ Sie sollten versuchen, etwas analytischer vorzugehen.

analytically [ˌænəˈlɪtɪkəlɪ] adv analytisch.

analyze [ˈænəlaɪz] vt see **analyse.**

anarchic(al) [æˈnɑːkɪk(əl)] adj anarchisch.

anarchism [ˈænəkɪzəm] n Anarchismus m.

anarchist [ˈænəkɪst] n Anarchist(in f) m.

anarchist(ic) [ˌænəˈkɪst(ɪk)] adj anarchistisch.

anarchy [ˈænəkɪ] n Anarchie f.

anathema [əˈnæθɪmə] n (Eccl) Anathema (form) nt, Kirchenbann m; (fig: no art) ein Greuel m. **voting Labour was** ~ **to them** der Gedanke, Labour zu wählen, war ihnen ein Greuel.

anatomical [ˌænəˈtɒmɪkəl] adj anatomisch.

anatomist [əˈnætəmɪst] n Anatom m.

anatomy [əˈnætəmɪ] n Anatomie f; (structure also) Körperbau m; (fig) Struktur f und Aufbau m. **on certain parts of her** ~ (euph) an gewissen Körperteilen (euph).

ancestor [ˈænsɪstəʳ] n Vorfahr, Ahne m; (progenitor) Stammvater m. ~ **worship** Ahnenkult m.

ancestral [ænˈsestrəl] adj Ahnen-, seiner/ihrer Vorfahren. ~ **home** Stammsitz m.

ancestress [ˈænsɪstrɪs] n Vorfahrin, Ahne f; (progenitor) Ahnfrau, Stammutter f.

ancestry [ˈænsɪstrɪ] n (descent) Abstammung, Herkunft f; (ancestors) Ahnenreihe, Familie f. **to trace one's** ~ seine Abstammung zurückverfolgen; **of noble** ~ vornehmer Abstammung or Herkunft.

anchor [ˈæŋkəʳ] I n (Naut) Anker m; (fig: hope, love, person etc) Zuflucht f, Rettungsanker m. **to cast** or **drop** ~ Anker werfen, vor Anker gehen; **to weigh** ~ den Anker lichten; **to be** or **lie** or **ride at** ~ vor Anker liegen; **to come to** ~ vor Anker gehen; **the stone served as an** ~ **for the tent** der Stein diente dazu, das Zelt zu beschweren or am Boden festzuhalten. II vt (Naut, fig) verankern. **we ~ed the tablecloth with stones to stop it blowing away** wir beschwerten das Tischtuch mit Steinen, damit es nicht weggeweht wurde. III vi (Naut) ankern, vor Anker gehen.

anchorage [ˈæŋkɒrɪdʒ] n (Naut) 1. Ankerplatz m. 2. (also ~ **dues**) Anker- or Liegegebühren pl.

anchor buoy n Ankerboje f.

anchorite [ˈæŋkəraɪt] n Einsiedler m.

anchorman [ˈæŋkəmæn] n, pl **-men** [-mən] (TV etc) Koordinator(in f) m; (last person in relay race etc) Letzte(r) mf; (in tug-of-war) hinterster Mann; (fig) eiserne Stütze f, Eckpfeiler m.

anchovy [ˈæntʃəvɪ] n Sardelle, An(s)chovis f.

ancient [ˈeɪnʃənt] I adj 1. alt. **in** ~ **times** im Altertum; (Greek, Roman also) in der Antike; ~ **Rome** das alte Rom; **the** ~

Romans die alten Römer; ~ **monument** (*Brit*) historisches Denkmal, historische Stätte; ~ **history** (*lit*) Alte Geschichte; (*fig*) graue Vorzeit; **that's** ~ **history** (*fig*) das ist schon längst Geschichte.
2. (*inf*) *person, clothes etc* uralt.

II *n* **the** ~**s** die Völker *or* Menschen des Altertums *or* im Altertum; (*writers*) die Schriftsteller des Altertums.

ancillary [æn'sɪlərɪ] *adj* (*subordinate*) *roads*, (*Univ*) *subject* Neben-; (*auxiliary*) *service, troops* Hilfs-.

and [ænd, ənd, nd, ən] *conj* **1.** und. **nice** ~ **early/warm** schön früh/warm; **when I'm good** ~ **ready** wenn es mir paßt, wenn ich soweit bin; **you** ~ **you alone** du, nur du allein; **try** ~ **come** versuch zu kommen; **wait** ~ **see!** abwarten!, wart's ab!; **don't go** ~ **spoil it!** nun verdirb nicht alles!; **come** ~ **get it!** komm und hol's!; **there are dictionaries** ~ **dictionaries** es gibt Wörterbücher und Wörterbücher; ~**/or** und/ oder; ~ **so on**, ~ **so forth**, ~ **so on** ~ **so forth** und so weiter, und so fort, und so weiter und so fort.
2. (*in repetition, continuation*) und; (*between comps also*) immer. **better** ~ **better** immer besser; **for hours** ~ **hours/ days** ~ **days/weeks** ~ **weeks** stundenlang/ tagelang/wochenlang; **for miles** ~ **miles** meilenweit; **I rang** ~ **rang** ich klingelte und klingelte, ich klingelte immer wieder; ~ **he pulled** ~ **he pulled** und er zog und zog.
3. (*with numbers*) **three hundred** ~ **ten** dreihundertzehn; (*when the number is said more slowly*) dreihundertundzehn; **one** ~ **a half** anderthalb, eineinhalb; **two** ~ **twenty** (*old, form*) zweiundzwanzig.

Andean ['ændɪən] *adj* Anden-.

Andes ['ændi:z] *npl* Anden *pl*.

Andrew ['ændru:] *n* Andreas *m*.

androgynous [æn'drɒdʒɪnəs] *adj* zweigeschlechtig, zwittrig.

anecdotal [ænɪk'dəʊtəl] *adj* anekdotenhaft, anekdotisch.

anecdote ['ænɪkdəʊt] *n* Anekdote *f*.

anemia [ə'ni:mɪə] *n* (*US*) *see* **anaemia.**

anemic [ə'ni:mɪk] *adj* (*US*) *see* **anaemic.**

anemometer [ænɪ'mɒmɪtə^r] *n* Windmesser *m*.

anemone [ə'nemənɪ] *n* (*Bot*) Anemone *f*; (*sea* ~) Seeanemone *f*.

aneroid barometer ['ænərɔɪdbə'rɒmɪtə^r] *n* Aneroidbarometer *nt*.

anesthesia *n* (*US*), **anesthetic** *adj*, *n* (*US*), **anesthetize** *vt* (*US*) *etc see* **anaesthesia** *etc*.

anew [ə'nju:] *adv* **1.** (*again*) aufs neue. **let's start** ~ fangen wir wieder von vorn *or* von neuem an. **2.** (*in a new way*) auf eine neue Art und Weise.

angel ['eɪndʒəl] *n* (*lit, fig*) Engel *m*; (*US inf: backer*) finanzkräftiger Hintermann.

Angeleno [ændʒə'li:nəʊ] *n*, *pl* ~**s** Einwohner(in *f*) *m* von Los Angeles.

angel fish *n* (*shark*) Meerengel, Engelhai *m*; (*tropical fish*) Großer Segelflosser.

angelic [æn'dʒelɪk] *adj* **1.** (*of an angel*) Engels-; *hosts* himmlisch; *salutation* Englisch. **2.** (*like an angel*) engelhaft.

angelically [æn'dʒelɪkəlɪ] *adv* wie ein

Engel, engelgleich.

angelus ['ændʒɪləs] *n* Angelusläuten *nt*; (*prayer*) Angelus *nt*.

anger ['æŋgə^r] **I** *n* Ärger *m*; (*wrath: of gods etc*) Zorn *m*. **a fit of** ~ ein Wutanfall *m*, ein Zorn(es)ausbruch *m*; **red with** ~ rot vor Wut; **public** ~ öffentliche Entrüstung; **to speak/act in** ~ im Zorn sprechen/ handeln; **words spoken in** ~ was man in seiner Wut *or* im Zorn sagt; **to provoke sb's** ~ jdn reizen.

II *vt* (*stressing action*) ärgern; (*stressing result*) verärgern; *gods* erzürnen (*liter*). **to be easily** ~**ed** sich schnell *or* leicht ärgern; (*take offence*) schnell verärgert sein.

angina [æn'dʒaɪnə] *n* Angina, Halsentzündung *f*. ~ **pectoris** Angina pectoris *f*.

angle[1] ['æŋgl] **I** *n* **1.** Winkel *m*. **at an** ~ **of 40°** in einem Winkel von 40°; **at an** ~ schräg; **at an** ~ **to the street** schräg *or* im Winkel zur Straße; **he was wearing his hat at an** ~ er hatte seinen Hut schief aufgesetzt; ~ **of climb** (*Aviat*) Steigwinkel *m*; ~ **of elevation** (*Math*) Steigungswinkel *m*; ~ **of incidence** Einfallswinkel *m*.
2. (*projecting corner*) Ecke *f*; (*angular recess*) Winkel *m*. **the building/her figure was all** ~**s** das Gebäude bestand bloß aus Ecken/sie hatte eine sehr eckige Figur.
3. (*position*) Winkel *m*. **if you take the photograph from this** ~ wenn du die Aufnahme aus *or* von diesem (Blick)winkel machst.
4. (*on problem etc: aspect*) Seite *f*.
5. (*point of view*) Standpunkt *m*, Position *f*; (*when used with adj also*) Warte *f*. **an inside** ~ **on the story** die Geschichte vom Standpunkt eines Insiders *or* eines Direktbeteiligten.

II *vt lamp etc* (aus)richten, einstellen; (*Sport*) *shot* im Winkel schießen/ schlagen; (*fig*) *information, report* färben.

angle[2] *vi* (*Fishing*) angeln.

◆**angle for** *vi* +*prep obj* **1.** (*lit*) *trout* angeln. **2.** (*fig*) *compliments* fischen nach. **to** ~ ~ **sth** auf etw (*acc*) aus sein; **to** ~ ~ **sb's attention** jds Aufmerksamkeit auf sich (*acc*) zu lenken versuchen.

angle bracket *n* Winkelband *nt*, Winkelkonsole *f*; **angle iron** *n* Winkeleisen *nt*; **angle parking** *n* Schrägparken *nt*.

angler ['æŋglə^r] *n* Angler(in *f*) *m*.

Angles ['æŋglz] *npl* (*Hist*) Angeln *pl*.

Anglican ['æŋglɪkən] **I** *n* Anglikaner(in *f*) *m*. **II** *adj* anglikanisch.

Anglicanism ['æŋglɪkənɪzəm] *n* Anglikanismus *m*.

anglicism ['æŋglɪsɪzəm] *n* Anglizismus *m*.

anglicist ['æŋglɪsɪst] *n* Anglist(in *f*) *m*.

anglicize ['æŋglɪsaɪz] *vt* anglisieren.

angling ['æŋglɪŋ] *n* Angeln *nt*.

Anglo- ['æŋgləʊ] *pref* Anglo-; (*between two countries*) Englisch-; **Anglo-German** *adj* deutsch-englisch; **Anglo-Catholic I** *n* Anglokatholik(in *f*) *m*; **II** *adj* hochkirchlich, anglokatholisch; **Anglo Indian I** *n* (*of British origin*) in Indien lebende(r) Engländer(in *f*) *m*; (*Eurasian*) Anglo-Inder(in *f*) *m*; **II** *adj* anglo-indisch; *relations* englisch-indisch.

anglomania [æŋgləʊ'meɪnɪə] *n* Anglomanie *f*.

anglophile ['æŋgləʊfaɪl] **I** n Anglophile(r) mf (form), Englandfreund m. **II** adj anglophil (form), englandfreundlich.

anglophobe ['æŋgləʊfəʊb] n Anglophobe(r) mf (form), Englandhasser, Englandfeind m.

anglophobia [,æŋgləʊ'fəʊbɪə] n Anglophobie f (form), Englandhaß m.

anglophobic [,æŋgləʊ'fəʊbɪk] adj anglophob (form), englandfeindlich.

Anglo-Saxon [,æŋgləʊ'sæksən] **I** n **1.** (person, Hist) Angelsachse m, Angelsächsin f. **2.** (language) Angelsächsisch nt. **II** adj angelsächsisch.

Angola [æŋ'gəʊlə] n Angola nt.

Angolan [æŋ'gəʊlən] **I** n Angolaner(in f) m. **II** adj angolanisch.

angora [æŋ'gɔːrə] **I** adj Angora-. **II** n Angora(wolle f) nt; (Tex) Angoragewebe nt; (~ rabbit, ~ cat, ~ goat) Angora nt.

angostura [æŋgə'stjʊərə] n (bark) Angosturarinde f; (also ® ~ bitters) Angosturabitter m.

angrily ['æŋgrɪlɪ] adv wütend.

angry ['æŋgrɪ] adj (+er) **1.** zornig, ungehalten (geh); letter, look also, animal wütend. **to be** ~ wütend or böse or verärgert sein; **to be** ~ **with** or **at sb** jdm or auf jdn or mit jdm böse sein, über jdn verärgert sein; **to be** ~ **at** or **about sth** über etw (acc) böse or ungehalten or verärgert sein; **to get** ~ **(with** or **at sb/about sth)** (mit jdm/über etw acc) böse werden; **you're not** ~, **are you?** du bist (mir) doch nicht böse(, oder)?; **to be** ~ **with oneself** sich über sich (acc) selbst ärgern, sich (dat) selbst böse sein, über sich (acc) selbst verärgert sein; **to make sb** ~ (stressing action) jdn ärgern; (stressing result) jdn verärgern; **it makes me so** ~ es ärgert mich furchtbar, es macht mich so wütend. **2.** (fig) sea aufgewühlt; sky, clouds bedrohlich, finster. **3.** (inflamed) wound entzündet, böse. **an** ~ **red** hochrot.

anguish ['æŋgwɪʃ] n Qual, Pein (old) f. **to be in** ~ Qualen leiden; **he wrung his hands in** ~ er rang die Hände in Verzweiflung; **you can imagine her** ~ du kannst dir die Qualen vorstellen, die sie ausgestanden hat; **writhing in** ~ **on the ground** sich in Qualen auf dem Boden windend.

anguished ['æŋgwɪʃt] adj qualvoll.

angular ['æŋgjʊləʳ] adj **1.** shape eckig; face, features, prose kantig. **2.** (bony) knochig. **3.** (awkward) linkisch, steif.

angularity [,æŋgjʊ'lærɪtɪ] n **1.** Eckigkeit f; Kantigkeit f. **2.** Knochigkeit f.

aniline ['ænɪliːn] n Anilin nt.

animal ['ænɪməl] **I** n Tier nt; (as opposed to insects etc) Vierbeiner m; (brutal person also) Bestie f. **man is a social** ~ der Mensch ist ein soziales Wesen; **a political** ~ ein politisches Wesen; **there's no such** ~ (fig) so was gibt es nicht! (inf); **what sort of** ~ **is that?** (fig) was soll denn das sein?

II adj attr story, picture Tier-; products, cruelty, pain tierisch. ~ **behaviour** (lit) das Verhalten der Tiere, tierhaftes Verhalten; (fig: brutal) tierisches Verhalten; ~ **desire** animalischer Trieb; ~ **kingdom** Tierreich nt, Tierwelt f; ~ **lover** Tierfreund m; ~ **magnetism** rein körperliche Anziehungskraft; ~ **needs** (fig) animalische Bedürfnisse pl.

animalcule [,ænɪ'mælkjuːl] n mikroskopisch kleines Tierchen.

animal husbandry n Viehwirtschaft f.

animality [,ænɪ'mælɪtɪ] n Tierhaftigkeit f. **the** ~ **of their actions/habits** das Tierische ihrer Handlungen/Gewohnheiten.

animate ['ænɪmɪt] **I** adj belebt; creation, creatures lebend. **II** ['ænɪmeɪt] vt (lit: God) mit Leben erfüllen; (fig) (enliven) beleben; (move to action) anregen, animieren; (Film) animieren. **Disney was the first to** ~ **cartoons** Disney machte als erster Zeichentrickfilme.

animated ['ænɪmeɪtɪd] adj **1.** (lively) lebhaft, rege; discussion, talk also angeregt. **2.** (Film) ~ **cartoon** Zeichentrickfilm m.

animatedly ['ænɪmeɪtɪdlɪ] adv rege; talk also angeregt.

animation [,ænɪ'meɪʃən] n Lebhaftigkeit f; (Film) Animation f.

animator ['ænɪmeɪtəʳ] n Animator(in f) m.

animism ['ænɪmɪzəm] n Animismus m.

animosity [,ænɪ'mɒsɪtɪ] n Animosität (geh), Feindseligkeit f (towards gegenüber, gegen, between zwischen +dat).

animus ['ænɪməs] n, no pl Feindseligkeit f.

anise ['ænɪs] n Anis m.

aniseed ['ænɪsiːd] n (seed) Anis(samen) m; (flavouring) Anis m; (liqueur) Anislikör m. ~ **ball** Anisbonbon m or nt.

ankle ['æŋkl] n Knöchel m.

anklebone ['æŋkl,bəʊn] n Sprungbein nt; **ankle-deep I** adj knöcheltief; **II** adv **he was** ~ **in water** er stand bis an die Knöchel im Wasser; **the field was** ~ **in mud** auf dem Feld stand der Schlamm knöcheltief; **ankle sock** n Söckchen nt.

anklet ['æŋklɪt] n **1.** Fußring m, Fußspange f. **2.** (US: sock) Söckchen nt.

annalist ['ænəlɪst] n Chronist, Geschichtsschreiber m.

annals ['ænəlz] npl Annalen pl; (of society etc) Bericht m. **in all the** ~ **of recorded history** in der gesamten bisherigen Geschichte.

anneal [ə'niːl] vt glass kühlen; metal ausglühen; earthenware brennen; (fig) stählen.

annex [ə'neks] **I** vt annektieren. **II** ['æneks] n **1.** (to document etc) Anhang m, Nachtrag m. **2.** (building) Nebengebäude nt, Annex m; (extension) Anbau m.

annexation [,ænek'seɪʃən] n Annexion f.

annexe ['æneks] n see **annex II 2.**

annihilate [ə'naɪəleɪt] vt vernichten; army also aufreiben, auslöschen (geh); (fig) hope zerschlagen; theory vernichten, zerschlagen; (inf) person, team fertigmachen.

annihilation [ə,naɪə'leɪʃən] n Vernichtung, Auslöschung (geh) f; (fig: of theory) Vernichtung, Zerschlagung f. **our team's** ~ die vollständige Niederlage unserer Mannschaft; **her** ~ **of her opponents** die Art, wie sie or in der sie ihre Gegner fertigmachte (inf).

anniversary [,ænɪ'vɜːsərɪ] n Jahrestag m; (wedding ~) Hochzeitstag m. ~ **dinner/gift** (Fest)essen nt/Geschenk nt zum

Jahrestag/Hochzeitstag; **the ~ of his death** sein Todestag *m*.

anno Domini ['ænəʊ'dɒmɪnaɪ] *n* **1.** (*abbr* **AD**) anno *or* Anno Domini. **in 53 ~** Anno Domini 53. **2.** (*inf: age*) Alter *nt*.

annotate ['ænəʊteɪt] *vt* mit Anmerkungen versehen, kommentieren.

annotation [ænəʊ'teɪʃən] *n* (*no pl: commentary, act*) Kommentar *m*; (*comment*) Anmerkung *f*.

announce [ə'naʊns] *vt* (*lit, fig: person*) bekanntgeben, verkünden; *arrival, departure, radio programme* ansagen; (*over intercom*) durchsagen; (*signal*) anzeigen; (*formally*) *birth, marriage etc* anzeigen; *coming of spring etc* ankündigen. **to ~ sb** jdn melden; **the arrival of flight BA 742 has just been ~d** soeben ist die Ankunft des Fluges BA 742 gemeldet worden.

announcement [ə'naʊnsmənt] *n* (*public declaration*) Bekanntgabe, Bekanntmachung *f*; (*of impending event, speaker*) Ankündigung *f*; (*over intercom etc*) Durchsage *f*; (*giving information: on radio etc*) Ansage *f*; (*written: of birth, marriage etc*) Anzeige *f*.

announcer [ə'naʊnsər] *n* Ansager(in *f*), Radio-/Fernsehsprecher(in *f*) *m*.

annoy [ə'nɔɪ] *vt* (*make angry, irritate*) ärgern; (*get worked up: noise, questions etc*) aufregen; (*pester*) belästigen. **to be ~ed that ...** ärgerlich *or* verärgert sein, weil ...; **to be ~ed with sb/about sth** sich über jdn/etw ärgern, (mit) jdm/über etw (*acc*) böse sein; **to get ~ed** sich ärgern, sich aufregen, böse werden; **don't get ~ed** reg dich nicht auf; **don't let it ~ you** ärgere dich nicht darüber.

annoyance [ə'nɔɪəns] *n* **1.** *no pl* (*irritation*) Ärger, Verdruß (*geh*) *m*. **smoking can cause ~ to others** Rauchen kann eine Belästigung für andere sein; **to his ~** zu seinem Ärger *or* Verdruß. **2.** (*nuisance*) Plage, Belästigung *f*, Ärgernis *nt*.

annoying [ə'nɔɪɪŋ] *adj* ärgerlich; *habit* lästig. **the ~ thing (about it) is that ...** das Ärgerliche (daran *or* bei der Sache) ist, daß ...; **he has an ~ way of speaking slowly** er hat eine Art, langsam zu sprechen, die einen aufregen kann.

annoyingly [ə'nɔɪɪŋlɪ] *adv* aufreizend. **the bus didn't turn up, rather ~** ärgerlicherweise kam der Bus nicht.

annual ['ænjʊəl] **I** *n* **1.** (*Bot*) einjährige Pflanze. **2.** (*book*) Jahresalbum *nt*. **II** *adj* (*happening once a year*) jährlich; (*of or for the year*) *salary etc* Jahres-.

annually ['ænjʊəlɪ] *adv* jährlich.

annuity [ə'njuːɪtɪ] *n* (*Leib*)rente *f*. **to invest money in an ~** Geld in einer Rentenversicherung anlegen.

annul [ə'nʌl] *vt* annullieren; *law, decree, judgement also* aufheben; *contract, marriage also* auflösen, für ungültig erklären.

annulment [ə'nʌlmənt] *n* *see vt* Annullierung *f*; Aufhebung *f*; Auflösung *f*; Ungültigkeitserklärung *f*.

Annunciation [ə,nʌnsɪ'eɪʃən] *n* (*Bibl*) Mariä Verkündigung *f*.

anode ['ænəʊd] *n* Anode *f*.

anodyne ['ænəʊdaɪn] **I** *n* (*Med*) schmerz-

stillendes Mittel, Schmerzmittel *nt*; (*fig*) Wohltat *f*. **II** *adj* (*Med*) schmerzstillend; (*fig*) wohltuend, beruhigend.

anoint [ə'nɔɪnt] *vt* salben.

anomalous [ə'nɒmələs] *adj* anomal, regelwidrig, ungewöhnlich; (*Gram*) *verb* unregelmäßig.

anomaly [ə'nɒməlɪ] *n* Anomalie *f*; (*in law etc*) Besonderheit *f*.

anon¹ [ə'nɒn] *adv* **see you ~** (*hum*) bis demnächst.

anon² [ə'nɒn] *adj abbr of* **anonymous** (*at end of text*) Verfasser unbekannt.

anonymity [ænə'nɪmɪtɪ] *n* Anonymität *f*.

anonymous *adj*, **~ly** *adv* [ə'nɒnɪməs, -lɪ] anonym.

anorak ['ænəræk] *n* Anorak *m*.

anorexia (nervosa) [ænə'reksɪə (nɜː'vəʊsə)] *n* Magersucht, Anorexie (*spec*) *f*.

another [ə'nʌðər] **I** *adj* **1.** (*additional*) noch eine(r, s). **~ one** noch eine(r, s); **take ~ ten** nehmen Sie noch (weitere) zehn; **I won't give you ~ chance** ich werde dir nicht noch eine Chance geben; **I don't want ~ drink!** ich möchte nichts mehr trinken; **in ~ 20 years he ...** noch 20 Jahre, und er ...; **without ~ word** ohne ein weiteres Wort; **and (there's) ~ thing** und noch eins.

2. (*similar, fig: second*) ein zweiter, eine zweite, ein zweites. **~ Shakespeare** ein zweiter Shakespeare; **there will never be ~ you** für mich wird es nie jemand geben wie dich *or* du.

3. (*different*) ein anderer, eine andere, ein anderes. **that's quite ~ matter** das ist etwas ganz anderes; **~ time** ein andermal; **but maybe there won't be ~ time** aber vielleicht gibt es keine andere Gelegenheit *or* gibt es das nicht noch einmal.

II *pron* ein anderer, eine andere, ein anderes. **have ~!** nehmen Sie (doch) noch einen!; **taking one with ~** alles zusammengenommen, im großen (und) ganzen; **tell me ~!** (*inf*) Sie können mir sonst was erzählen (*inf*); **what with one thing and ~** bei all dem Trubel; **is this ~ of your brilliant ideas!** ist das wieder so eine deiner Glanzideen!; **she's ~ of his girlfriends** sie ist (auch) eine seiner Freundinnen.

answer ['ɑːnsər] **I** *n* **1.** (*to* auf +*acc*) Antwort, Entgegnung (*geh*), Erwiderung (*geh*) *f*; (*in exam*) Antwort *f*. **to get an/no ~** Antwort/keine Antwort bekommen; **there was no ~** (*to telephone, doorbell*) es hat sich niemand gemeldet; **the ~ to our prayers** ein Geschenk des Himmels; **there's no ~ to that** (*inf*) was soll man da groß machen/sagen! (*inf*); **Germany's ~ to Concorde** Deutschlands Antwort auf die Concorde; **they had no ~ to this new striker** (*Ftbl*) sie hatten dem neuen Stürmer nichts *or* niemandem entgegenzusetzen; **in ~ to your letter/my question** in Beantwortung Ihres Briefes (*form*)/auf meine Frage hin; **she's always got an ~** sie hat immer eine Antwort parat.

2. (*solution*) Lösung *f* (*to gen*). **his ~ to any difficulty is to ignore it** seine Reaktion auf jedwede Schwierigkeit ist: einfach nicht wahrhaben wollen; **there's no easy ~** es gibt dafür keine Patentlösung; **there's only one ~ for** depression ... es gibt nur ein Mittel gegen Depression ...

3. (*Jur*) Einlassung (*form*), Stellungnahme *f.* **the defendant's ~ to the charge was ...** laut Einlassung des Beklagten ... (*form*); **what is your ~ to the charge?** was haben Sie dazu zu sagen?

II *vt* **1.** antworten auf (*+acc*), erwidern auf (*+acc*) (*geh*); *person* antworten (*+dat*); *letter* beantworten, antworten auf (*+acc*); *objections, criticism also* beantworten. **will you ~ that?** (*phone, door*) gehst du ran/hin?; **to ~ the telephone/bell** *or* **door** das Telefon abnehmen, rangehen (*inf*)/die Tür öffnen *or* aufmachen, hingehen (*inf*); **to ~ the call of nature** (*also hum*)/**of duty** dem Ruf der Natur/der Pflicht folgen; **5,000 men ~ed the call for volunteers** auf den Freiwilligenaufruf hin; **~ me!** antworte (mir)!, antworten Sie!; **I didn't ~ a word** ich habe nichts *or* kein Wort erwidert.

2. (*fulfil*) *description* entsprechen (*+dat*); *hope, expectation also* erfüllen; *prayer* (*God*) erhören; *need* befriedigen. **people who ~ that description** Leute, auf die diese Beschreibung paßt *or* zutrifft; **this ~ed our prayers** das war (wie) ein Geschenk des Himmels; **it ~s the/our purpose** es erfüllt seinen Zweck/es erfüllt für uns seinen Zweck.

3. (*Jur*) *charge* sich verantworten wegen (*+gen*).

III *vi* **1.** (*also* **react**) antworten. **if the phone rings, don't ~** wenn das Telefon läutet, geh nicht ran *or* nimm nicht ab.

2. (*suffice*) geeignet *or* brauchbar sein, taugen.

◆**answer back I** *vi* widersprechen; (*children also*) patzige *or* freche Antworten geben. **don't ~ ~!** keine Widerrede!; **it's not fair to criticize him because he can't ~** ~ es ist unfair, ihn zu kritisieren, weil er sich nicht verteidigen kann.

II *vt sep* **to ~ sb ~** jdm widersprechen; (*children also*) jdm patzige *or* freche Antworten geben.

◆**answer for** *vi +prep obj* **1.** (*be responsible for*) verantwortlich sein für; (*person also*) verantworten; *mistakes also* einstehen für. **he has a lot to ~ ~** er hat eine Menge auf dem Gewissen; **I won't ~ ~ the consequences** ich will für die Folgen nicht verantwortlich gemacht werden.

2. (*guarantee*) sich verbürgen für; (*speak for also*) sprechen für. **to ~ ~ the truth of sth** für die Wahrheit von etw einstehen.

◆**answer to** *vi +prep obj* **1.** (*be accountable to*) **to ~ ~ sb for sth** jdm für etw *or* wegen einer Sache (*gen*) Rechenschaft schuldig sein.

2. to ~ ~ a description einer Beschreibung entsprechen.

3. to ~ ~ the name of ... auf den Namen ... hören.

4. to ~ ~ the wheel/helm/controls auf das Steuer/das Ruder/die Steuerung ansprechen.

answerable ['ɑːnsərəbl] *adj* **1.** *question* beantwortbar, zu beantworten *pred*; *charge, argument* widerlegbar.

2. (*responsible*) verantwortlich. **to be ~ to sb (for sth)** jdm gegenüber für etw verantwortlich sein; **parents are ~ for their children's behaviour** Eltern haften für ihre Kinder.

answerer ['ɑːnsərəʳ] *n* Antwortende(r) *mf.*

answering device *or* **machine** *or* **service** ['ɑːnsərɪŋ-] *n* (automatischer) Anrufbeantworter.

answer paper *n* (*in exam*) Antwortbogen *m.*

answerphone ['ɑːnsəfəʊn] *n* Anrufbeantworter *m.*

ant [ænt] *n* Ameise *f.* **to have ~s in one's pants** (*inf*) kein Sitzfleisch haben.

antacid ['æntæsɪd] *n* säurebindendes Mittel.

antagonism [æn'tægənɪzəm] *n* (*between people, theories etc*) Antagonismus *m*; (*towards sb, ideas, a suggestion, change etc*) Feindseligkeit, Feindlichkeit *f* (*towards*) gegenüber). **to arouse sb's ~** jdn gegen sich aufbringen.

antagonist [æn'tægənɪst] *n* Kontrahent, Gegner, Antagonist *m*; (*esp Pol*) Gegenspieler *m.*

antagonistic [æn,tægə'nɪstɪk] *adj reaction, attitude* feindselig; *force* gegnerisch, feindlich; *interests* widerstreitend, antagonistisch. **to be ~ to** *or* **towards sb/sth** jdm/gegen etw feindselig gesinnt sein.

antagonize [æn'tægənaɪz] *vt person* gegen sich aufbringen *or* einnehmen.

antarctic [ænt'ɑːktɪk] **I** *adj* antarktisch, der Antarktis. **A~ Circle** südlicher Polarkreis; **A~ Ocean** Südpolarmeer *nt.* **II** *n*: **the A~** die Antarktis.

Antarctica [ænt'ɑːktɪkə] *n* Antarktika *f.*

ante ['æntɪ] **I** *n* (*Cards*) Einsatz *m.* **II** *vt* (*also* **~ up**) einsetzen. **III** *vi* setzen, seinen Einsatz machen.

ante- *pref* vor-.

anteater ['ænt,iːtəʳ] *n* Ameisenbär, Ameisenfresser *m.*

antecedent [ænti'siːdənt] **I** *adj* früher. **the crisis and its ~ events** die Krise und die ihr vorangehenden *or* vorausgehenden Ereignisse.

II *n* **1.** **~s** (*of person*) (*past history*) Vorleben *nt*; (*ancestry*) Abstammung *f*; (*of event*) Vorgeschichte *f.*

2. (*Gram*) Bezugswort *nt.*

antechamber ['æntɪtʃeɪmbəʳ] *n* Vorzimmer *nt*; **antedate** [,æntɪ'deɪt] *vt document, cheque* vordatieren (*to* auf *+acc*); *event* vorausgehen (*+dat*) (*by* um); **antediluvian** [,æntɪdɪ'luːvɪən] *adj* (*lit, fig inf*) vorsintflutlich.

antelope ['æntɪləʊp] *n* Antilope *f.*

ante meridiem [,æntɪmə'rɪdɪəm] *adv* (*abbr* **am**) vormittags.

antenatal ['æntɪ'neɪtl] *adj* vor der Geburt, pränatal (*form*). **~ care/exercises** Schwangerschaftsfürsorge *f*/-übungen *pl*; **~ clinic** Sprechstunde *f* für Schwangere.

antenna [æn'tenə] *n* **1.** *pl* **-e** [æn'teniː] (*Zool*) Fühler *m.* **2.** *pl* **-e** *or* **-s** (*Rad, TV*) Antenne *f.*

anterior [æn'tɪərɪəʳ] *adj* **1.** (*prior*) früher (*to* als). **to be ~ to** vorangehen (*+dat*), vorausgehen (+dat). **2.** (Anat etc) vordere(r, s). ~ **brain** Vorderhirn nt.

anteroom ['æntɪruːm] n Vorzimmer nt.

anthem ['ænθəm] n Hymne f; (by choir) Chorgesang m.

anther ['ænθəʳ] n (Bot) Staubbeutel m.

anthill ['ænt,hɪl] n Ameisenhaufen m.

anthology [æn'θɒlədʒɪ] n Anthologie f.

anthracite ['ænθrəsaɪt] n Anthrazit m.

anthrax ['ænθræks] n (Med, Vet) Anthrax (form), Milzbrand m.

anthropoid ['ænθrəʊpɔɪd] **I** n Anthropoid m (spec); (ape) Menschenaffe m. **II** adj anthropoid (spec).

anthropological [,ænθrəpə'lɒdʒɪkəl] adj anthropologisch.

anthropologist [,ænθrə'pɒlədʒɪst] n Anthropologe m, Anthropologin f.

anthropology [,ænθrə'pɒlədʒɪ] n Anthropologie f.

anthropomorphic [,ænθrəʊpə'mɔːfɪk] adj anthropomorphisch.

anti ['æntɪ] (inf) **I** adj pred in (inf). **are you in favour? — no, I'm ~** bist du dafür? — nein, ich bin dagegen. **II** prep gegen (+acc).

anti- in cpds anti-, gegen-; **anti-aircraft** adj gun, rocket Flugabwehr-; ~ **gun/fire** Flak-(geschütz nt) f/Flakfeuer nt; **anti-ballistic** adj: ~**missile** Anti-Raketen-Rakete f; **antibiotic** [,æntɪbaɪ'ɒtɪk] **I** n Antibiotikum nt; **II** adj antibiotisch; **anti-body** n Antikörper m.

antic ['æntɪk] n see **antics.**

anticipate [æn'tɪsɪpeɪt] **I** vt **1.** (expect) erwarten.
  2. (see in advance) vorausberechnen, vorhersehen; (see in advance and cater for) objection, need etc zuvorkommen (+dat). **don't ~ what I'm going to say** nimm nicht vorweg, was ich noch sagen wollte.
  3. (do before sb else) zuvorkommen (+dat). **in his discovery he was ~d by others** bei seiner Entdeckung sind ihm andere zuvorgekommen; **a phrase which ~s a later theme** eine Melodie, die auf ein späteres Thema vor(aus)greift.
  4. (do, use, act on prematurely) income im voraus ausgeben; inheritance im voraus in Anspruch nehmen.
  II vi (manager, driver, chess-player etc) vorauskalkulieren.

anticipation [æn,tɪsɪ'peɪʃən] n **1.** (expectation) Erwartung f. **thanking you in ~** herzlichen Dank im voraus; **to wait in ~** gespannt warten; **we took our umbrellas in ~ of rain** wir nahmen unsere Schirme mit, weil wir mit Regen rechneten.
  2. (seeing in advance) Vorausberechnung f. **impressed by the hotel's ~ of our wishes** beeindruckt, wie man im Hotel unseren Wünschen zuvorkommt/zuvorkam; **his uncanny ~ of every objection** die verblüffende Art, in der or wie er jedem Einwand zuvorkam.
  3. (of discovery, discoverer) Vorwegnahme f. **this phrase is an ~ of a later theme** diese Melodie ist ein Vorgriff auf ein späteres Thema.

anticipatory [æn'tɪsɪ,peɪtərɪ] adj vorwegnehmend.

anticlerical [,æntɪ'klerɪkl] adj antiklerikal, kirchenfeindlich; **anticlimax** n Enttäuschung f; (no pl: Liter) Antiklimax f; **anticlockwise I** adj movement, direction Links-; **II** adv nach links, gegen den Uhrzeigersinn or die Uhrzeigerrichtung; **anticoagulant** [,æntɪkəʊ'ægjʊlənt] **I** n Antikoagulans nt (spec); **II** adj antikoagulierend (spec), blutgerinnungshemmend; **anticorrosive** adj paint Korrosionsschutz-.

antics ['æntɪks] npl Eskapaden pl; (tricks) Possen, lustige Streiche pl; (irritating behaviour) Mätzchen pl (inf).

anticyclone [,æntɪ'saɪkləʊn] n Antizyklone f, Hoch(druckgebiet) nt; **anti-dazzle** adj Blendschutz-, blendfrei; **antidepressant I** n Antidepressivum nt; **II** adj antidepressiv; **antidote** ['æntɪdəʊt] n (Med, fig) Gegenmittel nt (against, to, for gegen); **antifreeze** ['æntɪfriːz] n Frostschutz m.

antigen ['æntɪdʒən] n Antigen nt.

anti-hero [,æntɪ'hɪərəʊ] n Antiheld m; **antihistamine** [,æntɪ'hɪstəmɪn] n Antihistamin(ikum) nt; **antiknock I** adj Antiklopf-; **II** n Antiklopfmittel nt; **antilog(arithm)** n Antilogarithmus, Numerus m; **antimatter** ['æntɪ,mætəʳ] n Antimaterie f; **antimissile** [,æntɪ'mɪsaɪl] adj Raketenabwehr-.

antimony ['æntɪmənɪ] n (abbr Sb) Antimon nt.

antipathetic [,æntɪpə'θetɪk] adj **to be ~ to sb/sth** eine Antipathie or Abneigung gegen jdn/etw haben; **sb/sth is ~ to sb** (arouses antipathy in) jd/etw ist jdm unsympathisch.

antipathy [æn'tɪpəθɪ] n Antipathie, Abneigung f (towards gegen, between zwischen +dat).

anti-personnel [,æntɪ,pɜːsə'nel] adj gegen Menschen gerichtet; ~ **bomb/mine** Splitterbombe f/Schützenmine f; **antiperspirant** [,æntɪ'pɜːspərənt] n Antitranspirant nt.

antipodean [æn,tɪpə'diːən], (US) **antipodal** [æn'tɪpədəl] adj antipodisch; (Brit) australisch und neuseeländisch.

antipodes [æn'tɪpədiːz] npl (diametral) entgegengesetzte Teile der Erde. **A~** (Brit) Australien und Neuseeland; (Geog) Antipoden-Inseln pl.

antipope ['æntɪ,pəʊp] n Gegenpapst m.

antiquarian [,æntɪ'kwɛərɪən] **I** adj books antiquarisch; coins also alt; studies des Altertums, der Antike. ~ **bookshop** Antiquariat nt. **II** n see **antiquary.**

antiquary ['æntɪkwərɪ] n (collector) Antiquitätensammler(in f) m; (seller) Antiquitätenhändler(in f) m.

antiquated ['æntɪkweɪtɪd] adj antiquiert; machines, ideas also überholt; institutions also veraltet.

antique [æn'tiːk] **I** adj antik. **II** n Antiquität f.

antique dealer n Antiquitätenhändler(in f) m; **antique shop** n Antiquitätengeschäft nt or -laden m.

antiquity [æn'tɪkwɪtɪ] n **1.** (ancient times) das Altertum; (Roman, Greek ~) die

Antike. 2. (*great age*) großes Alter.
3. antiquities *pl* (*old things*) Altertümer
pl.
antirrhinum [,æntɪˈraɪnəm] *n* Löwenmaul
nt.

anti-rust [,æntɪˈrʌst] *adj* Rostschutz-; anti-
Semite *n* Antisemit(in *f*) *m*; anti-Semitic
adj antisemitisch; anti-Semitism *n*
Antisemitismus *m*; antiseptic
[,æntɪˈseptɪk] I *n* Antiseptikum *nt*; II *adj*
(*lit*, *fig*) antiseptisch; anti-skid *adj*
rutschsicher; antisocial *adj* unsozial;
(*Psych, Sociol*) asozial; to be in an ~
mood nicht in Gesellschaftslaune sein;
antistatic *adj* antistatisch; antitank *adj*
gun, *fire* Panzerabwehr-.

antithesis [ænˈtɪθɪsɪs] *n*, *pl* antitheses
[ænˈtɪθɪsiːz] (*direct opposite*) genaues
Gegenteil (*to, of* gen); (*of idea, in
rhetoric*) Antithese *f* (*to, of* zu) (*form*);
(*contrast*) Gegensatz *m* (*between*
zwischen +*dat*).

antithetic(al) [,æntɪˈθetɪk(əl)] *adj* (*contrast-
ing*) gegensätzlich; ideas also, phrases
antithetisch (*form*); idea entgegen-
gesetzt.

antitoxin [,æntɪˈtɒksɪn] *n* Gegengift, Anti-
toxin *nt*; antitrust *adj* (*US*) Antitrust-.

antler [ˈæntləʳ] *n* Geweihstange *f*. (set *or*
pair of) ~s Geweih *nt*.

antonym [ˈæntənɪm] *n* Antonym *nt*.

Antwerp [ˈæntwɜːp] *n* Antwerpen *nt*.

anus [ˈeɪnəs] *n* After, Anus (*spec*) *m*.

anvil [ˈænvɪl] *n* Amboß *m* (*also Anat*).

anxiety [æŋˈzaɪətɪ] *n* 1. Sorge *f*. to feel ~
sich (*dat*) Sorgen machen (*about* um, *at*
wegen); no cause for ~ kein Grund zur
Sorge *or* Besorgnis; it's a great ~ to her es
ist ihr eine große Sorge; ~ neurosis
(*Psych*) Angstneurose *f*.
2. (*keen desire*) Verlangen *nt*.

anxious [ˈæŋkʃəs] *adj* 1. (*worried*) besorgt;
person (*as character trait*), thoughts
ängstlich. to be ~ about sb/sth sich (*dat*)
um jdn/etw Sorgen machen.
2. (*worrying*) moment, minutes der
Angst, bang (*geh*). it's been an ~ time for
us all es war für uns alle eine Zeit banger
Sorge; he had an ~ time waiting for ... es
war für ihn eine Zeit voll bangen Wartens
auf (+*acc*) ...
3. (*strongly desirous*) to be ~ for sth auf
etw (*acc*) aussein; to be ~ to do sth
bestrebt sein *or* darauf aussein, etw zu
tun; they were ~ to start/for his return sie
warteten sehr darauf abzufahren/auf
seine Rückkehr; I am ~ for him to do it
mir liegt viel daran, daß er es tut.

anxiously [ˈæŋkʃəslɪ] *adv* 1. besorgt.
2. (*keenly*) begierig.

anxiousness [ˈæŋkʃəsnɪs] *n*, *no pl see*
anxiety.

any [ˈenɪ] I *adj* 1. (*in interrog, conditional,
neg sentences*) not translated; (*emph*: ~ at
all) (*with sing n*) irgendein(e); (*with pl n*)
irgendwelche; (*with uncountable n*)
etwas. not ~ kein/keine; not any ... at all
überhaupt kein/keine ...; if I had ~ plan/
ideas/money wenn ich einen Plan/Ideen/
Geld hätte; if I had *any* plan/ideas/money
(at all) wenn ich irgendeinen Plan/
irgendwelche Ideen/(auch nur) etwas

Geld hätte; if you think it'll do ~ good/*any*
good (at all) wenn du glaubst, daß es
etwas/irgend etwas nützt; if it's ~ help (at
all) wenn das (irgendwie) hilft; it wasn't ~
good *or* use (at all) es nützte (überhaupt *or*
gar) nichts; you mustn't do that on ~ ac-
count das darfst du auf gar keinen Fall
tun; without ~ difficulty (at all) ohne jede
Schwierigkeit; hardly ~ difference/*any*
difference at all kaum ein Unterschied/
beinahe überhaupt kein Unterschied.
2. (*no matter which*) jede(r, s)
(beliebige); (*with pl or uncountable n*)
alle. ~ one will do es ist jede(r, s) recht;
you can have ~ book/books you can find
du kannst jedes Buch/alle Bücher haben,
das/die du finden kannst; take ~ two
points wähle zwei beliebige Punkte; ~ one
of us would have done the same jeder von
uns hätte dasselbe getan; you can't just/
can come at ~ time du kannst nicht ein-
fach zu jeder beliebigen Zeit kommen/du
kannst jederzeit kommen; ~ fool could do
that das kann jedes Kind; ~ old ... (*inf*)
jede(r, s) x-beliebige ... (*inf*); *see* old.

II *pron* 1. (*in interrog, conditional, neg
sentences*) (*replacing sing n*) ein(e),
welche(r, s); (*replacing pl n*) einige,
welche; (*replacing uncountable n*) etwas,
welche. I want to meet psychologists/a
psychologist, do you know ~? ich würde
gerne Psychologen/einen Psychologen
kennenlernen, kennen Sie welche/einen?;
I need some butter/stamps, do you
have ~? ich brauche Butter/Briefmarken,
haben Sie welche?; have you seen ~ of my
ties? haben Sie eine von meinen Krawat-
ten gesehen?; haven't you ~ (at all)?
haben Sie (denn) (gar *or* überhaupt)
keinen/keine/keines?; he wasn't having ~
(of it/that) (*inf*) er wollte nichts davon
hören; the profits, if ~ die eventuelle
Gewinne; if ~ of you can sing wenn (ir-
gend) jemand *or* (irgend)einer/-eine von
euch singen kann; show me the work
you've done, if ~ zeig mir deine Arbeit,
wenn es (überhaupt) etwas zu zeigen gibt;
few, if ~, will come wenn überhaupt, wer-
den nur wenige kommen.
2. (*no matter which*) alle. ~ who do
come ... alle, die kommen ...; ~ I have ...
alle, die ich habe ...

III *adv* 1. colder, bigger etc noch. not ~
colder/bigger etc nicht kälter/größer etc; it
won't get ~ colder es wird nicht mehr käl-
ter; we can't go ~ further wir können
nicht mehr weitergehen; are you feeling ~
better? geht es dir etwas besser?; he
wasn't ~ too pleased er war nicht allzu
begeistert; do you want ~ more soup?
willst du noch etwas Suppe?; don't you
want ~ more tea? willst du keinen Tee
mehr?; ~ more offers? noch weitere
Angebote?; I don't want ~ more (at all)
ich möchte (überhaupt *or* gar) nichts
mehr.
2. (*esp US inf*: at all) überhaupt. it
didn't help them ~ es hat ihnen gar *or*
überhaupt nichts genützt.

anybody [ˈenɪˌbɒdɪ] I *pron* 1. (irgend)
jemand, (irgend)eine(r). not ... ~
niemand, keine(r); is ~ there? ist (irgend)

jemand da?; **I can't see** ~ ich kann niemand *or* keinen sehen; **don't tell** ~ erzähl das niemand(em) *or* keinem.

2. (*no matter who*) jede(r). ~ **with any sense** jeder halbwegs vernünftige Mensch; **it's** ~**'s game/race** das Spiel/Rennen kann von jedem gewonnen werden; ~ **but he,** ~ **else** jeder außer ihm, jeder andere; **is there** ~ **else I can talk to?** gibt es sonst jemand(en), mit dem ich sprechen kann?; **I don't want to see** ~ **else** ich möchte niemand anderen sehen.

II *n* (*person of importance*) jemand, wer (*inf*). **he's not just** ~ er ist nicht einfach irgendwer *or* irgend jemand; **everybody who is** ~ **was there** alles, was Rang und Namen hat, war dort; **she wasn't** ~ **before he married her** sie war niemand, bevor er sie geheiratet hat.

anyhow ['enɪhaʊ] *adv* **1.** (*at any rate*) jedenfalls; (*regardless*) trotzdem. ~, **that's what I think** das ist jedenfalls meine Meinung; ~, **you're here now** jetzt bist du jedenfalls da; **he agrees** ~, **so it doesn't matter** er ist sowieso einverstanden, es spielt also keine Rolle; **it's no trouble, I'm going there** ~ es ist keine Mühe, ich gehe sowieso hin; **I told him not to, but he did it** ~ ich habe es ihm verboten, aber er hat es trotzdem gemacht; **who cares,** ~? überhaupt, wen kümmert es denn schon?; ~! gut!, na ja!

2. (*carelessly*) irgendwie; (*at random also*) aufs Geratewohl. **the papers were scattered** ~ **on his desk** die Papiere lagen bunt durcheinander auf seinem Schreibtisch.

anyone ['enɪwʌn] *pron, n see* **anybody.**

anyplace ['enɪpleɪs] *adv* (*US inf*) *see* **anywhere.**

anything ['enɪθɪŋ] **I** *pron* **1.** (irgend) etwas. **not** ~ nichts; (*emph*) gar *or* überhaupt nichts; **is it/isn't it worth** ~? ist es etwas/gar nichts wert?; **have/haven't you** ~ **to say?** hast du etwas/(gar) nichts zu sagen?; **did/didn't they give you** ~ **at all?** haben sie euch überhaupt etwas/überhaupt nichts gegeben?; **are you doing** ~ **tonight?** hast du heute abend schon etwas vor?; **is there** ~ **more trying than ...?** gibt es etwas Ermüdenderes als ...?

2. (*no matter what*) alles. ~ **you like** (alles,) was du willst; **they eat** ~ sie essen alles; **not just** ~ nicht bloß irgend etwas; **I wouldn't do it for** ~ ich würde es um keinen Preis tun; ~ **else is impossible** alles andere ist unmöglich; **this is** ~ **but pleasant** das ist alles andere als angenehm; ~ **but that!** alles, nur das nicht!; ~ **but!** von wegen!

II *adv* (*inf*) **it isn't** ~ **like him** das sieht ihm überhaupt nicht ähnlich *or* gleich; **if it looked** ~ **like him ...** wenn es ihm gleichsehen würde ...; **it didn't cost** ~ **like £ 100** es kostete bei weitem keine £ 100; **if it costs** ~ **like as much as before ...** wenn es auch nur annähernd so viel kostet wie früher ...

anyway ['enɪweɪ], (*US dial*) **anyways** *adv see* **anyhow 1.**; *see also* **way.**

anywhere ['enɪweər] *adv* **1.** be, stay, live irgendwo; go, travel irgendwohin. **not** ~

nirgends/nirgendwohin; **we never go** ~ wir gehen nie (irgend)wohin; **I haven't found** ~ **to live/to put my books yet** ich habe noch nichts gefunden, wo ich wohnen/meine Bücher unterbringen kann; **he'll never get** ~ er wird es zu nichts bringen; **I wasn't getting** ~ ich kam (einfach) nicht weiter; **there's no such thing** ~ **in the world** so etwas gibt es (überhaupt) nirgends auf der Welt.

2. (*no matter where*) be, stay, live überall; go, travel überallhin. **they could be** ~ sie könnten überall sein; ~ **you like** wo/wohin du willst.

aorta [eɪ'ɔːtə] *n* Aorta *f.*

apace [ə'peɪs] *adv* geschwind (*geh*).

Apache [ə'pætʃɪ] **I** *n* **1.** Apache *m*, Apachin *f.* **2.** (*language*) Apache *nt.* **II** *adj* Apachen-, der Apachen.

apart [ə'pɑːt] *adv* **1.** auseinander. **to stand with one's feet** ~/**to sit with one's legs** ~ mit gespreizten Beinen dastehen/dasitzen; **I can't tell them** ~ ich kann sie nicht auseinanderhalten; **to live** ~ getrennt leben; **they're still far** *or* **miles** ~ (*fig*) ihre Meinungen klaffen *or* gehen immer noch weit auseinander; **to come** *or* **fall** ~ entzweigehen, auseinanderfallen; **to take sth** ~ etw auseinandernehmen.

2. (*to one side*) zur Seite, beiseite; (*on one side*) abseits (*from gen*). **to take sb** ~ jdn beiseite nehmen; **he stood** ~ **from the group** er stand abseits von der Gruppe; **to set sth** ~ etw beiseite legen/stellen; **a class/thing** ~ eine Klasse/Sache für sich.

3. (*excepted*) abgesehen von, bis auf (+*acc*). **these problems** ~ abgesehen von *or* außer diesen Problemen; ~ **from that** there's nothing else wrong with it abgesehen davon *or* bis auf das ist alles in Ordnung; ~ **from that, the gearbox is also faulty** darüber hinaus *or* außerdem ist (auch) das Getriebe schadhaft.

apartheid [ə'pɑːteɪt] *n* Apartheid *f.*

apartment [ə'pɑːtmənt] *n* **1.** (*Brit: room*) Raum *m.* **2.** ~**s** *pl* (*Brit: suite of rooms*) Appartement *nt.* **3.** (*esp US: flat*) Wohnung *f.* ~ **house** Wohnblock *m*, Apartmenthaus *nt.*

apathetic [ˌæpə'θetɪk] *adj* apathisch, teilnahmslos.

apathetically [ˌæpə'θetɪkəlɪ] *adv see adj.*

apathy ['æpəθɪ] *n* Apathie, Teilnahmslosigkeit *f.*

ape [eɪp] **I** *n* (*lit, fig*) Affe *m.* **II** *vt* nachäffen (*pej*), nachmachen.

aperient [ə'pɪərɪənt] **I** *n* Abführmittel *nt.* **II** *adj* abführend.

apéritif [əˌperɪ'tiːf], **aperitive** [ə'perɪtɪv] *n* Aperitif *m.*

aperture ['æpətʃʊər] *n* Öffnung *f*; (*Phot*) Blende *f.*

apex ['eɪpeks] *n, pl* -**es** *or* **apices** Spitze *f*; (*fig*) Höhepunkt *m.*

aphasia [ə'feɪzɪə] *n* (*Psych*) Aphasie *f.*

aphasic [ə'feɪzɪk] (*Psych*) **I** *adj* aphasisch. **II** *n* Aphasiker(in *f*) *m.*

aphid ['eɪfɪd] *n* Blattlaus *f.*

aphorism ['æfərɪzəm] *n* Aphorismus *m.*

aphoristic [ˌæfə'rɪstɪk] *adj* aphoristisch.

aphrodisiac [ˌæfrəʊ'dɪzɪæk] **I** *n* Aphrodisiakum *nt.* **II** *adj* aphrodisisch.

apiarist ['eɪpɪə͵rɪst] n Imker(in f) m.

apiary ['eɪpɪərɪ] n Bienenhaus nt.

apices ['eɪpɪsiːz] pl of **apex.**

apiculture ['eɪpɪ͵kʌltʃər] n (form) Bienenzucht, Imkerei f.

apiece [ə'piːs] adv pro Stück; (per person) pro Person. **I gave them two ~** ich gabe ihnen je zwei; **they had two cakes ~** sie hatten jeder zwei Kuchen.

aplomb [ə'plɒm] n Gelassenheit f.

Apocalypse [ə'pɒkəlɪps] n Apokalypse f.

apocalyptic [ə͵pɒkə'lɪptɪk] adj apokalyptisch.

Apocrypha [ə'pɒkrɪfə] n: **the ~** die Apokryphen pl.

apocryphal [ə'pɒkrɪfəl] adj apokryph; (of unknown authorship) anonym.

apogee ['æpəʊdʒiː] n (Astron) Apogäum nt, Erdferne f; (fig: apex) Höhepunkt m.

apolitical [͵eɪpə'lɪtɪkəl] adj apolitisch.

Apollo [ə'pɒləʊ] n (Myth) Apollo m; (fig also) Apoll m.

apologetic [ə͵pɒlə'dʒetɪk] adj (making an apology) gesture, look entschuldigend attr; (sorry, regretful) bedauernd attr. **a very ~ Mr Smith rang back** Herr Smith rief zurück und entschuldigte sich sehr; **he was most ~ (about it)** er entschuldigte sich vielmals (dafür); **his tone/expression was very ~** sein Ton war sehr bedauernd/seine Miene drückte deutlich sein Bedauern aus.

apologetically [ə͵pɒlə'dʒetɪkəlɪ] adv see adj.

apologia [͵æpə'ləʊdʒɪə] n Rechtfertigung, Apologie (also Philos) f.

apologize [ə'pɒlədʒaɪz] vi sich entschuldigen (to bei). **to ~ for sb/sth** sich für jdn/etw entschuldigen.

apology [ə'pɒlədʒɪ] n **1.** (expression of regret) Entschuldigung f. **to make** or **offer sb an ~** jdn um Verzeihung bitten; **to make one's apologies** sich entschuldigen; **Mr Jones sends his apologies** Herr Jones läßt sich entschuldigen; **I owe you an ~** ich muß dich um Verzeihung bitten; **I make no ~ for the fact that ...** ich entschuldige mich nicht dafür, daß ... **2.** (defence) Rechtfertigung, Apologie f. **3.** (poor substitute) trauriges or armseliges Exemplar (for gen). **an ~ for a breakfast** ein armseliges Frühstück.

apoplectic [͵æpə'plektɪk] adj (Med) apoplektisch; person also zu Schlaganfällen neigend; (inf) cholerisch. **~ fit** or **attack** (Med) Schlaganfall m; **he just about had an ~ fit** (fig) ihn hat fast der Schlag gerührt; **he was ~ with rage** (inf) er platzte fast vor Wut (inf).

apoplexy ['æpəpleksɪ] n. Schlaganfall m.

apostasy [ə'pɒstəsɪ] n Abfall m; (Rel also) Apostasie f (form).

apostate [ə'pɒstɪt] **I** n Renegat, Abtrünnige(r) m; (Rel also) Apostat m. **an ~ from the party** ein Parteirenegat m. **II** adj abtrünnig, abgefallen.

apostatize [ə'pɒstətaɪz] vi abfallen, sich lossagen (from von); (from one's principles also) untreu werden (from dat).

apostle [ə'pɒsl] n (lit, fig) Apostel m. **the A~s' Creed** das Apostolische Glaubensbekenntnis.

apostolic [͵æpəs'tɒlɪk] adj apostolisch. **~ succession** apostolische Nachfolge; **the A~** See der Apostolische Stuhl.

apostrophe [ə'pɒstrəfɪ] n **1.** (Gram) Apostroph m. **2.** (Liter) Apostrophe f.

apostrophize [ə'pɒstrəfaɪz] **I** vt apostrophieren (form). **II** vi sich in feierlichen Reden ergehen.

apotheosis [ə͵pɒθɪ'əʊsɪs] n Apotheose f (liter) (into zu).

appal, (US also) **appall** [ə'pɔːl] vt entsetzen. **to be ~led (at** or **by sth)** (über etw acc) entsetzt sein.

appalling adj, **~ly** adv [ə'pɔːlɪŋ, -lɪ] entsetzlich.

apparatus [͵æpə'reɪtəs] n (lit, fig) Apparat m; (equipment also) Ausrüstung f; (in gym) Geräte pl. **a piece of ~** ein Gerät nt.

apparel [ə'pærəl] n, no pl (liter, US Comm) Gewand nt (old, liter), Kleidung f.

apparent [ə'pærənt] adj **1.** (clear, obvious) offensichtlich, offenbar. **to be ~ to sb** jdm klar sein, für jdn offensichtlich sein; **to become ~** sich (deutlich) zeigen. **2.** (seeming) scheinbar. **more ~ than real** mehr Schein als Wirklichkeit.

apparently [ə'pærəntlɪ] adv anscheinend.

apparition [͵æpə'rɪʃən] n **1.** (ghost, hum: person) Erscheinung f. **2.** (appearance) Erscheinen nt.

appeal [ə'piːl] **I** n **1.** (request: for help, money etc) Aufruf, Appell m, (dringende) Bitte (for um); (for mercy) Gesuch nt (for um). **~ for funds** Spendenappell or -aufruf m or -aktion f; **to make a ~ to sb** (to do sth)/to sb for sth an jdn appellieren(, etw zu tun)/jdn um etw bitten; (charity, organization etc) einen Appell or Aufruf an jdn richten/jdn zu etw aufrufen; **to make an ~ for mercy** (officially) ein Gnadengesuch einreichen. **2.** (supplication) Flehen nt. **with a look of ~** mit flehendem Blick. **3.** (against decision) Einspruch m; (Jur: against sentence) Berufung f; (actual trial) Revision f, Revisionsverfahren nt. **he lost his ~** er verlor in der Berufung; **to lodge an ~** Einspruch erheben; (Jur) Berufung einlegen (with bei); **right of ~** Einspruchsrecht nt; (Jur) Berufungsrecht nt. **on ~** auf Grund der Berufung, bei der Revisionsverhandlung; **Court of A~** Berufungsgericht nt. **4.** (for decision, support) Appell, Aufruf m. **the captain made an ~ against the light** der Mannschaftskapitän erhob Einspruch or Beschwerde wegen der Lichtverhältnisse. **5.** (power of attraction) Reiz m (to für), Anziehungskraft f (to auf +acc). **his music has a wide ~** seine Musik spricht viele Leute or weite Kreise an or findet großen Anklang; **skiing has lost its ~ (for me)** Skifahren hat seinen Reiz (für mich) verloren.

II vi **1.** (make request) (dringend) bitten. **to ~ to sb for sth** jdn um etw bitten; **to ~ to the public to do sth** die Öffentlichkeit (dazu) aufrufen, etw zu tun. **2.** (against decision: to authority etc) Einspruch erheben (to bei); (Jur) Berufung einlegen (to bei). **he was given**

leave to ~ (*Jur*) es wurde ihm anheimgestellt, Berufung einzulegen.
3. (*apply: for support, decision*) sich wenden, appellieren (*to an* +*acc*); (*to sb's feelings etc*) appellieren (*to an* +*acc*); (*Sport*) Einspruch erheben (*to* bei), Beschwerde einlegen. **to** ~ **to sb's better nature** an jds besseres Ich appellieren.
4. (*be attractive*) reizen (*to sb* jdn), zusagen (*to sb* jdm); (*plan, candidate, idea*) zusagen (*to sb* jdm); (*book, magazine*) ansprechen (*to sb* jdn). **how does that** ~? wie gefällt dir/Ihnen das?; **the plan** ~**ed to me/him** der Plan gefiel mir *or* sagte mir zu/gefiel ihm *or* fand Anklang bei ihm.
III *vt* **to** ~ **a case/verdict** (*Jur*) mit einem Fall/gegen ein Urteil in die Berufung gehen; **to** ~ **a decision** Einspruch gegen eine Entscheidung einlegen *or* erheben.

appealing [ə'piːlɪŋ] *adj* **1.** (*attractive*) attraktiv; *person, character also* ansprechend, gewinnend; *smile, eyes also* reizvoll; *kitten, child* süß, niedlich; *cottage, house also* reizvoll, reizend.
2. (*supplicating*) *look, voice* flehend.

appealingly [ə'piːlɪŋlɪ] *adv* **1.** (*in supplication*) bittend; *look, speak* flehentlich, inbrünstig (*geh*). **2.** (*attractively*) reizvoll.

appear [ə'pɪə^r] *vi* **1.** erscheinen, auftauchen; (*person, sun also*) sich zeigen. **to** ~ **from behind/through sth** hinter etw (*dat*) hervorkommen *or* auftauchen/sich zwischen *or* durch etw hindurch zeigen.
2. (*arrive*) erscheinen, auftauchen.
3. (*in public*) (*Jur*) erscheinen; (*personality, ghost also*) sich zeigen; (*Theat*) auftreten. **to** ~ **in public** sich in der Öffentlichkeit zeigen; **to** ~ **in court** vor Gericht erscheinen; (*lawyer*) bei einer Gerichtsverhandlung (dabei)sein; **to** ~ **for sb** jdn vertreten; **to** ~ **before the court as a witness** als Zeuge vor Gericht auftreten.
4. (*be published*) erscheinen.
5. (*seem*) scheinen. **he** ~**ed (to be) tired/drunk** er wirkte müde/betrunken, er schien müde/betrunken zu sein; **it** ~**s that ...** es hat den Anschein, daß ..., anscheinend ...; **it** ~**s not** anscheinend nicht, es sieht nicht so aus; **there** ~**s** *or* **there would** ~ **to be a mistake** anscheinend liegt (da) ein Irrtum vor, da scheint ein Irrtum vorzuliegen; **how does it** ~ **to you?** welchen Eindruck haben Sie?

appearance [ə'pɪərəns] *n* **1.** Erscheinen *nt*; (*unexpected*) Auftauchen *nt no pl*; (*Theat*) Auftritt *m*. **many successful court** ~**s** viele erfolgreiche Auftritte vor Gericht; **to put in** *or* **make an** ~ sich sehen lassen; **to make one's** ~ sich zeigen; (*Theat*) seinen Auftritt haben; **cast in order of** ~ Darsteller in der Reihenfolge ihres Auftritts *or* Auftretens.
2. (*look, aspect*) Aussehen *nt*; (*of person also*) Äußere(s) *nt*, äußere Erscheinung. ~**s** (*outward signs*) der äußere (An)schein; **good** ~ **essential** gepflegtes Äußeres *or* gepflegte Erscheinung wichtig; **in** ~ dem Aussehen nach, vom Äußeren her; **he/it has the** ~ **of being ...** er/es erweckt den Anschein, ... zu sein;

for ~**s' sake, for the sake of** ~**s** um den Schein zu wahren, um des Schein(e)s willen; (*as good manners*) der Form halber; **to keep up** *or* **save** ~**s** den (äußeren) Schein wahren; ~**s are often deceptive** der Schein trügt oft; **to all** ~**s** allem Anschein nach; *see* **judge**.

appease [ə'piːz] *vt* (*calm*) *person, anger* beschwichtigen, besänftigen; (*Pol*) (durch Zugeständnisse) beschwichtigen; (*satisfy*) *hunger, thirst* stillen; *curiosity* stillen, befriedigen.

appeasement [ə'piːzmənt] *n see vt* Beschwichtigung, Besänftigung *f*; Beschwichtigung *f* (durch Zugeständnisse); Stillung, Befriedigung *f*.

appellant [ə'pelənt] *n* (*Jur*) Berufungskläger, Appellant (*old*) *m*.

appellation [ˌæpe'leɪʃən] *n* Bezeichnung, Benennung *f*.

append [ə'pend] *vt notes etc* anhängen (*to an* +*acc*), hinzufügen; *seal* drücken (*to auf* +*acc*); *signature* setzen (*to unter* +*acc*).

appendage [ə'pendɪdʒ] *n* (*limb*) Gliedmaße *f*; (*fig*) Anhängsel *nt*. **the British forces and their** ~**s** die britischen Truppen und das dazugehörige Personal *or* (*families*) und ihr Anhang.

appendectomy [ˌæpen'dektəmɪ], **appendicectomy** [əˌpendɪ'sektəmɪ] *n* Blinddarmoperation, Appendektomie (*spec*) *f*.

appendices [ə'pendɪsiːz] *pl of* **appendix**.

appendicitis [əˌpendɪ'saɪtɪs] *n* (eine) Blinddarmentzündung, Appendizitis (*spec*) *f*.

appendix [ə'pendɪks] *n, pl* **appendices** *or* **-es 1.** (*Anat*) Blinddarm, Appendix (*spec*) *m*. **to have one's** ~ **out** sich (*dat*) den Blinddarm herausnehmen lassen.
2. Anhang, Appendix *m*.

appertain [ˌæpə'teɪn] *vi* (*form*) (*belong*) gehören (*to* zu), eignen (+*dat*) (*geh*); (*relate*) betreffen (*to sb/sth* jdn/etw.).

appetite ['æpɪtaɪt] *n* (*for food etc*) Appetit *m*, (*fig: desire*) Verlangen, Bedürfnis *nt*, Lust *f*; (*sexual* ~) Lust, Begierde *f*. **to have an/no** ~ **for sth** Appetit *or* Lust/keinen Appetit *or* keine Lust auf etw (*acc*) haben; (*fig*) Verlangen *or* Bedürfnis/kein Verlangen *or* Bedürfnis nach etw haben; **to have a good/bad** ~ einen guten *or* gesunden/schlechten Appetit haben; **to take away** *or* **spoil one's** ~ sich (*dat*) den Appetit verderben ~ **suppressant** Appetitzügler *or* -hemmer *m*.

appetizer ['æpɪtaɪzə^r] *n* (*food*) Appetitanreger *m*; (*hors d'oeuvres also*) Vorspeise *f*, Appetithappen *m*; (*drink*) appetitanregendes Getränk.

appetizing ['æpɪtaɪzɪŋ] *adj* appetitlich (*also fig*); *food also* appetitanregend, lecker; *smell* lecker; *description* verlockend.

appetizingly ['æpɪtaɪzɪŋlɪ] *adv see adj*.

applaud [ə'plɔːd] **I** *vt* (*lit, fig*) applaudieren, Beifall spenden *or* klatschen (+*dat*); (*fig*) *efforts, courage* loben; *decision* gutheißen, begrüßen. **the play was vigorously** ~**ed** das Stück erhielt stürmischen Beifall.
II *vi* applaudieren, klatschen, Beifall spenden.

applause [ə'plɔːz] *n, no pl* Applaus, Beifall

(*also fig*) *m*, Klatschen *nt*. **to be greeted with** ~ mit Applaus *or* Beifall (*also fig*) begrüßt werden.

apple ['æpl] *n* Apfel *m*. **an** ~ **a day keeps the doctor away** (*Prov*) eßt Obst, und ihr bleibt gesund; **to be the** ~ **of sb's eye** jds Liebling sein.

apple *in cpds* Apfel-; **applecart** *n* (*fig*): **to upset the** ~ alles über den Haufen werfen (*inf*); **apple dumpling** *n* ≃ Apfel *m* im Schlafrock; **apple-pie** ≃ gedeckter Apfelkuchen, Apfelpastete *f*; **in** ~ **order** (*inf*) pikobello (*inf*); **apple sauce** *n* 1. (*Cook*) Apfelmus *nt*; 2. (*US inf: nonsense*) Schmus *m* (*inf*); **apple-tree** *n* Apfelbaum *m*; **apple turnover** *n* Apfeltasche *f*.

appliance [ə'plaɪəns] *n* Vorrichtung *f*; (*household* ~) Gerät *nt*; (*fire-engine*) Feuerwehrwagen *m*.

applicability [ˌæplɪkə'bɪlɪtɪ] *n* Anwendbarkeit *f* (*to* auf +*acc*).

applicable [ə'plɪkəbl] *adj* anwendbar (*to* auf +*acc*); (*on forms*) zutreffend (*to* für). **delete as** ~ Nichtzutreffendes streichen; **that isn't** ~ **to you** das trifft auf Sie nicht zu, das gilt für Sie nicht; **not** ~ (*on forms*) nicht zutreffend.

applicant ['æplɪkənt] *n* (*for job*) Bewerber(in *f*) *m* (*for* um, für); (*for grant, loan etc*) Antragsteller(in *f*) *m* (*for* für, auf +*acc*); (*for patent*) Anmelder(in *f*) *m* (*for gen*).

application [ˌæplɪ'keɪʃən] *n* 1. (*for job etc*) Bewerbung *f* (*for* um, für); (*for grant, loan etc*) Antrag *m* (*for* auf +*acc*), Gesuch *nt* (*for* für); (*for patent*) Anmeldung *f* (*for gen*). **available on** ~ auf Anforderung *or* (*written*) Antrag erhältlich; ~ **form** Bewerbung(sformular *nt*) *f*; Antrag(sformular *nt*) *m*; Anmeldeformular *nt*.
2. (*act of applying*) *see* **apply** I Auftragen *nt*; Anlegen, Applizieren *nt*, Applikation *f* (*form*); Anwenden *nt*, Anwendung *f*; Verwendung *f*, Gebrauch *m*; Betätigung *f*; Verwertung *f*; Zuwendung *f*, (Aus)richten *nt*; Verhängen *nt*, Verhängung *f*. **the** ~ **of a dressing to a head wound** das Anlegen eines Kopfverbandes; "**for external** ~ **only**" (*Med*) „nur zur äußerlichen Anwendung".
3. (*form, esp Med*) Mittel *nt*.
4. (*diligence, effort*) Fleiß, Eifer *m*.
5. *see* **applicability**.

applicator ['æplɪkeɪtəʳ] *n* Aufträger *m*.

applied [ə'plaɪd] *adj attr maths, linguistics etc* angewandt.

appliqué [æ'pliːkeɪ] (*Sew*) I *n* Applikation *pl*. II *vt* applizieren. III *adj attr* ~ **work** Stickerei *f*.

apply [ə'plaɪ] I *vt paint, ointment, lotion etc* auftragen (*to* auf +*acc*), applizieren (*spec*); *dressing, plaster* anlegen, applizieren (*spec*); *force, pressure, theory, rules, knowledge, skills* anwenden (*to* auf +*acc*); *knowledge, skills, funds* verwenden (*to* für), gebrauchen (*to* für); *brakes* betätigen; *results, findings* verwerten (*to* für); *one's attention, efforts* zuwenden (*to dat*), richten (*to* auf +*acc*); *embargo, sanctions* verhängen (*to* über +*acc*). **to** ~ **oneself/one's mind** *or* **intelligence** (**to**

sth) sich/seinen Kopf (*inf*) (bei etw) anstrengen; **that term can be applied to many things** dieser Begriff kann auf viele Dinge angewendet werden.
II *vi* 1. sich bewerben (*for* um, für). **to** ~ **to sb for sth** sich an jdn wegen etw wenden; (*for job, grant also*) sich bei jdm für *or* um etw bewerben; (*for loan, grant also*) bei jdm etw beantragen; **no-one applied for the reward** keiner hat sich für die Belohnung gemeldet; ~ **at the office/ next door/within** Anfragen im Büro/ nebenan/im Laden.
2. (*be applicable*) gelten (*to* für); (*warning, threat also*) betreffen (*to acc*); (*regulation also*) zutreffen (*to* auf +*acc*, für), betreffen (*to acc*); (*description*) zutreffen (*to* auf +*acc*, für).

appoint [ə'pɔɪnt] *vt* 1. (*to a job*) einstellen; (*to a post*) ernennen. **to** ~ **sb to an office** jdn in ein Amt berufen; **to** ~ **sb sth** jdn zu etw ernennen *or* bestellen (*geh*) *or* als etw (*acc*) berufen; **to** ~ **sb to do sth** jdn dazu bestimmen, etw zu tun.
2. (*designate, ordain*) bestimmen; (*agree*) festlegen *or* -setzen, verabreden, ausmachen. **at the** ~**ed time** *or* **the time** ~**ed** zur festgelegten *or* -gesetzten *or* verabredeten Zeit; **his** ~**ed task** die ihm übertragene Aufgabe.

appointee [əpɔɪn'tiː] *n* Ernannte(r) *mf*. **he was a Wilson/political** ~ er war von Wilson/aus politischen Gründen ernannt worden.

appointment [ə'pɔɪntmənt] *n* 1. (*prearranged meeting*) Verabredung *f*; (*business* ~, *with doctor, lawyer etc*) Termin *m* (*with* bei). **to make** *or* **fix an** ~ **with sb** mit jdm eine Verabredung treffen; einen Termin mit jdm vereinbaren; **I made an** ~ **to see the doctor** ich habe mich beim Arzt angemeldet *or* mir beim Arzt einen Termin geben lassen; **do you have an** ~? sind Sie angemeldet?; **by** ~ auf Verabredung; (*on business, to see doctor, lawyer etc*) mit (Vor)anmeldung, nach Vereinbarung; ~**(s) book** Terminkalender *m*.
2. (*act of appointing*) *see* **vt** 1. Einstellung *f*; Ernennung *f*; Berufung *f* (*to* zu); Bestellung *f*. **this office is not filled by** ~ **but by election** für dieses Amt wird man nicht bestellt *or* berufen, sondern gewählt; "**by** ~ (**to Her Majesty**)" (*on goods*) „königlicher Hoflieferant".
3. (*post*) Stelle *f*. ~**s (vacant)** Stellenangebote *pl*.
4. ~**s** *pl* (*furniture etc*) Ausstattung, Einrichtung *f*.

apportion [ə'pɔːʃən] *vt money, food, land* aufteilen; *duties* zuteilen. **to** ~ **sth to sb** jdm etw zuteilen; **to** ~ **sth among** *or* **between several people** etw zwischen mehreren Leuten aufteilen, etw unter mehrere Leute (gleichmäßig) verteilen; **the blame must be** ~**ed equally** die Schuld muß allen in gleicher Weise *or* zu gleichen Teilen angelastet werden.

apposite ['æpəzɪt] *adj comment, phrase* treffend, passend; *question* angebracht.

apposition [ˌæpə'zɪʃən] *n* Apposition, Beifügung *f*. **A is in** ~ **to B, A and B are in** ~ A ist eine Apposition zu B, A und B sind Gleichsetzungsnomina.

appraisal [ə'preɪzəl] *n see vt* Abschätzung *f*; Beurteilung *f*. **his false/accurate** ~ **seine** falsche/genaue Einschätzung.

appraise [ə'preɪz] *vt* (*estimate*) *value, damage* (ab)schätzen; (*weigh up*) *character, ability* (richtig) einschätzen, beurteilen; *situation* abschätzen; *poem etc* beurteilen. **an appraising look** ein prüfender Blick.

appreciable [ə'priːʃəbl] *adj* beträchtlich, deutlich; *difference, change also* nennenswert, merklich.

appreciably [ə'priːʃəblɪ] *adv see adj.*

appreciate [ə'priːʃɪeɪt] **I** *vt* **1.** (*be aware of*) *dangers, problems, value etc* sich (*dat*) bewußt sein (+*gen*); (*understand*) *sb's wishes, reluctance etc also* Verständnis haben für. **I (can)** ~ **why ...** ich verstehe, warum ...

2. (*value, be grateful for*) zu schätzen wissen. **nobody** ~**s me!** niemand weiß mich zu schätzen!; **thank you, I** ~ **it** vielen Dank, sehr nett von Ihnen; **I would really** ~ **that** das wäre mir wirklich sehr lieb; **I would** ~ **it if you could be a little quieter** könnten Sie nicht vielleicht etwas leiser sein?

3. (*enjoy*) *art, music, poetry* schätzen.

II *vi* (*Fin*) **to** ~ (**in value**) im Wert steigen, an Wert gewinnen.

appreciation [ə,priːʃɪ'eɪʃən] *n* **1.** (*awareness: of problems, dangers, advantages, value*) Erkennen *nt*.

2. (*esteem, respect*) Anerkennung *f*; (*of abilities, efforts also*) Würdigung *f*; (*of person also*) Wertschätzung *f*. **in** ~ **of sth** in Anerkennung von etw, zum Dank für etw; **to show** *or* **acknowledge one's** ~ seine Dankbarkeit (be)zeigen.

3. (*enjoyment, understanding*) Verständnis *nt*; (*of art*) Sinn *m* (*of* für). **to show** (**great**) ~ **of Mozart/art** großes Mozart-/Kunstverständnis zeigen; **to write an** ~ **of sb/sth** einen Bericht über jdn/etw schreiben.

4. (*comprehension*) Verständnis *nt*.

5. (*increase*) (Wert)steigerung *f* (*in* bei).

appreciative [ə'priːʃɪətɪv] *adj* anerkennend; *audience also* dankbar; (*prepared to accept*) bereitwillig; (*grateful*) dankbar. **to be** ~ **of sth** etw zu schätzen wissen; (*of music, art etc*) Sinn für etw haben.

appreciatively [ə'priːʃɪətɪvlɪ] *adv* anerkennend; (*gratefully*) dankbar.

apprehend [,æprɪ'hend] *vt* **1.** (*arrest*) festnehmen; *escape also* aufgreifen. **2.** (*old, form: understand*) verstehen. **3.** (*form: anticipate*) befürchten.

apprehension [,æprɪ'henʃən] *n* **1.** (*fear*) Besorgnis, Befürchtung *f*. **a feeling of** ~ eine dunkle Ahnung *or* Befürchtung; **she knew a moment of** ~ sie war einen Moment lang beklommen *or* voller Befürchtungen; **to feel** ~ **for sth** sich (*dat*) Gedanken *or* Sorgen um etw machen. **2.** (*arrest*) Festnahme *f*. **3.** (*old, form: understanding*) Erkennen *nt*.

apprehensive [,æprɪ'hensɪv] *adj* ängstlich. **to be** ~ **of sth/that ...** etw befürchten/fürchten, daß ...; **to be** ~ **for sb** sich (*dat*)

Sorgen um jdn machen.

apprehensively [,æprɪ'hensɪvlɪ] *adv see adj.*

apprentice [ə'prentɪs] **I** *n* Lehrling, Auszubildende(r) (*form*) *m.* **to be an** ~ Lehrling sein, in der Lehre sein; ~ **plumber/electrician** Klempner-/Elektrikerlehrling *m*; ~ **jockey** angehender Jockey.

II *vt* in die Lehre geben *or* schicken (*to* zu, bei). **to be** ~**d to sb** bei jdm in die Lehre gehen *or* in der Lehre sein.

apprenticeship [ə'prentɪʃɪp] *n* Lehre, Lehrzeit *f*. **to serve one's** ~ seine Lehre *or* Lehrzeit absolvieren *or* machen.

apprise [ə'praɪz] *vt* (*form*) in Kenntnis setzen (*geh*), Kenntnis geben (+*dat*) (*geh*).

approach [ə'prəʊtʃ] **I** *vi* (*physically*) sich nähern, näherkommen; (*date, summer etc*) nahen.

II *vt* **1.** (*come near*) sich nähern (+*dat*); *person, building also* zukommen auf (+*acc*); (*Aviat*) anfliegen; (*in figures, temperature, time also*) zugehen auf (+*acc*); (*in quality, stature*) herankommen an (+*acc*); (*fig*) heranreichen an (+*acc*). **to** ~ **thirty/adolescence/manhood** auf die Dreißig zugehen/ins Pubertätsalter/Mannesalter kommen; **the train is now** ~**ing platform 3** der Zug hat Einfahrt auf Gleis 3.

2. (*make an* ~ *to*) *person, committee, organization* herantreten an (+*acc*) (*about* wegen), angehen (*about* um), ansprechen (*about* wegen, auf +*acc* hin). **he is easy/difficult to** ~ er ist leicht/nicht leicht ansprechbar.

3. (*tackle*) *question, problem, task* angehen, anfassen.

III *n* **1.** (*drawing near*) (Heran)nahen *nt*; (*of troops, in time also*) Heranrücken *nt*; (*of night*) Einbruch *m*; (*Aviat*) Anflug *m* (*to an* +*acc*). **at the** ~ **of Easter** als Osterfest nahte/wenn das Osterfest naht.

2. (*to person, committee, organization*) Herantreten *nt*. **to make** ~**es/an** ~ **to sb** (*with request*) an jdn herantreten; (*man to woman*) Annäherungsversuche machen.

3. (*way of tackling, attitude*) Ansatz *m* (*to* zu). **an easy** ~ **to maths/teaching** ein einfacher Weg, Mathematik zu lernen/ eine einfache Lehrmethode; **his** ~ **to the problem** seine Art *or* Methode, an das Problem heranzugehen; **you've got the wrong** ~ du machst das verkehrt; **try a different** ~ versuch's doch mal anders.

4. (*approximation*) Annäherung *f* (*to an* +*acc*). **this work is his nearest** ~ **to greatness** mit diesem Werk erreicht er fast dichterische Größe.

5. (*access*) Zugang, Weg *m*; (*road also*) Zufahrt(sstraße) *f*.

approachable [ə'prəʊtʃəbl] *adj* **1.** *person* umgänglich, leicht zugänglich. **he's still** ~ **/not** ~ **today** man kann immer noch mit ihm reden/er ist heute nicht ansprechbar.

2. *place* zugänglich.

approaching [ə'prəʊtʃɪŋ] *adj attr* näherkommend; *date, occasion* herannahend, bevorstehend.

approach road *n* (*to city etc*) Zufahrtsstraße *f*; (*to motorway*) (Autobahn)zubringer *m*; (*slip-road*) Auf- *or* Einfahrt *f*.

approbation [ˌæprə'beɪʃən] n Zustimmung f; (of decision also) Billigung f; (from critics) Beifall m.

appropriate[1] [ə'prəupriːt] adj **1.** (suitable, fitting) passend, geeignet (for, to für), angebracht (for, to für); (to a situation, occasion) angemessen (to dat); name, remark also treffend. it was ~ that he came at that moment es traf sich gut, daß er da gerade kam; **clothing ~ for** or **to the weather conditions** wettergemäße Kleidung; **a style ~ to one's subject** ein dem Thema entsprechender or angemessener Stil.
2. (relevant) entsprechend; body, authority also zuständig. where ~ wo es angebracht ist/war, an gegebener Stelle; **put a tick where ~** Zutreffendes bitte ankreuzen; **delete as ~** Nichtzutreffendes streichen.

appropriate[2] [ə'prəuprieɪt] vt **1.** (assume possession or control of) beschlagnahmen; (take for oneself) sich (dat) aneignen, mit Beschlag belegen; sb's ideas sich (dat) zu eigen machen.
2. (allocate) funds zuteilen, zuweisen.

appropriately [ə'prəuprɪtlɪ] adv treffend; dressed passend (for, to für), entsprechend (for, to dat); (to fit particular needs) designed, equipped entsprechend (for, to dat), zweckmäßig (for, to für). **rather ~ she was called Goldilocks** der Name Goldköpfchen paßte sehr gut zu ihr.

appropriateness [ə'prəuprɪtnɪs] n (suitability, fittingness) Eignung f; (of dress, remark, name, for a particular occasion) Angemessenheit f.

appropriation [əˌprəuprɪ'eɪʃən] n see vt **1.** Beschlagnahme, Beschlagnahmung f; Aneignung f. **2.** Zuteilung, Zuweisung f.

approval [ə'pruːvəl] n **1.** Beifall m, Anerkennung f; (consent) Zustimmung (of zu), Billigung f, Einverständnis nt (of mit). **to meet with sb's ~** jds Zustimmung or Beifall finden; **to seek sb's ~ for sth** jds Zustimmung zu etw suchen; **to show one's ~ of sth** zeigen, daß man einer Sache (dat) zustimmt or etw billigt; **submitted for the Queen's ~** der Königin zur Genehmigung vorgelegt.
2. (Comm) **on ~** auf Probe; (to look at) zur Ansicht.

approve [ə'pruːv] I vt (consent to) decision billigen, gutheißen; minutes, motion annehmen; project genehmigen; (recommend) hotel, campsite etc empfehlen.
II vi **to ~ of sb/sth** von jdm/etw etwas halten, jdn billigen or gutheißen; **I don't ~ of him/it** ich halte nichts von ihm/davon; **I don't ~ of children smoking** ich billige nicht or kann es nicht gutheißen, daß Kinder rauchen; **she doesn't ~** sie mißbilligt das; **how's this shirt, do you ~?** gefällt dir dies Hemd?

approved school [ə'pruːvd'skuːl] n (Brit) Erziehungsheim nt.

approving [ə'pruːvɪŋ] adj (satisfied, pleased) anerkennend, beifällig; (consenting) zustimmend.

approvingly [ə'pruːvɪŋlɪ] adv see adj.

approximate [ə'prɒksɪmɪt] I adj ungefähr. **three hours is the ~ time needed** man braucht ungefähr drei Stunden.
II [ə'prɒksəmeɪt] vti **to ~ (to) sth** einer Sache (dat) in etwa entsprechen.

approximately [ə'prɒksɪmətlɪ] adv ungefähr, etwa, circa; correct in etwa, annähernd.

approximation [əˌprɒksɪ'meɪʃən] n Annäherung f (of, to an +acc); (figure, sum etc) (An)näherungswert m. **his story was an ~ of** or **to the truth** seine Geschichte entsprach in etwa der Wahrheit.

appurtenances [ə'pɜːtɪnənsɪz] npl (equipment) Zubehör nt; (accessories) Attribute pl; (Jur: rights etc) Rechte pl.

après-ski [ˌæpreɪ'skiː] I n Après-Ski nt. II adj attr Après-Ski-.

apricot ['eɪprɪkɒt] I n Aprikose f. II adj (also ~-coloured) aprikosenfarben. III attr Aprikosen-.

April ['eɪprəl] n April m. ~ **shower** Aprilschauer m; ~ **fool!** ≈ April, April!; ~ **Fool's Day** der Erste April; **to make an ~ fool of sb** jdn in den April schicken; see also **September.**

a priori [eɪpraɪ'ɔːraɪ] I adv a priori. II adj apriorisch.

apron ['eɪprən] n Schürze f; (of workman also) Schurz m; (Aviat) Vorfeld nt; (Theat) Vorbühne f.

apron stage n Bühne f mit Vorbühne; **apron-strings** npl Schürzenbänder pl; **to be tied to one's mother's ~** seiner Mutter (dat) am Schürzenzipfel hängen (inf).

apropos [ˌæprə'pəu] I prep (also ~ **of**) apropos (+nom). ~ **of nothing** ganz nebenbei. II adj pred remark passend, treffend.

apse [æps] n Apsis f.

apt [æpt] adj (+er) **1.** (suitable, fitting) passend; description, comparison, remark also treffend.
2. (able, intelligent) begabt (at für).
3. (liable, likely) **to be ~ to do sth** leicht etw tun, dazu neigen, etw zu tun; **we are ~ to forget that ...** wir vergessen leicht or gern (inf), daß ...; **I was ~ to believe him until ...** ich war geneigt, ihm zu glauben, bis ...

aptitude ['æptɪtjuːd] n Begabung f. **she has a great ~ for saying the wrong thing** (hum) sie hat ein besonderes Talent dafür, (immer gerade) das Falsche zu sagen; ~ **test** Eignungsprüfung f.

aptly ['æptlɪ] adv passend.

aptness ['æptnɪs] n see adj **1.** the ~ **of the name** was obvious der Name war offensichtlich passend. **2.** Begabung f. **3.** Neigung f.

aqualung ['ækwəlʌŋ] n Tauchgerät nt.

aquamarine [ˌækwəmə'riːn] I n Aquamarin m; (colour) Aquamarin nt. II adj aquamarin.

aquaplane ['ækwəpleɪn] I n Monoski m. II vi **1.** Wasserski laufen. **2.** (car etc) (auf nasser Straße) ins Rutschen geraten. **aquaplaning** Aquaplaning nt.

aquarium [ə'kwɛərɪəm] n Aquarium nt.

Aquarius [ə'kwɛərɪəs] n Wassermann m.

aquatic [ə'kwætɪk] adj sports, pastimes Wasser-, im Wasser; plants, animals, organisms etc aquatisch (form).

aquatint ['ækwətɪnt] *n* Aquatinta *f*.

aqueduct ['ækwɪdʌkt] *n* Aquädukt *m or nt*.

aqueous ['eɪkwɪəs] *adj (form)* Wasser-; *rocks* wasserhaltig.

aquiline ['ækwɪlaɪn] *adj nose* Adler-, gebogen; *profile* mit Adlernase.

Arab ['ærəb] **I** *n* Araber *m (also horse)*, Araberin *f*. **the ~s** die Araber. **II** *adj attr* arabisch; *policies, ideas also* der Araber; *horse* Araber-.

arabesque [ˌærə'besk] *n* Arabeske *f*.

Arabia [ə'reɪbɪə] *n* Arabien *nt*.

Arabian [ə'reɪbɪən] *adj* arabisch. **tales of the ~ Nights** Märchen aus Tausendundeiner Nacht.

Arabic ['ærəbɪk] **I** *n* Arabisch *nt*. **II** *adj* arabisch. **~ numerals** arabische Ziffern *or* Zahlen; **~ studies** Arabistik *f*.

arable ['ærəbl] *adj land* bebaubar; *(being used)* Acker-.

arbiter ['ɑːbɪtəʳ] *n* **1.** *(of fate etc)* Herr, Gebieter *m (of* über *+acc)*. **they were the ~s of fashion** sie haben die Mode bestimmt. **2.** *see* **arbitrator**.

arbitrarily ['ɑːbɪtrərəlɪ] *adv see adj*.

arbitrariness ['ɑːbɪtrərɪnɪs] *n* Willkürlichkeit *f*.

arbitrary ['ɑːbɪtrərɪ] *adj* willkürlich.

arbitrate ['ɑːbɪtreɪt] **I** *vt dispute* schlichten. **II** *vi* **1.** vermitteln. **2.** *(go to arbitration)* vor eine Schlichtungskommission gehen.

arbitration [ˌɑːbɪ'treɪʃən] *n* Schlichtung *f*. **to submit a dispute to ~** einen Streit vor ein Schiedsgericht *or (esp Ind)* eine Schlichtungskommission bringen; **to go to ~** vor eine Schlichtungskommission gehen; *(dispute)* vor eine Schlichtungskommission gebracht werden.

arbitrator ['ɑːbɪtreɪtəʳ] *n* Vermittler *m; (esp Ind)* Schlichter *m*.

arbor *n (US) see* **arbour**.

arboreal [ɑː'bɔːrɪəl] *adj* Baum-; *habitat* auf Bäumen.

arbour, *(US)* **arbor** ['ɑːbəʳ] *n* Laube *f*.

arc [ɑːk] *n* Bogen *m*.

arcade [ɑː'keɪd] *n (Archit)* Arkade *f; (shopping* ~) Passage *f*.

Arcadia [ɑː'keɪdɪə] *n* Arkadien *nt*.

Arcadian [ɑː'keɪdɪən] *adj* arkadisch.

arcane [ɑː'keɪn] *adj* obskur.

arch¹ [ɑːtʃ] **I** *n* **1.** Bogen *m*. **2.** *(Anat: of foot)* Gewölbe *nt (spec)*. **high/fallen ~es** hoher Spann/Senkfuß *m*; **~ support** Senkfußeinlage *f*. **II** *vi* sich wölben; *(arrow etc)* einen Bogen machen *or* beschreiben. **III** *vt back* krümmen; *(cat also)* krumm machen; *eyebrows* hochziehen. **the cat ~ed his back** *(to be fierce)* die Katze machte einen Buckel.

arch² *adj (wicked, mischievous)* neckisch, schelmisch.

arch³ *adj attr* Erz-. **~ traitor** Hochverräter *m*.

archaeological, *(US)* **archeological** [ˌɑːkɪə'lɒdʒɪkəl] *adj* archäologisch.

archaeologist, *(US)* **archeologist** [ˌɑːkɪ'ɒlədʒɪst] *n* Archäologe *m*, Archäologin *f*.

archaeology, *(US)* **archeology** [ˌɑːkɪ'ɒlədʒɪ] *n* Archäologie *f*.

archaic [ɑː'keɪɪk] *adj word etc* veraltet,

archaisch *(spec); (inf)* vorsintflutlich.

archaism ['ɑːkeɪɪzəm] *n* veralteter Ausdruck, Archaismus *m*.

archangel ['ɑːkˌeɪndʒəl] *n* Erzengel *m*; **archbishop** *n* Erzbischof *m*; **archbishopric** *n (district)* Erzbistum *nt*, Erzdiözese *f; (office)* Amt *nt* des Erzbischofs; **archdeacon** *n* Archidiakon, Archidiakon *m*; **archduchess** *n* Erzherzogin *f*; **archduchy** *n* Erzherzogtum *nt*; **archduke** *n* Erzherzog *m*.

arched [ɑːtʃt] *adj* gewölbt; *window* (Rund)-bogen-.

archeological *etc (US) see* **archaeological** *etc*.

archer ['ɑːtʃəʳ] *n* Bogenschütze *m; (Astron, Astrol)* Schütze *m*.

archery ['ɑːtʃərɪ] *n* Bogenschießen *nt*.

archetypal ['ɑːkɪtaɪpəl] *adj* archetypisch *(geh); (typical)* typisch. **he is the ~ millionaire** er ist ein Millionär, wie er im Buche steht.

archetype ['ɑːkɪtaɪp] *n* Archetyp(us) *m (form); (original, epitome also)* Urbild *nt*, Urtyp *m*.

arch-fiend [ɑːtʃ'fiːnd] *n* **the ~** der Erzfeind.

archiepiscopal [ˌɑːkɪ'pɪskəpəl] *adj* erzbischöflich.

archipelago [ˌɑːkɪ'pelɪgəʊ] *n, pl* **~(e)s** Archipel *m*. **the A~** der Archipel(agos); *(sea)* die Ägäis.

architect ['ɑːkɪtekt] *n (lit, fig)* Architekt(in *f*) *m*. **he was the ~ of his own fate** er hat sein Schicksal selbst verursacht.

architectural *adj*, **~ly** *adv* [ˌɑːkɪ'tektʃərəl, -lɪ] architektonisch.

architecture ['ɑːkɪtektʃəʳ] *n* Architektur *f*.

archives ['ɑːkaɪvz] *npl* Archiv *nt*.

archivist ['ɑːkɪvɪst] *n* Archivar(in *f*) *m*.

archly ['ɑːtʃlɪ] *adv* neckisch, schelmisch.

archness ['ɑːtʃnɪs] *n* neckische *or* schelmische Art.

archpriest ['ɑːtʃ'priːst] *n (lit, fig)* Hohepriester *m*.

archway ['ɑːtʃweɪ] *n* Torbogen *m*.

arclamp, **arclight** ['ɑːklæmp,-laɪt] *n* Bogenlampe *f*, Bogenlicht *nt*.

arctic ['ɑːktɪk] **I** *adj (lit, fig)* arktisch. **A~ Circle** nördlicher Polarkreis; **A~ Ocean** Nordpolarmeer *nt*. **II** *n* **the A~** die Arktis.

arc welding *n* (Licht)bogenschweißung *f*.

ardent ['ɑːdənt] *adj* leidenschaftlich; *supporter, admirer also* begeistert; *admirer, love also* glühend; *desire, longing also* brennend, glühend; *request* inständig.

ardently ['ɑːdəntlɪ] *adv* leidenschaftlich; *love* heiß; *desire, admire* glühend.

ardour, *(US)* **ardor** ['ɑːdəʳ] *n (of person)* Begeisterung, Leidenschaft *f; (of voice also)* Überschwang *m; (of feelings also)* Heftigkeit *f; (of passions)* Glut *f (liter)*, Feuer *nt; (of poems, letters)* Leidenschaftlichkeit *f*.

arduous ['ɑːdjʊəs] *adj* beschwerlich, mühsam; *course, work* anstrengend; *task* mühselig.

arduousness ['ɑːdjʊəsnɪs] *n see adj* Beschwerlichkeit *f*; Mühseligkeit *f*.

are¹ [ɑːʳ] *n* Ar *nt*.

are² 2nd pers sing, 1st, 2nd, 3rd pers pl present of **be**.

area ['ɛərɪə] *n* **1.** (*measure*) Fläche *f*. **20 sq metres in** ~ eine Fläche von 20 Quadratmetern.

2. (*region, district*) Gebiet *nt*; (*neighbourhood, vicinity*) Gegend *f*; (*separated off, piece of ground etc*) Areal, Gelände *nt*; (*on plan, diagram etc*) Bereich *m*; (*slum* ~, *residential* ~, *commercial* ~ *also*) Viertel *nt*. **this is not a very nice** ~ **to live in** dies ist keine besonders gute Wohngegend; **in the** ~? in der Nähe; **do you live in the** ~? wohnen Sie hier (in der Gegend)?; **protected/industrial** ~ Schutz-/Industriegebiet *nt*; **drying/packaging/despatch** ~ Trocken-/Pack-/Verteilerzone *f*; **dining/sleeping** ~ Eß-/Schlafbereich *or* -platz *m*; **no smoking/relaxation/recreation** ~ Nichtraucher-/Erholungs-/Freizeitzone *f*; **the goal** ~ der Torraum; **you must keep out of this** ~ dies Gebiet darf nicht betreten werden; **this** ~ **must be kept clear** diesen Platz freihalten; **a mountainous** ~/**mountainous** ~**s** eine bergige Gegend/Bergland *nt*; **a wooded** ~ ein Waldstück *nt*; (*larger*) ein Waldgebiet *nt*; **desert** ~**s** Wüstengebiete *pl*; **the infected** ~**s of the lungs** die befallenen Teile *or* (*smaller*) Stellen der Lunge; **the patchy** ~**s on the wall** die fleckigen Stellen an der Wand; **in the** ~ **of the station** in der Bahnhofsgegend; **the thief is believed to be still in the** ~ man nimmt an, daß sich der Dieb noch in der Umgebung aufhält; **in the London** ~ im Raum London, im Londoner Raum; **the sterling** ~ die Sterlingzone; ~ **bombing** Flächenbombardierungen *pl*; ~ **code** (*US Telec*) (Gebiets)vorwahl(nummer) *f*; **postal** ~ Zustellbereich (*form*), Postbezirk *m*; ~ **command** Gebiets- *or* Abschnittskommandantur *f*; ~ **office** Bezirksbüro *nt*.

3. (*fig*) Bereich *m*. ~**s of agreement** Bereiche, in denen Übereinstimmung besteht; **his** ~ **of responsibility** sein Verantwortungsbereich *m*; ~ **of interest/study** Interessen-/Studiengebiet *nt*; **a sum in the** ~ **of £100** eine Summe um die hundert Pfund.

areaway ['ɛərɪəˌweɪ] *n* (*US*) **1.** Vorplatz *m*.
2. (*passage*) Durchgang *m*, Passage *f*.

arena [ə'riːnə] *n* (*lit, fig*) Arena *f*. ~ **of war** Kriegsschauplatz *m*; **to enter the** ~ (*fig*) die Arena betreten, auf den Plan treten.

aren't [ɑːnt] = **are not; am not;** *see* **be**.

Argentina [ˌɑːdʒən'tiːnə] *n* Argentinien *nt*.

Argentine ['ɑːdʒəntaɪn] *n*: **the** ~ Argentinien *nt*.

Argentinian [ˌɑːdʒən'tɪnɪən] **I** *n* (*person*) Argentinier(in *f*) *m*. **II** *adj* argentinisch.

argon ['ɑːgɒn] *n* (*abbr* **Ar**) Argon *nt*.

argot ['ɑːgəʊ] *n* Argot *nt or m*; (*criminal also*) Rotwelsch *nt*.

arguable ['ɑːgjʊəbl] *adj* **1.** (*capable of being maintained*) vertretbar. **it is** ~ **that ...** es läßt sich der Standpunkt vertreten, daß ..., man kann behaupten, daß ... **2.** (*open to discussion*) **it is** ~ **whether ...** es ist (noch) die Frage, ob ...

arguably ['ɑːgjʊəblɪ] *adv* wohl. **this is** ~ **his best book** dies dürfte (wohl) sein bestes Buch sein.

argue ['ɑːgjuː] **I** *vi* **1.** (*dispute*) streiten; (*quarrel*) sich streiten; (*about trivial things*) sich zanken. **he is always arguing** er widerspricht ständig, er muß immer streiten; **he can't stand women who** ~ zankende *or* streitsüchtige Frauen kann er nicht ausstehen; **there's no arguing with him** mit ihm kann man nicht reden; **don't** ~ (**with me**)! keine Widerrede!; **don't** ~ **with your mother!** du sollst deiner Mutter nicht widersprechen!; **there is no point in arguing** da erübrigt sich jede (weitere) Diskussion; **you can't** ~ **with a line of tanks** mit Panzern kann man nicht diskutieren; **a 25% increase, you can't** ~ **with that** (*inf*) eine 25%ige Erhöhung, da kann man nichts sagen (*inf*).

2. (*present reasons*) **he** ~**s that ...** er vertritt den Standpunkt, daß ..., er behauptet, daß ...; **to** ~ **for** *or* **in favour of sth** für etw sprechen; (*in book*) sich für etw aussprechen; **to** ~ **against sth** gegen etw sprechen; (*in book*) sich gegen etw aussprechen; **to** ~ **from a position of ...** von einem *or* dem Standpunkt (+*gen*) aus argumentieren; **this** ~**s in his favour** das spricht zu seinen Gunsten.

II *vt* **1.** (*debate*) case, matter diskutieren, erörtern; (*Jur*) vertreten. **a well** ~**d case** ein gut begründeter *or* dargelegter Fall; **to** ~ **a case for reform** die Sache der Reform vertreten; **to** ~ **one's way out of sth** sich aus etw herausreden.

2. (*maintain*) behaupten.

3. (*persuade*) **to** ~ **sb out of/into sth** jdm etw aus-/einreden.

4. (*indicate*) erkennen lassen, verraten.

♦**argue away I** *vi* diskutieren. **II** *vt sep* facts wegdiskutieren.

♦**argue out** *vt sep* problem, issue ausdiskutieren. **to** ~ **sth** ~ **with sb** etw mit jdm durchsprechen.

argument ['ɑːgjʊmənt] *n* **1.** (*discussion*) Diskussion *f*. **to spend hours in** ~ **about how to do sth** stundenlang darüber diskutieren, wie man etw macht; **for the sake of** ~ rein theoretisch; **he just said that for the sake of** ~ das hat er nur gesagt, um etwas (dagegen) zu sagen; **he is open to** ~ er läßt mit sich reden; **this is open to** ~ darüber läßt sich streiten.

2. (*quarrel*) Auseinandersetzung *f*. **to have an** ~ sich streiten; (*over sth trivial*) sich zanken.

3. (*reason*) Beweis(grund) *m*, Argument *nt*; (*line of reasoning*) Argumentation, Beweisführung *f*. **first state your theory, then list the** ~**s for and against** stellen Sie erst Ihre These auf, und nennen Sie dann die Gründe und Gegengründe; **there's an even stronger** ~ **than that** es gibt ein noch stärkeres Argument.

4. (*theme of play, book etc*) Aussage, These (*esp Philos*) *f*; (*claim*) These *f*.

5. (*statement of proof*) Beweis *m*. **the two main types of** ~ die beiden wichtigsten Beweisarten; **all the various** ~**s for the existence of a god** all die verschiedenen Gottesbeweise; **I can reach the same conclusion using a different (type of)** ~ ich kann auch mit einer anderen Beweisführung zum selben Ergebnis kommen; **I**

don't think that's a valid ~ ich glaube, das
ist kein gültiger Beweis/Gegenbeweis;
that's an interesting ~ das ist eine
interessante These.
6. (*Math*) Argument *nt*.

argumentation [ˌɑːgjʊmənˈteɪʃən] *n* Argu-
mentation, Beweisführung *f*; (*discussion*)
Diskussion *f*.

argumentative [ˌɑːgjʊˈmentətɪv] *adj per-
son* streitsüchtig.

argy-bargy [ˈɑːdʒɪˈbɑːdʒɪ] (*inf*) **I** *n* Hin und
Her *nt* (*inf*), Hickhack *m or nt* (*inf*). **II** *vi*
hin und her reden, endlos debattieren.

aria [ˈɑːrɪə] *n* Arie *f*.

Arian [ˈɛərɪən] *n, adj see* **Aryan**.

arid [ˈærɪd] *adj* (*lit*) *countryside, soil* dürr;
climate trocken, arid (*spec*); (*fig*) *subject*
trocken, nüchtern; *existence* freudlos, öd.

aridity [əˈrɪdɪtɪ] *n see adj* Dürre *f*; Trocken-
heit, Aridität (*spec*) *f*; (*fig*) Trockenheit,
Nüchternheit *f*; Freudlosigkeit, Öde *f*.

Aries [ˈɛəriːz] *n* (*Astrol*) Widder *m*. **she is an**
~ sie ist Widder(frau).

aright [əˈraɪt] *adv* recht. **if I understand you**
~ wenn ich Sie recht verstehe.

arise [əˈraɪz] *pret* **arose** [əˈrəʊz], *ptp* **arisen**
[əˈrɪzn] *vi* **1.** (*occur*) sich ergeben, ent-
stehen; (*misunderstanding, argument
also*) aufkommen; (*problem*) aufkom-
men, sich ergeben; (*clouds of dust*) ent-
stehen, sich bilden; (*protest, cry*) sich
erheben; (*question, wind*) aufkommen,
sich erheben (*geh*); (*question*) sich
stellen. **should the need** ~ falls sich die
Notwendigkeit ergibt.
2. (*result*) **to** ~ **out of** *or* **from sth** sich
aus etw ergeben.
3. (*old, liter: get up*) sich erheben.

aristocracy [ˌærɪsˈtɒkrəsɪ] *n* (*system, state*)
Aristokratie *f*; (*class also*) Adel *m*. ~ **of
wealth** Geldadel *m*, Geldaristokratie *f*.

aristocrat [ˈærɪstəkræt] *n* Aristokrat(in *f*)
m, Adlige(r) *mf*. **he is too much of an** ~ **to**
... (*fig*) er ist sich (*dat*) zu fein, um zu...

aristocratic [ˌærɪstəˈkrætɪk] *adj* (*lit, fig*)
aristokratisch, adlig; (*fig also*) vornehm.

Aristotelian [ˌærɪstəˈtiːlɪən] **I** *adj* ari-
stotelisch. **II** *n* Aristoteliker *m*.

Aristotle [ˈærɪstɒtl] *n* Aristoteles *m*.

arithmetic [əˈrɪθmətɪk] *n* Rechnen *nt*; (*cal-
culation*) Rechnung *f*. **could you check my**
~**?** kannst du mal gucken, ob ich richtig
gerechnet habe?; **your** ~ **is wrong** du hast
dich verrechnet; ~ **book** Rechenfibel *f or*
-**buch** *nt*; (*exercise book*) Rechenheft *nt*.

arithmetical [ˌærɪθˈmetɪkəl] *adj* Rechen-,
rechnerisch. **the basic** ~ **skills** Grund-
wissen *nt* im Rechnen; ~ **progression**
arithmetische Reihe.

arithmetician [əˌrɪθməˈtɪʃən] *n* Rechner(in
f) *m*.

arithmetic mean *n* arithmetisches Mittel.

Arizona [ˌærɪˈzəʊnə] *n* (*abbr* **Ariz, AZ**)
Arizona *nt*.

ark [ɑːk] *n* **1.** Arche *f*. **Noah's** ~ die Arche
Noah; **it looks as though it's come out of
the** ~ (*inf*) das sieht aus wie von Anno
Tobak (*inf*). **2.** **A**~ **of the Covenant** Bun-
deslade *f*.

Arkansas [ˈɑːkənsɔː, ɑːˈkænzəs] *n* (*abbr*
Ark, AR) Arkansas *nt*.

arm¹ [ɑːm] *n* **1.** (*Anat*) Arm *m*. **in one's** ~**s**

im Arm; **under one's** ~ unter dem *or*
unterm Arm; **he had a bandage on his** ~
er hatte einen Verband am Arm *or* um
den Arm; **to give one's** ~ **to sb** jdm den
Arm geben *or* reichen (*geh*); **with his** ~**s
full of books** den Arm *or* die Arme voller
Bücher; **to have sb/sth on one's** ~ jdn/etw
am Arm haben; **to take sb in one's** ~**s** jdn
in die Arme nehmen *or* schließen (*geh*); **to
hold sb in one's** ~**s** jdn umarmen, jdn in
den *or* seinen Armen halten (*geh*); **to put**
or **throw one's** ~ **round sb** jdn umarmen,
die Arme um jdn schlingen (*geh*); **to put
an** ~ **round sb's shoulders** jdm den Arm
um die Schulter legen; ~ **in** ~ Arm in
Arm; (~**s linked**) eingehakt, unter-
gehakt; **to keep sb at** ~**'s length** (*fig*) jdn
auf Distanz halten; **to receive** *or* **welcome
sb/sth with open** ~**s** jdn mit offenen
Armen empfangen/etw mit Kußhand neh-
men (*inf*); **within** ~**'s reach** in Reich-
weite; **the long** ~ **of the law** der lange Arm
des Gesetzes; **a list as long as your** ~ eine
ellenlange Liste.
2. (*sleeve*) Arm, Ärmel *m*.
3. (*of river*) (Fluß)arm *m*; (*of sea*)
Meeresarm *m*; (*of armchair*) (Arm)lehne
f; (*of record player*) Tonarm *m*; (*of
balance etc*) Balken *m*; (*of railway signal*)
(Signal)arm *m*; (*Naut: yard* ~) Rahnock *f*.
4. (*branch*) Zweig *m*; (*Mil*) Truppen-
gattung *f*.

arm² [ɑːm] *n* (*Mil, Her*) *see* **arms.**
II *vt person, nation, ship etc* bewaffnen.
to ~ **sth with sth** etw mit etw ausrüsten; **to**
~ **oneself with sth** (*lit, fig*) sich mit etw
bewaffnen; (*fig: non-aggressively*) sich
mit etw wappnen; **he came** ~**ed with an
excuse** er hatte eine Ausrede parat.
III *vi* aufrüsten. **to** ~ **for war** zum Krieg
rüsten.

armada [ɑːˈmɑːdə] *n* Armada *f*. **the A**~ die
Armada; (*battle*) die Armadaschlacht.

armadillo [ˌɑːməˈdɪləʊ] *n, pl* ~**s** Gürteltier
nt.

Armageddon [ˌɑːməˈgedn] *n* (*Bibl*) Ar-
mageddon *nt*; (*fig also*) weltweite *or*
globale Katastrophe.

armament [ˈɑːməmənt] *n* **1.** ~**s** *pl* (*wea-
pons*) Ausrüstung *f*. **2.** (*preparation*)
Aufrüstung *f no pl*. **much of the national
budget is devoted to** ~ ein großer Teil des
Staatshaushalts geht in die Rüstung.

armature [ˈɑːmətjʊər] *n* (*Elec*) Anker *m*.

armband [ˈɑːmbænd] *n* Armbinde *f*.

armchair [ˈɑːmtʃɛər] **I** *n* Sessel, Lehnstuhl
m. **II** *adj* ~ **philosopher/philosophy**
Stubengelehrte(r) *m*/Stubengelehrsam-
keit *f*; ~ **politician** Stammtischpolitiker
m; **he is an** ~ **traveller** er reist nur mit dem
Finger auf der Landkarte (*inf*).

armed [ɑːmd] *adj* bewaffnet.

armed forces *or* **services** *pl* Streitkräfte *pl*;
armed robbery *n* bewaffneter Raubüber-
fall.

Armenia [ɑːˈmiːnɪə] *n* Armenien *nt*.

Armenian [ɑːˈmiːnɪən] **I** *adj* armenisch. **II** *n*
1. (*person*) Armenier(in *f*) *m*. **2.** (*lan-
guage*) Armenisch *nt*.

armful [ˈɑːmfʊl] *n* Armvoll *m no pl*, Ladung
f (*inf*); **she's quite an** ~**!** (*inf*) sie ist eine
ganz schöne Handvoll *or* Portion (*inf*).

armistice ['ɑːmɪstɪs] *n* Waffenstillstand *m*. **A~ Day** (*Brit*) 11.11., *Tag des Waffenstillstands (1918)*.

armlet ['ɑːmlɪt] *n* 1. *see* **armband**; 2. (*liter: of sea*) kleiner Meeresarm; **armlock** *n* Armschlüssel *m*; (*of police etc*) Polizeigriff *m*.

armor *etc* (*US*) *see* **armour** *etc*.

armour, (*US*) **armor** ['ɑːmər] **I** *n* 1. Rüstung *f*; (*of animal*) Panzer *m*. **suit of** ~ Rüstung *f*; (*fig*) Panzer *m*, Rüstung *f*; **to wear** ~ eine Rüstung tragen. 2. (*no pl: steel plates*) Panzerplatte(n *pl*) *f*. 3. (*vehicles*) Panzerfahrzeuge *pl*; (*forces*) Panzertruppen *pl*. **II** *vt* panzern; · (*fig*) wappnen. **~ed** *division, cruiser* Panzer-; **~ed car** Panzerwagen *m*.

armour-clad, (*US*) **armor-clad** ['ɑːməˈklæd] *adj* (*Mil, Naut*) gepanzert.

armourer, (*US*) **armorer** ['ɑːmərər] *n* 1. (*maker*) Waffenschmied *m*. 2. (*keeper*) Waffenmeister, Feldzeugmeister (*old*) *m*.

armour-plated ['ɑːməpleɪtɪd] *adj* gepanzert; **armour-plating** *n* Panzerung *f*.

armoury, (*US*) **armory** ['ɑːmərɪ] *n* 1. Arsenal, Waffenlager *nt*. 2. (*US: factory*) Munitionsfabrik *f*.

armpit ['ɑːmpɪt] *n* Achselhöhle *f*; (*of garments*) Achsel *f*; **armrest** *n* Armlehne *f*.

arms [ɑːmz] *npl* 1. (*weapons*) Waffen *pl*. **to** ~! zu den Waffen!; **to carry** ~ Waffen tragen; **to be under** ~ unter Waffen stehen; **to take up** ~ (**against sb/sth**) (gegen jdn/etw) zu den Waffen greifen; (*fig*) gegen jdn/etw zum Angriff übergehen; **to be up in** ~ (**about sth**) (*fig inf*), (über etw *acc*) empört sein; ~ **control** Rüstungskontrolle *f*; ~ **race** Wettrüsten *nt*, Rüstungswettlauf *m*. 2. (*Her*) Wappen *nt*.

arm-twisting ['ɑːmˈtwɪstɪŋ] *n* (*inf*) Überredungskunst *f*. **with a bit of** ~ ... wenn man etwas nachhilft ...

army ['ɑːmɪ] **I** *n* 1. Armee *f*, Heer *nt*. **to be in the** ~ beim Militär sein; (*BRD*) bei der Bundeswehr sein; (*DDR*) bei der NVA sein; (*Aus*) beim Bundesheer sein; **to join the** ~ zum Militär gehen. 2. (*fig*) Heer *nt*. 3. (*division*) Armee(korps *nt*) *f*. **II** *attr* Militär-; *doctor also* Stabs-; *discipline* militärisch; *life, slang* Soldaten-. ~ **issue** Armee-; ~ **list** (*Brit*) Rangliste *f*; ~ **officer** Offizier *m* in der Armee.

aroma [əˈrəʊmə] *n* Duft *m*, Aroma *nt*.

aromatic [ˌærəʊˈmætɪk] *adj* aromatisch, wohlriechend.

arose [əˈrəʊz] *pret of* **arise.**

around [əˈraʊnd] **I** *adv* herum, rum (*inf*). **a house with gardens all** ~ ein von Gärten umgebenes Haus, ein Haus mit Gärten ringsherum; **I looked all** ~ ich sah mich nach allen Seiten um; **books lying all** ~ überall herumliegende Bücher; **they appeared from all** ~ sie kamen aus allen Richtungen *or* von überallher; **slowly, he turned** ~ er drehte sich langsam um; **for miles** ~ meilenweit im Umkreis; **to stroll/travel** ~ herumschlendern/-reisen; **is he** ~? ist er da?; **he must be** ~ **somewhere** er muß hier irgendwo sein *or* stecken (*inf*); **he's been** ~! der kennt sich aus!; **he's been** ~ **for ages** (*inf*) der ist schon

ewig hier (*inf*); **see you** ~! (*inf*) also, bis demnächst!, bis bald!

II *prep* 1. (*right round*) (*movement, position*) um (+*acc*); (*in a circle*) um (+*acc*) ... herum. 2. (*in, through*) **to wander** ~ **the city** durch die Stadt spazieren; **to travel** ~ **Scotland** durch Schottland reisen; **to talk** ~ **a subject** um ein Thema herumreden; **the paper/church must be** ~ **here somewhere** die Zeitung muß hier irgendwo (he)rumliegen/die Kirche muß hier irgendwo sein. 3. (*approximately*) (*with date*) um (+*acc*); (*with time of day*) gegen (+*acc*); (*with weight, price*) etwa, um die (*inf*).

arouse [əˈraʊz] *vt* 1. (*lit liter*) aufwecken. 2. (*fig: excite*) *interest, suspicion etc also* erwecken. **to** ~ **sb from his slumbers** (*fig*) jdn aus dem Schlaf wachrütteln; **to** ~ **sb to action** jdn zum Handeln anspornen.

arr *abbr of* **arrives** Ank.

arrack ['ærək] *n* Arrak *m*.

arraign [əˈreɪn] *vt* (*Jur*) *person* Anklage erheben gegen; (*liter: denounce*) rügen. **to be** ~**ed on a charge** wegen etw angeklagt werden.

arraignment [əˈreɪnmənt] *n* (*Jur*) Anklageerhebung *f*.

arrange [əˈreɪndʒ] *vt* 1. (*order*) ordnen; *furniture, objects* aufstellen, hinstellen; *items in a collection, books in library etc* anordnen; *flowers* arrangieren; *room* einrichten; (*fig*) *thoughts* ordnen. **to** ~ **one's affairs** seine Angelegenheiten regeln. 2. (*fix, see to*) vereinbaren, ausmachen; *details* regeln; *party* arrangieren. **to** ~ **a mortgage for sb** jdm eine Hypothek beschaffen; **I have** ~**d for a car to pick you up** ich habe Ihnen einen Wagen besorgt, der Sie mitnimmt; **can you** ~ **an interview with the President for me?** können Sie mir ein Interview mit dem Präsidenten besorgen?; **there aren't enough glasses — I'll** ~ **that** es sind nicht genug Gläser da — das mache *or* reg(e)le (*inf*) ich; **his manager wants to** ~ **another fight next month** sein Manager will nächsten Monat noch einen Kampf ansetzen; **to** ~ **a sale/marriage** einen Verkauf/die Ehe vereinbaren; **if you could** ~ **to be ill that morning/there at five** wenn du es so einrichten kannst, daß du an dem Morgen krank/um fünf Uhr da bist; **that's easily** ~**d** das läßt sich leicht einrichten *or* arrangieren (*inf*); **how can we** ~ **it so it looks like an accident?** wie können wir es machen *or* drehen (*inf*), daß es wie ein Unfall aussieht?; **they'd obviously** ~**d things between themselves before the meeting started** sie hatten die Dinge offenbar vor Beginn des Treffens untereinander abgesprochen. 3. (*settle, decide on*) vereinbaren, abmachen. **a meeting has been** ~**d for next month** nächsten Monat ist ein Treffen angesetzt; **good, that's** ~**d then** gut, das ist abgemacht!; **I don't like having things** ~**d for me** ich habe es nicht gern, wenn man Dinge für mich entscheidet; **but you** ~**d to meet me!** aber du wolltest dich doch mit mir treffen!

4. (*Mus*) bearbeiten, arrangieren.

arrangement [ə'reɪndʒmənt] *n* **1.** Anordnung *f*; (*of room*) Einrichtung *f*; (*inf: contrivance*) Gerät *nt* (*inf*). **a floral** ~ ein Blumenarrangement *nt*; **the very unusual** ~ **of her hair** ihre sehr ungewöhnliche Haartracht.

2. (*agreement*) Vereinbarung *f*; (*to meet*) Verabredung *f*; (*esp shifty*) Arrangement *nt*. **by** ~ laut *or* nach Vereinbarung *or* Absprache; **by** ~ **with** mit freundlicher Genehmigung (+*gen*); **salary by** ~ Gehalt nach Vereinbarung; **a special** ~ eine Sonderregelung; **to have an** ~ **with sb** eine Regelung mit jdm getroffen haben; **to make an** ~ **with sb** eine Vereinbarung *or* Absprache mit jdm treffen; **to come to an** ~ **with sb** eine Regelung mit jdm treffen.

3. (*usu pl: plans*) Pläne *pl*; (*preparations*) Vorbereitungen *pl*. **to make** ~s **for sb/sth** für jdn/etw Vorbereitungen treffen; **to make** ~s **for sth to be done** veranlassen, daß etw getan wird; **to make one's own** ~s selber zusehen(, wie ...), es selber arrangieren(, daß ...); **how are the** ~s **coming along for the sales conference?** gehen die Vorbereitungen für die Verkaufskonferenz voran?; **the new fire drill** ~s die neuen Feuerschutzmaßnahmen; **seating** ~s Sitzordnung *f*; **"funeral** ~s" ,,Ausführung von Bestattungen"; **who will look after the funeral** ~s? wer kümmert sich um die Beerdigung?

4. (*Mus*) Bearbeitung *f*; (*light music*) Arrangement *nt*.

arranger [ə'reɪndʒəʳ] *n* (*Mus*) Arrangeur *m*.

arrant ['ærənt] *adj* Erz-. ~ **coward** Erzfeigling *m*; ~ **nonsense** barer Unsinn.

array [ə'reɪ] **I** *vt* **1.** (*line up*) aufstellen; (*Mil: troops*) in Aufstellung bringen.

2. (*dress*) *person* schmücken (*geh*), herausputzen (*hum*).

II *n* **1.** (*Mil: arrangement*) Aufstellung *f*. **in** ~ in Aufstellung; **in battle** ~ in Kampfaufstellung, in Schlachtordnung.

2. (*collection*) Ansammlung *f*, Aufgebot *nt* (*hum*); (*of objects*) stattliche *or* ansehnliche Reihe *f*; (*of solar panels*) Kollektorfeld *nt*.

3. (*liter*) Schmuck *m* (*geh*); (*dress*) Staat *m*.

arrears [ə'rɪəz] *npl* Rückstände *pl*. **to be in** ~ **with sth** im Rückstand mit etw sein; **to get** *or* **fall into** ~ in Rückstand kommen.

arrest [ə'rest] **I** *vt* **1.** (*apprehend*) festnehmen; (*with warrant*) verhaften; *ship* aufbringen. **I am** ~**ing you** ich muß Sie festnehmen/verhaften; **to** ~ **sb's attention** (*fig*) jds Aufmerksamkeit erregen.

2. (*check*) hemmen; *sth unwanted* (Ein)halt gebieten (+*dat*) (*geh*). ~**ed development** Entwicklungshemmung *f*.

II *n* (*of suspect*) Festnahme *f*; (*with warrant*) Verhaftung *f*; (*of ship*) Aufbringen *nt*. **to be under** ~ festgenommen/verhaftet sein; **to make an** ~ jdn festnehmen/verhaften; **they hope to make an** ~ **soon** man hofft, daß es bald zu einer Festnahme/Verhaftung kommt.

arresting [ə'restɪŋ] *adj* **1.** (*striking*) atem-

beraubend; *features* markant. **2. the** ~ **officer** der festnehmende Beamte.

arrival [ə'raɪvəl] *n* **1.** (*coming*) Ankunft *f no pl*; (*of person also*) Kommen, Eintreffen *nt no pl*; (*of train also, of goods, news*) Eintreffen *nt no pl*. **our eventual** ~ **at a decision** ... daß wir endlich zu einer Entscheidung kamen ...; **on** ~ bei Ankunft; ~ **time, time of** ~ Ankunftszeit *f*; ~ **lounge** Ankunftshalle *f*; ~s **and departures** (*Rail*) Ankunft/Abfahrt *f*; (*Aviat*) Ankunft *f*/Abflug *m*.

2. (*person*) Ankömmling *m*. **new** ~ Neuankömmling *m*; (*at school also*) Neue(r) *mf*; (*in hotel, boarding house*) neuangekommener Gast; (*in firm, office*) neuer Mitarbeiter, neue Mitarbeiterin. **a new** ~ **on the pop scene** ein neues Gesicht auf der Popszene; **the new** ~ **is a girl** der neue Erdenbürger ist ein Mädchen.

arrive [ə'raɪv] *vi* **1.** (*come*) ankommen, eintreffen (*geh*); (*be born*) ankommen. **to** ~ **home** nach Hause kommen; (*stressing after journey etc*) zu Hause ankommen; **to** ~ **at a town/the airport** in einer Stadt/am Flughafen ankommen *or* eintreffen (*geh*); **the train will** ~ **at platform 10** der Zug läuft auf Gleis 10 ein; **the great day** ~**d** der große Tag kam; **a new era has** ~**d!** ein neues Zeitalter ist angebrochen!; **the time has** ~**d for sth/to do sth** die Zeit für etw ist gekommen, die Zeit ist reif für etw/, etw zu tun; **television has not** ~**d here yet** das Fernsehen ist noch nicht bis hier durchgedrungen; **to** ~ **at a decision** zu einer Entscheidung kommen *or* gelangen; **to** ~ **at the age of ...** das Alter von ... Jahren erreichen; **to** ~ **at an answer/a conclusion/result** zu einer Antwort/einem Schluß/Ergebnis kommen; **to** ~ **at a price** auf einen Preis kommen; (*agree on*) sich auf einen Preis einigen.

2. (*inf: succeed*) **then you know you've really** ~**d** dann weiß man, daß man es geschafft hat.

arriviste [ˌæriː'viːst] *n* Emporkömmling, Parvenü (*geh*) *m*.

arrogance ['ærəgəns] *n* Arroganz, Überheblichkeit *f*.

arrogant *adj*, ~**ly** *adv* ['ærəgənt, -lɪ] arrogant, überheblich.

arrow ['ærəʊ] **I** *n* (*weapon, sign*) Pfeil *m*. **II** *vt way, direction* durch Pfeile/einen Pfeil markieren.

◆**arrow in** *vt sep* (*in text*) durch Pfeil einzeichnen.

arrow bracket *n* spitze Klammer; **arrowhead** *n* Pfeilspitze *f*; **arrowroot** *n* Pfeilwurz *f*; (*flour*) Arrowroot *nt*.

arse [ɑːs] *n* **1.** (*vulg*) Arsch *m* (*sl*). **move** *or* **shift your** ~! sei nicht so lahmarschig! (*sl*); **get your** ~ **out of here!** (*esp US*) verpiß dich hier! (*sl*).

2. (*sl: fool*) Armleuchter *m* (*inf*).

◆**arse about** *or* **around** *vi* (*sl*) rumblödeln (*inf*).

arsehole ['ɑːshəʊl] *n* (*vulg*) Arschloch *nt* (*vulg*); **arselicker** *n* (*vulg*) Arschlecker *m* (*vulg*).

arsenal ['ɑːsɪnl] *n* (*Mil*) (*store*) Arsenal *nt*; (*factory*) Waffen-/Munitionsfabrik *f*; (*fig*) Waffenlager *nt*.

arsenic ['ɑːsnɪk] n (abbr **As**) Arsen, Arsenik nt. ~ **poisoning** Arsenvergiftung f.
arson ['ɑːsn] n Brandstiftung f.
arsonist ['ɑːsənɪst] n Brandstifter(in f) m.
art[1] [ɑːt] **I** n **1.** (painting etc) Kunst f. **the** ~**s** die schönen Künste; ~ **for** ~'**s sake** Kunst um der Kunst willen; (slogan) L'art pour l'art; see **work**.
 2. (skill) Kunst f; (physical technique also) Geschick nt. **there's an** ~ **to driving this car/doing this sort of work** es gehört ein gewisses Geschick dazu, mit diesem Auto zu fahren/zu dieser Arbeit gehört ein gewisses Geschick; **the** ~ **of war/ government** die Kriegs-/Staatskunst; **the** ~ **of conversation** die Kunst der Unterhaltung; ~**s and crafts** Kunsthandwerk, Kunstgewerbe nt.
 3. (human endeavour) Künstlichkeit f. **are they the products of** ~ **or nature?** sind sie natürlich oder von Menschenhand geschaffen?
 4. ~**s** (Univ) Geisteswissenschaften pl; **A**~**s Faculty, Faculty of A**~**s** Philosophische Fakultät; ~**s degree** Abschlußexamen nt der philosophischen Fakultät; see **bachelor, liberal**.
 5. (usu pl: trick) List f, Kunstgriff m.
 II adj attr Kunst-.
art[2] (old) 2nd pers sing present of **be**.
art college n see **art school**.
Art Deco ['ɑːdekəʊ] n Art Déco no art.
artefact (Brit), **artifact** ['ɑːtɪfækt] n Artefakt nt. **are these human** ~**s?** sind das Schöpfungen von Menschenhand?
arterial [ɑːtɪərɪəl] adj **1.** (Anat) arteriell. **2.** ~ **road** (Aut) Fernverkehrsstraße f; ~ **line** (Rail) Hauptstrecke f.
arteriosclerosis [ɑːtɪərɪəʊsklɪˈrəʊsɪs] n (Med) Arteriosklerose f, Arterienverkalkung f.
artery ['ɑːtərɪ] n **1.** (Anat) Arterie f, Schlag- or Pulsader f. **2.** (also traffic ~) Verkehrsader f.
Artesian well [ɑːˈtiːzɪənˈwel] n artesischer Brunnen.
artful ['ɑːtfʊl] adj person, trick raffiniert.
artfully ['ɑːtfəlɪ] adv raffiniert.
artfulness ['ɑːtfʊlnɪs] n Raffinesse f.
art gallery n Kunstgalerie f.
arthritic [ɑːˈθrɪtɪk] adj arthritisch.
arthritis [ɑːˈθraɪtɪs] n Arthritis, Gelenkentzündung f.
arthropod ['ɑːθrəˈpɒd] n Gliederfüßer m.
Arthur ['ɑːθər] n Art(h)ur m. **King** ~ König Artus.
Arthurian [ɑːˈθjʊərɪən] adj Artus-.
artichoke ['ɑːtɪˈʃəʊk] n Artischocke f.
article ['ɑːtɪkl] **I** n **1.** (item) Gegenstand m; (in list) Posten m; (Comm) Ware f, Artikel m. ~ **of furniture** Möbelstück nt; ~**s of clothing** Kleidungsstücke pl; **toilet** ~**s** Toilettenartikel pl; see **genuine**.
 2. (in newspaper etc) Artikel, Beitrag m; (encyclopedia entry) Eintrag m.
 3. (of constitution) Artikel m; (of treaty, contract) Paragraph m. ~**s of apprenticeship** Lehrvertrag m; ~ **of faith** Glaubensartikel m; (fig) Kredo nt; ~**s of war** (Hist) Kriegsartikel pl.
 4. (Gram) Artikel m, Geschlechtswort nt. **definite/indefinite** ~ bestimmter/

unbestimmter Artikel.
 5. (of articled clerk) **to be under** ~**s** (Rechts)referendar sein; **to take one's** ~**s** seine Referendarprüfung machen.
 II vt apprentice in die Lehre geben (to bei). **to be** ~**d to sb** bei jdm eine Lehre machen, bei jdm in die Lehre gehen; ~**d clerk** (Brit Jur) Rechtsreferendar(in f) m.
articulate [ɑːˈtɪkjʊlɪt] **I** adj **1.** sentence, book klar. **to be** ~ sich gut or klar ausdrücken können; **clear and** ~ klar und deutlich; **that is amazingly** ~ **for a five-year old** das ist erstaunlich gut ausgedrückt für einen Fünfjährigen.
 2. (Anat) gegliedert; limb Glieder-.
 II [ɑːˈtɪkjʊleɪt] vt **1.** (pronounce) artikulieren.
 2. (state) reasons, views etc darlegen.
 3. (Anat) **to be** ~**d** zusammenhängen (to, with mit); ~**d lorry** or **truck** Sattelschlepper m; ~**d bus** Gelenk(omni)bus, Großraumbus m.
 III [ɑːˈtɪkjʊleɪt] vi artikulieren.
articulately [ɑːˈtɪkjʊlɪtlɪ] adv pronounce artikuliert; express onself klar, flüssig.
articulateness [ɑːˈtɪkjʊlɪtnɪs] n Fähigkeit f, sich gut auszudrücken.
articulation [ɑːˌtɪkjʊˈleɪʃən] n **1.** Artikulation f. **2.** (Anat) Gelenkverbindung f.
articulatory [ɑːˈtɪkjʊləˌtɔrɪ] adj (Phon) Artikulations-.
artifact n see **artefact**.
artifice ['ɑːtɪfɪs] n **1.** (guile) List f no pl. **2.** (stratagem) (Kriegs)list f.
artificial [ˌɑːtɪˈfɪʃəl] adj **1.** (synthetic) künstlich. ~ **insemination** künstliche Besamung; ~ **manure** Kunstdünger m; ~ **limb** Prothese f, Kunstglied nt; ~ **respiration** künstliche Beatmung; ~ **silk** Kunstseide f.
 2. (fig) (not genuine) künstlich; (pej: not sincere) smile, manner gekünstelt, unecht. **you're so** ~ du bist nicht echt.
artificiality [ˌɑːtɪfɪʃɪˈælɪtɪ] n **1.** Künstlichkeit f. **2.** (insincerity, unnaturalness) Gekünsteltheit f.
artificially [ˌɑːtɪˈfɪʃəlɪ] adv künstlich; (insincerely) gekünstelt.
artillery [ɑːˈtɪlərɪ] n (weapons, troops) Artillerie f.
artilleryman [ɑːˈtɪlərɪmən] n, pl **-men** [-mən] Artillerist m.
artisan ['ɑːtɪzæn] n Handwerker m.
artist ['ɑːtɪst] n Künstler(in f) m; (fig also) Könner m.
artiste [ɑːˈtiːst] n Künstler(in f) m; (circus ~) Artist(in f) m. ~'**s entrance** Bühneneingang m.
artistic [ɑːˈtɪstɪk] adj künstlerisch; (tasteful) arrangements kunstvoll; (appreciative of art) person kunstverständig or -sinnig (geh). ~ **temperament** Künstlertemperament nt; **an** ~ **life** ein Künstlerleben nt; **she's very** ~ sie ist künstlerisch veranlagt.
artistically [ɑːˈtɪstɪkəlɪ] adv künstlerisch; (tastefully) kunstvoll.
artistry ['ɑːtɪstrɪ] n (lit, fig) Kunst f.
artless ['ɑːtlɪs] adj unschuldig.
artlessly ['ɑːtlɪslɪ] adv unschuldig.
artlessness ['ɑːtlɪsnɪs] n Unschuld f.
art lover n Kunstliebhaber(in f) m.
Art Nouveau ['ɑːnuːˈvəʊ] n Jugendstil m.
art paper n Kunstdruckpapier nt; **art**

school n Kunstakademie or -hochschule f; **artwork** n (in book) Bildmaterial nt.

arty ['ɑːtɪ] adj (+er) (inf) Künstler-; type also, tie, clothes verrückt (inf); person auf Künstler machend (pej); decoration, style auf Kunst gemacht (inf); film, novel geschmäcklerisch.

Aryan ['ɛərɪən] I n Arier(in f) m. II adj arisch.

as [æz, əz] I conj 1. (when, while) als; (two parallel actions) während, als, indem (geh). **he got deafer ~ he got older** mit zunehmendem Alter nahm seine Schwerhörigkeit zu; **~ a child he would ...** als Kind hat er immer ...

2. (since) da.

3. (although) **rich ~ he is I won't marry him** obwohl er reich ist, werde ich ihn nicht heiraten; **stupid ~ he is, he ...** so dumm er auch sein mag, ... er; **much ~ I admire her, ...** so sehr ich sie auch bewundere, ...; **be that ~ it may** wie dem auch sei or sein mag; **try ~ he might** so sehr er sich auch bemüht/bemühte.

4. (manner) wie. **do ~ you like** machen Sie, was Sie wollen; **leave it ~ it is** laß das so; **I did it ~ he did** ich habe es wie er gemacht; **the first door ~ you go upstairs/ ~ you go in** die erste Tür oben/, wenn Sie hereinkommen; **knowing him ~ I do** so wie ich ihn kenne; **~ you yourself said ...** wie Sie selbst gesagt haben ...; **it is bad enough ~ it is** es ist schon schlimm genug; **~ it is, I'm heavily in debt** ich bin schon tief verschuldet; **~ it were** sozusagen, gleichsam; **~ you were!** (Mil) weitermachen!; (fig) lassen Sie sich nicht stören; (in dictation, speaking) streichen Sie das; **my husband ~ was** (inf) mein verflossener or (late) verstorbener Mann.

5. (phrases) **~ if** or **though** als ob, wie wenn; **he rose ~ if to go** er erhob sich, als wollte er gehen; **it isn't ~ if he didn't see me** schließlich hat er mich ja gesehen; **~ for him/you** (und) was ihn/dich anbetrifft or angeht; **~ from** or **of the 5th/now** vom Fünften an/von jetzt an, ab dem Fünften/ jetzt; **so ~ to** (in order to) um zu +infin; (in such a way) so, daß; **be so good ~ to ...** (form) hätten Sie die Freundlichkeit or Güte, ... zu ... (form); **he's not so silly ~ to do that** er ist nicht so dumm, das zu tun, so dumm ist er nicht.

II adv **~ ... ~ so ... wie**; **not ~ ... ~** nicht so ... wie; **twice ~ old** doppelt so alt; **just ~ nice** genauso nett; **late ~ usual!** wie immer, zu spät!; **it is not ~ or so good ~ all that** so gut ist es auch wieder nicht; **~ recently ~ yesterday** erst gestern; **she is very clever, ~ is her brother** sie ist sehr intelligent, genau(so) wie ihr Bruder; **she was ~ nice ~ could be** (inf) sie war so freundlich wie nur was (inf); **~ many/ much ~ I could** so viele/soviel ich (nur) konnte; **there were ~ many ~ 100** es waren mindestens or bestimmt 100 da; **not everyone is ~ tolerant** nicht jeder ist so tolerant; **this one is ~ good** diese(r, s) ist genauso gut; **~ often happens, he was ...** wie so oft, war er ...

III rel pron 1. (with same, such) der/die/ das; pl die. **the same man ~ was here yes-**

terday derselbe Mann, der gestern hier war; see **such.**

2. (dial) der/die/das; pl die. **those ~ knew him** die ihn kannten.

IV prep 1. (in the capacity of) als. **to treat sb ~ a child** jdn als Kind or wie ein Kind behandeln; **he appeared ~ three different characters** er trat in drei verschiedenen Rollen auf.

2. (esp: such as) wie, zum Beispiel. **animals such ~ cats and dogs** Tiere wie (zum Beispiel) Katzen und Hunde.

asbestos [æz'bestəs] n Asbest m.

asbestosis [ˌæzbes'təʊsɪs] n (Med) Asbestose, Asbeststaublunge f.

ascend [ə'send] I vi (rise) aufsteigen; (Christ) auffahren; (slope upwards) ansteigen (to auf +acc). **in ~ing order** in aufsteigender Reihenfolge. II vt stairs hinaufsteigen; mountain, heights of knowledge erklimmen (geh); throne besteigen. **to ~ the scale** (Mus) die Tonleiter aufwärts singen.

ascendancy, ascendency [ə'sendənsɪ] n Vormachtstellung f. **to gain/have (the) ~ over sb** die Vorherrschaft über jdn gewinnen/haben; **to gain (the) ~ over one's fears** die Oberhand über seine Ängste gewinnen.

ascendant, ascendent [ə'sendənt] n **to be in the ~** (Astrol, fig) im Aufgang sein; **his star is in the ~** (fig) sein Stern ist im Aufgehen.

ascension [ə'senʃən] n **the ~** (Christi) Himmelfahrt f; **~ Day** Himmelfahrt(stag m) nt.

ascent [ə'sent] n Aufstieg m. **the ~ of Ben Nevis** der Aufstieg auf den Ben Nevis; **it was his first ~ in an aeroplane** er ist das erstemal in einem Flugzeug geflogen.

ascertain [ˌæsə'teɪn] vt ermitteln, feststellen.

ascertainable [ˌæsə'teɪnəbl] adj feststellbar. **~ quantities** nachweisbare Mengen.

ascetic [ə'setɪk] I adj asketisch. II n Asket m.

asceticism [ə'setɪsɪzəm] n Askese f. **a life of ~** ein Leben in Askese.

ascorbic acid [ə'skɔːbɪk'æsɪd] n Askorbinsäure f.

ascribable [ə'skraɪbəbl] adj **to be ~ to sth** einer Sache (dat) zuzuschreiben sein.

ascribe [ə'skraɪb] vt zuschreiben (sth to sb jdm etw); importance, weight beimessen (to sth einer Sache dat).

ascription [ə'skrɪpʃən] n Zuschreibung f. **difficulties arising from the ~ of emotions to animals** Schwierigkeiten, die sich ergeben, wenn man Tieren Gefühle zuschreibt.

aseptic [eɪ'septɪk] adj aseptisch, keimfrei; (fig) atmosphere steril, klinisch.

asexual [eɪ'seksjʊəl] adj ungeschlechtlich, geschlechtslos; person asexuell.

ash¹ [æʃ] n (also ~ tree) Esche f.

ash² n 1. Asche f. **~es** Asche f; **to reduce sth to ~es** etw total or völlig niederbrennen; (in war etc) etw in Schutt und Asche legen; **to rise from the ~es** (fig) aus den Trümmern wieder auferstehen; **~es to ~es** Erde zu Erde; see **sackcloth.**

2. **~es** pl (of the dead) Asche f.

ashamed [əˈʃeɪmd] *adj* beschämt. **to be** *or* **feel ~ (of sb/sth)** sich schämen (für jdn/ etw, jds/einer Sache *geh*); **it's nothing to be ~ of** deswegen braucht man sich nicht zu genieren *or* schämen; **I felt ~ for him** ich habe mich für ihn geschämt; **he is ~ to do it** es ist ihm peinlich, das zu tun, er schämt sich, das zu tun; **... I'm ~ to say ...**, muß ich leider zugeben; **you ought to be ~ (of yourself)** du solltest dich (was) schämen!, schäm dich!

ash bin *n* Asch(en)eimer *m*, Aschentonne *f*; **ash blonde** *adj* aschblond; **ashcan** *n* (*US*) *see* **ash bin.**

ashen [ˈæʃn] *adj colour* aschgrau, aschfarbig; *face* aschfahl (*geh*), kreidebleich.

ashen-faced [ˌæʃnˈfeɪst] *adj* kreidebleich.

ashore [əˈʃɔːr] *adv* an Land. **to run ~** stranden, auf den Strand auflaufen; **to put ~** an Land gehen.

ashpan [ˈæʃpæn] *n* Aschenkasten *m*; **ashtray** *n* Aschenbecher *m*; **Ash Wednesday** *n* Aschermittwoch *m*.

ashy [ˈæʃɪ] *adj* **1.** *see* **ashen. 2.** (*covered with ashes*) mit Asche bedeckt.

Asia [ˈeɪʃə] *n* Asien *nt*. **~ Minor** Kleinasien *nt*.

Asian [ˈeɪʃn], **Asiatic** [ˌeɪʃɪˈætɪk] **I** *adj* asiatisch. **Asian flu** asiatische Grippe. **II** *n* Asiat(in *f*) *m*.

aside [əˈsaɪd] **I** *adv* **1.** (*with verbal element*) zur Seite, beiseite. **to push/lead sb ~** jdn zur Seite *or* auf die Seite *or* beiseite schieben/nehmen; **to keep sth ~ for sb** für jdn etw beiseite legen; **to turn ~** sich zur Seite drehen, sich abwenden (*esp fig*).
2. (*Theat etc*) beiseite.
3. (*esp US*) **~ from** außer; **this criticism, ~ from being wrong, is ...** diese Kritik ist nicht nur falsch, sondern ...
II *n* (*Theat*) Aparte *nt* (*rare*). **to say sth in an ~** etw beiseite sprechen.

asinine [ˈæsɪnaɪn] *adj* idiotisch.

ask [ɑːsk] **I** *vt* **1.** (*inquire*) fragen; *question* stellen. **to ~ sb the way/the time/his opinion** jdn nach dem Weg/der Uhrzeit/ seiner Meinung fragen; **to ~ if ...** (nach)fragen, ob ...; **he ~ed me where I'd been** er fragte mich, wo ich gewesen sei *or* wäre (*inf*) *or* bin (*inf*); **if you ~ me** wenn du mich fragst; **don't ~ me!** (*inf*), **~ me another!** (*inf*) frag mich nicht, was weiß ich! (*inf*); **I ~ you!** (*inf*) ich muß schon sagen!
2. (*invite*) einladen; (*in dancing*) auffordern.
3. (*request*) bitten (*sb for sth* jdn um etw); (*require, demand*) verlangen (*sth of sb* etw von jdm). **to ~ sb to do sth** jdn darum bitten, etw zu tun; **all I ~ is ...** ich will ja nur ...; **you don't ~ for much, do you?** (*iro*) mehr *or* sonst *or* weiter nichts? (*iro*); **could I ~ your advice?** darf ich Sie um Rat bitten?; **he ~ed to be excused** er bat, ihn zu entschuldigen, er entschuldigte sich; **he ~s too much of me** er verlangt zuviel von mir; **that's ~ing too much (of your staff)** das ist zuviel verlangt (von Ihren Angestellten).
4. (*Comm*) *price* verlangen, fordern. **~ing price** Verkaufspreis *m*; (*for car etc also*) Verhandlungsbasis *f*; **what's your ~ing price?** was verlangen Sie (dafür)?
II *vi* **1.** (*inquire*) fragen. **to ~ about sb/ sth** sich nach jdm/etw erkundigen; **~ away!** frag nur!; **I only ~ed** ich habe doch nur gefragt; **well may you ~** das fragt man sich mit Recht.
2. (*request*) bitten (*for sth* um etw). **you just have to ~** du mußt nur was sagen (*inf*), du brauchst nur zu fragen; **I'm not ~ing for sympathy** ich will kein Mitleid; **there's no harm in ~ing** Fragen kostet nichts!; **it's yours for the ~ing** du kannst es haben; **you are ~ing for trouble** du willst wohl Ärger haben; **if you ... you're ~ing for trouble** wenn du ..., dann kriegst du Ärger; **that's ~ing for trouble** das kann ja nicht gutgehen; **he's ~ing for it** (*inf*) er will es ja so, er will es ja nicht anders; **to ~ for Mr X** Herrn X verlangen; **to ~ for sth back** etw wiederhaben wollen.

◆**ask after** *vi* +*prep obj* sich erkundigen nach. **tell her I was ~ing ~ her** grüß sie schön von mir.

◆**ask around I** *vi* herumfragen. **II** *vt sep* (*invite*) einladen.

◆**ask back** *vt sep* **1.** (*invite*) zu sich einladen. **he ~ed us ~ for a drink** er lud uns zu sich auf einen Drink ein. **2. they never ~ed me ~ again** sie haben mich nie wieder eingeladen. **3. let me ~ you something ~** lassen Sie mich eine Gegenfrage stellen.

◆**ask in** *vt sep* (*to house*) hereinbitten. **she ~ed her boyfriend ~** sie hat ihren Freund mit reingenommen.

◆**ask out** *vt sep* einladen.

◆**ask up** *vt sep* heraufbitten; *boyfriend* mit raufnehmen.

askance [əˈskɑːns] *adv* **to look ~ at sb** jdn entsetzt ansehen; **to look ~ at a suggestion/sb's methods** *etc* über einen Vorschlag/jds Methoden *etc* die Nase rümpfen.

askew [əˈskjuː] *adv* schief.

aslant [əˈslɑːnt] (*liter*) **I** *adv* quer, schräg. **II** *prep* quer *or* schräg über.

asleep [əˈsliːp] *adj pred* **1.** (*sleeping*) schlafend. **to be** (*fast or sound*) **~** (*fest*) schlafen; **he was sitting there, ~** er saß da und schlief; **to fall ~** einschlafen (*also euph*); **to lie ~** schlafen. **2.** (*inf: numb*) eingeschlafen.

ASLEF [ˈæzlef] (*Brit*) *abbr of* **Associated Society of Locomotive Engineers and Firemen.**

asocial [eɪˈsəʊʃəl] *adj* ungesellig.

asp [æsp] *n* (*Zool*) Natter *f*.

asparagus [əsˈpærəɡəs] *n, no pl* Spargel *m*. **~ fern** Spargelkraut *nt*, Asparagus *m*.

aspect [ˈæspekt] *n* **1.** (*liter: appearance*) Anblick *m*, Erscheinung *f*; (*face also*) Antlitz *nt* (*geh*); (*of thing*) Aussehen *nt*.
2. (*of question, subject etc*) Aspekt *m*, Seite *f*. **under the ~ of town planning** aus stadtplanerischer Sicht; **what about the security/heating ~?** was ist mit der Sicherheit/Heizung? **3.** (*of building*) **to have a southerly ~** Südlage haben.
4. (*Gram*) Aspekt *m*.

aspen [ˈæspən] *n* (*Bot*) Espe, Zitterpappel *f*.

asperity [æsˈperɪtɪ] *n* Schroffheit, Schärfe *f no pl*.

aspersion [əsˈpɜːʃən] *n*: **to cast ~s upon sb/**

sth abfällige Bemerkungen über jdn/etw machen; **without wishing to cast any** ~s ohne mich abfällig äußern zu wollen.

asphalt ['æsfælt] **I** n Asphalt m. **II** vt asphaltieren. **III** adj attr Asphalt-, asphaltiert. ~ **jungle** Asphaltdschungel m.

asphodel ['æsfə‚del] n Asphodelus, Affodill m.

asphyxia [æs'fıksıə] n Erstickung f.

asphyxiate [æs'fıksıeıt] vti ersticken. **to be** ~**d** ersticken.

asphyxiation [æs‚fıksı'eıʃ ən] n Erstickung f.

aspic ['æspık] n (Cook) Aspik m or nt, Gelee nt.

aspidistra [‚æspı'dıstrə] n Aspidistra f.

aspirant ['æspırənt] n Anwärter(in f) m (to, for auf +acc); (for job) Kandidat(in f) (für), Aspirant(in f) (hum) m; (for sb's hand in marriage) Bewerber m (um).

aspirate ['æspərıt] **I** n Aspirata f (spec), Hauchlaut m. **II** vt ['æspəreıt] aspirieren, behauchen.

aspiration [‚æspə'reıʃ ən] n **1.** (hohes) Ziel, Aspiration f (geh). **his** ~ **towards Lady Sarah's hand** (liter) seine Hoffnung auf Lady Sarahs Hand. **2.** (Phon) Aspiration, Behauchung f.

aspire [ə'spaıə'] vi to ~ **to sth** nach etw streben, etw erstreben; **to** ~ **to do sth** danach streben, etw zu tun.

aspirin ['æspərın] n Kopfschmerztablette f.

aspiring [ə'spaıərıŋ] adj aufstrebend.

ass¹ [æs] n (lit, fig inf) Esel m. **to make an** ~ **of oneself** sich lächerlich machen, sich blamieren.

ass² n (US vulg) see **arse**.

assail [ə'seıl] vt (lit, fig) angreifen; (fig: with questions etc) überschütten, bombardieren. **a harsh sound** ~**ed my ears** ein scharfes Geräusch drang an mein Ohr; **to be** ~**ed by doubts** von Zweifeln befallen sein or geplagt werden.

assailant [ə'seılənt] n Angreifer(in f) m.

assassin [ə'sæsın] n Attentäter(in f), Mörder(in f) m.

assassinate [ə'sæsıneıt] vt ein Attentat or einen Mordanschlag verüben auf (+acc). **JFK was** ~**d in Dallas** JFK fiel in Dallas einem Attentat or Mordanschlag zum Opfer, JFK wurde in Dallas ermordet; **they** ~**d him** sie haben ihn ermordet.

assassination [ə‚sæsı'neıʃ ən] n (geglücktes) Attentat, (geglückter) Mordanschlag (of auf +acc). ~ **attempt** Attentat nt; **before/after the** ~ vor dem Attentat/ nach dem (geglückten) Attentat.

assault [ə'sɔːlt] **I** n **1.** (Mil) Sturm(angriff) m (on auf +acc); (fig) Angriff m (on gegen). **to make an** ~ **on sth** einen (Sturm)angriff gegen etw führen; **to take sth by** ~ etw im Sturm nehmen, etw erstürmen. **2.** (Jur) Körperverletzung f. ~ **and battery** Körperverletzung f; **indecent/sexual** ~ Notzucht f.

II vt **1.** (Jur: attack) tätlich werden gegen; (sexually) herfallen über (+acc); (rape) sich vergehen an (+dat). **to** ~ **sb with a stick** jdn mit einem Stock angreifen.
2. (Mil) angreifen.

assault course n Übungsgelände nt; **as-**

sault troops npl Sturmtruppen pl.

assay [ə'seı] **I** n Prüfung f. ~ **mark** Prüfzeichen nt. **II** vt **1.** mineral, ore, (fig) value, sb's worth prüfen. **2.** (liter) (try) sich versuchen an (+dat); (put to the test) troops prüfen.

assemblage [ə'semblıdʒ] n **1.** (assembling) Zusammensetzen nt, Zusammenbau m; (of car, machine also) Montage f. **2.** (collection) (of things) Sammlung f; (of facts) Anhäufung f; (of people) Versammlung f.

assemble [ə'sembl] **I** vt zusammensetzen, zusammenbauen; car, machine etc also montieren; facts zusammentragen; Parliament einberufen, versammeln; people zusammenrufen; team zusammenstellen. **II** vi sich versammeln.

assembly [ə'semblı] n **1.** (gathering of people, Parl) Versammlung f. **2.** (Sch) Morgenandacht f; tägliche Versammlung. **3.** (putting together) Zusammensetzen nt, Zusammenbau m; (of machine, cars also) Montage f; (of facts) Zusammentragen nt. **4.** (thing assembled) Konstruktion f. **assembly hall** n (Sch) Aula f; **assembly line** n Montageband nt; **assembly plant** n Montagewerk nt; **assembly shop** n Montagehalle f; **assembly worker** n Montagearbeiter(in f) m.

assent [ə'sent] **I** n Zustimmung f. **to give one's** ~ **to sth** seine Zustimmung zu etw geben; **royal** ~ königliche Genehmigung. **II** vi zustimmen. **to** ~ **to sth** einer Sache (dat) zustimmen.

assert [ə'sɜːt] vt **1.** (declare) behaupten; one's innocence beteuern.
2. (insist on) **to** ~ **one's authority** seine Autorität geltend machen; **to** ~ **one's rights** sein Recht behaupten; **to** ~ **oneself** sich behaupten or durchsetzen (over gegenüber).

assertion [ə'sɜːʃ ən] n **1.** (statement) Behauptung f; (of innocence) Beteuerung f. **to make** ~**s/an** ~ Behauptungen/eine Behauptung aufstellen. **2.** no pl (insistence) Behauptung f.

assertive adj, ~**ly** adv [ə'sɜːtıv, -lı] bestimmt.

assertiveness [ə'sɜːtıvnıs] n Bestimmtheit f.

assess [ə'ses] vt **1.** person, chances, abilities einschätzen; problem, situation, prospects also beurteilen; proposal, advantages also abwägen.
2. property schätzen, taxieren; person (for tax purposes) veranlagen (at mit). **to** ~ **sth at its true worth** einer Sache (dat) den richtigen Wert beimessen.
3. fine, tax festsetzen, bemessen (at auf +acc); damages schätzen (at auf +acc).

assessment [ə'sesmənt] n see vt **1.** Einschätzung f; Beurteilung f; Abwägen nt. **in my** ~ meines Erachtens; **what's your** ~ **of the situation** wie sehen or beurteilen Sie die Lage? **2.** Schätzung, Taxierung f; Veranlagung f. **3.** Festsetzung, Bemessung f; Schätzung f.

assessor [ə'sesə'] n Schätzer, Taxator (form) m; (Univ) Prüfer(in f) m.

asset ['æset] n **1.** usu pl Vermögenswert m; (on balance sheet) Aktivposten m. ~**s**

Vermögen *nt*; (*on balance sheet*) Aktiva *pl*; **personal** ~s persönlicher Besitz.

2. (*fig*) **it would be an** ~ ... es wäre von Vorteil ...; **he is one of our great** ~s er ist einer unserer besten Leute; **this player, the club's newest** ~ dieser Spieler, die neueste Errungenschaft des Clubs; **his appearance is not an** ~ **to him** aus seinem Aussehen kann er kein Kapital schlagen; **he's hardly an** ~ **to the company** er ist nicht gerade ein großes Kapital für die Firma.

asseverate [ə'sevəreɪt] *vt* (*form*) beteuern.

assiduity [ˌæsɪ'djʊɪtɪ] *n* gewissenhafter Eifer.

assiduous *adj*, **~ly** *adv* [ə'sɪdjʊəs, -lɪ] gewissenhaft.

assiduousness [ə'sɪdjʊəsnɪs] *n* Gewissenhaftigkeit *f*.

assign [ə'saɪn] **I** *vt* **1.** (*allot*) zuweisen, zuteilen (*to sb* jdm); *task etc also* übertragen (*to sb* jdm); (*to a purpose*) *room* bestimmen (*to* für); (*to a word*) *meaning* zuordnen (*to dat*); (*fix*) *date, time* bestimmen, festsetzen; (*attribute*) *cause, novel, play, music* zuschreiben (*to dat*). **which class have you been** ~ed? welche Klasse wurde Ihnen zugewiesen?

2. (*appoint*) berufen; (*to a mission, case, task etc*) betrauen (*to* mit), beauftragen (*to* mit). **she was** ~ed **to this school** sie wurde an diese Schule berufen; **he was** ~ed **to the post of ambassador** er wurde zum Botschafter berufen; **I was** ~ed **to speak to the boss** ich wurde damit beauftragt *or* betraut, mit dem Chef zu sprechen.

3. (*Jur*) übertragen, übereignen (*to sb* jdm).

II *n* (*Jur*) (*also* ~**ee**) Abtretungsempfänger *m*.

assignation [ˌæsɪg'neɪʃən] *n* **1.** Stelldichein, Rendezvous *nt*. **2.** *see* **assignment 2.-4.**

assignment [ə'saɪnmənt] *n* **1.** (*task*) Aufgabe *f*; (*mission also*) Auftrag *m*, Mission *f*.

2. (*appointment*) Berufung *f*; (*to a mission, case, task etc*) Betrauung, Beauftragung *f* (*to* mit). **his** ~ **to the post of ambassador/to this school** seine Berufung zum Botschafter/an diese Schule.

3. (*allotment*) *see vt* **1.** Zuweisung, Zuteilung *f*; Übertragung *f*; Bestimmung *f* (*to* für); Zuordnung *f* (*to* zu).

4. (*Jur*) Übertragung, Übereignung *f*.

assimilate [ə'sɪmɪleɪt] *vt food, knowledge* aufnehmen; (*fig: into society etc also*) integrieren.

assimilation [əˌsɪmɪ'leɪʃən] *n see vt* Aufnahme *f*; Integration *f*.

assist [ə'sɪst] **I** *vt* helfen (+*dat*); (*act as an assistant to*) assistieren (+*dat*); *growth, progress, development* fördern, begünstigen. **to** ~ **sb with sth** jdm bei etw helfen *or* behilflich sein; **to** ~ **sb in doing** *or* **to do sth** jdm helfen, etw zu tun; **...who was** ~**ing the surgeon** ..., der den Chirurgen assistierte; **in a wind** ~ed **time of 10.01 seconds** mit Rückenwind in einer Zeit von 10,01 Sekunden; **a man is** ~**ing the police (with their enquiries)** (*euph*) ein Mann

wird von der Polizei vernommen.

II *vi* **1.** (*help*) helfen. **to** ~ **with sth** bei etw helfen; **to** ~ **in doing sth** helfen, etw zu tun.

2. (*be present in order to help, doctor*) assistieren (*at* bei); (*in church*) ministrieren.

assistance [ə'sɪstəns] *n* Hilfe *f*. **to give** ~ **to sb** (*come to aid of*) jdm Hilfe leisten; **to come to sb's** ~ jdm zu Hilfe kommen; **to be of** ~ (**to sb**) jdm behilflich sein.

assistant [ə'sɪstənt] **I** *n* Assistent(in *f*) *m*; (*shop* ~) Verkäufer(in *f*) *m*.

II *adj attr manager etc* stellvertretend. ~ **professor** (*US*) Assistenz-Professor(in *f*) *m*.

assn *abbr of* **association.**

associate [ə'səʊʃɪɪt] **I** *n* **1.** (*colleague*) Kollege *m*, Kollegin *f*; (*Comm: partner*) Partner, Kompagnon, Teilhaber(in *f*) *m*; (*accomplice*) Komplize *m*, Komplizin *f*.

2. (*of a society*) außerordentliches *or* assoziiertes Mitglied.

II [ə'səʊʃɪeɪt] *vt* in Verbindung bringen, assoziieren (*also Psych*). **to** ~ **oneself with sb/sth** sich jdm/einer Sache anschließen, sich mit jdm/einer Sache assoziieren; **to be** ~d **with sb/sth** mit jdm/einer Sache in Verbindung gebracht *or* assoziiert werden; **it is** ~d **in their minds with** ... sie denken dabei gleich an (+*acc*) ...; ~d **area** *or* **field** Umfeld *nt*; **I don't** ~ **him with sport** ich denke bei ihm nicht an Sport; **the A~d Union of** ... der Gewerkschaftsverband der ...

III [ə'səʊʃɪeɪt] *vi* **to** ~ **with** verkehren mit.

associate member *n* außerordentliches *or* assoziiertes Mitglied; **associate partner** *n* (Geschäfts)partner(in *f*) *m*; **associate professor** *n* (*US*) außerordentlicher Professor.

association [əˌsəʊsɪ'eɪʃən] *n* **1.** *no pl* (*associating: with people*) Verkehr, Umgang *m*; (*co-operation*) Zusammenarbeit *f*. **he has benefited from his** ~ **with us** er hat von seiner Beziehung zu uns profitiert; **he has had a long** ~ **with the party** er hat seit langem Verbindung mit der Partei.

2. (*organization*) Verband *m*.

3. (*connexion in the mind*) Assoziation *f* (*with an* +*acc*) (*also Psych*). ~ **of ideas** Gedankenassoziation *f*; **to have unpleasant** ~**s for sb** unangenehme Assoziationen bei jdm hervorrufen; **I always think of that in** ~ **with** ... daran denke ich immer im Zusammenhang mit ...; **free** ~ (*Psych*) freie Assoziation.

association football *n* (*Brit*) Fußball *m*.

associative [ə'səʊʃɪətɪv] *adj* assoziativ.

assonance [ˈæsənəns] *n* Assonanz *f*.

assort [ə'sɔːt] *vi* (*form*) **1.** (*agree, match*) passen (*with* zu). **2.** (*consort*) Umgang pflegen (*with* mit).

assorted [ə'sɔːtɪd] *adj* **1.** (*mixed*) gemischt. **2.** (*matched*) zusammengestellt.

assortment [ə'sɔːtmənt] *n* Mischung *f*; (*of goods also*) Auswahl *f* (*of an* +*dat*), Sortiment *nt* (*of* von); (*of ideas*) Sammlung *f*. **a whole** ~ **of boyfriends** ein ganzes Sortiment von Freunden.

assuage [ə'sweɪdʒ] *vt hunger, thirst, desire* stillen, befriedigen; *anger, fears etc* beschwichtigen; *pain, grief* lindern.

assume [ə'sjuːm] *vt* **1.** (*take for granted, suppose*) annehmen; (*presuppose*) voraussetzen. **let us ~ that you are right** nehmen wir an *or* gehen wir davon aus, Sie hätten recht; **assuming this to be true ...** angenommen *or* vorausgesetzt, (daß) das stimmt ...; **assuming (that) ...** angenommen(, daß) ... **2.** *power, control* übernehmen; (*forcefully*) ergreifen. **3.** (*take on*) *name, title* annehmen, sich (*dat*) zulegen; *guise, shape, attitude* annehmen. **to ~ a look of innocence/surprise** eine unschuldige/überraschte Miene aufsetzen; **the problem has ~d a new importance** das Problem hat neue Bedeutung gewonnen.

assumed [ə'sjuːmd] *adj* **1.** *name* angenommen; (*for secrecy etc also*) Deck-. **2.** (*pretended*) *surprise, humility* gespielt, vorgetäuscht.

assumption [ə'sʌmpʃən] *n* **1.** Annahme *f*; (*presupposition*) Voraussetzung *f*. **to go on the ~ that ...** von der Voraussetzung ausgehen, daß ... **2.** (*of power, role etc*) Übernahme *f*; (*of office also*) Aufnahme *f*; (*forcefully*) Ergreifen *nt*. **3.** (*of guise, false name etc*) Annahme *f*; (*insincere: of look of innocence etc*) Vortäuschung *f*, Aufsetzen *nt*. **with an ~ of innocence** mit unschuldiger Miene. **4.** (*Eccl*) **the A~** Mariä Himmelfahrt *f*.

assurance [ə'ʃʊərəns] *n* **1.** Versicherung *f*; (*promise also*) Zusicherung *f*. **he gave me his ~ that it would be done** er versicherte mir, daß es getan (werden) würde; **do I have your ~ that ...?** garantieren Sie mir, daß ...? **2.** (*self-confidence*) Sicherheit *f*. **3.** (*confidence*) Zuversicht *f*; (*in*) Vertrauen *nt* (*in* in +acc). **4.** (*esp Brit: life ~*) Versicherung *f*.

assure [ə'ʃʊəʳ] *vt* **1.** (*say with confidence*) versichern (+dat); (*promise*) zusichern (+dat). **to ~ sb of sth** (*of love, willingness etc*) jdn einer Sache (*gen*) versichern; (*of service, support, help*) jdm etw zusichern; **to ~ sb that ...** jdm versichern/zusichern, daß ... **2.** (*make certain of*) *success, happiness, future* sichern. **he is ~d of a warm welcome wherever he goes** er kann sich überall eines herzlichen Empfanges sicher sein. **3.** (*esp Brit: insure*) *life* versichern.

assured [ə'ʃʊəd] I *n* (*esp Brit*) Versicherte(r) *mf*. II *adj* sicher; *income, future also* gesichert; (*self-confident*) sicher. **to rest ~ that ...** sicher sein, daß ...; **to rest ~ of sth** einer Sache (*gen*) sicher sein.

assuredly [ə'ʃʊərɪdlɪ] *adv* mit Sicherheit.

Assyria [ə'sɪrɪə] *n* Assyrien *nt*.

Assyrian [ə'sɪrɪən] I *adj* assyrisch. II *n* **1.** Assyrer(in *f*) *m*. **2.** (*language*) Assyrisch *nt*.

astatine ['æstəˌtiːn] *n* (*abbr* At) Astat *nt*.

aster ['æstəʳ] *n* Aster *f*.

asterisk ['æstərɪsk] I *n* Sternchen *nt*. II *vt* mit Sternchen versehen.

astern [ə'stɜːn] (*Naut*) I *adv* achtern; (*towards the stern*) nach achtern; (*backwards*) achteraus. II *prep* ~ **(of)** the ship/ of us achteraus.

asteroid ['æstərɔɪd] *n* Asteroid *m*.

asthma ['æsmə] *n* Asthma *nt*.

asthmatic [æs'mætɪk] I *n* Asthmatiker(in *f*) *m*. II *adj* asthmatisch.

asthmatically [æs'mætɪkəlɪ] *adv see adj*.

astigmatic [ˌæstɪg'mætɪk] *adj* astigmatisch.

astigmatism [æs'tɪgmətɪzəm] *n* Astigmatismus *m*.

astir [ə'stɜːʳ] *adj pred* **1.** (*in motion, excited*) voller *or* in Aufregung. **2.** (*old, liter: up and about*) auf den Beinen, auf.

astonish [ə'stɒnɪʃ] *vt* erstaunen, überraschen. **you ~ me!** was du nicht sagst! (*iro*); **I am ~ed** *or* **it ~es me that ...** ich bin erstaunt *or* es wundert mich, daß ...; **I am ~ed to learn that ...** ich höre mit Erstaunen, daß ...

astonishing [ə'stɒnɪʃɪŋ] *adj* erstaunlich.

astonishingly [ə'stɒnɪʃɪŋlɪ] *adv* erstaunlich. ~ **(enough)** erstaunlicherweise.

astonishment [ə'stɒnɪʃmənt] *n* Erstaunen *nt*, Überraschung *f* (*at* über +*acc*). **look of ~** erstaunter *or* überraschter Blick; **she looked at me in (complete) ~** sie sah mich (ganz) erstaunt *or* überrascht an; **to my~** zu meinem Erstaunen *or* Befremden.

astound [ə'staʊnd] *vt* sehr erstaunen, in Erstaunen (ver)setzen. **to be ~ed (at)** höchst erstaunt sein (über +*acc*).

astounding [ə'staʊndɪŋ] *adj* erstaunlich.

astrakhan [ˌæstrə'kæn] I *n* Astrachan *m*. II *attr* Astrachan-.

astral ['æstrəl] *adj* Sternen-; (*in theosophy*) Astral-.

astray [ə'streɪ] *adj pred* verloren. **to go ~** (*person*) (*lit*) vom Weg abkommen; (*fig: morally*) vom rechten Weg abkommen; (*letter, object*) verlorengehen; (*go wrong: in argument etc*) irregehen; **to lead sb ~** (*fig*) jdn vom rechten Weg abbringen; (*mislead*) jdn irreführen.

astride [ə'straɪd] I *prep* rittlings auf (+*dat*). II *adv* rittlings; *ride* im Herrensitz.

astringent [əs'trɪndʒənt] I *adj* adstringierend; (*fig*) *remark, humour* ätzend, beißend. II *n* Adstringens *nt*.

astrologer [əs'trɒlədʒəʳ] *n* Astrologe *m*, Astrologin *f*.

astrological [ˌæstrə'lɒdʒɪkəl] *adj* astrologisch; *sign also* Tierkreis-.

astrology [əs'trɒlədʒɪ] *n* Astrologie *f*.

astronaut ['æstrənɔːt] *n* Astronaut(in *f*) *m*.

astronautics [ˌæstrə'nɔːtɪks] *n sing* Raumfahrt, Astronautik *f*.

astronomer [əs'trɒnəməʳ] *n* Astronom(in *f*) *m*.

astronomical [ˌæstrə'nɒmɪkəl] *adj* (*lit, fig also* **astronomic**) astronomisch. ~ **year** Sternjahr *nt*.

astronomically [ˌæstrə'nɒmɪkəlɪ] *adv* (*lit, fig*) astronomisch.

astronomy [əs'trɒnəmɪ] *n* Astronomie *f*.

astrophysics [ˌæstrəʊ'fɪzɪks] *n sing* Astrophysik *f*.

astute [ə'stjuːt] *adj* schlau; *remark also* scharfsinnig; *businessman also* clever (*inf*); *child* aufgeweckt; *mind* scharf.

astutely [əˈstjuːtlɪ] *adv see adj.*

astuteness [əsˈtjuːtnɪs] *n see adj* Schlauheit *f*; Scharfsinnigkeit *f*; Cleverneß *f* (*inf*); Aufgewecktheit *f*; Schärfe *f*.

asunder [əˈsʌndə^r] *adv* (*liter*) (*apart*) auseinander; (*in pieces*) entzwei, in Stücke. ... **let no man put ~** ..., soll der Mensch nicht trennen *or* scheiden.

asylum [əˈsaɪləm] *n* 1. Asyl *nt.* **to ask for** (**political**) **~** um (politisches) Asyl bitten. 2. (*lunatic* **~**) (Irren)anstalt *f*.

asymmetric(al) [ˌeɪsɪˈmetrɪk(əl)] *adj* asymmetrisch.

asymmetry [æˈsɪmɪtrɪ] *n* Asymmetrie *f*.

at [æt] *prep* 1. (*position*) an (+*dat*), bei (+*dat*); (*with place*) in (+*dat*). **~ the window/corner/top** am *or* beim Fenster/an der Ecke/Spitze; **~ university/school/a hotel/the zoo** an *or* auf der Universität/in der Schule/im Hotel/im Zoo; **~ my brother's** bei meinem Bruder; **~ a party** auf *or* bei einer Party; **to arrive ~ the station** am Bahnhof ankommen.
2. (*direction*) **to aim/shoot/point** *etc* **~ sb/sth** auf jdn/etw zielen/schießen/zeigen *etc*; **to look/growl/swear** *etc* **~ sb/sth** jdn/etw ansehen/anknurren/beschimpfen *etc*; **~ him!** auf ihn!
3. (*time, frequency, order*) **~ ten o'clock** um zehn Uhr; **~ night/dawn** bei Nacht/beim *or* im Morgengrauen; **~ Christmas/Easter** *etc* zu Weihnachten/ Ostern *etc*; **~ your age/16 (years of age)** in deinem Alter/mit 16 (Jahren); **three ~ a time** drei auf einmal; **~ the start/end of sth** am Anfang/am Ende einer Sache.
4. (*activity*) **~ play/work** beim Spiel/bei der Arbeit; **good/bad/an expert ~ sth** gut/ schlecht/ein Experte in etw (*dat*); **while we are ~ it** (*inf*) wenn wir schon mal dabei sind; **the couple in the next room were ~ it all night** (*inf*) die beiden im Zimmer nebenan haben es die ganze Nacht getrieben (*inf*); **the brakes are ~ it again** (*inf*) die Bremsen mucken schon wieder (*inf*); **he doesn't know what he's ~** (*inf*) der weiß ja nicht, was er tut (*inf*); *see vbs*.
5. (*state, condition*) **to be ~ an advantage** im Vorteil sein; **~ a loss/profit** mit Verlust/Gewinn; **I'd leave it ~ that** ich würde es dabei belassen.
6. (*as a result of, upon*) auf (+*acc*) ... (hin). **~ his request** auf seine Bitte (hin); **~ that/this he left the room** daraufhin verließ er das Zimmer.
7. (*cause: with*) *angry, annoyed, delighted etc* über (+*acc*).
8. (*rate, value, degree*) **~ full speed/50 km/h** mit voller Geschwindigkeit/50 km/ h; **~ 50p a pound** für *or* zu 50 Pence pro *or* das Pfund; **~ 5% interest** zu 5% Zinsen; **~ a high/low price** zu einem hohen/ niedrigen Preis; **with prices ~ this level** bei solchen Preisen; *see all, cost, rate*[1].

atavism [ˈætəvɪzəm] *n* Atavismus *m*.

atavistic [ˌætəˈvɪstɪk] *adj* atavistisch.

ataxic [əˈtæksɪk] *adj* ataktisch.

ate [et, (*US*) eɪt] *pret of* **eat**.

atheism [ˈeɪθɪɪzəm] *n* Atheismus *m*.

atheist [ˈeɪθɪɪst] I *n* Atheist *m*. II *adj attr* atheistisch.

atheistic [ˌeɪθɪˈɪstɪk] *adj* atheistisch.

Athenian [əˈθiːnɪən] I *n* Athener(in *f*) *m*. II *adj* athenisch; (*esp modern*) Athener.

Athens [ˈæθɪnz] *n* Athen *nt*.

athlete [ˈæθliːt] *n* Athlet(in *f*) *m*; (*specialist in track and field events*) Leichtathlet(in *f*) *m*. **~'s foot** Fußpilz *m*.

athletic [æθˈletɪk] *adj* sportlich; (*referring to athletics, build*) athletisch.

athletically [æθˈletɪkəlɪ] *adv see adj.*

athletics [æθˈletɪks] *n sing or pl* Leichtathletik *f*.

at-home [ˈætˈhəʊm] *n* Empfang *m* bei sich (*dat*) zu Hause.

athwart [əˈθwɔːt] I *adv* quer; (*Naut*) dwars. II *prep* quer über; (*Naut*) dwars, quer.

Atlantic [ətˈlæntɪk] I *n* (*also* **~ Ocean**) Atlantik *m*, Atlantischer Ozean. II *adj attr* atlantisch. **~ Charter** AtlantikCharta *f*; **~ wall** Atlantikwall *m*.

atlas [ˈætləs] *n* Atlas *m*.

atmosphere [ˈætməsfɪə^r] *n* (*lit, fig*) Atmosphäre *f*; (*fig: of novel also*) Stimmung *f*.

atmospheric [ˌætməsˈferɪk] *adj* atmosphärisch; (*full of atmosphere*) *description* stimmungsvoll.

atmospherics [ˌætməsˈferɪks] *npl* (*Rad*) atmosphärische Störungen *pl*.

atoll [ˈætɒl] *n* Atoll *nt*.

atom [ˈætəm] *n* 1. Atom *nt*. 2. (*fig*) **to smash sth to ~s** etw völlig zertrümmern; **not an ~ of truth** kein Körnchen Wahrheit.

atom bomb *n* Atombombe *f*.

atomic [əˈtɒmɪk] *adj* atomar.

atomic *in cpds* Atom-; **~ age** Atomzeitalter *nt*; **~ bomb** Atombombe *f*; **~ clock** Atomuhr *f*; **~ energy** Atomenergie *f*; **~ energy authority** (*Brit*) *or* (*US*) **commission** Atomkommission *f*; **~ number** Ordnungszahl *f*; **~ power** Atomkraft *f*; (*propulsion*) Atomantrieb *m*; **~ powered** atomgetrieben, Atom-; **~ structure** Atombau *m*; **~ weight** Atomgewicht *nt*.

atomism [ˈætəmɪzəm] *n* (*Philos*) Atomismus *m*.

atomize [ˈætəmaɪz] *vt liquid* zerstäuben.

atomizer [ˈætəmaɪzə^r] *n* Zerstäuber *m*.

atonal [æˈtəʊnl] *adj* atonal.

atone [əˈtəʊn] *vi* **to ~ for sth** (für) etw sühnen *or* büßen.

atonement [əˈtəʊnmənt] *n* Sühne, Buße *f*. **to make ~ for sth** für etw Sühne *or* Buße tun; **in ~ for sth** als Sühne *or* Buße für etw; **the A~** (*Eccl*) das Sühneopfer.

atop [əˈtɒp] *prep* (*liter*) (oben) auf (+*dat*).

atrocious *adj*, **~ly** *adv* [əˈtrəʊʃəs, -lɪ] grauenhaft.

atrocity [əˈtrɒsɪtɪ] *n* Grausamkeit *f*; (*act also*) Greueltat *f*.

atrophy [ˈætrəfɪ] I *n* Atrophie *f* (*geh*), Schwund *m*. II *vt* schwinden lassen. III *vi* verkümmern, schwinden.

Att, Atty *abbr of* **Attorney** (*US*).

attach [əˈtætʃ] I *vt* 1. (*join*) festmachen, befestigen (*to an* +*dat*); *document to a letter etc* an- *or* beiheften. **to ~ oneself to sb/a group** sich jdm/einer Gruppe anschließen, sich an jdn/eine Gruppe anschließen; **is he/she ~ed?** ist er/sie schon vergeben?
2. **to be ~ed to sb/sth** (*be fond of*) jdm/etw hängen.

3. *(attribute)* value, importance beimessen, zuschreiben *(to dat)*.

4. *(Mil etc)* troops, personnel angliedern, zuteilen *(to dat)*. **he/this office is ~ed to us** er ist uns *(dat)* zugeteilt/diese Stelle ist uns *(dat)* angegliedert.

II *vi* **no blame ~es** *or* **can ~ to him** ihn trifft keine Schuld; **salary/responsibility ~ing** *or* **~ed to this post** Gehalt, das mit diesem Posten verbunden ist/ Verantwortung, die dieser Posten mit sich bringt; **great importance ~es to this** dem haftet größte Bedeutung an.

attaché [əˈtæʃeɪ] *n* Attaché *m*.

attaché case *n* Aktenkoffer *m*.

attachment [əˈtætʃmənt] *n* **1.** *(act of attaching)* see *vt* 1. Festmachen, Befestigen *nt*; An- *or* Beiheften *nt*.

2. *(accessory)* Zubehörteil *nt*.

3. *(fig: affection)* Zuneigung *f* *(to* zu).

4. *(Mil etc: temporary transfer)* Zuordnung, Angliederung *f*. **to be on ~ to sth** einer Sache *(dat)* zugeteilt sein.

attack [əˈtæk] **I** *n* **1.** *(Mil, Sport, fig)* Angriff *m* *(on* auf +*acc*). **there have been two ~s on his life** es wurden bereits zwei Anschläge auf sein Leben gemacht *or* verübt; **to be under ~** angegriffen werden; *(fig also)* unter Beschuß stehen; **to go over to the ~** zum Angriff übergehen; **to launch/ make an ~** zum Angriff ansetzen/einen Angriff vortragen *or* machen *(on* auf +*acc)*; *(on sb's character)* angreifen *(on* acc*)*; **~ is the best form of defence** Angriff ist die beste Verteidigung; **to leave oneself open to ~** Angriffsflächen bieten.

2. *(Med etc)* Anfall *m*. **an ~ of fever/hay fever** ein Fieberanfall/ein Anfall von Heuschnupfen; **to have an ~ of nerves** plötzlich Nerven bekommen.

II *vt* **1.** *(Mil, Sport, fig)* angreifen; *(from ambush, in robbery etc)* überfallen. **he was ~ed by doubts** Zweifel befielen ihn.

2. *(tackle)* task, problem, sonata in Angriff nehmen.

3. *(Med: illness)* befallen.

III *vi* angreifen. **an ~ing side** *(Sport)* eine angriffsfreudige Mannschaft.

attacker [əˈtækər] *n* Angreifer *m*.

attain [əˈteɪn] **I** *vt* aim, rank, age, perfection erreichen; knowledge erlangen; happiness, prosperity, power gelangen zu.

II *vi* **to ~ to sth** to perfection etw erreichen; to prosperity, power zu etw gelangen.

attainable [əˈteɪnəbl] *adj* erreichbar, zu erreichen; knowledge, happiness, power zu erlangen.

attainder [əˈteɪndər] *n* see bill³ 8.

attainment [əˈteɪnmənt] *n* **1.** *(act of attaining)* Erreichung *f*, Erreichen *nt*; *(of knowledge, happiness, prosperity, power)* Erlangen *nt*.

2. *(usu pl: accomplishment)* Fertigkeit *f*.

attempt [əˈtempt] **I.** *vt* versuchen; smile, conversation den Versuch machen *or* unternehmen zu; task, job sich versuchen an (+*dat*). **to ~ to do sth** versuchen, etw zu tun; **~ed murder** Mordversuch *m*.

II *n* Versuch *m*; *(on sb's life)* (Mord)-anschlag *m* *(on* auf +*acc)*. **an ~ on Mount Everest/the record** ein Versuch, Mount Everest zu bezwingen/einen Rekord zu brechen; **an ~ at a joke/at doing sth** ein Versuch, einen Witz zu machen/etw zu tun; **to make an ~ on sb's life** einen Anschlag auf jdn *or* jds Leben verüben; **to make an ~ at doing sth** versuchen, etw zu tun; **he made no ~ to help us** er unternahm keinen Versuch, uns zu helfen; **at the first ~** auf Anhieb, beim ersten Versuch; **in the ~** dabei.

attend [əˈtend] **I** *vt* **1.** classes, church, meeting etc besuchen; wedding, funeral anwesend *or* zugegen sein bei, beiwohnen (+*dat*) *(geh)*. **the wedding was well ~ed/ was ~ed by fifty people** die Hochzeit war gut besucht/fünfzig Leute waren bei der Hochzeit anwesend.

2. *(accompany)* begleiten; *(wait on)* queen etc bedienen, aufwarten (+*dat*). **which doctor is ~ing you?** von welchem Arzt werden Sie behandelt?; **a method ~ed by great risks** eine Methode, die mit großen Risiken verbunden ist.

II *vi* **1.** *(be present)* anwesend sein. **are you going to ~?** gehen Sie hin?

2. *(pay attention)* aufpassen.

◆**attend to** *vi* +*prep obj* *(see to)* sich kümmern um; *(pay attention to)* work etc Aufmerksamkeit schenken *or* widmen (+*dat*); *(listen to)* teacher, sb's remark zuhören (+*dat*); *(heed)* advice, warning hören auf (+*acc*); *(give)* Beachtung schenken (+*dat*); *(serve)* customers etc bedienen. **are you being ~ed?** werden Sie schon bedient?; **that's being ~ed** das wird (bereits) erledigt.

attendance [əˈtendəns] *n* **1. to be in ~ at sth** bei etw anwesend sein; **to be in ~ on sb** jdm aufwarten, jdn bedienen; **to be in ~ on a patient** einen Patienten behandeln; **she came in with her maids in ~** sie kam von ihren Hofdamen begleitet herein.

2. *(being present)* Anwesenheit *f* *(at* bei). **~ record** *(school register etc)* Anwesenheitsliste *f*; **he doesn't have a very good ~ record** er fehlt oft; **regular ~ at school** regelmäßiger Schulbesuch.

3. *(number of people present)* Teilnehmerzahl *f*.

attendant [əˈtendənt] **I** *n* *(in retinue)* Begleiter(in *f*) *m*; *(in public toilets)* Toilettenwart *m*, Toilettenfrau *f*; *(in swimming baths)* Bademeister(in *f*) *m*; *(in art galleries, museums)* Aufseher(in *f*), Wärter(in *f*) *m*; *(medical ~)* Krankenpfleger(in *f*) *m*; *(of royalty)* Kammerherr *m*/ -frau *f*. **her ~s** ihr Gefolge *nt*.

II *adj* **1.** problems etc (da)zugehörig, damit verbunden; circumstances, factors Begleit-. **old age and its ~ ills** Alter und die damit verbundenen Beschwerden.

2. *(form: serving)* **there were two ~ nurses** es waren zwei Krankenschwestern anwesend.

attention [əˈtenʃən] *n* **1.** no pl *(consideration, observation, notice)* Aufmerksamkeit *f*. **to call** *or* **draw sb's ~ to sth, to call sth to sb's ~** jds Aufmerksamkeit auf etw *(acc)* lenken, jdn auf etw *(acc)* aufmerksam machen; **to attract sb's ~ jds** Aufmerksamkeit erregen, jdn auf sich (*acc*) aufmerksam machen; **to turn one's ~ to sb/sth** jdm/einer Sache seine Aufmerksamkeit zuwenden; **to pay ~/no ~ to sb/sth** jdm/etw beachten/nicht beachten; **to pay ~ to the teacher** dem Lehrer zuhören; **to hold sb's ~** jdn fesseln; **can I have your ~ for a moment?** dürfte ich Sie einen Augenblick um (Ihre) Aufmerksamkeit bitten?; **~!** Achtung!; **your ~, please** ich bitte um Aufmerksamkeit; (*official announcement*) Achtung, Achtung!; **it has come to my ~ that ...** ich bin darauf aufmerksam geworden, daß ...; **it has been brought to my ~ that ...** es ist mir zu Ohren gekommen, daß ...

2. **~s** *pl* (*kindnesses*) Aufmerksamkeiten *pl*.

3. (*Mil*) **to stand to** *or* **at ~, to come to ~** stillstehen; **~!** stillgestanden!

4. (*Comm*) **~ Miss Smith, for the ~ of Miss Smith** zu Händen von Frau Smith; **your letter will receive our earliest ~** Ihr Brief wird baldmöglichst bearbeitet; **for your ~** zur gefälligen Beachtung.

attentive [ə'tentɪv] *adj* aufmerksam. **to be ~ to sb/sth** sich jdm gegenüber aufmerksam verhalten/einer Sache (*dat*) Beachtung schenken.

attentively [ə'tentɪvlɪ] *adv* aufmerksam.

attentiveness [ə'tentɪvnɪs] *n* Aufmerksamkeit *f*.

attenuate [ə'tenjʊeɪt] **I** *vt* (*weaken*) abschwächen; *statement also* abmildern; *gas* verdünnen; (*make thinner*) dünn machen. **attenuating circumstances** mildernde Umstände.

II *vi* (*get weaker*) schwächer *or* abgeschwächt werden; (*gas*) sich verdünnen; (*get thinner*) dünner werden.

attenuation [ə‚tenjʊ'eɪʃən] *n see vt* Abschwächen *nt*, Abschwächung *f*; Abmildern *nt*, Abmilderung *f*; Verdünnen *nt*; (*making thinner*) Verdünnung *f*.

attest [ə'test] *vt* **1.** (*certify, testify to*) *sb's innocence, authenticity* bestätigen, bescheinigen; *signature also* beglaubigen; (*on oath*) beschwören. **~ed herd** (*Brit*) tuberkulosefreier Bestand. **2.** (*be proof of*) beweisen, bezeugen.

◆attest to *vi* +*prep obj* bezeugen.

attestation [‚ætes'teɪʃən] *n* **1.** (*certifying*) Bestätigung *f*; (*of signature also*) Beglaubigung *f*; (*document*) Bescheinigung *f*. **2.** (*proof: of ability etc*) Beweis *m*.

attestor [ə'testə^r] *n* Beglaubiger *m*.

attic ['ætɪk] *n* Dachboden, Speicher *m*; (*lived-in*) Mansarde *f*. **in the ~** auf dem (Dach)boden *or* Speicher.

Attic ['ætɪk] *adj* attisch.

Attica ['ætɪkə] *n* Attika *nt*.

attire [ə'taɪə^r] **I** *vt* kleiden (*in* in +*acc*). **II** *n, no pl* Kleidung *f*.

attitude ['ætɪtjuːd] *n* **1.** (*way of thinking*) Einstellung *f* (*to, towards* zu); (*way of acting, manner*) Haltung *f* (*to, towards* gegenüber). **~ of mind** Geisteshaltung *f*; **I don't like your ~** ich bin mit dieser Einstellung überhaupt nicht einverstanden; **well, if that's your ~** ja, wenn du *so* denkst ...

2. (*way of standing*) Haltung *f*. **to strike an ~/a defensive ~** eine Pose einnehmen/ in Verteidigungsstellung gehen.

3. (*in ballet*) Attitüde *f*.

4. (*Aviat, Space*) Lage *f*.

attitudinize [‚ætɪ'tjuːdɪnaɪz] *vi* so tun, als ob, posieren (*geh*).

attn *prep* z. Hd(n) von.

attorney [ə'tɜːnɪ] *n* **1.** (*Comm, Jur: representative*) Bevollmächtigte(r) *mf*, Stellvertreter *m*. **letter of ~** (schriftliche) Vollmacht; *see* **power**. **2.** (*US: lawyer*) (Rechts)anwalt *m*. **3.** **~ general** (*US*) (*public prosecutor*) (*of state government*) ≃ Generalstaatsanwalt *m*; (*of federal government*) ≃ Generalbundesanwalt *m*; (*Brit*) ≃ Justizminister *m*.

attract [ə'trækt] *vt* **1.** (*Phys: magnet etc*) anziehen.

2. (*fig: appeal to*) (*person*) anziehen; (*idea, music, place etc*) ansprechen. **I am not ~ed to her/by it** sie zieht mich nicht an/ es reizt mich nicht.

3. (*fig: win, gain*) *interest, attention etc* auf sich (*acc*) ziehen *or* lenken; *new members, investors etc* anziehen, anlocken. **to ~ publicity/notoriety** (öffentliches) Aufsehen erregen.

attraction [ə'trækʃən] *n* **1.** (*Phys, fig*) Anziehungskraft *f*. **to lose one's/its ~** seinen Reiz verlieren; **I still feel a certain ~ towards him** ich fühle mich noch immer von ihm angezogen; **to have an ~ for sb** Anziehungskraft *or* einen Reiz auf jdn ausüben; **what are the ~s of this subject?** was ist an diesem Fach reizvoll?

2. (*attractive thing*) Attraktion *f*.

attractive [ə'træktɪv] *adj* **1.** attraktiv; *personality, smile* anziehend; *house, view, furnishings, picture, dress, location* reizvoll; *story, music* nett, ansprechend; *price, idea, offer also* verlockend, reizvoll. **2.** (*Phys*) Anziehungs-.

attractively [ə'træktɪvlɪ] *adv* attraktiv; *smile* anziehend; *dress, furnish* reizvoll.

attractiveness [ə'træktɪvnɪs] *n* Attraktivität *f*; (*of house, furnishing, view etc*) Reiz *m*. **the ~ of the melody** die ansprechende Melodie.

attributable [ə'trɪbjʊtəbl] *adj* **to be ~ to sb/sth** jdm/einer Sache zuzuschreiben sein.

attribute [ə'trɪbjuːt] **I** *vt* **to ~ sth to sb** *play, remark etc* jdm etw zuschreiben; (*credit sb with sth*) *intelligence, feelings etc also* jdm etw beimessen; **to ~ sth to sth** *success, accident etc* etw auf etw (*acc*) zurückführen, einer Sache (*dat*) etw zuschreiben; (*attach*) *importance etc* einer Sache (*dat*) etw beimessen; **to ~ sb/sth with sth** jdm/ einer Sache etw beimessen.

II ['ætrɪbjuːt] *n* **1.** (*quality*) Merkmal, Attribut *nt*.

2. (*esp Liter, Art: symbol*) Attribut *nt*.

3. (*Gram*) Attribut *nt*.

attribution [‚ætrɪ'bjuːʃən] *n* **1.** *no pl* **the ~ of the accident to mechanical failure** (die Tatsache,) daß man den Unfall auf mechanisches Versagen zurückführt.

2. (*attribute*) Attribut *nt*, Eigenschaft *f*.

attributive [ə'trɪbjʊtɪv] (*Gram*) **I** *adj* attributiv, Attributiv-. **II** *n* Attributiv *nt*.

attrition [əˈtrɪʃ ən] n (lit, form) Abrieb m, Zerreibung f; (fig) Zermürbung f; (Rel) unvollkommene Reue, Attrition f (spec). **war of** ~ (Mil) Zermürbungskrieg m.

attune [əˈtjuːn] vt (fig) abstimmen (to auf + acc). **to** ~ **oneself to sth** sich auf etw (acc) einstellen; **to become** ~**d to sth** sich an etw (acc) gewöhnen.

atypical [ˌeɪˈtɪpɪkəl] adj atypisch.

aubergine [ˈəʊbəʒiːn] **I** n Aubergine f; (colour) Aubergine nt. **II** adj aubergine-(farben).

auburn [ˈɔːbən] adj hair rotbraun, rostrot.

auction [ˈɔːkʃ ən] **I** n Auktion, Versteigerung f. **to sell sth by** ~ etw versteigern; **to put sth up for** ~ etw zum Versteigern or zur Versteigerung anbieten. **II** vt (also ~ **off**) versteigern.

auctioneer [ˌɔːkʃ əˈnɪəʳ] n Auktionator m.

auction room n Auktionshalle f, Auktionssaal m; **auction rooms** npl Auktionshalle f.

audacious adj, ~**ly** adv [ɔːˈdeɪʃ əs, -lɪ] **1.** (impudent) dreist, unverfroren. **2.** (bold) kühn, wagemutig, verwegen.

audacity [ɔːˈdæsɪtɪ], **audaciousness** [ɔːˈdeɪʃ əsnɪs] n **1.** (impudence) Dreistigkeit, Unverfrorenheit f. **to have the** ~ **to do sth** die Dreistigkeit or Unverfrorenheit besitzen, etw zu tun. **2.** (boldness) Kühnheit, Verwegenheit f; (of person also) Wagemut m.

audibility [ˌɔːdɪˈbɪlɪtɪ] n Hörbarkeit, Vernehmbarkeit f.

audible [ˈɔːdɪbl] adj hörbar, (deutlich) vernehmbar.

audibly [ˈɔːdɪblɪ] adv hörbar, vernehmlich.

audience [ˈɔːdɪəns] n **1.** Publikum nt no pl; (Theat, TV also) Zuschauer pl; (of speaker also) Zuhörer pl; (of writer, book also) Leserschaft f; (Rad, Mus also) Zuhörerschaft f.**I prefer London** ~**s** ich ziehe das Publikum in London vor. **2.** (formal interview) Audienz f.

audio-frequency [ˌɔːdɪəʊˈfriːkwənsɪ] n Hörfrequenz f.

audio typist n Phonotypistin f; **audio-visual** adj audiovisuell.

audit [ˈɔːdɪt] **I** n Bücherrevision, Buchprüfung f. **II** vt **1.** accounts prüfen. **2.** (US Univ) belegen, ohne einen Schein zu machen, Gasthörer sein bei.

audition [ɔːˈdɪʃ ən] **I** n (Theat) Vorsprechprobe f; (of musician) Probespiel nt; (of singer) Vorsingen nt. **II** vt vorsprechen/vorspielen/vorsingen lassen. **III** vi vorsprechen; vorspielen; vorsingen.

auditor [ˈɔːdɪtəʳ] n **1.** (listener) Zuhörer(in f) m. **2.** (Comm) Rechnungsprüfer, Buchprüfer m. **3.** (US Univ) Gasthörer m.

auditorium [ˌɔːdɪˈtɔːrɪəm] n Auditorium nt; (in theatre, cinema also) Zuschauerraum m; (in concert hall also) Zuhörersaal m.

auditory [ˈɔːdɪtərɪ] adj ability Hör-; nerve, centre Gehör-.

au fait [əʊˈfeɪ] adj vertraut.

Aug abbr of **August** Aug.

Augean stables [ɔːˈdʒiːənˈsteɪblz] npl Augiasstall m.

auger [ˈɔːgəʳ] n Handbohrer, Stangenbohrer m; (Agr) Schnecke f.

aught [ɔːt] n (old, liter) irgend etwas. **for** ~

I care das ist mir einerlei.

augment [ɔːgˈment] **I** vt vermehren; income also vergrößern. **II** vi zunehmen; (income etc also) sich vergrößern.

augmentation [ˌɔːgmənˈteɪʃ ən] n see vti Vermehrung f; Vergrößerung f; Zunahme f; (Mus) Augmentation f.

augmented [ɔːgˈmentɪd] adj (Mus) fourth, fifth übermäßig.

au gratin [ˌəʊˈgrætæŋ] adv überbacken.

augur [ˈɔːgəʳ] **I** n (person) Augur m. **II** vi **to** ~ **well/ill** etwas Gutes/nichts Gutes verheißen. **III** vt verheißen.

augury [ˈɔːgjʊrɪ] n (sign) Anzeichen, Omen nt.

august [ɔːˈgʌst] adj illuster; occasion, spectacle erhaben.

August [ˈɔːgəst] n August m; see **September.**

Augustine [ɔːˈgʌstɪn] n Augustinus m.

Augustinian [ˌɔːgəsˈtɪnɪən] **I** adj Augustiner-. **II** n Augustiner m.

auk [ɔːk] n (Zool) Alk m. **great** ~ Toralk m; **little** ~ Krabbentaucher m.

auld [ɑːld] adj (+er) (Scot) alt. **A**~ **Lang Syne** (song) Nehmt Abschied, Brüder

aunt [ɑːnt] n Tante f.

auntie, aunty [ˈɑːntɪ] n (inf) Tante f. ~! Tantchen!; **A**~ (Brit hum) die BBC, britische Rundfunk- und Fernsehanstalt.

Aunt Sally [ˌɑːntˈsælɪ] n (Brit) (lit) Schießbudenfigur f; (stall) Schieß- or Wurfbude f; (fig) Zielscheibe f.

au pair [ˌəʊˈpeəʳ] **I** n, pl ~**s** (also ~ **girl**) Aupair(-Mädchen) nt. **II** adv au pair.

aura [ˈɔːrə] n Aura f (geh), Fluidum nt (geh). **she has a mysterious** ~ **about her** eine geheimnisvolle Aura (geh) or ein geheimnisvoller Nimbus umgibt sie; **he has an** ~ **of calm** er strömt or strahlt Ruhe aus; **it gives the hotel an** ~ **of respectability** es verleiht dem Hotel einen Anstrich von Achtbarkeit.

aural [ˈɔːrəl] adj Gehör-, aural (spec); examination Hör-.

aureole [ˈɔːrɪˌəʊl] n (Astron) Korona f; (because of haze) Hof m, Aureole f; (Art) Aureole f.

auricle [ˈɔːrɪkl] n (Anat) Ohrmuschel, Auricula (spec) f; (of heart) Vorhof m, Atrium nt (spec).

auricular [ɔːˈrɪkjʊləʳ] adj (Anat) **1.** (of ear) aurikular (spec), Ohren-, Gehör-. ~ **nerve** Hörnerv m; ~ **confession** Ohrenbeichte f, geheime Beichte. **2.** (of heart) aurikular (spec), Aurikular- (spec). ~ **flutter** (Herz)vorhofflattern nt.

aurochs [ˈɔːrɒks] n, pl ~ Auerochse, Ur m.

aurora [ɔːˈrɔːrə] n (Astron) Polarlicht nt. ~ **australis/borealis** südliches/nördliches Polarlicht, Süd-/Nordlicht nt.

auscultate [ˈɔːskəlteɪt] vt abhören.

auscultation [ˌɔːskəlˈteɪʃ ən] n Abhören nt.

auspices [ˈɔːspɪsɪz] npl **1.** (sponsorship) Schirmherrschaft f. **under the** ~ **of** unter der Schirmherrschaft (+gen), unter den Auspizien (+gen) (geh). **2.** (auguries) Vorzeichen, Auspizien (geh) pl. **under favourable** ~ unter günstigen Vorzeichen.

auspicious [ɔːsˈpɪʃ əs] adj günstig; start vielverheißend, vielversprechend. **an** ~

occasion ein feierlicher Anlaß.
auspiciously [ɔːsˈpɪʃəslɪ] adv see adj.
Aussie [ˈɒzɪ] (inf) **I** n **1.** (person)
Australier(in f) m. **2.** (Austral) (country)
Australien nt; (dialect) australisches Eng-
lisch. **II** adj australisch.
austere [ɒsˈtɪəʳ] adj streng; way of life also
asketisch, entsagend; style also schmuck-
los; room schmucklos, karg.
austerely [ɒsˈtɪəlɪ] adv see adj.
austerity [ɒsˈtɛrɪtɪ] n **1.** (severity) Strenge
f; (simplicity) strenge Einfachheit,
Schmucklosigkeit f; (of landscape) Härte
f. **2.** (hardship, shortage) Entbehrung f. a
life of ~ ein Leben der Entsagung; ~ bud-
get Sparhaushalt m; ~ measures Spar-
maßnahmen.
Australasia [ˌɒstrəˈleɪzjə] n Australien
und Ozeanien nt.
Australasian [ˌɒstrəˈleɪzjən] **I** n Ozeani-
er(in f) m. **II** adj ozeanisch, südwest-
pazifisch, Südwestpazifik-.
Australia [ɒsˈtreɪlɪə] n Australien nt.
Australian [ɒsˈtreɪlɪən] **I** n Australier(in f)
m; (accent) australisches Englisch. **II** adj
australisch.
Austria [ˈɒstrɪə] n Österreich nt.
Austrian [ˈɒstrɪən] **I** n Österreicher(in f)
m; (dialect) Österreichisch nt. **II** adj öster-
reichisch.
autarchy [ˈɔːtɑːkɪ] n **1.** Selbstregierung f.
2. see autarky.
autarky [ˈɔːtɑːkɪ] n Autarkie f.
authentic [ɔːˈθentɪk] adj signature,
manuscript, portrait authentisch; accent,
antique, tears echt; claim to title etc
berechtigt.
authenticate [ɔːˈθentɪkeɪt] vt bestätigen,
authentifizieren (geh); signature, docu-
ment beglaubigen; manuscript, work of
art für echt befinden or erklären; claim
bestätigen. it was ~d as being ... es wurde
bestätigt, daß es ... war.
authentication [ɔːˌθentɪˈkeɪʃən] n see vt
Bestätigung f, Authentifizierung (geh) f;
Beglaubigung f; Echtheitserklärung f;
Bestätigung f.
authenticity [ˌɔːθenˈtɪsɪtɪ] n Echtheit,
Authentizität (geh) f; (of claim to title
etc) Berechtigung f.
author [ˈɔːθəʳ] n (profession) Autor(in f),
Schriftsteller(in f) m; (of report, pamph-
let) Verfasser(in f) m; (fig) Urheber(in f)
m; (of plan) Initiator(in f) m; (of inven-
tion) Vater m.
authoress [ˈɔːθərɪs] n Schriftstellerin f.
authoritarian [ɔːˌθɒrɪˈtɛərɪən] **I** adj
autoritär. **II** n autoritärer Mensch/Vater/
Politiker etc. to be an ~ autoritär sein.
authoritarianism [ɔːˌθɒrɪˈtɛərɪənɪzəm] n
Autoritarismus m.
authoritative [ɔːˈθɒrɪtətɪv] adj **1.** (com-
manding) bestimmt, entschieden; manner
also respekteinflößend. to sound ~ Re-
spekt einflößen, bestimmt auftreten.
2. (reliable) verläßlich, zuverlässig;
(definitive) maßgeblich, maßgebend.
authoritatively [ɔːˈθɒrɪtətɪvlɪ] adv (with
authority) bestimmt, mit Autorität; (de-
finitively) maßgeblich or maßgebend;
(reliably) zuverlässig.
authority [ɔːˈθɒrɪtɪ] n **1.** (power) Autorität

f; (right, entitlement) Befugnis f; (specifi-
cally delegated power) Vollmacht f; (Mil)
Befehlsgewalt f. **people who are in** ~
Menschen, die Autorität haben; **the per-
son in** ~ der Zuständige or Verantwort-
liche; **I'm in** ~ **here!** hier bestimme ich!;
parental ~ Autorität der Eltern; (Jur) el-
terliche Gewalt; **to be in** or **have** ~ **over sb**
Weisungsbefugnis gegenüber jdm haben
(form); (describing hierarchy) jdm über-
geordnet sein; **those who are placed in** ~
over us diejenigen, deren Aufsicht wir
unterstehen; **to place sb in** ~ **over sb** jdm
die Verantwortung für jdn übertragen; **to
be under the** ~ **of sb** unter jds Aufsicht
(dat) stehen; (in hierarchy) jdm unter-
stehen; (Mil) jds Befehlsgewalt (dat)
unterstehen; **on one's own** ~ auf eigene
Verantwortung; **under** or **by what** ~ **do
you claim the right to ...?** mit welcher
Berechtigung verlangen Sie, daß ...?; **to
have the** ~ **to do sth** berechtigt or befugt
sein, etw zu tun; **he was exceeding his area
of** ~ er hat seinen Kompetenzbereich or
seine Befugnisse überschritten; **to give sb
the** ~ **to do sth** jdn ermächtigen (form) or
jdm die Vollmacht erteilen, etw zu tun; **he
had my** ~ **to do it** ich habe es ihm gestattet
or erlaubt; **to have full** ~ **to act** volle
Handlungsvollmacht haben; **to do sth on
sb's** ~ etw in jds Auftrag (dat) tun; **who
gave you the** ~ **to do that?** wer hat Sie dazu
berechtigt?; **who gave you the** ~ **to treat
people like that?** mit welchem Recht
glaubst du, Leute so zu behandeln zu kön-
nen?

2. (also pl: ruling body) Behörde f, Amt
nt; (body of people) Verwaltung f; (power
of ruler) (Staats)gewalt, Obrigkeit f. **the
university authorities** die Universitätsver-
waltung; **the water** ~ die Wasserbehörde;
the local ~ or **authorities** die Gemein-
deverwaltung; **the Prussian respect for** ~
das preußische Obrigkeitsdenken, der
preußische Respekt gegenüber der Obrig-
keit; **they appealed to the supreme** ~ **of the
House of Lords** sie wandten sich an die
höchste Autorität or Instanz, das Ober-
haus; **this will have to be decided by a
higher** ~ das muß an höherer Stelle ent-
schieden werden; **to represent** ~ die
Staatsgewalt verkörpern; **the father
represents** ~ der Vater verkörpert die
Autorität; **you must have respect for** ~ du
mußt Achtung gegenüber Respektsper-
sonen haben.

3. (weight, influence) Autorität f. **to
have** or **carry (great)** ~ viel gelten (with
bei); (person also) (große or viel)
Autorität haben (with bei); **to speak/write
with** ~ mit Sachkunde or mit der
Autorität des Sachkundigen sprechen/
schreiben; **I/he can speak with** ~ **on this
matter** darüber kann ich mich/kann er
sich kompetent äußern.

4. (expert) Autorität f, Fachmann m. **he
is an** ~ **on art** er ist eine Autorität or ein
Fachmann auf dem Gebiet der Kunst.

5. (definitive book etc) (anerkannte)
Autorität f; (source) Quelle f. **to have sth
on good** ~ etw aus zuverlässiger Quelle
wissen; **on the best** ~ aus bester Quelle;

the best ~ on philosophical terminology
die zuverlässigste Quelle für
philosophische Terminologie; **on whose ~
do you have that?** aus welcher Quelle
haben Sie das?

authorization [,ɔːθəraɪˈzeɪʃən] n Genehmigung f; (delegation of authority)
Bevollmächtigung, Autorisation (geh) f;
(right) Recht nt. **Parliament can't be
dissolved without ~ from the Queen** das
Parlament kann nicht ohne die Zustimmung or Ermächtigung der Königin aufgelöst werden.

authorize [ˈɔːθəraɪz] vt **1.** (empower)
berechtigen, ermächtigen, autorisieren
(geh); (delegate authority) bevollmächtigen. **to be ~d to do sth** (have right)
berechtigt sein or das Recht haben, etw zu
tun; **he was specially ~d to ...** er hatte eine
Sondervollmacht, zu ...
   2. (permit) genehmigen; money, claim
etc also bewilligen; translation, biography
etc autorisieren. **the A~d Version** engl.
Bibelfassung von 1611; **to be/become ~d
by custom** zum Gewohnheitsrecht geworden sein/werden.

authorship [ˈɔːθəʃɪp] n **1.** Autorschaft,
Verfasserschaft f. **of unknown ~** eines
unbekannten Autors or Verfassers; **he
admitted ~ of the article** er bekannte,
den Artikel verfaßt or geschrieben zu
haben.
   2. (occupation) Schriftstellerberuf m.

autism [ˈɔːtɪzəm] n Autismus m.

autistic [ɔːˈtɪstɪk] adj autistisch.

auto [ˈɔːtəʊ] n, pl **-s** (US) Auto nt.

autobiographical [ˈɔːtəʊˌbaɪəʊˈgræfɪkəl]
adj autobiographisch.

autobiography [,ɔːtəʊbaɪˈɒɡrəfɪ] n
Autobiographie f.

autocade [ˈɔːtəʊkeɪd] n (US) Wagenkolonne f or -konvoi m.

autocracy [ɔːˈtɒkrəsɪ] n Autokratie f.

autocrat [ˈɔːtəʊkræt] n Autokrat(in f) m.

autocratic [,ɔːtəʊˈkrætɪk] adj autokratisch.

autocue [ˈɔːtəʊkjuː] n (Brit TV) Neger m.

auto-eroticism [,ɔːtəʊˈrɒtɪˌsɪzəm] n
Autoerotik f.

autograph [ˈɔːtəɡrɑːf] I n (signature)
Autogramm nt; (manuscript) Originalmanuskript nt. **~ album** or **book**
Autogrammalbum or -buch nt; **~ copy/
letter** handgeschriebenes Manuskript/
handgeschriebener Brief.
   II vt signieren. **he ~ed my album** er hat
mir ein Autogramm fürs Album gegeben.

automat [ˈɔːtəmæt] n (US) Automatenrestaurant nt.

automata [ɔːˈtɒmətə] pl of **automaton**.

automate [ˈɔːtəmeɪt] vt automatisieren.

automatic [,ɔːtəˈmætɪk] I adj (lit, fig)
automatisch; weapon also Maschinen-. **~
choke** Startautomatik f; **~ gearbox**
Getriebeautomatik f; **the ~ model** das
Modell mit Automatik; **~ pilot** Autopilot
m; **he has the ~ right ...** er hat
automatisch das Recht ...; **the film star's
~ smile** das Routinelächeln des Filmstars;
you shouldn't need telling, it should be ~
das sollte man dir nicht erst sagen müssen,
das solltest du automatisch tun.
   II n (car) Automatikwagen m; (gun)

automatische Waffe, Maschinenwaffe f;
(washing machine) Waschautomat m.

automatically [,ɔːtəˈmætɪkəlɪ] adv automatisch.

automation [,ɔːtəˈmeɪʃən] n Automatisierung f.

automaton [ɔːˈtɒmətən] n, pl **-s** or
automata [-ətə] (robot) Roboter m; (fig
also) Automat m.

automobile [ˈɔːtəməbiːl] n Auto(mobil) nt,
Kraftwagen m (form).

automotive [,ɔːtəˈməʊtɪv] adj vehicle selbstfahrend, mit Selbstantrieb; engineering,
mechanic Kfz-. **~ power** Selbstantrieb m.

autonomous [ɔːˈtɒnəməs] adj autonom.

autonomy [ɔːˈtɒnəmɪ] n Autonomie f.

autopilot [,ɔːtəʊˈpaɪlət] n Autopilot m.

autopsy [ˈɔːtɒpsɪ] n Autopsie, Leichenöffnung f.

autosuggestion [ˈɔːtəʊsəˈdʒestʃən] n
Autosuggestion f.

autumn [ˈɔːtəm] (esp Brit) I n (lit, fig)
Herbst m. **in (the) ~** im Herbst; **two ~s
ago** im Herbst vor zwei Jahren. II adj attr
Herbst-, herbstlich.

autumnal [ɔːˈtʌmnəl] adj herbstlich,
Herbst-. **~ equinox** Herbst-Tagundnachtgleiche f.

auxiliary [ɔːɡˈzɪlɪərɪ] I adj Hilfs-; (emergency also) Not-; (additional) engine,
generator etc Zusatz-. **~ note** (Mus)
Nebennote f.
   II n **1.** (Mil: esp pl) Soldat m der Hilfstruppe. **auxiliaries** pl Hilfstruppe(n pl) f.
   2. (general: assistant) Hilfskraft f, Helfer(in f) m. **teaching/nursing ~** (Aus)-
hilfslehrer(in f) m/Schwesternhelferin f.
   3. (~ verb) Hilfsverb or -zeitwort nt.

Av, Ave abbr of **avenue**.

avail [əˈveɪl] I vr **to ~ oneself of sth** von etw
Gebrauch machen; **to ~ oneself of the
opportunity of doing sth** die Gelegenheit,
etw zu tun, wahrnehmen or nutzen.
   II vi (form) helfen. **nothing could ~
against their superior strength** gegen ihre
Überlegenheit war nichts auszurichten.
   III n **of no ~** erfolglos, ohne Erfolg,
vergeblich; **of little ~** wenig erfolgreich,
mit wenig or geringem Erfolg; **his advice
was/his pleas were of no/little ~** seine
Ratschläge/Bitten haben nicht(s)/wenig
gefruchtet; **to no ~** vergebens,
vergeblich.

availability [əˌveɪləˈbɪlɪtɪ] n see adj Erhältlichkeit f; Lieferbarkeit f; Vorrätigkeit f;
Verfügbarkeit f; (presence: of secretarial
staff, mineral ore etc) Vorhandensein f.
the market price is determined by ~ der
Marktpreis richtet sich nach dem vorhandenen Angebot; **because of the greater ~
of their product ...** weil ihr Produkt leichter erhältlich/lieferbar ist ...; **we'd like to
sell you one, but it's a question of ~** wir
würden Ihnen gern eines verkaufen, das
hängt aber davon ab, ob es erhältlich/
lieferbar ist; **greater ~ of jobs** größeres
Stellenangebot; **because of the limited ~
of seats** weil nur eine begrenzte Anzahl an
Plätzen zur Verfügung steht; **his ~ for
discussion is, I'm afraid, determined by ...**
ob er Zeit für eine Besprechung hat,
hängt leider von ... ab.

available [əˈveɪləbl] *adj* **1.** *object* erhältlich; (*Comm*) (*from supplier also*) lieferbar; (*in stock*) vorrätig; (*free*) *time, post* frei; *theatre seats etc* frei, zu haben *pred*; (*at one's disposal*) *worker, means, resources etc* verfügbar, zur Verfügung stehend. **to be ~** (*at one's disposal*) zur Verfügung stehen; (*person: not otherwise occupied*) frei or abkömmlich (*form*) sein; (*can be reached*) erreichbar sein; (*for discussion*) zu sprechen sein; **to make sth ~ to sb** jdm etw zur Verfügung stellen; (*accessible*) *culture, knowledge, information* jdm etw zugänglich machen; **to make oneself ~ to sb** sich jdm zur Verfügung stellen; **the best dictionary ~, the best ~ dictionary** das beste Wörterbuch, das es gibt; **offer ~ only while stocks last** (das Angebot gilt) nur, solange der Vorrat reicht; **to try every ~ means (to achieve sth)** nichts unversucht lassen(, um etw zu erreichen); **all ~ staff were asked to help out** das abkömmliche or verfügbare or zur Verfügung stehende Personal wurde gebeten auszuhelfen; **are you ~ for tennis/a discussion tonight?** können Sie heute abend Tennis spielen/an einer Diskussion teilnehmen?; **when will you be ~ to start in the new job?** wann können Sie die Stelle antreten?; **I'm not ~ until October** ich bin vor Oktober nicht frei; **he's ~ for consultation on Mondays** er hat montags Sprechzeit; **she's what is known as "~"** es ist bekannt, daß sie „leicht zu haben" ist. **2.** (*form*) *ticket* gültig.

avalanche [ˈævəlɑːnʃ] *n* (*lit, fig*) Lawine *f*.

avant-garde [ˈævɑ̃ˈgɑːd] **I** *n* Avantgarde *f*. **II** *adj* avantgardistisch.

avarice [ˈævərɪs] *n* Habgier, Habsucht *f*.

avaricious [ˌævəˈrɪʃəs] *adj* habgierig, habsüchtig.

avariciously [ˌævəˈrɪʃəslɪ] *adv* (hab)gierig.

avenge [əˈvendʒ] *vt* rächen. **to ~ oneself on sb (for sth)** sich an jdm (für etw) rächen.

avenger [əˈvendʒəʳ] *n* Rächer(in *f*) *m*.

avenue [ˈævənjuː] *n* **1.** (*tree-lined*) Allee *f*; (*broad street*) Boulevard *m*. **2.** (*fig*) (*method*) Weg *m*. **~s of approach** Verfahrensweisen; **~ of escape** Ausweg *m*; **to explore every ~** alle sich bietenden Wege prüfen.

aver [əˈvɜːʳ] *vt* (*form*) mit Nachdruck betonen; *love, innocence* beteuern.

average [ˈævərɪdʒ] **I** *n* (Durch)schnitt *m*; (*Math also*) Mittelwert *m*. **to do an ~ of 50 miles a day** durchschnittlich or im (Durch)schnitt 50 Meilen pro Tag fahren; **what's your ~ over the last six months?** was haben Sie im letzten halben Jahr durchschnittlich geleistet/verdient *etc*?; **on ~** durchschnittlich, im (Durch)schnitt; (*normally*) normalerweise; **if you take the ~** (*Math*) wenn Sie den (Durch)schnitt or Mittelwert nehmen; (*general*) wenn Sie den durchschnittlichen Fall nehmen; **above/below ~** überdurchschnittlich, über dem Durchschnitt/unterdurchschnittlich, unter dem Durchschnitt; **the law of ~s** das Gesetz der Serie; **by the law of ~s** aller Wahrscheinlichkeit nach. **II** *adj* durchschnittlich; (*ordinary*) Durchschnitts-; (*not good or bad*) mittel-

mäßig. **above/below ~** über-/unterdurchschnittlich; **the ~ man, Mr A ~** der Durchschnittsbürger; **he's a man of ~ height** er ist von mittlerer Größe. **III** *vt* **1.** (*find the ~ of*) den Durchschnitt ermitteln von. **2.** (*do etc on ~*) auf einen Schnitt von ... kommen. **we ~d 80 km/h** wir kamen auf einen Schnitt von 80 km/h, wir sind durchschnittlich 80 km/h gefahren; **the factory ~s 500 cars a week** die Fabrik produziert durchschnittlich or im (Durch)schnitt 500 Autos pro Woche. **3.** (*~ out at*) *sales are averaging 10,000 copies per day* der Absatz beläuft sich auf or beträgt durchschnittlich or im (Durch)schnitt 10.000 Exemplare pro Tag.

◆**average out I** *vt sep* **the accountant ~d the firm's profits over the last five years** der Buchhalter ermittelte den Durchschnittsgewinn der Firma in den letzten fünf Jahren; **it'll ~ itself ~** es wird sich ausgleichen. **II** *vi* durchschnittlich ausmachen (*at acc*); (*balance out*) sich ausgleichen. **how does it ~ ~ on a weekly basis?** wieviel ist das durchschnittlich pro Woche?

averse [əˈvɜːs] *adj pred* abgeneigt. **I am not ~ to a glass of wine** einem Glas Wein bin ich nicht abgeneigt; **I am rather ~ to doing that** es ist mir ziemlich zuwider, das zu tun; **I feel ~ to doing it** es widerstrebt mir, das zu tun.

aversion [əˈvɜːʃən] *n* **1.** (*strong dislike*) Abneigung, Aversion (*geh, Psych*) *f* (*to gegen*). **he has an ~ to getting wet** er hat eine Abscheu davor, naß zu werden. **2.** (*object of ~*) Greuel *m*. **smoking is his pet ~** Rauchen ist ihm ein besonderer Greuel.

avert [əˈvɜːt] *vt* **1.** (*turn away*) *eyes, gaze* abwenden, abkehren (*geh*). **to ~ one's mind or thoughts from sth** seine Gedanken von etw abwenden. **2.** (*prevent*) verhindern, abwenden; *suspicion* ablenken; *blow etc* abwehren; *accident* verhindern.

aviary [ˈeɪvɪərɪ] *n* Vogelhaus *nt*.

aviation [ˌeɪvɪˈeɪʃən] *n* die Luftfahrt. **the art of ~** die Kunst des Fliegens.

aviator [ˈeɪvɪeɪtəʳ] *n* Flieger(in *f*) *m*.

avid [ˈævɪd] *adj* **1.** (*desirous*) gierig (*for nach*); (*for fame, praise also*) süchtig (*for nach*). **to be ~ for success** erfolgssüchtig sein, nach Erfolg gieren (*pej*). **2.** (*keen*) begeistert, passioniert; *supporter also* eifrig; *interest* lebhaft, stark. **he is an ~ follower of this series** er verfolgt diese Serie mit lebhaftem Interesse; **I am an ~ reader** ich lese leidenschaftlich gern.

avidity [əˈvɪdɪtɪ] *n, no pl* (*liter*) *see adj* **1.** Begierde *f* (*for nach*); (*pej*) Gier *f* (*for nach*). **with ~** begierig; gierig. **2.** Begeisterung *f*; Eifer *m*.

avidly [ˈævɪdlɪ] *adv see adj* **1.** begierig; (*pej*) gierig. **2.** eifrig; *read* leidenschaftlich gern.

avocado [ˌævəˈkɑːdəʊ] *n, pl ~s* (*also ~ pear*) Avocato(birne), Avocado(birne) *f*; (*tree*) Avocato- or Avocadobaum *m*.

avoid [əˈvɔɪd] *vt* vermeiden; *damage, accident also* verhüten; *person, danger* meiden, aus dem Weg gehen (+*dat*); *ob-*

stacle ausweichen (+*dat*); *difficulty, duty, truth* umgehen. **we've managed to ~ the danger** wir konnten der Gefahr entgehen; **in order to ~ being seen** um nicht gesehen zu werden; **he'd do anything to ~ the washing-up/going there** er würde alles tun, um nur nicht abwaschen zu müssen/ dort hingehen zu müssen; **I'm not going if I can possibly ~** it wenn es sich irgendwie vermeiden läßt, gehe ich nicht; **... you can hardly ~ visiting them** ... dann kommst du wohl kaum darum herum, sie zu besuchen; **to ~ sb's eye** jds Blick (*dat*) ausweichen, es vermeiden, jdn anzusehen; **to ~ notice** unbemerkt bleiben.

avoidable [ə'vɔɪdəbl] *adj* vermeidbar. **if it's (at all) ~** wenn es sich (irgend) vermeiden läßt.

avoidance [ə'vɔɪdəns] *n* Vermeidung *f*. **he advised us on the ~ of death duties** er hat uns beraten, wie wir die Erbschaftssteuer umgehen können; **his persistent ~ of the truth** sein ständiges Umgehen der Wahrheit; **thanks only to her steady ~ of bad company** nur weil sie konsequent schlechte Gesellschaft mied.

avoirdupois [ˌævwɑːdjuːˈpwɑː] *n* Avoirdupois *nt*; (*hum: excess weight*) Fülligkeit, Üppigkeit *f*.

avow [ə'vau] *vt* (*liter*) erklären; *belief, faith* bekennen. **to ~ one's love (to sb)** (jdm) seine Liebe erklären *or* gestehen; **he ~ed himself to be a royalist** er bekannte (offen), Royalist zu sein.

avowal [ə'vauəl] *n* Erklärung *f*; (*of faith*) Bekenntnis *nt*; (*of love also*) Geständnis *nt*; (*of belief, interest*) Bekundung *f*. **he is on his own ~ a ...** er ist erklärtermaßen ...

avowed [ə'vaud] *adj* erklärt.

avowedly [ə'vauɪdlɪ] *adv* erklärtermaßen.

avuncular [ə'vʌŋkjuləʳ] *adj* onkelhaft; *figure* Onkel-.

AWACS ['eɪwæks] *abbr of* **Airborne Warning And Control System** Luftüberwachungsflugkörper *m*.

await [ə'weɪt] *vt* **1.** (*wait for*) erwarten; *future events, decision etc* entgegensehen (+*dat*). **the long ~ed day** der langersehnte Tag; **parcels ~ing despatch** zum Versand bestimmte Pakete; **we ~ your reply with interest** wir sehen Ihrer Antwort mit Interesse entgegen. **2.** (*be in store for*) erwarten.

awake [ə'weɪk] *pret* **awoke**, *ptp* **awoken** *or* **awaked** [ə'weɪkt] **I** *vi* (*lit, fig*) erwachen. **to ~ from sleep/one's dreams** aus dem Schlaf/seinen Träumen erwachen; **to ~ to sth** (*fig*) (*realize*) sich (*dat*) einer Sache (*gen*) bewußt werden; (*become interested*) beginnen, sich für etw zu interessieren; **to ~ to the joys of sth** (plötzlich) Vergnügen an etw (*dat*) finden.

II *vt* wecken; (*fig*) *suspicion, interest etc also* erwecken. **to ~ sb to sth** (*make realize*) jdm etw bewußt machen; (*make interested*) jds Interesse für etw wecken.

III *adj pred* (*lit, fig*) wach; (*alert also*) aufmerksam. **to be/lie/stay ~** wach sein/ liegen/bleiben; **to keep sb ~** jdn wachhalten; **wide ~** (*lit, fig*) hellwach; **to be ~ to sth** (*fig*) sich (*dat*) einer Sache (*gen*) bewußt sein.

awaken [ə'weɪkən] *vti see* **awake**.

awakening [ə'weɪknɪŋ] **I** *n* (*lit, fig*) Erwachen *nt*. **a rude ~** (*lit, fig*) ein böses Erwachen. **II** *adj* (*fig*) erwachend.

award [ə'wɔːd] **I** *vt* *prize, penalty, free kick etc* zusprechen (*to sb* jdm), zuerkennen (*to sb* jdm); (*present*) *prize, degree, medal etc* verleihen (*to sb* jdm). **to be ~ed damages** Schadenersatz zugesprochen bekommen; **to ~ sb first prize** jdm den ersten Preis zuerkennen. **II** *n* **1.** (*prize*) Preis *m*; (*for bravery etc*) Auszeichnung *f*; (*Jur*) Zuerkennung *f*, Zuspruch *m*. **2.** (*Univ*) Stipendium *nt*.

aware [ə'wɛəʳ] *adj esp pred* bewußt. **to be/ become ~ of sb/sth** sich (*dat*) jds/einer Sache bewußt sein/werden; (*notice also*) jdn bemerken/etw merken; **you will be ~ of the importance of this** es muß Ihnen bewußt sein, wie wichtig das ist; **are you ~ that ...?** ist dir eigentlich klar, daß ...?; **not that I am ~ (of)** nicht daß ich wüßte; **as far as I am ~** soviel ich weiß; **to make sb ~ of sth** jdm etw bewußt machen *or* zum Bewußtsein bringen; **for a three-year-old he's very ~** für einen Dreijährigen ist er sehr aufgeweckt; **she's very ~ of language** sie ist sehr sprachbewußt.

awareness [ə'wɛənɪs] *n* Bewußtsein *nt*. **he showed no ~ of the urgency of the problem** er schien sich der Dringlichkeit des Problems nicht bewußt zu sein; **drugs which increase one's ~ of the outer world** bewußtseinserweiternde Drogen *pl*.

awash [ə'wɒʃ] *adj* *great decks, rocks etc* überspült; *cellar* unter Wasser.

away [ə'weɪ] **I** *adv* **1.** (*to or at a distance*) weg. **three miles ~ (from here)** drei Meilen (entfernt) von hier; **lunch seemed a long time ~** es schien noch lange bis zum Mittagessen zu sein; **~ back in the distance/past** weit in der Ferne/vor sehr langer Zeit; **they're ~ behind/out in front/ off course** sie sind weit zurück/voraus/ab vom Kurs.

2. (*motion*) ~! (*old, liter*) fort!, hinweg! (*old, liter*); **~ with the old philosophy, in with the new!** fort mit der alten Philosophie, her mit der neuen!; **come, let us ~!** (*liter*) kommt, laßt uns fort von hier (*old*); **~ with him!** fort mit ihm!; **to look ~** wegsehen; **~ we go!** los (geht's)!; **they're ~!** (*horses, runners etc*) sie sind gestartet.

3. (*absent*) fort, weg. **he's ~ from work (with a cold)** er fehlt (wegen einer Erkältung); **when I have to be ~** wenn ich nicht da sein kann.

4. (*Sport*) **to play ~** auswärts spielen; **they're ~ to Arsenal** sie haben ein Auswärtsspiel bei Arsenal.

5. (*out of existence, possession etc*) **to put/give ~** weglegen/weggeben; **to boil/ gamble/die ~** verkochen/verspielen/ verhallen; **we talked the evening ~** wir haben den Abend verplaudert.

6. (*continuously*) unablässig. **to work/ knit ~** unablässig arbeiten/stricken.

7. (*forthwith*) **ask ~!** frag nur!, schieß los (*inf*); **pull/heave ~!** und los(, zieht/ hebt an)!; **right** *or* **straight ~** sofort.

8. (*inf*) **he's ~ again** (*talking, giggling, drunk etc*) es geht wieder los.

II *adj attr* (*Sport*) *team* auswärtig, Gast-; *match, win* Auswärts-.

III *n* (*in Ftbl pools:* ~ *win*) Auswärtssieg *m*.

awe [ɔː] **I** *n* Ehrfurcht *f*, ehrfürchtige Scheu. **to be** *or* **stand in** ~ **of sb** Ehrfurcht vor jdm haben; (*feel fear*) große Furcht vor jdm haben; **to hold sb in** ~ Ehrfurcht *or* großen Respekt vor jdm haben; **to strike sb with** ~, **to strike** ~ **into sb's heart** jdm Ehrfurcht einflößen; (*make fearful*) jdm Furcht einflößen.

II *vt* Ehrfurcht *or* ehrfürchtige Scheu einflößen (+*dat*). ~**d by the beauty/ silence** von der Schönheit/der Stille ergriffen; **in an** ~**d voice** mit ehrfürchtiger Stimme.

awe-inspiring [ˈɔːɪnˌspaɪərɪŋ], **awesome** [ˈɔːsəm] *adj* ehrfurchtgebietend.

awe-stricken [ˈɔːˌstrɪkən], **awe-struck** [ˈɔːˌstrʌk] *adj* von Ehrfurcht ergriffen; *voice, expression also* ehrfurchtsvoll; (*frightened*) von Schrecken ergriffen. **I was quite** ~ **by its beauty** ich war von seiner Schönheit ergriffen.

awful [ˈɔːfəl] **I** *adj* **1.** (*inf*) schrecklich, furchtbar. **how** ~! das ist wirklich schlimm!; **you are** ~! du bist wirklich schrecklich!; **the film was just too** ~ **for words** der Film war unbeschreiblich schlecht; **it's not an** ~ **lot better** das ist nicht arg viel besser.

2. (*old: awe-inspiring*) ehrfurchtgebietend.

II *adv* (*strictly incorrect*) *see* **awfully. he was crying something** ~ er weinte ganz schrecklich *or* furchtbar.

awfully [ˈɔːflɪ] *adv* (*inf*) furchtbar (*inf*), schrecklich (*inf*). **thanks** ~ vielen, vielen Dank! (*inf*); **I'm afraid I'm** ~ **late** tut mir leid, daß ich so schrecklich spät komme.

awfulness [ˈɔːfʊlnɪs] *n* (*of situation*) Schrecklichkeit, Furchtbarkeit *f*; (*of person*) abscheuliche Art, Abscheulichkeit *f*.

awhile [əˈwaɪl] *adv* (*liter*) eine Weile.

awkward [ˈɔːkwəd] *adj* **1.** (*difficult*) schwierig; *time, moment, angle, shape* ungünstig. **4 o'clock is a bit** ~ (**for me**) 4 Uhr ist ein bißchen ungünstig *or* schlecht (*inf*) (für mich).

2. (*embarrassing*) peinlich.

3. (*embarrassed*) verlegen; (*shamefaced*) betreten; *silence* betreten. **the** ~ **age** das schwierige Alter; **to feel** ~ **in sb's**

company sich in jds Gesellschaft (*dat*) nicht wohl fühlen; **I felt** ~ **when I had to ... es** war mir peinlich, als ich ... mußte. **4.** (*clumsy*) unbeholfen.

awkwardly [ˈɔːkwədlɪ] *adv see adj* **1.** schwierig; ungünstig. **2.** peinlich. **3.** verlegen; betreten. **4.** unbeholfen.

awkwardness [ˈɔːkwədnɪs] *n see adj* **1.** Schwierigkeit *f*; Ungünstigkeit *f*. **2.** Peinlichkeit *f*. **3.** Verlegenheit *f*; Betretenheit *f*. **4.** Unbeholfenheit *f*.

awl [ɔːl] *n* Ahle *f*, Pfriem *m*.

awning [ˈɔːnɪŋ] *n* (*on window, of shop*) Markise *f*; (*on boat*) Sonnensegel *nt*; (*of wagon*) Plane *f*; (*caravan* ~) Vordach *nt*.

awoke [əˈwəʊk] *pret of* **awake.**

awoken [əˈwəʊkən] *ptp of* **awake.**

AWOL (*Mil*) *abbr of* **absent without leave.**

awry [əˈraɪ] *adj pred, adv* (*askew*) schief. **to go** ~ (*plans etc*) schiefgehen.

axe, (*US*) **ax** [æks] **I** *n* Axt *f*, Beil *nt*; (*fig*) (radikale) Kürzung. **the** ~ **has fallen on the project** das Projekt ist dem Rotstift zum Opfer gefallen; **to have an/no** ~ **to grind** (*fig*) ein/kein persönliches Interesse haben.

II *vt plans, projects, jobs* streichen; *person* entlassen.

axiom [ˈæksɪəm] *n* Axiom *nt*.

axiomatic [ˌæksɪəʊˈmætɪk] *adj* axiomatisch. **we can take it as** ~ **that ...** wir können von dem Grundsatz ausgehen, daß ...

axis [ˈæksɪs] *n, pl* **axes** [ˈæksiːz] Achse *f*. **the A~** (**powers**) (*Hist*) die Achse, die Achsenmächte *pl*.

axle [ˈæksl] *n* Achse *f*.

axle bearing *n* Achslager *nt*; **axle box** *n* Achsgehäuse *nt*; **axle housing** *n* Achsgehäuse *nt*; **axle pin** *n* Achs(en)nagel *m*; **axle tree** *n* Achswelle *f*.

ay(e) [aɪ] **I** *interj* (*esp Scot, dial*) ja. **aye, aye, Sir** (*Naut*) jawohl, Herr Kapitänleutnant/ Admiral *etc*. **II** *n* (*esp Parl*) Jastimme *f*, Ja *nt*. **the** ~**s** diejenigen, die dafür sind, die dafür; **the** ~**s have it** die Mehrheit ist dafür.

aye [eɪ] *adv* (*old, Scot*) immer.

azalea [əˈzeɪlɪə] *n* Azalee *f*.

Aztec [ˈæztek] **I** *n* Azteke *m*, Aztekin *f*. **II** *adj* aztekisch.

azure [ˈæʒəʳ] **I** *n* Azur(blau *nt*) *m*. **II** *adj sky* azurblau; *eyes also* tiefblau.

B

B, b [biː] n **1.** B, b nt. **2.** (Mus) H, h nt. ~
flat/sharp B, b nt/His, his nt; see also
major, minor, natural.

b abbr of **born** geb.

BA abbr of **Bachelor of Arts.**

baa [bɑː] **I** n Mähen nt no pl. ~! mäh!; **II** vi
mähen, mäh machen (baby-talk).

babble ['bæbl] **I** n **1.** Gemurmel nt; (of
baby, excited person etc) Geplapper nt. ~
(of voices) Stimmengewirr nt.
 2. (of stream) Plätschern nt no pl.
 II vi **1.** (person) plappern, quasseln
(inf); (baby) plappern, lallen.
 2. (stream) murmeln (liter), plätschern.

◆**babble away** or **on** vi quatschen (inf)
(about über +acc), quasseln (inf) (about
von). **she ~d** or **excitedly** sie quasselte or
plapperte aufgeregt drauflos (inf).

◆**babble out** vt sep brabbeln; secret
ausplaudern.

babbler ['bæblər] n Plaudertasche f (inf).
don't tell him, he's a ~ sag ihm nichts, er
quatscht (inf).

babbling ['bæblɪŋ] adj brook murmelnd
(liter), plätschernd.

babe [beɪb] n **1.** (liter) Kindlein nt (liter). ~
in arms Säugling m. **2.** (esp US inf) Baby
nt (inf), Puppe f (inf); see also **baby 5.**

babel ['beɪbəl] n **1. the Tower of B~** (story)
der Turmbau zu Babel or Babylon;
(edifice) der Babylonische Turm. **2.** (con-
fusion) Durcheinander nt; (several
languages also) babylonisches Sprachen-
gewirr.

baboon [bə'buːn] n Pavian m.

baby ['beɪbɪ] **I** n **1.** Kind, Baby nt; (in weeks
after birth also) Säugling m; (of animal)
Junge(s) nt. **to have a ~** ein Kind or Baby
bekommen; **she's going to have a ~** sie
bekommt ein Kind or Baby; **I've known
him since he was a ~** ich kenne ihn von
klein auf or von Kindesbeinen an; **the ~
of the family** der/die Kleinste or Jüngste,
das Nesthäkchen; (boy also) der
Benjamin; **don't be such a ~!** stell dich
nicht so an! (inf); **to be left holding the ~**
der Dumme sein (inf), die Sache aus-
baden müssen (inf); **to throw out the ~
with the bathwater** das Kind mit dem
Bade ausschütten.
 2. (small object of its type) Pikkolo
m (hum).
 3. (sl: thing for which one is respon-
sible) **that's a costing problem, that's
Harry's ~** das ist eine Kostenfrage, das ist
Harrys Problem; **I think this problem's
your ~** das ist wohl dein Bier (inf).
 4. (inf: girlfriend, boyfriend) Schatz m,
Schätzchen nt.
 5. (esp US inf: as address) Schätzchen nt
(inf); (man to man) mein Freund, mein
Junge. **that's my ~** jawohl, so ist's prima.
 II vt (inf) wie einen Säugling behan-
deln.

baby in cpds **1.** (for baby) Baby-, Säug-
lings-. **2.** (little) Klein-. **3.** (of animal) ~
crocodile/giraffe Krokodil-/Giraffen-
junge(s) nt.

baby boy n Sohn m, kleiner Junge; **baby
car** n Kleinwagen m; **baby carriage** n
(US) Kinderwagen m; **baby-doll
pyjamas** npl Babydoll nt; **baby face** n
Kindergesicht nt; (of adult male)
Milchgesicht nt; **baby girl** n Töchter-
chen nt; **baby grand (piano)** n Stutz-
flügel m.

babyhood ['beɪbɪhʊd] n frühe Kindheit,
Säuglingsalter nt.

babyish ['beɪbɪʃ] adj kindisch.

baby linen n Babywäsche f no pl.

Babylon ['bæbɪlən] n Babylon nt.

Babylonian [ˌbæbɪ'ləʊnɪən] **I** adj baby-
lonisch. **II** n Babylonier(in f) m.

baby-minder ['beɪbɪˌmaɪndər] n Tages-
mutter f, Kinderpfleger(in f) m; **baby-sit**
vi irreg babysitten; **she ~s for them** sie
geht bei ihnen babysitten; **baby-sitter** n
Babysitter(in f) m; **baby-sitting** n
Babysitten, Babysitting nt; **baby-
snatcher** n **1.** Kindesentführer(in f) m;
 2. (fig inf) **what a ~** der könnte ja ihr
Vater sein/sie könnte ja seine Mutter
sein!; **baby-snatching** n **1.** Kindesent-
führung f; **2.** (fig inf) **not her, that's ~** sie
nicht, ich vergreife mich doch nicht an
kleinen Kindern!; **baby-stroller** n (US)
Sportwagen m.

baccara(t) ['bækərɑː] n Bakkarat nt.

bacchanalia [ˌbækə'neɪlɪə] n (Hist, fig)
Bacchanal nt (geh).

bachelor ['bætʃələr] n **1.** Junggeselle m.
still a ~ immer noch Junggeselle.
 2. (Univ) B~ **of Arts/Science** Bak-
kalaureus m der philosophischen
Fakultät/der Naturwissenschaften.

bachelor flat n Junggesellenwohnung f;
bachelor girl n Junggesellin f.

bachelorhood ['bætʃələhʊd] n Jung-
gesellentum nt.

bacillary [bə'sɪlərɪ] adj (Med) Bazillen-,
bazillär; form stäbchenförmig.

bacillus [bə'sɪləs] n, pl **bacilli** [bə'sɪlaɪ]
Bazillus m.

back [bæk] **I** n **1.** (of person, animal,
book) Rücken m; (of chair also)
(Rücken)lehne f. **with one's ~ to the
engine** mit dem Rücken in Fahrtrichtung,
rückwärts; **to be on one's ~** (inf) auf der
Nase liegen (inf), krank sein; **to break
one's ~** (fig) sich abrackern, sich ab-
mühen; **we've broken the ~ of the job** wir
sind mit der Arbeit überm Berg (inf);
behind sb's ~ (fig) hinter jds Rücken (dat);
to put one's ~ into sth (fig) sich bei etw
anstrengen, bei etw Einsatz zeigen; **to put
or get sb's ~ up** jdn gegen sich aufbringen;
to turn one's ~ on sb (lit) jdm den Rücken
zuwenden; (fig) sich von jdm abwenden;

when I needed him he turned his ~ on me als ich ihn brauchte, ließ er mich im Stich; **he's at the** ~ **of all the trouble** er steckt hinter dem ganzen Ärger; **get these people off my** ~ (*inf*) schaff mir diese Leute vom Hals! (*inf*); **get off my** ~! (*inf*) laß mich endlich in Ruhe!; **to have a broad** ~ (*fig*) einen breiten Rücken haben; **to have one's** ~ **to the wall** (*fig*) in die Enge getrieben sein/werden; **I was pleased to see the** ~ **of them** (*inf*) ich war froh, sie endlich von hinten zu sehen (*inf*).

2. (*as opposed to front*) Rück- *or* Hinterseite *f*; (*of hand, dress*) Rücken *m*; (*of house, page, coin, cheque*) Rückseite *f*; (*of material*) linke Seite. **I know London like the** ~ **of my hand** ich kenne London wie meine Westentasche; **the index is at the** ~ **of the book** das Verzeichnis ist hinten im Buch; **he drove into the** ~ **of me** er ist mir hinten reingefahren (*inf*); **on the** ~ **of his hand** auf dem Handrücken; **the** ~ **of one's head** der Hinterkopf; **at/on the** ~ **of the bus** hinten im/am Bus; **in the** ~ (**of a car**) hinten (im Auto); **one consideration was at the** ~ **of my mind** ich hatte dabei eine Überlegung im Hinterkopf; **at the very** ~ **of the classroom** ganz hinten im Klassenzimmer; **at the** ~ **of the stage** im Hintergrund der Bühne; **at the** ~ **of the garage** (*inside*) hinten in der Garage; (*outside*) hinter der Garage; **at the** ~ **of beyond** am Ende der Welt, j.w.d. (*hum*); **in** ~ (*US*) hinten.

3. (*Ftbl*) Verteidiger *m*; (*Rugby*) Hinterspieler *m*.

II *adj wheel, yard* Hinter-; *rent* ausstehend, rückständig.

III *adv* **1.** (*to the rear*) (**stand**) ~! zurück(treten)!, (treten Sie) zurück!; ~ **and forth** hin und her.

2. (*in return*) zurück. **to pay sth** ~ etw zurückzahlen.

3. (*returning*) zurück. **to come/go** ~ zurückkommen/-gehen; **to fly to London and** ~ nach London und zurück fliegen; **there and** ~ hin und zurück.

4. (*again*) wieder. **he went** ~ **several times** er fuhr noch öfters wieder hin; **I'll never go** ~ da gehe ich nie wieder hin.

5. (*ago: in time phrases*) **a week** ~ vor einer Woche; **as far** ~ **as the 18th century** (*dating back*) bis ins 18. Jahrhundert zurück; (*point in time*) schon im 18. Jahrhundert; **far** ~ **in the past** vor langer, langer Zeit, vor Urzeiten.

IV *prep* (*US*) ~ **of** hinter.

V *vt* **1.** (*support*) unterstützen. **I will** ~ **you whatever you do** egal, was du tust, ich stehe hinter dir; **to** ~ **a bill** (*Fin*) einen Wechsel indossieren.

2. (*Betting*) setzen auf (+*acc*).

3. (*cause to move*) *car* zurückfahren *or* -setzen; *cart* zurückfahren; *horse* rückwärts gehen lassen. **he** ~**ed his car into the tree/garage** er fuhr rückwärts gegen den Baum/in die Garage; **to** ~ **water** (*Naut*) rückwärts rudern.

4. (*Mus*) *singer* begleiten.

5. (*put sth behind*) *picture* mit einem Rücken versehen, unterlegen; (*stick on*) aufziehen.

VI *vi* **1.** (*move backwards*) (*car, train*) zurücksetzen *or*-fahren. **the car** ~**ed into the garage** das Auto fuhr rückwärts in die Garage; **she** ~**ed into me** sie fuhr rückwärts in mein Auto.

2. (*Naut: wind*) drehen.

◆**back away** *vi* zurückweichen (*from* vor +*dat*).

◆**back down** *vi* (*fig*) nachgeben, klein beigeben.

◆**back off** *vi* (*vehicle*) zurücksetzen.

◆**back on to** *vi* +*prep obj* hinten angrenzen an (+*acc*).

◆**back out I** *vi* **1.** (*car etc*) rückwärts herausfahren *or* -setzen. **2.** (*fig: of contract, deal etc*) aussteigen (*of, from* aus) (*inf*). **II** *vt sep vehicle* rückwärts herausfahren *or* -setzen.

◆**back up I** *vi* (*car etc*) zurückstoßen. **to** ~ ~ **to sth** rückwärts an etw (*acc*) heranfahren.

II *vt sep* **1.** (*support*) unterstützen; (*confirm*) *story* bestätigen; (*in discussion etc also*) Schützenhilfe leisten (+*dat*), den Rücken stärken (+*dat*); *knowledge* fundieren; *claim, theory* untermauern.

2. *car etc* zurückfahren.

backache ['bækeɪk] *n* Rückenschmerzen *pl*; **back bench** *n* (*esp Brit*) Abgeordnetensitz *m*; **the** ~**es** das Plenum; **backbencher** *n* (*esp Brit*) Abgeordnete(r) *m* (*auf den hinteren Reihen im britischen Parlament*); **back-biting** *n* Lästern *nt*; **back boiler** *n* Warmwasserboiler *m* (*hinter der Heizung angebracht*); **backbone** *n* (*lit, fig*) Rückgrat *nt*; **back-breaking** *adj* erschöpfend, ermüdend; **backchat** *n*, *no pl* (*inf*) Widerrede *f*; **back-cloth** *n* Prospekt, Hintergrund *m*; **backcomb** *vt hair* toupieren; **back copy** *n* alte Ausgabe *or* Nummer; **backdate** *vt* (zu)rückdatieren; **salary increase** ~**d to May** Gehaltserhöhung rückwirkend ab Mai; **back door** *n* (*lit*) Hintertür *f*; (*fig*) Hintertürchen *nt*; **if you use the** ~ **method** wenn Sie das durchs Hintertürchen machen; **backdrop** *n* Prospekt, Hintergrund (*auch fig*) *m*.

backed [bækt] *adj* **low-/high-**~ mit niedriger/hoher Rückenlehne; **a low-**~ **dress** ein Kleid mit tiefem Rückenausschnitt; **straight-**~ *chair* mit gerader Rückenlehne; *person* mit geradem Rücken.

back end *n* (*rear*) hinteres Ende. **at the** ~ **of the year** gegen Ende des Jahres, in den letzten Monaten des Jahres; **she looks like the** ~ **of a bus** (*sl*) sie ist potthäßlich (*inf*).

backer ['bækə^r] *n* **1.** (*supporter*) **his** ~**s** (diejenigen,) die ihn unterstützen.

2. (*Betting*) Wettende(r) *mf*.

3. (*Comm*) Geldgeber *m*.

back file *n* alte Akte; **backfire I** *n* **1.** (*Aut*) Fehlzündung *f*; **2.** (*US*) Gegenfeuer *nt*; **II** *vi* **1.** (*Aut*) fehlzünden; **2.** (*inf: plan etc*) ins Auge gehen (*inf*); **it** ~**d on us** der Schuß ging nach hinten los (*inf*); **back formation** *n* (*Ling*) Rückbildung *f*; **backgammon** *n* Backgammon *nt*; **back garden** *n* Garten *m* (hinterm Haus).

background ['bækgraʊnd] **I** *n* **1.** (*of painting etc, fig*) Hintergrund *m*. **to stay in the**

~ im Hintergrund bleiben; **to keep sb in the ~** jdn nicht in den Vordergrund treten lassen.
2. *(of person) (educational etc)* Werdegang *m*; *(social)* Verhältnisse *pl*; *(family ~)* Herkunft *f no pl.* **he comes from a ~ of poverty** er kommt aus ärmlichen Verhältnissen; **comprehensive schools take children from all ~s** Gesamtschulen nehmen Kinder aus allen Schichten auf; **what's your educational ~?** was für eine Ausbildung haben Sie?
3. *(of case, event, problem etc)* Zusammenhänge, Hintergründe *pl*.
II *adj reading* vertiefend. **~ music** Backgroundmusik, Musikuntermalung *f*; **~ noises** *pl* Geräuschkulisse *f*, Geräusch *nt* im Hintergrund; **~ information** Hintergrundinformationen *pl*.
backhand ['bækhænd] **I** *n (Sport)* Rückhand *f*; *(one stroke)* Rückhandschlag *m*; **II** *adj stroke, shot* Rückhand-; **III** *adv* mit der Rückhand; **backhanded** *adj compliment* zweifelhaft; *shot* Rückhand-; *writing* nach links geneigt; **backhander** *n* **1.** *(Sport)* Rückhandschlag *m*; **2.** *(inf: bribe)* Schmiergeld *nt*.
backing ['bækɪŋ] *n* **1.** *(support)* Unterstützung *f*. **2.** *(Mus)* Begleitung *f*. **~ group** Begleitband, Begleitung *f*. **3.** *(for picture frame, for strengthening)* Rücken-(verstärkung *f*) *m*; *(for carpet, wallpaper etc)* Rücken(beschichtung *f*) *m*.
backlash ['bæklæʃ] *n* **1.** *(Tech) (jarring reaction)* Gegenschlag *m*; *(play)* zuviel Spiel; **2.** *(fig)* Gegenreaktion *f*; **backless** *adj dress* rückenfrei; **backlog** *n* Rückstände *pl*; **I have a ~ of work** ich bin mit der Arbeit im Rückstand; **backmarker** *n (Sport)* Nachzügler *m*, Schlußlicht *nt*; **back number** *n (of paper)* alte Ausgabe *or* Nummer; *(fig) (person)* altmodischer Mensch; *(thing)* veraltetes Ding; **backpack** *n* Rucksack *m*; **to go ~ing** auf (Berg)tour gehen; **back pay** *n* Nachzahlung *f*; **back-pedal** *vi (lit)* rückwärts treten; *(fig inf)* langsam treten *(inf)*, bremsen *(inf)* *(on* bei); **back-pedal brake** *n* Rücktrittbremse *f*; **back projection** *n (Film)* Rückprojektion *f*; **back rest** *n* Rückenstütze *f*; **back room** *n* Hinterzimmer *nt*; **back-room boy** *n (inf)* Experte *m* im Hintergrund; **back seat** *n* Rücksitz *m*; **to take a ~** *(fig)* sich zurückhalten *(inf)*; **backseat driver** *n* Beifahrer, der dem Fahrer dazwischenredet; **backshift** *n* Spätschicht *f*; **backside** *n (inf)* Hintern *m (inf)*, Hinterteil *nt*; **backslapping** *n (inf)* Schulterklopfen *nt*; **backslide** *vi irreg (fig)* rückfällig werden; *(Eccl)* abtrünnig werden; **backslider** *n* Rückfällige(r) *mf*; Abtrünnige(r) *mf*; **back-space** *vi (Typing)* zurücksetzen; **back-spacer** *n (Typing)* Rücktaste *f*; **backstage** *adv, adj* hinter den Kulissen; *(in dressing-room area)* in die/der Garderobe; **backstairs** *n sing* Hintertreppe *f*; **backstitch** *n* Steppstich *m*; **back straight** *n (Sport)* Gegengerade *f*; **back street** *n* Seitensträßchen *nt*; **he comes from the ~s of Liverpool** er kommt aus dem ärmeren Teil von Liverpool; **back-**

street abortion *n* illegale Abtreibung; **~s** Engelmacherei *f (inf)*; **back-street abortionist** *n* Engelmacher(in *f*) *m (inf)*; **backstroke** *n (Swimming)* Rückenschwimmen *nt*; **can you do the ~?** können Sie rückenschwimmen?; **backtalk** *n* Widerrede, Frechheit *f*; **back to back** *adv* Rücken an Rücken; *(things)* mit den Rückseiten aneinander; **back to front** *adv* verkehrt herum; *read* von hinten nach vorne; **back tooth** *n* Backenzahn *m*; **backtrack** *vi (over ground)* denselben Weg zurückgehen *or* zurückverfolgen; *(on policy etc)* einen Rückzieher machen *(on sth* bei etw); **back-up I** *n* Unterstützung *f*; **II** *adj troops* Unterstützungs-, Hilfs-; *train, plane* Entlastungs-; **back vowel** *n (Phon)* hinterer Vokal, Rachenvokal *m*.
backward ['bækwəd] **I** *adj* **1.** **~ and forward movement** Vor- und Zurückbewegung *f*; **a ~ glance** ein Blick zurück.
2. *(fig)* **a ~ step/move** ein Schritt *m* zurück/eine (Zu)rückentwicklung.
3. *(retarded) child* zurückgeblieben; *region, country* rückständig.
II *adv see* **backwards.**
backwardness ['bækwədnɪs] *n (mental)* Zurückgebliebenheit *f*; *(of region)* Rückständigkeit *f*.
backwards ['bækwədz] *adv* **1.** rückwärts. **to fall ~** nach hinten fallen; **to walk ~ and forwards** hin und her gehen; **to say the alphabet ~** das Alphabet rückwärts *or* von hinten aufsagen; **to lean** *or* **bend over ~ to do sth** *(inf)* sich fast umbringen *or* sich *(dat)* ein Bein ausreißen, um etw zu tun *(inf)*; **I know it ~** das kenne ich in- und auswendig.
2. *(towards the past)* zurück.
backwash ['bækwɒʃ] *n (Naut)* Rückströmung *f*; *(fig)* Nachwirkung *f usu pl*; **those caught up in the ~ of the scandal** diejenigen, die in den Skandal mit hineingezogen wurden; **backwater** *n (lit)* Stauwasser *nt*, totes Wasser; *(fig)* rückständiges Nest; **this town is a cultural ~** kulturell (gesehen) ist diese Stadt tiefste Provinz; **backwoods** *npl* unerschlossene (Wald)gebiete *pl*; **backwoodsman** *n* Waldsiedler *m*; *(US inf)* Hinterwäldler *m*; **backyard** *n* Hinterhof *m*.
bacon ['beɪkən] *n* Frühstücks- *or* Schinkenspeck *m*. **~ and eggs** Eier mit Speck; **to save sb's ~** *(inf)* jds Rettung sein; **to bring home the ~** *(inf: earn a living)* die Brötchen verdienen *(inf)*.
bacteria [bæk'tɪərɪə] *pl of* **bacterium.**
bacterial [bæk'tɪərɪəl] *adj* Bakterien-, bakteriell.
bacteriological [bæk,tɪərɪə'lɒdʒɪkəl] *adj* bakteriologisch.
bacteriologist [bæk,tɪərɪ'ɒlədʒɪst] *n* Bakteriologe *m*, Bakteriologin *f*.
bacteriology [bæk,tɪərɪ'ɒlədʒɪ] *n* Bakteriologie *f*.
bacterium [bæk'tɪərɪəm] *n, pl* **bacteria** Bakterie *f*.
bad [bæd] **I** *adj, comp* **worse**, *superl* **worst** **1.** schlecht; *news also* schlimm; *smell, habit also* übel; *insurance risk* hoch; *word* unanständig, schlimm; *(immoral, wicked*

also) böse; (*naughty, misbehaved*) unartig, ungezogen; *dog* böse. **you ~ boy!** du ungezogener Junge!, du Lümmel! (*also iro*); **I didn't mean that word in a ~ sense** ich habe mir bei dem Wort nichts Böses gedacht; **it's a ~ business** das ist eine üble Sache; **things are going from ~ to worse** es wird immer schlimmer; **to go ~** schlecht werden, verderben; **to be ~ for sb/sth** schlecht *or* nicht gut für jdn/etw sein; **he's ~ at tennis** er spielt schlecht Tennis; **he's ~ at sport** im Sport ist er schlecht *or* nicht gut, er ist unsportlich; **I'm very ~ at telling lies** ich kann schlecht *or* nicht gut lügen; **he speaks ~ English** er spricht schlecht(es) Englisch; **to be ~ to sb** jdn schlecht behandeln; **there's nothing ~ about living together** es ist doch nicht schlimm *or* es ist doch nichts dabei, wenn man zusammenlebt; **this is a ~ district for wheat** dies ist eine schlechte *or* keine gute Gegend für Weizen; **it would not be a ~ thing** *or* **plan** das wäre nicht schlecht *or* keine schlechte Idee; **(that's) too ~!** (*indignant*) so was!; **(~ luck)** Pech!; **it's too ~ of you** das ist wirklich nicht nett von dir; **too ~ you couldn't make it** (es ist) wirklich schade, daß Sie nicht kommen konnten.

2. (*serious*) *wound, sprain* schlimm; *accident, mistake, cold also* schwer; *headache also, deterioration* stark. **he's got it ~** (*inf*) ihn hat's schwer erwischt (*inf*); **to have it ~ for sb** (*inf*) in jdn schwer *or* unheimlich verknallt sein (*inf*).

3. *time, day* ungünstig, schlecht.

4. (*in poor health, sick*) *stomach* krank; *leg, knee, hand* schlimm; *tooth* (*generally*) schlecht; (*now*) schlimm. **he/the economy is in a ~ way** es geht ihm schlecht/es steht schlecht um die *or* mit der Wirtschaft; **I've got a ~ head** ich habe einen dicken Kopf (*inf*); **to feel ~** sich nicht wohl fühlen; **I feel ~** mir geht es *or* ist nicht gut; **how is he?** — **he's not so ~** wie geht es ihm? — nicht schlecht; **I didn't know she was so ~** ich wußte nicht, daß es ihr so schlecht geht.

5. (*regretful*) **I feel really ~ about not having told him** ich habe ein schlechtes Gewissen, daß ich ihm das nicht gesagt habe; **don't feel ~ about it** machen Sie sich (*dat*) keine Gedanken (darüber).

6. *debt* uneinbringlich; *voting slip, coin* ungültig; *cheque* ungültig; (*uncovered*) ungedeckt; (*damaged*) beschädigt.

II *n, no pl* **1. to take the good with the ~** (auch) die schlechten Seiten in Kauf nehmen; **there is good and ~ in everything/everybody** alles/jeder hat seine guten und schlechten Seiten.

2. he's gone to the ~ er ist auf die schiefe Bahn geraten.

baddie ['bædɪ] *n* (*inf*) Bösewicht *m*.

baddish ['bædɪʃ] *adj* (*inf*) ziemlich schlecht.

bad(e) [beɪd] *pret of* **bid.**

badge [bædʒ] *n* **1.** Abzeichen *nt*; (*made of metal: women's lib, joke*) ~ Button *m*; (*on car etc*) Plakette *f*. **~ of office** Dienstmarke *f*. **2.** (*fig: symbol*) Merkmal *nt*.

badger ['bædʒəʳ] **I** *n* Dachs *m*. **II** *vt* zusetzen (+*dat*), bearbeiten (*inf*), keine Ruhe lassen (+*dat*). **don't ~ me** laß mich in Ruhe *or* Frieden.

badlands ['bædləndz] *npl* Ödland *nt*.

badly ['bædlɪ] *adv* **1.** schlecht. **the party went ~** die Party war ein Reinfall (*inf*).

2. *wounded, mistaken* schwer. **~ beaten** (*Sport*) vernichtend geschlagen; *person* schwer *or* schlimm verprügelt; **the ~ disabled** die Schwerstbeschädigten.

3. (*very much*) äußerst, sehr; *in debt, overdrawn* hoch. **to want sth ~** etw unbedingt wollen; **I need it ~** ich brauche es dringend.

bad-mannered [,bæd'mænəd] *adj* ungezogen, unhöflich.

badminton ['bædmɪntən] *n* Badminton *nt*, Federball *m*.

badness ['bædnɪs] *n, no pl* **1.** Schlechtheit *f*; (*moral*) Schlechtigkeit *f*; (*naughtiness*) Unartigkeit, Ungezogenheit *f*. **2.** (*seriousness*) Schwere *f*; (*of mistake also*) Ernst *m*; (*of headache*) Stärke *f*.

bad-tempered [,bæd'tempəd] *adj* schlechtgelaunt *attr*, übellaunig. **to be ~** schlechte Laune haben; (*as characteristic*) ein übellauniger Mensch sein.

baffle ['bæfl] **I** *vt* **1.** (*confound, amaze*) verblüffen; (*cause incomprehension*) vor ein Rätsel stellen. **a ~d look** ein verdutzter Blick; **the police are ~d** die Polizei steht vor einem Rätsel.

2. (*Tech*) *sound* dämpfen.

II *n* (*also* **~-plate**) (*Aut*) Umlenkblech *nt*.

baffling ['bæflɪŋ] *adj case* rätselhaft; *complexity* verwirrend; *mystery* unergründlich.

bag [bæg] **I** *n* **1.** Tasche *f*; (*with drawstrings, pouch*) Beutel *m*; (*for school*) Schultasche *f*; (*made of paper, plastic*) Tüte *f*; (*sack*) Sack *m*; (*suitcase*) Reisetasche *f*. **~s** (Reise)gepäck *nt*; **with ~ and baggage** mit Sack und Pack; **to be a ~ of bones** (*fig inf*) nur Haut und Knochen sein (*inf*); **the whole ~ of tricks** (*inf*) die ganze Trickkiste (*inf*).

2. (*Hunt*) **the ~** die (Jagd)beute; **to get a good ~** (eine) fette Beute machen *or* heimbringen; **it's in the ~** (*fig inf*) das habe ich *etc* schon in der Tasche (*inf*).

3. ~s under the eyes (*black*) Ringe *pl* unter den Augen; (*of skin*) (hervortretende) Tränensäcke *pl*.

4. (*inf: a lot*) **~s of** jede Menge (*inf*).

5. (*pej sl: woman*) **(old) ~** (alte) Ziege (*pej sl*), Weibsstück *nt* (*inf*).

II *vt* **1.** in Tüten/Säcke verpacken.

2. (*Hunt*) erlegen, erbeuten.

3. (*Brit sl: get*) (sich *dat*) schnappen (*inf*). **~s I have first go!** will anfangen!

III *vi* (*garment*) sich (aus)beulen.

bagatelle [,bægə'tel] *n* **1.** (*liter: trifle*) Bagatelle *f*. **2.** (*game*) Tivoli *nt*.

bagful ['bægfʊl] *n* **a ~ of groceries** eine Tasche voll Lebensmittel; **20 ~s of wheat** 20 Sack Weizen.

baggage ['bægɪdʒ] *n* **1.** (*luggage*) (Reise)gepäck *nt*. **2.** (*Mil*) Gepäck *nt*. **3.** (*pej inf: woman*) Stück *nt* (*inf*).

baggage car *n* Gepäckwagen *m*; **baggage check** *n* Gepäckkontrolle *f*; **baggage wagon** *n* Gepäckwagen *m*.

bagging ['bægɪŋ] n (material) Sack- or Packleinen nt.

baggy ['bægɪ] adj (+er) (ill-fitting) zu weit; dress sackartig; skin schlaff (hängend); (out of shape) trousers, suit ausgebeult; jumper ausgeleiert. ~ **trousers are fashionable again** weite (Flatter)hosen sind wieder modern.

Baghdad [ˌbæg'dæd] n Bagdad nt.

bagpipe(s pl) ['bægpaɪp(s)] n Dudelsack m.

bags [bægz] npl see **bag I 4**.

bag-snatcher ['bægˌsnætʃəʳ] n Handtaschenräuber m.

Bahamas [bə'hɑːməz] npl: **the** ~ die Bahamas, die Bahamainseln pl.

bail[1] [beɪl] n (Jur) Kaution, Sicherheitsleistung (form) f. **to go** or **stand** or **put in** ~ **for sb** für jdn (die) Kaution stellen or leisten; **to grant/refuse** ~ die Freilassung gegen Kaution bewilligen/verweigern; **to let sb out on** ~ jdn gegen Kaution freilassen.

◆**bail out** vt sep **1.** (Jur) gegen Kaution or Sicherheitsleistung freibekommen, die Kaution stellen für. **2.** (fig) aus der Patsche helfen (+dat) (inf). **3.** boat see **bale out.**

bail[2] n **1.** (Cricket) Querholz nt. **2.** (in stable) Trennstange f.

bail[3] vti see **bale**[2].

Bailey bridge ['beɪlɪ'brɪdʒ] n Behelfsbrücke f.

bailiff ['beɪlɪf] n **1.** (Jur) (sheriff's) ~ Amtsdiener m; (for property) Gerichtsvollzieher m; (in court) Gerichtsdiener m. **2.** (on estate) (Guts)verwalter m.

bairn [bɛən] n (Scot) Kind nt.

bait [beɪt] **I** n (lit, fig) Köder m. **to take** or **swallow** or **rise to the** ~ (lit, fig) anbeißen; (fig: be trapped) sich ködern lassen. **II** vt **1.** hook, trap mit einem Köder versehen, beködern. **2.** (torment) animal (mit Hunden) hetzen; person quälen.

baize [beɪz] n Fries, Flaus m. **green** ~ Billardtuch nt.

bake [beɪk] **I** vt **1.** (Cook) backen. ~**d apples** pl Bratäpfel pl; ~**d potatoes** pl gebackene Pellkartoffeln pl.
2. pottery, bricks brennen; (sun) earth ausdörren.
II vi **1.** backen; (cake) im (Back)ofen sein.
2. (pottery etc) gebrannt werden, im (Brenn)ofen sein.
3. (inf) **I'm baking** ich komme um vor Hitze; **it's baking (hot) today** es ist eine Affenhitze heute (inf).

baker ['beɪkəʳ] n Bäcker(in f) m; ~**'s man** or **boy** Bäckerjunge m; ~**'s (shop)** Bäckerei f, Bäckerladen m; ~**'s dozen** 13 (Stück).

bakery ['beɪkərɪ] n Bäckerei f.

baking ['beɪkɪŋ] n **1.** (act) (Cook) Backen nt; (of earthenware) Brennen nt. **2.** (batch: of bread, of bricks etc) Ofenladung f, Schub m.

baking dish n Backform f; **baking powder** n Backpulver nt; **baking sheet** n Back- or Plätzchenblech nt; **baking soda** n Backpulver nt; **baking tin** n Backform f; **baking tray** n Kuchenblech nt.

Balaclava [ˌbælə'klɑːvə] n (also ~ **helmet**) Kapuzenmütze f.

balance ['bæləns] **I** n **1.** (apparatus) Waage f. **to be** or **hang in the** ~ (fig) in der Schwebe sein; **his life hung in the** ~ sein Leben hing an einem dünnen or seidenen Faden; **to put sth in the** ~ (risk) etw in die Waagschale werfen.
2. (counterpoise) Gegengewicht nt (to zu); (fig also) Ausgleich m (to für).
3. (lit, fig: equilibrium) Gleichgewicht nt. **to keep one's** ~ das Gleichgewicht (be)halten; **to lose one's** ~ aus dem Gleichgewicht kommen, das Gleichgewicht verlieren; **to recover one's** ~ wieder ins Gleichgewicht kommen, das Gleichgewicht wiedererlangen; **off** ~ aus dem Gleichgewicht; **to throw sb off (his)** ~ jdn aus dem Gleichgewicht bringen; **the** ~ **of power** das Gleichgewicht der Mächte; **to strike the right** ~ **between old and new/import and export** den goldenen Mittelweg zwischen Alt und Neu finden/das richtige Verhältnis von Import zu Export finden; **on** ~ (fig) alles in allem.
4. (Art) Ausgewogenheit f.
5. (preponderant weight) Hauptgewicht nt.
6. (Comm, Fin: state of account) Saldo m; (with bank also) Konto(be)stand m; (of company) Bilanz f. ~ **in hand** (Comm) Kassen(be)stand m; ~ **carried forward** Saldovortrag or-übertrag m; ~ **due** (banking) Debetsaldo m, Soll nt; (Comm) Rechnungsbetrag m; ~ **in your favour** Saldoguthaben, Haben nt; **to pay off the** ~ (banking) den Saldo begleichen; (Comm) den Rest bezahlen; **my father has promised to make up the** ~ mein Vater hat versprochen, die Differenz zu (be)zahlen; ~ **of payments/trade** Zahlungs-/Handelsbilanz f.
7. (fig: remainder) Rest m.
II vt **1.** (keep level, in equilibrium) im Gleichgewicht halten; (bring into equilibrium) ins Gleichgewicht bringen, ausbalancieren. **to** ~ **oneself on one foot** auf einem Fuß balancieren; **the seal** ~**s a ball on its nose** der Seehund balanciert einen Ball auf der Nase.
2. (weigh in the mind) two arguments, two solutions (gegeneinander) abwägen.
3. (equal, make up for) ausgleichen.
4. (Comm, Fin) account (add up) saldieren, abschließen; (make equal) ausgleichen; (pay off) begleichen; budget ausgleichen. **to** ~ **the books** die Bilanz ziehen or machen.
5. (Aut) wheel auswuchten.
III vi **1.** (be in equilibrium) Gleichgewicht halten; (scales) sich ausbalancieren; (painting) ausgewogen sein. **he** ~**d on one foot** er balancierte auf einem Bein; **with a ball balancing on its nose** mit einem Ball, den er auf der Nase balancierte.
2. (Comm, Fin: of accounts) ausgeglichen sein. **the books don't** ~ die Abrechnung stimmt nicht; **to make the books** ~ die Abrechnung ausgleichen.

◆**balance out I** vt sep aufwiegen, ausgleichen. **they** ~ **each other** ~ sie halten sich (dat) die Waage; (personalities) sie gleichen sich aus. **II** vi sich ausgleichen.

balanced ['bælənst] adj personality ausgeglichen; diet also, painting, photography, *mixture* ausgewogen.

balance sheet n *(Fin)* Bilanz f; *(document)* Bilanzaufstellung f; **balance wheel** n *(in watch)* Unruh f.

balancing act ['bælənsɪŋ,ækt] n *(lit, fig)* Balanceakt m.

balcony ['bælkənɪ] n **1.** Balkon m. **2.** *(Theat)* Galerie f.

bald [bɔːld] adj (+er) **1.** *person* kahl, glatzköpfig; *bird* federlos; *tree* kahl. **he is** ~ er hat eine Glatze; **to go** ~ eine Glatze bekommen; **he is going** ~ **at the temples** er hat Geheimratsecken.
    2. *style, statement* knapp.

bald eagle n weißköpfiger Seeadler.

bald-headed ['bɔːld,hedɪd] adj kahl- *or* glatzköpfig.

balding ['bɔːldɪŋ] **I** adj his ~ **head** sein schütter werdendes Haar; **a** ~ **gentleman** ein Herr mit schütterem Haar. **II** n Haarausfall m.

baldly ['bɔːldlɪ] adv *(fig)* *(bluntly)* unverblümt, unumwunden; *(roughly)* grob, knapp.

baldness ['bɔːldnɪs] n **1.** Kahlheit f. **2.** *(of style, statement)* Knappheit f.

bale¹ [beɪl] **I** n *(of hay etc)* Bündel nt; *(out of combine harvester, of cotton)* Ballen m; *(of paper etc)* Pack m. **II** vt bündeln; **zu Ballen verarbeiten.

bale² vti *(Naut)* schöpfen.

◆**bale out I** vi **1.** *(Aviat)* abspringen, aussteigen *(inf)* *(of aus)*. **2.** *(Naut)* schöpfen. **II** vt sep *(Naut)* water schöpfen; *ship* ausschöpfen, leer schöpfen.

Balearic [,bælɪ'ærɪk] adj: **the** ~ **Islands** die Balearen pl.

baleful ['beɪlfʊl] adj **1.** *(evil)* böse; *look (of bull etc)* stier. **2.** *(sad)* traurig.

balefully ['beɪlfəlɪ] adv *see adj.*

balk, baulk [bɔːk] **I** n **1.** *(beam)* Balken m. **2.** *(obstacle)* Hindernis nt *(to für)*. **II** vt *person* hemmen; *plan* vereiteln. **III** vi *(person)* zurückschrecken *(at vor +dat)*; *(horse)* scheuen, bocken *(at bei)*.

Balkan ['bɔːlkən] **I** adj Balkan-. **the** ~ **Mountains** der Balkan. **II** n: **the** ~**s** der Balkan, die Balkanländer pl.

ball¹ [bɔːl] **I** n **1.** Ball m; *(sphere)* Kugel f; *(of wool, string)* Knäuel m. ~ **and chain** Fußfessel f (mit Gewicht).
    2. *(Sport)* Ball m; *(Billiards, Croquet)* Kugel f.
    3. *(delivery of a* ~*)* Ball m; *(Tennis, Golf also)* Schlag m; *(Ftbl, Hockey also)* Schuß m; *(Cricket)* Wurf m.
    4. *(game)* Ball m; *(US: baseball)* Baseball m.
    5. *(fig phrases)* **to keep the** ~ **rolling** das Gespräch in Gang halten; **to start** *or* **set the** ~ **rolling** den Stein ins Rollen bringen; **the** ~ **is in your court** Sie sind am Ball *(inf)*; **to be on the** ~ *(inf)* am Ball sein *(inf)*, auf Zack *or* Draht sein *(inf)*.
    6. *(Anat)* ~ **of the foot/thumb** Fuß-/Handballen m.
    7. *(Cook: of meat, fish)* Klößchen nt.
    8. *(sl: testicle)* Ei nt *usu pl (sl)*; *pl also* Sack m *(sl)*. ~**s!** *(nonsense)* red keinen Scheiß! *(sl)*; ~**s to the regulations** ich scheiß' doch auf die Bestimmungen *(vulg)*.
    II vti *(US sl)* bumsen *(inf)*.

ball² n **1.** *(dance)* Ball m. **2.** *(inf: good time)* Spaß m. **to have a** ~ sich prima amüsieren *(inf)*.

ballad ['bæləd] n *(Mus, Liter)* Ballade f.

ball-and-socket joint [,bɔːlənd'sɒkɪt-] n Kugelgelenk nt.

ballast ['bæləst] **I** n **1.** *(Naut, Aviat, fig)* Ballast m. **to take in/discharge** ~ Ballast aufnehmen/abwerfen. **2.** *(stone, clinker)* Schotter m; *(Rail)* Bettung(sschotter m) f. **II** vt *(Naut, Aviat)* mit Ballast beladen.

ball-bearing [,bɔːl'beərɪŋ] n Kugellager nt; *(ball)* Kugellagerkugel f; **ball-boy** n *(Tennis)* Balljunge m; **ball-cock** n Schwimmerhahn m; **ball control** n Ballführung f.

ballerina [,bælə'riːnə] n Ballerina, Ballerine f; *(principal)* Primaballerina f.

ballet ['bæleɪ] n Ballett nt.

ballet-dancer ['bæleɪ,dɑːnsəʳ] n Balletttänzer(in f) m, Balletteuse f; **ballet pump, balletshoe** n Ballettschuh m; **ballet skirt** n Ballettröckchen nt.

ball game n Ballspiel nt. **it's a whole new/different** ~ *(fig inf)* das ist 'ne ganz andere Chose *(inf)*.

ballistic [bə'lɪstɪk] adj ballistisch. ~ **missile** Raketengeschoß nt.

ballistics [bə'lɪstɪks] n sing Ballistik f. ~ **expert** Schußwaffenfachmann m.

balloon [bə'luːn] **I** n **1.** *(Aviat)* (Frei)ballon m; *(toy)* (Luft)ballon m; *(Met)* (Wetter)ballon m. **the** ~ **went up** *(fig inf)* da ist die Bombe geplatzt *(inf)*. **2.** *(in cartoons)* Sprechblase f. **3.** *(Chem: also* ~ **flask)** (Rund)kolben m. **II** vi **1. to go** ~**ing** auf Ballonfahrt gehen. **2.** *(swell out)* sich blähen.

balloon glass n Kognakglas nt.

balloonist [bə'luːnɪst] n Ballonfahrer m.

ballot ['bælət] **I** n **1.** *(method of voting)* geheime Abstimmung; *(election)* Geheimwahl f. **voting is by** ~ die Wahl/Abstimmung ist geheim.
    2. *(vote)* Abstimmung f; *(election)* Wahl f. **first/second** ~ erster/zweiter Wahlgang; **to take** *or* **hold a** ~ abstimmen; **eine Wahl abhalten, wählen.
    3. *(numbers)* abgegebene Stimmen. **a large** ~ eine hohe Wahlbeteiligung.
    II vi abstimmen; *(elect)* eine (geheime) Wahl abhalten.
    III vt *members* abstimmen lassen.

ballot-box ['bælətbɒks] n Wahlurne f; **ballot-paper** n Stimm- *or* Wahlzettel m.

ballpark ['bɔːlpɑːk] n *(US)* Baseballstadion nt; **ball-point (pen)** n Kugelschreiber m; **ballroom** n Ball- *or* Tanzsaal m; **ballroom dancing** n klassische Tänze, Gesellschaftstänze pl.

balls-up ['bɔːlzʌp], *(esp US)* **ball up** ['bɔːlʌp] n *(sl)* Durcheinander nt. **he made a complete** ~ **of the job** er hat bei der Arbeit totale Scheiße gebaut *(sl)*.

balls up, *(esp US)* **ball up** vt sep *(sl)* verhunzen *(inf)*.

ballyhoo [,bælɪ'huː] *(inf)* **I** n Trara *(inf)*, Tamtam *(inf)* nt. **II** vt *(US)* marktschreierisch anpreisen.

balm [bɑːm] n **1.** *(lit, fig)* Balsam m. **2.** *(Bot)* Melisse f.

balmy ['bɑːmɪ] adj (+er) *(fragrant)*

balsamisch (*geh*), wohlriechend; (*mild*) sanft, lind (*geh*).

baloney [bəˈləʊnɪ] *n* **1.** (*sl*) Stuß (*sl*), Quatsch (*inf*) *m*. **2.** (*US: sausage*) Mortadella *f*.

balsa [ˈbɔːlsə] *n* (*also* ~ **wood**) Balsa(holz) *nt*.

balsam [ˈbɔːlsəm] *n* **1.** Balsam *m*. ~ **fir** Balsamtanne *f*. **2.** (*Bot*) Springkraut *nt*.

Baltic [ˈbɔːltɪk] *adj* Ostsee-; *language*, (*of* ~ *States*) baltisch. ~ **Sea** Ostsee *f*; **the** ~ **States** (*Hist*) die baltischen Staaten, das Baltikum.

balustrade [ˌbæləˈstreɪd] *n* Balustrade *f*.

bamboo [bæmˈbuː] **I** *n* Bambus *m*. **II** *attr* Bambus-. ~ **shoots** *pl* Bambussprossen *pl*; **the B~ Curtain** (*Pol*) der Bambusvorhang.

bamboozle [bæmˈbuːzl] *vt* (*inf*) (*baffle*) verblüffen, baff machen (*inf*); (*trick*) hereinlegen (*inf*), tricksen (*inf*).

ban [bæn] **I** *n* Verbot *nt*; (*Eccl*) (Kirchen)-bann *m*. **to put a** ~ **on sth** etw verbieten, etw mit einem Verbot belegen (*form*); **a** ~ **on smoking** Rauchverbot *nt*.
 II *vt* (*prohibit*) verbieten; (*Eccl*) auf den Index setzen; *footballer etc* sperren. **to** ~ **sb from doing sth** jdm verbieten *or* untersagen, etw zu tun; **he is** ~**ned from this pub** er hat hier Lokalverbot; **she was** ~**ned from driving** ihr wurde Fahrverbot erteilt.

banal [bəˈnɑːl] *adj* banal.

banality [bəˈnælɪtɪ] *n* Banalität *f*.

banana [bəˈnɑːnə] *n* Banane *f*.

banana *in cpds* Bananen-; ~ **republic** (*pej*) Bananenrepublik *f*.

bananas [bəˈnɑːnəz] *adj pred* (*sl: crazy*) bekloppt (*inf*), bescheuert (*sl*), beknackt (*sl*). **this is driving me** ~ dabei dreh' ich durch (*inf*); **he's** ~ **about her** er steht unheimlich auf sie (*sl*).

banana skin *n* Bananenschale *f*; **banana tree** *n* Bananenstaude *f*.

band[1] [bænd] **I** *n* **1.** (*of cloth, iron*) Band *nt*; (*on barrel*) Faßband *nt*, Reifen *m*; (*over book jacket*) (Einband)streifen *m*; (*of leather*) Band *nt*, Riemen *m*; (*waist* ~) Bund *m*; (*on cigar*) Banderole, Bauchbinde *f*; (*ring: on bird, US: wedding* ~) Ring *m*; (*on machine*) Riemen *m*.
 2. (*stripe*) Streifen *m*.
 3. (*Rad*) Band *nt*.
 II *vt bird* beringen.

band[2] *n* **1.** Schar *f*; (*of robbers etc*) Bande *f*; (*of workers*) Trupp *m*, Kolonne *f*.
 2. (*Mus*) Band *f*; (*dance* ~) (Tanz)orchester *nt*; (*in circus, brass* ~, *Mil etc*) (Musik)kapelle *f*.

◆**band together** *vi* sich zusammenschließen.

bandage [ˈbændɪdʒ] **I** *n* Verband *m*; (*strip of cloth*) Binde *f*. **II** *vt* (*also* ~ **up**) *cut* verbinden; *broken limb* bandagieren.

bandan(n)a [bænˈdænə] *n* großes Schnupftuch; (*round neck*) Halstuch *nt*.

B & B [ˌbiːəndˈbiː] *n abbr of* **bed and breakfast** (*as sign*) Ü & Fr.

bandbox [ˈbændbɒks] *n* Hutschachtel *f*.

banderol(e) [ˈbændərəʊl] *n* (*Naut*) Wimpel *m*, Fähnlein *nt*; (*Her*) Fähnchen *nt*; (*Archit*) Inschriftenband *nt*.

bandit [ˈbændɪt] *n* Bandit, Räuber *m*.

banditry [ˈbændɪtrɪ] *n* Banditentum *nt*.

band leader *n* Bandleader *m*; **bandmaster** *n* Kapellmeister *m*.

bandolier, **bandoleer** [ˌbændəˈlɪər] *n* Schulterpatronengurt *m*.

band saw *n* Bandsäge *f*.

bandsman [ˈbændzmən] *n*, *pl* **-men** [-mən] Musiker, Musikant (*old*) *m*. **military** ~ Mitglied *nt* eines Musikkorps.

bandstand [ˈbændstænd] *n* Musikpavillon *m* *or* -podium *nt*; **bandwagon** *n* (*US*) Musikwagen *m*, (Fest)wagen der Musikkapelle; **to jump** *or* **climb on the** ~ (*fig inf*) sich dranhängen, auf den fahrenden Zug aufspringen; **bandwidth** *n* (*Rad*) Bandbreite *f*.

bandy[1] [ˈbændɪ] *adj* krumm. ~ **legs** (*of people*) O-Beine.

bandy[2] *vt jokes* sich (*dat*) erzählen; (*old*) *ball* hin- und herspielen. **to** ~ **words (with sb)** sich (mit jdm) herumstreiten.

◆**bandy about** *or* **around** *vt sep story, secret* herumerzählen, herumtragen; *ideas* verbreiten; *words, technical expressions* um sich werfen mit; *sb's name* immer wieder nennen. **he doesn't like having his name bandied** ~ **in connection with it** er mag es nicht, daß sein Name dauernd im Zusammenhang damit erwähnt wird; **I'd rather you didn't** ~ **my nickname** ~ **the office** es wäre mir lieber, wenn Sie meinen Spitznamen nicht im Büro herumposaunen würden (*inf*).

bandy-legged [ˌbændɪˈlegd] *adj* mit krummen Beinen; *person* krummbeinig, O-beinig.

bane [beɪn] *n* (*cause of distress*) Fluch *m*. **he's the** ~ **of my life** er ist noch mal mein Ende (*inf*).

bang[1] [bæŋ] **I** *n* **1.** (*noise*) Knall *m*; (*of sth falling*) Plumps *m*. **there was a** ~ **outside** draußen hat es geknallt; **to go off with a** ~ mit lautem Knall losgehen; (*inf: be a success*) eine Wucht sein (*inf*).
 2. (*violent blow*) Schlag *m*. **he gave himself a** ~ **on the shins** er hat sich (*dat*) die Schienbeine angeschlagen.
 3. (*sl: sex*) Fick *m* (*vulg*). **to have a** ~ **with sb** mit jdm bumsen (*inf*).
 II *adv* **1. to go** ~ knallen; (*gun also, balloon*) peng machen (*inf*).
 2. (*inf: exactly, directly etc*) voll (*inf*), genau. **is that right?** — — ~ **on** stimmt das? — haargenau; **she came** ~ **on time** sie war auf die Sekunde pünktlich; **they came** ~ **up against fierce opposition** sie stießen auf heftige Gegenwehr.
 III *interj* peng; (*of hammer*) klopf. **went a £10 note** (*inf*) peng, weg war ein 10-Pfund-Schein (*inf*).
 IV *vt* **1.** (*thump*) schlagen, knallen (*inf*). **he** ~**ed his fist on the table** er haute mit der Faust auf den Tisch; **I'll** ~ **your heads together if you don't shut up!** (*inf*) wenn ihr nicht ruhig seid, knallt's! (*inf*).
 2. (*shut noisily*) *door* zuschlagen.
 3. (*hit, knock*) *head, shin* sich (*dat*) anschlagen (*on an* +*dat*).
 V *vi* **1.** (*door: shut*) zuschlagen, zuknallen (*inf*); (*fireworks, gun*) knallen; (*engine*) schlagen, krachen; (*hammer*)

klopfen. **the door was ~ing in the wind** die
Tür schlug im Wind.
   2. to ~ on *or* **at sth** gegen *or* an etw
(*acc*) schlagen.
   3. (*sl*) bumsen (*inf*).

◆**bang about I** *vi* Krach machen; (*heavy
noise*) herumpoltern. **II** *vt sep* Krach
machen mit; *chairs also* herumstoßen.

◆**bang away** *vi* **1.** (*guns*) knallen; (*per-
sons: keep firing*) wild (drauflos)feuern
(*at* auf +*acc*), wild (drauflos)ballern (*inf*)
(*at* auf +*acc*); (*workman etc*) herumklop-
fen *or* -hämmern (*at* an +*dat*). **to ~ ~ at
the typewriter** auf der Schreibmaschine
herumhauen *or* -hämmern (*inf*).
   2. (*inf: work industriously*) **to ~ ~ (at
sth**) sich hinter etw (*acc*) klemmen (*inf*).
   3. (*sl: have intercourse*) bumsen (*inf*).

◆**bang down** *vt sep* (hin)knallen (*inf*); *nail*
einschlagen; (*flatten*) flach schlagen; *lid*
zuschlagen, zuknallen (*inf*). **to ~ ~ the
receiver** den Hörer aufknallen (*inf*).

◆**bang in** *vt sep nail* einschlagen.

◆**bang into** *vi* +*prep obj* **1.** (*collide with*)
knallen (*inf*) *or* prallen auf (+*acc*). **2.** (*inf:
meet*) zufällig treffen.

◆**bang out** *vt sep* **1.** *nail, brick* heraus-
schlagen, heraushauen (*inf*). **2. to ~ ~ a
tune on the piano/a letter on the typewriter**
eine Melodie auf dem Klavier hämmern
(*inf*)/einen Brief auf der Schreibmaschine
herunterhauen (*inf*).

bang² *n* (*fringe*) Pony *m*, Ponyfransen *pl*.
~s Ponyfrisur *f*.

banger [ˈbæŋəʳ] *n* **1.** (*inf: sausage*) Wurst
f. **2.** (*inf: old car*) Klapperkiste *f* (*inf*).
3. (*Brit: firework*) Knallkörper *m*.

Bangladesh [ˌbæŋgləˈdeʃ] *n* Bangla-
des(c)h *nt*.

bangle [ˈbæŋgl] *n* Armreif(en) *m*; (*for
ankle*) Fußreif *or* -ring *m*.

banish [ˈbænɪʃ] *vt person* verbannen; *cares,
fear also* vertreiben.

banishment [ˈbænɪʃmənt] *n* Verbannung *f*.
banister, bannister [ˈbænɪstəʳ] *n* (*also* ~s)
Geländer *nt*.

banjo [ˈbændʒəʊ] *n*, *pl* ~**es** *or* (*US*) ~**s**
Banjo *nt*.

bank¹ [bæŋk] **I** *n* **1.** (*of earth, sand*) Wall,
Damm *m*; (*Rail*) (Bahn)damm *m*; (*slope*)
Böschung *f*, Abhang *m*; (*on racetrack*)
Kurvenüberhöhung *f*. **~ of snow**
Schneeverwehung *f*.
   2. (*of river, lake*) Ufer *nt*. **we sat on the
~s of a river/lake** wir saßen an einem
Fluß/See *or* Fluß-/Seeufer.
   3. (*in sea, river*) (Sand)bank *f*.
   4. (*of clouds*) Wand, Bank *f*.
   5. (*Aviat*) Querlage *f*. **to go into a ~** in
den Kurvenflug gehen.
   II *vt* **1.** *road* überhöhen.
   2. *river* mit einer Böschung versehen.
   3. *plane* in die Querlage bringen.
   III *vi* (*Aviat*) den Kurvenflug einleiten,
in die Querlage gehen.

◆**bank up I** *vt sep earth etc* aufhäufen, auf-
schütten; (*support*) mit einer Böschung
stützen; *fire* mit Kohlestaub ab- *or*
bedecken (*damit es langsam brennt*). **II** *vi*
(*snow etc*) sich anhäufen; (*clouds also*)
sich zusammenballen.

bank² **I** *n* **1.** Bank *f*. **2.** (*Gambling*) Bank *f*.

to keep *or* **be the ~** die Bank halten *or*
haben. **3.** (*Med*) Bank *f*. **4.** (*fig*) Vorrat *m*
(*of* an +*dat*). **II** *vt money* zur Bank brin-
gen, einzahlen. **III** *vi* **I ~ with Lloyds** ich
habe ein Konto *or* ich bin bei Lloyds.

◆**bank (up)on** *vi* +*prep obj* sich verlassen
auf (+*acc*), rechnen mit; *sb, sb's help also*
zählen *or* bauen auf (+*acc*).

bank³ *n* **1.** (*Naut: rower's bench*) Ruder-
bank *f*. **2.** (*row of objects, oars*) Reihe *f*;
(*on organ, typewriter*) (Tasten)reihe *f*.

bank account *n* Bankkonto *nt*; **bankbook**
n Sparbuch *nt*; **bank clerk** *n* Bankange-
stellte(r) *mf*.

banker [ˈbæŋkəʳ] *n* (*Fin*) Bankier, Bank-
fachmann *m*; (*gambling*) Bankhalter *m*.

banker's card *n* Scheckkarte *f*; **banker's
order** *n* Bankauftrag *m*.

bank holiday *n* (*Brit*) öffentlicher Feier-
tag; (*US*) Bankfeiertag *m*.

banking¹ [ˈbæŋkɪŋ] *n* **1.** (*on road, race-
track*) Überhöhung *f*. **2.** (*Aviat*) Kurven-
flug *m*.

banking² **I** *n* Bankwesen *nt*. **he wants to go
into ~** er will ins Bankfach *or* Bank-
gewerbe gehen; **who looks after your ~?**
wer kümmert sich um Ihre Bankan-
gelegenheiten? **II** *attr* Bank-.

banking hours *npl* (Bank)öffnungszeiten
pl; **banking house** *n* Bankhaus *nt*.

banknote [ˈbæŋknəʊt] *n* Banknote *f*, Geld-
schein *m*; **bank rate** *n* Diskontsatz *m*.

bankrupt [ˈbæŋkrʌpt] **I** *n* **1.** Gemein- *or*
Konkursschuldner *m* (*Jur*), Bankrotteur
m. **~'s certificate** Eröffnungsbeschluß *m*;
~'s estate Konkursmasse *f*.
   2. (*fig*) **to be a moral/political ~**
moralisch/politisch bankrott sein.
   II *adj* **1.** (*Jur*) bankrott. **to go ~** Bank-
rott machen, in Konkurs gehen; **to be ~**
bankrott *or* pleite (*inf*) sein.
   2. (*fig*) morally, politically bankrott.
   III *vt person* zugrunde richten,
ruinieren; *firm also* in den Konkurs
treiben.

bankruptcy [ˈbæŋkrəptsɪ] *n* **1.** (*Jur*) Bank-
rott, Konkurs *m*; (*instance*) Konkurs *m*.
2. (*fig*) Bankrott *m*.

Bankruptcy Court *n* Konkursgericht *nt*;
bankruptcy proceedings *npl* Konkurs-
verfahren *nt*.

bank statement *n* Kontoauszug *m*.

banner [ˈbænəʳ] *n* Banner (*also fig*) *nt*; (*in
processions*) Transparent, Spruchband
nt. **~ headlines** Schlagzeilen *pl*.

bannister [ˈbænɪstəʳ] *n see* **banister**.

banns [bænz] *npl* (*Eccl*) Aufgebot *nt*. **to
read the ~** das Aufgebot verlesen.

banquet [ˈbæŋkwɪt] **I** *n* (*lavish feast*) Fest-
essen *nt*; (*ceremonial dinner also*) Bankett
nt. **II** *vt* üppig *or* festlich bewirten (*on*
mit); (*ceremoniously*) ein Bankett abhal-
ten für. **III** *vi* speisen, tafeln (*geh*).

banquet(ing)-hall [ˈbæŋkwɪt(ɪŋ)ˈhɔːl] *n*
Festsaal, Bankettsaal *m*.

banshee [bænˈʃiː] *n* (*Ir Myth*) Todesfee *f*.
to howl like a ~ gespenstisch heulen.

bantam [ˈbæntəm] *n* Bantamhuhn *nt*.

bantamweight [ˈbæntəmˌweɪt] *n* Ban-
tamgewicht *nt*.

banter [ˈbæntəʳ] *n* Geplänkel *nt*.

bantering [ˈbæntərɪŋ] *adj* (*joking*) scherzhaft; (*teasing*) neckend, flachsig (*dial*).

Bantu [ˌbænˈtuː] I n (*language*) Bantu nt;
(*pl: tribes*) Bantu pl; (*person*) Bantu mf,
Bantuneger(in f) m. II adj Bantu-.

banyan (tree) [ˈbænɪən(ˌtriː)] n ben-
galische Feige, Banyan m.

BAOR abbr of **British Army of the Rhine.**

baptism [ˈbæptɪzəm] n Taufe f.

baptismal [bæpˈtɪzməl] adj Tauf-.

Baptist [ˈbæptɪst] n Baptist(in f) m. **the ~
Church** (*people*) die Baptistengemeinde;
(*teaching*) der Baptismus; see **John.**

baptize [bæpˈtaɪz] vt taufen.

bar[1] [bɑːʳ] I n 1. (*of metal, wood*) Stange f;
(*of toffee etc*) Riegel m; (*of electric fire*)
Element nt. **~ of gold/silver** Gold-/Silber-
barren m; **a ~ of chocolate, a chocolate ~**
(*esp US*) (*slab*) eine Tafel Schokolade; **a
~ of soap** ein Stück nt Seife.
   2. (*of window, grate, cage*) (Gitter)stab
m; (*of door*) Stange f. **to put sb behind ~s**
jdn hinter Gitter or hinter Schloß und
Riegel bringen.
   3. (*Sport*) (*horizontal*) Reck nt; (*for
high jump etc*) Latte f; (*one of parallel
~s*) Holm m. **~s** (*parallel*) Barren m;
(**wall**) **~s** Sprossenwand f; **to exercise on
the ~s** am Barren turnen.
   4. (*Ballet*) Stange f. **at the ~** an der
Stange.
   5. (*in river, harbour*) Barre f.
   6. (*fig: obstacle*) Hindernis (*to* für),
Hemmnis (*to* für) nt. **to be** or **present a ~
to sth** einer Sache (*dat*) im Wege stehen.
   7. (*of light, colour*) Streifen m.
   8. (*Jur*) **the B~** die Anwaltschaft; **to be
a member of the B~** Anwalt vor Gericht
sein; **to be called** or **admitted** (*US*) **to the
B~** als Anwalt (vor Gericht) or Ver-
teidiger zugelassen werden; **to read for
the B~** Jura studieren.
   9. (*for prisoners*) Anklagebank f.
   10. (*fig*) **at the ~ of public opinion** vor
dem Forum der Öffentlichkeit.
   11. (*for drinks*) Lokal nt; (*esp expen-
sive*) Bar f; (*part of pub*) Gaststube,
Schwemme (*inf*) f; (*counter*) Theke f,
Tresen m; (*at station*) Ausschank m.
   12. (*Comm: counter*) Tresen m, (Ver-
kaufs)tisch m.
   13. (*Mus*) Takt m; (**~ line** also)
Taktstrich m.
   14. (*on medal*) **DSO and ~** zweimal
verliehener DSO.
   15. (*Her*) Balken m. **~ sinister** Bastard-
faden m.
   16. (*Met*) Bar nt.
   II vt 1. (*obstruct*) road blockieren,
versperren. **to ~ the way to progress** dem
Fortschritt im Wege stehen.
   2. (*fasten*) window, door versperren.
   3. (*exclude, prohibit*) person, possibil-
ity ausschließen; action, thing untersagen,
verbieten. **to ~ sb from a competition** jdn
von (der Teilnahme an) einem Wett-
bewerb ausschließen; **they've been ~red
(from the club)** sie haben Clubverbot;
minors are ~red from this club Minder-
jährige haben keinen Zutritt zu diesem
Club.

bar[2], **barring** prep **barring accidents** falls
nichts passiert; **bar none** ohne Ausnahme,

ausnahmslos; **bar one** außer einem; **~
these few mistakes it is a good essay** ab-
gesehen von diesen paar Fehlern ist der
Aufsatz gut.

barb [bɑːb] I n 1. (*of fish-hook, arrow*)
Widerhaken m; (*of barbed wire*) Stachel
m, Spitze f; (*of feather*) Fahne f; (*Bot,
Zool*) Bart m, bartbewachsene Stelle.
   2. (*fig: of wit etc*) Spitze f; (*liter: of
remorse*) Stachel m. II vt (*lit*) mit
Widerhaken versehen.

Barbados [bɑːˈbeɪdɒs] n Barbados nt.

barbarian [bɑːˈbɛərɪən] I n (*Hist, fig*) Bar-
bar(in f) m. II adj (*Hist, fig*) barbarisch.

barbaric [bɑːˈbærɪk] adj barbarisch; (*Hist
also*) Barbaren-; guard etc grausam, roh.

barbarically [bɑːˈbærɪkəlɪ] adv barbarisch.

barbarism [ˈbɑːbərɪzəm] n 1. (*Hist*) Bar-
barei f; (*fig also*) Unkultur f. 2. (*Ling*)
Barbarismus m.

barbarity [bɑːˈbærɪtɪ] n Barbarei f; (*fig*)
Primitivität f; (*cruelty: of guard etc*)
Grausamkeit, Roheit f.

barbarous [ˈbɑːbərəs] adj (*Hist, fig*) bar-
barisch; (*cruel*) grausam; guard etc roh.

barbarously [ˈbɑːbərəslɪ] adv see adj bar-
barisch, wie ein Barbar/die Barbaren;
grausam; grauenhaft (*inf*).

Barbary [ˈbɑːbərɪ] in cpds Berber-; **~ ape**
Berberaffe m.

barbecue [ˈbɑːbɪkjuː] I n 1. (*Cook: grid*)
Grill m. 2. (*occasion*) Grillparty f,
Barbecue nt. 3. (*meat*) Grillfleisch nt/
-wurst f etc. II vt steak etc grillen, auf dem
Rost braten; animal am Spieß braten.

barbed [bɑːbd] adj 1. arrow mit Wider-
haken. 2. (*fig*) wit beißend; remark also
spitz, bissig.

barbed wire n Stacheldraht m.

barbel [ˈbɑːbəl] n (*fish*) Barbe f; (*filament
on fish*) Bartel f, Bartfaden m.

barbell [ˈbɑːbel] n Hantel f.

barber [ˈbɑːbəʳ] n (Herren)friseur m. **the
~'s** der Friseur(laden); **at/to the ~'s**
beim/zum Friseur.

barbershop [ˈbɑːbəˌʃɒp] (*US*) I n (Herren)-
friseurgeschäft nt or -laden m. II adj **~
quartet** Barbershop-Quartett nt.

barbican [ˈbɑːbɪkən] n Außen- or Vorwerk
nt; (*tower*) Wachtturm m.

barbitone [ˈbɑːbɪtəʊn] n (*Med*)
barbiturathaltiges Mittel.

barbiturate [bɑːˈbɪtjʊrɪt] n Schlafmittel,
Barbiturat nt.

bard [bɑːd] n 1. (*minstrel*) (*esp Celtic*)
Barde m; (*in Ancient Greece*) (Helden)-
sänger m. 2. (*old Liter, hum: poet*) Barde
m. **the B~ of Avon** Shakespeare.

bardic [ˈbɑːdɪk] adj poetry etc bardisch.

bare [bɛəʳ] I adj (+er) 1. (*naked, un-
covered*) skin, boards, floor nackt, bloß;
summit, tree, countryside kahl, nackt;
room, garden leer; sword blank; wire
blank; style nüchtern. **he stood there ~ to
the waist** er stand mit nacktem Oberkör-
per da; **~ patch** kahle Stelle; **to sleep on ~
boards** auf blanken Brettern schlafen; **to
lay ~ one's heart** sein Innerstes bloß-
legen; **the ~ facts** die nackten Tatsachen;
with his ~ hands mit bloßen Händen.
   2. (*scanty, mere*) knapp. **a ~ thank you**
kaum ein Dankeschön; **a ~ subsistence**

wage gerade das Existenzminimum; **a ~ ten centimetres** knappe or kaum zehn Zentimeter; **he shuddered at the ~idea** es schauderte ihn beim bloßen Gedanken (daran); **with just the ~st hint of garlic** nur mit einer winzigen Spur Knoblauch.

II vt breast, leg entblößen; (at doctor's) freimachen; teeth also blecken; (in anger) fletschen; teeth also freilegen. **she ~d her teeth in a forced smile** sie grinste gezwungen; **to ~ one's heart to sb** jdm sein Herz ausschütten.

bareback ['bɛəbæk] adv, adj ohne Sattel; **barefaced** adj (fig: shameless) liar unverfroren, unverschämt, schamlos; **it is ~ robbery** das ist der reine Wucher (inf); **barefoot** adv barfuß; **barefooted I** adj barfüßig, barfuß pred; **II** adv barfuß; **bareheaded I** adj ohne Kopfbedeckung; **II** adv ohne Kopfbedeckung; **barelegged** adj mit bloßen Beinen.

barely ['bɛəlɪ] adv **1.** (scarcely) kaum; (with figures also) knapp. **~ had he started when ...** er hatte kaum angefangen, als ... **2.** furnished dürftig, spärlich.

bareness ['bɛənɪs] n Nacktheit f; (of person also) Blöße f; (of trees, countryside) Kahlheit f; (of room, garden) Leere f; (of style) Nüchternheit f.

Barents Sea ['bærənts'siː] n Barentssee f.

bargain ['bɑːgɪn] **I** n **1.** (transaction) Handel m, Geschäft nt. **to make** or **strike a ~** sich einigen; **they are not prepared to make a ~** sie wollen nicht mit sich handeln lassen; **I'll make a ~ with you, if you ...** ich mache Ihnen ein Angebot, wenn Sie ...; **it's a ~!** abgemacht!, einverstanden!; **you drive a hard ~** Sie stellen ja harte Forderungen!; **then it started raining into the ~** dann hat es (obendrein) auch noch angefangen zu regnen; **and she was rich into the ~** und außerdem war sie reich; **to get the worst/best of the ~** den schlechteren/besseren Teil erwischen.

2. (cheap offer) günstiges Angebot, Sonderangebot nt; (thing bought) Gelegenheitskauf m. **this jacket is a good ~** diese Jacke ist wirklich günstig.

II vi handeln (for um); (in negotiations) verhandeln. **the traders are not prepared to ~** die Ladenbesitzer lassen nicht mit sich handeln.

◆**bargain away** vt sep rights, advantage etc sich (dat) abhandeln lassen; (in Verhandlungen) verspielen; freedom, independence also veräußern.

◆**bargain for** vi +prep obj (inf: expect) rechnen mit, erwarten. **I hadn't ~ed ~ that** damit hatte ich nicht gerechnet; **I got more than I ~ed ~** ich habe vielleicht mein blaues Wunder erlebt! (inf).

◆**bargain on** vi +prep obj zählen auf (+acc), sich verlassen auf (+acc).

bargain basement n Tiefgeschoß nt im Kaufhaus mit Sonderangeboten; **bargain buy** n Preisschlager m (inf); **bargain counter** n Sonder(angebots)tisch m.

bargainer ['bɑːgɪnər] n **to be a good/poor ~** handeln/nicht handeln können; (in negotiations) gut/nicht gut verhandeln können.

bargain-hunter ['bɑːgɪnˌhʌntər] n **the ~s**

Leute pl auf der Jagd nach Sonderangeboten; **bargain hunting** n Jagd f nach Sonderangeboten.

bargaining ['bɑːgənɪŋ] n Handeln nt; (negotiating) Verhandeln nt. **~ position** Verhandlungsposition f.

bargain offer n Sonderangebot nt, günstiges Angebot; **bargain price** n Sonderpreis m; **at a ~** zum Sonderpreis; **bargain sale** n Ausverkauf m.

barge [bɑːdʒ] **I** n **1.** (for freight) Last- or Frachtkahn m, Schleppkahn m; (lighter) Leichter m; (ship's boat) Barkasse f; (houseboat) Hausboot nt. **2.** (shove) Stoß, Rempler (inf) m.

II vt **1. he ~d me out of the way** er hat mich weggestoßen; **he ~d his way into the room/through the crowd** er ist (ins Zimmer) hereingeplatzt (inf)/er hat sich durch die Menge geboxt (inf). **2.** (Sport) rempeln. **he ~d him off the ball** er hat ihn vom Ball weggestoßen.

III vi **1. to ~ into/out of a room** (in ein Zimmer) herein-/hineinplatzen (inf)/aus einem Zimmer heraus-/hinausstürmen; **he ~d through the crowd** er drängte or boxte (inf) sich durch die Menge; **will you boys stop barging!** hört auf zu drängeln, Jungs! **2.** (Sport) rempeln.

◆**barge about** or **around** vi (inf) herumtrampeln (inf), herumpoltern (inf).

◆**barge in** vi (inf) **1.** hinein-/hereinplatzen (inf) or -stürzen. **2.** (interrupt) dazwischenplatzen (inf) (on bei); (interfere also) sich einmischen (on in +acc).

◆**barge into** vi +prep obj **1.** (knock against) person (hinein)rennen in (+acc) (inf); (shove) (an)rempeln; thing rennen gegen (inf). **2.** (inf) room, party, conversation platzen in (+acc) (inf).

barge pole n Bootsstange f. **I wouldn't touch it/him with a (ten-foot) ~** (Brit inf) von so etwas/so jemandem lasse ich die Finger (inf); (because disgusting, unpleasant) das/den würde ich noch nicht mal mit 'ner Kneifzange anfassen (inf).

baritone ['bærɪtəʊn] **I** n (voice, singer) Bariton m. **II** adj voice, part Bariton-.

barium ['bɛərɪəm] n (abbr **Ba**) Barium nt. **~ meal** Bariumbrei, Kontrastbrei m.

bark[1] [bɑːk] **I** n (of tree) Rinde, Borke f. **to strip the ~ off a tree** einen Baumstamm schälen. **II** vt (rub off skin) aufschürfen; (knock against) anstoßen, anschlagen.

bark[2] **I** n (of dog, seal, gun, cough) Bellen nt. **his ~ is worse than his bite** (Prov) Hunde, die bellen, beißen nicht (Prov).

II vi (all senses) bellen. **to ~ at sb** jdn anbellen; (person also) jdn anfahren; **to be ~ing up the wrong tree** (fig inf) auf dem Holzweg sein (inf).

◆**bark out** vt sep orders bellen.

bark[3], **barque** n **1.** (poet) Barke f (liter). **2.** (Naut) Bark f.

barkeep(er) ['bɑːkiːp(ər)] n (US) Barbesitzer(in f), Gastwirt m; (bartender) Barkeeper, Barmann m.

barker ['bɑːkər] n (outside shop) Anreißer m (inf); (at fair) Marktschreier m (inf).

barley ['bɑːlɪ] n Gerste f. **pearl ~** (Gersten- or Perl)graupen pl.

barleycorn ['bɑːlɪkɔːn] n Gerstenkorn nt; **barley sugar** n Gersten- or Malzzucker m; (sweet) hartes Zuckerbonbon; **barley water** n Art Gerstenextrakt; **lemon/orange** ~ konzentriertes Zitronen-/Orangegetränk; **barley wine** n (Brit) Art Starkbier nt.

bar line n (Mus) Taktstrich m.

barm [bɑːm] n (Bier)hefe, Bärme f.

barmaid ['bɑːmeɪd] n Bardame f; **barman** n Barkeeper, Barmann m.

barmy ['bɑːmɪ] adj (+er) (Brit sl) bekloppt (inf).

barn [bɑːn] n 1. Scheune, Scheuer f; (in field) Schober m (S Ger, Aus). 2. (US: for streetcars, trucks) Depot nt, Hof m.

barnacle ['bɑːnəkl] n 1. (shellfish) (Rankenfuß)krebs, Rankenfüßer m. 2. (fig: person) Klette f (inf).

barn-dance ['bɑːndɑːns] n Bauerntanz m.

barney ['bɑːnɪ] n (sl: noisy quarrel) Krach m (inf); (punch-up) Keilerei f (inf).

barn owl n Schleiereule f; **barnstorm** vi (esp US) (Theat) in der Provinz spielen; (Pol) in der Provinz Wahlreden halten; **barnstormer** n (US Pol) Wahlredner(in f) m in der Provinz; (Theat) Wanderschauspieler(in f) m; **barnyard** n (Bauern)hof m.

barograph ['bærəʊgrɑːf] n Barograph m.

barometer [bə'rɒmɪtər] n (lit, fig) Barometer m.

barometric [ˌbærəʊ'metrɪk] adj barometrisch, Barometer-. ~ **pressure** Atmosphären- or Luftdruck m.

baron ['bærən] n 1. Baron m. 2. (fig) Baron, Magnat m. **industrial/oil** ~ Industriebaron/Ölmagnat m; **press** ~ Pressebaron m. 3. (of beef) doppeltes Lendenstück.

baroness ['bærənɪs] n Baronin f; (unmarried) Baronesse f.

baronet ['bærənɪt] n Baronet m.

baronetcy ['bærənɪtsɪ] n (rank) Baronetstand m; (title) Baronetswürde f.

baronial [bə'rəʊnɪəl] adj (lit) Barons-; (fig) fürstlich, feudal.

baroque [bə'rɒk] I adj barock, Barock-. II n (style) Barock m or nt. **the** ~ **period** das or der Barock, die Barockzeit.

barque [bɑːk] n see **bark**[3].

barrack[1] ['bærək] vt soldiers kasernieren.

barrack[2] I vt actor etc auspfeifen; auszischen. II vi pfeifen; zischen.

barracking[1] ['bærəkɪŋ] n (Mil) Kasernierung f.

barracking[2] n Pfeifen nt; Zischen nt; Buhrufe pl.

barracks ['bærəks] I npl (often with sing vb) (Mil) Kaserne f; (fig pej also) Mietskaserne f. **to live in** ~ in der Kaserne wohnen; **these appalling** ~ **of houses** diese entsetzlichen Mietskasernen.

II attr ~ **life** Kasernenleben nt; ~ **square** Kasernenhof m.

barracuda [ˌbærə'kjuːdə] n Barrakuda, Pfeilhecht m.

barrage ['bærɑːʒ] n 1. (across river) Wehr nt; (larger) Staustufe f. 2. (Mil) Sperrfeuer nt. **they kept up a** ~ **of stones** sie bedeckten die Polizei/uns etc mit einem Steinhagel. 3. (fig: of words, questions

etc) Hagel m. **he was attacked with a** ~ **of questions** er wurde mit Fragen beschossen.

barre [bɑːr] n (Ballet) Stange f. **at the** ~ an der Stange.

barred [bɑːd] adj 1. suf **five-**~ **gate** Weidengatter nt (mit fünf Querbalken). 2. ~ **window** Gitterfenster nt.

barrel ['bærəl] I n 1. Faß nt; (for oil, tar, rainwater etc) Tonne f; (measure: of oil) Barrel nt. **they've got us over a** ~ (inf) sie haben uns in der Zange (inf).

2. (of handgun) Lauf m; (of cannon etc) Rohr nt. I **found myself looking down the** ~ **of a gun** ich hatte plötzlich eine Kanone or ein Schießeisen vor der Nase (sl); see **lock**[2].

3. (of fountain pen) Tank m.

II vt wine etc (in Fässer) (ab)füllen; herring (in Fässer) einlegen.

◆**barrel along** vi (inf) entlangbrausen.

barrel-chested ['bærəl'tʃestɪd] adj breitbrüstig; **barrelful** n Faß nt; (of oil) Barrel nt; **two** ~**s of beer/herrings** zwei Faß Bier/Fässer Heringe; **barrelhouse** (US) I n Kneipe f; (jazz) Kneipenjazz m; II adj ~ **blues** alte, in Kneipen gespielte Form des Blues; **barrel organ** n Drehorgel f, Leierkasten m; **barrel-shaped** adj faß- or tonnenförmig; **barrel vault** n Tonnengewölbe nt.

barren ['bærən] I adj 1. unfruchtbar.

2. (fig) years unfruchtbar, unproduktiv; discussion also fruchtlos; atmosphere also steril; style, subject, study trocken; topic unergiebig.

II n (esp US) ~**s** pl Ödland nt.

barrenness ['bærənnɪs] n see adj 1. Unfruchtbarkeit f. 2. Unfruchtbarkeit, Unproduktivität f; Fruchtlosigkeit f; Sterilität f; Trockenheit f; Unergiebigkeit f.

barrette [bə'ret] n (US) (Haar)spange f.

barricade [ˌbærɪ'keɪd] I n Barrikade f. II vt verbarrikadieren.

◆**barricade in** vt sep verbarrikadieren.

◆**barricade off** vt sep (mit Barrikaden) absperren.

barrier ['bærɪər] n 1. (natural) Barriere f; (man-made, erected also) Sperre f; (railing etc) Schranke f; (crash ~) (Leit)planke f. **ticket** ~ Sperre f.

2. (fig) (obstacle) Hindernis nt, Barriere f (to für); (of class, background, education, between people) Schranke, Barriere f. **trade** ~**s** Handelsschranken pl; ~ **of language** Sprachbarriere f; **a** ~ **to success/progress** etc ein Hindernis für den Erfolg/Fortschritt etc.

barrier cream n (Haut)schutzcreme f.

barring ['bɑːrɪŋ] prep see **bar**[2].

barrister ['bærɪstər] n (Brit) Rechtsanwalt m/-anwältin f (bei Gericht), Barrister m.

barrow[1] ['bærəʊ] n Karre(n m) f; (wheel~) Schubkarre(n m) f; (Rail: luggage) Gepäckkarre(n m) f; (costermonger's) (handgezogener) Obst-/Gemüse-/Fischkarren etc m.

barrow[2] n (Archeol) Hügelgrab nt.

barrow boy n Straßenhändler m.

bartender ['bɑːtendər] n (US) Barkeeper m.

barter ['bɑːtər] I vt tauschen (for gegen).

II vi tauschen; (as general practice also)

Tauschhandel treiben. **to ~ for sth** um etw handeln. **III** *n* (Tausch)handel *m*.

◆**barter away** *vt sep one's rights* verspielen. **to ~ sth ~ for sth** etw für etw verschachern.

barter economy *n* Tauschwirtschaft *f*.

basal ['beɪsl] *adj* **1.** (*lit, fig*) Grund-, fundamental. **2.** (*Med*) ~ **metabolism** Grundumsatz *m*.

basalt ['bæsɔ:lt] *n* Basalt *m*.

bascule ['bæskju:l] *n* Brückenklappe *f*. ~ **bridge** Klappbrücke *f*.

base[1] [beɪs] **I** *n* **1.** (*lowest part*) Basis *f*; (*that on which sth stands also*) Unterlage *f*; (*Archit: of column also*) Fuß *m*; (*support for statue etc*) Sockel *m*; (*of lamp, tree, mountain*) Fuß *m*; (*undercoat also*) Grundierung *f*. **at the ~ (of)** unten (an +*dat*). **2.** (*main ingredient*) Basis *f*, Haupt- *or* Grundbestandteil *m*. **3.** (*of theory*) Basis *f*; (*starting point also*) Ausgangspunkt *m*; (*foundation also*) Grundlage *f*. **4.** (*Mil etc, fig: for holidays, climbing etc*) Standort, Stützpunkt *m*; (*rocket ~*) Abschußbasis *f*. **to return to ~** zur Basis *or* zum Stützpunkt zurückkehren. **5.** (*Chem*) Lauge, Base *f*. **6.** (*Math*) Basis, Grundzahl *f*. **7.** (*Geometry*) Basis *f*; (*of plane figure also*) Grundlinie *f*; (*of solid also*) Grundfläche *f*. **8.** (*Gram*) Wortstamm *m*, Wortwurzel *f*. **9.** (*Baseball*) Mal *nt*, Base *f*. **at** *or* **on second ~** auf Mal *or* Base 2, auf dem zweiten Mal *or* der zweiten Base.

II *vt* **1.** stellen. **to be ~d on** ruhen auf (+*dat*); (*statue*) stehen auf (+*dat*); **you need something to ~ it on** Sie brauchen dafür eine feste *or* stabile Unterlage; **the scaffolding is not very solidly ~d** das Gerüst steht nicht sehr fest. **2.** (*fig*) *opinion, theory* gründen, basieren (*on auf* +*acc*); *hopes also* setzen (*on auf* +*acc*); *relationship also* bauen (*on auf* +*acc*). **to be ~d on sb/sth** auf jdm/etw basieren; (*hopes, theory also*) sich auf jdn/etw stützen; **he tried to ~ his life on this theory** er versuchte, nach dieser Theorie zu leben. **3.** (*Mil*) stationieren. **the company/my job is ~d in London** die Firma hat ihren Sitz in London/ich arbeite in London.

base[2] *adj* (+*er*) **1.** *motive, character* niedrig; *person, thoughts, action, lie, slander* gemein, niederträchtig. **2.** (*inferior*) *task, level* niedrig; *coin* falsch, unecht; *metal* unedel.

baseball ['beɪsbɔ:l] *n* Baseball *m*.

baseboard ['beɪsbɔ:d] *n* (*US*) Fußleiste, Lambrie (*S Ger*) *f*; **base camp** *n* Basislager, Versorgungslager *nt*.

baseless ['beɪslɪs] *adj accusations etc* ohne Grundlage, aus der Luft gegriffen; *fears, suspicion also* unbegründet, grundlos.

base line *n* (*Baseball*) Verbindungslinie *f* zwischen zwei Malen; (*Surv*) Basis, Grundlinie *f*; (*of a diagram, Tennis*) Grundlinie *f*; (*Art*) Schnittlinie *f* von Grundebene und Bildebene.

basely ['beɪslɪ] *adv* gemein, niederträchtig.

baseman ['beɪsmən] *n*, *pl* **-men** [-mən] (*Baseball*) Spieler *m* an einem Mal.

basement ['beɪsmənt] *n* **1.** (*in building*) Untergeschoß *nt*; (*in house also*) Keller *m*, Kellergeschoß *nt*. ~ **flat** Kellerwohnung *f*. **2.** (*Archit: foundations*) Fundament *nt*.

baseness ['beɪsnɪs] *n see adj* **1.** Niedrigkeit *f*; Gemeinheit, Niederträchtigkeit *f*. **2.** Niedrigkeit *f*; Falschheit *f*.

bash [bæʃ] (*inf*) **I** *n* **1.** Schlag *m*. **to give sb a ~ on the nose** jdm (eine) auf die Nase hauen (*inf*); **he gave himself a ~ on the shin** er hat sich (*dat*) das Schienbein angeschlagen; **the bumper has had a ~** die Stoßstange hat 'ne Delle abgekriegt (*inf*). **2. I'll have a ~ (at it)** ich probier's mal (*inf*); **have a ~** probier mal! (*inf*).

II *vt person* (ver)hauen (*inf*), verprügeln; *ball* knallen (*inf*), dreschen (*inf*); *car, wing* eindellen (*inf*). **to ~ one's head/shin (against** *or* **on sth)** sich (*dat*) den Kopf/das Schienbein (an etw *dat*) anschlagen; **to ~ sb on/round the head with sth** jdm etw auf den Kopf hauen (*inf*)/jdm etw um die Ohren schlagen.

◆**bash about** *vt sep* (*inf*) *person* durchprügeln (*inf*), verdreschen (*inf*); *objects* demolieren (*inf*). **he/his luggage got rather ~ed ~ in the accident** er/sein Gepäck ist bei dem Unfall ziemlich lädiert worden (*inf*).

◆**bash down** *vt sep* (*inf*) *door* einschlagen.

◆**bash in** *vt sep* (*inf*) *door* einschlagen; *hat, car* eindellen (*inf*). **to ~ sb's head ~** jdm den Schädel einschlagen.

◆**bash up** *vt sep* (*Brit inf*) *person* vermöbeln (*inf*), verkloppen (*inf*); *car* demolieren (*inf*), kaputtfahren (*inf*).

bashful ['bæʃfʊl] *adj* schüchtern; (*on particular occasion*) verlegen.

bashfully ['bæʃfəlɪ] *adv see adj*.

bashfulness ['bæʃfʊlnɪs] *n see adj* Schüchternheit *f*; Verlegenheit *f*.

bashing ['bæʃɪŋ] *n* (*inf*) Prügel *pl*, Dresche *f* (*inf*). **he/his luggage got a nasty ~** er/sein Gepäck hat ganz schön was abgekriegt (*inf*).

basic ['beɪsɪk] **I** *adj* **1.** (*fundamental*) Grund-; *problem also, reason, issue* Haupt-; *points, issues* wesentlich; (*rudimentary*) *knowledge, necessities, equipment also* elementar; *character, intention, purpose also* eigentlich; *incompatibility, misconception, indifference, problem* grundsätzlich. **there's no ~ difference** es besteht kein grundlegender Unterschied; **a certain ~ innocence** eine gewisse elementare Unschuld; **he is, in a very ~ sense, ...** er ist, im wahrsten Sinne des Wortes, ...; **the ~ thing to remember is ...** woran man vor allem denken muß, ist ...; **must you be so ~!** müssen Sie sich denn so direkt ausdrücken?; **his knowledge/the furniture is rather ~** er hat nur ziemlich elementare Kenntnisse/die Möbel sind ziemlich primitiv; **this is ~ to the whole subject** das liegt dem Fach zugrunde; ~ **salary/working hours** Grundgehalt *nt*/-arbeitszeit *f*; **the four ~ operations** (*Math*) die vier Grundrechenarten; ~ **English** englischer Grundwortschatz,

Basic English *nt*; ~ **vocabulary** Grundwortschatz *m*.

2. (*original*) zugrundeliegend; *theory also, assumption* ursprünglich.

3. (*essential*) notwendig. **knowledge of French is/good boots are absolutely** ~ Französischkenntnisse/gute Stiefel sind unbedingt nötig.

4. (*Chem*) basisch. ~ **slag** Thomasschlacke *f*.

II *npl* **the ~s** das Wesentliche; **to get down to (the) ~s** zum Kern der Sache *or* zum Wesentlichen kommen.

basically ['beɪsɪkəlɪ] *adv* im Grunde; (*mainly*) im wesentlichen, hauptsächlich. **is that correct?** — ~ **yes** stimmt das? — im Prinzip, ja, im Grunde schon; **it's** ~ **finished** es ist praktisch *or* im Grunde fertig; **that's** ~ **it** das wär's im wesentlichen.

basil ['bæzl] *n* (*Bot*) Basilikum *nt*.

basilica [bə'zɪlɪkə] *n* Basilika *f*.

basilisk ['bæzɪlɪsk] *n* Basilisk *m*.

basin ['beɪsn] *n* **1.** (*vessel*) Schüssel *f*; (*wash~*) (Wasch)becken *nt*; (*of fountain*) Becken *nt*. **2.** (*Geog*) Becken *nt*; (*harbour* ~) Hafenbecken *nt*; (*yacht~*) Jachthafen *m*; (*between mountains also*) Kessel *m*.

basis ['beɪsɪs] *n* **1.** (*of food, mixture etc*) Basis, Grundlage *f*. **2.** (*fig: foundation*) Basis *f*; (*for assumption*) Grund *m*. **we're working on the** ~ **that ...** wir gehen von der Annahme aus, daß ...; **to be on a firm** ~ (*business*) auf festen Füßen stehen; (*theory*) auf einer soliden Basis ruhen; **on the** ~ **of this evidence** aufgrund dieses Beweismaterials; **to approach a problem on a scientific** ~ an ein Problem wissenschaftlich herangehen.

bask [bɑːsk] *vi* (*in sun*) sich aalen (*in* in +*dat*); (*in sb's favour etc*) sich sonnen (*in* in +*dat*).

basket ['bɑːskɪt] *n* **1.** Korb *m*; (*for rolls, fruit etc*) Körbchen *nt*. **a** ~ **of eggs** ein Korb/Körbchen (voll) Eier. **2.** (*Basketball*) Korb *m*. **3.** (*euph sl: bastard*) Idiot, Blödmann *m* (*inf*).

basketball ['bɑːskɪtbɔːl] *n* Basketball *m*; **basket chair** *n* Korbsessel *m*; **basket maker** *n* Korbmacher(in *f*) *m*.

basketry ['bɑːskɪtrɪ] *n* Korbflechterei *f*.

basketweave ['bɑːskɪtwiːv] *n* Leinenbindung *f*; **basketwork** *n* Korbflechterei *f*; (*articles*) Korbarbeiten *pl*; **a** ~ **chair** ein Korbstuhl *m*.

basking shark ['bɑːskɪŋˌʃɑːk] *n* Riesenhai *m*.

Basle [bɑːl] *n* Basel *nt*.

Basque [bæsk] **I** *n* **1.** (*person*) Baske *m*, Baskin *f*. **2.** (*language*) Baskisch *nt*. **II** *adj* baskisch.

bas-relief ['bæsrɪˌliːf] *n* Basrelief *nt*.

bass[1] [beɪs] (*Mus*) **I** *n* Baß *m*. **II** *adj* Baß-. ~ **clef** Baßschlüssel *m*; ~ **drum** große Trommel; ~ **viol** Gambe *f*.

bass[2] [bæs] *n*, *pl* **-(es)** (*fish*) Barsch *m*.

basset hound ['bæsɪthaʊnd] *n* Basset *m*.

bassoon [bə'suːn] *n* Fagott *nt*.

bassoonist [bə'suːnɪst] *n* Fagottbläser(in *f*), Fagottist(in *f*) *m*.

basso profundo [ˌbæsəʊprə'fʊndəʊ] *n* tiefer Baß.

basswood ['bæswʊd] *n* (Schwarz)linde *f*.

bastard ['bɑːstəd] **I** *n* **1.** (*lit*) uneheliches Kind, Bastard *m* (*old*); (*fig: hybrid*) Bastard *m*, Kreuzung *f*. **2.** (*sl: person*) Scheißkerl *m* (*sl*). **poor** ~ armes Schwein (*sl*). **3.** (*sl: difficult job etc*) **this question is a real** ~ diese Frage ist wirklich hundsgemein (*inf*); **a** ~ **of a word/job** *etc* ein Scheißwort/eine Scheißarbeit *etc* (*sl*). **II** *adj* **1.** (*lit*) *child* unehelich. **2.** (*fig: hybrid*) *dog, plant* Bastard-; *language* Misch-. **3.** (*Tech*) ~ **file** Bastardfeile *f*. **4.** (*Typ*) ~ **title** Schmutztitel *m*.

bastardize ['bɑːstədaɪz] *vt* (*fig*) verfälschen.

baste[1] [beɪst] *vt* (*Sew*) heften.

baste[2] *vt* (*Cook*) (mit Fett) begießen.

basting[1] ['beɪstɪŋ] *n* (*Sew*) (*act*) Heften *nt*; (*stitches*) Heftnaht *f*.

basting[2] *n* (*inf*) (*beating*) Prügel *pl*. **to give sb a** ~ (*team, critics*) jdn fertigmachen.

bastion ['bæstɪən] *n* (*lit, fig*) Bastion *f*; (*person*) Stütze, Säule *f*.

bat[1] [bæt] *n* (*Zool*) Fledermaus *f*. **to have ~s in the belfry** (*inf*) eine Meise *or* einen Sparren haben (*inf*); **he fled like a** ~ **out of hell** er lief *or* rannte, wie wenn der Teufel hinter ihm her wäre; **(as) blind as a** ~ stockblind (*inf*).

bat[2] (*Sport*) **I** *n* **1.** (*Baseball, Cricket*) Schlagholz *nt*, Keule *f*; (*Table-tennis*) Schläger *m*. **to go to** ~ **for sb** (*fig*) sich für jdn einsetzen; **off one's own** ~ (*fig*) auf eigene Faust (*inf*); **right off the** ~ (*US*) prompt; **he is a good** ~ er schlägt gut. **2.** (*inf: blow*) Schlag *m*. **II** *vt* (*Baseball, Cricket*) schlagen.

bat[3] *vt* **not to** ~ **an eyelid** nicht mal mit der Wimper zucken.

bat[4] *n* **1.** (*Brit sl: speed*) **at a fair old** ~ mit 'nem ganz schönen Zahn drauf (*sl*). **2.** (*US sl: binge*) Sauftour *f* (*sl*). **to go on a** ~ auf Sauftour gehen (*sl*).

batch [bætʃ] *n* (*of people*) Schwung (*inf*) *m*; (*of loaves*) Schub *m*; (*of things dispatched also*) Sendung, Ladung *f*; (*of letters, books, work also*) Stoß, Stapel *m*; (*of dough, concrete etc*) Ladung *f*.

bated ['beɪtɪd] *adj*: **with** ~ **breath** mit angehaltenem Atem.

bath [bɑːθ] **I** *n* **1.** Bad *nt*. **to have** *or* **take a** ~ baden, ein Bad nehmen (*geh*); **to give sb a** ~ jdn baden; **a room with** ~ ein Zimmer mit Bad. **2.** (*bath-tub*) (Bade)wanne *f*. **to empty the** ~ das Badewasser ablassen. **3.** (*swimming*) **~s** *pl*, **swimming** ~ (Schwimm)bad *m*; (*public*) **~s** *pl* Badeanstalt *f*, öffentliches Bad. **4.** (*Tech, Chem, Phot*) Bad *nt*; (*container*) Behälter *m*. **5.** (*Brit*) **the Order of the B**~ der Orden vom Bade. **II** *vt* (*Brit*) baden. **III** *vi* (*Brit*) (sich) baden.

bathchair [ˌbɑːθ'tʃeəʳ] *n* Kranken- *or* Rollstuhl *m*; **bathcube** *n* Würfel *m* Badesalz.

bathe [beɪð] **I** *vt* **1.** *person, feet, eyes, wound etc* baden; (*with cottonwool etc*) waschen. **~d in tears** tränenüberströmt; **to be ~d in** (cont.)

light/sweat in Licht/Schweiß gebadet sein, schweißgebadet sein. **2.** (*US*) *see* **bath II.** **II** *vi* baden. **III** *n* Bad *nt*. **to have** *or* **take a** ~ baden.

bather ['beɪðəʳ] *n* Badende(r) *mf*.

bathing ['beɪðɪŋ] *n* Baden *nt*.

bathing-beauty ['beɪðɪŋˌbjuːtɪ] *n* Badeschönheit *f*; **bathing-cap** *n* Bademütze, Badekappe *f*; **bathing-costume** *n* Badeanzug *m*; **bathing-hut** *n* Badehäuschen *nt*; **bathing-suit** *n* (*dated*) *see* **bathingcostume**; **bathing-trunks** *npl* Badehose *f*.

bathmat ['bɑːθmæt] *n* Badematte *f or* -vorleger *m*.

bathos ['beɪθɒs] *n* (*anticlimax*) Abfall *or* Umschlag *m* ins Lächerliche; (*sentimentality*) falsches Pathos.

bathrobe ['bɑːθrəʊb] *n* Bademantel *m*.

bathroom ['bɑːθruːm] *n* Bad(ezimmer) *nt*; (*euph: lavatory*) Toilette *f*.

bathroom cabinet *n* Toiletten- *or* Badezimmerschrank *m*; **bathroom scales** *npl* Personenwaage *f*.

bath salts *npl* Badesalz *nt*; **bath towel** *n* Badetuch *nt*; **bathtub** *n* Badewanne *f*.

bathysphere ['bæθɪsfɪəʳ] *n* Tauchkugel, Bathysphäre *f*.

batik ['bætɪk] *n* Batik *m*.

batiste [bæˈtiːst] *n* Batist *m*.

batman ['bætmən] *n*, *pl* **-men** [-mən] (*Mil*) Putzer *m*.

baton ['bætən] *n* **1.** (*Mus*) Taktstock, Stab *m*; (*Mil*) (Kommando)stab *m*. **under the** ~ **of** (*Mus*) unter der Stabführung von. **2.** (*of policeman*) Schlagstock *m*; (*for directing traffic*) Stab *m*. **3.** (*in relay race*) Staffelholz *nt*, Stab *m*.

bats [bæts] *adj pred* (*inf*) bekloppt (*inf*). **you must be** ~ du spinnst wohl! (*inf*).

batsman ['bætsmən] *n*, *pl* **-men** [-mən] (*Sport*) Schlagmann *m*.

battalion [bəˈtælɪən] *n* (*Mil*, *fig*) Bataillon *nt*.

batten ['bætn] **I** *n* **1.** Leiste, Latte *f*; (*for roofing*) Dachlatte *f*; (*for flooring*) (Trag)latte *f*. **2.** (*Naut*) (*for sail*) Segellatte *f*; (*for hatch*) Schalklatte *f*. **II** *vt* **1.** roof, floor mit Latten versehen. **2.** (*Naut*) sail mit Latten verstärken; hatch (ver)schalken.

◆**batten down** *vt sep* **to** ~ **the hatches** die Luken schalken (*spec*) *or* dicht machen; (*fig*) (*close doors, windows*) alles dicht machen; (*prepare oneself*) sich auf etwas gefaßt machen.

◆**batten on** *vi* +*prep obj* schmarotzen bei.

◆**batten onto** *vi* +*prep obj* idea sich (*dat*) aneignen.

batter¹ ['bætəʳ] *n* (*Cook*) (*for frying*) (Ausback)teig *m*; (*for pancakes, waffles etc*) Teig *m*.

batter² *n* (*Sport*) Schlagmann *m*.

batter³ **I** *vt* **1.** einschlagen auf (+*acc*); (*strike repeatedly*) wife, baby schlagen, (ver)prügeln; (*with* ~ing ram) berennen. **the ship/house was** ~**ed by the waves/wind** die Wellen krachten unentwegt gegen das Schiff/der Wind rüttelte unentwegt am Haus. **2.** (*damage*) böse *or* übel zurichten; car

also, metal zer- *or* verbeulen. **3.** (*inf*) opponent eins *or* eine draufgeben (+*dat*) (*inf*). **II** *vi* schlagen, trommeln (*inf*).

◆**batter about** *vt sep* sb schlagen, verprügeln; sth grob umgehen mit, ramponieren (*inf*).

◆**batter down** *vt sep* wall zertrümmern; door also einschlagen; resistance zerschlagen.

◆**batter in** *vt sep* door einschlagen; (*with ram*) einrennen; skull einschlagen.

battered ['bætəd] *adj* böse *or* übel zugerichtet, lädiert (*inf*); wife, baby mißhandelt; hat, car, teapot also verbeult; city zerbombt; house, furniture mitgenommen, ramponiert (*inf*); nerves zerrüttet. ~ **baby syndrome** Phänomen *nt* der Kindesmißhandlung.

battering ['bætərɪŋ] *n* (*lit*) Schläge, Prügel *pl*; (*of baby, wife*) Mißhandlung *f*. **he/it got** *or* **took a real** ~ er/es hat ganz schön was abgekriegt (*inf*), es hat schwer gelitten; **to give sb/sth a** ~ jdn verprügeln/etw ramponieren (*inf*) *or* demolieren (*inf*).

battering ram *n* Rammbock, Sturmbock *m*.

battery ['bætərɪ] *n* (*all senses*) Batterie *f*; (*fig: of arguments etc*) Reihe *f*; *see* **assault.**

battery-charger ['bætərɪˌtʃɑːdʒəʳ] *n* Ladesatz *m*; **battery farming** *n* (Hühneretc)batterien *pl*; **battery hen** *n* (*Agr*) Batteriehenne *f*.

battle ['bætl] **I** *n* (*lit*) Schlacht *f*; (*fig*) Kampf *m*. **to give/offer/refuse** ~ sich zum Kampf *or* zur Schlacht stellen/bereit erklären/den Kampf *or* die Schlacht verweigern; **I don't need you to fight my** ~**s for me** ich kann mich alleine durchsetzen; **to do** ~ **for sb/sth** sich für jdn schlagen, sich für jdn/etw einsetzen; **killed in** ~ (im Kampf) gefallen; ~ **of words/wits** Wortgefecht *nt*/geistiger Wettstreit; **we are fighting the same** ~ wir ziehen am selben Strang; **that's half the** ~ damit ist schon viel gewonnen.

II *vi* sich schlagen; (*fig also*) kämpfen, streiten. **to** ~ **for breath** um Atem ringen.

III *vt* (*fig*) **to** ~ **one's way through difficulties/a book** sich (durch Schwierigkeiten) durchschlagen/sich durch ein Buch (durch)kämpfen.

◆**battle on** *vi* (*fig*) weiterkämpfen.

battle-axe ['bætlæks] *n* (*weapon*) Streitaxt *f*; (*inf: woman*) Drachen *m* (*inf*); **battle cruiser** *n* Schlachtkreuzer *m*; **battle cry** *n* Schlachtruf *m*.

battledore ['bætldɔːʳ] *n* (Federball)schläger *m*. ~ **and shuttlecock** Federball *m*.

battle dress *m* Kampfanzug *m*; **battlefield**, **battleground** *n* Schlachtfeld *nt*.

battlements ['bætlmənts] *npl* Zinnen *pl*.

battle royal *n* (*fig: quarrel*) heftige Auseinandersetzung; **battle-scarred** *adj* person, country vom Krieg gezeichnet; furniture, person schwer mitgenommen; **battleship** *n* Kriegs- *or* Schlachtschiff *nt*; **battle zone** *n* Kriegs- *or* Kampfgebiet *nt*.

batty ['bætɪ] *adj* (+*er*) (*inf*) verrückt.

bauble ['bɔːbl] *n* Flitter *m no pl*. ~**s** Flitterzeug *nt*; **jester's** ~ Narrenzepter *nt*.

baulk [bɔːk] *n see* **balk.**

bauxite ['bɔːksaɪt] *n* Bauxit *m*.

Bavaria [bə'veərɪə] *n* Bayern *nt*.
Bavarian [bə'veərɪən] **I** *n* **1.** (*person*) Bayer(in *f*) *m*. **2.** (*dialect*) Bairisch *nt*. **II** *adj* bay(e)risch; *dialect also* bairisch.
bawd [bɔːd] *n* (*brothel-keeper*) Bordellwirtin, Puffmutter (*inf*) *f*.
bawdiness ['bɔːdɪnɪs] *n* Derbheit *f*.
bawdy ['bɔːdɪ] *adj* (+*er*) derb.
bawl [bɔːl] **I** *vi* **1.** (*shout*) brüllen, schreien; (*sing*) grölen (*inf*). **2.** (*inf: weep*) plärren (*inf*), heulen (*inf*). **II** *vt order* brüllen, schreien; *song* grölen (*inf*).
◆**bawl out** *vt sep* **1.** *order* brüllen; *song* schmettern, grölen (*pej inf*). **2.** (*inf: scold*) ausschimpfen.
bawling-out ['bɔːlɪŋ'aʊt] *n* (*inf*) Schimpfkanonade *f* (*inf*). **to give sb a** ~ jdn zur Schnecke machen (*inf*).
bay[1] [beɪ] *n* Bucht *f*; (*of sea also*) Bai *f*. **the Hudson B**~ die Hudsonbai.
bay[2] *n* (*Bot*) Lorbeer(baum) *m*.
bay[3] *n* **1.** (*Archit*) Erker *m*. **2.** (*loading* ~) Ladeplatz *m*; (*parking* ~) Parkbucht *f*; (*Rail*) Abstellgleis *nt*. **3.** (*Aviat: bomb* ~) Bombenschacht *m*. **4.** (*sick* ~) (*Kranken*)-revier *nt*.
bay[4] **I** *n* (*of dogs*) Bellen *nt no pl*; (*Hunt*) Melden *nt no pl*. **to bring to/be at** ~ (*Hunt*) stellen/gestellt sein; (*fig*) 'in die Enge treiben/getrieben sein; **to have sb at** ~ (*fig*) jdn in der Zange haben (*inf*); **to keep** *or* **hold sb/sth at** ~ jdn/etw in Schach halten.
II *vi* bellen; (*Hunt also*) melden. **to** ~ **at the moon** den Mond anbellen.
bay[5] **I** *adj horse* (kastanien)braun. **II** *n* Braune(r) *m*.
bayleaf ['beɪliːf] *n* Lorbeerblatt *nt*.
bayonet ['beɪənɪt] **I** *n* Bajonett, Seitengewehr *nt*. **II** *vt* mit dem Bajonett *or* Seitengewehr aufspießen.
bayonet fitting *n* (*Elec*) Bajonettfassung *f*.
bay rum *n* Pimentöl *nt*; **bay tree** *n* Lorbeerbaum *m*; **bay window** *n* Erkerfenster *nt*.
bazaar [bə'zɑːʳ] *n* Basar *m*.
bazooka [bə'zuːkə] *n* Panzerfaust *f*.
BBC *abbr of* **British Broadcasting Corporation** BBC *f*.
BC[1] *abbr of* **before Christ** v. Chr., a. Chr.
BC[2] *abbr of* **British Columbia**.
BD *abbr of* **Bachelor of Divinity**.
be [biː] *present* **am, is, are,** *pret* **was, were,** *ptp* **been I** *copulative vb* **1.** (*with adj, n*) sein. **he is a soldier/a German** er ist Soldat/Deutscher; **he wants to** ~ **a doctor** er möchte Arzt werden; **who is that?** — **it's me/that's Mary** wer ist das? — ich bin's/das ist Mary; **to** ~ **critical/disparaging** sich kritisch/verächtlich äußern; **if I were you** wenn ich Sie *or* an Ihrer Stelle wäre; ~ **sensible!** sei vernünftig!
2. (*health*) **how are you?** wie geht's?; **I'm better now** es geht mir jetzt besser; **she's none too well** es geht ihr gar nicht gut.
3. (*physical, mental state*) **to** ~ **hungry/thirsty** Hunger/Durst haben, hungrig/durstig sein (*geh*); **I am hot/cold/frozen** ich schwitze/friere/bin halb erfroren, mir ist heiß/kalt/eiskalt; **to** ~ **ashamed/worried** sich schämen/sich (*dat*) Sorgen machen, besorgt sein; **to** ~ **right/wrong** recht/nicht

recht haben; **they were horrified** sie waren entsetzt.
4. (*age*) sein. **he'll** ~ **three** er wird drei (Jahre alt).
5. (*cost*) kosten. **how much is that?** wieviel *or* was kostet das?; (*altogether also*) wieviel *or* was macht das?
6. (*Math*) sein. **two times two is** *or* **are four** zwei mal zwei ist *or* sind *or* gibt vier.
7. (*with poss*) gehören (+*dat*). **that book is your brother's/his** das Buch gehört Ihrem Bruder/ihm, das ist das Buch Ihres Bruders/das ist sein Buch.
8. (*in exclamations*) **was he pleased to hear it!** er war vielleicht froh, das zu hören!; **but wasn't she glad when ...** hat sie sich vielleicht gefreut, als ...
II *v aux* **1.** (+*prp: continuous tenses*) **what are you doing?** was tun Sie?; **she is always complaining** sie beklagt sich dauernd; **they're coming tomorrow** sie kommen morgen; **you will** ~ **hearing from us** Sie werden von uns hören; **will you** ~ **seeing her tomorrow?** sehen *or* treffen Sie sie morgen?; **I've just been packing my case** ich war gerade beim Kofferpacken, ich war gerade dabei, den Koffer zu packen; **I was packing my case when ...** ich war gerade beim Kofferpacken, als ...; **I have been waiting for you for an hour** ich warte schon seit einer Stunde auf Sie.
2. (+*ptp: passive*) werden. **he was run over** er ist überfahren worden, er wurde überfahren; **the box had been opened** die Schachtel war geöffnet worden; **it is/was** ~**ing repaired** es wird/wurde gerade repariert; **the car is to** ~ **sold** das Auto soll verkauft werden; **they were to have been married last week** sie hätten letzte Woche heiraten sollen; **in fact she was to** ~/**was to have been dismissed but ...** sie sollte eigentlich entlassen werden, aber .../sie hätte eigentlich entlassen werden sollen, aber ...
3. **he is to** ~ **pitied/not to** ~ **envied** er ist zu bedauern/nicht zu beneiden; **not to** ~ **confused with** nicht zu verwechseln mit; **he was not to** ~ **persuaded** er war nicht zu überreden, er ließ sich nicht überreden.
4. (*intention, obligation, command*) sollen. **I am to look after my mother** ich soll mich um meine Mutter kümmern; **he is not to open it** er soll es nicht öffnen; **I wasn't to tell you his name** ich sollte *or* durfte Ihnen nicht sagen, wie er heißt; (*but I did*) ich hätte Ihnen eigentlich nicht sagen sollen *or* dürfen, wie er heißt.
5. (~ *destined*) sollen. **she was never to return** sie sollte nie zurückkehren.
6. (*suppositions, wishes*) **if it were** *or* **was to snow** falls *or* wenn es schneien sollte; **and if I were to tell him?** und wenn ich es ihm sagen würde?; **I would** ~ **surprised if ...** ich wäre überrascht, wenn ...
7. (*in tag questions, short answers*) **he's always late, isn't he?** — **yes he is** er kommt doch immer zu spät, nicht? — ja, das stimmt; **he's never late, is he?** — **yes he is** er kommt nie zu spät, oder? — o, doch; **you are not ill, are you?** — **yes I am/no I'm not** Sie sind doch nicht (etwa) krank? — doch!/nein.

III vi **1.** sein; (*remain*) bleiben. **to ~ or not to ~** Sein oder Nichtsein; **the powers that ~** die zuständigen Stellen; **let me/him ~** laß mich/ihn (in Ruhe); **~ that as it may** wie dem auch sei; **he is there at the moment but he won't ~ much longer** im Augenblick ist er dort, aber nicht mehr lange; **we've been here a long time** wir sind schon lange hier.

2. (*be situated*) sein; (*town, country, forest etc also*) liegen; (*car, tower, crate, bottle, chair also*) stehen; (*ashtray, papers, carpet also*) liegen.

3. (*visit, call*) **I've been to Paris** ich war schon in Paris; **the postman has already been** der Briefträger war schon da.

4. now you've been and (gone and) done it (*inf*) jetzt hast du aber was angerichtet! (*inf*); **I've just been and (gone and) broken it!** jetzt hab' ich's tatsächlich kaputtgemacht (*inf*).

5. (*used to present, point out*) **here is a book/are two books** hier ist ein Buch/sind zwei Bücher; **over there are two churches** da drüben sind or stehen zwei Kirchen; **here/there you are** (*you've arrived*) da sind Sie ja; (*take this*) hier/da, bitte; (*here/ there it is*) hier/da ist es/sind sie doch; **there he was sitting at the table** da saß er nun an Tisch.

IV vb impers **1.** sein. **it is dark/morning** es ist dunkel/Morgen; **tomorrow is Friday/the 14th of June** morgen ist Freitag/der 14. Juni, morgen haben wir Freitag; **it is 5 km to the nearest town** es sind 5 km bis zur nächsten Stadt.

2. (*emphatic*) **it was us** or **we** (*form*) **who found it** das haben *wir* gefunden, *wir* haben das gefunden.

3. (*wishes, suppositions, probability*) **were it not for my friendship with him** wenn ich ja nicht mit ihm befreundet wäre; **were it not for him, if it weren't** or **wasn't for him** wenn er nicht wäre; **had it not been** or **if it hadn't been for him** wenn er nicht gewesen wäre.

beach [biːtʃ] **I** n Strand m. **on the ~** am Strand. **II** vt boat auf Strand setzen.

beachball ['biːtʃbɔːl] n Wasserball m; **beach buggy** n Strandbuggy m; **beachcomber** n Strandgutsammler m; (*living rough*) am Strand lebender Einsiedler; **beachhead** n (*Mil*) Landekopf m; **beach hut** n Strandhäuschen nt; **beach umbrella** n Sonnenschirm m; **beachwear** n Badesachen pl; (*Fashion*) Strandmode f.

beacon ['biːkən] n (*fire, light*) Leuchtfeuer nt; (*radio ~*) Funkfeuer nt; (*one of a series of lights, radio ~s*) Bake f.

bead [biːd] n **1.** Perle f. (*string of*) **~s** Perlenschnur f; (*necklace*) Perlenkette f; **to tell** or **say one's ~s** den Rosenkranz beten. **2.** (*drop: of dew, sweat*) Perle f, Tropfen m. **3.** (*of gun*) Korn nt.

beady ['biːdɪ] adj **I've got my ~ eye on you** (*inf*) ich beobachte Sie genau!

beagle ['biːgl] n (*dog*) Beagle m.

beak [biːk] n **1.** (*of bird, turtle*) Schnabel m. **2.** (*inf: of person*) Zinken, Rüssel m (*inf*). **3.** (*Brit inf: judge etc*) Kadi m (*inf*); (*Brit Sch sl*) (Di)rex m (*sl*).

beaker ['biːkəʳ] n Becher m; (*Chem etc*) Becherglas nt.

be-all and end-all ['biːˈɔːlənd'endɔːl] n the ~ das A und O.

beam [biːm] **I** n **1.** (*Build, of scales*) Balken m.

2. (*Naut*) (*side*) Seite f; (*width*) Breite f. **on the ~** querschiffs; **on the port ~** backbords; **the ~ of a ship** die Schiffsbreite; **to be broad in the ~** (*ship*) sehr breit sein; (*person*) breit gebaut sein.

3. (*of light etc*) Strahl m. **to drive/be on full** or **high** or **main ~** mit Fernlicht fahren/Fernlicht eingestellt haben.

4. (*radio ~*) Leitstrahl m. **to be on/off ~** auf Kurs sein/vom Kurs abgekommen sein; (*fig*) (*person*) richtig liegen (*inf*)/ danebenliegen (*inf*); (*figures*) stimmen/ nicht stimmen; **you're/your guess is way off ~** Sie haben total danebengeraten.

5. (*smile*) Strahlen nt.

II vi **1.** strahlen. **to ~ down** (*sun*) niederstrahlen.

2. (*fig: person, face*) strahlen. **her face was ~ing with joy** sie strahlte übers ganze Gesicht.

III vt (*Rad, TV*) message, programme ausstrahlen, senden (*to in* or *an +acc*).

beam-ends ['biːmendz] npl: **to be on one's ~** (*Naut*) stark Schlagseite haben; (*fig*) auf dem letzten Loch pfeifen (*inf*).

beaming ['biːmɪŋ] adj sun strahlend; smile, face (freude)strahlend.

bean [biːn] n **1.** Bohne f. **he hasn't a ~** (*Brit inf*) er hat keinen roten Heller (*inf*). **2.** (*fig*) **to be full of ~s** (*Brit inf*) putzmunter sein (*inf*).

beanfeast ['biːnfiːst] n (*inf*) Schmaus m (*inf*); **beanpole** n (*lit, fig*) Bohnenstange f; **beansprout** n Sojabohnenkeim m; **beanstalk** n Bohnenstengel m.

bear¹ [bɛəʳ] pret **bore**, ptp **borne** **I** vt **1.** (*carry*) burden, arms tragen; gift, message bei sich tragen, mit sich führen. **to ~ away/back** mitnehmen/mit (sich) zurücknehmen; (*through the air*) fort- or wegtragen/zurücktragen; **he was borne along by the crowd** die Menge trug ihn mit (sich).

2. (*show*) inscription, signature tragen; mark, traces also, likeness, relation aufweisen, zeigen; see witness.

3. name, title tragen, führen.

4. (*have in heart or mind*) love empfinden, in sich (*dat*) tragen; hatred, grudge also hegen (*geh*).

5. (*lit, fig: support, sustain*) weight, expense, responsibility tragen. **to ~ examination/comparison** einer Prüfung/ einem Vergleich standhalten; **it doesn't ~ thinking about** man darf gar nicht daran denken; **his language doesn't ~ repeating** seine Ausdrucksweise läßt sich nicht wiederholen.

6. (*endure, tolerate*) ertragen; (*with neg also*) ausstehen, leiden; pain, smell, noise etc also aushalten; criticism, joking, smell, noise etc also vertragen. **she can't ~ flying/doing nothing/being laughed at** sie kann einfach nicht fliegen/untätig sein/sie kann es nicht vertragen, wenn man über sie lacht.

7. (*produce, yield*) *fruit etc* tragen.
8. (*give birth to*) gebären; *see* **born.**
II *vi* **1.** (*move*) **to ~ right/left/north** sich rechts/links/nach Norden halten; **to ~ away** *or* **off** (*Naut*) abdrehen.
2. (*fruit-tree etc*) tragen.
3. **to bring one's energies/powers of persuasion to** ~ seine Energie/Überzeugungskraft aufwenden (*on* für); **to bring one's mind to** ~ **on sth** seinen Verstand *or* Geist für etw anstrengen; **to bring pressure to** ~ **on sb/sth** Druck auf jdn/etw ausüben.
III *vr* sich halten.
◆**bear down** I *vi* **1.** sich nahen (*geh*); (*hawk etc*) herabstoßen. **to ~** ~ **on sb/sth** (*driver etc*) auf jdn/etw zuhalten. **2.** (*woman in labour*) drücken. II *vt sep* niederdrücken. **he was borne ~ by** poverty seine Armut lastete schwer auf ihm; **to be borne ~ by the weight of ...** von der Last (+*gen*) gebeugt sein.
◆**bear in (up)on** *vt* +*prep obj*: **to be borne ~ ~ sb** jdm zu(m) Bewußtsein kommen.
◆**bear on** *vi* +*prep obj see* **bear (up)on.**
◆**bear out** *vt sep* bestätigen. **to ~ sb ~ in sth** jdn in etw bestätigen.
◆**bear up** *vi* sich halten. **he bore ~ well under the death of his father** er trug den Tod seines Vaters mit Fassung; **~ ~!** Kopf hoch!
◆**bear (up)on** *vi* +*prep obj* **1.** (*relate to*) betreffen. **2.** **to ~ hard/severely ~ sb** sich hart auf jdn auswirken.
◆**bear with** *vi* +*prep obj* tolerieren. **if you would just ~ ~ me for a couple of minutes** wenn Sie sich vielleicht zwei Minuten gedulden wollen.
bear² I *n* **1.** Bär *m*; (*fig: person*) Brummbär *m* (*inf*). **he is like a ~ with a sore head** er ist ein richtiger Brummbär (*inf*).
2. (*Astron*) **the Great/Little B~** der Große/Kleine Bär *or* Wagen. **3.** (*St Ex*) Baissespekulant, Baissier *m*. II *vi* (*St Ex*) auf Baisse spekulieren.
bearable ['bɛərəbl] *adj* erträglich.
bear-baiting ['bɛə,beɪtɪŋ] *n* Bärenhatz *f*; **bear-cub** *n* Bärenjunge(s) *nt*.
beard [bɪəd] I *n* **1.** Bart *m*; (*full-face*) Vollbart *m*. **a man with a ~** ein Mann mit Bart; **a week's (growth of)** ~ ein eine Woche alter Bart; **small pointed** ~ Spitzbart *m*.
2. (*of goat, bird*) Bart *m*; (*of fish also*) Barthaare *pl*; (*of grain*) Grannen *pl*.
II *vt* (*confront*) ansprechen. **to ~ the lion in his den** (*fig*) sich in die Höhle des Löwen wagen.
bearded ['bɪədɪd] *adj man, animal* bärtig.
beardless ['bɪədlɪs] *adj* bartlos.
bearer ['bɛərəʳ] *n* **1.** (*carrier*) Träger(in *f*) *m*; (*of news, letter, cheque, banknote*) Überbringer *m*; (*of name, title also, of passport, bond, cheque*) Inhaber(in *f*) *m*. ~ **bond** Inhaberschuldverschreibung *f*.
2. (*tree etc*) **a good** ~ ein Baum/Busch *etc*, der gut trägt.
bear garden *n* Tollhaus *nt*; **bear hug** *n* ungestüme Umarmung; (*Wrestling*) Klammer, Umklammerung *f*.
bearing ['bɛərɪŋ] *n* **1.** (*posture*) Haltung *f*; (*behaviour*) Verhalten, Auftreten *nt*.
2. (*relevance, influence*) Auswirkung *f*

(*on* auf +*acc*); (*connection*) Bezug *m* (*on* zu). **to have some/no ~ on sth** von Belang/ belanglos für etw sein; (*be/not be connected with*) einen gewissen/keinen Bezug zu etw haben.
3. (*endurance*) **to be beyond (all)** ~ unerträglich *or* nicht zum Aushalten sein.
4. (*direction*) **to take/get a ~ on sth** sich an etw (*dat*) orientieren; **to take a compass** ~ den Kompaßkurs feststellen; **to get one's** ~**s** sich zurechtfinden; **to lose one's** ~**s** die Orientierung verlieren.
5. (*Tech*) Lager *nt*.
bear market *n* (*St Ex*) Baissemarkt *m*; **bearskin** *n* (*Mil*) Bärenfellmütze *f*.
beast [biːst] *n* **1.** Tier *nt*; *see* **burden, prey.**
2. (*inf*) (*person*) Biest, Ekel *nt*. **don't be a** ~! sei nicht so eklig! (*inf*); **that ~ of a brother-in-law** dieser fiese Schwager (*inf*); **this (problem) is a ~, it's a ~ (of a problem)** das (Problem) hat's in sich (*inf*); **have you finished it yet? — no, it's a ~** sind Sie fertig damit? — nein, es ist verflixt schwierig (*inf*).
beastliness ['biːstlɪnɪs] *n* (*inf*) *see adj* Scheußlichkeit, Garstigkeit *f*; Gemeinheit, Ekligkeit (*inf*) *f*.
beastly ['biːstlɪ] *adj* (*inf*) scheußlich, garstig (*inf*); *person, conduct also* gemein, eklig.
beat [biːt] (*vb: pret* ~, *ptp* ~**en**) I *n* **1.** (*of heart, pulse, drum*) (*single* ~) Schlag *m*; (*repeated beating*) Schlagen *nt*. **the ~ of her heart grew weaker** ihr Herzschlag wurde schwächer.
2. (*of policeman, sentry*) Runde *f*, Rundgang *m*; (*district*) Revier *nt*. **to be on** *or* **to patrol one's** ~ seine Runde machen.
3. (*Mus, Poet*) Takt *m*; (*of metronome, baton*) Taktschlag *m*. **to have a strong** ~ einen ausgeprägten Rhythmus haben.
4. (*music*) Beat(musik *f*) *m*.
5. (*Hunt*) Treibjagd *f*.
II *vt* **1.** (*hit*) schlagen; *person, animal also* (ver)prügeln, hauen (*inf*); *carpet* klopfen; (*search*) *countryside, woods* absuchen, abkämmen. **the crocodile ~ the ground with its tail** das Krokodil schlug mit dem Schwanz auf den Boden; **to ~ a/ the drum** trommeln, die Trommel schlagen; **to ~ one's breast** sich (*dat*) an die Brust schlagen; (*ape*) sich (*dat*) gegen die Brust trommeln; **~ it!** (*fig inf*) hau ab!
2. (*hammer*) *metal* hämmern; (*shape also*) treiben. **to ~ sth flat** etw flach *or* platt hämmern.
3. (*defeat*) schlagen; *record* brechen; *inflation* in den Griff bekommen. **to ~ sb at chess/tennis** jdn im Schach/Tennis schlagen; **his shot/forehand ~ me** ich war dem Schuß/Vorhandschlag nicht gewachsen; **you can't ~ these prices** diese Preise sind nicht zu übertreffen; **you can't ~ central heating/real wool** es geht doch nichts über Zentralheizung/reine Wolle; **he ~s the rest of them any day** er steckt sie alle (jederzeit) in die Tasche (*inf*); **coffee ~s tea any day** Kaffee ist allemal besser als Tee; **that ~s everything** das ist doch wirklich der Gipfel *or* die Höhe, das schlägt dem Faß den Boden aus (*all inf*); (*is very good*) darüber geht nichts; **that ~s me** (*inf*) das ist mir ein Rätsel (*inf*).

4. (*be before*) *budget, crowds* zuvorkommen (+*dat*). **to ~ sb to the top of a hill** vor jdm oben auf dem Berg sein *or* ankommen; **I'll ~ you down to the beach** ich bin vor dir am Strand; **to ~ the deadline** vor Ablauf der Frist fertig sein; **to ~ sb to the draw** schneller ziehen als jd; **to ~ sb to it** jdm zuvorkommen.

5. (*move up and down regularly*) schlagen. **the bird ~s its wings** der Vogel schlägt mit den Flügeln.

6. (*Mus*) **to ~ time (to the music)** den Takt schlagen.

7. *cream, eggs* schlagen.

III *vi* **1.** (*heart, pulse, drum*) schlagen.
to ~ on the door (with one's fists) (mit den Fäusten) gegen die Tür hämmern; **with ~ing heart** mit pochendem Herzen; **her heart was ~ing with joy** ihr Herz schlug vor Freude höher; *see* **bush**[1].

2. (*wind, waves*) schlagen; (*rain also*) trommeln; (*sun*) brennen.

3. (*cream*) sich schlagen lassen.

IV *adj* **1.** (*inf: exhausted*) **to be (dead) ~** total geschafft *or* erledigt sein (*inf*).

2. (*inf: defeated*) **to be ~ (en)** aufgeben müssen, sich geschlagen geben müssen; **he doesn't know when he's ~(en)** er gibt nicht auf (*inf*); **we've got him ~** wir haben ihn schachmatt gesetzt; **this problem's got me ~** mit dem Problem komme ich nicht klar (*inf*).

◆**beat back** *vt sep flames, enemy* zurückschlagen.

◆**beat down** I *vi* (*rain*) herunterprasseln; (*sun*) herunterbrennen. II *vt sep* **1.** (*reduce*) *prices* herunterhandeln; *opposition* kleinkriegen (*inf*). **I managed to ~ him/the price** ich konnte den Preis herunterhandeln. **2.** (*flatten*) *door* einrennen; *wheat, crop* niederwerfen.

◆**beat in** *vt sep door* einschlagen. **to ~ sb's brains ~** (*inf*) jdm den Schädel einschlagen (*inf*).

◆**beat off** *vt sep attack, attacker* abwehren.

◆**beat out** *vt sep fire* ausschlagen; *metal, dent, wing* aushämmern; *tune, rhythm* schlagen; (*on drum*) trommeln; *plan* ausarbeiten, ausklamüsern (*inf*), austüfteln (*inf*). **to ~ sb's brains ~** (*inf: kill*) jdm den Schädel einschlagen (*inf*).

◆**beat up** *vt sep* **1.** *person* zusammenschlagen. **2.** (*Cook*) *eggs, cream* schlagen.

beaten ['biːtn̩] I *ptp of* **beat**. II *adj* **1.** *metal* gehämmert. **2.** *earth* festgetreten; *path also* ausgetreten. **to be off the ~ track** (*fig*) abgelegen sein. **3.** (*defeated*) **a ~ man** ein geschlagener Mann.

beater ['biːtər] *n* **1.** (*carpet ~*) Klopfer *m*; (*egg ~*) Rührbesen *m*. **2.** (*Hunt*) Treiber(in *f*) *m*.

beat *in cpds* Beat-; **~ group** Beatgruppe *or* -band *f*.

beatific [ˌbiːə'tɪfɪk] *adj* glückselig; *vision* himmlisch.

beatification [biːˌætɪfɪ'keɪʃən] *n* Seligsprechung *f*.

beatify [biː'ætɪfaɪ] *vt* seligsprechen.

beating ['biːtɪŋ] *n* **1.** (*series of blows*) Schläge, Prügel *pl*. **to give sb a ~** jdn verprügeln; (*as punishment also*) jdm eine Tracht Prügel verabreichen (*inf*); **to get a**

~ verprügelt werden; (*as punishment also*) Schläge *or* Prügel bekommen.

2. (*of drums, heart, wings*) Schlagen *nt*.

3. (*defeat*) Niederlage *f*. **to take a ~** eine Schlappe einstecken (*inf*).

4. to take some ~ nicht leicht zu übertreffen sein; (*idea, insolence etc*) seinesgleichen suchen.

5. (*Hunt*) Treiben *nt*.

beating-up [ˌbiːtɪŋ'ʌp] *n* Abreibung *f* (*inf*). **to give sb a ~** jdn zusammenschlagen.

beatitude [biː'ætɪtjuːd] *n* Glückseligkeit *f*. **the B~s** (*Bibl*) die Seligpreisungen *pl*.

beatnik ['biːtnɪk] *n* Beatnik *m*.

beat poetry *n* Beatlyrik *f*.

beat-up ['biːtʌp] *adj* (*inf*) zerbeult, ramponiert (*inf*).

Beaufort scale ['bəʊfət'skeɪl] *n* Beaufortskala *f*.

beaut [bjuːt] *n* (*esp Austral sl*) (*thing*) Prachtexemplar *nt*.

beauteous ['bjuːtɪəs] *adj* (*poet*) wunderschön, prachtvoll.

beautician [bjuː'tɪʃən] *n* Kosmetiker(in *f*) *m*.

beautiful ['bjuːtɪfʊl] I *adj* schön; *weather, morning also, idea, meal* herrlich, wunderbar; (*good*) *swimmer, swimming, organization, piece of work* hervorragend, wunderbar. **that's a ~ specimen** das ist ein Prachtexemplar; **the ~ people** die Schickeria; **~! prima!** (*inf*), **toll!** (*inf*). II *n* **1. the ~** das Schöne. **2.** (*inf*) **hello, ~** hallo, schönes Kind.

beautifully ['bjuːtɪflɪ] *adv* schön; *warm, prepared, shine, simple* herrlich, wunderbar; (*well*) *sew, cook, sing, swim* hervorragend, sehr gut, prima (*inf*). **that will do ~** das ist ganz ausgezeichnet.

beautify ['bjuːtɪfaɪ] *vt* verschönern.

beauty ['bjuːtɪ] *n* **1.** Schönheit *f*. **~ is only skin-deep** (*prov*) der äußere Schein kann trügen; (*referring to women also*) ein schönes Gesicht hat schon manchen getäuscht (*prov*); **~ is in the eye of the beholder** (*Prov*) schön ist, was gefällt.

2. (*beautiful person*) Schönheit *f*. **B~ and the Beast** die Schöne und das Tier.

3. (*good example*) Prachtexemplar *nt*. **isn't it a ~!** ist das nicht ein Prachtstück?

4. (*pleasing feature*) **the ~ of it is that ...** das Schöne *or* Schönste daran ist, daß ...; **that's the ~ of it** das ist das Schöne daran.

beauty *in cpds* Schönheits-; **beauty competition** *or* **contest** *n* Schönheitswettbewerb *m*; **beauty parlour** *n* Schönheitsor Kosmetiksalon *m*; **beauty queen** *n* Schönheitskönigin *f*; **beauty sleep** *n* (*hum*) Schlaf *m*; **beauty spot** *n* **1.** Schönheitsfleck *m*; (*patch also*) Schönheitspflästerchen *nt*; **2.** (*place*) schönes *or* hübsches Fleckchen (Erde); **beauty treatment** *n* kosmetische Behandlung.

beaver ['biːvər] *n* **1.** Biber *m*. **to work like a ~** wie ein Wilder/eine Wilde arbeiten; *see* **eager. 2.** (*fur*) Biber(pelz) *m*. **3.** (*hat*) Biber- *or* Kastorhut *m*. **4.** (*US fam: vagina*) Möse *f* (*sl*).

◆**beaver away** *vi* (*inf*) schuften (*inf*) (*at* an +*dat*).

becalm [bɪ'kɑːm] *vt* (*Naut*) **to be ~ed** in eine Flaute geraten.

became [bɪ'keɪm] *pret of* **become.**

because [bɪ'kɒz] **I** *conj* weil; (*since also*) da. **it was the more surprising ~ we were not expecting it** es war um so überraschender, als wir es nicht erwarteten; **if I did it, it was ~ it had to be done** ich habe es nur getan, weil es getan werden mußte; **~ if I am not wrong, he/I ...** weil er/ich, wenn ich mich nicht täusche, ...; **why did you do it? — ~** (*inf*) warum *or* weshalb hast du das getan? — darum *or* deshalb.

II *prep* **~ of** wegen (+*gen or* (*inf*) *dat*); **I only did it ~ of you** ich habe es nur deinetwegen/Ihretwegen getan.

beck [bek] *n* **to be (completely) at sb's ~ and call** jdm voll und ganz zur Verfügung stehen; **his wife is completely at his ~ and call** seine Frau muß nach seiner Pfeife tanzen; **to have sb at one's ~ and call** ganz über jdn verfügen können.

beckon ['bekən] *vti* winken. **he ~ed (to) her to follow (him)** er gab ihr ein Zeichen *or* winkte ihr, ihm zu folgen; **he ~ed me in/over** er winkte mich herein/herüber.

become [bɪ'kʌm] *pret* **became,** *ptp* **~ I** *vi*
1. (*grow to be*) werden. **to ~ old/fat/tired** alt/dick/müde werden; **it has ~ a habit/duty/custom/nuisance** es ist zur Gewohnheit geworden/es ist Pflicht/üblich/lästig geworden; **he's becoming a problem** er wird zum Problem; **to ~ accustomed to sb/sth** sich an jdn/etw gewöhnen; **to ~ interested in sb/sth** anfangen, sich für jdn/etw zu interessieren.
2. (*acquire position of*) werden. **to ~ king/a doctor** König/Arzt werden.
3. **what has ~ of him?** was ist aus ihm geworden?; **I don't know what will ~ of him** ich weiß nicht, was aus ihm noch werden soll.

II *vt* **1.** (*suit*) stehen (+*dat*).
2. (*befit*) sich schicken für.

becoming [bɪ'kʌmɪŋ] *adj* **1.** (*suitable, fitting*) schicklich. **it's not ~ (for a lady) to sit like that** es schickt sich (für eine Dame) nicht, so zu sitzen. **2.** (*flattering*) vorteilhaft, kleidsam.

B Ed *abbr of* **Bachelor of Education** Bakkalaureus *m* der Erziehungswissenschaften.

bed [bed] **I** *n* **1.** Bett *nt.* **to go to ~** zu *or* ins Bett gehen; **to put** *or* **get sb to ~** jdn ins *or* zu Bett bringen; **to get into ~** sich ins Bett legen; **he couldn't get her into ~ with him** er hat sie nicht ins Bett gekriegt (*inf*); **to go to** *or* **jump into** (*inf*) **~ with sb** mit jdm ins Bett gehen *or* steigen (*inf*); **he must have got out of ~ on the wrong side** (*inf*) er ist wohl mit dem linken Fuß zuerst aufgestanden; **to be in ~** im Bett sein; (*through illness also*) das Bett hüten müssen; **a ~ of nails** ein Nagelbrett *nt*; **life isn't always a ~ of roses** (*prov*) man ist im Leben nicht immer auf Rosen gebettet; **as you make your ~ so you must lie on it** (*Prov*) wie man sich bettet, so liegt man (*Prov*); **can I have a ~ for the night?** kann ich hier/bei euch *etc* übernachten?; **to put a newspaper to ~** (*Press*) eine Zeitung in Druck *or* zum Druck geben.
2. (*of ore*) Lager *nt*; (*of coal also*) Flöz *nt*; (*of building, road etc*) Unterbau *m.* **a**

~ of clay Lehmboden *m.*
3. (*base: of engine, machine*) Bett *nt.*
4. (*bottom*) (*sea ~*) Grund, Boden *m*; (*river ~*) Bett *nt.*
5. (*oyster ~, coral ~*) Bank *f.*
6. (*flower ~, vegetable ~*) Beet *nt.*

II *vt* **1.** *plant* setzen, pflanzen.
2. (*old, hum: have sex with*) beschlafen (*old, hum*).

◆**bed down I** *vi* sein Lager aufschlagen. **to ~ ~ for the night** sein Nachtlager aufschlagen. **II** *vt sep* **1.** *person* das Bett machen (+*dat*); *child* schlafen legen. **the soldiers were ~ed ~ in the shed** die Soldaten hatten ihr (Nacht)quartier im Schuppen. **2.** *animals* einstreuen (+*dat*).

◆**bed in I** *vt sep foundations* einlassen; *machine* betten; *brakes* einfahren. **II** *vi* (*brakes*) eingefahren werden.

bed and breakfast *n* Zimmer *nt* mit Frühstück; (*also ~ place*) Frühstückspension *f.* "**~**" „Fremdenzimmer".

bedaub [bɪ'dɔːb] *vt* beschmieren; *face* anmalen, anschmieren.

bedazzle [bɪ'dæzl] *vt* blenden.

bed *in cpds* Bett-; **bed-bath** *n* (Kranken-)wäsche *f* im Bett; **to give sb a ~** jdn im Bett waschen; **bed-bug** *n* Wanze *f*; **bedclothes** *npl* Bettzeug *nt*; **to turn down the ~** das Bett aufdecken; **bedcover** *n* Bettdecke *f.*

bedding ['bedɪŋ] *n* **1.** Bettzeug *nt.* **2.** (*for horses*) Streu *f.*

bedding plant *n* Setzling *m.*

bedeck [bɪ'dek] *vt* schmücken.

bedevil [bɪ'devl] *vt* komplizieren, erschweren. **~led by misfortune/bad luck** vom Schicksal/Pech verfolgt.

bedfellow ['bedˌfeləʊ] *n* **to be** *or* **make strange ~s** (*fig*) eine eigenartige Kombination *or* ein merkwürdiges Gespann sein; **bed-head** *n* Kopfteil *m* des Bettes; **bed-jacket** *n* Bettjäckchen *nt.*

bedlam ['bedləm] *n* (*fig: uproar*) Chaos *nt.*

bed-linen ['bedˌlɪnɪn] *n* Bettwäsche *f.*

Bedouin ['bedʊɪn] **I** *n* Beduine *m*; Beduinin *f.* **II** *adj* beduinisch.

bed-pan ['bedpæn] *n* Bettpfanne *or* -schüssel *f*; **bedpost** *n* Bettpfosten *m.*

bedraggled [bɪ'dræɡld] *adj* (*wet*) triefnaß; (*dirty*) verdreckt; (*untidy*) *person, appearance* ungepflegt, schlampig.

bed-ridden ['bedrɪdn] *adj* bettlägerig.

bedrock ['bedrɒk] *n* **1.** (*Geol*) Grundgebirge *or* -gestein *nt.* **2.** (*fig*) **to get down to ~** zum Kern der Sache kommen.

bedroom ['bedruːm] *n* Schlafzimmer *nt.*

bedroom *in cpds* Schlafzimmer-; **~ slipper** Hausschuh *m.*

Beds *abbr of* **Bedfordshire.**

bedside ['bedsaɪd] *n* **to be/sit at sb's ~** an jds Bett (*dat*) sein.

bedside lamp *n* Nachttischlampe *f*; **bedside manner** *n* **he has a good/bad ~** er kann gut/nicht gut mit den Kranken umgehen; **bedside rug** *n* Bettvorleger *m*; **bedside table** *n* Nachttisch *m.*

bed-sit(ter) ['bedˌsɪtə(r)] (*inf*), **bed-sitting room** [ˌbed'sɪtɪŋ-] *n* (*Brit*) **1.** (*rented*) möbliertes Zimmer; **2.** Wohnschlafzimmer *nt*; (*for teenager etc*) Jugendzimmer *nt*; **bedsore** *n* aufgelegene *or*

wundgelegene Stelle; **to get ~** sich wund-
or aufliegen; **bedspread** n Tagesdecke f;
bedstead n Bettgestell nt; **bedstraw** n
(Bot) Labkraut nt; **bedtime** n Schlafens-
zeit f; **his ~ is 10 o'clock** er geht um 10 Uhr
schlafen; **it's past your ~** du müßtest
schon lange im Bett sein; **bedtime story**
n Gutenachtgeschichte f; **bed-wetter** n
Bettnässer(in f) m; **bed-wetting** n Bett-
nässen nt.

bee [biː] n 1. Biene f. **like ~s round a honey-
pot** wie die Motten ums Licht; **to have a ~
in one's bonnet** (inf) einen Fimmel or Tick
haben (inf); **he's got a ~ in his bonnet
about cleanliness** er hat einen Sauber-
keitsfimmel (inf) or -tick (inf).
 2. (sewing ~) Kränzchen nt; (com-
petition) Wettbewerb m.

beech [biːtʃ] n 1. (tree) Buche f. 2. (wood)
Buche(nholz nt) f.

beechnut ['biːtʃnʌt] n Buchecker f; **beech
tree** n Buche f; **beechwood** n 1. (mate-
rial) Buchenholz nt; 2. (trees) Buchen-
wald m.

beef [biːf] **I** n 1. (meat) Rindfleisch nt. **roast
~** Roastbeef nt.
 2. (inf) (flesh) Speck m (pej); (muscles)
Muskeln pl. **there's too much ~ on him** er
ist zu massig.
 II vi (inf: complain) meckern (inf)
(about über +acc). **what are you ~ing
about?** was hast du zu meckern? (inf).

beefburger ['biːfbɜːgəʳ] n Hamburger m;
beef cattle npl Schlachtrinder pl;
beefeater n 1. Beefeater m; 2. (US
inf) Engländer(in f) m; **beef sausage** n
Rindswürstchen nt; **beefsteak** n Beef-
steak nt; **beef tea** n Fleischbrühe f.

beefy ['biːfɪ] adj (+er) fleischig.

beehive ['biːhaɪv] **I** n 1. Bienenstock m;
(dome-shaped) Bienenkorb m; 2. (hair-
style) toupierte Hochfrisur; **II** adj ~ **hair-
do** toupierte Hochfrisur; **beekeeper** n
Bienenzüchter(in f), Imker(in f) m; **bee-
line** n to make a ~ for sb/sth schnurstracks
auf jdn/etw zugehen; **he made a ~ for the
food** er stürzte sich sofort auf das Essen.

been [biːn] ptp of **be**.

beep [biːp] (inf) **I** n Tut(tut) nt (inf). **II** vt to
~ one's horn hupen. **III** vi tuten (inf).

beer [bɪəʳ] n Bier nt. **two ~s, please** zwei
Bier, bitte; **life is not all ~ and skittles** das
Leben ist nicht nur eitel Sonnenschein.

beer in cpds Bier-; ~**bottle** Bierflasche f; ~
glass Bierglas nt; ~**mat** Bierdeckel m;
~**pull** Zapfhahn m.

beery ['bɪərɪ] adj Bier-; person mit einer
Bierfahne (inf); (tipsy) bierselig; face
biergerötet.

beeswax ['biːzwæks] n Bienenwachs nt.

beet [biːt] n Rübe, Bete (form) f.

beetle[1] ['biːtl] n Käfer m.

◆beetle along vi (inf) entlangpesen (inf);
(on foot also) entlanghasten (inf).

◆beetle off vi (inf) abschwirren (inf).

beetle[2] n (tool) Stampfer m; (for paving,
pile-driving also) Ramme f.

beetle-browed [ˌbiːtl'braʊd] adj mit
buschigen, zusammengewachsenen
Augenbrauen.

beetling ['biːtlɪŋ] adj cliffs überhängend;
brows buschig und zusammengewachsen.

beetroot ['biːtruːt] n rote Bete or Rübe;
beet sugar n Rübenzucker m.

befall [bɪ'fɔːl] pret **befell** [bɪ'fel], ptp **befal-
len** [bɪ'fɔːlən] (old, liter) **I** vi sich
zutragen. **II** vt widerfahren (+dat) (geh).

befit [bɪ'fɪt] vt (form) sb anstehen (+dat)
(geh), sich ziemen für (geh); occasion
angemessen sein (+dat).

befitting [bɪ'fɪtɪŋ] adj gebührend,
geziemend (dated). ~ **for a lady** für eine
Dame schicklich.

befog [bɪ'fɒg] vt (fig) issue vernebeln; per-
son, mind verwirren; (alcohol, blow)
benebeln.

before [bɪ'fɔːʳ] **I** prep 1. (earlier than) vor
(+dat). **the year ~ last/this** vorletztes/
letztes Jahr, das vorletzte/letzte Jahr; **the
day ~ yesterday** vorgestern; **the day/time
~ that** der Tag/die Zeit davor; **I cannot do
it ~ next week** vor nächster Woche kann
ich es nicht machen; ~ **Christ** (abbr BC)
vor Christi Geburt (abbr v. Chr.); **that
was ~ my time** das war vor meiner Zeit;
he died ~ his time er ist früh gestorben; **to
be ~ sb/sth** vor jdm/etw liegen; ~ **then**
vorher; ~ **now** früher, eher, vorher; **you
should have done it ~ now** das hättest du
schon (eher) gemacht haben sollen; ~
long bald; ~ **everything else** zuallererst.
 2. (in order, rank) vor (+dat). **to come
~ sb/sth** vor jdm/etw kommen; **I believe in
honour ~ everything** die Ehre geht mir
über alles; **ladies ~ gentlemen** Damen
haben den Vortritt.
 3. (in position) vor (+dat); (with move-
ment) vor (+acc). ~ **my (very) eyes** vor
meinen Augen; **the task ~ us** (with which
we are confronted) die Aufgabe, vor der
wir stehen; (which lies ahead of us) die uns
bevorstehende Aufgabe; **to sail ~ the
wind** (Naut) vor dem Wind segeln.
 4. (in the presence of) vor (+dat). ~
God/a lawyer vor Gott/einem Anwalt; **to
appear ~ a court/judge** vor Gericht/einem
Richter erscheinen.
 5. (rather than) **death ~ surrender** eher
or lieber tot als sich ergeben.
 II adv 1. (in time) (~ that) davor; (at an
earlier time, ~ now) vorher. **have you
been to Scotland ~?** waren Sie schon ein-
mal in Schottland?; **I have seen this ~** ich
habe das schon einmal gesehen; **it has
never happened ~** das ist noch nie
passiert; **(on) the evening/day ~** am
Abend/Tag davor or zuvor or vorher; **(in)
the month/year ~** im Monat/Jahr davor;
two hours ~ zwei Stunden vorher; **two
days ~** zwei Tage davor or zuvor; **to con-
tinue as ~** (person) (so) wie vorher
weitermachen; **things/life continued as ~**
alles war wie gehabt/das Leben ging
seinen gewohnten Gang.
 2. (ahead) **to march on ~** vorausmar-
schieren.
 3. (indicating order) davor. **that chap-
ter and the one ~** dieses Kapitel und das
davor.
 III conj 1. (in time) bevor. ~ **doing sth**
bevor man etw tut; **you can't go ~ this is
done** du kannst erst gehen, wenn das
gemacht ist; **it will be six weeks ~ the boat
comes again** das Boot wird erst in sechs

Wochen wieder kommen; **it will be a long time ~ he comes back** es wird lange dauern, bis er zurückkommt.

2. (*rather than*) **he will die ~ he surrenders** eher will er sterben, als sich geschlagen geben.

beforehand [bɪˈfɔːhænd] *adv* im voraus. **you must tell me ~** Sie müssen mir vorher Bescheid sagen.

befriend [bɪˈfrend] *vt* (*help*) sich annehmen (+*gen*).

befuddle [bɪˈfʌdl] *vt* **1.** (*make tipsy*) benebeln. **2.** (*confuse*) durcheinanderbringen. **he is completely ~d** er ist völlig durcheinander (*inf*) *or* verwirrt *or* konfus.

beg [beg] **I** *vt* **1.** *money, alms* betteln um.

2. (*crave, ask for*) *forgiveness, mercy, a favour* bitten um. **to ~ sth of sb** jdn um etw bitten; **he ~ged to be allowed to ...** er bat darum, ... zu dürfen; **the children ~ged me to let them go to the circus** die Kinder bettelten, ich solle sie in den Zirkus gehen lassen; **to ~ leave to do sth** um Erlaubnis bitten, etw zu tun dürfen; **I ~ to inform you ...** (*form*) ich erlaube mir, Sie davon in Kenntnis zu setzen ...; **I ~ to differ** ich erlaube mir, anderer Meinung zu sein.

3. (*entreat*) *sb* anflehen.

4. to ~ the question an der eigentlichen Frage vorbeigehen.

II *vi* **1.** (*beggar*) betteln; (*dog*) Männchen machen.

2. (*for help, time etc*) bitten (*for* um).

3. (*entreat*) **to ~ of sb to do sth** jdn anflehen *or* inständig bitten, etw zu tun; **I ~ of you** ich bitte Sie.

4. to go ~ging (*inf*) noch zu haben sein; (*to be unwanted*) keine Abnehmer finden.

began [bɪˈgæn] *pret of* **begin**.

beget [bɪˈget] *pret* **begot** *or* (*obs*) **begat** [bɪˈgæt], *ptp* **begotten** *or* **begot** *vt* **1.** (*obs, Bibl*) zeugen; *see* **begotten**. **2.** (*fig*) *difficulties etc* zeugen (*geh*).

beggar [ˈbegəʳ] **I** *n* **1.** Bettler(in *f*) *m.* **~s can't be choosers** (*prov*) wer arm dran ist, kann nicht wählerisch sein; **oh well, ~s can't be choosers!** na ja, in der Not frißt der Teufel Fliegen (*prov*).

2. (*inf*) Kerl *m* (*inf*). **poor ~!** armer Tropf *or* Kerl! (*inf*), armes Schwein! (*sl*); **a lucky ~** ein Glückspilz *m*.

II *vt* **1.** an den Bettelstab bringen.

2. (*fig*) **to ~ description** jeder Beschreibung (*gen*) spotten.

beggarly [ˈbegəlɪ] *adj* kümmerlich.

beggarman [ˈbegəmən] *n* (*old*) Bettler, Bettelmann (*old*) *m*; **beggarwoman** *n* (*old*)Bettlerin, Bettelfrau (*old*) *f*.

beggary [ˈbegərɪ] *n* Bettelarmut *f*; (*beggars*) Bettler *pl*, Bettelvolk *nt.* **to have been reduced to ~** bettelarm sein.

begin [bɪˈgɪn] *pret* **began**, *ptp* **begun I** *vt* **1.** (*start*) beginnen, anfangen; *conversation also* anknüpfen; *song also* anstimmen; *bottle* anbrechen, anfangen; *book, letter, new cheque book, new page* anfangen; *rehearsals, work* anfangen mit; *task* in Angriff nehmen, sich machen an (+*acc*).

to ~ to do sth *or* **doing sth** anfangen *or* beginnen, etw zu tun; **when did you ~ (learning** *or* **to learn) English?** wann haben Sie angefangen, Englisch zu ler-

nen?; **she ~s the job next week** sie fängt nächste Woche (bei der Stelle) an; **he began his speech by saying that ...** er leitete seine Rede damit *or* mit den Worten ein, daß ...; **to ~ school** eingeschult werden, in die Schule kommen; **to ~ life as a ...** als ... anfangen *or* beginnen; **she began to feel tired** sie wurde allmählich *or* langsam müde; **she's ~ning to understand** sie fängt langsam an zu verstehen, sie versteht so langsam; **his mother began to fear the worst** seine Mutter befürchtete schon das Schlimmste; **I'd begun to think you weren't coming** ich habe schon gedacht, du kommst nicht mehr; **that doesn't even ~ to compare with ...** das läßt sich nicht mal annähernd mit ... vergleichen; **they didn't even ~ to solve the problem** sie haben das Problem nicht mal annähernd gelöst; **I couldn't even ~ to count the mistakes** ich konnte die Fehler überhaupt nicht zählen; **I can't ~ to think what would have happened** es ist nicht auszudenken *or* ich darf überhaupt nicht daran denken, was passiert wäre; **I can't ~ to thank you for what you've done** ich kann Ihnen gar nicht genug dafür danken, was Sie getan haben; **I can't ~ to imagine what it'll be like** ich kann mir überhaupt nicht vorstellen, wie das sein wird.

2. (*initiate, originate*) anfangen; *fashion, custom, policy* einführen; *society, firm, movement* gründen; (*cause*) *war* auslösen. **he/that began the rumour** er hat das Gerücht in die Welt gesetzt/dadurch entstand das Gerücht.

3. (*start to speak*) beginnen, anfangen.

II *vi* **1.** (*start*) anfangen, beginnen; (*new play etc*) anlaufen. **to ~ by doing sth** etw zuerst (einmal) tun; **he began by saying that ...** er sagte eingangs *or* einleitend, daß ...; **before October ~s** vor Anfang Oktober; **to ~ in business/teaching** ins Geschäftsleben eintreten/zu unterrichten anfangen *or* beginnen; **~ning from Monday** ab Montag, von Montag an; **~ning from page 10** von Seite 10 an; **say your names ~ning from the back** nennen Sie Ihre Namen von hinten nach vorn; **it all/the trouble began when ...** es fing alles/der Ärger fing damit an, daß ...; **to ~ with sb/sth** mit jdm/etw anfangen; **~ with me** fangen Sie bei *or* mit mir an; **he began with the intention of writing a thesis** anfänglich wollte er eine Doktorarbeit schreiben; **to ~ with there were only three** anfänglich waren es nur drei; **this is wrong to ~ with** das ist schon einmal falsch; **to ~ with, this is wrong, and ...** erstens einmal ist das falsch, dann ...; **to ~ on sth** mit etw anfangen *or* beginnen; **to ~ on a new venture/project** ein neues Unternehmen/Projekt in Angriff nehmen.

2. (*come into being*) beginnen, anfangen; (*custom*) entstehen; (*river*) entspringen. **since the world began** seit (An)beginn *or* Anfang der Welt.

beginner [bɪˈgɪnəʳ] *n* Anfänger(in *f*) *m.* **~'s luck** Anfängerglück *nt.*

beginning [bɪˈgɪnɪŋ] *n* **1.** (*act of starting*) Anfang *m.*

2. (*place, of book etc*) Anfang *m*; (*tem-*

poral also) Beginn *m*; (*of river*) Ursprung *m*. **at the ~** anfänglich, zuerst; **at the ~ of sth** am Anfang *or* (*temporal also*) zu Beginn einer Sache (*gen*); **the ~ of time/ the world** der Anbeginn *or* Anfang der Welt; **in the ~** (*Bibl*) am Anfang; **from the ~** von Anfang an; **from the ~ of the week/ poem** seit Anfang *or* Beginn der Woche/ vom Anfang des Gedichtes an; **from ~ to end** von vorn bis hinten; (*temporal*) von Anfang bis Ende; **to start again at** *or* **from the ~** noch einmal von vorn anfangen; **to begin at the ~** ganz vorn anfangen.
3. (*origin*) Anfang *m*; (*of custom, movement*) Entstehen *nt no pl*. **the ~ of the end** der Anfang vom Ende.

begone [bɪˈgɒn] *vi imper and infin only* (*old*) ~! fort (mit dir/Ihnen); (*esp Rel*) weiche; **they bade him ~** sie befahlen ihm, sich fortzuscheren.

begonia [bɪˈɡəʊnɪə] *n* Begonie *f*.

begot [bɪˈɡɒt] *pret, ptp of* **beget.**

begotten [bɪˈɡɒtn] *ptp of* **beget. the only ~ son** der eingeborene Sohn.

begrudge [bɪˈɡrʌdʒ] *vt* **1.** (*be reluctant*) **to ~ doing sth** etw widerwillig tun.
2. (*envy*) mißgönnen (*sb sth* jdm etw). **no one ~s you your good fortune** wir gönnen dir ja dein Glück; **he ~s him the air he breathes** er gönnt ihm das Salz in der Suppe nicht.
3. (*give unwillingly*) nicht gönnen (*sb sth* jdm etw). **I wouldn't ~ you the money** ich würde dir das Geld ja gönnen; **I shan't ~ you £5** du sollst die £ 5 haben.

begrudging *adj*, ~**ly** *adv* [bɪˈɡrʌdʒɪŋ, -lɪ] widerwillig.

beguile [bɪˈɡaɪl] *vt* **1.** (*deceive*) betören (*geh*). **to ~ sb into doing sth** jdn dazu verführen, etw zu tun. **2.** (*charm*) *person* betören; (*liter*) *time* sich (*dat*) angenehm vertreiben.

beguiling [bɪˈɡaɪlɪŋ] *adj* betörend.

begun [bɪˈɡʌn] *ptp of* **begin.**

behalf [bɪˈhɑːf] *n* **on** *or* (*US also*) **in ~ of** für, im Interesse von; (*as spokesman*) im Namen von; (*as authorized representative*) im Auftrag von; **I'm not asking on my own ~** ich bitte nicht für mich selbst *or* in meinem eigenen Interesse darum.

behave [bɪˈheɪv] **I** *vi* sich verhalten; (*people also*) sich benehmen; (*children also*) sich betragen, sich benehmen; (*be good*) sich benehmen. **to ~ well/badly** sich gut/ schlecht benehmen; **what a way to ~!** was für ein Benehmen!; **to ~ shamefully/ badly/well towards sb** jdn schändlich/ schlecht/gut behandeln; ~**!** benimm dich!; **can't you make your son/dog ~?** kannst du deinem Sohn/Hund keine Manieren beibringen?; **the car ~s well/ badly at high speeds** das Auto zeigt bei hoher Geschwindigkeit ein gutes/ schlechtes Fahrverhalten; **how is your car behaving these days?** wie fährt dein Auto zur Zeit?
II *vr* **to ~ oneself** sich benehmen.

behaviour, (*US*) **behavior** [bɪˈheɪvjəʳ] *n* **1.** (*manner, bearing*) Benehmen *nt*; (*esp of children also*) Betragen *nt*. **to be on one's best ~** sich von seiner besten Seite zeigen.

2. (*towards others*) Verhalten *nt* (*towards* gegenüber).
3. (*of car, machine*) Verhalten *nt*.

behavioural, (*US*) **behavioral** [bɪˈheɪvjərəl] *adj* Verhaltens-. ~ **science/ scientist** Verhaltensforschung *f*/-forscher *m*.

behaviourism, (*US*) **behaviorism** [bɪˈheɪvjərɪzəm] *n* Behaviorismus *m*.

behaviourist, (*US*) **behaviorist** [bɪˈheɪvjərɪst] **I** *n* Behaviorist *m*. **II** *adj* behavioristisch.

behead [bɪˈhed] *vt* enthaupten, köpfen.

beheld [bɪˈheld] *prep, ptp of* **behold.**

behind [bɪˈhaɪnd] **I** *prep* **1.** (*in or at the rear of*) (*stationary*) hinter (+*dat*); (*with motion*) hinter (+*acc*). **come out from ~ the door** komm hinter der Tür (her)vor; **he came up ~ me** er trat von hinten an mich heran; **walk close ~ me** gehen Sie dicht hinter mir; **put it ~ the books** stellen Sie es hinter die Bücher; **he has the Communists ~ him** er hat die Kommunisten hinter sich (*dat*); **what is ~ an idea** eine Idee unterstützen; **what is ~ this/this incident?** was steckt dahinter/steckt hinter diesem Vorfall?
2. (*more backward than*) **to be ~ sb** hinter jdm zurücksein.
3. (*in time*) **to be ~ time** (*train etc*) Verspätung haben; (*with work etc*) im Rückstand sein; **to be ~ schedule** im Verzug sein; **to be three hours ~ time** drei Stunden Verspätung haben; **to be ~ the times** (*fig*) hinter seiner Zeit zurück(geblieben) sein; **you must put the past ~ you** Sie müssen Vergangenes vergangen sein lassen, Sie müssen die Vergangenheit begraben; **their youth is far ~ them** ihre Jugend liegt weit zurück.
II *adv* **1.** (*in or at rear*) hinten; (~ *this, sb etc*) dahinter. **the runner was (lying) a long way ~** der Läufer lag weit hinten *or* zurück; **from ~** von hinten; **to look ~** zurückblicken; **to stand ~** (*be standing*) dahinter stehen; (*position oneself*) sich dahinter stellen; *see vbs*.
2. (*late*) **to be ~ with one's studies/ payments** mit seinen Studien/Zahlungen im Rückstand sein; **we are three days ~ with the schedule** wir sind drei Tage im Rückstand *or* Verzug.
III *n* (*inf*) Hintern *m* (*inf*).

behindhand [bɪˈhaɪndhænd] *adv, adj* **1.** (*late*) **to be ~** Verspätung haben. **2.** (*in arrears*) **to be ~ with sth** mit etw im Rückstand *or* Verzug sein.

behold [bɪˈhəʊld] *pret, ptp* **beheld** *vt* (*liter*) sehen, erblicken (*liter*). ~**!** und siehe (da); (*Rel*) siehe.

behove, *US* **behoove** [bɪˈhəʊv] *vt impers* (*form*) sich geziemen (*geh*) (*sb to do sth* für jdn, etw zu tun).

beige [beɪʒ] **I** *adj* beige. **II** *n* Beige *nt*.

being [ˈbiːɪŋ] *n* **1.** (*existence*) Dasein, Leben *nt*. **to come into ~** entstehen; (*club etc also*) ins Leben gerufen werden; **to bring into ~** ins Leben rufen, (er)schaffen; **then in ~** damals bestehend. **2.** (*that which exists*) (Lebe)wesen, Geschöpf *nt*. **3.** (*essence*) Wesen *nt*.

bejewelled, (US) **bejeweled** [bɪˈdʒuːəld] adj mit Edelsteinen geschmückt. ~ **with sequins** mit Pailletten besetzt; ~ **with dew/stars** (poet) mit glitzernden Tautropfen besät/sternenbesät (poet).

belabour, (US) **belabor** [bɪˈleɪbəʳ] vt 1. einschlagen auf (+acc). 2. (fig: with insults etc) überhäufen; (with questions) beschießen, bearbeiten.

belated adj, ~ly adv [bɪˈleɪtɪd, -lɪ] verspätet.

belay [bɪˈleɪ] (Naut) I vt belegen, festmachen; (Mountaineering) sichern. II interj ~ **there** aufhören.

belaying pin [bɪˈleɪŋˌpɪn] n (Naut) Belegklampe f; (Mountaineering) (Kletter)haken m.

belch [beltʃ] I vi (person) rülpsen, aufstoßen; (volcano) Lava speien or ausstoßen; (smoke, fire) herausquellen. II vt (also ~ **forth** or **out**) smoke, flames (aus)speien, ausstoßen. III n 1. Rülpser m (inf). 2. (of smoke etc) Stoß m.

beleaguer [bɪˈliːgəʳ] vt belagern; (fig) umgeben.

belfry [ˈbelfrɪ] n Glockenstube f; see **bat**[1].

Belgian [ˈbeldʒən] I n Belgier(in f) m. II adj belgisch.

Belgium [ˈbeldʒəm] n Belgien nt.

Belgrade [ˌbelˈgreɪd] n Belgrad nt.

belie [bɪˈlaɪ] vt 1. (prove false) words, proverb Lügen strafen, widerlegen. 2. (give false impression of) hinwegtäuschen über (+acc). 3. (fail to justify) hopes enttäuschen.

belief [bɪˈliːf] n 1. Glaube m (in an +acc). **it is beyond** ~ es ist unglaublich or nicht zu glauben. 2. (Rel: faith) Glaube m; (doctrine) (Glaubens)lehre f. 3. (convinced opinion) Überzeugung f, Glaube m no pl. **what are the ~s of the average citizen today?** woran glaubt der heutige Durchschnittsbürger?; **in the** ~ **that ...** im Glauben, daß ...; **acting in this** ~ in gutem Glauben, im guten Glauben; **it is my** ~ **that ...** ich bin der Überzeugung, daß ...; **it is one of my ~s that ...** es ist meine Überzeugung, daß ...; **yes, that is my** ~ ich glaube schon; **to the best of my** ~ meines Wissens. 4. no pl (trust) Glaube m (in an +acc). **to have** ~ in glauben an (+acc).

believable [bɪˈliːvəbl] adj glaubhaft, glaubwürdig. **hardly** ~ wenig glaubhaft.

believe [bɪˈliːv] I vt 1. sth glauben; sb glauben (+dat). **I don't** ~ **you** das glaube ich (Ihnen) nicht; **don't** ~ **him, he's a liar** glauben Sie ihm doch nicht, er lügt; **don't** ~ **you** ~ **it** wer's glaubt, wird selig (inf); ~ **you me!** (inf) das können Sie mir glauben!; ~ **it or not** ob Sie's glauben oder nicht; **would you** ~ **it!** (inf) ist das (denn) die Möglichkeit! (inf); **I would never have** ~**d it of him** das hätte ich ihm nie zugetraut, das hätte ich nie von ihm geglaubt; **he could hardly** ~ **his eyes/ears** er traute seinen Augen/Ohren nicht; **if he is to be** ~**d** wenn man ihm glauben darf. 2. (think) glauben. **he is** ~**d to be ill** es heißt, daß er krank ist; **I** ~ **so/not** ich glaube schon/nicht; see **make-believe**.

II vi (have a religious faith) (an Gott) glauben.

◆**believe in** vi +prep obj 1. God, ghosts glauben an (+acc). 2. (have trust in) promises glauben an (+acc); method also Vertrauen haben zu. **he doesn't** ~ ~ **medicine/doctors** er hält nicht viel von Medikamenten/Ärzten. 3. (support idea of) **to** ~ ~ **sth** (prinzipiell) für etw sein; **he** ~**s** ~ **getting up early/giving people a second chance** er ist überzeugter Frühaufsteher/er gibt prinzipiell jedem noch einmal eine Chance; **I don't** ~ ~ **compromises** ich halte nichts von Kompromissen.

believer [bɪˈliːvəʳ] n 1. (Rel) Gläubige(r) mf. 2. **to be a (firm)** ~ **in sth** (grundsätzlich) für etw sein; **I'm a** ~ **in doing things properly** ich bin grundsätzlich der Meinung, daß man, was man macht, richtig machen sollte; **he's a (firm)/not much of a** ~ **in getting up early** er ist überzeugter Frühaufsteher/er hält nicht viel vom Frühaufstehen.

Belisha beacon [bɪˈliːʃəˈbiːkən] n gelbes Blinklicht an Zebrastreifen.

belittle [bɪˈlɪtl] vt herabsetzen, heruntermachen (inf); achievement also schmälern. **to** ~ **oneself** sich schlechter machen, als man ist.

bell[1] [bel] I n 1. Glocke f; (small: on toys, pet's collar etc) Glöckchen nt, Schelle f; (school ~, door~, of cycle) Klingel, Glocke (dated) f; (hand~ also) Schelle f; (of typewriter, Telec) Klingel f. **as sound as a** ~ kerngesund. 2. (sound of ~) Läuten nt; (of door~, school ~, telephone etc) Klingeln nt; (in athletics) Glocke f zur letzten Runde. **there's the** ~ es klingelt or läutet; **was that the** ~? hat es gerade geklingelt or geläutet?; **the teacher came in on the** ~ der Lehrer kam mit dem Klingeln or Läuten herein; **he's coming up to the** ~ er geht nun in die letzte Runde; **it was 3.02 at the** ~ zu Beginn der letzten Runde hatte er eine Zeit von 3.02. 3. (Naut) Schiffsglocke f; (ringing) Läuten nt (der Schiffsglocke); (for time also) Glasen nt (spec). **it is eight** ~**s** es ist acht Glas (spec); **to ring one** ~ einmal glasen (spec). 4. (of flower) Glocke f, Kelch m; (of trumpet) Stürze f; (of loudspeaker) (Schall)trichter m.

II vt eine Glocke/ein Glöckchen umhängen (+dat). **to** ~ **the cat** (fig) der Katze die Schelle umhängen.

bell[2] I n (of stag) Röhren nt. II vi röhren.

belladonna [ˌbeləˈdɒnə] n (Bot) Tollkirsche, Belladonna f; (Med) Belladonin nt.

bell-boy [ˈbelbɔɪ] n (esp US) Page, Hoteljunge m.

belle [bel] n Schöne, Schönheit f. **the** ~ **of the ball** die Ballkönigin.

bell heather n Glockenheide f; **bell hop** n (US) see **bell-boy**.

bellicose [ˈbelɪkəʊs] adj nation, mood kriegerisch, kriegslustig; (pugnacious) kampflustig, streitsüchtig.

bellicosity [ˌbelɪˈkɒsɪtɪ] n see adj Kriegslust

f; Kampf(es)lust, Streitsüchtigkeit *f*.

belligerence, belligerency [bɪ'lɪdʒərəns, -sɪ] *n see adj* **1.** Kriegslust, Kampf(es)lust *f*; Streitlust, Kampf(es)lust *f*; Aggressivität *f*.

belligerent [bɪ'lɪdʒərənt] **I** *adj* **1.** *nation* kriegslustig, kampflustig, kriegerisch; *person, attitude* streitlustig, kampflustig; *speech* aggressiv. **2.** (*waging war*) kriegführend, streitend. **~ power** Streitmacht *f*. **II** *n* (*nation*) kriegführendes Land; (*person*) Streitende(r) *mf*.

bellow ['beləʊ] **I** *vi* (*animal, person*) brüllen; (*singing also*) grölen (*inf*). **to ~ at sb** jdn anbrüllen. **II** *vt* (*also ~ out*) brüllen; *song also* grölen (*inf*). **III** *n* Brüllen *nt*.

bellows ['beləʊz] *npl* Blasebalg *m*. **a pair of ~** ein Blasebalg.

bellpull ['belpʊl] *n* Klingelzug *m*; **bellpush** *n* Klingel *f*; **bell-ringer** *n* Glöckner *m*; **bell-ringing** *n* Glockenläuten *nt*; **bellrope** *n* (*in church*) Glockenstrang *m*; (*in house*) Klingelzug *m*; **bell-tent** *n* Rundzelt *nt*; **bell-wether** *n* Leithammel *m*.

belly ['belɪ] *n* (*general*) Bauch *m*; (*of violin etc*) Decke *f*.

◆**belly out I** *vt sep sails* blähen, schwellen lassen. **II** *vi* (*sails*) sich blähen, schwellen.

belly-ache ['belɪeɪk] **I** *n* (*inf*) Bauchweh *nt* (*inf*), Bauchschmerzen *pl*; **II** *vi* (*inf: complain*) murren (*about* über +*acc*); **bellyaching** *n* (*inf*) Murren, Gemurre *nt*; **belly button** *n* (*inf*) Bauchnabel *m*; **belly dance** *n* Bauchtanz *m*; **belly dancer** *n* Bauchtänzerin *f*; **belly-flop** *n* Bauchklatscher *m* (*inf*).

bellyful ['belɪfʊl] *n* **1.** (*sl: more than enough*) **I've had a ~ of** him/writing letters ich habe die Nase voll von ihm/davon, immer Briefe zu schreiben (*inf*). **2.** (*inf: of food*) **after a good ~** of beans nachdem ich mir/er sich *etc* den Bauch mit Bohnen vollgeschlagen hatte (*inf*).

belly-land ['belɪlænd] *vi* bauchlanden; **belly-landing** *n* Bauchlandung *f*; **belly laugh** *n* dröhnendes Lachen; **he gave a great ~** er lachte lauthals los.

belong [bɪ'lɒŋ] *vi* **1.** (*be the property of*) gehören (*to sb* jdm). **who does it ~ to?** wem gehört es? **2.** (*be part of*) gehören (*to* zu); (*to town: person*) gehören (*to* nach). **to ~ together** zusammengehören; **to ~ to a club** einem Club angehören; **why don't you ~?** warum sind Sie nicht Mitglied?; **attributes which ~ to people** Attribute, die sich auf Personen beziehen; **concepts that ~ to physics** Begriffe, die in die Physik gehören. **3.** (*be in right place*) gehören. **I don't ~ here** ich gehöre nicht hierher, ich bin hier fehl am Platze; **you don't ~ here, so scram** Sie haben hier nichts zu suchen, also verschwinden Sie; **animals don't ~ in cages** Tiere gehören nicht in Käfige; **where does this one ~?** wo gehört das hin?; **it ~s under the heading of ...** das gehört *or* fällt in die Rubrik der ... **4. this case ~s to the Appeal Court** dieser Fall gehört vor das Appellationsgericht; **that doesn't ~ to this department**

das gehört nicht in diese Abteilung.

belongings [bɪ'lɒŋɪŋz] *npl* Sachen *pl*, Besitz *m*, Habe *f* (*geh*). **personal ~** persönliches Eigentum, persönlicher Besitz; **all his ~** sein ganzes Hab und Gut.

beloved [bɪ'lʌvd] **I** *adj* geliebt; *memory* lieb, teuer. **II** *n* Geliebte(r) *mf*. **dearly ~** (*Rel*) liebe Brüder und Schwestern im Herrn.

below [bɪ'ləʊ] **I** *prep* **1.** (*under*) unterhalb (+*gen*); (*with line, level etc also*) unter (+*dat or with motion* +*acc*). **on it and ~ it** darauf und darunter; **Naples is ~ Rome** (*on the map*) Neapel liegt unterhalb Roms; **the ship/sun disappeared ~ the horizon** das Schiff/die Sonne verschwand hinterm Horizont; **to be ~ sb** (*in rank*) (rangmäßig) unter jdm stehen. **2.** (*downstream from*) unterhalb (+*gen*), nach. **3.** (*unworthy of*) **or is that ~ you?** oder ist das unter Ihrer Würde?

II *adv* **1.** (*lower down*) unten. **the cows in the valley ~** die Kühe drunten im Tal; **they live one floor ~** sie wohnen ein Stockwerk tiefer; **the tenants/flat ~** die Mieter/die Wohnung darunter; (*below us*) die Mieter/Wohnung unter uns; **write the name here with the address ~** schreiben Sie den Namen hierher und die Adresse darunter; **in the class ~** in der Klasse darunter; (*below me*) in der Klasse unter mir; **what's the next rank ~?** was ist der nächstniedere Rang? **2.** (*Naut*) unter Deck. **3.** (*in documents*) (weiter) unten. **see ~** siehe unten. **4. 15 degrees ~** 15 Grad unter Null, 15 Grad minus. **5.** (*on earth*) **here ~** hier unten; **and on earth ~** (*Bibl*) und unten auf der Erde; **down ~** (*in hell*) dort drunten.

belt [belt] **I** *n* **1.** (*on clothes*) Gürtel *m*; (*for holding, carrying etc, seat~*) Gurt *m*; (*Mil etc: on uniform*) Koppel, Gehenk *nt*; (*Mil: for cartridges*) Patronengurt *m*; (*shoulder-gun~*) (Gewehr)riemen *m*. **a blow below the ~** (*lit, fig*) ein Schlag *m* unterhalb der Gürtellinie, ein Tiefschlag *m*; **to hit below the ~** (*lit, fig*) (*person*) jdm einen Schlag unter die Gürtellinie *or* einen Tiefschlag versetzen; **that was below the ~** das war ein Schlag unter die Gürtellinie; **to be a Black B~** den Schwarzen Gürtel haben; **to tighten one's ~** (*fig*) (sich *dat*) den Riemen enger schnallen; **under one's ~** (*fig inf*) man hat den Rücken. **2.** (*Tech*) (Treib)riemen *m*; (*conveyor ~*) Band *nt*. **~ drive** Riemenantrieb *m*. **3.** (*tract of land*) Gürtel *m*. **~ of trees** Waldstreifen *m*; (*around house etc*) Baumgürtel *m*; **industrial ~** Industriegürtel *m*; *see* **commuter**. **4.** (*inf: hit*) Schlag *m*. **to give sb a ~** jdm eine knallen (*inf*). **5.** (*US: ringroad*) Umgehungsstraße *f*. **6.** (*US sl: drink*) Schluck *m* aus der Pulle (*inf*).

II *vt* **1.** (*fasten*) den Gürtel zumachen (*sth gen*). **he ~ed his raincoat** er machte den Gürtel seines Regenmantels zu.

2. (*Sch etc: thrash*) (mit dem Leder-
riemen) schlagen.

3. (*inf: hit*) knallen (*inf*). **she ~ed him
one in the eye** sie verpaßte *or* haute *or*
knallte ihm eins aufs Auge (*inf*).

III *vi* (*inf: rush*) rasen (*inf*). **to ~ out**
hinaus-/herausrasen (*inf*); **we were really
~ing along** wir sind wirklich gerast (*inf*);
this novel really ~s along dieser Roman ist
wirklich tempogeladen (*inf*).

◆**belt on** *vt sep sword* umschnallen, sich
umgürten mit (*geh*); *raincoat* anziehen.

◆**belt out** *vt sep* (*inf*) *tune* schmettern (*inf*);
rhythm voll herausbringen (*inf*); (*on
piano*) hämmern (*inf*).

◆**belt up** I *vt sep jacket* den Gürtel (+*gen*)
zumachen. II *vi* **1.** (*inf*) die Klappe (*inf*) *or*
Schnauze (*sl*) halten; (*stop making noise*)
mit dem Krach aufhören (*inf*). **2.** (*hum:
put seat-belt on*) sich anschnallen.

belting ['beltɪŋ] *n* (*inf*) Dresche *f* (*inf*). **to
give sb a good ~** jdn ganz schön
verdreschen (*inf*).

beltway *n* (*US*) Umgehungsstraße *f*.

bemoan [bɪ'məʊn] *vt* beklagen.

bemused [bɪ'mjuːzd] *adj* (*puzzled*) ver-
wirrt; (*preoccupied*) *look* abwesend.

bench [bentʃ] I *n* **1.** (*seat*) Bank *f*. **laughter
from the government ~es** Gelächter von
der Regierungsbank.

2. (*Jur: office of a judge*) Richteramt
nt; (*judges generally*) Richter *pl*; (*court*)
Gericht *nt*. **member of the ~** Richter *m*; **to
be raised to the ~** zum Richter bestellt
werden; **to be on the ~** (*permanent of-
fice*) Richter sein; (*when in court*) der
Richter sein.

3. (*work ~*) Werkbank *f*; (*in lab*) Ex-
perimentiertisch *m*.

II *vt* (*US Sport*) auf die Strafbank
schicken; (*keep as substitute*) auf die
Reservebank setzen.

bend [bend] (*vb: pret, ptp* **bent**) I *n* **1.** (*in
river, tube, etc*) Krümmung, Biegung *f*;
(*90°*) Knie *nt*; (*in road*) Kurve *f*. **there
is a ~ in the road** die Straße macht (da)
eine Kurve; **~s for 3 miles** 3 Meilen kur-
venreiche Strecke; **don't park on the ~**
parken Sie nicht in der Kurve; **to go/be
round the ~** (*inf*) durchdrehen (*inf*),
verrückt werden/sein (*inf*); **to drive sb
round the ~** (*inf*) jdn verrückt *or* wahn-
sinnig machen (*inf*).

2. (*knot*) Stek *m*.

II *vt* **1.** (*curve, make angular*) biegen;
rod, rail, pipe also krümmen; *bow* span-
nen; *arm, knee also* beugen; *leg, arm also*
anwinkeln; (*forwards*) *back also* beugen,
krümmen; *head* beugen, neigen. **to ~ sth
at right angles** etw rechtwinklig abbiegen
or abknicken; **to ~ sth out of shape** etw
verbiegen; **the bumper got bent in the
crash** die Stoßstange hat sich bei dem
Zusammenstoß verbogen; **on ~ed knees**
auf Knien; (*fig also*) kniefällig; **to go down
on ~ed knees** auf die Knie fallen; (*fig
also*) einen Kniefall machen.

2. (*fig*) *rules* frei auslegen. **to ~ the law**
das Gesetz beugen; **to ~ sb to one's will**
sich (*dat*) jdn gefügig machen.

3. (*direct*) *one's steps, efforts* lenken.

4. (*Naut*) *sail* befestigen.

III *vi* **1.** sich biegen; (*pipe, rail also*)
sich krümmen; (*forwards also*) sich
neigen; (*person*) sich beugen. **my arm
won't ~** ich kann den Arm nicht biegen;
~ing strain, ~ stress Biegespannung *f*.

2. (*river*) eine Biegung machen; (*at
right angles*) ein Knie machen; (*road
also*) eine Kurve machen. **the road ~s
sharply/gradually** die Straße macht eine
scharfe/leichte Kurve; **the river ~s to the
left** der Fluß macht eine Linksbiegung.

3. (*fig: submit*) sich beugen (*to dat*).

◆**bend back** I *vi* sich zurückbiegen; (*over
backwards*) sich nach hinten biegen;
(*road, river*) in einer Schleife zurückkom-
men. II *vt sep* zurückbiegen.

◆**bend down** I *vi* (*person*) sich bücken;
(*branch, tree*) sich neigen. **she bent ~ to
look at the baby** sie beugte sich hinunter,
um das Baby anzusehen. II *vt sep edges*
nach unten biegen.

◆**bend over** I *vi* (*person*) sich bücken. **to ~
~ to look at sth** sich nach vorn beugen, um
etw anzusehen. II *vt sep* umbiegen.

bends [bendz] *n* **the ~** Taucherkrankheit *f*.

beneath [bɪ'niːθ] I *prep* **1.** unter (+*dat or
with motion +acc*); (*with line, level etc
also*) unterhalb (+*gen*). **to marry ~ one**
unter seinem Stand heiraten. **2.** (*un-
worthy of*) **it is ~ him** das ist unter seiner
Würde. II *adv* unten; *see also* **below**.

Benedictine [ˌbenɪ'dɪktɪn] I *n* **1.** (*Eccl*)
Benediktiner(in *f*) *m*. **2.** (*liqueur*)
Benediktiner *m*. II *adj* Benediktiner-.

benediction [ˌbenɪ'dɪkʃən] *n* **1.** (*blessing*)
Segen *m*; (*act of blessing*) Segnung *f*.
2. (*consecration*) Einsegnung *f*.

benefaction [ˌbenɪ'fækʃən] *n* **1.** (*good
deed*) gute Tat. **2.** (*gift*) Spende *f*.

benefactor ['benɪfæktə'] *n* Wohltäter *m*;
(*giver of money also*) Gönner *m*.

benefactress ['benɪfæktrɪs] *n* Wohltäterin
f; Gönnerin *f*.

benefice ['benɪfɪs] *n* Pfründe *f*.

beneficent [bɪ'nefɪsənt] *adj* (*liter*) wohl-
tätig, mildtätig.

beneficial [ˌbenɪ'fɪʃəl] *adj* **1.** gut (*to* für);
influence also vorteilhaft; *advice, lesson*
nützlich (*to* für). **the change will be ~ to
you** die Veränderung wird Ihnen guttun;
if the drug is ~ to ~ ... wenn das Medika-
ment nicht hilft ...

2. (*Jur*) **~ owner** Nutznießer(in *f*) *m*.

beneficiary [ˌbenɪ'fɪʃərɪ] *n* **1.** Nutznie-
ßer(in *f*) *m*; (*of will, insurance etc*) Begün-
stigte(r) *mf*. **2.** (*Eccl*) Pfründner *m*.

benefit ['benɪfɪt] I *n* **1.** (*advantage*) Vorteil
m; (*profit*) Nutzen, Gewinn *m*. **to derive**
or **get ~ from sth** aus etw Nutzen ziehen;
for the ~ of his family/the poor zum Wohl
or für das Wohl seiner Familie/der
Armen; **for the ~ of your health** Ihrer
Gesundheit zuliebe, um Ihrer Gesundheit
willen; **for your ~** Ihretwegen, um Ihret-
willen (*geh*); **this money is for the ~ of the
blind** dieses Geld kommt den Blinden
zugute; **it is for his ~ that this was done**
das ist seinetwegen geschehen; **to give sb
the ~ of the doubt** im Zweifelsfall zu jds
Gunsten entscheiden; **we should give him
the ~ of the doubt** wir sollten das zu seinen
Gunsten auslegen.

2. (*allowance*) Unterstützung *f*; (*sickness* ~) Krankengeld *nt*; (*family* ~) Kindergeld *nt*; (*social security* ~) Sozialhilfe *f*; (*maternity* ~) Wochengeld *nt*; (*insurance* ~) Versicherungsleistung *f*. **old age** ~ Altersrente *f*; *see* **fringe →s.**
3. (*special performance*) Benefizveranstaltung *f*.
4. without ~ **of clergy** ohne kirchlichen Segen.
II *vt* guttun (+*dat*), zugute kommen (+*dat*); (*healthwise*) guttun (+*dat*).
III *vi* profitieren (*from, by* von); (*from experience also*) Nutzen ziehen (*from* aus). **who will** ~ **from that?** wem wird das nützen?; **but how do we** ~? aber was nützt das uns?; **he would** ~ **from a holiday** Ferien würden ihm guttun; **I think you'll** ~ **from the experience** ich glaube, diese Erfahrung wird Ihnen nützlich sein *or* von Nutzen sein; **a cure from which many have** ~**ted** eine Behandlung, die schon manchem geholfen hat.

benefit match *n* Benefizspiel *nt*; **benefit performance** *n* Benefizveranstaltung *f*.
Benelux ['benɪlaks] *n* Benelux-Wirtschaftsunion *f*. ~ **countries** Beneluxstaaten *or* -länder *pl*.
benevolence [bɪ'nevələns] *n see adj* Wohlwollen *nt*; Gutmütigkeit *f*; Güte *f*; Milde *f*.
benevolent [bɪ'nevələnt] *adj* **1.** wohlwollend; *pat, smile, twinkle* gutmütig; (*as character trait*) gütig; *emperor, judge* mild. **B~ Despotism** der Aufgeklärte Absolutismus. **2.** (*charitable*) ~ **institution** Wohltätigkeitseinrichtung *f*; ~ **society** Wohltätigkeitsverein *m*.
benevolently [bɪ'nevələntlɪ] *adv see adj.*
Bengal [beŋ'gɔ:l] *n* Bengalen *nt*. ~ **light** *or* **match** bengalisches Feuer *or* Hölzchen; ~ **tiger** bengalischer Tiger, Königstiger *m*.
Bengalese [beŋgə'li:z] **I** *n* Bengale *m*, Bengalin *f*. **II** *adj* bengalisch.
Bengali [beŋ'gɔ:lɪ] **I** *n* (*language*) Bengali *nt*; (*person*) Bengale *m*, Bengalin *f*. **II** *adj* bengalisch.
benighted [bɪ'naɪtɪd] *adj* (*fig*) *person* unbedarft; *country* gottverlassen; *policy etc* hirnrissig.
benign [bɪ'naɪn], **benignant** (*rare*) [bɪ'nɪgnənt] *adj* **1.** gütig; *planet, influence* günstig; *climate* mild. **2.** (*Med*) *tumour* gutartig.
benignity [bə'nɪgnɪtɪ] *n see adj* **1.** Güte *f*; Günstigkeit *f*; Milde *f*. **2.** Gutartigkeit *f*.
bent [bent] **I** *pret, ptp of* **bend.**
II *adj* **1.** *metal etc* gebogen; (*out of shape*) verbogen.
2. (*Brit sl: dishonest*) *person* korrupt; *affair* unsauber (*inf*).
3. (*sl: homosexual*) andersrum (*inf*).
4. to be ~ **on sth/doing sth** etw unbedingt *or* partout wollen/tun wollen; **he seemed** ~ **on self-destruction** er schien von einem Selbstzerstörungstrieb besessen zu sein.
III *n* (*aptitude*) Neigung *f* (*for* zu); (*type of mind, character*) Schlag *m*. **to follow one's** ~ seiner Neigung folgen; **people with** *or* **of a musical** ~ Menschen mit einer

musikalischen Veranlagung; **people of his** ~ Leute seines Schlags.
benumb [bɪ'nʌm] *vt* **1.** *limb* gefühllos machen; *person* betäuben; (*with cold also*) erstarren lassen. **he was/his fingers were** ~**ed with cold** er war starr vor Kälte/ seine Finger waren starr *or* taub vor Kälte. **2.** (*fig*) *mind* betäuben; (*panic, experience etc*) lähmen. ~**ed by alcohol** vom Alkohol benommen.
benzene ['benzi:n] *n* Benzol *nt*.
benzine ['benzi:n] *n* Leichtbenzin *nt*.
bequeath [bɪ'kwi:ð] *vt* **1.** (*in will*) vermachen, hinterlassen (*to sb* jdm). **2.** (*fig*) *tradition* hinterlassen (*to sb* jdm).
bequest [bɪ'kwest] *n* (*act of bequeathing*) Vermachen *nt* (*to* an +*acc*); (*legacy*) Nachlaß *m*.
berate [bɪ'reɪt] *vt* (*liter*) schelten.
Berber ['bɜ:bər] **I** *n* **1.** Berber *m*, Berberfrau *f*. **2.** (*language*) die Berbersprache. **II** *adj* berberisch.
bereave [bɪ'ri:v] *vt* **1.** *pret, ptp* **bereft** (*liter*) (*deprive*) berauben (*geh*) (*of gen*).
2. *pret, ptp* ~**d** (*cause loss by death: illness*) (*sb of sb* jdm jdn) rauben (*geh*), nehmen.
bereaved [bɪ'ri:vd] *adj* leidtragend. **the** ~ die Hinterbliebenen.
bereavement [bɪ'ri:vmənt] *n* **1.** (*death in family*) Trauerfall *m*. **owing to his recent** ~ wegen dieses für ihn so schmerzlichen Verlusts; **to sympathize with sb in his** ~ jds Leid teilen.
2. (*feeling of loss*) schmerzlicher Verlust. **to feel a sense of** ~ **at sth** etw als schmerzlichen Verlust empfinden.
bereft [bɪ'reft] **I** *ptp of* **bereave. II** *adj* **to be** ~ **of sth** einer Sache (*gen*) bar sein (*geh*); **his life was** ~ **of happiness** seinem Leben fehlte jegliches Glück.
beribboned [bɪ'rɪbənd] *adj* mit Bändern geschmückt, bebändert; *general* mit Ordensbändern geschmückt.
beri-beri ['berɪ'berɪ] *n* Beriberi *f*.
Bering Sea ['berɪŋ-] *n* Beringmeer *nt*; **Bering Straits** *npl* Beringstraße *f*.
berkelium [bɜ:'ki:lɪəm, 'bɜ:klɪəm] *n* (*abbr* **Bk**) Berkelium *nt*.
Berks [bɑ:ks] *abbr of* **Berkshire.**
Berlin [bɜ:'lɪn] **I** *n* Berlin *nt*. **II** *adj* Berliner. **the** ~ **wall** die Mauer.
Bermuda [bɜ:'mju:də] *n* Bermuda *nt* (*form rare*). **the** ~**s** die Bermudas, die Bermudainseln *pl*; **to go to** ~ auf die Bermudas fahren; ~ **shorts** Bermudashorts *pl*.
Berne [bɜ:n] *n* Bern *nt*.
Bernese [bɜ:'ni:z] *adj* Berner; *village* im Berner Oberland.
berry ['berɪ] *n* **1.** (*fruit*) Beere *f*. **as brown as a** ~ schwarz wie ein Neger (*inf*). **2.** (*Bot*) Beerenfrucht *f*.
berserk [bə'sɜ:k] *adj* wild. **to go** ~ wild werden; (*audience*) aus dem Häuschen geraten (*inf*), zu toben anfangen; (*go mad*) überschnappen (*inf*).
berth [bɜ:θ] **I** *n* **1.** (*on ship*) Koje *f*; (*on train*) Bett *nt*.
2. (*Naut: place for ship*) Liegeplatz *m*.
3. (*Naut: sea-room*) Raum *m*. **to give a wide** ~ **to a ship** Abstand zu einem Schiff

halten; **to give sb/sth a wide ~** (*fig*) einen (weiten) Bogen um jdn/etw machen.

II *vi* anlegen.

III *vt* **to ~ a ship** mit einem Schiff (am Kai) anlegen; (*assign ~ to*) einem Schiff einen Liegeplatz zuweisen; **where is she ~ed?** wo liegt es?; wo hat es angelegt?

beryl ['berɪl] *n* Beryll *m*.

beryllium [be'rɪlɪəm] *n* (*abbr* **Be**) Beryllium *nt*.

beseech [bɪ'siːtʃ] *pret, ptp* **~ed** *or* (*liter*) **besought** *vt person* anflehen, beschwören; *forgiveness* flehen um.

beseeching *adj*, **~ly** *adv* [bɪ'siːtʃɪŋ, -lɪ] flehentlich (*geh*), flehend.

beset [bɪ'set] *pret, ptp* **~** *vt* (*difficulties, dangers*) (von allen Seiten) bedrängen; (*doubts*) (*temptations, trials*) heimsuchen. **to be ~ with difficulties/ danger** (*problem, journey etc*) voller Schwierigkeiten/Gefahren sein; (*person*) von Schwierigkeiten heimgesucht werden/von Gefahren bedrängt werden; **~ by doubts** von Zweifeln befallen.

besetting [bɪ'setɪŋ] *adj* **his ~ sin** eine ständige Untugend von ihm; **his one ~ worry/ idea** *etc* die Sorge/Vorstellung *etc*, die ihn nicht losläßt.

beside [bɪ'saɪd] *prep* **1.** (*at the side of*) neben (+*dat or with motion* +*acc*); (*at the edge of*) *road, river* an (+*dat or with motion* +*acc*). **~ the road** am Straßenrand.

2. (*compared with*) neben (+*dat*). **if you put it ~ the original** wenn man es neben dem Original sieht.

3. (*irrelevant to*) **to be ~ the question** *or* **point** damit nichts zu tun haben.

4. to be ~ oneself außer sich sein (*with* vor).

besides [bɪ'saɪdz] **I** *adv* **1.** (*in addition*) außerdem, obendrein. **he wrote a novel and several short stories ~** er hat einen Roman und außerdem noch mehrere Kurzgeschichten geschrieben; **many more ~** noch viele mehr; **have you got any others ~?** haben Sie noch andere *or* noch welche?

2. (*anyway, moreover*) außerdem.

II *prep* **1.** (*in addition to*) außer. **others ~ ourselves** außer uns noch andere; **there were three of us ~** Mary Mary nicht mit gerechnet, waren wir zu dritt; **~ which he was unwell** überdies *or* außerdem fühlte er sich nicht wohl.

2. (*except*) außer, abgesehen von.

besiege [bɪ'siːdʒ] *vt* **1.** (*Mil*) *town* belagern. **2.** (*fig*) belagern; (*with information, offers*) überschütten, überhäufen; (*pester: with letters, questions*) bestürmen.

besmirch [bɪ'smɜːtʃ] *vt* (*lit, fig*) beschmutzen, besudeln.

besom ['biːzəm] *n* (Reisig)besen *m*.

besotted [bɪ'sɒtɪd] *adj* **1.** (*drunk*) berauscht (*with* von). **2.** (*infatuated*) völlig vernarrt (*with* in +*acc*); (*with idea*) berauscht (*with* von).

besought [bɪ'sɔːt] (*liter*) *pret, ptp* of **beseech.**

bespake [bɪ'speɪk] (*old*) *pret* of **bespeak.**

bespangle [bɪ'spæŋgl] *vt* besetzen. **the sky ~d with ...** (*liter*) der mit ... übersäte Himmel.

bespatter [bɪ'spætəʳ] *vt* bespritzen.

bespeak [bɪ'spiːk] *pret* **bespoke** *or* (*old*) **bespake**, *ptp* **bespoken** *or* **bespoke** *vt* **1.** (*indicate*) verraten, erkennen lassen. **2.** (*old: reserve*) reservieren lassen.

bespectacled [bɪ'spektɪkld] *adj* bebrillt.

bespoke [bɪ'spəʊk] **I** *prep, ptp* of **bespeak. II** *adj* **goods** nach Maß; **garment** *also* Maß-. **a ~ tailor** ein Maßschneider *m*.

bespoken [bɪ'spəʊkən] *ptp* of **bespeak.**

Bess [bes] *n dim* of **Elizabeth. good Queen ~** *Elisabeth I.*

Bessemer ['besɪməʳ] *in cpds* Bessemer-; **~ converter** Bessemerbirne *f*.

best [best] **I** *adj, superl* of **good** beste(r, s) *attr*; (*most favourable*) *route, price also* günstigste(r, s) *attr*. **to be ~** am besten/ günstigsten sein; **to be ~ of all** am allerbesten/allergünstigsten sein; **that was the ~ thing about her/that could happen** das war das Beste an ihr/, was geschehen konnte; **that would be ~** *or* **the ~ thing for everybody** das wäre für alle das beste; **the ~ thing to do is** *or* **it's ~ to wait** das beste ist zu warten; **the ~ part of the year/my money** fast das ganze Jahr/fast all mein Geld; **she spends the ~ part of the year in Italy** den größten Teil des Jahres verbringt sie in Italien.

II *adv, superl* of **well 1.** am besten; **like ~** am liebsten *or* meisten; *enjoy* am meisten. **the ~ fitting dress** das am besten passende Kleid; **the ~ known title** der bekannteste Titel; **~ of all** am allerbesten/-liebsten/ -meisten; **I helped him as ~ I could** ich half ihm, so gut ich konnte; **I thought it ~ to go** ich hielt es für das beste, zu gehen; **do as you think ~** tun Sie, was Sie für richtig halten; **you know ~** Sie müssen es (am besten) wissen.

2. (*better*) **you had ~ go now** am besten gehen Sie jetzt.

III *n* **1.** (*person, thing*) **the ~** der/die/das beste; **the ~ of the bunch** (*inf*) (noch) der/ die/das Beste; **his last book was his ~** sein letztes Buch war sein bestes; **with the ~ of intentions** mit den besten Absichten; **he can sing with the ~ of them** er kann sich im Singen mit den Besten messen.

2. (*clothes*) beste Sachen, Sonntagskleider (*inf*) *pl*. **to be in one's (Sunday) ~** in Schale sein (*inf*), im Sonntagsstaat sein.

3. to do one's (level) ~ sein Bestes *or* möglichstes tun; **that's the ~ you can expect** Sie können nichts Besseres erwarten; **do the ~ you can!** machen Sie es so gut Sie können!; **it's not perfect but it's the ~ I can do** es ist nicht perfekt, aber mehr kann ich nicht tun; **what a lame excuse, is that the ~ you can do?** so eine lahme Ausrede, fällt Ihnen nichts Besseres ein?; **to get** *or* **have the ~ of sb** jdn unterkriegen; **to get the ~ out of sb/sth** das Beste aus jdm/etw herausholen; **to get the ~ of the bargain** *or* **of it** am besten dabei wegkommen; **to play the ~ of three/five** nur so lange spielen, bis eine Partei zweimal/dreimal gewonnen hat; **to make the ~ of it/a bad job** das Beste daraus machen; **to make the ~ of one's opportunities** seine Chancen voll nützen; **the ~ of it is that ...** das beste daran ist, daß ...; **we've had the ~ of the day** der Tag ist so gut wie vorbei; (*the weather's getting worse*) das schöne Wetter wäre für heute vorbei; **it's all for the** ~ es ist nur zum Guten; **I meant it for the** ~ ich habe es doch nur gut gemeint; **to do sth for the** ~ etw in bester Absicht tun; **to the ~ of my ability** so gut ich kann/konnte; **to the ~ of my knowledge** meines Wissens; **to the ~ of my recollection** *or* **memory** soviel ich mich erinnern kann; **to look one's ~** besonders gut aussehen; **to be at one's ~** (*on form*) in Hochform sein; **he is at his ~ at about 8 in the evening** so gegen 8 abends ist seine beste Zeit; **roses are at their ~ just now** jetzt ist die beste Zeit für Rosen; **that is Goethe at his ~** das ist Goethe, wie er besser nicht sein könnte; **it's not enough (even) at the ~ of times** das ist schon normalerweise nicht genug; **at ~** bestenfalls; **to wish sb all the ~** jdm alles Gute wünschen; **all the ~ (to you)** alles Gute!

IV *vt* schlagen.

bestial ['bestɪəl] *adj acts, cruelty* bestialisch, tierisch; *person, look, appearance* (*cruel*) brutal; (*carnal*) tierisch.

bestiality [ˌbestɪˈælɪtɪ] *n* **1.** *see adj* Bestialität *f*, Tierische(s) *nt*; Brutalität *f*; Tierische(s) *nt*. **2.** (*act*) Greueltat *f*. **3.** (*buggery*) Sodomie *f*.

bestir [bɪˈstɜːʳ] *vr* (*hum, liter*) sich regen, sich rühren. **to ~ oneself to do sth** sich dazu aufraffen, etw zu tun.

best man *n* Trauzeuge *m* (des Bräutigams).

bestow [bɪˈstəʊ] *vt* (*on* or *upon sb* jdm) (*grant, give*) *gift, attention* schenken; *favour, friendship, kiss also* gewähren (*geh*); *honour* erweisen, zuteil werden lassen (*geh*); *title, medal* verleihen.

bestowal [bɪˈstəʊəl] *n see vt* Schenken *nt*; Gewähren *nt*; Erweisung *f*; Verleihung *f* ((*up*)*on* an +*acc*).

bestride [bɪˈstraɪd] *pret* **bestrode** [bɪˈstrəʊd] *or* **bestrid** [bɪˈstrɪd], *ptp* **bestridden** [bɪˈstrɪdn] *vt* (*sit astride*) rittlings sitzen auf (+*dat*); (*stand astride*) (mit gespreizten Beinen) stehen über (+*dat*); (*mount*) sich schwingen auf (+*acc*). **to ~ the world like a Colossus** die Welt beherrschen.

best-seller [ˌbestˈseləʳ] *n* Verkaufs- *or* Kassenschlager *m*; (*book*) Bestseller *m*; (*author*) Erfolgsautor(in *f*) *m*; **best-selling** *adj article* absatzstark, der/die/das am besten geht; *author* Erfolgs-; **a ~ novel** ein Bestseller *m*; **this month's ~ books** die Bestsellerliste dieses Monats.

bet [bet] (*vb: pret, ptp* ~) **I** *n* Wette *f* (*on* auf +*acc*); (*money etc staked*) Wetteinsatz *m*.

to make *or* **have a ~ with sb** mit jdm wetten, mit jdm eine Wette eingehen; **I have a ~ (on) with him that** ... ich habe mit ihm gewettet, daß ...; **it's a safe/bad ~** das ist ein sicherer/schlechter Tip; **it's a safe ~ he'll be in the pub** er ist bestimmt *or* garantiert in der Kneipe; **he's a bad ~ for the job** er ist nichts für diese Arbeit (*inf*).

II *vt* **1.** wetten, setzen (*against* gegen, *on* auf +*acc*). **I ~ him £5** ich habe mit ihm (um) £ 5 gewettet; **to ~ ten to one** zehn gegen eins wetten.

2. (*inf*) wetten. **I ~ he'll come!** wetten, daß er kommt! (*inf*); **I'll ~ you anything**

(you like) ich gehe mit dir jede Wette (darauf) ein; (**I'll**) ~ **you won't do it** wetten, daß du das nicht tust (*inf*); ~ **you!** wetten! (*inf*); **you can ~ your boots** *or* **your bottom dollar that** ... Sie können Gift darauf nehmen, daß ... (*inf*); ~ **you I can!** (*inf*) wetten, daß ich das kann!

III *vi* wetten. **to ~ on a horse/horses** auf ein Pferd/Pferde setzen *or* wetten; **you ~!** (*inf*) und ob! (*inf*); (**do you**) **want to** ~? (wollen wir) wetten?

beta ['biːtə] *n* Beta *nt*; (*Brit Sch*) gut. ~ **ray** Betastrahl *m*.

betel ['biːtəl] *n* Betel *m*. ~ **nut** Betelnuß *f*.

Bethlehem ['beθlɪhem] *n* Bethlehem *nt*.

betide [bɪˈtaɪd] *vti* geschehen (*sb* jdm). **whatever (may) ~** was immer auch geschehen mag (*geh*); *see* **woe.**

betray [bɪˈtreɪ] *vt* verraten (*also Pol*) (*to dat* *or* (*Pol*) an +*acc*); *trust* enttäuschen; (*be unfaithful to*) untreu werden (+*dat*).

betrayal [bɪˈtreɪəl] *n* (*act*) Verrat *m* (*of* gen); (*instance*) Verrat *m* (*of* an +*dat*); (*of trust*) Enttäuschung *f*. **the ~ of Christ** der Verrat an Christus; **a ~ of trust** ein Vertrauensbruch *m*.

betrayer [bɪˈtreɪəʳ] *n* Verräter(in *f*) *m* (*of* gen *or* (*Pol*) an +*dat*).

betrothal [bɪˈtrəʊðəl] *n* (*obs, liter, hum*) Verlobung *f*.

betrothed [bɪˈtrəʊðd] *n* (*obs, liter, hum*) Anverlobte(r) *mf* (*obs*).

better[1] ['betəʳ] *n* Wetter(in *f*) *m*.

better[2] **I** *adj, comp of* **good** besser; *route, way also* günstiger. **he's ~** (*recovered*) es geht ihm wieder besser; **I hope you get ~ soon** hoffentlich sind Sie bald wieder gesund; ~ **and ~** immer besser; **that's ~!** (*approval*) so ist es besser!; (*relief etc*) so!; **to be ~ than one's word** mehr tun, als man versprochen hat; **it couldn't be ~** es könnte gar nicht besser sein; **I am none the ~ for it** das hilft mir auch nicht; **she is no ~ than she should be** sie ist auch keine Heilige; **the ~ part of an hour/my money/our holidays** fast eine Stunde/fast mein ganzes Geld/fast die ganzen Ferien; **it/you would be ~ to go early** es wäre besser, früh zu gehen/Sie gehen besser früh; **to go one ~** einen Schritt weiter gehen; (*in offer*) höher gehen.

II *adv, comp of* **well 1.** besser; *like* lieber, mehr; *enjoy* mehr. **they are ~ off than we are** sie sind besser dran als wir; **you would do ~** *or* **be ~ advised to go early** Sie sollten lieber früh gehen; **to think ~ of it** es sich (*dat*) noch einmal überlegen; **I didn't think any ~ of him for that** deswegen hielt ich auch nicht mehr von ihm.

2. I had ~ go ich gehe jetzt wohl besser; **you'd ~ do what he says** tun Sie lieber, was er sagt; **I'd ~ answer that letter soon** ich beantworte den Brief lieber *or* besser bald; **I won't touch it Mummy — you'd ~ not!** ich fasse es nicht an, Mutti — das will ich dir auch geraten haben!

III *n* **1.** **one's ~s** Leute, die über einem stehen; (*socially also*) Höhergestellte; **that's no way to talk to your ~s** man muß immer wissen, wen man vor sich (*dat*) hat; **respect for one's ~s** Achtung Respektspersonen gegenüber.

2. (*person, object*) **the** ~ der/die/das Bessere.

3. it's a change for the ~ es ist eine Wendung zum Guten; **to think (all) the** ~ **of sb** (um so) mehr von jdm halten; **all the** ~**, so much the** ~ um so besser; **it would be all the** ~ **for a drop of paint** ein bißchen Farbe würde Wunder wirken; **it's done now, for** ~ **or worse** so oder so, es ist geschehen; **for** ~**, for worse** (*in marriage ceremony*) in Freud und Leid; **to get the** ~ **of sb** (*person*) jdn unterkriegen (*inf*); (*illness*) jdn erwischen(*inf*); (*problem etc*) jdm schwer zu schaffen machen.

IV *vt* (*improve on*) verbessern; (*surpass*) übertreffen.

V *vr* (*increase one's knowledge*) sich weiterbilden; (*in social scale*) sich verbessern.

better half *n* (*inf*) bessere Hälfte (*inf*).

betterment ['betəmənt] *n* **1.** Verbesserung *f*; (*educational*) Weiterbildung *f*. **2.** (*Jur*) Wertsteigerung*f*; (*of land*) Melioration*f*.

betting ['betɪŋ] *n* Wetten *nt*. **the** ~ **was brisk** das Wettgeschäft war rege; **what is the** ~ **on his horse?** wie stehen die Wetten auf sein Pferd?

betting man *n* (regelmäßiger) Wetter; **I'm not a** ~ ich wette eigentlich nicht; **if I were a** ~ **I'd say ...** wenn ich ja wetten würde, würde ich sagen ...; **betting news** *n* Wettnachrichten *pl*; **betting shop** *n* Annahmestelle *f* für Wetten; **betting slip** *n* Wettschein *m*.

Betty ['betɪ] *n dim of* **Elizabeth.**

between [bɪ'twi:n] **I** *prep* **1.** zwischen (+*dat*); (*with movement*) zwischen (+*acc*). **I was sitting** ~ **them** ich saß zwischen ihnen; **sit down** ~ **those two boys** setzen Sie sich zwischen diese beiden Jungen; **in** ~ zwischen (+*dat/acc*); ~ **now and next week we must ...** bis nächste Woche müssen wir ...; **there's nothing** ~ **them** (*they're equal*) sie sind gleich gut; (*no feelings, relationship*) zwischen ihnen ist nichts.

2. (*amongst*) unter (+*dat/acc*). **divide the sweets** ~ **the two children/the children** teilen Sie die Süßigkeiten zwischen den beiden Kinder auf/verteilen Sie die Süßigkeiten unter die Kinder; **we shared an apple** ~ **us** wir teilten uns (*dat*) einen Apfel, ~ **ourselves** *or* ~ **you and me he is not very clever** unter uns (*dat*) (gesagt), er ist nicht besonders geschickt; **that's just** ~ **ourselves** das bleibt aber unter uns.

3. (*jointly, showing combined effort*) ~ **us/them** zusammen; **we have a car** ~ **the two/three of us** wir haben zu zweit/dritt ein Auto, wir zwei/drei haben zusammen ein Auto; ~ **the two/three of us we have enough** zusammen haben wir (zwei/drei) genug; **we got the letter written** ~ **us** wir haben den Brief zusammen *or* gemeinsam *or* mit vereinten Kräften geschrieben.

4. (*what with, showing combined effect*) neben (+*dat*). ~ **housework and study I have no time for that** neben *or* zwischen Haushalt und Studium bleibt mir keine Zeit dazu.

II *adv* (*place*) dazwischen; (*time also*) zwischendurch. **in** ~ dazwischen; **the space/time** ~ der Zwischenraum/die Zwischenzeit, der Raum/die Zeit dazwischen.

between-times [bɪ'twi:ntaɪmz], **between-whiles** [bɪ'twi:nwaɪlz] *adv* in der Zwischenzeit.

betwixt [bɪ'twɪkst] **I** *prep* (*obs, liter, dial*) *see* **between.** **II** *adv*: ~ **and between** zwischendrin.

bevel ['bevəl] **I** *n* (*surface*) Schräge, Abschrägung *f*; (*also* ~ **edge**) abgeschrägte Kante, Schrägkante *f*; (*tool: also* ~ **square**) Schrägmaß *nt*, Stellwinkel *m*.

II *vt* abschrägen, schräg abflachen. ~**led edge** Schrägkante *f*, abgeschrägte Kante; ~**led mirror** Spiegel *m* mit schräggeschliffenen Kanten.

beverage ['bevərɪdʒ] *n* Getränk *nt*.

bevy ['bevɪ] *n* Schwarm *m*.

bewail [bɪ'weɪl] *vt* beklagen.

beware [bɪ'weəʳ] *vti imper and infin only* **to** ~ **(of) sb/sth** sich vor jdm/etw hüten, sich vor jdm/etw in acht nehmen; **to** ~ **(of) doing sth** sich davor hüten, etw zu tun; ~ **of falling** passen Sie auf *or* sehen Sie sich vor, daß Sie nicht fallen; ~ **of being deceived,** ~ **lest you are deceived** (*old*) geben Sie acht *or* sehen Sie sich vor, daß Sie nicht betrogen werden; ~ **(of) how you speak** geben Sie acht *or* sehen Sie sich vor, was Sie sagen; ~**!** (*old, liter*) gib acht!; "~ **of the dog**" „Vorsicht, bissiger Hund"; "~ **of pickpockets**" „vor Taschendieben wird gewarnt".

bewigged [bɪ'wɪgd] *adj* mit Perücke.

bewilder [bɪ'wɪldəʳ] *vt* (*confuse*) verwirren, irremachen; (*baffle*) verwundern.

bewildered [bɪ'wɪldəd] *adj see vt* verwirrt, durcheinander *pred* (*inf*); perplex (*inf*), verwundert.

bewildering [bɪ'wɪldərɪŋ] *adj see vt* verwirrend; verblüffend.

bewilderment [bɪ'wɪldəmənt] *n see vt* Verwirrung*f*; Verblüffung*f*, Erstaunen *nt*. **in** ~ verwundert; **his** ~ **was obvious** er war offensichtlich verwirrt/verblüfft.

bewitch [bɪ'wɪtʃ] *vt* verhexen, verzaubern; (*fig*) bezaubern.

bewitching *adj*, ~**ly** *adv* [bɪ'wɪtʃɪŋ, -lɪ] bezaubernd, hinreißend.

beyond [bɪ'jɒnd] **I** *prep* **1.** (*in space*) (*on the other side of*) über (+*dat*); (*further than*) jenseits (+*gen*) (*geh*); (*further than*) über (+*acc*) ... hinaus, weiter als. ~ **the Alps** jenseits der Alpen; ~ **the convent walls** außerhalb der Klostermauern.

2. (*in time*) ~ **6 o'clock/next week/ the 17th century** nach 6 Uhr/nächster Woche/dem 17. Jahrhundert; **until** ~ **6 o'clock/next week/the 17th century** bis nach 6 Uhr/bis über nächste Woche/das 17. Jahrhundert hinaus; **it's** ~ **your bedtime** es ist längst Zeit, daß du ins Bett kommst.

3. (*surpassing, exceeding*) **a task** ~ **her abilities** eine Aufgabe, die über ihre Fähigkeiten geht; **it's** ~ **your authority** das liegt außerhalb Ihrer Befugnis; **that is** ~ **human understanding** das geht über menschliches Verständnis hinaus, das übersteigt menschliches Verständnis;

that's almost ~ **belief** das ist fast un-
glaublich *or* nicht zu glauben; ~ **repair**
nicht mehr zu reparieren; **it was** ~ **her to
pass the exam** sie schaffte es nicht, das
Examen zu bestehen; **that's** ~ **me** (*I don't
understand*) das geht über meinen Ver-
stand; *see* **compare, grave**[1], **help** *etc*.

4. (*with neg, interrog*) außer. **have you
any money** ~ **what you have in the bank?**
haben Sie außer dem, was Sie auf der
Bank haben, noch Geld?; ~ **this/that**
sonst; **I've got nothing to suggest** ~ **this**
sonst habe ich keine Vorschläge.

II *adv* (*on the other side of*) jenseits
davon (*geh*); (*after that*) danach; (*further
than that*) darüber hinaus, weiter. **India
and the lands** ~ Indien und die Gegenden
jenseits davon; **the world** ~ das Jenseits.

III *n* **the great B~** das Jenseits; (*space*)
der weite Raum.

B/F, b/f *abbr of* **brought forward** Übertrag.
bi- [baɪ] *pref* bi, Bi-.
Biafra [bɪˈæfrə] *n* Biafra *nt*.
Biafran [bɪˈæfrən] I *n* Einwohner(in *f*) *m*
Biafras. II *adj* Biafra-.
biannual *adj*, **~ly** *adv* [baɪˈænjʊəl, -ɪ]
zweimal jährlich; (*half-yearly*) halbjähr-
lich.
bias [ˈbaɪəs] (*vb: pret, ptp* **~(s)ed**) I *n*
1. (*inclination*) (*of course, newspaper etc*)
(einseitige) Ausrichtung *f* (*towards* auf
+*acc*); (*of person*) Vorliebe *f* (*towards*
für). **to have a** ~ **against sth** (*course, news-
paper etc*) gegen etw eingestellt sein;
(*person*) eine Abneigung gegen etw
haben; **to have a left-wing/right-wing** ~ *or*
a ~ **to the left/right** einen Links-/Rechts-
drall haben (*inf*); **to be without** ~
unvoreingenommen sein.

2. (*Sew*) **on the** ~ schräg zum Faden-
lauf; ~ **binding** Schrägstreifen *m*.

II *vt report, article etc* (einseitig) färben;
(*towards sth*) ausrichten (*towards* auf +
acc); *person* beeinflussen. **to** ~ **sb
towards/against sth** jdn für/gegen etw
einnehmen.
bias(s)ed [ˈbaɪəst] *adj* voreingenommen,
befangen.
biathlon [baɪˈæθlən] *n* Biathlon *nt*.
bib [bɪb] *n* 1. (*for baby*) Latz *m*, Lätzchen
nt. 2. (*on garment*) Latz *m*. 3. (*inf*) in
one's best ~ **and tucker** in Schale (*inf*);
she put on her best ~ **and tucker** sie warf
sich in Schale (*inf*).
Bible [ˈbaɪbl] *n* Bibel *f*; (*fig also*) Evan-
gelium *nt*.
Bible basher *n* (*inf*) Jesusjünger(in *f*) *m*
(*sl*); **Bible class** *n* Bibelstunde *f*; **Bible
story** *n* biblische Geschichte; **Bible
thumper** *n* (*inf*) Halleluja-Billy *m* (*sl*).
biblical [ˈbɪblɪkəl] *adj* biblisch, Bibel-.
bibliographer [ˌbɪblɪˈɒɡrəfəʳ] *n* Bibliograph
m.
bibliographic(al) [ˌbɪblɪəʊˈɡræfɪk(əl)] *adj*
bibliographisch.
bibliography [ˌbɪblɪˈɒɡrəfɪ] *n* Bibliographie
f.
bibliophile [ˈbɪblɪəʊfaɪl] *n* Bibliophile(r)
mf, Büchernarr *m*.
bicameral [baɪˈkæmərəl] *adj* (*Pol*)
Zweikammer-.
bicarbonate of soda [baɪˌkɑ:bənɪtəvˈsəʊdə]

n (*Cook*) Natron *nt*; (*Chem*) doppelt-
kohlensaures Natrium.
bi-centenary [ˌbaɪsenˈti:nərɪ], (*US*) **bi-
centennial** [ˌbaɪsenˈtenɪəl] *n* zweihun-
dertjähriges Jubiläum, Zweihundertjahr-
feier *f* (*of gen*). **the** ~ **of Beethoven's birth/
death** Beethovens zweihundertster
Geburts-/Todestag. II *adj* Zweihundert-
jahr-, zweihundertjährig; *celebrations*
Zweihundertjahr-.
biceps [ˈbaɪseps] *n* Bizeps *m*.
bichromate [baɪˈkrəʊmɪt] *n* Bichromat *nt*.
bicker [ˈbɪkəʳ] *vi* (*quarrel*) sich zanken,
aneinandergeraten.
bickering [ˈbɪkərɪŋ] *n* Gezänk *nt*.
bicuspid [baɪˈkʌspɪd] I *adj* mit zwei Spitzen,
zweihöckrig, bikuspidal (*spec*). II *n*
(*Anat*) vorderer Backenzahn.
bicycle [ˈbaɪsɪkl] I *n* Fahrrad *nt*. **to ride a** ~
Fahrrad fahren, radfahren. II *vi* mit dem
(Fahr)rad fahren.
bicycle *in cpds see* **cycle** *in cpds*.
bid [bɪd] I *vt* 1. *pret, ptp* ~ (*at auction*)
bieten (*for* auf +*acc*).

2. *pret, ptp* ~ (*Cards*) reizen, bieten.

3. *pret* **bade** *or* **bad**, *ptp* ~**den** (*say*) **to**
~ **sb good-morning** jdm einen guten Mor-
gen wünschen; **to** ~ **farewell to sb, to** ~ **sb
farewell** von jdm Abschied nehmen, jdm
Lebewohl sagen (*geh*); **to** ~ **sb welcome**
jdn willkommen heißen.

4. *pret* **bade** *or* **bad**, *ptp* ~**den**. **to** ~ **sb
to do sth** (*old, liter*) jdn etw tun heißen.

II *vi* 1. *pret, ptp* ~ (*at auction*) bieten.

2. *pret, ptp* ~ (*Cards*) bieten, reizen.

3. *pret* **bad**, *ptp* ~**den**. **to** ~ **fair to ...**
versprechen zu ...

III *n* 1. (*at auction*) Gebot *nt* (*for* auf
+*acc*); (*Comm*) Angebot *nt* (*for* für).

2. (*Cards*) Bieten, Reizen *nt*. **to raise
the** ~ höher bieten *or* reizen, überrufen;
to make no ~ passen; **no** ~! passe!

3. (*attempt*) Versuch *m*. **to make a** ~ **for
power** nach der Macht greifen; **to make a**
~ **for fame/freedom** versuchen, Ruhm/die
Freiheit zu erlangen; **his** ~ **for fame/
freedom** failed sein Versuch, Ruhm/die
Freiheit zu erlangen, scheiterte; **rescue** ~
fails Rettungsversuch erfolglos; **the** ~ **for
the summit** der Griff nach dem Gipfel.
bidden [ˈbɪdn] *ptp of* **bid**.
bidder [ˈbɪdəʳ] *n* Bietende(r) *mf*, Steigerer
m. **to sell to the highest** ~ an den Höchst-
or Meistbietenden verkaufen; **there were
no** ~s niemand hat geboten.
bidding [ˈbɪdɪŋ] *n* 1. (*at auction*) Steigern,
Bieten *nt*. **how high did the** ~ **go?** wie
hoch wurde gesteigert?; **to raise the** ~ den
Preis in die Höhe treiben; **the** ~ **is closed**
es werden keine Gebote mehr angenom-
men, keine Gebote mehr.

2. (*Cards*) Bieten, Reizen *nt*.

3. (*order*) Geheiß (*old*), Gebot *nt*. **at
whose** ~**?** auf wessen Geheiß? (*old*); **the
slave does his master's** ~ der Sklave tut,
was sein Herr ihm heißt (*old*) *or* ihm
befiehlt; **he needed no second** ~ man
mußte es ihm nicht zweimal sagen.
bide [baɪd] *vt* **to** ~ **one's time** den rechten
Augenblick abwarten *or* abpassen; **to** ~
awhile (*old*) verweilen (*geh*).
bidet [ˈbi:deɪ] *n* Bidet *nt*.

biennial [baɪˈenɪəl] **I** adj (every two years) zweijährlich; (rare: lasting two years) zweijährig. **II** n zweijährige Pflanze.

biennially [baɪˈenɪəlɪ] adv zweijährlich, alle zwei Jahre; (Bot) bienn.

bier [bɪəʳ] n Bahre f.

biff [bɪf] **I** n (inf) Stoß, Puff (inf) m. **a ~ on the nose** eins auf die Nase (inf); **my car got a bit of a ~** mein Auto hat ein bißchen was abgekriegt (inf).
   II interj bums.
   III vt (inf) car eine Beule fahren in (+acc); door anschlagen; lamp post bumsen an (+acc) or gegen (inf). **he ~ed the car against a lamp post/the door against the wall** er ist mit dem Auto gegen einen Laternenpfahl gebumst (inf)/er hat die Tür gegen die Wand geschlagen; **to ~ sb on the nose** jdm eins auf die Nase geben.

bifocal [baɪˈfəʊkəl] **I** adj Bifokal-. **II** n ~s pl Bifokalbrille f.

bifurcate [ˈbaɪfɜːkeɪt] **I** vi (form) sich gabeln. **II** adj gegabelt.

bifurcation [ˌbaɪfɜːˈkeɪʃən] n Gabelung f.

big [bɪg] **I** adj (+er) **1.** (in size, amount) groß; lie also faustdick (inf). **a ~ man** ein großer, schwerer Mann; **she's a ~ girl** (inf) sie hat einen ganz schönen Vorbau (inf); **5 ~ ones** (sl) 5 Riesen (sl); **~ with child/young** hochschwanger/trächtig.
   2. (of age) groß. **my ~ brother** mein großer Bruder; **you're ~ enough to know better** du bist groß or alt genug und solltest es besser wissen.
   3. (important) groß, wichtig. **the B~ Four/Five** die Großen Vier/Fünf; **to look ~** (inf) ein bedeutendes Gesicht machen.
   4. (conceited) ~ **talk** Angeberei (inf), Großspurigkeit f; ~ **talker** Angeber m (inf); **he is too ~ for his boots** (inf) der ist ja größenwahnsinnig; **to have a ~ head** (inf) eingebildet sein.
   5. (generous, iro) großzügig, nobel (inf); (forgiving) großmütig, nobel (inf); heart groß. **few people have a heart as ~ as his** es sind nur wenige so großzügig/großmütig wie er.
   6. (fig phrases) **to earn ~ money** das große Geld verdienen (inf); **to have ~ ideas** große Pläne haben, Rosinen im Kopf haben (pej inf); **to have a ~ mouth** (inf) eine große Klappe haben (inf); **to do things in a ~ way** alles im großen (Stil) tun; **to live in a ~ way** auf großem Fuß or in großem Stil leben; **what's the ~ idea?** (inf) was soll denn das? (inf); ~ **deal!** (iro inf) na und? (inf); **what's the ~ hurry?** warum denn so eilig?
   II adv **to talk ~** groß daherreden (inf), große Töne spucken (sl); **to act ~** sich aufspielen, großtun; **to think ~** im großen (Maßstab) planen; **to go over** or **down ~** (inf) ganz groß ankommen (inf).

bigamist [ˈbɪgəmɪst] n Bigamist m.

bigamous [ˈbɪgəməs] adj bigamistisch.

bigamy [ˈbɪgəmɪ] n Bigamie f.

big bang theory n Urknalltheorie f; **Big Ben** n Big Ben m; **Big Bertha** n die Dicke Berta; **big-boned** adj breit- or grobknochig; **Big Brother** n der Große Bruder; **big bug** n (inf) hohes Tier (inf); **big business** n **1.** (high finance) Großkapital nt,

Hochfinanz f; **to be ~** das große Geschäft sein; **2.** (baby-talk) großes Geschäft (baby-talk); **big dipper** n **1.** (Brit: at fair) Achterbahn, Berg-und-Talbahn f; **2.** (US Astron) **Big Dipper** Großer Bär or Wagen; **big end** n (Tech) Pleuelfuß, Schubstangenkopf m; **big game** n (Hunt) Großwild nt; **bighead** n (inf: person) Angeber m (inf); **big-headed** adj (inf) eingebildet, angeberisch (inf); **bighearted** adj großherzig, großmütig; (forgiving) weitherzig.

bight [baɪt] n (Geog) Bucht f.

bigmouth [ˈbɪgmaʊθ] n (inf) Großmaul nt (sl), Angeber m (inf); (blabbermouth) Klatschbase f (inf); **big name** n (inf: person) Größe f (in gen); **all the ~s were there** alles, was Rang und Namen hat, war da; **big noise** n (inf) hohes Tier (inf).

bigot [ˈbɪgət] n Eiferer m; (Rel also) bigotter Mensch.

bigoted adj, ~**ly** adv [ˈbɪgətɪd, -lɪ] eifernd; (Rel) bigott.

bigotry [ˈbɪgətrɪ] n eifernde Borniertheit; (Rel) Bigotterie f.

big shot n hohes Tier (inf); **he thinks he is a ~ in his new Jag** (inf) er hält sich mit seinem neuen Jaguar für den Größten (inf); **big-time I** adj (inf) one of the ~ **boys** eine ganz große Nummer (inf); **a ~ politician/industrialist/entertainer** eine große Nummer (inf) in der Politik/in der Industrie/im Schaugeschäft; **II** n (inf) **to make** or **hit the ~** groß einsteigen (inf); **once he'd had a taste of the ~** nachdem er einmal ganz oben or groß gewesen war; **big toe** n große Zehe; **big top** n (circus) Zirkus m; (main tent) Hauptzelt nt; **big wheel** n **1.** (US inf) see **big shot**; **2.** (Brit: at fair) Riesenrad nt; **bigwig** n (inf) hohes Tier (inf).

bike [baɪk] (inf) **I** n (Fahr)rad nt; (motor ~) Motorrad nt. **II** vi radeln (inf).

bike in cpds see **cycle** in cpds.

bikini [bɪˈkiːnɪ] n Bikini m.

bi-labial [baɪˈleɪbɪəl] **I** n Bilabial m; **II** adj bilabial; **bi-lateral** adj, **bi-laterally** adv bilateral.

bilberry [ˈbɪlbərɪ] n Heidelbeere f.

bile [baɪl] n **1.** (Med) Galle f. ~ **stone** Gallenstein m. **2.** (fig: anger) Übellaunigkeit f. **a man full of ~** ein Griesgram m.

bilge [bɪldʒ] n **1.** (Naut) Bilge f. **2.** (also ~ **water**) Leckwasser nt. **3.** (of cask) (Faß)bauch m. **4.** (Brit inf: nonsense) Quatsch m (inf).

bilharzia [bɪlˈhɑːzɪə] n Bilharziose f.

bi-linear [ˌbaɪˈlɪnɪəʳ] adj bilinear; **bi-lingual** adj, **bi-lingually** adv zweisprachig; **bi-lingualism** n Zweisprachigkeit f.

bilious [ˈbɪlɪəs] adj **1.** (Med) Gallen-. ~ **attack** Gallenkolik f. **2.** (irritable) reizbar. **3.** (sickly) colour widerlich. **you're looking a bit ~** Sie sind ein bißchen grün um die Nase (inf).

biliousness [ˈbɪlɪəsnɪs] n see adj Gallenkrankheit f, Gallenleiden nt; Reizbarkeit f; Widerlichkeit f.

bilk [bɪlk] vt creditor prellen (of um); debt nicht bezahlen.

bill¹ [bɪl] **I** n **1.** (of bird, turtle) Schnabel m. **2.** (Geog) Landzunge f. **II** vi (bird) schnäbeln. **to ~ and coo** (*birds*) schnäbeln und gurren; (*fig: people*) (miteinander) turteln.

bill² *n* (*tool*) see **billhook.**

bill³ **I** *n* **1.** (*esp Brit: statement of charges*) Rechnung *f*. **could we have the ~ please** zahlen bitte!, wir möchten bitte zahlen.

2. (*US: banknote*) Banknote *f*, Schein *m*.

3. (*poster*) Plakat *nt*; (*on notice board*) Anschlag *m*; (*public announcement*) Aushang *m*; (*of house for sale*) (Verkaufs)schild *nt*. **"stick no ~s"** „Plakate ankleben verboten".

4. (*Theat: programme*) Programm *nt*. **to head** *or* **top the ~, to be top of the ~** Star *m* des Abends/der Saison sein; (*act*) die Hauptattraktion sein.

5. ~ of fare Speisekarte *f*.

6. (*Parl*) (Gesetz)entwurf *m*, (Gesetzes)vorlage *f*. **the ~ was passed** das Gesetz wurde verabschiedet.

7. (*esp Comm, Fin: certificate, statement*) **~ of health** (*Naut*) Gesundheitsattest *nt*; **to give sb a clean ~ of health** (*lit, fig*) jdm (gute) Gesundheit bescheinigen; **~ of lading** (*Naut*) Seefrachtbrief *m*, Ladeschein *m*; **~ of exchange** Wechsel *m*, Tratte *f*; **~ of sale** Verkaufsurkunde *f*; **to fit** *or* **fill the ~** (*fig*) der/die/das richtige sein, passen; **B~ of Rights** (*Brit*) Bill *f* of Rights; (*US*) Zusatzklauseln 1–10 zu den Grundrechten.

8. (*Jur*) **~ of attainder** (*Brit Hist*) Anklage und Urteil gegen politische Persönlichkeiten in Form eines Gesetzes; (*US*) unmittelbare Bestrafung einer Person durch den Gesetzgeber; **~ of indictment** Anklageschrift *f*.

II *vt* **1.** *customers* eine Rechnung ausstellen (+*dat*). **we won't ~ you for that, sir** (*give free*) wir werden Ihnen das nicht berechnen.

2. *play, actor* ankündigen. **he's ~ed at the King's Theatre** er soll im King's Theatre auftreten.

Bill [bɪl] *n dim of* **William.**

billboard ['bɪlbɔːd] *n* Reklametafel *f*.

billet ['bɪlɪt] **I** *n* **1.** (*Mil*) (*document*) Quartierschein *m*; (*accommodation*) Quartier *nt*, Unterkunft *f*.

2. (*fig inf*) **to have a soft** *or* **cushy ~** einen schlauen Posten haben.

II *vt* (*Mil*) *soldier* einquartieren (*on sb* bei jdm). **troops were ~ed on** *or* **in our town** in unserer Stadt wurden/waren Truppen einquartiert.

billfold ['bɪlfəʊld] *n* (*US*) Brieftasche *f*; **bill-head** *n* (*heading*) Rechnungskopf *m*; (*sheet*) Rechnungsformular *nt*; **billhook** *n* Hippe *f*.

billiard ['bɪljəd] *adj attr* Billard-. **~ ball** Billardkugel *f*; **~ cue** Queue *nt*, Billardstock *m*.

billiards ['bɪljədz] *n* Billard *nt*. **to have a game of ~** Billard spielen.

billion ['bɪljən] *n* **1.** (*Brit*) Billion *f*. **2.** (*US*) Milliarde *f*.

billionaire ['bɪljəneəʳ] *n* (*US*) Milliardär(in *f*) *m*.

billionth ['bɪljənθ] **I** *adj* (*Brit*) billionste(r, s); (*US*) milliardste(r, s). **II** *n* (*Brit*)

Billionstel *nt*; (*US*) Milliardstel *nt*.

billow ['bɪləʊ] **I** *n* **1.** (*liter: of sea*) Woge *f* (*geh*). **2.** (*fig: of dress etc*) Bauschen *nt no pl*; (*of sail*) Blähen *nt no pl*; (*of smoke*) Schwaden *m*. **II** *vi* **1.** (*liter: sea*) wogen (*geh*). **2.** (*fig: sail*) sich blähen; (*dress etc*) sich bauschen.

◆billow out *vi* (*sail etc*) sich blähen; (*dress etc*) sich bauschen.

bill-poster ['bɪl₁pəʊstəʳ], **bill-sticker** ['bɪl₁stɪkəʳ] *n* Plakat(an)kleber *m*.

Billy ['bɪlɪ] *n dim of* **William.**

billy(-can) ['bɪlɪ(kæn)] *n* Kochgeschirr *nt*.

billy(-goat) ['bɪlɪ(gəʊt)] *n* Ziegenbock *m*.

bi-metallic [₁baɪmɪ'tælɪk] *adj* **1.** *rod, bar* Bimetall-; **2.** (*Fin*) **~ currency** Doppelwährung *f*; **~ nation** Land mit Doppelwährung; **bi-metallism** *n* Doppelwährung *f*; **bi-monthly I** *adj* **1.** (*twice a month*) vierzehntäglich; **2.** (*every two months*) zweimonatlich; **II** *adv* **1.** zweimal im Monat; **2.** alle zwei Monate, jeden zweiten Monat.

bin [bɪn] *n* **1.** (*esp Brit*) (*for bread*) Brotkasten *m*; (*for coal*) (Kohlen)kasten *m*; (*rubbish~*) Mülleimer *m*; (*dust~*) Mülltonne *f*; (*litter~*) Abfallbehälter *m*. **2.** (*for grain*) Tonne *f*.

binary ['baɪnərɪ] *adj* binär; (*Mus*) *form* zweiteilig. **~ fission** Zellteilung *f*; **~ number** (*Math*) Dualzahl *f*, binäre Zahl; **~ system** (*Math*) Dualsystem, binäres System; **~ star/~ star system** (*Astron*) Doppelstern *m*/Doppelsternsystem *nt*.

bind [baɪnd] *pret, ptp* **bound I** *vt* **1.** (*make fast, tie together*) binden (*to* an +*acc*); *person* fesseln; (*fig*) verbinden (*to* mit). **bound hand and foot** an Händen und Füßen gefesselt *or* gebunden.

2. (*tie round*) *wound, arm etc* verbinden; *bandage* wickeln, binden; *artery* abbinden; (*for beauty*) *waist* einschnüren; *feet* einbinden *or* -schnüren; *hair* binden.

3. *material, hem* einfassen.

4. *book* binden.

5. (*oblige: by contract, promise*) **to ~ sb to sth/to do sth** jdn an etw (*acc*) binden, jdn zu etw verpflichten/jdn verpflichten, etw zu tun; **to ~ sb as an apprentice** jdn in die Lehre geben (*to* zu); see **bound³.**

6. (*Med*) *bowels* verstopfen.

7. (*make cohere, Cook*) binden.

II *vi* **1.** (*cohere: cement etc*) binden. **the clay soil tended to ~** der Lehmboden war ziemlich schwer; **the grass should help the soil ~** das Gras sollte den Boden festigen.

2. (*Med: food*) stopfen.

3. (*stick: brake, sliding part etc*) blockieren.

III *n* (*inf: nuisance*) **to be (a bit of) a ~** recht lästig sein.

◆bind on *vt sep* anbinden (+*prep obj, -to* an +*acc*); (+*prep obj: on top of*) binden auf (+*acc*).

◆bind over *vt sep* (*Jur*) **to ~ sb ~** (*to keep the peace*) jdn verwarnen; **he was bound ~ for six months** er bekam eine sechsmonatige Bewährungsfrist.

◆bind together *vt sep* (*lit*) zusammenbinden; (*fig*) verbinden.

◆bind up *vt sep* **1.** *wound* verbinden; *hair* hochbinden. **2.** *prisoner* fesseln. **3.** (*fig*) verknüpfen, verbinden.

binder ['baɪndəʳ] n 1. (Agr) (machine) (Mäh)binder, Bindemäher m; (person) (Garben)binder(in f) m. 2. (Typ) (person) Buchbinder(in f) m; (machine) Bindemaschine f. 3. (for papers) Hefter m; (for magazines also) Mappe f.

bindery ['baɪndərɪ] n Buchbinderei f.

binding ['baɪndɪŋ] I n 1. (of book) Einband m; (act) Binden nt. 2. (Sew) Band nt. 3. (on skis) Bindung f. II adj 1. agreement, promise bindend, verbindlich (on für). 2. (Tech) Binde-. 3. (Med) stopfend.

bindweed ['baɪndwiːd] n Winde f.

binge [bɪndʒ] n (inf) Gelage, Sauf-/Freß-gelage (sl) nt. to go on a ~ auf Sauftour (sl) gehen/eine Freßtour (sl) machen.

bingo ['bɪŋgəʊ] n, no pl Bingo nt.

binnacle ['bɪnəkl] n Kompaßhaus nt.

binoculars [bɪ'nɒkjʊləz] npl Fernglas nt. a pair of ~ ein Fernglas nt.

bi-nominal [ˌbaɪ'nɒmɪnl] I adj (Math) binomisch; II n Binom nt; **bi-nuclear** adj binuklear, zweikernig.

bio-chemical [ˌbaɪəʊ'kemɪkl] adj bioche-misch; **bio-chemist** n Biochemiker(in f) m; **bio-chemistry** n Biochemie f; **bio-degradable** adj biologisch abbaubar; **bio-genesis** n Biogenese f.

biographer [baɪ'ɒgrəfəʳ] n Biograph(in f) m.

biographic(al) [ˌbaɪəʊ'græfɪk(əl)] adj biographisch.

biography [baɪ'ɒgrəfɪ] n Biographie f.

biological [ˌbaɪə'lɒdʒɪkəl] adj biologisch.

biologist [baɪ'ɒlədʒɪst] n Biologe m, Biologin f.

biology [baɪ'ɒlədʒɪ] n Biologie f.

biomass ['baɪəʊmæs] n Biomasse f.

biometrics [baɪə'metrɪks], **biometry** [baɪ'ɒmətrɪ] n Biometrie f.

biophysics [ˌbaɪəʊ'fɪzɪks] n Biophysik f.

biopsy ['baɪɒpsɪ] n Biopsie f.

biorhythm ['baɪəʊˌrɪθəm] n Biorhythmus m; **bio-sphere** ['baɪəʊˌsfɪəʳ] n Biosphäre f; **bio-synthesis** n Biosynthese f.

bipartisan [ˌbaɪpɑːtɪ'zæn] adj Zweipartei-en-; **bi-partite** [ˌbaɪ'pɑːtaɪt] adj zweiteilig; (affecting two parties) zweiseitig; **bi-ped** ['baɪped] I n Zweifüßer m; (hum: human) Zweibeiner m; II adj zweifüßig; **bi-plane** ['baɪpleɪn] n Doppeldecker m; **bi-polar** [ˌbaɪ'pəʊləʳ] adj zwei- or doppelpolig.

birch [bɜːtʃ] I n 1. Birke f. 2. (for whipping) Rute f. II attr Birken-. III vt (mit Ruten) schlagen.

bird [bɜːd] n 1. Vogel m. ~ of paradise/passage (lit, fig) Paradies-/Zugvogel m; the ~ has flown (fig) der Vogel ist ausgeflogen; a little ~ told me (inf) das sagt mir mein kleiner Finger; strictly for the ~s (sl) das ist geschenkt (inf); a ~ in the hand is worth two in the bush (Prov) der Spatz in der Hand ist besser als die Taube auf dem Dach (Prov); to tell sb about the ~s and the bees jdm erzählen, wo die kleinen Kinder herkommen.
2. (Cook) Vogel m (hum inf).
3. (Brit inf: girl) Biene f (inf).
4. (inf: person) Vogel m (inf). he's a cunning old ~ er ist ein alter Fuchs.
5. (inf) to give sb the ~ jdn auspfeifen;

to get the ~ ausgepfiffen werden.

bird brain n (inf) to be a ~ ein Spatzenhirn haben (inf); **bird-cage** n Vogelbauer nt or -käfig m; **bird call** n Vogelruf m; **bird dog** (US) I n (lit, fig) Spürhund m; II vt (inf) beschatten (inf); **bird fancier** n Vogelzüchter m.

birdie ['bɜːdɪ] n 1. (inf) Vögelchen nt. watch the ~ gleich kommt's Vögelchen raus! 2. (Golf) Birdie nt.

birdlime ['bɜːdlaɪm] n Vogelleim m; **bird sanctuary** n Vogelschutzgebiet nt; **bird-seed** n Vogelfutter nt; **bird's-eye view** n Vogelperspektive f; to get a ~ of the town die Stadt aus der Vogelperspektive sehen; **bird's nest** n Vogelnest nt; **bird's-nest** vi to go ~ing Vogelnester ausnehmen; **bird watcher** n Vogelbeobachter(in f) m.

biretta [bɪ'retə] n Birett nt.

Biro ® ['baɪərəʊ] n, pl ~s (Brit) Kugel-schreiber, Kuli (inf) m.

birth [bɜːθ] n 1. Geburt f. the town/country of his ~ seine Geburtsstadt/sein Geburts-land nt; deaf from or since ~ von Geburt an taub; the rights which are ours by ~ unsere angeborenen Rechte; to give ~ to gebären; to give ~ entbinden; (animal) jungen.
2. (parentage) Abstammung, Herkunft f. Scottish by ~ Schotte von Geburt, gebürtiger Schotte; of good/low or humble ~ aus gutem Hause or guter Familie/von niedriger Geburt.
3. (fig) Geburt f; (of movement, fashion etc) Aufkommen nt; (of nation, party, company also) Gründung f, Entstehen nt; (of new era) Anbruch m, Geburt f (geh); (of star) Entstehung f. to give ~ to sth etw schaffen/aufkommen lassen/gründen/anbrechen lassen.

birth certificate n Geburtsurkunde f; **birth control** n Geburtenkontrolle or -regelung f; **birth-control clinic** n Familien-beratungsstelle f.

birthday ['bɜːθdeɪ] n Geburtstag m. what did you get for your ~? was hast du zum Geburtstag bekommen?; on my ~ an meinem Geburtstag; see happy.

birthday cake n Geburtstagskuchen m or -torte f; **birthday card** n Geburtstags-karte f; **birthday honours** npl Titel- und Ordensverleihungen pl am offiziellen Geburtstag des britischen Monarchen; **birthday party** n Geburtstagsfeier f; (with dancing etc) Geburtstagsparty f; (for child) Kindergeburtstag m; **birthday present** n Geburtstagsgeschenk nt; **birth-day suit** n (inf) Adams-/Evaskostüm nt.

birthmark ['bɜːθmɑːk] n Muttermal nt; **birthplace** n Geburtsort m; **birthrate** n Geburtenrate or -ziffer f; **birthright** n 1. Geburtsrecht nt; 2. (right of firstborn) Erstgeburtsrecht nt.

Biscay ['bɪskeɪ] n die Biskaya or Biscaya. the Bay of ~ der Golf von Biskaya or Biscaya.

biscuit ['bɪskɪt] I n 1. (Brit) Keks m; (dog ~) Hundekuchen m. that takes/you take the ~! (inf) das übertrifft alles or (negatively) schlägt dem Faß den Boden aus!
2. (US) Brötchen nt.
3. (~-ware) Biskuitporzellan nt.

4. (*colour*) Beige *nt*.
II *adj* (*colour*) beige.

bisect [bar'sekt] I *vt* in zwei Teile *or* (*equal parts*) Hälften teilen; (*Math*) halbieren. II *vi* sich teilen.

bisection [bar'sekʃən] *n* (*Math*) Halbierung *f*.

bisector [bar'sektər] *n* (*Math*) Halbierende *f*.

bisexual [ˌbar'seksjuəl] I *adj* bisexuell; (*Biol*) zwittrig, doppelgeschlechtig. II *n* (*person*) Bisexuelle(r) *mf*.

bisexuality [ˌbar,seksju'ælɪt] *n* Bisexualität *f*; (*Biol*) Zwittrigkeit, Doppelgeschlechtigkeit *f*.

bishop ['bɪʃəp] *n* 1. (*Eccl*) Bischof *m*. **thank you**, ~ vielen Dank, Herr Bischof. 2. (*Chess*) Läufer *m*.

bishopric ['bɪʃəprɪk] *n* (*diocese*) Bistum *nt*; (*function*) Bischofsamt *nt*.

bismuth ['bɪzməθ] *n* (*abbr* Bi) Wismut *nt*.

bison ['baɪsn] *n* (*American*) Bison *m*; (*European*) Wisent *m*.

bisque [bɪsk] *n* 1. (*pottery*) Biskuitporzellan *nt*. 2. (*soup*) Fischcremesuppe *f*.

bissextile [bɪ'sekstaɪl] (*form*) I *n* Schaltjahr *nt*. II *adj* Schalt-.

bit¹ [bɪt] *n* 1. (*for horse*) Gebiß(stange *f*) *nt*. **to take the ~ between one's teeth** (*fig*) sich ins Zeug legen; *see* **champ¹**. 2. (*of drill*) (Bohr)einsatz, Bohrer (*inf*) *m*; (*of plane*) (Hobel)messer *nt*. 3. (*of key*) (Schlüssel)bart *m*.

bit² I *n* 1. (*piece*) Stück *nt*; (*smaller*) Stückchen; (*of glass also*) Scherbe *f*; (*section: of book, film, symphony*) Teil *m*; (*part or place in book, drama, text, symphony etc*) Stelle *f*. **a few ~s of furniture** ein paar Möbelstücke; **this island is a little ~ of America** diese Insel ist ein Stück(chen) Amerika; **I gave my ~ to my sister** ich habe meiner Schwester meinen Teil gegeben; **this is the ~ I hate**, he said, taking out his wallet das tue ich gar nicht gern, sagte er und zückte seine Brieftasche; **a ~** (*not much, small amount*) ein bißchen, etwas; **would you like a ~ of ice cream?** möchten Sie etwas *or* ein bißchen Eis?; **there's a ~ of truth in what he says** daran ist schon etwas Wahres; **a ~ of advice/luck/news** ein Rat *m*/ein Glück *nt*/eine Neuigkeit; **we had a ~ of trouble/excitement** wir hatten ein wenig Ärger/Aufregung; **I only read a ~ of the novel** ich habe nur ein bißchen *or* Stückchen von dem Roman gelesen; **don't you feel the slightest ~ of remorse?** hast du denn nicht die geringsten Gewissensbisse?; **it might be a ~ of help** das könnte eine kleine Hilfe sein; **it did me a ~ of good** das hat mir geholfen; **it wasn't a ~ of help/use** das war überhaupt keine Hilfe/hat überhaupt nichts genützt; **quite a ~** einiges; **there's quite a ~ of work/bread left** es ist noch eine ganze Menge Arbeit/Brot da; **in ~s and pieces** (*broken*) in tausend Stücken; (*lit, fig: come apart*) in die Brüche gegangen; **to do the work in ~s and pieces** die Arbeit stückchenweise machen; **the ~s and pieces** die einzelnen Teile; (*broken ~s*) die Scherben *pl*; **bring all your ~s and pieces** bring deine Siebensachen; **to pick**

up the ~s and pieces (*fig*) retten, was zu retten ist; **to come** *or* **fall to ~s** kaputtgehen; **to pull** *or* **tear sth to ~s** (*lit*) etw in (tausend) Stücke reißen; (*fig*) keinen guten Faden an etw (*dat*) lassen; **to go to ~s** (*fig inf*) durchdrehen (*inf*).
2. (*with time*) **a ~** ein Weilchen *nt*; **he's gone out for a ~** er ist ein Weilchen *or* mal kurz weggegangen.
3. (*with cost*) **a ~** eine ganze Menge; **it cost quite a ~** das hat schon ganz schön (viel) gekostet (*inf*).
4. **to do one's ~** sein(en) Teil tun; (*fair share also*) das Seine tun.
5. **a ~ of a crack/bruise** *etc* ein kleiner Riß/Fleck *etc*; **he's a ~ of a rogue/musician/expert/connoisseur** er ist ein ziemlicher Schlingel/er ist gar kein schlechter Musiker/er versteht einiges davon/er ist ein Kenner; **you're a ~ of an idiot, aren't you?** du bist ganz schön dumm; **he's got a ~ of a nerve!** der hat vielleicht Nerven!; **it's a ~ of a nuisance** das ist schon etwas ärgerlich.
6. **~ by** ~ Stück für Stück; (*gradually*) nach und nach; **he's every ~ a soldier/Frenchman** er ist durch und durch Soldat/Franzose; **it/he is every ~ as good as ...** es/er ist genauso gut, wie ...; **not a ~ of it** keineswegs, keine Spur (*inf*).
7. **when it comes to** ~ wenn es drauf ankommt.
8. (*coin*) (*Brit*) Stück *nt*, Münze *f*. **2/4/6 ~s** (*US*) 25/50/75 Cent.
9. (*Computers*) Bit *nt*.
II *adv* **a** ~ ein bißchen, etwas; **wasn't she a little ~ surprised?** war sie nicht etwas erstaunt?; **I'm not a (little) ~ surprised** das wundert mich überhaupt nicht *or* kein bißchen (*inf*) *or* keineswegs; **he wasn't a ~ the wiser for it** danach war er auch nicht viel schlauer; **quite a ~** ziemlich viel; **he's improved quite a ~** er hat sich ziemlich *or* um einiges gebessert.

bit³ *pret of* **bite**.

bitch [bɪtʃ] I *n* 1. (*of dog*) Hündin *f*; (*of canines generally*) Weibchen *nt*; (*of fox*) Füchsin *f*; (*of wolf*) Wölfin *f*.
2. (*inf: woman*) Miststück *nt* (*sl*); (*spiteful*) Hexe *f*. **silly** ~ doofe Ziege (*inf*); **don't be a** ~ sei nicht so gemein *or* gehässig; **she's a mean** ~ sie ist ein gemeines Stück (*sl*).
3. (*sl: complaint*) **he has to have his little** ~ er muß natürlich meckern (*inf*).
II *vi* (*sl: complain*) meckern (*inf*) (*about* über +*acc*).
◆**bitch up** *vt sep* (*sl*) versauen (*sl*).

bitchiness ['bɪtʃɪnɪs] *n* Gehässigkeit, Gemeinheit *f*.

bitchy ['bɪtʃɪ] *adj* (+*er*) (*inf*) *woman* gehässig, gemein; *remark also* bissig. **that was a** ~ **thing to do/say** das war gehässig *or* gemein; **she started getting** ~ **about her** sie fing an, bissige *or* gehässige Bemerkungen über sie zu machen.

bite [baɪt] (*vb: pret* **bit**, *ptp* **bitten**) I *n* 1. Biß *m*. **in two ~s** mit zwei Bissen; **he took a ~ (out) of the apple** er biß in den Apfel.
2. (*wound etc*) (*dog, snake, flea ~ etc*) Biß *m*; (*insect ~*) Stich *m*.
3. (*Fishing*) **I think I've got a ~** ich

glaube, es hat einer angebissen.

4. (of food) Happen m. **there's not a ~ to eat** es ist überhaupt nichts zu essen da; **come and have a ~** komm und iß 'ne Kleinigkeit; **do you fancy a ~ (to eat)?** möchten Sie etwas essen?

5. there's a ~ in the air es ist beißend kalt; **the ~ of the wind** der beißend-kalte Wind.

6. (of file, saw) **the file has lost its ~** die Feile ist stumpf geworden; **these screws don't have enough ~** diese Schrauben greifen or fassen nicht richtig.

7. (of sauce etc) Schärfe f.

II vt **1.** (person, dog) beißen; (insect) stechen. **to ~ one's nails** Nägel kauen; **to ~ one's tongue/lips** sich (dat) auf die Zunge/Lippen beißen; **don't worry, he won't ~ you** (fig inf) keine Angst, er wird dich schon nicht beißen (inf); **to ~ the dust** (inf) daran glauben müssen (inf); **he had been bitten by the urge to ...** der Drang, zu ..., hatte ihn erfaßt or gepackt; **once bitten twice shy** (Prov) (ein) gebranntes Kind scheut das Feuer (Prov); **what's biting you?** (fig inf) was hast du denn?

2. (cold, wind) schneiden in (+dat).

3. (file, saw) schneiden in (+acc); (acid) ätzen.

4. (inf: swindle) **I've been bitten** ich bin reingelegt worden (inf).

III vi **1.** (dog etc) beißen; (insects) stechen.

2. (fish, fig inf) anbeißen.

3. (cold, frost, wind) schneiden.

4. (wheels) fassen, greifen; (saw, anchor) fassen; (screw) greifen.

◆**bite into** vi +prep obj (person) (hinein)beißen in (+acc); (teeth) (tief) eindringen in (+acc); (acid, saw) sich hineinfressen in (+acc); (screw, drill) sich hineinbohren in (+acc).

◆**bite off** vt sep abbeißen. **he won't ~ your head ~** er wird dir schon nicht den Kopf abreißen; **to ~ ~ more than one can chew** (prov) sich (dat) zuviel zumuten.

◆**bite through** vt insep durchbeißen.

biting ['baɪtɪŋ] adj beißend; cold, wind also schneidend.

bit part n kleine Nebenrolle.

bit-part player n Schauspieler(in f) m in kleinen Nebenrollen.

bitten ['bɪtn] ptp of **bite**.

bitter ['bɪtə⁺] **I** adj (+er) **1.** taste bitter. **~ lemon** Bitter Lemon nt; **it was a ~ pill to swallow** es war eine bittere Pille.

2. cold, winter bitter; weather, wind bitterkalt attr, eisig. **it's ~ today** es ist heute bitter kalt.

3. enemy, struggle, opposition erbittert.

4. disappointment, hatred, reproach, remorse, tears bitter; criticism scharf, heftig. **to the ~ end** bis zum bitteren Ende.

5. (embittered) bitter; person also verbittert. **to be** or **feel ~ at sth** über etw (acc) bitter or verbittert sein.

II adv: **~ cold** bitterkalt attr, bitter kalt pred.

III n **1.** (Brit: beer) halbdunkles obergäriges Bier.

2. ~s npl Magenbitter m; **gin and ~s**

Gin mit Bitterlikör.

bitterly ['bɪtəlɪ] adv **1.** reproach, disappointed bitter; complain also, weep bitterlich; oppose erbittert; criticize scharf; jealous sehr. **2.** cold bitter. **3.** (showing embitteredness) verbittert; criticize erbittert.

bittern ['bɪtɜ:n] n Rohrdommel f.

bitterness ['bɪtənɪs] n see adj **1.** Bitterkeit f. **2.** Bitterkeit f; bittere Kälte. **3.** Erbittertheit f. **4.** Bitterkeit f; Schärfe, Heftigkeit f. **5.** Bitterkeit f; Verbitterung f.

bitter-sweet ['bɪtə,swi:t] **I** adj (lit, fig) bittersüß. **II** n (Bot) Kletternder Baumwürger; (nightshade) Bittersüßer Nachtschatten.

bitty ['bɪtɪ] adj (+er) (Brit inf: scrappy) zusammengestückelt (inf).

bitumen ['bɪtjʊmɪn] n Bitumen nt.

bituminous [bɪ'tju:mɪnəs] adj bituminös. **~ coal** Stein- or Fettkohle f.

bivalve ['baɪvælv] (Zool) **I** n zweischalige Muschel. **II** adj zweischalig.

bivouac ['bɪvʊæk] (vb: pret, ptp ~ked) **I** n Biwak nt. **II** vi biwakieren.

bi-weekly ['baɪ'wi:klɪ] **I** adj **1.** (twice a week) ~ meetings/editions Konferenzen/Ausgaben, die zweimal wöchentlich or in der Woche stattfinden/erscheinen.

2. (fortnightly) zweiwöchentlich.

II adv **1.** (twice a week) zweimal wöchentlich, zweimal in der Woche.

2. (fortnightly) alle vierzehn Tage.

bizarre [bɪ'zɑ:⁺] adj bizarr.

BL abbr of **Bachelor of Law** Bakkalaureus m der Rechtswissenschaften.

blab [blæb] **I** vi quatschen (inf); (talk fast, tell secret) plappern; (criminal) singen (sl). **II** vt (also ~ out) secret ausplaudern.

blabbermouth ['blæbə,maʊθ] n (inf) Klatschmaul nt (inf).

black [blæk] **I** adj (+er) **1.** schwarz. **~ man/woman** Schwarze(r) mf; **a ~ eye** ein blaues Auge; **~ and blue** grün und blau; **~ and white** photograph/film Schwarzweißfotografie f/-film m; **to swear that ~ is white** schwören, daß zwei mal zwei fünf ist; **the situation isn't so ~ and white as that** die Situation ist nicht so eindeutig schwarz-weiß; **a western makes things ~ and white** ein Western stellt alles in Schwarzweißmalerei dar.

2. (dirty) schwarz.

3. (wicked) thought, plan, deed schwarz. **he's not so ~ as he's painted** (prov) er ist nicht so schlecht wie sein Ruf.

4. future, prospects, mood düster, finster. **he painted their conduct in the ~est colours** er malte ihr Betragen in den schwärzesten Farben; **maybe things aren't as ~ as they seem** vielleicht ist alles gar nicht so schlimm, wie es aussieht.

5. (fig: angry) looks böse. **he looked as ~ as thunder** er machte ein bitterböses Gesicht; **his face went ~** er wurde rot vor Zorn.

6. (during strike) **to declare a cargo etc ~** eine Ladung etc für bestreikt erklären; **~ goods** bestreikte Waren.

II n **1.** (colour) Schwarz nt. **he is dressed in ~** er trägt Schwarz; **to wear ~ for sb** für jdn Trauer tragen; **it's written down in ~**

black out and white es steht schwarz auf weiß geschrieben; **a ~ and white** (*Art*) eine Schwarzweißzeichnung; **a film which oversimplifies and presents everything in ~ and white** ein Film, der durch seine Schwarzweißmalerei alles vereinfacht darstellt.
2. (*negro*) Schwarze(r) *mf*.
3. (*of night*) Schwärze *f*.
4. (*Chess etc*) Schwarz *nt*; (*Billiards*) schwarzer Ball; (*Roulette*) Schwarz *nt*.
5. in the ~ (*Fin*) in den schwarzen Zahlen.
III *vt* **1.** schwärzen. **to ~ one's face** sich (*dat*) das Gesicht schwarz machen.
2. (*dated*) *shoes* wichsen (*dated*).
3. (*trade union*) bestreiken; *goods* boykottieren.
◆black out I *vi* das Bewußtsein verlieren, ohnmächtig werden. **II** *vt sep* **1.** *building, stage* verdunkeln. **2.** (*not broadcast*) **the technicians have ~ed ~ tonight's programmes** durch einen Streik des technischen Personals kann das heutige Abendprogramm nicht ausgestrahlt werden. **3.** (*with ink, paint*) schwärzen.
◆black up *vi* (*Theat inf*) sich schwarz anmalen.
blackball ['blækbɔːl] *vt* (*vote against*) stimmen gegen; (*inf: exclude*) ausschließen; **black beetle** *n* Küchenschabe *f*; **blackberry** *n* Brombeere *f*; **to go ~ing** Brombeeren pflücken gehen; **blackbird** *n* Amsel *f*; **blackboard** *n* Tafel *f*; **to write sth on the ~** etw an die Tafel schreiben; **black book** *n*: **to be in sb's ~s** bei jdm schlecht angeschrieben sein (*inf*); **little ~** Notizbuch *nt* (*mit Adressen der Mädchenbekanntschaften*); **black box** *n* (*Aviat*) Flugschreiber *m*; **black comedy** *n* schwarze Komödie; **Black Country** *n* Industriegebiet *nt* in den englischen Midlands; **blackcurrant** *n* schwarze Johannisbeere; **Black Death** *n* (*Hist*) Schwarzer Tod.
blacken ['blækən] **I** *vt* **1.** schwarz machen; *one's face* schwarz anmalen. **2.** (*fig*) *character* verunglimpfen. **to ~ sb's name** *or* *reputation* jdn schlechtmachen. **II** *vi* schwarz werden.
black-eyed ['blækaɪd] *adj* schwarzäugig; **Black Forest** *n* Schwarzwald *m*; **black friar** *n* Dominikaner *m*; Benediktiner *m*; **black grouse** *n* Birkhuhn *nt*.
blackhead ['blækhed] *n* Mitesser *m*; **black-hearted** *adj* böse; **black hole** *n* (*Astron*) schwarzes Loch; **Black Hole of Calcutta** *n* (*cramped*) Affenstall *m* (*inf*); (*dirty, dark*) scheußliches Verlies; **black humour** *n* schwarzer Humor; **black ice** *n* Glatteis *nt*.
blacking ['blækɪŋ] *n* **1.** (*for shoes*) schwarze Schuhcreme; (*for stoves*) Ofenschwärze *f*. **2.** (*by trade union*) Bestreikung *f*; (*of goods*) Boykottierung *f*.
blackish ['blækɪʃ] *adj* schwärzlich.
blackjack ['blækdʒæk] **I** *n* **1.** (*flag*) schwarze (Piraten)flagge; **2.** (*Hist: drinking vessel*) (lederner) Becher; **3.** (*US: weapon*) Totschläger *m*; **4.** (*Cards: pontoon*) Siebzehn und Vier *nt*; **II** *vt* (*US: hit*) prügeln; **black lead** *n* Graphit *m*;

(*for stoves*) Schwärze *f*; **black-lead** *vt* *stove* schwärzen; **blackleg** (*Brit Ind*) **I** *n* Streikbrecher *m*; **II** *vi* Streikbrecher sein, sich als Streikbrecher betätigen; **III** *vt* *one's fellow workers* sich unsolidarisch verhalten gegen; **black list** *n* schwarze Liste; **black-list** *vt* auf die schwarze Liste setzen.
blackly ['blæklɪ] *adv* (*gloomily*) düster.
black magic *n* Schwarze Kunst *or* Magie *f*; **blackmail I** *n* Erpressung *f*; **II** *vt* erpressen; **to ~ sb into doing sth** jdn durch Erpressung dazu zwingen, etw zu tun; **he had ~ed £500 out of her** er hatte £ 500 von ihr erpreßt; **blackmailer** *n* Erpresser(in*f*) *m*; **Black Maria** *n* grüne Minna (*inf*); **black mark** *n* Tadel *m*; (*in school register also*) Eintrag *m*; **that's a ~ for him** das ist ein Minuspunkt für ihn; **black market I** *n* schwarzer Markt, Schwarzmarkt *m*; **II** *adj attr* Schwarzmarkt-; **black marketeer** *n* Schwarzhändler *m*; **black mass** *n* Schwarze Messe; **Black Muslim** *n* Black Moslem *m*.
blackness ['blæknɪs] *n* Schwärze *f*. **the ~ of his mood** seine düstere Laune.
blackout ['blækaut] *n* **1.** (*Med*) Ohnmacht(sanfall *m*) *f no pl*; **he had a ~** ihm wurde schwarz vor Augen; **2.** (*light failure*) Stromausfall *m*; (*Theat*) Blackout *nt*; (*during war*) Verdunkelung *f*; (*TV*) Ausfall *m*; **3.** (*news ~*) (Nachrichten)sperre *f*; **Black Panther** *n* Black Panther *m*; **Black Power** *n* Black Power *f*; **black pudding** *n* ≃ Blutwurst *f*; **Black Rod** *n* Zeremonienmeister *m des britischen Oberhauses*; **Black Sea** *n* Schwarzes Meer; **black sheep** *n* (*fig*) schwarzes Schaf; **Blackshirt** *n* Schwarzhemd *nt*; **blacksmith** *n* (Grob- *or* Huf)schmied *m*; **black spot** *n* (*also accident ~*) Gefahrenstelle *f*; **blackthorn** *n* (*Bot*) Schwarzdorn *m*; **black tie I** *n* (*on invitation*) Abendanzug *m*; **II** *adj attr* *dinner, function* mit Smokingzwang; **blacktop** *n* (*US*) (*substance*) schwarzer Straßenbelag; (*road*) geteerte Straße; (*paved with asphalt*) Asphaltstraße *f*; **black velvet** *n* Sekt *m* mit Starkbier; **black widow** *n* Schwarze Witwe *f*.
bladder ['blædə'] *n* (*Anat, Bot, Ftbl*) Blase *f*.
bladderwrack ['blædəræk] *n* Blasentang *m*.
blade [bleɪd] *n* **1.** (*of knife, tool, weapon, razor*) Klinge *f*; (*of pencil sharpener*) Messerchen *nt*; (*of guillotine*) Beil *nt*.
2. (*of tongue*) vorderer Zungenrücken; (*of oar, spade, saw, windscreen wiper*) Blatt *nt*; (*of plough*) Schar *f*; (*of turbine, paddle wheel*) Schaufel *f*; (*of propeller*) Blatt *nt*, Flügel *m*.
3. (*of leaf*) Blatt *nt*, Spreite *f* (*spec*); (*of grass, corn*) Halm *m*, Spreite *f* (*spec*). **wheat in the ~** Weizen auf dem Halm.
blame [bleɪm] **I** *vt* **1.** (*hold responsible*) die Schuld geben (+*dat*), beschuldigen. **to ~ sb for sth/sth on sb** jdm die Schuld an etw (*dat*) geben *or* zuschreiben (*geh*), die Schuld an etw (*dat*) auf jdn schieben; **to ~ sth on sth** die Schuld an etw (*dat*) auf etw (*acc*) schieben, einer Sache (*dat*) die Schuld an etw (*dat*) geben; **you only have**

yourself to ~ das hast du dir selbst zuzuschreiben; **I'm to** ~ **for this** daran bin ich schuld; **whom/what are we to** ~ **or who/what is to** ~ **for this accident?** wer/was ist schuld an diesem Unfall?; **I** ~ **him for leaving the door open** er ist schuld, daß die Tür aufblieb; **to** ~ **oneself for sth** sich (dat) etw selbst zuzuschreiben haben, selbst an etw (dat) schuld sein; (feel responsible) sich für etw verantwortlich fühlen, sich selbst bezichtigen. **2.** (reproach) Vorwürfe machen (sb for jdm für or wegen). **nobody is blaming you** es macht Ihnen ja niemand einen Vorwurf. **3. he decided to turn down the offer — well, I can't say I** ~ **him** er entschloß sich, das Angebot abzulehnen — das kann ich aber auch gut verstehen; **so I told her to get lost — (I) don't** ~ **you** da habe ich ihr gesagt, sie soll zum Teufel gehen — da hattest du ganz recht; **so I told him what I really thought, do you** ~ **me?** da habe ich ihm gründlich meine Meinung gesagt, und doch wohl auch zu Recht, oder?
II n **1.** (responsibility) Schuld f. **to put the** ~ **for sth on sb** jdm die Schuld an etw (dat) geben; **to take the** ~ die Schuld auf sich (acc) nehmen; (for sb's mistakes also) den Kopf hinhalten; **why do I always have to take the** ~**?** warum muß denn immer ich an allem schuld sein?; **we share the** ~ wir haben beide/alle schuld. **2.** (censure) Tadel m. **without** ~ ohne Schuld; (irreproachable) untadelig.
blameless ['bleɪmlɪs] adj schuldlos; life untadelig.
blamelessly ['bleɪmlɪslɪ] adv unschuldig.
blameworthy ['bleɪmwɜːðɪ] adj schuldig; neglect tadelnswert.
blanch [blɑːntʃ] **I** vt (Hort) bleichen; (illness) face bleich machen; (fear) erbleichen lassen; (Cook) vegetables blanchieren; almonds brühen. **II** vi (with vor +dat) (person) blaß werden; (with fear also) bleich werden, erbleichen (geh).
blancmange [bləˈmɒnʒ] n Pudding m.
bland [blænd] adj (+er) **1.** (suave) expression, look, manner verbindlich; face ausdruckslos-höflich, glatt (pej); person verbindlich; (trying to avoid trouble) konziliant. **2.** (mild) air, weather mild; taste also nüchtern, fade (pej). **3.** (harmless, lacking distinction) nichtssagend.
blandish ['blændɪʃ] vt schönreden (+dat).
blandishment ['blændɪʃmənt] n Schmeichelei f.
blandly ['blændlɪ] adv see adj.
blandness ['blændnɪs] n see adj **1.** Verbindlichkeit f; ausdruckslose Höflichkeit; Konzilianz f. **2.** Milde f; Fadheit f. **3.** nichtssagende Art.
blank [blæŋk] **I** adj (+er) **1.** piece of paper, page, wall leer; silence, darkness tief; coin ungeprägt. ~ **cheque** Blankoscheck m; (fig) Freibrief m; **to give sb a** ~ **cheque** (fig) jdm Carte blanche geben (geh), jdm freie Hand geben; **a** ~ **space** eine Lücke, ein freier Platz; (on form) ein freies Feld; **there is a** ~ **space after each question** nach jeder Frage ist eine Lücke (gelassen) or ein Platz frei gelassen; ~ **form** Formular-

(blatt) nt, Vordruck m; **please leave** ~ (on form) bitte frei lassen or nicht ausfüllen. **2.** (empty) life etc unausgefüllt, leer. **3.** (expressionless) face, look ausdruckslos; (stupid) verständnislos; (puzzled) verdutzt, verblüfft. **to look** ~ (expressionless) eine ausdruckslose Miene aufsetzen; (stupid) verständnislos dreinschauen; (puzzled) ein verdutztes Gesicht machen; **he just looked** ~ or **gave me a** ~ **look** er guckte mich nur groß an (inf); **my mind went** ~ ich hatte Mattscheibe (inf) or ein Brett vor dem Kopf (inf). **4.** ~ (cartridge) Platzpatrone f. **5.** ~ **verse** Blankvers m.
II n **1.** (in document) freier Raum, leere Stelle; (~document) Vordruck m, Formular nt; (gap) Lücke f. **2.** (void) Leere f. **my mind was/went a complete** ~ ich hatte totale Mattscheibe (inf). **3.** (in lottery) Niete f. **to draw a** ~ (fig) kein Glück haben. **4.** (in a target) Scheibenmittelpunkt m. **5.** (cartridge) Platzpatrone f. **6.** (domino) Blank nt.
blanket ['blæŋkɪt] **I** n (lit, fig) Decke f. **born on the wrong side of the** ~ (hum inf) unehelich (geboren) sein. **II** adj attr statement pauschal; insurance etc umfassend. **III** vt **1.** (snow, smoke) zudecken. **fog** ~**ed the town** Nebel hüllte die Stadt ein. **2.** (Naut) ship den Wind abhalten von.
blankly ['blæŋklɪ] adv see adj 3.
blankness ['blæŋknɪs] n (emptiness) Leere f; (of expression) Ausdruckslosigkeit f; (not understanding) Verständnislosigkeit f; (puzzlement) Verdutztheit f.
blare [bleər] **I** n Plärren, Geplärr nt; (of car horn etc) lautes Hupen; (of trumpets etc) Schmettern nt. **II** vi see n plärren; laut hupen; schmettern. **the music/his voice** ~**d through the hall** die Musik/seine Stimme schallte durch den Saal. **III** vt be quiet! he ~**d** Ruhe!, brüllte er.
◆**blare out I** vi (loud voice, music) schallen; (trumpets) schmettern; (radio, music also) plärren; (car horn) laut hupen; (person) brüllen. **II** vt sep (trumpets) tune schmettern; (radio) music plärren; (person) order, warning etc brüllen.
blarney ['blɑːnɪ] **I** n Schmeichelei f, Schmus m (inf). **he has kissed the** ~ **stone** der kann einen beschwatzen (inf). **II** vt sb schmeicheln (+dat). **he could** ~ **his way out of trouble** er könnte sich aus allem herausreden. **III** vi schmeicheln.
blaspheme [blæsˈfiːm] **I** vt lästern, schmähen (geh). **II** vi Gott lästern. **to** ~ **against sb/sth** (lit, fig) jdn/etw schmähen.
blasphemer [blæsˈfiːmər] n Gotteslästerer m.
blasphemous ['blæsfɪməs] adj (lit, fig) blasphemisch; words also lästerlich.
blasphemously ['blæsfɪməslɪ] adv blasphemisch; speak also lästerlich.
blasphemy ['blæsfɪmɪ] n Blasphemie f; (Rel also) (Gottes)lästerung f; (words also) Schmähung f (geh).
blast [blɑːst] **I** n **1.** Windstoß m; (of hot air) Schwall m.

2. (*sound: of trumpets*) Geschmetter, Schmettern *nt*; (*of foghorn*) Tuten *nt*.
3. (*noise, explosion*) Explosion *f*; (*shock wave*) Druckwelle *f*. **to get the full ~ of sb's anger** jds Wut in voller Wucht abkriegen.
4. (*in quarrying etc*) Sprengladung *f*.
5. (*of furnace*) (Blas)wind *m*. **(to go) at full ~** (*lit, fig*) auf Hochtouren (laufen); **with the radio turned up (at) full ~** mit dem Radio voll aufgedreht.
II *vt* **1.** (*lightning*) schlagen in (+*acc*); (*with powder*) sprengen.
2. (*send*) rocket schießen.
3. (*blight*) plant vernichten, zerstören; *reputation also, future* ruinieren.
III *vi* (*in quarry*) sprengen.
IV *interj* (*inf*) ~ (**it**)! verdammt! (*inf*), so ein Mist! (*inf*); ~ **him for coming so late** Herrgott, daß er aber auch so spät kommen muß! (*inf*); ~ **that work, I'm going out tonight** die Arbeit kann mich mal (*inf*), ich geh' heut abend weg; ~ **this car!** dieses verdammte Auto! (*inf*).
◆**blast off** *vi* (*rocket, astronaut*) abheben, starten.
blasted ['blɑːstɪd] **I** *adj* **1.** öde. **2.** (*inf*) verdammt (*inf*), Mist- (*inf*). **II** *adv* (*inf*) verdammt (*inf*).
blast furnace *n* Hochofen *m*.
blasting ['blɑːstɪŋ] *n* (*Tech*) Sprengen *nt*.
blast-off ['blɑːstɒf] *n* Abschuß *m*.
blatancy ['bleɪtənsɪ] *n see* **blatant** Offensichtlichkeit *f*; Eklatanz *f*; Kraßheit *f*; Unverfrorenheit *f*.
blatant ['bleɪtənt] *adj* (*very obvious*) offensichtlich; *injustice, lie, error, lack also* eklatant; *error also* kraß; *liar, social climber* unverfroren; *colour* schreiend; *disregard* offen, unverhohlen. **there's no need (for you) to be quite so ~ about it** (*in talking*) Sie brauchen das nicht so herumzuposaunen (*inf*); (*in doing sth*) Sie brauchen das nicht so deutlich zu tun.
blatantly ['bleɪtəntlɪ] *adv* offensichtlich; (*openly*) offen; (*without respect*) unverfroren. **you don't have to make it quite so ~ obvious** Sie brauchen es nicht so überdeutlich zu zeigen.
blather ['blæðəʳ] (*inf*) *n, vi see* **blether**.
blaze¹ [bleɪz] **I** *n* **1.** (*fire*) Feuer *nt*; (*of building etc also*) Brand *m*. **six people died in the ~** sechs Menschen kamen in den Flammen um.
2. (*of guns etc*) Feuer, Funkeln *nt*. **a ~ of lights/colour** ein Lichtermeer *nt*/Meer *nt* von Farben; **he went out in a ~ of glory** er trat mit Glanz und Gloria ab.
3. (*of fire, sun*) Glut *f*; (*fig: of rage*) Anfall *m*.
4. (*inf*) **go to ~s** scher dich zum Teufel! (*inf*); **it can go to ~s** das kann mir gestohlen bleiben (*inf*); **what/how the ~s ...?** was/wie zum Teufel ...? (*inf*); **like ~s** wie verrückt (*inf*).
II *vi* **1.** (*sun*) brennen; (*fire also*) lodern. **to ~ with anger** vor Zorn glühen.
2. (*guns*) feuern.
◆**blaze abroad** *vt sep* (*liter*) verbreiten (*throughout* in +*dat*).
◆**blaze away** *vi* **1.** (*soldiers, guns*) drauflos-

feuern (*at* auf +*acc*). **2.** (*fire etc*) lodern.
◆**blaze down** *vi* (*sun*) niederbrennen (*on* auf +*acc*).
◆**blaze up** *vi* aufflammen, auflodern.
blaze² **I** *n* (*of horse etc*) Blesse *f*; (*on tree*) Anreißung *f*. **II** *vt* *tree* anreißen. **to ~ a trail** (*lit*) einen Weg markieren; (*fig*) den Weg bahnen.
blazer ['bleɪzəʳ] *n* Blazer *m*.
blazing ['bleɪzɪŋ] *adj* **1.** *building etc* brennend; *fire, torch* lodernd; *sun, light* grell; *sun* (*hot*) brennend. **2.** (*fig*) *eyes* funkelnd (*with* vor +*dat*); *red* knall-, leuchtend. **he is ~** (*inf*) er kocht vor Wut (*inf*).
blazon ['bleɪzn] **I** *n* (*Her*) Wappen *nt*. **II** *vt* (*liter: also ~ abroad*) *news* verbreiten (*throughout* in +*dat*).
bleach [bliːtʃ] **I** *n* **1.** Bleichmittel *nt*. **2.** (*act*) Bleichen *nt*. **II** *vt* linen, bones, hair bleichen. **III** *vi* (*bones*) (ver)bleichen.
◆**bleach out** *vt sep* ausbleichen.
bleachers ['bliːtʃəz] *n pl* (*US*) unüberdachte Zuschauertribüne.
bleaching ['bliːtʃɪŋ] *n* Bleichen *nt*. ~ **agent** Bleichmittel *nt*; ~ **powder** Bleichkalk *m*.
bleak [bliːk] *adj* (+*er*) **1.** öde, trostlos. **2.** *weather, wind* rauh, kalt. **3.** (*fig*) trostlos; *existence also* freudlos.
bleakly ['bliːklɪ] *adv see adj*.
bleakness ['bliːknɪs] *n see adj* **1.** Öde, Trostlosigkeit *f*. **2.** Rauheit, Kälte *f*. **3.** Trostlosigkeit *f*; Freudlosigkeit *f*.
bleary ['blɪərɪ] *adj* (+*er*) **1.** *eyes* trübe; (*after sleep*) verschlafen. **2.** (*blurred*) verschwommen.
bleary-eyed ['blɪərɪaɪd] *adj* (*after sleep*) verschlafen. ~ **after proof reading** mit ganz trüben Augen nach dem Korrekturlesen.
bleat [bliːt] **I** *vi* **1.** (*sheep, calf*) blöken; (*goat*) meckern.
2. (*fig inf: complain*) meckern (*inf*).
II *n* **1.** (*of sheep, calf*) Blöken, Geblök *nt*; (*of goat*) Meckern *nt*. **2.** (*inf: moan*) Meckern (*inf*), Gemecker (*inf*) *nt*.
bleed [bliːd] *pret, ptp* **bled** [bled] **I** *vi* **1.** bluten. **to ~ to death** verbluten; **my heart ~s for you** (*iro*) ich fang' gleich an zu weinen; **our hearts ~ for the oppressed** (*liter*) wir leiden mit den Unterdrückten.
2. (*plant*) bluten, schwitzen; (*wall*) schwitzen.
II *vt* **1.** *person* zur Ader lassen.
2. (*fig inf*) schröpfen (*inf*) (*for* um), bluten lassen (*inf*). **to ~ sb white** jdn total ausnehmen (*inf*).
3. (*Aut*) brakes lüften.
◆**bleed away** *vi* (*lit, fig*) ausströmen, verströmen (*geh*).
bleeder ['bliːdəʳ] *n* **1.** (*Med inf*) Bluter *m*. **2.** (*Brit sl*) (*person*) Arschloch *nt* (*vulg*); (*thing*) Scheißding *nt* (*sl*).
bleeding ['bliːdɪŋ] **I** *n* **1.** (*loss of blood*) Blutung *f*. **internal ~** innere Blutungen *pl*.
2. (*taking blood*) Aderlaß *m*.
3. (*of plant*) Blutung *f*, Schwitzen *nt*.
4. (*of brakes*) Lüftung *f*.
II *adj* **1.** *wound* blutend; (*fig*) *heart* gebrochen.
2. (*Brit sl*) verdammt (*inf*), Scheiß- (*sl*); (*in positive sense*) *miracle etc* verdammt

(inf). **get your ~ hands off me** nimm deine
Dreckpfoten weg *(inf)*.

III *adv (Brit sl)* verdammt *(inf)*. **who
does he/she think he/she ~ well is?** für was
hält sich der Kerl/die Kuh eigentlich? *(sl)*;
not ~ likely da ist nichts drin *(sl)*.

bleep [bli:p] **I** *n (Rad, TV)* Piepton *m*. **II** *vi*
(transmitter) piepen. **III** *vt (in hospital)*
doctor rufen.

bleeper ['bli:pəʳ] *n* Funkrufempfänger *m*.

blemish ['blemɪʃ] **I** *n (lit, fig)* Makel *m*.
without (a) ~ makellos, ohne Makel. **II** *vt*
object beschädigen; *work, beauty*
beeinträchtigen; *reputation, honour*
beflecken.

blench [blenʃ] *vi* bleich werden.

blend [blend] **I** *n* Mischung *f*.

II *vt* **1.** *teas, colours etc* (ver)mischen;
cultures vermischen.

2. *(Cook) (stir)* einrühren; *(in blender)*
liquids mixen; *semi-solids* pürieren.

III *vi* **1.** *(mix together) (teas, whiskies)*
sich vermischen, sich mischen lassen;
(voices, colours) verschmelzen. **sea and
sky seemed to ~ together** Meer und Him-
mel schienen ineinander überzugehen.

2. *(also ~ in: go together, harmonize)*
harmonieren *(with* mit), passen *(with*
zu).

◆**blend in I** *vt sep flavouring* einrühren;
colour, tea daruntermischen; *building* an-
passen *(with dat)*. **II** *vi see* **blend III 2**.

blender ['blendəʳ] *n* Mixer *m*, Mixgerät *nt*.

bless [bles] *vt* **1.** *(God, priest)* segnen. **~
you, my son** Gott segne dich, mein Sohn;
~ you, darling, you're an angel *(inf)* du
bist wirklich lieb, du bist ein Engel *(inf)*;
~ your little cotton socks *(inf)* du bist ja
ein Schatz *(inf)*; **~ you!** *(to sneezer)*
Gesundheit!; **~ me!** *(inf)*, **~ my soul!**
(inf) du mein Güte! *(inf)*; **he's lost it
again, ~ him** *(iro)* prima, er hat es wieder
mal verloren! *(iro)*; **I'll be ~ed or blest if
I'm going to do that!** *(inf)* das fällt mir ja
nicht im Traum ein! *(inf)*; **well, I'll be
~ed!** *(inf)* so was!

2. to ~ sb with sth jdn mit etw segnen;
to be ~ed with gesegnet sein mit.

3. *(Eccl: adore)* preisen.

blessed ['blesɪd] **I** *adj* **1.** *(Rel)* heilig. **B~
Virgin** Heilige Jungfrau (Maria); **the B~
X** der selige X; **~ be God!** gepriesen sei
Gott!

2. *(fortunate)* selig. **~ are the pure in
heart** *(Bibl)* selig sind, die reinen Herzens
sind.

3. *(liter: giving joy)* willkommen.

4. *(euph inf: cursed)* verflixt *(inf)*. **I
couldn't remember a ~ thing** ich konnte
mich an rein gar nichts mehr erinnern
(inf); **the whole ~ day** den lieben langen
Tag *(inf)*; **every ~ evening** aber auch
jeden Abend.

II *adv* verflixt *(inf)*. **he's too ~ lazy** er ist
einfach zu faul.

III *n* **the ~, the Blest** die Seligen *pl*.

blessing ['blesɪŋ] *n (Rel, fig)* Segen *m*. **he
can count his ~s** da kann er von Glück
sagen; **the ~s of civilization** die Segnun-
gen der Zivilisation; **it was a ~ in disguise**
es war schließlich doch ein Segen.

blest [blest] *see* **blessed**.

blether ['bleðəʳ] *(inf)* **I** *vi* quatschen *(inf)*,
schwätzen *(S Ger inf)*. **II** *n (Scot)* **1. to
have a good ~** einen ordentlichen Schwatz
halten *(inf)*. **2.** *(person)* Quasselstrippe *f*.

blew [blu:] *pret of* **blow²**.

blight [blaɪt] **I** *n* **1.** *(on plants)* Braunfäule *f*.
2. *(fig)* **to be a ~ on** *or* **upon sb's life/
happiness** jdm das Leben/jds Glück ver-
gällen; **these slums are a ~ upon the city**
diese Slums sind ein Schandfleck für die
Stadt.

II *vt* **1.** *plants* zerstören.

2. *(fig) hopes* vereiteln; *sb's career,
future also, life* verderben.

blighter ['blaɪtəʳ] *n (Brit inf)* Kerl *m (inf)*;
(boy) ungezogener Bengel; *(girl)* Luder
nt (inf). **a poor ~** ein armer Hund *(inf)*;
you ~ du Idiot! *(inf)*; **what a lucky ~!** so
ein Glückspilz!; **this window's a real ~** das
Fenster ist ein Mistding *(inf)*.

blimey ['blaɪmɪ] *interj (Brit sl)* verflucht
(inf), Mensch *(inf)*.

blind [blaɪnd] **I** *adj* (+*er*) **1.** blind. **a ~ man/
woman** ein Blinder/eine Blinde; **~ in one
eye** auf einem Auge blind.

2. *(fig) (to faults, beauty, charm etc)*
blind *(to* für, gegen)*. **to be ~ to the
possibilities** die Möglichkeiten nicht
sehen; **to turn a ~ eye to sth** bei etw ein
Auge zudrücken; **she remained ~ to the
fact that ...** sie sah einfach nicht, daß ...

3. *(fig: lacking judgement) obedience,
passion* blind; *fury, panic also* hell. **in a ~
fury** in heller Wut; **~ with passion/rage**
blind vor Leidenschaft/Wut; **he came
home in a ~ stupor** er kam sinnlos betrun-
ken nach Hause; **~ forces** blinde Kräfte.

4. *(vision obscured) corner* unüber-
sichtlich; *see* **~ spot**.

5. *(inf)* **it's not a ~ bit of use trying to
persuade him** es hat überhaupt keinen
Zweck, ihn überreden zu wollen; **he
hasn't done a ~ bit of work** er hat keinen
Strich *or* Schlag getan *(inf)*; **but he didn't
take a ~ bit of notice** aber er hat sich nicht
die Spur darum gekümmert *(inf)*.

6. *(false) door, window* blind.

7. *(without exit) passage* ohne Ausgang,
blind endend *attr*.

II *vt* **1.** blenden. **the explosion ~ed him**
er ist durch die Explosion blind gewor-
den; **he was ~ed in the war** er ist kriegs-
blind; **the war-~ed** die Kriegsblinden *pl*.

2. *(sun, light)* blenden.

3. *(fig) (love, hate etc)* blind machen *(to*
für, gegen)*; *(wealth, beauty)* blenden. **to
~ sb with science** jdn mit Fachjargon
beeindrucken (wollen).

III *n* **1. the ~** die Blinden *pl*; **it's the ~
leading the ~** *(fig)* das heiße, einen Lah-
men einen Blinden führen lassen.

2. *(window shade) (cloth)* Rollo,
Rouleau *nt*; *(slats)* Jalousie *f*; *(outside)*
Rolladen *m*.

3. *(cover)* Tarnung *f*.

4. *(fig sl: booze-up)* Sauferei *f (inf)*.

5. *(US: hide)* Versteck *nt*.

IV *adv* **1.** *(Aviat)* **~ fly** blind.

2. *(drunk)* sinnlos betrunken.

blind alley *n (lit, fig)* Sackgasse *f*; **to be up
a ~** *(fig)* in einer Sackgasse stecken; **blind
date** *n* Rendezvous *nt* mit einem/einer

Unbekannten; (*person*) unbekannter (Rendezvous)partner; unbekannte (Rendezvous)partnerin.

blinder ['blaɪndəʳ] *n* **1.** (*US: blinker*) Scheuklappe *f*. **2.** (*sl: drinking spree*) Kneipkur *f* (*inf*).

blind flying *n* (*Aviat*) Blindflug *m*.

blindfold ['blaɪndfəʊld] **I** *vt* die Augen verbinden (+*dat*). **II** *n* Augenbinde *f*. **III** *adj* mit verbundenen Augen. **I could do it ~** (*inf*) das mach' ich mit links (*inf*).

blinding ['blaɪndɪŋ] *adj light* blendend; *truth* ins Auge stechend. **in the ~ light of day** im grellen Tageslicht.

blind landing *n* (*Aviat*) Blindlandung *f*.

blindly ['blaɪndlɪ] *adv* (*lit, fig*) blind(lings).

blind man's buff *n* Blindekuh *f*.

blindness ['blaɪndnɪs] *n* (*lit, fig*) Blindheit *f* (*to* gegenüber).

blind side *n* (*Sport*) ungedeckte Seite; **blind spot** *n* (*Med*) blinder Fleck; (*Aut, Aviat*) toter Winkel; (*Rad*) tote Zone; **trigonometry was his ~** Trigonometrie war sein schwacher Punkt; **blindworm** *n* Blindschleiche *f*.

blink [blɪŋk] **I** *n* Blinzeln *nt*. **to be on the ~** (*inf*) kaputt sein (*inf*). **II** *vi* **1.** blinzeln, zwinkern. **2.** (*light*) blinken. **III** *vt* **to ~ one's eyes** mit den Augen zwinkern.

◆**blink at** *vi* +*prep obj* (*ignore*) hinwegsehen über (+*acc*).

◆**blink away** *vt sep tears* wegblinzeln (*inf*).

blinker ['blɪŋkəʳ] *n* **1.** (*light*) Blinker *m*. **2.** ~s *pl* Scheuklappen *pl*.

blinkered ['blɪŋkəd] *adj* (*fig*) engstirnig. **they are all so ~** sie laufen alle mit Scheuklappen herum.

blinking ['blɪŋkɪŋ] **I** *adj* (*Brit inf*) verflixt (*inf*), blöd (*inf*). **what a ~ cheek!** so eine bodenlose Frechheit! (*inf*). **II** *adv* verflixt (*inf*). **III** *n* **1.** (*of eyes*) Blinzeln, Zwinkern *nt*. **2.** (*of light*) Blinken *nt*.

blip [blɪp] *n* leuchtender Punkt (auf dem Radarschirm).

bliss [blɪs] *n* Glück *nt*; (*Rel*) (Glück)seligkeit *f*. **this is ~!** das ist herrlich *or* eine Wohltat!; **a life of marital/academic ~** ein glückliches Eheleben/Leben an der Universität; **ignorance is ~** (*prov*) Unwissenheit ist ein Geschenk des Himmels.

blissful ['blɪsfʊl] *adj time* herrlich, paradiesisch; *respite also* wohltuend; *feeling also* wonnig; *happiness* höchste(s); *state, look, smile* (glück)selig; *moments* selig. **in ~ ignorance of the fact that ...** (*iro*) in keinster Weise ahnend, daß ...

blissfully ['blɪsfʊlɪ] *adv stretch* wohlig; *peaceful* paradiesisch, herrlich; *smile* selig. **~ happy** überglücklich; **to be ~ ignorant/unaware** so herrlich ahnungslos/ arglos sein; **he remained ~ ignorant of what was going on** er ahnte in keinster Weise, was eigentlich vor sich ging.

blister ['blɪstəʳ] **I** *n* (*on skin, paint*) Blase *f*; (*Aviat: for gun*) Bordwaffenstand *m*. **II** *vi* (*skin*) Blasen bekommen; (*paintwork, metal*) Blasen werfen. **III** *vt skin, paint* Blasen hervorrufen auf (+*dat*).

blistering ['blɪstərɪŋ] *adj heat, sun* glühend; *pace* mörderisch.

blister pack *n* Sichtpackung *f*.

blithe [blaɪð] *adj* (+*er*) fröhlich, munter.

blithely ['blaɪðlɪ] *adv* **1.** *see adj*. **2.** *ignore, carry on* munter. **he ~ ignored the problem** er setzte sich ungeniert über das Problem hinweg.

blithering ['blɪðərɪŋ] *adj* (*inf*) **a ~ idiot** ein Trottel *m* (*inf*).

B Litt *abbr of* **Bachelor of Letters** Bakkalaureus *m* der Literaturwissenschaft.

blitz [blɪts] **I** *n* **1.** Blitzkrieg *m*; (*aerial*) Luftangriff *m*. **the B~** *deutscher Luftangriff auf britische Städte 1940-41*. **2.** (*fig inf*) Blitzaktion *f*. **he had a ~ on his room** er machte gründlich in seinem Zimmer sauber. **II** *vt* heftig bombardieren.

blizzard ['blɪzəd] *n* Schneesturm *m*.

bloated ['bləʊtɪd] *adj* **1.** aufgedunsen. **2.** (*fig: with pride, self-importance*) aufgeblasen (*with* vor +*dat*).

bloater ['bləʊtəʳ] *n* Räucherhering *m*.

blob [blɒb] *n* (*of water, honey, wax*) Tropfen *m*; (*of ink*) Klecks *m*; (*of paint*) Tupfer *m*; (*of ice-cream, mashed potatoes*) Klacks *m*.

bloc [blɒk] *n* (*Pol*) Block *m*.

block [blɒk] **I** *n* **1.** Block, Klotz *m*; (*executioner's ~*) Richtblock *m*; (*engine ~*) Motorblock *m*. ~s (*toys*) (Bau)klötze *pl*.

2. (*building*) Block *m*. **~ of flats** Wohnblock *m*; **to take a stroll round the ~** einen Spaziergang um den Block machen; **she lived in the next ~/three ~s from us** (*esp US*) sie wohnte im nächsten Block/drei Blocks *or* Straßen weiter.

3. (*division of seats*) Block *m*.

4. (*obstruction*) (*in pipe, Med*) Verstopfung *f*; (*mental*) geistige Sperre (*about* in bezug auf +*acc*), Mattscheibe *f*.

5. (*Typ*) Druckstock *m*.

6. (*of tickets, shares*) Block *m*.

7. (*inf: head*) **to knock sb's ~ off** jdm eins überziehen (*inf*).

8. (*also writing ~*) Block *m*.

9. (*usu pl: also starting ~*) Startblock *m*.

10. (*in ballet shoe*) Spitzenverstärkung *f*; (*ballet shoe*) spitzenverstärkter Ballettschuh.

II *vt* **1.** (*obstruct*) *road, harbour, wheel* blockieren; *plans also* im Wege stehen (+*dat*); *traffic also, progress* aufhalten; *pipe* verstopfen; (*Ftbl*) *one's opponent* blocken; *ball* stoppen. **to ~ sb's way/view** jdm den Weg/die Sicht versperren.

2. *credit* sperren.

III *vi* (*Sport*) blocken.

◆**block in** *vt sep* **1.** (*Art*) andeuten. **2.** (*hem in*) einkeilen.

◆**block off** *vt sep street* absperren; *fireplace* abdecken.

◆**block out** *vt sep* **1.** (*obscure*) *light* nicht durchlassen; *sun also* verdecken. **2.** (*sketch roughly*) andeuten. **3.** (*obliterate*) *part of picture, photograph* wegretuschieren.

◆**block up** *vt sep* **1.** (*obstruct*) *gangway* blockieren, versperren; *pipe* verstopfen. **my nose is all ~ed ~** meine Nase ist völlig verstopft. **2.** (*close, fill in*) *window, entrance* verschließen; *hole* zustopfen.

blockade [blɒ'keɪd] **I** *n* **1.** (*Mil*) Blockade *f*. **2.** (*barrier, obstruction*) Sperre, Barrikade f. **II** vt blockieren, sperren.

blockage ['blɒkɪdʒ] n Verstopfung f; (in windpipe etc) Blockade f; (act) Blockierung f.

block and tackle n Flaschenzug m; **block booking** n (travel booking) Gruppenbuchung f; (Theat) Gruppenbestellung f; **blockbuster** n 1. (inf) Knüller m (inf); 2. (Mil) große Bombe; **block capitals** npl Blockschrift f; **blockhead** n (inf) Dummkopf m; **blockhouse** n Blockhaus nt; **block letters** npl Blockschrift f; **block vote** n Stimmenblock m.

bloke [bləʊk] n (Brit inf) Kerl m (inf).

blond [blɒnd] adj man, hair, beard blond.

blonde [blɒnd] **I** adj blond; skin hell. **II** n (woman) Blondine f.

blood [blʌd] **I** n 1. Blut nt. to give ~ Blut spenden; it makes my ~ boil das macht mich rasend; his ~ is up er ist wütend; she's after or out for his ~ sie will ihm an den Kragen (inf); his ~ ran cold es lief ihm eiskalt über den Rücken; this firm needs new ~ diese Firma braucht frisches Blut; it is like trying to get ~ from a stone (prov) das ist verlorene Liebesmüh; bad ~ böses Blut.

2. (fig) (lineage) Blut, Geblüt (geh) nt, Abstammung f. it's in his ~ das liegt ihm im Blut; ~ is thicker than water (prov) Blut ist dicker als Wasser (prov).

II attr (pure-bred) reinrassig.

III vt hounds an Blut gewöhnen.

blood in cpds Blut-; **blood and thunder** n Mord und Totschlag m; **blood bank** n Blutbank f; **bloodbath** n Blutbad nt; **blood brother** n Blutsbruder m; **blood clot** n Blutgerinnsel nt; **blood count** n (Med) Blutbild nt; **bloodcurdling** adj grauenerregend; **blood donor** n Blutspender(in f) m; **blood group** n Blutgruppe f; **blood heat** n Körpertemperatur f; **bloodhound** n 1. (Zool) Bluthund m; 2. (fig: detective) Schnüffler (inf), Detektiv m.

bloodiness ['blʌdɪnɪs] n 1. (of sight, war etc) Blutigkeit f. 2. (inf: horribleness) Gräßlichkeit, Abscheulichkeit f.

bloodless ['blʌdlɪs] adj (rare: without blood) blutlos; (without bloodshed) victory, coup unblutig; (pallid) blutleer.

bloodlessly ['blʌdlɪslɪ] adv unblutig.

bloodlessness ['blʌdlɪsnɪs] n see adj Blutlosigkeit f; Unblutigkeit f; Blutleere f.

blood-letting ['blʌdˌletɪŋ] n Aderlaß m; **bloodmobile** n (US) Blutspendewagen m; **blood money** n Mordgeld nt; **blood orange** n Blutorange f; **blood-poisoning** n Blutvergiftung f; **blood pressure** n Blutdruck m; to have (high) ~ hohen Blutdruck haben; **blood pudding** n ≃ Blutwurst f; **blood-red** [ˌblʌd'red] adj blutrot; **blood relation** n Blutsverwandte(r) mf; **bloodshed** n Blutvergießen nt; **bloodshot** adj blutunterlaufen; **blood sports** npl Jagdsport, Hahnenkampf m etc; **bloodstain** n Blutfleck m; **bloodstained** adj blutig, blutbefleckt; **blood stock** n reinrassige Zucht; **bloodstone** n Blutjaspis, Heliotrop m; **bloodstream** n Blut nt, Blutkreislauf m; **bloodsucker** n (Zool, fig) Blutsauger m; **blood test** n Blut-

probe f; **bloodthirstiness** n see adj Blutrünstigkeit f; Blutgier f; **bloodthirsty** adj tale blutrünstig; person, animal, disposition also blutgierig; **blood transfusion** n Blutübertragung, (Blut)transfusion f; **blood vessel** n Blutgefäß nt; he almost burst a ~ (lit) ihm wäre beinahe eine Ader geplatzt; (fig inf) ihn traf fast der Schlag.

bloody ['blʌdɪ] **I** adj (+er) 1. (lit) nose, bandage, battle blutig.

2. (Brit sl: damned) verdammt (inf), Scheiß- (sl); (in positive sense) genius, wonder echt (inf), verdammt (inf). it was a ~ nuisance/waste of time Mann or Mensch, das war vielleicht ein Quatsch (inf); it was there all the ~ time Mann (inf) or Mensch (inf) or Scheiße (sl), das war schon die ganze Zeit da; he hasn't got a ~ hope Mensch or Mann, der hat doch überhaupt keine Chance (inf); ~ hell! verdammt! (inf), Scheiße! (sl); (in indignation) verdammt noch mal! (inf); (in amazement) Menschenskind! (inf); he is a ~ marvel er ist echt gut (inf).

3. (inf: awful) greulich (inf); person, behaviour abscheulich.

II adv (Brit sl) verdammt (inf), saumäßig (sl); hot, cold, stupid sau- (sl); (in positive sense) good, brilliant echt (inf), verdammt (inf). that's ~ useless/no ~ good Mensch, das taugt doch überhaupt nichts (inf)/das ist Scheiße (sl); not ~ likely da ist überhaupt nichts drin (inf); he can ~ well do it himself das soll er schön alleine machen, verdammt noch mal! (inf).

III vt blutig machen.

Bloody Mary n Cocktail m aus Tomatensaft und Wodka.

bloody-minded ['blʌdɪ'maɪndɪd] adj (Brit inf) stur (inf).

bloom [bluːm] **I** n 1. Blüte f. to be in (full) ~ in (voller) Blüte stehen; to come/burst into ~ aufblühen/plötzlich erblühen.

2. (fig) in the ~ of youth in der Blüte der Jugend.

3. (on fruit) satter Schimmer; (on peaches) Flaum m.

II vi (lit fig) blühen.

bloomer ['bluːmə'] n (inf) grober Fehler.

bloomers ['bluːməz] npl Pumphose f.

blooming ['bluːmɪŋ] **I** prp of **bloom**. **II** adj (inf) verflixt (inf). **III** adv verflixt (inf).

blossom ['blɒsəm] **I** n Blüte f. in ~ in Blüte. **II** vi 1. blühen. 2. (fig) (relationship) blühen; (person, trade etc also) aufblühen. to ~ into sth zu etw aufblühen; (relationship) zu etw wachsen.

◆**blossom out** vi (fig) aufblühen (into zu).

blot [blɒt] **I** n 1. (of ink) (Tinten)klecks m.

2. (fig: on honour, reputation) Fleck m (on auf +dat). a ~ on the landscape ein Schandfleck in der Landschaft.

II vt 1. (make ink spots on) beklecksen. to ~ one's copybook (fig) sich unmöglich machen; (with sb) es sich (dat) verderben.

2. (dry) ink, page ablöschen; skin, face etc aufdupfen.

◆**blot out** vt sep 1. (lit) words unleserlich machen, verschmieren. 2. (fig) (hide from view) landscape verdecken; (obliterate) memories auslöschen.

blotch [blɒtʃ] **I** n (on skin) Fleck m; (of ink, colour also) Klecks m. **II** vt paper, written work beklecksen, Flecken machen auf (+acc); skin fleckig werden lassen.

blotchy ['blɒtʃɪ] adj (+er) skin fleckig; drawing, paint klecksig.

blotter ['blɒtəʳ] n **1.** (Tinten)löscher m. **2.** (US) (record book) Kladde f; (police ~) Polizeiregister nt.

blotting pad ['blɒtɪŋpæd] n Schreibunterlage f; **blotting paper** n Löschpapier nt.

blotto ['blɒtəʊ] adj pred (sl: drunk) sternhagelvoll (inf).

blouse [blaʊz] n **1.** Bluse f. **2.** (US Mil) (Feld)bluse f.

blow¹ [bləʊ] n (lit, fig) Schlag m; (fig: sudden misfortune also) Schicksalsschlag m (for, to für). **to come to ~s** handgreiflich werden; **at a (single) or one ~** (fig) mit einem Schlag (inf); **to deal sb/sth a ~** (lit, fig) jdm/einer Sache einen Schlag versetzen; **to strike a ~ for sth** (fig) einer Sache (dat) einen großen Dienst erweisen; **without striking a ~** ohne jede Gewalt.

blow² (vb: pret **blew**, ptp **~n**) **I** vi **1.** (wind) wehen, blasen; see **hot**.
  2. (person) blasen (on auf + acc).
  3. (move with the wind) fliegen; (leaves, hat, papers also) geweht werden. **the door blew open/shut** die Tür flog auf/zu.
  4. (make sound: bugle horn) blasen; (whistle) pfeifen. **then the whistle blew** (Sport) da kam der Pfiff.
  5. (pant) pusten (inf), schnaufen (inf); (animal) schnaufen.
  6. (whale) spritzen. **there she ~s!** Wal in Sicht!
  7. (fuse, light bulb) durchbrennen.
  8. (inf: leave) abhauen (inf).

II vt **1.** (move by ~ing) (breeze) wehen; (strong wind, draught) blasen; (gale etc) treiben; (person) blasen, pusten (inf). **the wind blew the ship off course** der Wind trieb das Schiff vom Kurs ab; **to ~ sb a kiss** jdm eine Kußhand zuwerfen.
  2. (drive air into) fire anblasen; eggs ausblasen. **to ~ one's nose** sich (dat) die Nase putzen.
  3. glass blasen; bubbles machen.
  4. trumpet blasen; (Hunt, Mil) horn blasen in (+acc). **the referee blew his whistle** der Schiedsrichter pfiff; **to ~ one's own trumpet** sein eigenes Lob singen.
  5. (burn out, ~ up) safe, bridge etc sprengen; valve, gasket platzen lassen; transistor zerstören. **I've ~n a fuse/light bulb** mir ist eine Sicherung/Birne durchgebrannt.
  6. (sl: spend extravagantly) money verpulvern (inf).
  7. (inf: reveal) secret verraten; see **gaff²**.
  8. (inf: damn) ~! Mist! (inf); ~ **this rain!** dieser mistige Regen! (inf); ~ **the expense/what he likes!** das ist doch wurscht, was es kostet/was er will (inf); **well, I'm ~ed** Mensch(enskind)! (inf); **I'll be ~ed if I'll do it** ich denke nicht im Traum dran(, das zu tun) (inf); ... **and ~ me if he still didn't forget** und er hat es doch glatt trotzdem vergessen (inf).
  9. (inf) **to ~ one's chances of doing sth**

es sich (dat) verscherzen, etw zu tun.
  10. (sl) see **mind I**.

III n **1.** (expulsion of breath) Blasen, Pusten (inf) nt. **to give a ~** blasen, pusten (inf); (when ~ing nose) sich schneuzen.
  2. (breath of air) **to go for a ~** sich durchlüften lassen.

◆**blow away I** vi (hat, paper etc) wegfliegen. **II** vt sep wegblasen; (breeze also) wegwehen.

◆**blow down I** vi (tree etc) umfallen, umgeweht werden. **II** vt sep (lit) umwehen. ~ **me ~!** (inf) Mensch(enskind)! (inf).

◆**blow in I** vi **1.** (lit) (be blown down: window etc) eingedrückt werden; (be ~n ~side: dust etc) hinein-/hereinfliegen, hinein-/hereingeweht or -geblasen werden; (wind) hereinwehen, hereinblasen.
  2. (inf: arrive unexpectedly) hereinschneien (inf) (+prep obj, -to in +acc).

II vt sep window, door etc eindrücken; dust etc hinein-/hereinblasen or -wehen (+prep obj, -to in +acc).

◆**blow off I** vi wegfliegen. **II** vt sep wegblasen; (+prep obj) blasen von; (breeze also) wegwehen; (+prep obj) wehen von; (storm etc also) wegtreiben (+prep obj von). **III** vt insep (fig) steam ablassen.

◆**blow out I** vi **1.** (candle etc) ausgehen.
  2. (Aut: tyre) platzen; (Elec: fuse) durchbrennen.
  3. (gas, oil) ausbrechen; (oilwell) einen Ausbruch haben.

II vt sep **1.** candle ausblasen, löschen.
  2. (fill with air) one's cheeks aufblasen.
  3. **to ~ one's brains** sich (dat) eine Kugel durch den Kopf jagen.

III vr (wind, storm) sich legen; (fig: passion) verpuffen (inf).

◆**blow over I** vi **1.** (tree etc) umfallen.
  2. (lit, fig: storm, dispute) sich legen. **II** vt sep tree etc umstürzen.

◆**blow up I** vi **1.** (be exploded) in die Luft fliegen; (bomb) explodieren.
  2. (lit, fig: gale, crisis, row) ausbrechen.
  3. (fig inf: person) explodieren (inf).

II vt sep **1.** mine, bridge, person in die Luft jagen, hochjagen.
  2. tyre, balloon aufblasen. **he was all ~n ~ with pride** er platzte fast vor Stolz.
  3. photo vergrößern.
  4. (fig: magnify, exaggerate) event aufbauschen (into zu).

blow-by-blow ['bləʊbaɪ'bləʊ] adj account detailliert; **blow-dry I** n **to have a ~** sich fönen lassen; **II** vt fönen.

blower ['bləʊəʳ] n **1.** (device) Gebläse nt.
  2. (glass~) Glasbläser m. **3.** (Brit inf: telephone) Telefon nt. **to be on the ~** an der Strippe hängen (inf).

blowfly ['bləʊflaɪ] n Schmeißfliege f; **blow-gun** n (weapon) Blasrohr nt; **blowhole** n **1.** (of whale) Atemloch nt; **2.** (Min) Abzugsloch nt; **blow-job** n (vulg) **to do a ~ on sb** jdm einen blasen (vulg); **blow-lamp** n Lötlampe f.

blown [bləʊn] **I** ptp of **blow²**. **II** adj flower voll aufgeblüht.

blow-out ['bləʊaʊt] n **1.** (inf: meal) Schlemmerei f; **to go for a ~** tüchtig schlemmen gehen (inf); **2.** (burst tyre) **he had a ~** ihm ist ein Reifen geplatzt; **3.** (Elec) **there's**

been a ~ die Sicherung ist durchgebrannt; **4.** (*Min*) Ausbruch *m*; (*on oil-rig*) Ölausbruch *m*; **blow pipe** *n* **1.** (*weapon*) Blasrohr *nt*; **2.** (*Tech*) Gebläsebrenner *m*, Lötrohr *nt*; **3.** (*for glassmaking*) · Glasbläserpfeife *f*; **blow torch** *n* Lötlampe *f*; **blow-up** *n* **1.** (*inf: outburst of temper*) Wutausbruch *m*; **2.** (*inf: row*) Krach *m*; **3.** (*Phot*) Vergrößerung *f*.

blowzy ['blauzɪ] *adj* (+*er*) schlampig.

blubber ['blʌbə'] **I** *n* **1.** Walfischspeck *m*; (*inf: on person*) Wabbelspeck *m* (*inf*). **2.** (*inf: weep*) **to have a** ~ flennen (*inf*). **II** *vi* (*inf*) flennen·(*inf*).

blubbery ['blʌbərɪ] *adj* **1.** wabb(e)lig (*inf*). **2.** (*inf: weepy*) verheult (*inf*).

bludgeon ['blʌdʒən] **I** *n* Knüppel *m*, Keule *f*. **II** *vt* **1.** verprügeln. **to** ~ **sb to death** jdn zu Tode prügeln. **2.** (*fig*) bearbeiten (*inf*). **he** ~**ed me into doing it** er hat mich so lange bearbeitet, bis ich es getan habe.

blue [bluː] **I** *adj* (+*er*) **1.** blau. ~ **with cold** blau vor Kälte; **until you're** ~ **in the face** (*inf*) bis zum Gehtnichtmehr (*inf*); **once in a** ~ **moon** alle Jubeljahre (einmal). **2.** (*inf: miserable*) melancholisch, trübsinnig. **3.** (*inf: obscene*) *language* derb, nicht salonfähig; *joke* schlüpfrig; *film* Porno-, Sex-. **the air was** ~ **(with oaths)** da habe ich/hat er *etc* vielleicht geflucht (*inf*). **4.** (*Pol*) konservativ. **II** *n* **1.** Blau *nt*. **2.** (*Univ Sport*) Student von Oxford oder Cambridge, der bei Wettkämpfen seine Universität vertritt (oder vertreten hat); (*colours*) blaue Mütze, als Symbol dafür, daß man seine Universität in Wettkämpfen vertreten hat. **3.** (*liter: sky*) Himmel *m*. **out of the** ~ (*fig inf*) aus heiterem Himmel (*inf*). **4.** (*Pol*) Konservative(r) *mf*. **5.** (*inf*) **the** ~**s** *pl* (*depression*) der Moralische (*inf*). **6.** (*Mus*) **the** ~**s** *pl* der Blues; **a** ~**s** *sing* ein Blues. **III** *vt* (*inf: spend*) auf den Kopf hauen (*inf*) (*on* für).

blue baby *n* Baby *nt* mit angeborenem Herzfehler; **Bluebeard** *n* Ritter Blaubart *m*; **bluebell** *n* Sternhyazinthe *f*; (*Scot: harebell*) Glockenblume *f*; **blueberry** *n* Blau- *or* Heidelbeere *f*; **bluebird** *n* Rotkehlhüttensänger *m*; **blue-blooded** *adj* blaublütig; **blue book** *n* **1.** (*Brit Parl*) Blaubuch *nt*; **2.** (*US*) ≈ Who's Who *nt*; **bluebottle** *n* Schmeißfliege *f*; **blue cheese** *n* Blauschimmelkäse *m*; **blue-collar** *adj* ~ **worker/union/jobs** Arbeiter *m*/Arbeitergewerkschaft *f*/Stellen *pl* für Arbeiter; **blue-eyed** *adj* blauäugig; **sb's** ~ **boy** (*fig*) jds Liebling(sjunge) *m*; **Blue Helmet** *n* (*of UN*) Blauhelm *m*; **blue jeans** *npl* Blue jeans *pl*.

blueness ['bluːnɪs] *n* **1.** (*lit*) Bläue *f*. **2.** *see adj* (*c*) Derbheit *f*; Schlüpfrigkeit *f*; Sexgeladenheit *f* (*inf*).

Blue Nile *n* Blauer Nil; **blue-pencil** *vt* (*edit, revise*) mit dem Rotstift gehen an (+*acc*), korrigieren; (*delete*) ausstreichen; **Blue Peter** *n* (*Naut*) Blauer Peter; **blueprint** *n* Blaupause *f*; (*fig*) Plan, Entwurf *m*; **blue**

stocking *n* (*fig*) Blaustrumpf *m*; **bluetit** *n* Blaumeise *f*; **blue whale** *n* Blauwal *m*.

bluff¹ [blʌf] **I** *n* (*headland*) Kliff *nt*; (*inland*) Felsvorsprung *m*. **II** *adj* rauh, aber herzlich (*inf*); *honesty, answer* aufrichtig.

bluff² [blʌf] **I** *vti* bluffen. **II** *n* Bluff *m*. **to call sb's** ~ es darauf ankommen lassen.

◆**bluff out** *vt sep* **to** ~ **one's way** ~ **of sth** sich aus etw rausreden (*inf*).

bluish ['bluːɪʃ] *adj* bläulich.

blunder ['blʌndə'] **I** *n* (*dummer*) Fehler, Schnitzer *m* (*inf*); (*socially*) Fauxpas *m*. **II** *vi* **1.** einen Bock schießen (*inf*), Mist bauen (*sl*); (*socially*) sich danebenbenehmen. **2.** (*move clumsily*) tappen (*into* gegen).

blunderbuss ['blʌndəbʌs] *n* Donnerbüchse *f*.

blundering ['blʌndərɪŋ] **I** *adj* **1.** *person (making mistakes*) schusselig (*inf*); (*socially*) ohne jedes Feingefühl. **2.** (*clumsy*) tolpatschig; *reading* holp(e)rig. **II** *n* Schußligkeit *f* (*inf*).

blunt [blʌnt] **I** *adj* (+*er*) **1.** stumpf. **2.** (*outspoken*) *person* geradeheraus *pred*, sich deutlich ausdrückend *attr*; *speech* unverblümt; *fact* nackt, unbeschönigt. **he's rather a** ~ **sort of person** er drückt sich ziemlich unverblümt *or* deutlich aus; **to be** ~ **about sth** sich unverblümt zu etw äußern. **II** *vt* *knife etc* stumpf machen; (*fig*) *palate, senses* abstumpfen.

bluntly ['blʌntlɪ] *adv* *speak* freiheraus, geradeheraus. **he told us quite** ~ **what he thought** er sagte uns ganz unverblümt seine Meinung.

bluntness ['blʌntnɪs] *n* **1.** (*of blade, needle*) Stumpfheit *f*. **2.** (*outspokenness*) Unverblümtheit *f*.

blur [blɜː'] **I** *n* verschwommener Fleck. **the trees became just a** ~ er *etc* konnte die Bäume nur noch verschwommen erkennen. **II** *vt* **1.** *inscription* verwischen; *writing also* verschmieren; *view* verschleiern; *outline, photograph* unscharf *or* verschwommen machen; *sound* verzerren. **to be/become** ~**red** undeutlich sein/werden; (*image etc also*) verschwommen sein/verschwimmen; **her eyes were** ~**red with tears** ihre Augen schwammen in Tränen. **2.** (*fig*) *senses, mind, judgement* trüben; *memory also, meaning* verwischen; *intention* in den Hintergrund drängen.

blurb [blɜːb] *n* Material *nt*, Informationen *pl*; (*on book cover*) Klappentext, Waschzettel *m*.

blurt (out) [blɜːt('aut)] *vt sep* herausplatzen mit (*inf*).

blush [blʌʃ] **I** *vi* **1.** rot werden, erröten (*with* vor +*dat*). **2.** (*fig: be ashamed*) sich schämen (*for* für). **I** ~ **to say so** es ist mir peinlich, das zu sagen. **II** *n* Erröten *nt no pl*. **with a** ~/**a slight** ~ errötend/mit leichtem Erröten; **spare my** ~**es!** bring mich nicht in Verlegenheit; **at first** ~ auf den ersten Blick.

blushing ['blʌʃɪŋ] *adj* errötend. **the** ~ **bride** die sittsame Braut.

bluster ['blʌstə'] **I** *vi* **1.** (*wind*) tosen, toben.

2. (*fig: person*) ein großes Geschrei machen; (*angrily also*) toben. **II** *vt* **to ~ one's way out of it/sth** etw lautstark abstreiten. **III** *n see vi* **1.** Tosen, Toben *nt*. **2.** großes Geschrei; Toben *nt*.

blustery ['blʌstərɪ] *adj wind, day* stürmisch.

BM *abbr of* **1. British Museum. 2. Bachelor of Medicine** Bakkalaureus *m* der medizinischen Fakultät.

BMA *abbr of* **British Medical Association** Britische Ärztevereinigung.

B Mus *abbr of* **Bachelor of Music** Bakkalaureus *m* der Musikwissenschaften.

BO (*inf*) *abbr of* **body odour** Körpergeruch *m*.

boa ['bəʊə] *n* Boa *f*. **~ constrictor** Boa constrictor *f*.

boar [bɔːʳ] *n* (*male pig*) Eber *m*; (*wild*) Keiler *m*. **~'s head** Schweinskopf *m*.

board [bɔːd] **I** *n* **1.** Brett *nt*; (*black~*) Tafel *f*; (*notice~*) Schwarzes Brett; (*sign~*) Schild *nt*; (*floor~*) Diele(nbrett *nt*) *f*. **the ~s** (*Theat*) die Bretter.
  2. (*provision of meals*) Kost, Verpflegung *f*. **~ and lodging** Kost und Logis; **full/half ~** Voll-/Halbpension *f*.
  3. (*group of officials*) Ausschuß *m*; (*~ of inquiry, examiners also*) Kommission *f*; (*with advisory function*, *~ of trustees*) Beirat *m*; (*permanent official institution: gas ~, harbour ~ etc*) Behörde *f*; (*of company: also ~ of directors*) Vorstand *m*; (*including shareholders, advisers*) Aufsichtsrat *m*. **B~ of Trade** (*Brit*) Handelsministerium *nt*; (*US*) Handelskammer *f*.
  4. (*Naut, Aviat*) **on ~** an Bord; **to go on ~** an Bord gehen; **on ~ the ship/plane** an Bord des Schiffes/Flugzeugs; **on ~ the bus** im Bus.
  5. (*card~*) Pappe *f*; (*Typ*) Deckel *m*.
  6. (*~ of interviewers*) Gremium *nt* (zur Auswahl von Bewerbern); (*interview*) Vorstellungsgespräch *nt* (vor einem Gremium). **to be on a ~** einem Gremium zur Auswahl von Bewerbern angehören.
  7. (*US St Ex*) Notierung *f*; (*inf: stock exchange*) Börse *f*.
  8. (*fig phrases*) **across the ~** allgemein, generell; *criticize, agree, reject* pauschal; **an increase of £10 per week across the ~** eine allgemeine *or* generelle Lohnerhöhung von £ 10 pro Woche; **to go by the ~** (*work, plans, ideas*) unter den Tisch fallen; (*dreams, hopes*) zunichte werden; (*principles*) über Bord geworfen werden; (*business*) zugrunde gehen.
  II *vt* **1.** (*cover with ~s*) mit Brettern verkleiden.
  2. *ship, plane* besteigen, an Bord (*+gen*) gehen/kommen; *train, bus* einsteigen in (*+acc*); (*Naut: in attack*) entern.
  III *vi* **1.** in Pension sein (*with* bei).
  2. (*Sch*) Internatsschüler(in *f*) *m* sein.
  3. (*Aviat*) die Maschine besteigen. **flight ZA173 now ~ing through gate 13** Aufruf für Passagiere des Fluges ZA173, sich zum Flugsteig 13 zu begeben.

◆**board in** *or* **up** *vt sep door, window* mit Brettern vernageln.

◆**board out I** *vt sep person* in Pension schicken (*with* bei). **II** *vi* in Pension wohnen (*with* bei).

boarder ['bɔːdəʳ] *n* **1.** Pensionsgast *m*. **to take in ~s** Pensionsgäste aufnehmen. **2.** (*Sch*) Internatsschüler(in *f*) *m*. **3.** (*Naut*) Mitglied *nt* eines Enterkommandos.

boarding card ['bɔːdɪŋ,kɑːd] *n* Bordkarte *f*; **boarding house** *n* **1.** Pension *f*; **2.** (*Sch*) Wohngebäude *nt* eines Internats; **boarding party** *n* (*Naut*) Enterkommando *nt*; **boarding school** *n* Internat *nt*.

boardroom ['bɔːdrʊm] *n* Sitzungssaal *m*; **boardwalk** *n* (*US*) Holzsteg *m*; (*on beach*) hölzerne Uferpromenade.

boast [bəʊst] **I** *n* **1.** Prahlerei *f*. **2.** (*source of pride*) Stolz *m*. **II** *vi* prahlen (*about, of* mit, *to sb* jdm gegenüber). **without ~ing, without wishing to ~** ohne zu prahlen. **III** *vt* **1.** (*possess*) sich rühmen (*+gen*) (*geh*); (*town, country also*) stolz sein eigen nennen. **2.** (*say boastfully*) prahlen.

boaster ['bəʊstəʳ] *n* Aufschneider(in *f*) *m*; Prahlhans *m* (*inf*).

boastful ['bəʊstfʊl] *adj*, **~ly** ['bəʊstfəlɪ] *adv* prahlerisch.

boastfulness ['bəʊstfʊlnɪs] *n* Prahlerei *f*.

boasting ['bəʊstɪŋ] *n* Prahlerei *f* (*about, of* mit).

boat [bəʊt] *n* **1.** (*small vessel*) Boot *nt*; (*wooden: on lake, river etc also*) Kahn *m*; (*sea-going, passenger ~*) Schiff *nt*; (*pleasure steamer etc*) Dampfer *m*. **to miss the ~** (*fig inf*) den Anschluß verpassen; **we're all in the same ~** (*fig inf*) wir sitzen alle in einem *or* im gleichen Boot.
  2. (*gravy ~*) Sauciere *f*.

boat-builder ['bəʊt,bɪldəʳ] *n* Bootsbauer *m*; **boat-building** *n* Bootsbau *m*; **boat-deck** *n* Bootsdeck *nt*.

boater ['bəʊtəʳ] *n* **1.** (*hat*) steifer Strohhut, Kreissäge *f* (*inf*). **2.** (*person boating*) Bootsfahrer(in *f*), Kahnfahrer(in *f*) *m*.

boatful ['bəʊtfʊl] *n* Schiffs-/Bootsladung *f*; **boathook** *n* Bootshaken *m*; **boathouse** *n* Bootshaus *nt*.

boating ['bəʊtɪŋ] *n* Bootfahren *nt*. **to go ~** Bootsfahrten/eine Bootsfahrt machen.

boating in *cpds* Boots-; **~ holiday** Bootsferien *pl*; **~ trip** Bootsfahrt *f*.

boatload ['bəʊtləʊd] *n* Bootsladung *f*; **boatman** *n* (*handling boat*) Segler *m*; Ruderer *m*; Paddler *m*; (*working with boats*) Bootsbauer *m*; (*hirer*) Bootsverleiher *m*; **boat race** *n* Regatta *f*.

boatswain, bosun, bo's'n ['bəʊsn] *n* Bootsmann *m*. **~'s mate** Bootsmannsgehilfe *m*.

boat train *n* Fährzug *m*; **boatyard** *n* Bootshandlung *f*; (*as dry dock*) Liegeplatz *m*.

Bob [bɒb] *n dim of* **Robert**. **... and ~'s your uncle!** (*inf*) ... und fertig ist der Lack!

bob[1] [bɒb] **I** *vi* **1.** sich auf und ab bewegen; (*rabbit*) hoppeln; (*bird's tail*) wippen; (*boxer*) tänzeln. **to ~ (up and down) in** *or* **on the water** auf dem Wasser schaukeln; (*cork, piece of wood etc*) sich im Wasser auf und ab bewegen.
  2. (*curtsey*) knicksen (*to sb* vor jdm).
  II *vt* **1.** (*move jerkily*) *head* nicken mit; (*bird*) *tail* wippen mit.
  2. *curtsey* machen.

III *n* **1.** (*curtsey*) Knicks(chen *nt*) *m*.
2. (*of head*) Nicken *nt no pl*; (*of bird's tail*) Wippen *nt no pl*.
◆**bob down I** *vi* sich ducken. **II** *vt sep one's head* ducken.
◆**bob up I** *vi* (*lit, fig*) auftauchen. **II** *vt sep* he ~bed his head ~ sein Kopf schnellte hoch.

bob² *n, pl* ~ (*Brit inf*) Shilling *m*. **that must have cost a ~ or two** das muß schon ein paar Mark gekostet haben (*inf*).

bob³ *n* **1.** (*haircut*) Bubikopf *m*. **2.** (*horse's tail*) gestutzter Schwanz. **3.** (*weight: on pendulum, plumbline*) Gewicht *nt*. **4.** (*Fishing: float*) Schwimmer *m*.

bob⁴ *n* (*sleigh*) Bob *m*; (*runner*) Kufe *f*. **two-/four-man ~** Zweier-/Viererbob *m*.

bobbin ['bɒbɪn] *n* Spule *f*; (*cotton reel*) Rolle *f*.

bobble ['bɒbl] *n* Bommel *f*, Pompon *m*.

Bobby ['bɒbɪ] *n dim of* **Robert. b~** (*dated Brit inf*) Bobby, Schupo (*dated*) *m*.

bobcap ['bɒbkæp]*n* Pudelmütze *f*; **bobcat** *n* (*US*) Luchs *m*; **bobsled, bobsleigh I** *n* Bob *m*; **II** *vi* Bob fahren; **bobtail** gestutzter Schwanz; **bobtailed** *adj horse, dog* mit gestutztem Schwanz.

Boche [bɒʃ] *n* (*pej inf*) Boche *m*.

bod [bɒd] *n* (*Brit inf*) Mensch *m*. **odd ~** komischer Kerl.

bode [bəʊd] **I** *vi*: **to ~ well/ill** ein gutes/ schlechtes Zeichen sein. **II** *vt* bedeuten, ahnen lassen. **that ~s no good** das bedeutet nichts Gutes.

bodge [bɒdʒ] *n, vt see* **botch.**

bodice ['bɒdɪs] *n* **1.** Mieder *nt*; (*of dress also*) Oberteil *nt*. **2.** (*vest*) Leibchen *nt*.

bodiless ['bɒdɪlɪs] *adj* körperlos.

bodily ['bɒdɪlɪ] **I** *adj* (*physical*) körperlich. **~ needs/wants** leibliche Bedürfnisse *pl*; **~ harm** Körperverletzung *f*. **II** *adv* **1.** (*forcibly*) gewaltsam. **2.** (*in person*) leibhaftig. **3.** (*all together*) geschlossen; (*in one piece*) ganz.

bodkin ['bɒdkɪn] *n* **1.** (*Sew*) Durchziehnadel *f*. **2.** (*Hist: hairpin*) lange Haarnadel; (*obs: dagger*) Dolch *m*.

body ['bɒdɪ] *n* **1.** (*of man, animal*) Körper *m*; (*of human also*) Leib *m* (*geh*). **the ~ of Christ** der Leib des Herrn; **just enough to keep ~ and soul together** gerade genug, um Leib und Seele zusammenzuhalten.
2. (*corpse*) Leiche *f*, Leichnam *m* (*geh*); *see* **dead.**
3. (*main part of structure*) (*of plane, ship*) Rumpf, Körper *m*; (*of string instrument*) Korpus, Schallkörper *m*; (*of church, speech, army: also* **main ~**) Hauptteil *m*.
4. (*coachwork: of car*) Karosserie *f*.
5. (*group of people*) Gruppe *f*. **the student ~** die Studentenschaft; **a ~ of troops** ein Truppenverband *m*; **a great ~ of followers/readers** eine große Anhängerschaft/Leserschaft; **a large ~ of people** eine große Menschenmenge; **in a ~** geschlossen.
6. (*organization*) Organ *nt*; (*committee*) Gremium *nt*; (*corporation*) Körperschaft *f*; *see* **corporate, politic.**
7. (*collection, quantity*) **a ~ of facts/ evidence/data** *etc* Tatsachen-/Beweis-/

Datenmaterial *nt etc*; **a ~ of laws/ legislation** ein Gesetzeskomplex *m*; **a large ~ of water** eine große Wassermasse.
8. (*inf: person*) Mensch *m*.
9. (*Math, Phys, Chem*) Körper *m*.
10. (*substance, thickness*) (*of wine*) Körper *m*; (*of soup*) Substanz *f*; (*of paper, cloth*) Festigkeit, Stärke *f*.

body blow *n* Körperschlag *m*; (*fig*) Schlag *m* ins Kontor (*to, for* für); **bodybuilder** *n* **1.** (*food*) Kraftnahrung *f*; **2.** (*apparatus*) Heimtrainer *m*; **3.** (*person*) Bodybuilder *m*; **bodybuilding I** *n* Bodybuilding *nt*; **II** *adj exercise* muskelkräftigend; *food* stärkend, kräftigend; **bodycheck** *n* Bodycheck *m*; **bodyguard** *n* (*one person*) Leibwächter *m*; (*group*) Leibwache *f*; **body-snatcher** *n* Leichenräuber *m*; **body stocking** *n* Bodystocking *m*; **bodywork** *n* (*Aut*) Karosserie *f*.

Boer ['bəʊə'] **I** *n* Bure *m*, Burin *f*. **II** *adj* burisch. **the ~ War** der Burenkrieg.

boffin ['bɒfɪn] *n* (*Brit inf*) Eierkopf *m* (*inf*).

bog [bɒg] *n* **1.** Sumpf *m*; (*peat ~*) (Torf-) moor *nt*. **2.** (*Brit inf: toilet*) Klo *nt* (*inf*).

◆**bog down** *vt sep* **to be ~ged ~** (*lit*) steckenbleiben; (*fig*) steckengeblieben sein, sich festgefahren haben; (*in details*) sich verzettelt haben.

bogey¹, bogy ['bəʊgɪ] *n, pl* **bogeys, bogies 1.** (*spectre, goblin*) Kobold, Butzemann *m*. **~ man** Butzemann *m*, Schwarzer Mann. **2.** (*fig: bugbear*) Popanz *m*, Schreckgespenst *nt*. **3.** (*babytalk*) Popel *m* (*inf*).

bogey² *n* (*Golf*) Bogey *nt*.

boggle ['bɒgl] *vi* (*inf*) glotzen (*inf*), völlig sprachlos sein. **the mind or imagination ~s** das hältste ja im Kopf nicht aus (*sl*).

boggy ['bɒgɪ] *adj* (+er) *ground* sumpfig.

bogie ['bəʊgɪ] *n* (*Rail*) Drehgestell *nt*; (*trolley*) Draisine *f*.

bogus ['bəʊgəs] *adj doctor, lawyer* falsch; *money, pearls also* gefälscht; *company, transaction* Schwindel-; *claim* erfunden.

bogy ['bəʊgɪ] *n see* **bogey¹.**

Bohemia [bəʊ'hiːmɪə] *n* (*Geog*) Böhmen *nt*; (*fig*) Boheme *f*.

Bohemian [bəʊ'hiːmɪən] **I** *n* **1.** Böhme *m*, Böhmin *f*. **2.** (*fig*) b~ Bohemien *m*. **II** *adj* **1.** böhmisch. **2.** (*fig*) b~ *lifestyle* unkonventionell; *circles, quarter* Künstler-.

bohemianism [bəʊ'hiːmɪənɪzəm] *n* unkonventionelle Lebensweise.

boil¹ [bɔɪl] *n* (*Med*) Furunkel *m or nt*.

boil² **I** *vi* **1.** kochen; (*water also, Phys*) sieden. **the kettle was ~ing** das Wasser im Kessel kochte; **~ing oil** siedendes Öl.
2. (*fig: sea, river*) brodeln, tosen.
3. (*fig inf: be angry*) kochen, schäumen (*with* vor +*dat*).
4. (*fig inf: be hot*) **~ing hot water** kochendheißes Wasser; **it was ~ing (hot) in the office** es war ein Affenhitze im Büro (*inf*); **I was ~ing (hot)** mir war fürchterlich heiß.

II *vt* kochen. **~ed shirt** (*inf*) weißes Hemd; **~ed/hard ~ed egg** weichgekochtes or weiches/hartgekochtes Ei; **~ed potatoes** Salzkartoffeln *pl*.

III *n* **to bring sth to the ~** etw aufkochen lassen; **to keep sth on the ~** etw kochen or sieden lassen; **to keep sb on the ~** (*fig inf*) jdn hinhalten; **to be on/come to/go off the ~** kochen/zu kochen anfangen, zum Sieden kommen/zu kochen aufhören.

◆**boil away** *vi* **1.** (*go on boiling*) weiterkochen. **2.** (*evaporate*) verdampfen.

◆**boil down** I *vt sep* einkochen. II *vi* **1.** (*jam etc*) dickflüssig werden. **2.** (*fig*) **to ~ ~ to** sth auf etw (*acc*) hinauslaufen.

◆**boil over** *vi* **1.** (*lit*) überkochen. **2.** (*fig*) (*situation, quarrel*) den Siedepunkt erreichen. **he just ~ed ~** ihm platzte der Kragen (*inf*).

◆**boil up** *vi* **1.** (*lit*) aufkochen. **2. he could feel the anger ~ing ~ in him** er fühlte, wie die Wut in ihm aufstieg.

boiler ['bɔɪlə^r] *n* **1.** (*domestic*) Boiler, Warmwasserbereiter *m*; (*in ship, engine*) (Dampf)kessel *m*. **2.** (*chicken*) Suppenhuhn *nt*.

boiler house *n* Kesselhaus *nt*; **boilermaker** *n* Kesselschmied *m*; **boilermaking** *n* Kesselbau *m*; **boilerman** *n* Heizer *m*; **boiler room** *n* Kesselraum *m*; **boilersuit** *n* Overall *m*.

boiling fowl ['bɔɪlɪŋ faʊl] *n* Suppenhuhn *nt*; **boiling point** *n* (*lit, fig*) Siedepunkt *m*; **at ~** (*lit, fig*) auf dem Siedepunkt; **to reach ~** (*lit, fig*) den Siedepunkt erreichen; (*feelings also, person*) auf dem Siedepunkt angelangen.

boisterous ['bɔɪstərəs] *adj* **1.** (*exuberant, noisy*) *person* ausgelassen; *game, party, dance also* wild. **2.** (*rough*) *wind* tosend; *sea also* aufgewühlt.

boisterously ['bɔɪstərəslɪ] *adv see adj.*

bold [bəʊld] *adj* (+*er*) **1.** (*valiant*) kühn (*geh*); (*brave*) mutig; *deed, plan also* verwegen.
2. (*impudent, forward*) unverfroren, dreist. **to be** *or* **make so ~ as to ...** sich erlauben, zu ...; **might I make so ~ as to help myself?** darf ich so frei sein und mich bedienen?
3. (*striking*) *colours, pattern, stripes* kräftig; *handwriting* kraftvoll; *style* kraftvoll, ausdrucksvoll.
4. (*Typ*) fett; (*secondary ~*) halbfett. **~ type** Fettdruck *m*.

boldness ['bəʊldnɪs] *n see adj* **1.** Kühnheit (*geh*) *f*; Mut *m*; Verwegenheit *f*. **2.** Unverfrorenheit, Dreistigkeit *f*. **3.** Kräftigkeit *f*; Ausdruckskraft *f*.

bole [bəʊl] *n* Baumstamm *m*.

bolero [bə'leərəʊ] *n*, *pl* **-s** (*all senses*) Bolero *m*.

Bolivia [bə'lɪvɪə] *n* Bolivien *nt*.

Bolivian [bə'lɪvɪən] I *n* Bolivianer(in *f*), Bolivier(in *f*) *m*. II *adj* bolivianisch, bolivisch.

boll [bəʊl] *n* Samenkapsel *f*. **~ weevil** Baumwollkapselkäfer *m*.

bollard ['bɒləd] *n* (*on quay, road*) Poller *m*.

bollocking ['bɒləkɪŋ] *n* (*Brit sl*) Schimpfkanonade *f* (*inf*). **to give sb a ~** jdn zur Sau machen (*sl*).

bollocks ['bɒləks] *npl* (*vulg*) **1.** Eier *pl* (*sl*). **2.** (*nonsense*) (*that's*) ~! Quatsch mit Soße! (*sl*).

boloney [bə'ləʊnɪ] *n see* **baloney.**

Bolshevik ['bɒlʃəvɪk] I *n* Bolschewik *m*. II *adj* bolschewistisch.

Bolshevism ['bɒlʃəvɪzəm] *n* Bolschewismus *m*.

Bolshevist ['bɒlʃəvɪst] *n*, *adj see* **Bolshevik.**

bolshie, bolshy ['bɒlʃɪ] (*inf*) I *n* Bolschewik *m*. II *adj* (+*er*) **1.** (*fig*) (*uncooperative*) stur; (*aggressive*) pampig (*inf*), rotzig (*sl*). **2.** (*pej*) bolschewistisch.

bolster ['bəʊlstə^r] I *n* (*on bed*) Nackenrolle *f*. II *vt* (*also ~ up*) (*fig*) *person* Mut machen (+*dat*); *status* aufbessern; *currency* stützen. **to ~ up sb's morale** jdm Mut machen.

bolt [bəʊlt] I *n* **1.** (*on door etc*) Riegel *m*.
2. (*Tech*) Schraube *f* (ohne Spitze), Bolzen *m*.
3. (*of lightning*) Blitzstrahl *m*. **it came/was like a ~ from** *or* **out of the blue** (*fig*) das schlug ein/war wie ein Blitz aus heiterem Himmel.
4. (*of cloth*) Ballen *m*.
5. (*of crossbow*) Bolzen *m*; *see* **shoot.**
6. (*of rifle*) Kammer *f*.
7. (*sudden dash*) Satz *m* (*inf*). **he made a ~ for the door** er machte einen Satz zur Tür; **to make a ~ for it** losrennen.
II *adv*: **~ upright** kerzengerade.
III *vi* **1.** (*horse*) durchgehen; (*person*) Reißaus nehmen (*inf*).
2. (*move quickly*) sausen, rasen.
IV *vt* **1.** *door, window* zu- *or* verriegeln.
2. (*Tech*) *beams, machine parts* verschrauben (*to* mit), mit Schraubenbolzen befestigen (*to* an +*dat*).
3. (*also ~ down*) *one's food* hinunterschlingen.

◆**bolt in** I *vi* (*rush in*) herein-/hineinplatzen *or* -stürzen. II *vt sep* (*lock in*) einsperren.

◆**bolt on** *vt sep* (*Tech*) festschrauben (*prep obj, -to* an +*dat*).

◆**bolt out** I *vi* (*rush out*) hinaus-/herausstürzen. II *vt sep* (*lock out*) aussperren.

bolthole ['bəʊlthəʊl] *n* Schlupfloch *nt*.

bolus ['bəʊləs] *n, pl* **~es** (*Med*) große Pille.

bomb [bɒm] I *n* **1.** Bombe *f*.
2. (*inf*) **his party went like a ~** seine Party war ein Bombenerfolg (*inf*); **the car goes like a ~** das ist die reinste Rakete von Wagen (*inf*); **the car cost a ~** das Auto hat ein Bombengeld gekostet (*inf*); **to do a ~** (*US: fail*) durchfallen (*inf*).
II *vt* *town* bombardieren.
III *vi* **1.** (*inf: go fast*) fegen (*inf*).
2. (*US inf: fail*) durchfallen (*inf*).

◆**bomb out** *vt sep* ausbomben.

bombard [bɒm'bɑːd] *vt* (*Mil, fig*) bombardieren (*with* mit); (*Phys*) beschießen.

bombardier [ˌbɒmbə'dɪə^r] *n* (*Mil*) Artillerieunteroffizier *m*; (*Aviat*) Bombenschütze *m*.

bombardment [bɒm'bɑːdmənt] *n* (*Mil*) Bombardierung *f* (*also fig*), Bombardement *nt*; (*Phys*) Beschießen *nt*.

bombast ['bɒmbæst] *n* Bombast *m*.

bombastic *adj*, **~ally** *adv* [bɒm'bæstɪk, -əlɪ] schwülstig, bombastisch.

Bombay [bɒm'beɪ] *n* Bombay *nt*.

bomb disposal *n* Bombenräumung *f*; **bomb disposal squad** *or* **unit** *n* Bombenräumtrupp *m or* -kommando *nt*.

bombed [bɒmd] *adj* (*sl*) (*drunk*) knülle (*sl*); (*on drugs*) high (*sl*).

bomber ['bɒmə^r] n 1. (aircraft) Bomber m, Bombenflugzeug nt. 2. (person) (Aviat) Bombenschütze m; (terrorist) Bombenattentäter(in f) m.

bomber command n Bombenverband m or -geschwader nt; **bomber jacket** n Blouson m or nt.

bombing ['bɒmɪŋ] I n Bombenangriff m (of auf +acc); (of target also) Bombardierung f. II adj raid, mission Bomben-.

bombshell ['bɒmʃel] n 1. (Mil) Bombe f; 2. (fig) Bombe f, plötzliche Überraschung; this news was a ~ die Nachricht schlug wie eine Bombe ein; a blonde ~ ein blonder Superbomber (inf); **bomb shelter** n Luftschutzkeller m; (specially built) (Luftschutz)bunker m; **bomb sight** n Fliegerbombenzielgerät nt; **bomb site** n Trümmergrundstück nt.

bona fide ['bəʊnə'faɪd] adj bona fide; traveller, word, antique echt.

bonanza [bə'nænzə] I n 1. (US Min) reiche Erzader. 2. (fig) Goldgrube f. the oil ~ der Ölboom. II adj attr year Boom-.

bond [bɒnd] I n 1. (agreement) Übereinkommen nt. to enter into a ~ with sb ein Übereinkommen mit jdm treffen.
2. (fig: link) Band nt (geh), Bindung f.
3. ~s pl (lit: chains) Fesseln, Bande (liter) pl; (fig: ties) Bande pl (geh); (burdensome) Fesseln pl; **marriage** ~s das Band/die Fesseln der Ehe.
4. (Comm, Fin) Obligation f, Pfandbrief m; (Brit, US) festverzinsliches Wertpapier, Bond m. **government** ~ Staatsanleihe f or -papiere pl.
5. (Comm: custody of goods) Zollverschluß m. to put sth into ~ etw unter Zollverschluß geben; goods in ~ Zollgut nt.
6. (adhesion between surfaces) Haftfestigkeit, Haftwirkung f.
7. (Build) Verband m.
8. (Chem) Bindung f.
II vt 1. (Comm) goods unter Zollverschluß legen or nehmen.
2. (Build) bricks im Verband verlegen.
III vi (glue) binden; (bricks) einen Verband bilden.

bondage ['bɒndɪdʒ] n 1. (lit) Sklaverei f; (in Middle Ages) Leibeigenschaft f.
2. (fig liter) vollständige Unterjochung. we are held in ~ by our desires/economic system wir sind Gefangene unserer Begierden/unseres Wirtschaftssystems; she was held in ~ by her mother sie lebte unter der Knute ihrer Mutter.
3. (sexual) Fesseln nt.

bonded ['bɒndɪd] adj goods unter Zollverschluß.

bone [bəʊn] I n 1. Knochen m; (of fish) Gräte f. ~s pl (of the dead) Gebeine pl; ham off the ~ Schinken m vom Knochen; chilled to the ~ völlig durchgefroren; ~ of contention Zankapfel m; to have a ~ to pick with sb (inf) mit jdm ein Hühnchen zu rupfen haben (inf); he made no ~s about saying what he thought (inf) er hat mit seiner Meinung nicht hinterm Berg gehalten, er hat aus seinem Herzen keine Mördergrube gemacht (prov); I can feel it in my ~s das spüre or habe ich in den Knochen.

2. (substance) Knochen m.
3. (of corset) (Fischbein)stange f; (smaller) (Fischbein)stäbchen nt.
4. (Mus) ~s pl Klangstäbe pl.
5. (dice) ~s pl (inf) Würfel pl.
II adj attr (made of ~) Bein-, beinern.
III vt die Knochen lösen aus, ausbeinen (dial); fish entgräten.
◆**bone up on** vi +prep obj (esp US inf) subject pauken (inf).

bone china n Knochen-Porzellan nt.

boned [bəʊnd] adj meat ohne Knochen; fish entgrätet.

bone-dry [ˌbəʊn'draɪ] adj (inf) knochentrocken; **bonehead** n (inf) Dummkopf, Armleuchter (inf) m; **bone-idle** adj (inf) stinkfaul (inf); **boneless** adj meat ohne Knochen; fish ohne Gräten; **bone meal** n Knochenmehl nt.

boner ['bəʊnə^r] n (US sl) Schnitzer m.

boneshaker ['bəʊnˌʃeɪkə^r] n (inf) Klapperkiste (inf), Mühle (inf) f.

bonfire ['bɒnfaɪə^r] n (for burning rubbish) Feuer nt; (as beacon) Leucht- or Signalfeuer nt; (Guy Fawkes) Guy-Fawkes-Feuer nt; (for celebration) Freudenfeuer nt.

bonhomie ['bɒnɒmi:] n Jovialität f.

bonkers ['bɒŋkəz] adj (Brit sl). to be ~ spinnen (inf); to go ~ überschnappen (inf).

Bonn [bɒn] n Bonn nt.

bonnet ['bɒnɪt] n 1. (woman's) Haube f; (baby's) Häubchen nt; (esp Scot: man's) Mütze f. 2. (Brit Aut) Motor- or Kühlerhaube f.

bonnie, bonny ['bɒnɪ] adj (+er) (esp Scot) schön; lassie hübsch; baby prächtig.

bonus ['bəʊnəs] n 1. Prämie f, (output, production also) Zulage f; (cost-of-living ~) Zuschlag m; (Christmas ~) Gratifikation f. 2. (Fin: on shares) Extradividende, Sonderausschüttung f. 3. (inf: sth extra) Zugabe f.

bony ['bəʊnɪ] adj (+er) (of bone) knöchern; (like bone) knochenartig; person, knee, hips knochig; fish grätig, mit viel Gräten; meat mit viel Knochen.

boo [bu:] I interj buh. he wouldn't say ~ to a goose (inf) er ist ein schüchternes Pflänzchen. II vt actor, play, speaker, referee auspfeifen, ausbuhen. III vi buhen. IV n Buhruf m.

boob [bu:b] I n 1. (Brit inf: mistake) Schnitzer m.
2. (inf: woman's breast) Brust f. big ~s große Dinger pl (sl).
II vi (Brit inf) einen Schnitzer machen; (fail) Mist bauen (sl). somebody ~ed, I didn't get the letter da hat jemand was verbockt (inf), ich habe den Brief überhaupt nicht gekriegt.

booby ['bu:bɪ] n (inf) 1. (fool) Trottel m.
2. see boob I 2.

booby hatch n (US sl) Klapsmühle f (sl); **booby prize** n Scherzpreis m für den schlechtesten Teilnehmer; **booby trap** I n 1. (als Schabernack versteckt angebrachte) Falle f; 2. (Mil ec) versteckte Bombe; II vt the suitcase was ~ped in dem Koffer war eine Bombe versteckt.

booing ['bu:ɪŋ] n Buhrufen nt.

book [bʊk] I n 1. Buch nt; (exercise ~) Heft

nt; (division: in Bible, poem etc) Buch nt.
the (good) B~ das Buch der Bücher; the
B~ of Genesis die Genesis, das 1. Buch
Moses; to bring sb to ~ jdn zur Rechen-
schaft ziehen; to throw the ~ at sb (inf)
jdn nach allen Regeln der Kunst fertig-
machen (inf); to go by or stick to the ~
sich an die Vorschriften halten; according
to or by the ~ nach dem Buchstaben; to be
in sb's good/bad ~s bei jdm gut/schlecht
angeschrieben sein (inf); I can read him
like a ~ ich kann in ihm lesen wie in einem
Buch; it's a closed ~ to me das ist ein Buch
mit sieben Siegeln für mich; he/my life is
an open ~ er/mein Leben ist ein offenes
Buch; that's one for the ~! (inf) das muß
man sich im Kalender (rot) anstreichen;
he knows/used every trick in the ~ (inf) er
ist/war mit allen Wassern gewaschen (inf);
that counts as cheating in my ~ (inf) für
mich ist das Betrug; I'm in the ~ (Telec)
ich stehe im Telefonbuch.
   2. (of tickets) Heft nt; (thicker) Block
m. ~ of stamps/matches Briefmarken-/
Streichholzheftchen nt.
   3. (Comm, Fin) ~s pl Bücher pl; to
keep the ~s die Bücher führen; to do or
look after the ~s for sb jdm die Bücher
führen; I've been doing the ~s ich habe
die Abrechnung gemacht.
   4. (of club, society) (Mitglieder)-
verzeichnis nt, Mitgliedsliste f.
   5. (Gambling) Wettbuch nt. to make or
keep a ~ (Horseracing) Buch machen;
(generally) Wetten abschließen.
   6. (libretto: of opera etc) Textbuch nt.
   II vt 1. bestellen; seat, room also
buchen, reservieren lassen; artiste
engagieren, verpflichten; cabaret act neh-
men; (privately) sorgen für. this
performance/flight/hotel is fully ~ed diese
Vorstellung ist ausverkauft/dieser Flug ist
ausgebucht/das Hotel ist voll belegt; to ~
sb through to Hull (Rail) jdn bis Hull
durchbuchen.
   2. (Fin, Comm) order aufnehmen. to ~
goods to sb's account jdm Waren in Rech-
nung stellen.
   3. (inf) driver etc aufschreiben (inf),
einen Strafzettel verpassen (+dat) (inf);
football player verwarnen. to be ~ed for
speeding wegen zu schnellen Fahrens auf-
geschrieben werden.
   III vi see vt 1. bestellen; buchen. to ~
through to Hull bis Hull durchlösen.
◆book in I vi (in hotel etc) sich eintragen.
we ~ed ~ at the Hilton wir sind im Hilton
abgestiegen. II vt sep 1. (register)
eintragen. 2. (make reservation for) to ~
sb ~to a hotel jdm ein Hotelzimmer reser-
vieren lassen.
◆book up I vi buchen. II vt sep (usu pass)
reservieren lassen. to be (fully) ~ed ~
(ganz) ausgebucht sein; (evening perfor-
mance, theatre) (bis auf den letzten Platz)
ausverkauft sein.
bookable ['bʊkəbl] adj im Vorverkauf
erhältlich.
bookbinder ['bʊkˌbaɪndəʳ]n Buchbinder m;
  bookbinding n Buchbinderei f; book-
case n Bücherregal nt; (with doors)
Bücherschrank m; book club n Buchge-

meinschaft f; bookend n Bücherstütze f.
bookie ['bʊkɪ] n (inf) Buchmacher m.
booking ['bʊkɪŋ] n Buchung, Bestellung,
Reservierung f; (of artiste, performer)
Engagement nt, Verpflichtung f. to make
a ~ buchen; to cancel a ~ den Tisch/die
Karte etc abbestellen; die Reise/den Flug
etc stornieren; to change one's ~ um-
buchen.
booking clerk n Fahrkartenverkäufer(in f)
m; (official also) Schalterbeamte(r) m,
Schalterbeamtin f; booking office n
(Rail) Fahrkartenschalter m; (Theat)
Vorverkaufsstelle or -kasse f.
bookish ['bʊkɪʃ] adj gelehrt (pej, hum);
(given to reading) lesewütig; (not wordly)
lebensfremd; language, expression buch-
sprachlich; (pej) trocken, papieren.
book jacket n Schutzumschlag m, Buch-
hülle f; book-keeper n Buchhalter(in
f) m; book-keeping n Buchhaltung or
-führung f.
booklet ['bʊklɪt] n Broschüre f.
book lover n Bücherfreund m; bookmaker
n Buchmacher m; bookmark n Buch- or
Lesezeichen nt; bookmobile n (US)
Fahrbücherei f; bookplate n Exlibris nt;
book post n Büchersendung f; bookrest
n Lesepult nt; bookseller n Buchhändler,
Sortimenter m; bookshelf n Bücherbord
or -brett nt; bookshelves npl (book
case) Bücherregal nt; bookshop (Brit),
bookstore (US) n Buchhandlung f or
-laden m; bookstall n Bücherstand m;
book-token n Buchgutschein m; book-
worm n (fig) Bücherwurm m.
boom¹ [buːm] n 1. (barrier, across river
etc) Sperre f; (at factory gate etc)
Schranke f. 2. (Naut) Baum m. 3. (Tech:
also derrick ~) Ladebaum m; (jib of
crane) Ausleger m. 4. (for microphone)
Galgen m.
boom² I n (of sea, waves, wind) Brausen
nt; (of thunder) Hallen nt; (of guns) Don-
nern nt; (of organ, voice) Dröhnen nt.
II vi 1. (sea, wind) brausen; (thunder) hal-
len. 2. (organ, person, voice: also ~ out)
dröhnen; (guns) donnern. III interj bum.
◆boom out I vi see boom² II 2. II vt sep
(person) order brüllen.
boom³ I vi (trade, sales) einen Aufschwung
nehmen, boomen (inf); (prices) an-
ziehen, in die Höhe schnellen. business is
~ing das Geschäft blüht or floriert.
   II n (of business, fig) Boom, Auf-
schwung m; (period of economic growth)
Hochkonjunktur f; (of prices) Preis-
steigerung f.
boomerang ['buːməræŋ] I n (lit, fig)
Bumerang m. to have a ~ effect einen
Bumerangeffekt haben. II vi (fig inf:
words, actions) wie ein Bumerang zurück-
kommen (on zu).
booming ['buːmɪŋ] adj sound dröhnend;
surf brausend.
boom microphone n Mikrophon nt am
Galgen; boom town n Goldgräberstadt f.
boon [buːn] n Segen m.
boondockers ['buːndɒkəz] npl (US inf:
heavy boots) (schwere) Stiefel pl.
boondocks ['buːndɒks] npl (US inf) Wild-
nis f. in the ~ irgendwo j.w.d. (inf).

boondoggle ['bu:ndɒgl] (*US inf*) **I** *vi* auf Staatskosten Zeit und Geld verplempern (*inf*). **II** *n* Zeitverschwendung *f or* Kleinkrämerei *f* auf Staatskosten.

boor [buəʳ] *n* Rüpel, Flegel *m*.

boorish *adj*, **~ly** *adv* ['buərɪʃ, -lɪ] rüpelhaft, flegelhaft.

boorishness ['buərɪʃnɪs] *n* Rüpelhaftigkeit, Flegelhaftigkeit *f*.

boost [bu:st] **I** *n* Auftrieb *m no pl*; (*Elec, Aut*) Verstärkung *f*; (*rocket*) Zusatzantrieb *m*. **to give sb/sth a ~** jdm/einer Sache Auftrieb geben, jdn aufmöbeln (*inf*)/etw ankurbeln *or* in Schwung bringen; (*by advertising*) für jdn/etw die Werbetrommel rühren; **this device gives the heart/electric charge/motor a ~** dieser Apparat verstärkt den Herzschlag/die elektrische Ladung/die Motorleistung; **to give a ~ to sb's morale/confidence** jdm Auftrieb geben *or* Mut machen/jds Selbstvertrauen stärken.

II *vt production, output, sales, economy* ankurbeln; *electric charge, engine, heart beat etc* verstärken; *confidence, sb's ego* stärken; *morale* heben.

booster ['bu:stəʳ] *n* **1.** (*Elec*) Puffersatz *m*; (*Rad*) Zusatzverstärker *m*; (*TV*) Zusatzgleichrichter *m*; (*Aut*) (*supercharger*) Kompressor *m*; (*for heating*) Gebläse *nt*; (*~ rocket*) Trägerrakete *f*; (*for launching*) Booster *m*, Startrakete *f*; (*Aviat*) Hilfstriebwerk *nt*; (*Space*) Booster *m*, Zusatztriebwerk *nt*. **to act as a ~** zur Verstärkung dienen.

2. (*Med: also* **~ shot**) Wiederholungsimpfung *f*. **~ dose** zusätzliche Dosis.

boot[1] [bu:t] **I** *n* **1.** Stiefel *m*. **the ~ is on the other foot** (*fig*) es ist genau umgekehrt; (*the other side is responsible*) die Verantwortung/Schuld liegt, ganz im Gegenteil, bei den anderen; **to give sb the (order of the** *hum*) **~** (*inf*) jdn rausschmeißen (*inf*); **to get the ~** (*inf*) rausgeschmissen werden (*inf*); **it's the ~ for him** (*inf*) der fliegt (*inf*); **to die with one's ~s on** (*inf*) über der Arbeit *or* in den Sielen sterben; **to put the ~ in** (*sl*) kräftig zutreten.

2. (*Brit: of car etc*) Kofferraum *m*.

3. (*inf: kick*) **to give sb/sth a ~** jdm/einer Sache einen Tritt geben.

4. (*Brit pej sl: woman*) Schreckschraube *f* (*inf*).

II *vt* (*inf: kick*) einen (Fuß)tritt geben (+*dat*); *ball* kicken.

◆**boot out** *vt sep* (*inf: lit, fig*) rausschmeißen (*inf*).

boot[2] *adv* (*hum, form*): **to ~** obendrein.

bootblack ['bu:tblæk] *n* Schuhputzer *m*.

bootee [bu:'ti:] *n* (*baby's*) gestrickter Babyschuh.

booth [bu:ð] *n* **1.** (*at fair*) (Markt)bude *f or* -stand *m*; (*at show*) (Messe)stand *m*.

2. (*telephone ~*) (offene) Zelle *f*; (*polling ~*, *in cinema, language laboratory*) Kabine *f*; (*in restaurant*) Nische *f*.

bootjack ['bu:tdʒæk] *n* Stiefelknecht *m*; **bootlace** *n* Schnürsenkel *m*; **to pull oneself up by one's own ~s** (*inf*) sich am eigenen Haar herausziehen; **bootleg**

['bu:tleg] **I** *vt* (*US*) (*make*) schwarz brennen (*inf*); (*sell*) schwarz verkaufen; (*transport*) schmuggeln; **II** *adj whisky etc* schwarz gebrannt; **bootlegger** ['bu:t‚legəʳ]*n* (*US*) Bootlegger *m*; (*producer also*) Schwarzbrenner *m*; (*seller also*) Schwarzhändler *m* (mit Alkohol); (*purveyor also*) (Alkohol)schmuggler *m*.

bootlicker ['bu:t‚lɪkəʳ] *n* (*pej inf*) Speichellecker *m* (*pej inf*); **bootmaker** *n* Schuhmacher *m*; **boot polish** *n* Schuhcreme *f*.

booty ['bu:tɪ] *n* (*lit, fig*) Beute *f*.

booze [bu:z] (*inf*) **I** *n* (*alcoholic drink*) Alkohol *m*; (*spirits also*) Schnaps *m*; (*drinking bout*) Sauftour *f* (*inf*). **keep off the ~** laß das Saufen sein (*inf*); **he's gone on the ~ again** er säuft wieder (*inf*).

II *vi* saufen (*inf*). **to go out boozing** saufen gehen (*inf*).

boozed(-up) ['bu:zd(ʌp)] *adj* (*inf*) blau (*inf*), alkoholisiert (*inf*).

boozer ['bu:zəʳ] *n* **1.** (*pej inf: drinker*) Säufer(in *f*) (*pej inf*), Schluckspecht (*inf*) *m*. **2.** (*Brit sl: pub*) Kneipe *f* (*inf*).

booze-up ['bu:zʌp] *n* (*inf*) Besäufnis *nt*.

boozy ['bu:zɪ] *adj* (+*er*) (*inf*) *look, face* versoffen (*inf*). **~ party** Sauferei *f* (*inf*); **~ lunch** Essen *nt* mit reichlich zu trinken.

bop [bɒp] **I** *n* **1.** (*Mus*) Bebop *m*. **2.** (*inf: dance*) Schwof *m* (*inf*). **3.** (*inf: blow*) Knuff (*inf*), Puff (*inf*) *m*. **II** *vi* (*inf: dance*) schwofen (*inf*). **III** *vt* (*inf*) **to ~ sb on the head** jdm eins auf den Kopf geben.

boracic [bə'ræsɪk] *adj* (*Chem*) Bor-, borhaltig.

borage ['bɒrɪdʒ] *n* Borretsch *m*.

borax ['bɔ:ræks] *n* Borax *m*.

border ['bɔ:dəʳ] **I** *n* **1.** (*edge, side: woods, field*) Rand *m*.

2. (*boundary, frontier*) Grenze *f*. **on the French ~** an der französischen Grenze; **on the ~s of France** an der französischen Grenze; **on the ~s of France and Switzerland** an der Grenze zwischen Frankreich und der Schweiz; **the B~s** (*Brit Geog*) *das Grenzgebiet zwischen England und Schottland*; **north/south of the ~** (*Brit*) in/ nach Schottland/England; **~ dispute** Grenzstreitigkeit *f*; (*fighting*) Grenzzwischenfall *m*.

3. (*in garden*) Rabatte *f*.

4. (*edging: on dress*) Bordüre *f*; (*of carpet*) Einfassung *f*; (*of picture*) Umrahmung *f*. **black ~** (*on notepaper*) schwarzer Rand, Trauerrand *m*.

II *vt* **1.** (*line edges of*) *road, path* säumen; *garden, estate etc* begrenzen; (*on all sides*) umschließen.

2. (*land etc*) grenzen an (+*acc*).

◆**border on** *or* **upon** *vi* +*prep obj* (*lit, fig*) grenzen an (+*acc*). **it was ~ing on being rude** das grenzte an Unhöflichkeit.

borderer ['bɔ:dərəʳ] *n* Grenzbewohner *m*.

border guard *n* Grenzsoldat *m*; **border incident** *n* Grenzzwischenfall *m*.

bordering ['bɔ:dərɪŋ] *adj* angrenzend.

borderland ['bɔ:dəlænd] *n* (*lit*) Grenzgebiet *nt*; (*fig*) Grenzbereich *m*; **borderline I** *n* **1.** (*between states, districts*) Grenzlinie, Grenze *f*; **2.** (*fig: between categories, classes etc*) Grenze *f*; **to be on the ~** an der

Grenze liegen, ein Grenzfall sein; **his marks were on the ~ between a pass and a fail** er stand mit seinen Noten auf der Kippe; **II** adj (fig) **a ~ case** ein Grenzfall m; **it was a~ pass/fail** etc ist ganz knapp durchgekommen/durchgefallen; **border town** n Grenzstadt f.

bore[1] [bɔːʳ] **I** vt hole, well, tunnel bohren; rock durchbohren. **II** vi bohren (for nach). **III** n (hole) Bohrloch nt; (of tube, pipe) lichte Weite, Durchmesser m; (of shotgun, cannon) Kaliber nt. **a 12 ~ shotgun** eine Flinte vom Kaliber 12.

bore[2] **I** n **1.** (person) Langweiler m. **what a ~ he is!** das ist ein Langweiler!; **the club/ office ~** der Langweiler vom Dienst.
2. (thing, profession, situation etc) **to be a ~** langweilig sein.
3. (nuisance) **don't be a ~** nun sei doch nicht so (schwierig)!; **this car is such a ~** das Auto ist wirklich eine Plage; **it's such a ~ having to go** es ist wirklich zu dumm or lästig, daß ich etc gehen muß.
II vt langweilen. **to ~ sb stiff** or **to death** or **to tears, to ~ the pants off sb** (inf) jdn zu Tode langweilen; **to be/get ~d** sich langweilen; **I'm ~d** mir ist es langweilig, ich langweile mich; **he is/gets ~d with her/ his job** sie/seine Arbeit langweilt ihn; **he was ~d with reading/life** er war des Lesens/Lebens überdrüssig (geh).

bore[3] pret of **bear**[1].

bore[4] n (tidal wave) Flutwelle f.

boredom ['bɔːdəm] n Lang(e)weile f; (boringness) Stumpfsinn m, Langweiligkeit f. **with a look of utter ~ on his face** mit einem völlig gelangweilten Gesichtsausdruck.

bore-hole ['bɔːhəʊl] n Bohrloch nt.

borer ['bɔːrəʳ] n (Tech) Bohrer m; (insect) Bohrkäfer m.

boric ['bɔːrɪk] adj (Chem) Bor-.

boring[1] ['bɔːrɪŋ] **I** n (Tech) (act) Bohren nt; (hole) Bohrloch nt. **II** adj ~ **machine** Bohrmaschine f.

boring[2] adj langweilig.

born [bɔːn] **I** ptp of **bear**[1] **I 8. to be ~** geboren werden; (fig) entstehen; (idea) geboren werden; **I was ~ in 1948** ich bin or wurde 1948 geboren; **when were you ~?** wann sind Sie geboren?; **to be ~ again** wiedergeboren werden; **every baby ~ into the world** jedes Kind, das auf die Welt kommt; **he was ~ to a life of hardship/into a rich family** er wurde in ein schweres Leben/eine reiche Familie hineingeboren; **to be ~ lucky/deaf** unter einem glücklichen Stern/taub geboren sein; **he was just ~ to be Prime Minister** er war zum Ministerpräsidenten geboren; **I wasn't ~ yesterday** (inf) ich bin nicht von gestern (inf); **there's one ~ every minute!** (fig inf) die Dummen werden nicht alle!; **he was ~ of poor parents** er war das Kind armer Eltern; **with that confidence ~ of experience** mit dem aus Erfahrung hervorgegangenen Selbstvertrauen.
II adj suf **1.** (native of) **he is Chicago-~** er ist ein gebürtiger or geborener Chicagoer; **his foreign-/French-~ wife** seine Frau, die Ausländerin/gebürtige Französin ist.

2. (of certain parentage) **high-/low-~** von vornehmer/niedriger Geburt.
III adj geboren. **he is a ~ poet/teacher** er ist der geborene Dichter/Lehrer; **an Englishman ~ and bred** ein echter Engländer; **in all my ~ days** (inf) in meinem ganzen Leben.

borne [bɔːn] ptp of **bear**[1].

boron ['bɔːrɒn] n (abbr **B**) Bor nt.

borough ['bʌrə] n **1.** (also **municipal ~**) Bezirk m, Stadtgemeinde f. **2.** (Parl) städtischer Wahlbezirk.

borrow ['bɒrəʊ] **I** vt **1.** (sich dat) borgen, sich (dat) leihen (from von); **£500** (from bank), car sich (dat) leihen; library book ausleihen; word entlehnen; (fig) idea, methodology borgen (inf), übernehmen (from von), **to ~ money from the bank/ another country** Kredit bei der Bank/eine Anleihe bei einem anderen Land aufnehmen; **~ed word** Lehnwort nt; **he is living on ~ed time** seine Uhr ist abgelaufen.
2. (Math: in subtraction) borgen (inf).
II vi borgen; (from bank) Kredit aufnehmen.

borrower ['bɒrəʊəʳ] n Entleiher(in f) m; (of capital, loan etc) Kreditnehmer(in f) m. **he's a terrible ~** er borgt ständig.

borrowing ['bɒrəʊɪŋ] n see vt Borgen, Leihen nt; Leihen nt; Ausleihen nt; Entlehnung f; Übernahme f.

borstal ['bɔːstl] n (Brit Jur) Jugendheim nt, Besserungsanstalt f.

borzoi ['bɔːzɔɪ] n Barsoi m.

bo's'n ['bəʊsn] n see **boatswain**.

bosom ['bʊzəm] **I** n **1.** (lit, fig: of person) Busen m. **to lay bare one's ~ to sb** (fig liter) jdm sein Innerstes offenbaren (liter).
2. (of dress) Brustteil m. **3.** (fig) **in the ~ of his family** im Schoß der Familie; **deep in the ~ of the earth** (liter) tief im Schoße der Erde (liter). **II** adj attr friend etc Busen-.

Bosp(h)orus ['bɒsfərəs, bɒspərəs] n: **the ~** der Bosporus.

boss[1] [bɒs] n Chef, Boß (inf) m. **industrial/ union ~es** Industrie-/Gewerkschaftsbosse pl (inf); **his wife is the ~** seine Frau hat das Sagen; **OK, you're the ~** in Ordnung, du hast zu bestimmen.

♦**boss about** or **around** vt sep (inf) rumkommandieren (inf).

boss[2] n (knob on shield) Buckel m; (Archit) Bosse f.

boss-eyed [bɒs'aɪd] adj (inf) schielend attr.

bossiness ['bɒsɪnɪs] n Herrschsucht f, herrische Art.

bossy ['bɒsɪ] adj (+er) herrisch. **don't you get ~ with me!** kommandier mich nicht so rum! (inf).

bosun ['bəʊsn] n see **boatswain**.

BOT (Brit) abbr of **Board of Trade**.

botanical [bə'tænɪkəl] adj botanisch, Pflanzen-. **~ gardens** botanischer Garten.

botanist ['bɒtənɪst] n Botaniker(in f) m.

botany ['bɒtənɪ] n Botanik f.

botch [bɒtʃ] (inf) **I** vt (also ~ **up**) verpfuschen, vermurksen (inf); plans etc vermasseln (inf). **II** n Murks (inf), Pfusch (inf) m. **to make a ~ of sth** etw verpfuschen/vermasseln (inf).

botch-up ['bɒtʃʌp] (inf) **I** n see **botch** II. **II** adj attr job vermurkst (inf), verpfuscht.

botchy ['bɒtʃɪ] *adj* (+*er*) (*inf*) verpfuscht, vermurkst (*inf*).

both [bəʊθ] **I** *adj* beide. ~ (**the**) **boys** beide Jungen; *see* **way**.

II *pron* beide; (*two different things*) beides. ~ **of them were there, they were** ~ **there** sie waren (alle) beide da; **two pencils/a pencil and a picture — he took** ~ zwei Bleistifte/ein Bleistift und ein Bild — er hat beide/beides genommen; ~ **of these answers are wrong** beide Antworten sind falsch; **come in** ~ **of you** kommt die herein; **I meant** ~ **of you** ich habe euch beide gemeint.

III *adv* ~ ... **and** ... sowohl ..., als auch ...; ~ **you and I** wir beide; **John and I** ~ **came** John und ich sind beide gekommen; **she was** ~ **laughing and crying** sie lachte und weinte zugleich *or* gleichzeitig; **I'm** ~ **pleased and not pleased** ich freue mich und auch wieder nicht; **you and me** ~ (*esp US inf*) wir zwei beide (*inf*).

bother ['bɒðəʳ] **I** *vt* **1.** (*annoy, trouble: person, noise*) belästigen; (*sb's behaviour, tight garment, hat, long hair*) ärgern, stören; (*cause disturbance to: light, noise, sb's presence, mistakes etc*) stören; (*give trouble: back, teeth etc*) zu schaffen machen (+*dat*); (*worry*) Sorgen machen (+*dat*); (*matter, problem, question*) beschäftigen, keine Ruhe lassen (+*dat*). **I'm sorry to** ~ **you but** ... es tut mir leid, daß ich Sie damit belästigen muß, aber ...; **well I'm sorry I** ~**ed you** entschuldigen Sie, daß ich (überhaupt) gefragt habe; **don't** ~ **your head about that** zerbrechen Sie sich (*dat*) darüber nicht den Kopf; **don't** ~ **yourself about that** machen Sie sich (*dat*) darüber mal keine Gedanken *or* Sorgen; **I shouldn't let it** ~ **you** machen Sie sich mal keine Sorgen; **don't** ~ **me!** laß mich in Frieden!; **could I** ~ **you for a light?** dürfte ich Sie vielleicht um Feuer bitten?; **one thing is still** ~**ing him** eins stört ihn noch; **what's** ~**ing you?** was haben Sie denn?; *see* **hot**.

2. I/he can't be ~**ed** ich habe/er hat keine Lust; **I can't be** ~**ed with people like him/opera** für solche Leute/für Opern habe ich nichts übrig; **he can't be** ~**ed about** *or* **with small matters like that** mit solchen Kleinigkeiten gibt er sich nicht ab; **do you want to stay or go? — I'm not** ~**ed** willst du bleiben oder gehen? — das ist mir egal; **I'm not** ~**ed about him/the money** seinetwegen/wegen des Geldes mache ich mir keine Gedanken.

II *vti* (*take trouble to do*) **don't** ~ Sie brauchen nicht (zu) fragen; **don't** ~! nicht nötig!; **I won't** ~ **to ask** *you* **again!** dich werde ich bestimmt nicht mehr fragen!; **she didn't even** ~ **to ask/check** sie hat gar nicht erst gefragt/nachgesehen; **please don't** ~ **to get up** bitte, bleiben Sie doch sitzen; **really you needn't have** ~**ed!** das wäre aber wirklich nicht nötig gewesen!

III *vi* sich kümmern (*about* um); (*get worried*) sich Sorgen machen (*about* um). **don't** ~ **about me!** machen Sie sich meinetwegen keine Sorgen; (*sarcastic*) ist ja egal, was ich will; **to** ~ **with sb** sich mit jdm abgeben; **he/it is not worth** ~**ing**

about über ihn/darüber brauchen wir gar nicht zu reden, er/das ist nicht der Mühe wert; **I'm not going to** ~ **with that** das lasse ich.

IV *n* **1.** (*nuisance*) Plage *f*. **it's such a** ~ das ist wirklich lästig *or* eine Plage; **I've forgotten it, what a** ~ ich habe es vergessen, wie ärgerlich *or* so was Ärgerliches; **I know it's an awful** ~ **for you but** ... ich weiß, daß Ihnen das fürchterliche Umstände macht, aber ...

2. (*trouble, contretemps etc*) Ärger *m*; (*difficulties*) Schwierigkeiten *pl*. **she's in a spot of** ~ sie hat Schwierigkeiten; **we had a spot** *or* **bit of** ~ **with the car** wir hatten Ärger mit dem Auto; **I didn't have any** ~ **getting the visa** es war kein Problem, das Visum zu bekommen; **that's all right, it's no** ~ bitte schön, das tue ich doch gern; **it wasn't any** ~ (*don't mention it*) das ist gern geschehen; (*not difficult*) das war ganz einfach; **the children were no** ~ **at all** wir hatten mit den Kindern überhaupt keine Probleme; **to go to a lot of** ~ **to do sth** sich (*dat*) mit etw viel Mühe geben; **please don't put yourself to any** ~ **on my account** machen Sie meinetwegen keine Umstände.

V *interj* Mist (*inf*). ~ **that man!** zum Kuckuck mit ihm! (*inf*).

botheration [ˌbɒðə'reɪʃən] *interj* verflixt und zugenäht (*inf*).

bothersome ['bɒðəsəm] *adj* lästig; *child* unleidlich.

Botswana [ˌbɒt'swɑːnə] *n* Botswana *nt*.

bottle ['bɒtl] **I** *n* **1.** Flasche *f*. **a** ~ **of wine** eine Flasche Wein.

2. (*fig inf: drink*) Flasche *f* (*inf*). **to be on/off the** ~ trinken/nicht mehr trinken; **to take to the** ~ zur Flasche greifen.

II *vt* in Flaschen abfüllen.

◆**bottle up** *vt sep emotion* in sich (*dat*) aufstauen, in sich (*acc*) hineinfressen (*inf*). **there's a lot of hate** ~**d** ~ **inside her** es ist viel aufgestauter Haß in ihr.

bottled ['bɒtld] *adj wine* in Flaschen (abgefüllt); *gas* in Flaschen; *beer* Flaschen-; *fruit* eingemacht.

bottle-fed ['bɒtlfed] *adj* **he is** ~ er wird aus der Flasche ernährt; **a** ~ **baby** ein Flaschenkind *nt*; **bottle-feed** *vt irreg* aus der Flasche ernähren; **bottle green I** *adj* flaschengrün; **II** *n* Flaschengrün *nt*; **bottleneck** *n* (*lit, fig*) Engpaß *m*; **bottle opener** *n* Flaschenöffner *m*; **bottle party** *n* Bottle-Party *f*; **bottle rack** *n* Flaschengestell *nt*; **bottle-washer** *n* Flaschenreiniger *m*.

bottling ['bɒtlɪŋ] *n* Abfüllen *nt*; (*of fruit*) Einmachen *nt*. ~ **plant** Abfüllanlage *f*.

bottom ['bɒtəm] **I** *n* **1.** (*lowest part*) (*of receptacle, box, glass*) Boden *m*; (*of mountain, pillar, spire*) Fuß *m*; (*of well, canyon*) Grund *m*; (*of page, screen, wall*) unteres Ende; (*of list, road*) Ende *nt*; (*of trousers*) unteres Beinteil; (*of dress*) Saum *m*. **trousers with wide** ~**s** unten ausgestellte Hosen; **the** ~ **of the league** das Tabellenende; **which end is the** ~? wo ist unten?; **the** ~ **of the tree/page/list/wall etc is** ... der Baum/die Seite/Liste/Wand etc ist unten ...; **at the** ~ **of the page/list/**

league/hill/wall/tree etc unten auf der Seite/Liste/in der Tabelle/am Berg/an der Wand/am Baum etc; **at the ~ of the canyon** unten in der Schlucht; **at the ~ of the mountain** am Fuß des Berges; **to be (at the) ~ of the class** der/die Letzte in der Klasse sein; **he's near the ~ in English** in Englisch gehört er zu den Schlechtesten; **at the ~ of the garden** hinten im Garten; **at the ~ of the table/road** am unteren Ende des Tisches/am Ende der Straße; **~(s) up!** hoch die Tassen! (inf); **from the ~ of my heart** aus tiefstem Herzen; **he took a card from the ~ of the pack** er nahm eine Karte unten aus dem Stapel; **your books would have to be right at the ~!** deine Bücher müssen natürlich ganz unten sein!; **at ~** (fig) im Grunde; **to knock the ~ out of an argument** ein Argument gründlich widerlegen; **the ~ fell out of his world** (inf) für ihn brach alles zusammen; **the ~ fell out of the market** der Markt ist zusammengebrochen.

2. (underneath, underside) Unterseite f, untere Seite. **on the ~ of the tin/ashtray** unten an der Dose/am Aschenbecher.

3. (of sea, lake, river) Grund, Boden m. **at the ~ of the sea** auf dem Meeresboden or -grund (geh); **to send a ship to the ~** ein Schiff versenken; **the ship went to the ~** das Schiff sank auf den Grund.

4. (of chair) Sitz m, Sitzfläche f.

5. (of person) Hintern (inf), Po (inf) m; (of trousers etc) Hosenboden m.

6. (fig: causally) **to be at the ~ of sth** (person) hinter etw (dat) stecken; (thing) einer Sache (dat) zugrunde liegen; **to get to the ~ of sth** einer Sache (dat) auf den Grund kommen, hinter etw (acc) kommen; **let's get to the ~ of the matter** wir wollen der Sache auf den Grund gehen.

7. (Naut: of ship) Boden m. **the ship floated ~ up** das Schiff trieb kieloben.

8. (Brit Aut: gear) erster Gang. **in ~** im ersten Gang.

9. (US: low land) ~s Ebene f.

II adj attr (lower) untere(r, s); (lowest) unterste(r, s); (price) niedrigste(r, s); (Fin) Tiefst-; (pupil) schlechteste(r, s). ~ **half** (of box) untere Hälfte; (of list, class) zweite Hälfte.

♦**bottom out** vi (market, prices, graph) den tiefsten Stand erreichen (at bei).

bottom drawer n (Brit) **to put sth away in one's ~** etw für die Aussteuer beiseite legen; **bottom gear** n (Brit Aut) erster Gang; **we're still in ~** (inf) wir sind immer noch richtig auf Touren gekommen (inf); **bottomless** adj (lit) bodenlos; (fig) despair tiefste(r, s); **a ~ pit** (fig) ein Faß ohne Boden; **bottommost** adj allerunterste(r, s).

botulism ['bɒtjʊlɪzəm] n Nahrungsmittelvergiftung f, Botulismus m.

bouffant ['buːfɔ̃ːŋ] adj hairstyle aufgetürmt.

bougainvillea [ˌbuːgən'vɪlɪə] n Bougainvillea f.

bough [baʊ] n Ast m.

bought [bɔːt] pret, ptp of **buy**.

bouillon ['buːjɔ̃ːŋ] n Bouillon f.

boulder ['bəʊldə^r] n Felsblock m.

boulder clay n (Geol) Geschiebelehm m.

boulevard ['buːləvɑː^r] n Boulevard m.

bounce [baʊns] **I** vi **1.** (ball etc) springen; (Sport: ball) aufspringen; (chins, breasts etc) wackeln. **rubber ~s** Gummi federt; **the child ~d up and down on the bed** das Kind hüpfte auf dem Bett herum; **the car ~d along the bumpy road** das Auto holperte die schlechte Straße entlang; **he came bouncing into the room** er kam munter ins Zimmer.

2. (inf: cheque) platzen (inf).

II vt **1.** aufprallen lassen, prellen (Sport). **he ~d the ball against the wall** er warf den Ball gegen die Wand; **he ~d the baby on his knee** er ließ das Kind auf den Knien reiten.

2. (sl: throw out) rausschmeißen (inf).

III n **1.** (of ball: rebound) Aufprall m. **to hit a ball on the ~** den Ball beim Aufprall nehmen; **count the number of ~s** zählen Sie, wie oft der Ball etc aufspringt.

2. no pl (of ball) Sprungkraft f; (of hair also, rubber) Elastizität f; (inf: of person) Schwung m (inf).

♦**bounce back I** vt sep ball zurückprallen lassen. **II** vi abprallen, zurückprallen; (fig inf: person) sich nicht unterkriegen lassen (inf); (to boyfriend) zurückkommen.

♦**bounce off I** vt always separate **to ~ sth ~ sth** etw von etw abprallen lassen; radio waves etc etw an etw (dat) reflektieren; **to ~ an idea ~ sb** (fig inf) eine Idee an jdm testen (inf). **II** vi abprallen; (radio waves) reflektieren.

bouncer ['baʊnsə^r] n (inf) Rausschmeißer m (inf).

bouncing ['baʊnsɪŋ] adj ~ **baby** strammer Säugling.

bouncy ['baʊnsɪ] adj (+er) **1.** ball gut springend; mattress, step federnd; springs, hair elastisch; ride holpernd. **2.** (fig inf: exuberant) vergnügt und munter.

bound[1] [baʊnd] **I** n usu pl (lit, fig) Grenze f. **to keep within ~s** innerhalb der Grenzen bleiben; **to keep within the ~s of propriety** den Anstand wahren; **within the ~s of probability** im Bereich des Wahrscheinlichen; **there are no ~s to his ambition** sein Ehrgeiz kennt keine Grenzen; **the pub is out of ~s** das Betreten des Lokals ist verboten.

II vt usu pass country begrenzen; area also abgrenzen.

bound[2] **I** n Sprung, Satz m; see **leap**.

II vi springen; (rabbit) hoppeln. **to ~ in/away/back** herein-/weg-/zurückspringen.

bound[3] **I** pret, ptp of **bind**. **II** adj **1.** gebunden. ~ **hand and foot** an Händen und Füßen gebunden.

2. book gebunden. **paper-~,** ~ **in paper** broschiert; ~ **in boards** kartoniert.

3. ~ **variable** (Math) abhängige Variable; ~ **form** (Ling) gebundene Form.

4. (sure) **to do sth** etw bestimmt tun; **but then of course he's ~ to say that** das muß er ja sagen; **it's ~ to happen** das muß so kommen.

5. (obliged) person verpflichtet; (by contract, word, promise) gebunden. **but I'm ~ to say ...** (inf) aber ich muß schon sagen ...; **I'm not ~ to agree** ich muß nicht zwangsläufig zustimmen.

bound⁴ *adj pred* to be ~ **for London** (*heading for*) auf dem Weg nach London sein, nach London unterwegs sein; (*ship also*) nach London bestimmt sein; (*about to start*) (*ship, plane, lorry etc*) nach London gehen; (*person*) nach London reisen wollen; **the plane/all passengers ~ for London will ...** das Flugzeug/alle Passagiere nach London wird/werden ...; **two hitchhikers ~ for Scotland** zwei Tramper auf dem Weg nach Schottland; **where are you ~ for?** wohin geht die Reise?, wohin wollen Sie?; **we were northward-/California-~** wir waren nach Norden/Kalifornien unterwegs.

boundary ['baʊndərɪ] *n* Grenze *f*; (*Cricket*) Spielfeldgrenze *f*. **to hit/score a ~** den Ball über die Spielfeldgrenze schlagen/4 oder 6 Punkte für einen Schlag über die Spielfeldgrenze erzielen.

boundary line *n* Grenzlinie *f*; (*Sport*) Spielfeldgrenze *f*.

bounden ['baʊndən] *adj*: ~ **duty** (*old, liter*) Pflicht und Schuldigkeit *f* (*geh*).

boundless ['baʊndlɪs] *adj* grenzenlos.

bounteous ['baʊntɪəs], **bountiful** ['baʊntɪfʊl] *adj* großzügig; *sovereign, god* gütig; *harvest, gifts* (über)reich.

bounteousness ['baʊntɪəsnɪs], **bountifulness** ['baʊntɪfʊlnɪs] *n see adj* Großzügigkeit *f*; Güte *f*; reiche Fülle (*geh*).

bounty ['baʊntɪ] *n* **1.** (*generosity*) Freigebigkeit *f*; (*of nature*) reiche Fülle (*geh*). **2.** (*gift*) großzügige *or* reiche Gabe (*geh*). **3.** (*reward money*) Kopfgeld *nt*.

bouquet ['bʊkeɪ] *n* **1.** Strauß *m*, Bukett *nt* (*geh*). ~ **garni** (*Cook*) Kräutermischung *f*. **2.** (*of wine*) Bukett *nt*, Blume *f*.

Bourbon ['bʊəbən] *n* (*Hist*) Bourbone *m*, Bourbonin *f*.

bourbon ['bɜːbən] *n* (*also ~ whisky*) Bourbon *m*.

bourgeois ['bʊəʒwɑː] **I** *n* Bürger(in *f*), Bourgeois (*esp Sociol*) *m*; (*pej*) Spießbürger(in *f*), Spießer *m*. **II** *adj* bürgerlich; (*pej*) spießbürgerlich, spießig.

bourgeoisie [,bʊəʒwɑː'ziː] *n* Bürgertum *nt*, Bourgeoisie *f*.

bout [baʊt] *n* **1.** (*of flu etc*) Anfall *m*; (*of negotiations*) Runde *f*. **a ~ of fever/rheumatism** ein Fieber-/Rheumaanfall *m*; **a drinking ~** eine Zecherei. **2.** (*Boxing, Wrestling, Fencing*) Kampf *m*. **to have a ~ with sb** einen Kampf mit jdm austragen.

boutique [buː'tiːk] *n* Boutique *f*.

bovine ['bəʊvaɪn] **I** *adj* (*lit*) Rinder-; *appearance* rinderartig; (*fig*) stupide, einfältig. **II** *n* Rind *nt*.

bovver ['bɒvəʳ] *n* (*Brit sl*) Schlägerei *f* (*inf*). ~ **boots** Rockerstiefel *pl*; ~ **boys** Rocker *pl*; (*gang*) Rollkommando *nt* (*inf*).

bow¹ [bəʊ] **I** *n* **1.** (*for shooting arrows*) Bogen *m*. **a ~ and arrow** Pfeil und Bogen *pl*. **2.** (*Mus*) Bogen *m*. **3.** (*knot: of ribbon etc*) Schleife *f*. **II** *vi* (*Mus*) den Bogen führen. **III** *vt* (*Mus*) streichen.

bow² [baʊ] **I** *n* (*with head, body*) Verbeugung *f*; (*by young boy*) Diener *m*. **II** *vi* **1.** sich verbeugen, sich verneigen (*geh*) (*to sb* vor jdm); (*young boy*) einen

Diener machen. **to ~ and scrape** katzbuckeln (*pej*), liebedienern (*pej*). **2.** (*bend: branches etc*) sich biegen. **3.** (*fig: defer, submit*) sich beugen (*before* vor +*dat*, *under* unter +*dat*, *to* dat). **I ~ to your greater knowledge** ich beuge mich deinem besseren Wissen; **to ~ to the inevitable** sich in das Unvermeidliche fügen.
III *vt* **1.** **to ~ one's head** den Kopf senken; (*in prayer*) sich verneigen.
2. (*bend*) *branches etc*. **old age had not ~ed his head/him** er war vom Alter ungebeugt (*geh*).
◆**bow down** *vi* (*lit*) sich beugen *or* neigen.
to ~ ~ to *or* **before sb** (*fig*) sich jdm beugen.
◆**bow out I** *vi* (*fig*) sich verabschieden.
II *vt sep* unter Verbeugungen hinausgeleiten.

bow³ [baʊ] *n*, **~s** *npl* Bug *m*. **in the ~s im** Bug; **on the port/starboard ~** backbord(s)/steuerbord(s) voraus.

bowel ['baʊəl] *n usu pl* **1.** (*Anat*) (*of person*) Eingeweide *nt usu pl*, Gedärm *nt usu pl*; (*of animal also*) Innereien *pl*. **a ~ movement** Stuhl(gang) *m*.
2. (*fig*) **the ~s of the earth/ship** *etc* das Erdinnere/Schiffsinnere *etc*.

bower ['baʊəʳ] *n* Laube *f*.

bowing ['baʊɪŋ] *n* (*Mus*) Bogenführung *f*.

bowl¹ [bəʊl] *n* **1.** Schüssel *f*; (*smaller, shallow also, finger~*) Schale *f*; (*for sugar etc*) Schälchen *nt*; (*for animals, prisoners also*) Napf *m*; (*punch ~*) Bowle *f*; (*wash~ also*) Becken *nt*. **a ~ of milk** eine Schale/ein Napf Milch.
2. (*of pipe*) Kopf *m*; (*of spoon*) Schöpfteil *m*; (*of lavatory*) Becken *nt*; (*of lamp*) Schale *f*; (*of wineglass*) Kelch *m*.
3. (*Geog*) Becken *nt*.
4. (*US: stadium*) Stadion *nt*.

bowl² **I** *n* (*Sport: ball*) Kugel *f*; *see also* **bowls.**
II *vi* **1.** (*Bowls*) Bowling/Boccia/Boule spielen; (*tenpin*) bowlen, Bowling spielen; (*skittles*) kegeln.
2. (*Cricket*) (*mit gestrecktem Arm*) werfen.
3. (*travel: car, cycle etc*) brausen (*inf*).
III *vt* **1.** (*roll*) *ball* rollen.
2. (*Cricket*) *ball* werfen; *batsman* ausschlagen.
◆**bowl along** *vi* dahergerauscht kommen/dahinrauschen (*prep obj* auf +*dat*) (*inf*).
◆**bowl out** *vt sep* (*Cricket*) ausschlagen.
◆**bowl over** *vt sep* **1.** (*lit*) (*with ball etc*) umwerfen; (*in car etc*) umfahren.
2. (*fig*) umwerfen, umhauen (*inf*). **to be ~ed ~** sprachlos *or* platt (*inf*) sein; **he was ~ed ~ by the news/her/the idea** die Nachricht/sie/die Idee hat ihn (*einfach*) überwältigt *or* umgehauen (*inf*).

bow-legged ['bəʊlegd] *adj* O-beinig; **bow-legs** *npl* O-Beine *pl*.

bowler¹ ['bəʊləʳ] *n* (*Sport*) **1.** Bowlingspieler(in *f*) *m*; (*of bowls also*) Boccia-/Boulespieler(in *f*) *m*. **2.** (*Cricket*) Werfer *m*.

bowler² *n* (*Brit*) (*also ~ hat*) Melone *f*.

bowline ['bəʊlɪn] *n* Palstek, Pfahlstek *m*; (*rope*) Bulin(e) *f*.

bowling [ˈbəʊlɪŋ] n **1.** (*Cricket*) Werfen nt. **renowned for his fast** ~ für seine schnellen Bälle berühmt. **2.** (*tenpin* ~) Bowling nt; (*skittles*) Kegeln nt. **to go** ~ bowlen/kegeln gehen.

bowling alley n Bowlingbahn f; **bowling green** n Spiel- or Rasenfläche f für Bowling/Boccia/Boule.

bowls [bəʊlz] n Bowling nt; (*Italian, German*) Boccia nt; (*French*) Boule nt.

bows npl see **bow³**.

bowstring [ˈbəʊstrɪŋ] n (*Mus*) (Bogen)bezug m; (*in archery*) (Bogen)sehne f; **bow tie** n Fliege f; **bow window** n Erkerfenster nt.

bow-wow [ˈbaʊwaʊ] n (*dog*) Wauwau m.

box¹ [bɒks] I vti (*Sport*) boxen. II vt to ~ **sb's ears** or **sb on the ears** jdn ohrfeigen, jdm eine Ohrfeige geben. III n a ~ **on the ear** or **round the ears** eine Ohrfeige.

box² n (*Bot*) Buchsbaum m.

box³ I n **1.** (*made of wood or strong cardboard*) Kiste f; (*cardboard* ~) Karton m; (*made of light cardboard,* ~ *of matches*) Schachtel f; (*snuff~, cigarette* ~ *etc, biscuit tin*) Dose f; (*of crackers, chocolates etc*) Packung, Schachtel f; (*jewellery* ~) Schatulle f, Kasten m; (*tool* ~) (Werkzeug)kasten m; (*ballot* ~) Urne f; (*money* ~) (*with lid and lock*) Kassette f; (*for saving*) Sparbüchse or -dose f; (*collection* ~) (Sammel)büchse f; (*in church*) Opferbüchse f; (*fixed to wall etc*) Opferstock m.

2. (*two-dimensional*) (umrandetes) Feld; (*Baseball*) Box f; (*in road junction*) gelb schraffierter Kreuzungsbereich. **draw a** ~ **round it** umranden Sie es; **do not enter the** ~ (**unless the exit is clear**) (bei Stau) nicht in die Kreuzung einfahren.

3. (*area of seating etc*) (*Theat*) Loge f; (*jury* ~) Geschworenenbank f; (*witness* ~) Zeugenstand m; (*press* ~) Pressekabine f; (*outside*) Pressetribüne f; (*in court*) Pressebank f.

4. (*Tech: housing*) Gehäuse nt.

5. (*building*) (*sentry* ~) Schilderhaus nt; (*signal* ~) Häuschen nt.

6. (*horse* ~) Box f.

7. (*Brit: pillar* ~) (Brief)kasten m.

8. (*Brit: phone* ~) Zelle f.

9. (*Brit inf: TV*) Glotze f (inf), Glotzkasten m (inf). **what's on the** ~? was gibt's im Fernsehen?; **I was watching the** ~ ich habe in die Röhre geguckt (inf).

10. (*Brit: money*) Geldgeschenk nt.

II vt **1.** (in eine(r) Schachtel etc) verpacken.

2. to ~ **the compass** (*Naut*) alle Kompaßpunkte der Reihe nach aufzählen.

◆**box in** vt sep **1.** competitor, player in die Zange nehmen; parked car einklemmen; (fig) einengen, keinen or zuwenig Spielraum lassen (+dat). **2.** bath etc verkleiden; (with wood also) verschalen.

◆**box off** vt sep abteilen, abtrennen.

◆**box up** vt sep einsperren.

box bed n Klappbett nt; **box calf** n Boxkalf nt; **box camera** n Box f; **boxcar** n (*US Rail*) (geschlossener) Güterwagen.

boxer [ˈbɒksə^r] n **1.** (*Sport*) Boxer m. **2.** (*dog*) Boxer m.

boxing [ˈbɒksɪŋ] n Boxen nt.

boxing in cpds Box-; **B~ Day** n (*Brit*) zweiter Weihnachts(feier)tag; ~ **match** n Boxkampf m; ~ **ring** n Boxring m.

box junction n (*Mot*) gelbschraffierte Kreuzung (, in die bei Stau nicht eingefahren werden darf); **box kite** n Kastendrachen m; **box number** n Chiffre f; (at post office) Postfach nt; **box office** I n Kasse, Theater-/Kinokasse f; **to be good** ~ ein Kassenschlager sein; II attr ~ **success/hit/attraction** Kassenschlager m; **box pleat** n Kellerfalte f; **boxroom** n (*Brit*) Abstellraum m; **box spanner** n Steckschlüssel m; **boxwood** n Buchsbaum-(holz nt) m.

boy [bɔɪ] n **1.** (*male child*) Junge, Bub (dial) m. **bad** or **naughty** ~! du frecher Bengel!; (to animal) böser Hund! etc; **the Jones** ~ der Junge von Jones; ~**s will be** ~**s** Jungen sind nun mal so; see **old** ~.

2. (inf: fellow) Knabe m (inf). **the old** ~ (boss) der Alte (inf); (father) mein etc alter Herr.

3. (friend) **the** ~**s** meine/seine Kumpels; **our** ~**s** (team) unsere Jungs; **jobs for the** ~**s** Vetternwirtschaft f.

4. (native servant, lift~) Boy m; (messenger ~, ship ~) Junge m; (butcher's etc ~) (Lauf)junge m; (page ~) (Hotel)boy m; (stable ~) Stalljunge m.

5. oh ~! (inf) Junge, Junge! (inf).

boycott [ˈbɔɪkɒt] I n Boykott m. **to put a** ~ **on sth** den Boykott über etw (acc) verhängen. II vt boykottieren.

boyfriend [ˈbɔɪfrend] n Freund m; **boyhood** n Kindheit f; (as teenager) Jugend(zeit) f.

boyish [ˈbɔɪʃ] adj jungenhaft; (of woman) figure, appearance knabenhaft.

boy scout n Pfadfinder m; **Boy Scouts** n sing Pfadfinder pl.

BR abbr of **British Rail**.

bra [brɑː] n abbr of **brassière** BH m.

brace¹ [breɪs] n, pl - (pair: of pheasants etc) Paar nt.

brace² I n **1.** (*Build*) Strebe f.

2. (tool) (wheel ~) Radschlüssel m; (to hold bit) Bohrwinde f. ~ **and bit** Bohrer m (mit Einsatz).

3. (on teeth) Klammer, Spange f.

II vt **1.** (ab)stützen; (horizontally) verstreben; (in vice etc) verklammern.

2. (climate etc: invigorate) stärken, kräftigen.

III vr sich bereit halten; (fig) sich wappnen (geh), sich bereit machen. **to** ~ **oneself for sth** sich auf etw (acc) gefaßt machen.

bracelet [ˈbreɪslɪt] n **1.** Armband nt; (bangle) Armreif(en) m; (ankle ~) Fußreif(en) m. **2.** ~**s** pl (inf: handcuffs) Handschellen pl.

bracer [ˈbreɪsə^r] n **1.** (inf: drink) kleine Stärkung, Schnäpschen nt. **2.** (*Sport*) Armschutz m.

braces [ˈbreɪsɪz] npl (*Brit*) Hosenträger pl. **a pair of** ~ (ein Paar) Hosenträger.

bracing [ˈbreɪsɪŋ] adj belebend, anregend.

bracken [ˈbrækən] n Adlerfarn m.

bracket [ˈbrækɪt] I n **1.** (angle ~) Winkelträger m; (for shelf) (Regal)träger m; (*Archit*) Konsole f; (of stone) Kragstein m.

2. (*gas* ~) Anschluß *m*; (*for electric light*) (Wand)arm *m*.

3. (*Typ, Mus*) Klammer *f*.

4. (*group*) Gruppe, Klasse *f*. **the lower income** ~ die untere Einkommensgruppe; **tax** ~ Steuerklasse *f*.

II *vt* **1.** (*put in* ~s) einklammern.

2. (*also* ~ **together**) (*join by* ~s) mit einer Klammer verbinden; (*Mus also*) mit einer Akkolade verbinden; (*fig: group together*) zusammenfassen.

brackish ['brækɪʃ] *adj water* brackig.

brag [bræg] I *vi* prahlen, angeben (*about, of* mit). II *vt* prahlen, daß, damit angeben, daß. III *n* **1.** (*boast*) Prahlerei, Angeberei *f*. **2.** (*inf*) see **braggart**.

braggart ['brægət] *n* Prahler, Angeber *m*.

braid [breɪd] I *n* **1.** (*of hair*) Flechte *f* (*geh*), Zopf *m*. **2.** (*trimming*) Borte *f*; (*self-coloured*) Litze *f*. **3.** (*Mil*) Tressen *pl*. **gold** ~ Goldtressen *pl*. **4.** (*to tie hair*) (Haar)-band *nt*. II *vt* **1.** (*plait*) *hair, straw etc* flechten. **2.** (*trim*) mit einer Borte besetzen. **3.** (*tie up with braid*) *hair* binden.

braille [breɪl] I *n* Blinden- *or* Brailleschrift *f*. II *adj* Blindenschrift-. ~ **library** Blindenbücherei *f*.

brain [breɪn] I *n* **1.** (*Anat, of machine*) Gehirn *nt*. **he's got sex/cars on the** ~ (*inf*) er hat nur Sex/Autos im Kopf; **I've got that tune on the** ~ (*inf*) das Lied geht *or* will mir nicht aus dem Kopf.

2. ~**s** *pl* Gehirn *nt*; (*Cook*) Hirn *nt*.

3. (*mind*) Verstand *m*. ~**s** *pl* (*intelligence*) Intelligenz *f*, Grips *m* (*inf*), Köpfchen *nt* (*inf*); **to have a good** ~ einen klaren Verstand haben; **he has** ~**s** er ist intelligent, er hat Grips (*inf*) *or* Köpfchen (*inf*); **he's the** ~**s of the family** er ist der Schlauste in der Familie; **you're the one with the** ~**s** du bist doch der Schlaue *or* Intelligente hier; **use your** ~**s** streng mal deinen Kopf *or* Grips (*inf*) an.

** to den Schädel einschlagen** (*sb* jdm).

brainchild ['breɪntʃaɪld] *n* Erfindung *f*; (*idea*) Geistesprodukt *nt*; **brain drain** *n* Abwanderung *f* von Wissenschaftlern, Brain-Drain *m*; **brain fever** *n* Hirnhautentzündung *f*; **brainless** *adj plan, idea* hirnlos, dumm; *person also* unbedarft; **brainstorm** *n* **1.** (*Brit*) **to have a** ~ geistig weggetreten sein (*inf*); **2.** (*US: brainwave*) Geistesblitz *m*; **brainstorming** *n* gemeinsame Problembewältigung, Brainstorming *nt*.

brains trust ['breɪnz,trʌst] *n* (*discussion*) Podiumsdiskussion *f*; (*panel*) Gruppe *f* von Sachverständigen *or* Experten.

brain teaser *n* Denksportaufgabe, Logelei (*hum*) *f*; **brain trust** *n* (*US*) Brain Trust, Expertenausschuß *m*; **brain tumour** *n* Gehirntumor *m*; **brainwash** *vt* einer Gehirnwäsche (*dat*) unterziehen; **to** ~ **sb into believing/accepting** *etc* that ... jdm (ständig) einreden, daß ...; **brainwashing** *n* Gehirnwäsche *f*; **brainwave** *n* (*Brit*) Geistesblitz *m*; **brain-work** *n* Kopfarbeit *f*.

brainy ['breɪnɪ] *adj* (+*er*) (*inf*) gescheit.

braise [breɪz] *vt* (*Cook*) schmoren.

brake [breɪk] *n* (*thicket*) Unterholz *nt*.

brake[1] *n* (*Bot*) (Adler)farn *m*.

brake[2] *n* (*Bot*) (Adler)farn *m*.

brake[3] *n* (*shooting* ~) Kombi(wagen) *m*.

brake[4] I *n* (*Tech*) Bremse *f*. **to put the** ~**s on** (*lit, fig*) bremsen; **to put the** ~**s on sth** (*fig*) etw bremsen; **to act as a** ~ (*lit*) als Bremse wirken (*on* auf +*acc*); (*fig*) dämpfend wirken (*on* auf +*acc*), bremsen (*on acc*). II *vi* bremsen.

brake *in cpds* Brems-; **brake block** *n* Bremsbacke *f*; **brake drum** *n* Bremstrommel *f*; **brake fluid** *n* Bremsflüssigkeit *f*; **brake horsepower** *n* Bremsleistung *f*; **brakelight** *n* Bremslicht *nt*; **brake lining** *n* Bremsbelag *m*; **brakeman** *n* (*US Rail*) Bremser *m*; **brake shoe** *n* Bremsbacke *f*; **brake van** *n* Bremswagen *m*.

braking ['breɪkɪŋ] *n* Bremsen *nt*.

braking distance *n* Bremsweg *m*; **braking power** *n* Bremskraft *f*.

bramble ['bræmbl] *n* **1.** (*thorny shoot*) dorniger Zweig, Dornenzweig *m*. **2.** (*blackberry*) Brombeere *f*; (*bush also*) Brombeerstrauch *m*.

bran [bræn] *n* Kleie *f*.

branch [brɑːntʃ] I *n* **1.** (*Bot*) Zweig *m*; (*growing straight from trunk*) Ast *m*.

2. (*of river, pipe, duct*) Arm *m*; (*of road*) Abzweigung *f*; (*of family, race, language*) Zweig *m*; (*of railway*) Abzweig *m*; (*of antler*) Sprosse *f*, Ende *nt*.

3. (*in river, road, railway, pipe, duct*) Gabelung *f*.

4. (*Comm*) Filiale *f*; (*of company, bank also*) Geschäftsstelle *f*.

5. (*field: of subject etc*) Zweig *m*.

II *vi* (*divide: river, road etc*) sich gabeln; (*in more than two*) sich verzweigen.

◆**branch off** *vi* (*road*) abzweigen; (*driver*) abbiegen.

◆**branch out** *vi* (*fig: person, company*) sein Geschäft erweitern *or* ausdehnen (*into* auf +*acc*). **to** ~ ~ **on one's own** sich selbständig machen.

branch line *n* (*Rail*) Zweiglinie, Nebenlinie *f*; **branch office** *n* Filiale *f*.

brand [brænd] I *n* **1.** (*make*) Marke *f*. **2.** (*mark*) (*on cattle*) Brandzeichen *nt*; (*on criminal, prisoner, fig*) Brandmal *nt*.

II *vt* **1.** (*Comm*) *goods* mit seinem Warenzeichen versehen. ~**ed goods** Markenartikel *pl*. **2.** *cattle, property* mit einem Brandzeichen kennzeichnen. **3.** (*stigmatize*) *person* brandmarken.

branding iron ['brændɪŋ,aɪən] *n* Brandeisen *nt*.

brandish ['brændɪʃ] *vt* schwingen.

brand name *n* Markenname *m*; **brandnew** *adj* nagelneu, brandneu (*inf*).

brandy ['brændɪ] *n* Weinbrand, Brandy *m*.

brandy butter *n* Weinbrandbutter *f*; **brandysnap** *n* Gebäckröllchen *nt* aus dünnem, mit Ingwer gewürztem Teig.

brash [bræʃ] *adj* (+*er*) naßforsch, dreist; (*tasteless colour etc*) laut, aufdringlich

brasier *n* see **brazier**.

brass [brɑːs] I *n* **1.** Messing *nt*.

2. the ~ (*Mus*) die Blechbläser *pl*, das Blech (*inf*).

3. (*thing made of* ~) (*plaque*) Messingtafel *f or* -schild *nt*; (*in church: on tomb*) Grabplatte *f* aus Messing; (*no pl*: ~ *articles*) Messing *nt*.

4. (*inf*) **the top** ~ die hohen Tiere (*inf*).
5. (*sl: impudence*) Frechheit *f*.
6. (*sl: money*) Moos *nt* (*sl*), Kies *m* (*sl*).
II *adj* (*made of* ~) Messing-, (*Mus*) Blech-. ~ **player** Blechbläser *m*; **I don't care** *or* **give a** ~ **farthing** (*inf*) es ist mir wurscht(egal) (*inf*); **real** ~ **monkey weather, eh?** (*hum sl*) arschkalt, was? (*sl*); **to get down to** ~ **tacks** (*inf*) zur Sache kommen.

brass band *n* Blaskapelle *f*; **brass foundry** *n* Messinggießerei *f*; **brass hat** *n* (*Brit Mil sl*) hohes Tier (*inf*).

brassière ['bræsɪəʳ] *n* (*dated, form*) Büstenhalter *m*.

brass plaque *or* **plate** *n* Messingschild *nt*; (*in church*) Messinggedenktafel *f*; **brass rubbing** *n* (*activity*) Durchpausen *or* -zeichnen *nt* (*des Bildes auf einer Messinggrabtafel*); (*result*) Pauszeichnung *f* (*des Bildes auf einer Messinggrabtafel*).

brassy ['brɑːsɪ] *adj* (+*er*) **1.** *metal* messingartig; *hair, blonde* messingfarben; *sound* blechern. **2.** (*inf: impudent*) frech, dreist.

brat [bræt] *n* (*pej inf*) Balg *m or nt* (*inf*), Gör *nt* (*inf*); (*esp girl*) Göre *f* (*inf*).

bravado [brə'vɑːdəʊ] *n* , *pl* **-(e)s** (*showy bravery*) Draufgängertum *nt*, Wagemut *m*; (*hiding fear*) gespielte Tapferkeit.

brave [breɪv] **I** *adj* (+*er*) *person, act* mutig, unerschrocken (*geh*); (*showing courage, suffering pain*) tapfer; *attack* mutig; *smile* tapfer.
II *n* (*Indian*) Krieger *m*.
III *vt* die Stirn bieten (+*dat*); *weather, elements* trotzen (+*dat*); *death* tapfer ins Auge sehen (+*dat*).
◆**brave out** *vt sep* **to** ~ **it** — es *or* das durchstehen.

bravely ['breɪvlɪ] *adv see adj*.

braveness ['breɪvnɪs], **bravery** ['breɪvərɪ] *n see adj* Mut *m*; Tapferkeit *f*.

bravo [brɑː'vəʊ] *interj* bravo.

bravura [brə'vʊərə] *n* Bravour *f*; (*Mus*) Bravourstück *n*.

brawl [brɔːl] **I** *vi* sich schlagen. **II** *n* Schlägerei *f*.

brawn [brɔːn] *n* **1.** (*Cook*) Preßkopf *m*, Sülze *f*. **2.** Muskeln *pl*, Muskelkraft *f*. **he's all** ~ **and no brains** (er hat) Muskeln, aber kein Gehirn.

brawny ['brɔːnɪ] *adj* (+*er*) muskulös.

bray [breɪ] **I** *n* (*of ass*) (Esels)schrei *m*; (*inf: laugh*) Wiehern, Gewieher *nt*. **II** *vi* (*ass*) schreien; (*inf: person*) wiehern.

brazen ['breɪzn] *adj* (*impudent*) unverschämt, dreist; *lie* schamlos.
◆**brazen out** *vt sep* **to** ~ **it** — es mit eiserner Stirn leugnen.

brazen-faced ['breɪzn,feɪst] *adj* schamlos, unverschämt.

brazenly ['breɪznlɪ] *adv see adj*.

brazenness ['breɪznnɪs] *n see adj* Unverschämtheit, Dreistigkeit *f*; Schamlosigkeit *f*.

brazier ['breɪzɪəʳ] *n* (Kohlen)feuer *nt* (im Freien); (*container*) Kohlenbecken *nt*.

brazil [brə'zɪl] *n* (*also* ~ **nut**) Paranuß *f*.

Brazil [brə'zɪl] *n* Brasilien *nt*.

Brazilian [brə'zɪlɪən] **I** *n* Brasilianer(in *f*) *m*.
II *adj* brasilianisch.

breach [briːtʃ] **I** *n* **1.** Verletzung *f* (*of gen*),

Verstoß *m* (*of* gegen); (*of law*) Übertretung *f* (*of gen*), Verstoß *m*. **a** ~ **of confidence/contract/faith** ein Vertrauens-/Vertrags-/Vertrauensbruch *m*; ~ **of the peace** (*Jur*) öffentliche Ruhestörung; ~ **of promise** (*Jur*) Bruch *m* des Eheversprechens.
2. (*in friendship etc*) Bruch *m*.
3. (*gap*) (*in wall etc*) Bresche, Lücke *f*; (*in security*) Lücke *f*.
II *vt* *wall* eine Bresche schlagen (in +*acc*); *defences, security* durchbrechen.

bread [bred] **I** *n* **1.** Brot *nt*. **a piece of** ~ **and butter** ein Butterbrot *nt*; **we just had** ~ **and butter** wir aßen nur Brot mit Butter; **he was put on (dry)** ~ **and water** er saß bei Wasser und (trocken) Brot; **he knows which side his** ~ **is buttered (on)** er weiß, wo was zu holen ist.
2. (*food, livelihood*) **daily** ~ tägliches Brot; **to earn one's daily** ~ (sich *dat*) sein Brot verdienen; **writing is his** ~ **and butter** Schreiben ist sein Broterwerb.
3. (*sl: money*) Kies *m* (*inf*).
II *vt* panieren.

bread-and-butter letter *or* **note** [,bredənd 'bʌtə-] *n* Bedankemichbrief *m*; **bread-and-butter pudding** *n* Brotauflauf *m*; **bread basket** *n* **1.** Brotkorb *m*; **2.** (*sl*) Bauch *m*; **breadbin** *n* Brotkasten *m*; **breadboard** *n* Brot(schneide)brett *nt*; **breadcrumb** *n* Brotkrume *f or* -krümel *m*; **breadcrumbs** *npl* (*Cook*) Paniermehl *nt*; **in** ~ paniert; **breadfruit** *n* Brotfrucht *f*; **breadknife** *n* Brotmesser *nt*; **breadline** *n* Schlange *f vor einer Nahrungsmittelausgabestelle*; **to be on the** ~ (*fig*) nur das Allernotwendigste zum Leben haben.

breadth [bredθ] *n see* **broad I 1., 4.** Breite *f*; Großzügigkeit *f*; (*of ideas, of theory*) (Band)breite *f*. **a hundred metres in** ~ hundert Meter breit; **his** ~ **of outlook** (*open-mindedness*) seine große Aufgeschlossenheit; (*variety of interests*) seine große Vielseitigkeit.

breadthways ['bretθweɪz], **breadthwise** ['bretθwaɪz] *adv* in der Breite, der Breite nach.

breadwinner ['bredwɪnəʳ] *n* Ernährer, Geldverdiener *m*.

break [breɪk] (*vb: pret* **broke**, *ptp* **broken**) **I** *n* **1.** (*fracture*) (*in bone, pipe etc*) Bruch *m*; (*in pottery, vase etc*) Sprung *m*; (*Gram, Typ: word break*) (Silben)trennung *f*. ... **he said with a** ~ **in his voice** ... sagte er mit stockender Stimme.
2. (*gap*) (*in wall, clouds*) Lücke *f*; (*in rock*) Spalte *f*, Riß *m*; (*in line*) Lücke *f*; (*in drawn line*) Unterbrechung *f*.
3. (*pause, rest: in conversation, tea* ~, *Brit Sch etc*) Pause *f*; (*in journey also*) Unterbrechung *f*. **without a** ~ ohne Unterbrechung *or* Pause; **to take** *or* **have a** ~ (eine) Pause machen.
4. (*end of relations*) Bruch *m*.
5. (*change*) (*in contest etc*) Wende *f*, Umschwung *m*; (*holiday, change of activity etc*) Abwechslung *f*. **just to give you a** ~ damit du mal was anderes siehst/hörst/machst; ~ **in the weather** Witterungsumschlag *m*.
6. at ~ **of day** bei Tagesanbruch.

7. (*inf: escape*) Ausbruch *m*. **they made a ~ for it** sie versuchten zu entkommen.
8. (*inf: luck, opportunity*) **we had a few lucky ~s** wir haben ein paarmal Glück *m*/Schwein (*inf*) gehabt; **give me a ~!** gib mir eine Chance!
9. (*Billiards*) Ballfolge, Serie *f*.

II *vt* **1.** (*fracture, snap*) *bone* sich (*dat*) brechen; *stick* zerbrechen; *rope* zerreißen; (*smash*) kaputtschlagen, kaputtmachen; *glass, cup also* zerbrechen; *window also* einschlagen; *egg* aufbrechen. **to ~ sth from sth** etw von etw abbrechen; **to ~ one's leg** sich (*dat*) das Bein brechen.
2. (*put out of working order*) *toy, chair* kaputtmachen.
3. (*violate*) *promise, treaty, vow* brechen; *traffic laws, rule, commandment* verletzen; *appointment* nicht einhalten.
4. (*interrupt*) *journey, current, silence, thread of story, fast* unterbrechen; *spell, curse* brechen; (*relieve*) *monotony, routine, pattern also* auflockern. **to ~ a holiday short** seinen Urlaub abbrechen.
5. (*go through, penetrate*) *skin* ritzen; *surface, shell* durchbrechen.
6. (*go beyond, surpass*) *sound barrier* durchbrechen; *record* brechen, schlagen.
7. (*open up*) *path* schlagen, sich (*dat*) bahnen; *see* **ground**.
8. to ~ a habit mit einer Gewohnheit brechen, sich (*dat*) etw abgewöhnen; **he couldn't ~ the habit of smoking** er konnte sich das Rauchen nicht abgewöhnen.
9. (*tame, discipline*) *horse* zureiten; *spirit, person* brechen.
10. (*destroy*) *sb* kleinkriegen (*inf*), mürbe machen; *sb's health* ruinieren, kaputtmachen (*inf*); *resistance, strike* brechen; *alibi* entkräften; *code* entziffern; (*Sport*) *serve* durchbrechen. **his spirit was broken by her death** ihr Tod hatte ihn seelisch gebrochen; **to ~ sb** (*financially*) jdn ruinieren, jdn bankrott machen; (*with grief*) jdn seelisch brechen; **to ~ the bank** (*Gambling*) die Bank sprengen.
11. (*soften, weaken*) *fall* dämpfen, abfangen. **the wall ~s the force of the wind** der Wind bricht sich an der Mauer.
12. (*get out of, escape from*) *jail, one's bonds* ausbrechen aus. **to ~ step** (*Mil*) aus dem Schritt fallen; *see* **cover, rank.**
13. (*disclose*) *news* mitteilen. **how can I ~ it to her?** wie soll ich es ihr sagen?
14. (*start spending*) *five-dollar bill* anbrechen; (*give change for*) kleinmachen.

III *vi* **1.** (*snap, be fractured*) *twig, bone* brechen; (*rope*) zerreißen; (*smash: window, cup*) kaputtgehen.
2. (*stop working etc: toy, watch, chair*) kaputtgehen.
3. (*become detached*) **to ~ from sth** von etw abbrechen.
4. (*pause*) (eine) Pause machen.
5. (*wave*) sich brechen.
6. (*day, dawn*) anbrechen; (*suddenly: storm*) losbrechen.
7. (*change: weather, luck*) umschlagen.
8. (*disperse*) (*clouds*) aufreißen; (*crowd*) sich teilen.
9. (*give way*) (*health*) leiden, zerstört werden, Schaden nehmen; (*stamina*)

gebrochen werden; (*under interrogation etc*) zusammenbrechen. **his courage/spirit broke** sein Mut verließ ihn.
10. (*voice*) (*with emotion*) brechen. **his voice is beginning to ~** (*boy*) er kommt in den Stimmbruch.
11. (*become known: story, news*) bekanntwerden, an den Tag kommen.
12. (*end relations*) brechen.
13. (*let go: Boxing etc*) sich trennen.
14. (*~ away, escape*) (*from jail*) ausbrechen (*from* aus); *see* **loose.**

◆**break away I** *vi* **1.** (*chair leg, handle etc*) abbrechen (*from* von); (*railway coaches, boats*) sich losreißen (*from* von).
2. (*dash away*) weglaufen (*from* von); (*prisoner*) sich losreißen (*from* von); (*Ftbl*) sich absetzen. **he broke ~ from the rest of the field** er hängte das ganze Feld ab.
3. (*cut ties*) sich trennen *or* lossagen (*from* von); (*US Sport: start too soon*) fehlstarten, zu früh starten. **to ~ ~ from a group** sich von einer Gruppe trennen.
II *vt sep* abbrechen (*from* von).

◆**break down I** *vi* **1.** (*vehicle*) eine Panne haben; (*machine*) versagen; (*binding machine etc*) stehenbleiben.
2. (*fail*) (*negotiations, plan*) scheitern; (*communications*) zum Erliegen kommen; (*law and order*) zusammenbrechen; (*marriage*) scheitern.
3. (*give way*) (*argument, resistance, person: start crying, have a breakdown*) zusammenbrechen. **his health has broken ~** ihm geht es gesundheitlich schlecht.
4. (*be analysed*) (*expenditure*) sich aufschlüsseln *or* -gliedern; (*theory*) sich unter- *or* aufgliedern (lassen); (*Chem: substance*) sich zerlegen (lassen); (*change its composition: substance*) sich aufspalten (*into* in +*acc*).
II *vt sep* **1.** (*smash down*) *door* einrennen; *wall* niederreißen.
2. (*overcome*) *opposition* brechen; *hostility, reserve, suspicion* überwinden.
3. (*reduce to constituent parts*) *expenditure* aufschlüsseln, aufgliedern; *theory, argument* auf- *or* untergliedern; *substance* aufspalten; (*change composition of*) *substance* umsetzen.

◆**break in I** *vi* **1.** (*interrupt*) unterbrechen (*on sb/sth* jdn/etw). **2.** (*enter illegally*) einbrechen. **II** *vt sep* **1.** *door* aufbrechen.
2. (*tame, train*) *horse* zureiten; *new employee* einarbeiten. **3.** *shoes* einlaufen.

◆**break into** *vi* +*prep obj* **1.** *house* einbrechen in (+*acc*); *safe, car* aufbrechen. **his house/car has been broken ~** bei ihm ist eingebrochen worden/sein Auto ist aufgebrochen worden.
2. (*use part of*) *savings, £5 note, rations* anbrechen.
3. (*begin suddenly*) **to ~ ~ song/a run/a trot** zu singen/laufen/traben anfangen, in Laufschritt/Trab (ver)fallen; **to ~ ~ a laugh/loud cheers** in Lachen/lauten Beifall ausbrechen.

◆**break off I** *vi* **1.** abbrechen (*from* von).
2. (*stop*) abbrechen, aufhören; (*stop speaking*) abbrechen; (*temporarily*) unterbrechen. **to ~ ~ from work** die

Arbeit abbrechen, mit der Arbeit aufhören.

II *vt sep* **1.** *twig, piece of rock, chocolate etc* abbrechen.

2. (*end, interrupt*) *negotiations, relations* abbrechen; *engagement* lösen. **she's broken it** ~ sie hat sich entlobt.

◆**break open I** *vi* aufspringen. **II** *vt sep* aufbrechen.

◆**break out** *vi* **1.** (*epidemic, fire, war*) ausbrechen.

2. to ~ ~ in a rash/in(to) spots einen Ausschlag/Pickel bekommen; **he broke ~ in a sweat/a cold sweat** er kam ins Schwitzen.

3. (*escape*) ausbrechen (*from, of* aus).

4. (*speak suddenly*) losplatzen.

◆**break through I** *vi* (*Mil, sun*) durchbrechen. **II** *vi +prep obj defences, barrier, crowd* durchbrechen. **to ~ ~ sb's reserve** jdn aus der Reserve locken.

◆**break up I** *vi* **1.** (*road*) aufbrechen; (*ice also*) bersten; (*ship in storm*) zerbersten; (*on rocks*) zerschellen.

2. (*clouds*) sich lichten; (*crowd, group*) auseinanderlaufen; (*meeting, partnership*) sich auflösen; (*marriage, relationship*) in die Brüche gehen; (*party*) zum Ende kommen; (*Pol: party*) sich auflösen, auseinandergehen; (*friends, partners*) sich trennen; (*sentence, theory*) sich aufspalten, zerfallen.

3. (*Brit Sch*) (*school, pupils*) aufhören. **when do you ~ ~?** wann gibt es Ferien?

II *vt sep* **1.** *ground, road* aufbrechen; *oil slick* auflösen; *ship* auseinanderbrechen lassen; (*in breaker's yard*) abwracken.

2. *estate, country* aufteilen; *room also, paragraph, sentence* unterteilen; *empire* auflösen; *lines, expanse of colour* unterbrechen; (*make more interesting*) auflockern.

3. (*bring to an end, disperse*) *marriage, home* zerstören; *meeting* (*police etc*) auflösen; (*trouble-makers*) sprengen; *crowd* (*police*) zerstreuen, auseinandertreiben. ~ **it** ~**!** auseinander!

breakable ['breɪkəbl] **I** *adj* zerbrechlich. **II** *n* ~**s** *pl* zerbrechliche Ware.

breakage ['breɪkɪdʒ] *n* **1.** (*in chain, link*) Bruch *m*. **2.** (*of glass, china*) Bruch *m*. **were there any** ~**s?** ist irgend etwas kaputtgegangen?

breakaway ['breɪkəweɪ] **I** *n* **1.** (*Pol*) Abfall *m*; (*of state also*) Loslösung *f*. **2.** (*Sport*) Aus- *or* Durchbruch *m*. **3.** (*US Sport: false start*) Fehlstart *m*. **II** *adj group* abgefallen.

breakdown ['breɪkdaʊn] *n* **1.** (*of machine*) Betriebsschaden *m*; (*of vehicle*) Panne *f*.

2. (*of communications, system*) Zusammenbruch *m*.

3. (*Med: physical, mental*) Zusammenbruch *m*.

4. (*of figures, expenditure etc*) Aufschlüsselung *f*; (*of thesis, theory etc*) Auf- *or* Untergliederung *f*.

5. (*Chem*) Aufspaltung *f*; (*change in composition*) Umsetzung *f*.

breakdown truck *or* **van** *n* Abschleppwagen *m*.

breaker ['breɪkə'] *n* **1.** (*wave*) Brecher *m*. **2.** ~**'s** (*yard*): **to send a ship to the** ~**'s**

(*yard*) ein Schiff abwracken.

break-even point [breɪk'iːvən‚pɔɪnt] *n* Kostendeckung *f*.

breakfast ['brekfəst] **I** *n* **1.** Frühstück *nt*. **to have** ~ frühstücken; **for** ~ zum Frühstück. **2. wedding** ~ Hochzeitsessen *nt*. **II** *vi* frühstücken. **he** ~**ed on bacon and eggs** er frühstückte Eier mit Speck.

breakfast *in cpds* Frühstücks-; **breakfast cereal** *n* Cornflakes, Getreideflocken *pl*.

break-in ['breɪkɪn] *n* Einbruch *m*. **we've had a** ~ bei uns ist eingebrochen worden.

breaking ['breɪkɪŋ] *n* ~ **and entering** (*Jur*) Einbruch *m*.

breaking point *n* **1.** (*Tech*) Festigkeitsgrenze *f*. **2.** (*fig*) **she has reached** *or* **is at** ~ sie ist nervlich völlig am Ende.

breakneck ['breɪknek] *adj* **at ~ speed** mit halsbrecherischer Geschwindigkeit; **break-out** *n* Ausbruch *m*; **breakthrough** *n* (*Mil, fig*) Durchbruch *m*; **break-up** *n* **1.** (*lit*) (*of ship*) Zerbersten *nt*; (*on rocks*) Zerschellen *nt*; (*of ice*) Bersten *nt*; **2.** (*fig*) (*of friendship*) Bruch *m*; (*of marriage*) Zerrüttung *f*; (*of political party*) Zersplitterung *f*; (*of partnership, meeting*) Auflösung *f*; (*by trouble-makers*) Sprengung *f*; **breakwater** *n* Wellenbrecher *m*.

bream [briːm] *n* Brasse *f*, Brachsen *m*.

breast [brest] **I** *n* **1.** (*chest*) Brust *f*; (*Cook: of chicken, lamb*) Brust(stück *nt*) *f*.

2. (*of woman*) Brust *f*.

3. (*fig liter*) Brust *f*, Busen *m* (*liter*).

II *vt* **1. to ~ the waves/the storm** gegen die Wellen/den Sturm ankämpfen.

2. to ~ the tape (*Sport*) durchs Ziel gehen.

breastbone ['brestbəʊn] *n* Brustbein *nt*; (*of bird*) Brustknochen *m*; **breastfed** *adj* **to be** ~ gestillt werden; **breastfeed** *vti irreg* stillen; **breastfeeding** *n* Stillen *nt*; **breastplate** *n* (*on armour*) Brustharnisch *m*; **breast pocket** *n* Brusttasche *f*; **breast stroke** *n* Brustschwimmen *nt*; **to swim** *or* **do the** ~ brustschwimmen.

breath [breθ] *n* **1.** Atem *m*. **to take a deep** ~ einmal tief Luft holen; (*before diving, singing etc*) einmal tief einatmen; **bad** ~ Mundgeruch *m*; **to have bad** ~ aus dem Munde riechen, Mundgeruch haben; **with one's dying** ~ mit den letzten Atemzug; **out of** *or* **short of** ~ außer Atem, atemlos; **to stop for** ~ sich verschnaufen, **in the same** ~ im selben Atemzug; **to say sth all in one** ~ etw in einem Atemzug sagen; **to take sb's** ~ **away** jdm den Atem verschlagen; **to say sth under one's** ~ etw vor sich (*acc*) hin murmeln; **save your** ~ spar dir die Spucke (*inf*); **you're wasting your** ~ du redest umsonst; **to go out for a** ~ **of (fresh) air** an die frische Luft gehen; **you're like a** ~ **of fresh air** du bist so erfrischend.

2. (*slight stirring*) ~ **of wind** Lüftchen *nt*.

3. (*fig: whisper*) Sterbenswörtchen *nt*.

breathalyze ['breθəlaɪz] *vt* (*Brit*) blasen lassen. **he refused to be** ~**d** er weigerte sich, (ins Röhrchen) zu blasen.

breathalyzer ['breθəlaɪzə'] *n* (*Brit*) Alcotest ® *m* (für die Atemalkoholbestimmung). **to give sb a** ~ jdn (ins Röhrchen) blasen lassen.

breathe [briːð] **I** vi atmen; (inf: rest) verschnaufen, Luft holen or schöpfen; (liter: live) leben. **now we can ~ again** jetzt können wir wieder frei atmen; (have more space) jetzt haben wir wieder Luft; **I don't want him breathing down my neck all the time** (inf) ich will ihn nicht die ganze Zeit auf dem Hals haben (inf).

II vt **1.** air einatmen. **to ~ one's last (breath)** seinen letzten Atemzug tun.

2. (exhale) atmen, (into in +acc). **he ~d alcohol/garlic all over me** er verströmte einen solchen Alkohol-/Knoblauchgeruch; **to ~ fire** Feuer spucken; **he ~d new life into the firm** er brachte neues Leben in die Firma.

3. (utter) prayer flüstern, hauchen. **to ~ a sigh of relief** erleichtert aufatmen; **don't ~ a word of it!** sag kein Sterbenswörtchen darüber!

◆**breathe in** vi, vt sep einatmen.

◆**breathe out** vi, vt sep ausatmen.

breather [ˈbriːðəʳ] n (short rest) Atempause, Verschnaufpause f. **to take** or **have a ~** sich verschnaufen.

breathing [ˈbriːðɪŋ] n (respiration) Atmung f. **the child's peaceful ~** die ruhigen Atemzüge des Kindes.

breathing space n (fig) Atempause f.

breathless [ˈbreθlɪs] adj atemlos; (with exertion also) außer Atem; **it left me ~** (lit, fig) es verschlug mir den Atem.

breathlessly [ˈbreθlɪslɪ] adv see adj.

breathlessness [ˈbreθlɪsnɪs] n (due to exertion) Atemlosigkeit f; (due to illness) Kurzatmigkeit f.

breathtaking [ˈbreθteɪkɪŋ] adj atemberaubend.

breathy [ˈbreθɪ] adj (+er) rauchig; (through shyness) hauchig.

bred [bred] pret, ptp of **breed**.

breech[1] [briːtʃ] n (of gun) Verschluß m.

breech[2] adj attr (Med) birth, delivery Steiß-.

breeches [ˈbrɪtʃɪz] npl Kniehose f; (riding ~) Reithose f; (for hiking) (Knie)bundhose f.

breed [briːd] (vb: pret, ptp **bred**) **I** n (lit, fig) (species) Art, Sorte f. **they produced a new ~** sie haben eine neue Züchtung hervorgebracht; **a ~ apart** (fig) eine besondere or spezielle Sorte or Gattung.

II vt **1.** (raise, rear) animals, flowers züchten; see breed.

2. (fig: give rise to) erzeugen. **dirt ~s disease** Schmutz verursacht Krankheit.

III vi (animals) Junge haben; (birds) brüten; (pej, hum: people) sich vermehren.

breeder [ˈbriːdəʳ] n **1.** (person) Züchter m.
2. (Phys: also ~ **reactor**) Brutreaktor, Brüter m. **fast ~** schneller Brüter.

breeding [ˈbriːdɪŋ] n **1.** (reproduction) Fortpflanzung und Aufzucht f der Jungen. **2.** (rearing) Zucht f. **3.** (upbringing, good manners: also good ~) gute Erziehung, Kinderstube f.

breeding place n (lit, fig) Brutstätte f; **breeding season** n (of birds) Brutzeit f; (of animal) Zeit f der Fortpflanzung und Aufzucht der Jungen.

breeze [briːz] **I** n Brise f. **II** vi **to ~ in/out**

fröhlich angetrabt kommen or hereinschneien/vergnügt abziehen (of aus).

breezeblock [ˈbriːzblɒk] n Ytong ® m.

breezily [ˈbriːzɪlɪ] adv (fig) forsch-fröhlich.

breeziness [ˈbriːzɪnɪs] n (fig) Forschheit f.

breezy [ˈbriːzɪ] adj **1.** weather, day windig; corner, spot also luftig. **2.** manner forsch-fröhlich.

Bren gun [ˈbrenɡʌn] n (Mil) leichtes Maschinengewehr.

brethren [ˈbreðrɪn] npl (obs, Eccl) Brüder pl.

Breton [ˈbretən] **I** adj bretonisch. **II** n **1.** Bretone m, Bretonin f. **2.** (language) Bretonisch nt.

breve [briːv] n (Mus) Brevis f.

breviary [ˈbriːvɪərɪ] n Brevier nt.

brevity [ˈbrevɪtɪ] n **1.** (shortness) Kürze f. **2.** (conciseness) Kürze, Bündigkeit f, Knappheit f.

brew [bruː] **I** n **1.** (beer) Bräu m.
2. (of tea) Tee m, Gebräu nt (iro); (of herbs) Kräutermischung f.

II vt **1.** beer, ale brauen; tea aufbrühen, aufgießen, kochen.

2. (fig) scheme, mischief, plot ausbrüten, aushecken. **to ~ a plot** ein Komplott schmieden.

III vi **1.** (beer) gären; (tea) ziehen.
2. (make beer) brauen.
3. (fig) **there's trouble/mischief/a storm etc ~ing (up)** da braut sich ein Konflikt/Unheil/ein Sturm zusammen.

◆**brew up** vi **1.** (inf: make tea) sich (dat) einen Tee machen. **2.** (fig) see brew III 3.

brewer [ˈbruːəʳ] n Brauer m. **~'s yeast** Bierhefe f.

brewery [ˈbruːərɪ] n Brauerei f.

briar [ˈbraɪəʳ] n **1.** (also ~wood) Bruyère(holz) nt; (also ~ **pipe**) Bruyère(pfeife) f.
2. see brier 1.

bribable [ˈbraɪbəbl] adj bestechlich.

bribe [braɪb] n **I** n Bestechung f; (money also) Bestechungsgeld nt. **to take a ~** sich bestechen lassen; **to offer sb a ~** jdn bestechen wollen. **II** vt bestechen. **to ~ sb to do sth** jdn bestechen, damit er etw tut.

bribery [ˈbraɪbərɪ] n Bestechung f.

bric-à-brac [ˈbrɪkəbræk] n Nippes pl.

brick [brɪk] n **1.** (Build) Ziegel- or Backstein m. **you can't make ~s without straw** (Prov) wo nichts ist, kann auch nichts werden; **he came** or **was down on me like a ton of ~s** (inf) er hat mich unheimlich fertiggemacht (inf); **to drop a ~** (fig inf) ins Fettnäpfchen treten; **to drop sb/sth like a hot ~** (inf) jdn/etw wie eine heiße Kartoffel fallenlassen.
2. (toy) (Bau)klotz m.
3. (of ice-cream) Block m.

◆**brick in** or **up** vt sep zumauern.

brick in cpds Backstein-; **brick-bat** n (missile) Backsteinbrocken m; (fig) Beschimpfung f.

bricklayer [ˈbrɪkleɪəʳ] n Maurer m; **bricklaying** n Maurerarbeit f; (trade) Maurerhandwerk nt; **brick red** adj ziegelrot; **brick wall** n (fig inf) **I might as well be talking to a ~** ich könnte genausogut gegen eine Wand reden; **it's like beating** or **banging one's head against a ~** es ist, wie wenn man mit dem Kopf gegen die

Wand rennt; **brickwork** n Backstein-
mauerwerk nt; **brickworks** npl,
brickyard n Ziegelei f.

bridal ['braɪdl] adj Braut-; procession also,
feast Hochzeits-. ~ **party** Angehörige und
Freunde pl der Braut; ~ **vow** Ehever-
sprechen nt der Braut.

bride [braɪd] n Braut f. the ~ **and (bride)-
groom** Braut und Bräutigam, das Hoch-
zeitspaar; ~ **of Christ** Braut Christi.

bridegroom ['braɪdgruːm] n Bräutigam m.

bridesmaid ['braɪdzmeɪd] n Brautjungfer f.

bridge¹ [brɪdʒ] I n 1. (lit, fig) Brücke f.
2. (Naut) (Kommando)brücke f.
3. (of nose) Sattel m; (of spectacles,
violin) Steg m.
4. (Dentistry) Brücke f.
5. (Billiards) Steg m.
II vt river, railway eine Brücke schlagen
or bauen über (+acc); (fig) überbrücken.
to ~ the gap (fig) die Zeit überbrücken;
(between people) die Kluft überbrücken.

bridge² n (Cards) Bridge nt.

bridge-building ['brɪdʒ͵bɪldɪŋ] n Brücken-
bau m; **bridgehead** n Brückenkopf m;
bridgehouse n Brückenhaus nt; **bridge
roll** n längliches Brötchen.

bridging loan ['brɪdʒɪŋ͵ləʊn] n Über-
brückungskredit m.

bridle ['braɪdl] I n (of horse) Zaum m. II vt
1. horse aufzäumen. 2. (fig) one's tongue,
emotions im Zaume halten. III vi sich
entrüstet wehren (at gegen).

bridlepath ['braɪdl͵pɑːθ] n Reitweg m.

brief [briːf] I adj (+er) kurz; (curt also)
manner kurz angebunden. in ~ kurz;
could you give me a ~ idea ... könnten Sie
mir kurz erzählen ...
II n 1. (Jur) Auftrag m (an einen
Anwalt); (document) Unterlagen pl zu
dem/einem Fall; (instructions) Instruk-
tionen pl. **to take a ~** (Jur) einen Fall or
Auftrag annehmen; **to hold a ~ for sb** (Jur)
jds Sache vor Gericht vertreten; **I hold no
~ for him** (fig) ich will mich nicht für ihn
einsetzen.
2. (instructions) Auftrag m.
III vt 1. (Jur) lawyer instruieren; (em-
ploy) beauftragen.
2. (give instructions, information to) in-
struieren (on über +acc).

briefcase ['briːfkeɪs] n (Akten)tasche f.

briefing ['briːfɪŋ] n (instructions) Instruk-
tionen pl, Anweisungen pl; (also ~
session) Einsatzbesprechung f.

briefly ['briːflɪ] adv kurz.

briefness ['briːfnɪs] n Kürze f.

briefs [briːfs] npl Slip m. **a pair of ~** ein Slip.

brier ['braɪəʳ] n 1. (wild rose) wilde Rose;
(bramble rose) Ranke f; (thorny bush)
Dornbusch m. 2. see **briar**.

brig [brɪg] n 1. (ship) Brigg f. 2. (US: cell)
Arrestzelle f (auf einem Schiff); (US Mil
sl) Bunker m (sl).

brigade [brɪ'geɪd] n (Mil) Brigade f.

brigadier [͵brɪgə'dɪəʳ] n (Brit)
Brigadegeneral m.

bright [braɪt] adj (+er) 1. hell; colour
leuchtend; sunshine, star also, eyes, gem
strahlend; day, weather heiter; reflection
stark; metal glänzend. ~ **red** knallrot; **it
was really ~** or **a ~ day outside** es war

wirklich sehr hell draußen; ~ **intervals** or
periods (Met) Aufheiterungen pl; **the out-
look is ~er** (Met) die Aussichten sind
etwas freundlicher; (fig) es sieht etwas
besser aus; **the ~ lights** (inf) der Glanz der
Großstadt.
2. (cheerful) person, smile fröhlich,
heiter. **I wasn't feeling too ~** es ging mir
nicht besonders gut; ~ **and early** in aller
Frühe; see **side**.
3. (intelligent) person intelligent,
schlau; child aufgeweckt; idea glänzend,
(iro) intelligent. **I'm not very ~ this morn-
ing** ich habe heute morgen Mattscheibe.
4. (hopeful, favourable) future glän-
zend; prospects also freundlich. **things
aren't looking too ~** es sieht nicht gerade
rosig aus.

brighten (up) ['braɪtn('ʌp)] I vt (sep)
1. (make cheerful) spirits, person aufmun-
tern, aufheitern; room, atmosphere auf-
hellen, aufheitern; conversation beleben;
prospects, situation verbessern.
2. (make bright) colour, hair aufhellen;
metal aufpolieren.
II vi 1. (weather, sky) sich aufklären or
aufheitern.
2. (person) fröhlicher werden; (face)
sich aufhellen or aufheitern; (eyes)
aufleuchten; (prospects) sich verbessern,
freundlicher werden.

brightly ['braɪtlɪ] adv 1. hell; reflected stark.
2. see adj 2. fröhlich, heiter. **3.** intelligent,
schlau. **he very ~ left it at home** (iro) er
hat es intelligenterweise zu Hause
gelassen.

brightness ['braɪtnɪs] n see adj 1. Helligkeit
f; Leuchten nt; Strahlen nt; Heiterkeit f;
Stärke f; Glanz m. **2.** Fröhlichkeit,
Heiterkeit f. **3.** Intelligenz, Schlauheit f;
Aufgewecktheit f. **4.** Freundlichkeit f.

Bright's disease ['braɪtsdɪ͵ziːz] n
Brightsche Krankheit.

brill [brɪl] n Glattbutt m.

brilliance ['brɪljəns], **brilliancy** ['brɪljənsɪ]
(rare) n 1. heller Glanz, Strahlen nt; (of
colour) Strahlen nt. 2. (fig) see adj 2.
Großartigkeit f; Brillanz f.

brilliant ['brɪljənt] adj 1. sunshine, light,
eyes, colour strahlend. 2. (fig) großartig
(also iro); scientist, artist, wit, achieve-
ment also glänzend, brillant; student her-
vorragend.

brilliantly ['brɪljəntlɪ] adv 1. shine hell;
sunny strahlend.
2. (very well, superbly) großartig;
talented glänzend; play, perform brillant;
funny, witty, simple herrlich.

brim [brɪm] I n (of cup) Rand m; (of hat also)
Krempe f. **full to the ~** randvoll. II vi strot-
zen (with von or vor +dat). **her eyes were
~ming with tears** ihre Augen schwammen
in Tränen.

◆**brim over** vi (lit, fig) überfließen (with
vor +dat).

brimful ['brɪm'fʊl] adj (lit) randvoll; (fig)
voll (of, with von). **he is ~ of energy** er
sprüht vor Energie.

brimstone ['brɪmstəʊn] n Schwefel m.

brine [braɪn] n 1. (salt water) Sole f; (for
pickling) Lake f. 2. (sea water) Salzwasser
nt; (liter: sea) See f.

bring [brɪŋ] *pret, ptp* **brought** *vt* 1. bringen; (*also:* ~ **with one**) mitbringen. **did you ~ the car/your guitar** *etc*? haben Sie den Wagen/die Gitarre *etc* mitgebracht?

2. (*result in, be accompanied by*) *snow, rain, luck* bringen. **to ~ a blush/tears to sb's cheeks/eyes** jdm die Röte ins Gesicht/ die Tränen in die Augen treiben.

3. (+*infin: persuade*) **I cannot ~ myself to speak to him** ich kann es nicht über mich bringen, mit ihm zu sprechen; **to ~ sb to do sth** jdn dazu bringen *or* bewegen, etw zu tun.

4. (*esp Jur: present for trial, discussion*) *case, matter* bringen (*before* vor +*acc*). **the trial will be brought next week** der Prozeß findet nächste Woche statt.

5. (*sell for, earn*) *price, income* (ein)- bringen.

6. *in phrases see also relevant nouns* **to ~ sth to a close** *or* **end** etw zu Ende bringen; **to ~ sb low** jdn auf Null bringen (*inf*); **to ~ sth to sb's knowledge/attention** jdm etw zur Kenntnis bringen/jdn auf etw (*acc*) aufmerksam machen.

◆**bring about** *vt sep* 1. (*cause*) herbeiführen, verursachen. 2. (*Naut*) wenden.

◆**bring along** *vt sep* 1. mitbringen. 2. *see* **bring on 2**.

◆**bring around** *vt sep see* **bring round**.

◆**bring away** *vt sep person* wegbringen; *memories, impression* mitnehmen.

◆**bring back** *vt sep* 1. (*lit*) *person, object* zurückbringen.

2. (*restore*) *custom, hanging* wieder ein- führen; *government* wiederwählen. **a rest will ~ him ~ to normal** ein wenig Ruhe wird ihn wiederherstellen; **to ~ sb ~ to life** jdn wieder lebendig machen.

3. (*recall*) *memories* zurückbringen, wecken; *events* erinnern an (+*acc*).

◆**bring down** *vt sep* 1. (*out of air*) (*shoot down*) *bird, plane* herunterholen; (*land*) *plane, kite* herunterbringen. **you'll ~ the boss ~ on us** da werden wir es mit dem Chef zu tun bekommen.

2. *opponent, footballer* zu Fall bringen; (*by shooting*) *animal* zur Strecke bringen; *person* niederschießen; *see* **house**.

3. *government etc* zu Fall bringen.

4. (*reduce*) *temperature, prices, cost of living* senken; *swelling* reduzieren.

◆**bring forth** *vt sep* (*old, liter*) 1. *fruit* her- vorbringen (*geh*); *child, young* zur Welt bringen (*geh*). 2. (*fig*) *ideas* hervorbrin- gen; *suggestions* vorbringen; *criticisms, protests* auslösen.

◆**bring forward** *vt sep* 1. (*lit*) *person, chair* nach vorne bringen. 2. (*fig: present*) *wit- ness* vorführen; *evidence, argument, proposal* vorbringen, unterbreiten. 3. (*advance time of*) *meeting* vorverlegen; *clock* vorstellen. 4. (*Comm*) *figure, amount* übertragen.

◆**bring in** *vt sep* 1. (*lit*) *person, object* hereinbringen (*prep obj, -to in +acc*); *harvest* einbringen; *sails* einziehen. **to ~ the New Year** das neue Jahr begrüßen.

2. (*fig: introduce*) *fashion, custom* ein- führen; (*Parl*) *bill* einbringen.

3. (*involve, call in*) *police, consultant etc* einschalten (*on* bei). **don't ~ him ~to**

it laß ihn aus der Sache raus; **she's bound to ~ Freud** ~ sie wird bestimmt Freud mit hereinbringen; **why ~ Freud/that ~?** was hat Freud/das damit zu tun?

4. (*Fin*) *income, money, interest* (ein)- bringen (*-to sb* jdm); (*Comm*) *business* bringen.

5. (*Jur: jury*) *verdict* fällen.

◆**bring into** *vt always separate* **to ~ ~ action/blossom/view** zum Einsatz bringen/ blühen lassen/sichtbar werden lassen.

◆**bring off** *vt sep* 1. *people from wreck* ret- ten, wegbringen (*prep obj* von). 2. (*suc- ceed with*) *plan* zustande *or* zuwege brin- gen. **to ~ ~ a coup** ein Ding drehen (*inf*); **he brought it ~!** er hat es geschafft! (*inf*).

◆**bring on** *vt sep* 1. (*cause*) herbeiführen, verursachen; *attack* auslösen.

2. (*help develop*) weiterbringen; *crops, flowers* herausbringen.

3. (*Theat*) *person* auftreten lassen; *thing* auf die Bühne bringen; (*Sport*) *player* einsetzen.

4. **to ~ sth (up)~ oneself** etw selbst verursachen; **you brought it (up)~ your- self** das hast du dir selbst zuzuschreiben.

◆**bring out** *vt sep* 1. (*lit*) (*heraus*)bringen (*of* aus); (*of pocket*) herausholen (*of* aus).

2. (*draw out*) *person* die Hemmungen nehmen (+*dat*). **can't you ~ him ~ a bit?** können Sie nichts tun, damit er ein bißchen aus sich herausgeht?

3. (*elicit*) *greed, bravery* zum Vorschein bringen; *best qualities also* herausbringen. **to ~ ~ the best/worst in sb** das Beste/ Schlimmste in jdm zum Vorschein brin- gen.

4. (*also ~ ~ on strike*) *workers* auf die Straße schicken.

5. (*make blossom*) herausbringen.

6. (*to society*) *debutante* in die Gesell- schaft einführen.

7. *new product, book* herausbringen.

8. (*emphasize, show up*) herausbrin- gen, hervorheben.

9. (*utter*) *few words* herausbringen.

10. **to ~ sb ~ in spots/a rash** bei jdm Pickel/einen Ausschlag verursachen.

◆**bring over** *vt sep* 1. (*lit*) herüberbringen. 2. (*fig*) (*to ideas*) überzeugen (*to* von); (*to other side*) bringen (*to* auf +*acc*).

◆**bring round** *vt sep* 1. (*to one's house etc*) vorbeibringen. 2. (*steer*) *discussion, con- versation* bringen (*to* auf +*acc*). 3. *uncon- scious person* wieder zu Bewußtsein brin- gen. 4. (*convert*) herumkriegen (*inf*).

◆**bring through** *vt always separate patient, business* durchbringen. **to ~ sb ~ a crisis** jdn durch eine Krise bringen.

◆**bring to** *vt always separate* 1. (*Naut*) stop- pen. 2. *unconscious person* wieder zu Bewußtsein bringen. 3. **to ~ sb ~ himself/ herself** jdn wieder zu sich bringen.

◆**bring together** *vt sep* zusammenbringen.

◆**bring under** I *vt always separate* (*sub- due*) unterwerfen. II *vt +prep obj* (*categorize*) bringen unter (+*dat*).

◆**bring up** *vt sep* 1. (*to a higher place*) heraufbringen (*to front*) her-/hinbringen.

2. (*raise, increase*) *amount, reserves* erhöhen (*to* auf +*acc*); *level, standards* anheben.

3. (*rear*) *child, animal* groß- *or* aufziehen; (*educate*) erziehen. **a well/badly brought ~ child** ein gut/schlecht erzogenes Kind; **to ~ sb ~ to do sth** jdn dazu erziehen, etw zu tun.

4. (*vomit up*) brechen; (*esp baby, patient*) spucken (*inf*).

5. (*mention*) *fact, problem* zur Sprache bringen, erwähnen. **do you have to ~ that ~?** müssen Sie davon anfangen?

6. (*Jur*) **to ~ sb ~** (*before a judge*) jdn (einem Richter) vorführen.

7. (*Mil*) *battalion* heranbringen.

8. to ~ sb ~ short jdn innehalten lassen.

9. to ~ sb ~ against sth jdn mit etw konfrontieren.

◆**bring upon** *vt sep +prep obj see* **bring on.**

brink [brɪŋk] *n* (*lit, fig*) Rand *m*. **on the ~ of sth/doing sth** (*lit, fig*) am Rande von etw/ nahe daran, etw zu tun.

brinkmanship [ˈbrɪŋkmənʃɪp] *n* (*inf*) Spiel *nt* mit dem Feuer.

briny [ˈbraɪnɪ] **I** *adj* salzhaltig, salzig. **II** *n* (*inf*) See *f*.

briquet(te) [brɪˈket] *n* Brikett *nt*.

brisk [brɪsk] *adj* (+*er*) **1.** *person, way of speaking* forsch; *sales assistant, service* flott, flink; *walk, pace* flott.

2. (*fig*) *trade, betting, bidding* lebhaft, rege. **business etc was ~** das Geschäft *etc* ging lebhaft *or* war rege.

3. *wind, weather* frisch.

brisket [ˈbrɪskɪt] *n* (*Cook*) Bruststück *nt*.

briskly [ˈbrɪsklɪ] *adv see adj.*

briskness [ˈbrɪsknɪs] *n see adj* **1.** Forschheit *f*; Flottheit, Flinkheit *f*; Flottheit *f*. **2.** Lebhaftigkeit *f*. **3.** Frische *f*.

brisling [ˈbrɪzlɪŋ] *n* Brisling *m*, Sprotte *f*.

bristle [ˈbrɪsl] **I** *n* (*of brush, boar etc*) Borste *f*; (*of beard*) Stoppel *f*.

II *vi* **1.** (*animal's hair*) sich sträuben.

2. (*fig: person*) zornig werden. **to ~ with anger** vor Wut schnauben.

3. (*fig*) **to be bristling with people/ mistakes** von *or* vor Leuten/Fehlern wimmeln; **bristling with difficulties** mit Schwierigkeiten gespickt.

bristly [ˈbrɪslɪ] *adj* (+*er*) borstig; *chin* Stoppel-, stoppelig.

bristols [ˈbrɪstəlz] *npl* (*Brit sl*) Titten *pl* (*sl*).

Brit [brɪt] *n* (*inf*) Engländer *m*.

Britain [ˈbrɪtən] *n* Großbritannien, Britannien (*Press*) *nt*; (*in ancient history*) Britannien *nt*.

Britannia [brɪˈtænɪə] *n* (*poet: country*) Britannien *nt*; (*personification*) Britannia *f*.

Britannic [brɪˈtænɪk] *adj*: **Her/His ~ Majesty** Ihre/Seine Britannische Majestät.

briticism [ˈbrɪtɪsɪzəm] *n* Britizismus *m*.

briticize [ˈbrɪtɪsaɪz] *vt* anglisieren.

British [ˈbrɪtɪʃ] **I** *adj* britisch. **I'm ~** ich bin Brite/Britin; **~ Columbia** Britisch-Kolumbien *nt*; **the ~ Isles** die Britischen Inseln; **~ Empire** Britisches Weltreich; **and the best of ~ (luck)!** (*inf*) na, dann mal viel Glück! **II** *n* **the ~** *pl* die Briten *pl*.

Britisher [ˈbrɪtɪʃəʳ] *n* (*US*) Brite *m*, Britin *f*.

Briton [ˈbrɪtən] *n* Brite *m*, Britin *f*.

Brittany [ˈbrɪtənɪ] *n* die Bretagne.

brittle [ˈbrɪtl] *adj* **1.** spröde, zerbrechlich; *old paper* bröcklig; *biscuits* mürbe. **~ bones** schwache Knochen. **2.** (*fig*) *nerves* schwach; *person* empfindlich; *voice, laugh* schrill.

brittleness [ˈbrɪtəlnɪs] *n see adj* **1.** Sprödigkeit, Zerbrechlichkeit *f*; Bröckligkeit *f*; Mürbheit *f*. **2.** Schwäche *f*; Empfindlichkeit *f*; Schrillheit *f*.

broach [brəʊtʃ] *vt* **1.** *barrel* anstechen, anzapfen. **2.** *subject, topic* anschneiden.

broad [brɔːd] **I** *adj* (+*er*) **1.** (*wide*) breit. **to grow ~er** breiter werden; (*road, river also*) sich verbreitern; **to make ~er** verbreitern; **it's as ~ as it is long** (*fig*) es ist Jacke wie Hose (*inf*).

2. (*widely applicable*) *theory* umfassend; (*general*) allgemein.

3. (*not detailed*) *distinction, idea, outline* grob; *instructions* vage; *sense* weit.

4. (*liberal*) *mind, attitude, ideas* großzügig, tolerant.

5. *wink, hint* deutlich; (*indelicate*) *humour* derb.

6. (*strongly marked*) *accent* stark; (*with long vowel sounds also*) breit.

II *n* **1.** (*widest part*) **the ~ of the back** die Schultergegend.

2. the (Norfolk) B~s *pl* die Norfolk Broads.

3. (*esp US sl: woman*) Frau *f*; (*younger*) Mieze *f* (*sl*).

broad bean *n* dicke Bohne, Saubohne *f*.

broadcast [ˈbrɔːdkɑːst] (*vb: pret, ptp ~*) **I** *n* (*Rad, TV*) Sendung *f*; (*of match etc*) Übertragung *f*. **~s** Programm *nt*, Sendungen *pl*.

II *vt* **1.** (*Rad, TV*) senden, ausstrahlen; *football match, event* übertragen.

2. (*fig*) *news, rumour etc* verbreiten.

3. (*Agr*) *seed* aussäen.

III *vi* (*Rad, TV: station*) senden; (*person*) im Rundfunk/Fernsehen sprechen.

broadcaster [ˈbrɔːdkɑːstəʳ] *n* (*Rad, TV*) (*announcer*) Rundfunk-/Fernsehsprecher(in *f*) *m*; (*personality*) Mitarbeiter(in *f*) *m* beim Rundfunk.

broadcasting [ˈbrɔːdkɑːstɪŋ] **I** *n* (*Rad, TV*) Sendung *f*; (*of event*) Übertragung *f*. **end of ~** Ende des Programms; **to work in ~** beim Rundfunk/Fernsehen arbeiten. **II** *attr* (*Rad*) Rundfunk-; (*TV*) Fernseh-. **~ station** (*Rad*) Rundfunkstation *f*; (*TV*) Fernsehstation *f*.

broadcloth [ˈbrɔːdklɒθ] *n* merzerisierter Baumwollstoff.

broaden (out) [ˈbrɔːdn(aʊt)] **I** *vt* (*sep*) *road etc* verbreitern; (*fig*) *person, attitudes* aufgeschlossener machen. **to ~ one's mind/ one's horizons** (*fig*) seinen Horizont erweitern. **II** *vi* breiter werden, sich verbreitern; (*fig*) (*person, attitudes*) aufgeschlossener werden; (*horizon*) sich erweitern.

broad jump *n* (*US Sport*) Weitsprung *m*; **broadloom** *adj carpet* überbreit.

broadly [ˈbrɔːdlɪ] *adv* **1.** (*in general terms*) allgemein, in groben Zügen; *outline, describe* grob. **~ speaking** ganz allgemein gesprochen. **2.** (*greatly, widely*) *differ* beträchtlich; *applicable* allgemein. **3.** *grin,*

smile, laugh breit; *hint, wink* deutlich.
4. *see adj 6. speak a dialect* stark; breit.

broad-minded [ˌbrɔːdˈmaɪndɪd] *adj*
großzügig, tolerant; **broad-mindedness**
n Großzügigkeit, Toleranz *f*; **broadness**
n see **breadth; broadsheet** *n* Flugblatt *nt*;
broad-shouldered *adj* breitschult(e)rig;
broadside (*Naut*) **I** *n* Breitseite *f*; (*fig
also*) Attacke *f*; **to fire a** ~ eine Breitseite
abgeben *or* abfeuern; **he let him have a** ~
(*fig*) er attackierte ihn heftig; **II** *adv* ~ **on**
mit der Breitseite (*to* nach).

brocade [brəʊˈkeɪd] **I** *n* Brokat *m*. **II** *attr*
Brokat-, brokaten.

broccoli [ˈbrɒkəlɪ] *n* Brokkoli *pl*.

brochure [ˈbrəʊʃjʊəʳ] *n* Broschüre *f*.

brogue¹ [brəʊg] *n* (*shoe*) ≈ Haferlschuh
(*Aus*), Budapester *m*.

brogue² *n* (*Irish accent*) irischer Akzent.

broil [brɔɪl] *vti* (*Cook*) grillen.

broiler [ˈbrɔɪləʳ] *n* **1.** (*chicken*) Brathähn-
chen *nt*. **2.** (*grill*) Grill *m*.

broke [brəʊk] **I** *pret of* **break. II** *adj pred*
(*inf*) abgebrannt (*inf*), pleite (*inf*). **to go
for** ~ (*inf*) den Bankrott riskieren.

broken [ˈbrəʊkən] **I** *ptp of* **break.**
II *adj* **1.** kaputt (*inf*); *twig* geknickt;
bone gebrochen; *rope also* gerissen;
(*smashed*) *cup, glass etc also* zerbrochen.
2. (*fig*) *voice* gebrochen; *chord* gebrochen;
heart, spirit, man gebrochen; *health, mar-
riage* zerrüttet. **surely his voice has** ~ **by
now** er muß den Stimmbruch schon hinter
sich (*dat*) haben; **from a** ~ **home** aus zer-
rütteten Familienverhältnissen.
3. *promise* gebrochen; *appointment*
nicht (ein)gehalten.
4. *road, surface, ground* uneben; *coast-
line* zerklüftet; *water, sea* aufgewühlt,
bewegt; *set* unvollständig.
5. (*interrupted*) *journey* unterbrochen;
line also gestrichelt; *sleep also* gestört.
6. *English, German etc* gebrochen.

broken-down [ˌbrəʊkənˈdaʊn] *adj* ma-
chine, car kaputt (*inf*); *horse* ausgemer-
gelt; **broken-hearted** *adj* untröstlich.

broker [ˈbrəʊkəʳ] *n* (*St Ex, Fin, real estate*)
Makler *m*. **yachting** ~ Bootshändler *m*.

brokerage [ˈbrəʊkərɪdʒ] *n* **1.** (*commission*)
Maklergebühr *f*. **2.** (*trade*) Maklergeschäft
nt.

broking [ˈbrəʊkɪŋ] *n* Geschäft *nt* eines Mak-
lers.

brolly [ˈbrɒlɪ] *n* (*Brit inf*) (Regen)schirm *m*.

bromide [ˈbrəʊmaɪd] *n* **1.** (*Chem*) Bromid
nt; (*Med inf*) Beruhigungsmittel *nt*. ~
paper (*Phot*) Bromsilberpapier *nt*. **2.** (*fig:
platitude*) Platitüde *f*, Allgemeinplatz *m*.

bromine [ˈbrəʊmiːn] *n* (*abbr* **Br**) Brom *nt*.

bronchia [ˈbrɒŋkɪə] *npl* Bronchien *pl*.

bronchial [ˈbrɒŋkɪəl] *adj* bronchial. ~ **tubes**
Bronchien *pl*.

bronchitis [brɒŋˈkaɪtɪs] *n* Bronchitis *f*.

bronchus [ˈbrɒŋkəs] *n*, *pl* **bronchi**
[ˈbrɒŋkiː] Bronchus *m*.

brontosaurus [ˌbrɒntəˈsɔːrəs] *n* Bron-
tosaurus *m*.

bronze [brɒnz] **I** *n* (*all senses*) Bronze *f*.
II *vi* (*person*) braun werden, bräunen.
III *vt* **1.** *metal* bronzieren. **2.** *face, skin*
bräunen. **IV** *adj* Bronze-.

Bronze Age *n* Bronzezeit *f*.

bronzed [brɒnzd] *adj skin, face, person*
braun, (sonnen)gebräunt.

brooch [brəʊtʃ] *n* Brosche *f*.

brood [bruːd] **I** *n* (*lit, fig*) Brut *f*. **II** *vi*
1. (*bird*) brüten. **2.** (*fig: person*) grübeln;
(*despondently also*) brüten.
◆**brood over** *or* (**up)on** *vi* +*prep obj* nach-
grübeln über (+*acc*).

brood mare *n* Zuchtstute *f*.

broody [ˈbruːdɪ] *adj* **1.** *hen* brütig. **the hen is**
~ die Henne gluckt; **to be feeling** ~ (*hum
inf*) den Wunsch nach einem Kind haben.
2. *person* grüblerisch; (*sad, moody*)
schwerblütig.

brook¹ [brʊk] *n* Bach *m*.

brook² *vt* (*liter: tolerate*) dulden. **to** ~ **no
delay** keinen Aufschub dulden.

brooklet [ˈbrʊklɪt] *n* Bächlein *nt*.

broom [bruːm] *n* **1.** Besen *m*. **a new** ~
sweeps clean (*Prov*) neue Besen kehren
gut (*Prov*). **2.** (*Bot*) Ginster *m*.

broom cupboard *n* Besenschrank *m*;
broomstick *n* Besenstiel *m*; **a witch on
her** ~ eine Hexe auf ihrem Besen.

Bros *npl* (*Comm*) *abbr of* **Brothers** Gebr.

broth [brɒθ] *n* Fleischbrühe *f*; (*thickened
soup*) Suppe *f*.

brothel [ˈbrɒθl] *n* Bordell *nt*, Puff *m* (*inf*).

brother [ˈbrʌðəʳ] *n*, *pl* **-s** *or* (*obs, Eccl*)
brethren 1. (*also Eccl*) Bruder *m*. **they
are** ~ **and sister** sie sind Geschwister; **my/
his** ~**s and sisters** meine/seine Geschwi-
ster; **the Clarke** ~**s** die Brüder Clarke;
(*Comm*) die Gebrüder Clarke; **oh** ~**!** (*esp
US inf*) Junge, Junge! (*inf*).
2. (*in trade unions*) Kollege *m*.
3. (*fellow man, DDR Pol*) Bruder *m*.
his ~ **officers** seine Offizierskameraden.

brotherhood [ˈbrʌðəhʊd] *n* **1.** brüderliches
Einvernehmen, Brüderlichkeit *f*; **2.** (*or-
ganization*) Bruderschaft *f*; ~ **of man**
Gemeinschaft *f* der Menschen; **brother-
in-law**, *pl* **brothers-in-law** Schwager *m*.

brotherliness [ˈbrʌðəlɪnɪs] *n* Brüderlich-
keit *f*.

brotherly [ˈbrʌðəlɪ] *adj* brüderlich.

brought [brɔːt] *pret, ptp of* **bring.**

brow [braʊ] *n* **1.** (*eyebrow*) Braue *f*.
2. (*forehead*) Stirn *f*. **3.** (*of hill*) (Berg)-
kuppe *f*.

browbeat [ˈbraʊbiːt] *vt irreg* unter
(moralischen) Druck setzen. **to** ~ **sb into
doing sth** jdn so unter Druck setzen, daß
er etw tut; **I won't be** ~**en** ich lasse mich
nicht tyrannisieren.

brown [braʊn] **I** *adj* (+*er*) braun; (*Cook*)
roast etc also braun gebraten. **II** *n* Braun
nt. **III** *vt* (*sun*) *skin, person* bräunen;
(*Cook*) (an)bräunen; *meat also* anbraten.
IV *vi* braun werden.

◆**brown off** *vt* **to be** ~**ed** ~ **with sb/sth** (*esp
Brit inf*) jdn/etw satt haben (*inf*); **you're
looking a bit** ~**ed** ~ du siehst so aus, als
hättest du alles ziemlich satt.

brown ale *n* dunkles (Stark)bier *nt*; **brown
bear** *n* Braunbär *m*; **brown bread** *n*
Grau- *or* Mischbrot *nt*; (*from wholemeal*)
Vollkornbrot *nt*; (*darker*) Schwarzbrot *nt*.

brownie [ˈbraʊnɪ] *n* **1.** (*fairy*) Heinzelmänn-
chen *nt*. **2.** **B~** (*in Guide Movement*)
Wichtel *m*. **3.** (*biscuit*) Schokoladenplätz-
chen *nt*.

browning ['braʊnɪŋ] n (Cook) (act) Anbraten nt; (substance) Bratensoße(npulver nt) f.

brownish ['braʊnɪʃ] adj bräunlich.

brown owl n 1. (Orn) Waldkauz m; 2. **Brown Owl** (in Brownies) die Weise Eule; **brown paper** n Packpapier nt; **Brownshirt** n Braunhemd nt; **brownstone** n (US) (material) rötlichbrauner Sandstein; (house) (rotes) Sandsteinhaus nt; **brown study** n to be in a ~ (liter) in Gedanken verloren sein.

browse [braʊz] I vi 1. to ~ among the books in den Büchern schmökern; to ~ (around) sich umsehen.
2. (cattle) weiden; (deer) äsen.
II n to have a ~ (around) sich umsehen; to have a ~ through the books in den Büchern schmökern.

Bruges [bruːʒ] n Brügge nt.

bruise [bruːz] I n (on person) blauer Fleck, Bluterguß (esp Med) m; (on fruit) Druckstelle f.
II vt (person) einen blauen Fleck/blaue Flecke(n) schlagen (+dat) or beibringen (+dat); (fruit) beschädigen; (fig) (person, spirit, feelings) verletzen. **to ~ oneself/one's elbow** sich (dat) einen blauen Fleck holen/sich (dat) einen blauen Fleck am Ellbogen holen; I feel ~d all over mir tut's am ganzen Körper weh.
III vi (person, part of body) einen blauen Fleck/blaue Flecke(n) bekommen; (fruit) eine Druckstelle/Druckstellen bekommen; (fig: person, feelings) verletzt werden.

brunch [brʌntʃ] n Frühstück und Mittagessen nt in einem.

brunette [bruːˈnet] I n Brünette f. II adj brünett.

brunt [brʌnt] n: to bear the (main) ~ of the attack/work die volle Wucht des Angriffs/die Hauptlast der Arbeit tragen; to bear the ~ das meiste abkriegen.

brush [brʌʃ] I n 1. Bürste f; (artist's ~, paint ~, shaving ~, pastry ~) Pinsel m; (hearth ~) Besen m; (with dustpan) Handbesen or -feger m. **to be as daft as a ~** (inf) total meschugge sein (inf).
2. (action) to give sth a ~ etw bürsten; jacket, shoes etw abbürsten; your jacket/hair/teeth could do with a ~ du solltest deine Jacke/dein Haar/deine Zähne mal wieder bürsten.
3. (light touch) leichte, flüchtige Berührung, Streifen nt. I felt the ~ of the cobwebs against my face ich spürte, wie Spinnweben mein Gesicht streiften.
4. (of fox) Lunte f.
5. (undergrowth) Unterholz nt.
6. (Mil: skirmish) Zusammenstoß m, Scharmützel nt; (quarrel, incident) Zusammenstoß m. to have a ~ with sb mit jdm aneinandergeraten.
7. (Elec: of commutator) Bürste f.
II vt 1. bürsten; (with hand) wischen. to ~ one's teeth/hair sich (dat) die Zähne putzen/sich (dat) das Haar bürsten.
2. (sweep) dirt fegen, kehren.
3. (touch lightly) streifen.
4. fabric bürsten, aufrauhen.

◆**brush against** vi +prep obj streifen.

◆**brush aside** vt sep obstacle, person (einfach) zur Seite schieben; objections (einfach) abtun; ideas verwerfen.

◆**brush away** vt sep (with brush) abbürsten; (with hand, cloth) ab- or wegwischen; insects verscheuchen.

◆**brush down** vt sep abbürsten; horse striegeln.

◆**brush off** I vt sep 1. mud, snow abbürsten; insect verscheuchen. 2. (inf: reject) person abblitzen lassen (inf); suggestion, criticism zurückweisen. II vi (mud etc) sich abbürsten or (with hand, cloth) abwischen lassen.

◆**brush past** vi streifen (prep obj acc). as he ~ed ~ als er mich/ihn etc streifte.

◆**brush up** vt sep 1. crumbs, dirt auffegen, aufkehren. to ~ sth ~ into a pile etw zusammenfegen or -kehren.
2. wool, nap aufrauhen, rauhen (form).
3. (fig: also ~ ~ on) subject, one's German auffrischen.

brushed nylon [ˌbrʌʃtˈnaɪlən] n Nylon-Velours m.

brush-off ['brʌʃɒf] n (inf) Abfuhr f; to give sb the ~ jdn abblitzen lassen (inf); **brushstroke** n Pinselstrich m; (way of painting) Pinselführung f; **brush-up** n (inf) I must give my Italian a ~ ich muß meine Italienischkenntnisse auffrischen; **brushwood** n 1. (undergrowth) Unterholz nt; 2. (cut twigs) Reisig nt; **brushwork** n (Art) Pinselführung f.

brusque [bruːsk] adj (+er) person, tone, manner brüsk, schroff.

brusquely ['bruːsklɪ] adv see adj.

brusqueness ['bruːsknɪs] n Schroffheit f.

Brussels ['brʌslz] n Brüssel nt.

Brussels lace n Brüsseler Spitze(n pl) f; **Brussels sprouts** npl Rosenkohl m.

brutal ['bruːtl] adj brutal.

brutality [bruːˈtælɪtɪ] n Brutalität f.

brutally ['bruːtəlɪ] adv brutal.

brute [bruːt] I n 1. Tier, Vieh (pej) nt.
2. (person) brutaler Kerl; (savage) Bestie f. **drink brings out the ~ in him** Alkohol bringt das Tier in ihm zum Vorschein.
3. (inf: thing) it's a ~ of a problem es ist ein höllisches Problem (inf).
II adj attr strength roh; passion tierisch, viehisch (pej). by ~ force mit roher Gewalt.

brutish ['bruːtɪʃ] adj viehisch, brutal.

BSc abbr of **Bachelor of Science**.

BSc Econ abbr of **Bachelor of Economic Science** Bakkalaureus m der Volkswirtschaft.

BST abbr of **British Summer Time**.

bubble ['bʌbl] I n Blase f; (on plane etc) (Glas)kuppel f. to blow ~s Blasen machen; the ~ has burst (fig) alles ist wie eine Seifenblase zerplatzt.
II vi 1. (liquid) sprudeln; (heated also) strudeln; (wine) perlen; (gas) Blasen/Bläschen machen or bilden.
2. (make bubbling noise) blubbern (inf); (cooking liquid, geyser etc) brodeln; (stream) plätschern.

◆**bubble out** vi (liquid) herausprudeln.

◆**bubble over** vi (lit) überschäumen; (fig) übersprudeln (with vor +dat).

◆**bubble up** vi (liquid) aufsprudeln; (gas) in Blasen/Bläschen hochsteigen.

bubble bath n Schaumbad nt; **bubble car** n (Brit) (opening at the top) Kabinenroller m; (opening at the front) Isetta ® f; **bubble chamber** n Blasenkammer f; **bubble gum** n Ballonkaugummi m.

bubbly ['bʌblɪ] I adj (+er) (lit) sprudelnd; (fig inf) personality temperamentvoll, lebendig; mood übersprudelnd. II n (inf) Schampus m (inf).

bubonic plague [bjuːˈbɒnɪkˈpleɪg] n Beulenpest f.

buccaneer [ˌbʌkəˈnɪər] n Seeräuber m; (ship) Seeräuberschiff m.

Bucharest [ˌbjuːkəˈrest] n Bukarest nt.

buck [bʌk] I n 1. (male of deer) Bock m; (rabbit, hare) Rammler m.
2. (US inf: dollar) Dollar m.
3. **to pass the ~** (difficulty, unpleasant task) den Schwarzen Peter weitergeben; (responsibility also) die Verantwortung abschieben; **the ~ stops here** der Schwarze Peter bleibt bei mir/uns hängen.
4. (leap by horse) Bocken nt.
5. (in gymnastics) Bock m.
II vi 1. (horse) bocken.
2. (resist, object) sich sträuben (at gegen).

◆**buck for** vi +prep obj (US inf) **to ~ ~ promotion** mit aller Gewalt befördert werden wollen.

◆**buck off** vt sep rider abwerfen.

◆**buck up** (inf) I vi 1. (hurry up) sich ranhalten (inf), rasch or fix machen (inf). **~ ~!** halt dich ran! (inf).
2. (cheer up) aufleben. **~ ~!** Kopf hoch!
II vt sep 1. (make hurry) Dampf machen (+dat) (inf).
2. (make cheerful) aufmuntern.
3. **to ~ one's ideas ~** sich zusammenreißen (inf).

bucket ['bʌkɪt] I n (also of dredger, grain elevator) Eimer m; (of excavator) Schaufel f, Löffel m (form); (of water wheel) Schaufel f. **a ~ of water** ein Eimer m Wasser; see **kick, drop**.
II vi (inf) **it's ~ing!, the rain is ~ing (down)!** es gießt wie aus Kübeln (inf).

◆**bucket about** vt sep usu pass (inf) durchrütteln.

◆**bucket along** vi (dated inf) mit einem Affenzahn dahin-/entlangkutschen (inf).

◆**bucket down** vi (inf) see **bucket II**.

bucketful ['bʌkɪtfʊl] n Eimer m.

bucket seat n Schalensitz m; **bucket shop** n (Fin) unreelle Maklerfirma.

buckeye ['bʌkaɪ] n (US) Roßkastanie f; (seed) Kastanie f.

buckle ['bʌkl] I n 1. (on belt, shoe) Schnalle, Spange f.
2. (in metal etc) Beule f; (concave also) Delle f. **there's a nasty ~ in this girder** dieser Träger ist übel eingebeult or (twisted) verbogen.
II vt 1. belt, shoes zuschnallen.
2. wheel, girder etc verbiegen; (dent) verbeulen.
III vi 1. (belt, shoe) mit einer Schnalle or Spange geschlossen werden.
2. (wheel, metal) sich verbiegen.

◆**buckle down** vi (inf) sich dahinterklemmen (inf), sich dranmachen (inf).

◆**buckle on** vt sep armour anlegen; sword, belt umschnallen.

◆**buckle to** vi sich am Riemen reißen (inf).

buckram ['bʌkrəm] I n Buckram m. II adj attr Buckram-.

Bucks [bʌks] abbr of **Buckinghamshire.**

buckshee [bʌkˈʃiː] adj (Brit inf) gratis.

buckshot ['bʌkʃɒt] n grober Schrot; **buckskin** n 1. Wildleder nt, Buckskin m; 2. **~s** pl Lederhose(n pl) f; **bucktooth** n vorstehender Zahn; **buckwheat** n Buchweizen m.

bucolic [bjuːˈkɒlɪk] adj bukolisch.

bud¹ [bʌd] I n 1. Knospe f. **to be in ~** knospen, Knospen treiben. 2. (Anat) see **taste ~**. II vi (plant, flower) knospen, Knospen treiben; (tree also) ausschlagen; (horns) wachsen.

Budapest [ˌbjuːdəˈpest] n Budapest nt.

Buddha ['bʊdə] n Buddha m.

Buddhism ['bʊdɪzəm] n Buddhismus m.

Buddhist ['bʊdɪst] I n Buddhist(in f) m. II adj buddhistisch.

budding ['bʌdɪŋ] adj knospend; (fig) poet etc angehend.

buddy ['bʌdɪ] n (US inf) Kumpel m. **hey, ~!** he, Kumpel, hör mal!; (threatening) hör mal zu, Kumpel or Freundchen (inf).

buddy-buddy ['bʌdɪbʌdɪ] adj (US inf) **to be ~ with sb** mit jdm dick befreundet sein.

budge [bʌdʒ] I vi 1. (move) sich rühren, sich bewegen. **~ up** or **over!** mach Platz!
2. (fig: give way) nachgeben, weichen. **I will not ~ an inch** ich werde keinen Fingerbreit nachgeben; **he is not going to ~** er gibt nicht nach.
II vt 1. (move) (von der Stelle) bewegen.
2. (force to give way) zum Nachgeben bewegen. **we can't ~ him** er läßt sich durch nichts erweichen.

budgerigar ['bʌdʒərɪgɑːʳ] n Wellensittich m.

budget ['bʌdʒɪt] I n Etat m, Budget nt; (Parl also) Haushalt(splan) m. II vi haushalten, wirtschaften.

◆**budget for** vi +prep obj (im Etat) einplanen.

budget account n Kundenkonto nt.

budgetary ['bʌdʒɪtrɪ] adj Etat-, Budget-, Haushalts-.

budget day n ≈ Haushaltsdebatte f.

budgie ['bʌdʒɪ] n (inf) abbr of **budgerigar** Wellensittich m.

buff¹ [bʌf] I n 1. (leather) (kräftiges, weiches) Leder. 2. **in the ~** nackt, im Adams-/Evaskostüm (hum). 3. Polierscheibe f. 4. (colour) Gelbbraun nt. II adj 1. ledern, Leder-. 2. gelbbraun. III vt metal polieren.

buff² n (inf) (movie etc ~) Fan m (inf).

buffalo ['bʌfələʊ] n, pl **~es**, collective pl **~** Büffel m.

buffalo grass n (US) Büffelgras nt.

buffer¹ ['bʌfəʳ] n (lit, fig) Puffer m; (Rail: at terminus) Prellbock m.

buffer² n (Brit inf) Heini m (inf).

buffer solution n (Chem) Puffer(lösung f) m; **buffer state** n (Pol) Pufferstaat m.

buffet¹ ['bʌfɪt] **I** *n* (*blow*) Schlag *m*. **II** *vt* hin und her werfen. **~ed by the wind** vom Wind gerüttelt; **~ing wind** böiger Wind.

buffet² ['bʊfeɪ] *n* Büfett *nt*; (*Brit Rail*) Speisewagen *m*; (*meal*) Stehimbiß *m*; (*cold ~*) kaltes Büfett. **~ car** (*Brit Rail*) Speisewagen *m*.

buffeting ['bʌfɪtɪŋ] *n* heftiges Schaukeln; (*Aviat*) Rütteln *nt*. **to get** *or* **take a ~** hin und her geworfen *or* (*Aviat*) gerüttelt werden.

buffoon [bə'fuːn] *n* Clown *m*; (*stupid*) Blödmann *m* (*pej inf*); (*child also*) Kasper *m*.

bug [bʌg] **I** *n* **1.** Wanze *f*; (*inf: any insect*) Käfer *m*. **~s** *pl* Ungeziefer *nt*.
  2. (*bugging device*) Wanze *f*.
  3. (*inf: germ, virus*) Bazillus *f*. **he picked up a ~ on holiday** er hat sich (*dat*) im Urlaub eine Krankheit geholt; **there must be a ~ about** das geht zur Zeit um.
  4. (*inf: obsession*) **now he's got the ~** jetzt hat's ihn gepackt (*inf*).
  5. (*inf: snag, defect*) Fehler *m*. **~s** Mucken *pl* (*inf*).
  II *vt* **1.** *room, building* verwanzen (*inf*), Wanzen *pl* installieren in (+*dat*) *or* einbauen in (+*acc*) (*inf*); *conversation, telephone lines* abhören. **this room is ~ged** das Zimmer ist verwanzt (*inf*).
  2. (*inf*) (*worry*) stören; (*annoy*) nerven (*sl*), den Nerv töten (+*dat*) (*inf*). **don't let it ~ you** mach dir nichts draus (*inf*).

bugaboo ['bʌgəbuː] *n* Schreckgespenst *nt*.

bugbear ['bʌgbɛər] *n* Schreckgespenst *nt*.

bugger ['bʌgər] **I** *n* (*sl*) Scheißkerl *m* (*sl*), Arschloch *nt* (*vulg*); (*when not contemptible*) Kerl *m* (*inf*); (*thing*) Scheißding *nt* (*sl*). **this nail's a ~, it won't come out** dieser Scheißnagel geht einfach nicht raus (*sl*); **to play silly ~s** Scheiß machen (*sl*).
  II *interj* (*sl*) Scheiße (*sl*). **~ this car/pen!** dieses Scheißauto (*sl*)/dieser Scheißfüller! (*sl*); **~ him** dieser Scheißkerl (*sl*); (*he can get lost*) der kann mich mal (*sl*); **~ me!** (*surprise*) (du) meine Fresse! (*sl*); (*annoyance*) so'n Scheiß! (*sl*).
  III *vt* **1.** (*lit*) anal verkehren mit.
  2. (*Brit sl*) versauen (*sl*). **well, I'll be ~ed!** ich glaub', ich krieg' die Tür nicht zu! (*sl*).

◆**bugger about** *or* **around** (*Brit sl*) **I** *vi* (*laze about etc*) rumgammeln (*sl*); (*be ineffective*) blöd rummachen (*sl*). **stop ~ing ~ and get on with it** nun mach mal Nägel mit Köpfen (*inf*); **he's not serious about her, he's just ~ing ~** ihm ist es nicht ernst, er treibt nur sein Spielchen (*inf*); **to ~ ~ with sth** an etw (*dat*) rumpfuschen (*inf*). **II** *vt sep* verarschen (*sl*).

◆**bugger off** *vi* (*Brit sl*) abhauen (*inf*), Leine ziehen (*sl*).

◆**bugger up** *vt sep* (*Brit sl*) versauen (*sl*). **I'm sorry if I've ~ed you ~** tut mir leid, daß ich dich in eine solche Scheißlage gebracht habe (*sl*).

bugger all [ˌbʌgərˈɔːl] *n* (*Brit sl: nothing*) rein gar nichts.

buggery ['bʌgərɪ] *n* Analverkehr *m*; (*with animals*) Sodomie *f*.

bugging ['bʌgɪŋ] *n* Abhören *nt*.

bugging device *n* Abhörgerät *nt*.

buggy ['bʌgɪ] *n* (*with horse*) Buggy *m*,

leichter Einspänner. **baby ~** (*US*) Kinderwagen *m*; **beach ~** Buggy *m*; **moon ~** Mondauto *nt*.

bughouse ['bʌghaʊs] *n* (*US fam*) Klapsmühle *f*.

bugle ['bjuːgl] *n* Bügelhorn *nt*. **~ call** Hornsignal *nt*.

bugler ['bjuːglər] *n* Hornist *m*.

build [bɪld] (*vb: pret, ptp* **built**) **I** *n* Körperbau *m*. **II** *vt* **1.** bauen. **the house is being built** das Haus ist im Bau *or* befindet sich im Bau. **2.** (*fig*) *new nation, relationship, career, system etc* schaffen; *a better future* schaffen. **III** *vi* bauen. **to ~ on a piece of land** auf einem Grundstück bauen; (*cover with houses etc*) ein Grundstück bebauen.

◆**build in** *vt sep* (*lit, fig*) *wardrobe, proviso etc* einbauen; (*fig*) *extra time* einplanen.

◆**build on I** *vt sep* anbauen. **to ~ ~ to sth** etw an etw (*acc*) anbauen. **II** *vi* +*prep obj* bauen auf (+*acc*).

◆**build up I** *vi* **1.** entstehen; (*anticyclone, atmosphere also*) sich aufbauen; (*increase*) zunehmen; (*Tech: pressure*) sich erhöhen.
  2. (*traffic*) sich verdichten; (*queue, line of cars*) sich bilden.
  II *vt sep* **1.** aufbauen (*into* zu); *finances* aufbessern. **to ~ ~ a reputation** sich (*dat*) einen Namen machen.
  2. (*increase*) *ego, muscles, forces* aufbauen; *production, pressure* steigern, erhöhen; *forces (mass)* zusammenziehen; *health* kräftigen; *sb's confidence* stärken. **porridge ~s you ~** von Porridge wirst du groß und stark; **to ~ ~ sb's hopes** jdm Hoffnung(en) machen.
  3. (*cover with houses*) (ganz) bebauen.
  4. (*publicize*) *person* aufbauen.

builder ['bɪldər] *n* (*worker*) Bauarbeiter(in *f*) *m*; (*of ships*) Schiffsbauer *m*; (*contractor*) Bauunternehmer *m*; (*future owner*) Bauherr *m*; (*fig: of state*) Baumeister (*geh*), Erbauer *m*. **John Higgins, B~s** Bauunternehmen John Higgins; **~'s labourer** Bauarbeiter *m*; **~'s merchant** Baustoff- *or* Baumaterialhändler *m*.

building ['bɪldɪŋ] *n* **1.** Gebäude *nt*; (*usually big or in some way special also*) Bau *m*. **it's the next ~ but one** das ist zwei Häuser weiter; **the ~s in the old town** die Häuser *or* Gebäude in der Altstadt. **2.** (*act of constructing*) Bau *m*, Bauen *nt*; (*of new nation etc*) Aufbau *m*.

building contractor *n* Bauunternehmer *m*; **building contractors** *npl* Bauunternehmen *nt*; **building materials** *npl* Baumaterial *nt*, Baustoffe *pl*; **building site** *n* Baustelle *f*; **building society** *n* Bausparkasse *f*; **building trade** *n* Baugewerbe *nt*.

build-up ['bɪldʌp] *n* **1.** (*inf*) Werbung *f*. **publicity ~** Werbekampagne *f*; **they gave the play a good ~** sie haben das Stück ganz groß herausgebracht (*inf*); **the chairman gave the speaker a tremendous ~** der Vorsitzende hat den Redner ganz groß angekündigt. **2.** (*of pressure*) Steigerung *f*; (*Tech also*) Verdichtung *f*. **~ of troops** Truppenmassierungen *pl*; **a traffic ~, a ~ of traffic** eine Verkehrsverdichtung.

built [bɪlt] *pret, ptp* of **build**.

built-in ['bɪltɪn] adj 1. cupboard etc eingebaut, Einbau-; ~ **obsolescence** geplanter Verschleiß; 2. (fig: instinctive) instinktmäßig; **built-up** adj shoulders gepolstert; ~ **area** bebautes Gebiet; (Mot) geschlossene Ortschaft; ~ **shoes** Schuhe pl mit überhoher Sohle; (Med) orthopädische Schuhe pl.

bulb [bʌlb] n 1. Zwiebel f; (of garlic) Knolle f. 2. (Elec) (Glüh)birne f. 3. (of thermometer etc) Kolben m.

bulbous ['bʌlbəs] adj plant knollig, Knollen-; (bulb-shaped) growth etc knotig, Knoten-. ~ **nose** Knollennase f.

Bulgaria [bʌl'geərɪə] n Bulgarien nt.

Bulgarian [bʌl'geərɪən] I adj bulgarisch. II n 1. Bulgare m, Bulgarin f. 2. (language) Bulgarisch nt.

bulge [bʌldʒ] I n 1. (in surface) Wölbung f; (irregular) Unebenheit f, Buckel m (inf); (in jug, glass etc also) Bauch m; (in plaster, metal: accidental) Beule f; (in line) Bogen m; (in tyre) Wulst m. the Battle of the B~ die Ardennenoffensive; what's that ~ in your pocket? was steht denn in deiner Tasche so vor?
2. (in birth rate etc) Zunahme f, Anschwellen nt (in gen). the post-war ~ der Babyboom der Nachkriegsjahre.
II vi 1. (also ~ out) (swell) (an-)schwellen; (metal, sides of box) sich wölben; (plaster) uneben sein; (stick out) vorstehen. his eyes were bulging out of his head (lit) die Augen traten ihm aus dem Kopf; (fig) er bekam Stielaugen (inf).
2. (pocket, sack) prall gefüllt sein; gestopft voll sein (inf) (with mit); (cheek) voll sein (with mit).

bulge baby n Kind nt der starken Nachkriegsjahrgänge.

bulging ['bʌldʒɪŋ] adj stomach prall, vorstehend; pockets, suitcase prall gefüllt, gestopft voll (inf). ~ **eyes** Glotzaugen pl.

bulk [bʌlk] I n 1. (size) Größe f; (of task) Ausmaß nt; (large shape) (of thing) massige Form; (of person, animal) massige Gestalt. of great ~ massig.
2. (also great ~) größter Teil; (of debt, loan also) Hauptteil m; (of work, mineral deposits also) Großteil m; (of people, votes also) Gros nt; (of property, legacy etc also) Masse f.
3. (Comm) in ~ im großen, en gros.
II vi: to ~ large eine wichtige Rolle spielen.

bulk buying [,bʌlk'baɪɪŋ] n Mengen- or Großeinkauf m.

bulkhead ['bʌlkhed] n Schott nt; (in tunnel) Spundwand f.

bulkiness ['bʌlkɪnɪs] n see adj 1. Sperrigkeit f; Dicke f; Unförmigkeit f; Umständlichkeit f. 2. Massigkeit, Wuchtigkeit f.

bulky ['bʌlkɪ] adj (+er) 1. object sperrig; book dick; sweater, space-suit unförmig; system umständlich. ~ **goods** Sperrgut nt.
2. person massig, wuchtig.

bull[1] [bʊl] I n 1. Stier m; (for breeding) Bulle m. to take or seize the ~ by the horns (fig) den Stier bei den Hörnern packen; like a ~ in a china shop (inf) wie ein Elefant im Porzellanladen (inf).
2. (male of elephant, whale etc) Bulle

m. a ~ **elephant** ein Elefantenbulle m.
3. (St Ex) Haussier, Haussespekulant(in f) m.
4. (Brit Mil sl) Drill m und Routine f.
5. (inf: nonsense) Quatsch (inf) m.
II vi (St Ex) auf Hausse spekulieren.
III vt (St Ex) stocks, shares hochtreiben. to ~ the market die Kurse hochtreiben.

bull[2] n (Eccl) Bulle f.

bulldog ['bʊldɒg] n Bulldogge f.

bulldog breed n he is one of the ~ er ist ein zäher Mensch; **bulldog clip** n Papierklammer f.

bulldoze ['bʊldəʊz] vt 1. (fig: force) to ~ sb **into doing sth** jdn so unter Druck setzen, daß er etc etw tut; she ~d her way through the crowd sie boxte sich durch die Menge.
2. to ~ a track through ... mit Bulldozern einen Weg durch ... bahnen; they ~d the rubble out of the way sie räumten den Schutt mit Bulldozern weg.

bulldozer ['bʊldəʊzər] I n Planierraupe f, Bulldozer m. II adj attr (fig) tactics etc Holzhammer- (inf).

bullet ['bʊlɪt] n Kugel f.

bullet hole n Einschuß(loch nt) m.

bulletin ['bʊlɪtɪn] n 1. Bulletin nt, amtliche Bekanntmachung. health ~ Krankenbericht m, Bulletin nt; ~ **board** (US) Schwarzes Brett; a ~ to the press ein Pressekommuniqué nt. 2. (of club, society) Bulletin nt.

bulletproof ['bʊlɪtpruːf] I adj kugelsicher; II vt kugelsicher machen; **bullet wound** n Schußwunde or -verletzung f.

bullfight ['bʊlfaɪt] n Stierkampf m; **bullfighter** n Stierkämpfer m; **bullfighting** n Stierkämpfe sind ...; **bullfinch** n Dompfaff, Gimpel m; **bullfrog** n Ochsenfrosch m.

bullion ['bʊljən] n, no pl Gold-/Silberbarren pl.

bullock ['bʊlək] n Ochse m.

bullring ['bʊlrɪŋ] n Stierkampfarena f; **bull's eye** n 1. (of target) Scheibenmittelpunkt m or -zentrum nt; (hit) Schuß m ins Schwarze or Zentrum; (in darts) bull's eye nt; (in archery) Mouche f; to get a or hit the ~ (lit, fig) ins Schwarze treffen; ~! (lit, fig) genau getroffen! 2. (sweet) hartes Pfefferminzbonbon; **bullshit** (vulg) I n (lit) Kuhscheiße f (vulg); (fig) Bockmist (sl), Scheiß (sl) m; II interj Quatsch mit Soße (sl); ~, of course you can red' keinen Scheiß, klar kannst du das (sl); III vi Scheiß erzählen (sl); IV vt he ~ed his way out of trouble er hat sich ganz großkotzig aus der Affäre gezogen (sl); **bullterrier** n Bullterrier m.

bully ['bʊlɪ] I n 1. Tyrann m; (esp Sch) Rabauke m. you great big ~ du Rüpel; to be a bit of a ~ den starken Mann markieren (inf).
2. (Hockey) Bully nt.
II vt tyrannisieren, schikanieren; (using violence) drangsalieren, traktieren; (into doing sth) unter Druck setzen. to ~ sb into doing sth jdn so unter Druck setzen, daß er etc etw tut.

◆**bully about** or **around** vt sep herumkommandieren, tyrannisieren.

◆**bully off** vi (Hockey) das Bully machen.
bully beef n (Mil inf) Corned beef nt; **bully boy** n (inf) Schlägertyp m (inf).
bullying ['bʊlɪŋ] **I** adj person, manner tyrannisch; boss, wife also herrisch. **II** n see vt Tyrannisieren, Schikanieren nt; Drangsalieren, Traktieren nt; Anwendung f von Druck (of auf + acc).
bully-off ['bʊlɪ'ɒf] n (Hockey) Bully nt.
bulrush ['bʊlrʌʃ] n Rohrkolben m. **in the ~es** im Schilfrohr.
bulwark ['bʊlwək] n **1.** (lit, fig) Bollwerk nt. **2.** (Naut) Schanzkleid nt.
bum¹ [bʌm] n (esp Brit inf) Hintern (inf), Popo (inf) m.
bum² (sl) **I** n **1.** (good-for-nothing) Rumtreiber m (inf); (young) Gammler m; (down-and-out, tramp) Penner m (inf). **2.** (despicable person) Saukerl m (sl). **3. to be on the ~** schnorren (inf). **II** adj (bad) beschissen (sl); trick hundsgemein (inf). **III** vt **1.** money, food schnorren (inf) (off sb bei jdm). **could I ~ a lift into town?** kannst du mich in die Stadt mitnehmen? **2. he ~med his way round Europe** er ist durch Europa gezogen (inf). **IV** vi (scrounge) schnorren (inf) (off sb bei jdm).
◆**bum about** or **around** vi (sl) rumgammeln (sl); (+prep obj) ziehen durch (inf).
bumble-bee ['bʌmblbiː] n Hummel f.
bumbledom ['bʌmbldəm] n (inf) kleinlicher Bürokratismus.
◆**bumble through** ['bʌmbl'θruː] vi sich durchwühlen (inf) or -mogeln (inf) (+prep obj durch).
bumboat ['bʌmbəʊt] n Proviantboot nt.
bumf, bumph [bʌmf] n (Brit inf) **1.** (forms) Papierkram m (inf). **2.** (toilet paper) Klopapier nt (inf).
bummer ['bʌməʳ] n (US fam): **it's a ~** es ist zum Weinen.
bump [bʌmp] **I** n **1.** (blow, noise, jolt) Bums m (inf); (of sth falling also) Plumps m (inf). **to get a ~ on the head** sich (dat) den Kopf anschlagen; **I accidentally gave her a ~ on the chin** ich habe sie aus Versehen ans Kinn geboxt or gestoßen; **the car has had a few ~s** mit dem Auto hat es ein paarmal gebumst (inf); **each ~ was agony as the ambulance ...** jede Erschütterung war eine Qual, als der Krankenwagen ... **2.** (on any surface) Unebenheit f, Hubbel m (inf); (on head, knee etc) Beule f; (on car) Delle f. **3.** (Aviat: rising air current) Bö f. **II** vt stoßen; car wing etc, one's own car eine Delle fahren in (+acc); another car auffahren auf (+acc). **to ~ one's head/knee** sich (dat) den Kopf/das Knie anstoßen or anschlagen (on against an +dat); **her father sat ~ing her up and down on his knee** ihr Vater ließ sie auf den Knien reiten. **III** vi (move joltingly) holpern. **he fell and went ~ing down the stairs** er stürzte und fiel polternd die Treppe hinunter. **IV** adv things that go ~ **in the night** Geräusche im Dunkeln or in der Nacht.
◆**bump about** vi herumpoltern.
◆**bump into** vi +prep obj **1.** (knock into)

stoßen gegen; (driver, car) fahren gegen; another car fahren auf (+acc). **2.** (inf: meet) über den Weg laufen (+dat).
◆**bump off** vt sep (inf) abmurksen (inf).
◆**bump up** vt sep (inf) (to auf +acc) prices raufgehen mit (inf); total erhöhen; salary aufbessern.
bumper ['bʌmpəʳ] **I** n (of car) Stoßstange f. **II** adj ~ **crop** Rekordernte f; **a special ~ edition** eine Riesen-Sonderausgabe.
bumper car n (Auto)skooter m.
bumph n see **bumf**.
bumpiness ['bʌmpɪnɪs] n see adj Unebenheit, Hubbeligkeit (inf) f; Holp(e)rigkeit f; Böigkeit f.
bumpkin ['bʌmpkɪn] n (also country ~) (man) (Bauern)tölpel m; (woman) Trampel f vom Land.
bumptious ['bʌmpʃəs] adj aufgeblasen, wichtigtuerisch.
bumpy ['bʌmpɪ] adj (+er) surface uneben, hubbelig (inf); road, drive holp(e)rig; flight böig, unruhig.
bun [bʌn] n **1.** (bread) süßes Brötchen; (iced ~ etc) süßes Stückchen or Teilchen; (N Engl: small cake) Biskuittörtchen nt. **to have a ~ in the oven** (sl) ein Kind kriegen (inf). **2.** (hair) Knoten m. **she wears her hair in a ~** sie trägt einen Knoten.
bunch [bʌntʃ] **I** n **1.** (of flowers) Strauß m; (of bananas) Büschel nt; (of radishes, asparagus) Bund nt; (of hair) (Ratten)-schwanz m, Zöpfchen nt. **a ~ of roses/flowers** ein Strauß m Rosen/ein Blumenstrauß m; ~ **of grapes** Weintraube f; ~ **of keys** Schlüsselbund m; **the pick or best of the ~** die Allerbesten; (things) das Beste vom Besten. **2.** (inf: of people) Haufen m (inf). **a small ~ of tourists** ein Häufchen nt or eine kleine Gruppe Touristen. **II** vi **1.** (dress) sich bauschen. **2.** see ~ **together II**, ~**up II**.
◆**bunch together I** vt sep zusammenfassen; (at random) zusammenwürfeln. **the girls/prisoners were sitting all ~ed ~** die Mädchen/Gefangenen saßen alle auf einem Haufen. **II** vi (people) Grüppchen or einen Haufen bilden; (atoms) Cluster bilden. **don't ~ ~, spread out!** bleibt nicht alle auf einem Haufen, verteilt euch!
◆**bunch up I** vt sep **1.** dress, skirt bauschen. **2.** (put together) objects auf einen Haufen legen. **II** vi **1.** Grüppchen or Haufen bilden. **don't ~ ~ so much, space out!** nicht alle auf einem Haufen, verteilt euch! **2.** (material) sich bauschen.
bundle ['bʌndl] **I** n **1.** Bündel nt. **to tie sth in a ~** etw bündeln. **2.** (fig) **he is a ~ of nerves** er ist ein Nervenbündel; **that child is a ~ of mischief** das Kind hat nichts als Unfug im Kopf; **her little ~ of joy** (inf) ihr kleiner Wonneproppen (inf); **a ~ of fun** (inf) das reinste Vergnügen. **II** vt **1.** bündeln; see ~ **up**. **2.** (put, send hastily) things stopfen; people verfrachten, schaffen; (into vehicle) packen (inf), schaffen.
◆**bundle off** vt sep person schaffen. **he was**

~d ~ **to Australia** er wurde nach Australien verfrachtet.
◆**bundle up** vt sep (tie into bundles) bündeln; (collect hastily) zusammenraffen. ~d ~ **in his overcoat** in seinen Mantel eingehüllt or gemummelt (inf).
bung [bʌŋ] I n (of cask) Spund(zapfen) m. II vt 1. cask spunden, verstopfen. 2. (Brit inf: throw) schmeißen (inf).
◆**bung in** vt sep (Brit inf: include) dazutun.
◆**bung out** vt sep (Brit inf) rauswerfen.
◆**bung up** vt sep (inf) pipe verstopfen. **I'm all ~ed ~** meine Nase ist verstopft.
bungalow ['bʌŋgələʊ] n Bungalow m.
bunghole ['bʌŋhəʊl] n Spundloch nt.
bungle ['bʌŋgl] I vt verpfuschen, vermasseln (inf).
II vi **I see you've ~d again, Higgins** wie ich sehe, haben Sie wieder einmal alles verpfuscht or vermasselt (inf), Higgins.
III n verpfuschte Sache, Stümperei f.
bungler ['bʌŋglər] n Nichtskönner, Stümper m.
bungling ['bʌŋglɪŋ] I adj person unfähig, trottelhaft, dusselig (inf); attempt stümperhaft. II n Stümperei, Dusseligkeit (inf) f.
bunion ['bʌnjən] n Ballen m, X-Großzehe f.
bunk[1] [bʌŋk] n: **to do a ~** (inf) türmen.
bunk[2] n (inf) Quatsch m (inf).
bunk[3] n (in ship) Koje f; (in train, dormitory) Bett nt.
◆**bunk down** vi (inf) kampieren (inf).
bunk-beds [bʌŋk'bedz] npl Etagenbett nt.
bunker ['bʌŋkər] I n (Naut, Golf, Mil) Bunker m. II vt **he was ~ed** (Golf) er hatte den Ball in den Bunker geschlagen.
bunkhouse ['bʌŋkhaʊs] n Schlafbaracke f.
bunkum ['bʌŋkəm] n (inf) Blödsinn m.
bunny ['bʌnɪ] n (also ~ **rabbit**) Hase m, Häschen nt.
bunny girl n Häschen nt.
Bunsen (burner) ['bʌnsn('bɜːnər)] n Bunsenbrenner m.
bunting[1] ['bʌntɪŋ] n (Orn) Ammer f.
bunting[2] n (material) Fahnentuch nt; (flags) bunte Fähnchen pl, Wimpel pl.
buoy [bɔɪ] I n Boje f. II vt waterway mit Bojen markieren or kennzeichnen.
◆**buoy up** vt sep 1. (lit) über Wasser halten. 2. (fig) person Auftrieb geben (+dat); sb's hopes beleben. **~ed ~ by new hope** von neuer Hoffnung beseelt. 3. (Fin) market, prices Auftrieb geben (+dat).
buoyancy ['bɔɪənsɪ] n 1. (of ship, object) Schwimmfähigkeit f; (of liquid) Auftrieb m. 2. (fig: cheerfulness) Schwung, Elan m. 3. (Fin: of market, prices) Festigkeit f; (resilience) Erholungsfähigkeit f.
buoyant ['bɔɪənt] adj 1. ship, object schwimmend; liquid tragend. **fresh water is not so ~ as salt water** Süßwasser trägt nicht so gut wie Salzwasser. 2. (fig) person, mood heiter; (energetic) step federnd, elastisch. 3. (Fin) market, prices fest; (resilient) erholungsfähig; trading rege.
buoyantly ['bɔɪəntlɪ] adv see adj.
bur, burr [bɜːr] n (Bot, fig inf) Klette f.
burble ['bɜːbl] I vi 1. (stream) plätschern, gurgeln. 2. (fig: person) plappern; (baby)

gurgeln. **what's he burbling (on) about?** (inf) worüber quasselt er eigentlich? (inf). II n (of stream) Plätschern, Gurgeln nt; (on tape etc) Gemurmel nt.
burbot ['bɜːbət] n Quappe f.
burden[1] ['bɜːdn] I n 1. (lit) Last f. **it puts too much of a ~ on him/the engine** das überlastet ihn/den Motor; **beast of ~** Lasttier nt.
2. (fig) Belastung f (on, to für). **the guilt was a constant ~ on his mind** das Gefühl der Schuld belastete ihn sehr; ~ **of taxation** steuerliche Belastung, Steuerlast f; **I don't want to be a ~ on you** ich möchte Ihnen nicht zur Last fallen; **the ~ of proof lies with him** er muß den Beweis dafür erbringen or liefern; (Jur) er trägt die Beweislast.
3. (Naut) Tragfähigkeit, Tragkraft f.
II vt belasten.
burden[2] n 1. (of song) Refrain, Kehrreim m. 2. (of speech etc) Grundgedanke m.
burdensome ['bɜːdnsəm] adj load schwer; condition lästig; task mühsam.
burdock ['bɜːdɒk] n Klette f.
bureau [bjʊə'rəʊ] n 1. (Brit: desk) Sekretär m. 2. (US: chest of drawers) Kommode f. 3. (office) Büro nt. 4. (government department) Amt nt, Behörde f. **federal ~** Bundesamt nt.
bureaucracy [bjʊə'rɒkrəsɪ] n Bürokratie f.
bureaucrat ['bjʊərəʊkræt] n Bürokrat m.
bureaucratic adj, **~ally** adv [ˌbjʊərəʊ'krætɪk, -əlɪ] bürokratisch.
burgeon ['bɜːdʒən] vi (liter: also ~ **forth**) (flower) knospen (liter); (plant) sprießen (liter); (fig) hervorsprießen (geh).
burger ['bɜːgər] n (esp US inf) Hamburger m.
burgess ['bɜːdʒɪs] n 1. (freier) Bürger, (freie) Bürgerin. 2. (Hist) Abgeordnete(r) mf. 3. (US) Abgeordneter m der Volksvertretung der Kolonien Maryland oder Virginia.
burgh ['bʌrə] n (Scot) freie Stadt.
burglar ['bɜːglər] n Einbrecher(in f) m. ~ **alarm** Alarmanlage f.
burglarize ['bɜːgləraɪz] vt (US) einbrechen in (+acc). **the place/he was ~d in** dem Gebäude/bei ihm wurde eingebrochen.
burglarproof ['bɜːgləpruːf] adj einbruchsicher.
burglary ['bɜːglərɪ] n Einbruch m; (offence) (Einbruchs)diebstahl m.
burgle ['bɜːgl] vt einbrechen in (+acc). **the place/he was ~d** in dem Gebäude/bei ihm wurde eingebrochen.
Burgundian [bɜː'gʌndɪən] I adj burgundisch. II n Burgunder(in f) m.
Burgundy ['bɜːgəndɪ] n 1. (Geog) Burgund nt. 2. (wine) Burgunder m.
burial ['berɪəl] n Beerdigung, Bestattung f; (~ ceremony also) Begräbnis nt; (in cemetery also) Beisetzung f (form). **Christian ~** christliches Begräbnis; ~ **at sea** Bestattung f zur See.
burial ground n Begräbnisstätte f; **burial place** n Grabstätte f; **burial service** n Trauerfeier f.
burlap ['bɜːlæp] n Sackleinen nt.
burlesque [bɜː'lesk] I n 1. (parody) Parodie f; (Theat) Burleske f; (Liter) Persiflage f.

2. (*US Theat*) Varieté *nt*; (*show*) Varietévorstellung *f*.

  II *adj* **1.** *see n* parodistisch; burlesk; persiflierend.

  2. (*US Theat*) *comedian, actor* Varieté-. ~ **show** Varietévorstellung *f*.

  III *vt* parodieren; *book, author, style* persiflieren.

burly ['bɜːlɪ] *adj* (+*er*) kräftig, stramm.

Burma ['bɜːmə] *n* Birma, Burma *nt*.

Burmese [bɜːˈmiːz] **I** *adj* birmanisch, burmesisch. **II** *n* **1.** Birmane, Burmese *m*, Birmanin, Burmesin *f*. **2.** (*language*) Birmanisch, Burmesisch *nt*.

burn¹ [bɜːn] *n* (*Scot*) Bach *m*.

burn² (*vb: pret, ptp* ~**ed** *or* ~**t**) **I** *n* **1.** (*on skin*) Brandwunde *f*; (*on material*) verbrannte Stelle, Brandfleck *m*. **severe** ~**s** schwere Verbrennungen *pl*; **second degree** ~**s** Verbrennungen zweiten Grades; **cigarette** ~ Brandfleck *m or* (*hole*) Brandloch *nt or* (*on skin*) Brandwunde *f* von einer Zigarette.

  2. (*Space: of rocket*) Zündung *f*.

  II *vt* **1.** verbrennen; *incense* abbrennen; *village, building* niederbrennen. **he** ~**t me with his cigarette** er hat mich mit der Zigarette gebrannt; **to** ~ **oneself** sich verbrennen; **to be** ~**t to death** (*at stake*) verbrannt werden; (*in accident*) verbrennen; **to be** ~**t alive** bei lebendigem Leibe verbrannt werden *or* (*in accident*) verbrennen; **to** ~ **a hole in sth** ein Loch in etw (*acc*) brennen; **to** ~ **one's fingers** (*lit, fig*) sich (*dat*) die Finger verbrennen; **he's got money to** ~ (*fig*) er hat Geld wie Heu; **to** ~ **one's boats** *or* **bridges** (*fig*) alle Brücken hinter sich (*dat*) abbrechen; **to** ~ **the midnight oil** (*fig*) bis tief in die Nacht arbeiten.

  2. *meat, sauce, toast, cakes* verbrennen lassen; (*slightly*) anbrennen lassen; (*sun*) *person, skin* verbrennen.

  3. (*acid*) ätzen. **the curry** ~**t his throat/ lips** das Currygericht brannte ihm im Hals/auf den Lippen.

  4. (*use as fuel: ship etc*) befeuert werden mit; (*use up*) *petrol, electricity* verbrauchen.

  III *vi* **1.** (*wood, fire etc*) brennen. **to** ~ **to death** verbrennen; *see* ~¹.

  2. (*meat, pastry etc*) verbrennen; (*slightly*) anbrennen. **she/her skin** ~**s easily** sie bekommt leicht einen Sonnenbrand.

  3. (*ointment, curry, sun*) brennen; (*acid*) ätzen.

  4. (*feel hot: wound, eyes, skin*) brennen. **his face was** ~**ing (with heat/shame)** sein Gesicht glühte *or* war rot (vor Hitze/ Scham).

  5. to be ~**ing to do sth** darauf brennen, etw zu tun; **he was** ~**ing to get his revenge** er brannte auf Rache; **he was** ~**ing with anger** er war wutentbrannt.

  6. (*Space: rockets*) zünden.

◆**burn away I** *vi* **1.** (*go on burning*) vor sich hin brennen. **2.** (*wick, candle, oil*) herunterbrennen; (*part of roof etc*) abbrennen. **II** *vt sep* abbrennen; (*Med*) wegbrennen.

◆**burn down I** *vi* **1.** (*house etc*) ab- *or* niederbrennen. **2.** (*fire, candle, wick*) herunterbrennen. **II** *vt sep* ab- *or* niederbrennen.

◆**burn off** *vt sep paint etc* abbrennen.

◆**burn out I** *vi* (*fire, candle*) ausbrennen, ausgehen; (*fuse, dynamo etc*) durchbrennen; (*rocket*) den Treibstoff verbraucht haben.

  II *vr* **1.** (*candle, lamp*) herunterbrennen; (*fire*) ab- *or* ausbrennen.

  2. (*fig inf*) **to** ~ **oneself** ~ sich kaputtmachen (*inf*), sich völlig verausgaben.

  III *vt sep* **1.** *enemy troops etc* ausräuchern. **they were** ~**t** ~ **of house and home** ihr Haus und Hof war abgebrannt.

  2. *usu pass* ~**t** ~ *lorries/houses* ausgebrannte Lastwagen/Häuser; **he/his talent is** ~**t** ~ (*inf*) mit ihm/seinem Talent ist's vorbei (*inf*); **he looked** ~**t** ~ (*inf*) er sah völlig kaputt (*inf*) *or* verbraucht aus.

◆**burn up I** *vi* **1.** (*fire etc*) auflodern.

  2. (*rocket etc in atmosphere*) verglühen.

  3. +*prep obj* (*Brit sl*) **to** ~ ~ **the road** die Straße entlangbrausen (*inf*).

  II *vt sep* **1.** *rubbish* verbrennen; *fuel, energy* verbrauchen.

  2. he was ~**ed** ~ **with envy** er verzehrte sich vor Neid (*geh*).

  3. (*US inf: make angry*) zur Weißglut bringen (*inf*).

burner ['bɜːnər] *n* (*of gas cooker, lamp*) Brenner *m*.

burning ['bɜːnɪŋ] **I** *adj* **1.** *candle, town* brennend; *coals also,* (*fig*) *face* glühend. **I still have this** ~ **sensation in my mouth/on my skin** mein Mund/meine Haut brennt immer noch; **the** ~ **bush** (*Bibl*) der brennende Dornbusch. **2.** (*fig*) *thirst* brennend; *desire also, fever, hate, passion* glühend; *question, topic* brennend. **II** *n* **there is a smell of** ~, **I can smell** ~ es riecht verbrannt *or* (*Cook also*) angebrannt.

burning glass *n* Brennglas *nt*.

burnish ['bɜːnɪʃ] *vt metal* polieren.

burnt [bɜːnt] *adj* verbrannt. ~ **offering** (*Rel*) Brandopfer *nt*; (*hum: food*) angebranntes Essen; **there's a** ~ **smell** es riecht verbrannt *or* brenzlig *or* (*Cook also*) angebrannt.

burn-up ['bɜːnʌp] *n* (*Brit inf*) Rennfährtchen *nt* (*inf*). **to go for a** ~ ein Rennfährtchen machen (*inf*).

burp [bɜːp] (*inf*) **I** *vi* rülpsen (*inf*); (*baby*) aufstoßen. **II** *vt baby* aufstoßen lassen. **III** *n* Rülpser *m* (*inf*).

burr¹ [bɜːr] *n see* **bur**.

burr² *n* (*Ling*) breiige Aussprache (*des R*). **to speak with a** ~ breiig sprechen.

burrow ['bʌrəʊ] **I** *n* (*of rabbit etc*) Bau *m*. **II** *vi* (*rabbits, dogs etc*) graben, buddeln (*inf*); (*make a* ~) einen Bau graben. **they had** ~**ed under the fence** sie hatten sich (*dat*) ein Loch *or* (*below ground*) einen Gang unterm Zaun gegraben. **III** *vt hole* graben, buddeln (*inf*).

bursar ['bɜːsər] *n* Schatzmeister *m*.

bursary ['bɜːsərɪ] *n* **1.** (*grant*) Stipendium *nt*. **2.** (*office*) Schatzamt *nt*; (*Univ*) Quästur *f*.

burst [bɜːst] (*vb: pret, ptp* ~) **I** *n* **1.** (*of shell etc*) Explosion *f*.

  2. (*in pipe etc*) Bruch *m*.

  3. (*of anger, enthusiasm, activity etc*)

Ausbruch, Anfall m; (of flames) (plötzliches) Auflodern, Hochschießen nt. ~ **of laughter** Lachsalve f; ~ **of applause** Beifallssturm m; ~ **of speed** Spurt m; (of cars etc) Riesenbeschleunigung f (inf); **a** ~ **of automatic gunfire** eine Maschinengewehrsalve.

II vi **1.** platzen. **to** ~ **open** (box, door etc) aufspringen; (buds, wound) aufbrechen; (abscess, wound) aufplatzen.

2. (be full to overflowing: sack etc) platzen, bersten. **to be full to** ~**ing** zum Platzen or Bersten voll sein; **to be** ~**ing with health** vor Gesundheit strotzen; **to be** ~**ing with pride** vor Stolz platzen; **if I eat any more, I'll** ~ (inf) wenn ich noch mehr esse, platze ich (inf); **he was** ~**ing to tell us** (inf) er brannte darauf, uns das zu sagen.

3. (start, go suddenly) **to** ~ **into tears/ flames** in Tränen ausbrechen/in Flammen aufgehen; **he** ~ **past me/into the room** er schoß an mir vorbei/er platzte ins Zimmer; **we** ~ **through the enemy lines** wir durchbrachen die feindlichen Linien; **the sun** ~ **through the clouds** die Sonne brach durch die Wolken; **sunlight** ~ **into the room** Sonnenlicht fiel plötzlich ins Zimmer; **to** ~ **into a gallop/into song/into bloom** losgaloppieren/lossingen/plötzlich aufblühen.

III vt balloon, bubble, tyre zum Platzen bringen, platzen lassen; (person) kaputtmachen (inf); boiler, pipe, dyke sprengen. **the river has** ~ **its banks** der Fluß ist über die Ufer getreten; **to** ~ **one's sides with laughter** vor Lachen platzen.

◆**burst forth** vi (liter) (blood, sun) hervorbrechen; (blossoms) ausbrechen.

◆**burst in** vi hinein-/hereinstürzen; (on conversation) dazwischenplatzen (on bei).

◆**burst out** vi **1.** (emotions) hervorbrechen, herausbrechen; (lava) ausbrechen.

2. to ~ ~ **of a room** aus einem Zimmer stürzen or stürmen.

3. (in speech) losplatzen. **he** ~ ~ **in a violent speech** er zog plötzlich vom Leder.

4. to ~ ~ **laughing/crying** in Gelächter/ Tränen ausbrechen, loslachen/losheulen.

burton ['bɜːtn] n (Brit sl) **to have gone for a** ~ im Eimer sein (sl), futsch sein (sl).

bury ['berɪ] vt **1.** person, animal, possessions, differences begraben; (with ceremony also) beerdigen, bestatten (geh); (hide in earth) treasure, bones vergraben; (put in earth) end of post, roots eingraben. **where is he buried?** wo liegt or ist er begraben?; (in cemetery also) wo liegt er?; **to** ~ **sb at sea** jdn auf See bestatten; **he is dead and buried** er ist schon lange tot; **that's all dead and buried** (fig) das ist schon lange passé (inf); **she has buried three husbands** (fig) sie hat schon drei Männer begraben (inf); **buried by an avalanche** von einer Lawine verschüttet or begraben; **to** ~ **one's head in the sand** (fig) den Kopf in den Sand stecken.

2. (conceal) one's face verbergen. **to** ~ **one's face in one's hands** das Gesicht in den Händen vergraben; **to** ~ **oneself under the blankets/(away) in the country** sich unter den Decken/auf dem Land ver-

graben; **a village buried in the heart of the country** ein im Landesinnern versteckt gelegenes Dorf.

3. (put, plunge) hands, fingers vergraben (in in +dat); claws, teeth schlagen (in in +acc); dagger stoßen (in in +acc).

4. (engross: usu in ptp) **to** ~ **oneself in one's books** sich in seine(n) Bücher(n) vergraben; **buried in thought** in Gedanken versunken.

bus [bʌs] **I** n, pl ~**es** or (US) ~**ses 1.** Bus m. **by** ~ mit dem Bus; see **miss**[1]. **2.** (inf: car, plane) Kiste f (inf). **II** vi (inf) mit dem Bus fahren. **III** vt (esp US) mit dem Bus befördern or fahren.

busboy ['bʌsbɔɪ] n (US) Bedienungshilfe f.

busby ['bʌzbɪ] n hohe Pelzmütze.

bus conductor n (Omni)busschaffner m; **bus conductress** n (Omni)busschaffnerin f; **bus driver** n (Omni)busfahrer(in f) m.

bush[1] [bʊʃ] n **1.** (shrub) Busch, Strauch m; (thicket: also ~es) Gebüsch nt. **to beat about the** ~ (fig) wie die Katze um den heißen Brei herumschleichen.

2. (in Africa, Australia) Busch m; (Austral: the country) offenes Land.

3. (fig) ~ **of hair** Haarschopf m; ~ **of a beard** buschiger Bart.

◆**bush out** vi (hair, tail) buschig sein.

bush[2] n (Tech) Buchse f.

bushbaby ['bʊʃbeɪbɪ] n Buschbaby nt.

bushed [bʊʃt] adj (sl: exhausted) groggy (sl).

bushel ['bʊʃl] n Scheffel m. **to hide one's light under a** ~ (prov) sein Licht unter den Scheffel stellen (prov).

bushing ['bʊʃɪŋ] n (US) see **bush**[2].

bush league n (US) Provinzliga f; **bushman** n (Austral) jd, der im Busch lebt und arbeitet; **Bushman** n (in S Africa) Buschmann m; **bushranger** n **1.** (Austral) Bandit m; **2.** (US, Canada) jd, der in der Wildnis lebt; **bush telegraph** n (lit) Urwaldtelefon nt; **I heard it on the** ~ (fig inf) ich habe da so was läuten gehört (inf); **bushwhack I** vi in den Wäldern hausen; **II** vt (ambush) (aus dem Hinterhalt) überfallen; **bushwhacker** n (frontiersman) jd, der in den Wäldern haust; (bandit) Bandit m; (guerilla) Guerilla(kämpfer) m.

bushy ['bʊʃɪ] adj (+er) buschig.

busily ['bɪzɪlɪ] adv (actively, eagerly) eifrig.

business ['bɪznɪs] n **1.** no pl (commerce) Geschäft nt; (line of ~) Branche f. **to be in** ~ Geschäftsmann sein; **to go into** ~ Geschäftsmann werden; **to go into** ~ **with sb** mit jdm ein Geschäft gründen; **to be in the plastics/insurance** ~ in der Plastikbranche/im Versicherungsgewerbe sein; **to set up in** ~ ein Geschäft gründen; **to set up in** ~ **as a butcher/ lawyer** etc sich als Fleischer/Rechtsanwalt etc niederlassen; **to go out of** ~ zumachen; **to do** ~ **with sb** Geschäfte pl mit jdm machen; ~ **is** ~ Geschäft ist Geschäft; **how's** ~? wie gehen die Geschäfte?; **to go to Paris on** ~ geschäftlich nach Paris fahren; **he is here/away on** ~ er ist geschäftlich hier/unterwegs; **to know one's** ~ seine Sache verstehen; **to get down to** ~ zur

Sache kommen; **to combine ~ with pleasure** das Angenehme mit dem Nützlichen verbinden.

2. (*fig inf*) **now we're in ~** jetzt kann's losgehen (*inf*); **to mean ~** es ernst meinen.

3. (*commercial enterprise*) Geschäft *nt*, Betrieb *m*.

4. (*concern*) Sache, Angelegenheit *f*; (*task, duty also*) Aufgabe *f*. **that's no ~ of mine/yours, that's none of my/your ~** das geht mich/dich nichts an; **to make it one's ~ to do sth** es sich (*dat*) zur Aufgabe machen, etw zu tun; **you've no ~ doing that** du hast kein Recht, das zu tun; **to send sb about his ~** jdn in seine Schranken weisen; *see* **mind.**

5. (*difficult job*) Problem *nt*.

6. (*inf: affair*) Sache *f*. **I am tired of this protest ~** ich hab' genug von dieser Protestiererei (*inf*); *see* **funny.**

7. (*Theat*) dargestellte Handlung.

8. (*inf: defecation: of dog, child*) Geschäft *nt* (*inf*).

business address *n* Geschäftsadresse *f*; **business college** *n* Wirtschaftshochschule *f*; **business end** *n* (*inf*) (*of knife, chisel etc*) scharfes Ende; (*of rifle etc*) Lauf *m*; **business expenses** *npl* Spesen *pl*; **business hours** *npl* Geschäftsstunden *pl*, Geschäftszeit *f*.

businesslike ['bɪznɪslaɪk] *adj person, firm* (*good at doing business*) geschäftstüchtig; *person, manner* geschäftsmäßig; *manner, transaction* geschäftlich; (*efficient*) *person, prose* kühl und sachlich, nüchtern.

businessman ['bɪznɪsmæn] *n* Geschäftsmann *m*; **business sense** *n* Geschäftssinn *m*; **business studies** *npl* Wirtschaftslehre *f*; **business trip** *n* Geschäftsreise *f*; **businesswoman** *n* Geschäftsfrau *f*.

busing *n see* **bussing.**

busker ['bʌskəʳ] *n* Straßenmusikant *m*.

busload ['bʌsləud] *n* **a ~ of children** eine Busladung Kinder; **by the ~** (*inf*), **in ~s** (*inf*) busweise (*inf*); **busman** *n*: **a ~'s holiday** (*fig*) praktisch eine Fortsetzung der Arbeit im Urlaub; **bus service** *n* Busverbindung *f*; (*network*) Busverbindungen *pl*; **bus shelter** *n* Wartehäuschen *nt*.

bussing ['bʌsɪŋ] *n* (*esp US*) Busbeförderung *f von Schulkindern in andere Bezirke, um Rassentrennung zu verhindern.*

bus station *n* Busbahnhof *m*; **bus stop** *n* Bushaltestelle *f*.

bust¹ [bʌst] *n* Büste *f*; (*Anat also*) Busen *m*. **~ measurement** Oberweite *f*.

bust² (*vb: pret, ptp* **~**) (*inf*) **I** *adj* **1.** (*broken*) kaputt (*inf*).

2. (*bankrupt*) pleite (*inf*).

II *adv* (*bankrupt*) **to go ~** pleite gehen *or* machen (*inf*).

III *n* (*US: bankruptcy*) Pleite *f* (*inf*).

IV *vt* **1.** (*break*) kaputtmachen (*inf*). **the case ~ its sides** der Koffer ist an den Seiten kaputtgegangen (*inf*); **they ~ed their way in** sie haben die Tür/das Fenster eingeschlagen; (*to a meeting*) sie haben sich hineingedrängt; **to ~ sth open** etw aufbrechen; **he just about ~ a gut** (*sl*) or

his arse (*vulg*) **doing it** er hat sich (*dat*) dabei fast einen abgebrochen (*sl*).

2. (*US: catch, convict*) hinter Schloß und Riegel bringen; *drugs, ring, syndicate* auffliegen lassen (*inf*).

3. (*US Mil*) degradieren (*to* zu).

V *vi* (*break*) kaputtgehen (*inf*).

◆**bust out** (*inf*) **I** *vi* ausbrechen. **II** *vt sep* herausholen (*inf*).

◆**bust up** *vt sep* (*inf*) *box, marriage* kaputtmachen (*inf*); *meeting* auffliegen lassen (*inf*); (*by starting fights*) stören.

bustard ['bʌstəd] *n* Trappe *f*.

buster ['bʌstəʳ] *n* (*esp US inf: as address*) Meister *m* (*inf*); (*threatening*) Freundchen *nt* (*inf*).

bustle¹ ['bʌsl] **I** *n* Betrieb *m* (*of* in +*dat*); (*of fair, streets also*) geschäftiges *or* reges Treiben (*of auf or* in +*dat*).

II *vi* **to ~ about** geschäftig hin und her eilen *or* sausen (*inf*); **to ~ in/out** geschäftig hinein-/herein-/hinaus-/herauseilen *or* -sausen (*inf*); **the marketplace was ~ing with activity** auf dem Markt herrschte großer Betrieb *or* ein reges Treiben.

bustle² *n* (*Fashion*) Turnüre *f*.

bustling ['bʌslɪŋ] *adj person* geschäftig; *place, scene* belebt, voller Leben.

bust-up ['bʌstʌp] *n* (*inf*) Krach *m* (*inf*).

busty ['bʌstɪ] *adj* (+*er*) (*inf*) vollbusig.

busy ['bɪzɪ] **I** *adj* (+*er*) **1.** (*occupied*) *person* beschäftigt. **a very ~ man** ein vielbeschäftigter Mann; **are you ~?** haben Sie gerade Zeit?; (*in business*) haben Sie viel zu tun?; **to keep sb/oneself ~** jdn/sich selbst beschäftigen; **I was ~ studying when you called/all evening** ich war gerade beim Lernen, als Sie kamen/ich war den ganzen Abend mit Lernen beschäftigt; **she's always too ~ thinking about herself** sie ist immer zu sehr mit sich selbst beschäftigt; **they were ~ plotting against him** sie haben eifrig Pläne gegen ihn geschmiedet; **let's get ~** an die Arbeit!

2. (*active*) *life, time* bewegt; *place, street, town* belebt; (*with traffic*) verkehrsreich; *street* (*with traffic*) stark befahren. **it's been a ~ day/week** heute/diese Woche war viel los; **have you had a ~ day, dear?** hast du heute viel zu tun gehabt?; **he leads a very ~ life** bei ihm ist immer etwas los; **the shop was ~ all day** im Geschäft war den ganzen Tag viel los.

3. (*esp US*) *telephone line* besetzt.

4. (*officious*) (über)eifrig.

5. *pattern, design, print* unruhig.

II *vr* **to ~ oneself doing sth** sich damit beschäftigen, etw zu tun; **to ~ oneself with sth** sich mit etw beschäftigen.

busybody ['bɪzɪˌbɒdɪ] *n* **don't be such a ~** misch dich nicht überall ein.

but [bʌt] **I** *conj* **1.** aber. **~ you must know that ...** Sie müssen aber wissen, daß ...; aber Sie müssen wissen, daß ...; **~ he didn't know that** er aber hat das nicht gewußt; **they all went ~ I didn't** sie sind alle gegangen, nur ich nicht.

2. not X ~ Y nicht X, sondern Y.

3. (*subordinating*) ohne daß. **never a week passes ~ she is ill** keine Woche vergeht, ohne daß sie krank ist; **I would have helped ~ that I was ill** (*old, liter*) ich hätte

geholfen, wäre ich nicht krank gewesen.
4. ~ **then he couldn't have known that** aber er hat das ja gar nicht wissen können; ~ **then you must be my brother!** dann müssen Sie ja mein Bruder sein!

II *adv* **she's** ~ **a child** sie ist doch noch ein Kind; **I cannot (help)** ~ **think that ...** ich kann nicht umhin, zu denken, daß ...; **one cannot** ~ **admire him/suspect that ...** man kann ihn nur bewundern/nur annehmen, daß ...; **you can** ~ **try** du kannst es immerhin versuchen; **I had no alternative** ~ **to leave** mir blieb keine andere Wahl, als zu gehen; **she left** ~ **a few minutes ago** sie ist erst vor ein paar Minuten gegangen.

III *prep* **no one** ~ **me could do it** niemand außer mir *or* nur ich konnte es tun; **who** ~ **Fred would ...?** wer außer Fred würde ...?; **anything** ~ **that!** (alles,) nur das nicht!; **it was anything** ~ **simple** das war alles andere als einfach; **he/it was nothing** ~ **trouble** er/das hat nichts als *or* nur Schwierigkeiten gemacht; **the last house** ~ **one/two/three** das vorletzte/ vorvorletzte/drittletzte Haus; **the first** ~ **one** der/die/das zweite; **the next street** ~ **one/two/three** die übernächste/ überübernächste Straße/vier Straßen weiter; ~ **for you I would be dead** wenn Sie nicht gewesen wären, wäre ich tot.

IV *n no* ~s **about it** kein Aber *nt*.

butane ['bjuːteɪn] *n* Butan *nt*.

butch [butʃ] *adj* (*inf*) maskulin.

butcher ['butʃəʳ] **I** *n* **1.** Fleischer, Metzger (*dial*), Schlachter (*N Ger*) *m*. ~'s (**shop**) Fleischerei, Metzgerei (*dial*), Schlachterei (*N Ger*) *f*; **at the** ~'s beim Fleischer *etc*; ~'s **boy** Fleischerjunge *etc m*; ~'s **wife** Fleischersfrau *etc f*.
2. (*fig: murderer*) Schlächter *m*.
3. ~s (*Brit sl: look*) **give us a** ~s laß mal gucken (*inf*); **take** *or* **have a** ~s (**at that**) guck mal (das an) (*inf*).
II *vt animals* schlachten; *people* abschlachten, niedermetzeln; (*fig*) *play, piece of music, language* vergewaltigen. **his** ~ed **body** seine schrecklich zugerichtete Leiche.

butchery ['butʃərɪ] *n* (*slaughter*) Gemetzel *nt*, Metzelei *f*. **the** ~ **of millions** das Niedermetzeln von Millionen.

butler ['bʌtləʳ] *n* Butler *m*.

butt¹ [bʌt] *n* (*for wine*) großes Faß; (*for rainwater*) Tonne *f*.

butt² *n* (*also* ~ **end**) dickes Ende; (*of rifle*) (Gewehr)kolben *m*; (*of cigar, cigarette*) Stummel *m*. **the** ~ **end of the conversation** der letzte Rest der Unterhaltung.

butt³ *n* (*US sl: cigarette*) Kippe *f* (*inf*).

butt⁴ *n* **1.** (*target*) Schießscheibe *f*.
2. *usu pl* (*on shooting range*) (*behind targets*) Kugelfang *m*; (*in front of targets*) Schutzwall *m*; (*range*) Schießstand *m*.
3. (*fig: person*) Zielscheibe *f*.

butt⁵ **I** *n* (Kopf)stoß *m*. **to give sb a** ~ *see vt*.
II *vt* mit dem Kopf stoßen; (*goat also*) mit den Hörnern stoßen.

◆**butt at** *vi +prep obj* (*goat*) stoßen gegen.
◆**butt in** *vi* sich einmischen (*on in* +*acc*).
◆**butt into** *vi +prep obj* sich einmischen in (+*acc*).

butt⁶ *n* (*US sl: backside*) Arsch *m* (*sl*). **get**

up off your ~ setz mal deinen Arsch in Bewegung (*sl*).

butter ['bʌtəʳ] **I** *n* Butter *f*. **she looks as if** ~ **wouldn't melt in her mouth** sie sieht aus, als ob sie kein Wässerchen trüben könnte.
II *vt bread etc* mit Butter bestreichen.

◆**butter up** *vt sep* (*inf*) schöntun (+*dat*), um den Bart gehen (+*dat*) (*inf*).

butter bean *n* Mondbohne *f*; **buttercup** *n* Butterblume *f*, Hahnenfuß *m*; **butterdish** *n* Butterdose *f*; **butter-fingers** *n sing* (*inf*) Schussel *m* (*inf*).

butterfly ['bʌtəflaɪ] *n* **1.** Schmetterling *m*. **I've got/I get butterflies (in my stomach)** mir ist/wird ganz mulmig zumute (*inf*).
2. (*Swimming*) Delphinschwimmen *nt*; Schmetterlingsstil, Butterfly *m*. **can you do the** ~? können Sie Delphinschwimmen/ Butterfly *or* den Schmetterlingsstil?

butterfly net *n* Schmetterlingsnetz *nt*; **butterfly nut** *n* Flügelmutter *f*; **butterfly stroke** *n* Delphinstil *m*; Schmetterlingsstil, Butterfly *m*; **I can do the** ~ ich kann delphinschwimmen.

buttery ['bʌtərɪ] *n* Vorratskammer *f*; (*Univ*) Cafeteria *f*.

buttock ['bʌtək] *n* (Hinter)backe *f*. ~s *pl* Gesäß *nt*, Hintern *m* (*inf*).

button ['bʌtn] **I** *n* **1.** Knopf *m*. **not worth a** ~ (*inf*) keinen Pfifferling wert (*inf*); **his answer was/he arrived right on the** ~ (*inf*) seine Antwort hat voll ins Schwarze getroffen (*inf*)/er kam auf den Glockenschlag (*inf*).
2. (*mushroom*) junger Champignon.
3. ~s *sing* (*inf: pageboy*) (Hotel)page *m*.
II *vt garment* zuknöpfen. ~ **your lip** (*inf*) halt den Mund (*inf*).
III *vi* (*garment*) geknöpft werden.

◆**button up** *vt sep* zuknöpfen. **to have a deal all** ~ed ein Geschäft unter Dach und Fach haben.

buttonhole ['bʌtnhəʊl] **I** *n* **1.** (*in garment*) Knopfloch *nt*; ~ **stitch** Knopflochstich *m*; **2.** (*flower*) Blume *f* im Knopfloch; **II** *vt* (*fig*) zu fassen bekommen, sich (*dat*) schnappen (*inf*); **button mushroom** *n* junger Champignon.

buttress ['bʌtrɪs] **I** *n* (*Archit*) Strebepfeiler *m*; (*fig*) Pfeiler *m*. **II** *vt* (*Archit*) (durch Strebepfeiler) stützen; (*fig*) stützen.

butty ['bʌtɪ] *n* (*N Engl inf*) Stulle *f* (*dial*).

buxom ['bʌksəm] *adj* drall.

buy [baɪ] (*vb: pret, ptp* **bought**) **I** *vt* **1.** kaufen; (*Rail*) *ticket also* lösen. **all that money can** ~ alles, was man mit Geld kaufen kann; **to** ~ **and sell goods** Waren an- und verkaufen.
2. (*fig*) *victory, fame* sich (*dat*) erkaufen; *time* gewinnen. **the victory was dearly bought** der Sieg war teuer erkauft.
3. **to** ~ **sth** (*inf*) (*accept*) etw akzeptieren; (*believe*) jdm etw abnehmen (*inf*) *or* abkaufen (*inf*). **I'll** ~ **that** das ist o.k. (*inf*); (*believe*) ja, das glaube ich.
4. (*sl: be killed*) **he bought it** den hat's erwischt (*sl*).
II *vi* kaufen.
III *n* (*inf*) Kauf *m*. **to be a good** ~ ein guter Kauf sein; (*clothes also, food*) preiswert sein.

◆**buy back** vt sep zurückkaufen.

◆**buy in** I vt sep (acquire supply of) goods einkaufen. II vi +prep obj **to** ~ ~**to a business** sich in ein Geschäft einkaufen.

◆**buy off** vt sep (inf: bribe) kaufen (inf).

◆**buy out** vt sep **1.** shareholders etc auszahlen; firm aufkaufen. **2.** (from army) los- or freikaufen (of von).

◆**buy over** vt sep kaufen; (get on one's side) für sich gewinnen.

◆**buy up** vt sep aufkaufen.

buyer ['baɪər] n Käufer m; (agent) Einkäufer m. ~'s **market** Käufermarkt m.

buzz [bʌz] I vi **1.** (insect) summen, brummen; (smaller or agitated insects) schwirren; (device) summen. **did you** ~, **sir?** haben Sie nach mir verlangt?

2. my ears are ~**ing** mir dröhnen die Ohren; **my head is** ~**ing** mir schwirrt der Kopf; (from noise) mir dröhnt der Kopf.

3. the town is ~**ing** in der Stadt ist was los (inf) or herrscht reges Leben; **the city was** ~**ing with excitement** die Stadt war in heller Aufregung; **the news set the town** ~**ing** die Nachricht versetzte die Stadt in helle Aufregung.

II vt **1.** (call) secretary (mit dem Summer) rufen.

2. (US inf: telephone) anrufen.

3. (plane) plane, building dicht vorbeifliegen an (+dat). we were ~**ed** Flugzeuge flogen dicht an uns heran.

III n **1.** see vi 1. Summen, Brummen nt; Schwirren nt; Summen nt.

2. (of conversation) Stimmengewirr, Gemurmel nt. ~ **of approval** beifälliges Gemurmel.

3. (inf: telephone call) Anruf m. **to give sb a** ~ jdn anrufen; (signal) secretary etc jdn (mit dem Summer) rufen.

◆**buzz about** or **around** vi (inf) herumschwirren.

◆**buzz off** vi (Brit inf) abzischen (inf).

buzzard ['bʌzəd] n Bussard m.

buzz bomb n Fernrakete f.

buzzer ['bʌzər] n Summer m.

by [baɪ] I prep **1.** (close to) bei, an (+dat); (with movement) an (+acc); (next to) neben (+dat); (with movement) neben (+acc). ~ **the window/fire/river/church** am or beim Fenster/Feuer/Fluß/an or bei der Kirche; **a holiday** ~ **the sea** Ferien pl an der See; **come and sit** ~ **me** komm, setz dich neben mich; **she sat** ~ **me** sie saß neben mir.

2. (via) über (+acc).

3. (past) **to go/rush** etc ~ **sb/sth** an jdm/etw vorbeigehen/-eilen etc.

4. (time: during) ~ **day/night** bei Tag/Nacht.

5. (time: not later than) bis. **can you do it** ~ **tomorrow?** kannst du es bis morgen machen?; ~ **tomorrow I'll be in France** morgen werde ich in Frankreich sein; ~ **the time I got there, he had gone** bis ich dorthin kam, war er gegangen; **but** ~ **that time** or ~ **then I had understood/it will be too late/he will have forgotten** aber inzwischen hatte ich gemerkt …/aber dann ist es schon zu spät/aber bis dann or dahin hat er es schon vergessen; ~ **now** inzwischen.

6. (indicating amount) ~ **the metre/kilo/hour/month** meter-/kilo-/stunden-/monatsweise; **one** ~ **one** einer nach dem anderen; **they came in two** ~ **two** sie kamen paarweise or (with children also) zwei und zwei herein; **letters came in** ~ **the hundred** Hunderte von Briefen kamen.

7. (indicating agent, cause) von. **killed** ~ **a bullet** durch eine or von einer Kugel getötet; **indicated** ~ **an asterisk** durch Sternchen gekennzeichnet; **a painting** ~ **Picasso** ein Bild von Picasso.

8. (indicating method, means, manner: see also nouns) ~ **bus/car/bicycle** mit dem or per Bus/Auto/Fahrrad; ~ **land and** (~) **sea** zu Land und zu Wasser; **to pay** ~ **cheque** mit Scheck bezahlen; **made** ~ **hand/machine** handgearbeitet/maschinell hergestellt; ~ **daylight/moonlight** bei Tag(eslicht)/im Mondschein; **to know sb** ~ **name/sight** jdn dem Namen nach/vom Sehen her kennen; **to lead** ~ **the hand** an der Hand führen; **to grab sb** ~ **the collar** jdn am Kragen packen; **he had a daughter** ~ **his first wife** von seiner ersten Frau hatte er eine Tochter; ~ **myself/himself** etc allein.

9. ~ **saving hard he managed to …** durch eisernes Sparen or dadurch, daß er eisern sparte, gelang es ihm …; ~ **turning this knob** durch Drehen dieses Knopfes, indem Sie diesen Knopf drehen, wenn Sie an diesem Knopf drehen; ~ **saying that I didn't mean** … ich habe damit nicht gemeint; **animals which move** ~ **wriggling** Tiere, die sich schlängelnd fortbewegen.

10. (according to: see also nouns) nach. **to judge** ~ **appearances** nach dem Äußern urteilen; ~ **my watch it is nine o'clock** nach meiner Uhr ist es neun; ~ **the terms of Article I** gemäß or nach (den Bestimmungen von) Artikel I; **to call sb/sth** ~ **his/its proper name** jdn/etw beim richtigen Namen nennen; **if it's OK** ~ **you/him** etc wenn es Ihnen/ihm etc recht ist; **it's all right** ~ **me** von mir aus gern.

11. (measuring difference) um. **broader** ~ **a meter** um einen Meter breiter; **it missed me** ~ **inches** es verfehlte mich um Zentimeter.

12. (Math, Measure) **to divide/multiply** ~ dividieren durch/multiplizieren mit; **a room 20 metres** ~ **30** ein Zimmer 20 auf or mal 30 Meter.

13. (points of compass) **South** ~ **South West** Südsüdwest.

14. (in oaths) bei. **I swear** ~ **Almighty God** ich schwöre beim allmächtigen Gott; ~ **heaven, I'll get you for this** das sollst or wirst du mir, bei Gott, büßen!

15. ~ **the right!** (Mil) rechts, links …!

16. ~ **the way** or **by(e)** übrigens.

II adv **1.** (near) see close[1].

2. (past) **to pass/wander** etc ~ vorbei- or vorüberkommen/-wandern.

3. (in reserve) **to put** or **lay** ~ beiseite legen.

4. (phrases) ~ **and** ~ irgendwann; (with past tense) nach einiger Zeit; ~ **and large** im großen und ganzen.

bye [baɪ] interj (inf) tschüs (inf). ~ **for now!** bis bald!

bye-bye ['baɪ'baɪ] **I** *interj* (*inf*) Wiedersehen (*inf*). **that's ~ £200** (da sind) £ 200 futsch! (*inf*). **II** *n* **to go (to) ~s** (*baby-talk*) in die Heia gehen (*baby-talk*).

by(e)-election [baɪˈlekʃən] *n* Nachwahl *f*.

bygone ['baɪgɒn] **I** *adj* längst vergangen. **II** *n* **to let ~s be ~s** die Vergangenheit ruhen lassen.

bylaw ['baɪlɔː] *n* (*also* **bye-law**) Verordnung *f*; **byname** *n* Inbegriff *m* (*for* von); **X is a ~ for tractors** X ist *der* Name für Traktoren.

bypass ['baɪpɑːs] **I** *n* (*road*) Umgehungsstraße *f*; (*Tech: pipe etc*) Bypass *m*.
II *vt town, village* umgehen; (*Tech*) *fluid, gas* umleiten; (*fig*) *person* über-

gehen; *intermediate stage also* überspringen; *difficulties* umgehen.

bypass surgery *n* Bypass-Chirurgie *f*. **to have ~** sich einer Bypass-Operation unterziehen.

by-product ['baɪˌprɒdʌkt] *n* (*lit, fig*) Nebenprodukt *nt*.

byre ['baɪəʳ] *n* (Kuh)stall *m*.

byroad ['baɪrəʊd] *n* Neben- *or* Seitenstraße *f*; **bystander** *n* Zuschauer *m*.

byte [baɪt] *n* (*Computers*) Byte *nt*.

byway ['baɪweɪ] *n* Seitenweg *m*; **byword** *n* **to be/become a ~ for sth** gleichbedeutend mit etw sein/werden.

Byzantine [baɪˈzæntaɪn] **I** *adj* byzantinisch. **II** *n* Byzantiner(in *f*) *m*.

Byzantium [baɪˈzæntɪəm] *n* Byzanz *nt*.

C

C, c [si:] C, c *nt*. **C sharp/flat** Cis, cis *nt*/Ces, ces *nt*; *see also* **major, minor, natural.**
C *abbr of* **centigrade** C.
c *abbr of* **1. cent** c, ct. **2. circa** ca.
CA *abbr of* **chartered accountant.**
cab [kæb] *n* **1.** (*horsedrawn*) Droschke *f*; (*taxi*) Taxi *nt*. ~ **driver** Taxifahrer(in *f*) *m*; ~ **rank**, ~ **stand** Taxistand, Droschkenplatz (*form*) *m*. **2.** (*of railway engine, lorry, crane*) Führerhaus *nt*.
cabaret ['kæbəreɪ] *n* Varieté *nt*; (*satire*) Kabarett *nt*.
cabbage ['kæbɪdʒ] *n* **1.** Kohl *m*, Kraut *nt* (*esp S Ger*). **a head of** ~ ein Kopf *m* Kohl, ein Kohlkopf *m*. **2.** (*inf: person*) geistiger Krüppel (*inf*). **to become a** ~ verblöden (*inf*); (*sick person*) dahinvegetieren.
cabbage lettuce *n* Kopfsalat *m*; **cabbage white (butterfly)** *n* Kohlweißling *m*.
cabby ['kæbɪ] *n* (*inf: of taxi*) Taxifahrer *m*; (*of horsedrawn vehicle*) Kutscher *m*.
caber ['keɪbəʳ] *n* (*Scot*) Pfahl, Stamm *m*.
cabin ['kæbɪn] *n* **1.** (*hut*) Hütte *f*. **2.** (*Naut*) Kabine, Kajüte *f*; (*stateroom*) Kabine *f*. **3.** (*of lorries, buses etc*) Führerhaus *nt*. **4.** (*Aviat*) (*for passengers*) Passagierraum *m*; (*for pilot*) Cockpit *nt*, (Flug)kanzel *f*.
cabin boy *n* Schiffsjunge *m*; (*steward*) Kabinensteward *m*; **cabin class** *n* zweite Klasse; **cabin cruiser** *n* Kajütboot *nt*.
cabinet ['kæbɪnɪt] *n* **1.** Schränkchen *nt*; (*for display*) Vitrine *f*; (*for TV, record-player*) Schrank *m*, Truhe *f*; (*loudspeaker* ~) Box *f*. **2.** (*Parl*) Kabinett *nt*.
cabinet-maker ['kæbɪnɪtˌmeɪkəʳ] *n* (Möbel)tischler, (Möbel)schreiner *m*; **cabinet-making** *n* Tischlern *nt*, Tischlerei *f*; **cabinet meeting** *n* Kabinettssitzung *f*; **cabinet minister** *n* ≈ Mitglied *nt* des Kabinetts, Minister *m*; **cabinet reshuffle** *n* Kabinettsumbildung *f*.
cabin luggage *n* Kabinengepäck *nt*; **cabin trunk** *n* Überseekoffer *m*.
cable ['keɪbl] **I** *n* **1.** Tau *nt*; (*of wire*) Kabel *nt*, Trosse *f* (*Naut*).
    2. (*Elec*) Kabel *nt*, Leitung *f*.
    3. (~*gram*) Telegramm *nt*. **by** ~ per Telegramm/Kabel.
    II *vt information* telegraphisch durchgeben; (*overseas*) kabeln. **to** ~ **sb** jdm telegraphieren/kabeln.
    III *vi* telegraphieren, ein Telegramm/Kabel schicken.
cable-car ['keɪblkɑ:ʳ] *n* (*hanging*) Drahtseilbahn *f*; (*streetcar*) (gezogene) Straßenbahn; (*funicular*) Standseilbahn *f*; **cablegram** *n see* **cable I 3.**; **cable length** *n* (*Naut*) Kabellänge *f*; **cable railway** *n* Bergbahn *f*; **cable stitch** *n* (*Knitting*) Zopfmuster *nt*; **cable television** *n* Kabelfernsehen *nt*.
caboodle [kə'bu:dl] *n* (*inf*): **the whole (kit and)** ~ das ganze Zeug(s) (*inf*).

caboose [kə'bu:s] *n* **1.** (*Naut*) Kombüse *f*. **2.** (*US Rail*) Dienstwagen *m*.
cabriolet [ˌkæbrɪəʊ'leɪ] *n* Kabriolett *nt*.
cache [kæʃ] **I** *n* Versteck, geheimes (Waffen-/Proviant)lager *nt*. **II** *vt* verstecken.
cachet ['kæʃeɪ] *n* Gütesiegel *nt*.
cackle ['kækl] **I** *n* (*of hens*) Gackern *nt*; (*laughter*) (meckerndes) Lachen; (*inf*) (*chatter*) Geblödel *nt* (*inf*). **II** *vi* (*hens*) gackern; (*inf*) (*talk*) schwatzen; (*laugh*) meckernd lachen.
cacophonous [kæ'kɒfənəs] *adj* mißtönend, kakophon (*geh*).
cacophony [kæ'kɒfənɪ] *n* Kakophonie *f* (*geh*), Mißklang *m*.
cactus ['kæktəs] *n* Kaktus *m*.
cad [kæd] *n* (*dated*) Schurke *m* (*old*).
cadaver [kə'deɪvəʳ] *n* Kadaver *m*; (*of humans*) Leiche *f*.
cadaverous [kə'dævərəs] *adj* (*corpse-like*) Kadaver-, Leichen-; (*gaunt*) ausgezehrt, ausgemergelt; (*pale*) leichenblaß.
caddie ['kædɪ] **I** *n* (*Golf*) Schlägerträger, Caddie *m*. **II** *vi* Caddie sein.
caddis fly ['kædɪs'flaɪ] *n* Köcherfliege *f*.
caddish ['kædɪʃ] *adj* (*dated*) schurkisch (*old*), niederträchtig.
caddy ['kædɪ] *n* (*tea* ~) Behälter *m*, Büchse *f*; *see* **caddie.**
cadence ['keɪdəns] *n* (*Mus*) Kadenz *f*; (*of voice*) Tonfall *m*, Melodie *f*; (*rhythm*) Rhythmus *m*, Melodie *f*. **the** ~**s of his speech** seine Sprachmelodie.
cadenza [kə'denzə] *n* (*Mus*) Kadenz *f*.
cadet [kə'det] *n* **1.** (*Mil etc*) Kadett *m*. ~ **corps** Kadettenkorps *nt*. **2.** (*old*) jüngerer Sohn/Bruder.
cadge [kædʒ] **I** *vt* (er)betteln, abstauben (*inf*), schnorren (*inf*) (*from sb* bei *or* von jdm). **could I** ~ **a lift with you?** könnten Sie mich vielleicht (ein Stück) mitnehmen? **II** *vi* schnorren (*inf*).
cadger ['kædʒəʳ] *n* Schnorrer *m* (*inf*).
cadmium ['kædmɪəm] *n* (*abbr* **Cd**) Kadmium, Cadmium *nt*.
cadre ['kædrɪ] *n* (*Mil, fig*) Kader *m*.
Caesar ['si:zəʳ] *n* Cäsar, Caesar *m*.
Caesarean, Caesarian [si:'zeərɪən] *adj* cäsarisch, Cäsaren-; (*of Caesar*) Cäsarisch. ~ **(section)** (*Med*) Kaiserschnitt *m*.
caesium ['si:zɪəm] *n* (*abbr* **Cs**) Caesium *nt*.
caesura [sɪ'zjʊərə] *n* Zäsur *f*.
café ['kæfeɪ] *n* Café *nt*.
cafeteria [ˌkæfɪ'tɪərɪə] *n* Cafeteria *f*.
caffein(e) ['kæfi:n] *n* Koffein *nt*.
cage [keɪdʒ] **I** *n* **1.** Käfig *m*; (*small bird*~) Bauer *nt or m*. ~ **bird** Käfigvogel *m*. **2.** (*of lift*) Aufzug *m*; (*Min*) Förderkorb *m*. **II** *vt* (*also* ~ **up**) in einen Käfig sperren.
cagey ['keɪdʒɪ] *adj* (*inf*) vorsichtig; (*evasive*) ausweichend. **what are you being so** ~ **about?** warum tust du so geheimnnisvoll?; **she was very** ~ **about**

her age sie hat aus ihrem Alter ein großes Geheimnis gemacht; **he was very ~ about his plans** er hat mit seinen Absichten hinterm Berg gehalten.

cagily ['keɪdʒɪlɪ] adv see **cagey**.

caginess ['keɪdʒɪnɪs] n (inf) Vorsicht f; (evasiveness) ausweichende Art.

cagoule [kə'gu:l] n Windhemd nt.

cahoots [kə'hu:ts] n (inf): **to be in ~ with sb** mit jdm unter einer Decke stecken.

caiman ['keɪmən] n Kaiman m.

Cain [keɪn] n Kain m. **to raise ~** (inf) (be noisy) Radau machen (inf), lärmen; (protest) Krach schlagen (inf).

cairn [kɛən] n 1. Steinpyramide f. 2. (also **~ terrier**) Cairn-Terrier m.

Cairo ['kaɪərəʊ] n Kairo nt.

caisson ['keɪsən] n 1. (Mil) Munitionskiste f; (wagon) Munitionswagen m. 2. (Tech: underwater ~) Senkkasten, Caisson m.

cajole [kə'dʒəʊl] vt gut zureden (+dat), beschwatzen (inf). **to ~ sb into doing sth** jdn dazu bringen or jdn beschwatzen (inf), etw zu tun; **to ~ sb out of doing sth** jdm etw ausreden.

cajolery [kə'dʒəʊlərɪ] n Überredung f.

cake [keɪk] I n 1. Kuchen m; (gateau) Torte f; (bun, individual ~) Gebäckstück, Teilchen (dial) nt. **~s and pastries** Gebäck nt; **a piece of ~** (fig inf) ein Kinderspiel nt, ein Klacks m (inf); **he/that takes the ~** (inf) das ist das Schärfste (sl); (negatively also) das schlägt dem Faß den Boden aus; **to sell like hot ~s** weggehen wie warme Semmeln (inf); **you can't have your ~ and eat it** (prov) beides auf einmal geht nicht; **he wants to have his ~ and eat it** (prov) er will das eine, ohne das andere zu lassen.
2. (of soap) Stück nt, Riegel m; (of chocolate) Tafel f.

II vt dick einschmieren. **~d with mud** völlig verdreckt, dreckverkrustet.

III vi festtrocknen, eine Kruste bilden.

cake shop n Konditorei f; **cake tin** n (for baking) Kuchenform f; (for storage) Kuchenbüchse f.

calabash ['kæləbæʃ] n Kalebasse f. **~ tree** Kalebassenbaum m.

calamine ['kæləmaɪn] n Galmei m. **~ lotion** Galmeilotion f.

calamitous [kə'læmɪtəs] adj katastrophal.

calamity [kə'læmɪtɪ] n Katastrophe f. **C~ Jane** Pechmarie f.

calcification [ˌkælsɪfɪ'keɪʃ ən] n Kalkablagerung f; (Med) Verkalkung f.

calcify ['kælsɪfaɪ] I vt verkalken lassen. II vi verkalken.

calcium ['kælsɪəm] n (abbr **Ca**) Kalzium, Calcium nt. **~ carbonate** Kalziumkarbonat nt, kohlensaurer Kalk.

calculable ['kælkjʊləbl] adj berechenbar.

calculate ['kælkjʊleɪt] I vt 1. (mathematically, scientifically) berechnen.
2. (fig: estimate critically) kalkulieren.
3. **to be ~d to do sth** (be intended) auf etw (acc) abzielen; (have the effect) zu etw angetan sein.
4. (US inf: suppose) schätzen, annehmen, meinen.

II vi (Math) rechnen. **calculating machine** Rechenmaschine f.

♦**calculate on** vi +prep obj rechnen mit. I

had ~d ~ finishing by this week ich hatte damit gerechnet, diese Woche fertig zu werden.

calculated ['kælkjʊleɪtɪd] adj (deliberate) berechnet. **a ~ insult** ein bewußter Affront; **a ~ risk** ein kalkuliertes Risiko.

calculating adj, **~ly** adv ['kælkjʊleɪtɪŋ, -lɪ] berechnend.

calculation [ˌkælkjʊ'leɪʃ ən] n Berechnung f, Kalkulation f; (critical estimation) Schätzung f. **to do a quick ~** die Sache schnell überschlagen; **you're out in your ~s** du hast dich verrechnet; **by my ~s he will arrive on Sunday** nach meiner Schätzung müßte er Sonntag ankommen.

calculator ['kælkjʊleɪtə^r] n 1. (person) Kalkulator, Rechnungsbeamte(r) m. 2. (machine) Rechner m. 3. (table of figures) Rechentabelle f.

calculus ['kælkjʊləs] n 1. (Math) Infinitesimalrechnung, Differential- und Integralrechnung f. 2. (Med) Stein m.

Calcutta [kæl'kʌtə] n Kalkutta, Calcutta nt.

Caledonia [ˌkælə'dəʊnɪə] n Kaledonien nt.

Caledonian [ˌkælə'dəʊnɪən] adj kaledonisch.

calendar ['kæləndə^r] n 1. Kalender m. **~ month** Kalendermonat m. 2. (schedule) Terminkalender m; (Jur) Prozeßregister nt. **Church ~** Kirchenkalender m.

calender ['kæləndə^r] I n Kalander m. II vt kalandern.

calf[1] [kɑ:f] n, pl **calves** 1. Kalb nt. **a cow in** or **with ~** eine trächtige Kuh. 2. (young elephant, seal etc) Junge(s),-junge(s) nt. 3. (leather) Kalb(s)leder nt.

calf[2] n, pl **calves** (Anat) Wade f.

caliber n (US) see **calibre**.

calibrate ['kælɪbreɪt] vt gun kalibrieren; meter, instrument also eichen.

calibration [ˌkælɪ'breɪʃ ən] n see vt Kalibrierung f; Eichung f.

calibre, (US) **caliber** ['kælɪbə^r] n (lit) Kaliber nt; (fig also) Format nt.

calico ['kælɪkəʊ] n, no pl Kattun m.

California [ˌkælɪ'fɔ:nɪə] n (abbr **Cal(if)**, **CA**) Kalifornien nt.

Californian [kælɪ'fɔ:nɪən] adj kalifornisch.

californium [ˌkælɪ'fɔ:nɪəm] n (abbr **Cf**) Californium nt.

calipers ['kælɪpəz] npl (US) see **callipers**.

caliph ['keɪlɪf] n Kalif m.

calk[1] [kɔ:k] I vt mit Stollen versehen; shoe also mit Nägeln beschlagen. II n Stollen m; (on shoe also) Nagel m.

calk[2] vt drawing, design durchpausen.

calk[3] vt see **caulk**.

call [kɔ:l] I n 1. (shout, cry) (of person, bird etc) Ruf m; (of bugle) Signal nt. **to give sb a ~** jdn (herbei)rufen; (inform sb) jdm Bescheid sagen; (wake sb) jdn wecken; **they came at my ~** als ich rief, kamen sie; **within ~** in Rufweite f; **a ~ for help** (lit, fig) ein Hilferuf m.
2. (telephone ~) Anruf m. **I'll give you a ~** ich rufe Sie an; **to take a ~** ein Gespräch entgegennehmen; **will you take the ~?** nehmen Sie das Gespräch an?
3. (fig: summons) (for flight, meal) Aufruf m; (of religion) Berufung f; (Theat: to actors) Aufruf m; (fig: lure) Ruf m, Verlockung f. **to be on ~** Bereit-

schaftsdienst haben; **the doctor had a ~ at midnight** der Arzt wurde um Mitternacht zu einem Patienten gerufen; **that's your ~!** (*Theat*) Ihr Auftritt!; **the ~ of conscience/nature** die Stimme des Gewissens/der Natur; **to attend to a ~ of nature** (*euph*) mal kurz verschwinden gehen (*inf*); **the C~ or ~ came when he was 17** mit 17 Jahren spürte er die Berufung; **with him the ~ of duty was particularly strong** er hatte ein besonders stark ausgeprägtes Pflichtgefühl; **to make a ~ for unity** zur Einigkeit aufrufen.

4. (*visit*) Besuch *m*. **to make** *or* **pay a ~ on sb** jdn besuchen, jdm einen Besuch abstatten (*form*); **I have several ~s to make** ich muß noch einige Besuche machen; **port of ~** Anlaufhafen *m*; (*fig*) Station *f*; **to pay a ~** (*euph*) mal verschwinden (*inf*).

5. (*demand, claim*) Inanspruchnahme, Beanspruchung *f*; (*Comm*) Nachfrage *f* (*for* nach). **to have many ~s on one's purse/time** finanziell/zeitlich sehr in Anspruch genommen sein; **the sudden rain made for heavy ~s on the emergency services** die plötzlichen Regenfälle bedeuteten eine starke Belastung der Notdienste.

6. at *or* **on ~** (*Fin*) auf Abruf.

7. (*need, occasion*) Anlaß, Grund *m*, Veranlassung *f*. **there is no ~ for you to worry** es besteht kein Grund zur Sorge.

8. (*Cards*) Ansage *f*. **to make a ~ of three diamonds** drei Karo ansagen; **whose ~ is it?** wer sagt an?

9. (*Tennis*) Entscheidung *f*.

II *vt* **1.** (*shout out*) rufen. **to ~ spades** (*Cards*) Pik reizen; **the ball was ~ed out** der Ball wurde für ,,aus" erklärt.

2. (*name, consider*) nennen. **to be ~ed** heißen; **what's he ~ed?** wie heißt er?; **what do you ~ your cat?** wie nennst du deine Katze?; **what's this ~ed in German?** wie heißt das auf Deutsch?; **let's ~ it a day** machen wir Schluß *or* Feierabend für heute; **~ it £5** sagen wir £ 5.

3. (*summon*) *person, doctor* rufen; *meeting* einberufen; *strike* ausrufen; (*Jur*) *witness* aufrufen; (*subpoena*) vorladen; (*waken*) wecken. **he was ~ed to his maker** (*liter*) er ist in die Ewigkeit abberufen worden; **to ~ sth into being** etw ins Leben rufen; *see* **mind, question, bluff**[2].

4. (*telephone*) anrufen; (*contact by radio*) rufen.

5. (*Fin*) *bond* aufrufen; *loan* abrufen.

III *vi* **1.** (*shout: person, animal*) rufen. **to ~ for help** um Hilfe rufen; **to ~ to sb** jdm zurufen.

2. (*visit*) vorbeigehen/-kommen. **she ~ed to see her mother** sie machte einen Besuch bei ihrer Mutter; **the gasman ~ed about the meter** der Gasmann war wegen des Zählers da; **he was out when I ~ed** er war nicht da, als ich ihn besuchen wollte.

3. (*Telec*) anrufen; (*by radio*) rufen. **who's ~ing, please?** wer spricht da bitte?; **London ~ing!** (*Rad*) hier ist London; **thanks for ~ing** vielen Dank für den Anruf.

◆**call aside** *vt sep person* beiseite rufen.

◆**call at** *vi* +*prep obj* (*person*) vorbeigehen bei; (*Rail*) halten in (+*dat*); (*Naut*) anlaufen.

◆**call away** *vt sep* weg- *or* abrufen. **he was ~ed ~ from the meeting** er wurde aus der Sitzung gerufen.

◆**call back** *vti sep* zurückrufen.

◆**call down** *vt sep* **1.** (*invoke*) **to ~ ~ curses on sb's head** jdn verfluchen. **2. to ~ sb ~** (*lit*) jdn herunterrufen; (*US: reprimand*) jdn ausschimpfen.

◆**call for** *vi* +*prep obj* **1.** (*send for*) *person* rufen; *food, drink* kommen lassen; (*ask for*) verlangen (nach).

2. (*need*) *courage, endurance* verlangen, erfordern. **that ~s ~ a drink/celebration!** das muß begossen/gefeiert werden!

3. (*collect*) *person, goods* abholen; (*come to see*) fragen nach. **"to be ~ed ~"** (*goods sent by rail*) ,,bahnlagernd"; (*by post*) ,,postlagernd"; (*in shop*) ,,wird abgeholt".

◆**call forth** *vt insep protests* hervorrufen; *abilities etc* wachrufen, wecken.

◆**call in I** *vt sep* **1.** *doctor* zu Rate ziehen. **2.** (*withdraw*) *faulty goods etc* aus dem Verkehr ziehen; *currency also* aufrufen (*form*); *hire-boats* zurück- *or* aufrufen; *books* an- *or* zurückfordern. **II** *vi* vorbeigehen *or* -schauen (*at, on* bei).

◆**call off I** *vt sep* **1.** (*cancel*) *appointment, holiday* absagen; *deal* rückgängig machen; *strike* absagen, abblasen (*inf*); (*end*) abbrechen; *engagement* lösen. **let's ~ the whole thing ~** blasen wir die ganze Sache ab (*inf*). **2.** *dog* zurückrufen. **II** *vi* absagen.

◆**call on** *vi* +*prep obj* **1.** (*visit*) besuchen. **2.** *see* **call upon.**

◆**call out I** *vi* rufen, schreien. **II** *vt sep* **1.** *names* aufrufen; (*announce*) ansagen. **2.** *doctor* rufen; *troops, fire brigade* alarmieren. **3.** (*order to strike*) zum Streik aufrufen.

◆**call out for** *vi* +*prep obj food, drink* verlangen; *help* rufen um.

◆**call round** *vi* (*inf*) vorbeikommen.

◆**call up I** *vt sep* **1.** (*Mil*) *reservist* einberufen; *reinforcements* mobilisieren. **2.** (*Telec*) anrufen. **3.** (*fig*) (*herauf*)beschwören. **II** *vi* (*Telec*) anrufen.

◆**call upon** *vi* +*prep obj* **1.** (*ask*) **to ~ ~ sb to do sth** jdn bitten, etw zu tun; **2.** (*invoke*) **to ~ ~ sb's generosity** an jds Großzügigkeit (*acc*) appellieren; **to ~ ~ God** Gott anrufen.

callbox ['kɔːlbɒks] *n* Telefonzelle *f*, öffentlicher Fernsprecher *m*; **callboy** *n* (*Theat*) Inspizientengehilfe *m* (*der die Schauspieler zu ihrem Auftritt ruft*).

caller ['kɔːləʳ] *n* **1.** (*visitor*) Besuch(er) *m*. **2.** (*Telec*) Anrufer *m*. **hold the line please ~!** bitte bleiben Sie am Apparat!

callgirl ['kɔːlɡɜːl] *n* Callgirl *nt*.

calligraphic [ˌkælɪˈɡræfɪk] *adj* kalligraphisch, Schönschreib-.

calligraphy [kəˈlɪɡrəfɪ] *n* Kalligraphie, Schönschreibkunst *f*.

calling ['kɔːlɪŋ] *n* Berufung *f*. **~ card** Visitenkarte *f*.

calliper or (US) **caliper brake** ['kælɪpəˌbreɪk] n Felgenbremse f.
callipers, (US) **calipers** ['kælɪpəz] npl Grief- or Tastzirkel m.
call money n (Fin) täglich kündbares Geld.
callous ['kæləs] adj 1. (cruel) gefühllos, herzlos. 2. (Med) schwielig, kallös.
callously ['kæləslɪ] adv herzlos.
callousness ['kæləsnɪs] n Gefühllosigkeit, Herzlosigkeit f.
callow ['kæləʊ] adj unreif, unausgegoren.
call sign n (Rad) Sendezeichen nt; **call-up** n Einberufung f; **call-up papers** npl Einberufungsbescheid m.
callus ['kæləs] n (Med) Schwiele f; (of bone, Bot) Kallus m.
calm [kɑːm] I adj (+er) ruhig; weather also windstill. **keep ~!** bleib ruhig!
   II n 1. Ruhe, Stille f; (at sea) Flaute f; (of wind) Windstille f. **a dead ~** absolute Stille, Totenstille f; **the ~ before the storm** (lit, fig) die Ruhe vor dem Sturm.
   2. (composure) Ruhe, Gelassenheit f.
   III vt beruhigen.
◆**calm down I** vt sep beruhigen, beschwichtigen. **II** vi sich beruhigen; (wind) abflauen. **~ ~!** beruhigen Sie sich!
calming ['kɑːmɪŋ] adj beruhigend.
calmly ['kɑːmlɪ] adv speak, act ruhig, gelassen. **he spoke ~** er redete mit ruhiger Stimme.
calmness ['kɑːmnɪs] n (of person) Ruhe, Gelassenheit f; (of wind, sea) Stille f.
Calor gas ® ['kæləgæs] n Butangas nt.
caloric ['kælərɪk] adj kalorisch, Wärme-.
calorie ['kælərɪ] n Kalorie f.
calorie in cpds Kalorien-, kalorien-; **~-conscious** kalorienbewußt.
calorific [ˌkæləˈrɪfɪk] adj wärmeerzeugend. **~ value** Heizwert m.
Calvary ['kælvərɪ] n 1. Golgatha nt, Kalvarienberg m. 2. **c~** Bildstock m.
calve [kɑːv] vi kalben.
calves [kɑːvz] pl of **calf¹, calf²**.
Calvinism ['kælvɪnɪzəm] n Kalvinismus m.
Calvinist ['kælvɪnɪst] I n Kalvinist(in f) m. II adj kalvinistisch.
Calvinistic [ˌkælvɪˈnɪstɪk] adj kalvinistisch.
calyx ['keɪlɪks] n, pl **calyces** ['keɪlɪsiːz] or **-es** ['keɪlɪksəz] Blütenkelch m.
cam [kæm] n Nocken m.
camaraderie [ˌkæməˈrɑːdərɪ] n Kameradschaft f.
camber ['kæmbər] I n (of road, ship, aircraft wing) Wölbung f; (of road also) Überhöhung f; (of wheels) Radsturz m. II vt road, deck wölben. **a ~ed wheel** ein Rad nt mit Sturz.
Cambodia [kæmˈbəʊdɪə] n Kambodscha nt.
Cambodian [kæmˈbəʊdɪən] I adj kambodschanisch. II n 1. Kambodschaner(in f) m. 2. (language) Kambodschanisch nt.
Cambs [kæmbz] abbr of **Cambridgeshire**.
came [keɪm] pret of **come**.
camel ['kæməl] n Kamel nt.
camel in cpds (colour) coat kamelhaarfarben; **camel driver** n Kameltreiber m; **camel-hair**, (US) **camel's-hair I** n Kamelhaar nt; **II** attr coat, paintbrush Kamelhaar-.
camellia [kəˈmiːlɪə] n Kamelie f.

cameo ['kæmɪəʊ] n, pl **~s** 1. (jewellery) Kamee f. 2. (Liter) Miniatur f.
camera¹ ['kæmərə] n Kamera f; (for stills also) Photoapparat m.
camera² n (Jur): **in ~** unter Ausschluß der Öffentlichkeit; (fig) hinter verschlossenen Türen.
cameraman ['kæmərəˈmæn] n, pl **-men** [-mən] Kameramann m.
camera obscura [ˈkæmərəɒbˈskjʊərə] n (Opt) Camera obscura, Lochkamera f.
camera-shy ['kæmərəˈʃaɪ] adj kamerascheu.
Cameroons [ˌkæməˈruːnz] npl **the ~** Kamerun nt.
cami-knickers ['kæmɪˌnɪkəz] npl Spitzenhemdhöschen nt.
camisole ['kæmɪsəʊl] n Mieder nt.
camomile ['kæməʊmaɪl] n Kamille f.
camouflage ['kæməflɑːʒ] I n (Mil, fig) Tarnung f. **for ~** zur Tarnung.
   II vt (Mil, fig) tarnen. **she smiled but it didn't ~ her despair** ihr Lächeln konnte nicht über ihre Verzweiflung hinwegtäuschen.
camouflage in cpds Tarn-.
camp¹ [kæmp] I n 1. Lager nt; (Mil) (Feld)lager nt. **to be in ~** im Lager leben or sein; (Mil) im Felde leben.
   2. (fig) Lager nt. **to have a foot in both ~s** mit beiden Seiten zu tun haben.
   II vi zelten, kampieren; (Mil) lagern. **to go ~ing** zelten (gehen).
◆**camp out** vi zelten.
camp² adj (theatrical, stagey) übertrieben; performance manieriert; person's appearance aufgedonnert; (effeminate) tuntenhaft (inf); (homosexual) schwul (inf).
◆**camp up** vt sep to ~ **sth** (vamp up) etw aufmöbeln (inf), etw aufmotzen (inf); (overact) etw überziehen; **to ~ it** (overact, exaggerate) es zu weit treiben; (Theat) zu dick auftragen; (act homosexually) sich tuntenhaft (inf) benehmen.
campaign [kæmˈpeɪn] I n 1. (Mil) Feldzug m, Kampagne f (old). **Hitler's Russian ~** Hitlers Rußlandfeldzug m.
   2. (fig) Kampagne, Aktion f; (election ~) Feldzug m, Kampagne f; **C ~ for Nuclear Disarmament** Kampagne für atomare Abrüstung.
   II vi 1. (Mil) kämpfen, Krieg führen.
   2. (fig) (for für, against gegen) sich einsetzen, agitieren; (outdoors also) auf die Straße gehen; (politician, candidate) den Wahlkampf führen; (supporters) Wahlwerbung treiben.
campaigner [kæmˈpeɪnər] n 1. (Mil) Krieger m. **old ~** alter Kämpe.
   2. (fig) Befürworter(in f) m (for gen); Gegner(in f) m (against gen); (for politician) Wahlwerber(in f) m.
campbed [ˌkæmpˈbed] n Campingliege f; **camp chair** n Campingstuhl m.
camper ['kæmpər] n Zeltler(in f), Camper(in f) (inf) m.
camp fire n Lagerfeuer nt; **camp follower** n 1. Marketender(in f) m; 2. (fig) Anhänger(in f), Mitläufer(in f) (pej) m; **campground** n (US) Campingplatz, Zeltplatz m.
camphor ['kæmfər] n Kampfer m.

camphorated ['kæmfəreɪtɪd] *adj* mit Kampfer präpariert. ~ **oil** Kampferöl *nt.*

camping ['kæmpɪŋ] *n* Zelten, Camping *nt.* **no** ~ Zelten verboten!

camping *in cpds* Camping-; **camping ground** *n* Zeltplatz *m*; **camping site** *n* (*also* **camp site**) Campingplatz, Zeltplatz *m.*

camp stool *n* Campinghocker *m.*

campus ['kæmpəs] *n* Campus *m*, Universitätsgelände *nt.*

camshaft ['kæmʃɑːft] *n* Nockenwelle *f.*

can¹ [kæn] *pret* **could** *modal aux vb, defective parts supplied by* **to be able to 1.** (*be able to*) können. ~ **you come tomorrow?** kannst du morgen kommen?; **I ~'t** *or* ~**not go to the theatre tomorrow** ich kann morgen nicht ins Theater (gehen); **as soon as it ~ be arranged** sobald es sich machen läßt; **could you tell me ...** können *or* könnten Sie mir sagen, ...; ~ **you speak German?** können *or* sprechen Sie Deutsch?; **they could not (help) but condemn it** sie konnten nicht anders, als das zu verurteilen.

2. (*may*) dürfen, können. ~ **I come too?** kann ich mitkommen?; ~ *or* **could I take some more?** darf ich mir noch etwas *or* noch einmal nehmen?; **you ~ go now** Sie können jetzt gehen; **could I possibly go with you?** könnte *or* dürfte ich vielleicht mitkommen?; **I'd like to go,** ~ **I? — no, you** ~'**t** ich würde gerne gehen, darf ich? — nein, du darfst nicht; ~ **I use your car? — no, you** ~'**t** kann *or* darf ich dein Auto nehmen? — nein.

3. (*expressing surprise etc*) können. **how** ~/**could you say such a thing!** wie können/ konnten Sie nur *or* bloß so etwas sagen!; **where** ~ **it be?** wo kann das bloß sein?

4. (*expressing possibility*) können. **it could be that he's got lost** (*es ist*) möglich, daß er sich verlaufen hat; **could he have got lost?** ob er sich wohl *or* vielleicht verlaufen hat?; **he could be on the next train** er könnte im nächsten Zug sein; **and it could have been such a good party!** und es hätte so eine gute Party sein können!

5. (*with verbs of perception*) können. ~ **you hear me?** hören Sie mich?, können Sie mich hören?

6. (*be capable of occasionally*) können. **she** ~ **be very nice when she wants to** wenn sie will, kann sie sehr nett sein.

7. (*indicating suggestion*) können. **you could try telephoning him** Sie könnten ihn ja mal anrufen; **you could have told me** das hätten Sie mir auch sagen können.

8. (*feel inclined to*) können. **I could have murdered her** ich hätte sie umbringen können.

9. we could do with some new furniture wir könnten neue Möbel gebrauchen; **I could do with a drink now** ich könnte jetzt etwas zu trinken vertragen; **he looks as though he could do with a wash/haircut** ich glaube, er müßte sich mal waschen/er müßte sich (*dat*) mal wieder die Haare schneiden lassen.

can² I *n* **1.** (*container*) Kanister *m*; (*milk*~) Kanne *f*; (*esp US: garbage* ~) (Müll)eimer *m.* **in the** ~ (*Film*) im Kasten; **the**

contract's in the ~ (*inf*) wir haben den Vertrag in der Tasche (*inf*); **to carry the** ~ (*fig inf*) die Sache ausbaden (*inf*).

2. (*tin*) Dose *f*; (*of food also*) Büchse *f.* **a** ~ **of beer** eine Dose Bier; **a beer** ~ eine Bierdose; **a** ~ **of paint** eine Dose Farbe; (*with handle*) ein Eimer Farbe.

3. (*US sl: prison*) Knast *m* (*sl*).

4. (*US sl: lavatory*) Klo *nt* (*inf*).

II *vt* **1.** *foodstuffs* einmachen, eindosen; *see* **canned.**

2. (*inf*) ~ **it!** Klappe! (*inf*).

can *in cpds* Büchsen-, Dosen-.

Canaan ['keɪnən] *n* Kanaan *nt.*

Canaanite ['keɪnənaɪt] *n* Kanaaniter(in *f*) *m.*

Canada ['kænədə] *n* Kanada *nt.*

Canadian [kə'neɪdɪən] I *adj* kanadisch. II *n* Kanadier(in *f*) *m.*

canal [kə'næl] *n* **1.** Kanal *m.* ~ **barge** Schleppkahn *m.* **2.** (*Anat*) Gang, Kanal *m.*

canalization [ˌkænəlaɪ'zeɪʃən] *n* (*lit*) Kanalisation *f*; (*fig*) Kanalisierung *f.*

canalize ['kænəlaɪz] *vt* kanalisieren.

canapé ['kænəpeɪ] *n* Cocktail- *or* Appetithappen *m.*

canard [kæ'nɑːd] *n* (*Zeitungs)ente *f.*

Canaries [kə'neərɪz] *npl see* **Canary Isles.**

canary [kə'neərɪ] *n* **1.** Kanarienvogel *m.* **2.** (*US sl: female singer*) Sängerin *f.*

canary *in cpds* Kanarien-; (*colour: also* ~ **yellow**) kanariengelb.

Canary Isles [kə'neərɪ'aɪlz] *npl* Kanarische Inseln *pl.*

cancel ['kænsəl] I *vt* **1.** (*call off*) absagen; *holiday, journey* absagen, rückgängig machen; (*officially*) stornieren; *plans* aufgeben, fallenlassen; *train, bus* streichen, ausfallen lassen. **the last train has been** ~**led** der letzte Zug fällt aus.

2. (*revoke, annul*) rückgängig machen; *command, invitation also* zurücknehmen; *contract also* (auf)lösen; *debt* streichen; *order for goods* stornieren; *magazine subscription* kündigen; *decree* aufheben; (*Aut*) *indicator* ausschalten. **no,** ~ **that** (*in dictation etc*) nein, streichen Sie das.

3. *stamp, ticket, cheque* entwerten, ungültig machen.

4. (*Math*) kürzen. **this X** ~**s that one** dieses X hebt das X auf.

II *vi* **1.** (*revoke commercial order, contract*) stornieren; (*call off appointment, holiday*) absagen.

2. (*Math*) sich aufheben.

◆**cancel out** I *vt sep* (*Math*) aufheben; (*fig*) zunichte machen. **to** ~ **each other** ~ (*Math*) sich aufheben, sich kürzen lassen; (*fig*) einander aufheben, sich gegenseitig aufheben. II *vi* (*Math*) sich aufheben.

cancellation [ˌkænsə'leɪʃən] *n see vt* **1.** Absage *f*; Stornierung *f*; Aufgabe *f*; Streichung *f*, Ausfall *m.* **2.** Rückgängigmachung *f*; Zurücknahme *f*; Auflösung *f*; Streichung *f*; Stornierung *f*; Kündigung *f*; Aufhebung *f.* **3.** Entwertung *f.* **4.** (*Math*) Kürzung *f.*

cancer ['kænsər] *n* (*Med*) Krebs *m*, Karzinom *nt*; (*fig*) Krebsgeschwür *nt.* ~ **of the throat** Kehlkopfkrebs *m*; ~ **research** Krebsforschung *f*; **C~** (*Astrol*) der Krebs.

cancerous ['kænsərəs] *adj* krebsartig. ~

growth (*lit, fig*) krebsartige Wucherung.
candelabra [ˌkændɪˈlɑːbrə] *n* Kandelaber, Leuchter *m*.
candid [ˈkændɪd] *adj* offen, ehrlich. **he was quite ~ about it** er war ganz offen, er sprach ganz offen darüber; **in my ~ opinion he …** ich bin offen gesagt der Meinung, daß er …
candidacy [ˈkændɪdəsɪ] *n* Kandidatur *f*.
candidate [ˈkændɪdeɪt] *n* (*Pol*) Kandidat(in *f*) *m*; (*exam ~ also*) Prüfling *m*. **to stand as (a) ~** kandidieren.
candidature [ˈkændɪdətʃəʳ] *n* (*Brit*) *see* **candidacy**.
candidly [ˈkændɪdlɪ] *adv* offen.
candidness [ˈkændɪdnɪs] *n* Offenheit *f*.
candied [ˈkændɪd] *adj* (*Cook*) kandiert, gezuckert. **~ peel** (*of lemon*) Zitronat *nt*; (*of orange*) Orangeat *nt*; **his ~ words** seine schmeichelhaften *or* süßen Worte.
candle [ˈkændl] *n* Kerze *f*. **to burn the ~ at both ends** mit seinen Kräften Raubbau treiben; **he can't hold a ~ to his brother** er kann seinem Bruder nicht das Wasser reichen; **the game is not worth the ~** das ist nicht der Mühe wert.
candle *in cpds* Kerzen-; **candle grease** *n* Kerzenwachs *nt*; **candlelight** *n* Kerzenlicht *nt*, Kerzenschein *m*; **by ~** im Kerzenschein, bei Kerzenlicht; **Candlemas** [ˈkændlməs] *n* Mariä Lichtmeß *nt*; **candle power** *n* (*Elec*) Lichtstärke *f*; **a 20-~ lamp** eine Lampe von 20 Kerzen, eine 20kerzige Lampe; **candlestick** *n* Kerzenhalter *m*; **candlewick** *n* 1. Kerzendocht *m*; 2. (*Tex*) Frottierplüschmuster *nt*.
candour, (*US*) **candor** [ˈkændəʳ] *n* Offenheit, Ehrlichkeit *f*.
candy [ˈkændɪ] **I** *n* (*US*) (*sweet*) Bonbon *m or nt*; (*sweets*) Süßigkeiten *pl*, Bonbons *pl*; (*bar of chocolate*) (Tafel) Schokolade *f*; (*individual chocolate*) Praline *f*. **II** *vt sugar* kristallisieren lassen; *fruit etc* kandieren.
candyfloss [ˈkændɪflɒs] *n* (*Brit*) Zuckerwatte *f*; **candy store** *n* (*US*) Süßwarenhandlung *f*; **candy-striped** *adj* bunt gestreift (*auf weißem Hintergrund*).
cane [keɪn] **I** *n* 1. (*stem of bamboo, sugar etc*) Rohr *nt*; (*of raspberry*) Zweig *m*; (*for supporting plants*) Stock *m*.
2. (*walking stick*) (Spazier)stock *m*; (*instrument of punishment*) (Rohr)stock *m*. **to get the ~** Prügel bekommen; (*on hand*) eine auf die Finger bekommen.
II *vt schoolboy* mit dem Stock schlagen.
cane *in cpds* Rohr-; **cane brake** *n* (*US*) Röhricht, Rohrdickicht *nt*; **cane chair** *n* Rohrstuhl *m*; **cane sugar** *n* Rohrzucker *m*.
canine [ˈkeɪnaɪn] **I** *n* 1. (*animal*) Hund *m*. 2. (*also ~ tooth*) Eckzahn *m*. **II** *adj* Hunde-.
caning [ˈkeɪnɪŋ] *n* (*beating with cane*) Schläge *pl* mit dem Stock, Prügeln *nt* (*inf*). **to give sb a ~** jdm eine Tracht Prügel verabreichen; **to get a ~** (*Sport*) haushoch geschlagen werden; (*new play etc*) verrissen werden.
canister [ˈkænɪstəʳ] *n* Behälter *m*; (*for tea, coffee etc also*) Dose *f*.
canker [ˈkæŋkəʳ] *n* (*Med*) Mund- *or* Lip-

pengeschwür *nt*; (*Vet*) Hufkrebs *m*, Strahlfäule *f*; (*Bot*) Brand *m*; (*fig*) (Krebs)geschwür *nt*.
cankerous [ˈkæŋkərəs] *adj* (*Med*) entzündet; (*Vet, Bot*) brandig; (*fig*) krebsartig.
cannabis [ˈkænəbɪs] *n* Cannabis *m*. **~ resin** Cannabisharz *nt*.
canned [kænd] *adj* 1. (*US*) *food, beer* Dosen-. 2. (*inf*) **~ music** Musikberieselung *f* (*inf*); **~ heat** Brennspiritus *m*. 3. (*sl: drunk*) blau (*inf*), voll (*sl*).
cannery [ˈkænərɪ] *n* (*US*) Konservenfabrik *f*.
cannibal [ˈkænɪbəl] **I** *n* (*person*) Kannibale, Menschenfresser *m*. **these fishes are ~s** diese Fische fressen sich gegenseitig. **II** *adj* kannibalisch; *animals* sich gegenseitig auffressend.
cannibalism [ˈkænɪbəlɪzəm] *n* (*of people*) Kannibalismus *m*, Menschenfresserei *f*.
cannibalize [ˈkænɪbəlaɪz] *vt old car etc* ausschlachten.
canning [ˈkænɪŋ] *n* Konservenabfüllung *f*; (*preserving*) Konservierung *f*.
cannon [ˈkænən] **I** *n* 1. (*Mil*) Kanone *f*. 2. (*Brit: Billiards*) Karambolage *f*. **II** *vi* (*Brit: Billiards*) karambolieren.
◆cannon into *vi +prep obj* prallen gegen.
cannonade [ˌkænəˈneɪd] *n* Kanonade *f*.
cannonball [ˈkænənbɔːl] *n* Kanonenkugel *f*; **cannon fodder** *n* Kanonenfutter *nt*.
cannot [ˈkænɒt] = **can not**.
canny [ˈkænɪ] *adj* (+*er*) (*Scot*) vorsichtig.
canoe [kəˈnuː] **I** *n* Kanu *nt*. **to paddle one's own ~** (*fig*) auf eigenen Füßen *or* Beinen stehen. **II** *vi* Kanu fahren, paddeln.
canoeing [kəˈnuːɪŋ] *n* Kanufahren *nt*.
canoeist [kəˈnuːɪst] *n* Kanufahrer(in *f*) *m*, Kanute *m*, Kanutin *f*.
canon¹ [ˈkænən] *n* (*all senses*) Kanon *m*. **~ law** (*Eccl*) Kanon *m*, kanonisches Recht.
canon² *n* (*priest*) Kanoniker, Kanonikus *m*.
cañon *n* (*US*) *see* **canyon**.
canonical [kəˈnɒnɪkəl] *adj* 1. (*Eccl*) kanonisch. **~ dress** Priestergewand *nt*. 2. (*fig: accepted*) anerkannt, rechtmäßig.
canonization [ˌkænənaɪˈzeɪʃən] *n* (*Eccl*) Heiligsprechung, Kanonisierung *f*.
canonize [ˈkænənaɪz] *vt* (*Eccl*) heiligsprechen, kanonisieren.
canoodle [kəˈnuːdl] *vi* (*inf*) schmusen (*inf*).
can opener *n* Dosen- *or* Büchsenöffner *m*.
canopy [ˈkænəpɪ] *n* 1. (*awning*) Markise, Überdachung *f*; (*over entrance*) Vordach *nt*, Pergola *f*; (*of bed, throne*) Baldachin *m*; (*of aircraft*) Kanzeldach *nt*; (*of parachute*) Fallschirmkappe *f*. 2. (*fig liter: of sky, foliage*) Baldachin *m* (*liter*). **the ~ of the heavens** das Himmelszelt (*liter*).
canst [kænst] (*obs*) *2nd pers sing of* **can¹**.
cant¹ [kænt] *n* 1. (*hypocrisy*) Heuchelei *f*, scheinheiliges *or* leeres Gerede. 2. (*jargon*) Jargon *m*; (*of thieves, gipsies*) Rotwelsch *nt*.
cant² **I** *n* (*tilt*) Schräge *f*. **II** *vt* schräg stellen, kanten. **the wind ~ed the boat** der Wind brachte das Boot zum Kippen. **III** *vi* schräg *or* schief sein; (*boat*) kippen.
can't [kɑːnt] *contr of* **can not**.
cantaloup(e) [ˈkæntəluːp] *n* Honigmelone, Buttermelone *f*.
cantankerous [kænˈtæŋkərəs] *adj* mürrisch, knurrig.

cantata [kæn'tɑːtə] *n* Kantate *f*.

canteen [kæn'tiːn] *n* **1.** (*restaurant*) Kantine *f*. **2.** (*Mil*) (*flask*) Feldflasche *f*; (*mess tin*) Kochgeschirr *nt*. **3.** (*of cutlery*) Besteckkasten *m*.

canter ['kæntər] **I** *n* Handgalopp, Kanter *m*. **to ride at a** ~ langsamen Galopp reiten; **to go for a** ~ einen Ausritt machen. **II** *vi* langsam galoppieren.

cantilever ['kæntliːvər] *n* Ausleger *m*; (*support also*) Freiträger *m*.

cantilever *in cpds* Ausleger-; ~ **bridge** Auslegerbrücke *f*.

canton ['kæntɒn] *n* Kanton *m*.

Cantonese [ˌkæntəˈniːz] **I** *adj* kantonesisch. **II** *n* **1.** Kantonese *m*, Kantonesin *f*. **2.** (*language*) Kantonesisch *nt*.

canvas ['kænvəs] *n* Leinwand *f*; (*for sails*) Segeltuch *nt*; (*set of sails*) Segel *pl*; (*for tent*) Zeltbahn *f*; (*Art*) (*material*) Leinwand *f*; (*painting*) Gemälde *nt*. **under** ~ (*in a tent*) im Zelt; (*Naut*) mit gehißtem Segel; ~ **chair** Liegestuhl, Klappstuhl *m*; ~ **shoes** Segeltuchschuhe *pl*.

canvass ['kænvəs] **I** *vt* **1.** (*Pol*) *district* Wahlwerbung machen in (+*dat*); *person* für seine Partei zu gewinnen suchen. **to** ~ **the local electorate** in seinem Wahlkreis Stimmen werben.

2. *customers, citizens etc* ansprechen, werben; *issue* unter die Leute bringen; *district* bereisen; (*sound out*) *opinions* erforschen.

II *vi* **1.** (*Pol*) um Stimmen werben (*for sb* für jdn).

2. (*Comm*) werben, eine Werbekampagne durchführen. **to** ~ **for an applicant** (*for job*) einen Bewerber anpreisen.

III *n* (*Pol, Comm*) Aktion, Kampagne *f*.

canvasser ['kænvəsər] *n* **1.** (*Pol*) Wahlhelfer *m*. **2.** (*Comm*) Vertreter *m*.

canvassing ['kænvəsɪŋ] *n* **1.** (*Pol*) Durchführung *f* des Wahlkampfs, Wahlwerbung *f*. **2.** (*Comm*) Von-Haus-zu-Haus-Gehen, Klinkenputzen (*inf*) *nt*; (*sounding-out: of opinions*) Meinungsforschung *f*. ~ **for applicants is not allowed** es ist nicht gestattet, einen Bewerber anzupreisen.

canyon, (*US*) **cañon** ['kænjən] *n* Cañon *m*.

cap[1] [kæp] **I** *n* **1.** (*hat*) Mütze *f*; (*nurse's* ~) Haube *f*; (*Jur, Univ*) Barett *nt*; (*for swimming*) Bademütze *or* -kappe *f*; (*of jester*) Kappe *f*; (*of cardinal*) Hut *m*; (*skull-*~) Käppchen *nt*. ~ **in hand** kleinlaut; **if the** ~ **fits, (wear it)** (*prov*) wem die Jacke paßt (, der soll sie sich anziehen); **to set one's** ~ **at sb** es auf jdn abgesehen haben; ~ **and bells** Schellenkappe *f*; **in** ~ **and gown** mit Doktorhut und Talar; **he's got his** ~ **for England, he's an English** ~ (*Sport*) er ist/ war in der englischen Nationalmannschaft; *see* **feather** *etc*.

2. (*lid, cover: of bottle*) Verschluß, Deckel *m*; (*of fountain pen*) (Verschluß)-kappe *f*; (*of valve*) Kappe *f*; (*Mil: of shell, fuse*) Kapsel *f*; (*Aut: petrol* ~, *radiator* ~) Verschluß *m*.

3. (*contraceptive*) Pessar *nt*.

4. (*of mushroom*) Hut *m*.

5. (*explosive*) Platzpatrone *f*; (*for toy gun*) Zündplättchen *nt*.

6. (*of shoe*) Kappe *f*.

II *vt* **1.** (*put* ~ *on*) *bottle etc* verschließen, zumachen; (*fig: cover top of*) *peaks* bedecken.

2. (*Sport*) **he was** ~**ped four times for England** er wurde viermal für die englische Nationalmannschaft aufgestellt.

3. (*do or say better*) überbieten. **and then to** ~ **it all** ... und, um dem Ganzen die Krone aufzusetzen, ...

cap[2] *n* (*Typ, inf*) großer Buchstabe *m*. **in** ~**s** in Großbuchstaben.

capability [ˌkeɪpəˈbɪlɪtɪ] *n* **1.** (*potential ability*) Fähigkeit *f*. **2.** (*Mil*) Potential *nt*.

capable ['keɪpəbl] *adj* **1.** (*skilful, competent*) fähig, kompetent; *mother* gut.

2. to be ~ **of doing sth** etw tun können; (*person: have physical, mental ability also*) fähig sein, etw zu tun; **to be** ~ **of sth** etw können; zu etw fähig sein; **it's** ~ **of exploding any minute** es kann jede Minute explodieren; **it's** ~ **of speeds of up to** ... es erreicht Geschwindigkeiten bis zu ...; ~ **of improvement** verbesserungsfähig.

capably ['keɪpəblɪ] *adv* kompetent.

capacious [kəˈpeɪʃəs] *adj* geräumig; *dress* weit.

capacitor [kəˈpæsɪtər] *n* Kondensator *m*.

capacity [kəˈpæsɪtɪ] *n* **1.** (*cubic content etc*) Fassungsvermögen *nt*, (*Raum*)inhalt *m*; (*maximum output*) Kapazität *f*; (*maximum weight*) Höchstlast *f*; (*Aut: engine* ~) Hubraum *m*. **filled to** ~ randvoll; (*hall*) bis auf den letzten Platz besetzt; **seating** ~ **of 400** 400 Sitzplätze; **to work to** ~ voll ausgelastet sein; **the Stones played to** ~ **audiences** die „Stones" spielten vor ausverkauften Sälen.

2. (*ability*) Fähigkeit *f*. **he had lost all** ~ **for happiness** er hatte die Fähigkeit, Glück zu empfinden, völlig verloren; **his** ~ **for learning** seine Lern- *or* Aufnahmefähigkeit; **he has a great** ~ **for work** er kann sehr gut arbeiten; **this work is within/beyond his** ~ er ist zu dieser Arbeit fähig/nicht fähig.

3. (*role, position*) Eigenschaft, Funktion *f*. **in my** ~ **as a doctor** (in meiner Eigenschaft) als Arzt; **they refused to employ him in any** ~ **whatsoever** sie lehnten es ab, ihn in irgendeiner Form zu beschäftigen.

4. (*legal power*) Befugnis *f*.

cape[1] [keɪp] *n* Cape *nt*, Umhang *m*.

cape[2] *n* (*Geog*) Kap *nt*.

Cape buffalo *n* Kaffernbüffel *m*; **Cape coloured** *adj* farbig, gemischtrassig; **Cape Horn/of Good Hope** *n* Kap *nt* Hoorn/der guten Hoffnung.

caper[1] ['keɪpər] **I** *vi* herumtollen. **II** *n* **1.** (*skip*) Luft- *or* Freudensprung *m*. **2.** (*prank*) Eskapade, Kapriole *f*. **3.** (*sl: crime*) Ding *nt* (*sl*).

caper[2] *n* (*Bot, Cook*) Kaper *f*; (*shrub*) Kapernstrauch *m*.

capercaille, capercailzie [ˌkæpəˈkeɪlɪ] *n* Auerhahn *m*.

Cape Town *n* Kapstadt *nt*; **Cape Verde Islands** *npl* Kapverdische Inseln, Kapverden *pl*.

capful ['kæpfʊl] *n one* ~ **to one litre of water** eine Verschlußkappe auf einen Liter Wasser.

capillary [kə'pɪlərɪ] **I** *adj* kapillar, Kapillar-. ~ **attraction** *or* **action** Kapillarwirkung *f*. **II** *n* Kapillare *f*, Kapillargefäß *nt*.

capital ['kæpɪtl] **I** *n* **1**. (*also* ~ **city**) Hauptstadt *f*.
2. (*also* ~ **letter**) Großbuchstabe *m*. **please write in** ~**s** bitte in Blockschrift schreiben!
3. *no pl* (*Fin*) Kapital *nt*. **to make** ~ **out of sth** (*fig*) aus etw Kapital schlagen.
4. (*Archit*) Kapitell *nt*.
II *adj* **1**. *letter* Groß-. **love with a** ~ **L** die große Liebe; **a car with a** ~ **C** ein richtiges Auto; **unity with a** ~ **U** hundertprozentige Einheit.
2. (*dated inf*) prächtig (*dated*).

capital *in cpds* Kapital-; **capital expenditure** *n* Kapitalaufwendungen *pl*; **capital gains** *npl* Kapitalgewinn *m*; **capital gains tax** *n* Kapitalertragssteuer *f*; **capital goods** *npl* Produktionsmittel *or* -güter *pl*.

capitalism ['kæpɪtəlɪzəm] *n* Kapitalismus *m*.

capitalist ['kæpɪtəlɪst] **I** *n* Kapitalist(in *f*) *m*. **II** *adj* kapitalistisch.

capitalistic [,kæpɪtə'lɪstɪk] *adj* kapitalistisch.

capitalize on *vi*+*prep* (*fig*) Kapital schlagen aus.

capital offence *n* Kapitalverbrechen *nt*; **capital punishment** *n* Todesstrafe *f*.

capitation [,kæpɪ'teɪʃən] *n* Kopfsteuer *f*.

Capitol ['kæpɪtl] *n* Kapitol *nt*.

capitulate [kə'pɪtjʊleɪt] *vi* kapitulieren (*also Mil*) (*to* vor +*dat*).

capitulation [kə,pɪtjʊ'leɪʃən] *n* Kapitulation *f*.

capon ['keɪpən] *n* Kapaun *m*.

caprice [kə'pri:s] *n* **1**. Laune(nhaftigkeit) *f*, Kaprice (*geh*) *f*. **2**. (*Mus*) Capriccio *nt*.

capricious [kə'prɪʃəs] *adj* launisch, kapriziös (*geh*), unberechenbar.

capriciously [kə'prɪʃəslɪ] *adv act, behave* launenhaft; *decide, do sth* einer Laune gehorchend (*geh*).

capriciousness [kə'prɪʃəsnɪs] *n* Launenhaftigkeit, Unberechenbarkeit *f*.

Capricorn ['kæprɪkɔ:n] *n* Steinbock *m*.

capsize [kæp'saɪz] **I** *vi* kentern. **II** *vt* zum Kentern bringen.

capstan ['kæpstən] *n* Poller *m*.

capsular ['kæpsjʊləʳ] *adj* Kapsel-.

capsule ['kæpsju:l] *n* Kapsel *f*.

captain ['kæptɪn] (*abbr* **Capt**) **I** *n* (*Mil*) Hauptmann *m*; (*Naut, Aviat, Sport*) Kapitän *m*; (*US: in restaurant*) Oberkellner *m*. **yes, ~!** jawohl, Herr Hauptmann/Kapitän!
II *vt* (*Sport*) *team* anführen; (*Naut*) *ship* befehligen. **he ~ed the team for years** er war jahrelang Kapitän der Mannschaft.

captaincy ['kæptənsɪ] *n* Befehligung *f*, Befehl *m*; (*Sport*) Führung *f*. **to get one's** ~ sein Kapitänspatent *nt* erhalten; **under his** ~ mit ihm als Kapitän.

caption ['kæpʃən] **I** *n* Überschrift *f*, Titel *m*; (*under cartoon*) Bildunterschrift *f*; (*Film: subtitle*) Untertitel *m*. **II** *vt* betiteln, mit einer Überschrift *or* einem Titel *etc* versehen.

captious ['kæpʃəs] *adj person* überkritisch,
pedantisch; *remark* spitzfindig.

captivate ['kæptɪveɪt] *vt* faszinieren.

captivating ['kæptɪveɪtɪŋ] *adj* bezaubernd; *personality* einnehmend.

captive ['kæptɪv] **I** *n* Gefangene(r) *mf*. **to take sb** ~ jdn gefangennehmen; **to hold sb** ~ jdn gefangenhalten; (*fig*) jdn fesseln, jdn gefangennehmen. **II** *adj person* gefangen. ~ **balloon** Fesselballon *m*; **in a** ~ **state** in Gefangenschaft *f*.

captivity [kæp'tɪvɪtɪ] *n* Gefangenschaft *f*.

captor ['kæptəʳ] *n* **his** ~**s treated him kindly** er wurde nach seiner Gefangennahme gut behandelt; **his** ~**s were Ruritanian** er wurde von Ruritaniern gefangengenommen; **his** ~**s later freed him** man ließ ihn später wieder frei.

capture ['kæptʃəʳ] **I** *vt* **1**. *town* einnehmen, erobern; *treasure* erobern; *person* gefangennehmen; *animal* (ein)fangen; *ship* kapern, aufbringen (*spec*). **they ~d the town from the enemy** sie eroberten die vom Feind beherrschte Stadt.
2. (*fig*) *votes* erringen, auf sich (*acc*) vereinigen; *prizes* erringen; (*painter etc*) *atmosphere* einfangen; *attention, sb's interest* erregen.
II *n* Eroberung *f*; (*thing captured also*) Fang *m*; (*of escapee*) Gefangennahme *f* (*of animal*) Einfangen *nt*.

capuchin ['kæpjʊtʃɪn] *n* **1**. (*hooded cloak*) Kapuzencape *nt*. **2**. (*Zool*) Kapuziner(affe) *m*. **3**. (*Eccl*) **C**~ Kapuziner(mönch) *m*.

car [kɑ:ʳ] *n* **1**. Auto *nt*, Wagen *m*. **by** ~ mit dem Auto *or* Wagen. **2**. (*esp US: Rail, tram*~) Wagen *m*. **3**. (*of airship, balloon, cable*~) Gondel *f*; (*US: of elevator*) Fahrkorb *m*.

carafe [kə'ræf] *n* Karaffe *f*.

caramel ['kærəməl] *n* (*substance*) Karamel *m*; (*sweet*) Karamelle *f*.

carapace ['kærəpeɪs] *n* Schale *f*; (*of tortoise etc*) (Rücken)panzer *m*.

carat ['kærət] *n* Karat *nt*. **nine** ~ **gold** neunkarätiges Gold.

caravan ['kærəvæn] *n* **1**. (*Brit: Aut*) Wohnwagen, *m*. **2**. (*gipsy* ~) Zigeunerwagen *m*. **3**. (*desert* ~) Karawane *f*.

caravanning ['kærəvænɪŋ] *n* Caravaning *nt*, Urlaub *m* im Wohnwagen. **to go** ~ Urlaub im Wohnwagen machen.

caravanserai [,kærə'vænsə,raɪ] *n* Karawanserei *f*.

caravan site *n* Campingplatz *m* für Wohnwagen.

caravel [kærə'vel] *n* Karavelle *f*.

caraway ['kærəweɪ] *n* Kümmel *m*. ~ **seeds** Kümmel(körner *pl*) *m*.

carbide ['kɑ:baɪd] *n* Karbid *nt*.

carbine ['kɑ:baɪn] *n* Karabiner *m*.

carbohydrate ['kɑ:bəʊ'haɪdreɪt] *n* Kohle(n)hydrat *nt*.

carbolic [kɑ:'bɒlɪk] *adj* **1**. Karbol-. **2**. (*also* ~ **soap**) Karbolseife *f*.

carbon ['kɑ:bən] *n* (*Chem, abbr* **C**) Kohlenstoff *m*; (*Elec*) Kohle *f*.

carbonaceous [,kɑ:bə'neɪʃəs] *adj* Kohlenstoff-, kohlenstoffhaltig.

carbonate ['kɑ:bənɪt] *n* Karbonat *nt*.

carbonated ['kɑ:bə,neɪtəd] *adj* mit Kohlensäure (versetzt).

carbon copy n Durchschlag m; **to be a ~ of sth** das genaue Ebenbild einer Sache (gen) sein; **she's a ~ of her sister** sie sieht ihrer Schwester zum Verwechseln ähnlich; **carbon dating** n Radiokarbonmethode, Kohlenstoffdatierung f; **carbon dioxide** n Kohlendioxid nt.

carbonic [kɑːˈbɒnɪk] adj Kohlen-. **~ acid** Kohlensäure f.

carboniferous [ˌkɑːbəˈnɪfərəs] adj (Geol) kohlehaltig.

carbonization [ˌkɑːbənaɪˈzeɪʃən] n Karbonisation, Verkohlung f.

carbonize ['kɑːbənaɪz] vt karbonisieren, verkohlen (lassen).

carbon monoxide n Kohlenmonoxid nt; **carbon paper** n Kohlepapier nt.

carboy ['kɑːbɔɪ] n Korbflasche f.

carbuncle ['kɑːˌbʌŋkl] n 1. (Med) Karbunkel m. 2. (jewel) Karfunkel(stein) m.

carburettor, (US) **carburetor** [ˌkɑːbəˈretəʳ] n Vergaser m.

carcass ['kɑːkəs] n 1. (corpse) Leiche f; (of animal) Kadaver m, (Tier)leiche f; (at butcher's) Rumpf m. 2. (of ship, house) Skelett nt; (remains) Überbleibsel pl, Trümmer pl.

carcinogen [kɑːˈsɪnədʒen] n Krebserreger m.

carcinogenic [ˌkɑːsɪnəˈdʒenɪk] adj karzinogen, krebserregend.

carcinoma [ˌkɑːsɪˈnəʊmə] n Karzinom nt.

car in cpds Auto-; **car coat** n Dreivierteljacke f; **car crash** n (Auto)unfall m.

card¹ [kɑːd] n 1. no pl (~board) Pappe f. 2. (greetings, visiting ~ etc) Karte f. 3. ~s pl (employment ~s) Papiere pl. 4. (Sport: programme) Programm nt. 5. (playing ~) (Spiel)karte f. **to play ~s** Karten spielen; **to lose money at ~s** Geld beim Kartenspiel verlieren; **pack of ~s** Karten pl, Kartenspiel, Kartenpaket nt; **game of ~s** Kartenspiel nt; **house of ~s** (lit, fig) Kartenhaus nt. 6. (fig uses) **put one's ~s on the table** seine Karten aufdecken or (offen) auf den Tisch legen; **to play one's ~s right/badly** taktisch geschickt/unklug vorgehen; **to hold all the ~s** alle Trümpfe in der Hand haben; **to play one's last/best ~** seinen letzten/höchsten Trumpf ausspielen; **it's on the ~s** das ist zu erwarten. 7. (dated inf) ulkiger Vogel (inf).

card² (Tex) **I** n Wollkamm m, Krempel, Karde f. **II** vt wool, cotton kämmen, krempeln, karden.

cardamom ['kɑːdəməm] n Kardamom m or nt.

cardboard ['kɑːdbɔːd] **I** n Karton m, Pappe f; **II** attr Papp-; (fig) character stereotyp, klischeehaft, schablonenhaft; **cardboard box** n (Papp)karton m, Pappschachtel f; **card-carrying member** n eingetragenes Mitglied; **card game** n Kartenspiel nt.

cardiac ['kɑːdɪæk] adj Herz-. **~ arrest** Herzstillstand m.

cardigan ['kɑːdɪgən] n Strickjacke f.

cardinal ['kɑːdɪnl] **I** n 1. (Eccl) Kardinal m. 2. see **~ number**. **II** adj (chief) Haupt-; (utmost) äußerste(r, s) attr.

cardinal number n Kardinalzahl f; **cardinal points** npl Himmelsrichtungen pl;

cardinal red n Purpurrot nt; **cardinal sin** n Todsünde f; **cardinal virtue** n Kardinaltugend f.

card index n Kartei f; (in library) Katalog m.

cardio ['kɑːdɪəʊ] pref Kardio-. **~gram** Kardiogramm nt.

cardiologist [ˌkɑːdɪˈɒlɪdʒɪst] n Kardiologe m, Kardiologin f.

cardiology [ˌkɑːdɪˈɒlədʒɪ] n Kardiologie f.

card punch n Lochkartenmaschine f; **card reader** n Lesemaschine f; **card sharp(er)** n Falschspieler, m; **card table** n Spieltisch m; **card trick** n Kartenkunststück nt; **card vote** n (Brit) ≃ Abstimmung f durch Wahlmänner.

CARE [keəʳ] abbr of **Cooperative for American Relief Everywhere. ~ packet** Carepaket nt.

care [keəʳ] **I** n 1. (worry, anxiety) Sorge f (of um). **free from ~(s)** ohne Sorgen, frei von Sorge; **he hasn't a ~ in the world** er hat keinerlei Sorgen; **the ~s of the world** die Sorgen des Alltags; **the ~s of state** die Staatsgeschäfte pl.

2. (carefulness, attentiveness) Sorgfalt f. **driving without due ~ and attention** fahrlässiges Verhalten im Straßenverkehr; **to drive with due ~ and attention** sich umsichtig im Straßenverkehr verhalten; **"fragile, with ~", "handle with ~"** „Vorsicht, zerbrechlich"; **to take ~** aufpassen, achtgeben, vorsichtig sein; **bye-bye, take ~** tschüs, mach's gut; **it got broken despite all the ~ we took** es ist trotz aller Vorsicht or trotz sorgsamster Behandlung kaputtgegangen; **to take ~ to do sth/not to do sth** sich bemühen or sich (dat) Mühe geben, etw zu tun/etw nicht zu tun; **I'll take ~ not to trust him again** ich werde mich hüten, ihm noch einmal zu trauen; **to take ~ over or with sth/in doing sth** etw sorgfältig tun; **have a ~** (old: be careful) gib acht or Obacht! (old); (inf: be considerate) nun mach mal einen Punkt!

3. (of teeth, skin, car, furniture etc) Pflege f. **to take ~ of sth** auf etw (acc) aufpassen; of one's appearance, hair, car, furniture etw pflegen; (not treat roughly) car, furniture, health schonen; **to take ~ of oneself** sich um sich selbst kümmern; (as regards health) sich schonen, auf sich (acc) aufpassen; (as regards appearance) etwas für sich tun, sich pflegen.

4. (of old people, children) Versorgung, Fürsorge f. **medical ~ in this area is rather poor** die ärztliche Versorgung in diesem Gebiet ist ziemlich schlecht; **he needs medical ~** er muß ärztlich behandelt werden; **he is in the ~ of Dr Smith** er ist bei Dr. Smith in Behandlung; **to take ~ of sb** sich um jdn kümmern; of patients jdn versorgen; of one's family für jdn sorgen.

5. (protection, supervision) Obhut f. **~ of** (abbr c/o) bei; **in or under sb's ~** in jds (dat) Obhut; **to take a child into ~** ein Kind in Pflege nehmen; **to be taken into ~** in Pflege gegeben werden; **the children/valuables in my ~** die mir anvertrauten Kinder/Wertsachen; **to take ~ of sth** of valuables etc auf etw (acc) aufpassen; of plants, animals etc sich um etw kümmern.

6. to take ~ of sb/sth (*see to*) sich um jdn/etw kümmern; *of arrangements, affairs etc also* etw erledigen; **that takes ~ of him/it** er/das wäre abgehakt (*inf*), das wäre erledigt; **let me take ~ of that** lassen Sie mich das mal machen, überlassen Sie das mir; **that can take ~ of itself** das wird sich schon irgendwie geben; **let the housework take ~ of itself for a moment** nun laß doch mal einen Augenblick die Hausarbeit (sein).

7. (*caringness, concern*) (*of person*) Anteilnahme, Fürsorglichkeit *f*; (*of state, council*) Interesse *nt* am Mitmenschen. **if only she showed a little ~** wenn sie nur nicht so gleichgültig wäre; **the party has a genuine ~ for senior citizens** der Partei liegt das Wohl der älteren Mitbürger am Herzen.

II *vi* (*be concerned*) sich kümmern (*about* um). **a company that ~s about its staff** eine Firma, die sich um ihr Personal kümmert *or* für ihr Personal sorgt; **money is all he ~s about** er interessiert sich nur fürs Geld; **that's all he ~s about** alles andere ist ihm egal; **he ~s deeply about her/this** sie/das liegt ihm sehr am Herzen; **he doesn't ~ about her** sie ist ihm gleichgültig; **I didn't know you ~d** (*hum*) ich wußte gar nicht, daß ich dir was bedeute; **the party that ~s** die Partei, die sich um Ihr Wohl kümmert, die Partei mit Herz; **I wish you'd ~ a bit more** ich wünschte, das wäre dir nicht alles egal *or* gleichgültig; **I don't ~** das ist mir egal *or* gleichgültig; **as if I ~d** als ob mir das etwas ausmachen würde; **for all I ~** meinetwegen, von mir aus; **who ~s?** na und?, und wenn schon?; **he just doesn't ~** das ist ihm so egal.

III *vt* **1.** (*mind, be concerned*) **I don't ~ what people say** es ist mir egal *or* es kümmert mich nicht, was die Leute sagen; **don't you ~ that half the world is starving?** berührt es Sie überhaupt nicht, daß die halbe Welt hungert?; **what do I ~?** was geht mich das an?; **I don't ~ a rap** *or* **jot** (*inf*) das ist mir schnurz(egal) (*inf*); **I couldn't ~ less what people say** es ist mir doch völlig egal *or* gleich(gültig), was die Leute sagen; **you don't ~ what happens to me — but I do** — dir ist es ja egal, was mir passiert — nein, das ist mir überhaupt nicht egal; **I didn't think you ~d what I do** ich habe gedacht, das ist dir egal, was ich mache.

2. (*like*) **to ~ to do sth** etw gerne tun mögen *or* wollen; **would you ~ to take off your coat?** wollen *or* möchten Sie nicht (Ihren Mantel) ablegen?; **can I help you? — if you ~** to kann ich Ihnen helfen? — wenn Sie so freundlich wären; **I wouldn't ~ to meet him/try** ich würde keinen gesteigerten Wert darauf legen, ihn kennenzulernen/das zu probieren; **I don't ~ to believe him** ich bin nicht gewillt, ihm zu glauben; **but I don't ~ to** ich will aber nicht.

◆**care for** *vi* +prep obj **1.** (*look after*) sich kümmern um; *invalid also* versorgen; *hands, furniture etc* pflegen. **well ~d-~ person** gut versorgt; *hands, garden, hair, house* gepflegt; **the children are being ~d**

~ by their grandmother die Großmutter kümmert sich um die Kinder.

2. (*like*) **I don't ~ ~ that suggestion/picture/him** dieser Vorschlag/das Bild/er sagt mir nicht zu; **I don't ~ ~ your tone of voice** wie reden Sie denn mit mir?; **would you ~ ~ a cup of tea?** hätten Sie gerne eine Tasse Tee?; **~ ~ a drink?** wie wär's mit einem Drink?, etwas zu trinken?; **~ ~ another?** noch einen?; **I never have much ~d ~ his films** ich habe mir noch nie viel aus seinen Filmen gemacht; **yes, sir, what would you ~?** was hätte der Herr gern?; **but you know I do ~ ~ you** aber du weißt doch, daß du mir viel bedeutest .

career [kəˈrɪəʳ] **I** *n* Karriere *f*; (*profession, job*) Beruf *m*; (*working life*) Laufbahn *f*; (*life, development, progress*) Werdegang *m*. **~s officer** Berufsberater(in *f*) *m*; **~s guidance** Berufsberatung *f*; **to make a ~ for oneself** Karriere machen.

II *attr* Karriere-; *soldier, diplomat* Berufs-. **~ girl** *or* **woman** Karrierefrau *f*.

III *vi* rasen. **~ along** rasen.

careerist [kəˈrɪərɪst] *n* Karrierist(in *f*) *m*, Karrieremacher *m*.

carefree [ˈkɛəfriː] *adj* sorglos, unbekümmert; *song* heiter.

careful [ˈkɛəfʊl] *adj* sorgfältig; (*cautious, circumspect*) sorgsam, vorsichtig; (*with money etc*) sparsam. **~!** Vorsicht!, passen Sie auf!; **to be ~** aufpassen (*of use* +*acc*); **be ~ with** *or* **of the glasses** sei mit den Gläsern vorsichtig; **be ~ what you do** sieh dich vor, nimm dich in acht; **be ~ (that) they don't hear you** gib acht *or* sei vorsichtig, damit *or* daß sie dich nicht hören; **be ~ not to drop it** gib auf, daß du das nicht fallen läßt; **he is very ~ with his money** er hält sein Geld gut zusammen.

carefully [ˈkɛəfʊlɪ] *adv see adj.*

carefulness [ˈkɛəfʊlnɪs] *n see adj* Sorgfalt *f*; Sorgsamkeit, Vorsicht *f*; Sparsamkeit *f*.

careless [ˈkɛəlɪs] *adj* **1.** (*negligent, heedless*) *person, worker, work* nachlässig; *driver* unvorsichtig; *driving* leichtsinnig; *remark* gedankenlos. **~ mistake** Flüchtigkeitsfehler *m*; **to be ~ of one's health** nicht auf seine Gesundheit achten.

2. (*carefree*) sorglos, unbekümmert.

3. *dress, elegance* lässig.

carelessly [ˈkɛəlɪslɪ] *adv see adj.*

carelessness [ˈkɛəlɪsnɪs] *n see adj* **1.** Nachlässigkeit *f*; Unvorsicht(igkeit) *f*, Leichtsinn *m*; Gedankenlosigkeit *f*.

2. Sorglosigkeit, Unbekümmertheit *f*.

3. Lässigkeit *f*.

caress [kəˈres] **I** *n* Liebkosung, Zärtlichkeit *f usu pl*, Streicheln *nt no pl*. **II** *vt* streicheln, liebkosen.

caressing [kəˈresɪŋ] *adj* zärtlich, sanft.

caretaker [ˈkɛəˌteɪkəʳ] *n* Hausmeister *m*; **~ government** *n* geschäftsführende Regierung; **careworn** *adj* von Sorgen gezeichnet.

car fare *n* (*US*) Fahrpreis *m*; **car-ferry** *n* Autofähre *f*.

cargo [ˈkɑːgəʊ] *n, pl* **~(e)s** (Schiffs)fracht *or* -ladung *f*, Kargo *m* (*spec*). **~ boat** Frachter, Frachtdampfer *m*, Frachtschiff *nt*.

carhop ['kɑːhɒp] n (US) Bedienung f in einem Drive-in-Restaurant.

Caribbean [ˌkærɪ'biːən, (US) kæ'rɪbiːən] I adj karibisch. ~ **Sea** Karibisches Meer. II n Karibik f.

caricature ['kærɪkətjʊər] I n Karikatur f. II vt karikieren.

caricaturist [ˌkærɪkə'tjʊərɪst] n Karikaturist(in f) m.

caries ['kɛəriːz] n Karies f.

caring ['kɛərɪŋ] adj person, attitude warmherzig, mitfühlend, einfühlsam; parent, husband liebevoll; teacher engagiert; government, society sozial, mitmenschlich. **a child needs a ~ environment** ein Kind braucht Zuwendung.

carmine ['kɑːmaɪn] I adj karm(es)inrot. II n Karmesin- or Karmin(rot) nt.

carnage ['kɑːnɪdʒ] n Blutbad, Gemetzel nt.

carnal ['kɑːnl] adj fleischlich. **to have ~ knowledge of sb** mit jdm (Geschlechts)-verkehr haben.

carnation [kɑːˈneɪʃ ən] n Nelke f.

carnival ['kɑːnɪvəl] I n Volksfest nt; (based on religion) Karneval m. II attr Fest-; Karnevals-. ~ **procession** Fest-/Karnevalszug m.

carnivore ['kɑːnɪvɔːʳ] n, pl **carnivora** [kɑː'nɪvərə] (animal) Fleischfresser m; (plant) fleischfressende Pflanze.

carnivorous [kɑː'nɪvərəs] adj fleischfressend, karnivor.

carob ['kærəb] n Johannisbrotbaum m; (fruit) Johannisbrot nt.

carol ['kærəl] n Lied nt. **Christmas ~** Weihnachtslied nt.

carol singers npl ≃ Sternsinger pl; **carol singing** n Weihnachtssingen nt.

carom ['kærəm] (US) I n Karambolage f. II vi (Billiards) karambolieren; (rebound) abprallen.

carotid (artery) [kə'rɒtɪd('ɑːtərɪ)] n Halsschlagader, Karotide (spec) f.

carousel [ˌkæru:'sel] n see **car(r)ousel**.

carp¹ [kɑːp] n (fish) Karpfen m.

carp² vi etwas auszusetzen haben, nörgeln. **to ~ at sb/sth** an jdm/etw etwas auszusetzen haben.

carpal bone [kɑːpl'bəʊn] n Handwurzelknochen m.

car park n (open-air) Parkplatz m; (covered) Parkhaus nt; **car parking** n ~ **facilities are available** Parkplatz or Parkmöglichkeit(en) vorhanden.

Carpathians [kɑːˈpeɪθɪənz] npl (Geog) Karpaten pl.

carpenter ['kɑːpɪntəʳ] n Zimmermann m; (for furniture) Tischler m.

carpentry ['kɑːpɪntrɪ] n Zimmerhandwerk nt, (Bau)tischlerei f; (as hobby) Tischlern nt. **a piece of ~** eine Tischlerarbeit.

carpet ['kɑːpɪt] I n (lit, fig) Teppich m; (fitted ~) Teppichboden m. **the subject which is on the ~** das Thema, das zur Zeit diskutiert wird; **to have sb on the ~** (inf) jdn zur Minna machen (inf). II vt 1. floor (mit Teppichen/Teppichboden) auslegen. 2. (inf) zur Minna machen (inf).

carpet bag n Reisetasche f; **carpetbagger** n (US) (inf) politischer Abenteurer; (Hist) politischer Ämterjäger, der mit nichts als einer Reisetasche nach dem Sezessionskrieg in die besetzten Südstaaten kam; **carpet-beater** n Teppichklopfer m.

carpeting ['kɑːpɪtɪŋ] n Teppiche pl.

carpet sweeper n Teppichkehrmaschine f.

carping ['kɑːpɪŋ] I adj a ~ **old woman** eine alte Meckerziege (inf); **she grew weary of his ~ criticism** sie wurde sein ständiges Nörgeln leid. II n Nörgelei(en pl) f.

car pool ['kɑːpuːl] n Fahrgemeinschaft f; **carport** n Einstellplatz m.

carrel ['kærəl] n Arbeitsnische f, Arbeitsplatz m (in Bibliothek).

carriage ['kærɪdʒ] n 1. (horse-drawn vehicle) Kutsche f; (esp US: baby) Kinderwagen m. ~ **and pair** Zweispänner m. 2. (Brit Rail) Wagen m. 3. (Comm: conveyance) Beförderung f; (cost of ~ also) Beförderungskosten pl. ~ **forward** per Frachtnachnahme; ~ **free** gebührenfrei; ~ **paid** Gebühr bezahlt. 4. (Typ) Wagen m; (Mil: gun-~) Lafette f. 5. (of person: bearing) Haltung f.

carriageway ['kærɪdʒweɪ] n (Brit) Fahrbahn f.

car ride n Autofahrt f.

carrier ['kærɪəʳ] n 1. (goods haulier) Spediteur, Transportunternehmer m. 2. (of disease) Überträger m. 3. (aircraft ~) Flugzeugträger m; (troop ~) Transportflugzeug nt/-schiff nt. 4. (Chem) Träger(substanz f) m; (catalyst) Katalysator m. 5. (luggage rack) Gepäckträger m. 6. (Brit also ~ **bag**) Trag(e)tasche f. 7. (also ~ **pigeon**) Brieftaube f. **by ~ pigeon** mit der Taubenpost.

carrion ['kærɪən] n Aas nt. ~ **crow** Rabenkrähe f.

carrot ['kærət] n Mohrrübe, Karotte, Möhre f; (fig) Köder m. **to dangle a ~ before sb or in front of sb** jdm einen Köder unter die Nase halten; **the stick and the ~** Zuckerbrot und Peitsche.

carroty ['kærətɪ] adj hair kupferrot.

car(r)ousel [ˌkæru:'sel] n Karussell nt.

carry ['kærɪ] I vt 1. tragen; message (über)-bringen. 2. (vehicle: convey) befördern; goods also transportieren. **this coach carries 30 people** dieser Bus kann 30 Personen befördern; **a boat ~ing missiles to Cuba** ein Schiff mit Raketen für Kuba; **the boat was carried along by the wind** der Wind trieb das Boot dahin; **the wind carried the sound to him** der Wind trug das Geräusch zu ihm hin or an sein Ohr. 3. (have on person) documents, money bei sich haben or führen (form); gun, sword tragen. **to ~ sth about or around with one** etw mit sich herumtragen; **to ~ money on one** Geld bei sich haben; **to ~ the facts in one's head** die Fakten im Kopf haben; (remember) die Fakten (im Kopf) behalten; **the ship was ~ing too much sail** das Schiff hatte zu viele Segel gesetzt. 4. (fig) his voice carries conviction seine Stimme klingt überzeugend; **he carried his audience with him** er riß das Publikum mit; **to ~ interest** (Fin) Zinsen tragen or abwerfen; **this job carries extra pay/a lot**

of **responsibility** dieser Posten bringt eine höhere Bezahlung/viel Verantwortung mit sich; **the offence carries a penalty of £5** darauf steht eine Geldstrafe von £ 5; **to ~ a mortgage** mit einer Hypothek belastet sein.

5. (*bridge etc: support*) tragen, stützen. **he carries his drink well** er kann viel vertragen; **he can't ~ the responsibility** er ist der Verantwortung nicht gewachsen.

6. (*Comm*) *goods, stock* führen.

7. (*Tech: pipe*) *water, oil, electricity* führen; (*wire*) *sound* (weiter)leiten.

8. (*extend*) führen, (ver)legen. **they carried the pipes under the street** sie verlegten die Rohre unter der Straße; **to ~ sth too far** (*fig*) etw zu weit treiben; **they carried the war into the enemy's territory** sie trugen den Krieg in feindliches Gebiet; **this theme is carried through the whole book** dies Thema zieht sich durch das ganze Buch.

9. (*win*) einnehmen, erobern. **to ~ the day** siegreich sein, den Sieg davontragen; **to ~ all** *or* **everything before one** freie Bahn haben; (*hum: woman*) viel Holz vor der Tür haben (*inf*); **the motion was carried unanimously** der Antrag wurde einstimmig angenommen; **he carried his point** er ist mit diesem Punkt durchgekommen; **he carried all seven states** er hat die Wahl in allen sieben Ländern gewonnen.

10. he carries himself well/like a soldier er hat eine gute/soldatische Haltung; **he carries himself with dignity** er tritt würdig auf; **she carries her head very erect** sie trägt den Kopf sehr aufrecht.

11. (*Press*) *story* bringen.

12. (*be pregnant with*) erwarten. **to be ~ing a child** schwanger sein, ein Kind erwarten.

13. (*Math*) **... and ~ 2** ... übertrage *or* behalte 2, ... und 2 im Sinn (*inf*).

II *vi* **1.** (*voice, sound*) tragen. **the sound of the alphorn carried for miles** der Klang des Alphorns war meilenweit zu hören.

2. (*ball, arrow*) fliegen.

◆**carry away** *vt sep* **1.** (*lit*) (hin)wegtragen; (*torrent, flood*) (hin)wegspülen; (*whirlwind, tornado*) hinwegfegen.

2. (*fig*) **to get carried ~** es übertreiben; **to get carried ~ by sth** bei etw in Fahrt kommen; **to be carried ~ by one's feelings** sich (in seine Gefühle) hineinsteigern; **don't get carried ~ by your success** daß dir dein Erfolg nicht in den Kopf steigt!; **she got carried ~ by the atmosphere of excitement** sie wurde von der Aufregung angesteckt.

◆**carry back** *vt sep* (*fig*) *person* zurückversetzen (*to* in +*acc*).

◆**carry forward** *vt sep* (*Fin*) vortragen.

◆**carry off** *vt sep* **1.** (*seize, carry away*) wegtragen. **2.** (*win*) *prizes, medals* gewinnen. **3.** **to ~ it ~** es hinkriegen (*inf*). **4.** (*kill*) (hin)wegraffen (*geh*).

◆**carry on** **I** *vi* **1.** (*continue*) weitermachen; (*life*) weitergehen.

2. (*inf*) (*talk*) reden und reden; (*make a scene*) ein Theater machen (*inf*). **to ~ ~ about sth** sich über etw (*acc*) auslassen.

3. (*have an affair*) es haben (*inf*) (*with sb* mit jdm).

II *vt sep* **1.** (*continue*) *tradition, family business* fortführen.

2. (*conduct*) *conversation, correspondence, business* führen; *profession, trade* ausüben.

◆**carry out** *vt sep* **1.** (*lit*) heraustragen. **2.** (*fig*) *order, rules, job* ausführen; *promises, obligations* erfüllen; *plan, reform, search, experiment* durchführen; *threats* wahrmachen.

◆**carry over** *vt sep* **1.** (*Fin*) vortragen. **2.** (*to next meeting etc*) vertagen.

◆**carry through** *vt sep* **1.** (*carry out*) zu Ende führen. **2.** (*sustain*) überstehen lassen.

◆**carry up** *vt sep* hinauftragen, hochtragen.

carry-all [ˈkærɔːl] *n* (*US*) (Einkaufs-/Reise)tasche *f*; **carry-cot** *n* Säuglingstragetasche *f*.

carryings-on [ˈkærɪŋzˈɒn] *npl* (*inf*) übles Treiben (*inf*). **all these ~ next door** was die da nebenan alles so treiben (*inf*), was sich da nebenan alles so abspielt.

carry-on [ˈkærɪɒn] *n* (*inf*) Theater *nt* (*inf*); **carry-out** (*US, Scot*) *n* **1.** (*restaurant*) Imbißstube *f*/Restaurant *nt* für Außer-Haus-Verkauf; (*bar*) Schalter *m* für Außer-Haus-Verkauf; **2.** (*meal, drink*) Speisen *pl*/Getränke *pl* zum Mitnehmen; **carry-over** *n* Überbleibsel *nt*; (*Fin*) Saldovortrag, Übertrag *m*; (*Math*) Rest *m*.

carsick [ˈkɑːsɪk] *adj* **I used to get ~** früher wurde mir beim Autofahren immer übel *or* schlecht; **carsickness** *n* Übelkeit *f* beim Autofahren.

cart [kɑːt] **I** *n* Wagen, Karren *m*. **to put the ~ before the horse** (*prov*) das Pferd beim Schwanz aufzäumen (*prov*); **to be in the ~** (*inf*) in der Tinte sitzen (*inf*); **to land sb in the ~** (*inf*) jdm etwas einbrocken (*inf*). **II** *vt* (*fig inf*) mit sich schleppen.

◆**cart away** *or* **off** *vt sep* wegbringen.

cartage [ˈkɑːtɪdʒ] *n* (*act, cost*) Transport *m*.

carte blanche [ˈkɑːtˈblɑ̃ʃ] *n*, *no pl* Blankovollmacht *f*.

cartel [kɑːˈtel] *n* Kartell *nt*.

carter [ˈkɑːtəʳ] *n* Fuhrmann *m*.

Cartesian [kɑːˈtiːziən] **I** *adj* kartesianisch, kartesisch. **II** *n* Kartesianer *m*.

Carthage [ˈkɑːθɪdʒ] *n* Karthago *nt*.

Carthaginian [ˌkɑːθəˈdʒɪnɪən] **I** *adj* karthagisch. **II** *n* Karthager(in *f*) *m*.

carthorse [ˈkɑːthɔːs] *n* Zugpferd *nt*.

cartilage [ˈkɑːtɪlɪdʒ] *n* Knorpel *m*.

cartload [ˈkɑːtləʊd] *n* Wagenladung *f*.

cartographer [kɑːˈtɒgrəfəʳ] *n* Kartograph(in *f*) *m*.

cartographic(al) [ˌkɑːtəˈgræfɪk(əl)] *adj* kartographisch.

cartography [kɑːˈtɒgrəfɪ] *n* Kartographie *f*.

carton [ˈkɑːtən] *n* (Papp)karton *m*; (*of cigarettes*) Stange *f*; (*of milk*) Tüte *f*.

cartoon [kɑːˈtuːn] *n* **1.** (*in newspaper etc*) Karikatur *f*; (*strip ~*) Zeichengeschichte *f*, Comics *pl*. **2.** (*Film, TV*) (Zeichen)-trickfilm *m*. **Mickey Mouse ~** Mickymausfilm *m*. **3.** (*Art: sketch*) Karton *m*.

cartoonist [ˌkɑːˈtuːnɪst] *n* **1.** (*in newspaper*

etc) Karikaturist(in *f*) *m.* **2.** (*Film, TV*) Trickzeichner(in *f*) *m.*

cartouche [ˈkɑːtuːʃ] *n* Kartusche *f.*

cartridge [ˈkɑːtrɪdʒ] *n (for rifle, pen)* Patrone *f*; *(Phot, for tape recorder)* Kassette *f*; *(for record player)* Tonabnehmer *m.*

cartridge *in cpds* Patronen-; **cartridge belt** *n* Patronengurt *m*; **cartridge case** *n* Patronenhülse *f*; **cartridge clip** *n* Magazin *nt*; **cartridge paper** *n* Zeichenpapier *nt.*

cartwheel [ˈkɑːtwiːl] *n (lit)* Wagenrad *nt*; *(Sport)* Rad *nt.* **to turn** *or* **do** ~s radschlagen.

carve [kɑːv] **I** *vt* **1.** *(Art: cut) wood* schnitzen; *stone etc* (be)hauen. ~**d out of** *or* **in wood/marble** aus Holz geschnitzt/aus Marmor gehauen; **the sculptor was still carving the face** der Bildhauer schnitzte *or* (*in stone*) meißelte noch das Gesicht; **he** ~**d a notch on the piece of wood** er machte eine Kerbe in das Holz. **2.** *(Cook)* aufschneiden, tranchieren. **3.** *(fig)* **to** ~ **one's way through the crowd/jungle** sich *(dat)* einen Weg durch die Menge/den Dschungel bahnen.
II *vi (Cook)* tranchieren.
◆**carve out** *vt sep* **1.** *(in wood)* schnitzen; *(in stone)* meißeln. **2.** *(fig) piece of land* abtrennen. **3. to** ~ **~ a career for oneself** sich *(dat)* eine Karriere aufbauen.
◆**carve up** *vt sep* **1.** *meat,* (*inf: surgeon*) aufschneiden; *body* zerstückeln. **2.** *(fig) country* zerstückeln; *area of town etc* zerreißen. **3.** *(inf: with knife) person* (mit dem Messer) böse zurichten (*inf*). **to** ~ ~ **sb's face** jdm das Gesicht zerfetzen. **4.** *(sl: driver)* schneiden.

carver [ˈkɑːvəʳ] *n (knife)* Tranchiermesser *nt.* **a set of** ~s ein Tranchierbesteck *nt.*

carve-up [ˈkɑːvʌp] *n (inf) (of inheritance)* Verteilung *f*; *(of estate, country)* Zerstückelung *f.*

carving [ˈkɑːvɪŋ] *n (Art) (thing carved)* Skulptur *f*; *(in wood also)* Schnitzerei *f*; *(relief)* Relief *nt*; *(in wood)* Holzschnitt *m.* ~ **knife** Tranchiermesser *nt.*

carwash [ˈkɑːwɒʃ] *n (place)* Autowaschanlage, Waschstraße *f*; *(wash)* Autowäsche *f.*

casanova [ˌkæsəˈnəʊvə] *n (hum)* Casanova *m (inf).*

cascade [kæsˈkeɪd] **I** *n* Kaskade *f*; *(fig) (of lace etc)* Spitzen(besatz *m*; *(of sparks)* Regen *m.* **II** *vi (also* ~ **down)** *(onto* auf +*acc)* (in Kaskaden) herabfallen; *(sparks)* herabsprühen, herabregnen; *(hair)* wallend herabfallen; *(boxes etc)* herunterpurzeln (*inf*).

case¹ [keɪs] *n* **1.** *(situation)* Fall *m.* **if that's the** ~ wenn das der Fall ist; **if it is the** ~ **that you're right …** sollten Sie wirklich *or* tatsächlich recht haben …; **im Fall(e), daß** Sie tatsächlich recht haben …; **as is generally the** ~ wie das normalerweise der Fall ist; **such being the** ~ da das der Fall ist, da dem so ist (*geh*); **if it is a** ~ **of his not being informed** wenn er nicht benachrichtigt worden ist; **as the** ~ **may be** je nachdem. **2.** *(instance, police* ~, *Med etc)* Fall *m.* **in most** ~s meist(ens), in den meisten Fällen; **a typical** ~ **(of)** ein typischer Fall

(von); **it's a clear** ~ **of lying** das ist eindeutig gelogen; **in** ~ **falls;** (**just) in** ~ **für** alle Fälle; **in** ~ **of emergency** im Notfall *m*, bei Gefahr *f*; **in any** ~ sowieso; **in this/ that** ~ in dem Fall; **in no** ~ auf keinen Fall; **five** ~**s of smallpox/pneumonia** fünf Pockenfälle/Fälle von Lungenentzündung *f.*
3. *(Jur)* Fall *m.* **to win one's** ~ seinen Prozeß gewinnen; **the** ~ **for the defence/ prosecution** die Verteidigung/Anklage; **what's the** ~ **for the prosecution?** worauf stützt sich die Anklage?; **could we hear the** ~ **for the defence?** das Wort hat die Verteidigung; **the Keeler** ~ der Fall Keeler; **in the** ~ **Higgins v Schwarz** in der Sache Higgins gegen Schwarz; **to make out a good** ~ **for sth** überzeugende Argumente für etw liefern; **the** ~ **for/against the abolition of capital punishment** die Argumente für/gegen die Abschaffung der Todesstrafe; **you haven't got a** ~ das Belastungsmaterial reicht nicht für ein Verfahren; *(fig)* Sie haben keine Handhabe; **to have a good** ~ *(Jur)* gute Chancen haben durchzukommen; **you/they have a good** ~ es ist durchaus gerechtfertigt, was Sie/sie sagen; **there's a very good** ~ **for adopting this method** es spricht sehr viel dafür, diese Methode zu übernehmen; **to put one's** ~ seinen Fall darlegen; **to put the** ~ **for sth** etw vertreten; **the court decided that there was no** ~ **against him** das Gericht entschied, daß nichts gegen ihn vorlag; **that is my** ~ das war es, was ich sagen wollte. **4.** *(Gram)* Fall, Kasus *m.* **in the genitive** ~ im Genitiv. **5.** *(inf: person)* Witzbold *m*, Type *f (inf).* **he's a** ~ das ist vielleicht 'ne Type *(inf)*; **a hard** ~ ein schwieriger Fall.

case² [keɪs] *n* **1.** *(suit-)* Koffer *m*; *(crate, packing* ~**)** Kiste *f*; *(display* ~**)** Vitrine *f.*
2. *(box)* Schachtel *f*; *(for jewels)* Schatulle *f*, Kästchen *nt*; *(for spectacles)* Etui, Futteral *nt*; *(seed* ~**)** Hülse, Hülle *f*; *(for umbrella)* Hülle *f*; *(pillow* ~**)** Bezug *m*; *(for musical instrument)* Kasten *m*; *(of watch)* Gehäuse *nt.*
3. *(Typ)* (Setz)kasten *m*; *(of book)* Schuber *m.* **upper/lower** ~ groß/klein geschrieben.
II *vt (sl) bank, house* inspizieren. **to** ~ **the joint** *(sl)* den Laden ansehen *(sl).*

casebook [ˈkeɪsbʊk] *n (Med)* (Kranken-) fälle *pl*; *(in social work, Jur)* Fallsammlung *f*; **case-harden** *vt metal* verstählen, vereisenen; **case-hardened** *adj (fig)* abgebrüht *(inf)*; **case history** *n (Med)* Krankengeschichte *f*; *(Sociol, Psych)* Vorgeschichte *f.*

casement [ˈkeɪsmənt] *n (window)* Flügelfenster *nt*; *(frame)* Fensterflügel *m.*

casework [ˈkeɪswɜːk] *n (Sociol)* ≃ Sozialarbeit *f*; **caseworker** *n (Sociol)* ≃ Sozialarbeiter(in *f*) *m.*

cash [kæʃ] **I** *n* **1.** Bargeld *nt*; *(change also)* Kleingeld *nt.* ~ **in hand** Barbestand, Kassenbestand *m*; **to pay (in)** ~ bar bezahlen; **ready** ~ verfügbares Geld; **how much do you have in ready** ~**?** wieviel Geld haben Sie verfügbar?

2. (*immediate payment*) Barzahlung *f*; (*not credit*) Sofortzahlung *f*. ~ **down** Barzahlung *f*; Sofortzahlung *f*; **£25** ~ **down and the rest over ... £** 25 sofort (zu bezahlen), und der Rest über ...; **to pay** ~ (**down**) (in) bar/sofort bezahlen; ~ **with order** zahlbar bei Bestellung; ~ **on delivery** per Nachnahme.

3. (*money*) Geld *nt*. **to be short of** ~ knapp bei Kasse sein (*inf*); **I'm out of** ~ ich bin blank (*inf*), ich habe kein Geld.

II *vt cheque* einlösen.

◆**cash in I** *vt sep* einlösen. **II** *vi* **to** ~ ~ **on sth** aus etw Kapital schlagen; **we want to stop others** ~**ing** ~ (**on the act**) (*inf*) wir wollen verhindern, daß andere aus der Sache Kapital schlagen.

◆**cash up** *vi* (*Brit*) Kasse machen.

cash-and-carry [ˌkæʃəndˈkærɪ] **I** *adj* Cash-and-carry-; **II** *n* (*for retailers*) Cash and Carry, Abholmarkt *m*; (*for public*) Verbrauchermarkt *m*; **cash book** *n* Kassenbuch *nt*; **cash box** *n* (Geld)kassette *f*; **cash desk** *n* Kasse *f*, Kassentisch *m*; **cash discount** *n* Rabatt *m* bei Sofortzahlung; **cash dispenser** *n* Nachtschalter (einer Bank), Bankomat *m*.

cashew [kæˈʃuː] *n* (*tree*) Nierenbaum *m*; (*nut*) Cashewnuß *f*.

cashier[1] [kæˈʃɪəʳ] *n* Kassierer(in *f*) *m*.

cashier[2] *vt* (*Mil*) (unehrenhaft) entlassen.

cashless [ˈkæʃləs] *adj* bargeldlos.

cashmere [kæˈʃɪəʳ] *n* Kaschmir *m*. ~ **wool** Kaschmirwolle *f*.

cash offer *n* Bar(zahlungs)angebot *nt*; **cash office** *n* Kasse *f*; **cash payment** *n* Barzahlung *f*; **cash price** *n* Bar(zahlungs)preis *m*; **cash register** *n* Registrierkasse *f*.

casing [ˈkeɪsɪŋ] *n* (*Tech*) Gehäuse *nt*; (*of cylinder, tyre*) Mantel *m*; (*of sausage*) Haut *f*, Darm *m*.

casino [kəˈsiːnəʊ] *n*, *pl* ~**s** (Spiel)kasino *nt*.

cask [kɑːsk] *n* Faß *nt*.

casket [ˈkɑːskɪt] *n* Schatulle *f*; (*for cremated ashes*) Urne *f*; (*US: coffin*) Sarg *m*.

Caspian Sea [ˈkæspɪənˈsiː] *n* Kaspisches Meer, Kaspisee *m*.

Cassandra [kəˈsændrə] *n* (*Myth*) Kassandra *f*. **despite all the C~s** (*fig*) allen Kassandrarufen zum Trotz.

casserole [ˈkæsərəʊl] **I** *n* (*Cook*) Schmortopf *m*, Kasserolle *f*. **a lamb** ~, **a** ~ **of lamb** eine Lammkasserolle. **II** *vt* schmoren.

cassette [kæˈset] *n* Kassette *f*. ~ **deck** Kassettendeck *nt*; ~ **recorder** Kassettenrecorder *m*.

cassock [ˈkæsək] *n* Talar *m*, Soutane *f*.

cast [kɑːst] (*vb: pret, ptp* ~) **I** *n* **1.** (*of dice, net, line*) Wurf *m*.

2. (*mould*) (Guß)form *f*; (*object*) Abdruck *m*; (*in metal*) (Ab)guß *m*.

3. (*plaster* ~) Gipsverband *m*.

4. (*Theat*) Besetzung *f*. ~ (**in order of appearance**) Mitwirkende *pl* (in der Reihenfolge ihres Auftritts); **the** ~ **includes several famous actors** das Stück ist mit mehreren berühmten Schauspielern besetzt; **who's in the** ~? wer spielt mit?

5. the ~ **of sb's features** jds Gesichtsschnitt *m*; ~ **of mind** Gesinnung *f*; **he's a**

man of quite a different ~ er ist aus anderem Holz geschnitzt.

6. (*tinge*) Schimmer *m*.

7. (*of worm*) aufgeworfene Erde; (*of bird*) Gewölle *nt*.

8. (*Med: squint*) schielender Blick. **to have a** ~ **in one eye** auf einem Auge schielen.

II *vt* **1.** (*lit liter, fig: throw*) werfen; *anchor, net, fishing lines* auswerfen; *horoscope* erstellen. **to** ~ **one's vote** seine Stimme abgeben; **to** ~ **the blame on sb** jdm die Schuld geben, die Schuld auf jdn abwälzen; **to** ~ **a shadow** (*lit, fig*) einen Schatten werfen (*on* auf +*acc*).

2. (*shed*) **to** ~ **its skin** sich häuten; **to** ~ **a shoe** ein Hufeisen *nt* verlieren; **to** ~ **its feathers** (*form*) sich mausern; **to** ~ **its leaves** (*form*) die Blätter abwerfen; **to** ~ **its young** (*form*) (Junge) werfen.

3. (*Tech, Art*) gießen; *see* mould[1].

4. (*Theat*) *parts, play* besetzen; *parts also* verteilen. **he was well/badly** ~ die Rolle paßte gut/schlecht zu ihm; **he was** ~ **for the part of Hamlet** er sollte den Hamlet spielen; **I don't know why they** ~ **him as the villain** ich weiß nicht, warum sie ihm die Rolle des Schurken gegeben *or* zugeteilt haben.

III *vi* **1.** (*Fishing*) die Angel auswerfen.

2. (*Theat*) die Rollen verteilen, die Besetzung vornehmen.

◆**cast about** *or* **around for** *vi* +*prep obj* zu finden versuchen; *for new job etc also* sich umsehen nach.

◆**cast aside** *vt sep cares, prejudices, inhibitions, habits* ablegen; *old clothes etc* ausrangieren; *person* fallenlassen.

◆**cast away** *vt sep* wegwerfen. **to be** ~ ~ (*Naut*) gestrandet sein; **he was** ~ ~ **on a desert island** er wurde auf eine einsame Insel verschlagen.

◆**cast back I** *vi* (*fig*) **to** ~ ~ (**in one's mind**) im Geiste zurückdenken (*to* an +*acc*). **II** *vt sep* **to** ~ **one's thoughts** *or* **mind** ~ seine Gedanken zurückschweifen lassen (*to* in +*acc*).

◆**cast down** *vt sep eyes* niederschlagen; (*liter: throw down*) *weapons* hinwerfen. **to be** ~ ~ (*fig*) niedergeschlagen sein.

◆**cast off I** *vt sep* **1.** (*get rid of*) abwerfen; *friends* fallenlassen. **2.** *stitches* abketten. **3.** (*Naut*) losmachen. **II** *vi* **1.** (*Naut*) losmachen. **2.** (*in knitting*) abketteln.

◆**cast on** *vti sep* (*Knitting*) anschlagen.

◆**cast up** *vt sep* **1. to** ~ **one's eyes** ~ (**to the heavens**) seine Augen (zum Himmel) emporrichten.

2. (*wash up*) *flotsam, sailors* anspülen. **the wreckage was** ~ ~ **on the shore** die Wrackteile wurden ans Ufer gespült; ~ ~ **on the shores of life** im Leben gestrandet.

3. (*refer to*) *sb's misdemeanours etc* aufbringen. **to** ~ **sth** ~ (**at sb**) jdm etw vorhalten.

castanets [ˌkæstəˈnets] *npl* Kastagnetten *pl*.

castaway [ˈkɑːstəweɪ] *n* (*lit, fig*) Schiffbrüchige(r), Gestrandete(r) *f(m)*.

caste [kɑːst] **I** *n* Kaste *f*. **to lose** ~ an Rang verlieren, absteigen; **he lost** ~ **with** *or* **among his friends** er verlor in den Augen seiner Freunde an Ansehen.

II *adj attr mark, system* Kasten-. **a high/ low ~ family** eine Familie, die einer hohen/niedrigen Kaste angehört.

castellated ['kæstəleɪtɪd] *adj* mit (Türmen und) Zinnen.

caster ['kɑːstə'] *n see* castor.

castigate ['kæstɪgeɪt] *vt person (old: physically)* züchtigen; *(verbally)* geißeln.

castigation [ˌkæstɪ'geɪʃ ən] *n see vt* Züchtigung *f*; Geißelung *f*.

casting ['kɑːstɪŋ] *n* **1.** *(Fishing)* Auswerfen *nt*; *(Tech, Art: act, object)* (Ab)guß *m*; *(in plaster)* Abdruck, Abguß *m*. **2.** *(Theat)* Rollenverteilung, Besetzung *f*.

casting vote *n* ausschlaggebende Stimme.

cast iron I *n* Gußeisen *nt*. II *adj (~-iron)* **1.** *(lit)* gußeisern; **2.** *(fig)* will, *constitution* eisern; *case, alibi* hieb- und stichfest.

castle ['kɑːsl] I *n* **1.** Schloß *nt*; *(medieval fortress)* Burg *f*. **to build ~s in the air** *or* **in Spain** Luftschlösser bauen. **2.** *(Chess)* Turm *m*. II *vi (Chess)* rochieren.

castling ['kɑːslɪŋ] *n (Chess)* Rochade *f*.

cast-off ['kɑːst'ɒf] I *adj clothes* abgelegt *attr*. II *npl* ~s *(inf)* abgelegte Kleider; **she's one of his ~s** *(fig inf)* sie ist eine seiner ausrangierten Freundinnen *(inf)*.

castor ['kɑːstə'] *n* **1.** *(Brit: for sugar, salt etc)* Streuer *m*. **2.** *(wheel)* Rolle *f*, Rad *nt*.

castor oil *n* Rizinus(öl), Kastoröl *nt*; **castor sugar** *n (Brit)* Sandzucker *m*.

castrate [kæs'treɪt] *vt* kastrieren; *(fig) text* verstümmeln.

castration [kæs'treɪʃ ən] *n* Kastration *f*.

casual ['kæʒjʊl] I *adj* **1.** *(not planned)* zufällig; *acquaintance, glance* flüchtig. ~ **sex** Gelegenheitssex *m*; freie Liebe.

2. *(offhand, careless)* lässig; *attitude* gleichgültig; *remark* beiläufig; *(lacking emotion)* gleichgültig. **he was very ~ about it** das hat ihn kaltgelassen; **you shouldn't be so ~ about it** du solltest das nicht so leicht *or* auf die leichte Schulter nehmen; **he tried to sound ~** er tat so, als ob ihm das nichts ausmachen würde.

3. *(informal)* zwanglos; *discussion, chat also* ungezwungen; *clothes* leger. **a ~ shirt** ein Freizeithemd *nt*; ~ **wear** Freizeitkleidung *f*.

4. *(irregular) work, worker, labourer* Gelegenheits-.

II *n* **1.** ~s *pl (shoes)* Slipper *pl*.

2. *(~ worker)* Gelegenheitsarbeiter(in *f*) *m.* ~s Aushilfen *pl*.

casually ['kæʒjʊlɪ] *adv (without planning)* zufällig; *(without emotion)* ungerührt; *(incidentally, in an offhand manner)* beiläufig; *(without seriousness)* lässig; *(informally)* zwanglos; *dressed* leger.

casualness ['kæʒjʊlnɪs] *n (informality)* Zwanglosigkeit *f*; *(carelessness)* Lässigkeit *f*; *(lack of emotion)* Ungerührtheit, Schnodderigkeit *(inf) f*; *(offhand nature: of remark)* Beiläufigkeit *f*. **the ~ of his dress** seine legere Kleidung.

casualty ['kæʒjʊltɪ] *n* **1.** *(lit, fig)* Opfer *nt*; *(injured also)* Verletzte(r) *mf*; *(killed also)* Tote(r) *mf*. **were there many casualties?** gab es viele Opfer?; *(Mil)* gab es hohe Verluste? **2.** *(also ~ ward)* Unfallstation *f*.

casualty list *n* Verlustliste *f*; **casualty ward** *n* Unfallstation *f*.

cat [kæt] *n* **1.** Katze *f*; *(tiger etc)* (Raub)katze *f*. **the (big) ~s** die großen Katzen; **to let the ~ out of the bag** die Katze aus dem Sack lassen; **to wait for the ~ to jump, to wait to see which way the ~ jumps** (abwarten, um zu) sehen, wie der Hase läuft; **they fight like ~ and dog** die sind wie Hund und Katze; **to play a ~-and-mouse game with sb** mit jdm Katz und Maus spielen; **there isn't room to swing a ~ (in)** *(inf)* man kann sich nicht rühren(, so eng ist es); **a ~ may look at a king** *(prov)* es wird doch noch erlaubt sein zu gucken!; **it's enough to make a ~ laugh** da lachen ja die Hühner! *(inf)*; **to be like a ~ on hot bricks** wie auf glühenden Kohlen sitzen; **that's put the ~ among the pigeons!** da hast du *etc* aber was (Schönes) angerichtet!; **he thinks he's the ~'s whiskers** *(inf)* er hält sich für wer weiß was; **when the ~'s away the mice will play** *(Prov)* wenn die Katze aus dem Haus ist, tanzen die Mäuse *(Prov); see* bell.

2. *(inf: woman)* Katze *f*.

3. *(whip)* (neunschwänzige) Katze.

4. *(dated US sl)* Typ *m (inf)*.

5. *(inf: caterpillar tractor)* Raupe *f*.

cataclysm ['kætəklɪzəm] *n* Verheerung *f*; *(fig)* Umwälzung *f*.

cataclysmic [ˌkætə'klɪzmɪk] *adj* verheerend; *(fig)* umwälzend.

catacombs ['kætəkuːmz] *npl* Katakomben *pl*.

catalepsy ['kætəlepsɪ] *n* Katalepsie, Starrsucht *f*.

cataleptic [ˌkætə'leptɪk] *adj* kataleptisch.

catalogue, *(US)* **catalog** ['kætəlɒg] I *n* Katalog *m*. II *vt* katalogisieren.

catalysis [kə'tælɪsɪs] *n* Katalyse *f*.

catalyst ['kætəlɪst] *n (lit, fig)* Katalysator *m*.

catalytic [ˌkætə'lɪtɪk] *adj (lit, fig)* katalytisch.

catamaran [ˌkætəmə'ræn] *n* Katamaran *m*.

catapult ['kætəpʌlt] I *n (slingshot)* Schleuder *f*; *(Mil, Aviat)* Katapult *nt or m*. ~ **launching** *(Aviat)* Katapultstart *m*. II *vt* katapultieren. III *vi* katapultiert werden.

cataract ['kætərækt] *n* **1.** *(rapids)* Katarakt *m*. **2.** *(Med)* grauer Star.

catarrh [kə'tɑː'] *n* Katarrh *m*.

catastrophe [kə'tæstrəfɪ] *n* Katastrophe *f*. **to end in ~** verhängnisvoll *or* in einer Katastrophe enden; **to be the final ~ for sb** jdm schließlich zum Verhängnis werden.

catastrophic [ˌkætə'strɒfɪk] *adj* katastrophal; *event, decision, course also* verhängnisvoll.

catastrophically [ˌkætə'strɒfɪkəlɪ] *adv see adj.*

catatonia [ˌkætə'təʊnɪə] *n* Katatonie *f*.

catbird ['kætbɜːd] *n (US)* amerikanische Spottdrossel; **cat burglar** *n* Fassadenkletterer *m*; **catcall** *(Theat)* I *n* ~s Pfiffe und Buhrufe *pl*; II *vi* pfeifen.

catch [kætʃ] *(vb: pret, ptp* **caught**) I *n* **1.** *(of ball etc)* **to make a (good) ~** (gut) fangen; **good ~!** gut gefangen!; **it was a difficult ~** das war schwer zu fangen.

2. (*Fishing, Hunt*) Fang *m*; (*of trawler etc also*) Fischzug *m*. **he didn't get a ~** er hat nichts gefangen; **he's a good ~** (*fig inf*) er ist ein guter Fang; (*for marriage also*) er ist eine gute Partie.

3. (*children's game*) Fangen *nt*.

4. (*trick, snag*) Haken *m*. **there's a ~ in it somewhere!** die Sache hat irgendwo einen Haken; **~-22** Sackgasse *f*; **a ~-22 situation** eine Zwickmühle; **~ question** Fangfrage *f*.

5. (*device for fastening*) Verschluß *m*; (*hook*) Haken *m*; (*latch*) Riegel *m*.

6. (*break in voice*) Stocken *nt*. **with a ~ in one's voice** mit stockender Stimme.

7. (*fragment*) Bruchstück *nt*.

II *vt* **1.** *object* fangen; *batsman* durch Abfangen des Balls ausscheiden lassen.

2. *fish, mice* fangen; *thief, offender* fassen; *escaped animal* (ein)fangen; (*inf: manage to see*) erwischen (*inf*). **to ~ sb by the arm** jdn am Arm fassen; **to ~ sight/a glimpse of sb/sth** jdn/etw zu sehen kriegen (*inf*); **to ~ sb's attention/eye** jdn auf sich (*acc*) aufmerksam machen.

3. (*take by surprise*) erwischen, ertappen. **to ~ sb at sth** jdn bei etw erwischen; **you won't ~ me in that restaurant** (*inf*) in das Restaurant gehe ich garantiert *or* bestimmt nicht; (**you won't**) **~ me doing that again!** (*inf*) das mache ich bestimmt nicht wieder!; **aha, caught you** hab' ich dich doch erwischt (*inf*); (*with question*) ha ha, reingefallen (*inf*); **caught in the act** auf frischer Tat ertappt; (*sexually*) in flagranti erwischt; **we were caught in a storm** wir wurden von einem Unwetter überrascht; **to ~ sb on the wrong foot** *or* **off balance** (*fig*) jdn überrumpeln.

4. (*be in time for*) *train, bus* erreichen, kriegen (*inf*). **can I still ~ the post?** kommt der Brief noch mit?; **if you want to ~ the 4 o'clock post ...** wenn das mit der Vieruhrleerung mitsoll ...

5. (*become entangled*) hängenbleiben mit. **a nail caught her dress** ihr Kleid blieb an einem Nagel hängen; **I caught my finger in the car door** ich habe mir den Finger in der Wagentür eingeklemmt; **he caught his foot in the grating** er ist mit dem Fuß im Gitter hängengeblieben.

6. (*with stitches*) mit ein paar Stichen befestigen.

7. (*understand, hear*) mitkriegen (*inf*).

8. to ~ an illness sich (*dat*) eine Krankheit zuziehen *or* holen (*inf*); **he's always ~ing cold(s)** er erkältet sich leicht; **you'll ~ your death (of cold)!** du holst dir den Tod!

9. *mood, atmosphere etc* einfangen.

10. to ~ one's breath (*after exercise etc*) Luft holen, verschnaufen; **to ~ sb a blow** jdm einen Schlag versetzen; **the blow/ball caught him on the arm** der Schlag/Ball traf ihn am Arm; **you'll ~ it!** (*inf*) es setzt was! (*inf*), du kannst (aber) was erleben! (*inf*).

III *vi* **1.** (*with ball*) fangen.

2. (*fire*) brennen; (*wood etc*) Feuer fangen, brennen; (*Cook*) anbrennen.

3. (*get stuck*) klemmen, sich verklem-

men; (*get entangled*) hängenbleiben, sich verfangen. **her dress caught in the door** sie blieb mit ihrem Kleid in der Tür hängen.

◆**catch at** *vi* +*prep obj* (*grab for*) greifen nach; *opportunity* ergreifen.

◆**catch on** *vi* (*inf*) **1.** (*become popular*) ankommen. **2.** (*understand*) kapieren (*inf*).

◆**catch out** *vt sep* (*fig*) überführen; (*with trick question etc*) hereinlegen (*inf*); (*Sport*) abfangen. **I caught you ~ there!** du bist durchschaut; (*with trick question*) jetzt bist du aber reingefallen (*inf*); **to ~ sb ~ in a lie** jdn beim Lügen ertappen.

◆**catch up I** *vi* aufholen. **to ~ ~ on one's sleep** Schlaf nachholen; **to ~ ~ on** *or* **with one's work** Arbeit nachholen; **to ~ ~ with sb** (*running, in work etc*) jdn einholen; **hurry, they're ~ing ~!** beeil dich, sie holen auf!

II *vt sep* **1.** **to ~ sb ~** (*walking, working etc*) jdn einholen.

2. (*snatch up*) (vom Boden) hochheben; *hair* hochstecken. **she caught ~ her skirts** sie raffte *or* schürzte ihre Röcke.

3. to get caught ~ in sth (*entangled*) sich in etw (*dat*) verheddern *or* verfangen; *in traffic* in etw (*acc*) kommen; *in discussion* in etw (*acc*) verwickelt werden.

catchall [ˈkætʃɔːl] *n* (*US*) (*drawer etc*) Schublade *f* für Krimskrams (*inf*); (*phrase, clause etc*) allgemeine Bezeichnung/ Klausel/allgemeiner Rahmen *etc*; **catch-as-catch-can** *n* (*Sport*) Catch-as-catch-can *nt*.

catcher [ˈkætʃəʳ] *n* Fänger *m*. **he's a good ~** er ist gut im Fangen, er fängt gut.

catching [ˈkætʃɪŋ] *adj* (*Med, fig*) ansteckend.

catchment [ˈkætʃmənt] *n*: **~ area** Einzugsgebiet *nt*, Einzugsbereich *m*; **~ basin** Einzugsgebiet *nt*.

catchpenny [ˈkætʃpenɪ] *adj* publikumswirksam, zugkräftig; **catch phrase** *n* Schlagwort *nt*, Slogan *m*.

catchup [ˈkætʃəp] *n* (*US*) *see* **ketchup**.

catch weight *adj* (*Sport*) ohne Gewichtsklasse; **catch word** *n* Schlagwort *nt*.

catchy [ˈkætʃɪ] *adj* (*+er*) *tune* eingängig.

catechism [ˈkætɪkɪzəm] *n* (*instruction*) Katechese *f*; (*fig*) Verhör *nt*; (*book*) Katechismus *m*.

categorical [ˌkætɪˈgɒrɪkəl] *adj statement, denial* kategorisch. **he was quite ~ about it** er hat das mit Bestimmtheit gesagt; **~ imperative** kategorischer Imperativ.

categorically [ˌkætɪˈgɒrɪkəlɪ] *adv* kategorisch; *say* mit Bestimmtheit.

categorization [ˌkætɪgərəˈzeɪʃən] *n* Kategorisierung, Klassifizierung *f*.

categorize [ˈkætɪgəraɪz] *vt* kategorisieren, klassifizieren.

category [ˈkætɪgərɪ] *n* Kategorie, Klasse *f*.

cater [ˈkeɪtəʳ] *vi* (*provide food*) die Speisen und Getränke liefern. **who's ~ing at the wedding?** wer richtet die Hochzeit aus?

◆**cater for** *vi* +*prep obj* **1.** (*serve*) mit Speisen und Getränken versorgen; *coach party etc* (mit Speisen und Getränken) bedienen. **weddings and functions ~ed** — wir richten Hochzeiten und andere Veranstaltungen aus.

2. ausgerichtet *or* eingestellt sein auf

(+*acc*); (*also* **cater to**) *needs, tastes*
gerecht werden (+*dat*). **to ~ ~ all tastes**
für jeden (Geschmack) etwas zu bieten
haben; **this magazine ~s ~ all ages** diese
Zeitschrift hat jeder Altersgruppe etwas
zu bieten; **a town which ~s ~ children**
eine kinderfreundliche Stadt; **a dictionary
which ~s ~ the user** ein benutzerfreund-
liches Wörterbuch.
   3. (*expect, be prepared for*) **I hadn't
~ed ~ that** darauf bin/war ich nicht einge-
stellt.
cater-cornered [ˈkeɪtəˈkɔːnəd] *adj* (*US*)
diagonal.
caterer [ˈkeɪtərəʳ] *n* Lieferfirma *f* für
Speisen und Getränke; (*for parties etc*)
Lieferfirma, die Partys *etc* ausrichtet,
Stadtküche *f*; (*owner, manager*)
Gastronom(in *f*) *m*.
catering [ˈkeɪtərɪŋ] *n* Versorgung *f* mit
Speisen und Getränken (*for gen*); (*trade*)
Gastronomie *f*. **who's doing the ~?**
welche Firma richtet die Veranstaltung
aus?; ~ **trade** (Hotel- und) Gaststätten-
gewerbe *nt*.
caterpillar [ˈkætəpɪləʳ] *n* (*Zool*) Raupe *f*;
(*Tech*) Raupe(nkette), Gleiskette *f*; (*ve-
hicle*) Raupenfahrzeug *nt*.
caterpillar track *n* Raupenkette, Gleis-
kette *f*; **caterpillar tractor** *n* Raupen-
fahrzeug, Gleiskettenfahrzeug *nt*.
caterwaul [ˈkætəwɔːl] *vi* jaulen.
catgut [ˈkætɡʌt] Katgut *nt*.
catharsis [kəˈθɑːsɪs] *n* **1.** (*Med*) Darm-
reinigung, Darmentleerung *f*. **2.** (*Liter,
Philos*) Katharsis, Läuterung *f*.
cathartic [kəˈθɑːtɪk] **I** *adj* **1.** (*Med*) abführ-
end. **2.** (*Liter, Philos*) kathartisch. **II** *n*
(*Med*) Abführmittel *nt*.
cathedral [kəˈθiːdrəl] *n* Dom *m*; (*esp in
England, France, Spain*) Kathedrale *f*.
Catherine [ˈkæθərɪn] *n* Katharina *f*. **c~
wheel** Feuerrad *nt*.
catheter [ˈkæθɪtəʳ] *n* Katheter *m*.
cathode [ˈkæθəʊd] *n* Kathode *f*.
cathode ray *n* Kathodenstrahl *m*; **cath-
ode-ray tube** *n* Kathodenstrahlröhre *f*.
catholic [ˈkæθəlɪk] *adj* (*varied, all-
embracing*) vielseitig. **he's a man of very
~ tastes** er ist (ein) sehr vielseitig
interessiert(er Mensch).
Catholic I *adj* (*Eccl*) katholisch. **II** *n*
Katholik(in *f*) *m*.
Catholicism [kəˈθɒlɪsɪzəm] *n* Katholizis-
mus *m*.
catkin [ˈkætkɪn] *n* (*Bot*) Kätzchen *nt*; **cat-
lick** *n* (*inf*) Katzenwäsche *f*; **catlike** *adj*
katzenhaft, katzengleich; **cat litter** *n* Kat-
zenstreu *f*; **catmint** *n* Katzenminze *f*; **cat-
nap I** *n* **to have a ~** ein Nickerchen *nt*
machen (*inf*); **II** *vi* dösen; **catnip** *n* (*US*)
see **catmint**; **cat-o'-nine-tails** *n* neun-
schwänzige Katze; **cat's eye** *n* Kat-
zenauge *nt*, rückstrahlender Nagel *m*;
cat's paw *n* Handlanger *m*; **catsuit** *n*
einteiliger Hosenanzug.
catsup [ˈkætsəp] *n* (*US*) *see* **ketchup**.
cattail [ˈkætˌteɪl] *n* (*US*) Rohrkolben,
Kanonenputzer (*inf*) *m*.
cattle [ˈkætl] *npl* Rind(vieh) *nt*. **500 head of
~** 500 Rinder, 500 Stück Vieh; **"~ cross-
ing"** „Vorsicht Viehtrieb!"

cattle breeding *n* Rinderzucht *f*; **cattle
grid** *n* Weidenrost *m*, Viehtor *nt*; **cattle
man** *n* Rinderzüchter *m*; **cattle rustler** *n*
Viehdieb *m*; **cattle truck** *n* (*Aut*) Viehan-
hänger *m*; (*Rail*) Viehwagen *m*.
catty [ˈkætɪ] *adj* (*+er*) gehässig, boshaft.
catwalk [ˈkætwɔːk] *n* Steg *m*, Brücke *f*; (*for
models*) Laufsteg *m*.
caucus [ˈkɔːkəs] *n* (*committee*) Gremium
nt, Ausschuß *m*; (*US: meeting*) Sitzung *f*.
caudal [ˈkɔːdl] *adj* Schwanz-.
caught [kɔːt] *pret, ptp of* **catch**.
cauldron [ˈkɔːldrən] *n* großer Kessel;
(*witch's ~*) (Hexen)kessel *m*.
cauliflower [ˈkɒlɪflaʊəʳ] *n* Blumenkohl *m*.
~ **ear** Boxerohr *nt*.
caulk [kɔːk] *vt seams, joints* abdichten; (*on
ship*) kalfatern.
caulking [ˈkɔːkɪŋ] *n* Material *nt* zum
Abdichten; (*Naut*) Teer *m*.
causal [ˈkɔːzəl] *adj* kausal, ursächlich. ~
relationship Kausalzusammenhang *m*.
causality [kɔːˈzælɪtɪ] *n* Kausalität *f*.
causally [ˈkɔːzəlɪ] *adv* kausal, ursächlich.
these are two ~ connected events zwischen
den beiden Ereignissen besteht ein
Kausalzusammenhang.
causation [kɔːˈzeɪʃən] *n* Kausalität *f*; (*of
particular event*) Ursache *f*.
causative [ˈkɔːzətɪv] **I** *adj factor* verur-
sachend; (*Gram*) kausativ. **II** *n* (*Gram*)
Kausativ *nt*.
cause [kɔːz] **I** *n* **1.** Ursache *f* (*of* für). ~ **and
effect** Ursache und Wirkung; **what was the
~ of the fire?** wodurch ist das Feuer ent-
standen?
   2. (*reason*) Grund, Anlaß *m*. **she has no
~ to be angry** sie hat keinen Grund, sich
zu ärgern; **the ~ of his failure** der Grund
für sein Versagen; **with/without (good) ~**
mit (triftigem)/ohne (triftigen) Grund;
there's no ~ for alarm es besteht kein
Grund *or* Anlaß zur Aufregung; **you have
every ~ to be worried** du hast allen Anlaß
zur Sorge; **you have good ~ for complaint**
Sie haben allen Grund zur Klage, Sie be-
klagen sich zu Recht.
   3. (*purpose, ideal*) Sache *f*. **to make
common ~ with sb** mit jdm gemeinsame
Sache machen; **to work for** *or* **in a good ~**
sich für eine gute Sache einsetzen; **in the
~ of justice** im Namen der Gerechtigkeit;
it's all in a good ~ es ist für eine gute
Sache.
   4. (*Jur: action*) Fall *m*, Sache *f*.
   II *vt* verursachen. **to ~ grief to sb** jdm
Kummer machen; **to ~ sb to do sth**
(*form*) jdn veranlassen, etw zu tun.
causeway [ˈkɔːzweɪ] *n* Damm *m*.
caustic [ˈkɔːstɪk] *adj* (*Chem*) ätzend, kau-
stisch; (*fig*) ätzend; *remark* bissig. **he was
very ~ about the project** er äußerte sich
sehr bissig über das Projekt; ~ **soda** Ätz-
natron *nt*.
caustically [ˈkɔːstɪklɪ] *adv* in ätzendem *or*
bissigem Ton.
cauterization [ˌkɔːtəraɪˈzeɪʃən] *n* (*Med*)
Kaustik, Kauterisation *f*.
cauterize [ˈkɔːtəraɪz] *vt* (*Med*) kauteri-
sieren.
caution [ˈkɔːʃən] **I** *n* **1.** (*circumspection*)
Vorsicht, Umsicht *f*, Bedacht *m*. "~!"

,,Vorsicht!"; **to act with** ~ Vorsicht walten lassen.
2. (*warning*) Warnung *f*; (*official*) Verwarnung *f*.

II *vt* (*warn*) **to ~ sb** jdn warnen (*against* vor +*dat*); (*officially*) jdn verwarnen; **to ~ sb against doing sth** jdn davor warnen, etw zu tun.

cautionary [ˈkɔːʃənərɪ] *adj* belehrend; *sign* Warn-.

cautious [ˈkɔːʃəs] *adj* vorsichtig. **to play a ~ game** Vorsicht walten lassen.

cautiously [ˈkɔːʃəslɪ] *adv see adj*.

cautiousness [ˈkɔːʃəsnɪs] *n* Vorsicht *f*.

cavalcade [ˌkævəlˈkeɪd] *n* Kavalkade *f*.

cavalier [ˌkævəˈlɪər] **I** *n* (*horseman, knight*) Kavalier *m*. **C~** (*Hist*) Kavalier *m*. **II** *adj* **1.** (*Hist*) **the C~ resistance** der Widerstand der Kavaliere. **2.** (*offhand*) *person, nature* unbekümmert-keck; *disregard, overruling* unbekümmert, ungeniert, kaltlächelnd. **... he said in his ~ tone ...** sagte er leichthin.

cavalierly [ˌkævəˈlɪəlɪ] *adv* mit einer unbekümmerten Keckheit, kaltlächelnd; *say* leichthin.

cavalry [ˈkævəlrɪ] *n* Kavallerie, Reiterei *f*.

cavalryman [ˈkævlrɪmən] *n* Kavallerist *m*; **cavalry officer** *n* Kavallerieoffizier *m*.

cave [keɪv] **I** *n* Höhle *f*. **II** *vi* **to go caving** auf Höhlenexpedition(en) gehen.

◆**cave in** *vi* **1.** einstürzen. **2.** (*inf: surrender, yield*) nachgeben, kapitulieren.

caveat [ˈkævɪæt] *n* Vorbehalt *m*. **to enter or file a ~** (*Jur*) Einspruch einlegen.

cave-dweller [ˈkeɪvˌdwelər] *n* Höhlenbewohner *m*; **cave-in** *n* Einsturz *m*; (*place*) Einsturzstelle *f*; **caveman** *n* Höhlenmensch *m*; (*fig*) Urmensch *m*; **caveman instincts** *npl* Urinstinkte *pl*; **cave painting** *n* Höhlenmalerei *f*.

cavern [ˈkævən] *n* Höhle *f*.

cavernous [ˈkævənəs] *adj* **1.** *cellar, pit, darkness* tief; *hole* gähnend; *eyes* tiefliegend; *cheeks* eingefallen, hohl; *voice* hohl(tönend); *yawn* herzhaft, breit. **2.** *mountain etc* höhlenreich.

caviar(e) [ˈkævɪɑːr] *n* Kaviar *m*.

cavil [ˈkævɪl] *vi* kritteln. **to ~ at sth** an etw (*dat*) herumkritteln.

cavity [ˈkævɪtɪ] *n* Hohlraum *m*, Höhlung *f*; (*in tooth*) Loch *nt*. **nasal/chest ~** (*Anat*) Nasen-/Brusthöhle *f*; **~ wall** Hohlwand *f*; **~ wall insulation** Schaumisolierung *f*.

cavort [kəˈvɔːt] *vi* tollen, toben. **to ~ along** *or* **about** herumtollen *or* -toben.

cavy [ˈkeɪvɪ] *n* Meerschweinchen *nt*.

caw [kɔː] **I** *vi* krächzen. **II** *n* (heiserer) Schrei.

cay [keɪ] *n* (kleine) Insel, Koralleninsel *f*.

cayenne pepper [ˈkeɪenˈpepər] *n* Cayennepfeffer *m*.

CB *abbr of* **Citizen Band** CB *nt*.

CBI (*Brit*) *abbr of* **Confederation of British Industry** ≃ BDI.

CBS *abbr of* **Columbia Broadcasting System** CBS.

cc *abbr of* **cubic centimetre** cc, cm³.

cease [siːs] **I** *vi* enden, aufhören; (*noise, shouting etc*) verstummen. **without ceasing** ohne Pause, unaufhörlich; **to ~ from doing sth** (*form*) von etw ablassen (*geh*).

II *vt* beenden; *fire, payments, production* einstellen. **to ~ doing sth** aufhören, etw zu tun; **to ~ to exist** aufhören zu bestehen; **~ fire!** Feuer halt!

ceasefire [ˈsiːsˈfaɪər] *n* Feuerpause *f*; (*longer*) Waffenruhe *f*, Einstellung *f* der Kampfhandlungen. **to give** *or* **sound the ~** den Befehl zur Feuereinstellung geben.

ceaseless [ˈsiːslɪs] *adj* endlos, unaufhörlich; (*relentless*) *vigilance* unablässig.

ceaselessly [ˈsiːslɪslɪ] *adv see adj*.

cedar [ˈsiːdər] *n* **1.** (*tree*) Zeder *f*. **2.** (*also ~ wood*) Zedernholz *nt*. **~ of Lebanon** Libanonzeder *f*.

cede [siːd] *vt territory* abtreten (*to* an +*acc*). **to ~ a point in an argument** in einem Punkt *or* in einer Sache nachgeben.

cedilla [sɪˈdɪlə] *n* Cedille *f*.

ceiling [ˈsiːlɪŋ] *n* **1.** (*Zimmer*)decke *f*; **2.** (*Aviat*) (*cloud~*) Wolkenhöhe *f*; (*aircraft's ~*) Gipfelhöhe *f*. **3.** (*fig: upper limit*) ober(st)e Grenze, Höchstgrenze *f*. **price ~** oberste Preisgrenze; **to put a ~ on sth** etw nach oben begrenzen.

celebrate [ˈselɪbreɪt] **I** *vt* **1.** feiern. **2.** (*extol*) *sb's name, deeds* feiern. **3.** *mass, ritual* zelebrieren; *communion* feiern. **II** *vi* feiern.

celebrated [ˈselɪbreɪtɪd] *adj* gefeiert (*for* wegen), berühmt (*for* für).

celebration [ˌselɪˈbreɪʃən] *n* **1.** (*party, festival*) Feier *f*; (*act of celebrating*) Feiern *nt*. **during the centenary ~s** während des Hundertjahrfeier(n); **in ~ of** zur Feier (+*gen*).
2. (*praise*) Verherrlichung *f*.
3. (*of mass, ritual*) Zelebration *f*; (*of communion*) Feier *f*.

celebrity [sɪˈlebrɪtɪ] *n* Berühmtheit *f*; (*person also*) berühmte Persönlichkeit.

celeriac [səˈlerɪæk] *n* (Knollen)sellerie *f*.

celerity [sɪˈlerɪtɪ] *n* (*form*) Geschwindigkeit *f*.

celery [ˈselərɪ] *n* Stangensellerie *m or f*. **three stalks of ~** drei Stangen Sellerie.

celestial [sɪˈlestɪəl] *adj* (*heavenly*) himmlisch; (*Astron*) Himmels-.

celibacy [ˈselɪbəsɪ] *n* Zölibat *nt or m*; (*fig*) Enthaltsamkeit *f*.

celibate [ˈselɪbɪt] **I** *adj* (*Rel*) keusch, zölibatär (*spec*); (*fig*) enthaltsam. **II** *n* **to be a ~** im Zölibat leben.

cell [sel] *n* (*all meanings*) Zelle *f*. **~ wall** Zellwand *f*.

cellar [ˈselər] *n* Keller *m*. **he keeps an excellent ~** er hat einen ausgezeichneten Weinkeller.

cellarage [ˈselərɪdʒ] *n* (*cellar space*) Kellerfläche *f*; (*storage cost*) Lagerkosten *pl*.

cellist [ˈtʃelɪst] *n* Cellist(in *f*) *m*.

cello, 'cello [ˈtʃeləʊ] *n, pl* **~s** Cello *nt*.

cellophane ® [ˈseləfeɪn] *n* Cellophan ® *nt*.

cellular [ˈseljʊlər] *adj* **1.** zellular, Zellular-, Zell-. **~ therapy** Frischzellentherapie *f*. **2.** (*of textiles*) aus porösem Material.

celluloid [ˈseljʊlɔɪd] *n* Zelluloid *nt*. **~ heroes** Zelluloidhelden *pl*; **on the ~** auf der Leinwand.

cellulose [ˈseljʊləʊs] **I** *n* Zellulose *f*, Zellstoff *m*. **II** *adj* Zellulose-.

Celsius [ˈselsɪəs] *adj* Celsius. **30 degrees ~** 30°C (*spoken*: 30 Grad Celsius).

Celt [kelt, selt] n Kelte m, Keltin f.
Celtic ['keltɪk, 'seltɪk] **I** adj keltisch. **II** n (language) Keltisch nt.
cement [sə'ment] **I** n **1.** (Build) Zement m; (inf: concrete) Beton m. ~ **mixer** Betonmischmaschine f.
 2. (glue) Leim, Klebstoff m; (for holes etc, fig) Kitt m.
 3. (of tooth) (Zahn)zement m.
 II vt (Build) zementieren; (glue) leimen; kitten; (fig) zementieren.
cemetery ['semɪtrɪ] n Friedhof m.
cenotaph ['senətɑːf] n Mahnmal, Ehrenmal nt, Kenotaph m.
censer ['sensə^r] n (Eccl) Rauchfaß nt.
censor ['sensə^r] **I** n Zensor m. **II** vt zensieren; (remove) chapter herausnehmen.
censorious [sen'sɔːrɪəs] adj remark, glance strafend. **he was very** ~ **of the new policy** er kritisierte die neue Politik scharf.
censorship ['sensəʃɪp] n Zensur f. ~ **of the press** Pressezensur f.
censure ['senʃə^r] **I** vt tadeln. **they** ~d **him for being lazy** sie tadelten ihn wegen seiner Faulheit. **II** n Tadel m. **vote of** ~ Tadelsantrag m.
census ['sensəs] n Zensus m, Volkszählung f; (Bibl) Schätzung f; (traffic ~) Verkehrszählung f. **to take a** ~ **(of the population)** eine Volkszählung durchführen.
cent [sent] n Cent m. **I haven't a** ~ (US) ich habe keinenPfennig.
centaur ['sentɔː^r] n Zentaur m.
centenarian [sentɪ'neərɪən] **I** adj hundertjährig. **II** n Hundertjährige(r) mf.
centenary [sen'tiːnərɪ] n (anniversary) hundertster Jahrestag; (birthday) hundertster Geburtstag; (100 years) Jahrhundert nt. ~ **celebrations** Hundertjahrfeier f.
centennial [sen'tenɪəl] **I** adj hundertjährig, hundertjährlich. **II** n (esp US) Hundertjahr- or Zentenarfeier (geh) f.
center n (US) see **centre.**
centesimal [sen'tesɪməl] adj zentesimal, hundertteilig. **a** ~ **part** ein Hundertstel.
centigrade ['sentɪgreɪd] adj Celsius-. **one degree** ~ ein Grad Celsius.
centigramme, (US) **centigram** ['sentɪgræm] n Zentigramm nt.
centimetre, (US) **centimeter** ['sentɪˌmiːtə^r] n Zentimeter m or nt.
centipede ['sentɪpiːd] n Tausendfüßler, Hundertfüßler (form) m.
central ['sentrəl] **I** adj **1.** zentral, Zentral-; (main, chief) Haupt-. ~ **station** Hauptbahnhof m; ~ **government** Zentralregierung f; **the** ~ **area of the city** das Innenstadtgebiet; **our house is very** ~ unser Haus liegt sehr zentral.
 2. (fig) wesentlich; importance, figure zentral. **to be** ~ **to sth** das Wesentliche an etw (dat) sein.
 II n (US: exchange, operator) (Telefon)-zentrale f, Fernamt nt.
Central America n Mittelamerika nt; **Central American I** adj mittelamerikanisch; **II** n Mittelamerikaner(in f) m; **Central Europe** n Mitteleuropa nt; **Central European I** adj mitteleuropäisch; **II** n Mitteleuropäer(in f) m; **central heating** n Zentralheizung f.

centralization [ˌsentrəlaɪ'zeɪʃən] n Zentralisierung f.
centralize ['sentrəlaɪz] vt zentralisieren.
centrally ['sentrəlɪ] adv zentral.
central nervous system n Zentralnervensystem nt; **central reservation** n Mittelstreifen m; Grünstreifen m.
centre, (US) **center** ['sentə^r] **I** n **1.** (chief place) Zentrum nt.
 2. (middle) Mitte f; (of circle) Mittelpunkt m; (town ~) Stadtmitte f; (city ~) Zentrum nt, City f. ~ **of gravity** Schwerpunkt m; ~ **of attraction** Hauptattraktion f; (person) Mittelpunkt m der Aufmerksamkeit; **she always wants to be the** ~ **of attraction** sie will immer im Mittelpunkt stehen; **left of** ~ (Pol) links der Mitte; **the** ~ **of the field** (Sport) das Mittelfeld; **a politician of the** ~ ein Politiker der Mitte.
 3. (community ~, sports ~, shopping ~) Zentrum, Center nt.
 4. (Rugby) mittlerer Dreiviertelspieler; (Basketball, Netball) Center m.
 II vt **1.** (put in the middle) zentrieren.
 2. (concentrate) konzentrieren.
 3. (Sport) ball zur Mitte (ab)spielen.
◆**centre up** vt sep zentrieren.
◆**centre (up)on** vi +prep obj (thoughts, problem, talk etc) kreisen um.
centre-bit ['sentəˌbɪt] n (Tech) Zentrumbohrer m; **centre-fold** n Ausklapper m; **centre-forward** n (Sport) Mittelstürmer m; **centre-half** n (Sport) Stopper m; **centre-piece** n Tafelaufsatz m; **centre-three-quarter** n (Rugby) mittlerer Dreiviertelspieler.
centrifugal [ˌsentrɪ'fjuːɡəl] adj zentrifugal. ~ **force** Zentrifugal- or Fliehkraft f.
centrifuge ['sentrɪfjuːʒ] n (Tech) Zentrifuge, Schleuder f.
centripetal [ˌsentrɪ'piːtl] adj zentripetal. ~ **force** Zentripetalkraft f.
centuries-old ['sentʃʊrɪzˌəʊld] adj jahrhundertealt.
centurion [sen'tjʊərɪən] n Zenturio m.
century ['sentʃʊrɪ] n **1.** Jahrhundert nt. **in the twentieth** ~ im zwanzigsten (geschrieben: 20.) Jahrhundert.
 2. (Cricket) Hundert f.
cephalic [sɪ'fælɪk] adj (form) Schädel-.
ceramic [sɪ'ræmɪk] **I** adj keramisch. **II** n Keramik f.
ceramics [sɪ'ræmɪks] n **1.** sing (art) Keramik f. **2.** pl (articles) Keramik(en pl) f, Keramikwaren pl.
cereal ['sɪərɪəl] n **1.** (crop) Getreide nt. ~ **crop** Getreideernte f; **maize, rye and other** ~s Mais, Roggen und andere Getreidearten. **2.** (food) Getreideflocken pl. **a new** ~ ein neues Getreideprodukt.
cerebellum [ˌserɪ'beləm] n Kleinhirn nt.
cerebral ['serɪbrəl] adj (Physiol) zerebral; (intellectual) geistig; person durchgeistigt, vergeistigt. ~ **death** Hirntod m.
cerebration [ˌserɪ'breɪʃən] n (usu hum) Reflexion f.
cerebrum ['serəbrəm] n Großhirn nt.
ceremonial [ˌserɪ'məʊnɪəl] **I** adj zeremoniell. **II** n Zeremoniell nt.
ceremonially [ˌserɪ'məʊnɪəlɪ] adv feierlich, zeremoniell.
ceremonious [ˌserɪ'məʊnɪəs] adj förmlich.

ceremoniously [ˌserɪˈməʊnɪəslɪ] *adv* mit großem Zeremoniell.

ceremony [ˈserɪmənɪ] *n* **1.** (*event etc*) Zeremonie, Feier(lichkeiten *pl*) *f.* **2.** (*formality*) Förmlichkeit(en *pl*) *f.* **to stand on** ~ förmlich sein.

cerium [ˈsɪərɪəm] *n* (*abbr* **Ce**) Zer *nt.*

cert¹ [sɜːt] *abbr of* **certificate.**

cert² *n* (*sl*) **a** (**dead**) ~ eine todsichere Sache (*inf*); **it's a dead** ~ **he'll be coming** er kommt todsicher (*inf*).

certain [ˈsɜːtən] *adj* **1.** (*positive, convinced*) sicher; (*inevitable, guaranteed*) bestimmt, gewiß. **are you** ~ **of** *or* **about that?** sind Sie sich (*dat*) dessen sicher?; **is he** ~? weiß er das genau?; **can we be** ~ **of his support?** können wir mit seiner Unterstützung rechnen?; **for** ~ ganz sicher, ganz genau; **he is** ~ **to come** er wird ganz bestimmt *or* gewiß kommen; **to make** ~ **of sth** (*check*) sich einer Sache (*gen*) vergewissern, etw nachprüfen; (*ensure*) für etw sorgen; **to make** ~ **of a seat** sich (*dat*) einen Platz sichern; **will you please make** ~? vergewissern Sie sich bitte noch einmal; **be** ~ **to tell him** vergessen Sie bitte nicht, ihm das zu sagen; **that was** ~ **to happen** das mußte ja so kommen.
  2. (*attr: not named or specified*) gewiß; *reason, conditions* bestimmt. **a** ~ **gentleman** ein gewisser Herr; **to a** ~ **extent** zu einem bestimmten Grade.

certainly [ˈsɜːtənlɪ] *adv* (*admittedly*) sicher-(lich); (*positively, without doubt*) bestimmt. ~ **not!** ganz bestimmt nicht, auf keinen Fall!; **I** ~ **will not!** ich denke nicht daran!; ~! sicher, gewiß!

certainty [ˈsɜːtəntɪ] *n* **1.** (*sure fact*) Gewißheit *f.* **to know for a** ~ **that ...** mit Sicherheit wissen, daß ...; **he was faced with the** ~ **of defeat** er sah seiner sicheren Niederlage entgegen; **his success is a** ~ er wird mit Sicherheit Erfolg haben, sein Erfolg ist gewiß; **the ultimate** ~ **of death** die letztliche Gewißheit des Todes; **will it happen?** — **yes, it's a** ~ wird das passieren? — ja, mit Sicherheit; **it's a** ~ **that ...** es ist absolut sicher, daß ...
  2. *no pl* (*conviction*) Gewißheit *f.*

Cert Ed (*Brit*) *abbr of* **Certificate of Education** Abschluß *m* der Pädagogischen Hochschule.

certifiable [ˌsɜːtɪˈfaɪəbl] *adj* **1.** *fact, claim* nachweisbar. **2.** (*Psych*) unzurechnungsfähig; (*inf: mad*) nicht zurechnungsfähig.

certificate [səˈtɪfɪkɪt] *n* Bescheinigung *f*, Nachweis *m*; (*of qualifications*) Zeugnis *nt*, Urkunde *f*; (*of health*) Zeugnis *nt*; (*marriage* ~) Trauschein *m*; (*of baptism*) Taufschein *m*; (*share* ~) Zertifikat *nt*; (*Film*) Freigabe *f.*

certify [ˈsɜːtɪfaɪ] **I** *vt* **1.** bescheinigen, bestätigen; (*Jur*) beglaubigen. **this is to** ~ **that ...** hiermit wird bescheinigt *or* bestätigt, daß ...; **certified as a true copy** beglaubigte Abschrift; **certified cheque** gedeckter Scheck; **certified mail** (*US*) Einschreiben *nt*; **certified milk** (*US*) Vorzugsmilch *f*; **certified public accountant** (*US*) geprüfter Buchhalter.
  2. (*Psych*) für unzurechnungsfähig erklären; (*put in asylum*) in eine Anstalt

einweisen. **the doctor certified him insane** der Arzt erklärte ihn für geistig nicht zurechnungsfähig; **he should be certified** (*inf*) der ist doch nicht ganz zurechnungsfähig.
  II *vi* ~ **to sb/sth** sich für jdn/etw verbürgen.

certitude [ˈsɜːtɪtjuːd] *n* Gewißheit *f.*

cervical [ˈsɜːvɪkəl] *adj* zervikal (*spec*). ~ **cancer** Gebärmutterhalskrebs *m*; ~ **smear** Abstrich *m.*

cervix [ˈsɜːvɪks] *n* Gebärmutterhals *m.*

cessation [seˈseɪʃən] *n* Ende *nt*; (*of hostilities*) Einstellung *f.* **the** ~ **of the heartbeat** Herzstillstand *m.*

cession [ˈseʃən] *n* Abtretung *f.* ~ **of lands/territories** Gebietsabtretung(en *pl*) *f.*

cesspit [ˈsespɪt] *n see* **cesspool 1.**

cesspool [ˈsespuːl] *n* **1.** Senk- *or* Jauchegrube, Latrine *f.* **2.** (*fig*) Sumpf *m.* **a** ~ **of vice** ein Sündenpfuhl *m.*

CET *abbr of* **Central European Time** MEZ.

cetacean [sɪˈteɪʃɪən] **I** *n* Wal *m.* **II** *adj* Wal(fisch)-.

Ceylon [sɪˈlɒn] *n* Ceylon *nt.*

Ceylonese [ˌsiːlɒˈniːz] **I** *adj* ceylonesisch.
  II *n* Ceylonese *m*, Ceylonesin *f.*

cf *abbr of* **confer** vgl.

c/f *abbr of* **carry forward.**

ch, chap *abbr of* **chapter** Kap.

cha-cha [ˈtʃɑːtʃɑː] **I** *n* Cha-Cha-Cha *m.*
  II *vi* Cha-Cha-Cha tanzen.

chafe [tʃeɪf] **I** *vt* **1.** (*rub, abrade*) (auf-)scheuern, wundscheuern. **the rope was** ~**d** das Seil war durchgescheuert.
  2. (*fig*) aufregen, nervös machen.
  II *vi* **1.** (*rub*) sich auf- *or* wundscheuern; (*cause soreness*) scheuern. **her skin** ~**s easily** ihre Haut wird leicht wund; **the rope was chafing against the railings** das Seil scheuerte an der Reling.
  2. (*fig*) sich ärgern, wütend werden (*at, against* über +*acc*).
  III *n* wundgescheuerte Stelle.

chaff¹ [tʃɑːf] *n* **1.** (*husks of grain*) Spreu *f*; *see* **wheat. 2.** (*straw*) Häcksel *m or nt.*

chaff² **I** *n* (*banter: also* ~**ing**) Scherze *pl.*
  II *vt* aufziehen (*about* mit).

chaffinch [ˈtʃæfɪntʃ] *n* Buchfink *m.*

chagrin [ˈʃæɡrɪn] **I** *n* Ärger, Verdruß (*geh*) *m.* **II** *vt* verdrießen (*geh*).

chain [tʃeɪn] **I** *n* **1.** Kette *f.* ~**s** (*lit, fig: fetters*) Ketten, Fesseln *pl*; (*Aut*) (Schnee)ketten *pl*; ~ **of office** Amtskette *f*; **in** ~**s** in Ketten.
  2. (*of mountains*) (Berg)kette, (Gebirgs)kette *f*; (*of atoms etc*) Kette *f.* ~ **of shops** Ladenkette *f*; ~ **of ideas** Gedankenkette *f*; ~ **of events** Kette von Ereignissen.
  3. (*measure of length*) Meßkette *f.*
  II *vt* (*lit, fig*) anketten, festketten; *dog* an die Kette legen, anketten. **to** ~ **sb/sth to sth** jdn/etw an etw (*acc*) ketten.
  ◆**chain up** *vt sep prisoner* in Ketten legen; *dog* an die Kette legen, anketten.

chain *in cpds* Ketten-; **chain drive** *n* Kettenantrieb *m*; **chain gang** *n* Sträflingskolonne *f*; **chain letter** *n* Kettenbrief *m*; **chain mail** *n* Kettenhemd *nt*; **chain reaction** *n* Kettenreaktion *f*; **chainsaw** *n*

Kettensäge f; **chain-smoke** vi eine (Zigarette) nach der anderen rauchen, kettenrauchen *infin only*; **chain-smoker** n Kettenraucher(in f) m; **chain stitch** n (Sew) Kettenstich m; **chain store** n Kettenladen m.

chair [t∫ɛəʳ] I n 1. (seat) Stuhl m; (arm~) Sessel m; (sedan ~) Sänfte f. **please take a ~** bitte nehmen Sie Platz!
  2. (in committees etc) Vorsitz m. **to be in/take the ~** den Vorsitz führen; **to address the ~** sich an den Vorsitzenden/ die Vorsitzende wenden; **all questions through the ~, please** bitte alle Fragen (direkt) an den Vorsitzenden richten!
  3. (professorship) Lehrstuhl m (of für).
  4. (electric ~) (elektrischer) Stuhl.
  II vt 1. meeting den Vorsitz führen bei.
  2. (Brit: carry in triumph) auf den Schultern (davon)tragen.

chairlift ['t∫ɛəlɪft] n Sessellift m; **chairman** n Vorsitzende(r) mf; **Mr/Madam C~** Herr Vorsitzender/Frau Vorsitzende; **chairmanship** n Vorsitz m; **under the ~ of** unter (dem) Vorsitz von; **chairperson** n Vorsitzende(r) mf; **chairwoman** n Vorsitzende f.

chalet ['∫æleɪ] n Chalet nt; (in motel etc) Apartment nt.

chalice ['t∫ælɪs] n (poet, Eccl) Kelch m.

chalk [t∫ɔːk] I n Kreide f; (limestone also) Kalkstein m. **~ pit** Kalk(stein)bruch m; **not by a long ~** (Brit inf) bei weitem nicht, noch nicht einmal annähernd; **they're as different as ~ and cheese** sie sind (so verschieden) wie Tag und Nacht.
  II vt message etc mit Kreide schreiben; luggage etc mit Kreide kennzeichnen; billiard cue mit Kreide einreiben.

◆**chalk out** vt sep (lit) mit Kreide zeichnen or malen; (fig) plan umreißen.

◆**chalk up** vt sep 1. (lit) notieren. 2. (fig: gain, win) success, victory verbuchen; medal einheimsen. 3. (fig: as credit) anschreiben (inf).

chalky ['t∫ɔːkɪ] adj (+er) (containing chalk) kalkhaltig, kalkig; (like chalk) kalkartig; (covered with chalk) voller Kalk.

challenge ['t∫ælɪndʒ] I n 1. (to duel, match etc) Herausforderung f (to an +acc); (fig: demands) Anforderung(en pl) f. **to issue a ~ to sb** jdn herausfordern; **this job is a ~** bei dieser Arbeit ist man gefordert; **the ~ of modern life** die Anforderungen des heutigen Lebens; **those who rose to the ~** diejenigen, die sich der Herausforderung stellten; **the office job held no ~ for him** die Bürotätigkeit stellte keine Ansprüche an ihn; **the ~ of new ideas/the unknown** der Reiz neuer Ideen/des Unbekannten.
  2. (bid: for leadership etc) Griff m (for nach). **a direct ~ on his authority** eine direkte Infragestellung seiner Autorität.
  3. (Mil: of sentry) Anruf, Werdaruf m.
  4. (Jur: of witness) Ablehnung f.
  II vt 1. person, champion (to duel, race etc) herausfordern; world record etc überbieten wollen. **to ~ sb to a duel** jdn zum Duell fordern; **to ~ sb to a match** jdn zu einem Kampf herausfordern.
  2. (fig: make demands on) fordern.

  3. (fig) remarks, sb's authority in Frage stellen, anfechten.
  4. (sentry) anrufen.
  5. (Jur) witnesses ablehnen; evidence, verdict anfechten.

challenger ['t∫ælɪndʒəʳ] n (to duel, match etc) Herausforderer m. **a ~ of traditional beliefs** einer, der überkommene Glaubenssätze in Frage stellt.

challenging ['t∫ælɪndʒɪŋ] adj (provocative) herausfordernd; (thought-provoking) reizvoll; (demanding) anspruchsvoll, fordernd. **a ~ idea** eine reizvolle Vorstellung; **I don't find this work very ~** diese Arbeit fordert mich nicht.

chamber ['t∫eɪmbəʳ] n 1. (old) (room) Gemach nt (old), Raum m; (bedroom) Schlafgemach nt. **~ of horrors** Schreckenskammer f.
  2. (Brit) **~s** (of solicitor) Kanzlei f; (of judge) Amtszimmer nt.
  3. **C~ of Commerce** Handelskammer f; **the Upper/Lower C~** (Parl) die Erste/ Zweite Kammer.
  4. (Anat) (Herz)kammer f.
  5. (of revolver) Kammer f.

chamberlain ['t∫eɪmbəlɪn] n Kammerherr m.

chambermaid ['t∫eɪmbəmeɪd] n Zimmermädchen nt, Kammerzofe f (old); **chamber music** n Kammermusik f; **chamber pot** n Nachttopf m.

chameleon [kə'miːliən] n (Zool, fig) Chamäleon nt.

chamfer ['t∫æmfəʳ] I n Fase, Schrägkante f.
  II vt abfasen, abschrägen.

chamois ['∫æmwɑː] n 1. (leather) Gamsleder nt. **a ~ (leather)** ein Ledertuch nt, ein Fensterleder nt. 2. (Zool) Gemse f.

champ¹ [t∫æmp] vt (animals) geräuschvoll mahlen or kauen; (people) mampfen (inf). **to ~ at the bit** (fig) vor Ungeduld fiebern.

champ² n (inf) Meister, Champion m.

champagne [∫æm'peɪn] n Sekt, Schaumwein m; (French ~) Champagner m.

champion ['t∫æmpjən] I n 1. (Sport) Meister, Champion m. **~s** (team) Meister m; **world ~** Weltmeister m; **boxing ~** Boxchampion m; **heavyweight ~ of the world** Weltmeister m im Schwergewicht.
  2. (of a cause) Verfechter m.
  II adj 1. (prize-winning) siegreich; dog, bull, show animal preisgekrönt. **~ boxer** erfolgreicher Boxer.
  2. (N Engl) klasse inv (inf).
  III vt person, action, cause eintreten für, sich engagieren für.

championship ['t∫æmpjən∫ɪp] n 1. (Sport) Meisterschaft f. **he defended his ~** er verteidigte den Titel. **2. ~s** pl (event) Meisterschaftskämpfe pl. **3.** (support) Eintreten, Engagement nt (of für).

chance [t∫ɑːns] I n 1. (coincidence) Zufall m; (luck, fortune) Glück nt. **by ~** durch Zufall, zufällig; **a game of ~** ein Glücksspiel nt; **would you by any ~ be able to help?** könnten Sie mir wohl or vielleicht behilflich sein?; **to leave things to ~** die Dinge dem Zufall überlassen; **to trust to ~** auf sein Glück vertrauen.
  2. (possibility) Aussicht(en pl), Chance(n pl) f; (probability, likelihood) Mög-

lichkeit *f*. **the ~s are that ...** aller Wahrscheinlichkeit nach ..., wahrscheinlich ...; **the ~s are against that happening** die Wahrscheinlichkeit ist gering, daß das eintritt; **what are the ~s of him agreeing?** wie sind die Aussichten *or* wie stehen die Chancen, daß er zustimmt?; **is there any ~ of us meeting again?** könnten wir uns vielleicht wiedersehen?; **what are the ~s of his coming?** wie groß ist die Wahrscheinlichkeit, daß er kommt?; **on the ~ of your returning** für den Fall, daß du *or* falls du zurückkommst *or* zurückkommen solltest; **he has not much/a good ~ of winning** er hat wenig/gute Aussicht zu gewinnen, er hat nicht sehr gute/gute Siegeschancen; **to be in with a ~** eine Chance haben; **he doesn't stand** *or* **hasn't got a ~** er hat keine(rlei) Chance(n); **no ~!** *(inf)* nee! *(inf)*, ist nicht drin *(inf)*.

3. *(opportunity)* Chance *f*. **the ~ of a lifetime** eine einmalige Chance; **you won't get another ~ of going there** *or* **to go there** die Gelegenheit, dahin zu fahren, bietet sich (dir) nicht noch einmal; **I had the ~ to go** *or* **of going** ich hatte (die) Gelegenheit, dahin zu gehen; **now's your ~!** das ist deine Chance!; **this is my big ~** das ist *die* Chance für mich; **to have an eye to the main ~** *(pej)* auf seinen Vorteil bedacht sein; **give me a ~!** nun mach aber mal langsam *(inf)*; **to give sb a ~** jdm eine Chance geben.

4. *(risk)* Risiko *nt*. **to take a/one's ~** ein Risiko eingehen/es darauf ankommen lassen; **he's not taking any ~s** er geht kein Risiko ein.

II *attr* zufällig. **~ meeting** zufällige Begegnung.

III *vi* **it ~d that ...** es traf *or* fügte *(geh)* sich, daß ...

IV *vt* **1. to ~ to do sth** zufällig etw tun.

2. I'll ~ it! *(inf)* ich versuch's mal *(inf)*; **to ~ one's arm** *(inf)* (et)was riskieren; **to ~ one's luck** *(have a try)* sein Glück versuchen; *(risk)* das Glück herausfordern; **I'll just have to ~ that happening** das muß ich eben riskieren.

◆**chance (up)on** *vi +prep obj person* zufällig begegnen (+*dat*), zufällig treffen; *thing* zufällig stoßen auf (+*acc*).

chancel ['tʃɑːnsəl] *n* Chor, Altarraum *m*.

chancellery ['tʃɑːnsələrɪ] *n (offices)* Kanzleramt *nt*; *(position)* Kanzlerschaft *f*.

chancellor ['tʃɑːnsələʳ] *n (Jur, Pol, Univ)* Kanzler *m*. **C~ (of the Exchequer)** *(Brit)* Schatzkanzler, Finanzminister *m*.

chancellorship ['tʃɑːnsələʃɪp] *n* Kanzlerschaft *f*.

chancery ['tʃɑːnsərɪ] *n*: **ward in ~** Mündel *nt* in Amtsvormundschaft.

chancy ['tʃɑːnsɪ] *adj (+er) (inf)* riskant.

chandelier [ˌʃændə'lɪəʳ] *n* Kronleuchter *m*.

chandler ['tʃɑːndləʳ] *n (for candles)* Kerzenmacher *m*; *(shop)* Kerzenladen *m*. **ship's ~** Schiffsausrüster *m*.

change [tʃeɪndʒ] **I** *n* **1.** Veränderung *f*; *(modification also)* Änderung *f (to gen)*.

a ~ for the better/worse ein Fortschritt *m*, eine Verbesserung/ein Rückschritt *m*, eine Verschlechterung; **~ of address** Adressen- *or* Anschriftenänderung *f*; **a ~**

---

in the weather eine Wetterveränderung; **a ~ of air** eine Luftveränderung; **a ~ is as good as a rest** *(prov)* Abwechslung tut *or* tut Wunder; **no ~** unverändert; **I need a ~ of scene** ich brauche Tapetenwechsel; **to make ~s (to sth)** (an etw *dat*) (Ver)änderungen vornehmen; **to make a ~/a considerable ~ in sth** etw ändern/bedeutend verändern; **the ~ of life** die Wechseljahre; **he needs a ~ of clothes** er müßte sich mal wieder umziehen; **I didn't have a ~ of clothes with me** ich hatte nichts zum Wechseln mit; **we need a ~ of horses** wir müssen die Pferde wechseln; **a ~ of job** ein Stellenwechsel *m*.

2. *(variety)* Abwechslung *f*. **(just) for a ~** zur Abwechslung (mal); **that makes a ~** das ist mal was anderes; *(iro)* das ist ja was ganz Neues!; **it'll make a nice ~** das wäre eine nette Abwechslung; *see* **ring**.

3. *no pl (changing)* Veränderung *f*. **the constant ~ will only confuse people** der ständige Wechsel verwirrt die Leute nur.

4. *(of one thing for another)* Wechsel *m*. **a ~ of government** ein Regierungswechsel, ein Wechsel in der Regierung.

5. *no pl (money)* Wechselgeld *nt*; *(small ~)* Kleingeld *nt*. **can you give me ~ for a pound?** können Sie mir ein Pfund wechseln?; **I haven't got any ~** ich habe kein Kleingeld; **I haven't got ~ for £5** ich kann auf £ 5 nicht rausgeben *or* £ 5 nicht wechseln; **you won't get much ~ out of £5** von £ 5 wird wohl nicht viel übrigbleiben; **keep the ~** der Rest ist für Sie; **you won't get much ~ out of him** *(fig)* aus ihm wirst du nicht viel rauskriegen.

6. *(St Ex)* **C~** Börse *f*.

II *vt* **1.** *(by substitution)* wechseln; *address, name* ändern. **to ~ trains/buses** *etc* umsteigen; **to ~ one's clothes** sich umziehen; **to ~ a wheel/the oil** einen Rad-/Ölwechsel vornehmen, ein Rad/das Öl wechseln; **to ~ a baby's nappy** *or* **a baby** ein Baby wickeln; **to ~ the sheets** *or* **the bed** die Bettwäsche wechseln, das Bett neu beziehen; **to ~ one's seat** den Platz wechseln; **to ~ hands** den Besitzer wechseln; **would you ~ the record?** kannst du (mal) ein andere Platte auflegen?; *(turn it over)* kannst du mal die andere Seite auflegen?; **to ~ places with sb** mit jdm den Platz tauschen; **I wouldn't ~ places with him for the world** ich möchte *or* würde um nichts in der Welt mit ihm tauschen; **to ~ horses in midstream** plötzlich einen anderen Kurs einschlagen.

2. *(alter)* (ver)ändern; *person, ideas* ändern; *(transform)* verwandeln. **to ~ sb/sth into sth** jdn/etw in etw *(acc)* verwandeln; **a chameleon can ~ its colour** das Chamäleon kann seine Farbe wechseln.

3. *(exchange: in shop etc)* umtauschen. **she ~d the dress for one of a different colour** sie tauschte das Kleid gegen ein andersfarbiges um; **to ~ his Rolls-Royce for a Mini** er vertauschte seinen Rolls-Royce mit einem Mini; *see* **guard**.

4. *money (into smaller money)* wechseln; *(into other currency)* (ein)wechseln, (um)tauschen.

5. *(Aut)* **to ~ gear** schalten.

III *vi* **1.** sich ändern; (*town, person also*) sich verändern. **you've ~d!** du hast dich aber verändert!; **he will never ~** er wird sich nie ändern, der ändert sich nie!; **to ~ from** sth **into** sth **else** sich aus etw in etw (*acc*) anderes verwandeln.

2. (*~ clothes*) sich umziehen. **she ~d into an old skirt** sie zog sich einen alten Rock an.

3. (*~ trains etc*) umsteigen. **all ~!** Endstation!, alle aussteigen!

4. (*~ gear*) schalten; (*traffic lights*) umspringen (*to* auf +*acc*).

5. (*from one thing to another*) (*seasons*) wechseln. **to ~ to a different system** auf ein anderes System umstellen, zu einem anderen System übergehen; **I ~d to philosophy from maths** ich habe von Philosophie zu Mathematik gewechselt; **do you want to ~ with me?** (*places*) möchten Sie mit mir tauschen?

◆**change down** *vi* (*Aut*) einen niedrigeren Gang einlegen, in einen niedrigeren Gang schalten, (he)runterschalten.

◆**change over I** *vi* **1.** (*change to* sth *different*) sich umstellen auf (+*acc*). **we have just ~d ~ from gas to electricity** hier *or* bei uns ist gerade von Gas auf Strom umgestellt worden; **the mechanism ~s ~ automatically** der Mechanismus schaltet automatisch um.

2. (*exchange places, activities etc*) wechseln; (*Sport also*) die Seiten wechseln. **do you mind if I ~ ~?** (*TV*) hast du was dagegen, wenn ich umschalte?

II *vt sep* austauschen.

◆**change round I** *vi see* **change over I 2.**
II *vt sep room* umräumen; *furniture* umstellen; *tyres* austauschen, auswechseln.

◆**change up** *vi* (*Aut*) einen höheren Gang einlegen, in einen höheren Gang schalten, höherschalten (*inf*). **to ~ ~ into top** in den höchsten Gang schalten.

changeability [ˌtʃeɪndʒəˈbɪlɪtɪ] *n* Unbeständigkeit, Veränderlichkeit *f*.

changeable [ˈtʃeɪndʒəbl] *adj person, character* unbeständig; *weather* veränderlich, *mood, winds* wechselnd.

changeless [ˈtʃeɪndʒlɪs] *adj* unveränderlich.

changeling [ˈtʃeɪndʒlɪŋ] *n* (*child*) Wechselbalg *m*.

changeover [ˈtʃeɪndʒəʊvəʳ] *n* Umstellung *f* (*from* von, *to* auf +*acc*); (*of governments*) Regierungswechsel *m*; (*of baton in relay race*) (Stab)wechsel *m*; (*of teams changing ends*) Seitenwechsel *m*.

changing [ˈtʃeɪndʒɪŋ] **I** *adj* sich verändernd, wechselnd. **II** *n* the **~ of the Guard** die Wachablösung.

changing-room [ˈtʃeɪndʒɪŋˈruːm] *n* (*in store*) Ankleideraum *m*, Kabine *f*; (*Sport*) Umkleideraum *m*.

channel [ˈtʃænl] **I** *n* **1.** (*watercourse*) (Fluß)bett *nt*; (*strait*) Kanal *m*; (*deepest part of river etc*) Fahrrinne *f*. **the (English) C~** der Ärmelkanal; **C~ Islands** Normannische Inseln, Kanalinseln *pl*.

2. (*fig, usu pl*) (*of bureaucracy etc*) Dienstweg *m*; (*of information etc*) Kanal *m*; (*of thought, interest etc*) Bahn *f*. **if you go through the right ~s** wenn Sie sich an

die richtigen Stellen wenden; **to go through the official ~s** den Dienstweg gehen; **you'll have to go through ~s** (*US*) Sie werden den Dienstweg einhalten müssen; **through the usual ~s** auf dem üblichen Wege.

3. (*groove*) Furche, Rinne *f*.

4. (*TV, Rad*) Kanal *m*, Programm *nt*.

II *vt* **1.** (*dig out, furrow*) *way, course* sich (*dat*) bahnen.

2. (*direct*) *water, river* (hindurch)leiten (*through* durch).

3. (*fig*) *efforts, interest* lenken (*into* auf +*acc*); *crowd also* dirigieren.

◆**channel off** *vt sep* (*lit*) ableiten; (*fig*) abzweigen.

chant [tʃɑːnt] **I** *n* (*Eccl, Mus*) Gesang, Cantus *m*; (*monotonous song*) Sprechgesang, Singsang *m*; (*of football fans*) Sprechchor *m*. **tribal ~s** Stammesgesänge *pl*. **II** *vt* im (Sprech)chor rufen; (*Eccl*) singen. **III** *vi* Sprechchöre anstimmen; (*Eccl*) singen.

chanterelle [ˈtʃæntərel] *n* Pfifferling *m*.

chaos [ˈkeɪɒs] *n* Chaos, Durcheinander *nt*.

chaotic *adj*, **~ally** *adv* [keɪˈɒtɪk-əlɪ] chaotisch.

chap¹ [tʃæp] **I** *n* (*Med: of skin*) **he's got ~s on his hands** seine Hände sind aufgesprungen *or* rauh. **II** *vi* (*skin*) aufspringen. **III** *vt* spröde machen. **~ped lips** aufgesprungene *or* rauhe Lippen.

chap² *n* (*Brit inf: man*) Kerl (*inf*), Typ (*inf*) *m*. **old ~** alter Junge (*inf*) *or* Knabe (*inf*); **poor little ~** armer Kleiner!, armes Kerlchen!; **now look here you ~s** hört mal zu, Jungs (*inf*).

chap³ *abbr of* **chapter** Kap.

chapel [ˈtʃæpəl] *n* **1.** Kapelle *f*; (*Sch, Univ: service*) Andacht *f*. **~ of rest** Kapelle *f* in einem Bestattungsunternehmen, wo Tote aufgebahrt werden. **2.** (*non-conformist church*) Kirche *f*. **3.** (*Press: of union*) Betriebsgruppe *f* innerhalb der Gewerkschaft der Drucker und Journalisten.

chaperon(e) [ˈʃæpərəʊn] **I** *n* **1.** (*for propriety*) Anstandsdame *f*. **2.** (*escort*) Begleiter(in *f*) *m*. **3.** (*esp US: supervisor*) Aufsichts- *or* Begleitperson *f*. **II** *vt* **1.** (*for propriety*) begleiten, Anstandsdame spielen bei. **2.** (*escort*) begleiten. **3.** (*US*) beaufsichtigen.

chaplain [ˈtʃæplɪn] *n* Kaplan *m*.

chaplaincy [ˈtʃæplənsɪ] *n* Amt *nt or* Stelle *f* eines Kaplans; (*building*) Diensträume *pl* eines Kaplans.

chaps [tʃæps] *npl* lederne Reithosen.

chapter [ˈtʃæptəʳ] *n* **1.** (*of book*) Kapitel *nt*. **to give ~ and verse (for** sth**)** (*fig*) etw genau belegen. **2.** (*fig*) Kapitel *nt*. **a ~ of accidents** eine Serie von Unfällen. **3.** (*Eccl*) Kapitel *nt*. **~ house** Kapitel(saal *m*) *nt*. **4.** (*esp US: branch*) Ortsgruppe *f*.

char¹ [tʃɑːʳ] *vt* (*burn black*) verkohlen.

char² (*Brit inf*) **I** *n* (*charwoman*) Putzfrau *f*. **II** *vi* putzen. **to ~ for** sb bei jdm putzen.

char³ *n* (*fish*) Saibling *m*.

character [ˈkærɪktəʳ] *n* **1.** (*nature*) Charakter *m*; (*of people*) Wesen *nt no pl*, Wesensart *f*. **there's quite a difference in ~ between them** sie sind wesensmäßig sehr verschieden; **to be in ~ for** sb typisch für jdn sein; **it is out of ~ for him to behave like**

that solches Benehmen ist untypisch für ihn; **it's completely out of** ~ **for him to do that** es ist eigentlich gar nicht seine Art, so etwas zu tun; **to be of good/bad** ~ ein guter/schlechter Mensch sein.

2. no pl (strength of ~) Charakter m. **a man of** ~ ein Mann von Charakter; **she's got no** ~ sie hat keinen Charakter.

3. no pl (individuality) (of towns etc) Charakter m; (of person) Persönlichkeit f.

4. (in novel) (Roman)figur, (Roman)-gestalt f; (Theat) Gestalt f.

5. (person in public life) Persönlichkeit, Gestalt f; (original person) Original nt; (inf: person) Typ m (inf), Type f (inf).

6. (reference) Zeugnis nt.

7. (Typ) Buchstabe m, Letter f (spec); (Chinese etc) Schriftzeichen nt. **to type 100** ~**s per minute** 100 Anschläge pro Minute machen; **Gothic** ~**s** gotische Schrift.

character in cpds (Theat) Charakter-; ~ **actor** Charakterdarsteller m; ~ **assassination** Rufmord m.

characteristic [ˌkærɪktəˈrɪstɪk] **I** adj charakteristisch, typisch (of für). **II** n (typisches) Merkmal, Charakteristikum nt; (Math) Charakteristik, Kennziffer f. **one of the main** ~**s of his style is ...** besonders charakteristisch für seinen Stil ist ...; **he has all the** ~**s of the true aristocrat** er hat alle Züge des echten Aristokraten.

characteristically [ˌkærɪktəˈrɪstɪkəlɪ] adv typisch.

characterization [ˌkærɪktəraɪˈzeɪʃən] n (in a novel etc) Personenbeschreibung f; (of one character) Charakterisierung f.

characterize [ˈkærɪktəraɪz] vt **1.** (be characteristic of) kennzeichnen, charakterisieren. **2.** (describe) beschreiben.

characterless [ˈkærɪktəlɪs] adj person nichtssagend, farblos; room ohne eine besondere Note; wine fade.

character part n Charakterrolle f; **character reference** n Referenz f; **character sketch** n Charakterstudie f.

charade [ʃəˈrɑːd] n Scharade f; (fig) Farce f, Affentheater nt (inf).

charcoal [ˈtʃɑːkəʊl] n Holzkohle f; (drawing) Kohlezeichnung f; (pencil) Kohle(stift m) f.

charcoal burner n (person) Köhler, m; (stove) Holzkohlenofen m; **charcoal drawing** n Kohlezeichnung f; **charcoal-grey** adj schwarzgrau.

charge [tʃɑːdʒ] **I** n **1.** (Jur: accusation) Anklage f (of wegen). **convicted on all three** ~**s** in allen drei Anklagepunkten für schuldig befunden; **to bring a** ~ **against sb** gegen jdn Anklage erheben; **to press** ~**s (against sb)** (gegen jdn) Anzeige erstatten; **what is the** ~? wessen werde ich/wird er etc beschuldigt?; **to be on a murder** ~ unter Mordanklage stehen; **he was arrested on a** ~ **of murder** er wurde wegen or unter Mordverdacht festgenommen; **to give sb in** ~ (form) jdn in polizeilichen Gewahrsam bringen (form); **it was laid to his** ~ (form) es wurde ihm angelastet or zur Last gelegt; **to be on a** ~ (soldier) eine Disziplinarstrafe verbüßen; **to put a**

soldier on a ~ über einen Soldaten eine Disziplinarstrafe verhängen.

2. (attack: of soldiers, bull etc) Angriff m; (trumpet-call) Signal nt. **to sound the** ~ zum Angriff blasen.

3. (fee) Gebühr f. **what's the/your** ~? was kostet das?/was verlangen Sie?; **to make a** ~ **(of £5) for sth** (£ 5 für) etw berechnen or in Rechnung stellen; **he made no** ~ **for mending my watch** er hat mir für die Reparatur der Uhr nichts berechnet; **there's an extra** ~ **for delivery** die Lieferung wird zusätzlich berechnet; **his** ~**s are quite reasonable** seine Preise sind ganz vernünftig; **free of** ~ kostenlos; **delivered free of** ~ Lieferung frei Haus.

4. (explosive ~) (Spreng)ladung f; (in firearm, Elec, Phys) Ladung f. **to put a battery on** ~ eine Batterie aufladen; **to be on** ~ aufgeladen werden.

5. (position of responsibility) Verantwortung f (of für). **to be in** ~ verantwortlich sein, die Verantwortung haben; **to be in** ~ **of sth** für etw die Verantwortung haben; of department etw leiten; **to put sb in** ~ **of sth** jdm die Verantwortung für etw übertragen; of department jdm die Leitung von etw übertragen; **while in** ~ **of a car** (form) am Steuer eines Kraftfahrzeuges; **the man in** ~ der Verantwortliche; **the children were placed in their aunt's** ~ die Kinder wurden der Obhut der Tante anvertraut; **the patients in** or **under her** ~ die ihr anvertrauten Patienten; **to take** ~ **of sth** etw übernehmen; **to take** ~ das Kommando übernehmen; **he took** ~ **of the situation** er nahm die Sache in die Hand; **will you take** ~ **of the children while I'm out?** kann ich dir die Kinder während meiner Abwesenheit anvertrauen?

6. (ward) Schützling m; (of authorities) Mündel nt; (patient) Patient(in f) m.

7. (financial burden) **to be a** ~ **on sb** jdm zur Last fallen.

II vt **1.** (with gen) (Jur) anklagen; (fig) beschuldigen.

2. (attack) stürmen; troops angreifen; (bull etc) losgehen auf (+acc); (Sport) goalkeeper, player angehen. **the forwards** ~**d the defence** die Stürmer griffen die Deckung an; **to** ~ **sb off the ball** jdn vom Ball abdrängen.

3. (ask in payment) berechnen.

4. (record as debt) in Rechnung stellen. ~ **it to the company** stellen Sie das der Firma in Rechnung; **please** ~ **all these purchases to my account** bitte setzen Sie diese Einkäufe auf meine Rechnung.

5. firearm laden; (Phys, Elec), battery (auf)laden.

6. (form: command) **to** ~ **sb to do sth** jdn beauftragen, etw zu tun.

7. (form: give as responsibility) **to** ~ **sb with sth** jdm mit etw beauftragen.

III vi **1.** (attack) stürmen; (at people) angreifen (at sb jdn); (bull) losgehen (at sb auf jdn). ~! vorwärts!

2. (inf: rush) rennen. **he** ~**d into a brick wall** er rannte gegen eine Mauer; **he** ~**d into the room/upstairs** er stürmte ins Zimmer/die Treppe hoch.

◆**charge up** vt sep **1.** (credit) in Rechnung stellen (to sb jdm). **I'll ~ the expenses ~** das geht auf Geschäftskosten. **2.** (Elec) aufladen.

chargeable ['tʃɑ:dʒəbl] adj **1.** (Jur) **to be ~ with sth** für etw angeklagt werden können. **2. to be ~ to sb** auf jds Kosten (acc) gehen; **are these expenses ~?** geht das auf Geschäftskosten?

charge account n Kunden(kredit)kontont.

charged ['tʃɑ:dʒd] adj (lit, fig) geladen. **~ with emotion** emotionsgeladen.

chargé d'affaires ['ʃɑ:ʒeɪdæ'feə̯ʳ] n Chargé d'affaires m.

charger ['tʃɑ:dʒəʳ] n **1.** (battery ~) Ladegerät nt. **2.** (horse) Roß nt.

charily ['tʃɛərɪlɪ] adv vorsichtig.

chariness ['tʃɛərɪnɪs] n Vorsicht f.

chariot ['tʃærɪət] n Wagen m.

charioteer [ˌtʃærɪə'tɪəʳ] n Wagenlenker m.

charisma [kæ'rɪzmə] n Charisma nt.

charismatic [ˌkærɪz'mætɪk] adj charismatisch.

charitable ['tʃærɪtəbl] adj menschenfreundlich, gütig; (dispensing charity) trust, organization Wohltätigkeits-, karitativ; (generous, tolerant) großzügig; thought, remark etc freundlich. **a ~ deed** eine gute Tat; **he wasn't very ~ about his boss** er äußerte sich nicht gerade schmeichelhaft über seinen Chef; **I'm feeling ~ today, here's £5** ich habe heute meinen sozialen Tag, hier hast du £5.

charitably ['tʃærɪtəblɪ] adv großzügig; think, say etc freundlich.

charity ['tʃærɪtɪ] n **1.** (Christian virtue) tätige Nächstenliebe, Barmherzigkeit f. **2.** (tolerance, kindness) Menschenfreundlichkeit f. **for ~'s sake, out of ~** aus reiner Menschenfreundlichkeit; **~ begins at home** (Prov) man muß zuerst an seine eigene Familie/sein eigenes Land etc denken.
3. (alms) **to live on ~** von Almosen leben.
4. (charitable society) Wohltätigkeitsverein m, karitative Organisation; (charitable purposes) Wohlfahrt f. **to work for ~** für die Wohlfahrt arbeiten; **a collection for ~** eine Sammlung für wohltätige or karitative Zwecke.

charity in cpds Wohltätigkeits-.

charlady ['tʃɑ:ˌleɪdɪ] n (Brit) Putz- or Reinemachefrau f.

charlatan ['ʃɑːlətən] n Scharlatan m.

Charlemagne ['ʃɑːləmeɪn] n Karl der Große.

Charles [tʃɑːlz] n Karl m.

charleston ['tʃɑːlstən] n Charleston m.

Charlie ['tʃɑːlɪ] n **1.** dim of **Charles. 2.** c~ (inf: fool) Heini m (inf); **I felt a real c~** ich kam mir richtig blöd vor (inf).

charm [tʃɑːm] **I** n **1.** (attractiveness) Charme m no pl; (of cottage, village, countryside) Reiz m. **feminine ~s** (weibliche) Reize pl; **he fell victim to her ~s** er erlag ihrem Charme; **to turn on the ~** seinen (ganzen) Charme spielen lassen.
2. (spell) Bann m. **it worked like a ~** das hat hervorragend geklappt.
3. (amulet) Talisman m; (trinket) Anhänger m.

II vt **1.** (attract, please) bezaubern. **he could ~ the birds out of the trees** (prov) er könnte mit seinem Charme alles erreichen.
2. (cast spell on) bannen; snakes beschwören. **to lead a ~ed life** einen Schutzengel haben.

◆**charm away** vt sep fears etc zerstreuen.

charmer ['tʃɑːməʳ] n **to be/look a real ~** wirklich charmant sein/zum Verlieben aussehen.

charming ['tʃɑːmɪŋ] adj reizend, charmant. **~!** (iro) wie reizend! (iro).

charmingly ['tʃɑːmɪŋlɪ] adv reizend. **she behaved/welcomed us quite ~** sie war/ begrüßte uns äußerst charmant.

charnel-house ['tʃɑːnlhaʊs] n (old) Leichenhalle f; (for bones) Beinhaus nt.

chart [tʃɑːt] **I** n **1.** Tabelle f; (graph, diagram) Schaubild, Diagramm nt; (map, weather ~) Karte f. **on a ~** in einer Tabelle/einem Diagramm.
2. ~s pl (top twenty) Hitliste f.
II vt (make a map of) kartographisch erfassen; (record progress of) auswerten; (keep a ~ of) aufzeichnen, erfassen; (plan) festlegen.

charter ['tʃɑːtəʳ] **I** n **1.** Charta f; (town ~, Univ also) Gründungsurkunde f; (of a society) Satzung f; (permission to become established) Charter f or m, Freibrief m. **2.** (Naut, Aviat: hire) **on ~** gechartert; **the plane is available for ~** das Flugzeug kann gechartert werden. **II** vt chartern. **~ed accountant** Bilanzbuchhalter m.

charter in cpds Charter-; **~ flight** Charterflug m; **~ party** Chartergesellschaft f; **~ plane** Charterflugzeug nt.

charwoman ['tʃɑːˌwʊmən] n (Brit) see **charlady.**

chary ['tʃɛərɪ] adj (+er) (cautious) vorsichtig; (sparing) zurückhaltend (of mit).

chase[1] [tʃeɪs] **I** n Verfolgungsjagd f; (Hunt) Jagd f. **to give ~** die Verfolgung aufnehmen; **to give ~ to sb** jds Verfolgung aufnehmen.
II vt jagen; (follow) verfolgen; member of opposite sex hinterherlaufen (+dat), nachlaufen (+dat). **go and ~ yourself!** (sl) scher dich zum Teufel! (inf).
III vi **to ~ after sb** hinter jdm herrennen (inf); (in vehicle) hinter jdm herrasen (inf); **to ~ around** herumrasen (inf).

◆**chase away** or **off I** vi losrasen (inf); (on foot also) losrennen. **II** vt sep wegjagen; (fig) sorrow etc vertreiben.

◆**chase up** vt sep person rankriegen (inf); information etc ranschaffen (inf).

chase[2] vt (Tech) silver, metal ziselieren.

chaser ['tʃeɪsəʳ] n **1.** (pursuer) Verfolger m.
2. (drink) **have a whisky ~** trinken Sie einen Whisky dazu; **I'll have a beer as a ~** ich trinke ein Bier zum Nachspülen.

chasm ['kæzəm] n (Geol) Spalte, Kluft (also fig) f. **a yawning ~** ein gähnender Abgrund; **the future lay before him, a great black ~** die Zukunft tat sich wie ein riesiger dunkler Abgrund vor ihm auf.

chassis ['ʃæsɪ] n Chassis nt; (Aut also) Fahrgestell nt.

chaste [tʃeɪst] adj (+er) (pure, virtuous) keusch; style, elegance schlicht.

chastely ['tʃeɪstlɪ] *adv see adj.*

chasten ['tʃeɪsn] *vt* nachdenklich stimmen, zur Einsicht bringen; *pride, stubborn nature* zügeln.

chasteness ['tʃeɪstnɪs] *n see adj* Keuschheit *f;* Schlichtheit *f.*

chastening ['tʃeɪsnɪŋ] *adj thought, experience* ernüchternd.

chastise [tʃæs'taɪz] *vt* züchtigen *(geh); (scold)* schelten.

chastisement ['tʃæstɪzmənt] *n see vt* Züchtigung *f (geh);* Schelte *f.*

chastity ['tʃæstɪtɪ] *n* Keuschheit *f; (virginity also)* Unberührtheit, Reinheit *f.* ~ **belt** Keuschheitsgürtel *m.*

chat [tʃæt] **I** *n* Unterhaltung *f; (about unimportant things also)* Plauderei *f,* Schwatz *m (inf).* **could we have a ~ about it?** können wir uns mal darüber unterhalten?; **she dropped in for a ~** sie kam zu einem Schwätzchen rein *(inf).* **II** *vi* plaudern; *(2 people also)* sich unterhalten.

♦**chat up** *vt sep (inf) person* einreden auf *(+acc); prospective girl-/boyfriend* sich heranmachen an *(+acc).*

chat show [*Brit*] Talkshow *f.*

chattels ['tʃætlz] *npl (Jur)* bewegliches Vermögen, bewegliche Habe. **all his (goods and)** ~ seine gesamte Habe.

chatter ['tʃætə'] **I** *n (of person)* Geschwätz, Geplapper *nt; (of birds)* Schwatzen *nt; (of monkeys)* Geschnatter *nt; (of teeth)* Klappern *nt; (of typewriter)* Geklapper, Klappern *nt; (of guns)* Knattern, Geknatter *nt.*

II *vi see n* schwatzen, schwätzen *(esp S Ger),* plappern; schwatzen; schnattern; klappern; knattern.

chatterbox ['tʃætəbɒks] *n* Quasselstrippe *f (inf).*

chatty ['tʃætɪ] *adj (+er) person* geschwätzig, schwatzhaft. **written in a ~ style** im Plauderton geschrieben.

chauffeur ['ʃəʊfə'] *n* Chauffeur, Fahrer *m.* ~**-driven** mit Fahrer *or* Chauffeur; **to be** ~**-driven** einen Fahrer haben.

chauffeuse [ʃəʊ'fɜːz] *n* Fahrerin *f.*

chauvinism ['ʃəʊvɪnɪzəm] *n* Chauvinismus *m.*

chauvinist ['ʃəʊvɪnɪst] *n (jingoist)* Chauvinist(in *f) m; (male* ~) männlicher Chauvinist. **(male)** ~ **pig** (typischer) Pascha *(inf),* Chauvi *m (sl).*

chauvinistic [ˌʃəʊvɪ'nɪstɪk] *adj* chauvinistisch.

cheap [tʃiːp] **I** *adj (+er)* **1.** *also adv (inexpensive)* billig. **to hold sth** ~ etw geringachten; **it's** ~ **at the price** es ist spottbillig; **I got it** ~ ich habe es billig gekriegt.

2. *(poor quality)* billig, minderwertig. **everything they sell is** ~ **and nasty** sie verkaufen nur Ramsch.

3. *(fig) (mean, shallow, sexually* ~) *joke, flattery, thrill, girl* billig; *person, behaviour, appearance* ordinär. **to feel** ~ sich *(dat)* schäbig vorkommen; **how can you be so** ~**!** wie kannst du nur so gemein sein!; **to make oneself** ~ sich entwürdigen; *(by loose living)* sich wegwerfen.

II *n* **on the** ~ auf die billige *(inf);* **to buy sth on the** ~ *(inf)* etw für einen Apfel und ein Ei *(inf)* kaufen; **to make sth on the** ~ *(inf)* etw ganz billig produzieren.

cheapen ['tʃiːpən] **I** *vt (lit)* verbilligen, herabsetzen; *(fig)* herabsetzen, schlecht machen. **to** ~ **oneself** sich entwürdigen. **II** *vi* billiger werden, sich verbilligen.

cheapjack ['tʃiːpdʒæk] *adj* Ramsch- *(pej).*

cheaply ['tʃiːplɪ] *adv see adj.*

cheapness ['tʃiːpnɪs] *n see adj* **1.** billiger Preis. **2.** Billigkeit, Minderwertigkeit *f.* **3.** Billigkeit *f;* ordinäre Art.

cheapskate ['tʃiːpskeɪt] *n (inf)* Knicker *(inf),* Knauser *(inf) m.*

cheat [tʃiːt] **I** *vt* betrügen; *authorities also* täuschen. **to** ~ **sb out of sth** jdn um etw betrügen.

II *vi* betrügen; *(in exam, game etc)* mogeln *(inf),* schummeln *(Sch sl).*

III *n* **1.** *(person)* Betrüger(in *f) m; (in exam, game etc)* Mogler(in *f) (inf),* Schummler(in *f) (Sch sl) m.* ~ **sheet** *(US)* Spickzettel *m.*

2. *(dishonest trick)* Betrug *m.*

♦**cheat on** *vi +prep obj* betrügen.

cheating ['tʃiːtɪŋ] **I** *n see* **cheat II** Betrügen *nt,* Betrug *m;* Mogeln *(inf),* Schummeln *(Sch sl) nt.* **II** *adj* betrügerisch.

check [tʃek] **I** *n* **1.** *(examination)* Überprüfung, Kontrolle *f.* **to give sth a** ~ etw überprüfen *or* nachsehen; **to make a** ~ **on sb/sth** jdn/etw überprüfen, bei jdm/etw eine Kontrolle durchführen; **a random** ~ eine Stichprobe; **to keep a** ~ **on sb/sth** jdn/ etw überwachen *or* kontrollieren.

2. *(restraint)* Hemmnis *nt,* Erschwernis *f; (Mil: to army)* Hindernis *nt,* Sperre *f.* **an efficient** ~ **on population growth** ein wirksames Mittel zur Eindämmung des Bevölkerungswachstums; **to hold** *or* **keep sb in** ~ jdn in Schach halten; **to hold** *or* **keep one's temper in** ~ sich beherrschen; **(a system of)** ~**s and balances** ein Sicherungssystem *nt;* **to act as a** ~ **(up)on sth** etw unter Kontrolle *(dat)* halten.

3. *(pattern)* Karo *nt.*

4. *(Chess)* Schach *nt.* **to be in** ~ im Schach stehen; **to put sb in** ~ jdm Schach bieten.

5. *(US) (cheque)* Scheck *m; (bill)* Rechnung *f.* ~ **please** bitte (be)zahlen.

6. *(US) (Rail)* Gepäckaufbewahrung *f; (Theat)* Garderobe *f; (ticket)* (Gepäck)schein *m;* (Garderoben)marke *f.*

7. *(US: tick)* Haken *m.*

II *vt* **1.** *(examine)* überprüfen, checken *(inf); (in book also)* nachschlagen; *tickets also* kontrollieren.

2. *(act as control on)* kontrollieren; *(stop) enemy, advance* aufhalten; *anger* unterdrücken, beherrschen. **I was going to say it, but I just managed to** ~ **myself in time** ich wollte es sagen, aber ich konnte mich gerade noch beherrschen.

3. *(Chess)* Schach bieten *(+dat).*

4. *(US) coat etc* abgeben; *(Rail) luggage (register)* aufgeben; *(deposit)* abgeben.

5. *(US: tick)* abhaken.

III *vi* **1.** *(make sure)* nachfragen *(with bei); (have a look)* nachsehen. **I was just** ~**ing** ich wollte nur nachprüfen.

2. *(stop, pause)* stocken; *(horse)* scheuen.

♦**check back** *vi (look back in records)* zurückgehen *(in* zu), nachsehen *(in* in

+*dat*); (*re-contact*) rückfragen (*with* bei).

◆**check in I** *vi* (*at airport*) sich bei der Abfertigung melden, einchecken; (*at hotel*) sich anmelden. **what time do you have to ~ ~?** wann mußt du am Flughafen sein?
II *vt sep* (*at airport*) *luggage* abfertigen lassen; (*at hotel*) *person* anmelden. **he isn't ~ed ~ at this hotel** er wohnt nicht in diesem Hotel; **they ~ed me ~ at a first-class hotel** ich wurde in einem erstklassigen Hotel untergebracht.

◆**check off** *vt sep* (*esp US*) abhaken.

◆**check out I** *vi* sich abmelden; (*leave hotel*) abreisen; (*sign out*) sich austragen; (*clock out*) stempeln, stechen. **II** *vt sep* **1.** *figures, facts, persons* überprüfen. **~ it ~ with the boss** klären Sie das mit dem Chef ab. **2.** (*hotel, airline etc*) abfertigen.

◆**check over** *vt sep* überprüfen.

◆**check through** *vt sep* **1.** *account, proofs* durchsehen, durchgehen. **2. they ~ed my bags ~ to Berlin** mein Gepäck wurde nach Berlin durchgecheckt.

◆**check up** *vi* überprüfen.

◆**check up on** *vi +prep obj* überprüfen; *person also* Nachforschungen anstellen über (+*acc*); (*keep a check on*) *sb* kontrollieren.

checkbook ['tʃekbʊk] *n* (*US*) Scheckbuch *nt*.

checked [tʃekt] *adj* kariert. **~ pattern** Karomuster *nt*.

checkerboard ['tʃekəbɔːd] *n* (*US*) Damebrett *nt*; (*chessboard*) Schachbrett *nt*.

checkered *adj* (*US*) see **chequered**.

checkers ['tʃekəz] *n* (*US*) Damespiel *nt*. **to play ~** Dame spielen.

check-in (desk) ['tʃekɪn'desk] *n* Abfertigung *f*, Abfertigungsschalter *m*; (*US: in hotel*) Rezeption, Anmeldung *f*.

checking ['tʃekɪŋ] *n* Überprüfung, Kontrolle *f*. **it needs more ~** es muß gründlicher überprüft werden; **~ account** (*US*) Girokonto *nt*.

check list *n* Prüf- *or* Checkliste *f*; **checkmate I** *n* Schachmatt *nt*; **~** (*Chess*) matt!; (*fig*) aus!; **he found himself in ~** (*lit, fig*) er war matt gesetzt; **II** *vt* matt setzen; **check-out** *n* (*in supermarket*) Kasse *f*; **checkpoint** *n* Kontrollpunkt *m*; **C~ Charlie** Checkpoint Charlie *m*, Ausländerübergang *m* Friedrichstraße; **checkroom** *n* (*US*) (*Theat*) Garderobe *f*; (*Rail*) Gepäckaufbewahrung *f*; **check-up** *n* (*Med*) Untersuchung *f*, Check-up *m*; **to have a ~/to go for a ~** einen Check-up machen lassen.

cheddar ['tʃedər] *n* Cheddar(käse) *m*.

cheek [tʃiːk] *n* **1.** Backe, Wange (*liter*) *f*. **to be ~ by jowl (with sb)** Tuchfühlung mit jdm haben; **to dance ~ to ~** Wange an Wange tanzen; **~ bone** Wangenknochen *m*; **turn the other ~** die andere Wange hinhalten.
2. (*buttock*) Backe *f*.
3. (*impudence*) Frechheit, Unverschämtheit, Dreistigkeit *f*. **to have the ~ to do sth** die Frechheit *or* Stirn haben, etw zu tun; **they gave him a lot of ~** sie waren sehr frech zu ihm; **enough of your ~!** jetzt reicht's aber!; **what (a) ~!** (was für *or* so eine) Frechheit *or* Unverschämtheit!; **the**

~ of it! das ist doch die Höhe!
II *vt* **to ~ sb** frech zu jdm sein.

cheekily ['tʃiːkɪlɪ] *adv* frech.

cheekiness ['tʃiːkɪnɪs] *n* Frechheit *f*.

cheeky ['tʃiːkɪ] *adj* (+*er*) frech, dreist; *remark, person, smile also* schnippisch; *hat, dress* keß, flott; *driving* schneidig, schnittig, frech. **~ girl** freche Göre.

cheep [tʃiːp] **I** *n* Piepser *m*. **II** *vi* piepsen.

cheer [tʃɪər] **I** *n* **1.** Hurra- *or* Beifallsruf *m*; (*cheering*) Hurrageschrei *nt*, Jubel *m*. **to give three ~s for sb** jdn dreimal hochleben lassen, ein dreifaches Hoch auf jdn ausbringen; **three ~s for Mike!** ein dreifaches Hurra für Mike!; **~s!** (*Brit inf*) (*your health*) prost!; (*goodbye*) tschüs! (*inf*); (*thank you*) danke schön!; **~ leader** Anführer *m*.
2. (*comfort*) Aufmunterung, Ermutigung *f*. **the news gave us some ~** die Nachricht munterte uns auf; **words of ~** aufmunternde Worte, Zuspruch *m*.
3. (*old*) **be of good ~** seid guten Mutes.
4. (*old: food etc*) **good ~** Tafelfreude(n *pl*) *f* (*old*).
II *vt* **1.** *person* zujubeln (+*dat*); *thing, event* bejubeln.
2. (*gladden*) aufmuntern, aufheitern.
III *vi* jubeln, hurra rufen.

◆**cheer on** *vt sep* anspornen, anfeuern.

◆**cheer up I** *vt sep* aufmuntern, aufheitern; *room, place* aufheitern. **he needed a bit of ~ing ~** er brauchte etwas Aufmunterung *or* Aufheiterung; **tell him that, that'll ~ him ~** sag ihm das, dann freut er sich.
II *vi* (*person*) vergnügter *or* fröhlicher werden, bessere Laune bekommen; (*things*) besser werden. **~ ~!** laß den Kopf nicht hängen!, nun lach doch mal!; **~ ~, it's not that bad** Kopf hoch *or* nur Mut, so schlimm ist es auch wieder nicht.

cheerful ['tʃɪəfʊl] *adj* fröhlich, vergnügt; *place, appearance, colour etc* heiter; *prospect, news* erfreulich; (*iro*) heiter; *tune* fröhlich; *fire* lustig. **you're a ~ customer, aren't you?** (*iro*) du bist (mir) vielleicht ein schöner Miesmacher (*inf*).

cheerfully ['tʃɪəfʊlɪ] *adv* fröhlich, vergnügt; *decorated* lustig, heiter. **the fire was burning ~** das Feuer brannte lustig.

cheerfulness ['tʃɪəfʊlnɪs] *n see adj* Fröhlichkeit *f*; Heiterkeit *f*; Erfreulichkeit *f*; fröhlicher Charakter.

cheerily ['tʃɪərɪlɪ] *adv* fröhlich, vergnügt.

cheering ['tʃɪərɪŋ] **I** *n* Jubel *m*, Jubeln, Hurrageschrei *nt*; (*~ on*) anfeuernde Zurufe *pl*. **II** *adj* **1.** *news, prospect* beglückend. **2.** *crowds* jubelnd.

cheerio ['tʃɪərɪ'əʊ] *interj* (*esp Brit inf*) **1.** (*goodbye*) Wiedersehen (*inf*); (*to friends*) tschüs (*inf*). **2.** (*your health*) prost.

cheerless ['tʃɪəlɪs] *adj* freudlos, trüb; *person* trübselig, trübsinnig; *prospect* trübe, düster, traurig; *scenery* grau.

cheers [tʃɪəz] *interj see* **cheer I 1.**

cheery ['tʃɪərɪ] *adj* (+*er*) fröhlich, heiter (*geh*); *tune, colour also* lustig.

cheese [tʃiːz] *n* Käse *m*. **hard ~!** (*dated inf*) Künstlerpech! (*inf*); **say ~!** (*Phot*) bitte recht freundlich, sag „cheese".

cheese in cpds Käse-; **cheeseboard** n Käsebrett nt; (course) Käseplatte f; **cheeseburger** n Cheeseburger m; **cheesecake** n (Cook) Käsekuchen m; **cheesecloth** n indische Baumwolle f.

cheesed-off [ˈtʃiːzdˈɒf] adj (Brit sl) angeödet (sl). **I'm ~ with this job/her** diese Arbeit/sie ödet mich an (sl).

cheeseparing [ˈtʃiːzˌpɛərɪŋ] **I** n Pfennigfuchserei (inf), Knauserei f; **II** adj knauserig, knickerig (inf); **cheese straw** n kleine Käsestange.

cheesy [ˈtʃiːzɪ] adj (+er) **1.** käsig. **to taste ~** nach Käse schmecken; **a ~ smile** Pepsodentlächeln nt (inf). **2.** (US sl: shoddy) mies (inf).

cheetah [ˈtʃiːtə] n Gepard m.

chef [ʃef] n Küchenchef m; (as profession) Koch m; (head ~) Chefkoch m. **my compliments to the ~** ein Lob der Küche.

chemical [ˈkemɪkəl] **I** adj chemisch. **~ engineering** Chemotechnik f; **~ warfare** chemische Krieg(s)führung. **II** n Chemikalie f.

chemically [ˈkemɪkəlɪ] adv chemisch.

chemist [ˈkemɪst] n **1.** (expert in chemistry) Chemiker(in f) m. **2.** (Brit: in shop) Drogist(in f) m; (dispensing) Apotheker(in f) m. **~'s shop** Drogerie f; Apotheke f.

chemistry [ˈkemɪstrɪ] n **1.** Chemie f; (chemical make-up) chemische Zusammensetzung (fig). **~ set** Chemiebaukasten m. **2.** (fig) Verträglichkeit f. **the good/bad ~ between them** ihre gute Verträglichkeit/ihre Unverträglichkeit; **the ~ between us was perfect** wir haben uns sofort vertragen; **the ~ of physical attraction/of love** das Kräftespiel der körperlichen Anziehung/in der Liebe.

cheque, (US) **check** [tʃek] n Scheck m. **a ~ for £10** ein Scheck über £ 10; **to pay by ~** mit (einem) Scheck bezahlen; **~book** Scheckbuch nt; **~ card** Scheckkarte f.

chequered, (US) **checkered** [ˈtʃekəd] adj (lit) kariert; (dappled) gefleckt, gesprenkelt; (fig) career, history bewegt.

cherish [ˈtʃerɪʃ] vt **1.** person liebevoll sorgen für. **to love and to ~** zu lieben und zu ehren. **2.** feelings, hope hegen; idea, illusion sich hingeben (+dat). **I shall always ~ that memory/present** die Erinnerung (daran)/das Geschenk wird mir immer lieb und teuer sein; **to ~ sb's memory** jds Andenken in Ehren halten.

cheroot [ʃəˈruːt] n Stumpen m.

cherry [ˈtʃerɪ] **I** n Kirsche f; (colour) Kirschrot nt. **wild ~** Vogelkirsche f. **II** adj (colour) kirschrot; (Cook) Kirsch-.

cherry in cpds Kirsch-; **cherry brandy** n Cherry Brandy m; **cherry orchard** n Kirschgarten m.

cherub [ˈtʃerəb] n **1.** pl **-im** (Eccl) Cherub m. **2.** pl **-s** (Art) Putte f, Putto m (form); (baby) Engelchen nt.

chervil [ˈtʃɜːvɪl] n Kerbel m.

Ches [tʃes] abbr of **Cheshire.**

chess [tʃes] n Schach(spiel) nt. **~ board** Schachbrett nt; **~man, ~ piece** Schachfigur f.

chest¹ [tʃest] n (for tea, tools etc) Kiste f; (piece of furniture, for clothes, money etc) Truhe f. **~ of drawers** Kommode f.

chest² n (Anat) Brust f, Brustkorb m (esp Med). **to measure sb's ~** jds Brustweite or Brustumfang messen; **to get sth off one's ~** (fig inf) sich (dat) etw von der Seele reden, etw loswerden; **to have a weak ~** schwach auf der Brust sein (inf); **a cold on the ~** Bronchialkatarrh m; **~ specialist** Facharzt m für Lungenkrankheiten, Lungenfacharzt m.

chestnut [ˈtʃesnʌt] **I** n **1.** (nut, tree) Kastanie f. **2.** (colour) Kastanienbraun nt. **3.** (horse) Fuchs m. **4.** (inf: old joke) alte or olle Kamelle f (inf). **II** adj (colour) hair kastanienbraun. **a ~ horse** ein Fuchs m.

chesty [ˈtʃestɪ] adj (+er) (inf) person erkältet, grippig (inf); cough rauh, schnarrend.

cheval glass [ʃəˈvælglɑːs] n Standspiegel m (zum Kippen).

chevron [ˈʃevrən] n Winkel m.

chew [tʃuː] **I** n Kauen nt. **to have a good ~ on sth** auf or an etw (dat) gründlich herumkauen.

II vt kauen. **this meat takes a lot of ~ing** an or bei diesem Fleisch muß man viel (herum)kauen; **that dog's been ~ing the carpet again** der Hund hat schon wieder am Teppich gekaut; **don't ~ your fingernails** kaue nicht an deinen Nägeln.

◆**chew away I** vi lange herumkauen an or auf (+dat). **the rats have been ~ing ~ at the woodwork** die Ratten haben am Holz herumgenagt. **II** vt sep wegfressen.

◆**chew off** or **out** vt sep (US inf) zur Schnecke machen (inf).

◆**chew on** vi +prep obj **1.** (lit) (herum)kauen auf (+dat). **2.** (also **chew over**) (inf) facts, problem sich (dat) durch den Kopf gehen lassen.

◆**chew up** vt sep **1.** (lit) aufessen, fertigessen; (animal) auffressen; pencil etc zerkauen; ground, road surface zerstören; paper zerfressen, zermalmen. **2.** (sl: tell off) fertigmachen (inf).

chewing gum [ˈtʃuːɪŋgʌm] n Kaugummi m or nt.

chewy [ˈtʃuːɪ] adj meat zäh; pasta kernig; sweets weich.

chic [ʃiːk] **I** adj (+er) schick, elegant. **II** n Chic, Schick m.

Chicago [ʃɪˈkɑːgəʊ] n Chicago nt.

chicane [ʃɪˈkeɪn] n (Sport) Schikane f.

chicanery [ʃɪˈkeɪnərɪ] n (trickery) Machenschaften pl; (legal) Winkelzüge pl.

chichi [ˈtʃiːtʃiː] adj (inf) auf schön gemacht (inf); dress etc verspielt, niedlich. **he's gone all ~** er macht auf schön (inf).

chick [tʃɪk] n **1.** (of chicken) Küken nt; (young bird) Junge(s) nt. **2.** (inf: child) Kleine(s) nt. **3.** (sl: girl) Mieze f (sl). **she's some ~** sie ist nicht ohne (inf).

chicken [ˈtʃɪkɪn] **I** n **1.** Huhn nt; (for roasting, frying) Hähnchen nt. **she's no ~** (inf) sie ist nicht mehr die Jüngste; **~ liver** Hühner- or Geflügelleber f; **don't count your ~s before they're hatched** (Prov) man soll das Fell des Bären nicht verkaufen, ehe man ihn erlegt hat (Prov). **2.** (inf: coward) Feigling m.

II adj (inf) feig. **he's ~** er ist ein Feigling; **he's too ~ to do it** er ist zu feig(e).

◆**chicken out** vi (inf) kneifen (inf).

chicken in cpds Hühner-; **chicken-farmer** n Hühnerzüchter m; **chickenfeed** n **1.** (lit) Hühnerfutter nt; **2.** (inf: insignificant sum) ein paar Pfennige; **chicken-hearted** adj feige; **chickenpox** n Windpocken pl; **chicken-run** n Hühnerhof m; **chickenwire** n Hühnerdraht m.

chickpea ['tʃɪkpi:] n Kichererbse f; **chickweed** n Sternmiere f.

chicory ['tʃɪkərɪ] n Chicorée f or m; (in coffee) Zichorie f.

chide [tʃaɪd] pret **chid** [tʃɪd] (old) or **~d** ['tʃaɪdɪd], ptp **chidden** ['tʃɪdn] (old) or **~d** vt schelten, zurechtweisen, rügen.

chief [tʃi:f] **I** n, pl **-s 1.** (of department or organization) Leiter, Chef (inf) m; (of family, clan) Oberhaupt nt; (of tribe) Häuptling m; (of gang) Anführer m; (inf: boss) Chef m. **~ of police** Polizeipräsident or -chef m; **~ of staff** (Mil) Stabschef m; **~ of state** Staatschef m.

   2. in ~ hauptsächlich.

   II adj **1.** (most important) Haupt-, wichtigste(r, s), bedeutendste(r, s). **the ~ thing** das Wichtigste, die Hauptsache.

   2. (most senior) Haupt-, Ober-, erste(r). **~ clerk** Bürochef m; **~ constable** (Brit) Polizeipräsident or -chef m; **~ justice** (Brit) ≃ Oberrichter m; (US) Oberster Bundesrichter.

chiefly ['tʃi:flɪ] adv hauptsächlich, in erster Linie, vor allem.

chieftain ['tʃi:ftən] n (of tribe) Häuptling m; (of clan) Oberhaupt nt, Älteste(r) m; (of robber band) Hauptmann m. **the village ~** der Dorfälteste.

chiffon ['ʃɪfɒn] n Chiffon m.

chihuahua [tʃɪ'waʊwɑ:] n Chihuahua m.

chilblain ['tʃɪlbleɪn] n Frostbeule f.

child [tʃaɪld] n, pl **children** (lit, fig) Kind nt. **when I was a ~** in or zu meiner Kindheit; **she was with ~** (old, liter) sie trug ein Kind unter ihrem Herzen (old, liter).

child in cpds Kinder-; **child-bearing I** n Mutterschaft f, Kinderkriegen nt (inf); **II** adj of **~ age** im gebärfähigen Alter; **good ~ hips** gebärfreudiges Becken; **childbirth** n Geburt f, Gebären nt; **to die in ~** bei der Geburt sterben; **child care** n Kinderpflege f; (social work dept) Jugendfürsorge f; **child guidance** n Erziehungsberatung f; (social work agency) Erziehungsberatungsstelle f; **childhood** n Kindheit f; **to be in one's second ~** seine zweite Kindheit erleben.

childish adj, **~ly** adv ['tʃaɪldɪʃ, -lɪ] (pej) kindisch.

childishness ['tʃaɪldɪʃnɪs] n (pej) kindisches Gehabe.

child labour n Kinderarbeit f; **childless** adj kinderlos; **childlike** adj kindlich; **child-lock** n (Aut) Kindersicherung f; **childminder** n Tagesmutter f.

children ['tʃɪldrən] pl of **child**.

child prodigy n Wunderkind nt; **child's play** n ein Kinderspiel nt; **child welfare** n Jugendfürsorge f.

Chile ['tʃɪlɪ] n Chile nt.

Chilean ['tʃɪlɪən] **I** adj chilenisch. **II** n Chilene m, Chilenin f.

chill [tʃɪl] **I** n **1.** Frische f. **there's quite a ~ in the air** es ist ziemlich frisch; **the sun took the ~ off the water** die Sonne hat das Wasser ein bißchen erwärmt.

   2. (Med) fieberhafte Erkältung; (shiver) Schauder m, Frösteln nt. **a ~ of fear/horror** ein Angst-/Schreckensschauder; **to catch a ~** sich verkühlen.

   3. (fig) **a distinct ~ in East/West relations** eine deutliche Abkühlung der Ost-West-Beziehungen; **his presence cast a ~ over the meeting** durch seine Anwesenheit wurde das Treffen sehr frostig.

   II adj (lit) kühl, frisch; (fig liter) reception kühl, frostig.

   III vt **1.** (lit) wine, meat kühlen. **I was ~ed to the bone** or **marrow** die Kälte ging mir bis auf die Knochen.

   2. (fig) blood gefrieren lassen; enthusiasm etc abkühlen.

chil(l)i ['tʃɪlɪ] n Peperoni pl; (spice, meal) Chili m.

chill(i)ness ['tʃɪl(ɪ)nɪs] n (lit) Kühle, Frische f; (fig) Kühle, Frostigkeit f.

chilling ['tʃɪlɪŋ] adj look frostig, eisig; prospect, thought äußerst unerquicklich.

chilly ['tʃɪlɪ] adj (+er) weather kühl, frisch; manner, look, smile etc kühl, frostig. **I feel ~** mich fröstelt's, mir ist kühl.

chime [tʃaɪm] **I** n Glockenspiel, Geläut nt; (of door-bell) Läuten nt no pl. **II** vt schlagen. **III** vi läuten.

◆**chime in** vi (inf) sich einschalten.

◆**chime in with** vi +prep obj (plans) in Einklang stehen mit.

chimney ['tʃɪmnɪ] n Schornstein m; (on factory also) Schlot m; (open fire-place) Kamin m; (of lamp) Zylinder m; (of stove) Rauchfang m; (Mountaineering) Kamin m.

chimneypiece ['tʃɪmnɪpi:s] n Kaminsims m; **chimneypot** n Schornsteinkopf m; **chimneystack** n Schornstein m; **chimneysweep** n Schornsteinfeger m.

chimp [tʃɪmp] (inf), **chimpanzee** [ˌtʃɪmpæn'zi:] n Schimpanse m.

chin [tʃɪn] **I** n Kinn nt. **to have a weak/strong ~** wenig Kinn/ein ausgeprägtes Kinn haben; **to keep one's ~ up** die Ohren steifhalten (inf); **keep your ~ up!** Kopf hoch!, nur Mut!; **he took it on the ~** (fig inf) er hat's mit Fassung getragen.

   II vt (Sport) **to ~ the bar** einen Klimmzug machen.

China ['tʃaɪnə] n China nt.

china I n Porzellan nt. **II** adj Porzellan-.

china clay n Kaolin m; **Chinaman** n Chinese m; (US pej) Schlitzauge nt; **Chinatown** n Chinesenviertel nt; **chinaware** n Porzellanware(n pl) f.

chinchilla [tʃɪn'tʃɪlə] n Chinchilla f; (fur) Chinchilla(pelz) m.

Chinese [tʃaɪ'ni:z] **I** n **1.** (person) Chinese m, Chinesin f. **2.** (language, fig: gibberish) Chinesisch nt. **II** adj chinesisch. **~ lantern** Lampion m.

chink¹ [tʃɪŋk] **I** n Riß m, Ritze f; (in door) Spalt m. **a ~ of light** ein dünner Lichtstrahl; **the ~ in sb's armour** (fig) jds schwacher Punkt. **II** vt (US) stopfen.

chink² **I** n (sound) Klirren nt; (of coins) Klimpern nt. **II** vt klirren mit; coins klim-

pern mit. **III** vi klirren; (coins) klimpern.
Chink [tʃɪŋk] n (pej) Schlitzauge nt.
chinless ['tʃɪnlɪs] adj **to be** ~ (lit) ein
fliehendes Kinn haben; (fig) willens-
schwach sein; **chinless wonder** n (hum)
leicht vertrotteler Vertreter der Ober-
schicht.
chintz [tʃɪnts] n Chintz m.
chintzy ['tʃɪntsɪ] adj (+er) schmuck.
chinwag ['tʃɪnwæg] n (Brit inf) Schwatz m.
chip [tʃɪp] **I** n **1.** Splitter m; (of glass also)
Scherbe f; (of wood) Span m. **he's a** ~ **off
the old block** er ist ganz der Vater; **to have
a** ~ **on one's shoulder** einen Komplex
haben (about wegen); **sb with a** ~ **on his
shoulder** jd, der sich ständig angegriffen
fühlt.
   2. (potato ~) Pomme frite m or nt usu
pl; (US: crisp) Chip m usu pl. ~ **basket**
Frittiersieb nt; ~**-pan** Fritteuse f.
   3. (in crockery, furniture etc) abge-
stoßene Ecke or Stelle f. **this cup has a** ~
diese Tasse ist angeschlagen.
   4. (in poker etc) Chip m, Spielmarke f.
to cash in one's ~**s** (euph) den Löffel ab-
geben or wegwerfen (sl euph); **he's had
his** ~**s** (inf) (d)er hat ausgespielt (inf); **to
be in the** ~**s** (US inf) Kleingeld haben
(inf), flüssig sein (inf); **when the** ~**s are
down** wenn es drauf ankommt.
   5. to give the ball a ~ (Golf, Tennis) den
Ball chippen.
   6. (micro~) Chip m.
   II vt **1.** cup, stone anschlagen; varnish,
paint abstoßen; wood beschädigen;
(~ off) wegschlagen, abstoßen. **to be
badly** ~**ped** stark angeschlagen sein.
   2. (Brit Cook) ~**ped potatoes** Pommes
frites pl.
   3. (Sport) ball chippen.
   III vi (cup, china etc) angeschlagen
werden, Macken/eine Macke bekommen
(inf); (paint, varnish) abspringen; (stone)
splittern. **this pottery** ~**s easily** diese
Keramik ist schnell angeschlagen.
◆**chip away I** vt sep weghauen. **the wood-
pecker** ~**ped** ~ **the bark** der Specht
hackte die Rinde ab. **II** vi **the sculptor**
~**ped** ~ **until ...** der Bildhauer meißelte
am Stein herum, bis ...
◆**chip in** vi (inf) **1.** (interrupt) sich einschal-
ten. **2.** (contribute) **he** ~**ped** ~ **with £3** er
steuerte £ 3 bei; **would you like to** ~ ~?
würdest du gerne etwas beisteuern?
◆**chip off I** vt sep paint etc wegschlagen;
piece of china abstoßen, abschlagen. **II** vi
(paint etc) absplittern.
chipboard ['tʃɪpbɔːd] n Spanholz nt. **piece
of** ~ Spanplatte f.
chipmunk ['tʃɪpmʌŋk] n Backenhörnchen
nt.
chipolata [tʃɪpə'laːtə] n (Brit) Cocktail-
würstchen nt.
chippings ['tʃɪpɪŋz] npl Splitter pl; (of
wood) Späne pl; (road ~) Schotter m.
chiropodist [kɪ'rɒpədɪst] n Fußpfleger(in f)
m.
chiropody [kɪ'rɒpədɪ] n Fußpflege f.
chiropractic ['kaɪərəpræktɪk] n Chiroprak-
tik f.
chirp [tʃɜːp] **I** vi (birds) zwitschern;
(crickets) zirpen.

II n (of birds) Piepser m; (~ing) Piep-
sen, Zwitschern nt no pl; (of crickets) Zir-
pen nt no pl. **I don't want to hear another**
~ **from you** ich möchte keine Muckser
mehr von dir hören (inf).
chirpy ['tʃɜːpɪ] adj (+er) (inf) munter.
chirrup ['tʃɪrəp] see **chirp.**
chisel ['tʃɪzl] **I** n Meißel m; (for wood)
Beitel m. **II** vt meißeln; (in wood) stem-
men. **her finely** ~**led features** ihr fein
geschnittenes Gesicht.
chit¹ [tʃɪt] n junges Ding. **she's a mere** ~ **of
a girl** sie ist ja noch ein halbes Kind.
chit² n (also ~ **of paper**) Zettel m.
chitchat ['tʃɪttʃæt] n (inf) Gerede nt.
chivalric ['ʃɪvəlrɪk] adj ritterlich.
chivalrous adj, ~**ly** adv ['ʃɪvəlrəs, -lɪ] rit-
terlich.
chivalry ['ʃɪvəlrɪ] n Ritterlichkeit f;
(medieval concept) Rittertum nt. ~ **is not
dead** es gibt noch Kavaliere.
chives [tʃaɪvz] n Schnittlauch m.
chivvy ['tʃɪvɪ] vt (Brit inf) (also ~ **along** or
up) antreiben.
chlorate ['klɔːreɪt] n Chlorat nt.
chloric ['klɔːrɪk] adj chlorig, chlorhaltig. ~
acid Chlorsäure f.
chloride ['klɔːraɪd] n Chlorid nt. ~ **of lime**
Chlorkalk m.
chlorinate ['klɒrɪneɪt] vt water chloren.
chlorination [klɒrɪ'neɪʃən] n (of water)
Chloren nt.
chlorine ['klɔːriːn] n (abbr **Cl**) Chlor nt.
chloroform ['klɒrəfɔːm] **I** n Chloroform nt.
II vt mit Chloroform betäuben.
chlorophyll ['klɒrəfɪl] n Chlorophyll nt.
choc-ice ['tʃɒkaɪs] n Eismohrle nt.
chock [tʃɒk] **I** n Bremskeil, Bremsklotz m;
(Naut: under boat) Bock m; (Naut: for
cables) Lippe, Lippklampe f. **II** vt wheel
blockieren; boat aufbocken.
chock-a-block ['tʃɒkəblɒk], **chock-full**
['tʃɒkfʊl] adj (inf) gerammelt voll (inf).
chocolate ['tʃɒklɪt] **I** n **1.** Schokolade f.
(hot or drinking) ~ Schokolade f; Kakao
m; a ~ eine Praline; **flavoured with** ~ mit
Schokoladengeschmack. **2.** (colour) Scho-
koladenbraun nt. **II** adj Schokoladen-;
(also ~**-coloured**) schokoladenbraun.
choice [tʃɔɪs] **I** n **1.** (act of, possibility of
choosing) Wahl f. **it's your** ~ du hast die
Wahl; **to make a** ~ eine Wahl treffen; **to
take one's** ~ sich (dat) etwas aussuchen;
I didn't do it from ~ ich habe es mir nicht
ausgesucht; **he had no** ~ **but to obey** er
hatte keine (andere) Wahl or es blieb ihm
nichts anderes übrig, als zu gehorchen; **for**
~ **I would ...** wenn ich die Wahl hätte,
würde ich ...; **the prize is a holiday of your
own** ~ zu gewinnen ist eine Urlaubsreise
an einen Ort Ihrer Wahl.
   2. (person, thing chosen) Wahl f. **it was
your** ~ du wolltest es ja so.
   3. (variety to choose from) Auswahl f
(of an +dat, von).
   II adj **1.** (Comm) goods, fruit, wine
Qualitäts-, erstklassig. ~ **fruit** Obst erster
Wahl; ~**st** allerfeinste(r, s), auserlesen.
   2. language (elegant) gewählt; (euph:
strong) sauber (euph).
choir ['kwaɪər] n **1.** Chor m. **2.** (Archit)
Chor(raum) m.

choir *in cpds* Chor-; **choirboy** *n* Chor- *or*
Sängerknabe *m*; **choir loft** *n* Chorempore
f; **choir master** *n* Chorleiter *m*; **choir
stall** *n* Chorstuhl *m*; **choir stalls** *npl*
Chorgestühl *nt*.

choke [tʃəuk] **I** *vt* **1.** *person* ersticken;
(throttle) (er)würgen, erdrosseln. **to ~ the
life out of sb/sth** *(lit, fig)* jdm/einer Sache
den Garaus machen; **in a voice ~d with
sobs** mit tränenerstickter Stimme.
  2. *(fig) pipe, tube, street* verstopfen;
fire, plants ersticken.
  II *vi* ersticken *(on* an +*dat)*.
  III *n (Aut)*·Choke, Starterzug *m*. **give it
a bit of ~** zieh den Choke etwas heraus.
◆**choke back** *vt sep* unterdrücken.
◆**choke down** *vt sep* hinunterschlucken.
◆**choke off** *vt sep* **1.** *supplies* drosseln.
  2. *(sl) person (interrupt)* das Wort ab-
schneiden *(+dat)*; *(put off)* abwimmeln
(inf). **3.** *(sl: make fed up)* **I'm ~d ~** mir
stinkt's! *(sl)*.
◆**choke up** *vt sep* **1.** *(block)* verstopfen.
  2. *(usu pass) voice* ersticken. **you sound
a bit ~d** ~ du klingst etwas verschnupft.
  3. to get/be ~d ~ *(sl)* ganz fuchtig *(inf)*
werden/sein *(about* über +*acc,* wegen*)*.

choker [ˈtʃəukəʳ] *n (collar)* Vatermörder
m; *(necklace)* enger Halsreif; *(of velvet
etc)* Kropfband *nt*.

cholera [ˈkɒlərə] *n* Cholera *f*.

choleric [ˈkɒlərɪk] *adj* cholerisch.

cholesterol [kɒˈlestərəl] *n* Cholesterin *nt*.

chomp [tʃɒmp] *vt* laut mahlen; *(person)*
mampfen *(inf)*.

choose [tʃuːz] *pret* **chose,** *ptp* **chosen I** *vt*
  1. *(select)* (aus)wählen, sich *(dat)*
aussuchen. **to ~ a team** eine Mannschaft
auswählen *or* zusammenstellen; **they
chose him as their leader** *or* **to be their
leader** sie wählten ihn zu ihrem Anführer.
  2. *(decide, elect)* **to ~ to do sth** es vor-
ziehen, etw zu tun; **I cannot ~ but obey** ich
habe keine andere Wahl, als zu gehor-
chen; **may I come earlier? — if you ~ to**
darf ich früher kommen? — wenn Sie
wollen.
  II *vi* **1. to ~** *(between or among/from)*
wählen *or* eine Wahl treffen (zwischen
+*dat*/aus *or* unter +*dat*); **there is nothing
to ~ between them** sie sind gleich gut;
there aren't many to ~ from die Auswahl
ist nicht sehr groß.
  2. *(decide, elect)* **as/if you ~** wie/wenn
Sie wollen.

choos(e)y [ˈtʃuːzɪ] *adj* (+*er*) wählerisch.

chop[1] [tʃɒp] **I** *n* **1.** *(blow)* Schlag *m*.
  2. *(Cook)* Kotelett *nt*.
  3. *(Sport)* harter (Kurz)schlag; *(Ka-
rate)* Karateschlag *m*.
  4. *(of waves)* Klatschen, Schlagen *nt*.
  5. *(sl)* **to get the ~** *(be axed)* dem Rot-
stift zum Opfer fallen; *(be fired)* raus-
geschmissen werden *(inf)*; **to give sb the ~**
jdn rausschmeißen *(inf)*.
  II *vt* **1.** hacken; *meat, vegetables etc*
kleinschneiden.
  2. *(Sport)* **ball** (ab)stoppen; *(Wrestling
etc)* einen Schlag versetzen *(+dat)*.
◆**chop at** *vi* +*prep obj* hacken *or* schlagen
nach; *(with axe)* einhacken auf *(+acc)*.
◆**chop back** *vt sep* wegschneiden.

◆**chop down** *vt sep tree* fällen.
◆**chop off** *vt sep* abhacken, abschlagen, ab-
hauen. **to ~ ~ the ends of one's words**
abgehackt sprechen.
◆**chop up** *vt sep* zerhacken, zerkleinern;
(fig) country aufteilen; *company* aufspal-
ten.

chop[2] *vi* **1.** *(Naut: wind)* drehen, umsprin-
gen. **2.** *(fig)* **to ~ and change** ständig seine
Meinung ändern.

chop-chop [ˈtʃɒpˈtʃɒp] *(inf) adv, interj*
hopp, hopp *(inf)*.

chophouse [ˈtʃɒphaus] *n* Steakhaus *nt*.

chopper [ˈtʃɒpəʳ] *n* **1.** *(axe)* Hackbeil *nt*.
  2. *(inf: helicopter)* Hubschrauber *m*.

chopping block [ˈtʃɒpɪŋblɒk] *n* Hackklotz
m; *(for wood, executions etc)* Block *m*;
chopping board *n* Hackbrett *nt*.

choppy [ˈtʃɒpɪ] *adj* (+*er*) *sea* kabbelig;
wind böig, wechselhaft.

chops [tʃɒps] *npl (of dog)* Lefzen *pl*; *(inf:
of person)* Visage *f (sl)*.

chopstick [ˈtʃɒpstɪk] *n* Stäbchen *nt*.

choral [ˈkɔːrəl] *adj* Chor-. **~ society**
Gesangverein, Chor *m*.

chorale [kɒˈrɑːl] *n* Choral *m*.

chord [kɔːd] *n* **1.** *(Mus)* Akkord *m*. **to strike
the right/a sympathetic ~** *(fig)* den rich-
tigen Ton treffen/auf Verständnis stoßen.
  2. *(Geometry)* Sehne *f*. **3.** *(Anat)* Band *nt*.

chore [tʃɔːʳ] *n* lästige Pflicht. **~s** *pl* Hausar-
beit *f*; **to do the ~s** den Haushalt machen,
die Hausarbeit erledigen.

choreographer [ˌkɒrɪˈɒgrəfəʳ] *n*
Choreograph(in *f*) *m*.

choreographic [ˌkɒrɪəˈgræfɪk] *adj*
choreographisch.

choreography [ˌkɒrɪˈɒgrəfɪ] *n*
Choreographie *f*.

chorister [ˈkɒrɪstəʳ] *n* (Kirchen)chor-
mitglied *nt*; *(boy)* Chorknabe *m*.

chortle [ˈtʃɔːtl] **I** *vi* gluckern, glucksen. **he
was chortling over the newspaper/the ar-
ticle** er lachte in sich hinein *or* vor sich hin,
als er die Zeitung/den Artikel las. **II** *n*
Gluckser *m*.

chorus [ˈkɔːrəs] **I** *n* **1.** *(refrain)* Refrain *m*.
  2. Chor *m*; *(of opera)* Opernchor *m*;
(dancers) Tanzgruppe *f*. **in ~** im Chor.
  II *vi* im Chor singen/sprechen/rufen.

chorus girl *n* (Revue)tänzerin *f or* -girl *nt*;
chorus line *n* Revue *f*.

chose [tʃəuz] *pret of* **choose.**

chosen [ˈtʃəuzn] **I** *ptp of* **choose. II** *adj* **the
~ people** das auserwählte Volk; **the ~ few**
die wenigen Auserwählten.

choux pastry [ˈʃuːˈpeɪstrɪ] *n* Brandteig *m*.

chow(chow) [ˈtʃau(tʃau)] *n (dog)* Chow-
Chow *m*.

chowder [ˈtʃaudəʳ] *n (US)* sämige
Fischsuppe *f*.

Christ [kraɪst] **I** *n* Christus *m*. **II** *interj (sl)*
Herrgott *(inf)*.

christen [ˈkrɪsn] *vt* **1.** taufen. **to ~ sb after sb**
jdn nach jdm (be)nennen. **2.** *(inf: use for
first time)* einweihen.

Christendom [ˈkrɪsndəm] *n (old)* Christen-
heit *f*.

christening [ˈkrɪsnɪŋ] *n* Taufe *f*.

Christian [ˈkrɪstɪən] **I** *n* Christ *m*. **II** *adj (lit,
fig)* christlich.

Christianity [ˌkrɪstɪˈænɪtɪ] *n* **1.** *(faith, re-*

ligion) Christentum *nt*, christlicher Glaube; (*body of Christians*) Christenheit *f*.
  2. (*being a Christian*) Christlichkeit, Frömmigkeit *f*.
  3. (*Christian character*) christliche Haltung *or* Gesinnung.

Christianize ['krɪstənaɪz] *vt* christianisieren, zum Christentum bekehren.

Christian name *n* Vor- *or* Rufname *m*; **Christian Science** *n* Christian Science *f*.

Christmas ['krɪsməs] *n* Weihnachten *nt*. **are you going home for ~?** fährst du (über) Weihnachten nach Hause?; **what did you get for ~?** was hast du zu Weihnachten bekommen?; **merry** *or* **happy ~!** frohe *or* fröhliche Weihnachten!

Christmas box *n* (*Brit*) Trinkgeld *nt* zu Weihnachten, ≃ Neujahrsgeld *nt*; **Christmas cake** *n* Früchtekuchen *m* mit Zuckerguß zu Weihnachten; **Christmas card** *n* Weihnachtskarte *f*; **Christmas carol** *n* Weihnachtslied *nt*; **Christmas Day** *n* der erste Weihnachtstag; **on ~** an Weihnachten, am ersten (Weihnachts)feiertag; **Christmas Eve** *n* Heiligabend *m*; **on ~** Heiligabend; **Christmas Island** *n* Weihnachtsinsel *f*; **Christmas present** *n* Weihnachtsgeschenk *nt*; **Christmas pudding** *n* Plumpudding *m*; **Christmas rose** *n* Christrose *f*; **Christmas stocking** *n* Strumpf, in den Weihnachtsgeschenke gelegt werden; **Christmas time** *n* Weihnachtszeit *f*; **at ~** zur *or* in der Weihnachtszeit; **Christmas tree** *n* Weihnachtsbaum, Christbaum (*esp S Ger*) *m*.

chromatic [krə'mætɪk] *adj* (*Art*, *Mus*) chromatisch.

chrome [krəʊm] *n* Chrom *nt*. **~ steel** Chromstahl *m*; **~ yellow** Chromgelb *nt*.

chromium ['krəʊmɪəm] *n* (*abbr* **Cr**) Chrom *nt*.

chromosome ['krəʊməsəʊm] *n* Chromosom *nt*.

chronic (chronikl) *adj* **1.** (*Med*, *fig*) *disease*, *invalid*, *liar etc* chronisch. **2.** (*inf*: *terrible*) schlecht, miserabel (*inf*).

chronicle ['krɒnɪkl] **I** *n* Chronik *f*. **C~s** (*Bibl*) Bücher *pl* der Chronik. **II** *vt* aufzeichnen.

chronicler ['krɒnɪklə'] *n* Chronist *m*.

chronological *adj*, **~ly** *adv* [ˌkrɒnə'lɒdʒɪkəl, -ɪ] chronologisch.

chronology [krə'nɒlədʒɪ] *n* zeitliche Abfolge, Chronologie (*form*) *f*; (*list of dates*) Zeittafel *f*.

chronometer [krə'nɒmɪtə'] *n* Chronometer *m*.

chrysalis ['krɪsəlɪs] *n*, *pl* **-es** (*Biol*) Puppe *f*; (*covering*) Kokon *m*.

chrysanthemum [krɪ'sænθəməm] *n* Chrysantheme *f*.

chubby ['tʃʌbɪ] *adj* (*+er*) pummelig, rundlich. **~ cheeks** Pausbacken *pl*; **~-cheeked** pausbäckig.

chuck¹ [tʃʌk] **I** *vt* (*inf*) **1.** (*throw*) schmeißen (*inf*).
  2. (*sl*) *girlfriend*, *boyfriend* Schluß machen mit (*inf*). **~ it!** (*stop it*) Schluß jetzt!
  3. to ~ sb under the chin jdm einen Kinnstüber versetzen.
  II *n* **1.** (*sl*: *dismissal*) Rausschmiß *m*

(*inf*). **to give sb the ~** jdn rausschmeißen (*inf*); **he got the ~** er ist rausgeflogen (*inf*).
  2. to give sb a ~ under the chin *see vt* **3.**

◆**chuck about** *vt sep* (*inf*) rumschmeißen (mit) (*inf*).

◆**chuck away** *vt sep* (*inf*) (*throw out*) wegschmeißen (*inf*); (*waste*) *money* aus dem Fenster schmeißen (*inf*).

◆**chuck in** *vt sep* (*inf*) *job* hinschmeißen (*inf*), an den Nagel hängen (*inf*). **to ~ it (all) ~** den Laden hinschmeißen (*inf*).

◆**chuck out** *vt sep* (*inf*) *unwanted people* rausschmeißen (*inf*); *useless articles also* wegschmeißen (*inf*). **to be ~ed ~** rausfliegen (*of aus*) (*inf*).

◆**chuck up** *vt sep* (*inf*) *job* hinschmeißen (*inf*).

chuck² *n* (*Tech*) Spannfutter *nt*.

chuck³ *n* (*US sl*: *food*) Essen *nt*. **~ wagon** Proviantwagen *m* mit fahrbarer Küche.

chucker-out ['tʃʌkər'aʊt] *n* (*inf*) Rausschmeißer *m* (*inf*).

chuckle ['tʃʌkl] **I** *n* leises Lachen, Kichern *nt no pl*. **to have a good ~ about sth** sich (*dat*) eins lachen über etw (*acc*) (*inf*). **II** *vi* leise in sich (*acc*) hineinlachen. **to ~ away** vor sich hin lachen *or* kichern.

chuffed [tʃʌft] *adj* (*Brit sl*) vergnügt und zufrieden; (*flattered*) gebauchpinselt (*inf*) (*about wegen*).

chug [tʃʌg] **I** *n* Tuckern *nt*. **II** *vi* tuckern.

◆**chug along** *vi* entlangtuckern; (*fig inf*) gut vorankommen.

chum [tʃʌm] *n* (*inf*) Kamerad, Kumpel (*inf*), Spezi (*S Ger*) *m*.

◆**chum up** *vi* sich anfreunden.

chummy ['tʃʌmɪ] *adj* (*+er*) (*inf*) kameradschaftlich. **to be ~ with sb** mit jdm sehr dicke sein (*inf*); **to get ~ with sb** sich mit jdm anfreunden.

chump [tʃʌmp] *n* **1.** (*inf*) Trottel *m*. **2. he's off his ~** (*Brit inf*) der hat 'ne Meise (*inf*).

chump chop *n* Kotelett *nt*.

chunk [tʃʌŋk] *n* großes Stück; (*of meat*) Batzen *m*; (*of stone*) Brocken *m*.

chunky ['tʃʌŋkɪ] *adj* (*+er*) (*inf*) *legs*, *arms* stämmig; *person also* untersetzt, gedrungen; *knitwear* dick, klobig.

church [tʃɜːtʃ] *n* Kirche *f*; (*service*) die Kirche. **to go to ~** in die Kirche gehen; **the C~ Fathers** die Kirchenväter; **the C~ of England** die Anglikanische Kirche; **he has gone into** *or* **entered the C~** er ist Geistlicher geworden.

church *in cpds* Kirchen-; **church-goer** *n* Kirchgänger(in *f*) *m*; **church-going** *adj* **a ~ family** eine Familie, die regelmäßig in die Kirche geht; **churchman** *n* (*clergyman*) Geistliche(r), Seelsorger *m*; **(~goer)** Kirchgänger *m*; **church mouse** *n*: **as poor as a ~** arm wie eine Kirchenmaus; **church service** *n* Gottesdienst *m*; **churchwarden** *n* Gemeindevorsteher *m*.

churchyard ['tʃɜːtʃjɑːd] *n* Friedhof *m*.

churlish *adj*, **~ly** *adv* ['tʃɜːlɪʃ, -lɪ] ungehobelt.

churlishness ['tʃɜːlɪʃnɪs] *n* ungehobeltes Benehmen.

churn [tʃɜːn] **I** *n* (*for butter*) Butterfaß *nt*; (*Brit*: *milk-~*) Milchkanne *f*. **II** *vt* **1. to ~**

butter buttern, Sahne buttern. **2.** (*agitate*) *sea, mud etc* aufwühlen. **III** *vi* (*water, mud*) wirbeln, strudeln; (*wheels, rage etc*) wühlen; (*propeller*) wirbeln, sich wild drehen. **the ~ing sea** die stampfende See.

◆**churn away** *vi* sich wild drehen; (*engine*) stampfen.

◆**churn out** *vt sep* am laufenden Band produzieren.

◆**churn up** *vt sep* aufwühlen.

chute [ʃuːt] *n* **1.** Rutsche *f*; (*garbage ~*) Müllschlucker *m*. **2.** (*rapid in river*) Stromschnelle *f*. **3.** (*inf: parachute*) Fallschirm *m*. **4.** (*in playground*) Rutschbahn, Rutsche *f*.

chutney [ˈtʃʌtnɪ] *n* Chutney *m*.

CIA *abbr of* **Central Intelligence Agency** CIA *f*.

cicada [sɪˈkɑːdə] *n* Zikade *f*.

CID (*Brit*) *abbr of* **Criminal Investigation Department** Kripo *f*.

cider [ˈsaɪdəʳ] *n* Apfelwein *m*. **hard ~** (*US*) (*voll vergorener*) Apfelwein; **sweet ~** süßer (*teilweise vergorener*) Apfelwein, Rauscher *m* (*dial*); **rough ~** Apfelwein *m* (*mit größerem Alkoholgehalt*).

cider apple *n* Mostapfel *m*; **cider press** *n* Apfelpresse *f*.

cigar [sɪˈɡɑːʳ] *n* Zigarre *f*.

cigar box *n* Zigarrenkiste *f*; **cigar cutter** *n* Zigarrenabschneider *m*.

cigarette [ˌsɪɡəˈret] *n* Zigarette *f*.

cigarette box *n* Zigarettenschachtel *f*; **cigarette case** *n* Zigarettenetui *nt*; **cigarette end** *n* Zigarettenstummel *m*; **cigarette holder** *n* Zigarettenspitze *f*; **cigarette lighter** *n* Feuerzeug *nt*.

cigarillo [ˌsɪɡəˈrɪləʊ] *n, pl* ~**s** Zigarillo *m or nt*.

C-in-C *abbr of* **Commander in Chief.**

cinch [sɪntʃ] **I** *n* **1.** (*US: saddle girth*) Sattelgurt *m*. **2.** (*sl*) **it's a ~** (*easy*) das ist *or* ein Klacks (*inf*); (*esp US: certain*) es ist todsicher (*inf*). **II** *vt* (*US*) **1. to ~ a horse** den Sattelgurt anziehen. **2.** (*sl*) regeln (*sl*).

cinder [ˈsɪndəʳ] *n* ~**s** *pl* Asche *f*; (*lumpy*) Schlacke *f*; (*still burning*) glühendes Kohlestück. **burnt to a ~** (*fig*) verkohlt.

Cinderella [ˌsɪndəˈrelə] *n* Aschenputtel *nt*.

cinder track *n* Aschenbahn *f*.

cine-camera [ˌsɪnɪˈkæmərə] *n* (*Brit*) (Schmal)filmkamera *f*.

cine-film [ˈsɪnɪfɪlm] *n* (*Brit*) Schmalfilm *m*.

cinema [ˈsɪnəmə] *n* (*esp Brit*) Kino *nt*; (*films collectively also*) Film *m*. **at/to the ~** im/ins Kino.

cinemagoer [ˈsɪnəməˌɡəʊəʳ] *n* (*esp Brit*) Kinogänger(in *f*) *m*.

cinematic [ˌsɪnɪˈmætɪk] *adj* filmisch. **~ art** Filmkunst *f*.

cine-projector [ˌsɪnɪprəˈdʒektəʳ] *n* (*Brit*) Filmprojektor *m*.

cinnabar [ˈsɪnəbɑːʳ] *n* Zinnober *m*.

cinnamon [ˈsɪnəmən] **I** *n* Zimt *m*. **II** *adj attr* **1.** *biscuit* Zimt-. **2.** (*colour*) zimtfarben.

CIO (*US*) *abbr of* **Congress of Industrial Organizations** ≃ BDI.

cipher [ˈsaɪfəʳ] **I** *n* **1.** (*Arabic numeral*) Ziffer, Zahl *f*.
2. (*zero*) Null *f*.
3. (*nonentity*) Niemand *m no pl*.
4. (*code*) Chiffre *f*, Code *m*. ~ **clerk**

(De)chiffreur *m*; ~ **officer** (*army*) Fernmeldeoffizier *m*; (*secret service etc*) (De)chiffreur *m*; **in ~** chiffriert.
5. (*monogram*) Namenszeichen *nt*.
II *vt* (*encode*) verschlüsseln, chiffrieren.

circ *abbr of* **circa** ca.

circa [ˈsɜːkə] *prep* zirka, circa.

circle [ˈsɜːkl] **I** *n* **1.** Kreis *m*. **to stand in a ~** im Kreis stehen; **to go round in ever decreasing ~s** (*lit*) Spiralen drehen; (*fig*) sich unablässig im Kreis drehen; **to turn full ~** (*lit*) sich ganz herumdrehen, eine Volldrehung machen; **we're just going round in ~s** (*fig*) wir bewegen uns nur im Kreise; **to come full ~** (*fig*) zum Ausgangspunkt zurückkehren; **things have come full ~** ~ der Kreis hat sich geschlossen.
2. (*of hills etc*) Ring *m*, Kette *f*; (*round the eyes*) Ring *m* (*round unter* +*dat*); (*in gymnastics*) Welle *f*. **a Celtic stone ~** ein keltischer Steinkreis.
3. (*Brit: Theat*) Rang *m*; *see* **dress.**
4. (*group of persons*) Kreis, Zirkel (*geh*) *m*. **in political ~s** in politischen Kreisen; **the family ~** der engste Familienkreis.
II *vt* **1.** (*surround*) umgeben. **2.** (*move around*) kreisen um.
3. (*draw a ~ round*) einen Kreis *or* Kringel machen um. ~**d in red** rot umkringelt.
III *vi* (*fly in a ~*) kreisen.

◆**circle around** *vi* (*people*) umhergehen *or* -wandern; (*birds*) Kreise ziehen; (*vehicles*) kreisen, Runden drehen; (*ships*) kreisen. **the wolves/Indians ~d ~**, **waiting** die Wölfe/Indianer kreisten lauernd um uns/sie/das Lager *etc*.

circlet [ˈsɜːklɪt] *n* Reif *m*.

circuit [ˈsɜːkɪt] **I** *n* **1.** (*journey around etc*) Rundgang *m*/-fahrt *f*/-reise *f* (*of* um). **to make a ~ of sth** um etw herumgehen/ -fahren, einen Rundgang/eine Rundfahrt um etw machen; **when the earth has completed its ~ of the sun** wenn die Erde ihre Bahn um die Sonne vollendet hat; **three ~s of the race-track** drei Runden auf der Rennbahn; **they made a wide ~ to avoid the enemy** sie machten einen großen Bogen um den Feind; **the diagram shows the ~ the oil takes** das Diagramm zeigt die Zirkulation des Öls.
2. (*of judges etc*) Gerichtsbezirk *m*. **to go on ~** den (Gerichts)bezirk bereisen.
3. (*Theat*) Theaterring *m or* -kette *f*.
4. (*Elec*) Stromkreis *m*; (*apparatus*) Schaltung *f*.
5. (*Sport: track*) Rennbahn *f*.
6. the golf/tennis ~ die Golf-/Tennisturnierrunde.
II *vt track* eine Runde drehen um.

circuit breaker *n* Stromkreisunterbrecher *m*; **circuit court** *n* ≃ Bezirksgericht *nt*; **circuit diagram** *n* Schaltplan *m*; **circuit judge** *n* Richter *m* an einem Bezirksgericht.

circuitous [sɜːˈkjuːɪtəs] *adj* umständlich.

circuitously [sɜːˈkjuːɪtəslɪ] *adv see adj.*

circuitousness [sɜːˈkjuːɪtəsnɪs] *n* Umständlichkeit *f*; (*of route*) Gewundenheit *f*.

circuitry ['sɜ:kətrɪ] *n* Schaltkreise *pl.*

circuit training *n* Circuittraining *nt.*

circuity [sɜ:'kjʊətɪ] *n see* **circuitousness.**

circular ['sɜ:kjʊlər] I *adj object* kreisförmig, rund. ~ **saw** Kreissäge *f;* ~ **motion** Kreisbewegung *f;* ~ **tour** Rundfahrt *f/* -reise *f;* **letter** Rundschreiben *nt,* Rundbrief *m.*

II *n (in firm)* Rundschreiben *nt,* Rundbrief *m; (single copy)* Umlauf *m; (printed advertisement)* Wurfsendung *f.*

circularize ['sɜ:kjʊləraɪz] *vt person* durch Rundschreiben informieren; *letter, memo* zirkulieren lassen.

circulate ['sɜ:kjʊleɪt] I *vi* 1. *(water, blood, money)* fließen, zirkulieren; *(traffic)* fließen; *(news, rumour)* kursieren, in Umlauf sein; *(news)* sich verbreiten.

2. *(person: at party)* die Runde machen.

II *vt news, rumour* verbreiten, in Umlauf bringen; *memo etc* zirkulieren lassen; *water* pumpen.

circulating ['sɜ:kjʊleɪtɪŋ]: ~ **capital** flüssiges Kapital, Umlaufkapital *nt;* ~ **library** Fahrbücherei *f;* ~ **medium** *(Fin)* Zahlungs- *or* Umlaufsmittel *nt.*

circulation [ˌsɜ:kjʊ'leɪʃən] *n* 1. *(Med) (act of circulating)* Kreislauf *m,* Zirkulation *f; (of traffic)* Ablauf, Fluß *m; (of money also)* Umlauf *m; (of news, rumour)* Kursieren *nt,* Verbreitung *f.* **to have poor** ~ Kreislaufstörungen haben; **to put notes into** ~ Banknoten in Umlauf bringen; **this coin was withdrawn from** *or* **taken out of** ~ diese Münze wurde aus dem Verkehr gezogen; **he's back in** ~ **now** *(inf)* er mischt wieder mit *(inf);* **the ideas then in** ~ die Ideen, die damals im Schwang(e) waren.

2. *(of newspaper etc)* Auflage(nziffer) *f.* **for private** ~ zum privaten Gebrauch.

circulatory [ˌsɜ:kjʊ'leɪtərɪ] *adj* Kreislauf-. ~ **system** Blutkreislauf *m.*

circum- ['sɜ:kəm-] *pref* um-, um ... herum.

circumcise ['sɜ:kəmsaɪz] *vt* beschneiden.

circumcision [ˌsɜ:kəm'sɪʒən] *n* Beschneidung *f.*

circumference [sə'kʌmfərəns] *n* Umfang *m.* **the tree is 10 ft in** ~ der Baum hat einen Umfang von 10 Fuß.

circumflex ['sɜ:kəmfleks] *n* Zirkumflex *m.*

circumlocution [ˌsɜ:kəmlə'kju:ʃən] *n* Weitschweifigkeit *f; (evasiveness)* Umschreibung *f,* Drumherumreden *nt (inf).*

circumlocutory [ˌsɜ:kəmlə'kju:tərɪ] *adj* weitschweifig; *expression* umschreibend.

circumnavigate [ˌsɜ:kəm'nævɪgeɪt] *vt the globe* umfahren; *(in yacht also)* umsegeln.

circumnavigation ['sɜ:kəmˌnævɪ'geɪʃən] *n* Fahrt *f (of* um); *(in yacht also)* Umsegelung *f.* ~ **of the globe** Fahrt um die Welt.

circumscribe ['sɜ:kəmskraɪb] *vt* 1. *(Math)* einen Kreis umbeschreiben *(+dat).* 2. *(restrict)* eingrenzen.

circumscription [ˌsɜ:kəm'skrɪpʃən] *n* 1. *(restriction)* Eingrenzung *f.* 2. *(on coin)* Umschrift *f.*

circumspect *adj,* ~**ly** *adv* ['sɜ:kəmspekt, -lɪ] umsichtig.

circumspection [ˌsɜ:kəm'spekʃən] *n* Umsicht *f.*

circumstance ['sɜ:kəmstəns] *n* 1. Umstand *m.* **in** *or* **under the** ~**s** unter diesen Um-

ständen; **in** *or* **under no** ~**s** unter gar keinen Umständen, auf keinen Fall; **in certain** ~**s** unter Umständen, eventuell.

2. ~**s** *pl (financial condition)* finanzielle Verhältnisse, Umstände *(form) pl;* **in easy** ~**s** in gesicherten Verhältnissen.

circumstantial [ˌsɜ:kəm'stænʃəl] *adj* 1. *(detailed)* report, statement ausführlich, detailliert. 2. *(Jur)* ~ **evidence** Indizienbeweis *m.* 3. *(secondary)* nebensächlich, von untergeordneter Bedeutung.

circumstantiate [ˌsɜ:kəm'stænʃɪeɪt] *vt (form)* belegen, beweisen.

circumvent [ˌsɜ:kəm'vent] *vt* umgehen.

circumvention [ˌsɜ:kəm'venʃən] *n* Umgehung *f.*

circus ['sɜ:kəs] *n* Zirkus *m; (in place names)* Platz *m.*

cirrhosis [sɪ'rəʊsɪs] *n* Zirrhose *f.*

cirrus ['sɪrəs] *n, pl* **cirri** ['sɪraɪ] Zirruswolke *f.*

cissy ['sɪsɪ] *n see* **sissy.**

Cistercian [sɪs'tɜ:ʃən] I *n* Zisterzienser *m.* II *adj* Zisterzienser-.

cistern ['sɪstən] *n* Zisterne *f; (of WC)* Spülkasten *m.*

citadel ['sɪtədl] *n* Zitadelle *f.*

citation [saɪ'teɪʃən] *n* 1. *(quote)* Zitat *nt; (act of quoting)* Zitieren *nt.* 2. *(Mil)* Belobigung *f,* lobende Erwähnung *f.* 3. *(Jur)* Vorladung *f* (vor Gericht).

cite [saɪt] *vt* 1. *(quote)* anführen, zitieren. 2. *(Mil)* belobigen, lobend erwähnen *(for* wegen). 3. *(Jur)* vorladen. **he was** ~**d as the co-respondent** *(mentioned)* er wurde als der Dritte in der Scheidungssache genannt.

citizen ['sɪtɪzn] *n* 1. Bürger(in *f) m.* 2. *(of a state)* (Staats)bürger(in *f) m.* **French** ~ französischer Staatsbürger, Franzose *m,* Französin *f;* **C~ Band** *(Rad)* Citizen-Band *nt,* Jedermannfunk *m.*

citizen's arrest *n* Festnahme *f* durch eine Zivilperson.

citizenship ['sɪtɪznʃɪp] *n* Staatsbürgerschaft *f.*

citrate ['sɪtreɪt] *n* Zitrat *nt.*

citric ['sɪtrɪk] *adj* Zitrus-. ~ **acid** Zitronensäure *f.*

citron ['sɪtrən] *n (fruit)* Zitrone *f; (tree)* Zitronenbaum *m.*

citrus ['sɪtrəs] *n* Zitrusgewächs *nt.* ~ **fruits** Zitrusfrüchte *pl.*

city ['sɪtɪ] *n* 1. Stadt, Großstadt *f.* **the** ~ **of Glasgow** die Stadt Glasgow. 2. *(in London)* **the C~** die City, das Banken- und Börsenviertel.

city boy *n* Großstadtkind *nt;* **city centre** *n* Stadtmitte *f,* Stadtzentrum *nt,* Innenstadt *f,* City *f;* **city desk** *n (Brit)* Finanz- und Wirtschaftsabteilung *f (einer Redaktion); (US)* Abteilung *f* für Lokalnachrichten; **city editor** *n (Brit)* Wirtschaftsredakteur *m; (US)* Lokalredakteur *m;* **city father** *n* Stadtverordnete(r) *m;* **the** ~**s** die Stadtväter *pl;* **city hall** *n* Rathaus *nt;* **city manager** *n (US)* Oberstadtdirektor *m;* **city page** *n (Brit)* Wirtschaftsseite *f;* **city slicker** *n (pej inf)* feiner Pinkel aus der (Groß)stadt *(pej inf); (dishonest)* schlitzohriger Großstädter *(pej inf);* **city state** *n* Stadtstaat *m.*

civet ['sɪvɪt] *n* (*substance*) Zibet *m*; (*cat*) Zibetkatze *f*.

civic ['sɪvɪk] *adj rights, virtues* bürgerlich; Bürger-; *guard, authorities* Stadt-, städtisch. ~ **centre** (*Brit*) Verwaltungszentrum *nt* einer Stadt.

civics ['sɪvɪks] *n sing* Staatsbürgerkunde *f*.

civil ['sɪvl] *adj* 1. (*of society*) bürgerlich; *duties* staatsbürgerlich, Bürger-. 2. (*polite*) höflich; (*in behaviour also*) aufmerksam, zuvorkommend. 3. (*Jur*) zivilrechtlich.

civil defence *n* Ziviler Bevölkerungsschutz; **civil disobedience** *n* ziviler Ungehorsam; **civil engineer** *n* Hoch- und Tiefbauingenieur *m*; **civil engineering** *n* Hoch- und Tiefbau *m*.

civilian [sɪ'vɪljən] I *n* Zivilist *m*. II *adj* zivil, Zivil-. **in** ~ **clothes** in Zivil; ~ **casualties** Verluste unter der Zivilbevölkerung.

civility [sɪ'vɪlɪtɪ] *n* Höflichkeit *f*.

civilization [ˌsɪvɪlaɪ'zeɪʃən] *n* 1. (*civilized world*) Zivilisation *f*. **all** ~ die ganze zivilisierte Welt. 2. (*state: of Greeks etc*) Kultur *f*. 3. (*act*) Zivilisierung *f*.

civilize ['sɪvɪlaɪz] *vt* zivilisieren; *person also* Kultur beibringen (+*dat*).

civilized ['sɪvɪlaɪzd] *adj* 1. zivilisiert. **all** ~ **nations** alle Kulturnationen. 2. *working hours, conditions, hour* zivil; (*cultured*) *lifestyle, age etc* kultiviert.

civil law *n* Zivilrecht *nt*, Bürgerliches Recht; **civil liberty** *n* Grundrecht *nt* der freien Entfaltung der Persönlichkeit; **civil list** *n* Zivilliste *f*.

civilly ['sɪvlɪ] *adv* (*politely*) höflich.

civil marriage *n* standesamtliche Trauung, Ziviltrauung *f*; **civil rights** I *npl* (staats)bürgerliche Rechte *pl*; II *attr* Bürgerrechts-; **civil servant** *n* ≃ Staatsbeamte(r) *m*; **civil service** *n* ≃ Staatsdienst *m* (*ohne Richter und Lehrer*); (*civil servants collectively*) Beamtenschaft *f*; **civil war** *n* Bürgerkrieg *m*.

clack [klæk] I *n* Klappern, Geklapper *nt*. II *vi* klappern.

clad [klæd] I (*old*) *pret, ptp of* **clothe**. II *adj* (*liter*) gekleidet. II *adj suf* **fur-/silk-**~ in Pelze/Seide gekleidet; **iron-**~ mit Eisen verkleidet; **ivy-**~ efeubewachsen.

claim [kleɪm] I *vt* 1. (*demand as one's own or due*) Anspruch erheben auf (+*acc*); *social security, benefits, sum of money* (*apply for*) beantragen; (*draw*) beanspruchen; *lost property* abholen. **he** ~**ed diplomatic immunity** er berief sich auf seine diplomatische Immunität; **to** ~ **sth as one's own** etw für sich beanspruchen, Anspruch auf etw (*acc*) erheben; **both armies** ~**ed the victory** beide Armeen nahmen den Sieg für sich in Anspruch; **does anyone** ~ **this wallet?** gehört diese Brieftasche jemandem?

2. (*profess, assert*) behaupten. **he** ~**s to have seen you** er behauptet, Sie gesehen zu haben; **the club can** ~ **a membership of ...** der Verein kann ... Mitglieder vorweisen; **the advantages** ~**ed for this technique** die Vorzüge, die man dieser Methode zuschreibt.

3. *one's attention, interest* in Anspruch nehmen.

II *vi* 1. (*Insur*) Ansprüche geltend machen; (*for damage done by people*) Schadenersatz verlangen.

2. (*for expenses etc*) **to** ~ **for sth** sich (*dat*) etw zurückgeben *or* -zahlen lassen; **you can** ~ **for your travelling expenses** Sie können sich (*dat*) Ihre Reisekosten zurückerstatten lassen.

III *n* 1. (*demand*) Anspruch *m*; (*pay*~, *Ind*) Forderung *f*. **his** ~ **to the throne/title/property** *etc* sein Anspruch auf den Thron/ Titel/das Grundstück *etc*; **I have many** ~**s on my time** meine Zeit ist *or* ich bin sehr in Anspruch genommen; **you have no** ~ **on me** du hast keine Ansprüche an mich (zu stellen); **children have first** ~ **on their parents** die Kinder müssen an erster Stelle stehen, die Kinder müssen vorgehen; **to make** ~**s on sb's friendship** jds Freundschaft (*acc*) appellieren; **to lay** ~ **to sth** Anspruch auf etw (*acc*) erheben; **to put in a** ~ **(for sth)** etw beantragen; (*Insur*) Ansprüche geltend machen; **they put in a** ~ **for extra pay** sie forderten einen Zuschlag; **he put in an expenses** ~ **for £100** er reichte Spesen in Höhe von £ 100 ein; **the** ~**s were all paid** (*Insur*) der Schaden wurde voll ersetzt.

2. (*assertion*) Behauptung *f*. **to make a** ~ eine Behauptung aufstellen; **the exaggerated** ~**s made for the new washing powder** die übertriebenen Eigenschaften, die man diesem neuen Waschpulver zuschreibt; **the book makes no** ~ **to be original** das Buch erhebt keinen Anspruch auf Originalität; **I make no** ~ **to be a genius** ich behaupte nicht *or* erhebe nicht den Anspruch, ein Genie zu sein.

3. (*Min*) Claim *m* (*Anteil an einem Goldfeld etc*); *see* **stake**.

◆**claim back** *vt sep* zurückfordern. **to** ~ **sth** ~ (**as expenses**) sich (*dat*) etw zurückzahlen *or* -geben *or* -erstatten lassen.

claimant ['kleɪmənt] *n* (*for social security etc*) Antragsteller(in *f*) *m*; (*for inheritance etc*) Anspruchsteller(in *f*) *m* (*to* auf +*acc*); (*Jur*) Kläger(in *f*) *m*. **a** ~ **to a title/throne** ein Titel-/ Thronanwärter *m*, eine Titel-/Thronanwärterin.

claim form *n* Antragsformular *nt*.

clairvoyance [kleə'vɔɪəns] *n* Hellsehen *nt*, Hellseherei *f*.

clairvoyant [kleə'vɔɪənt] I *n* Hellseher(in *f*) *m*. II *adj* hellseherisch.

clam [klæm] *n* Venusmuschel *f*. **he shut up like a** ~ aus ihm war kein Wort mehr herauszubekommen.

◆**clam up** *vi* (*inf*) keinen Piep (mehr) sagen (*inf*). **he** ~**med** ~ **on me** ich habe kein Wort mehr aus ihm herausgekriegt (*inf*).

clambake ['klæmbeɪk] *n* (*US*) Muschelessen *nt* am Strand; (*inf: party*) Fête *f* (*inf*).

clamber ['klæmbə'] I *vi* klettern, kraxeln (*esp S Ger*). **to** ~ **up a hill** auf einen Berg klettern, einen Berg hinaufklettern; **the baby** ~**ed all over the sofa** das Baby krabbelte auf dem Sofa herum. II *n* Kletterei, Kraxelei (*esp S Ger*) *f*.

clamminess ['klæmɪnɪs] *n* Feuchtigkeit, Klammheit *f*.

clammy ['klæmɪ] *adj* (+*er*) feucht, klamm. ·

clamor n (US) see **clamour**.

clamorous ['klæmərəs] adj (liter) **1.** mob lärmend. **2.** demands lautstark.

clamour, (US) **clamor** ['klæmə^r] **I** n **1.** (noise) Lärm m, Lärmen nt. **2.** (demand) lautstark erhobene Forderung (for nach). **a ~ against sth** ein Aufschrei m gegen etw. **II** vi **to ~ for/against sth** nach etw schreien/sich gegen etw empören; **the paper ~ed against the government** die Zeitung wetterte gegen die Regierung; **the men were ~ing to go home** die Männer forderten lautstark die Heimkehr.

clamp [klæmp] **I** n Schraubzwinge f; (Med, Elec) Klemme f. **II** vt (ein)spannen.

◆**clamp down** **I** vi sep (lit) festmachen. **II** vi (fig inf) (on expenses etc) gewaltig bremsen (inf); (police, government) rigoros durchgreifen.

◆**clamp down on** vi +prep obj (inf) person an die Kandare nehmen; expenditure, activities einen Riegel vorschieben (+dat). **the government ~ed ~ ~ private radio stations** die Regierung holte zum Schlag gegen private Rundfunksender aus; **they ~ed ~ ~ the news as soon as it was released** sofort nach Bekanntgabe wurde die Nachricht unterdrückt.

clamp-down ['klæmpdaun] n (inf) Schlag m (inf) (on gegen). **he ordered the ~ on the porn merchants** er hat dafür gesorgt, daß es den Pornohändlern an den Kragen ging; **the ~ has made tax-evasion almost impossible** das harte Durchgreifen hat Steuerhinterziehung fast unmöglich gemacht.

clan [klæn] n (lit, fig) Clan m.

clandestine [klæn'destɪn] adj geheim; meeting, society Geheim-; rendezvous heimlich.

clang [klæŋ] **I** n Klappern nt; (of hammer) Hallen, Dröhnen nt; (of swords) Klirren nt. **II** vi klappern; (hammer) hallen, dröhnen; (swords) klirren. **III** vt mit etw klappern; cymbal schlagen; bell läuten.

clanger ['klæŋə^r] n (Brit inf) Fauxpas, Schnitzer (inf) m. **to drop a ~** ins Fettnäpfchen treten (inf).

clangor ['klæŋgə^r] n (US) see **clangour**.

clangour ['klæŋgə^r] n Hallen nt; (irritating) Getöse nt.

clank [klæŋk] **I** n Klirren nt. **II** vt klirren mit. **III** vi klirren.

clannish ['klænɪʃ] adj group klüngelhaft, verfilzt (inf); person cliquenbewußt.

clansman ['klænzmən] n, pl **-men** [-mən] Clanmitglied nt.

clap[1] [klæp] n (sl) Tripper m.

clap[2] **I** n Klatschen nt no pl; (no pl: applause) (Beifall)klatschen nt. **a ~ of thunder** ein Donnerschlag m; **the audience gave him a big ~** das Publikum klatschte (ihm) begeistert Beifall; **a ~ on the back** ein Schlag m auf die Schulter. **II** vt **1.** (applaud) Beifall klatschen (+dat). **2. to ~ one's hands** in die Hände klatschen; **to ~ sb on the back** jdm auf die Schulter klopfen. **3.** (put quickly) **he ~ped his hand over my mouth** er hielt mir den Mund zu; **to ~**

sb into prison jdn ins Gefängnis stecken; **to ~ eyes on sb/sth** (inf) jdn/etw zu sehen kriegen (inf). **III** vi (Beifall) klatschen.

◆**clap on** vt sep handcuffs anlegen (prep obj dat). **to ~ ~ one's hat** sich (dat) den Hut aufstülpen; **to ~ ~ sail** (Naut) Beisegel setzen; **to ~ ~ the brakes** (Aut) auf die Bremse latschen (inf).

clapboard ['klæpbɔːd] n Schindel f.

clapped-out ['klæptaut] adj (sl) **a ~ old car** ein klappriges Auto, eine alte Klapperkiste (inf); **I feel really ~** ich bin total geschafft (sl).

clapper ['klæpə^r] n (of bell) (Glocken)klöppel m. **to go/ drive/work like the ~s** (Brit sl) einen Affenzahn draufhaben (sl).

clapping ['klæpɪŋ] n (Beifall)klatschen nt, Beifall m.

claptrap ['klæptræp] n (inf) Geschwafel nt.

claret ['klærət] **I** n **1.** (wine) roter Bordeauxwein. **2.** (colour) Weinrot nt. **II** adj weinrot.

clarification [ˌklærɪfɪ'keɪʃən] n **1.** Klarstellung f. **I'd like a little ~ on this point** ich hätte diesen Punkt gerne näher erläutert; **in** or **as ~** zur Klarstellung. **2.** (of wine) Klärungsprozeß m.

clarificatory [ˌklærɪfɪ'keɪtərɪ] adj erklärend.

clarify ['klærɪfaɪ] **I** vt **1.** klären, klarstellen; text erklären. **could you ~ that statement?** könnten Sie diese Äußerung näher erläutern? **2.** sugar, fat raffinieren; wine klären. **II** vi (wine) sich klären.

clarinet [ˌklærɪ'net] n Klarinette f.

clarinettist [ˌklærɪ'netɪst] n Klarinettist(in f) m.

clarion ['klærɪən] n (liter) Fanfare f. **a ~ call for liberty/to duty** ein Ruf nach Freiheit/zur Pflicht.

clarity ['klærɪtɪ] n Klarheit f.

clash [klæʃ] **I** vi **1.** (armies, demonstrators) zusammenstoßen. **the chairman ~ed with the committee at the last meeting** der Vorsitzende hatte auf der letzten Sitzung eine Auseinandersetzung mit dem Komitee. **2.** (colours) nicht harmonieren, sich beißen; (interests) kollidieren; (programmes, films) sich überschneiden. **our personalities** or **we ~ too much** wir passen einfach nicht zusammen. **3.** (cymbals etc: also ~ **together**) aneinanderschlagen; (swords) klirrend aneinanderschlagen. **II** vt cymbals, swords schlagen. **III** n **1.** (of armies, demonstrators etc) Zusammenstoß m. **2.** (of personalities) grundsätzliche Verschiedenheit, Unvereinbarkeit f. **it's such a ~ of personalities** sie sind charakterlich grundverschieden; **what a (horrible) ~!** was für eine (schreckliche) Zusammenstellung!; **a ~ of interests** eine Interessenkollision. **3.** (of swords) Aufeinanderprallen nt; (between people, parties) Konflikt m.

clasp [klɑːsp] **I** n **1.** (on brooch, purse etc) (Schnapp)verschluß m. **2.** (with one's arms) Umklammerung f; (with hand) Griff m. **he had a firm ~ on the rope** er klammerte sich am Seil fest. **3.** (Mil: of medals) Ansteckabzeichen *nt*, Metallspange *f* auf dem Ordensband.

II *vt* **1.** (er)greifen. **to ~ sb's hand** jds Hand ergreifen; **to ~ one's hands (together)** die Hände falten; **with his hands ~ed behind his back** mit auf dem Rücken verschränkten Händen; **to ~ sb in one's arms** jdn in die Arme nehmen *or* schließen; **to ~ sb to one's heart** jdn ans Herz drücken.

2. (*to fasten with a* ~) befestigen, zuschnappen lassen. **she ~ed the bracelet round her wrist** sie legte ihr Armband an.

clasp knife *n* Taschenmesser *nt*.

class [klɑːs] **I** *n* **1.** (*group, division*) Klasse *f*. **what ~ are you travelling?** in welcher Klasse reisen Sie?; **he's not in the same ~ as his brother** sein Bruder ist eine Klasse besser; **they're just not in the same ~** man kann sie einfach nicht vergleichen; **in a ~ by himself/itself** weitaus der/das Beste.

2. (*social rank*) gesellschaftliche Stellung, Stand *m* (*dated*), Klasse *f* (*Sociol*). **the ruling ~** die herrschende Klasse, die Herrschenden *pl*; **it was ~ not ability that determined who ...** (die gesellschaftliche) Herkunft und nicht die Fähigkeiten bestimmten, wer ...; **what ~ does he come from?** aus welcher Schicht *or* aus welcher Klasse kommt er? **~ and educational background** Klassenzugehörigkeit und Erziehung; **a society riddled with prejudice and ~** eine von Vorurteilen und Standesdünkel beherrschte Gesellschaft; **we were talking about ~** wir sprachen über die gesellschaftlichen Klassen.

3. (*Sch, Univ*) Klasse *f*. **I don't like her ~es** ihr Unterricht gefällt mir nicht; **you should prepare each ~ in advance** du solltest dich auf jede (Unterrichts)stunde vorbereiten; **to give *or* take a Latin ~** Latein unterrichten *or* geben; (*Univ*) eine Lateinvorlesung halten; ein Lateinseminar *etc* abhalten; **the French ~** (*lesson*) die Französischstunde; (*people*) die Französischklasse; **an evening ~** ein Abendkurs *m*; **eating in ~** Essen während des Unterrichts; **the ~ of 1970** (*US*) Jahrgang *m* 1970, *die Schul-/Universitätsabgänger etc des Jahres 1970.*

4. (*Bot, Zool*) Klasse *f*.

5. (*Brit Univ: of degree*) Prädikat *nt*. **a first-~ degree** ein Prädikatsexamen *nt*; **second-/third- ~ degree** ≈ Prädikat Gut/Befriedigend.

6. (*inf: quality, tone*) Stil *m*. **to have ~** Stil haben, etwas hermachen (*inf*); (*person*) Format haben; **that gives the place a bit of ~** das macht (doch) (et)was her (*inf*); **she's a real piece of ~** sie ist was Besseres (*inf*).

II *adj* (*sl*) erstklassig, exklusiv.

III *vt* einordnen, klassifizieren. **he was ~ed with the servants** er wurde genauso eingestuft wie die Diener.

IV *vi* eingestuft werden.

class conscious *adj* standesbewußt, klassenbewußt; **class consciousness** *n* Standesbewußtsein, Klassenbewußtsein *nt*; **class distinction** *n* gesellschaftlicher Unterschied, Klassenunterschied *m*; **class feeling** *n* (*antagonism*) Klassenantagonismus *m* (*Sociol*); (*solidarity*)

Solidarität *f*, Klassenbewußtsein *nt*.

classic ['klæsɪk] **I** *adj* (*lit, fig*) klassisch. **II** *n* Klassiker *m*.

classical ['klæsɪkəl] *adj* klassisch; (*in the style of ~ architecture*) klassizistisch; *education* humanistisch; *method, solution also* altbewährt. **the ~ world** die antike Welt; **a ~ scholar** ein Altphilologe *m*.

classicism ['klæsɪsɪzəm] *n* Klassik *f*; (*style of classic architecture*) Klassizismus *m*.

classicist ['klæsɪsɪst] *n* Altphilologe *m*.

classics ['klæsɪks] *n sing* (*Univ*) Altphilologie *f*.

classifiable ['klæsɪfaɪəbl] *adj* klassifizierbar.

classification [ˌklæsɪfɪ'keɪʃən] *n* Klassifizierung, Einordnung *f*.

classified ['klæsɪfaɪd] *adj* in Klassen *or* Gruppen eingeteilt. **~ ad(vertisement)** Kleinanzeige *f*; **~ information** (*Mil*) Verschlußsache *f*; (*Pol*) Geheimsache *f*.

classify ['klæsɪfaɪ] *vt* **1.** klassifizieren, (nach Klassen, Gruppen) einteilen, einordnen. **2.** *information* für geheim erklären.

classiness ['klæsɪnɪs] *n* (*inf*) Exklusivität *f*.

classless ['klɑːslɪs] *adj society* klassenlos; **class list** *n* (*Brit Univ*) Benotungsliste *f*; **classmate** *n* Klassenkamerad(in *f*), Mitschüler(in *f*) *m*; **classridden** *adj society* von Klassengegensätzen beherrscht; **classroom** *n* Klassenzimmer *nt*; **class society** *n* Klassengesellschaft *f*; **class struggle** *n* Klassenkampf *m*; **class warfare)** *n* Klassenkrieg *m*.

classy ['klɑːsɪ] *adj* (*+er*) (*inf*) nobel (*inf*).

clatter ['klætər] **I** *n* Klappern, Geklapper *nt*; (*of hooves*) Trappeln, Getrappel *nt*. **II** *vi* klappern; (*hooves*) trappeln. **the box of tools went ~ing down the stairs** der Werkzeugkasten polterte die Treppe hinunter. **III** *vt* klappern mit.

clause [klɔːz] *n* **1.** (*Gram*) Satz *m*. **2.** (*Jur etc*) Klausel *f*.

claustrophobia [ˌklɔːstrə'fəʊbɪə] *n* Klaustrophobie, Platzangst (*inf*) *f*.

claustrophobic [ˌklɔːstrə'fəʊbɪk] *adj* klaustrophob(isch) (*Psych*). **it's so ~ in here** hier kriegt man Platzangst (*inf*); **I get this ~ feeling** ich kriege Platzangst (*inf*).

clave [kleɪv] *ptp of* **cleave²**.

clavichord ['klævɪkɔːd] *n* Klavichord *nt*.

clavicle ['klævɪkl] *n* Schlüsselbein *nt*.

claw [klɔː] **I** *n* Kralle *f*; (*of lions, birds of prey also, of excavator*) Klaue *f*; (*of lobster etc*) Schere, Zange *f*; (*of hammer*) Nagelklaue *f*. **to show one's ~s** die Krallen zeigen; **to get one's ~s into sb** (*inf*) (dauernd) auf jdm herumhacken; **once a woman like that has got her ~s into a man ...** wenn eine Frau die erst einmal einen Mann in den Klauen hat, ...

II *vt* kratzen. **badly ~ed** schlimm zerkratzt; **the rabbit had been ~ed to shreds by the eagle** der Adler hatte das Kaninchen zerfetzt; **the prisoners ~ed a tunnel through the earth** die Gefangenen gruben mit bloßen Händen einen Tunnel unter der Erde; **the mole ~s its way through the soil** der Maulwurf wühlt sich durch das Erdreich; **two women, like cats, ~ing each**

other zwei Frauen, die wie Hyänen aufeinander losgingen.

III *vi* to ~ **at sth** sich an etw (*acc*) krallen.

◆**claw back** *vt sep* (*taxman*) sich (*dat*) zurückholen.

◆**claw out** *vt sep* auskratzen. **to** ~ **sth** ~ **of sth** etw mit der Tatze *or* (*excavator*) mit der Klaue aus etw herausholen.

claw hammer *n* Tischlerhammer *m*; **claw mark** *n* Kratzer *m*.

clay [kleɪ] *n* Lehm *m*. **potter's** ~ Ton *m*.

clayey ['kleɪɪ] *adj* lehmig; *soil also* Lehm-.

clay pigeon shooting *n* Tontaubenschießen *nt*; **clay pipe** *n* Tonpfeife *f*.

clean [kliːn] I *adj* (+*er*) 1. (*not dirty, also bomb*) sauber. **to wash/wipe/brush sth** ~ etw abwaschen/-reiben/-bürsten; **she has very** ~ **habits, she's a very** ~ **person** sie ist sehr sauber.

2. (*new, not used*) *sheets, paper* sauber, neu. **the vultures picked the carcass/bone** ~ die Geier nagten den Kadaver bis aufs Skelett ab/nagten den Knochen ganz ab; **to make a** ~ **start** ganz von vorne anfangen; (*in life*) ein neues Leben anfangen.

3. (*free from blemish*) *joke* stubenrein; *film* anständig; (*Typ*) *proof* sauber. **keep television** ~ das Fernsehen muß sauber *or* anständig bleiben; **he's** ~**, no guns** (*inf*) alles in Ordnung, nicht bewaffnet.

4. (*well-shaped*) *lines* klar.

5. *cut, break* sauber, glatt.

6. (*Sport*) *fight, match* sauber, fair.

7. (*acceptable to religion*) rein.

8. **to make a** ~ **breast of sth** sich (*dat*) etw von der Seele reden; *see* **sweep**.

II *adv* glatt. I ~ **forgot** das habe ich glatt(weg) vergessen (*inf*); **he got** ~ **away** er verschwand spurlos; **the ball/he went** ~ **through the window** der Ball flog glatt/er flog achtkantig durch das Fenster; **to cut** ~ **through sth** etw ganz durchschneiden/ durchschlagen *etc*; **to come** ~ (*inf*) auspacken (*inf*); **we're** ~ **out** (*of matches*) es sind keine (Streichhölzer) mehr da.

III *vt* saubermachen; (*with cloth also*) abwischen; *carpets also* reinigen; (*remove stains etc*) säubern; (*dry*~) reinigen; *nails, paint-brush, furniture also, dentures, old buildings* reinigen; *window, shoes* putzen; *fish, wound* säubern; *chicken* ausnehmen; *vegetables* putzen; *apple, grapes etc* säubern (*form*); (*wash*) (ab)waschen; (*wipe*) abwischen; *cup, plate etc* (*wash*) spülen; (*wipe*) aus-/abwischen; *car* waschen, putzen. **the cat is** ~**ing itself** die Katze putzt sich; **to** ~ **one's hands** (*wash*) sich (*dat*) die Hände waschen *or* (*wipe*) abwischen *or* (*scrape, with grease remover*) säubern; **to** ~ **one's teeth** sich (*dat*) die Zähne putzen *or* (*with toothpick*) saubermachen; ~ **one's face** (*wash*) sich (*dat*) das Gesicht waschen *or* (*wipe*) abwischen; **he** ~**ed the butter off his beard** er wischte sich (*dat*) die Butter aus dem Bart; ~ **your shoes before you come inside** putz dir die Schuhe ab, bevor du reinkommst!; **to** ~ **a room** ein Zimmer saubermachen.

IV *vi* reinigen. **this paint** ~**s easily** diese Farbe läßt sich leicht reinigen.

V *n see vt* **to give sth a** ~ etw saubermachen/reinigen/putzen *etc*; **your face/this house/the suit needs a good** ~ du könntest dein Gesicht mal richtig waschen/das Haus/dieser Anzug müßte mal richtig gereinigt werden.

◆**clean down** *vt sep car, lorry* waschen; *walls* abwaschen.

◆**clean off** I *vt sep* (*wash*) abwaschen; (*rinse*) abspülen; (*wipe*) abwischen; (*scrape, rub*) abreiben; *dirt, barnacles, rust* entfernen, abmachen (*inf*). II *vi* sich abwaschen *etc* lassen.

◆**clean out** *vt sep* 1. (*lit*) gründlich saubermachen; (*with water also*) ausspülen; *stables also* ausmisten; *carburettor* reinigen; *stomach* auspumpen *or* -räumen.

2. (*inf: leave penniless*) *person* ausnehmen (wie eine Weihnachtsgans) (*inf*); *bank* ausräumen (*inf*); (*gambling*) sprengen. **to be** ~**ed** ~ abgebrannt sein (*inf*).

3. (*inf: take all stock*) **to** ~ **sb** ~ **of sth** jdm alles wegkaufen.

◆**clean up** I *vt sep* 1. saubermachen; *old building, old painting* reinigen. **to** ~ **oneself** ~ sich saubermachen; **who's going to** ~ ~ **this mess?** wer soll dieses Durcheinander aufräumen?

2. (*fig*) **the new mayor** ~**ed** ~ **the city** der neue Bürgermeister hat für Sauberkeit in der Stadt gesorgt; **to** ~ ~ **television** den Bildschirm (von Gewalt, Sex *etc*) säubern.

3. (*sl: make money*) absahnen (*sl*).

II *vi* 1. (*lit*) aufräumen.

2. (*sl*) abkassieren (*inf*), absahnen (*sl*).

clean-cut ['kliːnkʌt] *adj* klar, klar umrissen. **the** ~ **lines of his new suit** der klare *or* einfache Schnitt seines neuen Anzuges.

cleaner ['kliːnəʳ] *n* 1. (*person*) Reinemachefrau *f*; Gebäudereiniger *m* (*form*). **the** ~**s come once a week** die Reinigungspersonal kommt einmal pro Woche.

2. (*shop*) ~'**s** Reinigung *f*; **to take sb to the** ~'**s** (*inf*) jdn übers Ohr hauen.

3. (*thing*) Reiniger *m*; *see* **vacuum** ~.

4. (*substance*) Reinigungsmittel *nt*.

cleaning ['kliːnɪŋ] *n* **the ladies who do the** ~ die Frauen, die (hier) saubermachen; **lady** Reinemachefrau *f*.

clean-limbed ['kliːn'lɪmd] *adj* gutgebaut *attr*, gut gebaut *pred*.

cleanliness ['klenlɪnɪs] *n* Reinlichkeit *f*. ~ **is next to godliness** (*Prov*) Sauberkeit ist alles!

clean-living ['kliːn'lɪvɪŋ] *adj* anständig.

cleanly[1] ['kliːnlɪ] *adv* sauber.

cleanly[2] ['klenlɪ] *adj* (+*er*) sauber; *person* reinlich.

cleanness ['kliːnnɪs] *n* 1. Sauberkeit *f*.

2. (*of joke*) Anständigkeit, Stubenreinheit *f*; (*of film*) Anständigkeit *f*; (*Typ: of proof*) Sauberkeit *f*.

3. (*of outline*) Klarheit *f*.

4. (*of break etc*) Sauberkeit, Glätte *f*.

clean-out ['kliːnaʊt] *n* **to give sth a** ~ etw saubermachen.

cleanse [klenz] *vt* reinigen; (*spiritually*) läutern (*of* von).

cleanser ['klenzəʳ] *n* (*detergent*) Reiniger *m*, Reinigungsmittel *nt*; (*for skin*) Reinigungscreme *f*; Reinigungsmilch *f*.

clean-shaven ['kli:n'ʃeɪvn] *adj* glattrasiert.

cleansing ['klenzɪŋ] *adj agent* Reinigungs-.

clean-up ['kli:nʌp] *n* **1.** (*of person*) **give yourself a good ~ before you come down to dinner** wasch dich erst einmal, bevor du zum Essen kommst; **to give sth a ~** etw saubermachen. **2.** (*by police*) Säuberung *f.* **3.** (*sl: profit*) Schnitt *m* (*sl*).

clear [klɪəʳ] **I** *adj* (+*er.*) **1.** *water, soup, sky, head, weather etc* klar; *complexion* rein; *conscience* rein, gut *attr*; *photograph* scharf. **on a ~ day** bei klarem Wetter.

2. (*of sounds*) klar.

3. (*to one's understanding, distinct, obvious*) klar. **to be ~ to sb** jdm klar sein; **it's still not ~ to me why** es ist mir immer noch nicht klar, warum, ich bin immer noch im unklaren (darüber), warum; **a ~ case of murder** ein klarer *or* eindeutiger Fall von Mord; **to have a ~ advantage** eindeutig *or* klar im Vorteil sein; **you weren't very ~** du hast dich nicht sehr klar ausgedrückt; **to make oneself** *or* **one's meaning ~** sich klar ausdrücken; **do I make myself ~?** habe ich mich klar (genug) ausgedrückt?; **to make sth ~ to sb** (*explain*) jdm etw klarmachen; **let's get this ~,** I'm the boss eins wollen wir mal klarstellen – ich bin hier der Chef; **as ~ as mud** (*inf*) klar wie Kloßbrühe (*inf*).

4. to be ~ on sth über etw (*acc*) im klaren sein.

5. (*lit, fig: free of obstacles, danger etc*) *road, way* frei. **I want to keep the weekend ~** ich möchte mir das Wochenende freihalten; **is it ~ now?** (*of road*) ist jetzt frei?; **there's not a single ~ space on his desk** auf seinem Schreibtisch ist überhaupt kein Platz; **there's a small patch of ~ ground between the houses** zwischen den Häusern ist ein kleines Stück Land frei; **all ~!** (alles) frei!; **is it all ~ now?** ist alles in Ordnung?, ist die Luft rein?; **to be ~ of sth** (*freed from*) von etw befreit sein; **at last we were/got ~ of the prison walls** endlich hatten wir die Gefängnismauern hinter uns; **I'll come when I get ~ of all this work** ich komme, wenn ich diese ganze Arbeit erledigt habe; **you're ~,** said the customs officer alles in Ordnung, sagte der Zollbeamte; **the plane climbed until it was ~ of the clouds** das Flugzeug stieg auf, bis es aus den Wolken heraus war; **the lion got ~ of the net** der Löwe konnte sich aus dem Netz befreien; **he's ~ of all suspicion** er ist frei von jedem Verdacht; **the car was ~ of the town** das Auto hatte die Stadt hinter sich gelassen; **~ of debts** schuldenfrei; **the screw should be 2 mm ~ of the paint** die Lötlampe in etwa 6 cm Abstand zum Lack halten; **park at least 20 cm ~ of the pavement** parken Sie wenigstens 20 cm vom Bürgersteig entfernt.

6. a ~ profit ein Reingewinn *m;* **three ~ days** drei volle Tage; **a ~ majority** eine klare Mehrheit; **to have a ~ lead** klar führen.

II *n* **1.** (*of message*) **in ~** in/im Klartext.

2. to be in the ~ nichts zu verbergen haben; **we're not in the ~ yet** (*not out of debt, difficulties*) wir sind noch nicht aus allem heraus; **this puts Harry in the ~** damit ist Harry entlastet.

III *adv* **1.** *see* **loud.**

2. he got ~ away er verschwand spurlos; **he kicked the ball ~ across the field** er schoß den Ball quer über das Spielfeld.

3. ~ of (*Naut*) **to steer ~ of sth** um etw herumsteuern; **to steer** *or* **keep ~ of sb/sth/a place** jdm aus dem Wege gehen/etw meiden/um etw einen großen Bogen machen; **he always tries to keep ~ of trouble** er geht Unannehmlichkeiten möglichst aus dem Wege; **keep ~ of Slobodia until the revolution's over** fahr nicht nach Slobodia, solange die Revolution nicht vorüber ist; **I prefer to keep ~ of town during the rush hour** während der Hauptverkehrszeit meide ich die Stadt nach Möglichkeit; **exit, keep ~** Ausfahrt freihalten!; **dangerous chemicals, keep ~** Vorsicht, giftige Chemikalien!; **keep ~ of the testing area** Versuchsgebiet nicht betreten!; **to stand ~** zurücktreten; zurückbleiben; **stand ~ of the doors!** bitte von den Türen zurücktreten!; **he kicked the ball ~** er klärte; **the helicopter lifted him ~** der Hubschrauber brachte ihn außer Gefahr.

IV *vt* **1.** (*remove obstacles etc from*) *pipe* reinigen; *blockage* beseitigen; *land, road, railway line, snow* räumen; *one's conscience* erleichtern. **to ~ the table** den Tisch abräumen; **to ~ the decks** (*for action*) (*lit*) das Schiff gefechtsklar machen; (*fig*) alles startklar machen; **to ~ a space for sth** für etw Platz schaffen; **to ~ sth of sth** etw von etw räumen; **to ~ the way for sb/sth** den Weg für jdn/etw freimachen; **to ~ the streets of ice** das Eis auf den Straßen beseitigen; **~ the way!** Platz machen!, Platz da!; **to ~ a way through the crowd** sich (*dat*) einen Weg durch die Menge bahnen; **to ~ a room** (*of people*) ein Zimmer räumen; (*of things*) ein Zimmer ausräumen; **to ~ the court** den Gerichtssaal räumen lassen; **to ~ the ground for further talks** den Boden für weitere Gespräche bereiten.

2. *letterbox* leeren.

3. (*free from guilt etc, Jur: find innocent*) *person* freisprechen; *one's/sb's name* reinwaschen. **that ~s him** das beweist seine Unschuld.

4. (*get past or over*) **he ~ed the bar easily** er übersprang die Latte mit Leichtigkeit; **the horse ~ed the gate by 10 cm/easily** das Pferd übersprang das Gatter mit 10 cm Zwischenraum/das Pferd nahm das Gatter mit Leichtigkeit; **the door should ~ the floor by 3 mm** zwischen Tür und Fußboden müssen 3 mm Luft sein; **raise the car till the wheel ~s the ground** das Auto anheben, bis das Rad den Boden nicht mehr berührt.

5. (*Med*) *blood* reinigen; *bowels* (ent)leeren. **to ~ one's head** (wieder) einen klaren Kopf bekommen.

6. (*Ftbl etc*) **to ~ the ball** klären.

7. (*make profit of*) machen, rausholen.

8. *debt* begleichen, zurückzahlen.

9. *stock etc* räumen.

10. *(pass, OK)* abfertigen; *ship* klarieren; *expenses, appointment* bestätigen; *goods* zollamtlich abfertigen.

to ~ a cheque bestätigen, daß ein Scheck gedeckt ist; *(enquire)* nachfragen, ob der Scheck gedeckt ist; **you'll have to ~ that with management** Sie müssen das mit der Firmenleitung abklären; **he's been ~ed by security** er ist von den Sicherheitsbehörden für unbedenklich erklärt worden; **to ~ a plane for take-off** ein Flugzeug zum Start freigeben.

V *vi (weather)* aufklaren, schön werden; *(mist, smoke)* sich legen, sich auflösen; *(crystal ball)* sich klären.

◆**clear away** I *vt sep* wegräumen; *dirty dishes also* abräumen. II *vi* 1. *(mist etc)* sich auflösen, sich legen. 2. *(to ~ ~ the table)* den Tisch abräumen.

◆**clear off** I *vt sep debts* begleichen, zurückzahlen; *(Comm) stock* räumen; *mortgage* abzahlen, abtragen; *arrears of work* aufarbeiten. II *vi (inf)* abhauen.

◆**clear out** I *vt sep cupboard, room* ausräumen; *unwanted objects also* entfernen. **he ~ed everyone ~ of the room** er schickte alle aus dem Zimmer. II *vi (inf)* 1. verschwinden *(inf)*. 2. *(leave home etc)* sich absetzen *(inf)*.

◆**clear up** I *vt sep* 1. *point, matter* klären; *mystery, crime* aufklären, aufdecken; *doubts* beseitigen. 2. *(tidy)* aufräumen; *litter* wegräumen. II *vi* 1. *(weather)* (sich) aufklären; *(rain)* aufhören. 2. *(tidy up)* aufräumen.

clearance ['klɪərəns] *n* 1. *(act of clearing)* Entfernen *nt*, Beseitigung *f*. **slum ~s** Slumsanierungen *or* -beseitigungen *pl*.

2. *(free space)* Spielraum *m*; *(headroom)* lichte Höhe.

3. *(Ftbl etc)* **a good ~ by the defender saved a nasty situation** der Verteidiger klärte gekonnt und rettete die Lage.

4. *(of cheque)* Bestätigung *f* der Deckung.

5. *(by customs)* Abfertigung *f*; *(by security)* Unbedenklichkeitserklärung *f*; *(document)* Unbedenklichkeitsbescheinigung *f*. **get your security ~ first** Sie müssen erst noch von den Sicherheitsorganen für unbedenklich erklärt werden; **the despatch was sent to the Foreign Office for ~** der Bericht wurde zur Überprüfung ans Außenministerium geschickt; **~ to land** Landeerlaubnis *f*; **~ for take-off** Startfreigabe *f*.

6. *(Naut)* Klarierung *f*.

clearance certificate *n (Naut)* Verzollungspapiere *pl*; **clearance sale** *n (Comm)* Räumungsverkauf *m*.

clear-cut ['klɪə'kʌt] *adj decision* klar; *features* scharf.

clearing ['klɪərɪŋ] *n (in forest)* Lichtung *f*.

clearing bank *n (Brit)* Clearingbank *f*; **clearing house** *n* Clearingstelle *f*.

clearly ['klɪəlɪ] *adv* 1. *(distinctly)* klar. **~ visible** klar *or* gut zu sehen; **to stand out ~ from the rest** sich deutlich vom übrigen hervorheben *or* abheben.

2. *(obviously)* eindeutig. **is that so? —** ~ ist das der Fall? — natürlich.

clearness ['klɪənɪs] *n* 1. *see* **clear I 1.** Klarheit *f*; Reinheit *f*; Schärfe *f*. 2. *see* **clear I 2., 3.** Klarheit *f*.

clear-sighted [ˌklɪə'saɪtɪd] *adj (fig)* klar- *or* scharfsichtig; **clear-sightedness** *n (fig)* Klar- *or* Scharfsicht *f*; **clearway** *n (Brit)* Straße *f* mit Halteverbot, Schnellstraße *f*.

cleat [kli:t] *n (on shoes)* Stoßplatte *f*; *(made of metal)* Absatzeisen *nt*; *(on gangplank etc)* Querleiste *f*; *(for rope)* Klampe *f*.

cleavage ['kli:vɪdʒ] *n* 1. *(split)* Spalte, Kluft *(geh) f*; *(fig)* Spaltung, Kluft *f*. 2. *(of woman's breasts)* Dekolleté *nt*.

cleave¹ [kli:v] *pret* **clove** *or* **cleft** *or* ~**d**, *ptp* **cleft** *or* **cloven** *I vt* spalten; **to ~ in two** in zwei Teile spalten; **to ~ a way through sth** sich *(dat)* einen Weg durch etw bahnen. II *vi* I. **to ~ through the waves** die Wellen durchschneiden. 2. *(Biol)* sich spalten.

cleave² *vi pret* ~**d** *or* **clave**, *ptp* **cleaved** *(adhere)* festhalten *(to an +dat)*, beharren *(to auf +dat)*.

cleaver ['kli:vəʳ] *n* Hackbeil *nt*.

clef [klef] *n* (Noten)schlüssel *m*.

cleft [kleft] I *pret, ptp of* **cleave¹**. II *adj* gespalten. ~ **palate** Gaumenspalte *f*, Wolfsrachen *m*; **to be in a ~ stick** in der Klemme sitzen *(inf)*. III *n* Spalte, Kluft *(geh) f*; *(fig)* Spaltung, Kluft *f*.

clematis ['klemətɪs] *n* Klematis *f*.

clemency ['klemənsɪ] *n (of person)* Milde, Nachsicht(igkeit) *f (towards sb* jdm gegenüber); *(of weather)* Milde *f*.

clement ['klemənt] *adj person, attitude* mild, nachsichtig *(towards sb* jdm gegenüber); *weather* mild, freundlich.

clementine ['kleməntaɪn] *n* Klementine *f*.

clench [klentʃ] *vt* 1. *fist* ballen; *teeth* zusammenbeißen; *(grasp firmly)* packen. **to ~ sth between one's teeth** etw zwischen die Zähne klemmen; **to ~ sth in one's hands** etw mit den Händen umklammern; **~ed-fist salute** Arbeiterkampfgruß *m*. 2. *see* **clinch I 1.**

Cleopatra [ˌkliːə'pætrə] *n* Kleopatra *f*.

clergy ['klɜːdʒɪ] *npl* Klerus *m*, die Geistlichen *pl*. **to join the ~** Geistlicher werden.

clergyman ['klɜːdʒɪmən] *n, pl* -**men** [-mən] Geistliche(r), Pfarrer *m*.

cleric ['klerɪk] *n* Geistliche(r) *m*.

clerical ['klerɪkəl] *adj* 1. *(Eccl)* geistlich. ~ **collar** Stehkragen *m (des Geistlichen)*.

2. ~ **work/job** Schreib- *or* Büroarbeit *f*; ~ **worker** Schreib- *or* Bürokraft *f*; ~ **staff** Schreibkräfte *pl*, Büropersonal *nt*; ~ **error** Versehen *nt*; ~ **inaccuracies** Versehen *nt*, Nachlässigkeit *f*; **the ~ branch of the civil service** ≈ die mittlere Beamtenlaufbahn.

clerk [klɑːk, *(US)* klɜːrk] *n* 1. (Büro)angestellte(r) *mf*. 2. *(secretary)* Schriftführer(in *f*) *m*. **C~ of the Court** *(Jur)* Protokollführer(in *f*) *m*; ~ **of works** *(Brit)* Bauleiter(in *f*) *m*. 3. *(US: shop assistant)* Verkäufer(in *f*) *m*. 4. *(US: in hotel)* Hotelsekretär(in *f*) *m*.

clever ['klevəʳ] *adj (+er)* 1. *(mentally bright)* schlau; *animal also* klug. **to be ~ at French** gut in Französisch sein; **how ~ of you to remember my birthday!** wie aufmerksam von dir, daß du an meinen Geburtstag gedacht hast!

2. (*ingenious, skilful, witty*) klug; *person, move in chess also* geschickt; *idea also* schlau; *device, machine* raffiniert, geschickt. **to be ~ at sth** Geschick zu etw haben, in etw (*dat*) geschickt sein; **to be ~ with one's hands** geschickte Hände haben; **~ Dick** (*inf*) Schlaumeier *m*.
3. (*cunning, smart*) schlau, clever (*inf*).

cleverly [ˈklevəlɪ] *adv* geschickt; (*wittily*) schlau, klug. **he very ~ remembered it** schlau wie er war, hat er es nicht vergessen.

cleverness [ˈklevənɪs] *n see adj*
1. Schlauheit *f*; Klugheit *f*. **2.** Klugheit *f*; Geschicktheit *f*; Schlauheit *f*; Raffiniertheit, Geschicktheit *f*. **3.** Schläue, Cleverness *f*.

clew [kluː] **I** *n* **1.** (*thread*) Knäuel *nt*. **2.** (*Naut: of sail*) Schothorn *nt*; (*of hammock*) Schlaufe *f*. **3.** = **clue. II** *vt* **1.** *thread* aufwickeln. **2.** (*Naut*) **to ~ (up)** aufgeien.

cliché [ˈkliːʃeɪ] *n* Klischee *nt*. **~-ridden** voller Klischees.

click [klɪk] **I** *n* Klicken *nt*; (*of joints*) Knacken *nt*; (*of light-switch*) Knipsen *nt*; (*of fingers*) Schnipsen *nt*; (*of latch, key in lock*) Schnappen *nt*; (*of tongue, Phon*) Schnalzen *nt*. **he turned with a sharp ~ of his heels** er drehte sich um und klappte zackig die Hacken zusammen.
II *vi* **1.** *see n* klicken; knacken; knipsen; schnipsen; schnappen; schnalzen; (*high heels*) klappern.
2. (*inf: be understood*) funken (*inf*). **suddenly it all ~ed (into place)** plötzlich hatte es gefunkt (*inf*).
3. (*inf: get on well*) funken (*inf*). **they ~ed right from the moment they first met** zwischen ihnen hatte es vom ersten Augenblick an gefunkt (*inf*).
III *vt heels* zusammenklappen; *fingers* schnippen mit; *tongue* schnalzen mit. **to ~ a door shut** eine Tür zuklinken; **to ~ sth into place** etw einschnappen lassen.

client [ˈklaɪənt] *n* **1.** Kunde *m*, Kundin *f*; (*of solicitor*) Klient(in *f*) *m*; (*of barrister*) Mandant(in *f*) *m*. **2.** (*US: receiving welfare*) Bezieher *m*.

clientele [ˌkliːɑːnˈtel] *n* Kundschaft, Klientel *f*. **the regular ~** die Stammkundschaft.

cliff [klɪf] *n* Klippe *f*; (*along coast also*) Kliff *nt*; (*inland also*) Felsen *m*. **the ~s of Cornwall/Dover** die Kliffküste Cornwalls/ die Felsen von Dover.

cliffhanger [ˈklɪfhæŋəʳ] *n* Superthriller *m* (*inf*); **cliff-hanging** *adj conclusion* spannungsgeladen.

climacteric [klaɪˈmæktərɪk] *n* (*Med*) Klimakterium *nt*; (*fig*) (Lebens)wende *f*, Wendepunkt *m* (im Leben).

climactic [klaɪˈmæktɪk] *adj* **a ~ scene** ein Höhepunkt.

climate [ˈklaɪmɪt] *n* (*lit, fig*) Klima *nt*. **the two countries have very different ~s** die beiden Länder haben (ein) sehr unterschiedliches Klima; **America has many different ~s** Amerika hat viele verschiedene Klimazonen; **to move to a warmer ~** in eine wärmere Gegend *or* in eine Gegend mit wärmerem Klima ziehen.

climatic [klaɪˈmætɪk] *adj* klimatisch.

climatology [ˌklaɪməˈtɒlədʒɪ] *n* Klimatologie, Klimakunde *f*.

climax [ˈklaɪmæks] *n* (*all senses*) Höhepunkt *m*; (*sexual also*) Orgasmus *m*. **this brought matters to a ~** damit erreichte die Angelegenheit ihren Höhepunkt.

climb [klaɪm] **I** *vt* **1.** (*also ~ up*) klettern auf (+*acc*); *wall also, hill* steigen auf (+*acc*); *mountains also* besteigen; *ladder, steps* hoch- *or* hinaufsteigen; *pole, cliffs* hochklettern. **my car can't ~ that hill** mein Auto kommt den Berg nicht hoch; **to ~ a rope** an einem Seil hochklettern.
2. (*also ~ over*) *wall etc* steigen *or* klettern über (+*acc*).
II *vi* klettern; (*into train, car etc*) steigen; (*road*) ansteigen; (*aircraft*) (auf)steigen; (*sun*) steigen; (*prices*) steigen, klettern (*inf*). **when the sun had ~ed to its highest point** als die Sonne am höchsten stand; **he ~ed to the top of his profession** er hat den Gipfel seiner beruflichen Laufbahn erklommen.
III *n* **1.** (*climbing*) **we're going out for a ~** wir machen eine Kletter- *or* Bergtour; **that was some ~!** das war eine Kletterei!
2. (*of aircraft*) Steigflug *m*. **the plane went into a steep ~** das Flugzeug zog steil nach oben.

◆**climb down I** *vi* **1.** (*lit*) (*person*) (*from tree, wall*) herunterklettern; (*from horse, mountain*) absteigen; (*from ladder*) heruntersteigen; (*road*) abfallen. **2.** (*admit error*) nachgeben. **it'll be a pleasure to make him ~ ~** es wird ein Vergnügen sein, ihn von seinem hohen Roß herunterzuholen.
II *vi +prep obj tree, wall* herunterklettern von; *ladder* heruntersteigen; *mountain etc* absteigen.

◆**climb in** *vi* einsteigen; (*with difficulty also*) hineinklettern.

◆**climb up I** *vi see* **climb II. II** *vi +prep obj ladder etc* hinaufsteigen; *tree, wall* hochklettern.

climb-down [ˈklaɪmdaʊn] *n* (*fig*) Abstieg *m*. **it was quite a ~ for the boss to have to admit that he was wrong** der Chef mußte ziemlich zurückstecken und zugeben, daß er unrecht hatte.

climber [ˈklaɪməʳ] *n* **1.** (*mountaineer*) Bergsteiger(in *f*) *m*; (*rock ~*) Kletterer(in *f*) *m*. **2.** (*socially*) Aufsteiger *m*. **3.** (*plant*) Kletterpflanze *f*.

climbing [ˈklaɪmɪŋ] **I** *adj* **a.** *club* Berg-(steiger)-; Kletter-. **~ frame** Klettergerüst *nt*; **we are going on a ~ holiday** wir gehen im Urlaub zum Bergsteigen/ Klettern; **~-irons** Steigeisen *pl*; **~ speed** (*Aviat*) Steiggeschwindigkeit *f*.
2. *plant* Kletter-.
II *n* Bergsteigen *nt*; (*rock ~*) Klettern *nt*. **we did a lot of ~** wir sind viel geklettert.

clime [klaɪm] *n* (*old, liter*) Himmelsstrich (*old, liter*), Landstrich (*geh*) *m*. **in these ~s** in diesen Breiten; **he moved to warmer ~s** er zog in wärmere Breiten.

clinch [klɪntʃ] **I** *vt* **1.** (*Tech: also* **clench**) *nail* krumm schlagen.

2. *argument* zum Abschluß bringen. **to** ~ **the deal** der Handel perfekt machen; **that** ~**es it** damit ist der Fall erledigt. **II** *vi (Boxing)* in den Clinch gehen. **III** *n* 1. *(Boxing)* Clinch *m*.

2. *(inf: embrace)* **in a** ~ im Clinch *(inf)*.

cling¹ [klɪŋ] *pret, ptp* **clung** *vi (hold on tightly)* sich festklammern *(to an +dat)*, sich klammern *(to an +acc)*; *(to opinion also)* festhalten *(to an +dat)*; *(remain close)* sich halten *(to an +acc)*; *(clothes, fabric)* sich anschmiegen *(to an + dat)*; *(smell)* haften *(to an +dat)*, sich setzen *(to in +acc)*. ~ **on tight!** halt dich gut fest!; **the car clung to the road** das Auto lag sicher auf der Straße; **to** ~ **together** *or* **to one another** sich aneinanderklammern; *(lovers)* sich umschlingen, sich umschlungen halten; **she clung around her father's neck** sie hing ihrem Vater am Hals; **the boat clung to the shoreline** das Schiff hielt sich dicht an die Küste.

cling² *I n* Klingen *nt*; *(of cash register)* Klingeln *nt*. **II** *vi* klingen; klingeln.

clinging ['klɪŋɪŋ] *adj garment* sich anschmiegend; *smell* lange haftend, hartnäckig. **she's the** ~ **sort** sie ist wie eine Klette *(inf)*; ~ **vine** *(inf)* Klette *f (inf)*.

clinic ['klɪnɪk] *n* 1. Klinik *f*. 2. *(medical course)* klinischer Unterricht, Klinik *f*.

clinical ['klɪnɪkəl] *adj* 1. *(Med)* klinisch. ~ **thermometer** Fieberthermometer *nt*. 2. *(fig) (sterile) room, atmosphere* steril, kalt; *(detached, dispassionate)* klinisch, nüchtern; *sb's appearance* streng.

clink¹ [klɪŋk] *I vt* klirren lassen; *(jingle)* klimpern mit. **to** ~ **glasses with sb** mit jdm anstoßen.

II *vi* klirren; *(jingle)* klimpern.

III *n, no pl* Klirren *nt*; Klimpern *nt*.

clink² *n (sl: prison)* Knast *m (sl)*.

clinker ['klɪŋkə^r] *n* 1. *(from fire)* Schlacke *f*. 2. *(brick)* Klinker *m*.

clip¹ [klɪp] *I n* 1. Klammer *f*.

2. *(jewel)* Klips *m*.

3. *(of gun)* Ladestreifen *m*.

II *vt to* ~ **on** anklemmen; *(papers also)* anheften; **to** ~ **sth onto sth** etw an etw *(acc)* anklemmen/-heften; **to** ~ **two things together** zwei Dinge zusammenklemmen/-heften.

III *vi to* ~ **on** angeklemmt werden; **to** ~ **onto sth/together** an etw *(acc)* angeklemmt/zusammengeklemmt werden.

clip² *I vt* 1. scheren; *dog also* trimmen; *hedge also, fingernails* schneiden; *wings* stutzen. **to** ~ **sb's wings** *(fig)* jdm einen Dämpfer aufsetzen; **they'll find that the young baby will** ~ **their wings a bit** sie werden merken, daß das Kleinkind sie recht unbeweglich macht.

2. *(also* ~ **out)** *article from newspaper* ausschneiden; *(also* ~ **off)** *hair, curl* abschneiden. **the bullet** ~**ped a few inches off the top of the wall** die Kugel schlug ein paar Zentimeter oben aus der Mauer.

3. *(Brit) ticket* lochen, entwerten.

4. **to** ~ **(the ends of) one's words** abgehackt sprechen.

5. *(hit)* treffen; *(graze: car, bullet)* streifen. **he** ~**ped him round the ear** er gab ihm eine Ohrfeige.

II *n* 1. *see vt 1.* Scheren *nt*; Trimmen *nt*; Schneiden *nt*; Stutzen *nt*. **to give the sheep/hedge a** ~ die Schafe scheren/die Hecke scheren *or* (be)schneiden.

2. *(sound)* Klappern *nt*.

3. *(hit)* Schlag *m*. **he gave him a** ~ **round the ears** er haute ihm um die Ohren *(inf)*.

4. *(inf: high speed)* **at a** ~ mit einem unheimlichen Zahn *(sl)*; **he made off at a fair** ~ er legte ganz schön los *(inf)*.

5. *(from film)* Ausschnitt *m*.

clipboard ['klɪpbɔːd] *n* Klemmbrett *nt*, Manuskripthalter *m*; **clip clop** *n* Klipp-Klapp *nt*; **clip joint** *n (sl)* Nepplokal *nt (inf)*, Neppschuppen *m (sl)*; **clip-on** *adj brooch* mit Klips; *tie* zum An- *or* Vorstecken; ~ **earrings** Clips *pl*.

clipped [klɪpt] *adj accent* abgehackt. ~-**form** Kurzform *f*.

clipper ['klɪpə^r] *n (Naut)* Klipper *m*; *(Aviat)* Clipper *m*.

clippers ['klɪpəz] *npl (also pair of* ~**)** Schere *f*; *(for hedge also)* Heckenschere *f*; *(for hair)* Haarschneidemaschine *f*; *(for fingernails)* Zwicker *m*, Nagelzange *f*.

clipping ['klɪpɪŋ] *n (newspaper* ~**)** Ausschnitt *m*. **nail** ~**s** abgeschnittene Nägel.

clique [kliːk] *n* Clique *f*, Klüngel *m (inf)*.

cliquish ['kliːkɪʃ] *adj* cliquenhaft.

cliquishness ['kliːkɪʃnɪs] *n* Cliquenwirtschaft *f*.

clitoris ['klɪtərɪs] *n* Klitoris *f*, Kitzler *m*.

cloak [kləʊk] *I n (lit)* Umhang *m*; *(fig) (disguise)* Deckmantel *m*; *(veil: of secrecy etc)* Schleier *m*. **under the** ~ **of darkness** im Schutz der Dunkelheit. **II** *vt (fig)* verhüllen. **fog** ~**ed the town** die Stadt war in Nebel gehüllt.

cloak-and-dagger [ˌkləʊkəndˈdægə^r] *adj* mysteriös, geheimnisumwittert; **a** ~ **operation** eine Nacht-und-Nebel-Aktion; **cloakroom** *n* 1. *(for coats)* Garderobe *f*; 2. *(Brit euph)* Waschraum *m (euph)*.

clobber ['klɒbə^r] *(sl) I n (Brit: clothes, belongings)* Klamotten *pl (sl)*. **II** *vt* 1. *(hit, defeat)* **to get** ~**ed** eins übergebraten kriegen *(sl)*; **to** ~ **sb** jdm ein paar vor den Latz knallen *(sl)*. 2. *(charge a lot)* schröpfen.

clobbering ['klɒbərɪŋ] *n (sl) (beating, defeat)* Dresche *f (inf)*. **to get a** ~ Dresche beziehen *(inf)*; *(from the taxman)* ganz schön geschröpft werden.

clock [klɒk] *I n* 1. Uhr *f*. **round the** ~ rund um die Uhr; **against the** ~ *(Sport)* nach *or* auf Zeit; **to work against the** ~ gegen die Uhr arbeiten; **to put the** ~ **back/forward** *or* **on** *(lit)* die Uhr zurückstellen/vorstellen; **to put** *or* **set** *or* **turn the** ~ **back** *(fig)* die Zeit zurückdrehen.

2. *(inf) (speedometer, milometer)* Tacho *m (inf)*; *(of taxi)* Uhr *f*. **it's got 100 on the** ~ es hat einen Tachostand von 100.

II *vt* 1. *(Sport)* **he** ~**ed four minutes for the mile** er lief die Meile in vier Minuten; **he's** ~**ed the fastest time this year** er ist die schnellste Zeit dieses Jahres gelaufen/gefahren.

2. *(Brit inf: hit)* **he** ~**ed him one** er hat ihm eine runtergehauen *(inf)*.

◆**clock in** *vi (Sport)* **he** ~**ed** ~ **at 3 minutes 56 seconds** seine Zeit war 3 min 56 sec.

◆**clock in** or **on I** vi (den Arbeitsbeginn) stempeln or stechen. **II** vt sep **to ~ sb ~ für** jdn stempeln or stechen.

◆**clock off** or **out I** vi (das Arbeitsende) stempeln or stechen. **II** vt sep **to ~ sb ~ für** jdn stempeln or stechen.

◆**clock up** vt sep **1.** (athlete, competitor) time laufen; fahren; schwimmen etc. **2.** speed, distance fahren. **3.** (inf) success verbuchen. **to ~ ~ overtime** Überstunden machen.

clock in cpds Uhr(en)-; **clock face** n Zifferblatt nt; **clock maker** n Uhrmacher(in f) m; **clock-radio** n Radiouhr f; **clock tower** n Uhrenturm m; **clock-watcher** n **she's a terrible ~** sie sieht or guckt dauernd auf die Uhr; **clockwise** adj, adv im Uhrzeigersinn; **clockwork I** n (of clock) Uhrwerk nt; (of toy) Aufziehmechanismus m; **driven by ~, ~ driven** zum Aufziehen; **like ~** wie am Schnürchen; **II** attr **1.** train, car aufziehbar, zum Aufziehen; **2.** **with ~ precision/regularity** mit der Präzision/Regelmäßigkeit eines Uhrwerks; **he arrives every day at 9.30 with ~ regularity** er kommt jeden Tag pünktlich auf die Minute um 9.30.

clod [klɒd] n **1.** (of earth) Klumpen m. **2.** (fig: person; also **~pole**) Trottel m.

clodhopper [ˈklɒdˌhɒpə^r] n (inf) **1.** (person) Trampel nt (inf), Tolpatsch m. **2.** (shoe) Quadratlatschen m (inf).

clog [klɒg] **I** n (shoe) Holzschuh m. **~s** (modern) Clogs pl.
II vt (also **~ up**) pipe, drain etc verstopfen; mechanism, wheels blockieren. **emotionally ~ged** (fig) emotional blockiert; **don't ~ your argument with inessential points** verlieren Sie sich nicht in Nebensächlichkeiten.
III vi (also **~ up**) (pipe etc) verstopfen; (mechanism etc) blockiert werden.

cloister [ˈklɔɪstə^r] **I** n **1.** (covered walk) Kreuzgang m. **2.** (monastery) Kloster nt. **II** vr **to ~ oneself** (away) sich von der Welt abkapseln; **he ~ed himself away with his books** er hat sich mit seinen Büchern zurückgezogen.

cloistered [ˈklɔɪstəd] adj **1.** (fig) weltabgeschieden; way of thinking weltfremd. **to lead a ~ life** (isolated) in klösterlicher Abgeschiedenheit leben; (sheltered) ein streng behütetes Leben führen. **2.** (Archit) **a ~ courtyard** ein Klosterhof m mit Kreuzgang.

clone [kləʊn] **I** n Klon nt. **II** vt klonen.

clonk [klɒŋk] (inf) **I** n (blow) Schlag m; (sound) Plumps m.

close¹ [kləʊs] **I** adj (+er) **1.** (near) nahe (to gen), in der Nähe (to gen, von). **is Glasgow ~ to Edinburgh?** liegt Glasgow in der Nähe von Edinburgh?; **the buildings which are ~ to the station** die Gebäude in der Nähe des Bahnhofs or in Bahnhofsnähe; **in ~ proximity** in unmittelbarer Nähe (to gen); **in such ~ proximity (to one another)** so dicht zusammen; **you're very ~** (in guessing etc) du bist dicht dran; **~ combat** Nahkampf m; **at ~ quarters** aus unmittelbarer Nähe; **we use this pub because it's ~/the ~st** wir gehen in dieses Lokal, weil es in der Nähe/am nächsten ist.

2. (in time) nahe (bevorstehend). **nobody realized how ~ a nuclear war was** es war niemandem klar, wie nahe ein Atomkrieg bevorstand.

3. (fig) friend, co-operation, connection etc eng; relative nahe; resemblance groß, stark. **they were very ~ (to each other)** sie waren or standen sich sehr nahe.

4. (not spread out) handwriting, print eng; texture, weave dicht, fest; grain dicht, fein; ranks dicht, geschlossen; (fig) argument lückenlos, stichhaltig; reasoning, (Sport) game geschlossen.

5. (exact, painstaking) examination, study eingehend, genau; translation originalgetreu; watch streng, scharf; arrest scharf. **now pay ~ attention to me** jetzt hör mir gut zu; **you have to pay very ~ attention to the traffic signs** du mußt genau auf die Verkehrszeichen achten.

6. (stuffy) schwül; (inside) stickig.

7. (almost equal) fight, result knapp. **a ~(-fought) match** ein (ganz) knappes Spiel; **a ~ finish** ein Kopf-an-Kopf-Rennen nt; **a ~ election** ein Kopf-an-Kopf-Rennen nt, eine Wahl mit knappem Ausgang; **it was a ~ thing** or **call** das war knapp!

8. **~ on** nahezu; **~ on sixty/midnight** an die sechzig/kurz vor Mitternacht.

II adv (+er) nahe; (spatially also) dicht. **~ by** in der Nähe; **~ by us** in unserer Nähe; **stay ~ to me** bleib dicht bei mir; **~ to the water/ground** nahe or dicht am Wasser/Boden; **~ to** or **by the bridge** nahe (bei) der Brücke; **he followed ~ behind me** er ging dicht hinter mir; **don't stand too ~ to the fire** stell dich nicht zu nahe or dicht ans Feuer; **to be ~ to tears** den Tränen nahe sein; **~ together** dicht or nahe zusammen; **my exams were so ~ together** meine Prüfungen lagen so kurz hintereinander; **the ~r the exams came the more nervous he got** je näher die Prüfung rückte, desto nervöser wurde er; **that brought the two brothers ~r together** das brachte die beiden Brüder einander näher; **please stand ~r together** bitte rücken Sie näher or dichter zusammen; **this pattern comes ~/~st to the sort of thing we wanted** dieses Muster kommt dem, was wir uns vorgestellt haben, nahe/am nächsten; **what does it look like from ~ in/up?** wie sieht es von nahem aus?

III n (in street names) Hof m; (of cathedral etc) Domhof m; (Scot: outside passage) offener Hausflur.

close² [kləʊz] **I** vt **1.** schließen; eyes, door, shop, window, curtains also zumachen; (permanently) business, shop, branch etc also schließen; factory stillegen; (block) pipe, opening etc verstopfen; road sperren. **"~d"** „geschlossen"; **sorry, we're ~d** tut uns leid, wir haben geschlossen or zu; **you shouldn't ~ your mind to new ideas** du solltest dich neuen Ideen nicht verschließen; **to ~ one's eyes/ears to sth** sich einer Sache gegenüber blind/taub stellen; **to ~ ranks** (Mil) die Reihen schließen.

2. (bring to an end) church service, meeting schließen, beenden; affair,

discussion also abschließen; *bank account etc* auflösen. **the matter is ~d** der Fall ist abgeschlossen.
 3. (*Elec*) *circuit* schließen.
 II *vi* **1.** (*shut, come together*) sich schließen; (*door, window, box, lid, eyes, wound also*) zugehen; (*can be shut*) schließen, zugehen; (*shop, factory*) schließen, zumachen; (*factory: permanently*) stillgelegt werden. **his eyes ~d** die Augen fielen ihm zu; (*in death*) seine Augen schlossen sich.
 2. (*come to an end*) schließen; (*tourist season*) aufhören, enden, zu Ende gehen; (*Theat: play*) auslaufen.
 3. (*approach*) sich nähern, näherkommen; (*boxers etc*) aufeinander losgehen.
 4. (*Comm: accept offer*) abschließen, zu einem Abschluß kommen.
 5. (*St Ex*) schließen. **the shares ~d at £5** die Aktien erreichten eine Schlußnotierung von £ 5.
 III *n* Ende *nt*, Schluß *m*. **to come to a ~** enden, aufhören, zu Ende gehen; **to draw to a ~** sich dem Ende nähern, dem Ende zugehen; **to draw** *or* **bring sth to a ~** etw beenden; **at/towards the ~ of (the) day** am/gegen Ende des Tages; **at the ~ (of business)** bei Geschäfts- *or* (*St Ex*) Börsenschluß.
 ◆**close about** *or* **around** *vi +prep obj* umschließen. **the waters ~d ~ the drowning man** die Wellen schlugen über dem Ertrinkenden zusammen.
 ◆**close down I** *vi* **1.** (*business, shop etc*) schließen, zumachen (*inf*); (*factory: permanently*) stillgelegt werden.
 2. (*Rad, TV*) das Programm beenden. **television programmes ~ ~ at about 12** Sendeschluß (ist) gegen 24 Uhr.
 II *vt sep shop etc* schließen; *factory (permanently)* stillegen.
 ◆**close in** *vi* (*evening, winter*) anbrechen; (*night, darkness*) hereinbrechen; (*days*) kürzer werden; (*enemy etc*) bedrohlich nahekommen. **the troops ~d ~ around the enemy** die Truppen zogen sich um den Feind zusammen; **to ~ ~ on sb** (*gang, individual etc*) jdm auf den Leib rücken; **the walls were slowly closing ~ on him** die Wände kamen langsam auf ihn zu.
 II *vt sep* umgeben, umfrieden (*geh*).
 ◆**close off** *vt sep* abriegeln, (ab)sperren; (*separate off*) *area of office etc* abteilen.
 ◆**close on** *vi +prep obj* einholen.
 ◆**close round** *vi +prep obj see* **close about.**
 ◆**close up I** *vi* **1.** (*people*) aufschließen. **2.** (*wound*) sich schließen. **II** *vt sep* **1.** *house, shop* zumachen; *house also* verschließen. **2.** (*block up*) zumachen.
 ◆**close with** *vi +prep obj* **1.** *enemy* zum Nahkampf übergehen mit; *boxer etc* ringen *or* kämpfen mit. **2.** (*strike bargain with*) handelseinig sein *or* werden mit; (*accept*) *offer* eingehen auf.
 close-cropped [ˌkləʊsˈkrɒpt] *adj hair* kurzgeschnitten.
 closed circuit [kləʊzdˈsɜːkɪt] *n* geschlossener Stromkreis; **closed-circuit television** *n* interne Fernsehanlage; (*for

supervision*) Fernsehüberwachungsanlage *f*.
 close-down [ˈkləʊzdaʊn] *n* **1.** (*of shop, business etc*) (Geschäfts)schließung *f*; (*of factory*) Stillegung *f*. **2.** (*Rad, TV*) Sendeschluß *m*.
 closed season [kləʊzdˈsiːzn] *n* Schonzeit *f*; **closed session** *n* (*Jur*) Sitzung *f* unter Ausschluß der Öffentlichkeit; **closed shop** *n* **we have a ~** wir haben Gewerkschaftszwang.
 close-fisted [kləʊsˈfɪstɪd] *adj* geizig, knauserig (*inf*); **close-fitting** *adj* enganliegend, **close-grained** *adj* fein gemasert; **close-knit** *adj or* **closer-knit** *community* eng *or* fest zusammengewachsen.
 closely [ˈkləʊslɪ] *adv* **1.** eng, dicht; *work, connect* eng; *woven* fest; *related* nah(e), eng; *follow* (*in time*) dicht. **he was ~ followed by a policeman** ein Polizist ging dicht hinter ihm; **she held the baby ~** sie drückte das Baby (fest) an sich; **the match was ~ contested** der Spielausgang war hart umkämpft.
 2. (*attentively*) *watch, listen etc* genau; *guard* scharf, streng.
 closeness [ˈkləʊsnɪs] *n* **1.** (*nearness, in time*) Nähe *f*.
 2. (*fig*) (*of friendship*) Innigkeit *f*. **thanks to the ~ of their co-operation ...** dank ihrer engen Zusammenarbeit ...; **the ~ of their relationship/resemblance** ihre so enge Beziehung/ihre große Ähnlichkeit.
 3. (*density*) (*fig: of argument, reasoning*) Schlüssigkeit *f*; (*Sport: of game*) Geschlossenheit *f*. **the ~ of the print/lines/weave** die große Druck-/Zeilen-/(Ge)webedichte.
 4. (*exactness, painstakingness*) (*of examination, interrogation*) Genauigkeit *f*; (*of watch*) Strenge *f*; (*of translation*) Textnähe *or* -treue *f*.
 5. (*of air, atmosphere*) **the ~ (of the air)** die Schwüle; (*indoors*) die stickige Luft.
 6. (*of finish*) knapper Ausgang.
 close-set [ˈkləʊsset] *adj, comp* **closer-set** *eyes* eng zusammenstehend; *print* eng.
 closet [ˈklɒzɪt] (*vb: pret, ptp* **~ed** [ˈklɒzɪtɪd]) **I** *n* **1.** Wandschrank *m*. **2.** (*dated: water-~*) Klosett *nt*. **3.** (*old: small room*) Kabinett, Nebenzimmer *nt*. **II** *vt* **to be ~ed** hinter verschlossenen Türen sitzen (*with sb* mit jdm).
 close-up [ˈkləʊsʌp] **I** *n* Nahaufnahme *f*. **in ~** in Nahaufnahme; (*of face*) in Großaufnahme. **II** *attr shot, view* Nah-.
 closing [ˈkləʊzɪŋ] **I** *n* **1.** Schließung *f*; (*of factory: permanently*) Stillegung *f*.
 2. (*St Ex*) **at the ~ of business** beim Börsenschluß.
 II *adj* **1.** *remarks, words etc* abschließend, Schluß-.
 2. **~ time** Geschäfts- *or* Ladenschluß *m*; (*Brit*) (*in pub*) Polizei- *or* Sperrstunde *f*; **when is ~ time?** wann schließt die Bank/das Geschäft/der Laden/das Lokal *etc*?
 3. (*St Ex*) *prices* Schlußkurse, Schlußnotierungen *pl*.
 closure [ˈkləʊʒə*] *n* **1.** (*act of closing*) Schließung *f*; (*of road*) Sperrung *f*; (*of

wound, incision) Schließen *nt*; (*of shop also*) Schließung *f*; (*of factory, mine etc also*) Stillegung *f*.
2. (*Parl*) Schluß *m* der Debatte.

clot [klɒt] **I** *n* **1.** (*of blood*) (Blut)gerinnsel *nt*; (*of milk*) (Sahne)klumpen *m*. **2.** (*inf: person*) Trottel *m*. **II** *vt blood* zum Gerinnen bringen. **III** *vi* (*blood*) gerinnen; (*milk*) dick werden.

cloth [klɒθ] *n* **1.** Tuch *nt*, Stoff *m*; (*as book-cover*) Leinen *nt*. **a nice piece of ~** ein schöner Stoff, ein gutes Tuch.
2. (*dish~*, *tea~* etc) Tuch *nt*; (*for cleaning also*) Lappen *m*; (*table~*) Tischdecke *f*, Tischtuch *nt*.
3. *no pl* (*Eccl*) **a gentleman of the ~** ein geistlicher Herr; **the ~** der geistliche Stand, die Geistlichkeit.

cloth-bound ['klɒθbaʊnd] *adj book* in Leinen (gebunden); **cloth cap** *n* Schlägermütze *f*.

clothe [kləʊð] *pret, ptp* **clad** (*old*) *or* **~d** *vt* **1.** (*usu pass: dress*) anziehen, kleiden. **2.** (*provide clothes for*) anziehen. **3.** (*fig liter*) kleiden (liter). **~d in glory** mit Ruhm bedeckt; **the hills ~d in mist** die nebelverhangenen Hügel.

clothes [kləʊðz] *npl* **1.** (*garments*) Kleider *pl*; (*clothing, outfit also*) Kleidung *f no pl*. **his mother still washes his ~** seine Mutter macht ihm immer noch die Wäsche; **with one's ~ on/off** angezogen, (voll) bekleidet/ausgezogen, unbekleidet (geh); **to put on/take off one's ~** sich an-/ausziehen; *see* **plain ~**.
2. (*bed~*) Bettzeug *nt*.

clothes basket *n* Wäschekorb *m*; **clothes brush** *n* Kleiderbürste *f*; **clothes hanger** *n* Kleiderbügel *m*; **clothes horse** *n* Wäscheständer *m*; **clothes line** *n* Wäscheleine *f*; **clothes peg**, (US) **clothes pin** *n* Wäscheklammer *f*; **clothes pole** *or* **prop** *n* Wäschestütze *f*.

clothier ['kləʊðɪəʳ] *n* (*seller of clothes*) (for men) Herrenausstatter *m*; (for women) Modegeschäft *nt or* -salon *m*.

clothing ['kləʊðɪŋ] *n* Kleidung *f*.

clotted ['klɒtɪd] *adj hair* **~ with mud** mit Schlamm verklebtes Haar; **~ cream** Sahne *f* (aus erhitzter Milch).

cloud [klaʊd] **I** *n* **1.** Wolke *f*. **low ~(s) delayed take-off** tiefhängende Wolken verzögerten den Start; **to have one's head in the ~s** in höheren Regionen schweben; (*momentarily*) geistesabwesend sein; **to be up in the ~s** (inf) überglücklich sein; **to be on ~ nine** (inf) im siebten Himmel sein *or* schweben (inf); **every ~ has a silver lining** (Prov) kein Unglück ist so groß, es hat sein Glück im Schoß (Prov).
2. (*of smoke, dust etc*) Wolke *f*; (*of insects*) Schwarm, Haufen *m*; (*of gas, smoke from fire*) Schwaden *m*. **~ of dust-/smoke** Staub-/Rauchwolke *f*; **a ~ of controversy/confusion surrounded the whole matter** die ganze Angelegenheit wurde von Kontroversen überschattet/nebulöses Durcheinander herrschte in der ganzen Angelegenheit; **the ~ of suspicion hanging over him suddenly dispersed** der Verdacht, der über ihm schwebte, verflog plötzlich; **he's been under a ~ for weeks**

(*under suspicion*) seit Wochen haftet ein Verdacht an ihm; (*in disgrace*) die Geschichte hängt ihm schon wochenlang nach; **the ~s are gathering** es braut sich etwas zusammen.
3. (*in liquid, marble*) Wolke *f*. **her cold breath formed ~s/a ~ on the mirror** durch ihren kalten Atem beschlug der Spiegel.

II *vt* **1.** (*lit*) sky, view verhängen (geh); *mirror* trüben. **a ~ed sky** ein bewölkter Himmel.
2. (*fig*) (*cast gloom on*) prospect, sb's enjoyment trüben; face, expression umwölken (geh); (*mar, spoil*) friendship, sb's future überschatten; (*make less clear*) mind, judgement, awareness trüben; nature of problem verschleiern. **to ~ the issue** (*complicate*) es unnötig kompliziert machen; (*hide deliberately*) die Angelegenheit verschleiern.

III *vi see* **~ over.**

◆**cloud over** *vi* (sky) sich bewölken, sich bedecken; (*mirror etc*) (sich) beschlagen, anlaufen. **his face ~ed ~** seine Stirn umwölkte sich (geh).

◆**cloud up I** *vi* (*mirror etc*) beschlagen. **it's ~ing ~** (*weather*) es bezieht sich. **II** *vt sep* **the steam ~ed ~ the windows** die Fenster beschlugen (vom Dampf).

cloud bank *n* Wolkenwand *f*; **cloudburst** *n* Wolkenbruch *m*; **cloud chamber** *n* Nebelkammer *f*; **cloud-cuckoo-land** *n* Wolkenkuckucksheim *nt*.

cloudiness ['klaʊdɪnɪs] *n* (of sky) Bewölkung *f*; (*of liquid, diamond, glass, plastic etc*) Trübung *f*.

cloudless ['klaʊdlɪs] *adj sky* wolkenlos.

cloudy ['klaʊdɪ] *adj* (+er) **1.** sky wolkig, bewölkt, bedeckt; weather grau. **we had only three ~ days** wir hatten nur drei Tage, an denen es bewölkt war; **it's getting ~** es bewölkt sich; **the weather will be ~** es ist mit Bewölkung zu rechnen.
2. liquid, diamond, glass etc trüb.

clout [klaʊt] **I** *n* **1.** (*inf: blow*) Schlag *m*. **to give sb/sth a ~** jdm eine runterhauen (inf)/auf etw (acc) schlagen *or* hauen (inf); **to give sb a ~ round the ears** jdm eine runterhauen (inf).
2. (*political, industrial*) Schlagkraft *f*.

II *vt* (inf) schlagen, hauen (inf). **to ~ sb one** jdm eine runterhauen (inf) .

clove[1] [kləʊv] *n* **1.** Gewürznelke *f*. **oil of ~s** Nelkenöl *nt*. **2.** **~ of garlic** Knoblauchzehe *f*.

clove[2] *pret of* **cleave**[1].

clove hitch *n* Webeleinstek *m*.

cloven ['kləʊvn] *ptp of* **cleave**[1].

cloven hoof *n* Huf *m* der Paarhufer *or* -zeher; (*of devil*) Pferdefuß *m*. **pigs have ~ hooves** Schweine sind Paarzeher.

clover ['kləʊvəʳ] *n* Klee *m*. **to be/live in ~** wie Gott in Frankreich leben; **~ leaf** (*Bot, Mot*) Kleeblatt *nt*.

clown [klaʊn] **I** *n* (*in circus etc*) Clown *m*; (*inf: foolish person also*) Kasper, Hanswurst *m*; (*pej*) Idiot, Trottel *m*. **II** *vi* (*also* **~ about** *or* **around**) herumblödeln (inf).

cloy [klɔɪ] *vi* (lit, fig) zu süßlich sein/werden; (*pleasures*) an Reiz verlieren.

cloying ['klɔɪɪŋ] *adj* (lit) übersüß, widerwärtig süß.

club [klʌb] **I** n **1.** (weapon) Knüppel, Prügel m, Keule f; (golf ~) Golfschläger m; (Indian ~) Keule f.
2. (Cards) ~s pl Kreuz nt; **the ace/nine of ~s** (das) Kreuz-As/(die) Kreuz-Neun.
3. (society) Klub, Verein m; (tennis ~, golf ~, gentleman's ~, night~) Club m; (Ftbl) Verein m. **to be in the ~** (inf) in anderen Umständen sein (inf), ein Kind kriegen (inf); **to get** or **put sb in the ~** (inf) jdm ein Kind machen (sl); **join the ~!** (inf) gratuliere! du auch!
II vt einknüppeln auf (+acc).
◆**club together** vi zusammenlegen.

clubbable ['klʌbəbl] adj geeignet, in einen Klub aufgenommen zu werden; (sociable) gesellschaftsfähig.

club foot n Klumpfuß m; **club-footed** adj klumpfüßig; **clubhouse** n Klubhaus nt; **clubman** n he isn't much of a ~ er interessiert sich nicht besonders für Klubs; **club room** n Klubraum nt; **club sandwich** n (US) Club-Sandwich nt.

cluck [klʌk] **I** vi gackern; (hen: to chicks) glucken. **II** n Gackern nt; Glucken nt.

clue [klu:] n Anhaltspunkt, Hinweis m; (in police search also: object) Spur f; (in crosswords) Frage f. **to find a/the ~ to sth** den Schlüssel zu etw finden; **I'll give you a ~** ich gebe dir einen Tip; **I haven't a ~!** (ich hab') keine Ahnung!
◆**clue up** vt sep (inf) person informieren. **to get ~d ~ on** or **about sth** sich mit etw vertraut machen; **to be ~d ~ on** or **about sth** über etw (acc) im Bilde sein; (about subject) mit etw vertraut sein.

clueless ['klu:lɪs] adj (inf) ahnungslos, unbedarft (inf); expression, look ratlos.

cluelessly ['klu:lɪslɪ] adv (inf) see adj.

clump [klʌmp] **I** n **1.** (of trees, flowers etc) Gruppe f; (of earth) Klumpen m. **a ~ of shrubs** ein Gebüsch nt. **2.** (inf: blow) Schlag, Hieb m. **II** vt (inf: hit) schlagen, hauen (inf). **III** vi trampeln; (with adv of place) stapfen. **to ~ about** herumtrampeln; (in snow, mud etc) herumstapfen.

clumsily ['klʌmzɪlɪ] adv **1.** ungeschickt; (in an ungainly way) schwerfällig; act ungeschickt. **2.** (inelegantly) written, translated etc schwerfällig, unbeholfen.
3. (awkwardly, tactlessly) ungeschickt, unbeholfen; compliment also plump.

clumsiness ['klʌmzɪnɪs] n **1.** Ungeschicklichkeit, Schwerfälligkeit f. **2.** (of tool, shape) Unförmigkeit f; (of prose, translation etc) Schwerfälligkeit, Unbeholfenheit f. **3.** (awkwardness of apology, excuse etc) Unbeholfenheit f.

clumsy ['klʌmzɪ] adj (+er) **1.** ungeschickt; (all thumbs also) tolpatschig; (ungainly) schwerfällig.
2. (unwieldy) plump; tool also wuchtig, klobig; shape also unförmig, klobig; (inelegant) prose, translation etc schwerfällig, unbeholfen.
3. (awkward, tactless) plump, ungeschickt.

clung [klʌŋ] pret, ptp of **cling**[1].

cluster ['klʌstər] **I** n (of trees, flowers, houses) Gruppe f, Haufen m; (of curls, bananas) Büschel nt; (of bees, people, grapes) Traube f; (of islands) Gruppe f;

(of diamonds) Büschel nt; (Phon) Häufung f. **the flowers grow in a ~ at the top of the stem** die Blumen wachsen doldenförmig am Stengel; (of roses etc) mehrere Blüten wachsen am gleichen Stiel.
II vi (people) sich drängen or scharen.

clutch[1] [klʌtʃ] **I** n **1.** (grip) Griff m. **he had a firm ~ on the rope** er hielt das Seil fest umklammert; **he made a sudden ~ at the rope** er griff plötzlich nach dem Seil.
2. (Aut) Kupplung f. **to let in/out the ~** ein-/auskuppeln; **~ pedal** Kupplungspedal nt.
3. (fig) **to fall into sb's ~es** jdm in die Hände fallen, jdm ins Netz gehen; **to be in sb's ~es** in jds Gewalt (dat) sein; **to have sb in one's ~es** jdn im Netz or in den Klauen haben.
II vt (grab) umklammern, packen; (hold tightly) umklammert halten. **to ~ sth in one's hand** etw umklammern.
◆**clutch at** vi +prep obj (lit) schnappen nach (+dat); (hold tightly) umklammert halten; (fig) sich klammern an (+acc).

clutch[2] n (of chickens) Brut f; (of eggs) Gelege nt.

clutch bag n Klemmtasche f.

clutter ['klʌtər] **I** n (confusion) Durcheinander nt; (disorderly articles) Kram m (inf).
II vt (also ~ up) zu voll machen (inf)/stellen; painting, photograph überladen; mind vollstopfen. **to be ~ed with sth** (mind, room, drawer etc) mit etw vollgestopft sein; (floor, desk etc) mit etw übersät sein; (painting etc) mit etw überladen sein; **the floor/his desk was absolutely ~ed** auf dem Fußboden lag alles verstreut/sein Schreibtisch war ganz voll.

cm abbr of **centimetre** cm.

Cmdr abbr of **Commander.**

CND abbr of **Campaign for Nuclear Disarmament.**

Co abbr of **1. company** KG f. **2. county.**

CO abbr of **Commanding Officer.**

c/o abbr of **1. care of** c/o. **2. carried over** Übertr.

co- [kəʊ-] pref Mit-, mit-.

coach [kəʊtʃ] **I** n **1.** (horsedrawn) Kutsche f; (state ~) (Staats)karosse f. **~ and four** Vierspänner m.
2. (Rail) Wagen, Waggon m.
3. (motor ~) (Reise)bus m. **by ~** mit dem Bus; **~ travel/journeys** Busreisen pl; **~ driver** Busfahrer m.
4. (tutor) Nachhilfelehrer(in f) m; (Sport) Trainer(in f) m.
II vt **1.** (Sport) trainieren.
2. **pupil to ~ sb for an exam** jdn aufs Examen vorbereiten; **he had been ~ed in what to say** man hatte mit ihm eingeübt, was er sagen sollte.

coach box n (Kutsch)bock m; **coach-builder** n (Brit) Karosseriebauer m.

coaching ['kəʊtʃɪŋ] n (Sport) Trainerstunden pl; (Tennis) Training nt; (tutoring) Nachhilfe f.

coachman ['kəʊtʃmən] n Kutscher m; **coachwork** n (Brit) Karosserie f.

coagulate [kəʊˈægjʊlɪt] **I** vi (blood) gerinnen; (junket, milk) dick werden; (jelly) fest werden; (paint, varnish) zähflüssig werden. **II** vt blood gerinnen lassen; jun-ket, milk dick werden lassen; jelly fest werden lassen; paint, varnish zähflüssig werden lassen.

coagulation [kəuˌægjuˈleɪʃən] n see vb Gerinnen nt, Gerinnung f; Dickwerden nt; Festwerden nt; Eindicken nt.

coal [kəul] n Kohle f. **we still burn ~** wir heizen noch mit Kohle; **to carry ~s to Newcastle** (Prov) Eulen nach Athen tragen (Prov); **to haul sb over the ~s** jdm die Leviten lesen; **to heap ~s of fire on sb's head** glühende Kohlen auf jds Haupt (acc) sammeln.

coal in cpds Kohlen-; **~-bin**, **~-bunker** Kohlenkasten m; **~ black** kohlraben-schwarz; **~-cellar** Kohlenkeller m; **~-dust** Kohlenstaub, (Kohlen)grus m.

coalesce [ˌkəuəˈles] vi (Phys, Chem) sich verbinden (fig) sich vereinigen.

coalescence [ˌkəuəˈlesəns] n see vi Verbin-dung f; Vereinigung f.

coal-face [ˈkəulfeɪs] n Streb m; **men who work at** or **on the ~** Männer, die im Streb or vor Ort arbeiten; **coalfield** n Kohlen-revier, Kohlengebiet nt; **coal fire** n Kamin m.

coalition [ˌkəuəˈlɪʃən] n Koalition f. **~ government** Koalitionsregierung f.

coal-merchant [ˈkəulmɑːtʃənt] n Kohlen-händler m; **coal-mine** n Grube, Zeche f, Kohlenbergwerk nt; **coal-miner** n Berg-mann, Kumpel (inf) m; **coal-mining** n Kohle(n)bergbau m; **~ area** n Kohlen-revier nt; **the ~ industry** der Kohle(n)-bergbau; **coal-pit** n coal-mine; **coal scuttle** n Kohleneimer, Kohlenkasten m; **coalshed** n Kohlenschuppen m; **coal tar** n Kohlenteer m; **coal tar soap** n Teer-seife f.

coarse [kɔːs] adj (+er) **1.** (in texture, not delicate) grob; sand, sugar also grobkör-nig; features also derb; **~-grained** grob-faserig.
2. (uncouth) gewöhnlich; person, manners also ungehobelt, ungeschliffen; joke also derb, unanständig.
3. (common) food derb, einfach. **~ red wine** einfacher (Land)rotwein; **~ fish** Süßwasserfisch m (mit Ausnahme aller Lachs- und Forellenarten).

coarsely [ˈkɔːslɪ] adv see adj 1., 2.

coarsen [ˈkɔːsn] **I** vt person derber machen; skin gerben. **II** vi (person) derber werden; (skin) gröber werden.

coarseness [ˈkɔːsnɪs] n **1.** (of texture) Grobheit f.
2. (fig) see adj 1., 2. Gewöhnlichkeit f; Ungeschliffenheit f; Unanständigkeit f; Einfachheit f. **the ~ of his accent** seine gewöhnliche Aussprache.

coast [kəust] **I** n Küste f, Gestade nt (poet). **at/on the ~** an der Küste/am Meer; **we're going to the ~** wir fahren ans Meer; **the ~ is clear** (fig) die Luft ist rein.
II vi (car, cyclist) (in neutral) (im Leerlauf) fahren; (cruise effortlessly) dahinrollen; (athlete) locker laufen; (US: on sled) hinunterrodeln.
2. (fig) **to be ~ing along** mühelos or spielend vorankommen; **he was just ~ing up to the exam** er steuerte ohne große

Mühe aufs Examen zu.

coastal [ˈkəustəl] adj Küsten-. **~ traffic** Küstenschiffahrt f.

coaster [ˈkəustər] n **1.** (Naut) Küstenmotor-schiff nt. **2.** (drip mat) Untersetzer m.
3. (US) (sled) (Rodel)Schlitten m; (roller-~) Achterbahn, Berg-und Talbahn f.
4. (US) **~ brake** Rücktrittbremse f.

coastguard [ˈkəustgɑːd] n Küstenwache f; **the ~s** die Küstenwacht; **coastline** n Küste f.

coat [kəut] **I** n **1.** (outdoor wear) Mantel m; (doctor's ~ etc also) (Arzt)kittel m; (jacket of suit etc) Jacke f; (for men also) Jackett nt. **~ and skirt** Kostüm nt.
2. (Her) **~ of arms** Wappen nt.
3. **~ of mail** Panzerhemd nt; (of chain-mail) Kettenhemd nt.
4. (of animal) Fell nt.
5. (of paint, tar etc) (application) An-strich m; (actual layer) Schicht f. **a thick ~ of fur on his tongue** ein dicker pelziger Belag auf seiner Zunge.
II vt (with paint etc) streichen; (with chocolate, icing etc) überziehen. **to be ~ed with rust/dust/mud** mit einer Rost-/Staub-/Schmutzschicht überzogen sein; **my hands were ~ed with grease/flour** meine Hände waren voller Schmiere/Mehl; **his tongue was ~ed** seine Zunge war belegt; **~ed paper** gestrichenes Papier; **the chassis was ~ed with an anti-rust preparation** das Chassis war mit einem Rostschutzmittel beschichtet.

coat-hanger [ˈkəutˌhæŋər] n Kleiderbügel m.

coating [ˈkəutɪŋ] n Überzug m, Schicht f; (of paint) Anstrich m.

coat-tails [ˈkəutˌteɪlz] npl Rockschöße pl.

co-author [ˈkəuˌɔːθər] n Mitautor, Mitver-fasser m. **they were ~s of the book** sie haben das Buch gemeinsam geschrieben.

coax [kəuks] vt überreden. **to ~ sb into doing sth** jdn beschwatzen (inf) or dazu bringen, etw zu tun; **you have to ~ the fire with a little paraffin** du mußt dem Feuer mit einem Schuß Petroleum nachhelfen; **to ~ sth out of sb** jdm etw entlocken.

coaxing [ˈkəuksɪŋ] **I** n gutes Zureden, Zuspruch m. **with a little ~ the engine/fire started** mit etwas List und Tücke kam der Motor/das Feuer in Gang. **II** adj ein-schmeichelnd.

coaxingly [ˈkəuksɪŋlɪ] adv **to speak ~** mit einschmeichelnder Stimme reden.

cob [kɒb] n **1.** (horse) kleines, gedrungenes Pferd. **2.** (swan) (männlicher) Schwan.
3. (also **~-nut**) (große) Haselnuß.
4. (corn) (Mais)kolben m; (bread) rundes Brot. **corn on the ~** Maiskolben m; **a ~ of coal** ein Stück Eier- or Nußkohle.

cobalt [ˈkəubɒlt] n (abbr Co) Kobalt nt. **~ blue** kobaltblau.

cobble [ˈkɒbl] **I** n (also **~stone**) Kopfstein m. **II** vt **1.** shoe flicken. **2.** a **~d street** eine Straße mit Kopfsteinpflaster.

◆**cobble together** vt sep (inf) essay etc zusammenschustern.

cobbler [ˈkɒblər] n **1.** Schuster, Flickschu-ster m. **2.** (esp US: fruit pie) Obst mit Teig überbacken; (drink) Cobbler m.

cobblers [ˈkɒbləz] npl (Brit sl: rubbish)

Scheiße *f* (*sl*), Mist *m* (*inf*). **(what a load of old)** ~! was für'n Haufen Mist! (*inf*).

cobblestone [ˈkɒblstəʊn] *n see* **cobble I.**

cobra [ˈkəʊbrə] *n* Kobra *f*.

cobweb [ˈkɒbweb] *n* (*single thread, threads*) Spinn(en)webe *f*; (*network*) Spinnennetz *nt*. **a brisk walk will blow away the ~s** (*fig*) ein ordentlicher Spaziergang, und man hat wieder einen klaren Kopf.

cocaine [kəˈkeɪn] *n* Kokain *nt*.

coccyx [ˈkɒksɪks] *n* Steißbein *nt*.

cochineal [ˈkɒtʃɪniːl] *n* (*insect, colouring*) Koschenille *f*.

cock [kɒk] **I** *n* **1.** (*rooster*) Hahn *m*; (*weather~*) Wetterhahn *m*. **(the) ~ of the walk** *or* **roost** der Größte (*inf*).

2. (*male bird*) Männchen *nt*. **turkey ~** Truthahn, Puter *m*.

3. (*tap*) (Wasser)hahn *m*. **fuel ~** Treibstoffhahn *m*.

4. (*of rifle*) Hahn *m*.

5. (*of hat*) schiefer Sitz.

6. (*Brit inf: mate*) Kumpel *m* (*inf*).

7. (*vulg: penis*) Schwanz *m* (*vulg*).

II *vt* **1. to ~ the gun** den Hahn spannen.

2. *ears* spitzen. **the parrot ~ed its head on one side** der Papagei legte seinen Kopf schief *or* auf die Seite; **to ~ a snook at sb** (*lit*) jdm eine lange Nase machen; (*fig*) zeigen, daß man auf jdn pfeift; **he ~ed his hat at a jaunty angle** er setzte seinen Hut keck auf; **to knock sb into a ~ed hat** (*inf*) (*lit beat up*) aus jdm Kleinholz machen; (*fig*) jdn total an die Wand spielen.

♦**cock up** *vt sep* **1.** *ears* spitzen. **2.** (*Brit sl: mess up*) versauen (*sl*).

cockade [kɒˈkeɪd] *n* Kokarde *f*.

cock-a-doodle-doo [ˌkɒkəduːˈdluː] *n* Kikeriki *nt*; **cock-a-hoop** [ˌkɒkəˈhuːp] *adj* ganz aus dem Häuschen, außer sich vor Freude; **cock-a-leekie (soup)** [ˌkɒkəˈliːkɪ(ˈsuːp)] *n* Lauchsuppe *f* mit Huhn; **cock-and-bull** *adj*: **~ story** *or* **tale** Lügengeschichte *f*.

cockatoo [ˌkɒkəˈtuː] *n* Kakadu *m*.

cockatrice [ˈkɒkətrɪs] *n* Basilisk *m*.

cockchafer [ˈkɒkˌtʃeɪfəʳ] *n* Maikäfer *m*.

cockcrow [ˈkɒkkrəʊ] *n* (*old*) **at ~** beim ersten Hahnenschrei.

cocker [ˈkɒkəʳ] *n* (*also ~* **spaniel**) Cocker-(spaniel) *m*.

cockerel [ˈkɒkərəl] *n* junger Hahn.

cock-eyed [ˈkɒkaɪd] *adj* (*inf*) **1.** (*crooked*) schief; **2.** (*absurd*) *idea* verrückt, widersinnig; **cockfight** *n* Hahnenkampf *m*.

cockiness [ˈkɒkɪnɪs] *n* (*inf*) Großspurigkeit *f*.

cockle [ˈkɒkl] *n* **1.** (*shellfish: also ~***shell**) Herzmuschel *f*. **2.** (*boat*) kleines Boot, Nußschale *f*. **3. it warmed the ~s of my heart** es wurde mir warm ums Herz.

cockney [ˈkɒknɪ] **I** *n* **1.** (*dialect*) Cockney *nt*. **2.** (*person*) Cockney *m*. **II** *adj* Cockney-.

cockpit [ˈkɒkpɪt] *n* **1.** (*Aviat, of racing car*) Cockpit *nt*; (*Naut: on yacht*) Plicht *f*, Cockpit *nt*. **2.** (*for cockfighting*) Hahnenkampfplatz *m*.

cockroach [ˈkɒkrəʊtʃ] *n* Küchenschabe *f*, Kakerlak *m*.

cockscomb [ˈkɒkskəʊm] *n* (*Orn, Bot*) Hahnenkamm *m*.

cock sparrow *n* (männlicher) Spatz; **cock-**

---

sure *adj* (ganz) sicher, fest überzeugt; **don't you be so ~** sei dir deiner Sache (*gen*) nicht zu sicher.

cocktail [ˈkɒkteɪl] *n* **1.** Cocktail *m*. **we're invited for ~s** wir sind zum Cocktail eingeladen. **2. fruit ~** Obstsalat *m*.

cock-up [ˈkɒkʌp] *n* (*Brit sl*) **to be a ~** in die Hose gehen (*sl*); **to make a ~ of sth** bei *or* mit etw Scheiße bauen (*sl*).

cocky [ˈkɒkɪ] *adj* (*+er*) (*inf*) großspurig.

cocoa [ˈkəʊkəʊ] *n* Kakao *m*. **~ bean** Kakaobohne *f*.

coconut [ˈkəʊkənʌt] **I** *n* Kokosnuß *f*. **II** *attr* Kokos-. **~ ice** Kokosnußriegel *m*; **~ matting** Kokosmatte *f*; **~ palm, ~ tree** Kokospalme *f*; **~ shy** Wurfbude *f*.

cocoon [kəˈkuːn] **I** *n* Kokon *m*; (*fig*) (*of scarves, blankets etc*) Hülle *f*.

II *vt* einhüllen; *ship etc* abdecken.

COD *abbr of* **cash** (*Brit*) *or* **collect** (*US*) **on delivery.**

cod [kɒd] *n* Kabeljau *m*; (*in Baltic*) Dorsch *m*.

coddle [ˈkɒdl] *vt* **1.** *child, invalid* umhegen, verhätscheln. **2.** (*Cook*) *eggs* im Backofen pochieren.

code [kəʊd] **I** *n* **1.** (*cipher*) Kode, Code *m*, Chiffre *f*. **in ~** verschlüsselt, chiffriert; **to put into ~** verschlüsseln, chiffrieren; **~-name** Deckname *m*; **~-number** Kennziffer *f*.

2. (*Jur*) Gesetzbuch *nt*, Kodex *m*.

3. (*rules, principles*) Kodex *m*. **~ of honour/behaviour** Ehren-/Sittenkodex *m*.

4. post *or* **zip ~** (*US*) = Postleitzahl *f*.

5. (*for computer*) Code *m*.

6. (*Ling, Sociol*) Code, Kode *m*.

II *vt* verschlüsseln, chiffrieren; (*for computer*) kodieren.

codeine [ˈkəʊdiːn] *n* Kodein *nt*.

codex [ˈkəʊdeks] *n, pl* **codices** Kodex *m*.

codfish [ˈkɒdfɪʃ] *n see* **cod.**

codger [ˈkɒdʒəʳ] *n* (*inf*) komischer Kauz.

codices [ˈkəʊdɪsiːz] *pl of* **codex.**

codicil [ˈkɒdɪsɪl] *n* Kodizill *nt*.

codify [ˈkəʊdɪfaɪ] *vt laws* kodifizieren.

coding [ˈkəʊdɪŋ] *n* Chiffrieren *nt*. **a new system of ~** ein neues Chiffriersystem; **I don't understand the ~** ich verstehe den Kode nicht.

cod-liver-oil [ˈkɒdlɪvərˈɔɪl] *n* Lebertran *m*; **codpiece** *n* Hosenbeutel *m*.

co-driver [ˈkəʊdraɪvəʳ] *n* Beifahrer *m*.

codswallop [ˈkɒdzwɒləp] *n* (*Brit inf*) Stuß *m* (*dated inf*).

co-ed, coed [ˈkəʊed] **I** *n* (*inf*) (*Brit: school*) gemischte Schule, Koedukationsschule *f*; (*US: girl student*) Schülerin *or* Studentin *f* einer gemischten Schule. **II** *adj school* gemischt, Koedukations-. **III** *adv* **to go ~** Koedukation einführen.

coedition [ˌkəʊɪˈdɪʃən] *n* gemeinsame Ausgabe.

co-editor [ˈkəʊˈedɪtəʳ] *n* Mitherausgeber *m*.

coeducation [ˈkəʊedjʊˈkeɪʃən] *n* Koedukation *f*.

coeducational [ˈkəʊedjʊˈkeɪʃənl] *adj teaching* koedukativ; *school* Koedukations-.

coefficient [ˌkəʊɪˈfɪʃənt] *n* (*Math, Phys*) Koeffizient *m*.

coerce [kəʊˈɜːs] *vt* zwingen. **to ~ sb into**

doing sth jdn dazu zwingen, etw zu tun.
coercion [kəʊˈɜːʃən] n Zwang m; (Jur)
Nötigung f.
coeval [kəʊˈiːvəl] (form) I adj der gleichen
Periode or Zeit (with wie); manuscripts,
music, paintings, authors etc also zeit-
genössisch attr.
  II n Zeitgenosse m.
coexist [ˌkəʊɪgˈzɪst] vi koexistieren (Pol,
Sociol, geh), nebeneinander bestehen.
coexistence [ˌkəʊɪgˈzɪstəns] n Koexistenz f.
coexistent [ˌkəʊɪgˈzɪstənt] adj koexistent
(geh), nebeneinander bestehend. **the
two states are now peacefully** ~ die
beiden Staaten leben jetzt in friedlicher
Koexistenz.
coextensive [ˌkəʊɪkˈstensɪv] adj (in time)
zur gleichen Zeit; (in area) flächengleich;
(in length) längengleich; (fig) (concepts)
bedeutungs- or inhaltsgleich. **to be** ~ **with
sth** mit etw zusammenfallen; (spatially)
sich mit etw decken.
C of E abbr of **Church of England.**
coffee [ˈkɒfɪ] n Kaffee m. **two** ~**s, please**
zwei Kaffee, bitte.
coffee in cpds Kaffee-; ~ **bar** Café nt; ~
break Kaffeepause f; ~ **grinder** Kaf-
feemühle f; ~ **percolator** Kaffeemaschine
f; ~ **pot** Kaffeekanne f; ~ **table** Couch-
tisch m; ~**-table book** Bildband m.
coffer [ˈkɒfər] n 1. Truhe f. 2. (fig) **the** ~**s**
die Schatulle, das Geldsäckel; (of state)
das Staatssäckel. 3. (Archit) Kassette f.
coffin [ˈkɒfɪn] n Sarg m.
cog [kɒg] n (Tech) Zahn m; (~wheel)
Zahnrad nt. **he's only a** ~ **in the machine**
(fig) er ist nur ein Rädchen im Getriebe.
cogency [ˈkəʊdʒənsɪ] n Stichhaltigkeit f.
cogent [ˈkəʊdʒənt] adj stichhaltig; argu-
ment, reason also zwingend; reasoning
also überzeugend.
cogently [ˈkəʊdʒəntlɪ] adv stichhaltig.
cogitate [ˈkɒdʒɪteɪt] I vi (about, (up)on
über +acc) nachdenken, nachsinnen,
grübeln. II vt nachdenken, nachsinnen
über (+acc); (devise) ersinnen.
cogitation [ˌkɒdʒɪˈteɪʃən] n Nachdenken,
Nachsinnen nt, Überlegung f.
cognac [ˈkɒnjæk] n Kognak m; (French)
Cognac m.
cognate [ˈkɒgneɪt] I adj verwandt; (Ling)
urverwandt. II n (Ling) urverwandtes
Wort; urverwandte Sprache.
cognition [kɒgˈnɪʃən] n Erkenntnis f;
(visual) Wahrnehmung f.
cognitive [ˈkɒgnɪtɪv] adj kognitiv.
cognizance [ˈkɒgnɪzəns] n (form) **1.** (con-
scious knowledge, awareness) Kenntnis f;
(range of perception) Erkenntnisbereich
m. **to take** ~ **of sth** etw zur Kenntnis
nehmen.
  2. (jurisdiction) Zuständigkeit, Befugnis
f; (Jur) Gerichtsbarkeit f. **he gave** ~ **of the
matter to his deputy** er übertrug seinem
Stellvertreter alle Befugnis(se) in dieser
or für diese Angelegenheit.
cognizant [ˈkɒgnɪzənt] adj (form)
1. (aware, conscious) **to be** ~ **of sth** sich
(dat) einer Sache (gen) bewußt sein.
2. (having jurisdiction) zuständig.
cog railway n (US) Zahnradbahn f; **cog-
wheel** n Zahnrad nt.

cohabit [kəʊˈhæbɪt] vi (esp Jur) in eheähn-
licher Gemeinschaft leben.
cohabitation [ˌkəʊhæbɪˈteɪʃən] n eheähn-
liche Gemeinschaft.
coheir [ˈkəʊˈeər] n Miterbe m (to gen). **they
were** ~**s to the fortune** sie waren gemein-
same Erben des Vermögens.
coheiress [ˈkəʊˈeərɪs] n Miterbin f (to gen).
cohere [kəʊˈhɪər] vi **1.** (lit) zusammenhän-
gen. **2.** (fig) (community) ein Ganzes or
eine Einheit bilden; (essay, symphony
etc) in sich geschlossen sein; (argument,
reasoning, style) zusammenhängend sein.
coherence [kəʊˈhɪərəns] n **1.** Kohärenz f.
  2. (of community) Zusammenhalt m;
(of essay, symphony etc) Geschlossenheit
f; (of argument, reasoning, style)
Kohärenz f. **his address lacked** ~ seiner
Rede (dat) fehlte der Zusammenhang.
  3. (fig: comprehensibility) **after five
whiskies he lacked** ~ nach fünf Whiskys
gab er nur noch unzusammenhängendes
Zeug von sich.
coherent [kəʊˈhɪərənt] adj **1.** (comprehen-
sible) zusammenhängend. **2.** (cohesive)
logic, reasoning etc kohärent, schlüssig;
case schlüssig.
coherently [kəʊˈhɪərəntlɪ] adv see adj.
cohesion [kəʊˈhiːʒən] n (Sci) Kohäsion f;
(fig also) Zusammenhang m; (of group)
Zusammenhalt m, Geschlossenheit f.
cohesive [kəʊˈhiːsɪv] adj (Sci) Binde-,
Kohäsiv-; (fig) geschlossen.
cohesively [kəʊˈhiːsɪvlɪ] adv (Sci) kohäsiv;
(fig) write, argue im Zusammenhang.
cohort [ˈkəʊhɔːt] n Kohorte f, Trupp m.
coil [kɔɪl] I n **1.** (of rope, wire etc) Rolle f;
(in light-bulb) Glühdraht m; (on loop)
Windung f; (of smoke) Kringel m; (of hair)
Kranz m. ~ **spring** Sprungfeder f; **she wore
her hair in** ~**s** (round head) sie hatte eine
Gretchenfrisur; (round ears) sie trug ihr
Haar in Schnecken.
  2. (Elec) Spule f.
  3. (contraceptive) Spirale f.
  II vt aufwickeln, aufrollen; wire auf-
spulen, aufwickeln. **to** ~ **sth round sth** etw
um etw wickeln.
  III vi sich ringeln; (smoke also) sich krin-
geln; (river) sich schlängeln.
coin [kɔɪn] I n **1.** Münze f. ~**-box** (telephone)
Münzfernsprecher m; (box) Geldkasten
m; (on telephone, meter) Münzzähler m;
~**-operated** Münz-.
  2. (no pl) Münzen pl. **I'll pay you back
in your own** ~ (fig) das werde ich dir in
gleicher Münze heimzahlen; **the other
side of the** ~ (fig) die Kehrseite der
Medaille.
  II vt (lit, fig) money, phrase prägen.
he's ~**ing money** (fig inf) er scheffelt Geld
(inf); ..., **to** ~ **a phrase** ..., um mich mal
so auszudrücken.
coinage [ˈkɔɪnɪdʒ] n **1.** (act) Prägen nt,
Prägung f; (coins) Münzen pl, Hartgeld nt
no pl; (system) Währung f. **2.** (fig)
Prägung, Neuschöpfung f.
coincide [ˌkəʊɪnˈsaɪd] vi (in time, place)
zusammenfallen; (in area) sich decken;
(agree) übereinstimmen. **the two concerts**
~ die beiden Konzerte finden zur
gleichen Zeit statt.

coincidence [kəʊ'ınsıdəns] n 1. Zufall m,
Fügung f (geh). it is no ~ that ... es ist
nicht von ungefähr, daß ... 2. (occurring
or coming together) (in time) Zusam-
mentreffen nt; (in place) Zusammenfall
m; (agreement) Übereinstimmung f.
coincident [kəʊ'ınsıdənt] adj (in time)
zusammentreffend; (in place) zusammen-
fallend; (agreeing) übereinstimmend.
coincidental adj, ~ly adv [kəʊ,ınsı'dentl,
-təlı] zufällig.
coition [kəʊ'ıʃən], coitus ['kɔıtəs] n (form)
Koitus, Akt m.
coke¹ [kəʊk] n Koks m.
coke² n (sl: cocaine) Koks m.
Coke ® [kəʊk] n (inf) (Coca-)Cola f.
col¹ [kɒl] n Sattel, Paß m.
col² abbr of column Sp.
Col abbr of Colonel.
colander ['kʌləndər] n Seiher m, Sieb nt.
cold [kəʊld] I adj (+er) 1. kalt. ~ meats
Aufschnitt m; I am ~ mir ist kalt, ich
friere; my hands are ~/are getting ~ ich
habe/kriege kalte Hände; if you get ~
wenn es dir zu kalt wird, wenn du frierst.
2. (fig) (unfriendly) kalt; answer, wel-
come, reception betont kühl; personality
kühl, unnahbar; (dispassionate, not sen-
sual) kühl. to be ~ to sb jdn kühl behan-
deln; that leaves me ~ das läßt mich kalt.
3. (inf: unconscious) bewußtlos;
(knocked out) k.o.
4. (inf: in guessing game etc) kalt.
5. (Hunt) scent kalt.
6. (phrases) in ~ blood kaltblütig; ~
comfort ein schwacher Trost; to get/have
~ feet (fig inf) kalte Füße kriegen (inf); to
give sb the ~ shoulder (inf) jdm die kalte
Schulter zeigen; to be in a ~ sweat vor
Angst schwitzen; throw ~ water on sb's
plans/hopes (inf) jdm eine kalte Dusche
geben/jds Hoffnungen (dat) einen Dämp-
fer aufsetzen.
II adv to come to sth ~ unvorbereitet an
eine Sache herangehen; to learn/know sth
~ (US) etw gut lernen/können; he
stopped ~ when ... (US) er hielt unvermit-
telt an, als ...; she quit her job ~ sie hat
glatt or eiskalt gekündigt (inf); he was
turned down ~ er wurde glatt abgelehnt.
III n 1. Kälte f. to feel the ~ kälteemp-
findlich sein; to be left out in the ~ (fig)
ausgeschlossen werden, links liegen-
gelassen werden.
2. (Med) Erkältung f; (runny nose)
Schnupfen m. a heavy or bad ~ eine
schwere Erkältung; to have a ~ erkältet
sein; (einen) Schnupfen haben; to get or
catch a ~ sich erkälten, sich (dat) eine
Erkältung holen; to catch ~ sich erkälten.
cold-blooded [,kəʊld'blʌdıd] adj (Zool,
fig) kaltblütig; ~ animal Kaltblüter m;
cold chisel n Kaltmeißel m; cold cream
n Cold Cream f or nt, halbfette Feuchtig-
keitscreme; cold cuts npl Aufschnitt m;
cold frame n (Hort) Frühbeet nt; cold-
hearted adj kaltherzig.
coldly ['kəʊldlı] adv (lit, fig) kalt; answer,
welcome, receive betont kühl.
coldness ['kəʊldnıs] n (lit, fig) Kälte f; (of
answer, reception) betonte Kühle.
cold room n Kühlraum m; cold-shoulder

vt (inf) links liegenlassen (inf); cold sore
n (Med) Bläschenausschlag m; cold
storage n Kühllagerung f; to put sth into
~ (lit) food etw kühl lagern; (fig) idea,
plan etw auf Eis legen; cold store n Kühl-
haus nt; cold turkey (sl) I adj a ~ cure
sofortiger Totalentzug; 2 adv to come off
drugs ~ eine radikale Entziehung(skur)
machen; cold war n kalter Krieg; cold
warrior n kalter Krieger.
coleslaw ['kəʊlslɔ:] n Krautsalat m.
colic ['kɒlık] n Kolik f.
coliseum [,kɒlı'si:əm] n Kolosseum nt.
collaborate [kə'læbəreıt] vi 1. zusam-
menarbeiten. they asked him to ~ sie
baten ihn mitzuarbeiten; to ~ with sb
on or in sth mit jdm bei etw zusammenar-
beiten. 2. (with enemy) kollaborieren.
collaboration [kə,læbə'reıʃən] n 1. Zusam-
menarbeit f; (of one party) Mitarbeit f.
2. (with enemy) Kollaboration f.
collaborator [kə'læbəreıtər] n 1. Mitar-
beiter(in f) m. 2. (with enemy)
Kollaborateur(in f) m.
collage [kɒ'lɑ:ʒ] n Collage f.
collapse [kə'læps] I vi 1. (person) zusam-
menbrechen; (mentally, have heart attack
also) einen Kollaps erleiden or haben.
they all ~d with laughter sie konnten sich
alle vor Lachen nicht mehr halten.
2. (fall down, cave in) zusam-
menbrechen; (building, wall, roof also)
einstürzen; (lungs) zusammenfallen,
kollabieren.
3. (fig: fail) zusammenbrechen;
(negotiations also) scheitern; (civilization)
zugrunde gehen; (prices) stürzen, purzeln
(inf); (government) zu Fall kommen, stür-
zen; (plans) scheitern, zu Fall kommen;
(hopes) sich zerschlagen. his whole world
~d about him eine ganze Welt stürzte
über ihn zusammen.
4. (fold) (table, umbrella, bicycle etc)
sich zusammenklappen lassen; (telescope,
walking-stick) sich zusammenschieben
lassen; (life raft) sich zusammenlegen or
-falten lassen. a collapsing bicycle/chair
ein Klappfahrrad nt/-stuhl m.
II vt table, umbrella, bicycle etc zusam-
menklappen; telescope, walking-stick
zusammenschieben; life-raft zusammen-
legen or -falten.
III n 1. (of person) Zusammenbruch m;
(nervous breakdown also, heart attack)
Kollaps m.
2. see vi 2. Zusammenbruch m; Ein-
sturz m; Kollaps m.
3. (failure) see vi 3. Zusammenbruch
m; Scheitern nt; Untergang m; Sturz m;
Sturz m; Scheitern nt; Zerschlagung f.
collapsible [kə'læpsəbl] adj see vi 4.
zusammenklappbar, Klapp-; zusammen-
schiebbar, zusammenlegbar, zusammen-
faltbar, Falt-.
collar ['kɒlər] I n 1. Kragen m. ~-bone n
Schlüsselbein nt.
2. (for dogs) Halsband nt; (for horses)
Kum(me)t nt.
3. (chain and insignia) Hals- or Or-
denskette f.
4. (Mech: on pipe etc) Bund m.
II vt (capture) fassen; (latch onto) ab-

fangen, schnappen (*inf*).

collate [kɒˈleɪt] *vt* **1.** vergleichen, kollationieren. **2.** (*Typ*) kollationieren, zusammentragen.

collateral [kɒˈlætərəl] **I** *adj* **1.** (*connected but secondary*) *evidence, questions etc* zusätzlich, Zusatz-; *events* Begleit-.
2. (*parallel, side by side*) *mountain ranges, states etc* nebeneinanderliegend; (*fig*) *aims etc* Hand in Hand gehend.
3. *descent, branch of family* seitlich.
4. (*Fin*) *security* zusätzlich.
II *n* (*Fin*) (zusätzliche) Sicherheit.

collation [kɒˈleɪʃən] *n* **1.** (*collating*) Vergleich *m*, Kollationieren *nt*; (*Typ*) Kollationieren, Zusammentragen *nt*.
2. (*form: meal*) Imbiß *m*.

colleague [ˈkɒliːg] *n* Kollege *m*, Kollegin *f*.
my ~s at work meine Arbeitskollegen.

collect[1] [ˈkɒlekt] *n* (*Eccl*) Kirchen- or Tagesgebet *nt*.

collect[2] [kəˈlekt] **I** *vt* **1.** (*accumulate*) ansammeln; (*furniture*) *dust etc* anziehen; *empty glasses, exam papers, tickets etc* einsammeln; *litter* aufsammeln; *belongings* zusammenpacken *or* -sammeln; (*assemble*) sammeln; *one's thoughts also* ordnen; *volunteers* zusammenbringen. **she ~ed a lot of praise/five points for that** das hat ihr viel Lob/fünf Punkte eingebracht; **to ~ interest** Zinsen bringen.
2. (*pick up, fetch*) *goods, things, persons* abholen (*from* bei).
3. *stamps, coins* sammeln.
4. *taxes* einziehen; *money, jumble for charity* sammeln; *rent, fares* kassieren; *debts* eintreiben.
II *vi* **1.** (*gather*) sich ansammeln; (*dust*) sich absetzen.
2. (*~ money*) kassieren; (*for charity*) sammeln.
3. (*Comm: call for goods*) abholen.
III *adj* (*US*) **~ call** R-Gespräch; **~ cable** vom Empfänger bezahltes Telegramm.
IV *adv* (*US*) **to pay ~** bei Empfang bezahlen; **to call ~** ein R-Gespräch führen; **to pay ~ on delivery** bei Lieferung bezahlen; (*through post*) per Nachnahme bezahlen.

◆**collect together** *vt sep* zusammensammeln; *information* zusammentragen; *team of people* auf- *or* zusammenstellen.
◆**collect up** *vt sep* einsammeln; *litter* aufsammeln; *belongings* zusammenpacken.

collected [kəˈlektɪd] *adj* **1. the ~ works of Oscar Wilde** Oscar Wildes gesammelte Werke. **2.** (*calm*) ruhig, gelassen.

collectedly [kəˈlektɪdlɪ] *adv* ruhig, gelassen.

collection [kəˈlekʃən] *n* **1.** (*group of people, objects*) Ansammlung *f*; (*of stamps, coins etc*) Sammlung *f*.
2. (*collecting*) (*of facts, information*) Zusammentragen *nt*; (*of goods, person*) Abholung *f*; (*of mail*) Abholung *f*; (*from letterbox*) Leerung *f*; (*of stamps, coins*) Sammeln *nt*; (*of money, jumble for charity*) Sammlung *f*; (*in church*) Kollekte *f*; (*of rent, fares*) Kassieren *nt*; (*of taxes*) Einziehen *nt*; (*of debts*) Eintreiben *nt*. **to make** *or* **hold a ~ for sb/sth** für jdn/etw eine Sammlung durchführen.

3. (*Fashion*) Kollektion *f*.

collective [kəˈlektɪv] **I** *adj* **1.** kollektiv, Kollektiv-; *responsibility, agreement, action also* gemeinsam. **~ bargaining** Tarifverhandlungen *pl*; **~ ticket** Sammelfahrschein *m*; **~ farm** landwirtschaftliche Produktionsgenossenschaft.
2. (*accumulated*) *wisdom, discoveries, experience* gesamt *attr*.
3. (*Gram*) **~ noun** Sammelbegriff *m*.
II *n* Kollektiv *nt*; (*farm also*) Produktionsgenossenschaft *f*.

collectively [kəˈlektɪvlɪ] *adv* gemeinsam, zusammen; (*in socialist context also*) kollektiv.

collectivism [kəˈlektɪvɪzəm] *n* Kollektivismus *m*.

collector [kəˈlektər] *n* **1.** (*of taxes*) Einnehmer(in *f*) *m*; (*of rent, cash*) Kassierer (in *f*) *m*; (*of jumble etc*) Abholer(in *f*) *m*; (*ticket ~*) Bahnbediensteter, der die abgefahrenen Fahrkarten einsammelt.
2. (*of stamps, coins etc*) Sammler(in *f*) *m*. **~'s item, piece, price** Sammler-, Liebhaber-.
3. current ~ Stromabnehmer *m*.
4. (*solar ~*) Kollektor *m*.

college [ˈkɒlɪdʒ] *n* **1.** (*part of university*) College *nt*; Institut *nt*. **to go to ~** (*university*) studieren; **to start ~** sein Studium beginnen; **we met at ~** wir haben uns im Studium kennengelernt. **2.** (*of music, agriculture, technology etc*) Fachhochschule *f*. **~ of Art** Kunstakademie *f*.
3. (*body*) **~ of Cardinals** Kardinalskollegium *nt*; **~ of Physicians/Surgeons** Ärztebund *m*, Ärztekammer *f*.

collegiate [kəˈliːdʒɪt] *adj* College-.

collide [kəˈlaɪd] *vi* **1.** (*lit*) zusammenstoßen *or* -prallen; (*Naut*) kollidieren. **to ~ with sb/sth** mit jdm zusammenstoßen/gegen etw prallen. **2.** (*fig*) (*person*) eine heftige Auseinandersetzung haben (*with* mit); (*interest, demands*) kollidieren.

collie [ˈkɒlɪ] *n* Collie *m*.

collier [ˈkɒlɪər] *n* **1.** Bergmann, Kumpel (*inf*) *m*. **2.** (*coal-ship*) Kohlenschiff *nt*.

colliery [ˈkɒlɪərɪ] *n* Grube, Zeche *f*.

collision [kəˈlɪʒən] *n* (*lit*) Zusammenstoß, Zusammenprall *m*; (*fig*) Zusammenstoß, Konflikt *m*, Kollision *f*; (*Naut*) Kollision *f*. **on a ~ course** (*lit, fig*) auf Kollisionskurs; **to be in ~ with sth** mit etw zusammenstoßen; **to come into ~ with sth** (*lit, fig*) mit etw zusammenstoßen; (*Naut*) mit etw kollidieren; **your activities are likely to bring you into ~ with the law** dein Treiben kann dich leicht mit dem Gesetz in Konflikt bringen.

collocate [ˈkɒləkeɪt] *vt* (*Gram*) nebeneinanderstellen. **to be ~d** nebeneinanderstehen.

collocation [kɒləˈkeɪʃən] *n* (*Gram*) Kollokation *f*.

colloquial [kəˈləʊkwɪəl] *adj* umgangssprachlich.

colloquialism [kəˈləʊkwɪəlɪzəm] *n* umgangssprachlicher Ausdruck.

colloquially [kəˈləʊkwɪəlɪ] *adv see adj*.

colloquium [kəˈləʊkwɪəm] *n* Kolloquium *nt*.

colloquy [ˈkɒləkwɪ] *n* (*form*) Gespräch *nt*.

collusion [kəˈluːʒən] *n* (*geheime*) Absprache. **they're acting in** ~ sie haben sich abgesprochen; **there's been some** ~ **between those two pupils** diese beiden Schüler haben zusammengearbeitet.

collywobbles ['kɒlɪ̩wɒblz] *npl* (*inf*) **the** ~ (*upset stomach*) Bauchgrimmen *nt* (*inf*); (*nerves*) ein flaues Gefühl im Magen.

Cologne [kə'ləʊn] **I** *n* Köln *nt*. **II** *adj* Kölner, kölnisch.

cologne [kə'ləʊn] *n* Kölnischwasser, Eau de Cologne *nt*.

colon¹ ['kəʊlən] *n* (*Anat*) Dickdarm *m*.

colon² *n* (*Gram*) Doppelpunkt *m*.

colonel ['kɜːnl] *n* Oberst *m*; (*as address*) Herr Oberst.

colonial [kə'ləʊnɪəl] **I** *adj* Kolonial-, kolonial. **II** *n* Bewohner(in *f*) *m* einer Kolonie/der Kolonien.

colonialism [kə'ləʊnɪəlɪzəm] *n* Kolonialismus *m*.

colonialist [kə'ləʊnɪəlɪst] **I** *adj* kolonialistisch. **II** *n* Kolonialist(in *f*) *m*.

colonist ['kɒlənɪst] *n* Siedler(in *f*) *m*.

colonization [̩kɒlənaɪ'zeɪʃən] *n* Kolonisation *f*.

colonize ['kɒlənaɪz] *vt* kolonisieren.

colonnade [̩kɒlə'neɪd] *n* Kolonnade *f*, Säulengang *m*.

colony ['kɒlənɪ] *n* Kolonie *f*.

color *etc* (*US*) *see* **colour** *etc*.

Colorado [̩kɒlə'rɑːdəʊ] *n* (*abbr* **Colo, CO**) Colorado *nt*. ~ **beetle** Kartoffelkäfer *m*.

coloration [̩kʌlə'reɪʃən] *n* Färbung *f*.

coloratura [kɒlərə'tuːrə] *n* Koloratur *f*.

colossal [kə'lɒsl] *adj* riesig, ungeheuer, gewaltig; *prices, fool, cheek, mistake* ungeheuer; *car, man, park, lake, city* riesig; *prices, damage, building also* kolossal.

colosseum [kɒlɪ'sɪːəm] *n* Kolosseum *nt*.

colossi [kə'lɒsaɪ] *pl of* **colossus**.

colossus [kə'lɒsəs] *n, pl* **colossi** *or* ~**es** (*statue*) Koloß *m*; (*person also*) Riese *m*.

colour, (*US*) **color** ['kʌləʳ] **I** *n* **1.** (*lit, fig*) Farbe *f*. **what** ~ **is it?** welche Farbe hat es?; **red/yellow in** ~ rot/gelb; **a good sense of** ~ ein guter Farbensinn; **let's see the** ~ **of your money first** (*inf*) zeig erst mal dein Geld her (*inf*); **the** ~ **of a note** (*Mus*) die Klangfarbe eines Tons; *see* **glowing**.

2. (*complexion*) (Gesichts)farbe *f*. **to change** ~ die Farbe wechseln; **to get one's** ~ **back** wieder Farbe bekommen; **to bring the** ~ **back to sb's cheeks** jdm wieder Farbe geben; **to have a high** ~ eine gesunde Gesichtsfarbe haben; (*look feverish*) rot im Gesicht sein.

3. (*racial*) Hautfarbe *f*. **I don't care what** ~ **he is** seine Hautfarbe interessiert mich nicht.

4. ~**s** *pl* (*paints*) Farben *pl*; **a box of** ~**s** ein Mal- *or* Tuschkasten *m*.

5. (*fig: bias*) Färbung *f*.

6. (*of place, period etc*) Atmosphäre *f*. **to add** ~ **to a story** einer Geschichte (*dat*) Farbe geben; **local** ~ Lokalkolorit *m*.

7. (*appearance of truth*) **to give** *or* **lend** ~ **to a tale** eine Geschichte ausschmücken.

8. ~**s** *pl* (*symbols of membership*) Farben *pl*.

9. (*flag*) ~**s** *pl* Fahne *f*; **the regimental**

~**s** die Regimentsfahne; **to nail one's** ~**s to the mast** (*fig*) Farbe bekennen; **to sail under false** ~**s** (*fig*) unter falscher Flagge segeln; **to show one's true** ~**s** (*fig*) sein omewahres Gesicht zeigen; **to stick to one's** ~**s** (*fig*) seiner Überzeugung (*dat*) treu bleiben.

10. (*Sport*) ~**s** (Sport)abzeichen *nt*.

II *vt* **1.** (*lit*) anmalen; (*Art*) kolorieren; (*dye*) färben.

2. (*fig*) beeinflussen; (*bias deliberately*) färben.

III *vi* **1.** (*leaves*) sich (ver)färben.

2. (*person: also* ~ **up**) rot werden, erröten.

◆**colour in** *vt sep* anmalen; (*Art*) kolorieren.

colour *in cpds* Farb-; (*racial*) Rassen-; (*Mil*) Fahnen-; **colour-bar** *n* Rassenschranke *f*; (*in country also*) Rassenschranken *pl*; **to operate a** ~ Rassentrennung praktizieren; **colour-blind** *adj* farbenblind; **colourblindness** *n* Farbenblindheit *f*.

coloured, (*US*) **colored** ['kʌləd] **I** *adj* **1.** bunt; *fabric, walls also* farbig. **2.** (*fig*) (*biased*) gefärbt; (*exaggerated*) ausgeschmückt. **3.** *person, race* farbig; (*of mixed blood*) gemischtrassig. **II** *n* Farbige(r) *mf*; (*of mixed blood*) Mischling *m*.

colourfast, (*US*) **colorfast** ['kʌləfɑːst] *adj* farbecht.

colourful, (*US*) **colorful** ['kʌləfʊl] *adj* **1.** (*fig*) bunt; *spectacle* farbenfroh *or* -prächtig. **2.** (*fig*) *style of writing, account etc* farbig, anschaulich; *life, historical period* bewegt; *personality* (bunt)schillernd.

colourfully, (*US*) **colorfully** ['kʌləfəlɪ] *adv see adj*.

colourfulness, (*US*) **colorfulness** ['kʌləfʊlnɪs] *n see adj* **1.** (*lit*) Buntheit *f*; Farbenpracht *f*. **2.** (*fig*) Farbigkeit, Anschaulichkeit *f*; Bewegtheit *f*.

colour illustration *n* farbige Illustration.

colouring, (*US*) **coloring** ['kʌlərɪŋ] *n* **1.** (*complexion*) Gesichtsfarbe *f*, Teint *m*. **2.** (*substance*) Farbstoff *m*. **3.** (*painting*) Malen *nt*. ~ **book** Malbuch *nt*; ~ **set** Mal- *or* Tuschkasten *m*; (*box of crayons*) Schachtel *f* Buntstifte. **4.** (*coloration*) Farben *pl*. **5.** (*fig: of news, facts etc*) Färbung *f*.

colourist, (*US*) **colorist** ['kʌlərɪst] *n* Farbkünstler(in *f*) *m*.

colourless, (*US*) **colorless** ['kʌləlɪs] *adj* (*lit, fig*) farblos; *existence also* grau.

colourlessly, (*US*) **colorlessly** ['kʌləlɪslɪ] *adv see adj*.

colourlessness, (*US*) **colorlessness** ['kʌləlɪsnɪs] *n* Farblosigkeit *f*.

colour photograph *n* Farbfoto *nt*, Farbfotografie *f*; **colour scheme** *n* Farbzusammenstellung *f*; **colour television** *n* Farbfernsehen *nt*; (*set*) Farbfernseher *m*.

colt [kəʊlt] *n* Fohlen *nt*.

Co Ltd *abbr of* **company limited** GmbH *f*.

columbine ['kɒləmbaɪn] *n* (*Bot*) Akelei *f*.

Columbus [kə'lʌmbəs] *n* Kolumbus *m*.

column ['kɒləm] *n* **1.** (*Archit, of smoke, water etc*) Säule *f*. ~ **of mercury** Quecksilbersäule *f*. **2.** (*of figures, names*) Kolonne *f*; (*division of page*) Spalte, Kolumne *f* (*spec*); (*article in newspaper*) Kolumne

f. **3.** (*of vehicles, soldiers etc*) Kolonne f.

columnist [ˈkɒləmnɪst] n Kolumnist(in f) m.

coma [ˈkəʊmə] n **to be in a/to go or fall into a ~** im Koma liegen/ins Koma fallen.

comatose [ˈkəʊmətəʊs] adj komatös.

comb [kəʊm] **I** n **1.** (*also Tech, of fowl*) Kamm m. **2.** (*act*) **to give one's hair a ~** sich kämmen. **3.** (*honey~*) Wabe f. **II** vt **1.** *hair, wool* kämmen; *horse* striegeln. **to ~ one's hair** sich (*dat*) die Haare kämmen, sich kämmen. **2.** (*search*) durchkämmen; *newspapers* durchforsten.

◆**comb out** vt sep **1.** *hair* auskämmen. **2.** *mistakes* ausmerzen; *useless stuff* aussortieren.

◆**comb through** vi +prep obj *hair* kämmen; *files, book etc* durchgehen; *shops* durchstöbern.

combat [ˈkɒmbæt] **I** n Kampf m. **ready for ~** kampfbereit, einsatzbereit. **II** vt (*lit, fig*) bekämpfen. **III** vi kämpfen.

combatant [ˈkɒmbətənt] n (*lit, fig*) Kombattant m.

combat dress n Kampfanzug m.

combative [ˈkɒmbətɪv] adj (*pugnacious*) kämpferisch; (*competitive*) aggressiv.

combat troops npl Kampftruppen pl; **combat zone** n Kampfgebiet nt.

combination [ˌkɒmbɪˈneɪʃən] n **1.** Kombination f; (*combining: of organizations, people etc*) Vereinigung f, Zusammenschluß m; (*of events*) Verkettung f. **in ~** zusammen, gemeinsam; **an unusual colour ~** eine ungewöhnliche Farbzusammenstellung; **pink is a ~ of red and white** Rosa ist eine Mischung aus Rot und Weiß; **they're a strange ~, that couple** die beiden sind ein seltsames Paar. **2.** **~s** pl (*undergarment*) Kombination, Hemdhose f. **3.** (*motorcycle ~*) Motorrad nt mit Beiwagen. **4.** (*for lock*) Kombination f. **~ lock** Kombinationsschloß nt.

combine [kəmˈbaɪn] **I** vt kombinieren, verbinden. **your plan ~s the merits of the other two** Ihr Plan vereinigt die Vorzüge der beiden anderen. **II** vi sich zusammenschließen; (*Chem*) sich verbinden. **everything ~d against him** alles hat sich gegen ihn verschworen. **III** [ˈkɒmbaɪn] n **1.** Firmengruppe f, Konzern m; (*in socialist countries*) Kombinat nt. **2.** (*also ~ harvester*) Mähdrescher m.

combined [kəmˈbaɪnd] adj gemeinsam; *talents, efforts* vereint; *forces* vereinigt. **~ with** in Kombination mit; (*esp clothes, furniture*) kombiniert mit; **a ~ clock and wireless/radio and tape recorder** eine Radiouhr/Radio und Tonband in einem.

combustibility [kəmˌbʌstɪˈbɪlɪtɪ] n Brennbarkeit f.

combustible [kəmˈbʌstɪbl] **I** adj brennbar. **II** n brennbarer Stoff.

combustion [kəmˈbʌstʃən] n Verbrennung f. **~ chamber** Verbrennungsraum m.

come [kʌm] pret **came**, ptp ~ **I** vi **1.** kommen. **~!** (*form: = in*) herein!; **~ and get it!** (das) Essen ist fertig!, Essen fassen! (*esp Mil*); **to ~ and go** kommen und gehen; (*vehicle*) hin- und herfahren; **the**

picture/sound ~s and goes das Bild/der Ton geht immerzu weg; **~ and see me soon** besuchen Sie mich bald einmal; **he has ~ a long way** er kommt von weit her; (*fig*) er ist weit gekommen; **he came running/hurrying/laughing into the room** er kam ins Zimmer gerannt/er eilte ins Zimmer/er kam lachend ins Zimmer; **coming!** ich komme (gleich)!; ich komm' ja schon!; **~~!, ~ now!** (*fig*) komm, (komm), na, na!

2. (*arrive*) kommen; (*reach, extend*) reichen (*to* an/in/bis etc +acc). **they came to a town/castle** sie kamen in eine Stadt/zu einem Schloß; **it came into my head that ...** ich habe mir gedacht, daß ...

3. (*have its place*) kommen. **May ~s before June** Mai kommt vor Juni; **the adjective must ~ before the noun** das Adjektiv muß vor dem Substantiv stehen.

4. (*happen*) geschehen. **~ what may** ganz gleich, was geschieht; **you could see it coming** das konnte man ja kommen sehen; **she had had it coming to her** (*inf*) das mußte ja so kommen; **you've got it coming to you** (*inf*) mach dich auf was gefaßt!

5. how ~? (*inf*) wieso?, weshalb?, warum?; **how ~** (*inf*) **you are so late?, how do you ~ to be so late?** wieso etc kommst du so spät?

6. (*be, become*) werden. **his dreams came true** seine Träume wurden wahr; **the handle has ~ loose** der Griff hat sich gelockert; **it ~s less expensive to shop in town** es ist or kommt billiger, wenn man in der Stadt einkauft; **everything came all right in the end** zuletzt or am Ende wurde doch noch alles gut.

7. (*Comm: be available*) erhältlich sein. **milk now ~s in plastic bottles** es gibt jetzt Milch in Plastikflaschen.

8. (+infin: be finally in a position to) **I have ~ to believe him** inzwischen or mittlerweile glaube ich ihm; **I'm sure you will ~ to agree with me** ich bin sicher, daß du mir schließlich zustimmst; **(now I) ~ to think of it** wenn ich es mir recht überlege.

9. the years/weeks etc **to ~** die kommenden or nächsten Jahre/Wochen; **in days/time to ~** in Zukunft/in künftigen Zeiten.

10. (*inf uses*) **... ~ next week** nächste Woche ...; **I've known him for three years ~ January** im Januar kenne ich ihn drei Jahre; **how long have you been away? — a week ~ Monday** wie lange bist du schon weg? — (am) Montag acht Tage (*inf*) or eine Woche; **~ again?** wie bitte?; **she is as vain as they ~** sie ist so eingebildet wie nur was (*inf*).

11. (*inf: have orgasm*) kommen (*inf*). **II** vt (*sl: act as if one were*) spielen. **don't ~ the innocent with me** spielen Sie hier bloß nicht den Unschuldigen!; **he tried to ~ the innocent with me** er hat es auf die unschuldige Tour versucht (*inf*); **that's coming it a bit strong!** das ist reichlich übertrieben.

◆**come about** vi **1.** impers (*happen*) passieren. **this is why it came ~** das ist so gekommen; **this is how it came ~ ...** das kam so ... **2.** (*Naut*) (*wind*) drehen; (*ship*) beidrehen.

◆**come across I** *vi* **1.** (*cross*) herüberkommen. **2.** (*be understood*) verstanden werden; (*message, speech*) ankommen. **3.** (*make an impression*) wirken. **4.** (*inf*) (*do what is wanted*) mitmachen (*inf*). **II** *vi* +*prep obj* (*find or meet by chance*) treffen auf (+*acc*). **if you ~ ~ my watch ...** wenn du zufällig meine Uhr siehst.

◆**come across with** *vi* +*prep obj* (*inf*) *information* rausrücken mit (*inf*); *money* rausrücken (*inf*).

◆**come after** *vi* +*prep obj* **1.** (*follow in sequence, be of less importance than*) kommen nach. **2.** (*pursue*) herkommen hinter (+*dat*). **3.** *also vi* (*follow later*) nachkommen.

◆**come along** *vi* **1.** (*hurry up, make an effort etc: also* **come on**) kommen.
   2. (*attend, accompany*) mitkommen. **~ ~ with me** kommen Sie mal (bitte) mit.
   3. (*develop: also* **come on**) **to be coming** ~ sich machen, vorangehen; (*person*) sich machen; **how is your broken arm? — it's coming** ~ **nicely** was macht dein gebrochener Arm? — dem geht's ganz gut; **the bulbs are coming** ~ **nicely** die Blumenzwiebeln wachsen gut; **my play isn't coming** ~ **at all well** mein Stück macht überhaupt keine Fortschritte.
   4. (*arrive, turn up*) kommen, auftauchen; (*chance etc*) sich ergeben.

◆**come apart** *vi* (*fall to pieces*) kaputtgehen, auseinanderfallen; (*be able to be taken apart*) zerlegbar sein.

◆**come at** *vi* +*prep obj* (*attack*) *sb* losgehen auf (+*acc*); (*approach*) *runway* anfliegen; *problem* angehen.

◆**come away** *vi* **1.** (*leave*) (weg)gehen. **~ ~ with me for a few days** fahr doch ein paar Tage mit mir weg! **2.** (*become detached*) abgehen.

◆**come back** *vi* **1.** (*return*) zurückkommen; (*drive back*) zurückfahren. **to ~ ~ to what I was saying** um noch einmal auf das zurückzukommen, was ich vorhin gesagt habe; **can I ~ ~ to you on that one?** kann ich später darauf zurückkommen?; **the colour is coming** ~ **to her cheeks** langsam bekommt sie wieder Farbe; **will his memory ever** ~ ~? wird er je das Gedächtnis wiedererlangen?
   2. (*return to one's memory*) **his face is coming** ~ **to me** langsam erinnere ich mich wieder an sein Gesicht; **ah yes, it's all coming** ~ ach ja, jetzt fällt mir alles wieder ein; **your German will very quickly** ~ ~ du wirst ganz schnell wieder ins Deutsche reinkommen (*inf*).
   3. (*become popular again*) wieder in Mode kommen.
   4. (*make a comeback*) **they thought Sinatra would never** ~ ~ man glaubte, Sinatra würde niemals ein Comeback machen; **he came** ~ **strongly into the game** er spielte mächtig auf.
   5. (*reply*) reagieren. **she came** ~ **at him with a fierce accusation** sie entgegnete ihm mit einer heftigen Anschuldigung.

◆**come between** *vi* +*prep obj people, lovers* treten zwischen (+*acc*). **I never let anything** ~ ~ **me and my evening pint** ich lasse mich durch nichts von meinem abendlichen Bier(chen) abhalten.

◆**come by I** *vi* +*prep obj* (*obtain*) kriegen; *illness, bruise* sich (*dat*) holen; *idea* kommen auf (+*acc*). **II** *vi* (*visit*) vorbeikommen.

◆**come close to** *vi* +*prep obj see* **come near to.**

◆**come down** *vi* **1.** (*from ladder, stairs*) herunterkommen; (*aircraft also*) landen; (*from mountain also*) absteigen; (*snow, rain*) fallen. **we came** ~ **to 6,000 metres** wir gingen auf 6.000 m runter.
   2. (*be demolished: building etc*) abgerissen werden; (*fall down*) (he)runterfallen.
   3. (*drop: prices*) sinken, runtergehen (*inf*); (*seller*) runtergehen (*to* auf +*acc*).
   4. (*be a question of*) ankommen (*to* auf +*acc*). **it all ~s ~ to something very simple** das ist letzten Endes ganz einfach.
   5. (*lose social rank*) sinken, absteigen. **you've ~ ~ in the world a bit** du bist aber ganz schön tief gesunken.
   6. (*reach*) reichen (*to* bis auf +*acc*, zu).
   7. (*be transmitted: tradition, story etc*) überliefert werden.
   8. (*from university*) **when did you** ~ ~? wann haben Sie die Universität verlassen?; (*for vac*) seit wann habt ihr Semesterferien?

◆**come down on** *vi* +*prep obj* **1.** (*punish, rebuke*) rannehmen (*inf*). **2.** (*decide in favour of*) setzen auf (+*acc*).

◆**come down with** *vi* +*prep obj illness* kriegen.

◆**come for** *vi* +*prep obj* kommen wegen.

◆**come forward** *vi* **1.** sich melden. **2. to** ~ ~ **with help/ money** Hilfe/Geld anbieten; **to** ~ ~ **with a good suggestion** mit einem guten Vorschlag kommen.

◆**come from** *vi* +*prep obj* kommen aus; (*suggestion*) kommen *or* stammen von. **where does he/it** ~ ~? wo kommt er/das her?

◆**come in** *vi* **1.** (he)reinkommen; (*person also*) eintreten. ~ ~! herein!
   2. (*arrive*) ankommen; (*train also*) einfahren; (*ship also*) einlaufen.
   3. (*tide*) kommen.
   4. (*information etc*) hereinkommen.
   5. (*become seasonable*) **when do strawberries** ~ ~? wann ist die Zeit für Erdbeeren?
   6. (*fashions, vogue*) aufkommen, in Mode kommen.
   7. (*in a race*) **he came** ~ **fourth** er wurde vierter.
   8. (*Pol: be elected to power*) **the socialists came** ~ **at the last election** bei den letzten Wahlen kamen die Sozialisten ans Ruder *or* an die Regierung.
   9. (*be received as income*) **he has £5,000 coming** ~ **every year** er kriegt (*inf*) *or* hat £ 5.000 im Jahr.
   10. (*have a part to play*) **where do I** ~ ~? welche Rolle spiele ich dabei?; **that will** ~ ~ **handy** (*inf*) *or* **useful** das kann ich/man noch gut gebrauchen.
   11. (*Telec*) ~ ~, **Panda 5** Panda 5, melden!

◆**come in for** *vi* +*prep obj attention, admiration* erregen; *criticism etc also* hinnehmen *or* einstecken müssen.

◆**come in on** *vi* +*prep obj venture, scheme etc* mitmachen bei, sich beteiligen an (+*dat*).

◆**come into** *vi* +*prep obj* **1.** *legacy etc* (*inherit*) erben. **to ~ ~ one's own** zeigen, was in einem steckt.

  2. (*be involved*) **I don't see where I ~ ~ all this** ich verstehe nicht, was ich mit der ganzen Sache zu tun habe; **this is a donation, publicity doesn't ~ ~ it** es handelt sich hier um eine Spende, Publicity ist dabei nicht im Spiel.

  3. (*in fixed collocations*) **to ~ ~ being** *or* **existence** entstehen; **to ~ ~ blossom/bud** zu blühen/knospen beginnen; **to ~ sb's possession** in jds Besitz gelangen.

◆**come near to** *vi* +*prep obj* **to ~ ~ ~ doing sth** nahe daran *or* drauf und dran sein, etw zu tun.

◆**come of** *vi* +*prep obj* **1.** (*result from*) **nothing came ~ it** es ist nichts daraus geworden; **that's what ~s ~ disobeying!** das kommt davon, wenn man nicht hören will!

  2. (*be descended from*) kommen *or* stammen aus.

  3. to ~ ~ age (*lit*) volljährig werden; (*fig*) aus den Kinderschuhen herauswachsen.

◆**come off** I *vi* **1.** (*person: off bicycle etc*) runterfallen.

  2. (*button, handle, paint etc*) abgehen; (*be removable also*) sich abnehmen lassen.

  3. (*stains, marks*) weg- *or* rausgehen.

  4. (*take place*) stattfinden.

  5. (*plans etc*) klappen (*inf*); (*attempts, experiments etc also*) glücken, gelingen.

  6. (*acquit oneself*) abschneiden. **he came ~ well in comparison to his brother** im Vergleich zu seinem Bruder ist er gut weggekommen; **he always came ~ badly in fights** bei Schlägereien zog er immer den kürzeren.

  7. (*sl: have orgasm*) kommen (*inf*).

  II *vi* +*prep obj* **1.** *bicycle etc* fallen von.

  2. (*button, paint, stain*) abgehen von.

  3. *case, assignment etc* abgehen.

  4. (*be removed from price of*) runtergehen von (*inf*).

  5. (*inf*) **~ ~ it!** nun mach mal halblang!

◆**come on** I *vi* **1.** (*follow*) nachkommen.

  2. *see* **come along 1.** **~ ~!** komm!; **~ on!** komm doch!, komm schon!

  3. (*continue to advance*) zukommen (*towards* auf +*acc*).

  4. (*progress, develop*) *see* **come along.**

  5. (*start*) (*night*) hereinbrechen; (*storm*) ausbrechen, einsetzen. **it came ~ to rain, the rain came ~** es begann zu regnen, es fing an zu regnen; **I feel a cold coming ~** ich habe das Gefühl, ich kriege eine Erkältung; **winter *etc* is coming ~** es wird Winter *etc.*

  6. (*Jur: case*) verhandelt werden.

  7. (*Sport: player*) im Spiel kommen; (*Theat*) (*actor*) auftreten, auf die Bühne kommen; (*play*) gegeben werden.

  8. (*inf*) **she's coming ~ seventeen** sie wird siebzehn.

  9. (*sl: make impression, behave*) **he tries to ~ ~ like a tough guy** er versucht,

den starken Mann zu mimen (*inf*); **to ~ ~ strong** groß auftreten (*inf*).

  II *vi* +*prep obj* = **come (up)on.**

◆**come out** *vi* **1.** (he)rauskommen. **to ~ ~ of a room/meeting** *etc* aus einem Zimmer/ einer Versammlung *etc* kommen; **do you want to ~ ~ with me?** gehst du mit mir weg?; **he asked her to ~ ~ for a meal** er lud sie zum Essen ein.

  2. (*be published, marketed*) (*book, magazine*) erscheinen, herauskommen; (*new product*) auf den Markt kommen; (*film*) (in den Kinos) anlaufen; (*become known*) (*exam results*) herauskommen, bekannt werden; (*news*) bekannt werden.

  3. (*Ind*) **to ~ ~ (on strike)** in den Streik treten, streiken.

  4. (*Phot: film, photograph*) **let's hope the photos ~ ~** hoffentlich sind die Bilder was geworden (*inf*) *or* gut geworden; **you always ~ ~ well on** *or* **in photos** du bist sehr fotogen.

  5. (*show itself*) (*meaning, truth*) herauskommen, sich zeigen. **his kindness ~s ~ in everything he says** bei allem, was er sagt, spürt man seine Freundlichkeit.

  6. (*splinter, dye etc*) (he)rausgehen.

  7. (*Math*) aufgehen.

  8. (*total, average*) betragen. **the total ~s ~ at £500** das Ganze beläuft sich auf (*acc*) *or* macht (*inf*) £ 500.

  9. (*in exams etc*) **he came ~ third in French** er wurde Drittbester in Französisch; **she came ~ of the interview well** sie hat bei dem Vorstellungsgespräch einen guten Eindruck gemacht.

  10. (*stars, sun, flowers*) (he)rauskommen.

  11. (*truth, meaning etc*) (he)rauskommen. **no sooner had the words ~ ~ than ...** kaum waren die Worte heraus, als ....

  12. (*go into society: girl*) debütieren.

  13. (*be released: prisoner*) (he)rauskommen.

  14. (*be covered with*) **his face came ~ in pimples** er bekam lauter Pickel im Gesicht; **he came ~ in a sweat** ihm brach der Schweiß aus.

  15. to ~ ~ against/in favour of *or* **for sth** sich gegen/für etw aussprechen, etw ablehnen/befürworten.

  16. to ~ ~ of sth badly/well bei etw schlecht/nicht schlecht wegkommen; **to ~ ~ on top** sich durchsetzen, Sieger bleiben.

◆**come out with** *vi* +*prep obj truth, facts* rausrücken mit (*inf*); *remarks, nonsense* loslassen (*inf*).

◆**come over** I *vi* **1.** (*lit*) herüberkommen. **he came ~ to England** er kam nach England.

  2. (*change one's opinions, allegiance*) **he came ~ to our side** er trat auf unsere Seite über; **he came ~ to our way of thinking** er machte sich unsere Denkungsart zu eigen.

  3. (*inf: become suddenly*) werden. **I came ~ (all) queer** *or* **funny** mir wurde ganz komisch (*inf*); **she came ~ faint** sie wurde ohnmächtig; **it came ~ cloudy** es bewölkte sich.

  4. (*be understood*) *see* **come across.**

5. (*make an impression*) *see* **come across I 3.**

II *vi* +*prep obj* (*feelings*) überkommen. **what's ~ ~ you?** was ist denn (auf einmal) mit dir los?, was ist in dich gefahren?

◆**come round** *vi* **1. the road was blocked and we had to ~ ~ by the farm** die Straße war blockiert, so daß wir einen Umweg über den Bauernhof machen mußten. **2.** (*call round*) vorbeikommen. **3.** (*recur*) **Christmas has ~ ~ again** nun ist wieder Weihnachten. **4.** (*change one's opinions*) es sich (*dat*) anders überlegen. **eventually he came ~ to our way of thinking** schließlich machte er sich (*dat*) unsere Denkungsart zu eigen. **5.** (*regain consciousness*) wieder zu sich (*dat*) kommen. **6. to ~ ~ to doing sth** (*get round*) dazu kommen, etw zu tun. **7.** (*throw off bad mood*) wieder vernünftig werden (*inf*). **8.** (*Naut: boat*) wenden.

◆**come through I** *vi* **1.** *message, phonecall, order* durchkommen. **your expenses/papers haven't ~ ~ yet** (*be cleared*) wir haben Ihre Ausgaben noch nicht durchgekriegt/Ihre Papiere sind noch nicht fertig. **2.** (*survive*) durchkommen.

II *vi* +*prep obj* (*survive*) *illness, danger* überstehen, überleben.

◆**come to I** *vi* **1.** (*regain consciousness: also* **~ ~ oneself**) wieder zu sich kommen. **2.** (*Naut*) beidrehen.

II *vi* +*prep obj* **1. he/that will never ~ ~ much** aus ihm/daraus wird nie etwas werden. **2.** (*impers*) **when it ~s ~ mathematics, no one can beat him** wenn es um Mathematik geht, kann ihm keiner etwas vormachen; **when it ~s ~ choosing, he ...** wenn er die Wahl hat, ...; **if it ~s ~ that we're sunk** wenn es dazu kommt, sind wir verloren; **~ ~ that** *or* **if it ~s ~ that, he's just as good** was das betrifft *or* an(be)-langt, ist er genauso gut; **let's hope it never ~s ~ a court case** wollen wir hoffen, daß es nie zum Prozeß kommt; **it ~s ~ the same thing** das kommt *or* läuft auf dasselbe hinaus. **3.** (*price, bill*) **how much does it ~ ~?** wieviel macht das?; **it ~s ~ more than I thought** es kommt viel billiger/teurer, als ich dachte. **4.** (*touch on*) *point, subject etc* kommen auf (+*acc*); (*tackle*) *problem, job etc* herangehen an (+*acc*). **5.** (*in certain collocations*) **to ~ ~ a decision** zu einer Entscheidung kommen.

◆**come together** *vi* zusammenkommen, sich treffen. **he and his wife have ~ ~ again** er ist wieder mit seiner Frau zusammen; **it's all coming ~ for him** (*sl*) es regelt sich jetzt alles für ihn (*inf*).

◆**come under** *vi* +*prep obj* **1.** (*be subject to*) **to ~ ~ sb's influence/domination** unter jds Einfluß/Herrschaft geraten; **this shop has ~ ~ new management** dieser Laden hat einen neuen Besitzer/Pächter; **this ~s ~ another department** das ist

Sache einer anderen Abteilung. **2.** (*be classified*) *category, heading* kommen unter (+*acc*).

◆**come up** *vi* **1.** (*lit*) hochkommen; (*upstairs*) hoch- *or* raufkommen; (*diver, submarine*) nach oben kommen; (*sun, moon*) aufgehen. **do you ~ ~ to town often?** kommen Sie oft in die Stadt?; **he came ~ (to Oxford) last year** (*Univ*) er ist voriges Jahr nach Oxford gekommen; **you've ~ ~ in the world** du bist ja richtig vornehm geworden!; **he came ~ to me with a smile** er kam lächelnd auf mich zu. **2.** (*supplies, troops etc*) herangeschafft werden. **3.** (*Jur*) (*case*) verhandelt werden; (*accused*) vor Gericht kommen. **4.** (*plants*) herauskommen. **5.** (*matter for discussion*) aufkommen, angeschnitten werden; (*name*) erwähnt werden. **6.** (*number in lottery etc*) gewinnen. **to ~ ~ for sale/auction** etc zum Verkauf/zur Auktion kommen. **7.** (*post, job*) frei werden. **if any vacancies ~ ~** wenn es eine freie Stelle gibt. **8.** (*be vomited*) wieder hochkommen. **9.** (*shine, show colour*) herauskommen.

◆**come up against** *vi* +*prep obj* stoßen auf (+*acc*); *opposing team* treffen auf (+*acc*). **his plan was doing well until he came ~ ~ the directors** sein Vorhaben machte gute Fortschritte, bis er an die Geschäftsleitung geriet.

◆**come (up)on** *vi* +*prep obj* **1.** (*lit*) (*attack by surprise*) überfallen; (*fig*) (*disaster*) hereinbrechen über (+*acc*). **2.** (*find*) stoßen auf (+*acc*).

◆**come up to** *vi* +*prep obj* **1.** (*reach up to*) gehen *or* reichen bis zu *or* an (+*acc*). **the water came ~ ~ his knees** das Wasser ging *or* reichte ihm bis zu den Knien. **2.** (*equal*) *hopes* erfüllen; *expectations* entsprechen (+*dat*). **3.** (*inf: approach*) **she's coming ~ ~ twenty** sie wird bald zwanzig; **we're coming ~ ~ 150 km/h** wir haben gleich 150 km/h drauf (*inf*).

◆**come up with** *vi* +*prep obj* *answer* haben; *idea, solution also* kommen auf (+*acc*); *plan* sich (*dat*) ausdenken, entwickeln; *suggestion* machen, bringen. **let me know if you ~ ~ ~ anything** sagen Sie mir Bescheid, falls Ihnen etwas einfällt.

comeback ['kʌmbæk] *n* **1.** (*Theat etc, fig*) Comeback *nt*. **2.** (*inf: redress*) Anspruch *m* auf Schadenersatz; (*reaction*) Reaktion *f*. **we've got no ~ in this situation** wir können da nichts machen.

COMECON ['kɒmɪˌkɒn] *abbr of* **Council for Mutual Economic Aid** COMECON, Comecon *m or nt*.

comedian [kə'miːdɪən] *n* Komiker *m*; (*fig also*) Witzbold *m*.

comedienne [kəˌmiːdɪ'en] *n* Komikerin *f*; (*actress*) Komödiendarstellerin *f*.

comedown ['kʌmdaʊn] *n* (*inf*) Abstieg *m*.

comedy ['kɒmɪdɪ] *n* **1.** (*Theat*) Komödie *f*, Lustspiel *nt*. **~ programme** Unterhaltungsprogramm *nt*; **"C~ of Errors"** ,,Komödie der Irrungen"; **low/high ~** Klamauk *m*/echte *or* gekonnte Komödie.

2. (*fig*) Komödie *f*, Theater *nt* (*inf*).

come-hither [kʌmˈhɪðəʳ] *adj* (*inf*) **she gave him a ~ look** sie warf ihm einladende *or* aufmunternde Blicke zu.

comely [ˈkʌmlɪ] *adj* (+*er*) (*liter*) wohlgestaltet (*geh*).

come-on [ˈkʌmɒn] *n* (*sl: lure, enticement*) Köder *m* (*fig*). **to give sb the ~** (*woman*) jdn anmachen (*sl*).

comer [ˈkʌməʳ] *n* **this competition is open to all** ~s an diesem Wettbewerb kann sich jeder beteiligen.

comestible [kəˈmestɪbl] **I** *n usu pl* Nahrungsmittel *pl*. **II** *adj* eßbar.

comet [ˈkɒmɪt] *n* Komet *m*.

come-uppance [ˌkʌmˈʌpəns] *n* (*inf*): **to get one's ~** die Quittung kriegen (*inf*).

comfort [ˈkʌmfət] *n* **1.** Komfort *m*, Bequemlichkeit *f*. **he likes his ~s** er liebt seinen Komfort *or* seine Bequemlichkeit; **to live in ~** komfortabel leben; **a flat with every modern ~** eine Wohnung mit allem Komfort.

2. (*consolation*) Beruhigung *f*, Trost *m*. **to take ~ from the fact that ...** sich damit trösten, daß ...; **you are a great ~ to me** es beruhigt mich sehr, daß Sie da sind; **it is a ~ to know that ...** es ist tröstlich *or* beruhigend zu wissen, daß ...; **it is no ~ to know that ...** es ist nicht gerade ein Trost zu wissen, daß ...; **some ~ you are!** (*iro*) das ist ja ein schöner Trost! (*iro*), du bist gut! (*iro*); **small ~** schwacher Trost; **a pipe is a great ~** Pfeiferauchen hat etwas sehr Beruhigendes.

3. (*US*) **~ station** Bedürfnisanstalt *f*, öffentliche Toilette.

II *vt* (*console*) trösten. **he stayed with the injured man to ~ him** er blieb bei dem Verletzten, um ihm Beistand zu leisten; **the hot soup ~ed him a little** nach der heißen Suppe fühlte er sich etwas wohler.

comfortable [ˈkʌmfətəbl] *adj* **1.** *armchair, bed, shoes, life* bequem; *room, hotel etc* komfortabel; *temperature* angenehm. **to make sb/oneself ~** es jdm/sich bequem machen; (*make at home*) es jdm/sich gemütlich machen; **the sick man had a ~ night** der Kranke hatte *or* verbrachte eine ruhige Nacht; **the patient/his condition is ~** der Patient/er ist wohlauf; **are you ~?**, asked the nurse liegen/sitzen *etc* Sie bequem?, fragte die Schwester; **are you too hot? — no, I'm just ~** ist es Ihnen zu heiß? — nein, es ist angenehm so.

2. (*fig*) *income, pension* ausreichend; *life* geruhsam, angenehm; *majority, lead* sicher; *figure* mollig. **he's very ~ to be with** bei ihm fühlt man sich sehr wohl; **I'm not very ~ about it** mir ist nicht ganz wohl bei der Sache, ich habe kein besonders gutes Gefühl dabei.

comfortably [ˈkʌmfətəblɪ] *adv* **1.** *lie, sit, dress etc* bequem; *furnished, upholstered* komfortabel.

2. (*fig*) *win, lead* sicher; *live* geruhsam, angenehm; *afford* gut und gern; *claim, say* ruhig. **they are ~ off** es geht ihnen gut; **he was ~ aware that he was the favourite** er

fühlte sich wohl in dem Bewußtsein, (der) Favorit zu sein; **he was ~ certain of winning** er wiegte sich in der Gewißheit, daß er gewinnen würde.

comforter [ˈkʌmfətəʳ] *n* **1.** (*person*) Tröster(in *f*) *m*. **my wife was my ~ in times of stress** in schweren Zeiten war meine Frau mein Beistand. **2.** (*dated: scarf*) Wollschal *m*. **3.** (*dummy, teat*) Schnuller *m*. **4.** (*US: quilt*) Deckbett *nt*.

comforting [ˈkʌmfətɪŋ] *adj* tröstlich, beruhigend.

comfortless [ˈkʌmfətlɪs] *adj* **1.** *chair etc* unbequem; *room, hotel* ohne Komfort. **2.** (*fig*) *person* ungemütlich; *life* unbequem; *thought, prospect* unerfreulich.

comfy [ˈkʌmfɪ] *adj* (+*er*) (*inf*) *chair* bequem; *hotel, flat, room* gemütlich. **are you ~?** sitzt/liegst du bequem?

comic [ˈkɒmɪk] **I** *adj* komisch. **~ actor** Komödiendarsteller *m*; **~ opera** komische Oper; **~ relief** befreiende Komik; **~ strip** Comic strip *m*; **~ verse** humoristische Gedichte *pl*. **II** *n* **1.** (*person*) Komiker(in *f*) *m*. **2.** (*magazine*) Comic-Heft *nt*. **3.** (*US*) ~s Comics *pl*.

comical *adj*, **~ly** *adv* [ˈkɒmɪkəl, -ɪ] komisch, ulkig.

coming [ˈkʌmɪŋ] **I** *n* Kommen *nt*. **you can sense the ~ of spring** man fühlt *or* spürt das Herannahen des Frühlings; **the first/second ~ (of the Lord)** die Ankunft/Wiederkunft des Herrn; **the ~ of a new manager caused a lot of excitement** die Ankunft eines neuen Geschäftsführers verursachte große Aufregung; **~ and going/~s and goings** Kommen und Gehen *nt*; **~-out** (*offizielle*) Einführung in die Gesellschaft; **~-out party** Debütantinnenparty *f*; **~ of age** Erreichung *f* der Volljährigkeit.

II *adj* (*lit, fig*) kommend; *year, week also* nächst. **a ~ politician** einer der kommenden Männer in der Politik; **it's the ~ thing** (*inf*) das ist zur Zeit groß im Kommen (*inf*).

comma [ˈkɒmə] *n* Komma *nt*, Beistrich *m* (*form*).

command [kəˈmɑːnd] **I** *vt* **1.** (*order*) befehlen, den Befehl geben (jdm sth jdm). **he ~ed that the prisoners be released** er befahl, die Gefangenen freizulassen.

2. (*be in control of*) *army, ship* befehligen, kommandieren.

3. (*be in a position to use*) *money, resources, vocabulary* verfügen über (+*acc*), gebieten über (+*acc*) (*geh*). **to ~ sb's services** jds Dienste *or* Hilfe in Anspruch nehmen.

4. **to ~ sb's admiration/respect** jdm Bewunderung/Respekt abnötigen; **antiques ~ a high price** Antiquitäten stehen hoch im Preis.

5. (*overlook*) *harbour, valley* überragen; *view* bieten (*of* über +*acc*).

II *vi* **1.** (*order*) befehlen.

2. (*Mil, Naut: to be in ~*) das Kommando führen.

III *n* **1.** (*order*) Befehl *m*. **at/by the ~ of** auf Befehl +*gen*; **at the word of ~** auf Kommando; **on ~** auf Befehl *or* Kommando.

2. (*Mil: power, authority*) Kommando *nt*, Befehlsgewalt *f*. **to be in ~** das Kommando *or* den (Ober)befehl haben (*of* über +*acc*); **to take ~** das Kommando übernehmen (*of gen*); **during/under his ~** unter seinem Kommando; **the battalion is under the ~ of ...** das Bataillon steht unter dem Kommando von ... *or* wird befehligt von ...; **to be second in ~** zweiter Befehlshaber sein. **3.** (*Mil*) (*troops*) Kommando *nt*; (*district*) Befehlsbereich *m*; (*~ post*) Posten *m*. **4.** (*fig: possession, mastery*) Beherrschung *f*. **~ of the seas** Seeherrschaft *f*; **his ~ of English is excellent** er beherrscht das Englische ausgezeichnet; **to have sb/sth at one's ~** über jdn/etw verfügen; **I am at your ~** ich stehe zu Ihrer Verfügung.

commandant [ˌkɒmən'dænt] *n* (*Mil*) Kommandant *m*.

commandeer [ˌkɒmən'dɪəʳ] *vt* (*Mil*) *men* einziehen; (*from another battalion, fig*) abkommandieren; *stores, ship, car etc* (*lit, fig*) beschlagnahmen, requirieren.

commander [kə'mɑːndəʳ] *n* **1.** Führer *m*; (*Mil, Aviat*) Befehlshaber, Kommandant *m*; (*Naut*) Fregattenkapitän *m*. **~/~-s-in-chief** Oberbefehlshaber *m*/*pl*. **2.** (*of order of chivalry*) Komtur *m*.

commanding [kə'mɑːndɪŋ] *adj* **1.** *position* Befehls-. **~ officer** (*Mil*) befehlshabender Offizier. **2.** *personality, voice, tone* gebieterisch. **3.** (*of place*) beherrschend.

commandment [kə'mɑːndmənt] *n* (*esp Bibl*) Gebot *nt*. **to break a ~** gegen ein Gebot verstoßen.

command module *n* (*Space*) Kommandokapsel *f*.

commando [kə'mɑːndəʊ] *n, pl* **~s** (*Mil*) (*soldier*) Angehöriger *m* eines Kommando(trupp)s; (*unit*) Kommando(trupp *m*) *nt*.

command performance *n* (*Theat*) königliche Galavorstellung; **command post** *n* (*Mil*) Kommandoposten *m*.

commemorate [kə'meməreɪt] *vt* gedenken (+*gen*). **a festival to ~ the event** eine Feier zum Gedenken an das Ereignis.

commemoration [kəˌmemə'reɪʃən] *n* Gedenken *nt*. **in ~ of** zum Gedenken an (+*acc*).

commemorative [kə'memərətɪv] *adj* Gedenk-. **~ plaque** Gedenktafel *f*.

commence [kə'mens] *vti* (form) beginnen.

commencement [kə'mensmənt] *n* (form) Beginn *m*.

commend [kə'mend] **I** *vt* **1.** (*praise*) loben; (*recommend*) empfehlen. **2.** (*entrust*), (*Bibl*) *spirit, soul* befehlen (*to dat*). **II** *vr* sich empfehlen (*to dat*).

commendable [kə'mendəbl] *adj* lobenswert, löblich.

commendably [kə'mendəblɪ] *adv* lobenswerterweise.

commendation [ˌkɒmen'deɪʃən] *n* (*no pl: praise*) Lob *nt*; (*award*) Auszeichnung *f*; (*official recognition*) Belobigung *f*.

commendatory [kə'mendətrɪ] *adj* anerkennend.

commensurate [kə'menʃərɪt] *adj* entsprechend (*with dat*). **to be ~ with sth**

einer Sache (*dat*) entsprechen.

commensurately [kə'menʃərətlɪ] *adv* entsprechend, angemessen.

comment ['kɒment] **I** *n* (*remark*) Bemerkung *f* (*on, about* über +*acc*, zu); (*official*) Kommentar *m* (*on* zu); (*no pl: talk, gossip*) Gerede *nt*; (*textual or margin note etc*) Anmerkung *f*. **no ~** kein Kommentar!; **to make a ~** eine Bemerkung machen/einen Kommentar abgeben. **II** *vi* sich äußern (*on* über +*acc*, zu), einen Kommentar abgeben (*on* zu). **III** *vt* bemerken, äußern.

commentary ['kɒməntərɪ] *n* Kommentar *m* (*on* zu). **he used to do the commentaries for football matches** früher war er Reporter bei Fußballspielen.

commentate ['kɒmenteɪt] *vi* (*Rad, TV*) Reporter(in) sein (*on* bei).

commentator ['kɒmenteɪtəʳ] *n* **1.** (*Rad, TV*) Reporter(in *f*) *m*. **2.** (*on texts etc*) Interpret(in *f*) *m*; (*of Bible*) Exeget(in *f*) *m*.

commerce ['kɒmɜːs] *n* **1.** Handel *m*; (*between countries also*) Handelsverkehr *m*. **in the world of ~** im Geschäftsleben; **he is in ~** er ist Geschäftsmann. **2.** (*form: dealings*) Verkehr *m*.

commercial [kə'mɜːʃəl] **I** *adj* Handels-; *custom also, ethics, training* kaufmännisch; *language, premises, vehicle* Geschäfts-; *production, radio, project, success, attitude etc* kommerziell. **fish fingers and similar ~ products** Fischstäbchen und ähnliche fabrikmäßig hergestellte Erzeugnisse; **the ~ world** die Geschäftswelt; **to think in ~ terms** kaufmännisch denken. **II** *n* (*Rad, TV*) Werbespot *m*. **during the ~s** während der (Fernseh)werbung.

commercial art *n* Werbegraphik *f*; **commercial artist** *n* Werbegraphiker(in *f*) *m*; **commercial college** *n* Fachschule *f* für kaufmännische Berufe.

commercialism [kə'mɜːʃəlɪzəm] *n* Kommerzialisierung *f*; (*connected with art, literature also*) Kommerz *m*.

commercialization [kəˌmɜːʃəlaɪ'zeɪʃən] *n* Kommerzialisierung *f*.

commercialize [kə'mɜːʃəlaɪz] *vt* kommerzialisieren.

commercially [kə'mɜːʃəlɪ] *adv* geschäftlich; *manufacture, succeed* kommerziell. **to be ~ minded** kaufmännisch veranlagt *or* kommerziell eingestellt (*usu pej*) sein.

commercial television *n* Werbefernsehen *nt*; **commercial traveller** *n* Handelsvertreter(in *f*) *m*.

commie ['kɒmɪ] (*pej inf*) **I** *n* Rote(r) (*pej inf*). **II** *adj* rot (*pej inf*).

commiserate [kə'mɪzəreɪt] *vi* mitfühlen (*with* mit). **we ~ with you in the loss of your husband** wir nehmen Anteil am Tode Ihres Gatten.

commiseration [kəˌmɪzə'reɪʃən] *n* Mitgefühl *nt no pl*, (An)teilnahme *f no pl*. **my ~s** herzliches Beileid (*on* zu).

commissar ['kɒmɪsɑːʳ] *n* Kommissar *m*.

commissariat [ˌkɒmɪ'seərɪət] *n* **1.** (*Mil*) Intendantur *f*. **2.** (*in USSR etc*) Kommissariat *nt*.

commissary ['kɒmɪsərɪ] *n* **1.** (*Mil*) Intendant *m*. **2.** (*delegate*) Beauftragte(r) *mf*.

3. (*US Comm*) Laden *m* in Lagern/ auf Baustellen *etc*.

commission [kəˈmɪʃən] **I** *n* **1.** (*committing*) Begehen *nt* (*form*).

2. (*for building etc*) Auftrag *m*.

3. (*Comm*) Provision *f*. **on ~, on a ~ basis** auf Provision(sbasis).

4. (*Mil*) Patent *nt*.

5. (*special committee*) Kommission *f*, Ausschuß *m*. **~ of enquiry** Untersuchungskommission *f or* -ausschuß *m*.

6. (*Naut, fig: use*) **to put in(to) ~** in Dienst stellen; **to take out of ~** aus dem Verkehr ziehen; **in/out of ~** in/außer Betrieb.

7. (*form: task, errand*) Erledigung *f*.

8. the (EEC) C~ die EG-Kommission.

II *vt* **1.** *person* beauftragen; *book, painting* in Auftrag geben. **to ~ sb to do sth** jdn damit beauftragen, etw zu tun.

2. (*Mil*) *sb* zum Offizier ernennen; *officer* ernennen. **~ed officer** Offizier *m*.

3. (*Naut*) *ship* in Dienst stellen.

commissionaire [kəˌmɪʃəˈnɛər] *n* Portier *m*.

commissioner [kəˈmɪʃənər] *n* **1.** (*member of commission*) Ausschußmitglied *nt*.
2. (*of police*) Polizeipräsident *m*. **3.** (*Jur*) **~ of** *or* **for oaths** Notar(in *f*) *m*.

commit [kəˈmɪt] **I** *vt* **1.** (*perpetrate*) begehen. **the crimes they ~ted against humanity** ihre Verbrechen gegen die Menschheit.

2. to ~ sb (to prison/to a home) jdn ins Gefängnis/in ein Heim einweisen; **to have sb ~ted (to an asylum)** jdn in eine Anstalt einweisen lassen; **to ~ sb for trial** jdn einem Gericht überstellen; **to ~ one's soul to God** seine Seele Gott befehlen; **to ~ sb/ sth to sb's care** jdn/etw jds Obhut (*dat*) anvertrauen; **to ~ to writing** *or* **to paper** zu Papier bringen; **to ~ to the flames** den Flammen übergeben *or* überantworten.

3. (*involve, obligate*) festlegen (*to* auf +*acc*); **to ~ troops to a battle** Truppen in ein Gefecht schicken; **to ~ resources/ manpower to a project** Mittel/ Arbeitskräfte für ein Projekt einsetzen; **that doesn't ~ you** to buying the book das verpflichtet Sie nicht zum Kauf des Buches.

4. (*Parl*) *bill* an den (zuständigen) Ausschuß überweisen.

II *vr* sich festlegen (*to* auf +*acc*). **to ~ oneself on an issue** sich in einer Frage festlegen; **you have to ~ yourself totally to the cause** man muß sich voll und ganz für die Sache einsetzen *or* engagieren; **he has ~ted himself to improving conditions** er hat sich zur Verbesserung der Bedingungen verpflichtet; **... without ~ting myself to the whole contract** ... ohne damit an den ganzen Vertrag gebunden zu sein.

commitment [kəˈmɪtmənt] *n* **1.** (*act*) *see* **committal 1.**

2. (*obligation*) Verpflichtung *f*; (*dedication*) Engagement *nt*. **his family/ teaching ~s** seine familiären Verpflichtungen *pl*/seine Lehrverpflichtungen *pl*; **there's no ~ (to buy)** es besteht kein(erlei) Kaufzwang; **the trainer demands one hundred per cent ~ from his team** der Trainer

verlangt von seiner Mannschaft hundertprozentigen Einsatz; **his ~ to his job is total** er geht völlig in seiner Arbeit auf.

3. (*Parl: of bill*) Überweisung *f* an den (zuständigen) Ausschuß.

committal [kəˈmɪtl] *n* **1.** (*to prison, asylum etc*) Einweisung *f*. **his ~ for trial** seine Überstellung ans Gericht.

2. (*of crime etc*) Begehen *nt* (*form*).

3. ~ to memory Auswendiglernen *nt*; (*of single fact*) Sich-Einprägen *nt*.

4. (*Parl*) *see* **commitment 3.**

committed [kəˈmɪtɪd] *adj* (*dedicated*) engagiert. **he is so ~ to his work that he has no time for his family** er geht so in seiner Arbeit auf, daß er keine Zeit für die Familie hat; **all his life he has been ~ to this cause** er hat sich sein Leben lang für diese Sache eingesetzt.

committee [kəˈmɪtɪ] *n* Ausschuß *m* (*also Parl*), Komitee *nt*. **to be** *or* **sit on a ~** in einem Ausschuß *or* Komitee sein *or* sitzen; **~ meeting** Ausschußsitzung *f*; **~ member** Ausschußmitglied *nt*; **the bill didn't reach the ~ stage** der Gesetzentwurf ist gar nicht erst an den (zuständigen) Ausschuß gelangt.

commode [kəˈməʊd] *n* **1.** (*chest of drawers*) Kommode *f*. **2.** (*night-~*) (Nacht)-stuhl *m*.

commodious [kəˈməʊdɪəs] *adj* geräumig.

commodity [kəˈmɒdɪtɪ] *n* Ware *f*; (*agricultural*) Erzeugnis *nt*. **basic** *or* **staple commodities** (*natural*) Grundstoffe *pl*; (*St Ex*) Rohstoffe *pl*; (*manufactured*) Bedarfsgüter *pl*; (*foodstuffs*) Grundnahrungsmittel *pl*; **~ market** Rohstoffmarkt *m*; **electricity is a ~ which every country needs** Strom ist ein (Versorgungs)gut, das jedes Land braucht.

commodore [ˈkɒmədɔːr] *n* (*Naut*) Flottillenadmiral *m* (*BRD*); (*senior captain*) Kommodore *m*; (*of yacht club*) Präsident *m*.

common [ˈkɒmən] **I** *adj* (+*er*) **1.** (*shared by many*) gemeinsam; *property also* Gemein-, gemeinschaftlich. **~ land** Allmende *f*; **it is ~ knowledge that ...** es ist allgemein bekannt, daß ...; **very little/no ~ ground** kaum eine/keine gemeinsame Basis.

2. (*frequently seen or heard etc*) häufig; *word also* weitverbreitet *attr*, weit verbreitet *pred*, geläufig; *experience also* allgemein; *animal, bird* häufig *pred*, häufig anzutreffend *attr*; *belief, custom*, (*over large area*) *animal, bird* (weit)verbreitet *attr*, weit verbreitet *pred*; (*customary, usual*) normal. **it's quite a ~ occurrence/ sight** das geschieht/das sieht man ziemlich häufig; **it's ~ for visitors to feel ill here** Besucher fühlen sich hier häufig krank; **nowadays it's quite ~ for the man to do the housework** es ist heutzutage ganz normal, daß der Mann die Hausarbeit macht.

3. (*ordinary*) gewöhnlich. **the ~ man** der Normalbürger; **the ~ people** die einfachen Leute, das gemeine Volk (*pej*); **a ~ soldier** ein einfacher *or* gemeiner (*dated*) Soldat; **the ~ run of mankind** die (breite) Masse; **the ~ touch** das Volkstümliche; **the Book of C~ Prayer** (*Eccl*) die Agende; **it's only ~ decency to apologize** es ist nur recht und billig, daß man sich entschuldigt·.

4. (*vulgar, low-class*) gewöhnlich.

II *n* **1.** (*land*) Anger *m*, Gemeindewiese *f*.

2. out of the ~ ausgefallen; **nothing out of the ~** nichts Besonderes.

3. to have sth in ~ etw miteinander gemein haben; **to have a lot/nothing in ~** viel/nichts miteinander gemein haben, viele/ keine Gemeinsamkeiten haben; **we do at least have that in ~** wenigstens das haben wir gemein; **in ~ with many other people/towns** (*ebenso or genauso*) wie viele andere (Leute)/Städte.

common denominator *n* (*Math, fig*) gemeinsamer Nenner; **common divisor** *n* gemeinsamer Teiler.

commoner [ˈkɒmənəʳ] *n* Bürgerliche(r) *mf*.

common factor *n* gemeinsamer Teiler; **common fraction** *n* gemeiner Bruch; **common gender** *n* (*Gram*) doppeltes Geschlecht; **common law I** *n* Gewohnheitsrecht *nt*; **II** *adj* **she is his ~ wife** sie lebt mit ihm in eheähnlicher Gemeinschaft.

commonly [ˈkɒmənlɪ] *adv* **1.** (*often*) häufig; (*widely*) gemeinhin, weithin. **a ~ held belief** eine weitverbreitete Ansicht. **2.** (*vulgarly*) gewöhnlich, ordinär.

Common Market *n* Gemeinsamer Markt; **Common Marketeer** *n* Befürworter *m* des Gemeinsamen Marktes; **common multiple** *n* gemeinsame(s) Vielfache(s); **the lowest or least ~** das kleinste gemeinsame Vielfache.

commonness [ˈkɒmənnɪs] *n* **1.** *see adj* **2.** Häufigkeit *f*; weite Verbreitung, Geläufigkeit *f*; Allgemeinheit *f*. **2.** (*vulgarity*) Gewöhnlichkeit *f*; (*of person also*) ordinäre Art.

common noun *n* Gattungsbegriff *m*; **common-or-garden** *adj* Feld-, Wald- und Wiesen- (*inf*); *topic, novel etc* ganz gewöhnlich; **commonplace I** *adj* alltäglich; (*banal*) *remark* banal; **II** *n* Gemeinplatz *m*; **a ~** (*frequent sight or event*) etwas Alltägliches; **commonroom** *n* Aufenthalts- *or* Tagesraum *m*.

commons [ˈkɒmənz] *npl* **1. the C~** (*Parl*) das Unterhaus; *see* **house**. **2. on short ~** auf Kurzration gesetzt.

common sense *n* gesunder Menschenverstand; **commonsense** *adj* vernünftig; *attitude also* gesund; **it's the ~ thing to do** das ist das Vernünftigste; **common time** *n* Viervierteltakt *m*; **commonwealth** *n* Staat *m*, Gemeinwesen *nt*; (*US*) Bezeichnung für die US-Bundesstaaten *Kentucky, Massachusetts, Pennsylvania und Virginia*; **the ~ of Australia** der Australische Bund; **the (British) C~**, **the C~ of Nations** das Commonwealth.

commotion [kəˈməʊʃən] *n* Aufregung *f usu no indef art*; (*noise*) Lärm, Spektakel *m*. **to cause a ~** Aufsehen erregen; **to make a ~** Theater machen (*inf*); *noise* Krach machen, einen Spektakel veranstalten.

communal [ˈkɒmjuːnl] *adj* **1.** (*of a community*) Gemeinde-. **~ life** Gemeinschaftsleben *nt*.

2. (*owned, used in common*) gemeinsam; *bathroom, kitchen also* Gemeinschafts-.

communally [ˈkɒmjuːnəlɪ] *adv* gemeinsam. **to be ~ owned** Gemein- *or* Gemeinschaftseigentum sein.

communard [ˈkɒmjuːnɑːd] *n* Kommunarde *m*, Kommunardin *f*.

commune¹ [kəˈmjuːn] *vi* **1.** Zwiesprache halten. **to ~ with the spirits** mit den Geistern verkehren. **2.** (*esp US Eccl*) (*Catholic*) kommunizieren; (*Protestant*) das Abendmahl empfangen.

commune² [ˈkɒmjuːn] *n* Kommune *f*; (*administrative division also*) Gemeinde *f*.

communicable [kəˈmjuːnɪkəbl] *adj* **1.** *disease* übertragbar. **2.** *ideas, knowledge* kommunizierbar, vermittelbar.

communicant [kəˈmjuːnɪkənt] *n* (*Eccl*) Kommunikant(in *f*) *m*.

communicate [kəˈmjuːnɪkeɪt] **I** *vt news etc* übermitteln; *ideas, feelings* vermitteln; *illness* übertragen (*to* auf +*acc*).

II *vi* **1.** (*be in communication*) in Verbindung *or* Kontakt stehen.

2. (*convey or exchange thoughts*) sich verständigen, kommunizieren.

3. (*rooms*) verbunden sein.

4. (*Eccl*) (*Catholic*) kommunizieren; (*Protestant*) das Abendmahl empfangen.

communication [kəˌmjuːnɪˈkeɪʃən] *n* **1.** (*communicating*) Verständigung, Kommunikation *f*; (*of ideas, information*) Vermittlung *f*; (*of disease*) Übertragung *f*; (*contact*) Verbindung *f*. **system/means of ~** Kommunikationssystem *nt*/-mittel *nt*; **to be in ~ with sb** mit jdm in Verbindung stehen (*about* wegen); **to get into ~ with sb about/on sth** sich mit jdm wegen etw in Verbindung setzen.

2. (*exchanging of ideas*) Verständigung, Kommunikation *f*.

3. (*letter, message*) Mitteilung *f*.

4. **~s** (*roads, railways, telegraph lines etc*) Kommunikationswege *pl*, Kommunikationsnetz *nt*; **all ~s with the mainland have been cut off** sämtliche Verbindungen zum Festland sind unterbrochen; **they're trying to restore ~s** man versucht, die Verbindung wiederherzustellen.

5. (*between rooms etc*) Verbindung *f*.

communication cord *n* (*Brit Rail*) ≈ Notbremse *f*; **communication satellite** *n* Nachrichtensatellit *m*.

communicative [kəˈmjuːnɪkətɪv] *adj* mitteilsam, gesprächig.

communion [kəˈmjuːnɪən] *n* **1.** (*intercourse, exchange of feelings etc*) Zwiesprache *f*; (*with spirits*) Verkehr *m*. **a sense of ~ with nature** ein Gefühl der Verbundenheit mit der Natur.

2. (*religious group*) Gemeinde *f*; (*denomination*) Religionsgemeinschaft *f*. **the ~ of saints/the faithful** die Gemeinschaft der Heiligen/Gläubigen.

3. (*Eccl: also* C~) (*Protestant*) Abendmahl *nt*; (*Catholic*) Kommunion *f*. **to receive or take ~** die Kommunion/ das Abendmahl empfangen; **~ service** Abendmahlsgottesdienst *m*.

communiqué [kəˈmjuːnɪkeɪ] *n* Kommuniqué *nt*, (*amtliche*) Verlautbarung.

communism ['kɒmjʊnɪzəm] n Kommunismus m.

communist ['kɒmjʊnɪst] I n Kommunist(in f) m. II adj kommunistisch. **C~ Manifesto** Kommunistisches Manifest; **C~ Party** Kommunistische Partei.

communistic [ˌkɒmjʊ'nɪstɪk] adj prokommunistisch; (esp US: communist) kommunistisch.

community [kə'mju:nɪtɪ] n 1. (social, cultural etc group) Gemeinde f; (ethnic also) Bevölkerungsgruppe f. **the ~ at large** das ganze Volk; **the great ~ of nations** die große Völkergemeinschaft; **a sense of ~** (ein) Gemeinschaftsgefühl nt. 2. (the public) Allgemeinheit f. 3. (Eccl: of monks, nuns) (Ordens)gemeinschaft f. 4. (holding in common) **the ~ of love/ goods** die Liebes-/ Gütergemeinschaft.

community centre n Gemeindezentrum nt; **community chest** n (US) Wohltätigkeits- or Hilfsfonds m; **community college** n (US) Gemeinde-College nt; **community relations** npl das Verhältnis zwischen den Bevölkerungsgruppen; **community singing** n gemeinsames Singen.

communize ['kɒmjʊnaɪz] vt kommunistisch machen.

commutable [kə'mju:təbl] adj (Jur) umwandelbar.

commutation [ˌkɒmjʊ'teɪʃən] n 1. (Jur) Umwandlung f. 2. **~ ticket** (US) Zeitnetzkarte f.

commute [kə'mju:t] I vt (all senses) umwandeln. II vi (be commuter) pendeln.

commuter [kə'mju:tər] n Pendler(in f) m. **~ train** Pendlerzug m; **the ~ belt** das Einzugsgebiet, der Einzugsbereich; **a ~ belt** ein städtischer Einzugsbereich.

compact[1] [kəm'pækt] I adj (+er) kompakt; style of writing, prose also gedrängt; soil, snow fest. **the print is too ~** der Druck ist zu eng. II vi 1. snow, soil festtreten/ -walzen/-fahren etc. 2. (fig liter) **to be ~ed of...** sich aus ... zusammensetzen.

compact[2] ['kɒmpækt] n 1. (powder ~) Puderdose f. 2. (US: car) Kompaktauto nt.

compact[3] ['kɒmpækt] n (form: agreement) Vereinbarung, Übereinkunft f.

compactly [kəm'pæktlɪ] adv kompakt; expressed gedrängt; printed eng.

compactness [kəm'pæktnɪs] n Kompaktheit f; (of style also) Gedrängtheit f; (of print) Dichte, Enge f.

companion [kəm'pænjən] I n 1. (person with one) Begleiter(in f) m. **~s in arms** Kampfgefährten pl; **my ~s on the journey** meine Reisegefährten pl; **travelling/ holiday/drinking ~** Reisebegleiter(in f) m/ Urlaubsgefährte m, -gefährtin f/ Zechgenosse m, -genossin f. 2. (friend) Freund(in f), Kamerad(in f) m. **a faithful ~ for fifty years** ein treuer Gefährte in fünfzig Jahren. 3. (one of pair of objects) Pendant nt. 4. (lady ~) Betreuerin f. 5. (handbook) **"the Gardener's C~"** „der (Ratgeber für den) Gartenfreund"; **"~ guide to Rome"** „Reisebegleiter durch Rom".

6. (of order of knighthood) Ritter m. II attr passend; volume Begleit-. **they have just brought out a ~ set of Dickens** in derselben Reihe ist jetzt eine Dickens-Ausgabe erschienen.

companionable [kəm'pænjənəbl] adj freundlich.

companionably [kəm'pænjənəblɪ] adv vertraut; smile also freundlich.

companionship [kəm'pænjənʃɪp] n Gesellschaft f; **companionway** n (Naut) Niedergang m.

company ['kʌmpənɪ] I n 1. Gesellschaft f. **to keep sb ~** jdm Gesellschaft leisten; **I enjoy ~** ich bin gern in Gesellschaft; **female ~** Damengesellschaft f; **he arrived with female ~** er kam in Damenbegleitung; **he's good ~** seine Gesellschaft ist angenehm; **just for ~** nur, um Gesellschaft zu haben; **he came along just for ~** (to provide ~) er kam bloß, um mir/uns Gesellschaft zu leisten; **he doesn't know how to behave in ~** er weiß nicht, wie man sich in Gesellschaft benimmt; **I/he in ~ with ...** ich/er, genauso wie ...; **she is no or not fit ~ for your sister** sie ist nicht der richtige Umgang für deine Schwester; **a man is known by the ~ he keeps** (prov) sage mir, mit wem du umgehst, so sage ich dir, wer du bist (prov); **you'll be in good ~ if ...** wenn du ..., bist du in guter Gesellschaft. 2. (guests) Besuch m. 3. (Comm) Firma, Gesellschaft f. **Smith & C~, Smith & Co.** Smith & Co.; **shipping ~** Schiffahrtsgesellschaft, Reederei f; **publishing ~** Verlagshaus nt, Verlag m; **a printing/clothes ~** ein Druckerei-/Textilbetrieb m. 4. (Theat) (Schauspiel)truppe f. 5. (Naut) ship's ~ Besatzung f. 6. (Mil) Kompanie f. **~ commander** Kompaniechef m. II attr Firmen-. **~ car** Firmenwagen m.

comparable ['kɒmpərəbl] adj vergleichbar (with, to mit).

comparably ['kɒmpərəblɪ] adv gleichermaßen.

comparative [kəm'pærətɪv] I adj 1. religion, philology etc vergleichend. **~ literature** vergleichende Literaturwissenschaft, Komparatistik f; **the ~ form** (Gram) der Komparativ, die erste Steigerungsstufe. 2. (relative) relativ. **to live in ~ luxury** relativ luxuriös leben. II n (Gram) Komparativ m.

comparatively [kəm'pærətɪvlɪ] adv 1. vergleichend. 2. (relatively) verhältnismäßig, relativ.

compare [kəm'peər] I vt vergleichen (with, to mit). **~d with** im Vergleich zu, verglichen mit; **to ~ notes** Eindrücke/ Erfahrungen austauschen. II vi sich vergleichen lassen (with mit). **it ~s badly/well** es schneidet vergleichsweise schlecht/gut ab; **the old car can't ~ for speed with the new one** in puncto Geschwindigkeit läßt sich der alte Wagen nicht mit dem neuen vergleichen. III n: **beyond or without or past ~** unvergleichlich.

comparison [kəmˈpærɪsn] *n* 1. Vergleich *m* (*to* mit). in ~ with im Vergleich zu; to make *or* draw a ~ einen Vergleich anstellen; to bear ~ einem Vergleich standhalten, einen Vergleich aushalten; there's no ~ das ist gar kein Vergleich. 2. (*Gram*) Steigerung *f*.

compartment [kəmˈpɑːtmənt] *n* (*in fridge, desk etc*) Fach *nt*; (*Rail*) Abteil *nt*; (*Naut*) Schott(e *f*) *nt*; (*fig*) (Schub)fach *nt*.

compartmentalize [ˌkɒmpɑːtˈmentəlaɪz] *vt* aufsplittern.

compass [ˈkʌmpəs] I *n* 1. Kompaß *m*. by the ~ nach dem Kompaß. 2. ~es *pl*, pair of ~es Zirkel *m*. 3. (*fig: extent*) Rahmen *m*; (*of human mind, experience*) Bereich *m*; (*Mus: of voice*) Umfang *m*. II *vt see* **encompass.**

compass bearing *n* Kompaßpeilung *f*; **compass card** *n* Kompaßscheibe, Windrose *f*; **compass course** *n* Navigationskurs *m*.

compassion [kəmˈpæʃən] *n* Mitgefühl, Mitleid *nt* (*for* mit); (*esp Bibl*) Erbarmen *nt* (*on, for* mit).

compassionate [kəmˈpæʃənɪt] *adj* mitfühlend, voller Mitgefühl *or* Mitleid. on ~ grounds aus familiären Gründen; ~ leave Beurlaubung *f* wegen einer dringenden Familienangelegenheit.

compatibility [kəmˌpætəˈbɪlɪtɪ] *n* Vereinbarkeit, Kompatibilität (*geh*) *f*; (*Med*) Verträglichkeit, Kompatibilität (*spec*) *f*. their ~/lack of ~ was obvious to everyone es war für jeden offensichtlich, daß die beiden gut/schlecht zueinander paßten.

compatible [kəmˈpætɪbl] *adj* vereinbar, kompatibel (*geh*); (*Med*) verträglich, kompatibel (*spec*); *people* zueinander passend; *colours, furniture* passend. to be ~ (*people*) zueinander passen; (*colours, furniture*) zusammenpassen; (*plan*) vereinbar sein; a salary ~ with the dangers of the job ein Gehalt, das den Gefahren des Berufs entspricht.

compatibly [kəmˈpætɪblɪ] *adv* to be ~ matched gut zueinander passen; ~ high salaries Gehälter in vergleichbarer Höhe.

compatriot [kəmˈpætrɪət] *n* Landsmann *m*, Landsmännin *f*.

compel [kəmˈpel] *vt* 1. zwingen. I feel ~led to tell you … ich sehe mich (dazu) gezwungen, Ihnen mitzuteilen, … 2. *admiration, respect* abnötigen (*from sb* jdm); *obedience* erzwingen (*from sb* von jdm).

compelling [kəmˈpelɪŋ] *adj* zwingend; *performance, personality, eyes* bezwingend.

compellingly [kəmˈpelɪŋlɪ] *adv see adj.*

compendium [kəmˈpendɪəm] *n* Handbuch, Kompendium *nt*.

compensate [ˈkɒmpənseɪt] I *vt* (*recompense*) entschädigen; (*Mech*) ausgleichen. II *vi* (*Psych*) kompensieren.

◆**compensate for** *vi* +prep obj (*in money, material goods etc*) ersetzen; (*make up for, offset*) wieder wettmachen *or* ausgleichen; (*Psych*) kompensieren. he was awarded £500 to ~ the damage er erhielt £ 500 Schadensersatz.

compensation [ˌkɒmpənˈseɪʃən] *n* (*damages*) Entschädigung *f*; (*fig*) Ausgleich *m*; (*Psych*) Kompensation *f*. in ~ als Entschädigung/Ausgleich/Kompensation.

compensatory [kəmˈpensətərɪ] *adj* kompensierend, ausgleichend; *education*, (*Psych*) kompensatorisch.

compère [ˈkɒmpɛəʳ] (*Brit*) I *n* Conférencier *m*. II *vt* to ~ a show bei einer Show der Conférencier sein.

compete [kəmˈpiːt] *vi* 1. konkurrieren. to ~ with each other sich (gegenseitig) Konkurrenz machen; to ~ for sth um etw kämpfen *or* (*esp Comm*) konkurrieren; able to ~ industrially industriell konkurrenzfähig; his poetry can't ~ with Eliot's seine Gedichte können sich nicht mit denen Eliots messen; he can't ~ (any more) er kann nicht mehr mithalten. 2. (*Sport*) teilnehmen. to ~ for the championship um die Meisterschaft kämpfen; to ~ with/against sb gegen jdn kämpfen *or* antreten.

competence [ˈkɒmpɪtəns], **competency** [ˈkɒmpɪtənsɪ] *n* 1. Fähigkeit *f*; (*of lawyer, scientist etc also, Ling*) Kompetenz *f*. his ~ in handling money/dealing with awkward clients sein Geschick im Umgang mit Geld/schwierigen Kunden; he didn't have the necessary ~ to deal with that problem er war dem Problem nicht gewachsen; what level of ~ has the class reached in Spanish? auf welchem Stand ist die Klasse in Spanisch? 2. (*form: income*) Einkommen *nt*. 3. (*Jur*) Zuständigkeit *f*.

competent [ˈkɒmpɪtənt] *adj* 1. fähig, befähigt (*in* zu); (*in a particular field*) kompetent; (*adequate*) *knowledge etc* angemessen, adäquat. his English is quite ~ sein Englisch ist recht gut. 2. (*Jur*) zuständig; *evidence, witness* zulässig. 3. (*form: relevant*) to be ~/not ~ (*business, question*) von/ ohne *or* nicht von Belang sein.

competently [ˈkɒmpɪtəntlɪ] *adv* geschickt, kompetent.

competition [ˌkɒmpɪˈtɪʃən] *n* 1. *no pl* Konkurrenz *f* (*for* um). unfair ~ unlauterer Wettbewerb; to be in ~ with sb mit jdm wetteifern *or* (*esp Comm*) konkurrieren; to choose by ~ einem Auswahlverfahren unterziehen, durch Auswahl ermitteln. 2. (*contest*) Wettbewerb *m*; (*in newspapers etc*) Preisausschreiben *nt*. beauty/ swimming ~ Schönheitskonkurrenz *f or* -wettbewerb *m*/Schwimmwettbewerb *m*.

competitive [kəmˈpetɪtɪv] *adj* 1. *person, attitude* vom Konkurrenzdenken geprägt; *sport* (Wett)kampf-. ~ spirit Wettbewerbs- *or* Konkurrenzgeist *m*; (*of team*) Kampfgeist *m*; he's a very ~ sort of person er genießt Wettbewerbssituationen; (*in job etc*) ist er ein sehr ehrgeiziger Mensch; a ~ examination eine Auswahlprüfung. 2. (*Comm*) *business, prices, salaries* wettbewerbs- *or* konkurrenzfähig. a highly ~ market ein Markt mit starker Konkurrenz; retailing is highly ~ der Einzelhandel ist stark wettbewerbsbetont a ~ industry such as … ein Industriezweig mit starkem Wettbewerb wie …

competitor [kəmˈpetɪtəʳ] *n* 1. (*Sport, in contest*) Teilnehmer(in *f*) *m*; (*for job*) Mitbewerber(in f) m. **to be a** ~ teilnehmen; **to be sb's** ~ jds Gegner sein. **2.** (*Comm*) Konkurrent(in f) m. **our** ~**s** unsere Konkurrenz *or* Konkurrenten.

compilation [ˌkɒmpɪˈleɪʃən] *n see vt* Zusammenstellung f; Sammlung f; Abfassung f.

compile [kəmˈpaɪl] *vt* zusammenstellen, erstellen (*form*); *material* sammeln, zusammentragen; *dictionary* verfassen.

compiler [kəmˈpaɪləʳ] *n* (*of dictionary*) Verfasser(in f) m. **who's the** ~ **of this list/ catalogue?** *etc* wer hat diese Liste/diesen Katalog *etc* zusammengestellt?

complacence [kəmˈpleɪsəns], **complacency** [kəmˈpleɪsnsɪ] *n* Selbstzufriedenheit, Selbstgefälligkeit f.

complacent [kəmˈpleɪsənt] *adj* selbstzufrieden *or* -gefällig.

complacently [kəmˈpleɪsntlɪ] *adv see adj.*

complain [kəmˈpleɪn] *vi* sich beklagen, klagen (*about* über +*acc*); (*to make a formal complaint*) sich beschweren (*about* über +*acc, to* bei). **to** ~ **that** ... sich darüber beklagen/beschweren, daß ...; (**I**) **can't** ~ (*inf*) ich kann nicht klagen (*inf*); **to** ~ **of sth** über etw (*acc*) klagen; **to** ~ **of not having enough time/being ignored** über Zeitmangel klagen/ darüber klagen, daß man nicht beachtet wird.

complainant [kəmˈpleɪnənt] *n* Beschwerdeführer(in f) m; (*in court*) Kläger(in f) m.

complaint [kəmˈpleɪnt] *n* **1.** Klage f; (*formal* ~) Beschwerde f (*to* bei). **I have no cause for** ~ ich habe mich nicht beklagen; **to lodge** *or* **lay a** ~ **against sb with the police** jdn bei der Polizei anzeigen, gegen jdn Anzeige. **2.** (*illness*) Beschwerden *pl.* **a very rare** ~ eine sehr seltene Krankheit.

complaisance [kəmˈpleɪzəns] *n* (*liter*) Gefälligkeit f.

complaisant *adj*, ~**ly** *adv* [kəmˈpleɪzənt, -lɪ] gefällig, entgegenkommend; *smile* wohlwollend.

complement [ˈkɒmplɪmənt] **I** *n* **1.** Ergänzung f (*to gen*); (*to perfect sth*) Vervollkommnung f (*to gen*); (*colour*) Komplementärfarbe f (*to zu*). **2.** (*full number*) volle Stärke; (*crew of ship*) Besatzung f. **we've got our full** ~ **in the office now** unser Büro ist jetzt komplett *or* voll besetzt. **3.** (*Gram*) Ergänzung f. **4.** (*Math: angle*) Ergänzungswinkel m. **II** [ˈkɒmplɪment] *vt* **1.** ergänzen; (*make perfect*) vervollkommnen, abrunden; (*colour*) herausbringen. **to** ~ **each other** sich ergänzen; (*colours*) aufeinander abgestimmt sein. **2.** (*Gram*) die Ergänzung bilden zu. **3.** (*Math*) zu 90° ergänzen.

complementary [ˌkɒmplɪˈmentərɪ] *adj colour* Komplementär-; *angle* Ergänzungs-. **a** ~ **pair** ein zusammengehöriges Paar; **they are** ~ **to each other** sie ergänzen sich or einander; **they have** ~ **interests** ihre Interessen ergänzen sich.

complete [kəmˈpliːt] **I** *adj* **1.** (*entire, whole*) ganz *attr*; *set also, wardrobe, deck of cards* vollständig, komplett; (*having the*

required numbers) vollzählig; *edition* Gesamt-. **my happiness/disappointment was** ~ mein Glück/meine Enttäuschung war perfekt *or* vollkommen; **my life is now** ~ mein Leben ist erfüllt; **the** ~ **works of Shakespeare** die gesammelten Werke Shakespeares; **a very** ~ **account** ein sehr umfassender *or* detaillierter Bericht; **are we** ~? sind wir vollzählig?; **he invited the** ~ **staff** er lud die ganze *or* gesamte Belegschaft ein. **2.** *attr* (*total, absolute*) völlig; *failure, beginner, disaster, flop also, victory* total; *surprise, shambles also* komplett; *satisfaction also, approval* voll. **we were** ~ **strangers** wir waren uns völlig fremd. **3.** (*finished*) fertig. **his novel is not yet** ~ sein Roman ist noch nicht abgeschlossen; **my life's work is now** ~ mein Lebenswerk ist nun vollbracht. **4.** ~ **with** komplett mit; **he came** ~ **with rucksack and boots** er erschien komplett ausgerüstet mit Rucksack und Stiefeln. **5.** *sportsman, gardener etc* perfekt. **II** *vt* **1.** (*make whole*) *collection, set* vervollständigen, komplettieren; *team* vollzählig machen; *education, meal* abrunden. **to** ~ **our numbers** damit wir vollzählig sind. **2.** (*fig*) *happiness* vollkommen machen. **and to** ~ **their misery** ... und zu allem Unglück ... **3.** (*finish*) beenden, abschließen, zum Abschluß *or* zu Ende bringen; *building, work* fertigstellen; *prison sentence* verbüßen. ~ **this phrase** ergänzen Sie diesen Ausspruch; **it's not** ~**d yet** es ist noch nicht fertig; **when you've** ~**d your repayments** wenn Sie es ganz abbezahlt haben. **4.** *form, questionnaire* ausfüllen.

completely [kəmˈpliːtlɪ] *adv* völlig, vollkommen. **he's not** ~ **normal** er ist nicht ganz normal.

completeness [kəmˈpliːtnɪs] *n* Vollständigkeit f.

completion [kəmˈpliːʃən] *n* **1.** (*finishing*) Fertigstellung f; (*of work also*) Beendigung f; (*of project, course, education*) Abschluß m; (*of prison sentence*) Verbüßung f. **near** ~ kurz vor dem Abschluß; **to bring sth to** ~ etw zum Abschluß bringen; **on** ~ **of the contract/sale** bei Vertrags-/Kaufabschluß. **2.** (*making whole*) Vervollständigung f; (*of education, meal*) Abrundung f; (*of happiness etc*) Vervollkommnung f. **3.** (*filling in: of form etc*) Ausfüllen *nt*.

complex [ˈkɒmpleks] **I** *adj* **1.** komplex; *theory, task, system also, machine, pattern* differenziert, kompliziert; *situation also, paragraph* verwickelt, kompliziert. **2.** (*Gram*) **a** ~ **sentence** ein Satzgefüge *nt*. **II** *n* **1.** Komplex m. **industrial** ~ Industriekomplex m. **2.** (*Psych*) Komplex m. **he has a** ~ **about his big ears** er hat Komplexe *or* einen Komplex wegen seiner großen Ohren.

complexion [kəmˈplekʃən] *n* **1.** Teint m; (*skin colour*) Gesichtsfarbe f. **2.** (*fig: aspect*) Anstrich, Aspekt m. **to**

put a new/different/ sinister *etc* ~ on sth etw in einem neuen/anderen/düsteren *etc* Licht erscheinen lassen; **of a different political/religious** ~ mit anderen politischen/religiösen Anschauungen.

complexity [kəm'pleksɪtɪ] *n see adj 1.* Komplexität *f*; Differenziertheit, Kompliziertheit *f*.

compliance [kəm'plaɪəns] *n* Einverständnis *nt*; (*with rules etc*) Einhalten *nt* (*with* gen); (*submissiveness*) Willfährigkeit (*geh*), Fügsamkeit *f*. **in ~ with the law/our wishes** *etc* dem Gesetz/ unseren Wünschen *etc* gemäß.

compliant [kəm'plaɪənt] *adj* entgegenkommend, gefällig; (*submissive*) nachgiebig.

complicate ['kɒmplɪkeɪt] *vt* komplizieren.

complicated ['kɒmplɪkeɪtɪd] *adj* kompliziert.

complication [ˌkɒmplɪ'keɪʃən] *n* Komplikation *f*; (*condition*) Kompliziertheit *f*.

complicity [kəm'plɪsɪtɪ] *n* Mittäterschaft *f* (*in* bei).

compliment ['kɒmplɪmənt] **I** *n* **1.** Kompliment *nt* (*on* zu, wegen). **to pay sb a** ~ jdm ein Kompliment machen; **that's quite a** ~, **coming from you** wenn Sie das sagen, heißt das schon etwas; **(give) my** ~**s to the chef** mein Lob *or* Kompliment dem Koch/ der Köchin.

2. (*form*) ~s *pl* Grüße *pl*; **to pay one's** ~**s to sb** (*on arrival*) jdn begrüßen; (*on departure*) sich jdm empfehlen (*dated form*); (*visit*) jdm einen Höflichkeitsbesuch abstatten (*form*); **the** ~**s of the season** frohes Fest; **"with the** ~**s of Mr X/ the management"** „mit den besten Empfehlungen von Herrn X/der Geschäftsleitung"; ~**s slip** (*Comm*) Beilegzettel *m* mit Firmenaufdruck, Empfehlungszettel *m*.

II ['kɒmplɪment] *vt* ein Kompliment/ Komplimente machen (+*dat*) (*on* wegen, zu).

complimentary [ˌkɒmplɪ'mentərɪ] *adj* **1.** (*praising*) schmeichelhaft. ~ **close** Schlußformel *f*. **2.** (*gratis*) *seat, ticket* Frei-. ~ **copy** Freiexemplar *nt*; (*of magazine*) Werbenummer *f*.

comply [kəm'plaɪ] *vi* (*person*) einwilligen; (*object, system etc*) die Bedingungen erfüllen. **to** ~ **with sth** einer Sache (*dat*) entsprechen; (*system*) in Einklang mit etw stehen; **to** ~ **with a clause in a contract** eine Vertragsbedingung erfüllen; **to** ~ **with a request/a wish/instructions** einer Bitte/einem Wunsch/den Anordnungen nachkommen (*form*) **to** ~ **with sb's wishes** sich jds Wünschen (*dat*) fügen; **to** ~ **with a time limit/the rules** eine Frist einhalten/ sich an die Regeln halten.

component [kəm'pəʊnənt] **I** *n* Teil *nt*, Bestandteil *m*; (*Chem, Phys*) Komponente *f*. **II** *adj* **a** ~ **part** ein (Bestand)teil *m*; **the** ~ **parts** die Bestand- *or* Einzelteile *pl*; **the** ~ **parts of a machine/sentence** die einzelnen Maschinen-/Satzteile *pl*.

comport [kəm'pɔːt] (*form*) **I** *vr* sich verhalten. **II** *vi* **to** ~ **with** sich vereinbaren lassen mit.

comportment [kəm'pɔːtmənt] *n* Verhalten *nt*.

compose [kəm'pəʊz] *vt* **1.** *music* komponieren; *letter* abfassen, aufsetzen; *poem* verfassen.

2. (*constitute, make up*) bilden. **to be** ~**d of** sich zusammensetzen aus; **water is** ~**d of ...** Wasser besteht aus ...

3. to ~ **oneself** sich sammeln; **to** ~ **one's features** sich wieder in die Gewalt bekommen; **to** ~ **one's thoughts** Ordnung in seine Gedanken bringen.

4. (*Typ*) setzen.

composed *adj,* ~**ly** *adv* [kəm'pəʊzd, -zədlɪ] beherrscht, gelassen.

composer [kəm'pəʊzər] *n* **1.** (*Mus*) Komponist(in *f*) *m*. **2.** (*of letter, poem etc*) Verfasser(in *f*) *m*.

composite ['kɒmpəzɪt] **I** *adj* **1.** zusammengesetzt. ~ **photograph** Photomontage *f*; ~ **structure** gegliederter Aufbau. **2.** (*Bot*) Korbblütler-; *flower* zur Familie der Korbblütler gehörig. **3.** (*Math*) *number* teilbar. **II** *n* (*Bot*) Korbblütler *m*.

composition [ˌkɒmpə'zɪʃən] *n* **1.** (*act of composing*) (*of music*) Komponieren *nt*; (*of letter*) Abfassen, Aufsetzen *nt*; (*of poem*) Verfassen *nt*. **music of his own** ~ selbstkomponierte Musik.

2. (*arrangement, Mus, Art*) Komposition *f*; (*Mus: theory of* ~ *also*) Kompositionslehre *f*.

3. (*Sch: essay*) Aufsatz *m*.

4. (*constitution, make-up*) Zusammensetzung *f*; (*of sentence*) Aufbau *m*, Konstruktion *f*; (*of word*) Zusammensetzung *f*. **this medicine/manure is a** ~ **of ...** dieses Medikament/dieser Dünger setzt sich aus ... zusammen.

5. (*artificial substance*) Kunststoff *m*.

6. (*Typ*) Setzen *nt*. ~ **by hand** Handsatz *m*, manueller Satz.

7. (*Jur*) Vergleich *m*.

composition *in cpds* Kunst-; ~ **rubber** synthetischer Kautschuk; ~ **sole** Kunststoffsohle *f*.

compositor [kəm'pɒzɪtər] *n* (*Typ*) (Schrift)-setzer(in *f*) *m*.

compos mentis ['kɒmpəs'mentɪs] *adj* **I'm never really** ~ **first thing in the morning** frühmorgens ist mein Verstand noch nicht so klar *or* bin ich noch nicht voll da (*inf*); **he's not quite** ~ er ist nicht voll zurechnungsfähig.

compost ['kɒmpɒst] *n* Kompost *m*. ~ **heap** Komposthaufen *m*.

composure [kəm'pəʊʒər] *n* Beherrschung, Fassung *f*. **to lose/regain one's** ~ aus der Fassung geraten *or* die Beherrschung verlieren/sich wieder fassen *or* seine Selbstbeherrschung wiederfinden.

compote ['kɒmpəʊt] *n* Kompott *m*.

compound¹ ['kɒmpaʊnd] **I** *n* (*Chem*) Verbindung *f*; (*Gram*) Kompositum *nt*, zusammengesetztes Wort.

II *adj* **1.** (*Chem*) ~ **substance** Verbindung *f*.

2. (*Math*) ~ **fraction** Doppelbruch *m*; ~ **interest** Zinseszins *m*; ~ **number** zusammengesetzte Zahl.

3. (*Med*) ~ **fracture** offener *or* komplizierter Bruch.

4. (*Gram*) *tense, word* zusammengesetzt. ~ **sentence** Satzgefüge *nt*; (*of two*

or more main clauses) Satzreihe *f*.
5. (*Zool*) ~ **eye** Facetten- *or* Netzauge *nt*.
III [kəmˈpaʊnd] *vt* **1.** (*rare: combine*) verbinden; (*Chem*) mischen. **to be ~ed of ...** (*liter*) sich zusammensetzen aus ...
2. (*Jur*) *debt* begleichen, tilgen; *quarrel* beilegen. **to ~ a crime** ein Verbrechen wegen erhaltener Entschädigung nicht verfolgen.
3. (*make worse*) verschlimmern; *problem* verstärken, vergrößern.
IV [kəmˈpaʊnd] *vi* einen Vergleich schließen; (*with creditors*) sich vergleichen. **to ~ with sb for sth** sich mit jdm auf etw (*acc*) einigen.
compound² [ˈkɒmpaʊnd] *n* (*enclosed area*) Lager *nt*; (*in prison*) Gefängnishof *m*; (*living quarters*) Siedlung *f*; (*in zoo*) Gehege *nt*.
comprehend [ˌkɒmprɪˈhend] *vt* **1.** (*understand*) begreifen, verstehen. **2.** (*include*) enthalten, umfassen, einschließen.
comprehensibility [ˌkɒmprɪˌhensɪˈbɪlɪtɪ] *n* Verständlichkeit *f*.
comprehensible [ˌkɒmprɪˈhensəbl] *adj* verständlich.
comprehension [ˌkɒmprɪˈhenʃən] *n* **1.** (*understanding*) Verständnis *nt*; (*ability to understand*) Begriffsvermögen *nt*. **that is beyond my ~** das übersteigt mein Begriffsvermögen; (*behaviour*) das ist mir unbegreiflich.
2. (*inclusion*) Aufnahme *f*.
3. (*school exercise*) Fragen *pl* zum Textverständnis.
comprehensive [ˌkɒmprɪˈhensɪv] **I** *adj* umfassend, ausführlich; *measures, knowledge* umfassend. ~ **school** (*Brit*) Gesamtschule *f*; **to go ~** (*Sch*) (eine) Gesamtschule werden; ~ **policy** (*Insur*) Vollkasko(versicherung *f*) *nt*; **are you ~?** (*Insur*) sind Sie vollkaskoversichert?
II *n* Gesamtschule *f*.
comprehensively [ˌkɒmprɪˈhensɪvlɪ] *adv* umfassend, ausführlich.
comprehensiveness [ˌkɒmprɪˈhensɪvnɪs] *n* Ausführlichkeit *f*. **the ~ of his report** sein umfassender Bericht.
compress¹ [kəmˈpres] **I** *vt* komprimieren (*into* auf +*acc*); *air etc also* verdichten; *materials* zusammenpressen (*into* zu). **water can't be ~ed** Wasser läßt sich nicht komprimieren.
II *vi* sich verdichten, sich komprimieren lassen.
compress² [ˈkɒmpres] *n* Kompresse *f*, feuchter Umschlag.
compressed air [kəmˈprestˈɛər] *n* Druckor Preßluft *f*.
compression [kəmˈpreʃən] *n* Verdichtung, Kompression *f*; (*of information etc*) Komprimieren *nt*. ~ **ratio** Verdichtungs- *or* Kompressionsverhältnis *nt*.
compressor [kəmˈpresər] *n* Kompressor, Verdichter *m*.
comprise [kəmˈpraɪz] *vt* bestehen aus, umfassen.
compromise [ˈkɒmprəmaɪz] **I** *n* Kompromiß *m*. **to come to** *or* **reach** *or* **make a ~** zu einem Kompromiß kommen *or* gelangen, einen Kompromiß schließen.

II *adj attr* Kompromiß-. ~ **solution** Kompromißlösung *f*.
III *vi* Kompromisse schließen (*about* in +*dat*). **we agreed to ~** wir einigten uns auf einen Kompromiß.
IV *vt* **1.** kompromittieren. **to ~ oneself** sich kompromittieren; **to ~ one's reputation** seinem guten Ruf schaden.
2. (*imperil*) gefährden.
compromising [ˈkɒmprəmaɪzɪŋ] *adj* kompromittierend.
comptroller [kənˈtrəʊlər] *n* (*form*) Rechnungsprüfer, Bücherrevisor *m*.
compulsion [kəmˈpʌlʃən] *n* Zwang, Druck *m*; (*Psych*) innerer Zwang. **under ~** unter Druck *or* Zwang; **you are under no ~** niemand zwingt Sie.
compulsive [kəmˈpʌlsɪv] *adj* zwanghaft, Zwangs-; *neurosis* Zwangs-; *behaviour* zwanghaft. **the ~ buying of ...** der krankhafte Zwang, ... zu kaufen; ~ **buying as a form of disease** Kaufzwang, eine Art Krankheit; **he has a ~ desire to ...** er steht unter dem Zwang, ...; **he is a ~ eater** er hat die Eßsucht, er leidet an einem Eßzwang; **he is a ~ liar** er hat einen krankhaften Trieb zu lügen; **he's a ~ smoker** das Rauchen ist bei ihm zur Sucht geworden.
compulsively [kəmˈpʌlsɪvlɪ] *adv see adj* **to act ~** unter einem (inneren) Zwang handeln.
compulsorily [kəmˈpʌlsərɪlɪ] *adv* zwangsweise.
compulsory [kəmˈpʌlsərɪ] *adj* obligatorisch; *liquidation, measures* Zwangs-; *subject, member* Pflicht-. **that is ~** das ist Pflicht *or* obligatorisch; **education is ~** es besteht (allgemeine) Schulpflicht; ~ **purchase** Enteignung *f*; **to put a ~ purchase order on a place** die Enteignung eines Grundstückes verfügen; ~ **retirement** Zwangspensionierung *f*; ~ **service** (*US*) Wehrpflicht *f*.
compunction [kəmˈpʌŋkʃən] *n* (*liter*) Schuldgefühle, Gewissensbisse *pl*. **with no ~/without the slightest ~** ohne sich schuldig/im geringsten schuldig zu fühlen.
computation [ˌkɒmpjuˈteɪʃən] *n* Berechnung, Kalkulation *f*. **addition is a form of ~** die Addition ist eine Rechenart.
compute [kəmˈpjuːt] *vt* berechnen (*at* auf +*acc*), errechnen, ausrechnen.
computer [kəmˈpjuːtər] *n* Computer *m*; (*for calculating also*) Elektronenrechner *m*; (*digital ~ also*) (digitale) Rechenanlage; (*data processing also*) Datenverarbeitungsanlage *f*.
computer *in cpds* Computer-; ~ **age** Computerzeitalter *nt*.
computerization [kəmˌpjuːtəraɪˈzeɪʃən] *n* (*of information etc*) Computerisierung *f*. **the ~ of the factory** die Umstellung der Fabrik auf Computer.
computerize [kəmˈpjuːtəraɪz] *vt* *information* computerisieren; *company, accounting methods* auf Computer *or* EDV umstellen.
computer-operated [kəmˌpjuːtərˈɒpəreɪtɪd] *adj* computergesteuert; **computer program** *n* Programm *nt*; **computer programmer** *n* Programmierer(in *f*) *m*;

computer type-setting n Computersatz m.

comrade ['kɒmrɪd] n Kamerad m; (Pol) Genosse m, Genossin f.

comradely ['kɒmrɪdlɪ] adj kameradschaftlich.

comradeship ['kɒmrɪdʃɪp] n Kameradschaft(lichkeit) f.

con[1] adv, n see **pro**[3].

con[2] vt (Naut) steuern, lenken.

con[3] (inf) I n Schwindel, Beschiß (sl) m. it's a ~! das ist alles Schwindel.

II vt hereinlegen (inf), bescheißen (sl), filmen (sl). he ~ned her out of all her money er hat sie um ihr ganzes Geld gebracht; to ~ sb into doing sth jdn durch einen faulen Trick dazu bringen, daß er etw tut (inf).

concatenation [kɒnˌkætɪ'neɪʃən] n Verkettung f.

concave ['kɒn'keɪv] adj konkav; mirror Konkav-, Hohl-.

concavo-convex [kɒnˌkeɪvəʊkɒn'veks] adj konkav-konvex.

conceal [kən'siːl] vt (hide) object, emotions, thoughts verbergen; (keep secret) verheimlichen (sth from sb jdm etw). why did they ~ this information from us? warum hat man uns diese Informationen vorenthalten?; the chameleon was completely ~ed against its background das Chamäleon war nicht mehr von seiner Umgebung zu unterscheiden.

concealed [kən'siːld] adj verborgen; lighting, wiring, turning, entrance verdeckt; camera versteckt, Geheim-.

concealment [kən'siːlmənt] n (of facts) Verheimlichung f; (of evidence) Unterschlagung f; (of criminal) Gewährung f von Unterschlupf (of an +acc). to come out of ~ aus dem Versteck auftauchen; to stay in ~ sich versteckt halten.

concede [kən'siːd] I vt 1. (yield, give up) privilege aufgeben; lands abtreten (to an +acc). to ~ a privilege/right to sb jdm ein Privileg/Recht überlassen, ein Privileg/Recht an jdn abtreten; to ~ victory to sb vor jdm kapitulieren; to ~ a match (give up) aufgeben, sich geschlagen geben; (lose) ein Match abgeben; to ~ a penalty einen Elfmeter verursachen; to ~ a point to sb jdm in einem Punkt recht geben; (Sport) einen Punkt an jdn abgeben.

2. (admit, grant) zugeben, einräumen (form); privilege einräumen (to sb jdm); right zubilligen, zugestehen (to sb jdm). it's generally ~d that ... es ist allgemein anerkannt, daß ...; to ~ defeat sich geschlagen geben.

II vi nachgeben, kapitulieren.

conceit [kən'siːt] n (pride) Einbildung f. he's full of ~ er ist schrecklich eingebildet; of all the ~! diese Einbildung!

conceited [kən'siːtɪd] adj eingebildet.

conceitedly [kən'siːtɪdlɪ] adv see adj.

conceitedness [kən'siːtɪdnɪs] n Eingebildetheit, Einbildung f.

conceivable [kən'siːvəbl] adj denkbar, vorstellbar. it is hardly ~ that ... man kann sich (dat) kaum vorstellen, daß ...

conceivably [kən'siːvəblɪ] adv may

~ be right es ist durchaus denkbar, daß sie recht hat; will it happen? — ~ wird das geschehen? — das ist durchaus denkbar.

conceive [kən'siːv] I vt 1. child empfangen.

2. (imagine) sich (dat) denken or vorstellen; idea, plan haben; novel die Idee haben zu. when we first ~d the idea of this film ... als uns die Idee zu diesem Film kam, ...; it was originally ~d as quite a different sort of book ursprünglich war das Buch ganz anders geplant or konzipiert (geh); the novel was ~d when ... die Idee zu dem Buch kam mir/uns etc or entstand, als ...; the way he ~s his role seine Vorstellung or Auffassung von seiner Rolle; she ~s it to be her duty sie betrachtet es als ihre Pflicht.

3. to ~ a dislike for sb/sth eine Abneigung gegen jdn/etw entwickeln; to ~ a liking for sb/sth Zuneigung für jdn empfinden/seine Vorliebe für etw entdecken.

II vi (woman) empfangen.

◆**conceive of** vi +prep obj sich (dat) vorstellen. who first ~d ~ the idea? wer hatte die Idee zuerst?, wem kam die Idee zuerst?; he absolutely refuses to ~ ~ cheating Betrug käme ihm überhaupt nicht in den Sinn.

concentrate ['kɒnsəntreɪt] I vt 1. konzentrieren (on auf +acc). to ~ all one's energies on sth sich (voll und) ganz auf etw (acc) konzentrieren; to ~ one's mind on sth seine Gedanken or sich auf etw (acc) konzentrieren; it's amazing how he's ~d so much material into one novel es ist erstaunlich, wieviel Material er in einem Roman zusammengedrängt hat.

2. (Mil) troops konzentrieren.

3. (Chem) konzentrieren.

II vi 1. (give one's attention) sich konzentrieren. to ~ on doing sth sich darauf konzentrieren, etw zu tun.

2. (people) sich sammeln; (troops also) sich konzentrieren.

III adj (Chem) konzentriert.

IV n (Chem) Konzentrat nt.

concentration [ˌkɒnsən'treɪʃən] n 1. Konzentration f. ~ powers of ~ Konzentrationsfähigkeit f. 2. (gathering) Ansammlung f. 3. (Chem) Konzentration f.

concentration camp n Konzentrationslager, KZ nt.

concentric [kən'sentrɪk] adj circles konzentrisch.

concept ['kɒnsept] n Begriff m; (conception) Vorstellung f. the ~ of evil der Begriff des Bösen; our ~ of the world unser Weltbild nt; the ~ of the play was good das Stück war gut konzipiert (geh) or war in der Anlage gut.

conception [kən'sepʃən] n 1. (forming ideas) Vorstellung f.

2. (idea) Vorstellung f; (way sth is conceived) Konzeption f. the Buddhist ~ of life/nature/morality die buddhistische Auffassung vom Leben/Vorstellung von der Natur/Moralvorstellung; this statue represents the classical ~ of beauty diese Statue stellt das klassische Schönheitsideal dar; they have a totally different ~ of

justice sie haben eine völlig unterschiedliche Auffassung *or* Vorstellung von Gerechtigkeit; **this poem is its original ~ was shorter** in der anfänglichen Konzeption war dieses Gedicht kürzer; **he has no ~ of how difficult it is** er ist *or* macht sich (*dat*) keinen Begriff davon, wie schwer das ist.

3. (*of child*) die Empfängnis.

conceptual [kən'septjʊəl] *adj thinking* begrifflich. **is this a ~ possibility?** ist ein solcher Begriff überhaupt denkbar?

conceptualization [kən,septjʊəlaɪ'zeɪʃən] *n* Begriffsbildung *f*. **the ~ of experience** die begriffliche Erfassung der Erfahrung.

conceptualize [kən'septjʊəlaɪz] **I** *vt* in Begriffe fassen. **II** *vi* begrifflich denken.

conceptually [kən'septjʊəlɪ] *adv* begrifflich. **it only exists ~** das existiert nur in der Vorstellung.

concern [kən'sɜːn] **I** *n* **1.** (*relation, connection*) **do you have any ~ with banking?** haben Sie etwas mit dem Bankwesen zu tun?; **to have no ~ with sth** mit etw nichts zu tun haben.

2. (*business, affair*) Angelegenheit(en *pl*) *f*; (*matter of interest and importance to a person*) Anliegen *nt*. **the day-to-day ~s of government** die täglichen Regierungsgeschäfte; **it's no ~ of his** das geht ihn nichts an; **my ~ is with his works, not his life** mir geht es um sein Werk, nicht um seine Biographie.

3. (*Comm*) Konzern *m*; *see going*.

4. (*share*) Beteiligung *f*. **he has a ~ in the business** er ist an dem Geschäft beteiligt.

5. (*anxiety*) Sorge, Besorgnis *f*. **a look of ~** ein besorgter *or* sorgenvoller Blick; **the situation in the Middle East is causing ~** die Lage im Nahen Osten ist besorgniserregend; **there's some/no cause for ~** es besteht Grund/kein Grund zur Sorge; **he showed great ~ for your safety** er war sehr um Ihre Sicherheit besorgt.

6. (*importance*) Bedeutung *f*. **issues of national ~** Fragen von nationalem Interesse.

II *vt* **1.** (*be about*) handeln von. **it ~s the following issue** es geht um die folgende Frage; **the last chapter is ~ed with ...** das letzte Kapitel behandelt ...

2. (*be the business of, involve*) angehen, betreffen; (*affect*) betreffen. **that doesn't ~ you** das betrifft Sie nicht; (*as snub*) das geht Sie nichts an; **to whom it may ~** (*on letter*) an den betreffenden Sachbearbeiter; (*on certificate*) Bestätigung *f*; (*on reference*) Zeugnis *nt*; **the countries ~ed with oil-production** die Länder, die mit der Ölproduktion zu tun haben; **where money/honour is ~ed** wenn es um Geld/die Ehre geht; **as far as the money is ~ed** was das Geld betrifft *or* angeht; **as far as he is ~ed it's just another job, but ...** für ihn ist es nur ein anderer Job, aber ...; **as far as I'm ~ed** you can do what you like von mir aus kannst du tun und lassen, was du willst; **where we are ~ed** wo es um uns geht; (*in so far as we are affected*) wo wir betroffen sind; **the department ~ed** (*relevant*) die zuständige Abteilung; (*in-*

volved) die betreffende Abteilung; **who are the people ~ed in this report?** wer sind die Leute, um die es in diesem Bericht geht?; **the persons ~ed** die Betroffenen, die betroffenen Personen; **the men ~ed in the robbery** die in den Überfall verwickelten Männer.

3. (*interest*) **he is only ~ed with facts** ihn interessieren nur die Fakten; (*is only dealing with*) ihm geht es nur um die Fakten; **to ~ oneself in** *or* **with** *or* **about sth** sich für etw interessieren.

4. (*have at heart*) **we should be ~ed more with** *or* **about quality** Qualität sollte uns ein größeres Anliegen sein; **a mother is naturally ~ed about** *or* **will naturally ~ herself about the well-being of her children** das Wohl ihrer Kinder ist einer Mutter natürlich ein Anliegen; **there's no need for you to ~ yourself about that** darum brauchen Sie sich nicht zu kümmern.

5. (*worry: usu pass*) **to be ~ed about sth** (*dat*) um etw Sorgen machen, um etw besorgt sein; **I was very ~ed to hear about your illness** ich habe mir Sorgen gemacht, als ich von Ihrer Krankheit hörte; **he was ~ed at the news** die Nachricht beunruhigte ihn; **don't ~ yourself** machen Sie sich keine Sorgen; **I am ~ed to hear that ...** es beunruhigt mich, daß ...; **a ~ed look** ein besorgter Blick.

concerning [kən'sɜːnɪŋ] *prep* bezüglich, hinsichtlich, betreffs (*form*) (*all +gen*). **~ what?** worüber?

concert[1] ['kɒnsət] *n* **1.** (*Mus*) Konzert *nt*. **were you at the ~?** waren Sie in dem Konzert? **2.** (*of voices etc*) **in ~** im Chor, gemeinsam. **3.** (*fig*) **in ~** gemeinsam; **to work in ~ with sb** mit jdm zusammenarbeiten.

concert[2] [kən'sɜːt] *vt* **efforts** vereinen.

concerted [kən'sɜːtɪd] *adj* **efforts, action, attack** gemeinsam, konzertiert (*esp Pol*). **with** *or* **through their ~ efforts ...** mit vereinten Kräften ...; **to take ~ action** gemeinsam vorgehen; **to make a ~ attack** gemeinsam *or* geballt angreifen.

concertgoer ['kɒnsət,gəʊəʳ] *n* Konzertbesucher(in *f*) *or* -gänger(in *f*) *m*; **concert grand** *n* Konzertflügel *m*; **concert hall** *n* Konzerthalle *f or* -saal *m*.

concertina [,kɒnsə'tiːnə] **I** *n* Konzertina *f*. **II** *vi* sich wie eine Ziehharmonika zusammenschieben.

concertmaster ['kɒnsətmɑːstəʳ] *n* (*US*) Konzertmeister *m*.

concerto [kən'tʃɜːtəʊ] *n*, *pl* **~s** Konzert *nt*.

concert pianist *n* Pianist(in *f*) *m*; **concert pitch** *n* Kammerton *m*; **concert tour** *n* Konzerttournee *f*.

concession [kən'seʃən] *n* Zugeständnis *nt*, Konzession *f* (*to an +acc*); (*Comm*) Konzession *f*. **to make a ~ to sb** jdm Konzessionen *or* Zugeständnisse machen.

concessionaire [kən,seʃə'nɛəʳ] *n* (*Comm*) Konzessionär *m*.

concessionary [kən'seʃənərɪ] *adj* (*Comm*) Konzessions-.

concessive [kən'sesɪv] *adj* (*Gram*) konzessiv, Konzessiv-.

conch [kɒntʃ] *n* große, spiralige Meeres-

schnecke; (used as trumpet) Trompeten-schnecke *f*, Tritonshorn *nt (also Myth).*

conciliate [kən'sɪlɪeɪt] *vt* **1.** *(placate)* besänftigen; *(win the goodwill of) person* versöhnlich stimmen. **2.** *(reconcile) opposing views* auf einen Nenner bringen.

conciliation [kənˌsɪlɪ'eɪʃən] *n see vt* **1.** Besänftigung *f*; Versöhnung *f*. ~ **board** *(in industry)* Schlichtungskommission *f*.

conciliatory [kən'sɪlɪətərɪ] *adj* versöhnlich; *(placatory)* beschwichtigend.

concise [kən'saɪs] *adj* präzis(e), exakt. ~ **dictionary** Handwörterbuch *nt*.

concisely [kən'saɪslɪ] *adv* präzis(e), exakt.

conciseness [kən'saɪsnɪs], **concision** [kən'sɪʒən] *n* Präzision, Exaktheit *f*.

conclave ['kɒnkleɪv] *n* **1.** Klausur *f*. **in** ~ in Klausur; **to meet in** ~ eine Klausurtagung abhalten. **2.** *(Eccl)* Konklave *nt*.

conclude [kən'kluːd] I *vt* **1.** *(end) meeting, letter, speech* beenden, schließen; *meal* abschließen, beenden. **this, gentlemen, ~s our business** damit, meine Herren, sind wir mit unserer Besprechung am Ende; **and now, to ~ tonight's programmes** zum Abschluß unseres heutigen Abendprogramms.
2. *treaty, transaction, deal* abschließen.
3. *(infer)* schließen, folgern *(from* aus).
4. *(decide, come to conclusion)* zu dem Schluß kommen. **what have you ~d about his suggestion?** zu welchem Schluß sind Sie in bezug auf seinen Vorschlag gekommen?
II *vi (meetings, events)* enden; *(letter, speech etc also)* schließen. **the chapter ~s on a note of optimism** das Kapitel endet mit einem optimistischen Ausblick; **to ~ I must say ...** abschließend wäre noch zu bemerken *or* bliebe noch zu sagen, ...

concluding [kən'kluːdɪŋ] *adj remarks, words* abschließend, Schluß-. ~ **bars/lines** Schlußtakte/-zeilen *pl*; **the ~ years of ...** die letzten Jahre von ...

conclusion [kən'kluːʒən] *n* **1.** *(end)* Abschluß *m*; *(of essay, novel etc)* Schluß *m*. **in** ~ zum (Ab)schluß, abschließend.
2. *(settling: of treaty etc)* Abschluß *m*, Zustandekommen *nt*.
3. Schluß(folgerung) *f*. **what ~ do you draw** *or* **reach from all this?** welchen Schluß *or* welche Schlußfolgerung ziehen Sie daraus *or* aus alldem?; **let me know your ~s** lassen Sie mich wissen, zu welchem Schluß Sie gekommen sind; **a rash ~** eine voreiliger Schluß; **one is forced to the ~ that ...** man kommt unweigerlich zu dem Schluß, daß ...
4. *(Logic)* Folgerung *f*.

conclusive [kən'kluːsɪv] *adj (convincing)* schlüssig, überzeugend; *(decisive, final)* endgültig; *(Jur) evidence* einschlägig; *proof* schlüssig, eindeutig.

conclusively [kən'kluːsɪvlɪ] *adv see adj* **this ~ settles this issue** damit ist die Sache endgültig beigelegt.

concoct [kən'kɒkt] *vt* **1.** *(Cook etc)* (zu)-bereiten; *(hum)* kreieren, zurechtzaubern. **2.** *(fig)* sich *(dat)* zurechtlegen; *scheme, plan also* ausdenken; *excuse also* sich *(dat)* ausdenken; *new dress, hat* zaubern.

concoction [kən'kɒkʃən] *n* **1.** *(food)* Kreation, *f*; *(drink)* Gebräu *nt*. **one of her little ~s** eines ihrer Spezialrezepte.
2. *(excuse)* Münchhausiade *f*; *(story etc)* Erdichtung *f*; *(fashion)* Zauberei, Spielerei *f*.

concomitant [kən'kɒmɪtənt] I *adj* Begleit-. II *n* Begleiterscheinung *f*.

concord ['kɒŋkɔːd] *n (harmony)* Eintracht *f*; *(about decision etc)* Einvernehmen *nt*.

concordance [kən'kɔːdəns] *n* **1.** *(agreement)* Übereinstimmung *f*. **in ~ with your specifications** *(form)* Ihren Angaben *or* Anweisungen gemäß. **2.** *(Bibl, Liter)* Konkordanz *f*.

concordant [kən'kɔːdənt] *adj (form)* übereinstimmend. **to be ~ with** entsprechen (+*dat*).

concordat [kɒn'kɔːdæt] *n* Konkordat *nt*.

concourse ['kɒŋkɔːs] *n* **1.** *(liter: of people)* Menschenmenge *f*, Menschenauflauf *m*; *(of two rivers)* Zusammenfluß *m*; *(fig: of circumstances)* Zusammentreffen *nt*.
2. *(place)* Eingangshalle *f*; *(US: in park)* freier Platz.

concrete¹ ['kɒŋkriːt] *adj object, evidence, example* konkret. **a chair is a ~ object** ein Stuhl ist gegenständlich *or* etwas Gegenständliches; ~ **noun** Konkretum *nt*; ~ **poetry** Bilderlyrik *f*.

concrete² I *n (Build)* Beton *m*. ~ **mixer** Betonmischmaschine *f*. II *adj* Beton-. III *vt wall, floor* betonieren.

concretely [kən'kriːtlɪ] *adv* konkret.

concretion [kən'kriːʃən] *n (coalescence)* Verschmelzung *f*; *(Geol also)* Konkretion *f*; *(Med)* Konkrement *nt*.

concubine ['kɒŋkjʊbaɪn] *n* **1.** *(old)* Konkubine, Mätresse *f*. **2.** *(in polygamy)* Konkubine, Nebenfrau *f*.

concupiscence [kən'kjuːpɪsəns] *n* Lüsternheit *f*.

concupiscent [kən'kjuːpɪsənt] *adj* lüstern.

concur [kən'kɜː] *vi* **1.** *(agree)* übereinstimmen; *(with a suggestion etc)* beipflichten *(with dat)*; *(Math)* zusammenlaufen. **John and I ~red** John und ich waren einer Meinung; **I ~ with that** ich pflichte dem bei.
2. *(happen together)* zusammentreffen, auf einmal eintreten; **everything ~red to bring about a successful result** alles trug zu einem erfolgreichen Ergebnis bei.

concurrence [kən'kʌrəns] *n* **1.** *(accordance)* Übereinstimmung *f*; *(agreement, permission)* Einverständnis *nt*, Zustimmung *f*. **2.** *(of events)* Zusammentreffen *nt*. **3.** *(Math)* Schnittpunkt *m*.

concurrent [kən'kʌrənt] *adj* **1.** *(occurring at the same time)* gleichzeitig. **to be ~ with sth** mit etw zusammentreffen, zur gleichen Zeit wie etw stattfinden.
2. *(acting together)* vereint, gemeinsam, gemeinschaftlich.
3. *(in agreement)* übereinstimmend. **to be ~ with sth** mit etw übereinstimmen.
4. *(Math)* zusammenlaufend; *(intersecting)* sich schneidend.

concurrently [kən'kʌrəntlɪ] *adv* gleichzeitig. **the two sentences to run ~** *(Jur)* unter gleichzeitigem Vollzug beider Freiheitsstrafen.

concuss [kən'kʌs] vt (usu pass) **to be ~ed** eine Gehirnerschütterung haben.

concussion [kən'kʌʃən] n Gehirnerschütterung f.

condemn [kən'dem] vt 1. (censure) verurteilen.
2. (Jur) verurteilen. **to ~ sb to death/10 years' imprisonment** jdn zum Tode/zu 10 Jahren Gefängnis verurteilen; **the ~ed man** der zum Tode Verurteilte; **the ~ed cell** die Todeszelle.
3. (fig) verdammen, verurteilen (to zu).
4. (declare unfit) building, slums für abbruchreif erklären; ship für nicht mehr seetüchtig erklären. **these houses are/should be ~ed** diese Häuser stehen auf der Abrißliste/sollten abgerissen werden; **the fruit was ~ed as unfit for consumption** das Obst wurde für den Verzehr ungeeignet erklärt.
5. (US Jur) beschlagnahmen; land enteignen.

condemnation [ˌkɒndem'neɪʃən] n 1. Verurteilung f; (fig also) Verdammung f. **what a ~** was für ein Armutszeugnis.
2. (of slums, ship) Kondemnation f (spec). **the new council was responsible for the immediate ~ of some of the old city slums** die neue Stadtverwaltung war dafür verantwortlich, daß einige der alten Slums sofort auf die Abrißliste kamen.
3. (US Jur) Beschlagnahme f; (of land) Enteignung f.

condemnatory [kɒndem'neɪtərɪ] adj aburteilend; frown mißbilligend; criticism also verurteilend, verdammend; conclusion also vernichtend.

condensation [ˌkɒnden'seɪʃən] n 1. (of vapour) Kondensation, Verflüssigung f; (on window panes, walls etc) Schwitzwasserbildung f; (liquid formed) Kondensat nt; (on window panes, walls etc) Schwitzwasser nt. **the windows are covered with ~** die Fenster sind beschlagen.
2. (short form) Kurzfassung f; (act) Kondensierung, Zusammenfassung f.

condense [kən'dens] I vt 1. kondensieren. **~d milk** Kondensmilch, Büchsen- or Dosenmilch f. 2. (Phys) gas kondensieren; (compress) verdichten; rays bündeln. 3. (shorten) zusammenfassen. **in a very ~d form** in sehr gedrängter Form. II vi (gas) kondensieren, sich niederschlagen.

condenser [kən'densər] n (Elec, Phys) Kondensator m; (Opt) Kondensor m, Sammellinse f.

condescend [ˌkɒndɪ'send] vi 1. (stoop) sich herab- or herablassen. **to ~ to do sth** sich herab- or herbeilassen, etw zu tun.
2. (be ~ing towards) herablassend behandeln (to sb jdn).

condescending adj, **~ly** adv [ˌkɒndɪ'sendɪŋ, -lɪ] (pej) herablassend, von oben herab.

condescension [ˌkɒndɪ'senʃən] n (pej) Herablassung f; (attitude also) herablassende Haltung.

condiment [ˈkɒndɪmənt] n Würze f.

condition [kən'dɪʃən] I n 1. (determining factor) Bedingung f (also Jur, Comm); (prerequisite) Voraussetzung f. **~s of sale** Verkaufsbedingungen pl; **on ~ that ...** unter der Bedingung or Voraussetzung, daß ..., vorausgesetzt, daß ...; **on this ~** unter folgender Bedingung or Voraussetzung; **on what ~?** zu welchen Bedingungen?, unter welchen Voraussetzungen?; **on no ~** auf keinen Fall; **to make ~s** Bedingungen stellen; **he made it a ~ that ...** er machte es zur Bedingung, daß ...
2. **~s** pl (circumstances) Verhältnisse, Zustände (pej) pl; **working ~s** Arbeitsbedingungen pl; **living ~s** Wohnverhältnisse pl; **weather ~s** die Wetterlage.
3. no pl (state) Zustand m. **he is in good/bad ~** er ist in guter/schlechter Verfassung; **it is in good/bad ~** es ist in gutem/schlechtem Zustand; **not in your ~!** nicht in deinem Zustand! **the car is in no ~ to make a journey** er ist nicht reisefähig/so wie das Auto ist, kann man damit keine Reise machen; **you're in no ~ to drive** du bist nicht mehr fahrtüchtig; **to be in/out of ~** eine gute/keine Kondition haben; **to keep in/get into ~** in Form bleiben/kommen; (Sport also) seine Kondition beibehalten/sich (dat) eine gute Kondition antrainieren.
4. (Med) Beschwerden pl. **heart/thyroid ~** Herz-/Schilddrüsenleiden nt; **he has a heart ~** er hat ein schlechtes Herz, er hat's auf dem Herzen inf.

II vt 1. (esp pass: determine) bedingen, bestimmen. **to be ~ed by** bedingt sein durch, abhängen von.
2. (bring into good ~) hair, athlete, animal in Form bringen. **~ing powder** Aufbaumittel nt.
3. (Psych etc: train) konditionieren; (accustom) gewöhnen. **~ed reflex** bedingter Reflex.

conditional [kən'dɪʃənl] I adj 1. mit Vorbehalt, bedingt, vorbehaltlich; (Comm, Jur) sale mit Auflagen. **a ~ yes** ein Ja mit Vorbehalt; **to be ~ (up)on sth** von etw abhängen.
2. (Gram) konditional, Konditional-, Bedingungs-. **the ~ mood/tense** der Konditional.
II n (Gram) Konditional m.

conditionally [kən'dɪʃnəlɪ] adv unter or mit Vorbehalt.

conditioner [kən'dɪʃənər] n (for hair) Haarschnellkur f, Haarpflegemittel nt.

condo [ˈkɒndəʊ] n, pl **~s** (US inf) see **condominium 2.**

condole [kən'dəʊl] vi **to ~ with sb** (on or upon sth) jdm (zu etw) sein Mitgefühl aussprechen; (on death also) jdm (zu etw) kondolieren.

condolence [kən'dəʊləns] n Beileid nt no pl, Anteilnahme f, Kondolenz (form) f no pl. **please accept my ~s on the death of your mother** (meine) aufrichtige Anteilnahme zum Tode ihrer Mutter.

condom [ˈkɒndəm] n Kondom nt or m.

condominium [ˌkɒndə'mɪnɪəm] n 1. (Pol) Kondominium nt; (rule also) Kondominat nt. 2. (US) (apartment house) ≈ Haus nt mit Eigentumswohnungen, Eigentumsblock m; (single apartment) ≈ Eigentumswohnung f.

condone [kən'dəʊn] vt (overlook) (stillschweigend) hinwegsehen über (+*acc*); (*tacitly approve*) (stillschweigend) dulden.

condor ['kɒndɔːʳ] *n* Kondor *m*.

conducive [kən'djuːsɪv] *adj* förderlich, dienlich (*to dat*).

conduct ['kɒndʌkt] **I** *n* **1.** (*behaviour*) Verhalten, Benehmen *nt* (*towards* gegenüber); (*of children also*) Betragen *nt*; (*of prisoner*) Führung *f*. **the rules of ~** die Verhaltensregeln.
2. (*management*) Führung *f*; (*of conference, commission of inquiry*) Leitung *f*; (*of investigation*) Durchführung *f*.
II [kən'dʌkt] *vt* **1.** (*guide*) führen; (*ceremoniously*) geleiten (*geh*). **~ed tour (of)** (*of country*) Gesellschaftsreise *f* (durch); (*of building*) Führung *f* (durch).
2. (*direct, manage*) *war, campaign, correspondence, conversation* führen; *meeting, business also* leiten; *investigation* durchführen; *private affairs* handhaben. **he ~ed his own defence** er übernahm seine eigene Verteidigung.
3. (*Mus*) dirigieren.
4. (*Phys, Physiol*) leiten; *lightning* ableiten, erden.
III [kən'dʌkt] *vi* **1.** (*Mus*) dirigieren.
2. (*Phys*) leiten.
IV [kən'dʌkt] *vr* sich verhalten, sich benehmen; (*prisoner*) sich führen.

conduction [kən'dʌkʃən] *n* (*Phys, Physiol*) Leitung *f* (*along* durch *or* (*Physiol*) entlang).

conductive [ˌkɒn'dʌktɪv] *adj* leitfähig, leitend.

conductivity [ˌkɒndʌk'tɪvɪtɪ] *n* (*Phys, Physiol*) Leitfähigkeit *f*.

conductor [kən'dʌktəʳ] *n* **1.** (*Mus*) Dirigent(in *f*) *m*; (*of choir also*) Leiter(in *f*) *m*.
2. (*bus, tram ~*) Schaffner *m*; (*US Rail: guard*) Zugführer *m*. **3.** (*Phys*) Leiter *m*; (*lightning ~*) Blitzableiter *m*.

conductress [kən'dʌktrɪs] *n* (*on bus etc*) Schaffnerin *f*.

conduit ['kɒndɪt] *n* Leitungsrohr *nt*; (*Elec*) Rohrkabel *nt*.

cone [kəʊn] *n* **1.** Kegel *m*; (*Geol: of volcano*) (Berg)kegel *m*; (*storm ~*) Windsack *m*; (*traffic ~*) Pylon(e *f*) *m* (*form*), Leitkegel *m*; (*Space: nose ~*) Nase *f*. **a ~ of light** ein Lichtkegel *m*. **2.** (*Bot*) Zapfen *m*. **3.** (*ice-cream ~*) (Eis)tüte *f*.
◆**cone off** *vt sep* mit Pylonen absperren.

cone-shaped ['kəʊn'ʃeɪpt] *adj* kegelförmig.

coney *n see* **cony**.

confab ['kɒnfæb] *n* (*inf*) kleine Besprechung.

confection [kən'fekʃən] *n* **1.** (*sweets*) Konfekt *nt*. **2.** (*Comm: item of ladies' clothing*) modischer Artikel.

confectioner [kən'fekʃənəʳ] *n* (*maker*) Konditor *m*; (*seller also*) Süßwarenverkäufer *m*. **~'s (shop)** Süßwarenladen *m*.

confectionery [kən'fekʃənərɪ] *n* **1.** Konditorwaren, Süßwaren *pl*; (*chocolates*) Konfekt *nt*. **2.** (*shop*) Süßwarengeschäft *nt*.

confederacy [kən'fedərəsɪ] *n* (*Pol*) (*confederation*) Bündnis *nt*; (*of nations*) Staatenbund *m*, Konföderation *f*. **the C~**

(*US Hist*) die Konföderierten (Staaten) von Amerika.

confederate [kən'fedərɪt] **I** *adj system* konföderiert; *nations also* verbündet. **the C~ States** (*US Hist*) die Konföderierten Staaten von Amerika.
II *n* (*Pol: ally*) Verbündete(r), Bündnispartner, Bundesgenosse *m*; (*pej: accomplice*) Komplize *m* (*pej*). **the C~s** (*US Hist*) die Konföderierten *pl*.

confederation [kənˌfedə'reɪʃən] *n* **1.** (*Pol*) (*alliance*) Bündnis *nt*, Bund *m*; (*system of government*) Staatenbund *m*, Konföderation *f*. **the Swiss C~** die Schweizerische Eidgenossenschaft. **2.** (*association*) Bund *m*. **C~ of British Industry** Verband *m* britischer Industrieller.

confer [kən'fɜːʳ] **I** *vt* (*on, upon sb* jdm) *title, degree* verleihen; *power also* übertragen.
II *vi* sich beraten, konferieren (*geh*).

conference [kən'fɜːrəns] *n* **1.** Konferenz *f*; (*more informal*) Besprechung *f*. **to be in a ~ (with)** eine Besprechung *or* Unterredung haben (mit); **to get sb to the ~ table** jdn an den Konferenztisch bringen.
2. (*convention*) Konferenz, Tagung *f*.

conferment [kən'fɜːmənt] *n*, **conferral** [kən'fɜːrəl] *n* (*of title, degree*) Verleihung *f*.

confess [kən'fes] **I** *vt* **1.** (*acknowledge*) gestehen, zugeben.
2. (*Eccl*) *sins* bekennen; (*to priest*) beichten; (*priest*) *penitent* die Beichte abnehmen (+*dat*).
II *vi* **1.** gestehen (*to acc*). **to ~ to sth** etw gestehen, sich zu etw bekennen.
2. (*Eccl*) beichten. **to ~ to sb/sth** jdm/etw (*acc*) beichten.

confessed [kən'fest] *adj* (*admitted*) *plan* zugegeben, erklärt, eingestanden; (*having confessed*) *criminal* geständig; (*self-~*) *revolutionary* erklärt; *alcoholic, criminal* eigenen Eingeständnisses, nach eigenen Angaben.

confessedly [kən'fesɪdlɪ] *adv* zugegebenermaßen.

confession [kən'feʃən] *n* **1.** Eingeständnis *nt*; (*of guilt, crime etc*) Geständnis *nt*. **on his own ~** laut eigener Aussage; **to make a full ~ of sth to sb** (*Jur also*) jdm ein volles Geständnis einer Sache (*gen*) *or* in einer Sache (*dat*) ablegen; **I have a ~ to make** ich muß dir etwas beichten (*inf*) *or* gestehen; (*Jur*) ich möchte ein Geständnis ablegen.
2. (*Eccl*) (*of sins*) Beichte *f*, (Schuld- *or* Sünden)bekenntnis *nt*. **to make one's ~** seine Sünden bekennen; **to hear ~** (die) Beichte hören.
3. (*faith*) (Glaubens)bekenntnis *nt*, Konfession *f*. **what ~ are you?** welche Konfession haben Sie?

confessional [kən'feʃənl] *n* Beichtstuhl *m*. **the secrecy of the ~** das Beichtgeheimnis.

confessor [kən'fesəʳ] *n* **1.** (*Eccl*) Beichtvater *m*. **2. Edward the C~** Edward der Bekenner.

confetti [kən'fetɪ] *n, no pl* Konfetti *nt*.

confidant [ˌkɒnfɪ'dænt] *n* Vertraute(r) *m*.

confidante [ˌkɒnfɪ'dænt] *n* Vertraute *f*.

confide [kən'faɪd] *vt* anvertrauen (*to sb* jdm).

◆**confide in** *vi* +*prep obj* (*tell secrets to*) sich anvertrauen (+*dat*). **to ~ ~ sb about sth** jdm etw anvertrauen.

confidence ['kɒnfɪdəns] *n* **1.** (*trust*) Vertrauen *nt*; (*in sb's abilities also*) Zutrauen *nt* (*in* zu); (*confident expectation*) Zuversicht *f*. **to have (every/no) ~ in sb/sth** (volles/kein) Vertrauen zu jdm/etw haben *or* in jdn/etw setzen; **I have every ~ that** ... ich bin ganz zuversichtlich, daß ...; **to put one's ~ in sb/sth** auf jdn/etw bauen, sich auf jdn/etw verlassen; **I wish I had your ~** ich wünschte, ich hätte deine Zuversicht(lichkeit); **he talked with ~ on the subject** er äußerte sich sehr kompetent zu dem Thema; **I can't talk with any ~ about** ... ich kann nichts Bestimmtes *or* Maßgebliches über (+*acc*) ... sagen; **in the full ~ that** ... im festen Vertrauen darauf, daß ...; **issue of ~** (*Parl*) Vertrauensfrage *f*; **to give/ask for a vote of ~** (*Parl*) das Vertrauen aussprechen/die Vertrauensfrage stellen; **motion/vote of no ~** Mißtrauensantrag *m*/-votum *nt*.
2. (*self-~*) (Selbst)vertrauen *nt*, Selbstsicherheit *f*.
3. (*confidential relationship*) Vertrauen *nt*. **in** (**strict**) **~** (streng) vertraulich; **to take sb into one's ~** jdn ins Vertrauen ziehen; **to be in or enjoy sb's ~** jds Vertrauen besitzen *or* genießen.
4. (*information confided*) vertrauliche Mitteilung.

confidence trick, confidence trickster *n see* **con trick, con-man**.

confident ['kɒnfɪdənt] *adj* **1.** (*sure*) überzeugt, zuversichtlich (*of gen*); **look etc** zuversichtlich. **to be ~ of success or succeeding** vom Erfolg überzeugt sein, zuversichtlich *or* überzeugt sein, daß man gewinnt; **to be ~ in sb/sth** Vertrauen zu jdm/etw haben, jdm/einer Sache vertrauen.
2. (*self-assured*) (selbst)sicher.

confidential [ˌkɒnfɪˈdenʃəl] *adj* **1.** *information, whisper* vertraulich. **2.** (*enjoying sb's confidence*) **~ secretary** Privatsekretär(in *f*) *m*; **~ agent** Sonderbeauftragte(r) *mf* mit geheimer Mission. **3.** (*inclined to confide*) vertrauensselig.

confidentiality [ˌkɒnfɪˌdenʃɪˈælɪtɪ] *n* Vertraulichkeit *f*.

confidentially [ˌkɒnfɪˈdenʃəlɪ] *adv* vertraulich, im Vertrauen.

confidently ['kɒnfɪdntlɪ] *adv* **1.** zuversichtlich; **look forward also** vertrauensvoll. **2.** (*self-~*) selbstsicher; (*with conviction*) mit Überzeugung.

confiding *adj*, **~ly** *adv* [kənˈfaɪdɪŋ, -lɪ] vertrauensvoll.

configuration [kənˌfɪgjʊˈreɪʃən] *n* Konfiguration *f* (*form*); (*Geog*) Form, Gestalt *f*; (*Sci*) Struktur *f*, Aufbau *m*; (*Astron*) Anordnung *f*, Aspekt *m* (*spec*).

confine [kənˈfaɪn] I *vt* **1.** (*keep in*) *person, animal* (ein)sperren; *flood* eindämmen. **~d to bed/the house** ans Bett/ans Haus gefesselt; **to be ~d to barracks/one's room/one's house** Kasernen-/Stubenarrest haben/unter Hausarrest stehen; **with her body ~d in a corset** in ein Korsett gezwängt.
2. (*limit*) *remarks* beschränken (*to auf* +*acc*). **to ~ oneself to doing sth** sich darauf beschränken, etw zu tun; **the damage was ~d to** ... der Schaden beschränkte *or* erstreckte sich nur auf (+*acc*) ...; **he finds life here too confining** er findet das Leben hier zu beengend *or* eingeengt; **lions are ~d to Africa** Löwen gibt es nur in Afrika.
II **~s** ['kɒnfaɪnz] *npl* (*of space, thing etc*) Grenzen *pl*.

confined [kənˈfaɪnd] *adj space* beschränkt, begrenzt; *atmosphere* beengend.

confinement [kənˈfaɪnmənt] *n* **1.** (*imprisonment*) (*act*) Einsperren *nt*; (*in hospital*) Einweisung *f*; (*of animals*) Gefangenhalten *nt*; (*state*) Eingesperrtsein *nt*; (*in jail*) Haft *f*; (*of animals*) Gefangenschaft *f*; (*Mil*) Arrest *m* (*also hum*). **~ to barracks/one's room** Kasernen-/Stubenarrest *m*; **to put sb in ~** jdn einsperren; **to keep sb in close ~** jdn in strengem Gewahrsam halten.
2. (*restriction*) Beschränkung *f* (*to auf* +*acc*).
3. (*dated: childbirth*) Entbindung, Niederkunft *f* (*old*) *f*.

confirm [kənˈfɜːm] *vt* **1.** (*verify*) bestätigen. **2.** (*strengthen*) bestärken; **one's resolve also** bekräftigen. **3.** (*Eccl*) konfirmieren; *Roman Catholic* firmen.

confirmation [ˌkɒnfəˈmeɪʃən] *n* **1.** Bestätigung *f*. **a letter in ~ (of)** ein Brief *m* zur *or* als Bestätigung (+*gen*). **2.** (*Eccl*) Konfirmation *f*; (*of Roman Catholics*) Firmung *f*. **~ classes** Konfirmandenstunde *f or* -unterricht *m*; Firmunterricht *m*.

confirmatory [kənˈfɜːˈmeɪtərɪ] *adj* bestätigend.

confirmed [kənˈfɜːmd] *adj* erklärt; *bachelor* eingefleischt.

confiscate ['kɒnfɪskeɪt] *vt* beschlagnahmen, konfiszieren. **to ~ sth from sb** jdm etw abnehmen.

confiscation [ˌkɒnfɪsˈkeɪʃən] *n* Beschlagnahme, Konfiszierung *f*.

confiscatory [ˌkɒnfɪsˈkeɪtərɪ] *adj* **they have ~ powers** sie sind zur Beschlagnahme befugt.

conflagration [ˌkɒnfləˈgreɪʃən] *n* (*of forest, towns*) Feuersbrunst *f* (*geh*); (*of building*) Großbrand *m*.

conflict ['kɒnflɪkt] I *n* Konflikt *m*; (*of moral issues, ideas also*) Widerstreit, Zwiespalt *m*; (*between two accounts etc*) Widerspruch *m*; (*fighting*) Zusammenstoß *m*. **to be in ~ with sb/sth** mit jdm/etw im Konflikt liegen; im Widerspruch zu jdm/etw stehen; **the ego is always in ~ with the id** das Ich ist immer im Widerstreit mit dem Es; **to come into ~ with sb/sth** mit jdm/etw in Konflikt geraten; **~ of interests/opinions** Interessen-/Meinungskonflikt *m*.
II [kənˈflɪkt] *vi* im Widerspruch stehen (*with zu*), widersprechen (*with dat*).

conflicting [kənˈflɪktɪŋ] *adj* widersprüchlich.

confluence [ˈkɒnfluəns] *n* (*of rivers*) Zusammenfluß *m*.

conform [kənˈfɔːm] *vi* **1.** (*things: comply with*) entsprechen (*to dat*); (*people: socially*) sich anpassen (*to an* +*acc*); (*things,*

people: to rules etc) sich richten (*to* nach); (*agree*) übereinstimmen, konform gehen (*with* mit).
2. (*Brit Eccl*) sich (der englischen Staatskirche *dat*) unterwerfen.
conformance [kən'fɔːməns] *n see* **conformity.**
conformist [kən'fɔːmɪst] **I** *n* Konformist *m* (*also Brit Eccl*). **II** *adj* konformistisch.
conformity [kən'fɔːmɪtɪ] *n* **1.** (*uniformity*) Konformismus *m*.
2. (*compliance*) Übereinstimmung *f*; (*of manners*) Konformismus *m*; (*socially*) Anpassung *f* (*with* an +*acc*). **in ~ with sth** einer Sache (*dat*) entsprechend *or* gemäß; **to be in ~ with sth** einer Sache (*dat*) entsprechen; **to bring sth into ~ with sth** etw mit etw in Einklang *or* Übereinstimmung bringen.
confound [kən'faʊnd] *vt* **1.** (*amaze*) verblüffen.
2. (*throw into confusion*) verwirren, durcheinanderbringen.
3. (*liter: mistake for sth else*) verwechseln.
4. (*inf*) **~ it!** verflixt (*inf*) noch mal!
confounded [kən'faʊndɪd] *adj* (*inf*) verflixt (*inf*); *noise also* Heiden- (*inf*); *nuisance* elend (*inf*).
confront [kən'frʌnt] *vt* **1.** (*face*) *danger, enemy, the boss* gegenübertreten (+*dat*); (*fig*) *problems, issue also* begegnen (+*dat*); (*stand or be ~ing*) *wall of ice etc* gegenüberstehen (+*dat*); (*problems, decisions*) sich stellen (+*dat*).
2. (*bring face to face with*) konfrontieren. **to ~ sb with sb/sth** jdn jdm gegenüberstellen, jdn mit jdm/etw konfrontieren; **to be ~ed with sth** mit etw konfrontiert sein, vor etw (*dat*) stehen; (*when*) **~ed with** angesichts (+*gen*).
confrontation [ˌkɒnfrən'teɪʃən] *n* Konfrontation *f* (*also Pol*); (*defiant also*) Auseinandersetzung *f*; (*with witnesses, evidence etc*) Gegenüberstellung *f*.
Confucian [kən'fjuːʃən] **I** *adj* konfuzianisch. **II** *n* Konfuzianer(in *f*) *m*.
Confucius [kən'fjuːʃəs] *n* Konfuzius *m*.
confuse [kən'fjuːz] *vt* **1.** (*bewilder, perplex, muddle*) *people* konfus machen, verwirren, durcheinanderbringen; (*make unclear*) *situation* verworren machen. **don't ~ the issue!** bring (jetzt) nicht alles durcheinander!
2. (*mix up*) *people* verwechseln; *matters, issues also* durcheinanderbringen.
confused [kən'fjuːzd] *adj* **1.** (*muddled*) wirr, konfus; *person also* verwirrt; (*through old age, after anaesthetic etc*) wirr im Kopf; *idea, report, situation also* verworren; *sound, jumble* wirr. **2.** (*embarrassed*) verwirrt, verlegen, betreten.
confusedly [kən'fjuːzɪdlɪ] *adv* verwirrt; (*in disorder also*) wirr; (*embarrassedly also*) verlegen, betreten.
confusing [kən'fjuːzɪŋ] *adj* verwirrend.
confusion [kən'fjuːʒən] *n* **1.** (*disorder*) Durcheinander *nt*, Wirrwarr *m*, Unordnung *f*; (*jumble*) Wirrwarr *m*. **to be in ~** in Unordnung sein, durcheinander sein; **scenes of ~** allgemeines *or* wildes Durcheinander; **to retire in ~** (*Mil*) einen

ungeordneten Rückzug antreten; **to throw everything into ~** alles durcheinanderbringen; **in the ~ of the battle/robbery** im Durcheinander der Schlacht/während des Raubüberfalls; **to run about in ~** wild durcheinanderlaufen.
2. (*perplexity*) Verwirrung, Unklarheit *f*; (*mental ~: after drugs, blow on head etc*) Verwirrtheit *f*; (*through old age etc*) Wirrheit *f*.
3. (*embarrassment*) Verlegenheit *f*; (*at being found out*) Betroffenheit *f*. **to be covered in ~** vor Verlegenheit erröten; **he was sitting there covered in ~** er saß da, schamrot vor Verlegenheit.
4. (*mixing up*) Verwechslung *f*.
confutation [ˌkɒnfjuː'teɪʃən] *n* Widerlegung *f*.
confute [kən'fjuːt] *vt* widerlegen.
congeal [kən'dʒiːl] **I** *vi* erstarren, starr werden; (*glue, mud*) hart *or* fest werden; (*blood*) gerinnen; (*with fear*) erstarren. **II** *vt* erstarren lassen (*also fig*); *glue, mud* hart werden lassen; *blood* gerinnen lassen.
congelation [ˌkɒndʒə'leɪʃən] *n see vi* Erstarren *nt*; Festwerden *nt*; Gerinnen *nt*.
congenial [kən'dʒiːnɪəl] *adj* **1.** (*pleasant*) ansprechend; *person also* sympathisch; *place, job also, atmosphere* angenehm. **2.** (*liter: of like nature*) kongenial (*liter*), geistesverwandt.
congenital [kən'dʒenɪtl] *adj* *deficiency, disease* angeboren. **~ defect** Geburtsfehler *m*; **~ idiot** (*inf*) Erzdepp *m* (*inf*).
conger ['kɒŋɡəʳ] *n* (*also ~ eel*) Seeaal *m*.
congested [kən'dʒestɪd] *adj* überfüllt; (*with traffic*) verstopft; (*with people also*) voll; *pavement* übervoll; (*highly populated*) über(be)völkert. **his lungs are ~** in seiner Lunge hat sich Blut angestaut.
congestion [kən'dʒestʃən] *n* (*traffic, pedestrians*) Stau *m*, Stockung *f*; (*in corridors etc*) Gedränge *nt*; (*overpopulation*) Übervölkerung *f*; (*Med*) Blutstau, Blutandrang *m*. **the ~ in the city centre is getting so bad ...** die Verstopfung der Innenstadt nimmt derartige Ausmaße an ...
conglomerate [kən'glɒmərɪt] **I** *adj* *nation* zusammengewürfelt; *language* Misch-. **II** *n* (*also Geol, Comm*) Konglomerat *nt*. **III** [kən'glɒməreɪt] *vi* sich zusammenballen, sich vereinigen, verschmelzen.
conglomeration [kənˌglɒmə'reɪʃən] *n* Ansammlung *f*, Haufen *m*; (*of ideas*) Gemisch *nt*.
Congo ['kɒŋgəʊ] *n* Kongo *m*.
Congolese [ˌkɒŋgəʊ'liːz] **I** *adj* kongolesisch. **II** *n* Kongolese *m*, Kongolesin *f*.
congratulate [kən'grætjʊleɪt] *vt* gratulieren (+*dat*) (*also on birthday, engagement etc*), beglückwünschen (*on* zu). **you are to be ~d on not having succumbed** man kann Ihnen nur gratulieren, daß Sie nicht nachgegeben haben.
congratulation [kənˌgrætjʊ'leɪʃən] *n* Gratulation *f*; Gratulieren *nt*. **there was a tone of ~ in his voice** seine Stimme hatte einen anerkennenden Ton.
congratulations [kənˌgrætjʊ'leɪʃənz] **I** *npl* Glückwunsch *m*, Glückwünsche *pl*. **to offer one's ~** gratulieren, jdn

beglückwünschen/jdm gratulieren.
II *interj* (ich) gratuliere; (*iro*)
gratuliere! ~ **(on your success)!** herzlichen
Glückwunsch *or* herzliche Glückwünsche
(zu deinem Erfolg)!

congratulatory [kən'grætjʊlətərɪ] *adj*
card, telegram Glückwunsch-; *look, tone*
anerkennend.

congregate ['kɒŋgrɪgeɪt] *vi* sich sammeln;
(*on a particular occasion*) sich versam-
meln. **to be ~d in ...** sich sammeln in
(+*dat*) ...; sich versammeln in (+*dat*) ...

congregation [ˌkɒŋgrɪ'geɪʃən] *n* **1.** Ver-
sammlung *f*; (*not planned*) Ansammlung
f; (*people in cities etc*) Zusammenballung
f. **2.** (*Eccl*) Gemeinde *f*; (*of cardinals*)
Kongregation *f*.

congregational [ˌkɒŋgrɪ'geɪʃənl] *adj* **1.** C~
kongregationalistisch. **2.** (*of a congrega-
tion*) Gemeinde-.

Congregationalist [ˌkɒŋgrɪ'geɪʃənəlɪst] *n*
Kongregationalist(in *f*) *m*.

congress ['kɒŋgres] *n* **1.** (*meeting*)
Kongreß *m*, Tagung *f*; (*of political party*)
Parteitag *m*. **2.** C~ (*US etc Pol*) der
Kongreß.

congressional [kɒŋ'greʃənl] *adj delegate,
meeting* Kongreß-. C~ **District** Kongreß-
wahlbezirk *m*; C~ **Record** Veröffent-
lichung *f* der Kongreßdebatten.

Congressman ['kɒŋgresmən] *n, pl* **-men**
[-mən] Kongreßabgeordnete(r) *m*.

Congresswoman ['kɒŋgres,wʊmən] *n, pl*
-women [-,wɪmɪn] Kongreßabgeordnete *f*.

congruence ['kɒŋgrʊəns] *n* Kongruenz,
Übereinstimmung *f*; (*Geometry*)
Deckungsgleichheit, Kongruenz *f*.

congruent ['kɒŋgrʊənt] *adj* **1.** *see* **con-
gruous. 2.** (*Math*) *number* kongruent;
(*Geometry also*) deckungsgleich.

congruity [kɒŋ'gru:ɪtɪ] *n* Übereinstim-
mung, Kongruenz (*geh*) *f*.

congruous ['kɒŋgrʊəs] *adj* **1.** (*correspond-
ing*) sich deckend, übereinstimmend. **to
be ~ with** sth sich mit etw decken.
2. (*appropriate, proper*) vereinbar.

conic ['kɒnɪk] *adj* **1.** (*Math*) Kegel-,
konisch. ~ **section** Kegelschnitt *m*.
2. (*also* ~**al**) kegelförmig, Kegel-,
konisch.

conifer ['kɒnɪfəʳ] *n* Nadelbaum *m*, Konifere
f (*spec*). ~**s** Nadelhölzer *pl*.

coniferous [kə'nɪfərəs] *adj tree, forest*
Nadel-.

conjectural [kən'dʒektʃərəl] *adj* auf Ver-
mutungen *or* Mutmaßungen beruhend.
what he claims as fact is entirely ~ was er
als Tatsache hinstellt, ist reine Ver-
mutung; **the book's conclusion is purely ~**
das Buch endet mit reinen Vermutungen.

conjecture [kən'dʒektʃəʳ] **I** *vt* vermuten,
mutmaßen (*geh*).
II *vi* Vermutungen *or* Mutmaßungen
anstellen, mutmaßen (*geh*). **it was just as
scientists had ~d** es verhielt sich
geradeso, wie es die Wissenschaftler
gemutmaßt *or* vermutet hatten.
III *n* Vermutung, Mutmaßung (*geh*) *f*.
what will come next is a matter of *or* **for ~**
was folgt, das kann man nur vermuten.

conjoint *adj*, ~**ly** *adv* [kən'dʒɔɪnt, -lɪ]
gemeinsam.

conjugal ['kɒndʒʊgəl] *adj rights, bliss,
duties* ehelich; *state* Ehe-. ~ **affection** Gat-
tenliebe *f*.

conjugate ['kɒndʒʊgeɪt] **I** *vt* (*Gram*) kon-
jugieren, beugen. **II** *vi* (*Gram*) sich kon-
jugieren lassen; (*Biol*) konjugieren.

conjugation [ˌkɒndʒʊ'geɪʃən] *n* (*Gram,
Biol*) Konjugation *f*.

conjunction [kən'dʒʌŋkʃən] *n* **1.** (*Gram*)
Konjunktion *f*, Bindewort *nt*.
2. (*association*) Verbindung *f*; (*co-
occurrence: of events*) Zusammentreffen
nt. **in ~** zusammen; **in ~ with the new
evidence** in Verbindung mit dem neuen
Beweismaterial; **the programme was
produced in ~ with the NBC** das Program
wurde in Zusammenarbeit mit NBC auf-
gezeichnet.
3. (*Astron*) Konjunktion *f*.

conjunctive [kən'dʒʌŋktɪv] *adj* (*Gram,
Anat*) Binde-, verbindend. ~ **word**
Bindewort *nt*.

conjunctivitis [kən,dʒʌŋktɪ'vaɪtɪs] *n* (*Med*)
Bindehautentzündung *f*.

conjuncture [kən'dʒʌŋktʃəʳ] *n* Zusam-
mentreffen *nt*.

conjure[1] [kən'dʒʊəʳ] *vt* (*liter: appeal to*)
beschwören.

conjure[2] ['kʌndʒəʳ] *vti* zaubern. **a name to
~ with** ein Name, der Wunder wirkt.

◆**conjure away** *vt sep* (*lit, fig*) weg-
zaubern.

◆**conjure up** *vt sep ghosts, spirits*
beschwören; (*fig*) *memories etc* herauf-
beschwören; (*provide, produce*) hervor-
zaubern; *meal* zusammenzaubern.

conjurer ['kʌndʒərəʳ] *n* Zauberer *m*,
Zauberin *f*, Zauberkünstler(in *f*) *m*.

conjuring ['kʌndʒərɪŋ] *n* Zaubern *nt*; (*per-
formance*) Zauberei *f*. ~ **set** Zauberka-
sten *m*; ~ **trick** Zaubertrick *m*, (Zauber)-
kunststück *nt*.

conjuror ['kʌndʒərəʳ] *n see* **conjurer.**

conk [kɒŋk] (*inf*) **I** *n* (*esp Brit: nose*) Zinken
m (*inf*). **II** *vt* (*hit*) hauen (*inf*).

◆**conk out** *vi* (*inf*) es aufstecken (*inf*), den
Geist aufgeben; (*person*) (*faint*) umkip-
pen (*inf*); (*die*) ins Gras beißen (*sl*).

con-man ['kɒnmæn] *n, pl* **-men** [-men]
(*inf*) Schwindler, *m*; (*pretending to have
social status*) Hochstapler *m*; (*promising
marriage*) Heiratsschwindler *m*.

connect [kə'nekt] **I** *vt* **1.** (*join*) verbinden
(*to, with* mit); (*Elec etc: also* ~ **up**)
appliances, subscribers anschließen (*to* an
+*acc*). **I'll ~ you** (*Telec*) ich verbinde
(Sie); **to be ~ed** (*two things*) miteinander
verbunden sein; (*several things*) unter-
einander verbunden sein; **to ~ to earth**
erden.
2. (*fig: associate*) in Verbindung *or*
Zusammenhang bringen. **I always ~ Paris
with springtime** ich verbinde Paris immer
mit Frühling; **I'd never ~ed them** ich hatte
sie nie zueinander in Beziehung gesetzt.
3. (*esp pass: link*) *ideas, theories etc* ver-
binden. **to be ~ed with** eine Beziehung
haben zu, in einer Beziehung *or* in Ver-
bindung stehen zu; (*be related to*) ver-
wandt sein mit; **he's ~ed with the BBC/
university** er hat mit dem BBC/der
Universität zu tun; **to be ~ed by marriage**

verschwägert sein; **to be ~ed** (*ideas etc*) in Beziehung zueinander stehen; (*firms*) miteinander zu tun haben.

II *vi* **1.** (*join*) (*two rooms*) eine Verbindung haben (*to, with* zu); (*two parts, wires etc*) Kontakt haben. **2.** (*Rail, Aviat etc*) Anschluß haben (*with* an +*acc*). **3.** (*inf: hit*) (*fist etc*) landen (*inf*) (*with* auf +*dat*); (*golf-club etc*) treffen (*with acc*). **he really ~ed** er hat voll getroffen.

◆**connect up** *vt sep* (*Elec etc*) anschließen (*to, with* an +*acc*).

Connecticut [kə'nɛtɪkət] *n* (*abbr* **Conn, CT**) Connecticut *nt*.

connecting rod [kə'nɛktɪŋ,rɒd] *n* Pleuel- *or* Kurbelstange *f*.

connection [kə'nɛkʃən] *n* **1.** Verbindung *f* (*to, with* zu, mit); (*telephone line also, wire*) Leitung *f*; (*to mains*) Anschluß *m* (*to* an +*acc*); (*connecting part*) Verbindung(sstück *nt*) *f*. **parallel/series ~** Parallel-/Reihenschaltung *f*. **2.** (*fig: link*) Zusammenhang *m*, Beziehung *f* (*with* zu). **in ~ with** in Zusammenhang mit. **3.** (*relationship, business ~*) Beziehung, Verbindung *f* (*with* zu); (*family ~*) familiäre Beziehung; **to have ~s** familiäre Beziehungen haben; **to break off/form a ~ (with sb)** die Beziehung *or* Verbindung (zu jdm) abbrechen/(mit jdm) in Verbindung *or* Beziehung treten. **4.** (*Rail etc*) Anschluß *m*. **the train makes a ~ with the bus** der Zug hat Anschluß an den Bus.

connective [kə'nɛktɪv] **I** *n* (*Gram*) Bindewort *nt*. **II** *adj* verbindend. **~ tissue** Bindegewebe *nt*.

connexion [kə'nɛkʃən] *n see* **connection**.

conning tower ['kɒnɪŋtaʊəʳ] *n* Kommandoturm *m*.

connivance [kə'naɪvəns] *n* (*tacit consent*) stillschweigendes Einverständnis; (*dishonest dealing*) Schiebung *f*. **his ~ at the wrong-doing** seine Mitwisserschaft bei dem Vergehen; **to do sth in ~ with sb** etw mit jds Wissen tun; **to be in ~ with sb** mit jdm gemeinsame Sache machen.

connive [kə'naɪv] *vi* **1.** (*conspire*) sich verschwören, gemeinsame Sache machen. **he's a conniving little wretch** (*inf*) er ist ein hinterhältiger Tropf (*inf*). **2.** (*deliberately overlook*) **to ~ at sth** etw stillschweigend dulden; **to ~ at a crime** einem Verbrechen Vorschub leisten.

connoisseur [ˌkɒnə'sɜːʳ] *n* Kenner, Connaisseur (*geh*) *m*. **~ of wines/women** Wein-/Frauenkenner *m*.

connotation [ˌkɒnəʊ'teɪʃən] *n* Assoziation *f*. **the ~s of this word** die mit diesem Wort verbundenen Assoziationen.

connote [kɒ'nəʊt] *vt* suggerieren.

connubial [kə'njuːbɪəl] *adj* ehelich, Ehe-.

conquer ['kɒŋkəʳ] *vt* **1.** (*lit*) *country, the world* erobern; *enemy, people, nation* besiegen. **2.** (*fig*) *difficulties, feelings, habits, disease* bezwingen, besiegen; *people, sb's heart* erobern; *mountain* bezwingen.

conquering ['kɒŋkərɪŋ] *adj hero* siegreich.

conqueror ['kɒŋkərəʳ] *n* (*of country, heart*) Eroberer *m*; (*of enemy, difficulties, feelings, disease*) Sieger (*of* über +*acc*), Besieger *m*; (*of difficulties, feelings, mountains*) Bezwinger *m*.

conquest ['kɒŋkwɛst] *n* Eroberung *f*; (*of enemy etc, disease*) Sieg *m* (*of* über +*acc*), Bezwingung *f*; (*inf: person*) Eroberung *f*.

Cons *abbr of* **Conservative**.

consanguinity [ˌkɒnsæŋ'gwɪnɪtɪ] *n* Blutsverwandtschaft *f*.

conscience ['kɒnʃəns] *n* Gewissen *nt*. **to have a clear/ easy/bad/guilty ~** ein reines/gutes/schlechtes/böses Gewissen haben (*about* wegen); **doesn't it give you a guilty ~ telling lies?** haben Sie keine Gewissensbisse *or* kein schlechtes Gewissen, wenn Sie lügen?; **with an easy ~** mit ruhigem Gewissen, ruhigen Gewissens **it/he will be on your ~ all your life** Sie werden das/ihn ihr Leben lang auf dem Gewissen haben; **she/it is on my ~** ich habe ihretwegen/deswegen Gewissensbisse; **it's still on my ~** (*I still haven't done it*) es steht mir noch bevor; **my ~ won't let me do it** das kann ich mit meinem Gewissen nicht vereinbaren; **in (all) ~** allen Ernstes; **I can't in all ~ ...** ich kann unmöglich ...; **it's between you and your ~** das mußt du mit dir selbst *or* mit deinem Gewissen abmachen.

conscience clause *n* (*Jur*) ≃ Gewissensklausel *f*; **conscience money** *n* **his donation looks like ~** mit der Spende will er wohl sein Gewissen beruhigen; **conscience-stricken** *adj* schuldbewußt.

conscientious [ˌkɒnʃɪ'ɛnʃəs] *adj* (*diligent*) gewissenhaft; (*conscious of one's duty*) pflichtbewußt. **~ objector** Kriegsdienstverweigerer *m* (*aus Gewissensgründen*).

conscientiously [ˌkɒnʃɪ'ɛnʃəslɪ] *adv see adj*.

conscientiousness [ˌkɒnʃɪ'ɛnʃəsnɪs] *n* Gewissenhaftigkeit *f*; (*sense of duty*) Pflichtbewußtsein, Pflichtgefühl *nt*.

conscious ['kɒnʃəs] *adj* **1.** (*Med*) bei Bewußtsein. **2.** (*aware*) bewußt (*also Psych*). **the ~ mind** das Bewußtsein; **to be/ become ~ of sth** sich (*dat*) einer Sache (*gen*) bewußt sein/ werden; **I was/became ~ that** es war/wurde mir bewußt, daß. **3.** (*deliberate*) *grace, effort etc* bewußt.

consciously ['kɒnʃəslɪ] *adv* bewußt; (*deliberately also*) absichtlich.

consciousness ['kɒnʃəsnɪs] *n* **1.** (*Med*) Bewußtsein *nt*. **to lose/regain ~** das Bewußtsein verlieren/wiedererlangen, bewußtlos werden/wieder zu sich kommen. **2.** (*awareness*) Bewußtsein, Wissen *nt*. **3.** (*conscious mind*) Bewußtsein *nt*.

conscript [kən'skrɪpt] **I** *vt* einziehen, berufen; *army* ausheben. **II** ['kɒnskrɪpt] *n* Wehrpflichtige(r) *m*.

conscription [kən'skrɪpʃən] *n* Wehrpflicht *f*; (*act of conscripting*) Einberufung *f*; (*of army*) Aushebung *f*.

consecrate ['kɒnsɪkreɪt] *vt* (*lit, fig*) weihen.

consecration [ˌkɒnsɪ'kreɪʃən] *n* Weihe *f*; (*in Mass*) Wandlung *f*.

consecutive [kən'sɛkjʊtɪv] *adj* **1.** aufeinanderfolgend; *numbers* fortlaufend. **on four ~ days** vier Tage hintereinander. **2.** (*Gram*) *clause* Konsekutiv-, Folge-.

consecutively [kən'sɛkjʊtɪvlɪ] *adv*

nacheinander, hintereinander; *numbered* fortlaufend.

consensus [kən'sensəs] *n* Übereinstimmung *f*; (*accord also*) Einigkeit *f*. **the ~ is that ...** man ist allgemein der Meinung, daß ...; **there's a ~ of opinion in favour of ...** die allgemeine Mehrheit ist für ...; **cabinet decisions are based on ~** Entscheidungen des Kabinetts beruhen auf einem Mehrheitsbeschluß; **there was no ~ (among them)** sie waren sich nicht einig.

consent [kən'sent] **I** *vi* zustimmen (*to dat*), einwilligen (*to in +acc*). **to ~ to do sth** sich bereit erklären, etw zu tun; **to ~ to sb doing sth** einwilligen *or* damit einverstanden sein, daß jd etw tut; **homosexuality between ~ing adults** nicht qualifizierte Unzucht unter erwachsenen Männern.

II *n* Zustimmung (*to* zu), Einwilligung (*to* in *+acc*) *f*. **it/he is by common** *or* **general ~ ...** man hält es/ihn allgemein für ...; **to be chosen by general ~** einstimmig gewählt werden; **by mutual ~** in gegenseitigem Einverständnis.

consequence ['kɒnsɪkwəns] *n* **1.** (*result, effect*) Folge *f*; (*of actions also*) Konsequenz *f*. **in ~** folglich; **in ~ of** infolge (*+gen*); **in ~ of which** infolgedessen; **and the ~ is that we have ...** und folglich haben wir ...; **as a ~ of X ...** X hatte ... zur Folge; **with the ~ that he ...** mit dem Erfolg, daß er ...; **to take the ~s** die Folgen *or* Konsequenzen tragen.

2. (*importance*) Wichtigkeit, Bedeutung *f*; (*of decision, measure also*) Tragweite *f*. **a person of ~** eine bedeutende *or* wichtige Persönlichkeit; **did he have anything of ~ to say?** hatte er irgend etwas Wichtiges zu sagen?; **it's of no ~/no ~ to me** das spielt keine Rolle/das ist mir einerlei.

3. ~s *sing* (*game*) Schreibspiel, bei dem auf gefaltetem Papier ein nicht bekannter Vorsatz ergänzt wird.

consequent ['kɒnsɪkwənt] *adj attr* daraus folgend, sich daraus ergebend; (*temporal*) darauffolgend. **to be ~ upon sth** (*form, liter*) sich aus etw ergeben.

consequential [ˌkɒnsɪ'kwenʃəl] *adj* **1.** *see* **consequent**. **2.** (*self-important*) wichtigtuerisch; *smile, tone also* überheblich. **3.** (*logically consistent*) folgerichtig.

consequentially [ˌkɒnsɪ'kwenʃəlɪ] *adv* (*as a result*) daraufhin.

consequently ['kɒnsɪkwəntlɪ] *adv* folglich.

conservancy [kən'sɜ:vənsɪ] *n* **1.** (*Brit: board*) Schutzbehörde *f*; (*for ports, rivers etc*) Wasserschutzamt *nt*; (*for forests*) Forstamt *nt*. **2.** (*official conservation*) Erhaltung *f*, Schutz *m*.

conservation [ˌkɒnsə'veɪʃən] *n* **1.** (*preservation*) Erhaltung *f*, Schutz *m*. **~ area** (*in the country*) Naturschutzgebiet *nt*; (*in town*) unter Denkmalschutz stehendes Gebiet. **2.** (*Phys*) Erhaltung *f*.

conservationist [ˌkɒnsə'veɪʃənɪst] *n* Umweltschützer(in *f*) *m*; (*as regards old buildings etc*) Denkmalpfleger *m*.

conservatism [kən'sɜ:vətɪzəm] *n* Konservatismus *m*.

conservative [kən'sɜ:vətɪv] **I** *adj* **1.** *person, outlook, clothing, style* konservativ;

(*cautious, moderate*) vorsichtig. **at a ~ estimate** bei vorsichtiger Schätzung. **2.** (*Pol*) konservativ. **the C~ Party** (*Brit*) die Konservative Partei. **II** *n* (*Pol:* **C~**) Konservative(r) *mf*.

conservatively [kən'sɜ:vətɪvlɪ] *adv* konservativ; *estimate, invest* vorsichtig.

conservatoire [kən'sɜ:vətwɑ:ʳ] *n* Konservatorium *nt*.

conservatory [kən'sɜ:vətrɪ] *n* **1.** (*Hort*) Wintergarten *m*. **2.** (*esp US: Mus etc*) Konservatorium *nt*.

conserve [kən'sɜ:v] *vt* erhalten, konservieren; *building* erhalten; *one's strength* schonen; *strength, energy* (auf)sparen.

conserves [kən'sɜ:vz] *npl* Eingemachte(s) *nt*.

consider [kən'sɪdəʳ] *vt* **1.** (*reflect upon*) *plan, idea, offer* sich (*dat*) überlegen, nachdenken über (*+acc*); *possibilities* sich (*dat*) überlegen.

2. (*have in mind*) in Erwägung ziehen. **I'm ~ing going abroad** ich spiele mit dem Gedanken, ins Ausland zu gehen; **he is being ~ed for the job** er wird für die Stelle in Erwägung *or* Betracht gezogen.

3. (*entertain*) in Betracht ziehen. **he refused even to ~ the possibility** er verwarf die Möglichkeit sofort; **I won't even ~ the idea of ...** der Gedanke, ..., kommt für mich überhaupt nicht in Betracht; **I won't even ~ it!** ich denke nicht daran!; **I'm sure he would never ~ doing anything criminal** ich bin überzeugt, es käme ihm nie in den Sinn, etwas Kriminelles zu tun.

4. (*think of*) denken an (*+acc*). **~ George** denken Sie an George; **~ my position** überlegen Sie sich meine Lage; **~ this case, for example** nehmen Sie zum Beispiel diesen Fall; **have you ~ed going by train?** haben Sie daran gedacht, mit dem Zug zu fahren?

5. (*take into account*) denken an (*+acc*); *cost, difficulties, dangers also, facts* bedenken, berücksichtigen; *person, feelings also* Rücksicht nehmen auf (*+acc*) **all things ~ed** alles in allem.

6. (*regard as, deem*) betrachten als; *person* halten für. **to ~ sb to be** *or* **as ...** jdn als ... betrachten, jdn für ... halten; **to ~ oneself lucky/honoured** sich glücklich schätzen/geehrt fühlen; **~ it (as) done!** schon so gut wie geschehen!; **(you can) ~ yourself sacked** betrachten Sie sich als entlassen; **I ~ it an honour** ich betrachte es als besondere Ehre.

7. (*look at*) (eingehend) betrachten.

considerable [kən'sɪdərəbl] *adj* beträchtlich, erheblich; *sum of money, achievement also* ansehnlich; *loss also, interest, income* groß; (*used admiringly*) *number, size, achievement, effort etc* beachtlich. **to a ~ extent** *or* **degree** weitgehend.

considerably [kən'sɪdərəblɪ] *adv* (*in comparisons*) *changed, older, better, grown* beträchtlich, um einiges; (*very*) *upset, impressed* höchst.

considerate [kən'sɪdərɪt] *adj* rücksichtsvoll (*to(wards)* gegenüber); (*kind*) aufmerksam.

considerately [kən'sɪdərɪtlɪ] *adv see adj.*

consideration [kənˌsɪdə'reɪʃən] *n* **1.** *no pl*

(careful thought) Überlegung *f*. **I'll give it my ~** ich werde es mir überlegen.

2. *no pl (regard, account)* **to take sth into ~** etw bedenken, etw berücksichtigen; *factors also* etw in Erwägung ziehen; **taking everything into ~** alles in allem; **to leave sth out of ~** etw außer acht lassen; **your request/the matter is under ~** Ihr Gesuch/die Sache wird zur Zeit geprüft *(form)*, wir gehen der Sache zur Zeit nach; **in ~ of** *(in view of)* mit Rücksicht auf (+*acc*), in Anbetracht (+*gen*); *(in return for)* als Dank für.

3. *no pl (thoughtfulness)* Rücksicht *f (for* auf +*acc*). **to show sb ~, to show or have ~ for sb's feelings** Rücksicht auf jdn *or* jds Gefühle nehmen; **his lack of ~ (for others)** seine Rücksichtslosigkeit (anderen gegenüber).

4. *(sth taken into account)* Erwägung *f*, Gesichtspunkt, Faktor *m.* **on no ~** auf keinen Fall; **money is no ~/a minor ~/his first ~** Geld spielt keine Rolle/eine unbedeutendere Rolle/bei ihm die größte Rolle; **it's a ~** das wäre zu überlegen.

5. *(reward, payment)* Entgelt *nt*, kleine Anerkennung *(hum).* **for a ~** gegen Entgelt, für eine *or* kleine Anerkennung *(hum).*

considered [kən'sɪdɪd] *adj opinion* ernsthaft.

considering [kən'sɪdərɪŋ] **I** *prep* für (+*acc*), wenn man … *(acc)* bedenkt.

II *conj* wenn man bedenkt. **~ (that) he's been ill …** wenn man bedenkt, daß er krank war …, dafür, daß er krank war …

III *adv* eigentlich. **it's not too bad ~** es ist eigentlich gar nicht so schlecht.

consign [kən'saɪn] *vt* **1.** *(Comm) (send)* versenden, verschicken; *(address)* adressieren *(to* an +*acc).* **the goods are ~ed to …** die Waren sind für … bestimmt.

2. *(commit)* übergeben *(to dat)*; *(entrust also)* anvertrauen. **it was ~ed to the rubbish heap** es landete auf dem Abfallhaufen; **to ~ a child to sb's care** ein Kind in jds Obhut *(acc)* geben.

consignee [ˌkɒnsaɪ'niː] *n* Empfänger *m.*

consigner [kən'saɪnəʳ] *n see* **consignor.**

consignment [kən'saɪnmənt] *n (Comm)* **1.** *(of goods)* Versendung, Verschickung *f.* **on ~** in Kommission; *(overseas)* in Konsignation; **~ note** Frachtbrief *m.* **2.** *(goods)* Sendung *f*, *(bigger)* Ladung *f.*

consignor [kən'saɪnəʳ] *n (Comm)* Versender *m.*

consist [kən'sɪst] *vi* **1.** *(be composed)* **to ~ of** bestehen aus. **2.** *(have as its essence)* **to ~ in sth** in etw *(dat)* bestehen.

consistency [kən'sɪstənsɪ] *n* **1.** *no pl see adj 1.* Konsequenz *f*; Übereinstimmung, Vereinbarkeit *f*; Logik, Folgerichtigkeit *f*; Stetigkeit *f.* **his statements lack ~** seine Aussagen widersprechen sich.

2. *no pl see adj 2.* Beständigkeit *f*; Stetigkeit *f*; Einheitlichkeit *f.*

3. *(of substance)* Konsistenz *f*; *(of liquids also)* Dicke *f*; *(of glue, dough, rubber etc also)* Festigkeit(sgrad *m*) *f.* **beat it to the ~ of cream** sahnig schlagen; **the steak had the ~ of leather** das Steak war zäh wie Leder.

consistent [kən'sɪstənt] *adj* **1.** konsequent; *statements* miteinander vereinbar; *(logical) argument* logisch, folgerichtig; *(constant) failure* ständig, stetig.

2. *(uniform) quality* beständig; *performance, results* gleichbleibend, stetig; *method, style* einheitlich.

3. *(in agreement)* **to be ~ with sth** einer Sache *(dat)* entsprechen; **what you're saying now is not ~ with what you said before** was Sie jetzt sagen, widerspricht dem *or* läßt sich mit dem nicht vereinbaren, was Sie davor gesagt haben.

consistently [kən'sɪstəntlɪ] *adv* **1.** *argue* konsequent; *(constantly) fail* ständig. **2.** *(uniformly)* einheitlich, durchweg. **3.** *(in agreement)* entsprechend *(with dat).*

consolation [ˌkɒnsə'leɪʃən] *n* Trost *m no pl*; *(act)* Tröstung *f.* **it is some ~ to know that …** es ist tröstlich *or* eine Trost zu wissen, daß …; **old age has its ~s** das Alter hat auch seine guten Seiten; **~ prize** Trostpreis *m.*

consolatory [kən'sɒlətərɪ] *adj* tröstlich, tröstend.

console¹ [kən'səʊl] *vt* trösten. **to ~ sb for sth** jdn über etw *(acc)* hinwegtrösten.

console² ['kɒnsəʊl] *n* **1.** *(control panel)* (Kontroll)pult *nt*; *(of organ)* Spieltisch *m.* **2.** *(cabinet)* Schrank *m*, Truhe *f.* **3.** *(ornamental bracket)* Konsole *f.* **~ table** Konsoltischchen *nt.*

consolidate [kən'sɒlɪdeɪt] *vt* **1.** *(confirm)* festigen. **2.** *(combine)* zusammenlegen, vereinigen; *companies* zusammenschließen; *funds, debts* konsolidieren.

consolidation [kənˌsɒlɪ'deɪʃən] *n see vt* **1.** Festigung *f.* **2.** Zusammenlegung, Vereinigung *f*; Zusammenschluß *m*; Konsolidierung *f.*

consoling [kən'səʊlɪŋ] *adj* tröstend.

consommé ['kɒnsɒmeɪ] *n* Kraftbrühe *f.*

consonance ['kɒnsənəns] *n (Mus)* Konsonanz *f*; *(Poet)* Konsonantengleichklang *m*; *(fig) (of agreement, ideas)* Einklang *m*; *(consistency)* Übereinstimmung *f.*

consonant ['kɒnsənənt] **I** *n (Phon)* Konsonant, Mitlaut *m.* **~ shift** Lautverschiebung *f.* **II** *adj (Mus)* konsonant *(with* zu).

consort ['kɒnsɔːt] **I** *n (form: spouse)* Gemahl(in *f*) *m (form)*, Gatte *m (form)*, Gattin *f (form).* **II** [kən'sɔːt] *vi (form)* **1.** verkehren *(with* mit). **2.** *(be consistent)* sich vereinbaren lassen *(with* mit).

consortium [kən'sɔːtɪəm] *n* Konsortium *nt.*

conspicuous [kən'spɪkjʊəs] *adj person, clothes, behaviour* auffällig, auffallend; *(easily visible) road signs* deutlich sichtbar, auffällig; *(obvious) lack of sympathy etc* deutlich, offensichtlich, auffallend; *(outstanding) bravery* bemerkenswert, hervorragend. **to be/make oneself ~** auffallen; **to be/not to be ~ for sth** sich/sich nicht gerade durch etw auszeichnen; **he was ~ by his absence** er glänzte durch Abwesenheit; **he showed a ~ lack of tact** er fiel durch sein mangelndes Taktgefühl (unangenehm) auf; **~ consumption** Prestigekäufe *pl.*

conspicuously [kən'spɪkjʊəslɪ] *adv see adj* **he's not ~ intelligent** *(iro)* er fällt nicht gerade durch Intelligenz auf.

conspicuousness [kən'spɪkjʊəsnɪs] *n see*
adj Auffälligkeit *f*; deutliche Sichtbarkeit,
Auffälligkeit *f*.

conspiracy [kən'spɪrəsɪ] *n* Verschwörung
f, Komplott *nt*, Konspiration *f* (*form*);
(*Jur*) (strafbare) Verabredung. ~ **to
defraud/murder** Verabredung zum
Betrug/Mordkomplott; **a** ~ **of silence** ein
verabredetes Schweigen.

conspirator [kən'spɪrətəʳ] *n* Verschwörer
m.

conspiratorial [kən‚spɪrə'tɔ:rɪəl] *adj* ver-
schwörerisch.

conspire [kən'spaɪəʳ] *vi* 1. (*people*) sich ver-
schwören, konspirieren (*form*) (*against*
gegen). **to** ~ (**together**) **to do sth** sich
verabreden *or* heimlich planen, etw zu
tun. 2. (*events*) zusammenkommen, sich
verschwören (*geh*); (*fate etc*) sich ver-
schwören (*against* gegen).

constable [ˈkʌnstəbl] *n* (*Brit: police* ~)
Polizist, Gendarm (*dial*) *m*; (*in address*)
Herr Wachtmeister.

constabulary [kən'stæbjʊlərɪ] *n* (*Brit*)
Polizei *f no pl*.

constancy [ˈkʌnstənsɪ] *n* 1. (*of support,
supporter*) Beständigkeit, Konstanz
(*liter*) *f*; (*of feelings*) Unveränderlichkeit,
Unwandelbarkeit *f*; (*of friend, lover*)
Treue *f*; (*also* ~ **of purpose**) Ausdauer *f*.
2. (*of temperature etc*) Beständigkeit *f*.

constant [ˈkʌnstənt] **I** *adj* 1. (*continuous*)
quarrels, interruptions, noise dauernd,
ständig, konstant (*geh*). **we have** ~ **hot
water** wir haben ständig heißes Wasser.
2. (*unchanging*) *temperature* gleich-
mäßig, gleichbleibend, konstant. **x
remains** ~ **while y** ... x bleibt konstant,
während y ...
3. (*steadfast*) *affection, devotion* be-
ständig; *friend, supporter, lover* treu.
II *n* (*Math, Phys, fig*) Konstante *f*, kon-
stante Größe.

Constantinople [‚kʌnstæntɪ'nəʊpl] *n* (*old*)
Konstantinopel *nt*.

constantly [ˈkʌnstəntlɪ] *adv* (an)dauernd,
ständig.

constellation [‚kʌnstə'leɪʃən] *n* Sternbild
nt, Konstellation *f* (*also fig*).

consternation [‚kʌnstə'neɪʃən] *n* (*dismay*)
Bestürzung *f*; (*concern, worry*) Sorge *f*;
(*fear and confusion*) Aufruhr *m*. **to my
great** ~ zu meiner großen Bestürzung; **to
cause** ~ (*state of f, sb's behaviour*) Grund
zur Sorge geben; (*news*) Bestürzung aus-
lösen; **the mouse caused** ~ **among the
ladies** die Maus versetzte die Damen in
Aufruhr; **with a look of** ~ **on his face** mit
bestürzter Miene; **the news filled me with**
~ ich war bestürzt, als ich das hörte.

constipate [ˈkʌnstɪpeɪt] *vt* Verstopfung
hervorrufen bei, verstopfen.

constipated [ˈkʌnstɪpeɪtɪd] *adj bowels* ver-
stopft. **he is** ~ er hat Verstopfung.

constipation [‚kʌnstɪ'peɪʃən] *n, no pl* Ver-
stopfung *f*.

constituency [kən'stɪtjʊənsɪ] *n* (*Pol*)
Wahlkreis *m*.

constituent [kən'stɪtjʊənt] **I** *adj* 1. (*Pol*)
assembly konstituierend. 2. *attr part, ele-
ment* einzeln. ~ **part** *or* **element** (*of
machine, matter*) Bestandteil *m*. **II** *n*

1. (*Pol*) Wähler(in *f*) *m*. 2. (*part, ele-
ment*) Bestandteil *m*. 3. (*Ling*) Satzteil *m*.

constitute [ˈkʌnstɪtjuːt] *vt* 1. (*make up*)
bilden, ausmachen. **society is so** ~**d that**
... die Gesellschaft ist so aufgebaut,
daß ...
2. (*amount to*) darstellen. **that** ~**s a lie**
das ist eine glatte Lüge.
3. (*set up, give legal authority to*) *com-
mittee, court* einrichten.
4. (*form: appoint*) ernennen *or* bestim-
men zu.

constitution [‚kʌnstɪ'tjuːʃən] *n* 1. (*Pol*)
Verfassung *f*; (*of club etc*) Satzung *f*.
2. (*of person*) Konstitution, Gesund-
heit *f*. **to have a strong/ weak** ~ eine
starke/schwache Konstitution haben.
3. (*way sth is made*) Aufbau *m*; (*what
sth is made of*) Zusammensetzung *f*.
4. (*setting up: of committee etc*) Ein-
richtung *f*.

constitutional [‚kʌnstɪ'tjuːʃənl] **I** *adj*
1. (*Pol*) *reform, crisis, theory*
Verfassungs-; *monarchy* konstitutionell;
government, action verfassungsmäßig. ~
law Verfassungsrecht *nt*; **it's not** ~ das ist
verfassungswidrig.
2. (*Med*) konstitutionell (*spec*), körper-
lich bedingt; (*fig*) *dislike etc* natur-
gegeben.
II *n* (*hum inf*) Spaziergang *m*.

constitutionally [‚kʌnstɪ'tjuːʃnəlɪ] *adv*
(*Pol*) verfassungsmäßig; (*in accordance
with the constitution*) verfassungsgemäß;
(*Med*) körperlich; (*fig*) von Natur aus.

constrain [kən'streɪn] *vt* zwingen; *one's
temper* zügeln. **to find oneself/feel** ~**ed to**
... sich gezwungen sehen/fühlen, zu ...

constrained [kən'streɪnd] *adj* (*forced*) ge-
zwungen.

constraint [kən'streɪnt] *n* 1. (*compulsion*)
Zwang *m*. **under** ~ unter Zwang.
2. (*restriction*) Beschränkung, Ein-
schränkung *f*. **to place** ~**s on sth** einer
Sache (*dat*) Zwänge auferlegen.
3. (*in manner etc*) Gezwungenheit *f*;
(*embarrassment*) Befangenheit *f*.

constrict [kən'strɪkt] *vt* 1. (*compress*) ein-
zwängen, einengen; *muscle* zusammen-
ziehen; *vein* verengen. 2. (*hamper, limit*)
movements behindern, beschränken, ein-
schränken (*also fig*); (*rules, traditions etc*)
einengen, beengen; *outlook, view etc*
beschränken, begrenzen.

constriction [kən'strɪkʃən] *n* 1. (*of mus-
cles*) Zusammenziehen *nt*. **he felt a** ~ **in
his chest** er hatte ein Gefühl der Enge in
der Brust. 2. *see vt* 2. Behinderung *f*;
(*limiting*) Einengung, Beengung *f*;
Beschränkung *f*.

constrictor [kən'strɪktəʳ] *n* 1. (*muscle*)
Schließmuskel, Konstriktor (*spec*) *m*.
2. (*snake*) Boa (constrictor) *f*.

construct [kən'strʌkt] **I** *vt* bauen; *bridge,
machine also, geometrical figure* kon-
struieren; *sentence* bilden, konstruieren;
novel, play etc aufbauen; *theory* ent-
wickeln. **II** *n* Gedankengebäude *nt*.

construction [kən'strʌkʃən] *n* 1. (*of build-
ing, road*) Bau *m*; (*of bridge, machine
also, of geometrical figures*) Konstruktion
f; (*of novel, play etc*) Aufbau *m*; (*of*

theory) Entwicklung, Konstruktion *f*. **in course of** *or* **under** ~ in *or* im Bau.
  2. (*way sth is constructed*) Struktur *f*; (*of building*) Bauweise *f*; (*of machine, bridge*) Konstruktion *f*; (*of novel, play etc*) Aufbau *m*.
  3. (*sth constructed*) Bau *m*, Bauwerk *nt*; (*bridge, machine*) Konstruktion *f*.
  4. (*interpretation*) Deutung *f*. **to put a wrong/bad ~ on sth** etw falsch auffassen *or* auslegen/etw schlecht aufnehmen.
  5. (*Gram*) Konstruktion *f*. **sentence ~** Satzbau *m*.

construction *in cpds* Bau-.

constructional [kən'strʌkʃənl] *adj* baulich; *technique, tool* Bau-; *fault, toy* Konstruktions-.

construction industry *n* Bauindustrie *f*.

constructive [kən'strʌktɪv] *adj* konstruktiv.

constructively [kən'strʌktɪvlɪ] *adv* konstruktiv; *critical* auf konstruktive Art.

construe [kən'struː] **I** *vt* **1.** (*Gram*) *words* analysieren; *sentence also* zerlegen. **in English it is ~d as an adjective** im Englischen wird das als Adjektiv betrachtet. **2.** (*interpret*) auslegen, auffassen. **II** *vi* (*Gram: sentence*) sich zerlegen lassen.

consubstantiation [ˌkɒnsəbˌstænʃɪ'eɪʃən] *n* (*Eccl*) Konsubstantiation *f*.

consul ['kɒnsəl] *n* Konsul *m*.

consular ['kɒnsjʊləʳ] *adj* konsularisch.

consulate ['kɒnsjʊlɪt] *n* Konsulat *nt*.

consul general *n*, *pl* **-s** Generalkonsul *m*.

consulship ['kɒnsəlʃɪp] *n* Konsulat *nt*.

consult [kən'sʌlt] **I** *vt* sich besprechen mit, konsultieren; *lawyer, doctor etc* konsultieren, zu Rate ziehen; *dictionary* nachschlagen in (+*dat*); *map* nachsehen auf (+*dat*); *oracle* befragen; *horoscope* nachlesen; *clock* sehen auf (+*acc*). **he did it without ~ing anyone** er hat das getan, ohne jemanden zu fragen.
  II *vi* (*confer*) sich beraten, beratschlagen. **to ~ together (over sth)** (etw) gemeinsam beraten; **to ~ with sb** sich mit jdm beraten.

consultancy [kən'sʌltənsɪ] *n* (*act*) Beratung *f*; (*business*) Beratungsbüro *nt*.

consultant [kən'sʌltənt] **I** *n* (*Brit Med*) Facharzt *m am Krankenhaus*; (*other professions*) Berater *m*. **II** *adj attr* beratend.

consultation [ˌkɒnsəl'teɪʃən] *n* Beratung, Besprechung *f*; (*of doctor, lawyer*) Konsultation *f* (*of gen*), Beratung *f* (*of* mit). **in ~ with** in gemeinsamer Beratung mit; **to have a ~ with one's doctor/lawyer** seinen Arzt/ Rechtsanwalt konsultieren; **to hold a ~ (with sb)** eine Besprechung (mit jdm) abhalten.

consultative [kən'sʌltətɪv] *adj document* beratend, konsultativ (*form*).

consulting [kən'sʌltɪŋ] *adj engineer, architect, psychiatrist* beratend. **~ hours/room** (*Brit*) Sprechstunde *f*/-zimmer *nt*.

consume [kən'sjuːm] *vt* **1.** *food, drink* zu sich nehmen, konsumieren (*form*); *food also* verzehren (*geh*), aufessen, vertilgen (*hum inf*); (*Econ*) konsumieren.
  2. (*destroy*) (*fire*) vernichten; (*use up*) *fuel, money* verbrauchen; *money, energy* aufbrauchen, verzehren (*geh*); *time* in

Anspruch nehmen. **he was ~d with desire/rage** er wurde von Begierde verzehrt (*geh*)/die Wut fraß ihn nahezu auf.

consumer [kən'sjuːməʳ] *n* Verbraucher *m*.

consumer *in cpds* Verbraucher-; **~ goods** Verbrauchsgüter, Konsumgüter *pl*; **~ protection** Verbraucherschutz *m*; **~ research** Verbraucherbefragung *f*; **~ society** Konsumgesellschaft *f*.

consuming [kən'sjuːmɪŋ] *adj ambition, interest* glühend, brennend; *desire, passion also* verzehrend (*geh*).

consummate [kən'sʌmɪt] **I** *adj artistry, skill, folly* vollendet, vollkommen; *rogue* ausgemacht; *politician* unübertrefflich. **with ~ ease** mit spielender Leichtigkeit. **II** ['kɒnsəmeɪt] *vt marriage* vollziehen.

consummation [ˌkɒnsə'meɪʃən] *n* **1.** (*of marriage*) Vollzug *m*. **2.** (*fig*) (*peak*) Höhepunkt *m*; (*fulfilment*) Erfüllung *f*.

consumption [kən'sʌmpʃən] *n* (*of food, fuel etc*) Konsum *m*; (*of non-edible products*) Verbrauch *m*; (*of food also*) Verzehr *m* (*geh*). **not fit for human ~** zum Verzehr ungeeignet; **his daily ~ of three litres of beer** sein täglicher Konsum von drei Liter Bier.

contact ['kɒntækt] **I** *n* **1.** Kontakt *m*; (*touching also*) Berührung *f*; (*communication also*) Verbindung *f*. **to be in ~ with sb/sth** (*be touching*) jdn/etw berühren; (*in communication*) mit jdm/etw in Verbindung *or* Kontakt stehen; **to come into ~ with sb/sth** (*lit, fig*) mit jdm/etw in Berührung kommen; *with disease carrier also* mit jdm in Kontakt kommen; **he has no ~ with his family** er hat keinen Kontakt zu seiner Familie; **his first ~ with death** seine erste Berührung mit dem Tod; **on ~ with air/water** wenn es mit Luft/Wasser in Berührung kommt; **I'll get in ~** ich werde mich melden; **I'll get in(to) ~ with you** ich werde mich mit Ihnen in Verbindung setzen; **how can we get in(to) ~ with him?** wie können wir ihn erreichen?; **to make ~** (*two things*) sich berühren; (*two people*) (*get in touch*) sich miteinander in Verbindung setzen; (*psychologically*) Kontakt bekommen; **to make ~ with sb/sth** (*touch*) jdn/etw berühren, mit jdm/etw in Berührung kommen; (*get in touch with*) sich mit jdm/etw in Verbindung setzen; (*psychologically*) Kontakt zu jdm/etw bekommen; **to lose ~ (with sb/sth)** den Kontakt *or* die Verbindung (zu jdm/etw) verlieren; **point of ~** (*Math, fig*) Berührungspunkt *m*.
  2. (*Elec*) (*act*) Kontakt *m*; (*equipment*) Kontakt- *or* Schaltstück *nt*. **to make/break ~** den Kontakt herstellen/unterbrechen.
  3. (*person*) Kontaktperson *f* (*also Med*), Verbindungsmann *m*; (*in espionage*) Verbindungsmann, V-Mann *m*. **~s** *pl* Kontakte, Verbindungen *pl*; **to make ~s** Kontakte herstellen; **he's made a useful ~** er hat eine nützliche Verbindung aufgetan.
  II *vt person, agent, lawyer* sich in Verbindung setzen mit; (*for help*) *police* sich wenden an (+*acc*). **I've been trying to ~ you for hours** ich versuche schon seit Stunden, Sie zu erreichen.

contact flight *n* Sichtflug *m*; **contact lens** *n* Kontaktlinse *f*; **contact man** *n* Kontakt- *or* Mittelsmann *m*; **contact print** *n* (*Phot*) Kontaktabzug *m*.

contagion [kən'teɪdʒən] *n* (*contact*) Ansteckung *f*; (*disease*) Ansteckungskrankheit *f*; (*epidemic*) Seuche (*also fig*); (*fig: spreading influence*) schädlicher Einfluß.

contagious [kən'teɪdʒəs] *adj* (*Med, fig*) ansteckend. **he's not ~** (*Med*) seine Krankheit ist nicht ansteckend; (*hum*) er ist nicht giftig (*inf*).

contain [kən'teɪn] *vt* **1.** (*hold within itself*) enthalten.
    2. (*have capacity for: box, bottle, room*) fassen.
    3. (*control*) *emotions, oneself* beherrschen; *tears* zurückhalten; *laughter* unterdrücken; *disease, inflation, sb's power* in Grenzen halten; *epidemic, flood* aufhalten, unter Kontrolle bringen; *enemy,* (*Sport*) in Schach halten; *attack* abwehren. **he could hardly ~ himself** er konnte kaum an sich (*acc*) halten.
    4. (*Math*) *angle* einschließen.

container [kən'teɪnə^r] **I** *n* **1.** Behälter *m*; (*bottle, jar etc also*) Gefäß *nt*. **2.** (*Comm: for transport*) Container *m*. **II** *adj attr* Container-.

containerization [kən,teɪnəraɪ'zeɪʃən] *n* (*of goods*) Verpackung *f* in Container; (*of ports*) Umstellung *f* auf Container.

containerize [kən'teɪnəraɪz] *vt freight* in Container verpacken; *port* auf Container umstellen.

containment [kən'teɪnmənt] *n* (*Mil*) In-Schach-Halten *nt*; (*of attack*) Abwehr *f*.

contaminate [kən'tæmɪneɪt] *vt* verunreinigen, verschmutzen; (*poison*) vergiften; (*radioactivity*) verseuchen, kontaminieren (*spec*); (*fig*) *mind* verderben. **the oranges were ~d by poison** in den Orangen befanden sich Giftstoffe.

contamination [kən,tæmɪ'neɪʃən] *n, no pl see vt* Verunreinigung, Verschmutzung *f*; Vergiftung *f*; Verseuchung, Kontaminierung (*spec*) *f*; (*substance*) Giftstoffe *pl*; (*fig*) schädlicher Einfluß (*of auf +acc*); (*fig: contaminated state*) Verdorbenheit *f*.

contd *abbr of* **continued** Forts., Fortsetzung *f*.

contemplate ['kɒntempleɪt] *vt* **1.** (*look at*) betrachten.
    2. (*think about, reflect upon*) nachdenken über (*+acc*); (*consider*) *changes, a purchase, action, accepting an offer* in Erwägung ziehen, erwägen (*geh*); *a holiday* denken an (*+acc*). **he ~d the future with some misgivings** er sah der Zukunft mit einem unguten Gefühl entgegen; **it's too awful to ~** schon der Gedanke (daran) ist zu entsetzlich.
    3. (*expect*) voraussehen.
    4. (*intend*) **to ~ doing sth** daran denken, etw zu tun.

contemplation [,kɒntem'pleɪʃən] *n, no pl*
    1. (*act of looking*) Betrachtung *f*.
    2. (*act of thinking*) Nachdenken *nt* (*of über +acc*); (*deep thought*) Besinnung, Betrachtung, Kontemplation (*esp Rel*) *f*. **a life of ~** ein beschauliches *or* kontemplatives (*esp Rel*) Leben; **a life of inner ~**

ein Leben der inneren Einkehr; **deep in ~** in Gedanken versunken.
    3. (*expectation*) Erwartung *f*. **in ~ of their visit** in Erwartung ihres Besuches.

contemplative [kən'templətɪv] *adj look* nachdenklich; *mood also* besinnlich; *life, religious order* beschaulich, kontemplativ.

contemplatively [kən'templətɪvlɪ] *adv* nachdenklich; *sit also* in Gedanken.

contemporaneous [kən,tempə'reɪnɪəs] *adj* gleichzeitig stattfindend *attr*. **an author/a manuscript ~ with ...** ein Autor/Manuskript aus derselben Zeit *or* Epoche wie ...

contemporary [kən'tempərərɪ] **I** *adj* **1.** (*of the same time*) *events* gleichzeitig; *records, literature, writer* zeitgenössisch, aus der(selben) Zeit *or* Epoche; (*of the same age*) *manuscript* gleich alt.
    2. (*of the present time*) *life* heutig; *art, design* zeitgenössisch, modern.
    II *n* Altersgenosse *m*/-genossin *f*; (*in history*) Zeitgenosse *m*/ -genossin *f*; (*at university*) Kommilitone *m*, Kommilitonin *f*.

contempt [kən'tempt] *n* **1.** Verachtung *f*; (*disregard also*) Geringachtung, Geringschätzung *f* (*for von*). **to have** *or* **hold in/bring into ~** verachten/in Verruf bringen; **to fall into ~** (an) Ansehen einbüßen *or* verlieren; (*lose popularity*) (an) Popularität einbüßen; **beneath ~** unter aller Kritik.
    2. (*Jur: also ~ of court*) Mißachtung *f* (der Würde) des Gerichts, Ungebühr *f* vor Gericht; (*through non-appearance*) Ungebühr *f* durch vorsätzliches Ausbleiben; (*by press*) Beeinflussung *f* der Rechtspflege. **to be in ~ (of court)** das Gericht *or* die Würde des Gerichts mißachten.

contemptible [kən'temptəbl] *adj* verachtenswert, verächtlich.

contemptuous [kən'temptjʊəs] *adj manner, gesture, look* geringschätzig, verächtlich. **to be ~ of sb/sth** jdn/etw verachten.

contemptuously [kən'temptjʊəslɪ] *adv see adj*.

contend [kən'tend] **I** *vi* **1.** kämpfen. **to ~ (with sb) for sth** (mit jdm) um etw kämpfen; (*in business*) (mit jdm) um etw konkurrieren; **then you'll have me to ~ with** dann bekommst du es mit mir zu tun.
    2. (*cope*) **to ~ with sb/sth** mit jdm/etw fertigwerden. **II** *vt* behaupten.

contender [kən'tendə^r] *n* Kandidat(in *f*), Anwärter(in *f*) *m* (*for auf +acc*); (*for job also*) Bewerber(in *f*) *m* (*for um*); (*Sport*) Wettkämpfer(in *f*) *m*.

contending [kən'tendɪŋ] *adj emotions* widerstreitend. **the ~ parties** (*Sport*) die Wettkampfteilnehmer *pl*; (*in lawsuit*) die streitenden Parteien *pl*.

content[1] [kən'tent] **I** *adj pred* zufrieden (*with mit*). **to be/feel ~** zufrieden sein.
    II *n* Zufriedenheit *f*; *see* **heart 2.**
    III *vt person* zufriedenstellen. **to ~ oneself with doing sth** sich damit zufriedengeben *or* begnügen *or* abfinden, etw zu tun.

content[2] ['kɒntent] *n* **1.** **~s** *pl* (*of room,*

one's pocket, book etc) Inhalt *m*; (**table of**)
~s Inhaltsverzeichnis *nt*. **2.** *no pl* (*substance, component*) Gehalt *m*; (*of speech, book also*) Inhalt *m*. **gold/vitamin** ~
Gold-/Vitamingehalt *m*.

contented *adj*, **~ly** *adv* [kən'tentɪd, -lɪ]
zufrieden.

contentedness [kən'tentɪdnɪs] *n see* **contentment**.

contention [kən'tenʃən] *n* **1.** (*dispute*)
Streit *m*. ~s Streitigkeiten *pl*; **that is no
longer in** ~ das steht nicht mehr zur
Debatte; **to lead to** ~ **between ...** zu
Streitigkeiten zwischen ... führen.
   2. (*argument*) Behauptung *f*. **it is my** ~
that ... ich behaupte, daß ...

contentious [kən'tenʃəs] *adj subject, issue*
strittig, umstritten; *person* streitlustig,
streitsüchtig.

contentment [kən'tentmənt] *n* Zufriedenheit *f*.

contest ['kɒntest] **I** *n* (*for* um) Kampf *m*;
(*competition also*) Wettkampf, Wettstreit
(*geh*) *m*; (*beauty* ~ *etc*) Wettbewerb *m*.
it's no ~ das ist ein ungleicher Kampf; **it
was a real** ~ **of skill** es kam dabei wirklich
aufs Können an.
   II [kən'test] *vt* **1.** (*fight over*) kämpfen
um; (*fight against, oppose*) kämpfen
gegen; (*Parl*) *election* teilnehmen an
(+*dat*). **to** ~ **a seat** (*Parl*) um einen Wahlkreis kämpfen.
   2. (*dispute*) *statement* bestreiten, angreifen; *measure* angreifen; (*Jur*) *will,
right, legal action* anfechten. **to** ~ **sb's right
to do sth** jdm das Recht streitig machen *or*
jds Recht anfechten, etw zu tun.
   III [kən'test] *vi* kämpfen (*for* um).

contestant [kən'testənt] *n* (Wettbewerbs)-
teilnehmer(in *f*) *m*; (*Parl, in quiz*) Kandidat(in *f*) *m*; (*Sport*) (Wettkampf)teilnehmer(in *f*) *m*; (*Mil*) Kämpfende(r) *m*.
the ~s in the election die Wahlkandidaten.

context ['kɒntekst] *n* Zusammenhang,
Kontext (*geh*) *m*. (**taken**) **out of** ~ aus dem
Zusammenhang gerissen; **in the wider
European** ~ im weiteren europäischen
Zusammenhang *or* Kontext (*geh*) *or* Rahmen; **in an office** ~ im Rahmen eines
Büros.

contextual [kən'tekstjʊəl] *adj* kontextuell
(*form*); *meaning* aus dem Zusammenhang *or* Kontext (*geh*) ersichtlich.

contextualize [kən'tekstjʊəlaɪz] *vt* in einen
Zusammenhang *or* Kontext (*geh*) setzen.

contiguity [,kɒntɪ'gjʊɪtɪ] *n* (unmittelbare)
Nachbarschaft.

contiguous [kən'tɪgjʊəs] *adj* (*form*)
aneinandergrenzend, sich berührend; (*in
time*) (unmittelbar) aufeinanderfolgend.

continence ['kɒntɪnəns] *n* **1.** Fähigkeit *f*,
Stuhl und/oder Urin zurückzuhalten.
   2. (*abstinence*) Enthaltsamkeit *f*.

continent[1] ['kɒntɪnənt] *adj* (*self-controlled*)
mäßig, beherrscht, maßvoll; (*sexually*)
(sexuell) enthaltsam. **the old lady was not**
~ (*Med*) die alte Dame konnte ihre
Darmtätigkeit/Blasentätigkeit nicht mehr
kontrollieren.

continent[2] *n* (*Geog*) Kontinent, Erdteil *m*;
(*mainland*) Festland *nt*. **the C~** (*Brit*)

Kontinentaleuropa *nt*; **on the C~** in
Europa, auf dem Kontinent.

continental [,kɒntɪ'nentl] **I** *adj* **1.** (*Geog*)
kontinental. **2.** (*Brit: European*)
europäisch; *holidays* in Europa. **II** *n*
(Festlands)europäer(in *f*) *m*.

continental breakfast *n* kleines Frühstück; **continental drift** *n* (*Geog*) Kontinentaldrift *f*; **continental quilt** *n* Steppdecke *f*; **continental shelf** *n* (*Geog*)
Kontinentalschelf, Kontinentalsockel *m*.

contingency [kən'tɪndʒənsɪ] *n* **1.** möglicher
Fall, Eventualität *f*. **in this** ~, **should this**
~ **arise** in diesem Fall, für diesen Fall,
sollte dieser Fall eintreten; ~ **fund** Eventualfonds *m*; **a** ~ **plan** ein Ausweichplan *m*.
   2. (*Philos*) Kontingenz *f*.

contingent [kən'tɪndʒənt] **I** *adj* **1.** ~ **upon**
(*form*) abhängig von; **to be** ~ **upon** abhängen von. **2.** (*Philos*) kontingent. **II** *n* Kontingent *nt*; (*section*) Gruppe *f*; (*Mil*)
Trupp *m*.

continual [kən'tɪnjʊəl] *adj* (*frequent*)
dauernd, ständig; (*unceasing*) ununterbrochen, pausenlos.

continually [kən'tɪnjʊəlɪ] *adv see adj*.

continuance [kən'tɪnjʊəns] *n* **1.** (*duration*)
Dauer *f*. **2.** *see* **continuation 1**.

continuation [kən,tɪnjʊ'eɪʃən] *n* **1.** Fortsetzung, Fortführung *f*. **the** ~ **of the human
race** der Fortbestand der menschlichen
Rasse; **the Government's** ~ **in office** das
Verbleiben der Regierung im Amt.
   2. (*retention: of arrangement etc*)
Beibehaltung *f*.
   3. (*resumption*) Fortsetzung, Wiederaufnahme *f*.
   4. (*sth continued*) Fortsetzung *f*.

continue [kən'tɪnjuː] **I** *vt* **1.** (*carry on*) fortfahren mit; *policy, tradition, struggle* fortsetzen, fortführen, weiterführen; *activity,
piece of work, meal* fortsetzen, weitermachen mit. **to** ~ **doing** *or* **to do sth** etw
weiter tun, fortfahren, etw zu tun; **to** ~ **to
fight/sing/read/eat, to** ~ **fighting/singing/
reading/eating** weiterkämpfen/-singen/
-lesen/-essen; **the patient** ~**s to improve**
das Befinden des Patienten bessert sich
ständig.
   2. (*resume*) fortsetzen; *conversation,
work, journey also* wiederaufnehmen. **to
be** ~**d** Fortsetzung folgt; ~**d on p 10**
weiter *or* Fortsetzung auf Seite 10.
   3. (*prolong*) *line* verlängern.
   II *vi* (*go on*) (*person*) weitermachen; (*crisis, speech*) fortdauern, (an)dauern;
(*influence*) fortdauern, andauern;
(*weather*) anhalten; (*road, forest etc*)
weitergehen, sich fortsetzen; (*concert etc*)
weitergehen. **to** ~ **on one's way** weiterfahren; (*on foot*) weitergehen; **he** ~**d after a
short pause** er redete/schrieb/las *etc* nach
einer kurzen Pause weiter; **to** ~ **with one's
work** seine Arbeit fortsetzen; **to** ~ **to be
obstinate/cheerful** weiterhin starrköpfig/
fröhlich bleiben; **to** ~ **at university/with a
company/as sb's secretary** auf der Universität/bei einer Firma/jds Sekretärin
bleiben; **to** ~ **in office** im Amt verbleiben;
his influence ~**d after his death** sein Einfluß überdauerte seinen Tod.

continuing [kən'tɪnjuːɪŋ] *adj* ständig, fortgesetzt; *process* stetig, kontinuierlich (*geh*).

continuity [ˌkɒntɪˈnjuːɪtɪ] *n* **1.** Kontinuität *f*. **2.** (*Film*) Anschluß *m*; (*Rad*) (verbindende) Ansagen *pl*. ~ **girl** Scriptgirl *nt*.

continuous [kənˈtɪnjʊəs] *adj* dauernd, ständig, kontinuierlich (*geh*); *line* durchgezogen, ununterbrochen; *rise, movement etc* stetig, stet *attr* (*geh*), gleichmäßig; (*Math*) *function* stetig. ~ **performance** (*Film*) durchgehende Vorstellung; ~ **tense** (*Gram*) Verlaufsform *f*.

continuously [kənˈtɪnjʊəslɪ] *adv see adj*.

contort [kənˈtɔːt] *vt* **1.** *one's features* verziehen (*into* zu); *limbs* verrenken, verdrehen; *metal, wood* verziehen. **a face** ~**ed by pain** ein schmerzverzerrtes Gesicht; **2.** (*fig*) *words* verdrehen; *report also* verzerren.

contortion [kənˈtɔːʃən] *n* (*esp of acrobat*) Verrenkung *f*; (*of features*) Verzerrung *f*. **he went through all sorts of** ~**s to avoid telling the truth** er hat sich gedreht und gewendet, um nicht die Wahrheit sagen zu müssen.

contortionist [kənˈtɔːʃənɪst] *n* Schlangenmensch *m*.

contour [ˈkɒntʊəʳ] *I n* **1.** (*outline*) Kontur *f*, Umriß *m*.
  2. (*shape*) ~**s** *pl* Konturen *pl*.
  3. (*Geog*) *see* ~ **line.**
  II vt road der Gegend anpassen; *land* hügelig anlegen; *map* mit Höhenlinien versehen.

contour line *n* (*Geog*) Höhenlinie *f*; **contour map** *n* Höhenlinienkarte *f*.

contra- [ˈkɒntrə-] *pref* Gegen-, Kontra-.

contraband [ˈkɒntrəbænd] *I n*, *no pl* (*goods*) Konterbande, Schmuggelware *f*; (*form: smuggling*) Schleichhandel *m*, Schmuggeln *nt*. *II adj* Schmuggel-. ~ **goods** Konterbande, Schmuggelware *f*.

contraception [ˌkɒntrəˈsepʃən] *n* Empfängnisverhütung *f*.

contraceptive [ˌkɒntrəˈseptɪv] *I n* empfängnisverhütendes Mittel; (*sheath*) Verhütungsmittel *nt*. *II adj* empfängnisverhütend; *pill* Antibaby-; *advice* über Empfängnisverhütung.

contraclockwise [ˈkɒntrəˈklɒkwaɪz] *adj, adv* (*US*) *see* **anticlockwise.**

contract¹ [ˈkɒntrækt] *I n* **1.** (*agreement*) Vertrag *m*; (*document also*) Vertragsdokument *nt*; (*Comm*) (*order*) Auftrag *m*; (*delivery* ~) Liefervertrag *m*. **to enter into** *or* **make a** ~ **(with sb)** (mit jdm) einen Vertrag eingehen *or* (ab)schließen; **to be under** ~ unter Vertrag stehen (*to* bei, mit); **to be bound by** ~ vertraglich gebunden sein (*to* an +*acc*); **to put work out to** ~ Arbeiten außer Haus machen lassen.
  2. (*Bridge*) Kontrakt *m*.
  II adj *price, date* vertraglich festgelegt *or* vereinbart.
  III [kənˈtrækt] *vt* **1.** (*acquire*) *debts* machen, ansammeln; *illness* erkranken an (+*dat*); *vices, habit* sich (*dat*) zulegen, entwickeln, annehmen. **2.** -(*enter into*) *marriage, alliance* schließen, eingehen.
  IV [kənˈtrækt] *vi* **1.** (*Comm*) **to** ~ **to do sth** sich vertraglich verpflichten, etw zu tun.

2. (*form: make an arrangement*) sich verbünden.

◆**contract in** *vi* sich anschließen (-*to dat*); (*into insurance scheme*) beitreten (-*to dat*).

◆**contract out** *I vi* (*withdraw*) austreten, aussteigen (*inf*) (*of* aus); (*not join*) sich nicht anschließen (*of dat*); (*of insurance scheme*) nicht beitreten (*of dat*). *II vt sep* (*Comm*) *work* außer Haus machen lassen (*to* von), vergeben (*to* an +*acc*).

contract² [kənˈtrækt] *I vt* **1.** zusammenziehen; *muscles also* kontrahieren (*spec*); *brow* in Falten legen, hochziehen; *pupil* verengen. **2.** (*Ling*) zusammenziehen, kontrahieren (*spec*) (*into* zu). *II vi* (*muscle, metal etc*) sich zusammenziehen; (*pupil also*) sich verengen; (*fig: influence, business*) (zusammen)schrumpfen.

contraction [kənˈtrækʃən] *n* **1.** (*shrinking*) (*of metal*) Zusammenziehen *nt*, Zusammenziehung *f*; (*of muscles also*) Kontraktion *f* (*spec*); (*of pupils*) Verengung *f*; (*fig*) Schrumpfung *f*.
  2. (*Ling*) Kontraktion *f*.
  3. (*in childbirth*) Wehe *f*.
  4. (*form: acquisition*) (*of debts*) Ansammlung *f*; (*of habit*) Entwicklung, Annahme *f*. **his** ~ **of polio** seine Erkrankung an Kinderlähmung.

contractor [kənˈtræktəʳ] *n* (*individual*) Auftragnehmer *m*, beauftragter Elektriker/Monteur *etc*; (*company also*) beauftragte Firma; (*building* ~) Bauunternehmer *m*; (*company*) Bauunternehmen *nt*. **that is done by outside** ~**s** damit ist ein Elektriker/Monteur/Spediteur *etc* (einer anderen Firma) beauftragt.

contractual [kənˈtræktʃʊəl] *adj* vertraglich.

contradict [ˌkɒntrəˈdɪkt] *vt* (*person*) widersprechen (+*dat*); (*event, action, statement also*) im Widerspruch stehen zu. **to** ~ **oneself** sich (*dat*) widersprechen; **he** ~**ed every word I said** er widersprach mir bei jedem Wort.

contradiction [ˌkɒntrəˈdɪkʃən] *n* Widerspruch *m* (*of* zu); (*contradictory*) Widersprechen *nt*. **full of** ~**s** voller Widersprüchlichkeiten; **to give a flat** ~ einfach *or* rundheraus widersprechen (+*dat*).

contradictory [ˌkɒntrəˈdɪktərɪ] *adj* *person* widersprüchlich; *statements also* (sich) widersprechend, widerspruchsvoll. **to be** ~ **to sth** einer Sache (*dat*) widersprechen, zu etw im Widerspruch stehen; **he was in a** ~ **mood** er war voller Widerspruchsgeist.

contralto [kənˈtræltəʊ] *I n*, *pl* ~**s** (*voice*) Alt *m*; (*singer also*) Altist(in *f*) *m*. *II adj* *voice* Alt-. **the** ~ **part** die Altstimme, der Alt.

contraption [kənˈtræpʃən] *n* (*inf*) Apparat *m* (*inf*); (*gadget also*) kluges Dings (*inf*); (*vehicle also*) Vehikel *nt* (*inf*).

contrapuntal [ˌkɒntrəˈpʌntl] *adj* kontrapunktisch.

contrarily [kənˈtreərɪlɪ] *adv* (*perversely*) widerborstig; (*of horse etc*) widerspenstig.

contrariness [kənˈtreərɪnɪs] *n see* **contrary²** Widerborstigkeit *f*; Widerspruchsgeist *m*, Widerspenstigkeit *f*.

contrary¹ [ˈkɒntrərɪ] *I adj* (*opposite*) entgegengesetzt; *effect, answer also* gegenteilig; (*conflicting*) *views, statements also* gegensätzlich, gegenteilig; (*adverse*) *winds, tides* widrig. **sth is ~ to sth** etw steht im Gegensatz zu etw, etw ist einer Sache (*dat*) entgegengesetzt; **it is ~ to our agreement** es entspricht nicht unseren Abmachungen; **~ to nature** wider die Natur; **~ to our hopes/intentions** wider all unsere Hoffnungen/Absichten, entgegen unseren Hoffnungen/Absichten.

II *n* Gegenteil *nt*. **on the ~** im Gegenteil; **the ~ of what I expected** das Gegenteil von dem, was ich erwartet hatte; **unless you hear to the ~** sofern Sie nichts Gegenteiliges hören.

contrary² [kən'trɛərɪ] *adj* widerborstig, widerspenstig; *person also* voll Widerspruchsgeist; *horse* widerspenstig.

contrast ['kɒntrɑːst] **I** *n* **1.** (*contrasting*) Gegenüberstellung *f*. **a ~ of the two reveals that ...** bei einer Gegenüberstellung der beiden zeigt sich, daß ...

2. Gegensatz *m* (*with, to* zu); (*visual, striking difference of opposites*) Kontrast *m* (*with, to* zu). **by** *or* **in ~** im Gegensatz dazu; **to be in ~ with** *or* **to sth** im Gegensatz/in Kontrast zu etw stehen; **the red makes a good ~** das Rot stellt einen guten Kontrast dar; **she's quite a ~ to her sister** es besteht ein ziemlicher Gegensatz *or* Unterschied zwischen ihr und ihrer Schwester; **and now, by way of ~** und nun etwas ganz anderes.

3. (*Art, Phot, TV*) Kontrast *m*.

II [kən'trɑːst] *vt* einen Vergleich anstellen (*with* zwischen +*dat*), gegenüberstellen (*with dat*).

III [kən'trɑːst] *vi* im Gegensatz *or* in Kontrast stehen (*with* zu), kontrastieren (*with* mit); (*colours also*) sich abheben (*with* von), abstechen (*with* von). **to ~ unfavourably with sth** bei einem Vergleich mit *or* im Vergleich zu etw schlecht abschneiden; **blue and yellow ~ nicely** Blau und Gelb ergeben einen hübschen Kontrast.

contrasting [kən'trɑːstɪŋ] *adj opinions, lifestyle etc* gegensätzlich; *colours* kontrastierend, Kontrast-.

contrastive [kən'trɑːstɪv] *adj* gegenüberstellend; (*Ling*) kontrastiv.

contravene [ˌkɒntrə'viːn] *vt law, custom etc* (*action, behaviour*) verstoßen gegen, verletzen; (*person also*) zuwiderhandeln (+*dat*).

contravention [ˌkɒntrə'venʃən] *n* Verstoß *m* (*of* gegen), Verletzung *f* (*of gen*); (*of law also*) Übertretung *f* (*of gen*). **to be in ~ of ...** gegen ... verstoßen; **to act in ~ of sth** einer Sache (*dat*) zuwiderhandeln.

contretemps ['kɒntrətɒŋ] *n, no pl* Zwischenfall *m*.

contribute [kən'trɪbjuːt] **I** *vt* beitragen (*to* zu); *food, money, supplies* beisteuern (*to* zu); (*to charity*) spenden (*to* für); *time, talent* zur Verfügung stellen (*to dat*); *press article also, information* liefern (*to* für), beisteuern (*to dat*). **to ~ one's share** sein(en) Teil dazu beitragen.

II *vi* beitragen (*to* zu); (*to pension fund etc*) einen Beitrag leisten (*to* zu); (*to present*) beisteuern (*to* zu); (*to charity*) spenden (*to* für); (*to newspaper, conference, society etc*) einen Beitrag leisten (*to* zu); (*regularly: to a magazine etc*) mitwirken (*to* an +*dat*). **do you want me to ~?** möchten Sie, daß ich etwas dazu beisteuere *or* (*to charity*) etwas spende?

contribution [ˌkɒntrɪ'bjuːʃən] *n* Beitrag *m* (*to* zu); (*donation also*) Spende *f* (*to* für). **to make a ~ to sth** einen Beitrag zu etw leisten; **the beer is my ~** das Bier stelle ich.

contributor [kən'trɪbjuːtəʳ] *n* (*to magazine etc*) Mitarbeiter(in *f*) *m* (*to* an +*dat*); (*of goods, money*) Spender(in *f*) *m*. **to be a ~ to a newspaper/an appeal** für eine Zeitung schreiben/auf einen Appell hin etwas spenden; **all the ~s to his present** alle, die etwas zu dem Geschenk für ihn beigesteuert haben.

contributory [kən'trɪbjʊtərɪ] *adj* **1.** **it's certainly a ~ factor/ cause** es ist sicherlich ein Faktor, der dazu beiträgt *or* der mit eine Rolle spielt; **~ negligence** (*Jur*) Mitverschulden *nt*. **2.** **pension scheme** beitragspflichtig.

con trick *n* (*inf*) Schwindel *m*.

contrite *adj*, **~ly** *adv* ['kɒntraɪt, -lɪ] reuig, zerknirscht.

contrition [kən'trɪʃən] *n* Reue *f*. **act of ~** (*Eccl*) Buße *f*.

contrivance [kən'traɪvəns] *n* **1.** (*device*) Vorrichtung *f*; (*mechanical*) Gerät *nt*, Apparat *m*.

2. (*devising, scheming*) Planung *f*; (*invention*) Erfindung *f*; (*inventiveness*) Findigkeit, Erfindungsgabe *f*.

3. (*plan, scheme*) List *f*.

contrive [kən'traɪv] *vt* **1.** (*devise*) *plan, scheme* entwickeln, entwerfen, ersinnen; (*make*) fabrizieren. **to ~ a means of doing sth** einen Weg finden, etw zu tun.

2. (*manage, arrange*) bewerkstelligen, zuwege bringen; *meeting also* arrangieren. **to ~ to do sth** es fertigbringen (*also iro*) *or* zuwege bringen, etw zu tun.

contrived [kən'traɪvd] *adj* gestellt, arrangiert; *style* gekünstelt, gestellt, künstlich.

control [kən'trəʊl] **I** *n* **1.** *no pl* (*management, supervision*) Aufsicht *f* (*of* über +*acc*); (*of money, fortune*) Verwaltung *f* (*of gen*); (*of situation, emotion, language*) Beherrschung *f* (*of gen*); (*self-~*) (Selbst)beherrschung *f*; (*physical ~*) (Körper)beherrschung *f* (*of gen*); (*authority, power*) Gewalt, Macht *f* (*over* über +*acc*); (*regulation*) (*of prices, disease, inflation*) Kontrolle *f* (*of gen*); (*of traffic*) Regelung *f* (*of gen*); (*of pollution*) Einschränkung *f* (*of gen*). **to be in ~ of sth, to have ~ of sb/sth** *business, office* etw leiten, etw unter sich (*dat*) haben; *children* jdn beaufsichtigen; *money* etw verwalten; **I'm in ~ here** ich habe hier die Leitung; **to be in ~ of sth, to have sth under ~** etw in der Hand haben; *children, class also* jdn/etw unter Kontrolle haben; *car, inflation, disease, pollution* etw unter Kontrolle haben; **to be in ~ of oneself/ one's emotions** sich in der Hand *or* in der Gewalt haben/Herr über seine Gefühle sein; **to have some/no ~ over sb** Einfluß/

keinen Einfluß auf jdn haben; **to have some/no ~ over sth** etw in der Hand/nicht in der Hand haben; *over money* Kontrolle/keine Kontrolle über etw (*acc*) haben; *over environment* Einfluß/keinen Einfluß auf etw (*acc*) haben; **to lose ~** (**of sth**) etw nicht mehr in der Hand haben, (über etw *acc*) die Gewalt *or* Herrschaft verlieren; *of business* die Kontrolle (über etw *acc*) verlieren; *of car* die Herrschaft (über etw *acc*) verlieren; **to lose ~ of** oneself die Beherrschung verlieren; **to lose ~ of the situation** nicht mehr Herr der Lage sein; **to be/get out of ~** (*child, class*) außer Rand und Band sein/geraten; (*situation*) außer Kontrolle sein/ geraten; (*car*) nicht mehr zu halten sein; (*inflation, prices, disease, pollution*) sich jeglicher Kontrolle (*dat*) entziehen/nicht mehr zu halten *or* zu bremsen (*inf*) sein; (*fire*) nicht unter Kontrolle sein/außer Kontrolle geraten; **under state ~** unter staatlicher Kontrolle *or* Aufsicht; **to bring** *or* **get sth under ~** etw unter Kontrolle bringen; *situation* Herr einer Sache (*gen*) werden; **to be under ~** unter Kontrolle sein; (*children, class*) sich benehmen; **everything** *or* **the situation is under ~** wir/ sie *etc* haben die Sache im Griff (*inf*); **he was beyond parental ~** er war seinen Eltern über den Kopf gewachsen; **circumstances beyond our ~** nicht in unserer Hand liegende Umstände; **his ~ of the ball** seine Ballführung.

2. (*check*) Kontrolle *f* (*on gen*, über +*acc*). **price ~s** Preiskontrolle *f*.

3. (*~ room*) die Zentrale; (*Aviat*) der Kontrollturm.

4. (*knob, switch*) Regler *m*; (*of vehicle, machine*) Schalter *m*. **to be at the ~s** (*of spaceship, airliner*) am Kontrollpult sitzen; (*of small plane, car*) die Steuerung haben; **to take over the ~s** die Steuerung übernehmen.

5. (*Sci*) (*person*) Kontrollperson *f*; (*animal*) Kontrolltier *nt*; (*group*) Kontrollgruppe *f*. **~ experiment** Kontrollversuch *m*.

II *vt* **1.** (*direct, manage*) kontrollieren; *business* führen, leiten, unter sich (*dat*) haben; *sea* beherrschen; *organization* in der Hand haben; *animal, child, class* fertigwerden mit; *car* steuern, lenken; *traffic* regeln; *emotions, movements* beherrschen, unter Kontrolle halten; *hair* bändigen. **to ~ oneself/one's temper** sich beherrschen; **~ yourself!** nimm dich zusammen!; **please try to ~ your children/ dog** bitte sehen Sie zu, daß sich Ihre Kinder benehmen/sich Ihr Hund benimmt.

2. (*regulate, check*) *prices, rents, growth etc* kontrollieren; *temperature, speed* regulieren; *disease* unter Kontrolle bringen; *population* eindämmen, im Rahmen halten.

control column *n* Steuerknüppel *m*.

controllable [kən'trəʊləbl] *adj* kontrollierbar; *child, animal* lenkbar.

controlled [kən'trəʊld] *adj emotion, movement, voice* beherrscht; *passion* gezügelt; *conditions, rent* kontrolliert; *prices* gebunden; *temperature* geregelt.

controller [kən'trəʊləʳ] *n* **1.** (*director*) (*Rad*) Intendant *m*; (*Aviat*) (Flug)lotse *m*. **2.** (*financial head*) Leiter *m* des Finanzwesens.

controlling [kən'trəʊlɪŋ] *adj attr factor* beherrschend; *body* Aufsichts-. **~ interest** Mehrheitsanteil *m*.

control panel *n* Schalttafel, Schaltblende *f*; (*on aircraft, TV*) Bedienungsfeld *nt*; (*on computer*) Steuer- *or* Bedienungs- *or* Betriebspult *nt*; (*on car*) Armaturenbrett *nt*; **control room** *n* Kontrollraum *m*; (*Naut also*) Kommandoraum *m*; (*Mil*) (Operations)zentrale *f*; (*of police*) Zentrale *f*; **control stick** *n see* **control column**; **control tower** *n* (*Aviat*) Kontrollturm *m*; **control unit** *n* (*Computers*) Steuer- *or* Leitwerk *nt*.

controversial [ˌkɒntrə'vɜːʃəl] *adj* (*causing controversy*) *speech etc* kontrovers; (*debatable*) *matter, decision also* umstritten, strittig. **he is deliberately ~** er gibt sich bewußt kontrovers.

controversy ['kɒntrəvɜːsɪ, kən'trɒvəsɪ] *n* Kontroversen *pl*, Streit *m*. **to give rise to ~** Anlaß zu Kontroversen geben; **statements/facts that are beyond ~** völlig unumstrittene Behauptungen/Tatsachen.

controvert ['kɒntrəvɜːt] *vt* (*form*) anfechten, bestreiten.

contumacious *adj*, **~ly** *adv* [ˌkɒntjʊ'meɪʃəs, -lɪ] verstockt; (*insubordinate*) den Gehorsam verweigernd.

contumacy ['kɒntjʊməsɪ] *n see adj* Verstocktheit *f*; Gehorsamsverweigerung *f*.

contumely ['kɒntjʊmɪlɪ] *n* (*no pl: abuse*) Schmähen *nt* (*geh*); (*insult*) Schmähung *f* (*geh*).

contusion [kən'tju:ʒən] *n* Quetschung *f*.

conundrum [kə'nʌndrəm] *n* (*lit, fig*) Rätsel *nt*.

conurbation [ˌkɒnɜː'beɪʃən] *n* Ballungsgebiet *nt or* -raum *m or* -zentrum *nt*.

convalesce [ˌkɒnvə'les] *vi* genesen (*from, after* von), rekonvaleszieren (*rare, form*) (*from, after* nach). **while convalescing** während der Genesung(szeit).

convalescence [ˌkɒnvə'lesəns] *n* Genesung, Rekonvaleszenz (*form*) *f*; (*period*) Genesungszeit *f*.

convalescent [ˌkɒnvə'lesənt] **I** *n* Rekonvaleszent(in *f*) *m* (*form*), Genesende(r) *mf*. **II** *adj* genesend. **to be ~** auf dem Wege der Besserung sein; **~ home** Genesungsheim *nt*.

convection [kən'vekʃən] *n* Konvektion *f*.

convector [kən'vektəʳ] *n* (*also* **~ heater**) Heizlüfter *m*.

convene [kən'vi:n] **I** *vt meeting* einberufen; *group of people* zusammenrufen, versammeln. **II** *vi* zusammenkommen, sich versammeln; (*parliament, court*) zusammentreten.

convener [kən'vi:nəʳ] *n* Person, die Versammlungen einberuft.

convenience [kən'vi:nɪəns] *n* **1.** *no pl* (*usefulness, advantageousness*) Annehmlichkeit *f*; (*functionalness*) Zweckmäßigkeit *f*. **for the sake of ~** aus praktischen Gründen; **~ foods** Fertiggerichte *pl*.

2. *no pl* **to consider the ~ of the inhabitants/driver** *etc* daran denken, was

für die Bewohner/den Fahrer *etc* praktisch und bequem ist, die Zweckmäßigkeit für die Bewohner/den Fahrer *etc* in Betracht ziehen; **for your** ~ zum gefälligen Gebrauch; **these chairs are for the ~ of customers** diese Stühle sind für unsere Kunden gedacht; **I'm not changing it for** *or* **to suit his** ~ ich werde es seinetwegen *or* nur um es ihm recht zu machen nicht ändern; **at your own** ~ zu einem Ihnen angenehmen Zeitpunkt, wann es Ihnen paßt; **at your earliest** ~ (*Comm*) möglichst bald, baldmöglichst (*form*).
3. (*convenient thing, amenity*) Annehmlichkeit *f*. **a house with every** ~/ **with all modern** ~**s** ein Haus mit allem/ allem modernen Komfort.
4. (*Brit form: public* ~) (öffentliche) Toilette, Bedürfnisanstalt *f* (*dated, form*).
convenient [kən'vi:nɪənt] *adj* (*useful, functional*) zweckmäßig, praktisch; *area, house* (*for shops etc*) günstig gelegen; *time* günstig, passend. **at a more** ~ **time** zu einem passenderen *or* günstigeren Zeitpunkt; **if it is** ~ wenn es Ihnen (so) paßt; **if it is** ~ **to** *or* **for you** wenn es Ihnen (so) paßt, wenn es Ihnen keine Umstände macht; **is tomorrow** ~ **(to** *or* **for you)?** paßt (es) Ihnen morgen?, geht es morgen?; **he sat down on a** ~ **chair** er setzte sich auf einen Stuhl, der gerade dastand; **the trams are very** ~ (*nearby*) die Straßenbahnhaltestellen liegen sehr günstig; (*useful*) die Straßenbahn ist sehr praktisch; **is there a** ~ **train?** gibt es einen geeigneten *or* passenden Zug?; **her resignation was most** ~ **(for him)** ihr Rücktritt kam ihm äußerst gelegen; **how** ~! sehr günstig!
conveniently [kən'vi:nɪəntlɪ] *adv* günstigerweise; *situated* günstig, vorteilhaft; (*usefully*) *designed* praktisch, zweckmäßig. **he very** ~ **arrived home early** er kam früh nach Hause, was äußerst günstig war; **if you could** ~ **do it then** wenn es Ihnen paßte; **it** ~ **started to rain** wie bestellt, fing es an zu regnen.
convent ['kɒnvənt] *n* (Frauen)kloster *nt*. ~ **(school)** Klosterschule *f*.
convention [kən'venʃən] *n* **1.** Brauch *m*, Sitte *f*; (*social rule*) Konvention *f*. ~ **requires** *or* **demands that ...** die Sitte *or* der Brauch will es so, daß ...
2. (*agreement*) Abkommen *nt*.
3. (*conference*) Tagung, Konferenz *f*; (*Pol*) Konvent *m*.
conventional [kən'venʃənl] *adj person dress, attitudes, warfare, weapons* konventionell; *philosophy, beliefs, theory, manner, technique* herkömmlich; *theatre, music, style* traditionell; *symbol, mealtimes* normalerweise üblich. **it is** ~ **to do sth** es ist normalerweise üblich, etw zu tun.
conventionality [kən,venʃə'nælɪtɪ] *n see adj* Konventionalität *f*; Herkömmlichkeit *f*; traditionelle Art.
conventionally [kən'venʃnəlɪ] *adv see adj.*
converge [kən'vɜːdʒ] *vi* (*road, lines*) zusammenlaufen (*at in* *or* *an* +*dat*); (*river also*) zusammenströmen (*at in* *or* *an* +*dat*); (*Math, Phys*) konvergieren (*at in* +*dat*); (*fig: views etc*) sich aneinander

annähern, konvergieren (*geh*). **to** ~ **on sb/ sth/ New York** von überallher zu jdm/etw/ nach New York strömen.
convergence [kən'vɜːdʒəns] *n see vi* Zusammenlaufen *nt*; Zusammenströmen *nt*; Konvergenz *f*; Annäherung *f*. **point of** ~ Schnittpunkt *m*; (*of rays*) Brennpunkt *m*; (*of rivers*) Zusammenfluß *m*.
convergent [kən'vɜːdʒənt], **converging** [kən'vɜːdʒɪŋ] *adj see vi* zusammenlaufend; zusammenströmend; konvergierend; sich (aneinander) annähernd.
conversant [kən'vɜːsənt] *adj pred* vertraut.
conversation [,kɒnvə'seɪʃən] *n* Gespräch *nt*, Unterhaltung *f*; (*Sch*) Konversation *f*. **to make** ~ sich unterhalten; (*small talk*) Konversation machen; **to get into/be in** ~ **with sb** mit jdm ins Gespräch kommen/im Gespräch sein; **deep in** ~ ins Gespräch vertieft; **to have a** ~/several ~**s with sb** (*about sth*) sich mit jdm/oft mit jdm (über etw *acc*) unterhalten; **he has no** ~ mit ihm kann man sich nicht unterhalten; **words used only in** ~ Wörter, die nur in der gesprochenen Sprache gebraucht werden; **we only mentioned it in** ~ wir haben das nur gesprächsweise erwähnt; ~ **piece** Gesprächsgegenstand, Gesprächsentzünder *m*; **the art of** ~ die Kunst der gepflegten Konversation.
conversational [,kɒnvə'seɪʃənl] *adj tone, style* Unterhaltungs-, Plauder-, leger. ~ **German** gesprochenes Deutsch; **his tone was quiet and** ~ er sagte es in ruhigem Gesprächston; **that gave him a** ~ **opening** das ermöglichte es ihm, sich in die Unterhaltung einzuschalten.
conversationalist [,kɒnvə'seɪʃnəlɪst] *n* guter Unterhalter *or* Gesprächspartner, gute Unterhalterin *or* Gesprächspartnerin.
conversationally [,kɒnvə'seɪʃnəlɪ] *adv write* im Plauderton.
converse[1] [kən'vɜːs] *vi* (*form*) sich unterhalten.
converse[2] ['kɒnvɜːs] **I** *adj* umgekehrt; (*Logic also*) konvers (*spec*); *opinions etc* gegenteilig. **II** *n* (*opposite*) Gegenteil *nt*; (*Logic: proposition*) Umkehrung, Konverse (*spec*) *f*. **the** ~ **is true** das Gegenteil trifft zu; **quite the** ~ ganz im Gegenteil.
conversely [kən'vɜːslɪ] *adv* umgekehrt.
conversion [kən'vɜːʃən] *n* **1.** Konversion *f* (*into* in +*acc*); (*Fin, Sci also*) Umwandlung *f* (*into* in +*acc*); (*Rugby*) Verwandlung *f*; (*of measures*) Umrechnung *f* (*into* in +*acc*); (*of dormobile etc*) Umrüstung *f*, Umbau *m*; (*model*) Spezialausführung *f*; (*of building*) Umbau *m* (*into* zu); (*of appliances*) Umstellung *f* (*to* auf +*acc*). ~ **table** Umrechnungstabelle *f*.
2. (*Rel, fig*) Bekehrung, Konversion *f* (*to* zu).
convert ['kɒnvɜːt] **I** *n* (*lit, fig*) Bekehrte(r) *mf*; (*to another denomination*) Konvertit *m*. **to become a** ~ **to sth** (*lit, fig*) sich zu etw bekehren.
II [kən'vɜːt] *vt* **1.** konvertieren (*into* in +*acc*); (*Fin, Sci also*) umwandeln (*into* in +*acc*); (*Rugby*) verwandeln; *measures* umrechnen (*into* in +*acc*); *dormobile etc*

umrüsten, umbauen (*into* zu); *attic* ausbauen (*into* zu); *building* umbauen (*into* zu); *appliance* umstellen (*to* auf +*acc*). **a sofa that can be ~ed into a bed** ein Sofa, das sich in ein Bett verwandeln läßt; **most of the town has now been ~ed to natural gas** der größte Teil der Stadt ist jetzt auf Erdgas umgestellt.

2. (*Rel, fig*) bekehren (*to* zu); (*to another denomination*) konvertieren.

III [kən'vɜːt] *vi* sich verwandeln lassen (*into* in +*acc*).

converter [kən'vɜːtəʳ] *n* (*Elec*) Konverter *m*; (*for AC/DC*) Stromgleichrichter *m*.

convertibility [kən‚vɜːtə'bɪlɪtɪ] *n* (*of currency*) Konvertierbarkeit, Konvertibilität *f*; (*of appliances*) Umstellbarkeit *f*.

convertible [kən'vɜːtəbl] **I** *adj* verwandelbar; *currency* konvertierbar; *car* mit aufklappbarem Verdeck; *appliances* umstellbar. **a ~ sofa** ein Sofa, das sich in ein Bett verwandeln läßt. **II** *n* (*car*) Kabriolett *nt*.

convex [kɒn'veks] *adj lens, mirror* konvex, Konvex-.

convexity [kɒn'veksɪtɪ] *n* Konvexität *f*.

convey [kən'veɪ] *vt* **1.** befördern; *goods* spedieren; *water* leiten.

2. (*make known or felt*) *opinion, idea* vermitteln; (*make understood*) *meaning* klarmachen; (*transmit*) *message, order, best wishes* übermitteln, überbringen. **words cannot ~ what I feel** was ich empfinde, läßt sich nicht mit Worten ausdrücken; **the name ~s nothing to me** der Name sagt mir nichts.

3. (*Jur*) *property* übertragen (*to* auf +*acc*).

conveyance [kən'veɪəns] *n* **1.** (*transport*) Beförderung *f*; (*of goods also*) Spedition *f*. **~ of goods** Güterverkehr *m*; **means of ~** Beförderungsmittel *nt*. **2.** (*old, form: vehicle*) Gefährt *nt*. **public ~** öffentliches Verkehrsmittel. **3.** (Eigentums)übertragung *f* (*to* auf +*acc*).

conveyancing [kən'veɪənsɪŋ] *n* (*Jur*) (Eigentums)übertragung *f*.

conveyor [kən'veɪəʳ] *n* (*of message etc*) Überbringer(in *f*) *m*; (*Tech*) Förderer *m*. **~ belt** Fließband *nt*; (*for transport, supply*) Förderband *nt*.

convict ['kɒnvɪkt] **I** *n* Sträfling *m*, Zuchthäusler(in *f*) *m*.

II [kən'vɪkt] *vt* **1.** (*Jur*) *person* verurteilen (*of* wegen), für schuldig erklären (*of gen*). **to get sb ~ed** jds Verurteilung (*acc*) bewirken.

2. (*actions etc: betray*) überführen.

III [kən'vɪkt] *vi* jdn verurteilen. **the jury refused to ~** die Geschworenen lehnten es ab, einen Schuldspruch zu fällen.

conviction [kən'vɪkʃ ən] *n* **1.** (*Jur*) Verurteilung *f*. **five previous ~s** fünf Vorstrafen; **to get a ~** (*police, prosecution*) einen Schuldspruch erreichen.

2. (*belief, act of convincing*) Überzeugung *f*. **to be open to ~** sich gern eines Besseren belehren lassen; **to carry ~** überzeugend klingen; **his speech lacked ~** seine Rede klang wenig überzeugend; **he's a socialist by ~** er ist ein überzeugter Sozialist; **a man of strong ~s** ein Mann,

der feste Anschauungen vertritt; **his fundamental political/moral ~s** seine politische/moralische Gesinnung; *see* **courage.**

convince [kən'vɪns] *vt* überzeugen. **I'm trying to ~ him that …** ich versuche, ihn davon zu überzeugen, daß …

convinced [kən'vɪnst] *adj* überzeugt.

convincing *adj*, **~ly** *adv* [kən'vɪnsɪŋ, -lɪ] überzeugend.

convivial [kən'vɪvɪəl] *adj* heiter und unbeschwert; (*sociable*) gesellig.

conviviality [kən‚vɪvɪ'ælɪtɪ] *n see adj* unbeschwerte Heiterkeit; Geselligkeit *f*.

convocation [‚kɒnvə'keɪʃ ən] *n* (*form*) (*calling together*) Einberufung *f*; (*meeting, Eccl*) Versammlung *f*.

convoke [kən'vəuk] *vt meeting* einberufen; (*Parl also*) zusammentreten lassen.

convolute ['kɒnvəluːt] *adj shell* spiralig aufgewunden; *petal, leaf* eingerollt.

convoluted ['kɒnvəluːtɪd] *adj* **1.** (*involved*) verwickelt; *plot also* verschlungen; *style* gewunden. **2.** (*coiled*) gewunden; *shell* spiralig aufgewunden.

convolution [‚kɒnvə'luːʃ ən] *n usu pl* Windung *f*; (*of plot*) Verschlungenheit *f no pl*; (*of style*) Gewundenheit *f no pl*.

convolvulus [kən'vɒlvjuləs] *n* Winde *f*.

convoy ['kɒnvɔɪ] **I** *n* **1.** (*escort*) Konvoi *m*, Geleit *nt*. **under ~** mit Geleitschutz, unter Konvoi.

2. (*vehicles under escort, fig*) Konvoi *m*; (*ships also*) Verband *m*. **in ~** im Konvoi/Verband.

II *vt* Geleitschutz geben (+*dat*).

convulse [kən'vʌls] *vt* (*earthquake, war etc*) *land* erschüttern; (*fig also*) schütteln; *sb's body, muscles* krampfhaft zusammenziehen. **to be ~d with laughter/pain** sich vor Lachen schütteln/Schmerzen krümmen; **a joke which ~d the audience** ein Witz *m*, bei dem sich das Publikum vor Lachen bog.

convulsion [kən'vʌlʃ ən] *n* **1.** (*Med*) Schüttelkrampf *m no pl*, Konvulsion *f* (*spec*); (*caused by crying*) Weinkrampf *m no pl*.

2. (*caused by social upheaval etc*) Erschütterung *f*.

3. (*inf: of laughter*) **to go into/be in ~s** sich biegen *or* schütteln vor Lachen; **he had the audience in ~s** er rief beim Publikum wahre Lachstürme hervor.

convulsive [kən'vʌlsɪv] *adj* konvulsiv(isch) (*spec*), Krampf-; *movement also* krampfhaft. **~ laughter** Lachkrämpfe *pl*.

convulsively [kən'vʌlsɪvlɪ] *adv* krampfartig. **she laughed ~** sie schüttelte sich vor Lachen.

cony, coney ['kəʊnɪ] *n* **1.** (*US*) Kaninchen *nt*. **2.** (*also* **~ skin**) Kaninchenfell *nt*.

coo [kuː] **I** *vi* (*pigeon, fig*) gurren. **II** *vt* gurren, girren. **III** *n* Gurren, Girren *nt*. **IV** *interj* (*Brit inf*) ui.

cook [kʊk] **I** *n* Koch *m*, Köchin *f*. **she is a good ~/good plain ~** sie kocht gut/sie kocht gute Hausmannskost; **too many ~s spoil the broth** (*Prov*) viele Köche verderben den Brei (*Prov*); **to be chief ~ and bottlewasher** (*inf*) Küchendienst machen.

II *vt* **1.** *food, meal* machen, zubereiten; (*in water, milk etc*) kochen; (*fry, roast*) braten; *pie, pancake also* backen. **a ~ed meal/breakfast/supper** eine warme Mahlzeit/ein warmes Abendessen/ein Frühstück *nt* mit warmen Gerichten; **to ~ sb's goose** (*fig*) jdm die Suppe versalzen.

2. (*inf: falsify*) *accounts* frisieren (*inf*).

III *vi* (*person, food*) kochen; (*fry, roast*) braten; (*pie*) backen. **it will ~ quickly** das ist schnell gekocht; **what's ~ing?** (*fig inf*) was ist los?

◆**cook up** *vt sep* (*fig inf*) *story, excuse* sich (*dat*) einfallen lassen, zurechtbasteln (*inf*). **~ed ~ story** Lügenmärchen *nt*.

cookbook ['kʊkbʊk] *n* Kochbuch *nt*.

cooker ['kʊkəʳ] *n* **1.** (*Brit: stove*) Herd *m*. **2.** (*apple*) Kochapfel *m*.

cookery ['kʊkərɪ] *n* Kochen *nt* (*also Sch*), Kochkunst *f*. **French ~** französische Küche; **~ book** Kochbuch *nt*; **~ classes** Kochkurs *m*; Kochkurse *pl*.

cookhouse ['kʊkhaʊs] *n* (*Naut*) Kombüse *f*; (*Mil*) Feldküche *f*.

cookie, cooky ['kʊkɪ] *n* **1.** (*US: biscuit*) Keks *m*, Plätzchen *nt*. **that's the way the ~ crumbles** (*inf, also Brit*) so ist das nun mal (im Leben).

2. (*inf: smart person*) Typ *m*. **he's a pretty sharp/tough ~** er ist ein richtiger Schlauberger/ziemlich zäher Typ.

cooking ['kʊkɪŋ] *n* Kochen *nt*; (*food*) Essen *nt*. **plain ~** einfaches Essen, Hausmannskost *f*; **French ~** die französische Küche, französisches Essen; **her ~ is atrocious** sie kocht miserabel.

cooking *in cpds* Koch-; **~ apple** Kochapfel *m*; **~ chocolate** Blockschokolade *f*; **~ foil** Backfolie *f*.

cookout ['kʊkaʊt] *n* (*US*) Kochen *nt* am Lagerfeuer; (*on charcoal brazier*) Grillparty *f*.

cooky *n see* **cookie**.

cool [ku:l] **I** *adj* (*+er*) **1.** *water, weather, drink* kühl; *clothes* luftig, leicht. **serve ~** kalt *or* (gut) gekühlt servieren; **"keep in a ~ place"** „kühl aufbewahren".

2. (*calm, unperturbed*) *person, manner* besonnen; *voice* kühl. **to keep a ~ head** einen kühlen Kopf behalten; **keep ~!** reg dich nicht auf!, (nur) ruhig Blut!

3. (*audacious*) kaltblütig, unverfroren (*pej*), kaltschnäuzig (*inf*). **as ~ as you please** mit größter Unverfrorenheit (*pej*), seelenruhig; **that was very ~ of him** da hat er sich ein starkes Stück geleistet.

4. (*unenthusiastic, unfriendly*) *greeting, reception, look* kühl. **to be ~ to(wards) sb** sich jdm gegenüber kühl verhalten; **play it ~!** immer mit der Ruhe!; **she decided to play it ~** sie entschied sich, ganz auf kühl zu machen.

5. (*inf: with numbers etc*) glatt (*inf*). **he earns a ~ ten thousand a year** er verdient glatte zehntausend im Jahr (*inf*).

6. (*sl: great, smart*) *idea, disco, pub, dress etc* stark (*sl*), cool (*sl*).

II *n* **1.** (*lit, fig*) Kühle *f*. **in the ~ of the evening** in der Abendkühle; **go/stay in the ~** geh ins Kühle/bleib im Kühlen.

2. (*inf*) **keep your ~!** reg dich nicht auf!, immer mit der Ruhe!; **to lose one's ~** durchdrehen (*inf*); **he doesn't have the ~ to be a TV announcer** er hat nicht die

Nerven für einen Fernsehansager.

III *vt* **1.** kühlen; (~ *down*) abkühlen; *wine also* kalt stellen.

2. (*sl*) **~ it!** (*don't get excited*) reg dich ab! (*inf*), mach mal langsam (*inf*); (*don't cause trouble*) mach keinen Ärger! (*inf*).

IV *vi* (*lit, fig*) abkühlen; (*air also*) sich abkühlen; (*anger*) verrauchen, sich legen; (*enthusiasm, interest*) nachlassen. **he has definitely ~ed towards her** er ist ihr gegenüber deutlich kühler geworden.

◆**cool down I** *vi* **1.** (*lit, fig: person*) abkühlen; (*weather also*) sich abkühlen.

2. (*feelings etc*) sich abkühlen; (*anger also*) verrauchen; (*critical situation*) sich beruhigen. **look, just ~ will you!** komm, reg dich (bloß wieder) ab! (*inf*).

II *vt sep* **1.** *food, drink* abkühlen; (*let ~*) abkühlen lassen. **to ~ oneself** sich abkühlen.

2. *situation* beruhigen. **put him in a cell for an hour, that'll ~ him** steck ihn eine Stunde lang in eine Zelle, dann wird er sich schon wieder beruhigen.

◆**cool off** *vi* **1.** (*liquid, food*) abkühlen; (*person*) sich abkühlen.

2. (*fig*) (*sich*) abkühlen; (*enthusiasm, interest*) nachlassen; (*become less angry*) sich abreagieren *or* beruhigen; (*become less friendly*) kühler werden (*about or towards sb* jdm gegenüber).

coolant ['ku:lənt] *n* Kühlmittel *nt*.

cool bag *n* Kühltasche *f*; **cool box** *n* Kühlbox *f*.

cooler ['ku:ləʳ] *n* **1.** (*for milk etc*) Kühlapparat *m*; (*for wine*) Kühler *m*. **2.** (*sl: solitary*) Bau *m* (*inf*).

cool-headed [ku:l'hedɪd] *adj* kühl (und besonnen).

coolie ['ku:lɪ] *n* Kuli *m*.

cooling ['ku:lɪŋ] *adj drink, shower* kühlend; *effect* (ab)kühlend; *affection* abnehmend; *enthusiasm, interest* nachlassend.

cooling-off ['ku:lɪŋ'ɒf] *n* (*in relationship etc*) Abkühlung *f*. **II** *adj* **~ period** gesetzlich festgelegter Zeitraum für Schlichtungsverhandlungen (*bei Arbeitskämpfen*).

cooling tower *n* Kühlturm *m*.

coolly ['ku:lɪ] *adv* (*calmly*) ruhig, gefaßt, besonnen. **2.** (*unenthusiastically, in an unfriendly way*) kühl. **3.** (*audaciously*) kaltblütig, kaltschnäuzig (*inf*).

coolness ['ku:lnɪs] *n see adj* **1.** Kühle *f*; Luftigkeit, Leichtigkeit *f*. **2.** Besonnenheit *f*; Kühle *f*. **3.** Kaltblütigkeit, Kaltschnäuzigkeit (*inf*) *f*. **4.** Kühle *f*.

coomb [ku:m] *n* Tal(mulde *f*) *nt*.

coon [ku:n] *n* **1.** (*Zool*) Waschbär *m*. **2.** (*pej*) Nigger *m* (*pej*).

coop [ku:p] *n* (*also* **hen ~**) Hühnerstall *m*.

◆**coop up** *vt sep person* einsperren; *several people* zusammenpferchen (*inf*).

co-op ['kəʊ'ɒp] *n* **1.** Genossenschaft *f*; (*shop*) Coop, Konsum *m*. **2.** (*US*) Apartmenthaus *nt* mit Eigentumswohnungen; (*apartment*) Eigentumswohnung *f*. **to go ~** in Eigentumswohnungen umgewandelt werden.

cooper ['ku:pəʳ] *n* Böttcher *m*.

cooperate [kəʊ'ɒpəreɪt] *vi* kooperieren, zusammenarbeiten; (*go along with, not be awkward*) mitmachen. **to ~ towards a**

common end auf ein gemeinsames Ziel hinarbeiten; **if the weather** ~s wenn das Wetter mitmacht.

cooperation [kəʊˌɒpəˈreɪʃən] n Kooperation, Zusammenarbeit f; (help) Mitarbeit, Kooperation f. **we produced this model in** ~ **with …** wir haben dieses Modell in Gemeinschaftsarbeit or Kooperation or gemeinsam mit … produziert; **with the** ~ **of all members then …** wenn alle Mitglieder mitmachen, dann …

cooperative [kəʊˈɒpərətɪv] **I** adj **1.** (prepared to comply) kooperativ; (prepared to help) hilfsbereit. **the agency/management was most** ~ die Agentur/Geschäftsleitung war sehr hilfsbereit.
  2. firm auf Genossenschaftsbasis. ~ **society** Genossenschaft, Kooperative f; ~ **farm** Bauernhof m auf Genossenschaftsbasis; ~ **bank** (US) Genossenschaftsbank f.
  II n Genossenschaft, Kooperative f; (also ~ **farm**) Bauernhof m auf Genossenschaftsbasis.

cooperatively [kəʊˈɒpərətɪvlɪ] adv see adj 1. kooperativ; hilfsbereit.

coopt [kəʊˈɒpt] vt selbst (hinzu)wählen. **he was** ~ed **onto the committee** er wurde vom Komitee selbst dazugewählt.

coordinate [kəʊˈɔːdɪnɪt] **I** adj gleichwertig; (in rank) gleichrangig; (Gram) nebengeordnet (with zu).
  II n (Math etc) Koordinate f; (equal) etwas Gleichwertiges. ~s (clothes) Kleidung f zum Kombinieren.
  III [kəʊˈɔːdɪneɪt] vt **1.** movements, muscles, pieces of work koordinieren; (two people, firms) operations etc also aufeinander abstimmen; thoughts also ordnen. **to** ~ **one thing with another** eine Sache auf eine andere abstimmen.
  2. (Gram) nebenordnen, koordinieren.

coordination [kəʊˌɔːdɪˈneɪʃən] n Koordination, Koordinierung f.

coordinator [kəʊˈɔːdɪneɪtəʳ] n Koordinator m; (Gram) koordinierende or nebenordnende Konjunktion.

coot [kuːt] n Wasserhuhn nt. **bald as a** ~ völlig kahl; **daft as a** ~ (inf) doof (inf); (mad) leicht übergeschnappt (inf).

cop [kɒp] **I** n **1.** (inf: policeman) Polizist(in f), Bulle (pej inf) m. **to play** ~s **and robbers** Räuber und Gendarm spielen.
  2. (Brit sl: arrest) **it's a fair** ~ jetzt hat's mich erwischt (inf).
  3. (Brit sl) **it's no great** ~ das ist nichts Besonderes.
  II vt (sl: catch) sb schnappen (inf), erwischen (inf); clout, thump fangen (inf). **you'll** ~ **it when your dad gets home** warte nur, bis dein Vater nach Haus kommt!; **he** ~ped **one right on the nose** er fing eine genau auf der Nase (inf); **hey,** ~ **a load of this!** he, hör dir das mal an! (inf).
  ◆**cop out** vi (sl) aussteigen (sl) (of aus).

copartner [ˈkəʊˈpɑːtnəʳ] n Teilhaber(in f), Partner m.

copartnership [ˈkəʊˈpɑːtnəʃɪp] n Teilhaberschaft, Partnerschaft f.

cope¹ [kəʊp] n **1.** (Eccl) Pluviale nt.
  2. (Archit) see **coping**.

cope² vi zurechtkommen; (with work) es schaffen. **to** ~ **with** difficulties, problems, children, difficult person fertigwerden mit, zurechtkommen mit; **how do you** ~ **all by yourself?** wie werden Sie so allein fertig?, wie kommen Sie so allein zurecht?; **I can't** ~ **with all this work** ich bin mit all der Arbeit überfordert; **she can't** ~ **with the stairs any more** sie schafft die Treppe nicht mehr.

Copenhagen [ˌkəʊpnˈheɪɡən] n Kopenhagen nt.

Copernicus [kəˈpɜːnɪkəs] n Kopernikus m.

copestone [ˈkəʊpstəʊn] n **1.** (Archit) Abdeckplatte f. **2.** (fig) (of career etc) Krönung f; (of theory) Schlußstein m.

copier [ˈkɒpɪəʳ] n (copyist) Kopist(in f) m; (imitator also) Nachmacher m; (of writer, painter etc) Imitator(in f) m; (machine) Kopiergerät nt, Kopierer m (inf).

co-pilot [ˈkəʊˈpaɪlət] n Kopilot m.

coping [ˈkəʊpɪŋ] n Mauerkrone f.

coping saw n Laubsäge f; **coping stone** n see **copestone**.

copious [ˈkəʊpɪəs] adj supply groß, reichlich; information, details, illustrations zahlreich; writer fruchtbar. **amidst** ~ **tears** unter einer Flut von Tränen.

copiously [ˈkəʊpɪəslɪ] adv reichlich. **she wept** ~ sie vergoß Ströme von Tränen.

copiousness [ˈkəʊpɪəsnɪs] n see adj Größe, Reichlichkeit f; Fülle f, Reichtum m; Fruchtbarkeit f.

cop-out [ˈkɒpaʊt] n (sl) Rückzieher m (inf).

copper [ˈkɒpəʳ] n **1.** (metal, abbr Cu) Kupfer nt. **2.** (colour) Kupferrot nt. **3.** (esp Brit inf: coin) Pfennig m. ~s Kleingeld nt. **4.** (inf: policeman) Polizist(in f), Bulle (pej inf) m. **5.** (for boiling clothes etc) Waschkessel m.

copper beech n Rotbuche f; **copper-bottomed** adj mit Kupferboden; (Fin, fig) gesund; **copper-coloured** adj kupferfarben; **copper mine** n Kupfermine f; **copperplate I** vt verkupfern; **II** n **1.** (plate for engraving) Kupferplatte f; (engraving) Kupferstich m; **2.** (handwriting) lateinische (Ausgangs)schrift; **III** adj ~ **engraving** Kupferstich m; (process also) Kupferstechen nt; **in your best** ~ **writing** in deiner besten Sonntagsschrift; **copperplating** n Verkupferung f; **coppersmith** n Kupferschmied m.

coppice [ˈkɒpɪs] n see **copse**.

copra [ˈkɒprə] n Kopra f.

copse [kɒps] n Wäldchen nt.

cop-shop [ˈkɒpʃɒp] n (sl) Revier nt.

Coptic [ˈkɒptɪk] adj koptisch.

copula [ˈkɒpjʊlə] n Kopula f, Satzband nt.

copulate [ˈkɒpjʊleɪt] vi kopulieren.

copulation [ˌkɒpjʊˈleɪʃən] n Kopulation f.

copulative [ˈkɒpjʊlətɪv] (Gram) **I** n Kopula f. **II** adj kopulativ. ~ **conjunction** koordinierende Konjunktion.

copy [ˈkɒpɪ] **I** n **1.** Kopie f; (of document etc) (extra version also) Zweitschrift f; (separately written or typed also) Abschrift f; (typed carbon also) Durchschlag m; (handwritten carbon also) Durchschrift f; (Phot) Abzug m. **to take** or **make a** ~ **of sth** eine Kopie/Zweitschrift etc von etw machen; **to write out a fair** ~ etw ins

reine schreiben; *see* rough.
  2. (*of book etc*) Exemplar *nt.* **have you
  got a ~ of today's "Times"?** hast du die
  „Times" von heute?
  3. (*Press etc*) (*subject matter*) Stoff *m*;
  (*material to be printed*) Artikel *m*; (*Typ*)
  (Manu)skript *nt.* **that's always good ~** das
  zieht immer; **this murder story will make
  good ~** aus diesem Mord kann man etwas
  machen.
  4. (*in advertising*) Werbetext *m.*
  II *vi* **1.** (*imitate*) nachahmen.
  2. (*Sch etc*) abschreiben.
  III *vt* **1.** (*make a ~ of*) *see n* kopieren;
  eine Zweitschrift/ Abschrift anfertigen
  von; einen Durchschlag/eine Durch-
  schrift machen von; abziehen; (*write out
  again*) abschreiben.
  2. (*imitate*) nachmachen; *gestures, ac-
  cent, person also* nachahmen.
  3. (*Sch etc*) *sb else's work* abschreiben;
  (*painting*) abmalen. **to ~ Brecht** (von)
  Brecht abschreiben.

copybook ['kɒpɪbʊk] **I** *n* Schönschreibheft
  nt; see **blot**; **II** *adj attr* mustergültig, wie es/
  er/sie im Lehrbuch steht; **copy boy** *n*
  (*Press*) Laufjunge *m;* **copycat** *n* (*inf*)
  Nachahmer(in *f*) *m;* (*with written work*)
  Abschreiber(in *f*) *m;* **she's a terrible ~** sie
  macht immer alles nach; sie schreibt
  immer ab; **copy desk** *n* (*Press*) Redak-
  tionstisch *m;* **copy editor** *n* (*Press*)
  Redakteur(in *f*) *m;* (*publishing also*) Lek-
  tor(in *f*) *m;* Manuskriptbearbeiter(in *f*) *m.*
copyist ['kɒpɪɪst] *n* Kopist(in *f*) *m.*
copyreader ['kɒpɪːdəʳ] *n* (*US*) *see* **copy
  editor.**
copyright ['kɒpɪraɪt] **I** *n* Copyright, Urhe-
  berrecht *nt.* **out of ~** urheberrechtlich
  nicht mehr geschützt. **II** *adj* urheberrecht-
  lich geschützt. **III** *vt book* urheberrecht-
  lich schützen; (*author*) urheberrechtlich
  schützen lassen.
copy typist *n* Schreibkraft *f;* **copywriter** *n*
  Werbetexter(in *f*) *m.*
coquetry ['kɒkɪtrɪ] *n* Koketterie *f.*
coquette [kɒ'ket] *n* kokettes Mädchen,
  kokette Frau.
coquettish [kɒ'ketɪʃ] *adj* kokett, keß.
cor [kɔːʳ] *interj* (*Brit sl*) Mensch (*inf*).
coral ['kɒrəl] *n* **1.** Koralle *f.* **2.** (*colour*)
  Korallenrot *nt.*
coral *in cpds* Korallen-; **coral-coloured**
  adj korallenfarbig; **coral island** *n* Koral-
  leninsel *f;* **coral necklace** *n* Korallen-
  kette *f;* **coral reef** *n* Korallenriff *nt;* **Coral
  Sea** *n* Korallenmeer *nt;* **coral snake** *n*
  Korallennatter *f.*
cor anglais ['kɔːr'ɒŋgleɪ] *n* (*esp Brit*) Eng-
  lischhorn *nt.*
corbel ['kɔːbəl] *n* Kragstein *m,* Konsole *f.*
cord [kɔːd] **I** *n* **1.** Schnur *f;* (*for clothes*)
  Kordel *f;* (*US Elec*) Schnur *f.* **2.** **~s** *pl*
  (*also* **a pair of ~s**) Kordhosen *pl.*
  3. (*Tex*) *see* **corduroy. 4.** (*Anat*) *see*
  spinal, umbilical , vocal. II *attr* Kord-.
cordage ['kɔːdɪdʒ] *n, no pl* Tauwerk *nt.*
corded ['kɔːdɪd] *adj* (*ribbed*) gerippt.
cordial ['kɔːdɪəl] **I** *adj* freundlich, höflich;
  (*liter: intense*) *dislike* heftig. **II** *n* (*soft
  drink*) Fruchtsaftkonzentrat *nt;* (*al-
  coholic*) Fruchtlikör *m.*

cordiality [ˌkɔːdɪ'ælɪtɪ] *n* Freundlichkeit,
  Höflichkeit *f.*
cordially ['kɔːdɪəlɪ] *adv* freundlich, höflich.
  we ~ dislike each other wir begegnen
  einander mit kühler Höflichkeit; (*liter:
  intensely*) wir verabscheuen einander von
  (ganzem) Herzen; **~ yours** mit freund-
  lichen Grüßen].
cordite ['kɔːdaɪt] *n* Cordit *nt.*
cordon ['kɔːdn] **I** *n* **1.** Kordon *m,* Posten-
  kette *f.* **to put** *or* **fling a ~ round sth** einen
  Kordon um etw ziehen, etw (hermetisch)
  abriegeln. **2.** (*ribbon of an Order*) Kordon
  m, (Ordens)band *nt.* **3.** (*Hort*) Kordon,
  Schnurbaum *m.* **II** *vt see* **off.**
◆**cordon off** *vt sep area, building* absper-
  ren, abriegeln.
cordon bleu [ˌkɔːdɒn'blɜː] **I** *n* (*Cook*)
  (*award*) Meisterkochdiplom *nt;* (*chef,
  cook*) Meisterkoch *m,* Meisterköchin *f.*
  II *adj cook* vorzüglich. **she's taking a ~
  cookery course** sie macht einen Kochkurs
  für die feine Küche (mit).
corduroy ['kɔːdərɔɪ] *n* Kordsamt *m.* **~s**
  Kord(samt)hosen *pl.*
corduroy *in cpds* Kord(samt)-; **corduroy
  road** *n* Knüppeldamm *m.*
core [kɔːʳ] **I** *n* (*lit, fig*) Kern *m;* (*of apple,
  pear*) Kernhaus *nt,* Butzen *m* (*dial*); (*of
  rock*) Innere(s) *nt;* (*of nuclear reactor*)
  Kern *m.* **rotten/English to the ~** (*fig*)
  durch und durch schlecht/englisch.
  II *vt fruit* entkernen; *apple, pear* das
  Kernhaus (+*gen*) entfernen.
corelate *vti see* **correlate.**
co-religionist ['kəʊrɪ'lɪdʒənɪst] *n* Glau-
  bensgenosse *m/* -genossin *f.*
co-respondent ['kəʊrɪs'pɒndənt] *n* (*Jur*)
  Mitbeklagte(r) *or* Dritte(r) *mf* (*im
  Scheidungsprozeß*).
core time *n* Kernzeit *f.*
Corfu [kɔː'fuː] *n* Korfu *nt.*
corgi ['kɔːgɪ] *n* Corgi *m.*
coriander [ˌkɒrɪ'ændəʳ] *n* Koriander *m.*
Corinth ['kɒrɪnθ] *n* Korinth *nt.*
Corinthian [kə'rɪnθɪən] **I** *adj* korinthisch.
  II *n* Korinther(in *f*) *m.* **~s** +*sing vb*
  (*Eccl*) Korinther *pl.*
cork [kɔːk] **I** *n* **1.** *no pl* (*substance*) Kork
  m. **2.** (*stopper*) Korken *m.* **3.** (*Fishing:
  also* **~ float**) Schwimmer *m.* **II** *vt* (*also* **~
  up**) *bottle, wine* zu- *or* verkorken. **III** *adj*
  Kork-, korken (*rare*).
corkage ['kɔːkɪdʒ] *n* Korkengeld *nt.*
corked [kɔːkt] *adj* **the wine is ~** der Wein
  schmeckt nach Kork.
cork *in cpds* Kork-; **cork flooring** *n* Kork-
  (fuß)boden *m;* **corkscrew** *n* Korken-
  zieher *m;* **cork shoes** *npl* Schuhe *pl* mit
  Korksohlen; **cork tile** *n* Korkfliese *f;*
  cork-tipped *adj cigarette* mit Korkfilter;
  cork tree *n* Korkbaum *m.*
corky ['kɔːkɪ] *adj* Kork-, korkartig; *taste*
  Kork-, korkig.
corm [kɔːm] *n* Knolle *f.*
cormorant ['kɔːmərənt] *n* Kormoran *m.*
corn¹ [kɔːn] *n* **1.** *no pl* (*cereal*) Getreide,
  Korn *nt.* **2.** (*seed of ~*) Korn *nt.* **3.** *no pl
  sweet~* (*esp US: maize*) Mais *m; see* **cob.**
corn² *n* Hühnerauge *nt.* **~ plaster** Hüh-
  neraugenpflaster *nt;* **to tread on sb's ~s**
  (*fig*) jdm auf die Hühneraugen treten.

corn³ n (inf) (sentiment etc) Kitsch m, sentimentales Zeug; (trite humour) olle Kamellen pl (inf).

Corn [kɔːn] abbr of **Cornwall**.

Corn Belt n (Geog) Getreidegürtel m; **corn bread** n (US) Maisbrot nt; **cornbunting** n (Orn) Grauammer f; **corn chandler** n Kornhändler m; **corncob** n Maiskolben m; **corn-coloured** adj strohfarben, strohgelb; **corncrake** n (Orn) Wachtelkönig m; **corncrib** n (US) Maisspeicher m; **corn dodger** n (US) Maisfladen m.

cornea [ˈkɔːnɪə] n Hornhaut f.

corner [ˈkɔːnəʳ] I n 1. (generally, Boxing) Ecke f; (of sheet also) Zipfel m; (of mouth, eye) Winkel m; (sharp bend in road) Kurve f; (fig: awkward situation) Klemme f (inf). **at** or **on the** ~ an der Ecke; **it's just round the** ~ es ist gleich um die Ecke; **to turn the** ~ (lit) um die Ecke biegen; **we've turned the** ~ **now** (fig) wir sind jetzt über den Berg; **the pages are curling up at the** ~**s** die Seiten haben Eselsohren; **out of the** ~ **of one's eye** aus dem Augenwinkel (heraus); **to cut** ~**s** (lit) Kurven schneiden; (fig) das Verfahren abkürzen; **to drive sb into a** ~ (fig) jdn in die Enge treiben; **he has travelled to all four** ~**s of the world** er hat die ganze Welt bereist; **in every** ~ **of Europe/the globe/the house** in allen (Ecken und) Winkeln Europas/der Erde/des Hauses; **an attractive** ~ **of Britain** eine reizvolle Gegend Großbritanniens.

2. (out-of-the-way place) Winkel m. **have you got an odd** ~ **somewhere where I could store my books?** hast du irgendwo ein Eckchen or Plätzchen, wo ich meine Bücher lagern könnte?

3. (Comm: monopoly) Monopol nt. **to make/have a** ~ **in sth** das Monopol für or auf etw (acc) erwerben/haben.

4. (Ftbl) Ecke f, Eckball, Corner (Aus) m. **to take a** ~ eine Ecke ausführen.

II vt 1. (lit, fig: trap) in die Enge treiben.

2. (Comm) the market monopolisieren.

III vi (take a ~) (person) Kurven/die Kurve nehmen. **this car** ~**s well** dieses Auto hat eine gute Kurvenlage; **the car tends to skid when** ~**ing** das Auto kommt in der Kurve leicht ins Schleudern.

corner in cpds Eck-; **corner flag** n (Sport) Eckfahne f; **corner kick** n (Ftbl) Eckstoß m; **corner post** n (Ftbl) Eckfahne f; **corner seat** n (Rail) Eckplatz m; **corner shop** n Laden m an der Ecke; **cornerstone** n (lit, fig) Grundstein, Eckstein m; **cornerways, cornerwise** adv über Eck, diagonal.

cornet [ˈkɔːnɪt] n 1. (Mus) Kornett nt. 2. (ice-cream ~) (Eis)tüte f.

Corn Exchange n Getreidebörse f; **cornfed** adj mit Getreide gefüttert; **cornfield** n (Brit) Korn- or Weizenfeld nt; (US) Maisfeld nt; **cornflakes** npl Corn-flakes® pl; **cornflour** n (Brit) Stärkemehl nt; **cornflower** n 1. Kornblume f; 2. (colour) Kornblumenblau nt; II adj (also ~ **blue**) kornblumenblau.

cornice [ˈkɔːnɪs] n (Archit: of wall, column) (Ge)sims nt; (of snow) Wächte f.

Cornish [ˈkɔːnɪʃ] I adj kornisch, aus Cornwall. ~ **pasty** (Brit) Gebäckstück nt aus Blätterteig mit Fleischfüllung. II n (dialect) Kornisch nt.

Cornishman [ˈkɔːnɪʃmən] n, pl -men [-mən] Bewohner m Cornwalls.

cornmeal [ˈkɔːnmiːl] n (US) Maismehl nt; **corn oil** n (Mais)keimöl nt; **corn pone** n (US) see **corn bread**; **corn poppy** n Klatschmohn m, Mohnblume f; **corn shock** n (Getreide)garbe f; **cornstarch** n (US) Stärkemehl nt; **corn syrup** n (US) (Mais)sirup m.

cornucopia [kɔːnjuˈkəʊpɪə] n (Myth, horn-shaped container) Füllhorn nt; (fig: abundance) Fülle f.

corn whisky n (US) Maiswhisky m.

corny [ˈkɔːnɪ] adj (+er) (inf) joke blöd (inf); (sentimental) kitschig. **what a** ~ **old joke!** der Witz hat (so) einen Bart (inf).

corolla [kəˈrɒlə] n (Bot) Blumenkrone f.

corollary [kəˈrɒlərɪ] I n (logische) Folge, Korollar nt (also Math). II adj Begleit-.

corona [kəˈrəʊnə] n (Astron) (of sun, moon etc) Hof m; (part of sun's atmosphere) Korona f; (of tooth) Krone f; (Bot) Nebenkrone f; (cigar) Corona f.

coronary [ˈkɒrənərɪ] I adj (Med) Koronar-(spec). ~ **artery** Kranzarterie f; ~ **failure** Herzversagen nt (inf), Koronarinsuffizienz f; ~ **thrombosis** Herzinfarkt m. II n Herzinfarkt m.

coronation [ˌkɒrəˈneɪʃən] n Krönung f.

coronation in cpds Krönungs-.

coroner [ˈkɒrənəʳ] n Beamter, der Todesfälle untersucht, die nicht eindeutig eine natürliche Ursache haben. ~**'s inquest** Untersuchung f nicht eindeutig natürlicher Todesfälle; ~**'s jury** Untersuchungskommission f bei nicht eindeutig natürlichen Todesfällen.

coronet [ˈkɒrənɪt] n Krone f; (jewellery) Krönchen nt.

corporal¹ [ˈkɔːpərəl] n (abbr corp) (Mil) Stabsunteroffizier m.

corporal² adj körperlich; pleasures, needs leiblich. ~ **punishment** Prügelstrafe f.

corporate [ˈkɔːpərɪt] adj 1. (of a group) gemeinsam, korporativ. ~ **action/decision** geschlossenes or gemeinsames Vorgehen/gemeinsame Entscheidung.

2. (of a corporation) korporativ; (of a company) Firmen-; (Jur) Korporations-. **the** ~ **life of an organization** das Leben in einer großen Vereinigung; ~ **person** (Jur) juristische Person; **body** ~ Körperschaft f.

corporately [ˈkɔːpərɪtlɪ] adv see adj 1. gemeinsam. 2. körperschaftlich.

corporation [ˌkɔːpəˈreɪʃən] n 1. (municipal ~) Gemeinde, Stadt f. **the Mayor and C**~ der Bürgermeister und die Stadt.

2. (Brit Comm: incorporated company) Handelsgesellschaft f; (US Comm: limited liability company) Gesellschaft f mit beschränkter Haftung. **private/public** ~ (Comm) Privatunternehmen nt/staatliches Unternehmen.

3. (Brit hum: belly) Schmerbauch m.

corporation bus n Stadtbus m, städtischer Omnibus; **corporation property** n gemeindeeigener Besitz; **corporation**

tax *n* Körperschaftssteuer *f*; **corporation transport** *n* städtisches Verkehrsmittel.
corporeal [kɔːˈpɔːrɪəl] *adj* körperlich.
corps [kɔːʳ] *n*, *pl* - (*Mil*) Korps *nt*. ~ **de ballet** Corps de ballet *nt*; ~ **diplomatique** diplomatisches Korps; *see* **diplomatic** ~.
corpse [kɔːps] *n* Leiche *f*, Leichnam *m* (*geh*).
corpulence [ˈkɔːpjʊləns] *n* Korpulenz *f*.
corpulent [ˈkɔːpjʊlənt] *adj* korpulent.
corpus [ˈkɔːpəs] *n* 1. (*collection*) Korpus *m*; (*of opinions*) Paket *nt*. 2. (*main body*) Großteil *m*. 3. (*Fin*) Stammkapital *nt*.
Corpus Christi [ˈkɔːpəsˈkrɪstɪ] *n* (*Eccl*) Fronleichnam *m*.
corpuscle [ˈkɔːpʌsl] *n* Korpuskel *nt* (*spec*). **blood** ~ Blutkörperchen *nt*.
corpus delicti [ˈkɔːpəsdəˈlɪktaɪ] *n* (*Jur*) Corpus delicti *nt*; (*corpse*) Leiche *f*.
corral [kəˈrɑːl] I *n* Korral *m*. II *vt* cattle in den Korral treiben.
correct [kəˈrekt] I *adj* 1. (*right*) richtig; *answer, pronunciation also* korrekt; *time also* genau. **am I** ~ **in thinking that ...?** gehe ich recht in der Annahme, daß ...? 2. (*proper, suitable, perfectly mannered*) korrekt. **it's the** ~ **thing to do** das gehört sich so.
 II *vt* korrigieren; *person, pronunciation, error etc also* berichtigen, verbessern; *bad habit* sich/jdm abgewöhnen. **to** ~ **proofs** Korrektur lesen; ~ **me if I'm wrong** Sie können mich gern berichtigen; **I stand** ~**ed** ich nehme alles zurück.
correction [kəˈrekʃən] *n see vt* Korrektion, Korrektur *f*; Berichtigung, Verbesserung *f*; Abgewöhnung *f*. ~ **of proofs** Korrekturlesen *nt*; **I am open to** ~ ich lasse mich gerne berichtigen; **to do one's** ~**s** (*Sch*) die Verbesserung machen.
correctitude [kəˈrektɪtjuːd] *n see* **correctness 2.**
corrective [kəˈrektɪv] I *adj* korrigierend. **to take** ~ **action** korrigierend eingreifen; **to have** ~ **surgery** sich einem korrigierenden Eingriff unterziehen. II *n* (*Pharm*) Korrektiv *nt*.
correctly [kəˈrektlɪ] *adv* 1. (*accurately*) richtig; *answer, pronounce also* korrekt. **he had** ~ **assumed that ...** er hatte richtigerweise angenommen, daß ... 2. (*in proper way*) *behave, speak, dress* korrekt.
correctness [kəˈrektnɪs] *n* 1. (*accuracy*) Richtigkeit *f*. 2. (*of behaviour etc*) Korrektheit *f*.
correlate [ˈkɔrɪleɪt] I *vt two things* zueinander in Beziehung setzen, korrelieren (*geh*).
 II *vi* (*two things*) sich entsprechen. **to** ~ **with sth** mit etw in Beziehung stehen.
correlation [ˌkɔrɪˈleɪʃən] *n* (*interdependence*) wechselseitige Abhängigkeit, Wechselbeziehung *f*; (*close relationship*) enger *or* direkter Zusammenhang; (*Math, Statistics*) Korrelation *f*.
correlative [kɒˈrelətɪv] I *n* Korrelat *nt*.
 II *adj* (*directly related*) entsprechend; (*interdependent*) in Wechselbeziehung stehend, einander wechselseitig bedingend; (*Gram*) korrelativ.
correspond [ˌkɔrɪsˈpɒnd] *vi* 1. (*be equivalent*) entsprechen (*to, with dat*);

(*two or more: to one another*) sich entsprechen; (*be in accordance also*) sich decken (*with* mit).
 2. (*exchange letters*) korrespondieren (*with* mit).
correspondence [ˌkɔrɪsˈpɒndəns] *n* 1. (*agreement, equivalence*) Übereinstimmung *f* (*between* zwischen, *with* mit). 2. (*letter-writing*) Korrespondenz *f*; (*letters also*) Briefe *pl*; (*in newspaper*) Leserzuschriften *or* -briefe *pl*. **to be in** ~ **with sb** mit jdm in Briefwechsel stehen, mit jdm korrespondieren (*geh*).
correspondence column *n* (*Press*) Leserbriefspalte *f*; **correspondence course** *n* Fernkurs *m*; **correspondence school** *n* Fernlehrinstitut *nt*.
correspondent [ˌkɔrɪsˈpɒndənt] I *n* 1. (*letter-writer*) Briefschreiber(in *f*) *m*. **to be a good/bad** ~ ein eifriger Briefschreiber sein/schreibfaul sein; **according to my** ~ wie man mir geschrieben hat. 2. (*Press*) Korrespondent(in *f*) *m*. 3. (*Comm*) Entsprechung *f*, Gegenstück *nt*. II *adj see* **corresponding.**
corresponding [ˌkɔrɪsˈpɒndɪŋ] *adj* entsprechend.
correspondingly [ˌkɔrɪsˈpɒndɪŋlɪ] *adv* (dem)entsprechend.
corridor [ˈkɔrɪdɔːʳ] *n* Korridor *m*; (*in building also*) Gang *m*; (*in train, bus*) Gang *m*. **in the** ~**s of power** an den Schalthebeln der Macht; ~ **train** D-Zug *m*.
corrie [ˈkɔrɪ] *n* (*Geol*) Kar *nt*.
corrigendum [ˌkɔrɪˈdʒendəm] *n*, *pl* **corrigenda** [ˌkɔrɪˈdʒendə] Corrigendum *nt* (*geh*).
corroborate [kəˈrɒbəreɪt] *vt* bestätigen; *theory also* bekräftigen, erhärten, untermauern.
corroboration [kəˌrɒbəˈreɪʃən] *n see vt* Bestätigung *f*; Bekräftigung, Erhärtung, Untermauerung *f*. **in** ~ **of** zur Unterstützung *or* Unterstützung (+*gen*).
corroborative [kəˈrɒbərətɪv] *adj see vt* bestätigend; bekräftigend, erhärtend, untermauernd *all attr*. **to be** ~ **of sth** etw bestätigen/untermauern.
corrode [kəˈrəʊd] I *vt metal* zerfressen; (*fig*) zerstören. II *vi* (*metal*) korrodieren.
corrosion [kəˈrəʊʒən] *n* Korrosion *f*; (*fig*) Zerstörung *f*.
corrosive [kəˈrəʊzɪv] I *adj* korrosiv; (*fig*) zerstörend. II *n* Korrosion verursachendes Mittel.
corrugated [ˈkɔrəgeɪtɪd] *adj* gewellt. ~ **iron** Wellblech *nt*; ~ **paper** Wellpappe *f*.
corrugation [ˌkɔrəˈgeɪʃən] *n* Welle *f*.
corrupt [kəˈrʌpt] I *adj* verdorben, verworfen, schlecht; (*open to bribery*) korrupt, bestechlich; *text, language* verderbt, korrumpiert.
 II *vt* (*morally*) verderben; (*ethically*) korrumpieren; (*form: bribe*) bestechen, korrumpieren. **to become** ~**ed** (*text, language*) verderbt *or* korrumpiert werden.
corruptible [kəˈrʌptəbl] *adj* korrumpierbar; (*bribable also*) bestechlich.
corruption [kəˈrʌpʃən] *n* 1. (*act*) (*of person*) Korruption *f*; (*by bribery also*) Bestechung *f*.
 2. (*corrupt nature*) Verdorbenheit,

Verderbtheit f; (by bribery) Bestechlichkeit f; (of morals) Verfall m; (of language, text) Verderbtheit, Korrumpierung f. **3.** (form: decay of bodies etc) Zersetzung, Fäulnis f.

corsage [kɔːˈsɑːʒ] n **1.** (bodice) Mieder nt. **2.** (flowers) Ansteckblume f.

corsair [ˈkɔːsɛəʳ] n (ship) Piratenschiff nt, Korsar m; (pirate) Pirat, Korsar m.

corset [ˈkɔːsɪt] n (also ~s) Korsett nt. **surgical** ~ Stützkorsett nt.

corseted [ˈkɔːsɪtɪd] adj geschnürt.

corsetry [ˈkɔːsɪtrɪ] n Miederwarenherstellung f; (corsets) Miederwaren pl.

Corsica [ˈkɔːsɪkə] n Korsika nt.

Corsican [ˈkɔːsɪkən] I adj korsisch. ~ **holiday** Urlaub auf Korsika. II n **1.** Korse m, Korsin f. **2.** (language) Korsisch nt.

cortège [kɔːˈteɪʒ] n (retinue) Gefolge nt; (procession) Prozession f; (funeral ~) Leichenzug m.

cortex [ˈkɔːteks] n, pl **cortices** (Anat) (of brain) Hirnrinde f; (of kidney) Nierenrinde f; (Bot) Kortex m.

cortical [ˈkɔːtɪkl] adj (Anat, Bot) kortikal.

cortices [ˈkɔːtɪsɪz] pl of **cortex**.

cortisone [ˈkɔːtɪzəʊn] n Kortison nt.

coruscate [ˈkɒrəskeɪt] vi funkeln.

corvette [kɔːˈvet] n (Naut) Korvette f.

cos¹ [kɒs] abbr of **cosine** cos.

cos² n (also ~ **lettuce**) Romagna-Salat, römischer Salat m.

cos³ conj (inf) = **because**.

cosec [ˈkəʊsek] abbr of **cosecant** cosec.

cosecant [ˈkəʊsekænt] n Kosekans m.

cosh [kɒʃ] I vt auf den Schädel schlagen, eins über den Schädel ziehen (+dat) (inf). II n (instrument) Totschläger m; (blow) Schlag m (auf den Kopf).

cosignatory [ˈkəʊˈsɪgnətərɪ] n Mitunterzeichner(in f) m.

cosine [ˈkəʊsaɪn] n Kosinus m.

cosiness, (US) **coziness** [ˈkəʊzɪnɪs] n Gemütlichkeit, Behaglichkeit f; (warmth) mollige Wärme; (of chat) Freundschaftlichkeit f.

cosmetic [kɒzˈmetɪk] I adj kosmetisch. ~ **surgery** kosmetische Chirurgie; **she's had** ~ **surgery** sie hat eine Schönheitsoperation gehabt. II n Kosmetikum, Schönheitspflegemittel nt.

cosmetician [kɒzməˈtɪʃən] n Kosmetiker(in f) m.

cosmic [ˈkɒzmɪk] adj kosmisch. ~ **dust** Weltraumnebel m.

cosmography [kɒzˈmɒgrəfɪ] n Kosmographie f.

cosmology [kɒzˈmɒlədʒɪ] n Kosmologie f.

cosmonaut [ˈkɒzmənɔːt] n Kosmonaut(in f) m.

cosmopolitan [ˌkɒzməˈpɒlɪtən] I adj kosmopolitisch, international. II n Kosmopolit, Weltbürger m.

cosmos [ˈkɒzmɒs] n **1.** Kosmos m. **2.** (Bot) Kosmee f.

cossack [ˈkɒsæk] I n Kosak(in f) m. II adj Kosaken-. ~ **hat** Kosakenmütze f.

cosset [ˈkɒsɪt] vt verwöhnen.

cost [kɒst] (vb: pret, ptp ~) I vt **1.** (lit, fig) kosten. **how much does it** ~? wieviel kostet es?; **how much will it** ~ **to have it repaired?** wieviel kostet die Reparatur?;

driving without a seat belt ~ **him dear** Fahren ohne Sicherheitsgurt kam ihn teuer zu stehen; **it** ~ **him a great effort/a lot of time** es kostete ihn viel Mühe/viel Zeit; ~ **what it may** koste es, was es wolle; **politeness doesn't** ~ **(you) anything** es kostet (dich) nichts, höflich zu sein; **it'll** ~ **you** (inf) das kostet dich was (inf). **2.** (Comm: put a price on) pret, ptp ~**ed** articles for sale auspreisen (at zu); piece of work veranschlagen (at mit).

II n **1.** Kosten pl (of für). **to bear the** ~ **of sth** die Kosten für etw tragen, für die Kosten von etw aufkommen; **the** ~ **of electricity/petrol these days** die Strom-/Benzinpreise heutzutage; **at little** ~ **to oneself** ohne große eigene Kosten; **to buy sth** ~ etw zum Selbstkostenpreis kaufen. **2.** (fig) Preis m. **at all** ~s um jeden Preis; **whatever the** ~ kostet es, was es wolle; **at the** ~ **of one's health/job/ marriage** etc auf Kosten seiner Gesundheit/Stelle/Ehe etc; **at great/little personal** ~ unter großen/geringen eigenen Kosten; **he found out to his** ~ **that ...** er machte die bittere Erfahrung, daß ...

3. (Jur) ~s pl Kosten pl; **to be ordered to pay** ~s zur Übernahme der Kosten verurteilt werden.

cost accountant n Kostenbuchhalter(in f) m; **cost accounting** n Kalkulation f; (department) Kostenbuchhaltung f, betriebliches Rechnungswesen.

co-star [ˈkəʊstɑːʳ] I n (Film, Theat) einer der Hauptdarsteller. **Burton and Taylor were** ~s Burton und Taylor spielten die Hauptrollen. II vt **the film** ~s R. Burton der Film zeigt R. Burton in einer der Hauptrollen. III vi als Hauptdarsteller auftreten.

Costa Rica [ˈkɒstəˈriːkə] n Costa Rica nt.

Costa Rican [ˈkɒstəˈriːkən] I adj costaricanisch. II n Costaricaner(in f) m.

cost-effective [ˈkɒstɪˈfektɪv] adj rentabel.

coster(monger) [ˈkɒstə(ˌmʌŋgəʳ)] n (Brit) Straßenhändler m.

costing [ˈkɒstɪŋ] n Kalkulation f. ~ **department** Kostenbuchhaltung f, betriebliches Rechnungswesen.

costliness [ˈkɒstlɪnɪs] n Kostspieligkeit f; (in business, industry) hoher Kostenaufwand.

costly [ˈkɒstlɪ] adj teuer, kostspielig; tastes, habits teuer. ~ **in terms of time/labour** zeitaufwendig/arbeitsintensiv.

cost of living n Lebenshaltungskosten pl; **cost-of-living bonus** n Lebenshaltungskostenzuschlag m; **cost-of-living index** n Lebenshaltungskostenindex m; **cost price** n Selbstkostenpreis m.

costume [ˈkɒstjuːm] n Kostüm nt; (bathing ~) Badeanzug m. **national** ~ Nationaltracht f.

costume ball n Kostümfest nt; **costume jewellery** n Modeschmuck m; **costume piece, costume play** n Schauspiel nt in historischen Kostümen.

costumier [kɒsˈtjuːmɪəʳ], (US) **costumer** [kɒsˈtjuːməʳ] n **1.** (theatrical ~) Kostümverleih m. **2.** (form: dressmaker) Schneider(in f) m.

cosy, (US) **cozy** ['kəʊzɪ] **I** adj (+er) room, atmosphere gemütlich, behaglich; (warm) mollig warm; (fig) chat gemütlich. **to feel** ~ (person) sich wohl und behaglich fühlen; (room etc) einen behaglichen or gemütlichen Eindruck machen; **a** ~ **little tête-à-tête** (fig) ein trautes Tête-à-tête; **warm and** ~ mollig warm.

II n (tea ~, egg ~) Wärmer m.

cot [kɒt] n (esp Brit: child's bed) Kinderbett nt; (US: camp bed) Feldbett nt. ~ **death** Krippentod m.

cote [kəʊt] n (dove~) Taubenschlag m; (sheep~) Schafstall m.

coterie ['kəʊtərɪ] n Clique f.

cottage ['kɒtɪdʒ] n Cottage, Häuschen nt; (US: in institution) Wohneinheit f.

cottage cheese n Hüttenkäse m; **cottage hospital** n (Brit) kleines Krankenhaus für leichtere Fälle; **cottage industry** n Manufaktur, Heimindustrie f; **cottage loaf** n (Brit) eine Art rundes, hohes Weißbrot; **cottage pie** n Hackfleisch mit Kartoffelbrei überbacken.

cottager ['kɒtɪdʒəʳ] n (Brit) Cottage-Bewohner(in f) m.

cotter (pin) ['kɒtə(ˌpɪn)] n Splint m.

cotton ['kɒtn] **I** n Baumwolle f; (plant) Baumwollstrauch m; (fibre) Baumwollfaser f; (fabric) Baumwollstoff m; (sewing thread) (Baumwoll)garn nt. (absorbent) ~ (US) Watte f. **II** adj Baumwoll-, baumwollen; clothes, fabric also aus Baumwolle.

◆**cotton on** vi (inf) es kapieren (inf).

◆**cotton to** vi +prep obj (inf) plan, suggestion gut finden.

cotton in cpds Baumwoll-; **cotton cake** n Futtermittel nt; **cotton candy** n (US) Zuckerwatte f; **cotton gin** n Entkörnungsmaschine f (für Baumwolle); **cotton grass** n Wollgras nt; **cotton mill** n Baumwollspinnerei f; **cotton-picker** n (person) Baumwollpflücker(in f) m; (machine) Baumwoll-Pflückmaschine f; **cotton-picking** adj (US inf) verflucht (inf); **cotton plant** n Baumwollstaude f or -strauch m; **cotton print** n (fabric) bedruckter Baumwollstoff; **cottonseed** n Baumwollsamen m; **cottonseed cake** n see **cotton cake**; **cottonseed oil** n Baumwollsamenöl nt; **cottontail** n (US) Kaninchen, Karnickel nt; **cottonwood** n Pyramidenpappel f; **cottonwool** n (Brit) Watte f; **to wrap sb in** ~ (fig) jdn in Watte packen; **my legs feel like** ~ meine Beine sind wie Butter.

cotyledon [ˌkɒtɪˈliːdən] n Keimblatt nt.

couch [kaʊtʃ] **I** n (sofa) Sofa nt; (studio ~) Schlafcouch f; (doctor's ~) Liege f; (psychiatrist's ~) Couch f; (poet: bed) Lager nt.

II vt **1.** (put in words) request, reply formulieren, abfassen.

2. (lower) spear, lance anlegen.

III vt (liter: lion, cat etc) lauern.

couchant ['kuːʃənt] adj (Her) liegend.

couchette [kuːˈʃet] n (Rail) Liegewagen(platz) m.

couchgrass ['kaʊtʃɡrɑːs] n Quecke f.

cougar ['kuːgəʳ] n Puma, Kuguar m.

cough [kɒf] **I** n Husten m. **to give a warning**

~ sich warnend räuspern; **a smoker's** ~ Raucherhusten m. **II** vi husten. **III** vt blood husten.

◆**cough out** vt sep aushusten, ausspucken.

◆**cough up I** vt sep (lit) aushusten. **II** vt insep (fig inf) money rausrücken (inf). **III** vi (fig inf) rausrücken (inf).

cough drop n Hustenpastille f; **cough mixture** n Hustensaft m or -mittel nt; **cough sweet** n Hustenbonbon nt.

could [kʊd] pret of **can**[1].

couldn't ['kʊdnt] contr of **could not**.

council ['kaʊnsl] **I** n (body of representatives) Rat m; (meeting) Sitzung, Beratung f. **city/town** ~ Stadtrat m; **to be on the** ~ im Rat sitzen, Ratsmitglied sein.

II attr estate (Brit) des sozialen Wohnungsbaus. ~ **house/ housing** (Brit) Sozialwohnung f/sozialer Wohnungsbau; ~ **chamber** Sitzungssaal m des Rats; ~ **meeting** Ratssitzung f.

councillor, (US) **councilor** ['kaʊnsələʳ] n Ratsmitglied nt; (town ~) Stadtrat m/ -rätin f. ~ **Smith** Herr Stadtrat/Frau Stadträtin Schmidt.

counsel ['kaʊnsəl] **I** n **1.** (form: advice) Rat(schlag) m. **to hold** ~ **with sb/take** ~ **of sb over** or **about sth** mit jdm etw beraten or beratschlagen/jds Rat zu etw befolgen; **to keep one's own** ~ seine Meinung für sich behalten.

2. pl - (Jur) Rechtsanwalt m. ~ **for the defence/prosecution** Verteidiger(in f) m/ Vertreter(in f) m der Anklage, ≈ Staatsanwalt m/-anwältin f.

II vt (form) person beraten; course of action empfehlen, raten zu. **to** ~ **sb to do sth** jdm raten or empfehlen, etw zu tun.

counsellor, (US) **counselor** ['kaʊnsələʳ] n **1.** (adviser) Berater(in f) m. **2.** (US, Ir: lawyer) Rechtsanwalt m/-anwältin f.

count[1] [kaʊnt] **I** n **1.** Zählung f. (Sport) Auszählen nt; (of votes) (Stimmen)zählung, (Stimmen)auszählung f. **I'll have a** ~ ich zähle es mal (ab); **she lost** ~ **when she was interrupted** sie kam mit dem Zählen durcheinander, als sie unterbrochen wurde; **I've lost all** ~ **of her boyfriends** ich habe die Übersicht über ihre Freunde vollkommen verloren; **to keep** ~ **(of sth)** (etw) mitzählen; (keep track) die Übersicht über etw (acc) behalten; **at the last** ~ **there were twenty members** bei der letzten Zählung waren es zwanzig Mitglieder; **all together now, on the** ~ **of three** und jetzt alle zusammen, bei drei geht's los; **he was out for the** ~, **he took the** ~ (Sport) er wurde ausgezählt; (fig) er war k.o.

2. (Jur: charge) Anklagepunkt m. **on that** ~ (fig) in dem Punkt; **on all** ~s in jeder Hinsicht.

3. no pl (notice) **don't take any** ~ **of what he says** hören Sie nicht auf das, was er sagt.

II vt **1.** (ab)zählen; (~ again) nachzählen; votes (aus)zählen. **to** ~ **ten** bis zehn zählen; **to** ~ **the cost** (lit) auf die Kosten achten, jeden Pfennig umdrehen; **she'll help anyone without** ~**ing the cost to herself** sie hilft jedem, ohne an sich selbst zu denken.

2. (consider) ansehen, betrachten; (in-

clude) mitrechnen, mitzählen. **to ~ sb (as) a friend/among one's friends** jdn als Freund ansehen/zu seinen Freunden zählen; **you should ~ yourself lucky to be alive after that crash** Sie können noch von Glück sagen, daß Sie den Unfall überlebt haben; **ten people ~ing/not ~ing the children** zehn Leute, die Kinder mitgerechnet *or* eingerechnet/nicht mitgerechnet *or* eingerechnet; **to ~ sth against sb** etw gegen jdn sprechen lassen *or* anrechnen.

III *vi* **1.** zählen. **~ing from today** von heute an (gerechnet).

2. (*be considered*) betrachtet *or* angesehen werden; (*be included*) mitgerechnet *or* mitgezählt werden; (*be important*) wichtig sein. **the children don't ~** die Kinder zählen nicht; **he doesn't ~ amongst her friends** er zählt nicht zu ihren Freunden; **that doesn't ~** das zählt nicht; **every minute/it all ~s** jede Minute ist/das ist alles wichtig; **to ~ against sb** gegen jdn sprechen.

◆**count down I** *vi* den Countdown durchführen. **to ~ ~ to blast-off** bis zum Abschuß (der Rakete) rückwärts zählen. **II** *vt sep* **to ~ a rocket** ~ den Countdown (für eine Rakete) durchführen.

◆**count for** *vi +prep obj* **to ~ ~ a lot** sehr viel bedeuten; **to ~ ~ nothing** nichts gelten.

◆**count in** *vt sep* mitzählen; *person also* mitrechnen, berücksichtigen, einplanen. **you can ~ me ~!** da mache ich mit.

◆**count off** *vt sep, vi* abzählen.

◆**count on** *vi +prep obj* (*depend on*) rechnen mit, sich verlassen auf (*+acc*). **to ~ ~ doing sth** die Absicht haben, etw zu tun; **to ~ ~ being able to do sth** damit rechnen, etw tun zu können; **you can ~ ~ him to help you** du kannst auf seine Hilfe zählen.

◆**count out** *vt sep* **1.** (*Sport*) auszählen. **2.** *money, books etc* abzählen. **3.** (*Brit Parl*) **to ~ the House** ~ *eine Sitzung des Unterhauses wegen zu geringer Abgeordnetenzahl vertagen.* **4.** (*inf: exclude*) **(you can) ~ me ~ (of that)!** ohne mich!

◆**count up** *vt sep* zusammenzählen.

◆**count upon** *vi +prep obj see* **count on.**

count² *n* Graf *m*.

countable ['kaʊntəbl] *adj* zählbar (*also Gram*).

countdown ['kaʊntdaʊn] *n* Countdown *m*.

countenance ['kaʊntɪnəns] **I** *n* **1.** (*old, form: face*) Angesicht (*old, Eccl*), Antlitz (*old*) *nt*; (*expression*) Gesichtsausdruck *m*. **to keep one's ~** (*fig*) die Fassung *or* Haltung bewahren; **to lose ~** (*fig*) das Gesicht verlieren; **to put sb out of ~** jdn aus der Fassung bringen. **2.** (*support*) **to give/lend ~ to sth** etw ermutigen/ unterstützen. **II** *vt behaviour* gutheißen; *suggestion also, person* unterstützen.

counter ['kaʊntə'] **I** *n* **1.** (*in shop*) Ladentisch, Tresen (*N Ger*) *m*; (*in cafe*) Theke *f*; (*in bank, post office*) Schalter *m*. **to sell/ buy sth under/over the ~** etw unter dem/ über den Ladentisch verkaufen/ bekommen; **medicines which can be bought over the ~** Medikamente, die man rezeptfrei bekommt; **under-the-~** deal-

ings (*fig*) Kungeleien *pl* (*inf*), dunkle *or* undurchsichtige Geschäfte *pl*. **2.** (*small disc for games*) Spielmarke *f*. **3.** (*Tech*) Zähler *m*. **4.** (*Sport*) (*Fencing*) Parade *f*; (*Boxing also*) Konter *m*. **5.** (*reply*) Entgegnung, Erwiderung *f*.

II *vt* (*retaliate against*) antworten auf (*+acc*), kontern (*also Sport*). **how dare you ~ my orders!** (*countermand*) wie können Sie es wagen, meine Anweisungen *or* (*Mil*) Befehle aufzuheben; **to ~ the loss** den Verlust wettmachen *or* ausgleichen.

III *vi* kontern (*also Sport*).

IV *adv* **~ to** gegen (*+acc*); **to go or run ~ to sb's wishes** jds Wünschen (*dat*) zuwiderlaufen; **the results are running ~ to everyone's expectations** die Ergebnisse widersprechen den Erwartungen aller.

counteract [ˌkaʊntər'ækt] *vt* (*make ineffective*) neutralisieren; (*act in opposition to*) entgegenwirken (*+dat*); *disease* bekämpfen; **counteraction** *n see vt* Neutralisierung *f*; Gegenwirkung *f*; Bekämpfung *f*; **counteractive** *adj* entgegenwirkend, Gegen-; **~ measures** Gegenmaßnahmen *pl*; **counterattack I** *n* Gegenangriff *m*; **II** *vt* einen Gegenangriff starten gegen; (*argue against*) kontern, beantworten; **III** *vi* einen Gegenangriff starten, zurückschlagen; **counterbalance I** *n* Gegengewicht *nt*; **II** *vt* ausgleichen; **countercharge** *n* **1.** (*Jur*) Gegenklage *f*; **2.** (*Mil*) Gegenattacke *f*; **countercheck** *n* Gegenkontrolle *f*; **counterclaim** *n* (*Jur*) Gegenanspruch *m*; **counter clerk** *n* (*in bank, booking office etc*) Angestellte(r) *mf* im Schalterdienst; (*in post office etc*) Schalterbeamte(r) *m*/-beamtin *f*; **counterclockwise** *adj, adv* (*US*) *see* **anticlockwise**; **counterespionage** *n* Gegenspionage, Spionageabwehr *f*.

counterfeit ['kaʊntəfɪt] **I** *adj* gefälscht; (*fig*) falsch. **II** *n* Fälschung *f*. **III** *vt* fälschen; (*fig*) vortäuschen.

counterfoil ['kaʊntəfɔɪl] *n* Kontrollabschnitt *m*.

counterintelligence [ˈkaʊntərɪnˌtelɪdʒəns] *n see* **counterespionage**; **counterirritant** *n* (*Med*) Gegenreizmittel *nt*.

countermand ['kaʊntəmaːnd] *vt order* aufheben, widerrufen; *attack, plan* rückgängig machen.

countermarch ['kaʊntəmaːtʃ] (*Mil*) **I** *n* Rückmarsch *m*; **II** *vi* zurückmarschieren; **counteroffensive** *n* (*Mil*) Gegenoffensive *f*; **counterpane** *n* Tagesdecke *f*; **counterpart** *n* (*equivalent*) Gegenüber *nt*; (*complement*) Gegenstück, Pendant *nt*; **counterplot I** *n* Gegenanschlag *m*; **II** *vi* einen Gegenanschlag planen; **counterpoint** *n* (*Mus*) Kontrapunkt *m*; **counterpoise I** *n* **1.** (*weight*) Gegengewicht *nt*; (*force, fig*) Gegenkraft *f*; **2.** *no pl* (*equilibrium, fig*) Gleichgewicht *nt*; **II** *vt* (*lit, fig*) ausgleichen; **counter-productive** *adj* unsinnig, widersinnig; *criticism, measures, policies* destruktiv; **that wouldn't help us at all, in fact it would be ~** das würde uns nicht weiterbringen, sondern sogar das Gegenteil bewirken;

Counter-Reformation n (*Hist*) Gegenreformation f; **counter-revolution** n Gegen- or Konterrevolution f; **countershaft** n (*Tech*) Vorgelegewelle f; **countersign** I n (*Mil*) Parole f, Kennwort nt; II vt cheque etc gegenzeichnen; **countersignature** n Gegenunterschrift f; **countersink** I n (*tool*) Versenker, Spitzsenker m; II vt irreg hole senken; screw versenken; **countertenor** n (*Mus*) Kontratenor m; **counterweight** n Gegengewicht nt.

countess ['kauntɪs] n Gräfin f.

countless ['kauntlɪs] adj unzählig attr, zahllos attr.

countrified ['kʌntrɪfaɪd] adj ländlich, bäuerlich, bäu(e)risch (*pej*).

country ['kʌntrɪ] n **1.** (*state*) Land nt; (*people also*) Volk nt. his own ~ seine Heimat; **to die for one's** ~ für sein Land sterben; **to go to the** ~ Neuwahlen ausschreiben.

2. no pl (as opposed to town) Land nt; (scenery, countryside also) Land nt; **in/to the** ~ auf dem/aufs Land; **the surrounding** ~ das umliegende Land, die Umgebung; **this is good fishing** ~ das ist eine gute Fischgegend; **this is mining** ~ dies ist ein Bergbaugebiet; **we're back in familiar** ~ **again** (*fig*) wir befinden uns wieder auf vertrautem Boden; **this subject is new** ~ **to me** das ist Neuland für mich.

country in cpds Land-; **country-and-western** I n Country- und Westernmusik f; II adj Country- und Western-; **country-born** adj auf dem Land geboren; **country-bred** adj auf dem Land aufgewachsen; animals auf dem Land gezogen; **country bumpkin** n (*pej*) Bauerntölpel (*inf*), Bauer (*pej inf*) m; (*girl*) Bauerntrampel f (*inf*); **country club** n Klub m auf dem Lande; **country cousin** n Vetter m/Base f vom Lande; **country dance** n Volkstanz m; **country folk** npl Leute pl vom Lande; **country gentleman** n Landbesitzer m; **country gentry** npl Landadel m; **countryman** n **1.** (*landsman*) Landsmann m; his fellow countrymen seine Landsleute. **2.** (*country-dweller*) Landmann m; **country road** n Landstraße f; **country seat** n Landsitz m; **countryside** n (*scenery*) Landschaft, Gegend f; (*rural area*) Land nt; it's beautiful ~ das ist eine herrliche Landschaft or Gegend; **country town** n Kleinstadt f; **country-wide** adj landesweit, im ganzen Land; **countrywoman** n **1.** (*landswoman*) Landsmännin f; **2.** (*country-dweller*) Landfrau f.

county ['kauntɪ] I n (*Brit*) Grafschaft f; (*US*) (Verwaltungs)bezirk m. II adj (*Brit*) family zum Landadel gehörend; accent, behaviour vornehm; occasion für den Landadel.

county borough n (*Brit*) Stadt f mit grafschaftlichen Rechten; **county council** n (*Brit*) Grafschaftsrat m; **county seat** n (*US*) Hauptstadt f eines Verwaltungsbezirkes; **county town** n (*Brit*) Hauptstadt f einer Grafschaft.

coup [ku:] n **1.** (*successful action*) Coup m.

2. (~ d'état) Staatsstreich m.

coup de grâce [ˌku:dəˈgrɑːs] n (*lit*, *fig*) Gnadenstoß m; (*with gun*) Gnadenschuß m; **coup d'état** [ˌku:deɪˈtɑ:] n see **coup 2.**

coupé ['ku:peɪ] n (*car*) Coupé nt.

couple ['kʌpl] I n **1.** (*pair*) Paar nt; (*married* ~) Ehepaar nt. **courting** ~s Liebespaare pl; **in** ~s paarweise.

2. (*inf*) a ~ (*two*) zwei; (*several*) ein paar, einige; a ~ **of letters/friends** etc ein paar or einige Briefe/Freunde etc; **we had a** ~ **in the pub** wir haben in der Kneipe ein paar getrunken; a ~ **of times** ein paarmal; **it only took a** ~ **of minutes/hours** es hat nur einige or ein paar Minuten/ungefähr zwei Stunden gedauert.

II vt **1.** (*link*) names, ideas etc verbinden, in Verbindung bringen; carriages etc koppeln; circuit verbinden.

2. (*mate*) animals paaren.

III vi (*mate*) sich paaren.

◆**couple on** vt sep anhängen.

◆**couple up** vt sep ankoppeln.

couplet ['kʌplɪt] n Verspaar nt. **rhyming** ~ Reimpaar nt.

coupling ['kʌplɪŋ] n **1.** (*linking*) Verbindung f; (*of carriages etc*) Kopplung f. **2.** (*mating*) Paarung f. **3.** (*linking device*) Kupplung f.

coupon ['ku:pɒn] n **1.** (*voucher*) Gutschein m; (*ration* ~) (Zuteilungs)schein m. **2.** (*Ftbl*) Totoschein, Wettschein m. **3.** (*Fin*) Kupon m.

courage ['kʌrɪdʒ] n Mut m, Courage f (*inf*). **I haven't the** ~ **to refuse** ich habe einfach nicht den Mut, nein zu sagen; **to take** ~ **from sth** sich durch etw ermutigt fühlen; **to lose one's** ~ den Mut verlieren; **to have/ lack the** ~ **of one's convictions** Zivilcourage/keine Zivilcourage haben; **to take one's** ~ **in both hands** sein Herz in beide Hände nehmen.

courageous [kəˈreɪdʒəs] adj mutig; (*with courage of convictions*) couragiert (*inf*).

courageously [kəˈreɪdʒəslɪ] adv see adj.

courgette ['kuəʒet] n (*Brit*) Zucchino m usu pl.

courier ['kurɪə'] n (*messenger*) Kurier m; (*tourist guide*) Reiseleiter(in f) m.

course[1] [kɔːs] n **1.** (*direction*, *path*) (*of plane*, *ship*) Kurs m; (*of river*) Lauf m; (*fig*) (*of illness*, *relationship*) Verlauf m; (*of history*) Lauf m; (*of action etc*, *way of proceeding*) Vorgehensweise f. **to set** (*one's*) ~ **for** or **towards a place** Kurs auf einen Ort nehmen; **to change** or **alter** ~ den Kurs wechseln or ändern; **to be on/off** ~ auf Kurs sein/vom Kurs abgekommen sein; **to let sth take** or **run its** ~ etw (*acc*) seinen Lauf nehmen lassen; **the affair has run its** ~ die Angelegenheit ist zu einem Ende gekommen; **which** ~ **of action did you take?** wie sind Sie vorgegangen?; **the best** ~ (*of action*) **would be ...** das beste wäre ...; **we have no other** ~ (*of action*) **but to ...** es bleibt uns nichts anderes übrig als zu ...; **to take a middle** ~ einen gemäßigten Kurs einschlagen; see **matter.**

2. in the ~ **of his life/the next few weeks/ the meeting** etc während seines Lebens/ der nächsten paar Wochen/der Versammlung etc; **in the** ~ **of time/the conversation**

im Laufe der Zeit/Unterhaltung; **it's in the ~ of being done** es wird gerade gemacht; **in the ~ of shaving/washing the car** beim Rasieren/Wagenwaschen; **in the ordinary ~ of things, you could expect ...** unter normalen Umständen könnte man erwarten ...; **to be in the ~ of nature** in der Natur der Sache liegen; *see* **due.**

3. **of ~** (*admittedly*) natürlich; (*naturally, obviously also*) selbstverständlich; **of ~!** natürlich!, selbstverständlich!, klar! (*inf*) **of ~ I'm coming** natürlich or selbstverständlich komme ich, klar, ich komme (*inf*); **don't you like me?** — **of ~ I do** magst du mich nicht? — doch, natürlich.

4. (*organized programme*) (*Sch, Univ*) Kurs(us) *m*; (*at work*) Lehrgang *m*; (*Med: of treatment*) Kur *f*. **to go to/on a French ~** einen Französischkurs(us) besuchen; **a ~ on/in first aid** ein Kurs über Erste Hilfe/ein Erste-Hilfe-Kurs; **a ~ of lectures, a lecture ~** eine Vorlesungsreihe; **a ~ of pills/treatment** eine Pillenkur/eine Behandlung.

5. (*Sports*) (*race ~*) Kurs *m*; (*golf ~*) Platz *m*; (*Ski*) Loipe *f*. **to stay** or **last the ~** (*lit*) das Rennen durchhalten; (*fig*) bis zum Ende durchhalten.

6. (*Cook*) Gang *m*. **a three-~ meal** ein Essen mit drei Gängen.

7. (*Build*) Schicht *f*.

8. (*Naut: sail*) Untersegel *nt*.

course² I *vt* (*Hunt*) hare, stag hetzen, jagen. II *vi* **1.** (*blood, tears*) strömen. **2.** (*Hunt, fig*) hetzen, jagen.

courser ['kɔːsəʳ] *n* **1.** (*dog*) Hatz- or Hetzhund *m*. **2.** (*poet: horse*) (schnelles) Roß (*liter*).

coursing ['kɔːsɪŋ] *n* (*Sport*) Hetzjagd *f*.

court [kɔːt] I *n* **1.** (*Jur*) (*also ~ of justice or law*) Gericht *nt*; (*body of judges also*) Gerichtshof *m*; (*room*) Gerichtssaal *m*. **~ of Session** (*Scot*) höchstes schottisches Zivilgericht; **to appear in ~** vor Gericht erscheinen; **the evidence was ruled out of ~** das Beweismaterial wurde nicht zugelassen; **his suggestion was ruled out of ~** (*fig*) sein Vorschlag wurde verworfen; **to take sb to ~** jdn verklagen or vor Gericht bringen; **to go to ~ over a matter** eine Sache vor Gericht bringen, mit einer Sache vor Gericht gehen; **the case comes up in ~ next week** der Fall wird nächste Woche verhandelt; **Sir James is still in ~** Sir James ist noch beim Gericht; *see* **settle.**

2. (*royal*) Hof *m*. **to be presented at ~** bei Hofe vorgestellt werden; **the C~ of St James** der englische Königshof.

3. (*Sport*) Platz *m*; (*for squash*) Halle *f*; (*marked-off area*) Spielfeld *nt*; (*service ~ etc*) Feld *nt*. **grass/hard ~** Rasen-/ Hartplatz *m*; **on ~** auf dem Platz/in der Halle; **out of the ~** außerhalb des Spielfeldes.

4. (*~yard, Univ: quadrangle*) Hof *m*. **inner ~** Innenhof *m*.

5. (*old form: courtship*) Hof *m*. **to pay ~ to a woman** einer Frau (*dat*) den Hof machen.

II *vt* **1.** (*dated*) woman umwerben, werben um, den Hof machen (+*dat*).

2. (*fig*) person's favour werben um, buhlen um (*pej*); applause sich bemühen um; *danger, defeat* herausfordern.

III *vi* (*dated*) (*man*) auf Freiersfüßen gehen (*dated, hum*). **they were ~ing at the time** zu der Zeit gingen sie zusammen; **she's ~ing** sie hat einen Freund; **are you ~ing?** hast du jemanden?

court card *n* (*Brit*) Bildkarte *f*; **court circular** *n* Hofnachrichten *pl*.

courteous *adj*, **~ly** *adv* ['kɜːtɪəs, -lɪ] höflich.

courtesan [ˌkɔːtɪˈzæn] *n* Kurtisane *f*.

courtesy ['kɜːtɪsɪ] *n* Höflichkeit *f*. **by ~ of** freundlicherweise zur Verfügung gestellt von.

courtesy light *n* (*Aut*) Innenleuchte *f*; **courtesy visit** *n* Höflichkeitsbesuch *m*.

court house *n* (*Jur*) Gerichtsgebäude *nt*.

courtier ['kɔːtɪəʳ] *n* Höfling *m*.

courtliness ['kɔːtlɪnɪs] *n see adj* Höflichkeit *f*; Vornehmheit *f*.

courtly ['kɔːtlɪ] *adj* manners höflich; grace, elegance vornehm. **~ love** Minne *f*.

court-martial [ˌkɔːtˈmɑːʃl] I *n, pl* **court-martials** or **courts-martial** (*Mil*) Kriegsgericht *nt*; **to be tried by ~** vor das/ein Kriegsgericht gestellt werden or kommen; II *vt* vor das/ein Kriegsgericht stellen (*for wegen*); **courtroom** *n* (*Jur*) Gerichtssaal *m*.

courtship ['kɔːtʃɪp] *n* (*dated*) **their ~ lasted several years** er umwarb sie mehrere Jahre.

court shoe *n* Pumps *m*; **court tennis** *n* (*US*) Tennis *nt*; **courtyard** *n* Hof *m*.

cousin ['kʌzn] *n* (*male*) Cousin, Vetter (*dated*) *m*; (*female*) Cousine, Kusine, Base (*old*) *f*. **Kevin and Susan are ~s** Kevin und Susan sind Cousin und Cousine.

cove [kəʊv] *n* (*Geog*) (kleine) Bucht.

coven ['kʌvn] *n* Hexenzirkel *m*; (*meeting*) Hexensabbat *m*.

covenant ['kʌvɪnənt] I *n* Schwur *m*; (*Bibl*) Bund *m*; (*Jur*) Verpflichtung *f* zu regelmäßigen Spenden. **to swear a solemn ~ that ...** feierlich schwören, daß ...

II *vt* **to ~ to do sth** durch ein Abkommen versprechen, etw zu tun; (*Jur*) sich vertraglich verpflichten, etw zu tun.

III *vi* ein Abkommen/einen Bund schließen.

Coventry ['kɒvəntrɪ] *n*: **to send sb to ~** (*Brit inf*) jdn schneiden (*inf*).

cover ['kʌvəʳ] I *n* **1.** (*lid*) Deckel *m*; (*of lens*) (Schutz)kappe *f*; (*loose ~: on chair etc*) Bezug *m*; (*cloth: for typewriter, umbrella etc*) Hülle *f*; (*on lorries, tennis court*) Plane *f*; (*sheet: over merchandise, shop counter*) Decke *f*, Tuch *nt*; (*blanket, quilt*) (Bett)decke *f*. **he put a ~ over her/it** er deckte sie/es zu.

2. (*of book*) Einband *m*; (*of magazine*) Umschlag *m*; (*dust ~*) (Schutz)umschlag *m*. **to read a book from ~ to ~** ein Buch von Anfang bis Ende or von der ersten bis zur letzten Seite lesen; **on the ~** auf dem Einband/Umschlag; (*of magazine*) auf der Titelseite, auf dem Titel(blatt).

3. (*Comm: envelope*) Umschlag *m*. **under separate ~** getrennt; **under plain ~** in neutralem Umschlag.

4. *no pl* (*shelter, protection*) Schutz *m*

(from vor +*dat,* gegen*); (Mil)* Deckung *f (from* vor +*dat,* gegen*).* **to take ~** *(from rain)* sich unterstellen, Schutz suchen *(from* vor +*dat); (Mil)* in Deckung gehen *(from* vor +*dat);* **under the ~ of the trees/ rocks** im Schutz der Bäume/Felsen; **these plants/the car should be kept under ~ in the winter** diese Pflanzen sollten/das Auto sollte im Winter abgedeckt sein *or (under roof)* durch ein Dach geschützt sein; **to get oneself under ~** sich unterstellen; *(for longer period)* Unterschlupf finden; **under ~ of darkness** im Schutz(e) der Dunkelheit; **to give sb ~** *(Mil)* jdm Deckung geben.

5. *(Hunt)* Deckung *f.* **to break ~** aus der Deckung hervorbrechen.

6. *(place at meal)* Gedeck *nt.*

7. *(Comm, Fin)* Deckung *f; (insurance ~)* Versicherung *f.* **to operate without ~** ohne Deckung arbeiten; **to take out ~ for a car/against fire** ein Auto versichern/eine Feuerversicherung abschließen.

8. *(assumed identity)* Tarnung *f; (front organization also)* Deckung *f.* **under ~ as** getarnt als; **to blow sb's ~** jdn enttarnen.

II *vt* **1.** bedecken; *(cover over)* zudecken; *(with loose cover)* chair etc beziehen. **a ~ed wagon/way** ein Planwagen *m*/überdachter Weg; **the car ~ed us in mud** das Auto bespritzte uns von oben bis unten mit Schlamm; **the mountain was ~ed with** *or* **in snow** der Berg war mit Schnee bedeckt; **you're all ~ed with dog hairs** du bist voller Hundehaare; **to ~ oneself in** *or* **with glory** Ruhm ernten; **~ed in** *or* **with shame** zutiefst beschämt.

2. *(hide)* surprise verbergen; mistake, tracks also verdecken. **to ~ one's face in** *or* **with one's hands** sein Gesicht in den Händen verstecken *or* verbergen.

3. *(Mil, Sport, Chess: protect)* decken. **he only said that to ~ himself** er hat das nur gesagt, um sich abzudecken *or* zu decken; **I'll keep you ~ed** ich gebe dir Deckung.

4. *(point a gun at etc)* door etc sichern; *sb* in Schach halten; *(be on guard near)* sichern. **I've got you ~ed!** *(with gun etc)* ich hab' auf dich angelegt; *(fig: Chess etc)* ich hab' dich.

5. *(Fin)* loan decken; expenses, costs also abdecken; *(Insur)* versichern. **will £3 ~ the petrol?** reichen £ 3 für das Benzin?

6. *(take in, include)* behandeln; *(law also)* erfassen; *(allow for, anticipate)* possibilities, eventualities vorsehen.

7. *(Press: report on)* berichten über *(+acc).*

8. *(travel)* miles, distance zurücklegen.

9. *(salesman etc)* territory zuständig sein für.

10. *(play a higher card than)* überbieten.

11. *(animals: copulate with)* decken.

◆**cover for** *vi +prep obj* vertreten.

◆**cover in** *vt sep* **1.** *(fill in)* grave etc auffüllen. **2.** *(roof over)* überdachen.

◆**cover over** *vt sep* **1.** *(put a cover over)* zudecken. **2.** *(for protection),* tennis court abdecken. **2.** *(roof over)* überdachen.

◆**cover up I** *vi* **1.** *(wrap up)* sich einmum-

men. **2.** *(conceal a fact)* alles vertuschen. **to ~ ~ for sb** jdn decken.

II *vt sep* **1.** child zudecken; object also, tennis court abdecken. **2.** *(hide)* truth, facts vertuschen, verheimlichen.

coverage [ˈkʌvərɪdʒ] *n, no pl* **1.** *(Press, Radio, TV)* Berichterstattung *f (of* über +*acc).* **the games got excellent TV ~** die Spiele wurden ausführlich im Fernsehen gebracht.

2. *(Insur)* Versicherung *f.* **this policy gives you full ~ for ...** diese Versicherung bietet Ihnen volle Deckung bei ...

coverall [ˈkʌvərɔːl] *n usu pl (US)* Overall *m;* **cover charge** *n* Gedeck *pl* für ein Gedeck; **cover girl** *n* Titel(bild)mädchen, Covergirl *nt.*

covering [ˈkʌvərɪŋ] *n* Decke *f; (floor ~)* Belag *m.* **a ~ of dust/snow** eine Staub-/ Schneedecke.

covering letter *n* Begleitbrief *m.*

coverlet [ˈkʌvəlɪt] *n* Tagesdecke *f.*

cover note *n* Deckungszusage *f,* vorläufiger Versicherungsschein; **cover organization** *n* Deckorganisation *f;* **cover story** *n (of paper)* Titelgeschichte *f; (of spy)* Geschichte *f.*

covert [ˈkʌvət] **I** *adj* threat, attack versteckt; glance also verstohlen. **II** *n* Versteck *nt.*

covertly [ˈkʌvətlɪ] *adv see adj.*

cover-up [ˈkʌvərʌp] *n* Vertuschung, Verschleierung *f.*

covet [ˈkʌvɪt] **I** *vt* begehren. **II** *vi* begehrlich *or* begierig sein.

covetous [ˈkʌvɪtəs] *adj* begehrlich. **to cast ~ eyes on sth** begehrliche Blicke auf etw *(acc)* werfen.

covetously [ˈkʌvɪtəslɪ] *adv* begehrlich.

covetousness [ˈkʌvɪtəsnɪs] *n* Begierde *f (of* auf +*acc),* Begehren *nt (of* nach).

covey [ˈkʌvɪ] *n (of partridges)* Kette *f.*

cow¹ [kaʊ] *n* **1.** Kuh *f.* **a ~ elephant** eine Elefantenkuh; **till the ~s come home** *(fig inf)* bis in alle Ewigkeit *(inf):* **2.** *(pej inf: woman) (stupid)* Kuh *f (inf); (nasty)* gemeine Ziege *(inf).*

cow² *vt* person, animal einschüchtern, verschüchtern. **she had a ~ed look about her** sie machte einen eingeschüchterten *or* verschüchterten Eindruck.

coward [ˈkaʊəd] *n* Feigling *m.*

cowardice [ˈkaʊədɪs], **cowardliness** [ˈkaʊədlɪnɪs] *n* Feigheit *f.*

cowardly [ˈkaʊədlɪ] *adj* feig(e).

cowbell [ˈkaʊbel] *n* Kuhglocke *f;* **cowboy** *n* Cowboy *m;* **they're a bunch of ~s** *(fig inf)* das sind alles Gauner; **to play ~s and Indians** Indianer spielen; **cowboy hat** *n* Cowboyhut *m;* **cowcatcher** *n (Rail)* Schienenräumer *m;* **cow dung** *n* Kuhmist *m.*

cower [ˈkaʊəʳ] *vi* sich ducken; *(squatting)* kauern. **to ~ before sb** vor jdm ducken.

◆**cower away** *vi (furchtsam)* ausweichen *(from* dat).

◆**cower down** *vi* sich niederkauern.

cowgirl [ˈkaʊgɜːl] *n* Cowgirl *nt;* **cowhand** *n* Hilfscowboy *m; (on farm)* Stallknecht *m;* **cowherd** *n* Kuhhirte *m;* **cowhide** *n* **1.** *(untanned)* Kuhhaut *f; (no pl: leather)* Rindsleder *nt;* **2.** *(US: whip)* Lederpeitsche *f.*

cowl [kaʊl] n 1. (*monk's hood*) Kapuze f. 2. (*chimney ~*) (Schornstein)kappe f.

cowlick ['kaʊlɪk] n Tolle f.

cowling ['kaʊlɪŋ] n (*Aviat*) Motorhaube f.

cowman ['kaʊmən] n, pl **-men** [-mən] (*farm labourer*) Stallbursche m; (*US: cattle rancher*) Viehzüchter m.

co-worker ['kəʊ'wɜ:kəʳ] n Kollege m, Kollegin f.

cow-parsley ['kaʊˌpɑ:slɪ] n Wiesenkerbel m; **cow-pat** n Kuhfladen m; **cowpox** n Kuhpocken pl; **cowpuncher** n (*US inf*) Cowboy m.

cowrie, cowry ['kaʊrɪ] n Kaurischnecke f.

cowshed ['kaʊʃed] n Kuhstall m; **cowslip** n (*Brit: primrose*) Schlüsselblume f; (*US: kingcup*) Sumpfdotterblume f.

cox [kɒks] I n Steuermann m. II vt crew Steuermann sein für. III vi steuern.

coxswain ['kɒksn] n 1. (*in rowing*) see **cox I**. 2. (*Naut*) Boot(s)führer m.

coy adj (*+er*), **~ly** adv [kɔɪ, -lɪ] (*affectedly shy*) verschämt; (*coquettish*) neckisch, kokett.

coyness ['kɔɪnɪs] n see adj Verschämtheit f; neckisches or kokettes Benehmen.

coyote [kɔɪ'əʊtɪ] n Kojote m.

coypu ['kɔɪpu:] n Sumpfbiber m.

cozy adj (*US*) see **cosy**.

crab[1] [kræb] n 1. Krabbe f; (*small also*) Krebs m; (*as food*) Krabbe f. **to catch a ~** (*Rowing*) einen Krebs fangen. 2. (*~ louse*) Filzlaus f. 3. (*Gymnastics*) Brücke f.

crab[2] vi nörgeln.

crab apple n (*fruit*) Holzapfel m; (*tree*) Holzapfelbaum m.

crabbed ['kræbd] adj 1. (*person*) griesgrämig, mürrisch. 2. handwriting kritzelig, unleserlich.

crabby ['kræbɪ] adj (*+er*) see **crabbed 1**.

crab louse n Filzlaus f.

crack [kræk] I n 1. Riß m; (*between floorboards etc*) Ritze f; (*wider hole etc*) Spalte f; (*fine line: in pottery, glass etc*) Sprung m. **leave the window open a ~** laß das Fenster einen Spalt offen; **at the ~ of dawn** in aller Frühe. 2. (*sharp noise*) (*of wood etc breaking*) Knacks m; (*of gun, whip*) Knall(en nt no pl) m; (*of thunder*) Schlag m. **at the ~ of doom** beim Jüngsten Gericht. 3. (*sharp blow*) Schlag m. **to give sb/oneself a ~ on the head** jdm eins auf den Kopf geben/sich (*dat*) den Kopf anschlagen. 4. (*inf*) (*gibe*) Stichelei f; (*joke*) Witz m. **to make a ~ about sb/sth** einen Witz über jdn/etw reißen. 5. (*inf: attempt*) **to have a ~ at sth** etw mal probieren (*inf*). II adj attr erstklassig; (*Mil*) Elite-. **~ shot** Meisterschütze m. III vt 1. (*make a ~ in*) glass, china, pottery einen Sprung machen in (*+acc*); bone anbrechen, anknacksen (*inf*); skin, ground Risse machen; ground, ice einen Riß/Risse machen in (*+acc*). 2. (*break*) nuts, safe (*inf*), (*fig*) code knacken; case lösen. 3. joke reißen. 4. whip knallen mit; finger, joint knacken mit.

5. (*hit sharply*) schlagen. **he ~ed his head against the pavement** er krachte mit dem Kopf aufs Pflaster. 6. (*distil*) petroleum kracken. **~ing plant** Krackanlage f. IV vi 1. (*get a ~*) (*pottery, glass*) einen Sprung/Sprünge bekommen, springen; (*ice, road*) einen Riß/Risse bekommen; (*lips, skin*) spröde or rissig werden; (*bones*) einen Knacks bekommen (*inf*); (*break*) brechen. **at last his stern face ~ed and he laughed** schließlich verzog sich seine ernste Meine zu einem Lachen. 2. (*make a ~ing sound*) (*twigs, joints*) knacken, krachen; (*whip, gun*) knallen. 3. (*hit sharply*) schlagen, krachen. 4. (*break: voice*) (*with emotion*) versagen. **his voice is ~ing/beginning to ~** (*boy*) er ist im/kommt in den Stimmbruch. 5. (*inf*) **to get ~ing** loslegen (*inf*), sich daran machen; **to get ~ing with** or **on sth** sich an etw (*acc*) machen. 6. see **~ up I 2**.

◆**crack down** vi 1. (*whip*) niederknallen, niederkrachen. 2. (*clamp down*) hart durchgreifen (*inf*).

◆**crack up** I vi 1. (*break into pieces*) zerbrechen; (*road surface, lips*) aufspringen, rissig werden; (*ice*) brechen; (*machine, plane*) auseinanderbrechen, auseinanderfallen; (*make-up*) rissig werden. 2. (*fig and*) (*person*) durchdrehen (*inf*); (*under strain*) zusammenbrechen; (*have a mental breakdown*) einen Nervenzusammenbruch haben; (*organization*) auseinanderfallen, zusammenbrechen; (*lose ability, strength: athlete etc*) abbauen. II vt sep (*inf*) **he's/it's not all he's/it's ~ed ~ to be** so toll ist er/es dann auch wieder nicht; **he's ~ed ~ to be some sort of genius** er wird als eine Art Genie gepriesen.

crackjack n, adj (*US*) see **crackerjack**.

crackbrained ['krækbreɪnd] adj (*inf*) verrückt; **crack-down** n (*inf*) scharfes Durchgreifen.

cracked [krækt] adj 1. glass, plate, ice gesprungen; rib, bone angebrochen, angeknackst (*inf*); (*broken*) gebrochen; surface, walls, make-up rissig; (*inf: mad*) übergeschnappt (*inf*).

cracker ['krækəʳ] n 1. (*biscuit*) Kräcker m. 2. (*fire~*) Knallkörper m; (*Christmas ~*) Knallbonbon nt. 3. **~s** pl (*nut ~s*) Nußknacker m. 4. (*Brit inf*) tolle Frau (*inf*); toller Mann (*inf*); tolles Ding (*inf*).

crackerjack, (*US*) **crackajack** ['krækədʒæk] I n (*person*) Kanone f (*inf*); (*thing*) Knüller m (*inf*). II adj bombig (*inf*).

crackers ['krækəz] adj pred (*Brit inf*) **to go ~** überschnappen (*inf*).

cracking ['krækɪŋ] adj (*inf*) pace scharf.

crack-jaw ['krækdʒɔ:] (*inf*) I adj attr word, name zungenbrecherisch. II n Zungenbrecher m.

crackle ['krækl] I vi (*dry leaves*) rascheln; (*fire*) knistern, prasseln; (*twigs, telephone line*) knacken; (*machine gun*) knattern; (*bacon*) brutzeln.

II *vt paper* rascheln *or* knistern mit.
III *n* **1.** (*crackling noise*) *see vi* Rascheln *nt*; Knistern, Prasseln *nt*; Knacken *nt*; Knattern *nt*; Brutzeln *nt*.
2. (*on china, porcelain*) Craquelé, Krakelee *m or nt*.

crackleware ['kræklweə'] *n* Craquéléporzellan *nt*.

crackling ['kræklɪŋ] *n, no pl* **1.** *see* **crackle III 1.**, **2.** (*Cook*) Kruste *f* (*des Schweinebratens*).

cracknel ['kræknl] *n* (harter) Keks.

crackpot ['krækpɒt] (*inf*) **I** *n* Spinner(in *f*) *m* (*inf*), Irre(r) *mf*. **II** *adj* verrückt, irre.

cracksman ['kræksmən] *n, pl* **-men** [-mən] (*sl*) Safeknacker *m* (*inf*).

crack-up ['krækʌp] *n* (*inf*) Zusammenbruch *m*.

cradle ['kreɪdl] **I** *n* (*cot, fig: birthplace*) Wiege *f*; (*support*) (*of phone*) Gabel *f*; (*for invalids*) Schutzgestell *nt* (*zum Abhalten des Bettzeugs von Verletzungen*); (*for ship*) (Ablauf)schlitten *m*; (*Build, for window-cleaners*) Hängegerüst *nt*; (*in sea rescues*) Hosenboje *f*; (*for mechanic under car*) Schlitten *m*. **from the ~ to the grave** von der Wiege bis zur Bahre.
II *vt* **1.** (*hold closely*) an sich (*acc*) drücken. **he was cradling his injured arm** er hielt sich (*dat*) seinen verletzten Arm; **to ~ sb/sth in one's arms/lap** jdn/etw fest in den Armen/auf dem Schoß halten; **he ~d the telephone under his chin** er klemmte sich (*dat*) den Hörer unters Kinn.
2. *receiver* auflegen.

cradle-snatcher *etc* ['kreɪdlˌsnætʃə'] *n* (*inf*) *see* **baby-snatcher**; **cradle-song** *n* Wiegenlied *nt*.

craft [krɑːft] *n* **1.** (*handicraft*) Kunst *f*, Handwerk *nt*; (*trade*) Handwerk, Gewerbe *nt*; (*weaving, pottery etc*) Kunstgewerbe *nt*. *see* **art¹.**
2. (*guild*) (Handwerker)innung, (Handwerks)zunft (*Hist*) *f*.
3. *no pl* (*skill*) Geschick(lichkeit *f*) *nt*, Kunstfertigkeit *f*.
4. *no pl* (*cunning*) List *f*.
5. *pl* - (*boat*) Boot *nt*.

craftily ['krɑːftɪlɪ] *adv* schlau, clever.

craftiness ['krɑːftɪnɪs] *n* Schlauheit, Cleverness *f*.

craftsman ['krɑːftsmən] *n, pl* **-men** [-mən] Handwerker *m*. **he's a real ~** er ist ein echter Künstler.

craftsmanship ['krɑːftsmənʃɪp] *n* Handwerkskunst *f*; (*of person also*) handwerkliches Können, Kunstfertigkeit *f*. **there's no ~ left these days** heutzutage gibt es einfach keine Handwerkskunst mehr.

craft union *n* Handwerkergewerkschaft *f*.

crafty ['krɑːftɪ] *adj* (+*er*) schlau, clever. **he is a ~ one** (*inf*) er ist ein ganz Schlauer (*inf*).

crag [kræg] *n* Fels *m*.

craggy ['krægɪ] *adj* (+*er*) (*rocky*) felsig; (*jagged*) zerklüftet; *face* kantig. **he was good-looking in a ~ sort of way** er sah auf eine herbe, kantige Art gut aus.

crake [kreɪk] *n* Ralle *f*.

cram [kræm] **I** *vt* **1.** (*fill*) vollstopfen, vollpacken; (*stuff in*) hineinstopfen (*in(to)* in

+*acc*); *people* hineinzwängen (*in(to)* in +*acc*). **the room was ~med** der Raum war gestopft voll; **we were all ~med into one room** wir waren alle in einem Zimmer zusammengepfercht.
2. (*for exam*) *Latin verbs etc* pauken (*inf*), büffeln (*inf*); (*teach for exam*) *pupil* pauken mit (*inf*). **to ~ sth into sb** jdm etw einpauken (*inf*).
II *vi* (*swot*) pauken (*inf*), büffeln (*inf*).

◆**cram in** *vi* (*people*) sich hinein-/hereinquetschen *or* -zwängen (*-to* in +*acc*).

cram-full ['kræmful] *adj* (+*er*) vollgestopft (*of* mit), gestopft voll (*inf*).

crammer ['kræmə'] *n* (*tutor*) Einpauker *m*; (*student*) Büffler(in *f*) *m* (*inf*); (*book*) Paukbuch *nt*; (*school*) Paukschule *f*.

cramp¹ [kræmp] **I** *n* (*Med*) Krampf *m*. **to have ~ in one's leg** einen Krampf im Bein haben; **to have the ~s** (*US*) Krämpfe haben; **writer's ~** Schreibkrampf *m*.
II *vt* **1.** (*also ~ up*) *persons* zusammenpferchen, einpferchen; *writing* eng zusammenkritzeln.
2. (*fig: hinder*) behindern. **to ~ sb's style** jdm im Weg sein.
3. (*give cramp to*) Krämpfe *pl* verursachen in (+*dat*).

cramp² **I** *n* (*also ~ iron*) Bauklammer *f*. **II** *vt* klammern.

cramped [kræmpt] *adj* **1.** *space* eng, beschränkt. **2.** *position* verkrampft. **3.** *handwriting* eng zusammengekritzelt.

crampon ['kræmpɒn] *n* Steigeisen *nt*.

cranberry ['krænbərɪ] *n* Preiselbeere, Kronsbeere *f*. **~ sauce** Preiselbeersoße *f*.

crane [kreɪn] **I** *n* **1.** Kran *m*. **2.** (*Orn*) Kranich *m*. **II** *vt*: **to ~ one's neck** den Hals recken, sich (*dat*) fast den Hals verrenken (*inf*). **III** *vi* (*also ~ forward*) den Hals *or* den Kopf recken.

cranefly ['kreɪnflaɪ] *n* Schnake *f*.

cranesbill ['kreɪnzbɪl] *n* (*Bot*) Storchschnabel *m*.

crania ['kreɪnɪə] *pl of* **cranium**.

cranial ['kreɪnɪəl] *adj* (*Anat*) Schädel-.

cranium ['kreɪnɪəm] *n, pl* **crania** (*Anat*) Schädel *m*, Cranium *nt* (*spec*).

crank¹ [kræŋk] *n* (*eccentric person*) Spinner(in *f*) *m* (*inf*); (*US: cross person*) Griesgram *m*.

crank² **I** *n* (*Mech*) Kurbel *f*. **II** *vt* (*also: ~ up*) ankurbeln.

crankcase ['kræŋkkeɪs] *n* (*Aut*) Kurbelgehäuse *nt*.

crankiness ['kræŋkɪnɪs] *n* **1.** (*eccentricity*) Verrücktheit *f*. **2.** (*US: bad temper*) Griesgrämigkeit *f*.

crankshaft ['kræŋkʃɑːft] *n* (*Aut*) Kurbelwelle *f*.

cranky ['kræŋkɪ] *adj* (+*er*) *see* **n 1.** verrückt. **2.** (*US*) griesgrämig.

cranny ['krænɪ] *n* Ritze, Spalte *f*; *see* **nook.**

crap [kræp] (*vulg*) **I** *n* **1.** Scheiße *f* (*vulg*). **to go for/have a ~** scheißen gehen/scheißen (*vulg*). **2.** (*sl: rubbish*) Scheiße *f* (*sl*). **a load of ~** (*sl*) große Scheiße (*sl*). **II** *vi* scheißen (*vulg*).

◆**crap out** *vi* (*US sl*) kneifen (*of* vor +*dat*).

crape *n see* **crêpe.**

crappy ['kræpɪ] *adj* (+*er*) (*sl*) beschissen (*sl*).

craps [kræps] *n* (*US*) Würfelspiel *nt.* **to shoot ~** Würfel spielen.

crash [kræʃ] **I** *n* **1.** (*noise*) Krach(en *nt*) *m* no *pl*; (*of thunder, cymbals also, of drums*) Schlag *m.* **there was a ~ upstairs** es hat oben gekracht; **a ~ of thunder** ein Donnerschlag *m.*

2. (*accident*) Unfall *m*, Unglück *nt*; (*collision also*) Zusammenstoß *m*; (*with several cars*) Karambolage *f*; (*plane* ~) (Flugzeug)unglück *nt.* **to be in a (car) ~** in einen (Auto)unfall verwickelt sein; **to have a ~** (mit dem Auto) verunglücken, einen (Auto)unfall haben; (*cause it*) einen Unfall verursachen *or* bauen (*inf*).

3. (*Fin*) Zusammenbruch *m.*

II *adv* krach. **he went ~ into a tree** er krachte gegen einen Baum; **~, bang, wallop!** (*inf*) bums! (*inf*), krach! (*inf*).

III *vt* **1.** *car, bicycle* einen Unfall haben mit; *plane* abstürzen mit. **to ~ one's car/ plane into sth** mit dem Auto/Flugzeug gegen etw krachen *or* knallen (*inf*).

2. (*with particle: bang*) **he ~ed it to the ground** er knallte es auf den Boden (*inf*); **stop ~ing the plates around** hör auf, mit den Tellern zu scheppern (*inf*); **he ~ed his head against the windscreen** er krachte mit dem Kopf gegen die Windschutzscheibe; **he ~ed the car through the barrier** er fuhr mit dem Auto stockvoll durch die Absperrung (*inf*).

3. (*inf: gatecrash*) **to ~ a party** uneingeladen zu einer Party gehen, in eine Party hineinplatzen.

IV *vi* **1.** (*have an accident*) verunglücken, einen Unfall haben; (*plane*) abstürzen. **to ~ into sth** gegen etw (*acc*) krachen *or* knallen (*inf*).

2. (*with particle: move with a ~*) krachen. **to ~ to the ground/through sth** zu Boden/durch etw krachen; **his fist ~ed into Tom's face** seine Faust landete krachend in Toms Gesicht; **the whole roof came ~ing down (on him)** das ganze Dach krachte auf ihn herunter; **his whole world ~ed about him** *or* **his ears** seine ganze Welt brach zusammen.

3. (*Fin*) pleite machen (*inf*). **when Wall Street ~ed** als Wall Street zusammenbrach.

4. (*sl: sleep: also ~ out*) pofen (*sl*); (*fall asleep*) einpofen (*sl*); (*become unconscious*) wegtreten (*sl*).

crash barrier *n* Leitplanke *f*; **crash course** *n* Schnell- *or* Intensivkurs *m*; **crash diet** *n* Radikalkur *f*; **crash dive I** *n* Schnelltauchmanöver *nt*; **II** *vti* schnelltauchen; **crash helmet** *n* Sturzhelm *m.*

crashing [ˈkræʃɪŋ] *adj* (*inf*) **he's/it's a ~ bore** er/es ist fürchterlich langweilig (*inf*).

crash-land [ˈkræʃlænd] **I** *vi* eine Bruchlandung machen, bruchlanden; **II** *vt* eine Bruchlandung machen mit, bruchlanden mit; **crash-landing** *n* Bruchlandung *f*; **crash programme** *n* Intensivprogramm *nt.*

crass [kræs] *adj* (+*er*) (*stupid, unsubtle*) kraß; *ignorance also* haarsträubend; (*coarse*) *behaviour* unfein, derb.

crassly [ˈkræslɪ] *adv* kraß; *behave* unfein.

crassness [ˈkræsnɪs] *n see adj* Kraßheit *f*; Derbheit *f.*

crate [kreɪt] **I** *n* (*also inf: car, plane*) Kiste *f.* **II** *vt goods* (in Kisten/eine Kiste) (ver)packen.

crater [ˈkreɪtə^r] *n* Krater *m.*

cravat(te) [krəˈvæt] *n* Halstuch *nt.*

crave [kreɪv] *vt* (*liter: beg*) erbitten; *mercy also* erflehen; (*desire*) *attention, drink etc* sich sehnen nach.

◆crave for *vi* +*prep obj* sich sehnen nach.

craven [ˈkreɪvən] *adj* feig(e).

craving [ˈkreɪvɪŋ] *n* Verlangen *nt.* **to have a ~ for sth** Verlangen nach etw haben; **pregnant women have strange ~s** schwangere Frauen haben eigenartige Gelüste.

crawfish [ˈkrɔːfɪʃ] *n see* **crayfish 2.**

crawl [krɔːl] **I** *n* **1.** (*on hands and knees*) Kriechen *nt*; (*slow speed*) Schnecken- *or* Kriechtempo *nt*; (*inf: pub ~*) Kneipenbummel *m.* **it was a long ~** wir mußten lange kriechen; (*in car*) wir sind lange nur im Kriechtempo vorangekommen; **at a ~** im Schnecken- *or* Kriechtempo; **to join the ~ to the coast** sich der (Auto)schlange zur Küste anschließen.

2. (*swimming stroke*) Kraul(stil) *m*, Kraulen *nt.* **to do the ~** kraulen; **she's very fast at the ~** sie ist sehr schnell im Kraulen.

II *vi* **1.** kriechen; (*baby, insects also*) krabbeln; (*time also*) schleichen. **he tried to ~ away** er versuchte wegzukriechen.

2. (*be infested*) wimmeln (*with* von). **the place is ~ing!** hier wimmelt es von Ungeziefer!; **the street was ~ing with policemen** auf der Straße wimmelte es von Polizisten.

3. **spiders make my flesh** *or* **skin ~** wenn ich Spinnen sehe, kriege ich eine Gänsehaut.

4. (*inf: suck up*) kriechen (*to vor* +*dat*). **he went ~ing to teacher** er ist gleich zum Lehrer gerannt.

crawler [ˈkrɔːlə^r] *n* **1.** (*inf: sycophant*) Kriecher(in *f*) *m.* **2.** **~s** *pl* (*rompers*) Spielanzug *m.*

crawler lane *n* (*Brit Aut*) Kriechspur *f.*

crayfish [ˈkreɪfɪʃ] *n* **1.** (*freshwater*) Flußkrebs *m.* **2.** (*saltwater: also* **crawfish**) Languste *f.*

crayon [ˈkreɪən] **I** *n* **1.** (*pencil*) Buntstift *m*; (*wax* ~) Wachs(mal)stift *m*; (*chalk* ~) Pastellstift *m*, Malkreide *f.* **2.** (*picture*) Pastell *nt*, Kreide- *or* Pastellzeichnung *f.* **II** *vti* (mit Bunt-/Wachsmal-/Pastellstiften) zeichnen *or* malen.

◆crayon in *vt sep drawing* ausmalen.

craze [kreɪz] **I** *n* Fimmel *m* (*inf*). **it's all the ~** (*inf*) das ist große Mode; **there's a ~ for collecting old things just now** es ist zur Zeit große Mode, alte Sachen zu sammeln.

II *vt* **1.** (*make insane*) wahnsinnig *or* verrückt machen. **he had a ~d look on his face** er hatte den Gesichtsausdruck eines Wahnsinnigen.

2. *pottery, glazing* rissig machen.

III *vi* (*pottery*) rissig werden.

crazily [ˈkreɪzɪlɪ] *adv* (*madly*) verrückt; *lean, tilt* unwahrscheinlich.

crazy [ˈkreɪzɪ] *adj* (+*er*) **1.** verrückt (*with* vor +*dat*). **to send** *or* **drive sb ~** jdn verrückt *or* wahnsinnig machen; **to go ~** verrückt *or* wahnsinnig werden; **like ~** (*inf*) wie verrückt (*inf*).

2. (*inf: enthusiastic*) verrückt (*inf*). **to be ~ about sb/sth** ganz verrückt *or* wild auf jdn/etw sein (*inf*); **football-~** Fußballverrückt (*inf*); **to be ~ for sb** verrückt nach jdm sein (*inf*).

3. *angle, tilt* unwahrscheinlich.

crazy bone n (*US*) Musikantenknochen m; **crazy paving** n Mosaikpflaster *nt*; **crazy quilt** n (*US*) Flickendecke *f*.

creak [kri:k] **I** n **1.** Knarren *nt no pl*; (*of hinges, bed springs*) Quietschen *nt no pl*; (*of knees etc*) Knacken *nt no pl*. **to give a loud ~** laut knarren/quietschen/knacken. **II** *vi* knarren; (*hinges, bed springs*) quietschen; (*knees etc*) knacken.

creaky ['kri:kɪ] *adj* (+*er*) *see vi* knarrend; quietschend; knackend.

cream [kri:m] **I** n **1.** Sahne *f*, Rahm m (*S Ger*); (*~ pudding, artificial ~*) Creme, Krem *f*. **~ of tomato/chicken soup** Tomaten-/Hühnercremesuppe *f*; **~ of tartar** Weinstein m.

2. (*lotion*) Creme *f*.

3. (*colour*) Creme(farbe *f*) *nt*. **a skirt in a pale shade of ~** ein blaß-cremefarbener Rock.

4. (*fig: best*) die Besten; (*of society also*) Crème, Elite *f*. **our rivals take the ~ of the applicants** unsere Konkurrenz sahnt die besten Bewerber ab; **the ~ of society** die Crème der Gesellschaft; **to take the ~** den Rahm abschöpfen.

II *adj* **1.** (*colour*) creme *inv*, cremefarben *or* -farbig. **a blouse of a light ~ colour** eine hellcremefarbene *or* -farbige Bluse.

2. (*made with ~*) Sahne-; Creme-.

III *vt* **1.** (*put ~ on*) *face etc* eincremen.

2. *butter, eggs etc* cremig rühren; *potatoes, fruit* pürieren. **~ed potatoes** Kartoffelpüree *nt*.

3. (*skim*) *milk* entrahmen.

4. (*allow to form a ~*) *milk* aufrahmen lassen.

IV *vi* (*milk*) aufrahmen.

◆**cream off** *vt sep* (*lit*) abschöpfen; (*fig*) *profits also*, *the best* absahnen.

cream cake n Sahnetorte *f*; Cremetorte *f*; (*small*) Sahnetörtchen *nt*; Cremetörtchen *nt*; **cream cheese** n (*Doppelrahm*)-frischkäse m.

creamer ['kri:məʳ] n **1.** (*jug*) Sahnekännchen *nt*. **2.** (*skimming machine*) Milchzentrifuge *or* -schleuder *f*. **3.** (*dried milk*) Milchpulver *nt*.

creamery ['kri:mərɪ] n Molkerei *f*; (*shop*) Milchgeschäft *nt*.

cream puff n Windbeutel m; **cream tea** n Nachmittagstee m.

creamy ['kri:mɪ] *adj* (+*er*) **1.** (*tasting of cream*) sahnig; (*smooth*) cremig. **a ~ complexion** ein zarter Teint. **2.** (*cream-coloured*) creme(farben *or* -farbig).

crease [kri:s] **I** n **1.** Falte *f*; (*deliberate fold*) (*in material also*) Kniff m; (*in paper also*) Falz, Kniff m; (*ironed: in trousers etc*) (Bügel)falte *f*. **to be a mass of ~s** völlig zerknittert sein.

2. (*Sport*) Linie *f*.

II *vt* (*deliberately*) *clothes* Falten/eine

Falte machen in (+*acc*); *material, paper* Kniffe/einen Kniff machen in (+*acc*); *paper* falzen; (*unintentionally*) zerknittern.

III *vi* knittern. **his face ~d with laughter** er fing an zu lachen.

◆**crease up** *vi* (*inf: with laughter*) sich kringeln (*inf*).

crease-proof ['kri:spru:f], **crease-resistant** ['kri:srɪzɪstənt] *adj* knitterfrei.

create [kri:'eɪt] **I** *vt* **1.** schaffen; *new style, fashion also* kreieren; *the world, man* erschaffen; *draught, noise, fuss* verursachen; *difficulties* machen; *problems* (*person*) schaffen; (*action, event*) verursachen, hervorbringen; *impression* machen. **to ~ a sensation** eine Sensation sein; **to ~ a fuss** Theater machen (*inf*).

2. (*appoint*) *peer* ernennen.

II *vi* (*Brit inf*) Theater machen (*inf*).

creation [kri:'eɪʃən] n **1.** *no pl see vt* Schaffung *f*; Kreation *f*; Erschaffung *f*; Verursachung *f*; Verursachung *f*; Schaffen *nt*; Verursachung *f*; Erhebung, Ernennung *f*.

2. *no pl* the C~ die Schöpfung.

3. (*created object*) (*Art*) Werk *nt*; (*Fashion*) Kreation *f*.

creative [kri:'eɪtɪv] *adj power, skill etc* schöpferisch; *approach, attitude, person* kreativ. **~ writing** dichterisches Schreiben; **~ toys** Spielzeug *nt* zum Gestalten und Werken.

creativeness [ˌkri:'eɪtɪvnɪs], **creativity** [ˌkri:eɪ'tɪvɪtɪ] n schöpferische Begabung *or* Kraft; (*of person also, of approach, attitude*) Kreativität *f*.

creator [kri:'eɪtəʳ] n Schöpfer(in *f*) m.

creature ['kri:tʃəʳ] n **1.** Geschöpf, (Lebe)wesen *nt*, Kreatur *f*. **all dumb ~s** die stumme Kreatur; **she's a poor/funny/beautiful ~** sie ist ein armes/komisches Ding *or* Geschöpf/sie ist ein schönes Geschöpf.

2. (*subordinate person*) Geschöpf *nt*.

creature comforts n pl leibliches Wohl.

crèche [kreɪʃ] n **1.** (*esp Brit: day nursery*) (Kinder)krippe *f or* -hort m; (*esp US: children's home*) Kinderheim *nt*. **2.** (*crib*) Krippe *f*.

credence ['kri:dəns] n **1.** *no pl* (*belief*) Glaube m. **to lend ~ to sth** etw glaubwürdig erscheinen lassen *or* machen; **worthy of ~** glaubwürdig; **to give *or* attach ~ to sth** einer Sache (*dat*) Glauben schenken; **letter of ~** Beglaubigungsschreiben *nt*.

2. (*Eccl: also ~ table*) Kredenz *f*.

credentials [krɪ'denʃəlz] npl (*references*) Referenzen, Zeugnisse *pl*; (*papers of identity*) (Ausweis)papiere *pl*.

credibility [ˌkredə'bɪlɪtɪ] n Glaubwürdigkeit *f*. **~ gap** Mangel m an Glaubwürdigkeit.

credible *adj*, **~bly** *adv* ['kredɪbl, -ɪ] glaubwürdig.

credit ['kredɪt] **I** n **1.** *no pl* (*Fin*) Kredit m; (*in pub, hotel, shop etc*) Stundung *f*. **the bank will let me have £5,000** ~ die Bank räumt mir einen Kredit von £ 5.000 ein; **to buy/sell on ~** auf Kredit kaufen/gegen Kredit verkaufen; **his ~ is good** er ist kreditwürdig; (*in small shop*) er ist vertrauenswürdig; **to give sb (unlimited) ~** jdm (unbegrenzt) Kredit geben; **we**

can't give you ~ (*bank*) wir können Ihnen keinen Kredit geben; (*corner shop etc*) wir können Ihnen nichts stunden; **letter of** ~ Kreditbrief *m*, Akkreditiv *nt*.

2. (*Fin: money possessed by person, firm*) (Gut)haben *nt*; (*Comm: sum of money*) Kreditposten *m*. **to be in** ~ Geld auf dem Konto haben; **to keep one's account in** ~ sein Konto nicht überziehen; **to place a sum to one's** ~ sich (*dat*) eine Summe gutschreiben lassen; **the** ~**s and debits** Soll und Haben *nt*; **how much have we got to our** ~? wieviel haben wir auf dem Konto?

3. *no pl* (*standing*) Ansehen *nt*. **a man of good** ~ ein angesehener Mann.

4. *no pl* (*honour*) Ehre *f*; (*recognition*) Anerkennung *f*; (*Sch, Univ: distinction*) Auszeichnung *f*. **he's a** ~ **to his family** er macht seiner Familie Ehre; **that's to his** ~ das ehrt ihn; **well, all** ~ **to you for not succumbing** alle Achtung, daß Sie nicht nachgegeben haben; **at least he has this to his** ~ das spricht immerhin für ihn; **to come out of sth with** ~ ehrenvoll aus etw hervorgehen; **to get all the** ~ die ganze Anerkennung *or* Ehre einstecken; **the** ~ **for that should go to him** das ist sein Verdienst; **to take the** ~ **for sth** das Verdienst für etw in Anspruch nehmen; ~ **where** ~ **is due** (*prov*) Ehre, wem Ehre gebührt (*prov*).

5. *no pl* (*belief*) Glaube *m*. **to give** ~ **to sth** etw glauben, einer Sache (*dat*) Glauben schenken; **to lend** ~ **to sth** etw glaubwürdig erscheinen lassen *or* machen; **to gain** ~ an Glaubwürdigkeit gewinnen; **I gave you** ~ **for more sense** ich habe Sie für vernünftiger gehalten.

6. (*esp US Univ*) Schein *m*. **to take** *or* **do** ~**s** Scheine machen.

7. ~**s** *pl* (*Film etc*) Vor-/Nachspann *m*; (*in book*) Herausgeber- und Mitarbeiterverzeichnis *nt*.

II *vt* **1.** (*believe*) glauben. **would you** ~ **it!** ist das denn zu glauben!

2. (*attribute*) zuschreiben (+*dat*). **I** ~**ed him with more sense** ich habe ihn für vernünftiger gehalten; **he was** ~**ed with having invented it/with having found that solution** die Erfindung wurde ihm zugeschrieben/es wurde als sein Verdienst angerechnet, diese Lösung gefunden zu haben.

3. (*Fin*) gutschreiben. **to** ~ **a sum to sb's account** jds Konto (*dat*) einen Betrag gutschreiben (lassen); **he had been** ~**ed with £100** ihm waren £ 100 gutgeschrieben worden.

creditable ['krɛdɪtəbl] *adj* **1.** (*praiseworthy*) lobenswert, anerkennenswert. **2.** (*credible*) glaublich.

creditably ['krɛdɪtəblɪ] *adv* löblich.

credit account *n* Kreditkonto *nt*; **credit balance** *n* Kontostand, Saldo *m*; **credit card** *n* Kreditkarte *f*; **credit facilities** *npl* Kreditmöglichkeiten *pl*; **credit note** *n* Gutschrift *f*.

creditor ['krɛdɪtəʳ] *n* Gläubiger *m*.

credit page *n* Herausgeber- und Mitarbeiterverzeichnis *nt*; **credit rating** *n* Kreditwürdigkeit *f*; **to have a good/bad** ~

als kreditwürdig/als nicht kreditwürdig eingestuft werden; **credit side** *n* (*lit, fig*) Habenseite *f*; **on the** ~ **he's young** für ihn spricht, daß er jung ist; **credit squeeze** *n* Kreditbeschränkung *or* -knappheit *f*; **credit terms** *npl* Kreditbedingungen *pl*; **credit titles** *npl* (*Film*) *see* **credit I 7.**; **credit-worthiness** *n* Kreditwürdigkeit *f*; **credit-worthy** *adj* kreditwürdig.

credo ['kreɪdəʊ] *n*, *pl* ~**s** (*lit, fig*) Kredo *nt*.

credulity [krɪ'dju:lɪtɪ] *n*, *no pl* Leichtgläubigkeit *f*.

credulous *adj*, ~**ly** *adv* ['krɛdjʊləs, -lɪ] leichtgläubig.

creed [kri:d] *n* (*Eccl*) (*prayer*) Glaubensbekenntnis *nt*; (*as part of service, fig also*) Kredo *nt*.

creek [kri:k] *n* (*esp Brit: inlet*) (kleine) Bucht; (*US: brook*) Bach *m*. **to be up the** ~ (*inf: be in trouble*) in der Tinte sitzen (*inf*).

creel [kri:l] *n* Korb *m*.

creep [kri:p] (*vb: pret, ptp* **crept**) **I** *vi* **1.** (*move quietly or slowly*) schleichen; (*with the body close to the ground, insects*) kriechen; (*plants*) (*horizontally*) kriechen; (*vertically*) klettern, sich ranken. **ivy is a** ~**ing plant** Efeu ist eine Kletterpflanze; **time's** ~**ing on** die Zeit verrinnt; **the water-level crept higher and higher** der Wasserspiegel kletterte immer höher.

2. the story made my flesh ~ bei der Geschichte bekam ich eine Gänsehaut.

II *n* **1.** (*inf*) (*unpleasant person*) Widerling *m* (*inf*), widerlicher *or* fieser Typ (*inf*).

2. (*inf*) **stop giving me the** ~**s** hör auf, da bekomme ich eine Gänsehaut; **her make-up gives me the** ~**s** wenn ich ihr Make-up sehe, kriege ich das kalte Grausen (*inf*); **this old house gives me the** ~**s** in dem alten Haus ist es mir nicht geheuer.

◆**creep in** *vi* (*person*) (sich) hinein-/hereinschleichen (-*to* in +*acc*); (*mistakes, tone of bitterness, doubts*) sich einschleichen (-*to* in +*acc*).

◆**creep over** *vi* +*prep obj* (*feeling, doubt etc*) beschleichen, überkommen; (*pleasant feeling*) überkommen.

◆**creep up** *vi* **1.** (*person*) sich heranschleichen (*on an* +*acc*); (*prices*) (in die Höhe) klettern. **2. to** ~ **on sb** (*time, exam, publication day*) langsam auf jdn zukommen; **old age is** ~**ing** ~ **on him** er wird langsam alt.

creeper ['kri:pəʳ] *n* **1.** (*plant*) (*along ground*) Kriechpflanze *f*; (*upwards*) Kletterpflanze *f*. **2.** (*bird*) Baumläufer *m*. **3.** ~**s** *pl* (*US*) Schuhe *pl* mit dicken Gummisohlen, Leisetreter *pl* (*inf*).

creepy ['kri:pɪ] *adj* (+*er*) (*frightening*) unheimlich; *story, place also* gruselig.

creepy-crawly ['kri:pɪ'krɔ:lɪ] (*inf*) **I** *adj* *insect* krabbelig (*inf*), kribbelnd, krabbelnd; *feeling* unheimlich. **II** *n* Krabbeltier *nt*.

cremate [krɪ'meɪt] *vt* einäschern.

cremation [krɪ'meɪʃən] *n* Einäscherung, Kremation *f*.

crematorium [ˌkrɛmə'tɔ:rɪəm], (*esp US*)

crematory ['kremə‚tɔːrɪ] *n* Krematorium *nt*.

crème de menthe ['kremdə'mɒnt] *n* Pfefferminzlikör *m*.

crenellated ['krenɪleɪtɪd] *adj battlements, castle* mit Zinnen versehen, kreneliert (*spec*); *moulding, pattern* zinnenartig.

crenellation [‚krenɪ'leɪʃən] *n usu pl* (*on castle*) Zinnen *pl*, Krenelierung *f* (*spec*); (*on moulding*) Zinnenmuster *nt*.

Creole ['kriːəʊl] **I** *n* **1.** (*language*) Kreolisch *nt*. **2.** (*person*) Kreole *m*, Kreolin *f*. **II** *adj* kreolisch.

creosote ['krɪəsəʊt] **I** *n* Kreosot *nt*. **II** *vt* mit Kreosot streichen.

crêpe, crape [kreɪp] **I** *n* **1.** (*Tex*) Krepp, Crêpe *m*. **2.** *see* ~ **rubber. 3.** *see* ~ **paper. II** *adj* (*made of* ~) Krepp-.

crêpe bandage *n* elastische Binde, elastischer Verband; **crêpe de Chine** [‚krepdə'ʃiːn] *n* Crêpe de Chine *m*; **crêpe paper** *n* Kreppapier *nt*; **crêpe rubber I** *n* Kreppgummi *m*; **II** *adj* Kreppgummi-; **crêpe-soled** [kreɪp'səʊld] *adj* mit Kreppsohle(n), Krepp-.

crept [krept] *pret, ptp of* **creep.**

crepuscular [krɪ'pʌskjʊlə^r] *adj* (*liter*) dämmerig. ~ **animals** (*Zool*) Dämmerungstiere *pl*.

crescendo [krɪ'ʃendəʊ] **I** *n, pl* ~**s** (*Mus*) Crescendo *nt*, (*fig*) Zunahme *f*. **II** *vi* (*Mus, fig*) anschwellen.

crescent ['kresnt] **I** *n* Halbmond *m*; (*in street names*) Weg *m* (*halbmondförmig verlaufende Straße*). **II** *adj* ~**-shaped** *adj* halbmond- *or* sichelförmig; **the** ~ **moon** die Mondsichel.

cress [kres] *n* (Garten)kresse *f*, (*water*~) Brunnenkresse *f*.

crest [krest] **I** *n* **1.** (*of bird*) Haube *f*; (*of cock*) Kamm *m*; (*on hat etc*) Federbusch *m*; (*plume on helmet*) Helmbusch *m*.
  2. (*Her*) Helmzierde *f*; (*coat of arms*) Wappen *nt*.
  3. (*of wave, hill, Anat: of horse etc*) Kamm *m*; (*fig: of excitement, popularity*) Höhepunkt, Gipfel *m*; (*Phys: of oscillation*) Scheitel(punkt) *m*. **he's riding on the** ~ **of a wave** (*fig*) er schwimmt im Augenblick oben.
  II *vt* (*reach the* ~ *of*) erklimmen.

crested ['krestɪd] *adj notepaper, seal* verziert; (*bird*) Haube-. ~ **coot** Kammbleßralle *f*; ~ **tit** Haubenmeise *f*.

crestfallen ['krest‚fɔːlən] *adj* geknickt.

cretaceous [krɪ'teɪʃəs] *adj* Kreide-.

Cretan ['kriːtən] **I** *adj* kretisch. **II** *n* Kreter(in *f*) *m*.

Crete [kriːt] *n* Kreta *nt*.

cretin ['kretɪn] *n* (*Med*) Kretin *m*; (*inf*) Schwachkopf *m* (*inf*).

cretinism ['kretɪnɪzəm] *n* (*Med*) Kretinismus *m*; (*inf*) Schwachsinn *m*, Idiotie *f*.

cretinous ['kretɪnəs] *adj* (*Med*) kretinoid; (*inf*) schwachsinnig.

cretonne [kre'tɒn] *n* Cretonne *f or m*.

crevasse [krɪ'væs] *n* (Gletscher)spalte *f*.

crevice ['krevɪs] *n* Spalte *f*.

crew[1] [kruː] **I** *n* **1.** Mannschaft (*also Sport*), Crew *f*; (*including officers: of ship also, of plane, tank*) Besatzung, Crew *f*. **50**

passengers and **20** ~ 50 Passagiere und 20 Mann Besatzung; **the ground** ~ (*Aviat*) das Bodenpersonal.
  2. (*inf: gang*) Bande *f*. **they were a motley** ~ sie waren ein bunt zusammengewürfelter Haufen (*inf*).
  II *vi* **to** ~ **for sb** bei jdm den Vorschotmann machen.
  III *vt yacht* die Mannschaft *or* Crew sein von; (*one person in race*) den Vorschotmann machen auf (+*dat*).

crew[2] [old] *pret of* **crow.**

crew-cut ['kruːkʌt] *n* Bürstenschnitt *m*; **crew-member** *n* Mitglied *nt* der Mannschaft, Besatzungsmitglied *nt*; **crewneck** *n* runder Halsausschnitt.

crib [krɪb] **I** *n* **1.** (*cradle*) Krippe *f*; (*US: cot*) Kinderbett *nt*. **2.** (*manger*) Krippe, Raufe *f*; (*fig: nativity scene*) Krippe *f*. **3.** (*US: maize bin*) Trockengerüst *nt* für Maiskolben. **4.** (*Sch: cheating aid*) Spickzettel *m* (*inf*); (*inf: plagiary*) Anleihe *f* (*inf*). **II** *vti* (*esp Sch inf*) abschreiben (*inf*).

cribbage ['krɪbɪdʒ] *n* Cribbage *nt*.

crick [krɪk] **I** *n a* ~ **in one's neck/back** ein steifes Genick/ein steifer Rücken. **II** *vt* **to** ~ **one's neck/back** sich (*dat*) ein steifes Genick/einen steifen Rücken zuziehen.

cricket[1] ['krɪkɪt] *n* (*insect*) Grille *f*.

cricket[2] *n* (*Sport*) Kricket *nt*. **that's not** ~ (*fig inf*) das ist nicht fair.

cricket *in cpds* Kricket-; ~ **bat** (Kricket)schlagholz *nt*.

cricketer ['krɪkɪtə^r] *n* Kricketspieler(in *f*) *m*.

cricket match *n* Kricketspiel *nt*; **cricket pitch** *n* Kricketfeld *nt*.

crier ['kraɪə^r] *n* (*town* ~) Ausrufer *m*; (*court* ~) Gerichtsdiener *m*.

crime [kraɪm] *n* **1.** Straftat *f*, (*murder, robbery with violence etc also, fig*) Verbrechen *nt*. **it's not a** ~! das ist nicht verboten; **it's a** ~ **to throw away all that good food** es ist eine Sünde *or* eine Schande, all das gute Essen wegzuwerfen.
  2. *no pl* Verbrechen *pl*. ~ **and punishment** Verbrechen und Verbrechensverfolgung; **to lead a life of** ~ kriminell leben; ~ **is on the increase** die Zahl der Verbrechen nimmt zu; ~ **doesn't pay** Verbrechen lohnen sich nicht.

Crimea [kraɪ'mɪə] *n* (*Geog*) (*Insel*) Krim *f*; (*inf: Crimean War*) der Krimkrieg.

Crimean [kraɪ'mɪən] **I** *n* (*person*) Krimbewohner(in *f*) *m*. **II** *adj* Krim-. **she's** ~ sie kommt von der Krim.

crime prevention *n* Verbrechensverhütung *f*, präventive Verbrechensbekämpfung (*form*); **crime rate** *n* Zahl *f* der Verbrechen, Verbrechensrate *f*; **crime story** *n* Kriminalgeschichte *f*, Krimi *m* (*inf*); **crime wave** *n* Verbrechenswelle *f*.

criminal ['krɪmɪnl] **I** *n* Straftäter(in *f*) *m* (*form*), Kriminelle(r) *mf*; (*guilty of capital crimes also, fig*) Verbrecher(in *f*) *m*.
  II *adj* **1.** kriminell, verbrecherisch; *action also* strafbar. ~ **assault** Körperverletzung *f*; **C**~ **Investigation Department** (*Brit*) Kriminalpolizei *f*; ~ **code** Strafgesetzbuch *nt*; ~ **law** Strafrecht *nt*; ~ **lawyer** Anwalt *m* für Strafsachen; (*specializing in defence*) Strafverteidiger *m*; ~

offence strafbare Handlung; **to take ~ proceedings against sb** strafrechtlich gegen jdn vorgehen; **to have a ~ record** vorbestraft sein; **C~ Records Office** Kriminaldienststelle *f* zur Führung der Verbrecherkartei.

2. (*fig*) kriminell. **it's ~ to stay indoors in such lovely weather** es ist eine Schande, bei so schönem Wetter drinnen zu bleiben.

criminality [ˌkrɪmɪˈnælɪtɪ] *n* Kriminalität *f*.

criminally [ˈkrɪmɪnəlɪ] *adv* kriminell, verbrecherisch.

criminologist [ˌkrɪmɪˈnɒlədʒɪst] *n* Kriminologe *m*, Kriminologin *f*.

criminology [ˌkrɪmɪˈnɒlədʒɪ] *n* Kriminologie *f*.

crimp [krɪmp] *vt hair* (mit der Brennschere) wellen.

crimson [ˈkrɪmzn] **I** *adj* purpurn, purpurrot; *sky* blutrot, purpurrot; (*through blushing*) knallrot (*inf*), dunkelrot.

II *n* Purpur, Purpurrot *nt*.

III *vt* (*poet*) *sky* purpurrot *or* blutrot färben.

IV *vi* (*poet: sky*) sich purpurrot *or* blutrot färben.

cringe [krɪndʒ] *vi* **1.** (*shrink back*) zurückschrecken (*at* vor +*dat*); (*fig*) schaudern. **he ~d when she mispronounced his name** er zuckte zusammen, als sie seinen Namen falsch aussprach.

2. (*humble oneself, fawn*) katzbuckeln, kriechen (*to* vor +*dat*). **to go cringing to sb** zu jdm gekrochen kommen; **cringing behaviour** kriecherisches Benehmen.

crinkle [ˈkrɪŋkl] **I** *n* (Knitter)falte *f*; (*in skin*) Fältchen *nt*.

II *vt paper, foil, dress etc* (zer)knittern; *cardboard, plastic etc* knicken; *edge of paper* wellen.

III *vi* (*wrinkle*) (*paper, foil, dress etc*) knittern; (*face, skin*) (Lach)fältchen bekommen; (*edges of paper*) sich wellen, wellig werden; (*curl: hair*) sich krausen.

crinkly [ˈkrɪŋklɪ] *adj* (+*er*) (*inf*) (*wrinkled*) *paper, foil etc* zerknittert; *edges* wellig; *hair* krauselig (*inf*).

crinoline [ˈkrɪnəliːn] *n* Krinoline *f*.

cripple [ˈkrɪpl] **I** *n* Krüppel *m*.

II *vt person* zum Krüppel machen; *arm, legs etc* verkrüppeln; *ship, plane* aktionsunfähig machen; (*fig*) *industry, exports* lahmlegen, lähmen. **~d with rheumatism** von Rheuma praktisch gelähmt; **to be ~d for life** lebenslang ein Krüppel sein.

crippling [ˈkrɪplɪŋ] *adj taxes, mortgage repayments* erdrückend; *strikes* alles lähmend *attr*; *pain* lähmend.

cripplingly [ˈkrɪplɪŋlɪ] *adv expensive* unerschwinglich.

crisis [ˈkraɪsɪs] *n, pl* **crises** [ˈkraɪsiːz] Krise *f* (*also Med*). **to reach ~ point** den Höhepunkt erreichen; **in this time of ~** in dieser krisenreichen *or* schweren Zeit; **in times of ~** in Krisenzeiten.

crisp [krɪsp] **I** *adj* (+*er*) *apple, lettuce* knackig, fest; *bread, biscuits, bacon* knusprig; *snow* verharscht; *leaves* trocken; *appearance* adrett, frisch; *curls, clothes* steif; *manner, voice, style of writing, remark* knapp; *air, weather, colour*

frisch; *sound* klar; (*Sport*) *shot* sauber; *pound note* brandneu.

II *n* (*Brit: potato ~*) Chip *m*. **to burn sth to a ~** etw verbrutzeln lassen; *toast* etw schwarz brennen.

III *vt* (*also* ~ **up**) *bread* aufbacken.

crispbread [ˈkrɪspbred] *n* Knäckebrot *nt*.

crispen (up) [ˈkrɪspn(ˈʌp)] *vt* (*sep*) *bread* aufbacken; *blouse etc* auffrischen.

crisper [ˈkrɪspər] *n* (*in fridge*) Gemüsefach *nt*.

crisply [ˈkrɪsplɪ] *adv knackig; baked, fried* knusprig; *starched* steif; *dressed* adrett, frisch; *write, speak* knapp. **the snow/leaves crunched ~ under his feet** der Schnee knirschte/ die Blätter raschelten unter seinen Füßen; **the notes rang out ~** die Töne kamen klar.

crispness [ˈkrɪspnɪs] *n see adj* Knackigkeit, Festheit *f*; Knusprigkeit *f*; Verharschtheit *f*; Trockenheit *f*; Adrettheit, Frische *f*; Steifheit *f*; Knappheit *f*; Frische *f*; Klarheit *f*; Sauberkeit *f*.

crispy [ˈkrɪspɪ] *adj* (+*er*) (*inf*) knusprig.

criss-cross [ˈkrɪskrɒs] **I** *n* Kreuzundquer *nt*. **II** *adj pattern* Kreuz-. **III** *adv* kreuz und quer. **IV** *vt* mit einem Kreuzmuster versehen.

criterion [kraɪˈtɪərɪən] *n, pl* **criteria** [kraɪˈtɪərɪə] Kriterium *nt*.

critic [ˈkrɪtɪk] *n* Kritiker(in *f*) *m*. **literary ~** Literaturkritiker(in *f*) *m*; **he's his own worst ~** er kritisiert sich selbst am meisten, er ist sein schlimmster Kritiker; **he is a constant ~ of the government** er kritisiert ständig die Regierung.

critical [ˈkrɪtɪkəl] *adj* **1.** (*fault-finding, discriminating*) kritisch. **the book enjoyed a ~ success** das Buch kam bei den Kritikern an; **to cast a ~ eye over sth** sich (*dat*) etw kritisch ansehen; **to be ~ of sb/sth** jdn/etw kritisieren.

2. (*dangerous, Sci*) kritisch; (*crucial also*) entscheidend.

critically [ˈkrɪtɪkəlɪ] *adv* **1.** kritisch. **2.** *ill* schwer. **to be ~ important** von kritischer Bedeutung sein.

criticism [ˈkrɪtɪsɪzəm] *n* Kritik *f*. **literary ~** Literaturkritik *f*; **to come in for a lot of ~** schwer kritisiert werden.

criticize [ˈkrɪtɪsaɪz] *vti* kritisieren.

critique [krɪˈtiːk] *n* Kritik *f*.

croak [krəʊk] **I** *n* (*of frog*) Quaken *nt no pl*; (*of raven, person*) Krächzen *nt no pl*. **~, went the frog/raven** quak, machte der Frosch/krakra, machte der Rabe.

II *vti* **1.** (*frog*) quaken; (*raven, person*) krächzen.

2. (*sl: die*) **he ~ed (it)** er ist abgekratzt (*sl*).

croaky [ˈkrəʊkɪ] *adj* (+*er*) (*inf*) *voice* krächzend.

Croat [ˈkrəʊæt] *n* (*person*) Kroate *m*, Kroatin *f*; (*language*) Kroatisch *nt*.

Croatia [krəʊˈeɪʃɪə] *n* Kroatien *nt*.

Croatian [krəʊˈeɪʃɪən] **I** *n see* **Croat. II** *adj* kroatisch.

crochet [ˈkrəʊʃeɪ] **I** *n* (*also ~* **work**) Häkelei *f*. **~ hook** Häkelnadel *f*; **to do a lot of ~** viel häkeln. **II** *vti* häkeln.

crock¹ [krɒk] *n* (*jar*) Topf *m*; (*pottery chip*) Scherbe *f*.

crock² *n* (*inf*) (*vehicle*) Kiste *f* (*inf*); (*person*) Wrack *nt* (*inf*); (*horse*) Klepper *m*. **an old ~s race** ein Oldtimer-Rennen *nt*.
◆**crock up** *vi* (*inf*) zusammenklappen (*inf*).

crockery [ˈkrɒkərɪ] *n* (*Brit*) Geschirr *nt*.

crocodile [ˈkrɒkədaɪl] *n* **1**. Krokodil *nt*. **2**. (*Brit Sch*) **to walk in a ~** zwei und zwei hintereinandergehen.

crocodile tears *npl* Krokodilstränen *pl*.

crocus [ˈkrəʊkəs] *n* Krokus *m*.

Croesus [ˈkriːsəs] *n* Krösus *m*.

croft [krɒft] *n* (*esp Scot*) kleines Pachtgrundstück; (*house*) Kate *f*.

crofter [ˈkrɒftər] *n* (*esp Scot*) Kleinpächter(in *f*) *m*.

croissant [ˈkrwɑːsɒŋ] *n* Hörnchen *nt*.

crone [krəʊn] *n* Tante *f* (*inf*).

crony [ˈkrəʊnɪ] *n* Freund(in *f*) *m*.

crook¹ ·[kruk] **I** *n* **1**. (*dishonest person*) Gauner *m* (*inf*).
2. (*staff*) (*of shepherd*) Hirtenstab, Krummstab *m*; (*of bishop also*) Bischofsstab *m*; *see* **hook**.
3. (*bend: in road, river*) Biegung *f*; (*in arm*) Beuge *f*.
II *vt finger* krümmen; *arm* beugen.

crook² *adj* (*Austral inf*) **1**. (*sick*) krank.
2. (*not functioning*) kaputt (*inf*); (*not good*) mies (*inf*).
3. (*angry*) wild (*inf*).

crooked [ˈkrʊkɪd] *adj* (*lit*) (*bent*) krumm; (*tilted, sloping also*), *smile* schief; (*fig inf: dishonest*) *method* krumm; *person* unehrlich.

croon [kruːn] **I** *vt* (*sing softly*) leise *or* sanft singen; (*usu pej: sentimentally*) gefühlvoll *or* schmalzig (*pej inf*) singen. **II** *vi* (*sing softly*) leise *or* sanft singen; (*usu pej: sentimentally*) Schnulzen (*pej inf*) *or* sentimentale Lieder singen.

crooner [ˈkruːnər] *n* Sänger *m* (sentimentaler Lieder), Schnulzensänger *m* (*pej inf*).

crop [krɒp] **I** *n* **1**. (*produce*) Ernte *f*; (*species grown*) (Feld)frucht *f*; (*fig: large number*) Schwung *m*. **~ rotation** Fruchtwechsel *m*; **cereal ~s** Getreidearten *pl*; **the cereal ~s were destroyed** die Getreideernte wurde zerstört; **the barley ~ is looking good** die Gerste steht gut; **a good ~ of fruit/potatoes** eine gute Obst-/Kartoffelernte; **the beef ~** die Rindfleischproduktion; **to be in** *or* **under/out of ~** bebaut/nicht bebaut sein; **he grows a different ~ every year** er baut jedes Jahr etwas anderes an; **to bring the ~s in** die Ernte einbringen; **a ~ of lies/questions** eine Masse Lügen/Fragen (*inf*).
2. (*of bird*) Kropf *m*.
3. (*of whip*) Stock *m*; (*hunting ~*) Reitpeitsche *f*.
4. (*hairstyle*) Kurzhaarschnitt *m*.
II *vt hair* stutzen; *horse's or dog's tail also* kupieren. **it's best to keep the grass ~ped short** man sollte das Gras kurz halten; **the goat ~ped the grass** die Ziege fraß das Gras ab; **~ped hair, hair ~ped short** kurzgeschnittenes Haar.
◆**crop out** *vi* auftauchen; (*minerals*) zutage treten.
◆**crop up** *vi* aufkommen. **something's ~ped ~** es ist etwas dazwischengekommen; **he**

was ready for anything that might ~ ~ er war auf alle Eventualitäten gefaßt.

crop dusting *n* Schädlingsbekämpfung *f* (*aus dem Flugzeug*).

cropper [ˈkrɒpər] *n* **1**. (*person*) Anbauer *m*. **these plants are poor ~s** diese Pflanzen bringen nicht viel Ertrag. **2**. (*inf*) **to come a ~** (*lit: fall*) hinfliegen (*inf*); (*fig: fail*) auf die Nase fallen.

crop spraying *n* Schädlingsbekämpfung *f* (*durch Besprühen*).

croquet [ˈkrəʊkeɪ] *n* Krocket(spiel) *nt*.

croquette [krəʊˈket] *n* Krokette *f*.

crosier, crozier [ˈkrəʊʒɪər] *n* Bischofsstab, Hirtenstab, Krummstab *m*.

cross¹ [krɒs] **I** *n* **1**. Kreuz *nt*. **to make one's ~** sein Kreuz(chen) machen *or* setzen; **to make the sign of the C~** das Kreuzzeichen machen *or* schlagen; **the C~ and the Crescent** Kreuz und Halbmond; **to bear/take up one's ~** (*fig*) sein Kreuz tragen/auf sich (*acc*) nehmen.
2. (*bias*) **on the ~** schräg; **to be cut on the ~** schräg geschnitten sein.
3. (*hybrid*) Kreuzung *f*; (*fig*) Mittelding *nt*.
II *attr* (*transverse*) *street, line etc* Quer-.
III *vt* **1**. (*go across*) (*person, train, road*) *road, river, mountains, Channel* überqueren; (*on foot*) *picket line etc* überschreiten; *country, desert, room* durchqueren; (*bridge*) *river, road* überqueren, führen über (+*acc*); (*plane*) *continent, desert* überqueren. **to ~ the road** über die Straße gehen, die Straße überqueren; **to ~ sb's path** (*fig*) jdm über den Weg laufen; **it ~ed my mind that …** es fiel mir ein, daß …; **we'll ~ that bridge when we come to it** lassen wir das Problem mal auf uns zukommen.
2. (*put at right-angles, intersect*) kreuzen. **to ~ one's legs/ arms** die Beine übereinanderschlagen/die Arme verschränken; **the lines are ~ed** (*Telec*) die Leitungen überschneiden sich; **line AB ~es line CD at point E** AB schneidet CD in E; **to ~ sb's palm with silver** jdm ein Geldstück in die Hand drücken; **keep your fingers ~ed for me!** (*inf*) drück *or* halt mir die Daumen! (*inf*).
3. (*put a line across*) *letter, t* einen Querstrich machen durch; (*Brit*) *cheque* ≃ zur Verrechnung ausstellen. **a ~ed cheque** ein Verrechnungsscheck *m*; **to ~ sth through** etw durchstreichen; *see* **dot**.
4. (*make the sign of the C~*) **to ~ oneself** sich bekreuzigen; **~ my/your heart** (*inf*) Ehrenwort, Hand aufs Herz.
5. (*mark with a ~*) ankreuzen.
6. (*go against*) *plans* durchkreuzen. **to ~ sb** jdn verärgern; **to be ~ed in love** der Liebe enttäuscht werden.
7. *animal, fruit* kreuzen.
IV *vi* **1**. (*across road*) hinübergehen, die Straße überqueren; (*across Channel etc*) hinüberfahren. "**~ now**" „gehen"; **to ~ on the green light** bei Grün über die Straße gehen.
2. (*intersect*) sich kreuzen; (*lines also*) sich schneiden. **our paths have ~ed several times** (*fig*) unsere Wege haben sich öfters gekreuzt.

3. (*pass: letters etc*) sich kreuzen.

◆**cross off** *vt sep* streichen (*prep obj* aus, von).

◆**cross out** *vt sep* ausstreichen.

◆**cross over I** *vi* 1. (*cross the road*) hinübergehen, die Straße überqueren. 2. (*change sides*) übergehen, überwechseln (*to* zu). **II** *vi* +*prep obj* road, street überqueren.

cross² *adj* (+*er*) böse, sauer (*inf*). **to be ~ with sb** mit jdm *or* auf jdn böse sein.

crossbar ['krɒsbɑːʳ] *n* (*of bicycle*) Stange *f*; (*Sport*) Querlatte *f*; **crossbeam** *n* (*girder*) Querbalken *m*; (*Sport*) Schwebebalken *m*; **crossbill** *n* (*Orn*) Kreuzschnabel *m*; **crossbones** *npl* gekreuzte Knochen *pl* (*unter einem Totenkopf*); *see* **skull**; **crossbow** *n* (Stand-)armbrust *f*; **crossbred** *adj* (*Zool, Biol*) gekreuzt; **crossbreed** (*Zool, Biol*) **I** *n* Kreuzung *f*; **II** *vt irreg* kreuzen; **cross-Channel** *attr* ferries, swimmer Kanal-; **a ~ swim** ein Durchschwimmen des Kanals; **cross-check I** *n* Gegenprobe *f*; **II** *vt* facts, figures überprüfen; *equation* die Gegenprobe machen bei; **cross-country I** *adj* Querfeldein-; **~ skiing** Langlauf *m*; **II** *adv* querfeldein; **III** *n* (*race*) Querfeldeinrennen *nt*; **cross-current** *n* Gegenströmung *f*; **cross-examination** *n* Kreuzverhör *nt* (*of* über +*acc*); **cross-examine** *vt* ins Kreuzverhör nehmen; **cross-eyed** *adj* schielend; **to be ~** schielen; **cross-fertilization** *n*, *no pl* (*Bot*) Kreuzbefruchtung, Fremdbestäubung *f*; (*fig*) gegenseitige Befruchtung; **cross-fertilize** *vt* (*Bot*) kreuzbefruchten; **crossfire** *n* Kreuzfeuer *nt*; **to be caught in the ~** (*lit, fig*) ins Kreuzfeuer geraten; **cross-grained** *adj* wood quergefasert; (*grumpy*) mürrisch; (*perverse*) querköpfig.

crossing ['krɒsɪŋ] *n* 1. (*act*) Überquerung *f*; (*sea ~*) Überfahrt *f*. 2. (*~ place*) Übergang *m*; (*crossroads*) Kreuzung *f*.

crosskick ['krɒskɪk] *n* (*Ftbl*) Querpaß *m* (nach innen); **cross-legged** *adj, adv* mit gekreuzten Beinen; (*on ground*) im Schneidersitz.

crossly ['krɒslɪ] *adv* böse, verärgert.

crossover ['krɒsəʊvəʳ] *n* (*Rail*) Gleiskreuzung *f*; **crosspatch** *n* (*inf*) Brummbär *m* (*inf*); **crosspiece** *n* (*bar*) Querstange *f*; **cross-ply I** *adj* Diagonal-; **II** *n* (*inf*) Diagonalreifen *m*; **cross-pollinate** *vt* fremdbestäuben; **cross-pollination** *n* Fremdbestäubung *f*; **cross-purposes** *npl* **to be** *or* **talk at ~** aneinander vorbeireden; **cross-question** *vt see* **cross-examine**; **cross-refer** *vt* verweisen (*to* auf +*acc*); **cross-reference I** *n* Verweis *m* (*to* auf +*acc*); **II** *vt see* **cross-refer**; **cross-roads** *n sing or pl* (*lit*) Kreuzung *f*; (*fig*) Scheideweg *m*; **cross section** *n* Querschnitt *m*; **to draw sth in ~** etw im Querschnitt zeichnen; **a ~ of the population** ein Querschnitt durch die Bevölkerung; **cross-stitch I** *n* (*Sew*) Kreuzstich *m*; **II** *vt* im Kreuzstich arbeiten; **crosstalk** *n*, *no pl* 1. (*witty dialogue*) Wortgefecht *nt*; Wortgefechte *pl*; 2. (*Telec*) Nebensprechen *nt*; **cross-town** *adj* (*US*)

quer durch die Stadt; **crosswalk** *n* (*US*) Fußgängerüberweg *m*; **crossways** *adv* *see* **crosswise**; **crosswind** *n* Seitenwind *m*; **crosswise** *adv* (*transversely*) quer; **crossword (puzzle)** *n* Kreuzworträtsel *nt*; **crosswort** *n* gewöhnliches Kreuzlabkraut.

crotch [krɒtʃ] *n* 1. (*in tree etc*) Gabelung *f*. 2. (*of trousers*) Schritt *m*; (*Anat*) Unterleib *m*. **a kick in the ~** ein Tritt zwischen die Beine.

crotchet ['krɒtʃɪt] *n* 1. (*Mus*) Viertelnote *f*: **~ rest** Viertelpause *f*. 2. (*inf: cross person*) Miesepeter *m* (*inf*).

crotchety ['krɒtʃɪtɪ] *adj* (*inf: cross*) schlecht gelaunt; (*inf*); *child* quengelig (*inf*).

crouch [kraʊtʃ] **I** *vi* sich zusammenkauern, kauern. **to ~ down** sich niederkauern. **II** *n* Hocke *f*; (*of animal*) Kauerstellung *f*.

croup¹ [kruːp] *n*, *no pl* (*Med*) Krupp *m*, Kehlkopfdiphtherie *f*.

croup² *n* (*of horse*) Kruppe *f*.

croupier ['kruːpɪeɪ] *n* Croupier *m*.

crouton ['kruːtɒn] *n* Crouton *m*.

crow¹ [krəʊ] *n* 1. (*Orn*) Krähe *f*. **as the ~ flies** (in der) Luftlinie; **to eat ~** (*US inf*) zu Kreuze kriechen. 2. (*inf*) *see* **crowbar**.

crow² **I** *n* (*of cock, baby*) Krähen *nt no pl*; (*of person*) J(a)uchzer *m*. **II** *vi* 1. *pret* **~ed** *or* (*old*) **crew**, *ptp* **~ed** (*cock*) krähen. 2. *pret, ptp* **~ed** (*baby*) krähen; (*person*) j(a)uchzen; (*fig*) (*boast*) sich brüsten, angeben (*about* mit); (*exalt*) hämisch frohlocken (*over* über +*acc*).

crowbar ['krəʊbɑːʳ] *n* Brecheisen *nt*; **crowberry** *n* Krähenbeere *f*.

crowd [kraʊd] *n* 1. Menschenmenge *f*; (*Sport, Theat*) Zuschauermenge *f*. **to be swept along by the ~** *or* **in the ~(s)** von der *or* in der Menge mitgerissen werden; **~s of people** Menschenmassen, große Menschenmengen *pl*; **that would pass in a ~** (*fig*) das geht (durch), wenn man nicht zu genau hinsieht; **a whole ~ of us** ein ganzer Haufen von uns (*inf*); **~ scene** (*Theat*) Massenszene *f*.

2. (*set, of people, clique*) Clique *f*, Haufen *m* (*inf*). **the university ~** der Uni-Haufen (*inf*), die Uni-Clique.

3. *no pl* (*the masses*) **the ~** die (breite) Masse; **to go with** *or* **follow the ~** mit der Herde laufen.

II *vi* (sich) drängen. **to ~ (a)round/together/in** sich herumdrängen/sich zusammendrängen/(sich) hereindrängen; **to ~ (a)round sb/sth** (sich) um jdn/etw herumdrängen *or* scharen; **memories ~ed in on me** Erinnerungen drängten *or* stürmten auf mich ein.

III *vt* 1. **to ~ the** ~ **streets** die Straßen bevölkern; **to ~ a room with furniture** eine Wohnung mit Möbeln vollstopfen; **to ~ furniture into a room** Möbel in eine Wohnung stopfen; **a room ~ed with children** ein Zimmer voller Kinder; **to ~ things together** Dinge eng zusammendrängen; **the holiday was ~ed with incidents** die Ferien waren sehr ereignisreich; **a mind ~ed with facts** eine Ansammlung von Faktenwissen (im Kopf).

2. (*inf: harass*) **to** ~ **sb** jdn drängeln; (*creditors*) jdn bedrängen.

◆**crowd out** *vt sep* (*not let in*) wegdrängen; (*make leave*) herausdrängen; (*Press*) *article etc* verdrängen. **the pub was** ~**ed** ~ das Lokal war gerammelt voll (*inf*).

crowded ['kraʊdɪd] *adj train, shop etc* überfüllt. **the streets/shops/trains are** ~ es ist voll auf den Straßen/in den Geschäften/ Zügen; **to play to a** ~ **house** (*Theat*) vor vollem Haus spielen.

crowfoot ['krəʊfʊt] *n* (*Bot*) Hahnenfuß *m*.

crown [kraʊn] **I** *n* **1.** Krone *f*. ~ **of thorns** Dornenkrone *f*; **the C**~ die Krone; **to wear the** ~ auf dem Thron sitzen; **to be heir to the** ~ Thronfolger(in) sein; **to succeed to the** ~ die Thronfolge antreten.

2. (*coin*) Krone *f*.

3. (*top*) (*of head*) Wirbel *m*; (*skull itself*) Schädel *m*; (*head measurement*) Kopf- (umfang) *m*; (*of hat*) Kopf *m*; (*of road*) Wölbung *f*; (*of arch*) Scheitelpunkt *m*; (*of roof*) First *m*; (*of tooth, tree*) Krone *f*; (*of hill*) Kuppe *f*.

4. (*size of paper*) englisches Papierformat (≈ 45 × 38 cm²).

5. (*fig: climax, completion*) Krönung *f*.

II *vt* **1.** krönen. **he was** ~**ed king** er ist zum König gekrönt worden; ~**ed head** gekröntes Haupt.

2. (*usu pass: top*) **the hill is** ~**ed with trees** die Bergkuppe ist mit Bäumen bewachsen; **the cake was** ~**ed with marzipan decorations** der Kuchen war zur Krönung des Ganzen (noch) mit Marzipanfiguren geschmückt; **to be** ~**ed with success** (*fig*) von Erfolg gekrönt sein.

3. (*fig: complete, form climax to*) krönen. **that** ~**s everything!** (*inf*) das ist doch der Gipfel *or* die Höhe! (*inf*).

4. (*in draughts etc*) eine Dame bekommen mit.

5. *tooth* eine Krone machen für.

6. (*inf: hit*) eine runterhauen (+*dat*) (*inf*).

crown cap *n see* **crown cork**; **crown colony** *n* Kronkolonie *f*; **crown cork** *n* Kronenkorken *m*; **crown court** *n* Krongericht *nt*.

crowning ['kraʊnɪŋ] **I** *n* Krönung *f*. **II** *adj success, achievement* krönend. **her hair was her** ~ **glory** ihr Haar war ihre größte Zierde; **that symphony was his** ~ **glory** diese Symphonie war die Krönung seines Werkes.

crown jewels *npl* Kronjuwelen *pl*; **crown lands** *npl* königliche Ländereien *pl*, Ländereien *pl* der Krone; **crown prince** *n* Kronprinz *m*; **crown princess** *n* Kronprinzessin *f*; **crown witness** *n* Zeuge *m*/ Zeugin *f* der Anklage.

crow's feet *npl* Krähenfüße *pl*; **crow's nest** *n* (*Naut*) Mastkorb *m*; (*on foremast*) Krähennest *nt*.

crozier *n see* **crosier**.

crucial ['kruːʃəl] *adj* **1.** (*decisive*) entscheidend (*to* für). **2.** (*very important*) äußert wichtig. **3.** (*Med*) *incision etc* kreuzförmig, Kreuz-.

crucially ['kruːʃəlɪ] *adv* ausschlaggebend; *different* bedeutend. ~ **important** von entscheidender Bedeutung.

crucible ['kruːsɪbl] *n* (Schmelz)tiegel *m*; ~ **steel** Tiegelgußstahl *m*.

crucifix ['kruːsɪfɪks] *n* Kruzifix *nt*.

crucifixion [ˌkruːsɪ'fɪkʃ(ə)n] *n* Kreuzigung *f*.

cruciform ['kruːsɪfɔːm] *adj* kreuzförmig.

crucify ['kruːsɪfaɪ] *vt* **1.** kreuzigen. **2.** (*fig*) *play, author* verreißen; *person* in der Luft zerreißen (*inf*). **3.** *the flesh* abtöten.

crude [kruːd] **I** *adj* (+*er*) **1.** (*unprocessed*) Roh-, roh. **2.** (*vulgar*) *expression, story etc* ordinär, derb. **3.** (*unsophisticated*) *method, model, implement* primitiv; *sketch* grob; *manners* ungehobelt, grob; *attempt* unbeholfen. **II** *n* Rohöl *nt*.

crudely ['kruːdlɪ] *adv* **1.** (*vulgarly*) ordinär, derb. **2.** (*unsophisticatedly*) primitiv; *draw* grob; *behave* ungehobelt. **to put it** ~ um es ganz grob auszudrücken.

crudeness ['kruːdnɪs], **crudity** ['kruːdɪtɪ] *n* **1.** (*vulgarity*) Derbheit *f*. **2.** *see adj 3*. Primitivität *f*; Grobheit *f*; Ungehobelte(s) *nt* (*of gen*, in +*dat*); Unbeholfenheit *f*.

cruel ['krʊəl] *adj* grausam (*to* zu); *remark, wit, critic, winter* abscheulich, unbarmherzig. **to be** ~ **to animals/one's dog** ein Tierquäler sein/seinen Hund quälen; **that is** ~ **to animals** das ist Tierquälerei; **don't be** ~! sei nicht so gemein!; **sometimes you have to be** ~ **to be kind** manchmal ist es letzten Endes besser, wenn man hart ist.

cruelly ['krʊəlɪ] *adv* (+*vb*) grausam; (+*adj*) auf grausame Art.

cruelty ['krʊəltɪ] *n see adj* Grausamkeit *f* (*to* gegenüber); Unbarmherzigkeit *f*. ~ **to children** Kindesmißhandlung *f*; ~ **to animals** Tierquälerei *f*; **physical/mental** ~ Grausamkeit *f*/ seelische Grausamkeit.

cruet ['kruːɪt] *n* **1.** (*set*) Gewürzständer *m*, Menage *f*; (*for oil*) Krügchen *nt*. **2.** (*Eccl*) Krügchen *nt*.

cruise [kruːz] **I** *vi* **1.** eine Kreuzfahrt/ Kreuzfahrten machen; (*ship also*) kreuzen.

2. (*travel at cruising speed*) (*car*) Dauergeschwindigkeit fahren; (*aircraft*) (mit Reisegeschwindigkeit) fliegen; (*athlete*) locker laufen; (*drive around*) herumfahren. **I was cruising at 70** ich bin konstant 70 gefahren; **we were cruising along the road** wir fuhren (gemächlich) die Straße entlang; **we are now cruising at a height/speed of ...** wir fliegen nun in einer Flughöhe/mit einer Reisegeschwindigkeit von ...; **the cyclist** ~**d down the hill** der Radfahrer rollte den Berg hinunter.

II *vt* (*ship*) befahren; (*car*) *streets* fahren auf (+*dat*); *area* abfahren.

III *n* Kreuzfahrt *f*. **to go on or for a** ~ eine Kreuzfahrt machen.

cruise missile *n* Marschflugkörper *m*.

cruiser ['kruːzər] *n* (*Naut*) Kreuzer *m*; (*pleasure* ~) Vergnügungsjacht *f*.

cruiserweight ['kruːzəweɪt] *n* (*Boxing*) Halbschwergewicht *nt*.

cruising ['kruːzɪŋ] *n* Kreuzfahrten *pl*. **to go** ~ eine Kreuzfahrt/Kreuzfahrten machen.

cruising speed *n* Reisegeschwindigkeit *f*; **cruising yacht** *n* Vergnügungsjacht *f*.

crumb [krʌm] **I** *n* (*of bread etc*) Krümel *m*, Krume *f*, Brösel *m*; (*inside of loaf*) Krume *f*. **a few** ~**s of information** ein paar Informationsbrocken; **that's one** ~ **of comfort**

das ist (wenigstens) ein winziger Trost.
II *interj* ~**s!** (*inf*) Mensch! (*inf*).
III *vt* (*Cook*) *fish etc* panieren.
crumble [ˈkrʌmbl] I *vt* zerkrümeln, zerbröckeln. **to ~ sth into/onto sth** etw in/auf etw (*acc*) krümeln *or* bröckeln.

II *vi* (*brick, earth*) bröckeln; (*bread, cake etc*) krümeln; (*also ~ away*) (*earth, building*) zerbröckeln; (*fig*) (*resistance, opposition*) sich auflösen; (*hopes*) schwinden; (*plans*) ins Wanken geraten.

III *n* (*Cook*) Obst *nt* mit Streusel; (*topping*) Streusel *pl*. **apple~** *mit Streuseln bestreutes, überbackenes Apfeldessert*.
crumbly [ˈkrʌmblɪ] *adj* (+*er*) *stone, earth* bröckelig; *cake, bread* krümelig, bröselig.
crummy [ˈkrʌmɪ] *adj* (+*er*) (*inf*) mies (*inf*).
crumpet [ˈkrʌmpɪt] *n* 1. (*Cook*) *kleiner dicker Pfannkuchen*. 2. (*esp Brit sl: women*) Miezen *pl* (*sl*). **he fancied a bit of** ~ ihm war nach ein bißchen Sex.
crumple [ˈkrʌmpl] I *vt* (*also ~ up*) *paper, dress, fabric* (*crease*) zer- *or* verknittern, zerknautschen; (*screw up*) zusammenknüllen; *metal* eindrücken. **the force of the impact ~d the car/ bonnet** die Wucht des Aufpralls drückte die Kühlerhaube ein/ quetschte das Auto zusammen.

II *vi* (*lit, fig: collapse*) zusammenbrechen; (*get creased: paper*) krumpeln, knittern; (*car, metal*) zusammengedrückt werden. **her face** *or* **features ~d** ihr Gesicht verzog sich (zum Weinen).
crumple zone *n* Knautschzone *f*.
crunch [krʌntʃ] I *vt* 1. *apple, biscuit etc* mampfen (*inf*).
 2. **he ~ed the beetle/ice/gravel underfoot** der Käfer zerknackte/das Eis zersplitterte/der Kies knirschte unter seinen Füßen; **to ~ the gears** (*Aut*) den Gang/die Gänge reinwürgen (*inf*).

II *vi* 1. (*gravel, snow etc*) knirschen; (*gears*) krachen.
 2. **he was ~ing on a carrot** er mampfte eine Möhre (*inf*); **he ~ed into the apple** er biß knackend in den Apfel.

III *n* 1. (*sound*) Krachen *nt*; (*of footsteps, gravel etc*) Knirschen *nt*.
 2. (*inf: car crash*) Zusammenstoß *m*.
 3. (*inf: moment of reckoning*) **when it comes to the** ~ wenn es darauf ankommt; **this is the** ~ jetzt ist der spannende Moment; **it's/we've come to the** ~ jetzt kommt es drauf an, jetzt geht es hart auf hart.
◆**crunch up** *vt sep* (*eat*) *carrot etc* zerbeißen; (*crush noisily*) *garbage etc* (krachend) zermahlen.
crunchy [ˈkrʌntʃɪ] *adj* (+*er*) *apple* knackig; *biscuit* knusprig; *snow* verharscht.
crupper [ˈkrʌpəʳ] *n* 1. (*of harness*) Schweifriemen *m*. 2. (*hindquarters*) Kruppe *f*.
crusade [kruːˈseɪd] I *n* (*Hist, fig*) Kreuzzug *m*; (*evangelical* ~) Missionsfeldzug, Glaubensfeldzug *m*. II *vi* (*Hist, fig*) einen Kreuzzug/Kreuzzüge führen; (*as evangelist*) missionieren.
crusader [kruːˈseɪdəʳ] *n* (*Hist*) Kreuzritter *m*; (*fig*) Apostel *m*; (*evangelical* ~) Glaubensjünger *m*.
crush [krʌʃ] I *n* 1. (*crowd*) Gedrängel *nt*. **it'll be a bit of a** ~ es wird ein bißchen eng

werden; ~ **barrier** Absperrung, Barrikade *f*.
 2. (*inf*) (*infatuation*) Schwärmerei *f*; (*object of infatuation*) Schwarm *m*. **to have a ~ on sb** für jdn schwärmen.
 3. (*drink*) Saftgetränk *nt*.

II *vt* 1. (*squeeze, press tightly*) quetschen; (*damage by squeezing*) *soft fruit etc* zerdrücken, zerquetschen; *finger, toes etc* quetschen; (*rock, car etc*) *sb* zerquetschen; (*kill*) zu Tode quetschen; (*grind, break up*) *spices, garlic* (zer)stoßen; *ice* stoßen; *ore, stone* zerkleinern, zerstampfen; *scrap metal, garbage* zusammenpressen; (*crease*) *clothes, paper* zerknittern, zerdrücken; (*screw up*) *letter, paper* zerknüllen. **I was ~ed between two enormous men in the plane** ich war im Flugzeug zwischen zwei fetten Männern eingeklemmt; **to ~ sb/sth into sth** jdn in etw (*acc*) quetschen/etw in etw (*acc*) stopfen.
 2. (*fig*) *enemy, hopes, self-confidence, sb* vernichten; *revolution, opposition* niederschlagen; (*oppress*) *people, peasants* unterdrücken.

III *vi* 1. (*crowd*) (sich) drängen. **to ~ past/round sb** sich an jdm vorbeidrängen/ sich um jdn herumdrängen; **they ~ed into the car** sie quetschten sich in das Auto.
 2. (*clothes, fabric*) knittern.
◆**crush in** I *vt sep* hineinstopfen (*prep obj, -to in* +*acc*). II *vi* (sich) hinein-/hereindrängen.
◆**crush out** *vt sep* *juice etc* auspressen.
◆**crush up** *vt sep* 1. (*pulverize*) zerstoßen.
 2. (*pack tightly together*) zusammendrücken *or* -quetschen.
crushing [ˈkrʌʃɪŋ] *adj* *defeat* zerschmetternd; *blow, look, defeat* vernichtend; *experience* niederschmetternd.
crush-resistant [ˈkrʌʃrɪzɪstənt] *adj* knitterfrei.
crust [krʌst] I *n* (*all senses*) Kruste *f*. **the earth's** ~ die Erdkruste. II *vi* verkrusten.
crustacean [krʌsˈteɪʃən] I *n* Schalentier *nt*. II *adj* *characteristics, class* der Schalentiere; *appearance* krebsähnlich.
crustily [ˈkrʌstɪlɪ] *adv* (*fig*) barsch.
crusty [ˈkrʌstɪ] *adj* (+*er*) knusprig; (*fig: irritable*) barsch.
crutch [krʌtʃ] *n* 1. (*for walking*) Krücke *f*. **to use sb/sth as a** ~ (*fig*) sich an jdn/etw klammern. 2. (*Naut*) Baumstütze, Baumschere *f*. 3. *see* **crotch** 2.
crux [krʌks] *n* (*of matter, problem*) Kern *m*.
cry [kraɪ] I *n* 1. (*inarticulate shout*) Schrei *m*; (*call*) Ruf *m*. **to give** *or* **utter a** ~ (auf-) schreien, einen Schrei ausstoßen; **a ~ of fear/pain** ein Angstschrei *m*/Schmerzensschrei *m*; **a ~ for help** ein Hilferuf *m*; **he gave a ~ for help** er rief um Hilfe; **within** ~ in Rufweite; *see* **far.**
 2. (*of animal*) Schrei *m*; (*Hunt: of hounds*) Geheul, Gebell *nt*. **to be in full** ~ **after sb** (*fig*) sich mit großem Geheul auf jdn stürzen.
 3. (*slogan*) Parole *f*; (*battle* ~) Schlachtruf *m*.
 4. (*outcry*) **a ~ for/against sth** ein Ruf *m* nach etw/ein Protest *m* gegen etw.
 5. (*weep*) **a ~ will do you good** weine ruhig, das wird dir guttun; **to have a good/**

little ~ sich einmal richtig ausweinen *or* ausheulen (*inf*)/ein bißchen weinen.

II *vi* **1.** (*weep*) weinen, heulen (*inf*); (*baby*) schreien. **she was ~ing for her teddy bear/lost youth** sie weinte nach ihrem Teddy/sie weinte ihrer verlorenen Jugend nach; **... or I'll give you something to ~ about** ... und dann weißt du, warum du heulst (*inf*).

2. (*call*) rufen; (*louder, animal, bird*) schreien; (*Hunt: hounds*) heulen. **to ~ for help** um Hilfe rufen/schreien; **she cried for a nurse** sie rief/schrie nach einer Krankenschwester.

III *vt* **1.** (*shout out*) rufen; (*louder*) schreien. **he cried to me to go away** er rief mir zu, daß ich verschwinden solle; *see* **shame, wolf**.

2. (*announce*) ausrufen.

3. (*weep*) *bitter tears etc* weinen. **to ~ one's eyes/heart out** sich (*dat*) die Augen ausweinen/herzzerreißend weinen; **to ~ oneself to sleep** sich in den Schlaf weinen.

◆**cry down** *vt sep* (*decry*) herabsetzen.

◆**cry off** *vi* einen Rückzieher machen, aussteigen (*inf*). **to ~ ~ from sth** aus etw aussteigen (*inf*), etw (wieder) abblasen (*inf*).

◆**cry out** *vi* **1.** aufschreien. **to ~ ~ to sb** jdm etwas zuschreien; **well for ~ing loud!** (*inf*) na, das darf doch wohl nicht wahr sein! (*inf*).

2. (*fig*) **to be ~ing ~ for sth** nach etw schreien; (*be suitable for also*) sich (geradezu) zu etw anbieten; **that building is just ~ing ~ to be turned into a pub** dieses Gebäude schreit (geradezu) danach, daß man es in ein Lokal verwandelt.

◆**cry up** *vt sep* it's/he's **not all it's/he's cried ~ to be** so großartig ist es/er dann auch wieder nicht.

crybaby ['kraɪbeɪbɪ] *n* (*inf*) Heulsuse *f* (*inf*).

crying ['kraɪɪŋ] **I** *adj* (*fig: outrageous*) *injustice* schreiend; *need* dringend. **it is a ~ shame** es ist jammerschade *or* ein Jammer. **II** *n* (*weeping*) Weinen *nt*; (*of baby*) Schreien *nt*.

crypt [krɪpt] *n* Krypta *f*; (*burial ~*) Gruft *f*.

cryptic ['krɪptɪk] *adj* *remark etc* hintergründig, rätselhaft, schleierhaft; *clue, riddle etc* verschlüsselt.

cryptically ['krɪptɪkəlɪ] *adv see adj*.

cryptogram ['krɪptəʊgræm] *n* Kryptogramm *nt*.

cryptographer [krɪptɒgrəfəʳ], **cryptographist** [krɪp'tɒgrəfɪst] *n* Kryptograph *m*.

cryptography [krɪp'tɒgrəfɪ] *n* Kryptographie *f*.

crystal ['krɪstl] **I** *n* **1.** (*Chem*) Kristall *m*. **2.** (*Rad*) Kristall *m*. **3.** (*on watch*) (Uhr)glas *nt*. **4.** (*~ glass*) Kristall *nt*. **5.** (*quartz*) (Quarz)kristall *m*. **II** *adj* **1.** (*crystalline*) Kristall-, kristallin; (*like a ~*) kristallartig; (*~glass*) Kristall-, kristallen; (*quartz*) Quarzkristall-. **2.** (*fig*) *waters, lake* kristallklar, glasklar.

crystal ball *n* Glaskugel *f*; **you didn't see that in your ~, did you?** (*inf*) das hast du wohl nicht vorausgesehen?; **crystal-ball gazing** *n* Hellseherei *f*; **crystal-clear** *adj* (*lit, fig*) glasklar, völlig klar, vollständig klar; **crystal-detector** *n* (*Rad*) Kristall-

detektor *m*; **crystal-gazing I** *n see* **crystal-ball gazing**; **II** *adj* **all these ~ so-called experts** alle diese sogenannten Experten, die aus dem Kaffeesatz wahrsagen; **crystal lattice** *n* Kristallgitter *nt*.

crystalline ['krɪstəlaɪn] *adj* Kristall-, kristallin. **~ lens** (Augen)linse *f*.

crystallization ['krɪstəlaɪzeɪʃən] *n* **1.** (*lit*) Kristallisierung *f*; (*out of another substance*) Auskristallisierung *f*.

2. (*fig*) (Heraus)kristallisierung *f*; (*crystallized form*) kristallisierte Form.

crystallize ['krɪstəlaɪz] **I** *vt* (*lit*) zum Kristallisieren bringen; (*separating out*) auskristallisieren; *fruit* kandieren; (*fig*) (feste) Form geben (+*dat*).

II *vi* (*lit*) kristallisieren; (*separate out*) (sich) auskristallisieren; (*fig*) feste Form annehmen. **this theory ~d out of many years' research** diese Theorie hat sich nach jahrelanger Forschung herauskristallisiert.

crystallized ['krɪstəlaɪzd] *adj* kristallisiert; *fruit* kandiert.

crystallography [,krɪstə'lɒgrəfɪ] *n* Kristallographie *f*.

crystal set *n* (*Rad*) Detektorempfänger *m*.

CSE (*Brit*) *abbr of* **Certificate of Secondary Education** ≈ mittlere Reife.

CST *abbr of* **Central Standard Time**.

ct *abbr of* **cent**.

cub [kʌb] **I** *n* **1.** (*of animal*) Junge(s) *nt*. **2.** **C~** (*C~ Scout*) Wölfling *m*. **3.** (*~ reporter*) junger Reporter, junge Reporterin. **4.** (*inf: boy*) grüner Junge. **II** *vi* werfen.

Cuba ['kjuːbə] *n* Kuba *nt*.

Cuban ['kjuːbən] **I** *adj* kubanisch. **~ heel** Blockabsatz *m*. **II** *n* Kubaner(in *f*) *m*.

cubby-hole ['kʌbɪhəʊl] *n* **1.** (*compartment*) Fach *nt*. **2.** (*room*) Kabäuschen *nt*.

cube [kjuːb] **I** *n* **1.** (*shape, object*) Würfel *m*. **~ sugar** Würfelzucker *m*.

2. (*Math: power of three*) dritte Potenz. **~ root** Kubikwurzel *f*; **the ~ of 3 is 27** die dritte Potenz von 3 ist 27, 3 hoch 3 ist 27.

II *vt* **1.** (*Math*) in die dritte Potenz erheben, hoch 3 nehmen. **four ~d** vier hoch drei.

2. (*Cook*) würfelig *or* in Würfel schneiden.

cubic ['kjuːbɪk] *adj* **1.** (*of volume*) Kubik-, Raum-. **~ capacity** Fassungsvermögen *nt*; (*of engine*) Hubraum *m*; **~ content** Raum- *or* Kubikinhalt *m*; **~ measure** Raum- *or* Kubikmaß *nt*; **~ metre/foot/feet** Kubikmeter *m* *or* *nt*/Kubikfuß *m*. **2.** (*Math*) kubisch. **~ equation** Gleichung *f* dritten Grades. **3.** (*rare: cube-shaped*) würfelförmig.

cubicle ['kjuːbɪkəl] *n* Kabine *f*; (*in dormitory etc also*) Alkoven *m*; (*in toilets*) (Einzel)toilette *f*.

cubism ['kjuːbɪzəm] *n* Kubismus *m*.

cubist ['kjuːbɪst] **I** *n* Kubist(in *f*) *m*. **II** *adj* kubistisch.

cubit ['kjuːbɪt] *n* Elle *f*.

cub reporter *n* junger Reporter, junge Reporterin *f*; **Cub Scout** *n* Wölfling *m*.

cuckold ['kʌkəld] **I** *n* betrogener Ehemann. **II** *vt* betrügen, Hörner aufsetzen (+*dat*).

cuckoo ['kʊkuː] **I** *n* Kuckuck *m*. **II** *adj pred* (*inf*) meschugge (*inf*). **to go ~ über-schnappen** (*inf*).

cuckoo clock *n* Kuckucksuhr *f*; **cuckoo-pint** *n* (*Bot*) Gefleckter Aronsstab; **cuckoo-spit** *n* (*secretion*) Kuckucks-speichel *m*; (*insect*) Schaumzikade *f*.

cucumber ['kjuːkʌmbə^r] *n* (Salat)gurke *f*. **as cool as a ~** seelenruhig.

cud [kʌd] *n* wiedergekäutes Futter. **to chew the ~** (*lit*) wiederkäuen; (*fig*) vor sich hin grübeln, sinnieren.

cuddle ['kʌdl] I *n* Liebkosung *f*. **to give sb a ~** jdn in den Arm nehmen; **to have a ~** schmusen. II *vt* in den Arm nehmen; (*amorously also*) schmusen mit. III *vi* schmusen.

◆**cuddle down** *vi* sich kuscheln.

◆**cuddle up** *vi* sich kuscheln (*to, against* an +*acc*). **to ~ ~ beside sb** sich neben jdm zusammenkuscheln; **I'm cold — well, ~ ~ then** mir ist kalt — na, dann kuschel dich ran (*inf*).

cuddlesome ['kʌdlsəm] *adj see* **cuddly.**

cuddly ['kʌdlɪ] *adj* (+*er*) (*wanting a cuddle*) verschmust (*inf*), anschmiegsam; (*good to cuddle*) toy, doll zum Liebhaben, knuddelig (*inf*); person knuddelig (*inf*).

cudgel ['kʌdʒəl] I *n* Knüppel *m*. **to take up the ~s for** *or* **on behalf of sb/sth** (*fig*) für jdn/etw eintreten *or* eine Lanze brechen. II *vt* prügeln. **to ~ one's brains** (*fig*) sich (*dat*) das (Ge)hirn zermartern.

cue [kjuː] I *n* 1. (*Theat, fig*) Stichwort *nt*; (*action*) (Einsatz)zeichen *nt*; (*Film, TV*) Zeichen *nt* zum Aufnahmebeginn; (*Mus*) Einsatz *m*; (*written: preceding bars*) Hilfs-noten *pl*. **to give sb his ~** (*Theat*) jdm das *or* sein Stichwort geben; (*action*) jdm das (Einsatz)zeichen geben; (*Mus*) jdm den Einsatz geben; **to take one's ~ from sb** sich nach jdm richten; **right on ~** (*Theat*) genau auf's Stichwort; (*fig*) wie gerufen.

2. (*Billiards*) Queue *nt*.

II *vt* (*Theat*) das Stichwort geben (+*dat*); (*with gesture etc*) das Einsatz-zeichen geben (+*dat*); (*TV, Film*) scene abfahren lassen; (*Mus*) player den Einsatz geben (+*dat*); trumpet flourish etc den Einsatz geben für. **~!** (*Film, TV*) ab!

◆**cue in** *vt sep* den Einsatz geben (+*dat*); (*TV, Film*) scene abfahren lassen; tape etc (zur rechten Zeit) einspielen.

cue card *n* (*TV*) Neger *m*.

cuff[1] [kʌf] *n* 1. Manschette *f*; (*turned back also*) Stulpe *f*. **off the ~** aus dem Hand-gelenk, aus dem Stegreif. 2. (*US: of trousers*) (Hosen)aufschlag *m*. 3. *usu pl* (*inf: handcuff*) Handschelle *f*. 4. (*US inf: credit*) **on the ~** auf Stottern (*inf*).

cuff[2] *vt* (*strike*) einen Klaps geben (+*dat*), eins um die Ohren geben (+*dat*) (*inf*). II *n* (*blow*) Klaps *m*.

cuff-link *n* ['kʌflɪŋk] *n* Manschettenknopf *m*.

cuirass [kwɪˈræs] *n* Küraß, Brustharnisch *m*.

cuisine [kwɪˈziːn] *n* Küche *f*.

cul-de-sac ['kʌldəsæk] *n* (*esp Brit*) Sack-gasse *f*.

culinary ['kʌlɪnərɪ] *adj* kulinarisch; skill, talents etc Koch-; implements Küchen-.

cull [kʌl] I *n* 1. (*selection*) Auswahl *f*. 2. **~ of seals** Robbenschlag *m*.

3. (*rejected item*) Ausschuß *m*. II *vt* 1. (*pick*) flowers pflücken.

2. (*collect*) entnehmen (*from dat*); legends (zusammen)sammeln (*from* aus). 3. (*kill as surplus*) **to ~ seals** Robben-schlag *m* betreiben.

cullender *n see* **colander.**

culminate ['kʌlmɪneɪt] I *vi* (*Astron*) kul-minieren, den *or* seinen Höchst-/Tiefst-stand erreichen; (*fig*) (*reach a climax*: career, music etc) gipfeln, kulminieren (*geh*) (*in* in +*dat*); (*end*) herauslaufen (*in* auf +*acc*), enden (*in* mit).

II *vt* (*US*) den Höhepunkt *or* Gipfel (+*gen*) darstellen.

culmination [ˌkʌlmɪˈneɪʃən] *n* (*Astron*) Kulminationspunkt, Höchst-/Tiefststand *m*; (*fig*) (*high point: of career etc*) Höhepunkt *m*; (*end*) Ende *nt*.

culottes [kjuːˈlɒts] *npl* Hosenrock *m*. **a pair of ~** ein Hosenrock.

culpability [ˌkʌlpəˈbɪlɪtɪ] *n* (*form*) Schuld *f*.

culpable ['kʌlpəbl] *adj* (*form*) schuldig. **~ homicide** (*Jur*) fahrlässige Tötung; **~ neg-ligence** grobe Fahrlässigkeit.

culprit ['kʌlprɪt] *n* Schuldige(r) *mf*; (*Jur*) Täter(in *f*) *m*; (*inf: thing, person causing trouble*) Übeltäter *m*.

cult [kʌlt] *n* (*Rel, fig*) Kult *m*. **to make a ~ of sth** (einen) Kult mit etw treiben.

cultivable ['kʌltɪvəbl] *adj* kultivierbar.

cultivate ['kʌltɪveɪt] *vt* 1. kultivieren; soil also bebauen; crop, fruit etc also anbauen; beard wachsen lassen.

2. (*fig*) friendship, links etc pflegen, kultivieren; art, skill, taste entwickeln; sb sich (*dat*) warmhalten (*inf*), die Beziehung zu … pflegen. **to ~ one's mind** sich bilden.

cultivated ['kʌltɪveɪtɪd] *adj* (*Agr, fig*) kul-tiviert.

cultivation [ˌkʌltɪˈveɪʃən] *n see vt* 1. Kul-tivieren *nt*, Kultivierung *f*; Anbau *m*. **to be under ~** bebaut werden.

2. Pflege *f* (*of* von); Entwicklung *f*; Bemühung *f* (*of* um).

3. (*cultivated state*) Kultiviertheit *f*.

cultivator ['kʌltɪveɪtə^r] *n* 1. (*machine*) Kul-tivator, Grubber *m*. 2. (*person*) **a ~ of the soil/of new friendships** etc jemand, der den Boden bebaut/neue Freundschaften pflegt.

cultural ['kʌltʃərəl] *adj* 1. Kultur-; *dif-ferences, resemblances also, events* kul-turell. **what sort of ~ activities are there?** was wird kulturell geboten?; **we enjoyed a very ~ evening** wir hatten einen sehr gebildeten Abend.

2. (*Agr*) Kultur-.

culturally ['kʌltʃərəlɪ] *adv* kulturell.

culture ['kʌltʃə^r] I *n* 1. Kultur *f*. **a man of ~/ of no ~** ein kultivierter/unkultivierter Mann, ein Mann mit/ohne Kultur; **to study German ~** die deutsche Kultur studieren.

2. (*Agr, Biol, Med*) Kultur *f*; (*of animals*) Zucht *f*.

II *vt* (*Biol, Med*) eine Kultur anlegen von.

cultured ['kʌltʃəd] *adj* kultiviert; (*Agr*) Kultur-; (*Biol, Med*) gezüchtet. **~ pearl** Zuchtperle *f*.

culture *in cpds* Kultur-; **culture dish** *n* (*Biol, Med*) Petrischale *f*; **culture fluid** *n* (*Biol, Med*) Nährlösung *f*; **culture medium** *n* (*Biol, Med*) Kulturmedium *nt*, (künstlicher) Nährboden; **culture vulture** *n* (*hum*) Kulturfanatiker(in *f*) *m*.

culvert ['kʌlvət] *n* unterirdischer Kanal, (Abwasser)kanal *m*; (*for cables*) Kabeltunnel *m*.

cum [kʌm] *prep* in einem, gleichzeitig. **a sort of sofa-~-bed** eine Art von Sofa und Bett in einem.

cumbersome ['kʌmbəsəm] *adj clothing, coat* (be)hinderlich; *suit of armour, spacesuit, movements, gesture, sort of person, style, piece of music* schwerfällig; *vehicle* unhandlich (*inf*), schwer zu manövrieren; *suitcases, parcels* sperrig, unhandlich; *procedure, regulations* beschwerlich, mühselig.

cumbersomely ['kʌmbəsəmlɪ] *adv move, write* schwerfällig; *phrased also* umständlich; *dressed* hinderlich.

cumbrous ['kʌmbrəs] *adj see* **cumbersome**.

cumin ['kʌmɪn] *n* Kreuzkümmel *m*.

cummerbund ['kʌməbʌnd] *n* Kummerbund *m*.

cumulative ['kju:mjʊlətɪv] *adj* gesamt-, kumulativ (*geh*). **~ evidence** (*Jur*) Häufung *f* von Beweisen/Zeugenaussagen; **~ interest** (*Fin*) Zins und Zinseszins; **~ voting** Wählen *nt* durch Kumulieren *or* Stimmenhäufung *or* nach dem Kumulierungssystem; **the ~ debts of ten years** die Schulden, die sich im Lauf von zehn Jahren angehäuft haben/hatten.

cumulus ['kju:mjələs] *n* Kumulus *m*.

cuneiform ['kju:nɪfɔ:m] **I** *adj* keilförmig; *characters, inscription* in Keilschrift, Keilschrift-. **II** *n* Keilschrift *f*.

cunnilingus [ˌkʌnɪ'lɪŋgəs] *n* Cunnilingus *m*.

cunning ['kʌnɪŋ] **I** *n* (*cleverness*) Schlauheit, Listigkeit, Gerissenheit *f*; (*liter: skill*) (Kunst)fertigkeit *f*, Geschick *nt*.

 II *adj* 1. *plan, idea* schlau; *person also* listig, gerissen; *eyes, smile, expression* verschmitzt, verschlagen (*pej*); (*ingenious*) *gadget* schlau ausgedacht.

 2. (*US inf*) drollig.

cunningly ['kʌnɪŋlɪ] *adv* schlau; (*with reference to people also*) listig, gerissen; *smile, look* verschmitzt, verschlagen (*pej*); (*ingeniously*) geschickt.

cunt [kʌnt] *n* (*vulg*) (*vagina*) Fotze (*vulg*), Möse (*vulg*) *f*; (*intercourse*) Fick *m* (*vulg*); (*term of abuse*) Arsch *m* (*vulg*).

cup [kʌp] **I** *n* 1. Tasse *f*; (*goblet*) Pokal, Kelch *m*; (*mug*) Becher *m*; (*Eccl*) Kelch *m*.

 2. (*cupful*) Tasse *f*; (*Cook: standard measure*) 8 fl oz = 0,22 l. **a ~ of tea/water** eine Tasse Tee/Wasser; **that's just/that's not my ~ of tea** (*fig inf*) das ist genau/ist nicht mein Fall.

 3. (*prize, football ~ etc*) Pokal *m*.

 4. (*drink*) -mix, -becher *m*.

 5. (*Bot: of flower*) Kelch *m*; (*of bra*) Körbchen *nt*; (*Golf*) Metallbüchse *f* (*im Loch*); (*Med: ~ping glass*) Schröpfkopf *m*.

 6. (*fig liter: portion*) Kelch *m*. **to drain the ~ of sorrow (to the dregs)** den Kelch

des Leidens (bis zur Neige) leeren (*liter*); **my ~ is overflowing** (*liter*) *or* **runneth over** (*Bibl*) ich bin über alle Maßen glücklich, mein Glück ist vollkommen.

 II *vt* 1. *hands* hohl machen. **~ped hand** hohle Hand; **he ~ped his hands and blew into them** er blies sich (*dat*) in die Hände; **to ~ sth in one's hands** etw in der hohlen Hand halten; **he ~ped his chin in his hand** er stützte das Kinn in die Hand; **to ~ one's** *or* **a hand to one's ear** die Hand ans Ohr halten.

 2. (*Med*) schröpfen.

 3. (*Golf*) einlochen mit.

cupbearer ['kʌpˌbeərər] *n* Mundschenk *m*.

cupboard ['kʌbəd] *n* Schrank *m*. **~ love** fauler Schmus (*inf*), Zweckfreundlichkeit *f*.

cup-cake ['kʌpkeɪk] *n kleiner, runder Kuchen*; **Cup Final** *n* Pokalendspiel *nt*; (*international also*) Cupfinale *nt*; **Cup Finalist** *n* Teilnehmer *m* am Pokalendspiel; **cupful** *n, pl* **cupsful, cupfuls** Tasse *f*.

cupid ['kju:pɪd] *n* Amorette *f*. **C~** Amor *m*.

cupidity [kju:'pɪdɪtɪ] *n* (*liter*) Begierde (*pej*), Gier (*pej*) *f*.

Cupid's bow ['kju:pɪdz'bəʊ] *adj* bogenförmig geschwungen. **~ mouth** Kußmund *m*.

cup match *n* Pokalspiel *nt*.

cupola ['kju:pələ] *n* (*Archit*) Kuppel *f*; (*roof also*) Kuppeldach *nt*; (*furnace*) Kupolofen *m*.

cupping ['kʌpɪŋ] *n* (*Med*) Schröpfen *nt*.

cupreous ['kju:prɪəs] *adj* Kupfer-, kupfern.

cuprite ['kju:praɪt] *n* Kupferoxyd, Rotkupfererz *nt*.

cupronickel ['kju:prəʊ'nɪkl] *n* Kupfernickel *m*, Kupfer-Nickel-Legierung *f*.

cuprous ['kju:prəs] *adj* Kupfer-, kupfern.

cup size *n* (*of bra*) Körbchengröße *f*; **cup tie** *n* Pokalspiel *nt*.

cupule ['kju:pju:l] *n* (*Bot*) Becher *m*.

Cup-winners ['kʌpwɪnəz] *npl* Pokalsieger *m*. **~' Cup** (*Ftbl*) Europapokal *m* der Pokalsieger.

cur [kɜ:r] *n* (*pej*) (*dog*) Köter *m* (*pej*).

curable ['kjʊərəbl] *adj* heilbar. **is he ~?** ist er zu heilen?

curate ['kjʊərɪt] *n* (*Catholic*) Kurat *m*; (*Protestant*) Vikar *m*. **it's like the ~'s egg** es ist streckenweise gar nicht so schlecht.

curative ['kjʊərətɪv] **I** *adj* Heil-, heilend. **II** *n* Heilmittel *nt*.

curator [kjʊə'reɪtər] *n* 1. (*of museum etc*) Kustos *m*. 2. (*Jur: guardian*) Kurator, Vormund *m*.

curb [kɜ:b] **I** *n* 1. (*of harness*) (*bit*) Kandare *f*; (*chain*) Kinnkette, Kandarenkette *f*.

 2. (*fig*) Behinderung *f*; (*deliberate also*) Beschränkung *f*. **to put a ~ on sb/sth** jdn im Zaum *or* in Schranken halten/etw einschränken.

 3. (*esp US: curbstone*) see **kerb**.

 II *vt* 1. *horse* zügeln.

 2. (*fig*) zügeln; *immigration, investment etc* in Schranken halten, bremsen (*inf*).

curb bit *n* Kandare *f*; **curb rein** *n* Kandarenzügel *m*; **curb roof** *n* (*Archit*) Mansardendach *nt*; **curb service** *n* (*US*) Bedienung *f* am Fahrzeug; **curbstone** *n* (*esp US*) see **kerbstone**.

curd [kɜ:d] **I** n (often pl) Quark m. ~ **cheese** Weißkäse m. **II** vt gerinnen lassen. **III** vi gerinnen.

curdle ['kɜ:dl] **I** vt (lit, fig) gerinnen lassen. **to ~ sb's blood** jdm das Blut in den Adern gerinnen lassen. **II** vi gerinnen.

cure [kjuər] **I** vt **1.** (Med) illness, person heilen, kurieren (inf). **to be/get ~d (of sth)** (von etw) geheilt or kuriert (inf) sein/ werden; **to ~ sb (of sth)** jdn (von etw) heilen or kurieren (inf).
2. (fig) inflation, ill etc abhelfen (+dat). **to ~ sb of sth/doing sth** jdm etw austreiben, jdn von etw kurieren.
3. food haltbar machen; (salt) pökeln; (smoke) räuchern; (dry) trocknen; skins, tobacco trocknen.
II vi (be healed) heilen.
2. (food, bacon, fish) see vt 3. **it is left to ~** es wird zum Pökeln eingelegt/zum Räuchern aufgehängt/zum Trocknen aufgehängt or ausgebreitet.
III n **1.** (Med) (remedy) (Heil)mittel nt (for gegen); (treatment) Heilverfahren nt (for sb für jdn, for sth gegen etw); (recovery) Heilung f; (health ~) Kur f; (fig: remedy) Mittel nt (for gegen). **to take or follow a ~** zur or in Kur gehen, eine Kur machen; **beyond or past ~** (patient) unheilbar krank; (illness) unheilbar; (fig: state of affairs, laziness etc) hoffnungslos; **there's no ~ for that** (lit) das ist unheilbar; (fig) dagegen kann man nichts machen.
2. (Eccl: spiritual care) **the ~ of souls** die Seelsorge; **to have the ~ of souls** (der) Seelsorger sein.

cure-all ['kjuərɔ:l] n Allheilmittel nt.

curettage ['kjuərətɪdʒ] n (Med) Ausschabung, Kürettage f.

curet(te) [kjuə'ret] n (Med) Kürette f.

curfew ['kɜ:fju:] n Ausgangssperre f, Ausgehverbot nt; (old: evening bell) Abendglocke f. **to impose a/lift the ~** das Ausgehverbot verhängen/aufheben.

curie ['kjuərɪ] n (abbr **Ci**) Curie nt.

curio ['kjuərɪəu] n, pl ~**s** Kuriosität f.

curiosity [ˌkjuərɪ'ɒsɪtɪ] n **1.** no pl (inquisitiveness) Neugier f; (for knowledge also) Wißbegier(de) f. **out of or from ~** aus Neugier; ~ **killed the cat** (Prov) sei nicht so neugierig. **2.** (object, person) Kuriosität f. ~ **shop** Kuriositätenladen m.

curious ['kjuərɪəs] adj **1.** (inquisitive) neugierig. **I'm ~ to know what he'll do/ how he did it** ich bin mal gespannt, was er macht/ich bin neugierig zu erfahren, wie er das gemacht hat; **I'd be ~ to know how you got on** ich wüßte (ganz) gern, wie du zurechtgekommen bist.
2. (odd) sonderbar, seltsam, eigenartig. **that's ~, it was there just now** sonderbar etc, gerade eben war es noch da; **how ~!** wie seltsam!

curiously ['kjuərɪəslɪ] adv **1.** (inquisitively) neugierig.
2. (oddly) behave, speak etc seltsam, eigenartig, merkwürdig, sonderbar; disappeared auf sonderbare or seltsame Weise; unconcerned seltsam, merkwüdig. **any sense of humour is ~ absent** eigenartigerweise fehlt jeglicher Sinn für Humor; ~ **enough** merkwürdigerweise.

curiousness ['kjuərɪəsnɪs] n **1.** see **curiosity 1. 2.** (oddness) Merkwürdigkeit, Sonderbarkeit f.

curium ['kjuərɪəm] n (abbr **Cm**) Curium nt.

curl [kɜ:l] **I** n (of hair) Locke f. **in ~(s)** in Locken, gelockt; (tight) gekräuselt, kraus; **a ~ of smoke/of wood** ein Rauchkringel m/(geringelter) Hobelspan; **with a ~ of his lips** mit gekräuselten Lippen; **its tail was just a little ~** es hatte nur ein kleines Kringelschwänzchen.
II vt hair locken; (with curlers) in Locken legen; (in tight curls) kräuseln; lips (person) kräuseln; (animal) hochziehen; edges umbiegen. **the road ~s its way through the hills** die Straße windet or schlängelt sich durch die Hügel.
III vi **1.** (hair) sich locken; (tightly) sich kräuseln; (naturally) lockig sein; (paper) sich wellen; (wood) sich verziehen; (road) sich schlängeln, sich winden. **his lips ~ed** er kräuselte die Lippen.
2. (Sport) Curling spielen.

◆**curl up** **I** vi **1.** (animal) sich zusammenkugeln; (person also) sich zusammenkuscheln; (hedgehog) sich einigeln; (paper) sich wellen; (metal) sich rollen; (leaf) sich hochbiegen. **his moustache ~s ~ at the ends** sein Schnurrbart ist nach oben gezwirbelt; **to ~ ~ in bed/in an armchair** sich ins Bett/in einen Sessel kuscheln; **to ~ ~ with a good book** es sich (dat) mit einem guten Buch gemütlich machen; **he just ~ed ~ and died** er legte sich einfach hin und starb.
2. **the smoke ~ed ~** der Rauch ringelte sich hoch.
3. (inf) **the way he behaves just makes me want to ~ ~** es macht mich krank, wie er sich benimmt (inf); **I just wanted to ~ ~ and die** ich wäre am liebsten im Boden versunken.
II vt sep ends of moustache, piece of paper etc wellen; metal rollen; edges hochbiegen. **to ~ ~ oneself/itself ~** sich zusammenkugeln/zusammenringeln.

curler ['kɜ:lər] n **1.** (hair ~) Lockenwickel, Lockenwickler m. **to put one's hair in ~s** sich (dat) die Haare eindrehen or auf (Locken)wickler drehen; **have you never seen her in ~s?** hast du sie noch nie mit Lockenwicklern gesehen?; **I was in ~s, I had my hair in ~s** ich hatte Lockenwickel or Lockenwickler im Haar.
2. (Sport) Curlingspieler(in f) m.

curlew ['kɜ:lju:] n Brachvogel m.

curlicue ['kɜ:lɪkju:] n Schnörkel m.

curling ['kɜ:lɪŋ] n (Sport) Curling, Eisschießen nt.

curling-irons ['kɜ:lɪŋˌaɪənz] npl, **curlingtongs** ['kɜ:lɪŋˌtɒŋz] npl Lockenschere, Brennschere f; (electric) Lockenstab m.

curly ['kɜ:lɪ] **I** adj (+er) hair lockig; (tighter) kraus; tail Ringel-, geringelt; lettuce kraus; leaf gewellt; pattern, writing verschnörkelt, Schnörkel-. **II** n (inf: person) Krauskopf m.

curly-haired ['kɜ:lɪˌhɛəd] adj lockig, lockenköpfig; (tighter) krausköpfig.

currant ['kʌrənt] n **1.** (dried fruit) Korinthe f. ~ **bun** Rosinenbrötchen nt. **2.** (Bot)

Johannisbeere *f.* ~ **bush** Johannisbeer-
strauch *m.*

currency ['kʌrənsɪ] *n* **1.** (*Fin*) Währung *f.*
foreign ~ Devisen *pl.*

2. Verbreitung *f;* (*of word, expression*)
Gebräuchlichkeit *f.* **to be in** ~ in Umlauf
sein, verbreitet sein; **to gain** ~ sich ver-
breiten, um sich greifen; **to give** ~ **to a**
rumour/theory ein Gerücht/eine Theorie
verbreiten *or* in Umlauf setzen.

current ['kʌrənt] **I** *adj* (*present*) augenblick-
lich, gegenwärtig; *policy, price* aktuell,
gegenwärtig, Tages-; *research, month,*
week laufend; *edition* letzte(r, s); (*pre-*
valent) *opinion* verbreitet; *spelling, word*
gebräuchlich. **to be no longer** ~ nicht
mehr aktuell sein; (*coins*) nicht mehr in
Umlauf sein; **a** ~ **rumour** ein Gerücht,
das zur Zeit in Umlauf ist; ~ **affairs**
Tagespolitik *f*, aktuelle Fragen *pl;* **in** ~
use allgemein gebräuchlich.

II *n* **1.** (*of water*) Strömung *f*, Strom
m; (*of air*) Luftströmung *f*, Luftstrom *m.*
with/against the ~ mit dem/gegen den
Strom; **air/ocean** ~ Luft-/Meeres-
strömung *f or* -strom *m;* **upward/**
downward ~ Aufwind *m*/Abwind *m.*

2. (*Elec*) Strom *m.*

3. (*fig: of events, opinions etc*) Tendenz
f, Trend *m.* **to go against/with the** ~ **of**
popular opinion gegen den Strom *or* die
Strömung der öffentlichen Meinung
anschwimmen/mit dem Strom *or* der
Strömung der öffentlichen Meinung
schwimmen; **a politician who ignores the**
~ **of popular opinion** ein Politiker, der die
Tendenz(en) der öffentlichen Meinung *or*
den Trend (in) der öffentlichen Meinung
unbeachtet läßt.

current account *n* Girokonto *nt;* **current**
assets *npl* Umlaufvermögen *nt;* **current**
collector *n* (*Rail etc*) Stromabnehmer *m;*
current expenses *npl* laufende Aus-
gaben *pl.*

currently ['kʌrəntlɪ] *adv* momentan, zur
Zeit, gegenwärtig. **it is** ~ **thought that ...**
die aktuelle Meinung ist, daß ...

curricle ['kʌrɪkl] *n* offener Zweispänner.

curricula [kə'rɪkjʊlə] *pl of* **curriculum.**

curricular [kə'rɪkjʊəʳ] *adj activities* lehr-
planmäßig.

curriculum [kə'rɪkjʊləm] *n, pl* **curricula**
Lehrplan *m.* **to be on the** ~ auf dem Lehr-
plan stehen; ~ **vitae** Lebenslauf *m.*

curry[1] ['kʌrɪ] (*Cook*) **I** *n* Curry *m or nt.*
~-**powder** Currypulver *nt;* ~ **sauce**
Currysauce *f.* **II** *vt* mit Curry zubereiten.

curry[2] *vt horse* striegeln; *leather* zurichten.
to ~ **favour (with sb)** sich (bei jdm) ein-
schmeicheln *or* lieb Kind machen.

curry-comb ['kʌrɪkəʊm] **I** *n* Striegel *m.* **II** *vt*
striegeln.

curse [kɜːs] **I** *n* **1.** (*malediction*) Fluch *m.* **to**
be under a ~ unter einem Fluch stehen; **to**
put sb under a ~ jdn mit einem Fluch
belegen, einen Fluch über jdn aus-
sprechen; **to call down** ~**s on sb** jdn
verfluchen; ~**s!** (*inf*) verflucht! (*inf*).

2. (*swear-word*) Fluch *m.*

3. (*fig: affliction*) Fluch *m;* (*inf:*
nuisance) Plage *f* (*inf*). **it's the** ~ **of my life**
das ist der Fluch meines Lebens; **the** ~ **of**

drunkenness der Fluch des Alkohols; **the**
~ (*inf: menstruation*) die Tage *pl* (*inf*).

II *vt* **1.** (*to put a curse on*) verfluchen. ~
you/it! (*inf*) verflucht! (*inf*), verdammt!
(*sl*), Mist! (*inf*); **I could** ~ **you for forget-**
ting it ich könnte dich verwünschen, daß
du das vergessen hast; ~ **these trains!**
(*inf*) diese verfluchten Züge! (*inf*).

2. (*swear at or about*) fluchen über
(+*acc*).

3. (*fig: to afflict*) **to be** ~**d** mit sb/sth
mit jdm/etw geschlagen *or* gestraft sein.

III *vi* fluchen. **he started cursing and**
swearing er fing an, wüst zu schimpfen
und zu fluchen.

cursed ['kɜːsɪd] *adj* (*inf*) verflucht (*inf*).

cursive ['kɜːsɪv] **I** *adj* kursiv, Kursiv-. **II** *n*
Kursivschrift *f.*

cursively ['kɜːsɪvlɪ] *adv* kursiv.

cursorily ['kɜːsərɪlɪ] *adv* oberflächlich.

cursoriness ['kɜːsərɪnɪs] *n see adj* Flüchtig-
keit *f;* Oberflächlichkeit *f.*

cursory ['kɜːsərɪ] *adj glance* flüchtig; *in-*
spection, investigation also oberflächlich.

curst [kɜːst] *adj see* **cursed.**

curt [kɜːt] *adj* (+*er*) *person* kurz angebun-
den; *verbal reply also* knapp; *letter, nod,*
refusal kurz, knapp. **to be** ~ **with sb** zu
jdm kurz angebunden sein.

curtail [kɜː'teɪl] *vt* kürzen.

curtailment [kɜː'teɪlmənt] *n* Kürzung *f.*

curtain ['kɜːtn] **I** *n* **1.** Vorhang *m;* (*on win-*
dows also) Gardine *f.* **to draw** *or* **pull the**
~**s** (*open*) den Vorhang/die Vorhänge
aufziehen; (*close*) den Vorhang/die Vor-
hänge zuziehen.

2. (*Theat*) Vorhang *m.* **the** ~ **rises/falls**
der Vorhang hebt sich/fällt; **the** ~ **rises on**
a scene of domestic harmony der Vorhang
hebt sich und gibt den Blick auf eine
Szene häuslichen Glücks frei; **to take a** ~
(*inf*) vor den Vorhang treten.

3. (*fig*) (*of mystery*) Schleier *m.* **a** ~ **of**
smoke/flames/rain eine Rauch-/
Flammen-/Regenwand; **if you get caught**
it'll be ~**s for you** (*inf*) wenn sie dich er-
wischen, ist für dich der Ofen aus (*inf*).

II *vt* mit Vorhängen/einem Vorhang
ausstatten. **a** ~**ed bed** ein Himmelbett *nt.*

◆**curtain off** *vt sep* durch einen Vorhang/
Vorhänge abtrennen.

curtain-call ['kɜːtn͵kɔːl] *n* (*Theat*) Vorhang
m; **to get/take a** ~ einen Vorhang
bekommen/vor den Vorhang treten;
curtain hook *n* Gardinengleithaken *m;*
curtain rail *n* Vorhangschiene *f;* **curtain-**
raiser *n* (*Theat*) kurzes Vorspiel; **curtain**
ring *n* Gardinenring *m;* **curtain rod** *n*
Gardinenstange *f;* **curtain runner** *n* Vor-
hangschiene *f;* (*for curtain rings*) Gar-
dinenstange *f.*

curtly ['kɜːtlɪ] *adv reply, nod* kurz, knapp;
refuse kurzerhand.

curtness ['kɜːtnɪs] *n see adj* Kurzangebun-
denheit *f;* Kürze, Knappheit *f.*

curts(e)y ['kɜːtsɪ] **I** *n* Knicks *m;* (*to royalty*)
Hofknicks *m.* **to drop a** ~ einen Knicks/
Hofknicks machen. **II** *vi* knicksen (*to* vor
+*dat*).

curvaceous [kɜː'veɪʃəs] *adj* üppig; *figure,*
woman also kurvenreich.

curvaceously [kɜː'veɪʃəslɪ] *adv swell*

üppig, prall. **she stretched ~ under the sheet** sie räkelte ihre üppigen Formen unter der Decke.

curvature ['kɜːvətʃəʳ] *n* Krümmung *f*; (*misshapen*) Verkrümmung *f*. **~ of the spine** (*normal*) Rückgratkrümmung *f*; (*abnormal*) Rückgratverkrümmung *f*; **the ~ of space** die Raumkrümmung.

curve [kɜːv] **I** *n* Kurve *f*; (*of body, vase etc*) Rundung, Wölbung *f*; (*of river*) Biegung *f*; (*of archway*) Bogen *m*. **there's a ~ in the road** die Straße macht einen Bogen; **the price ~** die Preiskurve.

  II *vt* biegen; (*build with a ~*) *arch, roof, side of ship* wölben. **gravity ~s the path of light** die Gravitation krümmt den Lichtweg.

  III *vi* **1.** (*line, road*) einen Bogen machen; (*river*) eine Biegung machen. **her lips ~d into a smile** ihre Lippen verzogen sich zu einem Lächeln; **the road/river ~d in and out among the hills** die Straße/der Fluß wand *or* schlängelte sich durch die Berge; **the road ~s around the city** die Straße macht einen Bogen um die Stadt; **to make a ball ~ (through the air)** einen Ball anschneiden, einem Ball einen Drall geben.

  2. (*be curved*) (*space, horizon*) gekrümmt sein; (*side of ship, surface, arch*) sich wölben; (*hips, breasts*) sich runden; (*metal strip etc*) sich biegen.

curved [kɜːvd] *adj line* bogen; *table-legs etc also* geschwungen; *horizon* gekrümmt; *surface, arch, sides of ship* gewölbt; *hips* rund. **space is ~** der Raum ist gekrümmt.

curvilinear ['kɜːvɪ'lɪnɪəʳ] *adj* (*full of curves*) *tracery etc* mit vielen Rundungen *or* Kurven; (*curved*) *motion, course* gewunden; (*Geometry*) *figure* krummlinig begrenzt.

curvy ['kɜːvɪ] *adj* (+er) (*inf*) *road, figure* kurvenreich.

cushion ['kʊʃən] **I** *n* Kissen *nt*; (*pad, fig: buffer*) Polster *nt*; (*Billiards*) Bande *f*. **a stroke off the ~** ein Stoß gegen die Bande; **a ~ of air/moss** ein Luftkissen *nt/* Moospolster *nt*; **~ cover** Kissenbezug *m*.

  II *vt* **1.** (*absorb, soften*) *fall, blow* auffangen, dämpfen; (*fig*) *disappointment* dämpfen.

  2. (*fig: protect*) **to ~ sb against sth** jdn gegen etw abschirmen, jdn vor etw (*dat*) behüten; **he ~ed the vase against his chest** er barg die Vase an seiner Brust.

  3. (*Billiards*) *ball* gegen die Bande spielen.

cushy ['kʊʃɪ] *adj* (+er) (*inf*) bequem. **to have a ~ time of it/be onto a ~ number** eine ruhige Kugel schieben (*inf*); **a ~ job** ein gemütlicher *or* ruhiger Job.

cusp [kʌsp] *n* (*of tooth*) Höcker *m*; (*of moon*) Spitze *f* (der Mondsichel); (*Astrol*) Eintritt *m* in ein neues Zeichen.

cuspid ['kʌspɪd] *n* Eckzahn *m*.

cuss [kʌs] (*inf*) **I** *n* **1.** (*person*) Kauz *m* (*inf*). **2. he's not worth a (tinker's) ~** der ist keinen roten Heller wert (*inf*); **he doesn't care a ~ (about it)** das ist ihm völlig Wurst (*inf*). **3.** (*oath*) Fluch *m*. **II** *vi* fluchen.

cussed ['kʌsɪd] *adj* (*inf*) stur.

cussedness ['kʌsɪdnɪs] *n* (*inf*) Sturheit *f*.

custard ['kʌstəd] *n* (*pouring ~*) ≈

Vanillesoße *f*; (*set*) ≈ Vanillepudding *m*.

custard apple *n* (*Bot*) Zimt- *or* Rahmapfel *m*; **custard pie** *n* (*in slapstick*) Sahnetorte *f*.

custodian [kʌs'təʊdɪən] *n* (*of building, park, museum*) Wächter, Wächter *m*; (*of treasure*) Hüter *m*; (*of tradition, cultural heritage, world peace, of public morality etc*) Hüter, Gralshüter (*pej*) *m*.

custody ['kʌstədɪ] *n* **1.** (*keeping, guardianship*) Obhut *f*; (*of person also*) Aufsicht *f* (*of* über +*acc*); (*of object also*) Aufbewahrung *f* (*of gen, with* bei); (*Jur: of children*) Vormundschaft *f* (*of* für, über +*acc*). **to put** *or* **place sth in sb's ~** jdm zur Aufbewahrung anvertrauen, etw in jds Obhut (*acc*) *or* Gewahrsam (*acc*) geben, etw jdm zu treuen Händen übergeben; **the child/money is in safe ~** das Kind/Geld ist gut aufgehoben; **he is in the ~ of his aunt** seine Tante hat die Vormundschaft für *or* über ihn; **the mother was awarded ~ of the children after the divorce** die Kinder wurden (bei der Scheidung) der Mutter zugesprochen; **the country's future is placed in the ~ of its teachers** die Zukunft des Landes liegt in den Händen der Lehrer; **whilst these goods are in the ~ of the police** während sich die Gegenstände in Polizeiaufbewahrung befinden.

  2. (*police detention*) (polizeilicher) Gewahrsam, Haft *f*. **to take sb into ~** jdn verhaften; **he will be kept in ~ until ...** er wird inhaftiert bleiben, bis ...

custom ['kʌstəm] **I** *n* **1.** (*established behaviour, convention*) Sitte *f*, Brauch *m*. **~ demands ...** es ist Sitte *or* Brauch ...; **as ~ has it** wie es Sitte *or* (der) Brauch ist; **our ~s** unsere Bräuche *pl*, unsere Sitten und Gebräuche *pl*.

  2. (*habit*) (An)gewohnheit *f*. **as was his ~** wie er es gewohnt war, wie er es zu tun pflegte (*geh*).

  3. *no pl* (*Comm: patronage*) Kundschaft *f*. **to get sb's ~** jdn als Kunden gewinnen; **to take one's ~ elsewhere** (als Kunde) anderswo hingehen; **we get a lot of ~ from tourists** wir machen viel Geschäft mit Touristen.

  4. **~s** *pl* (*duty, organization*) Zoll *m*; **(the) C~s** der Zoll; **the C~s and Excise Department** die Britische Zollbehörde; **to go through ~s** durch den Zoll gehen; **to get sth through the ~s** etw durch den Zoll bekommen.

  5. (*Jur*) Gewohnheitsrecht *nt*. **that is ~ and practice** das ist allgemein üblich.

  II *adj* (*US*) *tailor* Maß-; *suit, shoes also* maßgefertigt; *carpenter* auf Bestellung arbeitend; *car* (*also Brit*) spezialgefertigt, Spezial-.

customarily ['kʌstəmərəlɪ] *adv* normaler- *or* üblicherweise.

customary ['kʌstəmərɪ] *adj* (*conventional*) üblich; (*habitual*) gewohnt. **it's ~ to wear a tie** man trägt normalerweise *or* gewöhnlich ein Krawatte; **~ laws** Gewohnheitsrecht *nt*.

custom-built ['kʌstəmbɪlt] *adj* spezialangefertigt.

customer ['kʌstəməʳ] *n* **1.** (*Comm: patron*)

Kunde *m*, Kundin *f*. **our ~s** unsere Kundschaft. **2.** (*inf: person*) Kunde *m* (*inf*).

customize ['kʌstəmaɪz] *vt car etc* individuell aufmachen.

custom-made ['kʌstəmmeɪd] *adj clothes, shoes* maßgefertigt, nach Maß; *furniture, car* spezialangefertigt.

customs clearance *n* Zollabfertigung *f*; **to get ~ for** sth etw zollamtlich abfertigen lassen; **customs declaration** *n* Zollerklärung *f*; **customs duty** *n* Zoll(abgabe *f*) *m*; **customs house** *n* Zollamt *nt*; **customs officer** *n* Zollbeamte(r) *m*; **customs union** *n* Zollunion *f*.

cut [kʌt] (*vb: pret, ptp* ~) **I** *n* **1.** (*result of cutting*) Schnitt *m*; (*wound also*) Schnittwunde *f*. **to make a ~ in** sth in etw (*acc*) einen Einschnitt machen.

2. (*act of cutting, slash, sweep*) Schnitt *m*; (*with sword, axe, whip*) Hieb, Schlag *m*. **his hair could do with a ~** seine Haare könnten mal wieder geschnitten werden; **the ~ and thrust of politics** das Spannungsfeld der Politik; **the ~ and thrust of the debate** die Hitze der Debatte; **a ~ from his sword/whip** ein Schlag mit seinem Schwert/seiner Peitsche.

3. (*reduction*) (*in gen*) (*in prices*) Senkung, Ermäßigung, Herabsetzung *f*; (*in quality*) Verminderung *f*; (*in quantity, length etc*) Verringerung *f*; (*in expenses, salaries*) Kürzung *f*; (*in working hours, holidays*) (Ver)kürzung *f*; (*in programme, text, film*) Streichung *f* (*in* in +*dat*); (*in production, output*) Einschränkung *f*; (*in expenditure, budget etc*) Kürzung, Einsparung *f*. **the censor had made so many ~s** die Zensur hatte so viel gestrichen.

4. (*of clothes, hair*) Schnitt *m*; (*of jewel also*) Schliff *m*.

5. (*of meat*) Stück *nt*. **~s of meat are different here** das Fleisch wird hier anders geschnitten.

6. (*inf: share*) Anteil *m*, Teil *m or nt*.

7. (*gibe*) Spitze *f*, spitze Bemerkung; (*wounding action*) Beleidigung *f*. **the unkindest ~ of all** (*prov*) der schlimmste Schlag.

8. (*short route*) Abkürzung *f*; (*connecting alley-way etc*) Verbindungsweg *m*.

9. (*Sport*) **to give a ~ to the ball** den Ball anschneiden.

10. (*Elec*) Unterbrechung *f* (*in gen*); (*planned*) Sperre *f*. **power/electricity ~** Stromausfall *m*; (*planned*) Stromsperre *f*.

11. (*Cards*) Abheben *nt*. **it's your ~** du hebst ab.

12. (*also* **wood~**) Holzschnitt *m*.

13. he's a ~ above the rest of them er ist den anderen um einiges überlegen.

II *adj* **1.** *usu attr flowers, tobacco* Schnitt-; *bread* (auf)geschnitten; *grass* gemäht; *prices* ermäßigt, herabgesetzt, Billig-. **finely ~ features** feingeschnittene Züge *pl*; **a well-~ dress** ein gutgeschnittenes Kleid; **~-and-dried** (*fig*) (*fixed beforehand*) abgesprochen, (eine) abgemachte Sache; (*fixed and unchangeable*) festgelegt; **as far as he's concerned the whole issue is now ~-and-dried** für ihn ist die ganze Angelegenheit erledigt; **it's not all that ~-and-dried** so eindeutig ist das nicht.

2. *pred* (*inf: drunken*) voll (*inf*). **to be half ~** einen in der Krone haben (*inf*).

III *vt* **1.** (*with knife, scissors*) schneiden; *grass* mähen; *cake* anschneiden; *rope* durchschneiden; (*Naut*) kappen; (~ *out*) *fabric, suit* zuschneiden; (~ *off*) abschneiden; (*with sword, axe*) abschlagen, abhacken. **to ~ one's finger/lip/leg** sich (*dat*) am Finger/an der Lippe/am Bein schneiden; (*with knife, razor etc also*) sich (*dat*) in den Finger/die Lippe/ins Bein schneiden; **to ~ one's nails** sich (*dat*) die Nägel schneiden; **to ~ sth in half/three** etw halbieren/dritteln, etw in zwei/drei Teile schneiden; **to ~ to pieces** zerstückeln; *sb's reputation* zerstören; (*gunfire*) *enemy line* auseinanderreißen; **to ~ open** aufschneiden; **he ~ his head open** (*on stone etc*) er hat sich (*dat*) den Kopf aufgeschlagen; (*on nail etc*) er hat sich (*dat*) den Kopf aufgerissen; (*on blade etc*) er hat sich (*dat*) den Kopf aufgeschnitten; **to have** *or* **get one's hair ~** sich (*dat*) die Haare schneiden lassen; **to ~ sb free/loose** jdn losschneiden.

2. (*shape*) *steps* schlagen, hauen; *channel, trench* graben, ausheben; *figure* (*in wood*) schnitzen (*in* aus); (*in stone*) hauen (*in* aus); *glass, crystal, diamond* schleifen; *key* anfertigen; *gramophone record* pressen; (*singer*) machen. **to ~ one's coat according to one's cloth** (*Prov*) sich nach der Decke strecken; **to ~ a fine/sorry figure** eine gute/schlechte Figur machen.

3. (*fig: break off*) *electricity* abstellen; (*interrupt, accidentally*) unterbrechen; *gas* (ab)sperren; *ties, links* abbrechen. **to ~ sb short** (*fig*) jdm das Wort abschneiden; **to ~ sth short** etw vorzeitig abbrechen; **to ~ a long story short** der langen Rede kurzer Sinn.

4. (*ignore, avoid*) *person* schneiden. **to ~ sb dead** jdn wie Luft behandeln.

5. (*skip, not attend*) schwänzen (*inf*).

6. (*intersect*) (*line*) schneiden; (*path, road*) kreuzen.

7. (*reduce*) *prices* senken, ermäßigen, herabsetzen; *quality* vermindern; *quantity* reduzieren; *working hours, holidays* (ver)kürzen; *expenses, salary, text, programme, film* kürzen; *production, output* verringern, einschränken.

8. (*eliminate*) *part of programme or text or film* streichen; (*censor*) *film* Teile streichen aus. **the ~ version of a film** die gekürzte Fassung eines Films.

9. (*cause pain or suffering to*) **it ~ me to the heart** *or* **to the quick** es schnitt mir ins Herz *or* in die Seele; **the wind ~ his face** der Wind schnitt ihm ins Gesicht.

10. to ~ a tooth zahnen, einen Zahn bekommen; **to ~ one's teeth on sth** (*fig*) sich (*dat*) die (ersten) Sporen an *or* mit etw (*dat*) verdienen.

11. (*Cards*) **to ~ the cards/the pack** abheben.

12. (*Sport*) *ball* (an)schneiden.

13. (*edit*) *film* schneiden, cutten.

14. (*stop*) *engine* abstellen; (*inf*) *noise* aufhören mit.

15. (*divide*) **if we ~ the profits three ways** wenn wir den Gewinn dritteln *or* unter drei verteilen *or* aufteilen.

16. don't ~ it too fine with your revision, it'll take longer than you think laß es mit deiner Wiederholung nicht auf die letzte Minute ankommen, das dauert länger als du denkst; **£10 would be ~ting it rather fine** £10 wären etwas knapp (bemessen); **aren't you ~ting it a bit fine?** ist das nicht ein bißchen knapp?; **to ~ one's losses** eine Sache abschließen, ehe der Schaden (noch) größer wird.

IV *vi* **1.** (*knife, scissors*) schneiden; (*lawnmower also*) mähen. **to ~ both ways** (*fig*) auch umgekehrt zutreffen; (*have disadvantages too*) ein zweischneidiges Schwert sein.

2. (*material*) **paper ~s easily** Papier läßt sich leicht schneiden.

3. (*intersect*) sich schneiden.

4. (*Film*) (*change scenes*) überblenden (*to* zu); (*stop filming*) aufhören, abbrechen. **~! Schnitt!, aus!

5. (*Cards*) abheben. **to ~ for dealer** (*durch Ziehen einer Karte*) den Geber auslosen.

6. (*Sport*) den Ball/die Bälle (an)-schneiden.

7. to ~ and run abhauen (*inf*), die Beine in die Hand nehmen (*inf*); **to ~ loose** (*Naut*) losmachen; (*fig*) sich los-machen; (*US inf*) loslegen (*inf*).

◆**cut across** *vi +prep obj* **1.** hinüber-/herübergehen *etc* (*prep obj* über +*acc*). **if you ~ ~ (the fields) it's quicker** wenn Sie über die Felder gehen, ist es kürzer; **to ~ ~ country** querfeldein gehen/fahren *etc*.

2. (*fig*) *ideas, theory etc* widersprechen (*prep obj dat*).

◆**cut along** *vi* (*dated inf*) sich auf die Socken machen (*inf*).

◆**cut away** *vt sep* wegschneiden. **the dress was ~ ~ at the back** das Kleid war hinten *or* im Rücken (tief) ausgeschnitten.

◆**cut back I** *vi* **1.** (*go back*) zurückgehen/-fahren; (*Film also*) zurückblenden.

2. (*reduce expenditure etc*) sich ein-schränken. **to ~ ~ on expenses** *etc*/**production** die Ausgaben *etc* einschrän-ken/die Produktion zurückschrauben; **to ~ ~ on smoking** weniger rauchen.

II *vt sep* **1.** *plants, shrubs* zurück-schneiden, stutzen.

2. *production* zurückschrauben; *outgo-ings* einschränken; *programme* kürzen.

◆**cut down I** *vt sep* **1.** *tree* fällen; *corn* schneiden; *person* (*with sword*) (mit dem Schwert) niederstrecken.

2. (*make smaller*) *number, size, ex-penses* einschränken; *piece of writing* zusammenstreichen (*to auf* +*acc*); *clothes* kleiner machen. **to ~ sb ~ to size** jdn auf seinen Platz verweisen.

3. *usu pass* (*kill*) dahinraffen (*geh*). **a young man ~ ~ in his prime** ein junger Mann, der im Frühling seiner Jahre dahingerafft wurde (*liter*).

II *vi* (*reduce intake, expenditure etc*) sich einschränken. **to ~ ~ on sth** etw ein-schränken.

◆**cut in I** *vi* **1.** (*interrupt*) sich einschalten.

to ~ ~ on sb/sth jdn unterbrechen/sich in etw (*acc*) einschalten.

2. (*cut towards the centre*) (*blade*) ein-schneiden. **to ~ ~ on sb's market** sich in jds Revier (*acc*) drängen (*inf*).

3. (*Aut: swerve in front*) sich direkt vor ein anderes/das andere Auto setzen. **to ~ ~ in front of sb** jdn schneiden.

II *vt sep* **to ~ sb ~ on sth** jdn an etw (*dat*) beteiligen.

◆**cut into** *vi +prep obj* **1.** (*make a cut in*) *cake, meat* anschneiden. **2.** (*interrupt*) *conversation* fallen in (+*acc*). **3.** (*swerve into*) *line of traffic* sich drängeln in (+*acc*); *woods, alley-way* schnell einbiegen in (+ *acc*). **4.** (*fig: make inroads in*) ein Loch reißen in (+*acc*); *holidays* verkürzen.

◆**cut off** *vt sep* **1.** (*with scissors, knife etc*) abschneiden; (*with axe, sword etc*) ab-schlagen.

2. *town, supply, line of escape* ab-schneiden; *allowance* sperren. **to ~ ~ the enemy's retreat/supplies** dem Feind den Rückzug/die Zufuhr abschneiden; **his deafness ~ him ~ from others** seine Taub-heit schnitt ihn von der Umwelt ab; **we're very ~ ~ out here on the moor** wir leben hier draußen im Moor sehr abgeschieden.

3. (*disinherit*) enterben. **to ~ sb ~ without a penny** jdn enterben.

4. (*disconnect*) *gas, telephone etc* ab-stellen. **operator, I've been ~ ~** wir sind unterbrochen worden.

5. (*break off*) *discussion, relations, negotiations* abbrechen.

◆**cut out I** *vi* (*engine, radio transmission*) aussetzen.

II *vt sep* **1.** (*remove by cutting*) aus-schneiden; *malignant growth etc* heraus-schneiden.

2. (*form by cutting*) *coat, dress* zuschneiden. **they had ~ ~ a path through the jungle** sie hatten (sich *dat*) einen Weg durch den Dschungel geschlagen *or* gebahnt.

3. (*delete*) (heraus)streichen; (*not bother with*) verzichten auf (+*acc*), sich (*dat*) schenken; *smoking, swearing etc* aufhören mit, sein lassen (*inf*); *rival aus-*stechen. **~ it ~!** (*inf*) hör auf damit!; **~ ~ the nonsense** laß den Unsinn.

4. (*fig*) **to be ~ ~ for sth** zu etw geeig-net *or* gemacht sein; **to be ~ ~ to be sth** dazu geeignet sein, etw zu sein.

5. to have one's work ~ ~ alle Hände voll zu tun haben.

◆**cut through** *vt sep* **he couldn't ~ his way ~** es gelang ihm nicht, durchzukommen; **we ~ ~ the housing estate** wir gingen/fuhren durch die Siedlung.

◆**cut up I** *vi* **1. to ~ ~ rough** Krach schlagen (*inf*). **2.** (*US fam*) stören. **II** *vt sep* **1.** *meat* aufschneiden; *wood* spalten; (*fig*) *enemy, army* vernichten. **2.** *pass* (*inf: upset*) **he was very ~ ~ about it** das hat ihn schwer getroffen.

cutaneous [kjuːˈteɪnɪəs] *adj* Haut-.

cutaway [ˈkʌtəweɪ] **I** *n* Cut(away) *m*. **II** *adj* **~ coat** Cut(away) *m*; **~ diagram** Schnitt-diagramm *nt*.

cut-back [ˈkʌtbæk] *n* **1.** Kürzung *f*. **2.** (*Film*) Rückblende *f*.

cute [kjuːt] *adj* (+*er*) 1. (*inf: sweet*) süß, niedlich. 2. (*esp US inf: clever*) *idea, gadget* dufte (*inf*), prima (*inf*); (*shrewd*) *person, move* schlau, gerissen, clever (*inf*).

cut glass I *n* geschliffenes Glas. II *adj* (*lit*) aus geschliffenem Glas.

cuticle ['kjuːtɪkl] *n* (*of nail*) Nagelhaut *f*; (*Anat*) Epidermis *f*; (*Bot*) Kutikula *f*. ~ **remover** Nagelhautentferner *m*.

cutie ['kjuːtɪ] *n* (*esp US inf*) (*attractive*) flotter Käfer (*inf*), dufte Biene (*inf*); (*child*) süßer Fratz (*inf*); (*shrewd*) gewitzter Kerl, Schlitzohr (*pej*) *m*.

cutlass ['kʌtləs] *n* Entermesser *nt*.

cutler ['kʌtləʳ] *n* Messerschmied *m*.

cutlery ['kʌtlərɪ] *n, no pl* (*esp Brit*) Besteck *nt*.

cutlet ['kʌtlɪt] *n* 1. (*boneless chop*) Schnitzel *nt*; (*fish fillet*) (Fisch)schnitzel *nt*. 2. (*of chopped meat*) (paniertes) Hacksteak.

cut loaf *n* aufgeschnittenes Brot; **cut-off** *n* 1. (*Tech: device*) Ausschaltmechanismus *m*; 2. (*also* **cut-off point**) Trennlinie *f*; **cut-out** I *n* 1. (*model*) Ausschneidemodell *nt*; (*figure, doll*) Ausschneidepuppe *f*. 2. (*of engine*) Aussetzen *nt*; **it has an automatic** ~ es setzt automatisch aus; 3. (*Elec*) Sperre *f*; II *adj* 1. *model etc* Ausschneide-; 2. (*Elec*) Abschalt-, Ausschalt-; **cut-price** *adj* zu Schleuderpreisen; *offer* Billig-; **cut-rate** *adj* zu verbilligtem Tarif.

cutter ['kʌtəʳ] *n* 1. (*tool*) Messer *nt*. **a pair of (wire-)~s** eine Drahtschere; (*Elec*) ein Seitenschneider *m*. 2. (*of clothes*) Zuschneider(in *f*) *m*; (*of jewel*) Schleifer(in *f*) *m*; (*of glass*) Glasschneider *m*; (*Film*) Cutter(in *f*) *m*. 3. (*boat*) Kutter *m*; (*US: coastguard's boat*) Boot *nt* der Küstenwache. 4. (*US: sleigh*) leichter Pferdeschlitten.

cut-throat ['kʌtθrəut] I *n* (*murderous type*) Strolch, Verbrechertyp (*inf*) *m*. II *adj* 1. *competition, business* unbarmherzig, mörderisch. 2. ~ **razor** (offenes) Rasiermesser.

cutting ['kʌtɪŋ] I *n* 1. Schneiden *nt*; (*of grass*) Mähen *nt*; (*of cake*) Anschneiden *nt*; (*of rope*) Durchschneiden, Kappen *nt*; (*of garment*) Zuschneiden *nt*, Zuschnitt *m*; (~ *off*) Abschneiden *nt*; (*with sword*) Abschlagen, Abhauen *nt*; (*of electricity*) Sperrung *f*; (*interruption, accidental*) Unterbrechung *f*; (*of steps*) Schlagen, Hauen *nt*; (*of channel, trench*) Graben *nt*; (*of figure*) (*in wood*) Schnitzen *nt* (*in aus*); (*in stone*) Hauen *nt* (*in aus*); (*of glass, crystal, jewel*) Schliff *m*; (*of key*) Anfertigung *f*; (*of record*) Pressen *nt*, Herstellung *f*; (*snubbing: of person*) Schneiden *nt*; (*of lecture, class*) Schwänzen *nt* (*inf*); (*of prices*) Senkung, Herabsetzung *f*; (*of quality*) Verminderung *f*; (*of quantity*) Reduzierung *f*; (*of working hours*) Verkürzung *f*; (*of expenses, salary*) Kürzung *f*; (*Film*) Schnitt *m*; (*of production*) Drosselung *f*; (*of part of text*) Streichung *f*; (*of ties*) Lösen *nt*.
2. (*Brit: railway* ~) Durchstich *m*.
3. (*Brit: clipping*) (*from newspaper*) Ausschnitt *m*; (*of cloth*) Schnipsel *m*.
4. (*Hort*) Ableger *m*.
II *adj* 1. *blade, edge* scharf.

2. (*fig*) *wind, cold* schneidend; *remark also, tongue* scharf, spitz. **to be** ~ **to sb** jdm gegenüber spitze Bemerkungen machen.

cuttle-bone ['kʌtlbəun] *n* Schulp *m*.

cuttlefish ['kʌtlfɪʃ] *n* Tintenfisch *m*, Sepie *f*, Kuttelfisch *m*.

cwm [kuːm] *n* Kar *nt*.

cwt *abbr of* **hundredweight.**

cyanide ['saɪənaɪd] *n* Zyanid, Blausäuresalz *nt*. ~ **poisoning** Blausäurevergiftung *f*.

cybernetics [ˌsaɪbəˈnetɪks] *n sing* Kybernetik *f*.

cyclamen ['sɪkləmən] *n* Alpenveilchen *nt*.

cycle ['saɪkl] I *n* 1. Zyklus, Kreislauf *m*; (*of seasons also, events*) Gang *m*; (*of poems, songs*) Zyklus *m*; (*Elec*) Periode *f*. **life** ~ Lebenszyklus *or* -kreislauf *m*; **menstrual** ~ Monatszyklus, Menstruationszyklus *m*; **the moon's** ~ der Mondwechsel. 2. (*bicycle*) (Fahr)rad *nt*; (*sl: motorbike*) Maschine *f* (*sl*). II *vi* mit dem (Fahr)rad fahren. **can you** ~? kannst du radfahren?

cycle path *n* (Fahr)radweg *m*.

cycler ['saɪkləʳ] *n* (*US*) *see* **cyclist.**

cycle race *n* Radrennen *nt*; **cycle-track, cycle way** *n see* **cycle path.**

cyclic(al) ['saɪklɪk(əl)] *adj* zyklisch; (*Elec*) periodisch.

cycling ['saɪklɪŋ] *n* Radfahren *nt*. **I enjoy** ~ ich fahre gern Rad; ~ **tour** Radtour *f*.

cyclist ['saɪklɪst] *n* (Fahr)radfahrer(in *f*) *m*; (*motor*) ~ Motorradfahrer(in *f*) *m*.

cyclometer [saɪˈklɒmɪtəʳ] *n* Kilometerzähler *m*.

cyclone ['saɪkləun] *n* Zyklon *m*.

cyclonic [saɪˈklɒnɪk] *adj* zyklonartig.

Cyclops ['saɪklɒps] *n* Zyklop *m*.

cygnet ['sɪgnɪt] *n* Schwanjunge(s) *nt*.

cylinder ['sɪlɪndəʳ] *n* (*Math, Aut*) Zylinder *m*; (*of revolver, typewriter*) Walze *f*. **a four-~ car** ein Vierzylinder *m*, ein vierzylindriges Auto; **to be firing on all four** ~**s** (*lit*) auf allen vier Zylindern laufen; (*fig*) in Fahrt sein/kommen.

cylinder block *n* (*Aut*) Zylinderblock *m*; **cylinder capacity** *n* (*Aut*) Hubraum *m*; **cylinder head** *n* (*Aut*) Zylinderkopf *m*.

cylindrical *adj*, ~**ly** *adv* [sɪˈlɪndrɪkəl, -ɪ] zylindrisch.

cymbal ['sɪmbəl] *n* Beckenteller *m*. ~**s** Becken *nt*.

cynic ['sɪnɪk] *n* 1. Zyniker(in *f*) *m*. 2. **C~** (*Philos*) Kyniker, Zyniker *m*.

cynical ['sɪnɪkəl] *adj* 1. zynisch. **he was very** ~ **about it** er äußerte sich sehr zynisch dazu. 2. **C~** (*Philos*) kynisch, zynisch.

cynically ['sɪnɪklɪ] *adv* zynisch.

cynicism ['sɪnɪsɪzəm] *n* 1. *no pl* Zynismus *m*. 2. (*cynical remark*) zynische Bemerkung. 3. **C~** (*Philos*) Kynismus, Zynismus *m*.

cynosure ['saɪnəʃuəʳ] *n* **to be the** ~ **of every eye** (*liter*) alle Blicke auf sich ziehen.

cypher *see* **cipher.**

cypress ['saɪprɪs] *n* Zypresse *f*.

Cypriot ['sɪprɪət] I *adj* zypriotisch, zyprisch. II *n* Zypriot(in *f*), Zyprer(in *f*) *m*.

Cyprus ['saɪprəs] *n* Zypern *nt*.

Cyrillic ['sɪrɪlɪk] *adj* kyrillisch.

cyst [sɪst] *n* Zyste *f*.

cystitis [sɪsˈtaɪtɪs] *n* Blasenentzündung *f*.

cytology [saɪˈtɒlədʒɪ] *n* Zytologie, Zellenlehre *f*.

cytoplasm [ˈsaɪtəʊplæzm] *n* Zytoplasma, Zellplasma *nt*.

czar [zɑːʳ] *n* Zar *m*.

czarevitch [ˈzɑːrəvitʃ] *n* Zarewitsch *m*.

czarina [zɑːˈriːnə] *n* Zarin *f*.

czarism [ˈzɑːrɪzəm] *n* Zarismus *m*.

czarist [ˈzɑːrɪst] **I** *adj* zaristisch. **II** *n* Zarist(in *f*) *m*.

Czech [tʃek] **I** *adj* tschechisch. **II** *n* **1.** Tscheche *m*, Tschechin *f*. **2.** (*language*) Tschechisch *nt*. ·

Czechoslovak [ˈtʃekəʊˈsləʊvæk] **I** *adj* tschechoslowakisch. **II** *n* Tschechoslowake *m*, Tschechoslowakin *f*.

Czechoslovakia [ˈtʃekəʊsləˈvækɪə] *n* die Tschechoslowakei.

Czechoslovakian [ˈtʃekəʊsləˈvækɪən] *adj*, *n see* **Czechoslovak.**

D

D, d [di:] *n* D, d *nt*. **D sharp/flat** Dis, dis *nt*/ Des, des *nt*; *see also* **major, minor, natural**.
d (*Brit old*) *abbr of* **pence**.
'd = had, would.
DA (*US*) *abbr of* **District Attorney**.
D/A *abbr of* **deposit account**.
dab[1] [dæb] **I** *n* **1**. (*small amount*) Klecks *m*; (*applied with puff, of cream etc*) Tupfer *m*; (*of liquid, perfume, glue etc*) Tropfen *m*; (*of butter*) Klacks *m*. **a ~ of powder/ ointment** *etc* etwas *or* ein bißchen Puder/ Salbe *etc*; **to give sth a ~ of paint** etw überstreichen.
2. ~s *pl* (*sl: fingerprints*) Fingerabdrücke *pl*.
II *vt* (*with powder etc*) betupfen; (*with towel etc*) tupfen. **she ~bed ointment/ powder over her face/the wound** sie betupfte sich (*dat*) das Gesicht/die Wunde mit Salbe/Puder.
◆**dab at** *vi* +*prep obj* betupfen.
◆**dab on** *vt sep* auftragen (*prep obj* auf +*acc*).
dab[2] *n* (*fish*) Kliesche, Scharbe *f*.
dab[3] *adj* (*inf*) **to be a ~ hand at sth/doing sth** gut in etw (*dat*) sein/sich darauf verstehen, etw zu tun.
dabble ['dæbl] **I** *vt* **to ~ one's hands/feet in the water** mit den Händen/Füßen im Wasser plan(t)schen.
II *vi* **1**. plan(t)schen.
2. (*fig*) **to ~ in/at sth** sich (nebenbei) mit etw beschäftigen; **are you a serious photographer? — no, I only ~ (in it)** beschäftigen Sie sich ernsthaft mit der Photographie? — nein, nur so nebenbei; **he ~s in stocks and shares/antiques** er versucht sich an der Börse/in Antiquitäten.
dabbler ['dæblər] *n* Amateur *m*.
dabchick ['dæbtʃɪk] *n* Steißfuß *m*.
dace [deɪs] *n, pl* - Weißfisch *m*.
dacha ['dætʃə] *n* Datscha, Datsche (*DDR*) *f*.
dachshund ['dækshʊnd] *n* Dackel *m*.
dactyl ['dæktɪl] *n* (*Zool*) Zehe *f*; Finger *m*; (*Liter*) Daktylus *m*.
dactylic [dæk'tɪlɪk] *adj* daktylisch.
dad [dæd] *n* (*inf*) Vater *m*; (*affectionately also*) Vati, Papa *m*.
Dada ['dɑ:dɑ:] *n* (*Art*) Dada *m*.
Dadaism ['dɑ:dɑ:ɪzm] *n* Dadaismus *m*.
daddy ['dædɪ] *n* (*inf*) Papa, Vati *m* (*inf*). **the ~ of them all** (*esp US inf*) der Größte.
daddy-long-legs [,dædɪ'lɒŋlegz] *n, pl* - (*Brit*) Schnake *f*; (*US*) Weberknecht *m*.
daemon ['di:mən] *n* (*liter*) *see* **demon**.
daffodil ['dæfədɪl], **daff** [dæf] (*inf*) *n* Osterglocke, Narzisse *f*.
daffy ['dæfɪ] *adj* (+*er*) (*inf*) *see* **daft**.
daft [dɑ:ft] *adj* (+*er*) doof, blöd, bekloppt (*all inf*). **what a ~ thing to do** so was Doofes *or* Blödes *or* Beklopptes (*all inf*); **he's ~ about her/football** (*inf*) er ist ver-

rückt nach ihr/nach Fußball (*inf*).
dagger ['dægər] *n* **1**. Dolch *m*. **to be at ~s drawn with sb** (*fig*) mit jdm auf (dem) Kriegsfuß stehen; **to look ~s at sb** jdn mit Blicken durchbohren. **2**. (*Typ*) Kreuz *nt*.
dago ['deɪgəʊ] *n, pl* **~s** (*pej*) Südländer, Kanake (*pej sl*) *m*.
daguerreotype [də'gerəʊtaɪp] **I** *n* Daguerreotypie *f*. **II** *vt* nach dem Daguerreotypieverfahren photographieren.
dahlia ['deɪlɪə] *n* Dahlie *f*.
daily ['deɪlɪ] **I** *adj* täglich; **wage, newspaper** Tages-. **~ dozen** (*inf*) Morgengymnastik *f*; **~ grind** täglicher Trott; **he is employed on a ~ basis** er ist tageweise angestellt; (*labourer*) er ist als Tagelöhner beschäftigt, er steht im Tagelohn.
II *adv* täglich.
III *n* **1**. (*newspaper*) Tageszeitung *f*.
2. (*also ~ help, ~ woman*) Putzfrau *f*.
daintily ['deɪntɪlɪ] *adv* zierlich; **hold, walk, move** anmutig.
daintiness ['deɪntɪnɪs] *n* Zierlichkeit *f*; (*of movement, manners etc*) Anmutigkeit *f*; Geziertheit *f* (*pej*).
dainty ['deɪntɪ] **I** *adj* (+*er*) **1**. zierlich; **lace, handkerchief** fein; **movement, music** anmutig. **2**. *food* appetitlich. **~ morsel** Appetithappen *m*. **3**. (*refined*) geziert, etepetete (*inf*). **II** *n* Leckerei *f*, Leckerbissen *m*.
daiquiri ['daɪkərɪ] *n* Cocktail *m* aus Rum, Limonensaft und Zucker.
dairy ['deərɪ] *n* Molkerei *f*; (*on farm*) Milchkammer *f*; (*shop*) Milchgeschäft *nt*.
dairy butter *n* Markenbutter *f*; **dairy cattle** *npl* Milchvieh *nt*; **dairy cow** *n* Milchkuh *f*; **dairy farm** *n* auf Milchviehhaltung spezialisierter Bauernhof; **dairy farming** *n* Milchviehhaltung *f*; **dairy herd** *n* Herde *f* Milchkühe; **dairy ice cream** *n* Milchspeiseeis *nt*.
dairying ['deərɪɪŋ] *n* Milchwirtschaft *f*.
dairymaid ['deərɪmeɪd] *n* Melkerin *f*; (*worker*) Molkereiangestellte *f*; **dairyman** *n* Melker *m*; Molkereiangestellte(r) *m*; (*milkman*) Milchmann *m*; **dairy produce** *n* Milch- *or* Molkereiprodukte *pl*.
dais ['deɪɪs] *n* Podium *nt*.
daisy ['deɪzɪ] *n* Gänseblümchen *nt*. **~ chain** Kette *f* aus Gänseblümchen; **to be as fresh as a ~** taufrisch sein; **to be pushing up the daisies** (*sl*) sich (*dat*) die Radieschen von unten besehen (*sl*).
dale [deɪl] *n* (*N Engl, liter*) Tal *nt*.
dalliance ['dælɪəns] *n* (*liter*) Tändelei *f* (*liter*).
dally ['dælɪ] *vi* **1**. (*waste time*) (herum)trödeln, bummeln. **without ~ing** ohne zu trödeln *or* bummeln. **2**. (*flirt*) **to ~ with sb/ an idea** mit jdm schäkern/mit einem Gedanken liebäugeln *or* spielen.
Dalmatia [dæl'meɪʃə] *n* Dalmatien *nt*.
Dalmatian [dæl'meɪʃən] **I** *adj* dalma-

tinisch, dalmatisch. **II** n **1.** (*person*) Dalmatiner(in f) m. **2.** (*dog*) Dalmatiner m.

daltonism [ˈdɔːltənɪzəm] n Farbenblindheit f; Rotgrünblindheit f.

dam[1] [dæm] **I** n (*lit, fig*) Damm m; (*reservoir*) Stausee m. **II** vt (*also* ~ **up**) **1.** *river, lake* (auf)stauen; *valley* eindämmen. **2.** (*fig*) *flow of words* eindämmen; *feelings* aufstauen.

dam[2] n (*mother*) Muttertier nt.

damage [ˈdæmɪdʒ] **I** n **1.** Schaden m (*to* an +*dat*). **to do a lot of** ~ großen Schaden anrichten; **to do sb/sth a lot of** ~ jdm/einer Sache (*dat*) großen Schaden zufügen; **the** ~ **to his pride/ego/reputation** die Verletzung seines Stolzes/Erschütterung seines Selbstbewußtseins/Schädigung seines Rufs.

2. (*Jur*) ~s Schaden(s)ersatz m.

3. (*inf: cost*) **what's the** ~? was kostet der Spaß? (*inf*).

II vt schaden (+*dat*); *machine, car, furniture, fruit, tree* beschädigen; *health, reputation, relations also* schädigen. **to** ~ **one's eyesight** sich (*dat*) die Augen verderben; **smoking can** ~ **your health** Rauchen ist gesundheitsschädlich; **to** ~ **one's chances** sich (*dat*) die Chancen verderben.

damaging [ˈdæmɪdʒɪŋ] adj schädlich; *remarks* abträglich. **to be** ~ **to sth** sich auf etw (*acc*) schädlich auswirken, schädlich für etw sein; **that was a** ~ **blow to his pride** das hat seinem Stolz einen empfindlichen Schlag versetzt.

damascene [ˈdæməsiːn] vt damaszieren.

Damascus [dəˈmɑːskəs] n Damaskus nt. ~ **steel** Damaszener Stahl m.

damask [ˈdæməsk] **I** n **1.** Damast m. **2.** ~ **(steel)** Damaszener Stahl m. **3.** ~ **rose** Damaszenerrose f. **II** adj **1.** Damast-, aus Damast. **2.** (*liter*) *colour* rosig.

dam-buster [ˈdæmbʌstəʳ] n jemand, der Staudämme in die Luft sprengt.

dame [deɪm] n **1.** **D**~ (*Brit*) Titel der weiblichen Träger des ,,Order of the British Empire". **2.** (*old: lady*) Dame f. **3.** (*Theat: in pantomime*) (komische) Alte. **4.** (*US inf*) Weib nt (*inf*).

damfool [ˈdæmˈfuːl] adj attr (*inf*) idiotisch (*inf*).

dammit [ˈdæmɪt] interj (*inf*) verdammt (*inf*), Teufel noch mal (*inf*). **it weighs 2 kilos as near as** ~ es wiegt so gut wie 2 Kilo.

damn [dæm] **I** interj (*inf*) verdammt (*inf*).

II n (*inf*) **he doesn't care** *or* **give a** ~ er schert sich den Teufel *or* einen Dreck (darum) (*inf*); **I don't give a** ~ das ist mir piepegal (*inf*) *or* scheißegal (*sl*).

III adj attr (*inf*) verdammt. **it's a** ~ **nuisance** das ist ein verdammter Mist (*inf*), das ist wirklich zu blöd (*inf*); **I can't/ couldn't see a** ~ **thing** verdammt (noch mal) (*inf*), ich kann überhaupt nichts sehen/das war vielleicht ein Mist (*inf*), ich konnte überhaupt nichts sehen.

IV adv (*inf*) verdammt. **I should** ~ **well hope/so** das will ich aber auch stark hoffen; **a** ~ **sight better/worse** verdammt viel besser/schlechter (*inf*); **I've done** ~**-all today** verdammt, ich hab heute überhaupt nichts gemacht (*inf*).

V vt **1.** (*Rel*) verdammen.

2. (*bring condemnation, ruin on*) das Genick brechen (+*dat*); (*evidence*) überführen.

3. (*judge and condemn*) verurteilen; *book etc also* verreißen. **to** ~ **sb/sth with faint praise** jdn/etw auf eine Weise loben, die ihn bloßstellt; **to** ~ **sb to sth** jdn zu etw verdammen.

4. (*inf*) ~ **him/you!** (*annoyed*) verdammt! (*inf*); (*I don't care about him/ you*) der kann/du kannst mich mal! (*inf*); ~ **him for forgetting** so ein (verdammter) Mist, er hat's vergessen (*inf*); ~ **it!** verdammt (noch mal)! (*inf*); ~ **it all!** zum Donnerwetter! (*inf*); (*in surprise*) Donnerwetter! (*inf*), Teufel auch! (*inf*); **well, I'll be** ~**ed!** Donnerwetter! (*inf*); **I'll be** ~**ed if I'll go there** ich denk nicht (im Schlaf) dran (*inf*), da hinzugehen; **I'll be** ~**ed if I know** weiß der Teufel (*inf*).

damnable adj, ~**bly** adv [ˈdæmnəbl, -ɪ] gräßlich.

damnation [dæmˈneɪʃən] **I** n (*Eccl*) (*act*) Verdammung f; (*state of* ~) Verdammnis f. **II** interj (*inf*) verdammt (*inf*).

damned [dæmd] **I** adj **1.** *soul* verdammt. **2.** (*inf*) *see* **damn III. II** adv *see* **damn IV. III** n (*Eccl, liter*) **the** ~ pl die Verdammten pl.

damnedest [ˈdæmdɪst] n **to do** *or* **try one's** ~ (*inf*) (verdammt noch mal *inf*) sein möglichstes tun.

damning [ˈdæmɪŋ] adj vernichtend; *evidence* belastend.

Damocles [ˈdæməkliːz] n: **sword of** ~ Damoklesschwert nt.

damp [dæmp] **I** adj (+*er*) feucht. **a** ~ **squib** (*fig*) ein Reinfall m.

II n **1.** Feuchtigkeit f.

2. (*Min*) (*choke-*~) Schlagwetter nt; (*fire-*~) Grubengas nt.

III vt **1.** befeuchten, anfeuchten.

2. (*fig*) *enthusiasm etc* dämpfen. **to** ~ **sb's spirits** jdm einen Dämpfer aufsetzen.

3. *sounds, vibrations* dämpfen; (*also* ~ **down**) *fire* ersticken.

damp course n Dämmschicht f.

dampen [ˈdæmpən] vt *see* **damp III 1., 2.**

damper [ˈdæmpəʳ] n **1.** (*of chimney*) (Luft)klappe f; (*of piano*) Dämpfer m. **2. to put a** ~ **on sth** einer Sache (*dat*) einen Dämpfer aufsetzen. **3.** (*Austral: bread*) Fladenbrot nt.

dampish [ˈdæmpɪʃ] adj etwas feucht.

dampness [ˈdæmpnɪs] n Feuchtigkeit f.

damp-proof [ˈdæmppruːf] adj feuchtigkeitsbeständig.

damsel [ˈdæmzəl] n (*obs, liter*) Maid f (*obs, liter*).

damsel fly n Seejungfer, Schlankjungfer f.

damson [ˈdæmzən] n (*fruit*) Damaszenerpflaume f; (*tree*) Damaszenerpflaumenbaum m.

dance [dɑːns] **I** n **1.** Tanz m. **the D**~ **of Death** der Totentanz; **may I have the next** ~? darf ich um den nächsten Tanz bitten?; **she's led him a fine** *or* **pretty** ~ sie hat ihn ja ganz schön an der Nase herumgeführt.

2. (*ball*) Tanz m; Tanzabend m. **to go to a** ~ tanzen gehen, zum Tanzen gehen.

II *vt* tanzen. **to ~ attendance on sb** jdn von hinten und vorn bedienen (*inf*).

III *vi* **1.** tanzen. **would you like to ~?** möchten Sie tanzen?

2. (*move here and there*) **to ~ about/up and down** (herum)tänzeln/auf- und abhüpfen; **to ~ for joy** einen Freudentanz aufführen.

3. (*fig*) tanzen; (*boat on waves also*) schaukeln.

dance *in cpds* Tanz-; **~ band** Tanzkapelle *f*; **~ floor** Tanzboden *m*; (*in restaurant*) Tanzfläche *f*; **~ hall** Tanzsaal *m*; **~ music** *n* Tanzmusik *f*.

dancer ['dɑːnsəʳ] *n* Tänzer(in *f*) *m*.

dancing ['dɑːnsɪŋ] **I** *n* Tanzen *nt*. **II** *attr* Tanz-. **~ dervish** tanzender Derwisch; **~ girl** Tänzerin *f*; **~ shoe** Tanzschuh *m*; **put on your ~ shoes!** (*fig*) mach dich hübsch!

D and C *abbr of* **dilation and curettage.**

dandelion ['dændɪlaɪən] *n* Löwenzahn *m*.

dander ['dændəʳ] *n* (*inf*): **to get sb's/one's ~ up** jdn auf die Palme bringen (*inf*)/seine *or* die Borsten aufstellen (*fig*).

dandified ['dændɪfaɪd] *adj* stutzerhaft.

dandle ['dændl] *vt* schaukeln (*on* auf +*dat*).

dandruff ['dændrəf] *n* Schuppen *pl*.

dandy ['dændɪ] **I** *n* Dandy, Stutzer (*dated*) *m*. **II** *adj* (*esp US inf*) prima (*inf*).

Dane [deɪn] *n* Däne *m*, Dänin *f*.

danger ['deɪndʒəʳ] *n* **1.** Gefahr *f*. **he likes ~** er liebt die Gefahr; **to put sb/sth in ~** jdn/ etw in Gefahr bringen, jdn/etw gefährden; **to run into ~** in Gefahr geraten; **to be in ~ of doing sth** Gefahr laufen, etw zu tun; **the country is in ~ of invasion** dem Land droht eine Invasion; **out of ~** außer Gefahr; **there is a ~ of fire** es besteht Feuergefahr; **there is a ~ of his getting lost** es besteht die Gefahr, daß er sich verirrt; **he ran the ~ of being recognized** er lief Gefahr, erkannt zu werden; **there is no ~ of that** die Gefahr besteht nicht; **to be a ~ to sb/sth** für jdn/etw eine Gefahr bedeuten.

2. "~" „Achtung, Lebensgefahr!"; (*Mot*) „Gefahrenstelle"; "~, keep out" „Zutritt verboten, Lebensgefahr!"; **the signal was at ~** (*Rail*) das Signal stand auf Rot.

danger area *n* Gefahrenzone *f or* -bereich *m*; **danger list** *n*: **on/off the ~** in/außer Lebensgefahr; **danger money** *n* Gefahrenzulage *f*.

dangerous ['deɪndʒrəs] *adj* gefährlich.

dangerously ['deɪndʒrəslɪ] *adv* gefährlich. **the deadline is getting ~ close** der Termin rückt bedenklich nahe.

danger point *n* Gefahrengrenze *f*; **to reach ~** die Gefahrengrenze erreichen; **danger signal** *n* (*lit, fig*) Warnsignal *nt*; (*Rail*) Deckungssignal *nt vor* Gefahr (*spec*); **danger zone** *n* Gefahrenzone *f*.

dangle ['dæŋgl] **I** *vt* baumeln lassen. **to ~ sth in front of or before sb** (*fig*) jdm etw verlockend in Aussicht stellen. **II** *vi* **1.** baumeln. **2. to ~ after sb** jdm nachlaufen.

Danish ['deɪnɪʃ] **I** *adj* dänisch. **~ blue (cheese)** (Blau)schimmelkäse *m*; **~ pastry** Plundergebäck *nt*. **II** *n* (*language*) Dänisch *nt*. **the ~** *pl* (*people*) die Dänen.

dank [dæŋk] *adj* (unangenehm) feucht.

Danube ['dænjuːb] *n* Donau *f*.

dapper ['dæpəʳ] *adj* gepflegt, gediegen.

dapple ['dæpl] *vt* sprenkeln.

dappled ['dæpld] *adj* gefleckt; (*with small flecks*) gesprenkelt; *sky* wolkig; *horse* scheckig.

dapple grey (horse) *n* Apfelschimmel *m*.

Darby and Joan ['dɑːbɪən'dʒəʊn] *npl* glückliches, älteres Ehepaar. **~ club** Altenclub *m*.

Dardanelles [,dɑːdə'nelz] *npl* Dardanellen *pl*.

dare [dɛəʳ] **I** *vi* (*be bold enough*) es wagen; (*have the confidence*) sich trauen. **you/he wouldn't ~!** du wirst dich/er wird sich schwer hüten; **you ~!** untersteh dich!; **how ~ you!** was fällt dir ein!

II *vt* **1. to ~ (to) do sth** (es) wagen, etw zu tun; sich trauen, etw zu tun; **I didn't ~ (to) go upstairs/there** ich habe mich nicht getraut, die Treppe hinaufzugehen/ dorthin zu gehen, ich habe mich nicht die Treppe hinauf/dorthin getraut; **he wouldn't ~ say anything bad about his boss** er wird sich hüten *or* unterstehen, etwas Schlechtes über seinen Chef zu sagen; **how ~ you say such things?** wie kannst du es wagen *or* was unterstehst du dich, so etwas zu sagen?; **don't (you) ~ say that to me** untersteh dich, das zu mir zu sagen; **~ you do it?** trauen Sie sich?; **she ~d a smile** sie riskierte ein Lächeln.

2. I ~ say it gets quite cold here in winter ich könnte mir denken, daß es hier im Winter ziemlich kalt wird; **I ~ say he'll be there** es kann (gut) sein, daß er dort sein wird; **he was very sorry — I ~ say** es tat ihm sehr leid — das glaube ich gerne.

3. (*face the risk of*) riskieren; *danger also* trotzen (+*dat*). **to ~ death/one's life** sein Leben riskieren *or* aufs Spiel setzen.

4. (*challenge*) go on, **I ~ you!** Feigling!; **are you daring me?** wetten, daß? (*inf*).

III *n* Mutprobe *f*. **to do sth for a ~** etw als Mutprobe tun.

daredevil ['dɛə,devl] **I** *n* Wag(e)hals *m*. **II** *adj* tollkühn, waghalsig.

daring ['dɛərɪŋ] **I** *adj* kühn (*geh*); (*in physical matters*) waghalsig; *remark, attempt, opinion, dress* gewagt. **II** *n* Schneid *m*, Kühnheit *f* (*geh*); (*in physical matters*) Waghalsigkeit *f*, Schneid *m*.

daringly ['dɛərɪŋlɪ] *adv* kühn; (*in physical matters*) waghalsig; *dress* gewagt. **he spoke very ~ to the boss** er hat in sehr kühnem Ton mit dem Chef gesprochen.

dark [dɑːk] **I** *adj* (+*er*) **1.** dunkel; *room, night also* finster. **it's getting *or* growing ~** es wird dunkel; (*in evening also*) es wird Nacht; **the sky is getting ~** der Himmel wird dunkel; (*before storm*) der Himmel verfinstert sich; **~ blue** dunkelblau; **a ~ blue** ein dunkles Blau; **in ~est Africa** im tiefsten Afrika.

2. (*fig: sinister*) dunkel; *thoughts, threats also* finster. **to keep sth ~** etw geheimhalten; **~ deeds** dunkle Geschäfte.

3. (*gloomy, sad*) düster. **to look on the ~ side of things** schwarzsehen.

II *n* **1.** Dunkelheit *f*. **after ~** nach Einbruch der Dunkelheit; **until ~** bis zum

Einbruch der Dunkelheit.

2. (*fig: ignorance*) Dunkel *nt*. **to be in the ~** keine Ahnung haben (*about* von); **he has kept me in the ~ as to what they were planning** er hat mich über das, was sie vorhatten, im dunkeln gelassen; **to work in the ~** im dunkeln *or* finstern tappen; **it was a shot in the ~** das war nur so auf gut Glück gesagt/getan/geraten.

Dark Ages *npl* finsteres Mittelalter; **the Dark Continent** *n* der schwarze Erdteil.

darken ['dɑːkən] I *vt* **1.** dunkel machen; (*before storm*) verfinstern; *brilliance also* trüben. **the sun ~ed her skin** die Sonne hat ihre Haut gebräunt.

2. (*fig*) trüben; *mind also* umnachten; *future also* verdüstern. **an angry frown ~ed his brow** ein ärgerliches Runzeln verfinsterte seine Stirn; **never ~ my door again!** lassen Sie sich hier nicht mehr blicken!

II *vi see vt* **1.** dunkel werden; sich verdunkeln; sich verfinstern; sich trüben.

2. sich trüben; sich umnachten; sich verdüstern; (*brow*) sich verfinstern.

dark-eyed ['dɑːkaɪd] *adj* dunkeläugig; **dark horse** *n* (*fig*) stilles Wasser (*fig*); (*unexpected winner*) unbekannte Größe.

darkie, darky ['dɑːkɪ] *n* (*pej inf*) Schwarze(r) *mf*.

darkish ['dɑːkɪʃ] *adj* ziemlich dunkel.

darkly ['dɑːklɪ] *adv* (*lit, fig*) dunkel; *think, threaten also* finster.

darkness ['dɑːknɪs] *n* **1.** Dunkelheit *f*; (*of room, night also*) Finsternis *f*. **in total ~** in totaler *or* völliger Dunkelheit, in tiefem Dunkel (*geh*); **the house was in ~** das Haus lag im Dunkeln. **2.** (*fig: sinisterness*) Finsterkeit *f*. **3.** (*fig: gloominess, sadness*) Düsterkeit *f*.

darkroom ['dɑːkrʊm] *n* (*Phot*) Dunkelkammer *f*; **dark-skinned** ['dɑːkskɪnd] *adj* dunkelhäutig.

darky *n* (*pej inf*) *see* **darkie**.

darling ['dɑːlɪŋ] I *n* **1.** Schatz *m*; (*child also*) Schätzchen *nt*. **he is mother's ~/the ~ of the public** er ist Mamas Liebling/der Liebling aller; **be a ~ and ...** sei so lieb *or* nett *or* sei ein Schatz und ...

2. (*form of address*) Liebling, Schatz *m*, Schätzchen *nt*.

II *adj cat, dress etc* süß; *wife etc* lieb.

darn¹ [dɑːn] (*Sew*) I *n* gestopfte Stelle. II *vt* stopfen.

darn² (*inf*) I *interj* verflixt (*inf*).

II *adj attr* verflixt (*inf*). **I can't/couldn't see a ~ thing** verflixt (noch mal) (*inf*), ich kann überhaupt nichts sehen/das war vielleicht ein Mist (*inf*), ich konnte überhaupt nichts sehen.

III *adv* verflixt (*inf*). **a ~ sight better/worse** ein ganzes Ende besser/schlechter (*inf*).

IV *n* **I don't give a ~** (*inf*) das ist mir völlig schnurz (*inf*).

V *vt* **~ him!** zum Kuckuck mit ihm! (*inf*); **~ him for coming late** zum Kuckuck mit ihm, warum kommt er auch zu spät!; **~ it!** verflixt (noch mal) (*inf*); **well I'll be ~ed!** Donnerwetter! (*inf*); **I'll be ~ed if I ...** das wäre ja noch schöner, wenn ich ... (*inf*);

I'll be ~ed if I know und wenn du dich auf den Kopf stellst, ich weiß es einfach nicht (*inf*).

darned [dɑːnd] *adj, adv* (*inf*) *see* **darn²** II, III.

darning ['dɑːnɪŋ] *n* Stopfen *nt*; (*things to be darned*) Flick- *or* Stopfsachen *pl*, Flickarbeit *f*. **I've a lot of ~ to do** ich habe viel zu stopfen; **~ needle** Stopfnadel *f*; **~ mushroom** Stopfpilz *m*.

dart [dɑːt] I *n* **1.** (*movement*) Satz *m*. **to make a sudden ~ at sb/sth** einen plötzlichen Satz auf jdn/etw zu machen; **with a ~ of its tongue the chameleon caught its prey** die Zunge schnellte heraus, und das Chamäleon hatte seine Beute gefangen.

2. (*weapon*) Pfeil *m*; (*fig: of sarcasm etc*) Spitze *f*; (*Sport*) (*Wurf*)pfeil *m*.

3. (*liter*) (*of serpent*) (Gift)zahn *m*; (*of bee*) Stachel *m*.

4. (*Sew*) Abnäher *m*.

II *vi* flitzen; (*fish*) schnellen. **to ~ out** (*person*) heraus-/ hinausflitzen; (*fish, tongue*) herausschnellen; **to ~ in** (*person*) hinein-/hereinstürzen; (*into water: otter etc*) sich hineinstürzen; **he ~ed behind a bush** er hechtete hinter einen Busch; **he ~ed off** er flitzte davon; **her eyes ~ed round the room** ihre Blicke schossen blitzschnell im Zimmer hin und her.

III *vt* **1.** *glance, look* werfen. **to ~ a glance at sb** jdm einen Blick zuwerfen.

2. (*hit with ~*) mit einem Pfeil schießen auf (+*acc*); *animal* (*with tranquillizer*) mit einem Pfeil betäuben.

dart board *n* Dartscheibe *f*.

darts [dɑːts] *n sing* Darts, Pfeilwurfspiel *nt*. **a game of ~** ein Dartspiel *nt*.

Darwinian [dɑːˈwɪnɪən] I *n* Darwinist(in *f*) *m*. II *adj* darwinistisch.

Darwinism ['dɑːwɪnɪzəm] *n* Darwinismus *m*.

dash [dæʃ] I *n* **1.** (*sudden rush*) Jagd *f*. **to make a ~** losstürzen; **he made a ~ for the door/across the road** er stürzte auf die Tür zu/über die Straße; **to make a ~ for freedom** versuchen, in die Freiheit zu entkommen; **she made a ~ for it** sie rannte, so schnell sie konnte.

2. (*hurry*) Hetze *f*.

3. (*style, vigour*) Schwung, Elan *m*. **to cut a ~** eine schneidige Figur machen.

4. (*small amount*) etwas, ein bißchen; (*of wine, vinegar, spirits also*) Schuß *m*; (*of seasoning etc also*) Prise *f*; (*of lemon also*) Spritzer *m*.

5. (*Typ*) Gedankenstrich *m*.

6. (*in morse*) Strich *m*.

II *vt* **1.** (*throw violently*) schleudern. **to ~ sth to pieces** etw in tausend Stücke zerschlagen; **to ~ one's head against sth** mit dem Kopf gegen etw schlagen *or* prallen; **the ship was ~ed against a rock** das Schiff wurde gegen eine Klippe geschleudert.

2. (*discourage*) *sb's hopes* zunichte machen. **that ~ed his spirits** das hat ihn völlig geknickt; **that ~ed him** (*abash*) das hat ihn eingeschüchtert; (*dispirit*) das hat ihn entmutigt.

3. (*inf*) *see* **darn²** V.

III *vi* **1.** (*rush*) sausen (*inf*). **to ~ into/across a room** in/quer durch ein Zimmer stürzen *or* stürmen; **to** ~ **away/back/up** fort-/ zurück-/hinaufstürzen.

2. (*knock, be hurled*) schlagen; (*waves also*) peitschen.

IV *interj* ~ **(it)!** (*inf*) verflixt! (*inf*), (verflixter) Mist! (*inf*).

◆**dash off I** *vi* losstürzen. **sorry to have to** ~ ~ **like this** es tut mir leid, daß ich so forthetzen muß. **II** *vt sep* letter, essay hinwerfen.

dashboard ['dæʃbɔːd] *n* Armaturenbrett *nt*.

dashed [dæʃt] *adj, adv see* darn² II, III.

dashing ['dæʃɪŋ] *adj* person, appearance flott, schneidig; behaviour schneidig.

dashpot ['dæʃpɒt] *n* (*Tech*) Pralltopf *m*.

dastardly ['dæstədlɪ] *adj* niederträchtig.

data ['deɪtə] *pl of* **datum** *usu with sing vb* Daten *pl*. **a piece of** ~ eine Angabe; (*Math*) ein (Zahlen)wert *m*; **what's the** ~ **on Kowalski?** (*inf*) welche Angaben haben wir über Kowalski?

data bank *n* Datenbank *f*; **data capture** *n* Datenerfassung *f*; **data carrier** *n* Datenträger *m*; **data file** *n* Datei *f*; **data-handling system** *n* Datenerfassungssystem *nt*; **data preparation** *n* Datenaufbereitung *f*; **data processing** *n* Datenverarbeitung *f*; **data protection** *n* Datenschutz *m*.

date¹ [deɪt] *n* (*fruit*) Dattel *f*; (*tree*) Dattelpalme *f*.

date² I *n* **1.** Datum *nt*; (*historical* ~) Geschichts- *or* Jahreszahl *f*; (*for appointment*) Termin *m*. ~ **of birth** Geburtsdatum *nt*; **what's the** ~ **today?** der Wievielte ist heute? **what** ~ **is he coming on?** wann *or* an welchem Tag kommt er?; **what is the** ~ **of that letter?** von wann ist der Brief datiert?; **to** ~ bis heute, bis dato (*form, dated*); **of early/recent** ~ älteren/ neueren *or* jüngeren Datums; *see* out-of-date, up-to-date.

2. (*on coins, medals etc*) Jahreszahl *f*.

3. (*appointment*) Verabredung *f*; (*with girlfriend etc also*) Rendezvous *nt*. **who's his** ~? mit wem trifft er sich?; **to make a** ~ **with sb** sich mit jdm verabreden; **she's out on a** ~ sie hat eine Verabredung.

II *vt* **1.** mit dem Datum versehen; *letter etc also* datieren. **letter** ~**d the seventh of August** ein vom siebten August datierter Brief; **a coin** ~**d 1390** eine 1390 geprägte Münze.

2. (*establish age of*) work of art etc datieren. **that really** ~**s you** daran merkt man, wie alt Sie sind.

3. (*take out*) girlfriend etc ausgehen mit; (*regularly also*) gehen mit (*inf*).

III *vi* **1. to** ~ **back to** zurückdatieren auf (+*acc*); **to** ~ **from** zurückgehen auf (+*acc*).

2. (*become old-fashioned*) veralten.

3. (*have boyfriend etc*) einen Freund/ eine Freundin haben; (*couple*) miteinander gehen.

dated ['deɪtɪd] *adj* altmodisch; clothes, manners also überholt.

dateless ['deɪtlɪs] *adj* **1.** manuscript undatiert, ohne Jahreszahl; **2.** (*never old-fashioned*) zeitlos; **date line** *n* (*Geog*) Datumsgrenze *f*; (*Typ*) Datumszeile *f*;

date palm *n* Dattelpalme *f*; **date-stamp I** *n* Datumsstempel *m*; **II** *vt* mit Datumsstempel versehen.

dative ['deɪtɪv] **I** *n* Dativ *m*. **in the** ~ im Dativ. **II** *adj* Dativ-, dativisch.

datum ['deɪtəm] *n, pl* **data** (*rare*) Faktum, Datum *nt*.

daub [dɔːb] **I** *vt* walls, canvas, face beschmieren; paint, slogans, make-up schmieren; (*coat with grease etc*) axle einschmieren; (*coat with mud, clay*) walls bewerfen; (*spread on*) grease, mud, clay streichen. **he** ~**ed grease over the joints, he** ~**ed the joints with grease** er strich *or* schmierte Fett auf die Scharniere.

II *n* **1.** (*Build*) Bewurf *m*.

2. (*pej: bad picture*) Kleckserei *f*.

daughter ['dɔːtəʳ] *n* (*lit, fig*) Tochter *f*. ~**-in-law** Schwiegertochter *f*.

daunt [dɔːnt] *vt* entmutigen. **he is never** ~**ed** er ist nie verzagt; **nothing** ~**ed** unverzagt.

daunting ['dɔːntɪŋ] *adj* entmutigend.

dauntless ['dɔːntlɪs] *adj* unerschrocken, beherzt; courage unbezähmbar.

davenport ['dævnpɔːt] *n* **1.** (*esp US: sofa*) Sofa *nt*, **2.** (*Brit: desk*) Sekretär *m*.

David ['deɪvɪd] *n* David *m*.

Davy ['deɪvɪ] *n dim of* **David. to go to** ~ **Jones' locker** den Seemannstod sterben; ~ **lamp** (Gruben-)Sicherheitslampe *f*.

dawdle ['dɔːdl] *vi* (*be too slow*) trödeln; (*stroll*) bummeln.

◆**dawdle along** *vi* dahinbummeln; (+*prep obj*) entlangbummeln.

◆**dawdle away** *vt sep* time vertrödeln.

dawdler ['dɔːdləʳ] *n* Trödler(in *f*) *m*.

dawn [dɔːn] **I** *n* (*lit, fig*) (Morgen)dämmerung, Morgenröte (*liter*) *f*; (*no art: time of day*) Tagesanbruch *m*, Morgengrauen *nt*. **at** ~ bei Tagesanbruch, im Morgengrauen; **it's almost** ~ es ist fast Morgen, **when is** ~? wann wird es hell?; **from** ~ **to dusk** von morgens bis abends.

II *vi* **1.** day was already ~**ing** es dämmerte schon; **the day** ~**ed rainy** der Tag fing mit Regen an; **the day will** ~ **when ...** (*fig*) der Tag wird kommen, wo ...

2. (*fig*) (*new age etc*) dämmern, anbrechen; (*hope*) erwachen.

3. (*inf*) **to** ~ **(up)on sb** jdm dämmern *or* zum Bewußtsein kommen; **the idea** ~**ed on him that ...** es wurde ihm langsam klar, daß ..., es dämmerte ihm, daß ...

dawn chorus *n* Morgenkonzert *nt* der Vögel; **dawn patrol** *n* (*Aviat*) Morgenpatrouille *f*.

day [deɪ] *n* **1.** Tag *m*. **he's coming in three** ~**s' time** *or* **in three** ~**s** er kommt in drei Tagen; **it will arrive any** ~ **now** es muß jeden Tag kommen; **what** ~ **is it today?** welcher Tag ist heute?, was haben wir heute?; **what** ~ **of the month is it?** der wievielte ist heute?; **twice a** ~ zweimal täglich *or* am Tag; **the** ~ **before yesterday** vorgestern; **(on) the** ~ **after/before, (on) the following/ previous** ~ am Tag danach/ zuvor, am (darauf) folgenden/ vorhergehenden Tag; **the** ~ **after tomorrow** übermorgen; **this** ~ **week** (*inf*) heute in acht Tagen (*inf*); **from that** ~ **on(wards)** von dem Tag an; **from this** ~ **forth** (*old*) von diesem Tage an; **two years ago to the**

~ heute/morgen *etc* auf den Tag genau vor zwei Jahren; **one ~ eines Tages; one ~ we went swimming, and the next ...** einen Tag gingen wir schwimmen, und den nächsten ...; **one of these ~s** irgendwann (einmal), eines Tages; **~ in, ~ out** tagein, tagaus; **they went to London for the ~** sie machten einen Tagesausflug nach London; **for ~s on end** tagelang; **~ after ~** Tag für Tag, tagtäglich; **~ by ~** jeden Tag, täglich; **the other ~** neulich; **at the end of the ~** *(fig)* letzten Endes; **to live from ~ to ~** von einem Tag auf den andern leben; **today of all ~s** ausgerechnet heute; **some ~ soon** demnächst; **I remember it to this ~** daran erinnere ich mich noch heute; **he's fifty if he's a ~** er ist mindestens *or* wenigstens fünfzig; **all ~** den ganzen Tag; **to travel during the** *or* **by ~** tagsüber *or* während des Tages reisen; **at that time of ~** zu der Tageszeit; **to work ~ and night** Tag und Nacht arbeiten; **good ~!** *(good-bye)* auf Wiedersehen; **let's call it a ~** machen wir Schluß; **some time during the ~** irgendwann im Laufe des Tages; **to have a nice/lazy ~** einen schönen Tag verbringen/einen Tag faulenzen; **have a nice ~!** viel Spaß!; *(esp US: said by storekeeper etc)* schönen Tag noch!; **did you have a good ~ at the office?** wie war's im Büro?; **to have a good/bad ~** einen guten/schlechten Tag haben; **what a ~!** *(terrible)* so ein fürchterlicher Tag! *(lovely)* so ein herrlicher Tag!; **it's all in the** *or* **a ~'s work!** das ist (doch) selbstverständlich; **to work an eight hour ~** einen Achtstundentag haben, acht Stunden am Tag arbeiten; **on a wet ~** an einem regnerischen Tag; **that'll be the ~** das möcht' ich sehen *or* erleben; *see* **make.**

2. *(period of time: often pl)* **these ~s** heute, heutzutage; **what are you doing these ~s?** was machst *or* treibst du denn so?; **in this ~ and age** heutzutage; **in ~s to come** künftig, in künftigen Zeiten *or* Tagen *(geh)*; **in his younger ~s** als er noch jünger war; **in Queen Victoria's ~, in the ~s of Queen Victoria** zu Königin Viktorias Zeiten; **the happiest ~s of my life** die glücklichste Zeit meines Lebens; **those were the ~s** das waren noch Zeiten; **in the old ~s** früher; **in the good old ~s** in der guten alten Zeit; **it's early ~s yet** es ist noch zu früh; **during the early ~s of the war** in den ersten Kriegstagen; **he/this material has seen better ~s** er/dieser Stoff hat (auch) schon bessere Zeiten *or* Tage gesehen; **to end one's ~s in misery** im Elend sterben.

3. *(with poss adj: lifetime, best time)* **famous in her ~** in ihrer Zeit berühmt; **it has had its ~s** das hat seine Glanzzeit überschritten; **his ~ will come** sein Tag wird kommen.

4. *no pl (contest, battle)* **to win** *or* **carry the ~** den Sieg bringen; **to lose/save the ~** (den Kampf) verlieren/retten.

day bed *n* Ruhebett *nt*; **daybook** *n (Comm)* Journal, Tagebuch *nt*; **daybreak** *n* Tagesanbruch *m*; **at ~** bei Tagesanbruch; **day coach** *n (US)* (Eisenbahn)personenwagen *m*; **daydream** I *n* Tagtraum

m, Träumerei *f*; II *vi* (mit offenen Augen) träumen; **day labourer** *n* Tagelöhner *m*.

daylight ['deɪlaɪt] *n* **1.** *(daybreak)* Tagesanbruch *m*.
2. Tageslicht *nt*. **it is still ~** es ist noch hell; **in broad ~** am hellen *or* hellichten Tage: **I'd like to get there in ~/while it's still ~** ich möchte gern bei Tag ankommen/gern ankommen, wenn es noch hell ist; **I began to see ~** *(fig) (to understand)* mir ging ein Licht auf; *(to see the end appear)* so langsam habe ich Land gesehen *(inf)*; **to beat the living ~s out of sb** *(inf)* jdn windelweich schlagen *(inf)*; **to scare the living ~s out of sb** *(inf)* jdm einen fürchterlichen Schreck einjagen.

daylight robbery *n* *(inf)* Halsabschneiderei *f* *(inf)*, offener Diebstahl; **daylight saving time** *n* *(esp US)* Sommerzeit *f*.

day long *adj* 24 Stunden-, den ganzen Tag dauernd; **day nurse** *n* Tagesschwester *f*; **day nursery** *n* Kindertagesstätte *f*; *(in private house)* Kinderzimmer *nt*; **day-old** *adj* Eintags-, einen Tag alt; **two-/three-~** zwei/drei Tage alt; **day release** *n* tageweise Freistellung von Angestellten zur Weiterbildung; **day release course** *n* Tageskurs *m* für Berufstätige; **day return (ticket)** *n* *(Brit Rail)* Tagesrückfahrkarte *f*; **day school** *n* Tagesschule *f*; **day shift** *n* Tagschicht *f*.

daytime ['deɪtaɪm] I *n* Tag *m*. **in the ~** bei Tage, tagsüber, während des Tages. II *attr* am Tage; *course, programme* Tages-; *raid* am hellen *or* hellichten Tage.

day-to-day ['deɪtə'deɪ] *adj occurrence* alltäglich; *way of life* Alltags-, täglich; **day trip** *n* Tagesausflug *m*; **day tripper** *n* Tagesausflügler(in *f*) *m*.

daze [deɪz] I *n* Benommenheit *f*. **in a ~** ganz benommen. II *vt* benommen machen.

dazed [deɪzd] *adj* benommen.

dazzle ['dæzl] *vt (lit, fig)* blenden.

dazzling ['dæzlɪŋ] *adj (lit)* blendend.

dazzlingly ['dæzlɪŋlɪ] *adv (lit, fig)* blendend. **~ beautiful** strahlend schön.

DC *abbr of* **1. direct current. 2.** *(US)* **District of Columbia.**

DD *abbr of* **Doctor of Divinity** Dr. Theol.

D-day ['di:deɪ] *n (Hist, fig)* der Tag X.

DDT *abbr of* **dichloro-diphenyl-trichloroethane** DDT *nt*.

deacon ['di:kən] *n* Diakon *m*.

deaconess ['di:kənes] *n* Diakonissin *f*.

deaconry ['di:kənrɪ] *n* Diakonat *nt*.

deactivate ['di:æktɪveɪt] *vt* entschärfen.

dead [ded] *adj* **1.** tot; *plant also* abgestorben, eingegangen. **to drop (down)** *or* **fall down ~** tot umfallen; **to shoot sb ~** jdn erschießen; **to strike sb ~** jdn erschlagen; **over my ~ body** *(inf)* nur über meine Leiche *(inf)*.

2. *(not sensitive) limbs* abgestorben, taub. **he is ~ to reason** er ist für vernünftige Argumente nicht zugänglich *or* empfänglich; **to be ~ from the neck up** *(inf)* gehirnamputiert sein *(sl)*; **to be ~ to the world** vollkommen weggetreten sein *(inf)*.

3. *(without activity etc) town, season*

tot; *business also* flau.

4. (*Elec*) *cable* stromlos; (*Telec*) tot. **to go** ~ ausfallen.

5. (*burnt out*) *fire* aus *pred*; *match* abgebrannt.

6. (*inf: finished with*) *glass* ausgetrunken; (*Typ*) *copy* abgesetzt. **are these glasses** ~? können diese Gläser weg?

7. (*Sport*) *ball* tot.

8. (*obsolete*) *language etc* tot; *custom* ausgestorben.

9. (*absolute, exact*) total, völlig. ~ **silence** Totenstille *f*; ~ **calm** (*Naut*) absolute *or* totale Windstille; **she was in a ~ faint** sie war völlig bewußtlos; **to come to a ~ stop** völlig zum Stillstand kommen; **to hit sth in the ~ centre** etw genau in der Mitte treffen.

10. *colour* tot, stumpf, matt; *sound* dumpf.

11. (*Typ*) *key* Tot-.

12. (*inf: exhausted*) tot (*inf*), völlig kaputt (*inf*).

II *adv* **1.** (*exactly*) genau. ~ **straight** schnurgerade; **to be ~ on time** auf die Minute pünktlich kommen; (*clock*) auf die Minute genau gehen.

2. (*inf: very*) total (*inf*), völlig. ~ **drunk/tired** total betrunken, stockvoll (*inf*)/todmüde; **you're ~ right** Sie haben völlig recht; **he was ~ lucky** er hat Schwein gehabt (*inf*); ~ **slow** ganz langsam; "~ **slow**" ,,Schrittgeschwindigkeit"; **to be ~ certain about sth** (*inf*) bei etw todsicher sein.

3. to stop ~ abrupt stehenbleiben *or* (*talking*) innehalten.

III *n* **1. the ~** *pl* die Toten *pl*.

2. at ~ of night mitten in der Nacht; **in the ~ of winter** mitten im Winter.

dead-and-alive ['dedǝndǝ'laɪv] *adj* (*inf*) *party, place* tot, langweilig; **dead-ball line** *n* (*Rugby*) Feldauslinie *f*; **dead-beat** *adj* (*inf*) völlig kaputt (*inf*), total fertig (*inf*).

dead-beat *n* (*down-and-out*) Gammler *m*; (*failure*) Versager *m*; **dead duck** *n* **to be a ~** passé sein (*inf*); **politically he's/it's a ~** politisch ist er/es gestorben (*inf*).

deaden ['dedn] *vt shock* auffangen; *pain* mildern; *force, blow* abschwächen; *nerve, passions* abtöten; *sound, noise* dämpfen; *mind, feeling* abstumpfen.

dead end *n* Sackgasse *f*; **to come to a ~** (*lit*) (*road*) in einer Sackgasse enden; (*driver*) an eine Sackgasse kommen; (*fig*) in eine Sackgasse geraten; **dead-end job** *attr* ~ **street** (*esp US*) Sackgasse *f*; **to be in ~ street** (*fig*) keine Chancen haben; ~ **kids** Gassenkinder *pl*; **a ~ job** ein Job *m* ohne Aufstiegsmöglichkeiten; **dead heat** *n* totes Rennen; **dead letter** *n* (*lit*) unzustellbarer Brief; (*Jur*) toter Buchstabe; **deadline** *n* (letzter) Termin; **to fix** *or* **set a ~** eine Frist setzen; **to work to a ~** auf einen Termin hinarbeiten; **can you meet the ~?** können Sie den Termin *or* die Frist einhalten?

deadliness ['dedlɪnɪs] *n* (*of poison, weapon*) tödliche Wirkung; (*of wit, sarcasm*) vernichtende Wirkung; (*inf*) (*boringness*) tödliche Langeweile; (*awfulness*) Entsetzlichkeit *f*.

deadlock ['dedlɒk] *n* **to reach (a)** ~ sich festfahren, in eine Sackgasse geraten; **to break the ~** aus der Sackgasse herauskommen.

deadly ['dedlɪ] **I** *adj* (+*er*) **1.** *poison, hatred, weapon, accuracy* tödlich; *sin, enemy* Tod-; *wit, sarcasm* vernichtend. **his aim was ~** er traf mit tödlicher Sicherheit; **he's in ~ earnest** er meint es todernst.

2. (*inf*) (*boring*) todlangweilig; (*awful*) *taste* entsetzlich.

II *adv boring* tod-. ~ **pale** totenbleich.

deadly nightshade *n* Tollkirsche *f*.

dead march *n* Totenmarsch *m*; **dead men's shoes** *n*: **to wait for** ~ warten, bis ein Platz frei wird.

deadness ['dednɪs] *n* (*of limbs*) Taubheit *f*; (*of colour*) Langweiligkeit *f*.

deadpan [‚ded'pæn] **I** *adj face* unbewegt; *style, humour* trocken; **with a ~ expression** mit unbeweglicher Miene; **II** *n* (*face, expression*) unbewegliche Miene; **dead reckoning** *n* (*Naut*) Koppelung *f*; **Dead Sea** *n* Totes Meer; **Dead Sea scrolls** *npl* Schriftrollen *pl* vom Toten Meer; **dead weight** *n* (*Tech*) Eigen- *or* Totgewicht *nt*; **that box/she was a ~** die Kiste/sie war furchtbar schwer; **deadwood** *n* (*lit*) morsches Holz; (*Naut*) Totholz *nt*; (*fig*) Ballast *m*.

deaf [def] **I** *adj* (+*er*) **1.** taub. **as ~ as a (door)post** stocktaub.

2. (*unwilling to listen*) taub (*to gegen*). **he was ~ to her pleas** er blieb gegen alle ihre Bitten taub; **to turn a ~ ear to sb/sth** sich jdm/einer Sache (*dat*) gegenüber taub stellen; **our pleas fell on ~ ears** unsere Bitten fanden kein Gehör.

II *n* **the ~** *pl* die Tauben *pl*.

deaf-aid ['defeɪd] *n* Hörgerät *nt*; **deaf-and-dumb** *adj* taubstumm; *language* Taubstummen-.

deafen ['defn] *vt* (*lit*) taub machen; (*fig*) betäuben.

deafening ['defnɪŋ] *adj noise* ohrenbetäubend; *row* lautstark. **a ~ silence** ein eisiges Schweigen.

deaf-mute ['def'mjuːt] *n* Taubstumme(r) *mf*.

deafness ['defnɪs] *n* (*lit, fig*) Taubheit *f* (*to gegenüber*).

deal¹ [diːl] **I** *n* (*amount*) Menge *f*. **a good** *or* **great ~** eine Menge, (ziemlich) viel; **not a great ~** nicht (besonders) viel; **there's still a (good** *or* **great) ~ of work left** es ist noch ein schönes Stück *or* eine Menge Arbeit; **there's a great** *or* **good ~ of truth in what he says** es ist schon ziemlich viel Wahres an dem, was er sagt; **to mean a great ~ to sb** jdm viel bedeuten.

II *adv* **a good** *or* **great ~**, **a ~** (*inf*) (+*vb*) (ziemlich) viel; (+*adj*) viel; **not a great ~** nicht viel.

deal² (*vb: pret, ptp* **dealt**) **I** *n* **1.** (*Comm: also* **business** ~) Geschäft *nt*, Handel *m*; (*arrangement*) Handel *m*, Abkommen *nt*. **to do** *or* **make a ~ with sb** mit jdm ein Geschäft machen *or* abschließen; **it's a ~** abgemacht!; **I'll make** *or* **do a ~ with you** ich schlage Ihnen ein Geschäft vor; **I never make ~s** ich lasse mich nie auf Geschäfte ein; **are you forgetting our ~?**

hast du unsere Abmachung vergessen?; **a ~ on the Stock Exchange** ein Börsengeschäft; *see* **big**.

2. (*inf*) **to give sb a fair ~** jdn anständig behandeln; **a better ~ for the lower paid** bessere Bedingungen für die schlechter bezahlten Arbeiter; **the management offered us a new ~** die Firmenleitung hat uns ein neues Angebot gemacht.

3. (*Cards*) **it's your ~** Sie geben.

II *vt* **1.** (*also* **~ out**) *cards* geben.

2. *see* **blow**[1].

III *vi* **1. to ~ well/badly by sb** jdn gut/schlecht behandeln.

2. (*Cards*) geben, austeilen.

◆**deal in I** *vi* +*prep obj* (*Comm*) handeln mit. **II** *vt sep* (*Cards*) *player* Karten geben (+*dat*).

◆**deal out** *vt sep gifts, money* verteilen (*to* an +*acc*); *cards* (aus)geben (*to dat*). **to ~ ~ justice** Recht sprechen.

◆**deal with** *vi* +*prep obj* **1.** (*do business with*) verhandeln mit. **he's not easy to ~ ~** es ist nicht leicht, mit ihm zu verhandeln.

2. (*manage, handle*) sich kümmern um; (*with job*) sich befassen mit; (*successfully*) fertigwerden mit; (*Comm*) *orders* erledigen; (*be responsible for also*) zuständig sein für. **let's ~ ~ the adjectives first** behandeln wir zuerst die Adjektive, befassen wir uns zuerst mit den Adjektiven; **to know how to ~ ~ sb** wissen, wie man mit jdm fertig wird *or* umgeht; **you bad boy, I'll ~ ~ you later** (*inf*) dich knöpf' *or* nehm' ich mir später vor, du Lausebengel! (*inf*); **the problem has been successfully ~t** man ist gut mit dem Problem fertiggeworden; **to ~ ~ a case** (*judge*) einen Fall verhandeln; (*lawyer*) sich mit einem Fall befassen.

3. (*be concerned with*) (*book, film etc*) handeln von; (*author*) sich beschäftigen *or* befassen mit.

deal[3] *n* (*wood*) Kiefern- *or* Tannenholz *nt*. **II** *adj attr* aus Kiefern- *or* Tannenholz, Kiefern-, Tannen-.

dealer ['di:lə[r]] *n* **1.** (*Comm*) Händler *m*; (*wholesaler*) Großhändler *m*. **a ~ in furs** ein Pelzhändler. **2.** (*with drugs*) Dealer *m*. **3.** (*Cards*) Kartengeber *m*.

dealing ['di:lɪŋ] *n* **1.** (*trading*) Handel *m*; (*on stock exchange also*) Transaktionen *pl*. **there's some crooked ~ involved here** da ist irgend etwas gedreht worden.

2. (*of cards*) Geben, *nt*.

3. **~s** *pl* (*Comm*) Geschäfte *pl*; (*generally*) Umgang *m*; **to have ~s with sb** mit jdm zu tun haben; (*Comm also*) Geschäftsbeziehungen zu jdm haben; **he had secret ~s with the enemy** er stand heimlich mit dem Feind in Verbindung.

dealt [delt] *pret, ptp of* **deal**[2].

dean [di:n] *n* (*Eccl, Univ*) Dekan *m*.

deanship ['di:nʃɪp] *n* (*Eccl, Univ*) Dekanat *nt*.

dear [dɪə[r]] **I** *adj* (+*er*) **1.** (*loved*) lieb, teuer (*liter*). **that/she was ~est of all to him** das/sie war ihm das Liebste *or* Teuerste; **I hold him/it ~** er/es ist mir lieb und teuer; **that is my ~est wish** das ist mein sehnlichster *or* innigster Wunsch; **a ~ friend of mine** ein lieber Freund von mir.

2. (*lovable, sweet*) *child* lieb, süß, reizend; *thing* süß, entzückend, reizend.

3. (*in letter-writing etc*) ~ **Daddy/John** lieber Vati/John!; ~ **Sir/Madam** sehr geehrter Herr X/sehr geehrte Frau X!, sehr verehrte gnädige Frau! (*geh*); (*no name known*) sehr geehrte (Damen und) Herren!; ~ **Mr Kemp** sehr geehrter Herr Kemp!; (*less formal*) lieber Herr Kemp!

4. (*expensive*) *goods, shop* teuer; *prices also* hoch. **to get ~er** (*goods*) teuer werden; (*prices*) steigen.

II *interj* ~ ~!, ~ **me!** (ach) du liebe Zeit!, (du) meine Güte!; **oh ~!** oje!, ach du meine Güte *or* du liebe Zeit!

III *n* **hello/thank you ~** hallo/vielen Dank; **Veronika/Robert ~** Veronika/Robert; **yes, ~** (*husband to wife etc*) ja, Schätzchen *or* Liebling; **Edward, my ~** (*elderly lady to nephew/ brother etc*) mein lieber Eduard, Eduard, mein Lieber; **my ~est** meine Teuerste (*geh*), mein Teuerster (*geh*), (meine) Liebste, (mein) Liebster; **are you being served, ~?** (*inf*) werden Sie schon bedient?; **give it to me, there's a ~** (*inf*) gib es mir, sei (doch) so lieb *or* gut; **be a ~** (*inf*) sei so lieb *or* gut; **poor ~** die Arme, der Arme; **your mother is a ~** (*inf*) deine Mutter ist ein Engel (*inf*) *or* richtig lieb; **her little boy is such a little ~** ihr kleiner Junge ist ein süßer Knopf (*inf*); **this old ~ came up to me** dieses Muttchen kam zu mir her (*inf*).

IV *adv* (*lit, fig*) *buy, pay, sell* teuer.

dearie, deary ['dɪərɪ] *n* (*inf*) *usu not translated*; (*woman to child*) Kleine(r, s). **thanks for your help, ~** (*old woman*) vielen Dank für Ihre Hilfe, mein Kind/ Sohn.

dearly ['dɪəlɪ] *adv* **1.** (*very much*) *love* von ganzem Herzen. **I should ~ like** *or* **love to live here** ich würde für mein Leben gern hier wohnen. **2.** (*lit, fig*) *pay etc* teuer.

dearness ['dɪənɪs] *n* **1.** (*expensiveness*) hoher Preis. **2.** (*being loved*) **her ~ to him** daß sie ihm viel bedeutete.

dearth [dɜ:θ] *n* Mangel *m* (*of* an +*dat*); (*of ideas*) Armut *f*. ~ **of water/ideas** Wassermangel *m*/Gedankenarmut *f*; **there is no ~ of young men** an jungen Männern ist *or* herrscht kein Mangel.

deary *n see* **dearie**.

death [deθ] *n* Tod *m*; (*of planet, city, project also, of plans, hopes etc*) Ende *nt*. ~ **to all traitors!** Tod allen Verrätern!; **D~ is portrayed as ...** der Tod wird als ... dargestellt; **to be burnt to ~** verbrennen; (*at stake*) verbrannt werden; **how many ~s were there last year?** wieviele Tote *or* Todesfälle gab es letztes Jahr?; **to die a hero's ~** den Heldentod sterben; **a fight to the ~** ein Kampf auf Leben und Tod; **to put sb to ~** jdn hinrichten; **to drink oneself to ~** sich zu Tode trinken; **to work oneself to ~** sich totarbeiten; **he works his men to ~** er schindet seine Leute zu Tode; **to be at ~'s door** an der Schwelle des Todes stehen; **to be in at the ~** (*fig*) das Ende miterleben; **he will be the ~ of me** (*inf*) (*he's so funny*) ich lach' mich noch einmal tot über ihn (*inf*); (*he's annoying*) er bringt mich noch ins Grab; **to catch one's**

~ **(of cold)** (*inf*) sich (*dat*) den Tod holen;
I am sick *or* **tired to** ~ **of all this** (*inf*) ich
bin das alles gründlich satt *or* leid; **he
looked like** ~ **warmed up** (*inf*) er sah wie
der Tod auf Urlaub aus (*inf*).

deathbed ['deθbed] *n* Sterbebett *nt*; **death-
blow** *n* (*lit, fig*) Todesstoß *m*; **death cell**
n Todeszelle *f*; **death certificate** *n* Ster-
beurkunde *f*, Totenschein *m*; **death-
dealing** *adj blow, missile* tödlich; **death
duties** *npl* (*Brit*) Erbschaftssteuern *pl*;
death instinct *n* (*Psych*) Todestrieb *m*;
deathless *adj* unsterblich; **deathlike** *adj*
totenähnlich.

deathly ['deθlɪ] **I** *adj* (+*er*) **1.** ~ **hush** *or*
stillness Totenstille *f*; ~ **silence** eisiges
Schweigen; ~ **pallor** Totenblässe *f*.
2. *blow etc* tödlich. **II** *adv* ~ **pale** toten-
bleich, leichenblaß.

death-mask ['deθmaːsk] *n* Totenmaske *f*;
death penalty *n* Todesstrafe *f*; **death
rate** *n* Sterbeziffer *f*; **death-rattle** *n*
Todesröcheln *nt*; **death-roll** *n* Verlust- *or*
Gefallenenliste *f*; **death row** *n* die
Todeszellen *pl*; **death sentence** *n*
Todesurteil *nt*; **death's head** *n* (*on flag
etc*) Totenkopf *m*; **death's head moth** *n*
Totenkopf(schwärmer) *m*; **death throes**
npl (*lit, fig*) Todeskampf *m*; **death toll** *n*
Zahl *f* der (Todes)opfer *or* Toten; **death-
trap** *n* Todesfalle *f*; **death-warrant** *n*
Hinrichtungsbefehl *m*; (*fig*) Todesurteil
nt; **death-watch** *n* Totenwache *f*; **death-
watch beetle** *n* Totenuhr *f*, Klopfkäfer *m*;
death-wish *n* Wunsch *m* zu sterben.

debar [dɪ'baːʳ] *vt* (*from club, competition*)
ausschließen (*from* von).

debark [dɪ'baːk] **I** *vi* sich ausschiffen, an
Land gehen. **II** *vt* ausschiffen; *troops*
landen.

debarkation [ˌdiːbaː'keɪʃən] *n* Aus-
schiffung, Landung *f*; (*of troops*) Landen
nt.

debarment [dɪ'baːmənt] *n* Ausschluß *m*.

debase [dɪ'beɪs] *vt* **1.** *person* erniedrigen,
entwürdigen, herabwürdigen. **to** ~
oneself by doing sth sich selbst so weit
erniedrigen, daß man etw tut. **2.** *virtues,
qualities* mindern, herabsetzen. **3.** *metal*
verschlechtern; *coinage also* den Wert
mindern von.

debasement [dɪ'beɪsmənt] *n see vt*
1. Erniedrigung, Entwürdigung, Herab-
würdigung *f*. **2.** Minderung, Herabset-
zung *f*. **3.** Verschlechterung *f*; Wertmin-
derung *f*.

debatable [dɪ'beɪtəbl] *adj* fraglich; *frontier*
umstritten. **it's a** ~ **point whether ...** es ist
fraglich, ob ...

debate [dɪ'beɪt] **I** *vt question* debattieren,
diskutieren.
  II *vi* debattieren, diskutieren (*with* mit,
about über +*acc*). **he was debating with
himself/his conscience whether ...** er über-
legte hin und her, ob ...
  III *n* Debatte *f*. **the** ~ **was on** *or* **about
...** die Debatte ging über ... (+*acc*); **the
death penalty was under** ~ zur Debatte
stand die Todesstrafe.

debater [dɪ'beɪtəʳ] *n* Debattierer(in *f*) *m*.

debating [dɪ'beɪtɪŋ] **I** *n* Debattieren, Dis-
kutieren *nt*. **II** *adj attr* Debattier-. ~ **so-**

ciety Debattierklub *m*.

debauch [dɪ'bɔːtʃ] **I** *vt* verderben. **II** *n*
Orgie *f*.

debauched [dɪ'bɔːtʃt] *adj person, look* ver-
derbt; *life* zügellos, ausschweifend.

debauchee [ˌdebɔː'tʃiː] *n* Wüstling *m*.

debauchery [dɪ'bɔːtʃərɪ] *n* Ausschweifung
f. **a life of** ~ ein ausschweifendes Leben.

debenture [dɪ'bentʃəʳ] *n* (*Fin*) Schuld-
schein *m*; (*Customs*) Rückzollschein *m*.

debenture bond *n* Schuldverschreibung,
Obligation *f*.

debilitate [dɪ'bɪlɪteɪt] *vt* schwächen.

debilitating [dɪ'bɪlɪteɪtɪŋ] *adj* schwächend;
lack of funds etc also lähmend; *shyness,
self-doubt* hinderlich, hemmend.

debility [dɪ'bɪlɪtɪ] *n* Schwäche *f*.

debit ['debɪt] **I** *n* Schuldposten *m*, Debit *nt*.
~ **account/balance** Debetkonto *nt*/Soll- *or*
Debetsaldo *m*; **to enter sth to the** ~ **side of
an account** etw auf die Sollseite ver-
buchen; **on the** ~ **side we have the bad
weather** (*fig*) auf der Minusseite ist das
schlechte Wetter zu erwähnen.
  II *vt* **to** ~ **sb/sb's account with a sum, to**
~ **a sum to sb/sb's account** jdn/jds Konto
mit einer Summe belasten.

debonair [ˌdebə'neəʳ] *adj* flott.

debouch [dɪ'baʊtʃ] *vi* (*troops*) hervor-
brechen; (*river*) münden.

debrief [ˌdiː'briːf] *vt* den Einsatz (an-
schließend) besprechen mit. **to be** ~**ed**
Bericht erstatten.

debriefing [ˌdiː'briːfɪŋ] *n* (*also* ~ **session**)
Einsatzbesprechung *f* (nach dem Flug *etc*).

debris ['debriː] *n* Trümmer *pl*, Schutt *m*;
(*Geol*) Geröll *nt*, Schutt *m*.

debt [det] *n* (*money owed, obligation*)
Schuld *f*. ~ **of honour** Ehrenschuld *f*;
National D~ Staatsschulden *pl*, Ver-
schuldung *f* der öffentlichen Hand; **to be in**
~ verschuldet sein (*to* gegenüber); **to be £5
in** ~ £5 Schulden haben (*to* bei); **he is in my**
~ (*for money*) er hat Schulden bei mir; (*for
help etc*) er steht in meiner Schuld; **to run** *or*
get into ~ Schulden machen; **to get out of** ~
aus den Schulden herauskommen; **to be
out of** ~ schuldenfrei sein; **to repay a** ~ (*lit,
fig*) eine Schuld begleichen.

debt collection agency *n* Inkassobüro *nt*;
debt-collector *n* Inkassobeauftragte(r)
mf.

debtor ['detəʳ] *n* Schuldner(in *f*) *m*.

debug [ˌdiː'bʌg] *vt* **1.** *mattress* entwanzen.
2. (*remove technical faults from*) die Fehler
beseitigen bei. **3.** (*remove bugging equip-
ment from*) entwanzen (*sl*).

debunk [ˌdiː'bʌŋk] *vt* den Nimbus nehmen
(+*dat*).

début ['deɪbjuː] *n* (*lit, fig*) Debüt *nt*. **to make
one's** ~ (*in society*) in die Gesellschaft ein-
geführt werden; (*Theat*) debütieren, sein
Debüt geben; (*fig*) sein Debüt geben.

débutante ['debjuːtãːnt] *n* Debütantin *f*.

Dec *abbr of* **December** Dez.

decade ['dekeɪd] *n* (*ten years*) Jahrzehnt *nt*,
Dekade *f*.

decadence ['dekədəns] *n* Dekadenz *f*.

decadent ['dekədənt] **I** *adj* dekadent. **II** *n*
(*Liter*) Vertreter *m* der Dekadenz.

decaffeinated [ˌdiː'kæfɪneɪtɪd] *adj* koffein-
frei.

decal [dɪˈkæl] n (US) Abziehbild nt; (process) Abziehen nt.

decalogue [ˈdekəlɒg] n Dekalog m.

decamp [dɪˈkæmp] vi 1. (Mil) das Lager abbrechen. 2. (inf) (bei Nacht und Nebel) verschwinden.

decant [dɪˈkænt] vt umfüllen.

decanter [dɪˈkæntəʳ] n Karaffe f.

decapitate [dɪˈkæpɪteɪt] vt enthaupten (geh), köpfen, dekapitieren (form). **she was ~d in the accident** bei dem Unfall wurde ihr der Kopf abgetrennt.

decapitation [dɪˌkæpɪˈteɪʃən] n Enthauptung f (geh).

decarbonization [ˈdiːˌkɑːbənaɪˈzeɪʃən] n (Aut) Entkohlung, Dekarbonisierung f.

decarbonize [ˌdiːˈkɑːbənaɪz] vt pistons etc dekarbonisieren, entkohlen.

decasyllable [ˈdekəsɪləbl] n Zehnsilber m.

decathlete [dɪˈkæθliːt] n Zehnkämpfer m.

decathlon [dɪˈkæθlən] n Zehnkampf m.

decay [dɪˈkeɪ] I vi 1. verfallen; (building also) zerfallen; (rot) (dead body, flesh also, vegetable matter) verwesen; (food) schlecht werden, verderben; (tooth) schlecht werden, faulen; (bones, wood) morsch werden; (Phys: radioactive nucleus) zerfallen.
2. (fig) verfallen; (health) sich verschlechtern; (beauty) verblühen, vergehen; (civilization, race) untergehen; (friendship) auseinandergehen, zerfallen; (one's faculties) verkümmern; (business, family) herunterkommen.
II vt food schlecht werden lassen, verderben; tooth faulen lassen, schlecht werden lassen; wood morsch werden lassen.
III n 1. see vi 1. Verfall m; Zerfall m; Verwesung f; Schlechtwerden nt; Morschwerden nt; Zerfall m. **it prevents (tooth) ~** es verhindert Zahnverfall; **to fall into ~** in Verfall geraten, verfallen.
2. (~ed part or area) Fäule, Fäulnis f.
3. (fig) Verfall m; (of friendship, civilization) Zerfall m; (of race, family, business) Untergang m; (of one's faculties) Verkümmern nt.

decayed [dɪˈkeɪd] adj wood etc morsch; tooth faul; food schlecht; body, vegetable matter verwest.

decease [dɪˈsiːs] (Jur, form) I n Ableben nt (form). II vi sterben, verscheiden (geh).

deceased [dɪˈsiːst] (Jur, form) I adj ge- or verstorben. **John Brown, ~** John Brown verstorben. II n: **the ~** der/die Tote or Verstorbene; die Toten or Verstorbenen pl.

deceit [dɪˈsiːt] n Betrug m no pl, Täuschung f.

deceitful [dɪˈsiːtfʊl] adj falsch, betrügerisch.

deceitfully [dɪˈsiːtfəlɪ] adv betrügerischerweise; behave falsch, betrügerisch.

deceitfulness [dɪˈsiːtfʊlnɪs] n Falschheit f; (deceitful acts) Betrügereien pl.

deceive [dɪˈsiːv] I vt täuschen, trügen (geh); one's wife, husband betrügen. **to ~ sb into doing sth** jdn durch Täuschung dazu bringen, etw zu tun; **are my eyes deceiving me, – is it really 'you?** täuschen mich meine Augen, oder bist du es wirklich?; **to ~ oneself** sich (dat) selbst etwas vormachen.

II vi trügen (geh), täuschen.

deceiver [dɪˈsiːvəʳ] n Betrüger(in f) m.

decelerate [diːˈseləreɪt] I vi (car, train) langsamer werden; (driver) die Geschwindigkeit herabsetzen; (rate also) abnehmen; (production) sich verlangsamen. II vt verlangsamen.

deceleration [ˈdiːˌseləˈreɪʃən] n see vi Langsamerwerden nt; Herabsetzung f der Geschwindigkeit; Abnahme f; Verlangsamung f.

December [dɪˈsembəʳ] n Dezember m; see also **September**.

decency [ˈdiːsənsɪ] n (good manners etc) Anstand m; (of dress etc) Anständigkeit f; (of behaviour) Schicklichkeit f. **~ demands that ...** der Anstand fordert, daß ...; **it's only common ~ to ...** es gehört sich einfach, zu ...; **for ~'s sake** anstandshalber; **he could have had/I hope you'll have the ~ to tell me** er hätte es mir anständigerweise auch sagen können/ich hoffe, du wirst die Anständigkeit besitzen, es mir zu sagen.

decent [ˈdiːsənt] adj (all senses) anständig. **are you ~?** (inf) bist du schon salonfähig? (inf).

decently [ˈdiːsəntlɪ] adv anständig. **you can't ~ ask him ...** Sie können ihn jetzt kaum bitten ...

decentralization [ˈdiːˌsentrəlaɪˈzeɪʃən] n Dezentralisierung f.

decentralize [diːˈsentrəlaɪz] vti dezentralisieren.

deception [dɪˈsepʃən] n 1. (act of deceiving) Täuschung f, Betrug m no pl (of an +dat); (of wife etc) Betrug m. **all the little ~s we practise** all die kleinen Betrügereien, die wir verüben. 2. (state of being deceived) Täuschung f. 3. (that which deceives) Täuschung f.

deceptive [dɪˈseptɪv] adj irreführend; similarity, simplicity täuschend, trügerisch; side-step täuschend. **to be ~** täuschen, trügen (geh); **appearances are or can be ~** der Schein trügt.

deceptively [dɪˈseptɪvlɪ] adv täuschend, trügerisch. **the village looks ~ near** das Dorf scheint täuschend nahe.

deceptiveness [dɪˈseptɪvnɪs] n Täuschende(s), Trügerische(s) (geh) nt. **the ~ of the effects of perspective** die trügerischen Effekte der Perspektive.

decibel [ˈdesɪbel] n Dezibel nt.

decide [dɪˈsaɪd] I vt 1. (come to a decision) (sich) entscheiden; (take it into one's head) beschließen, sich entschließen. **what did you ~?** (yes or no) wie habt ihr euch entschieden?; (what measures) was habt ihr beschlossen?; **did you ~ anything?** habt ihr irgendwelche Entscheidungen getroffen?; **you must ~ what to do** du mußt (dich) entscheiden, was du tun willst; **he seems to have ~d he wants to change the office around** er scheint beschlossen zu haben, im Büro alles umzustellen; **I have ~d we are making a big mistake** ich bin zu der Ansicht gekommen, daß wir einen großen Fehler machen; **I'll ~ what we do!** ich bestimme, was wir tun!; **she always wants to ~ everything** sie will immer alles

bestimmen; **the weather hasn't ~d what it's going to do yet** das Wetter hat (sich) noch nicht entschlossen, was es will.
2. (*settle*) *question, war etc* entscheiden.
to ~ sb's fate *or* **future** jds Schicksal bestimmen.
3. to ~ sb to do sth jdn veranlassen *or* jdn dazu bewegen, etw zu tun; **that eventually ~d me** das hat schließlich für mich den Ausschlag gegeben.
II *vi* (sich) entscheiden. **I don't know, you ~** ich weiß nicht, entscheiden *or* bestimmen *Sie!*; **to ~ for/against sth** (sich) für/gegen etw entscheiden; **to ~ for** *or* **in favour of/against sb/sth** (*Jur*) zu jds Gunsten/Ungunsten *or* für/gegen jdn/etw entscheiden.
◆**decide on** *vi +prep obj* sich entscheiden für. **the date which has been ~d ~** der Termin, für den man sich entschieden hat.

decided [dɪ'saɪdɪd] *adj* **1.** (*clear, definite*) *improvement* entschieden; *difference* deutlich.
2. (*determined*) *person's character, manner* entschlossen, bestimmt; *opinion* entschieden. **it's my ~ opinion that ...** ich bin entschieden der Meinung, daß ...
decidedly [dɪ'saɪdɪdlɪ] *adv* **1.** (*definitely*) entschieden. **she is ~ lazy** sie ist (ganz) entschieden faul. **2.** *act* entschlossen.
decider [dɪ'saɪdər] *n* **1. the ~ was that ...** ausschlaggebend war, daß ... **2.** (*game*) Entscheidungsspiel *nt*; (*goal*) Entscheidungstreffer *m*.
deciding [dɪ'saɪdɪŋ] *adj* entscheidend; *factor also* ausschlaggebend; *game, goal also* Entscheidungs-.
deciduous [dɪ'sɪdjʊəs] *adj tree* Laub-; *leaves* die jedes Jahr abfallen; *antler* das abgeworfen wird.
decimal ['desɪməl] **I** *adj* Dezimal-. **to three ~ places** auf drei Dezimalstellen; **to go ~** sich auf das Dezimalsystem umstellen; **~ point** Komma *nt*. **II** *n* Dezimalzahl *f*. **~s** Dezimalzahlen *pl*.
decimalization [ˌdesɪməlaɪ'zeɪʃən] *n* Umstellung *f* auf das Dezimalsystem.
decimalize ['desɪməlaɪz] *vt system, currency* auf das Dezimalsystem umstellen.
decimate ['desɪmeɪt] *vt* dezimieren.
decipher [dɪ'saɪfər] *vt* (*lit, fig*) entziffern.
decipherable [dɪ'saɪfərəbl] *adj* (*lit, fig*) entzifferbar.
decision [dɪ'sɪʒən] *n* **1.** Entscheidung *f* (*on* über *+acc*), Entschluß *m*; (*esp of committee etc*) Beschluß *m*; (*of judge*) Entscheidung *f*. **to make a ~** eine Entscheidung treffen *or* fällen, einen Entschluß/Beschluß fassen; **she always wants to make all the ~s** sie will immer über alles bestimmen; **I can't make your ~s for you** ich kann nicht für dich entscheiden; **it's your ~** das mußt du entscheiden; **to come to a ~** zu einer Entscheidung kommen; **I've come to the ~ it's a waste of time** ich bin zu dem Schluß gekommen, daß es Zeitverschwendung ist; **~s ~s!** immer diese Entscheidungen!
2. *no pl* (*of character*) Entschlußkraft, Entschlossenheit *f*.
decision-maker [dɪ'sɪʒənmeɪkər] *n* Entscheidungsträger *m*; **decision-making**

I *n* Entscheidungsfindung *f*; **he's hopeless at ~** er kann einfach keine Entscheidungen treffen; **II** *adj attr* **~ skills/ abilities** Entschlußkraft *f*.
decisive [dɪ'saɪsɪv] *adj* **1.** entscheidend; *factor also* ausschlaggebend; *battle also* Entscheidungs-. **2.** *manner, answer* bestimmt; *person* entschlußfreudig.
decisively [dɪ'saɪsɪvlɪ] *adv see adj* **1.** entscheidend. **2.** bestimmt.
decisiveness [dɪ'saɪsɪvnɪs] *n see adj* **1.** entscheidende Bedeutung. **a victory of such ~** ein so entscheidender Sieg. **2.** Bestimmtheit *f*.
deck [dek] **I** *n* **1.** (*Naut*) Deck *nt*. **on ~** auf Deck; **to go up on ~** an Deck gehen; **to go (down) below ~(s)** unter Deck gehen.
2. (*of bus, plane*) Deck *nt*. **top** *or* **upper ~** Oberdeck *nt*.
3. (*of cards*) Spiel *nt*.
4. (*of record-player*) Laufwerk *nt*; (*part of hi-fi unit*) Plattenspieler *m*. **tape ~** Tape-deck *nt*.
II *vt* (*also ~ out*) schmücken. **to ~ oneself out in one's Sunday best** sich in seinen Sonntagsstaat werfen (*inf*).
deck cabin *n* Deckkabine *f*; **deck cargo** *n* Decklandung *f*; **deckchair** *n* Liegestuhl *m*.
deck-hand ['dekhænd] *n* Deckshelfer *m*; **deck-house** *n* Deckshaus *nt*.
deckle-edged ['dekledʒd] *adj* mit Büttenrand; *paper* Bütten-.
deck tennis *n* Decktennis *nt*.
declaim [dɪ'kleɪm] **I** *vi* deklamieren. **to ~ against sth** gegen etw wettern. **II** *vt* deklamieren, vortragen.
declamation [ˌdeklə'meɪʃən] *n* Deklamation *f*; (*against sth*) Tirade *f*.
declamatory [dɪ'klæmətɔrɪ] *adj* deklamatorisch, pathetisch.
declarable [dɪ'kleərəbl] *adj* verzollbar.
declaration [ˌdeklə'reɪʃən] *n* (*of love, war, income etc*) Erklärung *f*; (*Cards*) Ansage *f*; (*customs also*) Deklaration *f* (*form*). **~ of intent** Absichtserklärung *f*; **~ of love/ bankruptcy** Liebeserklärung *f*/Konkursanmeldung *f*; **to make a ~** eine Erklärung abgeben; **~ of the results** (*Pol*) Bekanntgabe des Ergebnisses/der Ergebnisse.
declare [dɪ'kleər] **I** *vt* **1.** *intentions* erklären, kundtun (*geh*); *results* bekanntgeben, veröffentlichen; *goods* angeben, deklarieren (*form*). **have you anything to ~?** haben Sie etwas zu verzollen?; **to ~ one's income** sein Einkommen angeben; **to ~ oneself** *or* **one's feelings** (*to a woman*) sich erklären; **to ~ war (on sb)** (jdm) den Krieg erklären; **to ~ sb bankrupt** jdn für bankrott erklären; **I ~ this meeting/motorway officially open** ich erkläre diese Sitzung/ diese Autobahn für offiziell eröffnet; **to ~ sb the winner** jdn zum Sieger erklären. **2.** (*assert*) erklären, versichern.
II *vi* **1. to ~ for/against sb/sth** sich für/ gegen jdn/etw erklären.
2. (*Sport*) die Runde für beendet erklären.
declared [dɪ'kleəd] *adj* erklärt.
declaredly [dɪ'kleərɪdlɪ] *adv* erklärtermaßen.
declassify [diː'klæsɪfaɪ] *vt information* freigeben.

declension [dɪ'klenʃən] n (Gram) Deklination f.

declinable [dɪ'klaɪnəbl] adj (Gram) deklinierbar.

decline [dɪ'klaɪn] I n 1. (in standards, birthrate, business, sales, prices) Rückgang m; (of empire, a party's supremacy) Untergang, Niedergang m. **to be on the ~** see vi.
2. (Med) Verfall m. **she went into a ~** es ging bergab mit ihr.
II vt 1. invitation, honour ablehnen. **he ~d to come** er hat es abgelehnt, zu kommen.
2. (Gram) deklinieren.
III vi 1. (empire) verfallen; (fame) verblassen; (health) sich verschlechtern; (prices, business) zurückgehen; (importance, significance, value) geringer werden; (custom) aussterben; (popularity, enthusiasm, interest) abnehmen; (population, influence) abnehmen, zurückgehen.
2. (refuse, say no) ablehnen.
3. (slope: ground) abfallen.
4. (sun) untergehen; (liter: life, day) zur Neige gehen (liter). **in his declining years** gegen Ende seiner Tage (liter); **in declining health** bei schlechter werdender Gesundheit.
5. (Gram) dekliniert werden.

declivity [dɪ'klɪvɪtɪ] n Abschüssigkeit f.

declutch [,di:'klʌtʃ] vi auskuppeln.

decoction [dɪ'kɒkʃən] n Abkochung f, Absud m; (Pharm) Dekokt nt (spec).

decode [,di:'kəʊd] vt dekodieren, dechiffrieren, entschlüsseln.

decoke [di:'kəʊk] vt entrußen.

décolleté [deɪ'kɒlteɪ] adj dekolletiert, (tief) ausgeschnitten.

decolonize [di:'kɒlənaɪz] vt entkolonisieren.

decompose [,di:kəm'pəʊz] I vt (Chem, Phys) zerlegen; (rot) zersetzen. II vi zerlegt werden; (rot) sich zersetzen.

decomposition [,di:kɒmpə'zɪʃən] n (Phys: of light) Zerlegung f; (Chem also) Aufspaltung f, Abbau m; (rotting) Zersetzung f, Verfaulen nt.

decompress [,di:kəm'pres] I vt diver einer Dekompression unterziehen. II vi (diver etc) sich einer Dekompression unterziehen.

decompression [,di:kəm'preʃən] n Dekompression, Druckverminderung f.

decompression chamber n Dekompressionskammer f; **decompression sickness** n Dekompressions- or Taucherkrankheit f.

decongestant [,di:kən'dʒestənt] I adj abschwellend. II n abschwellendes Mittel; (drops etc) Nasentropfen pl/-spray nt.

decontaminate [,di:kən'tæmɪneɪt] vt entgiften, (from radioactivity) entseuchen.

decontamination ['di:kən,tæmɪ'neɪʃən] n Entgiftung, f; (from radioactivity) Entseuchung f.

decontrol [,di:kən'trəʊl] vt (Comm) trade, prices freigeben.

décor ['deɪkɔːʳ] n (in room) Ausstattung f; (Theat) Dekor m or nt.

decorate ['dekəreɪt] vt 1. cake, hat verzieren; street, building, Christmas tree schmücken; room tapezieren; (paint) (an)streichen; (for special occasion) dekorieren. 2. soldier auszeichnen.

decorating ['dekəreɪtɪŋ] n Tapezieren nt; (painting) Streichen nt.

decoration [,dekə'reɪʃən] n 1. (action) see vt 1. Verzierung f; Schmücken nt; Tapezieren nt; (An)streichen nt; Dekoration f.
2. (ornament) (on cake, hat etc) Verzierung f; (on Christmas tree, building, in street) Schmuck m no pl. **Christmas ~s** Weihnachtsdekorationen pl or -schmuck m; **interior ~** Innenausstattung f; **his secretary is just for ~** seine Sekretärin ist nur zur Dekoration da.
3. (Mil) Dekoration, Auszeichnung f.

decorative ['dekərətɪv] adj dekorativ.

decorator ['dekəreɪtəʳ] n (Brit) Maler m.

decorous ['dekərəs] adj action, behaviour geziemend, schicklich; dress schicklich.

decorously ['dekərəslɪ] adv see adj.

decorum [dɪ'kɔːrəm] n Anstand m. **to behave with ~** sich mit gebührendem Anstand benehmen.

decoy ['di:kɔɪ] I n (lit, fig) Köder m; (person) Lockvogel m. **to act as a ~** als Köder fungieren; Lockvogel spielen; **~ manoeuvre** Falle f. II vt 1. bird anlocken.
2. person locken. **to ~ sb into doing sth** jdn durch Lockmittel dazu bringen, etw zu tun.

decrease [di:'kri:s] I vi abnehmen; (figures, output, life expectancy also, birthrate, production) zurückgehen; (strength, enthusiasm, intensity) nachlassen; (in knitting) abnehmen. **in decreasing order of importance** in der Reihenfolge ihrer Bedeutung; **it ~s in value** es verliert an Wert.
II vt verringern, reduzieren.
III ['di:kri:s] n see vi Abnahme f; Rückgang m; Nachlassen nt; Abnehmen nt. **~ in speed** Verminderung or Abnahme f der Geschwindigkeit; **to be on the ~** see vi.

decreasingly [di:'kri:sɪŋlɪ] adv immer weniger. **~ popular** immer unbeliebter.

decree [dɪ'kri:] I n Anordnung, Verordnung, Verfügung f; (Pol, of king etc) Erlaß m; (Eccl) Dekret nt; (Jur) Verfügung f; (of tribunal, court) Entscheid m, Urteil nt. **by royal/government ~** auf königlichen Erlaß/auf Erlaß der Regierung; **to issue a ~** einen Erlaß herausgeben; **~ nisi/absolute** vorläufiges/endgültiges Scheidungsurteil.
II vt verordnen, verfügen. **he ~d an annual holiday on 1st April** er erklärte den 1. April zum (ständigen) Feiertag.

decrepit [dɪ'krepɪt] adj staircase etc altersschwach; building also baufällig, heruntergekommen; person also klapprig (inf).

decrepitude [dɪ'krepɪtju:d] n see adj Altersschwäche f; Baufälligkeit f; Klapprigkeit f (inf).

decry [dɪ'kraɪ] vt schlechtmachen.

dedicate ['dedɪkeɪt] vt 1. church weihen.
2. book, music widmen (to sb jdm).

dedicated ['dedɪkeɪtɪd] adj attitude hingebungsvoll; service also treu. **a ~ nurse/ teacher etc** eine Krankenschwester/eine Lehrerin etc, die mit Leib und Seele bei der Sache ist.

dedication [ˌdedɪˈkeɪʃən] n 1. (quality) Hingabe f (to an +acc). 2. (act) (of church) Einweihung, Weihe f. his ~ of his life to helping the poor daß er sein Leben in den Dienst der Armen gestellt hat. 3. (in book) Widmung f.

deduce [dɪˈdjuːs] vt folgern, schließen (from aus); (Logic) deduzieren (from von).

deducible [dɪˈdjuːsɪbl] adj zu schließen, ableitbar (from aus); (Logic) deduzierbar (from von).

deduct [dɪˈdʌkt] vt abziehen (from von); (from wages also) einbehalten. to ~ sth from the price etw vom Preis ablassen; to ~ sth for expenses etwas für Spesen zurückbehalten; to ~ income tax at source Einkommensteuer einbehalten; after ~ing 5% nach Abzug von 5%.

deductible [dɪˈdʌktəbl] adj abziehbar; (tax ~) absetzbar.

deduction [dɪˈdʌkʃən] n 1. (act of deducting) Abziehen nt, Abzug m; (sth deducted) (from price) Nachlaß m (from für, auf +acc); (from wage) Abzug m. 2. (act of deducing) Folgern nt, Folgerung f; (sth deduced) (Schluß)folgerung f; (Logic) Deduktion f.

deductive [dɪˈdʌktɪv] adj deduktiv.

deed [diːd] I n 1. Tat, Handlung f; (feat) Tat, Leistung f. good ~ gute Tat; in word and ~ in Wort und Tat.
2. in ~ tatsächlich, in der Tat; he is master in ~ if not in name er ist der eigentliche or tatsächliche Herr, wenn auch nicht offiziell or nach außen hin.
3. (Jur) Übertragungsurkunde f. the ~s of a house die Übertragungsurkunde eines Hauses.
II vt (US) überschreiben (to auf +acc).

deed poll n (einseitige) Absichtserklärung.

deejay [ˈdiːdʒeɪ] n (inf) Diskjockey m.

deem [diːm] vt to ~ sb/sth (to be) sth jdn/etw für etw erachten (geh) or halten.

deep [diːp] I adj (+er) 1. water, hole, wound tief. the pond/snow was 4 metres ~ der Teich war/der Schnee lag 4 Meter tief; a two-metre ~ trench ein zwei Meter tiefer Graben; two metres ~ in snow/water mit zwei Meter Schnee bedeckt/zwei Meter tief unter Wasser; the ~ end (of swimming pool) das Tiefe; to go off (at) the ~ end (fig inf) auf die Palme gehen (inf); to go or plunge in at the ~ end (fig) sich kopfüber in die Sache stürzen; to be thrown in at the ~ end (fig) gleich zu Anfang richtig ranmüssen (inf).
2. shelf, cupboard tief; (wide) border, edge breit. a plot of ground 15 metres ~ ein 15 Meter tiefes Stück Land; the spectators stood ten ~ die Zuschauer standen zu zehnt hintereinander.
3. voice, sound, note, colour tief.
4. breathing, sigh tief.
5. (fig) mystery, sleep, secret, mourning tief; (profound) thinker, book also, remark, writer tiefsinnig; (heartfelt) concern, relief, interest groß; sorrow tief(empfunden); (devious) person verschlagen, hintergründig; dealings undurchsichtig. ~ in thought/a book in Gedanken/in ein Buch vertieft or ver-

sunken; ~ in debt tief verschuldet; he's a ~ one (inf) er ist ein ganz stilles Wasser.
II adv (+er) tief. ~ into the night bis tief in die Nacht hinein; to breathe ~ tief atmen; he's in it pretty ~ (inf) er steckt or hängt ganz schön tief da drin (inf).
III n 1. (liter) the ~ das Meer, die See.
2. in the ~ of winter mitten im tiefsten Winter.

deepen [ˈdiːpən] I vt (lit, fig) vertiefen; concern, sorrow also vergrößern; colour also dunkler machen; mystery vergrößern; sound tiefer machen.
II vi (lit, fig) sich vertiefen, tiefer werden; (sorrow, concern, interest) zunehmen, größer werden; (colour, sound, voice) tiefer werden; (mystery) größer werden.

deepening [ˈdiːpənɪŋ] I adj sorrow, concern etc zunehmend, wachsend; friendship, love also sich vertiefend; colour, mystery sich vertiefend, tiefer werdend.
II n (of hole) Vergrößerung f; (of sorrow, interest, concern) Zunahme f; (of friendship, love) Vertiefung f; (of mystery) Vergrößerung f.

deep-freeze [ˌdiːpˈfriːz] I n Tiefkühltruhe f; (upright) Tiefkühlschrank m; II vt irreg einfrieren; **deep-freezing** n Einfrieren, Tiefgefrieren nt; **deep-frozen** adj tiefgefroren; ~ foods Tiefkühlkost f; **deep-fry** vt fritieren, im schwimmenden Fett herausbacken; **deep-laid** adj, comp **deeper-laid** plot (sorgfältig) ausgetüftelt (inf) or ausgearbeitet.

deeply [ˈdiːplɪ] adv 1. dig, cut, breathe tief; think, consider also gründlich; drink schwer.
2. grateful, concerned zutiefst; offended also, indebted tief; love innig(lich); interested höchst; aware voll(kommen).

deepness [ˈdiːpnɪs] n (lit, fig) Tiefe f; (of border, edge) Breite f; (profundity: of thinker, remark etc) Tiefsinnigkeit f; (of concern, relief, interest) Größe f.

deep-ray therapy [ˌdiːpˈreɪ-] n Tiefenbestrahlung f; **deep-rooted** adj, comp (fig) **deeper-rooted** (fig) tiefverwurzelt; **deep-sea** adj plant, current Meeres-; animal also Tiefsee-; **deep-sea diver** n Tiefseetaucher m; **deep-sea fishery** or **fishing** n Hochseefischerei f; **deep-seated** adj, comp **deeper-seated** tiefsitzend; **deep-set** adj, comp **deeper-set** tiefliegend; **Deep South** n Tiefer Süden m; **deep space** n der äußere Weltraum; **deep structure** n (Ling) Tiefenstruktur f.

deer [dɪər] n, pl **-** Hirsch m; (roe ~) Reh nt. the (red/fallow) ~ in the forest das (Rot-/Dam)wild im Wald.

deer-hound [ˈdɪəhaʊnd] n Deerhound m; **deer-park** n Wildpark m; **deerskin** n Hirsch-/Rehleder nt; **deerstalker** n 1. (person) jd, der auf die Pirsch geht; 2. (hat) ≃ Sherlock-Holmes-Mütze f. **deerstalking** n Pirschen nt, Pirsch f; to go ~ auf die Pirsch gehen.

de-escalate [ˌdiːˈeskəleɪt] vt deeskalieren.
de-escalation [ˌdiːeskəˈleɪʃən] n Deeskalation f.

deface [dɪ'feɪs] *vt* verunstalten.
de facto [deɪ'fæktəʊ] *adj, adv* de facto.
defamation [ˌdefə'meɪʃən] *n* Diffamierung, Verleumdung *f*. ~ **of character** Rufmord *m*.
defamatory [dɪ'fæmətərɪ] *adj* diffamierend, verleumderisch.
defame [dɪ'feɪm] *vt* diffamieren, verleumden.
default [dɪ'fɔːlt] **I** *n* **1.** (*failure to appear*) (*Jur*) Nichterscheinen *nt* vor Gericht; (*Sport*) Nichtantreten *nt*; (*failure to perform duty*) Versäumnis *f*; (*failure to pay*) Nichtzahlung *f*. **judgement by ~** (*Jur*) Versäumnisurteil *nt*; **to win by ~** (*Sport*) kampflos gewinnen.
   2. (*lack, absence*) Mangel *m*. **in ~ of, due to ~ of** in Ermangelung +*gen*.
   II *vi* (*not appear*) (*Jur*) nicht erscheinen; (*Sport*) nicht antreten; (*not perform duty, not pay*) säumig sein. **to ~ in one's payments** seinen Zahlungsverpflichtungen nicht nachkommen.
defaulter [dɪ'fɔːltər] *n see* **default I** nichterscheinende Partei; nichtantretender Spieler, nichtantretende Spielerin; Säumige(r) *mf*; säumiger Zahler; (*Mil, Naut*) Straffällige(r) *mf*.
defeat [dɪ'fiːt] **I** *n* (*defeating*) Besiegung *f*, Sieg *m* (*of* über +*acc*); (*of motion, bill*) Ablehnung *f*; (*of hopes, plans*) Vereitelung *f*; (*being defeated*) Niederlage *f*. **their ~ of/by the enemy** ihr Sieg über den Feind/ihre Niederlage durch den Feind; **to admit ~** sich geschlagen geben; **to suffer a ~** eine Niederlage erleiden.
   II *vt army, team* besiegen, schlagen; *government also* eine (Abstimmungs)-niederlage beibringen (+*dat*); *motion, bill* ablehnen; *hopes, plans* vereiteln. **to ~ one's own ends** *or* **object** sich (*dat*) ins eigene Fleisch schneiden; **that would be ~ing the purpose of the exercise** dann verliert die Übung ihren Sinn; **it ~s me why ...** (*inf*) es will mir einfach nicht in den Kopf, warum ... (*inf*).
defeatism [dɪ'fiːtɪzəm] *n* Defätismus *m*.
defeatist [dɪ'fiːtɪst] **I** *n* Defätist *m*. **II** *adj* defätistisch.
defecate ['defəkeɪt] *vi* den Darm entleeren.
defecation [ˌdefə'keɪʃən] *n* Entleerung *f* des Darms.
defect¹ ['diːfekt] *n* Fehler, Schaden *m*; (*in mechanism also*) Defekt *m*. **physical ~** körperlicher Schaden *or* Defekt; **a character ~** ein Charakterfehler *m*.
defect² [dɪ'fekt] *vi* (*Pol*) sich (in den Westen) absetzen; (*fig*) abtrünnig werden, abfallen. **to ~ to the enemy** zum Feind übergehen *or* überlaufen.
defection [dɪ'fekʃən] *n* (*Pol*) Überlaufen *nt*; (*fig*) Abtrünnigkeit *f*, Abfall *m*.
defective [dɪ'fektɪv] **I** *adj* **1.** *material etc* fehlerhaft; *machine also* defekt; (*fig*) *reasoning etc* fehlerhaft; *hearing, sight* mangelhaft, gestört. **his heart/liver is ~** bei ihm ist die Herz-/ Lebertätigkeit gestört.
   2. (*Gram*) unvollständig, defektiv.
   3. (*mentally ~*) geistesgestört.
   II *n* **1.** (*Gram*) Defektivum *nt*.
   2. (*mentally*) Geistesgestörte(r) *mf*.
defence, (*US*) **defense** [dɪ'fens] *n* **1.** *no pl*

Verteidigung *f no pl*. **in his ~** zu seiner Verteidigung; **to come to sb's ~** jdn verteidigen; **his only ~ was ...** seine einzige Rechtfertigung war ....
   2. (*form of protection*) Abwehr- *or* Schutzmaßnahme *f*; (*Mil: fortification etc*) Befestigung, Verteidigungsanlage *f*. **his ~s were down** er vergaß seine normale Zurückhaltung.
   3. (*Jur*) Verteidigung *f*.
   4. (*Sport*) Verteidigung *f*.
defence counsel *n* Verteidiger (in *f*) *m*; **defenceless** *adj* schutzlos; **defence mechanism** *n* (*Physiol, Psych*) Abwehrmechanismus *m*; **defence minister** *n* Verteidigungsminister *m*; **defence witness** *n* Zeuge *m*/Zeugin *f* der Verteidigung.
defend [dɪ'fend] *vt* verteidigen (*also Jur*) (*against* gegen). **to ~ oneself** sich verteidigen.
defendant [dɪ'fendənt] **I** *n* Angeklagte(r) *mf*; (*in civil cases*) Beklagte(r) *mf*. **II** *adj* angeklagt; beklagt.
defender [dɪ'fendər] *n* Verteidiger *m*. **D~ of the Faith** Fidei Defensor *m*.
defending [dɪ'fendɪŋ] *adj*: ~ **counsel** Verteidiger (in *f*) *m*.
defense *etc* [dɪ'fens] (*US*) *see* **defence** *etc*.
defensible [dɪ'fensɪbl] *adj* **1.** (*lit*) wehrhaft. **because of its position the town wasn't ~** die Stadt war wegen ihrer Lage nicht zu verteidigen. **2.** (*justifiable*) *behaviour, argument* vertretbar, zu verteidigen *pred*.
defensive [dɪ'fensɪv] **I** *adj* defensiv (*also fig*), Verteidigungs-. **II** *n* (*Mil*) Verteidigungs- *or* Abwehraktion *f*. **to be on the ~** (*Mil, fig*) in der Defensive sein.
defer¹ [dɪ'fɜː] *vt* (*delay*) verschieben; *event also* verlegen. **to ~ doing sth** es verschieben, etw zu tun.
defer² *vi* (*submit*) **to ~ to sb/sb's wishes** jdm beugen *or* fügen/sich jds Wünschen (*dat*) fügen.
deference ['defərəns] *n* Achtung *f*, Respekt *m*. **out of** *or* **in ~ to** aus Achtung (*dat*) *or* Respekt (*dat*) vor; **with all due ~ to you** bei aller schuldigen Achtung *or* allem schuldigen Respekt Ihnen gegenüber.
deferential [ˌdefə'renʃəl] *adj* ehrerbietig, respektvoll. **to be ~ to sb** jdm mit Respekt *or* Achtung begegnen.
deferentially [ˌdefə'renʃəlɪ] *adv see adj.*
deferment [dɪ'fɜːmənt] *n see* **defer¹** Verschiebung *f*; Verlegung *f*.
deferred [dɪ'fɜːd] *adj* ~ **shares** Nachzugsaktien *pl*; ~ **pay** (*Mil*) einbehaltener Sold; (*Naut*) einbehaltene Heuer; **sale on the ~ payment system** Ratenzahlungs- *or* Abzahlungsgeschäft *nt*; ~ **terms** Teilzahlung *f*.
defiance [dɪ'faɪəns] *n* **1.** Trotz *m*. **an act of ~** eine Trotzhandlung.
   2. (*act of defying*) (*of person*) Trotz *m* (*of* gegenüber +*dat*); (*of order, law also, of death, danger*) Mißachtung *f* (*of gen*). **in ~ of sb/sb's orders** jdm/jds Anordnungen zum Trotz; **that is in ~ of the laws of nature** das widerspricht den Gesetzen der Natur.
defiant [dɪ'faɪənt] *adj* (*rebellious, obstreperous*) aufsässig; *esp child also,*

answer trotzig; (*challenging*) *manner, attitude* herausfordernd.

defiantly [dɪˈfaɪəntlɪ] *adv see adj.*

deficiency [dɪˈfɪʃənsɪ] *n* (*shortage*) Mangel *m*; (*Fin*) Defizit *nt*, Fehlbetrag *m*; (*defect: in character, system*) Schwäche *f.* **vitamin/iron** ~ Vitamin-/Eisenmangel *m*; ~ **disease** (*Med*) Mangelkrankheit *f.*

deficient [dɪˈfɪʃənt] *adj* unzulänglich. **sb/sth is** ~ **in sth** jdm/ einer Sache fehlt es an etw (*dat*); *see* **mentally.**

deficit [ˈdefɪsɪt] *n* Defizit *nt.*

defile[1] [ˈdiːfaɪl] **I** *n* Hohlweg *m* **II** *vi* hintereinander marschieren.

defile[2] [dɪˈfaɪl] *vt* (*pollute, sully*) verschmutzen, verunreinigen; (*desecrate*) schänden.

defilement [dɪˈfaɪlmənt] *n* Verschmutzung, Verunreinigung *f*; (*desecration*) Schändung.

definable [dɪˈfaɪnəbl] *adj see vt* definierbar; bestimmbar; erklärbar.

define [dɪˈfaɪn] *vt* 1. *word* definieren; *conditions, boundaries, powers, duties also* bestimmen, festlegen; *feeling, attitude also* erklären. 2. (*show in outline*) betonen. **to be clearly ~d against the sky** sich klar gegen den Himmel abzeichnen.

definite [ˈdefɪnɪt] *adj* 1. (*fixed, concrete, explicit*) definitiv; *answer, decision, possibility also* klar, eindeutig; *agreement, date, plan, decision, intention, wish also* fest; *command, request* bestimmt. **is that** ~? ist das sicher?; (*agreed by contract etc also*) steht das fest?
    2. (*distinct, pronounced*) *mark, stain, lisp* deutlich; *advantage, improvement also* klar, eindeutig; *problem* echt.
    3. (*positive, decided*) *tone, manner* bestimmt. **she was very** ~ **about it** sie war sich (*dat*) sehr sicher.
    4. (*Gram*) definitiv.

definitely [ˈdefɪnɪtlɪ] *adv* 1. *decide, agree, arrange* fest, definitiv. 2. (*without doubt*) bestimmt. **that's** ~ **an improvement/advantage** das ist zweifelsohne or ganz sicherlich eine Verbesserung/ein Vorteil. 3. (*positively, decidedly*) *speak* bestimmt.

definiteness [ˈdefɪnɪtnɪs] *n* 1. *see adj* 1. Definitive *nt*; Klarheit, Eindeutigkeit *f.* 2. *see adj* 3. Bestimmtheit *f.*

definition [defɪˈnɪʃən] *n* 1. (*of word, concept*) Definition *f.* **by** ~ per definitionem, definitionsgemäß. 2. (*of powers, duties, boundaries*) Festlegung, Bestimmung *f.* 3. (*Phot, TV*) Bildschärfe *f*; (*Rad*) Tonschärfe *f*; (*Opt: of lens*) Schärfe *f.*

definitive [dɪˈfɪnɪtɪv] **I** *adj* (*decisive*) *victory, answer* entschieden; (*authoritative*) *book* maßgeblich (*on* für); (*defining*) *laws* Rahmen-; *term* beschreibend. **II** *n* (*stamp*) Briefmarke *f* einer Dauerserie.

definitively [dɪˈfɪnɪtɪvlɪ] *adv see adj.*

deflate [ˌdiːˈfleɪt] **I** *vt tyre, balloon* etwas/die Luft ablassen aus. **to** ~ **the currency** (*Fin*) eine Deflation herbeiführen; **he was a bit** ~**d when ...** es war ein ziemlicher Dämpfer für ihn, daß ... **II** *vi* (*Fin*) eine Deflation herbeiführen.

deflation [ˌdiːˈfleɪʃən] *n* (*of tyre, ball*) Luftablassen *nt* (*of* aus); (*Fin*) Deflation *f.*

deflationary [ˌdiːˈfleɪʃ ənərɪ] *adj* (*Fin*)

Deflations-, deflationistisch.

deflect [dɪˈflekt] **I** *vt* ablenken; *ball, bullet also* abfälschen; *steam, air current also* ableiten; (*Phys*) *light* beugen. **II** *vi* (*compass needle*) ausschlagen; (*projectile*) abweichen.

deflection [dɪˈflekʃən] *n see vb* Ablenkung *f*; Abfälschung *f*; Ableitung *f*; Beugung *f*; Ausschlag *m*; Abweichung *f.*

deflective [dɪˈflektɪv] *adj* ablenkend; (*Phys*) beugend.

deflower [ˌdiːˈflaʊəʳ] *vt* (*liter*) *girl* entjungfern, deflorieren.

defoliant [ˌdiːˈfəʊlɪənt] *n* Entlaubungsmittel *nt.*

defoliate [ˌdiːˈfəʊlɪeɪt] *vt* entlauben.

defoliation [ˌdiːfəʊlɪˈeɪʃən] *n* Entlaubung *f.*

deforest [ˌdiːˈfɒrɪst] *vt* abholzen.

deforestation [ˌdiːˌfɒrɪˈsteɪʃən] *n* Abholzung *f.*

deform [dɪˈfɔːm] *vt* deformieren, verunstalten; (*Tech*) verformen; *mind, tastes* verderben.

deformation [ˌdiːfɔːˈmeɪʃən] *n see vt* Deformierung, Deformation, Verunstaltung *f*; Verformung *f*; Verderben *nt.*

deformed [dɪˈfɔːmd] *adj* deformiert, verunstaltet; (*Tech*) verformt; *person, limb, body also* mißgestaltet; *mind* abartig.

deformity [dɪˈfɔːmɪtɪ] *n see adj* Deformität, Verunstaltung *f*; Verformung *f*; Mißgestalt *f*; Abartigkeit *f.*

defraud [dɪˈfrɔːd] *vt* betrügen, hintergehen, defraudieren (*dated form*). **to** ~ **sb of sth** jdn um etw betrügen or bringen.

defrauder [dɪˈfrɔːdəʳ] *n* Betrüger(in *f*) *m.*

defray [dɪˈfreɪ] *vt* tragen, übernehmen.

defrayal [dɪˈfreɪəl], **defrayment** [dɪˈfreɪmənt] *n* Übernahme *f.*

defrock [ˌdiːˈfrɒk] *vt* aus dem Priesteramt verstoßen.

defrost [ˌdiːˈfrɒst] *vti fridge, windscreen* entfrosten, abtauen; *food* auftauen.

defroster [ˌdiːˈfrɒstəʳ] *n* Entfroster *m.*

deft *adj* (+*er*), ~**ly** *adv* [deft, -lɪ] flink, geschickt.

deftness [ˈdeftnɪs] *n* Flinkheit, Geschicktheit *f.*

defunct [dɪˈfʌŋkt] *adj person* verstorben; (*fig*) *institution etc* eingegangen; *idea* untergegangen; *law* außer Kraft.

defuse [ˌdiːˈfjuːz] *vt* (*lit, fig*) entschärfen.

defy [dɪˈfaɪ] *vt* 1. (*refuse to submit to, disobey*) *person* sich widersetzen (+*dat*); (*esp child also*) trotzen (+*dat*); *orders, law, death, danger* trotzen (+*dat*).
    2. (*fig: make impossible*) widerstehen (+*dat*). **to** ~ **definition** nicht erklärt or definiert werden können; **to** ~ **description** jeder Beschreibung spotten.
    3. (*challenge*) **I** ~ **you to do it** machen Sie es doch (, wenn Sie können).

degeneracy [dɪˈdʒenərəsɪ], **degenerateness** *n* Degeneration *f.*

degenerate [dɪˈdʒenərɪt] **I** *adj* degeneriert; *race, morals also* entartet. **II** *n* degenerierter Mensch. **III** [dɪˈdʒenəreɪt] *vi* degenerieren; (*people, morals also*) entarten.

degenerateness [dɪˈdʒenərɪtnɪs] *n see* **degeneracy.**

degeneration [dɪˌdʒenəˈreɪʃən] *n see vi* Degeneration *f*; Entartung *f*.

degenerative [dɪˈdʒenərətɪv] *adj (Med)* Abbau-.

degradation [ˌdegrəˈdeɪʃən] *n see vt* Erniedrigung *f*; Degradierung *f*; Erosion *f*; Abbau *m*.

degrade [dɪˈgreɪd] *vt* erniedrigen; *(esp Mil: lower in rank)* degradieren; *(Geol)* erodieren; *(Chem)* abbauen. **to ~ oneself** sich erniedrigen; **I wouldn't ~ myself by doing that** ich würde mich nicht dazu erniedrigen, das zu tun.

degrading [dɪˈgreɪdɪŋ] *adj* erniedrigend.

degree [dɪˈgriː] *n* **1.** *(unit of measurement)* Grad *m no pl*. **an angle of 90 ~s** ein Winkel *m* von 90 Grad; **it was 35 ~s in the shade** es waren 35 Grad im Schatten. **2.** *(extent) (of risk, uncertainty etc)* Maß *nt*. **to some ~, to a (certain) ~** einigermaßen, in einem gewissen Grad; **to a high ~** in hohem Maße; **to such a ~ that ...** so sehr *or* in solchem Maße, daß ... **3.** *(step in scale)* Grad *m*. **by ~s** nach und nach; **first/second ~ murder** *(Jur)* Mord *m* /Totschlag *m*; **first/second ~ burns** Verbrennungen ersten/zweiten Grades. **4.** *(Univ)* akademischer Grad. **first/ higher ~ (academic)** ~ erster/höherer akademischer Grad; **to do a ~** studieren; **when did you do your ~?** wann haben Sie das Examen gemacht?; **I'm taking** *or* **doing a science ~** *or* **a ~ in science** ich studiere Naturwissenschaften; **to get one's ~** seinen akademischen Grad erhalten. **5.** *(Gram)* ~ **of comparison** Steigerungsstufe *f*. **6.** *(position in society)* Rang, Stand *m*.

degree course *n* Universitätskurs, der mit dem ersten akademischen Grad abschließt.

dehumanize [ˌdiːˈhjuːmənaɪz] *vt* entmenschlichen.

dehydrate [ˌdiːhaɪˈdreɪt] *vt* Wasser entziehen (+*dat*), dehydrieren *(spec)*.

dehydrated [ˌdiːhaɪˈdreɪtɪd] *adj* dehydriert *(spec)*; *vegetables, milk also* Trocken-; *milk, eggs also* pulverisiert; *person, skin also* ausgetrocknet.

dehydration [ˌdiːhaɪˈdreɪʃən] *n* Austrocknung, Dehydration *(spec) f*; *(of vegetables, milk etc)* Trocknung *f*.

de-ice [ˌdiːˈaɪs] *vt* enteisen.

de-icer [ˌdiːˈaɪsər] *n* Enteiser *m*.

deification [ˌdiːɪfɪˈkeɪʃən] *n* Vergötterung *f*.

deify [ˈdiːɪfaɪ] *vt* vergöttern.

deign [deɪn] *vt* **to ~ to do sth** geruhen *or* sich herablassen, etw zu tun; **he didn't ~ to** er ließ sich nicht dazu herab.

deism [ˈdiːɪzəm] *n* Deismus *m*.

deist [ˈdiːɪst] *n* Deist(in *f*) *m*.

deity [ˈdiːɪtɪ] *n* Gottheit *f*. **the D~** Gott *m*.

déjà vu [ˈdeɪʒɑːˈvjuː] *n* Déjà-vu-Erlebnis *nt*. **a feeling** *or* **sense of ~** das Gefühl, das schon einmal gesehen zu haben.

deject [dɪˈdʒekt] *vt* deprimieren.

dejected *adj*, **~ly** *adv* [dɪˈdʒektɪd, -lɪ] niedergeschlagen, deprimiert.

dejection [dɪˈdʒekʃən] *n* Niedergeschlagenheit, Depression *f*.

de jure [ˌdiːˈdʒʊərɪ] *adj, adv* de jure.

dekko [ˈdekəʊ] *n, pl ~s (Brit inf)* let's have **a ~ (at it)** laß (das) mal sehen.

Delaware [ˈdeləweər] *n (abbr* **Del, DE)** Delaware *nt*.

delay [dɪˈleɪ] **I** *vt* **1.** *(postpone)* verschieben, aufschieben. **to ~ doing sth** es verschieben *or* aufschieben, etw zu tun; **he ~ed paying until ...** er wartete solange mit dem Zahlen, bis ...; **he ~ed writing the letter** er schob den Brief auf. **2.** *(hold up)* aufhalten. **II** *vi* **to ~ in doing sth** es verschieben *or* aufschieben, etw zu tun; **if you ~ too long in booking** wenn Sie zu lange mit der Buchung warten; **he ~ed in paying the bill** er schob die Zahlung der Rechnung hinaus; **don't ~ in sending it in** senden Sie es unverzüglich ein. **III** *n (hold-up)* Aufenthalt *m*; *(to traffic)* Stockung *f*; *(to train, plane)* Verspätung *f*; *(time lapse)* Verzögerung *f*. **to have a ~** aufgehalten werden; **roadworks are causing ~s to traffic of up to 1 hour** Straßenbauarbeiten verursachen Verkehrsstockungen bis zu 1 Stunde; **a split second's ~** eine Verzögerung von einem Bruchteil einer Sekunde; **without ~** unverzüglich; **without further ~** ohne weitere Verzögerung.

delayed-action [dɪˈleɪdˌækʃən] *adj attr bomb, mine* mit Zeitzünder. **~ shutter release** *(Phot)* Selbstauslöser *m*.

delaying [dɪˈleɪɪŋ] *adj action* verzögernd, hinhaltend, Verzögerungs-. **~ tactics** Verzögerungs- *or* Hinhaltetaktik *f*.

delectable [dɪˈlektəbl] *adj* köstlich; *(fig)* reizend.

delectation [ˌdiːlekˈteɪʃən] *n* **for sb's ~** als besonderen Genuß für jdn.

delegate [ˈdelɪgeɪt] **I** *vt person* delegieren; *authority, power, job also* übertragen *(to sb* jdm). **to ~ sb to do sth** jdn dazu abordnen *or* damit beauftragen, etw zu tun. **II** *vi* delegieren. **III** [ˈdelɪgət] *n* Delegierte(r) *mf*, bevollmächtigter Vertreter, bevollmächtigte Vertreterin *(to* für).

delegation [ˌdelɪˈgeɪʃən] *n* Delegation *f (to* an +*acc)*; *(group of delegates also)* Abordnung *f*.

delete [dɪˈliːt] *vt* streichen *(from* von). **"~ where not applicable"** „Nichtzutreffendes (bitte) streichen".

deletion [dɪˈliːʃən] *n* Streichung *f*. **who made those ~s?** wer hat das gestrichen?

deli [ˈdelɪ] *n (US inf) see* **delicatessen.**

deliberate [dɪˈlɪbərɪt] **I** *adj* **1.** *(intentional)* absichtlich; *action, insult, lie also* bewußt. **2.** *(cautious, thoughtful)* besonnen; *action, judgement* (wohl)überlegt; *(slow) movement, step, voice* bedächtig. **II** [dɪˈlɪbəreɪt] *vi (ponder)* nachdenken *(on, upon* über +*acc)*; *(discuss)* sich beraten *(on, upon* über +*acc*, wegen). **III** [dɪˈlɪbəreɪt] *vt (ponder)* bedenken, überlegen; *(discuss)* beraten.

deliberately [dɪˈlɪbərɪtlɪ] *adv* **1.** *(intentionally)* absichtlich, mit Absicht, bewußt. **2.** *(purposefully, slowly)* bedächtig.

deliberateness [dɪˈlɪbərɪtnɪs] *n see adj* Absichtlichkeit *f*; Besonnenheit *f*; Überlegtheit *f*; Bedächtigkeit *f*.

deliberation [dɪˌlɪbəˈreɪʃən] *n* **1.** *(con-*

sideration) Überlegung *f* (*on* zu). **after due/careful** ~ nach reiflicher/sorgfältiger Überlegung. **2.** (*discussion*) Beratungen *pl* (*of, on* in +*dat*, über +*acc*). **3.** (*purposefulness, slowness*) Bedächtigkeit *f*.

deliberative [dɪˈlɪbərətɪv] *adj speech* abwägend. ~ **assembly** beratende Versammlung.

delicacy [ˈdelɪkəsɪ] *n* **1.** *see* **delicateness**. **2.** (*food*) Delikatesse *f*, Leckerbissen *m*.

delicate [ˈdelɪkɪt] **I** *adj* **1.** (*fine, exquisite, dainty*) fein; *fabric also, bones, colour* zart; (*fragile*) *person, bones, china also* zerbrechlich; *fabric, flower* empfindlich. **2.** (*Med*) *health, person* zart; *liver* empfindlich. **3.** (*sensitive*) *person* feinfühlig; *manner also* delikat; *instrument* empfindlich; *task* fein; *playing* gefühlvoll; *painting* zart. **he has a ~ touch** (*pianist, artist*) er hat sehr viel Gefühl; (*doctor*) er ist sehr behutsam. **4.** (*requiring skilful handling*) *operation, subject, situation* heikel, delikat. **5.** *food* delikat; *flavour* fein. **II** *n* ~s *pl* (*fabrics*) Feinwäsche *f*.

delicately [ˈdelɪkɪtlɪ] *adv see adj* **1., 3., 5.**

delicateness [ˈdelɪkɪtnɪs] *n see adj* **1.** Feinheit *f*; Zartheit *f*; Zerbrechlichkeit *f*; Empfindlichkeit *f*. **2.** Zartheit *f*; Empfindlichkeit *f*. **3.** Feingefühl *nt*; Empfindlichkeit *f*; Feinheit *f*; Gefühl(volle) *nt*; Zartheit *f*. **4.** Heikle *nt*, Delikatheit *f*. **5.** Delikatheit *f*; Feinheit *f*.

delicatessen [ˌdelɪkəˈtesn] *n* Delikatessen- *or* Feinkostgeschäft *nt*.

delicious [dɪˈlɪʃəs] *adj* **1.** *food etc* köstlich, lecker (*inf*). **2.** (*delightful*) herrlich.

delight [dɪˈlaɪt] **I** *n* **1.** (*intense pleasure*) Freude *f*. **to my ~** zu meiner Freude; **he takes great ~ in doing that** es bereitet ihm große Freude, das zu tun; **to give sb ~** jdn erfreuen. **2.** (*source of pleasure*) Freude *f*. **sensual ~s** Sinnesfreuden *pl*; **he's a ~ to watch, it's a ~ to watch him** es ist eine Freude, ihm zuzusehen. **II** *vt person, ear, eye etc* erfreuen; *see* **delighted**. **III** *vi* sich erfreuen (*in* an +*dat*). **she ~s in doing that** es bereitet ihr große Freude, das zu tun.

delighted [dɪˈlaɪtɪd] *adj* (*with* über +*acc*) erfreut, entzückt. **to be ~** sich sehr freuen (*at* über +*acc, that* daß); ~ **to meet you!** sehr angenehm!; **I'd be ~ to help you** ich würde Ihnen sehr gern helfen.

delightful [dɪˈlaɪtfʊl] *adj* reizend; *weather, party, meal* wunderbar.

delightfully [dɪˈlaɪtfəlɪ] *adv* wunderbar.

delimit [diːˈlɪmɪt] *vt* abstecken, abgrenzen.

delimitation [ˌdiːlɪmɪˈteɪʃən] *n* Abgrenzung *f*.

delineate [dɪˈlɪnɪeɪt] *vt* (*draw*) skizzieren; (*describe*) beschreiben, darstellen.

delineation [dɪˌlɪnɪˈeɪʃən] *n* (*draw*) *vt* Skizzierung *f*; Beschreibung, Darstellung *f*.

delinquency [dɪˈlɪŋkwənsɪ] *n* Kriminalität, Delinquenz (*spec*) *f*. **an act of ~** eine Straftat; (*fig*) ein Verbrechen *nt*.

delinquent [dɪˈlɪŋkwənt] **I** *adj* **1.** straffällig. **2.** (*US*) *bill* überfällig; *account* rückstän-

dig. **II** *n* Delinquent *m*.

delirious [dɪˈlɪrɪəs] *adj* (*Med*) im Delirium; (*fig*) im Taumel. **to be ~ with joy** im Freudentaumel sein.

deliriously [dɪˈlɪrɪəslɪ] *adv see adj* ~ **happy** überglücklich.

delirium [dɪˈlɪrɪəm] *n* (*Med*) Delirium *nt*; (*fig*) Taumel *m*. ~ **tremens** Delirium tremens *nt*, Säuferwahn(sinn) *m*.

deliver [dɪˈlɪvəʳ] **I** *vt* **1.** (*take to destination*) *goods* liefern; *note, message* zustellen, überbringen; (*on regular basis*) *letters, papers etc* zustellen; (*on foot*) austragen; (*by car*) ausfahren. **to ~ sth to sb** jdm etw liefern/zustellen; ~**ed free** frei Haus; **to ~ sb/sth into sb's care** jdn/etw in jds Obhut (*acc*) geben; **to ~ the goods** (*fig inf*) es bringen (*inf*), es schaffen. **2.** (*liter: rescue*) befreien. ~ **us from evil** (*Bibl*) erlöse uns von dem Übel *or* Bösen. **3.** (*pronounce*) *speech, sermon* halten; *ultimatum* stellen; *verdict* verkünden. **4.** (*Med*) *baby* zur Welt bringen. **5.** (*hand over: also* ~ **up**) aushändigen, übergeben; *see* **stand**. **6.** (*aim, throw*) *blow* versetzen, landen (*inf*); *ball* werfen. **to ~ a broadside** eine Breitseite abfeuern. **II** *vi* liefern.

deliverance [dɪˈlɪvərəns] *n* (*liter*) Befreiung, Erlösung (*from* von) *f*.

deliverer [dɪˈlɪvərəʳ] *n* **1.** (*Comm*) Lieferant *m*. **2.** (*liter: rescuer*) Erlöser, Retter *m*.

delivery [dɪˈlɪvərɪ] *n* **1.** (*of goods*) (Aus)-lieferung *f*; (*of parcels, letters*) Zustellung *f*. **there is no ~ on Sundays** sonntags gibt es keine Zustellung; **to take ~ of a parcel** ein Paket in Empfang nehmen; **to pay on ~** bei Empfang zahlen. **2.** (*Med*) Entbindung *f*. **3.** (*of speaker*) Vortragsweise *f*. **4.** (*liter: rescue*) Rettung, Befreiung *f*. **5.** (*of punch, blow*) Landung *f* (*inf*); (*Cricket*) Wurf *m*.

delivery boy *n* Bote *m*; (*for newspapers*) Träger *m*; **delivery man** *n* Lieferant *m*; **delivery note** *n* Lieferschein *m*; **delivery room** *n* Kreißsaal, Entbindungssaal *m*; **delivery service** *n* Zustelldienst *m*; **delivery van** *n* (*Brit*) Lieferwagen *m*.

dell [del] *n* kleines bewaldetes Tal.

delouse [ˌdiːˈlaʊs] *vt* entlausen.

Delphic [ˈdelfɪk] *adj* (*lit, fig*) delphisch.

delphinium [delˈfɪnɪəm] *n* Rittersporn *m*.

delta [ˈdeltə] *n* Delta *nt*.

delta ray *n* (*Phys*) Deltastrahl *m*; **delta rhythm** *or* **wave** *n* (*Physiol*) Deltawelle *f*; **delta wing** *n* (*Aviat*) Deltaflügel *m*.

delude [dɪˈluːd] *vt* täuschen, irreführen (*with* mit). **to ~ sb into thinking sth** (*incident*) jdn dazu verleiten, etw zu glauben; (*person also*) jdm etw weismachen; **to ~ oneself** sich (*dat*) Illusionen machen, sich (*dat*) etwas vormachen.

deluge [ˈdeljuːdʒ] **I** *n* (*lit*) Überschwemmung *f*; (*of rain*) Guß *m*; (*fig: of complaints, letters etc*) Flut *f*. **the D~** (*Bibl*) die Sintflut. **II** *vt* (*lit, fig*) überschwemmen, überfluten.

delusion [dɪˈluːʒən] *n* Illusion *f*, Irrglaube *m no pl*; (*Psych*) Wahnvorstellung *f*. **to be** *or* **labour under a ~** in einem Wahn leben;

to have ~s of grandeur den Größenwahn haben.

delusive [dɪˈluːsɪv], **delusory** [dɪˈluːsərɪ] adj irreführend, täuschend.

de luxe [dɪˈlʌks] adj Luxus-, De-luxe-.

delve [delv] vi **1.** (into a subject, the past) sich eingehend befassen (into mit); (into a book) sich vertiefen (into in +acc). **2.** to ~ in(to) one's pocket/a drawer tief in die Tasche/eine Schublade greifen.

demagnetize [ˌdiːˈmægnɪtaɪz] vt entmagnetisieren.

demagogic [ˌdeməˈgɒgɪk] adj demagogisch.

demagogue, (US) **demagog** [ˈdeməgɒg] n Demagoge m.

demagoguery [ˌdeməˈgɒgərɪ], **demagogy** [ˈdeməgɒgɪ] n Demagogie f.

demand [dɪˈmɑːnd] I vt verlangen, fordern (of, from von); (situation, task etc) erfordern, verlangen; time beanspruchen. he ~ed my name/to see my passport er wollte meinen Namen wissen/meinen Paß sehen; he ~ed to know what had happened er verlangte zu wissen, was passiert war.
   II n **1.** Forderung f, Verlangen nt (for nach); (claim for better pay, of kidnapper etc) Forderung f (for nach). by popular ~ auf allgemeinen Wunsch; payable on ~ zahlbar bei Vorlage; to make ~s on sb Forderungen or Ansprüche an jdn stellen; he makes too many ~s on my patience/time/pocket er (über)strapaziert meine Geduld/er belegt mich or meine Zeit zu sehr mit Beschlag/er liegt mir zu sehr auf der Tasche.
   2. no pl (Comm) Nachfrage f. to create a ~ for a product Nachfrage für ein Produkt schaffen; there's no ~ for it es ist nicht gefragt; to be in great ~ (article, person) sehr gefragt sein.

demand bill n see demand note.

demanding [dɪˈmɑːndɪŋ] adj child anstrengend; teacher, boss, task anspruchsvoll.

demand management n Steuerung f der Nachfrage; **demand note** n Zahlungsaufforderung f.

demarcate [ˈdiːmɑːkeɪt] vt abgrenzen, demarkieren.

demarcation [ˌdiːmɑːˈkeɪʃən] n Abgrenzung, Demarkation f. **~-line** Demarkationslinie f; ~ **dispute** Streit m um den Zuständigkeitsbereich.

dematerialize [ˌdiːməˈtɪərɪəlaɪz] I vt entmaterialisieren. II vi sich entmaterialisieren.

demean [dɪˈmiːn] vr **1.** (lower) sich erniedrigen. I will not ~ myself (so far as) to do that ich werde mich nicht (dazu) erniedrigen, das zu tun; **~ing** erniedrigend. **2.** (behave) sich benehmen or verhalten.

demeanour, (US) **demeanor** [dɪˈmiːnəʳ] n (behaviour) Benehmen, Auftreten nt; (bearing) Haltung f.

demented [dɪˈmentɪd] adj verrückt, wahnsinnig. ~ **with worry** verrückt vor Angst.

dementia [dɪˈmenʃɪə] n Schwachsinn m.

demerara (sugar) [ˌdeməˈrɛərə(ˈʃʊgəʳ)] n brauner Rohrzucker.

demerit [diːˈmerɪt] n Schwäche f, Fehler m; (US: black mark) Minuspunkt m.

demesne [dɪˈmeɪn] n Grundbesitz m.

demi- [ˈdemɪ-] pref Halb-, halb-. **~god** Halbgott m; **~john** Demijohn m; (in wickerwork also) bauchige Korbflasche.

demilitarization [ˈdiːˌmɪlɪtəraɪˈzeɪʃən] n Ent- or Demilitarisierung f.

demilitarize [ˌdiːˈmɪlɪtəraɪz] vt ent- or demilitarisieren.

demise [dɪˈmaɪz] n (death) Tod m; (fig: of institution, newspaper etc) Ende nt.

demisemiquaver [ˌdemɪsemɪˈkweɪvəʳ] n Zweiunddreißigstelnote f.

demist [ˌdiːˈmɪst] vt windscreen freimachen.

demister [ˌdiːˈmɪstəʳ] n Gebläse nt.

demitasse [ˈdemɪtæs] n (US) (cup) Mokkatasse f; (coffee) Mokka m.

demo [ˈdeməʊ] n, pl ~s abbr of **demonstration** Demo(nstration) f.

demob [ˌdiːˈmɒb] (Brit) I n abbr of **demobilization** Entlassung f aus dem Kriegsdienst. II vt abbr of **demobilize** aus dem Kriegsdienst entlassen.

demobilization [ˈdiːˌməʊbɪlaɪˈzeɪʃən] n (of army) Demobilmachung, Demobilisierung f; (of soldier) Entlassung aus dem Kriegsdienst, Demobilisierung f.

demobilize [diːˈməʊbɪlaɪz] vt aus dem Kriegsdienst entlassen, demobilisieren.

democracy [dɪˈmɒkrəsɪ] n Demokratie f.

democrat [ˈdeməkræt] n Demokrat(in f) m.

democratic adj, **~ally** adv [ˌdeməˈkrætɪk, -əlɪ] demokratisch.

democratize [dɪˈmɒkrətaɪz] vt demokratisieren.

demographer [dɪˈmɒgrəfəʳ] n Demograph(in f) m.

demographic [ˌdeməˈgræfɪk] adj demographisch.

demography [dɪˈmɒgrəfɪ] n Demographie f.

demolish [dɪˈmɒlɪʃ] vt building ab- or einreißen, abbrechen; fortifications niederreißen; (fig) opponent, theory zunichte machen; (hum) cake etc vertilgen.

demolition [ˌdeməˈlɪʃən] n Abbruch m.

demolition area n see demolition zone; **demolition squad** n Abbruchkolonne f; **demolition zone** n Abbruchgebiet nt.

demon [ˈdiːmən] n Dämon m; (inf: child) Teufel m. to be a ~ for work ein Arbeitstier sein; the D~ Drink König Alkohol m.

demoniac [dɪˈməʊnɪæk] I adj dämonisch. II n Besessene(r) mf.

demoniacal [ˌdiːməˈnaɪəkəl] adj dämonisch.

demonic [dɪˈmɒnɪk] adj dämonisch.

demonstrable adj, **~bly** adv [ˈdemənstrəbl, -ɪ] beweisbar, offensichtlich.

demonstrate [ˈdemənstreɪt] I vt **1.** truth, emotions, needs, good will zeigen, beweisen; (by experiment, example also) demonstrieren. **2.** appliance etc vorführen; operation also demonstrieren. II vi (Pol etc) demonstrieren.

demonstration [ˌdemənˈstreɪʃən] I n **1.** see vt Zeigen nt, Beweis m; Demonstration f; Vorführung f; Demonstration f. to give a ~ (of sth) etw demonstrieren; (of gadgets) eine Vorführung machen, etw vorführen.
   2. (Pol etc) Demonstration f. to hold a ~ eine Demonstration veranstalten.
   II attr car, lesson Vorführ-.

demonstrative [dɪ'mɒnstrətɪv] adj demonstrativ; (Gram) adjective also hinweisend.

demonstrator ['demənstreɪtə'] n
1. (Comm) Vorführer(in f) m (von technischen Geräten), Propagandist(in f) m; (Sch, Univ) Demonstrator m. 2. (Pol) Demonstrant(in f) m.

demoralization [dɪ,mɒrəlaɪ'zeɪʃən] n see vt Entmutigung f; Demoralisierung f.

demoralize [dɪ'mɒrəlaɪz] vt entmutigen; troops etc demoralisieren.

demoralizing [dɪ'mɒrəlaɪzɪŋ] adj see vt entmutigend; demoralisierend.

demote [dɪ'məʊt] vt degradieren (to zu).

demotion [dɪ'məʊʃən] n Degradierung f.

demur [dɪ'mɜː'] I vi Einwände erheben, Bedenken haben (to, at gegen); (Jur) Einspruch erheben or einlegen. II n (form) Einwand m, Bedenken pl; (Jur) Einspruch m. without ~ widerspruchslos.

demure [dɪ'mjʊə'] adj (+er) (coy) look, girl, smile spröde; (sedate) ernst, gesetzt; (sober) nüchtern, gelassen.

demurely [dɪ'mjʊəlɪ] adv see adj.

demureness [dɪ'mjʊənɪs] n see adj Sprödigkeit f; Ernst m, Gesetztheit f; Nüchternheit, Gelassenheit f.

demythologize ['diː'mɪ'θɒlədʒaɪz] vt entmythologisieren.

den [den] n 1. (of lion, tiger etc) Höhle f, Versteck nt; (of fox) Bau m. 2. ~ of iniquity or vice Lasterhöhle f; ~ of thieves Spelunke, Räuberhöhle (hum) f; see opium den. 3. (study) Arbeitszimmer nt; (private room) Bude f (inf).

denationalization ['diː,næʃnəlaɪ'zeɪʃən] n Entnationalisierung f.

denationalize [,diː'næʃnəlaɪz] vt entnationalisieren.

denature [,diː'neɪtʃə'] vt denaturieren; (make unfit for eating, drinking also) ungenießbar machen, vergällen.

denazification ['diː,nætsɪfɪ'keɪʃən] n Entnazifizierung f.

denazify [,diː'nætsɪfaɪ] vt entnazifizieren.

denial [dɪ'naɪəl] n 1. (of accusation, guilt) Leugnen nt. ~ of (the existence of) God Gottesleugnung f; the government issued an official ~ die Regierung gab ein offizielles Dementi heraus.
2. (refusal: of request etc) Ablehnung f, abschlägige Antwort; (official) abschläger Bescheid; (of rights) Verweigerung f.
3. (disowning) Verleugnung f. Peter's ~ of Christ die Verleugnung des Petrus.
4. (self-~) Selbstverleugnung f.

denier [dɛnɪə'] n (of stockings) Denier nt.

denigrate ['denɪgreɪt] vt verunglimpfen.

denigration [,denɪ'greɪʃən] n Verunglimpfung f.

denim ['denɪm] I n 1. Jeansstoff, Köper m. 2. ~s pl Blue Jeans, Jeans pl. II adj attr Jeans-, Köper-. ~ jacket Jeansjacke f.

denizen ['denɪzn] n Bewohner(in f) m; (person) Einwohner(in f) m. ~s of the forest Waldbewohner pl.

Denmark ['denmɑːk] n Dänemark nt.

denominate [dɪ'nɒmɪneɪt] vt benennen, bezeichnen.

denomination [dɪ,nɒmɪ'neɪʃən] n 1. (Eccl) Konfession f. 2. (name, naming) Benen-

nung, Bezeichnung f. 3. (of money) Nennbetrag m; (of weight, measures) Einheit f. 4. (class, kind) Klasse, Gruppe f.

denominational [dɪ,nɒmɪ'neɪʃənl] adj (Eccl) konfessionell, Konfessions-.

denominator [dɪ'nɒmɪneɪtə'] n (Math) Nenner m.

denotation [,diː:nəʊ'teɪʃən] n 1. (Philos: of term, concept) Denotation f, Begriffsumfang m; (of word) Bedeutung f. 2. (name: of object) Bezeichnung f; (symbol) Symbol nt.

denote [dɪ'nəʊt] vt bedeuten; symbol, word bezeichnen; (Philos) den Begriffsumfang angeben von.

dénouement [deɪ'nuːmɑ̃ːŋ] n (Theat, Liter) (Auf)lösung f; (fig) Ausgang m.

denounce [dɪ'naʊns] vt 1. (accuse publicly) anprangern, brandmarken; (inform against) anzeigen, denunzieren (sb to sb jdn bei jdm). 2. (condemn as evil) alcohol, habit etc verurteilen, denunzieren (geh). 3. treaty (auf)kündigen.

denouncement [dɪ'naʊnsmənt] n see denunciation.

dense [dens] adj (+er) 1. fog, forest, crowd, population dicht. 2. (Phot) negative überbelichtet. 3. (inf: stupid) person blöd (inf).

densely ['denslɪ] adv 1. dicht. ~ wooded/populated dicht bewaldet pred, dichtbewaldet attr/dicht bevölkert pred, dichtbevölkert attr. 2. (inf:) blöd (inf).

denseness ['densnɪs] n 1. see density. 2. (inf) Beschränktheit, Blödheit (inf) f.

density ['densɪtɪ] n Dichte f. population ~ Bevölkerungsdichte f.

dent [dent] I n (in metal) Beule, Delle (inf) f; (in wood) Kerbe, Delle (inf) f. that made a ~ in his savings (inf) das hat ein Loch in seine Ersparnisse gerissen; that made a bit of a ~ in his pride das hat seinen Stolz ganz schön angeknackst (inf).
II vt hat, car, wing einbeulen, verbeulen; wood, table eine Delle machen in (+acc); (inf) pride anknacksen (inf).
III vi (metal etc) sich einbeulen; (wood, table) eindellen.

dental ['dentl] I adj 1. Zahn-; treatment zahnärztlich; training zahnmedizinisch (form). ~ floss Zahnseide f; ~ surgeon Zahnarzt m/-ärztin f; ~ technician Zahntechniker(in f) m. 2. (Ling) Dental-, dental. II n (Ling) Dental, Zahnlaut m.

dentist ['dentɪst] n Zahnarzt m, Zahnärztin f. at the ~('s) beim Zahnarzt.

dentistry ['dentɪstrɪ] n Zahnmedizin f.

dentures ['dentʃəz] npl (partial ~) Zahnprothese f; (full ~) Gebiß nt.

denude [dɪ'njuːd] vt (of trees etc) entblößen (of gen); (fig also) berauben (of gen).

denunciation [dɪ,nʌnsɪ'eɪʃən] n see denounce Anprangerung, Brandmarkung f; Denunziation f; Verurteilung f; (Auf)kündigung f.

deny [dɪ'naɪ] vt 1. charge, accusation etc bestreiten, abstreiten, (ab)leugnen; existence of God leugnen; (officially) dementieren. do you ~ having said that? leugnen or bestreiten Sie, das gesagt zu haben?; there's no ~ing it das läßt sich nicht bestreiten or leugnen.

2. (*refuse*) **to ~ sb a request/his rights/ aid/a privilege/admittance/credit** jdm eine Bitte abschlagen/jdm seine Rechte vorenthalten/jdm Hilfe/ein Privileg versagen/jdm den Zugang verwehren/jdm Kredit verweigern; **I can't ~ her anything** ich kann ihr nichts abschlagen; **why should I ~ myself these little comforts?** warum sollte ich mir das bißchen Komfort nicht gönnen?

3. (*disown*) *leader, religion, principles* verleugnen.

4. to ~ oneself sich selbst verleugnen.

deodorant [diːˈəʊdərənt] **I** *adj* desodor(is)ierend. **II** *n* De(s)odorant *m*.

deodorize [diːˈəʊdəraɪz] *vt* desodor(is)ieren.

deoxidize [diːˈɒksɪdaɪz] *vt* desoxydieren.

deoxyribonucleic acid [dɪˈɒksɪˌraɪbəʊnjuːˈkleɪkˌæsɪd] *n* Desoxyribonukleinsäure *f*.

dep *abbr of* **departure** Abf.

depart [dɪˈpɑːt] **I** *vi* **1.** (*go away*) weggehen; (*on journey*) abreisen; (*by bus, car etc*) wegfahren; (*train, bus etc*) abfahren. **the train at platform 6 ~ing for ...** der Zug auf Bahnsteig 6 nach ...; **to be ready to ~** (*person*) start- *or* abfahrbereit sein; **a train ~ing London 1800 hours** (*form*) ein Zug, der um 1800 Uhr in London abfährt; **the train was/visitors were about to ~** der Zug war im Begriff abzufahren/die Gäste waren im Begriff aufzubrechen.

2. (*deviate: from opinion etc*) abweichen, abgehen.

II *vt* (*liter*) **to ~ this world** *or* **life** aus dieser Welt *or* diesem Leben scheiden (*liter*).

departed [dɪˈpɑːtɪd] **I** *adj* **1.** (*liter: dead*) verstorben. **2.** (*bygone*) *friends* verloren; *glory, happiness also* vergangen. **II** *n* **the (dear) ~** der/die (liebe) Verstorbene; **die (lieben) Verstorbenen** *pl*.

department [dɪˈpɑːtmənt] *n* **1.** (*generally*) Abteilung *f*; (*Geog: in France*) Departement *nt*; (*in civil service*) Ressort *nt*. **D~ of Employment** (*Brit*) Arbeitsministerium *nt*; **D~ of State** (*US*) Außenministerium *nt*; **that's not my ~** das ist nicht mein Ressort. **2.** (*Sch*) Fachbereich *m*; (*Univ also*) Seminar *nt*.

departmental [ˌdiːpɑːtˈmentl] *adj* **1.** Abteilungs-. **2.** (*Sch*) Fachbereichs-; (*Univ also*) Seminar-.

departmentalism [ˌdiːpɑːtˈmentəlɪzəm] *n* Gliederung *f* in Abteilungen.

departmentalize [ˌdiːpɑːtˈmentəlaɪz] *vt* in Abteilungen einteilen *or* (auf)gliedern.

departmentally [ˌdiːpɑːtˈmentəlɪ] *adv* abteilungsweise.

department store *n* Kaufhaus *nt*.

departure [dɪˈpɑːtʃər] *n* **1.** (*of person*) Weggang *m*; (*on journey*) Abreise *f* (*from* aus); (*of vehicle*) Abfahrt *f*; (*of plane*) Abflug *m*. **to be on the point of ~** im Aufbruch (begriffen) sein; **there are three ~s daily for Stockholm** es gibt täglich drei Flüge nach Stockholm; **"~s"** ,,Abfahrt''; (*at airport*) ,,Abflug''.

2. (*fig: from custom, principle*) Abweichen, Abgehen *nt* (*from* von); (*from truth*) Abweichen *nt*.

3. (*fig*) (*change in policy etc*) Richtung *f*; (*in science, philosophy also*) Ansatz *m*.

departure gate *n* Flugsteig, Ausgang *m*; **departure lounge** *n* Abflughalle *f*; **departure platform** *n* (Abfahrts)bahnsteig *m*; **departure time** *n* (*Aviat*) Abflugzeit *f*; (*Rail, bus*) Abfahrtzeit *f*.

depend [dɪˈpend] *vi* **1.** abhängen (*on sb/sth* von jdm/etw). **it ~s on what you mean by reasonable** es kommt darauf an, was Sie unter vernünftig verstehen; **it all ~s (on whether ...)** das kommt ganz darauf an (, ob ...); **that ~s** das kommt darauf an, je nachdem; **~ing on his mood/the amount needed/how late we arrive** je nach seiner Laune/Höhe des erforderlichen Betrags/ je nachdem, wie spät wir ankommen.

2. (*rely*) sich verlassen (*on, upon* auf +*acc*). **you may ~ (up)on his coming** Sie können sich darauf verlassen, daß er kommt; **you can ~ (up)on it!** darauf können Sie sich verlassen!

3. (*person: be dependent on*) **to ~ on** abhängig sein von, angewiesen sein auf (+*acc*).

dependability [dɪˌpendəˈbɪlɪtɪ] *n* Zuverlässigkeit, Verläßlichkeit *f*.

dependable [dɪˈpendəbl] *adj* zuverlässig, verläßlich.

dependant, dependent [dɪˈpendənt] *n* Abhängige(r) *mf*. **do you have ~s?** haben Sie (abhängige) Angehörige?

dependence [dɪˈpendəns] *n* **1.** (*state of depending*) Abhängigkeit *f* (*on, upon* von). **2.** (*reliance*) **I could never put much ~ on him** ich habe nie sehr viel von seiner Zuverlässigkeit gehalten.

dependency [dɪˈpendənsɪ] *n* **1.** (*country*) Schutzgebiet *nt*, Kolonie *f*. **2.** *see* **dependence 1.**

dependent [dɪˈpendənt] **I** *adj* abhängig (*on, upon* von). **to be ~ on charity/sb's good will** auf Almosen/jds Wohlwollen (*acc*) angewiesen sein. **II** *n see* **dependant.**

depersonalize [diːˈpɜːsənəlaɪz] *vt* entpersönlichen, depersonalisieren (*Psych*).

depict [dɪˈpɪkt] *vt* darstellen; (*in words also*) beschreiben.

depiction [dɪˈpɪkʃən] *n see vt* Darstellung *f*; Beschreibung *f*.

depilatory [dɪˈpɪlətərɪ] **I** *adj* enthaarend, Enthaarungs-. **II** *n* Enthaarungsmittel *nt*.

deplete [dɪˈpliːt] *vt* **1.** (*exhaust*) erschöpfen; (*reduce*) vermindern, verringern. **our supplies are/the larder is somewhat ~d** unsere Vorräte sind ziemlich erschöpft/ die Speisekammer ist ziemlich leer.

2. (*Med*) entleeren.

depletion [dɪˈpliːʃən] *n see vt* Erschöpfung *f*; Verminderung, Verringerung *f*; Entleerung *f*; (*of stock also, of membership*) Abnahme *f*.

deplorable [dɪˈplɔːrəbl] *adj* beklagenswert, bedauerlich.

deplorably [dɪˈplɔːrəblɪ] *adv see adj*.

deplore [dɪˈplɔːr] *vt* (*regret*) bedauern, beklagen; (*disapprove of*) mißbilligen. **his attitude is to be ~d** seine Haltung ist bedauerlich.

deploy [dɪˈplɔɪ] **I** *vt* **1.** (*Mil*) (*use, employ*) einsetzen; (*position*) aufstellen; (*along border etc*) aufmarschieren lassen. **2.** (*fig*)

resources, staff, arguments einsetzen. **II** *vi*
(*Mil*) sich aufstellen; aufmarschieren.

deployment [dɪ'plɔɪmənt] *n see vb* Einsatz
m; Aufstellung *f*; Aufmarsch *m*.

depoliticize [ˌdi:pə'lɪtɪsaɪz] *vt* ent-
politisieren.

deponent [dɪ'pəʊnənt] **I** *n* (*Ling*) Deponens
nt; (*Jur*) vereidigter Zeuge. **II** *adj* ~ **verb**
Deponens *nt*.

depopulate [ˌdi:'pɒpjʊleɪt] *vt* entvölkern.

depopulation [ˌdi:ˌpɒpjʊ'leɪʃən] *n*
Entvölkerung *f*.

deport [dɪ'pɔ:t] **I** *vt prisoner* deportieren;
alien abschieben. **II** *vr* (*behave*) sich
benehmen *or* verhalten.

deportation [ˌdi:pɔ:'teɪʃən] *n see vt*
Deportation *f*; Abschiebung *f*.

deportee [dɪpɔ:'ti:] *n* Deportierte(r) *mf*;
(*alien awaiting deportation*) Ab-
zuschiebende(r) *mf*.

deportment [dɪ'pɔ:tmənt] *n* Haltung *f*;
(*behaviour*) Verhalten, Benehmen *nt*.

depose [dɪ'pəʊz] **I** *vt sovereign* entthronen,
absetzen; *official* absetzen. **II** *vi* (*Jur*)
unter Eid aussagen.

deposit [dɪ'pɒzɪt] **I** *vt* **1.** (*put down*) hin-
legen; (*upright*) hinstellen. **the turtle ~s
her eggs in the sand** die Schildkröte legt
ihre Eier im Sand ab.
2. *money, valuables* deponieren (*with*
bei).
3. (*Geol*) ablagern.
II *n* **1.** (*Fin: in bank*) Einlage *f*,
Guthaben *nt*. **to have £50 on ~** ein
Guthaben *or* eine Einlage von £ 50
haben.
2. (*Comm*) (*part payment*) Anzahlung
f; (*returnable security*) Sicherheit,
Kaution *f*. **to put down a ~ on a car** (auf)
ein Auto anzahlen; **to leave a ~** eine
Sicherheit *or* Kaution hinterlegen; **to lose
one's ~** (*Pol*) seine Kaution verlieren.
3. (*Chem: in wine, Geol*) Ablagerung *f*;
(*accumulation of ore, coal, oil*) (Lager)-
stätte *f*. **to form a ~** sich ablagern.

deposit account *n* Sparkonto *nt*.

depositary [dɪ'pɒzɪtərɪ] *n* Treuhänder(in *f*)
m.

deposition [ˌdi:pə'zɪʃən] *n* **1.** (*of sovereign*)
Entthronung, Absetzung *f*; (*of official*)
Absetzung *f*. **2.** (*Jur*) Aussage *f* unter Eid.
3. (*Art, Rel*) ~ **from the cross** Kreuz-
abnahme *f*.

depositor [dɪ'pɒzɪtə'] *n* Deponent(in *f*),
Einzahler(in *f*) *m*.

depository [dɪ'pɒzɪtərɪ] *n* Verwahrungsort
m; (*warehouse*) Lagerhaus *nt*.

depot ['depəʊ] *n* **1.** (*bus garage etc*) Depot
nt; (*store also*) (Lager)haus *nt*. **2.** (*US Rail*)
Bahnhof *m*.

depot ship *n* Versorgungsschiff *nt*.

depravation [ˌdeprə'veɪʃən] *n* **1.** (*deprav-
ing*) Verderbung *f*. **2.** (*depravity*) Ver-
derbtheit, Verworfenheit *f*.

deprave [dɪ'preɪv] *vt* verderben.

depraved [dɪ'preɪvd] *adj* verderbt, verkom-
men, verworfen.

depravity [dɪ'prævɪtɪ] *n* Verderbtheit, Ver-
worfenheit *f*.

deprecate ['deprɪkeɪt] *vt* (*form*) miß-
billigen.

deprecating ['deprɪkeɪtɪŋ] *adj* **1.** (*disap-*

proving) mißbilligend. **2.** (*apologetic*) ab-
wehrend.

deprecatingly ['deprɪkeɪtɪŋlɪ] *adv see adj*.

deprecation [deprɪ'keɪʃən] *n* (*form*) Miß-
billigung *f*.

deprecatory ['deprɪkətərɪ] *n see* **deprecat-
ing**.

depreciate [dɪ'pri:ʃɪeɪt] **I** *vt* **1.** *value* min-
dern. **to ~ a currency** die Kaufkraft einer
Währung mindern. **2.** (*belittle*) herabset-
zen *or* -würdigen. **II** *vi* an Wert verlieren;
(*currency*) an Kaufkraft verlieren.

depreciation [dɪˌpri:ʃɪ'eɪʃən] *n* **1.** (*of
property, value*) Wertminderung *f*; (*of
currency*) Kaufkraftverlust *m*. **2.** (*belittle-
ment*) Herabsetzung *or* -würdigung *f*.

depreciatory [dɪ'pri:ʃɪətərɪ] *adj* abschät-
zig, herabsetzend.

depredation [ˌdeprɪ'deɪʃən] *n usu pl* Ver-
wüstung *f*.

depress [dɪ'pres] *vt* **1.** *person* deprimieren;
(*discourage*) entmutigen. **2.** (*press down*)
lever niederdrücken, herunterdrücken;
push button drücken, betätigen.

depressant [dɪ'presnt] **I** *n* Beruhigungsmit-
tel, Sedativ(um) (*spec*) *nt*. **II** *adj*
beruhigend, dämpfend, sedativ (*spec*).

depressed [dɪ'prest] *adj* **1.** *person*
deprimiert, niedergeschlagen; (*sad*)
bedrückt; (*discouraged*) entmutigt.
2. *industry* notleidend; *area* Notstands-;
market, trade, business schleppend, flau.

depressing [dɪ'presɪŋ] *adj* deprimierend.

depressingly [dɪ'presɪŋlɪ] *adv see adj*.

depression [dɪ'preʃən] *n* **1.** Depression *f*;
(*Med*) Depressionen *pl*.
2. (*lowering*) (*of lever*) Herunter- *or*
Niederdrücken *nt*; (*of key, push button*)
Drücken, Betätigen *nt*, Betätigung *f*.
3. (*in ground*) Vertiefung, Senke *f*.
4. (*Met*) Tief(druckgebiet) *nt*. **a deep/
shallow ~** ein ausgedehntes/schwaches
Tief(druckgebiet).
5. (*Econ*) Flaute *f*; (*St Ex*) Baisse *f*. **the
D~** die Weltwirtschaftskrise.

depressive [dɪ'presɪv] **I** *adj* depressiv. **II** *n*
an Depressionen Leidende(r) *mf*. **to be a
~** depressiv sein.

deprivation [ˌdeprɪ'veɪʃən] *n* **1.** (*depriving*)
Entzug *m*; (*loss*) Verlust *m*; (*Psych*)
Deprivation *f*; (*of rights*) Beraubung *f*.
2. (*state*) Entbehrung *f*; (*lack of
necessities*) Mangel *m*. **the ~s of the war**
die Entbehrungen des Krieges.

deprive [dɪ'praɪv] *vt* **to ~ sb of sth** jdm etw
entziehen; **they had been ~d of a decent
education/the benefit of …** ihnen wurde
eine anständige Erziehung/der Vorteil
von … vorenthalten; **I don't want to ~ you**
ich will dir das/die *etc* nicht vorenthalten;
to ~ oneself of sth sich (*dat*) etw nicht
gönnen.

deprived [dɪ'praɪvd] *adj* ~ **child** benach-
teiligtes Kind; ~ **families** benachteiligte
Familien; **are you feeling ~?** (*inf*) fühlst
du dich benachteiligt?

dept *abbr of* **department** Abt.

depth [depθ] *n* **1.** (*of water, shelf*) Tiefe *f*.
the ~s of the ocean die Tiefen des Ozeans;
at a ~ of 3 metres in einer Tiefe von 3
Metern, in 3 Meter Tiefe; **don't go out of
your ~** geh nicht zu tief rein!; **to get out of**

one's ~ (*lit, fig*) den Boden unter den Füßen verlieren; **sorry, I'm out of my ~ there** es tut mir leid, aber da muß ich passen.

2. (*of knowledge, feeling, colour*) Tiefe *f*. **to sing with great ~ of feeling** sehr gefühlvoll singen; **in ~** eingehend, intensiv; *see* **in-depth**.

3. (*fig*) ~(**s**) Tiefen *pl*; **in the ~s of despair** in tiefster Verzweiflung; **in the ~s of winter/the forest** im tiefsten Winter/Wald; **from the ~s of the earth** aus den Tiefen der Erde (*geh*).

depth charge *n* Wasserbombe *f*; **depth of field** *n* (*Phot*) Tiefenschärfe, Schärfentiefe *f*; **depth psychology** *n* Tiefenpsychologie *f*.

deputation [‚depjʊ'teɪʃən] *n* (*act*) Abordnung *f*; (*people also*) Delegation *f*.

depute [dɪ'pju:t] *vt person* abordnen, delegieren; *power, authority* delegieren, übertragen (*to sb* jdm).

deputize ['depjʊtaɪz] **I** *vi* vertreten (*for sb* jdn), als Vertreter fungieren (*for sb* für jdn). **II** *vt* ernennen, abordnen.

deputy ['depjʊtɪ] **I** *n* **1.** Stellvertreter(in *f*) *m*. **2.** (*member of deputation*) Delegierte(r) *mf*. **3.** (*US: also ~ sheriff*) Hilfssheriff *m*. **4.** (*in France*) Deputierte(r) *mf*; (*US: in foreign parliaments*) Abgeordnete(r) *mf*. **II** *adj* stellvertretend.

derail [dɪ'reɪl] **I** *vt* entgleisen lassen. **to be ~ed** entgleisen. **II** *vi* entgleisen.

derailleur gears [dɪ'reɪljə'gɪəz] *npl* Kettenschaltung *f*.

derailment [dɪ'reɪlmənt] *n* Entgleisung *f*.

derange [dɪ'reɪndʒ] *vt* **1.** (*make insane*) verrückt *or* wahnsinnig machen. **2.** *plan* durcheinanderbringen, umwerfen.

deranged [dɪ'reɪndʒd] *adj mind* gestört, verwirrt, verstört. **to be (mentally) ~** (*person*) geistesgestört sein.

derangement [dɪ'reɪndʒmənt] *n* **1.** Geistesgestörtheit *f*. **2.** (*of order*) Unordnung *f*, Durcheinander *nt*.

Derby ['dɑ:bɪ, (*US*) 'dɜ:bɪ] *n* **1.** (*US: also ~ hat*) Melone *f*. **2.** (*local ~*) (Lokal)derby *nt*. **3.** (*Racing*) Derby *nt*.

derelict ['derɪlɪkt] **I** *adj* (*abandoned*) verlassen, aufgegeben; (*ruined*) verfallen, heruntergekommen. **II** *n* **1.** (*Naut*) (treibendes) Wrack. **2.** (*person*) Obdachlose(r) *mf*.

dereliction [‚derɪ'lɪkʃən] *n* **1.** (*state: of property*) Verfall *m*, Heruntergekommenheit *f*. **2.** ~ **of duty** Pflichtversäumnis *nt*.

derestricted [‚di:rɪ'strɪktɪd] *adj road, area* ohne Geschwindigkeitsbegrenzung.

deride [dɪ'raɪd] *vt* verspotten, verhöhnen.

derision [dɪ'rɪʒən] *n* Hohn, Spott *m*. **object of ~** Zielscheibe *f* des Spotts.

derisive *adj*, **~ly** *adv* [dɪ'raɪsɪv, -lɪ] spöttisch, höhnisch; (*malicious*) hämisch, verächtlich.

derisory [dɪ'raɪsərɪ] *adj* **1.** *amount, offer* lächerlich. **2.** *see* **derisive**.

derivable [dɪ'raɪvəbl] *adj* (*Ling, Philos, Chem*) ableitbar.

derivation [‚derɪ'veɪʃən] *n* (*Ling, Philos*) Ableitung *f*; (*Chem*) Derivation *f*.

derivative [dɪ'rɪvətɪv] **I** *adj* abgeleitet; (*fig*) *style, composition, literary work etc* nach-

geahmt, imitiert. **II** *n* Ableitung *f*; (*Ling also, Chem*) Derivat *nt*.

derive [dɪ'raɪv] **I** *vt ideas, names, origins* her- *or* ableiten (*from* von); *profit* ziehen (*from* aus); *satisfaction, comfort, pleasure* gewinnen (*from* aus). **this word is ~d from the Greek** dieses Wort stammt aus dem Griechischen.

II *vi* **to ~ from** sich her- *or* ableiten von; (*power, fortune*) herkommen *or* -rühren von; ; (*ideas*) kommen *or* stammen von.

dermatitis [‚dɜ:mə'taɪtɪs] *n* Hautentzündung, Dermatitis *f*.

dermatologist [‚dɜ:mə'tɒlədʒɪst] *n* iz-Hautarzt *m*, Hautärztin *f*, Dermatologe *m*, Dermatologin *f*.

dermatology [‚dɜ:mə'tɒlədʒɪ] *n* Dermatologie *f*.

derogate ['derəgeɪt] *vi* **to ~ from sth** (*form*) einer Sache (*dat*) Abbruch tun; **without derogating from his authority** ohne seine Autorität schmälern zu wollen.

derogation [‚derə'geɪʃən] *n* (*form: of power, dignity etc*) Beeinträchtigung, Schmälerung *f*, Abbruch *m* (*of, from gen*).

derogatory [dɪ'rɒgətərɪ] *adj* abfällig, abschätzig.

derrick ['derɪk] *n* Derrickkran, Montagekran *m*; (*above oilwell*) Bohrturm *m*.

derv [dɜ:v] *n* (*Brit*) Diesel(kraftstoff) *m*, Dieselöl *nt*.

dervish ['dɜ:vɪʃ] *n* Derwisch *m*.

DES *abbr of* **Department of Education and Science** ≈ Kultusministerium *nt*.

desalinate [di:'sælɪneɪt] *vt* entsalzen.

desalination [di:‚sælɪ'neɪʃən], **desalinization** [di:‚sælɪnaɪ'zeɪʃən] *n* Entsalzung *f*. **~ plant** Meerwasserentsalzungsanlage *f*.

desalinize [di:'sælɪnaɪz] *vt* entsalzen.

desalt [di:'sɔ:lt] *vt* (*esp US*) entsalzen. **~ing plant** Meerwasserentsalzungsanlage *f*.

descale [di:'skeɪl] *vt* entkalken.

descant ['deskænt] **I** *n* (*Mus*) Diskant *m*. **~ recorder** Sopranflöte *f*. **II** [des'kænt] *vi* sich auslassen *or* verbreiten (*upon* über +*acc*), ausgiebig kommentieren.

descend [dɪ'send] **I** *vi* **1.** (*go down: person*) herunter-/ hinuntersteigen, hinabschreiten (*geh*); (*lift, vehicle*) herunter-/ hinunterfahren; (*road*) herunter-/hinunterführen, herunter-/ hinuntergehen; (*hill*) abfallen; (*from horse*) absteigen; (*Astron*) untergehen. **in ~ing order of importance** nach Wichtigkeit geordnet.

2. (*have as ancestor*) abstammen (*from* von).

3. (*pass by inheritance*) (*property*) übergehen (*from* von, *to* auf +*acc*); (*customs*) überliefert werden (*from* von, *to* auf +*acc*); (*rights*) vererbt werden (*from* von, *to* auf +*acc*).

4. (*attack suddenly*) herfallen (*on, upon* über +*acc*), überfallen (*on, upon sb* jdn); (*plague*) hereinbrechen (*on, upon* über +*acc*); (*come over: sadness etc*) befallen (*on, upon sb* jdn).

5. (*inf: visit*) **to ~ (up)on sb** jdn überfallen (*inf*).

6. (*lower oneself*) **to ~ to sth** sich zu etw herablassen *or* erniedrigen; **he even ~ed to bribery** er scheute selbst vor Bestechung nicht zurück.

II vt 1. *stairs* hinunter-/heruntergehen. 2. to be ~ed from abstammen von.

descendant [dɪ'sendənt] n 1. Nachkomme m. 2. (*Astron, Astrol*) in the ~ im Deszendenten.

descent [dɪ'sent] n 1. (*going down*) (*of person*) Hinunter-/ Heruntergehen, Absteigen nt; (*from mountain, of plane, into underworld*) Abstieg m; (*of gymnast*) Abgang m; (*slope, of road*) Abfall m. the ~ of the mountain der Abstieg vom Berg; the road made a sharp ~ die Straße fiel steil ab; ~ by parachute Fallschirmabsprung m; the ~ from the cross (*Art, Rel*) die Kreuzabnahme.
2. (*ancestry*) Abstammung, Herkunft f. of noble ~ von adliger Abstammung or Herkunft; he is the thirteenth in ~ from ... er ist der dreizehnte Nachkomme von ...
3. (*of property*) Vererbung, Übertragung f (*to* auf +acc); (*of customs*) Überlieferung f (*to* auf +acc).
4. (*Mil, fig: attack*) Überfall m.
5. (*inf: visit*) Überfall m (*inf*).
6. (*fig: into crime etc*) Absinken nt (*into* in +acc).

describe [dɪ'skraɪb] vt 1. *scene, person* beschreiben, schildern. ~ him for us beschreiben Sie ihn uns (*dat*); which cannot be ~d was unbeschreiblich ist. 2. (+as) bezeichnen. 3. (*Math*) beschreiben.

description [dɪ'skrɪpʃən] n 1. Beschreibung f; (*of event, situation also*) Schilderung f. 2. (+as) Bezeichnung f; see **answer** II 2. 3. (*sort*) Art f. vehicles of every ~ Fahrzeuge aller Art. 4. (*Math*) Beschreibung f.

descriptive [dɪ'skrɪptɪv] adj 1. beschreibend; *account, passage* anschaulich. to be ~ of sth etw beschreiben. 2. *philosophy, linguistics, science etc* deskriptiv.

desecrate ['desɪkreɪt] vt entweihen.

desecration [ˌdesɪ'kreɪʃən] n Entweihung f.

desegregate [ˌdiː'segrɪgeɪt] vt *schools* desegregieren.

desegregation ['diːˌsegrɪ'geɪʃən] n Aufhebung f der Rassentrennung (*of* in +dat), Desegregation f.

desensitize [ˌdiː'sensɪtaɪz] vt (*Phot*) lichtunempfindlich machen; (*Med*) desensibilisieren.

desert¹ ['dezət] I n (*lit, fig*) Wüste f. II adj *attr region, climate* Wüsten-. ~ island einsame or verlassene Insel; ~ boots Boots pl; ~ rat (*Brit fig inf*) Wüstensoldat m.

desert² [dɪ'zɜːt] I vt (*leave*) verlassen; *cause, party* im Stich lassen. by the time the police arrived the place was ~ed als die Polizei eintraf, war niemand mehr da; in winter the place is ~ed im Winter ist der Ort verlassen.
II vi (*Mil*) desertieren, Fahnenflucht begehen; (*fig also*) fahnenflüchtig werden. to ~ to the rebels zu den Rebellen überlaufen.

deserter [dɪ'zɜːtəʳ] n (*Mil, fig*) Deserteur m.

desertion [dɪ'zɜːʃən] n 1. (*act*) Verlassen nt; (*Mil*) Desertion, Fahnenflucht f; (*fig*) Fahnenflucht f. ~ to the enemy Überlaufen nt zum Feind. 2. (*state*) Verlassenheit f.

deserts [dɪ'zɜːts] npl Verdienste pl; (*reward, also iro*) verdiente Belohnung; (*punishment*) verdiente Strafe. according to one's ~ nach Verdienst; to get one's just ~ bekommen, was man verdient.

deserve [dɪ'zɜːv] I vt verdienen. he ~s to win er verdient den Sieg; he ~s to be punished er verdient es, bestraft zu werden; he got what he ~d er bekam, was er verdiente. II vi he ~s well of his country (*form*) sein Land ist ihm zu Dank verpflichtet.

deservedly [dɪ'zɜːvɪdlɪ] adv verdientermaßen.

deserving [dɪ'zɜːvɪŋ] adj *person, action, cause* verdienstvoll. the ~ poor die Bedürftigen; to be ~ of sth etw verdienen.

deshabille [ˌdezɔ'biːl] n see **dishabille**.

desiccate ['desɪkeɪt] vt trocknen.

desiccated ['desɪkeɪtɪd] adj getrocknet; (*fig*) vertrocknet.

desiccation [ˌdesɪ'keɪʃən] n Trocknung f, Trocknen nt.

design [dɪ'zaɪn] I n 1. (*planning, shaping etc*) (*of building, book, picture etc*) Entwurf m; (*of dress also*) Design nt; (*of car, machine, plane etc*) Konstruktion f. it's still at the ~ stage es befindet sich noch in der Konstruktion or im Konstruktionsstadium; a machine with a good/faulty ~ eine gut/ schlecht konstruierte Maschine; a new ~ (*Aut*) ein neues Modell.
2. no pl (*as subject, art of designing*) Design nt. industrial ~ Konstruktionslehre f.
3. (*pattern*) Muster nt.
4. (*intention*) Plan m, Absicht f. by ~ absichtlich; to have ~s on sb/sth mit jdm/ etw etwas im Sinn haben, es auf jdn/etw abgesehen haben.
II vt 1. entwerfen; *machine* konstruieren. a well ~ed machine eine gut durchkonstruierte Maschine.
2. (*intend*) to be ~ed for sb/sth für jdn/ etw vorgesehen or bestimmt sein.
III vi planen, Pläne machen.

designate ['dezɪgneɪt] I vt 1. (*name*) kennzeichnen, bezeichnen, benennen; (*appoint*) bestimmen, ernennen, designieren (*form*). to ~ sb as sth jdn zu etw ernennen. 2. (*indicate, specify, mark*) festlegen, bestimmen. II ['dezɪgnɪt] adj the Prime Minister ~ der designierte Premierminister.

designation [ˌdezɪg'neɪʃən] n see vt Kennzeichnung, Bezeichnung, Benennung f; Bestimmung, Ernennung f; Festlegung, Bestimmung f.

designedly [dɪ'zaɪnɪdlɪ] adv absichtlich, vorsätzlich.

designer [dɪ'zaɪnəʳ] n Designer, Gestalter m; (*fashion* ~) Modeschöpfer(in f) m; (*of machines etc*) Konstrukteur m; (*Theat*) Bühnenbildner(in f) m.

designing [dɪ'zaɪnɪŋ] adj intrigant, hinterhältig.

desirability [dɪˌzaɪərə'bɪlɪtɪ] n Wünschbarkeit f. they discussed the ~ of the plan sie erörterten, ob die Vorhaben wünschenswert sei; in his eyes this only increased her ~ das machte sie in seinen Augen um so begehrenswerter; to increase the ~ of these houses um die Attraktivität dieser Häuser zu erhöhen.

desirable [dɪˈzaɪərəbl] *adj* 1. *action, progress* wünschenswert, erwünscht. 2. *position, offer, house, area* reizvoll, attraktiv. 3. *sexual* begehrenswert.

desire [dɪˈzaɪəʳ] **I** *n* (*for* nach) Wunsch *m*; (*longing*) Sehnsucht *f*; (*sexual*) Verlangen, Begehren *nt*. **her sexual ~s** ihre sexuellen Wünsche; **a ~ for peace** ein Verlangen nach Frieden; **heart's ~** Herzenswunsch *m*; **I have no ~ to see him** ich habe kein Verlangen, ihn zu sehen.

II *vt* 1. (*want*) wünschen; *object* sich (*dat*) wünschen; *woman* begehren; *peace* haben wollen, verlangen nach. **it leaves much to be ~d** das läßt viel zu wünschen übrig.

2. (*form: request*) **to ~ sb to do sth** jdn bitten *or* ersuchen, etw zu tun.

desirous [dɪˈzaɪərəs] *adj see vt* **to be ~ of sth** (*form*) etw wünschen/wollen/begehren.

desist [dɪˈzɪst] *vi* (*form*) Abstand nehmen, absehen (*from doing sth* davon, etw zu tun, *from sth* von etw). **would you kindly ~!** unterlassen Sie das gefälligst!

desk [desk] *n* Schreibtisch *m*; (*for pupils, master*) Pult *nt*; (*in shop, restaurant*) Kasse *f*; (*in hotel*) Empfang *m*; (*Press*) Ressort *nt*. **information ~** Informationsschalter *m*) *f*.

deskbound [ˈdeskbaʊnd] *adj* an den Schreibtisch gebunden; **desk clerk** *n* (*US*) Empfangschef *m*; **desk diary** *n* Tischkalender *m*; **desk job** *n* Bürojob *m*.

desolate [ˈdesələt] **I** *adj* 1. *place* (*devastated*) verwüstet; (*barren*) trostlos; (*fig*) *outlook* trostlos. 2. (*grief-stricken*) tieftraurig, zu Tode betrübt; (*friendless*) verlassen; *cry* verzweifelt, der Verzweiflung. **II** [ˈdesəleɪt] *vt* 1. *country* verwüsten. 2. *person* untröstlich machen.

desolately [ˈdesəltlɪ] *adv see adj*.

desolation [ˌdesəˈleɪʃən] *n* 1. (*of country by war*) Verwüstung *f*. 2. (*of landscape*) Trostlosigkeit *f*. 3. (*grief*) Trostlosigkeit *f*; (*friendlessness*) Verlassenheit *f*.

desoxyribonucleic acid [desˈɒksɪˌraɪbəʊnjuːˈkleɪkˈæsɪd] *n* Desoxyribonukleinsäure *f*.

despair [dɪˈspɛəʳ] **I** *n* Verzweiflung *f* (*about, at* über +*acc*). **to be in ~** verzweifelt sein; **he was filled with ~** Verzweiflung überkam *or* ergriff ihn; **in ~, she killed him** sie tötete ihn aus Verzweiflung *or* in ihrer Verzweiflung; **to be the ~ of sb** jdn zur Verzweiflung bringen.

II *vi* verzweifeln, alle Hoffnung aufgeben. **to ~ of doing sth** alle Hoffnung aufgeben, etw zu tun; **to ~ of sth** alle Hoffnung auf etw (*acc*) aufgeben; **his life was ~ed of** man gab ihm keine Überlebenschancen; **to make sb ~** jdn zur Verzweiflung bringen *or* treiben.

despairing *adj*, **~ly** *adv* [dɪsˈpɛərɪŋ, -lɪ] verzweifelt.

despatch [dɪˈspætʃ] *vt, n see* **dispatch**.

desperado [ˌdespəˈrɑːdəʊ] *n, pl* **~(e)s** Desperado *m*.

desperate [ˈdespərɪt] *adj* 1. verzweifelt; *criminal* zum Äußersten entschlossen; (*urgent*) *need etc* dringend. **to feel ~** ver-

zweifelt sein; **to get ~** verzweifeln, in Verzweiflung geraten; **to be ~ for sth** etw dringend brauchen *or* benötigen; **I'm/it's not that ~!** so dringend ist es nicht!; **I was ~ to get the job** ich wollte die Stelle unbedingt haben; **to do something ~** sich zu einer Verzweiflungstat hinreißen lassen.

2. (*extremely serious or dangerous*) *situation etc* verzweifelt, ausweglos, hoffnungslos. **things are getting ~** die Lage wird allmählich verzweifelt *etc*.

3. (*inf: very bad*) *colour etc* schrecklich.

desperately [ˈdespərɪtlɪ] *adv* 1. verzweifelt, voller Verzweiflung; (*urgently*) *need* dringend. **~ in love** verliebt bis über beide Ohren; **~ ill** schwerkrank *attr*, schwer krank *pred*; **do you want ...? — not ~** möchten Sie ...? — nicht unbedingt; **was it good? — not ~** war's schön? — nicht gerade übermäßig.

2. (*inf*) *cold, frightened, funny* fürchterlich *attr*.

desperation [ˌdespəˈreɪʃən] *n* Verzweiflung *f*. **an act of ~** eine Verzweiflungstat; **in (sheer) ~** aus (reiner) Verzweiflung; **in ~ of ever seeing him** weil sie *etc* alle Hoffnung aufgegeben hatte, ihn je zu sehen **to drive sb to ~** jdn zur Verzweiflung bringen; **to be in ~** verzweifelt sein; **to fight with ~** verzweifelt kämpfen.

despicable [dɪˈspɪkəbl] *adj* verabscheuungswürdig; *person* verachtenswert, widerwärtig, ekelhaft.

despicably [dɪˈspɪkəblɪ] *adv* verabscheuungswürdig, widerwärtig, ekelhaft.

despise [dɪˈspaɪz] *vt* verachten; *presents, food also* verschmähen.

despising *adj*, **~ly** *adv* [dɪˈspaɪzɪŋ, -lɪ] verächtlich, voller Verachtung.

despite [dɪˈspaɪt] *prep* trotz (+*gen*) **~ his warnings** seinen Warnungen zum Trotz; **~ what he says** trotz allem, was sie sagt.

despoil [dɪˈspɔɪl] *vt person* berauben (*of gen*); *country* plündern. **~ed of all its treasures** all seiner Schätze beraubt.

despondence [dɪˈspɒndəns], **despondency** [dɪˈspɒndənsɪ] *n* Niedergeschlagenheit, Mutlosigkeit *f*.

despondent [dɪˈspɒndənt] *adj* niedergeschlagen, mutlos. **to be ~ about sth** über etw (*acc*) bedrückt sein; **to grow or get ~** den Mut verlieren.

despondently [dɪˈspɒndəntlɪ] *adv see adj*.

despot [ˈdespɒt] *n* (*lit, fig*) Despot *m*.

despotic *adj*, **~ally** *adv* [desˈpɒtɪk, -əlɪ] (*lit, fig*) despotisch, herrisch.

despotism [ˈdespətɪzəm] *n* Despotie *f*; (*as ideology*) Despotismus *m*.

dessert [dɪˈzɜːt] *n* Nachtisch *m*, Dessert *nt*. **for ~** als *or* zum Nachtisch.

dessertspoon [dɪˈzɜːtspuːn] *n* Dessertlöffel *m*; **dessert wine** *n* Dessertwein *m*.

destination [ˌdestɪˈneɪʃən] *n* (*of person*) Reiseziel *nt*; (*of goods*) Bestimmungsort *m*; (*fig: of person*) Bestimmung *f*; (*of money*) Zweck *m*. **port of ~** Bestimmungshafen *m*; **to know one's ~ in life** seine Bestimmung kennen.

destine [ˈdestɪn] *vt* 1. (*set apart, predestine*) *person* bestimmen, ausersehen; *object* bestimmen. **to be ~d to do sth** dazu be-

stimmt *or* ausersehen sein, etw zu tun; **the qualities which** ~**d him for leadership** die Eigenschaften, die ihn für Führungsaufgaben prädestinierten.
  2. *usu pass* (*be fated*) **we were** ~**d to meet** das Schicksal hat es so gewollt, daß wir uns begegnen; **I was** ~**d never to see them again** ich sollte sie nie (mehr) wiedersehen; **at the** ~**d hour** zu der vom Schicksal (vor)bestimmten Stunde.

destined ['destɪnd] *adj*: ~ **for** (*ship*) unterwegs nach; (*goods*) für; **where is the cargo** ~ **for?** wo geht diese Fracht hin?

destiny ['destɪnɪ] *n* **1.** *no art* (*determining power*) Schicksal *nt*, Vorsehung *f*. **D~** das Schicksal, die Vorsehung.
  2. (*individual fate, fated event*) Schicksal, Geschick, Los *nt*. **to control one's own** ~ sein Schicksal selbst in die Hand nehmen; **it was his** ~ es war sein Schicksal *or* Los, es war ihm beschieden (zu ...).

destitute ['destɪtjuːt] **I** *adj* **1.** (*poverty-stricken*) mittellos. **to be utterly** ~ bettelarm sein. **2.** (*lacking*) bar (*of gen*).
  II *npl* **the** ~ die Mittellosen.

destitution [ˌdestɪ'tjuːʃən] *n* (bittere) Not, Elend *nt*; (*esp financially*) Mittellosigkeit *f*.

destroy [dɪ'strɔɪ] *vt* **1.** zerstören; (*break up, make useless*) box, toy, watch *etc* kaputtmachen; *documents, manuscripts etc also* vernichten; *trace also* tilgen; (*fire also*) verwüsten. **to** ~ **oneself** sich zugrunde richten; **to be** ~**ed by fire** durch Brand vernichtet werden.
  2. (*kill*) vernichten; *animal* einschläfern.
  3. (*put an end to*) zerstören; *influence, hopes, chances* zunichte machen, vernichten; *reputation, mood, beauty* ruinieren; *morals* zersetzen **they are trying to** ~ **him as party leader** sie versuchen, seine Stellung als Parteiführer zu ruinieren.

destroyer [dɪ'strɔɪəʳ] *n* (*Naut*) Zerstörer *m*.

destruct [dɪ'strʌkt] *vi* (*esp Space*) sich selbst zerstören.

destructible [dɪ'strʌktəbl] *adj* vernichtbar.

destruction [dɪ'strʌkʃən] *n* **1.** (*destroying: of town, building, hope*) Zerstörung *f*; (*of enemy, people, insects, documents*) Vernichtung *f*; (*of reputation also*) Ruinierung *f*; (*of character, soul*) Zerstörung, Zersetzung *f*. **2.** (*damage: caused by war, fire*) Verwüstung, Zerstörung *f*.

destructive [dɪ'strʌktɪv] *adj* **1.** wind, fire, war zerstörerisch; *tendencies also* destruktiv; *urge* Zerstörungs-. **to be** ~ **of sth** etw zerstören. **2.** (*fig*) criticism etc destruktiv.

destructively [dɪ'strʌktɪvlɪ] *adv* destruktiv.

destructiveness [dɪ'strʌktɪvnɪs] *n* **1.** (*of fire, war*) zerstörende Wirkung; (*of person, child etc*) Destruktivität *f* (*esp Psych*), Zerstörungswut *f*. **2.** (*of criticism*) Destruktivität *f*, zersetzende Wirkung.

destructor [dɪ'strʌktəʳ] *n* (*Tech: also* **refuse** ~) Müllverbrennungsanlage *f*.

desultoriness ['desəltərɪnɪs] *n see adj* Flüchtigkeit *f*; Halbherzigkeit *f*; Zwanglosigkeit *f*.

desultory ['desəltərɪ] *adj reading* flüchtig; *manner, approach, attempt* halbherzig;

firing vereinzelt, sporadisch. **to have a** ~ **conversation** eine zwanglose Unterhaltung führen.

detach [dɪ'tætʃ] *vt* **1.** (*separate, unfasten*) *rope, cart* loslösen (*from* von); *section of form, document* abtrennen (*from* von); *part of machine, wooden leg, collar, hood* abnehmen (*from* von); *lining* herausnehmen (*from* aus); *coach from train* abhängen (*from* von). **to** ~ **oneself from a group** sich von einer Gruppe lösen *or* trennen; **a section became** ~**ed from ...** ein Teil löste sich von ...; **these buildings are** ~**ed from the main block** diese Gebäude stehen gesondert vom Hauptkomplex.
  2. (*Mil, Naut*) abkommandieren.

detachable [dɪ'tætʃəbl] *adj part of machine, collar* abnehmbar; *section of document* abtrennbar (*from* von); *lining* ausknöpfbar; (*with zip*) ausreißbar; *lens* auswechselbar.

detached [dɪ'tætʃt] *adj* **1.** (*unbiased*) *opinion* distanziert, unvoreingenommen; (*unemotional*) *manner* kühl, distanziert.
  2. ~ **house** Einzelhaus *nt*.

detachment [dɪ'tætʃmənt] *n* **1.** (*act of separating*) *see vt 1*. Loslösen *nt*; Abtrennen *nt*; Abnehmen *nt*; Herausnehmen *nt*; Abhängen *nt*. **2.** (*emotionlessness*) Distanz *f*; (*objectivity*) Abstand *m*. **3.** (*Mil*) Sonderkommando *nt*, Abordnung *f*.

detail ['diːteɪl, (*US*) dɪ'teɪl] **I** *n* **1.** Detail *nt*; (*particular*) Einzelheit *f*; (*part of painting, photo etc*) Ausschnitt *m*; (*insignificant circumstance*) unwichtige Einzelheit. **in** ~ im Detail, in Einzelheiten; **in great** ~ in allen Einzelheiten, ausführlich; **in every** ~ mit *or* in allen Einzelheiten; **there's one little** ~ **you've forgotten** eine Kleinigkeit haben Sie (noch) vergessen; **please send me further** ~**s** bitte schicken Sie mir nähere *or* weitere Einzelheiten; **to go into** ~**s** auf Einzelheiten eingehen, ins Detail gehen; **his attention to** ~ seine Aufmerksamkeit für das Detail; **but that's a** ~! das ist doch unwichtig!
  2. (*Mil*) Sondertrupp *m*.
  II *vt* **1.** *facts, story* ausführlich *or* genau erzählen *or* berichten. **the specifications are fully** ~**ed on page 3** die genaue Ausführung wird auf Seite 3 aufgeführt.
  2. (*Mil*) *troops* abkommandieren (*for* zu, *to do* um zu tun).

detail drawing *n* Detailzeichnung *f*.

detailed ['diːteɪld] *adj* ausführlich, genau, detailliert.

detain [dɪ'teɪn] *vt* (*keep back*) aufhalten; (*police*) in Haft nehmen. **to be** ~**ed** sich in Haft *or* polizeilichem Gewahrsam befinden.

detainee [diːteɪˈniː] *n* Häftling *m*.

detect [dɪ'tekt] *vt* entdecken, herausfinden; (*see, make out*) ausfindig machen; *culprit* entlarven; *crime* aufdecken; *a tone of sadness, movement, noise* wahrnehmen; *mine, gas* aufspüren. **do I** ~ **a note of irony?** höre ich da nicht eine gewisse Ironie (heraus)?

detectable [dɪ'tektəbl] *adj* (*able to be found*) *trace* feststellbar. **sb/sth is** ~

(*discernible*) jd läßt sich ausfindig machen/etw läßt sich wahrnehmen; **no ~ difference** kein erkennbarer Unterschied.

detection [dɪˈtekʃən] *n* **1.** (*of criminal*) Entlarvung *f*; (*of crime*) Entdeckung, Aufdeckung *f*; (*of fault*) Entdeckung, Feststellung *f*; (*detective work*) Ermittlungsarbeit *f*. **to escape ~** (*criminal*) nicht gefaßt *or* dingfest gemacht werden; (*mistake*) der Aufmerksamkeit (*dat*) entgehen; **he tried to escape ~ by ...** er versuchte, unentdeckt zu bleiben, indem ...; **a brilliant piece of ~** ein glänzendes Stück Detektivarbeit.
2. (*of gases, mines*) Aufspürung *f*.

detective [dɪˈtektɪv] *n* (*police ~*) Kriminalbeamte(r) *m*; (*private ~*) Detektiv *m*; (*fig*) Detektiv *m*.

detective agency *n* Detektivbüro *nt*, Detektei *f*; **detective inspector** *n* Kriminalinspektor *m*; **detective story** *n* Kriminalgeschichte *f*, Krimi *m* (*inf*).

detector [dɪˈtektəʳ] *n* (*Rad, Tech*) Detektor *m*; *see* **mine ~**.

détente [deɪˈtɑ̃nt] *n* Entspannung, *f*.

detention [dɪˈtenʃən] *n* **1.** (*captivity*) Haft *f*, Gewahrsam *m*; (*act*) Festnahme *f*; (*Mil*) Arrest *m*; (*Sch*) Nachsitzen *nt*. **he's in ~** (*Sch*) er sitzt nach.
2. (*being held up, delayed*) Verzögerung *f*, Aufenthalt *m*.

detention centre *n* Jugendstrafanstalt *f*.

deter [dɪˈtɜːʳ] *vt* (*prevent*) abhalten, hindern; (*discourage*) abschrecken. **to ~ sb from sth** jdn von etw abhalten *or* an etw (*dat*) hindern; **don't let him ~ you** lassen Sie sich nicht von ihm abbringen.

detergent [dɪˈtɜːdʒənt] **I** *n* Reinigungs- *or* Säuberungsmittel *nt*; (*soap powder etc*) Waschmittel *nt*. **II** *adj* reinigend.

deteriorate [dɪˈtɪərɪəreɪt] *vi* sich verschlechtern; (*materials*) verderben; (*species*) entarten; (*morals, brickwork*) verfallen.

deterioration [dɪˌtɪərɪəˈreɪʃən] *n see vi* Verschlechterung *f*; Verderben *nt*; Entartung *f*; Verfall *m*.

determinable [dɪˈtɜːmɪnəbl] *adj* **1.** *quantity* bestimmbar. **2.** (*Jur*) befristet.

determinant [dɪˈtɜːmɪnənt] **I** *adj* determinierend *attr*, entscheidend. **II** *n* ausschlaggebender Faktor; (*Math, Biol etc*) Determinante *f*.

determinate [dɪˈtɜːmɪnɪt] *adj* *number, period etc* bestimmt, begrenzt; *concept also* fest(gelegt).

determination [dɪˌtɜːmɪˈneɪʃən] *n* **1.** (*firmness of purpose*) Entschlossenheit *f*. **he has great ~** er ist ein Mensch von großer Entschlußkraft; **there is an air of ~ about him** er hat etwas Entschlossenes an sich.
2. (*determining*) Determinierung *f*; (*of character, future also*) Bestimmung *f*; (*of cause, nature, position*) Ermittlung, Bestimmung *f*; (*of frontiers*) Festlegung, *f*.

determine [dɪˈtɜːmɪn] *vt* **1.** (*be a decisive factor in*) *sb's character, future etc* bestimmen, determinieren.
2. (*settle, fix*) *conditions, price* festlegen, festsetzen.
3. (*ascertain*) *cause, nature, position* ermitteln, bestimmen.

4. (*resolve*) beschließen.
5. (*cause to decide*) *person* veranlassen. **to ~ sb to do sth** jdn dazu veranlassen *or* bewegen, etw zu tun.
6. (*Jur*) *contract* beenden.

◆**determine on** *vi +prep obj course of action, alternative* sich entschließen zu. **to ~ ~ doing sth** beschließen *or* sich entschließen, etw zu tun.

determined [dɪˈtɜːmɪnd] *adj* *person, appearance* entschlossen. **he is ~ that ...** er hat fest beschlossen, daß ...; **they are ~ to succeed** sie sind (fest) entschlossen, erfolgreich zu sein; **he's ~ to make me lose my temper** (*inf*) er legt es darauf an, daß ich wütend werde; **you seem ~ to exhaust yourself** du scheinst dich mit aller Gewalt kaputtmachen zu wollen.

determinedly [dɪˈtɜːmɪndlɪ] *adv* voller Entschlossenheit, entschlossen.

determiner [dɪˈtɜːmɪnəʳ] *n* (*Gram*) Bestimmungswort *nt*.

determining [dɪˈtɜːmɪnɪŋ] *adj* entscheidend, bestimmend.

determinism [dɪˈtɜːmɪnɪzəm] *n* Determinismus *m*.

determinist [dɪˈtɜːmɪnɪst] **I** *adj* deterministisch. **II** *n* Determinist(in *f*) *m*.

deterministic [dɪˌtɜːmɪˈnɪstɪk] *adj* deterministisch.

deterrent [dɪˈterənt] **I** *n* (*also Mil*) Abschreckungsmittel *nt*. **to act as a ~** als Abschreckung(smittel) dienen (*to* für); **to be a ~** abschrecken. **II** *adj* abschreckend, Abschreckungs-.

detest [dɪˈtest] *vt* verabscheuen, hassen. **I ~ having to get up early** ich hasse es, früh aufstehen zu müssen.

detestable [dɪˈtestəbl] *adj* widerwärtig, abscheulich; *character also* verabscheuungswürdig.

detestably [dɪˈtestəblɪ] *adv* widerwärtig, abscheulich.

detestation [ˌdiːtesˈteɪʃən] *n* **1.** Abscheu *m* (*of* vor +*dat*). **2.** (*object of hatred*) **to be the ~ of sb** jds Abscheu erregen.

dethrone [diːˈθrəun] *vt* entthronen.

dethronement [diːˈθrəunmənt] *n* Entthronung *f*.

detonate [ˈdetəneɪt] **I** *vi* (*fuse*) zünden; (*bomb also*) detonieren. **II** *vt* explodieren lassen. **detonating device** Detonator *m*.

detonation [ˌdetəˈneɪʃən] *n* Zündung *f*.

detonator [ˈdetəneɪtəʳ] *n* Zünd- *or* Sprengkapsel *f*; (*Rail*) Nebelsignal *nt*.

detour [ˈdiːˌtuəʳ] **I** *n* **1.** (*in road, fig*) Umweg *m*; (*in river*) Schleife *f*, Bogen *m*; (*from a subject*) Abschweifung *f*. **to make a ~** einen Umweg machen. **2.** (*for traffic*) Umleitung *f*. **II** *vt traffic* umleiten.

detract [dɪˈtrækt] *vi* **to ~ from sth** einer Sache (*dat*) Abbruch tun; *pleasure, merit also* etw schmälern.

detraction [dɪˈtrækʃən] *n* Beeinträchtigung, Schmälerung *f* (*from* gen).

detractor [dɪˈtræktəʳ] *n* Gegner *m*.

detrain [diːˈtreɪn] **I** *vt* ausladen. **II** *vi* (*troops, esp US: passengers*) aussteigen.

detribalize [diːˈtraɪbəlaɪz] *vt* die Stammesstruktur auflösen in (+*dat*).

detriment [ˈdetrɪmənt] *n* Schaden, Nachteil *m*. **to the ~ of** zum Schaden (+*gen*) *or* von; **without** ~ **to** ohne Schaden für; **I don't know anything to his** ~ ich weiß nichts Nachteiliges über ihn.

detrimental [,detrɪ'mentl] *adj* (*to health, reputation*) schädlich (*to dat*); *effect also* nachteilig (*to für*); (*to case, cause, one's interest*) abträglich (*to dat*).

detritus [dɪ'traɪtəs] *n* (*Geol*) Geröll *nt*; (*fig*) Müll *m*.

de trop [də'trəʊ] *adj* fehl am Platze.

deuce[1] [djuːs] *n* **1.** (*Cards*) Zwei *f*. **2.** (*Tennis*) Einstand *m*.

deuce[2] *n* (*dated inf*) Teufel, Daus (*old*) *m*; *for phrases see* **devil I 3.**

Deuteronomy [,djuːtə'rɒnəmɪ] *n* das fünfte Buch Mose(s), Deuteronomium *nt*.

devaluate [diː'væljʊeɪt] *vt see* **devalue**.

devaluation [,diːvæljʊ'eɪ ʃ ən] *n* Abwertung *f*.

devalue [diː'væljuː] *vt* abwerten.

devastate ['devəsteɪt] *vt* **1.** (*lit*) *town, land* verwüsten; (*fig*) *opponent, opposition* vernichten. **2.** (*inf: overwhelm*) niederschmettern, umhauen (*inf*). **I was** ~**d** das hat mich umgehauen (*inf*).

devastating ['devəsteɪtɪŋ] *adj* **1.** (*destructive*) verheerend, vernichtend.

2. (*fig: overwhelming*) *power* verheerend; *passion* zerstörerisch; *news* niederschmetternd; *grief* überwältigend.

3. (*inf: crushing*) *argument, attack, reply* vernichtend; *effect, consequences* verheerend.

4. (*inf: irresistible*) *wit, humour, charm, woman* umwerfend, überwältigend.

devastatingly ['devəsteɪtɪŋlɪ] *adv* beautiful, *funny* umwerfend.

devastation [,devə'steɪʃən] *n* Verwüstung *f*.

develop [dɪ'veləp] **I** *vt* **1.** *mind, body* entwickeln.

2. *argument, thesis, outlines* (weiter)-entwickeln, weiter ausführen; *original idea* (weiter)entwickeln; *plot of novel (unfold)* entfalten; (*fill out*) weiterentwickeln, ausbauen; (*Mus*) *theme* durchführen.

3. *natural resources, region, ground* erschließen; *old part of a town* sanieren; *new estate* erschließen; *new series, new model* entwickeln; *business (expand)* erweitern, ausbauen; (*from scratch*) aufziehen. **they plan to** ~ **this area into a ...** es ist geplant, dieses Gebiet als ... zu erschließen.

4. *liking, taste, talent* entwickeln; *cold* sich (*dat*) zuziehen.

5. (*Phot, Math*) entwickeln.

II *vi* **1.** (*person, region, country*) sich entwickeln. **to** ~ **into sth** sich zu etw entwickeln, etw werden.

2. (*illness, tendency, feeling*) sich entwickeln; (*talent, plot etc*) sich entfalten.

3. (*Phot*) entwickelt werden.

4. (*event, situation*) sich entwickeln. **it later** ~**ed that he had never seen her** später stellte sich heraus *or* zeigte es sich, daß er sie nie gesehen hatte.

developer [dɪ'veləpə`] *n* **1.** *see* **property** ~. **2.** (*Phot*) Entwickler *m*. **3. late** ~ Spätentwickler *m*.

developing [dɪ'veləpɪŋ] **I** *adj* crisis, *storm* aufkommend; *industry* neu entstehend;

interest wachsend. **II** *n* **1.** *see* **development 1., 4. 2.** (*Phot*) Entwickeln *nt*.

developing bath *n* Entwicklerbad *nt*; **developing country** *n* Entwicklungsland *nt*.

development [dɪ'veləpmənt] *n* **1.** (*of person, mind, body*) Entwicklung *f*.

2. (*way subject, plot etc is developed*) Ausführung *f*; (*of interests also*) Entfaltung *f*; (*of argument etc*) (Weiter)-entwicklung *f*; (*Mus*) Durchführung *f*.

3. (*change in situation*) Entwicklung *f*. **new** ~**s in ...** neue Entwicklungen in ...; **to await** ~**s** die Entwicklung abwarten.

4. (*of area, site, new town*) Erschließung *f*; (*of old part of town*) Sanierung *f*; (*of industry*) (*from scratch*) Entwicklung *f*; (*expansion*) Ausbau *m*. **we live in a new** ~ wir leben in einer neuen Siedlung.

5. (*Phot, Math*) Entwicklung *f*.

developmental [dɪveləp'mentl] *adj* stage Entwicklungs-.

development area *n* Entwicklungsgebiet *nt*; (*in town*) Erschließungsgebiet *nt*; (*in old town*) Sanierungsgebiet *nt*; **development company** *n* (Wohnungs)-baugesellschaft *f*.

deviancy ['diːvɪənsɪ] *n* abweichendes Verhalten, Devianz *f* (*spec*).

deviant ['diːvɪənt] **I** *adj* behaviour abweichend, deviant (*spec*). **II** *n* jd, der von der Norm abweicht, Deviant *m* (*spec*).

deviate ['diːvɪeɪt] *vi* **1.** (*person: from truth, former statement, routine*) abweichen.

2. (*ship, plane, projectile*) vom Kurs abweichen *or* abkommen; (*deliberately*) vom Kurs abgehen.

deviation [,diːvɪ'eɪʃən] *n* Abweichen *nt*, Abweichung *f*.

deviationism [,diːvɪ'eɪʃ ənɪzəm] *n* Abweichlertum *nt*.

deviationist [,diːvɪ'eɪʃ ənɪst] **I** *adj* abweichend. **II** *n* Abweichler(in *f*) *m*.

device [dɪ'vaɪs] *n* **1.** (*gadget etc*) Gerät *nt*; (*extra fitment*) Vorrichtung *f*. **nuclear** ~ atomarer Sprengkörper; **a rhetorical** ~ ein rhetorischer Kunstgriff.

2. to leave sb to his own ~**s** jdn sich (*dat*) selbst überlassen.

3. (*emblem*) Emblem *nt*; (*motto*) Motto *nt*, Devise *f*.

devil ['devl] **I** *n* **1.** (*evil spirit*) Teufel *m*.

2. (*inf*) (*person, child*) Teufel *m* (*inf*); (*object, screw etc*) Plage *f*; (*daring person*) Teufelskerl *m*. **he's a** ~ **with the ladies** er ist ein Weiberheld; **shall I have another?** — **go on, be a** ~ soll ich noch einen trinken? *etc* — los, nur zu, riskier's! (*inf*).

3. (*inf: as intensifier*) **a** ~ **of a job** eine Heidenarbeit; **I had the** ~ **of a job getting here** es war verdammt schwierig, hierher zu kommen; **to live a** ~ **of a long way away** verdammt weit weg wohnen; **how/what/ why/who the** ~ **...?** wie/was/warum/wer zum Teufel ...?; **to work like the** ~ wie ein Pferd schuften (*inf*); **to run like the** ~ wie ein geölter Blitz sausen (*inf*); **they were making the** ~ **of a noise** sie machten einen Höllenlärm; **to be in a** ~ **of a mess** ganz schön in der Patsche sitzen (*inf*) *or* sein (*inf*); **there will be the ~ to pay** das dicke Ende kommt nach.

4. (*in expressions*) **(to be) between the D~ and the deep blue sea** (sich) in einer Zwickmühle (befinden); **to play the ~ with sth** (*inf*) etw ruinieren; **go to the ~!** (*inf*) scher dich zum Teufel! (*inf*); **the ~ finds work for idle hands** (*Prov*) Müßiggang ist aller Laster Anfang (*Prov*); **speak** *or* **talk of the ~!** wenn man vom Teufel spricht!; **give the ~ his due** das muß der Neid ihm lassen; **to have the ~'s own luck** (*inf*) *or* **the luck of the ~** (*inf*) ein Schweineglück (*inf*) *or* unverschämtes Glück haben; **better the ~ you know (than the ~ you don't)** (*prov*) von zwei Übeln wählt man besser das, was man schon kennt; **(the) ~ take the hindmost** den Letzten beißen die Hunde (*Prov*).

5. printer's ~ Setzerjunge *m*.

II *vi* (*Jur, Typ, Liter etc*) Handlangerdienste tun.

III *vt* (*Cook*) scharf gewürzt grillen.

devil fish *n* (*ray*) Rochen *m*; (*octopus*) Tintenfisch *m*.

devilish ['devlɪʃ] **I** *adj* **1.** *invention* teuflisch. **2.** (*inf: terrible*) schrecklich. **II** *adv* (*dated inf: very*) verteufelt (*dated inf*); *funny, amusing* furchtbar.

devilishly ['devlɪʃlɪ] *adv* **1.** *behave* abscheulich. **2.** (*dated inf*) *see* **devilish II**.

devilishness ['devlɪʃnɪs] *n* Teuflische(s) *nt* (*of* an +*dat*); (*of behaviour*) Abscheulichkeit *f*.

devil-may-care [ˌdevlmeɪˈkeər] *adj* leichtsinnig, vollständig unbekümmert; (*in a selfish way*) Nach-mir-die-Sintflut-.

devilment ['devlmənt] *n* (*grober*) Unfug. **out of sheer ~** aus lauter Übermut.

devilry ['devlrɪ] *n* **1.** (*mischief*) (grober) Unfug. **a piece of childish ~** ein Dummejungenstreich *m*. **2.** (*black magic*) Teufelskunst *f*. **3.** (*extreme wickedness, cruelty*) Teufelei *f*.

devil's advocate *n* des Teufels Advokat, Advocatus Diaboli *m*.

devious ['diːvɪəs] *adj* **1.** *path, argumentation* gewunden. **by a ~ route** auf einem Umweg; **he has a very ~ mind** er hat sehr verschlungene Gedankengänge, er denkt immer um viele Ecken (*inf*). **2.** (*dishonest*) *method, manoeuvre, route* krumm (*inf*), fragwürdig; *person* verschlagen, hinterhältig. **he has a very ~ mind** er ist durch und durch verschlagen.

deviously ['diːvɪəslɪ] *adv* verschlagen, hinterhältig. **~ worded** verklausuliert.

deviousness ['diːvɪəsnɪs] *n see adj* **1.** Gewundenheit *f*. **2.** Fragwürdigkeit *f*; Verschlagenheit, Hinterhältigkeit *f*.

devise [dɪˈvaɪz] **I** *vt* **1.** *scheme, style* sich (*dat*) ausdenken. **2.** (*Jur*) hinterlassen, vermachen. **II** *n* (*Jur*) Vermächtnis *nt*, Hinterlassenschaft *f*.

devitalization [diːˌvaɪtəlaɪˈzeɪʃən] *n* Schwächung *f*.

devitalize [diːˈvaɪtəlaɪz] *vt* schwächen.

devoid [dɪˈvɔɪd] *adj*: **~ of** bar (+*gen*), ohne.

devolution [ˌdiːvəˈluːʃən] *n* **1.** (*of power*) Übertragung *f* (*from … to* von … auf +*acc*); (*Pol*) Dezentralisierung *f*. **2.** (*Jur: of property*) (*active devolving*)

Übertragung *f*; (*being devolved*) Übergang *m*. **3.** (*Biol*) Rückentwicklung *f*.

devolve [dɪˈvɒlv] **I** *vi* (*on, upon* auf +*acc*) **I** *vi* (*duty, property etc*) übergehen. **II** *vt duty* übertragen.

devote [dɪˈvəʊt] *vt* widmen (*to* dat); *thought* verwenden (*to* auf +*acc*); *building* verwenden (*to* für); *resources* bestimmen (*to* für).

devoted [dɪˈvəʊtɪd] *adj* ergeben; *followers, service, friendship* treu; *admirer* eifrig. **he/ his time is ~ to his work/children** er geht in seiner Arbeit/seinen Kindern auf/seine Zeit ist seiner Arbeit/seinen Kindern gewidmet.

devotedly [dɪˈvəʊtɪdlɪ] *adv* hingebungsvoll; *serve, follow* treu; *support* eifrig.

devotee [ˌdevəʊˈtiː] *n* Anhänger(in *f*) *m*; (*of a writer*) Verehrer(in *f*) *m*; (*of music also, of poetry*) Liebhaber(in *f*) *m*.

devotion [dɪˈvəʊʃən] *n* **1.** (*to friend, wife etc*) Ergebenheit *f* (*to* gegenüber); (*to work*) Hingabe *f* (*to* an +*acc*). **~ to duty** Pflichteifer *m*. **2.** (*of part of building, time etc*) (*to* für) Verwendung *f*; (*of resources*) Bestimmung *f*. **3.** (*Rel*) **~s** *pl* Andacht *f*.

devotional [dɪˈvəʊʃənl] *adj book, literature* religiös. **~ objects** Devotionalien *pl*.

devour [dɪˈvaʊər] *vt* (*lit, fig*) verschlingen. **to be ~ed by jealousy** von Eifersucht verzehrt werden.

devouring [dɪˈvaʊərɪŋ] *adj hunger, passion* verzehrend.

devout [dɪˈvaʊt] *adj* (+*er*) *person* fromm; *hope* sehnlich(st).

devoutly [dɪˈvaʊtlɪ] *adv pray* fromm; *hope* sehnlich(st).

dew [djuː] *n* Tau *m*.

dewdrop ['djuːdrɒp] *n* Tautropfen *m*; **dewlap** *n* (*on cow*) Wamme *f*; (*hum: on person*) Doppelkinn *nt*.

dewy ['djuːɪ] *adj* (+*er*) *grass* taufeucht; *skin* taufrisch. **her eyes were ~** ihre Augen hatten einen feuchten Schimmer.

dewy-eyed ['djuːɪaɪd] *adj* (*innocent, naive*) naiv; (*trusting*) vertrauensselig. **to go all ~** feuchte Augen bekommen; **to look all ~** mit großen Augen in die Welt schauen.

dexterity [deksˈterɪtɪ] *n* **1.** Geschick *nt*. **his ~ in** *or* **at conducting the negotiations** sein Geschick bei der Verhandlungsführung. **2.** (*right-handedness*) Rechtshändigkeit *f*.

dexterous, dextrous ['dekstrəs] *adj* **1.** (*skilful*) *person, movement* geschickt. **2.** (*rare: right-handed*) rechtshändig.

dextrose ['dekstrəʊz] *n* Dextrose *f*, Traubenzucker *m*.

DHSS (*Brit*) *abbr of* **Department of Health and Social Security** Gesundheits- und Sozialamt *nt*.

diabetes [ˌdaɪəˈbiːtiːz] *n* Zuckerkrankheit *f*, Diabetes *m*, Zucker *no art* (*inf*).

diabetic [ˌdaɪəˈbetɪk] **I** *adj* **1.** zuckerkrank. **2.** *beer, chocolate* Diabetiker-. **II** *n* Zuckerkranke(r) *mf*, Diabetiker(in *f*) *m*.

diabolic(al) [ˌdaɪəˈbɒlɪk(əl)] *adj* **1.** *power, invention, action* diabolisch, teuflisch. **2.** (*sl*) *weather, child, heat* saumäßig (*sl*).

diabolically [ˌdaɪəˈbɒlɪkəlɪ] *adv see adj*.

diachronic [ˌdaɪəˈkrɒnɪk] *adj* diachron.

diacritic [ˌdaɪəˈkrɪtɪk] **I** *adj* diakritisch. **II** *n* diakritisches Zeichen.

diadem ['daɪədem] n Diadem nt.

diaeresis, (US) **dieresis** [daɪ'erɪsɪs] n Diärese f; (sign) Trema nt.

diagnose ['daɪəgnəʊz] vt (Med, fig) diagnostizieren.

diagnosis [ˌdaɪəg'nəʊsɪs] n, pl **diagnoses** [ˌdaɪəg'nəʊsiːz] Diagnose f. to make a ~ eine Diagnose stellen.

diagnostic [ˌdaɪəg'nɒstɪk] adj diagnostisch.

diagnostician [ˌdaɪəgnɒs'tɪʃən] n Diagnostiker(in f) m.

diagonal [daɪ'ægənl] I adj diagonal. II n Diagonale f.

diagonally [daɪ'ægənəlɪ] adv cut, fold diagonal; (loosely: crossways) schräg. ~ across sth walk schräg über etw (acc); be placed schräg über etw (dat); to be ~ opposite sth einer Sache (dat) schräg gegenüber sein.

diagram ['daɪəgræm] n (Math) Diagramm nt; (of machine etc also) Schaubild nt; (chart: of figures etc) graphische Darstellung. you don't have to draw me a ~ (fig inf) Sie brauchen es mir nicht aufzuzeichnen (inf).

diagrammatic [ˌdaɪəgrə'mætɪk] adj diagrammatisch. in ~ form in einem Schaubild or Diagramm/graphisch dargestellt.

dial ['daɪəl] I n 1. (of clock) Zifferblatt nt; (of speedometer, pressure gauge) Skala f; (Telec) Wähl- or Nummernscheibe f; (on radio etc) (Frequenzbereich-)Einstellskala f; see sundial.
2. (sl: face) Visage f (sl).
II vt (Telec) wählen. to ~ direct durchwählen; you can ~ London direct man kann nach London durchwählen.
III vi (Telec) wählen.

dialect ['daɪəlekt] I n Dialekt m; (local, rural also) Mundart f. the country people spoke in ~ die Landbevölkerung sprach Dialekt; the play is in ~ das Stück ist in Dialekt or Mundart geschrieben.
II attr word Dialekt-.

dialectal [ˌdaɪə'lektl] adj see in dialektal, Dialekt-; mundartlich, Mundart-.

dialectical [ˌdaɪə'lektɪkəl] adj dialektisch.

dialectician [ˌdaɪəlek'tɪʃən] n Dialektiker(in f) m.

dialectic(s) [ˌdaɪə'lektɪk(s)] n (with sing vb) Dialektik f.

dialling ['daɪəlɪŋ]: ~ code n Vorwahl(nummer), Ortsnetzkennzahl (form) f; ~ tone n (Brit Telec) Amtszeichen nt.

dialogue, (US) **dialog** ['daɪəlɒg] n (all senses) Dialog m.

dial tone n (US Telec) Amtszeichen nt.

dialysis [daɪ'æləsɪs] n Dialyse f.

diameter [daɪ'æmɪtəʳ] n Durchmesser m. to be one metre in ~ einen Durchmesser von einem Meter haben; what's its ~? welchen Durchmesser hat es?

diametrical [ˌdaɪə'metrɪkəl] adj (Math, fig) diametral.

diametrically [ˌdaɪə'metrɪkəlɪ] adv diametral. ~ opposed (to) diametral entgegengesetzt (+dat).

diamond ['daɪəmənd] n 1. Diamant m. it was a case of ~ cut ~ (Prov) da sind die Richtigen aneinandergeraten; see rough ~. 2. ~s (Cards) Karo nt; the King of ~s der Karokönig. 3. (Baseball) Innenfeld

nt. 4. (Math: rhombus) Raute f.

diamond in cpds ring etc Diamant-; **diamond cutter** n Diamantschneider(in f) m; (Ind) Diamantschleifer(in f) m; **diamond cutting** n Diamantschleifen nt; **diamond drill** n Diamantbohrer m; **diamond merchant** n Diamantenhändler(in f) m; **diamond-shaped** adj rautenförmig; **diamond wedding** n diamantene Hochzeit.

diaper ['daɪəpəʳ] n (US) Windel f.

diaphanous [daɪ'æfənəs] adj durchscheinend.

diaphragm ['daɪəfræm] n (Anat, Phys, Chem) Diaphragma nt; (abdominal also) Zwerchfell nt; (Phot also) Blende f; (in telephone) Membran f; (contraceptive) Pessar nt.

diarist ['daɪərɪst] n (of personal events) Tagebuchschreiber(in f) m; (of contemporary events) Chronist m.

diarrhoea, (US) **diarrhea** [ˌdaɪə'riːə] n Durchfall m, Diarrhöe f. verbal ~ Laberei f (inf).

diary ['daɪərɪ] n (of personal experience) Tagebuch nt; (for noting dates) (Termin)-kalender m. to keep a ~ Tagebuch führen; desk/pocket ~ Schreibtisch-/Taschenkalender m; I've got it in my ~ es steht in meinem (Termin)kalender.

Diaspora [daɪ'æspərə] n Diaspora f.

diastole [daɪ'æstəlɪ] n Diastole f.

diatonic [ˌdaɪə'tɒnɪk] adj diatonisch.

diatribe ['daɪətraɪb] n Schmährede f.

dibble ['dɪbl] I n Pflanz- or Setzholz nt. II vt plant setzen, pflanzen; hole machen.

dice [daɪs] I n, pl - Würfel m. to play ~ Würfel spielen, würfeln; ~ cup or box Würfelbecher m; no ~ (sl) (das) ist nicht drin (inf). II vi würfeln. to ~ with death mit dem Tode spielen. III vt (Cook) würfelig or in Würfel schneiden.

dicey ['daɪsɪ] adj (Brit inf) riskant.

dichotomy [dɪ'kɒtəmɪ] n Trennung, Dichotomie f.

dick [dɪk] n 1. (sl: detective) Schnüffler m (inf). private ~ Privatdetektiv m; see clever. 2. (vulg: penis) Schwanz m (sl).

dickens ['dɪkɪnz] n (euph inf for devil) Teufel m; for phrases see devil I 3.

dicker ['dɪkəʳ] vi (US) feilschen.

dickey, dicky ['dɪkɪ] n 1. (inf) (on shirt) Hemdbrust f; (bow-tie) Fliege f. 2. (also ~ seat) Notsitz m in einem Zweisitzer.

dicky ['dɪkɪ] adj (inf) heart angeknackst (inf).

dickybird ['dɪkɪbɜːd] n (baby-talk) Piepmatz m (baby-talk). I didn't see a ~ (inf) ich habe überhaupt nichts gesehen.

dicta ['dɪktə] pl of **dictum**.

dictaphone ® ['dɪktəfəʊn] n Diktaphon nt.

dictate [dɪk'teɪt] I vti (all senses) diktieren. II ['dɪkteɪt] n usu pl Diktat nt; (of reason) Gebote pl.
◆**dictate to** vi +prep obj person diktieren (+dat), Vorschriften machen (+dat).

dictation [dɪk'teɪʃən] n (also Sch) Diktat nt. to take a ~ ein Diktat aufnehmen; to read at ~ speed in Diktiertempo lesen.

dictator [dɪk'teɪtəʳ] n 1. (Pol, fig) Diktator m. 2. (of letter etc) Diktierende(r) mf.

dictatorial *adj*, **~ly** *adv* [ˌdɪktə'tɔːrɪəl, -ɪ] (*Pol, fig*) diktatorisch.

dictatorship [dɪk'teɪtəʃɪp] *n* (*Pol, fig*) Diktatur *f*.

diction ['dɪkʃən] *n* **1.** (*Liter*) Diktion *f*. **poetic ~** poetische Sprache. **2.** (*way of speaking*) Diktion *f*.

dictionary ['dɪkʃənrɪ] *n* Wörterbuch *nt*.

dictum ['dɪktəm] *n, pl* **dicta** Diktum *nt*.

did [dɪd] *pret of* **do²**.

didactic *adj*, **~ally** *adv* [dɪ'dæktɪk, -əlɪ] didaktisch.

diddle ['dɪdl] *vt* (*inf*) übers Ohr hauen (*inf*), beschummeln. **to ~ sb out of sth** jdm etw abgaunern (*inf*).

didn't ['dɪdənt] = **did not**; *see* **do²**.

didst [dɪdst] (*obs*) = **didst thou**; *see* **do²**.

die¹ [daɪ] *vi* **1.** sterben; *soldier also* fallen; (*motor, engine*) absterben; (*planet*) vergehen. **to ~ of hunger/pneumonia/grief** vor Hunger/an Lungenentzündung/vor *or* aus Kummer sterben; **to ~ by one's own hand** von eigener Hand sterben, Hand an sich legen; **he ~d a hero** er starb als Held; **to be dying** im Sterben liegen; **never say ~!** nur nicht aufgeben!; **to ~ laughing** (*inf*) sich totlachen (*inf*).
2. to be dying to do sth (*fig*) darauf brennen, etw zu tun, brennend gern etw tun wollen; **I'm dying for a cigarette** ich brauche jetzt unbedingt eine Zigarette; **I'm dying to know what happened** ich bin schrecklich gespannt zu hören, was passiert ist.
3. (*disappear*) (*love*) vergehen; (*memory*) (ver)schwinden; (*custom*) aussterben; (*empire*) untergehen. **the secret ~d with him** er nahm das Geheimnis mit ins Grab; **rumours ~ hard** Gerüchte sind nicht totzukriegen.
II *vt* **to ~ a hero's/a violent death** den Heldentod/eines gewaltsamen Todes sterben; **to ~ the death** (*plan etc*) sterben (*inf*).

◆**die away** *vi* (*sound, voice*) schwächer *or* leiser werden; (*wind*) nachlassen, sich legen; (*anger*) sich legen, vergehen.

◆**die back** *vi* absterben.

◆**die down** *vi* nachlassen; (*fire*) herunterbrennen; (*flames*) kleiner werden; (*quarrel, protest also*) schwächer werden.

◆**die off** *vi* (hin)wegsterben; (*animals, people also*) (der Reihe nach) sterben.

◆**die out** *vi* aussterben.

die² *n* **1.** *pl* **dice** Würfel *m*. **the ~ is cast** (*fig*) die Würfel sind gefallen; *see also* **dice**. **2.** *pl* **-s** (*Tech*) Gesenk *nt*, Gußform *f*; (*in minting*) Prägestempel *m*.

die casting *n* (*article*) Spritzguß(stück *nt*) *m*; (*process*) Spritzgußverfahren *nt*.

die-hard ['daɪhɑːd] **I** *n* zäher Kämpfer; (*resistant to change*) Ewiggestrige(r) *mf*. **II** *adj* zäh; (*pej*) reaktionär.

dieresis *n* (*US*) *see* **diaeresis**.

diesel ['diːzəl] *n* (*train*) Dieseltriebwagen *m*; (*car*) Diesel *m*; (*fuel*) Dieselöl *nt*, Diesel *m* *or* art.

diesel-electric · [ˌdiːzəlɪ'lektrɪk] *adj* dieselelektrisch; **diesel engine** *n* Dieselmotor *m*; **diesel oil** *n* Dieselkraftstoff *m*; **diesel train** *n* Dieseltriebwagen *m*.

die sinker *n* Werkzeugmacher(in *f*) *m*.

diet¹ ['daɪət] **I** *n* Nahrung *f*; (*special ~*) Diät *f*; (*slimming ~*) Schlankheitskur *f*. **to put sb on a ~/special ~** jdm eine Schlankheitskur/Diät verordnen; **to be/go on a ~** eine Schlankheitskur machen; **high protein ~** proteinreiche Diät; **~ sheet** Diät-/Schlankheits(fahr)plan *m*.
II *vi* eine Schlankheitskur machen.

diet² *n* (*assembly*) Abgeordnetenversammlung *f*. **the D~ of Worms** der Reichstag zu Worms.

dietary ['daɪətərɪ], **dietetic** [ˌdaɪə'tetɪk] *adj* Diät-, diätetisch, Ernährungs-.

dietetics [ˌdaɪə'tetɪks] *n sing* Diätlehre, Diätetik *f*.

dietician [ˌdaɪə'tɪʃən] *n* Diätist(in *f*), Ernährungswissenschaftler(in *f*) *m*.

differ ['dɪfər] *vi* **1.** (*be different*) sich unterscheiden (*from* von). **tastes ~** die Geschmäcker sind verschieden; **I ~ from you in that ...** ich unterscheide mich von Ihnen darin, daß ...
2. (*disagree*) **to ~ with sb over sth** über etw anderer Meinung sein als jd; **we ~ed sharply over that** darin waren wir völlig verschiedener Meinung; *see* **agree, beg**.

difference ['dɪfrəns] *n* **1.** Unterschied *m*; (*in age*) (Alters)unterschied *m* (*in, between* zwischen +*dat*). **that makes a big ~ to me** das ist für mich ein großer Unterschied; **to make a ~ to** *or* **in sth** einen Unterschied bei etw machen; **that makes a big ~, that makes all the ~** das ändert die Sache völlig, das gibt der Sache (*dat*) ein ganz anderes Gesicht; **a bottle of wine would make all the ~** es fehlt nur noch eine Flasche Wein dazu; **it makes all the ~ in the world** da liegt der entscheidende Unterschied; **what ~ does it make if ...** was wäre denn anders *or* was macht es schon, wenn ...; **what ~ is that to you?** was macht dir das aus?; **it makes no ~** es ist egal (*inf*); **it makes no ~ to me** das ist mir egal *or* einerlei; **for all the ~ it makes** obwohl es ja eigentlich egal ist; **a car/dress with a ~** (*inf*) ein Auto/Kleid, das mal was anderes ist.
2. (*between numbers, amounts*) Differenz *f*. **to pay the ~** die Differenz *or* den Rest(betrag) bezahlen.
3. (*quarrel*) Differenz, Auseinandersetzung *f*. **a ~ of opinion** eine Meinungsverschiedenheit; **to settle one's ~s** die Meinungsverschiedenheiten beilegen.

different ['dɪfrənt] *adj* **1.** andere(r, s), anders *pred* (*from, to* als); **two people, things** verschieden, unterschiedlich. **completely ~** völlig verschieden; (*changed*) völlig verändert; **that's ~!** das ist was anderes!; **in what way are they ~?** wie unterscheiden sie sich?; **to feel a ~ person** ein ganz anderer Mensch sein; **quite a ~ way of doing sth** eine völlig andere Methode, etw zu tun; **to do something ~** etwas anderes tun; **that's quite a ~ matter** das ist etwas völlig anderes; **she's quite ~ from what you think** sie ist ganz anders, als Sie denken; **he wants to be ~** er will unbedingt anders *or* etwas Besonderes sein.
2. (*various*) verschieden.

differential [ˌdɪfə'renʃəl] **I** *adj* (*different*) *rates of pay, treatment* unterschiedlich, verschieden; (*distinguishing*) *feature* unterscheidend. ~ **calculus** Differentialrechnung *f*; ~ **coefficient** (*Math*) Ableitung *f*; ~ **gear** Differential(getriebe) *nt*.

II *n* **1.** (*difference*) Unterschied *m*; (*Math*) Differential *nt*. **wage/salary** ~ Lohn-/Gehaltsunterschiede *pl*.

2. (*Aut*) Differential(getriebe) *nt*.

differentially [ˌdɪfəˈrenʃəlɪ] *adv* (*Tech*) differential.

differentiate [ˌdɪfəˈrenʃɪeɪt] **I** *vt* unterscheiden; (*Math*) differenzieren. **to** ~ **x and y/x from** y x und y voneinander/x von y unterscheiden.

II *vi* (*see* **difference**) unterscheiden, einen Unterschied machen, differenzieren; (*two things: become different*) sich unterschiedlich *or* anders entwickeln. **to** ~ **between people** einen Unterschied zwischen Menschen machen.

differentiation [ˌdɪfərenʃɪˈeɪʃən] *n* Unterscheidung, Differenzierung *f*.

differently [ˈdɪfrəntlɪ] *adv* anders (*from* als); (*from one another*) verschieden, unterschiedlich. **he thinks** ~ **(from you)** er denkt anders (als Sie).

difficult [ˈdɪfɪkəlt] *adj* **1.** schwierig, schwer; (*hard to understand*) schwer, diffizil (*geh*); *writer* kompliziert, schwierig. **sth is** ~ **to do** es ist schwierig *or* schwer, etw zu tun; **it is** ~ **for me** *or* **I find it** ~ **to believe that** es fällt mir *or* ist für mich schwer, das zu glauben; **we'll make things** ~ **for him** wir werden es ihm schwer *or* nicht leicht machen; **there's nothing** ~ **about it** das ist nicht schwierig *or* schwer; **the** ~ **thing is** ... die Schwierigkeit liegt darin ...; **it's** ~ **to deny that** ... es läßt sich kaum leugnen, daß ...; **he's just trying to be** ~ er will nur Schwierigkeiten machen.

2. *neighbour, character, child* schwierig. **she is** ~ **to get on with** es ist schwer, mit ihr auszukommen.

difficulty [ˈdɪfɪkəltɪ] *n* Schwierigkeit *f*. **with/without** ~ mit/ohne Schwierigkeiten *pl*; **he had** ~ **in doing that** es fiel ihm schwer *or* nicht leicht, das zu tun, er hatte Schwierigkeiten dabei; **there was some** ~ **in finding him** es war schwierig *or* nicht leicht, ihn zu finden; **they hadn't appreciated the** ~ **of finding somewhere to live** sie hatten nicht bedacht, wie schwierig es sein würde, eine Wohnung zu finden; **in** ~ *or* **difficulties** in Schwierigkeiten *pl*; **to get into difficulties** in Schwierigkeiten geraten; **to get out of difficulties** Schwierigkeiten überwinden; **he was working under great difficulties** er arbeitete unter äußerst schwierigen Bedingungen.

diffidence [ˈdɪfɪdəns] *n see adj* Bescheidenheit, Zurückhaltung *f*; Zaghaftigkeit *f*.

diffident [ˈdɪfɪdənt] *adj* zurückhaltend, bescheiden; *smile* zaghaft.

diffidently [ˈdɪfɪdəntlɪ] *adv see adj*.

diffract [dɪˈfrækt] *vt* beugen.

diffraction [dɪˈfrækʃən] *n* Diffraktion, Beugung *f*.

diffuse [dɪˈfjuːz] **I** *vt* *light, heat, gas, rays* ausstrahlen, verbreiten; *fluid* ausgießen, ausschütten; (*Chem*) diffundieren, verwischen; *perfume, knowledge, custom, news* verbreiten.

II *vi* ausstrahlen, sich ver- *or* ausbreiten; (*fluid*) sich ausbreiten; (*Chem*) diffundieren, sich verwischen; (*perfume, odour*) ausströmen; (*custom, news*) sich verbreiten.

III [dɪˈfjuːs] *adj* **1.** *gas, rays, light* diffus.

2. (*verbose*) *style, writer* langatmig, weitschweifig.

diffused [dɪˈfjuːzd] *adj* verbreitet; *lighting* indirekt.

diffuseness [dɪˈfjuːsnɪs] *n* (*of style*) Weitschweifigkeit *f*.

diffusion [dɪˈfjuːʒən] *n* (*of light, heat, rays, fluid etc*) Ausbreitung *f*; (*Chem*) Diffusion *f*; (*of perfume, odour*) Ausströmung *f*; (*of knowledge, custom, news*) Verbreitung *f*.

dig [dɪɡ] (*vb: pret, ptp* **dug**) **I** *vt* **1.** *ground* graben; *trench, hole, tunnel etc also* ausheben. **to** ~ **potatoes** Kartoffeln roden; **they dug their way out of prison** sie gruben sich (*dat*) einen (Flucht)tunnel aus dem Gefängnis.

2. (*poke, thrust*) bohren (*sth into sth* etw in etw *acc*). **to** ~ **sb in the ribs** jdm *or* jdn in die Rippen stoßen.

3. (*sl*) (*enjoy*) stehen auf (+*dat*) (*inf*); (*take notice of*) sich (*dat*) angucken; (*understand*) kapieren (*inf*).

II *vi* **1.** (*person*) graben; (*dog, pig also*) wühlen; (*Tech*) schürfen; (*Archeol*) (aus)graben, Ausgrabungen machen. **to** ~ **for minerals** Erz schürfen; **to** ~ **in one's pockets for sth** in seinen Taschen nach etw suchen *or* wühlen.

2. (*inf: taunt*) **to** ~ **at sb** jdn anschießen *or* anmotzen (*inf*).

III *n* **1.** (*with hand, elbow*) Puff, Stoß *m*.

2. (*sarcastic remark*) Seitenhieb *m*, Spitze *f*. **to have a** ~ **at sb/sth** eine Spitze gegen jdn loslassen (*inf*).

3. (*Archeol*) (Aus)grabung *f*; (*site*) Ausgrabungsstätte *f*.

◆**dig around** *vi* (*inf*) herumsuchen.

◆**dig in I** *vi* **1.** (*also* ~ **oneself**) (*Mil, fig*) sich eingraben. **2.** (*inf: eat*) reinhauen (*inf*). **II** *vt sep* **1.** *compost* eingraben. **2.** (*Mil*) *troops, tanks* eingraben. **3. to** ~ **one's spurs** ~ (dem Pferd) die Sporen geben; **to** ~ **one's heels** ~ (*lit*) die Hacken in den Boden stemmen; (*fig*) sich auf die Hinterbeine stellen (*inf*).

◆**dig into** *vi* +*prep obj* **1.** (*inf*) *cake, pie* herfallen über (+*acc*) (*inf*). **2.** *sb's past* wühlen in (+*dat*).

◆**dig out** *vt sep* (*lit, fig*) ausgraben (*of* aus).

◆**dig up** *vt sep* **1.** *earth* aufwühlen; *lawn, garden* umgraben. **2.** *plants, treasure, body, idea* ausgraben; *weeds* (aus)jäten; (*fig*) *fact also* auftun; *solution* finden. **where did you** ~ **her** ~? (*inf*) wo hast du die denn aufgegabelt? (*inf*).

digest [daɪˈdʒest] **I** *vt* (*lit, fig*) verdauen. **II** *vi* verdauen. **III** [ˈdaɪdʒest] *n* **1.** (*of book, facts*) Digest *m or nt*, Auswahl *f*. **2.** (*Jur*) Gesetzessammlung *f*.

digestible [dɪˈdʒestəbl] *adj* verdaulich.

digestion [dɪˈdʒestʃən] *n* Verdauung *f*.

digestive [dɪˈdʒestɪv] *adj* Verdauungs-. ~

(biscuit) (*Brit*) Keks *m aus Roggenmehl.*

digger ['dɪgə'] *n* **1.** (*person*) (*miner*) Bergmann *m*; Goldgräber *m*; (*navvy*) Straßenarbeiter *m*; (*Tech: excavator*) Bagger *m*. **2.** (*sl*) australischer/ neuseeländischer Soldat; (*Austral inf: pal*) Kumpel *m*.

diggings ['dɪgɪŋz] *npl* **1.** (*Min*) Bergwerk *nt*; (*minerals*) Funde *pl*; (*Archeol*) Grabungsort *m*. **2.** (*US*) see **digs.**

digit ['dɪdʒɪt] *n* **1.** (*finger*) Finger *m*; (*toe*) Zehe *f*. **2.** (*Math*) Ziffer *f*. **a four-~ number** eine vierstellige Zahl.

digital ['dɪdʒɪtəl] I *adj* **1.** *clock, computer* Digital-. **2.** (*Anat*) Finger-. II *n* (*of piano, organ*) Taste *f*.

digitalin [ˌdɪdʒɪ'teɪlɪn] *n* Digitalis *f*.

digitalis [ˌdɪdʒɪ'teɪlɪs] *n* Digitalis *f*.

dignified ['dɪgnɪfaɪd] *adj person* (ehr)- würdig; *behaviour, manner* fein.

dignify ['dɪgnɪfaɪ] *vt* **1.** ehren, auszeichnen. **2. to ~ sth with the name of or by calling it ...** etw mit dem anspruchsvollen Namen ... belegen.

dignitary ['dɪgnɪtərɪ] *n* Würdenträger(in *f*) *m*. **the local dignitaries** die Honoratioren am Ort.

dignity ['dɪgnɪtɪ] *n* **1.** (*of person, occasion, work*) Würde *f*. **to stand on one's ~** förmlich sein; **to lose one's ~** sich blamieren; **that would be beneath my ~** das wäre unter meiner Würde. **2.** (*high rank, post*) Rang *m*, (hohe) Stellung; (*title*) Würde *f*.

digress [daɪ'gres] *vi* abschweifen.

digression [daɪ'greʃən] *n* Abschweifung *f*. **this by way of ~** aber das nur nebenbei.

digressive [daɪ'gresɪv] *adj* abschweifend.

digs [dɪgz] *npl* (*Brit*) Bude *f* (*inf*). **to be in ~** ein möbliertes Zimmer haben.

dihedral [daɪ'hi:drəl] I *adj* zweiflächig. II *n* V-Winkel *m*; (*Aviat*) V-Stellung *f*.

dike [daɪk] *n, vt see* **dyke.**

dilapidated [dɪ'læpɪdeɪtɪd] *adj house* verfallen, baufällig; *book, clothes* schäbig.

dilapidation [dɪˌlæpɪ'deɪʃən] *n* **1.** (*of building*) Baufälligkeit *f*; (*of book, clothes*) Schäbigkeit *f*. **in a state of ~** in schlechtem Zustand. **2.** (*Geol*) Verwitterung *f*.

dilate [daɪ'leɪt] I *vt* weiten, dehnen. II *vi* sich weiten, sich dehnen; (*pupils*) sich erweitern. **to ~ (up)on** (*talk at length*) sich verbreiten über (+*acc*).

dilatation [ˌdaɪlə'teɪʃən], **dilation** [daɪ'leɪʃən] *n* Ausdehnung, Erweiterung *f*; (*of pupils*) Erweiterung *f*. **~ and curettage** Ausschabung *f*.

dilatoriness ['dɪlətərɪnɪs] *n* Langsamkeit *f*, Zögern *nt* (*in doing sth* etw zu tun).

dilatory ['dɪlətərɪ] *adj* **1.** *person* langsam; *reply* verspätet. **to be ~ in** sich (*dat*) Zeit lassen; **he was rather ~ in answering** er ließ sich mit der Antwort Zeit. **2.** (*delaying*) *action, policy* Verzögerungs-, Hinhalte-.

dildo ['dɪldəʊ] *n, pl* **~(e)s** Godemiché *m*.

dilemma [daɪ'lemə] *n* Dilemma *nt*. **to be in a ~** sich in einem Dilemma befinden.

dilettante [ˌdɪlɪ'tæntɪ] I *n, pl* **dilettanti** [ˌdɪlɪ'tæntɪ] Amateur(in *f*), Dilettant(in *f*) *m*; (*Art*) Kunstliebhaber(in *f*) *m*. II *adj* amateurhaft, stümperhaft.

dilettantism [ˌdɪlɪ'tæntɪzəm] *n* Dilettantis-

mus *m*; Kunstliebhaberei *f*.

diligence ['dɪlɪdʒəns] *n* Eifer *m*; (*in work etc also*) Fleiß *m*.

diligent ['dɪlɪdʒənt] *adj person* eifrig; (*in work etc also*) fleißig; *search, work* sorgfältig, genau. **to be ~ in doing sth** etw eifrig *or* mit großem Eifer tun.

diligently ['dɪlɪdʒəntlɪ] *adv see adj.*

dill [dɪl] *n* Dill *m*.

dilly-dally ['dɪlɪdælɪ] *vi* (*over work etc*) trödeln; (*when walking also*) bummeln. **no ~ing!** ein bißchen dalli!

dilute [daɪ'lu:t] I *vt orange juice, milk etc* verdünnen; *colour* abschwächen; (*fig*) mildern. **~ to taste** nach Geschmack verdünnen. II *adj* verdünnt.

dilution [daɪ'lu:ʃən] *n see vt* Verdünnung *f*; Abschwächung *f*; Milderung *f*.

dim [dɪm] I *adj* (**+er**) **1.** *light* schwach, trüb, schummerig (*inf*); *lamp* schwach, dunkel, trüb; *room, forest etc* halbdunkel, dämmerig, schummerig (*inf*). **to grow ~** schwach *or* dunkel werden; **the room grew ~** im Zimmer wurde es dunkel.

2. *eyesight* schwach; *colour* gedeckt, glanzlos; *eyes* trüb; *metal* matt, glanzlos.

3. *sound, memory* schwach, verschwommen; *outline, shape* undeutlich, verschwommen, unscharf.

4. (*mentally*) begriffsstutzig.

5. (*inf*) **to take a ~ view of sb/sth** wenig *or* nicht viel von jdm/etw halten.

II *vt* **1.** *light* dämpfen; *lamp* verdunkeln. **to ~ the lights** (*Theat*) das Licht langsam ausgehen lassen; **to ~ one's headlights** (*esp US*) abblenden.

2. *sight, mind, senses* trüben; *colour* dämpfen, decken; *metal* mattieren; *beauty, glory* beeinträchtigen.

3. *sound* dämpfen; *outline* unscharf *or* undeutlich machen; *memory* trüben.

III *vi* **1.** (*light*) schwach *or* trübe werden; (*lamps*) verlöschen.

2. (*sight*) nachlassen, getrübt werden; (*colour*) gedämpft *or* matter werden; (*metal*) mattiert werden; (*beauty, glory*) verblassen.

3. (*sound*) leiser werden; (*outline*) undeutlich *or* unscharf werden, verschwimmen; (*memory*) nachlassen.

◆**dim out** *vt sep* (*US*) *city* verdunkeln.

dime [daɪm] *n* (*US*) Zehncentstück *nt*. **it's not worth a ~** (*inf*) das ist keinen (roten) Heller *or* keine fünf Pfennig wert; **they're a ~ a dozen** das ist Dutzendware; **~ novel** Groschen- *or* Schundroman *m*.

dimension [daɪ'menʃən] *n* Dimension *f*; (*measurement*) Abmessung(en *pl*) *f*, Maß *nt*. **a project of vast ~(s)** ein Projekt von gewaltigen Ausmaßen; **it adds a new ~ to ...** das gibt ... (*dat*) eine neue Dimension.

diminish [dɪ'mɪnɪʃ] I *vt* **1.** verringern; *price, speed, authority also* herabsetzen; *value, strength also* (ver)mindern; *number also* verkleinern; *enthusiasm* dämpfen; *reputation* schmälern. **a ~ed staff** eine reduzierte Belegschaft; **~ed responsibility** (*Jur*) verminderte Zurechnungsfähigkeit.

2. (*Mus*) (um einen Halbton) vermindern. **~ed** vermindert.

II *vi* sich verringern; (*speed, authority,*

strength also) abnehmen, sich vermindern; (*price also*) fallen, sinken; (*value also*) sich vermindern; (*number also*) sich verkleinern; (*enthusiasm*) nachlassen; (*reputation*) schlechter werden. **law of ~ing returns** (*Econ*) Gesetz *nt* von der fallenden Profitrate; **to ~ in numbers** weniger werden, zahlenmäßig abnehmen; **to ~ in value** im Wert sinken, an Wert verlieren.

diminution [ˌdɪmɪ'njuː:ʃən] *n* (*in gen*) Verringerung *f*; (*of reputation*) Schmälerung *f*; (*in enthusiasm*) Nachlassen *nt*.

diminutive [dɪ'mɪnjʊtɪv] **I** *adj* **1.** *person, object, house, garden* winzig, klein. **2.** (*Gram*) diminutiv. **II** *n* (*Gram*) Verkleinerungsform *f*, Diminutiv(um) *nt*.

dimly ['dɪmlɪ] *adv* **1.** *shine* schwach; *hear also* undeutlich; *remember also* undeutlich; *see* verschwommen; *lit* schwach. **2.** (*inf: stupidly*) begriffsstutzig.

dimmer ['dɪmə^r] *n* (*Elec*) Abblendungsvorrichtung *f*; (*US Aut*) Abblendschalter *or* -hebel *m*. **~ switch** Dimmer *m*; (*US Aut*) Abblendschalter *m*; **~s** (*US Aut*) Abblendlicht *nt*; (*sidelights*) Begrenzungsleuchten *pl*.

dimness ['dɪmnɪs] *n see adj* **1.** (*of light, sight*) Schwäche, Trübheit *f*; Halbdunkel, Dämmerlicht *nt*. **2.** Schwäche *f*; Glanzlosigkeit *f*; Trübheit *f*, Mattheit, Glanzlosigkeit *f*. **3.** Schwäche, Verschwommenheit *f*; Undeutlichkeit, Unschärfe *f*. **4.** Begriffsstutzigkeit *f*.

dim-out ['dɪmaʊt] *n* (*US*) Verdunkelung *f*.

dimple ['dɪmpl] **I** *n* (*on cheek, chin*) Grübchen *nt*; (*depression*) Delle, Vertiefung *f*; (*on water*) Kräuselung *f*. **II** *vi* (*cheeks*) Grübchen bekommen; (*person*) Grübchen zeigen; (*surface*) sich einbeulen; (*water*) sich kräuseln. **III** *vt* a smile ~d her cheeks sie lächelte und zeigte dabei ihre Grübchen.

dimpled ['dɪmpld] *adj cheek, chin, arm* mit Grübchen.

dimwit ['dɪmwɪt] *n* (*inf*) Blödmann *m* (*inf*); **dim-witted** *adj* (*inf*) blöd (*inf*), dämlich (*inf*).

din [dɪn] **I** *n* Lärm *m*, Getöse *nt*. **an infernal ~** ein Höllenlärm *or* -spektakel *m*. **II** *vt* **to ~ sth into sb** jdm etw einbleuen. **III** *vi* the noise was still ~ning in his ears der Lärm dröhnte ihm immer noch in den Ohren.

dine [daɪn] **I** *vi* speisen, dinieren (*old, geh*) (*on etw*). **to ~ out** außer Haus *or* auswärts speisen; **he ~d out on that story for months** diese Geschichte hat ihm monatelang Einladungen zum Essen verschafft. **II** *vt* bewirten, beköstigen.

diner ['daɪnə^r] *n* **1.** (*person*) Speisende(r) *mf*; (*in restaurant*) Gast *m*. **2.** (*US*) Eßlokal *nt*. **3.** (*Rail*) Speisewagen *m*.

dinette [daɪ'net] *n* Eßecke *f*.

ding-dong ['dɪŋ'dɒŋ] **I** *n* Bimbam *nt*. **II** *adj* (*fig*) *battle* hin- und herwogend.

ding(e)y, dinghy ['dɪŋgɪ] *n* Ding(h)i *nt*; (*collapsible*) Schlauchboot *nt*.

dinginess ['dɪndʒɪnɪs] *n* Unansehnlichkeit *f*.

dingle ['dɪŋgl] *n* baumbestandene Mulde.

dingo ['dɪŋgəʊ] *n pl* **~es** Dingo *m*, australischer Wildhund.

dingy[1] ['dɪndʒɪ] *adj place, furniture* schmuddelig.

dingy[2] ['dɪŋgɪ] *n see* **ding(e)y.**

dining car ['daɪnɪŋ-] *n* Speisewagen *m*; **dining chair** *n* Eßzimmerstuhl *m*; **dining hall** *n* Speisesaal *m*; **dining room** *n* Eßzimmer *nt*; (*in hotel*) Speiseraum *m*; **dining-table** *n* Eßtisch *m*.

dinkum ['dɪŋkəm] *adj, adv* (*Austral inf*) ehrlich.

dinky ['dɪŋkɪ] *adj* **1.** (*Brit inf*) schnuckelig (*inf*). **2.** ® (*also* **D~**) *car* Modell-.

dinner ['dɪnə^r] *n* (*evening meal*) (Haupt)mahlzeit *f*, Abendessen *nt*; (*formal*) (Abend)essen *nt*; (*lunch*) Mittagessen *nt*; (*for cat, dog*) Fressen *nt*. **to be at ~** beim Essen sein, (gerade) essen; **to be eating or having one's ~** zu Abend/Mittag essen; (*dog, cat*) (gerade) fressen; **we're having people to ~** wir haben Gäste zum Essen; **~'s ready** das Essen ist fertig; **to finish one's ~** zu Ende essen; **what time do you finish ~?** wann bist du mit dem Essen fertig?; **to go out to ~** (*in restaurant*) auswärts *or* außer Haus essen (gehen); (*at friends'*) zum Essen eingeladen sein; **a formal ~** ein offizielles Essen.

dinner bell *n* (Essens)glocke *f*; **the ~ has gone** es hat (zum Essen) geläutet; **dinner-dance** *n* Abendessen *nt* mit Tanz; **dinner jacket** *n* Smokingjacke *f*; **dinner party** *n* Abendgesellschaft *f* (mit Essen); **to have a small ~** ein kleines Essen geben; **dinner plate** *n* Tafelteller *m*; **dinner service** *n* Tafelservice *nt*; **dinner suit** *n* Smoking *m*; **dinner table** *n* Tafel *f*; **we were already sitting at the ~** wir hatten schon zum Essen Platz genommen; **dinnertime** *n* Essenszeit *f*; **dinner trolley** *or* **wagon** *n* Servierwagen *m*.

dinosaur ['daɪnəsɔ:^r] *n* Dinosaurier *m*.

dint [dɪnt] *n* **1.** **by ~ of** durch, kraft (+*gen*); **we succeeded by ~ of working 24 hours a day** wir schafften es, indem wir 24 Stunden pro Tag arbeiteten. **2.** *see* **dent.** **II** *vt see* **dent.**

diocesan [daɪ'ɒsɪsən] *adj* Diözesan-, Bistums-.

diocese ['daɪəsɪs] *n* Diözese *f*, Bistum *nt*.

diode ['daɪəʊd] *n* Diode *f*.

Dionysian [ˌdaɪə'nɪzɪən] *adj* dionysisch.

dioptre, (*US*) **diopter** [daɪ'ɒptə^r] *n* Dioptrie *f*.

dioxide [daɪ'ɒksaɪd] *n* Dioxyd *nt*.

Dip *abbr of* **diploma.**

dip [dɪp] **I** *vt* **1.** (*in(to)* in +*acc*) (*into liquid*) tauchen; *pen, hand* eintauchen; *bread* (ein)tunken, stippen (*inf*); *candles* ziehen; *sheep* in Desinfektionslösung baden, dippen. **2.** (*into bag, basket*) *hand* stecken. **3.** (*Brit Aut*) *headlights* abblenden. **to drive on ~ped headlights** mit Abblendlicht fahren. **4. to ~ one's flag** (*Naut*) die Flagge dippen. **II** *vi* (*ground*) sich senken; (*temperature, pointer on scale, prices*) fallen, sinken; (*boat*) tauchen. **III** *n* **1.** (*swim*) **to go for a** *or* **to have a ~** kurz *or* schnell mal schwimmen gehen. **2.** (*liquid*) (*for cleaning animals*)

Desinfektionslösung f; (Tech) Lösung f.
  3. (in ground) (hollow) Bodensenke f;
(slope) Abfall m.
  4. (Phys: also angle of ~) Inklination
f, Neigungswinkel m.
  5. (Naut: of flag) Dippen nt.
  6. (Cook) Dip m; see lucky.
  7. (candle) gezogene Kerze.
  8. (Sport) Beugestütz m.
  9. (sl: pickpocket) Taschendieb, Lang-
finger (inf) m.
◆**dip into** vi +prep obj **1.** (lit) she ~ped ~
her handbag for money sie griff in ihre
Handtasche, um Geld zu holen. **2.** (fig) to
  ~ ~ one's pocket tief in die Tasche
greifen; to ~ ~ one's savings seine Er-
sparnisse angreifen. **3.** (look at quickly)
book einen kurzen Blick werfen in
(+acc).

diphtheria [dɪfˈθɪərɪə] n Diphtherie f.
diphthong [ˈdɪfθɒŋ] n Diphthong m.
diphthongize [ˈdɪfθɒŋɡaɪz] vti diphthon-
gieren.
diploma [dɪˈpləumə] n Diplom nt. **teacher's**
  ~ Lehrerdiplom nt; **to hold a ~ in** ein
Diplom haben in (+dat).
diplomacy [dɪˈpləuməsɪ] n (Pol, fig)
Diplomatie f.
diplomat [ˈdɪpləmæt] n (Pol, fig) Diplo-
mat(in f) m.
diplomatic adj, ~ally adv [ˌdɪpləˈmætɪk,
-əlɪ] (lit, fig) diplomatisch.
diplomatic bag n Diplomatenpost f;
  diplomatic corps n diplomatisches
Korps; **diplomatic immunity** n Im-
munität f; **diplomatic pouch** n (US) see
diplomatic bag; **diplomatic service** n
diplomatischer Dienst.
diplomatist [dɪˈpləumətɪst] n see **diplomat**.
dip needle n Inklinationsnadel f.
dipper [ˈdɪpər] n **1.** (ladle) Schöpflöffel m.
  2. (Tech: person) Eintaucher(in f) m.
  3. (Orn) Taucher m, Tauchente f.
  4. (Tech) (bulldozer) Bagger m;
(scoop) Schaufel f.
  5. (at fair: also **Big D~**) Achterbahn f.
  6. (Brit Aut: for headlamps) Abblend-
schalter m.
  7. (US Astron) **the Big or Great/Little
D~** der Große/Kleine Wagen or Bär.
dipping needle [ˈdɪpɪŋ‚niːdl] n see **dip
needle**.
dippy [ˈdɪpɪ] adj (inf) plemplem (inf).
dip rod n (US) see **dipstick**.
dipsomania [ˌdɪpsəʊˈmeɪnɪə] n Trunksucht
f.
dipsomaniac [ˌdɪpsəʊˈmeɪnɪæk] n Trunk-
süchtige(r) mf.
dipstick [ˈdɪpstɪk] n Ölmeßstab m; **dip-
switch** n Abblendschalter m.
dipterous [ˈdɪptərəs] adj zweiflüg(e)lig.
diptych [ˈdɪptɪk] n Diptychon nt.
dire [daɪər] adj schrecklich, furchtbar, gräß-
lich; poverty äußerste(r, s). ~ **necessity**
dringende Notwendigkeit; **to be in ~ need**
in großer Verlegenheit sein (of nach); see
strait.
direct [daɪˈrekt] **I** adj **1.** direkt; (following
straight on, uninterrupted) link, result,
heir, contact also unmittelbar; respon-
sibility, cause, danger unmittelbar; train
durchgehend; opposite genau. **to be a ~**

descendant of sb von jdm in direkter Linie
abstammen, ein direkter Nachkomme
von jdm sein; ~ **action** direkte Aktion; ~
heating Zimmerheizung f; ~ **hit** Voll-
treffer m; ~ **method** direkte Methode.
  2. (blunt) person, remark direkt, offen;
refusal, denial glatt.
  3. (Gram) ~ **object** direktes Objekt,
Akkusativobjekt nt; ~ **speech** or
discourse (US) direkte Rede.
  4. (Elec) ~ **current** Gleichstrom m.
  II vt **1.** (address, aim) remark, letter
richten (to an +acc); efforts richten
(towards auf +acc). **to ~ one's steps
to(wards) sb/sth** auf jdn/etw zugehen; **to ~
sb's attention to sb/sth** jds Aufmerksam-
keit auf jdn/etw lenken; **can you ~ me to
the town hall?** können Sie mir sagen, wie
ich zum Rathaus komme?
  2. (supervise, control) person's work,
business leiten, lenken; traffic regeln.
  3. (order) anweisen (sb to do sth jdn,
etw zu tun), befehlen (sb to do sth jdm,
etw zu tun); (Jur) jury Rechtsbelehrung
erteilen (+dat). **as ~ed** (Med) wie verord-
net.
  4. film Regie führen bei; play also
Spielleitung haben von; group of actors
dirigieren; radio/TV programme leiten.
  III adv direkt.
direction [dɪˈrekʃən] n **1.** (lit, fig: way)
Richtung f. **in every ~** in jede Richtung;
in the wrong/right ~ (lit, fig) in die
falsche/richtige Richtung; **in the ~ of
Hamburg/the star** in Richtung Hamburg/
des Sterns; **a sense of ~** (lit) Orientie-
rungssinn m; (fig) ein Ziel nt im Leben.
  2. (management: of company etc)
Leitung, Führung f.
  3. (of film, actors) Regie f; (of play
also) Spielleitung f; (of radio/TV pro-
gramme) Leitung f. **under the ~ of** unter
der Regie von.
  4. ~**s** pl (instructions) Anweisungen pl;
(to a place) Angaben pl; (for use)
(Gebrauchs)anweisung or -anleitung f;
(in recipe etc) Hinweise pl.
directional [dɪˈrekʃənl] adj Richtungs-,
gerichtet.
direction finder n Peilantenne f; **direction
indicator** n (Aut) Winker m; (flashing)
Blinker m.
directive [dɪˈrektɪv] n Direktive, Weisung
f.
directly [dɪˈrektlɪ] **I** adv **1.** (without devi-
ating, following straight on) direkt, un-
mittelbar; (in a short time) sofort, gleich.
to be ~ descended from sb in direkter
Linie von jdm abstammen.
  2. (frankly) speak direkt, ohne Um-
schweife.
  3. (completely) opposite genau, unmit-
telbar; opposed völlig.
  II conj sobald, sowie. **he'll come ~ he's
ready** er kommt, sobald er fertig ist.
directness [daɪˈrektnɪs] n **1.** (of attack)
Direktheit f. **2.** (of speech, reply) Offen-
heit, Direktheit f; (of person) Direktheit,
Geradheit f.
director [dɪˈrektər] n **1.** (of company, in-
stitution) Direktor, Leiter m; (Univ) Rek-
tor m. ~ **of music** Musikdirektor m; ~

of Public Prosecutions Leiter *m* der Anklagebehörde; ~ **general** Generaldirektor(in *f*) *m*. **2.** (*Rad, TV*) Direktor *m*; (*Film, Theat*) Regisseur *m*. **3.** (*Mil*) Richtgerät *nt*.

directorate [daɪ'rektərɪt] *n* (*period of office*) Dienstzeit *f* als Direktor; (*board of directors*) Aufsichtsrat *m*.

directorship [dɪ'rektəʃɪp] *n* Direktorstelle *f* or -posten *m*. **under his** ~ unter seiner Leitung.

directory [dɪ'rektərɪ] *n* **1.** Adreßbuch *nt*; (*telephone* ~) Telefonbuch *nt*; (*trade* ~) Branchenverzeichnis *nt*. ~ **enquiries** or (*US*) **assistance** (*Telec*) Fernsprechauskunft *f*. **2.** (*Hist*) the **D**~ das Direktorium.

dirge [dɜːdʒ] *n* Klagegesang *m*.

dirigible ['dɪrɪdʒəbl] **I** *n* (lenkbares) Luftschiff. **II** *adj* lenkbar.

dirk [dɜːk] *n* (*Scot*) Dolch *m*.

dirt [dɜːt] *n* **1.** Schmutz *m*; (*soil*) Erde *f*; (*excrement*) Dreck *m*; (*rubbish also*) Unrat, Kehricht *m*. **to be covered in** ~ völlig verschmutzt sein; **to eat** ~ (*fig*) sich widerspruchslos demütigen *or* beleidigen lassen; **to treat sb like** ~ jdn wie (den letzten) Dreck behandeln (*inf*).
2. (*fig: obscenity*) Schmutz *m*; (*scandal also*) schmutzige Wäsche.

dirt-cheap ['dɜːt'tʃiːp] *adj, adv* (*inf*) spottbillig.

dirtily ['dɜːtɪlɪ] *adv* **1.** schmutzig; *eat, live* wie ein Ferkel. **2.** (*fig*) (*meanly*) gemein, schäbig; (*obscenely*) schmutzig, unanständig.

dirt road *n* unbefestigte Straße; **dirt track** *n* Feldweg *m*; (*Sport*) Aschenbahn *f*; **dirttrack racing** *n* Aschenbahnrennen *nt*.

dirty ['dɜːtɪ] **I** *adj* (+*er*) **1.** schmutzig; *hands, clothes, shoes etc also*, *wound* verschmutzt. ~ **weather** Dreckwetter, Sauwetter (*inf*) *nt*; (*Naut*) stürmisches Wetter; **a** ~ **colour** eine Schmutzfarbe; **to get** ~ schmutzig *or* dreckig werden; **to get sth** ~ etw schmutzig machen; **to give sb a** ~ **look** (*fig*) jdm einen bösen *or* giftigen Blick zuwerfen.
2. (*fig: obscene*) schmutzig, unanständig; *story, joke also* zotig. **to have a** ~ **mind** eine schmutzige Phantasie haben; ~ **old man** fieser alter Kerl, alte Drecksau (*sl*); **they're having a** ~ **weekend** (*inf*) sie sind zusammen übers Wochenende weggefahren.
3. (*fig*) (*despicable*) gemein, niederträchtig; (*Sport*) *player, match* unfair. ~ **work** Dreck(s)arbeit *f* (*inf*).
II *vt* *hands, clothes, reputation* beschmutzen; *machine* verschmutzen.
III *n* **to do the** ~ **on sb** (*Brit inf*) jdn reinlegen (*inf*).

disability [ˌdɪsə'bɪlɪtɪ] *n* **1.** (*handicap, injury etc*) Behinderung *f*. ~ **for work** Arbeitsunfähigkeit *f*; **sb's** ~ **to do sth** jds Unfähigkeit *f or* Unvermögen *nt*, etw zu tun; ~ **pension** *n* Invalidenrente *f*. **2.** (*Jur*) Rechtsunfähigkeit *f*.

disable [dɪs'eɪbl] *vt* **1. to** ~ **sb for work** jdn arbeitsunfähig machen. **2.** *tank, gun* unbrauchbar machen; *ship* kampfunfähig machen. **3.** (*Jur*) (*make incapable*) rechtsunfähig machen; (*disqualify*) für unfähig

erklären (*from doing sth* etw zu tun).

disabled [dɪs'eɪbld] **I** *adj* **1.** behindert. ~ **ex-serviceman** Kriegsversehrte(r) *or* -invalide *m*. **2.** *tank, gun* unbrauchbar; *ship* nicht seetüchtig. **3.** (*Jur*) nicht rechtsfähig. **II** *npl* **the** ~ die Behinderten *pl*; **the war** ~ die Kriegsversehrten.

disablement [dɪs'eɪblmənt] *n* **1.** Behinderung *f*. **2.** (*of tank, gun, ship*) Unbrauchbarmachen *nt*.

disabuse [ˌdɪsə'bjuːz] *vt* **to** ~ **sb of sth** jdn von etw befreien.

disadvantage [ˌdɪsəd'vɑːntɪdʒ] *n* (*obstacle, unfavourable factor*) Nachteil *m*; (*detriment also*) Schaden *m*. **to be at a** ~ sich im Nachteil befinden, benachteiligt *or* im Nachteil sein; **to put sb at a** ~ jdn benachteiligen; **to show oneself at a** ~ sich von einer ungünstigen *or* unvorteilhaften Seite zeigen; **it would be to your** ~ es wäre zu Ihrem Nachteil.

disadvantaged [ˌdɪsəd'vɑːntɪdʒd] *adj* benachteiligt.

disadvantageous *adj*, ~**ly** *adv* [ˌdɪsædvɑː'nteɪdʒəs, -lɪ] nachteilig.

disaffected [ˌdɪsə'fektɪd] *adj* entfremdet.

disaffection [ˌdɪsə'fekʃən] *n* Entfremdung *f* (*from* von).

disagree [ˌdɪsə'griː] *vi* **1.** (*with person, views*) nicht übereinstimmen; (*with plan, suggestion etc*) nicht einverstanden sein; (*two people*) sich nicht einig sein.
2. (*quarrel*) eine Meinungsverschiedenheit haben.
3. (*be different: figures, reports*) nicht übereinstimmen.
4. (*climate, food*) **to** ~ **with sb** jdm nicht bekommen.

disagreeable [ˌdɪsə'griːəbl] *adj* *smell, work, experience* unangenehm; (*bad-tempered*) *person* unsympathisch.

disagreeableness [ˌdɪsə'griːəblnɪs] *n* see *adj* Unangenehme(s) *nt*; unangenehme Art, unsympathische Art.

disagreeably [ˌdɪsə'griːəblɪ] *adv see adj*.

disagreement [ˌdɪsə'griːmənt] *n* **1.** (*with opinion, between opinions*) Uneinigkeit *f*. **my** ~ **with that view is based on ...** ich bin mit dieser Ansicht nicht einverstanden, weil ...; **there is still** ~ es herrscht noch Uneinigkeit. **2.** (*quarrel*) Meinungsverschiedenheit *f*. **3.** (*between figures, reports*) Diskrepanz *f*.

disallow [ˌdɪsə'laʊ] *vt* *evidence* nicht anerkennen; *claim also* zurückweisen; *plan etc* ablehnen; (*Sport*) *goal* nicht anerkennen.

disappear [ˌdɪsə'pɪər] *vi* verschwinden; (*worries, fears, difficulties also*) sich in Nichts auflösen; (*rage also*) verrauchen; (*memory*) schwinden; (*objections*) sich zerstreuen. **he** ~**ed from (our) sight** er verschwand; **to make sth** ~ etw verschwinden lassen; **to do one's** ~**ing trick** (*inf*) sich verdünnisieren (*inf*).

disappearance [ˌdɪsə'pɪərəns] *n see vi* Verschwinden *nt*; Verrauchen *nt*; Schwinden *nt*; Zerstreuung *f*.

disappoint [ˌdɪsə'pɔɪnt] *vt* enttäuschen; *hope also, ambition, plan* zunichte machen.

disappointed [ˌdɪsə'pɔɪntɪd] *adj* *person* enttäuscht; *hopes* getäuscht. **to be** ~ **in sb/**

sth von jdm/etw enttäuscht sein; **to be ~ in love** eine Enttäuschung in der Liebe erleben.

disappointing [ˌdɪsə'pɔɪntɪŋ] *adj* enttäuschend. **how ~!** so eine Enttäuschung!

disappointingly [ˌdɪsə'pɔɪntɪŋlɪ] *adv* enttäuschend. **he did ~ in the exams** er hat in den Prüfungen enttäuschend abgeschnitten *or* enttäuscht.

disappointment [ˌdɪsə'pɔɪntmənt] *n* Enttäuschung *f*; (*of hopes also, ambition*) Nichterfüllung *f*.

disapprobation [ˌdɪsæprə'beɪʃən] *n* Mißbilligung *f*.

disapproval [ˌdɪsə'pruːvl] *n* Mißbilligung *f*. **murmur of ~** mißbilligendes Gemurmel.

disapprove [ˌdɪsə'pruːv] **I** *vt* mißbilligen. **II** *vi* dagegen sein. **if you don't ~, I'd like to ...** wenn Sie nichts dagegen haben, würde ich gerne ...; **to ~ of sth** etw mißbilligen; **he ~s of children smoking** er mißbilligt es, wenn Kinder rauchen.

disapproving *adj*, **~ly** *adv* [ˌdɪsə'pruːvɪŋ, -lɪ] mißbilligend.

disarm [dɪs'ɑːm] **I** *vt* (*lit, fig*) entwaffnen. **II** *vi* (*Mil*) abrüsten.

disarmament [dɪs'ɑːməmənt] *n* Abrüstung *f*.

disarming *adj*, **~ly** *adv* [dɪs'ɑːmɪŋ, -lɪ] entwaffnend.

disarrange ['dɪsə'reɪndʒ] *vt* durcheinanderbringen; *plans also* umwerfen.

disarranged ['dɪsə'reɪndʒd] *adj* unordentlich; *plans* durcheinandergebracht.

disarray [ˌdɪsə'reɪ] **I** *n* Unordnung *f*. **to be in ~** (*troops*) in Auflösung (begriffen) sein; (*thoughts, organization, political party*) durcheinander *or* in Unordnung sein; (*person*) aufgelöst sein; (*clothes*) in unordentlichem Zustand sein.
II *vt* in Unordnung bringen; *enemy* verwirren.

disassemble ['dɪsə'sembl] *vt* auseinandernehmen; *prefabricated building* abbauen.

disassociate ['dɪsə'səʊʃɪeɪt] *vt* *see* **dissociate**.

disaster [dɪ'zɑːstəʳ] *n* Katastrophe *f*; (*Aviat, Min, Rail also*) Unglück *nt*; (*fiasco*) Fiasko, Desaster *nt*. **doomed to ~** zum Untergang verdammt *or* verurteilt.

disaster area *n* Katastrophengebiet *nt*; (*fig inf: person*) Katastrophe *f*; **disaster fund** *n* Katastrophenfonds *m*.

disastrous *adj*, **~ly** *adv* [dɪ'zɑːstrəs -lɪ] katastrophal, verheerend.

disavow ['dɪsə'vaʊ] *vt* verleugnen; *one's words* ableugnen.

disavowal [ˌdɪsə'vaʊəl] *n* *see vt* Verleugnung *f*; Ableugnung *f*.

disband [dɪs'bænd] **I** *vt* auflösen. **II** *vi* (*army, club*) sich auflösen; (*soldiers, club members*) auseinandergehen.

disbar [dɪs'bɑːʳ] *vt* (*Jur*) die Lizenz entziehen (+*dat*).

disbelief ['dɪsbə'liːf] *n* Ungläubigkeit *f*; (*Rel*) Unglaube *m*. **in ~** ungläubig.

disbelieve ['dɪsbə'liːv] *vt* nicht glauben.

disbeliever ['dɪsbə'liːvəʳ] *n* Ungläubige(r) *mf*.

disburden [dɪs'bɜːdn] *vt* (*lit, fig*) entlasten.

disburse [dɪs'bɜːs] *vt* aus(be)zahlen.

disbursement [dɪs'bɜːsmənt] *n* Auszahlung *f*.

disc, (*esp US*) **disk** [dɪsk] *n* **1.** (*flat, circular object*) (runde) Scheibe; (*Anat*) Bandscheibe *f*; (*Mil: identity ~*) (Erkennungs)-marke *f*; *see* **slip. 2.** (*record, Computers*) Platte *f*.

discard [dɪ'skɑːd] **I** *vt* **1.** *unwanted article, person* ausrangieren; *idea, plan* verwerfen; (*take off*) *coat etc* ausziehen; *skin, antlers, leaves* abwerfen.
2. *also vi* (*Cards*) abwerfen.
II *n* **1.** (*Cards*) Abwerfen *nt*.
2. (*Ind, Comm*) Ausschuß(ware *f*) *m*.

disc brake *n* Scheibenbremse *f*.

discern [dɪ'sɜːn] *vt* (*with senses*) wahrnehmen; (*mentally also*) erkennen. **he was too young to ~ right from wrong** er war zu jung, um Recht von Unrecht unterscheiden zu können.

discernible [dɪ'sɜːnəbl] *adj* (*with senses*) wahrnehmbar; (*mentally*) erkennbar.

discernibly [dɪ'sɜːnəblɪ] *adv* *see adj*.

discerning [dɪ'sɜːnɪŋ] *adj* clientele, reader anspruchsvoll, kritisch; *eye, ear* fein.

discernment [dɪ'sɜːnmənt] *n* **1.** (*ability to discern*) (*observation*) feines Gespür; (*discriminating taste*) kritisches Urteilsvermögen. **2.** (*act of discerning*) *see vt* Wahrnehmung *f*; Erkennen *nt*.

discharge [dɪs'tʃɑːdʒ] **I** *vt* **1.** *employee, prisoner, patient etc* entlassen; *accused* freisprechen; *bankrupt* entlasten. **he ~d himself (from hospital)** er hat das Krankenhaus auf eigene Verantwortung verlassen.
2. (*emit*) (*Elec*) entladen; *liquid, gas* (*pipe etc*) ausstoßen; (*workers*) ausströmen lassen; (*Med*) ausscheiden. **how much oil has been ~d?** wieviel Öl ist ausgelaufen?; (*deliberately*) wieviel Öl hat man abgelassen?
3. (*unload*) *ship, cargo* löschen.
4. (*gun*) abfeuern.
5. *debt* begleichen; *obligation, duty* nachkommen (+*dat*); *function* erfüllen.
II *vi* (*wound, sore*) eitern.
III ['dɪstʃɑːdʒ] *n* **1.** (*dismissal*) *see vt* **1.** Entlassung *f*; Freispruch *m*; Entlastung *f*; (*of soldier*) Abschied *m*.
2. (*Elec*) Entladung *f*; (*of gas*) Ausströmen *nt*; (*of liquid, Med: vaginal ~*) Ausfluß *m*; (*of pus*) Absonderung *f*.
3. (*of cargo*) Löschen *nt*.
4. (*of debt*) Begleichung *f*; (*of obligation, duty, function*) Erfüllung *f*.

disc harrow *n* Scheibenegge *f*.

disciple [dɪ'saɪpl] *n* (*lit, fig*) Jünger *m*; (*fig: non-emotional*) Schüler(in *f*) *m*.

disciplinarian [ˌdɪsɪplɪ'neərɪən] *n* Zuchtmeister(in *f*) *m*. **to be a strict ~** eiserne Disziplin halten.

disciplinary ['dɪsɪplɪnərɪ] *adj* Disziplinar-, disziplinarisch.

discipline ['dɪsɪplɪn] **I** *n* (*all senses*) Disziplin *f*; (*punishment*) disziplinarische Maßnahmen *pl*. **to maintain ~** die Disziplin aufrechterhalten.
II *vt* **1.** (*train*) disziplinieren; *reactions, emotions* in Zucht *or* unter Kontrolle halten. **to ~ sb/oneself to do sth** jdn/sich dazu anhalten *or* zwingen, etw zu tun.

2. (*punish*) bestrafen; (*physically*) züchtigen.

disciplined ['dɪsɪplɪnd] *adj* diszipliniert; *behaviour*, *reactions*, *emotions* also beherrscht. **well/badly** ~ diszipliniert/ disziplinlos, undiszipliniert.

disc jockey *n* Diskjockey *m*.

disclaim [dɪs'kleɪm] *vt* 1. abstreiten, (weit) von sich (*dat*) weisen. **to** ~ **all responsibility** jede Verantwortung von sich weisen. 2. (*Jur*) *a right* verzichten auf (+*acc*).

disclaimer [dɪs'kleɪmə^r] *n* 1. Dementi *nt*. **to issue a** ~ eine Gegenerklärung abgeben; **his** ~ **of responsibility** seine Erklärung, nicht verantwortlich zu sein. 2. **to put in a** ~ **of sth** (*Jur*) eine Verzichterklärung auf etw (*acc*) abgeben.

disclose [dɪs'kləʊz] *vt secret* enthüllen; *intentions, news* bekanntgeben.

disclosure [dɪs'kləʊʒə^r] *n* 1. *see vt* Enthüllung *f*; Bekanntgabe *f*. 2. (*fact etc revealed*) Mitteilung *f*.

disco ['dɪskəʊ] *n, pl* ~**s** Disko *f*.

discolor *vti* (*US*) *see* **discolour**.

discoloration [dɪs,kʌlə'reɪʃən] *n* Verfärben *nt*; (*mark*) Verfärbung *f*.

discolour [dɪs'kʌlə^r] **I** *vt* verfärben. **II** *vi* sich verfärben.

discomfit [dɪs'kʌmfɪt] *vt* Unbehagen verursachen (+*dat*).

discomfiture [dɪs'kʌmfɪtʃə^r] *n* Unbehagen *nt*.

discomfort [dɪs'kʌmfət] *n* (*lit*) Beschwerden *pl*; (*fig: uneasiness, embarrassment*) Unbehagen *nt*. **the injury gives me a little** ~ **now and again** die Verletzung verursacht mir ab und zu leichte Beschwerden.

disconcert [,dɪskən'sɜːt] *vt* aus der Fassung bringen, beunruhigen.

disconcerting *adj*, ~**ly** *adv* [,dɪskən'sɜːtɪŋ, -lɪ] beunruhigend.

disconnect [dɪskə'nekt] *vt pipe etc* trennen; *TV, iron* ausschalten; (*cut off supply of*) *gas, electricity* abstellen. **to** ~ **a call** (*Telec*) ein Gespräch unterbrechen; **I've been** ~**ed** (*for non-payment*) man hat mir das Telefon/den Strom/das Gas *etc* abgestellt; (*in mid-conversation*) das Gespräch ist unterbrochen worden.

disconsolate [dɪs'kɒnsəlɪt] *adj* niedergeschlagen. **to grow** ~ verzagen.

discontent ['dɪskən'tent] *n* Unzufriedenheit *f*.

discontented ['dɪskən'tentɪd] *adj* unzufrieden (*with, about* mit).

discontentment ['dɪskən'tentmənt] *n* Unzufriedenheit *f*.

discontinuation [dɪskən,tɪnju'eɪʃən] *n see vt* Aufgabe *f*; Abbruch *m*; (Produktions)- einstellung *f*; Einstellung *f*.

discontinue ['dɪskən'tɪnjuː] *vt* aufgeben; *class, project* also, *conversation* abbrechen; (*Comm*) *line* auslaufen lassen; *production*, (*Jur*) *case* einstellen. **to** ~ **one's subscription to a newspaper** seine Zeitung abbestellen; **a** ~**d line** (*Comm*) eine ausgelaufene Serie.

discontinuity [,dɪskɒntɪ'njuːɪtɪ] *n* mangelnde Kontinuität, Diskontinuität (*geh*) *f*. **a certain amount of** ~ ein gewisser Mangel an Kontinuität.

discontinuous *adj*, ~**ly** *adv*

[dɪskən'tɪnjʊəs, -lɪ] nicht kontinuierlich.

discord ['dɪskɔːd] *n* 1. Uneinigkeit *f*. 2.(*Mus*) Disharmonie *f*.

discordance [dɪs'kɔːdəns] *n* 1. Uneinigkeit *f*. 2. (*of colours, sounds*) Disharmonie *f*.

discordant [dɪs'kɔːdənt] *adj opinions, colours* nicht miteinander harmonierend; *meeting, atmosphere* unharmonisch; (*Mus*) disharmonisch.

discotheque ['dɪskəʊtek] *n* Diskothek *f*.

discount ['dɪskaʊnt] **I** *n* 1. (*on article*) Rabatt *m*; (*for cash*) Skonto *nt or m*. **trade** ~ Händlerrabatt *m*; **to give a** ~ **on sth** Rabatt *or* Prozente (*inf*) auf etw (*acc*) geben; **to give sb a 5 %** ~ jdm 5% Rabatt/ Skonto geben; **at a** ~ auf Rabatt/Skonto; ~ **for cash** Skonto, Rabatt bei Barzahlung.

2. **to be at a** ~ (*Fin*) unter pari sein; (*fig*) nicht *or* wenig gefragt sein.

II *vt* 1. (*Comm*) *sum of money* nachlassen; *bill, note* diskontieren.

2. [dɪs'kaʊnt] *person's opinion* unberücksichtigt lassen. **to** ~ **sth as exaggeration/untrue** etw als Übertreibung/unwahr abtun.

discourage [dɪs'kʌrɪdʒ] *vt* 1. (*dishearten*) entmutigen.

2. (*dissuade*) **to** ~ **sb from sth/from doing sth** jdm von etw abraten/jdm abraten, etw zu tun; (*successfully*) jdn von etw abbringen/jdn davon abbringen, etw zu tun.

3. (*deter, hinder*) abhalten; *friendship, advances, plan* zu verhindern suchen; *praise, evil* abwehren; *pride* nicht ermutigen.

discouragement [dɪs'kʌrɪdʒmənt] *n* 1. (*depression*) Mutlosigkeit *f*.

2. (*dissuasion*) Abraten *nt*; (*with success*) Abbringen *nt*.

3. (*deterrence, hindrance*) Abhaltung *f*; (*of friendship*) Verhinderung *f*; (*of praise*) Abwehr *f*.

4. (*discouraging thing*) **to be a** ~ entmutigend sein.

discouraging [dɪs'kʌrɪdʒɪŋ] *adj* entmutigend.

discouragingly [dɪs'kʌrɪdʒɪŋlɪ] *adv see adj*.

discourse ['dɪskɔːs] **I** *n* Diskurs *m* (*geh*). **II** *vi* einen Diskurs geben (*geh*); (*converse*) einen Diskurs führen (*geh*).

discourteous *adj*, ~**ly** *adv* [dɪs'kɜːtɪəs, -lɪ] unhöflich.

discourteousness [dɪs'kɜːtɪəsnɪs], **discourtesy** [dɪs'kɜːtɪsɪ] *n* Unhöflichkeit *f*.

discover [dɪs'kʌvə^r] *vt* entdecken; *culprit* finden; *secret* also herausfinden; (*notice*) *mistake, loss* also feststellen, bemerken. **did you ever** ~ **who ...?** haben Sie jemals herausgefunden, wer ...?

discoverer [dɪs'kʌvərə^r] *n* Entdecker(in *f*) *m*.

discovery [dɪs'kʌvərɪ] *n* Entdeckung *f*.

discredit [dɪs'kredɪt] **I** *vt* 1. (*cast slur/doubt on*) *report, theory* in Mißkredit bringen; *family, company* also diskreditieren.

2. (*disbelieve*) keinen Glauben schenken (+*dat*).

II *n* 1. *no pl* (*dishonour, disbelief*) Mißkredit *m*. **to bring** ~ (**up**)**on sb/sth** jdn/ etw in Mißkredit bringen.

2. to be a ~ to sb eine Schande für jdn sein.

discreditable [dɪsˈkredɪtəbl] *adj* diskreditierend. **to be ~ to sb** jdn diskreditieren, jdn in Mißkredit bringen.

discreditably [dɪsˈkredɪtəblɪ] *adv see adj.*

discreet [dɪˈskriːt] *adj* diskret; *(in quiet taste also)* dezent.

discreetly [dɪˈskriːtlɪ] *adv see adj.*

discreetness [dɪˈskriːtnɪs] *n see adj* Diskretheit *f*; dezente Art.

discrepancy [dɪˈskrepənsɪ] *n* Diskrepanz *f* (*between* zwischen +*dat*).

discrete [dɪˈskriːt] *adj* diskret.

discretion [dɪˈskreʃən] *n* **1.** Diskretion *f.* ~ **is the better part of valour** (*Prov*) Vorsicht ist die Mutter der Porzellankiste (*inf*).
  2. (*freedom of decision*) Ermessen *nt.* **to leave sth to sb's** ~ etw in jds Ermessen (*acc*) stellen; **use your own** ~ Sie müssen nach eigenem Ermessen handeln; **to be at sb's** ~ in jds Ermessen (*dat*) stehen.

discretionary [dɪˈskreʃənərɪ] *adj* Ermessens-. ~ **powers** Ermessensspielraum *m.*

discriminate [dɪˈskrɪmɪneɪt] **I** *vi* **1.** (*be discriminating*) kritisch sein; (*distinguish*) unterscheiden (*between* zwischen +*dat*).
  2. (*make unfair distinction*) Unterschiede machen (*between* zwischen +*dat*). **to ~ against/in favour of sb** jdn diskriminieren/bevorzugen.
  II *vt* unterscheiden, einen Unterschied machen zwischen (+*dat*). **to ~ good and/from bad** Gut und Böse/Gut von Böse unterscheiden können.

discriminating [dɪˈskrɪmɪneɪtɪŋ] *adj* **1.** *person, judgement, mind* kritisch; *clientele* verwöhnt; *taste* fein. **2.** *tariff, duty* Differential-.

discrimination [dɪˌskrɪmɪˈneɪʃən] *n* **1.** (*differential treatment*) Diskriminierung *f.* **racial** ~ Rassendiskriminierung *f*; **sexual** ~ Diskriminierung auf Grund des Geschlechts. **2.** (*differentiation*) Unterscheidung *f* (*between* zwischen +*dat*). **3.** (*discernment*) kritisches Urteilsvermögen.

discriminatory [dɪˈskrɪmɪnətərɪ] *adj* diskriminierend.

discursive [dɪˈskɜːsɪv], **discursory** [dɪˈskɜːsərɪ] *adj* **1.** *style* weitschweifig. **2.** (*Philos*) diskursiv.

discus [ˈdɪskəs] *n* Diskus *m.* **in the** ~ im Diskuswerfen.

discuss [dɪˈskʌs] *vt* besprechen; *politics, theory* diskutieren; *in essay, speech etc* erörtern, diskutieren. **I don't want to ~ it any further** ich möchte darüber nicht weiter reden.

discussant [dɪˈskʌsənt] *n* (*US*) Diskussionsteilnehmer(in *f*) *m.*

discussion [dɪˈskʌʃən] *n* Diskussion *f*; (*meeting*) Besprechung *f.* **after a lot of** ~ nach langen Diskussionen; **to be under** ~ zur Diskussion stehen; **that is still under** ~ das ist noch in der Diskussion; **a subject for** ~ ein Diskussionsthema *nt.*

disdain [dɪsˈdeɪn] **I** *vt sb* verachten; *sth also* verschmähen. **he ~ed to notice them** er hielt es für unter seiner Würde, ihnen Beachtung zu schenken. **II** *n* Verachtung *f.*

disdainful *adj*, **~ly** *adv* [dɪsˈdeɪnfʊl, -fəlɪ] verächtlich.

disease [dɪˈziːz] *n* (*lit, fig*) Krankheit *f.*

diseased [dɪˈziːzd] *adj* (*lit, fig*) krank; *tissue, plant* befallen.

disembark [ˌdɪsɪmˈbɑːk] **I** *vt* ausschiffen. **II** *vi* von Bord gehen.

disembarkation [ˌdɪsembɑːˈkeɪʃən] *n* Landung *f.*

disembodied [ˈdɪsɪmˈbɒdɪd] *adj* körperlos; *voice* geisterhaft.

disembowel [ˌdɪsɪmˈbaʊəl] *vt* die Eingeweide herausnehmen (+*dat*); (*murder*) den Bauch aufschlitzen (+*dat*).

disenchant [ˈdɪsɪnˈtʃɑːnt] *vt* ernüchtern. **he became ~ed with her** sie ernüchterte ihn.

disenfranchise [ˈdɪsɪnˈfræntʃaɪz] *vt see* **disfranchise.**

disengage [ˌdɪsɪnˈgeɪdʒ] **I** *vt* **1.** (*extricate*) losmachen, lösen (*from* aus).
  2. (*Tech*) ausrücken (*form*). **to ~ the clutch** (*Aut*) auskuppeln.
  3. (*Mil*) (*from country*) abziehen; (*from battle also*) abrücken lassen.
  II *vi* **1.** (*Tech*) ausrücken (*form*).
  2. (*Mil*) auseinanderrücken; (*opponents*) sich trennen.
  3. (*Fencing*) sich lösen.

disengagement [ˌdɪsɪnˈgeɪdʒmənt] *n see vt* **1.** Lösung *f.* **2.** Ausrücken *nt* (*form*). ~ **of the clutch** das Auskuppeln. **3.** Abzug *m.*

disentangle [ˈdɪsɪnˈtæŋgl] *vt* (*lit, fig*) entwirren; *problem, mystery also* enträtseln. **to ~ oneself from sth** (*lit*) sich aus etw lösen; (*fig*) sich von etw lösen.

disestablish [ˈdɪsɪsˈtæblɪʃ] *vt the Church* vom Staat trennen.

disfavour, (*US*) **disfavor** [dɪsˈfeɪvəʳ] *n* **1.** (*displeasure*) Ungnade *f*; (*dislike*) Mißfallen *nt.* **to fall into/be in** ~ in Ungnade fallen/sein (*with* bei); **to look with** ~ **upon sb/sth** jdn/etw mit Mißfallen betrachten.
  2. (*disadvantage*) **in/to his** ~ zu seinen Ungunsten.

disfigure [dɪsˈfɪgəʳ] *vt* verunstalten; *person also* entstellen.

disfigurement [dɪsˈfɪgəmənt] *n see vt* Verunstaltung *f*; Entstellung *f.*

disfranchise [ˈdɪsˈfræntʃaɪz] *vt person* die bürgerlichen Ehrenrechte aberkennen (+*dat*); *town* das Recht nehmen, einen Abgeordneten ins Parlament zu senden (+*dat*).

disfranchisement [dɪsˈfræntʃaɪzmənt] *n* (*of person*) Aberkennung *f* der bürgerlichen Ehrenrechte; (*of town*) Entzug *m* des Rechts, einen Abgeordneten ins Parlament zu senden.

disgorge [dɪsˈgɔːdʒ] **I** *vt food* ausspucken, ausspeien; (*stomach*) ausstoßen; (*fig*) (*spew forth*) ausspeien; (*river*) *waters* ergießen; (*give up*) (widerwillig) herausrücken. **II** *vi* (*river*) aus einer Schlucht austreten.

disgrace [dɪsˈgreɪs] **I** *n* **1.** *no pl* (*dishonour, shame*) Schande *f.* **to bring ~ on sb** jdm Schande machen; **to be in/fall into** ~ in Ungnade (gefallen) sein/fallen (*with* bei).
  2. (*cause of shame*) (*thing*) Schande *f* (*to* für); (*person*) Schandfleck *m* (*to gen*).
  II *vt* Schande machen (+*dat*); *country, family also* Schande bringen über (+*acc*).

don't ~ us! blamier uns nicht; to ~ oneself sich blamieren; (child, dog) sich schlecht benehmen; to be ~d blamiert sein; (politician, officer etc) in Unehre gefallen sein.

disgraceful [dɪsˈɡreɪsfʊl] *adj* erbärmlich (schlecht); *behaviour, performance, exam results also* skandalös. **it's quite ~ how/ that ...** es ist wirklich eine Schande, wie/ daß ...

disgracefully [dɪsˈɡreɪsfəlɪ] *adv* (+*adj*) erbärmlich; (+*vb*) erbärmlich schlecht.

disgruntle [dɪsˈɡrʌntl] *vt* verstimmen. ~d verstimmt.

disgruntlement [dɪsˈɡrʌntlmənt] *n* Verstimmung *f*.

disguise [dɪsˈɡaɪz] I *vt* unkenntlich machen; *sb, oneself* verkleiden; *voice* verstellen; *vehicle, building also* tarnen; *facts, mistakes, interest, feelings* verschleiern.

II *n* (*lit*) Verkleidung *f*; (*of vehicle, building*) Tarnung *f*; (*fig*) Deckmantel *m*. **in ~** verkleidet; getarnt; **in the ~ of** verkleidet als/getarnt als/unter dem Deckmantel von *or* der Maske (+*gen*).

disgust [dɪsˈɡʌst] I *n* Ekel *m*; (*at sb's behaviour*) Entrüstung, Empörung *f*. **to go away in ~** sich voller Ekel/Empörung abwenden; **much to his ~ he was given raw fish to eat/they left** Ekel überkam ihn, als ihm roher Fisch vorgesetzt wurde/sehr zu seiner Empörung gingen sie.

II *vt* (*person, sight*) anekeln, anwidern; (*actions*) empören.

disgusted [dɪsˈɡʌstɪd] *adj* angeekelt; (*at sb's behaviour*) empört. **I am ~ with you** ich bin empört über dich.

disgustedly [dɪsˈɡʌstɪdlɪ] *adv* voller Ekel; (*at sb's behaviour*) empört.

disgusting [dɪsˈɡʌstɪŋ] *adj* widerlich; (*physically nauseating also*) ekelhaft; (*euph: obscene*) schmutzig; *behaviour, language* anstößig; (*inf: terrible also*) ekelhaft. **don't be ~** sei nicht so ordinär; **that's ~** das ist eine Schweinerei (*inf*).

disgustingly [dɪsˈɡʌstɪŋlɪ] *adv* widerlich, ekelhaft; *rich* stink-.

dish [dɪʃ] I *n* 1. Schale *f*; (*for serving also*) Schüssel *f*.

2. **~es** *pl* (*crockery*) Geschirr *nt*; **to do the ~es** Geschirr spülen, abwaschen.

3. (*food*) Gericht *nt*.

4. (*Elec*) Parabolreflektor *m*.

5. (*sl*) (*girl*) duftes Mädchen (*inf*); (*man*) toller Typ (*inf*).

II *vt* 1. (*serve*) anrichten.

2. (*inf*) zunichte machen.

◆**dish out** *vt sep* (*inf*) austeilen.

◆**dish up** I *vt sep* 1. (*lit*) auf dem Teller anrichten; (*in bowls*) auftragen. 2. (*fig inf*) *facts* auftischen (*inf*). II *vi* anrichten.

dishabille [ˌdɪsəˈbiːl] *n* **in a state of ~** (*woman*) im Negligé; (*man*) halb angezogen.

disharmony [ˈdɪsˈhɑːmənɪ] *n* (*lit, fig*) Disharmonie *f*.

dishcloth [ˈdɪʃklɒθ] *n* (*for drying*) Geschirrtuch *nt*; (*for washing*) Spüllappen *m* *or* -tuch *nt*.

dishearten [dɪsˈhɑːtn] *vt* entmutigen. **don't be ~ed!** nur Mut!

disheartening *adj*, **~ly** *adv* [dɪsˈhɑːtnɪŋ, -lɪ] entmutigend.

dished [dɪʃt] *adj* (*Tech*) konkav (gewölbt); *wheels* gestürzt.

dishevelled, (*US*) **disheveled** [dɪˈʃevəld] *adj* unordentlich; *hair* zerzaust.

dishonest [dɪsˈɒnɪst] *adj* unehrlich; (*lying also*) verlogen; *plan, scheme* unlauter.

dishonestly [dɪsˈɒnɪstlɪ] *adv see adj.*

dishonesty [dɪsˈɒnɪstɪ] *n see adj* Unehrlichkeit *f*; Verlogenheit *f*; Unlauterkeit *f*.

dishonour, (*US*) **dishonor** [dɪsˈɒnəʳ] I *n* Schande, Unehre *f*. **to bring ~ upon sb** Schande über jdn bringen.

II *vt* 1. schänden, entehren; *family* Schande machen (+*dat*).

2. (*Comm, Fin*) *cheque* nicht honorieren; *bill* nicht bezahlen.

3. *agreement* nicht einhalten.

dishonourable, (*US*) **dishonorable** [dɪsˈɒnərəbl] *adj* unehrenhaft.

dishonourableness, (*US*) **dishonorableness** [dɪsˈɒnərəblnɪs] *n* Unehrenhaftigkeit *f*.

dishonourably, (*US*) **dishonorably** [dɪsˈɒnərəblɪ] *adv see adj.*

dish rack *n* Geschirrständer *m*; (*in dishwasher*) (Einsatz)korb *m*; **dish towel** *n* (*US, Scot*) Geschirrtuch *nt*; **dishwasher** *n* (*person*) Tellerwäscher(in *f*), Spüler(in *f*) *m*; (*machine*) Geschirrspülmaschine *f*; **dishwater** *n* Abwasch- *or* Spülwasser *nt*; **this coffee is like ~** der Kaffee schmeckt wie Abwasch- *or* Spülwasser.

dishy [ˈdɪʃɪ] *adj* (+*er*) (*Brit sl*) *woman, man* dufte (*inf*).

disillusion [ˌdɪsɪˈluːʒən] I *vt* desillusionieren. II *n* Desillusion *f*.

disillusionment [ˌdɪsɪˈluːʒənmənt] *n* Desillusionierung *f*.

disincentive [ˌdɪsɪnˈsentɪv] *n* Entmutigung *f*. **to be a ~ to sth** keinen Anreiz für etw bieten; **it acts as a ~** es hält die Leute ab.

disinclination [ˌdɪsɪnklɪˈneɪʃən] *n* Abneigung, Unlust *f*.

disinclined [ˈdɪsɪnˈklaɪnd] *adj* abgeneigt.

disinfect [ˌdɪsɪnˈfekt] *vt* desinfizieren.

disinfectant [ˌdɪsɪnˈfektənt] I *n* Desinfektionsmittel *nt*. II *adj* desinfizierend, Desinfektions-.

disinfection [ˌdɪsɪnˈfekʃən] *n* Desinfektion *f*.

disingenuous [ˌdɪsɪnˈdʒenjʊəs] *adj* unaufrichtig.

disingenuousness [ˌdɪsɪnˈdʒenjʊəsnɪs] *n* Unaufrichtigkeit *f*.

disinherit [ˈdɪsɪnˈherɪt] *vt* enterben.

disinheritance [ˈdɪsɪnˈherɪtəns] *n* Enterbung *f*.

disintegrate [dɪsˈɪntɪɡreɪt] I *vi* zerfallen; (*rock, cement*) auseinanderbröckeln; (*road surface*) rissig werden; (*car*) sich in seine Bestandteile auflösen; (*group also, institution*) sich auflösen; (*theory*) zusammenbrechen.

II *vt* zerfallen lassen; *rock, cement* auseinanderbröckeln lassen; *road surface* brüchig werden lassen; *group, institution* auflösen; *theory* zusammenbrechen lassen.

disintegration [dɪsˌɪntɪˈɡreɪʃən] *n see vi* Zerfall *m*; Auseinanderbröckeln *nt*; Rissigkeit *f*; Auflösung *f* in seine Bestandteile; Auflösung *f*; Zusammenbruch *m*.

disinter [ˌdɪsɪnˈtɜːʳ] *vt* ausgraben.

disinterest [dɪsˈɪntrəst] *n* Desinteresse *nt* (*in* an +*dat*). **it's a matter of complete ~ to me** die Sache interessiert mich in keiner Weise.

disinterested [dɪsˈɪntrɪstɪd] *adj* **1.** (*unbiased*) unvoreingenommen, unparteiisch. **2.** (*bored*) desinteressiert.

disinterestedly [dɪsˈɪntrɪstɪdlɪ] *adv see adj.*

disinterestedness [dɪsˈɪntrɪstɪdnɪs] *n see adj* **1.** Unvoreingenommenheit *f.* **2.** Desinteresse *nt.*

disinterment [ˌdɪsɪnˈtɜːmənt] *n* Ausgrabung *f.*

disjointed *adj*, **~ly** *adv* [dɪsˈdʒɔɪntɪd, -lɪ] unzusammenhängend.

disjointedness [dɪsˈdʒɔɪntɪdnɪs] *n* Zusammenhang(s)losigkeit *f.*

disjunctive [dɪsˈdʒʌŋktɪv] (*Gram*) **I** *adj* disjunktiv. **II** *n* Disjunktion *f.*

disk *n* (*esp US*) *see* **disc.**

dislike [dɪsˈlaɪk] **I** *vt* nicht mögen, nicht gern haben. **to ~ doing sth** etw ungern *or* nicht gern tun; **to ~ sb doing sth** es nicht gern haben *or* sehen, wenn jd etw tut; **I ~ him/ it intensely** ich mag ihn/es überhaupt nicht; **I don't ~ it** ich habe nichts dagegen.
II *n* Abneigung *f* (*of* gegen). **to take a ~ to sb/sth** eine Abneigung gegen jdn/etw fassen.

dislocate [ˈdɪsləʊkeɪt] *vt* (*Med*) ver- *or* ausrenken; (*fig*) *plans, timetable* durcheinanderbringen. **to ~ one's shoulder** sich (*dat*) den Arm auskugeln.

dislocation [ˌdɪsləʊˈkeɪʃən] *n* (*Med*) *see vt* Verrenkung *f*; (*fig*) Durcheinanderbringen *nt*; Auskugeln *nt.*

dislodge [dɪsˈlɒdʒ] *vt obstruction, stone* lösen; (*prise, poke out*) herausstochern; (*knock out*) herausschlagen *enemy* verdrängen. **a few stones have been ~d** einige Steine sind verschoben worden.

disloyal [dɪsˈlɔɪəl] *adj* illoyal. **to be ~ to sb/ the cause** sich jdm/der Sache gegenüber illoyal verhalten.

disloyalty [dɪsˈlɔɪəltɪ] *n* Illoyalität *f* (*to* gegenüber).

dismal [ˈdɪzməl] *adj* düster, trist; *person* trübselig; *failure, result* kläglich.

dismally [ˈdɪzməlɪ] *adv* trostlos; *fail* kläglich; *think, say* trübselig.

dismantle [dɪsˈmæntl] *vt* (*take to pieces*) auseinandernehmen; *scaffolding* abbauen; (*permanently*) *arms factory, machinery* demontieren; *ship* abwracken.

dismay [dɪsˈmeɪ] **I** *n* Bestürzung *f.* **in ~** bestürzt. **II** *vt* bestürzen.

dismember [dɪsˈmembəʳ] *vt* (*lit*) *animal, body* zerstückeln; (*Med*) zergliedern; (*fig*) *empire* zersplittern.

dismemberment [dɪsˈmembəmənt] *n* (*lit*) Zergliederung *f*; (*fig*) Zersplitterung *f.*

dismiss [dɪsˈmɪs] *vt* **1.** (*from job*) entlassen. **2.** (*allow to go*) entlassen; *assembly* auflösen, aufheben. **~!** wegtreten! **3.** (*brush aside*) *point, objection* abtun. **4.** (*Jur*) *accused* entlassen; *appeal* abweisen. **to ~ a case** die Klage abweisen. **5.** (*Sport*) *batsman, team* ausschlagen.

dismissal [dɪsˈmɪsəl] *n see vt* **1.** Entlassung *f.* **2.** Entlassung *f*; Auflösung *f.* **3.** Abtun *nt.*

4. Entlassung *f*; Abweisung *f*; Einstellung *f.* **5.** Ausschlagen *nt.*

dismissive [dɪsˈmɪsɪv] *adj remark* wegwerfend. **to be ~ about sth** etw abtun.

dismount [dɪsˈmaʊnt] **I** *vi* absteigen. **II** *vt* **1.** *rider* abwerfen. **2.** (*Tech*) *machine, gun* abmontieren.

disobedience [ˌdɪsəˈbiːdɪəns] *n* Ungehorsam *m* (*to* gegenüber). **an act of ~** ungehorsames Verhalten.

disobedient [ˌdɪsəˈbiːdɪənt] *adj* ungehorsam.

disobey [ˈdɪsəˈbeɪ] *vt parents, teacher* nicht gehorchen (+*dat*); *officer* den Gehorsam verweigern (+*dat*); *rule, law* übertreten.

disoblige [ˌdɪsəˈblaɪdʒ] *vt* keinen Gefallen tun (+*dat*).

disobliging *adj*, **~ly** *adv* [ˌdɪsəˈblaɪdʒɪŋ, -lɪ] ungefällig.

disorder [dɪsˈɔːdəʳ] **I** *n* **1.** Durcheinander *nt*; (*in room etc also*) Unordnung *f.* **in ~** durcheinander; in Unordnung; **to throw sth into ~** etw durcheinanderbringen/in Unordnung bringen; **to retreat in ~** (*Mil*) einen ungeordneten Rückzug antreten.
2. (*Pol: rioting*) Unruhen *pl.*
3. (*Med*) Funktionsstörung *f.* **kidney/ mental ~** Nieren- / Geistesstörung; **stomach ~** Magenbeschwerden *pl.*
II *vt* **1.** durcheinanderbringen; *room* in Unordnung bringen.
2. (*Med*) angreifen.

disordered [dɪsˈɔːdəd] *adj* **1.** *room, thoughts* unordentlich, durcheinander *pred*; *plans, papers also* wirr; *existence* ungeordnet. **2.** (*Med*) *stomach, liver* angegriffen; *mind* gestört, verwirrt; *imagination* wirr.

disorderliness [dɪsˈɔːdəlɪnɪs] *n see adj* Unordentlichkeit *f*, Durcheinander *nt*; Wirrheit *f*; Ungeordnetheit *f.*

disorderly [dɪsˈɔːdəlɪ] *adj* (*untidy*) *desk, room* unordentlich; *life* unsolide; *mind* wirr; (*unruly*) *crowd* aufrührerisch; *pupils also* ungebärdig, außer Rand und Band; *behaviour* ungehörig. **~ conduct** (*Jur*) ungebührliches Benehmen; **~ house** (*brothel*) Bordell, Freudenhaus *nt*; (*gambling den*) Spielhölle *f.*

disorganization [dɪsˌɔːgənaɪˈzeɪʃən] *n* Desorganisation *f*; (*state of confusion also*) Durcheinander *nt.*

disorganize [dɪsˈɔːgənaɪz] *vt* durcheinanderbringen, desorganisieren (*geh*).

disorganized [dɪsˈɔːgənaɪzd] *adj* systemlos; *life also, person* chaotisch; *filing system etc* durcheinander *pred*, ungeordnet. **he/ the office is completely ~** bei ihm/im Büro geht alles drunter und drüber.

disorient [dɪsˈɔːrɪənt], **disorientate** [dɪsˈɔːrɪənteɪt] *vt* (*lit, fig*) verwirren.

disown [dɪsˈəʊn] *vt* verleugnen; *child also* verstoßen; *signature* nicht (als seine eigene) anerkennen; *suggestion* nicht wahrhaben wollen.

disparage [dɪˈspærɪdʒ] *vt* herabsetzen; *work, achievements also* schmälern.

disparagement [dɪˈspærɪdʒmənt] *n see vt* Herabsetzung *f*; Schmälerung *f.*

disparaging *adj*, **~ly** *adv* [dɪˈspærɪdʒɪŋ, -lɪ] abschätzig, geringschätzig.

disparate [ˈdɪspərɪt] *adj* ungleich.

disparity [dɪ'spærɪtɪ] n Ungleichheit f.
dispassion [dɪs'pæʃən] n Objektivität f.
dispassionate adj, ~ly adv [dɪs'pæʃənɪt, -lɪ] objektiv.
dispatch [dɪ'spætʃ] I vt 1. senden, schicken; letter, telegram also aufgeben; person, troops etc also entsenden.
2. (deal with) (prompt) erledigen.
3. (kill) töten.
4. (inf) food fertig werden mit (inf).
II n also ['dɪspætʃ] 1. see vt 1.–3. Senden, Schicken nt; Aufgabe f; Entsendung f; prompte Erledigung; Tötung f. date of ~ Absendedatum nt.
2. (message, report) Depesche f; (Press) Bericht m. to be mentioned in ~es (Mil) in den Kriegsberichten erwähnt werden.
3. (promptness) Promptheit f. with ~ prompt.
dispatch box n (Brit Parl) Depeschen-kassette f; **dispatch note** n (in advance) Benachrichtigungsschein m; (with goods) Begleitschein m; **dispatch rider** n (Mil) Meldereiter or -fahrer m.
dispel [dɪ'spel] vt clouds, fog auflösen, vertreiben; doubts, fears zerstreuen; sorrows vertreiben.
dispensability [dɪ,spensɪ'bɪlɪtɪ] n Entbehrlichkeit f.
dispensable [dɪ'spensəbl] adj entbehrlich.
dispensary [dɪ'spensərɪ] n (in hospital) (Krankenhaus)apotheke f; (in chemist's) Apothekenabteilung f; (clinic) Dispensarium nt.
dispensation [,dɪspen'seɪʃən] n 1. (handing out) Verteilung f; (of charity) Austeilung f. ~ of justice Rechtsprechung f.
2. (exemption, Eccl) Dispens m, Dispensation f.
3. (system, regime) System nt; (Rel) Glaubenssystem nt.
dispense [dɪ'spens] I vt 1. verteilen, austeilen (to an +acc); advice also erteilen. to ~ one's favours seine Gunst verschenken; to ~ justice Recht sprechen.
2. (Pharm) medicine abgeben; prescription zubereiten.
3. (form: exempt) dispensieren, befreien. to ~ sb from doing sth jdn davon befreien or dispensieren, etw zu tun.
II vi (Pharm) Medizin abgeben, dispensieren (form). **dispensing chemist's** Apotheke f.
◆**dispense with** vi +prep obj verzichten auf (+acc). I could/couldn't ~ ~ that ich könnte darauf gut/nicht verzichten.
dispenser [dɪ'spensər] n 1. (Pharm) Apotheker(in f) m. 2. (container) Spender m; (slot-machine) Automat m.
dispersal [dɪ'spɜːsəl] n see vt Verstreuen nt; Verteilung f; Zerstreuung, Auflösung f; Streuung f; Dispersion f; Verbreitung f; (of efforts) Verzettelung, Zersplitterung f.
dispersant [dɪ'spɜːsənt] n Lösungsmittel nt.
disperse [dɪ'spɜːs] I vt (scatter widely) verstreuen; (Bot) seed verteilen; crowd, mist zerstreuen, oil slick auflösen; (Opt) light streuen; (Chem) particles dispergieren; (fig) knowledge etc verbreiten.
II vi sich zerstreuen or auflösen; (oil slick) sich auflösen.

dispersion [dɪ'spɜːʃən] n see dispersal.
dispirit [dɪ'spɪrɪt] vt entmutigen.
dispirited adj, ~ly adv [dɪ'spɪrɪtɪd, -lɪ] entmutigt.
dispiriting adj, ~ly adv [dɪ'spɪrɪtɪŋ, -lɪ] entmutigend.
displace [dɪs'pleɪs] vt 1. (move) verschieben. 2. (replace) ablösen, ersetzen.
3. (Naut, Phys) water, air etc verdrängen.
4. (in office) verdrängen, ausbooten (inf).
displaced emotion n verlagertes Gefühl; **displaced person** n Verschleppte(r) mf, Zwangsvertriebene(r) mf.
displacement [dɪs'pleɪsmənt] n 1. (act of displacing) see vt Verschiebung f; Ablösung f, Ersatz m; Verdrängung f; Verdrängung, Ausbootung (inf) f.
2. (distance sth is moved) Verschiebung f; (Geol: of rocks) Dislokation f.
3. (volume displaced) (Phys) verdrängte Menge; (Naut) Verdrängung f.
displacement activity n (Psych) Ersatzbefriedigung f; **displacement ton** n (Naut) Verdrängungstonne f.
display [dɪ'spleɪ] I vt 1. zeigen; interest, courage also beweisen; interest, ignorance an den Tag legen, beweisen; (ostentatiously) new clothes etc also vorführen; luxury, sth sensational zur Schau stellen; power demonstrieren; exam results, notice aushängen.
2. (Comm) goods ausstellen.
3. (Typ, Press) hervorheben.
II vi Imponiergehabe zeigen; (birds also) balzen.
III n 1. see vt 1. Zeigen nt; Beweis m; Vorführung f; Zurschaustellung f; Demonstration f; Aushängen nt. to make a great ~ of sth/one's feelings etw groß zur Schau stellen/seine Gefühle deutlich zeigen; to be on ~ ausgestellt sein; these are only for ~ die sind nur zur Ansicht; I hope we don't have another ~ (of temper) like that ich hoffe, wir kriegen nicht noch einmal denselben Tanz (inf).
2. (exhibition of paintings etc) Ausstellung f; (dancing ~ etc) Vorführung f; (military, air ~) Schau f.
3. (Comm) Auslage f.
4. (Typ, Press) to give top ~ to sth etw groß herausbringen.
5. (Zool) Imponiergehabe nt; (of bird also) Balz f.
6. (visual ~) Anzeige f.
display in cpds (Comm) Ausstellungs-; **display advertising** n Großanzeige f; **display cabinet** n Schaukasten m; **display case** n Vitrine f; **display window** n Schaufenster nt.
displease [dɪs'pliːz] vt mißfallen (+dat), nicht gefallen (+dat); (annoy) verstimmen, verärgern. he was rather ~d to hear that ... er hörte nur sehr ungern, daß ...
displeasing [dɪs'pliːzɪŋ] adj unangenehm. to be ~ to sb jdm mißfallen or nicht gefallen; (annoy) jdn verstimmen or verärgern.
displeasure [dɪs'pleʒər] n Mißfallen nt (at über +acc).
disposable [dɪ'spəʊzəbl] adj 1. (to be thrown away) Wegwerf-, wegwerfbar; handkerchief, nappy also Papier-; cup,

plate Papp-/Plastik-; *bottle, syringe* Einweg-. **easily** ~ leicht zu vernichten.
2. (*available*) *capital, money* verfügbar, disponibel (*spec*). (*Fin*) ~ **assets** frei verfügbares Vermögen.

disposal [dɪˈspəʊzəl] *n* **1.** *see* **dispose of 1.** Loswerden *nt*; Veräußerung *f*; Beseitigung *f*; Erledigung, Regelung *f*. (**waste**) ~ **unit** Müllschlucker *m*.
2. (*control: over resources, funds, personnel*) Verfügungsgewalt *f*. **to put sth at sb's** ~ jdm etw zur Verfügung stellen; **we had the entire staff at our** ~ die ganze Belegschaft stand uns zur Verfügung.
3. (*form: arrangement*) (*of ornaments, furniture*) Anordnung *f*, Arrangement *nt*; (*Mil: of troops*) Aufstellung *f*.

dispose [dɪˈspəʊz] **I** *vt* **1.** (*form: arrange*) *shrubs, ornaments* anordnen; *people, troops* aufstellen; *papers* ordnen.
2. (*make willing*) **to** ~ **sb towards sb/sth** jdn für jdn/etw gewinnen; **to** ~ **sb to do sth** jdn geneigt machen, etw zu tun.
II *vi see* **propose.**

◆**dispose of** *vi +prep obj* **1.** (*get rid of*) *furniture* loswerden; (*by selling also*) veräußern; *unwanted person or goods also, litter* beseitigen; *opponent, difficulties* aus dem Weg schaffen; *question, matter, difficulties* erledigen, regeln.
2. (*have at disposal*) *fortune, time* verfügen über (+*acc*).

disposed [dɪˈspəʊzd] *adj* bereit. **to be well/ill** ~ **towards sb** jdm wohlwollen/ übelwollen.

disposition [ˌdɪspəˈzɪʃən] *n* **1.** (*form: arrangement*) (*of buildings, ornaments*) Anordnung *f*; (*of forces*) Aufstellung *f*.
2. (*temperament*) Veranlagung *f*. **her cheerful** ~ ihre fröhliche Art.

dispossess [ˈdɪspəˈzes] *vt* enteignen.

dispossession [ˌdɪspəˈzeʃən] *n* Enteignung *f*.

disproportion [ˌdɪsprəˈpɔːʃən] *n* Mißverhältnis *nt*.

disproportionate [ˌdɪsprəˈpɔːʃnɪt] *adj* **to be** ~ (**to sth**) in keinem Verhältnis (zu etw) stehen; **a** ~ **amount of money/time** ein unverhältnismäßig hoher/niedriger Geldbetrag/eine unverhältnismäßig lange/kurze Zeit.

disproportionately [ˌdɪsprəˈpɔːʃnɪtlɪ] *adv* unverhältnismäßig.

disprovable [dɪsˈpruːvəbl] *adj* widerlegbar.

disprove [dɪsˈpruːv] *vt* widerlegen.

disputable [dɪˈspjuːtəbl] *adj* sehr zweifelhaft, disputabel.

disputant [dɪˈspjuːtənt] *n* Disputant(in *f*) *m*.

disputation [ˌdɪspjuːˈteɪʃən] *n* (*arguing*) Disput *m*, Kontroverse *f*.

disputatious [ˌdɪspjuːˈteɪʃəs] *adj* streitbar.

dispute [dɪˈspjuːt] **I** *vt* **1.** (*argue against*) *statement* bestreiten, anfechten; *claim to sth, will* anfechten.
2. (*debate*) *question, subject* sich streiten über (+*acc*); (*scholars etc also*) disputieren über (+*acc*). **the issue was hotly** ~**d** das Thema wurde hitzig diskutiert.
3. (*contest*) jdm streitig machen; *territory* beanspruchen.

II *vi* (*argue*) streiten; (*debate: scholars etc also*) disputieren.
III *n also* [ˈdɪspjuːt] **1.** *no pl* (*arguing, controversy*) Disput *m*, Kontroverse *f*. **a lot of** ~ eine größere Kontroverse; **to be beyond** ~ außer Frage stehen; **without** ~ zweifellos; **there is some** ~ **about which horse won** es ist umstritten, welches Pferd gewonnen hat; **a territory in** *or* **under** ~ ein umstrittenes Gebiet; **to be open to** ~ anfechtbar sein.
2. (*quarrel, argument*) Streit *m*.
3. (*Ind*) Auseinandersetzung *f*. **the union is in** ~ (**with the management**) zwischen Gewerkschaft und Betriebsleitung bestehen Unstimmigkeiten; **wages** ~ Tarifauseinandersetzungen *pl*; **to be in** ~ (*on strike*) im Ausstand sein.

disqualification [dɪsˌkwɒlɪfɪˈkeɪʃən] *n* **1.** Ausschluß *m*; (*Sport also*) Disqualifizierung, Disqualifikation *f*. ~ (**from driving**) Führerscheinentzug *m*.
2. (*disqualifying factor*) Grund *m* zur Disqualifikation.

disqualify [dɪsˈkwɒlɪfaɪ] *vt* (*make ineligible*) untauglich *or* ungeeignet machen (*from* für); (*Sport etc*) disqualifizieren, ausschließen. **to** ~ **sb from driving** jdm den Führerschein entziehen; **that disqualifies you from criticizing him** das nimmt Ihnen jedes Recht, ihn zu kritisieren.

disquiet [dɪsˈkwaɪət] **I** *vt* beunruhigen. **II** *n* (*also* **disquietude**) Unruhe *f*.

disquisition [ˌdɪskwɪˈzɪʃən] *n* (lange, ausführliche) Abhandlung *or* (*speech*) Rede (*on* über +*acc*).

disregard [ˈdɪsrɪˈgɑːd] **I** *vt* ignorieren; *remark, feelings also* nicht beachten, nicht achten auf (+*acc*); *danger, advice, authority also* mißachten.
II *n* Nichtbeachtung, Mißachtung *f* (*for gen*); (*for danger also, money*) Geringschätzung *f* (*for gen*). **to show complete** ~ **for sth** etw völlig außer acht lassen.

disrepair [ˈdɪsrɪˈpeə'] *n* Baufälligkeit *f*. **in a state of** ~ baufällig; **to fall into** ~ verfallen.

disreputable [dɪsˈrepjʊtəbl] *adj* (*dishonest, dishonourable*) übel; (*not respectable*) unfein; *clothes* unansehnlich; *area* anrüchig, verrufen, übel.

disreputably [dɪsˈrepjʊtəbl] *adv behave* (*dishonourably*) übel, gemein; (*not respectably*) unfein; *dress* schlecht.

disrepute [ˈdɪsrɪˈpjuːt] *n* schlechter Ruf. **to bring sth into** ~ etw in Verruf bringen; **to fall into** ~ in Verruf kommen *or* geraten.

disrespect [ˈdɪsrɪsˈpekt] *n* Respektlosigkeit *f* (*for gegenüber*). **I don't mean any** ~, **but ...** ich will nicht respektlos sein, aber ...

disrespectful *adj*, ~**ly** *adv* [ˌdɪsrɪsˈpektfʊl, -fəlɪ] respektlos (*to gegenüber*).

disrobe [dɪsˈrəʊb] **I** *vi* (*judge*) seine Gewänder ablegen; (*form, hum: undress*) sich entkleiden; *hum* sich entblättern (*hum inf*).
II *vt* (*form, hum: undress*) entkleiden.

disrupt [dɪsˈrʌpt] *vt stören*; *lesson, meeting, conversation, train service, communications also* unterbrechen.

disruption [dɪsˈrʌpʃən] *n see vt* Störung *f*; Unterbrechung *f*.

disruptive [dɪsˈrʌptɪv] *adj* störend.
dissatisfaction [ˌdɪsˌsætɪsˈfækʃən] *n* Unzufriedenheit *f*.
dissatisfied [dɪsˈsætɪsfaɪd] *adj* unzufrieden.
dissect [dɪˈsekt] *vt* plant präparieren; *animal also* sezieren; *(fig) report, theory* sezieren, zergliedern.
dissection [dɪˈsekʃən] *n* **1.** *(act) see vt* Präparation *f*; Sektion *f*; Zergliederung *f*. **2.** *(plant, animal)* Präparat *nt*.
dissemble [dɪˈsembl] **I** *vt (cover up)* verbergen; *(feign)* vortäuschen, **II** *vi (liter)* sich verstellen; *(feign illness)* simulieren.
disseminate [dɪˈsemɪneɪt] *vt* verbreiten.
dissemination [dɪˌsemɪˈneɪʃən] *n* Verbreitung *f*.
dissension [dɪˈsenʃən] *n* Meinungsverschiedenheit, Differenz *f*. **a great deal of** ~ große Differenzen *or* Meinungsverschiedenheiten *pl*; **to cause** ~ zu Meinungsverschiedenheiten *or* Differenzen führen; *(person)* Meinungsverschiedenheiten *or* Differenzen verursachen.
dissent [dɪˈsent] **I** *vi* **1.** anderer Meinung sein, differieren *(geh)*. **I strongly** ~ **from what he says** ich muß dem, was er sagt, entschieden widersprechen.
2. *(Eccl)* sich weigern, die Staatskirche anzuerkennen.
II *n* **1.** Dissens *m (geh)*, Nichtübereinstimmung *f*. **to voice/express one's** ~ **(with sth)** erklären, daß man (mit etw) nicht übereinstimmt; **the motion was carried with almost no** ~ der Antrag wurde fast ohne Gegenstimmen angenommen.
2. *(Eccl)* Weigerung *f*, die (englische) Staatskirche anzuerkennen.
dissenter [dɪˈsentəʳ] *n* Dissident *m*; *(Eccl also)* Dissenter *m*.
dissentient [dɪˈsenʃɪənt] *adj opinion* abweichend.
dissertation [ˌdɪsəˈteɪʃən] *n* wissenschaftliche Arbeit; *(for PhD)* Dissertation *f*; *(fig)* Vortrag *m*.
disservice [dɪsˈsɜːvɪs] *n* **to do sb a** ~ jdm einen schlechten Dienst erweisen; **to be a** ~/**of** ~ **to sb** sich nachteilig für jdn auswirken, jdm schaden.
dissidence [ˈdɪsɪdəns] *n* Opposition *f*; *(Pol)* Dissidententum *nt*.
dissident [ˈdɪsɪdənt] **I** *n* Dissident(in *f*), Regimekritiker(in *f*) *m*. **II** *adj* dissident, regimekritisch.
dissimilar [dɪˈsɪmɪləʳ] *adj* unterschiedlich, verschieden *(to* von); **two things** verschieden. **not** ~ **(to sb/sth)** (jdm/einer Sache) nicht ungleich *or (in appearance)* nicht unähnlich.
dissimilarity [ˌdɪsɪmɪˈlærɪtɪ] *n* Unterschiedlichkeit, Verschiedenheit *f*; *(in appearance)* Unähnlichkeit *f*.
dissimulate [dɪˈsɪmjʊleɪt] **I** *vt* verbergen. **II** *vi* sich verstellen.
dissimulation [dɪˌsɪmjʊˈleɪʃən] *n* Verstellung, Heuchelei *f*.
dissipate [ˈdɪsɪpeɪt] **I** *vt* **1.** *(dispel) fog* auflösen; *doubts, fears* zerstreuen. **2.** *energy, efforts* verschwenden, vergeuden; *fortune* verschwenden, verschleudern *(inf)*. **II** *vi (clouds, fog)* sich

auflösen; *(crowd, doubts, fear also)* sich zerstreuen.
dissipated [ˈdɪsɪpeɪtɪd] *adj behaviour, society* zügellos; *person also* leichtlebig; *(in appearance)* verlebt; *life* ausschweifend.
dissipation [ˌdɪsɪˈpeɪʃən] *n see vt* **1.** Auflösung *f*; Zerstreuung *f*. **2.** Verschwendung, Vergeudung *f*; Verschwendung *f*, Verschleudern *nt (inf)*. **3.** *(debauchery)* Ausschweifung *f*. **a life of** ~ ein ausschweifendes Leben.
dissociate [dɪˈsəʊʃɪeɪt] *vt* **1.** trennen, dissoziieren *(geh)*. **to** ~ **oneself from sb/ sth** sich von jdm/etw distanzieren. **2.** *(Chem)* dissoziieren.
dissociation [dɪˌsəʊsɪˈeɪʃən] *n* **1.** *(separation)* Trennung, Dissoziation *(geh) f*. **2.** *(Chem, Psych)* Dissoziation *f*.
dissoluble [dɪˈsɒljʊbl] *adj (Chem)* löslich.
dissolute [ˈdɪsəluːt] *adj person* zügellos; *way of life also* ausschweifend; *appearance* verlebt.
dissoluteness [ˈdɪsəlʊtnɪs] *n see adj* Zügellosigkeit *f*; Verlebtheit *f*.
dissolution [ˌdɪsəˈluːʃən] *n* **1.** *(Chem, Jur, Pol)* Auflösung *f*. **2.** *(of relationship)* Auflösung *f*; *(of faith)* Abbröckeln *nt*.
dissolve [dɪˈzɒlv] **I** *vt* **1.** *(lit, Jur, Pol, fig)* auflösen; *marriage also* scheiden.
2. *(Film)* überblenden *(into* in *or* auf +*acc)*.
II *vi* **1.** *(lit, Jur, Pol, fig)* sich (auf)lösen; *(fig)* sich in nichts auflösen. **it** ~**s in water** es ist wasserlöslich, es löst sich in Wasser; **to** ~ **into tears** in Tränen zerfließen.
2. *(Film)* überblenden *(into* in *or* auf +*acc)*.
III *n (Film)* Überblendung *f*.
dissolvent [dɪˈzɒlvənt] **I** *adj* lösend. **II** *n* Lösungsmittel *nt*.
dissonance [ˈdɪsənəns] *n (Mus, fig)* Dissonanz *f*.
dissonant [ˈdɪsənənt] *adj (Mus)* dissonant; *(fig) opinions, temperaments* unvereinbar; *colours* disharmonisch.
dissuade [dɪˈsweɪd] *vt* **to** ~ **sb (from sth)/ from doing sth** jdn von etw abbringen, jdm etw ausreden/jdn davon abbringen *or* jdm ausreden, etw zu tun; **to try to** ~ **sb from sth** jdm von etw abraten, versuchen, jdn von etw abzubringen.
dissuasion [dɪˈsweɪʒən] *n* Abraten *nt*. **no amount of** ~ **would make him change his mind** so sehr man ihm auch abriet, er änderte seinen Entschluß nicht.
dissuasive [dɪˈsweɪsɪv] *adj* abratend. **he was most** ~ er riet sehr davon ab.
dissuasively [dɪˈsweɪsɪvlɪ] *adv see adj*.
dissuasiveness [dɪˈsweɪsɪvnɪs] *n (of person)* Abraten *nt*. **the** ~ **of his tone/ arguments** sein abratender Ton/seine r pag306abratenden Argumente.
distaff [ˈdɪstɑːf] *n* **1.** *(in spinning)* Spinnrocken *m*, Kunkel *f*. **2. on the** ~ **side** mütterlicherseits.
distance [ˈdɪstəns] **I** *n* **1.** *(in space)* Entfernung *f*; *(gap, interval)* Abstand *m*, Distanz *f (geh)*; *(distance covered)* Strecke *f*, Weg *m*. **we now measure** ~ **in metres** wir geben Entfernungen jetzt in Metern an; **at a** ~ **of two metres** in zwei Meter(n) Entfernung; **stopping** ~ Bremsweg *m*; **the** ~

between the eyes/railway lines der Abstand der Augen *or* zwischen den Augen/ der Abstand zwischen den Eisenbahnschienen; **at an equal ~ from each other** gleich weit voneinander entfernt *or* weg; **the ~ between London and Glasgow is ...** die Entfernung zwischen London und Glasgow beträgt ...; **what's the ~ from London to Glasgow?** wie weit ist es von London nach Glasgow?; **I don't know the exact ~** ich weiß nicht genau, wie weit es ist; **we covered the ~ between London and Glasgow in five hours** wir haben für die Strecke London-Glasgow fünf Stunden gebraucht; **in the (far) ~** (ganz) in der Ferne, (ganz) weit weg; **he admired her at a ~** (*fig*) er bewunderte sie aus der Ferne; **it's within walking ~** es ist zu Fuß erreichbar; **it's no ~** es ist überhaupt nicht weit, es ist nur ein Katzensprung; **seen from a ~ it looks different** von weitem *or* aus der Entfernung sieht das ganz anders aus; **quite a/a short ~ (away)** ziemlich weit/ nicht weit (entfernt *or* weg); **we drove 600 miles — that's quite a ~** wir sind 600 Meilen gefahren — das ist eine ganz schöne Strecke; **the race is over a ~ of 3 miles** das Rennen geht über eine Distanz von 3 Meilen; **the fight went the ~** der Kampf ging über alle Runden; **to go the ~** durchhalten, es durchstehen; **to keep one's ~** Abstand halten.

2. (*in time*) **at a ~ of 400 years** aus einem Abstand von 400 Jahren; **at this ~ in time** nach einem so langen Zeitraum.

3. (*fig: in social rank*) Unterschied *m*. **to keep sb at a ~** jdn auf Distanz halten; **to keep one's ~** (*be aloof*) auf Distanz bleiben.

II *vt* **1.** (*Sport etc*) *see* **outdistance.**

2. to ~ oneself from sb/sth sich von jdm/ etw distanzieren.

distance event *n* Langstreckenlauf *m*; **distance runner** *n* Langstreckenläufer(in *f*) *m*.

distant ['dɪstənt] **I** *adj* **1.** (*far away*) *country* weit entfernt, fern. **we had a ~ view of the church** wir sahen in der Ferne die Kirche.

2. (*in past*) *age* fern, weit zurückliegend; *recollection* entfernt. **that was in the ~ past** das liegt weit zurück.

3. (*in future*) **that's a ~ prospect** das ist Zukunftsmusik, das liegt noch in weiter Ferne; **in the ~ future** in ferner Zukunft.

4. *relationship, likeness* entfernt.

5. (*fig: aloof*) *person, manner* distanziert, kühl, reserviert.

II *adv* entfernt. **two miles ~** zwei Meilen entfernt.

distantly ['dɪstəntlɪ] *adv* **1.** (*lit*) entfernt, fern. **the lights shone ~ on the horizon** die Lichter leuchteten weit weg am Horizont. **2.** (*fig*) *related also* weitläufig. **3.** (*fig: aloofly*) *speak, behave* kühl, distanziert, reserviert.

distaste [dɪs'teɪst] *n* Widerwille *m* (*for* gegen).

distasteful [dɪs'teɪstfʊl] *adj task* unangenehm; *photo, magazine* geschmacklos. **to be ~ to sb** jdm zuwider *or* unangenehm sein.

distemper¹ [dɪs'tempər] **I** *n* (*paint*) Temperafarbe *f*. **II** *vt* mit Temperafarbe streichen.

distemper² *n* (*Vet*) Staupe *f*.

distend [dɪ'stend] **I** *vt balloon* (auf)blasen; *sails, stomach* (auf)blähen. **II** *vi* sich blähen.

distension [dɪ'stenʃən] *n* Blähen *nt*; (*of stomach also*) (Auf)blähung *f*.

distil, (US) distill [dɪ'stɪl] **I** *vt* **1.** (*Chem*) destillieren; *whisky etc also* brennen; (*fig*) herausarbeiten.

2. (*drip slowly*) tropfenweise ausscheiden *or* absondern.

II *vi* **1.** (*Chem*) sich herausdestillieren; (*whisky also*) gebrannt werden; (*fig also*) sich herauskristallisieren.

2. (*drip slowly*) herauströpfeln.

distillation [dɪstɪ'leɪʃən] *n* (*Chem etc*) (*act*) Destillation *f*; (*of whisky etc also*) Brennen *nt*; (*product*) Destillat *nt*; (*fig*) (*act*) Verarbeitung *f*; (*product*) Destillat *nt*.

distiller [dɪ'stɪlər] *n* Destillateur *m*, (Branntwein)brenner *m*.

distillery [dɪ'stɪlərɪ] *n* Destillation, (Branntwein)brennerei *f*.

distinct [dɪ'stɪŋkt] *adj* **1.** deutlich, klar; *landmark, shape also* deutlich *or* klar erkennbar; *preference also* ausgesprochen; *likeness also* ausgeprägt, ausgesprochen; *increase, progress also* merklich, entschieden. **I had the ~ feeling that something bad was going to happen** ich hatte das bestimmte Gefühl, daß etwas Schlimmes passieren würde; **he has a ~ Scottish accent** er hat einen unverkennbar schottischen Akzent; **he has a ~ advantage over her** er ist ihr gegenüber klar *or* deutlich im Vorteil.

2. (*different*) verschieden; (*separate*) getrennt. **as ~ from** im Unterschied zu; **to keep sth ~ from sth else** etw und etw auseinanderhalten.

3. (*distinctive*) eigen, individuell.

distinction [dɪ'stɪŋkʃən] *n* **1.** (*difference*) Unterschied *m*; (*act of distinguishing*) Unterscheidung *f*. **to make a ~ (between two things)** (zwischen zwei Dingen) unterscheiden *or* einen Unterschied machen.

2. *no pl* (*preeminence*) (hoher) Rang *m*, Distinktion *f* (*dated geh*); (*refinement*) Vornehmheit *f*. **she has an air of ~** sie hat etwas Vornehmes *or* Distinguiertes (*geh*); **to win ~** sich hervortun *or* auszeichnen; **a pianist of ~** ein Pianist von Rang.

3. (*Sch, Univ: grade*) Auszeichnung *f*. **he got a ~ in French** er hat das Französischexamen mit Auszeichnung bestanden.

distinctive [dɪ'stɪŋktɪv] *adj colour, plumage* auffällig; (*unmistakable*) unverwechselbar; *gestures, walk, voice, bird call etc* unverwechselbar, unverkennbar; *characteristic, feature* kennzeichnend. **with his ~ irony** mit der ihm eigenen *or* für ihn charakteristischen Ironie.

distinctively [dɪ'stɪŋktɪvlɪ] *adv see adj.*

distinctly [dɪ'stɪŋktlɪ] *adv* **1.** deutlich, klar; *prefer also, alike, rude* ausgesprochen; *better, increased* entschieden. **his accent was ~ Bavarian** sein Akzent war eindeutig bayrisch. **2.** (*differently*) verschieden; (*separately*) getrennt.

distinguish [dɪˈstɪŋgwɪʃ] I vt 1. (make different) unterscheiden. only the length of their hair ~es the twins die Zwillinge unterscheiden sich nur durch ihre Haarlänge.
2. (tell apart) unterscheiden, auseinanderhalten. he can't ~ green from/and red er kann Rot nicht von Grün unterscheiden, er kann Rot und Grün nicht auseinanderhalten.
3. (make out) erkennen.
II vi to ~ between unterscheiden zwischen (+dat), einen Unterschied machen zwischen (+dat).
III vr sich auszeichnen, sich hervortun.

distinguishable [dɪˈstɪŋgwɪʃəbl] adj 1. (which can be differentiated) two things, people unterscheidbar. to be (easily/scarcely) ~ from sb/sth (gut/kaum) von jdm/etw zu unterscheiden sein.
2. (discernible) landmark, shape erkennbar, zu erkennen; change, improvement merklich, deutlich.

distinguished [dɪˈstɪŋgwɪʃt] adj 1. (eminent) pianist, scholar von hohem Rang; career hervorragend. 2. (refined, elegant) person, manner distinguiert (geh), vornehm; voice gepflegt.

distinguishing [dɪˈstɪŋgwɪʃɪŋ] adj kennzeichnend, charakteristisch. the ~ feature of his work is ... was seine Arbeit auszeichnet or kennzeichnet, ist ...

distort [dɪˈstɔːt] I vt verzerren (also Phys); truth, words verdrehen; facts verzerrt darstellen, verdrehen; judgement trüben, beeinträchtigen. a ~ed report ein verzerrter Bericht.
II vi verzerrt werden.

distortion [dɪˈstɔːʃən] n see vt Verzerrung f; Verdrehung f; verzerrte Darstellung; Trübung, Beeinträchtigung f.

distract [dɪˈstrækt] vt (divert attention of) ablenken. the noise ~ed him from his work der Lärm lenkte ihn von der Arbeit ab.

distracted [dɪˈstræktɪd] adj (worried, anxious) besorgt, beunruhigt; (grief-stricken, distraught) außer sich (with vor +dat).

distractedly [dɪˈstræktɪdlɪ] adv see adj.

distraction [dɪˈstrækʃən] n 1. no pl (lack of attention) Unaufmerksamkeit f. in a state of ~ zerstreut.
2. (from work etc) Ablenkung f.
3. (entertainment) Zerstreuung f.
4. (anxiety) Ruhelosigkeit, Unruhe f; (distraughtness) Verstörung f. to love sb to ~ jdn wahnsinnig lieben; to drive sb to ~ jdn zum Wahnsinn treiben.

distrain [dɪˈstreɪn] vi (Jur) to ~ upon sb's goods jds Eigentum beschlagnahmen.

distraint [dɪˈstreɪnt] n (Jur) Beschlagnahmung, Beschlagnahme f.

distraught [dɪˈstrɔːt] adj verzweifelt, außer sich (dat) pred; look, voice verzweifelt.

distress [dɪˈstres] I n 1. Verzweiflung f; (physical) Leiden nt; (mental, cause of ~) Kummer m, Sorge f. to be in great ~ sehr leiden; (physical also) starke Schmerzen haben; to cause ~ to sb jdm Kummer or Sorge/starke Schmerzen bereiten.

2. (great poverty) Not f, Elend nt.
3. (danger) Not f. a ship/plane in ~ ein Schiff in Seenot/ein Flugzeug in Not; ~ call Notsignal nt.
II vt (worry) Kummer machen (+dat), Sorge bereiten (+dat). don't ~ yourself machen Sie sich (dat) keine Sorgen!

distressed [dɪˈstrest] adj 1. (upset) bekümmert; (grief-stricken) erschüttert (about von). 2. (poverty-stricken) in ~ circumstances in erbärmlichen Verhältnissen; ~ area Notstandsgebiet nt; ~ gentlewoman verarmte Dame von Stand.

distressing [dɪˈstresɪŋ] adj (upsetting) besorgniserregend; (stronger) erschreckend; (regrettable) bedauerlich.

distressingly [dɪˈstresɪŋlɪ] adv see adj.

distress rocket n Notrakete f; **distress-signal** n Notsignal nt.

distributary [dɪˈstrɪbjʊtərɪ] I n (Geog) Nebenarm m, Flußarm m eines Delta.
II adj network Verteiler-.

distribute [dɪˈstrɪbjuːt] vt verteilen; (Comm) goods vertreiben; films verleihen; dividends ausschütten. to ~ to/amongst verteilen auf (+acc)/unter (+acc); vertreiben/ausschütten an (+acc).

distribution [ˌdɪstrɪˈbjuːʃən] n see vt Verteilung f; Vertrieb m; Verleih m; Ausschüttung f.

distributive [dɪˈstrɪbjʊtɪv] I adj (Gram) distributiv. II n (Gram) Distributivum nt.

distributor [dɪˈstrɪbjʊtəʳ] n Verteiler m (also Aut); (Comm) Großhändler m; (of films) Verleih(er) m.

district [ˈdɪstrɪkt] n (of country) Gebiet nt; (of town) Stadtteil m, Viertel nt; (administrative area) (Verwaltungs)bezirk m. all the girls in the ~ alle Mädchen in der Gegend.

district attorney n (US) Bezirksstaatsanwalt m; **District Commissioner** n hoher Regierungsbeamter in einer Kolonie; **district council** n (Brit) ≈ Bezirksregierung f; **district court** n (US Jur) Bezirksgericht nt; **district manager** n (Comm) Bezirksdirektor m; **district nurse** n Gemeindeschwester f.

distrust [dɪsˈtrʌst] I vt mißtrauen (+dat).
II n Mißtrauen nt (of gegenüber).

distrustful [dɪsˈtrʌstfʊl] adj mißtrauisch (of gegenüber).

disturb [dɪˈstɜːb] I vt 1. person, sleep, silence, balance, concentration stören. you ~ed my sleep du hast mich im Schlaf gestört; I hope I'm not ~ing you ich hoffe, ich störe (Sie) nicht.
2. (alarm) person beunruhigen.
3. waters bewegen; sediment aufwirbeln; papers durcheinanderbringen; (fig) peace of mind stören.
II vi stören. "please do not ~" „bitte nicht stören".

disturbance [dɪˈstɜːbəns] n 1. (political, social) Unruhe f; (in house, street) (Ruhe)störung f.
2. (interruption:) Störung f.
3. no pl (disarranging) see vt 3. Bewegung f; Aufwirbeln nt; Durcheinanderbringen nt; Störung f.
4. no pl (alarm, uneasiness) Unruhe f.

disturbed [dɪˈstɜːbd] adj 1. (unbalanced)

(*mentally*) geistig gestört; (*socially*) ver-
haltensgestört.

2. (*worried, unquiet*) beunruhigt (*at, by*
über +*acc*, von).

3. to have a ~ night eine unruhige
Nacht verbringen. **4.** *waters* unruhig; *surface* bewegt.

disturbing [dɪˈstɜːbɪŋ] *adj* (*alarming*)
beunruhigend; (*distracting*) störend.

disturbingly [dɪˈstɜːbɪŋlɪ] *adv see adj*.

disulphide, (*US*) **disulfide** [daɪˈsʌlfaɪd] *n*
Disulfid *nt*.

disunite [ˈdɪsjuːˈnaɪt] *vt* spalten, entzweien.

disunity [ˌdɪsˈjuːnɪtɪ] *n* Uneinigkeit *f*.

disuse [ˈdɪsˈjuːs] *n* **to fall into ~** nicht mehr
benutzt werden; (*custom*) außer
Gebrauch kommen; **rusty from ~** wegen
mangelnder Benutzung verrostet.

disused [ˈdɪsˈjuːzd] *adj building* leer-
stehend; *mine, railway line* stillgelegt;
vehicle, machine nicht mehr benutzt.

disyllabic [ˌdɪsɪˈlæbɪk] *adj* zweisilbig.

ditch [dɪtʃ] **I** *n* **1.** Graben *m*.

2. (*Aviat sl*) Bach *m* (*sl*).

II *vt* (*sl: get rid of*) *person* abhängen
(*inf*); *employee, boyfriend* abservieren
(*inf*); *plan, project* badengehen lassen
(*sl*); *car* stehenlassen; *old manuscript, un-
wanted object* wegschmeißen (*inf*). **to ~ a
plane** eine Maschine im Bach landen (*sl*).

III *vi* (*Aviat sl*) in den Bach gehen.

dither [ˈdɪðəʳ] **I** *n* **to be all of a ~, to be in a
~** ganz aufgeregt sein.

II *vi* zaudern, schwanken. **stop ~ing
(about) and get on with it!** jetzt laß doch
dieses ewige Hin und Her und fang end-
lich mal an.

ditto [ˈdɪtəʊ] *n* **I'd like coffee — ~ (for me)**
(*inf*) ich möchte Kaffee — ich auch, dito
(*inf*); **~ marks, ~ sign** Wiederholungs-
zeichen *nt*.

ditty [ˈdɪtɪ] *n* Liedchen *nt*, Weise *f*.

diuretic [ˌdaɪjʊəˈretɪk] **I** *adj* harntreibend.
II *n* harntreibendes Mittel.

diurnal [daɪˈɜːnl] *adj* (*liter: of the daytime*)
Tages-; (*Bot, Zool*) Tag-. **II** *n* (*Eccl*)
Diurnal(e) *nt*.

div *abbr of* **dividend**.

divan [dɪˈvæn] *n* Diwan *m*. **~ bed** Liege *f*.

dive [daɪv] (*vb: pret* **~d** *or* (*US*) **dove**, *ptp*
~d) **I** *n* **1.** (*by swimmer*) Sprung *m*; (*by
plane*) Sturzflug *m*; (*Ftbl*) Hechtsprung,
Hechter (*inf*) *m*. **divers are only allowed to
make two ~s a day** Taucher dürfen nur
zweimal am Tag unter Wasser; **to make a
~ for sth** (*fig inf*) sich auf etw (*acc*) stür-
zen; **to take a ~** (*sl: boxer*) im K.O. vor-
täuschen; (*inf: pound, dollar etc: plunge*)
absacken (*inf*).

2. (*pej inf: club etc*) Spelunke *f* (*inf*).

II *vi* **1.** (*person*) (*from diving-board*)
springen; (*from side of lake, pool etc*) (mit
dem Kopf voraus) springen, hechten;
(*under water*) tauchen; (*submarine*)
untertauchen; (*plane*) einen Sturzflug
machen. **to ~ for pearls** nach Perlen
tauchen; **the goalie ~d for the ball** der
Torwart hechtete nach dem Ball; **~!**
(*Naut*) auf Tauchstation!

2. (*inf*) **he ~d into the crowd/under the
table** er tauchte in der Menge unter/
verschwand blitzschnell unter dem Tisch;

to ~ for cover eilig in Deckung gehen; **he
~d into his pocket** er fischte eilig in seiner
Tasche.

◆**dive in** *vi* **1.** (*swimmer*) (mit dem Kopf
voraus) hineinspringen. **2.** (*inf: start to
eat*) **~ ~!** hau(t) rein! (*inf*).

dive-bomb [ˈdaɪvbɒm] *vt* im Sturzflug
bombardieren; **dive-bomber** *n*
Sturzkampfbomber, Stuka *m*; **dive-
bombing** *n* Sturzkampfbombardierung *f*.

diver [ˈdaɪvəʳ] *n* (*also bird*) Taucher *m*; (*off
high board*) Turmspringer(in *f*) *m*; (*off
springboard*) Kunstspringer(in *f*) *m*.

diverge [daɪˈvɜːdʒ] *vi* abweichen (*from*
von), divergieren (*geh, Math*); (*two things*)
voneinander abweichen.

divergence [daɪˈvɜːdʒəns] *n* Divergenz *f*
(*geh, Math*), Auseinandergehen *nt*; (*from
a standard etc*) Abweichung *f*.

divergent [daɪˈvɜːdʒənt] *adj opinions etc*
auseinandergehend, divergent (*geh,
Math*), divergierend (*geh, Math*).

divers [ˈdaɪvɜːz] *adj attr* mehrere, diverse.

diverse [daɪˈvɜːs] *adj* verschieden(artig),
unterschiedlich.

diversification [daɪˌvɜːsɪfɪˈkeɪʃən] *n*
(*change, variety*) Abwechslung *f*; (*of busi-
ness etc*) Diversifikation *f* (*spec*).

diversify [daɪˈvɜːsɪfaɪ] **I** *vt* abwechslungs-
reich(er) gestalten; *interests* breit(er)
fächern; *business etc* diversifizieren
(*Comm*). **II** *vi* (*Comm*) diversifizieren.

diversion [daɪˈvɜːʃən] *n* **1.** (*redirecting: of
traffic, stream*) Umleitung *f*.

2. (*relaxation*) Unterhaltung *f*. **it's a ~
from work** es ist eine angenehme Ab-
wechslung von der Arbeit.

3. (*Mil, fig: that which distracts atten-
tion*) Ablenkung *f*. **to create a ~** ablen-
ken; **as a ~** um abzulenken.

diversionary [daɪˈvɜːʃnərɪ] *adj* ablenkend,
Ablenkungs-. **a ~ manoeuvre** (*Mil, fig*)
ein Ablenkungsmanöver *nt*; **~ behaviour**
Ablenkungsgebaren *nt*.

diversity [daɪˈvɜːsɪtɪ] *n* Vielfalt *f*. **~ of
opinion** Meinungsvielfalt *f*.

divert [daɪˈvɜːt] *vt* **1.** *traffic, stream* um-
leiten; *attention* ablenken; *conversation* in
eine andere Richtung lenken; *blow* ab-
wenden. **2.** (*amuse*) unterhalten.

diverting [daɪˈvɜːtɪŋ] *adj* unterhaltsam,
kurzweilig.

divest [daɪˈvest] *vt* **1.** (*of clothes, leaves*)
berauben (*sb of sth* jdn einer Sache *gen*).
**he tried to ~ the book of technical ex-
pressions** er versuchte, das Buch von
Fachausdrücken zu reinigen; **~ed of its
rhetoric the speech says very little** ihrer
Rhetorik entkleidet, ist die Rede recht
nichtssagend; **he ~ed himself of his heavy
overcoat** (*hum, form*) er entledigte sich
seines schweren Mantels.

2. to ~ sb of office/his authority jdn des
or seines Amtes entkleiden (*geh*)/seiner
Macht entheben.

divide [dɪˈvaɪd] **I** *vt* **1.** (*separate*) trennen.

2. (*split into parts: also ~ up*) *money,
work, property, kingdom, room* teilen
(*into* in +*acc*); (*in order to distribute*) auf-
teilen. **the river ~s the city into two** der
Fluß teilt die Stadt; **~ the piece of paper
into three parts** teilen Sie das Blatt in drei

Teile (ein); **she ~d the cake into five parts** sie teilte den Kuchen in fünf Stücke (auf); **the book can be ~d into three main parts** das Buch kann in drei Hauptteile gegliedert werden.

3. (*share out*) *money, time, food* verteilen. **she ~d the food evenly among the children** sie verteilte das Essen gleichmäßig an die Kinder, sie teilte das Essen gleichmäßig unter die Kinder *or* den Kindern auf.

4. (*Math*) dividieren, teilen. **to ~ 6 into 36, to ~ 36 by 6** 36 durch 6 teilen *or* dividieren; **what is 12 ~d by 3?** was ist 12 (geteilt *or* dividiert) durch 3?

5. (*cause disagreement among*) *friends, political parties* entzweien.

6. (*Brit Parl*) **to ~ the House** durch Hammelsprung abstimmen lassen.

II *vi* **1.** (*river, road, room, cells*) sich teilen; (*book etc*) sich gliedern (*into* in *+acc*). **to ~ into groups** sich in Gruppen aufteilen; (*be classified*) sich gliedern lassen; **the policy of ~ and rule** die Politik des „divide et impera".

2. (*Math: number*) sich teilen *or* dividieren lassen (*by* durch). **we're learning to ~** wir lernen Teilen *or* Dividieren.

3. (*Brit Parl*) **the House ~d** das Parlament stimmte durch Hammelsprung ab; **~, ~!** abstimmen!

III *n* (*Geog*) Wasserscheide *f*. **the Great D~** (*Geog*) die (nord)amerikanische Wasserscheide; (*fig*) die Kluft; (*death*) der Tod; **to cross the Great D~** (*fig*) den Schritt über die Schwelle tun; (*die*) die Schwelle des Todes überschreiten.

◆**divide off I** *vi* sich (ab)trennen; (*be separable*) sich (ab)trennen lassen. **II** *vt sep* (ab)trennen.

◆**divide out** *vt sep* aufteilen (*among* unter *+acc or dat*).

◆**divide up I** *vi see* **divide II 1. II** *vt sep see* **divide I 2.**

divided [dɪ'vaɪdɪd] *adj* **1.** (*lit*) geteilt. **~ highway** (*US*) Schnellstraße *f*; **~ skirt** Hosenrock *m*. **2.** (*in disagreement*) *opinion, country, self* geteilt; *couple* getrennt. **a people ~ against itself** ein unter sich (*dat*) uneiniges Volk.

dividend ['dɪvɪdend] *n* **1.** (*Fin*) Dividende *f*. **to pay ~s** (*fig*) sich bezahlt machen. **2.** (*Math*) Dividend *m*.

dividers [dɪ'vaɪdəz] *npl* Stechzirkel *m*.

dividing [dɪ'vaɪdɪŋ] *adj* (ab)trennend. **~ wall** Trennwand *f*; **~ line** (*lit, fig*) Trennungslinie *f*.

divination [ˌdɪvɪ'neɪʃən] *n* Prophezeiung, Weissagung *f*.

divine [dɪ'vaɪn] **I** *adj* (*Rel, fig inf*) göttlich. **~ worship** Anbetung *f* Gottes. **II** *n* Theologe *m*; (*priest also*) Geistliche(r) *m*. **III** *vt* **1.** (*foretell*) *the future* weissagen, prophezeien. **2.** (*liter: make out*) *sb's intentions* erahnen, erspüren (*liter*). **3.** (*find*) *water, metal* aufspüren.

divinely [dɪ'vaɪnlɪ] *adv see adj.*

diviner [dɪ'vaɪnə^r] *n* **1.** (*of future*) Wahrsager(in *f*) *m*. **2.** *see* **water ~**.

diving ['daɪvɪŋ] *n* (*under water*) Tauchen *nt*; (*into water*) Springen *nt*; (*Sport*) Wasserspringen *nt*.

diving-bell ['daɪvɪŋbel] *n* Taucherglocke *f*; **diving-board** *n* (Sprung)brett *nt*; **diving-suit** *n* Taucheranzug *m*.

divining-rod [dɪ'vaɪnɪŋˈrɒd] *n* Wünschelrute *f*.

divinity [dɪ'vɪnɪtɪ] *n* **1.** (*divine being*) göttliches Wesen, Gottheit *f*. **2.** (*divine quality*) Göttlichkeit *f*. **3.** (*theology*) Theologie *f*; (*Sch*) Religion *f*. **doctor of ~** Doktor der Theologie.

divisible [dɪ'vɪzəbl] *adj* teilbar (*by* durch).

division [dɪ'vɪʒən] *n* **1.** (*act of dividing, state of being divided*) Teilung *f*; (*Math*) Teilen *nt*, Division *f*. **the ~ of labour** die Arbeitsteilung.

2. (*Mil*) Division *f*.

3. (*result of dividing*) (*in administration*) Abteilung *f*; (*in box, case*) Fach *nt*; (*part*) Teil *m*; (*category*) Kategorie *f*.

4. (*that which divides*) (*in room*) Trennwand *f*; (*fig: between social classes etc*) Schranke *f*; (*dividing line: lit, fig*) Trennungslinie *f*. **where does the syllable ~ come?** wie ist die Silbentrennung hier?

5. (*fig: discord*) Uneinigkeit *f*.

6. (*Brit Parl*) **to call for a ~** eine Abstimmung durch Hammelsprung verlangen.

7. (*Sport*) Liga *f*.

division sign *n* (*Math*) Teilungszeichen *nt*.

divisive [dɪ'vaɪsɪv] *adj* **to be ~** Uneinigkeit schaffen.

divisor [dɪ'vaɪzə^r] *n* (*Math*) Divisor *m*.

divorce [dɪ'vɔːs] **I** *n* (*Jur*) Scheidung *f* (*from* von); (*fig*) Trennung *f*. **he wants a ~** er will sich scheiden lassen; **to get a ~** (*from sb*) sich (von jdm) scheiden lassen; **~ court** Scheidungsgericht *m*; **~ proceedings** Scheidungsprozeß *m*.

II *vt* **1.** *husband, wife* sich scheiden lassen von. **to get ~d** sich scheiden lassen. **2.** (*fig*) trennen.

divorced [dɪ'vɔːst] *adj* (*Jur*) geschieden (*from* von). **to be ~ from sth** (*fig*) keine(rlei) Beziehung zu etw haben.

divorcee [dɪˌvɔː'siː] *n* Geschiedene(r) *mf*, geschiedener Mann, geschiedene Frau. **he is a ~** er ist geschieden.

divulge [daɪ'vʌldʒ] *vt* preisgeben (*sth to sb* jdm etw).

DIY *abbr of* **do it yourself.**

dizzily ['dɪzɪlɪ] *adv* **1.** (*giddily*) *stagger* taumelnd, schwankend. **the pound rose ~ to DM 4.20** das Pfund stieg auf schwindelerregende DM 4.20. **2.** (*inf: foolishly*) *behave* verrückt.

dizziness ['dɪzɪnɪs] *n* Schwindel *m*. **attack of ~** Schwindelanfall *m*.

dizzy ['dɪzɪ] *adj* (*+er*) **1.** (*lit, fig*) *person* schwind(e)lig; *height, speed* schwindelerregend. **~ spell** Schwindelanfall *m*; **I feel ~** mir ist *or* ich bin schwindlig; **it makes me~ to think of it** mir wird ganz schwindelig bei dem Gedanken.

2. (*inf: foolish*) verrückt.

DJ *abbr of* **1. dinner jacket. 2. disc jockey.**

D Lit *abbr of* **Doctor of Letters** Dr. phil.

DM *abbr of* **1.Deutschmark** DM. **2. Doctor of medicine** Dr. med.

D Mus *abbr of* **Doctor of Music** Dr. phil.

DNA *abbr of* **desoxyribonucleic acid** DNS *f*.

do [du:] (*vb: pret* **did**, *ptp* **done**) **I** *v aux*
1. (*used to form interrog and neg in present and pret vbs*) ~ **you understand?** verstehen Sie?; **I** ~ **not** *or* **don't understand** ich verstehe nicht; **didn't you** *or* **did you not know?** haben Sie das nicht gewußt?; **never did I see so many** ich habe noch nie so viele gesehen.

2. (*for emphasis: with stress on do*) ~ **come!** kommen Sie doch (bitte)!; ~ **shut up!** (nun) sei doch (endlich) ruhig!; ~ **I remember him!** und ob ich mich an ihn erinnere!; **but I** ~ **like it** aber es gefällt mir wirklich; **so you** ~ **know them!** Sie kennen sie also wirklich *or* tatsächlich!; (*and were lying etc*) Sie kennen sie also doch!; **you don't do meals, do you? — yes, we** ~ **do meals** Essen gibt's bei Ihnen nicht? — doch.

3. (*used to avoid repeating vb*) **you speak better than I** ~ Sie sprechen besser als ich; **he likes cheese and so** ~ **I** er ißt gern Käse und ich auch; **he doesn't like cheese and neither** ~ **I** er mag keinen Käse und ich auch nicht; **they said he would go and he did** sie sagten, er würde gehen, und das tat er (dann) auch.

4. (*in question tags*) oder. **you know him, don't you?** Sie kennen ihn doch?, Sie kennen ihn (doch), oder *or* nicht wahr?; **so you know/don't know him,** ~ **you?** Sie kennen ihn also/also nicht, oder?; **you do understand, don't you?** das verstehen Sie doch (sicherlich)(, nicht wahr *or* oder)?; **he didn't go, did he?** er ist (doch) nicht gegangen, oder?

5. (*in answers: replacing vb*) **do you see them often? — yes, I** ~/no, **I don't** sehen Sie sie oft? — ja/nein; **they speak French — oh,** ~ **they?** sie sprechen Französisch — ja?, ach, wirklich *or* tatsächlich?; **may I come in?** — ~! darf ich hereinkommen? — ja, bitte; **shall I open the window? — no, don't!** soll ich das Fenster öffnen? — nein, bitte nicht!; **who broke the window? — I did** wer hat das Fenster eingeschlagen? — ich.

II *vt* **1.** (*be busy with, be involved in, carry out*) tun, machen. **what are you ~ing (with yourself) on Saturday?** was machen *or* tun Sie am Sonnabend?; **I've got nothing to** ~ ich habe nichts zu tun; **are you ~ing anything this evening?** haben Sie heute abend schon etwas vor?; **I shall** ~ **nothing of the sort** ich werde nichts dergleichen tun; **he does nothing but complain** er nörgelt immer nur, er tut nichts als nörgeln (*inf*); **what shall we** ~ **for money?** wie machen wir es mit Geld?

2. (*perform, accomplish*) tun; *homework* machen. **I've done a stupid thing** ich habe da was Dummes gemacht *or* getan; **to** ~ **a play** ein Stück aufführen; **to** ~ **one's military service** seinen Wehrdienst ableisten *or* machen (*inf*); **to** ~ **the housework** die Hausarbeit machen; **we'll have to** ~ **something about this/him** wir müssen da etwas tun *or* unternehmen/müssen mit ihm etwas tun *or* unternehmen; **how do you** ~ **it?** wie macht man das?; (*in amazement*) wie machen Sie das bloß?; **what's to be done?** was ist da zu

tun?; **what can you** ~? was kann man da machen?; **sorry, it's impossible, it can't be done** tut mir leid, (ist) ausgeschlossen, es läßt sich nicht machen; **well,** ~ **what you can** mach *or* tu (eben), was du kannst; **what can I** ~ **for you?** was kann ich für Sie tun?; (*by shop assistant also*) was darf's sein?; **what do you want me to** ~ (**about it)?** und was soll ich da tun *or* machen?; **he knows it's a mistake but he can't** ~ **anything about it** er weiß, daß es ein Fehler ist, aber er kann nichts dagegen machen *or* daran ändern; **to** ~ **sth again** etw noch (ein)mal tun *or* machen; **you** ~ **something to me** du hast es mir angetan; **Brecht doesn't** ~ **anything for me** Brecht läßt mich kalt (*inf*) *or* sagt mir nichts; **what have you done to him?** was haben Sie mit ihm gemacht?; **that's done it** (*inf*) so, da haben wir's, da haben wir die Bescherung; **that does it!** jetzt reicht's mir!; **oh God, now what have you done!** ach du Schreck, was hast du jetzt bloß wieder angestellt *or* gemacht?

3. (*make, produce*) **I'll** ~ **a translation for you** ich werde eine Übersetzung für Sie machen; *see* **wonder** *etc.*

4. (*Sch etc: study*) durchnehmen, haben. **we've done Milton** wir haben Milton gelesen *or* durchgenommen; **I've never done any German** ich habe nie Deutsch gelernt *or* gehabt.

5. (*solve*) lösen; *sum, crossword, puzzle etc also* machen.

6. (*arrange*) **to** ~ **the flowers** die Blumen arrangieren; **to** ~ **one's hair** sich frisieren, sich (*dat*) die Haare (zurecht)-machen (*inf*); **who does your hair?** zu welchem Friseur gehen Sie?

7. (*clean, tidy*) **to** ~ **one's nails** sich (*dat*) die Nägel schneiden *or* (*varnish*) lackieren; **this room needs** ~**ing today** dieses Zimmer muß heute gemacht werden (*inf*); **to** ~ **the dishes** spülen, den Abwasch machen.

8. (*deal with*) **the barber said he'd** ~ **me next** der Friseur sagte, er würde mich als Nächsten drannehmen; **who did the choreography/the jacket design?** wer hat die Choreographie/den Umschlagentwurf gemacht?; **you** ~ **the painting and I'll** ~ **the papering** du streichst an und ich tapeziere; **we'll have to get someone to** ~ **the roof** wir müssen jemanden bestellen, der das Dach macht (*inf*); **we only** ~ **one make of gloves** wir haben *or* führen nur eine Sorte Handschuhe; (*produce*) wir stellen nur eine Sorte Handschuhe her; **I'll** ~ **the talking** ich übernehme das Reden; **who's** ~**ing the flowers?** wer besorgt die Blumen?; **who did the food for your reception?** wer hat bei Ihrem Empfang für das Essen gesorgt?; **I'll** ~ **you** (*sl*) dir besorg' ich's noch! (*inf*).

9. (*in pret, ptp only: complete, accomplish*) **the work's done now** die Arbeit ist gemacht *or* getan *or* fertig; **what's done cannot be undone** was geschehen ist, kann man nicht ungeschehen machen; **done!** abgemacht!; **it's all over and done with** (*is finished*) das ist alles erledigt; (*has happened*) das ist alles vorbei *or* überstanden;

to get done with sth etw fertigmachen.

10. (*visit, see sights of*) *city, country, museum* besuchen, abhaken (*inf*); (*take in also*) mitnehmen (*inf*).

11. (*Aut etc*) fahren, machen (*inf*). **this car does** *or* **can ~** *or* **will ~ 100** das Auto fährt *or* macht (*inf*) 100; **we did London to Edinburgh in 8 hours** wir haben es in 8 Stunden von London bis Edinburgh geschafft.

12. (*inf*) (*be suitable*) passen (*sb* jdm); (*be sufficient for*) reichen (*sb* jdm). **that will ~ me nicely** das reicht dicke (*inf*) *or* allemal.

13. (*Theat*) *part* spielen. **to ~ Hamlet** den Hamlet spielen.

14. (*take off, mimic*) nachmachen.

15. (*inf: cheat*) reinlegen (*inf*). **you've been done!** du bist reingelegt worden (*inf*).

16. (*sl: burgle*) einbrechen in (+*acc*). **the office was done last night** im Büro ist gestern nacht ein Bruch gemacht worden (*sl*).

17. (*provide service of*) **sorry, we don't ~ lunches** wir haben leider keinen Mittagstisch; **we don't ~ telegrams** wir können keine Telegramme annehmen.

18. (*inf: provide food, lodgings for*) **they ~ you very well at that hotel** in dem Hotel ist man gut untergebracht *or* aufgehoben.

19. (*Cook*) machen (*inf*); *vegetables etc also* kochen. **to ~ the cooking/food** Essen machen; **how do you like your steak done?** wie möchten Sie Ihr Steak?; **well done** durch(gebraten).

20. (*inf: tire out*) **I'm absolutely done!** ich bin völlig geschafft *or* erledigt *or* fertig (*all inf*).

21. (*inf: in prison*) 6 years sitzen.

III *vi* **1.** (*act*) **~ as I ~** mach es wie ich; **he did well to take advice** er tat gut daran, sich beraten zu lassen; **he did right/well to go** es war richtig/gut, daß er gegangen ist.

2. (*get on, fare*) **how are you ~ing?** wie geht's (Ihnen)?; **the patient is ~ing very well** dem Patienten geht es recht ordentlich; **he's ~ing well at school** er ist gut in der Schule; **his business is ~ing well** sein Geschäft geht gut; **the roses are ~ing well this year** die Rosen stehen dieses Jahr gut; **what's ~ing?** was ist los?

3. (*finish*) **the meat, is it done?** ist das Fleisch fertig (gebraten) *or* durch?; **have you done?** sind Sie endlich fertig?

4. (*suit, be convenient*) gehen. **that will never ~!** das geht nicht!; **this room will ~** das Zimmer geht (*inf*) *or* ist in Ordnung; **it doesn't ~ to keep a lady waiting** es gehört sich *or* geht nicht, daß man eine Dame warten läßt; **will she/it ~?** geht sie/das?; **this coat will ~ for** *or* **as a cover** dieser Mantel geht als Decke; **you'll have to make ~ with £10** £ 10 müssen Ihnen reichen.

5. (*be sufficient*) reichen. **can you lend me some money? — will £1 ~?** können Sie mir etwas Geld leihen? — reicht £ 1?; **yes, that'll ~** ja, das reicht; **that'll ~!** jetzt reicht's aber!

6. (*inf: char*) putzen.

IV *vr* **to ~ oneself well** es sich (*dat*) gutgehen lassen.

V *n*, *pl* **~s** (*inf*) **1.** Veranstaltung, Sache (*inf*) *f*; (*party*) Fete *f* (*inf*).

2. (*Brit: swindle*) **the whole business was a real ~ from start to finish** das ganze Geschäft war von Anfang an ein einziger Schwindel.

3. (*in phrases*) **it's a poor ~!** das ist ja ein schwaches Bild! (*inf*); **the ~s and don'ts** was man tun und nicht tun sollte (*for als*); (*highway code*) die Ge- und Verbote; **fair ~s** gleiches Recht für alle.

◆**do away with** *vi* +*prep obj* **1.** (*get rid of*) *custom, law* abschaffen; *document* vernichten; *building* abreißen. **2.** (*kill*) *person, oneself* umbringen.

◆**do by** *vi* +*prep obj* **to ~ well/badly ~ sb** jdn gut/schlecht behandeln; **do as you would be done ~** (*Prov*) was du tun willst, daß man dir tu, das füg auch keinem andern zu (*Prov*); *see* **hard.**

◆**do down** *vt sep* (*Brit*) heruntermachen.

◆**do for** *vi* +*prep obj* **1.** (*inf: finish off*) *person* fertigmachen (*inf*); *project* zunichte machen. **to be done ~** (*person*) erledigt *or* fertig (*inf*) sein; (*project*) gestorben sein (*inf*). **2.** (*inf: charlady*) putzen für *or* bei.

◆**do in** *vt sep* (*inf*) **1.** (*kill*) um die Ecke bringen (*inf*). **2.** (*usu pass: exhaust*) **to be** *or* **feel done ~** fertig *or* geschafft sein (*inf*).

◆**do out** *vt sep* **1.** *room* auskehren *or* -fegen. **2. to ~ sb ~ of a job/his rights** jdn um eine Stelle/seine Rechte bringen; **to ~ sb ~ of £100** jdn um £ 100 bringen *or* erleichtern (*inf*).

◆**do over** *vt sep* **1.** (*redecorate*) (neu) herrichten. **2.** (*sl: beat up*) zusammenschlagen. **3.** (*US: do again*) noch einmal machen.

◆**do up I** *vi* (*dress etc*) zugemacht werden.

II *vt sep* **1.** (*fasten*) zumachen.

2. (*parcel together*) *goods* zusammenpacken. **to ~ sth ~ in a parcel** etw einpacken.

3. *house, room* (neu) herrichten. **to ~ ~ one's face** sich schminken; **to ~ oneself ~** sich zurechtmachen.

◆**do with** *vi* +*prep obj* **1.** (*with can or could: need*) brauchen. **do you know what I could ~ ~?** weißt du, was ich jetzt brauchen könnte?; **it could ~ ~ a clean** es müßte mal saubergemacht werden.

2. (*dial: in neg, with can or could: tolerate*) ausstehen, vertragen. **I can't be ~ing ~ this noise** ich kann den Lärm nicht vertragen *or* ausstehen.

3. he has to ~ ~ the steel industry er hat mit der Stahlindustrie zu tun; **what has that got to ~ ~ it?** was hat das damit zu tun?; **that has** *or* **is nothing to ~ ~ you!** das geht Sie gar nichts an!; **this debate has to ~ ~ ...** in dieser Debatte geht es um ...; **well, it's to ~ ~ this letter you sent** es geht um den Brief, den Sie geschickt haben; **money has a lot to ~ ~ it** Geld spielt eine große Rolle dabei.

4. what have you done ~ my gloves/your face? was haben Sie mit meinen Handschuhen/Ihrem Gesicht gemacht?

5. he doesn't know what to ~ ~ himself er weiß nicht, was er mit sich anfangen soll. **6. to be done ~ sb/sth** (*finished*) mit jdm/etw fertig sein.

◆**do without** *vi* +*prep obj* auskommen ohne. **I can ~ ~ your advice** Sie können sich Ihren Rat sparen; **I could have done ~ that!** das hätte mir (wirklich) erspart bleiben können.

do³ *written abbr of* **ditto.**

doc [dɒk] *n* (*inf*) *abbr of* **doctor** Herr Doktor *m.*

docile ['dəʊsaɪl] *adj* fügsam; *horse* fromm; *engine* schwach.

docility [dəʊ'sɪlɪtɪ] *n* Fügsamkeit *f.*

dock¹ [dɒk] I *n* Dock *nt*; (*for berthing*) Pier, Kai *m*. **~s** *pl* Hafen *m*; **my car is in ~** (*inf*) mein Wagen ist in der Werkstatt. II *vt* docken; (*Space also*) ankoppeln. III *vi* **1.** (*Naut*) anlegen. **2.** (*Space: two spacecraft*) docken (*spec*), ankoppeln.

dock² *n* (*Jur*) Anklagebank *f*. **to stand in the ~** auf der Anklagebank sitzen; **"prisoner in the ~"** „Angeklagte(r)".

dock³ I *vt* **1.** *dog's tail* kupieren; *horse's tail* stutzen. **2.** *wages* kürzen. **to ~ 50p off sb's wages** jds Lohn um 50 Pence kürzen. II *n* kupierter Schwanz; (*of horse*) gestutzer Schweif.

dock⁴ *n* (*Bot*) Ampfer *m.*

docker ['dɒkəʳ] *n* (*Brit*) Hafenarbeiter *m.*

docket ['dɒkɪt] I *n* **1.** (*on document, parcel etc*) Warenbegleitschein, Laufzettel *m*. **2.** (*Jur: judgements register*) Urteilsregister *nt*; (*list of cases*) Liste *f* der *Gerichtstermine.* **3.** (*customs certificate*) Zollinhaltserklärung *f.* II *vt* **1.** *contents, (Jur) judgement, information etc* zusammenfassen. **2.** *contents* angeben; (*put ~ on*) *crate* mit einem Warenbegleitschein *or* Laufzettel versehen.

dock gates *npl* Hafeneingang *m*; (*in water*) Doktor *nt.*

docking ['dɒkɪŋ] *n* (*Space*) Docking *nt* (*spec*), Ankoppelung *f.*

docking techniques *npl* (*Space*) (An)koppelungstechnik *f*; **docking time** *n* Liegezeit *f.*

dockland ['dɒklænd] *n* Hafenviertel *nt*; **dock strike** *n* Hafenarbeiterstreik *m*; **dockyard** *n* Werft *f.*

doctor ['dɒktəʳ] I *n* **1.** (*Med*) Arzt *m*, Ärztin *f*, Doktor(in *f*) *m* (*inf*). **D~ Smith** Doktor Schmidt; **yes, ~** ja, Herr Doktor; **to send for the ~** den Arzt holen; **he is a ~** er ist Arzt; **a woman ~** eine Ärztin; **he's under the ~** (*inf*) er ist in Behandlung; **it's just what the ~ ordered** (*fig inf*) das ist genau das richtige. **2.** (*Univ etc*) Doktor *m*. **to take one's ~'s degree** promovieren, seinen Doktor machen; **~ of Law/of Science** *etc* Doktor der Rechte/der Naturwissenschaften *etc*; **Dear Dr Smith** Sehr geehrter Herr Dr./Sehr geehrte Frau Dr. Smith.

II *vt* **1.** *cold* behandeln. **she's always ~ing herself** sie doktort dauernd an sich (*dat*) herum. **2.** (*inf: castrate*) kastrieren.

3. (*tamper with*) *accounts* frisieren; *text, document* verfälschen. **the food's/wine's been ~ed** dem Essen/Wein ist etwas beigemischt worden.

doctoral ['dɒktərəl] *adj* **~ thesis** Doktorarbeit *f.*

doctorate ['dɒktərɪt] *n* Doktorwürde *f*. **~ in science/philosophy** Doktor(titel) *m* in Naturwissenschaften/Philosophie; **to get one's ~** die Doktorwürde verliehen bekommen; **to do one's ~** seinen Doktor machen.

doctrinaire [,dɒktrɪ'neəʳ] *adj* doktrinär.

doctrinal [dɒk'traɪnl] *adj* doktrinell.

doctrine ['dɒktrɪn] *n* Doktrin, Lehre *f.*

document ['dɒkjʊmənt] I *n* Dokument *nt*, Urkunde *f.*
II *vt* **1.** *case* beurkunden, (urkundlich) belegen. **his argument is well ~ed** sein Argument ist gut belegt. **2.** *ship* mit Papieren versehen.

documentary [,dɒkjʊ'mentərɪ] I *adj* **1.** dokumentarisch, urkundlich. **~ evidence** (*Jur*) urkundliche Beweise *pl*. **2.** (*Film, TV*) **a ~ film** ein Dokumentarfilm *m*; **in ~ form** in Form einer Dokumentation. II *n* (*Film, TV*) Dokumentarfilm *m.*

documentation [,dɒkjʊmen'teɪʃən] *n* Dokumentation *f.*

dodder ['dɒdəʳ] *vi* tapern.

dodderer ['dɒdərəʳ] *n* (*inf*) Tapergreis (*inf*), Tattergreis (*inf*) *m.*

doddering ['dɒdərɪŋ], **doddery** ['dɒdərɪ] *adj walk* unsicher; *person* taperig.

dodge [dɒdʒ] I *n* **1.** (*lit*) Sprung *m* zur Seite, rasches Ausweichen; (*Ftbl, Boxing*) Ausweichen *nt*. **2.** (*trick*) Trick, Kniff *m*; (*ingenious plan*) Glanzidee *f* (*inf*).
II *vt blow, ball, question, difficulty* ausweichen (+*dat*); *tax* umgehen; (*shirk*) *work, military service* sich drücken vor (+*dat*). **to ~ the issue** der (eigentlichen) Frage *or* dem Problem ausweichen.
III *vi* ausweichen. **to ~ out of sight** blitzschnell verschwinden; **to ~ out of the way** zur Seite springen; (*to escape notice*) blitzschnell verschwinden; **to ~ behind a tree** hinter einen Baum springen.

dodgem ['dɒdʒəm] *n* (Auto)skooter *m*. **did you go on the ~s?** bist du (Auto)skooter gefahren?

dodger ['dɒdʒəʳ] *n* **1.** (*trickster*) Schlawiner *m* (*inf*). **2.** (*Naut*) Wetterschutz *m.*

dodgy ['dɒdʒɪ] *adj* (+*er*) (*Brit inf: tricky*) *situation* vertrackt (*inf*), verzwickt (*inf*); (*dubious*) zweifelhaft; *engine* nicht einwandfrei, launisch (*inf*). **this translation/the carburettor is a bit ~** diese Übersetzung/der Vergaser ist nicht einwandfrei.

dodo ['dəʊdəʊ] *n*, *pl* **~(e)s** Dodo *m*, Dronte *f*. **as dead as the/a ~** schon längst tot.

doe [dəʊ] *n* (*roe deer*) Reh(geiß *f*) *nt*, Ricke *f*; (*red deer*) Hirschkuh *f*; (*rabbit*) (Kaninchen)weibchen *nt*; (*hare*) Häsin *f.*

doer ['du:əʳ] *n* **1.** Täter(in *f*) *m.* **2.** (*active person*) Mann *m* der Tat, Macher *m* (*inf*). **more of a ~ than a thinker** eher ein Mann der Tat als der Theorie.

does [dʌz] *3rd pers sing of* **do²**.

doeskin [ˈdəʊskɪn] *n* Rehfell *nt*; (*treated*) Rehleder *nt*.

doesn't [ˈdʌznt] *contr of* **does not**.

doff [dɒf] *vt hat* ziehen, lüften.

dog [dɒg] **I** *n* **1.** Hund *m*. **the ~s** (*Brit Sport*) das Hunderennen.
   2. (*fig phrases*) **to lead a ~'s life** ein Hundeleben führen, wie ein Hund leben; **to go to the ~s** (*person, business, district, institution*) vor die Hunde gehen (*inf*); **give a ~ a bad name (and hang him)** wer einmal ins Gerede *or* in Verruf kommt (, dem hängt das sein Leben lang an); **~ in the manger** Spielverderber(in *f*) *m*; **~-in-the-manger attitude** mißgünstige Einstellung; **every ~ has his day** jeder hat einmal Glück im Leben; **it's (a case of) ~ eat ~** es ist ein Kampf aller gegen alle; **you can't teach an old ~ new tricks** der Mensch ist ein Gewohnheitstier; **she was done up like a ~'s dinner** (*inf*) sie war aufgetakelt wie eine Fregatte (*inf*); **to put on the ~** (*US inf*) auf fein machen (*inf*).
   3. (*male fox, wolf*) Rüde *m*.
   4. (*inf: man*) **lucky ~** Glückspilz *m*; **gay ~** lockerer Vogel (*inf*); **dirty ~** gemeiner Hund; **sly ~** gerissener Hund (*inf*); **there's life in the old ~ yet** noch kann man ihn nicht zum alten Eisen werfen.
   5. (*Tech: clamp*) Klammer *f*.
   6. **~s** *pl* (*sl: feet*) Quanten *pl* (*sl*).
   7. (*US inf: failure*) Pleite *f* (*inf*).
  II *vt* **1.** (*follow closely*) **to ~ sb** *or* **sb's footsteps** jdm hart auf den Fersen sein.
   2. (*harass*) verfolgen.

dog biscuit *n* Hundekuchen *m*; **dog-collar** *n* (*lit*) Hundehalsband *nt*; (*vicar's*) steifer, hoher Kragen; **dog days** *npl* Hundstage *pl*; **dog-eared** [ˈdɒgɪəd] *adj* mit Eselsohren; **dog-fancier** *n* Hundeliebhaber(in *f*) *m*, Hundefreund(in *f*) *m*; (*breeder, seller*) Hundezüchter(in *f*) *m*; **dogfight** *n* (*Aviat*) Luftkampf *m*; **dogfish** *n* Hundshai *m*; **dog food** *n* Hundefutter *nt*; **dog fox** *n* Fuchsrüde *m*.

dogged *adj*, **~ly** *adv* [ˈdɒgɪd, -lɪ] beharrlich, zäh.

doggedness [ˈdɒgɪdnɪs] *n* Beharrlichkeit, Zähigkeit *f*.

doggerel [ˈdɒgərəl] *n* (*also* **~ verse**) Knittelvers *m*.

doggie, doggy [ˈdɒgɪ] **I** *n* (*inf*) kleiner Hund, Hündchen *nt*. **II** *adj smell* Hunde-.

doggie bag *n* Beutel *m* für Essensreste, die nach Hause mitgenommen werden.

doggo [ˈdɒgəʊ] *adv* (*inf*): **to lie ~** sich nicht mucksen (*inf*).

doggone [ˌdɒgˈgɒn] *interj* (*US sl*) **~ (it)!** verdammt noch mal!

doggoned [ˌdɒgˈgɒn(d)] *adj* (*US sl*) verdammt.

doghouse [ˈdɒghaʊs] *n* Hundehütte *f*; **he's in the ~** (*inf*) er ist in Ungnade; (*with wife*) bei ihm hängt der Haussegen schief; **dog Latin** *n* Küchenlatein *nt*; **dog licence** *n* Hundemarke *f*; **a ~ costs ...** die Hundesteuer beträgt ...; **doglike** *adj* Hunde-, hundeähnlich.

dogma [ˈdɒgmə] *n* Dogma *nt*.

dogmatic [dɒgˈmætɪk] *adj* dogmatisch. **D~ theology** Dogmatik *f*; **to be very ~ about**

sth in etw (*dat*) sehr dogmatisch sein.

dogmatically [dɒgˈmætɪkəlɪ] *adv see adj*.

dogmatism [ˈdɒgmətɪzəm] *n* Dogmatismus *m*.

dogmatize [ˈdɒgmətaɪz] **I** *vi* (*Rel, fig*) dogmatisch sein/dogmatische Behauptungen aufstellen. **II** *vt* (*Rel, fig*) dogmatisieren, zum Dogma erheben.

do-gooder [ˈduːˈgʊdər] *n* (*pej*) Weltverbesserer *m*.

dog paddle *n* **to do (the) ~** paddeln, Hundepaddeln machen; **dogrose** *n* Hundsrose *f*.

dogsbody [ˈdɒgzbɒdɪ] *n* **she's/he's the general ~** sie/er ist (das) Mädchen für alles.

dog show *n* Hundeausstellung *f*; **dog sled** *n* Hundeschlitten *m*; **dog star** *n* Hundsstern, Sirius *m*; **dog tag** *n* (*US Mil inf*) Erkennungsmarke, Hundemarke (*inf*) *f*; **dog-tired** *adj* hundemüde; **dogtooth** *n* (*Archit*) Hundszahn *m*; **dog track** *n* Hunderennbahn *f*; **dogtrot** *n* gemächlicher *or* leichter Trott; **dogwatch** *n* (*Naut*) Hundewache *f*; **dogwood** *n* Hartriegel, Hornstrauch *m*.

doily [ˈdɔɪlɪ] *n* (Spitzen- *or* Zier)deckchen *nt*.

doing [ˈduːɪŋ] *n* **1.** Tun *nt*. **this is your ~** das ist dein Werk; **it was none of my ~** ich hatte nichts damit zu tun; **that takes some ~** da gehört (schon) etwas dazu. **2.** (*inf*) **~s** *pl* Handlungen, Taten *pl*.

doings [ˈduːɪŋz] *n sing* (*Brit inf*) Dingsbums *nt* (*inf*).

do-it-yourself [ˈduːɪtjəˈself] **I** *adj* **shop** Bastler-, Hobby-. **~ kit** (*for household jobs*) Heimwerkerausrüstung *f*; (*for radio etc*) Bausatz *m*. **II** *n* Heimwerken, Do-it-yourself *nt*.

dol *abbr of* **dollar**.

doldrums [ˈdɒldrəmz] *npl* **1.** (*Geog*) (*area*) Kalmengürtel *m or* -zone *f*; (*weather*) Windstille, Kalme *f*. **2.** **to be in the ~** (*people*) Trübsal blasen; (*business etc*) in einer Flaute stecken.

dole [dəʊl] *n* (*Brit inf*) Stempelgeld *nt* (*inf*). **to go/be on the ~** stempeln (gehen).

◆**dole out** *vt sep* austeilen, verteilen.

doleful [ˈdəʊlfʊl] *adj* traurig; *face, expression, prospect also* trübselig; *tune, song also* klagend.

dolefully [ˈdəʊlfəlɪ] *adv see adj*.

doll [dɒl] *n* **1.** Puppe *f*. **~'s house** Puppenhaus *nt*; **~'s pram** Puppenwagen *m*. **2.** (*esp US inf: girl*) Mädchen *nt*; (*pretty girl*) Puppe *f* (*inf*).

◆**doll up** *vt sep* (*inf*) herausputzen. **to ~ oneself ~**, **to get ~ed ~** sich herausputzen.

dollar [ˈdɒlər] *n* Dollar *m*.

dollar area *n* Dollar-Raum *m*; **dollar diplomacy** *n* Finanzdiplomatie *f*; **dollar gap** *n* Dollar-Lücke *f*.

dollop [ˈdɒləp] *n* (*inf*) Schlag *m* (*inf*).

dolly [ˈdɒlɪ] **I** *n* **1.** (*inf: doll*) Püppchen *nt*.
   2. (*wheeled frame*) (Transport)wagen *m*; (*Film, TV*) Dolly, Kamerawagen *m*; (*Rail*) Schmalspurrangierlokomotive *f*.
   3. (*for washing clothes*) Wäschestampfer *m*.
   4. (*Tech: for rivet*) Gegenhalter *m*.
   5. (*inf: girl: also* **~-bird**) Puppe *f*.

6. (*Sport inf*) lahmer Ball (*inf*).
II *adj* (*Sport inf*) *shot* lahm; *catch* leicht.
◆**dolly in** *vti sep* (*Film, TV*) vorfahren.
◆**dolly out** *vti sep* (*Film, TV*) zurückfahren.

dolly-bird [ˈdɒlɪbɜːd] **I** *n* (*inf*) Puppe *f*.
II *adj attr* puppig.

dolomite [ˈdɒləmaɪt] *n* Dolomit *m*. **the D~s**
die Dolomiten *pl*.

dolphin [ˈdɒlfɪn] *n* Delphin *m*.

dolt [dəʊlt] *n* Tölpel *m*.

domain [dəʊˈmeɪn] *n* **1.** (*lit: estate*) Gut *nt*;
(*belonging to state, Crown*) Domäne *f*.
2. (*fig*) Domäne *f*. **3.** (*Math*) Funktionsbereich *m*.

dome [dəʊm] *n* **1.** (*Archit: on building*)
Kuppel *f*. **2.** (*of heaven, skull*) Gewölbe
nt; (*of hill*) Kuppe *f*; (*of branches*) Kuppel
f. **3.** (*lid, cover etc*) Haube *f*.

domed [dəʊmd] *adj forehead* gewölbt.

domestic [dəˈmestɪk] **I** *adj* **1.** *duty, bliss, life*
häuslich. ~ **servants** Hausangestellte *pl*,
Hauspersonal *nt*; **she was in** ~ **service** sie
arbeitete als Hausmädchen; **everything of
a** ~ **nature** alles, was den Haushalt
angeht.
2. (*Pol, Econ*) *policy, politician* Innen-;
news Inland-, aus dem Inland; *produce*
einheimisch; *trade* Binnen-; *flight* Inland.
~ **quarrels** innenpolitische Auseinandersetzungen *pl*; ~ **affairs** Inneres *nt*, innere
Angelegenheiten *pl*.
3. *animal* Haus-.
II *n* Hausangestellte(r) *mf*.

domesticate [dəˈmestɪkeɪt] *vt wild animal*,
(*hum*) *person* domestizieren; (*housetrain*) *dog, cat* stubenrein machen.

domesticated [dəˈmestɪkeɪtɪd] *adj* domestiziert; *cat, dog* stubenrein. **she's very** ~
sie ist sehr häuslich.

domestication [dəmestɪˈkeɪʃən] *n see vt*
Domestikation, Domestizierung *f*;
Gewöhnung *f* ans Haus.

domesticity [ˌdəʊmesˈtɪsɪtɪ] *n* häusliches
Leben.

domestic science *n* Hauswirtschaftslehre
f. ~ **college** Frauenfachschule *f*.

domicile [ˈdɒmɪsaɪl] **I** *n* (*Admin*) Wohnsitz
m; (*Fin*) Zahlungs- *or* Erfüllungsort *m*.
II *vt* (*Admin*) unterbringen (*with* bei, in
+*dat*); (*Fin*) domizilieren (*at* bei).

domiciliary [ˌdɒmɪˈsɪlɪərɪ] *adj* (*Admin*) *expenses* Haushalts-; *care of invalids* Haus-.

dominance [ˈdɒmɪnəns] *n* Vorherrschaft,
Dominanz *f* (*also Biol*) (*over* über +*acc*);
(*Biol*) Dominanz *f*.

dominant [ˈdɒmɪnənt] **I** *adj* **1.** (*controlling,
masterful*) dominierend; *nation also* vorherrschaft, mächtig; *gene* dominant,
überdeckend; (*more prominent*) *colour,
building, industry, mountain* beherrschend, dominierend; *feature also* hervorstechend, herausragend.
2. (*Mus*) dominant. ~ **seventh**
Dominantseptakkord *m*.
II *n* (*Mus*) Dominante *f*.

dominate [ˈdɒmɪneɪt] **I** *vi* dominieren. II *vt*
beherrschen; (*colour, feature also,
species, gene*) dominieren.

domination [ˌdɒmɪˈneɪʃən] *n* (Vor)herrschaft *f*. **his** ~ **of his younger brothers** sein
dominierendes Verhalten seinen jün-

geren Brüdern gegenüber; **her** ~ **of the
conversation** die Tatsache, daß sie die
Unterhaltung beherrschte.

domineer [ˌdɒmɪˈnɪəʳ] *vi* tyrannisieren (*over*
sb jdn).

domineering [ˌdɒmɪˈnɪərɪŋ] *adj* herrisch;
mother-in-law, husband etc also
herrschsüchtig.

Dominican¹ [dəˈmɪnɪkən] (*Geog*) **I** *adj*
dominikanisch. ~ **Republic** Dominikanische Republik. II *n* Dominikaner(in
f) *m*.

Dominican² (*Eccl*) **I** *n* Dominikaner *m*.
II *adj* Dominikaner-, dominikanisch.

dominion [dəˈmɪnɪən] *n* **1.** *no pl* Herrschaft
f (*over* über +*acc*). **to have** ~ **over sb**
Macht über jdn haben.
2. (*territory*) Herrschaftsgebiet *nt*.
overseas ~**s** überseeische Gebiete *pl*; **the
D~ of Canada** das Dominion Kanada; **D~
Day** gesetzlicher Feiertag *in Kanada zur
Erinnerung an die Übertragung der vollen
politischen Autonomie*.

domino [ˈdɒmɪnəʊ] *n, pl* —**es 1.** Domino-
(stein) *m*. **to play** ~**es** Domino spielen.
2. (*costume, mask*) Domino *m*.

don¹ [dɒn] *n* (*Brit Univ*) Universitätsdozent
m, besonders in Oxford und Cambridge.

don² *vt garment* anziehen; *hat* aufsetzen.

donate [dəʊˈneɪt] *vt blood, kidney* spenden;
money, gifts to a charity also stiften.

donation [dəʊˈneɪʃən] *n* (*act of giving*) (*of
money, gifts*) Spenden *nt*; (*on large scale*)
Stiften *nt*; (*of blood*) Spenden *nt*; (*gift*)
Spende *f*; (*large scale*) Stiftung *f*. **to make
a** ~ **of 50p/£1,000** 50 Pence spenden/
£ 1.000 stiften.

done [dʌn] **I** *ptp of* **do²**.
II *adj* **1.** (*finished*) *work* erledigt; (*cooked*) *vegetables* gar; *meat* durch. **to
get sth** ~ (*finished*) etw fertigkriegen; **is
that** ~ **yet?** ist das schon erledigt?
2. (*inf: tired out*) **I'm** ~ ich bin fertig.
3. it's not the ~ **thing, that's not** ~ das
tut man nicht.
4. (*inf: used up*) **the butter is** ~ die
Butter ist alle.

dong [dɒŋ] *n* (*US sl: penis*) Apparat *m* (*inf*).

donkey [ˈdɒŋkɪ] *n* Esel *m*. ~**'s years** (*inf*)
eine Ewigkeit, ewig und drei Tage (*inf*).

donkey engine *n* (*Rail*) (kleines) Hilfsaggregat; **donkey jacket** *n* dicke (*gefütterte*) *Jacke*; **donkey ride** *n* Ritt *m* auf
dem/einem Esel, Eselsritt *m*, Eselreiten
nt; **donkeywork** *n* Routinearbeit,
Dreckarbeit (*inf*) *f*.

donnish [ˈdɒnɪʃ] *adj* gebildet; *tone* belehrend.

donor [ˈdəʊnəʳ] *n* (*Med: of blood, organ for
transplant*) Spender(in *f*) *m*; (*to charity etc
also*) Stifter(in *f*) *m*.

don't [dəʊnt] *contr of* **do not**.

don't-know [ˈdəʊntˈnəʊ] *n* (*in opinion poll*)
30% were ~**s** 30% hatten keine Meinung.

donut [ˈdəʊnʌt] *n* (*esp US*) *see* **doughnut**.

doodah [ˈduːdɑː] *n* (*inf*) Dingsbums *nt*
(*inf*).

doodle [ˈduːdl] **I** *vi* Männchen malen. II *vt*
kritzeln. III *n* Gekritzel *nt*.

doodlebug [ˈduːdlbʌg] *n* **1.** (*Brit: bomb*)
V1-Rakete *f*. **2.** (*US: larva*) Ameisenlarve
f.

doom [du:m] **I** *n* (*fate*) Schicksal *nt*; (*ruin*) Verhängnis *nt*. **to go to one's ~** seinem Verhängnis entgegengehen; **to send sb to his ~** jdn ins Verhängnis stürzen; **he met his ~** das Schicksal ereilte ihn.

II *vt* verurteilen, verdammen. **to be ~ed** verloren sein; **the project was ~ed from the start** das Vorhaben war von Anfang an zum Scheitern verurteilt; **~ed to die** dem Tode geweiht; **~ed to failure/to perish** zum Scheitern/Untergang verurteilt.

doomsday ['du:mzdeɪ] *n* der Jüngste Tag. **... otherwise we'll all be here till ~** (*inf*) ... sonst sind wir alle in zwanzig Jahren noch hier.

door [dɔ:ʳ] *n* **1.** Tür *f*; (*entrance: to cinema etc*) Eingang *m*. **there's someone at the ~** da ist jemand an der Tür; **was that the ~?** hat es geklingelt/geklopft?; **to stand in the ~** in der Tür stehen; **to pay at the ~** (*Theat etc*) an der (Abend)kasse zahlen; **"~s open 2.20"** „Einlaß 14.²⁰Uhr"; **to go from ~ to ~** (*salesman etc*) von Tür zu Tür gehen, Klinken putzen (*inf*); **he lives three ~s away** er wohnt drei Häuser weiter.

2. (*phrases*) **the ~ to success** der Schlüssel zum Erfolg; **to lay sth at sb's ~** jdm etw vorwerfen *or* anlasten; **to leave the ~ open to** *or* **for further negotiations** die Tür zu weiteren *or* für weitere Verhandlungen offen lassen; **to open the ~ to sth** einer Sache (*dat*) Tür und Tor öffnen; **to show sb the ~** jdm die Tür weisen; **to shut** *or* **close the ~ on sth** etw ausschließen; **when one ~ shuts, another ~ opens** (*prov*) irgendwie geht es immer weiter; **out of ~s** im Freien.

door *in cpds* Tür-; **doorbell** *n* Türklingel *f*; **there's the ~** es hat geklingelt.

do-or-die ['dɔ:ʳr'daɪ] *adj* verbissen.

doorframe ['dɔ:freɪm] *n* Türrahmen *m*, Zarge *f*; **door handle, door knob** *n* Türklinke *f*, Türknauf *m*; **doorkeeper**, **doorman** *n* (*of hotel, block of flats*) Portier *m*; **doorknocker** *n* Türklopfer *m*; **doormat** *n* Fußmatte *f*, Abtreter *m*; (*fig*) Fußabtreter *m*; **doornail** *n*: **as dead as a ~** mausetot; **doorplate** *n* Türschild *nt*; **doorpost** *n* Türpfosten *m*; **deaf as a ~** stocktaub; **doorstep** *n* Eingangsstufe *f*; (*hum: hunk of bread*) dicke Scheibe Brot; **the bus stop is just on my ~** (*fig*) die Bushaltestelle ist direkt vor meiner Tür; **doorstop(per)** *n* Türanschlag *m*; **door-to-door** *adj* **1.** **~ salesman** Vertreter *m*; **2.** *delivery* von Haus zu Haus; **doorway** *n* (*of room*) Tür *f*; (*of building, shop*) Eingang *m*; (*fig: to success etc*) Weg *m*.

dope [dəʊp] **I** *n* **1.** *no pl* (*inf: drugs*) Rauschgift *nt*, Stoff *m* (*inf*), Drogen *pl*; (*Sport*) Aufputschmittel *nt*.

2. *no pl* (*inf: information*) Information(en *pl*) *f*. **to give sb the ~** jdn informieren, (*on über +acc*).

3. (*inf: stupid person*) Trottel *m*. (*inf*).

4. (*varnish*) Lack *m*.

5. (*for explosives*) Benzinzusatz *m*.

II *vt* *horse, person* dopen; *food, drink* präparieren, ein Betäubungsmittel untermischen (+*dat*).

dope peddler *or* **pusher** *n* Drogenhändler, Dealer (*sl*), Pusher (*sl*) *m*.

dopey, dopy ['dəʊpɪ] *adj* (+*er*) (*inf*) (*stupid*) bekloppt (*inf*), blöd (*inf*); (*sleepy, half-drugged*) benommen, benebelt (*inf*).

doping ['dəʊpɪŋ] *n* (*Sport*) Doping *nt*.

Doric ['dɒrɪk] *adj* (*Archit*) dorisch.

dormant ['dɔ:mənt] *adj* (*Zool, Bot*) ruhend; *volcano* untätig; *energy* verborgen, latent; *passion* schlummernd; (*Her*) liegend. **to let a matter lie ~** eine Sache ruhen *or* liegen lassen; **to lie ~** (*evil etc*) schlummern.

dormer (window) ['dɔ:mə('wɪndəʊ)] *n* Mansardenfenster *nt*.

dormitory ['dɔ:mɪtrɪ] *n* Schlafsaal *m*; (*US; building*) Wohnheim *nt*. **~ suburb** *or* **town** *n* Schlafstadt *f*.

dormobile ® ['dɔ:məbi:l] *n* Wohnmobil *nt*.

dormouse ['dɔ:maʊs] *n, pl* **dormice** ['dɔ:maɪs] Haselmaus *f*.

dorsal ['dɔ:sl] **I** *adj* Rücken-, dorsal (*spec*). **II** *n* (*Phon*) Dorsal(laut) *m*.

dory ['dɔ:rɪ] *n* (*US*) *amerikanisches Ruderboot mit spitzem Bug und schmalem Heck*.

dosage ['dəʊsɪdʒ] *n* Dose, Dosis *f*; (*giving of medicine*) Dosierung *f*.

dose [dəʊs] **I** *n* **1.** (*Med*) Dosis *f*; (*fig: of punishment, flattery etc*) Ration *f*. **in small/large ~s** (*fig*) in kleinen/großen Mengen; **she's all right in small ~s** sie ist nur (für) kurze Zeit zu ertragen; **I can stand this weather in small ~s** ich kann dies Wetter nicht auf die Dauer vertragen.

2. (*inf: venereal disease*) Tripper *m*. **to catch a ~** sich (*dat*) etwas holen (*inf*).

3. (*inf: bout of illness*) Anfall *m*. **she's just had a ~ of the flu** sie hat gerade Grippe gehabt.

II *vt person* Arznei geben (+*dat*). **she's always dosing herself** sie nimmt *or* schluckt ständig Medikamente.

doss [dɒs] (*Brit sl*) **I** *n* Schlafplatz *m*, Bleibe *f* (*inf*). **II** *vi* (*also ~ down*) pennen (*inf*), sich hinhauen (*inf*). **to ~ down for the night** sich für die Nacht einquartieren(*inf*).

dosser ['dɒsəʳ] *n* (*Brit sl*) Penner(in *f*) *m*.

dosshouse ['dɒshaʊs] *n* (*Brit sl*) Penne *f* (*sl*).

dossier ['dɒsɪeɪ] *n* Dossier *m* *or* *nt*. **they are keeping a ~ on him** sie haben ein Dossier über ihn angelegt.

dost [dʌst] (*obs*) *2nd pers sing of* **do²**.

dot [dɒt] **I** *n* **1.** Punkt *m*; (*over i also*) Pünktchen, Tüpfelchen *nt*; (*on material*) Tupfen, Punkt *m*. **morse code is made up of ~s and dashes** das Morsealphabet besteht aus kurzen und langen Signalen; **~, dash, ~** (*morse*) kurz, lang, kurz; **~, ~, ~** (*in punctuation*) drei Punkte.

2. (*phrases*) **to arrive on the ~** auf die Minute pünktlich (an)kommen; **at 3 o'clock on the ~** haargenau *or* auf die Minute genau um 3 Uhr; **in the year ~** (*inf*) Anno dazumal (*inf*) *or* Tobak (*inf*); **she has lived here since the year ~** sie lebt schon ewig hier.

II *vt* **1.** **to ~ an i** einen i-Punkt setzen; **to ~ one's i's and cross one's t's** peinlich genau *or* penibel sein; **~ted line** punktierte Linie; **to tear along the ~ted line** an

der or entlang der punktierten Linie ab-
trennen; **to sign on the ~ted line** (*fig*)
seine formelle Zustimmung geben.

2. (*sprinkle*) verstreuen. **a field ~ted
with flowers** ein mit Blumen übersätes
Feld; **cars were ~ted along the side of the
road** an der Straße entlang stand hier und
da ein Auto; **the firm has various
branches ~ted about the country** die
Firma hat mehrere über das ganze Land
verstreute Niederlassungen.

3. to ~ sb one (*inf*) jdm eine langen
(*inf*).

dotage ['dəʊtɪdʒ] *n* Senilität, Alters-
schwäche *f*. **to be in one's ~** in seiner
zweiten Kindheit sein, senil sein.

dote on ['dəʊtɒn] *vi +prep obj* abgöttisch
lieben.

doth [dʌθ] (*obs*) *3rd pers sing of* **do²**.

doting ['dəʊtɪŋ] *adj* **her ~ parents** ihre sie
abgöttisch liebenden Eltern.

dotty ['dɒtɪ] *adj* (+er) (*Brit inf*) kauzig,
schrullig. **to be ~ about sb/sth** (*like*) nach
jdm/etw verrückt sein.

double ['dʌbl] **I** *adj* **1.** (*twice as much,
twofold*) doppelt; (*having two similar
parts, in pairs*) Doppel-. **he got a ~
amount of work** er mußte die doppelte
Arbeit tun, er erhielt doppelt soviel Ar-
beit; **a ~ whisky** ein doppelter Whisky;
her salary is ~ what it was ten years ago sie
bekommt doppelt soviel Gehalt wie vor
zehn Jahren; **~ bottom** doppelter Boden;
~ consonant Doppelkonsonant *m*; **~
track** (*Rail*) zweigleisige Strecke; **an egg
with a ~ yolk** ein Ei mit zwei Dottern; **it
is spelt with a ~ "p"** es wird mit Doppel-p
or mit zwei ,,p" geschrieben; **~ six** (*in
ludo etc*) Doppelsechs *f*; (*in dominoes,
dice*) Sechserpasch *m*; **~ seven five four/~
seven five** (*Telec*) siebenundsiebzig
vierundfünfzig/sieben sieben fünf.

2. (*made for two*) Doppel-. **~ room**
Doppelzimmer *nt*.

3. (*dual, serving two purposes*) doppelt.
it has a ~ meaning/interpretation es ist
zwei- *or* doppeldeutig/läßt zwei Aus-
legungen zu; **~ standards** Doppelmoral *f*;
society applies ~ standards die Gesell-
schaft mißt mit zweierlei Maß *or* legt zwei
(verschiedene) Maßstäbe an.

4. (*underhand, deceptive*) **to lead a ~
life** ein Doppelleben führen.

5. (*Bot*) gefüllt.

6. ~ time (*Mil*) Laufschritt *m*.

ii *adv* **1.** (*twice*) doppelt. **that costs ~
what it did last year** das kostet doppelt
soviel wie letztes Jahr; **I have ~ what you
have** ich habe doppelt soviel wie du; **he's
~ your age** er ist doppelt so alt wie du; **~
six is twelve** zweimal sechs ist zwölf; **to see
~** doppelt sehen.

2. to be bent ~ with pain sich vor
Schmerzen krümmen; **fold the paper ~**
falte das Papier (einmal).

III *n* **1.** (*twice a quantity, number, size
etc*) das Doppelte, das Zweifache. **~ or
quits** doppelt oder nichts; **he earns the ~
of what I do** er verdient doppelt soviel wie
ich.

2. (*person*) Ebenbild *nt*, Doppelgän-
ger(in *f*) *m*; (*Film, Theat: stand-in*)

Double *nt*; (*actor taking two parts*)
Schauspieler, der eine Doppelrolle spielt.
I've got the ~ of that clock ich habe genau
die gleiche Uhr.

3. at the ~ (*also Mil*) im Laufschritt;
(*fig*) auf der Stelle.

4. (*Cards*) (*increase*) Verdoppelung *f*;
(*hand*) *Blatt, das die Verdoppelung recht-
fertigt*; (*in racing*) Doppelwette *f*; (*in dice*)
Pasch *m*; (*in dominoes*) Doppelstein *m*.

IV *vt* **1.** (*increase twofold*) verdoppeln.

2. (*fold in two*) (einmal) falten.

3. (*Film, Theat*) **he ~s the parts of
courtier and hangman** er hat die Doppel-
rolle des Höflings und Henkers; **who is
doubling for him?** wer doubelt ihn?, wer
ist sein Double?

4. (*Naut: sail round*) umsegeln.

5. (*Cards*) verdoppeln.

V *vi* **1.** (*increase twofold*) sich verdop-
peln; (*price also*) um das Doppelte
steigen.

2. (*Mus*) zwei Instrumente spielen.

3. (*Film, Theat*) **to ~ for jds** Double
sein, jdn doubeln; **he ~s as the butler and
the duke** er hat die Doppelrolle des But-
lers und Herzogs.

4. (*Cards*) verdoppeln; (*Bridge*)
kontrieren.

◆**double back I** *vi* (*person*) kehrtmachen,
zurückgehen/ -fahren; (*animal*) kehrt-
machen, zurücklaufen; (*road, river*) sich
zurückwinden *or* -schlängeln. **II** *vt sep
blanket* umschlagen; *page* umknicken.

◆**double over I** *vi see* **double up I 1. II** *vt
sep see* **double back II.**

◆**double up I** *vi* **1.** (*bend over*) sich krüm-
men; (*with laughter*) sich biegen, sich
kringeln (*inf*). **he ~d ~ when the bullet hit
him** er klappte (*inf*) *or* brach zusammen,
als die Kugel ihn traf.

2. (*share room*) das Zimmer/Büro *etc*
gemeinsam benutzen; (*share bed*) in
einem Bett schlafen. **you'll have to ~ ~
with Mary** du mußt dir ein Zimmer mit
Mary teilen.

3. (*Brit Betting*) den Einsatz bis zum
ersten Gewinn verdoppeln.

II *vt sep* **1.** *paper* falten, knicken; *blan-
ket* zusammenlegen.

2. the bullet/blow ~d him ~ von der
Kugel/dem Schlag getroffen, brach er
zusammen.

double-acting [ˌdʌbl'æktɪŋ] *adj engine*
doppelwirkend; **double agent** *n* Dop-
pelagent *m*; **double bar** *n* (*Mus*) Doppel-
strich *m*; **double-barrelled, double-barreled,** (*US*)
double-barreled [ˌdʌbl'bærəld] *adj sur-
name* Doppel-; **~ shotgun** doppelläufiges
Gewehr, Zwilling *m*; **double bass** *n*
Kontrabaß *m*; **double bassoon** *n*
Kontrafagott *m*; **double bed** *n* Doppel-
bett *nt*; **double bend** *n* S-Kurve *f*; **double
boiler** *n* (*US*) Turmtopf *m*; **double-
breasted** *adj* zweireihig; **~ jacket/suit**
Zweireiher *m*; **double-check** *vti* noch
einmal (über)prüfen; **double chin** *n*
Doppelkinn *nt*; **double cream** *n* stark
fetthaltige Schlagsahne; **double-cross**
(*inf*) **I** *vt* ein Doppelspiel *or* falsches Spiel
treiben mit; **the ~ing swines!** diese fal-
schen Hunde! (*inf*); **II** *n* Doppelspiel *nt*;

double-crosser n (inf) falscher Freund or Hund (inf); **double-dealer** n Betrüger m; **double-dealing I** n Betrügerei(en pl) f; **II** adj betrügerisch; **double-decker** n (all senses) Doppeldecker m; **double-declutch** vi (Aut) mit Zwischengas schalten; **double dutch** n (Brit) Kauderwelsch nt; **it was ~ to me** das waren für mich böhmische Dörfer; **double eagle** n (US) alte amerikanische Goldmünze mit einem Wert von 20; **double-edged** adj (lit, fig) zweischneidig; **double entendre** ['du:blãː'tãːndr] n Zweideutigkeit f; **double-entry bookkeeping** n doppelte Buchführung; **double exposure** n doppelt belichtetes Foto; **double fault** n (Tennis) Doppelfehler m; **double feature** n Programm nt mit zwei Hauptfilmen; **double flat** n (Mus) Doppel-b nt; **double-glaze** vt mit Doppelverglasung versehen; **double glazing** n doppelt verglaste Fenster pl; **double Gloucester** n englische Käsesorte; **double-jointed** adj äußerst elastisch, sehr gelenkig; **double lock** n Doppelschloß nt; **double-lock** vt zweimal abschließen; **double negative** n doppelte Verneinung; **double-page spread** n Doppelseite f; **double park** vi in der zweiten Reihe parken; **double pneumonia** n doppelseitige Lungenentzündung; **double-quick** (inf) n sehr schnell; **II** adj in ~ **time** im Nu, in Null Komma nichts (inf).

doubles ['dʌblz] n sing or pl (Sport) Doppel nt.

double saucepan n Turmtopf m; **double-sharp** n (Mus) Doppelkreuz nt; **double spacing** n doppelter Zeilenabstand; **double stop I** n (Mus) Doppelgriff m; **II** vi mit Doppelgriff spielen.

doublet ['dʌblɪt] n **1.** Wams nt. **2.** (Ling) Dublette f.

double take n he did a ~ er mußte zweimal hingucken; **doubletalk** n (ambiguous) zwei- or doppeldeutiges Gerede; (deceitful) doppelzüngiges Gerede; **doublethink** n widersprüchliches Denken; **double time** n (in wages) doppelter Lohn; **double-tongue** vi (Mus) mit Doppelzunge blasen.

doubly ['dʌblɪ] adv doppelt. **this road is dangerous, ~ so when it's icy** diese Straße ist gefährlich, vor allem bei Glatteis.

doubt [daut] **I** n Zweifel m. **his honesty is in ~** seine Ehrlichkeit wird angezweifelt; **I am in (some) ~ about his honesty** ich habe Zweifel an seiner Ehrlichkeit; **I am in ~ as to whether ...** ich habe so meine Zweifel, ob ...; **it is still in ~** es ist noch zweifelhaft; **I am in no ~ as to what or about what he means** ich bin mir völlig im klaren darüber, was er meint; **to have one's ~s as to or about sth** (so) seine Bedenken hinsichtlich einer Sache (gen) haben; **I have my ~s whether he will come** ich bezweifle, daß er kommt; **to cast ~ on sth** etw in Zweifel ziehen; **there is room for ~** es ist durchaus nicht sicher; **there's no ~ about it** daran gibt es keinen Zweifel; **I have no ~s about taking the job** ich habe keine Bedenken, die Stelle anzunehmen; **no ~ he will come tomorrow** höchstwahr-

scheinlich kommt er morgen; **without (a) ~** ohne Zweifel; **yes, no~, but ...** ja, zweifelsohne, aber ...; **it's beyond ~ that ...** es steht außer Zweifel, daß ...; **when in ~** im Zweifelsfall.

II vt bezweifeln; sb's honesty, truth of statement anzweifeln, Zweifel haben an (+dat). **I'm sorry I ~ed you** (what you said) es tut mir leid, daß ich dir nicht geglaubt habe; (your loyalty etc) es tut mir leid, daß ich an dir gezweifelt habe; **I ~ it (very much)** das möchte ich (doch stark) bezweifeln, das bezweifle ich (sehr); **I don't ~ it** das bezweifle ich (auch gar) nicht; **I ~ whether he will come** ich bezweifle, daß er kommen wird.

III vi Zweifel haben or hegen. **~ing Thomas** ungläubiger Thomas.

doubter ['dautə'] n Skeptiker, Zweifler m.

doubtful ['dautfl] adj **1.** (uncertain) unsicher, zweifelhaft; outcome, result, future ungewiß. **to be ~ about sb/sth** jdm/einer Sache gegenüber Zweifel hegen or voller Zweifel sein; **to be ~ about doing sth** zweifeln or Bedenken haben, ob man etw tun soll; **to look ~** (person) skeptisch aussehen; **the weather was or looked a bit ~** es sah nach schlechtem Wetter aus; **it is ~ whether/that ...** es ist unsicher or zweifelhaft, ob ...; **he's a ~ starter** (in race) es ist zweifelhaft, ob er starten wird or (for job etc) ob er anfangen wird.

2. (of questionable character) zweifelhaft; person, affair also zwielichtig; reputation also fragwürdig; joke zweideutig.

doubtfully ['dautfəlɪ] adv skeptisch, voller Zweifel.

doubtfulness ['dautflnɪs] n see adj **1.** Unsicherheit f; Ungewißheit f. **2.** Zweifelhaftigkeit f; Zwielichtigkeit f; Fragwürdigkeit f; Zweideutigkeit f.

doubtless ['dautlɪs] adv ohne Zweifel, zweifelsohne.

douche [duːʃ] **I** n Spülung, Irrigation (spec) f; (instrument) Irrigator m. **II** vi eine Spülung machen. **III** vt spülen.

dough [dəu] n **1.** Teig m. **2.** (sl: money) Kohle f, Kies, Zaster m (all inf).

doughball ['dəubɔːl] n Kloß m; **doughboy** n (US Mil sl) Landser m (inf); **doughnut** n Berliner (Pfannkuchen) m.

doughty ['dautɪ] adj (liter) kühn, tapfer.

doughy ['dəuɪ] adj **1.** consistency zäh, teigig; (pej) bread klitschig, nicht durchgebacken. **2.** (pej) complexion käsig.

Douglas fir [ˌdʌɡləs'fɜː'] or **pine** [-'paɪn] n Douglastanne f.

dour ['duə'] adj (silent, unfriendly) mürrisch, verdrießlich; struggle hart, hartnäckig.

douse [daus] vt **1.** (pour water over) Wasser schütten über (+acc); (put into water) ins Wasser tauchen; plants reichlich wässern. **2.** light ausmachen, löschen.

dove[1] [dʌv] n (lit, fig) Taube f.

dove[2] [dəuv] (US) pret of dive.

dove [dʌv-]: **dove-coloured** adj taubenblau; **dovecot(e)** n ['dʌvkɒt] Taubenschlag m; **dove-grey** adj taubengrau.

dovetail ['dʌvteɪl] **I** n Schwalbenschwanz m. **~ joint** Schwalbenschwanzverbindung f. **II** vt (schwalbenschwanzförmig) überblattern. **we must ~ our plans with yours** wir müssen unsere Pläne koordinieren. **III** *vi (plans)* übereinstimmen.

dowager ['daʊədʒəʳ] *n* (adlige) Witwe. ~ **duchess** Herzoginwitwe *f*.

dowdiness ['daʊdɪnɪs] *n* absoluter Mangel an Schick.

dowdy ['daʊdɪ] *adj* (+*er*) ohne jeden Schick.

dowel ['daʊəl] *n* Dübel *m*.

down¹ [daʊn] *I adv* **1.** *(indicating movement)* *(towards speaker)* herunter; *(away from speaker)* hinunter; *(downstairs also)* nach unten. ~! *(to dog)* Platz!; ~ **it goes!** *(taking medicine, child eating)* nun schluck mal schön runter; *(of stone, tree etc)* da fällt er; **to fall ~** hinunter-/herunterfallen; **and ~ he fell** und da fiel er hinunter/ herunter; **to run/look/jump ~** hinunter-/ herunterlaufen/-sehen/ -springen; **~ with school!** nieder mit der Schule!; **on his way ~ from the hilltop** auf seinem Weg vom Gipfel herab/hinab; **all the way ~ to the bottom** bis ganz nach unten. **2.** *(indicating static position)* unten. **~ there** da unten; **I shall stay ~ here** ich bleibe hier unten; **~ in the valley** unten im Tal; **it needs a bit of paint ~ at the bottom** es muß unten herum neu gestrichen werden; **don't kick *or* hit a man when he's ~** man soll jemanden nicht fertigmachen, wenn er schon angeschlagen ist; **head ~** mit dem Kopf nach unten; **the sun is ~** die Sonne ist untergegangen; **the blinds were ~** die Jalousien waren unten *or* heruntergelassen; **John isn't ~ yet** *(hasn't got up)* John ist noch nicht unten; **I'll be ~ in a minute** ich komme sofort runter; **to be ~ for the count** *(Boxing)* ausgezählt werden; **I've been ~ with flu** ich habe mit Grippe (im Bett) gelegen; **he was (feeling) a bit ~** er fühlte sich ein wenig niedergeschlagen. **3.** *(to or at another place) usu not translated* **he came ~ from London yesterday** er kam gestern aus London; *(to south also)* er ist gestern von London runtergekommen *(inf)*; **he's in London** er ist in London; **~ South** im Süden/in den Süden; **we're going ~ to the sea/to Dover** wir fahren an die See/nach Dover; **he's ~ at his brother's** er ist bei seinem Bruder. **4.** *(in volume, degree, activity, status)* **his shoes were quite worn ~** seine Schuhe waren ziemlich abgetragen; **the tyres are ~** die Reifen sind platt; **his temperature has gone ~** sein Fieber ist zurückgegangen; **the price of meat is ~ on last week** der Fleischpreis ist gegenüber der letzten Woche gefallen; **I'm £2 ~ on what I expected** ich habe £ 2 weniger, als ich dachte; **their team is three points ~ on last week/ on their opponents** ihre Mannschaft liegt (verglichen mit letzter Woche/ihren Gegnern) um drei Punkte zurück. **5.** *(in writing, planning)* **to write sth ~** etw aufschreiben; **I've got it ~ in my diary** ich habe es in meinem Kalender notiert; **let's get it ~ on paper** schreiben wir es auf; **when you see it ~ on paper** wenn man es schwarz auf weiß sieht; **it's ~ for next**

month es steht für nächsten Monat auf dem Programm/Stundenplan *etc*. **6.** *(indicating succession of things, events, in hierarchy) usu not translated* **(all** *or* **right) ~ through the ages** von jeher; **right ~ to the present day** bis zum heutigen Tag; **from the biggest ~ to the smallest** von Größten bis zum Kleinsten; **from the king (all the way) ~ to the poorest beggar** vom König bis (herunter) zum ärmsten Bettler. **7. to pay £2 ~** £ 2 anzahlen; **how much do they want ~?** was verlangen sie als Anzahlung?; **to be ~ on sb** jdn schikanieren. **II** *prep* **1.** *(indicating movement to)* **to go/come ~ the hill/ street** *etc* den Berg/die Straße *etc* hinuntergehen/herunterkommen; **she let her hair fall ~ her back** sie ließ ihr Haar über die Schultern fallen; **he ran his finger ~ the list** er ging (mit dem Finger) die Liste durch. **2.** *(at a lower part of)* **he's already ~ the hill** er ist schon unten; **the other skiers were further ~ the slope** die anderen Skifahrer waren weiter unten; **she lives ~ the street (from us)** sie wohnt ein Stückchen weiter die Straße entlang. **3. ~ the ages/centuries** durch die Jahrhunderte (hindurch). **4.** *(along)* **he was walking/coming ~ the street** er ging/kam die Straße entlang; **looking ~ this road, you can see ...** wenn Sie die Straße hinunterblicken, können Sie ... sehen. **5.** *(Brit inf: to, in, at)* **he's gone ~ the pub** er ist in die Kneipe gegangen; **he works ~ the garage** er arbeitet in der Autowerkstatt. **III** *n* **to have a ~ on sb** *(inf)* jdn auf dem Kieker haben *(inf); see* **up.** **IV** *vt opponent* niederschlagen, zu Fall bringen; *enemy planes* abschießen, (he)runterholen *(inf); beer etc* runterkippen. **to ~ tools** die Arbeit niederlegen.

down² *n (feathers)* Daunen, Flaumfedern *pl; (youth's beard)* Flaum *m*.

down³ *n usu pl (Geog)* Hügelland *nt no pl*.

down-and-out ['daʊnənd,aʊt] **I** *n (tramp)* Penner *m (inf);* **II** *adj* heruntergekommen; *appearance also* abgerissen; **downbeat** **I** *n* Taktstockführung *f, die den ersten betonten Taktteil anzeigt,* erster Taktteil; **II** *adj (fig) ending* undramatisch; **down-bow** *n (Mus)* Abstrich *m;* **downcast** **I** *adj* **1.** *(depressed) person, expression* niedergedrückt, entmutigt; **2.** *eyes* niedergeschlagen; *look* gesenkt; **II** *n (Min)* Wetterschacht *m;* **down draught,** *(US)* **down draft** *n (Met)* Fallwind *m; (Tech)* Fallstrom *m;* **downfall** *n* **1.** Sturz, Fall *m; (of empire also)* Untergang *m; (cause of ruin: drink etc)* Ruin *m;* **2.** *(of rain)* heftiger Niederschlag, Platzregen *m;* **downgrade** **I** *n (Rail)* Gefälle *nt;* **to be on the ~** *(fig)* auf dem absteigenden Ast sein; *(health, quality)* sich verschlechtern; **II** *vi hotel, job, work* herunterstufen; *person also* degradieren; **down-hearted** *adj* niedergeschlagen, entmutigt; **downhill** **I** *adv* **to go ~** *(road)* bergab führen *or* gehen; *(car)* hinunter *or* herunterfahren; *(person)* hinunter- *or* heruntergehen; (*fig*) (*person*) auf dem absteigenden Ast sein; (*work, health*) sich verschlechtern; **II** *adj* (*lit*) abfallend *attr*, bergab führend *attr*; **the path is** ~ **for 2 miles** der Weg führt zwei Meilen bergab; **the** ~ **path to drug addiction** der abschüssige Weg in die Drogensucht; **downmarket** *adj product* für den Massenmarkt; *area* weniger anspruchsvoll; **down payment** *n* (*Fin*) Anzahlung *f*; **downpipe** *n* Abflußrohr, Fallrohr *nt*; **downpour** *n* Platzregen, Wolkenbruch *m*; **downright I** *adj refusal, lie* glatt; *rudeness, scoundrel, liar* ausgesprochen; **II** *adv rude, angry* ausgesprochen; **downriver** *adv* flußabwärts (*from* von); ~ **from Bonn** unterhalb von Bonn; **downspout** *n* Abflußrohr, Fallrohr *nt*; **downstage** *adv* (*at the front*) im vorderen Teil der Bühne; (*towards the front*) zum vorderen Teil der Bühne; **downstairs I** *adv go, come* nach unten; *be* unten; **the people** ~ die Leute unter uns *or* von unten; **II** *adj flat* Parterre-; **the** ~ **rooms** die unteren Zimmer, die Zimmer unten; **our** ~ **neighbours** die Nachbarn unter uns; **III** *n* Parterre *nt*; **downstream** *adv* fluß- *or* stromabwärts (*from* von); **downstroke** *n* (*in writing*) Abstrich *m*; (*Mech: of piston*) Ansaugtakt *m*; **down swing** *n* Abwärtsschwingen *nt*; **down-to-earth** *adj* nüchtern; **downtown I** *adj* – **district** Zentrum *nt*, Innenstadt *f*; (*US*) Geschäftsviertel *nt*; ~ **Chicago** das Zentrum *or* die City *or* Innenstadt von Chicago; **II** *adv* **to go** ~ in die (Innen)stadt *or* ins Zentrum gehen; **to live** ~ im (Stadt)zentrum *or* in der Innenstadt wohnen; **down-trodden** *adj people* unterdrückt, geknechtet; **downturn** *n* (*in prices, business*) Rückgang *m*, Abflauen *nt*; **his fortunes took a** ~ sein Glücksstern sank; **down under** (*Brit inf*) **I** *n* Australien *nt*; **II** *adv* in/nach Australien.

downward ['daʊnwəd] **I** *adj movement, pull* nach unten; *slope* abfallend. **he's on the** ~ **path** (*fig*) mit ihm geht's bergab. **II** *adv* (*also* **downwards**) **1.** *go, look* nach unten. **to slope gently** ~ sanft abfallen. **2.** (*fig*) **from the 10th century** ~ seit dem 10. Jahrhundert.

downwind ['daʊnwɪnd] *adv* in Windrichtung (*of or from sth* einer Sache *gen*).

downy ['daʊnɪ] *adj* (+*er*) *skin, leaf, peach* flaumig, mit (feinen) Härchen bedeckt; *cushion* Daunen-; *softness* flaumweich, daunenweich.

dowry ['daʊrɪ] *n* Mitgift *f*.

dowse[1] ['daʊz] *vt see* **douse**.

dowse[2] ['daʊz] *vi* (*divine*) mit einer Wünschelrute suchen; **dowsing rod** Wünschelrute *f*.

doxology [dɒk'sɒlədʒɪ] *n* Lobpreisung *f*, Verherrlichung *f* Gottes.

doyen ['dɔɪən] *n* (*senior and expert member of group*) Nestor *m*; (*of diplomatic corps*) Doyen *m*.

doyenne ['dɔɪen] *n* Doyenne *f*.

doz *abbr of* **dozen.**

doze [dəʊz] **I** *n* Nickerchen *nt*. **II** *vi* (vor sich hin) dösen.

◆**doze off** *vi* einschlafen, einnicken.

dozen ['dʌzn] *n* Dutzend *nt*. **20p a** ~ 20 Pence das Dutzend; **half a** ~ sechs, ein

halbes Dutzend; (*fig inf*) eine ganze Menge; ~**s of times** (*inf*) x-mal (*inf*), tausendmal; **how many has he got?** — ~**s** (*inf*) wieviel hat er? — jede Menge.

dozily ['dəʊzɪlɪ] *adv* verschlafen, schläfrig.

dozy ['dəʊzɪ] *adj* (+*er*) (*sleepy*) schläfrig, verschlafen. **2.** (*sl: stupid*) dösig (*inf*).

D Phil *abbr of* **Doctor of Philosophy** Dr. phil.

dpt *abbr of* **department** Abt.

Dr *abbr of* **doctor** Dr.

drab [dræb] **I** *adj* (+*er*) trist; *colour also* düster; *town also* grau. **II** *n, no pl* (*Tex*) grober, graubrauner Wollstoff.

drably ['dræblɪ] *adv see adj* Entwurf *m*.

drabness ['dræbnɪs] *n see adj* Tristheit *f*; Düsterkeit *f*; Grau *nt*.

drachma ['drækmə] *n, pl* **-e** ['drækmi:] *or* **-s** Drachme *f*.

draconian [drə'kəʊnɪən] *adj* drakonisch.

draft [drɑːft] **I** *n* **1.** (*outline*) Entwurf *m*.
  2. (*Fin, Comm*) Wechsel *m*, Tratte *f*.
  3. (*Mil: group of men*) Sonderkommando *nt*.
  4. (*US Mil*) (*group of conscripts*) Rekruten *pl*; (*conscription*) Einberufung (zum Wehrdienst).
  5. (*US*) *see* **draught.**
  II *vt* **1.** *letter, speech, bill, contract* entwerfen.
  2. (*US Mil*) *conscript* einziehen, einberufen. **to** ~ **sb to do sth** (*Mil*) jdn dazu abkommandieren, etw zu tun; (*fig*) jdn beauftragen, etw zu tun.

draft board *n* (*US Mil*) Einberufungsbehörde *f*; **draft (card)** *n* (*US Mil*) Wehrpaß *m*; **draft dodger** *n* (*US Mil*) Drückeberger *m* (*pej inf*).

draftee ['drɑːfti:] *n* (*US Mil*) Eingezogene(r), Wehrpflichtige(r) *m*.

draftiness *etc* (*US*) *see* **draughtiness** *etc*.

draft letter *n* Entwurf *m* eines/des Briefes.

drag [dræg] **I** *n* **1.** (*object pulled along*) (*for dredging etc*) Suchanker *m*; (*Naut: cluster of hooks*) Dregganker, Draggen *m*; (~-*net*) Schleppnetz *nt*; (*heavy sledge*) Lastschlitten *m*; (*Agr: harrow*) schwere Egge.
  2. (*resistance*) (*Aviat*) Luft- *or* Strömungswiderstand *m*; (*Naut*) Wasserwiderstand *m*.
  3. (*brake*) Hemmklotz, Hemmschuh *m*.
  4. (*slow laborious progress*) **it was a long** ~ **up to the top of the hill** es war ein langer, mühseliger Aufstieg zum Gipfel.
  5. (*inf: hindrance*) **to be a** ~ **on sb** für jdn ein Klotz am Bein sein.
  6. (*inf*) **what a** ~! (*boring*) Mann, ist der/die/das langweilig! (*inf*); (*nuisance*) so'n Mist (*inf*); **the film was a** ~ der Film war stinklangweilig (*inf*); **he suddenly decided that his girlfriend was a real** ~ es wurde ihm plötzlich klar, daß seine Freundin ihn anödete (*inf*).
  7. (*inf: pull on cigarette*) Zug *m* (*on, at* an +*dat*).
  8. (*inf: women's clothing worn by men*) (*von Männern getragene*) Frauenkleidung *f*. **in** *or* **wearing** ~ in Frauenkleidung.
  9. (*US inf: influence*) Einfluß *m*.
  II *vt* **1.** *person, object* schleppen,

schleifen, ziehen. **the dog was ~ging its broken leg** der Hund schleifte sein gebrochenes Bein hinter sich her; **to ~ one's feet** (*lit*) (mit den Füßen) schlurfen; (*fig*) alles/die Sache schleifen lassen; **to ~ anchor** (*Naut*) vor Anker treiben; **he ~ged the words out of him** er mußte ihm jedes Wort einzeln aus der Nase ziehen (*inf*).
2. *river* absuchen.
III *vi* **1.** schleifen; (*feet*) schlurfen; (*Naut: anchor*) treiben.
2. (*lag behind*) hinterherhinken.
3. (*fig*) (*time, work*) sich hinziehen; (*play, book*) sich in die Länge ziehen; (*conversation*) sich (mühsam) hinschleppen.

◆**drag along** *vt sep person* mitschleppen.
to ~ oneself ~ sich mühsam dahinschleppen; **to ~ sth ~ behind one** etw hinter sich (*dat*) her schleppen *or* schleifen.

◆**drag apart** *vt sep* auseinanderzerren, trennen.

◆**drag away** *vt sep* (*lit, fig*) wegschleppen *or* -ziehen. **if you can ~ yourself ~ from the television for a second** ... wenn du dich vielleicht mal für eine Sekunde vom Fernsehen losreißen könntest ...

◆**drag behind I** *vt +prep obj* **to ~ sb/sth ~ one** jdn/etw hinter sich (*dat*) herschleppen *or* herschleifen. **II** *vi* (*in class*) zurück sein, hinterherhinken; (*in race*) hinterherlaufen *or* -fahren; (*on a walk*) zurückbleiben, hinterhertrödeln.

◆**drag down** *vt sep* (*lit*) herunterziehen; (*fig*) mit sich ziehen. **to ~ sb to one's own level** (*fig*) jdn auf sein eigenes Niveau herabziehen; **his illness is ~ging him ~** seine Krankheit macht ihn fertig (*inf*).

◆**drag in** *vt sep* **1.** (*lit*) hineinziehen. **2.** (*fig*) *subject* aufs Tapet bringen; *remark* anbringen.

◆**drag off** *vt sep* (*lit*) wegzerren *or* -ziehen; (*fig*) wegschleppen. **to ~ sb ~ to a concert** jdn in ein Konzert schleppen.

◆**drag on** *vi* sich in die Länge ziehen; (*meeting, lecture also*) sich hinziehen; (*conversation*) sich hinschleppen. **it ~ged ~ for 3 hours** es zog sich über 3 Stunden hin.

◆**drag out** *vt sep meeting, discussion etc* in die Länge ziehen.

◆**drag up** *vt sep* **1.** *scandal, story* ausgraben; *person* aufgabeln (*inf*), auftun (*inf*). **2.** (*inf*) *child* mehr schlecht als recht aufziehen.

dragée ['dræʒeɪ] *n* (*Med*) Dragee *nt*.
dragnet ['drægnet] *n* (*for fish*) Schleppnetz *nt*; (*police hunt*) großangelegte Polizeiaktion. **to slip through the ~** (der Polizei) durch die Maschen schlüpfen.
dragon ['drægən] *n* (*lit, fig inf*) Drache *m*.
dragonfly ['drægən,flaɪ] *n* Libelle *f*.
dragoon [drə'gu:n] **I** *n* (*Mil*) Dragoner *m*. **II** *vt* **to ~ sb into doing sth** jdn zwingen *or* mit Gewalt dazu bringen, etw zu tun.
drag queen *n* (*sl*) Fummeltrine (*sl*), Tunte (*sl*) *f*; **dragrace** *n* Beschleunigungsrennen *nt*; **dragrope** *n* Schlepptau *nt*; **drag show** *n* Transvestitenshow *f*.
drain [dreɪn] **I** *n* **1.** (*pipe*) Rohr *nt*; (*under sink etc*) Abfluß(rohr *nt*) *m*; (*under the*

ground) Kanalisationsrohr *nt*; (*grill in gutter etc*) Gully *m*. **open ~** (Abfluß)rinne *f*; **to throw one's money down the ~** (*fig inf*) das Geld zum Fenster hinauswerfen; **this country's going down the ~** (*inf*) dieses Land geht vor die Hunde (*inf*); **I had to watch all our efforts go down the ~** ich mußte zusehen, wie alle unsere Bemühungen zunichte (gemacht) wurden.
2. (*on resources etc*) Belastung *f* (*on gen*). **looking after her father has been a great ~ on her strength** die Pflege ihres Vaters hat sehr an ihren Kräften gezehrt.
II *vt* **1.** drainieren; *land, marshes also* entwässern; *vegetables* abgießen; (*let ~*) abtropfen lassen; *mine* auspumpen; *reservoir* trockenlegen; *boiler, radiator* das Wasser ablassen aus; *engine oil* ablassen.
2. (*fig*) **to ~ sb of strength** an jds Kräften (*acc*) zehren; **to feel ~ed (of energy)** sich ausgelaugt fühlen; **to ~ sb dry** jdn ausnehmen (*inf*).
3. *glass* austrinken, leeren.
III *vi* (*vegetables, dishes*) abtropfen; (*land into river*) entwässert werden.

◆**drain away I** *vi* (*liquid*) ablaufen; (*strength*) dahinschwinden. **II** *vt sep liquid* ableiten.

◆**drain off** *vt sep* abgießen; (*let drain*) abtropfen lassen.

drainage ['dreɪnɪdʒ] *n* **1.** (*draining*) Dränage *f*; (*of land also*) Entwässerung *f*. **2.** (*system*) Entwässerungssystem *nt*; (*in house, town*) Kanalisation *f*. **3.** (*sewage*) Abwasser *nt*. **4.** (*Geol*) Drän(ier)ung *f* (*spec*), Entwässerung *f*.
drainage area, drainage basin *n* (*Geol*) Einzugsgebiet *f*; **drainage channel** *n* (*Build*) Entwässerungsgraben, Abzugsgraben *m*.
draining board, (*US*) **drain board** *n* Ablauf *m*; **drain pipe** *n* Kanalisations-/ Abflußrohr *nt*; **drainpipes, drainpipe trousers** *npl* Röhrenhosen *pl*.
drake [dreɪk] *n* Erpel, Enterich *m*; *see* **duck**[1].
dram [dræm] *n* **1.** (*measure, Pharm*) ≈ Drachme *f* (*old*). **2.** (*small drink*) Schluck *m* (Whisky).
drama ['drɑːmə] *n* (*art, play, incident*) Drama *nt*; (*no pl: quality of being dramatic*) Dramatik *f*. **18th-century German ~** das deutsche Drama des 18. Jahrhunderts.
drama critic *n* Theaterkritiker(in *f*) *m*; **drama school** *n* Schauspielschule *f*; **drama student** *n* Schauspielschüler(in *f*) *m*.
dramatic [drə'mætɪk] *adj* dramatisch; *criticism* Theater-; *ability of actor* schauspielerisch.
dramatically [drə'mætɪkəlɪ] *adv* dramatisch; (*in a theatrical manner*) theatralisch. **he flung his book ~ to the ground** mit theatralischer Geste schleuderte er sein Buch auf den Boden.
dramatics [drə'mætɪks] *npl* **1.** (*Theat*) Dramaturgie *f*; *see* **amateur**. **2.** (*fig*) theatralisches Getue.
dramatis personae ['dræmətɪspɜːˈsəʊnaɪ] *npl* Personen der Handlung.
dramatist ['dræmətɪst] *n* Dramatiker *m*.

dramatization [ˌdræmətaɪˈzeɪʃən] *n see vt* Bühnen-/Fernsehbearbeitung *f*; Dramatisierung *f*.

dramatize [ˈdræmətaɪz] I *vt* 1. *novel* für die Bühne/das Fernsehen bearbeiten, dramatisieren. 2. *(make vivid) event* dramatisieren. II *vi* 1. *(novel etc)* sich für die Bühne/das Fernsehen bearbeiten lassen. 2. *(exaggerate)* übertreiben.

drank [dræŋk] *pret of* **drink**.

drape [dreɪp] I *vt* 1. drapieren; *window* mit Vorhängen versehen; *person* hüllen; *altar* behängen.

2. *curtain, length of cloth* drapieren. **to ~ sth over sth** etw über etw *(acc)* drapieren.

II *n* 1. **~s** *pl (US)* Gardinen *pl*. 2. *(way sth hangs)* Fall *m*.

draper [ˈdreɪpər] *n (Brit)* Textilkaufmann *m*. **~'s (shop)** Textilgeschäft *nt*.

drapery [ˈdreɪpərɪ] *n* 1. *(Brit) (cloth etc)* Stoff *m*; *(business: also ~* **shop**) Stoffladen *m*. 2. *(hangings)* Draperie *f* *(old)*; *(on wall also)* Behang *m*; *(around bed etc)* Vorhänge *pl*; *(clothing, fig liter)* Gewand *nt*.

drastic [ˈdræstɪk] *adj* 1. drastisch. **you'll have to do something ~** Sie werden da drastische Maßnahmen ergreifen müssen; **there's no need to be so ~** man braucht nicht so radikal *or* drastisch vorzugehen.

2. *(urgent, serious)* bedrohlich. **there's a ~ need for medical supplies** es besteht dringender Bedarf an Medikamenten.

drastically [ˈdræstɪkəlɪ] *adv see adj*.

drat [dræt] *interj (inf)* ~ **(it)!** verflixt! *(inf)*.

dratted [ˈdrætɪd] *adj (inf)* verflixt *(inf)*.

draught, *(US)* **draft** [drɑːft] *n* 1. (Luft)zug *m*; *(through ~)* Durchzug *m*; *(for fire)* Zug *m*. **there's a terrible ~ in here** hier zieht es fürchterlich; **what a ~!** das zieht ja fürchterlich!; **are you in a ~?** zieht's Ihnen?; **I've got a ~ blowing round the back of my neck** mir zieht's im Genick; **open the window so we'll get a nice cool ~ in here** mach mal das Fenster auf, damit wir etwas frische Luft bekommen; **he's beginning to feel the ~** *(fig inf)* ihm wird allmählich das Geld knapp.

2. *(swallow, drink)* Zug *m*.

3. *(~ beer)* Faß- *or* Schankbier *nt*. **on ~** vom Faß.

4. *(Naut)* Tiefgang *m*.

5. *(of fish)* Fischzug *m*.

6. *(Brit: game)* **~s** *(+sing vb)* Damespiel *nt*; *(+pl vb: pieces)* Damesteine *pl*.

7. *(rough sketch) see* **draft I 1.**

draught animal *n* Zugtier *nt*; **draught beer** *n* Faßbier *nt*, Bier *nt* vom Faß; **draught-board** *n* Damebrett *nt*; **draught excluder** *n* Dichtungsmaterial *nt*.

draughtiness, *(US)* **draftiness** [ˈdrɑːftɪnɪs] *n* Zugigkeit *f*.

draughtsman [ˈdrɑːftsmən] *n, pl* **-men** [-mən] 1. *(US* **draftsman***) (of plans)* Zeichner *m*; *(of documents, treaty etc)* Verfasser *m*. 2. *(Brit: in game)* Damestein *m*.

draughtsmanship, *(US)* **draftsmanship** [ˈdrɑːftsmənʃɪp] *n* **you can tell by the ~ that it was done by an expert** an der Qualität der Zeichnung/des Entwurfs

kann man sehen, daß das ein Fachmann gemacht hat; **the skills of ~** das zeichnerische Können.

draughty, *(US)* **drafty** [ˈdrɑːftɪ] *adj (+ er)* zugig. **it's ~ in here** hier zieht es.

draw¹ [drɔː] *pret* **drew**, *ptp* **drawn** I *vt (lit, fig)* zeichnen; *line* ziehen. **we must ~ the line somewhere** *(fig)* irgendwo muß Schluß sein; **I ~ the line at scrubbing floors** beim Schrubben von Fußböden ist bei mir Schluß *or* hört's bei mir auf; **some people just don't know where to ~ the line** manche Leute wissen einfach nicht, wie weit sie gehen können.

II *vi* zeichnen.

draw² *(vb: pret* **drew**, *ptp* **drawn)** I *vt* 1. *(move by pulling)* ziehen; *bolt* zurückschieben; *bow* spannen; *curtains (open)* aufziehen; *(shut)* zuziehen; *(Med) abscess* schneiden. **he drew the book towards him** er zog das Buch näher (zu sich heran); **he drew his finger along the edge of the table** er fuhr mit dem Finger die Tischkante entlang; **to ~ one's belt tighter** den Gürtel enger schnallen; **he drew the smoke down into his lungs** er machte einen (tiefen) Lungenzug.

2. *coach, cart* ziehen.

3. *(extract, remove) teeth, sword* ziehen; *cork* herausziehen.

4. *(obtain from source)* holen; *wine also (from barrel)* zapfen. **to ~ a bath** das Badewasser einlassen; **to ~ money from the bank** Geld (vom Konto) abheben; **he's bitten her — has he ~n blood?** er hat sie gebissen — blutet sie?; **to ~ a cheque on a bank** einen Scheck auf eine Bank ausstellen; **to ~ first prize** den ersten Preis gewinnen; **to ~ inspiration from sb/sth/ somewhere** sich von jdm/von etw/von irgendwas inspirieren lassen; **to ~ comfort from sth** sich mit etw trösten; **her singing drew tremendous applause from the audience** ihr Singen rief brausenden Beifall hervor; **to ~ a big salary** ein großes Gehalt beziehen.

5. *(attract) interest* erregen; *customer, crowd* anlocken. **to feel ~n towards sb** sich zu jdm hingezogen fühlen; **to ~ sb into sth** jdn in etw *(acc)* hineinziehen *or* verwickeln; **to ~ sb away from sb/sth** jdn von jdm/etw weglocken; **I was irresistibly ~n to the conclusion that ...** ich kam unweigerlich zu dem Schluß, daß ...

6. **to ~ a (deep) breath** (tief) Luft holen; **to ~ a long breath** einmal tief Luft holen.

7. *(cause to speak, to disclose feelings)* **he refuses to be ~n** *(will not speak)* aus ihm ist nichts herauszubringen; *(will not be provoked)* er läßt sich auf nichts ein; **I won't be ~n on that one** dazu möchte ich mich nicht äußern; **she is able to ~ him out of himself** sie kann ihn dazu bringen, aus sich herauszugehen.

8. *(establish, formulate) conclusion, comparison* ziehen; *distinction* treffen. **well, ~ your own conclusions!** zieh deine eigenen Schlüsse!; **you can ~ whatever conclusion you like** du kannst daraus schließen, was du willst.

9. *(Naut)* **the boat ~s 4 metres** das Boot hat 4 m Tiefgang.

10. (*Sport*) **to ~ a match** sich unentschieden trennen, unentschieden spielen.

11. we've been ~n (to play) away/at home wir sind für ein Auswärtsspiel/Heimspiel gezogen worden.

12. (*Cards*) **to ~ a card from the pack** eine Karte vom Haufen abheben; **to ~ trumps** Trümpfe herauszwingen.

13. (*Cook*) *fowl* ausnehmen; *see* **hang**.

14. (*Hunt*) *fox* aufstöbern.

15. to ~ sth to a close etw zu Ende bringen *or* beenden.

II *vi* **1.** (*move, come: of person, time, event*) kommen. **he drew towards the door** er bewegte sich auf die Tür zu; **he drew to one side** er ging/fuhr zur Seite; **to ~ round the table** sich um den Tisch versammeln; **to ~ to a close** dem Ende zugehen; **the day is ~ing to a close** der Tag geht zu Ende; **to ~ to an end** zu Ende gehen; **he drew ahead of the other runners** er zog den anderen Läufern davon; **the two horses drew level** die beiden Pferde zogen gleich; **to ~ near** herankommen (*to* an +*acc*); **to ~ nearer** (immer) näher (heran)kommen (*to* an + *acc*); *see* **near**.

2. (*of chimney, pipe*) ziehen.

3. (*Sport: of teams in matches*) unentschieden spielen. **the teams drew for second place** im Kampf um den 2. Platz trennten sich die Mannschaften unentschieden.

4. (*Cards*) **to ~ for partners** die Partner durch Kartenziehen bestimmen.

5. (*infuse: tea*) ziehen.

III *n* **1.** (*lottery*) Ziehung, Ausspielung *f*; (*for sports competitions*) Auslosung, Ziehung *f*; *see* **luck.**

2. (*Sport*) Unentschieden *nt*. **the match ended in a ~** das Spiel endete unentschieden *or* mit einem Unentschieden; **the team had five wins and two ~s** die Mannschaft hat fünfmal gewonnen und zweimal unentschieden gespielt.

3. (*attraction: play, film etc*) (Kassen)-schlager, Knüller (*inf*) *m*; (*person*) Attraktion *f*.

4. to be quick on the ~ (*lit*) schnell mit der Pistole sein; (*fig*) schlagfertig sein.

◆**draw alongside** *vi* heranfahren/-kommen (+*prep obj* an +*acc*).

◆**draw apart** **I** *vi* (*move away*) sich lösen; (*couple*) sich auseinanderleben; (*from political party etc*) abrücken. **II** *vt sep person* beiseite nehmen.

◆**draw aside** *vt sep person* beiseite nehmen; *curtains* zur Seite ziehen.

◆**draw away** **I** *vi* **1.** (*move off: car etc*) losfahren; (*procession*) sich entfernen.

2. (*move ahead: runner, racehorse etc*) davonziehen (*from sb* jdm).

3. (*move away: person*) sich entfernen. **she drew ~ from him when he put his arm around her** sie rückte von ihm ab, als er den Arm um sie legte.

II *vt sep person* weglocken; *object* wegnehmen.

◆**draw back** **I** *vi* zurückweichen. **II** *vt sep* zurückziehen; *curtains also* aufziehen.

◆**draw down** *vt sep blinds* herunterlassen.

◆**draw in** **I** *vi* **1.** (*train*) einfahren; (*car*) anhalten.

2. (*get shorter: days*) kürzer werden.

II *vt sep* **1.** *breath, air* einziehen.

2. (*attract, gain*) *crowds* anziehen. **the play is ~ing ~ huge returns** das Stück spielt hohe Summen ein; **I don't want to be ~n ~ to your problems** ich möchte nicht in Ihre Probleme verwickelt werden.

3. to ~ ~ one's claws (*lit, fig*) die Krallen einziehen; *see* **horn.**

4. (*pull on*) *reins* anziehen. **to ~ ~ one's belt** den Gürtel enger schnallen.

◆**draw off** **I** *vi* (*car*) losfahren. **II** *vt sep* **1.** (*remove*) *gloves, garment* ausziehen.

2. *excess liquid* abgießen; (*Med*) *blood* abnehmen.

◆**draw on** **I** *vi* **as the night drew ~** mit fortschreitender Nacht; **winter ~s ~** der Winter naht; **time is ~ing ~** es wird spät.

II *vi* +*prep obj* (*use as source: also ~ upon*) sich stützen auf (+*acc*). **he ~s heavily ~ classical literature/Marx** er stützt sich stark auf klassische Literatur/Marx; **you'll have to ~ ~ your powers of imagination** Sie müssen Ihre Phantasie zu Hilfe nehmen.

III *vt sep* (*put on*) *stockings, gloves, garments, shoes* anziehen.

◆**draw out** **I** *vi* **1.** (*train*) ausfahren; (*car*) herausfahren (*of* aus).

2. (*days*) länger werden.

II *vt sep* **1.** (*take out*) herausziehen.

2. (*make longer*) ziehen.

3. (*prolong*) in die Länge ziehen, hinausziehen. **a long-~n-~ meeting** eine sehr in die Länge gezogene Konferenz.

4. (*cause to speak*) **to ~ sb ~/sb ~ of his shell** jdn aus der Reserve locken.

◆**draw over** *vi* **the policeman told the motorist to ~ ~** (*to the side of the road*) der Polizist sagte dem Autofahrer, er solle an den Straßenrand fahren.

◆**draw together** *vt sep threads* miteinander verknüpfen; *bits of argument also* in einen Zusammenhang bringen.

◆**draw up** **I** *vi* (*stop: car*) (an)halten.

II *vt sep* **1.** (*formulate*) entwerfen; *contract, agreement also, will* aufsetzen; *list* aufstellen.

2. *chair* heranziehen; *boat* aufschleppen (*spec*), an Land ziehen. **to ~ oneself ~** (*to one's full height*) sich (zu seiner vollen Größe) aufrichten.

3. (*set in line*) *troops* aufstellen.

4. (*make stop*) **this thought drew him ~ sharp** dieser Gedanke ließ ihn mit einem Ruck innehalten.

◆**draw upon** *vi* +*prep obj see* **draw on** **II.**

drawback ['drɔːbæk] *n* Nachteil *m*; **drawbridge** *n* Zugbrücke *f*.

drawee [drɔːˈiː] *n* (*Fin*) Bezogene(r) *mf*.

drawer *n* **1.** [drɔːʳ] (*in desk etc*) Schublade *f*; *see* **chest¹. 2.** ['drɔːʳ] (*person: of pictures*) Zeichner *m*. **3.** ['drɔːʳ] (*of cheque etc*) Aussteller *m*. **4.** [drɔːz] (*dated, hum*) **~s** *pl* (*for men*) Unterhosen *pl*; (*for women also*) Schlüpfer *pl*.

drawing ['drɔːɪŋ] *n* Zeichnung *f*. **I'm no good at ~** ich kann nicht gut zeichnen.

drawing-board ['drɔːɪŋbɔːd] *n* Reißbrett *nt*; **the scheme is still on the ~** (*fig*) das Projekt ist noch in der Planung; **well, it's**

back to the ~ (*fig*) das muß noch einmal ganz neu überdacht werden; **drawing paper** *n* Zeichenpapier *nt*; **drawing pen** *n* Zeichenfeder *f*; **drawing-pin** *n* (*Brit*) Reißzwecke *f*; **drawing room** *n* Wohnzimmer *nt*; (*in mansion*) Salon *m*.

drawl [drɔːl] **I** *vi* schleppend sprechen. **II** *vt* schleppend aussprechen. **III** *n* schleppende Sprache. **a Texan** ~ schleppendes Texanisch.

drawn [drɔːn] **I** *ptp of* **draw**[1], **draw**[2]. **II** *adj* **1.** (*haggard*) (*from tiredness*) abgespannt; (*from worry*) abgehärmt, verhärmt. **his face** ~ **with pain** sein vor Schmerzen verzerrtes Gesicht. **2.** (*equal*) game, match unentschieden.

drawstring ['drɔːstrɪŋ] *n* Kordel *f* zum Zuziehen.

dray [dreɪ] *n* Rollwagen *f*.

dray-horse ['dreɪhɔːs] *n* Zugpferd *nt*; (*in brewery*) Brauereipferd *nt*.

dread [dred] **I** *vt* sich fürchten vor (+*dat*), große Angst haben vor (+*dat*). **the** ~**ed monster from outer space** das gefürchtete Ungeheuer aus dem All; **and now the** ~**ed moment, here are the exam results** der mit Schrecken erwartete Augenblick ist da, hier sind die Examensergebnisse; **I** ~ **to think what may happen** ich wage nicht daran zu denken, was passieren könnte; **I** ~ **or I'm** ~**ing seeing her again** ich denke mit Schrecken an ein Wiedersehen mit ihr; **I** ~ **to think of it** (*inf*) das wage ich nicht, mir vorzustellen.

II *n* to go *or* live in ~ of the secret police/being found out in ständiger Angst vor der Geheimpolizei leben/in ständiger Angst davor sein, entdeckt zu werden.

III *adj* (*liter*) gefürchtet.

dreadful ['dredfʊl] *adj* schrecklich, furchtbar. **what a** ~ **thing to happen** wie entsetzlich *or* furchtbar, daß das passieren mußte; **I feel** ~ (*ill*) ich fühle mich schrecklich *or* scheußlich; (*mortified*) es ist mir schrecklich (peinlich).

dreadfully ['dredfəlɪ] *adv* schrecklich.

dream [driːm] (*vb: pret, ptp* **dreamt** *or* ~**ed**) **I** *n* **1.** Traum *m*. **to have a bad** ~ schlecht träumen; **the whole business was like a bad** ~ die ganze Angelegenheit war wie ein böser Traum; **sweet** ~**s!** träum was Schönes!, träume süß!; **to have a** ~ **about sb/sth** von jdm/etw träumen; **it worked like a** ~ (*inf*) das ging wie im Traum.

2. (*when awake*) lost in ~**s** traumverloren; **she goes round in a** ~ sie lebt wie im Traum; **to be in a** ~ (mit offenen Augen) träumen; **to go into a** ~ zu träumen anfangen; **sorry, I was in a** ~ Entschuldigung, ich habe geträumt.

3. (*fantasy, vision*) Traum *m*. **the house of his** ~**s** das Haus seiner Träume, sein Traumhaus; **she was happy beyond her wildest** ~**s** sie war so glücklich, wie sie es in ihren kühnsten Träumen nicht für möglich gehalten hätte; **to have** ~**s of becoming rich** davon träumen, reich zu werden; **all his** ~**s came true** all seine Träume gingen in Erfüllung.

4. (*inf*) Schatz *m*. **darling, you're a** ~! Liebling, du bist ein Schatz; **a** ~ **of a hat** ein traumhaft schöner Hut; **a** ~ **of a girl**

ein Schatz von einem Mädchen.

II *vi* (*lit, fig*) träumen (*about, of* von). **I'm sorry, I was** ~**ing** es tut mir leid, ich habe geträumt.

III *vt* (*lit, fig*) träumen; *dream* haben. **he** ~**s of being free one day** er träumt davon, eines Tages frei zu sein; **I should never have** ~**t of doing such a thing** ich hätte nicht im Traum daran gedacht, so etwas zu tun; **I wouldn't** ~ **of it/of telling her** das würde mir nicht im Traum einfallen/es fiele mir nicht im Traum ein, es ihr zu erzählen; **I little** ~**t it would be so complicated** ich hätte mir nicht träumen lassen, daß es so kompliziert sein würde; **I never** ~**t (that) he would come** ich hätte mir nie *or* nicht träumen lassen, daß er kommen würde.

IV *adj attr* car, holiday Traum-. ~**boat** (*dated sl*) Traumfrau *f*/ -mann *m*; ~**land** Traumland *nt*; ~ **world** Traumwelt *f*.

◆**dream away** *vt sep* time verträumen; *one's life* mit Träumen verbringen.

◆**dream up** *vt sep* (*inf*) idea sich (*dat*) einfallen lassen *or* ausdenken. **where did you** ~ **that** ~ wie bist du denn bloß darauf gekommen?

dreamer ['driːmə'] *n* Träumer(in *f*) *m*.

dreamily ['driːmɪlɪ] *adv* verträumt.

dreamless ['driːmlɪs] *adj* sleep traumlos.

dreamlike ['driːmlaɪk] *adj* traumähnlich; *music* traumhaft.

dreamt [dremt] *pret, ptp of* **dream.**

dreamy ['driːmɪ] *adj* (+*er*) **1.** *person* verträumt; *expression* also versonnen. **2.** *music* zum Träumen. **3.** (*inf: lovely*) traumhaft.

drear [drɪə'] *adj* (*poet*) see **dreary.**

drearily ['drɪərɪlɪ] *adv* eintönig, langweilig; *say, stare* trüb. **the music droned on** ~ **for another hour** die Musik plärrte noch eine Stunde weiter.

dreariness ['drɪərɪnɪs] *n see adj* Eintönigkeit *f*; Trübheit *f*; Langweiligkeit, Farblosigkeit *f*.

dreary ['drɪərɪ] *adj* (+*er*) eintönig; *weather* trüb; *person, speech* langweilig, farblos.

dredge[1] [dredʒ] **I** *n* Bagger *m*; (*net*) Schleppnetz *nt*; (*vessel*) see **dredger**[1]. **II** *vt* river, canal ausbaggern, schlämmen.

◆**dredge up** *vt sep* (*lit*) ausbaggern; (*fig*) unpleasant facts ans Licht zerren.

dredge[2] *vt* (*Cook*) bestäuben, bestreuen.

dredger[1] ['dredʒə'] *n* (*ship*) Schwimmbagger *m*; (*machine*) Bagger *m*.

dredger[2] *n* (*Cook*) Streuer *m*.

dredging[1] *n* (*Cook*) Ausbaggern *nt*.

dredging[2] *n* (*Cook*) Bestreuen *nt*.

dregs [dregz] *npl* **1.** (*Boden*)satz *m*. **to drink sth to the** ~ etw bis auf den letzten Tropfen austrinken. **2.** (*fig*) Abschaum *m*.

drench [drentʃ] *vt* durchnässen. **I'm absolutely** ~**ed** ich bin durch und durch naß *or* naß bis auf die Haut; **sprinkle some water on it, don't** ~ **it** besprengen Sie es mit Wasser, aber ersäufen Sie es nicht.

2. (*Vet*) einem Tier Arznei einflößen.

drenching ['drentʃɪŋ] **I** *n* to get a ~ naß bis auf die Haut naß werden. **II** *adj*: **he's been working out in the** ~ **rain all day** er hat den ganzen Tag draußen im strömenden Regen gearbeitet.

Dresden ['drezdən] n (also ~ china) ≃ Meißner Porzellan nt.

dress [dres] **I** n **1.** (for woman) Kleid nt.
2. no pl (clothing) Kleidung f. **to be in eastern ~** orientalisch gekleidet sein.
3. no pl (way of dressing) Kleidung f, Kleider pl. **to be modest/careless in one's ~** sich einfach/nachlässig kleiden.
II vt **1.** (clothe) child anziehen; family kleiden; recruits etc einkleiden. **to get ~ed** sich anziehen; **are you ~ed?** bist du schon angezogen?; **he's old enough to ~ himself** er ist alt genug, um sich allein anzuziehen; **to ~ sb in sth** jdm etw anziehen; **~ed in black** in Schwarz, schwarz gekleidet; **to be ~ed for town/tennis** für die Stadt/zum Tennisspielen angezogen sein.
2. (Theat) play Kostüme entwerfen für.
3. (arrange, decorate) (Naut) ship beflaggen; (Comm) shop-window dekorieren. **to ~ sb's hair** jdn frisieren.
4. (Cook) salad anmachen; food for table anrichten; chicken brat- or kochfertig machen. **~ed crab** farcierter Krebs.
5. skins gerben; material appretieren; timber hobeln; stone schleifen.
6. wound verbinden.
7. troops ausrichten.
8. (Agr) fields vorbereiten.
III vi **1.** sich anziehen or kleiden. **to ~ in black** sich schwarz kleiden; **she ~es very well** sie zieht sich sehr gut an; **to ~ for dinner** sich zum Essen umziehen.
2. (soldiers) sich ausrichten.
◆**dress down** vt sep **1.** horse striegeln.
2. see dressing down.
◆**dress up I** vi **1.** (put on smart clothes) sich feinmachen, sich schön anziehen.
2. (put on fancy dress) sich verkleiden. **he came ~ed ~ as Father Christmas** er kam als Weihnachtsmann (verkleidet).
II vt sep **1.** (disguise) verkleiden. **it's just his old plan ~ed ~ in a new way** (fig) das ist bloß sein alter Plan in einem neuen Gewand.
2. (smarten) sb herausputzen. **~ yourself ~ a bit!** mach dich ein bißchen schön!

dressage ['dresɑ:ʒ] n Dressur f.

dress circle n erster Rang; **dress coat** n Frack m; **dress designer** n Modezeichner(in f) m.

dresser[1] ['dresər] n **1.** (Theat) Garderobier m, Garderobiere f. **2.** (Med) his ~ sein Assistent bei der Operation. **3.** (tool: for wood) Hobel m; (for stone) Schleifstein m. **4.** (Comm: also window-~) Dekorateur(in f) m. **5. she's a stylish ~** sie kleidet sich stilvoll.

dresser[2] n **1.** Anrichte f. **2.** (US: dressing-table) Frisierkommode f.

dressing ['dresɪŋ] n **1.** (act) Anziehen, Ankleiden nt. **~ always takes me a long time** ich brauche immer lange zum Anziehen.
2. (Med) Verband m.
3. (Cook) Soße f.
4. (Agr) Dünger m.
5. (of material) Appretieren nt; (of stone) Schleifen nt; (of leather) Gerben nt; (of wood) Hobeln nt; (for material) Appreturmittel nt; (for leather) Gerbmittel nt.

dressing down n (inf) Standpauke f (inf); **to give sb a ~** jdn herunterputzen (inf), jdm eine Standpauke halten; **to get a ~** eins auf den Deckel kriegen (inf); **dressing-gown** n (in towelling: for bather, boxer, etc) Bademantel m; (for women: négligé) Morgenrock m; **dressing-room** n (in house) Ankleidezimmer nt; (Theat) (Künstler)garderobe f; (Sport) Umkleidekabine f; **dressing-station** n Verbandsplatz m; **dressing-table** n Frisierkommode f; **dressing-table set** Toilettengarnitur f.

dressmaker ['dresmeɪkər] n (Damen)-schneider(in f) m; **dressmaking** n Schneidern nt; **dress rehearsal** n (lit, fig) Generalprobe f; **dress shirt** n Frackhemd nt; **dress suit** n Abendanzug m; **dress uniform** n Galauniform f.

dressy ['dresɪ] adj (+er) (inf) person fein angezogen, aufgedonnert (pej). **a long skirt would be a bit too ~** ein langer Rock wäre etwas übertrieben; **something a bit more ~** etwas Eleganteres.

drew [dru:] pret of draw[1], draw[2].

dribble ['drɪbl] **I** vi **1.** (liquids) tropfen.
2. (baby, person) sabbern; (animal) geifern.
3. (Sport) dribbeln.
4. (people) **to ~ back/in etc** kleckerweise (inf) zurückkommen/hereinkommen etc.
II vt **1.** (Sport) **to ~ the ball** mit dem Ball dribbeln.
2. (baby etc) kleckern. **to ~ saliva** sabbern; **he ~d his milk all down his chin** er kleckerte sich (dat) Milch übers Kinn.
III n **1.** (of water) ein paar Tropfen. **a slow ~ of water was still coming out of the pipe** es tröpfelte immer noch etwas aus der Leitung. **2.** (of saliva) Tropfen m.
3. (Sport) Dribbling nt.

driblet ['drɪblɪt] n (drop) Tropfen m. **in ~s** (money) kleckerweise (inf).

dribs and drabs ['drɪbzən'dræbz] npl: **in ~** kleckerweise (inf).

dried [draɪd] adj getrocknet; fruit also Dörr-. **~ eggs/milk** Ei-/Milchpulver nt.

drier n see dryer.

drift [drɪft] **I** vi **1.** (Naut, Aviat, snow) treiben; (sand) wehen; (Rad) verschwimmen. **to ~ off course** abtreiben; **rally drivers have a special technique of ~ing round corners** Rallye-Fahrer haben eine bestimmte Technik, sich durch Kurven tragen zu lassen.
2. (fig: person) sich treiben lassen. **he ~ed into marriage** er ist in die Ehe hineingeschlittert (inf); **he ~ed from job to job** er ließ sich planlos von Job zu Job treiben; **he was ~ing aimlessly along** er wanderte ziellos umher; (in life etc) er lebte planlos in den Tag hinein; **the nation was ~ing towards a crisis** das Land trieb auf eine Krise zu; **young people are ~ing away from the villages** junge Leute wandern aus den Dörfern ab; **to ~ apart** (people) sich auseinanderleben; **the audience started ~ing away** das Publikum begann wegzugehen.
II vt treiben; (wind) clouds, snow also vor sich her treiben.

III *n* **1.** (*of air, water current*) Strömung *f.* **the ~ of the current** (*speed*) die (Stärke der) Strömung; (*direction*) die Strömung(srichtung).

2. (*mass caused by ~ing*) (*of sand, snow*) Verwehung *f*; (*of leaves*) Haufen *m.*

3. (*of ship, aircraft*) (Ab)drift, Abweichung *f.* **to allow for ~** Abdriften *or* Abweichungen (mit) einkalkulieren.

4. (*Geol: deposits*) Geschiebe *nt.* **glacial ~** Moräne *f*; **continental ~** Kontinentalverschiebung *f*, -drift *f.*

5. (*tendency*) **the ~ to the city** der Drang in die Stadt; **moving with the general ~ of events** dem allgemeinen Zug der Ereignisse folgend; **the ~ of opinion away from this view** das (allmähliche) Abrücken von dieser Ansicht.

6. (*general meaning: of questions*) Richtung, Tendenz *f.* **I caught the ~ of what he said** ich verstand, worauf er hinauswollte; **if I get your ~** wenn ich Sie recht verstehe.

7. (*Ling*) Tendenz *f.*

drift anchor *n* (*Naut*) Treibanker *m.*

drifter ['drɪftə^r] *n* **1.** (*person*) Gammler *m.* **he's a bit of a ~** ihn hält's nirgends lange. **2.** (*boat*) Drifter *m.*

drift-ice ['drɪftaɪs] *n* Treibeis *nt*; **drifting mine** ['drɪftɪŋ-] *n* Treibmine *f*; **drift-net** *n* Treibnetz *nt*; **driftwood** *n* Treibholz *nt*.

drill¹ [drɪl] **I** *n* (*for metal, wood, oil, dentist's*) Bohrer *m.* **II** *vti* bohren. **to ~ for oil** nach Öl bohren; **have they started ~ing yet?** haben sie schon mit den Bohrungen angefangen?; **they ~ed 60 feet into the earth** sie haben 60 Fuß tief in die Erde gebohrt.

◆**drill down** *vi* (in die Tiefe) bohren. **we ~ed ~ 500 feet** wir bohrten in eine Tiefe von 500 Fuß.

drill² **I** *n* **1.** *no pl* (*esp Mil, fig*) Drill *m*; (*marching etc*) Exerzieren *nt.* **we get ~ every morning** jeden Morgen müssen wir exerzieren.

2. (*in grammar etc*) Drillübung *f.*

3. (*inf: procedure*) **what's the ~?** wie geht das?; **he doesn't know the ~** er weiß nicht, wie die Sache angefaßt werden muß.

II *vt* **1.** *soldiers* drillen; (*in marching etc*) exerzieren.

2. to ~ pupils in grammar mit den Schülern Grammatik pauken.

3. to ~ good manners into a child einem Kind gute Manieren eindrillen (*inf*); **I ~ed it into him that he must not ...** ich habe es ihm eingebläut (*inf*), daß er nicht ... darf.

III *vi* (*Mil*) gedrillt werden; (*marching etc*) exerzieren.

drill³ (*Agr*) **I** *n* **1.** (*furrow*) Furche *f.* **2.** (*machine*) Drillmaschine *f.* **II** *vt* drillen.

drill⁴ *n* (*Tex*) Drillich *m.*

drill ground *n* Exerzierplatz *m.*

drilling ['drɪlɪŋ] *n* (*for oil*) Bohrung *f*; (*by dentist*) Bohren *nt.* **when does ~ start?** wann fangen die Bohrungen an?; **~ operations begin next week** die Bohrungen fangen nächste Woche an; **~ rig** Bohrturm *m*; (*at sea*) Bohrinsel *f.*

drill sergeant *n* Ausbilder *m.*

drily ['draɪlɪ] *adv see* **dryly.**

drink [drɪŋk] (*vb: pret* **drank,** *ptp* **drunk**) **I** *n* **1.** (*liquid to ~*) Getränk *nt.* **food and ~** Essen und Getränke; **may I have a ~?** kann ich etwas zu trinken haben?; **would you like a ~ of water?** möchten Sie etwas Wasser?

2. (*glass of alcoholic ~*) Glas *nt*, Drink *m.* **have a ~!** trink doch was *or* einen!; **I need a ~!** ich brauche was zu trinken!; **he likes a ~** er trinkt gern (einen); **to ask friends in for ~s** Freunde auf ein Glas *or* einen Drink einladen; **he's got a few ~s in him** (*inf*) er hat einige intus (*inf*).

3. *no pl* (*alcoholic liquor*) Alkohol *m.* **he has a ~ problem** er trinkt; **to be the worse for ~** betrunken sein; **to take to ~** zu trinken anfangen; **his worries/she drove him to ~** vor lauter Sorgen fing er an zu trinken/sie war der Grund, warum er zu trinken anfing; **it's enough to drive you to ~!** da könnte man wirklich zum Trinker werden.

4. (*esp Naut, Aviat sl: sea*) Bach *m* (*sl*). **three planes went down into the ~** drei Flugzeuge gingen baden (*sl*).

II *vt* trinken. **would you like something to ~?** möchten Sie etwas zu trinken (haben)?; **is the water fit to ~?** ist das Trinkwasser?, kann man das Wasser trinken?; **this coffee isn't fit to ~** diesen Kaffee kann man nicht trinken; **to ~ oneself into debt** Haus und Hof versaufen (*inf*); **to ~ oneself silly** sich dumm und dämlich trinken (*inf*) *or* saufen (*inf*); **they drank the pub dry** sie tranken die Kneipe leer.

III *vi* trinken. **he doesn't ~** er trinkt nicht, er trinkt keinen Alkohol; **his father drank** sein Vater hat getrunken *or* war Trinker; **to go out ~ing** einen trinken gehen; **one shouldn't ~ and drive** nach dem Trinken soll man nicht fahren; **~ing and driving** Alkohol am Steuer; **to ~ to sb** auf jdn trinken; (*to one's neighbour at table etc*) jdm zuprosten *or* zutrinken; **to ~ to sth** auf etw (*acc*) trinken; **I'll ~ to that** darauf trinke ich.

◆**drink away** *vt sep fortune* vertrinken; *sorrows* im Alkohol ersäufen.

◆**drink down** *vt sep* hinunterschlucken.

◆**drink in** *vt sep* **1.** (*plants etc*) *water* aufsaugen; (*person*) *air* einsaugen, einatmen; *sunshine* in sich (*acc*) aufsaugen. **2.** (*fig*) *a sight, his words etc* (begierig) in sich aufnehmen.

◆**drink off** *vt sep* austrinken, leeren.

◆**drink up I** *vi* austrinken. **~ ~!** trink aus! **II** *vt sep* austrinken.

drinkable ['drɪŋkəbl] *adj* **1.** (*not poisonous*) *water* trinkbar, Trink-. **2.** (*palatable*) genießbar, trinkbar.

drinker ['drɪŋkə^r] *n* Trinker(in *f*) *m.*

drinking ['drɪŋkɪŋ] *n* **1.** (*act*) Trinken *nt.* **2.** (*drunkenness*) das Trinken.

drinking bout *n* Saufour *f* (*inf*); **when his wife died he went on a ~ for three months** als seine Frau starb, hat er drei Monate lang nur getrunken; **drinking fountain** *n* Trinkwasserbrunnen *m*; **drinking-song** *n* Trinklied *nt*; **drinking trough** *n* Tränke *f*; **drinking-up time** *n* (*Brit*) die letzten

zehn Minuten vor der Polizeistunde;
drinking-water *n* Trinkwasser *nt*.

drip [drɪp] **I** *vi* (*water, sweat, rain, tap*) tropfen. **careful with that beer, you're ~ping!** paß auf mit dem Bier, es tropft!; **to be ~ping with sweat/blood** schweißüberströmt *or* schweißgebadet sein/vor Blut triefen; **sweat was ~ping off his forehead** der Schweiß triefte ihm von der Stirn; **the walls were ~ping (with water)** die Wände waren triefnaß; **the film positively ~s with sentimentality** der Film trieft förmlich vor Schmalz.

II *vt liquid* träufeln, tropfen. **his clothes were ~ping water/his wound was ~ping blood all over the carpet** von seinen Kleidern tropfte Wasser/aus seiner Wunde tropfte Blut überall auf den Teppich; **careful, you're ~ping paint over my coat** paß auf, die Farbe tropft mir auf den Mantel!

III *n* **1.** (*sound*) Tropfen *nt*.
2. (*drop*) Tropfen *m*.
3. (*Med*) Infusionsapparat, Tropf (*inf*) *m*. **to be on a ~** eine Infusion bekommen, am Tropf hängen (*inf*).
4. (*inf: silly person*) Flasche *f* (*inf*).

drip-dry [ˈdrɪpˈdraɪ] **I** *adj shirt* bügelfrei; **II** *vt* tropfnaß aufhängen; **III** *vi* bügelfrei sein; **~** (*on label*) bügelfrei; **drip-feed** (*Med*) **I** *n* künstliche Ernährung; **II** *vt irreg* künstlich ernähren.

dripping [ˈdrɪpɪŋ] **I** *n* **1.** (*Cook*) Bratenfett *nt*.
2. (*action: of water etc*) Tropfen *nt*.
II *adj* **1.** *tap, trees* tropfend; *washing* tropfnaß.
2. (*inf: very wet*) *coat, clothes* triefend, klatschnaß.
3. **~ pan** (*Cook*) Fettpfanne *f*.

drive [draɪv] (*vb: pret* **drove**, *ptp* **driven**) **I** *n* **1.** (*Aut: journey*) (Auto)fahrt *f*. **to go for a ~** ein bißchen (raus)fahren; **to go for a ~ to the coast** ans Meer fahren; **he took her for a ~ in his new car** er machte mit ihr eine Spazierfahrt in seinem neuen Auto; **it's about one hour's ~ from London** es ist etwa eine Stunde Fahrt von London *or* eine Autostunde von London (entfernt).
2. (*into house: also* **~way**) Einfahrt *f*; (*longer*) Auffahrt, Zufahrt *f*.
3. (*Golf, Tennis*) Treibschlag *m*.
4. (*Psych etc*) Trieb *m*. **the sex ~** der Geschlechtstrieb, der Sexualtrieb.
5. (*energy*) Schwung, Elan, Tatendrang *m*. **you're losing your ~** Ihr Elan *or* Schwung läßt nach.
6. (*Comm, Pol etc*) Aktion *f*. **this is part of a ~ for new members** das ist Teil einer Mitgliederwerbeaktion; **fund-raising ~** Sammelaktion *f*; **sales ~** Verkaufskampagne *f*; *see* **export**.
7. (*Mil: offensive*) kraftvolle Offensive.
8. (*Mech: power transmission*) Antrieb *m*. **front-wheel/rear-wheel ~** Vorderrad-/Hinterradantrieb *m*.
9. (*Aut*) Steuerung *f*. **left-hand ~** Linkssteuerung *f*.
10. (*Cards*) *see* **whist**.

II *vt* **1.** (*cause to move*) *people, animals, dust, clouds etc* treiben. **to ~ sb out of the country** jdn aus dem Land (ver)- treiben;

Christ drove them out of the temple Jesus vertrieb *or* jagte sie aus dem Tempel; **to ~ a nail/stake into sth** einen Nagel/Pfahl in etw (*acc*) treiben; **to ~ sth into sb's head** (*fig*) jdm etw einhämmern *or* einbläuen.
2. *cart, car, train* fahren. **he ~s a taxi (for a living)** er fährt Taxi.
3. (*convey in vehicle*) *person* fahren. **I'll ~ you home** ich fahre Sie nach Hause.
4. (*provide power for, operate*) *motor* (*belt, shaft*) antreiben; (*electricity, fuel*) betreiben. **steam-~n train** Zug *m* mit Dampflokomotive; **machine ~n by electricity** elektrisch betriebene Maschine, Maschine mit Elektroantrieb.
5. (*Tennis, Golf*) *ball* driven (*spec*), als Treibball spielen.
6. (*cause to be in a state or to become*) treiben. **to ~ sb/oneself mad** *or* **round the bend** (*inf*) jdn/sich selbst verrückt machen; **to ~ sb to desperation** jdn zur Verzweiflung treiben; **I was ~n to it** ich wurde dazu getrieben; **who/what drove you to do that?** wer/was trieb *or* brachte Sie dazu(, das zu tun)?; *see* **drink**.
7. (*force to work hard*) *person* hart heranhemmen, schinden (*pej*). **you're driving him too hard** Sie nehmen ihn zu hart ran, Sie schinden ihn zu sehr; **he ~s himself very hard** er fordert sich selbst sehr stark.
8. *tunnel* treiben; *well* ausheben; *nail* schlagen.

III *vi* **1.** (*travel in vehicle*) fahren. **he's learning to ~** er lernt Auto fahren; **to ~ at 50 km an hour** mit (einer Geschwindigkeit von) 50 km in der Stunde fahren; **to ~ on the right** rechts fahren; **did you come by train? — no, we drove** sind Sie mit der Bahn gekommen? — nein, wir sind mit dem Auto gefahren; **it's cheaper to ~** mit dem Auto ist es billiger.
2. (*move violently*) schlagen, peitschen. **the rain was driving in our faces** der Regen peitschte uns (*dat*) ins Gesicht.

◆**drive along I** *vi* (*vehicle, person*) dahinfahren. **II** *vt sep* (*wind, current*) *person, boat* (voran)treiben. **he was ~n ~ by the wind** der Wind trieb ihn voran.

◆**drive at** *vi +prep obj* (*fig: intend, mean*) hinauswollen auf (+*acc*). **what are you driving ~?** worauf wollen Sie hinaus?

◆**drive away I** *vi* (*car, person*) wegfahren. **II** *vt sep* (*lit, fig*) *person, cares* vertreiben; *suspicions* zerstreuen.

◆**drive back I** *vi* (*car, person*) zurückfahren. **II** *vt sep* **1.** (*cause to retreat*) *person* zurückdrängen; *enemy also* zurücktreiben. **2.** (*in vehicle*) *person* zurückfahren.

◆**drive home** *vt sep nail* einschlagen, einhämmern; *argument* einhämmern. **she drove ~ her point that ...** sie legte eindringlich und überzeugend dar, daß ...; **how can I ~ it ~ to him that it's urgent?** wie kann ich (es) ihm nur klarmachen, daß es dringend ist?

◆**drive in I** *vi* (*car, person*) (hinein)fahren. **he drove ~to the garage** er fuhr in die Garage. **II** *vt sep nail* (hin)einhämmern; *screw* (r)eindrehen.

◆**drive off I** *vi* **1.** (*person, car*) weg- *or* abfahren. **2.** (*Golf*) abschlagen. **II** *vt sep*

1. *person, enemy* vertreiben. 2. **she was ~n ~ in a big Mercedes/an ambulance** sie fuhr in einem großen Mercedes weg/sie wurde in einem Krankenwagen weggebracht.

◆**drive on I** *vi* (*person, car*) weiterfahren. **II** *vt sep* (*incite, encourage*) *person* antreiben; (*to do sth bad*) anstiften.

◆**drive out I** *vi* heraus-/hinausfahren. **II** *vt sep person* hinaustreiben *or* jagen; *evil thoughts* austreiben.

◆**drive over I** *vi* hinüberfahren. **II** *vt always separate* (*in car*) *person* hinüberfahren. **he drove his family ~ to see us** er hat seine Familie (mit dem Auto) zu uns gebracht. **III** *vi* +*prep obj dog* überfahren.

◆**drive up** *vi* (*car, person*) vorfahren.

drive belt *n* Treibriemen *m*; **drive-in** *adj*: ~ **cinema** Autokino *nt*; ~ **bank** Autoschalter *m*.

drivel ['drɪvl] **I** *n* (*pej*) Blödsinn, Kokolores (*inf*) *m*. **meaningless ~** leeres Gefasel. **II** *vi* (*pej*) Unsinn reden. **what's he ~ling (on) about?** was faselt er da?

driven ['drɪvn] *ptp* of **drive**.

driver ['draɪvəʳ] *n* **1.** (*of car, taxi, lorry, bus*) Fahrer(in *f*) *m*; (*Brit: of locomotive*) Führer *m*; (*of coach*) Kutscher *m*. **to be in the ~'s seat** (*fig*) das Steuer führen, die Zügel in der Hand haben. **2.** (*of animals*) Treiber *m*. **3.** (*golf-club*) Driver *m*.

driver's license *n* (*US*) Führerschein *m*.

drive shaft *n* Antriebswelle *f*; (*Aut*) Kardanwelle *f*; **driveway** *n* Auffahrt *f*; (*longer*) Zufahrtsstraße *f or* -weg *m*; **drive wheel** *n* Antriebsrad, Treibrad *nt*.

driving ['draɪvɪŋ] **I** *n* Fahren *nt*. **his ~ is awful** er fährt schrecklich (schlecht); **that was a very bad piece of ~** da sind Sie/ist er etc aber wirklich schlecht gefahren; **~ is his hobby** Autofahren ist sein Hobby; **I don't like ~** ich fahre nicht gern (Auto); **dangerous ~** (*Jur*) rücksichtsloses Fahren.

II *adj* **1. he was the ~ force behind it all** bei der ganzen Angelegenheit war er die treibende Kraft.

2. ~ rain peitschender Regen.

driving instructor *n* Fahrlehrer(in *f*) *m*; **driving iron** *n* (*Golf*) Driving-Iron *m*; **driving lesson** *n* Fahrstunde *f*; **driving licence** *n* (*Brit*) Führerschein *m*; **driving mirror** *n* Rückspiegel *m*; **driving range** *n* (*Golf*) Drivingrange *nt*; **driving school** *n* Fahrschule *f*; **driving test** *n* Fahrprüfung *f*; **to take/fail/pass one's ~** die Fahrprüfung machen/nicht bestehen/bestehen; **driving wheel** *n* Antriebsrad, Treibrad *nt*.

drizzle ['drɪzl] **I** *n* Nieselregen, Sprühregen *m*. **II** *vi* nieseln.

drizzly ['drɪzlɪ] *adj weather* Niesel-. **it was such a ~ afternoon** es hat den ganzen Nachmittag so genieselt.

droll [drəʊl] *adj* (+*er*) komisch.

dromedary ['drɒmɪdərɪ] *n* Dromedar *nt*.

drone [drəʊn] **I** *n* **1.** (*bee, fig*) Drohne *f*.

2. (*sound*) (*of bees*) Summen *nt*; (*of engine, aircraft*) Brummen *nt*.

3. (*monotonous way of speaking*) monotone Stimme.

4. (*Mus*) (*bass voice part*) Baß *m*; (*of bagpipes*) Brummer *m*.

5. (*Aviat*) ferngesteuertes Flugzeug.

II *vi* **1.** (*bee*) summen; (*engine, aircraft*) brummen.

2. (*speak monotonously: also ~ away or on*) eintönig sprechen; (*in reciting*) leiern. **he ~d on and on for hours** er redete stundenlang in seinem monotonen Tonfall.

◆**drone out** *vt sep speech* monoton vortragen; (*reciting*) leiern.

drool [druːl] *vi* sabbern.

◆**drool over** *vi* +*prep obj* richtig verliebt sein in (+*acc*). **he sat there ~ing ~ a copy of Playboy** er geilte sich an einem Playboyheft auf (*sl*).

droop [druːp] **I** *vi* **1.** (*lit*) (*person*) vornübergebeugt stehen, krumm stehen; (*shoulders*) hängen; (*head*) herunterfallen; (*eyelids*) herunterhängen; (*with sleepiness*) zufallen; (*flowers*) die Köpfe hängen lassen; (*feathers, one's hand, breasts*) schlaff herunterhängen; (*rope, roof etc*) durchhängen.

2. (*fig: one's interest, energy*) erlahmen; (*audience etc*) erschlaffen, schlaff werden. **his spirits were beginning to ~** sein Mut begann zu schwinden *or* sinken; **the heat made him ~** die Hitze machte ihn schlaff *or* matt.

II *vt head* hängen lassen.

III *n* (*lit*) (*of body*) Gebeugtsein *nt*; (*of eyelids*) Schwere *f*. **I recognized her by the familiar ~ of her shoulders** ich habe sie an ihren hängenden Schultern erkannt.

drooping ['druːpɪŋ] *adj* **1.** *head, shoulders, breasts, feathers, leaves, tail* hängend; *flowers* welk; *hand* herunterhängend; *eyelids* herunterhängend; (*with sleep*) schwer; *roof* durchhängend. **2. a drink to revive his ~ spirits** ein Schluck, um seine (geschwundenen) Lebensgeister wieder zu wecken.

drop [drɒp] **I** *n* **1.** (*of liquid, also fig*) Tropfen *m*. ~ **by** ~ tropfenweise; **a ~ of blood** ein Blutstropfen *m*, ein Tropfen Blut; **it's a ~ in the ocean or bucket** (*fig*) das ist ein Tropfen auf den heißen Stein.

2. (*alcohol*) Tropfen *m*. **just a ~ for me** für mich nur einen Tropfen; **a ~ of wine?** ein Schlückchen Wein?; **he's had a ~ too much** er hat einen über den Durst getrunken; **he likes a ~** er trinkt ganz gern mal einen.

3. (*sweet*) Drops *m*.

4. (*fall: in temperature, prices*) Rückgang *m*; (*sudden*) Sturz *m*. **a ~ in prices** ein Preissturz *m*/-rückgang *m*; **20% is quite a ~** 20%, das ist stark gefallen; **he took a large ~ in salary when he changed jobs** als er die Stelle wechselte, nahm er eine beträchtliche Gehaltsverschlechterung in Kauf; **a sudden/ noticeable ~ in the temperature** ein plötzlicher/ merklicher Temperaturabfall; ~ **in the voltage** Spannungsabfall *m*.

5. (*difference in level*) Höhenunterschied *m*; (*fall*) Sturz, Fall *m*; (*parachute jump*) (Ab)sprung *m*. **a ~ of ten metres** ein Höhenunterschied von zehn Metern; **there's a ~ of ten metres down to the ledge** bis zu dem Felsvorsprung geht es zehn Meter hinunter; **it's a long ~** es geht tief hinunter; **careful, it's a nasty ~** paß auf, da geht es tief hinunter.

6. (*of supplies, arms*) Abwurf *m.* **the Red Cross made a ~ of medical supplies into the flood zone** das Rote Kreuz warf Medikamente über dem Überschwemmungsgebiet ab. **7.** (*of gallows*) Falltür *f.* **8.** (*Theat: also* **~-curtain**) Vorhang *m.* **II** *vt* **1.** *liquid* tropfen.

2. (*allow to fall*) fallen lassen; *bomb, supplies, pamphlets, burden* abwerfen; *parachutist* absetzen; *lampshade* (*from ceiling*) aufhängen; *curtsy* machen; *voice* senken; (*Knitting*) *stitch* fallen lassen; (*lower*) *hemline* herunterlassen; (*Theat*) *curtain* herunterlassen. **I ~ped my watch** meine Uhr ist runtergefallen; **don't ~ it!** laß es nicht fallen!; **~ that gun!** wirf die Pistole weg!, laß die Pistole fallen!; **he ~ped the ball into the back of the court** (*Tennis*) er schlug einen hohen Ball in die hintere Hälfte des Feldes.

3. (*kill*) *bird* abschießen; (*sl*) *person* abknallen (*sl*); (*send sprawling*) zu Fall bringen, zu Boden strecken.

4. (*set down*) (*from car*) *person* absetzen; *thing* liefern; (*from boat*) *cargo* löschen.

5. (*utter casually*) *remark, name* fallenlassen; *clue* geben; *hint* machen. **to ~ a word in sb's ear** mal mit jdm reden, es jdm stecken (*inf*); **he let ~ that he was going to be married** (*by mistake*) es rutschte ihm raus (*inf*), daß er heiraten wollte; (*deliberately*) er erwähnte so nebenbei, daß er heiraten wollte.

6. (*send, write casually*) *postcard, note, line* schreiben. **to ~** *sb* **a note** *or* **a line** jdm ein paar Zeilen schreiben.

7. (*omit*) *word, reference* auslassen; (*deliberately also*) weglassen (*from* in +*dat*); *programme* absetzen. **this word ~s the "e" in the plural** bei diesem Wort fällt das „e" im Plural weg; **the newspaper editor refused to ~ the story** der Herausgeber der Zeitung weigerte sich, den Artikel herauszunehmen; **he ~s his h's** er verschluckt immer das „h"; **to ~ sb from a team** jdn aus einer Mannschaft nehmen.

8. (*cease to associate with, dismiss*) *candidate, minister, friend* fallenlassen; *girlfriend* Schluß machen mit.

9. (*give up*) *work, habit, life-style* aufgeben; *idea, plan also* fallenlassen; *discussion, conversation also* abbrechen; (*Jur*) *case* niederschlagen. **you'll find it hard to ~ the habit** es wird Ihnen schwerfallen, (*dat*) das abzugewöhnen; **let's ~ the subject** lassen wir das Thema; **you'd better ~ the idea** schlagen Sie sich (*dat*) das aus dem Kopf; **~ everything!** (*inf*) laß alles stehen und liegen!

10. (*lose*) *money* verlieren, loswerden (*inf*). **she ~ped the first three games** (*Tennis*) sie gab die ersten drei Spiele ab.

11. (*give birth to: animal*) werfen.

III *vi* **1.** (*drip: liquid*) (herunter)-tropfen.

2. (*fall: object*) (herunter)fallen; (*Theat: curtain*) fallen. **don't let it ~** laß es nicht fallen; *see* **penny, pin.**

3. (*fall: rate, temperature etc*) sinken; (*wind*) sich legen; (*voice*) sich senken. **to**

~ astern (*Naut*) zurückfallen.

4. (*to the ground: person*) fallen; (*collapse*) umfallen, umkippen (*inf*). **to ~ to the ground** sich zu Boden fallen lassen; **to ~ to one's knees** auf die Knie fallen *or* sinken; **I'm ready to ~ (with fatigue)** ich bin zum Umfallen müde; **to ~ (down) dead** tot umfallen; **~ dead!** (*sl: expressing contempt*) geh zum Teufel! (*inf*).

5. (*come to an end: conversation, correspondence*) aufhören. **you can't just let the matter ~** Sie können die Sache nicht einfach auf sich beruhen lassen.

♦**drop across** *or* **around** *vi* (*inf*) vorbeikommen/-gehen. **~ ~ and see us some time** kommen Sie doch mal (bei uns) vorbei.

♦**drop away** *vi* **1.** (*become fewer: numbers*) **people have been ~ping ~ at recent meetings** in letzter Zeit sind immer weniger Leute zu den Versammlungen gekommen. **2.** (*cliffs*) jäh *or* steil abfallen.

♦**drop back** *vi* zurückfallen.

♦**drop behind I** *vi* zurückfallen. **II** *vi* +*prep obj* **to ~ ~ sb** hinter jdn zurückfallen.

♦**drop by** *vi* (*inf*) vorbeikommen.

♦**drop down I** *vi* (*fruit, monkeys*) herunterfallen. **he ~ped ~ behind the hedge** er duckte sich hinter die Hecke; **he ~ped ~ onto his knees** er sank in *or* fiel auf die Knie; **the hawk ~ped ~ out of the sky and caught the rabbit** der Habicht stürzte sich aus der Luft (herunter) auf das Kaninchen; **the cliffs ~ ~ to the sea** die Klippen fallen jäh *or* steil zum Meer (hin) ab.

II *vt sep* fallen lassen.

♦**drop in** *vi* (*inf: visit casually*) vorbeikommen, hereinschauen. **~ ~ on the Smiths** schauen Sie doch mal bei den Smiths herein; **to ~ ~ at the grocer's** beim Lebensmittelgeschäft vorbeigehen.

♦**drop off I** *vi* **1.** (*fall off*) abfallen; (*come off*) abgehen. **2.** (*fall asleep*) einschlafen; (*for brief while*) einnicken. **3.** (*sales*) zurückgehen; (*speed, interest, popularity also*) nachlassen; (*friends*) abfallen. **II** *vt sep* (*set down from car etc*) *person* absetzen; *parcel* abliefern.

♦**drop out** *vi* **1.** (*of box etc*) herausfallen.

2. (*from competition etc*) ausscheiden (*of* aus). **to ~ ~ of a race** (*before it*) an einem Rennen nicht teilnehmen; (*during it*) aus dem Rennen ausscheiden; **to ~ ~ of society/university** aus der Gesellschaft aussteigen/sein Studium abbrechen, aus dem Studium aussteigen (*inf*); **he decided to ~ ~** er beschloß, auszusteigen (*inf*).

3. the "t" ~s ~ das „t" fällt weg.

♦**drop over** *vi* (*inf*) *see* **drop across.**

drop curtain *n* (*Theat*) (Fall)vorhang *m*; **drop hammer** *n* Fallhammer *m*; **drop-leaf table** *n* Tisch *m* mit herunterklappbaren Seitenteilen.

droplet ['drɒplɪt] *n* Tröpfchen *nt*.

dropout ['drɒpaʊt] *n* (*from society*) Aussteiger *m* (*inf*); (*pej*) Asoziale(r) *mf*; (*university* ~) Studienabbrecher(in *f*) *m*. **the ~ rate at universities** die Zahl der Studienabbrecher.

dropper ['drɒpəʳ] *n* (*Med*) Pipette *f*; (*on bottle*) Tropfer *m*.

droppings ['drɒpɪŋz] *npl* Kot *m*; (*of horse*) Äpfel *pl* (*inf*); (*of sheep*) Bohnen *pl* (*inf*).

drop scene *n* (*Theat*) (Zwischen)vorhang *m*; **drop shot** *n* (*Tennis*) Stoppball *m*.

dropsical ['drɒpsɪkəl] *adj* wassersüchtig.

dropsy ['drɒpsɪ] *n* Wassersucht *f*.

drop zone *n* (*for supplies*) Abwurfgebiet *nt*; (*for parachutists*) Absprunggebiet *nt*.

dross [drɒs] *n*, *no pl* (*Metal*) Schlacke *f*; (*fig*) Tand *m*. **wealth and fame are but ~** Reichtum und Ruhm sind eitel und nichtig.

drought [draʊt] *n* Dürre *f*. **three ~s in three years** drei Dürrekatastrophen in drei Jahren.

drove¹ [drəʊv] *n* (*of animals*) Herde *f*; (*of people*) Schar *f*. **they came in ~s** sie kamen in hellen Scharen.

drove² *pret of* **drive**.

drover ['drəʊvə'] *n* Viehtreiber *m*.

drown [draʊn] **I** *vi* ertrinken.
 II *vt* **1**. *person, animal* ertränken. **to be ~ed** ertrinken; **he looks like a ~ed rat** (*inf*) er sieht wie eine gebadete Maus aus (*inf*); **to ~ one's sorrows (in drink)** seine Sorgen (im Alkohol) ertränken; **to ~ one's whisky** seinen Whisky verwässern.
 2. (*submerge, flood*) *land* überschwemmen, überfluten. **with her face ~ed in tears** mit tränenüberströmtem Gesicht.
 3. (*render inaudible: also ~ out*) *noise, voice* übertönen; *speaker* niederschreien.

drowning ['draʊnɪŋ] **I** *adj person* ertrinkend. **a ~ man will clutch at a straw** (*Prov*) dem Verzweifelten ist jedes Mittel recht.
 II *n* Ertrinken *nt*. **there were three ~s here last year** im letzten Jahr sind hier drei Leute ertrunken.

drowse [draʊz] **I** *vi* (vor sich *acc*) hin) dösen *or* dämmern. **II** *n* Halbschlaf *m*.

♦**drowse off** *vi* eindämmern, eindösen (*inf*).

drowsily ['draʊzɪlɪ] *adv* schläfrig, dösig (*inf*); (*after sleeping*) verschlafen.

drowsiness ['draʊzɪnɪs] *n* Schläfrigkeit *f*. **to cause ~** schläfrig machen.

drowsy ['draʊzɪ] *adj* (+*er*) **1**. *person* schläfrig, dösig (*inf*); (*after sleep*) verschlafen. **to grow/get ~** schläfrig werden; **to feel ~** schläfrig sein. **2**. *afternoon* träge; *atmosphere* schläfrig.

drub [drʌb] *vt* (*thrash*) *person* (ver)prügeln.

drubbing ['drʌbɪŋ] *n* **1**. (*thrashing*) Prügel *pl*. **to give sb a sound ~** jdm eine Tracht Prügel verpassen. **2**. (*defeat*) Niederlage *f*.

drudge [drʌdʒ] **I** *n* (*person*) Arbeitstier *nt* (*inf*); (*job*) stumpfsinnige Plackerei *or* Schufterei (*inf*). **II** *vi* sich placken, schuften (*inf*).

drudgery ['drʌdʒərɪ] *n* stumpfsinnige Plackerei *or* Schufterei (*inf*).

drug [drʌg] **I** *n* **1**. (*Med, Pharm*) Medikament, Arzneimittel *nt*. **he's been on ~s since Christmas** seit Weihnachten muß er Medikamente nehmen; **to put sb on ~s** jdm Medikamente verordnen.
 2. (*addictive substance*) Droge *f*, Rauschgift *nt*. **to be on ~s/to take ~s** drogen- *or* rauschgiftsüchtig sein/Drogen *or* Rauschgift nehmen; *see* **hard ~**, **soft**.
 3. (*inducing unconsciousness*) Betäubungsmittel *nt*.

 4. (*Comm: unsaleable goods*) **a ~ on the market** unverkäufliche Ware; (*in shop*) ein Ladenhüter *m*.
 II *vt* **1**. (*render unconscious by ~s*) *person* betäuben. **to be in a ~ged sleep** in tiefer Betäubung liegen; **to be ~ged with sleep** (*fig*) schlaftrunken sein.
 2. (*food, drink*) **to ~ sth** ein Betäubungsmittel in etw (*acc*) mischen.
 3. (*Med*) *patient* Medikamente geben (+*dat*). **to be/get ~ged up to the eyeballs on tranquillizers** (*inf*) mit Beruhigungsmittel vollgepumpt sein (*inf*)/sich mit Beruhigungsmitteln vollpumpen (*inf*).

drug abuse *n* Suchtmittelmißbrauch *m*; **drug addict** *n* Drogen- *or* Rauschgiftsüchtige(r), Drogen- *or* Rauschgiftabhängige(r) *mf*; **drug addiction** *n* Rauschgiftsucht, Drogenabhängigkeit *or* -sucht *f*; **drug culture** *n* Drogenkultur *f*.

druggist ['drʌgɪst] *n* (*US*) Drogist(in *f*) *m*.

drug pusher *n* Dealer (*sl*), Pusher (*sl*) *m*; **drugstore** *n* (*US*) Drugstore *m*; **drug taker** *n* jd, der Drogen *or* Rauschgift nimmt; **drug taking** *n* Einnehmen *nt* von Drogen *or* Rauschgift; **drug traffic, drug trafficking** *n* Drogenhandel *m*.

druid ['druːɪd] *n* Druide *m*.

drum [drʌm] **I** *n* **1**. (*Mus*) Trommel *f*. **Joe Jones on ~s** am Schlagzeug: Joe Jones; **the ~s** die Trommeln *pl*; (*pop, jazz*) das Schlagzeug; **to beat the ~ for sb/sth** (*fig*) die Trommel für jdn/etw rühren.
 2. (*for oil, petrol*) Tonne *f*; (*cylinder for wire*) Trommel, Rolle *f*; (*Tech: machine part*) Trommel, Walze *f*; (*Phot*) Entwicklertrommel *f*; (*Archit*) (*wall*) Tambour *m*, Trommel *f*; (*shaft*) Säulentrommel *f*.
 3. (*Anat: also* **ear~**) Trommelfell *nt*.
 II *vi* **1**. (*Mus*) trommeln.
 2. (*fig*) (*with fingers, rain etc*) trommeln. **the noise is still ~ming in my ears** das Geräusch dröhnt mir noch in den Ohren.
 III *vt* **to ~ one's fingers on the table** mit den Fingern auf den Tisch trommeln.

♦**drum into** *vt always separate* **to ~ sth ~ sb** *or* **sb's head** jdm etw eintrichtern (*inf*).

♦**drum out** *vt sep* (*out of army, club*) ausstoßen.

♦**drum up** *vt sep enthusiasm* erwecken; *support* auftreiben. **to ~ ~ business** Aufträge anbahnen.

drumbeat ['drʌmbiːt] *n* Trommelschlag *m*; **drum brake** *n* Trommelbremse *f*; **drumfire** *n* (*Mil*) Trommelfeuer *nt*; **drummajor** *n* Tambourmajor *m*; **drummajorette** *n* (*US*) Tambourmajorin *f*.

drummer ['drʌmə'] *n* **1**. (*in orchestra*) Trommelschläger *m*; (*in band, popgroup*) Schlagzeuger *m*; (*Mil, in parade etc also*) Trommler *m*. **2**. (*US inf*) Vertreter *m*.

drummer boy *n* Trommler *m*.

drumstick ['drʌmstɪk] *n* **1**. (*Mus*) Trommelschlegel *or* -stock *m*. **2**. (*on chicken etc*) Keule *f*.

drunk [drʌŋk] **I** *ptp of* **drink**.
 II *adj* **1**. betrunken. **to get ~ (on)** betrunken werden (von); (*on purpose*) sich betrinken (mit); **he gets ~ on two pints of beer** er ist schon nach zwei Halben

betrunken; **to get sb ~** jdn betrunken *or* blau (*inf*) machen; **~ and disorderly** (*Jur*) durch Trunkenheit öffentliches Ärgernis erregend; **as ~ as a lord** blau wie ein Veilchen (*inf*).
2. (*fig*) trunken, berauscht. **~ with blood** *killers etc* im Blutrausch; **~ with joy** freudetrunken.
III *n* Betrunkene(r) *mf*; (*habitually*) Trinker(in *f*), Säufer(in *f*) (*inf*) *m*.

drunkard [ˈdrʌŋkəd] *n* Trinker(in *f*), Säufer(in *f*) *m*.

drunken [ˈdrʌŋkən] *adj* **1.** *person* betrunken, blau (*inf*). **a ~ old fool** ein alter Saufkopp (*inf*); **~ driving** (*Jur*) Trunkenheit *f* am Steuer. **2.** *orgy* feucht-fröhlich, Sauf-; *brawl* mit/von Betrunkenen; *fury* betrunken; *voice* betrunken, besoffen (*inf*).

drunkenly [ˈdrʌŋkənlɪ] *adv* betrunken; *stagger* blau, wie er *etc* war (*inf*); *behave* wie ein Betrunkener *or* eine Betrunkene.

drunkenness [ˈdrʌŋkənnɪs] *n* (*state*) Betrunkenheit *f*; (*habit, problem*) Trunksucht *f*.

drunkometer [drʌŋˈkɒmɪtər] *n* (*US*) *see* **breathalyzer.**

dry [draɪ] **I** *n* **come into the ~** komm ins Trockene; **to give sth a ~** etw trocknen.
II *adj* (*+er*) (*all senses*) trocken. **to wipe sth ~** etw trockenwischen; **the river ran ~** der Fluß trocknete aus; **as ~ as a bone** *land, clothes* knochentrocken (*inf*); *mouth, ditches* völlig ausgetrocknet; **~ bread** trocken(es) Brot; **to feel/to be ~** (*thirsty*) durstig sein.
III *vt* trocknen; (**~ out**) *skin* austrocknen; *fruit also* dörren; (*with cloth*) *dishes, one's hands* abtrocknen. **to ~ one's eyes** sich (*dat*) die Tränen abwischen; **the dishes will ~ themselves** das Geschirr trocknet von selbst; **to ~ oneself** sich abtrocknen.
IV *vi* trocknen, trocken werden.
◆dry off *vi* (*clothes etc*) trocknen.
◆dry out I *vi* **1.** (*clothes*) trocknen; (*ground, skin etc*) austrocknen. **2.** (*inf: alcoholic*) eine Entziehungskur machen. **II** *vt sep clothes* trocknen; *ground, skin* austrocknen.
◆dry up I *vi* **1.** (*stream, well*) austrocknen, versiegen; (*moisture*) trocknen; (*inspiration, source of income*) versiegen; (*author*) keine Ideen mehr haben. **then business started ~ing ~** dann wurden die Aufträge immer spärlicher.
2. (*dishes*) abtrocknen.
3. (*actor*) steckenbleiben (*inf*); (*speaker also*) den Faden verlieren.
4. (*inf: be quiet*) ~ ~! halt den Mund!
II *vt sep mess* aufwischen; *dishes* abtrocknen; (*sun*) *well* austrocknen.

dry-as-dust [ˌdraɪəzˈdʌst] *adj* fürchterlich trocken, staubtrocken; **dry battery** *n* (*Elec*) Trockenbatterie *f*; **dry cell** *n* (*Elec*) Trockenelement *nt*; **dry cell battery** *n* Trockenbatterie *f*; **dry-clean I** *vt* chemisch reinigen; **to have a dress ~ed** ein Kleid chemisch reinigen lassen; **~ only** (*on label*) chemisch reinigen!; **II** *vi* **will it ~?** läßt es sich chemisch reinigen?; **dry-cleaner's** *n* chemische Reinigung; **dry-cleaning** *n* chemische Reinigung; **dry**

dock *n* (*Naut*) Trockendock *nt*.

dryer, drier [ˈdraɪər] *n* (*for clothes*) Wäschetrockner *m*; (*spin ~*) Wäscheschleuder *f*; (*for hair*) Fön, Haartrockner *m*; (*over head*) Trockenhaube *f*; (*in paint*) Trockenstoff *m*.

dry farming *n* Trockenfarmsystem *nt*; **dry-fly fishing** *n* Trockenfliegenfischen *nt*; **dry goods** *npl* (*Comm*) Kurzwaren *pl*; **dry ice** *n* Trockeneis *nt*.

drying room *n* Trockenboden *m*; Trockenkeller *m*; **drying-up** *n* Abtrocknen *nt*; **to do the ~** abtrocknen.

dry land *n* fester Boden. **I'll be glad to be on ~ again** ich bin froh, wenn ich erst mal wieder festen Boden unter den Füßen habe.

dryly [ˈdraɪlɪ] *adv* trocken.

dry measure *n* Trockenmaß *nt*.

dryness [ˈdraɪnɪs] *n* Trockenheit *f*.

dry nurse *n* Säuglingsschwester *f*; **dry rot** *n* (Haus- *or* Holz)schwamm *m*; **dry run** *n* Probe *f*; (*Mil*) Trockentraining *nt*; **dry shampoo** *n* Trockenshampoo *nt*; **dry ski slope** *n* Trockenskipiste *f*; **dry spell** *n* (*Met*) Trockenperiode *f*; **dry-stone wall** *n* Bruchsteinmauer *f*.

DSc *abbr of* **Doctor of Science** Dr. rer. nat.

DST (*US*) *abbr of* **daylight saving time.**

DTs [ˈdiːˈtiːz] *abbr of* **delirium tremens. to have the ~** vom Saufen den Tatterich haben (*inf*).

dual [ˈdjʊəl] *adj* (*double*) doppelt, Doppel-; (*two kinds of*) zweierlei. **in his ~ rôles of ...** in seiner Doppelrolle als ...; **it has a ~ function** es hat doppelte *or* zweierlei Funktion; **~ carriageway** (*Brit*) Straße *f* mit Mittelstreifen und Fahrbahnen in beiden Richtungen, ≃ Schnellstraße *f*; **~ control** (*Aut*) Doppelsteuerung *f*; **~ nationality** doppelte Staatsangehörigkeit; **~ personality** gespaltene Persönlichkeit.

dualism [ˈdjʊəlɪzəm] *n* Dualismus *m*.

dualist [ˈdjʊəlɪst] *n* Dualist *m*.

dualistic [ˌdjʊəˈlɪstɪk] *adj* dualistisch.

duality [djʊˈælɪtɪ] *n* Dualität *f*.

dual-purpose [ˈdjʊəlˈpɜːpəs] *adj* zweifach verwendbar.

dub[1] [dʌb] *vt* **1. to ~ sb (a) knight** jdn zum Ritter schlagen. **2.** (*nickname*) taufen. **3.** *film* synchronisieren.
◆dub in *vt sep* (*Film*) synchron (zum Bild) aufnehmen.

dub[2] *n* (*US inf*) Tolpatsch *m*.

dubbin [ˈdʌbɪn] *n* Lederfett *nt*.

dubbing [ˈdʌbɪŋ] *n* (*Film*) Synchronisation *f*.

dubious [ˈdjuːbɪəs] *adj* **1.** (*uncertain*) *matter etc* zweifelhaft, ungewiß; *look* zweifelnd **he's ~ whether ...** er weiß nicht *or* ist im Zweifel, ob ...; **I'm very ~ about it** ich habe da (doch) starke Zweifel.
2. *people, company, reputation* zweifelhaft, fragwürdig.
3. (*questionable*) *honour, advantage* zweifelhaft, fragwürdig.

dubiously [ˈdjuːbɪəslɪ] *adv* *look* zweifelnd, ungewiß; *behave* zweifelhaft, fragwürdig.

dubiousness [ˈdjuːbɪəsnɪs] *n* *see adj* **1.** Zweifelhaftigkeit, Ungewißheit *f*. **there was a certain ~ in his voice** es lag ein gewisser Zweifel in seiner Stimme.

2. Zweifelhaftigkeit, Fragwürdigkeit *f*.

3. Zweifelhaftigkeit, Fragwürdigkeit *f*.

ducal ['dju:kəl] *adj* herzoglich; *palace also* Herzogs-.

ducat ['dʌkɪt] *n (Hist)* Dukaten *m*.

duchess ['dʌtʃɪs] *n* Herzogin *f*.

duchy ['dʌtʃɪ] *n* Herzogtum *nt*.

duck¹ [dʌk] **I** *n* **1.** *(bird)* Ente *f*. **wild ~** Wildente *f*; **roast ~** gebratene Ente, Entenbraten *m*; **to play ~s and drakes** Steine (über das Wasser) springen lassen; **to play ~s and drakes with sth** *(squander)* mit etw furchtbar aasen *(inf)*; **to take to sth like a ~ to water** bei etw gleich in seinem Element sein; **it's like water off a ~'s back** das läuft alles an ihm/ihr *etc* ab.

2. *(Brit sl)* see **duckie.**

3. *(sl)* Tante *f (inf)*. **she's a funny old ~** sie ist eine komische alte Tante *(inf)*.

4. *(Mil inf)* Amphibienfahrzeug *nt*.

5. *(Cricket)* **he made** *or* **scored a ~** er hat keinen Punkt gemacht.

II *vi* **1.** *(also ~ down)* sich ducken. **he ~ed down out of sight** er duckte sich, so daß man ihn nicht mehr sehen konnte; **he ~ed under the water** er tauchte (im Wasser) unter.

2. **he ~ed out of the room when he ...** er verschwand aus dem Zimmer, als er ....

III *vt* **1.** *(push under water)* untertauchen.

2. **to ~ one's head** den Kopf einziehen.

3. *(avoid)* *difficult question etc* ausweichen *(+dat)*.

duck² *n (Tex)* Segeltuch *nt*.

duckie ['dʌkɪ] *n (Brit sl: also* **duck, ducks***)* *often not translated (bus conductress to passenger)* junger Mann; junge Frau; *(actors, homosexuals, prostitute client)* Süße(r) *mf*. **he is a ~** er ist süß.

ducking [dʌkɪŋ] *n* Untertauchen, Tauchen *nt*. **to give sb a ~** jdn untertauchen.

duckling ['dʌklɪŋ] *n* Entenküken, Entlein *nt*. **roast ~** gebratene junge Ente.

duck pond *n* Ententeich *m*.

ducks [dʌks] *n (Brit sl)* see **duckie.**

duck shooting *n* Entenjagd *f*; **duckweed** *n* Entenflott *nt*, Wasserlinse *f*.

ducky *n (Brit sl)* see **duckie.**

duct [dʌkt] *n* **1.** *(Anat)* Röhre *f*. **tear ~** Tränenkanal *m*.

2. *(for liquid, gas)* (Rohr)leitung *f*, Rohr *nt*; *(Elec)* Rohr *nt*, Röhre *f*.

ductile ['dʌktaɪl] *adj* **1.** *metal* hämmerbar; *(stretchable)* dehnbar, streckbar. **2.** *(fig liter)* *person* leicht lenkbar.

ductless gland ['dʌktlɪs'glænd] *n* endokrine *or* innersekretorische Drüse.

dud [dʌd] *(inf)* **I** *adj* **1.** **~ shell/bomb** Blindgänger *m*.

2. *tool* nutzlos; *saw* stumpf; *actor, teacher* mies *(inf)*, schlecht; *coin* falsch; *cheque* ungedeckt; *(forged)* gefälscht. **~ note** Blüte *f (inf)*; **we had pretty ~ holidays** unsere Ferien waren ein ziemlicher Reinfall.

II *n* **1.** *(shell, bomb)* Blindgänger *m*.

2. *(cheque)* ungedeckter *or (forged)* gefälschter Scheck; *(note)* Blüte *f (inf)*.

3. *(person)* Versager *m*.

dude [dju:d] *n (US)* **1.** *(dandy)* Dandy *m*.

2. *(city type)* Städter *m*, feiner Stadtpinkel

(pej inf). **3.** *(inf: man)* Kerl *m (inf)*.

dude ranch *n (US)* Touristenranch *f*.

dudgeon ['dʌdʒən] *n*: **in high ~** sehr empört, sehr aufgebracht.

duds [dʌdz] *npl (sl: clothes)* Klamotten *pl (inf)*.

due [dju:] **I** *adj* **1.** *(to be paid, owing)* fällig. **the sum/respect which is ~ to him** die Summe, die ihm zusteht/der Respekt, der ihm gebührt; **the amount ~ as compensation** der Betrag, der als Schadenersatz gezahlt werden soll; **to fall ~** fällig werden *or* sein; **I am ~ six days off/(for) a rise** mir stehen sechs Tage Urlaub zu/mir steht eine Gehaltserhöhung zu.

2. *(expected, scheduled)* **to be ~ to do sth** etw tun sollen; **the train is ~** *or* **~ to arrive at midday** der Zug soll laut Fahrplan um zwölf Uhr ankommen; **when are we ~ in?** wann kommen wir an?, wann sollen wir dasein?; **he's ~ back tomorrow** er müßte morgen zurück sein; **this building is ~ to be demolished** dies Gebäude soll demnächst abgerissen werden; **when is the baby/she ~?** wann wird das Baby kommen/bekommt sie ihr Baby?

3. *(proper, suitable)* *respect, regard* gebührend, geziemend *(geh)*, nötig. **with all ~ respect** bei allem Respekt; **buried with all honour ~ to his rank** mit allen Ehren begraben, die ihm rangmäßig zustehen; **with the respect ~ from a son to his father** mit allem Respekt, den ein Sohn seinem Vater schuldet; **we'll let you know in ~ course** *or* **time** wir werden Sie zu gegebener Zeit benachrichtigen; **the man who was, in ~ course, to become ...** derjenige, der dann im Laufe der Zeit ... wurde; **after ~ consideration** nach reiflicher Überlegung; **after ~ process of law** nach einem ordentlichen (Gerichts-)verfahren.

4. **~ to** aufgrund *(+gen)*, wegen *(+gen or dat)*; **what's it ~ to?** worauf ist dies zurückzuführen?; **his failure was entirely ~ to himself/his carelessness** an seinem Versagen war nur er selbst/seine Sorglosigkeit schuld; **it is ~ to you that we are alive today** wir haben es euch zu verdanken, daß wir heute am Leben sind.

II *adv* **~ west** direkt nach Westen; **~ east of the village** genau im Osten *or* östlich des Dorfes.

III *n* **1.** **~s** *pl (fees)* Gebühr *f*, Gebühren *pl*.

2. *no pl* **(to) give the man his ~, it was an extremely difficult task** man muß gerechterweise zugeben, daß es äußerst schwierig war; **(to) give him his ~, he did try hard** das muß man ihm lassen, er hat sich wirklich angestrengt; *see* **devil.**

duel ['djʊəl] **I** *n (lit, fig)* Duell *nt*. **~ling pistols** Duellierpistolen *pl*; **students' ~** Mensur *f*; **~ of wits** geistiger Wettstreit. **II** *vi* sich duellieren; *(German students)* eine Mensur schlagen.

duellist ['djʊəlɪst] *n* Duellant *m*.

duet [dju:'et] *n* Duo *nt*; *(for voices)* Duett *nt*. **violin ~** Geigenduo.

duff¹ [dʌf] *n (Cook)* Mehlpudding *m*.

duff² *adj (Brit sl)* Scheiß- *(sl)*; *suggestion, idea* doof *(inf)*.

◆**duff up** *vt sep* (*Brit sl*) zusammenschlagen (*inf*).

duffelbag ['dʌflbæg] *n* Matchbeutel *or* -sack *m*; **duffel-coat** *n* Dufflecoat *m*.

duffer ['dʌfə'] *n* (*Brit sl*) **1.** (*esp Sch*) Blödmann *m* (*inf*). **to be a ~ at French** eine Niete in Französisch sein (*inf*). **2.** (*silly old man*) (alter) Trottel (*inf*).

dug[1] [dʌg] *n* (*of animal*) Zitze *f*.

dug[2] *pret, ptp of* **dig**.

dugout ['dʌgaut] *n* (*Mil*) Schützengraben, Unterstand *m*; (*also ~ canoe*) Einbaum *m*.

duke [dju:k] *n* Herzog *m*.

dukedom ['dju:kdəm] *n* (*territory*) Herzogtum *nt*; (*title*) Herzogswürde *f*.

dulcet ['dʌlsɪt] *adj* (*liter, hum, iro*) wohlklingend, melodisch.

dulcimer ['dʌlsɪmə'] *n* Cymbal, Hackbrett *nt*.

dull [dʌl] **I** *adj* (+*er*) **1.** (*slow-witted*) *person* langsam, schwerfällig. **the ~ ones** (*Sch*) die schwächeren *or* langsameren Schüler *pl*; **his intellectual powers are growing ~** seine geistigen Kräfte lassen langsam nach.
2. (*boring*) langweilig; *person, book, evening etc also* lahm (*inf*). **as ~ as ditchwater** stinklangweilig (*inf*).
3. (*lacking spirit*) *person, mood, humour* lustlos.
4. (*dim, not vivid*) *colour, light* trüb; *eyes also* glanzlos, matt; *mirror* blind; (*matt*) *colour* matt; (*tarnished*) *metal* angelaufen, stumpf.
5. (*overcast*) *weather* trüb, grau; *sky also* verhangen, bedeckt.
6. (*muffled*) *sound* dumpf. **he fell to the ground with a ~ thud** er schlug dumpf auf den Boden auf.
7. (*blunted*) *blade* stumpf; (*fig*) *pain* dumpf.
8. (*St Ex*) *market* flau; (*Comm*) *trade, business* träge, schleppend.
II *vt* **1.** (*cause to function less well*) *senses, powers of memory* trüben, schwächen; *mind* abstumpfen. **emotionally ~ed** (emotional) abgestumpft.
2. (*lessen impact of*) *pain, grief* betäuben; *pleasure* dämpfen.
3. (*muffle*) *sound* dämpfen.
4. (*blunt*) *edge, blade* stumpf machen.
5. (*make less bright*) *colour* dämpfen; *mirror* blind *or* matt machen; *metal* stumpf werden lassen, anlaufen lassen.

dullard ['dʌləd] *n* Dummkopf *m*.

dullness ['dʌlnɪs] *n see adj* **1.** Langsamkeit, Schwerfälligkeit *f*.
2. Langweiligkeit *f*; Lahmheit *f* (*inf*).
3. Lustlosigkeit *f*.
4. Trübheit *f*; Glanzlosigkeit, Mattheit *f*; Blindheit *f*; Mattheit *f*; Stumpfheit *f*.
5. Trübheit *f*, Grau *nt*; Bedecktheit *f*.
6. Dumpfheit *f*.
7. Stumpfheit *f*; Dumpfheit *f*.
8. Flauheit *f*.

dully ['dʌlɪ] *adv* **1.** (*in a listless way*) *look* lustlos. **2.** (*boringly*) *talk, write* langweilig, einfallslos. **3.** (*dimly*) *shine* matt, schwach; *sense, perceive* dumpf.

duly ['dju:lɪ] *adv* entsprechend; (*properly*) gebührend, wie es sich gehört; (*according to regulations*) ordnungsgemäß, vor-

schriftsmäßig. **when all the details have been ~ considered** wenn alle Einzelheiten gebührend berücksichtigt sind; **and the parcel ~ arrived the next morning** und das Paket kam dann auch am nächsten Morgen; **has the witness been ~ sworn in?** ist der Zeuge ordnungsgemäß vereidigt worden?

dumb [dʌm] *adj* (+*er*) **1.** stumm. **a ~ person** ein Stummer, eine Stumme; **the ~ die** Stummen *pl*; **~ animals** die Tiere *pl*; **that's cruelty to ~ animals** (*fig*) das ist ja Tierquälerei!; **to strike sb ~** (*lit*) jdm die Sprache nehmen; **he was (struck) ~ with fear/horror** es hatte ihm vor Furcht/Schreck die Sprache verschlagen.
2. (*esp US inf: stupid*) doof (*inf*), dumm. **a ~ blonde** eine doofe Blondine; **to act ~** sich dumm stellen.

dumb-bell ['dʌmbel] *n* (*Sport*) Hantel *f*.

dumbfound ['dʌmfaund] *vt* verblüffen.

dumbness ['dʌmnɪs] *n* **1.** Stummheit *f*.
2. (*esp US inf: stupidity*) Doofheit *f*.

dumb waiter *n* Speiseaufzug *m*; (*trolley*) Serviertisch *m*.

dumdum (bullet) *n* Dumdum(geschoß) *nt*.

dummy ['dʌmɪ] **I** *n* **1.** (*sham object*) Attrappe *f*; (*Comm also*) Schaupackung *f*; (*for clothes*) (Schaufenster- *or* Kleider)-puppe *f*; (*of book*) Blindband *m*. **the manager is only a ~** der Direktor ist nur ein Strohmann; *see* **tailor**.
2. (*Brit: baby's teat*) Schnuller *m*.
3. (*Cards*) (*person*) Strohmann *m*; (*cards*) Tisch *m*.
4. (*inf: fool*) Dummkopf, Idiot *m* (*inf*).
5. (*Ftbl etc*) Finte *f*. **to sell sb a ~** jdn antäuschen.
II *adj attr* (*not real*) unecht. **it's just a ~ ...** das ist nur die Attrappe eines/einer ...;
a ~ rifle eine Gewehrattrappe; **~ run** Probe *f*; (*of air attack*) Übung *f*.

dump [dʌmp] **I** *n* **1.** (*pile of rubbish*) Schutthaufen, Abfallhaufen *m*; (*place*) Müllplatz *m*, Müllkippe *f*.
2. (*Mil*) Depot *nt*.
3. (*pej inf: town*) Kaff *nt* (*inf*); (*house, building*) Dreckloch *nt* (*pej inf*); (*school etc*) Sauladen *m* (*pej sl*).
4. (*inf*) **to be (down) in the ~s** deprimiert *or* down (*sl*) sein.
II *vt* **1.** (*get rid of*) *rubbish* abladen. **they ~ed the cargo/bodies overboard** sie warfen die Ladung/Leichen über Bord.
2. (*put down, let fall*) *load, rubbish* abladen; *sand, bricks also* kippen; *bags etc* (*drop*) fallen lassen; (*leave*) lassen.
3. (*inf: abandon, get rid of*) *person, girlfriend* abschieben; *car* abstellen, loswerden; *sth unwanted* abladen.
4. (*Comm*) *goods* zu Dumpingpreisen verkaufen.

◆**dump down** *vt sep* fallen lassen.

◆**dump off** *vt sep* (*inf*) **will you ~ me ~ on the way home?** kannst du mich auf der Rückfahrt absetzen?

dumper ['dʌmpə'] *n* (*also* **dump truck**) Kipper *m*.

dumping ['dʌmpɪŋ] *n* **1.** (*of load, rubbish*) Abladen *nt*. **"no ~ "** ,,Schuttabladen verboten!" **2.** (*Comm*) Dumping *nt*.

dumping ground *n* Müllkippe *f*, Schuttabladeplatz *m*; (*fig*) Abladeplatz *m*.

dumpling ['dʌmplɪŋ] n 1. (Cook) Kloß, Knödel m. **apple ~** Apfel m im Schlafrock. 2. (inf: person) Dickerchen (inf) nt.

dump truck n Kipper m.

dumpy ['dʌmpɪ] adj pummelig; glasses klein und massiv.

dun¹ [dʌn] I adj graubraun. II n Graubraun nt.

dun² vt mahnen. **to ~ sb for the money he owes** bei jdm seine Schulden anmahnen.

dunce [dʌns] n (Sch) langsamer Lerner or Schüler; (stupid person) Dummkopf m. **to be a ~ at maths** eine Niete or schlecht in Mathe sein (inf); **the ~ of the class** das Schlußlicht der Klasse.

dunderhead ['dʌndəhed] n Dummkopf m.

dune [dju:n] n Düne f.

dung [dʌŋ] I n 1. (excrement) Dung m; (of birds) Dreck m. 2. (Agr: manure) Dung, Mist, Dünger m. II vt field düngen.

dungarees [,dʌŋgəˈriːz] npl (workman's, child's) Latzhosen pl. **a pair of ~** eine Latzhose.

dung beetle n Mistkäfer m.

dungeon ['dʌndʒən] n Verlies nt, Kerker m.

dunghill ['dʌŋhɪl] n Mist- or Dunghaufen m.

dunk [dʌŋk] vt (ein)tunken.

dunning letter ['dʌnɪŋˌletə'] n Mahnbrief m.

dunno ['dʌnəʊ] = (I) don't know.

duo ['dju:əʊ] n, pl **~s** Duo nt.

duodenal [,dju:əʊˈdiːnl] adj Duodenal- (form). **~ ulcer** Zwölffingerdarmgeschwür nt.

duodenum [,dju:əʊˈdiːnəm] n Zwölffingerdarm m, Duodenum nt (spec).

dupe [dju:p] I vt betrügen, überlisten, übertölpeln. **he was ~d into believing it** er fiel darauf rein. II n Betrogene(r) mf.

duple ['dju:pl] adj (Mus) **~ time** Zweiertakt m.

duplex ['dju:pleks] I adj 1. (Elec, Tech) doppelt, Doppel-, Duplex-. 2. **~ apartment** (US) zweistöckige Wohnung; **~ house** (US) Zweifamilienhaus nt. II n (US) see adj 2.

duplicate ['dju:plɪkeɪt] I vt 1. (make a copy of) document ein Duplikat nt or eine Zweitschrift anfertigen von.
2. (make copies of: on machine) kopieren, vervielfältigen.
3. (repeat) action etc wiederholen, noch einmal machen; (wastefully) doppelt or zweimal machen.
II ['dju:plɪkɪt] n (of document) Duplikat nt, Kopie f; (of work of art) Kopie f; (of key etc) Zweitschlüssel m. **I have a watch which is the exact ~ of yours** ich habe genau die gleiche Uhr wie Sie; **in ~** in doppelter Ausfertigung.
III ['dju:plɪkɪt] adj doppelt, zweifach. **a ~ copy of the text** ein Duplikat nt or eine Kopie des Textes; **a ~ receipt** eine Empfangsbescheinigung in doppelter Ausfertigung; **~ bus/ coach** zweite(r) Bus; **a ~ cheque** ein Scheckduplikat nt; **a ~ key** ein Zweitschlüssel m.

duplicating machine ['dju:plɪkeɪtɪŋ məʃiːn], n Vervielfältigungsapparat m.

duplication [,dju:plɪˈkeɪʃən] n (of documents) (act) Vervielfältigung f; (thing also) Kopie f; (double) Doppel nt; (of ef-

forts, work) Wiederholung f.

duplicator ['dju:plɪkeɪtə'] n see **duplicating machine**.

duplicity [dju:ˈplɪsɪtɪ] n Doppelspiel nt.

Dur abbr of **Durham**.

durability [,djʊərəˈbɪlɪtɪ] n see adj Dauer f; Haltbarkeit f; Widerstandsfähigkeit f.

durable ['djʊərəbl] adj friendship dauerhaft; material haltbar; metal widerstandsfähig.

duration [djʊəˈreɪʃən] n (of play, war etc) Länge, Dauer f. **of long/short ~** von langer/kurzer Dauer; **after a struggle of six years'** ~ nach sechsjährigem Kampf; **~ of life** Lebensdauer f; **he joined up for the ~** er hat sich bis zum Ende verpflichtet; **it looks as though we are here for the ~** (inf) es sieht so aus, als ob wir bis zum Ende hier sind.

duress [djʊəˈres] n Zwang m. **he signed the form under ~** er hat die Unterschrift unter Zwang geleistet.

durex ® ['djʊəreks] n Gummi m (inf).

during ['djʊərɪŋ] prep während (+gen).

dusk [dʌsk] n (twilight) (Abend)dämmerung f; (gloom) Finsternis f. **at ~** bei Einbruch der Dunkelheit.

duskiness ['dʌskɪnɪs] n Dunkelheit f.

dusky ['dʌskɪ] adj (+er) dunkel. **~ maidens** dunkelhäutige Mädchen pl; **~ pink** altrosa.

dust [dʌst] I n, no pl 1. (on furniture, ground) Staub m. **covered in ~** staubbedeckt; furniture etc also ganz verstaubt; **to make or raise a lot of ~** (lit, fig) eine Menge Staub aufwirbeln; **I'd like to get home and wash the ~ of the office/city off my hands and face** ich möchte gern nach Haus, um den Bürostaub/den Staub der Stadt abzuwaschen; **when the ~ had settled** (fig) als sich die Wogen wieder etwas geglättet hatten; see **bite, shake off**.
2. **to give sth a ~** etw abstauben.
II vt 1. furniture abstauben; room Staub wischen in (+dat).
2. (Cook) bestäuben.
III vi (housewife etc) Staub wischen.
◆**dust down** vt sep person, sb's clothes (with brush) abbürsten; (with hand) abklopfen. **to ~ oneself ~** sich abbürsten; sich (dat) den Staub abklopfen.
◆**dust off** vt sep dirt abwischen, wegwischen; table, surface abwischen.
◆**dust out** vt sep box, cupboard auswischen.

dustbath ['dʌstbɑːθ] n Staubbad nt; **dustbin** n (Brit) Mülltonne f; **dust bowl** n Trockengebiet nt; **dustcart** n (Brit) Müllwagen m; **dust cloud** n Staubwolke f; **dustcoat** n Kittel m; **dustcover** n (on book) (Schutz)umschlag m; (on furniture) Schonbezug m.

duster ['dʌstə'] n 1. Staubtuch nt; (Sch) (Tafel)schwamm m. 2. (Naut) Schiffsflagge f. 3. (US: ~-coat) Kittel m.

dustfree ['dʌstfriː] adj staubfrei.

dusting ['dʌstɪŋ] n 1. (of furniture) Staubwischen, Abstauben nt. **to give sth a ~** etw abstauben, von etw den Staub abwischen; **to do the ~** Staub wischen, abstauben; **when I've finished the ~** wenn ich mit Staubwischen fertig bin.

2. (*Cook etc*) (Be)stäuben *nt*.

dust jacket *n* (Schutz)umschlag *m*; **dustman** *n* (*Brit*) Müllmann *m*; **the dustmen come on Fridays** freitags ist Müllabfuhr; **dustpan** *n* Kehr- *or* Müllschaufel *f*; **dustproof** *adj* staubdicht; **dustsheet** *n* Tuch *nt* (*zum Abdecken unbenutzter Möbel*); **dust storm** *n* Staubsturm *m*; **dust-trap** *n* Staubfänger *m*; **dust-up** *n* (*dated inf*) Streit *m*, (handgreifliche) Auseinandersetzung.

dusty ['dʌstɪ] *adj* (+er) *table, path* staubig. **to get** ~ staubig werden; **the furniture gets very** ~ **in this room** die Möbel verstauben in diesem Zimmer sehr.

Dutch [dʌtʃ] **I** *adj* holländisch, niederländisch (*esp form*). **the** ~ **School** (*Art*) die Niederländische Schule; ~ **cheese** Holländer Käse; ~ **barn** (*Brit*) (offene) Scheune; **that's just** ~ **courage** (*inf*) er hat sich (*dat*) Mut angetrunken; ~ **door** quergeteilte Tür; ~ **elm disease** Ulmensterben *nt*; **to talk to sb like a** ~ **uncle** (*inf*) jdm eine Standpauke halten.
II *adv* **to go** ~ (*inf*) getrennte Kasse machen.
III *n* **1. the** ~ die Holländer *or* Niederländer *pl*.
2. (*language*) Holländisch, Niederländisch (*esp form*) *nt*.

Dutchman ['dʌtʃmən] *n*, *pl* **-men** [-mən] Holländer, Niederländer (*esp form*) *m*. **he did say that** *or* **I'm a** ~ (*inf*) ich fresse einen Besen, wenn er das nicht gesagt hat (*inf*).

Dutchwoman ['dʌtʃ͵wʊmən] *n*, *pl* **-women** [-͵wɪmɪn] Holländerin, Niederländerin (*esp form*) *f*.

dutiable ['dju:tɪəbl] *adj* zollpflichtig.

dutiful ['dju:tɪfʊl] *adj child* gehorsam; *husband, employee* pflichtbewußt. **your** ~ **son** (*old, form: in letters*) Dein treuer Sohn (*old, form*).

dutifully ['dju:tɪfəlɪ] *adv obey* gehorsam; *act* pflichtbewußt.

duty ['dju:tɪ] *n* **1.** Pflicht *f*. **to do one's** ~ seine Pflicht tun; **to do one's** ~ **by sb** seine Pflicht gegenüber jdm tun *or* erfüllen; **it is my** ~ **to say** *or* **I am (in)** ~ **bound to say that** ... es ist meine Pflicht zu sagen, daß ...; **one's** ~ **to one's parents** seine Pflicht (und Schuldigkeit) seinen Eltern gegenüber; **it is my painful** ~ **to admit** ... ich habe die schwere *or* traurige Pflicht, Ihnen zu gestehen ...; **to make it one's** ~ **to do sth** es sich (*dat*) zur Pflicht machen, etw zu tun.
2. (*often pl: responsibility*) Aufgabe, Pflicht *f*. **my duties consist of** ... zu meinen Aufgaben *or* Pflichten gehört ...; **to be on** ~ (*doctor etc*) im Dienst sein; (*Sch etc*) Aufsicht haben; **who's on** ~ **tomorrow?** wer hat morgen Dienst/Aufsicht?; **to be off** ~ nicht im Dienst sein; **he comes off** ~ **at 9** sein Dienst endet um 9; **he was called for overseas** ~ er wurde nach Übersee eingezogen; **night** ~ Nachtdienst *m*; **he's been neglecting his duties as a husband** er hat seine ehelichen Pflichten vernachlässigt; **the box does** ~ **for a table** die Kiste dient als Tisch.
3. (*Fin: tax*) Zoll *m*. **to pay** ~ **on sth** Zoll

auf etw (*acc*) zahlen; *see* **estate** ~ *etc*.

duty call *n*: **a** ~ ein Höflichkeitsbesuch *m*; **duty-free I** *adj* zollfrei; ~ **shop** Duty-free-Shop *m*; **II** *n* zollfreie Ware; **duty officer** *n* Offizier *m* vom Dienst; **duty roster** *n* Dienstplan *m*.

dwarf [dwɔ:f] **I** *n*, *pl* **dwarves** [dwɔ:vz] Zwerg *m*; (*tree*) Zwergbaum *m*; (*star*) Zwergstern *m*.
II *adj person* zwergenhaft; *tree, star* Zwerg-.
III *vt* **1.** klein erscheinen lassen, überragen; (*through achievements, ability etc*) in den Schatten stellen.
2. (*Hort*) *tree* klein züchten.

dwell [dwel] *pret, ptp* **dwelt** *vi* **1.** (*liter: live*) weilen (*geh*), leben, wohnen. **2.** (*fig*) **the thought dwelt in his mind** der Gedanke haftete in seinem Gedächtnis.

◆**dwell (up)on** *vi* +*prep obj* **1.** verweilen bei, sich länger aufhalten bei; (*in thought*) verweilen bei, länger nachdenken über (+*acc*). **to** ~ ~ **the past** sich ständig mit der Vergangenheit befassen. **2.** (*Mus*) *note* halten.

dweller ['dwelə˙] *n* Bewohner(in *f*) *m*.

dwelling ['dwelɪŋ] *n* (*form: also* ~ **place**) Wohnsitz *m* (*form*), Wohnung *f*. ~ **house** Wohnhaus *nt*.

dwelt [dwelt] *pret, ptp of* **dwell**.

dwindle ['dwɪndl] *vi* (*strength, interest, relevance*) schwinden, abnehmen; (*numbers, audiences*) zurückgehen, abnehmen; (*supplies*) zur Neige gehen.

◆**dwindle away** *vi* (*strength, person*) dahinschwinden; (*supplies*) zusammenschrumpfen.

dwindling ['dwɪndlɪŋ] **I** *n* (*of strength*) Schwinden *nt*, Abnahme *f*; (*of supplies*) Schwinden *nt*; (*of interest*) Nachlassen *nt*, Abnahme *f*. **II** *adj* schwindend; *resources* versiegend.

dye [daɪ] **I** *n* Farbstoff *m*. **hair** ~ Haarfärbmittel *nt*.
II *vt* färben.
III *vi* (*cloth etc*) sich färben lassen.

dyed-in-the-wool ['daɪdɪnðə͵wʊl] *adj* durch und durch *pred; attitude* eingefleischt.

dyer ['daɪə˙] *n* Färber(in *f*) *m*. ~**'s and cleaner's** Färberei und Reinigung.

dyestuffs ['daɪstʌfs] *npl* Farbstoffe *pl*; **dyeworks** *n sing or pl* Färberei *f*.

dying ['daɪɪŋ] **I** *adj person* sterbend; *tradition, art, race, civilization* aussterbend; *embers* verglühend; *civilization* untergehend; *year* ausklingend. **he's a** ~ **man** er liegt im Sterben; **to my** ~ **day** bis an mein Lebensende; ~ **wish** letzter Wunsch; ~ **words** letzte Worte.
II *n* **the** ~ die Sterbenden.

dyke, dike [daɪk] **I** *n* **1.** (*channel*) (Entwässerungs)graben, Kanal *m*. **2.** (*barrier*) Deich, Damm *m*; (*causeway*) Fahrdamm *m*. **3.** (*sl: lesbian*) Lesbe *f* (*sl*). **II** *vt land* eindeichen; *river* eindämmen.

dynamic *adj*, ~**ally** *adv* [daɪ'næmɪk, -əlɪ] dynamisch.

dynamics [daɪ'næmɪks] *n sing or pl* Dynamik *f*.

dynamism ['daɪnəmɪzəm] *n* Dynamismus *m*; (*of person*) Dynamik *f*.

dynamite ['daɪnəmaɪt] **I** *n* (*lit*) Dynamit *nt*;

(*fig*) Zünd- *or* Sprengstoff *m*. **this new actress is** ~ diese neue Schauspielerin ist eine Wucht (*inf*); **this new piece of evidence is** ~ dieses neue Beweisstück wird wie eine Bombe einschlagen.
  II *vt rocks, bridge* sprengen.
dynamo ['daɪnəməʊ] *n*, *pl* ~**s** Dynamo *m*.
dynastic [daɪ'næstɪk] *adj* dynastisch.
dynasty ['dɪnəstɪ] *n* Dynastie *f*.
dysentery ['dɪsɪntrɪ] *n* Dysenterie, Ruhr *f*.
dysfunction [dɪs'fʌnkʃən] *n* Funktionsstörung, Fehlfunktion *f*.

dyslexia [dɪs'leksɪə] *n* Legasthenie *f*.
dyslexic [dɪs'leksɪk] **I** *adj* legasthenisch.
  II *n* Legastheniker (in *f*) *m*.
dyspepsia [dɪs'pepsɪə] *n* Dyspepsie, Verdauungsstörung *f*. **nervous** ~ nervöse Magenbeschwerden *pl*.
dyspeptic [dɪs'peptɪk] **I** *adj* dyspeptisch.
  II *n* jd, der an Dyspepsie leidet.
dysprosium [dɪs'prəʊsɪəm] *n* (*abbr* **Dy**) Dysprosium *nt*.
dystrophy ['dɪstrəfɪ] *n* Dystrophie, Ernährungsstörung *f*. **muscular** ~ Muskelschwund *m*.

E

E, e [i:] *n* E, e *nt*; (*Mus*) E, e *nt*. **E flat/sharp** Es, es *nt*/Eis, eis *nt*; *see also* **major, minor, natural**.

E *abbr of* **east** O.

each [i:tʃ] **I** *adj* jede(r, s). ~ **one of us**/ ~ **and every one of us** jeder einzelne von uns; ~ **and every boy** jeder einzelne Junge (ohne Ausnahme); **to back a horse** ~ **way** auf alle drei Gewinnplätze setzen.

II *pron* **1.** jede(r, s). ~ **of them gave their** (*inf*) *or* **his opinion** sie sagten alle ihre Meinung, jeder (von ihnen) sagte seine Meinung; **a little of** ~ **please** ein bißchen von jedem, bitte; **we** ~ **had our own ideas about it** jeder von uns hatte seine eigene Vorstellung davon.

2. ~ **other** sich, einander (*geh*); **they get on** ~ **other's nerves** sie gehen sich (*dat*) *or* einander auf die Nerven; **they haven't seen** ~ **other for a long time** sie haben sich *or* einander lange nicht gesehen; **they wrote (to)** ~ **other** sie haben sich (*dat*) *or* einander geschrieben; **they were sorry for** ~ **other** sie bedauerten sich gegenseitig, sie bedauerten einander; **the respect/love they have for** ~ **other** die Achtung, die sie voreinander haben/die Liebe, die sie füreinander empfinden; **you must help** ~ **other** ihr müßt einander helfen *or* euch gegenseitig helfen; **on top of** ~ **other/next to** ~ **other** aufeinander/nebeneinander.

III *adv* je. **we gave them one apple** ~ wir haben ihnen je einen Apfel gegeben; **two classes of 20 pupils** ~ zwei Klassen mit je 20 Schülern; **the books are £1** ~ die Bücher kosten je £ 1; **carnations at one mark** ~ Nelken zu einer Mark das Stück.

eager ['i:gər] *adj* person, discussion, pursuit eifrig. **the** ~ **looks on their faces** der erwartungsvolle Ausdruck in ihren Gesichtern; **to be** ~ **to do sth** darauf erpicht sein, etw zu tun, etw unbedingt tun wollen; **he was** ~ **to please her/to help** er war eifrig bedacht, sie zufriedenzustellen/äußerst willig zu helfen; **children who are** ~ **to learn** Kinder, die lerneifrig *or* lernbegierig *or* lernwillig sind; **to be** ~ **for sth** auf etw (*acc*) erpicht *or* aus sein; ~ **for knowledge** wißbegierig; ~ **beaver** (*inf*) Arbeitstier *nt* (*inf*).

eagerly ['i:gəlɪ] *adv* eifrig; *look, wait* voll gespannter Ungeduld. **we look forward** ~ **to the day when ...** wir warten ungeduldig auf den Tag, an dem ...; **they agreed so** ~ **it was suspicious** sie stimmten so bereitwillig zu, daß es schon verdächtig war.

eagerness ['i:gənɪs] *n* Eifer *m*. ~ **for knowledge/power/vengeance/independence** Wißbegierde *f*/Profit-/Machtgier *f*/ Rachgier *f*/Unabhängigkeitsstreben *nt*; **such was his** ~ **to please/help** er war so darauf bedacht zu gefallen/seine Bereitwilligkeit zu helfen war so groß, ...

eagle ['i:gl] *n* Adler *m*; (*Golf*) Eagle *nt*.

eagle-eyed ['i:glaɪd] *adj* **the** ~ **detective** der Detektiv mit seinen Adleraugen.

eaglet ['i:glɪt] *n* Adlerjunge(s) *nt*.

ear¹ [ɪər] *n* **1.** (*Anat, fig*) Ohr *nt*. **to keep one's** ~**s open** die Ohren offenhalten; **to keep an** ~ **to the ground** die Ohren aufsperren *or* offenhalten; **to be all** ~**s** ganz Ohr sein; **your** ~**s must have been burning** Ihnen müssen die Ohren geklungen haben; **to lend an** ~ **to sb** jdm sein Ohr leihen; **if that came to** *or* **reached his** ~**s** wenn ihm das zu Ohren kommt; **he has the** ~ **of the king** der König hört auf ihn; **it goes in one** ~ **and out the other** das geht zum einen Ohr hinein und zum anderen wieder hinaus; **to be up to the** ~**s in debt** bis über die *or* über beide Ohren in Schulden stecken; **to set two people by the** ~**s** zwei Leute gegeneinander aufbringen; **he'll be out on his** ~ (*inf*) dann fliegt er raus (*inf*).

2. (*sense of hearing*) Gehör, Ohr *nt*. **to have a good** ~ **for music** ein feines Gehör für Musik haben; **to play by** ~ (*lit*) nach (dem) Gehör spielen; **to play it by** ~ (*fig*) improvisieren; **these sounds are pleasing to the** ~ diese Klänge schmeicheln dem Ohr *or* sind ein Ohrenschmaus *m*.

ear² [ɪər] *n* (*of grain, plant*) Ähre *f*; (*of maize*) Kolben *m*.

earache ['ɪəreɪk] *n* Ohrenschmerzen *pl*; **ear-drum** *n* Trommelfell *nt*.

ear flap *n* Ohrenschützer *m*; **earful** *n* (*inf*) **to get an** ~ mit einer Flut von Beschimpfungen überschüttet werden.

earl [ɜ:l] *n* Graf *m*.

earldom ['ɜ:ldəm] *n* (*title*) Grafentitel *m*; (*rank*) Grafenstand *m*.

earlobe ['ɪələub] *n* Ohrläppchen *nt*.

early ['ɜ:lɪ] **I** *adj* (+*er*) **1.** **it was** ~ **in the morning** es war früh am Morgen; **to be an** ~ **riser** ein Frühaufsteher sein; **the** ~ **bird catches the worm** (*Prov*) Morgenstund hat Gold im Mund (*Prov*); (*first come first served*) wer zuerst kommt, mahlt zuerst (*Prov*); ~ **to bed,** ~ **to rise (makes Jack healthy, wealthy and wise)** (*Prov*) früh ins Bett und früh heraus, frommt dem Leib, dem Geist, dem Haus (*Prov*); **in the** ~ **hours** in den frühen Morgenstunden.

2. (*near to beginning of period of time*) **in the** ~ **morning/afternoon** am frühen Morgen/Nachmittag; **in** ~ **spring** zu Anfang des Frühjahrs; **in his** ~ **youth** in seiner frühen Jugend; **in his earlier years he had ...** in jüngeren Jahren hatte er ...; **from an** ~ **age** von frühester Jugend *or* Kindheit an; **she's in her** ~ **forties** sie ist Anfang Vierzig; **in the** ~ **part of the century** Anfang des Jahrhunderts; **an** ~ **Baroque church** eine frühbarocke Kirche.

3. (*first, primitive*) vor- *or* frühgeschichtlich. **E**~ **Church** Urkirche *f*; **the** ~ **masters** (*Art*) die frühen Meister; **this is**

an ~ **form of writing** das ist eine frühe Schriftform.

4. (*sooner than expected*) zu früh; *fruit, vegetable* Früh-.

5. (*in the future*) **at an ~ date** bald; **at an earlier date** früher, eher; **at the earliest possible moment** so bald wie (irgend)-möglich, möglichst bald; **to promise ~ delivery** baldige Lieferung versprechen.

II *adv* früh(zeitig). **you're ~ today** Sie sind heute ja früh dran; **post ~** geben Sie Ihre Post früh(zeitig) auf; **I get up earlier in summer** im Sommer stehe ich früher *or* zeitiger auf; **I cannot come earlier than Thursday** ich kann nicht vor Donnerstag *or* eher als Donnerstag kommen; **he told me earlier on this evening** er hat es mir früher am Abend gesagt; **I saw him earlier on this week** ich habe ihn Anfang der Woche gesehen; **earlier on that year** Jim **had ...** Jim hatte früher in dem Jahr ...; **the earliest he can come is ...** er kann frühestens ... kommen; **~ in the morning** früh am Morgen; **~ in the year/in winter** Anfang des Jahres/Winters; **~ in May** Anfang Mai; **I learned that ~ in life** ich habe das früh im Leben gelernt; **too ~** zu früh; **as ~ as possible** so früh wie möglich, möglichst früh; **she left ten minutes ~** sie ist zehn Minuten früher gegangen; **he was half an hour ~ for the meeting** er kam eine halbe Stunde zu früh zur Versammlung.

early bird *n* (*in morning*) Frühaufsteher(in f) *m*; (*arriving etc*) Frühankömmling *m*; **early closing** *n* **it's ~ today** die Geschäfte haben *or* sind heute nachmittag geschlossen **early-warning system** *n* Frühwarnsystem *nt*.

earmark ['ɪəmɑːk] **I** *n* (*on animal*) Ohrmarke *f*; **II** *vt* (*fig*) vorsehen, bestimmen; **ear-muffs** *npl* Ohrenschützer *pl*.

earn [ɜːn] *vt money, praise, rest* verdienen; (*Fin*) *interest* bringen. **this ~ed him a lot of money/respect** das trug ihm viel Geld/große Achtung ein, damit verdiente er sich (*dat*) viel Geld/große Achtung; **~ed income** Einkommen *nt* aus Arbeit.

earnest ['ɜːnɪst] **I** *adj* **1.** (*serious, determined*) ernsthaft.

2. *hope etc* aufrichtig.

II *n* **in ~** (*with determination*) ernsthaft; (*without joking*) im Ernst; **this time I'm in ~** diesmal meine ich es ernst; **it is snowing in ~ now** jetzt schneit es richtig.

earnestly ['ɜːnɪstlɪ] *adv speak* ernsthaft; *beseech* ernstlich; *hope* aufrichtig.

earnestness ['ɜːnɪstnɪs] *n* Ernsthaftigkeit *f*; (*of voice*) Ernst *m*.

earnings ['ɜːnɪŋz] *npl* (*of person*) Verdienst *m*; (*of a business also*) Ertrag *m*.

ear, nose and throat *adj attr* Hals-, Nasen-und Ohren-; **ear-phones** *npl* Kopfhörer *pl*; **ear-piece** *n* Hörer *m*; **ear-plug** *n* Ohrwatte *f*, Ohropax ® *nt*; **ear-ring** *n* Ohrring *m*; **earshot** *n*: **out of/within ~** außer/in Hörweite; **ear-splitting** *adj sound, scream* ohrenbetäubend; *din* Höllen-.

earth [ɜːθ] **I** *n* **1.** (*world*) Erde *f*. **the ~, E~** die Erde; **on ~** auf der Erde, auf Erden (*liter*); **to the ends of the ~** bis ans Ende der Welt; **where/who etc on ~?** (*inf*) wo/

wer *etc* ... bloß?; **what on ~?** (*inf*) was in aller Welt (*inf*), was bloß (*inf*); **nothing on ~ will stop me now** keine Macht der Welt hält mich jetzt noch auf; **heaven on ~** der Himmel auf Erden; **it cost the ~** (*inf*) das hat eine schöne Stange Geld gekostet (*inf*); **it won't cost the ~** (*inf*) es wird schon nicht die Welt kosten (*inf*).

2. (*ground*) Erde *f*. **to fall to ~** zur Erde fallen; **to come back** *or* **down to ~ (again)** (*fig*) wieder auf den Boden der Tatsachen (zurück)kommen; **to bring sb down to ~ (with a bump)** (*fig*) jdn (unsanft) wieder auf den Boden der Tatsachen zurück-holen.

3. (*soil*) Erde *f*.

4. (*Elec*) Erde *f*.

5. (*of fox, badger etc*) Bau *m*. **to go to ~** (*fox*) im Bau verschwinden; (*criminal etc*) untertauchen; **to run sb/sth to ~** (*fig*) jdn/ etw ausfindig machen *or* aufstöbern.

II *vt* (*Elec*) erden.

◆**earth up** *vt sep plant* ausgraben.

earth-bound ['ɜːθbaʊnd] *adj* **1.** erdgebun-den; **2. the spacecraft is on its ~ journey** das Raumschiff ist auf dem Rückflug zur Erde; **earth closet** *n* Trockenabort *m*.

earthen ['ɜːθən] *adj* irden.

earthenware ['ɜːθənwɛəʳ] **I** *n* (*material*) Ton *m*; (*dishes etc*) Tongeschirr *nt*. **II** *adj* aus Ton, Ton-.

earthiness ['ɜːθɪnɪs] *n* Derbheit *f*.

earthly ['ɜːθlɪ] **I** *adj* **1.** (*of this world*) irdisch.

2. (*inf: possible*) **there is no ~ reason to think ...** es besteht nicht der geringste Grund für die Annahme ...; **for no ~ reason** ohne den geringsten Grund; **he hasn't an ~ chance of succeeding** er hat nicht die geringste Aussicht auf Erfolg.

II *n* (*inf*) **she hasn't got an ~** sie hat ja im Leben keine Chance.

earth-moving equipment ['ɜːθmuːvɪŋ-] *n* Maschinen *pl* für Erdbewegungen; **earth-quake** *n* Erdbeben *nt*; **earth tremor** *n* Erdstoß *m*; **earthward(s)** *adv* auf die Erde zu, in Richtung Erde, erdwärts (*geh*); **earthwork** *n* (*Build*) Erdarbeiten *pl*; (*Mil*) Schanzwerk *nt*, Schanze *f*; **earth-worm** *n* Regenwurm *m*.

earthy ['ɜːθɪ] *adj* (*+er*) **1.** *taste, smell* erdig.

2. *person, humour* derb.

ear-trumpet ['ɪə̩trʌmpɪt] *n* Hörrohr *nt*; **ear-wax** *n* Ohrenschmalz *nt*; **earwig** *n* Ohrwurm *m*.

ease [iːz] **I** *n* **1.** (*freedom from discomfort*) Behagen *nt*. **I am never at ~ in this dress** ich fühle mich in diesem Kleid nie ganz wohl; **I am never at ~ in his company** in seiner Gesellschaft fühle ich mich immer befangen *or* fühle ich mich nie frei und unge-zwungen; **to put** *or* **set sb at his ~** jdm die Befangenheit nehmen; **to put** *or* **set sb's mind at ~** jdn beruhigen; **to take one's ~** es sich (*dat*) bequem machen; (*Mil*) **(stand) at ~!** rührt euch!

2. (*absence of difficulty*) Leichtigkeit *f*. **with ~** mit Leichtigkeit.

3. (*absence of work*) Muße *f*. **he lives a life of ~** er führt ein Leben der Muße.

II *vt* **1.** (*relieve*) *pain* lindern; *mind* er-leichtern. **to ~ sb of a burden/a few pounds** (*hum inf*) jdm eine Last abnehmen, jdm eine Last von der Seele nehmen/jdn um ein paar Pfund erleichtern (*hum inf*).

2. (*make less, loosen*) *rope, strap* lockern, nachlassen; *dress etc* weiter machen; *pressure, tension* verringern.

3. to ~ a key into a lock einen Schlüssel behutsam in ein Schloß stecken; **he ~d the car into gear** er legte behutsam einen Gang ein; **he ~d out the screw** er drehte die Schraube behutsam heraus; **he ~d the lid off** er löste den Deckel behutsam ab.

III *vi* nachlassen; (*situation*) sich entspannen; (*prices also*) nachgeben. **he ~d down into second gear** er schaltete behutsam in den zweiten Gang zurück.

◆**ease off** *or* **up** *vi* **1.** (*slow down, relax*) langsamer werden; (*driver*) verlangsamen; (*situation*) sich entspannen. **~ a bit!** (etwas) langsamer!, sachte, sachte!; **things usually ~ ~ a little just after Christmas** nach Weihnachten wird es normalerweise etwas ruhiger *or* geruhsamer.

2. (*pain, rain*) nachlassen.

easel ['i:zl] *n* Staffelei *f*.

easily ['i:zɪlɪ] *adv* **1.** (*without difficulty*) leicht. **he learnt to swim ~** er lernte mühelos schwimmen; **he can run 3 miles ~** er läuft leicht drei Meilen.

2. (*without doubt*) gut und gerne. **he is ~ the best/winner** er ist mit Abstand der beste/der Sieger; **it's ~ 25 miles** es sind gut und gerne 25 Meilen.

3. (*possibly*) leicht. **he may ~ change his mind** er kann es sich (*dat*) leicht noch anders überlegen.

4. (*calmly*) gelassen.

easiness ['i:zɪnɪs] *n* Leichtigkeit *f*.

east [i:st] **I** *n* **1.** Osten *m*. **in/to the ~** im Osten/nach or gen (*old, poet*) Osten; **from the ~** von Osten; **to the ~ of** östlich von; **the wind is blowing from the ~** der Wind kommt von Ost(en) *or* aus (dem) Osten.

2. (*Geog, Pol*) **the E~** der Osten; **from the E~** aus dem Osten.

II *adv* nach Osten, ostwärts. **~ of** östlich von.

III *adj* östlich, Ost-. **~ wind** Ostwind *m*.

East Africa *n* Ostafrika *nt*; **East Berlin** *n* Ostberlin *nt*; **eastbound** *adj* traffic, carriageway (in) Richtung Osten; **East End** *n*: **the ~** der (Londoner) Osten.

Easter ['i:stə'] **I** *n* Ostern *nt*. **at ~** an *or* zu Ostern. **II** *adj attr* week, egg Oster-. **~ Island** Osterinsel *f*; **~ Monday** Ostermontag *m*; **~ Sunday, ~ Day** Ostersonntag *m*.

easterly ['i:stəlɪ] *adj* östlich, Ost-. **in an ~ direction** in östlicher Richtung.

eastern ['i:stən] *adj* östlich, Ost-; *attitude* orientalisch. **the ~ bloc** der Ostblock.

easterner ['i:stənə'] *n* (*esp US*) Oststaatler(in *f*) *m*.

easternmost ['i:stənməʊst] *adj* östlichste(r,s).

East German *adj* ostdeutsch, DDR-; **East Germany** *n* Ostdeutschland *nt*, die DDR; **East Indies** *npl* der Malaiische Archipel; **eastward, eastwardly I** *adj* östlich; **in an eastwardly direction** nach Osten, (in) Richtung Osten; **II** *adv* (*also* ~wards) ostwärts, nach Osten.

easy ['i:zɪ] **I** *adj* (+*er*) **1.** (*not difficult*)

leicht. **it is as ~ as anything** das ist kinderleicht; **it is ~ to see that ...** es ist leicht zu sehen, daß ...; **it is ~ for him to do that** das ist leicht für ihn; **it's ~ for you to say that** du hast leicht reden; **he came in an ~ first** er hat mühelos gewonnen; **he is ~ to work with** man kann gut mit ihm arbeiten; **~ money** leicht verdientes Geld.

2. (*free from discomfort etc*) bequem, leicht; *manners, movement* ungezwungen; *style* flüssig. **in ~ stages** in gemütlichen Etappen; (*pay, persuade sb*) nach und nach; **on ~ terms** (*Comm*) zu günstigen Bedingungen; **I'm ~** (*inf*) mir ist alles recht; **a colour which is ~ on the eyes** eine Farbe, die angenehm für die Augen ist.

3. (*St Ex*) *market* ruhig.

II *adv* **~!**, **~ now!**, **~ does it!** immer sachte!; **to take things** *or* **it ~** (*healthwise*) sich schonen; **take it ~ !** (*don't worry*) nimm's nicht so schwer; (*don't get carried away, don't rush*) immer mit der Ruhe!; **to go ~ on** *or* **with sth** sparsam mit etw umgehen; **to go ~ on the brakes/one's liver** der Bremse/seine Leber schonen; **to go ~ on sb** nicht zu hart *or* streng mit jdm sein; **stand ~!** (*Mil*) rührt euch!

easy chair *n* Sessel *m*; **easy come easy go I** *interj* wie gewonnen, so zerronnen (*Prov*); **II** *adj* **easy-come easy-go** unbekümmert; **easy-going** *adj* (*not anxious*) gelassen; (*lax*) lax, lässig.

eat [i:t] (*vb: pret* **ate**, *ptp* **eaten**) **I** *vt* (*person*) essen, fressen (*pej inf*); (*animal*) fressen. **to ~ one's breakfast** frühstücken; **" ~ before July 2"** „zu verzehren bis: 2. Juli"; **he ate his way through ...** er aß sich durch ...; **he's ~ing us out of house and home** (*inf*) der (fr)ißt uns noch arm *or* die Haare vom Kopf (*inf*); **to ~ one's words** (alles,) was man gesagt hat, zurücknehmen; **he won't ~ you** (*inf*) er wird dich schon nicht fressen (*inf*); **what's ~ing you?** (*inf*) was hast du denn?

II *vi* essen, fressen (*pej inf*); (*animal*) fressen.

III *n* (*inf*) **~s** *pl* Fressalien *pl* (*inf*).

◆**eat away** *vt sep* (*sea*) auswaschen; (*acid*) zerfressen.

◆**eat into** *vi* +*prep obj metal* anfressen; *capital* angreifen.

◆**eat out I** *vi* zum Essen ausgehen. **II** *vt sep* **to ~ one's heart ~** Trübsal blasen.

◆**eat up I** *vt sep* **1.** aufessen; (*animal*) auffressen.

2. (*fig: use up, consume*) verbrauchen, fressen (*inf*). **this car ~s ~ the miles** der Wagen gibt ganz schön was her (*inf*).

3. **he was ~en ~ with envy** der Neid nagte *or* zehrte an ihm.

II *vi* aufessen.

eatable ['i:təbl] *adj* eßbar, genießbar.

eaten ['i:tn] *ptp of* **eat**.

eater ['i:tə'] *n* **1.** Esser(in *f*) *m*. **2.** (*apple*) Eßapfel *m*.

eating ['i:tɪŋ] *n* Essen *nt*. **to make good ~** gut zum Essen sein.

eating apple *n* Eßapfel *m*; **eating place** *n* Eßlokal *nt*.

eau de Cologne ['əʊdəkə'ləʊn] *n* Kölnisch Wasser, Eau de Cologne *nt*.

eaves ['i:vz] *npl* Dachvorsprung *m*.

eavesdrop ['iːvzdrɒp] *vi* (heimlich) lauschen. **to ~ on a conversation** ein Gespräch belauschen.

eavesdropper ['iːvzdrɒpə'] *n* Lauscher *m*.

ebb [eb] **I** *n* Ebbe *f*. **~ and flow** Ebbe und Flut *f*; (*fig*) Auf und Ab *nt*; **~ tide** Ebbe; **at a low ~** (*fig*) auf einem Tiefstand. **II** *vi* **1.** (*tide*) zurückgehen. **to ~ and flow** (*lit, fig*) kommen und gehen. **2.** (*fig: also ~ away*) (*enthusiasm etc*) ab- *or* verebben.

ebonite ['ebənaɪt] *n* Ebonit *nt*.

ebony ['ebənɪ] **I** *n* Ebenholz *nt*. **II** *adj colour* schwarz wie Ebenholz; *material* aus Ebenholz.

ebullience [ɪ'bʌlɪəns] *n* Überschwenglichkeit *f*. **the ~ of youth** jugendlicher Überschwang.

ebullient [ɪ'bʌlɪənt] *adj person* überschwenglich; *spirits, mood* übersprudelnd.

EC *abbr of* **European Community** EG.

eccentric [ɪk'sentrɪk] **I** *adj* **1.** *person* exzentrisch. **2.** *load* schief, ungleich; *orbit, curve, circles* exzentrisch. **II** *n* **1.** (*person*) Exzentriker(in *f*) *m*. **2.** (*Tech*) Exzenter *m*.

eccentrically [ɪk'sentrɪkəlɪ] *adv* exzentrisch.

eccentricity [͵eksən'trɪsɪtɪ] *n* (*all senses*) Exzentrizität *f*.

ecclesiastic [ɪ͵kliːzɪ'æstɪk] *n* Kleriker *m*.

ecclesiastical [ɪ͵kliːzɪ'æstɪkəl] *adj* kirchlich.

ECG *abbr of* **electrocardiogram** EKG *nt*.

echelon ['eʃəlɒn] *n* (*Mil*) (*formation*) Staffelung *f*, Echelon *m* (*old*). **the higher ~s** die höheren Ränge *pl*.

echo ['ekəʊ] **I** *n, pl* **~es** Echo *nt*, Widerhall *m*; (*fig*) Anklang *m* (*of an +acc*). **II** *vt* **1.** (*wall, mountain*) *sound* zurückwerfen. **2.** (*fig*) wiedergeben. **III** *vi* (*sounds*) widerhallen; (*room*) hallen. **to ~ with sth** von etw widerhallen; **it ~es in here** hier ist ein Echo.

echo chamber *n* Hallraum *m*; (*for electric guitar*) Nachhall- Erzeuger *m*; **echosounder** *n* Echolot *nt*.

éclair [eɪ'kleə] *n* Eclair *nt*.

eclectic [ɪ'klektɪk] *adj* eklektisch.

eclecticism [ɪ'klektɪsɪzəm] *n* Eklektizismus *m*.

eclipse [ɪ'klɪps] **I** *n* (*Astron*) Eklipse (*spec*), Finsternis *f*; (*fig*) (*of fame, theory*) Verblassen *nt*; (*of person*) Niedergang *m*. **~ of the sun/moon** Sonnen-/Mondfinsternis *f*; **to be in ~** verfinstert sein; (*fig*) in der Versenkung verschwunden sein.
  II *vt* (*Astron*) verfinstern; (*fig*) in den Schatten stellen.

ecocide ['iːkəˌsaɪd] *n* Umweltzerstörung *f*.

ecological [͵iːkəʊ'lɒdʒɪkəl] *adj* ökologisch, Umwelt-. **~ damage** Umweltbelastung *f*; **~ly harmful** umweltfeindlich.

ecologist [ɪ'kɒlədʒɪst] *n* Ökologe *m*, Ökologin *f*.

ecology [ɪ'kɒlədʒɪ] *n* Ökologie *f*.

economic [͵iːkə'nɒmɪk] *adj* (*all senses*) wirtschaftlich, ökonomisch; *development, factor, system also,* *growth, miracle, geography* Wirtschafts-.

economical [͵iːkə'nɒmɪkəl] *adj* wirtschaftlich, ökonomisch; *person also* sparsam. **to be ~ with sth** mit etw haushalten *or* spar-

sam umgehen; **he's a very ~ runner** er geht beim Laufen sehr sparsam mit seinen Kräften um; **to be ~ (to run)** (*car*) (in der Haltung) wirtschaftlich sein.

economically [͵iːkə'nɒmɪkəlɪ] *adv* wirtschaftlich; (*thriftily*) sparsam. **to use sth ~** mit etw wirtschaftlich umgehen/etw sparsam verwenden, mit etw sparsam umgehen; **one has to be ~ minded** man muß wirtschaftlich *or* ökonomisch denken.

economics [͵iːkə'nɒmɪks] *n* **1.** *with sing or pl vb* Volkswirtschaft *f*, Wirtschaftswissenschaften *pl*, Ökonomie *f*; (*social ~*) Volkswirtschaft *f*; (*in management studies*) Betriebswirtschaft *f*.
  2. *pl* (*economic aspect*) Wirtschaftlichkeit, Ökonomie *f*. **the ~ of the situation** die wirtschaftliche Seite der Situation.

economist [ɪ'kɒnəmɪst] *n see* **economics** Wirtschaftswissenschaftler(in *f*), Ökonom *m* (*dated*); Volkswirt(in *f*), Volkswirtschaftler(in *f*) *m*; Betriebswirt(in *f*), Betriebswirtschaftler(in *f*) *m*.

economize [ɪ'kɒnəmaɪz] *vi* sparen.

◆**economize on** *vi* +*prep obj* sparen.

economy [ɪ'kɒnəmɪ] *n* **1.** (*system*) Wirtschaft *f no pl*; (*from a monetary aspect*) Konjunktur *f*. **what is the state of the ~?** wie ist die Wirtschaftslage/Konjunktur?
  2. (*in time, money*) Sparmaßnahme, Einsparung *f*. **an ~ in time** eine Zeitersparnis; **a false ~** Sparen *nt* am falschen Ende, falsche Sparsamkeit.
  3. (*thrift*) Sparsamkeit *f*. **his ~ of style** sein knapper Stil; **he has run the race with great ~** er hat seine Kräfte gut eingeteilt; **with ~ of effort** mit sparsamem Kräfteaufwand.

economy class *n* Touristenklasse *f*; **economy drive** *n* Sparmaßnahmen *pl*; **economy size** *n* Sparpackung *f*.

ecosystem ['iːkəʊˌsɪstəm] *n* Ökosystem *nt*.

ecru [e'kruː] *adj* (*US*) naturfarben, ekrü.

ecstasy ['ekstəsɪ] *n* Ekstase, Verzückung *f*. **to go into/to be in ecstasies over sth** über etw (*acc*) in Ekstase *or* Verzückung geraten.

ecstatic *adj*, **~ally** *adv* [eks'tætɪk, -əlɪ] ekstatisch, verzückt.

ECT *abbr of* **electro-convulsive therapy** Elektroschock *m*.

Ecuador ['ekwədɔː'] *n* Ecuador, Ekuador *nt*.

Ecuador(i)an [͵ekwə'dɔː(r)(ɪ)ən] **I** *adj* ecuadorianisch, ekuadorianisch. **II** *n* Ecuadorianer(in *f*), Ekuadorianer(in *f*) *m*.

ecumenical [͵iːkjʊ'menɪkəl] *adj* ökumenisch. **E~ Council** Ökumenischer Rat.

eczema ['eksɪmə] *n* Ekzem *nt*, (Haut)-ausschlag *m*.

eddy ['edɪ] **I** *n* Wirbel *m*; (*of water also*) Strudel *m*. **the wind swept the leaves in eddies down the avenue** der Wind wirbelte die Blätter durch die Allee. **II** *vi* wirbeln; (*water also*) strudeln.

edelweiss ['eɪdlvaɪs] *n* Edelweiß *nt*.

edema [ɪ'diːmə] *n* (*esp US*) Ödem *nt*.

Eden ['iːdn] *n* (*also fig*): **Garden of ~** Garten *m* Eden.

edge [edʒ] **I** *n* **1.** (*of knife, razor*) Schneide *f*. **to put an ~ on a knife** ein Messer schleifen; **to take the ~ off a blade** eine

Klinge stumpf machen; **to take the ~ off sth** (*fig*) sensation etw der Wirkung (*gen*) berauben; *pain* etw lindern; **that took the ~ off my appetite** das nahm mir erst einmal den Hunger; **the noise/taste sets my teeth on ~** das Geräusch geht mir durch und durch/der Geschmack ist mir unangenehm an den Zähnen; **to be on ~** nervös sein; **to have the ~ on sb/sth** jdm/etw überlegen sein; **it gives her/it that extra ~** darin besteht eben der kleine Unterschied.

2. (*outer limit*) Rand *m*; (*of cloth, table also, of brick, cube*) Kante *f*; (*of lake, river also, of sea*) Ufer *nt*; (*of estates etc*) Grenze *f*. **a book with gilt ~s** ein Buch mit Goldschnitt; **the trees at the ~ of the road** die Bäume am Straßenrand; **to be on the ~ of disaster** am Rande des Untergangs stehen.

II *vt* **1.** (*put a border on*) besetzen, einfassen **to ~ a coat with fur** einen Mantel mit Pelz verbrämen.

2. (*sharpen*) *tool, blade* schärfen, schleifen, scharf machen.

3. to ~ one's way towards sth/forwards (*slowly*) sich allmählich auf etw (*acc*) zubewegen/sich allmählich vorwärts bewegen; (*carefully*) sich vorsichtig auf etw (*acc*) zubewegen/ sich vorsichtig vorwärts bewegen; **the prisoner ~d his way along the wall** der Gefangene schob sich langsam der Wand entlang; **he ~d his chair nearer the door** er rückte mit seinem Stuhl allmählich auf die Tür zu.

III *vi* sich schieben. **to ~ out of a room** sich aus einem Zimmer stehlen; **to ~ away** sich davonstehlen; **to ~ away from sb/sth** sich allmählich immer weiter von jdm/etw entfernen; **to ~ up to sb** sich an jdn heranmachen; **he ~d past me** er drückte *or* schob sich an mir vorbei.

edgeways ['edʒweɪz] *adv* mit der Schmalseite voran. **I couldn't get a word in ~** ich bin überhaupt nicht zu Wort gekommen.

edging ['edʒɪŋ] *n* Borte, Einfassung *f*; (*of ribbon, silk also*) Paspel *f*. **~-shears** Rasenschere *f*.

edgy ['edʒɪ] *adj* (+*er*) *person* nervös.

edible ['edɪbl] *adj* eßbar, genießbar.

edict ['iːdɪkt] *n* Erlaß *m*; (*Hist*) Edikt *nt*.

edification [ˌedɪfɪ'keɪʃən] *n* Erbauung *f*. **for the ~ of ...** zur Erbauung der ...

edifice ['edɪfɪs] *n* (*lit, fig*) Gebäude *nt*; (*fig also*) Gefüge *nt*.

edify ['edɪfaɪ] *vt* erbauen.

edifying ['edɪfaɪɪŋ] *adj* erbaulich.

edit ['edɪt] **I** *vt series, author, newspaper, magazine* herausgeben, edieren; *newspaper story, book, text* redigieren; *film, tape* schneiden, cutten, montieren; (*editing terminal*) *data* zum Druck aufbereiten; *tape* redigieren. **~ed by: ...** (*Film*) Schnitt: ... **II** *vi* redaktionell arbeiten.

◆**edit out** *vt sep* herausnehmen; (*from film, tape*) herausschneiden; *character from story* herausstreichen.

editing terminal ['edɪtɪŋ'tɜːmɪnl] *n* Redigiertastatur *f*.

edition [ɪ'dɪʃən] *n* Ausgabe, Edition *f*; (*impression*) Auflage *f*.

editor ['edɪtər] *n* (*of text, newspaper,*

magazine, series, author) Herausgeber(in *f*) *m*; (*publisher's*) (Verlags)lektor(in *f*) *m*; (*Film*) Cutter(in *f*) *m*; (*Computers*) Editor *m*. **political/sports ~** politischer Redakteur/Sportredakteur *m*; **~-in-chief** Herausgeber *m*; (*of newspaper*) Chefredakteur *m*; **the ~s in our educational department** die Redaktion unserer Schulbuchabteilung; **the ~ of this passage obviously misunderstood** der, der diese Stelle redigierte, hat offensichtlich nicht richtig verstanden.

editorial [ˌedɪ'tɔːrɪəl] **I** *adj* redaktionell, Redaktions-. **~ office** Redaktion *f*; (*Publishing also*) (Verlags)lektorat *nt*; **~ staff** Redaktion(sangestellte *pl*) *f*; **he is ~ staff** er arbeitet in der Redaktion; **there's an ~ job going in the Bible Department** in der Bibelabteilung ist eine Lektorenstelle zu besetzen.

II *n* Leitartikel *m*.

editorially [ˌedɪ'tɔːrɪəlɪ] *adv* redaktionell.

editorship ['edɪtəʃɪp] *n* (*of newspaper, magazine*) Chefredaktion, Schriftleitung *f*. **under the general ~ of ...** unter ... als Herausgeber; **skills of ~** Fähigkeiten als Redakteur/Verlagslektor.

EDP *abbr of* **Electronic Data Processing** EDV *f*.

educable ['edjʊkəbl] *adj* erziehbar; (*academically*) ausbildbar.

educate ['edjʊkeɪt] *vt* **1.** erziehen. **he was ~d at Eton** er ist in Eton zur Schule gegangen; **the public must first be ~d about health risks** die Öffentlichkeit muß zuerst einmal über die gesundheitlichen Gefahren aufgeklärt werden.

2. *the mind* schulen; *one's tastes* (aus)bilden. **an influence which has clearly ~d the general public's taste** ein Einfluß, der den allgemeinen Geschmack deutlich geprägt hat.

educated ['edjʊkeɪtɪd] *adj* gebildet. **to make an ~ guess** eine fundierte *or* wohlbegründete Vermutung anstellen.

education [ˌedjʊ'keɪʃən] *n* Erziehung *f*; (*studies, training*) Ausbildung *f*; (*knowledge, culture*) Bildung *f*. **Ministry of E~** Ministerium *nt* für Erziehung und Unterricht, Kultusministerium *nt*; **lecturer in ~** Dozent(in *f*) *m* für Pädagogik; **College of E~** Pädagogische Hochschule; (*for graduates*) Studienseminar *nt*; **to study ~** Pädagogik *or* Erziehungswissenschaften studieren; **the ~ budget** der Etat für das Erziehungs- und Ausbildungswesen; **~ is free** die Schulausbildung ist kostenlos; **the ~ which he received at school** seine Schulbildung; **haven't you got any ~?** hast du denn überhaupt keine Bildung?

educational [ˌedjʊ'keɪʃənl] *adj* pädagogisch; *methods, work also* Erziehungs-; *films, games also* Lehr-; *role, function also* erzieherisch; *publisher also* Schulbuch-, Lehrbuch-. **a very ~ experience** eine sehr lehrreiche Erfahrung.

education(al)ist [ˌedjʊ'keɪʃn(əl)ɪst] *n* Pädagoge *m*, Pädagogin *f*, Erziehungswissenschaftler(in *f*) *m*.

educationally [ˌedjʊ'keɪʃnəlɪ] *adj* pädagogisch.

educative ['edjʊkətɪv] *adj* erzieherisch.

educator ['edjʊkeɪtəʳ] n Pädagoge, Erzieher m.

Edward ['edwəd] n Eduard m.

Edwardian [ed'wɔːdɪən] I adj aus der Zeit Eduards VII. **in ~ days** unter Eduard VII, im ersten Jahrzehnt des 20. Jahrhunderts. II n Zeitgenosse m Eduards VII.

EEC abbr of **European Economic Community** EWG f.

EEG abbr of **electroencephalogram** EEG nt.

eel [iːl] n Aal m; see **slippery**.

e'er [ɛəʳ] adv (poet) contr of **ever**.

eerie, eery adj (+er), **eerily** adv ['ɪərɪ, -lɪ] unheimlich; sound also schaurig.

efface [ɪ'feɪs] vt auslöschen. **to ~ oneself** sich zurückhalten.

effect [ɪ'fekt] I n 1. (result) Wirkung f, Effekt m; (repercussion) Auswirkung f. **the ~ of an acid on metal** die Wirkung einer Säure auf Metall; **alcohol has the ~ of dulling your senses** Alkohol bewirkt eine Abstumpfung der Sinne; **the ~ of this rule will be to prevent ...** diese Regelung wird die Verhinderung von ... bewirken or zur Folge haben; **the ~s of radioactivity on the human body** die Auswirkungen radioaktiver Strahlen auf den menschlichen Körper; **to feel the ~s of an accident/of drink** die Folgen eines Unfalls/des Trinkens spüren; **to no ~** erfolglos, ergebnislos; **our warning was to no ~** unsere Warnung hatte keine Wirkung; **to such good ~ that** so wirkungsvoll, daß ...; **to have an ~ on sb/sth** eine Wirkung auf jdn/etw haben; **to have no ~** keine Wirkung haben; **to take ~** (drug) wirken.

2. (impression) Wirkung f, Effekt m. **to create an ~** eine Wirkung or einen Effekt erzielen; **to give a good ~** einen guten Effekt ergeben; **it's all done solely for ~** es wird alles bloß des Effekts wegen getan.

3. (meaning) **his letter is to the ~ that ...** sein Brief hat zum Inhalt, daß ...; **we received his letter to the ~ that ...** wir erhielten sein Schreiben des Inhalts, daß ...; **an announcement to the ~ that ...** eine Erklärung des Inhalts, daß ...; **he used words to that ~** sinngemäß drückte er sich so aus; **... or words to that ~ ...** oder etwas in diesem Sinne or etwas ähnliches.

4. **~s** pl (property) Effekten pl.

5. (reality) **in ~** in Wirklichkeit.

6. (of laws) **to be in ~** gültig or in Kraft sein; **to come into ~** in Kraft treten; **to put sth into ~** etw in Kraft setzen; **to take ~** in Kraft treten.

II vt 1. bewirken, herbeiführen. **to ~ one's purpose** seine Absicht in die Tat umsetzen; **to ~ an entry** (form) sich (dat) Zutritt verschaffen.

2. (form) sale, purchase tätigen; payment leisten; insurance abschließen; settlement erzielen.

effective [ɪ'fektɪv] adj 1. (achieving a result) wirksam, effektiv. **to become ~** (law) in Kraft treten, wirksam werden; (drug) wirken.

2. (creating a striking impression) wirkungsvoll, effektvoll.

3. (real) aid, contribution tatsächlich; profit, performance also effektiv.

effectively [ɪ'fektɪvlɪ] adv see adj 1. wirksam, effektiv. 2. wirkungsvoll, effektvoll. 3. effektiv.

effectiveness [ɪ'fektɪvnɪs] n see adj 1. Wirksamkeit, Effektivität f. 2. Wirkung f, Effekt m.

effectual adj, **~ly** adv [ɪ'fektjʊəl, -ɪ] wirksam.

effectuate [ɪ'fektjʊeɪt] vt bewirken.

effeminacy [ɪ'femɪnəsɪ] n Unmännlichkeit f, weibisches Wesen, Effemination f (geh).

effeminate [ɪ'femɪnɪt] adj unmännlich, weibisch, effeminiert (geh).

effervesce [ˌefə'ves] vi sprudeln; (fig: person) übersprudeln, überschäumen.

effervescence [ˌefə'vesns] n (lit) Sprudeln nt; (fig) Übersprudeln, Überschäumen nt; überschäumendes Temperament.

effervescent [ˌefə'vesnt] adj sprudelnd; (fig) überschäumend, übersprudelnd.

effete [ɪ'fiːt] adj schwach; person saft- und kraftlos.

efficacious [ˌefɪ'keɪʃəs] adj wirksam.

efficacy ['efɪkəsɪ] n Wirksamkeit f.

efficiency [ɪ'fɪʃənsɪ] n (of person) Fähigkeit, Tüchtigkeit f; (of machine, engine, factory) Leistungsfähigkeit f; (of method, organization) Rationalität, Effizienz (geh) f. **when jobs are lost for the sake of ~** wenn Stellen wegrationalisiert werden.

efficient [ɪ'fɪʃənt] adj person fähig, effizient (geh); worker, secretary etc also tüchtig; machine, engine, factory, company, department leistungsfähig; method, organization rationell, effizient (geh). **to be ~ at sth/at doing sth** etw gut verstehen, etw zu tun, in etw (dat) tüchtig sein; **the ~ working of a mechanism** das gute Funktionieren eines Mechanismus.

efficiently [ɪ'fɪʃəntlɪ] adj gut, effizient (geh). **the new machines were installed smoothly and ~** die neuen Maschinen wurden glatt und reibungslos eingebaut.

effigy ['efɪdʒɪ] n Bildnis nt. **to burn sb in ~** jds Puppe verbrennen.

efflorescent [ˌeflɔː'resnt] adj (Chem) ausblühend; (Bot) aufblühend.

effluence ['efluəns] n Abwasser nt.

effluent ['efluənt] I adj ausfließend; gas ausströmend. II n (from a lake) Ausfluß m; (sewage) Abwasser nt.

effluvium [e'fluːvɪəm] n Ausdünstung f.

effort ['efət] n 1. (attempt) Bemühung f; (strain, hard work) Anstrengung, Mühe f; (Mech) Leistung f. **to make an ~ to do sth** sich bemühen or anstrengen, etw zu tun; **to make every ~ or a great ~ to do sth** sich sehr bemühen or anstrengen, etw zu tun; **to make every possible ~ to do sth** jede nur mögliche Anstrengung or große Anstrengungen unternehmen or machen, etw zu tun; **he made no ~ to be polite** er machte sich (dat) nicht die Mühe, höflich zu sein; **it's an ~ (to get up in the morning)** es kostet einige Mühe or Anstrengung (, morgens aufzustehen); **with an ~** mühsam; **he had to double his ~s** er mußte seine Anstrengungen verdoppeln; **the government's ~s to avoid a crisis** die Bemühungen der Regierung, eine Krise zu vermeiden; **if it's not too much of an ~**

for you (*iro*) wenn es dir nicht zu viel Mühe macht; **you could make a little more ~** Sie könnten sich ein bißchen mehr Mühe geben.

2. (*inf*) Unternehmen *nt*. **it was a pretty poor ~** das war ziemlich schwache Leistung; **it's not bad for a first ~** das ist nicht schlecht für den Anfang; **do you understand those rationalization ~s?** verstehen Sie diese Rationalisierungsbestrebungen?; **his first ~ at making a film** sein erster Versuch, einen Film zu drehen; **what's this peculiar cylinder ~?** was ist denn das Zylinder-Ding da? (*inf*).

effortless ['efətlɪs] *adj* mühelos, leicht; *style* leicht, flüssig.

effortlessly ['efətlɪslɪ] *adv* mühelos, leicht.

effrontery [ɪ'frʌntərɪ] *n* Unverschämtheit *f*. **how can you have the ~ to deny the charge?** daß Sie die Frechheit besitzen, den Vorwurf abzustreiten!

effusion [ɪ'fju:ʒən] *n* (*lit*, *fig*) Erguß *m*.

effusive [ɪ'fju:sɪv] *adj* überschwenglich; *person, character, style also* exaltiert.

effusively [ɪ'fju:sɪvlɪ] *adv* überschwenglich.

effusiveness [ɪ'fju:sɪvnɪs] *n* Überschwenglichkeit *f*.

EFTA ['eftə] *abbr of* **European Free Trade Association** EFTA *f*.

eg *abbr of* **for example** z.B.

egalitarian [ɪˌgælɪ'teərɪən] I *n* Verfechter(in *f*) *m* des Egalitarismus. II *adj person* egalitär (*geh*); *principle also* Gleichheits-.

egalitarianism [ɪˌgælɪ'teərɪənɪzəm] *n* Egalitarismus *m*.

egg [eg] *n* Ei *nt*. **to put all one's ~s in one basket** (*Prov*) alles auf eine Karte setzen; **as sure as ~s is ~s** (*inf*) so sicher wie das Amen in der Kirche (*inf*); **to have ~ all over one's face** (*fig inf*) belemmert aus der Wäsche gucken (*inf*); **the plan is still in the ~** der Plan ist noch im Entstehen.

♦**egg on** *vt sep* anstacheln. **don't ~ him ~!** jetzt stachel ihn doch nicht auch noch an!

egg-beater ['egbi:tər] *n* Schneebesen *m*; **egg-cup** *n* Eierbecher *m*; **egg-flip** *n* Eiflip *m*; **egghead** *n* (*pej inf*) Intellektuelle(r) *mf*, Eierkopf *m* (*inf*); **egg-plant** *n* Aubergine *f*; **eggshell** I *n* Eierschale *f*; II *adj* Eierschalen-; **egg spoon** *n* Eierlöffel *m*; **egg-timer** *n* Eieruhr *f*; **egg-whisk** *n* Schneebesen *m*; **egg-white** *n* Eiweiß *nt*; **egg yolk** *n* Eidotter *m*, Eigelb *nt*.

eglantine ['eglantaɪn] *n* Weinrose *f*.

ego ['i:gəʊ] *n, pl* **~s** (*Psych*) Ego, Ich *nt*; (*inf*) Selbstbewußtsein *nt*; (*conceit*) Einbildung *f*. **this will boost his ~** das wird sein Selbstbewußtsein stärken, das wird ihm Auftrieb geben; **his ~ won't allow him to admit that he is wrong** sein Stolz läßt ihn nie zugeben, daß er unrecht hat.

egocentric(al) [ˌegəʊ'sentrɪk(əl)] *adj* egozentrisch, ichbezogen.

egoism ['egəʊɪzəm] *n* Egoismus *m*, Selbstsucht *f*.

egoist ['egəʊɪst] *n* Egoist *m*, selbstsüchtiger Mensch.

egoistical [ˌegəʊ'ɪstɪkəl] *adj* egoistisch, selbstsüchtig, eigennützig.

egotism ['egəʊtɪzəm] *n* Ichbezogenheit *f*, Egotismus *m*.

egotist ['egəʊtɪst] *n* Egotist *m*, ichbezogener Mensch.

egotistic(al) [ˌegəʊ'tɪstɪk(əl)] *adj* von sich eingenommen, ichbezogen, egotistisch.

ego-trip ['i:gəʊtrɪp] *n* (*inf*) **I can't stand him when he's on one of these ~s** ich kann es nicht ausstehen, wenn er so angibt; **it won't last long, it's just some sort of ~** das hält nicht lange an, er tut das nur zur Befriedigung seines Selbstgefühls.

egregious [ɪ'gri:dʒəs] *adj* ausgemacht, ungeheuerlich.

egret ['i:grɪt] *n* **1.** (*Orn*) Reiher *m*. **2.** (*ornament*) Reiherfeder *f*.

Egypt ['i:dʒɪpt] *n* Ägypten *nt*.

Egyptian [ɪ'dʒɪpʃən] I *adj* ägyptisch. II *n* **1.** Ägypter(in *f*) *m*. **2.** (*language*) Ägyptisch *nt*.

eh [eɪ] *interj* **1.** (*inviting repetition*) **I've found a gold mine — ~?** ich habe eine Goldmine entdeckt — was?, hä? **2.** (*inviting agreement*) **it's good, ~?** gut, nicht?

eider ['aɪdər] *n* Eiderente *f*.

eiderdown ['aɪdədaʊn] *n* (*quilt*) Federbett, Daunenbett *nt*; (*feathers*) Daunen, Flaumfedern *pl*.

eight [eɪt] I *adj* acht; *see* **six**. II *n* **1.** Acht *f*; *see* **six**. **2.** (*Rowing*) Achter *m*. **3. to have had one over the ~** (*inf*) einen über den Durst getrunken haben (*inf*).

eighteen ['eɪ'ti:n] I *adj* achtzehn. II *n* Achtzehn *f*.

eighteenth ['eɪ'ti:nθ] I *adj* achtzehnte(r, s). II *n* (*fraction*) Achtzehntel *nt*; (*of series*) Achtzehnte(r, s); *see* **sixteenth**.

eighth [eɪtθ] I *adj* achte(r, s). II *n* (*fraction*) Achtel *nt*; (*of series*) Achte(r, s); *see* **sixth**.

eighth-note ['eɪtθnəʊt] *n* (*US Mus*) Achtelnote *f*, Achtel *nt*.

eightieth ['eɪtɪəθ] I *adj* achtzigste(r, s). II *n* (*fraction*) Achtzigstel *nt*; (*of series*) Achtzigste(r, s); *see* **sixtieth**.

eighty ['eɪtɪ] I *adj* achtzig. II *n* Achtzig *f*.

einsteinium [aɪn'staɪnɪəm] *n* (*abbr* Es) Einsteinium *nt*.

Eire ['ɛərə] *n* Irland, Eire *nt*.

either ['aɪðər] I *adj, pron* **1.** (*one or other*) eine(r, s) (von beiden). **there are two boxes on the table, take ~** auf dem Tisch liegen zwei Schachteln, nimm eine davon.

2. (*each, both*) jede(r, s), beide *pl*. **~ day would suit me** beide Tage passen mir; **which bus will you take? — ~ (will do)** welchen Bus wollen Sie nehmen? — das ist egal; **I don't admire ~** ich bewundere keinen von beiden, ich bewundere beide nicht; **on ~ side of the street** auf beiden Seiten der Straße; **it wasn't in ~ (box)** es war in keiner der beiden (Kisten).

II *adv, conj* **1.** (*after neg statement*) auch nicht. **he sings badly and he can't act ~** er ist ein schlechter Sänger, und spielen kann er auch nicht; **I have never heard of him — no, I haven't ~** ich habe noch nie von ihm gehört — ich auch nicht.

2. ~ ... or entweder ... oder; (*after a negative*) weder ... noch; **~ be quiet or go out!** entweder bist du ruhig oder du gibst raus!; **I have never been to ~ Paris or Rome** ich bin weder in Paris noch in Rom gewesen.

3. *(moreover)* **she inherited a sum of money and not such a small one** ~ sie hat Geld geerbt, und (zwar) gar nicht so wenig.

ejaculate [ɪ'dʒækjʊleɪt] **I** *vi (cry out)* aufschreien; *(Physiol)* ejakulieren. **II** *vt (utter)* ausstoßen, ausrufen; *(Physiol)* ejakulieren, ausspritzen. **III** [ɪ'dʒækjʊlɪt] *n* Ejakulat *m*.

ejaculation [ɪˌdʒækjʊ'leɪʃən] *n* **1.** *(cry)* Ausruf *m*. **2.** *(Physiol)* Ejakulation *f*, Samenerguß *m*.

ejaculatory [ɪ'dʒækjʊlətərɪ] *adj style, language* stoßhaft; *(Physiol)* Ejakulations-.

eject [ɪ'dʒekt] **I** *vt* **1.** *(throw out) heckler, tenant* hinauswerfen. **2.** *smoke, flames* ausstoßen; *cartridge* auswerfen; *(Tech)* ausstoßen, auswerfen; *pilot* herausschleudern. **II** *vi (pilot)* den Schleudersitz betätigen.

ejection [ɪ'dʒekʃən] *n* Hinauswurf *m*; *(of cartridge)* Auswerfen *nt*; *(Tech)* Auswerfen *nt*, Ausstoß *m*. ~ **is the pilot's last resort** Betätigung des Schleudersitzes ist die letzte Rettung für den Piloten.

ejector [ɪ'dʒektər] *n (on gun)* Auswerfer, Ejektor *m*. ~ **seat** *(Aviat)* Schleudersitz *m*.

◆**eke out** ['iːkaʊt] *vt sep food, supplies* strecken, verlängern; *money, income* aufbessern. **to** ~ **a living** sich (recht und schlecht) durchschlagen.

elaborate [ɪ'læbərɪt] **I** *adj design, hairstyle, pattern, drawing* kunstvoll, kompliziert; *style (of writing)* also, *document* ausführlich, detailliert; *plan* ausgefeilt, ausgeklügelt; *sculpture, style* kunstvoll; *preparations* also umfangreich; *clothes, meal* üppig; *joke* ausgeklügelt. **I could cook something a little more** ~ ich könnte etwas Anspruchsvolleres kochen.

II [ɪ'læbəreɪt] *vt (work out in detail)* ausarbeiten; *(describe in detail)* ausführen.

III [ɪ'læbəreɪt] *vi* **could you** ~? könnten Sie das etwas näher ausführen?; **there's no need to** ~ Sie brauchen nichts weiter zu sagen.

◆**elaborate on** *vi +prep obj* näher ausführen.

elaborately [ɪ'læbərɪtlɪ] *adv designed, drawn, structured* kunstvoll, kompliziert; *detailed* ausführlich; *worked out* detailliert; *prepared* umfangreich.

elaborateness [ɪ'læbərɪtnɪs] *n see adj* Kompliziertheit *f*; Ausführlichkeit, Detailliertheit *f*; Umfang *m*; Üppigkeit *f*.

elaboration [ɪˌlæbə'reɪʃən] *n (working out in detail) (of plan)* Ausfeilung *f*; *(description: of details etc)* nähere Ausführung; *(that which elaborates: details etc)* Ausschmückung *f*.

élan [eɪ'læn] *n* Elan *m*.

elapse [ɪ'læps] *vi* vergehen, verstreichen.

elastic [ɪ'læstɪk] **I** *adj (lit, fig)* elastisch. ~ **band** *(Brit)* Gummiband *nt*; ~ **stockings** Gummistrümpfe *pl*. **II** *n* Gummi(band *nt*) *m*; *(US: rubber band)* Gummi *m*.

elasticity [ˌiːlæs'tɪsɪtɪ] *n* Elastizität *f*.

Elastoplast ® [ɪ'læstəʊplɑːst] *n (Brit)* Hansaplast ® *nt*.

elate [ɪ'leɪt] *vt* begeistern, in Hochstimmung versetzen.

elated [ɪ'leɪtɪd] *adj* begeistert.

elation [ɪ'leɪʃən] *n* Begeisterung *(at über +acc)*, Hochstimmung *f*; *(of crowd also)* Jubel *m*.

elbow ['elbəʊ] **I** *n* **1.** Ellbogen *m*. **out at the** ~**s** an den Ellbogen durchgewetzt. **2.** *(of piping, river, road)* Knie *nt*.

II *vt* **to** ~ **one's way through/forward** sich durchboxen *or* -drängen; **to** ~ **sb aside** jdn beiseite stoßen; **he** ~**ed me in the stomach** er stieß mir *or* mich mit dem Ellbogen in den Magen.

◆**elbow out** *vt sep (fig)* hinausdrängeln.

elbow-grease ['elbəʊɡriːs] *n (inf)* Muskelschmalz *nt (inf)*; **elbow-rest** *n* Armstütze *f*; **elbow-room** *n (inf: lit, fig)* Ellbogenfreiheit *f (inf)*.

elder[1] ['eldər] **I** *adj attr comp of* **old 1.** *(older) brother etc* ältere(r, s). **2.** *(senior)* **Pliny the** ~ Plinius der Ältere, der ältere Plinius. **3.** ~ **statesman** (alt)erfahrener Staatsmann. **II** *n* **1. respect your** ~**s and betters** du mußt Respekt vor Älteren haben.

2. *(of tribe, Church)* Älteste(r) *m*.

3. *(Presbyterian)* Gemeindeälteste(r), Presbyter *m*.

elder[2] ['eldər] *n (Bot)* Holunder *m*.

elderberry ['eldəˌberɪ] *n* Holunderbeere *f*.

elderly ['eldəlɪ] *adj* ältlich, ältere(r, s) *attr*.

eldest ['eldɪst] *adj attr superl of* **old** älteste(r, s). **their** ~ ihr Ältester/ihre Älteste.

elect [ɪ'lekt] **I** *vt* **1.** wählen. **he was** ~**ed chairman** er wurde zum Vorsitzenden gewählt; **to** ~ **sb to the Senate** jdn in den Senat wählen.

2. *(choose)* (er)wählen, sich entscheiden für. **to** ~ **to do sth** sich dafür entscheiden, etw zu tun.

II *adj* **the president/bishop** ~ der designierte *or* künftige Präsident/Bischof.

III *npl (esp Rel)* **the** ~ die Auserwählten *pl*.

election [ɪ'lekʃən] *n* Wahl *f*.

election *in cpds* Wahl-; ~ **campaign** *n* Wahlkampagne *f or* -kampf *m*.

electioneer [ɪˌlekʃə'nɪər] *vi* als Wahlhelfer arbeiten, Wahlhilfe leisten.

electioneering [ɪˌlekʃə'nɪərɪŋ] **I** *n (campaign)* Wahlkampf *m*; *(propaganda)* Wahlpropaganda *f*. **II** *adj campaign* Wahl-; *speech* Wahlkampf-.

elective [ɪ'lektɪv] **I** *adj* **1.** Wahl-. ~ **assembly** Wahlversammlung *f*. **2.** *(Chem)* ~-**attraction** Wahlverwandtschaft *f*; *(fig)* ~-**affinity** Wahlverwandtschaft *f*. **3.** *(US) class, course* wahlfrei. **II** *n (US)* Wahlfach *nt*.

elector [ɪ'lektər] *n* **1.** Wähler(in*f*) *m*. **2.** *(US)* Wahlmann *m*.

electoral [ɪ'lektərəl] *adj* Wahl-. ~ **college** *(US)* Wahlmänner-Kollegium *nt*; ~ **district** *or* **division** Wahlbezirk *m*; ~ **roll** Wählerverzeichnis *nt*.

electorate [ɪ'lektərɪt] *n* Wähler *pl*, Wählerschaft *f*.

electric [ɪ'lektrɪk] *adj appliance, current, wire* elektrisch; *generator* Strom-. **the atmosphere was** ~ es herrschte große Spannung.

electrical [ɪ'lektrɪkəl] *adj* Elektro-, elektrisch. ~ **engineer** Elektrotechniker *m*; *(with Univ etc degree)* Elektroingenieur *m*;

~ **engineering** Elektrotechnik f.
electric blanket n Heizdecke f; **electric
blue** I n Stahlblau nt; II adj stahlblau;
electric chair n elektrischer Stuhl;
electric cooker n Elektroherd m;
electric eel n Zitteraal m; **electric eye** n
Photozelle f; **electric field** n elektrisches
Feld; **electric fire**, **electric heater** n
elektrisches Heizgerät; **electric guitar** n
elektrische Gitarre.
electrician [ɪlek'trɪʃən] n Elektriker m.
electricity [ɪlek'trɪsɪtɪ] n Elektrizität f;
(electric power for use) (elektrischer)
Strom. **to turn on/off the** ~ den Strom
an-/abschalten.
electricity (generating) board (Brit) n
Elektrizitätswerk nt; **electricity meter** n
Stromzähler m.
electric light n elektrisches Licht; **electric
motor** n Elektromotor m; **electric ray** n
(Zool) Zitterrochen m; **electric shock** I
n elektrischer Schlag, Stromschlag m;
(Med) Elektroschock m; II adj attr ~
treatment (Elektro)schocktherapie f; **to
give sb** ~ **treatment** jdn mit (Elektro)-
schock behandeln.
electrification [ɪˌlektrɪfɪ'keɪʃən] n Elek-
trifizierung f.
electrify [ɪ'lektrɪfaɪ] vt 1. (Rail) elek-
trifizieren. 2. (charge with electricity)
unter Strom setzen. 3. (fig) elektrisieren.
electrifying [ɪ'lektrɪfaɪɪŋ] adj (fig) elek-
trisierend.
electro- [ɪ'lektrəʊ-] pref Elektro-. **electro-
cardiogram** [ɪˌlektrəʊ'kɑːdɪəʊˌgræm]
Elektrokardiogramm nt; **electro-cardio-
graph** [ɪˌlektrəʊ'kɑːdɪəʊˌgrɑːf] Elektro-
kardiograph m.
electrocute [ɪ'lektrəkjuːt] vt durch einen
(Strom)schlag töten; (execute) durch den
or auf dem elektrischen Stuhl hinrichten.
electrocution [ɪˌlektrə'kjuːʃən] n see vt
Tötung f durch Stromschlag; Hinrichtung
f durch den elektrischen Stuhl.
electrode [ɪ'lektrəʊd] n Elektrode f.
electrodynamics [ɪˌlektrəʊdaɪ'næmɪks]n
Elektrodynamik f; **electroencephalo-
gram** [ɪˌlektrəʊen'sefələˌgræm] n Elek-
troenzephalogramm nt; **electroence-
phalograph** [ɪˌlektrəʊen'sefələˌgrɑːf] n
Elektroenzephalograph m.
electrolysis [ɪlek'trɒlɪsɪs] n Elektrolyse f.
electrolyte [ɪ'lektrəʊlaɪt] n Elektrolyt m.
electromagnet [ɪ'lektrəʊ'mægnɪt] n Elek-
tromagnet m.
electromagnetic [ɪ'lektrəʊmæg'netɪk] adj
elektromagnetisch.
electron [ɪ'lektrɒn] n Elektron nt. ~ **beam**
Elektronenstrahl m; ~ **microscope** Elek-
tronenmikroskop nt.
electronic [ɪlek'trɒnɪk] adj elektronisch. ~
brain n Elektronen(ge)hirn nt; ~ **data
processing** elektronische Datenverarbei-
tung.
electronics [ɪlek'trɒnɪks] n sing (subject)
und pl (of machine etc) Elektronik f.
electroplate [ɪ'lektrəʊpleɪt] I vt gal-
vanisieren. II n, no pl Galvanisierung f. **is
it silver?** — **no**, ~ ist das Silber? — nein,
nur versilbert.
elegance ['elɪgəns] n Eleganz f.
elegant adj, ~ly adv ['elɪgənt, -lɪ] elegant.

~ **engineering** Elektrotechnik f.
elegiac [ˌelɪ'dʒaɪək] I adj elegisch. II n ~s pl
elegische Verse pl.
elegize ['elɪdʒaɪz] vi (in Elegien) klagen
(upon über +acc).
elegy ['elɪdʒɪ] n Elegie f.
element ['elɪmənt] n (all senses) Element nt;
(Chem also) Grundstoff m; (usu pl: of a
subject also) Grundbegriff m. **an** ~ **of dan-
ger** ein Gefahrenelement nt; **the** ~ **of
chance** das Zufallselement; **an** ~ **of truth**
eine Spur or ein Element nt von Wahr-
heit; **undesirable** ~s unerwünschte
Elemente pl; **the (four)** ~s die (vier)
Elemente; **to be in one's** ~ in seinem
Element sein; **to be out of one's** ~ (with
group of people). sich fehl am Platze
fühlen; (with subject) nicht zu Hause sein.
elemental [ˌelɪ'mentl] adj 1. (concerning the
four elements) force, power, gods elemen-
tar. 2. (simple) einfach, elementar. ~
truth einfache Wahrheit. 3. (Chem, Phys)
Grundstoff-.
elementary [ˌelɪ'mentərɪ] adj 1. (simple)
einfach, simpel, elementar.
  2. (first, basic) elementar, Grund-. ~
education Elementarunterricht m; ~ **par-
ticle** (Phys) Elementarteilchen nt; **still in
the** ~ **stages** noch in den Anfängen; ~
school Grundschule f; ~ **science** elemen-
tare Naturwissenschaften pl; (Sch)
Grundkurs m in Naturwissenschaften.
elephant ['elɪfənt] n Elefant m; see **pink**,
white ~.
elephantiasis [ˌelɪfən'taɪəsɪs] n Elephan-
tiasis f.
elephantine [ˌelɪ'fæntaɪn] adj (heavy,
clumsy) movements schwerfällig, wie ein
Elefant; (large) mammuthaft, Mammut-.
elevate ['elɪveɪt] vt 1. heben. **by elevating
the house a full 3 metres above ...** indem
man das Haus ganze 3 Meter über (+acc)
... setzt.
  2. (fig) mind erbauen; soul erheben.
elevating reading erbauliche Lektüre.
  3. **to** ~ **sb to the peerage** jdn in den
Adelsstand erheben.
elevated ['elɪveɪtɪd] adj 1. position hoch-
(liegend), höher; platform erhöht. ~ **rail-
way** Hochbahn f; ~ **motorway** (Brit)
Hochstraße f. 2. (fig) position, style
gehoben; thoughts erhaben.
elevation [ˌelɪ'veɪʃən] n 1. (lit) Hebung f;
(to higher rank) Erhebung f (to in +acc).
  2. (of thought) Erhabenheit f; (of
position, style) Gehobenheit f.
  3. (above sea level) Höhe f über dem
Meeresspiegel or über N.N.; (hill etc)
(Boden)erhebung, Anhöhe f.
  4. **angle of** ~ Höhen- or Elevationswin-
kel m.
  5. (of gun) Elevation, Erhöhung f.
  6. (Archit: drawing) Aufriß m. **front** ~
Frontansicht f, Fassadenaufriß m.
elevator ['elɪveɪtər] n 1. (US) Fahrstuhl,
Lift, Aufzug m. 2. (storehouse) Silo m.
3. (Aviat) Höhenruder nt. 4. (with buckets
etc) Aufzug m; (hoist) Winde f.
eleven ['ɪlevn] I n 1. (number) Elf f. **the** ~
plus (old Brit Sch) Aufnahmeprüfung in
eine weiterführende Schule. 2. (Sport) Elf f.
the West German ~ die bundesdeutsche
(National)elf; **the second** ~ die zweite

Mannschaft. **II** adj elf; see also **six**.

elevenses [ɪ'levnzɪz] n sing or pl (Brit) zweites Frühstück.

eleventh [ɪ'levnθ] **I** adj elfte(r, s). **at the ~ hour** (fig) in letzter Minute, fünf Minuten vor zwölf. **II** n (fraction) Elftel nt; Elfte(r, s); (of series) Elfte(r, s); see also **sixth**.

elf [elf] n, pl **elves** Elf m, Elfe f; (mischievous) Kobold m.

elfin ['elfɪn] adj light, music Elfen-, elfisch.

elfish ['elfɪʃ] adj elfisch; (mischievous) koboldhaft.

elicit [ɪ'lɪsɪt] vt entlocken (from sb jdm).

elide [ɪ'laɪd] **I** vt elidieren, auslassen. **II** vi elidiert werden, weg- or ausfallen.

eligibility [ˌelɪdʒə'bɪlɪtɪ] n 1. Berechtigung f. **because of his undoubted ~ for the post** da er für die Stelle zweifelsohne in Frage kommt/kam. 2. Wählbarkeit f.

eligible ['elɪdʒəbl] adj 1. in Frage kommend; (for competition etc also) teilnahmeberechtigt; (for student flights, grants etc also) berechtigt; (for membership) aufnahmeberechtigt. **to be ~ for a job/an office/a pension** für einen Posten/ein Amt in Frage kommen/pensionsberechtigt sein; **an ~ bachelor** ein begehrter Junggeselle. 2. (able to be elected) wählbar.

eliminate [ɪ'lɪmɪneɪt] vt 1. ausschließen; alternative also ausscheiden; possibility of error also, competitor ausschalten; (Physiol) ausscheiden, eliminieren; (Math) eliminieren. **our team was ~d in the second round** unsere Mannschaft schied in der zweiten Runde aus. 2. (kill) enemy ausschalten, eliminieren.

elimination [ɪˌlɪmɪ'neɪʃən] n see vt 1. Ausschluß m; Ausscheidung f; Ausschaltung f; Ausscheidung, Elimination f. **by (a) process of ~** durch negative Auslese; **our ~ at the hands of the German team** die Ausschaltung unserer Mannschaft durch die deutsche. 2. Ausschaltung, Eliminierung f.

élite [eɪ'liːt] n Elite f.

élitism [eɪ'liːtɪzəm] n Elitedenken nt.

élitist [eɪ'liːtɪst] adj elitär.

elixir [ɪ'lɪksəʳ] n Elixier nt.

Elizabeth [ɪ'lɪzəbəθ] n Elisabeth f.

Elizabethan [ɪˌlɪzə'biːθən] **I** adj elisabethanisch. **II** n Elisabethaner(in f) m.

elk [elk] n Elch m.

ellipse [ɪ'lɪps] n Ellipse f.

ellipsis [ɪ'lɪpsɪs] n, pl **ellipses** [ɪ'lɪpsiːz] (Gram) Ellipse f.

elliptic(al) [ɪ'lɪptɪk(əl)] adj (Math, Gram) elliptisch.

elm [elm] n Ulme f.

elocution [ˌelə'kjuːʃən] n Sprechtechnik f. **~ classes** Sprecherziehung f.

elongate ['iːlɒŋgeɪt] **I** vt verlängern; (stretch out) langziehen, strecken. **II** vi länger werden.

elongated ['iːlɒŋgeɪtɪd] adj (extra length added) verlängert; (stretched) neck ausgestreckt; shape länglich.

elongation [ˌiːlɒŋ'geɪʃən] n Verlängerung f; (stretching) Ausstrecken nt.

elope [ɪ'ləʊp] vi durchbrennen.

elopement [ɪ'ləʊpmənt] n Durchbrennen nt.

eloquence ['eləkwəns] n see adj Wortgewandtheit f; Gewandtheit f; Wohlgesetztheit f; Beredtheit f. **phrased with such ~** mit einer solchen Eloquenz ausgedrückt.

eloquent ['eləkwənt] adj person wortgewandt; words gewandt; speech wohlgesetzt; (fig) look, gesture beredt, vielsagend. **this is ~ proof of ...** das spricht wohl deutlich dafür, daß ...

eloquently ['eləkwəntlɪ] adv wortgewandt, mit beredten Worten. **very ~ put** or **phrased** sehr gewandt ausgedrückt.

else [els] adv 1. (after pron) andere(r, s). **anybody ~ would have done it** jeder andere hätte es gemacht; **is there anybody ~ there?** (in addition) ist sonst (noch) jemand da?; **I'd prefer something ~** ich möchte lieber etwas anderes; **I'd prefer anything ~** alles andere wäre mir lieber; **have you anything ~ to say?** haben Sie sonst noch etwas zu sagen?; **do you find this species anywhere ~?** findet man die Gattung sonstwo or auch anderswo?; **but they haven't got anywhere ~ to go** aber sie können sonst nirgends anders hingehen; **somebody ~** sonst jemand, jemand anders; **is there somebody ~?, she asked** ist da jemand anders?, fragte sie; **this is somebody ~'s umbrella** dieser Schirm gehört jemand anders; **something ~** etwas anderes, sonst etwas; **if all ~ fails** wenn alle Stricke reißen; **will there be anything ~, sir?** (in shop) darf es sonst noch etwas sein?; (butler) haben Sie sonst noch Wünsche?

2. **somewhere ~, someplace ~** (esp US) woanders, anderswo; (with motion) woandershin, anderswohin; **from somewhere ~** anderswoher, woandersher, von woanders.

3. (after pron, neg) **nobody ~, no one ~** sonst niemand, niemand anders; **nobody ~ understood** sonst hat es niemand verstanden, niemand anders hat es verstanden; **nothing ~** sonst nichts, nichts anderes; **nothing ~ would be good enough** alles andere wäre nicht gut genug; **what do you want? — nothing ~, thank you** was möchten Sie? — danke, nichts weiter; **that this is a result of the cold and nothing ~** daß dies allein auf die Kälte zurückzuführen ist; **nowhere ~** sonst nirgends or nirgendwo, nirgendwo anders; (with motion) sonst nirgendwohin, nirgendwo andershin; **there's nothing ~ for it but to ...** da gibt es keinen anderen Ausweg, als zu ...

4. (after interrog) **where ~?** wo sonst?, wo anders?; **who ~?** wer sonst?; **who ~ but John could have done a thing like that?** wer anders als John hätte so etwas tun können?; **what ~?** was sonst?; **how ~ can I do it?** wie kann ich es denn sonst or anders machen?; **what ~ could I do?** was könnte ich sonst tun?

5. (adv of quantity) **they sell books and toys and much ~** sie führen Bücher, Spielzeug und vieles andere; **there is little ~ to be done** da bleibt nicht viel zu tun übrig.

6. (otherwise, if not) sonst, andernfalls. **do what you're told or ~ go to bed** mach,

was man dir sagt oder geh ins Bett *or* sonst gehst du ins Bett; **do it or ~ ...!** mach das, sonst *or* oder ...!

elsewhere [ˌelsˈwɛəʳ] *adv* woanders, anderswo; *(to another place)* woandershin, anderswohin. **from ~** von woanders (her), woandersher; **... which is found in Wales and ~** das unter anderem in Wales gefunden wird; **my mind was ~** ich war mit meinen Gedanken woanders.

elucidate [ɪˈluːsɪdeɪt] *vt text* erklären; *mystery* aufklären, aufhellen.

elucidation [ɪˌluːsɪˈdeɪʃən] *n see vt* Erklärung *f*; Aufklärung, Aufhellung *f*.

elucidatory [ɪˈluːsɪdeɪtərɪ] *adj* erklärend.

elude [ɪˈluːd] *vt observation, pursuit, justice* sich entziehen (+*dat*); *sb's gaze, question* ausweichen (+*dat*); *police, enemy* entkommen (+*dat*), entwischen (+*dat*). **to ~ sb's grasp** nicht lassen fassen; **the name ~s me** der Name ist mir entfallen.

elusive [ɪˈluːsɪv] *adj* schwer faßbar; *concept, meaning also* schwer definierbar; *thoughts, memory* flüchtig; *happiness* unerreichbar; *answer* ausweichend; *fox etc* schwer zu fangen. **he tried hard but success was ~ or remained ~** er gab sich (*dat*) alle Mühe, aber der Erfolg wollte sich nicht einstellen.

elusively [ɪˈluːsɪvlɪ] *adv answer* ausweichend. **but the fox slipped ~ past the traps** aber der Fuchs schlüpfte an den Fallen vorbei; **this prospect of happiness which hovered ~ before him** diese Aussicht auf ein Glück, das so nah und doch nicht faßbar war.

elusiveness [ɪˈluːsɪvnɪs] *n (of thoughts)* Flüchtigkeit *f*; *(of happiness)* Unerreichbarkeit *f*; *(of answer)* Ausweichen *nt*. **the ~ of this concept** die Schwierigkeit, diesen Begriff zu definieren.

elves [elvz] *pl of* elf.

'em [əm] *pron (inf)* = them.

emaciated [ɪˈmeɪsɪeɪtɪd] *adj* ab- *or* ausgezehrt, stark abgemagert.

emaciation [ɪˌmeɪsɪˈeɪʃən] *n* Auszehrung *f*, starke Abmagerung.

emanate [ˈeməneɪt] *vi* ausgehen (*from* von); *(light also)* ausstrahlen (*from* von); *(odour also)* ausströmen (*from* von); *(documents, instructions etc)* stammen (*from* aus).

emanation [ˌeməˈneɪʃən] *n see vi* Ausgehen *nt*; Ausstrahlung *f*; Ausströmen *nt*.

emancipate [ɪˈmænsɪpeɪt] *vt women* emanzipieren; *slaves* freilassen; *(fig)* emanzipieren, befreien, frei machen.

emancipated [ɪˈmænsɪpeɪtɪd] *adj woman, outlook* emanzipiert; *slave* freigelassen.

emancipation [ɪˌmænsɪˈpeɪʃən] *n (lit, fig)* Emanzipation *f*; *(of slave)* Freilassung *f*.

emasculate [ɪˈmæskjʊleɪt] *vt* **1.** *(weaken)* entkräften. **2.** *(lit) man* entmannen.

emasculated [ɪˈmæskjʊleɪtɪd] *adj style etc* (saft- und) kraftlos.

embalm [ɪmˈbɑːm] *vt corpse* einbalsamieren. **~ing oil** Balsamieröl *nt*.

embankment [ɪmˈbæŋkmənt] *n (Ufer)*böschung *f*; *(along path, road)* Böschung *f*; *(for railway)* Bahndamm *m*; *(holding back water)* (Ufer)damm, Deich *m*; *(roadway beside a river)* Ufer(straße *f*) *nt*.

embargo [ɪmˈbɑːgəʊ] *n, pl* **~es 1.** Embargo *nt*. **to lay or place or put an ~ on sth** etw mit einem Embargo belegen, ein Embargo über etw (*acc*) verhängen. **2.** *(fig)* Sperre *f*. **to put an ~ on further spending** alle weiteren Ausgaben sperren.

embark [ɪmˈbɑːk] **I** *vt* einschiffen; *goods also* verladen. **II** *vi* **1.** *(Naut)* sich einschiffen; *(troops)* eingeschifft werden. **2.** *(fig)* **to ~ up(on) sth** etw anfangen.

embarkation [ˌembɑːˈkeɪʃən] *n* **1.** Einschiffung *f*. **~ officer** Verladeoffizier *m*; **~ papers** Bordpapiere *pl*. **2.** *(of cargo)* Verladung, Übernahme *f*.

embarrass [ɪmˈbærəs] *vt* **1.** in Verlegenheit bringen, verlegen machen; *(generosity etc also)* beschämen. **to look ~ed** verlegen aussehen; **I feel so ~ed about it** das ist mir so peinlich; **she was ~ed by the question** die Frage war ihr peinlich.

2. **to be ~ed by lack of money** in einer finanziellen Verlegenheit sein; **I am ~ed as to which one to choose** die Wahl bringt mich in Verlegenheit.

embarrassed [ɪmˈbærəst] *adj* verlegen.

embarrassing [ɪmˈbærəsɪŋ] *adj* peinlich; *generosity etc also* beschämend.

embarrassingly [ɪmˈbærəsɪŋlɪ] *adv see adj.*

embarrassment [ɪmˈbærəsmənt] *n* Verlegenheit *f*; *(through generosity also)* Beschämung *f*. **to cause ~ to sb** jdn in Verlegenheit bringen, jdn verlegen machen; **to be a source of ~ to sb** jdn ständig in Verlegenheit bringen; *(thing also)* jdm peinlich sein; **much to my ~ she ...** sie ..., was mir sehr peinlich war; **she's an ~ to her family** sie blamiert die ganze Familie (*inf*); **financial ~** finanzielle Verlegenheit.

embassy [ˈembəsɪ] *n* Botschaft *f*.

embattled [ɪmˈbætld] *adj army* kampfbereit; *building* (mit Zinnen) bewehrt.

embed [ɪmˈbed] *vt* einlassen. **the screws/tyres were so firmly ~ded that ...** die Schrauben/Reifen steckten so fest, daß ...; **the bullet ~ded itself in the wall** die Kugel bohrte sich in die Wand; **to be ~ded in sth** *(fig)* fest in etw (*dat*) verwurzelt sein; **the belief is now firmly ~ded in their minds** der Glaube ist jetzt fest in ihrem Denken verankert.

embellish [ɪmˈbelɪʃ] *vt (adorn)* schmücken, verschönern; *(fig) tale, account* ausschmücken; *truth* beschönigen.

embellishment [ɪmˈbelɪʃmənt] *n* Schmuck *m*; *(act also)* Verschönerung *f*; *(of story)* Ausschmückung *f*; *(of truth)* Beschönigung *f*; *(of handwriting)* Verzierung *f*; Schnörkel *m*; *(Mus)* Verzierung *f*.

embers [ˈembəz] *npl* Glut *f*.

embezzle [ɪmˈbezl] *vt* unterschlagen, veruntreuen.

embezzlement [ɪmˈbezlmənt] *n* Unterschlagung, Veruntreuung *f*.

embezzler [ɪmˈbezləʳ] *n* jd, der eine Unterschlagung begangen hat.

embitter [ɪmˈbɪtəʳ] *vt person* verbittern; *relations* trüben, vergiften.

emblazon [ɪmˈbleɪzən] *vt* **1.** *(Her)* schmücken, (ver)zieren. **2.** *(display boldly) name* stolz hervorheben. **the name "Jones" was ~ed on the cover** der Name

„Jones" prangte auf dem Umschlag.
3. (*extol*) überschwenglich preisen.

emblem ['embləm] *n* Emblem *nt*; (*of political party, trade also*) Wahrzeichen *nt*.

emblematic [emblə'mætɪk] *adj* emblematisch (*of* für).

embodiment [ɪm'bɒdɪmənt] *n* **1.** Verkörperung *f*. **to be the ~ of virtue** die Tugend in Person sein. **2.** (*inclusion*) Aufnahme, Eingliederung *f*.

embody [ɪm'bɒdɪ] *vt* **1.** (*give form to*) one's thoughts ausdrücken, Ausdruck geben (+*dat*), in Worte kleiden. **2.** one's ideal verkörpern. **3.** (*include*) enthalten.

embolden [ɪm'bəʊldən] *vt* ermutigen, Mut machen (+*dat*). **to ~ sb to do sth** jdn dazu ermutigen, etw zu tun.

embolism ['embəlɪzəm] *n* (*Med*) Embolie *f*.

emboss [ɪm'bɒs] *vt* metal, leather prägen; silk, velvet gaufrieren. **~ed writing paper** Briefpapier mit geprägtem Kopf; **an ~ed silver tray** ein Silbertablett mit Relief.

embrace [ɪm'breɪs] **I** *vt* **1.** (*hug*) umarmen, in die Arme schließen.
2. (*seize eagerly*) religion annehmen; opportunity wahrnehmen, ergreifen; cause sich annehmen (+*gen*); offer annehmen, ergreifen. **he ~d the cause of socialism** er machte die Sache des Sozialismus zu seiner eigenen.
3. (*include*) umfassen, erfassen.
II *vi* sich umarmen.
III *n* (*hug*) Umarmung *f*. **a couple in a tender ~** ein Paar in zärtlicher Umarmung; **he held her in his ~** er hielt sie umschlungen.

embrasure [ɪm'breɪʒər] *n* (*in parapet*) Schießscharte *f*.

embrocation [embrəʊ'keɪʃən] *n* Einreibemittel *nt*.

embroider [ɪm'brɔɪdər] **I** *vt* **1.** garment, cloth besticken; pattern, design sticken. **2.** (*fig*) facts etc ausschmücken. **II** *vi* sticken.

embroidery [ɪm'brɔɪdərɪ] *n* **1.** Stickerei *f*. **2.** (*fig*) Ausschmückungen *pl*.

embroidery frame *n* Stickrahmen *m*.

embroil [ɪm'brɔɪl] *vt* **to ~ sb in sth** jdn in etw (acc) hineinziehen; **to become ~ed in a dispute** in einen Streit verwickelt or hineingezogen werden.

embroilment [ɪm'brɔɪlmənt] *n* Verwicklung *f* (*in* in +*acc*).

embryo ['embrɪəʊ] *n*, *pl* **~s** (*lit, fig*) Embryo *m*; (*fig also*) Keim *m*. **in ~** (*lit*) im Keim; (*animal*) als Embryo; (*fig*) im Keim.

embryonic [embrɪ'ɒnɪk] *adj* (*lit, fig*) embryonisch; (*fig also*) keimhaft.

emend [ɪ'mend] *vt* text verbessern.

emendation [i:men'deɪʃən] *n* Verbesserung *f*

emerald ['emərəld] **I** *n* **1.** (*stone*) Smaragd *m*. **2.** (*colour*) Smaragdgrün *nt*. **II** *adj* smaragden, Smaragd-; colour also smaragdgrün. **the E~ Isle** die Grüne Insel.

emerge [ɪ'mɜːdʒ] *vi* **1.** auftauchen. **he ~d victorious/the winner** er ging als Sieger/siegreich hervor; **we ~d into the bright daylight** wir kamen heraus in das helle Tageslicht; **one arm ~d from beneath the blanket** ein Arm tauchte unter der Decke hervor.
2. (*come into being: life, new nation*)

entstehen. **life ~d from the sea** das Leben entstammt dem or kommt aus dem Meer.
3. (*truth, nature of problem etc*) sich herausstellen, herauskommen (*from* bei); (*facts*) sich herausstellen, an den Tag kommen. **it ~s that ...** es stellt sich heraus, daß ...; **but what ~s from all this?** aber was ergibt sich aus all dem?

emergence [ɪ'mɜːdʒəns] *n* Auftauchen *nt*; (*of new nation etc*) Entstehung *f*; (*of theory, school of thought*) Aufkommen *nt*.

emergency [ɪ'mɜːdʒənsɪ] **I** *n* Notfall *m*; (*state of ~*) Notlage *f*. **in case of ~**, **in an ~** im Notfall; **to be prepared for any ~** für den Notfall vorbereitet sein; **to declare a state of ~** den Notstand erklären or ausrufen; **to declare a state of ~ in an area** eine Gegend zum Notstandsgebiet erklären; **the doctor's been called out on an ~** der Arzt ist zu einem Notfall gerufen worden.
II *adj attr* case, fund Not-. **for ~ use only** nur für den Notfall.

emergency *in cpds* Not-; **emergency brake** *n* Notbremse *f*; **emergency call** *n* Notruf *m*; **emergency centre** *n* Rettungszentrum *nt* des Noteinsatzes; **emergency exit** *n* Notausgang *m*; **emergency landing** *n* Notlandung *f*; **emergency powers** *npl* Notstandsvollmachten *pl*; **emergency service** *n* Not- or Hilfsdienst *m*; **emergency services** *npl* Notdienst *m*; **emergency stop** *n* Vollbremsung *f*; **emergency ward** *n* Unfallstation *f*.

emergent [ɪ'mɜːdʒənt] *adj* nations jung, aufstrebend.

emeritus [ɪ'merɪtəs] *adj* emeritiert.

emery ['emərɪ] *n* Schmirgel *m*.

emery board *n* Papiernagelfeile *f*; **emery paper** *n* Schmirgelpapier *nt*.

emetic [ɪ'metɪk] *n* Brechmittel *nt*.

emigrant ['emɪgrənt] **I** *n* Auswanderer *m*; (*esp for political reasons*) Emigrant(in *f*) *m*. **II** *adj attr* Auswanderer-; Emigranten-. **~ labourers** Arbeitsemigranten *pl*.

emigrate ['emɪgreɪt] *vi* auswandern; (*esp for political reasons*) emigrieren.

emigration [emɪ'greɪʃən] *n* Auswanderung *f*; (*esp for political reasons*) Emigration *f*.

émigré ['emɪgreɪ] *n* Emigrant(in *f*) *m*.

eminence ['emɪnəns] *n* **1.** (*distinction*) hohes Ansehen. **doctors of ~** (hoch)angesehene Ärzte *pl*. **2.** (*of ground*) Erhebung, Anhöhe *f*. **3.** (*Eccl*) **His/Your E~** Seine/Eure Eminenz.

éminence grise [emɪnɒns'gri:z] *n* graue Eminenz.

eminent ['emɪnənt] *adj* person (hoch)angesehen, berühmt; suitability, fairness ausgesprochen, eminent.

eminently ['emɪnəntlɪ] *adv* ausgesprochen, außerordentlich. **~ respectable** hochangesehen *attr*, hoch angesehen *pred*.

emir [e'mɪər] *n* Emir *m*.

emirate [e'mɪərɪt] *n* Emirat *nt*.

emissary ['emɪsərɪ] *n* Emissär *m*, Abgesandte(r) *mf*.

emission [ɪ'mɪʃən] *n* Ausstrahlung, Abstrahlung *f*; (*of light also, of fumes, X-rays*) Emission *f* (*spec*); (*of heat also, of sound*) Abgabe *f*; (*of gas also, of smell*) Verströmen, Ausströmen *nt*; (*of liquid*)

Ausströmen *nt*; (*gradual*) Absonderung, Abscheidung *f*; (*of vapour, smoke*) (*continuous*) Abgabe *f*; (*of lava*) Ausstoßen *nt*; (*of sparks*) Versprühen *nt*. ~ **of semen** Samenerguß *m*.

emit [ɪ'mɪt] *vt* **1.** *light* ausstrahlen, abstrahlen; *radiation also* aussenden, emittieren; *heat also, sound* abgeben; *gas also, smell* verströmen, ausstoßen; *vapour, smoke* (*continuous*) abgeben; *lava, cry* ausstoßen; *liquid* (*gradually*) absondern, abscheiden; *sparks* versprühen. **2.** *banknotes* ausgeben.

emollient [ɪ'mɒlɪənt] (*Med*) **I** *n* Linderungsmittel *nt*. **II** *adj* lindernd.

emolument [ɪ'mɒljumənt] *n* (*usu pl: form*) Vergütung *f*; (*fee*) Honorar *nt*; (*salary*) Bezüge *pl*.

emote [ɪ'məʊt] *vi* seine Gefühle ausdrücken; (*actor*) Gefühle mimen.

emotion [ɪ'məʊʃən] *n* **1.** Gefühl *nt*, Gefühlsregung, Emotion *f*.
2. *no pl* (*state of being moved*) (Gemüts)bewegung, Bewegtheit *f*. **to show no ~** unbewegt bleiben; **in a voice full of ~** mit bewegter Stimme; **there was absolutely no ~ in his voice** seine Stimme war völlig emotionslos.

emotional [ɪ'məʊʃənl] *adj* **1.** emotional, emotionell; *shock also* seelisch, Gefühls-; *story, film, speech also* gefühlsbetont; *moment, writing also* gefühlvoll; *decision also* gefühlsmäßig; *day, experience* erregend; *letter* erregt. **~ state** Zustand *m* der Erregung; **~ disturbance** Störung *f* des Gefühlslebens; **it has an ~ appeal** es appelliert an das Gefühl; **sex without ~ involvement** Sex ohne echtes Gefühl.
2. *person, character, disposition* (leicht) erregbar, emotional. **don't get so ~ about it** reg dich nicht so darüber auf.

emotionalism [ɪ'məʊʃnəlɪzəm] *n* Gefühlsbetontheit *f*. **the article was sheer ~** der Artikel war reine Gefühlsduselei.

emotionally [ɪ'məʊʃnəlɪ] *adv behave, react* gefühlsmäßig, emotional; (*with feeling*) *speak* gefühlvoll; (*showing one is upset*) *respond etc* erregt. **an ~ deprived child** ein Kind ohne Nestwärme; **to be ~ disturbed** seelisch gestört sein; **you're ~ deprived!** du bist ja total gefühlsarm!; **I don't want to get ~ involved (with her)** ich will mich (bei ihr) nicht ernsthaft engagieren.

emotionless [ɪ'məʊʃənlɪs] *adj face etc* ausdruckslos; *person* gefühllos, emotionslos.

emotive [ɪ'məʊtɪv] *adj* gefühlsbetont; *word also* emotional gefärbt; *force of a word* emotional.

empathize ['empəθaɪz] *vi* sich hineinversetzen *or* einfühlen (*with* in +acc).

empathy ['empəθɪ] *n* Einfühlungsvermögen *nt*, Empathie *f*.

emperor ['empərəʳ] *n* Kaiser *m*; (*in Rome also*) Imperator *m*.

emperor penguin *n* Kaiserpinguin *m*.

emphasis ['emfəsɪs] *n* **1.** (*vocal stress*) Betonung *f*. **the ~ is on the first syllable** die Betonung *or* der Ton liegt auf der ersten Silbe; **to lay** *or* **put ~ on a word** ein Wort betonen; **to say sth with ~** etw mit Nachdruck *or* nachdrücklich betonen.
2. (*importance*) Betonung *f*, (Schwer)-

gewicht *nt*. **to lay ~** *or* **put the ~ on sth** etw betonen; **this year the ~ is on masculinity** dieses Jahr liegt der Akzent *or* die Betonung auf Männlichkeit; **there is too much ~ on …** … wird zu sehr betont; **a change of ~** eine Akzentverschiebung.

emphasize ['emfəsaɪz] *vt word, syllable, hips* betonen; *point, importance, need also* hervorheben.

emphatic [ɪm'fætɪk] *adj tone, manner* nachdrücklich, entschieden, emphatisch (*geh*); *denial also* energisch; *person* bestimmt, entschieden. **I am ~ about this point** ich bestehe auf diesem Punkt.

emphatically [ɪm'fætɪkəlɪ] *adv state* mit Nachdruck, ausdrücklich, emphatisch (*geh*); *deny, refuse* strikt, energisch. **most ~ not** auf gar keinen Fall.

empire ['empaɪəʳ] **I** *n* **1.** Reich *nt*; (*ruled by Kaiser, emperor also*) Kaiserreich *nt*; (*world-wide*) Weltreich, Imperium *nt*. **the Holy Roman E~** das Heilige Römische Reich (deutscher Nation); **the British E~** das Britische Weltreich, das Empire.
2. (*fig: esp Comm*) Imperium *nt*.
II *adj attr* E~ *costume, furniture, style* Empire-.

empiric [em'pɪrɪk] **I** *adj see* **empirical. II** *n* Empiriker *m*.

empirical [em'pɪrɪkəl] *adj* empirisch, Erfahrungs-.

empirically [em'pɪrɪkəlɪ] *adv tested, testable* empirisch; *based* auf Erfahrung.

empiricism [em'pɪrɪsɪzəm] *n* Empirismus *m*; (*method*) Empirie *f*.

empiricist [em'pɪrɪsɪst] *n* Empiriker *m*.

emplacement [ɪm'pleɪsmənt] *n* (*Mil*) Stellung *f*.

employ [ɪm'plɔɪ] **I** *vt* **1.** *person* beschäftigen; (*take on*) anstellen; *private detective* beauftragen.
2. (*use*) *means, method, force, cunning* anwenden, einsetzen; *skill also, word, concept* verwenden; *time* verbringen.
3. to be ~ed in doing sth damit beschäftigt sein, etw zu tun.
II *n* **to be in the ~ of sb** (*form*) bei jdm beschäftigt sein.

employable [ɪm'plɔɪəbl] *adj person* anstellbar, zu beschäftigen *pred*; (*useable*) *method etc* anwendbar; *word* verwendbar.

employee [ˌɪmplɔɪ'iː] *n* Angestellte(r) *mf*. **~s and employers** Arbeitnehmer und Arbeitgeber; **the ~s** (*of one firm*) die Belegschaft, die Beschäftigten *pl*.

employer [ɪm'plɔɪəʳ] *n* Arbeitgeber(in *f*) *m*; (*Comm, industry also*) Unternehmer(in *f*) *m*; (*of servants, civil servants also*) Dienstherr *m*. **~s' federation** Arbeitgeberverband *m*; **~'s contribution** Arbeitgeberanteil *m*; **~'s liability insurance** Betriebshaftpflicht(versicherung) *f*.

employment [ɪm'plɔɪmənt] *n* **1.** (An)-stellung, Arbeit *f*. **to take up ~ with sb** eine Stelle bei jdm annehmen; **to be without ~** stellungslos *or* ohne Arbeit sein; **to seek ~** Arbeit *or* eine Stelle suchen; **to seek ~ with sb** sich bei jdm bewerben; **to throw workers out of ~** Arbeiter um ihren Arbeitsplatz bringen; **how long is it since you were last in ~?** wann hatten Sie Ihre letzte Stellung?;

conditions/contract/ place of ~ Arbeits-bedingungen *pl*/-vertrag *m*/-platz *m*; **to find** ~ **for sb** Arbeit *or* eine Anstellung für jdn finden; **what sort of** ~ **are you looking for?** welche Art von Tätigkeit suchen Sie?; **what's your** ~**?** als was sind Sie tätig?
   2. (*act of employing*) Beschäftigung *f*; (*taking on*) Anstellung *f*, Einstellen *nt*.
   3. (*use*) (*of means, method, force, cunning*) Anwendung *f*, Einsatz *m*; (*of skill also, word, concept*) Verwendung *f*.

employment agency *n* Stellenvermittlung *f*; **employment exchange** *n* Arbeitsamt *nt*.

emporium [em'pɔːrɪəm] *n* Warenhaus *nt*.

empower [ɪm'pauə^r] *vt* **to** ~ **sb to do sth** jdn ermächtigen *or* (*Jur*) jdm (die) Vollmacht erteilen, etw zu tun; **to be** ~**ed to do sth** ermächtigt *or* befugt sein/die Vollmacht haben, etw zu tun.

empress ['emprɪs] *n* Kaiserin *f*.

emptiness ['emptɪnɪs] *n* Leere, Leerheit *f*.

empty ['emptɪ] **I** *adj* (+*er*) (*all senses*) leer; (*not occupied*) *house* leerstehend *attr*; *head* hohl. ~ of ohne, bar (+*gen*) (*liter*); **to be taken on an** ~ **stomach** auf nüchternen Magen zu nehmen; **I just feel** ~ ich fühle mich innerlich völlig leer; ~ **vessels make most noise** (*Prov*) die am wenigsten zu sagen haben, reden am meisten; **to look into** ~ **space** ins Leere blicken.
   II *n usu pl* Leergut *nt no pl*.
   III *vt* **1.** leeren, leer machen; *container* (ent)leeren; *box, room also* ausräumen; *house* räumen; *glass, bottle also* (*by drinking*) austrinken; *pond, tank also* ablassen; *lorry* abladen. **her singing emptied the hall in ten minutes flat** mit ihrem Singen schaffte sie es, daß der Saal innerhalb von zehn Minuten leer war; **as though he had now emptied himself of all emotion** als ob er nun jegliches Gefühl verloren hätte.
   2. *liquid* ausgießen, leeren. **he emptied it into another container** er goß es in ein anderes Gefäß um.
   IV *vi* (*water*) auslaufen, abfließen; (*rivers*) münden (*into* in +*acc*); (*theatre, streets*) sich leeren. **the sink is not** ~**ing properly** der Ausguß läuft nicht richtig ab.

♦**empty out** *vt sep* ausleeren.

empty-handed [,emptɪ'hændɪd] *adj* **to return** ~ mit leeren Händen zurückkehren, unverrichteterdinge zurückkehren; **empty-headed** *adj* strohdumm.

emu ['iːmjuː] *n* Emu *m*.

emulate ['emjʊleɪt] *vt* nacheifern (+*dat*).

emulation [,emjʊ'leɪʃən] *n* Nacheiferung *f*. **in** ~ **of sb** in dem Bestreben, es jdm gleichzutun.

emulsifier [ɪ'mʌlsɪfaɪə^r] *n* Emulgator *m*.

emulsify [ɪ'mʌlsɪfaɪ] *vt* emulgieren, zu einer Emulsion verbinden.

emulsion [ɪ'mʌlʃən] *n* **1.** Emulsion *f*.
   2. (*also* ~ **paint**) Emulsionsfarbe *f*.

enable [ɪ'neɪbl] *vt* **1.** (*make able*) **to** ~ **sb to do sth** es jdm ermöglichen *or* möglich machen, etw zu tun; **what** ~**s the seal to stay under water so long?** wodurch ist der Seehund fähig, so lange unter Wasser zu bleiben?

   2. (*Jur: authorize*) **to** ~ **sb to do sth** jdn (dazu) ermächtigen, etw zu tun.

enabling act [ɪ'neɪblɪŋˌækt] *n* (*Parl*) Ermächtigungsgesetz *nt*.

enact [ɪ'nækt] *vt* **1.** (*Pol*) *law* erlassen. **it is hereby** ~**ed that ...** es wird hiermit verfügt, daß ... **2.** (*perform*) *play* aufführen; *rôle* darstellen, spielen. **the drama which was** ~**ed yesterday** (*fig*) das Drama, das sich gestern abgespielt hat.

enactment [ɪ'næktmənt] *n* (*of law*) Erlaß *m*; (*law also*) Verordnung, Verfügung *f*.

enamel [ɪ'næməl] **I** *n* Email *nt*, Emaille *f* (*inf*); (*paint*) Email(le)lack *m*; (*of tiles etc*) Glasur *f*; (*of teeth*) Zahnschmelz *m*; (*nail* ~) Nagellack *m*. **II** *vt* emaillieren. **III** *adj* Email(le)-.

enamelled [ɪ'næməld] *adj* emailliert; *tile* glasiert.

enamour, (*US*) **enamor** [ɪ'næmə^r] *vt* **to be** ~**ed of sb/sth** (*in love with*) in jdn/etw verliebt sein; (*taken by*) von jdm/etw angetan *or* entzückt sein.

encamp [ɪn'kæmp] **I** *vi* das Lager aufschlagen. **II** *vt* **where the troops were** ~**ed** wo die Truppen ihr Lager bezogen hatten.

encampment [ɪn'kæmpmənt] *n* Lager *nt*.

encapsulate [ɪn'kæpsjʊleɪt] *vt* (*Pharm*) in Kapseln abfüllen; (*express in condensed form*) zusammenfassen.

encase [ɪn'keɪs] *vt* verkleiden (*in* mit); *wires* umgeben (*in* mit); *cake* überziehen (*in* mit).

enchain [ɪn'tʃeɪn] *vt* (*lit*) in Ketten legen. **to be** ~**ed** in Ketten liegen; (*fig*) gefangen sein.

enchant [ɪn'tʃɑːnt] *vt* **1.** (*delight*) bezaubern, entzücken. **to be** ~**ed with sth** von etw *or* über etw (*acc*) entzückt sein. **2.** (*put under spell*) verzaubern. **the** ~**ed wood** der Zauberwald.

enchanting *adj*, ~**ly** *adv* [ɪn'tʃɑːntɪŋ, -lɪ] bezaubernd, entzückend.

enchantment [ɪn'tʃɑːntmənt] *n* **1.** (*delight*) Entzücken *nt*. **2.** (*charm*) Zauber *m*.

enchantress [ɪn'tʃɑːntrɪs] *n* Zauberin *f*; (*enchanting woman*) bezaubernde Frau.

encipher [ɪn'saɪfə^r] *vt* chiffrieren.

encircle [ɪn'sɜːkl] *vt* (*surround*) umgeben; (*wall, belt also*) umschließen; (*troops*) einkreisen, umfassen; *building* umstellen. **his arm** ~**d her waist** er hielt ihre Taille umfaßt; **the house is** ~**d by trees** das Haus ist von Bäumen umstanden.

encirclement [ɪn'sɜːklmənt] *n* (*Mil*) Einkreisung *f*; (*in a valley also*) Einkesselung *f*; (*of building*) Umstellung *f*.

encircling [ɪn'sɜːklɪŋ] **I** *n* (*Mil*) Umfassung *f*, Einkreisen *nt*; (*in valley*) Einkesseln *nt*; (*of building*) Umstellung *f*. **II** *adj walls etc* umgebend; (*liter*) *night* alles umgebend *or* umfassend.

enc(l) *abbr of* **enclosure(s)** Anl.

enclave ['enkleɪv] *n* Enklave *f*.

enclose [ɪn'kləʊz] *vt* **1.** (*shut in*) einschließen; (*surround*) umgeben; (*with fence etc*) *ground* einzäunen, einfrieden (*geh*). **the garden is completely** ~**d** der Garten ist völlig abgeschlossen.
   2. (*in a parcel, envelope*) beilegen, beifügen. **please find** ~**d a cheque for £20** als Anlage *or* anbei übersenden wir Ihnen

einen Scheck über £ 20; **to ~ sth in a letter** einem Brief etw beilegen; **letter enclosing a receipt** Brief mit einer Quittung als Anlage; **the ~d cheque** der beiliegende Scheck; **I ~d your letter with mine** ich habe Ihren Brief mitgeschickt.

enclosure [ɪnˈkləʊʒəʳ] n **1.** (*ground enclosed*) eingezäuntes Grundstück *or* Feld; (*for animals*) Gehege nt. (*on racecourse*) **the ~** der Zuschauerbereich; **royal ~** *abgeteilter Zuschauerbereich für die königliche Familie.*

2. (*act*) Einzäunung f.

3. (*fence etc*) Umzäunung f. **~ wall** Umfassungsmauer f.

4. (*document etc enclosed*) Anlage f.

encompass [ɪnˈkʌmpəs] vt **1.** (*liter: surround*) umfassen (*with* mit). **2.** (*include*) umfassen. **3.** (*liter: bring about*) *downfall* herbeiführen.

encore [ˈɒŋkɔːʳ] **I** interj da capo, Zugabe. **II** n Zugabe f, Dacapo nt. **to call for/give an ~** eine Zugabe verlangen/machen (*inf*) *or* singen/spielen *etc*. **III** vt *singer, artist* um eine Zugabe bitten.

encounter [ɪnˈkaʊntəʳ] **I** vt *enemy, opposition* treffen *or* stoßen auf (+acc); *difficulties* stoßen auf (+acc); *danger* geraten in (+acc); (*liter*) *person* begegnen (+dat), treffen. **to ~ enemy fire** unter feindlichen Beschuß geraten.

II n Begegnung f, Treffen nt; (*in battle*) Zusammenstoß m. **~ group** (*Psych*) Encountergruppe f.

encourage [ɪnˈkʌrɪdʒ] vt ermutigen, ermuntern (*to* zu); (*motivate*) anregen; (*give confidence also*) Mut machen (+dat); *arts, industry, projects* fördern; (*Sport*) *team, competitor also* anfeuern, anspornen; *sb's bad habits* unterstützen. **that will only ~ bad habits** das wird nur zu schlechten Gewohnheiten führen; **to ~ sb in a belief** jdn in einem Glauben bestärken; **this ~s me to think that maybe ...** das läßt mich vermuten, daß vielleicht ...

encouragement [ɪnˈkʌrɪdʒmənt] n Ermutigung, Ermunterung f; (*motivation*) Anregung f; (*support*) Unterstützung, Förderung f. **to give sb ~** jdn ermuntern; **it's an ~ to know ...** es ist ein Ansporn, zu wissen ...; **he doesn't need much ~** ihn braucht man nicht groß zu ermuntern.

encouraging [ɪnˈkʌrɪdʒɪŋ] adj ermutigend. **you are not very ~** du machst mir/uns *etc* nicht gerade Mut.

encouragingly [ɪnˈkʌrɪdʒɪŋlɪ] adv see adj.

encroach [ɪnˈkrəʊtʃ] vi **to ~ (up)on** *land* vordringen in (+acc); *sphere, rights* eingreifen in (+acc); *privileges* übergreifen auf (+acc); *time* in Anspruch nehmen.

encroachment [ɪnˈkrəʊtʃmənt] n see vi Vordringen nt; Eingriff m; Übergriff m; Beanspruchung f.

encrust [ɪnˈkrʌst] vi (*with earth, cement*) überkrusten; (*with pearls, ice etc*) überziehen.

encrustation [ˌɪnkrʌsˈteɪʃən] n Kruste f. **with ~s of diamonds** diamant(en)besetzt.

encumber [ɪnˈkʌmbəʳ] vt beladen; (*with responsibility, debts also*) belasten. **~ed by heavy clothes** durch schwere Kleidung behindert.

encumbrance [ɪnˈkʌmbrəns] n (*also Jur*) Belastung f; (*person also*) Last f. **to be an ~ to sb** (*luggage*) jdn behindern; (*person*) eine Last für jdn sein; (*dependent, responsibility*) eine Belastung für jdn sein.

encyclical [ɪnˈsɪklɪkəl] n Enzyklika f.

encyclop(a)edia [ɪnˌsaɪkləʊˈpiːdɪə] n Lexikon nt, Enzyklopädie f.

encyclop(a)edic [ɪnˌsaɪkləʊˈpiːdɪk] adj enzyklopädisch.

end [end] **I** n **1.** Ende nt; (*of finger*) Spitze f. **at the ~ of the procession** am Schluß *or* Ende der Prozession; **the fourth from the ~** der/die/das vierte von hinten; **to the ~s of the earth** bis ans Ende der Welt; **from ~ to ~** von einem Ende zum anderen; **to keep one's ~ up** (*inf*) (*stay cheerful*) sich nicht unterkriegen lassen (*inf*); (*do one's share*) das Seine tun; **to stand on ~** (*barrel, box etc*) hochkant stehen; (*hair*) zu Berge stehen; **two hours on ~** zwei Stunden ununterbrochen; **for hours on ~** stundenlang ununterbrochen; **the ships collided ~-on** die Schiffe fuhren aufeinander auf; **~ to ~** mit den Enden aneinander; **to change ~s** (*Sport*) die Seiten wechseln; **to make (both) ~s meet** (*fig*) durchkommen (*inf*); **to see no further than the ~ of one's nose** nicht weiter sehen als seine Nase (reicht); **to begin at the wrong ~** das Pferd beim Schwanz aufzäumen.

2. (*remnant*) (*of rope*) Ende, Rest m; (*of candle, cigarette*) Stummel m. **just a few odd ~s left** nur noch ein paar Reste.

3. (*conclusion*) Ende nt. **the ~ of the month** das Monatsende; **at/towards the ~ of December** Ende/gegen Ende Dezember; **at the ~ of (the) winter/the war/the opera/the book** am Ende des Winters/des Krieges/am Schluß der Oper/des Buches; **at the ~ of three weeks** nach drei Wochen; **is there no ~ to this?** hört das denn nie auf?; **as far as I'm concerned, that's the ~!** für mich ist die Sache erledigt; **we shall never hear the ~ of it** das werden wir noch lange zu hören kriegen; **to be at an ~** zu Ende sein; **to be at the ~ of one's patience/strength** mit seiner Geduld/seinen Kräften am Ende sein; **to see a film/read a book to the ~** einen Film/ein Buch bis zu Ende sehen/lesen; **that's the ~ of him** er ist erledigt *or* fertig (*inf*); **that's the ~ of that** das ist damit erledigt; **to bring to an ~** *speech, writing* zu Ende bringen, beenden; *relations* ein Ende setzen (+dat), beenden; **to come to an ~** zu Ende gehen; **to get to the ~ of the road/book/job/money** ans Ende der Straße/zum Schluß des Buches kommen/mit der Arbeit fertig werden/das Geld ausgegeben haben; **in the ~** schließlich, zum Schluß; **to put an ~ to sth** mit einer Sache Schluß machen; **to come to a bad ~** ein böses Ende nehmen; **to meet one's ~** den Tod finden; **were you with him at the ~?** warst du zum Schluß *or* am Ende bei ihm?

4. (*inf phrases*) **we met no ~ of famous people** wir trafen irrsinnig viel berühmte Leute (*inf*); **it's done him no ~ of harm** es hat ihm irrsinnig (*inf*) *or* maßlos geschadet; **to think no ~ of sb** große Stücke auf jdn halten; **it pleased her no ~**

das hat ihr maßlos *or* irrsinnig (*inf*) gefallen; **you're the** ~ (*annoying*) du bist der letzte Mensch (*inf*); (*funny*) du bist zum Schreien (*inf*).

5. (*purpose*) Ziel *nt*, Zweck *m*. **with this** ~ **in view** mit diesem Ziel vor Augen; **an** ~ **in itself** Selbstzweck *no art*; **the** ~ **justifies the means** (*prov*) der Zweck heiligt die Mittel (*prov*).

II *adj attr* letzte(r, s); *house also* End-.

III *vt* beenden; *speech, broadcast, series, one's days also* beschließen. **the novel to** ~ **all novels** der größte Roman aller Zeiten.

IV *vi* enden. **we'll have to** ~ **soon** wir müssen bald Schluß machen; **we** ~**ed with a song** zum Schluß sangen wir ein Lied; **to be** ~**ing** zu Ende gehen; **where's it all going to** ~ wo soll das nur enden?; **to** ~ **in an "s"** auf „s" enden; **a post which** ~**s in a point** ein zugespitzter Pfahl; **an argument which** ~**ed in a fight** ein Streit, der mit einer Schlägerei endete.

◆**end off** *vt sep* abschließen, beschließen.

◆**end up** *vi* enden, landen (*inf*). **to** ~ ~ **doing sth** schließlich etw tun; **to** ~ ~ **as a lawyer/an alcoholic** schließlich Rechtsanwalt werden/als Alkoholiker enden; **we** ~**ed** ~ **at Joe's** wir waren *or* landeten (*inf*) schließlich bei Joe; **you'll** ~ ~ **in trouble** Sie werden noch Ärger bekommen.

endanger [ɪnˈdeɪndʒər] *vt* gefährden.

endear [ɪnˈdɪər] *vt* beliebt machen (*to* bei).

endearing [ɪnˈdɪərɪŋ] *adj* lieb, gewinnend.

endearingly [ɪnˈdɪərɪŋlɪ] *adv* lieb, gewinnend.

endearment [ɪnˈdɪəmənt] *n* **term of** ~ Kosename *m*, Kosewort *nt*; **words of** ~ liebe Worte *pl*.

endeavour [ɪnˈdevər] **I** *n* (*attempt*) Anstrengung, Bemühung *f*; (*liter: striving*) (Be)streben *nt no pl* (*geh*). **to make an** ~ **to do sth** sich anstrengen *or* bemühen, etw zu tun; **to make every** ~ **to do sth** sich nach Kräften bemühen, etw zu tun.

II *vt* sich anstrengen, sich bemühen.

endemic [enˈdemɪk] *adj* (*lit, fig*) endemisch.

end game *n* Endspiel *nt*.

ending [ˈendɪŋ] *n* (*of story, book, events*) Ausgang *m*; (*of day*) Abschluß *m*; (*last part*) Ende *nt*, Schluß *m*; (*of word*) Endung *f*. **a story with a happy** ~ eine Geschichte mit einem Happy End; **the events had a happy** ~ alles ging gut aus.

endive [ˈendaɪv] *n* (Winter)endivie *f*, Endiviensalat *m*.

endless [ˈendlɪs] *adj* endlos; *attempts also, times* unzählig; *patience also, possibilities* unendlich. **this job is** ~ diese Arbeit nimmt kein Ende; ~ **belt** endloses Transportband, Endlosband *nt*.

endlessly [ˈendlɪslɪ] *adv stretch out* endlos; *patient, generous* unendlich.

endocrine [ˈendəʊkraɪn] *adj* endokrin. ~ **gland** endokrine Drüse.

endorse [ɪnˈdɔːs] *vt* **1.** *document, cheque* auf der Rückseite unterzeichnen, indossieren.

2. (*Brit Jur*) *driving licence* eine Strafe vermerken auf (+*dat*). **I had my licence** ~**d** ich bekam einen Strafvermerk auf meinem Führerschein.

3. (*approve*) billigen, unterschreiben (*inf*). **I** ~ **that** dem stimme ich zu, dem pflichte ich bei.

endorsee [ɪnˈdɔːˈsiː] *n* (*Fin*) Indossatar *m*.

endorsement [ɪnˈdɔːsmənt] *n* **1.** (*on cheque, bill of exchange*) Indossament *nt*; (*on policy*) Zusatz, Nachtrag *m*. **2.** (*Brit Jur: on driving licence*) Strafvermerk *m* auf dem Führerschein. **3.** (*of opinion*) Billigung *f*.

endorser [ɪnˈdɔːsər] *n* (*Fin*) Indossar *m*.

endow [ɪnˈdaʊ] *vt* **1.** *institution, church* eine Stiftung machen an (*acc*); (*Univ, Sch*) *prize, chair* stiften. **he** ~**ed the church with a large sum of money** er stiftete der Kirche eine große Summe.

2. (*fig*) *usu pass* **to** ~ **sb with sth** jdm etw geben *or* schenken; **to be** ~**ed with a natural talent for singing** ein sängerisches Naturtalent sein; **the poor lad is not very well** ~**ed** (*inf*) mit dem armen Bengel ist nicht viel los; **she's well** ~**ed** (*hum*) sie ist von der Natur reichlich ausgestattet.

endowment [ɪnˈdaʊmənt] *n* **1.** Stiftung *f*. ~**s** Stiftungsgelder *pl*. **2.** (*natural talent etc*) Begabung *f*. **his/her physical** ~**s** (*hum*) womit ihn/sie die Natur ausgestattet hat.

endowment assurance *n* Versicherung *f* auf den Erlebensfall, Erlebensversicherung *f*.

endpapers [ˈendˌpeɪpəz] *npl* Vorsatzblätter *pl*; **end product** *n* Endprodukt *nt*; (*fig*) Produkt *nt*; **end result** *n* Endergebnis *nt*.

endue [ɪnˈdjuː] *vt* **to be** ~**d with sth** über etw (*acc*) verfügen, mit etw begabt sein.

endurable [ɪnˈdjʊərəbl] *adj* erträglich.

endurance [ɪnˈdjʊərəns] *n* Durchhaltevermögen *nt*. **to have great powers of** ~ **against the cold** sehr widerstandsfähig gegen Kälte sein; **what a feat of** ~ welche Ausdauer!; **he was tried beyond** ~ er wurde über die Maßen gereizt; **this is beyond** ~ das ist ja nicht auszuhalten.

endurance test *n* Belastungsprobe *f*; (*fig also*) Durchhaltetest *m*.

endure [ɪnˈdjʊər] **I** *vt* **1.** (*undergo*) *pain, insults, tribulations, hardship* (er)leiden. **2.** (*put up with*) ertragen; *pains also* aushalten. **she can't** ~ **being laughed at** sie kann es nicht vertragen *or* haben (*inf*), wenn man über sie lacht. **II** *vi* bestehen; (*work, memories also*) Bestand haben.

enduring [ɪnˈdjʊərɪŋ] *adj value, fame* bleibend, dauernd; *friendship, peace also* dauerhaft; *illness* langwierig; *hardship* anhaltend.

endways [ˈendweɪz], **endwise** [ˈendwaɪz] *adv* mit dem Ende nach vorne *or* zuerst; (*end to end*) mit dem Ende aneinander. **put it** ~ **on** legen Sie es mit dem Ende *or* der Spitze an.

ENE *abbr of* **east-north-east** ONO.

enema [ˈenɪmə] *n* **1.** Klistier *nt*. **2.** (*syringe*) Klistierspritze *f*.

enemy [ˈenəmɪ] **I** *n* (*lit, fig*) Feind *m*. **to make enemies** sich (*dat*) Feinde machen *or* schaffen; **to make an** ~ **of sb** sich (*dat*) jdn zum Feind(e) machen; **he is his own worst** ~ er schadet sich (*dat*) selbst am meisten; ~**-occupied** vom Feind besetzt.

II *adj attr* feindlich; *position, advance, morale* des Feindes.

energetic [ˌenəˈdʒetɪk] *adj* **1.** voller Energie, energiegeladen; (*active*) aktiv; *manager, government* tatkräftig, aktiv; *dancing, music, prose* schwungvoll. **if I'm feeling ~** wenn ich die Energie habe; **I've had a very ~ day** ich hatte einen anstrengenden Tag.
    2. *denial, refusal, protest* energisch.

energetically [ˌenəˈdʒetɪkəlɪ] *adv* voller Energie; *dance* schwungvoll; *express oneself* energisch, entschieden.

energize [ˈenədʒaɪz] *vt rocket motor, particle* Antrieb geben (+*dat*); (*Elec*) unter Strom setzen.

energy [ˈenədʒɪ] *n* Energie *f*. **he put his speech over with a lot of ~** er hielt seine Rede mit viel Schwung; **to apply all one's energies to sth** seine ganze Energie *or* Kraft für etw einsetzen; **I haven't the ~** ich habe nicht die (nötige) Energie dazu, mir fehlt die Energie dazu; **to conserve one's energies** mit seinen Kräften haushalten *or* sparsam umgehen.

energy crisis *n* Energiekrise *f*; **energy-giving** *adj food* energiespendend; **energy supplies** *npl* Energievorräte *pl*.

enervate [ˈenɜːveɪt] *vt* (*physically*) entkräften, schwächen; (*mentally*) entnerven.

enervating [ˈenɜːveɪtɪŋ] *adj* strapazierend.

enfeeble [ɪnˈfiːbl] *vt* schwächen.

enfeeblement [ɪnˈfiːblmənt] *n* Schwächung *f*.

enfold [ɪnˈfəʊld] *vt* einhüllen (*in* in +*acc*). **to ~ sb in one's arms** jdn in die Arme schließen.

enforce [ɪnˈfɔːs] *vt* **1.** durchführen, Geltung verschaffen (+*dat*); *one's claims, rights* geltend machen; *silence, discipline* sorgen für, schaffen; *obedience* sich (*dat*) verschaffen. **the police ~ the law** die Polizei sorgt für die Einhaltung der Gesetze; **to ~ silence/obedience** Ruhe/Gehorsam erzwingen; **to ~ sth (up)on sb** jdm etw aufzwingen.
    2. (*rare: give force to*) *demand* Nachdruck verschaffen (+*dat*); *argument* stützen, untermauern.

enforceable [ɪnˈfɔːsəbl] *adj* durchsetzbar, durchzusetzen *pred*.

enforcement [ɪnˈfɔːsmənt] *n* (*of law, policy, ruling*) Durchführung *f*; (*of obedience*) Erzwingung *f*.

enfranchise [ɪnˈfræntʃaɪz] *vt* **1.** (*give vote to*) das Wahlrecht geben *or* erteilen (+*dat*). **to be ~d** wahlberechtigt sein.
    2. (*set free*) *slaves* freilassen.

enfranchisement [ɪnˈfræntʃɪzmənt] *n* **1.** (*Pol*) Erteilung *f* des Wahlrechts. **after the ~ of women** nachdem die Frauen das Wahlrecht erhalten hatten. **2.** (*of slave*) Freilassung *f*.

engage [ɪnˈgeɪdʒ] **I** *vt* **1.** *servant, workers* an- *or* einstellen; *singer, performer* engagieren; *lawyer* sich (*dat*) nehmen.
    2. *room* mieten, sich (*dat*) nehmen.
    3. *the attention* in Anspruch nehmen; *interest also* fesseln. **to ~ sb in conversation** jdn in ein Gespräch verwickeln.
    4. to ~ oneself to do sth (*form*) sich verpflichten, etw zu tun.
    5. *the enemy* angreifen, den Kampf eröffnen gegen.

    6. (*Tech*) *gear wheels* ineinandergreifen lassen. **to ~ a gear** (*Aut*) einen Gang einlegen; **to ~ the clutch** (ein)kuppeln.
    II *vi* **1.** (*form: promise*) sich verpflichten (*to do* zu tun).
    2. (*gear wheels*) ineinandergreifen; (*clutch*) fassen.
    3. to ~ in sth sich an etw (*dat*) beteiligen; **to ~ in politics** sich politisch betätigen; **to ~ in controversy** sich an einem Streit beteiligen, sich auf einen Streit einlassen; **to ~ in competition with sb** in Wettbewerb mit jdm treten.
    4. (*Mil*) angreifen.

engaged [ɪnˈgeɪdʒd] *adj* **1.** (*betrothed*) verlobt. **~ to be married** verlobt; **to become ~** sich verloben (*to* mit); **the ~ couple** die Verlobten *pl*.
    2. (*occupied*) beschäftigt.
    3. the parties ~ in this dispute die streitenden Parteien.
    4. *seat, taxi, toilet,* (*Brit Telec*) *number, line* besetzt. **~ tone** (*Brit Telec*) Besetztzeichen *nt*.

engagement [ɪnˈgeɪdʒmənt] *n* **1.** (*appointment*) Verabredung *f*; (*of actor etc*) Engagement *nt*. **public/social ~s** öffentliche/gesellschaftliche Verpflichtungen *pl*; **a dinner ~** eine Verabredung zum Essen. **2.** (*betrothal*) Verlobung *f*. **3.** (*form: undertaking*) Verpflichtung *f*. **4.** (*Mil*) Gefecht *nt*, Kampf *m*. **5.** (*of parts of machine*) Ineinandergreifen *nt*.

engagement ring *n* Verlobungsring *m*.

engaging [ɪnˈgeɪdʒɪŋ] *adj personality* einnehmend; *smile, look, tone* gewinnend.

engender [ɪnˈdʒendəʳ] *vt* (*fig*) erzeugen.

engine [ˈendʒɪn] *n* **1.** Maschine *f*; (*of car, plane etc*) Motor *m*; (*of ship*) Maschine *f*. **2.** (*Rail*) Lokomotive *f*, Lok *f*.

engine block *n* Motorblock *m*.

engine driver *n* (*Brit*) Lok(omotiv)führer(in *f*) *m*.

engineer [ˌendʒɪˈnɪəʳ] **I** *n* **1.** Techniker(in *f*) *m*; (*with university degree etc*) Ingenieur (in *f*) *m*. **the E~s** (*Mil*) die Pioniere *pl*.
    2. (*Naut: on merchant ships*) Maschinist *m*; (*in Navy*) (Schiffs)ingenieur *m*. **~ officer** Technischer Offizier.
    3. (*US Rail*) Lokführer *m*.
    4. (*fig: of scheme*) Arrangeur *m*.
    II *vt* **1.** konstruieren.
    2. (*fig*) *election, campaign* organisieren; *downfall, plot* arrangieren, einfädeln; *success, victory* in die Wege leiten; (*Sport*) *goal* einfädeln. **to ~ a scheme** einen Plan aushecken.

engineering [ˌendʒɪˈnɪərɪŋ] *n* **1.** Technik *f*; (*mechanical ~*) Maschinenbau *m*; (*engineering profession*) Ingenieurwesen *nt*. **the ~ of the Tay Bridge** die Konstruktion der Tay-Brücke; **he's in some sort of ~** er ist irgend etwas Technisches (*inf*); **a brilliant piece of ~** eine Meisterkonstruktion.
    2. (*fig*) *see vt 2.* Organisation *f*; Arrangement *nt*; (*manoeuvring*) Arrangements *pl*. **he was responsible for the ~ of this success/goal** er hat diesen Erfolg zuwege gebracht/dieses Tor eingefädelt.

engineering department *n* technische Abteilung; (*mechanical*) Abteilung *f* für Maschinenbau; **engineering faculty** *n* (*Univ*) Fakultät *f* für Maschinenbau; **engineering industries** *npl* Maschinen-industrie *f*; **engineering worker** *n* Techniker(in *f*) *m*; **engineering works** *n sing or pl* Maschinenfabrik *f*.

engine room *n* (*Naut*) Maschinenraum *m*; **engine shed** *n* (*Brit*) Lokomotivschuppen *m*.

England ['ɪŋglənd] I *n* England *nt*. II *adj attr* **the ~ team** die englische Mannschaft.

English ['ɪŋglɪʃ] I *adj* englisch. **he is ~** er ist Engländer; **our ~ teacher** (*teaching ~*) unser Englischlehrer; (*~ by nationality*) unser englischer Lehrer; **~ translator** englischer Übersetzer; (*foreign*) Übersetzer *m* für Englisch.
II *n* 1. **the ~** *pl* die Engländer *pl*.
2. Englisch *nt*; (*the ~ language in general, ~ grammar also*) das Englische; (*as university subject*) Anglistik *f*. **can you speak ~?** können Sie Englisch?; **he doesn't speak ~** er spricht kein Englisch; **"~ spoken"** „hier wird Englisch gesprochen"; **they were speaking ~** sie sprachen englisch; **they were talking (in) ~ to each other** sie unterhielten sich auf englisch; **he speaks (a) very clear ~** er spricht (ein) sehr klares Englisch; **in ~** auf or in (*inf*) Englisch *or* englisch; **in good/modern-day ~** in gutem/modernem Englisch; **to translate sth into/from (the) ~** etw ins Englische/aus dem Englischen übersetzen; **verbal structures in ~** die Verbstruktur im Englischen; **is that ~?** (*correct*) ist das richtig?; **that's not ~** das ist verkehrt, das ist falsches Englisch; **~/teaching ~ as a foreign language** (*abbr* **EFL/TEFL**) Englisch als Fremdsprache; **the head of ~** der Fachbereichsleiter für Englisch *or* (*Univ*) Anglistik; **King's/Queen's ~** die englische Hochsprache.

English Channel *n* Ärmelkanal *m*; **Englishman** *n* Engländer *m*; **Englishwoman** *n* Engländerin *f*.

engorge [ɪn'gɔːdʒ] *vi* (an)schwellen.

engraft [ɪn'grɑːft] *vt* (*Hort, fig*) aufpropfen (*into, on* auf +*acc*); (*Med*) einpflanzen (*into* in +*acc*); *passage into book etc* einfügen (*into* in +*acc*).

engrave [ɪn'greɪv] *vt* eingravieren; (*on rock, stone*) einmeißeln; (*on wood*) einschnitzen, einkerben; (*fig*) einprägen.

engraver [ɪn'greɪvəʳ] *n* Graveur(in *f*) *m*; (*on stone*) Steinhauer(in *f*) *m*; (*on wood*) Holzschneider(in *f*) *m*.

engraving [ɪn'greɪvɪŋ] *n* 1. (*process*) *see vt* Gravieren *nt*; Einmeißeln *nt*; Einschnitzen, Einkerben *nt*. **~ needle** Graviernadel *f*. 2. (*copy*) (Kupfer-/Stahl)stich *m*; (*from wood*) Holzschnitt *m*; (*design*) Gravierung *f*; (*on wood, stone*) eingemeißelte Verzierung/Schrift *etc*.

engross [ɪn'grəus] *vt person, attention* gefangennehmen. **to become ~ed in one's book** sich in sein Buch vertiefen.

engrossing [ɪn'grəusɪŋ] *adj* fesselnd.

engulf [ɪn'gʌlf] *vt* verschlingen. **he was ~ed by a pile of work** er war mit Arbeit überhäuft; **he was ~ed in** *or* **by the crowd** er wurde von der Menge verschlungen.

enhance [ɪn'hɑːns] *vt* verbessern; *chances also, price, value, attraction* erhöhen.

enigma [ɪ'nɪgmə] *n* Rätsel *nt*.

enigmatic *adj*, **~ally** *adv* [ˌenɪg'mætɪk, -əlɪ] rätselhaft.

enjoin [ɪn'dʒɔɪn] *vt* (*form*) **to ~ sb to silence/caution, to ~ silence/caution on sb** jdn eindringlich zur Ruhe/zur Vorsicht mahnen; **to ~ on sb the need for sth** jdm die Notwendigkeit einer Sache eindringlich vor Augen stellen; **to ~ sb to do sth** jdn eindringlich mahnen, etw zu tun.

enjoy [ɪn'dʒɔɪ] I *vt* 1. (*take pleasure in*) genießen. **he ~s swimming/reading** er schwimmt/liest gern, Lesen/Schwimmen macht ihm Spaß; **he ~s being rude to people** es macht ihm Spaß *or* ihm macht es Spaß, zu Leuten unhöflich zu sein; **he ~ed reading the book** er hat das Buch gern gelesen; **I ~ed the book/concert/film** das Buch/Konzert/der Film hat mir gefallen; **he ~ed the meal** das Essen hat ihm gut geschmeckt; **I've ~ed talking to you** es war mir eine Freude, mich mit Ihnen zu unterhalten, es war nett, sich mit Ihnen zu unterhalten; **to ~ life** das Leben genießen; **I ~ed a very pleasant weekend in the country** ich habe ein sehr angenehmes Wochenende auf dem Land verbracht.
2. *good health* sich erfreuen (+*gen*) (*geh*); *rights, advantages, respect, confidence also* genießen; *income also* haben.
II *vr* **to ~ oneself** sich amüsieren; **~ yourself!** viel Spaß!

enjoyable [ɪn'dʒɔɪəbl] *adj* nett; *film, book also* unterhaltsam, amüsant; *evening also, meal* angenehm.

enjoyably [ɪn'dʒɔɪəblɪ] *adv* angenehm.

enjoyment [ɪn'dʒɔɪmənt] *n* 1. Vergnügen *nt*, Spaß *m* or *f* (an +*dat*). **he got a lot of ~ from this book/from bird-watching** das Buch machte ihm großen Spaß/es machte ihm großen Spaß, Vögel zu beobachten.
2. (*of rights, income*) Genuß *m*.

enlarge [ɪn'lɑːdʒ] I *vt* vergrößern; *empire, influence also* ausdehnen; *hole, field of knowledge, (Med) also* erweitern; *membership, numbers, majority also* erhöhen. **~d edition** erweiterte Ausgabe.
II *vi* 1. (*get bigger*) *see vt* sich vergrößern; sich ausdehnen; sich erweitern; sich erhöhen.
2. **to ~ (up)on sth** sich über etw (*acc*) genauer äußern.

enlargement [ɪn'lɑːdʒmənt] *n* 1. (*Phot*) Vergrößerung *f*. 2. (*enlarging*) *see vt* Vergrößerung *f*; Ausdehnung *f*; Erweiterung *f*; Erhöhung *f*.

enlarger [ɪn'lɑːdʒəʳ] *n* (*Phot*) Vergrößerungsapparat *m*.

enlighten [ɪn'laɪtn] *vt* aufklären (*on, as to, about* über +*acc*); (*spiritually*) erleuchten. **let me ~ you** darf ich es Ihnen erklären?

enlightened [ɪn'laɪtnd] *adj* aufgeklärt; (*spiritually*) erleuchtet.

enlightening [ɪn'laɪtnɪŋ] *adj* aufschlußreich.

enlightenment [ɪn'laɪtnmənt] *n* Aufklärung *f*; (*spiritual*) Erleuchtung *f*. **the E~** die Aufklärung.

enlist [ɪnˈlɪst] **I** vi (Mil etc) sich melden (in zu).

II vt soldiers einziehen; recruits also einstellen; supporters, collaborators anwerben, gewinnen; assistance, sympathy, support gewinnen. **could I ~ your aid?** darf ich Sie um Hilfe bitten?; **~ed man** (US) gemeiner Soldat.

enlistment [ɪnˈlɪstmənt] n see vb 1. Meldung f. 2. Einziehung f; Einstellung f; Anwerbung, Gewinnung f; Gewinnung f.

enliven [ɪnˈlaɪvn] vt beleben.

enmesh [ɪnˈmeʃ] vt (lit) in einem Netz fangen; (fig) verstricken.

enmity [ˈenmɪtɪ] n Feindschaft f.

ennoble [ɪˈnəʊbl] vt (lit) adeln, in den Adelsstand erheben; (fig) mind, person erheben (geh).

enormity [ɪˈnɔːmɪtɪ] n 1. no pl (of action, offence) ungeheures Ausmaß. 2. (crime) Ungeheuerlichkeit f.

enormous [ɪˈnɔːməs] adj gewaltig, enorm; person enorm groß; patience enorm. **an ~ number of people** ungeheuer viele Menschen; **an ~ amount of money/time** eine Unsumme (inf), eine Unmenge Geld/Zeit.

enormously [ɪˈnɔːməslɪ] adv enorm, ungeheuer.

enough [ɪˈnʌf] **I** adj genug, genügend attr. **to be ~** genügen, reichen; **have you ~ to pay with?** haben Sie genug, um zu bezahlen?; **more than ~** mehr als genug; **I've had ~, I'm going home** mir reicht's, ich gehe nach Hause; **I've had ~ of this novel** jetzt habe ich genug von diesem Roman; **one can never have ~ of this music** von dieser Musik kann man nie genug kriegen; **that's ~, thanks** danke, das ist genug or das reicht; **~ of this!** genug davon!; **this noise is ~ to drive me mad** dieser Lärm macht mich noch ganz verrückt; **one song was ~ to show he couldn't sing** ein Lied genügte, um zu zeigen, daß er nicht singen konnte; **it is ~ for us to know that ...** es genügt uns zu wissen, daß ...; **~ is as good as a feast** (prov) allzuviel ist ungesund (prov); **~ is ~** was zuviel ist, ist zuviel.

II adv 1. (sufficiently) (+adj) genug; (+vb also) genügend. **not big ~** nicht groß genug; **this meat is not cooked ~** das Fleisch ist nicht richtig durch; **that's a good ~ excuse** die Entschuldigung kann man gelten lassen; **he knows well ~ what I said** er weiß ganz genau, was ich gesagt habe.

2. (tolerably) **she is clever/pleasant ~** sie ist so weit ganz intelligent/nett; **he writes/sings well ~** er schreibt/singt ganz ordentlich; **I like it well ~** mir gefällt es ganz gut.

3. (as intensifier) **oddly/funnily ~** sonderbarerweise/komischerweise; **and sure ~, he didn't come** und er kam auch prompt nicht.

enquire, inquire [ɪnˈkwaɪəʳ] **I** vt the time, a name, the way sich erkundigen nach, fragen nach. **to ~ sth of sb** sich bei jdm nach etw erkundigen; **he ~d what/whether/when etc ...** er erkundigte sich or fragte, was/ob/wann etc ...

II vi sich erkundigen (about nach),

fragen (about nach, wegen). **"~ within"** „Näheres im Geschäft".

◆**enquire after** vi +prep obj person, sb's health sich erkundigen nach.

◆**enquire for** vi +prep obj person fragen nach.

◆**enquire into** vi +prep obj untersuchen.

enquirer [ɪnˈkwaɪərəʳ] n Fragende(r) mf.

enquiring [ɪnˈkwaɪərɪŋ] adj fragend; mind forschend.

enquiry, inquiry [ɪnˈkwaɪərɪ, (US) ˈɪnkwɪrɪ] n 1. (question) Anfrage f (about über +acc); (for tourist information, direction etc) Erkundigung f (about über +acc, nach). **to make enquiries** Erkundigungen einziehen; (police etc) Nachforschungen anstellen (about sb über jdn, about sth nach etw); **all enquiries to ...** alle Anfragen an (+acc) ...; **E~s** (office) Auskunft f.

2. (investigation) Untersuchung f. **to hold an ~ into the cause of the accident** eine Untersuchung der Unfallursache durchführen; **court of ~** Untersuchungskommission f.

enrage [ɪnˈreɪdʒ] vt wütend machen. **it ~s me to think that ...** es macht mich wütend, wenn ich daran denke, daß ...

enrapture [ɪnˈræptʃəʳ] vt entzücken, bezaubern.

enrich [ɪnˈrɪtʃ] vt bereichern; soil, food anreichern.

enrichment [ɪnˈrɪtʃmənt] n Bereicherung f; (of soil) Anreicherung f.

enrol, (US) enroll [ɪnˈrəʊl] **I** vt einschreiben; members also aufnehmen; schoolchild (school, headmaster) aufnehmen; (parents) anmelden; (Univ) immatrikulieren.

II vi sich einschreiben; (in the army) sich melden (in zu); (as member also) sich einschreiben lassen; (for course also, at school) sich anmelden; (Univ also) sich immatrikulieren.

enrolment [ɪnˈrəʊlmənt] n 1. (enrolling) see vt Einschreibung f; Aufnahme f; Anmeldung f; Immatrikulation f.

2. (being enrolled) see vi Einschreibung f; Meldung f; Einschreibung f; Anmeldung f; Immatrikulation f.

3. **an evening class/a university/school with a total ~ of ...** ein Abendkurs mit einer (Gesamt)teilnehmerzahl von .../eine Universität mit ... immatrikulierten Studenten/eine Schule mit einer (Gesamt)schülerzahl von ...

en route [ɒnˈruːt] adv unterwegs, en route (geh). **we can see it ~ to Paris** wir können es auf dem Weg nach Paris sehen.

ensconce [ɪnˈskɒns] vr sich niederlassen, sich häuslich niederlassen (in in +dat). **he was ~d in the front room** er hatte sich in dem vorderen Zimmer (häuslich) niedergelassen.

ensemble [ɑːnˈsɑːmbl] n (Mus, Fashion) Ensemble nt.

enshrine [ɪnˈʃraɪn] vt (fig) bewahren.

ensign [ˈensaɪn] n 1. (flag) Nationalflagge f. 2. (Mil Hist) Fähnrich m. 3. (US Naut) Fähnrich m zur See.

enslave [ɪnˈsleɪv] vt zum Sklaven machen. **he is ~d by tradition** er ist der Tradition sklavisch verhaftet; **he was ~d by her beauty** ihre Schönheit hat ihn zu ihrem Sklaven gemacht.

enslavement [ɪnˈsleɪvmənt] *n* (*lit*) Versklavung *f*; (*fig*) sklavische Abhängigkeit.

ensnare [ɪnˈsnɛəʳ] *vt* (*lit*) fangen; (*fig*) (*woman*) umgarnen; (*charms*) berücken, bestricken.

ensue [ɪnˈsjuː] *vi* folgen (*from, on* aus).

ensuing [ɪnˈsjuːɪŋ] *adj* year, day folgend; events nachfolgend.

ensure [ɪnˈʃʊəʳ] *vt* sicherstellen; (*secure*) sichern. **he did everything to ~ that the work was finished in time** er tat alles, um sicherzustellen, daß die Arbeit rechtzeitig fertig wurde.

entail [ɪnˈteɪl] *vt* **1.** (*cause, make necessary*) *expense, inconvenience, suffering* mit sich bringen; *risk, difficulty also* verbunden sein mit; (*involve*) *work stages also* erforderlich machen. **what is ~ed in doing that/buying a house?** was ist dazu/zum Hauskauf alles erforderlich?

2. (*Logic*) **if a = b, not a ~s not b** wenn a = b ist, so folgt daraus, daß nicht a = nicht b ist.

3. (*Jur*) **to ~ an estate** ein Gut als Fideikommiß vererben.

entangle [ɪnˈtæŋgl] *vt* **1.** (*snare, catch up*) verfangen. **to become ~d in sth** sich in etw (*dat*) verfangen.

2. (*get into a tangle*) *hair* verwirren; *wool, thread, ropes also* verwickeln. **to become ~d** sich verwirren; sich verwickeln *or* verheddern (*inf*); (*branches*) ineinanderwachsen.

3. (*fig: in affair etc*) verwickeln, verstricken (*in in* +*acc*). **he became ~d in his lies/** er hat sich in Lügen verstrickt.

entanglement [ɪnˈtæŋglmənt] *n* **1.** (*lit*) (*no pl: enmeshing*) Verfangen *nt*; (*tangle*) (*of ropes etc*) Durcheinander *nt*; (*esp Mil: of barbed wire*) Verhau *m*.

2. (*fig*) (*in affair etc*) Verwicklung *f*. **legal ~** Rechtskonflikt *m*; **he wanted to avoid any ~ with the police** er wollte auf keinen Fall etwas mit der Polizei zu tun kriegen.

enter [ˈentəʳ] **I** *vt* **1.** (*towards speaker*) hereinkommen in (+*acc*); (*away from speaker*) hineingehen in (+*acc*); (*walk into*) *building etc* also betreten, eintreten in (+*acc*); (*drive into*) *car park, motorway* einfahren in (+*acc*); (*turn into*) *road etc* einbiegen in (+*acc*); (*flow into: river, sewage etc*) münden in (+*acc*); (*penetrate: bullet etc*) eindringen in (+*acc*); (*climb into*) *bus* einsteigen in (+*acc*); (*cross border of*) *country* einreisen in (+*acc*). **to ~ harbour** (in den Hafen) einlaufen; **the thought never ~ed my head** *or* **mind** so etwas wäre mir nie eingefallen.

2. (*join, become a member of*) eintreten in (+*acc*). **to ~ the Army/Navy** zum Heer/zur Marine gehen; **to ~ the Church** Geistlicher werden; **to ~ a school/the university** in eine Schule eintreten/die Universität beziehen; **to ~ a profession** einen Beruf ergreifen.

3. (*write down, record*) eintragen (*in* in +*acc*); (*Computers*) eingeben. **to ~ a/**

one's name (**on a list**) einen Namen/sich (in eine Liste) eintragen.

4. (*enrol*) (*for school, exam etc, pupil*) anmelden; (*athlete, competitor also, horse, for race, contest etc*) melden.

5. (*go in for*) *race, contest* sich beteiligen an (+*dat*). **only amateurs could ~ the race** es konnten nur Amateure an dem Rennen teilnehmen.

6. (*submit*) *appeal, plea* einlegen. **to ~ an action against sb** (*Jur*) gegen jdn einen Prozeß anstrengen *or* einleiten.

II *vi* **1.** (*towards speaker*) hereinkommen; (*away from speaker*) hineingehen; (*walk in*) eintreten; (*into bus etc*) einsteigen; (*drive in*) einfahren; (*penetrate: bullet etc*) eindringen; (*cross into country*) einreisen.

2. (*Theat*) auftreten.

3. (*for race, exam etc*) sich melden (*for* zu).

◆**enter into** *vi* +*prep obj* **1.** *relations, negotiations, discussions* aufnehmen; *contract, alliance* schließen, eingehen. **to ~ ~ conversation/a correspondence with sb** ein Gespräch mit jdm anknüpfen/mit jdm in Briefwechsel treten; *see* **spirit**.

2. (*figure in*) eine Rolle spielen bei. **that possibility did not ~ ~ our calculations** diese Möglichkeit war in unseren Berechnungen nicht einkalkuliert *or* eingeplant.

◆**enter up** *vt sep* eintragen.

◆**enter (up)on** *vi* +*prep obj* (*begin*) *career, duties* antreten; *new era, time of prosperity* eintreten in (+*acc*); *subject* eingehen auf (+*acc*).

enteric [enˈterɪk] *adj* Darm-.

enteritis [ˌentəˈraɪtɪs] *n* Dünndarmentzündung *f*.

enterprise [ˈentəpraɪz] *n* **1.** *no pl* (*initiative, ingenuity*) Initiative *f*; (*adventurousness*) Unternehmungsgeist *m*.

2. (*project, undertaking, Comm: firm*) Unternehmen *nt*. **free/public/private ~** (*system*) freies/öffentliches Unternehmertum/Privatunternehmertum *nt*.

enterprising [ˈentəpraɪzɪŋ] *adj person* (*with initiative, ingenious*) einfallsreich, erfindungsreich; (*adventurous*) unternehmungslustig; *idea, venture* kühn.

enterprisingly [ˈentəpraɪzɪŋlɪ] *adv see adj*.

entertain [ˌentəˈteɪn] **I** *vt* **1.** (*offer hospitality to*) einladen; (*to meal*) bewirten. **to ~ sb to dinner** jdn zum Essen einladen. **2.** (*amuse*) unterhalten; (*humorously: joke*) belustigen. **3.** *thought, intention* sich tragen mit; *suspicion, doubt* hegen; *hope* nähren; *suggestion, proposal, offer* erwägen, in Erwägung ziehen. **II** *vi* **1.** (*have visitors*) Gäste haben. **2.** (*comedian, conjurer etc*) unterhalten.

entertainer [ˌentəˈteɪnəʳ] *n* Unterhalter(in *f*), Entertainer(in *f*) *m*.

entertaining [ˌentəˈteɪnɪŋ] **I** *adj* amüsant, unterhaltsam. **II** *n* **she does a lot of ~** sie hat sehr oft Gäste.

entertainingly [ˌentəˈteɪnɪŋlɪ] *adv see adj*.

entertainment [ˌentəˈteɪnmənt] *n* **1.** (*amusement*) Unterhaltung *f*; (*professional also*) Entertainment *nt*. **much to the ~ of the onlookers** sehr zur Belustigung der

Zuschauer; **for my own** ~ nur so zum Vergnügen, zu meinem Privatvergnügen; **he/the film is good** ~ er/der Film ist sehr unterhaltend; **the world of** ~ die Unterhaltungsbranche. **2.** (*performance*) Darbietung *f*.

entertainment allowance *n* ≃ Aufwandspauschale *f*; **entertainment tax** *n* Vergnügungssteuer *f*.

enthral(l) [ɪnˈθrɔːl] *vt* begeistern, berücken (*geh*); (*exciting story etc also*) packen, fesseln. (**held**) ~**led by her beauty** von ihrer Schönheit gefesselt *or* bezaubert.

enthralling [ɪnˈθrɔːlɪŋ] *adj* spannend; *story, film also* packend, fesselnd.

enthrone [ɪnˈθrəʊn] *vt* inthronisieren; *king also* auf den Thron erheben; *bishop also* feierlich einsetzen. **to sit** ~**d** thronen.

enthuse [ɪnˈθjuːz] *vi* schwärmen (*over* von).

enthusiasm [ɪnˈθjuːzɪæzəm] *n* Begeisterung *f*, Enthusiasmus *m* (*for* für). **I can't rouse** *or* **find any** ~ **for going out** ich kann mich gar nicht dafür begeistern, auszugehen.

enthusiast [ɪnˈθjuːzɪæst] *n* Enthusiast *m*. **football/rock-and-roll** ~ begeisterter Fußballfreund *m*/Rock'n-roll-Anhänger *m*.

enthusiastic [ɪnˌθjuːzɪˈæstɪk] *adj* begeistert, enthusiastisch. **to be/get** ~ **about sth** von etw begeistert sein/sich für etw begeistern; **to become** *or* **get** ~ in Begeisterung geraten.

enthusiastically [ɪnˌθjuːzɪˈæstɪkəlɪ] *adv* begeistert, enthusiastisch, mit Begeisterung.

entice [ɪnˈtaɪs] *vt* locken; (*lead astray*) verführen, verleiten. **to** ~ **sb to do sth** *or* **into doing sth** jdn dazu verführen *or* verleiten, etw zu tun; **to** ~ **sb away** jdn weglocken.

enticement [ɪnˈtaɪsmənt] *n* (*act*) Lockung *f*; (*leading astray*) Verführung *f*; (*lure*) Lockmittel *nt*; (*fig*) Verlockung *f*.

enticing [ɪnˈtaɪsɪŋ] *adj* verlockend; *prospect also, look* verführerisch.

entire [ɪnˈtaɪəʳ] *adj* **1.** ganz; *set, waste of time* vollständig. **the** ~ **week/edition** die ganze Woche/Auflage. **2.** (*unbroken*) ganz, heil.

entirely [ɪnˈtaɪəlɪ] *adv* ganz. **the money was given** ~ **to charity** das gesamte Geld wurde für wohltätige Zwecke ausgegeben; **it's** ~ **different** es ist völlig *or* ganz anders; **I don't** ~ **agree** ich bin nicht ganz der (gleichen) Meinung.

entirety [ɪnˈtaɪərətɪ] *n* Gesamtheit *f*. **in its** ~ in seiner Gesamtheit.

entitle [ɪnˈtaɪtl] *vt* **1.** *book* betiteln. **it is** ~**d ... es hat den Titel ...**

2. (*give the right*) **to** ~ **sb to sth/to do sth** jdn zu etw berechtigen/jdn dazu berechtigen, etw zu tun; (*to compensation, legal aid, taking holiday*) jdm den Anspruch auf etw (*acc*) geben/jdm den Anspruch darauf *or* das Anrecht dazu geben, etw zu tun; **to be** ~**d to sth/to do sth** das Recht auf etw (*acc*) haben/das Recht haben, etw zu tun; (*to compensation, legal aid, holiday*) Anspruch auf etw (*acc*) haben/Anspruch darauf haben, etw zu tun; **he is** ~**d to two weeks' holiday** ihm stehen zwei Wochen Urlaub zu, er hat Anspruch auf zwei Wochen Urlaub.

entitlement [ɪnˈtaɪtlmənt] *n* Berechtigung *f* (*to* zu); (*to compensation, legal aid, holiday etc*) Anspruch *m* (*to* auf +*acc*). **what is your holiday** ~? wieviel Urlaub steht Ihnen zu?

entity [ˈentɪtɪ] *n* Wesen *nt*.

entomb [ɪnˈtuːm] *vt* beisetzen, bestatten.

entomologist [ˌentəˈmɒlədʒɪst] *n* Entomologe *m*, Entomologin *f*.

entomology [ˌentəˈmɒlədʒɪ] *n* Entomologie, Insektenkunde *f*.

entourage [ˌɒntʊˈrɑːʒ] *n* Gefolge *nt*.

entr'acte [ˈɒntrækt] *n* Zwischenspiel *nt*; (*Mus also*) Zwischenaktsmusik *f*.

entrails [ˈentreɪlz] *npl* (*lit*) Eingeweide *pl*; (*fig: of watch etc also*) Innereien *pl* (*hum*).

entrain [ɪnˈtreɪn] **I** *vt troops* (in Eisenbahnwaggons) verladen. **II** *vi* (in den Zug) einsteigen.

entrance¹ [ɪnˈtrɑːns] *vt* in Entzücken *or* Verzückung versetzen. **to be** ~**d by/at sth** von etw entzückt sein.

entrance² [ˈentrəns] *n* **1.** (*way in*) Eingang *m*; (*for vehicles*) Einfahrt *f*; (*hall*) Eingangshalle *f*, Entree *nt* (*geh*).

2. (*entering*) Eintritt *m*; (*Theat*) Auftritt *m*. **on his** ~ bei seinem Eintritt/Auftritt; **to make one's** ~ (*Theat*) auftreten; (*fig also*) erscheinen.

3. (*admission*) Eintritt *m* (*to* in +*acc*); (*to club etc*) Zutritt *m* (*to* zu); (*to school*) Aufnahme *f* (*to* in +*acc*). **to gain** ~ **to a university** die Zulassung zu einer Universität erhalten.

entrance examination *n* Aufnahmeprüfung *f*; **entrance fee** *n* (*for museum etc*) Eintrittsgeld *nt*; (*for competition*) Teilnahmegebühr *f*; (*for club membership*) Aufnahmegebühr *f*.

entrancing *adj*, ~**ly** *adv* [ɪnˈtrɑːnsɪŋ, -lɪ] bezaubernd.

entrant [ˈentrənt] *n* (*to profession*) Berufsanfänger(in *f*) *m* (*to* in +*dat*); (*in contest*) Teilnehmer(in *f*) *m*; (*in exam*) Prüfling *m*.

entreat [ɪnˈtriːt] *vt* inständig *or* dringend bitten, anflehen (*for* um).

entreatingly [ɪnˈtriːtɪŋlɪ] *adv* flehentlich.

entreaty [ɪnˈtriːtɪ] *n* dringende *or* flehentliche Bitte. **they remained deaf to my entreaties** sie blieben gegen alle meine Bitten taub.

entrecôte (steak) [ˈɒntrəkəʊt(ˌsteɪk)] *n* Entrecote *nt*.

entrée [ˈɒntreɪ] *n* **1.** Hauptgericht *nt*. **2.** (*to club etc*) Zutritt *m*.

entrench [ɪnˈtrentʃ] *vt* **1.** (*Mil*) eingraben, verschanzen.

2. (*fig*) **to be/become** ~**ed in sth** (*word, custom*) sich in etw (*dat*) eingebürgert haben/einbürgern; (*idea, prejudice*) sich in etw (*dat*) festgesetzt haben/festsetzen; (*belief*) in etw (*dat*) verwurzelt sein/sich in etw (*dat*) verwurzeln.

entrenchment [ɪnˈtrentʃmənt] *n* (*Mil*) Verschanzung *f*.

entrepôt [ˈɒntrəpəʊ] *n* (*warehouse*) Lagerhalle *f*; (*port*) Umschlaghafen *m*.

entrepreneur [ˌɒntrəprəˈnɜːʳ] *n* Unternehmer *m*.

entrepreneurial [ˌɒntrəprəˈnɜːrɪəl] *adj* unternehmerisch.

entrust [ɪnˈtrʌst] *vt* anvertrauen (*to sb* jdm).

to ~ a child to sb's care ein Kind jds Obhut anvertrauen; **to ~ sb with a task/a secret/one's valuables** *etc* jdn mit einer Aufgabe betrauen/jdm ein Geheimnis/ seine Wertgegenstände anvertrauen.

entry ['entrɪ] *n* **1.** (*into* in +*acc*) (*coming or going in*) Eintritt *m*; (*by car etc*) Einfahrt *f*; (*into country*) Einreise *f*; (*into club, school etc*) Aufnahme *f*; (*Theat*) Auftritt *m*. **point of ~** (*of bullet etc*) Einschußstelle *f*; (*of inlet pipe etc*) Anschlußstelle *f*; **port of ~** Einreisehafen *m*; (*airport*) Landeflughafen *m*; **to make an/one's ~** auftreten; **"no ~"** (*on door etc*) „Zutritt verboten"; (*on one-way street*) „keine Einfahrt".
2. (*way in, doorway: of building, mine etc*) Eingang *m*; (*for vehicles*) Einfahrt *f*.
3. (*in diary, account book, dictionary etc*) Eintrag *m*. **the dictionary has 30,000 entries** das Wörterbuch enthält 30,000 Stichwörter; **to make an ~ against sb** einen Betrag von jds Konto abbuchen.
4. (*for race etc: competitor*) Meldung *f*. **there is a large ~ for the 200 metres** für die 200 m sind viele Meldungen eingegangen.

entry form *n* Anmeldeformular *nt*; **entry permit** *n* Passierschein *m*; (*into country*) Einreiseerlaubnis *f*; **entry visa** *n* Einreisevisum *nt*; **entryway** *n* (*US*) Eingang *m*; (*for vehicles*) Einfahrt *f*.

entwine [ɪn'twaɪn] **I** *vt* (*twist together*) stems, ribbons ineinanderschlingen. **II** *vi* sich ineinanderschlingen *or* -winden.

enumerate [ɪ'njuːməreɪt] *vt* aufzählen.

enumeration [ɪ,njuːmə'reɪʃən] *n* Aufzählung *f*.

enunciate [ɪ'nʌnsɪeɪt] *vti* artikulieren.

enunciation [ɪ,nʌnsɪ'eɪʃən] *n* Artikulation *f*.

envelop [ɪn'veləp] *vt* einhüllen.

envelope ['envələʊp] *n* **1.** (Brief)umschlag *m*; (*large, for packets etc*) Umschlag *m*.
2. (*of balloon, Biol*) Hülle *f*; (*of airship*) Außenhaut *f*; (*of insect*) Hautpanzer *m*.

enveloping [ɪn'veləpɪŋ] *adj* alles umhüllend.

envelopment [ɪn'veləpmənt] *n* Einhüllung *f*.

envenom [ɪn'venəm] *vt* (*lit, fig*) vergiften.

enviable *adj*, **~bly** *adv* ['envɪəbl, -ɪ] beneidenswert.

envious ['envɪəs] *adj* neidisch (*of* auf +*acc*).

enviously ['envɪəslɪ] *adv* neidisch.

environment [ɪn'vaɪərənmənt] *n* Umwelt *f*; (*of town etc, physical surroundings*) Umgebung *f*; (*social, cultural surroundings also*) Milieu *nt*. **cultural/hostile ~** kulturelle/feindliche Umwelt; **Department of the E~** (*Brit*) Umweltministerium *nt*.

environmental [ɪn,vaɪərən'mentl] *adj* Umwelt-; (*relating to social, cultural environment also*) Milieu-.

environmentalist [ɪn,vaɪərən'mentəlɪst] *n* Umweltschützer(in *f*) *m*.

environmentally [ɪn,vaɪərən'mentəlɪ] *adv* im Hinblick auf die Umwelt. **~ beneficial/damaging** umweltfreundlich/-feindlich.

environs [ɪn'vaɪərənz] *npl* Umgebung *f*.

envisage [ɪn'vɪzɪdʒ] *vt* sich (*dat*) vorstellen. **do you ~ any price rises in the near future?** halten Sie Preisanstiege in nächster Zukunft für wahrscheinlich?

envoy ['envɔɪ] *n* Bote *m*; (*diplomat*) Gesandte(r) *mf*.

envy ['envɪ] **I** *n* Neid *m*. **his house was the ~ of his friends** seine Freunde beneideten ihn um sein Haus; **a laboratory which would be the ~ of every scientist** ein Labor, das der Neid eines jeden Wissenschaftlers wäre. **II** *vt* person beneiden. **to ~ sb sth** jdn um *or* wegen etw beneiden.

enzyme ['enzaɪm] *n* Enzym, Ferment *nt*.

eon ['iːɒn] *n see* **aeon.**

EP *n* Schallplatte *f* mit verlängerter Spieldauer.

epaulette ['epɔːlet] *n* Epaulette *f*, Schulterstück *nt*.

épée ['eɪpeɪ] *n* (Fecht)degen *m*.

ephemeral [ɪ'femərəl] *adj* ephemer (*geh*, *Zool*), kurzlebig; happiness *also* flüchtig.

epic ['epɪk] **I** *adj* poetry episch; film, novel monumental, Monumental-; performance, match gewaltig; journey lang und abenteuerlich. **II** *n* (*poem*) Epos, Heldengedicht *nt*; (*film, novel*) Epos *nt*, monumentaler Film/Roman; (*match*) gewaltiges Spiel. **an ~ of the screen** (*Film*) ein Filmepos *nt*.

epicentre, (*US*) **epicenter** ['epɪsentə'] *n* Epizentrum *nt*.

epicure ['epɪkjʊə'] *n* Feinschmecker(in *f*) *m*.

epicurean [,epɪkjʊə'riːən] **I** *adj* epikureisch (*geh*). **II** *n* Epikureer(*geh*), Genußmensch *m*.

epidemic [,epɪ'demɪk] **I** *n* Epidemie (*also fig*), Seuche *f*. **II** *adj* epidemisch.

epidermis [,epɪ'dɜːmɪs] *n* Epidermis *f*.

epidural [,epɪ'djʊərəl] **I** *adj* epidural. **II** *n* Epiduralanästhesie *f*.

epiglottis [,epɪ'glɒtɪs] *n* Kehldeckel *m*.

epigram ['epɪɡræm] *n* (*saying*) Epigramm, Sinngedicht *nt*.

epigrammatic(al) [,epɪɡrə'mætɪk(əl)] *adj* epigrammatisch.

epigraph ['epɪɡrɑːf] *n* Epigraph *nt*, Inschrift *f*; (*at beginning of book, chapter*) Motto *nt*, Sinnspruch *m*.

epilepsy ['epɪlepsɪ] *n* Epilepsie *f*.

epileptic [,epɪ'leptɪk] **I** *adj* epileptisch. **~ fit** epileptischer Anfall. **II** *n* Epileptiker(in *f*) *m*.

epilogue ['epɪlɒɡ] *n* Epilog *m*, Nachwort *nt*; (*Rad, TV*) Wort *nt* zum Tagesausklang.

Epiphany ['ɪ'pɪfənɪ] *n* das Dreikönigs- *or* Erscheinungsfest.

episcopal [ɪ'pɪskəpəl] *adj* bischöflich, Bischofs-, episkopal (*spec*).

episcopalian [ɪ,pɪskə'peɪlɪən] **I** *adj* zur Episkopalkirche gehörig. **II** *n* E~ Mitglied *nt* der Episkopalkirche, Episkopale(r) *mf* (*form*); **the E~s** die Episkopalkirche.

episiotomy [ə,piːzɪ'ɒtəmɪ] *n* Dammschnitt *m*, Episiotomie *f*.

episode ['epɪsəʊd] *n* Episode *f*; (*of story, TV, Rad*) Fortsetzung *f*; (*incident also*) Begebenheit *f*, Vorfall *m*.

episodic [,epɪ'sɒdɪk] *adj* episodenhaft; episodisch; novel in Episoden.

epistle [ɪ'pɪsl] *n* (*old, iro*) Epistel *f*; (*Bibl*) Brief *m* (*to* an +*acc*).

epitaph [ˈepɪtɑːf] n Epitaph nt; (on grave also) Grabinschrift f.

epithet [ˈepɪθet] n Beiname m, Epitheton nt (geh); (insulting name) Schimpfname m.

epitome [ɪˈpɪtəmɪ] n (of virtue, wisdom etc) Inbegriff m (of gen, an +dat).

epitomize [ɪˈpɪtəmaɪz] vt verkörpern.

epoch [ˈiːpɒk] n Zeitalter nt (also Geol), Epoche f.

epoxy resin [ɪˈpɒksɪˈrezɪn] n Epoxydharz nt.

Epsom salts [ˈepsəmˈsɔːlts] npl (Epsomer) Bittersalz nt.

equable [ˈekwəbl] adj gleichmäßig, ausgeglichen pred.

equably [ˈekwəblɪ] adv gleichmäßig.

equal [ˈiːkwəl] I adj 1. gleich (to +dat). the two groups were ~ in number die beiden Gruppen waren zahlenmäßig gleich groß; they are about ~ in value sie haben ungefähr den gleichen Wert; to divide sth into ~ parts in gleiche Teile teilen; two halves are ~ to one whole zwei Halbe sind gleich ein Ganzes; to be on an ~ footing or on ~ terms auf der gleichen Stufe stehen (with mit); ~ pay for ~ work gleicher Lohn für gleiche Arbeit; ~ opportunities Chancengleichheit f; (all) other things being ~ wenn nichts dazwischenkommt; now we're ~ jetzt sind wir quitt; all men are ~, but some are more ~ than others (hum) alle Menschen sind gleich, nur einige sind gleicher.
   2. to be ~ to the situation/task der Situation/Aufgabe gewachsen sein; to feel ~ to sth sich zu etw imstande or in der Lage fühlen.
   II n (in rank) Gleichgestellte(r) mf; (in birth also) Artgenosse m/-genossin f. he is his ~ sie ist ihm ebenbürtig; he has no ~ er hat nicht seinesgleichen; our ~s unseresgleichen; to treat sb as an ~ jdn als ebenbürtig behandeln.
   III vt (be same as, Math) gleichen; (match, measure up to) gleichkommen (+dat). three times three ~s nine drei mal drei (ist) gleich neun; let x ~ 3 wenn x gleich 3 ist; he ~led his brother in generosity er kam seinem Bruder an Großzügigkeit gleich; not to be ~led unvergleichlich; this show is not to be ~led by any other diese Show hat nicht ihresgleichen; there is nothing to ~ it nichts kommt dem gleich.

equality [ɪˈkwɒlɪtɪ] n Gleichheit f.

equalize [ˈiːkwəlaɪz] I vt chances, opportunities ausgleichen; incomes angleichen. II vi (Sport) ausgleichen.

equalizer [ˈiːkwəlaɪzəʳ] n (Sport) Ausgleich m; (Ftbl etc also) Ausgleichstor nt.

equally [ˈiːkwəlɪ] adv 1. ~ gifted gleich begabt pred, gleichbegabt attr, gleichermaßen begabt; ~ paid gleich bezahlt pred, gleichbezahlt attr; ~ guilty gleich schuldig pred, gleichermaßen schuldig.
   2. divide, distribute gleichmäßig.
   3. (just as) genauso.
   4. but then, ~, one must concede ... aber dann muß man ebenso zugestehen, daß ...

equals sign [ˈiːkwəlzˈsaɪn] n Gleichheitszeichen nt.

equanimity [ˌekwəˈnɪmɪtɪ] n Gleichmut m,

Gelassenheit f. to recover one's ~ seine Gelassenheit wiedergewinnen.

equate [ɪˈkweɪt] vt 1. (identify) gleichsetzen, identifizieren (with mit); (compare, treat as the same) auf die gleiche Stufe stellen, als gleichwertig hinstellen. do not ~ physical beauty with moral goodness du mußt or darfst Schönheit nicht mit gutem Charakter gleichsetzen.
   2. (Math) gleichsetzen (to mit).

equation [ɪˈkweɪʒən] n (Math, fig) Gleichung f. ~ of supply and demand Ausgleich m von Angebot und Nachfrage; work and leisure, how to get the ~ right wie man Arbeit und Freizeit ins rechte Gleichgewicht bringt.

equator [ɪˈkweɪtəʳ] n Äquator m. at the ~ am Äquator.

equatorial [ˌekwəˈtɔːrɪəl] adj äquatorial, Äquatorial-.

equerry [ɪˈkwerɪ] n (personal attendant) persönlicher Diener (eines Mitgliedes der königlichen Familie); (in charge of horses) königlicher Stallmeister.

equestrian [ɪˈkwestrɪən] adj Reit-, Reiter-. ~ act (Kunst)reitnummer f; ~ events Reitveranstaltung f; (tournament) Reitturnier nt; ~ statue Reiterstandbild nt.

equestrianism [ɪˈkwestrɪənɪzəm] n Pferdesport m, Reiten nt.

equidistant [ˈiːkwɪˈdɪstənt] adj gleichweit entfernt (from von).

equilateral [ˈiːkwɪˈlætərəl] adj gleichseitig.

equilibrium [ˌiːkwɪˈlɪbrɪəm] n Gleichgewicht nt. to keep/ lose one's ~ das Gleichgewicht halten/verlieren; in ~ im Gleichgewicht.

equine [ˈekwaɪn] adj Pferde-.

equinoctial [ˌiːkwɪˈnɒkʃəl] adj gales, tides äquinoktial.

equinox [ˈiːkwɪnɒks] n Tagundnachtgleiche f, Äquinoktium nt.

equip [ɪˈkwɪp] vt ship, soldier, astronaut, army, worker ausrüsten; household, kitchen ausstatten. to ~ a room as a laboratory ein Zimmer als Labor einrichten; to ~ a boy for life (fig) einem Jungen das (nötige) Rüstzeug fürs Leben mitgeben; he is well ~ped for the job (fig) er hat die nötigen Kenntnisse or das nötige Rüstzeug für die Stelle.

equipment [ɪˈkwɪpmənt] n, no pl 1. (objects) (of person) Ausrüstung f. laboratory ~ Laborausstattung f; office ~ Büroeinrichtung f; electrical ~ Elektrogeräte pl; kitchen ~ Küchengeräte pl.
   2. see vt Ausrüstung f, Ausstattung f.
   3. (mental, intellectual) (geistiges) Rüstzeug.

equipoise [ˈekwɪpɔɪz] n (state) Gleichgewicht nt; (thing) Gegengewicht nt.

equitable [ˈekwɪtəbl] adj fair, gerecht, recht und billig.

equitableness [ˈekwɪtəblnɪs] n Fairneß, Billigkeit f.

equitably [ˈekwɪtəblɪ] adv fair, gerecht.

equity [ˈekwɪtɪ] n 1. Fairneß, Billigkeit f. 2. (Fin) Anteil m. equities pl Stammaktien pl, Dividendenpapiere pl; 3. (Jur) Billigkeitsrecht nt, billiges Recht. 4. (Brit Theat) E~ Gewerkschaft f der Schauspieler.

equivalence [ɪˈkwɪvələns] n Äquivalenz, Entsprechung f.

equivalent [ɪˈkwɪvələnt] **I** adj **1.** (equal) gleich, gleichwertig, äquivalent. **three more or less** ~ **translations** drei mehr oder weniger gleichwertige Übersetzungen; **that's** ~ **to saying ...** das ist gleichbedeutend damit, zu sagen ...; **to be** ~ **in meaning** die gleiche Bedeutung haben.
2. (corresponding) entsprechend, äquivalent. **the** ~ **institution in America** die entsprechende Einrichtung in Amerika, das amerikanische Äquivalent dazu; **it is** ~ **to £30** das entspricht £ 30; ... **or the** ~ **value in francs** ... oder der Gegenwert in Francs.
3. (Chem) gleichwertig; (Geometry) äquivalent.
4. that's ~ **to lying** das ist soviel wie gelogen; **as au pair girl she is** ~ **to nanny, maid and tutor all in one** als Au-pair-Mädchen ist sie soviel wie Kindermädchen, Dienstmädchen und Hauslehrerin in einer Person.
II n Äquivalent nt; (counterpart) (thing also) Gegenstück, Pendant nt; (person also) Pendant nt. **what is the** ~ **in German marks?** was ist der Gegenwert in DM?; **the American** ~ **of the British public school** das amerikanische Gegenstück or Pendant zur britischen Public School; **the German** ~ **of the English word** die deutsche Entsprechung des englischen Wortes; ... **or the** ~ **in cash** ...oder der/den Gegenwert in bar.

equivocal [ɪˈkwɪvəkəl] adj behaviour zweideutig; words doppeldeutig; outcome nicht eindeutig; (vague) unklar, unbestimmt.

equivocally [ɪˈkwɪvəkəlɪ] adv see adj.

equivocate [ɪˈkwɪvəkeɪt] vi ausweichen, ausweichend antworten.

equivocation [ɪˌkwɪvəˈkeɪʃən] n Ausflucht f, doppelsinnige or ausweichende Formulierung/Antwort.

ER abbr of **Elizabeth Regina**.

era [ˈɪərə] n Ära, Epoche f; (Geol) Erdzeitalter nt. **the Christian** ~ (die) christliche Zeitrechnung; **the end of an** ~ das Ende einer Ära.

eradicate [ɪˈrædɪkeɪt] vt ausrotten.

eradication [ɪˌrædɪˈkeɪʃən] n Ausrottung f.

erase [ɪˈreɪz] vt ausradieren; (from tape, computer) löschen; (from the mind) streichen (from aus).

eraser [ɪˈreɪzəʳ] n Radiergummi nt or m; (for blackboard) Schwamm m.

erasure [ɪˈreɪʒəʳ] n (act) Auslöschen, Ausradieren nt; (from tape) Löschen nt; (sth erased) ausradierte Stelle, Radierstelle f; (on tape) gelöschte Stelle.

erbium [ˈɜːbɪəm] n (abbr **Er**) Erbium nt.

ere [ɛəʳ] (old, poet) **I** prep ehe, bevor.
II conj ehe, bevor.

erect [ɪˈrekt] **I** adj aufrecht, gerade; penis etc erigiert, steif. **to hold oneself** ~ sich gerade halten; **he went forward, his head** ~ er ging mit hocherhobenem Kopf nach vorn; **with tail** ~ mit hocherhobenem Schwanz.
II vt temple, edifice (er)bauen, errichten (to sb jdm); wall, flats, factory bauen;

statue, altar errichten (to sb jdm); machinery, traffic signs, collapsible furniture aufstellen; scaffolding aufstellen, aufbauen; tent aufschlagen; mast, flagpole aufrichten; (fig) barrier errichten, aufbauen; theoretical system aufstellen.

erectile [ɪˈrektaɪl] adj Schwell-, erektil.

erection [ɪˈrekʃən] n **1.** see vt (Er)bauen, Errichten nt; Bauen nt; Errichten nt; Aufstellen nt; Aufbauen nt; Aufschlagen nt; Aufrichten nt; Errichten nt; Aufstellen nt.
2. (the building, structure) Gebäude nt, Bau m. **3.** (Physiol) Erektion f.

erectly [ɪˈrektlɪ] adv sit etc gerade, aufrecht.

erg [ɜːg] n Erg nt.

ergonomics [ˌɜːgəʊˈnɒmɪks] n sing Arbeitswissenschaft, Ergonomik, Ergonomie f.

ergotherapy [ˌɜːgəʊˈθerəpɪ] n Ergotherapie f.

Erin [ˈɪərɪn] n (poet) Irland nt.

ermine [ˈɜːmɪn] n (animal) Hermelin nt; (fur) Hermelin m.

erode [ɪˈrəʊd] vt (glacier, water, sea) auswaschen, erodieren (spec); (acid) ätzen; (rust) wegfressen, anfressen; (fig) confidence, sb's beliefs untergraben; differentials aushöhlen.

erogenous [ɪˈrɒdʒənəs] adj erogen.

erosion [ɪˈrəʊʒən] n (by water, glaciers, rivers) Erosion, Abtragung f; (by acid) Ätzung f; (fig: of love etc) Schwinden nt; (of differentials) Aushöhlen nt. **an** ~ **of confidence in the pound** ein Vertrauensverlust or -schwund des Pfundes.

erosive [ɪˈrəʊzɪv] adj effect of sea etc abtragend; effect of acid ätzend.

erotic [ɪˈrɒtɪk] adj aufreizend; literature, film erotisch.

erotica [ɪˈrɒtɪkə] npl Erotika pl.

erotically [ɪˈrɒtɪkəlɪ] adv aufreizend; written, photographed erotisch.

eroticism [ɪˈrɒtɪsɪzəm] n Erotik f.

err [ɜː] vi **1.** (be mistaken) sich irren. **to** ~ **is human(, to forgive divine)** (Prov) Irren ist menschlich(, Vergeben göttlich); **it is better to** ~ **on the side of caution** man sollte im Zweifelsfall lieber zu vorsichtig sein.
2. (sin) sündigen.
3. (Rel: stray) in die Irre gehen.

errand [ˈerənd] n (shopping etc) Besorgung f; (to give a message etc) Botengang m; (task) Auftrag m. **to send sb on an** ~ jdn auf Besorgungen/einen Botengang schicken; **to go on** or **run** ~**s (for sb)** (für jdn) Besorgungen/Botengänge machen; **to give sb an** ~ **to do** jdm etw auftragen; **to be on an** ~ ~ Besorgungen/einen Botengang machen, etwas erledigen; ~ **of mercy** Rettungsaktion f; ~ **boy** Laufbursche, Laufjunge m.

errant [ˈerənt] adj **1. knight** ~ fahrender Ritter. **2.** (erring) ways sündig, verfehlt; husband abtrünnig; (hum) Marxist, Freudian fehlgeleitet, auf Irrwegen.

errata [eˈrɑːtə] pl of **erratum**.

erratic [ɪˈrætɪk] adj **1.** unberechenbar; person also sprunghaft; results also stark abweichend, stark schwankend; work, performance ungleichmäßig, unregelmäßig; working of machine, freezer, weather also launisch. **2.** (Geol) erratisch.

erratically [ɪ'rætɪkəlɪ] *adv act* unberechenbar, launenhaft; *work (machine)* unregelmäßig; *(person)* ungleichmäßig; *drive* unberechenbar.

erratum [e'rɑ:təm] *n, pl* **errata** Erratum *nt.*

erring ['ɜ:rɪŋ] *adj see* **errant 2.**

erroneous [ɪ'rəʊnɪəs] *adj* falsch; *assumption, belief* irrig.

erroneously [ɪ'rəʊnɪəslɪ] *adv* fälschlicherweise; *accuse* fälschlich. **~ known as ...** fälschlich als ... bekannt.

error ['erə'] *n* **1.** *(mistake)* Fehler *m.* **compass ~** (magnetische) Abweichung; **human ~** menschliches Versagen; **~s and omissions excepted** *(Comm)* Irrtum vorbehalten; **a pilot ~** ein Fehler des Piloten; **the ~ rate** die Fehlerquote, die Fehlerrate.

2. *(wrongness)* Irrtum *m.* **to be in ~** im Irrtum sein, sich im Irrtum befinden; **in ~** *(wrongly, accidentally)* aus Versehen, irrtümlicherweise; **to see the ~ of one's ways** seine Fehler einsehen.

ersatz ['eəzæts] **I** *adj* Ersatz-. **~ coffee** Kaffee-Ersatz *m.* **II** *n* Ersatz *m.*

eructate [ɪ'rʌkteɪt] *vi (hum, form)* aufstoßen.

eructation [ˌɪrʌk'teɪʃən] *n (hum, form)* Aufstoßen *nt.* **an ~** ein Rülpser *m (inf).*

erudite ['erʊdaɪt] *adj* gelehrt; *person also* gebildet, belesen.

eruditely ['erʊdaɪtlɪ] *adv* gelehrt.

erudition [ˌerʊ'dɪʃən] *n* Gelehrsamkeit *f.* **a book of great ~** ein sehr gelehrtes Buch.

erupt [ɪ'rʌpt] *vi (volcano, war, quarrel)* ausbrechen; *(spots)* zum Vorschein kommen; *(teeth)* durchkommen, durchstoßen; *(fig: person)* explodieren. **she/ her face ~s in spots** sie bekommt im ganzen Gesicht Pickel.

eruption [ɪ'rʌpʃən] *n (of volcano, anger, violence)* Ausbruch *m*; *(Med) (of spots, rash)* Ausbruch *m*, Auftreten *nt*; *(rash etc)* Hautausschlag *m.*

erysipelas [ˌerɪ'sɪpɪləs] *n* (Wund)rose *f.*

escalate ['eskəleɪt] **I** *vt war* ausweiten, eskalieren; *costs* sprunghaft erhöhen. **II** *vi* sich ausweiten, um sich greifen, eskalieren; *(costs)* sprunghaft ansteigen, in die Höhe schnellen.

escalation [ˌeskə'leɪʃən] *n* Eskalation *f.*

escalator ['eskəleɪtə'] *n* Rolltreppe *f.*

escalope [ɪ'skæləp] *n* Schnitzel *nt.*

escapade [ˌeskə'peɪd] *n* Eskapade *f.*

escape [ɪ'skeɪp] **I** *vi* **1.** flüchten *(from* aus), entfliehen *(geh) (from dat)*; *(from pursuers)* entkommen *(from dat)*; *(from prison, camp, cage, stall etc)* ausbrechen *(from* aus); *(bird)* entfliegen *(from dat)*; *(water)* auslaufen *(from* aus); *(gas)* ausströmen *(from* aus). **he was shot while trying to ~** er wurde bei einem Fluchtversuch erschossen; **he's trying to ~ from his life in the suburbs** er versucht, seinem Leben in der Vorstadt zu entfliehen *or* zu entkommen; **in order to let the queen ~** *(Chess)* um die Königin davonkommen zu lassen; **an ~d prisoner/tiger** ein entsprungener Häftling/Tiger; **he ~d from the fire** er ist dem Feuer entkommen; **I just feel I have to ~ from this job/place** ich

habe einfach das Gefühl, daß ich hier weg muß; **she has to be able to ~ from her family sometimes** sie muß ab und zu die Möglichkeit haben, ihrer Familie zu entfliehen; **a room which I can ~ to** ein Zimmer, in das ich mich zurückziehen kann; **to ~ from oneself** vor sich *(dat)* selber fliehen; **it's no good trying to ~ from the world** es hat keinen Zweck, vor der Welt fliehen zu wollen.

2. *(get off, be spared)* davonkommen. **to ~ with a warning/a few cuts** mit einer Verwarnung/ein paar Schnittwunden davonkommen; **the others were killed, but he ~d** die anderen wurden getötet, aber er kam mit dem Leben davon.

II *vt* **1.** *pursuers* entkommen *(+dat).*

2. *(avoid) consequences, punishment, disaster* entgehen *(+dat).* **no department will ~ these cuts** keine Abteilung wird von diesen Kürzungen verschont bleiben; **he narrowly ~d danger/death** er ist der Gefahr/dem Tod mit knapper Not entronnen; **he narrowly ~d being run over** er wäre um ein Haar *or* um Haaresbreite überfahren worden; **but you can't ~ the fact that ...** aber du kannst nicht leugnen *or* abstreiten, daß ...

3. *(be unnoticed, forgotten by)* his **name/the word ~s me** sein Name/das Wort ist mir entfallen; **nothing ~s him** ihm entgeht nichts; **to ~ observation** *or* **notice** unbemerkt bleiben; **it had not ~d her notice** es war ihr nicht entgangen; **the thoughtless words which ~d me** die unbedachten Worte, die mir herausgerutscht *or* entfahren sind.

III *n* **1.** *(from prison etc)* Ausbruch *m*, Flucht *f*; *(attempted ~)* Ausbruchsversuch, Fluchtversuch *m*; *(from a country)* Flucht *f*; *(fig: from reality, one's family etc)* Flucht *f.* **to plan an ~** die Flucht *or* einen Ausbruch planen; **to make an ~** ausbrechen, entfliehen; **the ~ was successful** der Ausbruchs- *or* Fluchtversuch glückte *or* war erfolgreich; **there's been an ~** jemand ist ausgebrochen; **there were ~s from this prison last month** im letzten Monat sind aus diesem Gefängnis zweimal Leute ausgebrochen; **with this security system ~ is impossible** dieses Sicherheitssystem macht Ausbrechen unmöglich; **what are their chances of ~?** wie sind ihre Fluchtmöglichkeiten?, wie sind ihre Chancen zu entkommen?; **there's been an ~ at London Zoo** aus dem Londoner Zoo ist ein Löwe/ Tiger *etc* ausgebrochen; **to have a miraculous ~** *(from accident, illness)* auf wunderbare Weise davonkommen; **an ~ from reality** eine Flucht vor der Realität; **fishing/music is his ~** Angeln/Musik ist seine Zuflucht; **otherwise I don't get any ~ from the demands of my family** sonst habe ich überhaupt keine Abwechslung von den Ansprüchen meiner Familie; **there's no ~** *(fig)* es gibt keinen Ausweg *or* kein Entrinnen *(geh).*

2. *(of water)* Ausfließen *nt*; *(of gas)* Ausströmen *nt*; *(of steam, gas, in a machine)* Entweichen *nt.* **due to an ~ of gas** auf Grund ausströmenden Gases.

escape artist n Entfesselungskünstler(in f)
m; **escape attempt, escape bid** n
Fluchtversuch m; **escape clause** n (Jur)
Befreiungsklausel f.

escapee [ɪskeɪˈpiː] n entwichener Häftling
or Gefangener.

escape hatch n (Naut) Notluke f; **escape
mechanism** n Abwehrmechanismus m.

escapement [ɪˈskeɪpmənt] n (of clock)
Hemmung f.

escape pipe n Überlaufrohr nt; (for gas,
steam) Abzugsrohr nt; **escape-proof** adj
ausbruchsicher; **escape road** n Aus-
weichstraße f; **escape route** n Fluchtweg
m; **escape valve** n Sicherheitsventil nt;
escape velocity n (Space) Flucht-
geschwindigkeit f.

escapism [ɪˈskeɪpɪzəm] n Wirklichkeits-
flucht f, Eskapismus (spec) m.

escapist [ɪˈskeɪpɪst] I n jd, der vor der Wirk-
lichkeit flieht, Eskapist m (spec). II adj ~
literature unrealistische, eine Phan-
tasiewelt vorgaukelnde Literatur.

escapologist [ˌeskəˈpɒlədʒɪst] n Ent-
fesselungskünstler(in f) m.

escarpment [ɪˈskɑːpmənt] n Steilhang m;
(Geol) Schichtstufe f; (as fortification)
Böschung f.

eschew [ɪsˈtʃuː] vt (old, liter) scheuen,
(ver)meiden; wine etc sich enthalten
(+gen); temptation aus dem Wege gehen
(+dat).

escort [ˈeskɔːt] I n 1. Geleitschutz m;
(escorting vehicles, ships etc) Eskorte f;
Geleitschiff nt/-schiffe pl; (police ~) Be-
gleitmannschaft, Eskorte f; (guard of
honour) Eskorte f. **under** ~ unter
Bewachung.
2. (male companion) Begleiter m;
(hired female) Hostess f.
II [ɪˈskɔːt] vt begleiten; (Mil, Naut)
general eskortieren, Geleit(schutz) geben
(+dat).

escort agency n Hostessenagentur f;
escort fighter n (Aviat) Begleitjäger m;
escort party n Eskorte f; **escort vessel**
n (Naut) Geleitschiff nt.

escutcheon [ɪˈskʌtʃən] n Wappen nt. **it is a
blot on his** ~ das ist ein Fleck auf seiner
weißen Weste.

ESE abbr of **east-south-east** OSO.

Eskimo [ˈeskɪməʊ] I adj Eskimo-, eskimo-
isch. II n, pl ~(e)s 1. Eskimo m, Eskimo-
frau f. 2. (language) Eskimosprache f.

esophagus n (esp US) see **oesophagus.**

esoteric [ˌesəʊˈterɪk] adj esoterisch.

ESP abbr of **extra-sensory perception**
ASW f, außersinnliche Wahrnehmung.

espalier [ɪˈspælɪə] n (trellis) Spalier nt; (tree)
Spalierbaum m; (method) Anbau m von
Spalierobst.

especial [ɪˈspeʃəl] adj besondere(r, s).

especially [ɪˈspeʃəlɪ] adv besonders. **every-
one should come,** ~ **you** alle sollten
kommen, vor allen Dingen du or du
besonders; **you** ~ **ought to know** gerade
du solltest wissen; **more** ~ **as** besonders
da, zumal; **why me** ~? warum unbedingt
or gerade ich/mich?; **I came** ~ **to see you**
ich bin speziell gekommen, um dich zu
besuchen; ~ **in the summer** besonders or
zumal im Sommer.

Esperanto [ˌespəˈræntəʊ] n Esperanto nt.

espionage [ˌespɪəˈnɑːʒ] n Spionage f.

esplanade [ˌespləˈneɪd] n (Strand)pro-
menade f.

espousal [ɪˈspaʊzəl] n (of cause etc) Par-
teinahme f (of für).

espouse [ɪˈspaʊz] vt (fig) cause Partei er-
greifen für, eintreten für.

espresso [eˈspresəʊ] n, pl ~s Espresso m.

esprit de corps [eˈspriːdəˈkɔː] n Korpsgeist
m

espy [ɪˈspaɪ] vt (old, liter) erspähen.

esquire [ɪˈskwaɪə] n (Brit: on envelope,
abbr Esq) als Titel nach dem Namen,
wenn kein anderer Titel angegeben wird.
James Jones, Esq Herrn James Jones.

essay[1] [eˈseɪ] (form) I vt (try) (aus)-
probieren. II n Versuch m.

essay[2] [ˈeseɪ] n Essay m or nt; (esp Sch)
Aufsatz m.

essayist [ˈeseɪɪst] n Essayist m.

essence [ˈesəns] n 1. (Philos) Wesen nt,
Essenz f; (substratum) Substanz f.
2. (most important quality) Wesen,
Wesentliche(s) nt, Kern m. **in** ~ **the
theories are very similar** die Theorien sind
im Wesentlichen or in ihrem Kern or es-
sentiell (geh) sehr ähnlich; **well that's it,
in** ~ nun, das wäre es im wesentlichen;
good management is of the ~ gutes
Management ist von entscheidender or
ausschlaggebender Bedeutung; **the** ~ **of
stupidity/tact** der Inbegriff der
Dummheit/des Taktes.
3. (extract: Chem, Cook) Essenz f.
meat ~ Fleischextrakt m.

essential [ɪˈsenʃəl] I adj 1. (necessary, vital)
(unbedingt or absolut) erforderlich or
notwendig. **it is** ~ **to act quickly** schnelles
Handeln ist unbedingt or absolut erfor-
derlich, schnelles Handeln tut not; **it is** ~
that he comes es ist absolut or unbedingt
erforderlich, daß er kommt, er muß
unbedingt kommen; **it is** ~ **that you un-
derstand this** du mußt das unbedingt ver-
stehen; **this is of** ~ **importance** dies ist von
entscheidender Bedeutung; **sleep is** ~ **for
a healthy life** Schlaf ist die wesentliche
Voraussetzung or eine unabdingbare
Voraussetzung für ein gesundes Leben;
she's become ~ **to me** sie ist mir unent-
behrlich geworden; **the** ~ **thing is to …**
wichtig ist vor allem, zu …

2. (of the essence, basic) wesentlich,
essentiell (geh); (Philos) essentiell,
wesenhaft; question entscheidend. **I don't
doubt his** ~ **goodness** ich zweifle nicht an,
daß er im Grunde ein guter Mensch ist; **he
has an** ~ **honesty** er ist im Grunde
(genommen) ehrlich; **the** ~ **feature of his
personality** der Grundzug or der grund-
legende Zug seiner Persönlichkeit.

3. (Chem) ~ **oils** ätherische Öle pl.

II n 1. (necessary thing) **an ice-axe is an**
~ **for mountain climbing** ein Eispickel ist
zum Bergsteigen unerläßlich, ein Eis-
pickel ist unbedingt notwendig zum Berg-
steigen; **accuracy is an** ~ or **one of the** ~**s
in this type of work** Genauigkeit ist für
diese Art (von) Arbeit unabdingbar; **with
only the bare** ~**s** nur mit dem Allernot-
wendigsten ausgestattet.

2. ~s *pl* (*most important points*) wichtige Punkte *pl*, Essentials *pl*, the ~s of German grammar die Grundlagen *or* Grundzüge der deutschen Grammatik.

essentially [ɪˈsenʃəlɪ] *adv* (*basically*) im Grunde genommen, im Prinzip; (*in essence*) dem Wesen nach, im wesentlichen. he's ~ a nervous person im Grunde seines Wesens ist er ein nervöser Mensch; what are the ~ French characteristics that he reveals? welche im wesentlichen französischen Eigenschaften zeigt er?; an ~ optimistic view eine im wesentlichen optimistische Einstellung.

EST (*US*) *abbr of* **Eastern Standard Time.**

establish [ɪˈstæblɪʃ] I *vt* 1. (*found, set up*) gründen; *government* bilden; *religion also* stiften; *laws* geben, schaffen; *custom, new procedure* einführen; *relations* herstellen, aufnehmen; *post* einrichten, schaffen; *power, authority* sich (*dat*) verschaffen; *peace* stiften; *order* (wieder)herstellen; *list* (*in publishing*) aufstellen, zusammenstellen; *reputation* sich (*dat*) verschaffen; *precedent* setzen; *committee* einsetzen. once he had ~ed his power as Emperor als er seine Macht als Kaiser begründet hatte; he offered to ~ me in business er bot an, mir beim Start ins Geschäftsleben behilflich zu sein; to ~ one's reputation as a scholar/writer sich (*dat*) einen Namen als Wissenschaftler/Schriftsteller machen.

2. (*prove*) *fact, innocence* beweisen, nachweisen; *claim* unter Beweis stellen.

3. (*determine*) *identity, facts* ermitteln.

4. (*gain acceptance for*) *product, theory, ideas* Anklang *or* Anerkennung finden für; *one's rights* Anerkennung finden für. if we can ~ our product on the market wenn wir unser Produkt auf dem Markt etablieren können; we have tried to ~ our product as the number-one model wir haben versucht, unser Produkt als das Spitzenmodell einzuführen.

II *vr* (*in business, profession*) sich etablieren, sich niederlassen. he seems to have ~ed himself as an expert er scheint sich (*dat*) einen Ruf als Experte verschafft zu haben.

established [ɪˈstæblɪʃt] *adj* 1. (*on firm basis*) *reputation* gesichert, gefestigt. well-~ business gut eingeführte *or* alteingesessene Firma.

2. (*accepted*) *fact* feststehend, akzeptiert; *truth* akzeptiert, anerkannt; *custom* althergebracht; *procedure* anerkannt; *belief* überkommen, herrschend; *government* herrschend; *laws* bestehend, geltend; *order* bestehend, etabliert. an ~ scientific fact eine wissenschaftlich erwiesene Tatsache; is there an ~ procedure for this? gibt es dafür ein handelsübliches *or* allgemeinübliches Verfahren?

3. (*Eccl*) the ~ Church die Staatskirche.

establishment [ɪˈstæblɪʃmənt] *n* 1. *see vt* 1. Gründung *f*; Bildung *f*; Stiftung *f*; Schaffung *f*, Erlassen *nt*; Einführung *f*; Herstellung, Aufnahme *f*; Einrichtung, Schaffung *f*; (*of power, authority*) Festigung *f*; Stiftung *f*; (Wieder)herstellung *f*; Aufstellung *f*, Zusammenstellung *nt*;

(*of reputation*) Begründung *f*; Setzen *nt*; Einsetzen *nt*.

2. (*proving*) Beweis *m*. the lawyer devoted a lot of time to the ~ of a few basic facts der Rechtsanwalt verwandte viel Zeit darauf, ein paar Tatsachen unter Beweis zu stellen.

3. (*determining*) Ermittlung *f*. ~ of truth Wahrheitsfindung *f*.

4. (*institution etc*) Institution *f*; (*hospital, school etc also*) Anstalt *f*. that big house on the corner is a very dubious ~ das große Haus an der Ecke ist ein sehr zweifelhaftes Etablissement; commercial ~ kommerzielles Unternehmen.

5. (*household*) Haus *nt*, Haushalt *m*.

6. (*Mil, Naut etc: personnel*) Truppenstärke *f*. war/peace ~ Kriegs-/Friedensstärke *f*.

7. (*Brit*) the E~ das Establishment.

estate [ɪˈsteɪt] *n* 1. (*land*) Gut *nt*. to retire to one's country ~ sich auf sein Landgut zurückziehen; family ~ Familienbesitz *m*.

2. (*Jur: possessions*) Besitz(tümer *pl*) *m*, Eigentum *nt*; (*of deceased*) Nachlaß *m*, Erbmasse *f*. personal ~ persönliches Eigentum; *see* real.

3. (*esp Brit*) (*housing* ~) Siedlung *f*; (*trading* ~) Industriegelände *nt*.

4. (*order, rank*) Stand *m*. the holy ~ of matrimony (*Rel*) der heilige Stand der Ehe; to reach man's ~ (*liter*) in den Mannesstand treten (*old*).

estate agent *n* (*Brit*) Grundstücks- *or* Immobilienmakler(in *f*) *m*; **estate car** *n* (*Brit*) Kombi(wagen) *m*; **estate duty** *n* Erbschaftssteuer *f*.

esteem [ɪˈstiːm] I *vt* 1. (*consider*) ansehen, betrachten. I ~ it an honour ich sehe es als eine Ehre an, ich betrachte es als Ehre.

2. (*think highly of*) *person* hochschätzen; *qualities* schätzen. my ~ed colleague (*form*) mein verehrter Herr Kollege.

II *n* Wertschätzung *f*. to hold sb/sth in (high) ~ jdn/etw (hoch)schätzen, von jdm/etw eine hohe Meinung haben; to be held in low/great ~ wenig/sehr geschätzt werden; he went down in my ~ er ist in meiner Achtung gesunken.

esthete *etc* (*esp US*) *see* **aesthete** *etc*.

Esthonia [eˈstəʊnɪə] *n* Estland *nt*.

Esthonian [eˈstəʊnɪən] I *adj* estnisch. II *n* 1. Este *m*, Estin *f*. 2. (*language*) Estnisch *nt*.

estimable [ˈestɪməbl] *adj* 1. (*deserving respect*) schätzenswert. 2. (*that can be estimated*) (ab)schätzbar.

estimate [ˈestɪmɪt] I *n* 1. (*approximate calculation*) Schätzung *f*; (*valuation: by antique dealer etc*) Taxierung *f*. £100 is just an ~ £ 100 ist nur geschätzt; at a rough ~ grob geschätzt, über den Daumen gepeilt (*inf*); at the lowest ~ mindestens, wenigstens.

2. (*Comm: of cost*) (Kosten)voranschlag *m*.

3. (*government costs*) ~s *pl* Haushalt *m*, Budget *nt*.

II [ˈestɪmeɪt] *vt* *cost, price* (ein)schätzen; *distance, speed* schätzen. his wealth is ~d at ... sein Vermögen wird auf ... geschätzt; it's hard to ~ es läßt sich

schwer (ab)schätzen; **I ~ she must be 40**
ich schätze sie auf 40.
III ['estɪmeɪt] *vi* schätzen. **I'm just
estimating** das schätze ich nur.
estimation [ˌestɪ'meɪʃən] *n* **1.** Einschätzung
f. **in my ~** meiner Einschätzung nach.
2. (*esteem*) Achtung *f.* **to hold sb in high
~ jdn** hochachten, viel von jdm halten; **he
went up/down in my ~** er ist in meiner
Achtung gestiegen/gesunken.
estrange [ɪ'streɪndʒ] *vt person* entfremden
(*from* +*dat*). **to be/become ~d from sb**
sich jdm entfremdet haben/entfremden;
they are ~d (*married couple*) sie haben
sich auseinandergelebt.
estrangement [ɪ'streɪndʒmənt] *n* Entfrem-
dung *f* (*from* von).
estrogen ['iːstrəʊdʒən] *n* (*US*) Östrogen *nt.*
estuary ['estjʊərɪ] *n* Mündung *f.*
ETA *abbr of* **estimated time of arrival**
vorauss. Ank.
et al [et'æl] *adv* et al.
etcetera [ɪt'setərə] *adv* (*abbr* **etc**) und so
weiter, et cetera.
etch [etʃ] *vti* ätzen; (*in copper*) kupfer-
stechen; (*in other metals*) radieren. **the
event was ~ed** *or* **had ~ed itself on her
mind** das Ereignis hatte sich ihr ins
Gedächtnis eingegraben.
etching ['etʃɪŋ] *n see vb* **1.** Ätzen *nt;* Kup-
ferstechen *nt;* Radieren *nt.* **2.** (*picture*)
Ätzung *f;* Kupferstich *m;* Radierung *f.*
come up and see my ~s (*hum*) wollen Sie
noch mit heraufkommen und sich (*dat*)
meine Briefmarkensammlung ansehen?
eternal [ɪ'tɜːnl] *I adj* **1.** ewig. **the E~ City** die
Ewige Stadt; **the ~ triangle** (*fig*) das
Dreiecksverhältnis. **2.** *complaints, gossip-
ing* ewig. **II** *n* **the E~** das Ewige; (*God*)
der Ewige.
eternally [ɪ'tɜːnəlɪ] *adv* ewig, immer.
eternity [ɪ'tɜːnɪtɪ] *n* (*lit, fig inf*) Ewigkeit *f;*
(*Rel: the future life*) das ewige Leben.
from here to ~ bis in alle Ewigkeit.
ethane ['iːθeɪn] *n* Äthan *nt.*
ethanol ['eθənɒl] *n* Äthanol *nt.*
ether ['iːθəʳ] *n* (*Chem, poet*) Äther *m.*
ethereal [ɪ'θɪərɪəl] *adj* **1.** (*light, delicate,
spiritual*) ätherisch. **2.** (*of the upper air*)
regions himmlisch.
ethic ['eθɪk] *n* Ethik *f,* Ethos *nt.*
ethical ['eθɪkəl] *adj* **1.** (*morally right*)
ethisch *attr;* (*of ethics*) *judgement,
philosophy etc* Moral-. **~ values**
moralische Werte *pl;* **it is not ~ to ...** es
ist unethisch *or* unmoralisch, zu ...
2. *medicine etc* verschreibungspflichtig.
ethically ['eθɪkəlɪ] *adv* ethisch, moralisch.
ethics ['eθɪks] *n* **1.** *sing* (*study, system*)
Ethik *f.* **2.** *pl* (*morality*) Moral *f.* **the ~ of
abortion** die moralischen *or* ethischen
Aspekte der Abtreibung.
Ethiopia [ˌiːθɪ'əʊpɪə] *n* Äthiopien *nt.*
Ethiopian [ˌiːθɪ'əʊpɪən] *I adj* äthiopisch.
II *n* **1.** Äthiopier(in *f*) *m.* **2.** (*language*)
Äthiopisch *nt.*
ethnic ['eθnɪk] *adj* ethnisch, Volks-;
atmosphere, pub urtümlich, urwüchsig;
clothes folklorisch. **~ Germans** Volks-
deutsche *pl.*
ethnographer [eθ'nɒgrəfəʳ] *n* Völkerkund-
ler(in *f*) *m.*

ethnography [eθ'nɒgrəfɪ] *n* (*beschrei-
bende*) Völkerkunde, Ethnographie *f.*
ethnologist [eθ'nɒlədʒɪst] *n* Ethnologe *m,*
Ethnologin *f.*
ethnology [eθ'nɒlədʒɪ] *n* (*vergleichende*)
Völkerkunde, Ethnologie *f.*
ethologist [ɪ'θɒlədʒɪst] *n* Verhaltensfor-
scher(in *f*) *m.*
ethology [ɪ'θɒlədʒɪ] *n* Verhaltensfor-
schung, Ethologie *f.*
ethos ['iːθɒs] *n* Gesinnung *f,* Ethos *nt.*
ethyl ['iːθaɪl] *n* Äthyl *nt.*
ethylene ['eθɪliːn] *n* Äthylen *nt.*
etiology *etc* (*esp US*) *see* **aetiology** *etc.*
etiquette ['etɪket] *n* Etikette *f.* **that's not
in accordance with medical ~** das ent-
spricht nicht dem Berufsethos eines
Arztes.
Eton crop ['iːtən krɒp] *n* Bubikopf *m.*
Etruscan [ɪ'trʌskən] *I adj* etruskisch. **II** *n*
1. Etrusker(in *f*) *m.* **2.** (*language*) Etrus-
kisch *nt.*
etymological *adj,* **~ly** *adv* [ˌetɪmə'lɒdʒɪkəl,
-ɪ] etymologisch.
etymology [ˌetɪ'mɒlədʒɪ] *n* Etymologie *f.*
eucalyptus [ˌjuːkə'lɪptəs] *n* Eukalyptus *m.*
Eucharist ['juːkərɪst] *n* (*Eccl*) (*service*)
Abendmahlsgottesdienst *m.* **the ~** das
(*heilige*) Abendmahl, die Eucharistie.
Euclid ['juːklɪd] *n* Euklid *m.*
Euclidean [juː'klɪdɪən] *adj* euklidisch.
eugenics [juː'dʒenɪks] *n sing* Eugenik *f.*
eulogize ['juːlədʒaɪz] *vt* eine Lobesrede
halten auf (+*acc*).
eulogy ['juːlədʒɪ] *n* Lobesrede *f.*
eunuch ['juːnək] *n* Eunuch *m.*
euphemism ['juːfəmɪzəm] *n* Euphemismus
m, Hüllwort *nt.*
euphemistic *adj,* **~ally** *adv* [ˌjuːfə'mɪstɪk,
-əlɪ] euphemistisch, verhüllend.
euphonic [juː'fɒnɪk], **euphonious**
[juː'fəʊnɪəs] *adj* wohlklingend.
euphony ['juːfənɪ] *n* Wohlklang *m.*
euphoria [juː'fɔːrɪə] *n* Euphorie *f.*
euphoric [juː'fɒrɪk] *adj* euphorisch.
Eurasia [jʊə'reɪʃə] *n* Eurasien *nt.*
Eurasian [jʊə'reɪʃn] *I adj* eurasisch. **II** *n*
Eurasier(in *f*) *m.*
Euratom [jʊə'rætəm] *abbr of* **European
Atomic Energy Community** Euratom *f.*
eureka [jʊə'riːkə] *interj* heureka, ich hab's!
eurhythmics [juː'rɪðmɪks] *n sing* Eurhyth-
mie *f.*
Eurocrat ['jʊərəʊkræt] *n* Eurokrat(in *f*) *m.*
Eurodollar ['jʊərəʊdɒləʳ] *n* Eurodollar *m.*
Europe ['jʊərəp] *n* Europa *nt.*
European [ˌjʊərə'piːən] *I adj* europäisch. **~
(Economic) Community** Europäische
(Wirtschafts)gemeinschaft. **II** *n* Euro-
päer(in *f*) *m.*
europium [jʊ'rəʊpɪəm] *n* (*abbr* **Eu**)
Europium *nt.*
Eurovision ['jʊərəʊvɪʒn] *n* Eurovision *f.*
euthanasia [ˌjuːθə'neɪzɪə] *n* Euthanasie *f.*
evacuate [ɪ'vækjʊeɪt] *vt* **1.** (*leave*) fort,
house räumen. **2.** (*clear*) *danger area*
räumen; *civilians, women, children*
evakuieren. **3.** *bowels* entleeren.
evacuation [ɪˌvækjʊ'eɪʃən] *n see vt*
Räumung *f;* Evakuierung *f.*
evacuee [ɪˌvækjʊ'iː] *n* Evakuierte(r) *mf.*
evade [ɪ'veɪd] *vt* **1.** *blow* ausweichen

(+*dat*); *pursuit, pursuers* sich entziehen (+*dat*), entkommen (+*dat*). **2.** *obligation, justice* sich entziehen (+*dat*); *military service also* umgehen; *question, issue* ausweichen (+*dat*); *difficulty, person, sb's glance* ausweichen (+*dat*), (ver)meiden; *sb's vigilance* entgehen (+*dat*). **to ~ taxes** Steuern hinterziehen; **he successfully ~d the tax authorities for several years** mehrere Jahre kam das Finanzamt ihm nicht auf die Spur; **if you try to ~ paying import duty** wenn Sie versuchen, den Einfuhrzoll zu umgehen.

evaluate [ɪ'væljʊeɪt] *vt house, painting, worth etc* schätzen (*at* auf +*acc*); *damages* festsetzen (*at* auf +*acc*); *chances, effectiveness, usefulness* einschätzen, beurteilen; *evidence, results* auswerten; *pros and cons* (gegeneinander) abwägen; *contribution, achievement* bewerten, beurteilen. **to ~ sth at £100** etw auf £ 100 taxieren *or* schätzen.

evaluation [ɪ,væljʊ'eɪʃ ən] *n see vt* (Ein)schätzung *f*; Festsetzung *f*; Einschätzung, Beurteilung *f*; Auswertung *f*; Abwägung *f*; Bewertung *f*. **in my ~** nach meiner Schätzung.

evanescence [,i:və'nesəns] *n* Vergänglichkeit *f*.

evanescent [,i:və'nesənt] *adj* vergänglich.

evangelic(al) [,i:væn'dʒelɪk(əl)] *adj* evangelisch.

evangelist [ɪ'vændʒəlɪst] *n* (*Bibl*) Evangelist(in *f*) *m*; (*preacher*) Prediger(in *f*) *m*; (*itinerant*) Wanderprediger(in *f*) *m*.

evangelize [ɪ'vændʒəlaɪz] **I** *vt* evangelisieren, bekehren. **II** *vi* das Evangelium predigen.

evaporate [ɪ'væpəreɪt] **I** *vi* **1.** (*liquid*) verdampfen, verdunsten. **2.** (*fig*) (*disappear*) sich in nichts *or* in Luft auflösen; (*hopes*) sich zerschlagen, schwinden. **II** *vt liquid* verdampfen *or* verdunsten (lassen). **~d milk** Kondens- *or* Büchsenmilch *f*; **evaporating dish** Abdampfschale *f*.

evaporation [ɪ,væpə'reɪʃ ən] *n* Verdampfen *nt*; (*fig*) Schwinden *nt*.

evasion [ɪ'veɪʒən] *n* **1.** (*of responsibility, question*) Ausweichen *nt* (*of* vor +*dat*). **2.** (*evasive answer etc*) Ausflucht *f*.

evasive [ɪ'veɪzɪv] *adj answer* ausweichend; *meaning, truth* schwer zu greifen, schwer zu greifen; *prey* schwer zu fangen. **don't be so ~** weich nicht aus; **to take ~ action** (*Mil, fig*) ein Ausweichmanöver machen.

evasively [ɪ'veɪzɪvlɪ] *adv say, answer* ausweichend.

Eve [i:v] *n* Eva *f*.

eve¹ [i:v] *n* Vorabend *m*. **on the ~ of** am Tage vor (+*dat*); am Vorabend (+*gen*, von).

eve² *n* (*obs, poet*) Abend *m*.

even¹ ['i:vən] **I** *adj* **1.** *surface, ground* eben. **to make sth ~** *ground, earth* etw ebnen; **can you make all these piles ~?** können Sie alle diese Haufen gleich hoch machen?; **the concrete has to be ~ with the ground** der Beton muß eben mit dem Boden abschließen.

2. (*regular*) *layer etc* gleichmäßig; *progress* stetig; *breathing, pulse also* regelmäßig; *temper* ausgeglichen.

3. *quantities, distances, values* gleich. **the score is ~** es steht unentschieden; **they are an ~ match** sie sind einander ebenbürtig; **I will get ~ with you for that** das werde ich dir heimzahlen; **that makes us ~** (*in game*) damit steht es unentschieden; (*fig*) damit sind wir quitt; **the odds** *or* **chances are about ~** die Chancen stehen etwa fifty-fifty; **to break ~** sein Geld wieder herausbekommen.

4. *number* gerade. **~ money** Wette, *bei der die doppelte Einsatzsumme als Gewinn ausgezahlt wird.*

5. (*exact*) genau. **let's make it an ~ hundred** nehmen wir eine runde Zahl und sagen 100.

II *adv* **1.** sogar, selbst. **~ for a fast car that's good going** sogar *or* selbst für ein schnelles Auto ist das allerhand; **they ~ denied its existence** sie leugneten sogar seine Existenz; **it'll be difficult, impossible ~** das wird schwierig sein, oder sogar *or* wenn nicht (so)gar unmöglich.

2. (*with comp adj*) sogar noch. **that's ~ better/more beautiful** das ist sogar (noch) besser/schöner.

3. (*with neg*) **not ~** nicht einmal; **with not ~ a smile** ohne auch nur zu lächeln; **he didn't ~ answer the letter** er hat den Brief (noch) nicht einmal beantwortet.

4. **~ if/though** sogar *or* selbst wenn; **~ if you were a millionaire** sogar *or* selbst wenn du ein Millionär wärst; **but ~ then** aber sogar *or* selbst dann; **~ as I spoke someone knocked at the door** noch während ich redete, klopfte es an der Tür; **~ as he had wished** genau, wie er es sich gewünscht hatte; **~ so** (aber) trotzdem.

III *vt surface* glatt *or* eben machen, glätten.

◆**even out I** *vi* **1.** (*prices*) sich einpendeln. **2.** (*ground*) eben werden, sich ebnen. **II** *vt sep* **1.** *prices* ausgleichen.

2. *ground, cement* ebnen, glätten; (*mechanically also*) planieren. **3.** *taxation burden, wealth* gerecht *or* gleichmäßig verteilen. **that should ~ things ~ a bit** dadurch müßte ein gewisser Ausgleich erzielt werden; **that will ~ things ~ between us** damit sind wir wohl wieder quitt.

◆**even up I** *vt sep sum* aufrunden (*to* auf +*acc*). **that will ~ things ~** das wird die Sache etwas ausgleichen. **II** *vi* (*pay off debt*) Schulden begleichen (*with* bei). **can we ~ ~ later?** können wir später abrechnen?

even² *n* (*obs, poet*) Abend *m*.

evening ['i:vnɪŋ] *n* Abend *m*. **in the ~** abends, am Abend; **this/tomorrow/yesterday ~** heute/morgen/gestern abend; **that ~** an jenem Abend; **on the ~ of the twenty-ninth** am Abend des 29., am 29. abends; **one ~ as I ...** eines Abends, als ich ...; **every Monday ~** jeden Montagabend; **all ~** den ganzen Abend (lang *or* über); **the ~ of his life** (*liter*) sein Lebensabend.

evening *in cpds* Abend-; **evening class** *n* Abendkurs *m*; **to do ~ or an ~ in French** einen Abendkurs in Französisch besuchen; **evening dress** *n* (*men's*) Abendanzug, Gesellschaftsanzug *m*; (*women's*) Abendkleid *nt*; **evening**

gown n Abendkleid nt.

evenly ['iːvənlɪ] adv spread, breathe, space, *distribute, divide* gleichmäßig; *say* gelassen. **the two contestants were ~ matched** die beiden Gegner waren einander ebenbürtig.

evenness ['iːvnnɪs] n 1. (*of ground*) Ebenheit f. 2. (*regularity*) Gleichmäßigkeit f; (*of progress*) Stetigkeit f; (*of breathing, pulse also*) Regelmäßigkeit f; (*of temper*) Ausgeglichenheit f.

evensong ['iːvənsɒŋ] n Abendgottesdienst m.

event [ɪˈvent] n 1. (*happening*) Ereignis nt. **~s are taking place in Belfast which ...** in Belfast ereignen sich *or* geschehen Dinge, die ...; **in the normal course of ~s** normalerweise; **~s have proved us right** die Ereignisse haben uns recht gegeben; **it's easy to be wise after the ~** hinterher ist man immer klüger; *see* **happy.** 2. (*organized function*) Veranstaltung f; (*Sport*) Wettkampf m. 3. (*case*) Fall m. **in the ~ of her death** im Falle ihres Todes; **in the ~ of war/fire** im Falle eines Krieges/Brandes, im Kriegs-/Brandfall; **he said he wouldn't come, but in the ~ he did** er sagte, er würde nicht kommen, aber er kam dann schließlich *or* im Endeffekt doch; **in the unlikely ~ that ...** falls, was sehr unwahrscheinlich ist, ...; **but in any ~ I can't give you my permission** aber ich kann dir ohnehin *or* sowieso nicht meine Erlaubnis geben; **in either ~** in jedem Fall; **at all ~s** auf jeden Fall.

even-tempered ['iːvənˈtempəd] adj ausgeglichen.

eventful [ɪˈventfʊl] adj ereignisreich.

eventual [ɪˈventjʊəl] adj **the decline and ~ collapse of the Roman Empire** der Niedergang und schließlich vollkommene Zerfall des Römischen Reiches; **he predicted the ~ fall of the government** er hat vorausgesagt, daß die Regierung am Ende *or* schließlich zu Fall kommen würde; **the ~ success of the project is not in doubt** es besteht kein Zweifel, daß das Vorhaben letzten Endes Erfolg haben wird.

eventuality [ɪˌventjʊˈælɪtɪ] n (möglicher) Fall, Eventualität f.

eventually [ɪˈventjʊəlɪ] adv schließlich, endlich. **it ~ turned out that ...** es hat sich schließlich *or* zum Schluß herausgestellt, daß ...; **he will get used to it ~** er wird sich schließlich daran gewöhnen.

ever ['evəʳ] adv 1. je(mals). **not ~** nie; **nothing ~ happens** es passiert nie etwas; **it hardly ~ snows** hier schneit es kaum (jemals); **if I ~ catch you doing that again** wenn ich dich noch einmal dabei erwische; **if you ~ see her** wenn Sie sie je sehen sollten; **seldom, if ~** selten, wenn überhaupt; **he's a rascal if ~ there was one** er ist ein richtiggehender kleiner Halunke; **as if I ~ would** als ob ich das jemals täte; **don't you ~ say that again!** sag das ja nie mehr!; **have you ~ ridden a horse?** bist du schon einmal (auf einem Pferd) geritten?; **have you ~ known him tell a lie?** haben Sie ihn (schon) jemals lügen hören?; **more beautiful than ~** schöner denn je; **the best soup I have ~**

eaten die beste Suppe, die ich je(mals) gegessen habe; **the first ~** der *etc* allererste; **the first man ~ to step on the moon** der erste Mensch, der je(mals) den Mond betrat; **the coldest night ~** die kälteste Nacht seit Menschengedenken.
2. (*at all times*) **~ since I was a boy** seit ich ein Junge war; **~ since I have lived here ...** seitdem ich hier lebe ...; **~ since then** seit der Zeit, seitdem; **for ~** für immer, für alle Zeit(en); **it seemed to go on for ~ (and ~)** es schien ewig zu dauern; **for ~ and a day** für alle Zeiten, ewig und drei Tage (inf); **~ increasing powers** ständig wachsende Macht; **an ~ present feeling** ein ständiges Gefühl; *see* **forever.**
3. (*intensive*) **be he ~ so charming** wenn er auch noch so liebenswürdig ist, sei er auch noch so liebenswürdig; **come as quickly as ~ you can** komm so schnell du nur kannst; **she's the best grandmother ~** sie ist die beste Großmutter, die es gibt; **did you ~!** (*inf*) also was was!
4. **what ~ shall we do?** was sollen wir bloß machen?; **when ~ will they come?** wann kommen sie denn bloß *or* endlich?; **why ~ not?** warum denn bloß nicht?; *see* **whatever, wherever** *etc.*
5. (*inf*) **~ so/such** unheimlich; **~ so slightly drunk** ein ganz klein wenig betrunken; **he's ~ such a nice man** er ist ein ungemein netter Mensch; **I am ~ so sorry** es tut mir schrecklich leid; **thank you ~ so much** ganz herzlichen Dank.
6. (*old: always*) allzeit (*old, liter*).
7. (*in letters*) **yours ~, Wendy** viele Grüße, Ihre Wendy.

everglade ['evəɡleɪd] n (US) sumpfiges Flußgebiet.

evergreen ['evəɡriːn] I adj trees, shrubs immergrün; (*fig*) topic immer aktuell. **~ song** Evergreen m. II n Nadelbaum m; immergrüner Busch.

everlasting [ˌevəˈlɑːstɪŋ] I adj 1. God ewig; gratitude immerwährend; glory unvergänglich. **~ flower** Strohblume, Immortelle f. 2. (*inf: constant*) ewig (inf). II n: **from ~ to ~ thou art God** Du bist Gott von Ewigkeit zu Ewigkeit.

everlastingly [ˌevəˈlɑːstɪŋlɪ] adv ewig.

evermore [ˌevəˈmɔːʳ] adv immer, stets. **for ~** auf alle Zeiten, in (alle) Ewigkeit (*esp Rel*), auf immer.

every ['evrɪ] adj 1. jede(r, s) I have **~ reason to believe that ...** ich habe allen Grund anzunehmen, daß ...; **you must examine ~ one** Sie müssen jeden (einzelnen) untersuchen; **~ man for himself** jeder für sich; **in ~ way** (*in all respects*) in jeder Hinsicht; (*by ~ means*) mit allen Mitteln; **he is ~ bit as clever as his brother** er ist ganz genauso schlau wie sein Bruder; **~ bit as much** ganz genauso viel; **~ single time** jedes einzelne Mal; **~ single time I ...** immer wenn ich ...
2. (*all possible*) I have **~ confidence in him** ich habe unbedingtes *or* uneingeschränktes Vertrauen zu ihm; **I have/there is ~ hope that ...** ich habe allen Grund/es besteht aller Grund zu der Hoffnung, daß ...; **we wish you ~ success/happiness** wir wünschen Ihnen alles (nur

erdenklich) Gute/viel Glück und Zufriedenheit.

3. (*indicating recurrence*) ~ **fifth day,** ~ **five days** jeden fünften Tag, alle fünf Tage; ~ **other day** jeden zweiten Tag, alle zwei Tage; **write on** ~ **other line** bitte eine Zeile Zwischenraum lassen; **once** ~ **week** einmal jede *or* pro Woche; ~ **so often,** ~ **once in a while,** ~ **now and then** *or* **again** hin und wieder, ab und zu, gelegentlich.

4. (*after poss adj*) **his** ~ **action** jede seiner Handlungen; **his** ~ **word** jedes seiner Worte, jedes Wort, das er sagte.

everybody ['evrɪbɒdɪ], **everyone** *pron* jeder(mann), alle *pl.* ~ **has finished** alle sind fertig; **it's not** ~ **who can afford a deep-freeze** nicht jeder kann sich (*dat*) eine Tiefkühltruhe leisten; ~ **knows** ~ **else** hier kennt jeder jeden; ~ **knows that** das weiß (doch) jeder.

everyday ['evrɪdeɪ] *adj* alltäglich; *language* Alltags-, Umgangs-.

everyone ['evrɪwʌn] *pron see* **everybody.**

everything ['evrɪθɪŋ] *n* alles. ~ **possible/old** alles Mögliche/Alte; ~ **you have** alles, was du hast; **money isn't** ~ Geld ist nicht alles.

everywhere ['evrɪwɛəʳ] *adv* überall; (*with direction*) überallhin. **from** ~ überallher, von überall; ~ **you look there's a mistake** wo man auch hinsieht, findet man Fehler.

evict [ɪ'vɪkt] *vt tenants* zur Räumung zwingen (*from gen*).

eviction [ɪ'vɪkʃən] *n* Exmittierung *f* (*form*). ~ **order** Räumungsbefehl *m*.

evidence ['evɪdəns] **I** *n* **1.** Beweis(e *pl*) *m*. **what** ~ **is there for this belief?** welche Anhaltspunkte gibt es für diese Annahme?; **show me your** ~ welche Beweise haben Sie?; **the car bore** ~ **of having been in an accident** das Auto trug deutliche Spuren eines Unfalls.

2. (*Jur*) Beweismaterial *nt*; (*object, dagger etc also*) Beweisstück *nt*; (*testimony*) Aussage *f.* **the lawyers are still collecting** ~ die Anwälte holen immer noch Beweise ein; **we haven't got any** ~ wir haben keinerlei Beweise; **for lack of** ~ aus Mangel an Beweisen, mangels Beweisen (*form*); **on the** ~ **available ...** auf Grund des vorhandenen Beweismaterials ...; **not admissible as** ~ als Beweismittel nicht zulässig; **all the** ~ **was against his claim** alles sprach *or* die Tatsachen sprachen gegen seine Behauptung; **to give** ~ **(for/against sb)** (für/gegen jdn) aussagen; **the** ~ **for the defence/ prosecution** die Beweisführung für die Verteidigung/für die Anklage; **piece of** ~ (*statement*) Zeugenaussage *f*; (*object*) Beweisstück *or* -mittel *nt*; *see* **Queen's** ~, **State's** ~.

3. to be in ~ sichtbar sein; **political ideas which have been very much in** ~ **recently** politische Ideen, die in letzter Zeit deutlich in Erscheinung getreten sind; **his father was nowhere in** ~ sein Vater war nirgends zu sehen; **she likes to be very much in** ~ sie hat es gern, gesehen und beachtet zu werden; **a statesman very much in** ~ **at the moment** ein Staatsmann, der zur Zeit stark beachtet wird.

II *vt* zeugen von.

evident *adj*, **~ly** *adv* ['evɪdənt, -lɪ] offensichtlich.

evil ['iːvl] **I** *adj* böse; *person also, reputation, example, advice, influence* schlecht; *consequence also,* (*inf*) *smell* übel. **the E~ One** der Böse; **to fall on** ~ **days** in eine unglückliche Lage geraten.

II *n* Böse(s) *nt*; (*evil thing, circumstance etc*) Übel *nt.* **the struggle of good against** ~ der Kampf zwischen Gut und Böse; **the ~s of war and disease** die Übel von Krieg und Krankheit; **to choose the lesser of two ~s** von zwei Übeln das kleinere wählen; **social** ~**s** soziale Mißstände; **he fell victim to the ~s of drink** er fiel dem Laster des Trinkens zum Opfer.

evil-doer [ˌiːvl'duːəʳ] *n* Übeltäter(in *f*) *m*; **the evil eye** *n* der böse Blick; **evil-minded** *adj* bösartig; **evil-smelling** *adj* übelriechend.

evince [ɪ'vɪns] *vt* an den Tag legen; *surprise, desire also* bekunden.

eviscerate [ɪ'vɪsəreɪt] *vt* ausnehmen; (*person*) entleiben.

evocation [ˌevə'keɪʃən] *n* Heraufbeschwören, Wachrufen *nt.*

evocative [ɪ'vɒkətɪv] *adj* evokativ (*geh*). **an** ~ **style/scent** ein Stil/Geruch, der Erinnerungen/Gedanken *etc* wachruft *or* heraufbeschwört; **to be** ~ **of sth** etw heraufbeschwören.

evoke [ɪ'vəʊk] *vt* evozieren (*geh*), heraufbeschwören; *memory also* wachrufen; *admiration* erwecken.

evolution [ˌiːvə'luːʃən] *n* **1.** (*development, Biol*) Evolution, Entwicklung *f.* **theory of** ~ Evolutionstheorie *f.*

2. *often pl* (*of troops*) Bewegung *f*; (*of dancers, skaters*) Figur, Bewegung *f.*

evolutionary [ˌiːvə'luːʃnərɪ] *adj* evolutionär; *theory* Evolutions-.

evolve [ɪ'vɒlv] **I** *vt system, theory, plan* entwickeln. **II** *vi* sich entwickeln.

ewe [juː] *n* Mutterschaf *nt.*

ewer ['juːəʳ] *n* Wasserkrug *m.*

ex¹ [eks] *n* (*inf*) Verflossene(r) *mf* (*inf*).

ex² *abbr of* **example** Bsp, Beispiel *nt.*

ex- [eks-] *pref* **1.** ehemalig, Ex- (*inf*). **~president** früherer Präsident, Expräsident *m* (*inf*); **~wife** frühere Frau, Exfrau *f* (*inf*). **2.** **~dividend** ohne Anrecht auf Dividende; **~factory**, **~works** ab Werk; *see* **ex-officio.**

exacerbate [ek'sæsəbeɪt] *vt person* verärgern; *pain, disease* verschlimmern; *hate* vergrößern; *resentment, discontent* vertiefen; *situation* verschärfen.

exacerbation [ekˌsæsə'beɪʃən] *n* (*of pain, disease*) Verschlimmerung *f*; (*of situation*) Verschärfung *f.*

exact [ɪg'zækt] *adj* genau; *figures, analysis etc also* exakt. **that's the** ~ **word I was looking for** das ist genau das Wort, nach dem ich gesucht habe; **at that** ~ **moment** genau in dem Augenblick; **sorry I can't be more** ~ leider kann ich es nicht genauer sagen; **47 to be** ~ 47, um genau zu sein; **or, to be (more)** ~ **...** oder, genauer gesagt ...; **the** ~ **sciences** die exakten Wissenschaften; **to be very** ~ **in one's work** peinlich genau arbeiten.

II vt **1.** money, ransom fordern (from von); taxes also auferlegen (from dat); payment eintreiben (from von). **2.** obedience fordern; care, attentiveness erfordern; promise abverlangen (from sb jdm).

exacting [ɪgˈzæktɪŋ] adj person, work anspruchsvoll. **to be too/very ~ with sb** zu viel/sehr viel von jdm verlangen; **he's very ~ about cleanliness** er ist peinlich genau, was Sauberkeit angeht.

exactingness [ɪgˈzæktɪŋnɪs] n **because of his ~ as a teacher** da er ein so anspruchsvoller Lehrer ist/war.

exaction [ɪgˈzækʃən] n **1.** (act) (of money) Eintreiben nt; (of promises) Abverlangen nt; (of obedience) Fordern nt. **2.** (money exacted) Forderung f; (excessive demand) übertriebene/überzogene Forderung.

exactitude [ɪgˈzæktɪtjuːd] n Genauigkeit, Exaktheit f.

exactly [ɪgˈzæktlɪ] adv **1.** (with exactitude) genau. **2.** (quite, precisely) (ganz) genau. **I'm not ~ sure who he is** ich bin mir nicht ganz sicher, wer er ist; **that's ~ what I thought** genau das habe ich gedacht; **it is three o'clock ~** es ist genau or Punkt drei Uhr; **not ~** nicht ganz; (hardly) nicht direkt or gerade; **he wasn't ~ pleased** er war nicht gerade erfreut.

exactness [ɪgˈzæktnɪs] n Genauigkeit f.

exaggerate [ɪgˈzædʒəreɪt] **I** vt **1.** (overstate) übertreiben. **2.** (intensify) effect verstärken; similarity hervorheben. **II** vi übertreiben.

exaggerated [ɪgˈzædʒəreɪtɪd] adj übertrieben.

exaggeration [ɪgˌzædʒəˈreɪʃən] n Übertreibung f.

exalt [ɪgˈzɔːlt] vt **1.** (in rank or power) erheben. **2.** (praise) preisen.

exaltation [ˌegzɔːlˈteɪʃən] n (feeling) Begeisterung f, Exaltation (liter) f.

exalted [ɪgˈzɔːltɪd] adj **1.** position, style hoch. **the ~ ranks of ...** die erhabenen Ränge der ... **2.** mood, person exaltiert.

exam [ɪgˈzæm] n Prüfung f.

examination [ɪgˌzæmɪˈneɪʃən] n **1.** (Sch etc) Prüfung f; (Univ also) Examen nt. **geography ~** Geographieprüfung f. **2.** (study, inspection) Prüfung, Untersuchung f; (of machine, premises, passports) Kontrolle f; (of question) Untersuchung f; (of accounts) Prüfung f. **on closer ~** bei genauer(er) Prüfung or Untersuchung; **the matter is still under ~** die Angelegenheit wird noch geprüft. **3.** (Jur: of suspect, accused, witness) Verhör nt; (of case, documents) Untersuchung f. **legal ~** Verhör nt.

examine [ɪgˈzæmɪn] vt **1.** (for auf +acc) untersuchen; documents, accounts prüfen; machine, passports, luggage kontrollieren. **you want (to have) your head ~d** (inf) du solltest dich mal auf deinen Geisteszustand untersuchen lassen. **2.** pupil, candidate prüfen (in in +dat, on über +acc). **3.** (Jur) verhören.

examinee [ɪgˌzæmɪˈniː] n (Sch) Prüfling m;

(Univ) (Examens)kandidat(in f) m.

examiner [ɪgˈzæmɪnəʳ] n (Sch, Univ) Prüfer m. **board of ~s** Prüfungsausschuß m.

example [ɪgˈzɑːmpl] n Beispiel nt. **for ~** zum Beispiel; **to set a good/bad ~** ein gutes/schlechtes Beispiel geben; **his conduct should be an ~ to us** sein Verhalten sollte uns ein Beispiel sein; **a leader who is an ~ to his men** ein Führer, der seinen Männern als Beispiel dient or mit leuchtendem Beispiel vorangeht; **to take sb as an ~** sich (dat) an jdm ein Beispiel nehmen; **to make an ~ of sb** an jdm ein Exempel statuieren; **to punish sb as an ~ to others** jdn exemplarisch bestrafen.

exasperate [ɪgˈzɑːspəreɪt] vt zur Verzweiflung bringen. **to become or get ~d** verzweifeln (with an +dat), sich aufregen (with über +acc); **~d at or by his lack of attention** verärgert über seine mangelnde Aufmerksamkeit.

exasperating [ɪgˈzɑːspəreɪtɪŋ] adj ärgerlich; delay, difficulty, job leidig attr. **it's so ~ not to be able to buy any petrol** es ist wirklich zum Verzweifeln, daß man kein Benzin bekommen kann; **you can be ~!** du kannst einen wirklich zur Verzweiflung or auf die Palme (inf) bringen!

exasperatingly [ɪgˈzɑːspəreɪtɪŋlɪ] adv **this train is ~ slow** es ist zum Verzweifeln, wie langsam dieser Zug fährt.

exasperation [ɪgˌzɑːspəˈreɪʃən] n Verzweiflung f (with an +dat). **the negotiations ended with everyone in a state of ~** am Ende der Verhandlungen waren alle völlig frustriert.

excavate [ˈekskəveɪt] **I** vt ground ausschachten; (machine) ausbaggern; (Archeol) remains ausgraben; trench ausheben. **II** vi (Archeol) Ausgrabungen machen.

excavation [ˌekskəˈveɪʃən] n **1.** (Archeol) (Aus)grabung f. **~s** (site) Ausgrabungsstätte f. **2.** (of tunnel etc) Graben nt.

excavator [ˈekskəveɪtəʳ] n (machine) Bagger m; (Archeol: person) Ausgräber(in f) m.

exceed [ɪkˈsiːd] vt **1.** (in value, amount, length of time) übersteigen, überschreiten (by um). **the guests ~ed 40 in number** die Zahl der Gäste überstieg 40; **to ~ 5 kilos in weight** das Gewicht von 5 kg übersteigen or überschreiten; **a fine not ~ing £50** eine Geldstrafe bis zu £ 50. **2.** (go beyond) hinausgehen über (+acc); expectations, desires also übertreffen, übersteigen; limits, powers also, speed limit überschreiten.

exceedingly [ɪkˈsiːdɪŋlɪ] adv äußerst.

excel [ɪkˈsel] **I** vi sich auszeichnen, sich hervortun. **to ~ in or at mathematics/tennis** sich in Mathematik/beim Tennis hervortun or auszeichnen. **II** vt übertreffen (in in +dat, an +dat). **to ~ oneself** sich selbst übertreffen.

excellence [ˈeksələns] n **1.** (high quality) hervorragende Qualität, Vorzüglichkeit f. **2.** (excellent feature) Vorzug m, hervorragende Eigenschaft.

Excellency [ˈeksələnsɪ] n Exzellenz f. **Your/His ~** Eure/Seine Exzellenz.

excellent [ˈeksələnt] adj ausgezeichnet, hervorragend.

excellently [ˈeksələntlɪ] *adv see adj.*

excelsior [ekˈselsɪɔːʳ] *n* (*US: shavings*) Holzwolle *f.*

except [ɪkˈsept] **I** *prep* **1.** außer.

2. (*after neg clause*) außer; (*after questions also*) (anders ...) als. **what can they do ~ wait?** was können sie anders tun als warten?; **who would have done it ~ him?** wer hätte es außer ihm denn getan?

3. ~ **for** abgesehen von, bis auf (*+acc*); ~ **that ...** außer *or* nur daß ...; ~ **for the fact that** abgesehen davon, daß ...; ~ **if** es sei denn(, daß), außer wenn; ~ **when** außer wenn.

II *conj* **1.** (*old, form: unless*) es sei denn(, daß).

2. (*only*) doch. **I'd refuse ~ I need the money** ich würde ablehnen, doch ich brauche das Geld.

III *vt* ausnehmen. **to ~ sb from sth** jdn bei etw ausnehmen; **none ~ed** ohne Ausnahme.

excepting [ɪkˈseptɪŋ] *prep* außer. **not or without ~ X** ohne X auszunehmen, X nicht ausgenommen; **always ~ ...** natürlich mit Ausnahme (*+gen*).

exception [ɪkˈsepʃən] *n* **1.** Ausnahme *f.* **to make an ~ of/for sb** eine Ausnahme bei jdm/für jdn machen; **without ~** ohne Ausnahme; **with the ~ of** mit Ausnahme von; **this case is an ~ to the rule** dieser Fall ist eine Ausnahme, das ist ein Ausnahmefall; **the ~ proves the rule** (*prov*) Ausnahmen bestätigen die Regel (*prov*); **with this ~** mit der einen Ausnahme.

2. to take ~ to sth Anstoß *m* an etw (*dat*) nehmen, sich an etw (*dat*) stören.

exceptional [ɪkˈsepʃənl] *adj* außergewöhnlich. **apart from ~ cases** abgesehen von Ausnahmefällen.

exceptionally [ɪkˈsepʃənlɪ] *adv* (*as an exception*) ausnahmsweise; (*outstandingly*) außergewöhnlich.

excerpt [ˈeksɜːpt] *n* Auszug *m*, Exzerpt *nt.*

excess [ɪkˈses] *n* **1.** Übermaß *nt* (*of an +dat*). **an ~ of caution/ details** allzuviel Vorsicht/allzu viele Einzelheiten; **to eat/ drink to ~** übermäßig essen/trinken; **to carry sth to ~** etw übertreiben; **don't do anything to ~** man soll nichts übertreiben.

2. ~es *pl* Exzesse *pl*; (*drinking, sex etc also*) Ausschweifungen *pl*; (*brutalities also*) Ausschreitungen *pl.*

3. (*amount left over*) Überschuß *m.*

4. to be in ~ of hinausgehen über (*+acc*), überschreiten; **a figure in ~ of ...** eine Zahl über (*+dat*).

excess *in cpds weight, production* Über-; *profit* Mehr-; ~ **baggage** Übergewicht *nt*; ~ **charge** zusätzliche Gebühr; (*for letter etc*) Nachgebühr *f*; ~ **fare** Nachlösegebühr *f*; **I had to pay ~ fare** ich mußte nachlösen.

excessive [ɪkˈsesɪv] *adj* übermäßig; *demands, price, praise also* übertrieben. ~ **use of the clutch** zu häufiger Gebrauch der Kupplung; **isn't that rather ~?** ist das nicht etwas übertrieben?

excessively [ɪkˈsesɪvlɪ] *adv* **1.** (*to excess*) (*+vb*) *eat, drink, spend* übermäßig, allzuviel; (*+adj*) *optimistic, worried,*

severe allzu. **2.** (*extremely*) *pretty, ugly, boring* äußerst, ungemein.

excess postage *n* Nachgebühr *f.*

exchange [ɪksˈtʃeɪndʒ] **I** *vt things, seats* tauschen; *foreign currency* wechseln, umtauschen (*for in +acc*); *letters, glances, courtesies* wechseln, austauschen; *ideas, experiences etc* austauschen. **to ~ words/ blows** einen Wortwechsel haben/sich schlagen; **to ~ one thing for another** eine Sache gegen eine andere austauschen *or* (*in shop*) umtauschen.

II *n* **1.** (*of goods, stamps*) Tausch *m*; (*of prisoners, views, secrets, diplomatic notes*) Austausch *m*; (*of one bought item for another*) Umtausch *m.* **in ~** dafür; **in ~ for money** gegen Geld *or* Bezahlung; **in ~ for a table/for lending me your car** für einen Tisch/dafür, daß Sie mir Ihr Auto geliehen haben; **that's not a fair ~ for my bike** das ist kein fairer Tausch für mein Rad; **fair ~ is no robbery** (*prov*) Tausch ist kein Raub (*Prov*).

2. (*Fin*) (*act*) Wechseln *nt*; (*place*) Wechselstube *f.* ~ **control** Devisenkontrolle *f*; ~ **rate** Wechselkurs *m.*

3. (*St Ex*) Börse *f.*

4. (*telephone*) ~ Fernvermittlungsstelle *f* (*form*), Fernamt *nt*; (*in office etc*) (Telefon)zentrale *f.*

5. (*altercation*) Wortwechsel *m.*

III *adj attr student, teacher* Austausch-.

exchangeable [ɪksˈtʃeɪndʒəbl] *adj* austauschbar (*for gegen*); *goods bought* umtauschbar (*for gegen*). **goods bought in the sale are not ~** Ausverkaufsware ist vom Umtausch ausgeschlossen.

exchequer [ɪksˈtʃekəʳ] *n* Finanzministerium *nt*; (*esp in GB*) Schatzamt *nt*; (*inf: personal*) Finanzen *pl* (*inf*); *see* **chancellor.**

excisable [ekˈsaɪzəbl] *adj* steuerpflichtig.

excise[1] [ˈeksaɪz] *n* **1.** Verbrauchssteuer *f* (*on auf +acc*, für). ~ **on beer/tobacco** Bier-/Tabaksteuer *f.* **2.** (*Brit: department*) Verwaltungsabteilung *f* für indirekte Steuern.

excise[2] [ekˈsaɪz] *vt* (*Med*) herausschneiden, entfernen (*also fig*).

excise [ˈeksaɪz]: ~ **duties** *npl* Verbrauchssteuern *pl*; ~**man** *n* Steuereinnehmer *m.*

excision [ekˈsɪʒən] *n* (*Med, fig*) Entfernung *f.*

excitability [ɪkˌsaɪtəˈbɪlɪt] *n see adj* Erregbarkeit *f*; Reizbarkeit *f.*

excitable [ɪkˈsaɪtəbl] *adj* (leicht) erregbar; (*Physiol also*) reizbar.

excite [ɪkˈsaɪt] *vt* **1.** aufregen, aufgeregt machen; (*rouse enthusiasm in*) begeistern. **the news had clearly ~d him** er war wegen der Nachricht sichtlich aufgeregt; **the whole village was ~d by the news** das ganze Dorf war über die Nachricht in Aufregung; **the prospect doesn't exactly ~ me** ich finde die Aussicht nicht gerade begeisternd.

2. (*Physiol*) *nerve* reizen; (*sexually*) erregen.

3. *sentiments, passion, admiration* erregen; *interest, curiosity also* wecken; *imagination, appetite* anregen.

excited [ɪkˈsaɪtɪd] *adj* aufgeregt; (*worked*

up, not calm also) erregt; (*sexually*) erregt. **don't get ~!** (*angry etc*) reg dich nicht auf!; **aren't you ~ about these developments?** finden Sie diese Entwicklungen nicht aufregend?; **aren't you ~ about what might happen?** sind Sie nicht gespannt, was passieren wird?; **he's very ~ about your idea** er ist sehr von deiner Idee begeistert.

excitedly [ɪkˈsaɪtɪdlɪ] *adv see adj*.

excitement [ɪkˈsaɪtmənt] *n* **1.** Aufregung *f*; (*not being calm etc also*) Erregung *f*. **a mood of ~** eine Spannung; **a shriek of ~** ein aufgeregter Schrei; **what's all the ~ about?** wozu die ganze Aufregung?; **to be in a state of great ~** in heller Aufregung sein; **his novel has caused great ~** sein Roman hat große Begeisterung ausgelöst.
  2. (*Physiol*) Reizung *f*; (*sexual*) Erregung *f*.

exciting [ɪkˈsaɪtɪŋ] *adj moment, week, life, prospects, idea* aufregend; *story, film, event, adventure also* spannend; *author* sensationell; (*sexually*) erregend. **a letter for me? how ~!** ein Brief für mich? prima!

exclaim [ɪkˈskleɪm] **I** *vi* **he ~ed in surprise when he saw it** er schrie überrascht auf, als er es sah. **II** *vt* ausrufen.

exclamation [ˌekskləˈmeɪʃən] *n* Ausruf *m* (*also Gram*). **~ mark** *or* **point** (*US*) Ausrufezeichen *nt*; **an ~ of horror** ein Schreckenschrei *m*.

exclamatory [ɪkˈsklæmətərɪ] *adj* Ausrufe-; *style* exklamatorisch.

exclude [ɪkˈsklu:d] *vt* ausschließen. **to ~ sb from the team** jdn aus der Mannschaft ausschließen; **if we ~ all cases in which ...** wenn wir alle Fälle ausnehmen, in denen ...; **everything excluding petrol** alles außer *or* ausgenommen Benzin.

exclusion [ɪkˈsklu:ʒən] *n* Ausschluß *m* (*from* von). **you can't just think about your job to the ~ of everything else** du kannst nicht ausschließlich an deine Arbeit denken.

exclusive [ɪkˈsklu:sɪv] **I** *adj* **1.** *group, club etc* exklusiv; *right, interview also* Exklusiv-. **this garage has ~ rights for VW** das ist eine VW-Vertragswerkstatt; **the two possibilities are mutually ~** die beiden Möglichkeiten schließen einander aus.
  2. (*fashionable, sophisticated*) vornehm, elegant.
  3. (*sole*) ausschließlich, einzig.
  4. (*not including*) **from 15th to 20th June ~** vom 15. bis zum 20. Juni ausschließlich; **~ of** ausschließlich (+*gen*), exklusive (+*gen*); **the price is ~ of transport charges** der Preis enthält keine Transportkosten *or* ist ausschließlich der Transportkosten; **£30 ~ of postage** £ 30 exklusive Porto.
  II *n* (*Press, TV*) Exklusivinterview *nt*.

exclusively [ɪkˈsklu:sɪvlɪ] *adv* ausschließlich.

excommunicate [ˌekskəˈmju:nɪkeɪt] *vt* exkommunizieren.

excommunication [ˈekskəˌmju:nɪˈkeɪʃən] *n* Exkommunikation *f*.

excrement [ˈekskrɪmənt] *n* Kot *m*, Exkremente *pl*.

excrescence [ɪksˈkresns] *n* Gewächs *nt*, Auswuchs *m* (*also fig*).

excreta [ɪksˈkri:tə] *npl* Exkremente *pl*.

excrete [ɪksˈkri:t] *vt* ausscheiden, absondern.

excretion [ɪksˈkri:ʃən] *n* (*act*) Ausscheidung, Exkretion *f*; (*substance*) Exkret *nt*.

excruciating [ɪksˈkru:ʃɪeɪtɪŋ] *adj pain, noise* gräßlich, fürchterlich, entsetzlich.

excruciatingly [ɪksˈkru:ʃɪeɪtɪŋlɪ] *adv see adj* **it was ~ painful** es hat scheußlich weh getan (*inf*); **~ funny** urkomisch.

exculpate [ˈekskʌlpeɪt] *vt* (*form*) *person* freisprechen, exkulpieren (*liter*) (*from* von). **to ~ oneself** sich rechtfertigen.

excursion [ɪkˈskɜ:ʃən] *n* Ausflug *m*; (*fig: into a subject also*) Exkurs *m*. **to go on an ~** einen Ausflug machen.

excursionist [ɪkˈskɜ:ʃənɪst] *n* Ausflügler(in *f*) *m*.

excursion ticket *n* verbilligte Fahrkarte (zu einem Ausflugsort); **we are going on an ~** wir fahren zum Ausflugstarif; **excursion train** *n* Sonderzug *m*.

excusable [ɪkˈskju:zəbl] *adj* verzeihlich, entschuldbar.

excuse [ɪkˈskju:z] **I** *vt* **1.** (*seek to justify*) *action, person* entschuldigen. **such rudeness cannot be ~d** so ein schlechtes Benehmen ist nicht zu entschuldigen; **to ~ oneself** sich entschuldigen (*for sth* für *or* wegen etw); **he ~d himself for being late** er entschuldigte sich, daß er zu spät kam.
  2. (*pardon*) **to ~ sb** jdm verzeihen; **to ~ sb's insolence** jds Frechheit entschuldigen, jdm seine Frechheit verzeihen; **to ~ sb for having done sth** entschuldigen, daß jd etw getan hat, jdm verzeihen, daß er etwas getan hat; **well, I think I can be ~d for believing him** nun, man kann es mir wohl nicht übelnehmen, daß ich ihm geglaubt habe; **if you will ~ the expression** wenn Sie mir den Ausdruck gestatten; **~ me for laughing** entschuldigen *or* verzeihen Sie, daß *or* wenn ich lache; **~ me!** (*to get attention, sorry*) Entschuldigung!, entschuldigen Sie!; (*indignant*) erlauben Sie mal!
  3. (*set free from obligation*) **to ~ sb from (doing) sth** jdn von einer Sache befreien, jdm etw erlassen; **he is ~d gym** er ist vom Sport befreit; **you are ~d** (*to children*) ihr könnt gehen; **can I be ~d?** darf ich mal verschwinden (*inf*)?
  II [ɪksˈkju:s] *n* **1.** (*justification*) Entschuldigung *f*. **there's no ~ for it** dafür gibt es keine Entschuldigung; **to give sth as an ~** etw zu seiner Entschuldigung anführen *or* vorbringen.
  2. (*pretext*) Ausrede, Entschuldigung *f*. **to make up ~s for sb** jdn herausreden; **to make ~s for sb** jdn entschuldigen; **I have a good ~ for not going** ich habe eine gute Ausrede *or* Entschuldigung, warum ich nicht hingehen kann; **you're full of ~s** du hast immer eine Ausrede; **he's only making ~s** er sucht nur nach einer Ausrede; **a good ~ for a party** ein guter Grund, eine Party zu feiern.
  3. **~s** *pl* (*apology*) Entschuldigung *f*; **to offer one's ~s** sich entschuldigen.

4. an ~ for steak/a heating system ein jämmerliches *or* armseliges Steak/eine jämmerliche Heizung.

excuse-me [ɪkˈskjuːzmiː] *n* (*dance*) Tanz *m* mit Abklatschen.

ex-directory [ˌeksdaɪˈrektərɪ] *adj* (*Brit*) **to be** ~ nicht im Telefonbuch stehen.

execrable *adj*, **~bly** *adv* [ˈeksɪkrəbl, -ɪ] scheußlich, abscheulich.

execrate [ˈeksɪkreɪt] *vt* 1. (*hate*) verabscheuen. 2. (*curse*) verfluchen.

execration [ˌeksɪˈkreɪʃən] *n* 1. (*hatred*) Abscheu *m*. 2. (*curse*) Fluch *m*.

executant [ɪɡˈzekjʊtənt] *n* Ausführende(r) *mf*.

execute [ˈeksɪkjuːt] *vt* 1. *plan, order, task etc* durchführen, ausführen; *movement, dance* ausführen; *duties* erfüllen, wahrnehmen; *purpose* erfüllen.
2. (*Mus*) (*perform*) vortragen; *cadenza etc* ausführen.
3. *criminal* hinrichten.
4. (*Jur*) *will* vollstrecken, ausführen; *contract* ausfertigen; (*sign*) *document* unterzeichnen.

execution [ˌeksɪˈkjuːʃən] *n* 1. *see vt 1*. Durchführung, Ausführung *f*; Ausführung *f*; Erfüllung, Wahrnehmung *f*; Erfüllung *f*. **to put sth into** ~ etw ausführen; **in the** ~ **of his duties** bei der Ausübung seines Amtes.
2. (*Mus*) Vortrag *m*; (*musician's skill*) Ausführung *f*.
3. (*as punishment*) Hinrichtung, Exekution *f*.
4. (*Jur*) (*of will, judgement*) Vollstreckung *f*; (*of contract*) Ausfertigung *f*; (*signing*) Unterschreiben *nt*.

executioner [ˌeksɪˈkjuːʃnər] *n* Henker, Scharfrichter *m*.

executive [ɪɡˈzekjʊtɪv] **I** *adj powers, committee etc* exekutiv, Exekutiv-; (*Comm*) geschäftsführend. ~ **position** leitende Position; **I think he's** ~ **material** ich glaube, er hat das Zeug zum Manager.
II *n* 1. (*of government*) Exekutive *f*; (*of association, trades union*) Vorstand *m*.
2. (*person in business*) leitender Angestellter, leitende Angestellte, Manager *m*.

executive committee *n* Vorstand *m*; **executive jet** *n* Privatjet *m* (für Manager); **executive officer** *n* Erster Offizier *m*; **executive suite** *n* (*in office*) Vorstandsetage *f*.

executor [ɪɡˈzekjʊtər] *n* (*of will*) Testamentsvollstrecker *m*.

executrix [ɪɡˈzekjʊtrɪks] *n* Testamentsvollstreckerin *f*.

exegesis [ˌeksɪˈdʒiːsɪs] *n* Exegese, Auslegung *f*.

exemplary [ɪɡˈzemplərɪ] *adj conduct, virtue, pupil* vorbildlich, beispielhaft. ~ **punishment** exemplarische Strafe; ~ **damages** *über den verursachten Schaden hinausgehende Entschädigung*, Bußgeld *nt*.

exemplification [ɪɡˌzemplɪfɪˈkeɪʃən] *n* Erläuterung, Veranschaulichung.

exemplify [ɪɡˈzemplɪfaɪ] *vt* erläutern, veranschaulichen.

exempt [ɪɡˈzempt] **I** *adj* befreit (*from* von).
diplomats are ~ Diplomaten sind aus-

genommen. **II** *vt person* befreien. **to** ~ **sb from doing sth** jdn davon befreien, etw zu tun.

exemption [ɪɡˈzempʃən] *n* Befreiung *f*. ~ **from taxes** Steuerfreiheit *f*.

exercise [ˈeksəsaɪz] **I** *n* 1. *no pl* (*of right*) Wahrnehmung *f*; (*of physical, mental power*) Ausübung *f*; (*of patience, mental faculties*) Übung *f*; (*of imagination*) Anwendung *f*. **in the** ~ **of his duties** bei der Ausübung seiner Pflichten.
2. (*bodily or mental, drill, Mus etc*) Übung *f*. **to do one's ~s in the morning** Morgengymnastik machen.
3. *no pl* (*physical*) Bewegung *f*. **physical** ~ (körperliche) Bewegung; **people who don't take** *or* **get enough** ~ Leute, die sich nicht genug bewegen *or* die nicht genug Bewegung bekommen; **shall we go out and get some** ~? wollen wir rausgehen und uns ein wenig Bewegung verschaffen?
4. (*Mil: usu pl*) Übung *f*. **to go on** ~s eine Übung machen.
5. ~s *pl* (*US: ceremonies*) Zeremoniell *nt*, Feierlichkeiten *pl*.

II *vt* 1. *body, mind* üben, trainieren; (*Mil*) *troops* exerzieren; *horse* bewegen; *dog* spazierenführen. **I'm not saying this just to** ~ **my voice** ich sage das nicht zum Spaß.
2. (*use*) *one's authority, control, power* ausüben; *a right also* geltend machen; *patience, tact, discretion* üben; *influence* ausüben (*on* auf +*acc*); *talents* Gebrauch machen von. **to** ~ **care in doing sth** Vorsicht walten lassen, wenn man etw tut.

III *vi* **if you** ~ **regularly ...** wenn Sie sich viel bewegen ...; **you don't** ~ **enough** du hast zuwenig Bewegung; **he was exercising on the parallel bars** er turnte (gerade) am Barren.

exercise book *n* Heft *nt*.

exerciser [ˈeksəsaɪzər] *n* Trainingsgerät *nt*.

exert [ɪɡˈzɜːt] **I** *vt pressure* ausüben (*on* auf +*acc*); *influence also* aufbieten; *authority* aufbieten, einsetzen (*on* bei); *force* gebrauchen. **II** *vr* sich anstrengen.

exertion [ɪɡˈzɜːʃən] *n* 1. (*effort*) Anstrengung *f*.
2. (*of force, strength*) Anwendung *f*, Einsatz *m*; (*of authority*) Aufgebot *nt*, Einsatz *m*; (*of influence*) Aufgebot *nt*. **the** ~ **of force/pressure on sth** die Ausübung von Kraft/Druck auf etw (*acc*); **rugby requires a lot of** ~ Rugby fordert viel Einsatz; **by one's own** ~s durch eigene Anstrengungen; **after the day's** ~s nach des Tages Mühen.

exeunt [ˈeksɪənt] (*in stage directions*) ab.

ex gratia [eksˈɡreɪʃə] *adj payment* Sonder-.

exhale [eksˈheɪl] **I** *vt* 1. (*breathe out*) ausatmen. 2. (*give off*) *smoke* abgeben; *gas, vapour also* ablassen. **II** *vi* ausatmen.

exhaust [ɪɡˈzɔːst] **I** *vt* 1. (*use up completely*) erschöpfen. **my patience is ~ed** meine Geduld ist erschöpft *or* zu Ende.
2. (*tire*) erschöpfen. **the children are/this job is ~ing me** die Kinder sind/diese Arbeit ist eine Strapaze für mich.

II *n* (*Aut etc*) Auspuff *m*; (*gases*) Auspuffgase *pl*.

exhausted [ɪgˈzɔːstɪd] *adj* erschöpft.

exhaust fumes *npl* Auspuffgase, Abgase *pl*.

exhausting [ɪgˈzɔːstɪŋ] *adj activity, work, person* anstrengend, strapaziös. **the climate is** ~ das Klima erschöpft einen.

exhaustion [ɪgˈzɔːstʃən] *n* Erschöpfung *f*.

exhaustive *adj*, **~ly** *adv* [ɪgˈzɔːstɪv, -lɪ] erschöpfend.

exhaust pipe *n* Auspuffrohr *nt*.

exhibit [ɪgˈzɪbɪt] I *vt* 1. *paintings, handicrafts* ausstellen; *merchandise also* auslegen; *documents* vorzeigen, vorweisen.
2. *skill, ingenuity* zeigen, beweisen.
II *vi* ausstellen.
III *n* 1. (*in an exhibition*) Ausstellungsstück *nt*.
2. (*Jur*) Beweisstück *nt*.

exhibition [ˌeksɪˈbɪʃən] *n* 1. (*of paintings, furniture etc*) Ausstellung *f*; (*of articles for sale*) Auslage *f*.
2. (*act of showing: of a technique, film etc*) Vorführung *f*.
3. **what an ~ of bad manners!** was für schlechte Manieren!; **to make an ~ of oneself** ein Theater machen (*inf*); **am I making an ~ of myself?** benehm ich mich daneben?
4. (*Brit Univ: grant*) Stipendium *nt*.

exhibitionism [ˌeksɪˈbɪʃənɪzəm] *n* Exhibitionismus *m*.

exhibitionist [ˌeksɪˈbɪʃənɪst] I *n* Exhibitionist(in *f*) *m*. II *adj* exhibitionistisch.

exhibitor [ɪgˈzɪbɪtər] *n* Aussteller *m*.

exhilarate [ɪgˈzɪləreɪt] *vt* in Hochstimmung versetzen; (*news also*) (freudig) erregen; (*sea air etc*) beleben, erfrischen.

exhilarated [ɪgˈzɪləreɪtɪd] *adj laugh* erregt, aufgeregt. **to feel ~** in Hochstimmung sein.

exhilarating [ɪgˈzɪləreɪtɪŋ] *adj sensation, speed* erregend, berauschend; *conversation, music, work* anregend; *air, wind etc* belebend, erfrischend.

exhilaration [ɪgˌzɪləˈreɪʃən] *n* Hochgefühl *nt*. **the ~ of flying** das Hochgefühl beim Fliegen.

exhort [ɪgˈzɔːt] *vt* ermahnen.

exhortation [ˌegzɔːˈteɪʃən] *n* Ermahnung *f*.

exhumation [ˌekshjuːˈmeɪʃən] *n* Exhumierung, Exhumation *f*.

exhume [eksˈhjuːm] *vt* exhumieren.

exigence [ˈeksɪdʒəns], **exigency** [ɪgˈzɪdʒənsɪ] *n* 1. *usu pl* (*requirement*) (An)forderung *f*; (*of situation also*) Erfordernis *nt*. 2. (*emergency*) Notlage *f*.
3. (*urgency*) Dringlichkeit *f*.

exigent [ˈeksɪdʒənt] *adj* (*urgent*) zwingend, dringend; (*exacting*) *master* streng.

exiguous [ɪgˈzɪgjuəs] *adj* (*form*) *space* klein, winzig; *income* gering, dürftig.

exile [ˈeksaɪl] I *n* 1. (*person*) Verbannte(r) *mf*. 2. (*banishment*) Exil *nt*, Verbannung *f*. **to go into ~** ins Exil gehen; **in ~** im Exil.
II *vt* verbannen (*from* aus).

exist [ɪgˈzɪst] *vi* 1. (*to be*) existieren, bestehen. **I want to live, not just ~** ich möchte leben, nicht einfach nur existieren; **it doesn't ~** das gibt es nicht; **to cease to ~** zu bestehen aufhören; **to continue to ~** fort- *or* weiterbestehen; **doubts still ~** noch bestehen Zweifel.
2. (*live*) existieren, leben. **we cannot ~ without water** wir können ohne Wasser

nicht leben *or* existieren; **she ~s on very little** sie kommt mit sehr wenig aus; **is it possible to ~ on such a small salary?** kann man denn von so einem kleinen Gehalt leben?
3. (*be found*) vorkommen.

existence [ɪgˈzɪstəns] *n* 1. Existenz *f*; (*of custom, tradition, institution also*) Bestehen *nt*. **to be in ~** existieren, bestehen; **to come into ~** entstehen; (*person*) auf die Welt kommen; **to go out of ~** zu bestehen *or* existieren aufhören; **do you believe in the ~ of angels?** glauben Sie daran, daß es Engel gibt?; **the continued ~ of such a procedure** das Weiterbestehen *or* der Fortbestand eines solchen Verfahrens; **the only one in ~** der einzige, den es gibt.
2. (*life*) Leben, Dasein *nt*, Existenz *f*. **a miserable ~** ein elendes Leben, ein trostloses Dasein.

existent [ɪgˈzɪstənt] *adj* existent; *conditions, laws* bestehend. **to be ~** existieren; **dinosaurs are no longer ~** Saurier gibt es nicht mehr.

existential [ˌegzɪsˈtenʃəl] *adj* existentiell.

existentialism [ˌegzɪsˈtenʃəlɪzəm] *n* Existentialismus *m*.

existentialist [ˌegzɪsˈtenʃəlɪst] I *n* Existentialist(in *f*) *m*. II *adj* existentialistisch.

existing [ɪgˈzɪstɪŋ] *adj law* bestehend; *director* gegenwärtig.

exit [ˈeksɪt] I *n* 1. (*from stage, life*) Abgang *m*; (*from room also*) Hinausgehen *nt* (*from* aus); (*from sb's life*) Scheiden *nt* (*geh*). **to make one's ~** (*from stage*) abgehen; (*from room*) hinausgehen; **he made a very dramatic ~** sein Abgang war sehr dramatisch.
2. (*way out*) Ausgang *m*; (*for vehicles*) Ausfahrt *f*.
II *vi* hinausgehen; (*from stage*) abgehen.
III *vt* (*US*) *bus etc* aussteigen aus.

exit permit *n* Ausreisegenehmigung *f*; **exit visa** *n* Ausreisevisum *nt*.

exodus [ˈeksədəs] *n* 1. Auszug *m*; (*Bibl: of Hebrews, fig*) Exodus *m*. 2. ~ **of capital** Kapitalabwanderung *f*. 3. (*Bibl*) E~ 2. Buch Mosis *or* Mose, Exodus *m*.

ex-officio [ˌeksəˈfɪʃɪəʊ] I *adj* **to be ~ commander/an ~ member** von Amts wegen Kommandant/Mitglied sein. II *adv* ex officio. **to act ~** kraft seines Amtes handeln.

exonerate [ɪgˈzɒnəreɪt] *vt* entlasten (*from* von).

exoneration [ɪgˌzɒnəˈreɪʃən] *n* Entlastung *f* (*from* von).

exorbitance [ɪgˈzɔːbɪtəns] *n* (*of price*) Unverschämtheit *f*; (*of demands also*) Maßlosigkeit, Übertriebenheit *f*.

exorbitant [ɪgˈzɔːbɪtənt] *adj price* astronomisch, unverschämt, exorbitant (*geh*); *demands* maßlos, übertrieben. **£50 for that is ~!** £ 50 dafür ist Wucher.

exorcism [ˈeksɔːsɪzəm] *n* Exorzismus *m*.

exorcist [ˈeksɔːsɪst] *n* Exorzist *m*.

exorcize [ˈeksɔːsaɪz] *vt* exorzieren; *evil spirit also* austreiben.

exotic [ɪgˈzɒtɪk] I *adj* exotisch. II *n* (*Bot*) exotische Pflanze.

exotically [ɪgˈzɒtɪkəlɪ] *adv see adj*.

exoticism [ɪgˈzɒtɪsɪzəm] *n* Exotik *f*.

expand [ɪkˈspænd] **I** *vt metal, gas, liquid, empire, chest* ausdehnen, expandieren; *business, trade, production also* erweitern, ausweiten; *knowledge, mind, algebraic formula* erweitern; *influence also, experience* vergrößern; *summary, notes* weiter ausführen; *ideas* entwickeln.
II *vi* (*solids, gases, liquids, universe*) sich ausdehnen, expandieren; (*business, trade, empire*) expandieren, sich ausweiten, wachsen; (*volume of trade, exports, production*) zunehmen, expandieren; (*knowledge, experience, influence*) zunehmen, wachsen; (*fields of knowledge, study, mind*) breiter werden; (*horizons*) sich erweitern. **we want to ~** wir wollen expandieren *or* (uns) vergrößern; **the market is ~ing** der Markt wächst; **could you ~ on that?** könnten Sie das weiter ausführen?; **~ing watch-strap** Gliederarmband *nt*.

expander [ɪkˈspændəʳ] *n* Expander *m*.

expanse [ɪkˈspæns] *n* Fläche *f*; (*of ocean etc*) Weite *f no pl*. **an ~ of grass/woodland** eine Grasfläche/ein Waldgebiet *nt*.

expansion [ɪkˈspænʃən] *n* (*of liquid, gas, metal, universe, property*) Ausdehnung, Expansion *f*; (*of business, trade, production*) Erweiterung, Ausweitung *f*; (*of empire, territorial, economic, colonial*) Expansion *f*; (*of subject, idea*) Entwicklung *f*; (*Math*) Erweiterung *f*; (*of knowledge*) Erweiterung *f*; (*of experience, influence*) Vergrößerung *f*; (*of summary, notes*) Ausweitung *f*.

expansionism [ɪkˈspænʃənɪzəm] *n* Expansionspolitik *f*.

expansionist [ɪkˈspænʃənɪst] **I** *adj* expansionistisch, Expansions-. **II** *n* Expansionspolitiker(in *f*) *m*.

expansive [ɪkˈspænsɪv] *adj* **1.** *person* mitteilsam. **2.** (*Phys*) expansiv.

expatiate [ɪkˈspeɪʃɪeɪt] *vi* sich verbreiten (*on* über +*acc*).

expatiation [ɪkˌspeɪʃɪˈeɪʃən] *n* weitläufige Erörterung.

expatriate [eksˈpætrɪeɪt] **I** *vt* ausbürgern, expatriieren.
II [eksˈpætrɪət] *adj person* im Ausland lebend. **~ community** Auslandsgemeinde, Kolonie *f*; **there are a lot of ~ Englishmen/workers here** hier leben viele Engländer/ausländische Arbeitskräfte.
III [eksˈpætrɪət] *n* im Ausland Lebende(r) *mf*. **the ~s in Abu Dhabi** die Ausländer in Abu Dhabi; **Hemingway would go drinking with other ~s** Hemingway pflegte mit anderen Exilamerikanern trinken zu gehen.

expect [ɪkˈspekt] **I** *vt* **1.** (*anticipate*) erwarten; *esp sth bad also* rechnen mit. **that was to be ~ed** das war zu erwarten, damit war zu rechnen; **I know what to ~** ich weiß, was mich erwartet; **I did not ~ that from him** das habe ich nicht von ihm erwartet; **to ~ the worst** mit dem Schlimmsten rechnen; **I ~ed as much** das habe ich erwartet, damit habe ich gerechnet; **he got first prize as was to be ~ed** wie erwartet, bekam er den ersten Preis; **to ~ to do sth** erwarten *or* damit rechnen, etw zu tun; **I**

didn't ~ **to gain his sympathy** ich habe kein Mitleid von ihm erwartet; **he ~s to be elected** er rechnet damit, gewählt zu werden; **it is hardly to be ~ed that** es ist kaum zu erwarten *or* damit zu rechnen, daß; **I do not ~ her to be discreet** ich erwarte von ihr gar keine Diskretion; **I was ~ing him to come** ich habe eigentlich erwartet, daß er kommt; **you can't ~ me to agree to that!** Sie erwarten doch wohl nicht, daß ich dem zustimme!; **I'll ~ to see you tomorrow then** dann sehen wir uns also morgen.
2. (*suppose*) denken, glauben. **yes, I ~ so** ja, ich glaube schon *or* denke doch; **this work is very tiring — yes, I ~ it is** diese Arbeit ist sehr anstrengend — (ja,) das glaube ich; **I ~ it will rain** höchstwahrscheinlich wird es regnen; **I ~ you'd like a drink** Sie möchten sicher etwas trinken; **I ~ he turned it down** er hat wohl abgelehnt, ich nehme an, er hat abgelehnt; **well, I ~ he's right** er wird schon recht haben; **well, I ~ it's all for the best** das ist wohl nur gut so; **I ~ he will soon be finished** er ist sicher bald fertig.
3. (*demand*) **to ~ sth of** *or* **from sb** etw von jdm erwarten; **to ~ sb to do sth** erwarten, daß jd etw tut; **what do you ~ me to do about it?** was soll ich da tun?; **don't ~ me to feel sorry** erwarte von mir kein Mitleid; **are we ~ed to tip the waiter?** müssen wir dem Kellner Trinkgeld geben?
4. (*await*) *person, thing, action* erwarten; *baby also* bekommen. **I am ~ing them for supper** ich erwarte sie zum Abendessen; **you'll have to ~ me when you see me** (*inf*) wenn ich da bin, bin ich da! (*inf*).
II *vi* **she's ~ing** sie ist in anderen Umständen, sie bekommt ein Kind.

expectancy [ɪkˈspektənsɪ] *n* Erwartung *f*.

expectant [ɪkˈspektənt] *adj* erwartungsvoll; *mother* werdend.

expectantly [ɪkˈspektəntlɪ] *adv* erwartungsvoll. **to wait ~** gespannt warten.

expectation [ˌekspekˈteɪʃən] *n* **1.** (*act of expecting*) Erwartung *f*. **in ~ of** in Erwartung (+*gen*).
2. (*that expected*) Erwartung *f*. **contrary to all ~(s)** wider Erwarten; **beyond all ~(s)** über Erwarten; **to come up to sb's ~s** jds Erwartungen (*dat*) entsprechen.
3. (*prospect*) Aussicht *f*.
4. **~ of life** Lebenserwartung *f*.

expectorant [ɪkˈspektərənt] *n* Expektorans *nt* (*spec*).

expectorate [ɪkˈspektəreɪt] *vti* (*form*) ausspeien.

expedience [ɪkˈspiːdɪəns], **expediency** [ɪkˈspiːdɪənsɪ] *n* **1.** (*self-interest*) Zweckdenken *nt*, Berechnung *f*. **2.** (*of measure etc*) (*politic nature*) Zweckdienlichkeit *f*; (*advisability*) Ratsamkeit *f*.

expedient [ɪkˈspiːdɪənt] **I** *adj* (*politic*) zweckdienlich; (*advisable*) angebracht, ratsam. **II** *n* Notbehelf *m*, Hilfsmittel *nt*.

expedite [ˈekspɪdaɪt] *vt* **1.** (*hasten*) beschleunigen, vorantreiben. **2.** (*rare*) *letters* expedieren (*spec*).

expedition [ˌekspɪˈdɪʃən] *n* **1.** Expedition *f*; (*scientific also*) Forschungsreise *f*; (*Mil*) Feldzug *m*. **to go on an ~/a shopping ~** auf (eine) Expedition *or* Forschungsreise gehen/eine Einkaufstour machen. **2.** *no pl* (*old, form: speed*) Eile *f*.

expeditionary [ˌekspɪˈdɪʃ*ə*nrɪ] *adj* Expeditions-. ~ **force** (*Mil*) Expeditionskorps *nt*.

expeditious *adj*, ~**ly** *adv* [ˌekspɪˈdɪʃ*ə*s, -lɪ] schnell, prompt.

expel [ɪkˈspel] *vt* **1.** vertreiben; (*officially: from country, school etc*) ausweisen (*from* aus), verweisen (*from gen*); (*from society*) ausstoßen, ausschließen. **2.** *gas, liquid* ausstoßen.

expend [ɪkˈspend] *vt* **1.** (*spend, employ*) *money* ausgeben, verwenden; *time, energy, care* aufwenden (*on* für, *on doing sth* um etw zu tun), verwenden (*on* auf +*acc, on doing sth* darauf, etwas zu tun). **2.** (*use up*) *resources* verbrauchen.

expendable [ɪkˈspendəbl] *adj* entbehrlich; *people* überflüssig.

expenditure [ɪkˈspendɪtʃ*ə*r] *n* **1.** *money spent*) Ausgaben *pl*. **2.** (*spending*) (*of money*) Ausgabe *f*; (*of time, energy*) Aufwand *m* (*on* an +*dat*). **the** ~ **of money on ...** Geld auszugeben für ...; ~ **of time/ energy** Zeit-/Energieaufwand *m*.

expense [ɪkˈspens] *n* **1.** Kosten *pl*. **at my** ~ auf meine Kosten; **at the public** ~ auf Staatskosten; **at little/great** ~ mit geringen/hohen Kosten; **but consider the** ~ aber denken Sie an die Kosten *pl*; **it's a big** ~ es ist eine große Ausgabe; **to go to the** ~ **of buying a car** (viel) Geld für ein Auto anlegen; **to go to great** ~ **to repair the house** es sich (*dat*) etwas kosten lassen, ins Haus instand zu setzen; **don't go to any** ~ **over our visit** stürz dich nicht in Unkosten wegen unseres Besuchs. **2.** (*Comm: usu pl*) Spesen *pl*. **your** ~**s will be entirely covered** alle Unkosten werden Ihnen vergütet; **put it on** ~**s** schreiben Sie es auf die Spesenrechnung; **it's all on** ~**s** das geht alles auf Spesen. **3.** (*fig*) **at sb's** ~/**at the** ~ **of sth** auf jds Kosten (*acc*)/auf Kosten einer Sache (*gen*); **at somebody else's** ~/**at the** ~ **of others/at the** ~ **of great sacrifices** unter großen Opfern.

expense account I *n* Spesenkonto *nt*; **this will go on his** ~ das geht auf Spesen; **II** *adj attr* ~ **lunch** Mittagessen *nt* auf Spesen; **expenses form** *n* Spesenrechnung *f*; **expenses-paid** *adj* auf Geschäftskosten.

expensive [ɪkˈspensɪv] *adj* teuer; *goods, undertaking also* kostspielig.

expensively [ɪkˈspensɪvlɪ] *adv* teuer.

expensiveness [ɪkˈspensɪvnɪs] *n* (*of goods, travel, services etc*) hoher Preis, Kostspieligkeit *f*; (*of living here etc*) Kostspieligkeit *f*. **the** ~ **of her tastes** ihr teurer Geschmack; **the increasing** ~ **of basic commodities** die ständige Verteuerung von Grundbedarfsmitteln.

experience [ɪkˈspɪ*ə*rɪ*ə*ns] **I** *n* **1.** (*knowledge, wisdom acquired*) Erfahrung *f*. ~ **of life** Lebenserfahrung *f*; ~ **shows** *or* **proves that ...** die Erfahrung lehrt, daß ...; **to know sth by** *or* **from** ~ etw aus Erfahrung wissen; **from my own personal** ~ aus eigener Erfahrung; **he has no** ~ **of real grief** er hat nie wirklichen Kummer erfah-

ren *or* erlebt; **he has no** ~ **of living in the country** er kennt das Landleben nicht; **I gained a lot of useful** ~ ich habe viele nützliche Erfahrungen gemacht; **to have an** ~ eine Erfahrung machen. **2.** (*practice, skill*) Erfahrung *f*. **he has had no practical** ~ ihm fehlt die Praxis, er hat keine praktischen Kenntnisse, er hat keine Erfahrung; **to have** ~ **of a technique** Erfahrung in einer Methode haben; **have you had some** ~ **of driving a bus?** haben Sie Erfahrung im Busfahren?; ~ **in a trade/in business** Berufs-/Geschäftserfahrung *f*; **to have a lot of teaching** ~ große Erfahrung als Lehrer haben; **have you any previous** ~ **(in this kind of work)?** haben Sie schon Erfahrung (auf diesem Gebiet)? **3.** (*event experienced*) Erlebnis *nt*. **I had a nasty** ~ mir ist etwas Unangenehmes passiert; **the trial was a very nasty** ~ der Prozeß war eine sehr unangenehme Sache; **to go through some terrible** ~**s** viel durchmachen; **what an** ~! das war vielleicht was!; **it was a new** ~ **for me** es war völlig neu für mich.

II *vt* **1.** erleben; (*suffer, undergo*) *pain, grief, hunger also* erfahren; *difficult times also* durchmachen. **to** ~ **difficulties** auf Schwierigkeiten stoßen. **2.** (*feel*) fühlen, spüren, empfinden.

experienced [ɪkˈspɪ*ə*rɪ*ə*nst] *adj* erfahren; *eye, ear* geschult. **to be** ~ **in sth** erfahren in etw (*dat*) sein.

experiential [ɪkˌspɪ*ə*rɪˈenʃ*ə*l] *adj* auf Erfahrung beruhend, Erfahrungs-.

experiment [ɪkˈsperɪmənt] **I** *n* (*Chem, Phys, fig*) Versuch *m*, Experiment *nt*. **to do an** ~ einen Versuch *or* ein Experiment machen; **as an** ~ versuchsweise, als Versuch. **II** *vi* (*Chem, Phys, fig*) experimentieren.

experimental [ɪkˌsperɪˈmentl] *adj* **1.** (*based on experiments*) *research, method, science, evidence* experimentell, Experimental-. **2.** *laboratory, farm, engine, prototype, period* Versuchs-, Test-; *novel* experimentell; *theatre, cinema* Experimentier-, experimentell. **at the** ~ **stage** im Versuchsstadium; **on an** ~ **basis** auf Versuchsbasis.

experimentally [ɪkˌsperɪˈmentəlɪ] *adv* **1.** (*by experiment*) *test, discover* durch Versuche, experimentell. **2.** (*as an experiment*) versuchsweise, als Versuch.

experimentation [ɪkˌsperɪmenˈteɪʃ*ə*n] *n* Experimentieren *nt*.

expert [ˈekspɜːt] **I** *n* Fachmann, Experte *m*, Expertin *f*; (*Jur*) Sachverständige(r) *mf*. **he is an** ~ **on the subject/at that sort of negotiation** er ist Fachmann *or* Experte auf diesem Gebiet/für solche Verhandlungen; ~ **in geology** Fachmann *m* für Geologie, Geologieexperte *m*; **an** ~ **at chess** ein Schachexperte *m*; **he's an** ~ **at saying the wrong thing** er versteht es meisterhaft, genau das Falsche zu sagen; **with the eye of an** ~ mit fachmännischem Blick; **to get the advice of** ~**s** Experten *or* Fachleute zu Rate ziehen.

II *adj work* ausgezeichnet, geschickt; *driver etc* erfahren, geschickt; *approach,* *advice* fachmännisch; *opinion* eines Fachmanns/Sachverständigen. **to be ~ in an art/a science** sich in einer Kunst/Wissenschaft sehr gut auskennen; **~ witness** sachverständiger Zeuge; **what's your ~ opinion?** (*also iro*) was meinen Sie als Fachmann *or* Experte dazu?; **the ~ touch** die Meisterhand; **he is ~ in handling a boat** er kann meisterhaft mit einem Boot umgehen **to cast an ~ eye over sth** etw fachmännisch begutachten.

expertise [ˌekspəˈtiːz] *n* Sachverstand *m*, Sachkenntnis *f* (*in* in +*dat*, auf dem Gebiet +*gen*); (*manual skills*) Geschick *nt* (*in* bei).

expertly [ˈekspɜːtlɪ] *adv* meisterhaft; *drive, dribble* gekonnt; *judge, examine* sachverständig, mit Sachverstand.

expiate [ˈekspɪeɪt] *vt* sühnen.

expiation [ˌekspɪˈeɪʃən] *n* **in ~ of** als Sühne für.

expiatory [ˈekspɪətərɪ] *adj offering, sacrifice* Sühne-, sühnend.

expiration [ˌekspaɪəˈreɪʃən] *n* **1.** *see* **expiry. 2.** (*of breath*) Ausatmen *nt*, Ausatmung *f*.

expire [ɪkˈspaɪəʳ] *vi* **1.** (*lease, passport*) ablaufen, ungültig werden; (*time limit*) ablaufen. **2.** (*liter: die*) seinen Geist aufgeben (*liter*). **3.** (*breathe out*) ausatmen.

expiry [ɪkˈspaɪərɪ] *n* Ablauf *m*. **date of ~, ~ date** Ablauftermin *m*; (*of voucher, special offer*) Verfallsdatum *nt*.

explain [ɪkˈspleɪn] **I** *vt* erklären (*to sb* jdm); *motives, situation, thoughts* also erläutern; *mystery* aufklären. **that is easy to ~, that is easily ~ed** das läßt sich leicht erklären; **he wanted to see me but wouldn't ~ why** er wollte mich sehen, sagte aber nicht, warum *or* aus welchem Grunde; **so that ~s why he didn't react** ach, das erklärt, warum er nicht reagiert hat.

II *vr* (*justify*) sich rechtfertigen. **he'd better ~ himself** ich hoffe, er kann das erklären; **listen, my boy, I think you'd better start ~ing yourself** was hast du zu deiner Entschuldigung zu sagen, mein Junge?; **~ yourself!** was soll das?, kannst du es/das erklären?

III *vi* es/alles erklären. **please ~** bitte erklären Sie das; **I think you've got a little ~ing to do** ich glaube, Sie müssen da einiges erklären.

◆**explain away** *vt sep* eine (einleuchtende) Erklärung finden für, wegerklären (*inf*).

explainable [ɪkˈspleɪnəbl] *adj* erklärlich. **this is easily ~** das läßt sich leicht erklären.

explanation [ˌekspləˈneɪʃən] *n* **1.** *see vt* Erklärung *f*; Erläuterung *f*; Aufklärung *f*. **it needs some/a little ~** es bedarf einer/einer kurzen Erklärung, man muß das etwas/ein wenig erklären; **what is the ~ of this?** wie ist das zu erklären? **2.** (*justification*) Erklärung, Rechtfertigung *f*. **has he anything to say in ~ of his conduct?** kann er irgend etwas zur Erklärung seines Verhaltens vorbringen?; **what is the ~ of this?** was soll das heißen?

explanatory [ɪkˈsplænətərɪ] *adj* erklärend; *remarks etc* also erläuternd. **a few ~ remarks** ein paar Worte zur Erklärung.

expletive [ɪkˈspliːtɪv] **I** *n* (*exclamation*) Ausruf *m*; (*oath*) Kraftausdruck, Fluch *m*; (*Gram: filler word*) Füllwort *nt*. **II** *adj* **~ word** (*Gram*) Füllwort *nt*.

explicable [ɪkˈsplɪkəbl] *adj* erklärbar.

explicate [ˈeksplɪkeɪt] *vt* (*form*) erläutern.

explication [ˌeksplɪˈkeɪʃən] *n* (*form*) Erläuterung, Ausführung *f*.

explicit [ɪkˈsplɪsɪt] *adj* deutlich, explizit (*geh*); *text, meaning* also klar; *sex scene* deutlich, unverhüllt. **in ~ terms** klar und deutlich; **there's no need to be quite so ~** Sie brauchen nicht so deutlich zu werden.

explicitly [ɪkˈsplɪsɪtlɪ] *adv* deutlich, explizite (*geh*); (*clearly also*) klar.

explode [ɪkˈspləʊd] **I** *vi* **1.** explodieren; (*powder, booby-trap, mine*) in die Luft fliegen (*inf*). **2.** (*fig: with anger*) explodieren, vor Wut platzen (*inf*), in die Luft gehen (*inf*). **to ~ with laughter** in schallendes Gelächter ausbrechen, losplatzen (*inf*).

II *vt* **1.** *bomb, mine, plane* sprengen; *dynamite, gas* zur Explosion bringen. **2.** (*fig*) *theory, argument* zu Fall bringen. **to ~ a popular fallacy** einen weitverbreiteten Irrtum aufdecken.

exploded [ɪkˈspləʊdɪd] *adj* **~ diagram** Explosionszeichnung *f*.

exploit [ˈeksplɔɪt] **I** *n* (*heroic*) Heldentat *f*. **~s** (*adventures*) Abenteuer *pl*. **II** [ɪksˈplɔɪt] *vt* **1.** (*use unfairly*) *workers* ausbeuten; *friend, sb's good nature* ausnutzen. **2.** (*make use of*) *talent, the situation* ausnutzen; *coal seam* ausbeuten; *land, natural resources* nutzen.

exploitation [ˌeksplɔɪˈteɪʃən] *n see vt* Ausbeutung *f*; Ausnutzung *f*; Nutzung *f*.

exploration [ˌeksplɔːˈreɪʃən] *n* (*of country, area*) Erforschung, Exploration (*geh*) *f*; (*of small area, town*) Erkundung *f*; (*of topic, possibilities*) Erforschung, Untersuchung, Sondierung *f*; (*Med*) Untersuchung, Exploration *f*. **a voyage of ~** (*lit, fig*) eine Entdeckungsreise; **on his ~s** auf seinen Forschungsreisen/ Erkundungen.

exploratory [ɪkˈsplɔrətərɪ] *adj drilling* Probe-; *excursion* Forschungs-. **~ operation** (*Med*) Explorationsoperation *f*; **~ talks** Sondierungsgespräche *pl*.

explore [ɪkˈsplɔːʳ] **I** *vt* **1.** *country, forest, unknown territory* erforschen, erkunden, explorieren (*geh*); (*Med*) untersuchen. **2.** (*fig*) *question, possibilities* erforschen, untersuchen, sondieren.

II *vi* **to go exploring** auf Entdeckungsreise gehen.

explorer [ɪkˈsplɔːrəʳ] *n* Forscher(in *f*) *m*, Forschungsreisende(r) *mf*.

explosion [ɪkˈspləʊʒən] *n* **1.** Explosion *f*; (*noise also*) Knall *m*. **2.** (*fig: of anger*) Wutausbruch *m*. **3.** (*fig: in prices, figures etc*) Explosion *f*.

explosive [ɪkˈspləʊzɪv] **I** *adj* **1.** *matter, weapons, force* explosiv, Explosiv-, Spreng-. **~ device** Sprengkörper *m*. **2.** (*fig*) explosiv; *temper* also leicht aufbrausend. **II** *n* Sprengstoff *m*.

exponent [ɪkˈspəʊnənt] *n* **1.** (*of theory*) Vertreter(in *f*), Exponent(in *f*) *m*. **2.** (*Math*) Exponent *m*, Hochzahl *f*.

exponential [ˌekspəʊˈnenʃəl] *adj* Exponential-.

export I [ɪkˈspɔːt] *vti* exportieren, ausführen. **countries which** ~ **oil** ölexportierende *or* Ölexport-Länder.

II [ˈekspɔːt] *n* Export *m*, Ausfuhr *f*. **ban on** ~**s** Exportverbot, Ausfuhrverbot *nt*.

III [ˈekspɔːt] *adj attr* Export-, Ausfuhr-. ~ **duty** Export- *or* Ausfuhrzoll *m*; ~ **drive** Exportkampagne *f*; ~ **licence** Ausfuhrgenehmigung *or* -lizenz *f*; ~ **trade** Exporthandel *m*.

exportable [ɪkˈspɔːtəbl] *adj* exportfähig.

exportation [ˌekspɔːˈteɪʃən] *n* Export *m*, Ausfuhr *f*.

exporter [ɪkˈspɔːtəʳ] *n* (*person*) Exporteur *m* (*of* von); (*country also*) Exportland *nt* (*of* für).

expose [ɪkˈspəʊz] *vt* **1.** (*uncover*) *rocks, remains* freilegen; *electric wire, nerve also* bloßlegen. **to be** ~**d to view** den Blicken ausgesetzt sein, offen daliegen; ~**d position** (*Mil*) exponierte Stellung.

2. (*to danger, rain, sunlight, radiation*) aussetzen (*to dat*); *baby* aussetzen. **not to be** ~**d to heat** vor Hitze (zu) schützen.

3. (*display*) *one's ignorance* offenbaren; *one's wounds* (vor)zeigen; (*indecently*) *oneself* entblößen. **darling, you're exposing yourself** du zeigst etwas viel, Liebling.

4. *abuse, treachery* aufdecken; *scandal, plot also* enthüllen; *person, imposter* bloßstellen, entlarven; *murderer, thief* entlarven. **to** ~ **sb/sth to the press** jdn/etw der Presse ausliefern.

5. (*Phot*) belichten.

exposé [ekˈspəʊzeɪ] *n* Exposé *nt*; (*of scandal etc*) Aufdeckung *f*.

exposed [ɪkˈspəʊzd] *adj* **1.** (*to weather*) *place* ungeschützt. ~ **to the wind** dem Wind ausgesetzt; **this house is very** ~ dieses Haus steht sehr frei *or* ungeschützt.

2. (*insecure*) **to feel** ~ sich allen Blicken ausgesetzt fühlen.

3. (*to view*) sichtbar. **the** ~ **parts of a motor** die frei liegenden Teile eines Motors.

exposition [ˌekspəˈzɪʃən] *n* **1.** (*of facts, theory*) Darlegung, Exposition (*geh*) *f*; (*explanatory*) Erklärung, Erläuterung *f*; (*of literature, text*) Kommentar *m* (*of* zu), Erläuterung *f*; (*Mus*) Exposition *f*.
2. (*exhibition*) Ausstellung *f*.

expository [ɪkˈspɒzɪtərɪ] *adj* darlegend.

expostulate [ɪkˈspɒstjʊleɪt] *vi* protestieren. **to** ~ **with sb** mit jdm disputieren.

expostulation [ɪkˌspɒstjʊˈleɪʃən] *n* Protest *m*.

exposure [ɪkˈspəʊʒəʳ] *n* **1.** (*to sunlight, air, danger*) Aussetzung *f* (*to dat*). **to be suffering from** ~ an Unterkühlung leiden; **to die of** ~ erfrieren.

2. (*displaying*) Entblößung *f*. **indecent** ~ Erregung *f* öffentlichen Ärgernisses.

3. (*unmasking: of person*) Bloßstellung *f*; (*of thief, murderer*) Entlarvung *f*; (*of abuses, plots, vices, scandals, crime*) Aufdeckung *f*. **to threaten sb with** ~ drohen, jdn bloßzustellen/zu entlarven.

4. (*position of building*) Lage *f*. **southern** ~ Südlage *f*.

5. (*Phot*) Belichtung(szeit) *f*. ~ **meter** Belichtungsmesser *m*.

6. (*Media*) Publicity *f*.

expound [ɪkˈspaʊnd] *vt theory, one's views* darlegen, erläutern, auseinandersetzen.

express [ɪkˈspres] **I** *vt* **1.** ausdrücken, zum Ausdruck bringen; (*in words*) *wish, one's sympathy, appreciation also* aussprechen. **to** ~ **sth in figures/another language** etw in Zahlen/einer anderen Sprache ausdrücken; **to** ~ **oneself** sich ausdrücken; **this** ~**es exactly the meaning of the word** das gibt genau die Bedeutung des Wortes wieder; **the thought/feeling which is** ~**ed here** der Gedanke, das/der Gefühl, das hier zum Ausdruck kommt.

2. (*be expressive of*) ausdrücken.

3. (*form*) *juice, milk* auspressen.

4. *letter etc* per Expreß *or* als Eilsendung schicken.

II *adj* (*clear*) *instructions* ausdrücklich; *intention* bestimmt. **with the** ~ **purpose of seeing him** mit der bestimmten Absicht, ihn zu sprechen.

III *adv* **to send sth** ~ etw per Expreß *or* als Eilgut schicken.

IV *n* **1.** (*train*) Schnellzug *m*.

2. to send goods by ~ Waren per Expreß schicken.

express company *n* (*US*) Spedition *f* (für Expreßgut); **express delivery** *n* (*Brit*) Eilzustellung *f*.

expression [ɪkˈspreʃən] *n* **1.** (*expressing: of opinions, friendship, affection, joy*) Äußerung *f*, Ausdruck *m*. **as an** ~ **of our gratitude** zum Ausdruck unserer Dankbarkeit; **to give** ~ **to sth** etw zum Ausdruck bringen; **feelings which found** ~ **in tears** Gefühle, die sich in Tränen äußerten.

2. (*feeling: in music, art etc*) Ausdruck *m*. **you need to put more** ~ **into it/your voice** Sie müssen das ausdrucksvoller spielen/vortragen.

3. (*phrase etc*) Ausdruck *m*

4. (*of face*) (Gesichts)ausdruck *m*.

5. (*Math*) Ausdruck *m*.

expressionism [ɪkˈspreʃənɪzəm] *n* Expressionismus *m*.

expressionist [ɪkˈspreʃənɪst] **I** *n* Expressionist(in *f*) *m*. **II** *adj* expressionistisch.

expressionistic [ɪkˌspreʃəˈnɪstɪk] *adj* expressionistisch.

expressionless [ɪkˈspreʃənlɪs] *adj* ausdruckslos.

expressive [ɪkˈspresɪv] *adj* ausdrucksvoll, expressiv (*geh*); *face also* ausdrucksfähig.

expressively [ɪkˈspresɪvlɪ] *adv* ausdrucksvoll.

expressiveness [ɪkˈspresɪvnɪs] *n* Ausdruckskraft *f*; (*of face also*) Ausdrucksfähigkeit *f*.

express letter *n* Eil- *or* Expreßbrief *m*.

expressly [ɪkˈspreslɪ] *adv* **1.** (*explicitly*) *deny, prohibit* ausdrücklich. **2.** (*on purpose*) **he did it** ~ **to annoy me** er hat es absichtlich getan, um mich zu ärgern.

express train *n* Schnellzug *m*; **expressway** *n* Schnellstraße *f*.

expropriate [eksˈprəʊprɪeɪt] *vt* enteignen.

expropriation [eksˌprəʊprɪˈeɪʃən] *n* Enteignung *f*.

expulsion [ɪk'spʌlʃən] *n (from a country)* Ausweisung *f (from* aus); *(driving out)* Vertreibung *f (from* aus); *(from school)* Verweisung *f* (von der Schule). **~ order** Ausweisungsbefehl *m*.

expunge [ɪk'spʌndʒ] *vt (form)* ausstreichen *(from* aus).

expurgate ['ekspɜːgeɪt] *vt* zensieren, die anstößigen Stellen entfernen aus. **~d edition** gereinigte Fassung.

exquisite [ɪk'skwɪzɪt] *adj* **1.** *(excellent) workmanship, sewing* ausgezeichnet, vorzüglich; *woman, dress, painting* exquisit; *food, wine* exquisit, köstlich; *taste, wine* gepflegt; *view* einmalig, herrlich; *sensibility, politeness* fein, außerordentlich; *sense of humour* köstlich. **2.** *(keenly felt) thrill, satisfaction, pleasure, pain* köstlich.

exquisitely [ɪk'skwɪzɪtlɪ] *adv* **1.** *paint, decorate, express* ausgezeichnet, vorzüglich; *dress, dine* exquisit, gepflegt. **she has the most ~ delicate hands** sie hat wunderbar zarte Hände. **2.** *(extremely)* äußerst.

ex-serviceman [eks'sɜːvɪsmən] *n, pl* **-men** [-mən] altgedienter Soldat, Veteran *m*.

ext *abbr of* **extension** App, Apparat *m*.

extant [ek'stænt] *adj* (noch) vorhanden.

extemporaneous [ɪk,stempə'reɪnɪəs], **extemporary** [ɪk'stempərɪ] *adj* unvorbereitet, aus dem Stegreif.

extempore [ɪks'tempərɪ] **I** *adv speak* aus dem Stegreif, unvorbereitet. **II** *adj* **to give an ~ speech** eine Rede aus dem Stegreif halten, extemporieren *(geh)*.

extemporize [ɪk'stempəraɪz] *vti* aus dem Stegreif sprechen, extemporieren *(geh)*; *(Mus, with makeshift)* improvisieren.

extend [ɪk'stend] **I** *vt* **1.** *(stretch out) arms* ausstrecken. **to ~ one's hand to sb** jdm die Hand reichen; **to ~ a wire between two posts** einen Draht zwischen zwei Pfosten spannen. **2.** *(prolong) street, line, visit, passport, holidays, credit* verlängern. **3.** *(enlarge) research, powers, franchise* ausdehnen, erweitern; *knowledge* erweitern, vergrößern; *house* anbauen an (+*acc*); *property also* vergrößern; *limits* erweitern; *frontiers of a country* ausdehnen. **~ed play record** (45er) Schallplatte mit verlängerter Spielzeit; **~ed family** Großfamilie *f*; **in an ~ed sense of the word** im weiteren Sinne des Wortes. **4.** *(offer) (to sb* jdm) *help* gewähren; *hospitality, friendship* erweisen; *invitation, thanks, condolences, congratulations* aussprechen. **to ~ a welcome to sb** jdn willkommen heißen. **5.** *(usu pass: make demands on) person, pupil, athlete* fordern. **in this job he is fully ~ed** in diesem Beruf wird sein ganzes Können gefordert.
II *vi* **1.** *(wall, estate, garden)* sich erstrecken, sich ausdehnen *(to, as far as* bis); *(ladder)* sich ausziehen lassen; *(meetings etc: over period of time)* sich ausdehnen *or* hinziehen. **2.** *(reach to)* **enthusiasm which ~s even to the children** Begeisterung, die sich sogar auf die Kinder überträgt.

extensible [ɪk'stensɪbl] *adj telescope* ausziehbar; *time-limit* ausdehnbar.

extension [ɪk'stenʃən] *n* **1.** *(of property)* Vergrößerung *f*; *(of business, knowledge also)* Erweiterung *f*; *(of powers, franchise, research, frontiers)* Ausdehnung *f*; *(of road, line, period of time)* Verlängerung *f*; *(of house)* Anbau *m*; *(of time limit)* Verlängerung *f*, Aufschub *m*. **2.** *(addition to length of sth: of road, line)* Verlängerung *f*; *(of table, holidays, leave etc)* Verlängerung *f*; *(of house)* Anbau *m*. **3.** *(telephone in offices, in private houses)* (Neben)anschluß *m*. **~ 3714** Apparat 3714. **4.** *(Logic: of concept)* Extension *f*.

extension course *n (Univ)* weiterführender Kurs; **extension ladder** *n* Ausziehleiter *f*.

extensive [ɪk'stensɪv] *adj land, forest* ausgedehnt, weit; *view* weit; *knowledge, press coverage* umfassend, umfangreich; *study, research, enquiries* umfangreich, ausgedehnt; *investments, operations, alterations* umfangreich; *damage* beträchtlich; *use* häufig; *plans, reforms, business, influence* weitreichend.

extensively [ɪk'stensɪvlɪ] *adv* weit; *study, investigate, cover* ausführlich; *altered, reformed, damaged* beträchtlich; *used* häufig, viel. **he has travelled ~ in the South of France** er ist viel in Südfrankreich herumgefahren.

extensor [ɪk'stensər] *n* Streckmuskel *m*.

extent [ɪk'stent] *n* **1.** *(length)* Länge *f*; *(size)* Ausdehnung *f*. **we could see the full ~ of the park** wir konnten den Park in seiner ganzen Ausdehnung sehen. **2.** *(range, scope) (of knowledge, alterations, power, activities)* Umfang *m*; *(of damage, commitments, losses also)* Ausmaß *nt*. **debts to the ~ of £500** Schulden in Höhe von £ 500. **3.** *(degree)* Grad *m*, Maß *nt*. **to some ~** bis zu einem gewissen Grade; **to what ~** inwieweit; **to a certain ~** in gewissem Maße; **to a large/slight ~** in hohem/geringem Maße; **to such an ~ that ...** dermaßen *or* derart, daß ...; **such was the ~ of the damage** so groß war der Schaden.

extenuate [ɪk'stenjʊeɪt] *vt guilt* verringern, mindern; *offence, conduct* beschönigen. **extenuating circumstances** mildernde Umstände.

extenuation [ɪk,stenjʊ'eɪʃən] *n (act)* Verringerung, Minderung *f*; Beschönigung *f*; *(extenuating factor)* mildernde Umstände *pl*. **he pleaded ... in ~ of his crime** *(form)* er führte ... als mildernden Umstand an.

exterior [ɪk'stɪərɪər] **I** *adj surface* äußere(r, s), Außen-; *decorating, angle* Außen-. **II** *n* **1.** *(of house, box etc)* Außenseite *f*, Äußere(s) *nt*; *(of person)* Äußere(s) *nt*. **on the ~** außen, an der Außenseite. **2.** *(Film)* Außenaufnahme *f*.

exterminate [ɪk'stɜːmɪneɪt] *vt* ausrotten, vernichten; *pests also* vertilgen; *disease* ausrotten; *beliefs, ideas* ausrotten.

extermination [ɪk,stɜːmɪ'neɪʃən] *n see vt* Ausrottung, Vernichtung *f*; Vertilgung *f*.

exterminator [ɪk'stɜːmɪneɪtər] *n (person)*

(*of rats etc*) Entweser *m* (*form*); (*of pests*) Kammerjäger *m*; (*poison etc*) Vernichtungsmittel *nt*.

external [ek'stɜ:nl] **I** *adj wall* äußere(r, s), Außen-; *factors, help* extern. **for ~ use only** (*Med*) nur äußerlich (anzuwenden); **~ examiner** (*Brit Univ*) externer Prüfer; **he has an ~ degree in Maths** er hat ein Fernstudium in Mathematik abgeschlossen; **the ~ world** (*Philos*) die Außenwelt *or* äußere Welt; **~ trade** Außenhandel *m*.

II *n* (*fig*) **~s** *pl* Äußerlichkeiten *pl*.

externalize [ek'stɜ:nəlaɪz] *vt* externalisieren.

externally [ek'stɜ:nəlɪ] *adv* äußerlich. **he remained ~ calm** er blieb äußerlich ruhig; **some of the work is done ~** ein Teil der Arbeit wird außer Haus erledigt.

extinct [ɪk'stɪŋkt] *adj volcano, love* erloschen; *species* ausgestorben. **to become ~** aussterben; *volcano* erlöschen.

extinction [ɪk'stɪŋkʃən] *n* (*of fire*) Löschen *nt*; (*of race, family*) Aussterben *nt*; (*annihilation*) Auslöschung, Vernichtung *f*.

extinguish [ɪk'stɪŋwɪʃ] *vt fire, candle* (aus)löschen; *light* löschen; *hopes, passion* zerstören; *debt* tilgen.

extinguisher [ɪk'stɪŋwɪʃəʳ] *n* Löschgerät *nt*.

extirpate ['ekstɜ:peɪt] *vt* (*lit, fig*) (mit der Wurzel) ausrotten, (gänzlich) beseitigen.

extirpation [,ekstɜ:'peɪʃən] *n* (*lit, fig*) Ausrottung *f*.

extol [ɪk'stəʊl] *vt* preisen, rühmen.

extort [ɪk'stɔ:t] *vt money* erpressen (*from* von); *confession also* erzwingen (*from* von); *secret* abpressen (*from dat*).

extortion [ɪk'stɔ:ʃən] *n* (*of money, taxes*) Erpressung *f*; (*of signature*) Erzwingung *f*. **this is sheer ~!** (*inf*) das ist ja Wucher!

extortionate [ɪk'stɔ:ʃnɪt] *adj prices* Wucher-; *tax, demand* ungeheuer.

extortioner [ɪk'stɔ:ʃənəʳ] *n* Erpresser(in *f*) *m*; (*charging high prices*) Wucherer(in *f*) *m*.

extra ['ekstrə] **I** *adj* **1.** (*additional*) zusätzlich; *bus* Einsatz-, zusätzlich. **we need an ~ chair** wir brauchen noch einen Stuhl; **to work ~ hours** Überstunden machen; **to make an ~ effort** sich besonders anstrengen; **to order an ~ helping** eine zusätzliche Portion *or* eine Portion extra bestellen; **~ charge** Zuschlag *m*; **to make an ~ charge** Zuschlag berechnen; **there is an ~ charge for wine** der Wein wird extra berechnet; **~ time** (*Brit Ftbl*) Verlängerung *f*; **we had to play ~ time** es gab eine Verlängerung, es wurde nachgespielt; **~ pay** eine Zulage; **for ~ safety** zur größeren Sicherheit; **we need an ~ 10 minutes** wir brauchen 10 Minuten mehr *or* extra; **could you give me an ~ £3?** könnten Sie mir £ 3 mehr *or* extra geben?

2. (*spare*) Reserve-, übrig. **I bought a few ~ tins** ich habe ein paar Dosen mehr *or* extra gekauft; **these copies are ~** diese Exemplare sind übrig; **are there any ~ helpings?** gibt es Nachschlag? (*inf*), kann man noch eine Portion haben?

II *adv* **1.** (*especially*) extra, besonders. **she was ~ kind that day** sie war besonders

freundlich an diesem Tag.

2. (*in addition*) extra. **postage and packing ~** zuzüglich Porto- und Versandkosten; **the wine is ~** der Wein wird extra berechnet.

3. (*inf: more*) **to work ~** länger arbeiten.

III *n* **1.** (*perk*) Zusatzleistung *f*; (*for car*) Extra *nt*. **they regard it as an ~** sie betrachten es als Luxus; **singing and piano are (optional) ~s** Gesang- und Klavierunterricht sind Wahl- *or* Zusatzfächer *pl*.

2. **~s** *pl* (*~ expenses*) zusätzliche Kosten *pl*, Nebenkosten *pl*; (*in restaurant*) Zusatzliches *nt*; (*food*) Beilage *pl*.

3. (*Film, Theat*) Statist(in *f*) *m*.

4. (*remainder*) **what shall we do with the ~?** was sollen wir mit dem Rest machen?

extra- *pref* **1.** (*outside*) außer-; (*esp with foreign words*) extra-.

2. (*especially*) besonders, extra. **~dry** *wine* herb; *champagne* extra dry; **~fine** besonders fein, extrafein; *see also* **extra II I**.

extract [ɪk'strækt] **I** *vt* **1.** herausnehmen; *cork etc* (heraus)ziehen (*from* aus); *juice, minerals, oil* gewinnen (*from* aus); *tooth also* ziehen; *bullet, foreign body also* entfernen. **she ~ed herself from his arms** sie befreite sich aus seinen Armen.

2. (*fig*) *information, secrets, confession* herausholen, herausziehen (*from* aus); *permission also, promise* abringen, abnehmen, entlocken (*from dat*); *money* herausholen (*from* aus); **the meaning, moral of a book** herausarbeiten, herausholen (*from* aus). **to ~ sounds from an instrument** einem Instrument Töne entlocken.

3. (*Math*) *square root* ziehen.

4. *quotation, passage* herausziehen.

II ['ekstrækt] *n* **1.** (*from book etc*) Auszug *m*, Exzerpt *m*.

2. (*Med, Cook*) Extrakt *m*. **beef ~** Fleischextrakt *m*.

extraction [ɪk'strækʃən] *n* **1.** *see vt* Herausnehmen *nt*; (Heraus)ziehen *nt*; Gewinnung *f*; (Zahn)ziehen *nt*; Entfernung *f*; Herausholen, Herausziehen *nt*; Abnahme, Entlockung *f*; Herausholen *nt*; Herausarbeiten, Herausholen *nt*; Wurzelziehen *nt*. **he had to have three ~s** ihm mußten drei Zähne gezogen werden.

2. (*descent*) Herkunft, Abstammung *f*. **of Spanish ~** spanischer Herkunft *or* Abstammung.

extractor [ɪk'stræktəʳ] *n* (*for juice*) Presse *f*, Entsafter *m*; (*for dust*) Sauganlage *f*; (*of gun*) Auszieher *m*. **~ fan** Zentrifugalventilator, Fliehkraftlüfter *m*.

extracurricular ['ekstrəkə'rɪkjʊləʳ] *adj* außerhalb des Stundenplans.

extraditable ['ekstrədaɪtəbl] *adj offence* auslieferungsfähig; *person* auszuliefern *pred*, auszuliefernd *attr*.

extradite ['ekstrədaɪt] *vt* ausliefern.

extradition [,ekstrə'dɪʃən] *n* Auslieferung *f*. **~ treaty** Auslieferungsvertrag *m*.

extramarital ['ekstrə'mærɪtl] *adj* außerehelich.

extramural ['ekstrə'mjʊərəl] *adj courses* Volkshochschul-.

extraneous [ɪk'streɪnɪəs] *adj* **1.** (*from outside*) *influence* von außen (her), extern. **2.** (*unrelated*) ~ **to** irrelevant für, ohne Beziehung zu. **3.** (*not essential*) *detail* unwesentlich.

extraordinarily [ɪk'strɔːdnrɪlɪ] *adv* außerordentlich; *rude also* höchst.

extraordinary [ɪk'strɔːdnrɪ] *adj* **1.** (*beyond what is common*) außerordentlich; (*not usual*) ungewöhnlich. **there's nothing ~ about that** daran ist gar nichts Ungewöhnliches. **2.** (*odd, peculiar*) sonderbar, seltsam. **it's ~ to think that ...** es ist (schon) seltsam *or* sonderbar, wenn man denkt, daß ...; **the ~ fact is that he succeeded** das Merkwürdige an der Sache ist, daß er Erfolg hatte; **it's ~ how much he resembles his brother** es ist erstaunlich, wie sehr er seinem Bruder ähnelt. **3.** (*specially employed or arranged*) Sonder-. **envoy ~** Sonderbeauftragter *m*; **an ~ meeting** eine Sondersitzung.

extrapolate [ek'stræpəleɪt] *vti* extrapolieren (*from* aus).

extrapolation [ek,stræpə'leɪʃən] *n* Extrapolation *f*.

extrasensory ['ekstrə'sensərɪ] *adj* außersinnlich. ~ **perception** außersinnliche Wahrnehmung.

extra-special ['ekstrə'speʃəl] *adj* ganz besondere(r, s).

extraterrestrial ['ekstrətɪ'restrɪəl] **I** *adj* außerirdisch, extraterrestrisch. **II** *n* außerirdisches Lebewesen.

extraterritorial ['ekstrə,terɪ'tɔːrɪəl] *adj* exterritorial.

extravagance [ɪk'strævəgəns] *n* **1.** Luxus *m no pl.* **her ~** ihre Verschwendungssucht; **the ~ of her tastes** ihr kostspieliger *or* teurer Geschmack; **a life of such ~** ein derart luxuriöser Lebensstil; **the ~ of this big wedding** der Aufwand einer solch großen Hochzeitsfeier. **2.** (*wastefulness*) Verschwendung *f*. **3.** (*of ideas, theories*) Extravaganz, Ausgefallenheit *f*; (*of claim, demand*) Übertriebenheit *f*. **4.** (*extravagant action or notion*) Extravaganz *f*. **the ~s of a Nero** die Extravaganzen eines Nero.

extravagant [ɪk'strævəgənt] *adj* **1.** (*with money*) *taste, habit* teuer, kostspielig; *wedding, lifestyle* aufwendig, luxuriös; *price* überhöht. **she is ~** sie gibt das Geld mit vollen Händen aus; **I'll be ~ and treat myself to a new coat** ich leiste mir den Luxus und kaufe mir einen neuen Mantel; **go on, be ~** gönn dir doch den Luxus. **2.** (*wasteful*) verschwenderisch. **3.** *behaviour* extravagant; *ideas, theories, tie, pattern also* ausgefallen; *claim, demand* übertrieben. **he was given to indulging in rather ~ talk** er neigte dazu, lose Reden zu führen; **it would be ~ of me to claim that ...** es wäre eine Anmaßung, wenn ich behauptete, daß ...

extravagantly [ɪk'strævəgəntlɪ] *adv* **1.** (*lavishly, with much expense*) *furnished* luxuriös; *spend* mit vollen Händen; *live* auf großem Fuß, luxuriös. **I rather ~ bought myself a gold watch** ich habe mir

den Luxus einer goldenen Uhr geleistet. **2.** (*wastefully*) *use, consume etc* verschwenderisch. **3.** (*excessively, flamboyantly*) *furnish, dress* extravagant; *praise, act* überschwenglich; *demand, claim* übertrieben. **to talk ~** lose Reden führen.

extravaganza [ɪk,strævə'gænzə] *n* phantastische Dichtung *or* (*Mus*) Komposition; (*show*) Ausstattungsstück *nt*.

extreme [ɪk'striːm] **I** *adj* **1.** (*furthest off*) *limit* äußerste(r, s). **to the ~ right** ganz rechts; **at the ~ left of the photograph** ganz links im Bild; **at the ~ end of the path** ganz am Ende des Weges; **the ~ opposite** genau das Gegenteil; **they are ~ opposites** sie sind völlig gegensätzliche Charaktere. **2.** (*of the highest degree*) *courage, pleasure, kindness, simplicity* äußerste(r, s); *rudeness also* maßlos, extrem; *urgency also* extrem; *penalty* höchste(r, s). **with ~ pleasure** mit größtem Vergnügen; **~ old age** ein äußerst hohes Alter; **in ~ danger** in größter *or* höchster Gefahr; **the most ~ poverty** die bitterste *or* größte Armut; **an ~ case** ein Extremfall *m*. **3.** (*exaggerated, drastic, Pol*) extrem; *praise, flattery* übertrieben; *exaggeration, demands* maßlos. **to be ~ in one's opinions** extreme Ansichten haben; **he was rather ~ in his praise** er hat bei seinem Lob ziemlich übertrieben; **the ~ right/left** (*Pol*) die äußerste *or* extreme Rechte/Linke.

II *n* Extrem *nt*. **the ~s of happiness and despair** höchstes Glück und tiefste Verzweiflung; **~s of temperature** extreme Temperaturen *pl*; **in the ~** im höchsten Grade; **to go from one ~ to the other** von einem Extrem ins andere fallen; **to go to ~s** es übertreiben; **I wouldn't go to that ~** so weit würde ich nicht gehen; **to drive sb to ~s** jdn zum Äußersten treiben.

extremely [ɪk'striːmlɪ] *adv* äußerst, höchst, extrem. **was it difficult? —** war es schwierig? — sehr!

extremism [ɪk'striːmɪzəm] *n* Extremismus *m*.

extremist [ɪk'striːmɪst] **I** *adj view, opinion* extremistisch. **II** *n* Extremist(in *f*) *m*.

extremity [ɪk'stremɪtɪ] *n* **1.** (*furthest point*) äußerstes Ende. **at the northernmost ~ of the continent** am nördlichsten Zipfel des Kontinents. **2.** (*extreme degree*) **in the ~ of his despair** in äußerster Verzweiflung; **the ~ to which he had taken the theory** die Entwicklung der Theorie bis zu ihrem Extrem. **3.** (*state of need, distress*) Not *f*. **to help sb in his ~** jdm in seiner Not helfen; **I haven't yet been reduced to that ~** es ist noch nicht so weit mit mir gekommen. **4.** (*extreme actions*) **to resort to extremities** zu äußersten *or* extremen Mitteln greifen; **to drive sb to extremities** jdn zum Äußersten treiben. **5. extremities** *pl* (*hands and feet*) Extremitäten *pl*.

extricate ['ekstrɪkeɪt] *vt object* befreien. **to ~ oneself from sth** sich aus etw befreien.

extrinsic [ek'strɪnsɪk] *adj value, qualities*

äußerlich; *considerations* nicht herein-spielend.

extroversion [ˌekstrəʊˈvɜːʃən] *n* Extraver-tiertheit *f*.

extrovert [ˈekstrəʊvɜːt] **I** *adj* extravertiert. **II** *n* extravertierter Mensch.

extrude [ɪkˈstruːd] **I** *vt sb*, *sth* ausstoßen; *metal, plastic* herauspressen. **II** *vi* heraus-stehen (*from* aus).

exuberance [ɪgˈzuːbərəns] *n* **1.** (*of person*) Überschwenglichkeit *f*; (*of joy, youth, feelings*) Überschwang *m*; (*joy*) über-schwengliche Freude (*at* über +*acc*). **in their youthful ~** (*high spirits*) in ihrem jugendlichen Überschwang. **2.** (*vitality: of prose, style*) Vitalität *f*, (übersprudelnde) Lebendigkeit. **3.** (*abundance*) Fülle *f*, Reichtum *m*.

exuberant [ɪgˈzuːbərənt] *adj* überschweng-lich; *imagination* übersprudelnd; *style* übersprudelnd; *vital*; *painting, colour* lebendig; *music, melody* mitreißend. **they were ~ after their victory** nach ihrem Sieg waren sie in Jubelstimmung.

exude [ɪgˈzjuːd] **I** *vi* (*liquid*) austreten (*from* aus); (*blood, pus etc*) abgesondert werden (*from* von). **II** *vt* **1.** (*liquid*) ausscheiden; *dampness, sap also* ausschwitzen. **2.** (*fig: radiate*) *confidence* ausstrahlen; (*pej*) *charm* triefen vor.

exult [ɪgˈzʌlt] *vi* frohlocken. **~ing at his own success** über seinen eigenen Erfolg jubelnd.

exultant [ɪgˈzʌltənt] *adj* jubelnd; *shout also* Jubel-. **to be ~, to be in an ~ mood** jubeln, in Jubelstimmung sein; **exhausted but ~** erschöpft, aber triumphierend.

exultation [ˌegzʌlˈteɪʃən] *n* Jubel *m*. **sing in ~** (*Rel*) jauchzet und frohlocket.

eye [aɪ] **I** *n* **1.** (*of human, animal, elec-tronic*) Auge *nt*. **with tears in her ~s** mit Tränen in den Augen; **with one's ~s closed/open** mit geschlossenen/offenen Augen; (*fig*) blind/mit offenen Augen; **an ~ for an ~** Auge um Auge; **~s right!** (*Mil*) (die) Augen rechts!; **~s front!** (*Mil*) Augen geradeaus!; **to be all ~s** große Augen machen; **they were all ~s watching the magician** sie beobachteten den Zauberer mit großen Augen; **that's one in the ~ for him** (*inf*) das hat er eins aufs Dach gekriegt (*inf*); **to do sb in the ~** (*inf*) jdn übers Ohr hauen (*inf*); **to cast** *or* **run one's ~s over sth** etw überfliegen; **to cast one's ~s round a room** seine Blicke durch ein Zimmer wandern *or* schweifen lassen; **his ~ fell on a small door** sein Blick fiel auf eine kleine Tür; **to let one's ~ rest on sth** seine Augen *or* den Blick auf etw (*dat*) ruhen lassen; **to look sb (straight) in the ~** jdm in die Augen sehen; **to set** *or* **clap** (*inf*) **~s on sb/sth** jdn/etw zu Gesicht bekommen; **to have a keen ~** ein scharfes Auge haben, einen scharfen Blick haben; **a strange sight met our ~s** ein seltsamer Anblick bot sich uns; **(why don't you) use your ~s!** hast du keine Augen im Kopf?; **with one's own ~s** mit eigenen Augen; **before my very ~s** (direkt) vor meinen Augen; **it was there all the time right in front of my ~s** es lag schon die ganze Zeit da, direkt vor meiner Nase; **under the**

watchful ~ of the guard/their mother unter der Aufsicht des Wächters/ihrer Mutter; **to keep an ~ on sb/sth** (*look after*) auf jdn/etw aufpassen; **to keep one's ~ on the ball/main objective** sich auf den Ball/die Hauptsache konzentrieren; **to have one's ~s fixed on sth** etw nicht aus den Augen lassen; **never to take one's ~s off sb/sth** kein Auge von jdm/etw wenden; **to keep one's ~s open** *or* **peeled** (*inf*) *or* **skinned** (*inf*) die Augen offenhalten; **to keep an ~ open** *or* **out for a hotel** nach einem Hotel Ausschau halten; **to keep an ~ on expenditure** auf seine Ausgaben achten *or* aufpassen; **to open sb's ~s to sb/sth** jdm die Augen über jdn/etw öffnen; **to close one's ~s to sth** die Augen vor etw (*dat*) verschließen; **to see ~ to ~ with sb** mit jdm einer Meinung sein; **to make ~s at sb** jdm schöne Augen machen; **to catch sb's ~** jds Aufmerksamkeit erregen; **that colour caught my ~** die Farbe fiel *or* stach mir ins Auge; **he was a monster in their ~s** in ihren Augen war er ein Scheusal; **through somebody else's ~s** mit den Augen eines anderen; **in the ~s of the law** in den Augen des Gesetzes; **with a critical/jealous/an uneasy ~** mit kritischem/scheelem/ besorgtem Blick; **with an ~ to the future** im Hinblick auf die Zukunft; **with an ~ to buying sth** in der Absicht, etw zu kaufen; **to have an ~ to the main chance** jede Gelegenheit ausnut-zen; **to take one's ~s off sb/sth** die Augen *or* den Blick von jdm/etw abwenden; **he couldn't take his ~s off her/the cake** er konnte einfach den Blick nicht von ihr/dem Kuchen lassen; **don't take your ~ off the ball** konzentrier dich auf den Ball; **don't take your ~s off the magician's left hand** lassen Sie die linke Hand des Zauberkünstlers nicht aus den Augen; **just watch it, my boy, I've got my ~ on you** paß bloß auf, mein Freund, ich beobachte dich genau; **to have one's ~ on sth** (*want*) auf etw (*acc*) ein Auge geworfen haben; **to have an ~ on sb for a job** jdn für eine Stelle im Auge haben; **I only have ~s for you** ich habe nur Augen für dich; **she has an ~ for a bargain** sie hat einen Blick *or* ein Auge für günstige Käufe; **he has no ~ for beauty** ihm fehlt der Blick für Schön-heit; **he has a good ~ for colour/form** er hat ein Auge für Farbe/Form; **you need an ~ for detail** man muß einen Blick fürs Detail haben; **to get one's ~ in** (*shooting*) sich einschießen; (*playing tennis etc*) sich einspielen; **to be up to the ~s in work** (*inf*) in Arbeit ersticken (*inf*); **he's in it up to the ~s** (*inf*) er steckt bis zum Hals drin (*inf*); **my ~!** (*inf*) Unsinn!

2. (*of needle*) Öhr *nt*; (*of potato, on peacock's tail*) Auge *nt*; (*of hurricane*) Auge *nt*. **in the ~ of the wind** (*Naut*) in *or* gegen den Wind; *see* **hook and eye**.

II *vt* anstarren. **to ~ sb up and down** jdn von oben bis unten mustern.

◆**eye up** *vt sep* mustern, begutachten.

eye *in cpds* Augen-; **eyeball** *n* Augapfel *m*; **to be/meet ~ to ~** sich direkt gegenüberstehen; **eyebath** *n* Augenbad *nt*; (*container*) Augenbadewanne *f*;

eyebrow n Augenbraue f; **to raise one's ~s** die Augenbrauen hochziehen; **he never raised an ~** er hat sich nicht einmal gewundert; **that will raise a few ~s, there will be a few raised ~s (at that)** da werden sich einige wundern; **eyebrow pencil** n Augenbrauenstift m; **eyecatcher** n (thing) Blickfang m; **she's quite an ~** sie zieht alle Blicke auf sich; **eyecatching** adj auffallend; publicity, poster also auffällig, ins Auge springend or stechend; **that's rather ~** das fällt or springt ins Auge; **eye-cup** n (US) Augenbadewanne f; **eye drops** npl Augentropfen pl.

eyeful ['aɪful] n **he got an ~ of soda water** er bekam Selterswasser ins Auge; **she's quite an ~** (inf) sie hat allerhand zu bieten (inf).

eyelash ['aɪlæʃ] n Augenwimper f; **eyelet** ['aɪlɪt] n Öse f; **eye-level** adj attr grill in Augenhöhe; **eyelid** n Augenlid nt; **eye liner** n Eyeliner m; **eye-opener** n **1. that was a real ~ to me** das hat mir die Augen geöffnet; **2.** (US inf: drink)

(alkoholischer) Muntermacher; **eye patch** n Augenklappe f; **eyepiece** n Okular nt; **eyeshade** n Augenblende f, Schild m; **eyeshadow** n Lidschatten m; **eyesight** n Sehkraft f, Sehvermögen nt; **to have good ~** gute Augen haben; **to lose one's ~** das Augenlicht verlieren (geh), erblinden; **his ~ is failing** seine Augen lassen nach, sein Sehvermögen läßt nach; **eyesore** n Schandfleck m; **this carpet is a real ~** dieser Teppich beleidigt das Auge; **eyestrain** n Überanstrengung or Ermüdung f der Augen; **eye test** n Augentest m or -untersuchung f.

Eyetie ['aɪtaɪ] n (sl) Spaghettifresser (pej inf), Itaker (pej sl) m.

eye tooth n Eckzahn, Augenzahn m; **I'd give my eye teeth for that** darum würde ich alles geben; **eyewash** n (Med) Augenwasser or -bad nt; (fig inf) Gewäsch nt (inf); (deception) Augenwischerei f; **eyewitness** n Augenzeuge m.

eyrie ['ɪərɪ] n Horst m.

F

F, f [ef] *n* F, f *nt*. ~ **sharp/flat** Fis, fis *nt*/Fes, fes *nt*; *see also* **major, minor, natural.**

F *abbr of* **Fahrenheit** F.

f *abbr of* **1. foot, feet. 2. feminine** f.

FA *abbr of* **Football Association.**

fable ['feɪbl] *n* Fabel *f*; (*legend, body of legend*) Sage *f*; (*fig: lie*) Märchen *nt*.

fabled ['feɪbld] *adj* sagenhaft. **Cleopatra, ~ for her beauty** Kleopatra, berühmt für ihre Schönheit.

fabric ['fæbrɪk] *n* **1.** (*Tex*) Stoff *m*. **2.** (*basic structure*) **the ~ of the building/church was quite sound** das Gebäude/ Kirchengebäude als solches war ganz gut. **3.** (*fig: of society etc*) Gefüge *nt*, Struktur *f*.

fabricate ['fæbrɪkeɪt] *vt* **1.** (*invent*) *story* erfinden, ersinnen (*geh*). **2.** (*manufacture*) herstellen, fabrizieren.

fabrication [ˌfæbrɪ'keɪʃən] *n* **1.** (*act of inventing*) Erfindung *f*; (*story invented also*) Lügengeschichte *f*, Lügenmärchen *nt*. **2.** (*manufacture*) Herstellung, Fabrikation *f*.

fabulist ['fæbjʊlɪst] *n* **1.** Fabeldichter(in *f*), *m*. **2.** (*liar*) Lügner(in *f*) *m*.

fabulous ['fæbjʊləs] *adj* sagenhaft; (*inf: wonderful also*) toll (*inf*), fabelhaft.

fabulously ['fæbjʊləslɪ] *adv* sagenhaft.

façade [fə'sɑːd] *n* (*lit, fig*) Fassade *f*.

face [feɪs] **I** *n* **1.** Gesicht *nt*. **I don't want to see your ~ here again** ich möchte Sie hier nie wieder sehen; **we were standing ~ to ~** wir standen einander Auge in Auge gegenüber; **next time I see him ~ to ~** das nächste Mal, wenn ich ihm begegne; **to bring two people ~ to ~** zwei Leute einander gegenüberstellen; **to come ~ to ~ with sb/one's Maker/death** jdn treffen/Gott von Angesicht zu Angesicht sehen/dem Tod ins Auge sehen; **he told him so to his ~** er sagte ihm das (offen) ins Gesicht; **he shut the door in my ~** er schlug mir die Tür vor der Nase zu; **to look/be able to look sb in the ~** jdn ansehen/jdm in die Augen sehen können; **to fling** *or* **throw a remark back in sb's ~** jdm seine eigene Bemerkung wieder auftischen; **in the ~ of great difficulties/much opposition** *etc* angesichts *or* (*despite*) trotz größter Schwierigkeiten/ starker Opposition *etc*; **courage in the ~ of the enemy** Tapferkeit vor dem Feind.

2. (*expression*) Gesicht(sausdruck *m*) *nt*. **to make** *or* **pull a ~** das Gesicht verziehen; **to make** *or* **pull ~s/a funny ~** Gesichter *or* Grimassen/eine Grimasse machen *or* schneiden (*at sb* jdm); **to put a good ~ on it** gute Miene zum bösen Spiel machen; **to put a brave ~ on it** sich (*dat*) nichts anmerken lassen; (*do sth one dislikes*) (wohl oder übel) in den sauren Apfel beißen; **he has set his ~ against that** er stemmt sich dagegen.

3. (*prestige*) **loss of ~** Gesichtsverlust *m*; **to save (one's)/ lose ~** das Gesicht wahren/ verlieren.

4. (*of clock*) Zifferblatt *nt*; (*rock ~*) (Steil)wand *f*; (*coal~*) Streb *m*; (*type~*) Schriftart *f*; (*of playing card*) Bildseite *f*; (*of coin*) Vorderseite *f*; (*of house*) Fassade *f*. **to put sth ~ up(wards)/down(wards)** etw mit der Vorderseite nach oben/unten legen; **to be ~ up(wards)/ down(wards)** (*person*) mit dem Gesicht nach oben/unten liegen; (*thing*) mit der Vorderseite nach oben/unten liegen; (*book*) mit der aufgeschlagenen Seite nach oben/unten liegen; **to work at the (coal)~** vor Ort arbeiten; **to change the ~ of a town** das Gesicht *or* Aussehen einer Stadt verändern; **he/it vanished off the ~ of the earth** (*inf*) er/es war wie vom Erdboden verschwunden; **on the ~ of it** so, wie es aussieht.

5. (*inf: effrontery*) **to have the ~ to do sth** die Stirn haben, etw zu tun.

II *vt* **1.** (*be opposite, have one's face towards*) gegenübersein/-stehen/-sitzen *etc* (*+dat*); (*window, door*) *north, south* gehen nach; *street, garden etc* liegen zu; (*building, room*) *north, south* liegen nach; *park, street* liegen zu. **to ~ the wall/light** zur Wand gekehrt/dem Licht zugekehrt sein; (*person*) mit dem Gesicht zur Wand/ zum Licht stehen/sitzen *etc*; **sit down and ~ the front!** setz dich und sieh nach vorn!; **~ this way!** bitte sehen Sie hierher!; **the picture/wall facing you** das Bild/die Wand Ihnen gegenüber; **the picture facing page 16** die Abbildung gegenüber Seite 16; **to sit facing the engine/front of the bus** in Fahrtrichtung sitzen.

2. (*fig*) *possibility, prospect* rechnen müssen mit. **to be ~d with sth** sich einer Sache (*dat*) gegenübersehen; **the problem facing us** das Problem, mit dem wir konfrontiert sind; **you'll ~ a lot of criticism if you do that** Sie setzen sich großer Kritik aus, wenn Sie das machen; **to be ~d with a bill for £10** eine Rechnung über £ 10 präsentiert bekommen; **he is facing/will ~ a charge of murder** er steht unter Mordanklage, er ist/wird wegen Mordes angeklagt.

3. (*meet confidently*) *situation, danger, criticism* sich stellen (*+dat*); *person, enemy* gegenübertreten (*+dat*). **he ~d defeat bravely** er hat sich tapfer mit der Niederlage abgefunden; **to ~ (the) facts** den Tatsachen ins Auge blicken *or* sehen; **let's ~ it** machen wir uns doch nichts vor; **you'd better ~ it, you're not going to get it** du mußt dich wohl damit abfinden, daß du das nicht bekommst.

4. (*inf: put up with, bear*) verkraften (*inf*); *another drink, cake etc* runterkriegen (*inf*). **to ~ doing sth** es fertigbrin-

gen (*inf*) *or* es über sich (*acc*) bringen, etw
zu tun; **I can't ~ it** (*inf*) ich bringe es ein-
fach nicht über mich.

    5. *building, wall* verblenden, ver-
kleiden; (*Sew*) *garment* (mit Besatz) ver-
stürzen.

    6. (*Cards*) aufdecken.

    7. *stone* glätten, (*plan*) schleifen.

    III *vi* (*house, room*) liegen (*towards
park* dem Park zu; *onto road* zur Straße;
away from road nicht zur Straße); (*win-
dow*) gehen (*onto, towards* auf +*acc*, zu,
away from nicht auf +*acc*). **he was sitting
facing away from me** er saß mit dem
Rücken zu mir; **they were all facing
towards the window** sie saßen alle mit dem
Gesicht zum Fenster (hin); **the house ~s
away from the sea** das Haus liegt nicht
aufs Meer zu; **in which direction was he
facing?** in welche Richtung stand er?;
**you've parked facing in the wrong direc-
tion** Sie haben in der falschen Richtung
geparkt; **the side of the house that ~s onto
the road** die der Straße zugekehrte Seite
des Hauses; **why was the house built facing
away from the park?** warum wurde das
Haus mit dem Blick auf den Park
gebaut?; **right ~!** (*Mil*) rechts um!

    ◆**face about** *vi* (*US Mil*) kehrtmachen.

    ◆**face out** *vt sep* durchstehen.

    ◆**face up to** *vi* +*prep obj fact, truth* ins
Gesicht sehen (+*dat*); *danger* ins Auge
sehen *or* blicken (+*dat*); *possibility* sich
abfinden mit; *responsibility* auf sich (*acc*)
nehmen. **he won't ~ ~ ~ the fact that ...**
er will es nicht wahrhaben, daß ...

face *in cpds* Gesichts-; **face card** *n*
Bild(er)karte *f*; **facecloth** *n* Waschlap-
pen *m*; **face guard** *n* Schutzmaske *f*;
faceless *adj drawing* gesichtslos; (*fig*)
anonym; **facelift** *n* (*lit*) Gesichts(haut)-
straffung *f*, Facelift(ing) *nt*; (*fig: for car,
building etc*) Verschönerung *f*; **to have a ~**
sich (*dat*) das Gesicht liften *or* straffen
lassen; (*fig*) ein neues Aussehen bekom-
men; **face pack** *n* Gesichtspackung *f*;
face powder *n* Gesichtspuder *m*.

facer ['feɪsə^r] *n* (*Brit inf: difficulty*) harte
Nuß (*inf*).

face-saver ['feɪs,seɪvə^r] *n* Ausrede *f*, um
das Gesicht zu wahren; **face-saving** *adj*
a ~ excuse/remark/tactic eine
Entschuldigung/ Bemerkung/Taktik, um
das Gesicht zu wahren.

facet ['fæsɪt] *n* (*lit*) Facette *f*; (*fig*) Seite *f*,
Aspekt *m*.

faceted ['fæsɪtɪd] *adj* (*Zool*) Facetten-;
(*Miner also*) facettiert.

facetious [fə'siːʃəs] *adj remark, speech,
tone* witzelnd, spöttisch, mokant. **to be ~
(about sth)** (über etw *acc*) Witze machen,
sich (über etw *acc*) mokieren; **I was just
being ~** das war doch nur ein Witz *or* so
eine Blödelei (*inf*).

facetiously [fə'siːʃəslɪ] *adv see adj.*

face-to-face [,feɪstə'feɪs] *adj* persönlich,
von Angesicht zu Angesicht (*geh*); *con-
frontation* direkt; **face value** *n* (*Fin*)
Nennwert, Nominalwert *m*; **to take sth at
(its) ~** (*fig*) etw für bare Münze nehmen;
to take sb at ~ jdm unbesehen glauben;
face-worker *n* (*Min*) Hauer *m*.

facial ['feɪʃəl] **I** *adj* Gesichts-. **II** *n* (*inf*) kos-
metische Gesichtsbehandlung.

facile ['fæsaɪl] *adj* **1.** (*glib, superficial*)
oberflächlich; *emotions, mind also* ohne
Tiefgang; *piece of writing also* seicht,
ohne Tiefgang. **he made a few ~ remarks**
er hat einige nichtssagende Bemerkungen
gemacht. **2.** (*flowing*) *style* flüssig,
gewandt. **3.** (*easy*) *task, victory* leicht.

facilitate [fə'sɪlɪteɪt] *vt* erleichtern; (*make
possible*) ermöglichen.

facility [fə'sɪlɪtɪ] *n* **1.** Einrichtung *f*. **to give
sb every ~** jdm jede Möglichkeit bieten;
**you will have every ~ or all facilities for
study** es wird Ihnen alles zur Verfügung
stehen, was Sie zum Studium brauchen;
cooking facilities Kochgelegenheit *f*.

    2. *no pl* (*ease*) Leichtigkeit, Mühelosig-
keit *f*; (*dexterity*) Gewandtheit,
Geschicklichkeit *f*. **~ in learning** (leichte)
Auffassungsgabe.

facing ['feɪsɪŋ] *n* **1.** (*on wall*) Verblendung,
Verkleidung *f*. **2.** (*Sew*) Besatz *m*.

facsimile [fæk'sɪmɪlɪ] *n* Faksimile *nt*.

fact [fækt] *n* **1.** Tatsache *f*, Faktum *nt* (*geh*);
(*historical, geographical etc*) Faktum *nt*.
hard ~s nackte Tatsachen *pl*; **the true ~s**
der wahre Sachverhalt; **to know for a ~
that** (es) ganz genau *or* sicher wissen, daß;
the ~ is that ... die Sache ist die, ... daß
...; **to stick to the ~s** bei den Tatsachen
bleiben, sich an die Tatsachen *or* Fakten
halten; (*not speculate also*) auf dem
Boden der Tatsachen bleiben; **the ~s of
the case** (*Jur*) der Tatbestand, der Sach-
verhalt; **... and that's a ~** darüber besteht
kein Zweifel!, Tatsache! (*inf*); **is that a ~?**
tatsächlich?, Tatsache? (*inf*); *see* **face II 3.**

    2. *no pl* (*reality*) Wirklichkeit, Realität
f. **~ and fiction** Dichtung und Wahrheit;
founded on ~ auf Tatsachen beruhend.

    3. in (**point of** *or* **actual**) **~** (*reality*),
(*in reality*) tatsächlich, in Wirklichkeit;
(*after all*) (dann) doch; (*to make previous
statement more precise*) nämlich; **in ~, as
a matter of ~** eigentlich; (*to intensify
previous statement*) sogar; **I don't suppose
you know him/you want it? — in** (point of
or actual) ~ **or as a matter of ~ I do** Sie
kennen ihn/möchten das nicht zufällig?
— doch, eigentlich schon; **do you know
him/want it? — in** (point of *or* actual) ~ **or
as a matter of ~ I do** kennen Sie ihn/
möchten Sie das? — jawohl; **but in** (point
of *or* actual) ~ **he didn't do it/there were
a lot more** aber in Wirklichkeit hat er es
gar nicht getan/ waren viel mehr da; **but in**
(point of *or* actual) ~ **I could do it/he did
come** ich konnte es dann doch/er ist dann
doch gekommen; **I'm going soon, in** (point
of *or* actual) ~ **tomorrow** ich gehe bald,
nämlich morgen; **does it hurt? — as a
matter of ~** it's very painful ~h what? —
ja, und sogar ganz schön; **I bet you
haven't done that! — as a matter of ~ I
have!** du hast das bestimmt nicht
gemacht! — und ob, aber ja doch!; **as a
matter of ~ we were just talking about you**
wir haben (nämlich) eben von Ihnen
geredet; **I can't find it, as a matter of ~/in
~ I think I've lost it** ich kann's nirgends
finden, ich glaube fast/sogar, ich habe es

verloren; **do you know Sir Charles? — as a matter of** ~ **he's my uncle/yes, in** ~ **he's my uncle** kennen Sie Sir Charles? — ja, und er ist sogar/ja, er ist nämlich mein Onkel.

4. (*Jur*) **to be an accessory before/after the** ~ sich der Beihilfe/Begünstigung schuldig machen.

fact-finding ['fæktfaɪndɪŋ] *adj commission* Untersuchungs-; *mission* Erkundungs-.

faction ['fækʃən] *n* **1.** (*group*) (Partei)-gruppe *f*; (*splinter group*) Splittergruppe *f*. **2.** *no pl* (*strife*) interne Unstimmigkeiten *pl*; (*Pol also*) Parteihader *m*.

factious ['fækʃəs] *adj* (*liter*) streitsüchtig, händelsüchtig; *quarrelling* kleinlich.

factitious [fæk'tɪʃəs] *adj* künstlich, unecht; *demand for goods* hochgespielt.

fact of life *n* **1.** (*reality*) harte Tatsache. **that's just a** ~ so ist es nun mal im Leben. **2.** ~**s** ~ ~ *pl* (*sexual*) Aufklärung *f*; **to tell/teach sb the** ~**s** ~ ~ jdn aufklären; **to know the** ~**s** ~ ~ aufgeklärt sein.

factor ['fæktəʳ] *n* **1.** Faktor *m*. **2.** (*Biol*) Erbfaktor *m*. **3.** (*agent*) Makler *m*.

factorize ['fæktəraɪz] *vt* in Faktoren zerlegen, faktorisieren.

factory ['fæktərɪ] *n* Fabrik *f*; (*plant also*) Werk *nt*.

Factory Act *n* Arbeitsschutzgesetz *nt*; **factory hand** *n* Fabrikarbeiter(in *f*) *m*; **factory ship** *n* Fabrikschiff *nt*; **factory worker** *n* Fabrikarbeiter(in *f*) *m*.

factotum [fæk'təʊtəm] *n* Faktotum *nt*.

factual ['fæktjʊəl] *adj* sachlich, Tatsachen-; (*real*) tatsächlich. ~ **error** Sachfehler *m*.

factually ['fæktjʊəlɪ] *adv* sachlich.

faculty ['fækəltɪ] *n* **1.** (*power of mind*) Vermögen *nt*, Fähigkeit, Kraft *f*; (*ability, aptitude*) Begabung *f*, Talent *nt*. ~ **of reason** Vernunft *f*; ~ **of speech/thought/sight** Sprech-/Denk-/ Sehvermögen *nt*; **the mental faculties** die Geisteskräfte *pl*; **to be in (full) possession of (all) one's faculties** im Vollbesitz seiner Kräfte sein; **to have a** ~ **for doing sth** ein Talent dafür haben, etw zu tun; **to have a** ~ **for learning languages** sprachbegabt sein. **2.** (*Univ*) Fakultät *f*. **the medical** ~, **the** ~ **of medicine** die medizinische Fakultät; **the F**~ (*staff*) der Lehrkörper. **3.** (*Eccl*) Vollmacht *f*.

fad [fæd] *n* Fimmel (*inf*), Tick (*inf*) *m*; (*fashion*) Masche *f* (*inf*). **it's just a** ~ das ist nur ein momentaner Fimmel (*inf*) or Tick (*inf*).

faddish ['fædɪʃ], **faddy** ['fædɪ] (*inf*) *adj* wählerisch.

fade [feɪd] **I** *vi* **1.** verblassen; (*material, colour also*) verbleichen; (*on exposure to light*) verschießen; (*flower*) verblühen; (*lose shine*) seinen Glanz verlieren. **guaranteed non-**~ *or* **not to** ~ garantiert farbecht. **2.** (*fig*) (*memory*) verblassen; (*sight, strength, inspiration, feeling*) nachlassen, schwinden (*geh*); (*hopes*) zerrinnen; (*smile*) vergehen, verschwinden; (*beauty*) verblühen; (*sound*) verklingen, verhallen; (*radio signal*) schwächer werden. **3.** (*Rad, TV, Film*) (*scene*) ausgeblendet werden; (*cameraman*) ausblenden. **to**

~ **to another scene** (allmählich) zu einer anderen Szene überblenden. **4.** (*Tech: brakes*) nachlassen. **II** *vt* **1.** (*cause to lose colour*) ausbleichen. **2.** (*Rad, TV, Film*) ausblenden. **to** ~ **one scene (in)to another** von einer Szene (allmählich) in eine andere überblenden. **III** *n* (*Rad, TV, Film*) Abblende *f*.

◆**fade away** *vi* (*sight*) schwinden (*geh*); (*memory also*) verblassen; (*hopes also*) zerrinnen; (*interest, strength, inspiration also*) nachlassen; (*sound*) verklingen, verhallen; (*person*) immer weniger *or* schwächer werden; (*from memory of the public*) aus dem Gedächtnis schwinden.

◆**fade in** (*Rad, TV, Film*) **I** *vi* allmählich eingeblendet werden. **II** *vt sep* allmählich einblenden.

◆**fade out I** *vi* **1.** (*Rad, TV, Film*) abblenden. **2. to** ~ ~ **of sb's life** aus jds Leben verschwinden. **II** *vt sep* (*Rad, TV, Film*) abblenden.

◆**fade up** *vt sep* (*Rad, TV, Film*) aufblenden; *sound* lauter werden lassen, anschwellen lassen.

faded ['feɪdɪd] *adj* verblaßt, verblichen; *material* (*after exposure to light*) verschossen; *flowers, beauty* verblüht.

fade-in ['feɪdɪn] *n* (*Rad, TV, Film*) Aufblendung *f*; **fade-out** *n* (*Rad, TV, Film*) Abblende *f*.

faeces (*US*) **feces** ['fiːsiːz] *pl* Kot *m*.

fag [fæg] (*inf*) **I** *n* **1.** *no pl* (*drudgery*) Schinderei, Plackerei *f*. **2.** (*Brit: cigarette*) Kippe *f* (*inf*), Glimmstengel *m* (*inf*). **3.** (*sl: homosexual*) Schwule(r) *m* (*inf*). **II** *vt* (*also* ~ **out**) (*inf*) erschöpfen, schlauchen (*inf*). **to** ~ **oneself (out)** sich abschinden, sich abrackern (*inf*); **to be** ~**ged (out)** kaputt *or* geschafft sein (*inf*). **III** *vi* (*also* ~ **away**) sich abrackern (*inf*), sich abplagen.

fag end *n* **1.** (*Brit inf: cigarette end*) Kippe *f* (*inf*), Stummel *m*. **2.** (*inf: last part*) letztes Ende. **the** ~ **of a conversation** die letzten Fetzen einer Unterhaltung.

faggot, (*US*) **fagot** ['fægət] *n* **1.** Reisigbündel *nt*. **2.** (*Cook*) Frikadelle *f*. **3.** (*inf: person*) Blödmann *m* (*inf*). **4.** (*esp US sl: homosexual*) Schwule(r) *m* (*inf*).

Fahrenheit ['færənhaɪt] *n* Fahrenheit *nt*.

fail [feɪl] **I** *vi* **1.** (*be unsuccessful*) keinen Erfolg haben; (*in mission, life etc*) versagen, scheitern; (*campaign, efforts, negotiations also, plan, experiment, marriage*) fehlschlagen, scheitern; (*undertaking, attempt*) fehlschlagen, mißlingen, mißglücken; (*applicant, application*) nicht angenommen werden; (*election candidate, Theat: play*) durchfallen; (*business*) eingehen; (*charm, attempts at persuasion etc also*) vergeblich *or* umsonst sein. **I/he/they** *etc* ~**ed (in doing sth)** es gelang mir/ihm/ihnen *etc* nicht(, etw zu tun); **he** ~**ed in his attempt** sein Versuch schlug fehl *or* blieb erfolglos *or* mißglückte; **to** ~ **in one's duty** seine Pflicht nicht tun; **to** ~ **by 5 votes** (*motion*) mit 5 Stimmen Mehrheit abgelehnt werden; (*person*) um 5 Stimmen geschlagen wer-

den; **if all else ~s** wenn alle Stricke reißen.
2. (*not pass exam*) durchfallen.
3. (*fall short*) **where he/the essay ~s is in not being detailed enough** sein Fehler/der Fehler des Aufsatzes ist, daß er nicht ausführlich genug ist; **this report ~s in that it comes up with no clear proposals** dieser Bericht läßt es an klaren Vorschlägen fehlen.
4. (*grow feeble*) (*health*) sich verschlechtern; (*hearing, eyesight also*) nachlassen; (*invalid*) schwächer werden. **he is ~ing fast** sein Zustand verschlechtert sich zusehends.
5. (*stop working, be cut off etc*) (*generator, battery, radio, electricity*) ausfallen; (*pump, engine also, brakes*) versagen; (*supply, wind*) ausbleiben; (*heart*) versagen, aussetzen. **the crops ~ed** es gab ein Mißernte.
II *vt* **1.** *candidate* durchfallen lassen. **to ~ an exam** eine Prüfung nicht bestehen, in einer Prüfung durchfallen, durch eine Prüfung fallen.
2. (*let down: person, memory*) im Stich lassen; (*not live up to sb's expectations*) enttäuschen. **words ~ me** mir fehlen die Worte.
3. to ~ to do sth etw nicht tun; (*neglect*) (es) versäumen, etw zu tun; **I ~ to see why** es ist mir völlig unklar, warum; (*indignantly*) ich sehe gar nicht ein, warum.
III *n* **1. without ~** ganz bestimmt, auf jeden Fall; (*inevitably*) garantiert, grundsätzlich.
2. (*failed candidate, exam*) **there were ten ~s** zehn sind durchgefallen; **she got a ~ in history** in Geschichte ist sie durchgefallen.

failing ['feɪlɪŋ] **I** *n* Schwäche *f*, Fehler *m*.
II *prep* ~ **an answer** mangels (einer) Antwort (*geh*); **ask John if he knows, ~ him try Harry** fragen Sie John (danach), und wenn er es nicht weiß, versuchen Sie es bei Harry; ~ **this/that** (oder) sonst, und wenn das nicht möglich ist.

fail-safe ['feɪlseɪf] *adj* (ab)gesichert; *method* hundertprozentig sicher.

failure ['feɪljəʳ] *n* **1.** (*lack of success*) Mißerfolg *m*; (*of campaign, efforts, negotiations also, of plan, experiment, marriage*) Fehlschlag *m*, Scheitern *nt*; (*of undertaking, attempt*) Fehlschlag *m*; (*of application*) Ablehnung *f*; (*in exam, Theat: of play also*) Durchfall *m*; (*of business*) Eingehen *nt*. **~ to do sth** vergeblicher Versuch, etw zu tun.
2. (*unsuccessful person*) Versager *m*, Niete *f* (*inf*) (*at in +dat*); (*unsuccessful thing*) Mißerfolg, Reinfall (*inf*) *m*, Pleite *f* (*inf*). **sb is a ~ at doing sth** jd ist in etw (*dat*) eine Niete (*inf*), es gelingt jdm nicht, etw zu tun.
3. (*omission, neglect*) **because of his ~ to reply/act** weil er es versäumt *or* unterlassen hat zu antworten/zu handeln; **his ~ to notice anything** weil er nichts bemerkt hat; ~ **to appear** Nichterscheinen *nt* (*form*); ~ **to observe a law** Nichtbeachtung *f* eines Gesetzes.
4. (*of health*) Verschlechterung *f*; (*of*

hearing, eyesight also) Nachlassen *nt*; (*of invalid*) Nachlassen *nt* der Kräfte.
5. (*breakdown*) (*of generator, engine, electricity*) Ausfall *m*; (*of pump, engine also, of brakes*) Versagen *nt*; (*of supply, wind*) Ausbleiben *nt*; (*of heart*) Versagen, Aussetzen *nt*. ~ **of crops** Mißernte *f*; (*complete*) Ernteausfall *m*.

faint [feɪnt] **I** *adj* (+*er*) **1.** schwach; *colour, recollection also* blaß; *suspicion, hope, sound also, wish* leise *attr*; *smell, tracks, line, smile also, amusement* leicht *attr*; *resemblance also* entfernt; *voice* (*feeble*) matt, schwach; (*distant, not loud*) leise. **I haven't the ~est (idea)** ich habe keinen blassen (Schimmer) (*inf*); **I haven't the ~est idea about it** davon habe ich nicht die leiseste Ahnung.
2. (*pred: about to swoon*) **she felt ~** ihr wurde schwach; **I feel ~ with hunger** mir ist (ganz) schwach vor Hunger.
II *n* Ohnmacht *f*. **to fall in a ~** in Ohnmacht fallen, ohnmächtig werden.
III *vi* ohnmächtig werden, in Ohnmacht fallen (*with, from* vor +*dat*).

faint-hearted ['feɪntha:tɪd] *adj* zaghaft.

fainting fit ['feɪntɪŋfɪt] *n* Ohnmachtsanfall *m*.

faintly ['feɪntlɪ] *adv* schwach; *visible also* kaum; *suspect, hope, attempt, sound* leise; *smell, smile* leicht; *similar, resemble* entfernt; (*slightly*) *interested, disappointed* leicht.

faintness ['feɪntnɪs] *n* **1.** *see adj 1.* **such was the ~ of his voice/the colour/the smell/the resemblance** *etc* ... seine Stimme war so schwach/die Farbe war so blaß/der Geruch war so schwach/die Ähnlichkeit war so schwach *or* entfernt *etc* ...
2. (*dizziness*) flaues Gefühl, Schwächegefühl *nt*.

fair¹ [feəʳ] **I** *adj* (+*er*) **1.** (*just*) gerecht, fair (*to/on sb* jdm gegenüber, gegen jdn). **to be ~ to/on sb** (*not unjust*) jdm gegenüber fair *or* gerecht sein *or* (*not mean*) anständig handeln; **he tried to be ~ to everybody** er versuchte, gegen alle gerecht zu sein *or* (*give everybody his due*) allen gerecht zu werden; **that's a ~ comment** das stimmt, das läßt sich nicht abstreiten; **it's only ~ for him to earn more than us** es ist doch nur gerecht *or* fair, daß er mehr verdient als wir; **it's only ~ to ask him/to give him a hand** *etc* man sollte ihn fairerweise fragen/ihm fairerweise helfen *etc*; ~ **enough!** na schön, na gut; **that's ~ enough** das ist nur recht und billig; ~**'s ~!** wir wollen doch fair bleiben; **by ~ means or foul** ohne Rücksicht auf Verluste (*inf*); ~ **and square** offen und ehrlich, redlich; **that's a ~ sample of ...** das ist ziemlich typisch für ...
2. (*reasonable*) ganz ordentlich. **only ~** nur mäßig *or* mittelprächtig (*inf*), soso lala (*inf*); ~ **to middling** gut bis mittelmäßig; **to have a ~ idea of sth** eine ungefähre Vorstellung von etw haben; **to have a ~ idea (of) what/how** *etc* ... sich (*dat*) ziemlich gut vorstellen können, was/wie *etc* ...; **a ~ chance of success** recht gute Erfolgsaussichten *pl*.
3. (*reasonably large, fast, strong*) sum,

number, speed ziemlich, ansehnlich; *wind* frisch. **to go at a ~ pace** ziemlich schnell gehen/fahren *etc*, ein ganz schönes Tempo drauf haben (*inf*).

4. (*fine*) *weather* heiter, schön.

5. *person* (*light-haired*) blond; (*light-skinned*) hell.

6. (*old: beautiful*) hold (*old*), liebreizend (*liter*). **the ~ sex** (*not old*) das schöne Geschlecht.

II *adv* **1. to play ~** (*Sport*) fair spielen; (*fig also*) fair sein.

2. ~ and square (*honestly*) offen und ehrlich; (*accurately, directly*) genau, direkt; **he struck him ~ and square in the face** er schlug ihm mitten ins Gesicht.

3. (*dial: pretty well*) ganz schön (*inf*), vielleicht (*inf*). **it ~ took my breath away** das hat mir glatt den Atem verschlagen.

fair² *n* (Jahr)markt *m*; (*fun ~*) Volksfest *nt*, Rummel *m* (*inf*); (*Comm*) Messe *f*.

fair copy *n* Reinschrift *f*; **to write out a ~ of sth** etw ins reine schreiben; **fair game** *n* (*lit*) jagdbares Wild; (*fig*) Freiwild *nt*; **fairground** *n see* **fair²** Markt(platz) *m*; Rummel- *or* Festplatz *m*; **fair-haired** *adj*, *comp* **fairer-haired** blond; **fair-haired boy** *n* (*US*) Lieblingskind *nt*, Liebling *m*.

fairly ['fɛəlɪ] *adv* **1.** (*justly*) gerecht. **~ and squarely beaten** nach allen Regeln der Kunst geschlagen. **2.** (*rather*) ziemlich, recht. **3.** (*pretty well*) *see* **fair¹** II **3.**

fair-minded ['fɛəmaɪndɪd] *adj* gerecht.

fairness ['fɛənɪs] *n* **1.** (*justice*) Gerechtigkeit, Fairneß *f*. **in all ~** gerechterweise, fairerweise; **in (all) ~ to him we should wait** wir sollten fairerweise warten. **2.** (*lightness*) (*of hair*) Blondheit *f*; (*of skin*) Hellhäutigkeit *f*. **3.** (*of weather*) Schönheit *f*. **4.** (*old: beauty*) Liebreiz *m* (*old*).

fair play *n* (*Sport, fig*) faires Verhalten, Fair play *nt*; **fair-sized** *adj* recht groß; **fairway** *n* **1.** (*Naut*) Fahrwasser *nt or* -rinne *f*; **2.** (*Golf*) Fairway *nt*; **fair-weather** *adj friends* nur in guten Zeiten.

fairy ['fɛərɪ] *n* **1.** Fee *f*. **2.** (*pej inf: homosexual*) Schwule(r) *m* (*inf*).

fairy cycle *n* Kinderfahrrad *nt*; **fairy godmother** *n* (*lit, fig*) gute Fee; **fairyland** *n* Märchenland *nt*; **fairy lights** *npl* bunte Lichter *pl*; **fairy-like** *adj* feenhaft; **fairy queen** *n* Elfenkönigin *f*; **fairy ring** *n* (*of mushrooms*) Hexenring *m*; **fairy story, fairy-tale** *n* (*lit, fig*) Märchen *nt*.

fait accompli [ˌfeɪtəˈkɒmpliː] *n* vollendete Tatsache, Fait accompli *nt* (*geh*). **to present sb with a ~** jdn vor vollendete Tatsachen stellen.

faith [feɪθ] *n* **1.** (*trust*) Vertrauen *nt* (*in* zu); (*in human nature, medicine, science etc, religious ~*) Glaube *m* (*in* an +*acc*). **~ in God** Gottvertrauen *nt*; **to have ~ in sb** auf jdn vertrauen, jdm (ver)trauen; **to have ~ in sth** Vertrauen in etw (*acc*) haben, einer Sache (*dat*) trauen; **it was more an act of ~ than a rational decision** das war mehr auf gut Glück gemacht als eine rationale Entscheidung.

2. (*religion*) Glaube *m no pl*, Bekenntnis *nt*.

3. (*promise*) **to keep/break ~ with sb** jdm treu bleiben/untreu werden.

4. (*sincerity, loyalty*) Treue *f*. **to act in good/bad ~** in gutem Glauben/böser Absicht handeln.

faithful ['feɪθʊl] **I** *adj* **1.** treu. **~ to one's promise** seinem Versprechen getreu. **2.** (*accurate*) *account, translation* genau, getreu. **II** *npl* **the ~** (*Rel*) die Gläubigen *pl*.

faithfully ['feɪθfəlɪ] *adv* **1.** treu; *promise* fest, hoch und heilig (*inf*). **yours ~** mit freundlichen Grüßen; (*more formally*) hochachtungsvoll. **2.** *report etc* genau, getreu; *translate* wortgetreu, genau.

faithfulness ['feɪθfʊlnɪs] *n* (*loyalty*) Treue *f* (*to* zu); (*of servant, dog etc also*) Ergebenheit *f* (*to* gegenüber); (*of translation*) Genauigkeit *f*; (*of reproduction*) Originaltreue *f*.

faith healer *n* Gesundbeter(in *f*) *m*; **faith healing** *n* Gesundbeten *nt*; **faithless** *adj* treulos; **faithlessness** *n* Treulosigkeit *f*.

fake [feɪk] **I** *n* (*object*) Fälschung *f*; (*jewellery*) Imitation *f*; (*person*) (*trickster*) Schwindler *m*; (*feigning illness*) Simulant *m*.

II *vt* vortäuschen; *picture, document, results etc* fälschen; *bill, burglary, crash* fingieren; *jewellery* imitieren, nachmachen; *elections* manipulieren.

◆**fake up** *vt sep story* erfinden; *picture, passport* fälschen; *jewellery* imitieren.

falcon ['fɔːlkən] *n* Falke *m*.

falconer ['fɔːlkənər] *n* Falkner *m*.

falconry ['fɔːlkənrɪ] *n* Falknerei *f*; (*sport*) Falkenjagd *or* -beize *f*.

fall [fɔːl] (*vb: pret* **fell**, *ptp* **fallen**) **I** *n* **1.** Fall *no pl*, Sturz *m*; (*decline: of empire etc*) Untergang *m*. **the F~** (**of Man**) (*Eccl*) der Sündenfall; **to break sb's ~** jds Fall auffangen; **to have a ~** (hin)fallen, stürzen; **to head** *or* **ride for a ~** in sein Verderben rennen.

2. (*defeat*) (*of town, fortress etc*) Einnahme, Eroberung *f*; (*of Troy*) Fall *m*; (*of country*) Zusammenbruch *m*; (*of government*) Sturz *m*.

3. ~ of rain/snow Regen-/Schneefall *m*; **~ of rock** Steinschlag *m*.

4. (*of night*) Einbruch *m*.

5. (*in gen*) (*lowering*) Sinken *nt*; (*in temperature also*) Abfall *m*; (*sudden*) Sturz *m*; (*of barometer*) Fallen *nt*; (*sudden*) Sturz *m*; (*in wind*) Nachlassen *nt*; (*in revs, population, membership*) Abnahme *f*; (*in graph*) Abfall *m*; (*in morals*) Verfall *m*; (*of prices, currency*) (*gradual*) Verfall *m*; (*sudden*) Sturz *m*. **~ in altitude** Höhenverlust *m*.

6. (*slope*) (*of roof, ground*) Gefälle *nt*; (*steeper*) Abfall *m*.

7. (*water~: also* **~s**) Wasserfall *m*. **the Niagara F~s** der Niagarafall.

8. (*Wrestling*) Schultersieg *m*.

9. (*hang: of curtains etc*) Fall *m*.

10. (*US*) Herbst *m*. **in the ~** im Herbst.

II *vi* **1.** fallen; (*Sport, from a height, badly*) stürzen; (*object: to the ground*) herunter-/hinunterfallen. **to ~ to one's death** tödlich abstürzen; **to ~ into a trap** in die Falle gehen.

2. (*hang down: hair, clothes etc*) fallen.
3. (*drop*) (*temperature, price*) fallen, sinken; (*population, membership etc*) abnehmen; (*voice*) sich senken; (*wind*) sich legen, nachlassen; (*land*) abfallen; (*graph, curve, rate*) abfallen. **her eyes fell** sie schlug die Augen nieder (*geh*); **his face fell** er machte ein langes Gesicht; **to ~ in sb's estimation** *or* **eyes** in jds Achtung (*dat*) sinken.
4. (*be defeated*) (*country*) eingenommen werden; (*city, fortress also*) fallen, erobert werden; (*government, ruler*) gestürzt werden. **to ~ to the enemy** vom Feind eingenommen werden; (*fortress, town also*) vom Feind erobert werden.
5. (*be killed*) fallen.
6. (*night*) hereinbrechen; (*silence*) eintreten.
7. (*Bibl*) den Sündenfall tun.
8. (*occur*) (*birthday, Easter etc*) fallen (*on* auf +*acc*); (*accent*) liegen (*on* auf + *dat*); (*be classified*) gehören (*under* in + *acc*), fallen (*under* unter +*acc*). **that ~s outside/within the scope ...** das fällt nicht in/in den Bereich ...
9. (*be naturally divisible*) zerfallen, sich gliedern (*into* in +*acc*). **to ~ into categories** sich in Kategorien gliedern lassen.
10. (*fig*) **not a word fell from his lips** kein Wort kam über seine Lippen; **her eyes fell on a strange object** ihr Blick fiel auf einen merkwürdigen Gegenstand; **the responsibility ~s on you** Sie tragen *or* haben die Verantwortung; **the blame for that ~s on him** ihn trifft die Schuld daran.
11. (*become*) werden. **to ~ asleep** einschlafen; **to ~ ill** krank werden, erkranken (*geh*); **to ~ in/out of love with sb** sich in jdn verlieben/aufhören, jdn zu lieben; **to ~ silent** still werden, verstummen.
12. (*pass into a certain state*) **to ~ into despair** verzweifeln; **to ~ into a deep sleep** in tiefen Schlaf fallen *or* sinken; **to ~ into a state of unconsciousness/into a coma** das Bewußtsein verlieren, in Ohnmacht/in ein Koma fallen; **to ~ apart** *or* **to pieces** (*chairs, cars, book etc*) aus dem Leim gehen (*inf*); (*clothes, curtains*) sich in Wohlgefallen auflösen (*inf*); (*house*) verfallen; (*system, company, sb's life*) aus den Fugen geraten *or* gehen.
13. **to ~ to doing sth** anfangen, etw zu tun.
14. (*in set constructions see also n, adj etc*) **to ~ into the hands of sb** jdm in die Hände fallen; **to ~ among thieves** unter die Räuber fallen *or* geraten.
III *vt* **to ~ prey/a victim to sb/sth** jdm/ einer Sache zum Opfer fallen.

◆**fall about** (*also ~ ~ laughing*) *vi* sich kranklachen (*inf*).

◆**fall away** *vi* 1. (*ground*) abfallen.
2. (*come away, crumble: plaster, bricks, river bank*) abbröckeln (*from* von). 3. *see* **fall off** 2. 4. (*anxiety, fears*) weichen (*geh*) (*from* von). 5. (*from party, church*) abfallen.

◆**fall back** *vi* zurückweichen (*also Mil*).

◆**fall back (up)on** *vi* +*prep obj* zurückgreifen auf (+*acc*).

◆**fall behind** *vi* 1. (*race, school etc*) zurückbleiben (*prep obj* hinter +*dat*), zurückfallen (*prep obj* hinter +*acc*). 2. (*with rent, work etc*) in Rückstand *or* Verzug geraten.

◆**fall down** *vi* 1. (*person*) hinfallen; (*statue, vase*) herunter-/ hinunterfallen; (*collapse: house, scaffolding etc*) einstürzen.
2. (*down stairs, cliff face*) hinunterfallen (*prep obj acc*). **he fell right ~ to the bottom** er ist bis ganz nach unten gefallen.
3. (*fig: be inadequate: person, theory, plan*) versagen. **where he/the plan ~s ~ is ...** woran es ihm/dem Plan fehlt, ist ..., woran es bei ihm/dem Plan hapert, ist ... (*inf*); **that was where we fell ~** daran sind wir gescheitert.

◆**fall for** *vi* +*prep obj* 1. **I really fell ~ him/ that** er/das hatte es mir angetan. 2. (*be taken in by*) *sales talk, propaganda* hereinfallen auf (+*acc*).

◆**fall in** *vi* 1. (*into water etc*) hineinfallen. **to ~ ~(to) sth** in etw (*acc*) fallen. 2. (*collapse*) einstürzen; (*building also*) zusammenbrechen. 3. (*Mil*) (*troops*) (in Reih und Glied) antreten; (*one soldier*) ins Glied treten. **~ ~!** antreten!; **to ~ ~ beside** *or* **alongside sb** jdm anschließen.

◆**fall in with** *vi* +*prep obj* 1. (*meet, join up with*) sich anschließen (+*dat*); *bad company* geraten in (+*acc*). 2. (*agree to*) mitmachen bei; *request* unterstützen.

◆**fall off** *vi* 1. (*lit*) (*person, cup etc*) herunter-/hinunterfallen (*prep obj* von).
2. (*decrease*) zurückgehen, abnehmen; (*supporters*) abfallen; (*speed also*) sich verringern; (*support, enthusiasm*) nachlassen.

◆**fall on** *vi* +*prep obj* 1. (*trip on*) *stone* fallen über (+*acc*). 2. (*be the responsibility of, be borne by*) (*duty, decision, task*) zufallen (+*dat*); (*blame*) treffen (+*acc*). 3. (*attack*) herfallen über (+*acc*). 4. (*find*) stoßen auf (+*acc*).

◆**fall out** *vi* 1. (*of bed, boat, window*) heraus-/hinausfallen. **to ~ ~ of sth** aus etw fallen. 2. (*quarrel*) sich (zer)streiten. 3. (*Mil*) wegtreten. 4. (*happen*) sich ergeben. **just wait and see how things ~ ~** wart erst mal ab, wie alles wird.

◆**fall over** *vi* 1. (*person*) hinfallen; (*collapse*) umfallen; (*statue, vase also*) umkippen.
2. +*prep obj* (*trip over*) *stone, sb's legs* fallen über (+*acc*). **he was always ~ing ~ himself** er stolperte ständig über seine eigenen Füße; **they were ~ing ~ each other to get the book** sie drängelten sich, um das Buch zu bekommen.
3. **to ~ ~ oneself to do sth** sich (fast) umbringen (*inf*) *or* sich (*dat*) die größte Mühe geben, etw zu tun; **to ~ ~ backwards to do sth** sich (förmlich) überschlagen, etw zu tun (*inf*).

◆**fall through** *vi* (*plan*) ins Wasser fallen, fehlschlagen.

◆**fall to** *vi* 1. (*inf*) (*start eating*) sich dranmachen (*inf*), reinhauen (*inf*); (*start fighting, working*) loslegen (*inf*). 2. (*be the responsibility of*) zufallen (+*dat*).

◆**fall upon** *vi* +*prep obj* *see* **fall on** 2. - 4.

fallacious [fə'leɪʃəs] *adj* irrig; *argument* trugschlüssig.

fallacy ['fæləsɪ] *n* Irrtum *m*; (*in logic*) Fehlschluß, Trugschluß *m*. **a popular** ~ ein weitverbreiteter Irrtum.

fallen ['fɔːlən] I *ptp of* **fall**. II *adj women, soldier, angel* gefallen; *leaf* abgefallen. III *npl* **the F~** (*Mil*) die Gefallenen *pl*.

fallibility [ˌfælɪ'bɪlɪtɪ] *n* Fehlbarkeit *f*.

fallible ['fæləbl] *adj* fehlbar.

fall line *n* (*Sci*) Fall-Linie *f*; **fall-off** *n* (*in gen*) Rückgang *m*, Abnahme *f*; (*in numbers, attendances*) Abfall *m*; (*in speed*) Verringerung *f*; (*in enthusiasm, support*) Nachlassen *nt*.

Fallopian tube [fə'ləʊpɪən'tjuːb] *n* Eileiter *m*.

fall-out ['fɔːlaʊt] *n* radioaktiver Niederschlag. ~ **shelter** Atombunker *m*.

fallow[1] ['fæləʊ] *adj land* brach. **to lie** ~ brachliegen.

fallow[2] *adj* falb, gelbbraun. ~ **deer** Damwild *nt*.

false [fɔːls] I *adj* falsch; *friend also, lover* treulos; *ceiling, floor* Einschub-, Zwischen-. **to put a** ~ **interpretation on sth** etw falsch auslegen *or* deuten; ~ **labour** Vorwehen *pl*; **a** ~ **move/step** eine falsche Bewegung/ein falscher Schritt; **to sail under** ~ **colours** unter falscher Flagge segeln; **to bear** ~ **witness** (*Bibl*) falsch(es) Zeugnis reden (*Bibl*); **under** ~ **pretences** unter Vorspiegelung falscher Tatsachen; **a box with a** ~ **bottom** eine Kiste mit doppeltem Boden.
II *adv*: **to play sb** ~ mit jdm ein falsches Spiel treiben.

false alarm *n* falscher *or* blinder Alarm; **false dawn** *n* Zodiakal- *or* Tierkreislicht *nt*; **false-hearted** *adj* falsch, treulos.

falsehood ['fɔːlshʊd] *n* **1.** (*lie*) Unwahrheit *f*. **2.** *no pl* (*of statement etc*) Unwahrheit *f*.

falsely ['fɔːlslɪ] *adv interpret, understand* falsch; *believe, claim, declare* fälschlicherweise; *accuse* zu Unrecht; *smile* unaufrichtig; *deceive, act* treulos.

falseness ['fɔːlsnɪs] *n* (*of statement etc*) Unrichtigkeit, Falschheit *f*; (*of promise*) Unaufrichtigkeit, Falschheit *f*; (*artificiality: of pearls, eyelashes etc*) Unechtheit *f*; (*unfaithfulness: of lover etc*) Untreue, Treulosigkeit *f*.

false rib *n* falsche Rippe; **false start** *n* Fehlstart *m*; **false teeth** *npl* (künstliches) Gebiß.

falsetto [fɔːl'setəʊ] I *n, pl* ~**s** (*voice*) Fistelstimme *f*; (*Mus also*) Falsett *nt*; (*person*) Falsettist *m*. II *adj* Fistel-; (*Mus*) Falsett-. III *adv sing* im Falsett.

falsifiable ['fɔlstfaɪəbl] *adj* (*disprovable*) widerlegbar, falsifizierbar (*spec*).

falsification [ˌfɔːlsɪfɪ'keɪʃən] *n* **1.** (Ver)fälschung *f*. **2.** (*disproving*) Widerlegung *f*.

falsify ['fɔːlsɪfaɪ] *vt* **1.** *records, evidence, document* fälschen; *report, story* entstellen. **2.** (*disprove*) widerlegen.

falsity ['fɔːlsɪtɪ] *n* (*incorrectness*) Unrichtigkeit *f*; (*artificiality: of smile*) Falschheit *f*; (*unfaithfulness*) Treulosigkeit *f*.

falter ['fɔːltəʳ] *vi* (*speaking*) stocken; (*steps, horse*) zögern.

faltering ['fɔːltərɪŋ] *adj voice* stockend, stammelnd; (*hesitating, wavering*) zögernd; (*unsteady*) taumelnd.

falteringly ['fɔːltərɪŋlɪ] *adv see adj*.

fame [feɪm] *n* Ruhm *m*. **of ill** ~ von üblem Ruf, berüchtigt; **to come to** ~ Ruhm erlangen, zu Ruhm kommen; **to win** ~ **for oneself** sich (*dat*) einen Namen machen; **Borg of Wimbledon 1979** ~ Borg, der sich 1979 in Wimbledon einen Namen gemacht hat.

famed [feɪmd] *adj* berühmt.

familiar [fə'mɪljəʳ] I *adj* **1.** (*usual, well-known*) *surroundings, sight, scene* gewohnt, vertraut; *street, person, feeling* bekannt; *phrase, title, song* geläufig, bekannt; *complaint, event, protest* häufig. **he's a** ~ **figure in the town** er ist in der Stadt eine bekannte Gestalt; **his face is** ~ das Gesicht ist mir bekannt; **among** ~ **faces** unter vertrauten Gesichtern; **to be/seem** ~ **to sb** jdm bekannt sein/vorkommen; **to sound** ~ sich bekannt anhören (*to sb* jdm); **that sounds** ~ das habe ich doch schon mal gehört; **to be on** ~ **ground** Bescheid wissen; **to be on** ~ **ground with sth** in etw (*dat*) zu Hause sein.
2. (*conversant*) **I am** ~ **with the word/the town/him** das Wort/die Stadt/er ist mir bekannt *or* (*more closely*) vertraut; **I am not** ~ **with Ancient Greek/computer language** ich kann kein Altgriechisch/ich bin mit der Computersprache nicht vertraut; **are you** ~ **with these modern techniques?** wissen Sie über diese modernen Techniken Bescheid?; **to make oneself** ~ **with sth** sich mit etw vertraut machen.
3. (*friendly*) *language, way of talking* familiär; *greeting* freundschaftlich; *gesture* familiär, vertraulich; (*overfriendly*) familiär, plump-vertraulich. **the** ~ **term of address** die Anrede für Familie und Freunde, die vertraute Anrede; **we're all on pretty** ~ **terms** wir haben ein ziemlich ungezwungenes Verhältnis zueinander; ~ **language/expressions** Umgangssprache *f*/ umgangssprachliche Ausdrücke *pl*; **there's no need to get** ~ kein Grund, gleich (plump-)vertraulich zu werden.
II *n* **1.** (*liter: friend*) Vertraute(r) *mf* (*liter*), Intimus *m* (*geh*), Intima *f* (*geh*). **2.** (*of witch etc*) Hausgeist *m*.

familiarity [fəˌmɪlɪ'ærɪtɪ] *n* **1.** *no pl* Vertrautheit *f*. **2.** (*between people*) vertrautes Verhältnis; (*between colleagues etc*) ungezwungenes *or* familiäres Verhältnis; (*of language etc*) Familiarität *f*; (*of greeting*) Freundschaftlichkeit *f*; (*of gesture*) Vertraulichkeit, Familiarität *f*; (*pej*) plumpe Vertraulichkeit, Familiarität *f*. ~ **breeds contempt** (*Prov*) allzu große Vertrautheit erzeugt Verachtung. **3.** *usu pl* (*overfriendly action*) (plumpe) Vertraulichkeit.

familiarization [fəˌmɪlɪərəˈzeɪʃən] *n* **process of** ~ Gewöhnungsprozeß *m*; **he is responsible for the** ~ **of all new employees with ...** er ist dafür verantwortlich, daß alle neuen Angestellten mit ... vertraut gemacht werden.

familiarize [fə'mɪlɪəraɪz] *vt* **to ~ sb/oneself with sth** jdn/sich mit etw vertraut machen; *newcomer, new staff also* jdn in etw (*acc*) einweisen.

familiarly [fə'mɪljəlɪ] *adv speak, behave* familiär, vertraulich; (*pej*) familiär, plump-vertraulich. **~ known as** besser allgemein bekannt als; **more ~ known as** besser bekannt als.

family ['fæmɪlɪ] **I** *n* **1.** Familie *f*; (*including cousins, aunts etc*) Verwandtschaft *f*; (*lineage*) Familie *f*, Haus, Geschlecht (*geh*) *nt*. **to start a ~** eine Familie gründen; **they plan to add to their ~** sie planen Familienzuwachs; **has he any ~?** hat er Familie?; **it runs in the ~** das liegt in der Familie; **of good ~** aus guter Familie *or* gutem Hause; **he's one of the ~** er gehört zur Familie; **with just the immediate ~** im engsten Familienkreis.

2. (*of plants, animals, languages etc*) Familie *f*. **the ~ of man** die Menschheit.

II *attr* Familien-. **a ~ friend** ein Freund des Hauses *or* der Familie; **she's in the ~ way** (*inf*) sie ist in anderen Umständen.

family allowance *n* Kindergeld *nt*; **family doctor** *n* Hausarzt *m*/-ärztin *f*; **family man** *n* (*home-loving*) häuslich veranlagter Mann; (*with a family*) Familienvater *m*; **family planning** *n* Familienplanung *f*; **family planning clinic** *n* Familienberatungsstelle *f*; **family-size** *adj* in Haushaltsgröße; *car, packets* Familien-; *house* Einfamilien-; *refrigerator* Haushalts-; **family tree** *n* Stammbaum *m*.

famine ['fæmɪn] *n* (*lit*) Hungersnot *f*; (*fig*) Knappheit *f*. **to die of ~** verhungern.

famish ['fæmɪʃ] *vi* (*inf*) verhungern.

famished ['fæmɪʃt] *adj* (*inf*) verhungert, ausgehungert. **I'm absolutely ~** ich sterbe vor Hunger (*inf*).

famous ['feɪməs] *adj* **1.** berühmt (*for* durch, für). **2.** (*dated inf: splendid*) famos (*dated*).

fan¹ [fæn] **I** *n* **1.** (*hand-held*) Fächer *m*; (*mechanical, extractor ~, Aut: to cool engine*) Ventilator *m*; (*on scooter*) Lüfterrad *nt*; (*Aut: booster*) Gebläse *nt*.

2. (*of peacock, fig*) Fächer *m*.

II *vt* **1.** (*wind*) umwehen; (*person*) fächeln (+*dat*); (*fig*) *enthusiasm, interest* anfachen. **to ~ sb/oneself** jdm/sich (Luft) zufächeln; **to ~ the flames** (*fig*) Öl ins Feuer gießen.

2. *cards* fächerförmig ausbreiten. **the peacock ~ned its tail** der Pfau schlug ein Rad.

◆**fan out I** *vi* (*troops, searchers*) ausschwärmen. **II** *vt sep tail feathers* fächerförmig aufstellen; *playing cards* fächerförmig ausbreiten.

fan² *n* (*supporter*) Fan *m*. **I'm quite a ~ of yours** ich bin ein richtiger Verehrer von Ihnen.

fanatic [fə'nætɪk] *n* Fanatiker(in *f*) *m*.

fanatic(al) [fə'nætɪk(əl), fə'nætɪkəlɪ] *adv* fanatisch.

fanaticism [fə'nætɪsɪzəm] *n* Fanatismus *m*.

fan belt *n* Keilriemen *m*.

fancied ['fænsɪd] *adj* (*imaginary*) eingebildet.

fancier ['fænsɪər] *n* Liebhaber(in *f*) *m*.

fanciful ['fænsɪfʊl] *adj story, idea* phantastisch, abstrus; (*fancy*) *costume* reich verziert; *pattern* phantasievoll. **I think you're being somewhat ~** ich glaube, das ist etwas weit hergeholt.

fancifulness ['fænsɪfʊlnɪs] *n* (*of story etc*) Seltsamkeit *f*; (*of person*) blühende Phantasie; (*of costume*) reiche Verzierung; (*of pattern*) Phantasiereichtum *m*.

fan club *n* Fanclub *m*.

fancy ['fænsɪ] **I** *n* **1.** (*liking*) **to have a ~ for sth** Lust zu etw *or* (*to eat or drink*) auf etw (*acc*) haben; **a passing ~** nur so eine Laune; **he's taken a ~ to her/this car/the idea** sie/das Auto/die Idee hat es ihm angetan; **they took a ~ to each other** sie fanden sich sympathisch; **to take** *or* **catch sb's ~** jdn ansprechen, jdm gefallen; **to tickle sb's ~** jdn reizen; **just as the ~ takes me/you** ganz nach Lust und Laune; **he only works when the ~ takes him** er arbeitet nur, wenn ihm gerade danach ist.

2. (*no pl: imagination*) Phantasie *f*; (*thing imagined also*) Phantasievorstellung *f*. **that was just his ~** das hat er sich (*dat*) nur eingebildet.

3. (*notion, whim*) **he had a sudden ~ to go to Spain** ihn überkam eine plötzliche Laune, nach Spanien zu fahren.

II *vt* **1.** (*in exclamations*) **~ doing that!** so was (, das) zu tun!; (*shocked also*) wie kann/konnte man so was bloß tun!; **~ him doing that** nicht zu fassen *or* nein, daß er das tut/getan hat!; **~ that!** (*inf*), **(just) ~!** (*inf*) (nein) so was!, denk mal an! (*inf*); **just ~, he ...** stell dir vor *or* denk dir, er ...; **~ seeing you here!** so was, Sie hier zu sehen!; **~ him winning!** wer hätte gedacht, daß er gewinnt!

2. (*imagine*) meinen, sich (*dat*) einbilden; (*think*) glauben. **he fancied he heard footsteps** er bildete sich ein *or* meinte, Schritte zu hören.

3. (*like, be attracted by*) **he fancies that car/the idea/her** (*likes*) das Auto/die Idee/ sie gefällt ihm *or* hat es ihm angetan; **he fancies a house on Crete/her as a wife/her as his MP** (*would like to have*) er hätte gern ein Haus auf Kreta/er hätte sie gern zur Frau/als seine Abgeordnete; **he fancies a walk/steak/beer** (*feels like*) er hat Lust zu einem Spaziergang/auf ein Steak/ Bier; **(do you) ~ a walk?** hast du Lust zu einem Spaziergang?; **I don't ~ the idea, but I'll have to do it** ich habe gar keine Lust dazu, aber ich muß es ja wohl tun; **he fancies his chances** er meint, er hätte Chancen; **a bit of what you ~ does you good** man muß sich auch mal was Gutes gönnen.

III *vr* von sich eingenommen sein, sich für wunder was halten (*inf*). **he fancies himself as an actor/expert on that** er hält sich für einen (guten) Schauspieler/einen Experten auf dem Gebiet.

IV *adj* **1.** (+*er*) (*elaborate*) *hairdo, dancing steps, footwork* kunstvoll; (*unusual*) *food, pattern, decorations, cigarettes, furnishings* ausgefallen; *baking, cakes, bread* fein; (*inf*) *gadget, car, girlfriend etc* toll, schick (*inf*). **nothing ~** etwas ganz Einfaches; (*dress, fur-*

niture etc also) etwas ganz Schlichtes; **a big ~ car** ein toller Schlitten (*inf*); **he always uses these big ~ words** er drückt sich immer so geschwollen aus; **that's too ~ for me** das ist mir etwas zu übertrieben; **you won't get me eating any of these ~ German sausages** du kriegst mich nicht dazu, diese komischen deutschen Würste zu essen.

2. (*fig pej*) *idea* überspannt, verstiegen; *cure* seltsam; *price* gepfeffert, stolz *attr.*

3. (*US: extra good*) *goods, foodstuffs* Delikateß-.

fancy dress *n* (Masken)kostüm *nt*; **they came in ~** sie kamen verkleidet *or* kostümiert; **fancy-dress ball/party** *n* Maskenball *m*/Kostümfest *nt*; **fancy-free** *adj* frei und ungebunden; **fancy goods** *npl* Geschenkartikel *pl*; **fancy man** *n* (*pimp*) Zuhälter *m*; (*lover*) Liebhaber *m*; **fancy woman** *n* Freundin *f*, Weibchen *nt* (*inf*); **fancywork** *n* feine Handarbeit.

fanfare ['fænfɛə^r] *n* Fanfare *f*. **bugle ~** Fanfarenstoß *m.*

fang [fæŋ] *n* (*of snake*) Giftzahn *m*; (*of wolf, dog*) Fang *m*; (*of vampire*) Vampirzahn *m.*

fanlight ['fænlaɪt] *n* Oberlicht *nt*; **fan mail** *n* Verehrerpost *f.*

fanny ['fænɪ] *n* **1.** (*esp US inf*) Po *m* (*inf*). **2.** (*Brit vulg*) Möse *f* (*vulg*).

fan-shaped ['fænʃeɪpt] *adj* fächerförmig; **fantail** *n* (*pigeon*) Pfautaube *f.*

fantasia [fæn'teɪzjə] *n* Fantasie *f.*

fantasize ['fæntəsaɪz] *vi* phantasieren; (*dream*) Phantasievorstellungen haben (*about* von).

fantastic [fæn'tæstɪk] *adj* **1.** (*also ~al*) phantastisch, skurril; *garment also* extravagant. **2.** (*incredible*) phantastisch, unwahrscheinlich. **3.** (*inf: wonderful*) toll (*inf*), phantastisch.

fantastically [fæn'tæstɪkəlɪ] *adv see adj.*

fantasy ['fæntəzɪ] *n* **1.** (*imagination*) Phantasie *f*. **2.** (*illusion*) Phantasie *f*, Hirngespinst *nt* (*pej*). **3.** (*Mus, Liter*) Fantasie *f.*

far [fɑ:^r] *see also comp* **further, farther,** *superl* **furthest, farthest** I *adv* **1.** (*in place*) weit. **we don't live ~** *or* **we live not ~ from here** wir wohnen nicht weit von hier; **how ~ are you going?** wie weit gehen/fahren Sie?; **I'll go with you as ~ as the gate** ich komme/gehe bis zum Tor mit; **~ and wide** weit und breit; **from ~ and near** *or* **wide** von nah und fern; **~ above** hoch *or* weit über (+*dat*); **~ away** weit entfernt *or* weg; **~ away in the distance** weit in der Ferne; **~ into the jungle** weit in den Dschungel hinein; **I won't be ~ off** *or* **away** ich bin ganz in der Nähe; **~ out** weit draußen; **have you come ~?** kommen Sie von weit her?

2. (*in time*) **as ~ back as I can remember** so weit ich (zurück)denken *or* mich erinnern kann; **as ~ back as 1945** schon (im Jahr) 1945; **~ into the night** bis spät in die Nacht; **~ into the future** bis weit in die Zukunft.

3. (*in degree, extent*) weit. **how ~ have you got with your plans?** wie weit sind Sie mit Ihren Plänen (gekommen)?; **~ longer/better** weit länger/besser.

4. (*in set phrases*) **as** *or* **so ~ as I'm concerned** was mich betrifft; **it's all right as ~ as it goes** das ist soweit ganz gut; **in so ~ as** insofern als; **~ and away the best, by ~ the best, the best by ~** bei weitem *or* mit Abstand der/die/das Beste; **better by ~ weit** besser; **~ from satisfactory** alles andere als befriedigend; **so ~ from it!** ganz und gar nicht, (ganz) im Gegenteil; **~ be it from me to ...** es sei mir ferne, zu ...; **so ~** (*up to now*) bisher, bis jetzt; (*up to this point*) soweit; **so ~ this week I've seen him once/three times/I haven't seen him at all** diese Woche habe ich ihn erst einmal/schon dreimal/noch nicht gesehen; **so ~ so good** so weit, so gut; **so ~ and no further** bis hierher und nicht weiter; **to go ~** (*money, supplies etc*) weit *or* (*last a long time also*) lange reichen; (*person: succeed*) es weit bringen; (*measures*) weit reichen; **these measures won't go very ~ towards stemming rising prices** diese Maßnahmen werden nicht viel dazu beitragen, die steigenden Kosten aufzuhalten; **I would go so ~ as to say ...** ich würde so weit gehen zu sagen ...; **that's going too ~** das geht zu weit; **to carry a joke too ~** einen Spaß zu weit treiben; **not ~ out** (*in guess*) nicht schlecht; **~ out** (*sl: fantastic*) einsame Klasse (*sl*); **not ~ off** (*in guess, aim*) fast (getroffen); (*almost*) nicht viel weniger; **~ gone** (*inf*) schon ziemlich hinüber (*inf*).

II *adj* **1.** (*more distant of two*) weiter entfernt, hintere(r, s). **the ~ end of the room** das andere Ende des Zimmers; **the ~ window/door/wall** das Fenster/die Tür/Wand am anderen Ende des Zimmers; **at the ~ end of the road** am anderen Ende der Straße; **on the ~ side of** auf der anderen Seite von; **which bed will you have? — the ~ one** welches Bett möchtest du? — das da drüben.

2. (*~-off*) *country, land* weitentfernt *attr*. **in the ~ distance** in weiter Ferne; **it's a ~ cry from ...** (*fig*) das ist etwas ganz anderes als ...; **it's a ~ cry from what she promised at first** ursprünglich hat sie etwas ganz anderes versprochen.

faraway ['fɑ:rəweɪ] *adj attr place* abgelegen; (*fig: dreamy*) verträumt, versonnen. **a ~ voice** (*distant*) eine Stimme in *or* aus der Ferne; (*dreamy*) eine verträumte Stimme.

farce [fɑ:s] *n* (*Theat, fig*) Farce *f.*

farcemeat ['fɑ:smi:t] *n see* **forcemeat.**

farcical ['fɑ:sɪkəl] *adj* (*Theat*) possenhaft; (*fig: absurd*) absurd, grotesk.

fare [fɛə^r] I *n* **1.** (*charge*) Fahrpreis *m*; (*on plane*) Flugpreis *m*; (*on boat*) Preis *m* für die Überfahrt; (*money*) Fahrgeld *nt*. **what is the ~?** was kostet die Fahrt/der Flug/die Überfahrt?; **~s please!** noch jemand ohne (*inf*), noch jemand zugestiegen?

2. (*passenger*) Fahrgast *m.*

3. (*old, form: food*) Kost *f.*

II *vi* **he ~d well** es ging *or* erging (*geh*) ihm gut; **we all ~d the same** es ging uns allen gleich.

Far East *n* **the ~** der Ferne Osten.

farewell [fɛə'wel] I *n* Abschied *m*. **to make one's ~s** sich verabschieden; (*before a* *longer absence*) Abschied nehmen; **to bid sb ~** jdm auf Wiedersehen *or* Lebewohl (*old*) sagen. **II** *interj* (*old*) lebt wohl (*old*); (*to friend, sweetheart*) leb(e) wohl (*old*).

farewell *in cpds* Abschieds-.

far-fetched [ˌfɑːˈfetʃt] *adj* weithergeholt *attr*, weit hergeholt *pred*, an den Haaren herbeigezogen; **far-flung** *adj* **1.** (*distant*) abgelegen; **2.** (*widely spread*) weit auseinandergezogen.

farinaceous [ˌfærɪˈneɪʃəs] *adj* mehlhaltig.

farm [fɑːm] **I** *n* Bauernhof *m*; (*bigger*) Gut(shof *m*) *nt*; (*in US, Australia, health ~*) Farm *f*; (*fish ~*) Fischzucht, Teichwirtschaft (*form*) *f*; (*mink ~ etc*) (Pelztier)zuchtfarm *f*.

    II *attr house* Bauern-; *produce, buildings*, landwirtschaftlich, Landwirtschafts-; *labourer* Land-. **~ animals** Tiere auf dem Bauernhof.

    III *vt land* bebauen; *livestock* halten; *trout, mink etc* züchten.

    IV *vi* Landwirtschaft betreiben.

◆**farm out** *vt sep work* vergeben (*on, to* an +*acc*); *children* in Pflege geben (*to dat*, bei).

farmer [ˈfɑːməʳ] *n* Bauer, Landwirt *m*; (*in US, Australia*) Farmer *m*; (*mink ~*) Züchter *m*; (*fish ~*) Teichwirt *m* (*form*); (*gentleman ~*) Gutsherr *m*; (*tenant ~*) Pächter *m*. **~'s wife** Bäuerin *f*.

farmhand [ˈfɑːmhænd] *n* Landarbeiter *m*; (*living on small farm*) Knecht *m*; **farmhouse** *n* Bauernhaus *nt*.

farming [ˈfɑːmɪŋ] *n* Landwirtschaft *f*; (*of crops also*) Ackerbau *m*; (*animals also*) Viehzucht *f*.

farm land *n* Ackerland *nt*; **farmstead** *n* Bauernhof *m*, Gehöft *nt*; **farmyard** *n* Hof *m*.

Far North *n* the **~** der Hohe Norden.

far-off [ˈfɑːrɒf] *adj* (weit)entfernt.

far-reaching [ˈfɑːˌriːtʃɪŋ] *adj* weitreichend.

farrier [ˈfærɪəʳ] *n* Hufschmied *m*.

farrow [ˈfærəʊ] **I** *vt piglets* werfen. **II** *vi* ferkeln. **III** *n* Wurf *m*.

far-seeing [ˈfɑːˌsiːɪŋ] *adj* weitblickend; **far-sighted** *adj* **1.** (*lit*) weitsichtig; **2.** (*fig*) *person* weitblickend; (*taking precautionary measures*) umsichtig; *measures* auf weite Sicht geplant; **far-sightedness** *n see adj* **1.** Weitsichtigkeit *f*; **2.** Weitblick *m*; Umsicht *f*.

fart [fɑːt] (*vulg*) **I** *n* Furz *m* (*inf*). **II** *vi* furzen (*inf*).

◆**fart about** *or* **around** *vi* (*vulg*) wie ein Furz auf der Gardinenstange hin und her sausen (*sl*).

farther [ˈfɑːðəʳ] *comp of* **far I** *adv see* **further I** **I.** **II** *adj* weiter entfernt, hintere(r, s). **at the ~ end** am anderen Ende.

farthermost [ˈfɑːðəməʊst] *adj see* **furthermost.**

farthest [ˈfɑːðɪst] *adj, adv superl of* **far** *see* **furthest I, II.**

farthing [ˈfɑːðɪŋ] *n* Farthing *m* (*ein Viertelpenny*).

farthingale [ˈfɑːðɪŋgeɪl] *n* Reifrock *m*.

fascinate [ˈfæsɪneɪt] *vt* faszinieren (*geh*); (*enchant: skill, beauty, singer etc also*) begeistern, bezaubern; (*hold spellbound: book, film, magician also*) fesseln; (*snake etc*) hypnotisieren. **old houses ~/this subject ~s me** ich finde alte Häuser/dieses Gebiet hochinteressant *or* faszinierend (*geh*); **the audience watched/listened ~d** das Publikum sah/hörte gebannt zu.

fascinating [ˈfæsɪneɪtɪŋ] *adj* faszinierend (*geh*); *subject, book, speaker, facts also* hochinteressant; *beauty, display, rhythm also* bezaubernd; *idea, person* außerordentlich, interessant; *selection* erstaunlich.

fascinatingly [ˈfæsɪneɪtɪŋlɪ] *adv* faszinierend (*geh*); *talk, describe* hochinteressant, fesselnd; *beautiful* bezaubernd.

fascination [ˌfæsɪˈneɪʃən] *n* Faszination *f* (*geh*); (*fascinating quality also*) Reiz *m*. **to listen/watch in ~** gebannt zuhören/zusehen; **to have *or* hold a ~ for sb** auf jdn einen besonderen Reiz ausüben; **his ~ with the cinema** der Reiz, den das Kino für ihn hat.

fascism [ˈfæʃɪzəm] *n* Faschismus *m*.

fascist [ˈfæʃɪst] **I** *n* Faschist(in *f*) *m*. **II** *adj* faschistisch.

fashion [ˈfæʃən] **I** *n* **1.** *no pl* (*manner*) Art (und Weise) *f*. **(in the) Indian ~** auf Indianerart, nach Art der Indianer; **in the usual ~** wie üblich; **after *or* in a ~** in gewisser Weise; **were you successful/have you translated it?— well, after a ~** hast du Erfolg gehabt/es übersetzt?— na ja, so einigermaßen; **after *or* in this ~** auf diese Weise, so.

    2. (*in clothing, latest style*) Mode *f*. **in ~** modern; **it's the/all the ~** es ist Mode/große Mode; **to come into/go out of ~** in Mode/aus der Mode kommen; **the Paris ~s** die Pariser Mode; **~s in women's clothes** die Damenmode; **to set a ~** eine Mode aufbringen.

    3. (*custom*) (*of society*) Sitte *f*, Brauch *m*; (*of individual*) Gewohnheit *f*. **it was the ~ in those days** das war damals Sitte *or* Brauch.

    II *vt* formen, gestalten. **to ~ sth after sth** etw einer Sache (*dat*) nachbilden.

fashionable [ˈfæʃnəbl] *adj* (*stylish*) *clothes, person* modisch; (*custom* modern; *illness, colour* Mode-; (*patronized by ~ people*) *area, address* vornehm; *pub, artist, author* in Mode. **all the ~ people go there** die Schickeria geht dahin; **a very ~ expression/artist** ein Modeausdruck/Mode- *or* Erfolgsautor; **it's (very) ~** es ist (große) Mode.

fashionably [ˈfæʃnəblɪ] *adv* modisch; *behave* modern.

fashion *in cpds* Mode-; **~ designer** Modezeichner(in *f*) *m*; **~ magazine** Mode(n)heft *nt or* -zeitschrift *f*; **~ model** Mannequin *nt*; (*man*) Dressman *m*; **~ plate** Modezeichnung *f*; **she looked like a ~ plate** sie sah aus wie aus der Modezeitung; **~ show** Mode(n)schau *f*.

fast¹ [fɑːst] **I** *adj* (+*er*) **1.** (*quick*) schnell. **he's a ~ worker** (*lit*) er arbeitet schnell; (*fig*) er geht mächtig ran (*inf*); **to pull a ~ one (on sb)** (*inf*) jdn übers Ohr hauen (*inf*); **~ lane** Überholspur *f*; **~ train** D-Zug *m*.

    2. to be ~/five minutes ~ (*clock, watch*) vorgehen/fünf Minuten vorgehen.

3. *tennis court, squash ball etc* schnell.
4. *(Phot) film* hochempfindlich; *lens* lichtstark.
5. *(fig: immoral) behaviour, person* locker, flott, ausschweifend *(pej)*.
II *adv* 1. schnell.
2. *(fig)* **to live ~** flott *or* locker leben.

fast² I *adj* 1. *(film, secure)* fest. **is the rope ~?** ist das Tau fest(gemacht)?; **to make a boat ~** ein Boot festmachen *or* vertäuen.
2. *colour, dye* farbecht; *(against light also)* lichtecht; *(against washing also)* waschecht.
3. *(staunch) friend* gut.
II *adv* 1. *(firmly, securely)* fest. **to stick ~** festsitzen; *(with glue)* festkleben; **to stand ~** standhaft *or* fest bleiben; **to hold ~ to sth** an etw *(dat)* festhalten; **to play ~ and loose with sb** mit jdm ein falsches Spiel treiben.
2. *(soundly)* **to be ~ asleep** tief *or* fest schlafen.

fast³ I *vi (not eat)* fasten. **II** *n* Fasten *nt*; *(period of fasting)* Fastenzeit *f*. **to break one's ~** das Fasten brechen.

fastback ['fɑːstbæk] *n* (Wagen *m* mit) Fließheck *nt*; **fast breeder reactor** *n* schneller Brüter.

fasten ['fɑːsn] **I** *vt* 1. *(attach)* festmachen, befestigen *(to, onto* an *+dat)*; *(do up) parcel etc* zuschnüren; *buttons, buckle, dress etc* zumachen; *(tighten) screw etc* anziehen; *(lock) door* (ab)schließen. **to ~ two things together** zwei Dinge aneinander befestigen; **to ~ one's seat belt** sich anschnallen.
2. *(fig) thoughts, attention* zuwenden *(on sb* jdm*)*. **to ~ the blame on sb** die Schuld auf jdn schieben, jdm die Schuld in die Schuhe schieben *(inf)*; **to ~ one's eyes on sth** die Augen *or* den Blick auf etw *(acc)* heften.
II *vi* sich schließen lassen. **the dress ~s at the back** das Kleid wird hinten zugemacht; **the door won't ~** die Tür läßt sich nicht schließen; **these two pieces ~ together** diese zwei Teile werden miteinander verbunden.

◆**fasten down** *vt sep* festmachen.

◆**fasten in** *vt sep* festschnallen *(+prep obj* in *+dat)*.

◆**fasten on I** *vt sep* befestigen, festmachen *(+prep obj, -to* an *+dat)*; *flower, badge* anheften *(+prep obj, -to* an *+dat)*. **II** *vi* *+prep obj (fig)* **the teacher always ~s ~ Smith** der Lehrer hackt immer auf Smith herum *(inf)*.

◆**fasten onto** *vi +prep obj (fig)* **to ~ ~ sb** sich an jdn hängen.

◆**fasten up** *vt sep dress etc* zumachen.

fastener ['fɑːsnəʳ], **fastening** ['fɑːsnɪŋ] *n* Verschluß *m*.

fastidious [fæs'tɪdɪəs] *adj* heikel, pingelig *(inf) (about* in bezug auf *+acc)*.

fastness ['fɑːstnɪs] *n* 1. *(stronghold)* Feste *f*. 2. *(of colours)* Farbechtheit *f*; *(against light also)* Lichtechtheit *f*. 3. *(immorality)* Liederlichkeit *f*.

fat [fæt] **I** *n (Anat, Cook, Chem)* Fett *nt*. **now the ~'s in the fire** jetzt ist der Teufel los *(inf)*; **to live off the ~ of the land** *(fig)* wie Gott in Frankreich leben; **to put on ~**

Speck ansetzen; **to run to ~** in die Breite gehen *(inf)*.
II *adj (+er)* 1. *(plump)* dick, fett *(pej)*. **to get ~** dick werden; **she has got a lot ~ter** sie hat ziemlich zugenommen.
2. *(containing fat) meat* fett.
3. *(fig) volume* dick, umfangreich; *wallet, cigar* dick; *salary, cheque, profit* üppig, fett *(inf)*; *part in play* umfangreich.
4. *(iro inf)* **a ~ lot of good you are!** Sie sind ja 'ne schöne Hilfe! *(iro inf)*; **a ~ lot he knows!** was der alles *or* nicht weiß *(iro inf)*.
5. *land* fett.

fatal ['feɪtl] *adj (lit)* tödlich *(to* für*)*; *(fig)* verheerend, fatal, verhängnisvoll; *(fateful) day, decision* schicksalsschwer. **that would be ~** das wäre das Ende *(to gen)*, das wäre tödlich *(inf)*; **to be a ~ blow to sb/sth** ein schwerer Schlag für jdn/etw sein; **to deal sb/sth a ~ blow** jdm/einer Sache einen schweren Schlag versetzen.

fatalism ['feɪtəlɪzəm] *n* Fatalismus *m*.

fatalist ['feɪtəlɪst] *n* Fatalist(in *f*) *m*.

fatalistic *adj*, ~**ally** *adv* [ˌfeɪtə'lɪstɪk, -əlɪ] fatalistisch.

fatality [fə'tælɪtɪ] *n* 1. Todesfall *m*; *(in accident, war etc)* (Todes)opfer *nt*. 2. *(liter: inevitability)* Unabwendbarkeit *f*.

fatally ['feɪtəlɪ] *adv wounded* tödlich. **to be ~ attracted to sb** jdm hoffnungslos verfallen sein.

fate [feɪt] *n* Schicksal *nt*. **the F~s** *pl (Myth)* die Parzen *pl*; **~ decided otherwise** das Schicksal wollte es anders; **the examiners meet to decide our ~ next week** die Prüfer kommen nächste Woche zusammen, um über unser Schicksal zu entscheiden; **to leave sb to his ~** jdn seinem Schicksal überlassen; **to go to meet one's ~** seinem Schicksal entgegentreten; **to meet one's ~** vom Schicksal heimgesucht werden.

fated ['feɪtɪd] *adj* unglückselig; *project, plan* zum Scheitern verurteilt. **to be ~** unter einem ungünstigen Stern stehen; **to be ~ to fail** *or* **be unsuccessful** zum Scheitern verurteilt sein; **they were ~ never to meet again** es war ihnen bestimmt, sich nie wiederzusehen.

fateful ['feɪtfʊl] *adj (disastrous)* verhängnisvoll; *(momentous)* schicksalsschwer.

fathead ['fæthed] *n (inf)* Dummkopf, Blödian *(inf) m*.

father ['fɑːðəʳ] **I** *n* 1. *(lit, fig)* Vater *m (to sb* jdm*)*. **from ~ to son** vom Vater auf den Sohn; **like ~ like son** der Apfel fällt nicht weit vom Stamm; **(Old) F~ Time** die Zeit *(als Allegorie)*.
2. ~**s** *pl (ancestors)* Väter *pl*.
3. *(founder)* Vater *m*; *(leader)* Führer, Vater *(liter) m*.
4. *(God)* F~ Vater *m*.
5. *(priest)* Pfarrer *m*; *(monk)* Pater *m*. **good morning, ~** guten Morgen, Herr Pfarrer/Pater X; **the Holy F~** der Heilige Vater; ~ **confessor** Beichtvater *m*.
II *vt* 1. *child* zeugen; *(admit paternity)* die Vaterschaft anerkennen für; *(fig) idea, plan* Urheber *(+gen)* sein.
2. *(saddle with responsibility)* **to ~ sth on sb** jdm die Verantwortung für etw aufhalsen *(inf) or* aufbürden; **to ~ the blame**

on sb jdm die Schuld in die Schuhe schieben (*inf*).

Father Christmas *n* der Weihnachtsmann; **father-figure** *n* Vaterfigur *f*; **fatherhood** *n* Vaterschaft *f*; **father-in-law** *n*, *pl* **~s-in-law** Schwiegervater *m*; **fatherland** *n* Vaterland *nt*; **fatherless** *adj* vaterlos.

fatherly [ˈfɑːðəlɪ] *adj* väterlich, wie ein Vater.

fathom [ˈfæðəm] **I** *n* Faden *m*. **II** *vt* **1.** (*lit*) ausloten. **2.** (*understand*) ermessen (*geh*); (*inf: also* ~ **out**) verstehen. **I just can't** ~ **him** (**out**) er ist mir ein Rätsel; **I couldn't** ~ **it** (**out**) ich kam der Sache nicht auf den Grund, ich kann nicht dahinter (*inf*).

fathomable [ˈfæðəməbl] *adj* (*fig*) faßbar. **not** ~ unerforschlich.

fathomless [ˈfæðəmlɪs] *adj* (*lit*) abgrundtief; (*fig*) (*boundless*) unermeßlich; (*incomprehensible*) unergründlich.

fatigue [fəˈtiːg] **I** *n* **1.** Abspannung, Erschöpfung, Ermüdung *f*. **2.** (*Tech: metal* ~) Ermüdung *f*. **3.** (*Mil:* ~ *duty*) Arbeitsdienst *m*. **to be on** ~ (*Mil*) Arbeitsdienst haben. **~s** *pl* (*Mil*) *see* ~ **dress. II** *vt* **1.** (*tire*) ermüden; (*exhaust*) erschöpfen. **2.** (*Tech*) *metal* ermüden. **III** *vi* ermüden.

fatigue dress *n* Arbeitsanzug *m*; **fatigue duty** *n* Arbeitseinsatz, Arbeitsdienst *m*.

fatiguing [fəˈtiːgɪŋ] *adj* (*tiring*) ermüdend; (*exhausting*) erschöpfend.

fatness [ˈfætnɪs] *n see adj 1. – 3.* **1.** Dicke, Fettheit (*geh*) *f*. **2.** Fettigkeit *f*. **3.** Umfang *m*; Dicke *f*; Üppigkeit, Fettheit (*inf*) *f*; Umfang *m*. **4.** (*fig: of land*) Fruchtbarkeit *f*.

fatso [ˈfætsəʊ] *n*, *pl* **~s** (*inf*) Dicke(r) (*inf*), Fettsack (*pej inf*) *m*.

fat stock *n* Mastvieh *nt*.

fatted [ˈfætɪd] *adj*: **to kill the** ~ **calf** einen Willkommensschmaus veranstalten.

fatten [ˈfætn] **I** *vt* (*also* ~ **up**) *animals* mästen; *people* herausfüttern (*inf*).

II *vi* (*also* ~ **up** *or* **out**) (*animal*) fett werden; (*person*) dick werden; (*through overeating*) sich mästen (*inf*).

fattening [ˈfætnɪŋ] *adj food* dick machend. **chocolate is** ~ Schokolade macht dick.

fatty [ˈfætɪ] **I** *adj* (+ *er*) fett; *food also* fetthaltig; (*greasy*) fettig; *acid, tissue* Fett-. ~ **degeneration** (*Med*) Verfettung *f*; ~ **tumour** Fettgeschwulst *f*. **II** *n* (*inf*) Dickerchen *nt* (*inf*).

fatuity [fəˈtjuːɪtɪ] *n* Albernheit *f*.

fatuous [ˈfætjʊəs] *adj* albern.

faucet [ˈfɔːsɪt] *n* (*US*) Hahn *m*.

fault [fɔːlt] **I** *n* **1.** (*mistake, defect*) Fehler *m*; (*Tech also*) Defekt *m*; (*in sth bought also*) Mangel *m*. **generous to a** ~ übermäßig großzügig; **to find** ~ **with sb/sth** etwas an jdm/etw auszusetzen haben; **he/my memory was at** ~ er war im Unrecht/mein Gedächtnis hat mich getrogen; **you were at** ~ **in** not telling me es war nicht recht von Ihnen, daß Sie mir das nicht gesagt haben.

2. *no pl* **it won't be my/his** ~ **if ...** es ist nicht meine/seine Schuld, wenn ...; **whose** ~ **is it?** wer ist schuld (daran)?; **it's all your own** ~ ~ Sie sind selbst schuld.

3. (*Geol*) Verwerfung *f*.

4. (*Tennis, Horseriding*) Fehler *m*.

II *vt* **1.** Fehler finden an (+ *dat*), etwas auszusetzen haben an (+ *dat*). **I can't** ~ **it** ich habe nichts daran auszusetzen; (*can't disprove it*) ich kann es nicht widerlegen.

2. (*Geol*) eine Verwerfung verursachen in (+ *dat*).

III *vi* (*Geol*) sich verwerfen.

fault-finder [ˈfɔːltˌfaɪndə'] *n* Krittler(in *f*) *m*; **fault-finding** **I** *adj* krittelig; **II** *n* Kritteleі *f*.

faultily [ˈfɔːltɪlɪ] *adv* falsch.

faultless [ˈfɔːltlɪs] *adj appearance* tadellos, einwandfrei; (*without mistakes*) fehlerlos; *English* fehlerfrei, fehlerlos.

faulty [ˈfɔːltɪ] *adj* (+ *er*) (*Tech*) defekt; (*Comm*) fehlerhaft; *reasoning, logic* falsch, fehlerhaft.

faun [fɔːn] *n* (*Myth*) Faun *m*.

fauna [ˈfɔːnə] *n* Fauna *f*.

faux pas [fəʊˈpɑː] *n* Fauxpas *m*.

favour, (*US*) **favor** [ˈfeɪvə'] **I** *n* **1.** *no pl* (*goodwill*) Gunst *f*, Wohlwollen *nt*. **to win/lose sb's** ~ jds Gunst (*acc*) erlangen (*geh*)/verscherzen; **to find** ~ **with sb** bei jdm Anklang finden; **to get back in(to) sb's** ~ von jdm wieder in Gnaden aufgenommen werden; **to be in** ~ **with sb** bei jdm gut angeschrieben sein; (*fashion, pop star, writer etc*) bei jdm beliebt sein; **to be/fall out of** ~ in Ungnade (gefallen) sein/fallen; (*fashion, pop star, writer etc*) nicht mehr beliebt sein (*with* bei).

2. to be in ~ **of sth** für etw sein; **a point in his** ~ ein Punkt, der für ihn spricht; **all those in** ~ **raise their hands** alle, die dafür sind, Hand hoch; *see* **balance.**

3. (*partiality*) Vergünstigung *f*. **to show** ~ **to sb** jdn bevorzugen.

4. (*act of kindness*) Gefallen *m*, Gefälligkeit *f*. **to ask a** ~ **of sb** jdn um einen Gefallen bitten; **to do sb a** ~ jdm einen Gefallen tun; **do me a** ~! (*inf*) sei so gut!; **would you do me the** ~ **of returning my library books?** wären Sie bitte so freundlich und würden meine Bücher in die Bücherei zurückbringen?; **as a** ~ aus Gefälligkeit; **as a** ~ **to him** ihm zuliebe.

II *vt* **1.** *plan, idea* (*be in* ~ *of*) für gut halten; (*think preferable*) bevorzugen. **I don't** ~ **the idea** ich halte nichts von der Idee.

2. (*show preference*) bevorzugen; (*king etc*) begünstigen.

3. (*oblige, honour*) beehren (*form*).

4. (*be favourable for*) begünstigen.

5. (*US: resemble*) ähneln (+ *dat*).

favourable, (*US*) **favorable** [ˈfeɪvərəbl] *adj* günstig, vorteilhaft (*for, to* für); (*expressing approval*) positiv.

favourableness, (*US*) **favorableness** [ˈfeɪvərəblnɪs] *n* Günstigkeit *f*. **the** ~ **of his reply/report** seine positive Antwort/ sein positiver Bericht.

favourably, (*US*) **favorably** [ˈfeɪvərəblɪ] *adv see adj* vorteilhaft, positiv. **to be** ~ **inclined to sb/sth** sich positiv zu jdm/etw stellen.

favoured, (*US*) **favored** [ˈfeɪvəd] *adj* **the/a** ~ **few** die wenigen Auserwählten/einige (wenige) Auserwählte; **a** ~ **friend** ein besonderer Freund.

favourite, (*US*) **favorite** [ˈfeɪvərɪt] **I** *n*

1. (*person*) Liebling *m*; (*Hist, pej*) Günstling *m*. **he is a universal ~** er ist allgemein beliebt; **which of her children/suitors is her ~?** welches Kind/welchen Verehrer mag sie am liebsten?
2. (*thing*) **this one is my ~** das habe ich am liebsten; **this film/dress/photograph is my ~** das ist mein Lieblingsfilm/ -kleid/ -bild; **we sang all the old ~s** wir haben all die alten Lieder gesungen.
3. (*Sport*) Favorit(in *f*) *m*.
II *adj attr* Lieblings-. **~ son** (*US Pol*) regionaler Spitzenkandidat.

favouritism, (*US*) **favoritism** ['feɪvərɪtɪzəm] *n* Vetternwirtschaft (*inf*), Günstlingswirtschaft *f*; (*in school*) Schätzchenwirtschaft *f* (*inf*).

fawn¹ [fɔ:n] I *n* **1.** Hirschkalb *nt*; (*of roe deer*) Rehkitz *nt*. **2.** (*colour*) Beige *nt*.
II *adj colour* beige.

fawn² *vi* (*dog*) (mit dem Schwanz) wedeln; (*fig: person*) katzbuckeln (*on, upon* vor + *dat*), herumscharwenzeln (*on, upon* um).

fawning ['fɔ:nɪŋ] *adj person, manner* kriecherisch, liebedienernd; *dog* schwanzwedelnd.

fay [feɪ] *n* (*liter: fairy*) Fee *f*.

faze [feɪz] *vt* (*US inf*) verdattern (*inf*). **it didn't ~ me** es hat mich nicht gejuckt (*sl*).

FBI (*US*) *abbr of* **Federal Bureau of Investigation** FBI *m*.

FC *abbr of* **football club** FC *m*.

Feb *abbr of* **February** Febr.

fear [fɪəʳ] I *n* **1.** Angst, Furcht *f* (*or* vor + *dat*). **he has ~s for his sister's life** er fürchtet für *or* um das Leben seiner Schwester; **have no ~** (*old, hum*) fürchte dich nicht (*old, hum*); **in ~ and trembling** mit schlotternden Knien; **to be/go in ~ of sb/sth** Angst vor jdm/etw haben/in (ständiger) Angst vor jdm/etw leben; **to be/go in ~ of one's life** um sein/ständig um sein Leben bangen; **for ~ that ...** aus Angst, daß ...
2. *no pl* (*risk, likelihood*) **no ~!** (*inf*) nie im Leben! (*inf*); **there's no ~ of that happening again** keine Angst, das passiert so leicht nicht wieder.
3. (*awe: of God*) Scheu, Ehrfurcht *f*. **to put the ~ of God into sb** (*inf*) jdm gewaltig Angst einjagen (*inf*).
II *vt* **1.** (be)fürchten. **I ~ the worst** ich befürchte das Schlimmste; **he's a man to be ~ed** er ist ein Mann, vor dem man Angst haben muß.
2. (*feel awe for*) *God* Ehrfurcht haben vor (+ *dat*).
III *vi* **to ~ for** fürchten für *or* um; **never ~!** keine Angst!

fearful ['fɪəfʊl] *adj* **1.** (*frightening, inf: terrible*) furchtbar, schrecklich.
2. (*apprehensive*) ängstlich, bang. **to be ~ for one's/sb's life** um sein/jds Leben fürchten; **I was ~ of waking her** ich befürchtete, daß ich sie aufwecken würde.

fearfully ['fɪəfəlɪ] *adv see adj.*

fearfulness ['fɪəfʊlnɪs] *n see adj* Furchtbarkeit, Schrecklichkeit *f*; Ängstlichkeit *f*.

fearless ['fɪəlɪs] *adj* furchtlos. **~ of sth** ohne Angst *or* Furcht vor etw (*dat*).

fearlessly ['fɪəlɪslɪ] *adv see adj.*

fearlessness ['fɪəlɪsnɪs] *n* Furchtlosigkeit *f*.

fearsome *adj*, **~ly** *adv* ['fɪəsəm, -lɪ] furchterregend.

feasibility [ˌfiːzə'bɪlɪtɪ] *n* **1.** (*practicability: of plan etc*) Durchführbarkeit, Machbarkeit *f*. **~ study** Machbarkeitsstudie *f*; **the ~ of doing sth** die Möglichkeit, etw zu tun.
2. (*plausibility: of story etc*) Wahrscheinlichkeit *f*.

feasible ['fiːzəbl] *adj* **1.** möglich, machbar; *plan also* durchführbar, realisierbar; *route* gangbar, möglich. **2.** (*likely, probable*) *excuse, story, theory* plausibel, wahrscheinlich.

feasibly ['fiːzəblɪ] *adv* **1. if it can ~ be done** wenn es machbar ist *or* praktisch möglich ist. **2.** plausibel. **that could ~ be true** das könnte durchaus stimmen.

feast [fiːst] I *n* **1.** (*banquet*) Festmahl, Festessen *nt*; (*Hist*) Festgelage *nt*. **a ~ for the eyes** eine Augenweide.
2. (*Eccl, Rel*) Fest *nt*. **~ day** *n* Festtag, Feiertag *m*; (*Hist*) Festgelage *nt*. **~ movable/immovable ~** beweglicher/unbeweglicher Feiertag.
II *vi* (*lit*) Festgelage pl/ein Festgelage halten. **to ~ on sth** sich an etw (*dat*) gütlich tun; (*person also*) in etw (*dat*) schwelgen; (*fig*) sich an etw (*dat*) weiden.
III *vt* **1.** *guest* festlich bewirten. **to ~ oneself** sich gütlich tun (*on an* + *dat*); (*person also*) schwelgen (*on in* + *dat*).
2. to ~ one's eyes on sb/sth seine Augen an jdm/etw weiden.

feat [fiːt] *n* Leistung *f*; (*heroic, courageous etc*) Heldentat *f*; (*skilful*) Kunststück *nt*, Meisterleistung *f*.

feather ['feðəʳ] I *n* Feder *f*. **~s** (*plumage*) Gefieder *nt*; (*on dart, arrow also*) Fiederung *f*; **as light as a ~** federleicht; **in fine ~** (*inf*) (*in a good mood*) (in) bester Laune; (*in top form*) in Hochform; **that's a ~ in his cap** das ist ein Ruhmesblatt *nt* für ihn; **you could have knocked me down with a ~** (*inf*) ich war wie vom Donner gerührt; **that'll make the ~s fly** das wird die Gemüter bewegen; **they are birds of a ~** sie sind vom gleichen Schlag; **birds of a ~ flock together** (*Prov*) gleich und gleich gesellt sich gern (*Prov*); *see* **white ~**.
II *vt* **1.** *arrow etc* mit Federn versehen.
to ~ one's nest (*fig*) sein Schäfchen ins trockene bringen.
2. (*Aviat*) auf Segelstellung bringen.
3. (*Rowing*) *oar* flachdrehen.
III *vi* (*Rowing*) das Ruderblatt flachdrehen.

feather-bed ['feðəbed] I *n* mit Federn gefüllte Matratze; II *vt* (*fig*) *person* verhätscheln; (*Ind*) (*with grants*) verhätscheln; (*by overmanning*) unnötige Arbeitskräfte zugestehen (+ *dat*); **feather-brain** *n* Spatzenhirn *nt*; **featherbrained** *adj* dümmlich; **feather duster** *n* Staubwedel *m*.

feathered ['feðəd] *adj* gefiedert.

featherweight ['feðəweɪt] (*Boxing*) I *n* Federgewicht *nt*; (*fig*) Leichtgewicht *nt*; II *adj* Federgewicht-.

feathery ['feðərɪ] *adj* (+ *er*) fed(e)rig.

feature ['fiːtʃəʳ] I *n* **1.** (*facial*) (Gesichts)-zug *m*.

2. (*characteristic*) Merkmal, Kennzeichen, Charakteristikum *nt*; (*of sb's character*) Grundzug *m*. **a ~ of his style is ...** sein Stil ist durch ... gekennzeichnet.

3. (*focal point: of room, building etc*) Charakteristikum *nt*. **to make a ~ of sth** etw besonders betonen *or* hervorheben.

4. (*Press*) (Sonder)beitrag *m*, Feature *nt or f*; (*Rad, TV*) (Dokumentar)bericht *m*, Feature *nt or f*.

5. (*film*) Spielfilm *m*.

II *vt* **1.** (*Press*) story, picture bringen.

2. (*film*) **this film ~s an English actress** in diesem Film spielt eine englische Schauspielerin mit.

III *vi* **1.** vorkommen. **2.** (*Film*) (mit)spielen.

feature article *n* Sonderbeitrag *m*, Feature *nt or f*; **feature film** *n* Spielfilm *m*; **feature story** *n* Sonderbericht *m*, Feature *nt or f*; **feature writer** *n* Journalist, der Features schreibt.

febrile ['fi:braɪl] *adj* fiebrig, fieberhaft.

February ['februərɪ] *n* Februar *m*; *see* **September.**

feces ['fi:si:z] *npl* (*US*) *see* **faeces.**

feckless ['feklɪs] *adj* nutzlos.

fecund ['fi:kənd] *adj* (*lit, fig*) fruchtbar.

fecundity [fɪ'kʌndɪtɪ] *n* Fruchtbarkeit *f*.

fed¹ [fed] *pret, ptp of* **feed.**

fed² *n* (*US inf*) FBI-Agent *m*.

federal ['fedərəl] **I** *adj* Bundes-; *system etc* föderativ, föderal; (*US Hist*) föderalistisch. **~ state** (*in US*) (Einzel)staat *m*; **the F~ Republic of Germany** die Bundesrepublik Deutschland. **II** *n* (*US Hist*) Föderalist *m*; (*US inf*) FBI-Mann *m*.

federalism ['fedərəlɪzəm] *n* Föderalismus *m*.

federalist ['fedərəlɪst] **I** *adj* föderalistisch. **II** *n* Föderalist *m*.

federate ['fedəreɪt] **I** *vt* zu einem Bund vereinigen *or* zusammenschließen, föderieren (*rare*). **II** *vi* sich zu einem Bund vereinigen *or* zusammenschließen. **III** ['fedərɪt] *adj* verbündet, föderiert.

federation [ˌfedə'reɪʃən] *n* **1.** (*act*) Zusammenschluß *m*. **2.** (*league*) Föderation *f*, Bund *m*. **3.** (*of organisations*) Vereinigung *f*.

fed up *adj* (*inf*) **I'm ~** ich habe die Nase voll (*inf*); **I'm ~ with him/it** er/es hängt mir zum Hals heraus (*inf*), ich habe ihn/es satt.

fee [fi:] *n* Gebühr *f*; (*of doctor, lawyer, artist, tutor*) Honorar *nt*; (*of stage performer*) Gage *f*; (*of director, administrator etc*) Bezüge *pl*; (*membership ~*) Beitrag *m*. (**school**) **~s** Schulgeld *nt*; **on payment of a small ~** gegen geringe Gebühr.

feeble ['fi:bl] *adj* (+*er*) schwach; *voice, smile also* matt; *attempt* kläglich.

feeble-minded [ˌfi:bl'maɪndɪd] *adj* dümmlich; **feebleness** *n see* **feeble** Schwäche *f*; Mattheit *f*; Kläglichkeit *f*.

feebly ['fi:blɪ] *adv see* **adj.**

feed [fi:d] (*vb: pret, ptp* **fed**) **I** *n* **1.** (*meal*) (*of animals*) Fütterung *f*; (*of baby, inf: of person*) Mahlzeit *f*; (*food*) (*of animals*) Futter *nt*; (*inf: of person*) Essen *nt*. **when is the baby's next ~?** wann wird das Baby wieder gefüttert?

2. (*Theat*) Stichwort *nt*.

3. (*Tech*) (*to machine*) Versorgung *f* (*to gen*); (*to furnace*) Beschickung *f* (*to gen*); (*to computer*) Eingabe *f* (*into* in +*acc*).

II *vt* **1.** (*provide food for*) person verpflegen; *family, army also* ernähren. **to ~ oneself** sich selbst verpflegen.

2. (*give food to*) baby, invalid, animal füttern. **to ~ oneself** (*child*) allein *or* ohne Hilfe essen (können); **to ~ sth to sb/an animal** jdm/einem Tier etw zu essen/fressen geben.

3. (*supply*) machine versorgen; *furnace* beschicken; *computer* füttern; *meter* Geld einwerfen in (+*acc*), füttern (*hum*); (*fire*) unterhalten, etwas legen auf (+*acc*); (*fig*) *hope, imagination, rumour* nähren, Nahrung geben (+*dat*). **two rivers ~ this reservoir** dieses Reservoir wird von zwei Flüssen gespeist; **to ~ sth into a machine** etw in eine Maschine geben; **to ~ coolant into a machine** einer Maschine (*dat*) Kühlmittel zuführen; **to ~ information to sb, to ~ sb with information** jdn mit Informationen versorgen.

4. (*Tech: insert*) führen. **to ~ sth along/through a tube** etw an einem Röhrchen entlang/durch ein Röhrchen führen.

5. (*Theat, fig*) **to ~ sb (with) the right lines** jdm die richtigen Stichworte geben.

III *vi* (*animal*) fressen; (*baby*) gefüttert werden; (*hum: person*) futtern (*inf*).

◆**feed back** *vt sep* facts, information zurückleiten (*to an* +*acc*); (*Elec*) rückkoppeln. **by the time the information had been fed ~** to him als die Informationen schließlich zu ihm zurückkamen; **to ~ sth ~ into the computer** dem Computer etw wieder eingeben.

◆**feed in** *vt sep* tape, wire etc einführen (*prep obj* in +*acc*); facts, information eingeben (*prep obj* in +*acc*).

◆**feed on I** *vi* +*prep obj* sich (er)nähren von; (*fig*) sich nähren von. **II** *vt sep* +*prep obj* animal, baby füttern mit; *person* ernähren mit.

◆**feed up** *vt sep* animal mästen. **to ~ sb ~** jdn aufpäppeln; *see also* **fed up.**

feedback ['fi:dbæk] *n* (*Psych, Computers*) Feedback *nt*, Rückmeldung *f*; (*Elec*) Rückkoppelung *f*; (*fig*) Reaktion *f*, Feedback *nt*; **~ of information** Rückinformation *f*; **to provide more ~ about sth** ausführlicher über etw (*acc*) berichten; **feedbag** *n* (*US*) Futtersack *m*.

feeder ['fi:dəʳ] **I** *n* **1.** (*person*) Versorger *m*; (*bottle*) Flasche *f*. **automatic ~** Futterautomat *m*.

2. (*eater*) Esser(in *f*) *m*. **the cow is a good ~** die Kuh frißt gut.

3. (*supplying machine*) (*person*) Material zuführende Person; (*device*) Zubringer *m*.

4. (*contributory source*) (*river*) Zu(bringer)fluß *m*; (*road*) Zubringer(straße *f*) *m*; (*air, bus, rail service*) Zubringerlinie *f*; (*Elec*) Speiseleitung *f*, Feeder *m*. **~ pipe** Zuleitungsrohr *nt*.

II *attr* plane etc Zubringer-.

feeding ['fi:dɪŋ]: **~ bottle** Flasche *f*; **~ time** (*for animal*) Fütterungszeit *f*; (*for baby*) Zeit *f* für die Mahlzeit.

feel [fiːl] (*vb: pret, ptp* **felt**) **I** *vt* **1.** (*touch*) fühlen; (*examining*) befühlen. **to ~ one's way** sich vortasten; **I'm still ~ing my way around** ich versuche noch, mich zu orientieren.

2. (*be aware of by touching, feeling*) *prick, sun etc* fühlen, spüren. **I can't ~ anything in my left leg** ich habe kein Gefühl im linken Bein.

3. (*be conscious of in oneself*) *regret, joy, fear etc* fühlen, verspüren, empfinden; *effects* spüren. **I could ~ him getting angry** ich merkte *or* spürte, daß er wütend wurde; **he felt a sense of regret** er empfand Bedauern; **can't you ~ the sadness in this music?** können Sie nicht empfinden, wie traurig diese Musik ist?

4. (*be affected by*) *heat, cold, insult* leiden unter (+*dat*); *loss also* empfinden. **I don't ~ the cold as much as he does** die Kälte macht mir nicht so viel aus wie ihm; **she's fallen, I bet she felt that!** sie ist hingefallen, das hat bestimmt weh getan.

5. (*think*) glauben. **what do you ~ about him/it?** was halten Sie von ihm/davon?; **it was felt that ...** man war der Meinung, daß ...

II *vi* **1.** (*indicating physical or mental state: person*) sich fühlen. **to ~ well/ill/ secure/apprehensive/relaxed/depressed** sich wohl/elend/sicher/unsicher/entspannt/deprimiert fühlen; **how do you ~ today?** wie fühlen Sie sich heute?; **to ~ convinced/certain** überzeugt/sicher sein; **to ~ hungry/ thirsty/sleepy** hungrig/ durstig/müde sein; **I ~ hot/cold** mir ist heiß/kalt; **I ~ much better** es geht mir viel besser; **you'll ~ all the better for a holiday** ein Urlaub wird Ihnen guttun; **he doesn't ~ quite himself today** er ist heute nicht ganz auf der Höhe; **I felt as if I was going to faint** ich fühlte mich einer Ohnmacht nahe; **I felt sad/ strange** mir war traurig/ komisch zumute; **I felt as though I'd never been away/I'd seen him before** mir war, als ob ich nie weggewesen wäre/als ob ich ihn schon mal gesehen hätte; **how do you ~ about him?** (*emotionally*) was empfinden Sie für ihn?

2. (*~ to the touch: material, ground, bricks etc*) sich anfühlen. **to ~ hard/soft/ rough** *etc* sich hart/weich/rauh *etc* anfühlen; **the room/air ~s warm** das Zimmer/ die Luft kommt einem warm vor.

3. (*think, have opinions*) meinen. **I ~ something should be done about it** ich bin der Meinung *or* ich meine, daß da etwas getan werden müßte; **how do you ~ about him/the idea/going for a walk?** was halten Sie von ihm/der Idee/von einem Spaziergang?; **how do you ~ about these developments?** was meinen Sie zu dieser Entwicklung?; **that's just how I ~** ich bin genau derselben Meinung.

4. to ~ like (*have desire for*) Lust haben auf (+*acc*); (*for food also*) Appetit haben auf (+*acc*); **I ~ like eating something/ going for a walk** ich könnte jetzt etwas essen/ich habe Lust spazierenzugehen; **I felt like screaming/crying/giving up** ich hätte am liebsten geschrien/geheult/ aufgegeben.

5. *impers* **what does it ~ like** *or* **how does it ~ to be all alone?** wie fühlt man sich *or* wie ist das so ganz allein?; **what does it ~ like** *or* **how does it ~ to be the boss?** wie fühlt man sich als Chef?; **what does it ~ like** *or* **how does it ~ to drive a racing car?** wie fühlt man sich *or* wie ist es, wenn man einen Rennwagen fährt?;

III *n, no pl* **1. let me have a ~ (of it)!** laß (mich) mal fühlen!

2. (*quality when touched*) **it has a velvety/scaly ~** es fühlt sich samten/ schuppig an; **he recognizes things by their ~** er erkennt Dinge daran, wie sie sich anfühlen.

3. (*fig*) **to get/have a ~ for sth** ein Gefühl für etw bekommen/haben; **to get the ~ for sth** ein Gefühl für etw bekommen; **you must get the ~ of the poem** Sie müssen sich in das Gedicht einfühlen.

◆**feel about** *or* **around** *vi* umhertasten; (*in drawer, bag etc*) herumsuchen, herumtasten.

◆**feel for** *vi +prep obj* **1.** (*sympathize with*) (mit)fühlen mit, Mitgefühl haben mit. **I ~ ~ you** Sie tun mir leid. **2.** (*search or grope for*) tasten nach; (*in pocket, bag etc*) kramen nach.

◆**feel up to** *vi +prep obj* sich gewachsen fühlen (+*dat*).

feeler ['fiːlə[r]] *n* **1.** (*Zool*) Fühler *m*; (*of sea animal*) Tentakel *m or nt*. **2.** (*fig*) Fühler *m*. **to throw** *or* **put out ~s/a ~** seine Fühler ausstrecken. **3. ~s** *pl* (*also ~ gauge*) Fühl(er)lehre *f*.

feeling ['fiːlɪŋ] *n* **1.** (*sense of touch*) Gefühl *nt*, Empfindung *f*. **I've lost all ~ in my right arm** ich habe kein Gefühl mehr im rechten Arm.

2. (*physical, mental sensation, emotion*) Gefühl *nt*. **a ~ of pain/warmth** ein Gefühl des Schmerzes/der Wärme; **I had a ~ of isolation** ich kam mir ganz isoliert vor.

3. (*presentiment*) (*Vor*)gefühl *nt*. **I've a funny ~ she won't come** ich hab so das Gefühl, daß sie nicht kommt.

4. (*opinion: also ~s*) Meinung, Ansicht *f* (*on* zu). **there was a general ~ that ...** man war allgemein der Ansicht, daß ...; **there's been a lot of bad ~ about this decision** wegen dieser Entscheidung hat es viel böses Blut gegeben.

5. ~s Gefühle *pl*; **you've hurt his ~s** Sie haben ihn verletzt; **no hard ~s!** ich nehme es dir nicht übel.

feet [fiːt] *pl of* **foot.**

feign [feɪn] *vt* vortäuschen; *friendship, interest, sympathy, feelings also* heucheln. **to ~ illness/madness/death** simulieren, sich krank/verrückt/tot stellen; **to ~ urgent business** dringende Geschäfte vorgeben *or* vorschützen.

feigned [feɪnd] *adj* vorgeblich *attr*; *illness also* simuliert; *interest, sympathy etc also* vorgetäuscht, geheuchelt.

feint [feɪnt] **I** *n* (*Sport*) Finte *f*; (*Mil*) Täuschungsmanöver *nt*, Scheinangriff *m*.

II *vi* (*Sport*) fintieren, eine Finte anwenden (*also fig*); (*Mil*) einen Scheinangriff machen. **he ~ed with the left and hit with the right** er hat links angetäuscht und rechts zugeschlagen.

feint(-ruled) ['feɪnt(ru:ld)] *adj* fein liniert.
felicitate [fɪ'lɪsɪteɪt] *vt (form)* beglückwünschen *(sb on sth* jdn zu etw).
felicitation [fɪ,lɪsɪ'teɪʃən] *n usu pl (form)* Glückwunsch *m.*
felicitous *adj,* **~ly** *adv* [fɪ'lɪsɪtəs, -lɪ] *(form)* glücklich.
felicity [fɪ'lɪsɪtɪ] *n (form)* **1.** *(happiness)* Glück *nt,* Glückseligkeit *f (geh).* **2.** *(aptness)* **he expresses himself with ~** er drückt sich sehr glücklich aus.
feline ['fi:laɪn] **I** *adj (lit) (species* der Katzen; *(fig) grace, suppleness* katzenartig, katzenhaft. **II** *n* Katze *f.*
fell¹ [fel] *pret of* **fall.**
fell² *n (skin)* Fell *nt,* Balg *m.*
fell³ *adj (liter)* fürchterlich. **with one ~ blow** *(not liter)* mit einem einzigen gewaltigen or mächtigen Hieb; *see* **swoop.**
fell⁴ *vt tree* fällen, schlagen; *person* niederstrecken, zu Boden strecken; *animal* zur Strecke bringen.
fell⁵ *n (N Engl) (mountain)* Berg *m;* *(moor)* Moorland *nt.*
fellah ['felə] *n* **1.** Fellache *m,* Fellachin *f.* **2.** *see* **fellow.**
fellatio [fɪ'leɪʃɪəʊ] *n, pl* **~s** Fellatio *f.*
fellow¹ ['feləʊ] *n* **1.** Mann, Kerl *(usu pej),* Typ *(sl) m; (inf: boyfriend)* Freund, Typ *(sl) m.* **a poor/nice/rude/an intelligent/a clever ~** ein armer/netter/unverschämter Kerl/ein kluger Kopf *or* Bursche/ein gescheiter Bursche, ein cleverer Typ *(sl);* **an old ~** ein alter Mann *or* Knabe *(inf);* **look here, old ~** hör mal her, alter Junge *(inf);* **young ~** junger Spund *(inf) or* Bursche; **this journalist ~** dieser komische Journalist, diese Journalistentype *(sl);* **my dear ~** mein lieber Freund *or* Mann *(inf);* **who is this ~?** wer ist denn der Typ *(sl) or* Kerl da?; **I'm not the sort of ~ who ...** ich bin nicht der Typ, der .... **2.** *(comrade)* Kamerad, Kumpel *(inf) m; (colleague)* Kollege *m,* Kollegin *f.* **~s in misfortune** Leidensgenossen *pl;* **to get together with one's ~s** mit seinesgleichen zusammenkommen. **3.** *(Univ)* Fellow *m; see* **research ~.** **4.** *(of a society)* Mitglied *nt.* **5.** *(of things: one of a pair)* Gegenstück *nt,* Kamerad *m (inf).* **its ~** das Gegenstück dazu, sein Kamerad *(inf).*
fellow² *pref* **our ~ bankers/doctors** unsere Kollegen (im Bankwesen/in der Ärzteschaft), unsere Berufskollegen *pl;* **he is a ~ lexicographer** er ist auch Lexikograph; **our ~ communists/royalists** unsere kommunistischen/royalistischen Gesinnungsgenossen.
fellow being *n* Mitmensch *m;* **fellow citizen** *n* Mitbürger(in *f) m;* **fellow countryman** *n* Landsmann *m/*-männin *f;* **fellow countrymen** *npl* Landsleute *pl;* **fellow creature** *n* Mitmensch *m;* **fellow feeling** *n* Mitgefühl *nt; (togetherness)* Zusammengehörigkeitsgefühl *nt;* **fellow member** *n (in club)* Klubkamerad(in *f) m; (in party)* Parteigenosse *m/*-genossin *f;* **fellow men** *npl* Mitmenschen *pl;* **fellow passenger** *n* Mitreisende(r) *mf.*
fellowship ['feləʊʃɪp] *n* **1.** *no pl* Kameradschaft *f; (company)* Gesellschaft *f; (Eccl)*

Gemeinschaft *f.* **there's no sense of ~ here** hier herrscht kein kameradschaftlicher Geist. **2.** *(society, club etc)* Gesellschaft *f.* **3.** *(Univ: scholarship)* Forschungsstipendium *nt; (job)* Position *f eines Fellow.*
fellow student *n* Kommilitone *m,* Kommilitonin *f;* **fellow sufferer** *n* Leidensgenosse *m/*-genossin *f;* **fellow traveller** *n* **1.** *(lit)* Mitreisende(r) *mf;* **2.** *(Pol)* Sympathisant *m;* **fellow worker** *n* Kollege *m,* Kollegin *f,* Mitarbeiter(in *f) m.*
felon ['felən] *n* (Schwer)verbrecher *m.*
felonious [fɪ'ləʊnɪəs] *adj* verbrecherisch.
felony ['felənɪ] *n* (schweres) Verbrechen *nt.*
felspar ['felspɑːʳ] *n* Feldspat *m.*
felt¹ [felt] *pret, ptp of* **feel.**
felt² **I** *n* Filz *m.* **II** *adj attr* **hat etc** Filz-. **III** *vi (wool etc)* (ver)filzen.
felt-tip (pen) ['felttɪp'pen] *n* Filzstift *m.*
female ['fi:meɪl] **I** *adj* **1.** weiblich; *labour, rights* Frauen-. **a ~ doctor/student/slave/dog** eine Ärztin/Studentin/Sklavin/ Hündin; **~ bear/fish/ant** Bären-/Fisch-/ Ameisenweibchen *nt;* **~ bee** Biene *f;* **a ~ companion** eine Gesellschafterin; **a ~ football team** eine Damenfußballmannschaft; **~ impersonator** Damen-Imitator *m;* **a typical ~ attitude** typisch Frau. **2.** *(Tech)* **~ screw** (Schrauben)mutter, Mutterschraube *f;* **~ thread** Mutter- *or* Innengewinde *nt.* **II** *n* **1.** *(animal)* Weibchen *nt.* **2.** *(inf: woman)* Tante *f (inf); (pej)* Weib *(pej),* Weibsbild *(pej inf) nt.*
feminine ['femɪnɪn] **I** *adj (also Gram)* feminin, weiblich; *rhyme* weiblich, klingend; *(effeminate)* weibisch *(pej),* feminin. **II** *n (Gram)* Femininum *nt.*
femininity [,femɪ'nɪnɪtɪ] *n* Weiblichkeit *f.*
feminism ['femɪnɪzəm] *n* Feminismus *m.*
feminist ['femɪnɪst] *n* Feminist(in *f) m.*
fen [fen] *n* Moor- *or* Sumpfland *nt.* **the F~s** *die Niederungen pl in East Anglia.*
fence [fens] **I** *n* **1.** Zaun *m; (Sport)* Hindernis *nt.* **to sit on the ~** *(fig) (neutral)* neutral bleiben, nicht Partei ergreifen; *(irresolute)* unschlüssig sein, zaudern; **on the right side of the ~** *(fig)* auf der richtigen Seite. **2.** *(inf: receiver of stolen goods)* Hehler *m.* **3.** *(Tech)* Anschlag *m.* **II** *vt* **1.** *(also ~ in)* land ein- *or* umzäunen. **2.** *(Sport)* fechten gegen. **3.** *(inf)* hehlen. **III** *vi* **1.** *(Sport)* fechten. **2.** *(fig)* ausweichen. **3.** *(inf: receive stolen goods)* hehlen.
◆**fence in** *vt sep* **1.** ein- *or* umzäunen, mit einem Zaun umgeben. **2.** *(fig)* **to ~ sb ~** jds Freiheit beschneiden *or* einengen; **don't ~ me ~** laß mir meine Freiheit.
◆**fence off** *vt sep* **1.** *piece of land* abzäunen. **2.** *attack, blow, question* abwehren, parieren.
fencer ['fensəʳ] *n* Fechter(in *f) m.*
fencing ['fensɪŋ] *n* **1.** *(Sport)* Fechten *nt.* **2.** *(fences, material)* Zaun *m,* Einzäunung *f.*
fend [fend] *vi* **to ~ for oneself** *(provide)* für

sich (selbst) sorgen, sich allein durchbringen; (*defend*) sich (selbst) verteidigen.

◆**fend off** *vt sep* abwehren; *attacker also* vertreiben.

fender ['fendə^r] *n* **1.** (*in front of fire*) Kamingitter *nt.* **2.** (*US Aut*) Kotflügel *m*; (*of bicycle etc*) Schutzblech *nt.* **3.** (*Naut*) Fender *m.* **4.** (*US: on train, streetcar*) Puffer *m.*

fennel ['fenl] *n* (*Bot*) Fenchel *m.*

feral ['ferəl] *adj* (*form*) (*wild*) wild.

ferment ['fɜ:ment] **I** *n* **1.** (*fermentation*) Gärung *f*; (*substance*) Ferment *nt*, Gärstoff *m.*

2. (*fig*) Unruhe, Erregung *f.* **the city/he was in a state of** ~ es brodelte *or* gärte in der Stadt/in ihm.

II [fə'ment] *vi* (*lit, fig*) gären.

III [fə'ment] *vt* (*lit*) fermentieren, zur Gärung bringen; (*fig*) anwachsen lassen.

fermium ['fɜ:mɪəm] *n* (*abbr* **Fm**) Fermium *nt.*

fermentation [ˌfɜ:men'teɪʃən] *n* **1.** Gärung *f*; (*fig: of plan etc*) Ausreifen *nt.* ~ **lock** Gärventil *nt.* **2.** (*fig: excitement*) Aufregung, Unruhe *f.*

fern [fɜ:n] *n* Farn(kraut *nt*) *m.*

ferocious [fə'rəʊʃəs] *adj appearance* wild, grimmig; *glance, look* böse, grimmig; *dog, animal* wild; *criticism, competition* scharf; *fight, resistance, temper* heftig; *attack* heftig, scharf; *virus* bösartig.

ferociously [fə'rəʊʃəslɪ] *adv* grimmig; *growl, bare teeth* wild; *fight, attack, resist* heftig; *criticize* scharf.

ferocity [fə'rɒsɪtɪ] *n see adj* Wildheit, Grimmigkeit *f*; Grimmigkeit *f*; Wildheit, Bissigkeit *f*; Schärfe *f*; Heftigkeit *f*; Heftigkeit, Schärfe *f*; Bösartigkeit *f.*

ferret ['ferɪt] **I** *n* Frettchen *nt.*

II *vi* **1.** (*Sport: also* go ~ing) mit dem Frettchen jagen.

2. (*also* ~ **about** *or* **around**) herumstöbern *or* -schnüffeln (*pej*). she was ~ing (**about** *or* **around**) **among my books** sie schnüffelte in meinen Büchern (herum).

◆**ferret out** *vt sep* aufstöbern, aufspüren.

ferric ['ferɪk] *adj* Eisen-, Eisen(III)- (*spec*).

Ferris wheel ['ferɪsˌwi:l] *n* Riesenrad *nt.*

ferrite ['feraɪt] *n* Ferrit *m.* ~ **rod** Ferritstab *m*; ~ **rod aerial** Ferritantenne *f.*

ferroconcrete ['ferəʊ'kɒŋkri:t] *n* Eisen- *or* Stahlbeton *m.*

ferrous ['ferəs] *adj* Eisen-, Eisen(II)- (*spec*). ~ **chloride** Eisenchlorid *nt.*

fer(r)ule ['feru:l] *n* (*of umbrella, cane*) Zwinge *f*, Ring *m.*

ferry ['ferɪ] **I** *n* Fähre *f.*

II *vt* **1.** (*by boat: also* ~ **across** *or* **over**) übersetzen; (*by plane, car etc*) transportieren, bringen. **to** ~ **sb across** *or* **over a river** jdn über einen Fluß setzen; **to** ~ **sb/ sth back and forth** jdn/etw hin- und herbringen.

2. (*deliver*) *plane* überführen.

ferryboat ['ferɪbəʊt] *n* Fährboot *nt*; **ferryman** *n* Fährmann *m.*

fertile ['fɜ:taɪl] *adj* (*lit, fig*) fruchtbar; *land, soil also* ertragreich. **the idea fell on** ~ **ground** der Gedanke fiel auf fruchtbaren Boden.

fertility [fə'tɪlɪtɪ] **I** *n* (*lit, fig*) Fruchtbarkeit

f; (*of soil, seed also*) Ergiebigkeit *f.* **II** *attr cult, symbol* Fruchtbarkeits-. ~ **drug** Fruchtbarkeitspille *f.*

fertilization [ˌfɜ:tɪlaɪ'zeɪʃən] *n* Befruchtung *f*; (*of soil*) Düngung *f.*

fertilize ['fɜ:tɪlaɪz] *vt animal, egg, flower* befruchten; *land, soil* düngen.

fertilizer ['fɜ:tɪlaɪzə^r] *n* Dünger *m*, Düngemittel *nt.* **artificial** ~ Kunstdünger *m.*

ferule ['feru:l] *n* **1.** Stock *m.* **2.** *see* **fer(r)ule.**

fervency ['fɜ:vənsɪ] *n see* **fervour.**

fervent ['fɜ:vənt], **fervid** ['fɜ:vɪd] *adj* leidenschaftlich; *desire, wish, hope also* inbrünstig, glühend; *tone of voice, expression, prayer also* inbrünstig.

fervently ['fɜ:vəntlɪ], **fervidly** ['fɜ:vɪdlɪ] *adv see adj.*

fervour, (*US*) **fervor** ['fɜ:və^r] *n* Inbrunst *f*; (*of public speaker also*) Leidenschaft *f*; (*of lover*) Leidenschaftlichkeit *f.*

fester ['festə^r] *vi* eitern; (*fig: insult, resentment etc*) nagen, fressen.

festival ['festɪvəl] *n* **1.** (*Eccl etc*) Fest *nt.* **Church** ~**s** kirchliche Feste, kirchliche Feiertage *pl*; **F**~ **of Lights** Lichterfest *nt.* **2.** (*cultural*) Festspiele *pl*, Festival *nt*; (*lasting several days also*) Festwoche *f.*

festive ['festɪv] *adj* festlich. **the** ~ **season** die Festzeit.

festivity [fe'stɪvɪtɪ] *n* **1.** (*gaiety*) Feststimmung, Feiertagsstimmung *f.* **there was an air of** ~ **in the office** im Büro herrschte Feststimmung *f.* **2.** (*celebration*) Feier *f.* **festivities** *pl* (*festive proceedings*) Feierlichkeiten, Festivitäten (*hum*) *pl.*

festoon [fe'stu:n] **I** *n* Girlande *f*; (*in curtain etc, Archit*) Feston *m.* **II** *vt* **to** ~ **sb/sth with sth** jdn mit etw behängen/etw mit etw schmücken *or* verzieren.

fetal *adj* (*esp US*) *see* **foetal.**

fetch [fetʃ] **I** *vt* **1.** (*bring*) holen; (*collect*) *person, thing* abholen. **would you** ~ **a handkerchief for me** *or* ~ **me a handkerchief?** kannst du mir ein Taschentuch holen (gehen)?; **I'll** ~ **her from the station** ich hole sie vom Bahnhof ab; **she** ~**ed in the washing** sie holte die Wäsche herein.

2. (*bring in*) *money* (ein)bringen.

3. (*inf*) **to** ~ **sb a blow/one** jdm eine langen (*inf*); (*accidentally: with rucksack etc*) jdn erwischen (*inf*).

II *vi* **1.** **to** ~ **and carry for sb** bei jdm Mädchen für alles sein.

2. (*Naut*) Kurs halten; (*change course*) Kurs nehmen.

◆**fetch up** **I** *vi* (*inf*) landen (*inf*). **II** *vt sep* (*Brit: vomit*) erbrechen.

fetching ['fetʃɪŋ] *adj* bezaubernd, reizend; *hat, dress also* entzückend.

fête [feɪt] **I** *n* Fest *nt.* **village** ~ Dorffest *nt.* **II** *vt* (*make much of*) *sb, sb's success* feiern. **to** ~ **sb** (*entertain*) zu jds Ehren ein Fest geben.

fetid ['fetɪd] *adj* übelriechend.

fetish ['fetɪʃ] *n* (*all senses*) Fetisch *m.* **to have a** ~ **about leather/cleanliness** einen Leder-/Sauberkeitstick haben (*inf*); **to make a** ~ **of sth** etw zum Fetisch machen *or* erheben.

fetishism ['fetɪʃɪzəm] *n* Fetischismus *m.*

fetishist ['fetɪʃɪst] *n* Fetischist *m.*

fetlock ['fetlɒk] n Fessel f; (joint) Fessel-gelenk nt.

fetter ['fetəʳ] I vt prisoner fesseln; goat an-pflocken; (fig) in Fesseln legen. II n ~s pl (Fuß)fesseln pl; (fig) Fesseln pl.

fettle ['fetl] n to be in fine or good ~ in bester Form sein.

fetus n (US) see **foetus**.

feud [fju:d] I n (lit, fig) Fehde f. to have a ~ with sb mit jdm in Fehde liegen. II vi (lit, fig) sich befehden, in Fehde liegen.

feudal ['fju:dl] adj Feudal-, feudal, Lehns-.

feudalism ['fju:dəlɪzəm] n Feudalismus m, Lehnswesen nt.

fever ['fi:vəʳ] n 1. Fieber nt no pl. to have a ~ eine Fieberkrankheit haben; (high tem-perature) Fieber haben.
2. (fig) Aufregung, Erregung f, Fieber nt. **election** ~ Wahlfieber nt, Wahlrausch m; **to go into a** ~ **of excitement** von fieber-hafter Erregung ergriffen or befallen wer-den; **to reach** ~ **pitch** am Siedepunkt angelangt sein, den Siedepunkt er-reichen; **to be working at** ~ **pitch** auf Hochtouren arbeiten.

feverish ['fi:vərɪʃ] adj (Med) fiebernd attr; (fig) activity fieberhaft; atmosphere fiebrig. **he's still** ~ er hat noch Fieber.

feverishly ['fi:vərɪʃlɪ] adv fieberhaft.

few [fju:] I adj (+er) 1. (not many) wenige. ~ **people come to see him** nur wenige Leute besuchen ihn; **with** ~ **exceptions** mit wenigen Ausnahmen; ~ **and far be-tween** dünn gesät; **as** ~ **books as you** genauso wenig(e) Bücher wie du; **as** ~ **as six objections** bloß sechs Einwände; **how** ~ **they are!** wie wenige sind sie!; **so** ~ **books** so wenige Bücher; **too** ~ **cakes** zu wenige Kuchen; **there were 3 too** ~ es waren 3 zu wenig da; **10 would not be too** ~ 10 wären nicht zuwenig; **he is one of the** ~ **people who** ... er ist einer der wenigen, die ...; **such occasions are** ~ solche Gelegenheiten sind selten or rar; **its days are** ~ es hat nur ein kurzes Leben; **the remaining** ~ **minutes** die wenigen ver-bleibenden Minuten.
2. **a** ~ **more days** noch ein paar Tage; **a** ~ **times** ein paar Male; **there were quite a** ~ **waiting** ziemlich viele war-teten; **he has quite a** ~ **girl-friends** er hat eine ganze Menge Freundinnen; **he's had a good** ~ **drinks** er hat ziemlich viel getrunken; **I saw a good** ~ or **quite a** ~ **people** ich habe ziemlich viele Leute or eine ganze Menge Leute gesehen; **we'll go in a** ~ **minutes** wir gehen in ein paar Minuten; **in the next/past** ~ **days** in den nächsten/letzten paar Tagen; **every** ~ **days** alle paar Tage.
II pron 1. (not many) wenige. ~ **of them came** wenige von ihnen kamen; **the F~** Kampfflieger, die an der Luftschlacht um England im zweiten Weltkrieg teilnahmen; **the lucky** ~ die wenigen Glücklichen; **how** ~ **there are!** wie wenige sind sie!; **however** ~ **there may be** wie wenig auch immer da ist; **I've got so/too** ~ **as it is** ich habe sowieso schon so/zu wenig(e); **so** ~ **have been sold** so wenige sind bis jetzt verkauft worden; **there are too** ~ **of you** ihr seid zu wenige.

2. **a** ~ **ein paar; a** ~ **thought otherwise** ein paar (Leute) dachten anders; **a** ~ **more** ein paar mehr; **quite a** ~ **did not believe him** eine ganze Menge Leute glaubten ihm nicht; **there were quite a** ~ **waiting** es warteten ziemlich viele; **some** ~ einige; **the** ~ **who knew him** die wenigen, die ihn kannten.

fewer ['fju:əʳ] adj, pron comp of **few** weniger. **no** ~ **than** nicht weniger als.

fewest ['fju:ɪst] superl of **few** I adj die wenigsten. **the** ~ **occasions possible** so wenig wie möglich, so selten wie möglich. II pron die wenigsten, am wenigsten.

fez [fez] n Fes m.

ff abbr of **following** ff.

fiancé [fɪ'ɑ:ŋseɪ] n Verlobte(r) m.

fiancée [fɪ'ɑ:ŋseɪ] n Verlobte f.

fiasco [fɪ'æskəʊ] n, pl ~s, (US also) ~es Fiasko nt. **what a** ~ **of a reception** was für ein Fiasko dieser Empfang ist/war.

fiat ['faɪæt] n 1. (decree) Befehl, Erlaß m, Anordnung f. 2. (authorization) Billigung f, Einverständnis nt, Plazet nt.

fib [fɪb] (inf) I n Flunkerei (inf), Schwindelei (inf) f. **(that's a)** ~! das ist geflunkert! (inf); **don't tell** ~s flunker or schwindel nicht! (inf). II vi flunkern (inf), schwindeln (inf).

fibber ['fɪbəʳ] n (inf) Flunkerer (inf), Schwindler (inf) m.

fibre, (US) fiber ['faɪbəʳ] n 1. Faser f. 2. (fig) **moral** ~ Charakterstärke f; **he has no moral** ~ er hat kein Rückgrat nt.

fibreglass ['faɪbəglɑ:s] I n Fiberglas nt. II adj Fiberglas-, aus Fiberglas.

fibrositis [ˌfaɪbrə'saɪtɪs] n Bindegewebsent-zündung f.

fibrous ['faɪbrəs] adj faserig.

fickle ['fɪkl] adj unbeständig, launenhaft; person also wankelmütig; weather also wechselhaft.

fickleness ['fɪklnɪs] n Wechselhaftigkeit, Unbeständigkeit f; (of person also) Wan-kelmütigkeit f.

fiction ['fɪkʃən] n 1. no pl (Liter) Erzähl- or Prosaliteratur f. **you'll find that under** ~ das finden Sie unter Belletristik; **work of** ~ Erzählung f; (longer) Roman m; **light** ~ (leichte) Unterhaltungsliteratur; **roman-tic** ~ Liebesromane pl.
2. (invention) (freie) Erfindung, Fiktion f. **that's pure** ~ das ist frei erfunden.
3. **legal** ~ juristische Fiktion.

fictional ['fɪkʃənl] adj erdichtet, erfunden. **all these events are purely** ~ alle diese Ereignisse sind frei erfunden; **a** ~ **charac-ter** eine Gestalt aus der Literatur.

fictitious [fɪk'tɪʃəs] adj 1. (imaginary) fiktiv, frei erfunden. **all characters in this film are** ~ alle Gestalten in diesem Film sind frei erfunden. 2. (false) falsch. 3. ~ **person** (Jur) juristische Person.

fiddle ['fɪdl] I n 1. (Mus inf) Fiedel (inf), Geige f. **first** ~ erste Geige; **to play second** ~ (to sb) (fig) in jds Schatten (dat) stehen; **he refuses to play second** ~ (fig) er will immer die erste Geige spielen; **as fit as a** ~ kerngesund; **he had a face as long as a** ~ er machte ein Gesicht wie drei Tage Regen-wetter.
2. (Brit inf: cheat, swindle) Manipula-

tion, Schiebung f; (with money) faule Geschäfte pl (inf). **it's a ~** das ist Schiebung!; **there are so many ~s going on** es wird so viel getrickst (inf) or manipuliert; **to be on the ~** faule Geschäfte or krumme Dinger machen (inf).

II vi **1.** (Mus inf) fiedeln, geigen. **2.** (fidget, play around) herumspielen. **don't ~ with the engine if you don't know what you're doing** spiel nicht am Motor herum, wenn du dich damit nicht auskennst; **he sat there nervously fiddling with his tie/cigarette lighter** er saß da und spielte nervös an seinem Schlips/mit seinem Feuerzeug herum. **3.** (split hairs, be over-precise etc) Haare spalten, pingelig sein (inf).

III vt (inf) **1.** accounts, results frisieren (inf); election manipulieren. **he ~d some money out of the firm** er hat der Firma ein bißchen Geld abgegaunert (inf); **he ~d it so that ...** er hat es so hingebogen or getrickst (inf), daß ... **2.** tune fiedeln (inf), geigen.

IV interj ach du liebe Zeit.

♦**fiddle about** or **around** vi **to ~ ~ with sth** an etw (dat) herumspielen or herumfummeln (inf); (fidget with) mit etw herumspielen; **I'm not spending all day just fiddling ~ with this one little job!** ich werde doch nicht den ganzen Tag damit zubringen, an dieser einen Kleinigkeit rumzufummeln! (inf); **he wasn't really playing a tune, just fiddling ~** er spielte keine richtige Melodie, er spielte nur so rum (inf).

fiddler ['fɪdlə^r] n **1.** (Mus inf) Geiger m. **2. you little ~, now you've broken it** du mit deiner ewigen Herumspielerei, jetzt ist es kaputt. **3.** (inf: cheat) Schwindler, Betrüger m.

fiddler crab n Winkerkrabbe f.

fiddlesticks ['fɪdlstɪks] interj (nonsense) Unsinn, Quatsch (inf).

fiddliness ['fɪdlɪnɪs] n (inf: intricacy) Kniffligkeit f (inf).

fiddling ['fɪdlɪŋ] adj (trivial) läppisch.

fiddly ['fɪdlɪ] adj (+er) (inf: intricate) knifflig (inf).

fidelity [fɪ'delɪtɪ] n **1.** Treue f (to zu). **2.** (of translation etc) Genauigkeit f; (Rad etc) Klangtreue f.

fidget ['fɪdʒɪt] **I** vi (be restless) zappeln. **to ~ with sth** ≙ etw herumspielen or herumfummeln; **don't ~** zappel nicht so rum; **he sat there ~ing on his chair** er rutschte auf seinem Stuhl hin und her.

II n **1.** (person) Zappelphilipp m (inf). **2.** (inf) **to give sb the ~s** jdn zappelig or kribbelig machen.

fidgety ['fɪdʒɪtɪ] adj zappelig; audience etc unruhig.

field [fiːld] **I** n **1.** (Agr) Feld nt, Acker m; (area of grass) Wiese f; (for cows, horses etc) Weide f. **corn/wheat ~** Getreide-/Weizenfeld nt; **potato ~** Kartoffelacker m; **we had a picnic in a ~** wir machten auf einer Wiese Picknick; **he's working in the ~s** er arbeitet auf dem Feld or Acker; **the farm has 20 ~s** der Hof hat 20 Felder; **beasts of the ~** Feldtiere pl; **to cut across the ~s** quer über die Felder gehen. **2.** (coal~, ice~, oil~ etc) Feld nt.

3. (for football etc: ground) Platz m. **sports** or **games ~** Sportplatz m; **to take the ~** auf den Platz kommen, einlaufen.

4. (Mil) **~ of battle** Schlachtfeld nt; **noted for his bravery in the ~** für seine Tapferkeit im Feld bekannt; **to take the ~** zur Schlacht antreten; **to hold the ~** das Feld behaupten.

5. (of study, work etc) Gebiet, Feld nt. **to be first in the ~ with sth** (Comm) als erster etw auf den Markt bringen; **studies in the ~ of medicine** Studien auf dem Gebiet der Medizin; **this is, of course, a very broad ~** das ist natürlich ein weites Feld; **what ~ are you in?** auf welchem Gebiet arbeiten Sie?

6. (area of practical observation or operation) Praxis f. **work in the ~** Feldforschung f; (of sales rep) Außendienst m; **to test sth in the ~** etw in der Praxis or vor Ort ausprobieren.

7. (Phys, Opt) Feld nt. **~ of vision** Blick- or Gesichtsfeld nt; **gravitational ~** Gravitationsfeld, Schwerefeld nt; **~ of force** Kraftfeld nt; **magnetic ~** Magnetfeld nt, magnetisches Feld.

8. (Sport: competitors) Feld nt; (Hunt also) rotes Feld; (Cricket, Baseball) Fängerpartei f. **there's quite a strong ~ for this year's chess contest** das Teilnehmerfeld für den diesjährigen Schachwettbewerb ist ziemlich stark.

9. (Computers) Datenfeld nt; (on punch card) Feld nt.

10. (on flag, Her) Feld nt, Grund m.

II vt **1.** (Cricket, Baseball etc) ball auffangen und zurückwerfen; (fig) question etc abblocken, abwehren. **2.** team, side aufs Feld or auf den Platz schicken.

III vi (Cricket, Baseball etc) als Fänger spielen. **he bats well but he can't ~** er ist ein guter Schlagmann, aber als Fänger nicht zu gebrauchen.

field ambulance n (Mil) Sanka, Sanitätskraftwagen m; **field artillery** n Feldartillerie f; **field day** n **1.** Manöver nt; **2.** (fig) **I had a ~** ich hatte meinen großen Tag.

fielder ['fiːldə^r] n (Cricket, Baseball etc) Fänger m.

field event n (Athletics) Disziplin, die nicht auf der Aschenbahn ausgetragen wird; **field games** npl Feldspiele pl; **field glasses** npl Feldstecher m; **field goal** n (US) (Basketball) Korbwurf m aus dem Spielgeschehen; (Ftbl) Feldtor nt; **field gun** n (Mil) Feldgeschütz nt; **field hockey** n (US) Hockey nt; **field hospital** n (Mil) (Feld)lazarett nt; **field marshal** n (Mil) Feldmarschall m; **fieldmouse** n Feldmaus f; **field notes** npl Arbeits- or Beobachtungsnotizen pl.

fieldsman ['fiːldzmən] n, pl **-men** [-mən] (Cricket) Fänger m.

field sports npl **1.** Sport m im Freien (Jagen und Fischen); **2.** see **field games**; **field study** n Feldforschung f; **a ~** eine Feldstudie; **fieldwork** n **1.** (of geologist, surveyor etc) Arbeit f im Gelände; (of sociologist etc) Feldarbeit, Feldforschung f; **2.** (Mil) Feldbefestigung, Schanze f;

fieldworker n Praktiker m.

fiend [fiːnd] n 1. (evil spirit) Teufel, Dämon m; (person) Teufel m.
2. (inf: addict) Fanatiker(in f) m. tennis ~ Tennisnarr m; a fresh-air ~ ein Frischluftfanatiker m.

fiendish ['fiːndɪʃ] adj teuflisch; cruelty also unmenschlich; (inf) pace, heat höllisch (inf), Höllen- (inf); (inf) problem verteufelt (inf), verzwickt. to take a ~ delight in doing sth seine höllische Freude daran haben, etw zu tun (inf).

fiendishly ['fiːndɪʃlɪ] adv grin, chuckle teuflisch; (dated inf) difficult, complicated verteufelt (inf).

fierce [fɪəs] adj (+er) appearance wild, grimmig; glance, look böse, grimmig; dog bissig; lion, warrior wild; criticism, competition scharf; fight, resistance, temper heftig; attack (lit, fig) heftig, scharf; heat glühend; sun grell, glühend.

fiercely ['fɪəslɪ] adv see adj.

fierceness ['fɪəsnɪs] n see adj (savageness) Wildheit, Grimmigkeit f; Grimmigkeit f; Bissigkeit f; Wildheit f; Schärfe f; Heftigkeit f; Heftigkeit, Schärfe f; Glut f; Grellheit, Glut f.

fiery ['faɪərɪ] adj (+er) feurig, glühend; sunset rotglühend; (fig) person, temper feurig, hitzig; curry feurig. to have a ~ temper/to be ~ ein Hitzkopf m sein.

FIFA ['fiːfə] abbr of **Federation of International Football Associations** FIFA f.

fife [faɪf] n (Mus) Querpfeife f.

fifteen ['fɪf'tiːn] I adj fünfzehn. II n 1. Fünfzehn f; see also **sixteen**. 2. a rugby ~ eine Rugbymannschaft; the Welsh ~ die Rugbynationalmannschaft von Wales.

fifteenth ['fɪf'tiːnθ] I adj fünfzehnte(r, s). II n Fünfzehnte(r, s); (part, fraction) Fünfzehntel nt; see also **sixteenth**.

fifth [fɪfθ] I adj fünfte(r, s). ~ **column** fünfte Kolonne; ~ **columnist** Angehörige(r) mf der fünften Kolonne; ~ **rate** fünftrangig. II n Fünfte(r, s); (part, fraction) Fünftel nt; (Mus) Quinte f; see also **sixth**.

fiftieth ['fɪftɪθ] I adj fünfzigste(r, s). II n Fünfzigste(r, s); (part, fraction) Fünfzigstel nt.

fifty ['fɪftɪ] I adj fünfzig. II n Fünfzig f; see also **sixty**.

fifty-fifty ['fɪftɪ'fɪftɪ] I adj halbe-halbe, fifty-fifty. we have a ~ chance of success unsere Chancen stehen fifty-fifty. II adv to go ~ (with sb) (mit jdm) halbe-halbe or fifty-fifty machen. III n Halbe-Halbe, Fifty-Fifty nt.

fiftyish ['fɪftɪɪʃ] adj um die Fünfzig.

fig abbr of **figure(s)** Abb.

fig [fɪg] n Feige f. I don't care a ~ (inf) ich kümmere mich einen Dreck darum (inf); not worth a ~ keinen Deut wert.

fight [faɪt] (vb: pret, ptp **fought**) I n 1. (lit, fig) Kampf m; (fist ~, scrap) Rauferei, Prügelei, Schlägerei f; (Mil) Gefecht nt; (argument, row) Streit m. to have a ~ with sb sich mit jdm schlagen; (argue) sich mit jdm streiten; to give sb a ~ (lit, fig) jdm einen Kampf liefern; to put up a ~ (lit, fig) sich zur Wehr setzen; to put up a good ~ (lit, fig) sich tapfer zur Wehr setzen, sich tapfer schlagen; if he wants a ~, then

... (lit, fig) wenn er Streit sucht, dann ...; he won't give in without a ~ er ergibt sich nicht kampflos; in the ~ against disease im Kampf gegen die Krankheit.
2. (~ing spirit) Kampfgeist m. there was no ~ left in him sein Kampfgeist war erloschen; to show ~ Kampfgeist zeigen.

II vi kämpfen; (have punch-up etc) raufen, sich prügeln, sich schlagen; (argue, with wife etc) sich streiten or zanken. the dogs were ~ing over a bone die Hunde rauften um einen Knochen; to ~ against disease Krankheiten bekämpfen; to ~ for sb/sth um jdn/etw kämpfen; to ~ for what one believes in für seine Überzeugungen eintreten or streiten; to ~ for one's life um sein Leben kämpfen; to go down ~ing sich nicht kampflos ergeben; to ~ shy of sth einer Sache (dat) aus dem Weg gehen.

III vt 1. person kämpfen mit or gegen; (have punch-up with) sich schlagen mit, sich prügeln mit; (in battle) kämpfen mit, sich (dat) ein Gefecht nt liefern mit. I'm prepared to ~ him/the government (argue with, take on) ich bin bereit, das mit ihm/der Regierung durchzukämpfen; I'll ~ him on that one dazu nehme ich es mit ihm auf.
2. fire, disease, cuts, policy bekämpfen; decision ankämpfen gegen.
3. to ~ a duel ein Duell nt austragen, sich duellieren; to ~ an action at law einen Prozeß vor Gericht durchkämpfen or durchfechten; to ~ one's way out of the crowd sich aus der Menge freikämpfen; see **battle**.
4. (Mil, Naut: control in battle) army, ships kommandieren.

◆**fight back** I vi (in fight) zurückschlagen; (Mil) sich verteidigen, Widerstand leisten; (in argument) sich wehren, sich zur Wehr setzen; (after illness) zu Kräften kommen; (Sport) zurückkämpfen.
II vt tears etc unterdrücken; doubts also zu besiegen versuchen. he fought his way ~ into the match/to the top er hat sich ins Spiel/wieder an die Spitze zurückgekämpft.

◆**fight down** vt sep anxiety unterdrücken, bezwingen.

◆**fight off** vt sep (Mil, fig) attack, disease abwehren; sleep ankämpfen gegen; a cold erfolgreich bekämpfen. I'm still trying to ~ ~ this cold ich kämpfe immer noch mit dieser Erkältung; she has to keep ~ing men ~ sie muß dauernd Männer abwimmeln.

◆**fight on** vi weiterkämpfen.

◆**fight out** vt sep to ~ it ~ es untereinander ausfechten.

fighter ['faɪtər] n 1. Kämpfer, Streiter m; (Boxing) Fighter m. he's a ~ (fig) er ist eine Kämpfernatur. 2. (Aviat: plane) Jagdflugzeug nt, Jäger m.

fighter-bomber ['faɪtə,bɒmər] n Jagdbomber m; **fighter-pilot** n Jagdflieger m.

fighting ['faɪtɪŋ] I n (Mil) Kampf m, Gefecht nt; (punch-ups, scrapping etc) Prügeleien, Raufereien pl; (arguments between husband and wife etc) Streit, Zank m. ~ broke out Kämpfe brachen aus; *see* street ~. **II** *adj attr person* kämpferisch, streitlustig; (*Mil*) *troops* Kampf-.

fighting chance *n* faire Chancen *pl*; **he's in with** *or* **he has a** ~ er hat eine Chance, wenn er sich anstrengt; **fighting cock** *n* (*lit, fig*) Kampfhahn *m*; **fighting man** *n* Krieger, Kämpfer *m*; **fighting spirit** *n* Kampfgeist *m*; **fighting strength** *n* (*Mil*) Kampf- *or* Einsatzstärke *f*.

figleaf ['fɪgliːf] *n* (*lit, fig*) Feigenblatt *nt*.

figment ['fɪgmənt] *n* **a** ~ **of the imagination** pure Einbildung, ein Hirngespinst *nt*.

fig tree *n* Feigenbaum *m*.

figurative ['fɪgjʊrətɪv] *adj* **1.** *language* bildlich; *use, sense* übertragen, figürlich. **2.** (*Art*) gegenständlich.

figuratively ['fɪgjʊrətɪvlɪ] *adv* im übertragenen *or* figürlichen Sinne. ~ **speaking, of course** natürlich nicht im wörtlichen Sinn.

figure ['fɪgə'] **I** *n* **1.** (*number*) Zahl; (*digit also*) Ziffer *f*; (*sum*) Summe *f*. **could you put some sort of** ~ **on the salary?** können Sie mir ungefähr die Höhe meines Gehaltes angeben?; **he's good at** ~**s** er ist ein guter Rechner; **a mistake in the** ~**s** eine Unstimmigkeit in den Zahlen; **have you seen last year's** ~**s?** haben Sie die Zahlen vom Vorjahr gesehen?; **to get into double** ~**s** sich auf zweistellige Beträge belaufen, in die zweistelligen Zahlen gehen; **three-**~ **number** dreistellige Zahl; **to sell for a high** ~ für eine hohe Summe verkauft werden; **he earns well into four** ~**s** er hat gut und gern ein vierstelliges Einkommen. **2.** (*in geometry, dancing, skating*) Figur *f*. ~ **of eight** Acht *f*. **3.** (*human form*) Gestalt *f*. **4.** (*shapeliness*) Figur *f* **she has a good** ~ sie hat eine gute Figur; **I'm dieting to keep my** ~ ich lebe Diät, um meine Figur zu behalten; **she's a fine** ~ **of a woman** sie ist eine stattliche Frau; **he's a fine** ~ **of a man** er ist ein Bild von einem Mann. **5.** (*personality*) Persönlichkeit *f*; (*character in novel etc*) Gestalt *f*. **a great public** ~ eine bedeutende Persönlichkeit des öffentlichen Lebens; ~ **of fun** Witzfigur *f*, lächerliche Erscheinung. **6.** (*statuette, model etc*) Figur *f*. **7.** (*Liter*) ~ **of speech** Redensart, Redewendung *f*. **8.** (*Mus*) Figur, Phrase *f*; (*notation*) Ziffer *f*.

II *vt* **1.** (*decorate*) *silk etc* bemalen, mustern. ~**d velvet** bedruckter Samt. **2.** (*Mus*) *bass* beziffern; *melody* verzieren. **3.** (*imagine*) sich (*dat*) vorstellen, sich (*dat*) denken. **4.** (*US inf: think, reckon*) glauben, schätzen (*inf*). **5.** (*US inf:* ~ *out*) schlau werden aus, begreifen.

III *vi* **1.** (*appear*) erscheinen, auftauchen. **where does pity** ~ **in your scheme of things?** wo rangiert Mitleid in deiner Weltordnung?; **he** ~**d prominently in the talks** er spielte eine bedeutende Rolle bei den Gesprächen. **2.** (*inf: make sense*) hinkommen (*inf*),

hinhauen (*inf*). **that** ~**s** das hätte ich mir denken können; **it doesn't** ~ das paßt *or* stimmt nicht zusammen.

◆**figure on** *vi* +*prep obj* (*esp US*) rechnen mit.

◆**figure out** *vt sep* **1.** (*understand, make sense of*) begreifen, schlau werden aus. **2.** (*work out*) ausrechnen; *answer, how to do sth* herausbekommen; *solution* finden; **I** ~**d** ~ **how long it would take** ich habe ausgerechnet, wie lange das dauert.

figure-conscious ['fɪgə,kɒnʃəs] *adj* figurbewußt; **figurehead** *n* (*Naut, fig*) Galionsfigur *f*; **figure-skater** *n* Eiskunstläufer(in *f*) *m*; **figure-skating** *n* Eiskunstlaufen *nt*.

figurine [fɪgə'riːn] *n* Figurine *f*.

Fiji ['fiːdʒiː] *n* Fidschiinseln *pl*.

Fijian [fɪ'dʒiːən] **I** *adj* fidschianisch. **II** *n* **1.** Fidschiinsulaner(in *f*) *m*. **2.** (*language*) Fidschianisch *nt*.

filament ['fɪləmənt] *n* (*Elec*) (Glüh- *or* Heiz)faden *m*; (*Bot*) Staubfaden *m*.

filch [fɪltʃ] *vt* filzen, mausen (*both inf*).

file¹ [faɪl] **I** *n* (*tool*) Feile *f*. **II** *vt* feilen. **to** ~ **one's fingernails** sich (*dat*) die Fingernägel feilen.

◆**file away** *vt sep* abfeilen.

◆**file down** *vt sep* abfeilen.

file² **I** *n* **1.** (*holder*) (Akten)hefter, Aktenordner *m*; (*for card index*) Karteikasten *m*. **would you go to the** ~**s and get ...** könnten Sie bitte ... aus der Kartei holen; **it's in the** ~**s somewhere** das muß irgendwo bei den Akten sein. **2.** (*documents, information*) Akte *f* (*on sb* über jdn, *on sth* zu etw). **on** ~ aktenkundig, bei den Akten; **to open** *or* **start a** ~ **on sb/sth** über jdn/zu etw anlegen; **to keep a** ~ **on sb/sth** eine Akte über jdn/zu etw führen; **to close the** ~ **on sb/sth** jds Akte schließen/die Akte zu einer Sache schließen; **the Kowalski** ~ die Akte Kowalski. **3.** (*Computers*) Datenblock *m* mit Adresse. **data on** ~ unter einer Adresse *or* auf Abruf gespeicherte Daten.

II *vt* **1.** (*put in* ~) *letters* ablegen, abheften. **it's** ~**d under "B"** das ist unter „B" abgelegt. **2.** (*Jur*) einreichen, erheben. **to** ~ **a petition at court** (*Jur*) ein Gesuch *nt* bei Gericht einreichen.

◆**file away** *vt sep papers* zu den Akten legen.

file³ **I** *n* (*row*) Reihe *f*. **in Indian** *or* **single** ~ im Gänsemarsch; (*Mil*) in Reihe.

II *vi* **to** ~ **in** hereinmarschieren *or* -kommen; **they** ~**d out of the classroom** sie gingen/kamen hintereinander *or* nacheinander aus dem Klassenzimmer; **long lines of spectators** ~**d slowly into the stadium** lange Zuschauerreihen kamen langsam ins Stadion; **they** ~**d through the turnstile** sie kamen nacheinander durch das Drehkreuz; **the troops** ~**d past the general** die Truppen marschierten *or* defilierten am General vorbei; **the children** ~**d past the headmaster** die Kinder gingen in einer Reihe am Direktor vorbei.

file clerk *n* (*US*) Angestellte(r) *mf* in der Registratur.

filial ['fɪlɪəl] *adj* Kindes-; *duty also* töchterlich, Sohnes-.

filibuster ['fɪlɪbʌstə^r] (*esp US*) **I** *n* (*speech*) Obstruktion, Dauerrede *f*; (*person*) Filibuster, Dauerredner, Obstruktionist *m*. **II** *vi* filibustern, Obstruktion betreiben.

filibustering ['fɪlɪbʌstərɪŋ] *n* Verschleppungstaktik *f*, Obstruktionismus *m*.

filigree ['fɪlɪgriː] **I** *n* Filigran(arbeit *f*) *nt*. **II** *adj* Filigran-.

filing ['faɪlɪŋ] *n* **1.** (*of documents*) Ablegen, Abheften *nt*. **who does your ~?** wer ist bei Ihnen für die Ablage zuständig?; **have you done the ~?** haben Sie die Akten schon abgelegt? **2.** (*Jur*) Einreichung *f*.

filing cabinet *n* Aktenschrank *m* or -regal *nt*; **filing clerk** *n* (*Brit*) Angestellte(r) *mf* in der Registratur.

filings ['faɪlɪŋz] *npl* Späne *pl*.

Filipino [fɪlɪ'piːnəʊ] *n*, *pl* ~**s** Filipino *m*.

fill [fɪl] **I** *vt* **1.** *bottle, bucket, hole* füllen; *pipe* stopfen; *teeth also* plombieren; (*wind*) *sails* blähen; (*fig*) (aus)füllen.
  2. (*permeate*) erfüllen. **~ed with anger/admiration/longing** voller Zorn/Bewunderung/Verlangen.
  3. *post, position* (*employer*) besetzen; (*employee*) (*take up*) einnehmen; (*be in*) innehaben; *need* entsprechen (+*dat*). **we are looking for a young man to ~ the post of ...** wir suchen einen jungen Mann, der den Posten eines ... einnehmen soll; **the position is already ~ed** die Stelle ist schon besetzt *or* vergeben.
  II *vi* sich füllen.
  III *n* to drink one's ~ seinen Durst löschen; **to eat one's ~** sich satt essen; **to have had one's ~** gut satt sein; **I've had my ~ of him/it** (*inf*) ich habe von ihm/davon die Nase voll (*inf*), ich habe ihn/das satt; **a ~ of tobacco** eine Pfeife Tabak.
◆**fill in I** *vi* to ~ ~ **for sb** für jdn einspringen.
  II *vt sep* **1.** *hole* auffüllen; *door, fireplace* zumauern. **to ~ ~ the gaps in one's knowledge** seine Wissenslücken stopfen; **he's just ~ing ~ time until he gets another job** er überbrückt nur die Zeit, bis er eine andere Stelle bekommt.
  2. *form, questionnaire* ausfüllen; *name, address, details, missing word* eintragen.
  3. to ~ **sb** ~ (**on sth**) jdn (über etw *acc*) aufklären *or* ins Bild setzen.
◆**fill out I** *vi* **1.** (*sails etc*) sich blähen.
  2. (*person: become fatter*) fülliger werden; (*cheeks, face*) runder *or* voller werden.
  II *vt sep form* ausfüllen; *essay, article etc* strecken.
◆**fill up I** *vi* **1.** (*Aut*) (auf)tanken.
  2. (*hall, barrel etc*) sich füllen.
  II *vt sep* **1.** *tank, cup* vollfüllen; (*driver*) volltanken; *hole* füllen, stopfen. **he ~ed the glass ~ to the brim** er füllte das Glas randvoll; ~ **her ~!** (*Aut inf*) volltanken bitte!; **you need something to ~ you ~** du brauchst was Sättigendes.
  2. *form* ausfüllen.

filler ['fɪlə^r] *n* **1.** (*funnel*) Trichter *m*. **2.** (*Build: paste for cracks*) Spachtelmasse *f*. **3.** (*Press, TV*) Füllsel *nt*, (Lücken)füller *m*. **4.** (*Chem: for plastics*) Füllstoff *m*.

fillet ['fɪlɪt] **I** *n* **1.** (*Cook: of beef, fish*) Filet *nt*. **~ steak** Filetsteak *nt*. **2.** (*for the hair*) (Haar)band *nt*. **II** *vt* (*Cook*) filetieren; *meat also* in Filets schneiden. **~ed sole** Seezungenfilet *nt*.

filling ['fɪlɪŋ] **I** *n* **1.** (*in tooth*) Füllung, Plombe *f*. **I had to have three ~s** ich mußte mir drei Zähne plombieren *or* füllen lassen. **2.** (*Cook: in pie, tart*) Füllung *f*. **II** *adj food* sättigend.

filling station *n* Tankstelle *f*.

fillip ['fɪlɪp] *n* (*fig*) Ansporn *m*, Aufmunterung *f*. **to give sb/sth a ~** jdn aufmuntern *or* anspornen/einer Sache (*dat*) (neuen) Schwung geben.

fill-up ['fɪlʌp] *n* (*inf*) **to give sb a ~** jdm nachschenken; **do you want a ~?** soll ich nachschenken?

filly ['fɪlɪ] *n* Stutfohlen *nt*.

film [fɪlm] **I** *n* **1.** Film *m*; (*of dust*) Schicht *f*; (*of ice on water*) Schicht *f*; (*of mist, on the eye*) Schleier *m*; (*thin membrane*) Häutchen *nt*; (*on teeth*) Belag *m*; (*fine web*) feines Gewebe.
  2. (*Phot*) Film *m*. **get your holiday on ~** bannen Sie Ihre Ferien auf den Film; **I wish I'd got that on ~** ich wünschte, ich hätte das aufnehmen können; **to take a ~ of sth** einen Film über etw (*acc*) drehen.
  3. (*motion picture*) Film *m*. **to make** *or* **shoot a ~** einen Film drehen *or* machen; **to make a ~** (*actor*) einen Film machen. **he's in ~s** er ist beim Film; **to go into ~s** zum Film gehen.
  II *vt play* verfilmen; *scene* filmen; *people* einen Film machen von.
  III *vi* **she ~s well** sie ist sehr fotogen; **the story ~ed very well** die Geschichte ließ sich gut verfilmen; **~ing starts tomorrow** die Dreharbeiten fangen morgen an.
◆**film over** *or* **up** *vi* (*mirror, glass*) anlaufen.

film camera *n* Filmkamera *f*; **film clip** *n* Filmausschnitt *m*; **film fan** *n* Filmliebhaber(in *f*) *m*, Filmfan *m*; **film library** *n* Cinemathek *f*; **film rights** *npl* Filmrechte *pl*; **film script** *n* Drehbuch *nt*; **film-set** *vt irreg* (*Brit Typ*) lichtsetzen, photosetzen; **film-setting** *n* (*Brit Typ*) Lichtsatz, Photosatz *m*; **filmstar** *n* Filmstar *m*; **filmstrip** *n* Filmstreifen *m*; **film studio** *n* Filmstudio *nt*; **film test** *n* Probeaufnahmen *pl*; **film version** *n* Verfilmung *f*.

filmy ['fɪlmɪ] *adj* (*+er*) *material* dünn, zart.

filter ['fɪltə^r] **I** *n* **1.** Filter *m*; (*Phot, Rad, Mech*) Filter *nt or m*. **2.** (*Brit: for traffic*) grüner Pfeil (*für Abbieger*). **II** *vt liquids, air* filtern. **III** *vi* **1.** (*light*) durchscheinen, durchschimmern; (*liquid, sound*) durchsickern. **2.** (*Brit Aut*) sich einordnen. **to ~ to the left** sich links einordnen.
◆**filter back** *vi* (*refugees, prisoners etc*) allmählich zurückkommen.
◆**filter in** *vi* (*people*) langsam *or* allmählich eindringen; (*news*) durchsickern.
◆**filter out I** *vi* (*people*) einer nach dem anderen herausgehen/-kommen. **II** *vt sep* (*lit*) herausfiltern; (*fig*) heraussieben.
◆**filter through** *vi* (*liquid, sound, news*) durchsickern; (*light*) durchschimmern, durchscheinen.

filter bed *n* Klärbecken *nt*; **filter lane** *n*

(*Brit*) Spur *f* zum Einordnen, Abbiegspur *f*; **filter paper** *n* Filterpapier *nt*; **filter tip** *n* Filter *m*; **filter-tipped** *adj* cigarette Filter-.

filth [fɪlθ] *n* (*lit*) Schmutz, Dreck *m*; (*fig*) Schweinerei, Sauerei (*sl*) *f*; (*people*) Dreckspack, (Lumpen)gesindel *nt*. **all the ~ they wrote about him in the papers** all der Unflat, der über ihn in der Zeitung geschrieben wurde.

filthy ['fɪlθɪ] *adj* (*+er*) schmutzig, dreckig; (*inf*) *weather* Drecks- (*inf*), Sau- (*sl*); *day* Mist-; *temper* übel; (*obscene*) unanständig, schweinisch (*inf*). **he's got a ~ mind** er hat eine schmutzige *or* schweinische (*inf*) Phantasie; **don't be ~** (*to child*) du Ferkel!; (*to grown-up*) Sie Schmutzfink!; **a ~ habit** eine widerliche Angewohnheit; **~ rich** (*inf*) stinkreich (*inf*).

fin [fɪn] *n* 1. (*of fish*) Flosse *f*. 2. (*Aviat*) Seitenleitwerk *nt*, Seitenflosse *f*; (*of bomb, rocket, ship*) Stabilisierungsfläche *f*. 3. (*Aut: of radiator*) Kühlrippe *f*. 4. (*for swimming*) Schwimmflosse *f*.

final ['faɪnl] **I** *adj* 1. (*last*) letzte(r, s); *instalment, chapter, act also, examination, chord* Schluß-.
 2. (*ultimate*) *aim, result* letztendlich, End-; *version* endgültig, letzte(r, s); *offer* (aller)letzte(r, s). **~ score** Schlußstand *m*, Endergebnis *nt*.
 3. (*definite*) endgültig. **~ word** letztes Wort; **you're not going and that's ~** du gehst nicht, und damit basta (*inf*).
 4. **~ cause** (*Philos*) Urgrund *m*; **~ clause** (*Gram*) Finalsatz *m*.
 II *n* 1. **~s** *pl* (*Univ*) Abschlußprüfung *f*.
 2. (*Sport*) Finale, Endspiel *nt*; (*in quiz*) Finale *nt*, Endrunde *f*. **the ~s** das Finale.
 3. (*Press*) Spätausgabe *f*. **late-night ~** letzte Nachtausgabe.

finale [fɪ'nɑːlɪ] *n* (*Mus, in opera*) Finale *nt*; (*Theat*) Schlußszene *f*; (*fig*) Finale *nt* (*geh*), (Ab)schluß *m*.

finalist ['faɪnəlɪst] *n* (*Sport*) Endrundenteilnehmer(in *f*), Finalist(in *f*) *m*; (*Univ*) Examenskandidat(in *f*) *m*.

finality [faɪ'nælɪtɪ] *n* (*of decision etc*) Endgültigkeit *f*; (*of tone of voice*) Entschiedenheit, Bestimmtheit *f*.

finalization [ˌfaɪnəlaɪ'zeɪʃən] *n see vt* Beendigung *f*; endgültige Festlegung; endgültiger Abschluß; endgültige Formgebung.

finalize ['faɪnəlaɪz] *vt* fertigmachen, beenden; (*determine*) *plans, arrangements* endgültig festlegen; *deal* (endgültig) abschließen, zum Abschluß bringen; *draft* die endgültige Form geben (*+dat*). **to ~ a decision** eine endgültige Entscheidung treffen.

finally ['faɪnəlɪ] *adv* 1. (*at last, eventually*) schließlich; (*expressing relief etc*) endlich.
 2. (*at the end, lastly*) schließlich, zum Schluß.
 3. (*in a definite manner*) endgültig. **he said it very ~** er hat es in sehr bestimmtem *or* entschiedenem Ton gesagt.
 4. **we are, ~, all human beings** wir sind doch letztlich alle Menschen.

finance [faɪ'næns] **I** *n* 1. Finanzen *pl*, Finanz- *or* Geldwesen *nt*. **high ~** Hochfinanz *f*; **to study ~** (*academically*) Finanzwissenschaft studieren; (*as training*) eine Finanzfachschule besuchen.
 2. (*money*) Geld *nt*, (Geld)mittel *pl*. **it's a question of ~** das ist eine Geldfrage; **~s** Finanzen *pl*, Finanz- *or* Einkommenslage *f*; **his ~s aren't sound** seine Finanzlage ist nicht gesund.
 II *vt* finanzieren.

finance company *n* Finanz(ierungs)gesellschaft *f*; **finance director** *n* Leiter *m* der Finanzabteilung.

financial [faɪ'nænʃəl] *adj* finanziell; *situation also, crisis* Finanz-; *news, page* Wirtschafts-. **~ paper** Börsenblatt *nt*; **~ director** Leiter *m* der Finanzabteilung; **the ~ year** das Rechnungsjahr.

financially [faɪ'nænʃəlɪ] *adv* finanziell.

financier [faɪ'nænsɪər] *n* Finanzier *m*.

finch [fɪntʃ] *n* Fink *m*.

find [faɪnd] (*vb: pret, ptp* **found**) **I** *vt* 1. finden. **it's not to be found** es läßt sich nicht finden *or* auftreiben (*inf*); **to ~ sb out** *or* **away** jdn nicht (zu Hause) antreffen; **hoping this letter ~s you in good health** in der Hoffnung, daß Sie gesund sind; **we left everything as we found it** wir haben alles so gelassen, wie wir es vorgefunden haben; **he was found dead in bed** er wurde tot im Bett aufgefunden; **where am I going to ~ the money/time?** wo nehme ich nur das Geld/die Zeit her?; **you must take us as you ~ us** Sie müssen uns so nehmen, wie wir sind; **if you can ~ it in you to ...** wenn Sie es irgend fertigbringen, zu ...
 2. (*supply*) besorgen (*sb sth* jdm etw). **go and ~ me a needle** hol mir doch mal eine Nadel; **we'll have to ~ him a car/ secretary** wir müssen ihm ein Auto besorgen/eine Sekretärin für ihn finden.
 3. (*discover, ascertain*) feststellen; *cause also* (heraus)finden. **we found the car wouldn't start** es stellte sich heraus, daß das Auto nicht ansprang; **I ~ I'm unable to ...** ich stelle fest, daß ich ... nicht kann; **you will ~ that I am right** Sie werden sehen, daß ich recht habe; **it has been found that this is so** es hat sich herausgestellt, daß es so ist.
 4. (*consider to be*) finden. **I ~ Spain too hot** ich finde Spanien zu heiß; **I don't ~ it easy to tell you this** es fällt mir nicht leicht, Ihnen das zu sagen; **he always found languages easy/hard** ihm fielen Sprachen immer leicht/schwer; **I found all the questions easy** ich fand, daß die Fragen alle leicht waren; **I ~ it impossible to understand him** ich kann ihn einfach nicht verstehen.
 5. **I ~ myself in an impossible situation/ in financial difficulties** ich befinde mich in einer unmöglichen Situation/in finanziellen Schwierigkeiten; **one day he suddenly found himself a rich man/out of a job** eines Tages war er plötzlich ein reicher Mann/arbeitslos; **he awoke to ~ himself in prison/hospital** er erwachte und fand sich im Gefängnis/Krankenhaus wieder; **I found myself quite competent to deal with it** ich stellte fest, daß ich durchaus fähig war, damit zurechtzukommen; **I found myself unable/forced to ...** ich sah mich außerstande/gezwungen, zu ...

6. this flower is found all over England diese Blume findet man in ganz England; **you don't ~ bears here any more** man findet hier keine Bären mehr; **there wasn't one to be found** es war keine(r) *etc* zu finden.

7. £100 per week all found £ 100 pro Woche, (und freie) Kost und Logis *or* (*in institution*) bei freier Station.

8. (*Jur*) **to ~ sb guilty** jdn für schuldig befinden; **how do you ~ the accused?** wie lautet Ihr Urteil?; **the court has found that …** das Gericht hat befunden, daß …

II *vi* (*Jur*) **to ~ for/against the accused** für/gegen den Angeklagten entscheiden.

III *n* Fund *m*.

◆**find out I** *vt sep* **1.** *answer, sb's secret* herausfinden.

2. (*discover the misdeeds etc of*) *person* erwischen; (*come to know about*) auf die Schliche kommen (+*dat*) (*inf*). **his wife has found him ~** seine Frau ist dahintergekommen; **don't get found** ~ laß dich nicht erwischen; **you've been found** ~ du bist entdeckt *or* ertappt (*inf*).

II *vi* es herausfinden; (*discover misdeeds, dishonesty etc also*) dahinterkommen. **where is it? — ~ ~ for yourself!** wo ist es? — sieh doch selbst nach!

finder ['faɪndə'] *n* **1.** (*of lost object*) Finder(in *f*) *m*. **~s keepers** (*inf*) wer's findet, dem gehört's. **2.** (*of telescope*) Sucher *m*.

finding ['faɪndɪŋ] *n* **1.** ~s *pl* Ergebnis(se *pl*) *nt*; (*medical*) Befund *m*; **the ~s of the commission of enquiry were as follows** die Untersuchungskommission kam zu folgendem Ergebnis.

2. (*Jur: verdict*) Urteil(sspruch *m*) *nt*.

fine[1] [faɪn] *adv*: **in ~** (*liter*) kurz und gut.

fine[2] **I** *n* (*Jur*) Geldstrafe *f*; (*for less serious offences also*) Geldbuße *f*; (*driving also*) Bußgeld *nt*; (*for minor traffic offences*) (gebührenpflichtige) Verwarnung.

II *vt see n* zu einer Geldstrafe verurteilen, mit einer Geldstrafe/-buße belegen; Bußgeld verhängen gegen; eine (gebührenpflichtige) Verwarnung erteilen (+*dat*). **he was ~d £10** er mußte £ 10 Strafe bezahlen; **he was ~d for speeding** er hat einen Strafzettel für zu schnelles Fahren bekommen.

fine[3] **I** *adj* (+*er*) **1.** *weather* schön. **it's going to be ~ this afternoon** heute nachmittag wird es schön; **we'll go if it's ~** wir gehen, wenn das Wetter schön ist; **one ~ day** eines schönen Tages.

2. (*good*) gut; *example, selection, workmanship, person, character* fein; *specimen, chap, woman* prächtig; *mind* fein, scharf; *pianist, novel, painting, shot* großartig; *complexion, holiday* schön; *holiday, meal, view* herrlich; (*elegant*) *clothes, manners etc* fein, vornehm. **our ~st hour** unsere größte Stunde; **he did a ~ job there** da hat er gute Arbeit geleistet; **a ~ time to …** (*iro*) ein feiner Augenblick, zu …; **a ~ friend you are** (*iro*) du bist mir ja ein schöner Freund!; **that's a ~ thing to say** (*iro*) das ist ja wirklich nett, so was zu sagen! (*iro*); **this is a ~ state of affairs** (*iro*) das sind ja schöne Zustände; **she likes to play at being the ~ lady** sie spielt

sich gern als feine Dame auf.

3. (*OK, in order*) gut, in Ordnung. **more soup? — no thanks, I'm ~** noch etwas Suppe? — nein danke, ich habe genug; **everything was ~ until he came along** alles ging gut, bis er kam; **that's ~ by me** ich habe nichts dagegen; (**that's**) **~** gut *or* in Ordnung; **~, let's do that then** ja *or* gut, machen wir das; **4 o'clock OK? — ~** geht es um 4? — ja, das ist in Ordnung.

4. (*healthwise, mentally*) **sb is** *or* **feels ~** jdm geht es gut; **I'm/he is ~ now** es geht mir/ihm wieder gut; **how are you? — ~** wie geht's? — gut.

5. (*delicate*) *workmanship* fein; *material, china also* zart. **~ feelings** Feingefühl *nt*; **to appeal to sb's ~r feelings** an jds besseres Ich appellieren.

6. *dust, sand* fein; *rain also* Niesel-.

7. (*thin*) fein, dünn; (*sharp*) scharf; *handwriting* fein, zierlich. **~ nib** spitze Feder; *see* point.

8. (*Metal*) Fein-.

9. (*discriminating*) *distinction, ear* fein. **there's a very ~ line between …** es besteht ein feiner Unterschied zwischen …

II *adv* **1.** (*well*) gut, prima (*inf*). **these ~-sounding adjectives** diese wohlklingenden Adjektive.

2. (+*er*) **to chop sth up ~** etw fein (zer)hacken; *see* cut.

◆**fine down** *vt sep wood etc* abhobeln/ -feilen; *text, novel etc* straffen (*to* zu); *theory* reduzieren (*to* auf +*acc*).

fine art *n* **1.** *usu pl* schöne Künste *pl*; **2.** (*skill*) Kunststück *nt*, echte Kunst; **he's got it down to a ~** er hat den Bogen heraus (*inf*); **fine-drawn** *adj* **1.** *thread* fein gesponnen *or* (*synthetic*) gezogen; *wire* fein gezogen; **2.** *features* fein (geschnitten); **fine-grained** *adj wood* fein gemasert; *photographic paper* feinkörnig.

finely ['faɪnlɪ] *adv* fein; *worked, made* schön; *detailed* genau; *sliced also* dünn.

fineness ['faɪnnɪs] *n* **1.** Schönheit *f*.

2. (*of quality*) Güte *f*; (*of mind, novel*) Großartigkeit *f*; (*elegance*) Feinheit *f*.

3. (*of piece of work*) Feinheit *f*; (*of material, feelings*) Zartheit *f*.

4. (*of dust, sand*) Feinheit, Feinkörnigkeit *f*.

5. (*thinness*) Feinheit, Dünnheit, Dünne *f*; (*sharpness*) Schärfe *f*; (*of handwriting*) Feinheit *f*; (*of nib*) Spitze *f*.

6. (*of metal*) Feingehalt *m*.

7. (*of distinction*) Feinheit *f*.

finery ['faɪnərɪ] *n* **1.** (*of dress*) Staat *m*; (*liter: of nature etc also*) Pracht *f*. **2.** (*Metal: furnace*) Frischofen *m*.

finesse [fɪ'nes] **I** *n* **1.** (*skill, diplomacy*) Gewandtheit *f*, Geschick *nt*. **2.** (*cunning*) Schlauheit, Finesse *f*. **3.** (*Cards*) Schneiden *nt*. **II** *vti* (*Cards*) schneiden.

fine-tooth comb ['faɪn'tuː'θkəʊm] *n*: **to go through sth with a ~** etw genau unter die Lupe nehmen.

finger ['fɪŋɡə'] **I** *n* Finger *m*. **she can twist him round her little ~** sie kann ihn um den (kleinen) Finger wickeln; **to have a ~ in every pie** überall die Finger drin *or* im Spiel haben (*inf*); **I didn't lay a ~ on her**

ich habe sie nicht angerührt; **he wouldn't lift a ~ to help me** er würde keinen Finger rühren, um mir zu helfen; **he didn't lift a ~** er hat keinen Finger krumm gemacht (*inf*); **to point one's ~ at sb** mit dem Finger auf jdn zeigen; **to point the ~ at sb** (*fig*) mit Fingern auf jdn zeigen; **I can't put my ~ on it, but ...** ich kann es nicht genau ausmachen, aber ...; **you've put your ~ on it there** da haben Sie den kritischen Punkt berührt; **to get** *or* **pull one's ~ out** (*sl*) Nägel mit Köpfen machen (*sl*); *see* **cross.**

II *vt* **1.** anfassen; (*toy, meddle with*) befingern, herumfingern an (+*dat*).
2. (*Mus: mark for ~ing*) mit einem Fingersatz versehen. **to ~ the keys/strings in** die Tasten/Saiten greifen.

finger alphabet *n* Fingeralphabet *nt*; **fingerbowl** *n* Fingerschale *f*.

fingering ['fɪŋgərɪŋ] *n* **1.** (*Mus*) (*in the notation*) Fingersatz *m*; (*of keys, strings*) (Finger)technik *f*. **the ~ is very difficult** die Griffe sind sehr schwierig.
2. (*of goods in shop etc*) Anfassen, Berühren *nt*; (*toying, meddling*) Befingern *nt* (*of, with gen*), Herumfingern *nt* (*of, with* an +*dat*).
3. (*Tex*) Strumpfwolle *f*.

fingermark ['fɪŋgəmɑːk] *n* Fingerabdruck *m*; **fingernail** *n* Fingernagel *m*; **fingerprint I** *n* Fingerabdruck *m*; **II** *vt* **to ~ sb/ sth** jdm die Fingerabdrücke *pl* abnehmen/ von etw Fingerabdrücke *pl* abnehmen.

fingerstall *n* Fingerling *m*; **fingertip** *n* Fingerspitze *f*; **to have sth at one's ~s** (*fig*) (*know very well*) etw aus dem Effeff kennen (*inf*); (*have at one's immediate disposal*) etw im kleinen Finger (*inf*) *or* parat haben; **to one's ~s** (*fig*) durch und durch; **fingertip control** *n* (*of steering wheel etc*) mühelose Steuerung.

finickiness ['fɪnɪkɪnɪs] *n* (*of person*) Pingeligkeit *f* (*inf*); (*about language also*) Wortklauberei, Haarspalterei *f*; (*of task*) Kniff(e)ligkeit *f* (*inf*).

finicky ['fɪnɪkɪ] *adj* **person** schwer zufriedenzustellen, pingelig (*inf*); (*about language also*) wortklauberisch, haarspalterisch; (*about food, clothes etc also*) wählerisch, heikel (*dial inf*); **work, job** kniff(e)lig (*inf*); *detail* winzig.

finish ['fɪnɪʃ] **I** *n* **1.** (*end*) Schluß *m*, Ende *nt*; (*of race*) Finish *nt*; (*~ing line*) Ziel *nt*. **they never gave up, right to the ~** sie haben bis zum Schluß nicht aufgegeben; **he's got a good ~** (*Sport*) er hat einen starken Endspurt; **to be in at the ~** (*fig*) beim Ende dabeisein; **to fight to the ~** bis zum letzten Augenblick kämpfen.
2. (*perfection: of manners*) Schliff *m*; (*of things*) Verarbeitung, Ausfertigung *f*. **it has a poor ~** die Verarbeitung *or* Ausfertigung ist nicht gut; **the style lacks ~** dem Stil fehlt der Schliff.
3. (*of industrial products*) Finish *nt*; (*final coat of paint*) Deckanstrich *m*; (*of material*) Appretur *f*; (*of paper*) Oberflächenfinish *nt*; (*of pottery*) Oberfläche *f*; (*ornamental work*) Verzierung *f*. **paper with a gloss/matt ~** Hochglanz-/ Mattglanzpapier *nt*; **highly**

polished to give it a good ~ hoch poliert, um Glanz zu erzielen.

II *vt* **1.** beenden; *education, course also* abschließen; *work, business also* erledigen, abschließen. **he's ~ed the painting/ novel/job** er hat das Bild/den Roman/die Arbeit fertig(gemalt/ -geschrieben/-gemacht); **to ~/have ~ed doing sth** mit etw fertig werden/sein; **to ~ writing/reading sth** etw zu Ende schreiben/lesen, etw fertigschreiben/ -lesen; **to have ~ed sth** mit etw fertig haben; *task, course* mit etw fertig sein, etw beendet haben; **when do you ~ work?** wann machen Sie Feierabend *or* Schluß?; **she never lets him ~ what he's saying** sie läßt ihn nie ausreden; **daddy, will you ~ (telling) that story?** Papa, erzählst du die Geschichte zu Ende *or* fertig?; **can I have that book when you've ~ed it?** kann ich das Buch haben, wenn du es ausgelesen hast?; **give me time to ~ my drink** laß mich austrinken; **~ what you're doing and we'll go** mach fertig, was du angefangen hast, und dann gehen wir; **that last kilometre nearly ~ed me** (*inf*) dieser letzte Kilometer hat mich beinahe geschafft (*inf*).
2. (*give ~ to*) den letzten Schliff geben (+*dat*); *piece of handiwork* verarbeiten; *surface* eine schöne Oberfläche geben (+*dat*); *industrial product* ein schönes Finish geben (+*dat*). **the paintwork isn't very well ~ed** der Lack hat keine besonders schöne Oberfläche; **to ~ sth with a coat of varnish** etw zum Schluß lackieren.

III *vi* **1.** zu Ende *or* aus sein; (*person: with task etc*) fertig sein; (*come to an end, ~ work*) aufhören; (*piece of music, story etc*) enden. **when does the film ~?** wann ist der Film aus?; **my holiday ~es this week** mein Urlaub geht diese Woche zu Ende; **we'll ~ by singing a song** wir wollen mit einem Lied schließen; **I've ~ed** ich bin fertig.
2. (*Sport*) das Ziel erreichen. **to ~ second** als zweiter durchs Ziel gehen.

◆finish off I *vi* **1.** aufhören, Schluß machen.
2. to ~ ~ with a glass of brandy zum (Ab)schluß ein Glas Weinbrand trinken; **we ~ed ~ by singing ...** wir sangen zum (Ab)schluß ...

II *vt sep* **1.** *piece of work* fertigmachen; *job also* erledigen. **to ~ ~ a painting/ story** ein Bild zu Ende malen/eine Geschichte zu Ende erzählen.
2. *food* aufessen; *drink* austrinken.
3. (*kill*) *wounded animal, person* den Gnadenstoß geben (+*dat*); (*by shooting*) den Gnadenschuß geben (+*dat*).
4. (*do for*) *person* den Rest geben (+*dat*), erledigen (*inf*). **the last two miles just about ~ed me ~** (*inf*) die letzten beiden Meilen haben mich ziemlich fertiggemacht (*inf*) *or* geschafft (*inf*).

◆finish up I *vi* **1.** *see* **finish off II 1. 2.**
2. (*end up in a place*) landen (*inf*). **he ~ed ~ a nervous wreck** er war zum Schluß ein Nervenbündel; **he ~ed ~ in third place** er landete auf dem dritten Platz (*inf*); **you'll ~ ~ wishing you'd never started** du wünscht dir bestimmt noch, du

hättest gar nicht erst angefangen.
II *vt sep see* finish off II 2.

◆finish with *vi* +*prep obj* 1. (*no longer need*) nicht mehr brauchen. I've ~ed ~ the paper/book ich habe die Zeitung/das Buch fertiggelesen; I won't be ~ed ~ him/ it for some time yet ich werde noch eine Weile mit ihm/damit zu tun haben.
2. (*want no more to do with*) nichts mehr zu tun haben wollen mit, fertig sein mit (*inf*); (*with boy/girlfriend*) Schluß machen mit.
3. you wait till I've ~ed ~ you! (*inf*) wart nur, dich knöpfe ich mir noch vor (*inf*).

finished ['fɪnɪʃt] *adj* 1. *item, product* fertig; *woodwork, metal* fertig bearbeitet; (*polished also*) poliert; (*varnished, lacquered also*) lackiert; *performance* ausgereift, makellos; *appearance* vollendet. ~ goods Fertigprodukte *pl*; beautifully ~ dolls wunderschön gearbeitete Puppen.
2. to be ~ (*person, task etc*) fertig sein; (*exhausted, done for etc*) erledigt sein; the wine is/the chops are ~ es ist kein Wein/es sind keine Koteletts mehr da; those days are ~ die Zeiten sind vorbei; he's ~ as a politician als Politiker ist er erledigt; I'm ~ with him/this company er/diese Firma ist für mich erledigt *or* gestorben; I'm ~ with politics/the theatre mit der Politik/ dem Theater ist es für mich vorbei; it's all ~ (between us) es ist alles aus (zwischen uns).

finishing ['fɪnɪʃɪŋ]: finishing line *n* Ziellinie *f*; finishing school *n* (Mädchen)pensionat *nt*.

finite ['faɪnaɪt] *adj* 1. begrenzt. a ~ number eine endliche Zahl. 2. ~ verb (*Gram*) finites Verb, Verbum finitum *nt* (*spec*).

fink [fɪŋk] *n* (*US sl*) 1. (*strikebreaker*) Streikbrecher *m*. 2. (*contemptible person*) Saftsack *m* (*sl*).

Finland ['fɪnlənd] *n* Finnland *nt*.

Finn [fɪn] *n* Finne *m*, Finnin *f*.

Finnish ['fɪnɪʃ] I *adj* finnisch. II *n* Finnisch *nt*.

fiord [fjɔːd] *n* Fjord *m*.

fir [fɜːʳ] *n* Tanne *f*; (~ *wood*) Tanne(nholz *nt*) *f*. ~ cone Tannenzapfen *m*.

fire [faɪəʳ] I *n* 1. Feuer *nt*. the house was on ~ das Haus brannte; to set ~ to sth, to set sth on ~ etw anzünden; (*so as to destroy*) etw in Brand stecken; (*deliberately also*) Feuer an etw (*acc*) legen; to catch ~ Feuer fangen; (*building, forest etc also*) in Brand geraten; when man discovered ~ als der Mensch das Feuer entdeckte; you're playing with ~ (*fig*) du spielst mit dem Feuer; to fight ~ with ~ (*fig*) mit den gleichen Waffen kämpfen; to go through ~ and water for sb (*fig*) für jdn durchs Feuer gehen; *see* house.
2. (*house* ~, *forest* ~ *etc*) Brand *m*. there was a ~ next door nebenan hat es gebrannt; ~! Feuer!; Glasgow has more ~s than any other city in Glasgow brennt es häufiger als in anderen Städten.
3. (*in grate*) (Kamin)feuer *nt*; (*electric* ~, *gas* ~) Ofen *m*. they have an open ~ sie haben einen offenen Kamin.
4. (*Mil*) Feuer *nt*. ~! Feuer!; to come

between two ~s (*lit, fig*) zwischen zwei Feuer geraten; to come under ~ (*lit, fig*) unter Beschuß geraten; to be in the line of ~ (*lit, fig*) in der Schußlinie stehen.
5. (*passion*) Feuer *nt*. he spoke with ~ er sprach mit Leidenschaft.
II *vt* 1. (*burn to destroy*) in Brand stecken.
2. *pottery* brennen.
3. *furnace* befeuern; *see* oil-fired, gas-fired.
4. (*fig*) *imagination* beflügeln; *passions* entzünden, entfachen (*geh*); *enthusiasm* befeuern. to ~ sb with enthusiasm jdn in Begeisterung versetzen.
5. *gun* abschießen; *shot* abfeuern, abgeben; *rocket* zünden, abfeuern. to ~ a gun at sb auf jdn schießen; to ~ a salute Salut schießen; to ~ questions at sb Fragen auf jdn abfeuern.
6. (*inf: dismiss*) feuern (*inf*).
III *vi* 1. (*shoot*) feuern, schießen (*at* auf +*acc*). ~! (gebt) Feuer!
2. (*engine*) zünden. the engine is only firing on three cylinders der Motor läuft nur auf drei Zylindern.

◆fire away *vi* (*inf: begin*) losschießen (*inf*).

◆fire off *vt sep gun, round, shell, questions* abfeuern.

fire alarm *n* Feueralarm *m*; (*apparatus*) Feuermelder *m*; firearm *n* Feuer- *or* Schußwaffe *f*; fireball *n* 1. (*of nuclear explosion*) Feuerball *m*; (*lightning*) Kugelblitz *m*; 2. (*meteor*) Feuerkugel *f*; 3. (*fig inf: person*) Energiebündel *nt* (*inf*); firebrand *n* 1. Feuerbrand *m* (*old*) 2. (*mischief-maker*) Unruhestifter, Aufwiegler *m*; firebreak *n* (*strip of land*) Feuerschneise *f*; (*wall*) Brandmauer *f*; (*sandbags etc*) (Schutz)wall *m gegen die Ausbreitung eines Feuers*; fire brigade *n* Feuerwehr *f*; firecracker *n* Knallkörper *m*; firedamp *n* (*Min*) Grubengas *nt*, schlagende Wetter *pl*; fire department *n* (*US*) Feuerwehr *f*; fire door *n* Feuertür *f*; fire drill *n* (*for firemen*) Feuerwehrübung *f*; (*for passengers, people in a big building etc*) Probealarm *m*; fire-eater *n* Feuerfresser *or* -schlucker *m*; fire-engine *n* Feuerwehrauto *nt*; fire escape *n* (*staircase*) Feuertreppe *f*; (*ladder*) Feuerleiter *f*; fire extinguisher *n* Feuerlöscher *m*; fire-fighter *n* (*fireman*) Feuerwehrmann *m*; (*voluntary help*) freiwilliger Helfer (bei der Feuerbekämpfung); fire-fighting *adj attr techniques* Feuerbekämpfungs-; *equipment* (Feuer)lösch-; firefly *n* Leuchtkäfer *m*; fireguard *n* (Schutz)gitter *nt* (*vor dem Kamin*); fire hazard *n* to be a ~ feuergefährlich sein; fire hose *n* Feuerwehrschlauch *m*; fire house *n* (*US*) Feuerwache, Feuerwehrzentrale *f*; fire hydrant *n* Hydrant *m*; firelight *n* Schein *m* des Feuers *or* der Flammen; firelighter *n* Feueranzünder *m*; fireman *n* 1. Feuerwehrmann *m*; 2. (*Rail*) Heizer *m*; fireplace *n* Kamin *m*; fireplug *n* (*US*) Hydrant *m*; firepower *n* (*of guns, aircraft, army*) Feuerkraft *f*; fireproof I *adj* feuerfest; II *vt materials* feuerfest machen; **fire-raiser** n Brandstifter(in f) m; **fire-raising** n Brandstiftung f; **firescreen** n Ofenschirm m; **Fire Service** n Feuerwehr f; **fireside** n to sit by the ~ am Kamin sitzen; **fire station** n Feuerwache, Feuerwehrzentrale f; **firewall** n Brandmauer f; **firewarden** n Feuerwache f; **firewood** n Brennholz nt; **fireworks** npl Feuerwerkskörper pl; (display) Feuerwerk nt; **there'll be ~ if he finds out** (inf) wenn er das erfährt, ist Feuer unterm Dach (inf).

firing ['faɪrɪŋ] n 1. (of pottery) Brennen nt. 2. (Mil) Feuer nt; (of gun, shot, rocket) Abfeuern nt. **the ~ of a salute** Salutschüsse pl. 3. (inf: dismissal) Rausschmiß m (inf). 4. (Aut: of engine) Zündung f.

firing line n (Mil) Feuer- or Schußlinie f; (fig) Schußlinie f; **firing pin** n Schlagbolzen m; **firing squad** n Exekutionskommando nt.

firm¹ [fɜːm] n Firma f. ~ **of solicitors** Rechtsanwaltsbüro nt.

firm² I adj (+er) 1. fest; base also stabil; look also entschlossen; friendship also beständig; hold, basis also sicher. **to be ~ with sb** jdm gegenüber bestimmt auftreten. 2. (Comm) fest; market stabil. II adv **to stand ~ on sth** (fig) fest or unerschütterlich bei etw bleiben.

◆**firm up** vt sep wall etc (ab)stützen; deal etc unter Dach und Fach bringen.

firmament ['fɜːməmənt] n Firmament nt.

firmly ['fɜːmlɪ] adv fest. **no, she said ~** nein, sagte sie in bestimmtem or entschiedenem Ton.

firmness ['fɜːmnɪs] n see adj 1. Festigkeit f; Stabilität f; Entschlossenheit f; Beständigkeit f; Sicherheit f. ~ **of character** Charakterstärke f. 2. Festigkeit f; Stabilität f.

first [fɜːst] I adj erste(r, s). **he was ~ in the queue/in Latin/to do that** er war der erste in der Schlange/er war der Beste in Latein/er war der erste, der das gemacht hat; **who's ~?** wer ist der erste?; **I'm ~, I've been waiting longer than you** ich bin zuerst an der Reihe, ich warte schon länger als Sie; **(let's put) ~ things ~** eins nach dem anderen; **you have to put ~ things ~** du mußt wissen, was dir am wichtigsten ist; **he doesn't know the ~ thing about it/ cars** davon/von Autos hat er keinen blassen Schimmer (inf); **we did it the very ~ time** wir haben es auf Anhieb geschafft; **in the ~ place** zunächst or erstens einmal; **why didn't you say so in the ~ place?** warum hast du denn das nicht gleich gesagt?

II adv 1. zuerst; (before all the others) arrive, leave als erste(r, s). ~, **take three eggs** zuerst or als erstes nehme man drei Eier; ~ **come ~ served** (prov) wer zuerst kommt, mahlt zuerst (Prov); **women and children** ~ Frauen und Kinder zuerst; **ladies** ~ Ladies first!, den Damen der Vortritt; **he says** ~ **one thing then another** er sagt mal so, mal so, er sagt mal hü, mal hott; **that's not what you said** ~ zuerst hast du etwas anderes gesagt; **you** ~ du zuerst; **he always puts his job** ~ seine Arbeit kommt bei ihm immer vor allem anderen.

2. (before all else) als erstes, zunächst; (in listing) erstens. ~ **of all** (before all else, mainly) vor allem; ~ **of all I am going for a swim** als erstes or zu(aller)erst gehe ich schwimmen; **why can't I? — well,** ~ **of all it's not yours and ...** warum denn nicht? — nun, zunächst or erstens einmal gehört es nicht dir und ...; ~ **and foremost** zunächst, vor allem; ~ **and last** in erster Linie.

3. (for the ~ time) zum ersten Mal, das erste Mal. **when did you** ~ **meet him?** wann haben Sie ihn das erste Mal getroffen?; **when this model was** ~ **introduced** zu Anfang or zuerst, als das Modell herauskam; **when it** ~ **became known that ...** als zuerst bekannt wurde, daß ...

4. (before: in time) (zu)erst. **I must finish this** ~ ich muß das erst fertigmachen; **think** ~ **before you sign anything** überlegen Sie es sich, bevor Sie etwas unterschreiben.

5. (in preference) eher, lieber. **I'd die ~!** eher or lieber würde ich sterben!

III n 1. **the** ~ der/die/das Erste; **he was among the very** ~ **to arrive** er war unter den ersten, die ankamen; **he was the** ~ **home/finished** er war als erster zu Hause/ fertig.

2. **this is the** ~ **I've heard of it** das ist mir ja ganz neu.

3. **at** ~ zuerst, zunächst; **from the** ~ von Anfang an; **from** ~ **to last** von Anfang bis Ende.

4. (Brit Univ) Eins f, die Note ,,Eins". **he got a** ~ er bestand (sein Examen) mit ,,Eins" or ,,sehr gut".

5. (Aut) ~ **(gear)** der erste (Gang); **in** ~ im ersten (Gang).

6. (US: Baseball) erstes Base or Mal; see also **sixth.**

first aid n Erste Hilfe; **to give** ~ Erste Hilfe leisten; **first aid box** n Verbandskasten m; **first aid kit** n Erste-Hilfe-Ausrüstung f; **first aid post** or **station** n Sanitätswache f; (at race-track also) Ärztezelt nt; **first-born** I adj erstgeboren; II n Erstgeborene(r) mf; **first-class** I adj 1. erstklassig; ~ **compartment** Erste(r)-Klasse-Abteil nt, Abteil nt erster Klasse; ~ **carriage** Erste(r)-Klasse-Wagen m; ~ **mail** bevorzugt beförderte Post; ~ **ticket** Erster-Klasse-Fahrkarte f, Fahrkarte f für die erste Klasse; 2. (excellent) erstklassig; **he's** ~ **at tennis/cooking** er ist ein erstklassiger Tennisspieler/Koch; 3. (Brit Univ) ~ **degree** sehr gutes Examen; II adv travel erster Klasse; **first cousin** n Vetter m ersten Grades; **first-day cover** n Ersttagsbrief m; **first edition** n Erstausgabe f; **first form** n (Brit Sch) erste Klasse; **first-generation** adj citizen, computer der ersten Generation; **first-hand** adj, adv aus erster Hand; **First Lady** First Lady f; **first lieutenant** n Oberleutnant m.

firstly ['fɜːstlɪ] adv erstens, zunächst (einmal).

first mate n (Naut) Erster Offizier; (on small boats) Bestmann m; **first name** n Vorname m; **they're on** ~ **terms** sie reden sich mit Vornamen an; **first night** n

(*Theat*) Premiere *f*; **first offender** *n* noch nicht Vorbestrafte(r) *mf*; **first officer** *n* (*Naut*) Erster Offizier; **first person** *n* erste Person; **first-person** *adj narrative* Ich-; **first principles** *npl* Grundprinzipien *pl*; **first-rate** *adj see* **first-class** I 2. ; **first violin** *n* erste Geige.

firth [fɜːθ] *n* (*Scot*) Förde *f*, Meeresarm *m*.

fir tree *n* Tannenbaum *m*.

fiscal ['fɪskəl] *adj* Finanz-.

fish [fɪʃ] **I** *n*, *pl* - *or* (*esp for different types*) **-es** 1. Fisch *m*. ~ **and chips** Fisch und Pommes frites; **to drink like a** ~ (*inf*) wie ein Loch saufen (*inf*), **to have other** ~ **to fry** (*fig inf*) wichtigere Dinge *or* Wichtigeres zu tun haben; **like a** ~ **out of water** wie ein Fisch auf dem Trockenen; **neither** ~ **nor fowl** (*fig*) weder Fisch noch Fleisch; **he's a queer** ~! (*inf*) er ist ein komischer Kauz; **there are plenty more** ~ **in the sea** (*fig inf*) es gibt noch mehr (davon) auf der Welt; **a big** ~ **in a little pond** der Hahn im Korb; **a little** ~ **in a big pond** nur einer von vielen.
  2. **The F~es** (*Astron*) die Fische *pl*.
  II *vi* fischen; (*with rod also*) angeln. **to go** ~**ing** fischen/angeln gehen; **to go salmon** ~**ing** auf Lachsfang gehen.
  III *vt* 1. fischen; (*with rod also*) angeln.
  2. **to** ~ **a river/pool** in einem Fluß/Teich fischen/angeln.

◆**fish for** *vi* +*prep obj* 1. fischen/angeln, fischen/angeln auf (+*acc*) (*spec*). 2. (*fig*) *compliments* fischen nach. **to** ~ ~ **information from sb** jdn auszuhorchen versuchen; **they were** ~**ing** ~ **information** sie waren auf Informationen aus.

◆**fish out** *vt sep* herausfischen *or* -angeln (*of or from sth* aus etw).

◆**fish up** *vt sep* auffischen, herausziehen; (*fig*) (*from memory etc*) hervorkramen.

fishbone ['fɪʃbəʊn] *n* (Fisch)gräte *f*; **fishcake** *n* Fischfrikadelle *f*.

fisher ['fɪʃə'] *n* 1. (*old: ~man*) Fischer *m*. 2. (*animal*) Fischfänger *m*.

fisherman ['fɪʃəmən] *n*, *pl* **-men** [-mən] Fischer *m*; (*amateur*) Angler *m*; (*boat*) Fischereiboot *nt*.

fishery ['fɪʃərɪ] *n* (*area*) Fischereizone *f or* -gewässer *nt*; (*industry*) Fischerei *f*.

fish farm *n* Fischzucht(anlage) *f*; **fish farming** *n* Teichwirtschaft *f*; **fish finger** *n* Fischstäbchen *nt*; **fish glue** *n* Fischleim *m*; **fishhook** *n* Angelhaken *m*.

fishing ['fɪʃɪŋ] *n* Fischen *nt*; (*with rod*) Angeln *nt*; (*as industry*) Fischerei *f*.

fishing boat *n* Fischerboot *nt*; **fishing fleet** *n* Fischereiflotte *f*; **fishing grounds** *npl* Fischgründe *pl*; **fishing industry** *n* Fischindustrie *f*; **fishing-line** *n* Angelschnur *f*; **fishing-net** *n* Fischnetz *nt*; **fishing port** *n* Fischereihafen *m*; **fishing-rod** *n* Angelrute *f*; **fishing tackle** *n* (*for sport*) Angelgeräte *pl*; (*for industry*) Fischereigeräte *pl*; **fishing village** *n* Fischerdorf *nt*.

fish ladder *n* Fischleiter *f*; **fish market** *n* Fischmarkt *m*; **fishmonger** *n* (*Brit*) Fischhändler(in *f*) *m*; **fishmonger's** *n* (*Brit*) Fischgeschäft *nt*; **fish-net stockings** *npl* Netzstrümpfe *pl*; **fish paste** *n* Fischpaste *f*; **fishplate** *n* (*Rail*) Lasche *f*;

fishpond *n* Fischteich *m*; **fish slice** *n* (Braten)wender *m*; **fish story** *n* (*US inf*) Seemannsgarn *nt*; **fishwife** *n* Fischfrau *f*; (*fig pej*) Marktweib *nt*.

fishy ['fɪʃɪ] *adj* (+*er*) 1. *smell* Fisch-. **it smells rather** ~ es riecht ziemlich nach Fisch. 2. (*inf*) verdächtig; *excuse, story* faul (*inf*). **there's something** ~ **about his story** an der Geschichte ist was faul (*inf*).

fissile ['fɪsaɪl] *adj* spaltbar.

fission ['fɪʃən] *n* (*Phys*) Spaltung *f*; (*Biol*) (Zell)teilung *f*. ~ **bomb** (konventionelle) Atombombe.

fissionable ['fɪʃnəbl] *adj* spaltbar.

fissure ['fɪʃə'] *n* Riß *m*; (*deep*) Kluft *f*; (*narrow*) Spalt(e *f*) *m*.

fissured ['fɪʃəd] *adj* rissig; (*with deep fissures*) zerklüftet.

fist [fɪst] *n* Faust *f*. **to put up one's** ~**s** die Fäuste hochnehmen, in (Box)kampfstellung gehen.

fistful ['fɪstfʊl] *n* Handvoll *f*.

fit[1] [fɪt] **I** *adj* (+*er*) 1. (*suitable, suited for sth*) geeignet; *time, occasion also* günstig. ~ **to eat** eßbar; **is this meat still** ~ **to eat?** kann man dieses Fleisch noch essen?; **to be** ~ **to be seen** sich sehen lassen können; **to be** ~ **for a job** für eine Stelle geeignet sein; **the coat is** ~ **for nothing but the dustbin** der Mantel taugt nur noch für den Mülleimer.
  2. (*deserving*) **you're not** ~ **to be spoken to** du bist es nicht wert *or* verdienst es nicht, daß man sich mit dir unterhält.
  3. (*right and proper*) richtig, angebracht. **I'll do as I think** ~ wie ich es für richtig halte; **to see** ~ **to do sth** es für richtig *or* angebracht halten, etw zu tun; **as is only** ~ wie es sich gehört; **it is only** ~ es ist nur recht und billig; **he did not see** ~ **to apologize** er hat es nicht für nötig gehalten, sich zu entschuldigen.
  4. (*in health*) gesund; *sportsman etc* fit, in Form. **she is not yet** ~ **to travel** sie ist noch nicht reisefähig; **only the** ~**test survive** nur die Geeignetsten überleben; (*people*) nur die Gesunden überleben; (*in business etc*) nur die Starken können sich halten.
  5. **to laugh** ~ **to burst** vor Lachen beinahe platzen; **to be** ~ **to drop** (*with tiredness*) zum Umfallen müde sein.
  II *n* (*of clothes*) Paßform *f*. **it is a very good/bad** ~ es sitzt *or* paßt wie angegossen/nicht gut; **it's a bit of a tight** ~ (*clothes*) es ist etwas eng; (*suitcase, timing, parking*) es geht gerade (noch).
  III *vt* 1. (*cover, sheet, nut etc*) passen auf (+*acc*); (*key etc*) passen in (+*acc*); (*clothes etc*) passen (+*dat*). **this coat** ~**s you better** dieser Mantel paßt Ihnen besser *or* sitzt besser; **this spanner doesn't** ~ **this nut** dieser Schraubenschlüssel paßt nicht für diese Mutter.
  2. (*be suitable for*) *sb's plans, a theory etc* passen in (+*acc*).
  3. **to** ~ **a dress on sb** jdm ein Kleid anprobieren.
  4. (*put on, attach*) anbringen (*to an* +*dat*); *tyre, lock also* montieren; *double-glazing also* einsetzen; (*put in*) einbauen (*in in* +*acc*); (*furnish, provide with*) aus-

statten. **to ~ a key in the lock/a bulb in its socket** einen Schlüssel ins Schloß stecken/ eine Glühbirne in die Fassung drehen *or* schrauben.

5. (*match*) *description, facts* entsprechen (+*dat*); (*person also*) passen auf (+*acc*). **to make the punishment ~ the crime** eine dem Vergehen angemessene Strafe verhängen.

6. to ~ oneself for a job/a hard winter sich für eine Stelle/einen strengen Winter rüsten; **the qualifications that ~ him for the post** die Qualifikationen, die ihn zu dem Posten befähigen.

IV *vi* **1.** passen.

2. (*correspond*) zusammenstimmen *or* -passen. **the facts don't ~** die Fakten sind widersprüchlich; **it all ~s** es paßt alles zusammen.

◆**fit in I** *vt sep* **1.** (*find space for*) unterbringen.

2. (*find time for*) *person* einen Termin geben (+*dat*); *meeting* unterbringen; (*squeeze in also*) einschieben; (*for treatment also*) drannehmen (*inf*). **Sir Charles could ~ you ~ at 3** um 3 Uhr hätte Sir Charles Zeit für Sie.

3. (*make harmonize*) **to ~ sth ~ with sth** etw mit etw in Einklang bringen.

4. (*fit, put in*) einsetzen, einbauen.

II *vi* **1.** (*go into place*) hineinpassen.

2. (*plans, ideas, word*) passen; (*facts etc*) übereinstimmen; (*match*) dazupassen. **there is one fact that doesn't ~ ~** da ist ein Punkt, der nicht ins Ganze paßt; **I see, it all ~s ~ now** jetzt paßt alles zusammen; **does that ~ ~ with your plans?** läßt sich das mit Ihren Plänen vereinbaren?; **he wants everybody to ~ ~ with him/his plans/his wishes** er will, daß sich jedermann nach ihm/ seinen Plänen/ Wünschen richtet.

3. (*people: harmonize*) **he doesn't ~ ~ here/with the others/ with such a firm** er paßt hier nicht her/nicht zu den anderen/ nicht in eine solche Firma; **she's the sort who ~s ~ easily in any group** sie ist der Typ, der sich in jede Gruppe leicht einfügt; **try to ~ ~ (with the others)** versuche, dich den anderen anzupassen.

◆**fit on I** *vi* **1.** passen. **will it ~ ~?** paßt es (darauf)? **2.** (*be fixed*) befestigt *or* angebracht sein. **where does this part ~ ~?** wo gehört dieses Teil drauf?, wo wird dieses Teil befestigt? **II** *vt sep* **1.** *dress* anprobieren; (*tailor*) anpassen (*prep obj dat*). **2.** (*put in place, fix on*) anbringen.

◆**fit out** *vt sep expedition, person* (*for an expedition*) ausrüsten; *person, ship* ausstatten.

◆**fit up** *vt sep* **1.** (*fix up*) anbringen; (*assemble*) zusammensetzen *or* -bauen. **2.** (*supply with*) ausstatten, mit allem Nötigen versehen; (*with clothes also*) ausstaffieren; (*with implements, weapons etc also*) ausrüsten. **to ~ sb/sth ~ with sth** jdn/ etw mit etw versehen *or* ausstatten.

fit² *n* (*Med, fig*) Anfall *m*. **~ of coughing/ anger** Husten-/ Wutanfall *m*; **~ of energy/ generosity/repentance** Anwandlung *or* Anfall von Aktivität/Großzügigkeit/ Reue; **in** *or* **by ~s and starts** stoßweise; **he**

wrote this novel in ~s and starts er hat diesen Roman in mehreren Anläufen geschrieben; **to be in ~s of laughter** sich vor Lachen biegen *or* kugeln (*inf*); **don't tell him, you'll give him a ~** (*fig inf*) sag es ihm nicht, er kriegt sonst einen Anfall (*inf*).

fitful ['fɪtfʊl] *adj* unbeständig; *working, progress* stoßweise; *sleep* unruhig; *sun* launenhaft (*geh*); *enthusiasm* sporadisch.

fitfully ['fɪtfəlɪ] *adv progress* stoßweise; *work also, blow* sporadisch; *sleep* unruhig.

fitment ['fɪtmənt] *n* (*furniture*) Einrichtungsgegenstand *m*; (*of machine, car*) Zubehörteil *nt*

fitness ['fɪtnɪs] *n* **1.** (*health*) Gesundheit *f*; (*condition*) Fitness, Fitneß, Kondition *f*. **~ training** Fitneßtraining *nt*. **2.** (*suitability*) Geeignetheit *f*; (*for job also*) Eignung *f*; (*of remark etc*) Angemessenheit *f*.

fitted ['fɪtɪd] *adj* **1.** *garment* tailliert. **~ carpet** Teppichboden *m*; **~ kitchen/ cupboards** Einbauküche *f*/Einbauschränke *pl*; **~ sheet** Spannbettuch *nt*. **2.** *person* geeignet (*for* für).

fitter ['fɪtə'] *n* **1.** (*for clothes*) Schneider(in *f*) *m*. **2.** (*Tech*) (*of engines*) Monteur *m*; (*for machines*) (Maschinen)schlosser *m*; (*not specially qualified*) Montagearbeiter(in *f*) *m*; (*of pipes etc*) Installateur *m*.

fitting ['fɪtɪŋ] **I** *adj* (*suitable*) passend; *expression also* angebracht; *time also* geeignet; (*seemly, becoming*) schicklich (*dated*). **it is not ~ for a young lady …** es schickt sich nicht für eine junge Dame …

II *n* **1.** Anprobe *f*. **~ room** Anproberaum *m*; (*cubicle*) Anprobekabine *f*; **to go in for a ~** zur Anprobe gehen.

2. (*part*) Zubehörteil *nt*. **~s** Ausstattung *f*; (*furniture also*) Einrichtung *f*; (*pipes*) Installation *f*; **bathroom/office ~s** Badezimmer-/Büroeinrichtung *f*; **electrical ~s** Elektroinstallationen *f*.

fittingly ['fɪtɪŋlɪ] *adv see adj*.

five [faɪv] **I** *adj* fünf. **II** *n* Fünf *f*; *see also* **six**.

five-and-ten [ˌfaɪvn'ten] *n* (*US*) billiges Kaufhaus; **fivefold** *adj*, *adv* fünffach; **five-o'clock shadow** *n* nachmittäglicher Anflug von Bartstoppeln.

fiver ['faɪvə'] *n* (*inf*) Fünfpfund-/Fünfdollarschein *m*.

fivespot ['faɪfspɒt] *n* (*US inf*) Fünfdollarschein *m*; **five-star hotel** *n* Fünf-Sterne-Hotel *nt*; **five-year plan** *n* Fünfjahresplan *m*.

fix [fɪks] **I** *vt* **1.** (*make firm*) befestigen, festmachen (*sth to sth* etw an/auf etw +*dat*); (*put on, install*) *new aerial, new dynamo* anbringen; (*fig*) *ideas, images* verankern, festsetzen. **to ~ a stake in the ground** einen Pfahl im Boden verankern; **to ~ the blame on sb** jdm die Schuld auf jdn schieben, jdm die Schuld geben; **to ~ sth in one's mind** sich (*dat*) etw fest einprägen; **to ~ bayonets** die Bajonette aufpflanzen.

2. *eyes, attention* richten (*on, upon* auf +*acc*). **she kept all eyes/everybody's attention ~ed on her** alle sahen sie wie gebannt an; **to ~ sb with an angry stare** (*liter*) jdn mit ärgerlichen Blicken durchbohren.

3. *date, price, limit* festsetzen, festlegen; (*agree on*) ausmachen, beschließen.

4. (*arrange*) arrangieren; *tickets, taxi etc* besorgen, organisieren (*inf*). **have you got anything ~ed for tonight?** haben Sie (für) heute abend schon etwas vor?

5. (*straighten out, sort out*) in Ordnung bringen, regeln. **don't worry I'll ~ things with him** mach dir keine Gedanken, ich regle das mit ihm.

6. (*inf: get even with, sort out*) **I'll ~ him** dem werd' ich's besorgen (*inf*); **the Mafia will ~ him** den wird sich (*dat*) die Mafia vornehmen (*inf*) *or* vorknöpfen (*inf*).

7. (*repair*) in Ordnung bringen, (ganz) machen (*inf*); (*put in good order, adjust*) machen (*inf*).

8. *drink, meal* machen. **to ~ one's hair** sich frisieren.

9. (*inf*) *race, fight* manipulieren; *jury also* bestechen. **the whole interview was ~ed** das Interview war gestellt; **the whole thing was ~ed** das war eine abgekartete Sache (*inf*).

10. (*US inf: intend*) vorhaben.

11. (*Chem, Phot*) fixieren.

12. (*Naut, Aviat*) *position* bestimmen; *submarine etc also* orten.

II *n* **1.** (*inf: tricky situation*) Patsche (*inf*), Klemme (*inf*) *f*. **to be in a ~** in der Patsche *or* Klemme sitzen (*inf*); **to get oneself into a ~** sich (*dat*) eine schöne Suppe einbrocken (*inf*).

2. (*Naut*) Position *f*, Standort *m*. **to take a ~ on sth** etw orten.

3. (*sl: of drugs*) Fix *m* (*sl*). **to give oneself a ~** fixen (*sl*).

4. (*inf*) **the fight/competition was a ~** der Kampf/Wettbewerb war eine abgekartete Sache (*inf*).

◆**fix down** *vt sep* befestigen.

◆**fix on I** *vt sep* festmachen (*prep obj* auf + *dat*); *badge etc also* anheften, anstecken; (*fit on*) anbringen; (*by sewing*) annähen. **II** *vi* +*prep obj* (*decide on*) sich entscheiden für.

◆**fix together** *vt sep* zusammenmachen.

◆**fix up** *vt sep* **1.** *shelves* anbringen; *tent* aufstellen.

2. (*arrange*) arrangieren; *holidays etc* festmachen; (*book*) *organized tour, hotel etc* buchen. **have you got anything ~ed ~ for this evening?** haben Sie (für) heute abend schon etwas vor?

3. **to ~ sb ~ with sth** jdm etw besorgen *or* verschaffen; **I stayed with him until I got myself ~ed ~ (with a room)** ich habe bei ihm gewohnt, bis ich ein Zimmer hatte.

4. (*straighten out, sort out*) in Ordnung bringen, regeln.

fixated [fɪkˈseɪtɪd] *adj* fixiert (*on* auf +*acc*).

fixation [fɪkˈseɪʃən] *n* **1.** (*Psych*) Fixierung *f*. **she has this ~ about cleanliness** sie hat einen Sauberkeitsfimmel (*inf*). **2.** (*Chem*) Fixierung *f*.

fixative [ˈfɪksətɪv] *n* Fixativ *nt*.

fixed [fɪkst] *adj* **1.** fest; *idea* fix; *smile* starr. **~ assets** feste Anlagen *pl*; **~ capital** Anlagevermögen, Anlagekapital *nt*; **~ menu** Tagesmenü *nt*; **~ price** Festpreis *m*;

(*Econ also*) gebundener Preis; **~ star** Fixstern *m*.

2. (*inf*) **how are you ~ for time/food/money** *etc*? wie sieht's bei dir mit der Zeit/dem Essen/dem Geld *etc* aus? (*inf*); **how are you ~ for tonight?** was hast du (für) heute abend vor?

fixedly [ˈfɪksɪdlɪ] *adv* stare, look starr, unbeweglich.

fixer [ˈfɪksəʳ] *n* (*Phot*) Fixiermittel *nt*; (*sl*) Schieber *m*.

fixing bath [ˈfɪksɪŋˌbɑːθ] *n* Fixierbad *nt*.

fixings [ˈfɪksɪŋz] *npl* (*US Cook*) Beilagen *pl*.

fixture [ˈfɪkstʃəʳ] *n* **1.** (*of a building etc*) **~s** Ausstattung *f*, unbewegliches Inventar (*form*); **~s and fittings** Anschlüsse und unbewegliches Inventar (*form*); **lighting ~s** elektrische Anschlüsse; **to be a ~** (*fig hum: person*) zum Inventar gehören.

2. (*Brit Sport*) Spiel *nt*. **~ list** Spielplan *m*.

fizz [fɪz] **I** *vi* (*champagne etc*) perlen, sprudeln, moussieren. **II** *n* **1.** (*of champagne etc*) Perlen, Moussieren *nt*. **2.** (*drink*) Sprudel *m*; (*flavoured also*) (Brause)limonade, Brause *f*.

◆**fizz up** *vi* (auf)sprudeln.

fizzle [ˈfɪzl] *vi* zischen, spucken (*inf*).

◆**fizzle out** *vi* (*firework, enthusiasm*) verpuffen; (*rocket*) vorzeitig verglühen; (*plan*) im Sande verlaufen.

fizzy [ˈfɪzɪ] *adj* (+*er*) sprudelnd. **to be ~** sprudeln; **it's too ~** da ist zu viel Kohlensäure drin; **a ~ drink** eine Brause.

fjord [fjɔːd] *n* Fjord *m*.

flab [flæb] *n* (*inf*) Speck *m*. **to fight the ~** (*hum*) etwas für die schlanke Linie tun.

flabbergast [ˈflæbəgɑːst] *vt* (*inf*) verblüffen, umhauen (*inf*). **I was ~ed to see him/at the price** ich war platt (*inf*), als ich ihn sah/als ich den Preis erfuhr.

flabbily [ˈflæbɪlɪ] *adv see adj*.

flabbiness [ˈflæbɪnɪs] *n see adj* Schlaffheit *f*; Schwammigkeit *f*; Farblosigkeit *f*; Schwammigkeit, Wabbeligkeit (*inf*) *f*.

flabby [ˈflæbɪ] *adj* (+*er*) schlaff; *prose, argument, thesis* schwammig; *person, character* ohne Saft und Kraft, farblos; (*fat*) *stomach* schwammig, wabbelig (*inf*).

flaccid [ˈflæksɪd] *adj* (*liter*) schlaff; *prose* saft- und kraftlos.

flag¹ [flæg] **I** *n* **1.** Fahne *f*; (*small, on map, chart etc*) Fähnchen *nt*; (*national also, Naut*) Flagge *f*; (*for semaphore*) Signalflagge *or* -fahne *f*. **to go down with all ~s flying** (*lit*) bis zum letzten kämpfen; (*fig*) mit Glanz und Gloria untergehen; **to keep the ~ flying** (*lit, fig*) die Stellung halten; **to show the ~** seine Präsenz *or* (*fig also*) seine Anwesenheit dokumentieren.

2. (*for charity*) Fähnchen *nt*.

3. (*of taxi*) **the ~ was down** das Taxi war besetzt.

4. (*paper marker*) Reiter *m*.

II *vt* beflaggen.

◆**flag down** *vt sep* *taxi etc* anhalten.

◆**flag up** *vt sep* (*inf: mark*) markieren.

flag² *vi* erlahmen; (*interest, enthusiasm, strength etc also*) nachlassen; (*person also*) ermüden; (*plant*) den Kopf/die Blätter hängen lassen.

flag³ *n* (*Bot*) Schwertlilie *f*; (*sweet* ~) Kalmus *m*.

flag⁴ I *n* (*also* ~**stone**) Steinplatte *f*; (*for floor also*) Fliese *f*. **II** *vt* mit Steinplatten/ Fliesen belegen; *floor also* fliesen.

flag day *n* 1. (*Brit*) Tag *m*, an dem eine Straßensammlung für einen wohltätigen Zweck durchgeführt wird. 2. **F~ D~** (*US*) 14. Juni, Gedenktag der Einführung der amerikanischen Nationalflagge.

flagellate [ˈflædʒəleɪt] *vt* geißeln.

flagellation [ˌflædʒəˈleɪʃən] *n* Geißelung *f*.

flag officer *n* (*Naut*) Flaggoffizier *m*.

flagon [ˈflægən] *n* (*bottle*) Flasche *f*; (*jug*) Krug *m*.

flagpole [ˈflægpəʊl] *n* Fahnenstange *f*.

flagrance [ˈfleɪɡrəns], **flagrancy** [ˈfleɪɡrənsɪ] *n* eklatante *or* krasse Offensichtlichkeit; (*of affair, defiance, disregard*) Unverhohlenheit *f*.

flagrant [ˈfleɪɡrənt] *adj* eklatant, kraß; *injustice, crime also* himmelschreiend; *breach, violation also* flagrant (*geh*); *disregard, defiance also, affair* unverhohlen, offenkundig.

flagrantly [ˈfleɪɡrəntlɪ] *adv* ganz eindeutig *or* offensichtlich; *abuse, flirt, disregard* unverhohlen, ganz offenkundig. **he ~ parked right outside the police station** er hat ganz ungeniert *or* unverfroren direkt vor der Polizeiwache geparkt.

flagship [ˈflæɡʃɪp] *n* Flaggschiff *nt*; **flagstone** *n* (Stein)platte *f*; (*on floor also*) Fliese *f*; **flagwaving I** *n* Hurrapatriotismus, Chauvinismus *m*; **II** *adj speech* chauvinistisch.

flail [fleɪl] **I** *n* (Dresch)flegel *m*. **II** *vt* dreschen. **he wildly ~ed his arms about** er schlug (mit den Armen) wild um sich. **III** *vi to* ~ **about** herumfuchteln; **the dying deer with its legs ~ing in all directions** das verendende Reh, das mit seinen Läufen nach allen Richtungen ausschlug.

flair [flɛəʳ] *n* (*for selecting the best etc*) Gespür *nt*, (feine) Nase (*inf*); (*talent*) Talent *nt* (*inf*); (*stylishness*) Flair *nt*. **his great ~ for business** sein großes Geschäftstalent.

flak [flæk] *n* Flakfeuer *nt*. ~ **jacket** kugelsichere Weste.

flake [fleɪk] **I** *n* (*of snow, soap*) Flocke *f*; (*of paint, rust*) Splitter *m*; (*of plaster*) abgebröckeltes Stückchen; (*of metal, wood*) Span *m*; (*of skin*) Schuppe *f*. ~**s of paint were falling off the ceiling** die Farbe an der Decke blätterte ab.

II *vi* (*stone, plaster etc*) abbröckeln; (*paint*) abblättern.

III *vt* (*Cook*) chocolate, almonds raspeln.

◆**flake off** *vi* (*plaster*) abbröckeln; (*paint, rust etc*) abblättern, absplittern; (*skin*) sich schälen, sich abschuppen.

◆**flake out** *vi* (*inf*) (*become exhausted*) abschlaffen (*inf*); (*pass out*) aus den Latschen kippen (*sl*); (*fall asleep*) einschlafen, einpennen (*sl*).

flaky [ˈfleɪkɪ] *adj* (+*er*) *potatoes* flockig; *paint, plaster etc* brüchig; *crust* blättrig; *skin* schuppig. ~ **pastry** Blätterteig *m*.

flamboyance [flæmˈbɔɪəns] *n* Extravaganz *f*; (*of life style also*) Üppigkeit *f*; (*of colour*) Pracht *f*; (*of gesture*) Großartigkeit *f*.

flamboyant [flæmˈbɔɪənt] *adj* extravagant; *life style also* üppig, aufwendig; *plumage* farbenprächtig; *colours* prächtig; *gesture* großartig.

flamboyantly [flæmˈbɔɪəntlɪ] *adv* extravagant.

flame [fleɪm] **I** *n* 1. Flamme *f*. **the house was in ~s** das Haus stand in Flammen.

2. (*of passion*) Flamme *f* (*geh*), Feuer *nt no pl*. **the ~ of anger in his eye** (*liter*) die Zornesglut in seinen Augen (*liter*).

3. (*inf: sweetheart*) Flamme *f* (*inf*).

II *vi* (*fire*) lodern, flammen (*geh*); (*liter: colour*) leuchten; (*gem*) funkeln.

◆**flame up** *vi* 1. (*fire*) auflodern. 2. (*fig*) (*person*) in Wut *or* Rage geraten; (*anger etc*) aufflammen, auflodern.

flame red I *n* Feuerrot *nt*; **II** *adj* feuerrot; **flamethrower** *n* Flammenwerfer *m*.

flaming [ˈfleɪmɪŋ] *adj* 1. brennend, lodernd; (*fig*) *colour* leuchtend; *rage* hell; *passion* glühend.

2. (*Brit inf: angry*) **she was absolutely ~** sie kochte (vor Wut) (*inf*).

3. (*Brit sl: bloody*) verdammt (*inf*), Scheiß- (*sl*). **it's a ~ nuisance/waste of time** Mensch, das ist vielleicht ein Mist/ das ist die reinste Zeitverschwendung (*inf*); **who does he ~ well think he is?** Mensch *or* verdammt noch mal, für wen hält der sich eigentlich? (*sl*).

flamingo [fləˈmɪŋɡəʊ] *n, pl* ~(**e**)**s** Flamingo *m*.

flammable [ˈflæməbl] *adj* leicht entzündbar, feuergefährlich.

flan [flæn] *n* Kuchen *m*. **fruit** ~ Obstkuchen *m*; ~ **case** Tortenboden *m*.

Flanders [ˈflɑːndəz] *n* Flandern *nt*.

flange [flændʒ] *n* (*on wheel etc*) Spurkranz *m*; (*Tech: ring, collar*) Winkelring, Flansch, Bördelrand *m*.

flanged [flændʒd] *adj* gebördelt; *tube etc also* geflanscht.

flank [flæŋk] **I** *n* (*of animal, Mil*) Flanke *f*; (*of mountain, building*) Seite, Flanke (*old*) *f*. **II** *vt* 1. flankieren. 2. (*Mil*) *the enemy* seitlich umgehen.

flannel [ˈflænl] **I** *n* 1. Flanell *m*. ~**s** *pl* (*trousers*) Flanellhose *f*. 2. (*Brit: face-*~) Waschlappen *m*. 3. (*Brit inf: waffle*) Geschwafel (*inf*), Gelaber (*inf*) *nt*.

II *adj trousers etc* Flanell-.

III *vi* (*Brit inf: waffle*) schwafeln (*inf*).

flannelette [ˌflænəˈlet] *n* Baumwollflanell *m*. ~ **sheet** Biberbettuch *nt*.

flap [flæp] **I** *n* 1. (*of pocket*) Klappe *f*; (*of table*) ausziehbarer Teil; (*Aviat*) (Lande)klappe *f*. **a** ~ **of skin** ein Hautfetzen *m*; (*Med*) ein Hautlappen *m*.

2. (*sound*) (*of sails, sheeting etc*) Flattern, Knattern *nt*; (*of wings*) Schlagen *nt*.

3. (*motion*) **to give sth a** ~ leicht auf etw (*acc*) klatschen.

4. (*inf*) helle Aufregung, Panik *f*. **to get in(to) a** ~ in helle Aufregung *or* Flattern geraten (*inf*).

5. (*Phon*) geschlagener Laut.

II *vi* 1. (*wings*) schlagen; (*door, shutters also*) klappern; (*sails, tarpaulin etc*) flattern. **his ears were ~ping** (*inf*) er spitzte die Ohren.

2. (*inf*) in heller Aufregung sein. **to start to ~** in helle Aufregung geraten; **don't ~** reg dich nicht auf; **there's no need to ~** (das ist) kein Grund zur Aufregung.

III *vt* **to ~ its wings** mit den Flügeln schlagen; **he ~ped the newspaper at the fly** er schlug *or* klatschte mit der Zeitung nach der Fliege.

◆**flap away** *vi* (*bird*) davonfliegen.

flapjack [ˈflæpdʒæk] *n* (*US*) Pfannkuchen *m*.

flare [flɛəʳ] **I** *n* **1.** Auflodern *nt*; (*fig: of anger*) Aufbrausen *nt*.

2. (*signal*) Leuchtsignal *nt*; (*from pistol etc*) Leuchtrakete, Leuchtkugel *f*; (*fire, landing ~*) Leuchtfeuer *nt*.

3. (*Fashion*) ausgestellter Schnitt.

4. (*solar ~*) Sonneneruption, Fackel *f*.

5. (*Phot*) Reflexlicht *nt*.

II *vi* **1.** (*match, torch*) aufleuchten; (*sunspot also*) aufblitzen.

2. (*trousers, skirts*) ausgestellt sein.

3. (*nostrils*) sich blähen.

◆**flare up** *vi* (*lit, fig: situation, affair*) aufflackern, auflodern; (*fig*) (*person*) aufbrausen, auffahren; (*fighting, epidemic*) ausbrechen; (*anger*) zum Ausbruch kommen. **she ~d ~ at me** sie fuhr mich an.

flared [flɛəd] *adj trousers, skirt* ausgestellt.

flare path *n* (*Aviat*) Leuchtpfad *m*; **flare pistol** *n* Leuchtpistole *f*; **flare-up** *n see* **flare up** Aufflackern, Auflodern *nt*; Aufbrausen *nt*; Ausbruch *m*; (*sudden dispute*) (plötzlicher) Krach.

flash [flæʃ] **I** *n* **1.** Aufblinken *nt no pl*; (*very bright*) Aufblitzen *nt no pl*; (*of metal, jewels etc*) Blitzen, Blinken *nt no pl*; (*Mot*) Lichthupe *f no pl*. **to give sb a ~** (*Mot*) jdn (mit der Lichthupe) anblinken; **~ of lightning** Blitz *m*; **he gave two quick ~es with his torch** er blinkte zweimal kurz mit der Taschenlampe; **three short ~es are the Morse sign for S** dreimal kurz blinken ist *or* drei kurze Blinkzeichen sind das Morsezeichen für S.

2. (*fig*) (*news ~*) Kurzmeldung *f*; (*interrupting programme also*) Zwischenmeldung *f*. **~ of wit/inspiration** Geistesblitz *m*; **in a ~** blitzartig, wie der Blitz; **as quick as a ~** blitzschnell; **a ~ in the pan** (*inf*) ein Strohfeuer *nt*.

3. (*Mil: on uniform*) Abzeichen *nt*.

4. (*Phot*) Blitz(licht *nt*) *m*.

5. (*US inf: torch*) Taschenlampe *f*.

II *vi* **1.** aufblinken; (*very brightly*) aufblitzen; (*repeatedly: indicators etc*) blinken; (*metal, jewels, eyes*) blitzen, blinken; (*Mot*) die Lichthupe benutzen.

2. (*move quickly*) (*vehicle*) sausen, schießen, flitzen (*all inf*); (*person also*) huschen. **to ~ in and out** rein und raus sausen *etc*; **a smile ~ed across his face** ein Lächeln huschte über sein Gesicht; **to ~ past** *or* **by** vorbeisausen *etc*; (*holidays etc*) vorbeifliegen; **the thought ~ed through my mind that …** es schoß mir durch den Kopf, daß …

III *vt* **1.** *light* aufblitzen *or* aufleuchten lassen; *SOS, message* blinken. **to ~ a torch on sb/sth** jdn/etw mit der Taschenlampe anleuchten; **to ~ one's headlights** die Lichthupe betätigen; **to ~ one's head-**

lights at sb, to ~ sb jdn mit der Lichthupe anblinken; **she ~ed him a look of contempt/gratitude** sie blitzte ihn verächtlich/dankbar an.

2. (*inf: show, wave: also ~ around*) schwenken (*inf*), protzen mit; *diamond ring* blitzen lassen.

IV *adj* (*+ er*) (*inf*) (*showy*) protzig (*pej*); (*smart*) schick.

◆**flash back** *vi* (*Film*) zurückblenden (*to* auf *+acc*).

flashback [ˈflæʃbæk] *n* (*Film*) Rückblende *f*; **flashbulb** *n* (*Phot*) Blitzbirne *f*; **flash burn** *n* Verbrennung *f* (*durch kurzzeitige Strahlungshitze*); **flash card** *n* (*Sch*) Leselernkarte *f*; **flashcube** *n* (*Phot*) Blitz(licht)würfel *m*.

flasher [ˈflæʃəʳ] *n* **1.** (*Mot*) Lichthupe *f*.

2. (*Brit inf: person exposing himself*) Exhibitionist *m*.

flash flood *n* flutartige Überschwemmung; **flash gun** *n* Elektronenblitzgerät *nt*; **flashlight** *n* **1.** (*Phot*) Blitzlicht *nt*; **2.** (*esp US: torch*) Taschenlampe *f*; **3.** (*signal lamp*) Leuchtfeuer *nt*; **flash point** *n* (*Chem*) Flammpunkt *m*; (*fig*) Siedepunkt *m*.

flashy [ˈflæʃɪ] *adj* (*+er*) auffallend, auffällig.

flask [flɑːsk] *n* Flakon *m*; (*Chem*) Glaskolben *m*; (*for spirits, carried in pocket*) Flachmann *m* (*inf*), Reiseflasche *f*; (*vacuum ~*) Thermosflasche *f*.

flat[1] [flæt] **I** *adj* (*+ er*) **1.** flach; *countryside also, tyre, nose, feet* platt; *surface* eben. **make sure the paper/book is ~** achten Sie darauf, daß das Papier/Buch flach ist *or* liegt; **he stood ~ against the wall** er stand platt gegen die Wand gedrückt; **as ~ as a pancake** (*inf*) (*tyre*) total platt; (*countryside*) total flach; (*girl*) flach wie ein (Plätt)brett, platt wie eine Flunder; **~ roof** Flachdach *nt*; **to fall ~ on one's face** auf die Nase fallen; **to lie ~** flach *or* platt liegen.

2. (*fig*) fad(e); *painting, photo also* flach, kontrastarm; *colour* matt, stumpf, glanzlos; *joke, remark* abgedroschen, öde, müde; *trade, market* lau, lahm, lustlos; (*stale*) *beer, wine* schal, abgestanden. **she felt a bit ~** sie hatte zu nichts Lust; **to fall ~** nicht ankommen.

3. *refusal, denial* glatt, deutlich. **and that's ~** und damit basta.

4. (*Mus*) *instrument* zu tief (gestimmt); *voice* zu tief.

5. (*Comm*) Pauschal-. **~ rate of pay** Pauschallohn *m*; **~ rate** Pauschale *f*; **to pay a ~ rate of income tax** eine Einkommenssteuerpauschale bezahlen.

6. (*US inf: broke*) pleite (*inf*).

II *adv* (*+ er*) **1.** *turn down, refuse* rundweg, kategorisch.

2. (*Mus*) *to sing/play* ~ zu tief singen/spielen.

3. in ten seconds ~ in sage und schreibe (nur) zehn Sekunden.

4. ~ broke (*Brit inf*) total pleite (*inf*).

5. ~ out (*inf*) (*exhausted*) total erledigt (*inf*); (*asleep, drunk*) hinüber (*inf*); **to go ~ out** voll aufdrehen (*inf*); (*in car also*) Spitze fahren (*inf*); **to work** *or* **go ~ out**

auf Hochtouren arbeiten; **to be lying ~ out** platt am Boden liegen.

III n **1.** (of hand) Fläche f; (of blade) flache Seite.

2. (Geog) Ebene f.

3. (Mus) Erniedrigungszeichen, b nt. **you played E natural instead of a ~** du hast e statt es gespielt.

4. (Aut) Platte(r) m (inf), (Reifen)-panne f.

5. (Theat) Kulisse f.

6. (Sport) **the ~** das Flachrennen; (season) die Flachrennsaison.

flat² n (Brit) Wohnung f.

flat-bottomed ['flæt,bɒtəmd] adj boat flach; **flat-chested** adj flachbrüstig; **flatfish** n Plattfisch m; **flat-footed** adj plattfüßig; **flat-hunting** n (Brit) Wohnungssuche f; **to go/be ~** auf Wohnungssuche gehen/sein; **flatlet** n (Brit) kleine Wohnung.

flatly ['flætlɪ] adv deny, refuse rundweg, kategorisch; say klipp und klar, schlankweg.

flatmate ['flætmeɪt] n (Brit) Mitbewohner(in f) m.

flatness ['flætnɪs] n see adj 1. – 3. **1.** Flachheit f; Plattheit f; Ebenheit f. **2.** Fadheit f; Flachheit, Kontrastarmut f; Stumpfheit f; Abgedroschenheit f; Lustlosigkeit f; Schalheit f. **3.** Deutlichkeit, Direktheit f.

flat racing n Flachrennen nt; **flat season** n Flachrennsaison f.

flatten ['flætn] **I** vt **1.** path, road, field ebnen, planieren; metal flach or platt hämmern or schlagen; (storm etc) crops zu Boden drücken, niederdrücken; trees umwerfen; town dem Erdboden gleichmachen. **2.** (inf: demoralize, snub) zu nichts reduzieren. **that'll ~ him** das wird bei ihm die Luft rauslassen (inf).

II vr **to ~ oneself against sth** sich platt gegen or an etw drücken.

◆**flatten out I** vi (countryside) flach(er) or eben(er) werden; (road) eben(er) werden; (Aviat) ausschweben. **II** vt sep path ebnen; metal glatt hämmern; map, paper, fabric glätten.

flatter ['flætə'] vt schmeicheln (+dat). **it ~s your figure** das ist sehr vorteilhaft; **you can ~ yourself on being ...** Sie können sich (dat) etwas darauf einbilden, daß Sie ...; **he ~s himself he's a good musician** er bildet sich (dat) ein, ein guter Musiker zu sein.

flatterer ['flætərə'] n Schmeichler(in f) m.

flattering ['flætərɪŋ] adj schmeichelhaft; words also schmeichlerisch; clothes vorteilhaft.

flatteringly ['flætərɪŋlɪ] adv see adj.

flattery ['flætərɪ] n (compliments) Schmeicheleien pl. **~ will get you nowhere** mit Schmeicheln kommst du nicht weiter.

flatulence ['flætjʊləns] n Blähung(en pl) f.

flatulent ['flætjʊlənt] adj aufgebläht; food blähend.

flatware ['flætweə'] n (US) (cutlery) Besteck nt; (plates etc) Geschirr nt; **flatworm** n Plattwurm m.

flaunt [flɔːnt] vt wealth, knowledge zur Schau stellen, protzen mit. **she ~ed her**

femininity/independence at him sie ließ ihre Reize vor ihm spielen/sie rieb ihm ihre Unabhängigkeit unter die Nase; **to ~ oneself** sich groß in Szene setzen.

flautist ['flɔːtɪst] n Flötist(in f) m.

flavour, (US) **flavor** ['fleɪvə'] **I** n (taste) Geschmack m; (flavouring) Aroma nt; (fig) Beigeschmack m. **with a rum ~** mit Rumgeschmack; **20 different ~s** 20 verschiedene Geschmackssorten; **the film gives the ~ of Paris in the twenties** der Film vermittelt die Atmosphäre des Paris der zwanziger Jahre.

II vt Geschmack verleihen (+dat) or geben (+dat). **pineapple~ed** mit Ananasgeschmack.

flavouring, (US) **flavoring** ['fleɪvərɪŋ] n (Cook) Aroma(stoff m) nt. **vanilla/rum ~** Vanille-/Rumaroma nt.

flavourless, (US) **flavorless** ['fleɪvəlɪs] adj fad(e), geschmacklos.

flaw [flɔː] **I** n (lit) Fehler m; (fig also) Mangel m; (in sb's character also) Mangel, Defekt m; (Jur: in contract etc) (Form)-fehler m.

II vt argument, plan einen Fehler aufzeigen or finden in (+dat).

flawed [flɔːd] adj fehlerhaft.

flawless ['flɔːlɪs] adj performance fehlerlos; behaviour untadelig, tadellos; complexion makellos; diamond lupenrein.

flax [flæks] n (Bot) Flachs m.

flaxen ['flæksən] adj hair flachsfarben, Flachs-; (Tex) flächse(r)n.

flay [fleɪ] vt **1.** (skin) animal abziehen, häuten; (beat) verdreschen; (whip) auspeitschen. **to ~ sb alive** jdn gründlich verdreschen. **2.** (fig: criticize) kein gutes Haar lassen an (+dat).

flea [fliː] n Floh m. **to send sb off with a ~ in his/her ear** (inf) jdn wie einen begossenen Pudel abziehen lassen.

fleabag ['fliːbæg] n **1.** (US inf: hotel) Flohbude (inf), Absteige f; **2.** (Brit inf: person) Schrulle f (inf); **flea-bitten** adj voller Flohbisse; (inf) vergammelt (inf); **flea market** n Flohmarkt m; **fleapit** n (Brit inf) Flohkino nt (inf).

fleck [flek] **I** n (of red etc) Tupfen m; (of mud, paint) (blotch) Fleck(en) m; (speckle) Spritzer m; (of fluff, dust) Teilchen, Flöckchen nt.

II vt sprenkeln; (with mud etc) bespritzen. **~ed wool** melierte Wolle; **blue ~ed with white** blau mit weißen Tupfen or Punkten, blau und weiß gesprenkelt.

fled [fled] pret, ptp of **flee**.

fledged [fledʒd] adj bird flügge; see **fully-fledged**.

fledg(e)ling ['fledʒlɪŋ] n **1.** (bird) Jungvogel m. **2.** (fig: inexperienced person) Grünschnabel m.

flee [fliː] pret, ptp **fled I** vi fliehen, flüchten (from vor +dat). **she fled to answer the door** sie eilte zur Tür um aufzumachen; **he fled when he saw her coming** als er sie kommen sah, flüchtete or floh er.

II vt town, country fliehen or flüchten aus; temptation, danger entfliehen (+dat).

fleece [fliːs] **I** n Vlies, Schaffell nt; (fabric) (natural) Schaffell nt; (artificial) Web-

pelz, Flausch *m*; *see* **Golden F~**. II *vt*
1. *sheep* scheren. 2. *(fig inf)* **to ~ sb (of his
money)** jdn schröpfen.

fleecy ['fliːsɪ] *adj* (*+er*) *blanket* flauschig;
snow flockig.

fleet[1] [fliːt] *n* 1. (*Naut*) Geschwader *nt*;
(*entire naval force*) Flotte *f*. **F~ Air Arm**
Marineluftwaffe *f*; **merchant ~** Handels-
flotte *f*. 2. (*of cars, coaches, buses etc*)
(Fuhr)park *m*. **he owns a ~ of lorries** er
hat einen Lastwagenpark.

fleet[2] *adj* (*+er*) schnell, flink. **~ of foot,
~-footed** schnell- *or* leichtfüßig.

fleet admiral *n* (*US*) Großadmiral *m*.

fleeting ['fliːtɪŋ] *adj* flüchtig; *beauty* ver-
gänglich. **a ~ visit** eine Stippvisite.

Fleming ['flemɪŋ] *n* Flame *m*, Flamin,
Flämin *f*.

Flemish ['flemɪʃ] I *adj* flämisch. II *n* 1. **the
~** *pl* die Flamen *pl*. 2. (*language*)
Flämisch *nt*.

flesh [fleʃ] *n* 1. Fleisch *nt*; (*of fruit*) (Frucht)-
fleisch *nt*; (*of vegetable*) Mark *nt*. **to put on
~** (*animals*) zunehmen; (*person also*)
Fleisch auf die Rippen bekommen (*inf*).
   2. (*fig*) **one's own ~ and blood** sein
eigen(es) Fleisch und Blut; **it was more
than ~ and blood could bear** das war ein-
fach nicht zu ertragen; **I'm only ~ and
blood** ich bin auch nur aus Fleisch und
Blut; **in the ~** in Person, in natura; **he's
gone the way of all ~** er ist den Weg allen
Fleisches gegangen.
   3. (*Rel*) Fleisch *nt*.

flesh colour *n* Fleischfarbe *f*; **flesh-
coloured** *adj* fleischfarben; **flesh-eating**
adj fleischfressend.

fleshings ['fleʃɪŋz] *npl* (*tights*) Trikot-
strumpfhose(n *pl*) *f*.

fleshpots ['fleʃpɒts] *npl* Fleischtöpfe *pl*;
flesh wound *n* Fleischwunde *f*.

fleshy ['fleʃɪ] *adj* (*+er*) fleischig; *vegetable*
Mark-.

flew [fluː] *pret of* **fly**[2], **fly**[3].

flex [fleks] I *n* (*Brit*) Schnur *f*; (*heavy duty*)
Kabel *nt*. II *vt body, knees* beugen. **to ~
one's muscles** (*lit, fig*) seine Muskeln
spielen lassen.

flexibility [ˌfleksɪˈbɪlɪtɪ] *n see adj* 1. Bieg-
samkeit *f*; Elastizität *f*. 2. Flexibilität *f*;
Modulationsfähigkeit *f*.

flexible ['fleksəbl] *adj* 1. *wire* biegsam;
material, plastic, branch also elastisch.
2. (*fig*) flexibel; *voice* modulationsfähig.
~ working hours gleitende Arbeitszeit,
Gleitzeit *f*.

flexion ['flekʃən] *n* (*Gram*) Flexion, *f*.

flex(i)time ['fleksɪtaɪm] *n* Gleitzeit *f*.

flexor (muscle) ['fleksə(mʌsl)] *n* Beuger *m*.

flick [flɪk] I *n* (*with finger*) Schnipsen *nt no
pl*; (*of tail*) kurzer Schlag; (*with whip*)
Schnalzen *nt no pl*. **with a ~ of his fingers/
whip** mit einem Fingerschnalzen/
Peitschenschnalzen; **a ~ of the wrist** eine
schnelle Drehung des Handgelenks.
   II *vt whip* schnalzen *or* knallen mit; *fin-
gers* schnalzen mit; (*with whip*) *horse etc*
leicht schlagen; (*with fingers*) *switch* an-
knipsen; *dust, ash* wegschnipsen; (*with
cloth*) wegwedeln. **she ~ed her hair out of
her eyes** sie strich sich (*dat*) die Haare aus
den Augen; **he ~ed the pages of the book**

over er blätterte flüchtig durch das Buch.
   III *vi* **the snake's tongue ~ed in and out**
die Schlange züngelte.

flick off *vt sep* wegschnippen; (*with duster*)
wegwedeln.

◆**flick through** *vi* +*prep obj* (schnell)
durchblättern.

flicker ['flɪkə(r)] I *vi* (*flame, candle*) flackern;
(*light, TV also*) flimmern; (*needle on dial*)
zittern; (*smile*) zucken; (*eyelid*) flattern,
zucken. **the snake's tongue ~ed in and out**
die Schlange züngelte.
   II *n see vi* Flackern *nt*; Flimmern *nt*;
Zittern *nt*; Zucken *nt*; Flattern, Zucken
nt. **a ~ of hope** ein Hoffnungsschimmer
nt; **without a ~** ohne mit der Wimper zu
zucken; **with not so much as the ~ of a
smile** ohne (auch nur) das geringste An-
zeichen eines Lächelns.

flick knife *n* Klappmesser.

flicks [flɪks] *npl* (*Brit inf*) Kintopp *m or nt*
(*inf*). **to/at the ~** in den *or* ins Kintopp (*inf*)/
im Kintopp (*inf*).

flier ['flaɪə(r)] *n* 1. (*Aviat: pilot*) Flieger(in *f*)
m. **to be a good/bad ~** (*person*) Fliegen
gut/nicht vertragen; (*bird*) ein guter/
schlechter Flieger sein.
   2. (*US*) (*train*) Schnellzug *m*; (*fast
coach*) Expreßbus *m*.
   3. **to take a ~** (*leap*) einen Riesen-
sprung *or* -satz machen; (*fall*) der Länge
nach hinfallen.
   4. (*flying start*) fliegender Start.

flight[1] [flaɪt] *n* 1. Flug *m*. **in ~** (*birds*) im
Flug; (*Aviat*) in der Luft; **to take ~** (*bird*)
davonfliegen, auffliegen; **the principles of
~** die Prinzipien des Fliegens.
   2. (*group*) (*of birds*) Schwarm *m*, Schar
f; (*of aeroplanes*) Geschwader *nt*, Forma-
tion *f*. **to be in the first** *or* **top ~** (*fig*) zur
Spitze gehören; **the first** *or* **top ~ of
scientists/novelists** die Spitzenwissen-
schaftler *pl*/-schriftsteller *pl*.
   3. (*of fancy, imagination*) Höhenflug
m. **~s of fancy** geistige Höhenflüge *pl*.
   4. **~ (of stairs)** Treppe *f*; **he lives six ~s
up** er wohnt sechs Treppen hoch; **a ~ of
hurdles** eine Gruppe von Hürden; **a ~ of
terraces** (eine Gruppe von) Terrassen *pl*.
   5. (*on dart, arrow*) Steuerfeder *f*.

flight[2] *n* Flucht *f*. **to put the enemy to ~** den
Feind in die Flucht schlagen; **to take (to)
~** die Flucht ergreifen.

flight attendant *n* Flugbegleiter(in *f*) *m*,
Steward(eß *f*) *m*; **flight deck** *n* 1. (*Naut*)
Flugdeck *nt*; 2. (*Aviat*) Cockpit *nt*; **flight
engineer** *n* Bordingenieur *m*; **flight
feather** *n* Schwungfeder *f*; **flight log** *n*
Bordbuch *nt*; **flight mechanic** *n* Bord-
mechaniker *m*; **flight path** *n* Flugbahn
f; (*of individual plane*) Flugroute
f; **incoming/outgoing ~** Einflug-/Aus-
flugschneise *f*; **flight plan** *n* Flugablauf-
plan *m*; **flight recorder** *n* Flugschreiber
m; **flight sergeant** *n* Haupt- *or* Oberfeld-
webel *m* (der Luftwaffe); **flight-test** I *vt*
Flugtest *m*; II *vr* im Flug testen, flugtesten.

flighty ['flaɪtɪ] *adj* (*+er*) (*fickle*) unbestän-
dig, flatterhaft; (*empty-headed*) gedan-
kenlos.

flimsily ['flɪmzɪlɪ] *adv dressed* leicht; *built,
constructed also* nicht solide.

flimsiness ['flɪmzɪnɪs] *n* **1.** *see adj 1.* Dünne *f;* Leichtigkeit, Dürftigkeit *f;* leichte *or* wenig solide Bauweise; *(of book)* schlechte *or* billige Aufmachung; schlechte Qualität.
2. *(of excuse)* Fadenscheinigkeit *f; (of reasoning)* mangelnde Stichhaltigkeit, Dürftigkeit *f.*

flimsy ['flɪmzɪ] **I** *adj* (+*er*) **1.** *material* dünn; *clothing* leicht, dürftig; *house, aircraft* leicht gebaut, nicht stabil gebaut; *book* schlecht gebunden; *binding* schlecht.
2. *excuse* fadenscheinig, schwach; *reasoning also* nicht stichhaltig, dürftig.
II *n (paper)* Durchschlagpapier *nt.*

flinch [flɪntʃ] *vi* **1.** *(wince)* zurückzucken. **without** ~**ing** ohne mit der Wimper zu zucken. **2.** *(fig)* **to ~ from a task** vor einer Aufgabe zurückschrecken.

fling [flɪŋ] *(vb: pret, ptp* **flung)** **I** *n* **1.** *(act of* ~*ing)* Wurf *m,* Schleudern *nt no pl.*
2. *(fig inf)* Anlauf *m.* **to have a ~ at sth, to give sth a ~** sich an etw *(dat)* versuchen, etw (aus)probieren; **to have a** *or* **one's ~** sich austoben; **he'll drop her when he's had his ~** wenn er erst mal seinen Spaß gehabt hat, läßt er sie fallen; **to go on a ~** einen draufmachen *(inf);* **(in shops)** sehr viel Geld ausgeben.
3. *see* **Highland ~.**
II *vt (lit, fig)* schleudern. **to ~ the window open/shut** das Fenster aufstoßen/ zuwerfen; **the door was flung open** die Tür flog auf; **to ~ one's arms round sb's neck** jdm die Arme um den Hals werfen; **to ~ on one's coat** (sich *dat)* den Mantel überwerfen; **to ~ oneself out of the window/ into a chair** sich aus dem Fenster stürzen/ sich in einen Sessel werfen; **you shouldn't just ~ yourself at him** *(fig inf)* du solltest dich ihm nicht so an den Hals werfen.

◆**fling away** *vt sep* wegwerfen, weg-schmeißen *(inf); (fig) money, time* vergeuden, verschwenden.

◆**fling back** *vt sep one's head* zurückwerfen.

◆**fling down** *vt sep* runterschmeißen *(inf).*

◆**fling off** *vt sep (lit) coat* abwerfen; *opponent* abschütteln; *(fig) remark* hinwerfen; *essay* hinhauen *(inf); restraints* von sich werfen.

◆**fling out** *vt sep unwanted object* wegwerfen, wegschmeißen *(inf); person* hinaus-werfen, rausschmeißen *(inf).*

◆**fling up** *vt sep* **1.** hochwerfen. **to ~ one's arms ~ in horror** entsetzt die Hände über dem Kopf zusammenschlagen. **2.** *(fig inf)* **to ~ sth ~ at sb** jdm etw unter die Nase reiben.

flint [flɪnt] *n* **1.** *(for cigarette-lighter)* Feuerstein *m.* **2.** *(stone)* Feuerstein *m.*

flint glass *n* Flintglas *nt;* **flintlock** *n* Stein-schloßgewehr *nt.*

flinty ['flɪntɪ] *adj* (+ *er*) *soil, rocks* aus Feuerstein; *(like flint)* wie Feuerstein; *(fig) heart* steinern.

flip [flɪp] **I** *n* **1.** Schnipser *m.* **to give sth a ~** etw in die Luft schnellen.
2. *(somersault)* Salto *m.*
3. *(Aviat inf)* Rundflug *m.*
4. *(drink)* Flip *m.*

II *adj (inf: flippant)* schnoddrig *(inf).*
III *vi* schnippen, schnipsen; *(inf) record* rumdrehen *(inf).* **to ~ a book open** ein Buch aufklappen *or* aufschlagen; **to ~ one's lid** *(inf)* durchdrehen *(inf).*
IV *vi (sl)* durchdrehen *(inf).*
V *interj (Brit inf)* verflixt *(inf).*

◆**flip off** *vt sep* wegschnipsen; *ash from cigarette* abtippen.

◆**flip over I** *vt sep* umdrehen; *pages of book* wenden. **II** *vi* sich (um)drehen; *(plane)* sich in der Luft (um)drehen.

◆**flip through** *vi* +*prep obj book* durch-blättern.

flip-flop ['flɪpflɒp] *n* **1.** *(Sport)* Flickflack *m.* **2.** *(Elec)* Flipflop *m.* **3.** *(sandal)* Gummilatsche *f (inf).*

flip pack *n* Klappschachtel *f.*

flippancy ['flɪpənsɪ] *n* Frivolität, Leichtfertigkeit *f.*

flippant ['flɪpənt] *adj* leichtfertig, schnod-derig *(inf); remarks* unernst, schnoddrig *(inf).*

flippantly ['flɪpəntlɪ] *adv see adj.*

flipper ['flɪpər] *n* Flosse *f; (of diver)* (Schwimm)flosse *f.*

flipping ['flɪpɪŋ] *adj, adv (Brit inf)* verflixt.

flipside ['flɪpsaɪd] *n (of record)* B-Seite *f;* **flip top** *n* Klappdeckel *m.*

flirt [flɜːt] **I** *vi* flirten. **to ~ with an idea** mit einem Gedanken liebäugeln *or* spielen; **to ~ with death/disaster** den Tod/das Un-glück herausfordern. **II** *n* **I'm a bit of a ~** ich flirte (für mein Leben) gern; **he's a great ~** er ist ein großer Charmeur.

flirtation [flɜː'teɪʃən] *n* Flirt *m.* **his ~ with death** sein Spiel mit dem Tod.

flirtatious [flɜː'teɪʃəs] *adj* kokett.

flit [flɪt] **I** *vi* **1.** *(bats, butterflies etc)* flattern, huschen; *(ghost, person, image)* huschen. **to ~ in and out** *(person)* rein- und rausflit-zen; **an idea ~ted through my mind** ein Gedanke schoß mir or huschte mir durch den Kopf.
2. *(Brit: move house secretly)* bei Nacht und Nebel ausziehen.
II *n (Brit)* **to do a (moonlight) ~** bei Nacht und Nebel umziehen.

flitch [flɪtʃ] *n* Speckseite *f; (of halibut)* Heil-buttschnitte *f.*

float [fləʊt] **I** *n* **1.** *(on fishing-line, in cistern, carburettor, on aeroplane)* Schwimmer *m; (anchored raft)* (verankertes) Floß, Schwimmplattform *f; (as swimming aid)* Schwimmkork *m; (of fish)* Schwimmblase *f; (on trawl net)* Korken *m.*
2. *(vehicle) (in procession)* Festwagen *m; (for deliveries)* kleiner Elektroliefer-wagen.
3. *(ready cash: in till)* Wechselgeld *nt no indef art (zu Geschäftsbeginn); (loan to start business)* Startkapital *nt.*
II *vi* **1.** *(on water)* schwimmen; *(move gently)* treiben; *(in air)* schweben. **it ~ed downriver** es trieb flußabwärts.
2. *(Comm: currency)* floaten.
III *vt* **1.** *boat* zu Wasser bringen. **they ~ed the logs downstream** sie flößten die Baumstämme flußabwärts.
2. *(Comm, Fin) company* gründen; *loan* lancieren; *shares* auf den Markt brin-gen; *bond issue* ausgeben; *currency*

freigeben, floaten lassen; (*fig*) *ideas, suggestion* in den Raum stellen, zur Debatte stellen.

◆**float (a)round** *vi* (*rumour, news*) im Umlauf sein; (*person*) herumschweben (*inf*); (*things*) herumfliegen (*inf*).

◆**float away** *or* **off** *vi* (*on water*) abtreiben, wegtreiben; (*in air*) davonschweben; (*fig: person*) hinwegschweben.

floating ['fləʊtɪŋ] *adj* **1.** *raft, logs* treibend. ~ **dock** Schwimmdock *nt*.

2. (*fig*) *population* wandernd. ~ **voter** Wechselwähler *m*.

3. (*Fin*) *currency* freigegeben. ~ **capital** Umlauf- *or* Betriebskapital *nt*; ~ **debt** schwebende Schuld.

4. (*Math*) *decimal point* Gleit-.

5. (*Med*) *kidney* Wander-; *rib* frei.

flock¹ [flɒk] **I** *n* **1.** (*of sheep, geese*) Herde *f*; (*of birds*) Schwarm *m*, Schar *f*.

2. (*of people*) Schar *f*, Haufen *m* (*inf*). **they came in** ~**s** sie kamen haufenweise (*inf*) *or* in hellen Scharen.

3. (*Eccl*) Herde *f*.

II *vi* in Scharen kommen. **to** ~ **in** hinein-/hereinströmen *or* -drängen; **to** ~ **together** zusammenströmen, sich versammeln; **to** ~ **around sb** sich um jdn scharen.

flock² *n* (*Tex*) Flocke *f*. ~ **wallpaper** Velourstapete *f*.

floe [fləʊ] *n* Treibeis *nt*, Eisscholle *f*.

flog [flɒg] *vt* **1.** prügeln, schlagen; *thief, mutineer* auspeitschen. **you're** ~**ging a dead horse** (*inf*) Sie verschwenden Ihre Zeit; **to** ~ **sth to death** (*fig*) etw zu Tode reiten; (*Brit inf*) verkloppen, verscherbeln, losschlagen (*all inf*).

flogging ['flɒgɪŋ] *n* Tracht *f* Prügel; (*Jur*) Prügelstrafe *f*; (*of thief, mutineer*) Auspeitschen *nt*. **to bring back** ~ die Prügelstrafe wiedereinführen.

flood [flʌd] **I** *n* **1.** (*of water*) Flut *f*. ~**s** Überschwemmung *f*, Hochwasser *nt*; (*in several places*) Überschwemmungen *pl*, Hochwasser *nt*; **the F**~ die Sintflut; **the river is in** ~ der Fluß führt Hochwasser; **she had a** ~ **in the kitchen** ihre Küche stand unter Wasser.

2. (*fig*) Flut *f*, Schwall *m*. **she was in** ~**s of tears** sie war in Tränen gebadet.

3. (*also* ~-**tide**) Flut *f*.

II *vt* **1.** *fields, town* überschwemmen, unter Wasser setzen. **the cellar was** ~**ed** der Keller stand unter Wasser; **to** ~ **the carburettor** den Motor absaufen lassen (*inf*).

2. (*storm, rain*) *river, stream* über die Ufer treten lassen.

3. (*fig*) überschwemmen, überfluten. ~**ed with light** lichtdurchflutet.

4. (*Comm*) **to** ~ **the market** den Markt überschwemmen.

III *vi* **1.** (*river*) über die Ufer treten; (*bath etc*) überfließen, überlaufen; (*cellar*) unter Wasser stehen; (*garden, land*) überschwemmt werden. **2.** (*people*) strömen.

◆**flood in** *vi* (*people, sunshine*) hinein-/ hereinströmen; (*water also*) hinein-/ hereinfließen. **the letters just** ~**ed** ~ **wir/** sie hatten eine Flut von Briefen.

◆**flood out** *vt sep house* überfluten, unter

Wasser setzen. **the villagers were** ~**ed** ~ die Dorfbewohner wurden durch das Hochwasser obdachlos.

flood control *n* Hochwasserschutz *m*; **floodgate** *n* Schleusentor *nt*; **to open the** ~**s** (*fig*) Tür und Tor öffnen (*to dat*).

flooding ['flʌdɪŋ] *n* Überschwemmung *f*.

floodlight ['flʌdlaɪt] (*vb: pret, ptp* **floodlit**) **I** *vt buildings* anstrahlen; *football pitch* mit Flutlicht beleuchten; (*fig: light brightly*) beleuchten; **II** *n* (*device*) Scheinwerfer *m*; (*light*) Flutlicht *nt*; **floodlighting** *n* **1.** Flutlicht(anlage *f*) *nt*; **2.** (*of building etc*) Beleuchtung *f*; **floodlit I** *pret, ptp of* **floodlight**; **II** *adj* ~ **football** Fußball bei *or* unter Flutlicht; **flood plain** *n* Schwemmebene *f*; **flood-tide** *n* Flut *f*.

floor [flɔːʳ] **I** *n* **1.** Boden *m*; (*of room*) (Fuß)boden *m*; (*dance*-~) Tanzboden *m*, Tanzfläche *f*. **stone/tiled** ~ Stein-/Fliesenboden *m*; **to take the** ~ (*dance*) aufs Parkett *or* auf den Tanzboden gehen; (*speak*) das Wort ergreifen; **to hold** *or* **have the** ~ (*speaker*) das Wort haben.

2. (*storey: in apartment block etc*) Stock(werk *nt*) *m*. **first** ~ (*Brit*) erster Stock; (*US*) Erdgeschoß *nt*; **on the second** ~ (*Brit*) im zweiten Stock; (*US*) im ersten Stock.

3. (*of prices etc*) Minimum *nt*.

4. (*main part of chamber*) Plenar- *or* Sitzungssaal *m* (*also Parl*); (*of stock exchange*) Parkett *nt*; (*people present*) Zuhörerschaft *f*; (*Parl*) Abgeordnete *pl*, Haus *nt*. **a question from the** ~ (*of the House*) eine Frage aus der Zuhörerschaft; (*Parl*) eine Frage aus dem Haus; ~ **of the House** Plenarsaal *m* des Unterhauses; **to cross the** ~ (*Parl*) die Partei wechseln.

II *vt* **1.** *room etc* mit einem (Fuß)boden versehen.

2. (*knock down*) *opponent* zu Boden schlagen.

3. (*silence*) die Sprache verschlagen (+*dat*); (*bewilder, puzzle*) verblüffen; (*defeat: question, problem, task etc*) schaffen (*inf*). **to be** ~**ed by a problem** mit einem Problem überhaupt nicht zu Rande kommen (*inf*).

floorboard ['flɔːbɔːd] *n* Diele, Bohle *f*; **floorcloth** *n* Scheuer- *or* Putzlappen *m*; **floor manager** *n* (*in store*) Abteilungsleiter(in *f*) *m* (*im Kaufhaus*); (*TV*) Aufnahmeleiter(in *f*) *m*; **floor plan** *n* Grundriß *m* (eines Stockwerkes); **floor polish** *n* Bohnerwachs *nt*; **floor polisher** *n* (*tool*) Bohnerbesen *m*; **floor show** *n* Show, Vorstellung *f* (*im Nachtklub oder Kabarett*); **floor-walker** *n* (*Comm*) Ladenaufsicht *f*.

floozie, floozy ['fluːzɪ] *n* (*inf*) Flittchen *nt* (*inf*), Schickse *f* (*inf*).

flop [flɒp] **I** *vi* **1.** (*lose*) fallen; (*hard object*) knallen, plumpsen; (*inf: person*) sich fallenlassen, sich hinplumpsen lassen. **the fish** ~**ped feebly in the basket** der Fisch zappelte matt im Korb; **he** ~**ped down on the bed** er ließ sich aufs Bett plumpsen *or* fallen.

2. (*inf: fail*) (*play, book*) durchfallen; (*actor, artiste*) nicht ankommen; (*party, picnic, scheme*) ein Reinfall sein.

II n **1.** (inf: failure) Reinfall m; (person) Versager m, Niete f.
2. (movement, sound) Plumps m.
III adv the whole business went ~ (inf) das ganze Geschäft ging hops (inf).
♦**flop around** vi herumzappeln; (person: in slippers etc) herumschlappen.

flophouse ['flɒphaʊs] n billige Absteige f.

floppy ['flɒpɪ] adj (+er) schlaff, schlapp; hat, ears Schlapp-; movement schlaksig; clothes weit. ~ **disk** flexible Magnetplatte, Floppy Disk f.

flora ['flɔːrə] n Flora f.

floral ['flɔːrəl] adj arrangement, perfume Blüten-; fabric, dress geblümt, mit Blumenmuster.

Florence ['flɒrəns] n Florenz nt.

Florentine ['flɒrəntaɪn] adj florentinisch.

florescence [flə'resəns] n Blüte f.

floret ['flɒrət] n (of flower) (Einzel)-blütchen nt; (of cauliflower) Röschen nt.

florid ['flɒrɪd] adj **1.** complexion kräftig.
2. (overelaborate) überladen; style, writing blumig, schwülstig; architecture, music also zu reich verziert.

Florida ['flɒrɪdə] n (abbr **Fla, FL**) Florida nt.

florin ['flɒrɪn] n Florin m; (Dutch) Gulden m; (dated Brit) Zweishillingstück nt.

florist ['flɒrɪst] n Blumenhändler(in f), Florist(in f) m. ~'**s shop** Blumengeschäft nt.

floss [flɒs] n Flockseide, Schappe f; (thread) Florettgarn nt, ungezwirntes Seidengarn; (dental ~) Zahnseide f.

flotation [fləʊ'teɪʃən] n (of ship) Flottmachen nt; (of log) Flößen nt; (Comm: of firm) Gründung f; (Metal) Flotation, Schwimmaufbereitung f. ~ **collar** (Space) Schwimmkragen m.

flotilla [fləʊ'tɪlə] n Flotille f.

flotsam ['flɒtsəm] n Treibgut nt. ~ **and jetsam** (floating) Treibgut nt; (washed ashore) Strandgut nt; **the** ~ **and jetsam of our society** das Strandgut unserer Gesellschaft.

flounce¹ [flaʊns] **I** vi stolzieren. **to** ~ **in/out/around** herein-/ heraus-/herumstolzieren.
II n she left the room with a ~ sie stolzierte aus dem Zimmer.

flounce² n (frill) Volant m, Rüsche f. **II** vt mit Volants or Rüschen besetzen.

flounder¹ ['flaʊndər] n (fish) Flunder f.

flounder² vi **1.** sich abstrampeln, sich zappeln. **a stranded whale** ~**ing on the beach** ein gestrandeter Wal, der sich am Strand abquält; **we** ~**ed along in the mud** wir quälten uns mühselig durch den Schlamm.
2. (fig) sich abzappeln (inf), sich abstrampeln (inf). **to start to** ~ ins Schwimmen kommen; **he** ~**ed on** er wurstelte weiter.

flour ['flaʊər] **I** n Mehl nt. **II** vt (Cook) dough, rolling-pin etc mit Mehl bestäuben; one's hands also (ein)mehlen.

flour dredger n Mehlstreuer m.

flourish ['flʌrɪʃ] **I** vi (plants etc, person) (prächtig) gedeihen; (business) blühen, florieren; (type of literature, painting etc) seine Blütezeit haben; (writer, artist etc) großen Erfolg haben, erfolgreich sein.
II vt (wave about) stick, book etc

herumwedeln or -fuchteln mit, schwenken.
III n **1.** (curve, decoration etc) Schnörkel m.
2. (movement) schwungvolle Bewegung, eleganter Schwung.
3. (Mus) (fanfare) Fanfare f; (decorative passage) Verzierung f. **with a** ~ **of trumpets** mit einem Fanfarenstoß.

flourishing ['flʌrɪʃɪŋ] adj plant, person blühend attr; business gutgehend attr, florierend attr.

flour shaker n Mehlstreuer m.

floury ['flaʊrɪ] adj face, hands, potatoes mehlig; dish bemehlt.

flout [flaʊt] vt sich hinwegsetzen über (+acc), mißachten; convention, society pfeifen auf (+acc).

flow [fləʊ] **I** vi **1.** (lit, fig) fließen; (tears also) strömen; (prose) flüssig sein. **where the river** ~**s into the sea** wo der Fluß ins Meer mündet; **tears were** ~**ing down her cheeks** Tränen strömten ihr übers Gesicht; **to keep the traffic** ~**ing** den Verkehr nicht ins Stocken kommen lassen; **try and keep the work** ~**ing smoothly** versuchen Sie, die Arbeit stetig vorangehen zu lassen; **to** ~ **in** (water, people, money etc) hinein-/hereinströmen; **to** ~ **out of** herausströmen aus.
2. (dress, hair etc) fließen, wallen.
3. (tide) steigen, hereinkommen.
II n **1.** Fluß m. **the** ~ **of blood/traffic/information** der Blut-/Verkehrs-/Informationsfluß; **against the** ~ **of the river** gegen den Strom.
2. the tide is on the ~ die Flut kommt.
3. (of words etc) Redefluß m.

flow chart n Flußdiagramm m.

flower ['flaʊər] **I** n **1.** Blume f; (blossom) Blüte f. **in** ~ in Blüte; "**say it with** ~**s**" „laßt Blumen sprechen"; **no** ~**s by request** wir bitten von Blumenspenden abzusehen.
2. no pl (fig) Blüte f. **to be in the** ~ **of youth** in der Blüte seiner Jugend stehen.
3. (Chem) ~**s of sulphur** Schwefelblume or -blüte f.
II vi (lit, fig) blühen.

flower-arranging ['flaʊərə,reɪndʒɪŋ] n Blumenstecken nt; **flowerbed** n Blumenbeet nt; **flower child** n Blumenkind nt.

flowered ['flaʊəd] adj shirt, wallpaper geblümt.

flower girl n **1.** (seller) Blumenmädchen nt;
2. (at wedding etc) Streukind nt; **flowerhead** n Blütenkopf m.

flowering ['flaʊərɪŋ] adj plant Blüten-; cherry, shrub Zier-.

flower people npl Blumenkinder pl; **flowerpot** n Blumentopf m; **flower power** n Flower-power f; **flower shop** n Blumenladen m, Blumengeschäft nt; **flower show** n Blumenschau f.

flowery ['flaʊərɪ] adj **1.** meadow Blumen-, mit Blumen übersät; perfume blumig; dress, material geblümt. **2.** (fig) language etc blumig.

flowing ['fləʊɪŋ] adj fließend; dress, hair also wallend; style of writing, painting flüssig; tide auflaufend, hereinkommend.

flown [fləʊn] *ptp of* **fly²**, **fly³**.

flu, 'flu [flu:] *n* Grippe *f*. **to have (the)** ~ (die *or* eine) Grippe haben.

fluctuate ['flʌktjʊeɪt] *vi* schwanken; (*in number also*) fluktuieren.

fluctuation [ˌflʌktjʊ'eɪʃ ən] *n* Schwankung *f*, Schwanken *nt no pl*; (*in number also*) Fluktuation *f*; (*fig: of opinions*) Schwanken *nt no pl*.

flue [flu:] *n* Rauchfang, Rauchabzug *m*; (*Mus: of organ*) (*pipe*) Labialpfeife *f*; (*opening*) Kernspalt *m*.

fluency ['flu:ənsɪ] *n* Flüssigkeit *f*; (*of speaker*) Gewandtheit *f*.

fluent ['flu:ənt] *adj style* flüssig; *speaker, writer* gewandt. **to be ~ in Italian, to speak ~ Italian** fließend Italienisch sprechen.

fluently ['flu:əntlɪ] *adv* **speak a language** fließend; *write* flüssig, gewandt; *express oneself* gewandt.

fluff [flʌf] **I** *n, no pl* (*on birds, young animals*) Flaum *m*; (*from material*) Fusseln *pl*; (*dust*) Staubflocken *pl*. **a bit of ~** (*hum inf*) eine Mieze (*inf*).**II** *vt* **1.** (*also ~ out*) *feathers* aufplustern; *pillows* aufschütteln. **2.** *opportunity, lines in play, entrance* vermasseln (*inf*).

fluffy ['flʌfɪ] *adj* (+*er*) *bird* flaumig; *material, toy also* kuschelig, weich; *hair* locker, duftig.

fluid ['flu:ɪd] **I** *adj substance* flüssig; *drawing, outline* fließend; *style* flüssig; (*fig*) *situation* ungewiß. **II** *n* Flüssigkeit *f*.

fluidity [flu:'ɪdɪtɪ] *n see adj* Flüssigkeit *f*; Fließen(des) *nt*; Flüssigkeit *f*; Ungewißheit *f*.

fluke¹ [flu:k] *n* (*inf*) Dusel *m* (*inf*), Schwein *nt* (*inf*). **by a ~** durch Dusel (*inf*); **it was a (pure) ~** das war (einfach) Dusel (*inf*).

fluke² *n* (*Naut*) Flunke *m*; (*of a whale's tail*) Fluke *f*; (*Fishing: flounder*) Flunder *f*; (*Zool: flatworm*) Plattwurm *m*.

fluky ['flu:kɪ] *adj* (*inf*) *wind* wechselnd. **that was a ~ shot** das war ein Zufallstreffer.

flummox ['flʌməks] *vt* (*inf*) *person* durcheinanderbringen, aus dem Konzept bringen (*inf*). **to be ~ed** durcheinander sein.

flung [flʌŋ] *pret, ptp of* **fling**.

flunk [flʌŋk] (*inf*) **I** *vi* durchfallen (*inf*), durchrasseln (*sl*), durch die Prüfung fliegen (*inf*). **II** *vt exam* verhauen (*inf*); *candidate* durchfallen (*inf*) *or* durchrasseln (*sl*) lassen. **to ~ German/an exam** in Deutsch/bei einer Prüfung durchfallen.

flunk(e)y ['flʌŋkɪ] *n* Lakei *m*; (*flatterer*) Radiahrer *m* (*inf*).

fluorescence [flʊə'resəns] *n* Fluoreszenz *f*.

fluorescent [flʊə'resənt] *adj* Leucht-; *lighting, tube* Neon-.

fluoridate ['flu:rɪdeɪt] *vt* mit Fluor versetzen, fluorieren.

fluoridation [ˌflʊərɪ'deɪʃ ən] *n* Fluorzusatz *m* (*of zu*).

fluoride ['flʊəraɪd] *n* Fluorid *nt*. ~ **toothpaste** Fluorzahnpasta *f*.

fluorine ['flʊəri:n] *n* (*abbr* F) Fluor *nt*.

flurried ['flʌrɪd] *adj* **to get** ~ sich aufregen.

flurry ['flʌrɪ] **I** *n* **1.** (*of snow*) Gestöber *nt*; (*of rain*) Guß *m*; (*of wind*) Stoß *m*. **a ~ of blows** ein Hagel *m* von Schlägen. **2.** (*fig*) Aufregung, Nervosität *f*. **all in a ~** ganz aufgescheucht.

II *vt* nervös machen, aufregen; *see* **flurried**.

flush¹ [flʌʃ] **I** *n* **1.** (*lavatory* ~) (*Wasser*)-spülung *f*; (*water*) Schwall *m*.
  2. (*blush*) Röte *f*. **hot ~es** (*Med*) fliegende Hitze; **the ~ of blood to her cheeks** wie ihr das Blut in die Wangen schießt/schoß.
  3. (*of beauty, youth*) Blüte *f*; (*of joy*) Anfall *m*; (*of excitement*) Welle *f*. **in the (first) ~ of victory** im (ersten) Siegestaumel; **in the first ~ of youth** in der ersten Jugendblüte.

II *vi* (*person, face*) rot werden, rot anlaufen (*with vor* +*dat*).

III *vt* **1.** spülen; (*also ~ out*) *drain* durch- *or* ausspülen. **to ~ the lavatory** spülen, die Wasserspülung betätigen; **to ~ sth down the lavatory** etw die Toilette hinunterspülen.
  2. *face* röten.

◆**flush away** *vt sep waste matter etc* wegspülen.

◆**flush out** *vt sep* **1.** (*with water*) *sink, bottle* ausspülen, auswaschen; *dirt* wegspülen, wegschwemmen. **2.** *thieves, spies* aufstöbern, aufspüren.

flush² *adj pred* **1.** bündig; (*horizontally also*) in gleicher Ebene. **cupboards ~ with the wall** Schränke, die mit der Wand abschließen.
  2. (*inf*) **to be ~** gut bei Kasse sein (*inf*).

flush³ *vt game, birds* aufstöbern, aufscheuchen.

flush⁴ *n* (*Cards*) Flöte, Sequenz *f*; (*Poker*) Flush *m*.

flushed ['flʌʃt] *adj person* rot (*with vor*); *face also*, (*with fever*) gerötet. **he came out of the meeting rather ~** er kam mit rotem Kopf aus der Besprechung; **they were ~ with happiness/success** sie strahlten förmlich vor Glück/über ihren Erfolg; **to be ~** (*US*) jede Menge Geld haben (*inf*).

fluster ['flʌstər] **I** *vt* nervös machen; (*confuse*) durcheinanderbringen. **to be ~ed** nervös *or* aufgeregt sein; durcheinander sein.

II *n* **in a (real)** ~ (ganz) nervös *or* aufgeregt; (*confused*) (völlig) durcheinander.

flute [flu:t] **I** *n* (*Mus*) Querflöte *f*; (*organ stop*) Flötenregister *nt*. **II** *vt column, pillar* kannelieren.

fluted ['flu:tɪd] *adj column, pillar* kanneliert; *border, edge* Bogen-, bogenförmig.

fluting ['flu:tɪŋ] *n* (*Archit*) Kannelierung *f*, Kanneluren *pl*; (*of border, edge*) Bogenform *f*.

flutist ['flu:tɪst] *n* (*US*) *see* **flautist**.

flutter ['flʌtər] **I** *vi* **1.** flattern (*also Med*). **her heart ~ed as he entered the room** sie bekam Herzklopfen, als er das Zimmer betrat; **to ~ away** *or* **off** davonflattern.
  2. (*person*) tänzeln; (*nervously*) flatterig sein.

II *vt fan, piece of paper* wedeln mit; (*birds*) *wings* flattern mit; *one's eyelashes* klimpern mit (*hum inf*). **to ~ one's eyelashes at sb** mit den Wimpern klimpern.

III *n* **1.** Flattern *nt* (*also Med*). **this caused a ~ among the audience** dies verursachte leichte Unruhe im Publikum. **2.** (*nervousness*) (**all**) **in** or **of a** ~ in heller Aufregung. **3.** (*Brit inf: gamble*) **to have a** ~ sein Glück (beim Wetten) versuchen. **4.** (*Aviat*) Flattern *nt*.

flutter kick *n* Wechselschlag *m* (*beim Kraulen*).

fluvial ['flu:vɪəl] *adj* in Flüssen, fluvial (*spec*). ~ **water** Flußwasser *nt*.

flux [flʌks] *n* **1.** (*state of change*) Fluß *m*. **things are in a state of** ~ die Dinge sind im Fluß. **2.** (*Med: no pl*) Ausfluß *m*; (*Phys*) Fluß *m*. **3.** (*Metal*) Flußmittel *nt*.

fly[1] [flaɪ] *n* Fliege *f*. **the epidemic killed them off like flies** sie starben während der Epidemie wie die Fliegen; **he wouldn't hurt a** ~ er könnte keiner Fliege etwas zuleide tun; **there's a** ~ **in the ointment** (*inf*) da ist ein Haar in der Suppe; **he's the** ~ **in the ointment** er ist Sand im Getriebe; **there are no flies on him** (*inf*) ihn legt man nicht so leicht rein (*inf*).

fly[2] (*vb: pret* **flew**, *ptp* **flown**) **I** *vi* **1.** fliegen. **2.** (*move quickly*) (*time*) (ver)fliegen; (*people*) sausen (*inf*), fliegen; (*sparks*) stieben, fliegen. **time flies!** wie die Zeit vergeht!; **to** ~ **past** (*car, person*) vorbeisausen (*inf*) *or* -flitzen; **the door flew open** die Tür flog auf; **to** ~ **to sb's assistance** jdm zu Hilfe eilen; **to** ~ **into a rage** einen Wutanfall bekommen; **to** ~ **at sb** (*inf*) auf jdn losgehen; **to let** ~ **at sb auf** jdn losgehen; **he really let** ~ er legte kräftig los; (*verbally also*) er zog kräftig vom Leder; **to knock** *or* **send sth** ~**ing** etw umschmeißen (*inf*) *or* umwerfen; **to send a plate** ~**ing** einen Teller herunterschmeißen (*inf*).

3. to ~ **in the face of authority** sich über jede Autorität hinwegsetzen; **to** ~ **in the face of reason** (*person, organization*) sich über jede Vernunft hinwegsetzen; (*idea, theory etc*) jeder Vernunft entbehren.

4. (*flag*) wehen.

II *vt* **1.** *aircraft* fliegen; *kite* steigen lassen.

2. *passengers, route, plane* fliegen; *Atlantic* überfliegen.

3. *flag* führen, wehen lassen; *see* **flag**[1].

III *n* to go for a ~ fliegen.

◆**fly away** *vi* (*person, plane, bird*) weg- *or* fortfliegen; (*plane, person also*) abfliegen; (*fig: hopes, cares*) schwinden.

◆**fly in** *vi* (*troops, president, rescue plane etc*) einfliegen. **she flew** ~ **from New York this morning** sie ist heute morgen mit dem Flugzeug aus New York angekommen.

II *vt sep supplies, troops* einfliegen.

◆**fly off** *vi* **1.** (*plane, person*) abfliegen, wegfliegen; (*bird*) wegfliegen, fortfliegen. **to** ~ ~ **to the south** nach Süden fliegen; **a search plane flew** ~ **to look for them** ein Suchflugzeug flog los, um nach ihnen Ausschau zu halten.

2. (*come off: hat, lid etc*) wegfliegen; (*button*) abspringen.

◆**fly out I** *vi* (*troops, president, troop-plane*) ausfliegen. **as we flew** ~ **of Heathrow** als wir von Heathrow abflogen.

II *vt sep troops* (*to an area*) hinfliegen; (*out of an area*) ausfliegen. **troops were**

flown ~ **to the trouble area** Truppen wurden in das Krisengebiet geflogen.

◆**fly past** *vi* **1.** +*prep obj* **to** ~ ~ **sth** an etw (*dat*) vorbeifliegen. **2.** (*ceremonially*) vorbeifliegen. **3.** (*time*) verfliegen.

fly[3] *pret* **flew**, *ptp* **flown** I *vi* (*flee*) fliehen, flüchten. **to** ~ **for one's life** um sein Leben laufen/fahren *etc*. **II** *vt* **to** ~ **the country** aus dem Land flüchten.

fly[4] *n* **1.** (*on trousers: also* **flies**) (Hosen)schlitz *m*. **2.** *see* **flysheet. 3.** (*Theat*) **flies** *pl* Obermaschinerie *f*. **4.** *see* **flywheel**.

fly[5] *adj* (*inf*) clever, gerissen.

fly-by-night ['flaɪbaɪnaɪt] **I** *n* **1.** (*irresponsible man*) Windhund *m* (*inf*); (*woman*) leichtsinniges Ding (*inf*). **2.** (*decamping debtor*) flüchtiger Schuldner. **II** *adj* **1.** *person* unzuverlässig, unbeständig. **2.** (*Fin, Comm*) *firm, operation* zweifelhaft.

flycatcher ['flaɪˌkætʃər] *n* **1.** Fliegenschnäpper *m*; **2.** (*trap for flies*) Fliegenfänger *m*; **flyfishing** *n* Fliegenfischen *nt*; **fly-half** *n* (*Rugby*) Halbspieler *m*.

flying ['flaɪɪŋ] *n* Fliegen *nt*. **he likes** ~ er fliegt gerne.

flying ambulance *n* (*helicopter*) Rettungshubschrauber *m*; (*plane*) Rettungsflugzeug *nt*; **flying boat** *n* Flugboot *nt*; **flying buttress** *n* (*Archit*) Strebebogen *m*; **flying colours** *npl* **to come through/pass** *etc* **with** ~ glänzend abschneiden; **flying doctor** *n* fliegender Arzt (*esp in Australien*); **the Flying Dutchman** *n* der Fliegende Holländer; **flying fish** *n* fliegender Fisch; **flying officer** *n* (*Brit*) Oberleutnant *m*; **flying saucer** *n* fliegende Untertasse; **flying squad** *n* Bereitschaftsdienst *m*; **flying start** *n* (*Sport*) fliegender Start; **to get off to a** ~ (*Sport*) hervorragend wegkommen (*inf*); (*fig*) einen glänzenden Start haben; **flying-time** *n* Flugzeit *f*; **flying visit** *n* Blitzbesuch *m*, Stippvisite *f*.

flyleaf ['flaɪli:f] *n* Vorsatzblatt *nt*; **flyover** *n* Überführung *f*; **flypaper** *n* Fliegenfänger *m*; **fly-past** *n* Luftparade *f*; **flysheet** *n* (*entrance*) Überdach *nt*; (*outer tent*) Überzelt *nt*; **fly-swat(ter)** *n* Fliegenklatsche *f*; **flyweight** *n* (*Boxing*) Fliegengewicht *nt*; **flywheel** *n* Schwungrad *nt*.

foal [fəʊl] **I** *n* Fohlen, Füllen *nt*. **in** ~ trächtig. **II** *vi* fohlen.

foam [fəʊm] **I** *n* Schaum *m*; (*of sea also*) Gischt *f*. **II** *vi* schäumen. **to** ~ **at the mouth** (*lit*) Schaum vorm Mund/Maul haben; (*fig: person*) schäumen.

◆**foam up** *vi* (*liquid in container*) schäumen.

foam rubber *n* Schaumgummi *m*.

foamy ['fəʊmɪ] *adj* (+*er*) schäumend.

fob[1] ['efəʊbi:] *abbr of* **free on board**.

fob[2] [fɒb] **I** *vt* **to** ~ **sb off** (**with promises**) jdn (mit leeren Versprechungen) abspeisen; **to** ~ **sth off on sb, to** ~ **sb off with sth** jdm etw andrehen. **II** *n* (*old: also* ~ **pocket**) Uhrtasche *f*. ~ **watch** Taschenuhr *f*.

focal ['fəʊkəl] *adj* (*fig*) im Brennpunkt (stehend), fokal (*geh*).

focal length *n* Brennweite *f*; **focal plane** *n* Brennebene *f*; **focal point** *n* (*lit, fig*) Brennpunkt *m*.

fo'c'sle ['fəʊksl] n see **forecastle.**

focus ['fəʊkəs] **I** n, pl **foci** ['fəʊkɪ] (Phys, Math, fig) Brennpunkt m; (of storm) Zentrum nt; (of earthquake, Med) Herd m. **in** ~ camera (scharf) eingestellt; photo scharf; **to bring into** ~ (lit) klar or scharf einstellen; (fig) topic in den Brennpunkt rücken; **out of** ~ (lit) camera unscharf eingestellt; photo unscharf; (fig) ideas vage; **to come into** ~ ins Blickfeld rücken; **he was the** ~ **of attention** er stand im Mittelpunkt.

II vt instrument einstellen (on auf +acc); light, heat rays bündeln; (fig) one's efforts konzentrieren (on auf +acc). **to** ~ **one's eyes on sth** den Blick auf etw (acc) richten; **I should like to** ~ **your attention (up)on a new problem** ich möchte Ihre Aufmerksamkeit auf ein neues Problem lenken.

III vi (light, heat rays) sich bündeln. **to** ~ **on sth** sich auf etw (acc) konzentrieren; **his eyes** ~**ed on the book** sein Blick richtete sich auf das Buch; **I can't** ~ **properly** ich kann nicht mehr klar sehen.

fodder ['fɒdə'] n (lit, fig) Futter nt.

foe [fəʊ] n (liter) Feind m.

foetal, (esp US) **fetal** ['fiːtl] adj fötal.

foetid ['fiːtɪd] adj see **fetid.**

foetus, (esp US) **fetus** ['fiːtəs] n Fötus, Fetus m.

fog [fɒg] **I** n **1.** Nebel m.
2. (Phot) (Grau)schleier m.
II vt **1.** (also ~ **up** or **over**) mirror, glasses beschlagen.
2. (Phot) verschleiern.
3. (fig) **to** ~ **the issue** die Sache vernebeln.
III vi **1.** (also ~ **up** or **over**) (mirror, glasses) beschlagen.
2. (Phot: negative) einen Grauschleier bekommen.

fog bank n Nebelbank f; **fogbound** adj ship, plane durch Nebel festgehalten; airport wegen Nebel(s) geschlossen; **the motorway is** ~ auf der Autobahn herrscht dichter Nebel.

fogey ['fəʊgɪ] n (inf) **old** ~ alter Kauz (inf); (woman) Schrulle f (inf).

foggy ['fɒgɪ] adj **1.** landscape, weather neb(e)lig. **2.** (fig) ideas, reasoning unklar, vage. **I haven't the foggiest (idea)** (inf) ich habe keinen blassen Schimmer (inf).

foghorn ['fɒghɔːn] n (Naut) Nebelhorn nt; **a voice like a** ~ (inf) eine dröhnende Stimme; **fog lamp, fog light** n Nebellampe f.

foible ['fɔɪbl] n Eigenheit f.

foil¹ [fɔɪl] n **1.** (metal sheet) Folie f; (of a mirror) Spiegelfolie f; see **cooking** ~, **kitchen** ~. **2.** (fig) Hintergrund m.

foil² n (Fencing) Florett nt.

foil³ vt plans durchkreuzen; attempts vereiteln; person einen Strich durch die Rechnung machen (+dat). ~**ed again!** (hum) wieder nichts!

foist [fɔɪst] vt **1.** **to** ~ **sth (off) on sb** goods jdm etw andrehen; task etw aufs abschieben. **2.** **to** ~ **oneself on(to) sb** sich jdm aufdrängen.

fold¹ [fəʊld] **I** n Falte f; (Geol: of the earth) (Boden)falte f.

II vt **1.** (bend into ~s) paper (zusammen)falten; blanket also zusammenlegen. **to** ~ **a newspaper in two/four** eine Zeitung falten/zweimal falten.
2. **to** ~ **one's arms** die Arme verschränken.
3. (wrap up) einwickeln, einschlagen (in in +acc).
4. **to** ~ **sb in one's arms** jdn in die Arme schließen.
III vi **1.** (chair, table) sich zusammenklappen lassen; (accidentally) sich zusammenklappen. **how does this map** ~? wie wird die Karte gefaltet?
2. (close down: business) see **fold up.**

◆**fold away I** vi (table, bed) zusammenklappbar sein, sich zusammenlegen lassen. **II** vt sep table, bed zusammenklappen; clothes zusammenlegen; newspaper zusammenfalten.

◆**fold back I** vt sep shutters, door zurückfalten; sheet, bedclothes auf- or zurückschlagen. **II** vi (door, shutters) zurückfalten, sich zurückfalten lassen.

◆**fold down** vt sep chair zusammenklappen; corner kniffen.

◆**fold over** vt sep paper umknicken; blanket umschlagen.

◆**fold up I** vi **1.** (newspaper, business venture) eingehen (inf); (Theat: play) abgesetzt werden. **2.** **to** ~ ~ **with laughter** sich vor Lachen biegen. **II** vt sep paper, blanket etc zusammenfalten; blanket also zusammenlegen.

fold² n (pen) Pferch m; (Eccl) Herde, Gemeinde f. **to return to the** ~ (fig) in den Schoß der Gemeinde zurückkehren.

folder ['fəʊldə'] n **1.** (for papers) Aktendeckel m, Aktenmappe f. **2.** (brochure) Informationsblatt nt.

folding ['fəʊldɪŋ] adj attr ~ **boat** Faltboot nt; ~ **chair** Klappstuhl m; ~ **doors** Falttür f; (concertina doors also) Harmonikatür f; (grille on lift) Scherengittertür f.

foliage ['fəʊlɪdʒ] n Blätter pl; (of tree also) Laub(werk) nt.

foliation [ˌfəʊlɪ'eɪʃən] n **1.** (Bot) Blattanordnung f; (development) Blattbildung f. **2.** (of book) Foliierung, Blattzählung f. **3.** (Geol) Schichtung f. **4.** (Archit) Laubwerk nt.

folio ['fəʊlɪəʊ] n, pl ~**s 1.** (sheet) Folio nt. **2.** (volume) Foliant m.

folk [fəʊk] npl **1.** (also ~**s** inf) (people) Leute pl; (people in general) die Leute, man. **a lot of** ~(**s**) **believe** ... viele (Leute) glauben ...; **come on** ~**s** (inf) na los, Leute!; **the young/old** ~ die Jungen/Alten.
2. (inf: relatives: also ~**s**) **my** ~**s** meine Leute (inf).

folk-dance ['fəʊkdɑːns] n Volkstanz m; **folklore** n Folklore, Volkskunde f; **folk-music** n Volksmusik f; **folk-singer** n Sänger(in f) m von Volksliedern/Folksongs; **folk-song** n Volkslied nt; (modern) Folksong m.

folksy ['fəʊksɪ] adj (+ er) volkstümlich.

folk-tale ['fəʊkteɪl] n Volksmärchen nt.

follow ['fɒləʊ] **I** vt **1.** folgen (+dat), nachgehen/-fahren etc (+dat); (pursue also) verfolgen; (succeed) folgen (+dat), kommen nach. **he ~ed me about** er folgte mir überall hin; **he ~ed me out** er folgte mir nach draußen; **~ me** folgen Sie mir; (by car also) fahren Sie mir nach; **we're being ~ed** wir werden verfolgt; **to have sb ~ed** jdn verfolgen lassen; **he arrived first, ~ed by the ambassador** er kam als erster, gefolgt vom Botschafter; **he ~ed his father into the business** er folgte seinem Vater im Geschäft; **the earthquake was ~ed by an epidemic** auf das Erdbeben folgte eine Epidemie; **the dinner will be ~ed by a concert** im Anschluß an das Essen findet ein Konzert statt; **the years ~ one another** ein Jahr folgt auf das andere; **to ~ the hounds** (mit den Hunden) auf die Jagd gehen.

2. (keep to) road, path folgen (+dat), entlanggehen/-fahren etc. **to ~ one's nose** der Nase nach gehen (inf); **the boat ~ed the coast** das Boot fuhr die Küste entlang.

3. (understand) folgen (+dat). **do you ~ me?** können Sie mir folgen?

4. profession ausüben, nachgehen (+dat); course of study, career verfolgen.

5. (conform to) fashion mitmachen; advice, instructions befolgen, folgen (+dat); party line folgen (+dat).

6. (read, watch regularly) serial verfolgen; strip cartoon regelmäßig lesen; (take an interest in) progress, development, news verfolgen; athletics, swimming etc sich interessieren für; (listen to attentively) speech (genau) verfolgen.

II vi **1.** (come after) folgen (on sth auf etw acc). **as ~s** wie folgt; **his argument was as ~s** er argumentierte folgendermaßen; **to ~ in sb's footsteps** (fig) in jds Fußstapfen (acc) treten; **what is there to ~?** (at meals) was gibt es noch or (planning the meal) hinterher or anschließend?; **what ~s** das Folgende.

2. (results, deduction) folgen (from aus). **it doesn't ~ that ...** daraus folgt nicht, daß ...; **that doesn't ~** nicht unbedingt!

3. (understand) folgen. **I don't ~** das verstehe ich nicht.

◆**follow on** vi **1.** (come after) später folgen or kommen; (person also) nachkommen.

2. (results) folgen, sich ergeben (from aus).

3. (continue) **she will ~ ~ from where he left off** sie wird da weitermachen, wo er aufgehört hat.

4. (Cricket) zwei Innenrunden hintereinander spielen.

◆**follow out** vt sep idea, plan zu Ende verfolgen, durchziehen.

◆**follow through I** vt sep argument durchdenken, (zu Ende) verfolgen; idea, plan, undertaking (zu Ende) verfolgen, durchziehen. **II** vi (Sport) durchschwingen.

◆**follow up** vt sep **1.** (pursue, take further action on) request nachgehen (+dat); offer, suggestion also aufgreifen.

2. (investigate further) sich näher beschäftigen or befassen mit; suspect also Erkundigungen einziehen über (+acc); candidate also in die engere Wahl nehmen; matter also weiterverfolgen; rumour

nachgehen (+dat); patient nachuntersuchen.

3. (reinforce) success, victory fortsetzen, ausbauen. **to ~ ~ insults with threats** auf Beleidigungen Drohungen folgen lassen.

4. (get further benefit from) advantage ausnutzen.

II vi **1.** **to ~ ~ with sth** etw folgen lassen.

2. (Sport) nachziehen.

follower ['fɒləʊəʳ] n (disciple) Anhänger(in f) m, Schüler(in f) m; (old: servant) Gefolgsmann m. **a ~ of Rangers** ein Rangers-Anhänger m.

following ['fɒləʊɪŋ] **I** adj **1.** folgend. **the ~ day** der nächste or (darauf)folgende Tag; **he made the ~ remarks** er bemerkte folgendes.

2. a ~ wind Rückenwind m.

II n **1.** (followers) Anhängerschaft, Gefolgschaft f.

2. he said the ~ er sagte folgendes; **see the ~ for an explanation** (in documents etc) Erläuterungen hierzu finden Sie im folgenden, Erklärungen im folgenden; **the ~ is/are of note** folgendes ist/folgende (Tatsachen etc) sind wichtig.

follow-up ['fɒləʊˌʌp] n **1.** Weiterverfolgen, Weiterführen nt; (event, programme etc coming after) Fortsetzung f (to gen).

2. (letter) Nachfaßschreiben nt; (Press) Fortsetzung f.

3. (Med) Nachuntersuchung f.

folly ['fɒlɪ] n **1.** (foolishness, foolish thing) Torheit, Verrücktheit f. **it is sheer ~** (to do that) es ist der reinste Wahnsinn (, das zu tun). **2.** (building) exzentrischer, meist völlig nutzloser Prachtbau.

foment [fəʊ'ment] vt trouble, discord schüren; (Med) mit feuchten Umschlägen behandeln.

fond [fɒnd] adj (+er) **1. to be ~ of sb** jdn gern haben or mögen; **to be ~ of sth** etw mögen; **to be ~ of doing sth** etw gern tun.

2. (loving) husband, friend, parent, look liebevoll, zärtlich; hope sehnsüchtig, leise; ambition leise. **his ~est wish** sein Herzenswunsch m; **~est regards** mit lieben Grüßen, liebe Grüße.

3. (indulgent) parent, husband allzu nachsichtig.

4. (unlikely to be realized) hope, ambition (allzu) kühn.

fondant ['fɒndənt] n Fondant m.

fondle ['fɒndl] vt (zärtlich) spielen mit; (stroke) streicheln; person schmusen mit.

fondly ['fɒndlɪ] adv see adj 2. - 4.

fondness ['fɒndnɪs] n Begeisterung f; (for people) Zuneigung, Liebe f (for zu); (for food, place, writer etc) Vorliebe f (for für). **his ~ for or of swimming** daß er gern schwimmen ging/geht.

fondue ['fɒndu:] n Fondue nt.

font [fɒnt] n **1.** (Eccl) Taufstein m. **2.** (US Typ) Schrift f.

food [fu:d] n **1.** Essen nt; (for animals) Futter nt; (nourishment) Nahrung f; (~ stuff) Nahrungsmittel nt; (groceries) Lebensmittel pl. **the ~ is awful here** das Essen hier ist scheußlich; **dog and cat ~** Hunde- und Katzenfutter; **~ and drink**

Essen und Trinken; **canned ~s** Konserven
pl; **I haven't any ~ in the house** ich habe
nichts zu essen im Haus; **to be off one's ~**
keinen Appetit haben; **the very thought of
~ made her ill** wenn sie nur ans Essen
dachte, wurde ihr schon schlecht.
2. (*fig*) Nahrung *f*. **~ for thought** Stoff
m zum Nachdenken.

food-chain ['fu:dtʃeɪn] *n* (*Biol*) Ernäh-
rungskette *f*; **food parcel** *n* Lebensmit-
telpaket *nt*; **food poisoning** *n* Lebens-
mittelvergiftung *f*; **foodstuff** *n* Nahrungs-
mittel *nt*.

fool¹ [fu:l] *I n* **1.** Dummkopf, Narr *m*. **don't
be a ~!** sei nicht (so) dumm!; **some ~ of a
civil servant** irgend so ein blöder *or* doofer
(*inf*) Beamter; **he was a ~ not to accept** es
war dumm von ihm, nicht anzunehmen; **to
be ~ enough to ...** so dumm *or* blöd sein,
zu ...; **to play** *or* **act the ~** Unsinn machen,
herumalbern; **to make a ~ of sb** (*with
ridicule*) jdn lächerlich machen; (*with a
trick*) jdn zum besten *or* zum Narren
haben; **he made a ~ of himself in the
discussion** er hat sich in der Diskussion
blamiert; **to go on a ~'s errand** einen nutz-
losen Gang tun; **to live in a ~'s paradise** in
einem Traumland leben; **there's no ~ like
an old ~** (*prov*) Alter schützt vor Torheit
nicht (*Prov*); **~'s gold** Katzengold *nt*;
~s rush in (where angels fear to tread)
(*prov*) blinder Eifer schadet nur (*prov*);
see **more, nobody.**
2. (*jester*) Narr *m*
II adj (*esp US inf*) doof (*inf*).
III vi herumalbern, Blödsinn machen.
I was only ~ing das war doch nur Spaß.
IV vt zum Narren haben *or* halten;
(*trick*) hereinlegen (*inf*); (*disguise, pho-
ney accent etc*) täuschen. **I admit I was
completely ~ed** ich gebe zu, ich bin darauf
hereingefallen; **you had me ~ed** ich habe
das tatsächlich geglaubt; **who are you try-
ing to ~?** wem willst du das weismachen?;
they ~ed him into believing it er hat es
ihnen tatsächlich abgenommen.

◆**fool about** *or* **around** *vi* **1.** (*waste time*)
herumtrödeln. **he spends his time ~ing ~
with the boys** er verschwendet seine ganze
Zeit mit den Jungs. **2.** (*play the fool*)
herumalbern. **3. to ~ ~ with sth** mit etw
Blödsinn machen. **4. he's just ~ing ~ with
her** er treibt nur seine Spielchen mit ihr.

fool² *n* (*Brit Cook*) Sahnespeise *f* aus
Obstpüree.
foolery ['fu:lərɪ] *n* Albernheit *f*.
foolhardiness ['fu:l,hɑ:dɪnɪs] *n* Tollkühn-
heit *f*.
foolhardy ['fu:l,hɑ:dɪ] *adj* (+ *er*) tollkühn.
foolish ['fu:lɪʃ] *adj* dumm, töricht. **it is ~ to
believe him** es ist dumm, ihm zu glauben;
to look ~ dumm aussehen; **he's afraid of
looking ~** er will sich nicht blamieren.
foolishly ['fu:lɪʃlɪ] *adv see adj.*
foolishness ['fu:lɪʃnɪs] *n* Dummheit, Tor-
heit *f*.
foolproof ['fu:lpru:f] *adj* narrensicher,
idiotensicher (*inf*).
foolscap ['fu:lskæp] *n* (*also* **~ paper**) ≃
Kanzleipapier *nt*, *britisches Papierformat
13¼ × 16½ Inches.*
foot [fut] *I n*, *pl* **feet 1.** Fuß *m*. **to be on one's**

feet (*lit, fig*) auf den Beinen sein; **to put sb
(back) on his feet (again)** jdm (wieder) auf
die Beine helfen; **on ~ zu Fuß; to set ~ on
dry land** den Fuß auf festen Boden setzen,
an Land gehen; **I'll never set ~ here again!**
hier kriegen mich keine zehn Pferde mehr
her! (*inf*); **the first time he set ~ in the
office** als er das erste Mal das Büro betrat;
to rise/jump to one's feet aufstehen/
aufspringen; **to put one's feet up** (*lit*) die
Füße hochlegen; (*fig*) es sich (*dat*)
bequem machen; **he never puts a ~ wrong**
(*gymnast, dancer*) bei ihm stimmt jeder
Schritt; (*fig*) er macht nie einen Fehler; **to
catch sb on the wrong ~** (*Sport*) jdn auf
dem falschen Fuß erwischen; (*fig*) jdn
überrumpeln.
2. (*fig uses*) **to put one's ~ down** (*act
with decision or authority*) ein Machtwort
sprechen; (*forbid, refuse*) es strikt ver-
bieten; (*Aut*) Gas geben, voll aufs Gas
steigen (*inf*); **to put one's ~ in it** ins Fett-
näpfchen treten; **to put one's best ~ for-
ward** (*hurry*) die Beine unter den Arm
nehmen; (*do one's best*) sich anstrengen;
to find one's feet sich eingewöhnen, sich
zurechtfinden; **to fall on one's feet** auf die
Beine fallen; **to have one's** *or* **both feet
(firmly) on the ground** mit beiden Beinen
(fest) auf der Erde stehen; **to have one ~
in the grave** mit einem Bein im Grabe
stehen; **to get/be under sb's feet** jdm im
Wege stehen *or* sein; (*children also*) jdm
vor den Füßen herumlaufen; **to get off on
the right/wrong ~** eine gute/schlechten
Start haben; **to have a/get one's** *or* **a ~ in
the door** mit einem Fuß *or* Bein drin sein/
mit einem Fuß *or* Bein hineinkommen; **to
stand on one's own feet** auf eigenen Füßen
or Beinen stehen.
3. (*of stocking, list, page, stairs, hill
etc*) Fuß *m*; (*of bed also*) Fußende *nt*; (*of
sewing machine also*) Füßchen *nt*.
4. (*measure*) Fuß *m*. **3 ~** *or* **feet wide/
long** 3 Fuß breit/lang.
5. (*Poet*) (Vers)fuß *m*.
6. *no pl* (*Mil*) Infanterie *f*. **the 15th ~**
das 15. Infanterieregiment; **ten thousand
~** zehntausend Fußsoldaten *pl*.
II vt **1. to ~ it** (*inf*) (*walk*) marschieren
(*inf*); (*dance*) tanzen.
2. bill bezahlen, begleichen.

foot-and-mouth (disease) ['futən'mauθ
(dɪ,zi:z)] *n* Maul- und Klauenseuche *f*.
football ['futbɔ:l] *n* **1.** Fußball(spiel *nt*) *m*;
(*American* **~**) Football *m*,
amerikanischer Fußball. **~ boot** Fußball-
schuh, Fußballstiefel *m*; **~ pools** Fußball-
toto *m*; *see* **pool²** **3. 2.** (*ball*) Fußball *m*,
Leder (*inf*) *nt*.
footballer ['futbɔ:ləʳ] *n* Fußball(spiel)er *m*;
(*in American football*) Football-Spieler
m.
footbath ['futbɑ:θ] *n* Fußbad *nt*; **footboard**
n (*Rail, on coach*) Trittbrett *nt*; **foot
brake** *n* Fußbremse *f*; **footbridge** *n* Fuß-
gängerbrücke *f*.
footfall ['futfɔ:l] *n* Schritt *m*; **foothills** *npl*
(Gebirgs)ausläufer *pl*; **foothold** *n* Stand,
Halt *m*; (*fig*) sichere (Ausgangs)position;
to lose one's ~ (*lit, fig*) den Halt verlieren.
footing ['futɪŋ] *n* **1.** (*lit*) Stand, Halt *m*. **to**

lose one's ~ den Halt verlieren; **to miss one's ~** danebentreten.

2. (*fig: foundation, basis*) Basis *f*; (*relationship*) Beziehung *f*, Verhältnis *nt*. **to be on a friendly ~ with sb** mit jdm auf freundschaftlichem Fuße stehen; **on an equal ~ (with each other)** auf gleicher Basis.

3. (*Archit*) Sockel *m*.

footle ['fuːtl] *vi* **to ~ about** (*inf*) herumpusseln.

footlights ['fʊtlaɪts] *npl* (*Theat*) Rampenlicht *nt*.

footling ['fuːtlɪŋ] *adj* albern, dumm, läppisch.

footloose ['fuːtluːs] *adj* ungebunden, unbeschwert; **~ and fancy-free** frei und ungebunden; **footman** *n* Lakai *m*; **footmark** *n* Fußabdruck *m*; **footnote** *n* Fußnote *f*; (*fig*) Anmerkung *f*; **footpath** *n* **1.** (*path*) Fußweg *m*; **2.** (*Brit: pavement*) Bürgersteig *m*; **footplate** *n* Führerstand *m*; **footplatemen, footplate workers** *npl* Lokomotivführer *pl*; **foot-pound** *n* *britische Maßeinheit für Drehmoment und Energie*; **footprint** *n* Fußabdruck *m*; **footprints** *npl* Fußspuren *pl*; **foot pump** *n* Fußpumpe *f*, Blasebalg *m*; **footrest** *n* Fußstütze *f*.

footsie ['fʊtsɪ] *n* (*inf*) **to play ~ with sb** mit jdm füßeln.

foot-slog ['fʊtslɒg] *vi* (*inf*) latschen (*inf*), marschieren; **foot soldier** *n* Fußsoldat, Infanterist *m*; **footsore** *adj* **to be ~** wunde Füße haben; **footstep** *n* Schritt *m*; *see* **follow**; **footstool** *n* Schemel *m*, Fußbank *f*; **footwear** *n* Schuhe *pl*, Schuhwerk *nt*; **footwork** *n*, *no pl* (*Boxing*) Beinarbeit *f*.

foppish ['fɒpɪʃ] *adj* geckenhaft.

for [fɔːʳ] **I** *prep* **1.** (*intention*) für; (*purpose also*) zu; (*destination*) nach. **a letter ~ me** ein Brief für mich; **clothes ~ children** Kleidung für Kinder, Kinderkleidung *f*; **destined ~ greatness** zu Höherem bestimmt; **he is eager ~ praise** er ist lobeshungrig; **to go ~ a walk** spazierengehen, einen Spaziergang machen; **to work ~ one's living** seinen Lebensunterhalt verdienen; **what ~?** wofür?, wozu?; **what is this knife ~?** wozu dient dieses Messer?; **he does it ~ pleasure** er macht es zum *or* aus Vergnügen; **what did you do that ~?** warum *or* wozu haben Sie das getan?; **a room ~ working in/sewing** ein Zimmer zum Arbeiten/ Nähen; **a bag ~ carrying books (in)** eine Tasche zum Büchertragen, eine Tasche, um Bücher zu tragen; **fit ~ nothing** zu nichts nutze *or* zu gebrauchen; **to work ~ one's exams** für sein Examen arbeiten; **to get ready ~ a journey** sich für eine Reise fertigmachen; **ready ~ anything** zu allem bereit; **to go to Yugoslavia ~ one's holidays** nach Jugoslawien in Urlaub fahren; **train ~ Stuttgart** Zug nach Stuttgart; **to leave ~ the USA** in die USA *or* nach Amerika abreisen; **he swam ~ the shore** er schwamm auf die Küste zu; **to make ~ home** sich auf den Heimweg machen.

2. (*indicating suitability*) **it's not ~ you to blame him** Sie haben kein Recht, ihm die Schuld zu geben; **it's not ~ me to say**

es steht mir nicht zu, mich dazu zu äußern; **she's the woman** *or* **the one ~ me** sie ist die (richtige) Frau für mich.

3. (*representing, instead of*) **I'll see her ~ you if you like** wenn Sie wollen, gehe ich an Ihrer Stelle *or* für Sie zu ihr; **to act ~ sb** für jdn handeln; **D ~ Daniel** D wie Daniel; **member** *or* **MP ~ Birmingham** Abgeordneter für Birmingham; **agent ~ Renault** Vertreter für Renault.

4. (*in defence, in favour of*) für. **are you ~ or against it?** sind Sie dafür oder dagegen?; **the committee were/voted ~ the proposed amendment** das Komitee war/stimmte für den Vorschlag; **I'm all ~ it** ich bin ganz dafür; **I'm all ~ helping him** ich bin sehr dafür, ihm zu helfen.

5. (*with regard to*) **anxious ~ sb** um jdn besorgt; **~ my part** was mich betrifft; **as ~ him/that** was ihn/das betrifft; **warm/ cold ~ the time of year** warm/kalt für die Jahreszeit; **young ~ (a) president** jung für einen Präsidenten; **it's all right** *or* **all very well ~ you (to talk)** Sie haben gut reden.

6. (*because of*) aus. **~ this reason** aus diesem Grund; **he did it ~ fear of being left** er tat es aus Angst, zurückgelassen zu werden; **to shout ~ joy** aus *or* vor Freude jauchzen; **to go to prison ~ theft** wegen Diebstahls ins Gefängnis wandern; **to choose sb ~ his ability** jdn wegen seiner Fähigkeiten wählen; **if it were not ~ him** wenn er nicht wäre.

7. (*in spite of*) trotz (+*gen* *or* (*inf*) +*dat*). **~ all his wealth** trotz all seines Reichtums; **~ all that, you should have warned me** Sie hätten mich trotz allem warnen sollen.

8. (*in exchange*) für. **to pay two marks ~ a ticket** zwei Mark für eine Fahrkarte zahlen; **he'll do it ~ five pounds** er macht es für fünf Pfund.

9. (*in contrast*) **~ one man who would do it there are ten who wouldn't** auf einen, der es tun würde, kommen zehn, die es nicht tun würden.

10. (*in time*) seit; (*with future tense*) für. **I have not seen her ~ two years** ich habe sie seit zwei Jahren nicht gesehen; **he's been here ~ ten days** er ist seit zehn Tagen hier; **then I did not see her ~ two years** dann habe ich sie zwei Jahre lang nicht gesehen; **he walked ~ two hours** er ist zwei Stunden lang marschiert; **I am going away ~ a few days** ich werde (für *or* auf) ein paar Tage wegfahren; **I shall be away ~ a month** ich werde einen Monat (lang) weg sein; **he won't be back ~ a week** er wird erst in einer Woche zurück sein; **can you get it done ~ Monday?** können Sie es bis *or* für Montag fertig haben?; **~ a while/some time** (für) eine Weile/einige Zeit.

11. (*distance*) **the road is lined with trees ~ two miles** die Straße ist auf *or* über zwei Meilen mit Bäumen gesäumt; **we walked ~ two miles** wir sind zwei Meilen weit gelaufen; **~ miles (ahead/around)** meilenweit (vor/um uns *etc*).

12. (*with verbs*) **to pray ~ peace** für den *or* um Frieden beten; **to hope ~ news** auf Nachricht hoffen; **to look ~ sth** (nach) etw suchen; *see* **vbs**.

13. (*after n indicating liking, aptitude etc*) für. **a weakness ~ sweet things** eine Schwäche für Süßigkeiten; **a gift ~ languages** eine Begabung für Sprachen; **his genius ~ saying the wrong thing** sein Talent, das Falsche zu sagen.

14. (*with infin clauses*) **~ this to be possible** damit dies möglich wird/wurde; **it's easy ~ him to do it** für ihn ist es leicht, das zu tun, er kann das leicht tun; **I brought it ~ you to see** ich habe es mitgebracht, damit Sie es sich (*dat*) ansehen können; **the best would be ~ you to go** das beste wäre, wenn Sie weggingen; **there's still time ~ him to come** er kann immer noch kommen; **their one hope is ~ him to return** ihre einzige Hoffnung ist, daß er zurückkommt.

15. (*phrases*) **to do sth ~ oneself** etw alleine tun; **~ example** zum Beispiel; **you're ~ it!** (*inf*) jetzt bist du dran! (*inf*); **oh ~ a cup a tea!** jetzt eine Tasse Tee – das wäre schön!

II *conj* denn.

III *adj pred* (*in favour*) dafür. **17 were ~, 13 against** 17 waren dafür, 13 dagegen.

forage ['fɒrɪdʒ] **I** *n* **1.** (*fodder*) Futter *nt.* **2.** (*search for fodder*) Futtersuche *f*; (*Mil*) Überfall *m.* **II** *vi* nach Futter suchen; (*Mil*) einen Überfall/Überfälle machen; (*fig: rummage*) herumwühlen (*for* nach).

foray ['fɒreɪ] **I** *n* (Raub)überfall *m*; (*fig*) Exkurs *m* (*into* in +*acc*). **II** *vi* einen Raubüberfall/Raubüberfälle machen.

forbad(e) [fɔː'bæd] *pret* of **forbid.**

forbear [fɔː'bɛəʳ] *pret* **forbore,** *ptp* **forborne** *vti* (*form*) **I forbore from expressing my opinion** ich verzichtete darauf *or* nahm Abstand davon, meine Meinung zu äußern; **he forbore to make any comment** er enthielt sich jeden Kommentars.

forbearance [fɔː'bɛərəns] *n* Nachsicht *f.*

forbears ['fɔːbɛəz] *npl* (*form*) Vorfahren, Ahnen *pl.*

forbid [fə'bɪd] *pret* **forbad(e),** *ptp* **forbidden** *vt* **1.** (*not allow*) verbieten. **to ~ sb to do sth** jdm verbieten, etw zu tun; **to ~ sb alcohol** jdm Alkohol verbieten; **it is ~den to ...** es ist verboten, zu ...

2. (*prevent*) verhindern, nicht erlauben. **my health ~s my attending the meeting** meine Gesundheit erlaubt es nicht, daß ich an dem Treffen teilnehme; **God ~!** Gott behüte *or* bewahre!

forbidden [fə'bɪdn] *adj* **~ fruit** verbotene Früchte *pl.*

forbidding [fə'bɪdɪŋ] *adj rocks, cliffs* bedrohlich, furchterregend; *sky* düster; *landscape* unfreundlich; *prospect* grauenhaft; *look, person* streng.

forbore [fɔː'bɔːʳ] *pret* of **forbear.**

forborne [fɔː'bɔːn] *ptp* of **forbear.**

force [fɔːs] **I** *n* **1.** *no pl* (*physical strength, power*) Kraft *f*; (*of blow also, of impact, collision*) Wucht *f*; (*Phys*) Kraft *f.* **to settle sth by ~** etw gewaltsam *or* durch Gewalt beilegen; **by sheer ~ of numbers** aufgrund zahlenmäßiger Überlegenheit; **there is a ~ 5 wind blowing** es herrscht Windstärke 5; **the ~ of the wind was so great he could hardly stand** der Wind war so stark, daß

er kaum stehen konnte; **they were there in ~** sie waren in großer Zahl *or* Stärke da.

2. *no pl* (*fig*) (*of argument*) Überzeugungskraft *f*; (*of music, phrase*) Eindringlichkeit *f*; (*of character*) Stärke *f*; (*of words, habit*) Macht *f.* **(the) ~ of circumstances** (der) Druck der Verhältnisse.

3. (*powerful thing, person*) Macht *f.* **F~s of Nature** Naturgewalten *pl*; **there are various ~s at work here** hier sind verschiedene Kräfte am Werk; *see* **life ~.**

4. (*body of men*) **the ~s** (*Mil*) die Streitkräfte *pl*; **work ~** Arbeitskräfte *pl*; **sales ~** Verkaufspersonal *nt*; **the (police) ~** die Polizei; **to join** *or* **combine ~s** sich zusammentun.

5. to come into/be in ~ in Kraft treten/sein.

II *vt* **1.** (*compel*) zwingen. **to ~ sb/oneself to do sth** jdn/sich zwingen, etw zu tun.

2. (*extort, obtain by ~*) erzwingen. **he ~d a confession out of** *or* **from me** er erzwang ein Geständnis von mir; **to ~ an error** (*Sport*) den Gegner/jdn ausspielen.

3. to ~ sth (up)on sb *present, one's company* jdm etw aufdrängen; *conditions, obedience* jdm etw auferlegen; *conditions, decision, war* jdm etw aufzwingen; **I don't want to ~ myself on you** ich möchte mich Ihnen nicht aufdrängen.

4. (*break open*) aufbrechen. **to ~ an entry** sich (*dat*) gewaltsam Zugang *or* Zutritt verschaffen.

5. (*push, squeeze*) **to ~ books into a box** Bücher in eine Kiste zwängen; **if it won't open/go in, don't ~ it** wenn es nicht aufgeht/paßt, wende keine Gewalt an; **to ~ one's way into sth** sich (*dat*) gewaltsam Zugang zu etw *or* in etw (*acc*) verschaffen; **to ~ one's way through** sich gewaltsam einen Weg bahnen; **to ~ a car off the road** ein Auto von der Fahrbahn drängen; **to ~ a bill through parliament** eine Gesetzesvorlage durch das Parlament peitschen; **to ~ sb into a corner** (*lit*) jdn in eine Ecke drängen; (*fig*) jdn in die Enge treiben.

6. *plants* treiben.

7. (*produce with effort*) **to ~ a smile** gezwungen lächeln; **to ~ the pace** das Tempo forcieren; **she can't sing top C without forcing her voice** sie kann das hohe C nur singen, wenn sie ihrer Stimme Gewalt antut; **don't ~ it** erzwingen Sie es nicht.

◆**force back** *vt sep* zurückdrängen; *tears* unterdrücken.

◆**force down** *vt sep food* sich (*dat*) hinunterquälen; *aeroplane* zur Landung zwingen; *price* drücken; *laugh* unterdrücken; *lid of suitcase etc* mit Gewalt zumachen.

◆**force off** *vt sep lid* mit Gewalt abmachen.

◆**force up** *vt sep prices* hochtreiben.

forced [fɔːst] *adj smile* gezwungen, gequält; *plant* getrieben; *wording, translation* gezwungen, unnatürlich. **~ landing** Notlandung *f*; **~ march** Gewaltmarsch *m.*

force-feed ['fɔːsfiːd] **I** *vt irreg* zwangsernähren. **II** *n* (*Tech*) Druckschmierung *f.*

forceful ['fɔːsfʊl] *adj person* energisch,

kraftvoll; *manner* überzeugend; *character* stark; *language, style* eindringlich, eindrucksvoll; *argument* wirkungsvoll, stark; *reasoning* eindringlich.

forcefully ['fɔːsfəlɪ] *adv* speak, write, argue, reason eindringlich, eindrucksvoll; behave überzeugend.

forcefulness ['fɔːsfʊlnɪs] *n see adj* Durchsetzungsvermögen *nt*, energische *or* kraftvolle Art; überzeugende Art; Stärke *f*; Eindringlichkeit *f*.

force majeure [ˌfɔːsmæˈʒɜːʳ] *n* höhere Gewalt.

forcemeat ['fɔːsmiːt] *n* (*Cook*) Fleischfüllung, Farce *f*.

forceps ['fɔːseps] *npl* (also **pair of** ~) Zange *f*. ~ **delivery** Zangengeburt *f*.

forcible ['fɔːsəbl] *adj* 1. *entry* gewaltsam. ~ **feeding** Zwangsernährung. 2. *language, style* eindringlich, eindrucksvoll; *argument, reason* zwingend, überzeugend; *warning* eindringlich, nachdrücklich.

forcibly ['fɔːsəblɪ] *adv* 1. (*by force*) mit Gewalt. **he was** ~ **fed** er wurde zwangsernährt. 2. (*vigorously*) warn, object eindringlich, nachdrücklich; argue, speak überzeugend.

ford [fɔːd] I *n* Furt *f*. II *vt* durchqueren; (*on foot also*) durchwaten.

fore [fɔːʳ] I *adj* (*esp Naut*) vordere(r, s), Vorder-. ~ **of the bridge** oberhalb der Brücke; ~ **and aft sail** Schratsegel *nt*.

II *n* 1. (*Naut*) Vorderteil *nt*, Bug *m*. **at the** ~ am Bug.

2. (*fig*) **to the** ~ im Vordergrund, an der Spitze; **to come to the** ~ ins Blickfeld geraten.

III *adv* (*Naut*) vorn. ~ **and aft** längsschiffs.

IV *interj* (*Golf*) Achtung.

forearm[1] ['fɔːrɑːm] *n* Unterarm *m*.

forearm[2] [fɔːrˈɑːm] *vt* vorbereiten. **to** ~ **oneself** sich wappnen; **he came** ~**ed** er kam vorbereitet; *see* **forewarn**.

forebear[1] ['fɔːbɛəʳ] *n* Vorfahr(in *f*), Ahn(e *f*) *m*.

forebear[2] [fɔːrˈbɛəʳ] *vt see* **forbear**.

foreboding [fɔːˈbəʊdɪŋ] *n* (*presentiment*) (Vor)ahnung *f*, Vorgefühl *nt*; (*feeling of disquiet*) ungutes Gefühl.

forebrain ['fɔːbreɪn] *n* Vorderhirn *nt*.

forecast ['fɔːkɑːst] I *vt irreg* vorhersehen, voraussagen; (*Met*) voraussagen, vorhersagen. II *n* Voraussage, Vorhersage, Prognose *f*; (*Met*) Vorhersage *f*.

forecaster ['fɔːkɑːstəʳ] *n* (*Met*) Meteorologe *m*, Meteorologin *f*.

forecastle ['fəʊksl] *n* (*Naut*) Vorschiff, Vorderdeck *nt*; (*in Merchant Navy*) Logis *nt*.

foreclose [fɔːˈkləʊz] I *vt* loan, mortgage kündigen. **to** ~ **sb** jds Kredit/Hypothek kündigen. II *vi* (*on loan, mortgage*) ein Darlehen/eine Hypothek kündigen. **to** ~ **on sth** etw kündigen.

forecourt ['fɔːkɔːt] *n* Vorhof *m*.

foredeck ['fɔːdek] *n* Vor(der)deck *nt*.

forefather [fɔːˈfɑːðəʳ] *n* Ahn, Vorfahr *m*.

forefinger ['fɔːˌfɪŋɡəʳ] *n* Zeigefinger *m*.

forefoot ['fɔːfʊt] *n* Vorderfuß *m*.

forefront ['fɔːfrʌnt] *n* **in the** ~ **of** im Vorfeld (+*gen*).

foregather [fɔːˈɡæðəʳ] *vi* zusammentreffen.

forego [fɔːˈɡəʊ] *pret* **forewent**, *ptp* **foregone** *vt* verzichten auf (+*acc*).

foregoing ['fɔːɡəʊɪŋ] *adj* vorhergehend, vorangehend.

foregone [fɔːˈɡɒn] I *ptp of* **forego**. II ['fɔːɡɒn] *adj*: **it was a** ~ **conclusion** es stand von vornherein fest.

foreground ['fɔːɡraʊnd] *n* (*Art, Phot*) Vordergrund *m*. **in the** ~ im Vordergrund.

forehand ['fɔːhænd] (*Sport*) I *n* Vorhand *f*. II *attr* Vorhand-.

forehead ['fɔːhed, 'fɒrɪd] *n* Stirn *f*.

foreign ['fɒrən] *adj* 1. ausländisch; *customs, appearance* fremdartig, fremdländisch; *policy, trade* Außen-. **is he** ~? ist er Ausländer?; ~ **person** Ausländer(in *f*) *m*; ~ **countries** das Ausland; **he came from a** ~ **country** er kam aus dem Ausland.

2. (*not natural*) fremd. **lying is quite** ~ **to him/his nature** Lügen ist seiner Natur fremd.

foreign affairs *npl* Außenpolitik *f*; **spokesman on** ~ außenpolitischer Sprecher; **foreign correspondent** *n* Auslandskorrespondent(in *f*) *m*; **foreign currency** *n* Devisen *pl*.

foreigner ['fɒrənəʳ] *n* Ausländer(in *f*) *m*.

foreign exchange *n* Devisen *pl*; **foreign exchange market** *n* Devisenmarkt *m*; **foreign language** I *n* Fremdsprache *f*; **it was a** ~ **to me** (*fig*) es war eine Sprache, die ich nicht verstand; II *attr* Fremdsprachen-; **foreign legion** *n* Fremdenlegion *f*; **Foreign Minister** *n* Außenminister *m*; **foreign national** *n* ausländische(r) Staatsangehörige(r) *mf*; **Foreign Office** *n* (*Brit*) Auswärtiges Amt; **Foreign Secretary** *n* (*Brit*) Außenminister *m*.

foreknowledge [ˌfɔːˈnɒlɪdʒ] *n* vorherige Kenntnis.

foreland ['fɔːlənd] *n* Vorland *nt*; (*promontory*) Landspitze *f*.

foreleg ['fɔːleg] *n* Vorderbein *nt*.

forelimb ['fɔːlɪm] *n* Vorderglied *nt*.

forelock ['fɔːlɒk] *n* Stirnlocke *f*, Stirnhaar *nt*. **to touch** *or* **tug one's** ~ (**to sb**) jdm Reverenz erweisen.

foreman ['fɔːmən] *n, pl* **-men** [-mən] (*in factory*) Vorarbeiter *m*; (*on building site*) Polier *m*; (*Jur: of jury*) Obmann *m*.

foremast ['fɔːmɑːst] *n* (*Naut*) Fockmast *m*.

foremost ['fɔːməʊst] I *adj* (*lit*) erste(r, s), vorderste(r, s); (*fig*) writer, politician etc führend. **the problem/thought which was** ~ **in his mind** das Problem, das/der Gedanke, der ihn hauptsächlich beschäftigte. II *adv see* **first**.

forename ['fɔːneɪm] *n* Vorname *m*.

forensic [fəˈrensɪk] *adj* forensisch; (*Med also*) gerichtsmedizinisch. ~ **science** Kriminaltechnik *f*; ~ **medicine** Gerichtsmedizin *f*, forensische Medizin; ~ **expert** Spurensicherungsexperte *m*; ~ **laboratory** Polizeilabor *nt*.

foreplay ['fɔːpleɪ] *n* Vorspiel *nt*.

forequarters ['fɔːˌkwɔːtəz] *npl* Vorderstücke *pl*.

forerunner ['fɔːˌrʌnəʳ] *n* Vorläufer *m*. **a** ~ **of disaster** ein Vorbote *m* des Unglücks.

foresail ['fɔːseɪl] *n* (*Naut*) Focksegel *nt*.

foresee [fɔː'siː] vt irreg vorhersehen, voraussehen.

foreseeable [fɔː'siːəbl] adj voraussehbar, absehbar. **in the ~ future** in absehbarer Zeit.

foreshadow [fɔː'ʃædəu] vt ahnen lassen, andeuten.

foreshore ['fɔːʃɔːʳ] n Küstenvorland nt; (beach) Strand m.

foreshorten [fɔː'ʃɔːtn] vt (Art, Phot) perspektivisch zeichnen/ photographieren.

foresight ['fɔːsaɪt] n Weitblick m.

foreskin ['fɔːskɪn] n Vorhaut f.

forest ['fɒrɪst] n Wald m; (for lumber etc) Forst m; (fig) (of TV aerials etc) Wald m; (of ideas, suggestions etc) Wust m, Menge f. **~ ranger** (US) Förster m.

forestall [fɔː'stɔːl] vt sb, rival zuvorkommen (+dat); accident, eventuality vorbeugen (+dat); wish, desire im Keim ersticken; objection vorwegnehmen.

forestation [fɒrɪ'steɪʃən] n see **afforestation.**

forested ['fɒrɪstɪd] adj bewaldet.

forester ['fɒrɪstəʳ] n Förster m.

forestry ['fɒrɪstrɪ] n Forstwirtschaft f. **F~ Commission** (Brit) Forstverwaltung f.

foretaste ['fɔːteɪst] n Vorgeschmack m.

foretell [fɔː'tel] vt irreg vorhersagen, voraussagen.

forethought ['fɔːθɔːt] n Vorbedacht m.

forever [fər'evəʳ] adv 1. (constantly) immer, ständig, ewig (inf). **he was ~ falling over** er fiel immer or ständig or ewig (inf) hin. 2. (esp US: eternally) = **for ever**; see **ever.**

forevermore [fər‚evə'mɔːʳ] adv (esp US) = **for evermore**; see **evermore.**

forewarn [fɔː'wɔːn] vt vorher warnen. **that should have ~ed him** das hätte ihm eine Vorwarnung sein sollen; **~ed is forearmed** (Prov) Gefahr erkannt, Gefahr gebannt (prov).

forewent [fɔː'went] pret of **forego.**

forewing ['fɔːwɪŋ] n Vorderflügel m.

forewoman ['fɔːwumən] n, pl **-women** [-wɪmɪn] Vorarbeiterin f.

foreword ['fɔːwɜːd] n Vorwort nt.

forfeit ['fɔːfɪt] I vt 1. (esp Jur) verwirken; one's rights also verlustig gehen (+gen). 2. (fig) one's life, health, honour, sb's respect einbüßen. **to ~ the right to criticize sb** sich (dat) das Recht verscherzen, jdn zu kritisieren.
II n (esp Jur) Strafe, Buße f; (fig) Einbuße f; (in game) Pfand nt. **~s sing** (game) Pfänderspiel nt.
III adj **to be ~** (Jur) verfallen sein; (fig) verwirkt sein.

forfeiture ['fɔːfɪtʃəʳ] n (Jur, fig) Verlust m, Einbuße f; (of claim) Verwirkung f.

forgather [fɔː'gæðəʳ] vi see **foregather.**

forgave [fə'geɪv] pret of **forgive.**

forge [fɔːdʒ] I n (workshop) Schmiede f; (furnace) Esse f.
II vt 1. metal, (fig) friendship, plan schmieden. 2. (counterfeit) signature, banknote fälschen.
III vi **to ~ ahead** Fortschritte machen, vorwärtskommen; (in one's career) seinen Weg machen; (Sport) vorstoßen; **he start-**

ed to ~ ahead of the rest of the field er setzte sich weit vor die anderen.

forger ['fɔːdʒəʳ] n Fälscher(in f) m.

forgery ['fɔːdʒərɪ] n 1. (act) Fälschen nt. 2. (thing) Fälschung f.

forget [fə'get] pret **forgot**, ptp **forgotten**
I vt vergessen; ability, language also verlernen. **never to be forgotten** unvergeßlich, unvergessen; **and don't you ~ it!** und daß du das ja nicht vergißt!; **he never lets you ~ it either** er sorgt dafür, daß du auch immer daran denkst; **don't ~ the guide** vergessen Sie nicht, dem Führer ein Trinkgeld zu geben; **I was ~ting you knew him** ich habe ganz vergessen, daß Sie ihn kennen; **I ~ his name** sein Name ist mir entfallen; **I ~ what I wanted to say** es ist mir entfallen, was ich sagen wollte; **to ~ past quarrels** vergangene Streitigkeiten ruhen lassen; **~ it!** schon gut!; **you might as well ~ it** (inf) das kannst du vergessen (inf).
II vi es vergessen. **don't ~!** vergiß (es) nicht!; **I never ~** ich vergesse nie etwas; **where is he? — I ~** wo ist er? — ich habe es vergessen or es ist mir entfallen.
III vr (behave improperly) sich vergessen, aus der Rolle fallen; (act unselfishly) sich selbst vergessen.
◆**forget about** vi +prep obj vergessen. **I've forgotten all ~ what he did** ich habe völlig vergessen, was er getan hat.

forgetful [fə'getful] adj (absent-minded) vergeßlich; (of one's duties etc) achtlos, nachlässig (of gegenüber).

forgetfulness [fə'getfulnɪs] n see adj Vergeßlichkeit f; Achtlosigkeit, Nachlässigkeit f (of gegenüber). **in a moment of ~** in einem Augenblick geistiger Abwesenheit.

forget-me-not [fə'getmɪnɒt] n (Bot) Vergißmeinnicht nt.

forgettable [fə'getəbl] adj **some things just aren't ~** manche Sachen kann man einfach nicht vergessen; **an eminently ~ second novel** ein zweiter Roman, den man getrost vergessen kann.

forgivable [fə'gɪvəbl] adj verzeihlich, verzeihbar.

forgive [fə'gɪv] pret **forgave**, ptp **forgiven** [fə'gɪvn] vti mistake, clumsiness verzeihen, vergeben; person verzeihen (+dat), vergeben (+dat); (esp Eccl) sin vergeben, erlassen. **to ~ sb sth** jdm etw verzeihen or vergeben; (Eccl) jdm etw vergeben or erlassen; **to ~ sb for sth** jdm etw verzeihen or vergeben; **to ~ sb for doing sth** jdm verzeihen or vergeben, daß er etw getan hat; **~ me, but ...** Entschuldigung, aber ...; **to ~ and forget** vergeben und vergessen.

forgiveness [fə'gɪvnɪs] n, no pl (quality, willingness to forgive) Versöhnlichkeit f. **to ask/beg (sb's) ~** (jdn) um Verzeihung or Vergebung (esp Eccl) bitten; **the ~ of sins** (Eccl) die Vergebung der Sünden.

forgiving [fə'gɪvɪŋ] adj versöhnlich, nicht nachtragend.

forgo pret **forwent**, ptp **forgone** vt see **forego.**

forgot [fə'gɒt] pret of **forget.**

forgotten [fə'gɒtn] ptp of **forget.**

fork [fɔ:k] **I** *n* **1.** (*implement*) Gabel *f*. **2.** (*in tree*) Astgabel *f*; (*in road, railway*) Gabelung *f*. **take the left** ~ nehmen Sie die linke Abzweigung. **II** *vt* **1.** *ground* mit einer Gabel umgraben; *hay* (*turn over*) wenden. **to** ~ **hay onto a cart** Heu mit einer Gabel auf einen Wagen werfen. **2.** *food* gabeln (*inf*). **III** *vi* (*roads, branches*) sich gabeln. **to** ~ **(to the) right** (*road*) nach rechts abzweigen; (*driver*) nach rechts abbiegen.

◆**fork out** *vti sep* (*inf*) blechen (*inf*).

◆**fork over** *vt sep ground* lockern; *hay* wenden.

◆**fork up** *vt sep* soil mit einer Gabel umgraben; *hay* hochheben; *food* gabeln (*inf*).

forked [fɔ:kt] *adj branch, road* gegabelt; (*with lots of forks*) verästelt; *lightning* zickzackförmig; *tongue* gespalten.

fork-lift truck, fork-lift (*inf*) ['fɔ:klɪft] *n* Gabelstapler *m*.

forlorn [fəˈlɔ:n] *adj* (*deserted*) verlassen; *person* einsam und allein; (*desperate*) *attempt* verzweifelt; (*hope*) schwach.

form [fɔ:m] **I** *n* **1.** Form *f*. ~ **of government** Regierungsform *f*; ~ **of life** Lebensform *f*; **the various** ~**s of energy** die verschiedenen Energieformen; ~ **of address** Anrede *f*; **a** ~ **of apology/punishment** eine Art der Entschuldigung/eine Form *or* Art der Bestrafung. **2.** (*condition, style, guise*) Form, Gestalt *f*. **in the** ~ **of** in Form von *or* +*gen*; (*with reference to people*) in Gestalt von *or* +*gen*; **medicine in tablet** ~ Arznei in Tablettenform; **water in the** ~ **of ice** Wasser in Form von Eis; **the first prize will take the** ~ **of a trip to Rome** der erste Preis ist eine Reise nach Rom; **their discontent took various** ~**s** ihre Unzufriedenheit äußerte sich in verschiedenen Formen. **3.** (*shape*) Form *f*. **to take** ~ (*lit, fig*) Form *or* Gestalt annehmen; **a** ~ **approached in the fog** eine Gestalt näherte sich im Nebel. **4.** (*Art, Mus, Liter: structure*) Form *f*. ~ **and content** Form und Inhalt. **5.** (*Philos*) Form *f*. **the world of** ~**s** die Ideenwelt. **6.** (*Gram*) Form *f*. **the plural** ~ die Pluralform, der Plural. **7.** *no pl* (*etiquette*) (Umgangs)form *f*. **he did it for** ~'**s sake** er tat es der Form halber; **it's bad** ~ so etwas tut man einfach nicht; **what's the** ~? (*inf*) was ist üblich? **8.** (*questionnaire, document*) Formular *nt*, Vordruck *m*. **printed** ~ vorgedrucktes Formular; **application** ~ Bewerbungsbogen *m*. **9.** (*physical condition*) Form, Verfassung *f*. **to be in fine/good** ~ gut in Form sein, in guter Form *or* Verfassung sein; **to be on/off** ~ in/nicht in *or* außer Form sein; **to study (the)** ~ (*Horse-racing*) die Form prüfen; **past** ~ Papierform *f*; **on past** ~ auf dem Papier. **10.** (*esp Brit: bench*) Bank *f*. **11.** (*Brit Sch*) Klasse *f*. **12.** *no pl* (*sl: criminal record*) **to have** ~ vorbestraft sein.

13. (*Tech: mould*) Form *f*. **14.** (*US Typ*) *see* **forme. 15.** (*of hare*) Nest *nt*, Sasse *f* (*spec*).
    II *vt* **1.** (*shape*) formen, gestalten (*into* zu); (*Gram*) *plural, negative* bilden. **he** ~**s his sentences well** er bildet wohlgeformte Sätze *pl*. **2.** (*train, mould*) *child, sb's character* formen. **3.** (*develop*) *liking, desire, idea* entwickeln; *habit also* annehmen; *friendship* schließen, anknüpfen; *opinion* sich (*dat*) bilden; *impression* gewinnen; *plan* ausdenken, entwerfen. **4.** (*set up, organize*) *government, committee* bilden; *company, society* gründen, ins Leben rufen. **5.** (*constitute, make up*) *part, basis* bilden. **6.** (*take the shape or order of*) *queue, circle, pattern* bilden.
    III *vi* **1.** (*take shape*) Gestalt annehmen. **2.** (*esp Mil: also* ~ **up**) sich aufstellen *or* formieren, antreten. **to** ~ **into a queue/ into two lines** eine Schlange/zwei Reihen bilden.

formal ['fɔ:məl] *adj* **1.** formell; *person, manner, language etc also* förmlich; *reception, welcome* (*for head of state etc*) feierlich; *education, training* offiziell. ~ **dance/ dress** Gesellschaftstanz *m*/-kleidung *f*. **2.** (*in form*) *distinction etc* formal (*also Philos*). ~ **grammar** formalisierte Grammatik; ~ **logic** formale Logik.

formaldehyde [fɔ:ˈmældɪhaɪd] *n* Formaldehyd *m*.

formalin(e) ['fɔ:məlɪn] *n* Formalin *nt*.

formalism ['fɔ:məlɪzəm] *n* Formalismus *m*.

formality [fɔ:ˈmælɪtɪ] *n* **1.** *no pl* (*of person, dress, greeting, language, ceremony etc*) Förmlichkeit *f*. **2.** (*matter of form*) Formalität *f*. **it's a mere** ~ es ist (eine) reine Formsache.

formalize ['fɔ:məlaɪz] *vt rules, grammar* formalisieren; *agreement, relationship* formell machen.

formally ['fɔ:məlɪ] *adv* **1.** formell; *behave, talk, agree, permit, invite etc also* förmlich; *welcome officially also* feierlich; *educated, trained* offiziell. **to be** ~ **dressed** Gesellschaftskleidung tragen. **2.** (*in form*) *alike, different, analyzed* formal.

format ['fɔ:mæt] *n* (*as regards size*) Format *nt*; (*as regards content*) Aufmachung *f*; (*Rad, TV: of programme*) Struktur *f*.

formation [fɔ:ˈmeɪ‿ʃən] *n* **1.** (*act of forming*) Formung, Gestaltung *f*; (*Gram: of plural etc*) Bildung *f*; (*of character*) Formung *f*; (*of government, committee*) Bildung *f*; (*of company, society*) Gründung *f*; (*of desire, idea, impression, habit etc*) Entwicklung *f*; (*of friendship*) Schließen *nt*, Anknüpfung *f*; (*of opinion*) Bildung *f*; (*of plan*) Entwurf *m*. **2.** (*of aircraft, dances*) Formation *f*; (*of troops also*) Aufstellung *f*. **in close** ~ (*Aviat*) im geschlossenen Verband; ~ **flying** Formationsflug *m*; ~ **dancing** Formationstanzen *nt*. **3.** (*Geol*) Formation *f*.

formative ['fɔ:mətɪv] **I** *adj* formend, bildend; (*Gram*) Bildungs-; (*Biol*) morphogenetisch. ~ **years** entscheidende Jahre *pl*. **II** *n* (*Gram*) Wortbildungselement, Formativ *nt*.

forme [fɔ:m] *n* (*Brit Typ*) (Satz)form *f*.

former ['fɔ:məʳ] **I** *adj* **1.** (*of an earlier period*) früher, ehemalig. **the ~ mayor** der ehemalige Bürgermeister; **in a ~ life** in einem früheren Leben. **2.** (*first-mentioned*) erstere(r, s), erstgenannte(r, s).
II *n* the ~ der/die/das erstere.

formerly ['fɔ:məlɪ] *adv* früher. **we had ~ agreed that …** wir hatten uns seinerzeit darauf geeinigt, daß …; ~ **known as …** früher *or* ehemals als … bekannt; **Mrs X**, ~ **Mrs Y** Frau X, die ehemalige *or* frühere Frau Y.

formic acid ['fɔ:mɪk'æsɪd] *n* Ameisensäure *f*.

formidable ['fɔ:mɪdəbl] *adj* **1.** *person, rockface* furchterregend; *enemy, opponent also* bedrohlich, gefährlich; *height also* gewaltig; *opposition* übermächtig; *obstacles, debts, problems, task* gewaltig, enorm: *piece of work, theory* beeindruckend, beachtlich. **2.** *achievement* gewaltig, ungeheuer.

formless ['fɔ:mlɪs] *adj* formlos; **formlessness** *n* Formlosigkeit *f*.

formula ['fɔ:mjʊlə] *n, pl* **-s** *or* **-e** ['fɔ:mjʊli:] Formel *f* (*also Sci*); (*for lotion, medicine, soap powder*) Rezeptur *f*. **there's no sure ~ for success** es gibt kein Patentrezept *nt* für Erfolg; **they changed the ~ of the programme** sie änderten die Aufmachung des Programms.

formulate ['fɔ:mjʊleɪt] *vt* formulieren.

formulation [ˌfɔ:mjʊ'leɪʃən] *n* Formulierung *f*.

fornicate ['fɔ:nɪkeɪt] *vi* Unzucht treiben.

fornication [ˌfɔ:nɪ'keɪʃən] *n* Unzucht *f*.

forsake [fə'seɪk] *pret* **forsook** [fə'sʊk], *ptp* **forsaken** [fə'seɪkn] *vt* verlassen; *bad habits* aufgeben, entsagen (+*dat*) (*geh*); *see* **godforsaken**.

forswear [fɔ:'sweəʳ] *vt irreg* **1.** (*renounce*) abschwören (+*dat*). **he has forsworn smoking** er hat hoch und heilig versprochen, nicht mehr zu rauchen. **2.** (*deny*) unter Eid verneinen *or* leugnen.

forsythia [fɔ:'saɪθɪə] *n* Forsythie *f*.

fort [fɔ:t] *n* (*Mil*) Fort *nt*. **to hold the ~** (*fig*) die Stellung halten.

forte ['fɔ:tɪ] *n* (*strong point*) Stärke *f*.

forth [fɔ:θ] *adv* **1. to set ~** (*liter*) ausziehen (*liter*); **to stretch ~ one's hand** (*liter*) die Hand ausstrecken; *see* **vbs**. **2.** (*in time*) **from this/that day ~** (*liter*) von diesem/jenem Tag an. **3. and so ~** und so weiter.

forthcoming [fɔ:θ'kʌmɪŋ] *adj* **1.** *event* bevorstehend; *book* in Kürze erscheinend; *film, play* in Kürze anlaufend. ~ **events/attractions** Programmvorschau *f*; ~ **books** *or* **titles** geplante Neuerscheinungen *pl*. **2. to be ~** (*money*) kommen; (*help*) erfolgen. **3.** (*esp Brit: frank, informative*) mitteilsam.

forthright ['fɔ:θraɪt] *adj* offen; *answer also* unverblümt; *manner also* direkt.

forthwith [ˌfɔ:θ'wɪθ] *adv* (*form*) umgehend, unverzüglich.

fortieth ['fɔ:tɪɪθ] **I** *adj* vierzigste(r, s). **II** *n* (*fraction*) Vierzigstel *nt*; (*in series*) Vierzigste(r, s).

fortification [ˌfɔ:tɪfɪ'keɪʃən] *n* **1.** *see vt* (*act of fortifying*) Befestigung *f*; Vergärung *f*; Anreicherung *f*; Bestärkung *f*. **2.** (*often pl: Mil*) Befestigungen *pl*, Festungsanlagen *pl*.

fortify ['fɔ:tɪfaɪ] *vt* (*Mil*) *town* befestigen; *wine* mit zuckerreichem Most vergären; *food* anreichern; *person* bestärken; (*food, drink*) stärken. **fortified place** befestigte Stellung; **fortified wine** weinhaltiges Getränk, Südwein *m*.

fortitude ['fɔ:tɪtju:d] *n* (innere) Kraft *or* Stärke *f*.

fortnight ['fɔ:tnaɪt] *n* (*esp Brit*) vierzehn Tage, zwei Wochen. **we are going away for a ~** wir fahren (für) vierzehn Tage *or* zwei Wochen weg; **a ~'s holiday** zwei Wochen *or* vierzehn Tage Urlaub.

fortnightly ['fɔ:tnaɪtlɪ] (*esp Brit*) **I** *adj* vierzehntägig, zweiwöchentlich. **II** *adv* alle vierzehn Tage, alle zwei Wochen, vierzehntägig, zweiwöchentlich.

FORTRAN ['fɔ:træn] *n* Fortran *nt*.

fortress ['fɔ:trɪs] *n* Festung *f*.

fortuitous *adj*, **~ly** *adv* [fɔ:'tju:ɪtəs, -lɪ] zufällig.

fortuitousness [fɔ:'tju:ɪtəsnɪs], **fortuity** [fɔ:'tju:ɪtɪ] *n* Zufall *m*.

fortunate ['fɔ:tʃənɪt] *adj circumstances, coincidence etc* glücklich. **to be ~** (*person*) Glück haben; **you are very ~ or you're a ~ man to be alive still** du kannst von Glück reden *or* dich glücklich schätzen, daß du noch lebst; **we were ~ enough to meet him** wir hatten das Glück, ihn zu treffen; **how~!** welch ein Glück!

fortunately ['fɔ:tʃənɪtlɪ] *adv* glücklicherweise, zum Glück. **he was more ~ situated** ihm ging es besser.

fortune ['fɔ:tʃu:n] *n* **1.** (*fate*) Schicksal, Geschick *nt*; (*chance*) Zufall *m*. **the ~s of war** das Auf und Ab des Krieges; **he had the good ~ to have rich parents** er hatte das Glück, reiche Eltern zu haben; **by good ~** glücklicherweise, zum Glück; **by sheer good ~** rein zufällig.
2. (*money*) Reichtum *m*, Vermögen *nt*. **to come into/make a ~** ein Vermögen erben/erwerben *or* machen; **to seek/make one's ~** sein Glück versuchen/machen; **it costs a ~** es kostet ein Vermögen; **she spends a (small) ~ on clothes** sie gibt ein (kleines) Vermögen für Kleidung aus.

fortune hunter *n* Mitgiftjäger *m*; **fortune-teller** *n* Wahrsager(in *f*) *m*.

forty ['fɔ:tɪ] **I** *adj* vierzig. **to have ~ winks** (*inf*) ein Nickerchen machen (*inf*). **II** *n* Vierzig *f*; *see also* **sixty**.

forum ['fɔ:rəm] *n* Forum *nt*.

forward ['fɔ:wəd] **I** *adv* **1.** (*also* **~s**) (*onwards, ahead*) vorwärts; (*to the front, to particular point, out of line*) nach vorn. **please step ~** bitte vortreten; **to take two steps ~** zwei Schritte vortreten; **to rush ~** sich vorstürzen; **to go straight ~** geradeaus gehen; **~!** vorwärts!; **he went backward(s) and ~(s) between the station and the house** er ging/fuhr *etc* zwischen

Haus und Bahnhof hin und her.

2. (*in time*) **from this time** ~ (*from then*) seitdem; (*from now*) von jetzt an.

3. (*into prominence*) **to come** ~ sich melden; **to bring** ~ **new proof** neue Beweise *pl* vorlegen.

II *adj* **1.** (*in place*) vordere(r, s); (*in direction*) Vorwärts-. ~ **march** Vormarsch *m*; ~ **gears** (*Aut*) Vorwärtsgänge *pl*; ~ **pass** (*Sport*) Vorwärtspaß *m*; ~ **post** (*Mil*) Vorposten *m*; **this seat is too far** ~ dieser Sitz ist zu weit vorn.

2. (*in time*) *planning* Voraus-; (*Comm*) *buying, price* Termin-; (*well-advanced*) *season* (weit) fortgeschritten; *plants* Früh-, früh *pred*; *children* frühreif. **I'd like to be further** ~ **with my work** ich wollte, ich wäre mit meiner Arbeit schon weiter.

3. (*presumptuous, pert*) dreist.

III *n* (*Sport*) Stürmer *m*.

IV *vt* **1.** (*advance*) *plans etc* vorantreiben. **we'll** ~ **your suggestions to the committee** wir werden Ihre Vorschläge an den Ausschuß weiterleiten.

2. (*dispatch*) *goods* befördern, senden; (*send on*) *letter, parcel* nachsenden. **please** ~ bitte nachsenden.

forwarding ['fɔːwədɪŋ]: ~ **address** Nachsendeadresse *f*; ~ **agent** Spediteur *m*; ~ **instructions** (*for goods*) Lieferanweisungen *pl*; (*for sending on mail*) Nachsendeanweisungen *pl*.

forward-line [ˌfɔːwəd'laɪn] *n* (*Sport*) Sturm *m*, Stürmerreihe *f*; **forward-looking** *adj person* fortschrittlich, progressiv; *plan* vorausblickend.

forwardness ['fɔːwədnɪs] *n* (*presumption*) Dreistigkeit *f*.

forwards ['fɔːwədz] *adv see* **forward I 1.**

forwent [fɔː'went] *pret* **of forgo.**

fossil ['fɒsl] **I** *n* (*lit*) Fossil *nt*. **he's an old** ~! (*inf*) er ist so verknöchert. **II** *adj* versteinert. ~ **fuels** fossile Brennstoffe *pl*.

fossilized ['fɒsɪlaɪzd] *adj* versteinert; (*fig*) *person* verknöchert; *customs* verkrustet, starr.

foster ['fɒstəʳ] *vt* **1.** *child* (*parents*) in Pflege nehmen; (*authorities:* ~ **out**) in Pflege geben (*with* bei).

2. (*encourage, promote*) fördern.

3. (*have in one's mind*) *idea, thought* hegen.

◆**foster out** *vt sep* in Pflege geben (*with* bei).

foster-brother ['fɒstəˌbrʌðəʳ] *n* **1.** Pflegebruder *m*; **2.** (*fed by same mother*) Milchbruder *m*; **foster-child** *n* Pflegekind *nt*; **foster-father** *n* Pflegevater *m*; **foster home** *n* Pflegeheim *nt*; **foster-mother** *n* **1.** (*Jur*) Pflegemutter *f*; **2.** (*wet-nurse*) Amme *f*; **3.** (*apparatus*) Brutkasten *m*; **foster-sister** *n* Pflegeschwester *f*.

fought [fɔːt] *pret, ptp* **of fight.**

foul [faʊl] **I** *adj* (+*er*) **1.** (*putrid, stinking*) *smell* übel, schlecht; *water* faulig; *air* schlecht, stinkig (*inf*); *food* übelriechend, verdorben. ~ **deed** böse *or* schlechte Tat.

2. (*horrible*) *day, weather, mood* ekelhaft, mies (*inf*); *person, behaviour* gemein, fies (*inf*). **he has a** ~ **temper** er ist ein ganz übellauniger Mensch.

3. *language* unflätig.

4. (*Sport*) *serve, throw-in* ungültig; *punch* unerlaubt, verboten. **he was sent off for** ~ **play** er wurde wegen eines Fouls vom Platz gestellt.

5. the police suspect ~ **play** es besteht Verdacht auf einen unnatürlichen *or* gewaltsamen Tod.

6. (*entangled*) verwickelt. **to fall** *or* **run** ~ **of sb/the law** mit jdm/dem Gesetz in Konflikt geraten.

II *n* (*Sport*) Foul *nt*, Regelverstoß *m*; (*Boxing*) unerlaubter *or* verbotener Schlag.

III *vt* **1.** (*pollute*) *air* verpesten; (*clog*) *pipe, chimney, gun-barrel* verstopfen; (*dog*) *pavement* verunreinigen; (*fig*) *reputation* lädieren, beschmutzen.

2. (*entangle*) *fishing line* verheddern; *propeller* (*seaweed etc*) sich verheddern in (+*dat*); (*collide with*) *ship* rammen.

3. (*Sport*) foulen.

IV *vi* **1.** (*Sport*) foulen, regelwidrig spielen.

2. (*rope, line*) sich verwickeln, sich verheddern.

◆**foul up** *vt sep* (*inf*) versauen (*inf*).

foully ['faʊlɪ] *adv* (*horribly*) übel, schlimm.

foulness ['faʊlnɪs] *n* **1.** (*putridness, stink*) (*of water*) Fauligkeit *f*; (*of food*) Verdorbenheit *f*. **the** ~ **of the smell/air** der üble *or* schlechte Geruch/die schlechte Luft.

2. (*horribleness*) **the** ~ **of the weather/ wine** *etc* das schlechte Wetter/der schlechte Wein *etc*.

3. (*of language*) Unflätigkeit *f*.

foul-smelling ['faʊlsmelɪŋ] *adj* übelriechend *attr*.

found¹ [faʊnd] *pret, ptp* **of find.**

found² [faʊnd] *vt* **1.** (*set up*) gründen; *town, school, hospital also* errichten.

2. to ~ **sth (up)on sth** *opinion, belief* etw auf etw (*dat*) gründen *or* stützen; **our society is** ~**ed on this** das ist die Grundlage unserer Gesellschaft; **the novel is** ~**ed on fact** der Roman beruht auf Tatsachen.

found³ *vt* (*Metal*) *metal, glass* schmelzen und in eine Form gießen; *object* gießen.

foundation [faʊn'deɪʃ ən] *n* **1.** (*act of founding*) (*of business, colony*) Gründung *f*; (*of town, school also*) Errichtung *f*. **2.** (*institution*) Stiftung *f*. **3.** ~**s** *pl* (*Build*) (*of house etc*) Fundament *nt*; (*of road*) Unterbau *m*. **4.** (*fig: basis*) Grundlage *f*. **5.** (*make-up*) Grundierungscreme *f*.

foundation cream *n* Grundierungscreme *f*; **foundation garment** *n* Mieder *nt*; **foundation stone** *n* Grundstein *m*.

founder¹ ['faʊndəʳ] *n* (*of school, colony, organization etc*) Gründer(in *f*) *m*; (*of charity, museum*) Stifter(in *f*) *m*.

founder² *vi* **1.** (*ship: sink*) sinken, untergehen. **2.** (*horse etc: stumble*) straucheln, stolpern. **3.** (*fig: fail*) (*plan, project*) scheitern, fehlschlagen; (*hopes*) auf den Nullpunkt sinken.

founder³ *n* (*Metal*) Gießer *m*.

Founding Fathers ['faʊndɪŋˌfɑːðəz] *npl* (*US*) Väter *pl*.

foundling ['faʊndlɪŋ] *n* Findling *m*, Findelkind *nt*.

foundry ['faʊndrɪ] *n* Gießerei *f*.

fount [faʊnt] *n* **1.** (*liter*) (*fountain*) Born *m*

(*poet*), Quelle *f*; (*fig: source*) Quelle *f*.
2. (*Typ*) Schrift *f*.

fountain ['fauntɪn] *n* Brunnen *m*; (*with upward jets also*) Springbrunnen *m*; (*jet, spurt: of water, lava etc*) Fontäne *f*; (*drinking* ~) (Trinkwasser)brunnen *m*; (*fig: source*) Quelle *f*. ~ **of youth** Jungbrunnen *m*.

fountain-head [ˌfauntɪn'hed] *n* (*of river*) Quelle *f*; (*fig*) Quelle *f*, Ursprung *m*; **fountain-pen** *n* Füllfederhalter, Füller *m*.

four [fɔːʳ] **I** *adj* vier.
　II *n* Vier *f*. **on all** ~**s** auf allen vieren; **will you make up a** ~ **for bridge?** haben Sie Lust, beim Bridge den vierten Mann zu machen?; *see also* **six**.

four-ball ['fɔː'bɔːl] *n* (*Golf*) Vierer *m*; **four-colour** *adj* (*Typ*) Vierfarb-; **four-cycle** *adj* (*US*) *see* **four-stroke**; **four-dimensional** *adj* vierdimensional; **four-door** *attr* viertürig; **four-figure** *attr* vierstellig; **fourfold I** *adj* vierfach; **II** *adv* um das Vierfache; **four-footed** *adj* vierfüßig; **four-four time** *n* (*Mus*) Viervierteltakt *m*; **four-handed** *adj* (*Mus*) vierhändig, für vier Hände, zu vier Händen; **four-lane** *adj* vierspurig; **four-letter word** *n* Vulgärausdruck *m*; **four-minute mile** *n* Vierminutenmeile *f*; **four-part** *attr* serial, *programme* vierteilig; (*Mus*) für vier Stimmen; **four-poster (bed)** *n* Himmelbett *m*; **four score** *adj* achtzig; **four-seater I** *adj* viersitzig; **II** *n* Viersitzer *m*. **foursome** *n* Quartett *nt*; (*Sport*) Viererspiel *nt*; **to go out in a** ~ zu viert ausgehen; **four square** *adj* **1.** (*square*) viereckig, quadratisch; **2.** (*firm, unyielding*) *attitude, decision* entschlossen, fest; **3.** (*forthright*) *account, assessment* offen und ehrlich, direkt; **four-star** *adj hotel etc*, (*US*) *general* Vier-Sterne-; (*Brit*) *petrol* Super-; **four-stroke** *adj engine* Viertakt-.

fourteen ['fɔː'tiːn] **I** *adj* vierzehn. **II** *n* Vierzehn *f*; *see also* **sixteen**.

fourteenth ['fɔː'tiːnθ] **I** *adj* vierzehnte(r, s). **II** *n* (*fraction*) Vierzehntel *nt*; (*of series*) Vierzehnte(r, s); *see also* **sixteenth**.

fourth [fɔːθ] **I** *adj* vierte(r, s). **the** ~ **dimension** die vierte Dimension; **the** ~ **estate** die Presse.
　II *n* (*fraction*) Viertel *nt*; (*in series*) Vierte(r, s). **to drive in** ~ im vierten Gang fahren; *see also* **sixth**.

fourthly ['fɔːθlɪ] *adv* viertens.

four-way ['fɔːweɪ] *adj* zu viert; *valve* Vierwege-; **four-wheel drive** *n* Vierradantrieb *m*.

fowl [faʊl] **I** *n* **1.** (*poultry*) Geflügel *nt*; (*one bird*) Huhn *nt*; Gans *f*; Truthahn *m etc*. **to keep** ~ Hühner *etc* halten; **roast** ~ (*Cook*) Brathuhn *nt*. **2.** the ~**s of the air** (*liter*) die Vögel des Himmels. **II** *vi* (*also* **to go** ~**ing**) auf Vogeljagd gehen.

fowl pest *n* Hühnerpest *f*.

fox [fɒks] **I** *n* **1.** (*lit, fig*) Fuchs *m*. **he's a sly** ~ (*fig*) er ist ein schlauer Fuchs. **2.** (~ *fur*) Fuchs(pelz) *m*. **II** *vt* (*deceive*) täuschen, reinlegen (*inf*); (*bewilder*) verblüffen. **that's** ~**ed you, hasn't it?** da bist du baff, was? (*inf*).

fox cub *n* Fuchsjunge(s) *nt*, Fuchswelpe *m*; **foxglove** *n* (*Bot*) Fingerhut *m*; **foxhole** *n* **1.** Fuchsbau *m*; **2.** (*Mil*) Schützengraben *m*, Schützenloch *nt*; **foxhound** *n* Fuchshund *m*; **fox-hunt I** *n* Fuchsjagd *f*; **II** *vi* auf (die) Fuchsjagd gehen; **fox-hunting** *n* Fuchsjagd *f*; **to go** ~ auf die *or* zur Fuchsjagd gehen; **fox terrier** *n* Foxterrier *m*; **foxtrot** *n* Foxtrott *m*.

foxy ['fɒksɪ] *adj* (+*er*) (*wily*) listig, pfiffig.

foyer ['fɔɪeɪ] *n* (*in theatre*) Foyer *nt*; (*cinema also*) Empfangshalle *f*; (*esp US: in apartment house*) Diele *f*.

fracas ['fræka:] *n* Aufruhr, Tumult *m*.

fraction ['frækʃən] *n* **1.** (*Math*) Bruch *m*.
　2. (*fig*) Bruchteil *m*. **a** ~ **better/shorter** (um) eine Spur besser/kürzer; **for a** ~ **of a second** einen Augenblick lang; **it missed me by a** ~ **of an inch** es verfehlte mich um Haaresbreite.
　3. (*Eccl*) Brechen *nt* des Brotes.

fractional ['frækʃənl] *adj* **1.** (*Math*) Bruch-; (*fig*) geringfügig. ~ **part** Bruchteil *m*. **2.** (*Chem*) *distillation* fraktioniert.

fractious ['frækʃəs] *adj* verdrießlich, mürrisch; *child* aufsässig.

fractiousness ['frækʃəsnɪs] *n see adj* Verdrießlichkeit *f*; Aufsässigkeit *f*.

fracture ['fræktʃəʳ] *n* (*Med also*) Fraktur *f* (*spec*). **II** *vti* brechen. ~**d skull** Schädelbruch *m*.

fragile ['frædʒaɪl] *adj china, glass* zerbrechlich; *butterfly's wing also, material, plant, leaf, complexion* zart; (*through age*) brüchig; (*fig*) *person* (*in health*) gebrechlich; *health* anfällig; *self-confidence, ego* labil, wackelig (*inf*). "~, **handle with care**" ,,Vorsicht, zerbrechlich''; **he's feeling a bit** ~ **this morning** (*inf*) er fühlt sich heute morgen ein bißchen delikat.

fragility [frə'dʒɪlɪtɪ] *n see adj* Zerbrechlichkeit *f*; Zartheit *f*; Brüchigkeit *f*; Gebrechlichkeit *f*; Anfälligkeit *f*; Labilität, Wackeligkeit (*inf*) *f*.

fragment ['frægmənt] **I** *n* **1.** Bruchstück *nt*; (*of china, glass*) Scherbe *f*; (*of shell*) Stückchen *nt*; (*of paper, letter*) Schnipsel *m*; (*of programme, opera etc*) Bruchteil *m*. ~**s of conversation** Gesprächsfetzen *pl*.
　2. (*esp Liter, Mus: unfinished work*) Fragment *nt*.
　II [fræg'ment] *vi* (*rock, glass*) (zer)brechen, in Stücke brechen; (*fig*) (*hopes*) sich zerschlagen; (*society*) zerfallen.
　III [fræg'ment] *vt rock, glass* in Stücke brechen; (*with hammer etc*) schlagen; (*fig*) *society, hopes* zerschlagen.

fragmentary ['frægməntərɪ] *adj* (*lit, fig*) fragmentarisch, bruchstückhaft.

fragmentation [ˌfrægmen'teɪʃən] *n see vb* Zerbrechen *nt*; Zerschlagung *f*.

fragmented [fræg'mentɪd] *adj* bruchstückhaft; (*broken up*) unzusammenhängend.

fragrance ['freɪgrəns] *n* Duft *m*.

fragrant ['freɪgrənt] *adj* duftend, wohlriechend; (*fig liter*) *memories* köstlich.

frail [freɪl] *adj* (+*er*) zart; *dried flowers, butterfly's wing, appearance also, old lady* zerbrechlich; *health also* anfällig; *old lace, old book* brüchig; (*fig*) *flesh, hope* schwach.

frailty ['freɪltɪ] n see adj Zartheit f; Zerbrechlichkeit f; Anfälligkeit f; Brüchigkeit f; Schwäche f.

frame [freɪm] I n 1. (basic structure, border of picture) Rahmen m; (of building) (Grund)gerippe nt; (of ship) Gerippe nt; (Typ) Setzregal nt; (Hort) Mistbeet, Frühbeet nt; (of spectacles: also ~s) Gestell nt; (Billiards) (single game) Spiel nt; (triangle) Rahmen m.
  2. (of human, animal) Gestalt f.
  3. ~ of mind (mental state) Verfassung f; (mood) Stimmung, Laune f; I am not in the right ~ of mind for singing ich bin nicht in der (richtigen) Laune or Stimmung zum Singen.
  4. (fig: framework, system) grundlegende Struktur. ~ of reference (lit, fig) Bezugssystem nt; within the ~ of ... im Rahmen (+gen) ...
  5. (Film, Phot) (Einzel)bild nt; (in comic strip) Bild(chen) nt.
  6. (TV) Abtastbild, Rasterbild nt.
  7. (Telec, Computers) Impulsfolge, Impulskette f.
  II vt 1. picture rahmen; (fig) face etc ein- or umrahmen.
  2. (draw up, construct) constitution, law, plan entwerfen; idea entwickeln; (express) answer, excuse formulieren; sentence bilden; words bilden, formen.
  3. (sl: incriminate falsely) he said he had been ~d er sagte, man habe ihm die Sache angehängt (inf).
  III vi (develop) sich entwickeln. his plans are framing well/ badly seine Pläne machen gute/keine Fortschritte pl.

frame-house ['freɪmhaʊs] n Holzhaus, Haus nt mit Holzrahmen.

frame rucksack n Rucksack m mit Traggestell; **frame-saw** n Bügelsäge f; **frame-up** n (inf) Komplott nt; **framework** n (lit) Grundgerüst nt; (fig) (of essay, novel etc also) Gerippe nt; (of society, government etc) grundlegende Struktur; within the ~ of ... im Rahmen (+gen) ...

franc [fræŋk] n Franc m.

France [frɑːns] n Frankreich nt.

franchise ['fræntʃaɪz] n (Pol) Wahlrecht nt; (Comm) Konzession f.

francium ['frænsɪəm] (abbr Fr) Francium nt.

Francis ['frɑːnsɪs] n Franz m. St ~ of Assisi der heilige Franziskus von Assisi.

Franciscan [fræn'sɪskən] I n Franziskaner m. II adj Franziskaner-.

Franco- ['fræŋkəʊ-] in cpds Französisch-; ~German adj deutsch-französisch.

Franconia [fræŋ'kəʊnɪə] n Franken nt.

Franconian [fræŋ'kəʊnɪən] I n (person) Franke m, Fränkin f; (dialect) Fränkisch nt. II adj fränkisch.

francophile ['fræŋkəʊfaɪl] n he is a ~ er ist frankophil; **francophobe** n Franzosenfeind m; **francophone** adj französischsprechend.

Franglais ['frɑːŋgleɪ] n Französisch nt mit vielen englischen Ausdrücken.

frank[1] [fræŋk] adj (+er) offen; opinion also ehrlich; desire, distaste, dislike unverhohlen. to be (perfectly) ~ ehrlich gesagt.

frank[2] vt letter frankieren; (postmark, cancel) stamp, letter stempeln.

frankincense ['fræŋkɪnsens] n Weihrauch m.

franking-machine ['fræŋkɪŋmə'ʃiːn] n Frankiermaschine f.

Frankish ['fræŋkɪʃ] I adj fränkisch. II n (Ling) Fränkisch nt.

frankly ['fræŋklɪ] adv offen; (to tell the truth) ehrlich gesagt.

frankness ['fræŋknɪs] n see adj Offenheit f; Ehrlichkeit f; Unverhohlenheit f.

frantic ['fræntɪk] adj effort, cry, scream verzweifelt; activity fiebrig, rasend; agitation hell, höchste(r, s); desire übersteigert; person außer Fassung, außer sich. ~ with pain/worry außer sich or rasend vor Schmerzen/außer sich vor Sorge(n); to go ~ außer sich geraten; (with worry) am Rande der Verzweiflung sein; to drive sb ~ jdn zur Verzweiflung treiben, jdn wahnsinnig machen.

frantically ['fræntɪkəlɪ] adv try, scream verzweifelt; gesticulate, rush around wild, wie wildgeworden (inf); busy, worried rasend; (inf: terribly) rasend, furchtbar.

fraternal [frə'tɜːnl] adj brüderlich. ~ twins zweieiige Zwillinge pl.

fraternity [frə'tɜːnɪtɪ] n 1. no pl Brüderlichkeit f. 2. (community) Vereinigung, Zunft f; (Eccl) Bruderschaft f; (US Univ) Verbindung f. the legal/medical/teaching ~ die Juristen pl/Mediziner pl/Lehrer pl.

fraternization [ˌfrætənaɪ'zeɪʃ ən] n (freundschaftlicher) Umgang, Verbrüderung f (pej); (Mil also) Fraternisieren nt.

fraternize ['frætənaɪz] vi (freundschaftlichen) Umgang haben; (Mil also) fraternisieren.

fratricide ['frætrɪsaɪd] n Brudermord m; (person) Brudermörder(in f) m.

fraud [frɔːd] n 1. (no pl: trickery) Betrug m; (trick also) Schwindel m.
  2. (fraudulent person) Betrüger(in f), Schwindler(in f) m; (feigning illness) Simulant(in f) m; (fraudulent thing) (reiner) Schwindel, fauler Zauber (inf). to obtain sth by ~ sich (dat) etw erschwindeln.

fraudulence ['frɔːdjʊləns], **fraudulency** ['frɔːdjʊlənsɪ] n Betrügerei f; (of action) betrügerische Art.

fraudulent ['frɔːdjʊlənt] adj betrügerisch.

fraught [frɔːt] adj geladen (with mit). ~ with danger gefahrvoll; ~ with meaning bedeutungsvoll or -schwer; ~ with tension spannungsgeladen; the situation/ atmosphere was a bit ~ (inf) die Situation/ Atmosphäre war ein bißchen gespannt.

fray[1] [freɪ] n Schlägerei f; (Mil) Kampf m. ready for the ~ (lit, fig) kampfbereit, zum Kampf bereit.

fray[2] I vt cloth ausfransen; cuff, rope durchscheuern. II vi (cloth) (aus)fransen; (cuff, trouser turn-up, rope) sich durchscheuern. **tempers began to** ~ die Gemüter begannen sich zu erhitzen.

frayed [freɪd] adj (fig) gereizt, angespannt. my nerves are quite ~ ich bin mit den Nerven runter (inf) or am Ende (inf); tempers were ~ die Gemüter waren angespannt or erhitzt.

frazzle ['fræzl] I n (inf) worn to a ~ (exhaus-

ted) am Boden zerstört (*inf*), völlig kaputt (*inf*); **burnt to a ~** (*toast, meat*) völlig verkohlt; (*sunburnt*) von der Sonne total verbrannt. **II** *vt* (*US inf*) **1.** (*fray*) ausfransen. **2.** (*fig: tire*) völlig erschöpfen *or* ermüden.

freak [fri:k] **I** *n* **1.** (*abnormal plant*) Mißbildung *f*; (*person, animal also*) Mißgeburt *f*. **~ of nature** Laune *f* der Natur.
   2. (*abnormal event*) außergewöhnlicher Zufall; (*snowstorm etc*) Anomalie *f*.
   3. (*sl: hippy*) ausgeflippter Typ (*sl*). **he's an acid ~** er ist ein Säurekopf *m* (*inf*), er nimmt LSD.
   4. (*sl*) **jazz ~** Jazzfan *m*; **health ~** Gesundheitsapostel *m* (*inf*).
   5. (*inf: weird person*) Irre(r) *mf*. **he looked at me as though I was some sort of ~** er sah mich an, als ob ich vom Mond wäre.
   II *adj weather, conditions* anormal, abnorm; *error* verrückt; (*Statistics*) *values* extrem; *victory* Überraschungs-.
♦freak out *vi* (*sl*) ausflippen (*sl*); (*of society also*) aussteigen.
freakish ['fri:kɪʃ] *adj* **1.** *see* **freak II.**
   2. (*changeable*) *weather* verrückt (*inf*), launisch, unberechenbar; *person* (aus)geflippt (*sl*); *hairstyle, idea* verrückt (*inf*), irre (*inf*).
freak-out ['fri:kaut] *n* (*sl*) (*party*) Haschparty *f* (*inf*); (*drug trip*) (Wahnsinns)trip *m* (*sl*); **freak show** *n* Monstrositätenschau *f*.
freckle ['frekl] *n* Sommersprosse *f*.
freckled ['frekld], **freckly** ['freklɪ] (*+er*) *adj* sommersprossig.
Frederick ['fredrɪk] *n* Friedrich *m*.
free [fri:] **I** *adj* (*+er*) **1.** (*at liberty, unrestricted*) *person, animal, state, activity, translation, choice* frei. **to set a prisoner ~** einen Gefangenen freilassen *or* auf freien Fuß setzen; **to go ~** (*not be imprisoned*) frei ausgehen; (*be set free*) freigelassen werden; **he is ~ to go** es steht ihm frei zu gehen; **the fishing is ~ here** diese Stelle hier ist zum Fischen freigegeben; **you're ~ to choose** die Wahl steht Ihnen frei; **you're ~ to come too/to ask him** Sie können ruhig auch kommen/Sie können ihn ruhig fragen; **you're ~ to go now/decide** Sie können jetzt gehen (, wenn Sie wollen)/Sie können das selbst entscheiden; **do feel ~ to help yourself** nehmen Sie sich ruhig; **feel ~!** (*inf*) bitte, gerne!; **to give sb a ~ hand** jdm freie Hand lassen; **his arms were left ~** (*not tied*) seine Arme waren frei(gelassen); **~ and easy** ungezwungen.
   2. (*+prep*) **~ from pain/worry** schmerzfrei/sorgenfrei *or* -los; **~ from blame/responsibility** frei von Schuld/Verantwortung; **~ of sth** frei von etw.
   3. (*costing nothing*) kostenlos, Gratis-; *ticket also* frei, Frei-; (*Comm*) gratis. **it's ~** das kostet nichts; **admission ~** Eintritt frei; **to get sth ~** wir umsonst bekommen; **we got in ~** *or* **for ~** (*inf*) wir kamen umsonst rein; **~, gratis and for nothing** gratis und umsonst; **I can tell you that for ~** (*inf*) das kann ich dir gratis sagen; **~ delivery** (porto)freier Versand; **~ gift** (Gratis)geschenk *nt*; **~ list** (*Theat*) Liste

f der Empfänger von Freikarten; **~ sample** Gratisprobe *f*; **~ alongside ship** (*Comm*) franko Kai; **~ on board** (*Comm*) frei Schiff.
   4. (*not occupied*) *room, seat, hour, person* frei. **there are two ~ rooms left** es sind noch zwei Zimmer frei; **I wasn't able to get ~ earlier** ich konnte mich nicht eher freimachen; **if you've got a ~ hand could you carry this?** wenn du eine Hand frei hast, kannst du mir das tragen?
   5. (*lavish, profuse*) großzügig, freigebig; (*licentious, improper*) *language, behaviour* frei, lose; (*overfamiliar*) plump-vertraulich. **to be ~ with one's money** großzügig mit seinem Geld umgehen; **to make ~ with other people's property** sich großzügig anderer Leute Sachen (*gen*) bedienen.
   II *vt prisoner* (*release*) freilassen; (*help escape*) *caged animal* freilassen; *nation* befreien; (*untie*) *person* losbinden; *knot, tangle* (auf)lösen; *pipe* freimachen; *seized brakes, rusty screw, caught fabric* lösen. **to ~ sb from anxiety** jdn von seiner Angst befreien; **to ~ oneself from sth** sich von etw frei machen.
free association *n* freie Assoziation; **freebooter** *n* Freibeuter *m*; **Free Church** *n* Freikirche *f*; **free collective bargaining** *n* Tarifautonomie *f*.
freedom ['fri:dəm] *n* **1.** Freiheit *f*. **~ of action/speech/worship** Handlungs-/Rede-/Religionsfreiheit *f*; **~ of the press** Pressefreiheit *f*; **~ from sth** Freiheit von etw.
   2. (*frankness*) Offenheit *f*; (*overfamiliarity*) plumpe (*inf*) *or* zu große Vertraulichkeit.
   3. (*permission to use freely*) **the ~ of the city** die (Ehren)bürgerrechte *pl*; **to give sb the ~ of one's house** jdm sein Haus zur freien Verfügung stellen.
freedom fighter *n* Freiheitskämpfer(in *f*) *m*.
free elections *npl* freie Wahlen *pl*; **free enterprise** *n* freies Unternehmertum; **free-fall I** *n* freier Fall; **in ~** (*Space*) in freiem Fall; **II** *vi irreg* frei fallen; **free-for-all** *n* Gerangel *nt* (*inf*); (*fight*) Schlägerei *f*; **to stop the situation becoming a ~** es unterbinden, daß jeder mitmischen kann; **free-hand I** *adj drawing* Freihand-; **II** *adv* freihand, aus der Hand; **free-handed** *adj* (*generous*) großzügig, freigebig; **freehold** *n* **to own sth ~** etw besitzen; **free house** *n* (*Brit*) Wirtshaus, das nicht an eine bestimmte Brauerei gebunden ist; **free kick** *n* (*Sport*) Freistoß *m*; **free labour** *n* (*non-unionized*) nicht organisierte Arbeiter(schaft *f*) *pl*; **freelance I** *n* Freiberufler(in *f*) *m*, freischaffender *or* freier Journalist/ Schriftsteller *etc*, freischaffende *or* freie Journalistin/ Schriftstellerin *etc*; (*with particular firm*) freier Mitarbeiter, freie Mitarbeiterin; **II** *adj journalist, designer etc* frei(schaffend), freiberuflich tätig; **III** *adv* freiberuflich; **to work ~** *see vi*; **IV** *vi* freiberuflich tätig sein, frei arbeiten; (*with particular firm*) als freier Mitarbeiter/als freie Mitarbeiterin tätig sein; **freeload** *vi* (*US inf*) schmarotzen,

nassauern (*inf*) (*on* bei); **freeloader** *n*
(*US inf*) Schmarotzer(in *f*), Nassauer
(*inf*) *m*; **free love** *n* freie Liebe.

freely ['fri:lɪ] *adv* **1.** (*lavishly*) *give* reichlich,
großzügig. **he spends his money** ~ er gibt
sein Geld mit vollen Händen aus.
2. (*unrestrictedly*) *speak* frei; *move also*
ungehindert.

freeman ['fri:mən] *n*, *pl* **-men** (*not a slave*)
Freie(r) *m*; ~ **of a city** Ehrenbürger *m*
einer Stadt; **freemason** *n* Freimaurer *m*;
free port *n* Freihafen *m*; **free-range** *adj*
(*Brit*) chicken Farmhof-; eggs Land-.

freesia ['fri:zɪə] *n* (*Bot*) Freesie *f*.

free speech *n* Redefreiheit *f*; **free-
standing** *adj* frei stehend; **freestyle I** *n*
Kür *f*; (*Swimming*) Freistil *m*; **II** *attr*
Kür-; *swimming*, *wrestling* Freistil-;
freethinker *n* Freidenker, Freigeist *m*;
free-trade *n* Freihandel *m*; **free verse** *n*
freie Rythmen *pl*; **freeway** *n* (*US*) gebüh-
renfreie Autobahn; **freewheel I** *vi* im
Freilauf fahren; **II** *n* Freilauf *m*; **free will**
n (*Philos*) freier Wille; **he did it of his own
~** er hat es aus freien Stücken getan; **the
Free World** *n* die freie Welt.

freeze [fri:z] (*vb: pret* **froze**, *ptp* **frozen**)
I *vi* **1.** (*Met*) frieren; (*water*, *liquids*)
gefrieren; (*lakes*, *rivers*) zufrieren; (*pipes*)
einfrieren. **it's freezing hard** es herrscht
starker Frost, es friert stark (*inf*); **frozen
solid** völlig gefroren/ zugefroren/
eingefroren; **I am/my hands are freezing**
mir ist/ meine Hände sind eiskalt; **to ~ to
death** (*lit*) erfrieren; (*fig*) sich zu Tode
frieren; *see* **frozen**.
2. (*fig*) (*blood*) erstarren, gerinnen;
(*heart*) aussetzen; (*smile*) erstarren,
gefrieren.
3. (*keep still*) in der Bewegung verhar-
ren *or* erstarren. **he froze in his tracks** er
blieb wie angewurzelt stehen; **~! keine
Bewegung!**
4. (*Cook*) meat **~s well** Fleisch läßt sich
gut einfrieren.
II *vt* **1.** water gefrieren; (*Med*, *Cook*)
einfrieren.
2. (*Econ*) assets festlegen; *credit*, *wages*
einfrieren, stoppen; (*stop*) film anhalten.
3. (*Med*) wound vereisen.
4. (*fig*) **to ~ sb with a look** jdm einen
eisigen Blick zuwerfen.
III *n* **1.** (*Met*) Frost *m*. **the big ~** der
harte Frost.
2. (*Econ*) Stopp *m*. **a wages ~, a ~ on
wages** ein Lohnstopp *m*.

◆**freeze off** *vt sep* die kalte Schulter zeigen
(*+dat*).

◆**freeze onto** *vi* +*prep obj* (*US inf*) **to ~ ~
sb** sich wie eine Klette an jdn hängen.

◆**freeze out** *vt sep* (*US inf*) person
herausekeln (*inf*).

◆**freeze over** *vi* (*lake*, *river*) überfrieren;
(*windscreen*, *windows*) vereisen.

◆**freeze up I** *vi* zufrieren; (*lock*, *car door
etc also*, *pipes*) einfrieren; (*windscreen*,
windows) vereisen. **II** *vt sep* **we were
frozen ~ last winter** letztes Jahr waren
alle unsere Leitungen eingefroren.

freeze-dry ['fri:zdraɪ] *vt* gefriertrocknen.

freezer ['fri:zər] *n* (Tief)gefriertruhe *f*;
(*upright*) Gefrierschrank *m*; (*ice compart-*

ment of fridge) Eisfach, (Tief)kühlfach,
Gefrierfach *nt*.

freeze-up ['fri:zʌp] *n* **1.** (*Met*) Dauerfrost
m. **2.** (*esp US: of lakes*, *rivers etc*) **during
the ~ a lot of birds perish** während Seen
und Flüsse zugefroren sind, kommen
viele Vögel ums Leben.

freezing ['fri:zɪŋ] **I** *adj* weather eiskalt. **II** *n*
1. (*Cook*) Einfrieren *nt*. **2.** (~ point)
below ~ unter Null, unter dem Gefrier-
punkt.

freezing point *n* Gefrierpunkt *m*. **below ~**
unter Null, unter dem Gefrierpunkt.

freight [freɪt] **I** *n* (*goods transported*)
Fracht(gut *nt*) *f*; (*charge*) Frachtkosten
pl, Fracht(gebühr) *f*. **~ is less expensive
than express** Frachtgut ist billiger als Ex-
pressgut; **to send sth ~** etw als Frachtgut
verschicken; **~ charges** Frachtkosten *pl*.
II *vt* **1.** (*transport*) goods verfrachten.
2. (*load*) boat beladen.

freightage ['freɪtɪdʒ] *n* (*charge*) Fracht-
(gebühr) *f*.

freight car *n* (*US Rail*) Güterwagen *m*.

freighter ['freɪtər] *n* (*Naut*) Frachter *m*,
Frachtschiff *nt*; (*Aviat*) Frachtflugzeug *nt*.

freight plane *n* Frachtflugzeug *nt*; **freight
train** *n* Güterzug *m*.

French [frentʃ] **I** *adj* französisch. **the ~
people** die Franzosen *pl*, das französische
Volk. **II** *n* **1.** **the ~** *pl* die Franzosen *pl*.
2. (*language*) Französisch *nt*; *see also* **Eng-
lish**.

French bean *n* grüne Bohne; **French-
Canadian I** *adj* frankokanadisch,
kanadisch-französisch; **II** *n* **1.** Franko-
kanadier(in *f*) *m*; **2.** (*language*)
kanadisches Französisch; **French chalk** *n*
Schneiderkreide *f*; **French doors** *npl*
(*US*) *see* **French window(s)**; **French
dressing** *n* Salatsoße, Vinaigrette *f*;
French fried potatoes, French fries *npl*
Pommes frites *pl*; **French horn** *n* (*Mus*)
(Wald)horn *nt*.

frenchify ['frentʃɪfaɪ] *vt* französisieren;
clothes, *restaurant also* auf französisch
machen (*inf*).

French kiss *n* Zungenkuß *m*; **French
leave** *n* **to take ~** sich (auf) französisch
empfehlen; **French letter** *n* (*Brit inf*)
Pariser *m* (*inf*); **French loaf** *n* Stan-
genbrot *nt*, Baguette *f*; **Frenchman** *n*
Franzose *m*; **French polish I** *n*
Möbelpolitur *f* mit Schellack; **II** *vt*
lackieren; **French stick** *n* Baguette *f*;
French window(s *pl*) *n* Verandatür *f*;
Frenchwoman *n* Französin *f*.

frenetic [frə'netɪk] *adj* frenetisch, rasend.

frenzied ['frenzɪd] *adj* wahnsinnig;
applause, *activity* rasend.

frenzy ['frenzɪ] *n* Raserei *f*, Rasen *nt*. **in a ~**
in heller *or* wilder Aufregung; **he worked
himself up into a ~** er steigerte sich in eine
Raserei (hinein); **~ of delight** Freuden-
taumel *m*.

frequency ['fri:kwənsɪ] *n* Häufigkeit *f*;
(*Statistics also*, *Phys*) Frequenz *f*. **high/
low ~** Hoch-/Niederfrequenz *f*.

frequency band *n* Frequenzband *nt*.

frequent ['fri:kwənt] **I** *adj* häufig; *objection*,
criticism häufig geäußert; *practice* land-
läufig. **II** [frɪ'kwent] *vt* oft *or* häufig

besuchen, frequentieren (geh).

frequenter [frɪˈkwentəʳ] n (of a house) häufig gesehener Gast; (of a pub) Stammgast m. **he's not a ~ of pubs** er geht nicht oft or regelmäßig ins Wirtshaus.

frequently [ˈfriːkwəntlɪ] adv oft, häufig.

fresco [ˈfreskəʊ] n, pl ~(e)s (technique) Freskomalerei f; (painting) Fresko(gemälde) nt.

fresh [freʃ] I adj (+er) **1.** (newly made, not stale or dirty or tinned or tired etc) frisch. **it's still ~ in my memory/mind** es ist mir noch frisch in Erinnerung or im Gedächtnis; **~ water** (not salt) Süßwasser nt; **in the ~ air** an der frischen Luft; see daisy.
2. (new, different, original) supplies, sheet of paper, arrival, ideas, approach, courage neu. **it needs a ~ coat of paint** das muß frisch gestrichen werden; **to make a ~ start** einen neuen Anfang machen, neu anfangen.
3. (esp US: cheeky) frech, mopsig (inf), pampig (inf). **don't get ~ with me!** werd nicht frech!, komm mir bloß nicht frech!
4. (cool) frisch. **light breeze, becoming ~ towards the evening** leichte, gegen Abend auffrischende Winde pl; **~ breeze** (Met, Naut) frische Brise.
II adv (+er) baked, picked etc frisch. **~ from the oven** ofenfrisch, frisch aus dem Ofen; **~ out of college** frisch von der Schule; **~ off the presses** druckfrisch, frisch von der Presse; **to come ~ to sth** neu zu etw kommen; **we're ~ out of eggs** (sl) uns sind die Eier ausgegangen.
◆**fresh up** vtir (US) see freshen up.

freshen [ˈfreʃn] I vi (wind) auffrischen; (weather, air) frisch werden. II vt shirt etc aufbügeln; bread aufbacken.
◆**freshen up** I vir to ~ (oneself) ~ (person) sich frisch machen. II vt sep **1.** child, invalid etc frisch machen. **that will ~ you** ~ das wird Sie erfrischen. **2.** see freshen II.

fresher [ˈfreʃəʳ] n (Brit Univ inf) Erstsemester nt (inf).

freshly [ˈfreʃlɪ] adv frisch.

freshman [ˈfreʃmən] n, pl -men [-mən] (US) see fresher.

freshness [ˈfreʃnɪs] n **1.** (of food, fruit, wind, dress etc) Frische f; (of approach also, of outlook) Neuheit f. **2.** (esp US: cheekiness) Frechheit, Mopsigkeit (inf) f.

freshwater [ˈfreʃwɔːtəʳ] adj attr Süßwasser-.

fret¹ [fret] I vi **1.** (become anxious) sich (dat) Sorgen machen; (baby) unruhig sein. **don't ~** beruhige dich; **the child is ~ting for his mother** das Kind jammert nach seiner Mutter.
2. (horse) **to ~ (at the bit)** sich (am Biß) reiben or scheuern.
II vt nagen an (+dat).
III vr sich (dat) Sorgen machen, sich aufregen.
IV n **to be in a ~** sich (dat) Sorgen machen, in Sorge sein.

fret² vt wood etc laubsägen.

fret³ n (on guitar etc) Bund m.

fretful [ˈfretfʊl] adj (worried) besorgt, in Sorge; (peevish) child quengelig; baby unruhig.

fretfulness [ˈfretfʊlnɪs] n see adj Besorgtheit f; Quengeligkeit f; Unruhe f.

fret saw n Laubsäge f; **fretwork** n (in wood) Laubsägearbeit f; (Archit) Mäander m.

Freudian [ˈfrɔɪdɪən] I adj (Psych, fig) Freudsch attr, freudianisch. **~ slip** Freudsche Fehlleistung, Freudscher Versprecher. II n Freudianer(in f) m.

FRG abbr of **Federal Republic of Germany** BRD f.

Fri abbr of **Friday** Fr.

friable [ˈfraɪəbl] adj bröckelig, krümelig.

friar [ˈfraɪəʳ] n Mönch m.

friary [ˈfraɪərɪ] n Mönchskloster nt.

fricassee [ˈfrɪkəsiː] I n Frikassee nt. II vt zu Frikassee verarbeiten, frikassieren.

fricative [ˈfrɪkətɪv] I adj Reibe-. **~ consonant** Reibelaut m. II n Reibelaut m.

friction [ˈfrɪkʃən] n **1.** Reibung f; (Phys also) Friktion f. **~ clutch** Friktionskupplung, Reibungskupplung f; **~ tape** (US) Isolierband nt. **2.** (fig) Reibung f, Reibereien pl.

Friday [ˈfraɪdɪ] n Freitag m; see also Tuesday.

fridge [frɪdʒ] n (Brit) Eisschrank, Kühlschrank m.

fried [fraɪd] adj Brat-; egg Spiegel-.

friend [frend] n **1.** Freund(in f) m; (less intimate) Bekannte(r) mf. **to make ~s with sb** sich mit jdm anfreunden, mit jdm Freundschaft schließen; **to make a ~ of sb** sich (dat) jdn zum Freund machen; **he makes ~s easily** er findet leicht Freunde; **a ~ of mine** ein Freund/eine Freundin von mir; ein Bekannter/eine Bekannte; **to be ~s with sb** mit jdm befreundet sein, jds Freund(in) sein; **be a ~** sei so lieb; **we're just (good) ~s** da ist nichts, wir sind nur gut befreundet; **my honourable (Parl)/learned (Jur) ~** mein verehrter (Herr) Kollege; **a ~ at court** (fig) ein einflußreicher Freund; **a ~ in need is a ~ indeed** (Prov) Freunde in der Not gehen tausend auf ein Lot (Prov).
2. (helper, supporter) Freund m. **~ of the poor** Helfer or Freund der Armen; **~ of the arts** Förderer der schönen Künste.
3. (Rel) F~ Quäker(in f) m.

friendless [ˈfrendlɪs] adj ohne Freunde.

friendliness [ˈfrendlɪnɪs] n see adj Freundlichkeit f; Freundschaftlichkeit f.

friendly [ˈfrendlɪ] I adj **1.** (+er) person, smile, welcome freundlich; attitude also, advice, feelings freundschaftlich; breeze angenehm. **to be ~ to sb** zu jdm freundlich sein; **to be ~ with sb** mit jdm befreundet sein; **F~ Society** (Brit) Versicherungsverein m auf Gegenseitigkeit, Hilfskasse f.
2. (Sport) match Freundschafts-.
II n (Sport) Freundschaftsspiel nt.

Friendly Islands npl Freundschafts-Inseln pl.

friendship [ˈfrendʃɪp] n Freundschaft f.

Friesian [ˈfriːʒən] I adj **1.** friesisch. **~ Islands** Friesische Inseln pl. **2.** cattle holstein-friesisch. II n **1.** Friese m, Friesin f. **2.** (language) Friesisch nt. **3.** (cow) Holstein-Friese m/-Friesin f.

Friesland [ˈfriːslənd] n Friesland nt.

frieze [friːz] n (Archit) (picture) Fries m; (thin band) Zierstreifen m.

frigate [ˈfrɪgɪt] n (Naut) Fregatte f.

frigging ['frɪgɪŋ] *adj, adv* (*sl*) *see* **fucking**.

fright [fraɪt] *n* **1.** Schreck(en) *m*. **to get** *or* **have a** ~ einen Schreck bekommen; **to give sb a** ~ jdm einen Schreck(en) einjagen, jdn erschrecken; **to take** ~ es mit der Angst zu tun bekommen.

 2. (*inf: person*) Vogelscheuche (*inf*) *f*.

frighten ['fraɪtn] **I** *vt* (*give a sudden fright*) erschrecken, Angst einjagen (+*dat*); (*make scared*) Angst machen (+*dat*), Angst einjagen (+*dat*); (*idea, thought*) ängstigen, Angst *or* Furcht einflößen (+*dat*). **to be** ~**ed by sth** vor etw (*dat*) erschrecken; **to be** ~**ed of sth** vor etw (*dat*) Angst haben; **don't be** ~**ed** (*hab*) keine Angst; **to be** ~**ed of doing sth** Angst davor haben *or* sich davor fürchten, etw zu tun; **I was** ~**ed out of my wits/to death** ich war zu Tode erschrocken.

 II *vi* **she doesn't** ~ **easily** so leicht fürchtet sie sich nicht; (*with threats etc*) so leicht kann man ihr keine Angst machen.

◆**frighten away** *or* **off** *vt sep* abschrecken; (*deliberately*) verscheuchen.

frightening ['fraɪtnɪŋ] *adj* furchterregend, schreckerregend.

frighteningly ['fraɪtnɪŋlɪ] *adv* schrecklich, fürchterlich.

frightful *adj*, ◆**ly** *adv* ['fraɪtfʊl, -fəlɪ] schrecklich, furchtbar.

frightfulness ['fraɪtfʊlnɪs] *n* Schrecklichkeit, Furchtbarkeit *f*.

frigid ['frɪdʒɪd] *adj* manner, welcome kühl, frostig; (*Physiol, Psych*) frigid(e).

frigidity [frɪ'dʒɪdɪtɪ] *n* Kühle *f*; (*Physiol, Psych*) Frigidität *f*.

frill [frɪl] *n* **1.** (*on dress, shirt etc*) Rüsche *f*; (*on animal, bird*) Kragen *m*; (*round meat, on plant pot etc*) Manschette *f*.

 2. ~**s** *pl* (*fig: ornaments*) Kinkerlitzchen (*inf*), Verzierungen *pl*; **with all the** ~**s** mit allem Drum und Dran (*inf*).

frilly ['frɪlɪ] *adj* (+*er*) mit Rüschen, Rüschen-; (*fig*) speech, style blumig.

fringe [frɪndʒ] **I** *n* **1.** (*on shawl*) Fransenkante *f*, Fransen *pl*.

 2. (*Brit: hair*) Pony(fransen *pl*) *m*.

 3. (*fig: periphery*) Rand *m*. **on the** ~ **of the forest** am Waldrand; **there is a** ~ **of the Labour Party which** ... es gibt eine Randgruppe der Labour-Party, die ...; *see* **lunatic**.

 II *vt* mit Fransen versehen. ~**d with silk** mit Seidenfransen; **a lawn** ~**d with trees** ein von Bäumen umsäumtes Rasenstück.

fringe benefits *npl* zusätzliche Leistungen *pl*; **fringe group** *n* Randgruppe *f*.

frippery ['frɪpərɪ] *n* (*pej*) (*cheap ornament*) Flitter *m*, Kinkerlitzchen *pl* (*inf*); (*on dress*) Tand, Flitterkram (*inf*) *m*.

frisbee ® ['frɪzbɪ] *n* Frisbee ® *nt*.

Frisian ['frɪsɪən] *adj, n see* **Friesian**.

frisk [frɪsk] **I** *vi* (*leap about*) umhertollen. **II** *vt* suspect etc durchsuchen, filzen (*inf*).

friskiness ['frɪskɪnɪs] *n* Verspieltheit *f*.

frisky ['frɪskɪ] *adj* (+*er*) verspielt.

fritter¹ ['frɪtər] *vt* (*also* ~ **away**) money, time vertun (*inf*), vergeuden, verplempern (*inf*).

fritter² *n* (*Cook*) Beignet *m*, Schmalzgebackenes *nt no pl* mit Füllung.

frivolity [frɪ'vɒlɪtɪ] *n* Frivolität *f*.

frivolous ['frɪvələs] *adj* frivol; *person, life, remark also* leichtsinnig, leichtfertig.

frivolously ['frɪvələslɪ] *adv* frivol; *remark also* leichtfertig.

frizz [frɪz] **I** *vt hair* kräuseln. **II** *vi* sich kräuseln, kraus werden.

frizzle ['frɪzl] **I** *vi* (*sizzle*) brutzeln. **II** *vt bacon etc* knusprig braten. **the meat was all** ~**d up** das Fleisch war ganz verbraten.

frizz(l)y ['frɪz(l)ɪ] *adj* (+*er*) hair kraus.

fro [frəu] *adv see* **to**, **to-ing and fro-ing**.

frock [frɒk] *n* Kleid *nt*; (*of monk*) Kutte *f*.

frock coat *n* Gehrock *m*.

frog [frɒg] *n* **1.** Frosch *m*. **to have a** ~ **in one's throat** einen Frosch im Hals haben.

 2. **F**~ (*Brit pej sl*) Franzmann *m* (*inf*).

frogman ['frɒgmən] *n* Froschmann *m*; **frog-march** *vt* (*Brit*) (ab)schleppen (*inf*), (weg)schleifen; (*carry*) zu viert wegtragen; **they** ~**ed him in** sie schleppten ihn herein (*inf*); **frogspawn** *n* Froschlaich *m*.

frolic ['frɒlɪk] (*vb: pret, ptp* ~**ked**) **I** *vi* (*also* ~ **about** *or* **around**) umhertollen, umhertoben. **II** *n* (*romp*) Herumtoben, Herumtollen *nt*; (*gaiety*) Ausgelassenheit *f*; (*prank*) Jux, Scherz, Spaß *m*.

frolicsome ['frɒlɪksəm] *adj* übermütig, ausgelassen.

from [frɒm] *prep* **1.** (*indicating starting place*) von (+*dat*); (*indicating place of origin*) aus (+*dat*). **he/the train has come** ~ **London** er/der Zug ist von London gekommen; **he/this wine comes** *or* **is** ~ **Germany** er/dieser Wein kommt *or* ist aus Deutschland; **where has he come** ~ **today?** von wo ist er heute gekommen?; **where does he come** ~?, **where is he** ~? woher kommt *or* stammt er?; **the train** ~ **Manchester** der Zug aus Manchester; **the train** ~ **Manchester to London** der Zug von Manchester nach London; ~ **house to house** von Haus zu Haus.

 2. (*indicating time*) (*in past*) seit (+*dat*); (*in future*) ab (+*dat*), von (+*dat*) ... an. ~ **1917 until** *or* **to 1970** von 1917 bis 1970; ~ **tomorrow until Thursday** von morgen bis Donnerstag; ~ ... **on** ab ...; ~ **now on** von jetzt an, ab jetzt; ~ **then on** von da an; (*in past also*) seither; ~ **his childhood** von Kindheit an, von klein auf; **he comes** ~ **time to time** er kommt von Zeit zu Zeit.

 3. (*indicating distance*) von (+*dat*) (... weg); (*from town etc also*) von (+*dat*) ... entfernt. **the house is 10 km** ~ **the coast** das Haus ist 10 km von der Küste entfernt; **to go away** ~ **home** von zu Haus weg- *or* fortgehen.

 4. (*indicating sender, giver*) von (+*dat*). **tell him** ~ **me** richten Sie ihm von mir aus; **an invitation** ~ **the Smiths** eine Einladung von den Smiths; "~ ..." (*on envelope, parcel*) ,,Absender ...", ,,Abs. ...".

 5. (*indicating removal*) von (+*dat*); (*out of: from pocket, cupboard etc*) aus (+*dat*). **to take/grab** *etc* **sth** ~ **sb** jdm etw wegnehmen/wegreißen *etc*; **to steal sth** ~ **sb** jdm etw stehlen; **he took it** ~ **the top/middle/bottom of the pile** er nahm es oben vom Stapel/aus der Mitte des Stapels/unten vom Stapel weg.

6. (*indicating source*) von (+*dat*); (*out of*) aus (+*dat*). **where did you get that ~?** wo hast du das her?, woher hast du das?; **I got that ~ the corner shop/Kathy** ich habe das aus dem Laden an der Ecke/von Kathy; **to drink ~ a stream/glass** aus einem Bach/Glas trinken; **quotation ~ Hamlet/the Bible/Shakespeare** Zitat *nt* aus Hamlet/aus der Bibel/nach Shakespeare; **translated ~ the English** aus dem Englischen übersetzt.

7. (*modelled on*) nach (+*dat*). **painted ~ life** nach dem Leben gemalt.

8. (*indicating lowest amount*) ab (+*dat*). **~ £2/the age of 16** (*upwards*) ab £ 2/ab 16 Jahren (aufwärts); **there were ~ 10 to 15 people there** es waren zwischen 10 und 15 Leute da.

9. (*indicating escape*) **he fled ~ the enemy** er floh vor dem Feind; **he got away ~ his pursuers** er entkam seinen Verfolgern; **he ran away ~ home** er rannte von zu Hause weg; **he escaped ~ prison** er entkam aus dem Gefängnis.

10. (*indicating change*) **things went ~ bad to worse** es wurde immer schlimmer; **he went ~ office boy to director** er stieg vom Laufjungen zum Direktor auf; **a price increase ~ 1 mark to 1.50 marks** eine Preiserhöhung von 1 DM auf 1,50 DM.

11. (*indicating difference*) **he is quite different ~ the others** er ist ganz anders als die andern; **to tell black ~ white** Schwarz und Weiß auseinanderhalten.

12. (*because of, due to*) **to act ~ conviction** aus Überzeugung handeln; **weak ~ hunger** schwach vor Hunger.

13. (*on the basis of*) **~ experience** aus Erfahrung; **to judge ~ appearances** nach dem Äußeren urteilen; **~ your point of view** von Ihrem Standpunkt aus (gesehen); **~ what I heard** nach dem, was ich gehört habe; **~ what I can see ...** nach dem, was ich sehen kann, ...

14. (*in set phrases*) *see also other element* **to prevent/stop sb ~ doing sth** jdn daran hindern/davor zurückhalten, etw zu tun; **that's not far ~ the truth** das ist nicht allzu weit von der Wahrheit (entfernt); **the news was kept ~ her** die Nachricht wurde von ihr ferngehalten; **to shelter ~ the rain** sich vor dem Regen unterstellen.

15. (+*adv*) von. **~ inside/underneath** von innen/unten.

16. (+*prep*) **~ above** *or* **over/across sth** über etw (*acc*) hinweg; **~ beneath** *or* **underneath sth** unter etw (*dat*) hervor; **~ out of sth** aus etw heraus; **~ among the trees** zwischen den Bäumen hervor; **~ inside/outside the house** von drinnen/ draußen; **~ beyond the grave** aus dem Jenseits.

frond [frɒnd] *n* (*of fern*) Farnwedel *m*; (*of palm*) Palmwedel *m*.

front [frʌnt] **I** *n* **1.** (*forward side, exterior*) Vorderseite *f*; (*forward part, including interior*) Vorderteil *nt*; (*of house etc: façade*) Vorderfront, Stirnseite *f*; (*of shirt, dress*) Vorderteil *nt*; (*dickey*) Hemdbrust *f*; (*Theat: auditorium*) Zuschauerraum *m*. **in ~** vorne; (*in line, race etc also*) an der Spitze; **in ~ of sb/sth**

vor jdm/etw; **at the ~ of** (*inside*) vorne in (+*dat*); (*outside*) vor (+*dat*); (*at the head of*) an der Spitze (+*gen*); **to be in ~** vorne sein; (*Sport*) vorn(e) *or* an der Spitze liegen; **look in ~ of you** blicken Sie nach vorne; **in ~ of you you see ...** vor sich (*dat*) sehen Sie ...; **a room in** *or* **at the ~ of the house** ein Zimmer vorne im Haus *or* auf der Vorderseite des Hauses *or* nach vorne heraus; **in** *or* **at the ~ of the train/class** vorne im Zug/Klassenzimmer; **he reached the ~ of the queue** er erreichte die Spitze der Schlange.

2. (*Mil, Pol, Met*) Front *f*. **he fell at the ~** er ist an der Front gefallen; **they were attacked on all ~s** (*Mil*) sie wurden an allen Fronten angegriffen; (*fig*) sie wurden von allen Seiten angegriffen; **cold ~** (*Met*) Kalt(luft)front *f*; **we must present a common/united ~** wir müssen eine gemeinsame/geschlossene Front bieten; **on the wages ~** was die Löhne betrifft.

3. (*Brit*) (*of sea*) Strandpromenade *f*; (*of lake*) Uferpromenade *f*.

4. (*outward appearance*) Fassade *f*. **to put on a bold ~** eine tapfere Miene zur Schau stellen; **it's just a ~** das ist nur Fassade.

5. (*cover for illicit activity*) Tarnung, Fassade *f*.

6. (*US: figurehead of organization*) Strohmann *m*, Aushängeschild *nt*.

7. *no pl* (*effrontery*) Stirn *f*. **to have the ~ to do sth** die Stirn haben, etw zu tun.

8. (*poet: brow, face*) Antlitz *nt* (*poet*).

II *adv* **up ~** vorne; **to move up ~** nach vorne rücken; **to attack ~ and rear** von vorn und hinten angreifen; **eyes ~!** (*Mil*) Augen geradeaus!

III *vi* **the houses/windows ~ onto the street** die Häuser liegen/die Fenster gehen auf die Straße hinaus.

IV *adj* vorderste(r, s); *row, page also* erste(r, s); *tooth, wheel, room, plan, elevation, view* Vorder-; (*Phon*) *vowel* Vorderzungen-. **~ seat** Platz *m* in der ersten Reihe; (*Aut*) Vordersitz *m*; (*fig*) Logenplatz *m*; **~ garden** Vorgarten *m*; **the ~ end of the train** die Spitze des Zuges; **~ view** Vorderansicht *f*; (*Tech*) Aufriß *m*.

frontage ['frʌntɪdʒ] *n* (*of building*) Front, Vorderseite *f*; (*ground in front of house*) Grundstück *or* Gelände *nt* vor dem Haus. **the shop has a ~ on two streets** der Laden hat Schaufenster auf *or* zu zwei Straßen hinaus.

frontal ['frʌntl] *adj* (*Mil*) Frontal-; (*Anat*) Stirn-; *see* **full ~**.

front bench *n* (*Parl*) vorderste *or* erste Reihe (*wo die führenden Politiker sitzen*); **front door** *n* Haustür *f*.

frontier ['frʌntɪəʳ] *n* Grenze, Landesgrenze *f*; (*boundary area*) Grenzgebiet *nt*; (*fig: of knowledge*) Grenze *f*.

frontier *in cpds post, town, zone* Grenz-; **~ dispute** Grenzstreitigkeiten *pl*.

frontispiece ['frʌntɪspiːs] *n* Stirnseite *f*.

front line *n* Front(linie) *f*; **front man** *n* Mann *m* an der Spitze; (*pej*) Strohmann *m*; **front organization** *n* Tarn- *or* Deckorganisation *f*; **front-page I** *adj* *news* auf der ersten Seite; **it's not exactly ~ news** das wird nicht gerade Schlagzeilen machen; **II** *n* **front page** erste Seite, Titelseite *f*; **to hit the ~** Schlagzeilen machen; **front rank** *n* **to be in the ~** *(fig)* zur Spitze zählen; **front-runner** *n* Läufer(in *f*) *m* an der Spitze; *(fig)* Spitzenreiter, Favorit *m*; **front-wheel drive** *n* Vorderradantrieb *m*.

frost [frɒst] **I** *n* **1.** Frost *m*; *(on leaves etc)* Rauhreif *m*. **late ~s** späte Frostperioden *pl*; **ten degrees of ~** zehn Grad Kälte. **2.** *(fig: cold manner)* Kühle, Kälte, Frostigkeit *f*.
II *vt* **1.** *glass* mattieren. **2.** *(esp US) cake* mit Zuckerguß überziehen, glasieren. **3.** *(quick-freeze)* einfrieren, tiefkühlen.

frostbite ['frɒsˌbaɪt] *n* Frostbeulen *pl*; *(more serious)* Erfrierungen *pl*; **to get ~ on one's hands** Frostbeulen an den Händen bekommen; sich *(dat)* die Hände erfrieren; **frostbitten** *adj hands, feet* erfroren; **frostbound** *adj ground* hartgefroren.

frosted ['frɒstɪd] *adj* **1. ~ glass** Milchglas *nt*. **2.** *(esp US Cook) cake* mit Zuckerguß überzogen, glasiert. **3.** *(quick-frozen) food* tiefgekühlt, Tiefkühl-. **4.** *(spoilt by frost) plants, vegetables* erfroren.

frostiness ['frɒstɪnɪs] *n* *(of weather, welcome)* Frostigkeit *f*.

frosting ['frɒstɪŋ] *n* *(esp US: icing)* Zuckerguß *m*.

frosty ['frɒstɪ] *adj* *(+er) weather* frostig; *window* bereit, mit Eisblumen bedeckt; *(fig) welcome* frostig; *look* eisig.

froth [frɒθ] **I** *n* **1.** *(on liquids, Med)* Schaum *m*. **2.** *(light conversation, frivolities)* Firlefanz *m*.
II *vi* schäumen. **the beer ~ed over the edge of the glass** der Schaum floß über den Rand des Bierglases; **the dog was ~ing at the mouth** der Hund hatte Schaum vor dem Maul; **he was ~ing at the mouth (with rage)** er schäumte vor Wut.

frothy ['frɒθɪ] *adj* *(+er) beer, liquid, sea* schäumend *attr*; *cream* schaumig, locker; *clouds* duftig; *talk etc* hohl, leer, seicht.

frown [fraʊn] **I** *n* Stirnrunzeln *nt no pl*. **to give a ~** die Stirn(e) runzeln; **angry ~** finsterer Blick; **worried/puzzled ~** sorgenvoller/verdutzter Gesichtsausdruck, sorgenvolles/verdutztes Gesicht.
II *vi* *(lit, fig)* die Stirn(e) runzeln *(at* über *+acc)*.
◆**frown (up)on** *vi* *+prep obj* *(fig) suggestion, idea* mißbilligen.

frowning ['fraʊnɪŋ] *adj face, looks* finster; *(disapproving)* mißbilligend; *(fig) cliff* drohend, düster.

frowsy, frowzy ['fraʊzɪ] *adj* *(+er)* *(unkempt)* schlampig, schlud(e)rig.

froze [frəʊz] *pret of* **freeze**.

frozen ['frəʊzn] **I** *ptp of* **freeze**.
II *adj* **1.** *river* zugefroren, vereist; *North* eisig; *wastes* Eis-; *person* eiskalt; *body* erfroren; *pipes* eingefroren. **I am ~** mir ist eiskalt; **I'm absolutely ~ stiff** ich bin total steifgefroren; **my hands are ~** meine Hände sind eiskalt *or* steifgefroren.
2. ~ foods Tiefkühlkost *f*; **~ peas/beans**

tiefgekühlte *or* gefrorene Erbsen *pl*/ Bohnen *pl*.
3. *(pegged) prices, wages* eingefroren. **~ assets** *(Fin)* festliegendes Kapital.

FRS *abbr of* **Fellow of the Royal Society.**

fructification [ˌfrʌktɪfɪ'keɪʃən] *n* *(lit, fig: making fruitful)* Befruchtung *f*; *(forming fruit)* Fruchtbildung *f*.

fructify ['frʌktɪfaɪ] **I** *vt* *(lit, fig) seed, imagination* befruchten. **II** *vi* Früchte tragen.

frugal ['fruːgəl] *adj person* sparsam, genügsam; *meal* einfach, schlicht, frugal *(geh)*.

frugality [fruː'gælɪtɪ] *n* *(thrift)* Sparsamkeit *f*; *(of meal)* Schlichtheit, Frugalität *(geh)* *f*.

fruit [fruːt] **I** *n* **1.** *(as collective)* Obst *nt*; *(fig)* Frucht *f*; *(Bot)* Frucht *f*. **is it a ~ or a vegetable?** ist es Obst oder Gemüse?; **what is your favourite ~?** welches Obst magst du am liebsten?; **southern ~s** Südfrüchte *pl*; **the ~s of the earth** die Früchte *pl* des Feldes; **to bear ~** *(lit, fig)* Früchte tragen.
2. *(esp US inf: homosexual)* Süße(r) *m* *(inf)*, warmer Bruder *(inf)*.
II *vi* Früchte tragen.

fruit cake *n* englischer Kuchen; *(sl: eccentric)* Spinner *m* *(inf)*; **as nutty as a ~** *(inf)* total verrückt; **fruit cup** *n* **1.** *(drink)* Cocktail *m* mit Früchten; **2.** *(US)* Fruchtor Früchtebecher *m*; **fruit drop** *n* Drops *m*, Früchtebonbon *m or nt*.

fruiterer ['fruːtərə[r]] *n* *(esp Brit)* Obsthändler *m*.

fruit fly *n* Fruchtfliege, Taufliege *f*.

fruitful ['fruːtfʊl] *adj* **1.** *plant, soil* fruchtbar, ertragreich. **2.** *(fig) life, time at university, discussion* fruchtbar; *attempt* erfolgreich.

fruitfully ['fruːtfʊlɪ] *adv see adj 2*.

fruitfulness ['fruːtfʊlnɪs] *n* *(lit, fig)* Fruchtbarkeit *f*.

fruition [fruː'ɪʃən] *n* *(of aims, plans, ideas)* Erfüllung, Verwirklichung *f*. **to come to ~** sich verwirklichen; **to bring sth to ~** etw verwirklichen.

fruitless ['fruːtlɪs] *adj* **1.** *plant* unfruchtbar. **2.** *(fig) attempt, discussion, investigation* fruchtlos, ergebnislos. **it would be ~ to try** ein Versuch wäre zwecklos.

fruit machine *n* *(Brit)* Spielautomat *m*; **fruit tree** *n* Obstbaum *m*.

fruity ['fruːtɪ] *adj* *(+er)* **1.** *(like fruit)* fruchtartig, obstartig; *taste, smell* Frucht-, Obst-; *wine* fruchtig. **it has a ~ taste** es schmeckt nach Obst; **it has a ~ smell** es riecht wie Obst. **2.** *(esp Brit inf) story* gesalzen, gepfeffert *(inf)*. **to get ~** keck werden. **3.** *voice* rauchig. **4.** *(US inf: homosexual)* schwul *(sl)*.

frump [frʌmp] *n* *(pej)* Vogelscheuche *f* *(inf)*.

frumpish ['frʌmpɪʃ] *adj* *(pej)* tuntig *(inf)*, tantenhaft.

frustrate [frʌ'streɪt] *vt hopes* zunichte machen; *plans, plot* durchkreuzen, zerstören; *person* frustrieren.

frustrated [frʌ'streɪtɪd] *adj person* frustriert.

frustrating [frʌ'streɪtɪŋ] *adj* frustrierend.

frustratingly [frʌ'streɪtɪŋlɪ] *adv see adj*.

frustration [frʌ'streɪʃən] *n* Frustration *f no pl*; *(of hopes, plans, plot)* Zerschlagung *f*.

fry[1] [fraɪ] *npl* *(fish)* junge *or* kleine Fische

pl. **small** ~ (*unimportant people*) kleine Fische (*inf*) *or* Leute *pl*; (*children*) Kroppzeug *nt* (*inf*).

fry² I *vt* 1. *meat* (in der Pfanne) braten. **to ~ an egg** ein Spiegelei machen, ein Ei in die Pfanne schlagen; **fried eggs** Spiegeleier *pl*; **fried potatoes** Bratkartoffeln *pl*.
  2. (*US sl: electrocute*) auf dem elektrischen Stuhl hinrichten.
  II *vi* 1. braten. **we're absolutely ~ing in this heat** (*inf*) wir schmoren (in dieser Hitze) (*inf*).
  2. (*US sl*) auf dem elektrischen Stuhl hingerichtet werden.
  III *n* (*US*) Barbecue *nt*.
◆**fry up** *vt sep* (auf)braten, in die Pfanne hauen (*inf*).

frying pan ['fraɪŋˌpæn] *n* Bratpfanne *f*. **to jump out of the ~ into the fire** (*Prov*) vom Regen in die Traufe kommen (*Prov*).

ft *abbr of* **foot** ft; **feet** ft.

fuchsia ['fju:ʃə] *n* Fuchsie *f*.

fuck [fʌk] (*vulg*) I *vt* 1. (*lit*) ficken (*vulg*).
  2. ~ **him!** der kann mich doch am Arsch lecken (*vulg*); ~ **what he thinks!** ich scheiß was auf seine Meinung (*sl*); ~ **this car!** dieses Scheißauto! (*sl*).
  II *vi* ficken (*vulg*).
  III *n* 1. Fick *m* (*vulg*). **to have a ~** ficken (*vulg*).
  2. **I don't give** *or* **care a ~** ich kümmere mich einen Scheiß darum (*sl*); **who/what/ where the ~ is that?** wer/was/wo ist denn das, verdammt noch mal? (*sl*).
  IV *interj* (verdammte) Scheiße (*sl*), verdammt und zugenäht (*sl*).
◆**fuck about** *or* **around** (*vulg*) I *vi* rumgammeln (*inf*). **to ~ ~ with sb** jdn verarschen (*sl*); **someone's been ~ing ~ with the engine** verdammt, da hat irgend so ein Arsch am Motor rumgefummelt (*sl*). II *vt sep* verarschen (*sl*).
◆**fuck off** *vi* (*vulg*) sich verpissen (*sl*).
◆**fuck up** *vt sep* (*vulg*) versauen (*sl*); *engine, piece of work also* Scheiße bauen mit (*sl*).

fuck-all ['fʌkɔ:l] (*vulg*) I *n* einen Scheiß (*sl*). **he knows ~ about it** der hat keinen Schiß Ahnung davon (*sl*); **I've done ~ all day** ich hab den ganzen Tag nichts geschafft gekriegt (*inf*).
  II *adj attr* **he was ~ help** was der gemacht hat, war für'n Arsch (*vulg*).

fucker ['fʌkə'] *n* (*vulg*) Arsch(loch *nt*) (*vulg*), Saftsack (*vulg*) *m*.

fucking ['fʌkɪŋ] (*vulg*) I *adj* verdammt (*sl*), Scheiß- (*sl*). **all the ~ time** die ganze verdammte Zeit (über) (*sl*); **he's a ~ idiot/ genius/millionaire** der ist ein verdammter Idiot/er ist ein Genie/Millionär, verdammt noch mal! (*all sl*).
  II *adv* **it's ~ raining again** verdammte Scheiße, das regnet schon wieder (*sl*).

fuddled ['fʌdld] *adj* (*muddled*) verwirrt, verdattert (*inf*); (*tipsy*) beschwipst.

fuddy-duddy ['fʌdɪˌdʌdɪ] (*inf*) I *adj* verknöchert, verkalkt. II *n* komischer Kauz (*inf*). **an old ~** ein alter Kauz.

fudge [fʌdʒ] I *n* 1. (*Cook*) Fondant *m*.
  2. (*Press*) (*space for stop press*) Spalte *f* für letzte Meldungen; (*stop press news*) letzte Meldungen *pl*.

II *vt* 1. (*fake up*) *story, excuse* sich (*dat*) aus den Fingern saugen, (frei) erfinden.
  2. (*dodge*) *question, issue* ausweichen (+*dat*), aus dem Wege gehen (+*dat*).

fuel [fjʊəl] I *n* Brennstoff *m*, Brennmaterial *nt*; (*for vehicle*) Kraftstoff *m*; (*petrol*) Benzin *nt*; (*Aviat, Space*) Treibstoff *m*; (*fig*) Nahrung *f*. **lighter ~** Feuerzeugbenzin *nt*; **to add ~ to the flames** *or* **fire** (*fig*) Öl in die Flammen *or* ins Feuer gießen; *see* **solid ~**.
  II *vt* *stove, furnace etc* (*fill*) mit Brennstoff versorgen; (*use for ~*) betreiben; *ships etc* (*fill*) auftanken, betanken; (*drive, propel*) antreiben. **they are now ~led atomically** sie sind jetzt atomgetrieben.
  III *vi* (*ship, engine, aircraft*) Brennstoff/ Treibstoff *m etc* aufnehmen, (auf)tanken. **~ling station** (*US*) Tankstelle *f*.

fuel cell *n* Brennstoffzelle *f*, Brennstoffelement *nt*; **fuel gauge** *n* Benzinuhr, Tankuhr *f*; **fuel injection** *n* (Benzin)einspritzung *f*; **engine with ~** Einspritzmotor *m*; **fuel oil** *n* Gasöl *nt*; **fuel pump** *n* Benzinpumpe *f*; **fuel shortage** *n* Brennstoffknappheit *f*; **fuel tank** *n* Öltank *m*.

fug [fʌg] *n* (*esp Brit inf*) Mief *m* (*inf*).

fugitive ['fju:dʒɪtɪv] I *n* Flüchtende(r) *mf*. **he is a ~ from the law** er ist auf der Flucht vor dem Gesetz. II *adj* 1. (*runaway*) flüchtig, auf der Flucht. 2. (*liter*) *thought, happiness, hour* flüchtig.

fugue [fju:g] *n* (*Mus*) Fuge *f*.

fulcrum ['fʌlkrəm] *n* Dreh- *or* Stützpunkt *m*; (*fig: of argument, plan, organization*) Angelpunkt *m*.

fulfil, (*US*) **fulfill** [fʊl'fɪl] *vt* *condition, desire, one's duties, hopes* erfüllen; *task, order* ausführen. **the prophecy was ~led** die Prophezeiung erfüllte sich; **to be** *or* **feel ~led** Erfüllung finden; **to ~ oneself** sich selbst verwirklichen.

fulfilling [fʊl'fɪlɪŋ] *adj* **a ~ job** ein Beruf, in dem man Erfüllung findet.

fulfilment, (*US*) **fulfillment** [fʊl'fɪlmənt] *n* Erfüllung *f*. **to bring sth to ~** etw zur Erfüllung bringen.

full [fʊl] I *adj* (+*er*) 1. (*filled*) *room, theatre, train* voll. **to be ~ of ...** voller (+*gen*) *or* voll von ... sein, voll sein mit ...; **he's ~ of good ideas** er steckt voll(er) guter Ideen; **a look ~ of hate** ein haßerfüllter Blick; **his heart was ~** (*liter*) das Herz lief ihm über; **~ house** (*Theat*) (Vorstellung) ausverkauft; (*Cards*) Full house *nt*; **each night they played to ~ houses** sie spielten jeden Abend vor vollem Haus; **I am ~ (up)** (*inf*) ich platze gleich (*inf*), ich bin (papp)satt, ich bin voll (bis obenhin) (*inf*); **we are ~ up for July** wir sind für Juli völlig ausgebucht.
  2. (*maximum, complete*) voll; *description, report* vollständig; *understanding, sympathy* vollste(r, s). **at ~ speed** in voller Fahrt; **to fall ~ length** der Länge nach hinfallen; **roses in ~ bloom** Rosen in voller Blüte; **that's a ~ day's work** damit habe ich *etc* den ganzen Tag zu tun; **to be in ~ flight** kopflos fliehen; **to pay ~ fare** den vollen Preis bezahlen; **I waited two ~**

hours ich habe geschlagene zwei *or* zwei ganze Stunden gewartet; **the ~ particulars** die genauen *or* alle Einzelheiten; **a ~ colonel** ein Oberst *m*; **~ employment** Vollbeschäftigung *f*; **~ member** vollberechtigtes Mitglied; **~ name** Vor- und Zuname *m*; **to run ~ tilt into sth** mit voller Wucht *or* in voller Fahrt in etw (*acc*) *or* auf etw (*acc*) rennen; **to go at ~ tilt** rasen, Volldampf (*inf*) *or* volle Pulle (*inf*) fahren; **it's in ~ colour** das ist in Farbe; **shots of the Rocky Mountains in ~ colour** schöne Farbaufnahmen von den Rocky Mountains.

3. (*preoccupied*) **to be ~ of oneself** von sich (selbst) eingenommen sein; **she was ~ of it** sie hat gar nicht mehr aufgehört, davon zu reden; **the papers were ~ of it for weeks** die Zeitungen waren wochenlang voll davon.

4. (*rounded*) *lips, face* voll; *figure, skirt etc* füllig; (*Naut*) *sails* voll, gebläht.

II *adv* **1.** (*at least*) **it is a ~ five miles from here** es sind volle *or* gute fünf Meilen von hier.

2. (*very, perfectly*) **I know it ~ well** ich weiß es sehr wohl.

3. (*directly*) **to hit sb ~ in the face** jdn voll *or* mitten ins Gesicht schlagen; **to look sb ~ in the face** jdm voll in die Augen sehen.

4. ~ out *work* auf Hochtouren; *drive* mit Vollgas.

III *n* **1. in ~** ganz, vollständig; **to write one's name in ~** seinen Namen ausschreiben; **to pay in ~** den vollen Betrag bezahlen.

2. to the ~ vollständig, total.

full-back ['fulbæk] *n* (*Sport*) Verteidiger *m*; **full-blooded** ['fulblʌdɪd] *adj* (*vigorous*) kräftig; *person also* Vollblut-; **full-blown** *adj* **1.** *flower* voll aufgeblüht; **2.** (*fig*) *doctor, theory* richtiggehend, ausgewachsen (*inf*); **full-bodied** *adj wine* schwer, vollmundig.

fuller's earth ['fulɔz͵ɜ:θ] *n* Fullererde, Bleicherde *f*.

full face *adj portrait* mit zugewandtem Gesicht; **full-faced** ['fulfeɪst] *adj* rundgesichtig; **full-fledged** *adj* (*US*) *see* **fully-fledged**; **full frontal I** *n* Nacktdarstellung *f*, Oben-und-Unten-Ohne *nt no pl* (*inf*); **II** *adj* oben und unten ohne (*inf*); **full-grown** *adj* ausgewachsen; **full-length** *adj portrait* lebensgroß; *film* abendfüllend; **full moon** *n* Vollmond *m*.

ful(l)ness ['fulnɪs] *n* (*of detail*) Vollständigkeit *f*; (*of voice*) Klangfülle *f*; (*of colour*) Sattheit *f*; (*of sound*) Fülle *f*; (*of skirt*) Fülle, Weite *f*. **in the ~ of time** (*eventually*) zu gegebener Zeit; (*at predestined time*) da *or* als die Zeit gekommen war.

full-page ['fulpeɪdʒ] *adj advertisement etc* ganzseitig; **full-scale** *adj* **1.** *drawing, replica* in Originalgröße; **2.** *operation, search* groß angelegt; *revision, reorganization* umfassend, total; *retreat* auf der ganzen Linie; *war* richtiggehend, ausgewachsen (*inf*); **full size(d)** *adj bicycle, violin etc* richtig (groß); **full-sized** *adj model, drawing* lebensgroß; **full stop** *n* Punkt *m*; **to come to a ~** zum völligen

Stillstand kommen; **I'm not going, ~** (*inf*) ich gehe nicht und damit basta (*inf*); **full-time I** *adv work* ganztags; **II** *adj employment* Ganztags-, ganztägig; **it's a ~ job** (*fig*) das kann einen den ganzen Tag *or* rund um die Uhr auf Trab halten (*inf*); **III** *n* (*Sport*) **to blow for ~** das Spiel abpfeifen.

fully ['fulɪ] *adv* **1.** (*entirely*) völlig, voll und ganz. **2.** (*at least*) **it is ~ two hours since he went out** es ist volle *or* gute zwei Stunden her, daß er weggegangen ist.

fully-fashioned ['fulɪ'fæʃnd] *adj stocking, jumper* mit Paßform; **fully-fledged** *adj* **1.** *bird* flügge; **2.** (*fig: qualified*) *doctor, architect etc* richtiggehend, ausgewachsen (*inf*); **fully-qualified** *adj* vollqualifiziert *attr*.

fulmar ['fulmə^r] *n* Eissturmvogel *m*.

fulminate ['fʌlmɪneɪt] *vi* (*fig*) wettern.

fulsome ['fulsəm] *adj praise* übertrieben; (*very full*) uneingeschränkt; *manner* übertrieben.

fumble ['fʌmbl] **I** *vi* (*also* **~ about** *or* **around**) umhertasten *or* -tappen. **to ~ in one's pockets** in seinen Taschen wühlen; **to ~ (about) for sth** nach etw suchen *or* tasten; (*in case, pocket, drawer*) nach etw wühlen; **to ~ with sth** an etw (*dat*) herumfummeln; **to ~ for words** nach Worten suchen *or* ringen.

II *vt* vermasseln (*inf*), verpfuschen (*inf*). **to ~ the ball** den Ball nicht sicher fangen.

fumbler ['fʌmblə^r] *n* Stümper *m*.

fume [fju:m] *vi* **1.** (*liquids*) dampfen, rauchen; (*gases*) aufsteigen. **2.** (*fig inf: person*) wütend sein, kochen (*inf*).

fumes [fju:mz] *npl* Dämpfe *pl*; (*of car*) Abgase *pl*. **petrol ~** Benzindämpfe *pl*.

fumigate ['fju:mɪgeɪt] *vt* ausräuchern.

fun [fʌn] **I** *n* (*amusement*) Spaß *m*. **to have great ~ doing sth** viel Spaß daran haben, etw zu tun, viel Spaß an etw (*dat*) haben; **for** *or* **in ~** (*as a joke*) im *or* als Scherz; **this is ~!** das macht Spaß *or* Freude!; **I'm not doing it for the ~ of it** ich mache das nicht zu meinem Vergnügen; **we just did it for ~** wir haben das nur aus *or* zum Spaß gemacht; **to spoil the ~** den Spaß verderben; **it's ~ ~ doing this/being with him** es macht Spaß, das zu tun/mit ihm zusammen zu sein; **it's not much ~ for the others though** es ist allerdings für die anderen nicht gerade ein Vergnügen; **it takes all the ~ out of life/work** das nimmt einem den Spaß *or* die Freude am Leben/an der Arbeit; **life's not much ~ sometimes** das Leben ist manchmal nicht gerade das reinste Vergnügen; **it's no ~ living on your own/being broke** es macht nicht gerade Spaß, allein zu leben/ pleite (*inf*) zu sein; **he is great ~** man kriegt mit ihm viel Spaß (*inf*) *or* viel zu lachen (*inf*); **but the children thought him great ~** aber die Kinder fanden ihn sehr lustig; **the visit was good ~** der Besuch hat viel Spaß gemacht; **what ~!** was für ein Spaß!; **that sounds like ~** das klingt gut; **the children had ~ and games at the picnic** die Kinder haben beim Picknick viel Spaß gehabt; **that should be ~ ~ and games** das kann ja (noch) heiter werden (*inf*); **he's having ~ and games with the au-pair girl** (*inf*) er amüsiert sich mit dem Au-pair-Mädchen; **to make** ~ **of** *or* **poke** ~ **at sb/sth** sich über jdn/etw lustig machen; **like** ~ (*US inf*) (ja,) Pustekuchen! (*inf*).

II *adj attr* (*sl*) **he's a real** ~ **person** er ist wirklich ein lustiger Kerl; **that sounds like a** ~ **idea** das hört sich prima an (*inf*).

function ['fʌŋkʃən] I *n* **1.** (*of heart, tool, word etc*) Funktion *f*.

2. (*of person*) Aufgaben, Pflichten *pl.* **in his** ~ **as judge** in seiner Eigenschaft als Richter; **his** ~ **in life** seine Lebensaufgabe.

3. (*meeting*) Veranstaltung *f*; (*reception*) Empfang *m*; (*official ceremony*) Feier *f*.

4. (*Math*) Funktion *f*.

II *vi* funktionieren; (*heart, kidney, brain also*) arbeiten. **to** ~ **as** fungieren als; (*person also*) die Rolle des/der ... spielen *or* ausfüllen; (*thing also*) dienen als.

functional ['fʌŋkʃənəl] *adj* **1.** (*able to operate*) funktionsfähig. **2.** (*utilitarian*) zweckmäßig, funktionell. **3.** (*Med*) Funktions-.

functionalism ['fʌŋkʃənəlɪzəm] *n* Funktionalismus *m*.

functionary ['fʌŋkʃənərɪ] *n* Funktionär *m*.

fund [fʌnd] I *n* **1.** (*Fin*) Fonds *m*. **to start a** ~ einen Fonds einrichten *or* gründen.

2. ~**s** *pl* Mittel, Gelder *pl*; **the public** ~**s** die öffentlichen Mittel, die Staatsgelder *pl*; **no** ~**s** (*Banking*) keine Deckung; **to be in** ~**s** zahlungsfähig *or* bei Kasse (*inf*) sein; **to be pressed for** *or* **short of** ~**s** knapp bei Kasse sein (*inf*).

3. (*supply: of wisdom, humour etc*) Schatz (*of* von, *gen*), Vorrat (*of* an +*dat*) *m*.

4. ~**s** *pl* (*Brit: government securities*) Staatspapiere *pl*.

II *vt* **1.** *debt* ausgleichen, bezahlen; (*put up money for*) *scheme, project* das Kapital aufbringen für.

2. (*invest*) *money* anlegen, investieren.

fundamental [ˌfʌndə'mentl] I *adj* (*basic*) grundlegend; *presupposition, importance, error also,* indifference, *problem* grundsätzlich, fundamental; *role, characteristics also* wesentlich; (*elementary*) Grund-; *beliefs also, likes* elementar; *nature* eigentlich. **to be** ~ **to sth** für etw von grundlegender Bedeutung *or* Wichtigkeit sein; **our** ~ **needs/ beliefs** unsere Grundbedürfnisse *pl or* elementaren Bedürfnisse *pl*/unsere Grundüberzeugungen *pl*; ~ **tone** (*Mus*) Grundton *m*; ~ **research** Grundlagenforschung *f*.

II *n usu pl* Grundlage *f*.

fundamentally [ˌfʌndə'mentəlɪ] *adv* grundlegend; (*in essence*) im Grunde (genommen), im wesentlichen. **there is something** ~ **wrong with his argument** sein Argument enthält einen grundlegenden Fehler; **we differ quite** ~ **on this** wir sind uns hierzu von Grund auf uneinig.

funeral ['fjuːnərəl] *n* Begräbnis *nt*, Beerdigung, Beisetzung (*form*) *f*. **to go to sb's** ~ zu jds Beerdigung *etc* gehen; **were you at his** ~? waren Sie auf seiner Beerdigung?; **well that's your** ~ (*inf*) na ja das ist dein Problem (*inf*).

funeral director *n* Beerdigungsunternehmer *m*; **funeral home** *n* (*US*) Leichen-

halle *f*; **funeral parlour** *n* Leichenhalle *f*; **funeral procession** *n* Leichenzug *m*; **funeral service** *n* Trauergottesdienst *m*.

funereal [fjuːˈnɪərɪəl] *adj* traurig, trübselig; *voice* Trauer-.

funfair ['fʌnfɛəʳ] *n* Kirmes *f*.

fungi ['fʌŋɡaɪ] *pl of* **fungus.**

fungicide ['fʌŋɡɪsaɪd] *n* pilztötendes Mittel.

fungoid ['fʌŋɡɔɪd], **fungous** ['fʌŋɡəs] *adj* schwammartig.

fungus ['fʌŋɡəs] *n, pl* **fungi** (*Bot, Med*) Pilz *m*; (*hum sl: whiskers etc*) Sauerkohl *m* (*inf*).

funicular (railway) [fjuːˈnɪkjʊlə(ˈreɪlweɪ)] *n* Seilbahn, Kettenbahn *f*.

funk [fʌŋk] I *n* (*esp Brit inf: fear*) Schiß (*inf*), Bammel (*inf*) *m*. **to be in a (blue)** ~ (vor Angst) die Hosen voll haben (*inf*); **to go into a (blue)** ~ mächtig Schiß *or* Bammel kriegen (*inf*); **to put sb in a blue** ~ jdm mächtig Bammel einjagen (*inf*).

II *vt* kneifen vor (+*dat*) (*inf*). **he** ~**ed it** er hat (davor) gekniffen (*inf*).

funky ['fʌŋkɪ] *adj* (+*er*) **1.** (*comic*) komisch, (*esp Brit inf: cowardly*) feige, ängstlich. **2.** (*sl*) *music* irre (*sl*).

fun-loving ['fʌnlʌvɪŋ] *adj* lebenslustig.

funnel ['fʌnl] I *n* **1.** (*for pouring*) Trichter *m*. **2.** (*Naut, Rail*) Schornstein *m*. **3.** (*US: ventilation shaft etc*) Luftschacht *m*. II *vt* *liquid, grain* leiten; *attention, energies also* schleusen, kanalisieren; *information, traffic also* schleusen.

funnily ['fʌnɪlɪ] *adv see adj.* ~ **enough** lustigerweise, komischerweise.

funny ['fʌnɪ] *adj* (+*er*) **1.** (*comic*) komisch, lustig. **I suppose you think that's** ~ das hältst du wohl für komisch?; **are you trying to be** ~?, **are you being** ~? das soll wohl ein Witz sein?; **don't you get** ~ **with me!** komm du mir bloß nicht komisch (*inf*).

2. (*strange*) seltsam, komisch. **he is** ~ **that way** (*inf*) in der Beziehung ist er komisch; **don't get any** ~ **ideas** komm bloß nicht auf komische Gedanken; **the meat tastes** ~ das Fleisch schmeckt komisch *or* seltsam.

3. (*inf: suspicious*) ~ **business** faule Sache (*inf*); **there's something** ~ **going on here** hier ist doch was faul (*inf*).

4. (*inf: unwell*) **I felt all** ~ mir war ganz komisch *or* mulmig.

funny bone *n* Musikantenknochen *m*; **funny farm** *n* (*inf*) Klapsmühle *f* (*inf*); **funny paper** *n* (*US*) Witzseiten *pl*.

fur [fɜːʳ] I *n* **1.** (*on animal*) Fell *nt*, Pelz *m*; (*for clothing*) Pelz *m*. **that will really make the** ~ **fly** (*inf*) da werden die Fetzen fliegen (*inf*); **a** ~**-lined coat** ein pelzgefütterter Mantel. **2.** ~**s** *pl* Pelze *pl.* **3.** (*in kettle etc*) Kesselstein *m*; (*Med: on tongue*) Belag *m*. II *attr coat, stole* Pelz; *rug* Fell-.

◆**fur up** *vi* (*kettle, boiler*) verkalken, Kesselstein ansetzen; (*tongue*) pelzig werden. **to be** ~**red** ~ belegt *or* pelzig sein.

furbish ['fɜːbɪʃ] *vt* **1.** (*polish*) blank reiben, (auf)polieren. **2.** (*smarten up*) aufpolieren.

furious ['fjʊərɪəs] *adj person* wütend; *storm, sea* stürmisch, wild; *struggle* wild;

speed rasend, rasant. **fast and ~** rasant; **the jokes/punches came fast and ~** die Witze kamen Schlag auf Schlag/es hagelte Schläge.

furiously ['fjʊərɪəslɪ] *adv see adj*.

furl [fɜːl] *vt sail, flag* aufrollen, einrollen; *umbrella* zusammenrollen.

furlong ['fɜːlɒŋ] *n* Achtelmeile *f*.

furlough ['fɜːləʊ] *n* (*Mil, Admin*) Urlaub *m*. **to go on ~** in Urlaub gehen.

furnace ['fɜːnɪs] *n* Hochofen *m*; (*Metal*) Schmelzofen *m*.

furnish ['fɜːnɪʃ] *vt* **1.** *house* einrichten. **~ed room** möbliertes Zimmer; **~ing fabrics** Dekorationsstoffe *pl*. **2.** *information, reason, excuse* liefern, geben. **to ~ sb with sth** jdn mit etw versorgen, jdm etw liefern; *with reason, excuse* jdm etw liefern.

furnishings ['fɜːnɪʃɪŋz] *npl* Mobiliar *nt*; (*with carpets etc*) Einrichtung *f*.

furniture ['fɜːnɪtʃəʳ] *n* Möbel *pl*. **a piece of ~** ein Möbelstück *nt*; **I must buy some ~** ich muß Möbel kaufen; **one settee and three chairs were all the ~** die Einrichtung bestand nur aus einem Sofa und drei Stühlen; **if I stay here much longer, I'll become a part of the ~** wenn ich noch viel länger hier bleibe, gehöre ich bald zum Inventar. **furniture remover** *n* Möbelspediteur *m*; **furniture van** *n* (*Brit*) Möbelwagen *m*.

furore [fjʊə'rɔːrɪ], (*US*) **furor** ['fjʊrɔːʳ] *n* Protest(e *pl*) *m*. **the new play caused a ~** das neue Stück machte Furore.

furred [fɜːd] *adj* (*tongue*) belegt, pelzig.

furrier ['fʌrɪəʳ] *n* Kürschner *m*.

furrow ['fʌrəʊ] **I** *n* (*Agr*) Furche *f*; (*Hort: for flowers etc*) Rinne *f*; (*on brow*) Runzel *f*; (*on sea*) Furche *f*.

II *vt earth* pflügen, Furchen ziehen in (+*dat*); *brow* runzeln; (*worries etc*) furchen; (*boats*) *sea* Furchen ziehen in (+*dat*).

furry ['fɜːrɪ] *adj* (+*er*) *animal* Pelz-; *toy* Plüsch-; *tongue* pelzig, belegt. **the little kitten is so soft and ~** das Kätzchen ist so weich und kuschelig; **it has a ~ feel** es fühlt sich wie Pelz or Fell an.

further ['fɜːðəʳ] **I** *adv, comp of* **far 1.** (*in place, time, fig*) weiter. **~ on** weiter, weiter entfernt; **~ back** (*in place, time*) weiter zurück; (*in time*) früher; **he is ~ on than his brother** (*fig*) er ist weiter als sein Bruder; **nothing could be ~ from the truth** nichts könnte weiter von der Wahrheit entfernt sein; **to get ~ and ~ away** sich immer weiter entfernen; **but then, going one step ~** aber dann, wenn man einen Schritt weiter geht; **nothing is ~ from my thoughts** nichts liegt mir ferner; **to make the soup go ~** die Suppe strecken.

2. (*more*) **he didn't question me ~** er hat mich nicht weiter or mehr gefragt; **until you hear ~** bis auf weiteres; **~ I want to say that ...** darüberhinaus möchte ich sagen, daß ...; **~ to your letter of ...** (*Comm*) bezugnehmend auf or in bezug auf Ihren Brief vom ... (*form*).

II *adj* **1. see farther**.

2. (*additional*) weiter. **until ~ notice** bis auf weiteres; **to remand a case for ~ enquiry** (*Jur*) einen Fall zurückstellen, bis

weitere Nachforschungen angestellt sind; **will there be anything ~?** kann ich sonst noch etwas für Sie tun?; **~ particulars** nähere *or* weitere Einzelheiten *pl*; **~ education** Weiterbildung, Fortbildung *f*.

III *vt one's interests, a cause* fördern.

furtherance ['fɜːðərəns] *n* Förderung *f*. **in ~ of sth** zur Förderung einer Sache (*gen*).

furthermore ['fɜːðəmɔːʳ] *adv* überdies, außerdem.

furthermost ['fɜːðəməʊst] *adj* äußerste(r, s).

furthest ['fɜːðɪst] **I** *adv* **the ~ north you can go** soweit nach Norden wie möglich; **he went the ~** er ging am weitesten.

II *adj* **in the ~ depths of the forest** in den tiefsten Tiefen des Waldes; **5 km at the ~** höchstens 5 km; **the ~ way round** den längsten Weg; **at the ~ point from the centre** an dem vom Zentrum am weitesten entfernten Punkt.

furtive ['fɜːtɪv] *adj action* heimlich; *behaviour* heimlichtuerisch; (*suspicious*) verdächtig; *look* verstohlen; *person* heimlichtuerisch.

furtively ['fɜːtɪvlɪ] *adv peer, creep, slink* verstohlen; (*suspiciously*) *behave* verdächtig.

furtiveness ['fɜːtɪvnɪs] *n see adj* Heimlichkeit *f*; Heimlichtuerei *f*; Verdächterregende(s) *nt*; Verstohlenheit *f*; Heimlichtuerei *f*.

fury ['fjʊərɪ] *n* **1.** (*of person*) Wut *f*; (*of storm also*) Ungestüm *nt*; (*of struggle, wind, passion*) Heftigkeit *f*. **she flew into a ~** sie kam in Rage; **like ~** (*inf*) wie verrückt (*inf*). **2.** (*Myth*) **the Furies** die Furien *pl*; **she's a little ~** sie ist ein kleiner Hitzkopf.

furze [fɜːz] *n* Stechginster *m*.

fuse, (*US*) **fuze** [fjuːz] **I** *vt* **1.** *metals* verschmelzen.

2. (*Brit Elec*) **to ~ the lights/the iron** die Sicherung durchbrennen lassen.

3. (*fig*) vereinigen, verbinden; (*Comm*) fusionieren.

II *vi* **1.** (*metals*) sich verbinden; (*atoms*) verschmelzen.

2. (*Brit Elec*) durchbrennen. **the lights/the toaster ~d** die Sicherung war durchgebrannt/am Toaster war die Sicherung durchgebrannt.

3. (*fig: also* **~ together**) sich vereinigen, verschmelzen.

III *n* **1.** (*Elec*) Sicherung *f*. **to blow the ~s** die Sicherung durchbrennen lassen; **he'll blow a ~** (*fig inf*) bei dem brennen die Sicherungen durch (*inf*).

2. (*Brit Elec: act of fusing*) **there's been a ~ somewhere** da ist irgendwo ein Kurzschluß *or* Kurzer (*inf*).

3. (*in bombs etc, Min*) Zündschnur *f*.

fuse box *n* Sicherungskasten *m*.

fuselage ['fjuːzəlɑːʒ] *n* (Flugzeug)rumpf *m*.

fuse wire *n* Schmelzdraht *m*.

fusilier [,fjuːzɪ'lɪəʳ] *n* (*Brit*) Füsilier *m*.

fusillade [,fjuːzɪ'leɪd] *n* Salve *f*.

fusion ['fjuːʒən] *n* (*of metal, fig*) Verschmelzung, Fusion *f*; (*Phys: also* **nuclear ~**) (Kern)fusion, Kernverschmelzung *f*.

fuss [fʌs] **I** *n* Theater *nt* (*inf*); (*bother also*) Umstände *pl* (*inf*), Aufheben(s) *nt*; (*lavish attention also*) Wirbel (*inf*), Wind (*inf*) *m*,

Getue (*inf*) *nt* (*of* um). **don't go to a lot of** ~ mach dir keine Umstände, mach nicht viel Theater (*inf*) *or* Aufhebens; **to make a ~, to kick up a** ~ Krach schlagen (*inf*); **to make a ~ about** *or* **over sth** viel Aufhebens *or* Wind (*inf*) *or* Wirbel (*inf*) um etw machen; **to make a ~ of sb** um jdn viel Wirbel (*inf*) *or* Wind (*inf*) *or* Getue (*inf*) machen; **to make a ~ about nothing** viel Wind *or* Lärm um nichts.

II *vi* sich (unnötig) aufregen; (*get into a* ~) Umstände *pl* machen. **there's no need to** ~ **if your son doesn't wear a vest** Sie brauchen nicht gleich Zustände zu kriegen, nur weil Ihr Sohn kein Unterhemd anhat (*inf*); **don't** ~, **mother!** ist ja gut, Mutter!; **with a crowd of attendants** ~**ing busily around her** mit einer Menge Bediensteter, die eifrig um sie herumfuhrwerkten (*inf*).

III *vt person* nervös machen; (*pester*) keine Ruhe lassen (+ *dat*).

◆**fuss about** *or* **around** *vi* herumfuhrwerken (*inf*).

◆**fuss over** *vi* +*prep obj person* bemuttern; *guests* sich (*dat*) große Umstände machen mit.

fussbudget ['fʌsbʌdʒɪt] *n* (*US inf*) *see* **fusspot.**

fussily ['fʌsɪlɪ] *adv see adj.*

fussiness ['fʌsɪnɪs] *n see adj* **1.** Kleinlichkeit, Pingeligkeit (*inf*) *f*. **2.** Verspieltheit *f*; Ausgeklügeltheit *f*; Übergenauigkeit *f*.

fusspot ['fʌspɒt] *n* (*Brit inf*) Umstandskrämer *m* (*inf*); (*nag*) Nörgler (in *f*) *m*.

fussy ['fʌsɪ] *adj* (+*er*) **1.** (*finicky*) kleinlich, pingelig (*inf*). **she is very** ~ **about what she eats/wears** sie ist sehr eigen, was das Essen/ihre Kleidung angeht; **don't be so** ~ seien Sie nicht so pingelig (*inf*) *or* kleinlich, stellen Sie sich nicht so an (*inf*); **what do you want to do? — I'm not** ~ was willst du machen? — ist mir egal.

2. (*elaborate*) *dress, pattern, architecture etc* verspielt; *style of writing* ausgeklügelt; *distinction* übergenau.

fustian ['fʌstɪən] **I** *n* (*Tex*) Barchent *m*. **II** *adj* **1.** (*Tex*) Barchent-. **2.** (*fig: pompous*) schwülstig.

fusty ['fʌstɪ] *adj* (+*er*) (*lit, fig*) muffig.

futile ['fjuːtaɪl] *adj* sinnlos; *plan, idea, suggestion* nutzlos; *effort, attempt* (*usu attr: in vain*) vergeblich.

futility [fjuːˈtɪlɪtɪ] *n see adj* Sinnlosigkeit *f*; Nutzlosigkeit *f*; Vergeblichkeit *f*.

future ['fjuːtʃəʳ] **I** *n* **1.** Zukunft *f*. **in** ~ in Zukunft, künftig; **in the near** ~ bald, in der nahen Zukunft; **that is still very much in the** ~ das liegt noch in weiter Ferne; **there's no** ~ **in this type of work** diese Art (von) Arbeit hat keine Zukunft; **he definitely has a** ~ **as an actor** er hat eine Zukunft als Schauspieler.

2. (*Gram*) Zukunft *f*, Futur *nt*. **in the** ~ in der Zukunft, im Futur; ~ **perfect** vollendete Zukunft.

II *adj* zukünftig. **at some** ~ **date** zu *or* an einem zukünftigen *or* späteren Zeitpunkt.

2. the ~ **tense** (*Gram*) das Futur(um), die Zukunft.

futurism ['fjuːtʃərɪzəm] *n* Futurismus *m*.

futuristic [ˌfjuːtʃəˈrɪstɪk] *adj* futuristisch.

futurology [ˌfjuːtʃəˈrɒlədʒɪ] *n* Futurologie *f*.

fuze *n* (*US*) *see* **fuse.**

fuzz [fʌz] *n* **1.** (*on peach, youth's chin etc*) Flaum *m*; (*inf*) (*bushy beard etc*) Gemüse *nt* (*inf*); (*frizzy hair*) Wuschelkopf *m*.

2. (*inf: blur, blurred sound*) Unschärfen *pl*.

3. (*sl: policeman*) Bulle (*pej sl*), Polyp (*sl*) *m*. **the** ~ (*collective*) die Bullen (*pej sl*), die Polypen (*sl*) *pl*.

fuzzy ['fʌzɪ] *adj* (+*er*) **1.** *hair* kraus. **2.** (*blurred*) *picture, sound, memory etc* verschwommen.

fuzzy-headed ['fʌzɪˌhedɪd] *adj* (*inf*) **1.** (*not clear-thinking*) nicht (ganz) klar im Kopf; (*from headache, drugs, drink also*) benebelt. **2.** (*curly-haired*) wuschelköpfig.

G

G, g [dʒi:] *n* **1.** G, g *nt.* **2. g's** *pl* (*gravitational force*) g *nt.* **3.** G (*US sl: one thousand dollars*) tausend Dollar *pl.* **4.** (*Mus*) G, g *nt.* ~ **sharp/flat** Gis, gis *nt*/Ges, ges *nt*; *see also* **major, minor, natural.**

g *abbr of* **gram(s), gramme(s)** g.

gab [gæb] (*inf*) **I** *n* Gequassel (*inf*), Geschwätz *nt.* **to have the gift of the** ~ reden können, nicht auf den Mund gefallen sein. **II** *vi* quatschen (*inf*).

gabardine, gaberdine [ˌgæbəˈdi:n] *n* Gabardine *m.*

gabble [gæbl] **I** *vi* (*person*) brabbeln (*inf*); (*geese*) schnattern.

   II *vt poem, prayer* herunterrasseln (*inf*); *excuse, explanation* brabbeln (*inf*).

   III *n* Gebrabbel *nt* (*inf*); (*of geese*) Geschnatter *nt.* **the speaker ended in a** ~ der Redner rasselte das Ende hinunter.

◆**gabble away** *vi* (*geese, people*) drauflosschnattern (*inf*).

◆**gabble on** *vi* reden und reden.

gabby [ˈgæbɪ] *adj* (*inf*) geschwätzig.

gable [ˈgeɪbl] *n* Giebel *m.* ~ **end** Giebelwand *or* -seite *f.*

gabled [ˈgeɪbld] *adj* Giebel-.

◆**gad about** *or* **around** *vi* herumziehen. **he's always** ~**ding** ~ er ist ständig auf Achse (*inf*); **to** ~ ~ **the country** im Land herumziehen *or* -reisen.

gadabout [ˈgædəbaʊt] *n* rastloser Geist; (*who likes travelling*) Reiseonkel *m*/-tante *f.* **she's a real** ~, **out somewhere every evening** sie ist sehr unternehmungslustig, jeden Abend ist sie irgendwo anders.

gadfly [ˈgædflaɪ] *n* (*Vieh*)bremse *f.*

gadget [ˈgædʒɪt] *n* Gerät *nt*, Vorrichtung *f*, Apparat *m.* **with a lot of** ~**s** mit allen Schikanen (*inf*).

gadgetry [ˈgædʒɪtrɪ] *n* Vorrichtungen, Geräte *pl*; (*superfluous equipment*) technische Spielereien, Kinkerlitzchen (*inf*) *pl.*

gadolinium [ˌgædəˈlɪnɪəm] *n* (*abbr* **Gd**) Gadolinium *nt.*

Gael [geɪl] *n* Gäle *m*, Gälin *f.*

Gaelic [ˈgeɪlɪk] **I** *adj* gälisch. ~ **coffee** Irish Coffee *m.* **II** *n* (*language*) Gälisch *nt.*

gaff¹ [gæf] **I** *n* **1.** (*Fishing*) Landungshaken *m*, Gaff *nt.* **2.** (*Naut*) Gaffel *f.* **II** *vt* (*Fishing*) mit dem (Landungs)haken *or* Gaff an Land ziehen.

gaff² *n:* **to blow the** ~ (*sl*) nicht dichthalten (*inf*); **to blow the** ~ **on sth** etw ausquatschen (*sl*).

gaffe [gæf] *n* Fauxpas *m*; (*verbal*) taktlose Bemerkung. **to make a** ~ einen Fauxpas begehen; (*by saying sth*) ins Fettnäpfchen treten (*inf*).

gaffer [ˈgæfəʳ] *n* (*inf*) **1.** (*Brit*) (*foreman*) Vorarbeiter, Vormann, Kapo (*S Ger*) *m*; (*boss*) Chef, Boß (*inf*), Alte(r) (*inf*) *m.* **2.** (*old man*) Alte(r), Opa (*inf*) *m.*

gag [gæg] **I** *n* **1.** Knebel *m*; (*Med*) Mundsperre *f.*

2. (*inf: joke*) Gag *m.*

   II *vt* knebeln; (*Med*) die Mundsperre einlegen (+*dat*); (*fig*) *person* zum Schweigen bringen; *press etc* mundtot machen, knebeln.

   III *vi* **1.** (*inf: joke*) Witze machen; (*comedian, actor*) Gags machen.

   2. (*esp US: retch*) würgen (*on* an +*dat*).

gaga [ˈgɑ:gɑ:] *adj* (*inf*) plemplem (*inf*), meschugge (*inf*); *old person* verkalkt (*inf*).

gage *n*, *vt* (*US*) *see* **gauge.**

gaggle [ˈgægl] **I** *n* (*of geese*) Herde *f*; (*hum: of girls, women*) Schar, Horde *f.* **II** *vi* schnattern.

gaiety [ˈgeɪtɪ] *n* (*cheerfulness*) Fröhlichkeit, Heiterkeit *f*; (*usu pl: merrymaking*) Vergnügung *f*; (*bright appearance*) Fröhlichkeit, Farbenfreudigkeit *f.*

gaily [ˈgeɪlɪ] *adv* fröhlich; (*fig*) unbekümmert; (*colourfully*) farbenfroh.

gain [geɪn] **I** *n* **1.** *no pl* (*advantage*) Vorteil *m*; (*profit*) Gewinn, Profit *m.* **it will be to your** ~ es wird zu Ihrem Vorteil sein; **the love of** ~ Profitgier *f* (*pej*); **to do sth for** ~ etw aus Berechnung (*dat*) *or* zum eigenen Vorteil tun; (*for money*) etw des Geldes wegen tun.

   2. ~**s** *pl* (*winnings*) Gewinn *m*; (*profits also*) Gewinne *pl.*

   3. (*increase*) (*in gen*) Zunahme *f*; (*in speed also*) Erhöhung *f*; (*in wealth also*) Steigerung *f*; (*in health*) Besserung *f*; (*in knowledge*) Erweiterung, Vergrößerung *f.* ~ **in numbers** zahlenmäßiger Zuwachs; **a** ~ **in weight/productivity/height** eine Gewichtszunahme/eine Produktionssteigerung/ein Höhengewinn *m.*

   II *vt* **1.** (*obtain, win*) gewinnen; *knowledge, wealth* erwerben; *advantage, respect, entry* sich (*dat*) verschaffen; *the lead* übernehmen; *marks, points* erzielen; *sum of money* (*in deal*) verdienen; *liberty* erlangen; (*achieve*) *nothing, a little etc* erreichen. **what does he hope to** ~ **by it?** was verspricht *or* erhofft er sich (*dat*) davon?; **to** ~ **sb's goodwill** jdn wohlwollend stimmen; **to** ~ **experience** Erfahrungen sammeln; **they didn't** ~ **entry** sie wurden nicht eingelassen; **we** ~**ed an advantage over him** wir waren ihm gegenüber im Vorteil; **we stood to** ~ **over the others** wir waren den anderen gegenüber im Vorteil; **to** ~ **ground** (an) Boden gewinnen; (*disease*) um sich greifen, sich verbreiten; (*rumours*) sich verbreiten; **to** ~ **ground on sb** (*get further ahead*) den Vorsprung zu jdm vergrößern; (*catch up*) jdn langsam einholen, jdm gegenüber aufholen; **how did he** ~ **such a reputation?** wie ist er zu diesem Ruf gekommen?

   2. (*reach*) erreichen.

   3. (*increase*) **to** ~ **height** (an) Höhe gewinnen, höher steigen; **to** ~ **speed** schneller werden; **she has** ~**ed weight/3**

kilos sie hat zugenommen/3 Kilo zugenommen; **as he ~ed confidence** als seine Selbstsicherheit wuchs *or* zunahm; **my watch ~s five minutes each day** meine Uhr geht fünf Minuten pro Tag vor.

III *vi* **1.** (*watch*) vorgehen. **2.** (*get further ahead*) den Vorsprung vergrößern; (*close gap*) aufholen. **3.** (*profit: person*) profitieren (*by* von). **you can only ~ by it** das kann nur Ihr Vorteil sein, **his reputation ~ed greatly by that** dadurch wuchs sein Ansehen enorm. **4. to ~ in knowledge/wealth** sein Wissen/seinen Reichtum vergrößern; **to ~ in confidence** mehr Selbstvertrauen bekommen; **to ~ in speed** schneller werden; **to ~ in height** (an) Höhe gewinnen; **to ~ in weight** zunehmen; **to ~ in prestige** an Ansehen gewinnen.

♦gain (up)on *vi +prep obj* (*get further ahead*) den Vorsprung zu ... vergrößern; (*close gap*) einholen; (*catch up with*) **work, rust etc** fertigwerden mit. **he gradually ~ed ~ the other runners** er holte die anderen Läufer langsam ein; **the cold was ~ing ~ them, they could hardly move** die Kälte übermannte sie, und sie konnten sich kaum bewegen.

gainer ['geɪnə^r] *n* **I/she etc was the ~** ich habe/sie hat *etc* dabei profitiert, es war eigentlich ein Gewinn für mich/sie *etc*; **to be the ~ by doing sth** einen Vorteil davon haben, daß man etw tut.

gainful ['geɪnfʊl] *adj occupation etc* einträglich. **to be in ~ employment** erwerbstätig sein.

gainsay [,geɪn'seɪ] *vt pret, ptp* **gainsaid** ['geɪn'sed] widersprechen (+*dat*); *fact* (ab)leugnen, bestreiten; *evidence, argument* widerlegen. **there is no ~ing his honesty** seine Ehrlichkeit läßt sich nicht leugnen.

'gainst [geɪnst] *prep see* **against.**

gait [geɪt] *n* Gang *m*; (*of horse*) Gangart *f*. **with unsteady ~** mit unsicheren Schritten.

gaiter ['geɪtə^r] *n* Gamasche *f*.

gal *abbr of* **gallon(s)** gal, gall.

gala ['gɑːlə] *n* (*festive occasion*) großes Fest; (*Theat, Film, ball*) Galaveranstaltung *f*. **swimming/sports ~** großes Schwimm-/ Sportfest; **~ day** Festtag *m*; (*for person*) großer Tag; **~ dress** Gala *f*; (*uniform also*) Galauniform *f or* -anzug *m*; **~ night** Galaabend *m*; **~ occasion** festliche Veranstaltung; **~ performance** Galavorstellung, Festvorstellung *f*.

galactic [gə'læktɪk] *adj* galaktisch.

Galahad ['gæləhæd] *n* Galahad *m*; (*fig*) Kavalier, Ritter *m*.

galaxy ['gæləksɪ] *n* **1.** (*Astron*) Milchstraße *f*, Sternsystem *nt*, Galaxis *f* (*spec*). **the G~** die Milchstraße *or* Galaxis (*spec*). **2.** (*fig*) Schar *f*, Heer *nt*.

gale [geɪl] *n* **1.** Sturm *m*. **it was blowing a ~** es stürmte, ein Sturm tobte *or* wütete; **~ force 8** Sturmstärke 8; **~-force winds** orkanartige Winde; **~ warning** Sturmwarnung *f*. **2.** (*fig*) **~s of laughter** Lachsalven *pl*, stürmisches Gelächter.

Galicia [gə'lɪsɪə] *n* **1.** (*in Soviet Union*) Galizien *nt*. **2.** (*in Spain*) Galicien *nt*.

Galician [gə'lɪsɪən] *see* **Galicia 1** *adj* **1.** galizisch. **2.** galicisch. **II** *n* **1.** Galizier(in *f*) *m*. **2.** Galicier(in *f*) *m*.

Galilean [,gælə'liːən] **I** *adj* galiläisch. **II** *n* Galiläer(in *f*) *m*.

Galilee ['gælɪliː] *n* Galiläa *nt*. **the Sea of ~** der See Genezareth

gall [gɔːl] **I** *n* **1.** (*Physiol*) Galle(nsaft *m*) *f*. **2.** (*sore*) Wundstelle *f*; (*Bot*) Galle *f*; (*nut-shaped*) Gallapfel *m*. **3.** (*fig liter*) Bitternis *f* (*geh*). **4.** (*inf*) Frechheit *f*. **of all the ~!** so eine Frechheit **II** *vt* (*chafe*) wund reiben *or* scheuern; (*fig*) maßlos ärgern.

gallant ['gælənt] **I** *adj* (*brave*) tapfer; (*chivalrous, noble*) edel, ritterlich; *boat, appearance* stattlich; *sight, display* prächtig; (*attentive to women*) person galant, ritterlich; *poetry* galant.

II *n* (*dashing man*) schneidiger Kavalier; (*ladies' man also*) Charmeur *m*.

gallantly ['gæləntlɪ] *adv* (*bravely*) tapfer; (*nobly*) edelmütig; (*chivalrously, courteously*) galant.

gallantry ['gæləntrɪ] *n* **1.** (*bravery*) Tapferkeit *f*; (*chivalry*) Edelmut *m*. **2.** (*attentiveness to women*) Ritterlichkeit, Galanterie *f*. **3.** (*compliment*) Galanterie *f*.

gall bladder *n* Gallenblase *f*.

galleon ['gælɪən] *n* Galeone *f*.

gallery ['gælərɪ] *n* **1.** (*balcony, corridor*) Galerie *f*; (*in church*) Empore *f*; (*Theat*) oberster Rang, Balkon *m*, Galerie *f*. **to play to the ~** (*fig*) sich in Szene setzen. **2.** (*Art*) (Kunst)galerie *f*. **3.** (*underground*) Stollen *m*.

galley ['gælɪ] *n* **1.** (*Naut*) (*ship*) Galeere *f*; (*kitchen*) Kombüse *f*. **~ slave** Galeerensklave *m*. **2.** (*Typ*) (*tray*) (Setz)schiff *nt*; (*also* **~ proof**) Fahne(nabzug *m*) *f*.

Gallic ['gælɪk] *adj* gallisch.

gallicism ['gælɪsɪzəm] *n* Gallizismus *m*.

gallicize ['gælɪsaɪz] *vt* französisieren.

galling ['gɔːlɪŋ] *adj* äußerst ärgerlich; *person* unausstehlich.

gallium ['gælɪəm] *n* (*abbr* **Ga**) Gallium *nt*.

gallivant [,gælɪ'vænt] *vi* sich amüsieren. **to ~ about** *or* **around** sich herumtreiben, herumzigeunern; **I was out ~ing last night** ich war gestern abend auf Achse (*inf*).

gallon ['gælən] *n* Gallone *f*.

gallop ['gæləp] **I** *n* Galopp *m*. **at a ~** im Galopp; **at full ~** im gestreckten Galopp.

II *vi* galoppieren, im Galopp reiten. **to ~ away** davongaloppieren; **we ~ed through the agenda** wir haben die Tagesordnung im Galopp abgehandelt (*inf*); **to ~ through a book/meal** ein Buch in rasendem Tempo lesen (*inf*)/eine Mahlzeit hinunterschlingen.

III *vt horse* galoppieren lassen.

galloping ['gæləpɪŋ] *adj* (*lit, fig*) galoppierend.

gallows ['gæləʊz] *n* Galgen *m*. **to send/ bring sb to the ~** jdn an den Galgen bringen; **~ bird** (*inf*) Galgenvogel *m*.

gallstone ['gɔːlstəʊn] *n* Gallenstein *m*.

Gallup poll ['gæləp,pəʊl] *n* Meinungsumfrage *f*.

galore [gə'lɔː^r] *adv* in Hülle und Fülle.

galoshes [gə'lɒʃəz] *npl* Gummischuhe *pl*.

galumph [gə'lʌmf] *vi* (*inf*) trapsen (*inf*).

galvanic [gæl'vænɪk] *adj* **1.** (*Elec*) galvanisch. 2. (*fig*) *movement* zuckend; (*stimulating*) mitreißend, elektrisierend.

galvanization [ˌɡælvənaɪˈzeɪʃən] *n* Galvanisierung, Galvanisation *f*.

galvanize [ˈɡælvənaɪz] *vt* 1. (*Elec*) galvanisieren. 2. (*fig*) elektrisieren. **to ~ sb into action** jdn plötzlich aktiv werden lassen; **to ~ sb into doing sth** jdm einen Stoß geben, etw sofort zu tun.

galvanized [ˈɡælvənaɪzd] *adj* galvanisiert.

Gambia [ˈɡæmbɪə] *n* (**the**) ~ Gambia *nt*.

Gambian [ˈɡæmbɪən] **I** *adj* gambisch. **II** *n* Gambier(in *f*) *m*.

gambit [ˈɡæmbɪt] *n* 1. (*Chess*) Gambit *nt*. 2. (*fig*) (Schach)zug *m*. **his favourite ~ was to ...** was er am liebsten machte, war ...; **his favourite conversational ~ is ...** er fängt gern eine Unterhaltung mit ... an.

gamble [ˈɡæmbl] **I** *n* 1. (*lit*) **I like the occasional ~** ich versuche gern mal mein Glück (im Spiel/bei Pferdewetten/bei Hundewetten *etc*); **to have a ~ on the horses/dogs/stock exchange** auf Pferde/Hunde wetten/an der Börse spekulieren. 2. (*fig*) Risiko *nt*. **I'll take a ~ on it** ich riskiere es; **he took a ~ in buying this house** bei dem Hauskauf ist er ein Risiko eingegangen.
II *vi* 1. (*lit*) (um Geld) spielen (*with* mit), sich an Glücksspielen beteiligen; (*on horses etc*) wetten. **to ~ on the horses/stock exchange** bei Pferderennen wetten/an der Börse spekulieren. 2. (*fig*) **to ~ on sth** sich auf etw (*acc*) verlassen; **she was gambling on his** *or* **him being late** sie hat sich darauf verlassen, daß er sich verspäten würde; **to ~ with sth** mit etw spielen, etw aufs Spiel setzen.
III *vt* 1. *fortune* einsetzen. **to ~ sth on sth** etw auf etw (*acc*) setzen. 2. (*fig*) aufs Spiel setzen.

♦**gamble away** *vt sep* verspielen.

gambler [ˈɡæmbləʳ] *n* (*lit*, *fig*) Spieler(in *f*) *m*. **he's a born ~** er ist eine Spielernatur.

gambling [ˈɡæmblɪŋ] *n* Spielen *nt* (um Geld); (*on horses etc*) Wetten *nt*. **~ debts** Spielschulden *pl*; **~ den** *or* **joint** (*US*) Spielhölle *f*.

gambol [ˈɡæmbəl] **I** *n* Tollen *nt*, Tollerei *f*; (*of lambs*) Herumspringen *or* -hüpfen *nt*. **to have a ~** herumtollen; herumspringen *or* -hüpfen. **II** *vi* herumtollen; herumspringen *or* -hüpfen.

game¹ [ɡeɪm] **I** *n* 1. Spiel *nt*; (*sport*) Sport (art *f*) *m*; (*single ~*) (*of team sports, tennis*) Spiel *nt*; (*of table tennis*) Satz *m*; (*of billiards, board-games etc, informal tennis match*) Partie *f*. **to have** *or* **play a ~ of football/tennis/chess** *etc* Fußball/Tennis/Schach *etc* spielen; **do you fancy a quick ~ of football/cards/tennis/chess** *etc*? hättest du Lust, ein bißchen Fußball/Karten/Tennis/Schach *etc* zu spielen?; hättest du Lust auf eine Partie Tennis/Schach?; **he plays a good ~** er spielt gut; **to have a ~ with sb, to give sb a ~** mit jdm spielen; **winning the second set put him back in the ~ again** nachdem er den zweiten Satz gewonnen hatte, hatte er wieder Chancen; **to be off one's ~** nicht in Form sein; **~ of chance/skill** Glücksspiel *nt*/Geschicklichkeitsspiel *nt*; **~ set and**

match to X Satz und Spiel (geht an) X; **~ to X** Spiel X; **that's ~** Spiel; **one ~ all** eins beide.
2. (*fig*) Spiel *nt*; (*scheme, plan*) Absicht *f*, Vorhaben *nt*. **to play the ~** sich an die Spielregeln halten; **to play ~s with sb** mit jdm spielen; **the ~ is up** das Spiel ist aus; **to play sb's ~** jdm in die Hände spielen; **to play a deep/double ~** ein undurchsichtiges/doppeltes Spiel *or* Doppelspiel treiben; **two can play at that ~, that's a ~ (that) two can play** wie du mir, so ich dir (*inf*); **to beat sb at his own ~** jdn mit den eigenen Waffen schlagen; **to give the ~ away** alles verderben; **to see through sb's ~** jdm auf die Schliche kommen; **to spoil sb's little ~** jdm das Spiel verderben, jdm die Suppe versalzen (*inf*); **so that's your ~, is it?** darauf willst du also hinaus!
3. **~s** *pl* (*Sports event*) Spiele *pl*.
4. **~s** *sing* (*Sch*) Sport *m*; **to be good at ~s** gut in Sport sein.
5. (*inf: business, profession*) Branche *f*. **how long have you been in this ~**? wie lange machen Sie das schon? **the publishing ~** das Verlagswesen; **he's in the second-hand car ~** er macht in Gebrauchtwagen (*inf*); **to be/go on the ~** auf den Strich gehen (*inf*).
6. (*inf: difficult time*) Theater *nt* (*inf*).
7. (*Hunt, Cook*) Wild *nt*.
II *vi* (um Geld) spielen.
III *vt* (*also* **~ away**) verspielen.

game² *adj* (*brave*) mutig. **to be ~ for sth** (bei) etw mitmachen; **to be ~ to do sth** bereit sein, etw zu tun; **to be ~ for anything** für alles zu haben sein.

game³ *adj* (*crippled*) lahm.

gamebag [ˈɡeɪmbæɡ] *n* Jagdtasche *f*; **game bird** *n* Federwild *nt no pl*; **the pheasant is a ~** der Fasan gehört zum Federwild; **gamecock** *n* Kampfhahn *m*; **game fish** *n* Sportfisch *m*; **gamekeeper** *n* Wildhüter *m*; **game laws** *npl* Jagdgesetz *nt*; **game licence** *n* Jagdschein *m*; **game pie** *n* Wildpastete *f*; **game point** *n* Spielpunkt *m*; **game preserve** *n* Wildhegegebiet *nt*; **game reserve** *n* Wildschutzgebiet *nt*.

gamesmanship [ˈɡeɪmzmənʃɪp] *n* Täuschungsmanöver *pl*; **games master** *n* Sportlehrer *m*; **games mistress** *n* Sportlehrerin *f*.

gamester [ˈɡeɪmstəʳ] *n* Spieler(in *f*) *m*.

gamewarden [ˈɡeɪmwɔːdn] *n* Jagdaufseher *m*.

gamin [ˈɡæmɛ̃] **I** *n* Straßenjunge *m*. **II** *attr* jungenhaft, knabenhaft.

gaming [ˈɡeɪmɪŋ] *n see* **gambling**.

gamma ray [ˈɡæməˈreɪ] *n* Gammastrahl *m*.

gammon [ˈɡæmən] *n* (*bacon*) leicht geräucherter Vorderschinken; (*ham*) (gekochter) Schinken.

gammy [ˈɡæmɪ] *adj see* **game³**.

gamut [ˈɡæmət] *n* (*Mus*) Noten- *or* Tonskala *f*; (*fig*) Skala *f*. **to run the (whole) ~ of sth** die ganze Skala der Gefühle durchlaufen.

gamy [ˈɡeɪmɪ] *adj* (+ *er*) nach Wild schmeckend; (*high*) angegangen.

gander [ˈɡændəʳ] *n* 1. Gänserich, Ganter (*dial*) *m*. 2. (*inf*) **to have** *or* **take a ~ at sth** auf etw (*acc*) einen Blick werfen; **let's**

have a ~! gucken wir mal! (*inf*); (*let me/us look*) laß mal sehen.

gang [gæŋ] *n* Haufen *m*, Schar *f*; (*of workers, prisoners*) Kolonne *f*, Trupp *m*; (*of criminals, youths, terrorists*) Bande, Gang *f*; (*of friends etc, clique*) Clique *f*, Haufen *m* (*inf*). **there was a whole ~ of them** es war ein ganzer Haufen.

♦**gang up** *vi* sich zusammentun. **to ~ ~ against** *or* **on sb** sich verbünden *or* verschwören gegen; (*to fight*) geschlossen losgehen auf (+*acc*) *or* gegen.

ganger [ˈgæŋəʳ] *n* Vorarbeiter *m*.

Ganges [ˈgændʒiːz] *n* Ganges *m*.

ganglia [ˈgæŋgliə] *pl of* **ganglion**.

gangling [ˈgæŋglɪŋ] *adj* schlaksig, hochaufgeschossen.

ganglion [ˈgæŋgliən] *n*, *pl* **ganglia 1.** (*Anat*) Ganglion *nt*; (*Med also*) Überbein *nt*. **2.** (*fig: of activity*) Zentrum *nt*.

gangplank [ˈgæŋplæŋk] *n* Laufplanke *f*, Landungssteg *m*.

gangrene [ˈgæŋgriːn] *n* Brand *m*.

gangrenous [ˈgæŋgrɪnəs] *adj* brandig.

gangster [ˈgæŋstəʳ] *n* Gangster, Verbrecher *m*.

gangway [ˈgæŋweɪ] **I** *n* **1.** (*Naut*) (*gangplank*) Landungsbrücke, Gangway *f*; (*ladder*) Fallreep *nt*. **2.** (*passage*) Gang *m*. **II** *interj* Platz da.

gannet [ˈgænɪt] *n* (*Zool*) Tölpel *m*.

gantry [ˈgæntrɪ] *n* (*for crane*) Portal *nt*; (*on motorway*) Schilderbrücke *f*; (*Rail*) Signalbrücke *f*; (*for rocket*) Abschußrampe *f*.

gaol [dʒeɪl] *n*, *vt see* **jail**.

gaoler [ˈdʒeɪləʳ] *n see* **jailer**.

gap [gæp] *n* (*lit, fig*) Lücke *f*; (*chink*) Spalt *m*; (*in surface*) Spalte *f*, Riß *m*; (*Geog*) Spalte *f*; (*Tech: space ~*) Abstand *m*; (*fig*) (*in conversation, narrative*) Pause *f*; (*gulf*) Kluft *f*. **a ~ in sb's education/memory** eine Bildungs-/Gedächtnislücke.

gape [geɪp] **I** *vi* **1.** (*open mouth wide*) (*person*) den Mund aufreißen *or* -sperren; (*bird*) den Schnabel aufsperren; (*chasm etc*) gähnen; (*seam, wound*) klaffen.

2. (*stare: person*) starren, gaffen. **to ~ at sb/sth** jdn/etw (mit offenem Mund) anstarren; **to ~ up/down at sb/sth** zu jdm/etw hinaufstarren/auf jdn/etw hinunterstarren.

II *n* **1.** (*hole*) gähnendes *or* klaffendes Loch; (*in seam*) geplatzte Stelle; (*chasm*) gähnender Abgrund.

2. (*stare*) Starren, Gaffen *nt*.

gaping [ˈgeɪpɪŋ] *adj* **1.** klaffend; *chasm also* gähnend; *wound* weit geöffnet; *beaks* weit aufgesperrt. **2.** (*staring*) gaffend; (*astonished*) staunend.

gap-toothed [ˈgæpˌtuːθt] *adj* mit weiter Zahnstellung; (*with teeth missing*) mit Zahnlücken.

garage [ˈgærɑːʒ, (*US*) gəˈrɑːʒ] **I** *n* (*for parking*) Garage *f*; (*for petrol*) Tankstelle *f*; (*for repairs etc*) (Reparatur)werkstatt *f*. **~ mechanic** Kraftfahrzeug- *or* Kfz-Mechaniker *m*. **II** *vt* (in einer Garage) abor unterstellen; (*drive into ~*) in die Garage fahren.

garb [gɑːb] **I** *n* Gewand *nt*; (*inf*) Kluft *f* (*inf*). **II** *vt* kleiden.

garbage [ˈgɑːbɪdʒ] *n* (*lit: esp US*) Abfall,

Müll *m*; (*fig*) (*useless things*) Schund, Mist (*inf*) *m*; (*nonsense*) Blödsinn *m* (*inf*).

garbage can *n* (*US*) Müll- *or* Abfalleimer *m*; (*outside*) Mülltonne *f*; **garbage collector** *or* **man** *n* (*US*) Müllarbeiter *m*; **garbage collectors** *npl* Müllabfuhr *f*; **garbage disposal unit** *n* Müllschlucker *m*.

garble [ˈgɑːbl] *vt* **to ~ one's words** sich beim Sprechen überschlagen.

garbled [ˈgɑːbld] *adj* wirr. **the message got ~ on its way** die Nachricht kam völlig entstellt an; **the facts got a little ~** die Tatsachen sind etwas durcheinandergeraten.

garden [ˈgɑːdn] **I** *n* **1.** Garten *m*. **the G~ of Eden** der Garten Eden. **2.** (*often pl: park*) Park *m*, Gartenanlagen *pl*. **II** *vi* im Garten arbeiten, gärtnern.

gardener [ˈgɑːdnəʳ] *n* Gärtner(in *f*) *m*.

gardenia [gɑːˈdiːnɪə] *n* Gardenie *f*.

gardening [ˈgɑːdnɪŋ] *n* Gartenarbeit *f*. **she loves ~** sie arbeitet gerne im Garten, sie gärtnert gerne; **~ tools** Gartengeräte *pl*.

garden *in cpds* Garten-; **~ party** Gartenparty *f or* -fest *nt*; **~ shears** *pl* Heckenschere *f*.

gargantuan [gɑːˈgæntjʊən] *adj* enorm.

gargle [ˈgɑːgl] **I** *vi* gurgeln. **II** *n* (*liquid*) Gurgelwasser *nt*. **to have a ~** gurgeln.

gargoyle [ˈgɑːgɔɪl] *n* Wasserspeier *m*.

garish [ˈgɛərɪʃ] *adj* *lights, illuminations etc* grell; *colour, decorations etc also* knallig (*inf*); *colour also* schreiend; *clothes* knallbunt, auffallend.

garishly [ˈgɛərɪʃlɪ] *adv* in grellen *or* schreienden Farben; *colourful* auffallend, knallig (*inf*); *illuminated* grell.

garishness [ˈgɛərɪʃnɪs] *n* grelle *or* schreiende Farben; (*of colours, illuminations*) Grellheit *f*.

garland [ˈgɑːlənd] **I** *n* Kranz *m*; (*festoon*) Girlande *f*. **II** *vt* bekränzen.

garlic [ˈgɑːlɪk] *n* Knoblauch *m*.

garment [ˈgɑːmənt] *n* Kleidungsstück *nt*; (*robe*) Gewand *nt* (*liter*). **~ industry** (*US*) Bekleidungsindustrie *f*.

garner [ˈgɑːnəʳ] *vt* (*lit, fig*) (*gather*) sammeln; *knowledge* erwerben; (*store*) speichern.

garnet [ˈgɑːnɪt] *n* Granat *m*.

garnish [ˈgɑːnɪʃ] **I** *vt* garnieren, verzieren; (*fig*) *story also, style* ausschmücken. **II** *n* Garnierung *f*.

garnishing [ˈgɑːnɪʃɪŋ] *n* (*Cook*) Garnierung *f*; (*act also*) Garnieren *nt*; (*fig: of style, story etc*) Ausschmückung *f*.

garret [ˈgærət] *n* (*attic room*) Mansarde, Dachkammer *f*; (*attic*) Dachboden *m*.

garrison [ˈgærɪsən] **I** *n* Garnison *f*. **II** *vt* *troops* in Garnison legen; *town* mit einer Garnison belegen.

garrotte [gəˈrɒt] *vt* (*execute*) garrottieren, mit der Garrotte hinrichten; (*strangle*) erdrosseln. **II** *n* Garrotte *f*.

garrulity [gəˈruːlɪtɪ] *n* Geschwätzigkeit, Schwatzhaftigkeit *f*.

garrulous [ˈgærʊləs] *adj* geschwätzig, schwatzhaft.

garrulously [ˈgærʊləslɪ] *adv* **to talk/chat** *etc* **~** schwatzen, plappern.

garter [ˈgɑːtəʳ] *n* Strumpfband *nt*; (*US: suspender*) Strumpfhalter *m*. **the (Order of**

the) G~ der Hosenbandorden.
garter belt n (US) Strumpf- or Hüftgürtel m; **garter snake** n (US) Ringelnatter f.
gas [gæs] I n 1. Gas nt. **to cook by** or **with** or **on** ~ mit Gas kochen.
2. (US: petrol) Benzin nt.
3. (anaesthetic) Lachgas nt. **to have a tooth out with** ~ sich (dat) einen Zahn unter Lachgasnarkose ziehen lassen.
4. (Mil) (Gift)gas nt.
5. (inf: talk) leeres Gerede or Gefasel (inf); (boastful) großspuriges Gerede, Angeberei f. **to have a good** ~ einen Schwatz halten.
6. (sl) **it's/he's a** ~ (fantastic) es/er ist Klasse or dufte or 'ne Wucht (all sl); (hilarious) es/er ist zum Schreien (inf).
II vt vergasen. **they were ~sed accidentally during their sleep** sie starben im Schlaf an Gasvergiftung; **to** ~ **oneself** sich mit Gas vergiften.
III vi (inf: talk) schwafeln (inf).
gas in cpds Gas-; **gasbag** n (inf) Quasselstrippe f (inf); **gas bracket** n Gasanschluß(stelle f) m, Gaszuleitungsrohr nt; (for light) Wandarm m; **gas chamber** n Gaskammer f; **gas cooker** n Gasherd m.
gaseous ['gæsɪəs] adj gasförmig.
gas field n Erdgasfeld nt; **gas fire** n Gasofen m; **gas-fired** adj Gas-, gasbefeuert (form); **gas fitter** n Gasinstallateur m; **gas fittings** npl Gasgeräte pl; **gas fixture** n festinstalliertes Gasgerät; **gas guzzler** n (US inf) Säufer, Benzinschlucker (inf) m.
gash [gæʃ] I n (wound) klaffende Wunde; (in earth, tree) (klaffende) Spalte; (slash) tiefe Kerbe; (in upholstery) tiefer Schlitz.
II vt aufschlitzen; furniture, wood tief einkerben. **he fell and ~ed his head/knee** er ist gestürzt und hat sich (dat) dabei den Kopf/das Knie aufgeschlagen.
gas heater n Gasofen m; **gas-holder** n Gasometer m, (Groß)gasbehälter m.
gasket ['gæskɪt] n (Tech) Dichtung f.
gas lamp n Gaslampe f; (in streets) Gaslaterne f; **gaslight** n 1. see gas lamp; 2. no pl Gaslicht nt or -beleuchtung f; **gas lighter** n 1. Gasanzünder m; 2. (for cigarettes etc) Gasfeuerzeug nt; **gas-lit** adj mit Gasbeleuchtung; **gas main** n Gasleitung f; **gas mantle** n (Gas)glühstrumpf m; **gas mask** n Gasmaske f; **gas meter** n Gaszähler m.
gasoline ['gæsəliːn] n (US) Benzin nt.
gasometer [gæ'sɒmɪtər] n Gasometer, (Groß)gasbehälter m.
gas oven n Gasherd m; (gas chamber) Gaskammer f.
gasp [gɑːsp] I n (for breath) tiefer Atemzug. **to give a** ~ (of surprise/fear etc) (vor Überraschung/Angst etc) die Luft anhalten or nach Luft schnappen (inf); **a** ~ **went up at his audacity** seine Verwegenheit verschlug den Leuten den Atem; **to be at one's last** ~ in den letzten Zügen liegen; (exhausted etc) auf dem letzten Loch pfeifen (inf).
II vi (continually) keuchen; (once) tief einatmen; (with surprise etc) nach Luft schnappen (inf). **to make sb** ~ jdm den

Atem nehmen; (fig also) jdm den Atem verschlagen; **to** ~ **for breath** nach Atem ringen; **he ~ed with astonishment** er war so erstaunt, daß es ihm den Atem verschlug; **heavens, no!, she** ~**ed** um Himmels willen, nein!, stieß sie hervor.
◆**gasp out** vt sep hervorstoßen.
gas pipe n Gasrohr nt or -leitung f; **gas ring** n Gasbrenner m; (portable) Gaskocher m; **gas station** n (US) Tankstelle f; **gas stove** n Gasherd m; (portable) Gaskocher m.
gassy ['gæsɪ] adj (+er) 1. (Sci) gasförmig. 2. drink kohlensäurehaltig. 3. (inf) person geschwätzig.
gas tank n (US) Benzintank m; **gas tap** n Gashahn m; **gastight** adj gasdicht.
gastric ['gæstrɪk] adj Magen-; ~ **flu** or **influenza** Darmgrippe f; ~ **juices** Magensäfte pl; ~ **ulcer** n Magengeschwür nt.
gastritis [gæs'traɪtɪs] n Magenschleimhautentzündung, Gastritis f.
gastro- ['gæstrəu-] pref Magen-, Gastro-; **gastroenteritis** [ˌgæstrəuˌentə'raɪtɪs] Magen-Darm-Entzündung, Gastroenteritis (spec) f.
gastronome ['gæstrənəum] n Feinschmecker m.
gastronomic [ˌgæstrə'nɒmɪk] adj gastronomisch, kulinarisch.
gastronomy [gæs'trɒnəmɪ] n Gastronomie f.
gasworks ['gæswɜːks] n sing or pl Gaswerk nt.
gate [geɪt] I n 1. Tor nt; (small, garden ~) Pforte f; (five-barred ~) Gatter nt; (in station) Sperre f; (in airport) Flugsteig m; (of level-crossing) Schranke f; (Sport: starting ~) Startmaschine f; (sports ground entrance) Einlaß, Eingang m. **to open/shut the** ~**s** das Tor etc öffnen/schließen.
2. (Sport) (attendance) Zuschauerzahl f; (entrance money) Einnahmen pl.
II vt pupil, student Ausgangssperre erteilen (+dat).
gateau ['gætəu] n Torte f.
gatecrash ['geɪtkræʃ] (inf) I vt **to** ~ **a party/meeting** in eine Party/Versammlung reinplatzen (inf); (crowd: to disrupt it) eine Party/Versammlung stürmen; II vi einfach so hingehen (inf); **gatecrasher** n ungeladener Gast; (at meeting) Eindringling m; **gatehouse** n Pförtnerhaus or -häuschen nt; **gate money** n (Sport) Einnahmen pl; **gatepost** n Torpfosten m; **between you, me and the** ~ (inf) unter uns gesagt; **gateway** n (lit, fig) Tor nt (to zu); (archway, gate frame) Torbogen m.
gather ['gæðər] I vt 1. (collect, bring together) sammeln; crowd, people versammeln; flowers, cultivated fruit pflücken; potatoes, corn etc ernten; harvest einbringen; taxes einziehen; (collect up) broken glass, pins etc zusammenlegen, aufsammeln; one's belongings, books, clothes (zusammen)packen; an impression gewinnen. **to** ~ **one's strength/thoughts** Kräfte sammeln/seine Gedanken ordnen, sich sammeln; **it just sat there ~ing dust** es stand nur da und verstaubte.

2. (*increase*) **to** ~ **speed** an Geschwindigkeit gewinnen; **to** ~ **strength** stärker werden.

3. (*infer*) schließen (*from* aus). **I** ~**ed that** das dachte ich mir; **I** ~ **from the papers that he has ...** wie ich aus den Zeitungen ersehe, hat er ...; **as far as I can** ~ (*so*) wie ich es sehe; **I** ~ **she won't be coming** ich nehme an, daß sie nicht kommt; **as you will have/might have** ~**ed ...** wie Sie bestimmt/vielleicht bemerkt haben ...

4. **to** ~ **sb into one's arms** jdn in die Arme nehmen *or* schließen.

5. (*Sew*) kräuseln, (*at seam*) fassen.

6. (*Typ*) zusammentragen.

II *vi* 1. (*collect*) (*people*) sich versammeln; (*crowds also*) sich ansammeln; (*objects, dust etc*) sich (an)sammeln; (*clouds*) sich zusammenziehen; (*storm*) sich zusammenbrauen.

2. (*increase: darkness, force etc*) zunehmen (*in* an +*dat*).

3. (*abscess etc*) sich mit Eiter füllen; (*pus*) sich sammeln.

III *n* (*Sew*) Fältchen *nt*.

◆**gather in** *vt sep* 1. einsammeln; *crops* einbringen; *taxes* einziehen; *animals* zusammentreiben. 2. *cloth* fassen.

◆**gather round** *vi* zusammenkommen. **they** ~**ed** ~ **the fire** sie versammelten *or* scharten sich um das Feuer.

◆**gather together** **I** *vi* zusammenkommen, sich versammeln.

II *vt sep* einsammeln; *one's belongings, books* zusammenpacken; *people* versammeln; *team* zusammenstellen; *animals* zusammentreiben. **to** ~ **oneself** ~ zu sich kommen; (*for jump etc*) sich bereit machen (*for* zu).

◆**gather up** *vt sep* aufsammeln; *one's belongings* zusammenpacken; *hair* hochstecken; *skirts* (hoch)raffen; (*fig*) *pieces* auflesen. **he** ~**ed himself** ~ **to his full height** er reckte sich zu voller Größe auf.

gathering ['gæðərɪŋ] *n* 1. (*people at meeting etc*) Versammlung *f*; (*meeting*) Treffen *nt*; (*small group*) Gruppe *f*, Häufchen *nt*; (*of curious onlookers*) Ansammlung *f*. 2. (*Sew: gathers*) Krause *f*.

GATT [gæt] *abbr of* **General Agreement on Tariffs and Trade** GATT, Allgemeines Zoll- und Handelsabkommen.

gauche *adj*, ~**ly** *adv* [gəʊʃ, -lɪ] (*socially*) unbeholfen, tölpelhaft; *remark* ungeschickt; (*clumsy*) linkisch, ungeschickt.

gaucheness ['gəʊʃnɪs] *n* Unbeholfenheit, Tölpelhaftigkeit *f*; Ungeschicktheit *f*.

gaucherie ['gəʊʃəriː] *n* 1. *see* **gaucheness**. 2. (*act*) Tölpelei *f*; (*remark*) ungeschickte Bemerkung.

gaudily ['gɔːdɪlɪ] *adv see adj*.

gaudiness ['gɔːdɪnɪs] *n* Knalligkeit (*inf*), Buntheit *f*; Auffälligkeit *f*.

gaudy ['gɔːdɪ] *adj* (+*er*) knallig (*inf*), auffällig bunt; *colours* auffällig, knallig (*inf*).

gauge [geɪdʒ] **I** *n* 1. (*instrument*) Meßgerät *or* -instrument *nt*; (*to measure diameter, width etc*) (Meß)lehre *f*; (*for rings*) Ringmaß *nt*; (*to measure water level*) Pegel *m*. **pressure** ~ Druckmesser *m*; **temperature** ~ Temperaturanzeiger *m*; **petrol** ~ Ben-

zinuhr *f*; **oil** ~ Ölstandsanzeiger *m*.

2. (*thickness, width*) (*of wire, sheet metal etc*) Stärke *f*; (*of bullet*) Durchmesser *m*, Kaliber *nt*; (*Rail*) Spurweite *f*. **standard/narrow/broad** ~ Normal- *or* Regel-/Schmal-/Breitspur *f*.

3. (*fig*) Maßstab *m* (*of* für).

II *vt* 1. (*Tech: measure*) messen.

2. (*fig: appraise*) *person's capacities, character* beurteilen; *reaction, course of events* abschätzen; *situation* abwägen.

Gaul [gɔːl] *n* (*country*) Gallien *nt*; (*person*) Gallier(in *f*) *m*.

gaunt [gɔːnt] *adj* (+*er*) hager; (*from suffering*) abgezehrt, ausgemergelt; *trees* dürr und kahl; *landscape* öde, karg.

gauntlet¹ ['gɔːntlɪt] *n* 1. (*of armour*) Panzerhandschuh *m*. **to throw down/pick up the** ~ (*fig*) den Fehdehandschuh hinwerfen/aufnehmen. 2. (*glove*) (Stulpen)handschuh *m*; (*part of glove*) Stulpe *f*.

gauntlet² *n*: **to run the** ~ (*fig*) Spießruten laufen; **to (have to) run the** ~ **of sth** einer Sache (*dat*) ausgesetzt sein.

gauntness ['gɔːntnɪs] *n see adj* Hagerkeit *f*; Abgezehrtheit, Ausgemergeltheit *f*; Kahlheit *f*; Öde, Kargheit *f*.

gauze [gɔːz] *n* Gaze *f*; (*Med also*) (Verbands)mull *m*.

gave [geɪv] *pret of* **give**.

gavel ['gævl] *n* Hammer *m*.

gawk [gɔːk] (*inf*) **I** *n* Schlaks *m* (*inf*). **II** *vi see* **gawp**.

gawkily ['gɔːkɪlɪ] *adv see adj*.

gawkiness ['gɔːkɪnɪs] *n see adj* Schlaksigkeit, Staksigkeit (*inf*); Unbeholfenheit *f*.

gawky ['gɔːkɪ] *adj* (+*er*) *person, movement* schlaksig, staksig (*inf*), linkisch; *animal* unbeholfen, staksig (*inf*).

gawp [gɔːp] *vi* (*inf*) glotzen (*inf*), gaffen. **to** ~ **at sb/sth** jdn/etw anglotzen (*inf*).

gay [geɪ] **I** *adj* (+*er*) 1. (*happy*) fröhlich; *colours also* bunt; *one colour also* lebhaft; *company, occasion* lustig. ~ **with lights** bunt beleuchtet; **the park/room was** ~ **with flowers** bunte Blumen schmückten den Park/das Zimmer; **with** ~ **abandon** hingebungsvoll.

2. (*pleasure-loving*) lebenslustig; *life* flott. ~ **dog** (*inf*) lockerer Vogel (*inf*).

3. (*homosexual*) schwul (*inf*).

II *n* Schwule(r) *mf*. **G**~ **Lib** Homosexuellenbewegung *f*.

gaze [geɪz] **I** *n* Blick *m*. **II** *vi* starren. **to** ~ **at sb/sth** jdn/etw anstarren.

◆**gaze about** *or* **around** *vi* um sich blicken.

gazelle [gəˈzel] *n* Gazelle *f*.

gazette [gəˈzet] **I** *n* (*magazine*) Zeitung *f*; (*as title also*) Anzeiger *m*; (*government publication*) Staatsanzeiger *m*, Amtsblatt *nt*. **II** *vt* im Staatsanzeiger bekanntgeben.

gazetteer [ˌgæzɪˈtɪər] *n* alphabetisches Ortsverzeichnis (*mit Ortsbeschreibung*).

GB *abbr of* **Great Britain** GB.

GCE (*Brit*) *abbr of* **General Certificate of Education**.

Gdns *abbr of* **Gardens**.

GDR *abbr of* **German Democratic Republic** DDR *f*.

gear [gɪər] **I** *n* 1. (*Aut etc*) Gang *m*. ~**s** *pl* (*mechanism*) Getriebe *nt*; (*on bicycle*)

Gangschaltung f; **a bicycle with three-speed** ~s ein Fahrrad mit Dreigangschaltung; **to put the car into** ~ einen Gang einlegen; **the car is/you're in/out of** ~ der Gang ist eingelegt or drin (inf)/das Auto ist im Leerlauf, es ist kein Gang drin (inf); **to change** ~ schalten; **to change into third** ~ in den dritten Gang schalten, den dritten Gang einlegen; **the car jumps out of** or **won't stay in** ~ der Gang springt heraus.
  2. (inf) (equipment) Zeug nt (inf) (belongings) Sachen pl (inf).
  3. (Tech) Vorrichtung f; see **landing** ~.
  II vt (fig) abstellen, ausrichten (to auf + acc). **to be** ~ed **to sth** auf etw (acc) abgestellt sein; (person, ambition) auf etw (acc) ausgerichtet sein; (have facilities for) auf etw (acc) eingerichtet sein.
  III vi (Tech) eingreifen, im Eingriff sein.
◆**gear down I** vi (driver) herunterschalten, in einen niedrigeren Gang schalten. **II** vt sep engine niedertouriger auslegen or machen; (fig) drosseln.
◆**gear up I** vi heraufschalten, in einen höheren Gang schalten. **II** vt sep engine höhertourig auslegen. **to** ~ **oneself** ~ (fig) sich bereit machen; **to** ~ **oneself** ~ **for sth** (fig) sich auf etw (acc) einstellen.
gearbox ['gɪəbɒks] n Getriebe nt; **gear change** n Schalten nt.
gearing ['gɪərɪŋ] n Auslegung f (der Gänge).
gearlever ['gɪəliːvəʳ] n Schaltknüppel m; (column-mounted) Schalthebel m; **gear ratio** n Übersetzung(sverhältnis nt) f; **gear shift** (US), **gear stick** n see **gear lever**; **gear wheel** n Zahnrad nt.
gee [dʒiː] interj **1.** (esp US inf) Mensch (inf), Mann (inf). ~ **whiz!** Mensch Meier! (inf). **2.** (to horse) ~ **up!** hü!
geese [giːs] pl of **goose**.
Geiger counter ['gaɪgəˌkaʊntəʳ] n Geigerzähler m.
gel [dʒel] **I** n Gel nt. **II** vi gelieren; (jelly etc also) fest werden; (fig: plan, idea) Gestalt annehmen.
gelatin(e) ['dʒelətiːn] n Gelatine f.
gelatinous [dʒɪ'lætɪnəs] adj gelatine- or gallertartig.
geld [geld] vt kastrieren, verschneiden.
gelding ['geldɪŋ] n kastriertes Tier, Kastrat m (spec); (horse) Wallach m.
gelignite ['dʒelɪgnaɪt] n Plastiksprengstoff m.
gem [dʒem] n Edelstein m; (cut also) Juwel nt (geh); (fig) (person) Juwel nt; (of collection etc) Prachtstück or -exemplar nt. **that joke/story/this recording is a real** ~ der Witz/die Geschichte/die Aufnahme ist Spitzenklasse (inf) or einmalig gut; **a** ~ **of a book/painting/watch** ein meisterhaftes Buch/Gemälde/eine prachtvolle Uhr.
Gemini ['dʒemɪniː] n Zwillinge pl. **he's a** ~ er ist Zwilling.
gemstone ['dʒemstəʊn] n Edelstein m.
Gen abbr of **General** Gen.
gen [dʒen] n (Brit inf) Informationen pl. **to give sb the** ~ **on** or **about sth** jdn über etw (acc) informieren.
◆**gen up** (Brit inf) **I** vi **to** ~ ~ **on sth** sich

über etw (acc) informieren. **II** vt sep to ~ **sb** ~/**get** ~**ned** ~ **on sth** jdn/sich über etw (acc) informieren.
gender ['dʒendəʳ] n Geschlecht, Genus nt. **the feminine/masculine** ~ das Femininum/ Maskulinum.
gene [dʒiːn] n Gen nt, Erbfaktor m. ~ **pool** Erbmasse f.
genealogical [ˌdʒiːnɪə'lɒdʒɪkəl] adj genealogisch. ~ **tree** Stammbaum m.
genealogist [ˌdʒiːnɪ'ælədʒɪst] n Genealoge m, Genealogin f, Stammbaumforscher(in f) m.
genealogy [ˌdʒiːnɪ'ælədʒɪ] n Genealogie, Stammbaumforschung f; (ancestry) Stammbaum m.
genera ['dʒenərə] pl of **genus**.
general ['dʒenərəl] **I** adj **1.** allgemein; view, enquiry, discussion also generell; manager, director, agent, agency General-; meeting Voll-; (of shareholders) Haupt-; user, reader Durchschnitts-; trader, dealer, store Gemischtwaren-. **as a** ~ **rule, in the** ~ **way** (of things) im allgemeinen; **it is** ~ **practice** or a ~ **custom** es ist allgemein üblich; **for** ~ **use** für den allgemeinen or normalen Gebrauch; (for use by everybody) für die Allgemeinheit; **we just had a** ~ **chat** wir haben uns ganz allgemein unterhalten; ~ **headquarters** Hauptquartier nt; (Mil) Generalhauptquartier nt; ~ **editor** Allgemeinredakteur m; (of particular book) Herausgeber m; **to grant a** ~ **pardon** eine Generalamnestie erlassen (to für); **to explain sth in** ~ **terms** etw allgemein erklären; **the** ~ **plan** or **idea is that** ... wir/sie etc hatten uns/sich (dat) das so gedacht, daß ...; **that was the** ~ **idea** so war das (auch) gedacht; **the** ~ **idea is to wait and see** wir/sie etc wollen einfach mal abwarten; **I've got the** ~ **idea of it** ich weiß so ungefähr, worum es geht; **to give sb a** ~ **idea/outline of a subject** jdm eine ungefähre Vorstellung von einem Thema geben/ein Thema in groben Zügen umreißen; **to be** ~ (not detailed or specific: clause, wording, translation, proposals) allgemein gehalten sein; (vague) unbestimmt or vage sein; (promises, clause) unverbindlich sein; (widespread: custom, weather etc) weit verbreitet sein; (customary) allgemein üblich sein.
  2. (after official title) Ober-. **Consul** ~ Generalkonsul m.
  II n **1. in** ~ im allgemeinen.
  2. (Mil) General m; (Caesar, Napoleon etc) Feldherr m.
general anaesthetic n Vollnarkose f; **General Assembly** n (of United Nations) Voll- or Generalversammlung f; (Eccl) Generalsynode f; **General Certificate of Education** n (Brit) (O-level) ≃ Mittlere Reife; (A-level) ≃ Reifezeugnis, Abitur nt; **general degree** n nicht spezialisierter Studienabschluß; **general election** n Parlamentswahlen pl.
generalissimo [ˌdʒenərə'lɪsɪməʊ] n, pl ~**s** Generalissimus m.
generality [ˌdʒenə'rælɪtɪ] n **1. to talk in/of generalities** ganz allgemein sprechen/sich über Allgemeines unterhalten.
  2. (general quality) Allgemeinheit f;

(*general applicability*) Allgemeingültig-
keit *f*. **a rule of great ~** eine fast überall
anwendbare Regel.
generalization [ˌdʒenərəlaɪˈzeɪʃən] *n*
Verallgemeinerung *f*.
generalize [ˈdʒenərəlaɪz] *vti* verallgemei-
nern. **to ~ (a conclusion) from sth** all-
gemeine Schlüsse aus etw ziehen.
general knowledge I *n* Allgemeinwissen *nt*
or -bildung *f*. **II** *attr* zur Allgemein-
bildung.
generally [ˈdʒenərəlɪ] *adv* (*usually*) im all-
gemeinen; (*for the most part also*) im
großen und ganzen; (*widely, not in detail*)
allgemein. **~ speaking** im allgemeinen, im
großen und ganzen.
General Post Office *n* (*Brit*) (*building*)
Hauptpost(amt *nt*) *f*; (*organization*) Post
f; **general practice** *n* (*Med*) Allgemein-
medizin *f*; **general practitioner** *n* Arzt
m/Ärztin *f* für Allgemeinmedizin, prak-
tischer Arzt, praktische Ärztin; **general
public** *n* Öffentlichkeit, Allgemeinheit *f*;
general-purpose *adj* Mehrzweck-.
generalship [ˈdʒenərəlʃɪp] *n* (*Mil*) **1.** (*of-
fice*) Generalsrang *m*; (*period of office*)
Dienstzeit *f* als General. **under his ~** als er
General war. **2.** (*skill*) Feldherrnkunst *f*.
general staff *n* (*Mil*) Generalstab *m*;
general strike *n* Generalstreik *m*.
generate [ˈdʒenəreɪt] *vt* (*lit, fig*) erzeugen;
heat, fumes also entwickeln. **to ~ electric-
ity from coal** aus Kohle Energie erzeugen
or gewinnen; **generating station** Kraft-
werk, Elektrizitätswerk *nt*.
generation [ˌdʒenəˈreɪʃən] *n* **1.** (*lit, fig*)
Generation *f*; (*period of time also*) Men-
schenalter *nt*. **~ gap** Generations-
problem *nt or* -konflikt *m*.
2. (*act of generating*) Erzeugung *f*.
generative [ˈdʒenərətɪv] *adj* (*Ling*)
generativ; (*Biol*) Zeugungs-, generativ
(*spec*); (*Elec*) Erzeugungs-.
generator [ˈdʒenəreɪtəʳ] *n* Generator *m*.
generic [dʒɪˈnerɪk] *adj* artmäßig; (*Biol*)
Gattungs-. **~ name** *or* **term** Oberbegriff
m; (*Biol*) Gattungsbegriff *or* -name *m*.
generically [dʒɪˈnerɪkəlɪ] *adv* (*Biol*) gat-
tungsmäßig.
generosity [ˌdʒenəˈrɒsɪtɪ] *n* Großzügigkeit
f; (*nobleness*) Großmut *m*.
generous [ˈdʒenərəs] *adj* **1.** *person, action,
gift* großzügig; (*noble-minded*) groß-
mütig. **2.** (*large, plentiful*) reichlich;
figure üppig. **a ~ size 14** eine groß aus-
gefallene Größe 14.
generously [ˈdʒenərəslɪ] *adv see adj*. **a ~
cut dress** ein groß ausgefallenes Kleid.
generousness [ˈdʒenərəsnɪs] *n* **1.** *see
generosity*. **2.** *see adj 2*. Reichlichkeit
f; Üppigkeit *f*.
genesis [ˈdʒenɪsɪs] *n*, *pl* **geneses**
[ˈdʒenɪsiːz] Entstehung, Genese (*spec*) *f*.
(**the Book of) G~** (die) Genesis, die
Schöpfungsgeschichte.
genetic [dʒɪˈnetɪk] *adj* genetisch. **~
engineering** experimentelle Genetik.
geneticist [dʒɪˈnetɪsɪst] *n* Vererbungsfor-
scher(in *f*), Genetiker(in *f*) *m*.
genetics [dʒɪˈnetɪks] *n sing* Vererbungs-
lehre, Genetik *f*.
Geneva [dʒɪˈniːvə] *n* Genf *nt*. **Lake ~** der

Genfer See; **~ Convention** Genfer Kon-
vention *f*.
genial [ˈdʒiːnɪəl] *adj* (*lit, fig*) freundlich;
person also leutselig; *smile also* liebens-
wert; *atmosphere, climate also, company*
angenehm; *warmth, influence* wohltuend.
geniality [ˌdʒiːnɪˈælɪtɪ] *n* (*lit, fig*) Freund-
lichkeit *f*; (*of person also*) Leutseligkeit
f; (*of company*) Angenehmheit *f*.
genially [ˈdʒiːnɪəlɪ] *adv see adj*.
genie [ˈdʒiːnɪ] *n* dienstbarer Geist.
genii [ˈdʒiːnɪaɪ] *pl of* **genius.**
genital [ˈdʒenɪtl] *adj* Geschlechts-, Geni-
tal-, genital.
genitals [ˈdʒenɪtlz] *npl* Geschlechtsorgane
or -teile, Genitalien *pl*.
genitive [ˈdʒenɪtɪv] **I** *n* (*Gram*) Genitiv *m*.
in the ~ im Genitiv. **II** *adj* Genitiv-.
genius [ˈdʒiːnɪəs] *n*, *pl* **-es** *or* **genii 1.** Genie
nt; (*mental or creative capacity also*)
Genius *m*, Schöpferkraft *f*. **a man of ~** ein
genialer Mensch, ein Genie *nt*; **to have a
~ for sth** eine besondere Gabe für etw
haben; **his ~ for organization/languages**
sein Organisationstalent *nt*/seine hohe
Sprachbegabung.
2. (*spirit: of period, country etc*) (Zeit)-
geist *m*.
3. (*bad influence*) **evil ~** böser Geist.
Genoa [ˈdʒenəʊə] *n* Genua *nt*.
genocide [ˈdʒenəʊsaɪd] *n* Völkermord *m*.
Genoese [ˌdʒenəʊˈiːz] **I** *adj* genuesisch. **II** *n*
Genuese(r) *m*, Genueserin *f*.
genre [ˈʒɑ̃ːprə] *n* Genre *nt* (*geh*), Gattung
f; (*Art: also* **~ painting**) Genremalerei *f*.
gent [dʒent] *n* (*inf*) *abbr of* **gentleman.** **~s'
shoes/outfitter** (*Comm*) Herrenschuhe
pl/-ausstatter *m*; **"G~s"** (*Brit: lavatory*)
„Herren".
genteel [dʒenˈtiːl] *adj* vornehm, fein; (*af-
fected*) *manners* geziert.
genteelly [dʒenˈtiːlɪ] *adv see adj*.
gentian [ˈdʒenʃɪən] *n* Enzian *m*.
Gentile [ˈdʒentaɪl] **I** *n* Nichtjude *m*. **II** *adj*
nichtjüdisch.
gentility [dʒenˈtɪlɪtɪ] *n* Vornehmheit *f*.
gentle [ˈdʒentl] *adj* (+*er*) sanft; (*not hard,
vigorous*) *smack, breeze also, exercise*
leicht; (*not loud*) *knock, sound* leise, zart;
(*delicate*) *kiss, caress also, hint, reminder*
zart; (*not harsh*) *words, humour* liebens-
würdig, freundlich; *rebuke also, heat*
mild; *person, disposition also* sanftmütig;
animal also fromm, zahm; *heart* weich.
the ~ sex das zarte Geschlecht; **to be ~
with sb** sanft *or* nett zu jdm sein; (*physi-
cally*) mit jdm sanft *or* behutsam umgehen;
to be ~ with sth mit etw behutsam *or* vor-
sichtig umgehen.
gentleman [ˈdʒentlmən] *n*, *pl* **-men** [-mən]
1. (*well-mannered, well-born*) Gentle-
man, Herr *m*; (*trustworthy also*) Ehren-
mann *m*. **gentlemen's agreement** Gent-
lemen's Agreement *nt*; (*esp in business*)
Vereinbarung *f* auf Treu und Glauben.
2. (*man*) Herr *m*. **gentlemen!** meine
Herren!; (*in business letter*) sehr geehrte
Herren!; **gentlemen of the jury/press!**
meine Herren Geschworenen/von der
Presse!
gentlemanly [ˈdʒentlmənlɪ] *adj person,
manners* zuvorkommend, gentlemanlike

pred; *appearance* eines Gentleman, gentlemanlike *pred*.

gentleness ['dʒentlnɪs] *n see adj* Sanftheit *f*; Leichtheit *f*; Zartheit *f*; Zartheit *f*; Liebenswürdigkeit, Freundlichkeit *f*; Milde *f*; Sanftmut *f*; Zahmheit *f*; Weichheit *f*.

gently ['dʒentlɪ] *adv see adj*. **to handle sb/sth** ~ mit jdm/etw behutsam umgehen; ~ **does it!** sachte, sachte!

gentry ['dʒentrɪ] *npl* Gentry *f* (*niederer Adel und Stände*). **all the** ~ **were there** alles, was Rang und Namen hatte, war da.

genuflection, **genuflexion** [ˌdʒenju'flekʃən] *n* (*Rel*) Kniebeuge *f*.

genuine ['dʒenjʊɪn] *adj* echt; *manuscript* authentisch, Original-; *offer* ernstgemeint, ernsthaft; (*sincere*) *sorrow, joy, willingness, disbelief also*, *belief* aufrichtig; *laughter, person* natürlich, ungekünstelt. **the** ~ **article** (*not a copy*) das Original; **that's the** ~ **article!** das ist das Wahre!; (*not imitation*) das ist echt!

genuinely ['dʒenjʊɪnlɪ] *adv* wirklich; (*sincerely also*) aufrichtig; (*authentically*) *old, antique* echt.

genuineness ['dʒenjʊɪnnɪs] *n see adj* Echtheit *f*; Ernsthaftigkeit *f*; Aufrichtigkeit *f*; Natürlichkeit, Ungekünsteltheit *f*.

genus ['dʒenəs] *n*, *pl* **genera** (*Biol*) Gattung *f*.

geochemistry [ˌdʒiːəʊ'kemɪstrɪ] *n* Geochemie *f*.

geographer [dʒɪ'ɒɡrəfəʳ] *n* Geograph(in *f*) *m*.

geographic(al) [dʒɪə'ɡræfɪk(əl)] *adj*, **geographically** [dʒɪə'ɡræfɪkəlɪ] *adv* geographisch.

geography [dʒɪ'ɒɡrəfɪ] *n* Geographie *f*.

geological *adj*, ~**ly** *adv* [dʒɪəʊ'lɒdʒɪkəl, -ɪ] geologisch.

geologist [dʒɪ'ɒlədʒɪst] *n* Geologe *m*, Geologin *f*.

geology [dʒɪ'ɒlədʒɪ] *n* Geologie *f*.

geometric(al) [dʒɪəʊ'metrɪk(əl)] *adj*, **geometrically** [dʒɪəʊ'metrɪkəlɪ] *adv* geometrisch.

geometrician [ˌdʒɪəmə'trɪʃən] *n* Fachmann *m* für Geometrie, Geometer (*old*) *m*.

geometry [dʒɪ'ɒmɪtrɪ] *n* (*Math*) Geometrie *f*. ~ **set** (*Reißzeug nt or Zirkelkasten m mit*) Zeichengarnitur *f*.

geophysics [ˌdʒiːəʊ'fɪzɪks] *n sing* Geophysik *f*.

geopolitics [ˌdʒiːəʊ'pɒlɪtɪks] *n sing* Geopolitik *f*.

Geordie ['dʒɔːdɪ] *n* (*inf*) Bewohner(in *f*) *m*/ Dialekt *m* der Bewohner von Newcastle upon Tyne und Umgebung.

George [dʒɔːdʒ] *n* Georg *m*.

georgette [dʒɔː'dʒet] *n* Georgette *f or m*.

Georgia ['dʒɔːdʒɪə] *n* (*US, abbr* **Ga, GA**) Georgia *nt*; (*USSR*) Georgien *nt*.

Georgian [dʒɔː'dʒɪən] *adj* (*Brit Hist*) georgianisch; (*US*) in/aus/von Georgia; (*USSR*) georgisch.

geranium [dʒɪ'reɪnɪəm] *n* Geranie *f*.

gerbil ['dʒɜːbɪl] *n* Wüstenspringmaus *f*.

geriatric [ˌdʒerɪ'ætrɪk] I *adj* geriatrisch, Greisen- (*often hum*); *nurse, nursing* Alten-; *home* Alters-; *patient* alt. ~ **medicine** Altersheilkunde *f*; ~ **ward**

geriatrische Abteilung, Pflegestation *f*. II *n* alter Mensch, Greis *m* (*often hum*).

geriatrician [ˌdʒerɪə'trɪʃən] *n* Facharzt *m*/ -ärztin *f* für Geriatrie, Geriater *m*.

geriatrics [ˌdʒerɪ'ætrɪks] *n sing* Geriatrie, Altersheilkunde *f*.

germ [dʒɜːm] *n* (*lit, fig*) Keim *m*; (*of particular illness also*) Krankheitserreger *m*; (*esp of cold*) Bazillus *m*. **don't spread your** ~**s around** behalte deine Bazillen für dich; **that contained the** ~**(s)** **of later conflict** darin lag der Keim für spätere Konflikte.

German ['dʒɜːmən] I *adj* deutsch. II *n* **1.** Deutsche(r) *mf*. **2.** (*language*) Deutsch *nt*; *see* **English**.

German Democratic Republic *n* Deutsche Demokratische Republik.

Germanic [dʒɜː'mænɪk] *adj* germanisch.

germanium [dʒɜː'meɪnɪəm] *n* (*abbr* **Ge**) Germanium *nt*.

germanize ['dʒɜːmənaɪz] *vt* germanisieren; *word* eindeutschen.

German measles *n sing* Röteln *pl*; **German shepherd (dog)** *n* (*esp US*) deutscher Schäferhund.

Germany ['dʒɜːmənɪ] *n* Deutschland *nt*; (*Hist*) Germanien *nt*.

germ carrier *n* Bazillenträger *m*; **germ cell** *n* (*Biol*) Keimzelle *f*; **germ-free** *adj* keimfrei.

germicidal [ˌdʒɜːmɪ'saɪdl] *adj* keimtötend.

germicide ['dʒɜːmɪsaɪd] *n* keimtötendes Mittel.

germinal ['dʒɜːmɪnəl] *adj* (*fig*) aufkeimend.

germinate ['dʒɜːmɪneɪt] I *vi* keimen; (*fig*) aufkeimen. II *vt* (*lit, fig*) keimen lassen.

germination [ˌdʒɜːmɪ'neɪʃən] *n* (*lit*) Keimen *nt*; (*fig*) Aufkeimen *nt* (*geh*).

germ warfare *n* bakteriologische Kriegsführung, Bakterienkrieg *m*.

gerontologist [ˌdʒerɒn'tɒlədʒɪst] *n* Gerontologe *m*, Gerontologin *f*.

gerontology [ˌdʒerɒn'tɒlədʒɪ] *n* Gerontologie *f*.

gerrymander ['dʒerɪmændəʳ] (*US Pol*) I *vt* **to** ~ **election districts** Wahlkreisschiebungen vornehmen. II *n* Wahlkreisschiebung *f*.

gerund ['dʒerənd] *n* Gerundium *nt*.

gerundive [dʒɪ'rʌndɪv] *n* Gerundivum *nt*.

Gestapo [ge'stɑːpəʊ] *n* Gestapo *f*.

gestate [dʒe'steɪt] I *vi* (*lit form*) (*animal*) trächtig sein, tragen (*form*); (*human*) schwanger sein; (*fig*) reifen. II *vt* tragen; (*fig*) in sich (*dat*) reifen lassen; *plan, idea* sich tragen mit (*geh*).

gestation [dʒe'steɪʃən] *n* (*lit form*) (*of animals*) Trächtigkeit *f*; (*of humans*) Schwangerschaft *f*; (*fig*) Reifwerden *nt*.

gesticulate [dʒe'stɪkjʊleɪt] *vi* gestikulieren.

gesticulation [dʒeˌstɪkjʊ'leɪʃən] *n* (*act*) Gestikulieren *nt*; (*instance*) Geste *f*. **all his** ~**s** all sein Gestikulieren.

gesture ['dʒestʃəʳ] I *n* (*lit, fig*) Geste *f*. **a** ~ **of denial/approval** eine verneinende/ zustimmende Geste; **as a** ~ **of support** als Zeichen der Unterstützung; **his use of** ~ seine Gestik. II *vi* gestikulieren. III *vt to* ~ **sb to do sth** jdm bedeuten, etw zu tun.

get [get] *pret, ptp* **got**, (*US*) *ptp* **gotten** I *vt* **1.** (*receive*) bekommen, kriegen (*inf*);

sun, light, full force of blow or anger ab-
bekommen, abkriegen (*inf*); *wound also*
sich (*dat*) zuziehen; *wealth, glory* kom-
men zu; *time, personal characteristics*
haben (*from* von). **where did you ~ it
(from)?** woher hast du das?; **this country
~s very little rain** in diesem Land regnet
es sehr wenig; **the car got it on one wing**
(*inf*) das Auto hat am Kotflügel etwas
abbekommen *or* abgekriegt (*inf*); **he got
the idea for his book while he was abroad/
from some old document** die Idee zu dem
Buch kam ihm, als er im Ausland war/er
hatte die Idee zu seinem Buch von einem
alten Dokument; **where do you ~ that
idea (from)?** wie kommst du denn auf die
Idee?; **I got quite a surprise/shock** ich war
ziemlich überrascht/ich habe einen ziem-
lichen Schock *or* gekriegt (*inf*); **to ~ sth
cheap/for nothing** etw billig/umsonst
bekommen *or* kriegen (*inf*); **you'll ~ it!**
(*inf: be in trouble*) du wirst was erleben!

2. (*obtain by one's own efforts*) *object*
sich (*dat*) besorgen; *visa, money also* sich
(*dat*) beschaffen; (*find*) *staff, financier,
partner, job* finden; (*buy*) kaufen; (*buy
and keep*) *large item, car, cat* sich (*dat*)
anschaffen. **not to be able to ~ sth** etw
nicht bekommen *or* kriegen (*inf*); **to ~ sb/
oneself sth, to ~ sth for sb/oneself** jdm/sich
etw besorgen; *job* jdm/sich etw verschaf-
fen; **she tried to ~ a partner for her friend**
sie hat versucht, einen Partner für ihre
Freundin zu finden; **to need to ~ sth** etw
brauchen; **I've still three to ~** ich brauche
noch drei; **he's been trying to ~ a house/
job/partner** er hat versucht, ein Haus/eine
Stelle/einen Partner zu bekommen; **why
don't you ~ a flat of your own?** warum
schaffen Sie sich (*dat*) nicht eine eigene
Wohnung an?; (*rent*) warum nehmen Sie
sich (*dat*) nicht eine eigene Wohnung?; **he
got himself a wife/a fancy car/job** er hat
sich (*dat*) eine Frau zugelegt (*inf*)/ein
tolles Auto angeschafft *or* zugelegt/einen
tollen Job verschafft; **what are you ~ting
her for Christmas?** was schenkst du ihr zu
Weihnachten?; **we could ~ a taxi** wir
könnten (uns *dat*) ein Taxi nehmen; **could
you ~ me a taxi?** könnten Sie mir ein Taxi
rufen *or* besorgen?

3. (*fetch*) *person, doctor, object* holen.
to ~ sb from the station jdn vom Bahnhof
abholen; **I got him/myself a drink** ich habe
ihm/mir etwas zu trinken geholt; **can I ~
you a drink?** möchten Sie etwas zu trin-
ken?; **why don't you ~ a dictionary and
look it up?** warum sehen Sie nicht in
einem Wörterbuch nach?

4. (*catch*) bekommen, kriegen (*inf*);
cold, illness also sich (*dat*) holen; (*in
children's game*) **to ~ sb by the
arm/leg** jdn am Arm/Bein packen; **it *or*
the pain ~s me here/when I move** (*inf*) es
tut hier weh/es tut weh, wenn ich mich
bewege; **he's got it bad** (*inf*) den hat's übel
erwischt (*inf*); **~ him/it!** (*to dog*) faß!;
(I've) got him/it! (*inf*) (ich) hab' ihn/ich
hab's (*inf*); **got you!** (*inf*) hab' dich
(erwischt)! (*inf*); **he's out to ~ you** (*inf*) er
hat's auf dich abgesehen (*inf*); **we'll ~
them yet!** (*inf*) die werden wir schon noch

kriegen! (*inf*); **I'll ~ you for that!** (*inf*) das
wirst du mir büßen!; **you've got me there!**
(*inf*) da bin ich auch überfragt (*inf*);
that'll/that question will ~ him da/bei der
Frage weiß er bestimmt auch nicht weiter.

5. (*hit*) treffen, erwischen (*inf*). **the car
got the lamppost with the front wing** das
Auto hat den Laternenpfahl mit dem vor-
deren Kotflügel erwischt (*inf*).

6. (*Rad, TV*) bekommen, kriegen (*inf*).
our TV doesn't ~ BBC 2 mit unserem
Fernseher bekommen *or* kriegen (*inf*) wir
BBC 2 nicht.

7. (*Telec*) (*contact*) erreichen; *number*
bekommen; (*put through, get for sb*)
geben. **I'll ~ the number (for you)** ich
wähle die Nummer (für Sie); (*switch-
board*) ich verbinde Sie mit der Nummer;
~ me 339 please (*to secretary*) geben Sie
mir bitte 339; (*to switchboard*) verbinden
Sie mich bitte mit 339; **I must have got the
wrong number** ich bin/war wohl falsch
verbunden.

8. (*prepare*) *meal* machen. **I'll ~ you/
myself some breakfast** ich mache dir/mir
etwas zum Frühstück.

9. (*eat*) essen. **to ~ breakfast/lunch** *etc*
frühstücken/zu Mittag essen *etc*.

10. (*send, take*) bringen. **to ~ sb to hos-
pital** jdn ins Krankenhaus bringen; **to ~
sth to sb** jdm etw zukommen lassen; (*take
it oneself*) jdm etw bringen; **where does
that ~ us?** (*inf*) was bringt uns (*dat*) das?
(*inf*); **this discussion isn't ~ting us
anywhere** diese Diskussion führt zu
nichts; **we'll ~ you there somehow** irgend-
wie kriegen wir dich schon dahin (*inf*).

11. (*manage to move*) kriegen (*inf*).
we'll never ~ this piano upstairs das
Klavier kriegen wir nie nach oben (*inf*);
he couldn't ~ himself up the stairs er kam
nicht die Treppe rauf.

12. (*understand*) kapieren (*inf*), mit-
bekommen; (*hear*) mitbekommen, mit-
kriegen (*inf*); (*make a note of*) notieren.
I don't ~ it/you *or* **your meaning** (*inf*) da
komme ich nicht mit (*inf*)/ich verstehe
nicht, was du meinst; **~ it?** kapiert? (*inf*).

13. (*profit, benefit*) **what do you ~ from
that?** was hast du davon?; **I don't ~ much
from his lectures** seine Vorlesungen
geben mir nicht viel; **he's only in it for
what he can ~** er will nur dabei
profitieren.

14. (*iro inf*) **~ (a load of) that!** was sagst
du dazu! (*inf*), hat man Töne! (*inf*); **~
her!** (*regarding looks*) was sagst du zu der
da? (*inf*); (*iro*) sieh dir bloß die mal an!
(*inf*); (*regarding ideas*) die ist ja ganz
schön clever! (*inf*); (*iro*) hör dir bloß das
mal an! (*inf*).

15. (*inf*) (*annoy*) aufregen; (*up-set*) an
die Nieren gehen (+*dat*) (*inf*); (*thrill*)
packen (*inf*); (*amuse*) amüsieren. **it ~s
you there!** das packt einen so richtig! (*inf*).

16. to ~ sb to do sth (*have sth done by
sb*) etw von jdm machen lassen; (*persuade
sb*) jdn dazu bringen, etw zu tun; **I'll ~
him to phone you back** ich sage ihm, er soll
zurückrufen; **you'll never ~ him to under-
stand** du wirst es nie schaffen, daß er das
versteht.

17. (*+ptp*) (*cause to be done*) lassen; (*manage to ~ done*) kriegen (*inf*). **to ~ sth made for sb/oneself** jdm/sich etw machen lassen; **to ~ one's hair cut** sich (*dat*) die Haare schneiden lassen; **I'll ~ the grass cut/house painted soon** der Rasen wird bald gemäht/das Haus wird bald gestrichen; (*by sb else*) ich lasse bald den Rasen mähen/das Haus streichen; **to ~ sth done** etw gemacht kriegen (*inf*); **to ~ the washing/dishes/ some work done** die Wäsche waschen/abwaschen/Arbeit erledigen; **I'm not going to ~ much done** ich werde nicht viel schaffen *or* fertigbringen (*inf*); **you'll ~ things done** wie fertigkriegen (*inf*); **can you ~ these things done for me?** können Sie das für mich erledigen?; **did you ~ the fare paid/question answered?** haben Sie die Fahrtkosten bezahlt/eine Antwort auf die Frage bekommen *or* gekriegt? (*inf*); **you'll ~ me/yourself thrown out** du bringst es so weit, daß ich hinausgeworfen werde/du hinausgeworfen wirst; **that'll ~ him thrown out** da fliegt er hinaus.

18. (*+infin or prp: cause to be*) kriegen (*inf*). **he can't ~ the sum to work out/lid to stay open** er kriegt es nicht hin, daß die Rechnung aufgeht/daß der Deckel aufbleibt (*inf*); **I can't ~ the car to start/door to open** ich kriege das Auto nicht an (*inf*)/ die Tür nicht auf (*inf*); **how do I ~ these two parts to stick together?** wie kriege ich die beiden Teile zusammengeklebt? (*inf*); **once I've got this machine to work** wenn ich die Maschine erst einmal zum Laufen gebracht habe; **to ~ sth going** *or* **to go etw** in Gang bringen *or* bekommen; **party etc** etw in Schwung bringen; **that really got him going** da ist er aber in Fahrt gekommen (*inf*); **to ~ sb talking** jdn zum Sprechen bringen.

19. (*cause to be*) (*+adj*) machen; (*manage to make*) kriegen (*inf*); (*+adv phrase*) tun. **to ~ sb/sth/oneself ready** jdn/ etw/sich fertigmachen; **to ~ sth clean/ open/shut** (*person*) etw sauber-/ auf-/zu- kriegen (*inf*); **to ~ sb drunk** jdn betrunken machen/ kriegen (*inf*); **has she got the baby dressed yet?** hat sie das Baby schon angezogen?; **to ~ one's hands dirty** sich (*dat*) die Hände schmutzig machen; **to ~ one's things packed** seine Sachen packen; **~ the cat back in its box/out of the room** tu die Katze ins Körbchen zurück/aus dem Zimmer (*inf*); **~ the children to bed** bring die Kinder ins Bett.

20. to have got sth (*Brit: have*) etw haben.

21. *in set phrases see n, adj etc.*

II *vi* **1.** (*go, arrive*) kommen; gehen. **to ~ home/here** nach Hause kommen/hier ankommen; **to ~ to the top** (*of mountain etc*) zum Gipfel kommen, hinaufkommen; (*in career*) (ganz) nach oben kommen; **I've got as far as page 16** ich bin auf Seite 16; **to ~ far** (*lit*) weit kommen; (*fig*) es weit bringen; **~ (lost)!** verschwinde!

2. (*fig inf*) **to ~ there** (*succeed*) es schaffen (*inf*); (*understand*) dahinterkommen (*inf*); **now we're ~ting there** (*to the truth*) jetzt kommt's raus! (*inf*); **to ~**

somewhere/nowhere (*in job, career etc*) es zu etwas/nichts bringen; (*with work, in discussion etc*) weiterkommen/nicht weiterkommen; **to ~ somewhere/ nowhere (with sb)** (bei jdm) etwas/nichts erreichen; **now we're ~ting somewhere** jetzt kommen wir der Sache schon näher; **to ~ nowhere fast** (*inf*) absolut nichts erreichen.

3. (*become, be, to form passive*) werden. **to ~ old/tired/paid etc** alt/müde/ bezahlt etc werden; **I'm/the weather is ~ting cold/ warm** mir wird es/es wird kalt/ warm; **to ~ dressed/shaved/ washed etc** sich anziehen/rasieren/waschen etc; **to ~ married** heiraten; **to ~ used** *or* **accustomed to sth** sich an etw (*acc*) gewöhnen.

4. (*+infin*) **to ~ to know sb** jdn kennenlernen; **how did you ~ to know that?** wie hast du das erfahren?; **to ~ to like sb/sth** jdn sympathisch finden/an etw (*dat*) Gefallen finden; **after a time you ~ to realize …** nach einiger Zeit merkt man …; **to ~ to do sth** (*~ around to*) dazu kommen, etw zu tun; **to ~ to be …** (mit der Zeit) … werden; **to ~ to see sb/sth** jdn/etw zu sehen bekommen; **to ~ to work** sich an die Arbeit machen.

5. (*+prp or ptp*) **to ~ working/ scrubbing etc** anfangen zu arbeiten/ schrubben *etc*; **I got talking to him** ich kam mit ihm ins Gespräch; **to ~ going** (*person*) (*leave*) aufbrechen; (*start working*) sich daran machen; (*start talking*) loslegen (*inf*); (*party etc*) in Schwung kommen; (*machine, fire etc*) in Gang kommen; **let's ~ started** fangen wir an!

6. (*inf: start*) **we got to talking about that** wir kamen darauf zu sprechen; **I got to thinking …** ich habe mir überlegt, …

7. to have got to do sth (*be obliged to*) etw tun müssen; **I've got to** ich muß.

III *vr see also vt 2., 3., 8., 11.* **1.** (*convey oneself*) gehen; kommen. **how did you ~ yourself home?** wie bist du nach Hause gekommen?; **~ yourself over here/out of here** komm hier rüber (*inf*)/mach, daß du hier rauskommst (*inf*).

2. (*+adj*) sich machen. **to ~ oneself dirty/clean** sich schmutzig machen/sich saubermachen; **to ~ oneself pregnant/fit** schwanger/fit werden.

3. (*+ptp*) **to ~ oneself washed/dressed** sich waschen/anziehen; **to ~ oneself married** heiraten; **he managed to ~ himself promoted** er hat es geschafft, daß er befördert wurde; **he got himself hit in the leg** er wurde am Bein getroffen.

◆**get about** *vi* (*prep obj* in *+dat*) **1.** sich bewegen können; (*to different places*) herumkommen. **2.** (*news*) sich herumsprechen; (*rumour*) sich verbreiten.

◆**get across I** *vi* **1.** (*cross*) hinüber-/ herüberkommen; (*+prep obj*) *road, river* kommen über (*+acc*). **to ~ ~ to the other side** auf die andere Seite kommen.

2. (*communicate*) (*play, joke, comedian etc*) ankommen (*to* bei); (*teacher etc*) sich verständlich machen (*to dat*); (*idea, meaning*) klarwerden, verständlich werden (*to dat*).

II *vt always separate* **1.** (*transport*) hinüber-/herüberbringen; (*manage to* ~ ~) hinüber-/herüberbekommen; (*+prep obj*) (hinüber-/herüber)bringen über (*+acc*); (hinüber-/herüber)bekommen über (*+acc*).

2. (*communicate*) *play, joke* ankommen mit (*to* bei); *one's ideas* verständlich machen, klarmachen (*to sb* jdm).

◆**get ahead** *vi* (*make progress*) vorankommen (*in* in *+dat*); (*in race*) sich (*dat*) einen Vorsprung verschaffen; (*from behind*) nach vorn kommen. **to** ~ ~ **of sb** jdn überflügeln; (*in race*) einen Vorsprung zu jdm gewinnen; (*overtake*) jdn überholen.

◆**get along I** *vi* **1.** gehen. **I must be** ~**ting** ~ ich muß jetzt gehen; ~ ~ **now!** nun geh/geht schon!; ~ ~ **with you!** (*inf*) jetzt hör aber auf! (*inf*).

2. (*manage*) zurechtkommen. **to** ~ ~ **without sb/sth** ohne jdn/etw auskommen.

3. (*progress*) vorankommen; (*work, patient, wound etc*) sich machen.

4. (*be on good terms*) auskommen (*with* mit).

II *vt always separate* **to** ~ **sb** ~ **to sb/sth** (*send*) jdn zu jdm/etw schicken; (*take*) jdn zu jdm/etw mitnehmen/mitbringen; **to** ~ **sth** ~ **to sb** jdm etw zukommen lassen; (*take*) jdm etw bringen.

◆**get around I** *vi see* ˙**get about. II** *vti* *+prep obj see* **get round I 2., 4., II 3., 4.**

◆**get at** *vi +prep obj* **1.** (*gain access to, reach*) herankommen an (*+acc*); *town, house* erreichen, (hin)kommen zu; (*take, eat etc*) *food, money* gehen an (*+acc*). **put it where the dog/child won't** ~ ~ **it** stellen Sie es irgendwohin, wo der Hund/das Kind nicht drankommt (*inf*); **don't let him** ~ ~ **the whisky** laß ihn nicht an den Whisky (ran); **let me** ~ ~ **him!** (*inf*) na, wenn ich den erwische! (*inf*).

2. (*discover, ascertain*) *sb's wishes, ideas, truth* herausbekommen *or* -finden; *facts* kommen an (*+acc*).

3. (*inf: mean*) hinauswollen auf (*+acc*).

4. to ~ ~ **sb** (*inf*) (*criticize*) an jdm etwas auszusetzen haben (*inf*); (*nag*) an jdm herumnörgeln (*inf*); **he had the feeling that he was being got** ~ er hatte den Eindruck, daß ihm das galt *or* daß man ihm was am Zeug flicken wollte (*inf*).

5. (*inf: corrupt*) beeinflussen; (*by threats also*) unter Druck setzen (*inf*); (*by bribes also*) schmieren (*inf*).

6. (*inf: start*) sich machen an (*+acc*).

◆**get away I** *vi* (*leave*) wegkommen; (*for holiday also*) fortkommen; (*prisoner, thief*) entkommen, entwischen (*from sb* jdm, *from prison* aus dem Gefängnis); (*sportsman: from start*) loskommen (*inf*). **could I** ~ ~ **early today?** könnte ich heute früher gehen *or* weg (*inf*)?; **I just can't** ~ ~ **from him** ich kann ihm einfach nicht entrinnen; **you can't** ~ ~ *or* **there's no** ~**ting** ~ **from the fact that** ... man kommt nicht um die Tatsache herum, daß ...; **to** ~ ~ **from it all** sich von allem frei- *or* losmachen; ~ ~ **(with you)!** (*inf*) ach, hör auf! (*inf*).

II *vt always separate* **1.** (*remove*) wegbekommen; (*move physically*) *person*

weg- *or* fortbringen; *objects* wegschaffen. ~ **her** ~ **from here** sehen Sie zu, daß sie hier wegkommt; ~ **them** ~ **from danger** bringen Sie sie außer Gefahr; ~ **him** ~ **from the wall/propeller** sehen Sie zu, daß er von der Wand/dem Propeller weggeht; ~ **him/that dog** ~ **from me** schaff ihn mir/mir den Hund vom Leib; **to** ~ **sth** ~ **from sb** (*take away*) jdm etw abnehmen.

2. (*post*) *letter* weg- *or* fortschicken.

◆**get away with** *vi +prep obj* **1.** (*abscond with*) entkommen mit.

2. (*inf: escape punishment for*) **you'll/ he'll** *etc* **never** ~ ~ ~ **that** das wird nicht gutgehen; **he** *etc* **got** ~ ~ **it** er ist ungestraft *or* ungeschoren (*inf*) davongekommen; **he** ~**s** ~ ~ **murder** er kann sich alles erlauben; **to let sb** ~ ~ ~ **sth** jdm etw durchgehen lassen.

3. (*be let off with*) davonkommen mit.

◆**get back I** *vi* **1.** (*return*) zurückkommen, zurückgehen. **to** ~ ~ **(home)/to bed/to work** nach Hause kommen/wieder ins Bett gehen/wieder arbeiten; **I ought to be** ~**ting** ~ **(to the office/home)** ich sollte (ins Büro/nach Hause) zurück(gehen).

2. (*move backwards*) zurückgehen. ~ ~ **!** zurück(treten)!

II *vt sep* **1.** (*recover*) *possessions, person* zurückbekommen; *good opinion, strength* zurückgewinnen. **now that I've got you/it** ~ jetzt, wo ich dich/es wiederhabe.

2. (*bring back*) zurückbringen; (*put back in place*) zurücktun.

◆**get back at** *vi +prep obj* (*inf*) sich rächen an (*+dat*). **to** ~ ~ ~ **sb for sth** jdm etw heimzahlen (*inf*).

◆**get back to** *vi +prep obj* (*esp Comm: recontact*) sich wieder in Verbindung setzen mit.

◆**get behind** *vi* **1.** (*+prep obj*) *tree, person* sich stellen hinter (*+acc*).

2. (*fig*) zurückbleiben; (*person*) ins Hintertreffen geraten; (*+prep obj*) zurückbleiben hinter (*+dat*); *schedule* in Rückstand kommen mit. **to** ~ ~ **with one's work/payments** mit seiner Arbeit/ den Zahlungen in Rückstand kommen.

◆**get by** *vi* **1.** (*move past*) vorbeikommen (*prep obj* an *+dat*). **to let sb/a vehicle** ~ ~ jdn/ein Fahrzeug vorbeilassen.

2. (*fig: pass unnoticed*) durchrutschen (*inf*). **how did that film** ~ ~ **the censors?** wie ist der Film nur durch die Zensur gekommen?

3. (*inf: pass muster*) (*work, worker*) gerade noch annehmbar *or* passabel (*inf*) sein; (*knowledge*) gerade ausreichen. **I haven't got a tie, do you think I'll** ~ ~ **with a cravat/without one?** ich habe keine Krawatte, meinst du ein Tuch reicht auch/ meinst du, es geht auch ohne?

4. (*inf: manage*) durchkommen (*inf*). **she** ~**s** ~ **on very little money** sie kommt mit sehr wenig Geld aus.

◆**get down I** *vi* **1.** (*descend*) hinunter-/ heruntersteigen (*prep obj, from* von); (*manage to* ~ ~, *in commands*) hinunter-/ hinunterkommen (*prep obj, from* acc); (*from horse, bicycle*) absteigen (*from* von); (*from bus*) aussteigen (*from* aus). **to** ~ ~ **the stairs** die Treppe hinuntergehen/

herunterkommen; ~ ~! runter! (*inf*).

2. (*leave table*) aufstehen.

3. (*bend down*) sich bücken; (*to hide*) sich ducken. **to ~ ~ on one's knees** auf die Knie fallen; **to ~ ~ on all fours** sich auf alle viere begeben.

II *vt sep* **1.** (*take down*) herunterneh-men; *trousers etc* herunterziehen; (*lift down*) herunterholen; (*carry down*) herunter-/hinunterbringen; (*manage to ~ ~*) herunterbringen *or* -kriegen (*inf*).

2. (*reduce*) (*to auf +acc*) beschränken; (*as regards length*) verkürzen; *tem-perature* herunterbekommen; *seller, price* herunterhandeln.

3. (*swallow*) *food* hinunterbringen. ~ **this ~ (you)!** (*inf*) trink/iß das!

4. (*make a note of*) aufschreiben.

5. (*inf: depress*) fertigmachen (*inf*). **don't let it ~ you** ~ laß dich davon nicht unterkriegen (*inf*).

◆**get down to** *vi +prep obj* sich machen an (*+acc*); (*find time to do*) kommen zu. **to ~ ~ ~ business** zur Sache kommen.

◆**get in I** *vi* **1.** (*enter*) hinein-/hereinkom-men (*prep obj, -to* in *+acc*); (*into car, train etc*) einsteigen (*prep obj, -to* in *+acc*); (*into bath*) hinein-/hereinsteigen (*into bed*) sich hineinlegen. **to ~ ~ (to) the bath** in die Badewanne steigen; **to ~ ~ to bed** sich ins Bett legen; **the smoke got ~ (to) my eyes** ich habe Rauch in die Augen bekom-men *or* gekriegt (*inf*); **he can't ~ ~** er kann (*inf*) *or* kommt nicht herein/hinein; **he got ~ between them** er hat sich zwischen sie gesetzt/gelegt/gestellt.

2. (*arrive: train, bus*) ankommen (*-to* in *+dat, -to station* am Bahnhof).

3. (*be admitted*) hinein-/hereinkommen (*-to* in *+acc*); (*into school, profession*) angenommen werden (*-to* in *+dat*).

4. (*Pol: be elected*) gewählt werden (*-to* in *+acc*), es schaffen (*inf*).

5. (*get home*) nach Hause kommen.

6. (*inf*) **he got ~ first/before me/him** *etc* er ist mir/ihm *etc* zuvorgekommen.

II *vt* **1.** *sep* (*bring in*) hinein-/hereinbringen (*prep obj, -to* in *+acc*); *crops, harvest* einbringen; *taxes, debts* eintreiben; (*fetch*) herein-/hineinholen (*-to* in *+acc*); (*help enter*) herein-/hereinhelfen (*+dat*) (*prep obj, -to* in *+acc*). **I got smoke ~ my eyes** ich habe Rauch in die Augen bekommen *or* gekriegt (*inf*).

2. *sep* (*receive*) *forms, homework etc* bekommen; (*submit*) *forms* einreichen; *homework* abgeben.

3. *sep* (*plant*) (*prep obj, -to* in *+acc*) *bulbs etc* einpflanzen; *seeds also* säen.

4. *always separate* (*get admitted to*) (*into club etc*) (*prep obj, to* in *+acc*) (*as member*) zur Aufnahme verhelfen (*+dat*); (*as guest*) mitnehmen. **his parents wanted to ~ him ~to a good school** seine Eltern wollten ihn auf eine gute Schule schicken.

5. *always separate* (*get elected*) *candi-date* zu einem Sitz verhelfen (*+dat*) (*-to* in *+dat*); *party* zu einem Wahlsieg verhelfen (*+dat*).

6. *sep* (*fit, insert into, find room for*) hineinbringen *or* -bekommen *or* -kriegen (*inf*) (*-to* in *+acc*); (*fig*) *blow, punch,*

request, words anbringen. **he always tries to ~ it ~to the conversation that ...** er versucht immer, es in die Unterhaltung einfließen zu lassen, daß ...

7. *sep* (*get a supply*) *groceries, coal* holen, ins Haus bringen. **to ~ ~ supplies** sich (*dat*) Vorräte zulegen.

8. *sep* (*send for*) *doctor, tradesman* holen, kommen lassen; *specialist, consul-tant etc* zuziehen.

9. *always separate* **to ~ one's eye/hand ~** in Übung kommen.

◆**get in on I** *vi +prep obj* (*inf*) mitmachen bei (*inf*), sich beteiligen an (*+dat*). **to ~ ~ ~ the act** mitmachen (*inf*), mitmischen (*sl*). **II** *vt sep +prep obj* beteiligen an (*+dat*); (*let take part in*) mitmachen lassen bei; *specialist, consultant* zuziehen bei.

◆**get into I** *vi +prep obj see also* **get in** I **1.-4. 1.** *rage, panic, debt, situation, com-pany etc* geraten in (*+acc*); *trouble, dif-ficulties also* kommen in (*+acc*); (*inf: devil, something*) fahren in (*+acc*) (*inf*). **what's got ~ him?** (*inf*) was ist bloß in ihn gefahren? (*inf*).

2. *bad habits* sich (*dat*) angewöhnen. **to ~ ~ the way of (doing) sth** sich an etw (*acc*) gewöhnen; **to ~ ~ the habit of doing sth** sich (*dat*) angewöhnen, etw zu tun; **it's easy once you've got ~ the swing** *or* **way of it** es ist leicht, wenn Sie erst mal ein bißchen Übung darin haben.

3. (*get involved in*) *book* sich einlesen bei; *work* sich einarbeiten in (*+acc*).

4. (*put on*) anziehen, schlüpfen in (*+acc*); (*fit into*) hineinpassen in (*+acc*).

II *vt +prep obj always separate see also* **get in** II **1., 3.-6. 1.** *rage, debt, situation etc* bringen in (*+acc*). **to ~ sb/oneself ~ trouble** jdn/sich in Schwierigkeiten (*acc*) bringen (*also euph*).

2. to ~ sb ~ bad habits jdm schlechte Angewohnheiten *pl* beibringen; **who/ what got you ~ the habit of getting up early?** wer hat Ihnen das angewöhnt/ wieso haben Sie es sich angewöhnt, früh aufzustehen?

3. to ~ sb ~ a dress jdm ein Kleid an-ziehen; (*manage to put on*) jdn in ein Kleid hineinbekommen *or* -kriegen (*inf*).

◆**get in with** *vi +prep obj* (*associate with*) Anschluß finden an (*+acc*); *bad company* geraten in (*+acc*); (*ingratiate oneself with*) sich gut stellen mit.

◆**get off I** *vi* **1.** (*descend*) (*from bus, train etc*) aussteigen (*prep obj* aus); (*from bi-cycle, horse*) absteigen (*prep obj* von). **to tell sb where to ~ ~** (*inf*) *or* **where he ~s ~** (*inf*) jdm gründlich die Meinung sagen.

2. (*remove oneself*) (*prep obj* von) (*from premises*) weggehen, verschwin-den; (*from lawn, ladder, sb's toes, furni-ture*) heruntergehen; (*stand up: from chair*) aufstehen. ~ ~! (*let me go*) laß (mich) los!; **let's ~ ~ ~ this subject/topic** lassen wir das Thema! (*inf*).

3. (*leave*) weg- *or* loskommen; (*be sent away: letter etc*) wegkommen, abgeschickt werden. **to ~ ~ to an early start** früh weg-kommen; **to ~ ~ ~ to a good/bad start** (*Sport*) einen guten/schlechten Start haben; (*fig*) (*person*) einen guten/

schlechten Anfang machen; (*campaign etc*) sich gut/schlecht anlassen.

4. (*be excused*) *homework, task etc* nicht machen müssen. **to ~   ~ work** nicht zur Arbeit gehen müssen.

5. (*fig: escape, be let off*) davonkommen (*inf*). **to ~   ~ lightly/fine** billig/einer Geldstrafe davonkommen.

6. (*fall asleep*) **to ~   ~ (to sleep)** einschlafen.

7. (*from work etc*) gehen können (*prep obj* in +*dat*). **I'll see if I can ~   ~ (work) early** ich werde mal sehen, ob ich früher (im Büro/von der Arbeit) wegkann (*inf*); **what time do you ~   ~ work?** wann hören Sie mit der Arbeit auf?

II *vt* **1.** *sep* (*remove*) wegbekommen *or* -bringen *or* -kriegen (*inf*) (*prep obj* von); *clothes, shoes* ausziehen; (*manage to ~ ~*) herunterbekommen *or* -kriegen (*inf*) (*prep obj* von); *cover, lid* heruntertun (*prep obj* von); (*manage to ~ ~*) abbekommen (*prep obj* von); *stains* herausmachen (*prep obj* aus); (*manage to ~ ~*) herausbekommen *or* -bringen *or* -kriegen (*inf*) (*prep obj* aus); (*take away from*) abnehmen (*prep obj dat*); *shipwrecked boat, stuck car etc* freibekommen *or* -kriegen (*inf*). **~ your dirty hands ~ that** nimm deine schmutzigen Hände davon *or* da weg!; **~ him ~ my property/chair/lawn!** *etc* vertreiben Sie ihn von meinem Grundstück/Stuhl/Rasen! *etc*; **can't you ~ him ~ that subject/ topic?** können Sie ihn nicht von dem Thema abbringen?

2. *always separate* (*from bus etc*) aussteigen lassen (*prep obj* aus); (*manage to ~ ~*) herausbekommen *or* -bringen (*prep obj* aus); (*from boat, roof, ladder etc*) herunterholen (*prep obj* von); (*manage to ~ ~*) herunterbringen *or* -bekommen *or* -kriegen (*inf*) (*prep obj* von).

3. +*prep obj always separate* (*inf: obtain*) bekommen, kriegen (*inf*) (*prep obj* von). **I got that idea/pencil ~ John** ich habe die Idee/den Bleistift von John.

4. *sep* (*send away*) *mail, children* losschicken. **to ~ sb/sth ~ to a good start** jdm/einer Sache zu einem guten Start verhelfen; **to ~ sb/sth ~ to a bad start** jdn/etw schon schlecht anfangen lassen.

5. *always separate* (*let off*) **that got him ~ school for the afternoon/doing that** dadurch mußte er am Nachmittag nicht in die Schule/dadurch ist er darum herumgekommen, es machen zu müssen.

6. *sep* (*save from punishment*) *accused* (*lawyer*) freibekommen *or* -kriegen (*inf*); (*evidence etc*) entlasten.

7. *always separate* **to ~ sb ~ (to sleep)** jdn zum Schlafen bringen.

8. *sep* (*from work etc*) freibekommen.

◆**get off with** *vi* +*prep obj* (*inf*) **1.** (*start a relationship with*) aufreißen (*sl*). **2.** *see* **get away with 3.**

◆**get on I** *vi* **1.** (*climb on*) hinauf-/heraufsteigen; (+*prep obj*) (hinauf-/herauf-)steigen auf (+*acc*); (*on bus, train etc*) einsteigen (*prep obj, -to* in +*acc*); (*on bicycle, horse etc*) aufsteigen (*prep obj, -to* auf +*acc*). **to ~   ~ sth** auf etw (*acc*) aufsteigen *etc*.

2. (*continue: with work etc*) weitermachen; (*manage to ~ ~*) weiterkommen.

3. (*get late, old*) **time is ~ting ~** es wird langsam spät; **he is ~ting ~ (in years)** er wird langsam alt.

4. *see* **get along I 1.**

5. (*progress*) vorankommen; (*work also, patient, pupil*) Fortschritte machen; (*succeed*) Erfolg haben. **to ~   ~ in the world** es zu etwas bringen.

6. (*fare, cope: in exam etc*) zurechtkommen. **how are you ~ting ~?** wie geht's?; **to ~   ~ without sb/sth** ohne jdn/etw zurechtkommen.

7. (*have a good relationship*) sich verstehen, auskommen (*with* mit).

II *vt* **1.** *sep* (*prep obj* +*acc*) *clothes, shoes* anziehen; *hat, kettle* aufsetzen; *lid, cover* drauftun; *load* (*onto cart etc*) hinauftun; (*manage to ~ ~*) draufbekommen *or* -kriegen (*inf*).

2. *always separate* (*on train, bus etc*) hineinsetzen; (+*prep obj, -to*) setzen in (+*acc*); (*manage to ~ ~*) hineinbekommen *or* -kriegen (*inf*) (*prep obj, -to* in +*acc*); (*on bicycle, horse*) hinaufsetzen; (*prep obj, -to*) setzen auf (*acc*).

◆**get on for** *vi* +*prep obj* (*time, person in age*) zugehen auf (+*acc*). **he's ~ting ~ ~ 40** er geht auf die 40 zu.

◆**get onto** *vi* +*prep obj* (*inf*) **1.** (*trace, get on track of*) *person* auf die Spur *or* Schliche kommen (+*dat*) (*inf*); *dubious activity, double-dealing* aufdecken, herausfinden; *whereabouts* herausfinden.

2. (*move on to*) übergehen zu.

3. (*contact*) sich in Verbindung setzen mit. **I'll ~   ~ ~ him about it** ich werde ihn daraufhin ansprechen.

4. (*nag*) herumnörgeln an (+*dat*) (*inf*).

◆**get onto** *vti* +*prep obj see* **get on.**

◆**get on with** *vi* +*prep obj* (*continue*) weitermachen mit; (*manage to ~ ~*) weiterkommen mit. **~ ~   ~ it!** nun mach schon! (*inf*); **~   ~ ~ what you're doing** mach weiter; **this will do to be ~ting ~   ~** das tut's wohl für den Anfang (*inf*).

◆**get out I** *vi* **1.** heraus-/hinauskommen (*of* aus); (*walk out*) heraus-/hinausgehen (*of* aus); (*drive out*) hinaus-/herausfahren (*of* aus); (*climb out*) hinaus-/herausklettern *or* -steigen (*of* aus); (*of bus, train, car*) aussteigen (*of* aus); (*leave*) weggehen (*of* aus); (*fig*) (*of business, scheme, contact*) aussteigen (*inf*) (*of* aus); (*of job*) wegkommen (*of* von). **he has to ~   ~ of the country/town** er muß das Land/die Stadt verlassen; **let's ~   ~ (of here)!** bloß weg hier! (*inf*); **~   ~ ! raus!** (*inf*); **~   ~ of my house/ room!** raus aus meinem Haus/ Zimmer! (*inf*); **he couldn't ~   ~ (of the hole)** er kam (aus dem Loch) nicht mehr heraus; **I might need to ~   ~ in a hurry** es kann sein, daß ich schnell raus- (*inf*) *or* hinausmuß; **to ~   ~ of bed** aufstehen; **to ~   ~ while the going's good** gehen *or* (*of contract, affair etc*) aussteigen (*inf*), solange man das noch kann.

2. (*go walking, shopping etc*) weggehen. **you ought to ~   ~ (of the house) more** Sie müßten mehr rauskommen (*inf*);

to ~ ~ **and about** herumkommen.

3. (*lit, fig: escape, leak out*) (*of* aus) herauskommen; (*animal, prisoner also*) entkommen; (*poisonous liquid, gas also*) entweichen; (*news*) an die Öffentlichkeit dringen.

II *vt sep* **1.** (*remove*) (*of* aus) cork, tooth, splinter, stain *etc* herausmachen; people hinaus-/herausbringen; (*send out*) hinausschicken; (*manage to* ~ ~) heraus-/hinausbekommen *or* -kriegen (*inf*). **I couldn't** ~ **him/it** ~ ich habe ihn/es nicht hinaus-/herausbekommen *etc*; ~ **him** ~ **of my house/sight** schaff mir ihn aus dem Haus/aus den Augen!

2. (*bring, take out*) herausholen *or* -nehmen (*of* aus); car, boat, horse herausholen (*of* aus).

3. (*withdraw*) *money* abheben (*of* von).

4. (*produce*) words, apology herausbekommen *or* -bringen *or* -kriegen (*inf*).

5. (*publish, present*) herausbringen.

6. (*from library*) ausleihen (*of* aus).

7. (*Sport*) *batsman* ausschlagen.

8. (*derive*) **you only** ~ ~ **what you put in** Sie bekommen nur das zurück, was Sie hineinstecken.

◆**get out of I** *vi* +*prep obj see also* **get out I** 1., 3. **1.** (*avoid, escape*) duty, obligation, punishment herumkommen um; *difficulty* herauskommen aus. **you can't** ~ ~ ~ **it now** jetzt kannst du nicht mehr anders.

2. (*become unaccustomed to*) **I've got** ~ ~ **the way of playing tennis** ich habe das Tennisspielen verlernt; **I'll** ~ ~ **practice** ich verlerne es; **it's hard to** ~ ~ ~ **the habit of waking up early** es ist schwer, es sich abzugewöhnen, früh aufzuwachen.

II *vt* +*prep obj always separate see also* **get out II** 1.-3. **1.** (*extract*) words, confession, truth herausbekommen *or* -bringen *or* -kriegen (*inf*) aus.

2. (*gain from*) *profit* machen bei; *money* herausholen aus; *people* profitieren von; *benefit, knowledge, wisdom, much, little, nothing* haben von; *pleasure* haben an (+*dat*); *happiness etc* finden in (+*dat*). **to** ~ **the best/most** ~ ~ **sth** das Beste aus etw machen.

3. to ~ **sb** ~ ~ **a habit/(the habit of) doing sth** jdm eine Unsitte abgewöhnen/ es jdm abgewöhnen, etw zu tun.

◆**get over I** *vi* +*prep obj* **1.** (*cross*) hinüber-/herübergehen (*prep obj* über +*acc*); (*climb over*) hinüber-/herübersteigen *or* -klettern; (+*prep obj*) steigen *or* klettern über (+*acc*); (*manage to* ~ ~) hinüber-/herüberkommen; (+*prep obj*) kommen über (+*acc*). **they got** ~ **to the other side** sie kamen *or* gelangten auf die andere Seite.

2. +*prep obj* (*lit, fig: recover from*) disappointment, loss, sb's cheek, fact, experience (hin)wegkommen über (+*acc*); shock, surprise, illness sich erholen von. **I can't** ~ ~ **the fact that** ... ich komme gar nicht darüber hinweg, daß ...

3. +*prep obj* (*overcome*) problem, nervousness, handicap, obstacle überwinden.

4. (*communicate*) (*play, actor*) ankommen (*to* bei); (*speaker*) sich verständlich machen (*to dat*).

II *vt* **1.** *always separate* (*transport across*) person, animal, vehicle hinüber-/ herüberbringen (*prep obj* über +*acc*); (*manage to* ~ ~) hinüber-/herüberbekommen (*prep obj* über +*acc*); (*send*) hinüber-/herüberschicken; (*fetch*) holen; (*help sb to cross, climb*) hinüber-/ herüberhelfen (*sb* jdm) (*prep obj* über +*acc*).

2. *sep* (*make comprehensible*) information, ideas *etc* verständlich machen (*to dat*); (*impress upon*) klarmachen (*to dat*). **the actor couldn't** ~ **these emotions** ~ **(to the audience)** der Schauspieler konnte (dem Publikum) diese Gefühle nicht mitteilen; **she ~s her songs** ~ **well** sie kommt mit ihren Liedern gut an.

3. *see* **get over with.**

◆**get over with** *vt always separate* hinter sich bringen. **let's** ~ **it** ~ (~) bringen wir's hinter uns; **to** ~ **sth** ~ **and done** ~ etw ein für allemal erledigen.

◆**get past I** *vi see* **get by** 1., 2. **II** *vt sep* vorbeibringen (*prep obj* an +*dat*).

◆**get round I** *vi* **1.** (*drive, walk etc round*) herumkommen (*prep obj* um, *the shops* in den Geschäften).

2. +*prep obj* (*evade, circumvent*) herumkommen um; *difficulty also, law, regulations* umgehen.

3. +*prep obj* (*persuade*) herumkriegen.

4. +*prep obj* **to** ~ **the conference table** sich an einen Tisch setzen.

II *vt always separate* **1.** (*restore to consciousness*) zu Bewußtsein bringen.

2. (*make agree*) herumbringen *or* -kriegen (*inf*). **I'm sure I can** ~ **her** ~ **to my way of thinking** ich bin sicher, daß ich sie überzeugen kann.

3. +*prep obj* **to** ~ **one's tongue** ~ **a word** ein Wort aussprechen können.

4. +*prep obj* **to** ~ **people (together)** ~ **the conference table** Leute an einem Tisch zusammenbringen.

◆**get round to** *vi* +*prep obj* (*inf*) **to** ~ ~ ~ **sth/doing sth** zu etw kommen/dazu kommen, etw zu tun.

◆**get through I** *vi* **1.** (*through gap, snow etc*) durchkommen (*prep obj* durch). **why don't you** ~ ~ **there?** warum gehst/ fährst/schlüpfst *etc* du nicht da durch?

2. (*be accepted, pass*) durchkommen (*prep obj* bei). **to** ~ ~ ~ **to the second round/final** in die zweite Runde/ Endrunde kommen.

3. (*Telec*) durchkommen (*inf*) (*to sb* zu jdm, *to London/Germany* nach London/ Deutschland).

4. (*communicate, be understood*) (*person*) durchdringen zu; (*idea etc*) klarwerden (*to dat*).

5. +*prep obj* (*finish*) work fertigmachen, erledigen; (*manage to* ~ ~) schaffen (*inf*); *book* fertig- *or* auslesen. **to** ~ ~ **writing/reading/ cleaning sth** etw fertigschreiben/-lesen/-putzen; **when I've got** ~ **this** wenn ich damit fertig bin.

6. +*prep obj* (*survive*) days, time herumbekommen *or* -kriegen (*inf*).

7. +*prep obj* (*consume, use up*) verbrauchen; clothes, shoes abnutzen; food aufessen; fortune durchbringen (*inf*).

II *vt always separate* **1.** person, vehicle,

object durchbekommen *or* -kriegen (*inf*) (*prep obj* durch).

2. (*cause to succeed*) *candidate, proposal, bill* durchbekommen *or* -bringen (*prep obj* durch). **it was his English that got him** ~ er hat das nur aufgrund seines Englisch geschafft (*inf*).

3. (*send*) *message* durchgeben (*to dat*); *supplies* durchbringen. **we eventually got supplies/a message ~ to them** wir konnten ihnen schließlich Vorräte/eine Nachricht zukommen lassen.

4. (*make understand*) **to ~ sth ~ (to sb)** jdm etw klarmachen.

◆**get through with** *vi +prep obj* (*inf: finish*) hinter sich bringen; *job also, formalities, subject* erledigen; *book* auslesen (*inf*), durchbekommen (*inf*); *person* fertig werden mit. **I'll never ~ ~ ~ that** ich werde das nie schaffen.

◆**get to** *vi +prep obj* **1.** (*lit, fig: arrive at*) kommen zu; *hotel, town etc also* ankommen in (+*dat*). **where have you got ~ in French/with that book?** wie weit seid ihr in Französisch/mit dem Buch?; **to ~ ~ power/a high position** an die Macht/auf einen hohen Posten kommen *or* gelangen.

2. I got ~ thinking/wondering ich hab mir überlegt/mich gefragt.

3. (*inf: annoy, upset*) aufregen. **don't let them ~ ~ you with their sarcasm** laß dich von ihrem Sarkasmus nicht ärgern.

◆**get together I** *vi* zusammenkommen; (*estranged couple*) sich versöhnen; (*combine forces*) sich zusammenschließen. **let's ~ ~ and decide ...** wir sollten uns zusammensetzen und entscheiden ...; **why don't we ~ ~ later and have a drink?** warum treffen wir uns nicht später und trinken einen?

II *vt sep people, parts, collection* zusammenbringen; *documents, papers* zusammentun *or* -suchen; *thoughts, ideas* sammeln. **to ~ one's things** ~ seine Sachen zusammenpacken; **once I've got my thoughts** ~ wenn ich meine Gedanken beisammen habe (*inf*); **to ~ it** ~ (*sl*) es bringen (*sl*); **come on, ~ it** ~ (*sl*) nun reiß dich mal am Riemen (*sl*).

◆**get under I** *vi* darunterkriechen; (*under umbrella etc*) daruntergehen/-kommen; (+*prep obj*) kriechen unter (+*acc*); kommen unter (+*acc*); (*manage to* ~ ~) darunterkommen; (+*prep obj*) kommen unter (+*acc*). **II** *vt +prep obj always separate* bringen unter (+*acc*).

◆**get up I** *vi* **1.** (*stand up, get out of bed*) aufstehen.

2. (*climb up*) hinauf-/heraufsteigen *or* -klettern (*prep obj* auf +*acc*); (*on horse*) aufsteigen (*prep obj, on* auf +*acc*); (*manage to* ~ ~) hinauf-/heraufkommen (*prep obj, on* auf +*acc*); (*vehicle*) hinauf-/heraufkommen (*prep obj acc*). **to ~ ~ behind sb** hinter jdm aufsitzen; **~ting ~ is all right, coming down is much harder** hinauf *or* rauf (*inf*) kommt man leicht, nur hinunterzukommen ist schwieriger.

3. (*get stronger*) (*wind*) aufkommen; (*sea*) stürmisch werden.

II *vt* **1.** *always separate* (*get out of bed*) aus dem Bett holen; (*help to stand up*)

aufhelfen (+*dat*); (*manage to* ~ ~) hochbringen.

2. *always separate* (*carry up*) hinauf-/heraufbringen (*prep obj acc*); (*manage to* ~ ~ *also*) hinauf-/heraufbekommen *or* -kriegen (*inf*) (*prep obj acc*); (*help climb up*) hinauf-/heraufhelfen (*dat*) (*prep obj* auf +*acc*); (*fetch*) hinauf-/heraufholen.

3. *sep* (*gather*) *steam* aufbauen. **to ~ ~ speed** sich beschleunigen; **to ~ one's strength ~, to ~ ~ one's strength** sich erholen, wieder neue Kräfte sammeln; **to ~ ~ an appetite/a thirst** (*inf*) Hunger/Durst bekommen *or* kriegen (*inf*).

4. *sep* (*organize*) organisieren.

5. *always separate* (*dress up, make attractive*) *person, oneself* zurechtmachen; *article for sale* aufmachen, herrichten. **to ~ oneself ~ as sb/sth** sich als jd/etw verkleiden; **to ~ sth ~ as sth** *or* **to look like sth** etw als etw aufmachen.

◆**get up against** *vi +prep obj* (*inf: come in conflict with*) sich anlegen mit (*inf*).

◆**get up to I** *vi +prep obj* **1.** (*lit, fig: reach*) erreichen; *standard* herankommen an (+*acc*), kommen auf (+*acc*); *page* kommen bis. **as soon as he got ~ ~ me** sobald er neben mir stand.

2. (*be involved in*) anstellen (*inf*). **to ~ ~ ~ mischief** etwas anstellen; **what have you been ~ting ~ ~?** was hast du getrieben? (*inf*).

II *vt +prep obj always separate* (*bring up to*) *top of mountain* hinauf-/heraufbringen auf (+*acc*); *standard* bringen auf (+*acc*).

get-at-able [ˌgetˈætəbl] *adj* (*inf*) leicht erreichbar *or* zu erreichen *pred*; *house, person also* zugänglich; **it's not very ~** es ist schwer zu erreichen; **getaway I** *n* Flucht *f*; **to make one's/a quick ~** sich davonmachen (*inf*)/schnell abhauen (*inf*); **II** *adj attr car, plans* Flucht-.

Gethsemane [geθˈsemənɪ] *n* Gethsemane, Gethsemani *no art.*

get-together [ˈgettəˌgeðəʳ] *n* (*inf*) Treffen *nt*; **we have a ~ once a year** wir treffen uns einmal im Jahr; **get-up** *n* (*inf*) Aufzug *m* (*inf*), Aufmachung *f* (*inf*); **to buy a new ~** sich neu einkleiden *or* ausstaffieren (*inf*); **get-up-and-go** *n* (*inf*) Elan *m*.

geyser [ˈgiːzəʳ] *n* **1.** (*Geol*) Geiser, Geysir *m*. **2.** (*domestic*) Durchlauferhitzer *m*.

G-force [ˈdʒiːfɔːs] *n* Andruck *m*.

Ghana [ˈgɑːnə] *n* Ghana *nt*.

Ghanaian [gɑːˈneɪən] **I** *adj* ghanaisch. **II** *n* (*person*) Ghanaer(in*f*) *m*.

ghastly [ˈgɑːstlɪ] *adj* (+*er*) **1.** *crime, injuries, accident* entsetzlich, grauenerregend; *mistake, tale* schrecklich. **2.** (*inf: awful*) gräßlich (*inf*), schauderhaft (*inf*), scheußlich (*inf*). **3.** (*pale, chalk-like*) *appearance, pallor* gespenstisch.

Ghent [gent] *n* Gent *nt*.

gherkin [ˈgɜːkɪn] *n* Essiggurke *f*.

ghetto [ˈgetəʊ] *n, pl* ~**(e)s** G(h)etto *nt*.

ghost [gəʊst] **I** *n* **1.** (*apparition*) Geist *m*, Gespenst *nt*; (*of sb*) Geist *m*.

2. (*fig*) **the ~ of a smile** der Anflug eines Lächelns; **to be a ~ of one's former self** nur noch ein Schatten seiner selbst sein; **I haven't the ~ of a chance** ich habe nicht die geringste Chance.

3. to give up the ~ (*inf*) den Geist aufgeben (*inf*).

4. (*TV*) Geisterbild *nt*.

5. (*writer*) Ghostwriter *m*.

II *vi* Ghostwriter sein (*for sb* jds).

III *vt* **to be ~ed** von einem Ghostwriter geschrieben sein; **to ~ sb's books/speeches** für jdn Bücher/Reden (als Ghostwriter) schreiben.

ghosting ['gəʊstɪŋ] *n* (*TV*) Geisterbilder *pl*.

ghostly ['gəʊstlɪ] *adj* (+*er*) gespenstisch.

ghost *in cpds* Geister-; **~ story** Geister- *or* Gespenstergeschichte *f*; **~ town** Geisterstadt *f*; **~writer** Ghostwriter *m*.

ghoul [guːl] *n* (*evil spirit*) Ghul *m*; (*fig*) Mensch *m* mit schaurigen Gelüsten.

ghoulish ['guːlɪʃ] *adj* makaber; *laughter, interest* schaurig.

ghoulishly ['guːlɪʃlɪ] *adv see adj*.

G.I. (*US*) *abbr of* **government issue I** *n* GI, US-Soldat *m*. **II** *adj attr uniform, bride* GI-; *haircut, kitbag, shoes* (US-)Armee-.

giant ['dʒaɪənt] **I** *n* Riese *m*; (*fig*) (führende) Größe; (*company*) Gigant *m*.

II *adj* (*huge*) riesig, riesenhaft, Riesen-; *hill* enorm; (*in animal names*) Riesen-; *combine, publisher etc* Groß-, Riesen- (*inf*). **~(-size) packet** Riesenpackung *f*.

giantess ['dʒaɪəntes] *n* Riesin *f*.

giant-killer ['dʒaɪənt,kɪlə'] *n* (*fig*) Goliathbezwinger *m*; **giant panda** *n* Großer Panda.

gibber ['dʒɪbə'] *vi* (*ape*) schnattern; (*foreigner also, idiot*) brabbeln. **to ~ with rage/fear** vor Wut/Angst stammeln.

gibberish ['dʒɪbərɪʃ] *n* Quatsch *m* (*inf*); (*foreign language, baby's ~*) Kauderwelsch *nt*.

gibbet ['dʒɪbɪt] *n* Galgen *m*.

gibbon ['dʒɪbən] *n* Gibbon *m*.

gibe, jibe [dʒaɪb] **I** *n* Spöttelei, Stichelei *f*. **II** *vi* spotten, sticheln. **to ~ at sb/sth** sich über jdn/etw lustig machen, spöttische Bemerkungen über jdn/etw machen.

giblets ['dʒɪblɪts] *npl* Geflügelinnereien *pl*.

Gibraltar [dʒɪˈbrɔːltə'] *n* Gibraltar *nt*.

giddily ['gɪdɪlɪ] *adv* **1.** benommen. **2.** *climb etc* schwindelerregend; *spin* in schwindelerregendem Tempo. **3.** (*fig*) leichtfertig, unbesonnen.

giddiness ['gɪdɪnɪs] *n* **1.** (*dizziness*) Schwindelgefühl *nt*. **2.** (*fig*) Leichtfertigkeit, Unbesonnenheit *f*. **the ~ of the life they lead** der hektische Trubel ihres Lebens.

giddy ['gɪdɪ] *adj* (+*er*) **1.** (*lit: dizzy*) schwind(e)lig; *feeling* Schwindel-. **I feel ~** mir ist schwind(e)lig; **it makes me feel ~** mir wird (davon) schwind(e)lig.

2. (*causing dizziness*) *climb, speed* schwindelerregend; *heights also* schwindelnd (*also fig*); *spin* rasend schnell.

3. (*fig: heedless, not serious*) leichtfertig, flatterhaft. **their life was one ~ round of pleasure** ihr Leben bestand nur aus Jubel, Trubel, Heiterkeit.

gift [gɪft] **I** *n* **1.** (*thing given*) Geschenk *nt* (*inf*), Gabe *f* (*liter*); (*donation to charity*) Spende *f*; (*Jur*) Schenkung *f*. **to make sb a ~** jdm ein Geschenk machen; **to make a ~ of sth to sb** jdm etw zum Geschenk machen (*form*); **there is a free ~ with**

every purchase of ... bei jedem Kauf von ... erhalten Sie ein Geschenk; **I wouldn't have it as a ~** ich möchte es nicht geschenkt haben; **that exam/question/goal was a ~** (*inf*) die Prüfung/die Frage/das Tor war ja geschenkt (*inf*).

2. (*form: right to give*) **sth is in the ~ of sb** jd kann etw vergeben.

3. (*talent*) Gabe *f*. **to have a ~ for sth** ein Talent für etw haben; **he has a ~ for languages/music etc** er ist sprachbegabt/musikalisch etc begabt; *see* **gab**.

II *vt* als Schenkung überlassen.

gifted ['gɪftɪd] *adj* begabt (*in* für). **he is very ~ in languages/music** er ist sehr sprachbegabt/musikalisch sehr begabt.

gift horse *n*: **don't look a ~ in the mouth** (*prov*) einem geschenkten Gaul schaut man nicht ins Maul (*prov*); **gift tax** *n* Schenkungssteuer *f*; **gift token** *or* **voucher** *n* Geschenkgutschein *m*; **gift-wrap** *vt* in *or* mit Geschenkpapier einwickeln.

gig [gɪg] *n* **1.** (*carriage, boat*) Gig *nt*. **2.** (*sl: concert*) Konzert *nt*, Mucke *f* (*sl*).

gigantic [dʒaɪˈgæntɪk] *adj* riesig, riesengroß; *building, man, task also* gigantisch; *appetite, mistake also* gewaltig; *amount* riesenhaft, enorm, Riesen-; *yawn* kräftig, enorm; *laugh* dröhnend.

giggle ['gɪgl] **I** *n* Gekicher, Kichern *nt no pl*. **we had a good ~ about it** (*inf*) wir haben uns darüber kringelig (*inf*); **it was a bit of a ~** (*inf*) es war ganz lustig. **II** *vi* kichern.

giggly ['gɪglɪ] *adj* (+*er*) albern.

gigolo ['ʒɪgələʊ] *n*, *pl* **~s** Gigolo *m*.

gild [gɪld] *pret* **~ed**, *ptp* **~ed** *or* **gilt** *vt* vergolden. **to ~ the lily** des Guten zuviel tun.

gilder ['gɪldə'] *n* Vergolder *m*.

gilding ['gɪldɪŋ] *n* Vergoldung *f*.

gill¹ [gɪl] *n* (*of fish*) Kieme *f*. **green about the ~s** (*inf*) blaß um die Nase (*inf*).

gill² [dʒɪl] *n* (*measure*) Gill *nt* (0,148 *l*).

gilt [gɪlt] **I** *ptp of* **gild**. **II** *n* (*material*) Vergoldung *f*. **a design in ~** ein vergoldetes Muster; **to take the ~ off the gingerbread** (*fig*) jdm die Freude verderben. **III** *adj* vergoldet.

gilt-edged [gɪlt'edʒd] *adj* mit Goldrand, goldumrandet; (*Fin*) *securities, stocks* mündelsicher; (*fig*) solide.

gimcrack ['dʒɪmkræk] *adj* billig; *furniture, toys also* minderwertig.

gimlet ['gɪmlɪt] *n* Hand- *or* Vorbohrer *m*. **her eyes bored into him like ~s** ihre Augen durchbohrten ihn.

gimme ['gɪmɪ] (*sl*) = **give me**.

gimmick ['gɪmɪk] *n* Gag *m* (*inf*); (*in film etc*) effekthaschender Gag, Spielerei *f*; (*gadget*) Spielerei *f*. **changing the name and not the product is just a (sales) ~** den Namen, aber nicht das Produkt zu ändern, ist nur ein (Verkaufs)trick.

gimmickry ['gɪmɪkrɪ] *n* Effekthascherei *f*; (*in advertising, sales*) Gags *pl*; (*gadgetry*) Spielereien *pl*.

gimmicky ['gɪmɪkɪ] *adj* effekthascherisch.

gin¹ [dʒɪn] *n* (*drink*) Gin, Wacholder (schnaps) *m*. **~ and tonic** Gin Tonic *m*.

gin² *n* **1.** (*Hunt*) Falle *f*; (*snare*) Schlinge *f*. **2.** (*Tex: cotton ~*) (Baumwoll)entkernungsmaschine *f*.

ginger [ˈdʒɪndʒəʳ] **I** n **1.** Ingwer m. **crystallized** ~ kandierter Ingwer. **2.** (pej inf: address for person) Rotkopf m or -schopf m. **II** adj **1.** (Cook) biscuit etc Ingwer-. **2.** hair kupferrot; cat rötlichgelb.

◆**ginger up** vt sep (inf) in Schwung or auf Vordermann (inf) bringen; person also aufmöbeln (inf); book, pudding würzen, anreichern.

ginger-ale [ˈdʒɪndʒərˈeɪl] n Ginger Ale nt; **ginger beer** n Ingwerlimonade f; **gingerbread** n Leb- or Pfefferkuchen m mit Ingwergeschmack; **II** adj attr Lebkuchen-; **ginger group** n (Parl) Aktionsgruppe f.

gingerly [ˈdʒɪndʒəlɪ] adv vorsichtig, behutsam; (because sth is dirty) mit spitzen Fingern; (because sth is cold, hot etc) zaghaft.

ginger-nut [ˌdʒɪndʒəˈnʌt] n Ingwerplätzchen nt; **ginger-snap** n Ingwerwaffel f.

gingham [ˈɡɪŋəm] n Gingan, Gingham m.

gin rummy n Rommé mit Zehn nt.

gippy tummy [ˈdʒɪpɪˈtʌmɪ] n (inf) Durchfall m.

gipsy, (esp US) **gypsy** [ˈdʒɪpsɪ] **I** n Zigeuner(in f) m. **II** adj attr Zigeuner-. ~ **moth** n Schwammspinner m.

giraffe [dʒɪˈrɑːf] n Giraffe f.

gird [ɡɜːd] prep, ptp ~**ed** or (rare) **girt** vt (old) gürten (old); (fig) umgeben. **to** ~ **oneself** sich gürten (with mit); (fig: prepare) sich wappnen.

◆**gird up** vt sep (old) robe gürten. **to** ~ ~ **one's loins** (esp Bibl) seine Lenden gürten (Bibl); **he** ~**ed himself** ~ **for action** er machte sich bereit (zum Handeln).

girder [ˈɡɜːdəʳ] n Träger m.

girdle [ˈɡɜːdl] **I** n **1.** (belt, fig) Gürtel m. **a** ~ **of hills** eine Hügelkette. **2.** (corset) Hüftgürtel or -halter m. **II** vt (lit) gürten; (fig) umgeben.

girl [ɡɜːl] n **1.** Mädchen nt; (daughter also) Tochter f. **an English** ~ eine Engländerin; **they are hoping for a little** ~ sie wünschen sich (dat) ein Töchterchen; **the Smith** ~**s** die Smith-Mädchen, die Mädchen von den Smiths; **my eldest** ~ meine älteste Tochter, meine Älteste; **the** ~**s** (colleagues) die Damen; (friends) die/meine/ ihre etc Freundinnen; **the old** ~ die Alte (inf) or alte Frau; (inf: wife, mother) meine/seine etc Alte (inf).

2. (employee) Mädchen nt; (in shop also) Verkäuferin f; (in factory) Arbeiterin f.

girl Friday n Allround-Sekretärin f; **girlfriend** n Freundin f; **girl guide** n (Brit) Pfadfinderin f; **girlhood** n Mädchenzeit, Jugend f.

girlie [ˈɡɜːlɪ] **I** n (inf) Mädchen nt. **II** adj attr magazine mit nackten Mädchen; photos von nackten Mädchen.

girlish [ˈɡɜːlɪʃ] adj behaviour, appearance mädchenhaft; laugh, confidences also Mädchen-.

girlishly [ˈɡɜːlɪʃlɪ] adv mädchenhaft.

girlishness [ˈɡɜːlɪʃnɪs] n Mädchenhaftigkeit f.

girl scout n (US) Pfadfinderin f.

giro [ˈdʒaɪrəʊ] n, pl ~**s** (Brit) (bank ~) Giro(verkehr m) nt; (post-office ~) Postscheckverkehr or -dienst m. **to pay a bill by** ~ eine Rechnung durch Giro/mit Postscheck bezahlen.

girt [ɡɜːt] (rare) pret, ptp of **gird**.

girth [ɡɜːθ] n **1.** (circumference) Umfang m. **in** ~ im Umfang. **2.** (harness) (Sattel)gurt m.

gist [dʒɪst] n, no pl (of report, conversation, argument) Wesentliche(s) nt. **that was the** ~ **of what he said** das war im wesentlichen, was er gesagt hat; **to give sb the** ~ **of sth** jdm sagen, worum es bei etw geht; **to get the** ~ **of sth/the conversation** im wesentlichen verstehen, worum es sich bei etw handelt/wovon geredet wird.

give [ɡɪv] (vb: pret **gave**, ptp **given**) **I** vt **1.** geben (sb sth, sth to sb jdm etw); (as present) schenken (sb sth, sth to sb jdm etw); (donate also) spenden. **it was** ~**n to me by my uncle, I was** ~**n it by my uncle** ich habe es von meinem Onkel bekommen or (as present also) geschenkt bekommen; **she was** ~**n a sedative** sie hat ein Beruhigungsmittel bekommen, man hat ihr or ihm wurde ein Beruhigungsmittel gegeben; **he gave me a present of a book** or **a book as a present** er schenkte mir ein Buch, er machte mir ein Buch zum Geschenk; **they gave us roast beef for lunch** sie servierten uns Roastbeef zum (Mittag)essen; ~ **me that bag to carry** gib mir die Tasche zum Tragen; **to** ~ **sth for sth** (sacrifice) etw für etw (her)geben; (exchange) etw gegen etw tauschen; **what will you** ~ **me for it?** was gibst du mir dafür?; **what did you** ~ **for it?** was hast du dafür bezahlt?; **11 o'clock,** ~ **or take a few minutes** so gegen 11 Uhr; **six foot,** ~ **or take a few inches** ungefähr sechs Fuß; **to** ~ **as good as one gets** sich kräftig wehren; **he gave everything he'd got** (fig) er holte das Letzte aus sich heraus; **to** ~ **sb one's cold** (inf) jdn mit seiner Erkältung anstecken.

2. (fig) geben; pleasure, joy machen, bereiten; pain bereiten; trouble machen; one's love, attention schenken; hospitality erweisen; punishment erteilen; favour gewähren. **who/what gave you that idea** or **notion?** wer hat dich denn auf die Idee gebracht/wie kommst du denn auf die Idee?; **I'll** ~ **you the choice between ...** ich gebe or lasse Ihnen die Wahl zwischen ...; **I wasn't** ~**n the choice** ich hatte keine (andere) Wahl; **to** ~ **sb pain** jdm weh tun (also fig), jdm Schmerzen bereiten; **it** ~**s me great pleasure to ...** es ist mir eine große Freude ...; **he gave the impression/ appearance of being disturbed** er machte einen verstörten Eindruck; **to** ~ **sb help** jdm helfen or Hilfe leisten; **to** ~ **sb support** jdn unterstützen; ~ **me strength/ patience!** großer Gott! (inf); **he gave the child a spanking/100 lines** or **a gab** or verabreichte dem Kind eine Tracht Prügel/er gab dem Kind 100 Zeilen als Strafarbeit auf; **to** ~ **sb five years** jdn zu fünf Jahren verurteilen, jdm fünf Jahre aufbrummen (inf); **he was** ~**n a spanking/ five years** er hat eine Tracht Prügel/fünf Jahre bekommen; **to** ~ **sb to understand that ...** jdm zu verstehen geben, daß ...; **to** ~ **sb what for** (inf), **to** ~ **it to sb** (inf) jdm Saures geben (inf), es jdm geben (inf);

that will ~ you something to cry/think about da hast du Grund zum Weinen/etwas, worüber du nachdenken kannst; I'll ~ you something to cry about ich werde schon zusehen, daß du weißt, warum du weinst; ~ me Shakespeare/Spain (every time)! (inf) es geht doch nichts über Shakespeare/Spanien.

3. (allow) time geben. ~ more time/half an hour lassen Sie sich mehr Zeit/rechnen Sie mit einer halben Stunde; I always ~ myself an extra hour in bed on Saturdays sonnabends genehmige ich mir eine Extrastunde im Bett; how long do you ~ that marriage? (inf) wie lange gibst du dieser Ehe? (inf); I'll ~ you that zugegeben.

4. (report, tell, pass on) information, details, description, answer, advice geben; one's name, particulars angeben; suggestion machen; (let sb know by letter, phone etc) decision, opinion, results mitteilen. the court hasn't ~n a decision yet das Gericht hat noch kein Urteil gefällt; he wouldn't ~ me his decision/opinion er wollte mir seine Meinung/Entscheidung nicht sagen; they interrupted the programme to ~ the football results sie unterbrachen das Programm, um die Fußballergebnisse zu bringen; ~ him my regards/thanks richten Sie ihm (schöne) Grüße von mir/meinen Dank aus; to ~ the right/no answer richtig/nicht antworten; he forgot to ~ us the date er hat vergessen, uns das Datum anzugeben or (verbally also) zu sagen or (by letter, phone etc also) mitzuteilen; who gave you that information? wer hat Ihnen das gesagt?

5. (yield, produce) milk, warmth, light etc geben; results (er)bringen; answer liefern. this tree doesn't ~ much fruit dieser Baum trägt nicht gut.

6. (hold, perform) party, dinner, play geben; speech halten; song singen; toast ausbringen (to sb auf jdn). ~ us a song sing uns was vor; I ~ you Mary (as toast) auf Mary or Marys Wohl!; (as speaker) ich gebe Mary das Wort.

7. (devote) widmen (to dat). he has ~n himself entirely to medicine er hat sich ganz der Medizin verschrieben.

8. to ~ a cry/groan/laugh/sigh (auf)schreien/(auf)stöhnen/(auf)lachen/(auf)seufzen; he gave a shrug of his shoulders er zuckte mit den Schultern; to ~ sb a look/smile jdn ansehen/anlächeln; to ~ sb a blow jdn schlagen, jdm einen Schlag versetzen; to ~ sb a push/kick jdm einen Stoß/Tritt geben; to ~ sb's hand a squeeze jdm die Hand drücken; to ~ one's hair a brush/wash sich (dat) die Haare bürsten/waschen.

9. in set phrases see under n to ~ birth gebären; to ~ chase die Verfolgung aufnehmen; to ~ evidence (Jur) aussagen; to ~ rise to sth Anlaß zu etw geben.

II vi 1. (also ~ way) (lit, fig: collapse, yield) nachgeben; (strength, health, nerve, voice) versagen; (break: rope, cable) reißen; (cold weather) nachlassen. my legs were giving at the knees or under me meine Knie gaben nach or wurden weich; when you're under as much strain as that, something is bound to ~ (inf) wenn man unter so viel Druck steht, muß es ja irgendwo aushaken (inf).

2. (lit, fig: bend, be flexible) nachgeben; (bed) federn; (dress) sich dehnen.

3. (~ money etc) geben, spenden. it is more blessed to ~ than to receive Geben ist seliger denn Nehmen; you have to be prepared to ~ and take in marriage (fig) man muß in der Ehe geben und nehmen.

4. (inf) what ~s? was gibt's? (inf), was ist los? (inf); what ~s with him? was ist los mit ihm? (inf).

5. (US sl) OK, now ~! also, raus mit der Sprache! (inf).

III n Nachgiebigkeit, Elastizität f; (of floor, bed, chair) Federung f. it has a lot of ~ es gibt sehr stark nach; he hasn't got enough ~ (fig) er ist nicht flexibel genug.

◆give away vt sep 1. (give without charge) weggeben; (as present) verschenken. at £5 I'm practically giving it ~ ich will £ 5 dafür, das ist fast geschenkt.

2. bride (als Brautvater etc) zum Altar führen.

3. (hand out) prizes etc vergeben.

4. (fig: betray) verraten (to sb an jdn). to ~ the game or show ~ (inf) alles verraten.

◆give back vt sep zurückgeben; (mirror) image reflektieren.

◆give in I vi (surrender) sich ergeben (to sb jdm); (in guessing game etc) aufgeben; (accede, back down) nachgeben (to dat). to ~ to sb's views/the majority/blackmail sich jds Meinung/der Mehrheit beugen/auf Erpressung eingehen; to ~ ~ to temptation der Versuchung erliegen.

II vt sep document, essay einreichen; parcel abgeben. to ~ ~ sb's/one's name jdn/sich anmelden.

◆give off vt insep heat, gas abgeben; smell verbreiten, ausströmen; rays ausstrahlen.

◆give on to vi +prep obj (window) hinausgehen auf (+acc); (door) hinausführen auf (+acc); garden hinausführen in (+acc).

◆give out I vi (supplies, patience, strength, road) zu Ende gehen or (in past tense) sein; (engine, feet) versagen; (inspiration) versiegen. my memory gave ~ mein Gedächtnis ließ mich im Stich. II vt sep 1. (distribute) aus- or verteilen. 2. (announce) bekanntgeben. to ~ oneself ~ as sth or to be sth sich als etw ausgeben. III vt insep see give off.

◆give over I vt sep 1. (hand over) übergeben (to dat).

2. (set aside, use for) to be ~n ~ to sth für etw beansprucht werden.

3. to ~ oneself ~ to pleasure/despair etc sich ganz dem Vergnügen/der Verzweiflung etc hingeben.

II vi (dial inf: stop) aufhören.

◆give up I vi aufgeben.

II vt sep 1. aufgeben; claim also verzichten auf (+acc). to ~ ~ doing sth aufhören or es aufgeben, etw zu tun; I'm trying to ~ ~ smoking ich versuche, das Rauchen aufzugeben; I gave it/him ~ as a bad job das/ihn habe ich abgeschrieben; to

~ **sb/sth ~ as lost** jdn/etw verloren geben; **to ~ sb ~ as dead** jdn für tot halten.

2. (*surrender*) *land, territory* abgeben, abtreten (*to dat*); *authority* abgeben, abtreten (*to an +acc*); *keys of city etc* übergeben (*to dat*); *seat, place* freimachen (*to* für) *ticket* abgeben (*to* bei).

3. (*hand over to authorities*) ausliefern (*to an +acc*), übergeben (*to dat*). **to ~ oneself** ~ sich stellen; (*after siege etc*) sich ergeben.

4. (*devote*) widmen. **he's ~n himself ~ to vice** er ist dem Laster verfallen.

5. *secret, treasure* enthüllen (*geh*).

◆**give way** *vi* **1.** (*lit*) *see* **give II 1.**

2. (*fig: yield*) nachgeben (*to dat*). **to ~ ~ to intimidation** sich einschüchtern lassen; **don't ~ ~ to despair** überlaß dich nicht der Verzweiflung; **she gave ~ to tears** sie ließ den Tränen freien Lauf.

3. (*be superseded*) **to ~ ~ to sth** von etw abgelöst werden; **tears gave ~ to smiles** die Tränen machten einem Lächeln Platz; **radio has almost ~n ~ to television** das Radio ist vom Fernsehen fast verdrängt worden.

4. (*Brit Mot*) ~ ~ **to oncoming traffic** der Gegenverkehr hat Vorfahrt; I was expecting him to ~ ~ ich nahm an, er würde mir die Vorfahrt lassen; **"~ ~"** ,,Vorfahrt (beachten)".

give and take *n* Entgegenkommen *nt*; (*in personal relationships*) Geben und Nehmen *nt*; **give-away** *n* **1. the expression on her face was a** ~ diese Prüfungsfrage war geschenkt (*inf*); **3.** (*US Comm: gift*) Geschenk *nt*; **4.** (*US Rad, TV*) Preisraten *nt*.

given ['gɪvn] **I** *ptp of* **give.**

II *adj* **1.** (*with indef art*) bestimmt; (*with def art*) angegeben. **of a ~ size** von einer bestimmten Größe; **500 bottles of the ~ size** 500 Flaschen der angegebenen Größe.

2. ~ **name** (*esp US*) Vorname *m*.

3. (*having inclination*) **to be ~ to sth** zu etw neigen; **I'm not ~ to doing that** es ist nicht meine Art, das zu tun.

III *conj* ~ **sth** (*with*) vorausgesetzt, man/er *etc* hat etw, wenn man/er *etc* etw hat; (*in view of*) angesichts einer Sache (*gen*); ~ **that he ...** (*in view of the fact*) angesichts der Tatsache, daß er ...; (*assuming*) vorausgesetzt *or* angenommen, (daß) er ...; ~ **these circumstances/ conditions** unter diesen Umständen/ Voraussetzungen; ~ **these premises you can work out the answer** anhand dieser Vorraussetzungen kannst du die Lösung finden; ~ **the triangle ABC** (*Math*) gegeben ist *or* sei das Dreieck ABC.

giver ['gɪvəʳ] *n* Geber(in *f*) *m*. **he was a generous ~ to church funds** er hat großzügig für die Kirche gespendet.

give-way sign [gɪv'weɪˌsaɪn] *n* (*Brit*) Vorfahrtsschild *nt*.

gizmo ['gɪzməʊ] *n, pl* ~**s** (*US inf*) Ding *nt* (*inf*).

gizzard ['gɪzəd] *n* Muskelmagen *m*.

glacé ['glæseɪ] *adj* *bun* mit Zuckerguß, glasiert; *fruit* kandiert; *leather* Glacé-.

glacial ['gleɪsɪəl] *adj* **1.** (*Geol*) Gletscher-, glazial (*spec*). ~ **epoch** *or* **era** Eiszeit *f*, Glazial *nt* (*form*). **2.** (*cold*) eisig.

glaciated ['gleɪsɪeɪtɪd] *adj* (*covered with glaciers*) gletscherbedeckt, vergletschert; (*eroded by glaciers*) durch Gletschertätigkeit entstanden.

glacier ['glæsɪəʳ] *n* Gletscher *m*.

glad [glæd] *adj* (+*er*) **1.** (*pleased*) froh. **to be ~ at** *or* **about sth** sich über etw (*acc*) freuen; **to be ~ of sth** über etw (*acc*) froh sein; **to be ~ that ...** sich freuen, daß ...; (*relieved*) froh sein, daß ...; **I'm ~ to see** you ich freue mich, Sie zu sehen; (*relieved*) ich bin froh, Sie zu sehen; **you'll be ~ to hear that ...** es wird Sie freuen zu hören, daß ...; **we would be ~ of your help** wir wären froh, wenn Sie helfen könnten; **I'd be ~ of your opinion on this** ich würde gerne Ihre Meinung dazu hören; **you'll be ~ of it later** du wirst später (noch) froh darüber sein; **I'd be ~ to** aber gern!

2. (*giving pleasure*) froh; *occasion, news also* freudig; *day also* Freuden-. **the ~ tidings** die frohe Botschaft (*old, hum*).

gladden ['glædn] *vt* *person, heart* erfreuen.

glade [gleɪd] *n* Lichtung *f*.

glad eye *n* **to give sb the** ~ jdm schöne Augen machen (*inf*); **glad hand** *n* (*US*) **to give sb the** ~ jdn überschwenglich begrüßen.

gladiator ['glædɪeɪtəʳ] *n* Gladiator *m*.

gladiolus [ˌglædɪ'əʊləs] *n, pl* **gladioli** [ˌglædɪ'əʊlaɪ] Gladiole *f*.

gladly ['glædlɪ] *adv* **1.** (*willingly*) gern. **2.** (*joyfully*) fröhlich.

gladness ['glædnɪs] *n* **1.** (*of person*) Freude *f*; (*relief*) Erleichterung *f*; (*of smile etc*) Fröhlichkeit *f*. **2.** (*of occasion, news*) Freudigkeit *f*.

gladrags ['glædˌrægz] *npl* (*inf*) Sonntagsstaat *m* (*inf*). **to put/have one's ~ on** (*inf*) sich in Schale werfen/in Schale sein (*inf*).

glamor *n* (*US*) *see* **glamour.**

glamorize ['glæməraɪz] *vt* idealisieren, einen glamourösen Anstrich geben (+*dat*); *job, life-style also* einen besonderen Glanz *or* Reiz *or* eine besondere Faszination verleihen (+*dat*); *author, war* glorifizieren. **to ~ one's image** sein Image aufpolieren.

glamorous ['glæmərəs] *adj* bezaubernd, betörend; *film star* glamourös; *job* Traum-, glamourös; *clothes* flott; *life* glamourös; *state occasion* glanzvoll.

glamorously ['glæmərəslɪ] *adv* glamourös.

glamour ['glæməʳ] *n* Glamour *m*; (*of occasion, situation*) Glanz *m*. **she/the job doesn't have much ~** sie/dieser Beruf hat keinen besonderen Reiz.

glamour boy *n* (*inf*) Schönling *m* (*inf*); **glamour girl** *n* (*inf*) Glamourgirl *nt*.

glance [glɑːns] **I** *n* Blick *m*. **at a ~** auf einen Blick; **at first ~** auf den ersten Blick; **she gave him an angry/amorous ~** sie warf ihm einen wütenden/verliebten Blick zu; **to take** *or* **cast a quick ~ at sth** einen kurzen Blick auf etw (*acc*) werfen; **he cast** *or* **had a quick ~ round the room** er sah sich kurz im Zimmer um.

II *vi* sehen, blicken, schauen (*esp S Ger*). **to ~ at sb/sth** jdn/etw kurz ansehen, einen kurzen Blick auf etw (*acc*) werfen; **to ~ at/through the newspaper/a report** einen kurzen Blick in die Zeitung/in einen Bericht werfen; **to ~ over sth** etw überfliegen; **to ~ across to sb** jdm einen Blick zuwerfen; **to ~ down/in** einen Blick hinunter-/hineinwerfen, kurz hinunter-/hineinsehen; **to ~ up/aside** aufsehen *or* -blicken (*from* von)/zur Seite sehen; **to ~ round** sich umblicken; **he ~d round the room** er sah sich im Zimmer um; **the book merely ~s at the problem** das Buch streift das Problem nur.

◆**glance off** *vi* (*prep obj* von) (*bullet etc*) abprallen; (*sword*) abgleiten; (*light*) reflektiert werden.

glancing ['glɑ:nsɪŋ] *adj* **to strike sth a ~ blow** etw streifen; **she struck him a ~ blow** ihr Schlag streifte sein Gesicht; **it was only a ~ blow** ich/er *etc* wurde nur gestreift.

gland [glænd] *n* Drüse *f*; (*lymph ~*) Lymphdrüse *f or* -knoten *m*.

glandular ['glændjʊləʳ] *adj* Drüsen-. ~ **fever** Drüsenfieber *nt*.

glare [glɛəʳ] I *n* 1. greller Schein; (*from sun, bulb, lamp also*) grelles Licht. **to avoid the ~ of publicity** das grelle Licht der Öffentlichkeit scheuen.

2. (*stare*) wütender *or* stechender Blick. **there was a ~ of anger in her eyes** ihre Augen funkelten vor Zorn.

II *vi* 1. (*light, sun*) grell scheinen; (*headlights*) grell leuchten; (*bulb*) grell brennen.

2. (*stare*) (zornig) starren. **to ~ at sb/sth** jdn/etw zornig anstarren.

3. (*fig*) **that mistake really ~s at you** dieser Fehler springt einem förmlich ins Gesicht.

III *vt* 1. **to ~ defiance at sb** jdn trotzig *or* voller Trotz anstarren.

2. (*fig*) **to ~ sb in the face** jdm förmlich ins Gesicht springen.

glaring ['glɛərɪŋ] *adj* 1. *sun, colour* grell. 2. **her ~ eyes** ihr stechender Blick. 3. (*fig*) *omission* eklatant; *mistake also* grob; *contrast* kraß; *injustice* (himmel)-schreiend.

glaringly ['glɛərɪŋlɪ] *adv* 1. *shine* grell. ~ **bright** grell. 2. (*fig*) **their words contrasted ~ with their deeds** ihre Worte standen in krassem Gegensatz zu ihren Taten; **it's ~ unjust/wrong** es ist eine himmelschreiende Ungerechtigkeit/das ist ein eklatanter Fehler; **it is ~ obvious that ...** es liegt klar auf der Hand, daß ...

glass [glɑ:s] I *n* 1. (*substance*) Glas *nt*. **a pane of ~** eine Glasscheibe.

2. (*object, vessel, contents, ~ware*) Glas *nt*; (*dated: mirror*) Spiegel *m*. **a ~ of wine** ein Glas Wein; **he gets quite cheerful when he's had a ~** (*inf*) er wird richtig fröhlich, wenn er ein Gläschen getrunken hat (*inf*).

3. (*pair of*) **~es** *pl* (*spectacles*) Brille *f*; **he wears thick ~es** er trägt eine starke Brille *or* starke Gläser.

4. (*instrument*) (*magnifying ~*) (Vergrößerungs)glas *nt*, Lupe *f*; (*telescope*) Teleskop, Fernrohr *nt*; (*barometer*) Barometer *nt*. **~es** *pl* (*binoculars*) (Fern)-glas *nt*.

II *vt* verglasen.

III *attr* Glas-. **people who live in ~ houses shouldn't throw stones** (*Prov*) wer im Glashaus sitzt, soll nicht mit Steinen werfen (*Prov*).

glass *in cpds* Glas-; **glass-blower** *n* Glasbläser(in *f*) *m*; **glass-cutter** *n* (*tool*) Glasschneider *m*; (*person*) Glasschleifer *m*; **glass eye** *n* Glasauge *nt*; **glass fibre** *n* Glasfaser *f*; **glassful** *n see* **glass I 2**. **glasshouse** *n* 1. (*Brit Hort*) Gewächshaus *nt*; 2. (*Mil sl*) Bau, Bunker *m* (*sl*); **glass-paper** *n* Glaspapier *nt*; **glassware** *n* Glaswaren *pl*; **glass wool** *n* Glaswolle *f*; **glassworks** *npl* Glashütte *f*.

glassy ['glɑ:sɪ] *adj* (+*er*) *surface, sea etc* spiegelglatt; *eye, look* glasig. **~-eyed** *look* glasig; **to be ~-eyed** einen glasigen Blick haben.

Glaswegian [glæs'wi:dʒjən] I *n* 1. Glasgower(in *f*) *m*.

2. (*dialect*) Glasgower Dialekt *m*.

II *adj* Glasgower, von Glasgow.

glaucoma [glɔ:'kəʊmə] *n* grüner Star.

glaucous ['glɔ:kəs] *adj* *plums, grapes etc* mit einer weißlichen Schicht überzogen. ~ **blue/green** gräulich-blau/gräulich-grün.

glaze [gleɪz] I *n* (*on pottery, tiles, Cook*) Glasur *f*; (*on paper, fabric*) Appretur *f*; (*on painting*) Lasur *f*.

II *vt* 1. *door, window* verglasen.

2. *pottery, tiles* glasieren; *fabric, paper* appretieren; *painting* lasieren.

3. (*Cook*) *cake* glasieren; *meat also* mit Gelee überziehen; *fruit* kandieren. **a ~d ham** Schinken in Aspik.

III *vi* (*eyes: also ~ over*) glasig werden.

glazier ['gleɪzɪəʳ] *n* Glaser *m*.

glazing ['gleɪzɪŋ] *n* 1. (*act*) Verglasen *nt*; (*glass*) Verglasung *f*; (*trade*) Glaserei *f*. 2. *see* **glaze I**.

GLC *abbr of* **Greater London Council.**

gleam [gli:m] I *n* 1. Schein, Schimmer *m*; (*of metal, water*) Schimmern *nt*. **a ~ of light/red** ein Lichtschimmer *m*/ein roter Schimmer.

2. (*fig*) **a ~ of hope** ein Hoffnungsschimmer *m*; **a ~ of humour/intelligence/sense** ein Anflug *m* von Humor/Intelligenz/ein Hauch *m* von Vernunft; **not a ~ of hope/humour/intelligence/sense** kein Funke *m* Hoffnung/Humor/Intelligenz/Vernunft; **he had a ~/a dangerous ~ in his eye** seine Augen funkelten/funkelten gefährlich.

II *vi* schimmern; (*hair also*) glänzen; (*eyes*) funkeln.

gleaming ['gli:mɪŋ] *adj* schimmernd; *hair, silver, water also* glänzend; *eyes* funkelnd.

glean [gli:n] *vt* (*lit*) *corn, field* nachlesen; (*fig*) *facts, news* herausbekommen, ausfindig machen, erkunden (*geh*). **to ~ sth from sb/sth** etw von jdm erfahren/etw einer Sache (*dat*) entnehmen.

gleanings ['gli:nɪŋz] *npl* (*lit*) Nachlese *f*, aufgelesene Ähren *pl*. **the ~ of twenty years of study** die Ausbeute eines zwanzigjährigen Studiums; **a few ~ from the press conference** ein paar Informationen, die er/ich *etc* auf der Pressekonferenz in Erfahrung bringen konnte.

glee [gli:] *n* 1. Freude *f*; (*malicious*)

Schadenfreude f. **he/they shouted in** or **with** ~ er stieß einen Freudenschrei aus/ sie brachen in (ein) Freudengeheul aus; **he told the story with great** ~ er erzählte die Geschichte mit großem Vergnügen; **his defeat caused great** ~ **among his enemies** seine Feinde freuten sich diebisch über seine Niederlage.

2. (*Mus*) mehrstimmiges Lied. ~ **club** (*esp US*) Chor *m*.

gleeful ['gliːfʊl] *adj* fröhlich, vergnügt; (*maliciously*) hämisch, schadenfroh.

gleefully ['gliːfəlɪ] *adv see adj.*

glen [glen] *n* (kleines) Tal.

glib [glɪb] *adj* (+*er*) (*pej*) gewandt; *talker also* zungenfertig; *person* glatt, zungenfertig, aalglatt (*inf*); *reply, remark* leichthin gemacht; *speech, style* glatt. **I don't want to sound** ~ ich möchte nicht den Eindruck erwecken, das so leichthin zu sagen; **he gave a** ~ **reply/excuse** er war mit einer Antwort/Entschuldigung schnell bei der Hand; **he was always ready with a** ~ **explanation** er war immer schnell mit einer Erklärung bei der Hand.

glibly ['glɪblɪ] *adv* (*pej*) *speak* gewandt; *say, remark, reply* leichthin; *lie* geschickt. **he** ~ **produced a couple of excuses** er war schnell mit ein paar Ausreden bei der Hand.

glibness ['glɪbnɪs] *n* (*pej*) (*of speech, excuses, lies*) Gewandtheit *f*; (*of person*) Zungenfertigkeit *f*. **the** ~ **of his explanation/reply** seine leichthin gegebene Erklärung/Antwort.

glide [glaɪd] I *vi* **1.** gleiten; (*through the air also*) schweben. **to** ~ **into a room/in** in ein Zimmer hineingleiten/hereinschweben; **to** ~ **off** or **away** davongleiten; (*person, ghost*) davonschweben.

2. (*Aviat, bird*) gleiten; (*plane*) im Gleitflug fliegen; (*glider*) gleiten, schweben; (*fly in a glider*) segelfliegen.

II *vt* gleiten lassen; *plane* im Gleitflug fliegen (lassen).

III *n* **1.** (*dancing*) Gleit- or Schleifschritt *m*.

2. (*Mus*) Portamento *nt*; (*Phon*) Gleitlaut *m*.

3. (*Aviat*) Gleitflug *m*.

glider ['glaɪdə'] *n* (*Aviat*) Segelflugzeug *nt*. ~ **pilot** Segelflieger(in *f*) *m*.

gliding ['glaɪdɪŋ] *n* (*Aviat*) Segelfliegen *nt*. ~ **club** Segelfliegerklub *m*.

glimmer ['glɪmə'] I *n* **1.** (*of light, candle etc*) Schimmer *m*; (*of fire*) Glimmen *nt*. **the** ~ **of the distant river** das Schimmern des Flusses in der Ferne.

2. (*fig: also* ~**ing**) *see* **gleam I 2.**

II *vi* (*light, water*) schimmern; (*flame, fire*) glimmen.

glimpse [glɪmps] I *n* Blick *m*. **it was our last** ~ **of home** das war der letzte Blick auf unser Zuhause; **a** ~ **of life in 18th century London** ein (Ein)blick *m* in das Leben im London des 18. Jahrhunderts; **to catch a** ~ **of sb/sth** einen flüchtigen Blick auf jdn/ etw werfen können or von jdm/etw erhaschen; (*fig*) eine Ahnung von etw bekommen.

II *vt* einen Blick erhaschen von.

III *vi* **to** ~ **at sth** einen Blick auf etw

(*acc*) werfen; **to** ~ **through a book** ein Buch überfliegen.

glint [glɪnt] I *n* (*of light, metal*) Glitzern, Blinken *nt no pl*; (*of cat's eyes*) Funkeln *nt no pl*. **a** ~ **of light** ein glitzernder Lichtstrahl; **brown hair with golden** ~**s in it** braunes Haar mit einem goldenen Schimmer; **he has a wicked/merry** ~ **in his eyes** seine Augen funkeln böse/lustig. II *vi* glitzern, blinken; (*eyes*) funkeln.

glissade [glɪˈseɪd] *n* (*in dancing*) Glissade *f*.

glisten ['glɪsn] I *vi* glänzen; (*dewdrops, eyes also, tears*) glitzern. II *n* Glänzen *nt*; Glitzern *nt*.

glitter ['glɪtə'] I *n* Glitzern *nt*; (*of eyes, diamonds*) Funkeln *nt*; (*for decoration*) Glitzerstaub *m*; (*fig*) Glanz, Prunk *m*. **the** ~ **of life in London** das glanzvolle Leben in London. II *vi* glitzern; (*eyes, diamonds*) funkeln. **all that** ~**s is not gold** (*Prov*) es ist nicht alles Gold, was glänzt.

glittering ['glɪtərɪŋ] *adj* glitzernd; *eyes, diamonds* funkelnd; *ceremony, occasion* glanzvoll; *career* glänzend; *prizes* verlockend.

glittery ['glɪtərɪ] *adj* (*inf*) glitzernd.

gloaming ['gləʊmɪŋ] *n* (*liter*) Dämmer- or Zwielicht *nt* (*geh*).

gloat [gləʊt] *vi* (*with pride at oneself*) sich großtun (*over, upon* mit); (*verbally also*) sich brüsten (*over, upon* mit); (*over sb's misfortune or failure*) sich hämisch freuen (*over, upon* über +*acc*). **to** ~ **over one's possessions/sb's misfortune** sich an seinen Reichtümern/jds Unglück weiden; **to** ~ **over one's successes** sich in seinen Erfolgen sonnen; **there's no need to** ~! das ist kein Grund zur Schadenfreude!

gloating ['gləʊtɪŋ] I *n* Selbstgefälligkeit *f*; (*over sb's misfortune or failure*) Schadenfreude *f*. **his** ~ **over his possessions** wie er sich genüßlich an seinem Besitz weidet; **a look of** ~ **in his eyes** ein selbstgefälliger/ schadenfroher/genüßlicher Blick; **their** ~ **over their own success** ihre selbstgefällige Freude über ihren Erfolg.

II *adj* (*self-satisfied*) selbstgefällig; (*malicious*) hämisch, schadenfroh. **with** ~ **eyes** mit selbstgefälligem/hämischem/ genüßlichem Blick; **he cast a** ~ **look at the money** er weidete sich genüßlich am Anblick des Geldes.

gloatingly ['gləʊtɪŋlɪ] *adv see adj.*

glob [glɒb] *n* (*inf*) Klacks *m* (*inf*).

global ['gləʊbl] *adj* global; *peace, war* Welt-. **taking a** ~ **view of the matter** ... global gesehen ...; **a** ~ **figure of £2 million** eine Gesamtsumme von £ 2 Millionen; **the world is considered as a** ~ **village** die Welt wird als Dorf angesehen.

globe [gləʊb] *n* (*sphere*) Kugel *f*; (*map*) Globus *m*; (*fish-bowl*) Glaskugel *f*. **terrestrial/celestial** ~ Erd-/Himmelskugel *f*; **the** ~ (*the world*) der Globus or Erdball; **all over the** ~ auf der ganzen Erde.

globe artichoke *n* Artischocke *f*; **globefish** *n* Kugelfisch *m*; **globe-trotter** *n* Globetrotter, Welt(en)bummler *m*; **globe-trotting** I *n* Globetrotten *nt*; II *attr* Globetrotter-.

globular ['glɒbjʊlə'] *adj* kugelförmig.

globule ['glɒbjuːl] *n* Klümpchen, Kügelchen *nt*; (*of oil, water*) Tröpfchen *nt*. ~s **of grease floating on the soup** Fettaugen *pl* auf der Suppe.

gloom [gluːm] *n* **1.** (*darkness*) Düsterkeit *f*.

2. (*sadness*) düstere *or* gedrückte Stimmung. **an atmosphere of** ~ eine düstere *or* gedrückte Atmosphäre; **a look of** ~ **on his face** seine düstere Miene; **to cast a** ~ **over sth** einen Schatten auf etw (*acc*) werfen.

gloomily [ˈgluːmɪlɪ] *adv* (*fig*) düster.

gloominess [ˈgluːmɪnɪs] *n see adj* Düsterkeit *f*; Finsterkeit *f*; Gedrücktheit *f*; Trübsinn *m*; Bedrückende(s) *nt*; Pessimismus *m*.

gloomy [ˈgluːmɪ] *adj* (+*er*) düster; *streets, forest also* finster; *atmosphere also* gedrückt; *thoughts also, character* trübsinnig; *news also* bedrückend; *outlook on life* pessimistisch. **to take a** ~ **view of things** schwarzsehen; **to feel** ~ niedergeschlagen *or* bedrückt sein; **he is very** ~ **about his chances of success** er beurteilt seine Erfolgschancen sehr pessimistisch; **to look** ~ **about sth** wegen etw ein trübsinniges Gesicht machen.

glorification [ˌglɔːrɪfɪˈkeɪʃən] *n* Verherrlichung *f*; (*of God also*) Lobpreis *m*; (*beautification*) Verschönerung *f*.

glorified [ˈglɔːrɪfaɪd] *adj* **this restaurant is just a** ~ **snack-bar** dieses Restaurant ist nur eine bessere Imbißstube.

glorify [ˈglɔːrɪfaɪ] *vt* verherrlichen; (*praise*) *God* lobpreisen. **a service to** ~ **the memory of the war-dead** ein Gottesdienst zur Ehrung der Gefallenen.

glorious [ˈglɔːrɪəs] *adj* **1.** (*lit*) *saint, martyr etc* glorreich; *deed, victory also* ruhmreich. **2.** (*marvellous*) *weather, sky* herrlich, phantastisch. **a** ~ **mess** (*iro*) ein schönes *or* herrliches Durcheinander.

gloriously [ˈglɔːrɪəslɪ] *adv see adj*. **he was** ~ **drunk** (*inf*) er war herrlich betrunken.

glory [ˈglɔːrɪ] **I** *n* **1.** (*honour, fame*) Ruhm *m*. **covered in** ~ ruhmbedeckt.

2. (*praise*) Ehre *f*. ~ **to God in the highest** Ehre sei Gott in der Höhe.

3. (*beauty, magnificence*) Herrlichkeit *f*. **the rose in all its** ~ die Rose in ihrer ganzen Pracht; **Rome at the height of its** ~ Rom in seiner Blütezeit.

4. (*source of pride*) Stolz *m*.

5. (*celestial bliss*) **the saints in** ~ die Heiligen in der himmlischen Herrlichkeit.

II *vi* **to** ~ **in one's skill/strength/ability** sich (*dat*) viel auf sein Geschick/seine Kraft/Fähigkeit zugute tun; **to** ~ **in one's/sb's success** sich in seinem/jds Erfolg sonnen; **to** ~ **in the knowledge/fact that .../one's independence** das Wissen/die Tatsache, daß .../seine Unabhängigkeit voll auskosten; **they gloried in showing me my mistakes** sie genossen es *or* kosteten es voll aus, mir meine Fehler zu zeigen.

glory-hole [ˈglɔːrɪˌhəʊl] *n* **1.** (*inf*) Rumpelor Kramecke *f*; (*box*) Rumpelkiste *f*; (*drawer*) Kramschublade *f*. **2.** (*Naut*) Logis *nt*.

gloss[1] [glɒs] *n* (*shine, lip* ~) Glanz *m*; (*fig: of respectability etc*) Schein *m*. **paint with a high** ~ Farbe mit Hochglanz; **to take the** ~ **off sth** (*lit*) etw stumpf werden lassen; (*fig*) einer Sache (*dat*) den Glanz neh-

men; **to lose its** ~ (*lit, fig*) seinen Glanz verlieren; ~ **finish** (*Phot, on paper*) Glanz(beschichtung *f*) *m*; (*of paint*) Lackanstrich *m*.

◆**gloss over** *vt sep* (*try to conceal*) vertuschen; (*make light of*) beschönigen. **he** ~**ed** ~ **the various points raised by the critics** er hat die verschiedenen Punkte der Kritiker einfach vom Tisch gewischt.

gloss[2] **I** *n* (*explanation*) Erläuterung *f*; (*note also*) Anmerkung *f*. **II** *vt* erläutern.

glossary [ˈglɒsərɪ] *n* Glossar *nt*.

glossily [ˈglɒsɪlɪ] *adj* glänzend.

glossiness [ˈglɒsɪnɪs] *n* Glanz *m*.

gloss (paint) *n* Glanzlack(farbe *f*) *m*.

glossy [ˈglɒsɪ] **I** *adj* (+*er*) glänzend; *paper, paint* Glanz-; (*Phot*) *print* (Hoch)glanz-. **to be** ~ glänzen; ~ **magazine** (Hochglanz)magazin *nt*. **II** *n* (*inf*) (Hochglanz)magazin *nt*.

glottal [ˈglɒtl] *adj* Stimmritzen-, glottal (*spec*). ~ **stop** (*Phon*) Knacklaut *m*.

glottis [ˈglɒtɪs] *n* Stimmritze *f*.

glove [glʌv] *n* (Finger)handschuh *m*; (*Sport*) Handschuh *m*. **to fit (sb) like a** ~ (jdm) wie angegossen passen; (*job*) wie für jdn geschaffen sein; **the** ~**s are off** mit der Rücksichtnahme ist es vorbei, die Schonzeit ist vorbei.

glove box *n* **1.** (*Tech*) Handschuh-Schutzkasten *m*. **2.** (*also* **glove compartment**) (*Aut*) Handschuhfach *nt*.

gloved [glʌvd] *adj* behandschuht.

glove puppet *n* Handpuppe *f*.

glover [ˈglʌvəʳ] *n* Handschuhmacher(in *f*) *m*.

glow [gləʊ] **I** *vi* glühen; (*colour, hands of clock*) leuchten; (*lamp also, candle*) scheinen. **she/her cheeks** ~**ed with health** sie hatte ein blühendes Aussehen; **to** ~ **with enthusiasm/pride/pleasure** vor Begeisterung/Stolz glühen/vor Freude strahlen; **her eyes** ~**ed with enthusiasm/anger/love** ihre Augen leuchteten vor Begeisterung/glühten vor Zorn/die Liebe leuchtete aus ihren Augen.

II *n* Glühen *nt*; (*of colour, clock hands*) Leuchten *nt*; (*of lamp, candle*) Schein *m*; (*of fire, sunset, passion*) Glut *f*. **her face had a healthy** ~, **there was a** ~ **of health on her face** ihr Gesicht hatte eine blühende Farbe; **in a** ~ **of enthusiasm** mit glühender Begeisterung; **she felt a** ~ **of satisfaction/affection** sie empfand eine tiefe Befriedigung/Zuneigung; **there was a sort of** ~ **about her** sie strahlte so.

glower [ˈglaʊəʳ] **I** *vi* ein finsteres Gesicht machen. **to** ~ **at sb** jdn finster ansehen. **II** *n* finsterer Blick. **angry/infuriated** ~ zorniger/wütender Blick.

glowering *adj*, **~ly** *adv* [ˈglaʊərɪŋ, -lɪ] finster.

glowing [ˈgləʊɪŋ] *adj* **1.** glühend; *candle, colour, eyes* leuchtend; *cheeks, complexion* blühend.

2. (*fig*) (*enthusiastic*) *account, description* begeistert; *words also* leidenschaftlich; *praise, report* überschwenglich; *pride, admiration, enthusiasm* glühend. **to paint sth in** ~ **colours** (*fig*) etw in glühenden Farben schildern.

glowingly [ˈgləʊɪŋlɪ] *adv* (*fig*) begeistert;

describe in glühenden Farben; *praise* überschwenglich.

glow-worm ['gləʊ̯wɜ:m] *n* Glühwürmchen *nt*.

glucose ['glu:kəʊs] *n* Glucose *f*, Traubenzucker *m*.

glue [glu:] **I** *n* Klebstoff *m*; (*from bones etc*) Leim *m*. **to stick to sb/sth like ~** an jdm/etw kleben (*inf*).

II *vt* kleben; leimen. **to ~ sth together** etw zusammenkleben/ -leimen; **to ~ sth down/on** etw fest-/ankleben; **to ~ sth to sth** etw an etw (*acc*) kleben/leimen, etw an etw (*dat*) festkleben/ -leimen; **her ear was ~d to the keyhole** ihr Ohr klebte am Schlüsselloch; **to keep one's eyes ~d to sb/sth** jdn/etw nicht aus den Augen lassen; **his eyes were ~d to the screen/her cleavage** seine Augen hingen an der Leinwand/ihrem Ausschnitt; **he stood there as if ~d to the spot** er stand wie angewurzelt da.

glue-pot ['glu:pɒt] *n* Leimtopf *m*.

gluey ['glu:ɪ] *adj* klebrig.

glum [glʌm] *adj* (+*er*) niedergeschlagen, bedrückt; *atmosphere* gedrückt; *thoughts* schwarz. **to feel ~** bedrückt sein.

glumly ['glʌmlɪ] *adv* niedergeschlagen, bedrückt.

glut [glʌt] **I** *vt* **1.** (*Comm*) *market* (*manufacturer etc*) überschwemmen. **sugar is ~ting the world market** der Weltmarkt wird mit Zucker überschwemmt.

2. to ~ oneself (*with food*) schlemmen; **they felt ~ted with pleasure** sie hatten der Genüsse genug und übergenug gehabt.

II *n* Schwemme *f*; (*of manufactured goods also*) Überangebot *nt* (*of* an +*dat*). **a ~ of apples** eine Apfelschwemme.

gluten ['glu:tən] *n* Kleber *m*, Gluten *nt*.

glutinous ['glu:tɪnəs] *adj* klebrig.

glutton ['glʌtn] *n* Vielfraß *m* (*also Zool*). **to be a ~ for work/punishment** ein Arbeitstier *nt* (*inf*)/Masochist *m* sein.

gluttonous ['glʌtənəs] *adj* (*lit*, *fig*) unersättlich; *person* gefräßig.

gluttony ['glʌtənɪ] *n* Völlerei *f*.

glycerin(e) ['glɪsəri:n] *n* Glyzerin *f*.

gm *abbr of* **gram(s), gramme(s)** g.

G-man ['dʒi:mæn] *n*, *pl* **-men** [-men] (*US inf*) FBI-Mann *m*.

gms *abbr of* **gram(me)s** g.

GMT *abbr of* **Greenwich Mean Time** WEZ.

gnarled [nɑ:ld] *adj* *wood, tree* knorrig; *hand* knotig.

gnash [næʃ] *vt* **to ~ one's teeth** mit den Zähnen knirschen.

gnat [næt] *n* (Stech)mücke *f*.

gnaw [nɔ:] **I** *vt* nagen an (+*dat*); *finger-nails also* kauen an (+*dat*); (*rust, disease*) fressen an (+*dat*); *hole* nagen; (*fig*) *conscience, sb* (*hunger, anxiety*) quälen; (*remorse*) verzehren. **to ~ sth off** etw abnagen; **the box had been ~ed by the rats** die Ratten hatten die Kiste angenagt. **II** *vi* nagen. **to ~ at sb/sth** an etw (*dat*) nagen; (*rust, disease*) sich durch etw fressen; (*fig*) jdn/etw quälen; **to ~ on sth** an etw (*dat*) nagen.

♦**gnaw away I** *vi* nagen (*at, on* an +*dat*). **II** *vt sep* wegnagen.

gnawing ['nɔ:ɪŋ] *adj* (*lit*) *sound* nagend; (*fig*) quälend; *feeling also* ungut.

gneiss [naɪs] *n* Gneis *m*.

gnome [nəʊm] *n* Gnom *m*; (*in garden*) Gartenzwerg *m*. **the ~s of Zurich** die Zürcher Gnome *pl*.

GNP *abbr of* **gross national product.**

gnu [nu:] *n* Gnu *nt*.

go [gəʊ] (*vb: pret* **went**, *ptp* **gone**) **I** *vi* **1.** (*proceed, move*) gehen; (*vehicle, by vehicle*) fahren; (*plane*) fliegen; (*travel*) reisen; (*road*) führen. **to ~ to France/on holiday** nach Frankreich fahren/in Urlaub gehen; **I have to ~ to the doctor/ London** ich muß zum Arzt (gehen)/nach London; **to ~ on a journey/course** verreisen, eine Reise/einen Kurs machen; **to ~ for a walk/swim** spazierengehen/schwimmen gehen; **to ~ fishing/shopping/shooting** angeln/einkaufen/auf die Jagd gehen; **the dog/the doll ~es everywhere with her** der Hund geht überall mit ihr mit/sie nimmt die Puppe überallhin mit; **we can talk as we ~** wir können uns unterwegs unterhalten; **where do we ~ from here?** (*lit*) wo gehen wir anschließend hin?; (*fig*) und was (wird) jetzt?; **you're ~ing too fast for me** (*lit, fig*) du bist mir zu schnell; **to ~ looking for sb/sth** nach jdm/etw suchen; **to ~ for a doctor/newspaper** einen Arzt/eine Zeitung holen (gehen); **to ~ to sb for sth** (*ask sb*) jdn wegen etw fragen; (*fetch from sb*) bei jdm etw holen; **there he ~es!** da ist er ja!; **who ~es there?** (*guard*) wer da?; **you ~ first** geh du zuerst!; **you ~ next** du bist der nächste; **there you ~ again!** (*inf*) du fängst ja schon wieder an!; **here we ~ again!** (*inf*) jetzt geht das schon wieder los! (*inf*); **to ~ to get sth, to ~ and get sth** etw holen gehen; **~ and shut the door/tell him** mach mal die Tür zu/sag's ihm; **he's gone and lost his new watch** er hat seine neue Uhr verloren; **don't ~ telling him, don't ~ and tell him** geh jetzt bitte nicht hin und erzähl ihm das (*inf*).

2. (*attend*) gehen. **to ~ to church/ evening class** in die Kirche/in einen Abendkurs gehen, einen Abendkurs besuchen; **to ~ to work** zur Arbeit gehen; **he's ~ing as a pirate** er geht als Pirat; **what shall I ~ in?** was soll ich anziehen?

3. (*depart*) gehen; (*vehicle, by vehicle also*) (ab)fahren; (*plane, by plane also*) (ab)fliegen. **has he gone yet?** ist er schon weg?; **I must ~ now** ich muß jetzt gehen *or* weg; **after I ~ or am gone** (*leave*) wenn ich weg bin; (*die*) wenn ich (einmal) nicht mehr (da) bin; **we must ~ or be ~ing or get ~ing** (*inf*) wir müssen gehen *or* uns langsam auf den Weg machen (*inf*); **time I was gone** Zeit, daß ich gehe; **~!** (*Sport*) los!; **here ~es!** jetzt geht's los! (*inf*).

4. (*disappear, vanish*) verschwinden; (*pain, spot, mark etc also*) weggehen; (*be used up*) aufgebraucht werden; (*time*) vergehen. **it is** *or* **has gone** (*disappeared*) es ist weg; (*used up, eaten etc*) es ist alle (*inf*); **where has it gone?** wo ist es hin *or* geblieben?; **gone are the days when ...** die Zeiten sind vorbei, wo ...; **I don't know where the money ~es** ich weiß nicht, wo all das Geld bleibt; **£10 a week ~es in** *or* **on rent** £ 10 die Woche sind für die Miete (weg); **the heat went out of the debate** die Debatte verlor an Hitzigkeit; **it's just gone three** es ist gerade drei vorbei, es ist kurz nach drei; **two days to ~ till ...** noch zwei Tage bis ...; **only two more patients to ~** nur noch zwei Patienten; **two down and one to ~** zwei geschafft und noch eine(r, s) übrig; **there ~es another one!** und noch eine(r, s) weniger!

5. (*be dismissed*) gehen; (*be got rid of*) verschwinden; (*be abolished*) abgeschafft werden. **that minister will have to ~** der Minister wird gehen müssen; **that old settee will have to ~** das alte Sofa muß weg.

6. (*be sold*) **the hats aren't ~ing very well** die Hüte gehen nicht sehr gut (weg); **to ~ for nothing** umsonst sein; **to be ~ing cheap** billig sein; **it went for £5** es ging für £ 5 weg; **I won't let it ~ for less than that** billiger gebe ich es nicht her; **~ing, ~ing, gone!** zum ersten, zum zweiten, und zum dritten!

7. (*have recourse to*) gehen. **to ~ to the country** (*Brit Parl*) Wahlen ausrufen; **to ~ to law/war** vor Gericht gehen/Krieg führen (*over* wegen).

8. (*prize, 1st place etc*) gehen (*to* an +*acc*); (*inheritance*) zufallen (*to sb* jdm).

9. (*extend*) gehen. **the garden ~es down to the river** der Garten geht bis zum Fluß hinunter; **the difference between them ~es deep** der Unterschied zwischen ihnen geht tief; **I'll ~ to £100** ich gehe bis £ 100.

10. (*run, function*) (*watch*) gehen; (*car, machine also*) laufen; (*workers*) arbeiten. **to ~ by steam** mit Dampf betrieben werden; **to ~ slow** (*workers*) im Bummelstreik sein; (*watch*) nachgehen; **to get ~ing in Schwung** *or* Fahrt kommen; **to get sth ~ing, to make sth ~** etw in Gang bringen; *party* etw in Fahrt bringen; *business* etw auf Vordermann bringen; **to get sb ~ing** jdn in Fahrt bringen; **to get ~ing on** *or* **with sth** etw in Angriff nehmen; **to keep ~ing** (*person*) weitermachen; (*machine, engine etc*) weiterlaufen; (*car*) weiterfahren; (*business*) weiter laufen; **keep ~ing!** weiter!; **this medicine/prospect kept her ~ing** dieses Medikament/diese Aussicht hat sie durchhalten lassen; **here's £50/some work to keep you ~ing** hier hast du erst mal £ 50/etwas Arbeit; **to keep sb ~ing in food** jdn mit Essen versorgen.

11. (*happen, turn out*) (*project, things*) gehen; (*event, evening*) verlaufen; (*voting, election*) ausgehen. **how does the story/tune ~?** wie war die Geschichte doch noch mal/wie geht die Melodie?; **how does his theory ~?** welche Theorie hat er?, was ist seine Theorie?; **the story** *or* **rumour ~es that ...** es geht das Gerücht, daß ...; **the election/decision went in his favour/against him** die Wahl/ Entscheidung fiel zu seinen Gunsten/ Ungunsten aus; **how's it ~ing?, how ~es it?** (*inf*) wie geht's (denn so)? (*inf*); **how did it ~?** wie war's?; **how did the exam/ your holiday ~?** wie ging's in der Prüfung/ wie war der Urlaub?; **if everything ~es well** wenn alles gutgeht; **all went well for**

him until ... alles ging gut, bis ...; **we'll see how things ~** (*inf*) wir werden sehen, wie es läuft (*inf*) *or* geht; **you know the way things ~** Sie wissen ja, wie das so ist *or* geht; **the way things are ~ing I'll ...** so wie es aussieht, werde ich ...; **things have gone well/ badly for me** es ist gut/schlecht gelaufen; **she has a lot ~ing for her** sie ist gut dran.

12. (*fail, break, wear out*) (*material, mechanism, bulb, zip etc*) kaputtgehen; (*through rust*) (durch)rosten; (*health, strength, eyesight etc*) nachlassen; (*brakes, steering*) versagen; (*button*) abgehen. **the jumper has gone at the elbows** der Pullover ist an den Ärmeln durch (*inf*); **his mind is ~ing** er läßt geistig sehr nach; **there ~es another bulb/button!** schon wieder eine Birne kaputt/ein Knopf ab!

13. (*be permitted, accepted: behaviour, dress etc*) gehen (*inf*). **anything ~es!** alles ist erlaubt; **what I say ~es!** was ich sage, gilt *or* wird gemacht!; **that ~es for me too** (*that applies to me*) das gilt auch für mich; (*I agree*) das meine ich auch.

14. (*be available*) **there are several houses/jobs ~ing** es sind mehrere Häuser/ Stellen zu haben; **I'll have whatever is ~ing** ich nehme, was es gibt; **the best beer ~ing** das beste Bier, das es gibt; **he's not bad as boys ~** verglichen mit anderen Jungen ist er nicht übel.

15. (*be, become*) werden. **to ~ deaf/ mad/bad/grey** taub/verrückt/schlecht/ grau werden; **to ~ hungry** hungern; **to ~ in rags** in Lumpen gehen; **to ~ to sleep/ ruin** einschlafen/zerfallen; **to ~ Japanese/ ethnic** auf japanisch/auf Folklore machen (*inf*); **to ~ Labour** Labour wählen.

16. (*be contained, fit*) gehen, passen; (*belong, be placed*) hingehören; (*in drawer, cupboard etc*) (hin)kommen. **it won't ~ in the box** es geht *or* paßt nicht in die Kiste; **the books ~ in that cupboard** die Bücher kommen *or* gehören in den Schrank dort; **4 into 3 won't ~** 3 durch 4 geht nicht.

17. (*match*) dazu passen. **to ~ with sth** zu etw passen.

18. (*contribute*) **the money ~es to help the poor** das Geld soll den Armen helfen; **the money will ~ towards a new car** das ist Geld für ein neues Auto.

19. (*make a sound or movement*) machen. **to ~ bang/shh/tick-tock** peng/ pst/ticktack machen; **~ like that (with your left foot)** mach so (mit deinem linken Fuß); **there ~es the bell** es klingelt.

20. (*US*) **food to ~** Essen zum Mitnehmen.

II *aux vb* (*forming future tense*) **I'm/I was/I had been ~ing to do it** ich werde/ich wollte es tun/ich habe es tun wollen; **I wasn't ~ing to do it** (*anyway*) ich hätte es sowieso nicht gemacht; **it's ~ing to rain** es wird wohl regnen; **he knew that he wasn't ~ing to see her again** er wußte, daß er sie nicht wiedersehen würde; **there's ~ing to be trouble** es wird Ärger geben.

III *vt* **t.** *route, way* gehen; (*vehicle, by vehicle*) fahren.

2. (*Cards etc*) £5 gehen bis.

3. (*inf*) **to ~ it** (*~fast*) ein tolles Tempo draufhaben (*inf*); (*live hard*) es toll treiben (*inf*); (*work hard*) sich hineinknien (*inf*); **to ~ it alone** sich selbständig machen.

4. my mind went a complete blank ich hatte ein Brett vor dem Kopf (*inf*).

5. (*inf*) **I could ~ a beer** ich könnte ein Bier vertragen.

IV *n, pl* **-es 1.** (*inf*) (*energy*) Schwung *m*. **to be full of ~** unternehmungslustig sein.

2. to be on the ~ auf Trab sein (*inf*); **to keep sb on the ~** jdn auf Trab halten (*inf*); **he's got two women/books on the ~** er hat zwei Frauen gleichzeitig/er liest zwei Bücher gleichzeitig; **it's all ~** es ist immer was los (*inf*).

3. (*attempt*) Versuch *m*. **it's your ~** du bist dran (*inf*) *or* an der Reihe; **you've had your ~** du warst schon dran (*inf*) *or* an der Reihe; **miss one ~** einmal aussetzen; **to have a ~** es versuchen, es probieren; **have a ~!** versuch's *or* probier's (*inf*) doch mal!; **to have a ~ at sb** (*criticize*) jdn runterputzen (*inf*); (*fight*) es mit jdm aufnehmen; **to have a ~ at doing sth** versuchen *or* probieren, etw zu tun; **at the first/second ~** auf Anhieb (*inf*)/beim zweiten Mal *or* Versuch; **at** *or* **in one ~** auf einen Schlag (*inf*); (*drink*) in einem Zug (*inf*); **she asked for a ~ on his bike** sie wollte mal sein Fahrrad ausprobieren; **can I have a ~?** darf ich mal?

4. (*bout: of illness etc*) Anfall *m*. **I had a bad ~ of flu** ich hatte eine üble Grippe.

5. (*success*) **to make a ~ of sth** in etw (*dat*) Erfolg haben; (**it's) no ~** (*inf*) da ist nichts zu machen; **it's all the ~** (*inf*) das ist der große Hit (*inf*).

6. from the word ~ von Anfang an.

V *adj* (*esp Space*) **you are ~ for take-off/ landing** alles klar zum Start/zur Landung; **all systems (are) ~** (es ist) alles klar.

◆**go about I** *vi* **1.** (*move from place to place*) herumgehen, herumlaufen (*inf*); (*by vehicle*) herumfahren (*in old clothes etc*) herumlaufen. **to ~ ~ in gangs** in Banden durch die Gegend ziehen; **to ~ ~ with sb** mit jdm zusammensein *or* herumziehen (*pej inf*); **she's ~ing ~ with John** sie geht mit John (*inf*); **you shouldn't ~ ~ doing that kind of thing** solche Sachen solltest du nicht machen.

2. (*rumour, flu etc*) umgehen.

3. (*Naut: change direction*) wenden.

II *vi* +*prep obj* **1.** (*set to work at*) task, problem anpacken. **how does one ~ ~ getting seats/finding a job?** wie bekommt man Plätze/eine Stelle?

2. (*be occupied with*) work, jobs erledigen. **to ~ ~ one's business** sich um seine eigenen Geschäfte kümmern.

◆**go across I** *vi* +*prep obj* übergueren; *street etc also* gehen über (+*acc*); *river also* fahren über (+*acc*). **to ~ ~ the sea to Ireland** übers Meer nach Irland fahren.

II *vi* hinübergehen; (*by vehicle*) hinüberfahren; (*by plane*) hinüberfliegen; (*to the enemy etc*) überlaufen (*to* zu).

◆**go after** *vi* +*prep obj* **1.** (*follow*) nachgehen (+*dat*), nachlaufen (+*dat*); (*in vehicle*) nachfahren (+*dat*). **the police went ~ the escaped criminal** die Polizei hat den entkommenen Verbrecher gejagt.

2. (*try to win or obtain*) anstreben, es abgesehen haben auf (+*acc*) (*inf*); *job* sich bemühen um; *goal* verfolgen, anstreben; (*Sport*) *record* einstellen wollen; *personal best* anstreben; *girl* sich bemühen um, nachstellen (+*dat*) (*pej*). **when he decides what he wants he really ~es ~ it** wenn er weiß, was er will, tut er alles, um es zu bekommen.

◆**go against** *vi* +*prep obj* **1.** (*be unfavourable to*) (*luck*) sein gegen; (*events*) ungünstig verlaufen für; (*evidence, appearance*) sprechen gegen.

2. (*be lost by*) **the verdict went ~ her** das Urteil fiel zu ihren Ungunsten aus; **the battle/first rounds went ~ him** er hat die Schlacht/die ersten Runden verloren.

3. (*contradict, be contrary to*) im Widerspruch stehen zu; *principles, conscience* gehen gegen; (*oppose: person*) handeln gegen, sich widersetzen (+*dat*).

◆**go ahead** *vi* **1.** (*go in front*) vorangehen; (*in race*) sich an die Spitze setzen; (*go earlier*) vorausgehen; (*in vehicle*) vorausfahren. **to ~ ~ of sb** vor jdm gehen; sich vor jdn setzen; jdm vorausgehen/-fahren.

2. (*proceed*) (*person*) es machen; (*work, project*) vorangehen. **he just went ~ and did it** er hat es einfach gemacht; **~ ~!** nur zu!; **to ~ ~ with sth** etw durchführen.

◆**go along** *vi* **1.** (*walk along*) gehen, entlangspazieren (*inf*). **as one ~es ~** (*while walking*) unterwegs; (*bit by bit*) nach und nach; (*at the same time*) nebenher; **~ ~ with you!** (*inf*) jetzt hör aber auf! (*inf*).

2. (*accompany*) mitgehen, mitkommen (*with* mit).

3. (*agree*) zustimmen (*with dat*); (*not object*) sich anschließen (*with dat*).

◆**go around** *vi see* **go about I** 1., 2.; **go round** 6.

◆**go at** *vi* +*prep obj* (*inf: attack*) *person* losgehen auf (+*acc*) (*inf*); *task* sich machen an (+*acc*). **to ~ ~ it** loslegen.

◆**go away** *vi* (weg)gehen; (*for a holiday*) wegfahren; (*from wedding*) abreisen, wegfahren. **they went ~ together** (*illicitly*) sie sind miteinander durchgebrannt (*inf*); **"gone ~"** (*on letter*) „verzogen".

◆**go back** *vi* **1.** (*return*) zurückgehen; (*to a subject*) zurückkommen (*to* auf +*acc*); (*revert: to habits, methods etc*) zurückkehren (*to* zu). **they have to ~ ~ to Germany/school next week** nächste Woche müssen sie wieder nach Deutschland zurück/ wieder zur Schule; **to ~ ~ to the beginning** wieder von vorn anfangen; **there's no ~ing ~ now** jetzt gibt es kein Zurück mehr; **he went ~ for his hat** er ging zurück, um seinen Hut zu holen.

2. (*be returned*) (*faulty goods*) zurückgehen; (*library books*) zurückgebracht werden.

3. (*date back*) zurückgehen, zurückreichen (*to* bis zu).

4. (*clock: be put back*) zurückgestellt werden.

5. (*extend back: cave, garden etc*) zurückgehen, zurückreichen (*to* bis zu).

◆**go back on** *vi +prep obj* zurücknehmen; *decision* rückgängig machen; *friend* im Stich lassen. **I never ~ ~ ~ my promises** was ich versprochen habe, halte ich auch.

◆**go before I** *vi* (*live before*) in früheren Zeiten leben; (*happen before*) vorangehen.
II *vi +prep obj* **to ~ ~ the court/ headmaster/committee** vor Gericht erscheinen/zum Rektor/vor den Ausschuß kommen.

◆**go below** *vi* (*Naut*) unter Deck gehen.

◆**go beyond** *vi +prep obj* (*exceed*) hinausgehen über (*+acc*); *orders, instructions also* überschreiten; *hopes, expectations also* übertreffen.

◆**go by I** *vi* (*person, opportunity*) vorbeigehen (*prep obj* an *+dat*); (*procession*) vorbeiziehen (*prep obj* an *+dat*); (*vehicle*) vorbeifahren (*prep obj* an *+dat*); (*time*) vergehen. **as time went ~** mit der Zeit.
II *vi +prep obj* **1.** (*base judgement or decision on*) gehen nach; (*be guided by*) *compass, watch etc, sb's example* sich richten nach; (*stick to*) *rules* sich halten an (*+acc*). **if that's anything to ~ ~** wenn man danach gehen kann; **~ing ~ what he said** nach dem, was er sagte; **that's not much to ~ ~** das will nicht viel heißen.
2. to ~ ~ the name of X X heißen.

◆**go down** *vi* **1.** hinuntergehen (*prep obj acc*); (*by vehicle, lift*) hinunterfahren (*prep obj acc*); (*sun, moon: set*) untergehen; (*Theat: curtain*) fallen; (*fall*) (*boxer etc*) zu Boden gehen; (*horse*) stürzen. **to ~ ~ on one's knees** hinknien; (*to apologize, propose*) auf die Knie fallen; **this wine/cake ~es ~ rather well** dieser Wein/der Kuchen schmeckt gut.
2. (*ship, person: sink*) untergehen; (*be defeated*) geschlagen werden (*to* von); (*fail examination*) durchfallen.
3. (*Brit Univ*) die Universität verlassen; (*for vacation*) in die Semesterferien gehen.
4. (*inf: go to prison*) eingelocht werden.
5. (*be accepted, approved*) ankommen (*with* bei). **that won't ~ ~ well with him** das wird er nicht gut finden.
6. (*be reduced, lessen*) (*floods, temperature, fever, supplies, swelling*) zurückgehen; (*taxes, value*) sich verringern, weniger werden; (*prices*) sinken, runtergehen (*inf*); (*barometer*) fallen; (*wind*) nachlassen; (*sea*) sich beruhigen; (*balloon, tyre*) Luft verlieren; (*deteriorate: neighbourhood*) herunterkommen. **he has gone ~ in my estimation** er ist in meiner Achtung gesunken.
7. (*go as far as*) gehen (*to* bis). **I'll ~ ~ to the bottom of the page** ich werde die Seite noch fertig machen.
8. (*be noted, remembered*) vermerkt werden. **to ~ ~ in history** in die Geschichte eingehen.
9. (*Bridge*) den Kontrakt nicht erfüllen. **they went five ~** sie blieben fünf unter dem gebotenen Kontrakt.
10. (*become ill*) **to ~ ~ with a cold** eine Erkältung bekommen.

11. (*Mus inf: lower pitch*) heruntergehen (*inf*), tiefer singen/spielen.

◆**go for** *vi +prep obj* **1.** (*inf: attack*) *person* losgehen auf (*+acc*) (*inf*); (*verbally*) herziehen über (*+acc*). **~ ~ him!** (*to dog*) faß!
2. (*inf: admire, like*) gut finden.
3. (*aim at*) zielen auf (*+acc*); (*fig*) aussein auf (*+acc*) (*inf*); (*in claim etc*) fordern.

◆**go forth** *vi* (*old, liter*) (*person*) hingehen; (*order*) ergehen (*liter*).

◆**go forward** *vi* **1.** (*make progress: work etc*) vorangehen. **2.** (*proceed, go ahead*) **to ~ ~ with sth** etw durchführen, etw in die Tat umsetzen. **3.** (*be put forward: suggestion etc*) vorgelegt werden (*to dat*).

◆**go in** *vi* **1.** (*enter*) hineingehen; (*Cricket*) nach „innen" gehen. **I must ~ ~ now** ich muß jetzt hinein(gehen); **~ ~ and win!** (*inf*) jetzt zeig's ihnen aber! (*inf*).
2. (*sun, moon: go behind clouds*) weggehen, verschwinden.
3. (*fit in*) hineingehen, hineinpassen.
4. (*sink in*) jdm eingehen.

◆**go in for** *vi +prep obj* **1.** (*enter for*) teilnehmen an (*+dat*).
2. (*approve of, be interested in, practise*) zu haben sein für; (*as career*) sich entschieden haben für, gewählt haben. **to ~ ~ ~ sports/tennis** (*play oneself*) Sport treiben/Tennis spielen; (*be interested in*) sich für Sport/Tennis interessieren; **he's gone ~ ~ ~ growing vegetables/breeding rabbits etc** er hat sich auf Gemüse/Kaninchenzucht etc verlegt; **he ~es ~ ~ all these big words** all diese großartigen Wörter haben es ihm angetan.

◆**go into** *vi +prep obj* **1.** *drawer, desk etc* kramen in (*+dat*); *a house, hospital, politics, the grocery trade* gehen in (*+acc*); *the army, navy etc* gehen zu. **to ~ ~ digs or lodgings** sich (*dat*) ein Zimmer nehmen; **to ~ ~ publishing** ins Verlagswesen gehen; **to ~ ~ teaching/parliament/the Church** Lehrer/Abgeordneter/Geistlicher werden.
2. (*crash into*) *car* (hinein)fahren in (*+acc*); *wall* fahren gegen.
3. (*embark on*) *explanation, description etc* von sich (*dat*) geben, vom Stapel lassen (*inf*); *routine* verfallen in (*+acc*).
4. *trance, coma* fallen in (*+acc*); *convulsions, fit* bekommen. **to ~ ~ hysterics** hysterisch werden; **to ~ ~ peals of/a fit of laughter** laut loslachen/einen Lachanfall bekommen; **to ~ ~ mourning for sb** um jdn trauern.
5. (*start to wear*) tragen.
6. (*look into*) sich befassen mit; (*treat, explain at length*) abhandeln. **I don't want to ~ ~ that now** darauf möchte ich jetzt nicht (näher) eingehen.

◆**go in with** *vi +prep obj* sich zusammentun *or* zusammenschließen mit.

◆**go off I** *vi* **1.** (*leave*) weggehen; (*by vehicle*) abfahren, wegfahren (*on* mit); (*Theat*) abgehen. **he went ~ to the States** er fuhr in die Staaten; **to ~ ~ with sb/sth** mit jdm/ etw weggehen; (*illicitly*) mit jdm/etw auf und davon gehen (*inf*).
2. (*stop operating*) (*light*) ausgehen; (*water, electricity, gas*) wegbleiben;

(*telephones*) nicht funktionieren.
3. (*gun, bomb, alarm*) losgehen; (*alarm clock*) klingeln.
4. to ~ ~ into fits of laughter in schallendes Gelächter ausbrechen.
5. (*go bad*) (*food*) schlecht werden; (*milk also*) sauer werden; (*butter also*) ranzig werden; (*fig*) (*person, work, performance*) nachlassen, sich verschlechtern; (*sportsman, writer, actor*) abbauen.
6. (*inf*) (*go to sleep*) einschlafen; (*into trance*) in Trance verfallen.
7. (*take place*) verlaufen. **to ~ ~ well/badly** gut/schlecht gehen.
II *vi* **1.** (*lose liking for*) nicht mehr mögen; *hobby also* das Interesse verlieren an (+*dat*). **I've gone ~ him/that** ich mag ihn/es nicht mehr; **it's funny how you ~ ~ people** so schnell kann einem jemand unsympathisch werden.
2. to ~ ~ the gold standard vom Goldstandard abgehen.
◆**go on I** *vi* **1.** (*fit*) passen (*prep obj* auf +*acc*). **my shoes won't ~ ~** ich komme nicht in meine Schuhe.
2. (*light, power*) angehen.
3. (*walk on etc*) weitergehen; (*by vehicle*) weiterfahren; (*ahead of others*) vorausgehen.
4. (*carry on, continue*) (*talks, problems, war etc*) weitergehen; (*person*) weitermachen. **it ~es ~ and ~** es hört nicht mehr auf; **to ~ ~ with sth** etw fortsetzen, mit etw weitermachen; **to ~ ~ working/coughing/hoping/trying** weiterarbeiten/weiterhusten/weiter hoffen/es weiter(hin) versuchen; **I want to ~ ~ being a teacher** *etc* ich möchte Lehrer *etc* bleiben; **to ~ ~ speaking** weitersprechen; (*after a pause*) fortfahren; **~ ~, tell me/try!** na, sag schon/na, versuch's doch!; **~ ~ (with you)!** (*iro inf*) na komm, komm! (*iro inf*); **to have enough/ something to ~ ~ with** *or* **to be ~ing ~ with** fürs erste genug/mal etwas haben; **he went ~ to say that ...** dann sagte er, daß ...; **I can't ~ ~** ich kann nicht mehr; (*I'm stuck*) ich weiß nicht mehr weiter.
5. (*talk incessantly*) wie ein Buch (*inf*) *or* unaufhörlich reden; (*nag, harp on*) darauf herumhacken (*inf*). **don't ~ ~ (about it)** nun hör aber (damit) auf; **to ~ ~ about sb/sth** (*talk a lot*) stundenlang von jdm/etw erzählen; (*complain*) dauernd über jdn/etw klagen; **to ~ ~ at sb** an jdm herumnörgeln.
6. (*happen*) passieren, vor sich gehen; (*party, argument etc*) im Gange sein. **this has been ~ing ~ for a long time** das geht schon lange so.
7. (*time: pass*) vergehen. **as time ~es ~** im Laufe der Zeit.
8. (*pej: behave*) sich aufführen.
9. (*Theat: appear*) auftreten; (*Sport*) dran sein (*inf*), an der Reihe sein.
II *vi* +*prep obj* **1.** (*ride on*) *bus, bike, roundabout etc* fahren mit; *horse, donkey etc* reiten auf (+*dat*). **to ~ ~ the swings/slide** schaukeln/rutschen.
2. (*be guided by*) gehen nach, sich verlassen auf (+*acc*); *evidence* sich stützen auf (+*acc*).

3. to ~ ~ short time/the dole kurzarbeiten/stempeln gehen (*inf*); **to ~ ~ a diet/the pill** eine Schlankheitskur machen/die Pille nehmen.
4. (*sl: like*) stehen auf (+*acc*); *see* **gone**.
5. (*approach*) *fifty etc* zugehen auf (+*acc*).
◆**go on for** *vi* +*prep obj fifty, one o'clock* zugehen auf (+*acc*). **there were ~ ~ twenty people there** es waren fast zwanzig Leute da.
◆**go out** *vi* **1.** (*leave*) hinausgehen. **to ~ ~ of a room** aus einem Zimmer gehen.
2. (*shopping etc*) weggehen; (*socially, to theatre etc, with girl-/boyfriend*) ausgehen. **to ~ ~ riding** ausreiten; **to ~ ~ for a meal** essen gehen.
3. (*fire, light*) ausgehen.
4. (*become unconscious*) das Bewußtsein verlieren, wegsein (*inf*); (*fall asleep*) einschlafen, wegsein (*inf*).
5. (*become outmoded*) (*fashion*) unmodern werden; (*custom*) überholt sein.
6. to ~ ~ cleaning/to work putzen/arbeiten gehen.
7. (*Pol: leave office*) abgelöst werden.
8. (*emigrate, go overseas*) **the family went ~ to Australia** die Familie ging nach Australien.
9. (*strike*) streiken. **to ~ ~ on strike** in den Streik treten.
10. (*tide*) zurückgehen.
11. my heart went ~ to him ich fühlte mit ihm mit.
12. (*Sport: be defeated*) ausscheiden.
13. (*strive*) **to ~ all ~** sich ins Zeug legen (*for* für).
14. (*be issued*) (*pamphlet, circular*) (hinaus)gehen; (*Rad, TV: programme*) ausgestrahlt werden.
15. (*year, month: end*) zu Ende gehen.
16. (*US: be a candidate for*) antreten für; (*Ftbl etc also*) spielen für.
◆**go over I** *vi* **1.** (*cross*) hinübergehen; (*by vehicle*) hinüberfahren.
2. (*change allegiance, habit, diet etc*) übergehen (*to* zu); (*to another party*) überwechseln (*to* zu).
3. (*TV, Rad*) umschalten.
4. (*be overturned*) umkippen.
5. (*play, remarks etc*) ankommen.
II *vi* +*prep obj* **1.** (*examine, check over*) *accounts, report* durchgehen; *house, luggage* durchsuchen; *person, car* untersuchen; (*see over*) *house etc* sich (*dat*) ansehen, besichtigen.
2. (*repeat, rehearse, review*) *lesson, role, facts* durchgehen. **to ~ ~ sth in one's mind** etw durchdenken *or* überdenken.
3. (*wash, dust etc*) *windows, room* schnell saubermachen.
4. (*redraw*) *outlines etc* nachzeichnen.
◆**go past** *vi* vorbeigehen (*prep obj* an +*dat*); (*vehicle*) vorbeifahren (*prep obj* an +*dat*); (*procession*) vorbeiziehen (*prep obj* an +*dat*); (*time*) vergehen.
◆**go round** *vi* **1.** (*turn, spin*) sich drehen.
2. (*make a detour*) außen herumgehen; (*by vehicle*) außen herumfahren. **to ~ ~ sth** um etw herumgehen/-fahren; **to ~ ~ the long way** ganz außen herumgehen/-fahren.

3. (*visit*) vorbeigehen (*to* bei).

4. (*tour: round museum etc*) herumgehen (*prep obj* in +*dat*).

5. (*be sufficient*) langen, (aus)reichen. **there's enough food to ~ ~ (all these people)** es ist (für all diese Leute) genügend zu essen da.

6. +*prep obj* (*encircle, reach round*) herumgehen um.

7. *see* **go about I 1., 2.**

◆**go through I** *vi* (*lit, fig*) durchgehen; (*business deal*) abgeschlossen werden; (*divorce*) durchkommen.

II *vi* +*prep obj* **1.** *hole, door, customs etc* gehen durch.

2. (*suffer, endure*) durchmachen.

3. (*examine, discuss, rehearse*) *list, subject, play, mail, lesson* durchgehen.

4. (*search*) durchsuchen.

5. (*use up*) aufbrauchen; *money* ausgeben, durchbringen (*inf*); *shoes* durchlaufen (*inf*); *food, ice-cream* aufessen. **he has gone ~ the seat of his trousers** er hat seine Hose durchgesessen; **this book has already gone ~ 13 editions** das Buch hat schon 13 Auflagen erlebt.

6. *formalities, apprenticeship, initiation* durchmachen; *course* absolvieren; *funeral, matriculation* mitmachen. **they went ~ the pɪogramme in two hours** sie haben das Pɪogramm in zwei Stunden durchgezogen.

◆**go through with** *vi* +*prep obj* *plan, undertaking* durchziehen (*inf*); *crime* ausführen. **she realized that she had to ~ ~ ~ it** sie sah, daß es kein Zurück gab.

◆**go to** *vi* +*prep obj* (*make an effort*) **to ~ ~ it** sich ranhalten (*inf*); **~ ~ it!** los, ran!

◆**go together** *vi* **1.** (*harmonize: colours, ideas, people*) zusammenpassen. **2.** (*go hand in hand: events, conditions*) zusammen auftreten. **3.** (*go out together*) miteinander gehen.

◆**go under I** *vi* (*sink: ship, person*) untergehen; (*fail*) (*businessman*) scheitern (*because of* an +*dat*); (*company*) eingehen (*inf*).

II *vi* +*prep obj* **1.** (*pass under*) durchgehen unter (+*dat*); (*fit under*) gehen *or* passen unter (+*acc*).

2. **to ~ ~ the name of X** als X bekannt sein.

◆**go up** *vi* **1.** (*rise: price, temperature etc*) steigen.

2. (*climb*) (*up stairs, hill*) hinaufgehen, hinaufsteigen (*prep obj acc*); (*up ladder*) hinaufsteigen (*prep obj acc*); (*up tree*) hinaufklettern (*prep obj* auf +*acc*).

3. (*lift*) hochfahren; (*balloon*) aufsteigen; (*Theat: curtain*) hochgehen; (*be built: new flats etc*) gebaut werden.

4. (*travel*) (*to the north*) hochfahren; (*to London*) fahren. **to ~ ~ to university** (*Brit*) auf die Universität gehen.

5. (*explode, be destroyed*) hochgehen (*inf*), in die Luft gehen. **to ~ ~ in flames** in Flammen aufgehen.

◆**go with** *vi* +*prep obj* **1.** *sb* gehen mit. **2.** (*go hand in hand with*) Hand in Hand gehen mit. **3.** (*be included or sold with*) gehören zu. **4.** (*harmonize with*) passen zu.

◆**go without I** *vi* +*prep obj* nicht haben. **to ~ ~ food/breakfast** nichts essen/nicht frühstücken; **to have to ~ ~ sth** ohne etw auskommen müssen, auf etw (*acc*) verzichten müssen.

II *vi* darauf verzichten.

goad [gəʊd] **I** *n* (*stick*) Stachelstock *m*; (*fig*) (*spur*) Ansporn *m*; (*taunt*) aufstachelnde Bemerkung. **II** *vt* (*taunt*) aufreizen. **to ~ sb into sth** jdn zu etw anstacheln.

◆**goad on** *vt sep cattle* antreiben; (*fig*) anstacheln, aufstacheln.

go-ahead ['gəʊəhed] **I** *adj* fortschrittlich, progressiv. **II** *n* **to give sb/sth the ~** jdm/ für etw grünes Licht *or* freie Fahrt geben.

goal [gəʊl] *n* **1.** (*Sport*) Tor *nt*. **to keep ~, to play in ~** im Tor stehen, im Tor spielen; **to score/kick a ~** ein Tor erzielen/ schießen. **2.** (*aim, objective*) Ziel *nt*.

goal area *n* Torraum *m*.

goalie ['gəʊlɪ] *n* (*inf*) Tormann *m*.

goalkeeper ['gəʊlˌkiːpəʳ] *n* Torwart, Torhüter, Torsteher *m*; **goal-kick** *n* Abstoß *m* (vom Tor); **goal-line** *n* Torlinie *f*; **goalmouth** *n* unmittelbarer Torbereich; **goal-post** *n* Torpfosten *m*.

goat [gəʊt] *n* Ziege *f*; (*inf*) (*silly person*) (*man*) Esel *m* (*inf*); (*woman*) Ziege *f* (*inf*); (*lecher*) Bock *m* (*inf*). **to get sb's ~** jdn auf die Palme bringen (*inf*).

goatee (beard) [gəʊ'tiː(ˌbɪəd)] *n* Spitzbart *m*.

goatherd ['gəʊthɜːd] *n* Ziegenhirte *m*; **goatskin** *n* Ziegenleder *nt*.

gob[1] [gɒb] *n* (*lump*) Klumpen *m*.

gob[2] *n* (*Brit sl: mouth*) Schnauze *f* (*sl*). **shut your ~!** halt die Schnauze! (*sl*).

gob[3] *n* (*US sl: sailor*) blauer Junge (*inf*), Blaujacke *f* (*inf*).

gobbet ['gɒbɪt] *n* Brocken *m*.

gobble ['gɒbl] **I** *vt* verschlingen. **II** *vi* **1.** (*eat noisily*) schmatzen. **2.** (*turkey*) kollern. **III** *n* (*of turkey*) Kollern *nt*.

◆**gobble down** *vt sep* hinunterschlingen.

◆**gobble up** *vt sep* (*lit, fig*) verschlingen; (*company*) schlucken.

gobbledegook, gobbledygook ['gɒbldɪˌguːk] *n* (*inf*) Kauderwelsch *nt*.

gobbler ['gɒbləʳ] *n* Truthahn *m*.

go-between ['gəʊbɪˌtwiːn] *n*, *pl* **-s** Vermittler(in *f*), Mittelsmann *m*.

goblet ['gɒblɪt] *n* Pokal *m*; (*esp of glass*) Kelchglas *nt*.

goblin ['gɒblɪn] *n* Kobold *m*.

goby ['gəʊbɪ] *n* (*fish*) Meergrundel *f*.

go-by ['gəʊbaɪ] *n* **to give sb the ~** jdn schneiden, jdn links liegenlassen (*inf*); **go-cart** *n* (*child's cart*) Seifenkiste *f*; (*Sport: kart*) Go-Kart *m*; (*US: walker*) Laufstuhl *m*; (*US: pushchair*) Sportwagen *m*.

god [gɒd] *n* **1.** G~ Gott *m*; G~ **willing** so Gott will; G~ **forbid** (*inf*) Gott behüte *or* bewahre; G~ **(only) knows** (*inf*) wer weiß; **do you think he'll succeed? — G~ knows!** glaubst du, daß er Erfolg haben wird? — das wissen die Götter!; **(my) G~!, good G~!, by G~!, G~ almighty!** (*all inf*) O Gott! (*inf*), großer Gott! (*inf*); **for G~'s sake!** (*inf*) um Gottes *or* Himmels willen (*inf*); **what in G~'s name ...?** um Himmels willen, was ...?

2. (*non-Christian*) Gott *m*. Mars, the ~ of war Mars, der Kriegsgott; **to play** ~ Gott *or* den Herrgott spielen; **money is his** ~ das Geld ist sein Gott *or* Götze.

3. (*Brit Theat inf*) **the ~s** die Galerie, der Olymp (*inf*).

godawful [‚gɒdˈɔːfʊl] *adj* (*US inf*) beschissen (*sl*); **godchild** *n* Patenkind *nt*; **goddam(ned)** *adj* (*US inf*) Scheiß- (*sl*), gottverdammt (*inf*); **goddaughter** *n* Patentochter *f*.

goddess [ˈgɒdɪs] *n* Göttin *f*.

godfather [ˈgɒdˌfɑːðəʳ] *n* Pate *m*; **my** ~ mein Patenonkel *m*; **god-fearing** *adj* gottesfürchtig; **godforsaken** *adj* (*inf*) gottverlassen; **godhead** *n* Gottheit *f*; **the** G~Gott *m*; **godless** *adj* gottlos; **godlessness** *n* Gottlosigkeit *f*; **godlike** *adj* göttergleich; *attitude* gottähnlich.

godliness [ˈgɒdlɪnɪs] *n* Frömmigkeit, Gottesfürchtigkeit *f*.

godly [ˈgɒdlɪ] *adj* (+*er*) fromm, gottesfürchtig.

godmother [ˈgɒdˌmʌðəʳ] *n* Patin *f*; **my** ~ meine Patentante *f*; **godparent** *n* Pate *m*, Patin *f*; **godsend** *n* Geschenk *nt* des Himmels; **godson** *n* Patensohn *m*.

goer [ˈgəʊəʳ] *n* **1.** (*horse, runner*) Geher *m*. **to be a good/sweet** ~ gut laufen. **2.** (*Austral inf: good idea*) **to be a** ~ was taugen (*inf*).

goes [gəʊz] *3rd pers sing present of* **go**.

go-getter [ˈgəʊˈgetəʳ] *n* (*inf*) Tatmensch, Ellbogentyp (*pej inf*) *m* (*inf*).

goggle [ˈgɒgl] *vi* (*person*) staunen, starren, glotzen (*pej inf*); (*eyes*) starr *or* weit aufgerissen sein. **to** ~ **at sb/sth** jdn/etw anstarren *or* anglotzen (*pej inf*)

goggle-box [ˈgɒglbɒks] *n* (*Brit inf*) Glotzkiste (*inf*), Glotze *f* (*inf*); **goggle-eyed** *adj* mit Kulleraugen, kulleräugig.

goggles [ˈgɒglz] *npl* Schutzbrille *f*; (*inf: glasses*) Brille *f*.

go-go-dancer [ˈgəʊgəʊˌdɑːnsəʳ] *n* Go-go Tänzerin *f*.

going [ˈgəʊɪŋ] **I** *n* **1.** Weggang *m*.

2. (*pace, conditions*) **it's slow** ~ es geht nur langsam; **that is good** *or* **fast** ~ das ist ein flottes Tempo; **the** ~ **is good/soft/hard** (*in racing*) die Bahn ist gut/weich/hart; **the road was heavy/rough** ~ man kam auf der Straße nur schwer/mit Mühe voran; **it's heavy** ~ **talking to him** es ist sehr mühsam, sich mit ihm zu unterhalten; **while the** ~ **is good** solange es noch geht.

II *adj attr* **1.** (*viable*) *business* gutgehend. **to sell sth as a** ~ **concern** etw als ein bestehendes Unternehmen verkaufen.

2. (*current*) *price, rate* gängig.

going-over [ˈgəʊɪŋˈəʊvəʳ] *n* **1.** (*examination*) Untersuchung *f*. **to give a contract/ painting/patient/house a good** ~ einen Vertrag gründlich prüfen/ein Gemälde/ einen Patienten gründlich untersuchen/ ein Haus gründlich durchsuchen.

2. (*inf: beating-up*) Abreibung *f* (*inf*).

goings-on [ˌgəʊɪŋzˈɒn] *npl* (*inf: happenings*) Dinge *pl*. **there have been strange** ~ da sind seltsame Dinge passiert; **fine** ~! schöne Geschichten!

goitre, (*US*) **goiter** [ˈgɔɪtəʳ] *n* Kropf *m*.

go-kart [ˈgəʊˌkɑːt] *n* Go-Kart *m*.

gold [gəʊld] **I** *n* **1.** (*abbr* **Au**) Gold *nt*; (*wealth*) Geld *nt*; (*inf:* ~ *medal*) Goldmedaille *f*. **2.** (*colour*) Goldton *m*. **II** *adj* golden; (*made of* ~ *also*) Gold-.

gold braid *n* Goldtresse *or* -litze *f*; **goldbrick** (*US*) **I** *n* **1.** (*inf*) (*gilded metal bar*) falscher Goldbarren; (*worthless object*) schöner Schund; **to sell sb a** ~ jdm etwas andrehen (*inf*); **2.** (*sl: shirker*) Drückeberger *m* (*inf*); **II** *vi* (*sl*) sich drücken (*inf*); **goldbricker** *n* (*US sl*) *see* **goldbrick I 2.**; **goldcrest** *n* Goldhähnchen *nt*; **gold-digger** *n* Goldgräber *m*; **she's a real little** ~ (*inf*) sie ist wirklich nur aufs Geld aus (*inf*); **gold dust** *n* Goldstaub *m*.

golden [ˈgəʊldən] *adj* (*lit, fig*) golden; *opportunity* einmalig. ~ **yellow/brown** goldgelb/goldbraun; ~ **boy/girl** Goldjunge *m*/Goldmädchen *nt*; **to follow the** ~ **mean** die goldene Mitte wählen.

golden age *n* (*Myth*) Goldenes Zeitalter; (*fig*) Blütezeit *f*; **Golden Delicious** *n* Golden Delicious *m*; **golden eagle** *n* Steinadler *m*; **the Golden Fleece** *n* das Goldene Vlies; **golden handshake** *n* (*inf*) Abstandssumme *f*; **the director got a** ~ **of £500** der Direktor hat zum Abschied £500 bekommen; **golden jubilee** *n* goldenes Jubiläum; **golden labrador** *n* Goldener Labrador; **golden oriole** *n* Pirol *m*; **golden pheasant** *n* Goldfasan *m*; **goldenrod** *n* Goldrute *f*; **golden rule** *n* goldene Regel; **golden wedding (anniversary)** *n* goldene Hochzeit.

gold fever *n* Goldfieber *nt*; **goldfield** *n* Goldfeld *nt*; **goldfinch** *n* (*European*) Stieglitz, Distelfink *m*; (*US*) Amerikanischer Fink; **goldfish** *n* Goldfisch *m*; **goldfish bowl** *n* Goldfischglas *nt*; **it's like living in a** ~**bowl** da ist man wie auf dem Präsentierteller; **gold foil** *n* Goldfolie *f*; **gold leaf** *n* Blattgold *nt*; **gold medal** *n* Goldmedaille *f*; **gold mine** *n* Goldbergwerk *nt*, Goldgrube *f* (*also fig*); **gold plate** *n* (*plating*) Vergoldung *f*, Goldüberzug *m*; (*plated articles*) vergoldetes Gerät; (*gold articles*) goldenes Gerät; **gold-plate** *vt* vergolden; **gold reserves** *npl* Goldreserven *pl*; **gold rush** *n* Goldrausch *m*; **goldsmith** *n* Goldschmied *m*; **gold standard** *n* Goldstandard *m*.

golf [gɒlf] **I** *n* Golf *nt*. **II** *vi* Golf spielen.

golf bag *n* Golftasche *f*; **golf ball** *n* Golfball *m*; **golf-ball typewriter** *n* Kugelkopfschreibmaschine *f*; **golf club** *n* (*instrument*) Golfschläger *m*; (*association*) Golfklub *m*; **golf course** *n*, **golf links** *npl* Golfplatz *m*.

golfer [ˈgɒlfəʳ] *n* Golfer(in *f*), Golfspieler(in *f*) *m*.

Goliath [gəʊˈlaɪəθ] *n* (*lit, fig*) Goliath *m*.

golliwog [ˈgɒlɪwɒg] *n* Negerpuppe *f*.

golly *interj* (*inf*) Menschenskind (*inf*).

goloshes [gəˈlɒʃəz] *npl see* **galoshes**.

gonad [ˈgəʊnæd] *n* Gonade *f*.

gondola [ˈgɒndələ] *n* **1.** (*in Venice, of balloon, cable car etc*) Gondel *f*. **2.** (*US Rail: also* ~ **car**) offener Güterwagen.

gondolier [ˌgɒndəˈlɪəʳ] *n* Gondoliere *m*.

gone [gɒn] I *ptp of* **go**. II *adj pred* **1.** (*inf: enthusiastic*) **to be ~ on sb/sth** von jdm/ etw (ganz) weg sein (*inf*); **I'm not ~ on ...** ich bin nicht verrückt auf (+*acc*) ... (*inf*). **2.** (*inf: pregnant*) **she was 6 months ~** sie war im 7. Monat. **3.** *see* **far.**

goner [ˈgɒnəʳ] *n* (*inf*) **to be a ~** (*car etc*) kaputt sein (*inf*); (*patient*) es nicht mehr lange machen; (*socially, professionally*) weg vom Fenster sein (*inf*).

gong [gɒŋ] *n* **1.** Gong *m*. **2.** (*Brit sl: medal*) Blech *nt* (*inf*). **~s** Lametta *nt* (*inf*).

gonorrhoea [ˌgɒnəˈrɪə] *n* Gonorrhöe *f*.

goo [guː] *n* (*inf*) (*sticky stuff*) Papp *m* (*inf*); (*fig: sentimentality*) Schmalz *m* (*inf*).

good [gʊd] I *adj, comp* **better,** *superl* **best 1.** gut. **that's a ~ one!** (*joke*) der ist gut!, das ist ein guter Witz (*also iro*); (*excuse*) wer's glaubt, wird selig! (*inf*); **you've done a ~ day's work there** da hast du gute Arbeit (für einen Tag) geleistet; **it's no ~ doing it like that** es hat keinen Sinn, das so zu machen; **that's no ~** das ist nichts; **it's a ~ firm to work for** in der Firma läßt es sich gut arbeiten; **to be ~ at sport/ languages** gut im Sport/in Sprachen sein; **to be ~ at sewing/typing** gut nähen/ maschineschreiben können; **I'm not very ~ at that** das kann ich nicht besonders gut; **he's ~ at telling stories** er kann gut Geschichten erzählen; **he tells a ~ story** er erzählt gut; **to be ~ for sb** jdm guttun; (*be healthy also*) gesund sein; **to be ~ for toothache/one's health** gut gegen Zahnschmerzen/für die Gesundheit sein; **to drink more than is ~ for one** mehr trinken, als einem guttut; **it isn't ~ to eat unwashed fruit** es ist nicht gesund *or* gut, ungewaschenes Obst zu essen; **she looks ~ enough to eat** (*hum*) sie sieht zum Anbeißen aus (*inf*); **to be ~ with people** mit Menschen umgehen können; **~ fortune** Glück *nt*; **~ nature** Gutmütigkeit *f*; **you've never had it so ~!** es ist euch noch nie so gut gegangen; **it's too ~ to be true** es ist zu schön, um wahr zu sein; **to feel ~** sich wohl fühlen; **I don't feel too ~** mir ist nicht gut, ich fühle mich nicht wohl; **I don't feel too ~ about that/the company's future** mir ist nicht ganz wohl dabei/mir ist nicht ganz wohl, wenn ich an die Zukunft der Firma denke; **to come in a ~ third** einen guten dritten Platz belegen; **that's (not) ~ enough** das reicht (nicht); **is his work ~?** — **not ~ enough, I'm afraid/~ enough, I suppose** ist seine Arbeit gut? —leider nicht gut genug/es geht *or* reicht; **if he gives his word, that's ~ enough for me** wenn er sein Wort gibt, reicht mir das; **it's just not ~ enough!** so geht das nicht!; **his attitude is just not ~ enough** er hat einfach nicht die richtige Einstellung. **2.** (*favourable, opportune*) *moment, chance, opportunity* günstig, gut. **a ~ day for a picnic** ein guter Tag für ein Picknick; **it's a ~ thing** *or* **job I was there** (nur) gut, daß ich dort war. **3.** (*enjoyable*) *holiday, evening* schön. **the ~ life** das süße Leben; **to have a ~ time** sich gut amüsieren; **have a ~ time!** viel Spaß *or* Vergnügen!; **did you have a ~ day?** wie war's heute?

4. (*kind*) gut, lieb; *Samaritan* barmherzig. **to be ~ to sb** gut *or* lieb zu jdm sein; **that's very ~ of you** das ist sehr lieb *or* nett von Ihnen; **(it was) ~ of you to come** nett, daß Sie gekommen sind; **would you be ~ enough to tell me ...** könnten Sie mir bitte sagen ..., wären Sie so nett, mir zu sagen ... (*also iro*); **she was ~ enough to help us** sie war so gut und hat uns geholfen; **he sends ~ wishes** er wünscht (euch) alles Gute; **with every ~ wish** mit den besten Wünschen; **~ deed** gute Tat.

5. (*virtuous, honourable*) *name, manners, behaviour* gut; (*well-behaved, obedient*) *name, brav* (*inf*). **the G~ Book** das Buch der Bücher; **(as) ~ as gold** mustergültig; **be a ~ girl/boy** sei artig *or* lieb *or* brav (*inf*); **be a ~ girl/boy and ...** sei so lieb und ...; **~ girl/boy!** das ist lieb!; (*well done*) gut!; **~ old Charles!** der gute alte Charles!; **the ~ ship Santa Maria** die Santa Maria.

6. (*valid*) *advice, excuse* gut; *reason also* triftig; *ticket* gültig; (*Comm: sound*) *debt* gedeckt; *risk* sicher. **what** *or* **how much is he ~ for?** (*will he give us*) mit wieviel kann man bei ihm rechnen?; (*does he have*) wieviel hat er?; (*Comm*) wieviel Kredit hat er?; **he's ~ for £10,000** bei ihm kannst du mit £ 10.000 rechnen/er hat gut und gern £ 10.000/er hat bis zu £ 10.000 Kredit; **he/the car is ~ for another few years** mit ihm kann man noch ein paar Jahre rechnen/das Auto hält *or* tut's (*inf*) noch ein paar Jahre.

7. (*handsome*) *looks, figure, features* gut; *legs also* schön. **a ~ appearance** eine gute Erscheinung, ein gepflegtes Äußeres; **you look ~ in that** du siehst gut darin aus, das steht dir gut.

8. (*thorough*) gut, gründlich, tüchtig (*inf*). **to give sth a ~ clean** etw gut *or* gründlich reinigen; **to have a ~ cry/laugh** sich ausweinen/so richtig lachen (*inf*); **to take a ~ look at sth** sich (*dat*) etw gut ansehen.

9. (*considerable, not less than*) *hour, while* gut; *amount, distance, way also* schön. **it's a ~ distance** es ist ein ganz schönes Stück (*inf*); **it's a ~ 8 km** es sind gute 8 km; **a ~ deal of effort/money** beträchtliche Mühe/ziemlich viel Geld; **he ate a ~ half of the chocolates at once** er hat gut und gern die Hälfte der Pralinen auf einmal gegessen; **a ~ many/few people** ziemlich viele/nicht gerade wenig Leute.

10. as ~ as so gut wie; **as ~ as new/settled** so gut wie neu/abgemacht; **he was as ~ as his word** er hat sein Wort gehalten; **he as ~ as called me a liar/invited me to come** er nannte mich praktisch einen Lügner/er hat mich praktisch eingeladen.

11. (*in greetings*) gut. **~ morning/afternoon** guten Morgen/ Tag.

12. (*in exclamations*) gut, prima. **that's ~!** gut!, prima!; **(it's) ~ to see you/to be here** (es ist) schön, dich zu sehen/hier zu sein; **~, I think that'll be all** gut *or* fein, ich glaube das reicht; **~ enough!** (*OK*) schön!; **~ heavens** *or* **Lord** *or* **God!** um Himmels willen! (*inf*); **~ grief** *or* gracious! ach du liebe *or* meine Güte! (*inf*); very ~, sir jawohl *or* sehr wohl (*old*) (Herr); ~ for *or* on (*Austral*) you/him *etc*! gut!, prima!; (*iro also*) das ist ja toll!

II *adv* **1.** schön. **a ~ strong stick/old age** ein schön(er) starker Stock/ein schön(es) hohes Alter; **~ and hard/proper**(*inf*) ganz schön fest/ganz anständig.

2. (*incorrect for* well) gut.

III *n* **1.** (*what is morally right*) Gute(s) *nt*. **~ and evil** Gut(es) und Böse(s); **to do ~** Gutes tun; **there's some ~ in everybody** in jedem steckt etwas Gutes; **to be up to no ~** (*inf*) etwas im Schilde führen (*inf*).

2. (*advantage, benefit*) Wohl *nt*. **the common ~** das Gemeinwohl; **for the ~ of the nation** zum Wohl(e) der Nation; **to stick to sb for ~ or ill** jdm in guten wie in schlechten Zeiten beistehen; **I did it for your own ~** ich meine es nur gut mit dir, es war nur zu deinem Besten; **for the ~ of one's health** *etc* seiner Gesundheit *etc* zuliebe; **we were 5 glasses/£5 to the ~** wir hatten 5 Glas zuviel/£ 5 plus; **that's all to the ~** auch gut!; **he'll come to no ~** mit ihm wird es noch ein böses Ende nehmen.

3. (*use*) **what's the ~ of hurrying?** wozu eigentlich die Eile?; **he's no ~ to us** er nützt uns (*dat*) nichts; **it's no ~ complaining to me** es ist sinnlos *or* es nützt nichts, sich bei mir zu beklagen; **it would be some ~** es wäre ganz nützlich; **if that is any ~ to you** wenn es dir hilft; **the applicant was no ~** der Bewerber war nicht gut; **he wasn't any ~ for the job** er eignete sich nicht für die Arbeit; **I'm no ~ at things like that** ich bin nicht gut in solchen Dingen.

4. to do (*some*) **~** (*etwas*) helfen *or* nützen; **to do sb** (*some*) **~** jdm helfen; (*rest, drink, medicine etc*) jdm guttun; **what ~ will that do you?** was hast du davon?; **that won't do you much/any ~** das hilft dir auch nicht viel/nichts; (*will be unhealthy etc*) das ist nicht gut für dich; **a (fat) lot of ~ that will do!** (*iro inf*) als ob das viel helfen würde! (*iro*).

5. (*for ever*) **for ~ (and all)** für immer (und ewig).

6. (*pl: people*) **the ~** die Guten *pl*.

goodbye, (*US*) **goodby** [ˌgʊd'baɪ] **I** *n* Abschied *m*, Lebewohl *nt* (*geh*); **to say ~, to make one's ~s** sich verabschieden, Lebewohl sagen (*geh*); **to wish sb ~, to say ~ to sb** sich von jdm verabschieden, von jdm Abschied nehmen; **to say ~ to sth** einer Sache (*dat*) Lebewohl sagen; **II** *interj* auf Wiedersehen, lebe wohl (*geh*); **III** *adj attr* Abschieds-; **good-for-nothing I** *n* Nichtsnutz, Taugenichts *m*; **II** *adj* nichtsnutzig; **his ~ brother** sein Nichtsnutz von Bruder; **Good Friday** *n* Karfreitag *m*; **good-hearted** *adj* gutherzig; **good-humoured**, (*US*) **good-humored** *adj* gut gelaunt; (*good-natured*) gutmütig.

goodish [ˈgʊdɪʃ] *adj* (*quite good*) ganz gut, anständig (*inf*); (*considerable*) ganz schön.

good-looker [ˌgʊd'lʊkəʳ] *n* (*inf*) **to be a real ~** wirklich gut *or* klasse (*inf*) aussehen; **good-looking** *adj* gutaussehend.

goodly [ˈgʊdlɪ] *adj* (+*er*) ansehnlich.

good-natured [ˌgʊd'neɪtʃəd] *adj* gutmütig; *joke* harmlos; **good-naturedly** *adv* gutmütig.

goodness [ˈgʊdnɪs] *n* **1.** Güte *f*; (*of person also*) Gütigkeit *f*; (*of food also*) Nährgehalt *m*. **~ of heart** Herzensgüte *f*; **would you have the ~ to ...** (*form*) hätten Sie bitte die Güte, zu ... (*geh*).

2. (*in exclamations also*) **~ knows** weiß der Himmel (*inf*); **for ~' sake** um Himmels willen (*inf*); **I wish to ~ I had gone** wenn ich doch bloß gegangen wäre!; **(my) ~!** meine Güte! (*inf*); **~ gracious** *or* **me!** ach du liebe *or* meine Güte! (*inf*).

goodnight [gʊd'naɪt] *adj attr* Gutenacht-.

goods [gʊdz] *npl* Güter *pl* (*also Comm*); (*merchandise also*) Waren *pl*; (*possessions also*) Gut *nt* (*geh*), Habe *f* (*geh, liter*). **leather/knitted/manufactured ~** Leder-/Strick-/Fertigwaren *pl*; **canned ~** Konserven *pl*; **stolen ~** gestohlene Waren *pl*, Diebesgut *nt*; **~ depot/train/wagon/yard** Güterdepot *nt*/-zug *m*/-wagen *m*/-bahnhof *m*; **one's ~ and chattels** sein Hab und Gut (*also Jur*), seine Siebensachen (*inf*); **it's the ~** (*esp US inf*) das ist große Klasse (*inf*); **to get/have the ~ on sb** (*esp US inf*) gegen jdn etwas in die Hand bekommen/in der Hand haben; **she's a nice bit** *or* **piece of ~** (*inf*) sie ist 'ne nette Mieze (*inf*).

good-sized [ˈgʊdˌsaɪzd] *adj* ziemlich groß; *building, room also* geräumig; **good-tempered** *adj person* verträglich; *animal* gutartig; *smile, look* gutmütig; **good-time girl** *n* Playgirl *nt*; (*prostitute*) Freudenmädchen *nt*; **goodwill** *n* Wohlwollen *nt*; (*between nations, Comm*) Goodwill *m*; **a gesture of ~** ein Zeichen seines/ihres *etc* guten Willens; **~ mission/tour** Goodwillreise *f*/-tour *f*.

goody [ˈgʊdɪ] (*inf*) **I** *interj* toll, prima. **II** *n* **1.** (*person*) Gute(r) *m*. **2.** (*delicacy*) gute Sache (*inf*), Leckerbissen *m*; (*sweet*) Süßigkeit *f*. **3.** (*inf: good joke etc*) guter Witz/gute Geschichte *etc*.

goody-goody [ˈgʊdɪˌgʊdɪ] (*inf*) **I** *n* Tugendlamm, Musterkind (*inf*) *nt*. **II** *adj* tugendhaft, superbrav (*pej inf*); *attitude, behaviour also* musterhaft.

gooey [ˈguːɪ] *adj* (+*er*) (*inf*) **1.** (*sticky*) klebrig; *pudding* pappig, matschig; *toffees, centres of chocolates* weich und klebrig; *cake* üppig. **2.** (*sentimental*) schnulzig (*inf*), rührselig.

goof [guːf] (*inf*) **I** *n* **1.** (*esp US: idiot*) Dussel (*inf*), Doofie (*inf*) *m*.

2. (*mistake*) Schnitzer *m* (*inf*).

II *vi* **1.** (*blunder*) sich (*dat*) etwas leisten (*inf*), danebenhauen (*inf*).

2. (*US: loiter*) (*also ~* **around**) (herum)trödeln, bummeln. **~ over/off** herüberschlendern/abzwitschern (*inf*).

♦ **goof up** *vt sep* (*inf*) vermasseln (*inf*).

goofy [ˈguːfɪ] *adj* (+*er*) (*inf*) dämlich (*inf*).

goon [guːn] *n* **1.** (*inf: Idiot*) Dussel *m* (*inf*). **2.** (*US sl: hired thug*) Schlägertyp *m* (*sl*).

goose [guːs] *n, pl* **geese** (*lit, inf*) Gans *f*. **to kill the ~ that lays the golden eggs** das Huhn schlachten, das die goldenen Eier legt.

gooseberry [ˈgʊzbərɪ] *n* (*plant, fruit*)

Stachelbeere *f*. ~ **bush** Stachelbeer-
strauch *m*; **to play** ~ das fünfte Rad am
Wagen sein.

gooseflesh ['guːsfleʃ] *n see* **goose-
pimples**; **goosepimples** *npl* Gänsehaut
f; **to come out in** ~ eine Gänsehaut
bekommen; **that gives me** ~ da(bei)
bekomme ich eine Gänsehaut; **goose-
step** I *n* Stechschritt *m*; II *vi* im Stech-
schritt marschieren.

GOP (*US Pol*) *abbr of* **Grand Old Party.**

gopher ['gəʊfəʳ] *n* Taschenratte *f*; (*squirrel*)
Ziesel *m*.

gorblimey [ˌgɔːˈblaɪmɪ] *interj* (*Brit inf*) ich
denk' mich laust der Affe (*inf*).

Gordian ['gɔːdɪən] *adj* gordisch. **to cut the** ~
knot den gordischen Knoten durchhauen.

gore[1] [gɔːʳ] *n* (*liter: blood*) Blut *nt*.

gore[2] *vt* aufspießen, durchbohren.

gore[3] *n* (*panel*) Bahn *f*; (*in sail*) Gehren *m*.

gored [gɔːd] *adj* mit Bahnen.

gorge [gɔːdʒ] I *n* 1. (*Geog*) Schlucht *f*.
  2. (*old: gullet*) Schlund *m*. **it stuck in my**
  ~ **to ...** (*fig*) es war mir zuwider, zu ...; **it
  makes my** ~ **rise, my** ~ **rises at it** (*fig: make
  angry*) dabei kommt mir die Galle hoch.
    II *vr* schlemmen, sich vollessen;
  (*animal*) gierig fressen, schlingen. **to** ~
  oneself on *or* **with sth** etw in sich (*acc*)
  hineinschlingen, etw verschlingen.
    III *vt* **they were** ~**d** sie hatten sich reich-
  lich gesättigt (*with* an +*dat*); (*animals*) sie
  hatten sich vollgefressen (*with* an +*dat*).

gorgeous ['gɔːdʒəs] *adj* herrlich, großartig,
sagenhaft (*inf*); (*beautiful also*) woman
hinreißend; (*richly coloured*) prächtig.

gorgeously ['gɔːdʒəslɪ] *adv see adj*.

gorgeousness ['gɔːdʒəsnɪs] *n* Großartig-
keit, Pracht *f*; (*beauty*) hinreißende
Schönheit; (*colourfulness*) (Farben)-
pracht *f*.

Gorgon ['gɔːgən] *n* (*Myth*) Gorgo *f*; (*inf*)
Drachen *m* (*inf*).

gorilla [gəˈrɪlə] *n* Gorilla *m*.

gormless ['gɔːmlɪs] *adj* (*Brit inf*) doof (*inf*).

gorse [gɔːs] *n* Stechginster *m*. ~ **bush** Stech-
ginsterstrauch *m*.

gory ['gɔːrɪ] *adj* (+*er*) *battle etc* blutig; *person*
blutbesudelt. **all the** ~ **details** all die
blutrünstigen Einzelheiten; (*fig*) die pein-
lichsten Einzelheiten.

gosh [gɒʃ] *interj* Mensch (*inf*), Mann (*sl*).

goshawk ['gɒshɔːk] *n* (Hühner)habicht *m*.

gosling ['gɒzlɪŋ] *n* Gänschen *nt*.

go-slow ['gəʊsləʊ] *n* Bummelstreik *m*.

gospel ['gɒspəl] *n* 1. (*Bibl*) Evangelium *nt*.
the G~**s** das Evangelium, die Evangelien
pl; **the G**~ **according to St John** das Evan-
gelium nach Johannes; **St John's G**~ das
Johannesevangelium.
  2. (*fig: doctrine*) Grundsätze, Prinzipien
pl; (*of ideology, religion*) Lehre *f*. **to
preach the** ~ **of temperance** Abstinenz
predigen **she's a firm believer in the** ~ **of
soap and water** sie ist eine überzeugte An-
hängerin von Wasser und Seife; **to take sth
for** *or* **as** ~ etw für bare Münze nehmen.

gospel song *n* Gospel(lied) *nt*; **gospel
truth** *n* (*inf*) reine Wahrheit.

gossamer ['gɒsəməʳ] I *n* 1. Spinnfäden *pl*,
Altweibersommer *m*. 2. (*Tex*) hauch-
dünne Gaze. II *adj* hauchdünn.

gossip ['gɒsɪp] I *n* 1. Klatsch, Tratsch (*inf*)
m; (*chat*) Schwatz *m*. **to have a** ~ **with sb**
mit jdm schwatzen *or* plauschen (*inf*) *or*
klönen (*N Ger*); **it started a lot of** ~ es gab
Anlaß zu vielem Gerede *or* Klatsch *or*
Tratsch (*inf*); **office** ~ Bürotratsch *m* (*inf*).
  2. (*person*) Klatschbase *f*.
    II *vi* schwatzen, klönen (*N Ger*);
  (*maliciously*) klatschen, tratschen (*inf*).

gossip column *n* Klatschkolumne *or* -spalte
f; **gossip columnist** *n* Klatschkolum-
nist(in *f*) *m*.

gossiping ['gɒsɪpɪŋ] I *adj* geschwätzig,
schwatzhaft; (*malicious*) klatschsüchtig.
    II *n* Geschwätz *nt*; (*malicious*) Ge-
klatsche, Getratsche (*inf*) *nt*.

gossipmonger ['gɒsɪpˌmʌŋgəʳ] *n* Klatsch-
maul *nt* (*inf*).

gossipy ['gɒsɪpɪ] *adj person* geschwätzig;
book, letter im Plauderton geschrieben. **a
long** ~ **phone call** ein langer Schwatz *or*
Tratsch am Telefon (*inf*).

got [gɒt] *pret, ptp of* **get.**

Goth [gɒθ] *n* Gote *m*.

Gothic ['gɒθɪk] I *adj* 1. gotisch.
  2. *architecture etc* gotisch; (*fig*) vorsint-
flutlich. ~ **revival** Neugotik *f*; ~ **novel**
(*Liter*) Schauerroman *m*.
  3. (*Typ*) gotisch; (*US*) grotesk.
    II *n* 1. (*language*) Gotisch *nt*.
  2. (*type*) Gotisch *nt*; (*US*) Grotesk *f*.

gotten ['gɒtn] (*esp US*) *ptp of* **get.**

gouache [guˈɑːʃ] *n* Guasch, Gouache *f*.

gouge [gaʊdʒ] I *n* (*tool*) Hohlmeißel *or*
-beitel *m*; (*groove*) Rille, Furche *f*.
    II *vt* bohren.

◆**gouge out** *vt sep* herausbohren. **to** ~ **sb's
eyes** — jdm die Augen ausstechen.

goulash ['guːlæʃ] *n* Gulasch *nt*.

gourd [gʊəd] *n* Flaschenkürbis *m*; (*dried*)
Kürbisflasche *f*.

gourmand ['gʊəmənd] *n* Schlemmer(in *f*)
m.

gourmet ['gʊəmeɪ] *n* Feinschmecker(in *f*)
m.

gout [gaʊt] *n* (*Med*) Gicht *f*.

gouty ['gaʊtɪ] *adj* (+*er*) *person* gichtkrank;
symptoms Gicht-.

Gov *abbr of* **governor.**

govern ['gʌvən] I *vt* 1. (*rule*) *country*
regieren; *province, colony, school etc* ver-
walten.
  2. (*control*) (*rules, laws etc*) bestim-
men; (*legislation*) regeln; (*determine,
influence*) *choice, decision also, develop-
ment, person, actions* beeinflussen; *life*
beherrschen. **regulations** ~**ing the sale of
spirits** Bestimmungen *pl* über den Verkauf
von Spirituosen.
  3. (*hold in check*) *passions etc* beherr-
schen; (*Mech*) *speed, engine* regulieren.
  4. (*Gram*) *case* regieren. **the number of
the verb is** ~**ed by the subject** das Verb
richtet sich in der Zahl nach dem Subjekt.
    II *vi* (*Pol*) an der Regierung sein.

governable ['gʌvənəbl] *adj* regierbar.

governess ['gʌvənɪs] *n* Gouvernante, Haus-
lehrerin *f*.

governing ['gʌvənɪŋ] *adj* 1. (*ruling*)
regierend. **the** ~ **party** die Regierungs-
partei; ~ **body** Vorstand *m*. 2. (*guiding,
controlling*) beherrschend, entscheidend.

~ **principle** Leitgedanke *m*; **money was the ~ passion of his life** die Geldgier beherrschte sein Leben.

government ['gʌvənmənt] *n* **1.** (*action of governing, body of administrators*) Regierung *f*.
2. (*system*) Regierungsform *f*.

government *in cpds* Regierungs-, der Regierung; *agency* staatlich.

governmental [gʌvən'mentl] *adj* Regierungs-. ~ **publication** Veröffentlichung *f* der Regierung.

government department *n* Ministerium *nt*; **government grant** *n* (staatliche) Subvention; **Government House** *n* Gouverneursresidenz *f*; **government securities, government stocks** *npl* (*Fin*) Staatspapiere *or* -anleihen *pl*.

governor ['gʌvənə'] *n* **1.** (*of colony, state etc*) Gouverneur *m*. **~-general** (*Brit*) Generalgouverneur *m*.
2. (*esp Brit: of bank, prison*) Direktor *m*; (*of school*) ≈ Schulbeirat *m*. **the (board of)** **~s** der Vorstand; (*of bank also*) das Direktorium; (*of school*) ≈ der Schulbeirat.
3. (*Brit inf*) (*boss*) Chef *m* (*inf*); (*father*) alter Herr (*inf*).
4. (*Mech*) Regler *m*.

governorship [gʌvənəʃɪp] *n* (*office*) Gouverneursamt *nt*; (*period*) Amtszeit *f* als Gouverneur.

govt *abbr of* **government** Reg.

gown [gaʊn] **I** *n* **1.** Kleid *nt*; (*evening* ~) Robe *f*, Abendkleid *nt*; (*dressing* ~) Morgenmantel *m*.
2. (*academic* ~) Robe *f*; (*of clergyman, judge*) Talar *m*. **II** *vt* kleiden.

GP (*Brit*) *abbr of* **general practitioner.**

GPO *abbr of* **General Post Office.**

grab [græb] **I** *n* **1.** Griff *m*. **to make a ~ at** *or* **for sth** nach etw greifen *or* schnappen (*inf*).
2. (*Mech*) Greifer *m*.
3. (*inf*) **the seat is up for ~s** es ist ein echtes Lotteriespiel, wer den Sitz bekommt (*inf*); **the business is up for ~s** das Geschäft geht an den Meistbietenden; **~ bag** (*US*) Glücksbeutel, Krabbelsack *m*.
II *vt* (*seize*) packen; (*greedily also*) sich (*dat*) schnappen (*inf*); (*take, obtain*) wegschnappen (*inf*); *money* raffen; (*inf: catch*) *person* schnappen (*inf*); *chance* am Schopf packen (*inf*). **he ~bed my sleeve** er packte mich am Armel; **to ~ sth away from sb** jdm etw wegreißen; (*inf*); **how does that ~ you?** (*inf*) wie findest du das?
III *vi* (*hastig*) zugreifen *or* zupacken. **to ~ at** greifen *or* graps(ch)en (*inf*) nach, packen (+*acc*); **he ~bed at the chance of promotion** er ließ sich die Chance, befördert zu werden, nicht entgehen.

grace [greɪs] **I** *n* **1.** *no pl* (*gracefulness, graciousness*) Anmut *f*; (*of movement also*) Grazie *f*; (*of monarch etc*) Würde *f*. **written with ~ and charm** reizend und charmant geschrieben; **to do sth with good/bad** ~ etw anstandslos/widerwillig *or* unwillig tun; **he took it with good/bad** ~ er machte gute Miene zum bösen Spiel/er war sehr ungehalten darüber; **he had** *or* **did have/didn't even have the** ~ **to apologize** er war so anständig/brachte es

nicht einmal fertig, sich zu entschuldigen.
2. (*pleasing quality*) (angenehme) Eigenschaft. **social ~s** (gesellschaftliche) Umgangsformen *pl*.
3. (*favour*) **to be in sb's good/bad** ~s bei jdm gut/schlecht angeschrieben sein.
4. (*respite*) (*for payment*) Zahlungsfrist *f*. **a day's** ~ ein Tag *m* Aufschub; **to give sb a few days'** ~ jdm ein paar Tage Zeit lassen; **days of** ~ (*Comm*) Respekttage *pl*.
5. (*prayer*) Tischgebet *nt*.
6. (*mercy*) Gnade *f*. **act of** ~ Gnadenakt *m*; **by the** ~ **of God** durch die Gnade Gottes; **in this year of** ~ **1978** im Jahre des Heils 1978; **in a state of** ~ (*Eccl*) im Zustand der Gnade; **to fall from** ~ in Ungnade fallen.
7. (*title*) (*duke, duchess*) Hoheit *f*; (*archbishop*) Exzellenz *f*. **Your G~** Euer Gnaden.
8. (*Myth*) **the G~s** die Grazien *pl*.
9. (*Mus*) Verzierung, Manier *f*, Ornament *nt*. ~ **note** Verzierung *f*.
II *vt* **1.** (*adorn*) zieren (*geh*).
2. (*honour*) beehren (*with* mit); *performance also, event etc* zieren (*geh*), sich (*dat*) die Ehre geben bei (+*dat*).

graceful ['greɪsfʊl] *adj* anmutig; *outline, appearance also, behaviour* gefällig; *dancer also* graziös; *compliment* charmant, reizend; *letter* reizend. **with a** ~ **bow** mit einer eleganten Verbeugung; **he made a** ~ **apology** er entschuldigte sich auf sehr charmante Art; **(in order) to make the children more** ~ damit sich die Kinder anmutiger bewegen lernen.

gracefully ['greɪsfəlɪ] *adv see adj*. **he gave in** ~ er gab charmant nach; **we cannot** ~ **refuse** wir haben keine annehmbare Entschuldigung.

gracefulness ['greɪsfʊlnɪs] *n* Anmut(igkeit) *f*; (*of movement also*) Grazie *f*.

graceless ['greɪslɪs] *adj* **1.** (*Eccl*) ruchlos, gottlos. **2.** (*rude*) schroff; *person, behaviour also* ungehobelt.

gracious ['greɪʃəs] **I** *adj* (*kind*) liebenswürdig; (*condescending*) huldvoll; (*lenient, merciful*) gütig, gnädig; *living, way of life, age* kultiviert. **our** ~ **Queen** unsere gnädige Königin.
II *interj* (*good*) ~!, ~ **me!** du meine Güte!, lieber Himmel!

graciously ['greɪʃəslɪ] *adv see adj*.

graciousness ['greɪʃəsnɪs] *n see adj* Liebenswürdigkeit *f* (*towards* gegenüber +*dat*); huldvolle Art; Güte, Gnädigkeit *f*; Kultiviertheit *f*.

gradation [grə'deɪʃən] *n* **1.** (*step, degree*) Abstufung *f*; (*mark on thermometer etc*) Gradeinteilung *f*.
2. (*gradual change*) Abstufung *f*; (*increase in intensity*) Steigerung *f*.

grade [greɪd] **I** *n* **1.** (*level, standard*) Niveau *nt*; (*of goods*) (Güte)klasse *f*. **high-/low-~ goods** hoch-/minderwertige Ware; **this is ~ A** (*inf*) das ist I a (*inf*); **to make the** ~ (*fig*) es schaffen (*inf*).
2. (*job*) Position, Stellung *f*; (*Mil*) Rang, (Dienst)grad *m* (*auch von Beamten*); (*salary* ~) Klasse, Stufe *f*.
3. (*Sch*) (*mark*) Note *f*; (*esp US: class*) Klasse *f*.

4. (*US*) *see* **gradient.**

5. (*US*) **at** ~ auf gleicher Ebene; **an apartment at** ~ **(level)** eine Wohnung zu ebener Erde.

II *vt* **1.** *wool, milk, animals* klassifizieren; *eggs, goods also* sortieren; *colours* abstufen; *students* einstufen.

2. (*Sch: mark*) benoten.

3. (*level*) *road, slope* ebnen.

◆**grade down** *vt sep* (*put in lower grade*) niedriger einstufen; *exam paper* schlechter benoten.

◆**grade up** *vt sep* höher einstufen; *exam paper* höher benoten.

grade crossing *n* (*US*) Bahnübergang *m*; **grade school** *n* (*US*) ≃ Grundschule *f*.

gradient ['greɪdɪənt] *n* Neigung *f*; (*upward also*) Steigung *f*; (*downward also*) Gefälle *nt*. **a** ~ **of 1 in 10** eine Steigung/ein Gefälle von 10%; **what is the** ~ **of the hill?** welche Steigung/welches Gefälle hat der Berg?

gradual ['grædjʊəl] *adj* allmählich; *slope* sanft.

gradually ['grædjʊəlɪ] *adv* nach und nach, allmählich; *slope* sanft.

graduate¹ ['grædjʊɪt] *n* (*Univ*) (Hochschul)absolvent(in *f*) *m*; (*person with degree*) Akademiker(in *f*) *m*; (*US Sch*) Schulabgänger(in *f*) *m*. **high-school** ~ ≃ Abiturient(in *f*) *m*.

graduate² ['grædjʊeɪt] **I** *vt* **1.** (*mark*) einteilen, graduieren (*form*).

2. *colours* abstufen.

3. (*US Sch*) als Absolventen haben; (*Univ also*) graduieren (*form*).

II *vi* **1.** (*Univ*) graduieren; (*US Sch*) die Abschlußprüfung bestehen (*from* an +*dat*). **to** ~ **from a hard school** (*fig*) eine harte Lehre durchmachen.

2. (*change by degrees*) allmählich übergehen.

graduate ['grædjʊɪt-] *in cpds* für Akademiker; *unemployment* unter den Akademikern; ~ **course** Kurs *m* für Studenten mit abgeschlossenem Studium.

graduated ['grædjʊeɪtɪd] *adj markings, flask* Meß-; *scale* mit Meßeinteilung; *salary scale, tax* abgestuft.

graduate student ['grædjʊɪt-] *n* Student(in *f*) *m* mit abgeschlossenem Studium, Jungakademiker(in *f*) *m*.

graduation [,grædjʊ'eɪʃən] *n* **1.** (*mark*) (Maß)einteilung *f*. **2.** (*Univ, US Sch: ceremony*) (Ab)schlußfeier *f* (*mit feierlicher Überreichung der Zeugnisse*).

graduation *in cpds* Abschluß-.

graffiti [grə'fiːtɪ] *npl* Wandschmierereien *pl*.

graft [grɑːft] **I** *n* **1.** (*Bot*) (Pfropf)reis *nt*; (*Med*) Transplantat *nt*.

2. (*inf: corruption*) Mauschelei (*inf*), Schiebung *f*.

3. (*inf: hard work*) Schufterei (*inf*), Plackerei (*inf*) *f*.

II *vt* (*Bot*) (auf)pfropfen (*on* auf +*acc*); (ein)pfropfen (*in* in +*acc*); (*Med*) übertragen (*on* auf +*acc*), einpflanzen (*in* in +*acc*); (*fig: incorporate*) einbauen (*onto* in +*acc*); (*artificially*) aufpfropfen (*onto* dat).

III *vi* (*inf: work hard*) sich (ab)placken (*at* mit) (*inf*).

◆**graft on** *vt sep see* **graft II.**

grafter ['grɑːftəʳ] *n* (*inf*) **1.** Gauner, Halunke *m*. **2.** (*hard worker*) Arbeitstier *nt* (*inf*).

graham ['greɪəm] *adj* (*US*) Graham-, Weizenschrot-.

grail [greɪl] *n* Gral *m*.

grain [greɪn] **I** *n* **1.** *no pl* Getreide, Korn *nt*.

2. (*of corn, salt, sand etc*) Korn *nt*; (*fig*) (*of sense, malice*) Spur *f*; (*of truth also*) Körnchen *nt*; (*of hope also*) Funke *m*.

3. (*of leather*) Narben *m*; (*of cloth*) Strich *m*; (*of metal*) Faser *f*; (*of wood, marble*) Maserung *f*; (*of stone, Phot*) Korn *nt*. **it goes against the** ~ **(with sb)** (*fig*) es geht jdm gegen den Strich.

4. (*weight*) Gran *nt*.

II *vt wood* masern; *leather, paper* narben.

grain alcohol *n* Äthylalkohol *m*.

grainy ['greɪnɪ] *adj* (+*er*) **1.** (*granular*) *texture* körnig; *surface* gekörnt. **2.** *leather* genarbt; *wood* maserig, gemasert.

gram, gramme [græm] *n* Gramm *nt*.

grammar ['græməʳ] *n* **1.** (*subject, book*) Grammatik, Sprachlehre *f*. **that is bad** ~ das ist grammat(ikal)isch falsch. **2.** (*inf*) *see* **school.**

grammar book *n* Grammatik(buch *nt*) *f*.

grammarian [grə'meərɪən] *n* Grammatiker(in *f*) *m*.

grammar school *n* (*Brit*) ≃ Gymnasium *nt*; (*US*) ≃ Mittelschule *f* (*Stufe f zwischen Grundschule und Höherer Schule*).

grammatical [grə'mætɪkəl] *adj* grammat(ikal)isch; *rules, mistakes also* Grammatik-. **this is not** ~ das ist grammatisch or grammatikalisch falsch; **to speak** ~ **English** grammat(ikal)isch richtiges Englisch sprechen.

grammatically [grə'mætɪkəlɪ] *adv* grammat(ikal)isch; *write, speak* grammat(ikal)isch richtig.

gramme *n see* **gram.**

grampus ['græmpəs] *n* Rundkopf- or Rissosdelphin *m*.

granary ['grænərɪ] *n* Kornkammer *f* (*also fig*), Kornspeicher *m*.

grand [grænd] **I** *adj* (+*er*) **1.** (*magnificent, imposing*) großartig (*also pej*); *building, display* prachtvoll; (*lofty*) *idea* großartig, hochfliegend, verstiegen; (*dignified*) *air, person* feierlich, hoheitsvoll, würdevoll; (*posh*) *dinner party, person* vornehm, protzig (*pej*); (*important, great*) *person* groß, bedeutend. **the** ~ **old man** der große Alte; **the G~ Old Party** (*US Pol: abbr* **GOP**) die Republikanische Partei.

2. (*main*) *question, room* groß; *staircase also* Haupt-.

3. (*complete, final*) Gesamt-.

4. (*inf: splendid, fine*) fabelhaft, phantastisch (*inf*).

5. (*in titles*) Groß-.

II *n* **1.** (*sl*) ≃ Riese *m* (*inf*) (*1000 Dollar/Pfund*). **50** ~ 50 Riesen (*inf*).

2. (*piano*) Flügel *m*.

Grand Canary *n* Gran Canaria *nt*; **Grand Canyon** *n* Grand Canyon *m*; **grandchild** ['grænt∫aɪld] *n* Enkel(kind *nt*) *m*; **grand-(d)ad** ['grænddæd] *n* (*inf*) Opa (*inf*) Opi (*inf*) *m*; **grand-daughter** ['grænd,dɔːtəʳ] *n* Enkelin *f*.

grandee [grænˈdiː] n (of Spain) Grande m; (fig) Fürst m (inf).

grandeur [ˈgrændjəʳ] n Größe f; (of scenery, music also) Erhabenheit f; (of manner also) Würde, Vornehmheit f; (of position, event also) Glanz m.

grandfather [ˈgrændˌfɑːðəʳ] n Großvater m; **grandfather clock** n Standuhr f; **grandfatherly** adj großväterlich; **grand finale** n großes Finale.

grandiloquence [grænˈdɪləkwəns] n (of speech, style) Schwülstigkeit f; (of person) gewählte Ausdrucksweise.

grandiloquent adj, **~ly** adv [grænˈdɪləkwənt, -lɪ] hochtrabend.

grandiose [ˈgrændɪəʊz] adj (impressive) house, idea, speech grandios (also pej), großartig; (pej: pompous) person, style schwülstig, bombastisch (inf); idea grandios, hochfliegend.

grandiosely [ˈgrændɪəʊzlɪ] adv see adj.

grand jury n (US Jur) Großes Geschworenengericht; **grand larceny** n schwerer Diebstahl.

grandly [ˈgrændlɪ] adv großartig; decorated, built, situated prachtvoll; (with dignity) feierlich, hoheitsvoll, würdevoll; (in style) vornehm.

grandma [ˈgrænmɑː] n (inf) Oma (inf), Omi (inf) f; **grandmother** [ˈgrændˌmʌðəʳ] n Großmutter f; **grandmotherly** adj großmütterlich; **Grand National** n Grand National nt.

grandness [ˈgrændnɪs] n see adj 1. Großartigkeit f; Pracht f; Verstiegenheit f; Feierlichkeit, Würde f; Vornehmheit, Protzigkeit (pej) f; Größe, Bedeutung f.

grand opera n große Oper; **grandpa** [ˈgrænpɑː] n (inf) Opa (inf), Opi (inf) m; **grandparent** [ˈgrændˌpeərənt] n Großelternteil m (form), Großvater m/-mutter f; **grandparents** npl Großeltern pl; **grand piano** n Flügel m; **Grand Prix** n Grand Prix m; **grandson** [ˈgrændˌsʌn] n Enkel(sohn) m; **grandstand** [ˈgrændstænd] n Haupttribüne f.

grange [greɪndʒ] n Bauernhof m.

granite [ˈgrænɪt] n Granit m.

granny, grannie [ˈgrænɪ] n 1. (inf) Oma (inf), Omi (inf) f. 2. (also **~ knot**) Altweiberknoten m.

grant [grɑːnt] I vt 1. gewähren (sb jdm); period of grace, privilege also zugestehen (sb jdm); prayer erhören; honour erweisen (sb jdm); permission erteilen (sb jdm); request stattgeben (+dat) (form); land, pension zusprechen, bewilligen (sb jdm); wish (give) gewähren, freistellen (sb jdm); (fulfil) erfüllen.
2. (admit, agree) zugeben, zugestehen. **~ing** or **~ed that this is true ...** angenommen, das ist wahr ...; **I ~ you that** da gebe ich dir recht; **to take sb/sb's love/one's wealth for ~ed** jdn/jds Liebe/seinen Reichtum als selbstverständlich hinnehmen; **to take it for ~ed that ...** es selbstverständlich finden or als selbstverständlich betrachten, daß ...

II n (of money) Subvention f; (for studying etc) Stipendium nt.

grant-aided [ˈgrɑːntˌeɪdɪd] adj student gefördert; theatre, school, programme subventioniert; **grant-in-aid** n Zuschuß m, Beihilfe f.

granular [ˈgrænjʊləʳ] adj körnig, gekörnt, granular (spec); leather genarbt, narbig.

granulated sugar [ˈgrænjʊleɪtɪdˈʃʊgəʳ] n Zuckerraffinade f.

granule [ˈgrænjuːl] n Körnchen nt.

grape [greɪp] n (Wein)traube, Weinbeere f. **a pound of ~s** ein Pfund (Wein)trauben; **a bunch of ~s** eine (ganze)Weintraube.

grapefruit [ˈgreɪpfruːt] n Grapefruit, Pampelmuse f; **grape harvest** n Weinlese f; **grape hyacinth** n Traubenhyazinthe f; **grape juice** n Traubensaft m; **grape-sugar** n Traubenzucker m; **grapevine** n Weinstock m; (inf) Nachrichtendienst m (inf); **I heard it on the ~** es ist mir zu Ohren gekommen.

graph [grɑːf] n Diagramm, Schaubild nt; (Math: of a function) Graph m, Schaubild nt. **~ paper** Millimeterpapier nt.

grapheme [ˈgræfiːm] n Graphem nt.

graphic [ˈgræfɪk] adj 1. grafisch, graphisch. **~ arts** Grafik, Graphik f. 2. (vivid) description plastisch, anschaulich.

graphically [ˈgræfɪkəlɪ] adv see adj.

graphics [ˈgræfɪks] n 1. sing (subject) Zeichnen nt, zeichnerische or graphische Darstellung. 2. pl (drawings) Zeichnungen, (graphische) Darstellungen pl.

graphite [ˈgræfaɪt] n Graphit m.

graphologist [græˈfɒlədʒɪst] n Graphologe m, Graphologin f.

graphology [græˈfɒlədʒɪ] n Graphologie, Handschriftendeutung f.

grapple [ˈgræpl] I n see **grappling iron**.
II vi (lit) ringen, kämpfen. **to ~ with a problem/situation** sich mit einem Problem/einer Situation herumschlagen; **the wrestlers ~d with each other** die Ringer hielten sich in enger Umklammerung.
III vt festhaken; enemy boat die Enterhaken verwenden bei.

grappling [ˈgræplɪŋ] n (Sport inf) Ringen nt.

grappling iron n Haken, Greifer m; (Naut) Enterhaken m.

grasp [grɑːsp] I n 1. (hold) Griff m. **he held my arm in a strong ~** er hielt meinen Arm mit festem Griff; **just when safety/fame was within his ~** gerade als Sicherheit/Ruhm greifbar nahe war or in greifbare Nähe gerückt war.
2. (fig: understanding) Verständnis nt. **to have a good ~ of sth** etw gut beherrschen; **it is beyond/within his ~** das geht über seinen Verstand/das kann or versteht or begreifen.
II vt 1. (catch hold of) ergreifen, greifen nach; (hold tightly) festhalten. **to ~ a chance/sb's hand** eine Gelegenheit ergreifen/nach jds Hand greifen.
2. (fig: understand) begreifen, erfassen.
III vi **to ~ at sth** (lit) nach etw greifen; (fig) sich auf etw (acc) stürzen; **to ~ at an excuse/an opportunity** eine Entschuldigung begierig aufgreifen/eine Gelegenheit beim Schopfe packen.

grasping [ˈgrɑːspɪŋ] adj (fig) habgierig.

grass [grɑːs] I n 1. (plant) Gras nt. **blade of ~** Grashalm m; **to go to ~** verwildern; **to let the ~ grow under one's feet** etwas/die

Sache auf die lange Bank schieben; **you could almost hear the ~ growing** man konnte fast das Gras wachsen hören; **the ~ is always greener on the other side** (*Prov*) die Kirschen in Nachbars Garten ... (*Prov*). **2.** *no pl* (*lawn*) Rasen *m*; (*pasture*) Weide(land *nt*) *f*. **to play on ~** (*Sport*) auf (dem) Rasen spielen; **the cattle are out at ~** das Vieh ist auf der Weide; **to put** *or* **turn out to ~** *cattle* auf die Weide führen *or* treiben; *old horses* das Gnadenbrot geben (*+dat*); (*inf*) *employee* aufs Abstellgleis schieben (*inf*). **3.** (*sl: marijuana*) Gras *nt* (*sl*). **4.** (*Brit sl: informer*) Spitzel *m*.

II *vt* (*also ~* **over**) *ground* mit Gras bepflanzen.

III *vi* (*Brit sl*) singen (*sl*) (*to* bei). **to ~ on sb** jdn verpfeifen (*inf*).

grass-green [ˌgrɑːˈsˈgriːn] *adj* grasgrün; **grasshopper** *n* Heuschrecke *f*, Grashüpfer *m* (*inf*); **grassland** *n* Grasland *nt*; **grass-roots** **I** *npl* Volk *nt*; (*of a party*) Basis *f*, Fußvolk *nt* (*hum inf*); **II** *adj attr* des kleinen Mannes, an der Basis; **at ~ level** an der Basis; **a ~ movement to block planning permission** eine Bürgerinitiative zur Verhinderung der Baugenehmigung; **grass seed** *n* Grassamen *m*; **grass skirt** *n* Bastrock *m*; **grass snake** *n* Ringelnatter *f*; **grass widow** *n* Strohwitwe *f*; (*US*) (*divorced*) geschiedene Frau; (*separated*) (von ihrem Mann) getrennt lebende Frau; **grass widower** *n* Strohwitwer *m*; (*US*) (*divorced*) geschiedener Mann; (*separated*) (von seiner Frau) getrennt lebender Mann.

grassy [ˈgrɑːsɪ] *adj* (*+er*) grasig.

grate¹ [greɪt] *n* (*grid*) Gitter *nt*; (*in fire*) (Feuer)rost *m*; (*fireplace*) Kamin *m*.

grate² **I** *vt* **1.** (*Cook*) reiben; *vegetables also* raspeln.

2. (*bottom of car, boat etc: scrape*) streifen; (*person: make a grating noise with*) kratzen mit; *chalk also* quietschen mit; *one's teeth* knirschen mit.

II *vi* (*scrape*) streifen (*against acc*); (*make a noise*) kratzen; (*chalk also, rusty door*) quietschen; (*feet on gravel*) knirschen; (*fig*) weh tun (*on sb* jdm), krank machen (*on sb* jdn). **to ~ on sb's nerves/ ears** jds Nerven/Ohren angreifen.

grateful [ˈgreɪtfʊl] *adj* dankbar (*to sb* jdm).

gratefully [ˈgreɪtfʊlɪ] *adv* dankbar.

grater [ˈgreɪtəʳ] *n* Reibe *f*; (*for vegetable also*) Raspel *f*.

gratification [ˌgrætɪfɪˈkeɪʃən] *n* **1.** (*pleasure*) Genugtuung *f*. **it is a source of great ~ to me** ich empfinde große Genugtuung darüber. **2.** (*satisfying: of desires etc*) Befriedigung *f*.

gratify [ˈgrætɪfaɪ] *vt* **1.** (*give pleasure*) erfreuen. **to be gratified at** *or* **by** *or* **with sth** über etw (*acc*) hoch erfreut sein; **I was gratified to hear that ...** ich habe mit Genugtuung gehört, daß ... **2.** (*satisfy*) befriedigen, zufriedenstellen.

gratifying [ˈgrætɪfaɪɪŋ] *adj* (*sehr*) erfreulich.

gratifyingly [ˈgrætɪfaɪɪŋlɪ] *adv* erfreulich.

grating¹ [ˈgreɪtɪŋ] *n* Gitter *nt*.

grating² **I** *adj* kratzend; *sound* (*squeaking*) quietschend; (*rasping*) knirschend; (*on nerves*) auf die Nerven gehend; *voice* schrill. **II** *n* Kratzen *nt*; (*of chalk also, of rusty door*) Quietschen *nt*; (*of teeth, feet on gravel*) Knirschen *nt*.

gratis [ˈgrætɪs] *adj, adv* gratis.

gratitude [ˈgrætɪtjuːd] *n* Dankbarkeit *f* (*to* gegenüber).

gratuitous [grəˈtjuːɪtəs] *adj* überflüssig, unnötig; (*unasked-for*) unerwünscht.

gratuitously [grəˈtjuːɪtəslɪ] *adv* unnötig. **quite ~** ohne ersichtlichen Grund.

gratuity [grəˈtjuːɪtɪ] *n* Gratifikation, (Sonder)zuwendung *f*; (*form: tip*) Trinkgeld *nt*.

grave¹ [greɪv] *n* (*lit, fig*) Grab *nt*. **silent as the ~** totenstill; **to turn in one's ~** sich im Grabe herumdrehen; **from beyond the ~** aus dem Jenseits; **to be brought to an early ~** einen frühen Tod finden; **to rise from the ~** von den Toten auferstehen.

grave² *adj* (*+er*) (*earnest, solemn*) ernst; (*serious, important*) schwer; *danger, risk* groß; *error* ernst, gravierend; *situation, matter* ernst, bedenklich; *symptoms* bedenklich; *news* schlimm.

grave³ [grɑːv] **I** *adj* **~ accent** Accent grave *m*; (*in Greek*) Gravis *m*; **e ~, ~ e** e Accent grave. **II** *n* Gravis *m*.

grave-digger [ˈgreɪvˌdɪgəʳ] *n* Totengräber *m*.

gravel [ˈgrævəl] **I** *n* **1.** Kies *m*; (*large chippings*) Schotter *m*. **2.** (*Med*) Nierensand *or* -grieß *m*; (*in bladder*) Harngrieß *m*. **II** *adj attr* Kies-. **~ path** Kiesweg *m*; **~ pit** Kiesgrube *f*. **III** *vt* *path, lane* mit Kies bestreuen; schottern.

gravelled, (*US*) **graveled** [ˈgrævəld] *adj* *path* Kies-.

gravelly [ˈgrævəlɪ] *adj* *road* kiesbedeckt; schotterbedeckt; *soil* steinig; (*fig*) *voice* rauh.

gravely [ˈgreɪvlɪ] *adv* ernst; **be mistaken** schwer.

grave mound *n* Grabhügel *m*.

graven [ˈgreɪvən] *adj* (*old, liter*) gehauen (*on, in* in *+acc*). **~ image** Götzenbild *nt*.

grave robber *n* Grabschänder *m*; **graveside** *n* at the ~ am Grabe; **gravestone** *n* Grabstein *m*; **graveyard** *n* Friedhof *m*.

gravitate [ˈgrævɪteɪt] *vi* (*lit*) gravitieren (*form*) (*to(wards)* zu, auf *+acc*), angezogen werden (*to(wards)* von); (*fig*) hingezogen werden (*to(wards)* zu), angezogen werden (*to(wards)* von).

gravitation [ˌgrævɪˈteɪʃən] *n* (*Phys*) Gravitation, Schwerkraft *f*; (*fig*) Hinneigung *f* (*to* zu). **the hippies' ~ to San Francisco** die Anziehungskraft, die San Franzisco auf die Hippies ausübt.

gravitational [ˌgrævɪˈteɪʃənl] *adj* Gravitations-. **~ field** Gravitations- *or* Schwerefeld *nt*; **~ force** Schwerkraft *f*; (*Space*) Andruck *m*; **~ pull** Anziehungskraft *f*.

gravity [ˈgrævɪtɪ] *n* **1.** (*Phys*) Schwere, Schwerkraft *f*. **the law of ~** das Gravitationsgesetz; **centre of ~** Schwerpunkt *m*; **force of ~** Schwerkraft *f*; **~ feed** Fall- *or* Schwerkraftspeisung *f*; **specific ~** spezifisches Gewicht.

2. (*seriousness*) *see* **grave²** Ernst *m*;

Schwere f; Größe f; Ernst m; Ernst m, Bedenklichkeit f; Bedenklichkeit f. **the ~ of the news** die schlimmen Nachrichten.

gravy ['greɪv] n **1.** (Cook) (juice) Fleisch- or Bratensaft m; (sauce) Soße f. **~ boat** Sauciere, Soßenschüssel f. **2.** (US inf) (perks) Spesen pl; (corrupt money) Schmiergelder pl (inf). **to get on the ~ train** auch ein Stück vom Kuchen abbekommen (inf).

gray n, adj, vti (esp US) see **grey**.

graze¹ [greɪz] **I** vi (cattle etc) grasen, weiden. **II** vt meadow, field abgrasen, abweiden; cattle weiden lassen.

graze² **I** vt (touch lightly) streifen; (scrape skin off) aufschürfen.
II vi streifen.
III n Abschürfung, Schürfwunde f.

grazing ['greɪzɪŋ] n Weideland nt. **this land offers good ~** dies ist gutes Weideland; **~ land** Weideland nt.

grease [griːs] **I** n **1.** Fett nt; (lubricant also) Schmierfett nt, Schmiere f.
2. (also ~ wool) Schweißwolle f.
II vt fetten; skin einfetten, einschmieren (inf); (Aut, Tech) schmieren. **to ~ sb's palm** (inf) jdm etwas zustecken (inf), jdn schmieren (inf); **like ~d lightning** (inf) wie ein geölter Blitz.

grease-gun ['griːsɡʌn] n Fettspritze or -presse f; **grease mark** n Fettfleck m; **grease monkey** n (inf) Mechanikerlehrling m; **greasepaint** n (Theat) (Fett)-schminke f; **greaseproof** adj fettdicht; **~ paper** Pergamentpapier nt.

greasiness ['griːsɪnɪs] n **1.** Fettigkeit f; (of hands etc with car grease) Beschmiertheit, Schmierigkeit f; (slipperiness) Schlüpfrigkeit f. **2.** (pej inf: of manner) Schmierigkeit f (pej inf).

greasy ['griːsɪ] adj (+er) **1.** fettig; (containing grease) food fett; (smeared with car grease) machinery, axle ölig, schmierig; hands, clothes schmierig, ölbeschmiert; (slippery) road glitschig, schlüpfrig. **~ spoon** (US sl) billiges Freßlokal (sl).
2. (fig pej) manner, person schmierig; speech salbungsvoll.

great [greɪt] **I** adj (+er) **1.** groß. **~ big** (inf) riesig, Mords- (inf); **a ~ friend of ours** ein guter Freund von uns; **of no ~ importance** ziemlich unwichtig; **a ~ deal of** sehr viel; **it annoyed her a ~ deal** es hat sie sehr geärgert; **a ~ number of, a ~ many** eine große Anzahl, sehr viele; **at a ~ pace** sehr schnell, in or mit schnellem Tempo; **he lived to a ~ age** er erreichte ein hohes Alter; **in ~ detail** ganz ausführlich; **with ~ care** ganz vorsichtig; **to take a ~ interest in** sich sehr interessieren für.
2. (in achievement, character, importance) master, writer, statesman groß; mind genial. **Frederick/Alexander the G~** Friedrich/Alexander der Große; **one of his ~est plays** eines seiner bedeutendsten or größten Stücke; **one of the ~ minds of our times** einer der großen Geister unserer Zeit; **the G~ Powers** (Pol) die Großmächte; **~ landowner/industrialist** Großgrundbesitzer m/Großindustrielle(r) m; **to live in ~ style** auf großem Fuß leben; **the ~ thing is ...**

das Wichtigste ist ...; **~ minds think alike** (inf) große Geister denken gleich.
3. (inf: splendid, excellent) prima (inf), Klasse (inf), Spitze (sl). **to be ~ at football/at singing/on jazz** ein großer Fußballspieler/Sänger/Jazzkenner sein; **he's a ~ one for cathedrals** Kathedralen sind sein ein und alles; **he's a ~ one for criticizing others** im Kritisieren anderer ist er (ganz) groß.
II n usu pl (~ person) Größe f.

great-aunt n Großtante f; **Great Barrier Reef** n Großes Barriereriff; **Great Bear** n Großer Bär; **Great Britain** n Großbritannien nt; **greatcoat** n Überzieher, Paletot m; **Great Dane** n Deutsche Dogge; **Great Divide** n Rocky Mountains pl; (fig) Schwelle f des Todes (liter).

greater ['greɪtə'] adj, comp of **great** größer. **to pay ~ attention** besser aufpassen; **of ~ importance is ...** noch wichtiger ist ...; **one of the ~ painters** einer der bedeutenderen Maler; **~ and ~** immer größer; **G~ London** Groß-London nt.

greatest ['greɪtɪst] adj, superl of **great** größte(r, s). **with the ~ (of) pleasure** mit dem größten Vergnügen; **he's the ~** (inf) er ist der Größte; **it's the ~** (inf) das ist das Größte (sl), das ist einsame Klasse (sl).

great-grandchild [ˌgreɪtˈɡrænt∫aɪld] n Urenkel(kind nt) m; **great-grandparents** npl Urgroßeltern pl; **great-great-grandchild** n Ururenkel(kind nt) m; **great-great-grandparents** npl Ururgroßeltern pl; **great-hearted** adj (brave) beherzt; (generous) hochherzig; **the Great Lakes** npl die Großen Seen pl.

greatly ['greɪtlɪ] adv außerordentlich, sehr; admired also stark; annoyed also höchst; improved bedeutend; superior bei weitem. **it is ~ to be feared** es ist stark zu befürchten.

great-nephew [ˌgreɪtˈnefjuː] n Großneffe m.

greatness ['greɪtnɪs] n Größe f; (of size, height, degree etc also) Ausmaß nt; (importance also) Bedeutung f. **~ of heart** Hochherzigkeit, Großmut f; **~ of mind** Geistesgröße f.

great-niece [ˌgreɪtˈniːs] n Großnichte f; **great tit** n Kohlmeise f; **great-uncle** n Großonkel m; **the Great War** n der erste Weltkrieg.

grebe [griːb] n (See)taucher m.

Grecian ['griː∫ən] adj griechisch.

Greco- ['grekəʊ-] pref Gräko-, gräko-.

Greece [griːs] n Griechenland nt.

greed [griːd] n Gier f (for nach +dat); (for material wealth also) Habsucht, Habgier f; (gluttony) Gefräßigkeit f. **~ for money/power** Geldgier f/Machtgier f.

greedily ['griːdɪlɪ] adv gierig.

greediness ['griːdɪnɪs] n Gierigkeit f; (gluttony) Gefräßigkeit f.

greedy ['griːdɪ] adj (+er) gierig (for auf +acc, nach); (for material wealth also) habgierig; (gluttonous) gefräßig. **~ for power/money** machtgierig/geldgierig; **to be ~ for praise/ love** nach Lob/Liebe gieren.

Greek [griːk] **I** adj griechisch. **~ cross** griechisches Kreuz.

II n **1.** Grieche m, Griechin f.
2. (language) Griechisch nt. **it's all ~ to me** (inf) das ist chinesisch für mich (inf).
green [gri:n] **I** adj (+er) **1.** (in colour) grün.
~ **beans/peas/vegetables** grüne Bohnen pl/Erbsen pl/ Grüngemüse nt; **to turn** ~ (lit) grün werden; (fig: person) (ganz) grün im Gesicht werden; (with envy) blaß or grün or gelb vor Neid werden.
2. (unripe) fruit, bacon, wood grün; meat nicht abgehangen; cheese jung, unreif. ~ **corn** frische Maiskolben pl.
3. (fig) (inexperienced) grün; (gullible) naiv, dumm.
4. (new, fresh) memory frisch.
II n **1.** (colour) Grün nt. **decorated in ~s and blues** ganz in Grün und Blau gehalten.
2. (piece of land) Rasen m, Grünfläche f; (Sport) Rasen, Platz m; (village ~) (Dorf)wiese f, Anger m (old).
3. ~**s** pl (Cook) Grüngemüse nt; (US: greenery) Grün nt; (foliage) grüne Zweige pl.
greenback ['gri:nbæk] n (US sl) Lappen (sl), Geldschein m; **green belt** n Grüngürtel m.
greenery ['gri:nərɪ] n Grün nt; (foliage) grünes Laub, grüne Zweige pl.
green-eyed ['gri:naɪd] adj (lit) grünäugig; (fig) scheel(äugig), mißgünstig; **the ~ monster** (fig) der blasse Neid; **greenfinch** n Grünfink m; **green fingers** npl gärtnerisches Geschick; **greenfly** n Blattlaus f; **greengage** n Reneklode, Reineclaude f; **greengrocer** n (esp Brit) (Obst- und) Gemüsehändler m; **at the ~'s (shop)** im Gemüseladen; **greenhorn** n (inf) (inexperienced) Greenhorn nt; (gullible) Einfaltspinsel m; **greenhouse** n Gewächshaus nt.
greenish ['gri:nɪʃ] adj grünlich.
Greenland ['gri:nlənd] n Grönland nt.
Greenlander ['gri:nləndə'] n Grönländer(in f) m.
green light n grünes Licht. **to give sb the** ~ jdm grünes Licht or freie Fahrt geben.
greenness ['gri:nnɪs] n see adj **1.** Grün nt. **2.** Grünheit f; Unabgehangenheit f; Unreife f. **3.** Grünheit f; Naivität, Dummheit f. **4.** Frische f.
green pepper n (grüne) Paprikaschote; **green-room** n (Theat) Garderobe f; **green tea** n grüner Tee; **green thumb** n (US) see **green fingers.**
Greenwich (Mean) Time ['grenɪdʒ ('mi:n),taɪm] n Greenwicher Zeit, Mittlere Zeit Greenwich (form).
greenwood ['gri:nwʊd] n grüner Wald.
greet [gri:t] vt (welcome) begrüßen; (receive, meet) empfangen; (say hallo to) grüßen; news, decision aufnehmen. **a terrible sight ~ed his eyes/him** ihm bot sich ein fürchterlicher Anblick; **to** ~ **sb's ears** an jds Ohr (acc) dringen.
greeting ['gri:tɪŋ] n Gruß m; (act) (welcoming) Begrüßung f; (receiving, meeting) Empfang m. ~**s** Grüße pl; (congratulations also) Glückwünsche pl; ~**s card/telegram** Grußkarte f/-telegramm nt, Glückwunschkarte f/ -telegramm nt.
gregarious [grɪ'gɛərɪəs] adj animal, instinct

Herden-; person gesellig.
Gregorian [grɪ'gɔ:rɪən] adj Gregorianisch. ~ **calendar/chant** Gregorianischer Kalender/Choral or Gesang.
gremlin ['gremlɪn] n (hum) böser Geist, Maschinenteufel m (hum).
grenade [grɪ'neɪd] n Granate f.
grenadier [,grenə'dɪə'] n Grenadier m.
grenadine ['grenədi:n] n Grenadine f.
grew [gru:] pret of **grow.**
grey, (esp US) gray [greɪ] **I** adj (+er) (lit, fig) grau; day, outlook, prospect etc also trüb; life also öd(e). **to go or turn** ~ grau werden, ergrauen (geh); **little** ~ **cells** (inf) kleine graue Zellen pl (inf); **a** ~ **area** (fig) eine Grauzone.
II n (colour) Grau nt; (horse) Grauschimmel m.
III vt grau werden lassen.
IV vi grau werden.
greybeard ['greɪ,bɪəd] n Graubart m; **Grey Friar** n Franziskanermönch m; **greyhaired** adj grauhaarig; **greyhound** n Windhund m, Windspiel nt.
greyish ['greɪɪʃ] adj gräulich.
greylag (goose) ['greɪ,læg-] n Graugans, Wildgans f; **grey matter** n (Med, inf) graue Zellen pl.
greyness ['greɪnɪs] n (lit) Grau nt; (fig) Trübheit f; (of life) Öde f.
grey squirrel n Grauhörnchen nt.
grid [grɪd] n **1.** (grating) Gitter nt; (in fireplace, on barbecue) Rost m. ~ **system** (in road-building) Rechteckschema nt.
2. (on map) Gitter, Netz nt.
3. (electricity, gas network) Verteilernetz nt. **the (national)** ~ (Elec) das Überland(leitungs)netz.
4. (Motor-racing: starting ~) Start (platz) m; (US Ftbl) Spielfeld nt. **they're on the** ~ sie sind am Start.
5. (Elec: electrode) Gitter nt.
6. (Theat) Schnürboden m.
griddle ['grɪdl] n (Cook) gußeiserne Platte zum Pfannkuchenbacken.
gridiron ['grɪd,aɪən] n **1.** (Cook) (Brat)rost m. **2.** (US Ftbl) Spielfeld nt.
grief [gri:f] n Leid nt, Kummer, Gram (geh) m; (because of loss) große Trauer, Schmerz, Gram (geh) m. **to be a** ~ **to sb** jdn zutiefst betrüben; (death, loss also) jdm großen Schmerz bereiten; (failure, sb's behaviour also) jdm großen Kummer bereiten; **to come to** ~ Schaden erleiden; (be hurt, damaged) zu Schaden kommen; (fail) scheitern.
grief-stricken ['gri:f,strɪkən] adj untröstlich, tieftraurig; look, voice schmerzerfüllt, gramgebeugt (geh).
grievance ['gri:vəns] n Klage f; (resentment) Groll m. ~ **procedure** Beschwerdeweg m; **I've no** ~**s against him** (no cause for complaint) ich habe an ihm nichts auszusetzen; (no resentment) ich nehme ihm nichts übel; **to harbour a** ~ **against sb for sth** jdm etw übelnehmen; **to air one's** ~**s** sich offen beschweren, sich beklagen.
grieve [gri:v] **I** vt Kummer bereiten (+dat), betrüben. **it** ~**s me to see that ...** ich sehe mit Schmerz or Kummer, daß ...
II vi sich grämen (geh), trauern (at, about über +acc). **to** ~ **for sb/sth** um jdn/

etw trauern; **to ~ for sb** (*sympathize with*) zutiefst mit jdm mitfühlen; **to ~ over sb/ sth** sich über jdn/etw grämen (*geh*), über jdn/etw zutiefst bekümmert sein; **she sat grieving over his body** sie saß trauernd bei seinem Leichnam.

grievous ['gri:vəs] *adj* (*severe*) *injury*, *blow*, *crime* schwer; *fault*, *error* also schwerwiegend; *wrong* also groß; (*distressing*) *news* betrüblich, schmerzlich; *pain* groß, schlimm; (*sorrowful*) *cry etc* schmerzlich, schmerzerfüllt. **~ bodily harm** (*Jur*) schwere Körperverletzung.

grievously ['gri:vəslɪ] *adv* schwer; *distressed* also ernstlich; *cry* schmerzlich. **he was ~ at fault in ...** er lud eine schwere Schuld auf sich (*acc*), als ...

griffin ['grɪfɪn], **griffon, gryphon** *n* (*Myth*) (*Vogel*) Greif *m*.

griffon ['grɪfən] *n* 1. (*bird*) (*Gänse*)geier *m*. 2. (*dog*) Griffon, Affenpinscher *m*. 3. (*Myth*) *see* **griffin**.

grift [grɪft] (*US sl*) **I** *n* (*money*) ergaunertes *or* erschwindeltes Geld. **to make money on the ~** auf die krumme Tour zu Geld kommen (*sl*). **II** *vi* krumme Dinger drehen (*sl*).

grill [grɪl] **I** *n* 1. (*Cook*) (*on cooker etc*) Grill *m*; (*gridiron* also) (*Brat*)rost *m*; (*food*) Grillgericht *nt*; (*restaurant*) Grill(room) *m*. 2. *see* **grille**. **II** *vt* 1. (*Cook*) grillen. 2. (*inf: interrogate*) in die Zange nehmen (*inf*). **to ~ sb about sth** jdn über etw (*acc*) ausquetschen (*inf*). **III** *vi* 1. (*food*) gegrillt werden. 2. (*inf: in sun*) schmoren (*inf*).

grille [grɪl] *n* Gitter *nt*; (*on window*) Fenstergitter *nt*; (*to speak through*) Sprechgitter *nt*; (*Aut*) Kühlergrill *m*.

grilling ['grɪlɪŋ] *n* strenges Verhör. **to give sb a ~/a ~ about sth** jdn in die Zange *or* die Kur nehmen (*inf*)/jdn über etw (*acc*) ausquetschen (*inf*) *or* ins Verhör nehmen.

grilse [grɪls] *n* junger Lachs.

grim [grɪm] *adj* (+*er*) 1. (*cruel*, *fierce*) *battle*, *struggle* verbissen, erbittert, unerbittlich; *warrior* erbarmungslos; (*stern*) *face*, *smile*, *silence* grimmig; *master*, *teacher* unerbittlich, hart; (*fig*) *landscape*, *town*, *prospects* trostlos; *news*, *joke*, *tale*, *task*, *job* grauenhaft, grausig (*inf*); *winter* hart; *weather* erbarmungslos; *times* hart, schwer; *determination*, *silence* eisern; *industriousness* verbissen; *necessity*, *truth* hart, bitter. **a ~ sense of humour** Galgenhumor *m*, ein grimmiger Humor; **to look ~** (*person*) ein grimmiges Gesicht machen; (*things*, *prospects*) schlimm *or* trostlos aussehen; **to hold on (to sth) like ~ death** sich verbissen (an etw *dat*) festhalten, sich verzweifelt (an etw *dat*) festklammern. 2. (*inf: unpleasant*) schlimm.

grimace ['grɪməs] **I** *n* Grimasse *f*. **to make a ~** eine Grimasse machen *or* schneiden; (*with disgust*, *pain* also) das Gesicht verziehen. **II** *vi* Grimassen machen *or* schneiden; (*with disgust*, *pain etc* also) das Gesicht verziehen.

grime [graɪm] *n* Ruß *m*.

grimly ['grɪmlɪ] *adv* *fight*, *struggle*, *hold on* verbissen; (*sternly*) mit grimmiger Miene; *smile*, *silent* grimmig; *bleak*, *barren* trostlos; *depressing* grauenhaft. **~ determined** verbissen.

grimness ['grɪmnɪs] *n see adj 1*. Verbissenheit, Erbittertheit, Unerbittlichkeit *f*; Erbarmungslosigkeit *f*; Grimmigkeit *f*; Unerbittlichkeit, Härte *f*; Trostlosigkeit *f*; Grauenhaftigkeit *f*; Härte *f*; Erbarmungslosigkeit *f*; Härte *f*.

grimy ['graɪmɪ] *adj* (+*er*) rußig, schmutzig; *buildings* also verrußt.

grin [grɪn] **I** *n see vi* Lächeln, Strahlen *nt*; Grinsen *nt*. **II** *vi* (*with pleasure*) lächeln, strahlen; (*in scorn*, *stupidly*, *cheekily*) grinsen. **to ~ and bear it** gute Miene zum bösen Spiel machen; (*tolerate pain*) die Zähne zusammenbeißen; **to ~ at sb** jdn anlächeln/ angrinsen.

grind [graɪnd] (*vb: pret*, *ptp* **ground**) **I** *vt* 1. (*crush*) zerkleinern, zermahlen; *corn*, *coffee*, *pepper*, *flour* mahlen; (*in mortar*) zerstoßen. **to ~ one's teeth** mit den Zähnen knirschen. 2. (*polish*, *sharpen*) *gem*, *lens* schleifen; *knife* also wetzen. 3. (*turn*) *handle*, *barrel organ* drehen. **to ~ one's cigarette butt/heel into the earth** den Zigarettenstummel in die Erde treten/den Absatz in die Erde bohren. 4. **ground down by poverty** von Armut (*nieder*)gedrückt; **the tyrant ground the people into the dust** der Tyrann hat das Volk zu Tode geschunden. **II** *vi* 1. (*mill*) mahlen; (*brakes*, *teeth*, *gears*) knirschen; **to ~ to a halt** *or* **standstill** (*lit*) quietschend zum Stehen kommen; (*fig*) stocken; (*production etc*) zum Erliegen kommen; (*negotiations*) sich festfahren; **the process ~s slowly on** das Verfahren schleppt sich hin. 2. (*inf: study*) büffeln (*inf*). **to ~ away at Latin** Latein büffeln (*inf*). **III** *n* 1. (*sound*) Knirschen *nt*. 2. (*fig inf: drudgery*) Schufterei (*inf*) *f*; (*US inf: swot*) Streber(in *f*) *m* (*inf*). **the daily ~** der tägliche Trott; **it's a bit of a ~** das ist ganz schön mühsam (*inf*).

◆**grind down** *vt sep* (*lit*) (*mill*) *pepper etc* zermahlen; (*sea*) *rocks* abschleifen; (*fig*) *people*, *resistance* zermürben.

◆**grind on** *vi* (*enemy*, *invasion*) unaufhaltsam vorrücken; (*fig: bureaucracy etc*) unaufhaltsam sein.

◆**grind out** *vt sep* *article*, *essay* sich (*dat*) abquälen; *propaganda* ausspucken (*inf*); *tune* orgeln (*inf*).

grinder ['graɪndəʳ] *n* 1. (*meat~*) Fleischwolf *m*; (*coffee~*) Kaffeemühle *f*; (*for sharpening*) Schleifmaschine *f*; (*stone*) Schleifstein *m*. 2. (*person*) Messer-/Glasschleifer(in *f*) *m*; *see* **organ-grinder**. 3. (*tooth*) Backenzahn *m*; (*of animals* also) Mahlzahn *m*.

grinding ['graɪndɪŋ] *adj* knirschend; *poverty* drückend. **to come to a ~ halt** quietschend zum Stehen kommen.

grinding wheel *n*, Schleifstein *m*.

grindstone ['graɪndstəʊn] *n*: **to keep one's/ sb's nose to the ~** hart arbeiten/jdn hart arbeiten lassen; **back to the** ~ wieder in die Tretmühle (*hum*).

grip [grɪp] **I** *n* **1.** Griff *m*; (*on rope also, on road*) Halt *m*. **to get a** ~ **on the road/rope** auf der Straße/am Seil Halt finden; **to get a** ~ **on oneself** (*inf*) sich zusammenreißen (*inf*); **he had a good** ~ **on himself** er hatte sich gut im Griff *or* in der Gewalt; **to let go** *or* **release one's** ~ loslassen (*on sth* etw); **to lose one's** ~ (*lit*) den Halt verlieren; (*fig*) nachlassen; **I must be losing my** ~ mit mir geht's bergab; **to lose one's** ~ **on reality** den Bezug zur Wirklichkeit verlieren; **to lose one's** ~ **on a situation** eine Situation nicht mehr im Griff haben; **to have sb in one's** ~ jdn in seiner Gewalt haben; **to be in the** ~ **of rage/terror** *etc* von Wut/Angst *etc* erfaßt sein; **the country is in the** ~ **of a general strike** das Land ist von einem Generalstreik lahmgelegt; **the country is in the** ~ **of winter** der Winter hat im Land seinen Einzug gehalten; **to get** *or* **come to** ~**s with sth** mit etw klarkommen (*inf*), etw in den Griff bekommen; **to get** *or* **come to** ~**s with sb** zum Angriff gegen jdn übergehen. **2.** (*handle*) Griff *m*. **3.** (*hair*~) Klemmchen *nt*. **4.** (*travelling-bag*) Reisetasche *f*.

II *vt* packen; *hand also*, (*fig: fear etc also*) ergreifen; (*film, story etc also*) fesseln. **the tyre** ~**s the road well** der Reifen greift gut.

III *vi* greifen. **he** ~**ped at her wrist** er griff nach ihrem Handgelenk.

gripe [graɪp] **I** *vt* (*US inf: annoy*) aufregen.

II *vi* (*inf: grumble*) meckern (*inf*), nörgeln. **to** ~ **at sb** jdn anmeckern (*inf*).

III *n* **1. the** ~**s** *pl* Kolik *f*, Bauchschmerzen *pl*; ~ **water** Kolikmittel *nt*. **2.** (*inf: complaint*) Meckerei *f* (*inf*).

gripping ['grɪpɪŋ] *adj story* spannend, packend, fesselnd.

grisly ['grɪzlɪ] *adj* (+*er*) grausig, gräßlich.

grist [grɪst] *n* **it's all** ~ **to his/the mill** das kann er/man alles verwerten; (*for complaint*) das ist Wasser auf seine Mühle.

gristle ['grɪsl] *n* Knorpel *m*.

gristly ['grɪslɪ] *adj* (+*er*) knorpelig.

grit [grɪt] **I** *n* **1.** (*dust, in eye*) Staub *m*; (*gravel*) Splitt *m*, feiner Schotter; (*for roads in winter*) Streusand *m*. **2.** (*courage*) Mut, Mumm (*inf*) *m*. **3.** (*US*) ~**s** *pl* Grütze *f*. **II** *vt* **1.** *road etc* streuen. **2.** **to** ~ **one's teeth** die Zähne zusammenbeißen.

gritty ['grɪtɪ] *adj* (+*er*) **1.** Splitt-, Schotter-; *path also* mit Splitt *or* feinem Schotter bedeckt; (*like grit*) *coal, sweets* grobkörnig. **2.** (*inf: brave*) tapfer.

grizzle ['grɪzl] *vi* (*Brit inf*) quengeln.

grizzled ['grɪzld] *adj hair* ergraut; *person also* grauhaarig.

grizzly ['grɪzlɪ] *n* (*also* ~ **bear**) Grisly(bär), Grizzly(bär) *m*.

groan [grəʊn] **I** *n* Stöhnen *nt no pl*; (*of pain also, of gate, planks etc*) Ächzen *nt no pl*. **to let out** *or* **give a** ~ (auf)stöhnen.

II *vi* stöhnen (*with* vor +*dat*); (*with pain also, gate, planks*) ächzen (*with* vor +*dat*). **the table** ~**ed under** *or* **beneath the weight** der Tisch ächzte unter der Last.

groats [grəʊts] *npl* Schrot *nt or m*; (*porridge*) Grütze *f*.

grocer ['grəʊsəʳ] *n* Lebensmittelhändler, Kaufmann *m*. **at the** ~**'s** beim Lebensmittelhändler *or* Kaufmann.

grocery ['grəʊsərɪ] *n* **1.** (*business, shop*) Lebensmittelgeschäft *nt*. **2. groceries** *pl* (*goods*) Lebensmittel *pl*.

grog [grɒg] *n* Grog *m*.

groggily ['grɒgɪlɪ] *adv* (*inf*) groggy (*inf*); *shake one's head, answer* schwach.

groggy ['grɒgɪ] *adj* (+*er*) (*inf*) groggy *inv*.

groin [grɔɪn] *n* **1.** (*Anat*) Leiste *f*. **to kick sb in the** ~ jdn in den Unterleib *or* die Leistengegend treten. **2.** (*Archit*) Grat *m*.

groom [gru:m] **I** *n* **1.** (*in stables*) Stallbursche, Pferde- *or* Reitknecht *m*. **2.** (*bride*~) Bräutigam *m*.

II *vt* **1.** *horse* striegeln, putzen. **to** ~ **oneself** (*birds, animals*) sich putzen; (*people*) sich pflegen; **well/badly** ~**ed** gepflegt/ungepflegt.

2. (*prepare*) **he's being** ~**ed for the job of chairman/for the Presidency** er wird als zukünftiger Vorsitzender/Präsidentschaftskandidat aufgebaut.

grooming ['gru:mɪŋ] *n* ein gepflegtes Äußeres.

groove [gru:v] **I** *n* Rille *f*; (*in rock also*) Rinne, Furche *f*; (*in face*) Furche *f*; (*fig*) altes Gleis.

II *vt* Rillen machen in (+*acc*), rillen; (*water*) *stone* aushöhlen; *face* furchen.

III *vi* (*sl*) einen losmachen (*sl*).

groovy ['gru:vɪ] *adj* (+*er*) (*sl*) irr (*sl*).

grope [grəʊp] **I** *vi* (*also* ~ **around** *or* **about**) (herum)tasten (*for* nach); (*for words*) suchen (*for* nach). **to be groping in the dark** im dunkeln tappen; (*try things at random*) vor sich (*acc*) hin wursteln.

II *vt* tasten nach; (*inf*) *girlfriend* befummeln (*inf*). **to** ~ **(one's way) in/out** sich hinein-/hinaustasten.

III *n* (*inf*) **to have a** ~ fummeln (*inf*).

gropingly ['grəʊpɪŋlɪ] *adv* tastend.

gross¹ [grəʊs] *n no pl* Gros *nt*.

gross² **I** *adj* (+*er*) **1.** (*fat*) *person* dick, fett. **2.** (*coarse, vulgar*) grob, derb; *manners, tastes* roh; *food* grob; *eater, appetite* unmäßig.

3. (*extreme, flagrant*) kraß; *crime, impertinence* ungeheuerlich; *error, mistake also, negligence* grob.

4. (*luxuriant*) *vegetation* üppig.

5. (*total*) brutto; *income, weight* Brutto-. **he earns £ 250** ~ er verdient brutto £ 250; ~ **national product** Bruttosozialprodukt *nt*; ~ **ton** Bruttoregistertonne *f*.

II *vt* brutto verdienen; (*shop also*) brutto einnehmen.

grossly ['grəʊslɪ] *adv* **1.** (*coarsely*) *behave, talk* derb, rüde. **to eat** ~ essen wie ein Schwein. **2.** (*extremely*) *indecent, fat, vulgar* ungeheuer, schrecklich.

grossness ['grəʊsnɪs] *n see adj 1.-4.* **1.** Körperfülle, Dicke, Fettheit *f*. **2.** Grobheit, Derbheit *f*; Roheit *f*; Grobheit *f*; Unmäßigkeit *f*. **3.** Kraßheit *f*; Ungeheuerlichkeit *f*; (*of negligence*) ungeheures Ausmaß. **4.** Üppigkeit *f*.

grotesque [grəʊ'tesk] **I** *adj* grotesk. **II** *n* **1.** (*Art*) Groteske *f*; (*figure*) groteske Figur. **2.** (*Typ*) Grotesk *f*.

grotesquely [grəʊ'tesklɪ] *adv see adj*.

grotesqueness [grəʊ'tesknɪs] *n* the ~ of the
shape/his appearance diese groteske
Form/seine groteske Erscheinung.

grotto ['grɒtəʊ] *n, pl* ~(e)s Grotte, Höhle
f.

grotty ['grɒtɪ] *adj* (+*er*) (*inf*) grausig (*inf*);
person, pub, town, job also mies (*inf*).

grouch [graʊtʃ] I *n* 1. (*complaint*) Klage *f.*
to have a ~ (*grumble*) schimpfen (*about*
über +*acc*). 2. (*inf: person*) Miesepeter,
Muffel *m* (*inf*). II *vi* schimpfen, meckern.

grouchiness ['graʊtʃɪnɪs] *n* schlechte
Laune, Miesepetrigkeit (*inf*) *f.*

grouchy ['graʊtʃɪ] *adj* (+*er*) griesgrämig,
miesepetrig (*inf*).

ground[1] [graʊnd] I *n* 1. (*soil, terrain, fig*)
Boden *m.* **snow on high** ~ Schnee in
höheren Lagen; **hilly** ~ hügeliges
Gelände; **how much** ~ **do you own?**
wieviel Grund und Boden *or* wieviel Land
besitzen Sie?; **there is common** ~ **between
us** uns verbindet einiges; **to be on
dangerous/firm** *or* **sure** ~ (*fig*) sich auf
gefährlichem Boden bewegen/festen *or*
sicheren Boden unter den Füßen haben;
to meet sb on his own ~ zu jdm kommen;
to be beaten on one's own ~ auf dem
eigenen Gebiet geschlagen werden; **to cut
the** ~ **from under sb** *or* **sb's feet** jdm den
Boden unter den Füßen wegziehen; **to
gain/ lose** ~ Boden gewinnen/verlieren;
(*disease, rumour*) um sich greifen/im
Schwinden begriffen sein; **to lose** ~ **to sb/
sth** gegenüber jdm/etw an Boden verlie-
ren; **to give** ~ **to sb/sth** vor jdm/etw
zurückweichen; **to break new** *or* **fresh** ~
(*lit, fig*) neue Gebiete erschließen; (*per-
son*) sich auf ein neues *or* unbekanntes
Gebiet begeben; **to cover the/a lot of** ~
(*lit*) die Strecke/eine weite Strecke
zurücklegen; (*fig*) das Thema/eine Menge
Dinge behandeln; **to hold** *or* **keep** *or* **stand
one's** ~ (*lit*) nicht von der Stelle weichen;
(*fig*) seinen Mann stehen, sich nicht
unterkriegen lassen; **to shift one's** ~ (*fig*)
seine Haltung ändern.

2. (*surface*) Boden *m.* **above/below** ~
über/unter der Erde; (*Min*) über/unter
Tage; (*fig*) unter den Lebenden/unter der
Erde; **to fall to the** ~ (*lit*) zu Boden fallen;
(*fig: plans*) ins Wasser fallen, sich zer-
schlagen; **to sit on the** ~ auf der Erde *or*
dem Boden sitzen; **to burn/raze sth to the**
~ etw niederbrennen/etw dem Erdboden
gleichmachen; **it suits me down to the** ~
das ist ideal für mich; **to get off the** ~
(*plane etc*) abheben; (*plans, project etc*)
sich realisieren; **to go to** ~ (*fox*) im Bau
verschwinden; (*person*) untertauchen
(*inf*); **to run sb/sth to** ~ jdn/etw auf-
stöbern, jdn/etw ausfindig machen; **to run
sb/oneself into the** ~ (*inf*) jdn/sich selbst
fertigmachen (*inf*).

3. (*pitch*) Feld *nt*, Platz *m*; (*parade* ~,
drill~) Platz *m*. **recreation** ~ Spiel- *or*
Sportplatz *m*; **hunting** ~s Jagdgebiete *pl*;
fishing ~s Fischgründe *pl*.

4. ~s *pl* (*premises, land*) Gelände *nt*;
(*gardens*) Anlagen *pl*.

5. ~s *pl* (*sediment*) Satz *m*; **let the** ~s
settle warten Sie, bis sich der Kaffee/die
Flüssigkeit *etc* gesetzt hat.

6. (*background*) Grund *m.*
7. (*US Elec*) Erde *f.*
8. (*sea-bed*) Grund *m.*
9. (*reason*) Grund *m.* **to have** ~(s) **for
sth** Grund zu etw haben; **to be** ~(s) **for sth**
Grund für *or* zu etw sein; **to give sb** ~(s)
for sth jdm Grund zu etw geben; ~(s) **for
divorce** Scheidungsgrund *m*; ~s **for sus-
picion** Verdachtsmomente *pl*; **on the** ~(s)
of/that ... aufgrund (+*gen*), auf Grund
von/mit der Begründung, daß ...

II *vt* 1. *ship* auflaufen lassen, auf Grund
setzen. **to be** ~ed aufgelaufen sein.

2. (*Aviat*) *plane* (*for mechanical
reasons*) aus dem Verkehr ziehen; *pilot*
sperren, nicht fliegen lassen. **to be** ~ed **by
bad weather/a strike** wegen schlechten
Wetters/eines Streiks nicht starten *or*
fliegen können.

3. (*US Elec*) erden.

4. (*base*) **to be** ~ed **on sth** sich auf etw
(*acc*) gründen, auf etw (*dat*) basieren.

5. **to** ~ **sb in a subject** jdm die Grund-
lagen eines Faches beibringen; **to be well
~ed in English** gute Grundkenntnisse im
Englischen haben.

III *vi* (*Naut*) auflaufen.

ground[2] I *pret, ptp of* **grind**. II *adj glass*
matt; *coffee* gemahlen. ~ **rice** Reismehl *nt*.

ground control *n* (*Aviat*) Bodenkontrolle
f; **ground cover** *n* (*Hort*) Bodenvegeta-
tion *f*; **ground crew** *n* Bodenpersonal *nt*.

ground floor *n* Erdgeschoß *nt*; **to get in on
the** ~ (*fig*) gleich zu Anfang einsteigen
(*inf*); **ground frost** *n* Bodenfrost *m*;
groundhog *n* (*US*) Waldmurmeltier *nt*.

grounding ['graʊndɪŋ] *n* 1. (*basic knowl-
edge*) Grundwissen *nt*. **to give sb a** ~ **in
English** jdm die Grundlagen *pl* des Eng-
lischen beibringen.

2. (*Aviat*) (*of plane*) Startverbot *nt* (*of*
für); (*due to strike, bad weather*) Hin-
derung *f* am Start; (*of pilot*) Sperren *nt*.

groundkeeper ['graʊnd‚kiːpəʳ] *n* (*US*) *see*
groundsman; **groundless** *adj* grundlos,
unbegründet; **ground level** *n* Boden *m*;
below ~ unter dem Boden; **groundnut** *n*
Erdnuß *f*; **ground plan** *n* Grundriß *m*;
ground rent *n* Grundrente *f.*

groundsel ['graʊnsl] *n* Kreuzkraut *nt.*

groundsheet ['graʊndʃiːt] *n* Zeltboden-
(-plane *f*) *m.*

groundsman ['graʊndzmən] *n, pl* **-men**
[-mən] (*esp Brit*) Platzwart *m.*

ground speed *n* Bodengeschwindigkeit *f*;
ground staff *n* Bodenpersonal *nt*;
ground stroke *n* (*Tennis*) nicht aus der
Luft gespielter Ball; **groundswell** *n*
Dünung *f*; (*fig*) Anschwellen *nt*,
Zunahme *f*; **there was a growing** ~ **of
public opinion against him** die Öffentlich-
keit wandte sich zunehmend gegen ihn;
ground-to-air missile *n* Boden-Luft-
Rakete *f*; **ground-to-ground missile** *n*
Boden-Boden-Flugkörper *m*; **ground-
wire** *n* (*US Elec*) Erdleitung *f*; **ground-
work** *n* Vorarbeit *f*; **to do the** ~ **for sth** die
Vorarbeit für etw leisten.

group [gruːp] I *n* Gruppe *f*; (*Comm also*)
Konzern *m*; (*theatre* ~ *also*) Ensemble *nt*.
a ~ **of people/trees** eine Gruppe Menschen/
eine Baumgruppe.

II *attr* Gruppen-; *discussion, living, activities* in der Gruppe *or* Gemeinschaft. **III** *vt* gruppieren. **to ~ together** (*in one* ~) zusammentun; (*in several* ~*s*) in Gruppen einteilen *or* anordnen; **it's wrong to ~ all criminals together** es ist nicht richtig, alle Verbrecher über einen Kamm zu scheren *or* in einen Topf zu werfen (*inf*); **~ the blue ones with the red ones** ordnen Sie die blauen bei den roten ein; **they ~ed themselves round him** sie stellten sich um ihn (herum) auf; **to ~ sth around sth** etw um etw herum anordnen.

group captain *n* (*Aviat*) Oberst *m*; **group dynamics** *pl* **1.** (*relationships*) Gruppendynamik *f*; **2.** *sing* (*subject*) Gruppendynamik *f*.

groupie ['gru:pɪ] *n* Groupie *nt* (*sl*).

grouping ['gru:pɪŋ] *n* Gruppierung *f*; (*group of things also*) Anordnung *f*.

group insurance *n* Gruppenversicherung *f*; **group practice** *n* Gemeinschaftspraxis *f*; **to be in a ~** in einem Ärztekollektiv arbeiten; **group therapy** *n* Gruppentherapie *f*.

grouse[1] [graus] *n*, *pl* ~ Waldhuhn, Rauhfußhuhn *nt*; (*red* ~) Schottisches Moor(schnee)huhn.

grouse[2] (*inf*) **I** *n* (*complaint*) Klage *f*. **to have a good ~** sich ausschimpfen (*inf*); **II** *vi* schimpfen (*about* über +*acc*).

grouser ['grausə'] *n* (*inf*) Meckerfritze *m/-liese f* (*inf*).

grout [graut] **I** *vt tiles* verfugen, verkitten; *bricks* mit Mörtel ausgießen. **II** *n* Vergußmaterial *nt*, Fugenkitt *m*; Mörtel *m*.

grove [grəʊv] *n* Hain *m*, Wäldchen *nt*.

grovel ['grɒvl] *vi* kriechen. **to ~ at sb's feet** (*person*) vor jdm kriechen; (*dog*) sich um jdn herumdrücken.

groveller ['grɒvələ'] *n* Kriecher *m* (*inf*).

grovelling ['grɒvəlɪŋ] **I** *adj* kriecherisch (*inf*), unterwürfig. **II** *n* Kriecherei (*inf*).

grow [grəʊ] *pret* **grew**, *ptp* **grown I** *vt* **1.** *plants* ziehen; (*commercially*) *potatoes, wheat, coffee etc* anbauen, anpflanzen; (*cultivate*) *flowers* züchten.

2. to ~ one's beard/hair sich (*dat*) einen Bart/die Haare wachsen lassen.

II *vi* **1.** wachsen; (*person, baby also*) größer werden; (*hair also*) länger werden; (*in numbers*) zunehmen; (*in size also*) sich vergrößern; (*fig: become more mature*) sich weiterentwickeln. **to ~ in stature/wisdom/authority** an Ansehen/Weisheit/Autorität zunehmen; **to ~ in popularity** immer beliebter werden; **my, how you've ~n** du bist aber groß geworden!; **it'll ~ on you** das wird dir mit der Zeit gefallen; **the habit grew on him** es wurde ihm zur Gewohnheit.

2. (*become*) werden. **to ~ to do sth** allmählich etw tun/ sein; **to ~ to hate/love sb** jdn hassen/lieben lernen; **to ~ to enjoy sth** langsam Gefallen an etw (*dat*) finden; **I've ~n to expect him to be late** ich erwarte schon langsam, daß er zu spät kommt; **to ~ used to sth** sich an etw (*acc*) gewöhnen.

◆**grow apart** *vi* (*fig*) sich auseinanderentwickeln.

◆**grow away** *vi* (*fig*) **to ~ ~ from sb** sich jdm entfremden.

◆**grow from** *vi* +*prep obj see* **grow out of.**

◆**grow in** *vi* (*hair*) nachwachsen; (*teeth*) kommen; (*toenail*) einwachsen.

◆**grow into** *vi* +*prep obj* **1.** *clothes, job* hineinwachsen in (+*acc*).

2. (*become*) sich entwickeln zu, werden zu. **to ~ ~ a man/ woman** zum Mann/zur Frau heranwachsen.

◆**grow out** *vi* herauswachsen.

◆**grow out of** *vi* +*prep obj* **1.** *clothes* herauswachsen aus. **to ~ ~ ~ a habit** eine Angewohnheit ablegen; **to ~ ~ ~ one's friends** sich von seinen Freunden entfernen. **2.** (*arise from*) entstehen aus.

◆**grow together** *vi* (*lit, fig*) zusammenwachsen.

◆**grow up** *vi* (*spend childhood*) aufwachsen; (*become adult*) erwachsen werden; (*fig*) (*custom, hatred*) aufkommen; (*city*) entstehen. **what are you going to do when you ~?** was willst du mal werden, wenn du groß bist?; **to ~ ~ into a liar/beauty** sich zu einem Lügner/einer Schönheit entwickeln; **when are you going to ~ ~?** werde endlich erwachsen!

grower ['grəʊə'] *n* **1.** (*plant*) **to be a fast/good ~** schnell/gut wachsen. **2.** (*person*) (*of fruit, vegetables*) Anbauer *m*; (*of flowers*) Züchter *m*; (*of tobacco, coffee*) Pflanzer *m*.

growing ['grəʊɪŋ] **I** *adj* (*lit, fig*) wachsend; *child* heranwachsend, im Wachstum befindlich (*form*); *importance, interest, number etc also* zunehmend.

II *n* Wachstum, Wachsen *nt*. **~ pains** (*Med*) Wachstumsschmerzen *pl*; (*fig*) Kinderkrankheiten, Anfangsschwierigkeiten *pl*; **~ season** Zeit *f* des Wachstums.

growl [graul] **I** *n* Knurren *nt no pl*; (*of bear*) (*böses*) Brummen *no pl*. **II** *vi* knurren; (*bear*) böse brummen. **to ~ at sb** jdn anknurren/anbrummen. **III** *vt* knurren.

grown [grəʊn] **I** *ptp of* **grow. II** *adj* erwachsen. **fully ~** ausgewachsen.

grown over *adj* überwachsen; *garden also* überwuchert; **grown-up I** *adj* erwachsen; *clothes, shoes* Erwachsenen-, wie Erwachsene, wie Große (*inf*); **II** *n* Erwachsene(r) *mf*.

growth [grəʊθ] *n* **1.** Wachstum *nt*; (*of person also*) Entwicklung *f*; (*of plant also*) Wuchs *m*; (*increase in quantity, fig: of love, interest etc*) Zunahme *f*, Anwachsen *nt*; (*increase in size also*) Vergrößerung *f*; (*of capital etc*) Zuwachs *m*; (*of business also*) Erweiterung *f*. **~ industry** Wachstumsindustrie *f*; **rate of export ~** Wachstums- *or* Zuwachsrate *f* im Export.

2. (*plants*) Vegetation *f*; (*of one plant*) Triebe *pl*. **covered with a thick ~ of weeds** von Unkraut überwuchert *or* überwachsen; **cut away the old ~** schneiden Sie die alten Blätter und Zweige aus; **with a two days' ~ on his face** mit zwei Tage alten Bartstoppeln.

3. (*Med*) Gewächs *nt*, Wucherung *f*.

grub [grʌb] **I** *n* **1.** (*larva*) Larve *f*.

2. (*inf: food*) Fressalien *pl* (*hum, inf*). **II** *vt* (*animal*) *ground, soil* aufwühlen.

III *vi* (*also ~ about or around*) (*pig*) wühlen (*in* in +*dat*); (*person*) (herum-)kramen (*in* in +*dat*, *for* nach).

◆**grub out** vt sep ausgraben.

◆**grub up** vt sep weeds jäten; potatoes, bush etc ausgraben; soil wühlen in (+dat); (bird) worms aus dem Boden ziehen; (fig) information, people auftreiben.

grubbily ['grʌbɪlɪ] adv schmuddelig.

grubbiness ['grʌbɪnɪs] n Schmuddeligkeit f.

grubby ['grʌbɪ] adj (+er) schmuddelig (inf); hands dreckig (inf).

grudge [grʌdʒ] I n Groll m (against gegen). to bear sb a ~, to have a ~ against sb jdm böse sein; I bear him no ~ ich trage ihm das nicht nach, ich nehme ihm das nicht übel; to bear ~s nachtragend sein.
II vt to ~ sb sth jdm etw nicht gönnen, jdm etw neiden (geh); I don't ~ you your success/these pleasures ich gönne Ihnen Ihren Erfolg/das Vergnügen; to ~ doing sth etw äußerst ungern tun; I don't ~ doing it es macht mir nichts aus, das zu tun; I don't ~ the money/time es geht mir nichts ums Geld/um die Zeit; I do ~ the money/time for things like that das Geld/ meine Zeit für solche Dinge tut mir leid.

grudging ['grʌdʒɪŋ] adj person, attitude unwirsch; contribution, gift widerwillig gegeben; admiration, praise, support widerwillig. in a ~ tone of voice widerwillig; to be ~ in one's support for sth etw nur widerwillig unterstützen.

grudgingly ['grʌdʒɪŋlɪ] adv widerwillig.

gruel [grʊəl] n Haferschleim m.

gruelling, (US) **grueling** ['grʊəlɪŋ] adj task, day etc aufreibend, zermürbend; march, climb, race äußerst strapaziös.

gruesome ['gruːsəm] adj grausig, schauerlich, schaurig; sense of humour schaurig, makaber.

gruesomely ['gruːsəmlɪ] adv schauerlich.

gruff [grʌf] adj (+er) barsch, schroff.

gruffly ['grʌflɪ] adv see adj.

gruffness ['grʌfnɪs] n Barschheit, Schroffheit f.

grumble ['grʌmbl] I n (complaint) Murren, Schimpfen nt no pl; (noise: of thunder, guns) Grollen nt. to do sth without a ~ etw ohne Murren or Widerspruch tun.
II vi murren, schimpfen (about, over über +acc); (thunder, gunfire) grollen. to ~ at sb jdm gegenüber schimpfen or klagen; **grumbling appendix** gereizter Blinddarm.

grumbler ['grʌmblər] n Nörgler(in f) m.

grumpily ['grʌmpɪlɪ] adv see adj.

grumpy ['grʌmpɪ] adj (+er) brummig, mürrisch, grantig; child quengelig (inf).

grunt [grʌnt] I n (of pig, person) Grunzen nt no pl; (of pain, in exertion) Ächzen nt no pl, Ächzer m (inf). to give a ~ grunzen (of vor +dat); ächzen (of vor +dat). II vi (animal, person) grunzen; (with pain, exertion) ächzen, aufseufzen; (in irritation also) knurren. III vt reply .

gryphon ['grɪfən] n see **griffin**.

G-string ['dʒiːstrɪŋ] n 1. (Mus) G-Saite f. Bach's Air on a ~ Bachs Air nt. 2. (clothing) Minislip m.

guano ['gwɑːnəʊ] n, pl ~s Guano m.

guarantee [ˌgærən'tiː] I n 1. (Comm) Garantie f; (~slip also) Garantieschein m. to have or carry a 6-month ~ 6 Monate Garantie haben; there is a year's ~ on this

watch auf der Uhr ist ein Jahr Garantie; while it is under ~ solange noch Garantie darauf ist.
2. (promise) Garantie f (of für). that's no ~ that … das heißt noch lange nicht, daß …
3. (Jur) see **guaranty**.
II vt 1. (Comm) garantieren. to be ~d for three months drei Monate Garantie haben; to ~ sth against theft/fire etw gegen Diebstahl/Feuer absichern.
2. (promise, ensure) garantieren (sb sth jdm etw); (take responsibility for) garantieren für. I can't ~ (that) he will be any good ich kann nicht dafür garantieren, daß er gut ist; I ~ to come tomorrow ich komme ganz bestimmt morgen.
3. (Jur) garantieren, gewährleisten; loan, debt bürgen für.

guaranteed [ˌgærən'tiːd] adj garantiert.

guarantor [ˌgærən'tɔːr] n Garant m; (Jur also) Bürge m. to stand ~ for sb für jdn eine Bürgschaft übernehmen.

guaranty ['gærəntɪ] n (Jur) Garantie f; (pledge of obligation) Bürgschaft f; (security) Sicherheit f.

guard [gɑːd] I n 1. (Mil) Wache f; (single soldier also) Wachtposten m; (no pl: squad also) Wachmannschaft f. the G~s (Brit) die Garde, das Garderegiment; ~ of honour Ehrenwache f; to change ~ Wachablösung machen.
2. (security ~) Sicherheitsbeamte(r) m, Sicherheitsbeamtin f; (at factory gates, in park etc) Wächter(in f) m; (esp US: prison ~) Gefängniswärter(in f); (Brit Rail) Schaffner(in f), Zugbegleiter(in f) m.
3. (watch, also Mil) Wache f. under ~ unter Bewachung; to be under ~ bewacht werden; (person also) unter Bewachung or Aufsicht stehen; to keep sb/sth under ~ jdn/etw bewachen; to be on ~, to stand or keep or mount ~ Wache halten or stehen; to keep or stand or mount ~ over sth etw bewachen; to go on/off ~ die Wache übernehmen/übergeben; to put a ~ on sb/ sth jdn/etw bewachen lassen.
4. (Boxing, Fencing) Deckung f. on ~! (Fencing) en garde!; to drop or lower one's ~ (lit) seine Deckung vernachlässigen; (fig) seine Reserve aufgeben; to have one's ~ down (lit) nicht gedeckt sein; (fig) nicht auf der Hut sein; to be on/off one's ~ (against sth) (lit) gut/schlecht gedeckt sein; (fig) (vor etw dat) auf der/ nicht auf der Hut sein, sich (vor etw dat) vorsehen/nicht vorsehen; to put sb on his ~ (against sth) jdn (vor etw dat) warnen; to throw or put sb off his ~ (lit) jdn seine Deckung vernachlässigen lassen; (fig) jdn einlullen.
5. (safety device, for protection) Schutz m (against gegen); (on machinery also) Schutzvorrichtung f; (fire ~) Schutzgitter nt; (on foil) Glocke f; (on sword) Korb m.
6. (in basketball) Verteidigungsspieler m.

II vt prisoner, place, valuables bewachen; treasure also, secret, tongue hüten; machinery beaufsichtigen; luggage aufpassen auf (+acc); (protect) (lit) person, place schützen (from, against vor

+dat), abschirmen (from, against gegen); one's life schützen; one's reputation achten auf (+acc); (fig) child etc behüten, beschützen (from, against vor +dat).

◆**guard against** vi +prep obj (take care to avoid) suspicion, being cheated, etc sich in acht nehmen vor (+dat); hasty reaction, bad habit, scandal also sich hüten vor (+dat); (take precautions against) illness, misunderstandings vorbeugen (+dat); accidents verhüten. **you must ~ ~ catching cold/telling him too much** Sie müssen aufpassen or sich in acht nehmen, daß Sie sich nicht erkälten/daß Sie ihm nicht zu viel sagen.

guard dog n Wachhund m; **guard duty** n Wachdienst m; **to be on ~** auf Wache sein, Wache haben (inf).

guarded ['gɑːdɪd] adj reply vorsichtig, zurückhaltend; smile zurückhaltend, reserviert; (under guard) prisoner bewacht; machinery geschützt, abgesichert. **to be ~ in one's remarks** sich sehr vorsichtig ausdrücken.

guardedly ['gɑːdɪdlɪ] adv vorsichtig, zurückhaltend. **to be ~ optimistic** vorsichtigen Optimismus zeigen.

guardedness ['gɑːdɪdnɪs] n Vorsichtigkeit f; (of smile) Reserviertheit f.

guardhouse ['gɑːdhaʊs] n (Mil) (for soldiers) Wachlokal nt, Wachstube f; (for prisoners) Arrestlokal nt, Bunker m (sl).

guardian ['gɑːdɪən] n Hüter, Wächter m; (Jur) Vormund m. **~ angel** Schutzengel m.

guardianship ['gɑːdɪənʃɪp] n Wachen nt (of über +acc); (Jur) Vormundschaft f (of über +acc).

guard-rail ['gɑːdreɪl] n Schutzgeländer nt; (around machinery) Schutzleiste f; (Rail) Schutzschiene, Zwangsschiene f.

guardsman ['gɑːdzmən] n, pl **-men** [-mən] Wache f, Wachtposten m; (member of guards regiment) Gardist m; (US: in National Guard) Nationalgardist m.

guard's van ['gɑːdzvæn] n (Brit Rail) Schaffnerabteil nt, Dienstwagen m.

Guatemala [ˌgwɑːtɪˈmɑːlə] n Guatemala nt.

Guatemalan [ˌgwɑːtɪˈmɑːlən] I adj guatemaltekisch, aus Guatemala. II n Guatemalteke m, Guatemaltekin f.

guava ['gwɑːvə] n Guave, Guajave f.

gubernatorial [ˌguːbənəˈtɔːrɪəl] adj (esp US Pol) Gouverneurs-.

gudgeon ['gʌdʒən] n Gründling m.

guelder rose ['geldəˌrəʊz] n (Bot) Schneeball m.

guer(r)illa [gəˈrɪlə] I n Guerilla mf. **Palestinian ~s** palästinensische Freischärler or Guerillas pl. II attr Guerilla-. **~ war/warfare** Guerillakrieg m.

Guernsey ['gɜːnzɪ] n 1. Guernsey nt. 2. (sweater: also g~) dicker Pullover (von Fischern getragen).

guess [ges] I n Vermutung, Annahme f; (estimate) Schätzung f. **to have** or **make a ~ (at sth)** (etw) raten; (estimate) (etw) schätzen; **it was just a ~** ich habe nur geraten; **his ~ was nearly right** er hat es fast erraten; **it's a good ~** gut geraten or geschätzt or getippt; **it was just a lucky ~** das war ein Zufallstreffer m; **I'll give you three ~es** dreimal darfst du raten; **50**

people, **at a ~** schätzungsweise 50 Leute; **at a rough ~** grob geschätzt, über den Daumen gepeilt (inf); **my ~ is that ...** ich tippe darauf (inf) or schätze or vermute, daß ...; **your ~ is as good as mine!** (inf) da kann ich auch nur raten!; **it's anybody's ~** (inf) das wissen die Götter (inf).

II vi 1. raten. **how did you ~?** wie hast du das bloß erraten?; (iro) du merkst auch alles!; **to keep sb ~ing** jdn im ungewissen lassen; **you'll never ~!** das wirst du nie erraten; **to ~ at sth** etw raten.

2. (esp US) **I ~ not** wohl nicht; **he's right, I ~** er hat wohl recht; **is he coming? — I ~ so** kommt er? — (ich) schätze ja (inf), ich glaube schon; **that's all, I ~** das ist wohl alles.

III vt 1. (surmise) raten; (surmise correctly) erraten; (estimate) weight, numbers, amount schätzen. **I ~ed as much** das habe ich mir schon gedacht; **to ~ sb to be 20 years old/sth to be 10 lbs** jdn auf 20/etw auf 10 Pfund schätzen; **you'll never ~ who/what ...** das errätst du nie, wer/was ...; **~ what!** (inf) stell dir vor! (inf).

2. (esp US) schätzen (inf), vermuten, annehmen. **I ~ we'll buy it** wir werden es wohl or wahrscheinlich kaufen.

guessable ['gesəbl] adj answer erratbar, zu erraten pred; age also, number schätzbar, zu schätzen pred.

guessing game ['gesɪŋgeɪm] n Ratespiel nt; (fig) Raterei f no pl.

guesstimate ['gestɪmɪt] n grobe Schätzung.

guesswork ['geswɜːk] n (reine) Vermutung. **it was pure** or **sheer ~** das war eine reine Vermutung; **they did it all by ~** sie haben nur geraten.

guest [gest] n Gast m. **~ of honour** Ehrengast m; **be my ~** (inf) nur zu! (inf).

guest in cpds Gast-; **guest appearance** n Gastauftritt m; **to make a ~** als Gast auftreten; **guest artist** n Gast(star), Gastkünstler(in f) m; (Theat) Gastspieler(in f) m; **guest-house** n Gästehaus nt; (boarding house) (Fremden)pension f; **guest list** n Gästeliste f; **guest-room** n Gästezimmer nt.

guffaw [gʌˈfɔː] I n schallendes Lachen no pl. **~s of laughter** Lachsalven pl. II vi schallend (los)lachen.

Guiana [gaɪˈænə] n Guayana nt.

guidance ['gaɪdəns] n (direction) Führung, Leitung f; (counselling) Beratung f (on über +acc); (from superior, parents, teacher etc) Anleitung f. **spiritual ~** geistiger Rat; **for your ~** zu Ihrer Orientierung or Hilfe; **to give sb ~ on sth** jdn bei etw beraten.

guidance system n (on rocket) Steuerungssystem nt.

guide [gaɪd] I n 1. (person) Führer(in f) m; (fig: indication, pointer) Anhaltspunkt m (to für); (model) Leitbild nt. **let reason/your conscience be your ~** lassen Sie sich von der Vernunft/Ihrem Gewissen leiten; **spiritual ~** geistiger Berater.

2. (Tech) Leitvorrichtung f.

3. (Brit: girl ~) Pfadfinderin f.

4. (instructions) Anleitung f; (manual) Leitfaden m, Handbuch nt (to gen); (travel ~) Führer m. **take this dictionary/**

this piece of work as a ~ orientieren Sie sich an diesem Wörterbuch/dieser Arbeit.

II *vt people, blind man etc* führen; *discussion also* leiten; *missile, rocket, sb's behaviour, studies, reading* lenken. **to ~ a plane** in ein Flugzeug einweisen; **to be ~d by sb/sth** (*person*) sich von jdm/etw leiten lassen; **to ~ sb on his way** jdm den Weg zeigen *or* weisen.

guide-book ['gaɪdbʊk] *n* (Reise)führer *m*.

guided missile [ˌgaɪdɪd'mɪsaɪl] *n* ferngelenktes Geschoß, Lenkflugkörper *m*.

guide-dog ['gaɪddɒg] *n* Blindenhund *m*.

guided tour [ˌgaɪdɪd'tʊəʳ] *n* Führung *f* (*of* durch).

guideline ['gaɪdlaɪn] *n* Richtlinie f; (*Typ, for writing*) Leitlinie *f*.

guider ['gaɪdəʳ] *n* (*Brit*) Pfadfinderinnenführerin *f*.

guide-rope ['gaɪdrəʊp] *n* Schlepptau *nt*.

guiding ['gaɪdɪŋ] *adj*: ~ **hand** leitende Hand; ~ **principle** Leitmotiv *nt*; ~ **star** Leitstern *m*.

guild [gɪld] *n* (*Hist*) Zunft, Gilde *f*; (*association*) Verein *m*.

guilder ['gɪldəʳ] *n* Gulden *m*.

guile [gaɪl] *n* Tücke, (Arg)list *f*.

guileful ['gaɪlfʊl] *adj* hinterhältig, tückisch.

guileless ['gaɪllɪs] *adj* arglos, harmlos.

guillemot ['gɪlɪmɒt] *n* Lumme *f*.

guillotine [ˌgɪlə'tiːn] *I n* **1.** Guillotine *f*.
2. (*for paper*) (Papier)schneidemaschine *f*.
3. (*Parl*) Beschränkung *f* der Diskussionszeit. **to put a ~ on a bill** die Diskussionszeit für ein Gesetz einschränken.
II *vt* **1.** *person* mit der Guillotine *or* dem Fallbeil hinrichten.
2. *paper* schneiden.
3. (*Parl*) *bill* die Diskussionszeit einschränken für.

guilt [gɪlt] *n* Schuld *f* (*for, of* an +*dat*). **to feel ~ about sth** sich wegen etw schuldig fühlen; ~ **complex** Schuldkomplex *m*.

guiltily ['gɪltɪlɪ] *adv* schuldbewußt; *act* verdächtig.

guiltiness ['gɪltɪnɪs] *n* Schuld *f*; (*feeling*) Schuldbewußtsein *nt*.

guiltless ['gɪltlɪs] *adj* schuldlos, unschuldig (*of an* +*dat*). **he is ~ of any crime** er ist keines Verbrechens schuldig.

guilty ['gɪltɪ] *adj* (+*er*) **1.** schuldig (*of gen*). **the ~ person/party** der/die Schuldige/die schuldige Partei; **verdict of** ~ Schuldspruch *m*; **to find sb ~/not ~** (*of a crime*) jdn (eines Verbrechens) für schuldig/ nicht schuldig befinden; ~/**not** ~! (*Jur*) schuldig/nicht schuldig!; (*fig*) das war ich/ das war ich nicht.
2. *look, voice* schuldbewußt; *conscience* schlecht; *intent, thought* böse.
3. (*inf: in phrases*) **he was ~ of taking the book without permission** er hat das Buch ohne Erlaubnis genommen; **I've been ~ of that myself** den Fehler habe ich auch schon begangen; **I feel very ~ (about ...)** ich habe ein sehr schlechtes Gewissen(, daß ...).

Guinea ['gɪnɪ] *n* Guinea *nt*.

guinea-fowl ['gɪnɪfaʊl] *n* Perlhuhn *nt*; **guinea-pig** *n* Meerschweinchen *nt*; (*fig*) Versuchskaninchen *nt*.

guise [gaɪz] *n* (*disguise*) Gestalt *f*; (*pretence*) Vorwand *m*. **in the ~ of a clown/swan** als Clown verkleidet/in Gestalt eines Schwans; **under the ~ of friendship** unter dem Deckmantel der Freundschaft.

guitar [gɪ'tɑːʳ] *n* Gitarre *f*.

guitarist [gɪ'tɑːrɪst] *n* Gitarrist(in *f*) *m*.

gulch [gʌlʃ] *n* (*US*) Schlucht *f*.

gulf [gʌlf] *n* **1.** (*bay*) Golf, Meerbusen *m*. **G~ Stream** Golfstrom *m*; **the G~ of Mexico/Bothnia** der Golf von Mexico/der Bottnische Meerbusen; **the (Persian) G~** der Persische Golf. **2.** (*lit, fig: chasm*) tiefe Kluft.

gull¹ [gʌl] *n* (*sea~*) Möwe *f*.

gull² (*liter*) **I** *n* Spielball *m* (*of gen*). **II** *vt* übertölpeln. **to be ~ed into sth** durch eine List dazu gebracht werden, etw zu tun.

gullet ['gʌlɪt] *n* Speiseröhre, Kehle *f*. **that really stuck in my ~** (*fig*) das ging mir sehr gegen den Strich (*inf*).

gullibility [ˌgʌlɪ'bɪlɪtɪ] *n* Leichtgläubigkeit *f*.

gullible *adj*, **~bly** *adv* ['gʌlɪbl, -ɪ] leichtgläubig.

gully ['gʌlɪ] *n* (*ravine*) Schlucht *f*; (*narrow channel*) Rinne *f*.

gulp [gʌlp] **I** *n* Schluck *m*. **at a/one ~** auf einen Schluck.
II *vt* (*also* ~ **down**) *drink* runterstürzen; *food* runterschlingen; *medicine* hinunterschlucken. **to ~ back one's tears/a reply** die Tränen/eine Antwort hinunterschlucken.
III *vi* (*try to swallow*) würgen; (*eat fast*) schlingen; (*drink fast*) hastig trinken; (*from emotion*) trocken schlucken.

gum¹ [gʌm] *n* (*Anat*) Zahnfleisch *nt no pl*.

gum² **I** *n* **1.** Gummi *nt*; (~-*tree*) Gummibaum *m*; (*glue*) Klebstoff *m*. **2.** (*chewing* ~) Kaugummi *m*; (*sweet*) Weingummi *m*. **3.** (*US inf*) *see* **gum-shoe**. **II** *vt* (*stick together*) kleben; (*spread* ~ *on*) gummieren.

♦**gum down** *vt sep label* aufkleben; *envelope* zukleben.

♦**gum up** *vt sep* verkleben. **to ~ ~ the works** (*inf*) alles verkleben; (*fig*) die Arbeit stoppen (*inf*); **to get ~med up** verkleben.

gumboil ['gʌmbɔɪl] *n* Zahnfleischabszeß *m*; **gumboot** *n* Gummistiefel *m*; **gumdrop** *n* Weingummi *m*.

gummy ['gʌmɪ] *adj* (+*er*) gummiert; (*sticky*) klebrig.

gumption ['gʌmpʃ ən] *n* (*inf*) Grips *m* (*inf*). **to have the ~ to do sth** geistesgegenwärtig genug sein, etw zu tun.

gum-shield ['gʌmʃiːld] *n* Zahnschutz *m*; **gum-shoe** (*US*) **I** *n* **1.** (*overshoe*) Überschuh *m*, Galosche *f*; (*gym shoe*) Turnschuh *m*; **2.** (*sl: detective*) Schnüffler *m* (*inf*); **II** *vi* (*sl: move stealthily*) schleichen; **gum-tree** *n* Gummibaum *m*; **to be up a ~** (*Brit inf*) aufgeschmissen sein (*inf*).

gun [gʌn] **I** *n* **1.** (*cannon etc*) Kanone *f*, Geschütz *nt*; (*rifle*) Gewehr *nt*; (*pistol etc*) Pistole *f*, Kanone *f* (*sl*), Schießeisen *nt* (*sl*). **to carry a ~** (*mit einer Schußwaffe*) bewaffnet sein; **to draw a ~ on sb** jdn mit einer Schußwaffe bedrohen; **to fire a 21-~ salute** 21 Salutschüsse abgeben; **the big ~s** die schweren Geschütze; **big ~** (*fig* *inf*) hohes *or* großes Tier (*inf*) (*in* in + *dat*); **to stick to one's ~s** nicht nachgeben, festbleiben; **to jump the ~** (*Sport*) Frühstart machen; (*fig*) voreilig sein *or* handeln; **to be going great ~s** (*inf*) (*team, person etc*) toll in Schwung *or* Fahrt sein (*inf*); (*car*) wie geschmiert laufen (*inf*); (*business, economy*) gut in Schuß sein (*inf*); **son of a ~!** (*US fam*) Menschenskind! (*fam*); (*annoyed*) Mist! (*fam*).

2. (*spray ~*) Pistole *f*. **grease ~** Schmierpresse, Fettpresse *f*.

3. (*person*) Schütze *m*; (*Hunt also*) Jäger *m*; (*inf esp US: ~man*) Pistolenheld *m* (*inf*).

II *vt* **1.** (*kill: also ~ down*) person erschießen, zusammenschießen; *pilot, plane* abschießen.

2. (*sl: rev*) *engine, car* aufheulen lassen.

III *vi* **1.** (*inf*) **to be ~ning for sb** (*lit*) Jagd auf jdn machen; (*fig*) auf jdn dem Kieker haben (*inf*); *for opponent* jdn auf die Abschußliste gesetzt haben.

2. (*sl: speed*) schießen (*inf*).

gun barrel *n* (*on cannon*) Kanonen- *or* Geschützrohr *nt*; (*on rifle*) Gewehrlauf *m*; (*on pistol*) Pistolenlauf *m*; **gunboat** *n* Kanonenboot *nt*; **~ diplomacy** Kanonenbootdiplomatie *f*; **gun carriage** *n* Lafette *f*; **gun crew** *n* Geschützbedienung *f*; **gun dog** *n* Jagdhund *m*; **gun-fight** *n* Schießerei *f*; (*Mil*) Feuergefecht *nt*, Schußwechsel *m*; **gun-fighter** *n* Revolverheld *m*; **gunfire** *n* Schießerei *f*, Schüsse *pl*; (*Mil*) Geschützfeuer *nt*; **gunman** *n* (mit einer Schußwaffe) Bewaffnete(r) *m*; **they saw the ~** sie haben den Schützen gesehen; **gunmetal I** *n* Geschützmetall *nt*, Geschützbronze *f*; (*colour*) metallisches Blaugrau; **II** *adj attr* aus Geschützmetall *or* -bronze; *grey, colour* metallisch.

gunnel [ˈgʌnəl] *n see* **gunwale.**

gunner [ˈgʌnəʳ] *n* (*Mil*) Artillerist *m*; (*title*) Kanonier *m*; (*Naut*) Geschützführer *m*; (*in plane*) Bordschütze *m*. **to be in the ~s** (*Mil*) bei der Artillerie sein.

gunnery [ˈgʌnəri] *n* Schießkunst *f*. **~ officer** Artillerieoffizier *m*.

gunpoint [ˈgʌnpɔint] *n* **to hold sb at ~** jdn mit einer Pistole/einem Gewehr bedrohen; **to force sb to do sth at ~** jdn mit vorgehaltener Pistole/vorgehaltenem Gewehr zwingen, etw zu tun; **gunpowder** *n* Schießpulver *nt*; **gunroom** *n* Waffenkammer *f*; (*Naut*) Kadettenmesse *f*; **gunrunner** *n* Waffenschmuggler *or* -schieber *m*; **gunshot** *n* Schuß *m*; (*range*) Schußweite *f*; **~ wound** Schußwunde *f*; **gun-slinger** *n* (*inf*) Pistolenheld *m* (*inf*); **gunsmith** *n* Büchsenmacher *m*; **gunwale** [ˈgʌnl] *n* Dollbord *m*.

guppy [ˈgʌpi] *n* Guppy, Millionenfisch *m*.

gurgle [ˈgɜ:gl] **I** *n* (*of liquid*) Gluckern *nt no pl*; (*of brook also*) Plätschern, Glucksen *nt no pl*; (*of baby*) Glucksen *nt no pl*. **II** *vi* (*liquid*) gluckern; (*brook also*) plätschern, glucksen; (*person*) glucksen.

guru [ˈguru:] *n* Guru *m*.

gush [gʌʃ] **I** *n* **1.** (*of liquid*) Strahl, Schwall *m*; (*of words*) Schwall *m*; (*of emotion*) Ausbruch *m*.

2. (*inf*: ~*ing talk*) Geschwärme *nt* (*inf*).

II *vi* **1.** (*also ~ out*) (*water*) herausschießen, heraussprudeln; (*smoke, blood, tears*) hervorquellen; (*flames*) herausschlagen.

2. (*inf*: *talk*) schwärmen (*inf*) (*about, over* von); (*insincerely*) sich ergehen (*about, over* über +*acc*).

III *vt* (*liter*) (*volcano*) ausstoßen. **the wound ~ed blood** aus der Wunde schoß *or* quoll Blut; **her eyes ~ed tears** aus ihren Augen quollen die Tränen; **what a delightful hat, she ~ed** welch entzückender Hut, sagte sie überschwenglich.

gusher [ˈgʌʃəʳ] *n* (*natürl. sprudelnde*) Ölquelle; (*inf*: *person*) überschwengliche Person (*inf*).

gushing [ˈgʌʃiŋ] *adj* **1.** *water* sprudelnd, (heraus)schießend. **2.** (*fig*) überschwenglich; *talk also* schwärmerisch.

gushingly [ˈgʌʃiŋli] *adv* überschwenglich.

gusset [ˈgʌsit] *n* (*Sew*) Keil, Zwickel *m*.

gust [gʌst] **I** *n* (*of wind*) Stoß *m*, Bö(e) *f*; (*of rain*) Böe *f*; (*fig*) (*of emotion*) Welle *f*, Anfall *m*; (*of anger*) Ausbruch, Anfall *m*. **a ~ of smoke/flames** eine Rauchwolke/Stichflamme; **a ~ of laughter** eine Lachsalve; **a ~ of noise** plötzliches Getöse. **II** *vi* böig *or* stürmisch wehen.

gustily [ˈgʌstili] *adv* böig, stürmisch.

gusto [ˈgʌstəʊ] *n, no pl* Begeisterung *f*. **to do sth with ~** etw mit Genuß tun.

gusty [ˈgʌsti] *adj* (+*er*) *wind, day, rain* böig, stürmisch.

gut [gʌt] **I** *n* **1.** (*alimentary canal*) Darm *m*; (*stomach, paunch*) Bauch *m*.

2. *usu pl* (*inf*: *stomach*) Eingeweide *nt*; (*fig*) (*essence: of problem, matter*) Kern *m*; (*contents*) Substanz *f*. **to sweat** *or* **work one's ~s out** (*inf*) wie blöd schuften (*inf*); **to hate sb's ~s** (*inf*) jdn auf den Tod nicht ausstehen können (*inf*); **I'll have his ~s for garters!** (*inf*) den mache ich zur Minna (*inf*) *or* zur Schnecke (*inf*); **~ reaction** rein gefühlsmäßige Reaktion.

3. (*inf*: *courage*) ~s *pl* Mumm *m* (*inf*).

4. (*cat~*) Darm *m*; (*for racket, violin*) Darmsaiten *pl*.

II *vt* **1.** (*Cook*) ausnehmen.

2. (*fire*) ausbrennen; (*remove contents*) ausräumen.

gutless [ˈgʌtlis] *adj* (*fig inf*) feige.

gutsy [ˈgʌtsi] *adj* (+*er*) (*inf*) **1.** (*greedy*) verfressen (*inf*). **2.** (*fig*) *prose, music, player* rasant; *resistance* hart, mutig.

gutter [ˈgʌtəʳ] **I** *n* (*on roof*) Dachrinne *f*; (*in street*) Gosse *f* (*also fig*), Rinnstein *m*. **to be born in the ~** aus der Gosse kommen; **the language of the ~** die Gassensprache. **II** *vi* (*candle, flame*) flackern.

guttering [ˈgʌtəriŋ] **I** *n* Regenrinnen *pl*. **II** *adj* flackernd.

gutter-press [ˈgʌtəpres] *n* Boulevardpresse *f*; **guttersnipe** *n* Gassenkind *nt*.

guttural [ˈgʌtərəl] **I** *n* Guttural(laut), Kehllaut *m*. **II** *adj* guttural, kehlig.

guv [gʌv], **guv'nor** [ˈgʌvnəʳ] *n* (*Brit inf*) Chef *m* (*inf*).

guy¹ [gai] **I** *n* **1.** (*inf*: *man*) Typ (*inf*), Kerl (*inf*) *m*. **hey you ~s** he Leute (*inf*).

2. (*Brit*: *effigy*) (*Guy-Fawkes-*)Puppe *f*; (*inf*: *sight*) Schießbudenfigur *f* (*inf*). **G~**

Fawkes day *Jahrestag m der Pulverver-schwörung* (5. *November*).
  II *vt* (*ridicule*) sich lustig machen über (+*acc*).
guy² *n* (*also* ~-**rope**) Halteau *or* -seil *nt*; (*for tent*) Zeltschnur *f*.
Guyana [gaɪˈænə] *n* Guyana (*form*), Guayana *nt*.
Guyanese [ˌgaɪəˈniːz] *n* Guayaner(in *f*) *m*.
guzzle [ˈgʌzl] *vti* (*eat*) futtern (*inf*); (*drink*) schlürfen.
gym [dʒɪm] *n* (*gymnasium*) Turnhalle *f*; (*gymnastics*) Turnen *nt*.
gymkhana [dʒɪmˈkɑːnə] *n* Reiterfest *nt*.
gymnasium [dʒɪmˈneɪzɪəm] *n*, *pl* **-s** *or* (*form*) **gymnasia** [dʒɪmˈneɪzɪə] Turnhalle *f*.
gymnast [ˈdʒɪmnæst] *n* Turner(in *f*) *m*.
gymnastic [dʒɪmˈnæstɪk] *adj* ability turnerisch; *training, exercise also* Turn-.
gymnastically [dʒɪmˈnæstɪkəlɪ] *adv* turnerisch.
gymnastics [dʒɪmˈnæstɪks] *n* **1.** *sing* (*discipline*) Gymnastik *f no pl*; (*with apparatus*) Turnen *nt no pl*. **2.** *pl* (*exercises*) Übungen *pl*. **mental** ~ geistige Klimmzüge *pl*, Gehirnakrobatik *f* (*inf*); **verbal** ~ Wortakrobatik *f*.

gym shoe *n* (*Brit*) Turnschuh *m*; **gymslip** *n* (*Brit*) Schulträgerrock *m*; **gym teacher** *n* Turnlehrer(in *f*) *m*.
gynaecological, (*US*) **gynecological** [ˌgaɪnɪkəˈlɒdʒɪkəl] *adj* gynäkologisch.
gynaecologist, (*US*) **gynecologist** [ˌgaɪnɪˈkɒlədʒɪst] *n* Gynäkologe *m*, Gynäkologin *f*, Frauenarzt *m*/-ärztin *f*.
gynaecology, (*US*) **gynecology** [ˌgaɪnɪˈkɒlədʒɪ] *n* Gynäkologie, Frauenheilkunde *f*.
gyp [dʒɪp] **I** *n* **1.** (*sl: swindle*) Gaunerei *f* (*inf*). **2.** (*sl: swindler*) Gauner *m*. **3.** (*inf*) **to give sb** ~ jdn plagen (*inf*). **II** *vt* (*sl*) übers Ohr hauen (*inf*).
gypsum [ˈdʒɪpsəm] *n* Gips *m*.
gypsy *n*, *adj attr* (*esp US*) *see* **gipsy**.
gyrate [ˌdʒaɪəˈreɪt] *vi* (*whirl*) (herum)-wirbeln; (*rotate*) sich drehen, kreisen; (*dancer*) sich drehen und winden.
gyration [ˌdʒaɪəˈreɪʃən] *n see vi* Wirbeln *nt no pl*; Drehung *f*, Kreisen *nt no pl*; Drehung und Windung *f usu pl*.
gyratory [ˌdʒaɪəˈreɪtərɪ] *adj* (*whirling*) wirbelnd; (*revolving*) kreisend.
gyrocompass [ˈdʒaɪərəʊˈkʌmpəs] *n* Kreisel-Magnetkompaß *m*.
gyroscope [ˈdʒaɪərəˌskəʊp] *n* Gyroskop *nt*.

H

H, h [eɪtʃ] *n* H, h *nt; see* **drop.**
h *abbr of* **hour(s)** h.
habeas corpus ['heɪbɪəs'kɔːpəs] *n* (*Jur*) Habeaskorpusakte *f.* **to issue a writ of ~** einen Vorführungsbefehl erteilen; **the lawyer applied for ~** der Rechtsanwalt verlangte, daß sein Klient einem Untersuchungsrichter vorgeführt wurde.
haberdasher ['hæbədæʃəʳ] *n* (*Brit*) Kurzwarenhändler(in *f*) *m*; (*US*) Herrenausstatter *m*.
haberdashery [ˌhæbə'dæʃərɪ] *n* (*Brit*) (*articles*) Kurzwaren *pl*; (*shop*) Kurzwarengeschäft *nt or* -handlung *f*; (*US*) (*articles*) Herrenbekleidung *f*; Herrenartikel *pl*; (*shop*) Herrenmodengeschäft *nt*.
habit ['hæbɪt] *n* **1.** Gewohnheit *f*; (*esp undesirable also*) Angewohnheit *f*. **to be in the ~ of doing sth** die Angewohnheit haben, etw zu tun, etw gewöhnlich tun; ... **it became a ~** es wurde zur Gewohnheit; **out of** *or* **by (sheer) ~** aus (reiner) Gewohnheit, (rein) gewohnheitsmäßig; **from (force of) ~** aus Gewohnheit; **I don't make a ~ of asking strangers in** (für) gewöhnlich bitte ich Fremde nicht herein; **don't make a ~ of it** lassen Sie (sich *dat*) das nicht zur Gewohnheit werden; **to get into/to get sb into the ~ of doing sth** sich/jdm angewöhnen *or* sich/jdn daran gewöhnen, etw zu tun; **to get** *or* **fall into bad ~s** schlechte Gewohnheiten annehmen; **to get out of/to get sb out of the ~ of doing sth** sich/jdm abgewöhnen, etw zu tun; **to have a ~ of doing sth** die Angewohnheit haben, etw zu tun.
2. (*costume*) Gewand *nt*; (*monk's also*) Habit *nt or m.* (*riding*) ~ . Reitkleid *nt*.
habitable ['hæbɪtəbl] *adj* bewohnbar.
habitat ['hæbɪtæt] *n* Heimat *f*; (*of animals also*) Lebensraum *m*; (*of plants also*) Standort *m*.
habitation [ˌhæbɪ'teɪʃən] *n* (Be)wohnen *nt*; (*place*) Wohnstätte, Behausung *f*. **to show signs of ~** bewohnt aussehen; **unfit for human ~** unbewohnbar.
habit-forming ['hæbɪtˌfɔːmɪŋ] *adj* **to be ~** zur Gewohnheit werden; **are those ~ drugs?** wird man davon abhängig?
habitual [hə'bɪtjʊəl] *adj* gewohnt; *smoker, drinker, gambler* Gewohnheits-, gewohnheitsmäßig; *liar* gewohnheitsmäßig, notorisch. **his ~ courtesy/cheerfulness** die ihm eigene Höflichkeit/Heiterkeit *etc*.
habitually [hə'bɪtjʊəlɪ] *adv* ständig.
habituate [hə'bɪtjʊeɪt] *vt* gewöhnen (*sb to sth* jdn an etw *acc*), (*sb to doing sth* jdn daran, etw zu tun).
hack¹ [hæk] **I** *n* **1.** (*cut*) (Ein)schnitt *m*, Kerbe *f*; (*action*) Hieb *m.* **to take a ~ at sth** mit der Axt *etc* auf etw (*acc*) schlagen; (*in rage*) auf etw (*acc*) einhacken.
2. (*kick*) Tritt *m.* **he had a ~ at his op-**

ponent's ankle er versetzte seinem Gegner einen Tritt gegen den Knöchel.
3. (*cough*) trockener Husten.
II *vt* **1.** (*cut*) schlagen, hacken. **to hack sb/sth to pieces** (*lit*) jdn zerstückeln/etw (in Stücke) (zer)hacken *or* schlagen; (*fig*) jdn/etw zerfetzen; **to ~ sb to death** so lange auf jdn (mit einem Beil *etc*) einschlagen, bis er tot ist; **to ~ one's way out** sich einen Weg freischlagen; **to ~ one's way through (sth)** sich (*dat*) einen Weg (durch etw) schlagen.
2. (*Sport*) *ball* treten gegen, einen Tritt versetzen (+*dat*). **to ~ sb on the shin** jdn vors *or* gegen das Schienbein treten.
III *vi* **1.** (*chop*) hacken. **he ~ed at the branch with his axe** er schlug mit der Axt auf den Ast.
2. (*cough*) trocken husten.
3. (*Sport*) **he was booked for ~ing** er wurde wegen Holzerei verwarnt.
◆**hack about** *vt sep* (*fig*) *text etc* zerstückeln.
◆**hack down** *vt sep bushes etc* abhacken; *people* niedermetzeln; *tree* umhauen.
◆**hack off** *vt sep* abhacken, abschlagen. **to ~ sth ~ sth** etw von etw abhacken *or* abschlagen.
◆**hack out** *vt sep clearing* schlagen; *hole* heraushacken.
◆**hack up** *vt sep* zerhacken; *bodies* zerstückeln.
hack² **I** *n* **1.** (*hired horse*) Mietpferd *nt*; (*worn-out horse*) Gaul, Klepper *m.*
2. (*pej: literary ~*) Schreiberling *m.* **the newspaper ~s** die Zeitungsschreiber *pl*; **paid ~** Soldschreiber *m.*
3. (*US: taxi*) Taxi *nt.*
II *adj attr* (*pej*) *writing* stumpfsinnig. **~ writer** *see* **hack²** **I 2.**
III *vi* einen Spazierritt machen. **to go ~ing** ausreiten.
hackie ['hækɪ] *n* (*US inf*) Taxifahrer(in*f*) *m.*
hacking ['hækɪŋ] *adj* **1. ~ cough** trockener Husten. **2. ~ jacket** Sportsakko *m or nt*; (*for riding*) Reitjacke *f.*
hackle ['hækl] *n* (*Orn*) lange Nackenfeder; (*plumage also*) Nackengefieder *nt*; (*pl: of dog etc*) Fell *nt* im Nacken. **the dog's ~s rose** dem Hund sträubte sich das Fell; **his ~s rose at the very idea** bei dem bloßen Gedanken sträubte sich alles in ihm; **to get sb's ~s up** jdn reizen, jdn auf die Palme bringen (*inf*); **to have one's ~s up** auf (hundert) achtzig sein (*inf*).
hackneyed ['hæknɪd] *adj subject* abgedroschen, abgegriffen; *metaphor, turn of phrase also* abgenutzt.
hacksaw ['hæksɔː] *n* Metallsäge *f.*
had [hæd] *pret, ptp of* **have.**
haddock ['hædək] *n* Schellfisch *m.*
hadn't ['hædnt] *contr of* **had not.**
Hadrian ['heɪdrɪən] *n* Hadrian *m.* **~'s Wall** Hadrianswall *m.*

haematology, (US) **hematology** [ˌhiːməˈtɒlədʒɪ] n Hämatologie f.

haemoglobin, (US) **hemoglobin** [ˌhiːməʊˈgləʊbɪn] n Hämoglobin nt, roter Blutfarbstoff.

haemophilia, (US) **hemophilia** [ˌhiːməʊˈfɪlɪə] n Bluterkrankheit f.

haemophiliac, (US) **hemophiliac** [ˌhiːməʊˈfɪlɪæk] n Bluter m.

haemorrhage, (US) **hemorrhage** [ˈhemərɪdʒ] I n Blutung, f. II vi bluten.

haemorrhoids, (US) **hemorrhoids** [ˈhemərɔɪdz] npl Hämorrhoiden pl.

hafnium [ˈhæfnɪəm] n (abbr **Hf**) Hafnium nt.

hag [hæg] n Hexe f.

haggard [ˈhægəd] adj ausgezehrt; (from tiredness) abgespannt; (from worry) abgehärmt, verhärmt. **he had a very ~ expression throughout the trial** er wirkte während der ganzen Verhandlung sehr mitgenommen.

haggis [ˈhægɪs] n schottisches Gericht aus gehackten Schafsinnereien und Haferschrot im Schafsmagen gekocht.

haggle [ˈhægl] vi (bargain) feilschen (about or over um); (argue also) sich (herum)-streiten (over um or wegen).

hag-ridden [ˈhægrɪdn] adj (worried) vergrämt, verhärmt; atmosphere drückend. **to be ~** (hum: tormented by women) unter Weiberherrschaft stehen.

Hague [heɪg] n the ~ Den Haag nt; **in the ~** in Den Haag, im Haag (geh).

hahnium [ˈhæːnɪəm] n (abbr **Ha**) Hahnium nt.

hail¹ [heɪl] I n Hagel m. **a ~ of rocks/blows/ curses** ein Steinhagel m or Hagel m von Steinen/Schlägen/Flüchen; **in a ~ of bullets** im Geschoßhagel. II vi hageln.

◆**hail down** I vi (stones etc) niederprasseln, niederhageln (on sb/sth auf jdn/etw). II vt sep blows niederprasseln lassen. **she ~ed ~ curses on him** sie überschüttete ihn mit einem Schwall von Flüchen.

hail² I vt **1.** zujubeln (+dat), bejubeln. **he was ~ed (as) king by the crowd** die Menge jubelte ihm als König zu (liter).
2. (call loudly) zurufen (+dat); ship anrufen, preien (Naut); taxi (by calling) rufen; (by making sign also) anhalten, herbeiwinken, winken (+dat). **within ~ing distance** in Rufweite.
II vi **where does that boat ~ from?** was ist der Heimathafen dieses Schiffs?; **they ~ from all parts of the world** sie kommen or stammen aus allen Teilen der Welt.
III interj (obs, liter) sei gegrüßt (liter), heil (+dat) (liter). **~ Caesar!** heil dir Cäsar; **the H~** Mary das Ave Maria.
IV n (Zu)ruf m. **within ~** in Rufweite.

hail-fellow-well-met [ˈheɪlfeləʊˌwelˈmet] adj plump-vertraulich. **he tries to be ~ with everyone** er versucht, sich bei allen anzubiedern.

hailstone [ˈheɪlstəʊn] n Hagelkorn nt; **hail-storm** n Hagel(schauer) m.

hair [heər] I n **1.** (collective: on head) Haare pl, Haar nt. **a fine head of ~** schönes volles Haar, schöne volle Haare; **to do one's ~** sich frisieren; **to have one's ~ cut/done** sich (dat) die Haare schneiden/ (zurecht)-

machen (inf) lassen; **to let one's ~ down** (lit) sein Haar aufmachen or lösen (geh); (fig) aus sich (dat) herausgehen; **keep your ~ on!** (inf) ruhig Blut!; **to get in sb's ~** (inf) jdm auf den Wecker or auf die Nerven gehen (inf); **that film really made my ~ stand on end** bei dem Film lief es mir eiskalt den Rücken herunter.
2. (single ~) Haar nt. **not a ~ of his head was harmed** ihm wurde kein Haar gekrümmt; **not a ~ out of place** (fig) wie aus dem Ei gepellt; **to win/lose by a ~** ganz knapp gewinnen/verlieren; see turn, split.
3. (on body) Haar(e pl) nt; (total body ~) Behaarung f.
4. (of animal, plant) Haar nt; (of pig) Borste f. **the best cure for a hangover is the ~ of the dog that bit you** einen Kater kuriert man am besten, wenn man mit dem anfängt, womit man aufgehört hat.
II attr mattress, sofa Roßhaar-.

hair-band [ˈheəbænd] n Haarband nt; **hair-breadth, hair's breadth** n Haaresbreite f; **by a ~** um Haaresbreite; **he was within a ~ of dying** er wäre um ein Haar gestorben; **to escape by a ~** mit knapper Not entkommen; **hairbrush** n Haarbürste f; **hair clip** n Clip m; (for pony-tail etc) Haarspange f; **hair-clippers** npl elektrische Haarschneidemaschine; **hair cream** n Haarcreme, Pomade f; **hair curler** n Lockenwickler m; **haircut** n Haarschnitt m; (act also) Haarschneiden nt; (hairdo) Frisur f; **to have** or **get a ~** sich (dat) die Haare schneiden lassen; **I need a ~** ich muß zum Friseur, ich muß mir die Haare schneiden lassen; **hairdo** n, pl **~s** (inf) Frisur f; **hairdresser** n Friseur m, Friseuse f; **the ~'s** der Friseur; **hairdressing salon** n Friseursalon m; **hair-drier** n Haartrockner m; (hand-held also) Fön ®m; (over head also) Trockenhaube f; **hair follicle** n Haarfollikel nt, Haarbalg m; **hair-grip** n Haarklemme f, Klemmchen nt.

hairiness [ˈheərɪnɪs] n Behaartheit f.

hair lacquer n Haarspray m or nt; **hairless** adj unbehaart; plant haarlos; **hair-line** n **1.** Haaransatz m; **2.** (thin line) haarfeine Linie; (in telescope, on sight) Faden m; (Typ) senkrechter Strich; **~s** Fadenkreuz nt; **hair-line crack** n Haarriß m; **hairnet** n Haarnetz nt; **hair-piece** n Haarteil nt; (for men) Toupet nt; **hairpin** n Haarnadel f; **hairpin (bend)** n Haarnadelkurve f; **hair-raiser** n (inf) (experience) haarsträubendes or entsetzliches Erlebnis; (film, story) Horror- or Gruselfilm m/ -geschichte f, Schocker m (inf); **hair-raising** adj haarsträubend; **hair remover** n Haarentferner m, Haarentfernungsmittel nt; **hair restorer** n Haarwuchsmittel nt; **hair roller** n Lockenwickler m; **hair's breadth** n see hair-breadth; **hair slide** n Haarspange f; **hair-splitter** n Haarspalter m; **hair-splitting** I n Haarspalterei f; II adj haarspalterisch; **hairspray** n Haarspray m or nt; **hairstyle** n Frisur f; **hair stylist** n Coiffeur m, Coiffeuse f; **hair trigger** n Stecher m.

hairy [ˈheərɪ] adj (+er) **1.** stark behaart; parts of body also, monster haarig. **the cat**

makes everything all ~ die Katze hinter-
läßt überall Haare; some ~ freak so ein
behaarter Typ. **2.** (*Bot*) behaart. **3.** (*sl*)
gefährlich; *bridge, corner, driving*
kriminell (*sl*); *situation* brenzlig (*inf*).

Haiti [ˈheɪtɪ] *n* Haiti *nt*.

Haitian [ˈheɪʃɪən] **I** *adj* haitianisch, haitisch.
II *n* **1.** Haitianer(in *f*) *m*. **2.** (*language*)
Haitisch *nt*.

hake [heɪk] *n* See- *or* Meerhecht,
Hechtdorsch *m*.

halcyon [ˈhælsɪən] *adj*: ~ **days** glückliche
Tage *pl*.

hale [heɪl] *adj* (+er) kräftig; *old man* rüstig.
~ **and hearty** gesund und munter.

half [hɑːf] **I** *n, pl* **halves 1.** Hälfte *f*. **two**
halves make a whole zwei Halbe machen
ein Ganzes; **to cut in** ~ halbieren; (*with*
knife also) in zwei Hälften *or* Teile
schneiden; *journey time also* um *or* auf die
Hälfte verkürzen; *salary etc* um *or* auf die
Hälfte kürzen; **to break/tear sth in** ~ etw
durchbrechen/ durchreißen; ~ **of it/them**
die Hälfte davon/von ihnen; ~ **the book/**
money/my life die Hälfte des Buches/
Geldes/meines Lebens *or* das halbe Buch/
Geld/mein halbes Leben; **he gave me** ~ er
gab mir die Hälfte; ~ **a cup/an hour/a**
lifetime eine halbe Tasse/Stunde/ein
halbes Leben; ~ **a second!** (einen)
Augenblick mal!; **to listen with** ~ **an ear**
nur mit halbem Ohr zuhören; **to go halves**
(with sb on sth) (mit jdm mit etw) halbe-
halbe machen (*inf*); **that's only** ~ **the**
story das ist nur die halbe Geschichte;
bigger by ~ anderthalbmal so groß; **he is**
too clever by ~ (*inf*) das ist ein richtiger
Schlaumeier; **he's too cocky by** ~ (*inf*) er
hält sich für wer weiß was (*inf*); **not** ~
enough bei weitem nicht *or* längst nicht
genug; **one and a** ~ eineinhalb, andert-
halb; **an hour and a** ~ eineinhalb *or* an-
derthalb Stunden; **not to do things by**
halves keine halben Sachen machen; ~
and ~ halb und halb; **that's a hill and**
a ~! (*inf*) das ist vielleicht ein Berg!
2. (*Sport*) (*of match*) (Spiel)hälfte,
Halbzeit *f*; (*player*) Läufer(in *f*) *m*.
3. (*of ticket*) Abschnitt *m* der Fahr-
karte; (*travel, admission fee*) halbe Karte
(*inf*). **return** ~ Abschnitt *m* für die Rück-
fahrt; **two adults and one** ~, **please** zwei
Erwachsene und ein Kind, bitte.
4. (*beer*) kleines Bier; (*Scot: whisky*)
einfacher Whisky.

II *adj* halb. **a** ~ **cup** eine halbe Tasse;
with ~ **his usual strength** nur mit halber
Kraft; ~ **one thing** ~ **another** halb und
halb; ~ **man** ~ **beast** halb Mensch, halb
Tier; **he's not** ~ **the man he used to be** er
ist längst nicht mehr das, was er einmal
war; **it's neither opera nor operetta but**
sort of ~ **and** ~ es ist so ein Zwischending
nt zwischen Oper und Operette.

III *adv* **1.** halb. **I** ~ **thought …** ich hätte
fast gedacht …; **I was** ~ **afraid that …** ich
habe fast befürchtet, daß …; ~ **melted**
halbgeschmolzen *attr*, halb geschmolzen
pred; **the work is only** ~ **done** die Arbeit
ist erst halb *or* zur Hälfte erledigt; ~
laughing, ~ **crying he told me …** mit
einem lachenden und einem weinenden

Auge erzählte er mir …; **I** ~ **think** ich
habe beinahe den Eindruck; **he only** ~
understands er versteht nur die Hälfte.
2. (*Brit inf*) **he's not** ~ **stupid/rich** *etc* er
ist vielleicht *or* unheimlich dumm/reich
etc; **it didn't** ~ **rain** es *hat* vielleicht gereg-
net; **not** ~ **bad** gar nicht schlecht; **not** ~!
und wie! und ob!
3. **it's** ~ **past three** *or* ~ **three** es ist halb
vier.
4. **he is** ~ **as big as his sister** er ist halb
so groß wie seine Schwester; ~ **as big**
again anderthalbmal so groß; **he earns** ~
as much as you er verdient halb so viel wie
Sie; **he earns** ~ **as much again as you** er
verdient anderthalbmal soviel wie du.

half-a-crown [ˌhɑːfəˈkraʊn] *n see* **half-**
crown; **half-a-dozen** *n, adj see* **half-**
dozen; **half back** *n* (*Sport*) Läufer(in *f*)
m; **half-baked** *adj* (*fig*) *person, plan*
blödsinnig; **half-binding** *n* (*of book*)
Halbfranzband *m*; **half-bred** *adj*
Mischlings-; (*esp Red Indian*) Halbblut-;
half-breed I *n* (*person*) Mischling *m*; (*esp*
Red Indian) Halbblut *nt*; (*animal*)
Rassenmischung *f*; (*horse*) Halbblut *nt*,
Halbblüter *m*; **II** *adj animal* gekreuzt;
horse Halbblut-; **a** ~ eine Mischrasse,
eine Rassenmischung; *see also* **half-bred**;
half brother *n* Halbbruder *m*; **half-caste**
I *n* Mischling *m*; (*esp Red Indian*) Halb-
blut *nt*; **II** *adj* Mischlings-; (*esp Red*
Indian) Halbblut-; **a** ~ **American** ein
amerikanischer Mischling; **half-circle** *n*
Halbkreis *m*; **half-cock** *n*: **to go off at** ~
(*inf*) ein Reinfall *m* sein (*inf*); **half-**
cocked *adj pistol* in Vorderraststellung;
half-cooked *adj* halbgar *attr*, halb gar
pred; **half cracked** *adj* (*Brit sl: crazy*)
beknackt (*sl*), bescheuert (*sl*); **half-**
crown *n* (*in old Brit system*) Half Crown
f, Zweieinhalbschillingstück *nt*; **half-cut**
adj (*Brit sl: drunk*) besoffen (*sl*); **half-**
day (*holiday*) *n* halber freier Tag; **we've**
got a ~ (*holiday*) wir haben einen halben
Tag frei; **half-dead** *adj* (*lit, fig*) halbtot
(*with* vor +*dat*); **half-dollar** *n* halber
Dollar; **half-dozen** *n* halbes Dutzend;
half-empty I *adj* halbleer *attr*, halb leer
pred; **II** *vt* zur Hälfte leeren *or* leer-
machen; **half-fare** *n* halber Fahrpreis;
he still manages to get a ~ er kann immer
noch zum halben Preis fahren; **II** *adv* zum
halben Preis; **half-full** *adj* halbvoll *attr*,
halb voll *pred*; **half-hearted** *adj* halbher-
zig; *manner* lustlos, lau; *noises of*
approval also lau; **he seems very** ~ **about**
it er scheint sich dafür nicht so recht
begeistern zu können; **half-heartedly**
adv agree halben Herzens, mit halbem
Herzen; **to do sth** ~ etw ohne rechte
Überzeugung *or* Lust tun; **half-**
heartedness *n* Halbherzigkeit, Lust-
losigkeit *f*; **half-holiday** *n* halber
Urlaubstag/Feiertag; **half-hour** *n* halbe
Stunde; **half-an-hour's** *or* **a half-hour**
interval eine halbstündige Pause, eine
halbe Stunde Pause; **it strikes on the** ~ sie
schlägt die halben Stunden; **half-hourly**
I *adv* jede *or* alle halbe Stunde, halbstünd-
lich; **II** *adj* halbstündlich; **half-length** *adj*
~ **portrait** Brustbild *nt*; **half-life** *n* (*Phys*)

Halbwert(s)zeit *f*; **half-light** *n* Dämmerlicht, Halbdunkel *nt*; **half-mast** *n*: at ~ (*also hum*) (*auf*) halbmast; **with his trousers at ~** (*too short*) mit Hochwasserhosen; **half-measure** *n* halbe Maßnahme; **we don't do things by ~s** wir machen keine halben Sachen; **half-moon** *n* **1.** Halbmond *m*; **2.** (*of fingernails*) Mond *m*; **half-naked** *adj* halbnackt *attr*, halb nackt *pred*; **half nelson** *n* (*Wrestling*) Halbnelson *m*; **half-note** *n* (*US Mus*) halbe Note; **half-open I** *adj* halboffen *attr*, halb offen *pred*; **II** *vt* halb öffnen *or* aufmachen; **half-pay** *n* halber Lohn; halbes Gehalt; **to be on ~/to be put on ~** den halben Lohn *etc* bekommen/auf halben Lohn gesetzt werden; **halfpence** *n* **1.**(*in old Brit system, also* **ha'pence**)(*value*) halber Penny; **2.** (*in new Brit system*) (*value*) halber Penny; (*coin*) Halbpennystück; **halfpenny** ['heɪpnɪ] **I** *n* halber Penny; **II** *attr stamp* Halbpenny-; *increase* um einen halben Penny; **half-pint** *n* **1.** ≃ Viertelliter *m or nt*; (*of beer also*) kleines Bier; **2.** (*inf: person*) halbe Portion (*inf*), Knirps *m* (*inf*); **half-price I** *n* at ~ zum halben Preis; **reduced to ~** auf den halben Preis heruntergesetzt; **II** *adj* zum halben Preis; **half rest** *n* (*US Mus*) halbe Pause; **half-sister** *n* Halbschwester *f*; **half-size I** *n* Zwischengröße *f*; **II** *adj* halb so groß; **half-term** *n* (*Brit*) Ferien *pl* in der Mitte des Trimesters; **we get three days for ~** wir haben drei Tage Ferien in der Mitte des Trimesters; **half-timbered** *adj* Fachwerk-; **half-timbering** *n* Fachwerkbauweise *f*; **half-time I** *n* **1.** (*Sport*) Halbzeit *f*; **at ~** bei *or* zur Halbzeit; **2.** (*Ind*) **to be/to be put on ~** auf Kurzarbeit sein/ gesetzt werden; **II** *attr whistle, score* Halbzeit-, zur Halbzeit; **III** *adv* **to work ~** halbtags arbeiten *or* beschäftigt sein; **half-tone** *n* (*Art, Phot, US Mus*) Halbton *m*; (*Phot*) (*process*) Halbtonverfahren *nt*; (*picture*) Halbtonbild *nt*; **half-tone screen** *n* (*Typ*) Raster *m*; **half-track** *n* (*vehicle*) Halbkettenfahrzeug *nt*; **half-truth** *n* Halbwahrheit *f*; **halfvolley** (*Tennis*) **I** *n* Halfvolley, Halbflugball *m*; **II** *vt ball* als Halfvolley schlagen; **III** *vi* einen Halfvolley schlagen.

halfway ['hɑːfˌweɪ] **I** *adj attr measures* halb. **when we reached the ~ stage on our journey** als wir die Hälfte der Reise hinter uns (*dat*) hatten; **the project is at the ~ stage** das Projekt ist zur Hälfte abgeschlossen; **he was at the ~ stage of his musical career** er befand sich in der Mitte seiner musikalischen Karriere; **we're past the ~ stage** wir haben die Hälfte geschafft.
II *adv* **her hair reached ~ down her back** die Haare gingen ihr bis weit über die Schultern; **~way to** auf halbem Weg nach; **we drove ~ to London** wir fuhren die halbe Strecke *or* den halben Weg nach London; **~ between two points** (in der Mitte *or* genau) zwischen zwei Punkten; **I live ~ up the hill** ich wohne auf halber Höhe des Berges; **we went ~ up the hill** wir gingen den Berg halb hinauf; **~ through a book** halb durch ein Buch (durch); **to go ~** (*lit*) die halbe Strecke *or*

die Hälfte des Weges zurücklegen; **this money will go ~ towards paying …** diese Summe wird die Hälfte der Kosten für … decken; **to meet sb ~** (*lit, fig*) jdm (auf halbem Weg) entgegenkommen.
III *attr* ~ **house** *n* Gasthaus *nt* auf halbem Weg; (*hostel*) offene Anstalt; (*fig*) Zwischending *nt*.
half-wit ['hɑːfˌwɪt] *n* Schwachsinnige(r) *mf*; (*fig*) Schwachkopf *m*; **half-witted** ['hɑːfˌwɪtɪd] *adj* schwachsinnig; **half-year** *n* Halbjahr *nt*; **half-yearly I** *adj* halbjährlich; **II** *adv* halbjährlich, jedes halbe Jahr.
halibut ['hælɪbət] *n* Heilbutt *m*.
halitosis [ˌhælɪˈtəʊsɪs] *n* Mundgeruch *m*.
hall [hɔːl] *n* **1.** (*entrance ~ of house*) Diele *f*, Korridor *m*.
    2. (*large building*) Halle *f*; (*large room*) Saal *m*; (*Brit: of college*) Speisesaal *m*; (*Brit: college mealtime*) Essen *nt*; (*dance- ~*) Tanzdiele *f*; (*village ~*) Gemeindehalle *f*, Gemeindehaus *nt*; (*school assembly ~*) Aula *f*. **he will join the ~ of fame of …** (*fig*) er wird in die Geschichte des … eingehen.
    3. (*mansion*) Herrensitz *m*, Herrenhaus *nt*; (*students' residence: also* ~ **of residence**) Studenten(wohn)heim *nt*. **to live in ~** im Wohnheim wohnen; **Ruskin ~** Haus Ruskin *nt*.
hallelujah [ˌhælɪˈluːjə] **I** *interj* halleluja. **II** *n* Halleluja *nt*.
hallmark [ˈhɔːlmɑːk] **I** *n* **1.** (*on gold, silver*) (Feingehalts)stempel *m*, Repunze *f*.
    2. (*fig*) Kennzeichen *nt* (*of gen*, für). **a ~ of good quality** ein Gütesiegel *nt*; **it bears** *or* **has all the ~s of an early Picasso** es trägt *or* hat alle Kennzeichen eines frühen Picasso.
    II *vt gold, silver* stempeln.
hallo [həˈləʊ] *interj, n see* **hello.**
hallow [ˈhæləʊ] *vt* heiligen; (*consecrate*) weihen. **~ed be Thy name** (*Bibl*) geheiligt werde Dein Name.
Hallowe'en [ˌhæləʊˈiːn] *n* Tag *m* vor Allerheiligen.
hall porter *n* Portier *m*; **hall-stand** *n* (Flur)garderobe *f*; (*tree-like*) Garderobenständer *m*.
hallucinate [həˈluːsɪneɪt] *vi* halluzinieren, Wahnvorstellungen haben.
hallucination [həˌluːsɪˈneɪʃən] *n* **1.** Halluzination, Wahnvorstellung *f*. **2.** (*inf: false idea*) Wahnvorstellung *f*.
hallucinatory [həˈluːsɪnətərɪ] *adj* halluzinatorisch; (*causing hallucinations*) Halluzinationen hervorrufend.
hallucinogenic [həˌluːsɪnəˈdʒenɪk] *adj* Halluzinationen hervorrufend *attr*, halluzinogen (*spec*).
hallway [ˈhɔːlweɪ] *n* Flur, Korridor *m*.
halo [ˈheɪləʊ] **I** *n, pl* ~ **-(e)s** (*of saint*) Heiligenschein *m*; (*fig iro*) Heiligen- *or* Glorienschein *m*; (*Astron*) Hof, Halo (*spec*) *m*. **his ~ never slips** nichts kann seinen Heiligenschein trüben. **II** *vt* (*fig*) umrahmen.
halogen [ˈheɪləʊdʒɪn] *n* Halogen *nt*. ~ **lamp** Halogenlampe *f*; (*Aut*) Halogenscheinwerfer *m*.
halt¹ [hɔːlt] **I** *n* (*stop*) Pause *f*; (*Mil*) Halt *m*; (*in production*) Stopp *m*. **to come to**

a ~ zum Stillstand kommen; **to call a ~ to sth** einer Sache (*dat*) ein Ende machen; **~ sign** Stoppschild *nt*.

II *vi* zum Stillstand kommen; (*person*) anhalten, stehenbleiben; (*Mil*) halten. **we ~ed briefly before attempting the summit** wir hielten kurz an *or* machten kurz halt, bevor wir den Gipfel in Angriff nahmen.

III *vt* anhalten; (*production, vehicles, traffic also*) zum Stehen *or* Stillstand bringen; *troops* halten lassen.

IV *interj* halt; (*traffic sign*) stop.

halt² *n* (*Bibl*) **the ~ and the lame** die Krummen und die Lahmen.

halter ['hɔ:ltər] *n* **1.** (*horse's*) Halfter *nt*. **2.** (*for hanging*) Schlinge *f*.

halter-neck ['hɔltənek] **I** *n* rückenfreies Kleid/Top *nt* mit Nackenband. **II** *adj* rückenfrei mit Nackenverschluß.

halting ['hɔ:ltɪŋ] *adj walk* unsicher; *speech* stockend; *admission* zögernd.

haltingly ['hɔ:ltɪŋlɪ] *adv see adj*.

halve [hɑ:v] *vt* **1.** (*separate in two*) halbieren; (*Math also*) durch zwei teilen. **2.** (*reduce by one half*) auf die Hälfte reduzieren, halbieren.

halves [hɑ:vz] *pl of* **half.**

halyard ['hæljəd] *n* (*Naut*) Fall *nt*; (*for flag*) Flaggleine *f*.

ham [hæm] **I** *n* **1.** (*Cook*) Schinken *m*. **2.** (*Anat*) ~s (hintere) Oberschenkel *pl*; (*of animal*) (Hinter)keulen *pl*; **to squat on one's ~s** hocken, in der Hocke sitzen. **3.** (*Theat*) Schmierenkomödiant *m*. **4.** (*Rad inf*) Funkamateur *m*.

II *adj attr acting* übertrieben, zu dick aufgetragen.

III *vi* (*Theat*) chargieren, übertrieben spielen.

◆**ham up** *vt sep* (*inf*) übertreiben. **to ~ it ~** zu dick auftragen.

hamburger ['hæmˌbɜ:gər] *n* (flache) Frikadelle *f*; (with bread) Hamburger *m*.

ham-fisted, ham-handed [ˌhæmˈfɪstɪd, -ˈhændɪd] *adj* ungeschickt.

hamlet ['hæmlɪt] *n* Weiler *m*, kleines Dorf.

hammer ['hæmər] **I** *n* (*generally*) Hammer *m*; (*of gun*) Hahn *m*. **to go at it ~ and tongs** (*inf*) sich ins Zeug legen (*inf*), schwer rangehen (*sl*); (*work also*) schuften, daß die Fetzen fliegen (*inf*); (*quarrel*) sich in die Wolle kriegen (*inf*); **to come under the ~** (*auction*) unter den Hammer kommen; **throwing the ~** (*Sport*) Hammerwerfen *nt*.

II *vt* **1.** *nail, metal* hämmern. **to ~ a nail into a wall** einen Nagel in die Wand schlagen; **to ~ sth into shape** *metal* etw zurechthämmern; (*fig*) *plan, agreement* etw ausarbeiten; **to ~ sth into sb** *or* **sb's head** jdm etw einbleuen (*inf*). **2.** (*inf: defeat badly*) eine Schlappe beibringen +*dat* (*inf*). **Chelsea were ~ed 6–1** Chelsea mußte eine 6:1-Schlappe einstecken (*inf*). **3.** (*St Ex sl*) *stockbroker* für zahlungsunfähig erklären.

III *vi* hämmern. **to ~ at the door** an die Tür hämmern.

◆**hammer away** *vi* (darauflos)hämmern. **to ~ ~ at a problem** sich (*dat*) über ein Problem den Kopf zerbrechen; **to ~ ~ at**

the door an die Tür hämmern; **the boxer ~ed ~ at him** der Boxer hämmerte auf ihn ein; **the pianist ~ed ~ at the keys** der Pianist hämmerte auf die Tasten.

◆**hammer down** *vt sep* festhämmern; *nail* einschlagen; *bump* flachhämmern.

◆**hammer home** *vt sep* **1.** *nail* fest hineinschlagen. **2.** *argument, point etc* Nachdruck verleihen (+*dat*), untermauern. **he tried to ~ it ~ to the pupils that ...** er versuchte, den Schülern einzubleuen (*inf*) *or* einzuhämmern, daß ...

◆**hammer in** *vt sep* **1.** *nail etc* einschlagen, einhämmern. **2.** *door* einschlagen. **3.** (*fig*) *fact* einhämmern, einbleuen (*inf*).

◆**hammer out** *vt sep* **1.** *metal* hämmern; *nail, bricks* (her)ausschlagen *or* -klopfen; *dent* ausbeulen. **2.** (*fig*) *plan, agreement, solution* ausarbeiten, aushandeln; *difficulties* beseitigen, bereinigen; *verse* schmieden; *tune* hämmern.

hammer and sickle *n sing* Hammer und Sichel *pl*.

hammering ['hæmərɪŋ] *n* **1.** Hämmern, Klopfen *nt*. **2.** (*inf: defeat*) Schlappe *f* (*inf*). **our team took a ~** unsere Mannschaft mußte eine Schlappe einstecken.

hammer toe *n* Hammerzehe *f or* -zeh *m*.

hammock ['hæmək] *n* Hängematte *f*.

hamper¹ ['hæmpər] *n* (*basket*) Korb *m*; (*as present*) Geschenkkorb *m*.

hamper² *vt* behindern; *movement also* erschweren; *person also* Schwierigkeiten bereiten (+*dat*). **to be ~ed** gehandikapt sein.

hamster ['hæmstər] *n* Hamster *m*.

hamstring ['hæmstrɪŋ] (*vb: pret, ptp* **hamstrung** ['hæmstrʌŋ]) **I** *n* (*Anat*) Kniesehne *f*; (*of animal*) Achillessehne *f*.

II *vt* **1.** (*lit*) *person, animal* die Kniesehne/Achillessehne durchschneiden (+*dat*). **2.** (*fig*) *attempt etc* vereiteln, unterbinden; *person* handlungsunfähig machen. **to be hamstrung** aufgeschmissen sein (*inf*); (*project, undertaking*) lahmgelegt sein.

hand [hænd] **I** *n* **1.** Hand *f*; (*of clock*) Zeiger *m*. **on ~s and knees** auf allen vieren; **he felt he held victory in his ~** (*fig*) er glaubte, den Sieg schon in Händen zu haben; **to take/lead sb by the ~** jdn an die *or* bei der Hand nehmen/an der Hand führen; **~s up!** Hände hoch!; (*Sch*) meldet euch!; **~s off** (*inf*) Hände weg!; **keep your ~s off my wife** laß die Finger *or* Pfoten (*inf*) von meiner Frau!; **done** *or* **made by ~** handgearbeitet; **"by ~"** „durch Boten"; **to raise an animal by ~** ein Tier von Hand *or* mit der Flasche aufziehen; **to climb ~ over ~** Hand über Hand klettern; **to live from ~ to mouth** von der Hand in den Mund leben; **I give you my ~ on it** ich gebe dir die Hand darauf, **with a heavy/firm ~** (*fig*) mit harter/starker Hand.

2. (*side, direction, position*) Seite *f*. **on the right ~** auf der rechten Seite, rechts, rechter Hand; **on my right ~** rechts von mir, zu meiner Rechten (*geh*); **on every ~**, **on all ~s** auf allen Seiten, ringsum(her); **surrounded on all ~s** von allen Seiten umringt; **on the one ~ ... on the other ~ ...** einerseits *or* auf der einen Seite ..., andererseits *or* auf der anderen Seite …

3. (*agency, possession etc*) **it's the ~ of God/fate** das ist die Hand Gottes/des Schicksals; **it's in your own ~s** Sie haben es selbst in der Hand; **to put sth into sb's ~s** jdm etw in die Hand geben, etw in jds Hände legen; **to leave sb/sth in sb's ~s** jdn in jds Obhut lassen/jdm etw überlassen; **my life is in your ~s** mein Leben ist *or* liegt in Ihren Händen; **to fall into the ~s of sb** jdm in die Hände fallen; **to be in good ~s** in guten Händen sein; **I received some pretty rough treatment at her ~s** ich bin von ihr ganz schön grob behandelt worden; **he has too much time on his ~s** er hat zuviel Zeit zur Verfügung; **he has this problem/a lot of work/five children on his ~s** er hat ein Problem/viel Arbeit/fünf Kinder am Hals (*inf*); **I've got enough on my ~s already** ich habe schon genug um die Ohren (*inf*) *or* am Hals (*inf*); **I like to have a lot on my ~s** es macht mir Spaß, wenn ich viel zu tun *or* um die Ohren (*inf*) habe; **to get sb/sth off one's ~s** jdn/ etw loswerden; **to take sb/sth off sb's ~s** jdm jdn/etw abnehmen; **goods left on our ~s** (*Comm*) nicht abgesetzte Waren.

4. (*applause*) Applaus, Beifall *m*. **they gave him a big ~** sie spendeten ihm viel Beifall.

5. (*worker*) Arbeitskraft *f*, Arbeiter *m*; (*Naut*) Besatzungsmitglied *nt*. **to take on ~s** einstellen; (*Naut*) Leute anheuern; **~s** Leute *pl*, Belegschaft *f*; **(ship's) ~s** Besatzung, Mannschaft *f*; **all ~s on deck!** alle Mann an Deck!

6. (*expert*) **to be a good ~ at sth/doing sth** (ein) Geschick *nt* für etw haben/ein Geschick dafür haben, etw zu tun; **to be an old ~ (at sth)** ein alter Hase (in etw *dat*) sein; *see* **dab³**.

7. (*Measure: of horse*) ≈ 10 cm.

8. (*handwriting*) Handschrift *f*. **he writes a good ~** er hat eine gute (Hand)-schrift.

9. (*Cards*) Blatt *nt*; (*person*) Mann *m*; (*game*) Runde *f*. **3 ~s** (*people*) 3 Mann; **a ~ of bridge** eine Runde Bridge; **to show one's ~** seine Karten sehen lassen *or* aufdecken; (*fig*) sich (*dat*) in die Karten sehen lassen.

10. **summer/Christmas** *etc* **is (close) at ~** der Sommer/ Weihnachten *etc* steht vor der Tür, es ist bald Sommer/Weihnachten *etc*; **at first/second ~** aus erster/zweiter Hand; **according to the information at** *or* **on ~** gemäß *or* laut der vorhandenen *or* vorliegenden Informationen; **to keep sth at ~** etw in Reichweite haben; **it's quite close at ~** es ist ganz in der Nähe; **he had the situation well in ~** er hatte die Situation im Griff; **to take sb in ~** (*discipline*) jdn in die Hand nehmen; (*look after*) jdn in Obhut nehmen; **stock in ~** (*Comm*) Warenlager *nt*; **what stock have you in ~?** welche Waren haben Sie am Lager?; **he still had £600/a couple of hours in ~** er hatte £ 600 übrig/noch zwei Stunden Zeit; **the matter in ~** die vorliegende *or* (*in discussion*) die zur Debatte stehende Angelegenheit; **work in ~** Arbeit, die zur Zeit erledigt wird; **a matter/project** *etc* **is in ~** eine

Sache/ein Projekt *nt etc* wird bearbeitet *or* ist in Bearbeitung; **to put sth in ~** zusehen, daß etw erledigt wird; **the children got out of ~** die Kinder waren nicht mehr zu bändigen *or* gerieten außer Rand und Band; **the party got out of ~** die Party ist ausgeartet; **matters got out of ~** die Dinge sind außer Kontrolle geraten; **he has enough money to ~** ihm steht genügend Geld zur Verfügung; **I don't have the letter to ~** ich habe den Brief gerade nicht zur Hand; **your letter has come to ~** (*Comm*) wir haben Ihren Brief erhalten; **he seized the first weapon to ~** er ergriff die erstbeste Waffe; *see* **palm²**, **cash**.

11. (*phrases*) **to keep one's ~ in** in Übung bleiben; **to eat out of sb's ~** (*lit, fig*) jdm aus der Hand fressen; **to force sb's ~** jdn zwingen, auf jdn Druck ausüben; **to wait on sb ~ and foot** jdn von vorne und hinten bedienen; **he never does a ~'s turn** er rührt keinen Finger; **to have a ~ in sth** (*in decision*) an etw (*dat*) beteiligt sein; (*in crime*) die Hand bei etw im Spiel haben; **I had no ~ in it** ich hatte damit nichts zu tun; **to take a ~ in sth** sich an etw (+*dat*) beteiligen; **to lend** *or* **give sb a ~** jdm behilflich sein; **give me a ~!** hilf mir mal!; **to give sb a ~ up** jdm hochhelfen; **to be ~ in glove with sb** mit jdm unter einer Decke stecken; **to have one's ~s full with sth** mit etw alle Hände voll zu tun haben; **to win ~s down** mühelos *or* spielend gewinnen; **to hold** *or* **stay one's ~** abwarten; **he is making money ~ over fist** er scheffelt das Geld nur so; **we're losing money/staff ~ over fist** wir verlieren massenweise Geld/Personal; **to have the upper ~** die Oberhand behalten; **to get** *or* **gain the upper ~ (of sb)** (über jdn) die Oberhand gewinnen; **to ask for a lady's ~ (in marriage)** um die Hand einer Dame anhalten.

II *vt* (*give*) reichen, geben (*sth to sb, sb sth* jdm etw). **you've got to ~ it to him** (*fig*) das muß man ihm lassen (*inf*).

◆**hand back** *vt sep* zurückgeben.
◆**hand down** *vt sep* **1.** (*lit*) herunter-/hinunterreichen *or* -geben (*to sb* jdm).
   2. (*fig*) weitergeben; *tradition, belief also* überliefern; *heirloom etc* vererben (*to* dat); *clothes also* vererben (*inf*) (*to* dat); *story* (*from sb to sb*) überliefern (*to* an +*acc*), weitergeben (*to* an +*acc*). **all his clothes were ~ed ~ from his elder brothers** er mußte die Kleidung seiner älteren Brüder auftragen.
   3. (*Jur*) *sentence* fällen.
◆**hand in** *vt sep* abgeben; *forms, thesis also, resignation* einreichen.
◆**hand off** *vt sep* (*Rugby*) (mit der Hand) wegstoßen.
◆**hand on** *vt sep* weitergeben (*to* an +*acc*).
◆**hand out** *vt sep* austeilen, verteilen (*to sb* an jdn); *advice* geben, erteilen (*to sb* jdm); *heavy sentence* verhängen, austeilen. **the Spanish boxer was really ~ing it ~** der spanische Boxer hat wirklich ganz schön zugeschlagen.
◆**hand over I** *vt sep* (*pass over*) (herüber-/ hinüber)reichen (*to* dat); (*hand on*) weitergeben (*to* an +*acc*); (*give up*) (her-)geben (*to* dat); (*to third party*) (ab)geben

(*to dat*); *criminal, prisoner* übergeben (*to dat*); (*from one state to another*) ausliefern; *leadership, authority, powers* abgeben, abtreten (*to an +acc*); *the controls, property, business* übergeben (*to dat, an +acc*). ~ ~ **that gun!** Waffe her!; **I now ~ you ~ to our correspondent** ich gebe nun weiter *or* übergebe nun an unseren Korrespondenten.

II *vi* **when the Conservatives ~ed ~ to Labour** als die Konservativen die Regierung an Labour abgaben; **when the chairman ~ed ~ to his successor ...** als der Vorsitzende das Amt an seinen Nachfolger abgab; **come on, ~ ~, I saw you take it** gib schon her, ich habe gesehen, wie du's genommen hast; **I now ~ ~ to our sports correspondent ...** ich übergebe nun an unseren Sportberichterstatter ...

◆**hand round** *vt sep* herumreichen; *bottle also* herumgehen lassen; (*distribute*) *papers* austeilen, verteilen.

◆**hand up** *vt sep* hinauf-/heraufreichen.

handbag ['hændbæg] *n* Handtasche *f*; **hand baggage** *n* Handgepäck *nt*; **handball I** *n* **1.** (*game*) Handball *m*; **2.** (*Ftbl: foul*) Handspiel *nt*, Hand *f*; **II** *interj* (*Ftbl*) Hand!; **handbarrow** *n* Schubkarre *f*; **hand basin** *n* Handwaschbecken *nt*; **hand bell** *n* Schelle *f*, Glocke *f* (mit Stiel); **handbill** *n* Flugblatt *nt*, Handzettel *m*; **handbook** *n* Handbuch *nt*; (*tourist's*) Reiseführer *m*; **handbrake** *n* Handbremse *f*.

h & c *abbr of* **hot and cold (water)** k.u.w., kalt und warm.

handcart ['hændkɑːt] *n* Handwagen *m*; **handclasp** *n* (*US*) Händedruck *m*; **handcuff** *vt* Handschellen anlegen (*+dat*); **he ~ed himself to the railings** er machte sich mit Handschellen am Geländer fest; **to be ~ed** Handschellen angelegt bekommen; **handcuffs** *npl* Handschellen *pl*.

handfeed ['hænd͵fiːd] *pret, ptp* **handfed** ['hænd͵fed] *vt animal* mit der Flasche aufziehen.

handful ['hændful] *n* **1.** Handvoll *f*; (*of hair, fur*) Büschel *nt*. **by the ~, in ~s** händeweise; löffelweise.

2. (*small number*) Handvoll *f*.

3. (*fig*) **those children are a ~** die Kinder können einen ganz schön in Trab halten; **his new girl's quite a ~** (*hum*) an seiner neuen Freundin ist ganz hübsch was dran (*inf*).

handgrenade ['hændgrə͵neɪd] *n* Handgranate *f*; **handgrip** *n* (Hand)griff *m*; (*handshake*) Händedruck *m*; **hand gun** *n* Handfeuerwaffe *f*; **hand-held** *adj* **taken with a ~ camera** aus der (freien) Hand aufgenommen; **handhold** *n* Halt *m*.

handicap ['hændɪkæp] **I** *n* **1.** (*Sport*) Handikap *nt*; (*in horse racing, golf also*) Vorgabe *f*; (*race*) Vorgaberennen *nt*. **a ~ of 5lbs** eine (Gewichts)vorgabe von 5 Pfund.

2. (*disadvantage*) Handikap *nt*; (*for specific purpose also*) Nachteil *m*; (*physical, mental also*) Behinderung *f*. **to be under a great ~** sehr im Nachteil sein, stark gehandikapt sein.

II *vt* ein Handikap *nt* darstellen für; (*for

a specific purpose also*) benachteiligen; *chances* beeinträchtigen. **he has always been ~ped by his accent** sein Akzent war immer ein Nachteil *m* für ihn; **to be (physically/mentally) ~ped** (körperlich/geistig) behindert sein; **~ped children** behinderte Kinder *pl*.

handicraft ['hændɪkrɑːft] *n* **1.** (*work*) Kunsthandwerk *nt*; (*needlework etc*) Handarbeit *f*; (*woodwork, modelling etc*) Werken *nt*, Bastelarbeit *f*. **2.** (*skill*) Geschick *nt*.

handily ['hændɪlɪ] *adv* **1.** *situated* günstig. **2.** (*US: easily*) *win* mit Leichtigkeit.

handiness ['hændɪnɪs] *n* **1.** (*skill: of person*) Geschick *nt*, Geschicklichkeit *f*.

2. (*nearness, accessibility: of shops etc*) günstige Lage.

3. (*convenience, usefulness: of tool, car etc*) Nützlichkeit *f*; (*easiness to handle*) Handlichkeit *f*.

hand-in-hand ['hændɪn'hænd] *adv* (*lit, fig*) Hand in Hand.

handiwork ['hændɪwɜːk] *n, no pl* **1.** (*lit*) Arbeit *f*; (*Sch: subject*) Werken *nt*; (*needlework etc*) Handarbeit *f*. **examples of the children's ~** Werkarbeiten *pl*/Handarbeiten *pl* der Kinder; **to do ~** werken, handarbeiten; (*at home*) basteln.

2. (*fig*) Werk *nt*; (*pej*) Machwerk *nt*. **that looks like the ~ of the Gillies gang** das sieht ganz nach der Gillies-Bande aus.

handkerchief ['hæŋkətʃɪf] *n* Taschentuch *nt*.

handle ['hændl] **I** *n* **1.** Griff *m*; (*of knife also*) Heft *nt*, Knauf *m*; (*of door also*) Klinke *f*; (*esp of broom, comb, saucepan*) Stiel *m*; (*esp of basket, bucket, casserole, cup, jug etc*) Henkel *m*; (*of handbag also*) Bügel *m*; (*of pump*) Schwengel *m*; (*of car: starting ~*) (Anlaß- *or* Start)-kurbel *f*. **to fly off the ~** (*inf*) an die Decke gehen (*inf*).

2. (*fig: pretext*) Handhabe *f*.

3. (*inf*) Titel *m*. **to have a ~ to one's name** ein „von und zu" sein (*inf*).

II *vt* **1.** (*touch, use hands on*) anfassen, berühren; (*Ftbl*) *ball* mit der Hand berühren. **be careful how you ~ that** gehen Sie vorsichtig damit um; **please do not ~ the goods** Waren bitte nicht berühren; **"~ with care"** „Vorsicht – zerbrechlich".

2. (*deal with*) *person, animal, plant, tool, weapon, machine etc* umgehen mit; *legal or financial matters* erledigen; *legal case* handhaben, bearbeiten; *applicant, matter, problem* sich befassen mit; *material for essay etc* bearbeiten, verarbeiten; (*tackle*) *problem, interview etc* anfassen, anpacken; (*succeed in coping with*) *child, drunk, situation, problem* fertigwerden mit; (*resolve*) *matter* erledigen; *vehicle, plane, ship* steuern. **how would you ~ the situation?** wie würden Sie sich in der Situation verhalten?; **I can't ~ these fast balls** ich komme mit diesen schnellen Bällen nicht zurecht; **six children are too much for one woman to ~** mit sechs Kindern kann eine Frau allein nicht fertigwerden; **there's a salesman at the door — I'll ~ him** ein Vertreter ist an der Tür — ich werde ihn abfertigen; **you keep

quiet, I'll ~ this sei still, laß mich mal machen; **who's handling the publicity for this?** wer macht die Öffentlichkeitsarbeit dafür?

3. (*Comm*) *types of goods, items* handeln mit *or* in (+*dat*); *orders* bearbeiten; *prescriptions* ausführen; *shares, securities* handeln; *financial affairs* besorgen. **airport workers refused to ~ goods for Uganda** die Flughafenarbeiter weigerten sich, Waren nach Uganda abzufertigen; **we ~ tax problems for several big companies** wir bearbeiten die Steuerangelegenheiten mehrerer großer Firmen.

III *vi* (*ship, plane*) sich steuern lassen; (*car, motorbike*) sich fahren *or* lenken lassen; (*gun*) sich handhaben lassen.

IV *vr* **he ~s himself well in a fight** er kann sich in einer Schlägerei behaupten.

handlebar moustache ['hændlbɑːʳ-] *n* Schnauzbart, Schnauzer (*inf*) *m*; **handlebar(s)** *n(pl)* Lenkstange *f*.

handler ['hændləʳ] *n* (*dog-~*) Hundeführer *m*.

handling ['hændlɪŋ] *n* **1.** (*touching*) Berühren *nt*.

2. (*of plant, animal, matter, problem*) Behandlung *f*; (*of person, patient etc also, tool, weapon, machine, vehicle, plane, ship, drug, explosive*) Umgang *m* (*of* mit); (*of tool, weapon, machine*) Handhabung *f*; (*of writer's material*) Verarbeitung, Bearbeitung *f*; (*of legal or financial matters*) Erledigung *f*; (*official ~ of matters, of legal case*) Bearbeitung *f*. **his skilful ~ of the class/troops/Senate** seine geschickte Art, mit der Klasse/den Truppen/dem Senat umzugehen; **his ~ of the matter/situation** die Art, wie er die Angelegenheit/die Situation angefaßt *or* behandelt hat; **his successful ~ of the difficulty/task** seine erfolgreiche Bewältigung der Schwierigkeit/der Aufgabe; **the car/this parcel needs careful ~** man muß mit dem Auto vorsichtig umgehen/dieses Paket muß vorsichtig behandelt werden; **these goods were damaged in ~** (*Comm*) diese Waren wurden beschädigt.

3. (*of vehicle*) **what's its ~ like?** wie fährt es sich?

hand-loom ['hændluːm] *n* Handwebstuhl *m*; **hand luggage** *n* Handgepäck *nt*; **hand-made** *adj* handgearbeitet; **this is ~** das ist Handarbeit; **hand-me-down** *n* (*inf*) abgelegtes Kleidungsstück; **hand-off** *n* (*Rugby*) Wegstoß(en *nt*) *m* (mit der Hand); **hand-operated** *adj* von Hand bedient *or* betätigt, handbedient, handbetrieben; **handout** *n* (*inf: money*) Unterstützung, (Geld)zuwendung *f*; (*leaflet*) Flugblatt *nt*; (*with several pages*) Broschüre *f*; (*publicity*) Reklamezettel *m*; **Christmas ~s** Weihnachtsgeld *nt*, Weihnachtsgratifikation *f*; **hand-picked** *adj* von Hand geerntet; (*specially selected, fig*) handverlesen; **handrail** *n* (*of stairs etc*) Geländer *nt*; (*of ship*) Reling *f*; **hand saw** *n* Handsäge *f*, Fuchsschwanz *m*; **hand set I** *n* (*Telec*) Hörer *m*; **II** *vt* (*Typ*) (von Hand) setzen; **handshake** *n* Händedruck *m*.

handsome ['hænsəm] *adj* **1.** gutaussehend; *furniture, building* schön. **he is ~/he has a ~ face** er sieht gut aus; **she is a ~ woman for her age** für ihr Alter sieht sie gut aus.

2. (*noble, generous*) großzügig, nobel (*inf*); *conduct* großmütig, nobel (*inf*); *apology* anständig. **~ is as ~ does** (*Prov*) edel ist, wer edel handelt.

3. (*considerable*) *fortune, profit, price, inheritance etc* ansehnlich, stattlich.

handsomely ['hænsəmlɪ] *adv* **1.** (*elegantly*) elegant; *dressed also* gut. **he grinned ~ at the camera** er setzte für den Fotografen sein schönes Lächeln auf. **2.** (*generously*) großzügig; *apologize* anständig. **they were ~ rewarded for their patience** ihre Geduld wurde reichlich belohnt.

handsomeness ['hænsəmnɪs] *n* **1.** (*of looks*) gutes Aussehen. **2.** (*generosity*) Großzügigkeit *f*.

handspring ['hændsprɪŋ] *n* (Handstand)-überschlag *m*; **hand-stand** *n* Handstand *m*; **to do a ~** (einen) Handstand machen; **hand-stitched** *adj* handgenäht; **hand to hand I** *adv* im Nahkampf, Mann gegen Mann; **II** *adj* **hand-to-hand fight/fighting** Nahkampf *m*; **hand-to-mouth** *adj* *existence* kümmerlich, armselig; **to lead a ~ existence** von der Hand in den Mund leben; **handwork** *n* Handarbeit *f*; **handwriting** *n* Handschrift *f*; **handwritten** *adj* handgeschrieben, von Hand geschrieben.

handy ['hændɪ] *adj* (+*er*) **1.** *person* geschickt, praktisch. **to be ~ at doing sth** ein Geschick *nt* für etw haben; **to be ~ with a gun** mit einer Pistole umgehen können; **he's pretty ~ with his fists** er kann seine Fäuste gut gebrauchen.

2. *pred* (*close at hand*) in der Nähe. **to have** *or* **keep sth ~** etw griffbereit *or* zur Hand haben; **my apartment is ~ for the shops** meine Wohnung ist ganz in der Nähe der Geschäfte.

3. (*convenient, useful*) praktisch; (*easy to handle also*) handlich. **that would come in ~ for ...** das könnte man gut für ... gebrauchen; **my experience as a teacher comes in ~** meine Lehrerfahrung erweist sich als nützlich *or* kommt mir zugute; **he's a very ~ person to have around** man kann ihn gut (ge)brauchen (*inf*); **he's very ~ about the house** er kann im Hause alles selbst erledigen.

handyman ['hændɪmæn] *n, pl* **-men** [-mən] (*servant*) Faktotum *nt*, Mädchen *nt* für alles (*inf*); (*do-it-yourself*) Bastler, Heimwerker *m*. **I'm not much of a ~ myself** ich bin kein großer Bastler.

hang [hæŋ] (*vb: pret, ptp* **hung**) **I** *vt* **1.** hängen; *painting* aufhängen; *door, gate* einhängen; (*Cook*) *game* abhängen lassen; *wallpaper* kleben. **to ~ wallpaper** tapezieren; **to ~ sth from sth** etw an etw (*dat*) aufhängen.

2. the walls were hung with tapestries die Wände waren mit Gobelins behängt; **they hung the windows/streets with bunting** sie schmückten die Fenster/Straßen mit Fahnen.

3. to ~ one's head den Kopf hängen lassen.

4. to ~ fire (*lit: guns*) das Feuer einstellen; (*fig*) (*people*) zögern; **I think we**

should ~ **fire a little longer** ich glaube, wir sollten noch etwas (zu)warten.

5. *pret, ptp* **hanged** *criminal* hängen, aufhängen, henken *(form)*. **hung, drawn and quartered** gehängt, gestreckt und geviertelt; **to ~ oneself** sich erhängen.

6. *(inf)* ~ **him!** zum Kuckuck mit ihm *(inf)*; **(I'm)** ~**ed if I will** den Teufel werd' ich ... *(inf)*; **(I'm)** ~**ed if I know** weiß der Henker *(inf)*; ~ **it!** so ein Mist *(inf)*.

II *vi* **1.** hängen *(on an* (+*dat*), *from* von); *(drapery, clothes, hair)* fallen; *(inelegantly)* (herunter)hängen; *(pheasant etc)* abhängen.

2. *(gloom, fog etc)* hängen *(over* über +*dat*). **to ~ in the air** *(fig)* in der Schwebe sein; **time ~s heavy on my hands** die Zeit wird mir sehr lang.

3. *(criminal)* gehängt werden, aufgehängt werden *(inf)*, hängen.

4. it/he can go ~! *(inf)* es/er kann mir gestohlen bleiben *(inf)*.

III *n* **1.** *(of drapery)* Fall *m*; *(of suit)* Sitz *m*.

2. *no pl (inf)* **to get the ~ of sth** den (richtigen) Dreh (bei etw) herauskriegen *or* -finden *(inf)*, auf den Dreh (von etw) kommen; **to get the ~ of doing sth** den Dreh herausbekommen, wie man etw macht *(inf)*; **do you get the ~ of what he's saying?** kommst du bei dem mit? *(inf)*, kapierst du, was er sagt? *(inf)*.

3. *(inf: damn)* **I don't give** *or* **care a ~** es ist mir völlig egal *or* Wurst *(inf)*.

◆**hang about** *or* **around I** *vi* **1.** *(inf)* *(wait)* warten; *(loiter)* sich herumtreiben *(inf)*, herumlungern. **to keep sb ~ing** jdn warten lassen.

2. *(Brit sl: wait)* warten. ~ **about, I'm just coming** Moment, ich komm ja schon. **II** *vi* +*prep obj* **to ~** ~ **sb/a place** um jdn herumstreichen/ sich an einem Ort herumtreiben *(inf)*.

◆**hang back** *vi (lit)* sich zurückhalten; *(fig: hesitate)* zögern. **one little boy was ~ing ~ at the edge of the group** ein kleiner Junge hielt sich immer im Hintergrund; **don't ~ ~, go and ask her** worauf wartest du denn, frag sie doch.

◆**hang behind** *vi* zurückbleiben; *(dawdle)* (hinterher)bummeln *or* -trödeln.

◆**hang down I** *vi* herunter-/hinunterhängen. **II** *vt sep* hinunter-/herunterhängen lassen.

◆**hang in** *vi (US sl)* **just ~ ~ there!** bleib am Ball *(inf)*.

◆**hang on I** *vi* **1.** *(hold)* sich festhalten, sich festklammern *(to sth* an etw *dat)*; *(wallpaper etc)* halten, kleben (bleiben).

2. *(inf: wait)* warten. ~ ~ **(a minute)** wart mal, einen Augenblick (mal); ~ ~ **tight, we're off!** festhalten, es geht los!

II *vi* +*prep obj* **1. to ~** ~ **sb's arm** an jds Arm *(dat)* hängen; **to ~** ~ **sb's words** *or* **lips** an jds Lippen hängen.

2. *(depend on)* **everything ~s ~ his decision/getting the cash** alles hängt von seiner Entscheidung ab/alles hängt davon ab, ob man das Geld bekommt.

◆**hang on to** *vi* +*prep obj* **1.** *hope* sich klammern an (+*acc*); *ideas* festhalten an

(+dat). **2.** *(keep)* behalten. **could you ~ ~ ~ my seat until I get back?** können Sie mir den Platz so lange freihalten, bis ich zurück bin?

◆**hang out I** *vi* **1.** *(tongue, shirt tails etc)* heraushängen. **my tongue was ~ing ~ for a beer** ich lechzte nach einem Bier.

2. *(inf)* sich aufhalten; *(live also)* hausen, wohnen; *(be usually found also)* sich herumtreiben *(inf)*, zu finden sein.

3. *(resist, endure)* nicht aufgeben. **they hung ~ for more pay** sie hielten an ihrer Lohnforderung fest; **the soldiers hung ~ for three more days** die Soldaten hielten noch drei Tage durch.

4. *(sl)* **to let it all ~** ~ die Sau rauslassen *(sl)*; **come on now, let it all ~** ~ laß jucken *(sl)*.

II *vt sep* hinaushängen.

◆**hang over** *vi (continue)* andauern.

◆**hang together** *vi (people)* zusammenhalten; *(argument)* folgerichtig *or* zusammenhängend sein; *(alibi)* keinen Widerspruch aufweisen *or* enthalten; *(story, report etc)* gut verknüpft *or* zusammenhängend sein; *(statements)* zusammenpassen, keine Widersprüche *pl* aufweisen.

◆**hang up I** *vi (Telec)* auflegen; aufhängen. **he hung ~ on me** er legte einfach auf. **II** *vt sep hat, picture* aufhängen; *telephone receiver* auflegen; aufhängen.

◆**hang upon** *vi* +*prep obj see* **hang on.**

hangar [ˈhæŋəʳ] *n* Hangar *m*, Flugzeughalle *f*.

hangdog [ˈhæŋdɒg] *adj look, expression (abject)* niedergeschlagen, trübsinnig; *(ashamed)* zerknirscht, Armsünder-.

hanger [ˈhæŋəʳ] *n (for clothes)* (Kleider)bügel *m*; *(loop on garment)* Aufhänger *m*.

hanger-on [ˌhæŋərˈɒn] *n, pl* **-s-on** *(to celebrity)* Trabant, Satellit *m*. **the film crew turned up with all its ~s-on** die Film mannschaft erschien mit ihrem ganzen Anhang; **the celebrity was accompanied by his usual crowd of ~s-on** die Berühmtheit kam mit dem üblichen Schwarm von Gefolgsleuten.

hang-glider [ˈhæŋˌglaɪdəʳ] *n (Sport)* **1.** (Flug)drachen *m*; **2.** *(person)* Drachenflieger(in *f*) *m*; **hang-gliding** *n* Drachenfliegen *nt*.

hanging [ˈhæŋɪŋ] **I** *n* **1.** *(of criminal)* Tod *m* durch den Strang, Erhängen *nt*; *(event)* Hinrichtung *f* (durch den Strang). **to bring back ~** die Todesstrafe wiedereinführen.

2. *(of wallpaper)* Anbringen, Kleben *nt*; *(of door)* Einhängen *nt*; *(of pictures)* (Auf)hängen *nt*. **the ~ of the wallpaper** das Tapezieren.

3. *(curtains etc)* ~s *pl* Vorhänge *pl*; *(on wall)* Tapete *f*; *(tapestry)* Wandbehang *m or* -behänge *pl*.

II *attr* **1.** hängend; *bridge* Hänge-; *staircase* freischwebend; *sleeve* Flügel-. ~ **door** *(of garage)* Schwingtor *nt*; *(sliding)* Schiebetür *f*; **the ~ gardens of Babylon** die hängenden Gärten der Semiramis.

2. ~ **judge** Richter, der (zu) leicht das Urteil zum Tode durch den Strang fällt; **it's a ~ matter** darauf steht der Galgen.

3. ~ **committee** *(Art)* Hängekommission *f*.

hangman ['hæŋmən] *n* Henker *m*; (*game*) Galgen *m*; **hangnail** *n* Niednagel *m*; **hang-out** *n* (*inf*) (*place where one lives*) Bude *f* (*inf*); (*pub, café etc*) Stammlokal *nt*; (*of group*) Treff *m* (*inf*); **that disco is his favourite** ~er hängt mit Vorliebe in dieser Diskothek herum (*inf*); **hangover** *n* **1.** Kater (*inf*), Katzenjammer (*inf*) *m*; **2.** (*sth left over*) Überbleibsel *nt*; **hangup** *n* (*inf*) Komplex *m* (*about* wegen); (*obsession*) Fimmel *m* (*inf*); **he has this** ~ **about people smoking** er stellt sich furchtbar an, wenn Leute rauchen (*inf*).

hank [hæŋk] *n* (*of wool etc*) Strang *m*; (*of hair, fur*) Büschel *nt*.

hanker ['hæŋkər] *vi* sich sehnen, Verlangen haben (*for or after sth* nach etw). **to** ~ **after glory** ruhmsüchtig sein.

hankering ['hæŋkərɪŋ] *n* Verlangen *nt*, Sehnsucht *f*. **to have a** ~ **for sth** Verlangen *or* Sehnsucht nach etw haben.

hankie, hanky ['hæŋkɪ] *n* (*inf*) Taschentuch *nt*.

hanky-panky ['hæŋkɪ'pæŋkɪ] *n* (*inf*) **1.** (*dishonest dealings*) Mauscheleien *pl* (*inf*), Tricks *pl* (*inf*). **there's some** ~ **going on** hier ist was faul (*inf*). **2.** (*love affair*) Techtelmechtel *nt* (*inf*). **3.** (*sexy behaviour*) Gefummel *nt* (*sl*), Knutscherei *f* (*inf*).

Hanover ['hænəʊvər] *n* Hannover *nt*.

Hanoverian [,hænəʊ'vɪərɪən] **I** *adj* hannover(i)sch. **the** ~ **dynasty** das Haus Hannover. **II** *n* Hannoveraner(in *f*) *m*.

Hanseatic [,hænsɪ'ætɪk] *adj towns* Hanse-. ~ **League** Hanse *f*, Hansebund *m*.

Hants [hænts] *abbr of* **Hampshire.**

haphazard [,hæp'hæzəd] *adj* willkürlich, planlos. **the whole thing was very** ~ das Ganze war ziemlich zufällig *or* planlos; **in a** ~ **way** planlos, wahllos; **to choose in a** ~ **way** aufs Geratewohl *or* auf gut Glück (aus)wählen; **at a** ~ **guess I should say ...** auf gut Glück geschätzt würde ich sagen ...

haphazardly [,hæp'hæzədlɪ] *adv* wahllos, (ganz) willkürlich, planlos. **decisions are made** ~ Entscheidungen werden willkürlich *or* aufs Geratewohl getroffen.

hapless ['hæplɪs] *adj* glücklos. **yet another misfortune in this** ~ **man's life** noch ein Unglück im Leben dieses vom Pech verfolgten Menschen.

ha'p'orth ['heɪpəθ] *n contr of* **halfpennyworth. a** ~ **of sweets** Bonbons für einen halben Penny; **to spoil the ship for a** ~ **of tar** (*Prov*) am falschen Ende sparen.

happen ['hæpən] *vi* **1.** geschehen; (*somewhat special or important event also*) sich ereignen; (*esp unexpected, unintentional or unpleasant event also*) passieren; (*process also*) vor sich gehen. **it all** ~**ed like this ...** das Ganze geschah *or* war so ...; **the match/party/meeting never** ~**ed** das Spiel/die Party/das Treffen fand (gar) nicht statt; **it's all** ~**ing here today** heute ist hier ganz schön was los (*inf*); **where's it all** ~**ing tonight, where's the party?** wo ist denn heute abend etwas los, wo ist die Party?; **what's** ~**ing?** was läuft? (*inf*), was ist los?; **you can't just let things** ~ du kannst die Dinge nicht einfach laufen

lassen; **it's broken, how did it** ~? es ist kaputt, wie ist denn das passiert?; **it just** ~**ed all by itself** es ist ganz von allein passiert *or* gekommen; **as if nothing had** ~**ed** als ob nichts geschehen *or* gewesen wäre; **worse things have** ~**ed** es ist schon Schlimmeres passiert *or* vorgekommen; **don't let it** ~ **again** daß das nicht noch mal vorkommt *or* passiert!; **these things** ~ so was kommt (schon mal) vor; **what has** ~**ed to him?** was ist mit ihm?; **what's** ~**ed to your leg?** was ist mit deinem Bein los *or* passiert?; **if anything should** ~ **to me** wenn mir etwas zustoßen *or* passieren sollte; **accidents always** ~ **to other people** es sind immer die anderen, denen Unfälle passieren *or* zustoßen; **it all** ~**ed so quickly** es ging alles so schnell.

2. (*chance*) **how does it** ~ **that ...?** (*cause*) wie kommt es, daß ...?; (*possibility*) wie ist es möglich, daß ...?; **it might** ~ **that you will be asked such a question** es könnte passieren *or* sein, daß Ihnen solch eine Frage gestellt wird; **how do you** ~ **to know?** wie kommt es, daß du das weißt?; **to** ~ **to do sth** zufällig(erweise) etw tun; **do you** ~ **to know whether ...?** wissen Sie vielleicht *or* zufällig, ob ...?; **I just** ~**ed to come along when ...** ich kam zufällig (gerade) vorbei, als ...; **it so** ~**s** *or* **as it** ~**s I (don't) like that kind of thing** so etwas mag ich nun einmal (nicht); **as it** ~**s I'm going there today** zufällig(erweise) gehe ich heute (dort)hin; **you don't want to come, do you? — it so** ~**s, I do** du möchtest doch sicher nicht kommen, oder? — doch, natürlich.

◆**happen along** *vi* zufällig (an)kommen.

◆**happen (up)on** *vi* +*prep obj* zufällig stoßen auf (+*acc*); *person* zufällig treffen.

happening ['hæpnɪŋ] *n* **1.** Ereignis *nt*; (*not planned*) Vorfall *m*. **there have been some peculiar** ~**s in that house** in dem Haus sind sonderbare Dinge vorgegangen.

2. (*Theat*) Happening *nt*.

happenstance ['hæpənstæns] *n* (*US inf*) Zufall *m*.

happily ['hæpɪlɪ] *adv* **1.** glücklich; (*cheerfully also*) fröhlich, vergnügt, heiter; (*contentedly also*) zufrieden. **they played** ~ **together** sie spielten vergnügt zusammen; **they lived** ~ **ever after** (*in fairy-tales*) und wenn sie nicht gestorben sind, dann leben sie heute noch.

2. (*fortunately*) glücklicherweise, zum Glück.

3. (*felicitously*) glücklich, treffend. **as it was** ~ **expressed** wie es sehr treffend formuliert war.

happiness ['hæpɪnɪs] *n* **1.** Glück *nt*; (*feeling of contentment also*) Zufriedenheit *f*; (*disposition*) Heiterkeit, Fröhlichkeit *f*. **2.** (*of words*) glückliche Formulierung.

happy ['hæpɪ] *adj* (+*er*) **1.** glücklich; (*cheerful also*) fröhlich, vergnügt, heiter; (*glad about sth*) froh; (*contented also*) zufrieden; (*causing joy*) *thought, scene etc* erfreulich, freudig (*geh*). **a** ~ **event** ein frohes *or* freudiges Ereignis; ~ **families** (*game*) Quartett *nt*; **that's all right,** ~ **to help** schon gut, ich helfe (doch) gern; **yes, I'd be** ~ **to** ja, sehr gern(e) *or* das würde mich freuen; **to be** ~ **to do sth** sich freuen, etw tun zu können *or* dürfen; **I/the government would be only too** ~ **to do this, but …** ich würde das ja zu gerne *or* liebend gerne tun/der Regierung wäre es eine Freude, aber …; **not to be** ~ **with/about sth** mit etw nicht zufrieden sein/über etw (*acc*) nicht glücklich sein; **the** ~ **few** die wenigen (Aus)erwählten; **she was so** ~ **to see her son again** sie war so glücklich/froh *or* sie freute sich so, ihren Sohn wiederzusehen.

2. (*fortunate*) solution glücklich.

3. (*felicitous*) phrase, words glücklich, gut getroffen; gesture geglückt.

4. (*inf: slightly drunk*) angeheitert.

5. ~ **anniversary** herzlichen Glückwunsch zum Hochzeitstag; ~ **birthday!** herzlichen Glückwunsch *or* alles Gute zum Geburtstag!; ~ **Easter** fröhliche *or* frohe Ostern; ~ **New Year** ein glückliches *or* frohes neues Jahr.

happy-go-lucky [ˈhæpɪgəʊˈlʌkɪ] *adj* unbekümmert, sorglos. **to do sth in a** ~ **way** etw unbekümmert tun; **I wish you wouldn't be so** ~ **about things** ich wollte, du würdest nicht alles so lässig nehmen.

happy hunting ground *n* **1.** (*Myth*) ewige Jagdgründe *pl*. **2.** (*fig*) Paradies *nt*.

harakiri [ˌhærəˈkɪrɪ] *n* Harakiri *nt*.

harangue [həˈræŋ] **I** *n* (*scolding*) (Straf)-predigt *f*, Sermon *m*; (*lengthy also*) Tirade *f*; (*encouraging*) Appell *m*. **to give sb a** ~ jdm eine (Straf)predigt *etc* halten; einen Appell an jdn richten.

II *vt see n* person eine (Straf)predigt *or* einen Sermon halten (+*dat*); eine Tirade loslassen auf (+*acc*) (*inf*); anfeuern, einen Appell richten an (+*acc*). **stop haranguing me about how lucky other men's wives are** hör auf, mir dauernd vorzuhalten *or* mir damit in den Ohren zu liegen (*inf*), wie gut es die Frauen anderer Männer haben.

harass [ˈhærəs] *vt* belästigen; (*mess around*) schikanieren; (*Mil*) the enemy Anschläge verüben auf (+*acc*), immer wieder überfallen. **to** ~ **sb with complaints** jdn mit Klagen belästigen; **don't** ~ **me** dräng mich doch nicht so!; **they eventually** ~**ed him into resigning** sie setzten ihm so lange zu, bis er schließlich zurücktrat; **constant** ~**ing of the goalie eventually made him lose his nerve** der Torwart wurde ständig so hart bedrängt, daß er schließlich die Nerven verlor; **a lot of these people are** ~**ed by the police** viele dieser Leute werden ständig von der Polizei schikaniert.

harassed [ˈhærəst] *adj* abgespannt, angegriffen, mitgenommen; (*worried*) von Sorgen gequält. **a** ~ **family man** ein (viel)geplagter Familienvater; **she was very** ~ **that day** an dem Tag wußte sie nicht, wo ihr der Kopf stand.

harassment [ˈhærəsmənt] *n* (*act*) Belästigung, Bedrängung *f*; (*messing around*) Schikanieren *nt*; (*state*) Bedrängnis *f*; (*Mil*) Kleinkrieg *m*. **if we can't win him over by argument we'll defeat him by** ~ wenn wir ihn nicht im Guten überreden können, müssen wir ihm eben so lange zusetzen, bis er aufgibt.

harbour, (*US*) **harbor** [ˈhɑːbəʳ] **I** *n* Hafen *m*.

II *vt* **1.** criminal *etc* beherbergen, Unterschlupf gewähren (+*dat*); goods (bei sich) aufbewahren.

2. suspicions, grudge hegen.

3. (*conceal, contain*) its fur ~**s a lot of fleas** in seinem Fell nisten die Flöhe in Scharen; **dirt** ~**s germs** Schmutz ist eine Brutstätte für Krankheitserreger.

hard [hɑːd] **I** *adj* (+*er*) **1.** (*generally*) hart.

2. (*difficult*) schwer; (*complicated also*) schwierig; (~ *to endure*) hart. ~ **of hearing** schwerhörig; **I find it** ~ **to believe that** … es fällt mir schwer zu glauben *or* ich kann es kaum glauben, daß …; **these conditions are** ~ **to accept** mit diesen Bedingungen kann man sich nur schwer abfinden; **I know it's** ~ **for** *or* **on you, but** … ich weiß, es ist schwer *or* hart für Sie, aber …; **he is** ~ **to get on with** es ist schwer *or* schwierig, mit ihm auszukommen; **this novel is** ~ **going** durch diesen Roman muß man sich mühsam durchbeißen; **chatting her up is** ~ **going** es ist gar nicht so einfach, die anzumachen; **he had a** ~ **time of it** er hat es nicht leicht gehabt; (*in negotiations, boxing match etc*) es hat ihn einen harten Kampf gekostet; **she pulled through after the operation but she had a** ~ **time of it** sie erholte sich von der Operation, aber es war eine schwere Zeit für sie; ~ **luck!,** ~ **lines!** (so ein) Pech!

3. (*severe, harsh*) hart; voice, tone also schroff, barsch; frost streng. **a** ~ **man** ein harter Mann; (*esp ruthless*) ein knallharter Typ (*sl*); **don't be** ~ **on the boy** sei nicht zu hart *or* streng zu dem Jungen; **he was (very)** ~ **on his staff** er war seinem Personal gegenüber sehr hart; **he's been getting** ~ **with them recently** in letzter Zeit ist er ziemlich hart gegen sie geworden.

4. (*strenuous*) fight, match, worker, work hart. **getting on with him is** ~ **work** (*inf*) es gehört schon etwas dazu, mit ihm auszukommen (*inf*); **he's** ~ **work** (*inf*) er ist ziemlich anstrengend (*inf*); (*difficult to know or persuade*) er ist ein harter Brocken (*inf*); **it was** ~ **work for me not to swear at him** es hat mich große Mühe gekostet, ihn nicht zu beschimpfen.

5. to put the ~ **word on sb** (*Austral sl*) jdn um etw anhauen.

II *adv* (+*er*) **1.** mit aller Kraft; (*with neg*) stark; (*violently*) heftig; pull, push, hit also kräftig; hold also fest; drive hart; run so schnell man kann; breathe schwer; work hart, schwer. **he worked** ~ **at clearing his name** er versuchte mit allen Mitteln, seinen Namen reinzuwaschen; **to listen** ~ **gasu** hinhören; **think** ~ denk mal scharf *or* gut nach; **you're not thinking** ~ **enough** du denkst nicht angestrengt genug *or* richtig nach; **think** ~**er** denk mal ein bißchen besser nach; **think** ~ **before you** … überlegen Sie sich's gut, bevor Sie …; **if you try** ~ **you can** … wenn du dich richtig bemühst *or* anstrengst, kannst du …; **try** ~**er to please her** gib dir doch ein bißchen mehr Mühe, sie zufriedenzustellen; **you're trying too** ~ du bemühst dich zu sehr *or* zu krampfhaft; **he tried as**

~ **as he could** er hat sein Bestes getan *or* sich nach Kräften bemüht; **to look ~ at sb/sth** jdn/etw genau ansehen; (*critically*) jdn/etw scharf ansehen; **to be ~ at it** (*inf*) schwer am Werk *or* dabei sein (*inf*); **~ a port!**(*Naut*) hart Backbord!

2. (*in, with difficulty*) **to be ~ put to it to do sth** es sehr schwer finden *or* große Schwierigkeiten (damit) haben, etw zu tun; **I'd be ~ put to it ...** es würde mir schwerfallen ...; **to be ~ up** (*inf*) knapp bei Kasse sein (*inf*); **he's ~ up for ...** (*inf*) es fehlt ihm an (+*dat*) ...; **it will go ~ with him if he carries on this way** er wird noch Schwierigkeiten kriegen, wenn er so weitermacht; **to be ~ done by** übel dran sein; **he reckons he's ~ done by having to work on Saturdays** er findet es hart, daß er samstags arbeiten muß; **he took it pretty ~** es ging ihm ziemlich nahe, es traf ihn schwer; **old traditions die ~** alte Traditionen sterben nur langsam.

3. *rain, snow* stark. **it was freezing ~** es fror Stein und Bein.

4. (*close*) **~ by the mill** ganz nahe bei *or* ganz in der Nähe der Mühle; **there's a mill ~ by** ganz in der Nähe ist eine Mühle.

hard and fast *adj* fest; *rules also* bindend, verbindlich;   **hard-back I** *adj* (*also* **hardbacked**) *book* gebunden; **II** *n* gebundene Ausgabe;   **hard-bitten** *adj person* abgebrüht; *manager* knallhart (*inf*); **hardboard** *n* Hartfaser- *or* Preßspanplatte *f*; **hard-boiled** *adj* **1.** *egg* hartgekocht; **2.** (*fig: shrewd*) gerissen, ausgekocht (*inf*); **3.** (*fig: unsentimental*) abgebrüht (*inf*); **4.** (*fig: realistic*) *approach, appraisal etc* nüchtern, sachlich; **hard cash** *n* Bargeld, Bare(s) (*inf*) *nt*; **hard core I** *n* **1.** (*for road*) Schotter *m*; **2.** (*fig*) harter Kern; (*pornography*) harter Porno (*inf*); **II** *adj pornography* hart; **hard court** *n* Hartplatz *m*; **hard drink** *n* hartes Getränk; **hard drinker** *n* starker Trinker; **hard drug** *n* harte Droge; **hard-earned** *adj wages* sauer verdient; *reward* redlich verdient; *victory* hart erkämpft.

harden ['hɑːdn] **I** *vt steel* härten; *body, muscles* kräftigen, stählen (*geh*); *person* (*physically*) abhärten; (*emotionally*) verhärten (*pej*); *clay* hart werden lassen. **this ~ed his attitude** dadurch hat sich seine Haltung verhärtet; **to ~ oneself to sth** (*physically*) sich gegen etw abhärten; (*emotionally*) gegen etw unempfindlich werden; **to ~ one's mind against subversive propaganda** gegen subversive Propaganda immun *or* gefeit werden; **war had ~ed the soldiers to death and killing** der Krieg hatte die Soldaten gegen den Tod und das Töten abgestumpft; **to ~ one's heart to sb** sein Herz gegen jdn verhärten (*geh*); *see* **hardened**.

II *vi* (*substance*) hart werden; (*fig: attitude*) sich verhärten; (*St Ex*) (*cease to fluctuate*) sich festigen, sich stabilisieren; (*rise*) anziehen. **his voice ~ed** seine Stimme wurde hart.

◆**harden off** *vt sep plants* widerstandsfähig machen.

◆**harden up I** *vi* (*concrete, glue etc*) hart

werden. **II** *vt sep* (*make hard*) härten, hart machen; (*fig: toughen*) abhärten.

hardened ['hɑːdnd] *adj steel* gehärtet; *criminal* Gewohnheits-; *troops* zäh, abgehärtet; *sinner* verstockt. **to be ~ to** *or* **against the climate/sb's insensitivity/life** gegen das Klima abgehärtet sein/an jds Gefühllosigkeit (*acc*) gewöhnt sein/vom Leben hart gemacht sein; **you become ~ to it after a while** daran gewöhnt man sich mit der Zeit.

hardening ['hɑːdnɪŋ] *n* (*of steel*) (Er)Härten *nt*, Härtung *f*; (*fig*) Verhärten *nt*, Verhärtung *f*; (*St Ex*) Versteifung, Festigung *f*; (*rise*) Anziehen *nt*. **I noticed a ~ of his attitude** ich habe bemerkt, daß sich seine Einstellung verhärtet; **~ of the arteries** Arterienverkalkung *f*.

hard hat *n* Schutzhelm *m*; (*construction worker*) Bauarbeiter *m*; **hard-headed** *adj* nüchtern; **hard-hearted** *adj* hartherzig (*towards sb* jdm gegenüber); **hard-heartedness** *n* Hartherzigkeit *f*.

hardihood ['hɑːdɪhʊd] *n* Kühnheit *f*.

hardiness ['hɑːdɪnɪs] *n* **1.** (*toughness*) Zähigkeit, Widerstandsfähigkeit *f*; (*Bot also*) Frostunempfindlichkeit *f*; (*of people also*) Ausdauer *f*. **2.** (*courage*) Mut *m*.

hard labour *n* Zwangsarbeit *f*; **hard line** *n* harte Haltung, harte Linie; **to take a ~** eine harte Haltung einnehmen, eine harte Linie verfolgen; **hard liquor** *n* Schnaps *m*.

hardly ['hɑːdlɪ] *adv* **1.** (*scarcely*) kaum. **you've ~ eaten anything** du hast (ja) kaum etwas gegessen; **I need ~ tell you** ich muß Ihnen wohl kaum sagen; **I ~ know any French, I know ~ any French** ich kann kaum Französisch; **~ ever** kaum jemals, fast nie; **he had ~ gone** *or* **had he gone when ...** er war kaum gegangen, als ...; **he would ~ have said that** das hat er wohl kaum gesagt; **~!** (wohl) kaum; **you don't agree, do you? — ~** Sie sind damit nicht einverstanden, oder? — nein, eigentlich nicht.

2. (*rare: harshly*) hart, streng.

hardness ['hɑːdnɪs] *n* **1.** (*generally*) Härte *f*; (*of winter also*) Strenge *f*. **2.** *see adj 2*. Schwere *f*; Schwierigkeit *f*; Härte *f*. **~ of hearing** Schwerhörigkeit *f*. **3.** *see adj 3*. Härte *f*; Schroffheit, Barschheit *f*; Strenge *f*. **the ~ of his heart** seine Hartherzigkeit. **4.** (*St Ex*) Festigung *f*; (*rise*) Anziehen *nt*.

hard-on ['hɑːdɒn] *n* (*sl*) Steife(r) *m* (*sl*); **to have a ~** einen hoch *or* stehen haben (*sl*); **hard-pressed** *adj troops etc* hart bedrängt; (*with work*) stark beansprucht; **to be ~** unter großem Druck stehen *or* sein; **to be ~ for money** in Geldnot sein, knapp bei Kasse sein (*inf*); **hard sell** *n* aggressive Verkaufstaktik, Hardsell *m*.

hardship ['hɑːdʃɪp] *n* (*condition*) Not *f*, Elend *nt*; (*instance*) Härte *f*; (*deprivation*) Entbehrung *f*. **a temporary ~** eine vorübergehende Notlage; **to suffer great ~s** große Not leiden; **the ~s of war** das Elend/die Entbehrungen des Kriegs; **is that such a great ~?** ist das wirklich ein solches Unglück?; **if it's not too much (of a) ~ for you ...** wenn es dir nichts ausmacht.

hard shoulder n (*Brit*) Seitenstreifen m; **hardtop** n Hardtop nt or m; **hardware** I n 1. Eisenwaren pl; (*household goods*) Haushaltswaren pl; 2. (*Computers*) Hardware f; 3. (*Mil*) (Wehr)material nt; 4. (*US sl: gun*) Schießeisen nt (*sl*), Kanone f (*sl*); II attr ~ **dealer** n Eisenwarenhändler m; (*including household goods*) Haushalt- und Eisenwarenhändler m; **hard-wearing** adj widerstandsfähig; *cloth, clothes* strapazierfähig; **hard-won** adj *battle, fight, victory* hart or schwer erkämpft; **hardwood** n Hartholz nt; **hard-working** adj person fleißig; *engine* leistungsfähig.

hardy ['hɑːdɪ] adj (+er) 1. (*tough*) zäh; *person also* abgehärtet; *plant* (frost)-unempfindlich, winterhart; *tree* widerstandsfähig. ~ **annual/perennial** winterharte einjährige/mehrjährige Pflanze; **nationalization, that** ~ **annual of Labour congresses** Verstaatlichung, ein Thema, das jedes Jahr beim Labour-Parteitag wieder auftaucht or akut wird. 2. (*bold*) person kühn, unerschrocken.

hare [hɛəʳ] I n (Feld)hase m. ~ **and hounds** (*game*) Schnitzeljagd f; **to run with the ~ and hunt with the hounds** (*prov*) es mit niemandem verderben wollen; **to start a** ~ vom Thema ablenken. II vi (*inf*) sausen, flitzen (*inf*).

harebell ['hɛəbel] n Glockenblume f; **hare-brained** adj person, plan verrückt; **harelip** n Hasenscharte f.

harem [hɑːˈriːm] n Harem m.

haricot ['hærɪkəʊ] n ~ **(bean)** Gartenbohne f.

hark [hɑːk] vi ~! (*liter*) horch(t)! (*liter*), höret!; ~ **at him!** (*inf*) hör sich einer den an! (*inf*).

♦**hark back** vi zurückkommen (*to* auf + acc). **this custom** ~**s** ~ **to the days when** ... dieser Brauch geht auf die Zeit zurück, als ...; **he's always** ~**ing** ~ **to the good old days** er fängt immer wieder von der guten alten Zeit an.

Harlequin ['hɑːlɪkwɪn] n (*Theat*) Harlekin, Hanswurst m.

harlot ['hɑːlət] n (*old*) Metze (*old*), Hure f.

harm [hɑːm] I n (*bodily*) Verletzung f; (*material damage, to relations, psychological*) Schaden m. **to do** ~ **to sb** jdm eine Verletzung zufügen/jdm schaden or Schaden zufügen; **to do** ~ **to sth** einer Sache (*dat*) schaden; **you could do somebody/yourself** ~ **with that axe** mit der Axt können Sie jemanden/sich verletzen; **the blow didn't do him any** ~ der Schlag hat ihm nichts getan or ihn nicht verletzt; **he didn't do himself any** ~ **in the crash** er wurde bei dem Unfall nicht verletzt, **he did himself quite a lot of** ~ **or he did quite a lot of** ~ **to himself with his TV broadcast** er hat sich (*dat*) (selbst) mit diesem Fernsehauftritt ziemlich geschadet; **you will come to no** ~ es wird Ihnen nichts geschehen; **it will do more** ~ **than good** es wird mehr schaden als nützen; **it will do you no/won't do you any** ~ es wird dir nicht schaden; **I see no** ~ **in the odd cigarette** ich finde nichts dabei, wenn man ab und zu eine Zigarette raucht; **to mean**

no ~ es nicht böse meinen; **I don't mean him any** ~ ich meine es nicht böse mit ihm; (*bodily, not offend*) ich will ihm nicht weh tun; **there's no** ~ **in asking/trying** es kann nicht schaden, zu fragen/es zu versuchen; **where's** or **what's the** ~ **in that?** was kann denn das schaden?; **to keep** or **stay out of** ~**'s way** der Gefahr (*dat*) aus dem Weg gehen; **you stay here out of** ~**'s way** du bleibst schön hier, in Sicherheit.

II vt person verletzen; *thing* schaden (+ *dat*); *sb's interests, relations, reputation etc* schaden (+*dat*), abträglich sein (+*dat*). **don't** ~ **the children** tu den Kindern nichts (an); **it wouldn't** ~ **you to be a little more polite** es würde nicht(s) schaden, wenn du ein bißchen höflicher wärest.

harmful ['hɑːmfʊl] adj schädlich (*to* für); *remarks* verletzend. ~ **to one's health** gesundheitsschädlich.

harmless ['hɑːmlɪs] adj 1. harmlos; *animal, toy, weapon etc also* ungefährlich; *drugs also* unschädlich. 2. (*innocent*) harmlos.

harmlessly ['hɑːmlɪslɪ] adv harmlos, in aller Harmlosigkeit.

harmlessness ['hɑːmlɪsnɪs] n see adj Harmlosigkeit f; Ungefährlichkeit f; Unschädlichkeit f; Unverfänglichkeit f.

harmonic [hɑːˈmɒnɪk] I n (*Mus*) Oberton m. II adj (*Mus, Phys*) harmonisch.

harmonica [hɑːˈmɒnɪkə] n Harmonika f.

harmonics [hɑːˈmɒnɪks] n sing Harmonik f.

harmonious adj, **~ly** adv [hɑːˈməʊnɪəs, -lɪ] (*Mus, fig*) harmonisch.

harmonium [hɑːˈməʊnɪəm] n Harmonium nt.

harmonize ['hɑːmənaɪz] I vt (*Mus*) harmonisieren; *ideas etc* miteinander in Einklang bringen; *plans, colours* aufeinander abstimmen (*sth with sth* etw auf etw acc). II vi 1. (*notes, colours, people etc*) harmonieren; (*facts*) übereinstimmen. 2. (*sing in harmony*) mehrstimmig singen.

harmony ['hɑːmənɪ] n Harmonie f; (*fig: harmonious relations*) Eintracht f. **there is a certain lack of** ~ **in their relationship** ihrer Beziehung fehlt es an Harmonie; **to live in perfect** ~ **with sb** äußerst harmonisch or in Harmonie or in Eintracht mit jdm leben; **to be in/out of** ~ **with** (*lit*) harmonieren/nicht harmonieren mit; (*fig also*) in Einklang/nicht in Einklang stehen or sein mit; **to sing in** ~ mehrstimmig singen; (*in tune*) rein singen.

harness ['hɑːnɪs] I n 1. Geschirr nt. **to get back into** ~ (*fig*) sich wieder an die Arbeit machen; **to be back in** ~ (*fig*) wieder bei der Arbeit or im gewohnten Trott sein; **to work in** ~ (*fig*) zusammenarbeiten; **to die in** ~ (*fig*) in den Sielen sterben. 2. (*of parachute*) Gurtwerk nt; (*for baby*) Laufgurt m.

II vt 1. *horse* anschirren, aufzäumen. **to** ~ **a horse to a carriage** ein Pferd vor einen Wagen spannen. 2. (*utilize*) *river etc* nutzbar machen; *resources* (aus)nutzen.

harp [hɑːp] I n Harfe f.

II vi **to** ~ **on sth** auf etw (*dat*) herumreiten; **he's always** ~**ing on about the need** for ... er spricht ständig von der Notwendigkeit +*gen* ...; **she's always ~ing on about her troubles** sie lamentiert ständig über ihre Probleme.

harpist [ˈhɑːpɪst] *n* Harfenspieler(in *f*), Harfenist(in *f*) *m*.

harpoon [hɑːˈpuːn] **I** *n* Harpune *f*. **~ gun** Harpunenkanone *f*. **II** *vt* harpunieren.

harpsichord [ˈhɑːpsɪkɔːd] *n* Cembalo *nt*.

harpy [ˈhɑːpɪ] *n* Harpyie *f*; (*shrewish woman also*) Hexe *f*.

harridan [ˈhærɪdən] *n* Vettel *f*, Drache *m*.

harrier [ˈhærɪəʳ] *n* 1. (*Sport*) Querfeldeinläufer(in *f*), Geländeläufer(in *f*) *m*. 2. (*Orn*) Weih *m*. 3. (*dog*) Hund *m* für die Hasenjagd.

harrow [ˈhærəʊ] **I** *n* Egge *f*. **II** *vt* 1. eggen. 2. (*fig: usu pass*) **to ~ sb** jdn quälen.

harrowing [ˈhærəʊɪŋ] *adj story* entsetzlich, erschütternd, grauenhaft; *experience* qualvoll, grauenhaft.

harry [ˈhærɪ] *vt* 1. bedrängen, zusetzen (+*dat*). 2. (*old*) *country* plündern.

harsh [hɑːʃ] *adj* (+*er*) **1.** rauh; *colour, contrast, light, sound* grell, hart; *taste* herb. **it was ~ to the touch/taste/ear** es fühlte sich rauh an/es schmeckte herb/es gellte in den Ohren.

     2. (*severe*) hart; *words, tone of voice also* barsch, schroff; *treatment also* rauh; (*too strict*) streng. **fate dealt him a ~ blow** das Schicksal versetzte ihm einen harten *or* schweren Schlag; **to be ~ with** *or* **on sb** mit jdn hart ins Gericht gehen.

harshly [ˈhɑːʃlɪ] *adv see adj.*

harshness [ˈhɑːʃnɪs] *n see adj* 1. Rauheit *f*; Grelle, Härte *f*; Herbheit *f*. 2. Härte *f*; Barschheit, Schroffheit *f*; Rauheit *f*; Strenge *f*.

harum-scarum [ˈhɛərəmˈskɛərəm] **I** *adj* unbesonnen, unbedacht. **II** *n* unbedachter Tollkopf.

harvest [ˈhɑːvɪst] **I** *n* Ernte *f*; (*of wines, berries also*) Lese *f*; (*of hay also*) Mahd *f*; (*of the sea*) Ausbeute *f*, Ertrag *m*; (*fig*) Frucht *f*, Ertrag *m*.

     II *vt* (*reap, also fig*) ernten; *vines also* lesen; (*bring in*) einbringen.

     III *vi* ernten.

harvester [ˈhɑːvɪstəʳ] *n* (*person*) Erntearbeiter(in *f*) *m*; (*machine*) Mähmaschine *f*; (*cuts and binds*) Mähbinder, Bindemäher *m*; (*combine ~*) Mähdrescher *m*.

harvest festival *n* Erntedankfest *nt*; **harvest home** *n* (*festival*) Erntefest *nt*; (*service*) Erntedankfest *nt*; **harvest moon** *n* Herbstmond *m*, *heller Vollmond im September;* **harvest time** *n* Erntezeit *f*.

has [hæz] *3rd pers sing present of* **have.**

has-been [ˈhæzbiːn] *n* (*pej*) vergangene *or* vergessene Größe.

hash [hæʃ] **I** *n* 1. (*Cook*) Haschee *nt*.

     2. (*fig: mess*) Durcheinander *nt*, Kuddelmuddel *m* (*inf*); (*bad work*) Pfusch(erei *f*) *m* (*inf*). **to make a ~ of sth** etw verpfuschen *or* vermasseln (*inf*); **I'll soon settle his ~** (*inf*) ich werde ihm (mal kurz) den Kopf zurechtsetzen *or* waschen (*inf*).

     3. (*inf: hashish*) Hasch *nt* (*inf*).

     II *vt* (*Cook*) hacken.

◆**hash up** *vt sep* 1. (*Cook*) hacken, zer-

kleinern. 2. (*inf: mess up*) verpfuschen.

hashish [ˈhæʃɪʃ] *n* Haschisch *nt*.

hash-up [ˈhæʃʌp] *n* (*inf*) (*mixture*) Mischmasch *m* (*pej inf*), Sammelsurium *nt* (*inf*); (*mess*) Kuddelmuddel *m* (*inf*), Durcheinander *nt*; (*bad work*) Pfusch(erei *f*) *m* (*inf*). **a ~ of old ideas** olle Kamellen (*inf*); **to make a ~ of sth** etw verpfuschen.

hasn't [ˈhæznt] *contr of* **has not.**

hassle [ˈhæsl] *n* (*inf*) Auseinandersetzung *f*; (*bother, trouble*) Mühe *f*, Theater *nt* (*inf*). **we had a real ~ getting these tickets for tonight** es war ein richtiges Theater (*inf*) *or* es hat uns (*dat*) viel Mühe gemacht, diese Karten für heute abend zu bekommen; **getting there is such a ~** es ist so umständlich, dorthin zu kommen; **it's too much ~ cooking for myself** es ist mir zu umständlich *or* mühsam, für mich allein zu kochen; **all this security ~** dieser ganze Zirkus mit den Sicherheitsmaßnahmen (*inf*).

hassock [ˈhæsək] *n* Betkissen *nt*.

hast [hæst] (*obs*) *2nd pers sing present of* **have.**

haste [heɪst] *n* Eile *f*; (*nervous*) Hast *f*. **to be in ~ to do sth** sich beeilen, etw zu tun; **in great ~** in großer Eile; **to make ~ to do sth** sich beeilen, etw zu tun; **more ~ less speed** (*Prov*) eile mit Weile (*Prov*).

hasten [ˈheɪsn] **I** *vi* sich beeilen. **he ~ed to add that ...** er fügte schnell hinzu, daß ...; **I ~ to add that ...** ich muß allerdings hinzufügen, daß ...; **she ~ed down the stairs** sie eilte *or* hastete die Treppe hinunter.

     II *vt* beschleunigen. **the strain of office ~ed his death** die Belastung seines Amtes trug zu seinem vorzeitigen Tod bei; **to ~ sb's departure** jdn zum Aufbruch drängen.

◆**hasten away** *vi* forteilen *or* -hasten.

◆**hasten back** *vi* eilig *or* schnell zurückkehren, zurückeilen.

◆**hasten off** *vi* weg- *or* forteilen.

hastily [ˈheɪstɪlɪ] *adv* 1. (*hurriedly*) hastig, eilig. 2. (*rashly*) vorschnell.

hastiness [ˈheɪstɪnɪs] *n* 1. (*hurriedness*) Eile *f*. **his ~ in resorting to violence** daß er so schnell gewalttätig wird.

     2. (*rashness*) Voreiligkeit, Unbesonnenheit *f*. **your ~ in making decisions** die Voreiligkeit, mit der Sie Ihre Entscheidungen fällen.

hasty [ˈheɪstɪ] *adj* (+*er*) **1.** (*hurried*) hastig, eilig. **they made a ~ exit** sie eilten *or* gingen eilig hinaus, sie machten, daß sie hinauskamen (*inf*); **the witness gave a ~ sketch of what he had seen** der Zeuge schilderte flüchtig, was er gesehen hatte; **don't be so ~** nicht so hastig!

     2. (*rash*) vorschnell. **he is ~ in his judgements** er urteilt etwas vorschnell.

hasty pudding *n* (*US*) Maismehlbrei *m*.

hat [hæt] *n* 1. Hut *m*. **to put on one's ~** den *or* seinen Hut aufsetzen; **to take one's ~ off** den Hut abnehmen; (*for greeting also*) den Hut ziehen (*to sb* vor jdm); **~s off!** Hut ab!; **my ~!** (*dated inf*) daß ich nicht lache! (*inf*).

     2. (*fig phrases*) **I'll eat my ~ if ...** ich fresse einen Besen, wenn ... (*inf*); **I take**

my ~ off to him Hut ab vor ihm!; **to talk through one's ~** (*inf*) dummes Zeug reden; **to keep sth under one's ~** (*inf*) etw für sich behalten; **at the drop of a ~** auf der Stelle, ohne weiteres; **to toss one's ~ in the ring** sich am politischen Reigen beteiligen; (*non-political*) sich einschalten; **that's old ~** (*inf*) das ist ein alter Hut (*inf*); **to pass round the ~ for sb** für jdn sammeln *or* den Hut rumgehen lassen.

hatband ['hætbænd] *n* Hutband *nt*; **hatbox** *n* Hutschachtel *f*.

hatch[1] [hætʃ] **I** *vt* (*also* ~ **out**) ausbrüten; (*fig*) *plot, scheme also* aushecken. **II** *vi* (*also* ~ **out**) (*bird*) ausschlüpfen. **when will the eggs ~?** wann schlüpfen die Jungen aus? **III** *n* (*act of* ~*ing*) Ausbrüten *nt*; (*brood*) Brut *f*.

hatch[2] *n* **1.** (*Naut*) Luke *f*; (*in floor, ceiling*) Bodenluke *f*; (*half-door*) Halbtür, Niedertür *f*; (*turret* ~) Ausstiegsluke *f* (*in Turm*); *see* **batten down. 2. (service)** ~ Durchreiche *f*. **3. down the ~!** (*inf*) hoch die Tassen! (*inf*).

hatch[3] *vt* (*Art*) schraffieren.

hatchback ['hætʃbæk] *n* Hecktürmodell *nt*; (*door*) Hecktür *f*.

hatchery ['hætʃərɪ] *n* Brutplatz *m*.

hatchet ['hætʃɪt] *n* Beil *nt*; (*tomahawk*) Kriegsbeil *nt*. **to bury the** ~ das Kriegsbeil begraben.

hatchet man *n* (*hired killer*) gedungener Mörder; (*fig*) Vollstreckungsbeamte(r) *m*.

hatching ['hætʃɪŋ] *n* (*Art*) Schraffur, Schraffierung *f*.

hatchway ['hætʃweɪ] *n see* **hatch**[2] **1.**

hate [heɪt] **I** *vt* hassen; (*detest also*) verabscheuen, nicht ausstehen können (*inf*); (*dislike also*) nicht leiden können. **to** ~ **the sound of sth** etw nicht hören können; **to** ~ **to do sth** *or* **doing sth** es hassen, etw zu tun; (*weaker*) etw äußerst ungern tun; **I** ~ **seeing her in pain** ich kann es nicht ertragen, sie leiden zu sehen; **I** ~ **the idea of leaving** der Gedanke, wegzumüssen, ist mir äußerst zuwider; **I** ~ **to bother you** es ist mir sehr unangenehm, daß ich Sie belästigen muß; **you'll** ~ **yourself for not thinking of the answer** du wirst dich schwarz ärgern, daß du nicht auf die Antwort gekommen bist (*inf*); **you'll** ~ **me for this but ...** du wirst es mir vielleicht übelnehmen, aber...; **don't** ~ **me for telling you the truth** nimm es mir nicht übel *or* sei mir nicht böse, daß ich dir reinen Wein eingeschenkt habe; **I should** ~ **to keep you waiting** ich möchte Sie auf keinen Fall warten lassen.

II *n* **1.** Haß *m* (*for, of* auf +*acc*).

2. (object of hatred) **one of his pet ~s is chrome furniture/having to queue up** Stahlmöbel sind/Schlangestehen ist ihm ein Greuel.

hated ['heɪtɪd] *adj* verhaßt.

hateful ['heɪtfʊl] *adj* abscheulich; *remarks also* häßlich; *person* unausstehlich. **sth is** ~ **to sb** jd findet etw abscheulich/etw ist jdm verhaßt.

hatefully ['heɪtfəlɪ] *adv see adj* abscheulich; unausstehlich.

hatless ['hætlɪs] *adj* ohne Hut; **hatpin** *n* Hutnadel *f*; **hatrack** *n* Hutablage *f*.

hatred ['heɪtrɪd] *n* Haß *m* (*for* auf +*acc*); (*of spinach, spiders etc*) Abscheu *m* (*of* vor +*dat*).

hatter ['hætə[r]] *n* Hutmacher(in *f*) *m*; (*seller*) Hutverkäufer(in *f*) *m*; *see* **mad.**

hat-trick ['hættrɪk] *n* Hattrick, Hat-Trick *m*. **to get a** ~ einen Hattrick erzielen; **with two divorces already behind her this looks like making the** ~ nachdem sie nun schon zweimal geschieden ist, denkt sie wohl, aller guten Dinge sind drei.

haughtily ['hɔːtɪlɪ] *adv see adj* hochmütig, hochnäsig (*inf*), überheblich. **she stalked** ~ **out of the room** stolz erhobenen Hauptes verließ sie das Zimmer.

haughtiness ['hɔːtɪnɪs] *n see adj* Hochmut *m*, Hochnäsigkeit *f* (*inf*); Überheblichkeit *f*.

haughty ['hɔːtɪ] *adj* (+*er*) hochmütig, hochnäsig (*inf*); (*towards people*) überheblich. **with a** ~ **toss of her head** mit hochmütig zurückgeworfenem Kopf.

haul [hɔːl] **I** *n* **1.** (*hauling*) **a truck gave us a** ~ ein Lastwagen schleppte uns ab *or* (*out of mud etc*) zog uns heraus; **they gave a good strong** ~ **at the rope** sie zogen mit aller Kraft am Seil.

2. (*journey*) Strecke *f*. **it's a long** ~ **to** es ist ein weiter Weg (bis) nach; **short/long/medium** ~ **aircraft** Kurz-/Lang-/Mittelstreckenflugzeug *nt*; **long-**~ **truck-driver** Fernfahrer *m*; **the long** ~ **through the courts** der lange Weg durch die Instanzen.

3. (*Fishing*) (Fisch)fang *m*; (*fig: booty, from robbery*) Beute *f*; (*inf: of presents*) Ausbeute *f* (*inf*). **our** ~ **on the last trawl was 500 kg of herring** bei unserer letzten Fahrt hatten wir eine Ausbeute von 500 kg Hering.

II *vt* **1.** ziehen; *heavy objects also* schleppen; *see* **coal.**

2. (*transport by lorry*) befördern, transportieren.

3. (*Naut*) den Kurs (+*gen*) ändern. **to** ~ **a boat into the wind** an den Wind segeln.

III *vi* (*Naut: also* ~ **round**) den Kurs ändern. **the yacht** ~**ed into the wind** die Jacht segelte an den Wind.

◆**haul away** *vi* (*pull*) mit aller Kraft ziehen (*at, on* an +*dat*); (*rowers*) sich in die Riemen legen. ~ ~! hau ruck!

◆**haul down** *vt sep* **1.** *flag, sail* ein- *or* niederholen. **2.** (*with effort*) herunterschleppen; (*pull down*) herunterzerren.

◆**haul in** *vt sep* einholen; *rope* einziehen.

◆**haul off** *vi* (*Naut*) (ab)drehen.

◆**haul round** *vi* (*Naut*) (*ship*) den Kurs ändern; (*wind*) drehen.

◆**haul up** *vt sep* **1.** (*carry*) hinauf- *or* hochschleppen; (*pull up*) hochzerren, hochziehen; *flag, sail* hissen; (*aboard ship*) (an Bord) hieven, hochziehen; (*onto beach*) schleppen, ziehen. **the dinghies were lying** ~**ed** ~ **on the beach for the winter** man hatte die Jollen für den Winter an Land gezogen.

2. (*fig inf*) **to** ~ **sb** ~ **before the magistrate/headmaster/ brigadier** jdn vor den Kadi/Schulleiter/Brigadeführer schleppen (*inf*); **he's been** ~**ed** ~ **on a drugs charge** er wurde wegen einer Rauschgiftsache vor den Kadi gebracht.

haulage [ˈhɔːlɪdʒ] *n* **1.** (*road transport*) Transport *m*; (*US*) Abschleppen *nt*. ~ **business** (*firm*) Transport- *or* Fuhrunternehmen *nt*, Spedition(sfirma) *f*; (*trade*) Speditionsbranche *f*, Fuhrwesen *nt*; ~ **contractor** (*firm*) Transportunternehmen *nt*, Spedition(sfirma) *f*; (*person*) Transport- *or* Fuhrunternehmer, Spediteur *m*. **2.** (*transport charges*) Speditions- *or* Transportkosten *pl*; (*US*) Abschleppkosten *pl*.

haulier [ˈhɔːlɪəʳ] *n* Spediteur, Fuhrunternehmer *m*; (*company*) Spedition *f*. **firm of** ~**s** Spedition(sfirma) *f*, Transportunternehmen *nt*.

haunch [hɔːntʃ] *n* (*of person*) Hüfte *f*; (*hip area*) Hüftpartie *f*; (*of animal*) (*hindquarters*) Hinterbacke *f*; (*top of leg*) Keule *f*; (*Cook*) Keule *f*, Lendenstück *nt*. ~**es** Gesäß *nt*; (*of animal*) Hinterbacken *pl*; **to go down on one's** ~**es** in die Hocke gehen; ~ **of venison** (*Cook*) Rehkeule *f*.

haunt [hɔːnt] *vt* **1.** (*ghost*) *house, place* spuken in (+*dat*), umgehen in (+*dat*). **2.** *person* verfolgen; (*memory also*) nicht loslassen; (*fear also*) quälen. **the nightmares which** ~**ed him** die Alpträume, die ihn heimsuchten. **3.** (*frequent*) verkehren in (+*dat*), frequentieren, häufig besuchen; (*animal*) vorkommen, auftreten in (+*dat*). **II** *n* (*of person*) (*pub etc*) Stammlokal *nt*; (*favourite resort*) Lieblingsort or -platz *m*; (*of criminals*) Treff(punkt) *m*; (*of animal*) Heimat *f*. **the riverbank is the** ~ **of a variety of animals** eine Vielzahl von Tieren lebt an Flußufern; **to revisit the** ~**s of one's youth** die Stätten seiner Jugend wieder aufsuchen; **a** ~ **of tax dodgers** ein Refugium *nt* für Steuerflüchtlinge; **what are his** ~**s?** wo hält er sich vorwiegend *or* vorzugsweise auf?

haunted [ˈhɔːntɪd] *adj* **1.** Spuk-. **a** ~ **house** ein Spukhaus *nt*, ein Haus *nt*, in dem es spukt; **this place is** ~ **hier** spukt es; **is it** ~? spukt es da? **2.** *look* gehetzt, gequält; *person* ruhelos.

haunting [ˈhɔːntɪŋ] *adj doubt* quälend, nagend; *tune, visions, poetry* eindringlich; *music* schwermütig. **these** ~ **final chords** diese Schlußakkorde, die einen nicht loslassen.

hauntingly [ˈhɔːntɪŋlɪ] *adv* eindringlich.

Havana [həˈvænə] *n* **1.** Havanna *nt*. **2.** Havanna(zigarre) *f*.

have [hæv] *pret, ptp* **had**, *3rd pers sing present* **has**. **I** *aux vb* **1.** haben; (*esp with vbs of motion*) sein. **to** ~ **been** gewesen sein; **to** ~ **seen/heard/eaten** gesehen/gehört/gegessen haben; **to** ~ **gone/run** gegangen/gelaufen sein; **I** ~ **/had been** ich bin/war gewesen; **I** ~ **/had seen** ich habe/hatte gesehen; **I** ~ **not/had not** *or* **I've not/I'd not** *or* **I** ~**n't/I hadn't seen him** ich habe/hatte ihn nicht gesehen; **had I seen him, if I had seen him** hätte ich ihn gesehen, wenn ich ihn gesehen hätte; **having seen him** (*since*) da *or* weil ich ihn gesehen habe/hatte; (*after*) als ich ihn gesehen hatte; **after having said that he left** nachdem *or* als er das gesagt hatte,

ging er; **I** ~ **lived** *or* ~ **been living here for 10 years/since January** ich wohne *or* lebe schon 10 Jahre/seit Januar hier; **you have grown** du bist aber gewachsen.

2. (*in tag questions etc*) **you've seen her,** ~**n't you?** du hast sie gesehen, oder nicht?; **you** ~**n't seen her,** ~ **you?** du hast sie nicht gesehen, oder?; **you** ~**n't seen her — yes, I** ~ du hast sie nicht gesehen — doch **you've made a mistake — no I** ~**n't** du hast einen Fehler gemacht — nein (, hab' ich nicht *inf*); **you've dropped your book — so I** ~ dir ist dein Buch hingefallen — stimmt *or* tatsächlich *or* wahrhaftig; ~ **you been there? if you** ~/~**n't ...** sind Sie schon mal da gewesen? wenn ja/nein *or* nicht, ...; **I** ~ **seen a ghost** — ~ **you?** ich habe ein Gespenst gesehen — tatsächlich?; **I've lost it — you** ~**n't** (*disbelieving*) ich habe es verloren — nein!

II *modal aux* (+*infin: to be obliged*) **I** ~ **to do it, I** ~ **got to do it** (*Brit*) ich muß es tun *or* machen; **I don't** ~ **to do it, I** ~**n't got to do it** (*Brit*) ich muß es nicht tun, ich brauche es nicht zu tun; **do you** ~ **to go now?,** ~ **you got to go now?** (*Brit*) müssen Sie jetzt (wirklich) unbedingt gehen?; **do you** ~ **to make such a noise?** müssen Sie (unbedingt) so viel Lärm machen?; **you didn't** ~ **to tell her** das brauchten Sie ihr nicht unbedingt zu sagen; **he doesn't** ~ **to work, he hasn't got to work** (*Brit*) er braucht nicht zu arbeiten, er muß nicht arbeiten; **we've had to go and see her twice this week** wir mußten diese Woche schon zweimal zu ihr (hin); **we shall** ~ **to leave tomorrow** morgen müssen wir (unbedingt) gehen (*inf*) *or* abreisen; **the letter will** ~ **to be written tomorrow** der Brief muß morgen unbedingt geschrieben werden; **it's got to be** *or* **it has to be the biggest scandal this year** das ist todsicher der (größte) Skandal des Jahres; **I'm afraid it has to be** das muß leider sein.

III *vt* **1.** (*possess*) haben. **she has** (**got** *esp Brit*) **blue eyes** sie hat blaue Augen; ~ **you** (**got** *esp Brit*) *or* **do you** ~ **a suitcase?** hast du einen Koffer?; **I** ~**n't** (**got** *esp Brit*) *or* **I don't** ~ **a pen** ich habe keinen Kugelschreiber; **I must** ~ **more time** ich brauche mehr Zeit; **I** ~ (**got** *esp Brit*) **no German** ich kann kein (Wort) Deutsch; **he had her on the sofa** er nahm sie auf dem Sofa; **I** ~ **it!** ich hab's!; **what time do you** ~? (*US*) wieviel Uhr hast du?

2. ~ **to** ~ **breakfast/lunch/dinner** frühstücken/zu Mittag essen/zu Abend essen; **to** ~ **tea with sb** mit jdm (zusammen) Tee trinken; **will you** ~ **tea or coffee/a drink/a cigarette?** möchten Sie lieber Tee oder Kaffee/möchten Sie etwas zu trinken/eine Zigarette?; **what will you** ~? — **I'll** ~ **the steak** was möchten *or* hätten Sie gern(e)? — ich hätte *or* möchte gern das Steak; **he had a cigarette/a drink/a steak** er rauchte eine Zigarette/trank etwas/aß ein Steak; **how do you** ~ **your eggs?** wie hätten *or* möchten Sie die Eier gern(e)?; **he had eggs for breakfast** er aß Eier zum Frühstück; **will you** ~ **some more?** möchten Sie *or* hätten Sie gern(e) (noch etwas) mehr?; ~ **another one** nimm noch eine/einen/eines; trink noch einen; rauch noch eine.

3. (*receive, obtain, get*) haben. **to ~ news from sb** von jdm hören; **I ~ it from my sister that ...** ich habe von meiner Schwester gehört *or* erfahren, daß ...; **to let sb ~ sth** jdm etw geben; **I must ~ the money by this afternoon** ich muß das Geld bis heute nachmittag haben; **I must ~ something to eat at once** ich brauche dringend etwas zu essen; **we had a lot of visitors** wir hatten viel Besuch; **it's nowhere to be had** es ist nirgends zu haben.

4. (*maintain, insist*) **he will ~ it that Paul is guilty** er besteht darauf, daß Paul schuldig ist; **he won't ~ it that Paul is guilty** er will nichts davon hören, daß Paul schuldig ist; **as gossip has it** dem Hörensagen nach, wie man so munkelt; **as the Bible/Shakespeare has it** wie es in der Bibel steht/wie Shakespeare sagt; **as Professor James would ~ it** (*according to*) laut Professor James; (*as he would put it*) um mit Professor James zu sprechen.

5. (*neg: refuse to allow*) **I won't ~ this nonsense** dieser Unsinn kommt (mir) nicht in Frage!; **I won't ~ it!** das lasse ich mir nicht bieten!; **I won't ~ him insulted** ich lasse es nicht zu *or* dulde es nicht, daß man ihn beleidigt; **I won't ~ him insult his mother** ich lasse es nicht zu, daß er seine Mutter beleidigt; **we won't ~ women in our club** in unserem Klub sind Frauen nicht zugelassen; **I'm not having any of that!** (*inf*) mit mir nicht! (*inf*); **but she wasn't having any** (*sl*) aber sie wollte nichts davon wissen.

6. (*hold*) (ge)packt haben. **he had (got) me by the throat/the hair** er hatte *or* hielt mich am Hals/bei den Haaren gepackt; **I ~ (got) him where I want him** ich habe ihn endlich soweit; **the champion had him now** der Meister hatte ihn jetzt fest im Griff *or* in der Tasche (*inf*); **I'll ~ you** (*inf*) dich krieg ich; **you ~ me there** da bin ich überfragt.

7. to ~ a child ein Kind bekommen; **she is having a baby in April** sie bekommt *or* kriegt (*inf*) im April ein Kind.

8. (*wish*) mögen. **which one will you ~?** welche(n, s) möchten Sie haben *or* hätten Sie gern? **as fate would ~ it, ...** wie es das Schicksal so wollte, ...; **what would you ~ me say?** was soll ich dazu sagen?

9. (*causative*) **to ~ sth done** etw tun lassen; **to ~ one's hair cut/a suit made** sich (*dat*) die Haare schneiden lassen/einen Anzug machen lassen; **I had my luggage brought up** ich habe (mir) das Gepäck nach oben bringen lassen; **to ~ sb do sth** jdn etw tun lassen; **they had him shot** sie ließen ihn erschießen; **I'd ~ you understand ...** Sie müssen nämlich wissen ...; **I had him in such a state that ...** er war in einer solchen Verfassung, daß ...; **he had the audience in hysterics** das Publikum kugelte sich vor Lachen; **he had the police baffled** die Polizei stand vor einem Rätsel.

10. (*experience, suffer*) **he had his car stolen** man hat ihm sein Auto gestohlen; **he had his arm broken** er hat/hatte einen gebrochenen Arm; **to ~ an operation** sich

einer Operation unterziehen (*geh*), operiert werden; **I had my friends turn against me** ich mußte es erleben, wie *or* daß sich meine Freunde gegen mich wandten.

11. (*+n = vb identical with n*) **to ~ a walk** einen Spaziergang machen, spazierengehen; **to ~ a dream** träumen.

12. *party* geben, machen; *meeting* abhalten. **are you having a reception?** gibt es einen Empfang?

13. (*phrases*) **let him ~ it!** gib's ihm! (*inf*); **he/that coat has had it** (*inf*) der ist weg vom Fenster (*inf*)/der Mantel ist im Eimer (*inf*); **if I miss the last bus, I've had it** (*inf*) wenn ich den letzten Bus verpasse, bin ich geliefert (*inf*); **~ it your own way** machen Sie es, wie Sie wollen; **I didn't know he had it in him** ich hätte ihn dazu nicht für fähig gehalten; **to ~ a good time/a pleasant evening** Spaß haben, sich amüsieren/einen netten Abend verbringen; **~ a good time!** viel Spaß!; **you've been had!** (*inf*) da hat man dich übers Ohr gehauen (*inf*); **thanks for having me** vielen Dank für Ihre Gastfreundschaft.

◆**have around** *vt always separate* **1.** (bei sich) zu Besuch haben; (*invite*) einladen. **2. he's a useful man to ~** es ist ganz praktisch, ihn zur Hand zu haben.

◆**have away** *vt always separate*: **to ~ it ~ with sb** (*sl*) es mit jdm treiben (*inf*).

◆**have back** *vt sep* zurückhaben.

◆**have down I** *vt sep people, guests* (bei sich) zu Besuch haben. **II** *vt always separate* (*take down*) *scaffolding* herunterhaben; (*knock down*) *buildings* abreißen; *vase* herunterwerfen.

◆**have in** *vt always separate* **1.** im Haus haben.

2. to ~ it ~ for sb (*inf*) jdn auf dem Kieker haben (*inf*).

3. (*make come in*) hereinrufen.

4. (*put in*) **he had the new engine ~ in a couple of hours** er hatte den neuen Motor in ein paar Stunden drin (*inf*).

◆**have off** *vt always separate* **1. to ~ it ~ with sb** (*sl*) es mit jdm treiben (*inf*).

2. (*take off*) **he had the top ~ in a second** er hatte den Deckel in Sekundenschnelle (he)runter; **he had to ~ his arm ~** sein Arm mußte abgenommen werden.

◆**have on I** *vt sep* **1.** (*wear*) anhaben; *radio* anhaben.

2. (*have sth arranged*) vorhaben; (*be busy with*) zu tun haben. **we've got a big job ~** wir haben ein großes Projekt in Arbeit.

3. (*inf: deceive, trick*) übers Ohr hauen (*inf*); (*tease*) auf den Arm nehmen (*inf*).

II *vt always separate* **1. to ~ nothing ~** sb jangen jdn nichts in der Hand haben.

2. (*put on*) **they had new tyres ~ in no time** sie hatten die neuen Reifen im Nu drauf (*inf*).

◆**have out** *vt always separate* **1.** herausgenommen bekommen. **he was having his tonsils ~** er bekam seine Mandeln herausgenommen. **2.** (*discuss*) ausdiskutieren. **to ~ it ~ with sb** etw mit jdm ausdiskutieren; **I'll ~ it ~ with him** ich werde mit ihm reden.

◆**have over** or **round** vt always separate (bei sich) zu Besuch haben; (invite) (zu sich) einladen

◆**have up** vt always separate **1.** (inf: cause to appear in court) drankriegen (inf). **that's the second time he's been had ~ for drunken driving** jetzt haben sie ihn schon zum zweiten Mal wegen Trunkenheit am Steuer drangekriegt (inf); **he's been had ~ again** er war schon wieder vor dem Kadi. **2.** (put up) **when we had the tent/shelves ~** als wir das Zelt aufgestellt/die Regale an der Wand hatten.

haven't ['hævnt] contr of **have not**.

haves [hævz] npl (inf) **the ~** die Betuchten (inf), die Begüterten pl; **the ~ and the have-nots** die Betuchten und die Habenichtse.

havoc ['hævək] n verheerender Schaden; (devastation also) Verwüstung f; (chaos) Chaos nt. **to wreak ~ in** or **with sth, to play ~ with sth** bei etw verheerenden Schaden anrichten; (with health, part of the body) für etw üble or schlimme Folgen haben, sich übel auf etw (acc) auswirken; **the tornado wreaked ~ all along the coast** der Tornado richtete entlang der ganzen Küste große Verwüstungen an; **the editor had wrought ~ with the original text** der Lektor hatte (mit dem Rotstift) im Originaltext gewütet; **his sense of guilt played ~ with his imagination** er stellte sich (dat) aufgrund seiner Schuldgefühle alles mögliche vor.

haw[1] [hɔː] n (Bot) Mehlbeere f.

haw[2] see **hum**.

Hawaii [hə'waiı:] n (abbr **HI**) Hawaii nt; (state also) die Hawaii-Inseln pl.

Hawaiian [hə'waiən] **I** adj hawaiisch, Hawaii-. **~ guitar** Hawaiigitarre f. **II** n **1.** Hawaiianer(in f) m. **2.** (language) Hawaiisch nt.

hawk[1] [hɔːk] **I** n **1.** (Orn) Habicht m; (sparrow ~) Sperber m; (falcon) Falke m. **2.** (fig: politician) Falke m. **the ~s and the doves** die Falken und die Tauben. **II** vi mit Falken jagen.

hawk[2] vt hausieren (gehen) mit; (in street) verkaufen, feilhalten, feilbieten; (by shouting out) ausschreien.

◆**hawk about** vi sep gossip etc verbreiten, herumtratschen (inf).

hawker ['hɔːkə[r]] n **1.** (hunter) Falkner m. **2.** (pedlar) (door-to-door) Hausierer(in f) m; (in street) Straßenhändler(in f) m; (at market) Marktschreier(in f) m.

hawk-eyed ['hɔːkaid] adj scharfsichtig, adleräugig. **to be ~** Adleraugen haben.

hawking ['hɔːkɪŋ] n (Falken)beize, Falkenjagd f.

hawkmoth ['hɔːkmɒθ] n Schwärmer m.

hawser ['hɔːzə[r]] n (Naut) Trosse f.

hawthorn ['hɔːθɔːn] n (also ~ bush/tree) Weiß- or Rot- or Hagedorn m. **~ hedge** Weiß- or Rotdornhecke f.

hay [hei] n Heu nt. **to make ~** Heu machen, heuen; **to hit the ~** (inf) sich in die Falle hauen (sl); **to make ~ while the sun shines** (Prov) das Eisen schmieden, solange es heiß ist (Prov).

hay fever n Heuschnupfen m; **hayloft** n Heuboden m; **haymaker** n **1.** Heu-

macher(in f) m; **2.** (Boxing inf) knallharter Schlag, Schwinger m; **haymaking** n Heuen nt, Heuernte f; **hayrack** n (for fodder) (Heu)raufe f; (US: on wagon) Heuwagenaufbau m; **hayrick, haystack** n Heumiete f.

haywire ['heiwaiə[r]] adj pred (inf) **to be (all) ~** (vollständig) durcheinander sein; **to go ~** (go crazy) durchdrehen (inf); (plans, arrangements) durcheinandergeraten, über den Haufen geworfen werden (inf); (machinery) verrückt spielen (inf).

hazard ['hæzəd] **I** n **1.** (danger) Gefahr f; (risk) Risiko nt. **a typical translating ~** eine typische Gefahr beim Übersetzen; **the ~s of war** die Gefahren des Krieges; **it's a fire ~** es ist feuergefährlich. **2.** (chance) **by ~** durch Zufall; **game of ~** Glücksspiel nt. **3.** (Sport: Golf, Show-jumping) Hindernis nt.

II vt **1.** (risk) life, reputation riskieren, aufs Spiel setzen. **2.** (venture to make) wagen, riskieren. **if I might ~ a remark/suggestion** wenn ich mir eine Bemerkung/einen Vorschlag erlauben darf; **to ~ a guess** (es) wagen, eine Vermutung anzustellen.

hazardous ['hæzədəs] adj (dangerous) gefährlich, risikoreich, gefahrvoll; (risky) gewagt, riskant; (exposed to risk) unsicher.

haze [heiz] n **1.** Dunst m. **2.** (fig) **I/his mind was in a ~** (daze) ich/er war wie im Tran; (confusion of thought) ich/er war vollkommen verwirrt.

hazel ['heizl] **I** n (Bot) Haselnußstrauch, Haselbusch m. **II** adj (colour) haselnuß- or hellbraun.

hazelnut ['heizlnʌt] n Haselnuß f.

hazily ['heizili] adv verschwommen.

haziness ['heizinis] n **1.** **the ~ of the weather** das dunstige or diesige Wetter. **2.** (of ideas etc) Verschwommenheit, Unklarheit f.

hazy ['heizi] adj (+er) **1.** dunstig, diesig; mountains im Dunst (liegend). **2.** (unclear) unklar, verschwommen; ideas, statement also vage. **I'm ~ about what happened** ich kann mich nur vage or verschwommen daran erinnern, was geschah; **he's still a bit ~** (after anaesthetic etc) er ist immer noch ein wenig benommen.

H-bomb ['eit∫bɒm] n Wasserstoffbombe f.

HE abbr of **His Excellency** S.E.; **His Eminence** S.E.

he [hiː] **I** pers pron **1.** er. **it is ~** (form) er ist es, es ist er; **if I were ~** (form) wenn ich er wäre; **~ didn't do it, I did it** nicht er hat das getan, sondern ich, er hat das nicht getan, das war ich; **~'s the one** der (inf) or er ist es also!; **Harry Rigg? who's ~?** Harry Rigg? wer ist das denn? **2.** **~ who** (liter) or **that** (liter) ... derjenige, der ...; (in proverbs) wer ...

II n (of animal) Männchen nt. **it's a ~** (inf: of newborn baby) es ist ein er.

III pref männlich; (of animals also) -männchen nt.

head [hed] **I** n **1.** (Anat) Kopf m, Haupt nt (geh). **from ~ to foot** von Kopf bis Fuß; **~**

downwards mit dem Kopf nach unten; **to stand on one's** ~ auf dem Kopf stehen, einen Kopfstand machen; **to stand sth on its** ~ etw auf den Kopf stellen; **you could do it standing on your** ~ (*inf*) das kann man ja im Schlaf machen; **to stand** *or* **be** ~ **and shoulders above sb** (*lit*) jdn um Hauteslänge überragen; (*fig*) jdm haushoch überlegen sein; **he can hold his** ~ **(up) high in any company** er kann sich in jeder Gesellschaft sehen lassen; **the condemned man held his** ~ **high as he went to the scaffold** der Verurteilte ging erhobenen Hauptes zum Schafott; **to turn** *or* **go** ~ **over heels** einen Purzelbaum machen *or* schlagen; **to fall** ~ **over heels in love with sb** sich bis über beide Ohren in jdn verlieben; **to fall** ~ **over heels over sth** über etw (*acc*) stolpern und fallen; **to keep one's** ~ **above water** (*lit*) den Kopf über Wasser halten; (*fig*) sich über Wasser halten; **to talk one's** ~ **off** (*inf*) reden wie ein Wasserfall (*inf*) *or* wie ein Buch (*inf*); **to laugh one's** ~ **off** (*inf*) sich fast totlachen; **to scream one's** ~ **off** (*inf*) aus vollem Halse schreien; **to give a horse its** ~ einem Pferd die Zügel schießen lassen; **to give sb his** ~ jdn machen lassen; **on your (own)** ~ be it auf Ihre eigene Verantwortung *or* Kappe (*inf*); **you need a good** ~ **for heights** Sie müssen schwindelfrei sein; **he gave orders over my** ~ er hat über meinen Kopf (hin)weg Anordnungen gegeben; **to go over sb's** ~ etw über jds Kopf (*acc*) (hin)weg tun; **to be promoted over sb's** ~ vor jdm bevorzugt befördert werden; **to go to one's** ~ (*whisky, power*) einem in den *or* zu Kopf steigen; **I can't make** ~ **nor tail of it** daraus werde ich nicht schlau.

2. (*measure of length*) Kopf *m*; (*Racing also*) Kopflänge *f*. **taller by a** ~ (um) einen Kopf größer; **by a short** ~ (*Horseracing, fig*) um Nasenlänge.

3. (*mind, intellect*) Kopf, Verstand *m*. **use your** ~ streng deinen Kopf an; **to get sth into one's** ~ etw begreifen; **get this into your** ~ schreib dir das hinter die Ohren; **to take it into one's** ~ **to do sth** sich (*dat*) in den Kopf setzen, etw zu tun; **it never entered his** ~ **that ...** es kam ihm nie in den Sinn, daß ...; **what put that idea into his** ~? wie kommt er denn darauf?; **to put** *or* **get sth out of one's** ~ sich (*dat*) etw aus dem Kopf schlagen; **don't put ideas into his** ~ bring ihn bloß nicht auf dumme Gedanken!; (*unrealistic wish etc*) setz ihm bloß keinen Floh ins Ohr!; **he has a good** ~ **for mathematics** er ist mathematisch begabt; **he has a good** ~ **on his shoulders** er ist ein heller *or* kluger Kopf; **he has an old** ~ **on young shoulders** er ist sehr reif für sein Alter; **two** ~**s are better than one** (*prov*) besser zwei als einer allein; (*in spotting things*) vier Augen sehen mehr als zwei; **we put our** ~**s together** wir haben unsere Köpfe zusammengesteckt; **to be above** *or* **over sb's** ~ über jds Horizont (*acc*) gehen; **he talked above** *or* **over their** ~**s** er hat über ihre Köpfe weg geredet; **to keep one's** ~ den Kopf nicht verlieren; **to lose one's** ~ den Kopf verlieren; **he is off his** ~ (*inf*) er ist (ja) nicht (ganz) bei Trost

(*inf*), er hat ja den Verstand verloren; **to be weak** *or* **soft in the** ~ (*inf*) einen (kleinen) Dachschaden haben (*inf*).

4. twenty ~ **of cattle** zwanzig Stück Vieh; **to pay 10 marks a** *or* **per** ~ 10 Mark pro Kopf bezahlen.

5. (*of flower, lettuce, cabbage, asparagus, hammer, nail, page, pier*) Kopf *m*; (*of celery*) Staude *f*; (*of arrow, spear*) Spitze *f*; (*of bed*) Kopf(ende *nt*) *m*; (*on beer*) Blume *f*; (*of cane*) Knauf, Griff *m*; (*of corn*) Ähre *f*; (*Archit: of column*) Kapitell *nt*; (*of stream*) (*upper area*) Oberlauf *m*; (*source*) Ursprung *m*; (*Med: of abscess etc*) Eiterpfropf *m*. ~ **of steam/water** (*pressure*) Dampf-/Wasserdruck *m*; **at the** ~ **of the page/stairs** oben auf der Seite/an der Treppe; **at the** ~ **of the list** oben auf der Liste; **at the** ~ **of the queue/army** an der Spitze der Schlange/des Heeres.

6. (*fig: crisis*) Krise *f*, Höhepunkt *m*. **the illness has come to a** ~ die Krise (der Krankheit) ist eingetreten; **to bring matters to a** ~ die Sache auf die Spitze treiben; (*to decision*) die Entscheidung herbeiführen.

7. (*of family*) Oberhaupt *nt*; (*of business, organization*) Chef, Boss (*inf*) *m*; (*of department also*) Leiter *m*; (*of office, sub-department also*) Vorsteher *m*; (*Sch inf*) Schulleiter *m*; (*of secondary school also*) Direx *m* (*sl*); (*of primary school also*) Rex *m* (*sl*). ~ **of department** (*in business*) Abteilungsleiter *m*; (*Sch, Univ*) Fachbereichsleiter(in *f*) *m*. ~ **of state** Staatsoberhaupt *nt*.

8. (~*ing, division in essay etc*) Rubrik *f*. **they should be treated/examined under separate** ~**s** sie müssen unter verschiedenen Aspekten untersucht werden.

9. (*of coin*) Wappenseite *f*. ~**s or tails?** Wappen oder Zahl?; ~**s I win** bei Wappen gewinne ich.

10. (*Naut*) (*bow*) Bug *m*; (*of mast*) Topp *m*; (*toilet*) Pütz *f*.

11. (*on tape-recorder*) Tonkopf *m*.

12. (*sl*) Junkie *m* (*sl*).

II *vt* **1.** (*lead*) anführen; (*be in charge of also*) führen; *list, poll also* an oberster Stelle *or* an der Spitze stehen von.

2. (*direct*) steuern, lenken (*towards, for* in Richtung).

3. (*give a* ~*ing*) überschreiben. **in the chapter** ~**ed ...** in dem Kapitel mit der Überschrift ...; ~**ed writing paper** Schreibpapier mit Briefkopf.

4. (*Ftbl*) köpfen.

III *vi* gehen; fahren. **where are you** ~**ing** *or* ~**ed** (*inf*)? wo gehen *or* fahren Sie hin?; **and the meteorite was** ~**ing my way** und der Meteorit kam auf mich zu.

◆**head back** *vi* zurückgehen/-fahren. **to be** ~**ing** ~ auf dem Rückweg sein; **it's time we started** ~**ing** ~ **now** es ist Zeit, umzukehren *or* sich auf den Rückweg zu machen.

◆**head for** *vi* +*prep obj* **1.** *place, person* zugehen/zufahren auf (+*acc*); *town, country, direction* gehen/fahren in Richtung (+*gen*); (*with continuous tense also*) auf dem Weg sein zu/nach; *pub, bargain* counter, *prettiest girl also* zusteuern auf (+*acc*) (*inf*); (*ship also*) Kurs halten auf (+*acc*). where are you ~ing *or* ~ed ~? wo gehen/fahren Sie hin?

2. (*fig*) zusteuern auf (+*acc*), auf dem Weg sein zu. **you're ~ing ~ trouble** du bist auf dem besten Weg, Ärger zu bekommen; **he is ~ing ~ a fall** er rennt in sein Verderben.

◆**head in I** *vt sep ball* hineinköpfen. **II** *vi* köpfen.

◆**head off** *vt sep* **1.** abfangen. **2.** (*avert*) *quarrel, war, strike* abwenden; *person* ablenken; *questions* abbiegen.

◆**head up** *vt sep* führen, leiten.

head *in cpds* (*top, senior*) Ober-; **headache** ['hedeɪk] *n* Kopfweh *nt*, Kopfschmerzen *pl*; (*inf: problem*) Problem *nt*; **this is a bit of a ~** das macht mir/uns ziemliches Kopfzerbrechen; **headband** *n* Stirnband *nt*; **headboard** *n* Kopfteil *nt*; **head boy** *n vom Schulleiter bestimmter Schulsprecher*; **headcheese** *n* (*US*) Schweinskopfsülze *f*; **head clerk** *n* (*Comm*) Bürovorsteher(in *f*) *m*; (*Jur*) Kanzleivorsteher(in *f*) *m*; **head-count** *n* **to have a ~** abzählen; **headdress** *n* Kopfschmuck *m*.

header ['hedəʳ] *n* **1.** (*dive*) Kopfsprung, Köpfer (*inf*) *m*. **to take a ~ into the water** einen Kopfsprung ins Wasser machen; (*fall*) kopfüber ins Wasser fallen. **2.** (*Ftbl*) Kopfstoß, Kopfball *m*.

headfirst [,hed'fɜ:st] *adv* (*lit, fig*) kopfüber; **headgear** *n* Kopfbedeckung *f*; **head girl** *n vom Schulleiter bestimmte Schulsprecherin*; **head-hunter** *n* (*lit, fig*) Kopfjäger *m*.

headiness ['hedɪnɪs] *n* **this wine is known for its ~** dieser Wein ist dafür bekannt, daß er einem schnell zu Kopf(e) steigt; **the ~ of this intellectual atmosphere** diese geistesgeladene Atmosphäre.

heading ['hedɪŋ] *n* **1.** Überschrift *f*; (*on letter, document*) Kopf *m*; (*in encyclopedia*) Stichwort *nt*. **under the ~ of anthropology** unter dem Stichwort Anthropologie. **2.** (*Ftbl*) Köpfen *nt*.

headlamp, headlight ['hedlæmp, '-laɪt] *n* Scheinwerfer *m*; **headland** *n* Landspitze *f*; **headless** *adj* ohne Kopf; (*fig, old*) kopflos; **headline** *n* (*Press*) Schlagzeile *f*; **he is always in the ~s** er macht immer Schlagzeilen; **to hit** *or* **make the ~s** Schlagzeilen machen; **the news ~s** Kurznachrichten *pl*, das Wichtigste in Kürze; **headlong** *adj, adv fall* mit dem Kopf voran; *rush* überstürzt, Hals über Kopf; **headman** *n* (*of tribe*) Häuptling *m*, Stammesoberhaupt *nt*; **headmaster** *n* Schulleiter *m*; (*of secondary school also*) Direktor *m*; (*of primary school also*) Rektor *m*; **headmistress** *n* Schulleiterin *f*; (*of secondary school also*) Direktorin *f*; (*of primary school also*) Rektorin *f*; **head office** *n* Zentrale *f*; **head-on I** *adj collision* frontal; *confrontation* direkt; **II** *adv collide* frontal; **headphones** *npl* Kopfhörer *pl*; **headquarters** *n sing or pl* (*Mil*) Hauptquartier *nt*; (*of business*) Hauptstelle, Zentrale *f*; (*of political party*) Parteizentrale *f*, Hauptquartier *nt*; **police ~**

Polizeipräsidium *nt*; **headrace** *n* Gerinne *nt*; **headrest, headrestraint** *n* Kopfstütze *f*; **headroom** *n* lichte Höhe; (*in car*) Kopfraum *m*; **headscarf** *n* Kopftuch *nt*; **headset** *n* Kopfhörer *pl*; **headship** *n* Schulleiterstelle, Direktoren-/ Rektorenstelle *f*; **under his ~** unter ihm als Schulleiter; **head start** *n* Vorsprung *m* (*on sb* jdm gegenüber); *person impulsiv*; **headstone** *n* (*on grave*) Grabstein *m*; **headstrong** *adj* eigensinnig, dickköpfig; **head teacher** *n* (*Brit*) *see* **headmaster, headmistress**; **head waiter** *n* Oberkellner *m*; **headway** *n* **to make ~** (*lit, fig*) vorankommen; **did you make any ~ with the unions?** haben Sie bei den Gewerkschaften etwas erreicht?; **headwind** *n* Gegenwind *m*; **headword** *n* Anfangswort *nt*; (*in dictionary*) Stichwort *nt*.

heady ['hedɪ] *adj* (+*er*) *scent, wine,* (*fig*) *atmosphere* berauschend; *person impulsiv*, unbedacht (*pej*); *atmosphere* geistesgeladen. **in those ~ days** in jenen Tagen der Begeisterung.

heal [hi:l] **I** *vi* (*Med, fig*) heilen. **II** *vt* **1.** (*Med*) heilen; *person also* gesund machen. (*Prov*). **2.** (*fig*) *differences etc* beilegen; (*third party*) schlichten.

◆**heal over** *vi* zuheilen.

◆**heal up I** *vi* zuheilen. **II** *vt sep* zuheilen lassen.

healer ['hi:ləʳ] *n* Heiler(in *f*) *m* (*geh*); (*herb etc*) Heilmittel *nt*.

healing ['hi:lɪŋ] **I** *n* Heilung *f*; (*of wound*) (Zu)heilen *nt*. **II** *adj* (*Med*) Heil-, heilend; (*fig*) besänftigend.

health [helθ] *n* **1.** Gesundheit *f*; (*state of ~*) Gesundheitszustand *m*. **in good/poor ~** gesund/nicht gesund, bei guter/schlechter Gesundheit; **state of ~** Gesundheitszustand *m*, Befinden *nt*; **how is his ~?** wie geht es ihm gesundheitlich?; **to enjoy good ~/to have poor** *or* **bad ~** sich guter Gesundheit (*gen*) erfreuen/kränklich sein; **to be good/bad for one's ~** gesund/ungesund *or* gesundheitsschädlich sein; **Ministry of H~** Gesundheitsministerium *nt*; **I'm not just doing it for the good of my ~** (*inf*) ich mache das doch nicht bloß aus Spaß (*inf*).

2. (*fig*) Gesundheit *f*.

3. to drink (to) sb's ~ auf jds Wohl (*acc*) *or* Gesundheit (*acc*) trinken; **your ~!, good ~!** zum Wohl!.

health centre *n* Ärztezentrum *nt*; **health club** *n* Keep-fit-Verein *m*; (*place also*) Fitness- *or* Fitneß-Center *nt*; **health education** *n* Hygiene *f*; **health food** *n* Reformkost *f*; **health food shop** (*Brit*) *or* **store** (*esp US*) *n* Reformhaus *nt*, Bioladen *m*.

healthily ['helθɪlɪ] *adv* gesund.
healthiness ['helθɪnɪs] *n* Gesundheit *f*.
health inspector *n* Sozialarbeiter(in *f*) *m* (*in der Gesundheitsfürsorge*); **health insurance** *n* Krankenversicherung *f*; **health resort** *n* Kurort *m*; **the Health Service** *n* (*Brit*) das Gesundheitswesen; **~ doctor** Kassenarzt *m*/-ärztin *f*; **health visitor** *n* Sozialarbeiter(in *f*) *m* (*in der Gesundheitsfürsorge*).

healthy ['helθɪ] *adj* (+*er*) (*lit, fig*) gesund.

it's not ~ to mix with that sort of person es
ist nicht ratsam, mit so jemandem zu ver-
kehren.

heap [hiːp] **I** *n* **1.** Haufen *m*; (*inf: old car*)
Klapperkiste *f* (*inf*). (**to be piled**) **in a ~**
auf einem Haufen (liegen); **I was struck
all of a ~** (*inf*) ich war wie vom Donner
gerührt (*inf*); **he fell in a ~ on the floor** er
sackte zu Boden.
   2. **~s of** (*inf*) ein(en) Haufen (*inf*); **do
you have any glasses? — yes, ~s** haben Sie
Gläser? — (ja,) jede Menge (*inf*).
   II *adv* **~s** (*inf*) (unheimlich) viel.
   III *vt* häufen. **he ~ed his clothes
together** er warf seine Kleider auf einen
Haufen; **to ~ praises on sb/sth** über
jdn/etw voll des Lobes sein (*geh*),
jdn/etw über den grünen Klee loben
(*inf*); (*in addressing*) jdn mit Lob über-
schütten; **to ~ insults on sb** jdn übel
beschimpfen.

◆**heap up** I *vt sep* aufhäufen. **you'll only be
~ing ~ problems for yourself later on** Sie
schaffen sich (*dat*) (so) nur für später eine
Menge Probleme. **II** *vi* sich häufen.

hear [hɪəʳ] *pret, ptp* **heard** I *vt* **1.** (*also learn*)
hören. **I ~d him say that ...** ich habe ihn
sagen hören, daß ...; **I ~d somebody come
in** ich habe jemanden (herein)kommen
hören; **no sound was ~d** es war kein Laut
zu hören, man hörte keinen Laut; **he was
~d to say that ...** man hat ihn sagen hören,
daß ...; **to make oneself ~d** sich (*dat*)
Gehör verschaffen; **you're not going, do
you ~ me!** du gehst nicht, hörst du
(mich)!; **now ~ this!** Achtung, Achtung!;
to ~ him speak you'd think ... wenn man
ihn so reden hört, könnte man meinen,
...; **I've often ~d say** *or* **it said that ...** ich
habe oft gehört, daß ...; **you play chess, I ~**
ich höre, Sie spielen Schach; **have you ~d
the one about ...?** (haben Sie) den schon
gehört von ...?; **I ~ tell you're going away**
ich höre, Sie gehen weg; **I've been ~ing
things about you** von dir hört man ja schöne
Dinge; **I must be ~ing things** ich glaube,
ich höre nicht richtig.
   2. (*listen to*) *lecture, programme etc*
hören. **to ~ a case** (*Jur*) einen Fall verhan-
deln; **Lord, ~ our prayer/us** wir bitten
dich, erhöre uns.
   II *vi* **1.** hören. **he does not** *or* **cannot ~
very well** er hört nicht sehr gut. **~, ~!**
(sehr) richtig!; (*Parl*) hört!, hört!
   2. (*get news*) hören. **he's left his wife —
yes, so I ~** er hat seine Frau verlassen — ja,
ich habe es gehört; **I ~ from my daughter
every week** ich höre jede Woche von
meiner Tochter; **you'll be ~ing from me!**
(*threatening*) Sie werden noch von mir
hören!; **to ~ about sth** von etw hören *or*
erfahren; **have you ~d about John?** he's
getting married** haben Sie gehört? John
heiratet; **never ~d of him/it** nie (von ihm/
davon) gehört; **I've ~d of him** ich habe
schon von ihm gehört; **he was never ~d of
again** man hat nie wieder etwas von ihm
gehört; **I've never ~d of such a thing!** das ist
ja unerhört!.

◆**hear of** *vi* +*prep obj* (*fig: allow*) hören
wollen von. **I won't ~ ~ it** ich will davon
(gar) nichts hören.

◆**hear out** *vt sep person* ausreden lassen;
story zu Ende hören.

heard [hɜːd] *pret, ptp of* **hear**.

hearer ['hɪərəʳ] *n* Hörer(in *f*) *m*.

hearing ['hɪərɪŋ] *n* **1.** Gehör *nt*. **to have a
keen sense of ~** ein gutes Gehör haben.
   2. within/out of ~ (**distance**) in/außer
Hörweite; **he said that in/out of my ~** ich
war in Hörweite/nicht in Hörweite, als er
das sagte.
   3. (*Pol*) Hearing *nt*, Anhörung *f*; (*Jur*)
Verhandlung *f*. **preliminary ~** Vorunter-
suchung *f*; **~ of witnesses** (*Jur*) Zeugen-
vernehmung *f*; **he was refused a ~** er
wurde nicht angehört; **the Minister gave
the petitioners a ~** der Minister hörte die
Überbringer der Petition an; **to condemn
sb without a ~** jdn verurteilen, ohne ihn
(an)gehört zu haben; (*Jur*) jdn ohne An-
hörung verurteilen.

hearing aid *n* Hörgerät *nt*, Hörhilfe *f*.

hearsay ['hɪəseɪ] *n* Gerüchte *pl*. **to have sth
from** *or* **by** *or* **on ~** etw vom Hörensagen
wissen *or* haben.

hearse [hɜːs] *n* Leichenwagen *m*.

heart [hɑːt] *n* **1.** (*Anat*) Herz *nt*.
   2. (*fig: for emotion, courage etc*) Herz
nt. **to break sb's ~** jdm das Herz brechen;
to make one's ~ over sth sich über etw
(*acc*) zu Tode grämen; **you're breaking
my ~** (*iro*) ich fang' gleich an zu weinen
(*iro*); **after my own ~** ganz nach meinem
Herzen; **to have a change of ~** sich anders
besinnen, seine Meinung ändern; **to
learn/know/recite sth by ~** etw auswendig
lernen/kennen/aufsagen; **to know sth by ~**
(*through acquaintance*) etw (in- und) aus-
wendig wissen; **in my ~ of ~s** im Grunde
meines Herzens; **with all my ~** von gan-
zem Herzen; **from the bottom of one's ~**
aus tiefstem Herzen; **~ and soul** mit Leib
und Seele; **to take sth to ~** sich (*dat*) etw
zu Herzen nehmen; **we have your interests
at ~** Ihre Interessen liegen uns am Her-
zen; **to set one's ~ on sth** sein Herz an etw
(*acc*) hängen (*geh*); **it did my ~ good** es
wurde mir warm ums Herz; **to set sb's ~
at rest** sein Gemüt *or* jdn beruhigen; **to
one's ~'s content** nach Herzenslust; **most
men are boys at ~** die meisten Männer
sind im Grunde (ihres Herzens) noch
richtige Kinder; **I couldn't find it in my ~
to say no** ich konnte es nicht übers Herz
bringen, nein zu sagen; **his ~ isn't in his
work/in it** er ist nicht mit dem Herzen bei
der Sache/dabei; **to lose ~** den Mut ver-
lieren; **to lose one's ~ (to sb/sth)** sein Herz
(an jdn/etw) verlieren; **to take ~** Mut
fassen; **he took ~ from his brother's exam-
ple** das Beispiel seines Bruders machte
ihm Mut; **they've taken him to their ~s** sie
haben ihn ins Herz geschlossen; **to put
new ~ into sb/sth** jdn mit neuem Mut
erfüllen/etw mit neuem Leben füllen; **to
be in good ~** (*liter*) guten Mutes sein
(*geh*); **be of good ~** (*liter*) sei guten Mutes
(*geh*); **to have one's ~ in the right place**
(*inf*) das Herz auf dem rechten Fleck
haben (*inf*); **to have a ~ of stone** ein Herz
aus Stein haben; **to wear one's ~ on one's
sleeve** (*prov*) das Herz auf der Zunge
tragen (*prov*); **my ~ was in my mouth**

(*inf*) mir schlug das Herz bis zum Hals; **his ~ was in his boots** (*inf*) ihm ist das Herz in die Hose(n) gerutscht (*inf*); **have a ~**! (*inf*) hab ein Einsehen!; **not to have the ~ to do sth** es nicht übers Herz bringen, etw zu tun; **she has a ~ of gold** sie hat ein goldenes Herz; **my ~ sank** mir rutschte das Herz in die Hose(n) (*inf*); (*with sadness*) das Herz wurde mir schwer.
3. (*centre: of town, country, cabbage etc*) Herz *nt*. **in the ~ of winter** im tiefsten *or* mitten im Winter; **the ~ of the matter** der Kern der Sache; **in the ~ of the forest** mitten im Wald, im tiefsten Wald; **artichoke ~** Artischockenboden *m*.
4. dear ~ (*old, liter*) liebes Herz (*liter*).
5. (*Cards*) **~s** *pl* Herz *nt*; **queen of ~s** Herzdame *f*.

heartache ['hɑːteɪk] *n* Kummer *m*, Herzeleid *nt*. (*old liter*); **heart attack** *n* Herzanfall *m*; (*thrombosis*) Herzinfarkt *m*; **I nearly had a ~** (*fig inf*) (*shock*) ich habe fast einen Herzschlag gekriegt (*inf*); (*surprise also*) da hat mich doch fast der Schlag getroffen (*inf*); **heartbeat** *n* Herzschlag *m*; **heartbreak** *n* großer Kummer, Leid *nt*; **I've had my share of ~s** ich habe meinen Teil an Kummer gehabt; **heartbreaking** *adj* herzzerreißend; **it's a ~ job** es bricht einem das Herz; **heartbroken** *adj* untröstlich, todunglücklich; **she was ~ about it** sie war darüber todunglücklich; (*because of love, death etc also*) es hat ihr das Herz gebrochen; **heartburn** *n* Sodbrennen *nt*; **heart complaint** *n* Herzbeschwerden *pl*; **heart condition** *n* Herzleiden *nt*; **heart disease** *n* Herzkrankheit *f*.
hearten ['hɑːtn] *vt* ermutigen.
heartening ['hɑːtnɪŋ] *adj* **news** ermutigend.
heart failure *n* Herzversagen *nt*; **heartfelt** *adj* von Herzen *or* tief empfunden; *sympathy* herzlichst.
hearth [hɑːθ] *n* Feuerstelle *f*; (*whole fireplace*) Kamin *m*; (*fig: home*) (häuslicher) Herd. **~ and home** Haus und Herd.
heartily ['hɑːtɪlɪ] *adv* **1.** *laugh, welcome* herzlich; *sing* kräftig; *eat* herzhaft, kräftig. **I ~ agree** ich stimme von Herzen *or* voll und ganz zu. **2.** (*very*) äußerst, herzlich.
heartless ['hɑːtlɪs] *adj* herzlos; (*cruel also*) grausam; **heartlessness** *n see adj* Herzlosigkeit *f*; Grausamkeit *f*; **heart-lung machine** *n* Herz-Lungen-Maschine *f*; **heart murmur** *n* Herzgeräusche *pl*; **heartrending** *adj* herzzerreißend; **heartsearching** *n* Selbstprüfung, Gewissenserforschung *f*; **heart-shaped** *adj* herzförmig; **heartstrings** *npl* **to pull** *or* **tug at the/sb's ~** einen/jdn zu Tränen rühren; **to play on sb's ~** mit jds Gefühlen spielen; **heart-throb** *n* (*inf*) Schwarm *m* (*inf*); **heart-to-heart I** *adj* ganz offen; **to have a ~ talk with sb** sich mit jdm ganz offen aussprechen; **II** *n* offene Aussprache; **heart transplant** *n* Herztransplantation, Herzverpflanzung *f*; **heart-trouble** *n* Herzbeschwerden *pl*; **heart-warming** *adj* herzerfreuend.
hearty ['hɑːtɪ] **I** *adj* (+*er*) herzlich; *kick, slap also, meal, appetite* herzhaft, kräftig;

dislike tief; *person* (*robust*) kernig; (*cheerful*) laut und herzlich, derbherzlich. **he is a ~ eater** er hat einen gesunden Appetit; *see* **hale**.
II *n* (*Naut inf*) **me hearties!** Jungs! (*inf*), Leute!

heat [hiːt] **I** *n* **1.** Hitze *f*; (*pleasant, Phys*) Wärme *f*; (*of curry etc*) Schärfe *f*; (*~ing*) Heizung *f*. **in the ~ of the day** wenn es heiß ist; **at (a) low ~** bei schwacher Hitze.
2. (*fig: of argument, discussion*) Hitze *f*. **he spoke with great ~** er redete sehr hitzig *or* leidenschaftlich; **in the ~ of the moment** in der Hitze des Gefechts; (*when upset*) in der Erregung; **to take the ~ out of the situation/an argument** die Situation/Diskussion entschärfen.
3. (*inf: pressure*) Druck *m*. **to put the ~ on** Druck machen (*inf*); **to put the ~ on sb** jdn unter Druck setzen; **the ~ is off** der Druck ist weg (*inf*); (*danger is past*) die Gefahr ist vorbei.
4. (*Sport*) Vorlauf *m*; (*Boxing etc*) Vorkampf *m*. **final ~** Ausscheidungskampf *m*.
5. (*Zool*) Brunst *f*; (*Hunt*) Brunft *f*; (*of dogs, cats*) Läufigkeit *f*. **on ~** brünstig; brunftig; läufig, heiß; (*inf: woman*) heiß.
II *vt* erhitzen; *food also* aufwärmen, heiß *or* warm machen; *house, room* heizen; *pool* beheizen; (*provide with ~*) *house, town* beheizen.
III *vi* (*room etc*) sich erwärmen, warm werden; (*get very hot*) sich erhitzen, heiß werden.
◆**heat up I** *vi* sich erwärmen, warm werden; (*get very hot*) sich erhitzen; (*engine also*) heißlaufen. **II** *vt sep* erwärmen; *food* aufwärmen, warm *or* heiß machen; (*fig*) *discussion* anheizen.
heated ['hiːtɪd] *adj* **1.** (*lit*) geheizt; *pool* beheizt. **2.** (*fig*) *words, debate, discussion* hitzig, erregt. **to get ~** hitzig werden.
heatedly ['hiːtɪdlɪ] *adv* hitzig.
heater ['hiːtəʳ] *n* Ofen *m*; (*electrical*) Heizgerät *nt*; (*in car*) Heizung *f*; (*for fondue*) Rechaud *m*; (*US sl: gun*) Knarre *f* (*sl*).
heat exchanger *n* (*Tech*) Wärmetauscher *m*; **heat exhaustion** *n* Hitzeschäden *pl*; **heat flash** *n* Hitzeblitz *m*.
heath [hiːθ] *n* **1.** (*moorland*) Heide *f*. **2.** (*plant*) Heidekraut *nt*, Erika *f*.
heat haze *n* Hitzeflimmern *nt*.
heathen ['hiːðən] **I** *adj* heidnisch, Heiden-; (*fig*) unkultiviert, unzivilisiert. **II** *n* Heide *m*, Heidin *f*; (*fig*) unkultivierter *or* unzivilisierter Mensch. **the ~** (*collectively*) (*lit*) die Heiden; (*fig*) die Barbaren.
heather ['heðəʳ] *n* Heidekraut *nt*, Erika, Heide *f*.
heating ['hiːtɪŋ] *n* Heizung *f*; (*act*) (*of room, house*) (Be)heizen *nt*; (*of substances*) Erwärmen, Erhitzen *nt*.
heating engineer *n* Heizungsinstallateur *m*; **heating fuel** *or* **oil** *n* Heizöl *nt*; **heating system** *n* Heizungssystem *nt*; (*apparatus*) Heizungsanlage *f*.
heatproof ['hiːtpruːf] *adj* hitzebeständig; **heat pump** *n* Wärmepumpe *f*; **heat rash** *n* Hitzeausschlag *m*, Hitzepocken *pl*; **heat-resistant, heat-resisting** *adj* hitzebeständig; **heat shield** *n* Hitzeschild

m; **heat spot** *n* Hitzebläschen *nt*; **heat-stroke** *n* Hitzschlag *m*; **heat treatment** *n* (*Metal, Med*) Wärmebehandlung *f*; **heat-wave** *n* Hitzewelle *f*.

heave [hi:v] **I** *vt* **1.** (*lift*) (hoch)hieven, (hoch)heben, wuchten (*onto* auf +*acc*); (*drag*) schleppen. **he** ~**d himself out of bed** er hievte sich aus dem Bett (*inf*); **to** ~ **coal** Kohlen schleppen.
2. (*throw*) werfen, schmeißen (*inf*).
3. *sigh, sob* ausstoßen.
4. (*Naut*) *pret, ptp* **hove** wenden. **to** ~ **anchor** den Anker lichten.
II *vi* **1.** (*pull*) ziehen, hieven.
2. sich heben und senken; (*sea, waves, bosom also*) wogen (*liter*); (*stomach*) sich umdrehen; (*body*) sich krümmen. **whales heaving and wallowing in the waves** Wale, die sich in den Wogen auf und ab wälzen.
3. *pret, ptp* **hove** (*Naut*) **to** ~ **in(to) sight** in Sicht kommen; **to** ~ **alongside** längsseits gehen.
III *n* (*of sea, waves*) Auf und Ab, Wogen (*geh*) *nt*; (*of bosom, chest*) Wogen *nt*. **to lift sth with a great** ~ etw mit großer Anstrengung hochhieven.

◆**heave to** (*Naut*) **I** *vi* beidrehen. **II** *vt sep ship* stoppen.

◆**heave up I** *vi* (*inf: vomit*) brechen. **II** *vt sep* **1.** hochhieven, hochwuchten; (*push up also*) hochstemmen. **2.** (*inf: vomit*) ausbrechen, von sich geben (*inf*).

heave ho *interj* hau ruck.

heaven ['hevn] *n* **1.** (*lit, fig inf*) Himmel *m*. **in** ~ im Himmel; **to go to** ~ in den Himmel kommen; **he is in (his seventh)** ~ er ist im siebten Himmel; **to move** ~ **and earth** Himmel und Hölle in Bewegung setzen; **it was** ~ es war einfach himmlisch; **the** ~**s opened** der Himmel öffnete seine Schleusen.
2. (*inf*) (**good**) ~**s!** (du) lieber Himmel! (*inf*), du liebe Zeit! (*inf*); **would you like to?** — (**good**) ~**s no!** möchten Sie? — um Gottes *or* Himmels willen, bloß nicht!; ~ **knows what ...** weiß Gott *or* der Himmel, was ... (*inf*); ~ **forbid!** bloß nicht, um Himmels willen! (*inf*); ~ **forbid that I should end up the same** daß ich doch bloß nicht *or* um Himmels willen nicht auch so werde! (*inf*); **for** ~**'s sake!** um Himmels *or* Gottes willen!

heavenly ['hevnlɪ] *adj* **1.** himmlisch, Himmels-. ~ **body** Himmelskörper *m*; ~ **host** himmlische Heerscharen *pl*. **2.** (*inf: delightful*) himmlisch, traumhaft.

heaven-sent ['hevn‚sent] *adj opportunity* ideal. **it was** ~ das kam wie gerufen.

heaves [hi:vz] *n sing* (*Vet*) Dämpfigkeit *f*.

heavily ['hevɪlɪ] *adv* **1.** *loaded, weigh* (*also fig*), *fall, breathe* schwer; *move, walk* schwerfällig. ~ **built** kräftig gebaut; **time hung** ~ **on his hands** die Zeit verging ihm nur langsam.
2. *rain, smoke, drink, concentrate, rely, wooded, populated, disguised, influenced, overdrawn, in debt* stark; *defeated* schwer; *underlined* dick, fett; *lose, tax* hoch; *sleep* tief; *buy* in großem Umfang. **to be** ~ **drugged** unter starkem Drogeneinfluß stehen.

heaviness ['hevɪnɪs] *n see adj* **1.** Schwere *f*;

Grobheit *f*. ~ **of heart** schweres Herz.
2. Schwere *f*; Stärke *f*; Höhe *f*; (*of buying*) Umfang *m*; Dicke *f*; Tiefe *f*; Reichheit *f*. **3.** Schwerfälligkeit *f*. **4.** Schwüle *f*; Bedecktheit *f*. **the** ~ **of the silence** die bedrückende Stille. **5.** Schwere *f*. **6.** Schwere *f*, Ernst *m*.

heavy ['hevɪ] **I** *adj* (+*er*) **1.** (*of great weight, Phys, fig*) schwer; *features* grob. **with a** ~ **heart** schweren Herzens, mit schwerem Herzen; ~ **with young** (*Zool*) trächtig; ~ **with incense/pollen/scent** mit Weihrauch/ Pollen geschwängert (*geh*)/duftgeschwängert (*geh*); ~ **goods vehicle** Lastkraftwagen *m*; ~ **industry** Schwerindustrie *f*; ~ **artillery** (*Mil*) schwere Artillerie.
2. *tread, blow, gunfire, casualties, fog, clouds, sea, odour, music, book, wine, meal, sarcasm* schwer; *rain, cold also, traffic, eater, drinker, smoker* stark; *defeat, losses also, expenses, taxes* hoch; *buying* groß; *line* dick; *sleep* tief; *crop* reich. ~ **buyer** Großabnehmer *m*; ~ **type** (*Typ*) Fettdruck *m*; **to be** ~ **on petrol** viel Benzin brauchen.
3. (~-*handed*) *manner, style, sense of humour* schwerfällig.
4. (*oppressive*) *silence* bedrückend; *weather, air* drückend, schwül; *sky* bedeckt.
5. (*difficult*) *task, work, day* schwer. **the going was** ~ wir kamen nur schwer voran; **the conversation was** ~ **going** die Unterhaltung war mühsam.
6. (*Theat*) *part* schwer, ernst.
7. (*inf: strict*) streng (*on* mit). **to play the** ~ **father** den gestrengen Vater spielen.
II *adv* schwer. **time hangs** ~ **on our hands** die Zeit vergeht nur langsam.
III *n* **1.** (*inf: thug*) Schlägertyp *m* (*inf*).
2. (*Theat: villain*) Schurke *m*.
3. (*Scot: beer*) dunkleres, obergäriges Bier.

heavy-duty [‚hevɪ'dju:tɪ] *adj clothes, tyres etc* strapazierfähig; *boots* Arbeits-; *machine* Hochleistungs-; **heavy-footed** *adj* schwerfällig; **heavy-handed** *adj* schwerfällig, ungeschickt; **heavy-hearted** *adj* mit schwerem Herzen, bedrückt; **heavy-laden** *adj* (*also Bibl*) schwer beladen; **heavy water** *n* schweres Wasser; **heavyweight I** *n* (*Boxing*) Schwergewicht *nt*; (*fig inf*) großes Tier (*inf*), Größe(r) *m*; **the literary** ~**s** die literarischen Größen; **II** *adj attr* Schwergewichts-.

Hebrew ['hi:bru:] **I** *adj* hebräisch. **II** *n* **1.** Hebräer(in *f*) *m*. **2.** (*language*) Hebräisch *nt*; *see also* **English**.

Hebridean [‚hebrɪ'di:ən] *adj* Hebriden-, der Hebriden.

Hebrides ['hebrɪdi:z] *npl* Hebriden *pl*.

heck [hek] *interj* (*inf*) **oh** ~**!** zum Kuckuck! (*inf*); **ah, what the** ~**!** ach, was soll's! (*inf*); **what the** ~ **do you mean?** was zum Kuckuck soll das heißen? (*inf*); **I've a** ~ **of a lot to do** ich habe irrsinnig viel zu tun (*inf*).

heckle ['hekl] **I** *vt speaker* (durch Zwischenrufe) stören. **II** *vi* stören.

heckler ['heklər] *n* Zwischenrufer *m*.

hectare ['hektɑːʳ] n Hektar m or nt.

hectic ['hektɪk] adj hektisch.

he'd [hiːd] contr of **he would**; **he had**.

hedge [hedʒ] **I** n Hecke f; (fig: protection) Schutz m. **II** vi Fragen ausweichen, kneifen (inf) (at bei). **stop hedging and say what you think** weich nicht immer aus, sag, was du denkst! **III** vt **1.** investment absichern. **to ~ one's bets** (lit, fig) sich absichern, auf Nummer Sicher gehen (inf). **2.** field, garden (mit einer Hecke) umgeben.

◆**hedge about** or **around** vt sep (with restrictions etc) life einengen; procedure erschweren, behindern.

◆**hedge in** or **round** vt sep **1.** field mit einer Hecke umgeben or einfassen. **2.** (fig) procedure behindern, erschweren. **to ~ sb ~** jdn in seiner Freiheit einengen.

◆**hedge off** vt sep mit einer Hecke abgrenzen or abtrennen.

hedgehog ['hedʒhɒg] n Igel m.

hedgehop ['hedʒhɒp] vi tief fliegen; **hedgerow** n Hecke f.

hedonism ['hiːdənɪzəm] n Hedonismus m.

hedonist ['hiːdənɪst] **I** n Hedonist(in f) m. **II** adj hedonistisch.

hedonistic ['hiːdənɪstɪk] adj hedonistisch.

heebie-jeebies ['hiːbɪ'dʒiːbɪz] npl (sl) **it/he gives me the ~** dabei/wenn ich ihn sehe, bekomm' ich eine Gänsehaut (inf).

heed [hiːd] **I** n Beachtung f. **to take ~** achtgeben, aufpassen; **to give or pay ~/no ~ to sb/sth, to take ~/no ~ of sb/sth** jdn/etw beachten/nicht beachten, jdm/einer Sache Beachtung/keine Beachtung schenken. **II** vt beachten, Beachtung schenken (+dat). **he never ~s my advice** er hört nie auf meinen Rat.

heedful ['hiːdfʊl] adj **to be ~ of sb's warning/advice** auf jds Warnung (acc)/ Rat (acc) hören.

heedless ['hiːdlɪs] adj rücksichtslos; extravagance leichtsinnig. **to be ~ of sth** etw nicht beachten, auf etw (acc) nicht achten; **~ of their complaints** ohne sich um ihre Beschwerden zu kümmern.

heedlessly ['hiːdlɪslɪ] adv rücksichtslos. **he ~ ignored my warning** er schlug meine Warnung achtlos in den Wind.

heehaw ['hiːhɔː] **I** n Iah nt. **II** vi iahen.

heel [hiːl] **I** n **1.** Ferse f; (of shoe) Absatz m. **with his dog/the children at his ~s** gefolgt von seinem Hund/den Kindern; **to be right on sb's ~s** jdm auf den Fersen folgen; (fig: chase) jdm auf den Fersen sein; **to follow hard upon sb's ~s** jdm dicht auf den Fersen sein, sich an jds Fersen (acc) heften (geh); **to be down at ~** (person) abgerissen or heruntergekommen sein; (shoes) schiefe Absätze haben, abgelaufen sein; **to take to one's ~s** sich aus dem Staub(e) machen, Fersengeld geben (dated, hum); **to show sb a clean pair of ~s** (escape) vor jdm davonlaufen; (leave behind) jdn weit hinter sich lassen; **~!** (to dog) (bei) Fuß!; **he brought the dog to ~** er befahl dem Hund, bei Fuß zu gehen; **to bring sb to ~** jdn an die Kandare nehmen (inf); **to turn on one's ~** auf dem Absatz kehrtmachen; **to cool or kick one's ~s** (inf) (wait) warten; (do nothing) Däum-chen drehen; **~ bar** Absatzbar f. **2.** (of golf club) Ferse f; (of loaf) Kanten m; (of mast) Fuß m. **3.** (pej sl: person) Schwein nt (sl), Scheißkerl m (sl). **II** vt **1.** **to ~ shoes** auf Schuhe neue Absätze machen; **the shoes need ~ing** die Schuhe brauchen neue Absätze; **to be well ~ed** (inf) betucht sein (inf). **2.** (Rugby) ball hakeln.

hefty ['heftɪ] adj (+er) (inf) kräftig; person also gut beieinander (inf); woman also drall; child also stramm; book (extensive) dick; object, workload (schön) schwer; stroke, blow also saftig (inf); sum of money, amount saftig (inf), ganz schön (inf); argument (durch)schlagend.

hegemony [hɪ'geMənɪ] n Hegemonie f.

heifer ['hefəʳ] n Färse f.

height [haɪt] n **1.** (of building, mountain etc, altitude) Höhe f; (of person) Größe f. **to be six feet in ~** sechs Fuß groß or (wall etc) hoch sein; **what ~ are you?** wie groß sind Sie?; **he pulled himself up to his full ~** er richtete sich zu voller Größe auf. **2.** (high place) ~s pl Höhen pl; **to scale the ~s of Everest** den Mount Everest besteigen; **fear of ~s** Höhenangst f; **to be afraid of ~s** nicht schwindelfrei sein. **3.** (fig) Höhe f; (of success, power, stupidity also) Gipfel m. **at the ~ of his power** auf der Höhe seiner Macht; **that is the ~ of folly** das ist der Gipfel der Torheit; **that is the ~ of ill-manners!** das ist doch die Höhe!, das ist der Gipfel der Unverschämtheit!; **at the ~ of the season** in der Hauptsaison; **at the ~ of the storm** als das Gewitter am heftigsten war; **the ~ of fashion** der letzte Schrei; **at the ~ of summer** im Hochsommer.

heighten ['haɪtn] **I** vt (raise) höher stellen or machen; (emphasize) colour etc hervorheben; (Med) fever steigen lassen, erhöhen; intensity steigern; colour, feelings, anger, love, ambition verstärken; passions, fear, fitness, effect also erhöhen. **with ~ed colour** mit (hoch)rotem Gesicht. **II** vi (fig: increase) wachsen, größer or stärker werden.

heinous ['heɪnəs] adj abscheulich, verabscheuungswürdig.

heinously ['heɪnəslɪ] adv auf abscheuliche Weise.

heinousness ['heɪnəsnɪs] n Abscheulichkeit f.

heir [ɛəʳ] n Erbe m (to gen). **~ apparent** gesetzlicher Erbe; **~ to the throne** Thronfolger m.

heiress ['ɛəres] n Erbin f.

heirloom ['ɛəluːm] n Erbstück nt.

heist [haɪst] (esp US sl) **I** n Raubüberfall m. **II** vt rauben.

held [held] pret, ptp of **hold**.

Helen ['helɪn] n Helene f; (Myth) Helena f. **~ of Troy** die Schöne Helena.

helicopter ['helɪkɒptəʳ] n Hubschrauber m.

Heligoland ['helɪgəʊlænd] n Helgoland nt.

heliotrope ['hiːlɪətrəʊp], **heliotropic** [‚hiːlɪəʊ'trɒpɪk] adj heliotrop(isch).

heliport ['helɪpɔːt] n Hubschrauberlandeplatz m.

helium ['hiːlɪəm] n (abbr **He**) Helium nt.
hell [hel] n **1.** Hölle f. **to go to** ~ (lit) in die Hölle kommen, zur Hölle fahren (liter).
2. (fig uses) **all** ~ **was let loose** die Hölle war los; **it was** ~ **in the trenches** es war die reine Hölle in den Schützengräben; **life was** ~ **on earth** das Leben dort war die reinste Hölle or die Hölle auf Erden; **she made his life** ~ sie machte ihm das Leben zur Hölle; **to give sb** ~ (inf) (a row) jdm die Hölle heiß machen; (make life unpleasant) jdm das Leben zur Hölle machen; **you'll get** ~ **if he finds out** (inf) der macht dich zur Schnecke (inf) or Sau (sl), wenn er das erfährt; **there'll be (all)** ~ **when he finds out** wenn er das erfährt, ist der Teufel los (inf); **to play** ~ **with sth** etw total durcheinanderbringen; **I did it for the** ~ **of it** (inf) ich habe es nur zum Spaß or aus Jux gemacht; ~ **for leather** was das Zeug hält.
3. (inf: intensifier) **a** ~ **of a noise** ein Höllen- or Heidenlärm (inf); **to work like** ~ arbeiten, was das Zeug hält, wie wild arbeiten (inf); **to run like** ~ laufen, was die Beine hergeben; **we had a** ~ **of a time** (bad, difficult) es war grauenhaft; (good) wir haben uns prima amüsiert (inf); **a** ~ **of a lot** verdammt viel (inf); **she's a** or **one** ~ **of a girl** die ist schwer in Ordnung (inf); **that's one** or **a** ~ **of a problem/ difference/ bruise/climb** das ist ein verdammt (inf) or wahnsinnig (inf) schwieriges Problem/ wahnsinniger (inf) Unterschied/ Bluterguß/eine wahnsinnige (inf) Kletterei; **to** ~ **with you/him** hol dich/ihn der Teufel (inf), du kannst/der kann mich (sl); **to** ~ **with it!** verdammt noch mal (inf); **go to** ~! scher dich or geh zum Teufel! (inf); **what the** ~ **do you want?** was willst du denn, verdammt noch mal? (inf); **like** ~ **he will!** den Teufel wird er tun (inf); **pay that price for a meal?** **like** ~ so viel für ein Essen bezahlen? ich bin doch nicht verrückt!; ~'s **bells!** (euph) (inf); ~'s **teeth!** (euph) heiliger Strohsack (inf) or Bimbam (inf)!; **where the** ~ **is it?** wo ist es denn, verdammt noch mal? (inf).
he'll [hiːl] contr of **he shall, he will.**
hell-bent [ˌhel'bent] adj versessen (on auf +acc).
Hellenic [he'liːnɪk] adj hellenisch. **a** ~ **cruise** eine Hellas-Kreuzfahrt.
hell-fire [ˌhel'faɪər] n Höllenfeuer nt; (punishment) Höllenqualen pl; **hellhole** n gräßliches Loch; **the trenches were a real** ~ **die** (Schützen)gräben waren die reine Hölle.
hellish ['helɪʃ] adj (inf) höllisch (inf). **the exams were** ~ die Prüfungen waren verteufelt schwer (inf).
hellishly ['helɪʃlɪ] adv (inf) verteufelt (inf), verdammt (inf).
hello [hə'ləʊ] I interj (all senses) hallo. **say** ~ **to your parents (from me)** grüß deine Eltern (von mir); ~, ~, ~! **what's going on here?** nanu or he! was ist denn hier los? **II** n, pl ~**s** Hallo nt.
hell's angels npl Hell's Angels pl.
helluva ['heləvə] adj, adv (sl) = **hell of a**; see **hell 3.**
helm [helm] n **1.** (Naut) Ruder, Steuer nt. **to be at the** ~ (lit, fig) am Ruder sein.

2. (obs: helmet) Helm m.
helmet ['helmɪt] n Helm m; (Fencing) Maske f.
helmeted ['helmɪtɪd] adj behelmt.
helmsman ['helmzmən] n, pl -**men** [-mən] Steuermann m.
help [help] **I** n, no pl Hilfe f; (person: with pl) Hilfe f. **with his brother's** ~ mit (der) Hilfe seines Bruders; **with the** ~ **of a knife** mit Hilfe eines Messers; **we need all the** ~ **we can get** wir brauchen jede nur mögliche Hilfe; **he is beyond** ~/**beyond medical** ~ ihm ist nicht mehr zu helfen/ihm kann kein Arzt mehr helfen; **to give** ~ Hilfe leisten; **to go/come to sb's** ~ jdm zu Hilfe eilen/kommen; **to be of** ~ **to sb** jdm helfen; (person also) jdm behilflich sein; (thing also) jdm nützen; **he isn't much** ~ **to me** er ist mir keine große Hilfe; **you're a great** ~! (iro) du bist mir eine schöne Hilfe!; **we are short of** ~ **in the shop** wir haben nicht genügend (Hilfs)kräfte im Geschäft; **there's no** ~ **for it** da ist nichts zu machen.
II vt **1.** helfen (+dat). **to** ~ **sb (to) do sth** jdm (dabei) helfen, etw zu tun; **to** ~ **sb with the washing-up** jdm beim Abwaschen helfen; ~! Hilfe!; **so** ~ **me God!** so wahr mir Gott helfe!; **can I** ~ **you?** kann ich (Ihnen) helfen or behilflich sein?; (in shop also) womit kann ich dienen?; **that won't** ~ **you** das wird Ihnen nichts nützen; **his explanation didn't** ~ **me** seine Erklärung hat mir nicht geholfen or genützt; **this will** ~ **the pain/your headache** das wird gegen die Schmerzen/ gegen Ihr Kopfweh helfen; **it will** ~ **the crops to grow** es wird das Wachstum des Getreides fördern; **God** ~**s those who** ~ **themselves** (Prov) hilf dir selbst, so hilft dir Gott (Prov); **a man is** ~**ing the police with their enquiries** (form euph) ein Mann wird zur Zeit von der Polizei vernommen.
2. (with particle) **to** ~ **sb down** jdm hinunter-/ herunterhelfen; **take some water to** ~ **the pill down** trinken Sie etwas Wasser, damit die Tablette besser rutscht; **to** ~ **sb off with his coat** jdm aus dem Mantel helfen; **he** ~**ed her out of the car/a jam** er half ihr aus dem Auto/einer Klemme; **to** ~ **sb over the street** jdm über die Straße helfen; **to** ~ **sb through a difficult time** (belief, hope, pills etc) jdm in einer schwierigen Zeit durchhelfen; (person also) jdm in einer schwierigen Zeit beistehen; **to** ~ **sb up** (from floor, chair etc) jdm aufhelfen or (up stairs) hinaufhelfen.
3. she ~**ed him to potatoes** sie gab ihm Kartoffeln **to** ~ **oneself to sth** sich mit etw bedienen; ~ **yourself!** nehmen Sie sich doch!
4. (with can or cannot) **he can't** ~ **it!** (hum inf: he's stupid) (d)er ist nun mal so (doof); **I can't** ~ **being so clever** (ich kann nichts dafür,) ich bin nun mal ein Genie or so schlau (inf); **he can't** ~ **the way he is** das ist nun mal (so) seine Art; **don't say more than you can** ~ sagen Sie nicht mehr als unbedingt nötig; **not if I can** ~ **it** nicht, wenn es nach mir geht; **I couldn't** ~ **thinking/ laughing** ich konnte mir nicht helfen, ich mußte (einfach) glauben/

lachen; **I had to do it, I couldn't ~ it** or **myself** ich konnte mir nicht helfen, ich mußte es einfach tun; **one cannot ~ wondering whether ...** man muß sich wirklich fragen, ob ...; **it can't be ~ed** das läßt sich nicht ändern, das ist nun mal so; **I can't ~ it if he always comes late** ich kann nichts dafür, daß er immer zu spät kommt.

III vi helfen. **and forgetting to lock the door didn't ~ either** und daß die Tür nicht abgeschlossen wurde, hat natürlich die Sache auch nicht besser gemacht.

◆**help out I** vi aushelfen (with bei). **II** vt sep helfen (+dat) (with mit); (in crisis also) aufhelfen (+dat) (with bei). **will £3 ~ you ~?** helfen Ihnen £ 3 weiter?

helper ['helpə^r] n Helfer(in f) m; (assistant) Gehilfe m, Gehilfin f.

helpful ['helpfʊl] adj person hilfsbereit, gefällig, hilfreich (old); (useful) gadget, remark, knowledge nützlich; advice nützlich, hilfreich. **you have been most ~ to me** Sie haben mir sehr geholfen; **you'll find these tablets most ~** diese Tabletten werden Ihnen sehr helfen or guttun.

helpfully ['helpfəlɪ] adv hilfreich.

helpfulness ['helpfʊlnɪs] n see adj Hilfsbereitschaft, Gefälligkeit f; Nützlichkeit f.

helping ['helpɪŋ] I n (at table) Portion f. **to take a second ~ of sth** sich (dat) noch einmal von etw nehmen. **II** adj attr **to give** or **lend a ~ hand to sb** jdm helfen.

helpless ['helplɪs] adj hilflos. **are you ~** bist du aber hilflos!; **she was ~ with laughter** sie konnte sich vor Lachen kaum halten.

helplessly ['helplɪslɪ] adv see adj.

helplessness ['helplɪsnɪs] n Hilflosigkeit f.

Helsinki ['helsɪŋkɪ] n Helsinki nt.

helter-skelter ['heltə'skeltə^r] I adv Hals über Kopf (inf). **II** adj wirr, wild. **III** n **1.** (confusion) Tohuwabohu nt, (wildes) Durcheinander. **2.** (Brit: on fairground) Rutschbahn f.

hem [hem] I n Saum m. **II** vt säumen.

◆**hem about** or **around** vt sep umgeben.

◆**hem in** vt sep **1.** troops etc einschließen, umgeben. **2.** (fig) einengen.

he-man ['hi:mæn] n, pl **-men** [-men] (inf) He-man m, sehr männlicher Typ. **he fancies himself as a ~** er kommt sich unheimlich männlich vor (inf).

hematology n (US) see **haematology**.

hemidemisemiquaver [ˌhemɪdemɪ'semɪˌkweɪvə^r] n (Mus) Vierundsechzigstel(note f) nt.

hemiplegia [ˌhemɪ'pli:dʒɪə] n halbseitige Lähmung.

hemisphere ['hemɪsfɪə^r] n Halbkugel, Hemisphäre f; (of brain) Hemisphäre, Gehirnhälfte f. **in the northern ~** auf der nördlichen Halbkugel, in der nördlichen Hemisphäre.

hemline ['hemlaɪn] n Saum m. **~s are lower this year** man trägt dieses Jahr längere Röcke.

hemlock ['hemlɒk] n (Bot: poisonous plant) Schierling m; (tree) Schierlings- or Hemlocktanne f; (poison) Schierling(saft) m.

hemo- in cpds (US) see **haemo-**.

hemp [hemp] n **1.** (Bot) Hanf m. **~ seed** Hanfsamen pl. **2.** (drug) Hanf m. **3.** (fibre) Hanf(faser f) m.

hem-stitch ['hemstɪtʃ] I n vt in Hohlsaum nähen. **II** n Hohlsaum m.

hen [hen] n **1.** Huhn nt, Henne f. **2.** (female bird, lobster) Weibchen nt. **3.** (inf) (also **mother ~**) Glucke f (inf).

hence [hens] adv **1.** (for this reason) also. **~ the name** daher der Name. **2.** (from now) **two years ~** in zwei Jahren.

henceforth [ˌhens'fɔ:θ], **henceforward** [ˌhens'fɔ:wəd] adv (from that time on) von da an, fortan (liter); (from this time on) von nun an, künftig.

henchman ['hentʃmən] n, pl **-men** [-mən] (pej) Spießgeselle, Kumpan m.

hen-coop ['henku:p] n Hühnerstall m.

henna ['henə] I n Henna f. **II** vt mit Henna färben.

hen-party ['hen,pɑ:tɪ] n (inf) Damenkränzchen nt, ≃ Kaffeeklatsch m (inf), reine Weibergesellschaft (pej, inf); (before wedding) für die Braut vor der Hochzeit arrangierte Damengesellschaft; **henpeck** vt unterm Pantoffel haben (inf); **a ~ed husband** ein Pantoffelheld m (inf).

Henry ['henrɪ] n Heinrich m.

hep [hep] adj (US sl) see **hip⁴**.

hepatitis [ˌhepə'taɪtɪs] n Hepatitis f.

her [hɜ:^r] I pers pron **1.** (dir obj, with prep +acc) sie; (indir obj, with prep +dat) ihr; (when she is previously mentioned in clause) sich. **with her books about ~** mit ihren Büchern um sich. **2.** (emph) **it's ~** sie ist's; **who, ~?** wer, sie? **II** poss adj ihr; see also **my**.

herald ['herəld] I n **1.** (Hist) Herold m; (in newspaper titles) Bote m. **2.** (fig) (Vor)bote m (geh). **~ of spring** Frühlingsbote m. **3.** (Her) **College of H~s** Heroldsamt nt. **II** vt arrival of summer ankündigen, Vorbote(n) sein für. **to ~ (in) a new age** den Beginn eines neuen Zeitalters ankündigen.

heraldic [he'rældɪk] adj heraldisch, Wappen-. **~ arms** Wappen pl.

heraldry ['herəldrɪ] n **1.** (science) Wappenkunde, Heraldik f. **2.** (heraldic signs) Wappen pl. **3.** (ceremonial) traditioneller höfischer Prunk.

herb [hɜ:b] n Kraut nt. **~ garden** Kräutergarten m.

herbaceous [hɜ:'beɪʃəs] adj krautig. **~ border** Staudenrabatte f.

herbal ['hɜ:bəl] I adj Kräuter-. **II** n Kräuterbuch nt.

herbalist ['hɜ:bəlɪst] n Kräutersammler(in f) m; (healer) Naturheilkundige(r) mf.

herbivorous [hɜ:'bɪvərəs] adj (form) pflanzenfressend.

herculean [ˌhɜ:kjʊ'li:ən] adj herkulisch; strength Bären-, Riesen-, herkulisch (liter); proportions riesenhaft; effort übermenschlich. **a ~ task** eine Herkulesarbeit.

Hercules ['hɜ:kjuli:z] n Herkules m.

herd [hɜ:d] I n (of cattle etc) Herde f; (of deer) Rudel nt; (fig pej: of people) Herde, Schar f. **the common ~** die breite Masse. **II** vt **1.** (drive) cattle, prisoners treiben. **2.** (tend) cattle hüten.

◆**herd together I** vi sich zusammendrängen. **II** vt sep zusammentreiben.

here [hɪə^r] I adv **1.** hier; (with motion) hierher, hierhin. **~!** (at roll call) hier!; (to dog) hierher!; ~ **I am** da *or* hier bin ich; **spring is** ~ der Frühling ist da; **this man** ~ dieser Mann (hier) ...; **John** ~ **reckons ...** John hier meint ...; **this** ~ **notice** (*incorrect*) dieser Anschlag da (*inf*); ~ **and now** auf der Stelle, jetzt sofort; **this one** ~ der/die/das hier *or* da; **I won't be** ~ **for lunch** ich bin zum Mittagessen nicht da; **shall we wait till he gets** ~? sollen wir warten, bis er hier *or* da ist?; ~ **and there** hier und da; ~, **there and everywhere** überall; **near/around/about** ~ hier herum, ungefähr hier; **near** ~ (hier) in der Nähe; **up/down to** ~ bis hierher *or* hierhin; **it's in/over** ~ es ist hier (drin)/hier drüben; **put it in/over** ~ stellen Sie es hier herein/hierüber *or* hier herüber *or* hierher; **come in/over** ~ kommen Sie hier herein/hierüber *or* hier herüber *or* hierher; **from** ~ **on in** (*esp US*) von jetzt *or* nun an.

2. (*in phrases*) ~ **you are** (*giving sb sth*) hier (, bitte); (*on finding sb*) da bist du ja!, ach, hier bist du!; (*on finding sth*) da *or* hier ist es ja; ~ **we are, home again** so, da wären wir also wieder zu Hause; ~ **we are again, confronted by yet another crisis** so, da hätten wir also wieder eine neue Krise; ~ **he comes** da kommt *or* ist er ja; ~ **comes trouble** jetzt geht's los (*inf*); ~ **goes!** (*before attempting sth*) dann mal los; ~, **try this one** hier, versuch's mal damit; ~, **let me do that** komm, laß mich das mal machen; ~! he!; ~'**s to you!** (*in toasts*) auf Ihr Wohl!; ~'**s to the success of the venture!** auf den Erfolg des Vorhabens!; **it's neither** ~ **nor there** es spielt keine Rolle.

II *n* the ~ **and now** das Hier und Heute; (*Rel, Philos*) das Diesseits.

hereabouts ['hɪərəbaʊts] *adv* hier herum, in dieser Gegend; **hereafter I** *adv* (*in books, contracts: following this*) im folgenden; (*in the future also*) künftig, in Zukunft; (*after death*) im Jenseits; **during my lifetime and** ~ zu meinen Lebzeiten und danach; **II** *n* the ~ das Jenseits; **hereby** *adv* (*form*) hiermit.

hereditary [hɪ'redɪtərɪ] *adj* erblich, Erb-. ~ **enemies** Erbfeinde *pl*; ~ **disease** Erbkrankheit *f*; **to be** ~ (*also hum*) erblich sein.

heredity [hɪ'redɪtɪ] *n* Vererbung *f*. **the title is his by** ~ er hat den Titel geerbt/wird den Titel erben.

herein [ˌhɪər'ɪn] *adv* (*form*) hierin, darin; **hereof** *adv* (*form*) hiervon (*form*); **the house and the inhabitants** ~ das Haus und die Bewohner desselben (*form*).

heresy ['herəsɪ] *n* Ketzerei *f*.

heretic ['herətɪk] *n* Ketzer(in *f*) *m*.

heretical [hɪ'retɪkəl] *adj* ketzerisch.

hereto [ˌhɪə'tuː] *adv* (*form*) **the documents attached** ~ die beigefügten Dokumente; **his reply** ~ seine Antwort darauf/hierauf; **he gave his signature** ~ er setzte seine Unterschrift hinzu; **heretofore** *adv* (*form*) (*up to this time*) bisher; (*up to that time*) bis dahin; **hereunto** *adv* (*form*) *see* **hereto**; **hereupon** *adv* daraufhin; **herewith** *adv* (*form*) hiermit.

heritable ['herɪtəbl] *adj* **1.** erblich. **2.** (*Jur*) *person* erbfähig.

heritage ['herɪtɪdʒ] *n* (*lit, fig*) Erbe *nt*.

hermaphrodite [hɜː'mæfrədaɪt] **I** *n* Zwitter, Hermaphrodit (*geh*) *m*. **II** *adj* zwittrig, hermaphroditisch (*geh*).

hermetic [hɜː'metɪk] *adj* hermetisch.

hermetically [hɜː'metɪkəlɪ] *adv see adj*. ~ **sealed** hermetisch verschlossen *or* (*fig*) abgeriegelt.

hermit ['hɜːmɪt] *n* Einsiedler (*also fig*), Eremit *m*.

hermitage ['hɜːmɪtɪdʒ] *n* (*lit, fig*) Einsiedelei, Klause *f*.

hermit crab *n* Einsiedlerkrebs *m*.

hernia ['hɜːnɪə] *n* (Eingeweide)bruch *m*.

hero ['hɪərəʊ] *n, pl* ~**es** Held, Heros (*geh*) *m*; (*fig: object of hero-worship also*) Idol *nt*; (*Liter: of novel etc*) Held *m*. **the** ~ **of the hour** der Held des Tages.

Herod ['herəd] *n* Herodes *m*.

heroic [hɪ'rəʊɪk] **I** *adj* mutig, heldenhaft; (*daring*) proportions, size mächtig, gewaltig; *effort* gewaltig; *words* heroisch. ~ **age/deed** Heldenzeitalter *nt*/Heldentat *f*.

II *n* ~**s** *pl* hochtrabende *or* große Worte *pl*; **the actor's** ~**s** das übertriebene Pathos des Schauspielers.

heroically [hɪ'rəʊɪkəlɪ] *adv see adj*.

heroin ['herəʊɪn] *n* Heroin *nt*. ~ **addict** Heroinsüchtige(r) *mf*.

heroine ['herəʊɪn] *n* Heldin *f*.

heroism ['herəʊɪzəm] *n* Heldentum *nt*; (*heroic conduct*) (Helden)mut, Heroismus *m*; (*daring*) Kühnheit *f*. **I'm not one for** ~ ich bin kein Held.

heron ['herən] *n* Reiher *m*.

hero-worship ['hɪərəʊˌwɜːʃɪp] **I** *n* Verehrung *f*; (*in ancient tribe etc*) Heldenverehrung *f*; (*of popstar etc*) Schwärmerei *f*. **the** ~ **of a boy for his older brother** die blinde Bewunderung eines Jungen für seinen älteren Bruder. **II** *vt* anbeten, verehren; *popstar etc* schwärmen für.

herring ['herɪŋ] *n* Hering *m*; *see* **red** ~.

herringbone ['herɪŋbəʊn] **I** *n* **1.** (*pattern*) Fischgrät *m*. **2.** (*Ski*) Grätenschritt *m*. **II** *adj attr* ~ **pattern** Fischgrät(en)muster *nt*; ~ **stitch** Hexenstich *m*.

hers [hɜːz] *poss pron* ihre(r, s). ~ (*on towels etc*) sie; *see also* **mine**[1].

herself [hɜː'self] *pers pron* **In 1.** (*dir and indir obj, with prep*) sich; *see also* **myself**. **2.** (*emph*) (sie) selbst.

Herts [hɑːts] *abbr of* **Hertfordshire**.

he's [hiːz] *contr of* **he is**; **he has**.

hesitancy ['hezɪtənsɪ] *n* Zögern *nt*.

hesitant ['hezɪtənt] *adj answer, smile* zögernd; *person also* unentschlossen, unschlüssig. **he was so** ~ **that ...** er zögerte so lange, bis ...; **he was very** ~ **to accept** er zögerte lange *or* war sich (*dat*) sehr unschlüssig, ob er annehmen sollte.

hesitantly ['hezɪtəntlɪ] *adv accept* zögernd.

hesitate ['hezɪteɪt] *vi* zögern, zaudern (*in speech*) stocken. **if they don't stop hesitating we'll be lost** wenn sie noch länger zögern, sind wir verloren; **he who** ~**s is lost** (*Prov*) dem Feigen kehrt das Glück den Rücken (*Prov*); **I** ~ **to ask him over** ich bin mir nicht schlüssig, ob ich ihn herüberbitten soll; **I'd** ~ **to take** *or* **at taking on such a task** ich würde es mir gut überlegen, ob ich so eine Aufgabe übernehmen würde; **I ~d at the expenditure/ about having a child at my age** ich hatte Bedenken wegen der Ausgabe/ich hatte Bedenken, in meinem Alter ein Kind zu bekommen; **he ~s at nothing** er macht vor nichts halt, er schreckt vor nichts zurück; **I am still hesitating about what I should do** ich bin mir immer noch nicht schlüssig, was ich tun soll; **I ~ to say it, but ...** es widerstrebt mir, das zu sagen, aber ...; **if I did think that, I wouldn't ~ to say so** wenn ich wirklich der Meinung (*gen*) wäre, hätte ich keine Hemmungen, es zu sagen; **don't ~ to ask me** fragen Sie ruhig.

hesitation [ˌhezɪˈteɪʃən] *n* Zögern, Zaudern (*geh*) *nt*. **a moment's ~** ein Augenblick des Zögerns; **without the slightest ~** ohne auch nur einen Augenblick zu zögern; **I have no ~ in saying that ...** ich kann ohne weiteres sagen, daß ...

hessian [ˈhesɪən] **I** *n* Sackleinwand *f*, Rupfen *m*. **II** *attr* Rupfen-.

hetero [ˈhetərəʊ] *n*, *pl* **~s** (*sl*) Heterosexuelle(r) *mf*.

heterogeneity [ˌhetərəʊˈdʒɪˈneɪtɪ] *n* Heterogenität *f*.

heterogeneous [ˌhetərəʊˈdʒiːnɪəs] *adj* heterogen.

heterosexual [ˌhetərəʊˈseksjʊəl] **I** *adj* heterosexuell. **II** *n* Heterosexuelle(r) *mf*.

heterosexuality [ˌhetərəʊˌseksjʊˈælɪtɪ] *n* Heterosexualität *f*.

het up [ˈhetˌʌp] *adj* (*inf*) aufgeregt. **to get ~ about/over sth** sich über etw (*acc*)/wegen einer Sache (*gen*) aufregen.

hew [hjuː] *pret* **~ed**, *ptp* **hewn** [hjuːn] *or* **~ed** *vt* hauen; (*shape*) behauen. **to ~ into pieces/logs** in Stücke hauen/zu Klötzen hacken.

◆**hew down** *vt sep trees* fällen, umhauen; *persons* niederhauen; (*with machine gun also*) niedermähen.

◆**hew off** *vt sep* abhauen, abhacken.

◆**hew out** *vt sep* heraushauen, herausschlagen (*of* aus). **they ~ed their way ~ of the mine** sie schlugen sich (*dat*) einen Weg aus der Grube; **he's ~n ~ a career for himself** er hat sich (*dat*) seine Karriere erkämpft.

◆**hew up** *vt sep* zerstückeln; *wood* zerhacken.

hexagon [ˈheksəgən] *n* Sechseck, Hexagon *nt*.

hexagonal [hekˈsægənəl] *adj* sechseckig, hexagonal.

hexameter [hekˈsæmɪtər] *n* Hexameter *m*.

hey [heɪ] *interj* (*to attract attention*) he (Sie/du); (*in surprise*) he, Mensch (*inf*). **~ presto** Hokuspokus (Fidibus).

heyday [ˈheɪdeɪ] *n* Glanzzeit, Blütezeit *f*. **in the ~ of its power** auf dem Höhepunkt seiner Macht; **in his ~** in seiner Glanzzeit.

HGV (*Brit*) *abbr of* **heavy goods vehicle** LKW *m*.

hi [haɪ] *interj* hallo.

hiatus [haɪˈeɪtəs] *n* Lücke *f*; (*Gram, Poet*) Hiatus *m*.

hibernate [ˈhaɪbəneɪt] *vi* Winterschlaf halten *or* machen.

hibernation [ˌhaɪbəˈneɪʃən] *n* (*lit, fig*) Winterschlaf *m*.

hibiscus [hɪˈbɪskəs] *n* Hibiskus, Eibisch *m*.

hiccough, hiccup [ˈhɪkʌp] **I** *n* Schluckauf *m*. **to have the ~s** den Schluckauf haben; **to let out/give a ~** hick machen (*inf*); **the computer had a slight ~** (*fig inf*) der Computer spielte leicht verrückt (*inf*). **II** *vi* hicksen (*dial*). **he started ~ing** er bekam den Schluckauf.

hick [hɪk] *n* (*US inf*) Hinterwäldler *m* (*inf*); (*female*) Landpomeranze *f* (*inf*).

hickory [ˈhɪkərɪ] *n* (*tree*) Hickory(nußbaum) *m*; (*wood*) Hikkory(holz) *nt*.

hide¹ [haɪd] (*vb: pret* **hid** [hɪd], *ptp* **hidden** [ˈhɪdn] *or* **hid**) **I** *vt* verstecken (*from* vor +*dat*); *truth, tears, grief, feelings, face* verbergen (*from* vor +*dat*); (*obstruct from view*) *moon, rust* verdecken. **hidden from view** nicht zu sehen; **he's hiding something in his pocket** er hat etwas in seiner Tasche versteckt; **I have nothing to ~** ich habe nichts zu verbergen; **his words had a hidden meaning** seine Worte hatten eine verborgene *or* versteckte Bedeutung; **you're hiding something from me** (*truth etc*) Sie verheimlichen mir etwas, Sie verbergen etwas vor mir.

II *vi* sich verstecken, sich verbergen (*from sb* vor jdm). **he was hiding in the cupboard** er hielt sich im Schrank versteckt *or* verborgen; **he's just hiding behind his boss/his reputation** er versteckt sich bloß hinter seinem Chef/Ruf.

III *n* Versteck *nt*.

◆**hide away I** *vi* sich verstecken, sich verbergen. **II** *vt sep* verstecken.

◆**hide out** *or* (*US*) **up** *vi* sich verstecken; (*to be hiding also*) sich versteckt *or* verborgen halten.

hide² *n* (*of animal*) Haut *f*; (*on furry animal*) Fell *nt*; (*processed*) Leder *nt*; (*fig: of person*) Haut *f*, Fell *nt*. **to strip an animal of its ~** einem Tier die Haut/das Fell abziehen, ein Tier häuten; **to save one's own ~** die eigene Haut retten; **I haven't seen ~ nor hair of him for weeks** (*inf*) den habe ich in den letzten Wochen nicht mal von weitem gesehen.

hide-and-seek [ˌhaɪdənˈsiːk] *n* Versteckspiel *nt*; **to play ~** Verstecken spielen; **hideaway** *n* Versteck *nt*; (*refuge*) Zufluchtsort *m*; **hidebound** *adj person, views* engstirnig; **an officer of the old school, ~ by convention** ein Offizier der alten Schule, der den Konventionen verhaftet ist.

hideous [ˈhɪdɪəs] *adj* grauenhaft, scheußlich; *day, colour, disappointment* schrecklich.

hideousness [ˈhɪdɪəsnɪs] *n see adj* Grauenhaftigkeit, Scheußlichkeit *f*; Schrecklichkeit *f*.

hideout [ˈhaɪdaʊt] *n* Versteck *nt*.

hiding¹ [ˈhaɪdɪŋ] *n* **to be in ~** sich versteckt halten; **to go into ~** untertauchen, sich verstecken; **he came out of ~** er tauchte wieder auf, er kam aus seinem Versteck; **~ place** Versteck *nt*.

hiding² *n* **1.** (*beating*) Tracht *f* Prügel. **to give sb a good ~** jdm eine Tracht Prügel geben. **2.** (*inf: defeat*) Schlappe *f* (*inf*). **the team got a real ~** die Mannschaft mußte eine schwere Schlappe einstecken (*inf*).

hierarchic(al) [ˌhaɪəˈrɑːkɪk(əl)] *adj*,

hierarchically [ˌhaɪəˈrɑːkɪkəlɪ] *adv* hierarchisch.

hierarchy [ˈhaɪərɑːkɪ] *n* Hierarchie *f*.

hieroglyph [ˈhaɪərəglɪf] *n* Hieroglyphe *f*.

hieroglyphic [ˌhaɪərəˈglɪfɪk] **I** *adj* hieroglyphisch. **II** *n* ~s *pl* Hieroglyphen-(schrift *f*) *pl*.

hi-fi [ˈhaɪˌfaɪ] **I** *n* 1. Hi-Fi *nt*. 2. *(equipment)* Hi-Fi-Gerät *nt*; *(systems)* Hi-Fi-Anlage *f*. **II** *adj* Hi-Fi-.

higgledy-piggledy [ˈhɪgldɪˈpɪgldɪ] *adj, adv* durcheinander.

high [haɪ] **I** *adj* (+*er*) **1.** *mountain, wall, forehead, building* hoch *pred*, hohe(r, s) *attr*. a building **80 metres** ~ ein 80 Meter hohes Gebäude; a ~ **dive** ein Kopfsprung aus großer Höhe; **on one of the ~er floors** in einem der oberen Stockwerke; **the ~est flat/floor** die oberste Wohnung/Etage; **at** ~ **tide** *or* **water** bei Flut *or* Hochwasser *(spec)*; **the river is quite** ~ der Fluß führt ziemlich viel Wasser; ~ **and dry** *(boat)* auf dem Trockenen; **he left her** ~ **and dry with four little children** er hat sie mit vier kleinen Kindern sitzenlassen; **to be left** ~ **and dry** auf dem Trockenen sitzen *(inf)*.
2. *(important, superior)* hoch *pred*, hohe(r, s) *attr*. **on the ~est authority** von höchster Stelle; **to be** *or* **act** ~ **and mighty** erhaben tun; **to be on one's** ~ **horse** *(fig)* auf dem hohen Roß sitzen.
3. *(considerable, extreme, great) opinion, speed, temperature, fever, pressure, salary, price, rate, density, sea* hoch *pred*, hohe(r, s) *attr*; *altitude* groß; *wind* stark; *complexion, colour* (hoch)rot. **in the** ~ **latitudes** in fernen Breiten; **to pay a** ~ **price for sth** *(lit, fig)* etw teuer bezahlen; **to set a** ~ **value on sth** etw hoch einschätzen; **the ~est common factor** der größte gemeinsame Teiler; **in the ~est degree** im höchsten Grad *or* Maß; **in (very)** ~ **spirits** in Hochstimmung, in äußerst guter Laune; **to have a** ~ **old time** *(inf)* sich prächtig amüsieren.
4. *(good, admirable) ideals* hoch. **a** ~ **calling** ein Ruf zu Höherem; **a man of** ~ **character** ein Mann von Charakter.
5. *(of time)* ~ **noon** zwölf Uhr mittags; **it's** ~ **time you went home/understood** es ist *or* wird höchste Zeit, daß du nach Hause gehst/endlich begreifst.
6. *sound, note* hoch; *(shrill)* schrill.
7. *(sl) (on drugs)* high *(sl)*; *(on drink)* blau *(sl)*.
8. *meat* angegangen.
9. *(Cards)* hoch *pred*, hohe(r, s) *attr*.
II *adv* (+*er*) **1.** hoch. ~ **up** *(position)* hoch oben; *(motion)* hoch hinauf.
2. to go as ~ **as £200** bis zu £ 200 (hoch)-gehen; **feelings ran** ~ die Gemüter erhitzten sich; **to search** ~ **and low** überall suchen.
III *n* **1. God on** ~ Gott in der Höhe *or* im Himmel; **the orders have come from on** ~ *(hum inf)* der Befehl kommt von oben.
2. unemployment has reached a new ~ die Arbeitslosenziffern haben einen neuen Höchststand erreicht.
3. *(Met)* Hoch *nt*.
4. *(sl: on drugs)* **he's still got his** ~ er ist immer noch high *(sl)*.

5. *(US Aut: top gear)* **in** ~ im höchsten Gang; **he moved into** ~ er schaltete hoch *or* in den vierten/fünften Gang.
6. *(US inf: high school)* Penne *f* *(inf)*.

high altar *n* Hochaltar *m*; **highball** *n* *(US)* Highball *m*; **high beam** *n* *(Aut)* Fernlicht *nt*; **high boy** *n* *(US)* hohe Kommode; **highbrow** **I** *n* Intellektuelle(r) *mf*, Intelleller *m* *(hum)*; **II** *adj interests* intellektuell, hochgestochen *(pej)*; *tastes, music* anspruchsvoll; **highchair** *n* Hochstuhl *m*; **High Church I** *n* Hochkirche *f*; **II** *adj* der Hochkirche; **to be very** ~ streng hochkirchlich eingestellt sein; **high-class** *adj* hochwertig; **high commission** *n* Hochkommissariat *nt*; **high commissioner** *n* Hochkommissar *m*; **high court** *n* oberstes *or* höchstes Gericht; *(institution also)* oberster Gerichtshof; **high court judge** *n* *Richter m* am obersten Gerichtshof; **high diving** *n* Turmspringen *nt*.

higher [ˈhaɪər] *adj* **1.** *comp of* **high.**
2. *mathematics, education* höher; *animals, life-forms* höher (entwickelt).

higher-up [ˈhaɪərʌp] *n* *(inf)* höheres Tier *(inf)*.

high-falutin(g) [ˌhaɪfəˈluːtɪn,-ɪŋ] *adj (inf) language* hochtrabend, geschwollen; *people* aufgeblasen, hochgestochen; **high-fidelity I** *n* High-Fidelity, Tontreue *f*; **II** *adj* High-Fidelity-; **high flier** *n* *(inf) (successful person)* Senkrechtstarter *m*; *(ambitious)* Ehrgeizling *m* *(pej)*; **high-flown** *adj style, speech* hochtrabend, geschwollen; *ambitions* hochgesteckt; *ideas, plans* hochfliegend; **high frequency I** *n* Hochfrequenz *f*; **II** *adj* Hochfrequenz-; **High German** *n* Hochdeutsch *nt*; **high-handed** *adj* eigenmächtig; *character* überheblich; **high-hat** *(US inf)* **I** *adj* hochnäsig *(inf)*; **II** *n* hochnäsiger Typ *(inf)*; **III** *vt* herablassend behandeln, von oben herab behandeln; **high-heeled** *adj* mit hohen Absätzen, hochhackig; **high heels** *npl* hohe Absätze *pl*; **highjack** *vt, n see* **hijack**; **highjacker** *n see* **hijacker**; **high jinks** *npl* *(inf)* **they were having** ~ bei denen war Highlife *(inf)*; **high jump** *n* *(Sport)* Hochsprung *m*; **to be for the** ~ *(fig inf)* dran sein *(inf)*; **highland** *adj* Hochland-, hochländisch; **Highlander** *n* Bewohner(in *f*) *m* des schottischen Hochlands; **Highland fling** *n schottischer Volkstanz*; **Highland Games** *npl schottisches Volksfest mit traditionellen Wettkämpfen*; **Highlands** *npl* schottisches Hochland; *(generally)* Berg- *or* Hochland *nt*; **high-level** *adj talks, discussion* auf höchster Ebene; *road* Hoch-; **high life** *n* Highlife *nt*, Leben *nt* in großem Stil; **highlight I** *n* **1.** *(Art, Phot)* Glanzlicht *nt*; *(in hair)* Strähne *f*; **2.** *(fig)* Glanzstück *nt*; Höhepunkt *m*; **II** *vt need, problem* ein Schlaglicht werfen auf (+*acc*), hervorheben; *hair* Strähnen machen in (+*acc*).

highly [ˈhaɪlɪ] *adv* hoch-. ~ **spiced dishes** stark *or* (*hot*) scharf gewürzte Gerichte; **to be** ~ **paid** hoch bezahlt werden; **to think** ~ **of sb** eine hohe Meinung von jdm haben, große Stücke auf jdn halten; **to**

speak ~ **of sb** sich sehr positiv über jdn äußern.

highly-coloured [ˌhaɪlɪ'kʌləd] *adj* (*lit*) farbenfroh, sehr bunt; (*fig*) *report, description* (*one-sided*) stark gefärbt; (*detailed*) ausgeschmückt; **highly-strung** *adj* nervös.

High Mass *n* Hochamt *nt*; **high-minded** *adj* hochgeistig; *ideals* hoch; **high-necked** *adj* hochgeschlossen.

highness ['haɪnɪs] *n* 1. Höhe *f*. ~ **of ideals** hohe Ideale *pl*. 2. **Her/Your H**~ Ihre/Eure Hoheit; **yes, Your H**~ ja, Hoheit.

high-pitched [ˌhaɪ'pɪtʃt] *adj* 1. *sound* hoch; 2. (*Archit*) *roof* steil; **high-powered** *adj* 1. *car* stark (motorig), Hochleistungs-; 2. (*fig*) *businessman, politician* Vollblut-; *academic* Spitzen-; *conversation* sehr anspruchsvoll, hochintellektuell; **our new** ~ **professor** unser neuer Professor, der wirklich was auf dem Kasten hat (*inf*); **high-pressure** *adj* 1. (*Tech, Met*) Hochdruck-; ~ **area** Hochdruckgebiet *nt*; 2. (*fig*) *salesman* aufdringlich; *sales technique* aggressiv; **high-priced** *adj* teuer; **high priest** *n* (*lit, fig*) Hohepriester *m*; **a** ~ **ein** Hoherpriester *m*; **of the** ~ des Hohenpriesters; **high-ranking** *adj* hoch(rangig), von hohem Rang; **high-rise** *adj* Hochhaus-; **high-rise flats** *npl* (Wohn)hochhaus *nt*; **high school** *n* (*US*) Oberschule *f*; **the high seas** *npl* die Meere *pl*; **on** ~ **auf** hoher See, auf offenem Meer; **high society** *n* High-Society *f*; **high-sounding** *adj* klangvoll; **high-speed** *adj* Schnell-; *drill* mit hoher Umdrehungszahl; ~ **lens** hochlichtstarkes Objektiv, lichtstarke Linse; ~ **film** hoch(licht)empfindlicher Film; **high-spirited** *adj* temperamentvoll, lebhaft; **high spot** *n* Höhepunkt *m*; **to hit the** ~**s** (*inf*) auf den Putz hauen (*inf*); **high-strung** *adj* (*US*) nervös.

hightail ['haɪteɪl] *vti* (*US sl*) **to** ~ (**it**) **out of a place** (aus einem Ort) abhauen (*sl*), (von *or* aus einem Ort) verduften (*sl*).

high tea *n* (frühes) Abendessen; **high-tension** *adj* (*Elec*) Hochspannungs-; **high treason** *n* Hochverrat *m*; **high-up** *n adj person* hochgestellt; **II** *n* (*inf*) hohes Tier (*inf*); **high-water mark** *n* (*lit*) Hochwasserstandsmarke *f*; (*fig*) höchster Stand; **highway** *n* Landstraße *f*; **public** ~ öffentliche Straße; **the** ~**s and byways** Straßen und Wege; **highway code** *n* Straßenverkehrsordnung *f*; **highwayman** *n* Räuber, Wegelagerer, Strauchdieb *m*; **highway robbery** *n* Straßenraub *m*; (*fig inf*) Nepp *m* (*inf*); **Highways Department** *n* Tiefbauamt *nt*.

hijack ['haɪdʒæk] **I** *vt* entführen; (*rob*) *lorry* überfallen. **II** *n see vt* Entführung *f*; Überfall *m* (*of* auf +*acc*).

hijacker ['haɪdʒækər] *n see vt* Entführer *m*; Räuber *m*.

hike [haɪk] **I** *vi* wandern. **II** *n* Wanderung *f*.
◆hike up *vt sep* hochziehen.

hiker ['haɪkər] *n* Wanderer(in *f*) *m*.

hiking ['haɪkɪŋ] *n* Wandern *nt*.

hilarious [hɪ'leərɪəs] *adj* sehr komisch *or* lustig, urkomisch (*inf*); (*loud and happy*) *mood* ausgelassen, übermütig.

hilariously [hɪ'leərɪəslɪ] *adv* ~ **funny** zum Schreien.

hilarity [hɪ'lærɪtɪ] *n* (*of person, party etc*) übermütige Ausgelassenheit; (*of film*) Komik *f*.

hill [hɪl] *n* 1. Hügel *m*; (*higher*) Berg *m*; (*incline*) Hang *m*. **the castle stands on a** ~ die Burg steht auf einem Berg; **these flats are built on a** ~ diese Wohnungen sind am Hang *or* Berg gebaut; **to park on a** ~ am Berg parken; **up** ~ **and down dale** bergauf und bergab; **over** ~ **and dale** über Berg und Tal; **this car takes the** ~**s beautifully** dieses Auto nimmt Steigungen mühelos; **as old as the** ~**s** uralt; **to take to the** ~**s** sich in die Berge flüchten; **to be over the** ~ (*fig inf*) seine beste Zeit *or* die besten Jahre hinter sich (*dat*) haben.
2. *see* **anthill, molehill** etc.

hillbilly ['hɪlbɪlɪ] (*US inf*) **I** *n* Hinterwäldler *m* (*pej*); (*female*) Landpomeranze *f* (*inf*). **II** *adj* hinterwäldlerisch (*pej*). ~ **music** Hillbilly *no art*, Hillbilly-Musik *f*.

hilliness ['hɪlɪnɪs] *n* Hügeligkeit *f*; (*higher*) Bergigkeit *f*.

hillock ['hɪlək] *n* Hügel *m*, Anhöhe *f*.

hillside [ˌhɪl'saɪd] *n* Hang *m*; **hilltop** *n* Gipfel *m*.

hilly ['hɪlɪ] *adj* (+*er*) hüg(e)lig; (*higher*) bergig.

hilt [hɪlt] *n* Heft *nt*; (*of dagger*) Griff *m*. **up to the** ~ (*fig*) voll und ganz; (*involved, in debt also*) bis über beide Ohren (*inf*).

him [hɪm] *pers pron* 1. (*dir obj, with prep* +*acc*) ihn; (*indir obj, with prep* +*dat*) ihm; (*when he is previously mentioned in clause*) sich. **with his things around** ~ mit seinen Sachen um sich.
2. (*emph*) er. **it's** ~ er ist's; **who,** ~? wer, er?

Himalayan [ˌhɪmə'leɪən] *adj* Himalaya-; *mountains* des Himalaya.

Himalayas [ˌhɪmə'leɪəz] *npl* Himalaya *m*.

himself [hɪm'self] *pers pron* 1. (*dir and indir obj, with prep*) sich; *see also* **myself**. 2. (*emph*) (er) selbst.

hind¹ [haɪnd] *n* (*Zool*) Hirschkuh, Hindin (*poet*) *f*.

hind² *adj, superl* **hindmost** hintere(r, s). ~ **legs** Hinterbeine *pl*; **to get up on one's** ~ **legs** (*inf: speak in public*) den Mund aufmachen (*inf*); **she could talk the** ~ **legs off a donkey** (*inf*) sie redet wie ein Buch (*inf*).

hinder ['hɪndər] *vt* 1. (*obstruct, impede*) behindern; (*delay*) *person* aufhalten; *arrival* verzögern. 2. (*stop, prevent from happening*) **to** ~ **sb from doing sth** jdn daran hindern *or* davon abhalten, etw zu tun.

Hindi ['hɪndi:] *n* Hindi *nt*.

hindmost ['haɪndməust] *adj superl of* **hind²**

hinterste(r, s); **hindquarters** *npl* Hinterteil *nt*; (*of carcass*) Hinterviertel *nt*; (*of horse*) Hinterhand *f*.

hindrance ['hɪndrəns] *n* Behinderung *f*. **the rules/children are a** ~ die Regeln/Kinder sind hinderlich; *see* **let¹**.

hindsight ['haɪndsaɪt] *n*: **now with the benefit/wisdom of** ~ jetzt, hinterher *or* im nachhinein ist man ja immer schlauer.

Hindu ['hɪndu:] **I** *adj* hinduistisch, Hindu-. ~ **people** Hindu(s) *pl*. **II** *n* Hindu *m*.

Hinduism ['hɪnduːɪzəm] n Hinduismus m.

Hindustan [ˌhɪndʊ'stɑːn] n Hindustan nt.

Hindustani [ˌhɪndʊ'stɑːnɪ] **I** adj hindustanisch. **II** n **1.** Bewohner(in f) m Hindustans. **2.** (language) Hindustani nt.

hinge [hɪndʒ] **I** n **1.** (of door) Angel f; (of box etc) Scharnier nt; (of limb, shell) Gelenk nt; (fig) Angelpunkt m. **the door/ lid is off its** ~s die Tür ist aus den Angeln/ das Scharnier des Deckels ist ab; **take the door off its** ~s häng die Tür aus!
2. (also **stamp** ~) (Klebe)falz m.
II vt to ~ **sth to sth** etw mit Angeln/ einem Scharnier an etw (dat) befestigen; **to** ~ **sth (up)on sth** (fig) etw von etw abhängig machen.
III vi (fig) abhängen (of von), ankommen (of auf +acc).

hinged [hɪndʒd] adj Scharnier-; door eingehängt; lid also, box mit einem Scharnier versehen.

hint [hɪnt] **I** n **1.** (intimation, suggestion) Andeutung f, Hinweis m. **to give a/no** ~ **of sth** etw ahnen lassen or andeuten/nicht ahnen lassen or andeuten; **to give** or **drop sb a** ~ jdm einen Wink geben, jdm gegenüber eine Andeutung machen; **to throw out** or **let fall** or **drop a** ~ eine Andeutung machen, eine Bemerkung fallenlassen; **to know how to take a** ~ einen Wink verstehen; **OK, I can take a** ~ schon recht, ich verstehe schon.
2. (trace) Spur f. **a** ~ **of garlic/irony** eine Spur or ein Hauch m von Knoblauch/ Spott; **with the** ~ **of a smile** mit dem Anflug eines Lächelns.
3. (tip, piece of advice) Tip m. ~s **for travellers** Reisetips pl.
II vt andeuten (to gegenüber). **what are you** ~**ing?** was wollen Sie damit sagen or andeuten?

◆**hint at** vi +prep obj **he** ~**ed** ~ **changes in the cabinet** er deutete an, daß es Umbesetzungen im Kabinett geben würde; **he** ~**ed** ~ **my involvement in the affair** er spielte auf meine Rolle in der Affäre an.

hinterland ['hɪntəlænd] n Hinterland nt.

hip[1] [hɪp] n Hüfte f. **with one's hands on one's** ~s die Arme in die Hüften gestemmt.

hip[2] n (Bot) Hagebutte f.

hip[3] interj: ~! ~!, **hurrah!** hipp hipp, hurra!

hip[4] adj (sl) **she is really** ~ sie steigt voll durch (sl); artist etc sie sind wirklich or echt Spitze (sl); **to be** ~ **to sth** in etw (dat) voll durchsteigen (sl).

hip in cpds Hüft-; **hip bath** n Sitzbad nt; **hipbone** n (Anat) Hüftbein nt, Hüftknochen m; **hip-flask** n Taschenflasche f, Flachmann m (inf); **hip joint** n (Anat) Hüftgelenk nt.

hippie n see **hippy**.

hippo ['hɪpəʊ] n, pl ~**s** (inf) Nilpferd nt.

Hippocratic oath [ˌhɪpəʊ'krætɪk'əʊθ] n hippokratischer Eid, Eid m des Hippokrates.

hippodrome ['hɪpədrəʊm] n Hippodrom m or nt; (dated: music hall) Varieté(theater) nt.

hippopotamus [ˌhɪpə'pɒtəməs] n, pl ~**es** or **hippopotami** [ˌhɪpə'pɒtəmaɪ] Nilpferd, Flußpferd nt, Hippopotamus m.

hippy, hippie ['hɪpɪ] n Hippie m.

hire [haɪə[r]] **I** n **1.** Mieten nt; (of car also, suit) Leihen nt; (of servant) Einstellen nt. **to have/get the** ~ **of sth** etw mieten/ leihen; **to have sth for** ~ etw vermieten/verleihen; **for** ~ (taxi) frei; **it's on** ~ es ist geliehen/ gemietet; **to let sth (out) on** ~ etw vermieten.
2. (wages) Lohn m; (of sailor) Heuer f. **to be worth one's** ~ sein Geld wert sein.
II vt **1.** mieten; cars also, suits leihen; staff, person einstellen. ~**d assassin** gedungener Mörder; ~**d car** Mietwagen, Leihwagen m; ~**d hand** Lohnarbeiter m.
2. see **hire out.**

◆**hire out** vt sep vermieten, verleihen. **II** vi (US) sich verdingen.

hireling ['haɪəlɪŋ] n (pej) Mietling m (old pej).

hire purchase n (Brit) Ratenkauf, Teilzahlungskauf m. **on** ~ auf Raten or Teilzahlung.

hirsute ['hɜːsjuːt] adj stark behaart.

his [hɪz] **I** poss adj sein; see also **my. II** poss pron seine(r, s). ~ (on towels etc) er; see also **mine**[1].

Hispanic [hɪs'pænɪk] adj hispanisch; community spanisch.

hiss [hɪs] **I** vi zischen; (cat) fauchen. **II** vt actor, speaker auszischen. **come here, he** ~**ed** komm her, zischte er. **III** n Zischen nt; (of cat) Fauchen nt.

histamine ['hɪstəmiːn] n (Med) Histamin nt.

historian [hɪs'tɔːrɪən] n Historiker(in f) m; (in ancient times) Geschichtsschreiber(in f) m.

historic [hɪs'tɒrɪk] adj historisch.

historical [hɪs'tɒrɪkəl] adj historisch; studies, investigation, method also geschichtlich, Geschichts-.

history ['hɪstərɪ] n **1.** Geschichte f; (study of ~ also) Geschichtswissenschaft f. ~ **has taught us that** ... die Geschichte lehrt uns, daß ...; **to make** ~ Geschichte machen.
2. (personal record) Geschichte f. **he has a** ~ **of violence** er hat eine Vorgeschichte als Gewalttäter; **the family/he has a** ~ **of heart disease** Herzleiden liegen in der Familie/er hat schon lange ein Herzleiden.
3. (background) Vorgeschichte f. **to know the inner** ~ **of an affair** die inneren Zusammenhänge einer Affäre kennen.

histrionic [hɪstrɪ'ɒnɪk] adj **1.** (overdone, affected) theatralisch. **2.** Schauspieler-; art Schauspiel-; ability schauspielerisch.

histrionics [ˌhɪstrɪ'ɒnɪks] npl **1.** theatralisches Getue. **to indulge in** ~ sich theatralisch aufführen. **2.** Schauspielkunst f.

hit [hɪt] (vb: pret, ptp ~) **I** n **1.** (blow) Schlag m; (on target, Fencing) Treffer m; (Baseball) Schlag m; see **score.**
2. (success, also Theat) Erfolg, Knüller (inf) m; (song) Schlager, Hit m. **to be** or **make a** ~ **with sb** bei jdm gut ankommen.
3. (of sarcasm etc) Spitze f.
4. (sl: murder) Mord m.
II vt **1.** (strike) schlagen. **to** ~ **sb a blow** jdm einen Schlag versetzen; **he** ~ **him a blow over the head** er gab ihm einen Schlag auf den Kopf; **to** ~ **one's head against sth** sich (dat) den Kopf an etw (dat) anschlagen; **he** ~ **his head on the pavement**

er schlug mit dem Kopf auf dem Pflaster auf; **the car ~ a tree** das Auto fuhr gegen einen Baum; **he was ~ by a stone** er wurde von einem Stein getroffen; **to ~ one's way out of trouble** sich freischlagen; (*Tennis*) sich freispielen; (*Boxing*) sich freiboxen; **the commandos ~ the town at dawn** die Kommandos griffen die Stadt im Morgengrauen an; **it ~s you (in the eye)** (*fig*) das fällt *or* springt einem ins Auge.

2. (*wound*) treffen. **he's been ~ in the leg** man hat ihn am Bein getroffen, er ist am Bein getroffen worden.

3. *mark, target,* (*Fencing*) treffen. **that ~ home** (*fig*) das hat getroffen, das saß (*inf*); **now you've ~ it** (*fig*) du hast es getroffen.

4. (*affect adversely*) betreffen. **the crops were ~ by the rain** der Regen hat der Ernte geschadet; **to be hard ~ by sth** von etw schwer getroffen werden; **how will this tax ~ the lower paid?** wie wird sich diese Steuer auf die schlechter Bezahlten auswirken?

5. (*achieve, reach*) *likeness, top C* treffen; *speed, level, top form etc* erreichen.

6. (*news, story*) **to ~ the papers** in die Zeitungen kommen; **the news ~ us/Wall Street like a bombshell** die Nachricht schlug bei uns/in Wall Street wie eine Bombe ein.

7. (*occur to*) **to ~ sb** jdm aufgehen; **has it ever ~ you how alike they are?** ist es Ihnen schon mal aufgefallen, wie ähnlich sie sich sind?

8. (*come to, arrive at*) *beaches etc* erreichen. **to ~ town** (*inf*) die Stadt erreichen; **we eventually ~ the right road** schließlich haben wir den richtigen Weg gefunden *or* erwischt (*inf*); **we're going to ~ the rush hour** wir geraten *or* kommen direkt in den Stoßverkehr; **the driver ~ a patch of ice** der Fahrer geriet auf eine vereiste Stelle; **to ~ trouble/a problem** auf Schwierigkeiten/ein Problem stoßen.

9. (*score*) schlagen. **to ~ a century** hundert Läufe machen.

10. (*sl: murder*) killen (*sl*), umlegen (*sl*).

11. (*US inf*) **to ~ sb for $50** jdn um $50 anhauen (*inf*).

12. (*fig inf phrases*) **to ~ the bottle** zur Flasche greifen; **to ~ the ceiling** *or* **roof** an die Decke *or* in die Luft gehen (*inf*); **to ~ the deck** sich zu Boden werfen, sich hinwerfen; **to ~ the road** *or* **trail** sich auf den Weg *or* die Socken (*inf*) machen.

III *vi* **1.** (*strike*) schlagen. **he ~s hard** er schlägt hart zu.

2. (*collide*) zusammenstoßen.

3. (*attack, go in*) losschlagen.

◆**hit back** **I** *vi* (*lit, fig*) zurückschlagen. **to ~ ~ at the enemy** zurückschlagen; **he ~ ~ at his critics** er gab seinen Kritikern Kontra. **II** *vt sep* zurückschlagen.

◆**hit off** *vt sep* **1. to ~ ~ a likeness** jdn/etw sehr gut treffen; **he ~ him ~ beautifully** er hat ihn ausgezeichnet getroffen.

2. to ~ it ~ with sb (*inf*) sich gut mit jdm verstehen, prima mit jdm auskommen (*inf*); **they ~ it ~** sie haben sich von Anfang an gut verstanden.

◆**hit out** *vi* (*lit*) einschlagen, losschlagen (*at sb* auf jdn); (*fig*) scharf angreifen,

attackieren (*at or against sb* jdn).

◆**hit (up)on** *vi +prep obj* stoßen auf (+*acc*), finden.

hit-and-run ['hɪtən'rʌn] **I** *n* **there was a ~ here last night** hier hat heute nacht jemand einen Unfall gebaut und Fahrerflucht begangen.

II *adj* **~ raid** (*Mil*) Blitzüberfall *m*; **~ accident/incident** Unfall *m* mit Fahrerflucht; **~ cases** Fälle von Fahrerflucht.

hitch [hɪtʃ] **I** *n* **1.** (*snag*) Haken *m*; (*in plan, proceedings, programme*) Schwierigkeit *f*, Problem *nt*. **without a ~** reibungslos, ohne Schwierigkeiten; **but there's one ~** aber die Sache hat einen Haken.

2. (*quick pull*) Ruck *m*. **she gave it a quick ~** sie zog kurz daran.

3. (*knot*) Knoten *m*; (*Naut*) Ste(e)k *m*.

4. (*inf: lift*) **I got a ~ all the way to London** ich bin in einem Rutsch bis London (durch)getrampt (*inf*).

II *vt* **1.** (*fasten*) festmachen, anbinden (*sth to sth* etw an etw +*dat*). **~ing post** Pfosten *m* (*zum Anbinden von Pferden*).

2. (*inf*) **to get ~ed** heiraten.

3. to ~ a lift trampen, per Anhalter fahren; **she ~ed a lift from a lorry** ein Lastwagen nahm sie mit.

III *vi* trampen, per Anhalter fahren.

◆**hitch up** *vt sep* **1.** *horses, oxen* anschirren, anspannen. **we ~ed ~ the horses to the wagon** wir spannten die Pferde vor den Wagen. **2.** *trousers* hochziehen.

hitcher ['hɪtʃər] *n* (*inf*) Anhalter(in *f*), Tramper(in *f*) *m*.

hitch-hike ['hɪtʃhaɪk] *vi* per Anhalter fahren, trampen; **hitch-hiker** *n* Anhalter(in *f*), Tramper(in *f*) *m*; **hitch-hiking** *n* Trampen *nt*.

hither ['hɪðər] *adv* (*obs*) hierher. **~ and thither** (*liter*) hierhin und dorthin.

hitherto [ˌhɪðə'tuː] *adv* bisher, bis jetzt.

hitman ['hɪtmæn] *n* (*sl*) Killer *m* (*sl*); **hit-or-miss** *adj* auf gut Glück *pred*, aufs Geratewohl *pred*; *methods, planning* schlampig, schludrig (*inf*); **it was a rather ~ affair** das ging alles aufs Geratewohl; **hit parade** *n* Hitparade, Schlagerparade *f*; **hit record** *n* Schlagerplatte *f*; **hit song** *n* Schlager *m*; **hit tune** *n* Schlagermelodie *f*.

hive [haɪv] **I** *n* **1.** (*bee ~*) Bienenkorb, Bienenstock *m*; (*bees in a ~*) (Bienen)-schwarm *m*, (Bienen)volk *nt*.

2. (*fig*) **what a ~ of industry** das reinste Bienenhaus.

II *vt bees, swarm* einfangen, in den Stock bringen.

III *vi* (*swarm*) in den (Bienen)stock (ein)fliegen, den/einen Stock beziehen.

◆**hive off** **I** *vt sep* *department* ausgliedern, abspalten. **II** *vi* **1.** (*branch out*) sich absetzen. **2.** (*sl: slip away*) abschwirren (*sl*).

hives [haɪvz] *npl* (*Med*) Nesselausschlag *m*, Nesselsucht *f*.

HM *abbr of* **His/Her Majesty** S.M./I.M.

HMI (*Brit*) *abbr of* **His/Her Majesty's Inspector.**

HMSO (*Brit*) *abbr of* **Her Majesty's Stationery Office.**

HNC (*Brit*) *abbr of* **Higher National Certificate.**

HND (*Brit*) *abbr of* **Higher National Diploma.**

hoar [hɔːʳ] *n* Reif *m.*

hoard [hɔːd] **I** *n* Vorrat *m*; (*treasure*) Schatz, Hort *m*. **a ~ of weapons** ein Waffenlager *nt*; **~ of money** Schatz *m*, gehortetes Geld.

   II *vt* (*also ~ up*) *food etc* hamstern; *money* horten. **a squirrel ~s nuts** ein Eichhörnchen hortet Nüsse.

hoarding[1] [ˈhɔːdɪŋ] *n* (*of food etc*) Hamstern *nt*; (*of capital*) Anhäufen *nt*, Anhäufung *f.*

hoarding[2] *n* (*Brit*) (*fence, board*) Bretterzaun *m*; (*at building sites also*) Bauzaun *m*. (**advertisement**) **~** Plakatwand *f.*

hoarfrost [ˌhɔːˈfrɒst] *n* (Rauh)reif *m.*

hoarse [hɔːs] *adj* (+*er*) heiser. **you sound rather ~** deine Stimme klingt heiser.

hoarsely [ˈhɔːslɪ] *adv* mit heiserer Stimme.

hoarseness [ˈhɔːsnɪs] *n* Heiserkeit *f.*

hoary [ˈhɔːrɪ] *adj* (+*er*) **1.** *hair* ergraut, (schloh)weiß; *old man etc* weißhaarig, ergraut.

   2. (*fig: old*) uralt, altehrwürdig. **a ~ old joke** ein alter Hut.

hoax [həʊks] **I** *n* (*practical joke*) Streich *m*; (*trick etc*) Trick *m*; (*false alarm*) blinder Alarm. **to play a ~ on sb** jdm einen Streich spielen; **~ story** Zeitungsente *f.*

   II *vt* anführen, hereinlegen (*inf*). **to ~ sb into believing sth** jdm etw weismachen; **we were completely ~ed** wir ließen uns anführen, wir fielen darauf herein.

hobble [ˈhɒbl] **I** *vi* humpeln, hinken. **to ~ in** herein-/ hineinhumpeln. **II** *vt horse* Fußfesseln anlegen (+*dat*), die Vorderbeine fesseln (+*dat*). **III** *n* (*for horses*) Fußfessel *f.*

hobby [ˈhɒbɪ] *n* Hobby, Steckenpferd *nt.*

hobby-horse [ˈhɒbɪhɔːs] *n* (*lit, fig*) Steckenpferd *nt*; (*lit: rocking horse*) Schaukelpferd *nt*. **to be on one's ~** (*fig*) bei seinem Lieblingsthema sein.

hobgoblin [ˈhɒbˌɡɒblɪn] *n* Kobold, Butzemann *m*; (*bogey*) schwarzer Mann.

hobnail [ˈhɒbneɪl] *n* Schuhnagel *m.*

hobnailed [ˈhɒbneɪld] *adj* genagelt. **~ boots** genagelte Schuhe, Nagelschuhe *pl.*

hobnob [ˈhɒbnɒb] *vi* **of course I'm not used to ~bing with the aristocracy** ich stehe *or* bin natürlich nicht mit dem Adel auf du und du; **who was that you were ~bing with last night?** wer war das, mit dem du gestern abend zusammen warst?

hobo [ˈhəʊbəʊ] *n, pl* **-(e)s** (*US*) **1.** (*tramp*) Penner *m* (*inf*). **2.** (*worker*) Wanderarbeiter *m.*

Hobson's choice [ˈhɒbsənsˈtʃɔɪs] *n* **it's a case of ~** da habe ich (wohl) keine andere Wahl.

hock[1] [hɒk] *n* (*Anat: of animal*) Sprunggelenk *nt.*

hock[2] *n* (*wine*) weißer Rheinwein.

hock[3] (*sl*) **I** *vt* (*pawn*) versetzen, verpfänden. **II** *n in* ~ verpfändet, versetzt, im Leihhaus; **to get sth out of ~** etw auslösen.

hockey [ˈhɒkɪ] *'n* Hockey *nt*; (*US*) Eishockey *nt*. **~ pitch** Hockeyfeld *nt*; **~ player** Hockeyspieler(in *f*) *m*; (*US*) Eishockeyspieler *m*; **~ stick** Hockeyschläger *m.*

hocus-pocus [ˈhəʊkəsˈpəʊkəs] *n* **1.** (*inf: trickery*) faule Tricks *pl* (*inf*), Hokuspokus *m*. **2.** (*formula*) Hokuspokus *m.*

hod [hɒd] *n* **1.** (*for bricks, mortar etc*) Tragmulde *f*. **2.** (*also coal ~*) Kohlenschütte(r *m*) *f.*

hodgepodge [ˈhɒdʒpɒdʒ] *n see* **hotchpotch.**

hoe [həʊ] **I** *n* Hacke *f*. **II** *vti* hacken.

hoedown [ˈhəʊdaʊn] *n* (*US*) Schwofm (*inf*).

hog [hɒɡ] **I** *n* **1.** (*Mast*)schwein *nt*; (*US: pig*) Schwein *nt.*

   2. (*pej inf: person*) Schwein *nt* (*inf*); (*greedy*) Vielfraß *m* (*inf*).

   II *vt* (*inf*) sich (*dat*) aneignen, in Beschlag nehmen. **he ~ged all the biscuits for himself** er grapschte sich (*dat*) alle Kekse (*inf*); **she ~ged his attention all evening** sie belegte ihn den ganzen Abend lang mit Beschlag; **a lot of drivers ~ the middle of the road** viele Fahrer meinen, sie hätten die Straßenmitte gepachtet.

Hogmanay [ˌhɒɡməˈneɪ] *n* (*Scot*) Silvester *nt*, Silvesterabend *m.*

hogtie [ˈhɒɡtaɪ] *vt* (*US*) an allen vieren fesseln; (*inf*) handlungsunfähig machen; **we're ~d** uns (*dat*) sind Hände und Füße gebunden; **hogwash** *n* **1.** (*swill*) Schweinefutter *nt*; **2.** (*inf: nonsense*) Quatsch *m* (*inf*), blödes Zeug (*inf*).

hoi polloi [ˌhɔɪpəˈlɔɪ] *n* (*pej*) Plebs *m.*

hoist [hɔɪst] **I** *vt* hochheben, hieven (*inf*); (*pull up*) hochziehen, hieven (*inf*); *flag* hissen; *sails* aufziehen, hissen. **to be ~ with one's own petard** (*prov*) in die eigene Falle gehen.

   II *n* **1.** Hebezeug *nt*, Hebevorrichtung *f*; (*in ships also*) Hebewerk *nt*; (*lift*) (Lasten)aufzug *m*; (*block and tackle*) Flaschenzug *m*; (*winch*) Winde *f*; (*crane*) Kran *m.*

   2. (*act of ~ing*) **to give sb a ~** (*up*) jdn hochheben; (*pull up*) jdm hinauf-/heraufhelfen.

hoity-toity [ˈhɔɪtɪˈtɔɪtɪ] (*inf*) **I** *adj* hochnäsig, eingebildet. **she's gone all ~** sie markiert die feine Dame (*inf*); **oh ~, are we?** wohl zu fein für unsereins? **II** *interj* sieh mal einer an (*inf*).

hokum [ˈhəʊkəm] *n* (*US inf*) **1.** (*nonsense*) Quatsch (*inf*), Mumpitz *m*. **2.** (*cheap sentiment*) Gefühlsduselei *f* (*inf*).

hold [həʊld] (*vb: pret, ptp* **held**) **I** *n* **1.** Griff *m*; (*fig*) Einfluß *m* (*over* auf +*acc*), Gewalt *f* (*over* über +*acc*). **to seize** *or* **grab ~ of sb/sth** (*lit*) jdn/etw fassen *or* packen; **to get (a) ~ of sth** sich an etw (*dat*) festhalten; **to have/catch ~ of sth** (*lit*) etw festhalten/etw fassen *or* packen; **to keep ~ of sth** etw nicht loslassen; (*keep*) etw behalten; **to get ~ of sb** (*fig*) jdn finden *or* auftreiben (*inf*); (*on phone etc*) jdn erreichen; **to get** *or* **lay ~ of sth** (*fig*) etw finden *or* auftreiben (*inf*); **where did you get ~ of that idea?** wie kommst du denn auf die Idee?; **to have a firm ~ on sb** (*lit*) jdn festhalten; (*fig*) jdn fest im Griff haben; **he hasn't got any ~ on** *or* **over me** (*fig*) er kann mir nichts anhaben; **to have a ~ over** *or* **on sb** (*fig*) (großen) Einfluß auf jdn ausüben; *audience, followers* jdn in seiner Gewalt haben; **to get (a) ~ of**

oneself (fig) sich in den Griff bekommen.

2. (Mountaineering) Halt m no pl. **he lost his ~ and fell** er verlor den Halt und stürzte ab.

3. (Wrestling) Griff m. **no ~s barred** (lit) alle Griffe (sind) erlaubt; **when those two have a row, there are no ~s barred** (fig) wenn die beiden sich streiten, dann kennen sie nichts mehr or kein Pardon (inf).

4. (Naut, Aviat) Laderaum, Frachtraum m.

II vt **1.** (grasp, grip) halten. **to ~ hands** sich an der Hand halten, sich anfassen; (lovers, children etc) Händchen halten; **to walk along ~ing hands** angefaßt gehen; **to ~ sb/sth tight** jdn/etw (ganz) festhalten; **this car ~s the road well** dieses Auto hat eine gute Straßenlage; **he held the corner well** er hat die Kurve gut genommen; **to ~ sth in place** etw (fest)halten.

2. (carry, maintain) halten. **to ~ oneself upright** sich gerade or aufrecht halten; **to ~ oneself/sth ready** or **in readiness** sich/ etw bereithalten.

3. (contain) enthalten; (have capacity etc of: bottle, tank etc) fassen; (have room for: bus, plane, hall etc) Platz haben für. **this room ~s twenty people** in diesem Raum haben zwanzig Personen Platz; **the box will ~ all my books** in der Kiste ist Platz für alle meine Bücher; **my head can't ~ so much information at one time** soviel kann ich nicht auf einmal behalten; **what does the future ~?** was bringt or birgt (geh) die Zukunft?; **life ~s no fears/ mystery for them** das Leben hat or birgt (geh) nichts Beängstigendes/Geheimnisvolles für sie.

4. (believe) meinen; (maintain also) behaupten. **to ~ sth to be true/false/ immoral etc** etw für wahr/falsch/ unmoralisch etc halten; **to ~ such a belief ... so** etwas zu glauben ...; **to ~ the view that ...** die Meinung vertreten, daß ...

5. (consider) **she held the memory of her late husband dear** sie hielt das Andenken an ihren verstorbenen Mann hoch.

6. (restrain, retain, keep back) train aufhalten; one's breath anhalten; suspect, hostages etc festhalten; parcel, confiscated goods etc zurückhalten; (discontinue) fire einstellen. **~ your fire!** (don't shoot) nicht schießen!; **to ~ sb** (prisoner) jdn gefangenhalten; **if she wants to leave you, you can't ~ her** wenn sie dich verlassen will, kannst du sie nicht (zurück)halten; **there's no ~ing him** er ist nicht zu bremsen (inf); **~ your horses** (inf) immer mit der Ruhe; **~ it!** (inf) Momentchen (inf), Moment mal (inf); **~ everything!** (inf) stop!; **~ it!** (when taking photograph) so ist gut.

7. (possess, occupy) post, position innehaben, bekleiden (form); passport, permit haben; (Fin) shares besitzen; (Sport) record halten; (Mil) position halten; (against attack) behaupten, halten; (Eccl) living innehaben. **when Spain held vast territories in South America** als Spanien riesige Besitzungen in Südamerika hatte; **she ~s the key to the mystery** sie hat den Schlüssel zu dem Geheimnis.

8. (keep, not let go) **to ~ its value** seinen Wert behalten; **to ~ one's ground** or own sich behaupten (können); **to ~ course for** (Naut) Kurs halten auf (+acc); **to ~ one's course** die Richtung beibehalten; **I'll ~ you to your promise** or **word** or **that!** ich werde Sie beim Wort nehmen; **to ~ a note** (Mus) einen Ton halten.

9. **he can't ~ his whisky/liquor** er verträgt keinen Whisky/nichts; **she can ~ her drink** sie verträgt was; **a man can always ~ his water** ein richtiger Mann kann sein Wasser halten.

10. meeting, session, debate abhalten; (Eccl) service (ab)halten. **services are held every Sunday at 11 am** Gottesdienst findet jeden Sonntag um 11 Uhr statt; **to ~ a conversation** eine Unterhaltung führen.

III vi **1.** (rope, nail etc) halten. **to ~ firm** or fast halten.

2. **~ still!** halt (doch mal) still!; **~ tight!** festhalten!

3. (continue) **will the good weather ~?** wird sich das gute Wetter wohl halten?; **if his luck ~s** wenn ihm das Glück treu bleibt.

4. (be valid, apply to) gelten. **this rule ~s good for everybody** diese Regel gilt für alle; **his promise still ~s (good)** sein Versprechen gilt immer noch.

◆**hold against** vt always separate **to ~ sth ~ sb** jdm etw übelnehmen or verübeln; criminal record, past failings jdm etw anlasten or zur Last legen.

◆**hold back I** vi (stay back, hesitate, not perform fully) sich zurückhalten; (fail to act) zögern. **I think he's ~ing ~, he knows more** ich glaube, er weiß mehr und rückt nur nicht mit der Sprache heraus.

II vt sep **1.** zurückhalten; river, floods (auf)stauen; crowd, mob also aufhalten; tears also unterdrücken; emotions verbergen, unterdrücken. **to ~ sb ~ from doing sth** jdn daran hindern, etw zu tun.

2. (prevent from making progress) daran hindern voranzukommen. **nothing can ~ him ~ now** jetzt ist er nicht mehr aufzuhalten.

3. (withhold) verheimlichen, verbergen; information, report geheimhalten; pay increase verzögern. **he was ~ing something ~ from me** er verheimlichte or verbarg mir etwas.

◆**hold down** vt sep **1.** (keep on the ground) niederhalten, unten halten; (keep in its place) (fest)halten; (oppress) country, people unterdrücken; (keep in check) unter Kontrolle haben; (keep low) prices, costs, pressure niedrig halten.

2. job haben. **he can't ~ any job ~ for long** er kann sich in keiner Stellung lange halten.

◆**hold forth I** vi sich ergehen (geh), sich auslassen (on über +acc). **II** vt sep (form: offer) bieten.

◆**hold in** vt sep stomach einziehen; emotions zurückhalten; horse zurückhalten, zügeln. **to ~ ~ one's temper** seinen Ärger unterdrücken; **to ~ oneself ~** (stomach) den Bauch einziehen; (emotionally) sich beherrschen, an sich halten.

◆**hold off I** *vi* **1.** (*keep away*) sich fernhalten (*from dat*); (*not act*) warten; (*enemy*) nicht angreifen. **they held ~ where they should have intervened** sie hätten eingreifen sollen, haben sich aber zurückgehalten.

2. (*rain, storm*) ausbleiben. **I hope the rain ~s** ~ ich hoffe, daß es nicht regnet.

II *vt sep* (*keep back, resist*) *enemy, attack* abwehren; *inflation* eindämmen. **how much longer can she go on ~ing him ~?** wie lange kann sie ihn wohl noch hinhalten?

◆**hold on I** *vi* (*lit: maintain grip*) sich festhalten; (*endure, resist*) durchhalten, aushalten; (*wait*) warten. ~ ~! Moment!; (*Telec*) einen Moment bitte!; **now ~ ~ a minute!** Moment mal!

II *vt sep* (fest)halten. **to be held ~ by sth** mit etw befestigt sein; **this sellotape won't ~ it** ~ mit dem Tesafilm hält das nicht.

◆**hold on to** *vi +prep obj* **1.** festhalten. **here, ~ ~ ~ this!** halt das mal (fest)!; **he was ~ing ~ ~ the ledge** er hielt *or* klammerte sich am Felsvorsprung fest.

2. *hope* nicht aufgeben; *idea* festhalten an (+*dat*).

3. (*keep*) behalten; *position* beibehalten. **to ~ ~ ~ the lead** in Führung bleiben.

◆**hold out I** *vi* **1.** (*supplies etc*) reichen.

2. (*endure, resist*) aushalten, durchhalten; (*refuse to yield*) nicht nachgeben. **to ~ ~ against sb/sth** sich gegen jdn/etw behaupten; **to ~ ~ for sth** auf etw (*dat*) bestehen.

II *vt sep* **1.** vorstrecken, ausstrecken. **to ~ ~ sth to sb** jdm etw hinhalten; **to ~ ~ one's hand** die Hand ausstrecken; **she held ~ her arms** sie breitete die Arme aus.

2. (*fig: offer*) *prospects* bieten; *offer* machen. **I held ~ little hope of his still being alive** ich hatte nur noch wenig Hoffnung, daß er noch lebte; **his case ~s ~ little hope** in seinem Fall besteht wenig Hoffnung.

◆**hold out on** *vi +prep obj* (*inf*) **you've been ~ing ~ ~ me** du verheimlichst mir doch was (*inf*).

◆**hold over** *vt sep* *question, matter* vertagen; *meeting also, decision* verschieben (*until* auf +*acc*).

◆**hold to** *vi +prep obj* festhalten an (+*dat*); bleiben bei. **I ~ ~ my belief that ... ich** bleibe dabei, daß ...

◆**hold together** *vti* zusammenhalten.

◆**hold under** *vt sep country, race* unterdrücken, knechten.

◆**hold up I** *vi* **1.** (*stay up*) (*tent, wall etc*) stehen bleiben; (*light fitting, tile etc*) halten.

2. (*belief*) standhalten; (*theory*) sich halten lassen.

II *vt sep* **1.** hochheben, hochhalten; *face* nach oben wenden. ~ ~ **your hand** hebt die Hand; **to ~ sth ~ to the light** etw gegen das Licht halten.

2. (*support*) (*from above*) halten; (*from the side*) stützen; (*from beneath*) tragen.

3. **to ~ sb/sth ~ to ridicule** jdn/etw lächerlich machen; **to ~ sb ~ as an example** jdn als Beispiel hinstellen.

4. (*stop*) anhalten; (*delay*) *people* aufhalten; *traffic, production* ins Stocken bringen; *talks, delivery* verzögern. **my application was held ~ by the postal strike** durch den Poststreik hat sich meine Bewerbung verspätet.

5. (*robbers*) überfallen.

◆**hold with** *vi +prep obj* (*inf*) **I don't ~ ~ that** ich bin gegen so was (*inf*).

holdall [ˈhəʊldɔːl] *n* Reisetasche *f*.

holder [ˈhəʊldəʳ] *n* **1.** (*person*) Besitzer(in *f*), Inhaber(in *f*) *m*; (*of title, office, record, passport*) Inhaber(in *f*) *m*; (*of farm*) Pächter(in *f*) *m*. **2.** (*object*) Halter *m*; (*cigarette-~*) Spitze *f*; (*flowerpot-~*) Übertopf *m*.

holding [ˈhəʊldɪŋ] *n* **1.** (*Boxing*) Festhalten *nt*. **2.** (*land*) Land *nt*; (*with buildings*) Gut *nt*. ~s *pl* (Grund- *or* Land)besitz *m*; Gutsbesitz *m*. **3.** (*Fin*) ~s *pl* Anteile *pl*; (*stocks*) Aktienbesitz *m*; ~ **company** Dach- *or* Holdinggesellschaft *f*.

hold-up [ˈhəʊldʌp] *n* **1.** (*delay, blockage*) Verzögerung *f*; (*of traffic*) Stockung *f*. **what's the ~?** warum dauert das so lange?; **the strike caused a two-week ~ in production** der Streik brachte die Produktion zwei Wochen lang ins Stocken.

2. (*armed robbery*) bewaffneter Raubüberfall. **this is a ~!** Hände hoch, das ist ein Überfall!

hole [həʊl] **I** *n* **1.** Loch *nt*. **to make a ~ in sb's savings** ein Loch in jds Ersparnisse reißen; **the argument is full of ~s** Ihre Argumentation weist viele Mängel auf.

2. (*inf: awkward situation*) Klemme (*inf*), Patsche (*inf*) *f*. **to be in a ~** in der Patsche *or* Klemme sitzen (*inf*).

3. (*rabbit's, fox's*) Bau *m*, Höhle *f*; (*mouse's*) Loch *nt*.

4. (*pej inf*) Loch *nt* (*inf*); (*town*) Kaff (*inf*), Nest (*inf*) *nt*.

5. (*Golf*) Loch *nt*. **an 18-~ course** ein 18-Löcher-Platz *m*.

II *vt* **1.** ein Loch machen in (+*acc*). **the ship was ~d by an iceberg** der Eisberg schlug das Schiff leck.

2. *ball* (*Golf*) einlochen, versenken; (*Billiards*) versenken.

III *vi* **1.** (*socks etc*) Löcher bekommen.

2. (*Golf*) einlochen.

◆**hole out** *vi* (*Golf*) das/ein Loch spielen.

◆**hole up** *vi* (*animal*) sich verkriechen; (*inf: gang etc*) (*hide*) sich verkriechen (*inf*) *or* verstecken; (*barricade themselves in*) sich verschanzen.

hole-and-corner [ˈhəʊlənˈkɔːnəʳ] *adj* obskur, zwielichtig.

holey [ˈhəʊlɪ] *adj* (*inf*) löchrig.

holiday [ˈhɒlədɪ] **I** *n* **1.** (*day off*) freier Tag; (*public ~*) Feiertag *m*. **to take a ~** einen Tag frei nehmen.

2. (*esp Brit: period*) *often pl* Urlaub *m* (*esp for working people*), Ferien *pl*; (*Sch*) Ferien *pl*. **on ~** in den Ferien; auf *or* im Urlaub; **to go on ~** Ferien/Urlaub machen; **where are you going for your ~?** wo fahren Sie in den Ferien/im Urlaub hin?, wo machen Sie Ferien/Urlaub?; **we're going to Germany for our ~s** wir fahren in den Ferien/im Urlaub nach Deutschland; **to take a ~** Urlaub nehmen *or* machen; **I need a ~** ich bin ferienreif; **to take a month's ~** einen Monat Urlaub nehmen; **~ with pay/paid ~s** bezahlter Urlaub; **it was no ~, I can tell you** ich kann dir sagen, das war alles andere als eine Erholung.

II *vi* (*esp Brit*) Ferien *or* Urlaub machen.

holiday *in cpds* Ferien-; Urlaubs-; **~ camp** Feriendorf *nt*; **~ guest** (*esp Brit*) Feriengast *m*; **~maker** (*esp Brit*) Urlauber(in *f*) *m*; **~ resort** Ferienort *m*.

holier-than-thou ['hǝʊlɪǝðǝn'ðaʊ] *adj attitude* selbstgerecht, selbstgefällig.

holiness ['hǝʊlɪnɪs] *n* Heiligkeit *f*. **His/Your H~** (*Eccl*) Seine/Eure Heiligkeit.

Holland ['hɒlǝnd] *n* Holland *nt*.

Hollander ['hɒlǝndǝʳ] *n* (*Typ*) Holländer *m*.

holler ['hɒlǝʳ] (*inf*) **I** *n* Schrei *m*. **II** *vti* (*also* **~ out**) brüllen.

hollow ['hɒlǝʊ] **I** *adj* (+*er*) **1.** hohl. **I feel ~** ich habe ein Loch im Bauch (*inf*); (*emotionally empty*) ich fühle mich ausgehöhlt *or* (*innerlich*) leer.
2. *sound* hohl, dumpf; *voice* hohl, Grabes-.
3. (*fig*) hohl; *laughter also* unecht; *person* innerlich hohl; *life* inhaltslos, leer; *sympathy, praise* unaufrichtig; *promise* leer; *victory* wertlos.
4. *cheeks* hohl, eingefallen; *eyes* tiefliegend.
II *adv sound* hohl. **they beat us ~** (*inf*) sie haben uns haushoch geschlagen.
III *n* (*of tree*) hohler Teil, Höhlung *f*; (*in ground*) Vertiefung, Mulde *f*; (*valley*) Senke *f*. **a wooded ~** eine bewaldete Niederung; **the ~ of one's hand** die hohle Hand; **the ~ of one's back** das Kreuz; **in the ~ between two waves** im Wellental.

◆**hollow out** *vt sep* aushöhlen.

hollow-eyed ['hɒlǝʊaɪd] *adj* hohläugig.

holly ['hɒlɪ] *n* (*tree*) Stechpalme *f*.

hollyhock ['hɒlɪhɒk] *n* Malve *f*.

holmium ['hɒlmɪǝm] *n* (*abbr* Ho) Holmium *nt*.

holocaust ['hɒlǝkɔ:st] *n* Massenvernichtung *f*; (*fire*) Inferno *nt*. **nuclear ~** Atominferno *nt*.

holograph ['hɒlǝgrɑ:f] **I** *n* handschriftliches Dokument. **II** *adj* eigenhändig geschrieben, holographisch (*form*).

holography [hɒ'lɒgrǝfɪ] *n* Holographie *f*.

holster ['hǝʊlstǝʳ] *n* (Pistolen)halfter *nt or f*.

holy ['hǝʊlɪ] **I** *adj* (+*er*) **1.** heilig; *chastity, poverty* gottgefällig; *bread, ground* geweiht. **~ water** Weihwasser *nt*; **the H~** **Bible** die Bibel; **H~ Communion** Heilige Kommunion; **H~ Father** Heiliger Vater; **H~ Ghost** *or* **Spirit** Heiliger Geist; **H~ Land** Heiliges Land; **H~ Trinity** Heilige Dreieinigkeit; **H~ Week** Karwoche, Passionswoche *f*; **H~ Scripture(s)** die Heilige Schrift; **H~ Saturday** Karsamstag *m*; **H~ Office** Inquisition *f*.
2. (*inf*) **~ smoke** *or* **cow** *or* **Moses!** heiliger Strohsack *or* Bimbam!, Kruzitürken! (*all inf*).
II *n* **the H~ of Holies** (*lit*) das Allerheiligste; (*fig*) ein Heiligtum.

homage ['hɒmɪdʒ] *n* Huldigung *f*; (*for elders*) Ehrerbietung *f*. **to pay** *or* **do ~ to**

sb jdm huldigen; jdm seine Ehrerbietung erweisen; **they stood there in silent ~** sie standen in stummer Ehrerbietung da.

home [hǝʊm] **I** *n* **1.** (*house*) Heim *nt*; (*country, area etc*) Heimat *f*. **his ~ is in Brussels** er ist in Brüssel zu Hause; **Bournemouth is his second ~** Bournemouth ist seine zweite Heimat (geworden); **haven't you got a ~ to go to?** hast du kein Zuhause?; **he invited us round to his ~** er hat uns zu sich (nach Hause) eingeladen; **away from ~** von zu Hause weg; **a long way from ~** weit von zu Hause weg *or* entfernt; **to live away from ~** nicht zu Hause wohnen; **he worked away from ~** er hat auswärts gearbeitet; **he has no ~** er hat kein Zuhause; **hasn't this hammer got a ~?** gehört der Hammer nicht irgendwohin?; **to have a ~ of one's own** ein eigenes Heim *or* Zuhause haben; **to find a ~ for sb/an animal/an object** ein Zuhause für jdn/ein Tier finden/einen Gegenstand irgendwo unterbringen; **I'll give that place a ~** bei mir wird das Bild einen guten Platz finden *or* haben; **it's a ~ from ~** es ist wie zu Hause; **at ~** zu Hause; (*Comm*) im Inland; (*Sport*) auf eigenem Platz; **the next match will be at ~** das nächste Spiel ist ein Heimspiel; **Lady X will be at ~ on Friday** (*form*) Lady X gibt sich die Ehre, Sie für Freitag einzuladen (*form*); **to be** *or* **feel at ~ with sb** sich in jds Gegenwart (*dat*) wohl fühlen; **he doesn't feel at ~ in English** er fühlt sich im Englischen nicht sicher *or* zu Hause; **he is at ~ on anything to do with economics** er kennt sich bei allem aus, was mit Volkswirtschaft zu tun hat; **I don't feel at ~ with this new theory yet** ich komme mit dieser neuen Theorie noch nicht ganz zurecht; **to make oneself at ~** es sich (*dat*) gemütlich *or* bequem machen; **to make sb feel at ~** es jdm gemütlich machen; **to leave ~** von zu Hause weggehen; **Scotland is the ~ of the haggis** Schottland ist die Heimat der Haggis; **there's no place like ~** (*Prov*) daheim ist daheim (*prov*), eigner Herd ist Goldes wert (*Prov*); **~ sweet ~** (*Prov*) trautes Heim, Glück allein (*Prov*).
2. (*institution*) Heim *nt*; (*for orphans also*) Waisenhaus *nt*; (*for blind also*) Anstalt *f*; *see* nursing **~**.
3. (*Zool, Bot*) Heimat *f*.
4. (*Sport: base*) Mal *nt*; (*Racing*) Ziel *nt*.
II *adv* **1.** (*position*) zu Hause, daheim; (*with verb of motion*) nach Hause, heim. **to go ~** (*to house*) nach Hause gehen/fahren, heimgehen/heimfahren; (*to country*) heimfahren; **I'll be ~ at 5 o'clock** ich bin um 5 Uhr zu Hause *or* daheim; **on the way ~** auf dem Heim- *or* Nachhauseweg; **the first runner ~ will ...** wer als erster durchs Ziel geht ...; **to get ~** nach Hause kommen, heimkommen; (*in race*) durchs Ziel gehen; **I have to get ~ before ten** ich muß vor zehn zu Hause *or* daheim sein; **to return ~ from abroad** aus dem Ausland zurückkommen.
2. (*to the mark*) **to drive a nail ~** einen Nagel einschlagen; **to bring** *or* **get sth ~ to sb** jdm etw klarmachen *or* beibringen; **it**

got ~ to him that ... es wurde ihm klar, daß ...; **his words went** ~ seine Worte hatten ihren Effekt; **to strike** ~ ins Schwarze treffen, sitzen (*inf*).

III *vi* (*pigeons*) heimkehren.

◆**home in** *vi* (*missiles*) sich ausrichten (*on sth* auf etw *acc*). **the missile will** ~ ~ das Geschoß findet sein Ziel; **to** ~ ~ **on a target** ein Ziel finden *or* selbständig ansteuern; **he immediately** ~**d** ~ **on the essential point** er hat sofort den wichtigsten Punkt herausgegriffen.

home address *n* Heimatadresse *or* -anschrift *f*; (*as opposed to business address*) Privatanschrift *f*; **home-baked** *adj* selbstgebacken; **home base** *n* (*Baseball*) Heimbase *nt*; **home-brewed** *adj* selbstgebraut; **home comforts** *npl* häuslicher Komfort; **home-coming** *n* Heimkehr *f*; **home cooking** *n* häusliche Küche, Hausmannskost *f*; **Home Counties** *npl Grafschaften, die an London angrenzen*; **home economics** *n sing* Hauswirtschaft(slehre) *f*; **home front** *n* on the ~ (*Mil, Pol*) im eigenen Land; (*in business contexts*) im eigenen Betrieb; (*in personal, family contexts*) zu Hause; **home game** *n* (*Sport*) Heimspiel *nt*; **home ground** *n* (*Sport*) eigener Platz; **to be on** ~ (*fig*) sich auf vertrautem Terrain bewegen; **home-grown** *adj vegetables* selbstgezogen; (*not imported*) einheimisch; **Home Guard** *n* Bürgerwehr *f*; **home help** *n* (Haushalts)-hilfe *f*; **homeland** *n* Heimat(land *nt*) *f*, Vaterland *nt*; **homeless** *adj* heimatlos; *tramp, vagrant etc* obdachlos; **home life** *n* Familienleben *nt*.

homely ['həʊmlɪ] *adj* (+*er*) **1.** *food* Hausmacher-, bürgerlich; *person* (*home-loving*) häuslich, hausbacken (*pej*); *atmosphere* heimelig, gemütlich, behaglich; *style* anspruchslos, hausbacken (*pej*); *advice* einfach. **2.** (*US: plain*) *person* unscheinbar; *face* reizlos.

home-made [‚həʊm'meɪd] *adj* selbstgemacht; **homemaker** *n* (*US*) (*housewife*) Hausfrau, Hausmutter *f*; (*social worker*) Familienfürsorger(in *f*) *m*; **home market** *n* Inlandsmarkt *m*, inländischer Markt; **home match** *n* (*Sport*) Heimspiel *nt*; **home news** *n* Meldungen *pl* aus dem Inland; **Home Office** *n* (*Brit*) Innenministerium *nt*; (*with relation to aliens*) Einwanderungsbehörde *f*.

homeopathy (*US*) *see* **homoeopathy.**

Home Rule *n* Selbstbestimmung, Selbstverwaltung *f*; (*in British contexts also*) Homerule *f*; **home run** *n* (*Baseball*) Lauf *m* um alle vier Male; **Home Secretary** *n* (*Brit*) Innenminister *m*; **homesick** *adj* heimwehkrank; **to be** ~ Heimweh haben (*for* nach); **homesickness** *n* Heimweh *nt* (*for* nach); **home side** *n* (*Sport*) Gastgeber *pl*, Heimmannschaft *f*; **homespun I** *adj* **1.** *cloth* selbst- *or* handgesponnen; **2.** (*fig: simple*) einfach; (*pej*) hausbacken; ~ **remedies** Hausmittel *pl*; **II** *n* (*cloth*) Homespun *nt* (*grober, genoppter Wollstoff*); **homestead** *n* **1.** Heimstätte *f*; **2.** (*US*) Heimstätte *f* für Siedler; **homesteader** *n* **1.** Heimstättenbesitzer *m*; **2.** (*US*) Heimstättensiedler *m*; **home**

straight, home stretch *n* (*Sport*) Zielgerade *f*; **we're on the** ~ **now** (*fig inf*) das Ende ist in Sicht; **home team** *n* (*Sport*) Gastgeber *pl*, Heimmannschaft *f*, Platzherren *pl* (*inf*); **home town** *n* Heimatort *m*, Vaterstadt *f*; **home truth** *n* bittere Wahrheit; **to tell sb some** ~**s** jdm den Star stechen (*inf*).

homeward ['həʊmwəd] *adj journey, flight* Heim-. **in a** ~ **direction** heim(wärts); (*to country also*) in Richtung Heimat; **we are** ~-**bound** es geht Richtung Heimat.

homeward(s) ['həʊmwəd(z)] *adv* nach Hause, heim; *to country also*) in Richtung Heimat.

home waters *npl* (*Naut*) heimatliche Gewässer *pl*; **homework** *n* (*Sch*) Hausaufgaben, Schulaufgaben *pl*; **to give sb sth for** ~ jdm etw aufgeben; **what have you got for** ~? was hast du auf?; **the minister had not done his** ~ (*inf*) der Minister hatte sich mit der Materie nicht vertraut gemacht.

homey ['həʊmɪ] *adj* (+*er*) (*US inf*) gemütlich; *atmosphere also* heimelig, behaglich; *personality also* warm.

homicidal [‚hɒmɪ'saɪdl] *adj* gemeingefährlich; *mood also* Mord-. **in his** ~ **fury** in seinem Mordrausch.

homicide ['hɒmɪsaɪd] *n* **1.** Totschlag *m*. **culpable** ~ Mord *m*; ~ (**squad**) Mordkommission *f*. **2.** (*person*) Mörder(in *f*) *m*; Totschläger(in *f*) *m*.

homily ['hɒmɪlɪ] *n* Predigt *f*; (*fig also*) Sermon *m* (*pej*).

homing ['həʊmɪŋ] *adj missile* mit Zielsucheinrichtung. ~ **pigeon** Brieftaube *f*; ~ **instinct** Heimfindevermögen *nt*; ~ **device** Zielfluggerät *nt*, Zielsucheinrichtung *f*.

homoeopathy, (*US*) **homeopathy** [‚həʊmɪ'ɒpəθɪ] *n* Homöopathie *f*.

homogeneity [‚hɒməʊdʒə'niːɪtɪ] *n* Homogenität *f*.

homogeneous [‚hɒmə'dʒiːnɪəs] *adj* homogen.

homogenize [hə'mɒdʒənaɪz] *vt milk* homogenisieren.

homogenous [hə'mɒdʒɪnəs] *adj* homogen.

homograph ['hɒməʊgraːf] *n* Homograph *nt.*

homonym ['hɒmənɪm] *n* Homonym *nt.*

homonymous [hə'mɒnɪməs] *adj* homonym.

homophone ['hɒməfəʊn] *n* Homophon *nt.*

homosexual [‚hɒməʊ'seksjʊəl] **I** *adj* homosexuell. **II** *n* Homosexuelle(r) *mf.*

homosexuality [‚hɒməʊseksjʊ'ælɪtɪ] *n* Homosexualität *f.*

homunculus [hɒ'mʌŋkjʊləs] *n* Homunkulus *m.*

homy *adj* (+*er*) (*US inf*) *see* **homey.**

Hon *abbr of* **1.** honorary. **2.** Honourable.

Honduran [hɒn'djʊərən] **I** *adj* honduranisch. **II** *n* Honduraner(in *f*) *m.*

Honduras [hɒn'djʊərəs] *npl* Honduras *nt.*

hone [həʊn] **I** *n* Schleifstein, Wetzstein *m.* **II** *vt blade* schleifen; (*fig*) schärfen.

◆**hone down** *vt sep* (*fig*) (zurecht)feilen (*to* auf +*acc*).

honest ['ɒnɪst] **I** *adj* **1.** ehrlich; (*respectable*) (redlich; (*not cheating*) *businessman* redlich; *business, action also* anständig; *truth* rein. **be** ~ **with yourself** sei ehrlich gegen dich selbst, mach dir nichts vor (*inf*); **to be ~ with you, this is not good enough** um ehrlich zu sein, das ist nicht gut genug; **they are good ~ people** sie sind gute, rechtschaffene Leute; **~ to goodness** *or* **God!** (also) ehrlich! (*inf*); **he made an ~ woman of her** (*inf*) er machte sie zu seinem angetrauten Weibe (*hum*).

2. *money, profit* ehrlich *or* redlich erworben. **to earn an ~ penny** sein Geld ehrlich *or* redlich verdienen; **after an ~ day's work** nach einem ordentlichen Tagewerk; **he's never done an ~ day's work in his life** er ist in seinem ganzen Leben noch keiner ordentlichen Arbeit nachgegangen.

    II *adv* (*inf*) ehrlich (*inf*), Ehrenwort (*inf*).

honestly [ˈɒnɪstlɪ] *adv* **1.** *answer* ehrlich, aufrichtig; *earn money* ehrlich, auf ehrliche Weise. **2.** (*inf: really*) ehrlich (*inf*); (*in exasperation*) also ehrlich.

honest-to-goodness [ˈɒnɪstəˈgʊdnɪs] *adj* (*inf: genuine*) echt; *person, expression* waschecht.

honesty [ˈɒnɪstɪ] *n see adj* Ehrlichkeit *f*; Redlichkeit *f*; Anständigkeit *f*. **in all ~** ganz ehrlich; **~ is the best policy** (*Prov*) ehrlich währt am längsten (*Prov*).

honey [ˈhʌnɪ] *n* **1.** Honig *m* . **2.** (*inf: dear*) Schätzchen *nt*. **she's a ~** sie ist ein (Gold)-schatz (*inf*).

honey-bee [ˈhʌnɪbiː] *n* (Honig)biene *f*; **honeybunch** *n* (*inf*) Schätzchen *nt*; **honeycomb I** *n* (Bienen)wabe *f*; (*filled with honey also*) Honigwabe *f*; **II** *vt usu pass* durchlöchern; **honeydew** *n* Honigtau *m*; **~ melon** Honigmelone *f*.

honeyed [ˈhʌnɪd] *adj words* honigsüß.

honeymoon [ˈhʌnɪmuːn] **I** *n* Flitterwochen *pl*; (*trip*) Hochzeitsreise *f*. **to be on one's ~** in den Flitterwochen/auf Hochzeitsreise sein; **where did you go for your ~?** wo habt ihr eure Flitterwochen verbracht?; **six months in the jungle was no ~** sechs Monate im Dschungel war kein Zuckerlecken; **the ~ is over** (*fig inf*) jetzt werden andere Saiten aufgezogen (*inf*), die Schonzeit ist vorbei.

    II *vi* seine Hochzeitsreise machen. **they are ~ing in Spain** sie sind in Spanien auf Hochzeitsreise.

honeymooner [ˈhʌnɪmuːnəʳ] *n* Hochzeitsreisende(r) *mf*; (*man also*) Flitterwöchner *m* (*hum*); **honeysuckle** *n* Geißblatt *nt*.

Hong Kong [ˈhɒŋˈkɒŋ] *n* Hongkong *nt*.

honk [hɒŋk] **I** *n* (*of car*) Hupen *nt*; (*of goose etc*) Schrei *m*. **II** *interj* **~ ~** tut-tut, tüt, tüt. **III** *vi* **1.** (*car*) hupen, tuten. **2.** (*geese*) schreien. **IV** *vt horn* drücken auf (+ *acc*).

honky-tonk [ˈhɒŋkɪˈtɒŋk] **I** *n* (*US sl: nightclub*) Schuppen *m* (*sl*). **II** *adj music, piano* schräg.

Honolulu [ˌhɒnəˈluːluː] *n* Honolulu *nt*.

honor *etc* (*US*) *see* **honour** *etc*.

honorary [ˈɒnərərɪ] *adj secretary* ehrenamtlich; *member, president* Ehren-. **~ degree** ehrenhalber verliehener akademischer Grad; **~ doctor** Ehrendoktor, Doktor h.c.

honour, (*US*) **honor** [ˈɒnəʳ] **I** *n* **1.** Ehre *f*. **sense of ~** Ehrgefühl *nt*; **he made it a point**

---

of ~ er betrachtete es als Ehrensache; **he decided to make it a point of ~ never to …** er schwor sich (*dat*), nie zu …; **there is ~ among thieves** es gibt so etwas wie Ganovenehre; **I promise on my ~** ich gebe mein Ehrenwort; **you're on your ~** Sie haben Ihr Ehrenwort gegeben; **to put sb on his ~** jdm vertrauen; **he's put me on my ~ not to tell** ich habe ihm mein Ehrenwort gegeben, daß ich nichts sage; **man of ~** Ehrenmann *m*; **to do ~ to sb** (*at funeral*) jdm die letzte Ehre erweisen; (*action, thought etc*) jdm zur Ehre gereichen; **to do ~ to sth, to be an ~ to sth** eine Ehre für etw sein, einer Sache (*dat*) Ehre machen; **in ~ of sb/sth** zu jds Ehren, zu Ehren von jdm/etw; (*of dead person, past thing*) in ehrendem Andenken an jdn/etw; **may I have the ~ (of the next dance)?** (*form*) darf ich (um den nächsten Tanz) bitten?; **if you would do me the ~ of accepting** (*form*) wenn Sie mir die Ehre erweisen würden anzunehmen (*geh*); **to whom do I have the ~ of speaking?** (*form, hum*) mit wem habe ich die Ehre? (*geh, hum*); **he is ~ bound to do it** es ist Ehrensache für ihn, das zu tun.

2. (*title*) **Your H~** Hohes Gericht; **His H~** das Gericht; **the case was up before His H~ Sir Charles** der Fall wurde unter dem Vorsitz des vorsitzenden Richters Sir Charles verhandelt.

3. (*distinction, award*) **~s** *pl* Ehren *pl*, Auszeichnung(en *pl*) *f*; **with full military ~s** mit militärischen Ehren; **New Year's H~** Titelverleihung *f* am Neujahrstag.

4. to do the ~s (*inf*) die Honneurs machen; (*on private occasions also*) den Gastgeber spielen.

5. (*Univ*) **~s** (*also* **~s degree**) *sing* akademischer Grad mit Prüfung im Spezialfach; **to do/take ~s in English** Englisch belegen, um den ,,Honours Degree" zu erwerben; **to get first-class ~s** das Examen mit Auszeichnung *or* ,,sehr gut" bestehen.

6. (*Golf*) **it's his ~** er hat die Ehre.

7. (*Cards*) eine der (*in bridge*) 5 *or* (*in whist*) 4 höchsten Trumpfkarten.

    II *vt* **1.** *person* ehren. **to ~ sb with a title** jdm einen Titel verleihen; **I should be ~ed if you …** ich würde mich geehrt fühlen, wenn Sie …; **I am deeply ~ed** ich fühle mich zutiefst geehrt; **he ~ed us with his presence** (*also iro*) er beehrte uns mit seiner Gegenwart; **it's Angelika, we are ~ed** (*iro*) es ist Angelika, welche Ehre.

2. *cheque* annehmen, einlösen; *debt* begleichen; *bill of exchange* bezahlen; *obligation* nachkommen (+ *dat*); *commitment* stehen zu; *credit card* anerkennen.

honourable, (*US*) **honorable** [ˈɒnərəbl] *adj* **1.** ehrenhaft; *peace, discharge* ehrenvoll. **to receive ~ mention** rühmend *or* lobend erwähnt werden.

2. (*Parl*) Anrede *f* von Abgeordneten innerhalb des Parlaments. **the H~ member for X** der (Herr) Abgeordnete für X; **the H~ member is wrong** der geschätzte *or* ehrenwerte (*iro*) (Herr) Kollege täuscht sich.

3. (*title*) *Titel* m *der jüngeren Söhne von Grafen und der Kinder von Freiherren und Baronen.* **I didn't know he was an H~** ich wußte nicht, daß er adelig *or* ein „von" (*inf*) ist; *see* **right.**

honourably, (*US*) **honorably** ['ɒnərəblɪ] *adv* in Ehren; *behave* ehrenhaft, wie ein Ehrenmann; *settle peace* ehrenvoll; *mention* rühmend, lobend.

honours ['ɒnəz-]: **~ board** Ehrentafel f; **~ degree** n *see* **honour I 5.**; **~ list** Liste f der Titel- und Rangverleihungen (*, die zweimal im Jahr veröffentlicht wird*); (*Univ*) *Liste der Kandidaten, die den* „*Honours Degree*" *verliehen bekommen.*

hooch [huːtʃ] n (*US sl*) Getränke pl.

hood [hʊd] **I** n **1.** Kapuze f; (*thief's*) Maske f; (*hawk's*) Kappe f.

2. (*Aut: roof*) Verdeck nt; (*US Aut*) (Motor)haube f; (*on fireplace etc*) Abzug m; (*on cooker*) Abzugshaube f.

3. (*of cobra*) Brillenzeichnung f.

4. (*esp US sl*) Gangster (*inf*), Ganove (*inf*) m; (*young ruffian*) Rowdy, Rüpel m.

II vt eine Kapuze aufsetzen (+*dat*); *hawk* eine Kappe aufsetzen (+*dat*).

hooded ['hʊdɪd] *adj* **the ~ executioner/ monk/robber** der Scharfrichter/Mönch mit seiner Kapuze/der maskierte Räuber; **their ~ heads** ihre Köpfe mit den Kapuzen; **~ crow** Nebelkrähe f; **~ eyes** Augen mit schweren Lidern.

hoodlum ['huːdləm] n Rowdy m; (*member of gang*) Ganove (*inf*), Gangster (*inf*) m. **you young ~** du Rowdy, du Rüpel.

hoodoo ['huːduː] n Unglück nt; (*person, thing*) Unglücksbote m.

hoodwink ['hʊdwɪŋk] vt (*inf*) (he)reinlegen (*inf*). **to ~ sb into doing sth** jdn dazu verleiten, etw zu tun.

hooey ['huːɪ] n (*US sl*) Gelabere nt (*sl*), Quatsch m (*inf*).

hoof [huːf] **I** n, pl **~s** or **hooves** Huf m. **hooves** (*hum inf: feet*) Quadratlatschen pl (*sl*); **cattle on the ~** Vieh nt. **II** vt: **to ~ it** (*inf*) (*go on foot*) latschen (*inf*); (*dance on stage*) tingeln (*inf*).

hoofed [huːft] *adj* Huf-.

hook [hʊk] **I** n **1.** Haken m.

2. (*Boxing*) Haken m; (*Golf*) Kurvball m (*nach links*).

3. (*Geog*) (gekrümmte) Landzunge.

4. (*fig uses*) **he swallowed the story ~, line and sinker** er hat die Geschichte tatsächlich mit Stumpf und Stiel geschluckt (*inf*); **he fell for it/her ~, line and sinker** er ging dem auf den Leim/er war ihr mit Haut und Haaren verfallen; **by ~ or by crook** auf Biegen und Brechen; **to get sb off the ~** (*inf*) jdn herausreißen (*inf*); (*out of trouble also*) jdn herauspauken (*inf*); **that gets him off the ~** every time damit kommt er jedesmal wieder davon; **to get oneself off the ~** sich aus der Schlinge ziehen; **to leave the phone off the ~** nicht auflegen.

II vt **1.** (*fasten with ~*) he **~ed the door back/open** er hakte die Tür fest/er öffnete die Tür und hakte sie fest; **to ~ a trailer to a car** einen Anhänger an ein Auto hängen.

2. to ~ one's arm/feet around sth seinen

Arm/seine Füße um etw schlingen; **the trapeze artist ~s his legs over the bar** der Trapezkünstler hängt sich mit den Beinen an der Stange ein; **his car got its bumper ~ed around mine** sein Auto hat sich mit der Stoßstange in meiner verhakt.

3. *fish* an die Angel bekommen; *husband* sich (*dat*) angeln. **to be ~ed** an der Angel hängen; **the helicopter ~ed him clean out of the water** der Hubschrauber zog *or* angelte (*inf*) ihn aus dem Wasser.

4. (*Boxing*) einen Haken versetzen (+*dat*) *or* geben (+*dat*).

5. to be/get ~ed (on sth) (*sl: addicted*) (*on drugs*) (von etw) abhängig sein/ werden; (*on film, food, place etc*) auf etw (*acc*) stehen (*sl*); **he's ~ed on the idea** er ist von der Idee besessen.

6. (*Rugby*) hakeln.

7. (*Sport*) *ball* einen Linksdrall geben (+*dat*).

8. (*sl*) **to ~ it** Mücke machen (*sl*).

III vi (*dress etc*) zugehakt werden.

◆**hook on I** vi **1.** an(ge)hakt werden (*to* an +*acc*); (*with tow-bar*) angekoppelt *or* angehängt werden (*to* an +*acc*); (*burrs etc*) sich festhaken (*to* an +*dat*). **this piece ~s ~to this one** dieses Teil wird an das andere (an)gehakt; (*to make a solid object*) dieses Teil wird in das andere (ein)gehakt; **he ~ed ~ to him** (*fig*) er hängte *or* klammerte sich an ihn.

II vt *sep* anhaken (*to* an +*acc*), mit Haken/einem Haken befestigen (*to* an +*dat*); (*with tow-bar*) ankoppeln, anhängen. **to ~ sth ~to sth** etw an etw (*acc*) (an)haken.

◆**hook up I** vi **1.** (*dress*) mit Haken zugemacht werden.

2. (*Rad, TV*) gemeinsam ausstrahlen. **to ~ ~ with sb** sich jdm anschließen.

II vt *sep* **1.** *dress etc* zuhaken. **~ me ~, please** mach mir bitte die Haken zu.

2. (*Rad, TV*) anschließen (*with* an +*acc*).

3. *trailer, caravan* ankoppeln, anhängen; *broken-down car* abschleppen; (*by recovery vehicle*) auf den Haken nehmen.

hookah ['hʊkaː] n Wasserpfeife, Huka f.

hook and eye n Haken und Öse *no art*, pl vb.

hooked [hʊkt] *adj* **1.** *beak* Haken-, gebogen. **~ nose** Hakennase f. **2.** (*with hooks*) mit Haken versehen.

hooker[1] ['hʊkər] n (*US inf*) Nutte f (*inf*).

hooker[2] n (*Rugby*) Hakler m.

hook-nosed ['hʊknəʊzd] *adj* mit einer Hakennase, hakennasig; **hook-up** n (*Rad, TV*) gemeinsame Ausstrahlung; **there will be a ~ between the major European networks** die größeren europäischen Sender übertragen gemeinsam; **hookworm** n Hakenwurm m; (*disease*) Hakenwurmkrankheit f.

hooky ['hʊkɪ] n (*US inf*) Schuleschwänzen nt. **to play ~** (*inf*) Schule schwänzen.

hooligan ['huːlɪgən] n Rowdy m.

hooliganism ['huːlɪgənɪzəm] n Rowdytum nt.

hoop [huːp] **I** n Reifen m; (*in croquet*) Tor nt; (*on bird's plumage*) Kranz m; (*on animal*) Ring m. **to put sb through the ~s**

(*fig inf*) jdn durch die Mangel drehen.
II *vt barrel* bereifen. **~(ed) skirt**
Reifrock *m*.

hoop-la ['hu:plɑ:] *n* Ringwerfen *nt*.

hoopoe ['hu:pu:] *n* Wiedehopf *m*.

hooray [hə'reɪ] *interj see* **hurrah**.

hoot [hu:t] **I** *n* **1.** (*of owl*) Ruf, Schrei *m*.
~s of derision verächtliches Gejohle; **~s
of laughter** johlendes Gelächter; **I don't
care a ~ or two ~s** (*inf*) das ist mir
piepegal (*inf*) *or* völlig schnuppe (*inf*); **to
be a ~** (*inf*) (*person, event etc*) zum
Schreien (komisch) sein, zum Schießen
sein (*inf*).
2. (*Aut*) Hupen *nt no pl*; (*of train,
hooter*) Pfeifen *nt no pl*.
II *vi* **1.** (*owl*) schreien, rufen; (*person:
derisively*) johlen, buhen. **to ~ with
derision** verächtlich johlen; **to ~ with
laughter** in johlendes Gelächter aus-
brechen.
2. (*Aut*) hupen; (*train, factory hooter*)
pfeifen.
III *vt actor, speaker* auspfeifen, aus-
buhen. **he was ~ed off the stage** er wurde
mit Buhrufen von der Bühne verjagt.
◆**hoot down** *vt sep* niederschreien.

hooter ['hu:tə^r] *n* **1.** (*Aut*) Hupe *f*; (*at fac-
tory*) Sirene *f*. **2.** (*Brit sl: nose*) Zinken *m*
(*sl*).

hoover ® ['hu:və^r] **I** *n* Staubsauger *m*. **II** *vt*
(staub)saugen; *carpet also* (ab)saugen.
III *vi* (staub)saugen.

hooves [hu:vz] *pl of* **hoof**.

hop¹ [hɒp] **I** *n* **1.** (kleiner) Sprung; (*of bird,
insect also*) Hüpfer *m*; (*of deer, rabbit also*)
Satz *m*; (*of person also*) Hüpfer, Hopser
(*inf*) *m*. **to catch sb on the ~** (*fig inf*) jdn
überraschen *or* überrumpeln; **to keep sb
on the ~** (*fig inf*) jdn in Trab halten.
2. (*inf: dance*) Tanz *m*.
3. (*Aviat inf*) Sprung, Satz (*inf*) *m*. **a
short ~** ein Katzensprung *m* (*inf*).
II *vi* (*animal*) hüpfen, springen; (*rab-
bit*) hoppeln; (*person*) (auf einem Bein)
hüpfen, hopsen (*inf*). **~ in, said the driver**
steigen Sie ein, sagte der Fahrer; **she'd ~
into bed with anyone** die steigt mit jedem
ins Bett (*inf*); **to ~ off** aussteigen; (*from
moving vehicle*) abspringen; **he ~ped off
his bicycle** er sprang vom Fahrrad; **to ~ on**
aufsteigen; (*onto moving vehicle*) auf-
springen; **he ~ped on his bicycle** er
schwang sich auf sein Fahrrad; **to ~ out**
heraushüpfen; **he ~ped over the wall** er
sprang über die Mauer.
III *vt* **1.** ditch springen über (+*acc*);
train schwarzfahren in (+*dat*) *or* mit.
2. (*inf*) **~ it!** verschwinde, zieh Leine
(*inf*); **I ~ped it quick** ich habe mich
schnell aus dem Staub gemacht (*inf*).
◆**hop off** *vi* (*inf*) sich verdrücken (*inf*)
(*with sth* mit etw).

hop² *n* (*Bot*) Hopfen *m*. **~ picker** Hopfen-
pflücker (*in f*) *m*; **~ picking** Hopfenernte *f*.

hope [həʊp] **I** *n* (*also person*) Hoffnung *f*.
past *or* beyond all ~ hoffnungslos,
aussichtslos; **to be full of ~** hoffnungsvoll
or voller Hoffnung sein; **my ~ is that ...**
ich hoffe nur, daß ...; **in the ~ of doing sth**
in der Hoffnung, etw zu tun; **to have ~s of
doing sth** hoffen, etw zu tun; **to live in ~**

of sth in der Hoffnung auf etw (*acc*) leben;
to place one's ~ in sb/sth seine Hoffnun-
gen in *or* auf jdn/etw setzen; **there is no ~
of him having survived** es besteht keine
Hoffnung, daß er überlebt hat; **we have
some ~ of success** es besteht die Hoff-
nung, daß wir Erfolg haben; **there's no ~
of that** da braucht man sich gar keine
Hoffnungen zu machen; **where there's life
there's ~** es ist noch nicht aller Tage
Abend; (*said of invalid*) solange er/sie
sich noch regt, besteht auch noch Hoff-
nung; **to lose ~ of doing sth** die Hoffnung
aufgeben, etw zu tun; **what a ~!** (*inf*),
some ~(s)! (*inf*) schön wär's! (*inf*); **~
springs eternal** (*prov*) wenn die Hoffnung
nicht wäre!
II *vi* hoffen (*for auf* +*acc*). **to ~ for the
best** das Beste hoffen; **you can't ~ for any-
thing else from him** man kann sich doch
von ihm nichts anderes erhoffen; **one
might have ~d for something better** man
hätte sich eigentlich Besseres erhoffen
dürfen; **I ~ so/not** hoffentlich/hoffentlich
nicht, ich hoffe es/(es) nicht; **to ~ against
hope that ...** trotz allem die Hoffnung
nicht aufgeben, daß ...
III *vt* hoffen. **we ~ to go to Spain** wir
hoffen, nach Spanien fahren zu können; **I
~ to see you** ich hoffe, daß ich Sie sehe;
hoping to hear from you ich hoffe, von
Ihnen zu hören, in der Hoffnung (*form*),
von Ihnen zu hören.

hope chest *n* (*US*) Aussteuertruhe *f*.

hopeful ['həʊpfʊl] **I** *adj* **1.** hoffnungsvoll.
don't be too ~ machen Sie sich (*dat*) keine
zu großen Hoffnungen; **they weren't very
~** sie hatten keine große Hoffnung; **they
continue to be ~** sie hoffen weiter, sie
geben die Hoffnung nicht auf; **to be ~ that
...** hoffen, daß ...; **I'm ~ of a recovery** ich
hoffe auf Besserung; **boy, you're ~** du bist
vielleicht ein Optimist (*inf*).
2. *situation, response, sign* vielver-
sprechend, aussichtsreich. **it looks ~** es
sieht vielversprechend aus.
II *n* (*inf*) **a young ~** (*seems likely to
succeed*) eine junge Hoffnung; (*hopes to
succeed*) ein hoffnungsvoller junger
Mensch.

hopefully ['həʊpfəlɪ] *adv* **1.** hoffnungsvoll.
2. hoffentlich. **~ it won't rain** hoffentlich
regnet es nicht.

hopeless ['həʊplɪs] *adj* **1.** *person* hoffnungs-
los. **2.** *situation, outlook* aussichtslos,
hoffnungslos; *liar, drunkard etc* unver-
besserlich; *weather, food* unmöglich (*inf*).
you're ~ du bist ein hoffnungsloser Fall;
he's ~ at maths/a ~ teacher in
Mathematik/als Lehrer ist er ein hoff-
nungsloser Fall.

hopelessly ['həʊplɪslɪ] *adv* hoffnungslos.
I'm ~ bad at maths in Mathematik bin ich
ein hoffnungsloser Fall.

hopelessness ['həʊplɪsnɪs] *n* (*of situation*)
Hoffnungslosigkeit *f*; (*of task*) Aussichts-
losigkeit *f*.

hopper ['hɒpə^r] *n* **1.** (*Tech*) Einfülltrichter
m; (*for coal also*) Speisetrichter *m*.
2. (*young locust*) junge Heuschrecke.

hopping mad ['hɒpɪŋ'mæd] *adj* (*inf*) fuchs-
teufelswild (*inf*).

hopscotch ['hɒpskɒtʃ] *n* Himmel-und-Hölle(-Spiel) *nt*, Hopse *f* (*inf*); **hop, step** *or* **skip and jump** *n* Dreisprung *m*.

horde [hɔːd] *n* **1.** (*of nomads, wild animals*) Horde *f*; (*of insects*) Schwarm *m*. **2.** (*inf*) Masse *f*; (*of football fans, children etc*) Horde *f* (*pej*).

horizon [hə'raızn] *n* Horizont *m*. **on the ~** am Horizont.

horizontal [ˌhɒrɪ'zɒntl] *adj* waag(e)recht, horizontal. **~ line** Waag(e)rechte, Horizontale *f*.

horizontal bar *n* Reck *nt*; **horizontal hold** *n* (*TV*) Zeilenfang, Bildfang *m*.

horizontally [ˌhɒrɪ'zɒntəlɪ] *adv see adj.*

hormonal [hɔː'məʊnəl] *adj* hormonal, hormonell.

hormone ['hɔːməʊn] *n* Hormon *nt*.

horn [hɔːn] **I** *n* **1.** (*of cattle, substance, container, Mus*) Horn *nt*; (*sl: trumpet, saxophone etc*) Kanne (*sl*), Tüte (*sl*) *f*. **~s** *pl* (*of deer*) Geweih *nt*; (*fig: of cuckold*) Hörner *pl*; **caught on the ~s of a dilemma** in einer Zwickmühle; **that is the other ~ of the dilemma** das ist die andere Gefahr; **~ of plenty** Füllhorn *nt*; **to lock ~s** (*lit*) beim Kampf die Geweihe verhaken; (*fig*) die Klingen kreuzen. **2.** (*Aut*) Hupe *f*; (*Naut*) (Signal)horn *nt*. **to sound** *or* **blow the ~** (*Aut*) hupen; (*Naut*) tuten. **3.** (*of snail, insect*) Fühler *m*. **to draw in one's ~s** (*fig*) einen Rückzieher machen; (*spend less*) den Gürtel enger schnallen. **4.** (*of crescent moon*) Spitze *f* (der Mondsichel).
 II *vt* (*gore*) mit den Hörnern aufspießen; (*butt*) auf die Hörner nehmen.

◆**horn in** *vi* (*sl*) mitmischen (*inf*) (*on* bei).

horn *in cpds* Horn-; **hornbeam** *n* (*Bot*) Hain- *or* Weißbuche *f*; **hornbill** *n* (*Orn*) (Nas)hornvogel *m*.

horned [hɔːnd] *adj* gehörnt, mit Hörnern. **~ owl** Ohreule *f*; **~ toad** Krötenechse *f*.

hornet ['hɔːnɪt] *n* Hornisse *f*. **to stir up a ~'s nest** (*fig*) in ein Wespennest stechen.

hornpipe ['hɔːnpaɪp] *n* englischer Seemannstanz; **horn-rimmed** *adj* spectacles Horn-.

horny ['hɔːnɪ] *adj* (+*er*) **1.** (*like horn*) hornartig; hands etc schwielig; soles hornig. **2.** (*inf: randy*) scharf (*inf*), geil (*inf*).

horoscope ['hɒrəskəʊp] *n* Horoskop *nt*.

horrendous [hɒ'rendəs] *adj* crime abscheulich, entsetzlich; prices, lie horrend.

horrendously [hɒ'rendəslɪ] *adv see adj.*

horrible ['hɒrɪbl] *adj* fürchterlich, schrecklich. **don't be ~ to your sister** sei nicht so gemein zu deiner Schwester (*inf*).

horribly ['hɒrɪblɪ] *adv see adj.*

horrid ['hɒrɪd] *adj* entsetzlich, fürchterlich, schrecklich. **don't be so ~** sei nicht so gemein (*inf*).

horridly ['hɒrɪdlɪ] *adv see adj.*

horrific [hɒ'rɪfɪk] *adj* entsetzlich, schrecklich; documentary erschreckend; price increase also horrend.

horrify ['hɒrɪfaɪ] *vt* entsetzen. **he was horrified by** *or* **at the suggestion** er war über den Vorschlag entsetzt; **it horrifies me to think what ...** ich denke (nur) mit Entsetzen daran, was ...

horrifying *adj*, **~ly** *adv* ['hɒrɪfaɪɪŋ, -lɪ] schrecklich, fürchterlich, entsetzlich.

horror ['hɒrəʳ] **I** *n* **1.** Entsetzen, Grauen *nt*; (*strong dislike*) Horror *m* (*of* vor +*dat*). **to have a ~ of doing sth** einen Horror davor haben, etw zu tun; **he has a ~ of growing old** er hat eine panische Angst vor dem Altwerden, ihm graut vor dem Altwerden; **she shrank back in ~** sie fuhr entsetzt zurück; **a scene of ~** ein Bild des Grauens. **2.** *usu pl* (*horrifying thing; of war etc*) Schrecken, Greuel *m*. **3.** (*inf*) **to be a real ~** furchtbar sein (*inf*); **you little ~!** du kleines Ungeheuer! **4.** (*inf usages*) **to have the ~s** (*in delirium tremens*) weiße Mäuse sehen (*inf*); **that gives me the ~s** da läuft's mir kalt den Rücken runter (*inf*).
 II *attr* books, comics, films Horror-.

horror-stricken ['hɒrəstrɪkn], **horror-struck** ['hɒrəstrʌk] *adj* von Entsetzen *or* Grauen gepackt. **I was ~ when he told me** mir grauste es *or* ich war hell entsetzt, als er mir erzählte.

hors d'oeuvre [ɔː'dɜːv] *n* Hors d'oeuvre *nt*, Vorspeise *f*.

horse [hɔːs] *n* **1.** Pferd, Roß (liter, pej) *nt*. **2.** (*fig usages*) wild **~s would not drag me there** keine zehn Pferde würden mich dahin bringen; **to eat like a ~** wie ein Scheunendrescher *m* essen *or* fressen (*inf*); **I could eat a ~** ich könnte ein ganzes Pferd essen; **to work like a ~** wie ein Pferd arbeiten; **straight from the ~'s mouth** aus berufenem Mund; **to back the wrong ~** aufs falsche Pferd setzen; **but that's a ~ of a different colour** aber das ist wieder was anderes. **3.** (*Gymnastics*) Pferd *nt*; (*saw~*) Sägebock *m*. **4.** (*Mil*) *collective sing* Reiterei, Kavallerie *f*. **light ~** leichte Kavallerie; **a thousand ~** tausend Reiter *or* Berittene.

◆**horse about** *or* **around** *vi* (*inf*) herumblödeln (*inf*), herumalbern (*inf*).

horseback ['hɔːsbæk] *n*: **on ~** *adv* zu Pferd, zu Roß (liter); **to go/set off on ~** reiten/wegreiten; **horse-box** *n* (*van*) Pferdetransporter *m*; (*trailer*) Pferdetransportwagen *m*; (*in stable*) Box *f*; **horse brass** *n* Zaumzeugbeschlag *m*; **horse chestnut** *n* (tree, fruit) Roßkastanie *f*; **horse-doctor** *n* (*inf*) Viehdoktor *m* (*inf*); **horse-drawn** *adj* von Pferden gezogen; hearse, milk-cart pferdebespannt *attr*; **~ cart** Pferdewagen *m*; **horseflesh** *n* (meat of horse) Pferdefleisch *nt*; (horses collectively) Pferde *pl*; **horsefly** *n* (Pferde)bremse *f*; **Horse Guards** *npl* berittene Garde, Gardekavallerie *f*; **horsehair I** *n* Roßhaar *nt*; **II** *adj attr* Roßhaar-; **horse-laugh** *n* wieherndes Lachen *or* Gelächter *nt*; **horseless** *adj* ohne Pferd; **horseless carriage** *n* (old: motorcar) selbstfahrender Wagen; **horseman** *n* Reiter *m*; **horsemanship** *n* Reitkunst *f*; **horsemeat** *n* Pferdefleisch *nt*; **horseplay** *n* Alberei, Balgerei *f*; **horsepower** *n* Pferdestärke *f*; **a twenty ~ car** ein Auto mit zwanzig PS *or* Pferdestärken; **horse-race** *n* Pferderennen *nt*; **horse-racing** *n* Pferderennsport *m*;

(*races*) Pferderennen *pl*; **horseradish** *n* Meerrettich *m*; **horse-sense** *n* gesunder Menschenverstand; **horseshoe I** *n* Hufeisen *nt*; **II** *attr* hufeisenförmig, Hufeisen-; **horse show** *n* Pferdeschau *f*; **horse-trading** *n* (*fig*) Kuhhandel *m*; **horsewhip I** *n* Reitpeitsche *f*; **II** *vt* auspeitschen; **horsewoman** *n* Reiterin *f*.

hors(e)y [ˈhɔːsɪ] *adj* (+*er*) (*inf*) (*fond of horses*) pferdenärrisch; *appearance* pferdeähnlich. ~ **face** Pferdegesicht *nt*.

horticultural [ˌhɔːtɪˈkʌltʃ ərəl] *adj* Garten-(bau)-. ~ **show** Gartenschau *f*.

horticulture [ˈhɔːtɪkʌltʃ əʳ] *n* Gartenbau *m*.

hosanna [həʊˈzænə] **I** *interj* hos(i)anna. **II** *n* Hos(i)anna *nt*.

hose¹ [həʊz] **I** *n* (*also* ~**pipe**) Schlauch *m*. **II** *vt* (*also* ~ **down**) abspritzen.

hose² *n, no pl* **1.** (*Comm: stockings*) Strümpfe, Strumpfwaren *pl*. **2.** (*Hist: for men*) (*inf*) hose *f*.

hosier [ˈhəʊʒəʳ] *n* Strumpfwarenhändler *m*.

hosiery [ˈhəʊʒərɪ] *n* Strumpfwaren *pl*.

hospitable *adj*, ~**bly** *adv* [hɒsˈpɪtəbl, -ɪ] gastfreundlich, gastlich.

hospital [ˈhɒspɪtl] *n* Krankenhaus *nt*, Klinik *f*, Hospital *nt* (*old, Sw*). **in** *or* (*US*) **in the** ~ im Krankenhaus; **he's got to go to** *or* (*US*) **to the** ~ er muß ins Krankenhaus.

hospital *in cpds* Krankenhaus-; ~ **bed** Krankenhausbett *nt*; ~ **case** Fall, der im Krankenhaus behandelt werden muß; ~ **facilities** (*equipment*) Krankenhauseinrichtung(en *pl*) *f*; (*hospitals*) Kranken-(heil)anstalten *pl*.

hospitality [ˌhɒspɪˈtælɪtɪ] *n* Gastfreundschaft, Gastlichkeit *f*.

hospitalization [ˌhɒspɪtəlaɪˈzeɪʃ ən] *n* **1.** Einweisung *f* ins Krankenhaus; (*stay in hospital*) Krankenhausaufenthalt *m*. **2.** (*US:* ~ *insurance*) Versicherung *f* für Krankenhauspflege.

hospitalize [ˈhɒspɪtəlaɪz] *vt* ins Krankenhaus einweisen. **he was** ~**d for three months** er lag drei Monate lang im Krankenhaus.

hospital nurse *n* Krankenschwester *f* (im Krankenhaus); **hospital porter** *n* Pfleger(in *f*) *m*; (*doorman*) Pförtner(in *f*) *m* (im Krankenhaus); **hospital ship** *n* Lazarett- *or* Krankenschiff *nt*; **hospital train** *n* Lazarettzug *m*.

host¹ [həʊst] **I** *n* **1.** Gastgeber *m*; (*in own home also*) Hausherr *m*. **to be** ~ **to sb** jds Gastgeber sein; ~ **country** Gastland *nt*. **2.** (*in hotel etc*) Wirt *m*, Herr *m* des Hauses (*form*). **your** ~**s are Mr and Mrs X** Ihre Wirtsleute sind Herr und Frau X; **mine** ~ (*obs, hum*) der Herr Wirt. **3.** (*Bot*) Wirt(spflanze *f*) *m*; (*Zool*) Wirt(stier *nt*) *m*. **4.** (*on TV etc*) Gastgeber *m*. **II** *vt* *TV programme, games* Gastgeber sein bei.

host² *n* **1.** Menge, Masse (*inf*) *f*. **he has a** ~ **of friends** er hat massenweise (*inf*) *or* eine Menge Freunde; **a whole** ~ **of reasons** eine ganze Menge von Gründen. **2.** (*obs, liter*) Heerschar *f* (*obs, liter*). **a** ~ **of angels** eine Engelschar; **the Lord of H**~**s** der Herr der Heerscharen.

Host [həʊst] *n* (*Eccl*) Hostie *f*.

hostage [ˈhɒstɪdʒ] *n* Geisel *f*. **to take** ~**s** Geiseln nehmen.

hostel [ˈhɒstəl] **I** *n* (*for students, workers etc*) (Wohn)heim *nt*. **Youth H**~ Jugendherberge *f*. **II** *vi:* **to go** ~**ling** in Jugendherbergen übernachten.

hosteller [ˈhɒstələʳ] *n* Heimbewohner(in *f*) *m*; (*in Youth Hostel*) Herbergsgast *m*.

hostess [ˈhəʊstes] *n* **1.** (*person*) Gastgeberin *f*; (*in own home also*) Hausherrin *f*. **to be** ~ **to sb** jds Gastgeberin sein. **2.** (*in hotels etc*) Wirtin *f*. **3.** (*in night-club*) Hosteß *f*. **4.** (*air-*~) Stewardeß *f*; (*at exhibition etc*) Hosteß *f*. **5.** (*on TV etc*) Gastgeberin *f*.

hostile [ˈhɒstaɪl] *adj* **1.** (*of an enemy*) feindlich. **2.** (*showing enmity*) feindlich (gesinnt); *reception, looks* feindselig. **to be** ~ **to sth** einer Sache (*dat*) feindlich gegenüberstehen.

hostility [hɒsˈtɪlɪtɪ] *n* **1.** Feindseligkeit *f*; (*between people*) Feindschaft *f*. **to show** ~ **to sb** sich jdm gegenüber feindselig verhalten; **to show** ~ **to sth** einer Sache (*dat*) feindlich gegenüberstehen; **feelings of** ~ feindselige Gefühle *pl*; **he feels no** ~ **towards anybody** er ist niemandem feindlich gesinnt. **2.** **hostilities** *pl* (*warfare*) Feindseligkeiten *pl*.

hot [hɒt] **I** *adj* (+*er*) **1.** heiß; *meal, tap, drink* warm. **I am** *or* **feel** ~ mir ist (es) heiß; **with** ~ **and cold water** mit warm und kalt Wasser; **it was a** ~ **and tiring climb** der Aufstieg machte warm und müde; **Africa is a** ~ **country** in Afrika ist es heiß; **to get** ~ (*things*) heiß werden; **I'm getting** ~ mir wird (es) warm; **you're getting** ~ (*fig: when guessing*) jetzt wird's schon wärmer. **2.** (*to taste*) *curry, spices etc* scharf. **3.** (*inf: radioactive material*) radioaktiv, heiß (*inf*). **4.** (*sl*) *stolen goods* heiß (*inf*). **5.** (*inf: in demand*) *product* zugkräftig. **6.** (*inf: good, competent*) stark (*inf*); *person also* fähig. **he/it isn't (all) that** ~ so umwerfend ist er/das auch wieder nicht (*inf*); **he's pretty** ~ **at maths** in Mathe ist er ganz schön stark (*inf*); **I'm not feeling too** ~ mir geht's nicht besonders (*inf*). **7.** (*fig*) **to be (a)** ~ **favourite** hoch favorisiert sein, der große Favorit sein; ~ **tip** heißer Tip; ~ **jazz** Hot Jazz *m*; ~ **news** das Neuste vom Neuen; ~ **from the press** gerade erschienen; **the pace was so** ~ das Tempo war so scharf; **she has a** ~ **temper** sie braust leicht auf; **she's too** ~ **to handle** (*inf*) mit der wird keiner fertig (*inf*); **it's too** ~ **to handle** (*inf*) (*stolen goods*) das ist heiße Ware (*inf*); (*political issue, in journalism*) das ist ein heißes Eisen; **to get into** ~ **water** in Schwulitäten kommen (*inf*); **(all)** ~ **and bothered** (*inf*) ganz aufgeregt (*about sache*); **to get** ~ **under the collar about sth** wegen etw in Rage geraten; (*embarrassed*) wegen etw verlegen werden; **I went** ~ **and cold all over** (*inf*) (*illness*) mir wurde abwechselnd heiß und kalt; (*emotion*) mir wurde es ganz anders (*inf*); **things started getting** ~ **in the tenth round/the discussion** (*inf*) in der zehnten

Runde wurde es langsam spannend *or* ging's los (*inf*)/bei der Diskussion ging's heiß her (*inf*); **to make a place** *or* **things too ~ for sb** (*inf*) jdm die Hölle heiß machen (*inf*), jdm einheizen (*inf*); **it's getting too ~ for me here** (*inf*) hier wird mir der Boden unter den Füßen zu heiß.

II *adv* (*+er*) **the engine's running ~** der Motor läuft heiß; **he keeps blowing ~ and cold** er sagt einmal hü und einmal hott.

◆**hot up** (*inf*) **I** *vi* **the pace is ~ting ~** das Tempo wird schneller; **things are ~ting ~ in the Middle East** die Lage, im Nahen Osten spitzt sich zu *or* verschärft sich; **things are ~ting ~** es geht langsam los.

II *vt sep* (*fig*) *music* verpoppen (*inf*); *pace* steigern; *engine* frisieren.

hot air *n* (*fig*) leeres Gerede, Gewäsch *nt*; **hot-air** *adj attr* Heißluft-; **hotbed** *n* **1.** (*fig*) Brutstätte *f*, Nährboden *m* (*of* für); **2.** (*Hort*) Mist- *or* Frühbeet *nt*; **hot-blooded** *adj* heißblütig.

hotchpotch ['hɒtʃpɒtʃ] *n* Durcheinander *nt*, Mischmasch *m*.

hot.cross bun *n* Rosinenbrötchen *nt* mit kleinem Teigkreuz, wird in der Karwoche gegessen; **hot dog** *n* Hot Dog *m or nt*.

hotel [həʊˈtel] *n* Hotel *nt*.

hotel industry *n* Hotelgewerbe *nt*; **hotel keeper** *n* Hotelier, Hotelbesitzer *m*; **hotel porter** *n* Haus- *or* Hoteldiener *m*.

hotfoot ['hɒtfʊt] **I** *adv* eilends (*geh*); **II** *vt* (*inf*) **he ~ed it back home/out of town** er ging schleunigst nach Hause/er verließ schleunigst die Stadt; **hothead** *n* Hitzkopf *m*; **hotheaded** *adj* hitzköpfig, unbeherrscht; **hothouse I** *n* (*lit, fig*) Treibhaus *nt*; **II** *adj attr* (*lit*) *plant* Treibhaus-; (*fig*) *atmosphere* spannungsgeladen, angespannt; **hot line** *n* (*Pol*) heißer Draht.

hotly ['hɒtlɪ] *adv contested* heiß; *say, argue, deny* heftig. **he was ~ pursued by two policemen** zwei Polizisten waren ihm dicht auf den Fersen; **she blushed ~** sie wurde über und über rot.

hot metal (*Typ*) **I** *n* Blei *nt*; (*setting*) Bleisatz *m*; **II** *adj attr setting* Blei-; **hot pants** *npl* heiße Höschen, Hot Pants *pl*; **hotplate** *n* **1.** (*of stove*) Koch- *or* Heizplatte *f*, **2.** (*plate-warmer*) Warmhalteplatte, Wärmplatte *f*; **hotpot** *n* (*esp Brit Cook*) Fleischeintopf *m* mit Kartoffeleinlage; **hot potato** *n* (*fig inf*) heißes Eisen; **hot pursuit** *n* (*Mil*) Nacheile *f*; **to set off/be in ~ of sb/sth** jdm/einer Sache nachjagen; **in ~ of the thief** in wilder Jagd auf den Dieb; **hotrod** *n* (*Aut*) hochfrisiertes Auto; **hot seat** *n* Schleudersitz *m*; (*US sl: electric chair*) elektrischer Stuhl; **to be in the ~** auf dem Schleudersitz sein; (*in quiz etc*) auf dem Armsünderbänkchen sitzen (*hum*); **hotshot** *n* (*US sl*) **I** *n* Kanone *f* (*inf*), As *nt* (*inf*); **II** *adj attr* Spitzen- (*inf*), erstklassig; **hot spot** *n* (*Pol*) Krisenherd *m*; **hot spring** *n* heiße Quelle, Thermalquelle *f*; **hot stuff** *n* (*inf*) **it's ~** (*very good*) das ist große Klasse (*inf*); (*provocative*) das ist Zündstoff; **hot-tempered** *adj* leicht aufbrausend, jähzornig; **hot-water bottle** [ˌhɒtˈwɔːtəˌbɒtl] *n* Wärmflasche *f*.

hound [haʊnd] **I** *n* **1.** (*Hunt*) (Jagd)hund *m*. **the ~s lost the scent** die Meute verlor die Spur; **to ride to ~s** (*person*) mit der Meute jagen. **2.** (*any dog*) Hund *m*, Tier *nt*. **II** *vt* hetzen, jagen.

◆**hound down** *vt sep* Jagd machen auf (*+acc*), niederhetzen (*form*); (*criminal also*) zur Strecke bringen.

◆**hound out** *vt sep* verjagen, vertreiben (*of* aus).

hound's-tooth (check) ['haʊndztuːθ (ˌtʃek)] *n* Hahnentritt(muster *nt*) *m*.

hour ['aʊəʳ] *n* **1.** Stunde *f*; (*time of day also*) Zeit *f*. **half an ~, a half ~** eine halbe Stunde; **three-quarters/a quarter of an ~** eine dreiviertel Stunde, dreiviertel Stunden/eine Viertelstunde; **an ~ and a half** anderthalb *or* eineinhalb Stunden; **it's two ~s' walk from here** von hier sind es zu Fuß zwei Stunden; **two ~s' walk from here there is ...** nach einem Weg von zwei Stunden kommt man an (*+acc*) *or* zu ...; **at 1500/1530 ~s**, (*spoken*) **at fifteen hundred/fifteen thirty ~** s um 15⁰⁰/15³⁰ Uhr, (*gesprochen*) um fünfzehn Uhr/fünfzehn Uhr dreißig; **~ by ~** mit jeder Stunde, stündlich; **on the ~** zur vollen Stunde; **every ~ on the ~** jede volle Stunde; **20 minutes past the ~** 20 Minuten nach; **at an early/a late ~** früh/spät, zu früher/später Stunde (*geh*); **at all ~s (of the day and night)** zu jeder (Tages- und Nacht)zeit; **what! at this ~ of the night!** was! zu dieser nachtschlafenden Zeit!; **to walk/drive at 10 kilometres an ~** zu Fuß 10 Kilometer in der Stunde zurücklegen/10 Kilometer in der Stunde *or* 10 Stundenkilometer fahren; **a 30 mile(s) an ~ per ~ limit** eine Geschwindigkeitsbegrenzung von 30 Meilen in der Stunde; **to be paid by the ~** stundenweise bezahlt werden.

2. **~s** *pl* (*inf: a long time*) Stunden *pl*; **for ~s** stundenlang; **~s and ~s** Stunden und aber Stunden.

3. **~s** *pl* (*of banks, shops etc*) Geschäftszeit(en *pl*) *f*; (*of shops also, pubs, park etc*) Öffnungszeiten *pl*; (*of post office*) Schalterstunden *pl*; (*office* **~s**) Dienststunden *pl*; (*working* **~s** *etc*) Arbeitszeit *f*; (*of doctor etc*) Sprechstunde *f*; **out of/after ~s** (*in pubs*) außerhalb der gesetzlich erlaubten Zeit/nach der Polizeistunde; (*in shops etc*) außerhalb der Geschäftszeit(en)/ nach Laden- *or* Geschäftsschluß; (*in office etc*) außerhalb der Arbeitszeit/nach Dienstschluß; (*of doctor etc*) außerhalb/ nach der Sprechstunde; **what are your ~s?** (*shops, pubs etc*) wann haben Sie geöffnet *or* offen?; (*employee*) wie ist Ihre Arbeitszeit?; **to work long ~s** einen langen Arbeitstag haben, lange arbeiten.

4. (*fig*) **his ~ has come** seine Stunde ist gekommen; (*death also*) sein (letztes) Stündchen hat geschlagen; **in the ~ of danger** in der Stunde der Gefahr; **the man of the ~** der Mann der Stunde; **the problems of the ~** die aktuellen Probleme.

hour glass I *n* Sanduhr *f*, Stundenglas *nt* (*old*); **II** *adj figure* kurvenreich; **hour hand** *n* Stundenzeiger *m*, kleiner Zeiger.

hourly ['aʊəlɪ] **I** *adj* stündlich. **at ~ intervals** jede Stunde, stündlich; **~ rate/wage**

Stundensatz/-lohn *m*. **II** *adv* stündlich, jede Stunde; (*hour by hour*) mit jeder Stunde.

house [haʊs] **I** *n*, *pl* **houses** [ˈhaʊzɪz] **1.** Haus *nt*; (*household also*) Haushalt *m*. **at/to my ~** bei mir (zu Hause)/zu mir (nach Hause); **to set up ~** einen eigenen Hausstand gründen; (*in particular area*) sich niederlassen; **they set up ~ together** sie gründeten einen gemeinsamen Hausstand; **to put** *or* **set one's ~ in order** (*fig*) seine Angelegenheiten in Ordnung bringen; **he's getting on like a ~ on fire** (*inf*) (*in new job etc*) er macht sich prächtig (*inf*); (*with building, project etc*) er kommt prima *or* prächtig voran (*inf*); **he gets on with her like a ~ on fire** (*inf*) er kommt ausgezeichnet *or* prima (*inf*) mit ihr aus; **as safe as ~s** (*Brit*) bombensicher (*inf*); **H~ of God** *or* **the Lord** Haus Gottes, Gotteshaus *nt*; **a ~ of worship** ein Ort des Gebets.
   2. (*Pol*) **the upper/lower ~** das Ober-/Unterhaus; **H~ of Commons/Lords** (*Brit*) (britisches) Unter-/Oberhaus; **the H~** (*Brit inf*) das Parlament; (*as address also*) das Hohe Haus; **H~ of Representatives** (*US*) Repräsentantenhaus *nt*; **the H~s of Parliament** das Parlament(sgebäude).
   3. (*family, line*) Haus, Geschlecht *nt*. **the H~ of Bourbon** das Haus Bourbon, das Geschlecht der Bourbonen.
   4. (*firm*) Haus *nt*. **on the ~** auf Kosten des Hauses; (*on the company*) auf Kosten der Firma.
   5. (*Theat*) Haus *nt*; (*performance*) Vorstellung *f*. **to bring the ~ down** (*inf*) ein Bombenerfolg sein (*inf*).
   6. (*in boarding school*) Gruppenhaus *nt*; (*in day school*) eine von mehreren Gruppen verschiedenaltriger Schüler, die z.B. in Wettkämpfen gegeneinander antreten.
   7. (*in debate*) **H~** Versammlung *f*; **the motion before the H~** das Diskussionsthema, das zur Debatte *or* Diskussion stehende Thema; **this H~ believes capital punishment should be reintroduced** wir stellen die Frage zur Diskussion, ob die Todesstrafe wieder eingeführt werden sollte; (*in conclusion*) die Anwesenden sind der Meinung, daß die Todesstrafe wieder eingeführt werden sollte.
   8. full ~ (*Cards*) Full House *nt*; (*bingo*) volle Karte.
   9. (*Astrol*) Haus *nt*.
   II [haʊz] *vt people, goods* unterbringen; (*Tech also*) einbauen. **this building ~s three offices/ten families** in diesem Gebäude sind drei Büros/zehn Familien untergebracht.

house *in cpds* Haus-; **house arrest** *n* Hausarrest *m*; **houseboat** *n* Hausboot *nt*; **housebound** *adj* ans Haus gefesselt; **houseboy** *n* Boy *m*; **housebreaker** *n* Einbrecher *m*; **housebreaking** *n* Einbruch(sdiebstahl) *m*; **housecoat** *n* Morgenrock *or* -mantel *m*; **housedress** *n* (*US*) Schürzenkleid *nt*; **housefly** *n* Stubenfliege *f*; **houseguest** *n* (Haus)gast *m*.

household [ˈhaʊshəʊld] **I** *n* Haushalt *m*. **H~ Cavalry** Gardekavallerie *f*. **II** *attr* Haushalts-; *furniture* Wohn-. **~ chores** häusliche Pflichten *pl*, Hausarbeit *f*.

householder [ˈhaʊsˌhəʊldəʳ] *n* Haus-/Wohnungsinhaber(in *f*) *m*.

household name *n* **to be/become a ~** für jeden ein Begriff sein/zu einem Begriff werden; **household word** *n* Begriff *m*; **to be/become a ~ for sth** ein (In)begriff für etw sein/zu einem (In)begriff für etw werden.

house-hunt [ˈhaʊshʌnt] *vi* auf Haussuche sein; **they have started ~ing** sie haben angefangen, nach einem Haus zu suchen; **house-hunting** *n* Haussuche *f*; **house-husband** *n* Hausmann *m*; **house journal** *or* **magazine** *n* Hausnachrichten *pl*; **housekeeper** *n* Haushälterin, Wirtschafterin *f*; (*in institution also*) Wirtschaftsleiterin *f*; **his wife is a good ~** seine Frau ist eine gute Hausfrau; **housekeeping** *n* **1.** Haushalten *nt*; **2.** (*also ~ money*) Haushalts- *or* Wirtschaftsgeld *nt*; **houselights** *npl* Lichter *pl* im Saal; **housemaid** *n* Dienstmädchen *nt*; **housemaid's knee** *n* Schleimbeutelentzündung *f*; **houseman** *n* (*Brit*) Medizinalassistent *m*; **house martin** *n* Mehlschwalbe *f*; **housemaster/housemistress** *n* (*Brit*) Erzieher(in *f*) *m*; (*on teaching staff*) Lehrer(in *f*) *m*, *der/die für ein Gruppenhaus zuständig ist*; **house party** *n* mehrtägige Einladung; (*group invited*) Gesellschaft *f*; **house physician** *n* im (Kranken)haus wohnender Arzt; (*in private clinic etc*) Haus- *or* Anstaltsarzt *m/* -ärztin *f*; **house-proud** *adj* **she is ~** sie ist eine penible Hausfrau; **houseroom** *n*: **I wouldn't give it ~** (*inf*) das wollte ich nicht geschenkt haben; **house surgeon** *n* im (Kranken)haus wohnender Chirurg; (*in private clinic*) Haus- *or* Anstaltschirurg *m*; **house-to-house** *adj collection* Haus-; **a ~ search** eine Suche *or* Fahndung von Haus zu Haus; **to conduct ~ enquiries** von Haus zu Haus gehen und fragen; **housetop** *n* (Haus)dach *nt*; **to cry** *or* **proclaim** *or* **shout sth from the ~s** etw an die große Glocke hängen; **house-train** *vt* stubenrein machen; **house-trained** *adj* stubenrein; **house warming (party)** *n* Einzugsparty *f*; **to give** *or* **hold** *or* **have a ~** Einzug feiern; **housewife** *n* (*person*) Hausfrau *f*; **housewifely** *adj* hausfraulich; **housework** *n* Hausarbeit *f*.

housing [ˈhaʊzɪŋ] *n* **1.** (*act*) Unterbringung *f*. **2.** (*houses*) Wohnungen *pl*; (*temporary*) Unterkunft *f*. **3.** (*provision of houses*) Wohnungsbeschaffung *f*; (*building of houses*) Wohnungsbau *m*. **4.** (*Tech*) Gehäuse *nt*.

housing *in cpds* Wohnungs-; **~ association** Wohnungsbaugesellschaft *f*; **~ conditions** Wohnbedingungen *or* -verhältnisse *pl*; **~ development** (*US*), **~ estate** (*Brit*) Wohnsiedlung *f*; **~ programme** Wohnungsbeschaffungsprogramm *nt*; **~ scheme** (*estate*) Siedlung *f*; (*project*) Siedlungsbauvorhaben *nt*.

hove [həʊv] *pret, ptp of* **heave I 4., II 3.**

hovel [ˈhɒvəl] *n* armselige Hütte; (*fig pej*) Bruchbude *f*, Loch *nt* (*inf*). **my humble ~** (*hum*) meine bescheidene Hütte.

hover [ˈhɒvəʳ] *vi* **1.** schweben.
   2. (*fig*) **a smile ~ed on her lips** ein

Lächeln lag auf ihren Lippen; **she ~ed on the verge of tears/of a decision** sie war den Tränen nahe/sie schwankte in ihrer Entscheidung; **danger was ~ing all around them** ringsum lauerte Gefahr; **to ~ on the brink of disaster** am Rande des Ruins stehen; **he was ~ing between life and death** er schwebte zwischen Leben und Tod.

3. (*fig: stand around*) herumstehen. **to ~ over sb** jdm nicht von der Seite weichen; **don't ~ over me** geh endlich weg; **he's always ~ing over me** ich habe ihn ständig auf der Pelle (*inf*).

◆**hover about** *or* **around I** *vi* (*persons*) herumlungern, herumhängen; (*helicopter, bird etc*) (in der Luft) kreisen.

II *vi +prep obj* **to ~ ~ sb/sth** um jdn/ etw herumschleichen *or* -streichen, sich um jdn/etw herumdrücken; **the hostess ~ed ~ her guests** die Gastgeberin umsorgte ihre Gäste mit (über)großer Aufmerksamkeit.

hovercraft ['hɒvəkrɑːft] *n* Luftkissenfahrzeug, Hovercraft *nt*; **hoverport** *n* Anlegestelle *f* für Hovercrafts; **hovertrain** *n* Schwebezug *m*.

how¹ [hau] *adv* **1.** (*in what way*) wie. **~ so?**, **~'s that?**, **~ come?** (*inf*) wieso (denn das)?, wie kommt (denn) das?; **~ is it that we** *or* **~ come** (*inf*) **we earn less?** wieso *or* warum verdienen wir denn weniger?; **~ can that be?** wie ist das möglich?; **~ is it that …?** wie kommt es, daß …?; **I see ~ it is** ich verstehe (schon); **~ do you know that?** woher wissen Sie das?; **to learn/ know ~ to do sth** lernen/wissen, wie man etw macht; **I would like to learn ~ to ride/ swim/drive etc** ich würde gerne reiten/ schwimmen/Autofahren *etc* lernen.

2. (*in degree, quantity etc*) wie. **~ much** (*+n, adj, adv*) wieviel; (*+vb*) wie sehr; (*+vbs of physical action*) wieviel; **~ much do you visit them/go out?** wie oft besuchen Sie sie/gehen Sie aus?; **~ many** wieviel, wie viele.

3. (*regarding health, general situation etc*) **~ do you do?** (*at introduction*) Guten Tag/Abend!, angenehm! (*form*); **~ are you?** wie geht es Ihnen?; **~'s work/the pound?** *etc* was macht die Arbeit/das Pfund? *etc* (*inf*); **~ are things at school/in the office?** *etc* wie geht's in der Schule/im Büro? *etc*.

4. ~ about … wie wäre es mit …; **~ about it?** wie steht's?, na, was ist?; (*about suggestion*) wie wäre es damit?; **~ about going for a walk?** wie wär's mit einem Spaziergang?

5. ~ and ~! und ob *or* wie!; **~ he's grown!** er ist aber *or* vielleicht groß geworden; **look ~ he's grown!** sieh mal, wie groß er geworden ist.

6. (*that*) daß. **she told me ~ she had seen him there** sie sagte mir, daß sie ihn dort gesehen hat.

how² *interj* (*Indian greeting*) hugh.

howdy ['haudɪ] *interj* (*esp US inf*) Tag (*inf*).

how-d'ye-do ['haudjədu:] (*inf*) **I** *interj* Tag (*inf*), Tagchen (*inf*). **II** *n* (*palaver, fuss*) Theater *nt*; (*argument also*) Krach *m*. **a fine** *or* **pretty ~** eine schöne Bescherung.

however [hau'evə] **I** *conj* **1.** jedoch, aber. **~, we finally succeeded** wir haben es schließlich doch noch geschafft.

2. (*inf: oh well*) na ja (*inf*), nun ja (*inf*).

II *adv* **1.** (*no matter how*) wie … auch, egal wie (*inf*); (*in whatever way*) wie. **~ strong he is** wie stark er auch ist, egal wie stark er ist (*inf*); **do it ~ you like** mach's, wie du willst; **buy it ~ expensive it is** kaufen Sie es, egal, was es kostet; **~ that may be** wie dem auch sei.

2. (*in question*) wie … bloß *or* nur. **~ did you manage it?** wie hast du das bloß *or* nur geschafft?

howitzer ['hauɪtsə] *n* Haubitze *f*.

howl [haul] **I** *n* **1.** Schrei *m*; (*of animal, wind*) Heulen *nt no pl*. **the dog let out a ~** der Hund heulte auf *or* jaulte; **a ~ of pain/ fear** ein Schmerzens-/Angstschrei; **~s of excitement/ approval/rage** aufgeregtes/ zustimmendes/wütendes Geschrei; **~s of laughter** brüllendes Gelächter; **~s (of protest)** Protestgeschrei *nt*.

2. (*Elec*) (*from loudspeaker*) Pfeifen *nt no pl*, Rückkopp(e)lung *f*.

II *vi* **1.** (*person*) brüllen, schreien; (*animal*) heulen, jaulen; (*wind*) heulen. **to ~ with laughter** in brüllendes Gelächter ausbrechen.

2. (*weep noisily*) heulen; (*baby*) schreien, brüllen (*inf*).

3. (*Elec: loudspeaker etc*) rückkoppeln, pfeifen.

III *vt* hinausbrüllen, hinausschreien.

◆**howl down** *vt sep* niederbrüllen, niederschreien.

howler ['haulə] *n* (*inf*) Hammer (*sl*), Schnitzer (*inf*) *m*.

howling ['haulɪŋ] **I** *n* (*of person*) Gebrüll, Geschrei *nt*; (*noisy crying, of animal*) Heulen, Geheul *nt*; (*of wind*) Heulen *nt*. **II** *adj* **1.** (*lit*) heulend. **2.** (*inf: tremendous*) enorm; **success also** Riesen-.

HP, hp *abbr of* **1. hire purchase. 2. horse power** = PS.

HQ *abbr of* **headquarters**.

HRH *abbr of* **His/Her Royal Highness** S.M./I.M.

ht *abbr of* **height**.

hub [hʌb] *n* **1.** (*of wheel*) (Rad)nabe *f*. **2.** (*fig*) Zentrum *nt*, Mittelpunkt *m*. **the ~ of the universe** der Nabel der Welt.

hubble-bubble ['hʌbl'bʌbl] *n* **1.** (*pipe*) Wasserpfeife *f*. **2.** (*noise*) Brodeln *nt*.

hubbub ['hʌbʌb] *n* Tumult *m*. **a ~ (of noise)** ein Radau *m*; **a ~ of voices** ein Stimmengewirr *nt*.

hubby ['hʌbɪ] *n* (*inf*) Mann *m*.

hubcap ['hʌbkæp] *n* Radkappe *f*.

huckleberry ['hʌklbərɪ] *n* amerikanische Heidelbeere.

huckster ['hʌkstə] *n* **1.** (*hawker*) Straßenhändler(in *f*) *m*. **2.** (*US inf*) Reklamefritze *m* (*inf*).

huddle ['hʌdl] **I** *n* (*wirrer*) Haufen *m*; (*of people*) Gruppe *f*. **in a ~** dicht zusammengedrängt; **to go into a ~** (*inf*) die Köpfe zusammenstecken. **II** *vi* (*also* **to be ~d**) (sich) kauern.

◆**huddle down** *vi* sich kuscheln.

◆**huddle together** *vi* sich aneinanderkauern. **to be ~d** ~ aneinanderkauern.

◆**huddle up** *vi* sich zusammenkauern. **to be ~d** ~ zusammenkauern; **to ~ ~ against sb/sth** sich an jdn/etw kauern.

hue[1] [hjuː] *n* (*colour*) Farbe *f*; (*shade*) Schattierung *f*; (*fig: political leaning*) Schattierung, Färbung, Couleur (*geh*) *f*.

hue[2] *n*: **~ and cry** Zeter und Mordio (*against gegen*); **to set up** *or* **raise a ~ and cry** Zeter und Mordio schreien.

huff [hʌf] **I** *n* **to be/go off in a ~** beleidigt *or* eingeschnappt sein/abziehen (*inf*); **to get into a ~** einschnappen (*inf*). **II** *vi* **to ~ and puff** (*inf*) schnaufen und keuchen.

huffily ['hʌfɪlɪ] *adv* beleidigt.

huffiness ['hʌfɪnɪs] *n* Beleidigtsein *nt*; (*touchiness*) Empfindlichkeit *f*. **the ~ in his voice** sein beleidigter Ton.

huffy ['hʌfɪ] *adj* (*+er*) (*in a huff*) beleidigt; (*touchy*) empfindlich. **to get/be ~ about sth** wegen etw eingeschnappt (*inf*) *or* beleidigt sein.

hug [hʌg] **I** *n* Umarmung *f*. **to give sb a ~** jdn umarmen.
   II *vt* **1.** (*hold close*) umarmen; (*bear etc also*) umklammern; (*fig*) *hope, belief* sich klammern an (*+acc*). **to ~ sb/sth to oneself** jdn/etw an sich (*acc*) pressen *or* drücken.
   2. (*keep close to*) sich dicht halten an (*+acc*); (*car, ship etc also*) dicht entlang-fahren an (*+dat*).
   III *vr* **1.** **to ~ oneself to keep warm** die Arme verschränken, damit einem warm ist.
   2. **to ~ oneself over** *or* **about sth** (*fig*) sich zu etw beglückwünschen.

huge [hjuːdʒ] *adj* (*+er*) riesig, gewaltig; *cheek, lie, mistake, appetite, thirst, town also* Riesen-.

hugely ['hjuːdʒlɪ] *adv* ungeheuer; *enjoy, be pleased also* riesig.

Huguenot ['hjuːgənəʊ] **I** *adj* hugenottisch, Hugenotten-. **II** *n* Hugenotte *m*, Hugenottin *f*.

hulk [hʌlk] *n* **1.** (*Naut: body of ship*) (Schiffs)rumpf *m*. **2.** (*inf: person*) Klotz *m* (*inf*). **3.** (*wrecked vehicle*) Wrack *nt*; (*building etc*) Ruine *f*.

hulking ['hʌlkɪŋ] *adj*: **~ great, great ~** massig; **a great ~ wardrobe** ein Ungetüm *nt* von einem Kleiderschrank; **a ~ great brute (of a man/dog)** ein grobschlächtiger, brutaler Kerl/ein scheußliches Ungetüm von einem Hund.

hull[1] [hʌl] *n* (*Naut*) Schiffskörper *m*; (*Aviat*) Rumpf *m*. **ship ~ down on the horizon** Schiff in Sicht am Horizont.

hull[2] **I** *n* Hülse *f*; (*of peas also*) Schote *f*; (*of barley, oats also*) Spelze *f*; (*of strawberries etc*) Blättchen *nt*. **II** *vt* schälen; *beans, peas* enthülsen, ausmachen (*inf*); *strawberries etc* entstielen.

hullabaloo [ˌhʌləbə'luː] *n* (*inf*) Spektakel *m*.

hullo [hʌ'ləʊ] *interj see* **hello.**

hum [hʌm] **I** *n* **1.** *see vi 1.* Summen *nt*; Brausen *nt*; Brummen *nt*; Surren *nt*; (*of voices*) Gemurmel *nt*.
   2. (*inf: smell*) Gestank *m* (*inf*). **to give off a ~** stinken (*inf*).
   II *vi* **1.** (*insect, person*) summen; (*traffic*) brausen; (*engine, electric tool, wireless, top etc*) brummen; (*small machine,*

camera etc) surren. **the lines were/the of-fice was ~ming with the news** (*fig*) die Drähte liefen heiß/im Büro sprach man von nichts anderem.
   2. (*fig inf: party, concert etc*) in Schwung kommen. **to make things/the party ~** die Sache/die Party in Schwung bringen; **the headquarters was ~ming with activity** im Hauptquartier ging es zu wie in einem Bienenstock.
   3. **to ~ and haw** (*inf*) herumdrucksen (*inf*) (*over, about* um).
   4. (*inf: smell*) stinken (*inf*).
   III *vt* music, tune summen.
   IV *interj* hm.

human ['hjuːmən] **I** *adj* menschlich. **you can't do that, it's not ~** das kannst du nicht tun, das ist unmenschlich; **~ race** menschliche Rasse, Menschengeschlecht *nt* (*liter*); **she's only ~** sie ist auch nur ein Mensch; **that's only ~** das ist doch menschlich; **I would be less than ~ if ...** ich wäre ein Übermensch, wenn ...; **~ interest** die menschliche Seite; **a ~ interest story on the front page** eine Geschichte aus dem Leben auf der ersten Seite; **~ nature** die menschliche Natur; **~ sacrifice** Menschenopfer *nt*; **the ~ touch** die menschliche Wärme.
   II *n* (*also* ~ **being**) Mensch *m*.

humane [hjuː'meɪn] *adj* human, mensch-lich. **~ killer** Mittel *nt* zum schmerzlosen Töten; **~ society** Gesellschaft *f* zur Ver-hinderung von Grausamkeiten an Mensch und Tier.

humanely [hjuː'meɪnlɪ] *adv see adj.*

humanism ['hjuːmənɪzəm] *n* Humanismus *m*.

humanist ['hjuːmənɪst] **I** *n* Humanist *m*. **II** *adj* humanistisch.

humanistic [ˌhjuːmə'nɪstɪk] *adj* humani-stisch.

humanitarian [hjuːˌmænɪ'tɛərɪən] **I** *n* Vertreter(in *f*) *m* des Humanitätsgedan-kens. **II** *adj* humanitär.

humanity [hjuː'mænɪtɪ] *n* **1.** (*mankind*) die Menschheit. **2.** (*human nature*) Menschlichkeit, Menschenhaftigkeit *f*. **3.** (*humaneness*) Humanität, Menschlich-keit *f*. **4. humanities** *pl* Geisteswissen-schaften *pl*; (*Latin and Greek*) Alt-philologie *f*.

humanize ['hjuːmənaɪz] *vt* humanisieren.

humankind [ˌhjuːmən'kaɪnd] *n* die Menschheit.

humanly ['hjuːmənlɪ] *adv* menschlich. **to do all that is ~ possible** alles menschenmög-liche tun.

humble ['hʌmbl] **I** *adj* (*+er*) (*unassuming*) bescheiden; (*meek, submissive, Rel*) demütig; *apology also* zerknirscht; (*lowly*) einfach, bescheiden. **my ~ apologies!** ich bitte inständig um Verzeihung; **of ~ birth** *or* **origin** von niedriger Geburt *or* Her-kunft; **my ~ self** meine Wenigkeit; **in my ~ opinion** meiner bescheidenen Meinung nach; **to eat ~ pie** klein beigeben.
   II *vt* demütigen. **to ~ oneself** sich demütigen *or* erniedrigen.

humble-bee ['hʌmblˌbiː] *n* Hummel *f*.

humbleness ['hʌmblnɪs] *n* Bescheidenheit *f*; (*lowliness also*) Einfachheit *f*; (*meek-*

ness, submissiveness) Demut *f*.

humbly ['hʌmblɪ] *adv* (*unassumingly, with deference*) demütig (*esp Rel*), bescheiden; (*in a lowly way*) einfach, bescheiden; *apologize* zerknirscht; *agree* kleinlaut. **I** ~ **submit this little work** in aller Bescheidenheit überreiche ich diese kleine Arbeit; ~ **born** von niedriger Geburt.

humbug ['hʌmbʌg] *n* **1**. (*Brit: sweet*) Pfefferminzbonbon *m or nt*. **2**. (*inf: talk*) Humbug, Mumpitz *m* (*inf*). **3**. (*inf: person*) Gauner, Halunke *m*.

humdinger ['hʌmdɪŋəʳ] *n* (*sl: person, thing*) **to be a** ~ Spitze *or* große Klasse sein (*sl*).

humdrum ['hʌmdrʌm] *adj* stumpfsinnig.

humerus ['hjuːmərəs] *n* Oberarmknochen *m*.

humid ['hjuːmɪd] *adj* feucht.

humidifier [hjuː'mɪdɪfaɪəʳ] *n* Verdunster *m*; (*humidification system*) Luftbefeuchtungsanlage *f*.

humidify [hjuː'mɪdɪfaɪ] *vt* befeuchten.

humidity [hjuː'mɪdɪtɪ] *n* (Luft)feuchtigkeit *f*, Feuchtigkeitsgehalt *m* (der Luft).

humiliate [hjuː'mɪlɪeɪt] *vt see n* demütigen, erniedrigen; beschämen.

humiliation [hjuː‚mɪlɪ'eɪʃən] *n* Demütigung, Erniedrigung *f*; (*because of one's own actions*) Beschämung *f no pl*. **much to my** ~ sehr zu meiner Schande *or* Beschämung.

humility [hjuː'mɪlɪtɪ] *n* Demut *f*; (*unassumingness*) Bescheidenheit *f*.

hummingbird ['hʌmɪŋbɜːd] *n* Kolibri *m*; **humming-top** *n* Brummkreisel *m*.

hummock ['hʌmək] *n* (kleiner) Hügel *m*.

humor *etc* (*US*) *see* **humour** *etc*.

humorist ['hjuːmərɪst] *n* Humorist(in *f*) *m*.

humorous ['hjuːmərəs] *adj person* humorvoll; *book, story etc also, situation* lustig, komisch; *speech also* launig; *idea, thought* witzig; *smile, programme* lustig, heiter.

humorously ['hjuːmərəslɪ] *adv* humorvoll, witzig; *reflect, smile* heiter.

humour, (*US*) **humor** ['hjuːməʳ] **I** *n* **1**. Humor *m*. **a sense of** ~ (Sinn *m* für) Humor *m*; **I don't see the** ~ **in that** ich finde das gar nicht komisch *or* lustig.

2. (*mood*) Stimmung, Laune *f*. **to be in a good/in high** ~ in guter/ausgezeichneter Stimmung sein, gute/glänzende *or* ausgezeichnete Laune haben; **with good** ~ gutgelaunt; **to be out of** ~ schlechte Laune haben, schlecht gelaunt sein.

II *vt* **to** ~ **sb** jdm seinen Willen lassen *or* tun; **do it just to** ~ **him** tu's doch, damit er seinen Willen hat; **to** ~ **sb's wishes** jdm seinen Willen lassen.

humourless, (*US*) **humorless** ['hjuːməlɪs] *adj* humorlos, ohne jeden Humor; *speech, book etc also* trocken.

hump [hʌmp] **I** *n* **1**. (*Anat*) Buckel *m*; (*of camel*) Höcker *m*.

2. (*hillock*) Hügel, Buckel (*esp S Ger*) *m*. **we're over the** ~ **now** (*fig*) wir sind jetzt über den Berg.

3. (*Brit inf*) **he/that gives me the** ~ er/das fällt mir auf den Wecker (*inf*).

II *vt* **1**. **to** ~ **one's back** einen Buckel machen.

2. (*inf: carry*) schleppen. **to** ~ **sth onto one's back/shoulders** sich (*dat*) etw auf

den Rücken *or* Buckel (*inf*)/auf die Schultern laden *or* wuchten (*inf*).

humpback ['hʌmpbæk] *n* (*person*) Buck(e)-lige(r) *mf*; (*back*) Buckel *m*; **humpbacked** *adj person* buck(e)lig; *bridge* gewölbt.

humus ['hjuːməs] *n* Humus *m*.

Hun [hʌn] *n* **1**. (*Hist*) Hunne *m*, Hunnin *f*. **2**. (*pej int*) Teutone *m* (*pej*), Teutonin *f* (*pej*), Boche *m* (*pej*).

hunch [hʌntʃ] **I** *n* **1**. (*hump on sb's back*) Buckel *m*.

2. (*premonition*) Gefühl *nt*, Ahnung *f*.

II *vt* (*also* ~ **up**) *back* krümmen; *shoulders* hochziehen. **to** ~ (**up**) **one's back** einen Buckel machen, den Rücken krümmen; **he was** ~**ed (up) over his desk** er saß über seinen Schreibtisch gebeugt; ~**ed up with pain** vor Schmerzen gekrümmt.

hunchback ['hʌntʃbæk] *n* (*person*) Buck(e)lige(r) *mf*; (*back*) Buckel *m*; **hunchbacked** *adj* buck(e)lig.

hundred ['hʌndrɪd] **I** *adj* hundert. **a** *or* **one** ~ **years** (ein)hundert Jahre; **two/several** ~ **years** zweihundert/mehrere hundert Jahre; **a** *or* **one** ~ **and one** (*lit*) (ein)hundert(und)eins; (*fig*) tausend; **(one)** ~ **and first/second** *etc* hundert(und)erste(r, s)/-zweite(r, s) *etc*; **a** *or* **one** ~ **thousand** (ein)hunderttausend; **a** ~**-mile walk** ein Hundertmeilenmarsch; **a** *or* **one** ~ **per cent hundert** Prozent; **I'm not a** *or* **one** ~ **per cent fit** ich bin nicht hundertprozentig fit; **a** *or* **one** ~ **per cent inflation** eine Inflationsrate von hundert Prozent; **the H~ Years' War** (*Hist*) der Hundertjährige Krieg; **never in a** ~ **years!** nie im Leben!

II *n* hundert *num*; (*written figure*) hundert *f*. ~**s** (*lit, fig*) Hunderte *pl*; (*Math: figures in column*) Hunderter *pl*; **to count in** ~**s/up to a** *or* **one** ~ in Hunderten/bis hundert zählen; **one in a** ~ einer unter hundert; **eighty out of a** ~ achtzig von hundert; **an audience of a** *or* **one/two** ~ hundert/zweihundert Zuschauer; ~**s of times** hundertmal, Hunderte von Malen; ~**s and** ~**s** Hunderte und aber Hunderte; ~**s of thousands** Hunderttausende *pl*; ~**s and thousands** Hunderttausende *pl*; (*Cook*) Liebesperlen *pl*; **I'll lay (you) a** ~ **to one** ich wette hundert gegen eins; **to sell sth by the** ~ (*lit, fig*) etw im Hundert verkaufen; **to live to be a** ~ hundert Jahre alt werden; **they came in (their)** ~**s** *or* **by the** ~ sie kamen zu Hunderten.

hundredfold ['hʌndrɪdfəʊld] *adj, adv* hundertfach. **to increase a** ~ um das Hundertfache steigern.

hundredth ['hʌndrɪdθ] **I** *adj* (*in series*) hundertste(r, s); (*of fraction*) hundertstel. **II** *n* Hundertste(r, s) *decl as adj*; (*fraction*) Hundertstel *nt*; *see also* **sixth**.

hundredweight ['hʌndrɪdweɪt] *n* Zentner *m*; (*Brit*) 50,8 kg; (*US*) 45,4 kg.

hung [hʌŋ] *pret, ptp of* **hang**.

Hungarian [hʌŋ'geərɪən] **I** *adj* ungarisch. **II** *n* **1**. (*person*) Ungar(in *f*) *m*. **2**. (*language*) Ungarisch *nt*.

Hungary ['hʌŋgərɪ] *n* Ungarn *nt*.

hunger ['hʌŋgəʳ] **I** *n* (**a**) (*lit*) Hunger *m*. **to go on (a)** ~ **strike** in (den) Hungerstreik treten; **to die of** ~ verhungern.**2.** (*fig*) Hunger *m* (*for* nach). **II** *vi* (*old, liter*) hungern.

◆**hunger after** *or* **for** *vi +prep obj* (*liter*) hungern nach; *news* sehnsüchtig warten auf (+*acc*).

hungrily ['hʌŋgrɪlɪ] *adv* (*lit, fig*) hungrig.

hungry ['hʌŋgrɪ] *adj* (+*er*) **1.** (*lit*) hungrig. **to be** *or* **feel/get** ~ Hunger haben/bekommen; **to go** ~ hungern.
    2. (*fig*) hungrig; *soil* mager, karg. ~ **for knowledge/love/power** bildungs-/liebes-/machthungrig; **to be** ~ **for news** sehnsüchtig auf Nachricht warten; **to be** ~ **for fame/riches** sich nach Ruhm/Reichtum sehnen.

hung-up [͵hʌŋ'ʌp] *adj* (*inf*) **to be/get** ~ (**about sth**) (*be neurotic*) (wegen etw) einen Knacks weghaben (*inf*)/(wegen etw) durchdrehen (*inf*); (*have complex*) Komplexe (wegen etw) haben/ kriegen; **he's** ~ **on drugs** (*sl*) er kommt von den Drogen nicht mehr los; **he's** ~ **on her** (*sl*) er steht auf sie (*sl*).

hunk [hʌŋk] *n* **1.** Stück *nt*. **2.** (*fig inf: man*) **a gorgeous** ~ (**of a man**) ein Mann! (*inf*).

hunky-dory ['hʌŋkɪ'dɔːrɪ] *adj* (*inf*) **that's** ~ das ist in Ordnung.

hunt [hʌnt] **I** *n* Jagd *f*; (*huntsmen*) Jagd-(gesellschaft) *f*; (*fig: search*) Suche *f*. **the** ~ **is on** *or* **up** die Suche hat begonnen; **to have a** ~ **for sth** (*inf*) eine Suche nach etw veranstalten; **to be on the** ~ **for sth** (*for animal*) etw jagen, auf etw (*acc*) Jagd machen; (*fig*) auf der Suche *or* Jagd nach etw sein (*inf*).
    II *vt* **1.** (*Hunt*) jagen; (*search for*) *criminal also* Jagd machen auf (+*acc*); *missing article etc* suchen; *missing person* suchen, fahnden nach.
    2. to ~ **a horse/hounds** zu Pferd/mit Hunden jagen.
    III *vi* **1.** (*Hunt*) jagen. **to go** ~**ing** jagen, auf die Jagd gehen.
    2. (*to search*) suchen (*for, after* nach). **to** ~ **high and low** überall suchen (*for* nach).

◆**hunt about** *or* **around** *vi* herumsuchen *or* -kramen (*for* nach).

◆**hunt down** *vt sep animal, person* (unerbittlich) Jagd machen auf (+*acc*); (*capture*) zur Strecke bringen.

◆**hunt out** *vt sep* heraussuchen, hervorkramen (*inf*); *person, facts* ausfindig machen, aufstöbern (*inf*).

◆**hunt up** *vt sep history, origins* Nachforschungen anstellen über (+*acc*), forschen nach (+*dat*); *person also, facts* auftreiben (*inf*), ausfindig machen; *old clothes, records etc* kramen nach (+*dat*).

hunter ['hʌntəʳ] *n* **1.** (*person*) Jäger *m*; (*horse*) Jagdpferd *nt*; (*dog*) Jagdhund *m*. **2.** (*watch*) Sprungdeckeluhr *f*. **3.** (*Astron*) **the H**~ Orion *m*.

hunting ['hʌntɪŋ] *n* **1.** (*Sport*) die Jagd, das Jagen; (*also* fox-~) (die) Fuchsjagd *f*.
    2. (*fig: search*) Suche *f* (*for* nach). **after months/a lot of** ~ ... nach monatelanger/ langer Suche ... .

hunting *in cpds* Jagd-; ~ **box** Jagdhütte *f*; ~ **lodge** Jagdhütte *f*; (*larger*) Jagdschloß *nt*; ~ **pink** (*colour*) Rot *nt* (*des Reitrockes*);

(*clothes*) roter (Jagd)rock.

huntress ['hʌntrɪs] *n* Jägerin *f*.

huntsman ['hʌntsmən] *n, pl* -**men** [-mən] Jagdreiter *m*.

huntswoman ['hʌntswumən] *n, pl* -**women** [-wɪmɪn] Jagdreiterin *f*.

hurdle ['hɜːdl] **I** *n* **1.** (*Sport*) Hürde *f*. ~**s** *sing* (*race*) Hürdenlauf *m*; (*Horseracing*) Hürdenrennen *nt*; **the 100m** ~**s** (die) 100 m Hürden, (der) 100-m-Hürdenlauf.
    2. (*fig*) Hürde *f*. **to fall at the first** ~ (*schon*) über die erste *or* bei der ersten Hürde stolpern.
    II *vt fence* nehmen.
    III *vi* Hürdenlauf machen.

hurdler ['hɜːdləʳ] *n* (*Sport*) Hürdenläufer(in *f*) *m*.

hurdy-gurdy ['hɜːdɪ͵gɜːdɪ] *n* Leierkasten *m*, Drehorgel *f*.

hurl [hɜːl] *vt* schleudern. **to** ~ **oneself at sb/ into the fray** sich auf jdn/in das Getümmel stürzen; **they** ~**ed back their attackers** sie warfen ihre Angreifer zurück; **to** ~ **abuse/ insults at sb** jdn wüst beschimpfen (*inf*)/ jdm Beleidigungen ins Gesicht schleudern.

hurly-burly ['hɜːlɪ'bɜːlɪ] *n* Getümmel *nt*, Rummel *m* (*inf*).

hurrah [huˈrɑː], **hurray** [huˈreɪ] *interj* hurra. ~ **for the king!** ein Hoch dem König!

hurricane ['hʌrɪkən] *n* Orkan *m*; (*tropical*) Wirbelsturm *m*. ~ **force** Orkanstärke *f*; ~ **lamp** Sturmlaterne *f*.

hurried ['hʌrɪd] *adj* eilig; *letter, essay* eilig *or* hastig geschrieben; *ceremony* hastig durchgeführt, abgehaspelt (*inf*); *work* in Eile gemacht; (*with simple preparation*) *departure, wedding etc* überstürzt. **to eat a** ~ **meal** hastig etwas essen.

hurriedly ['hʌrɪdlɪ] *adv* eilig.

hurry ['hʌrɪ] **I** *n* Eile *f*. **in my** ~ **to get it finished** ... vor lauter Eile, damit fertig zu werden ...; **to do sth in a** ~ etw schnell *or* (*too fast*) hastig tun; **I need it in a** ~ ich brauche es schnell *or* eilig *or* dringend; **to be in a** ~ es eilig haben, in Eile sein; **I won't do that again in a** ~! (*inf*) das mache ich so schnell nicht wieder!; **what's the/ your** ~? was soll die Eile *or* Hast/warum (hast du's) so eilig?; **there's no** ~ es eilt nicht, es hat Zeit.
    II *vi* sich beeilen; (*run/go quickly*) laufen, eilen (*geh*). **there's no need to** ~ kein Grund zur Eile; **can't you make her** ~? kannst du sie nicht (*zur*) Eile antreiben?; **don't** ~! laß dir Zeit!, immer mit der Ruhe! (*inf*); **I must** ~ **back** ich muß schnell zurück.
    III *vt person* (*make act quickly*) (zur Eile) antreiben; (*make move quickly*) scheuchen (*inf*); (*work etc*) beschleunigen, schneller machen; (*do too quickly*) überstürzen. **troops were hurried to the spot** es wurden schleunigst Truppen dorthin gebracht; **don't** ~ **me** hetz mich nicht so!

◆**hurry along I** *vi* sich beeilen. ~ ~ **there, please!** schnell weitergehen, bitte!; **she hurried** ~ **to her friend** sie lief schnell zu ihrer Freundin; **to** ~ ~ **the road** die Straße entlanglaufen. **II** *vt sep person* weiterdrängen; (with work etc) zur Eile antreiben; things, work etc vorantreiben.

◆**hurry away** or **off I** vi schnell weggehen, forteilen (geh). **II** vt sep schnell wegbringen. **they hurried him ~ to the waiting car** sie brachten ihn schnell zu dem wartenden Wagen.

◆**hurry on I** vi weiterlaufen; (verbally, with work) weitermachen. **II** vt sep person weitertreiben; (with work) antreiben.

◆**hurry out I** vi hinauslaufen or -eilen. **II** vt sep schnell hinausbringen or -treiben.

◆**hurry up I** vi sich beeilen. **~ ~!** Beeilung!, beeil dich! **II** vt sep person zur Eile antreiben; work etc vorantreiben.

hurt [hɜːt] (vb: pret, ptp **~**) **I** vt **1.** (lit, fig) (cause pain) person, animal weh tun (+ dat); (injure) verletzen. **to ~ oneself** sich (dat) weh tun; **to ~ one's arm** sich (dat) am Arm weh tun; (injure) sich (dat) den Arm verletzen; **my arm is ~ing me** mein Arm tut mir weh, mir tut der Arm weh; **if you go on like that someone is bound to get ~** wenn ihr so weitermacht, verletzt sich bestimmt noch jemand or (fig) fühlt sich bestimmt noch jemand verletzt.

2. (harm) schaden (+dat). **it won't ~ him to wait** es schadet ihm gar nicht(s), wenn er etwas wartet or warten muß.

II vi **1.** (be painful) weh tun. **that ~s!** (lit, fig) das tut weh!

2. (do harm) schaden. **but surely a little drink won't ~** aber ein kleines Gläschen kann doch wohl nicht schaden.

III n Schmerz m; (baby-talk) Wehweh nt; (to feelings) Verletzung f (to gen); (to reputation etc) Schädigung f (to gen).

IV adj limb, feelings verletzt; tone, look gekränkt.

hurtful ['hɜːtfʊl] adj verletzend.

hurtfully ['hɜːtfʊlɪ] adv see adj.

hurtle ['hɜːtl] vi rasen. **it ~d against/into the wall** es sauste gegen die Mauer; **he came hurtling round the corner** er kam um die Ecke gerast.

husband ['hʌzbənd] **I** n Ehemann m. **my/her etc ~** mein/ihr etc Mann. **II** vt haushalten or sparsam umgehen mit.

husbandry ['hʌzbəndrɪ] n **1.** (management) Haushalten, Wirtschaften nt. **2.** (farming) Landwirtschaft f.

hush [hʌʃ] **I** vt person zum Schweigen bringen; (soothe) fears etc beschwichtigen. **II** vi still sein. **III** n Stille f. **IV** interj pst.

◆**hush up** vt sep vertuschen.

hushed [hʌʃt] adj voices gedämpft; words leise. **in ~ tones** mit gedämpfter Stimme.

hush-hush ['hʌʃ'hʌʃ] adj (inf) streng geheim.

hush-money ['hʌʃmʌnɪ] n Schweigegeld nt.

husk [hʌsk] **I** n Schale f; (of wheat) Spelze f; (of maize) Hüllblatt nt; (of rice also) Hülse f. **II** vt schälen.

huskily ['hʌskɪlɪ] adv mit rauher Stimme; (hoarsely) heiser, mit heiserer Stimme.

huskiness ['hʌskɪnɪs] n Rauheit f; (hoarseness) Heiserkeit f.

husky[1] ['hʌskɪ] adj (+er) **1.** rauh, belegt; singer's voice also rauchig; (hoarse) heiser. **a voice made ~ with emotion** eine vor Erregung heisere Stimme. **2.** (sturdy) person stämmig.

husky[2] n (dog) Schlittenhund m.

hussar [hʊ'zɑːʳ] n Husar m.

hussy ['hʌsɪ] n (pert girl) Fratz m (inf), (freche) Göre (inf); (whorish woman) Flittchen nt (pej).

hustings ['hʌstɪŋz] npl (Brit) (campaign) Wahlkampf m; (meeting) Wahlveranstaltung f. **on the ~** im Wahlkampf; (at election meeting) in or bei einer Wahlveranstaltung.

hustle ['hʌsl] **I** n (jostling) Gedränge nt; (hurry) Hetze, Eile f. **the ~ (and bustle) of the city centre** das geschäftige Treiben or das Gewühl (inf) in der Innenstadt.

II vt **1. to ~ sb into a room** etc schnell in einen Raum etc bringen; **she ~d her way through the crowd** sie drängelte sich durch die Menge.

2. (fig) drängen. **I won't be ~d into a decision** ich lasse mich nicht zu einer Entscheidung drängen.

III vi **1.** hasten, eilen; (through crowd etc) sich (durch)drängeln.

2. (solicit) auf den Strich gehen (inf).

3. (US inf: work quickly) sich ins Zeug legen (inf).

hustler ['hʌsləʳ] n **1.** (prostitute) Straßenmädchen, Strichmädchen (inf) nt; (male) Strichjunge m (inf). **2.** (US inf: hard worker) Arbeitstier nt (inf).

hustling ['hʌslɪŋ] n (Straßen)prostitution f, der Strich (inf).

hut [hʌt] n Hütte f; (Mil) Baracke f.

hutch [hʌtʃ] n Verschlag, Stall m.

hyacinth ['haɪəsɪnθ] n Hyazinthe f.

hyaena, hyena [haɪ'iːnə] n Hyäne f.

hybrid ['haɪbrɪd] **I** n (Ling) hybride Bildung or Form; (Bot, Zool) Kreuzung f, Hybride mf (form); (fig) Mischform f. **II** adj (Ling) hybrid (spec); (Bot, Zool) Misch-.

hybridize ['haɪbrɪdaɪz] vt (Ling) hybridisieren (spec); (Bot, Zool also) kreuzen; (fig) mischen, kreuzen.

hydra ['haɪdrə] n (Zool, Myth) Hydra f.

hydrangea [haɪ'dreɪndʒə] n Hortensie f.

hydrant ['haɪdrənt] n Hydrant m.

hydrate ['haɪdreɪt] **I** n Hydrat nt.

II [haɪ'dreɪt] vt hydratisieren.

hydrated [haɪ'dreɪtɪd] adj wasserhaltig.

hydraulic [haɪ'drɒlɪk] adj hydraulisch.

hydraulics [haɪ'drɒlɪks] n sing Hydraulik f.

hydric ['haɪdrɪk] adj Wasserstoff-, wasserstoff-, Hydro-, hydro-.

hydride ['haɪdraɪd] n Hydrid nt.

hydro ['haɪdrəʊ] n, pl **~s** Kurhotel nt (mit Hydrotherapie).

hydro- ['haɪdrəʊ-] pref (concerning water) Hydro-, hydro-, Wasser-, wasser-; (Chem) (+n) -wasserstoff m. **~carbon** Kohlenwasserstoff m; **~cephalic** [ˌhaɪdrəʊseˈfælk] wasserköpfig, mit einem Wasserkopf; **~cephalus** [ˌhaɪdrəʊˈsefələs] Wasserkopf m; **~chloric acid** Salzsäure f; **~dynamics** Hydrodynamik f; **~electric** hydroelektrisch; **~electric power** durch Wasserkraft erzeugte Energie; **~electric power station** Wasserkraftwerk nt; **~electricity** durch Wasserkraft erzeugte Energie f; **~foil** (boat) Tragflächen- or Tragflügelboot nt; (fin) Tragfläche f or -flügel m.

hydrogen ['haɪdrɪdʒən] n (abbr **H**) Wasserstoff m, Hydrogenium nt (spec). ~ **bomb** Wasserstoffbombe f; ~ **bond** Wasserstoffbrücke(nbindung) f; ~ **sulphide** (gas) Schwefelwasserstoff m.

hydrology [haɪ'drɒlədʒɪ] n Hydrologie f.

hydrolysis [haɪ'drɒlɪsɪs] n Hydrolyse f.

hydrometer [haɪ'drɒmɪtəʳ] n Hydrometer nt.

hydro-phobia [ˌhaɪdrəʊ'fəʊbjə] n Hydrophobie (spec), Wasserscheu f; (rabies) Tollwut f; **hydro-plane** n **1.** (Aviat: aircraft) Wasserflugzeug, Flugboot nt; (float) Schwimmer m; **2.** (Naut) (boat) Gleitboot nt; (of submarine) Tiefenruder nt; **hydro-therapeutics** n sing Wasserheilkunde f; **hydro-therapy** n Wasserbehandlung f.

hydroxide [haɪ'drɒksaɪd] n Hydroxyd, Hydroxid nt.

hyena [haɪ'iːnə] n see **hyaena**.

hygiene ['haɪdʒiːn] n Hygiene f. **personal** ~ Körperpflege f.

hygienic adj, ~**ally** adv [haɪ'dʒiːnɪk, -əlɪ] hygienisch.

hygro- ['haɪgrəʊ-] pref Hygro-, hygro-, (Luft)feuchtigkeits-. ~**meter** ['haɪ'grɒmɪtəʳ] Hygrometer nt.

hymen ['haɪmen] n Hymen (spec), Jungfernhäutchen nt.

hymenopterous [ˌhaɪmə'nɒptərɪs] adj ~ **insect** Hautflügler m.

hymn [hɪm] **I** n Hymne f; Kirchenlied nt. **II** vt (old) besingen; (Eccl) (lob)preisen.

hymnal ['hɪmnəl] n Gesangbuch nt.

hymnbook ['hɪmbʊk] n Gesangbuch nt.

hymn-singing ['hɪmˌsɪŋɪŋ] n Singen nt (von Chorälen).

hype [haɪp] vt (US sl) durch Werbung groß rausbringen (inf).

hyped up ['haɪpt'ʌp] adj (sl) high (sl).

hyper- ['haɪpəʳ] pref Hyper-, hyper-, Über-, über-, Super-, super-. ~**acidity** Übersäuerung, Hyperazidität (spec) f; ~**active** sehr or äußerst aktiv; **a** ~**active thyroid** eine Überfunktion der Schilddrüse.

hyperbola [haɪ'pɜːbələ] n (Math) Hyperbel f.

hyperbole [haɪ'pɜːbəlɪ] n (Liter) Hyperbel f.

hyperbolic(al) [ˌhaɪpə'bɒlɪk(əl)] adj (Liter, Math) hyperbolisch; (Math also) Hyperbel-.

hyper-critical [ˌhaɪpə'krɪtɪkl] adj übertrieben kritisch; **hyper-market** n großer Supermarkt; **hyper-sensitive** adj überempfindlich; **hyper-tension** n Hypertonie f, erhöhter Blutdruck; **hyper-thyroidism** n Überfunktion f der Schilddrüse; **hyper-trophy** n Hypertrophie f.

hyphen ['haɪfən] n Bindestrich m; (at end of line) Trenn(ungs)strich m; (Typ) Divis nt.

hyphenate ['haɪfəneɪt] vt mit Bindestrich schreiben; (Typ) koppeln (spec). ~**d**

word Bindestrich- or (Typ) Koppelwort nt.

hypno- [hɪpnəʊ-] pref Hypno-, hypno-.

hypnosis [hɪp'nəʊsɪs] n, **hypnoses** [hɪp'nəʊsiːz] Hypnose f.

hypnotic [hɪp'nɒtɪk] **I** adj hypnotisch; (hypnotizing, fig) hypnotisierend. **II** n **1.** (drug) Hypnotikum (spec), Schlafmittel nt. **2.** (person) (easily hypnotized) leicht hypnotisierbarer Mensch; (under hypnosis) Hypnotisierte(r) mf.

hypnotism ['hɪpnətɪzəm] n Hypnotismus m; (act) Hypnotisierung f.

hypnotist ['hɪpnətɪst] n Hypnotiseur m, Hypnotiseuse f.

hypnotize ['hɪpnətaɪz] vt hypnotisieren.

hypo- [haɪpəʊ-] pref Hypo-, hypo. ~**chondria** Hypochondrie f.

hypochondriac [ˌhaɪpəʊ'kɒndriæk] **I** n Hypochonder m. **II** adj (also ~**al** [-əl]) hypochondrisch.

hypocrisy [hɪ'pɒkrɪsɪ] n (hypocritical behaviour) Heuchelei f; (sanctimony) Scheinheiligkeit f.

hypocrite ['hɪpəkrɪt] n Heuchler(in f) m; Scheinheilige(r) mf.

hypocritical adj, ~**ly** adv [ˌhɪpə'krɪtɪkəl, -ɪ] heuchlerisch, scheinheilig.

hypodermic [ˌhaɪpə'dɜːmɪk] **I** adj injection subkutan. ~ **syringe/needle** Subkutanspritze f/-nadel f; (loosely) Spritze f/Nadel f. **II** n **1.** (syringe) subkutane Spritze. **2.** (injection) subkutane Injektion.

hypotenuse [haɪ'pɒtɪnjuːz] n Hypotenuse f. **the square on the** ~ das Quadrat über der Hypotenuse.

hypothermia [ˌhaɪpəʊ'θɜːmɪə] n Unterkühlung f; Kältetod m.

hypothesis [haɪ'pɒθɪsɪs] n, pl **hypotheses** [haɪ'pɒθɪsiːz] Hypothese, Annahme f. **working** ~ Arbeitshypothese f.

hypothetical [ˌhaɪpəʊ'θetɪkəl] adj hypothetisch, angenommen. **purely** ~ reine Hypothese.

hypothetically [ˌhaɪpəʊ'θetɪkəlɪ] adv hypothetisch.

hysterectomy [ˌhɪstə'rektəmɪ] n Hysterektomie (spec), Gebärmutterentfernung f.

hysteria [hɪ'stɪərɪə] n Hysterie f. **mass** ~ Massenhysterie f.

hysterical [hɪ'sterɪkəl] adj hysterisch; (inf: very funny) wahnsinnig komisch (inf).

hysterically [hɪ'sterɪkəlɪ] adv hysterisch. **to laugh** ~ hysterisch lachen; (fig) vor Lachen brüllen; ~ **funny** (inf) irrsinnig komisch (inf).

hysterics [hɪ'sterɪks] npl Hysterie f, hysterischer Anfall. **to stop sb's** ~ jds Hysterie (dat) ein Ende machen; **to go into** ~ hysterisch werden; (fig inf: laugh) sich totlachen; **we were in** ~ **about it** (inf) wir haben uns darüber totgelacht (inf).

I

I¹, i [aɪ] n I, i nt; see **dot.**

I² pers pron ich. **it is** ~ (form) ich bin es; **his conversation is full of "I's"** wenn er redet, hört man dauernd nur „ich".

iambic [aɪ'æmbɪk] **I** adj jambisch. ~ **pentameter** fünffüßiger Jambus. **II** n Jambus m.

IATA [aɪ'ɑːtə] abbr of **International Air Transport Association** IATA f.

IBA (Brit) abbr of **Independent Broadcasting Authority.**

Iberia [aɪ'bɪərɪə] n Iberien nt.

Iberian [aɪ'bɪərɪən] **I** adj iberisch. ~ **Peninsula** Iberische Halbinsel. **II** n **1.** Iberer(in f) m. **2.** (language) Iberisch nt.

ib(id) abbr of **ibidem** ib., ibd.

ibis ['aɪbɪs] n Ibis m.

ice [aɪs] **I** n **1.** Eis nt; (on roads) (Glatt)eis nt. **to be as cold as** ~ eiskalt sein; **my hands are like** ~ ich habe eiskalte Hände; **to keep** or **put sth on** ~ (lit) etw kalt stellen; (fig) etw auf Eis legen; **to break the** ~ (fig) das Eis brechen; **to be** or **be treading** or **be skating on thin** ~ (fig) sich aufs Glatteis begeben/begeben haben; **to cut no** ~ **with sb** (inf) auf jdn keinen Eindruck machen; **that cuts no** ~ **with me** (inf) das kommt bei mir nicht an.
2. (Brit: ice-cream) (Speise)eis nt, Eiskrem f.
II vt **1.** (make cold) (mit Eis) kühlen; (freeze) tiefkühlen.
2. cake glasieren, mit Zuckerguß überziehen.
◆**ice over** vi zufrieren; (windscreen) vereisen.
◆**ice up** vi (aircraft wings, rail points, windscreen) vereisen; (pipes etc) einfrieren.

ice in cpds Eis-; **ice age** n Eiszeit f; **ice axe** n Eispickel m; **iceberg** n (lit, fig) Eisberg m; **iceboat** n **1.** (Sport) Segelschlitten m; **2.** see **icebreaker; icebound** adj port zugefroren, vereist; ship vom Eis eingeschlossen; road vereist; **icebox** n (Brit: in refrigerator) Eisfach nt; (US) Eisschrank m; (insulated box) Eisbox, Kühltasche f; **this room is like an** ~ dieses Zimmer ist der reinste Eiskeller; **icebreaker** n Eisbrecher m; **ice bucket** n Eiskühler m; **icecap** n Eisdecke, Eisschicht f; (polar) Eiskappe f; **ice-cold** adj eiskalt; **ice-cream** n Eis nt, Eiskrem f; **ice-cream parlour** n Eisdiele f; **ice cube** n Eiswürfel m.

iced [aɪst] adj **1.** (cooled) eisgekühlt; (covered with ice) vereist, mit Eis bedeckt. ~ **coffee** Eiskaffee m; ~ **water** Eiswasser nt. **2.** cake glasiert, mit Zuckerguß überzogen.

ice floe n Eisscholle f; **ice hockey** n Eishockey nt.

Iceland ['aɪslənd] n Island nt.

Icelander ['aɪsləndə'] n Isländer(in f) m.

Icelandic [aɪs'lændɪk] **I** adj isländisch. **II** n

(language) Isländisch nt.

ice pack n Packeis nt; (on head) Eisbeutel m; **ice pick** n Eispickel m; **ice rink** n (Kunst)eisbahn, Schlittschuhbahn f; **iceskate** vi Schlittschuh laufen or fahren; **iceskate** n Schlittschuh m; **ice-skating** n Eislauf m, Schlittschuhlaufen nt.

ICFTU abbr of **International Confederation of Free Trade Unions** IBFG m, Internationaler Bund freier Gewerkschaften.

icicle ['aɪsɪkl] n Eiszapfen m.

icily ['aɪsɪlɪ] adv (lit, fig) eisig. **the wind blew** ~ es wehte ein eisiger Wind; **to look** ~ **at sb** jdm einen eisigen Blick zuwerfen.

iciness ['aɪsɪnɪs] n Eiseskälte f, eisige Kälte; (of road etc) Vereisung f.

icing ['aɪsɪŋ] n **1.** (Cook) Zuckerguß m. ~ **sugar** (Brit) Puderzucker m. **2.** (on aircraft, rail points) Eisbildung, Vereisung f.

icon ['aɪkɒn] n Ikone f.

iconoclasm [aɪ'kɒnəklæzəm] n (lit, fig) Bilderstürmerei f.

iconoclast [aɪ'kɒnəklæst] n (lit, fig) Bilderstürmer, Ikonoklast (liter) m.

iconoclastic [aɪˌkɒnə'klæstɪk] adj (lit) bilderstürmend; (fig) bilderstürmerisch.

icy ['aɪsɪ] adj (+er) (lit, fig) eisig; (covered with ice) road vereist; ground gefroren.

I'd [aɪd] contr of **I would; I had.**

id [ɪd] n (Psych) Es nt.

ID abbr of **identification; identity.**

Idaho ['aɪdəhəʊ] n (abbr Id(a), ID) Idaho nt.

idea [aɪ'dɪə] n **1.** Idee f (also Philos); (sudden also) Einfall m. **good** ~! gute Idee!; **that's not a bad** ~ das ist keine schlechte Idee; **what an** ~! so eine or was für eine Idee!; **man of** ~s Denker m; **the very** ~! (nein,) so was!; **the very** ~ **of eating horsemeat revolts me** der bloße Gedanke an Pferdefleisch ekelt mich; **the** ~ **never entered my head!** auf den Gedanken bin ich überhaupt nicht gekommen; **he is full of (bright)** ~s ihm fehlt es nie an (guten) Ideen; **to hit upon the** ~ **of doing sth** den plötzlichen Einfall haben, etw zu tun; **he got the** ~ **for his novel while he was having a bath** die Idee zu seinem Roman kam ihm in der Badewanne; **to lack** ~s phantasielos or einfallslos sein; **whose bright** ~ **was that?** (iro) wer hat denn diese glänzende Idee gehabt?; **he hasn't an** ~ **in his head** er ist völlig ideenlos; **he's somehow got the** ~ **into his head that** ... er bildet sich (dat) irgendwie ein, daß ...; **don't get** ~s or **don't you go getting** ~s **about promotion** machen Sie sich (dat) nur keine falschen Hoffnungen auf eine Beförderung; **to put** ~s **into sb's head** jdm einen Floh ins Ohr setzen.
2. (purpose) **the** ~ **was to meet at 6** wir

wollten uns um 6 treffen; **what's the ~ of keeping him waiting?** was soll denn das, ihn warten zu lassen?; **what's the big ~?** (inf) was soll das denn?; **the ~ is to ...** es ist beabsichtigt, zu ...; **that's the ~** so ist es richtig, genau (das ist's)!; **you're getting the ~** Sie verstehen langsam, worum es geht.

3. (opinion) Meinung, Ansicht f; (conception) Vorstellung f. **if that's your ~ of fun** wenn Sie das lustig finden; **he has some very strange ~s** er hat manchmal merkwürdige Vorstellungen; **his ~ of a pleasant evening is ...** seine Vorstellung von einem angenehmen Abend ist, ...

4. (knowledge) Ahnung f. **you've no ~ how worried I've been** du kannst dir nicht vorstellen, welche Sorgen ich mir gemacht habe; **to have some ~ of art** ein bißchen von Kunst verstehen; **(I've) no ~** (ich habe) keine Ahnung; **I haven't the least or slightest or faintest ~** ich habe nicht die leiseste or geringste Ahnung; **I have an ~ that ...** ich habe so das Gefühl, daß ...; **I had no ~ that ...** ich hatte ja keine Ahnung, daß ...; **could you give me an ~ of how long ...?** könnten Sie mir ungefähr sagen, wie lange ...?; **to give you an ~ of how difficult it is** um Ihnen eine Vorstellung davon zu vermitteln, wie schwierig es ist.

ideal [aɪˈdɪəl] **I** adj ideal, vollkommen. **II** n Idealvorstellung f, Ideal nt (also Philos).

idealism [aɪˈdɪəlɪzəm] n Idealismus m.

idealist [aɪˈdɪəlɪst] n Idealist(in f) m.

idealistic [aɪ͵dɪəˈlɪstɪk] adj idealistisch.

idealize [aɪˈdɪəlaɪz] vt idealisieren.

ideally [aɪˈdɪəlɪ] adv ideal. **they are ~ suited for each other** sie passen ausgezeichnet zueinander; **~, the house should have four rooms** idealerweise or im Idealfall sollte das Haus vier Zimmer haben.

identical [aɪˈdentɪkəl] adj (exactly alike) identisch, (völlig) gleich; (same) derselbe/dieselbe/dasselbe. **~ twins** eineiige Zwillinge pl; **we have ~ views** wir haben die gleichen Ansichten.

identically [aɪˈdentɪkəlɪ] adv identisch.

identifiable [aɪˈdentɪ͵faɪəbl] adj erkennbar; (esp in scientific contexts) identifizierbar.

identification [aɪ͵dentɪfɪˈkeɪʃən] n **1.** (of criminal, dead person etc) Identifizierung f, Feststellung f der Identität. **a system of fingerprint ~** ein erkennungsdienstliches System auf der Basis von Fingerabdrücken.

2. (papers) Ausweispapiere pl, Legitimation f. **because he had no (means of) ~** weil er sich nicht ausweisen konnte.

3. (considering as identical, equation) Gleichsetzung, Identifizierung f.

4. (association) Identifikation f. **a politician who has any form of ~ with a criminal group** ein Politiker, der irgendwie mit einer kriminellen Gruppe in Verbindung gebracht wird.

identification papers npl Ausweispapiere pl; **identification parade** n Gegenüberstellung f (zur Identifikation des Täters); **identification tag** n (US) Erkennungsmarke f.

identify [aɪˈdentɪfaɪ] **I** vt **1.** (establish identity of) identifizieren, die Identität (+gen) feststellen; (plant, species etc) bestimmen; (mark identity of) kennzeichnen; (recognize, pick out) erkennen. **to ~ sb/sth by sth** jdn/etw an etw (dat) erkennen.

2. (consider as the same) gleichsetzen (with mit), als identisch betrachten.

3. (associate with) assoziieren.

II vr **1. to ~ oneself** sich ausweisen.

2. to ~ oneself with sb/sth sich mit jdm/etw identifizieren.

III vi (with film hero etc) sich identifizieren (with mit).

identikit [aɪˈdentɪkɪt] n: **~ (picture)** Phantombild nt.

identity [aɪˈdentɪtɪ] n **1.** Identität f. **to prove one's ~** sich ausweisen; **a driving licence will be accepted as proof of ~** ein Führerschein genügt, um sich auszuweisen; **proof of ~** (permit) Legitimation f; see **mistaken**.

2. (identicalness) Gleichheit, Übereinstimmung, Identität f. **there is no ~ of interest between ...** es gibt keine Interessengleichheit zwischen ...

identity card n (Personal)ausweis m, Kennkarte f (dated); **identity crisis** n Identitätskrise f; **identity disc** n (Mil) Erkennungsmarke f; (for dogs) Hundemarke f; **identity papers** npl Ausweispapiere pl.

ideological adj, **~ly** adv [͵aɪdɪəˈlɒdʒɪkəl, -ɪ] weltanschaulich, ideologisch (often pej).

ideologist [͵aɪdɪˈɒlədʒɪst] n Ideologe m, Ideologin f.

ideology [͵aɪdɪˈɒlədʒɪ] n Weltanschauung, Ideologie f.

ides [aɪdz] npl Iden pl. **the ~ of March** die Iden pl des März.

idiocy [ˈɪdɪəsɪ] n **1.** no pl Idiotie f, Schwachsinn m. **2.** (stupid act, words) Dummheit, Blödheit f.

idiom [ˈɪdɪəm] n **1.** (special phrase, group of words) idiomatische Wendung, Redewendung f. **2.** (language) Sprache f, Idiom nt; (of region) Mundart f, Dialekt m; (of author) Ausdrucksweise, Diktion f. **... to use the modern ~** ... um es modern auszudrücken.

idiomatic [͵ɪdɪəˈmætɪk] adj idiomatisch. **to speak ~ German** idiomatisch richtiges Deutsch sprechen; **an ~ expression** eine Redensart, eine idiomatische Redewendung.

idiomatically [͵ɪdɪəˈmætɪkəlɪ] adv see adj.

idiosyncrasy [͵ɪdɪəˈsɪŋkrəsɪ] n Eigenheit, Eigenart, Besonderheit f; (Ling, Med) Idiosynkrasie f.

idiosyncratic [͵ɪdɪəsɪŋˈkrætɪk] adj eigenartig; (Ling, Med) idiosynkratisch.

idiot [ˈɪdɪət] n Idiot, Dummkopf, Schwachkopf m; (old Med) Idiot(in f) m, Schwachsinnige(r) mf. **what an ~!** so ein Idiot or Dummkopf!; **you (stupid) ~!** du Idiot!; **where's that ~ of a waiter?** wo ist dieser Idiot von Ober?

idiot card n (TV) Neger m.

idiotic [͵ɪdɪˈɒtɪk] adj blöd(sinnig), idiotisch.

idiotically [͵ɪdɪˈɒtɪkəlɪ] adv blödsinnig, idiotisch; expensive lachhaft, absurd; exaggerated lächerlich.

idle [ˈaɪdl] **I** *adj* (+ *er*) **1.** (*not working*) *person* müßig, untätig. **the ~ rich** die reichen Müßiggänger; **in my ~ moments** in ruhigen *or* stillen Augenblicken; **~ life** faules Leben; **money lying ~** totes Kapital; **we don't want to let the money lie ~** wir wollen das Geld nicht ungenutzt liegen lassen; **his car was lying ~ most of the time** sein Auto stand meistens unbenutzt herum.
2. (*lazy*) faul, träge.
3. (*in industry*) *person* unbeschäftigt; *machine* stillstehend *attr*, stilliegend *attr*, außer Betrieb. **500 men have been made ~ by the strike** durch den Streik mußten 500 Leute ihre Arbeit einstellen.
4. *promise, threat, words* leer; *speculation, talk* (*useless*) nutzlos, vergeblich, eitel (*old*). **it would be ~ to go on trying** es wäre nutzlos *or* zwecklos, (es) weiter zu versuchen; **~ curiosity** pure *or* bloße Neugier.
II *vi* **1.** (*person*) untätig sein, faulenzen, nichts tun. **a day spent idling on the river** ein Tag, den man untätig auf dem Wasser verbringt.
2. (*engine*) leerlaufen. **when the engine is idling** wenn der Motor im Leerlauf ist.
◆**idle about** *or* **around** *vi* herumtrödeln, bummeln; (*loiter*) herumlungern. **we were idling ~ on the beach** wir faulenzten am Strand; **don't ~ ~** trödle nicht herum!, bummle nicht!
◆**idle away** *vt sep one's time etc* vertrödeln, verbummeln.

idleness [ˈaɪdlnɪs] *n* **1.** (*state of not working*) Untätigkeit *f*; (*pleasurable*) Muße *f*, Müßiggang (*liter*) *m*. **to live in ~** ein untätiges Leben führen.
2. (*laziness*) Faulheit, Trägheit *f*.
3. *see adj 4.* Leere *f*; Müßigkeit *f*; Nutzlosigkeit, Vergeblichkeit, Eitelkeit *f*.

idler [ˈaɪdlə^r] *n* **1.** (*person not working*) Müßiggänger(in *f*) *m*; (*lazy person*) Faulenzer(in *f*) *m*, Faulpelz *m*. **2.** (*Tech*) (*wheel*) Zwischenrad *nt*; (*pulley*) Spannrolle *f*.

idly [ˈaɪdlɪ] *adv* **1.** (*without working*) untätig; (*pleasurably*) müßig. **to stand ~ by** untätig herumstehen. **2.** (*lazily*) faul, träge. **3.** (*without thinking*) *say, suggest* ohne sich/mir *etc* etwas dabei zu denken; (*vainly*) *speculate* müßig.

idol [ˈaɪdl] *n* (*lit*) Götze *m*, Götzenbild *nt*; (*fig*) Idol *nt*, Abgott *m*; (*Film, TV etc*) Idol *nt*.

idolater [aɪˈdɒlətə^r] *n* Götzendiener *m*.

idolatress [aɪˈdɒlətrɪs] *n* Götzendienerin *f*.

idolatrous [aɪˈdɒlətrəs] *adj* (*lit*) Götzen-; (*fig*) abgöttisch.

idolatry [aɪˈdɒlətrɪ] *n* (*lit*) Götzendienst *m*, Götzenverehrung *f*; (*fig*) Vergötterung *f*, abgöttische Verehrung.

idolize [ˈaɪdəlaɪz] *vt* abgöttisch lieben *or* verehren, vergöttern.

I'd've [ˈaɪdəv] *contr of* **I would have.**

idyll [ˈɪdɪl] *n* **1.** (*Liter*) Idylle *f*. **2.** (*fig*) Idyll *nt*.

idyllic *adj*, **~ally** *adv* [ɪˈdɪlɪk, -lɪ] idyllisch.

i.e. *abbr of* **id est** i.e., d.h.

if [ɪf] **I** *conj* wenn; (*in case also*) falls, für den Fall, daß …; (*whether, in direct clause*) ob. **~ it rains tomorrow** wenn es *or* falls es morgen regnet; **I wonder ~ he'll come** ich bin gespannt, ob er kommt; **do you know ~ they have gone?** wissen Sie, ob sie gegangen sind?; **I'll let you know when or ~ I come to a decision** ich werde Ihnen mitteilen, ob und wenn ich mich entschieden habe; **~ I asked him he helped me** er half mir immer, wenn ich ihn darum bat; **(even) ~** auch wenn; **it's a good film (even) ~ rather long** es ist ein guter Film, auch wenn er etwas lang ist; **(even) ~ they are poor, at least they are happy** sie sind zwar arm, aber wenigstens glücklich; **~ only** wenn (doch) nur; **~ only I had known!** wenn ich das nur gewußt hätte!; **I would like to see him, ~ only for a few hours** ich würde ihn gerne sehen, wenn auch nur für ein paar Stunden; **as ~** als ob; **he acts as ~ he were** *or* **was** (*inf*) **rich** er tut so, als ob er reich wäre; **as ~ by chance** wie zufällig; **~ necessary** falls nötig, im Bedarfsfall; **~ so** wenn ja; **~ not** falls nicht; **~ not, why not?** falls nicht, warum?; **~ I were you/him** wenn ich Sie/er wäre, an Ihrer/seiner Stelle; **~ anything this one is bigger** wenn überhaupt, dann ist dieses hier größer; **~ I know Pete, he'll … so** wie ich Pete kenne, wird er …; **well, ~ he didn't try to steal my bag!** (*inf*) wollte der doch tatsächlich meine Tasche klauen (*inf*); **well, ~ it isn't old Jim!** (*inf*) ich werd' verrückt, das ist doch der Jim (*inf*).
II *n* **Wenn** *nt*. **it's a big ~** das ist noch sehr fraglich; **~s and buts** Wenn und Aber *nt*.

igloo [ˈɪɡluː] *n* Iglu *m or nt*.

igneous [ˈɪɡnɪəs] *adj* (*Geol*) **~ rock** Eruptivgestein *nt*.

ignite [ɪɡˈnaɪt] **I** *vt* entzünden, anzünden; (*Aut*) zünden. **II** *vi* sich entzünden, Feuer fangen; (*Aut*) zünden.

ignition [ɪɡˈnɪʃən] *n* **1.** Entzünden, Anzünden *nt*. **2.** (*Aut*) Zündung *f*. **we have ~** (*of rocket*) „Zündung".

ignition (*Aut*) *in cpds* Zünd-; **~ coil** Zündspule *f*; **~ key** Zündschlüssel *m*.

ignoble [ɪɡˈnəʊbl] *adj* schändlich, unwürdig, unehrenhaft. **~ peace** schmachvoller Frieden.

ignominious [ˌɪɡnəˈmɪnɪəs] *adj* schmachvoll, entwürdigend, schmählich; *behaviour* schändlich, unehrenhaft.

ignominiously [ˌɪɡnəˈmɪnɪəslɪ] *adv see adj.*

ignominy [ˈɪɡnəmɪnɪ] *n* Schmach, Schande *f*, Schimpf *m* (*old*).

ignoramus [ˌɪɡnəˈreɪməs] *n* Nichtswisser, Ignorant *m*.

ignorance [ˈɪɡnərəns] *n* (*general lack of knowledge, education*) Unwissenheit *f*, Mangel *m* an Bildung, Ignoranz *f*; (*of particular subject, language, plan etc*) Unkenntnis *f*. **to keep sb in ~ of sth** jdn in Unkenntnis über etw (*acc*) lassen; **to be in ~ of sth** etw nicht wissen *or* kennen; **~ (of the law) is no excuse** Unkenntnis schützt vor Strafe nicht.

ignorant [ˈɪɡnərənt] *adj* **1.** (*generally uneducated*) unwissend, ungebildet, ignorant; (*of particular subject*) unwissend; (*of plan, requirements etc*) nicht informiert (*of* über +*acc*). **I am not exactly ~ of what has been going on** es ist nicht so, als wüßte ich nicht, was los ist; **to be ~ of the facts** die Tatsachen nicht kennen.

2. (*ill-mannered*) unhöflich, ungeschliffen, ungehobelt.

ignorantly ['ɪgnərəntlɪ] *adv* unwissentlich; *behave* unhöflich, ungehobelt.

ignore [ɪg'nɔːʳ] *vt* ignorieren; (*deliberately overlook also*) hinwegsehen über (+*acc*); (*pass over, pay no attention to*) nicht beachten, unbeachtet lassen; *remark also* überhören, übergehen; *person also* übersehen, nicht beachten. **I'll ~ that** ich habe nichts gehört/gesehen; **but I can't ~ the fact that ...** aber ich kann mich der Tatsache nicht verschließen, daß ...

iguana [ɪ'gwɑːnə] *n* Leguan *m*.

ikon ['aɪkɒn] *n* Ikone *f*.

ilex ['aɪleks] *n* **1.** (*holm oak*) Steineiche *f*. **2.** (*holly*) Ilex, Stechpalme *f*.

ilk [ɪlk] *n* **people of that ~** solche Leute; **all things of that ~** und lauter solche Dinge; **and others of that ~** und dergleichen.

ill [ɪl] **I** *adj* **1.** *pred* (*sick*) krank. **to fall** *or* **take** (*inf*) *or* **be taken ~** erkranken (*with sth* an etw *dat*), krank werden; **to feel ~** sich unwohl *or* krank fühlen; **I feel (terribly) ~** mir ist gar nicht gut; **he is ~ with fever/a cold** er hat Fieber/eine Erkältung; **~ with anxiety/jealousy** krank vor Angst/Eifersucht.

2. *comp* **worse**, *superl* **worst** (*bad*) schlecht, schlimm, übel. **~ feeling** böses Blut; **no ~ feeling?** ist es wieder gut?; **no ~ feeling!** ist schon vergessen; **due to ~ health** aus Gesundheitsgründen; **~ luck** Pech *nt*; **as ~ luck would have it** wie es der Teufel so will; **~ will** böses Blut; **I don't bear them any ~ will** ich trage ihnen nichts nach; **it's an ~ wind (that blows nobody any good)** (*Prov*) so hat alles seine guten Seiten.

II *n* **1. to think ~ of sb** schlecht *or* Schlechtes von jdm *or* über jdn denken; **to speak ~ of sb** Schlechtes über jdn sagen, schlecht über jdn reden.

2. ~s *pl* (*misfortunes*) Mißstände, Übel *pl*; (*miseries*) Mißgeschicke *pl*.

III *adv* schlecht. **he can ~ afford to refuse** er kann es sich (*dat*) schlecht leisten abzulehnen.

I'll [aɪl] *contr of* **I will; I shall**.

ill-advised ['ɪləd‚vaɪzd] *adj person* unklug; *action also* unratsam; **you would be ~ to trust her** Sie wären schlecht beraten, wenn Sie ihr trauten; **ill-assorted** *adj group, bunch* schlecht zusammenpassend; **ill-at-ease** *adj* unbehaglich; **I always felt ~ in his presence** ich habe mich in seiner Gegenwart nie wohl gefühlt; **ill-bred** *adj* ungezogen, schlecht erzogen; **ill-breeding** *n* schlechte Erziehung, Unerzogenheit *f*; **ill-considered** *adj action, words* unüberlegt, unbedacht; *measure* übereilt, unüberlegt; **ill-disposed** *adj* **to be ~ to(wards)** sb/sth jdm übel gesinnt sein, jdm nicht wohlgesinnt sein.

illegal [ɪ'liːgəl] *adj* unerlaubt; (*against a specific law*) gesetzwidrig; *trade, immigration, possession etc* illegal; (*Sport*) regelwidrig.

illegality [‚ɪliː'gælɪtɪ] *n see adj* Ungesetzlichkeit *f*; Gesetzwidrigkeit *f*; Illegalität *f*.

illegally [ɪ'liːgəlɪ] *adv* **~ imported** illegal eingeführt; **to act ~** sich gesetzwidrig verhalten.

illegibility [ɪ‚ledʒɪ'bɪlɪtɪ] *n* Unleserlichkeit *f*.

illegible *adj*, **~bly** *adv* [ɪ'ledʒəbl, -ɪ] unleserlich.

illegitimacy [‚ɪlɪ'dʒɪtɪməsɪ] *n see adj* **1.** Unehelichkeit *f*. **2.** Unzulässigkeit *f*; Unrechtmäßigkeit *f*. **3.** Unzulässigkeit *f*.

illegitimate [‚ɪlɪ'dʒɪtɪmɪt] *adj* **1.** *child* unehelich.

2. (*contrary to law*) unzulässig, unerlaubt; *government* unrechtmäßig. **~ use of the verb** regelwidriger Gebrauch des Verbs; **the ~ use of drugs** (der) Drogenmißbrauch.

3. *argument, conclusion, inference* unzulässig, nicht folgerichtig, illegitim.

illegitimately [‚ɪlɪ'dʒɪtɪmɪtlɪ] *adv see adj* **1.** unehelich.

2. unzulässig, unerlaubt; *parked* an verbotener Stelle; *use* unrechtmäßigerweise, unzulässigerweise.

3. unzulässig, nicht folgerichtig.

ill-fated ['ɪl‚feɪtɪd] *adj* **1.** (*unfortunate, unlucky*) *person* vom Unglück verfolgt, unglücklich; **2.** (*doomed, destined to fail*) unglückselig, verhängnisvoll; **the ~ Titanic** die unglückselige Titanic; **ill-founded** *adj* unbegründet, unerwiesen, fragwürdig; **ill-gotten gains** *npl* unrechtmäßiger Gewinn, Sündengeld *nt* (*hum*).

illiberal [ɪ'lɪbərəl] *adj* **1.** (*narrow-minded*) engstirnig, intolerant, engherzig. **2.** (*niggardly*) knauserig, geizig.

illicit [ɪ'lɪsɪt] *adj* verboten; (*illegal also*) illegal; *spirits* schwarz hergestellt *or* gebrannt. **~ trade** *or* **sale** Schwarzhandel *m*.

illicitly [ɪ'lɪsɪtlɪ] *adv* verbotenerweise; (*illegally*) illegal(erweise). **~ acquired** unrechtmäßig erworben.

illimitable [ɪ'lɪmɪtəbl] *adj* grenzenlos, unbegrenzt. **the ~ ocean** der unendliche Ozean.

ill-informed ['ɪlɪn‚fɔːmd] *adj person* schlecht informiert *or* unterrichtet; *attack, criticism, speech* wenig sachkundig.

Illinois [‚ɪlɪ'nɔɪ] *n* (*abbr* **Ill, IL**) Illinois *nt*.

illiteracy [ɪ'lɪtərəsɪ] *n* Analphabetentum *nt*. **~ rate** Analphabetismus *m*.

illiterate [ɪ'lɪtərət] **I** *adj* des Schreibens und Lesens unkundig; (*badly-educated, uncultured*) *person* ungebildet, unwissend; (*handwriting*) ungeübt, krakelig (*inf*); *letter* voller Fehler. **he's ~** er ist Analphabet. **II** *n* Analphabet(in *f*) *m*.

ill-judged ['ɪl‚dʒʌdʒd] *adj* unklug, wenig bedacht; **ill-mannered** *adj* ungezogen, ungehobelt, schlecht erzogen; **ill-matched** *adj* nicht zusammenpassend.

illness ['ɪlnɪs] *n* Krankheit *f*.

illogical *adj*, **~ly** *adv* [ɪ'lɒdʒɪkəl, -ɪ] unlogisch.

illogicality [ɪ‚lɒdʒɪ'kælɪtɪ] *n* mangelnde Logik, Unlogik *f*. **the illogicalities in his argument** die logischen Fehler in seiner Argumentation.

ill-omened ['ɪl‚əʊmənd] *adj* unter einem unglücklichen Stern *or* unter einem Unstern stehend; **ill-prepared** adj schlecht vorbereitet; **ill-starred** adj person vom Unglück or Pech verfolgt; day, undertaking etc unter einem ungünstigen Stern (stehend), Unglücks-; **ill-suited** adj (to one another) nicht zusammenpassend; (to sth) ungeeignet (to für); ill-tempered adj (habitually) mißmutig, übellaunig; (on particular occasion) schlecht gelaunt pred; (violently) schlechtgelaunt attr; **ill-timed** adj ungelegen, unpassend; intervention, move, speech zeitlich schlecht abgestimmt; **ill-treat** vt schlecht behandeln, mißhandeln; **ill treatment** n Mißhandlung f, schlechte Behandlung.

illuminate [ɪˈluːmɪneɪt] vt 1. (light up) room, street, building erhellen, erleuchten, beleuchten; (spotlight etc) anstrahlen; (decorate with lights) festlich beleuchten, illuminieren. ~d sign Leuchtzeichen nt. 2. (Art) manuscript illuminieren. ~d letters (verzierte) Initialen pl. 3. (fig) question, subject erhellen, erläutern.

illuminating [ɪˈluːmɪneɪtɪŋ] adj (instructive) aufschlußreich.

illumination [ɪˌluːmɪˈneɪʃən] n 1. (of street, room, building) Beleuchtung f. source of ~ Lichtquelle f. 2. (decorative lights) ~s pl festliche Beleuchtung, Illumination f. 3. (Art: of manuscript) Illumination f; (subject also) Buchmalerei f. 4. (fig) Erläuterung f.

ill-use [ˌɪlˈjuːz] vt schlecht behandeln; (physically) mißhandeln.

illusion [ɪˈluːʒən] n Illusion f; (hope also) trügerische Hoffnung; (misperception) Täuschung f. to be under an ~ einer Täuschung (dat) unterliegen, sich (dat) Illusionen machen; to be under the ~ that ... sich (dat) einbilden, daß ...; to have or be under no ~s sich (dat) keine Illusionen machen, sich (dat) nichts vormachen (about über +acc); it gives the ~ of space es vermittelt die Illusion von räumlicher Weite; see optical.

illusionist [ɪˈluːʒənɪst] n Illusionist(in f) m.

illusive [ɪˈluːsɪv], **illusory** [ɪˈluːsərɪ] adj illusorisch, trügerisch.

illustrate [ˈɪləstreɪt] vt 1. book, story illustrieren, bebildern. his lecture was ~d by coloured slides er veranschaulichte seinen Vortrag mit Farbdias; ~d (magazine) Illustrierte f. 2. (fig) erläutern, veranschaulichen, illustrieren.

illustration [ˌɪləsˈtreɪʃən] n 1. (picture) Abbildung f, Bild nt, Illustration f. 2. (fig) (of problem, subject) Erklärung, Erläuterung f; (of rule) (act) Veranschaulichung f; (thing) Beispiel nt. by way of ~ als Beispiel.

illustrative [ˈɪləstrətɪv] adj veranschaulichend, erläuternd. ~ of bezeichnend or beispielhaft für

illustrator [ˈɪləstreɪtəʳ] n Illustrator m.

illustrious [ɪˈlʌstrɪəs] adj vornehm, erlaucht; deeds berühmt.

ILO abbr of **International Labour Organization.** ILO f, Internationale Arbeitsorganisation.

I'm [aɪm] contr of **I am.**

image [ˈɪmɪdʒ] n 1. (carved, sculpted figure) Standbild nt, Figur f; (of god also) Götterbild nt; (painted figure) Bild nt. 2. (likeness) Ebenbild, Abbild nt. he is the living or spitting ~ of his father (inf) er ist seinem Vater wie aus dem Gesicht geschnitten; God created man in his own ~ Gott (er)schuf den Menschen nach seinem Bilde. 3. (Opt) Bild nt. ~ converter (Elec) Bildwandler m. 4. (mental picture) Vorstellung f, Bild nt. 5. (public face) Image nt. brand ~ Markenimage nt. 6. (Liter) to speak in ~s in Bildern or Metaphern sprechen.

imagery [ˈɪmɪdʒərɪ] n Metaphorik f. visual ~ Bildersymbolik f.

imaginable [ɪˈmædʒɪnəbl] adj vorstellbar, denkbar, erdenklich. the best thing ~ das denkbar Beste; the easiest/fastest way ~ der denkbar einfachste/schnellste Weg.

imaginary [ɪˈmædʒɪnərɪ] adj danger eingebildet, imaginär; characters frei ersonnen, erfunden. an ~ case ein konstruierter Fall; ~ number imaginäre Zahl.

imagination [ɪˌmædʒɪˈneɪʃən] n (creative) Phantasie, Vorstellungskraft, Einbildungskraft f; (self-deceptive) Einbildung f. to have (a lively or vivid) ~ (eine lebhafte or rege) Phantasie haben; use your ~ lassen Sie Ihre Phantasie spielen; to lack ~ phantasielos or einfallslos sein; it's only (your) ~! das bilden Sie sich (dat) nur ein!; it's all in your ~ das ist alles Einbildung.

imaginative [ɪˈmædʒɪnətɪv] adj phantasievoll; plan, idea also einfallsreich.

imaginatively [ɪˈmædʒɪnətɪvlɪ] adv phantasievoll; einfallsreich.

imaginativeness [ɪˈmædʒɪnətɪvnɪs] n see adj Phantasiereichtum m; Einfallsreichtum m; (of person also) Phantasie f.

imagine [ɪˈmædʒɪn] vt 1. (picture to oneself) sich (dat) vorstellen, sich (dat) denken. ~ yourself rich stellen Sie sich mal vor, Sie wären reich; I can't ~ what you mean ich kann mir nicht vorstellen, was Sie meinen; ~ a situation in which ... stellen Sie sich eine Situation vor, in der ...; you can ~ how I felt Sie können sich vorstellen or denken, wie mir zumute war; you can't ~ ... Sie machen sich kein Bild or Sie können sich nicht vorstellen or denken, wie ...; just ~ my surprise stellen Sie sich nur meine Überraschung vor; you can't ~ it! Sie machen sich keine Vorstellungen! 2. (be under the illusion that) sich (dat) einbilden. don't ~ that ... bilden Sie sich nur nicht ein, daß ..., denken Sie nur nicht, daß ...; he is always imagining things (inf) er leidet ständig an Einbildungen; you're (just) imagining things (inf) Sie bilden sich das alles nur ein. 3. (suppose, conjecture) annehmen, vermuten. is it time now? — I would ~ so ist es soweit? — ich denke schon; I would never have ~d he would have done that ich hätte nie gedacht, daß er das tun würde.

imbalance [ɪmˈbæləns] n Unausgeglichenheit f.

imbecile [ˈɪmbəsiːl] **I** *adj* **1.** *person* beschränkt, schwachsinnig, geistig minderbemittelt (*inf*); *laugh, trick, book* schwachsinnig, dumm, blöd(e); *idea, word* dumm, töricht. **2.** (*Med*) schwachsinnig. **II** *n* **1.** Dummkopf, Idiot *m*. **2.** (*Med*) Schwachsinnige(r) *mf*.

imbecility [ˌɪmbəˈsɪlɪtɪ] *n* **1.** Beschränktheit, Idiotie *f*, Schwachsinn *m*. **2.** (*Med*) Schwachsinn *m*.

imbibe [ɪmˈbaɪb] **I** *vt* **1.** (*form, hum*) trinken, bechern (*hum*). **2.** (*fig*) *ideas, information* in sich (*acc*) aufnehmen. **II** *vi* (*hum: drink*) viel trinken. **will you** ~? ein Gläschen?; **I don't** ~ ich trinke nicht.

imbue [ɪmˈbjuː] *vt* (*fig*) erfüllen.

IMF *abbr of* **International Monetary Fund** IWF *m*, Internationaler Währungsfonds.

imitable [ˈɪmɪtəbl] *adj* nachahmbar, imitierbar.

imitate [ˈɪmɪteɪt] *vt* **1.** (*copy*) *person, accent etc* imitieren, nachmachen, nachahmen. **children learn by imitating their parents** Kinder lernen dadurch, daß sie ihre Eltern nachahmen. **2.** (*counterfeit*) nachmachen, imitieren; *signature also* fälschen.

imitation [ˌɪmɪˈteɪʃən] **I** *n* Imitation, Nachahmung *f*. **to do an** ~ **of sb** jdn imitieren *or* nachmachen *or* nachahmen. **II** *adj* unecht, künstlich, falsch. ~ **gold/pearl/brick** Gold-/Perlen-/Ziegelimitation *f*; ~ **leather** Lederimitation *f*, Kunstleder *nt*; ~ **fur** Webpelz *m*.

imitative [ˈɪmɪtətɪv] *adj* nachahmend, imitierend. **young children are naturally** ~ kleine Kinder machen von Natur aus alles nach.

imitator [ˈɪmɪteɪtə^r] *n* Nachahmer, Imitator *m*.

immaculate [ɪˈmækjʊlɪt] *adj* **1.** untadelig, tadellos, picobello *inv* (*inf*); *behaviour* tadellos, mustergültig; *manuscript etc* fehlerfrei, einwandfrei. **2.** (*Eccl*) **the I** ~ **Conception** die Unbefleckte Empfängnis.

immaculately [ɪˈmækjʊlɪtlɪ] *adv* tadellos; *behave also* untadelig.

immanence [ˈɪmənəns] *n* Immanenz *f*.

immanent [ˈɪmənənt] *adj* **1.** innewohnend, immanent. **to be** ~ **in sth** einer Sache (*dat*) eigen sein *or* innewohnen. **2.** (*Philos, Eccl*) immanent.

immaterial [ˌɪməˈtɪərɪəl] *adj* **1.** (*unimportant*) *objection, question* nebensächlich, unwesentlich, bedeutungslos. **it is quite** ~ **to me (whether) ...** es ist für mich ohne Bedeutung *or* unwichtig, (ob) ...; **that's (quite)** ~ das spielt keine Rolle, das ist egal. **2.** (*Philos etc*) immateriell. **ghosts are** ~ Gespenster sind körperlos.

immature [ˌɪməˈtjʊə^r] *adj* (*lit, fig*) unreif; *wine* nicht ausreichend gelagert; *plans, ideas etc also* unausgegoren. **don't be so** ~ sei nicht so kindisch!

immaturely [ˌɪməˈtjʊəlɪ] *adv* unreif.

immaturity [ˌɪməˈtjʊərɪtɪ] *n* Unreife *f*.

immeasurable [ɪˈmeʒərəbl] *adj* unermeßlich, grenzenlos; *amount, distances* unmeßbar, riesig.

immeasurably [ɪˈmeʒərəblɪ] *adv* unermeßlich, grenzenlos.

immediacy [ɪˈmiːdɪəsɪ] *n* Unmittelbarkeit, Direktheit *f*; (*urgency*) Dringlichkeit *f*.

immediate [ɪˈmiːdɪət] *adj* **1.** *successor, knowledge, future, object, need* unmittelbar; *cause, successor also* direkt; *neighbour, vicinity also* nächste. **only the** ~ **family were invited** nur die engste Familie wurde eingeladen; **our** ~ **plan is to go to France** wir fahren zuerst einmal nach Frankreich. **2.** (*instant*) *reply, reaction* sofortig, umgehend, prompt; *thought, conclusion* unmittelbar. **to take** ~ **action** sofort handeln; **this had the** ~ **effect of ...** das hatte prompt zur Folge, daß ...; **for** ~ **delivery** zur sofortigen Lieferung.

immediately [ɪˈmiːdɪətlɪ] **I** *adv* **1.** (*at once*) sofort, gleich; *reply, return, depart also* umgehend. ~ **after/before** unmittelbar danach/davor; **that's not** ~ **obvious** das ist nicht sofort *or* unmittelbar klar. **2.** (*directly*) direkt, unmittelbar. **II** *conj* (*Brit*) sobald, sofort, als ...

immemorial [ˌɪmɪˈmɔːrɪəl] *adj* uralt, unvordenklich. **from time** ~ seit unvordenklichen Zeiten, seit Urzeiten.

immense [ɪˈmens] *adj* *difficulty, fortune, sum of money, possibilities* riesig, enorm, immens; *problem, difference also, ocean, heat* gewaltig; *self-confidence, success* enorm; *achievement* großartig.

immensely [ɪˈmenslɪ] *adv* unheimlich (*inf*), enorm. **to enjoy oneself** ~ sich köstlich amüsieren.

immensity [ɪˈmensɪtɪ] *n* ungeheure Größe, Unermeßlichkeit *f*. **we do not underestimate the** ~ **of this task** wir unterschätzen keineswegs das gewaltige Ausmaß dieser Aufgabe; **the** ~ **of space** die Unendlichkeit des (Welt)alls.

immerse [ɪˈmɜːs] *vt* **1.** eintauchen (*in* + *acc*). **to** ~ **one's head in water** den Kopf ins Wasser tauchen; **to be** ~**d in water** unter Wasser sein. **2.** (*fig*) **to** ~ **oneself in one's work** sich in seine Arbeit vertiefen; **to** ~ **oneself in a language** sich vollkommen in eine Sprache vertiefen; **to be** ~**d in one's reading** in seine Lektüre versunken *or* vertieft sein. **3.** (*Eccl*) untertauchen.

immersion [ɪˈmɜːʃən] *n* **1.** Eintauchen, Untertauchen *nt*. ~ **heater** (*Brit*) Boiler, Heißwasserspeicher *m*; (*for jug etc*) Tauchsieder *m*. **2.** (*fig*) Vertieftsein, Versunkensein *nt*. **3.** (*Eccl*) Taufe *f* durch Untertauchen.

immigrant [ˈɪmɪɡrənt] **I** *n* Einwanderer *m*, Einwanderin *f*, Immigrant(in *f*) *m*. **II** *attr* ~ **labour/workers** ausländische Arbeitnehmer *pl*; (*esp in BRD*) Gastarbeiter *pl*; (*in Switzerland*) Fremdarbeiter *pl*; ~**population** die Einwanderer *pl*; ... **has an** ~ **population of 50,000 ...** hat einen ausländischen Bevölkerungsanteil von 50.000.

immigrate [ˈɪmɪɡreɪt] *vi* einwandern, immigrieren (*to* in + *dat*).

immigration [ˌɪmɪˈɡreɪʃən] *n* Einwanderung, Immigration *f*. ~ **officer** Beamte(r) *m* der Einwanderungsbehörde; (*at customs*) Grenzbeamte(r) *m*.

imminence ['ɪmɪnəns] n nahes Bevorstehen. **he hadn't appreciated the ~ of the danger/of war** war er sich (dat) nicht bewußt, daß die Gefahr/der Krieg so unmittelbar bevorstand.

imminent ['ɪmɪnənt] adj nahe bevorstehend. **to be ~** nahe bevorstehen; **I think an announcement is ~** ich glaube, es steht eine Ankündigung bevor.

immobile [ɪ'məʊbaɪl] adj (not moving) unbeweglich; (not able to move) person (through injury etc) bewegungslos; (through lack of transport) unbeweglich, immobil. **the car was completely ~** das Auto rührte sich nicht.

immobility [ˌɪməʊ'bɪlɪtɪ] n see adj Unbeweglichkeit f; Bewegungslosigkeit f; Immobilität f.

immobilize [ɪ'məʊbɪlaɪz] vt traffic lahmlegen, zum Erliegen bringen; car, broken limb stillegen; army bewegungsunfähig machen; enemy tanks außer Gefecht setzen; (Fin) capital festlegen.

immoderate [ɪ'mɒdərɪt] adj desire, appetite übermäßig, unmäßig, maßlos; demands also überzogen, übertrieben; views übertrieben, übersteigert, extrem.

immoderately [ɪ'mɒdərɪtlɪ] adv see adj.

immodest [ɪ'mɒdɪst] adj unbescheiden; (indecent) unanständig.

immodestly [ɪ'mɒdɪstlɪ] adv see adj.

immodesty [ɪ'mɒdɪstɪ] n see adj Unbescheidenheit f; Unanständigkeit f.

immolate ['ɪməʊleɪt] vt (liter) opfern.

immoral [ɪ'mɒrəl] adj unmoralisch; behaviour also unsittlich. **~ earnings** (Jur) Einkünfte pl aus gewerbsmäßiger Unzucht.

immorality [ˌɪmə'rælɪtɪ] n Unmoral f; (of behaviour also) Unsittlichkeit f; (of person also) Sittenlosigkeit f; (immoral act) Unsittlichkeit f.

immorally [ɪ'mɒrəlɪ] adv see adj.

immortal [ɪ'mɔːtl] I adj person, God unsterblich; fame also unvergänglich, ewig; life ewig. II n Unsterbliche(r) mf.

immortality [ˌɪmɔː'tælɪtɪ] n see adj Unsterblichkeit f; Unvergänglichkeit f, Ewigkeit f.

immortalize [ɪ'mɔːtəlaɪz] vt verewigen. **the film which ~d her** der Film, der sie unsterblich machte.

immovable [ɪ'muːvəbl] adj 1. (lit) unbeweglich; (fig) obstacle unüberwindlich, unbezwinglich. 2. (fig) person (steadfast) fest. **he remained ~** er ließ sich nicht bewegen, er blieb beharrlich or fest.

immune [ɪ'mjuːn] adj 1. (Med) immun (against, from, to gegen). 2. (fig) sicher (from vor +dat); (from temptation etc also) geschützt, gefeit (from gegen); (not susceptible: to criticism etc) unempfindlich, immun (to gegen). **nobody was ~ from his outbursts** keiner war vor seinen Wutanfällen sicher.

immunity [ɪ'mjuːnɪtɪ] n 1. (Med) Immunität f. **he developed a sort of ~ to her temper/sarcasm** er entwickelte eine Art Immunität gegen ihre Launen/ihren Sarkasmus. 2. (diplomatic) Immunität f. 3. (fig) see adj 2. Sicherheit f; Geschütztheit f; Unempfindlichkeit f, Immunität f.

immunization [ˌɪmjʊnaɪ'zeɪʃən] n Immunisierung f.

immunize ['ɪmjʊnaɪz] vt immunisieren, immun machen.

immure [ɪ'mjʊər] vt einkerkern.

immutability [ɪˌmjuːtə'bɪlɪtɪ] n Unveränderlichkeit, Unwandelbarkeit f.

immutable [ɪ'mjuːtəbl] adj unveränderlich, unwandelbar.

imp [ɪmp] n Kobold m; (inf: child also) Racker m (inf).

impact ['ɪmpækt] n Aufprall m (on, against auf +acc); (of two moving objects) Zusammenprall m, Aufeinanderprallen nt; (of bomb) (on house, factory) Einschlag m (on in +acc); (on roof, ground) Aufschlag m (on auf +dat); (of light, rays) Auftreffen nt (on auf +acc); (force) Wucht f; (fig) (Aus)wirkung f (on auf + acc). **on ~ (with)** beim Aufprall (auf +acc)/Zusammenprall (mit) etc; **he staggered under the ~ of the blow** er taumelte unter der Wucht des Schlages; **his speech had a great ~ on his audience** seine Rede machte großen Eindruck auf seine Zuhörer.

impacted [ɪm'pæktɪd] adj eingeklemmt, eingekeilt; tooth also impaktiert (spec).

impair [ɪm'peər] vt beeinträchtigen; hearing, sight also verschlechtern; relations also, health schaden (+dat).

impale [ɪm'peɪl] vt aufspießen (on auf +dat).

impalpable [ɪm'pælpəbl] adj (lit) nicht fühlbar; (fig) nicht greifbar, vage.

impart [ɪm'pɑːt] vt 1. (make known) information, news mitteilen, übermitteln; knowledge vermitteln; secret preisgeben. 2. (bestow) verleihen, geben (to dat).

impartial [ɪm'pɑːʃəl] adj unparteiisch, unvoreingenommen.

impartiality [ɪmˌpɑːʃɪ'ælɪtɪ], **impartialness** [ɪm'pɑːʃəlnɪs] n Unparteilichkeit, Unvoreingenommenheit f.

impartially [ɪm'pɑːʃəlɪ] adv see adj.

impassable [ɪm'pɑːsəbl] adj unpassierbar.

impasse [ɪm'pɑːs] n (fig) Sackgasse f. **to have reached an ~** sich festgefahren haben, einen toten Punkt erreicht haben.

impassioned [ɪm'pæʃnd] adj leidenschaftlich.

impassive adj, **~ly** adv [ɪm'pæsɪv, -lɪ] gelassen.

impassiveness [ɪm'pæsɪvnɪs], **impassivity** [ɪmpæ'sɪvɪtɪ] n Gelassenheit f.

impatience [ɪm'peɪʃəns] n Ungeduld f; (intolerance) Unduldsamkeit f.

impatient [ɪm'peɪʃənt] adj ungeduldig; (intolerant) unduldsam (of gegenüber). **to be ~ to do sth** unbedingt etw tun wollen.

impatiently [ɪm'peɪʃəntlɪ] adv see adj.

impeach [ɪm'piːtʃ] vt 1. (Jur: accuse) public official (eines Amtsvergehens) anklagen; (US) president also ein Impeachment einleiten gegen. **to ~ sb for or with sth/for doing sth** jdn wegen einer Sache anklagen/jdn anklagen, etw getan zu haben. 2. (challenge) sb's character, motives in Frage stellen, anzweifeln; witness's testimony also anfechten. **to ~ a witness** die Glaubwürdigkeit eines Zeugen anzweifeln or anfechten.

impeachable [ɪm'piːtʃəbl] adj person (eines Amtsvergehens) anzuklagen; action als Amtsvergehen verfolgbar.

impeachment [ɪmˈpiːtʃmənt] *n see vt*
1. (*Jur*) Anklage *f* (wegen eines Amtsvergehens); Impeachment *nt*. 2. Infragestellung, Anzweiflung *f*; Anfechtung *f*.

impeccable *adj*, **~bly** *adv* [ɪmˈpekəbl, -ɪ] untadelig, tadellos.

impecunious [ˌɪmpɪˈkjuːnɪəs] *adj* mittellos.

impede [ɪmˈpiːd] *vt person* hindern; *action, success* behindern, erschweren; *movement, traffic* behindern.

impediment [ɪmˈpedɪmənt] *n* 1. Hindernis *nt*. 2. (*Med*) Behinderung *f*. **speech ~** Sprachfehler *m*, Sprachstörung *f*.

impedimenta [ɪmˌpedɪˈmentə] *npl* 1. (*inf*) (unnötiges) Gepäck. 2. (*Mil*) Troß *m*.

impel [ɪmˈpel] *vt* 1. (*force*) nötigen. **to ~ sb to do sth** jdn (dazu) nötigen, etw zu tun. 2. (*drive on*) (voran)treiben.

impend [ɪmˈpend] *vi* bevorstehen; (*threaten*) drohen.

impending [ɪmˈpendɪŋ] *adj* bevorstehend; *death also* nahe; *storm also* heraufziehend; (*threatening*) drohend.

impenetrability [ɪmˌpenɪtrəˈbɪlɪtɪ] *n see adj* Undurchdringlichkeit *f*; Uneinnehmbarkeit *f*; Undurchlässigkeit *f*; Unergründlichkeit *f*; Undurchschaubarkeit, Undurchsichtigkeit *f*.

impenetrable [ɪmˈpenɪtrəbl] *adj* undurchdringlich; *fortress* uneinnehmbar; *enemy lines* undurchlässig; *mind, character also, mystery* unergründlich; *theory* undurchschaubar, undurchsichtig.

impenitent [ɪmˈpenɪtənt] *adj* reuelos.

imperative [ɪmˈperətɪv] **I** *adj* 1. *need, desire* dringend. **to be ~** unbedingt nötig *or* erforderlich sein. 2. *manner* gebieterisch, befehlend, herrisch; · *order* strikt. 3. (*Gram*) imperativisch, Imperativ-, befehlend, Befehls-. **II** *n* (*Gram*) Imperativ, Befehl *m*. **in the ~** im Imperativ, in der Befehlsform.

imperceptible [ˌɪmpəˈseptəbl] *adj* nicht wahrnehmbar; *difference, movement also* unmerklich; *sight also* unsichtbar; *sound also* unhörbar.

imperceptibly [ˌɪmpəˈseptəblɪ] *adv see adj*.

imperfect [ɪmˈpɜːfɪkt] **I** *adj* 1. (*faulty*) unvollkommen, mangelhaft; (*Comm*) *goods* fehlerhaft. 2. (*incomplete*) unvollständig, unvollkommen. 3. (*Gram*) Imperfekt-, Vergangenheits-. **II** *n* (*Gram*) Imperfekt *nt*, (erste *or* unvollendete) Vergangenheit.

imperfection [ˌɪmpəˈfekʃən] *n* 1. *no pl see adj* Unvollkommenheit, Mangelhaftigkeit *f*; Fehlerhaftigkeit *f*; Unvollständigkeit, Unvollkommenheit *f*. 2. (*fault, defect*) Mangel *m*.

imperfectly [ɪmˈpɜːfɪktlɪ] *adv see adj*.

imperial [ɪmˈpɪərɪəl] *adj* 1. (*of empire*) Reichs-; (*of emperor*) kaiserlich, Kaiser-. 2. (*of British Empire*) Empire-, des Empire. 3. (*lordly, majestic*) majestätisch, gebieterisch. 4. *weights, measures* englisch.

imperialism [ɪmˈpɪərɪəlɪzəm] *n* Imperialismus *m* (*often pej*), Weltmachtpolitik *f*.

imperialist [ɪmˈpɪərɪəlɪst] *n* Imperialist(in *f*) *m*.

imperialistic [ɪmˌpɪərɪəˈlɪstɪk] *adj* imperialistisch.

imperially [ɪmˈpɪərɪəlɪ] *adv* majestätisch, gebieterisch.

imperil [ɪmˈperɪl] *vt* gefährden.

imperious [ɪmˈpɪərɪəs] *adj* (*commanding*) herrisch, gebieterisch.

imperiously [ɪmˈpɪərɪəslɪ] *adv see adj*.

imperishable [ɪmˈperɪʃəbl] *adj* (*lit*) unverderblich; (*fig*) unvergänglich.

impermanence [ɪmˈpɜːmənəns] *n* Unbeständigkeit *f*.

impermanent [ɪmˈpɜːmənənt] *adj* unbeständig.

impermeable [ɪmˈpɜːmɪəbl] *adj* undurchlässig, impermeabel (*spec*).

impersonal [ɪmˈpɜːsnl] *adj* unpersönlich.

impersonality [ɪmˌpɜːsəˈnælɪtɪ] *n* Unpersönlichkeit *f*.

impersonate [ɪmˈpɜːsəneɪt] *vt* 1. (*pretend to be*) sich ausgeben als (+*nom*). 2. (*take off*) imitieren, nachahmen.

impersonation [ɪmˌpɜːsəˈneɪʃən] *n see vt* 1. Verkörperung *f*. **his ~ of an officer** sein Auftreten *nt* als Offizier. 2. Imitation, Nachahmung *f*. **he does ~s of politicians/females** er imitiert Politiker/spielt Frauen.

impersonator [ɪmˈpɜːsəneɪtə(r)] *n* (*Theat*) Imitator(in *f*) *m*.

impertinence [ɪmˈpɜːtɪnəns] *n* Unverschämtheit, Impertinenz (*dated*) *f*. **what ~!, the ~ of it!** so eine Unverschämtheit!

impertinent [ɪmˈpɜːtɪnənt] *adj* 1. (*impudent*) unverschämt (*to* zu, gegenüber), impertinent (*dated*) (*to* gegenüber). 2. (*form: irrelevant*) irrelevant.

impertinently [ɪmˈpɜːtɪnəntlɪ] *adv see adj*.

imperturbability [ˈɪmpəˌtɜːbəˈbɪlɪtɪ] *n* Unerschütterlichkeit *f*.

imperturbable [ˌɪmpəˈtɜːbəbl] *adj* unerschütterlich.

impervious [ɪmˈpɜːvɪəs] *adj* 1. *substance* undurchlässig. **~ to rain/water** regen-/wasserundurchlässig; *coat, material* regen-/wasserdicht. 2. (*fig*) unzugänglich (*to* für); (*to people's feelings also, criticism*) unberührt (*to* von). **he is ~ to reason** ihm ist mit Verstand nicht beizukommen.

impetuosity [ɪmˌpetjʊˈɒsɪtɪ] *n* 1. *see adj* Ungestüm *nt*; Impulsivität *f*; Stürmische(s) *nt*. 2. (*impetuous behaviour*) ungestümes Handeln.

impetuous [ɪmˈpetjʊəs] *adj act, person* ungestüm, stürmisch; *decision* impulsiv; (*liter*) *attack, wind* stürmisch.

impetuously [ɪmˈpetjʊəslɪ] *adv see adj*.

impetuousness [ɪmˈpetjʊəsnɪs] *n see* **impetuosity**.

impetus [ˈɪmpɪtəs] *n* (*lit, fig*) Impuls *m*; (*force*) Kraft *f*; (*momentum*) Schwung, Impetus (*geh*) *m*. **to give an ~ to sth** (*fig*) einer Sache (*dat*) Impulse geben.

impiety [ɪmˈpaɪɪtɪ] *n* 1. *see* **impious** Gottlosigkeit, Ungläubigkeit *f*; Pietätlosigkeit *f*; Ehrfurchtslosigkeit *f*; Respektlosigkeit *f*. 2. (*act*) Pietätlosigkeit *f*; Respektlosigkeit *f*.

impinge [ɪmˈpɪndʒ] *vi* 1. (*have effect on sb's life, habits*) sich auswirken (*on* auf +*acc*), beeinflussen (*on acc*); (*infringe: on sb's rights etc also*) einschränken (*on acc*). **to ~ on sb/sb's consciousness** *or* **mind** jdm zu Bewußtsein kommen. 2. (*strike*) (auf)-

treffen, fallen (*on* auf +*acc*).

impingement [ɪmˈpɪndʒmənt] *n* **1.** Auswirkung *f*, Einfluß *m* (*on* auf +*acc*). **2.** (*striking*) Auftreffen *nt* (*on* auf +*dat*).

impious [ˈɪmpɪəs] *adj* (*not pious*) gottlos, ungläubig; (*irreverent*) pietätlos; (*to God*) ehrfurchtslos; (*to superior etc*) respektlos.

impiously [ˈɪmpɪəslɪ] *adv see adj*.

impish [ˈɪmpɪʃ] *adj remark* schelmisch; *smile, look also* verschmitzt; *child also* lausbübisch.

impishly [ˈɪmpɪʃlɪ] *adv see adj*.

impishness [ˈɪmpɪʃnɪs] *n see adj* Schelmische(s) *nt*; Verschmitztheit *f*; Lausbubenhaftigkeit *f*.

implacable [ɪmˈplækəbl] *adj opponent, enemy* erbittert; *hatred also* unversöhnlich.

implacably [ɪmˈplækəblɪ] *adv see adj*.

implant [ɪmˈplɑːnt] I *vt* **1.** einpflanzen (*in sb* jdm). **to be deeply ~ed in sb** (tief) in jdm verwurzelt sein. **2.** (*Med*) implantieren, einpflanzen. II [ˈɪmplɑːnt] *n* Implantat *nt*.

implantation [ˌɪmplɑːnˈteɪʃən] *n see vt* Einpflanzung *f*; Implantation, Einpflanzung *f*.

implausibility [ɪmˌplɔːzəˈbɪlɪtɪ] *n see adj* mangelnde Plausibilität; Unglaubhaftigkeit, Unglaubwürdigkeit *f*; Ungeschicktheit *f*.

implausible [ɪmˈplɔːzəbl] *adj* nicht plausibel; *story, tale, excuse also* unglaubhaft, unglaubwürdig; *lie* wenig überzeugend, ungeschickt.

implement [ˈɪmplɪmənt] I *n* **1.** Gerät *nt*; (*tool also*) Werkzeug *nt*. **2.** (*fig: agent*) Werkzeug *nt*. II [ˈɪmplɪˈment] *vt law* vollziehen; *contract, promise* erfüllen; (*carry out, put into effect*) *plan etc* durchführen, ausführen.

implementation [ˌɪmplɪmenˈteɪʃən] *n see vt* Vollzug *m*; Erfüllung *f*; Ausführung, Durchführung *f*.

implicate [ˈɪmplɪkeɪt] *vt* **to ~ sb in sth** jdn in etw verwickeln.

implication [ˌɪmplɪˈkeɪʃən] *n* **1.** Implikation *f*; (*of law, agreement etc also*) Auswirkung *f*; (*of events also*) Bedeutung *f no pl*. **the possible ~s of his decision** die ganze Tragweite seiner Entscheidung; **by** ~ implizit(e). **2.** (*in crime*) Verwicklung *f* (*in in* +*acc*).

implicit [ɪmˈplɪsɪt] *adj* **1.** (*implied*) implizit; *agreement, recognition also* stillschweigend. **to be** ~ **in sth** durch etw impliziert werden; (*in contract etc*) in etw (*dat*) impliziert sein; **a threat was** ~ **in his action** in seiner Handlungsweise lag eine indirekte Drohung.

2. (*unquestioning*) *belief, confidence* absolut, unbedingt.

implicitly [ɪmˈplɪsɪtlɪ] *adv see adj*.

implied [ɪmˈplaɪd] *adj* impliziert; *threat also* indirekt.

implode [ɪmˈpləʊd] I *vi* implodieren. II *vt* (*Ling*) als Verschlußlaut *or* Explosivlaut sprechen.

implore [ɪmˈplɔːʳ] *vt person* anflehen, inständig bitten; *forgiveness etc* erbitten, erflehen. I ~ **you!** ich flehe Sie an.

imploring *adj*, ~**ly** *adv* [ɪmˈplɔːrɪŋ, -lɪ] flehentlich, flehend; *beg also* inständig.

imply [ɪmˈplaɪ] *vt* **1.** andeuten, implizieren. **are you ~ing *or* do you mean to ~ that ...?** wollen Sie damit vielleicht sagen *or* andeuten, daß ...? **it implies that he has changed his mind** das deutet darauf hin, daß er es sich (*dat*) anders überlegt hat.

2. (*indicate, lead to conclusion*) schließen lassen auf (+*acc*).

3. (*involve*) bedeuten.

impolite *adj*, ~**ly** *adv* [ˌɪmpəˈlaɪt, -lɪ] unhöflich.

impoliteness [ˌɪmpəˈlaɪtnɪs] *n* Unhöflichkeit *f*.

imponderable [ɪmˈpɒndərəbl] I *adj* unberechenbar. II *n* unberechenbare Größe. ~**s** Unwägbarkeiten, Imponderabilien (*geh*) *pl*.

import [ˈɪmpɔːt] I *n* **1.** (*Comm*) Import *m*, Einfuhr *f*. **2.** (*of speech, document etc*) (*meaning*) Bedeutung *f*; (*significance also*) Wichtigkeit *f*. II [ɪmˈpɔːt] *vt* **1.** (*Comm*) *goods* einführen, importieren. **2.** (*mean, imply*) bedeuten, beinhalten.

importable [ɪmˈpɔːtəbl] *adj* einführbar.

importance [ɪmˈpɔːtəns] *n* Wichtigkeit *f*; (*significance also*) Bedeutung *f*; (*influence also*) Einfluß *m*. **I don't see the** ~ **of that** ich verstehe nicht, warum das wichtig sein soll; **to be of no (great)** ~ nicht (besonders) wichtig sein; **to be full of one's own** ~ ganz von seiner eigenen Wichtigkeit erfüllt sein.

important [ɪmˈpɔːtənt] *adj* wichtig; (*significant also*) bedeutend; (*influential*) einflußreich, bedeutend. **that's not** ~ das ist unwichtig; **it's not** ~ (*doesn't matter*) das macht nichts.

importantly [ɪmˈpɔːtəntlɪ] *adv* **1.** (*usu pej*) wichtigtuerisch (*pej*). **2. it is** ~ **different** das ist entscheidend anders.

importation [ˌɪmpɔːˈteɪʃən] *n* (*Comm*) Einfuhr *f*, Import *m*.

import *in cpds* Einfuhr-, Import-; ~ **duty** (*Comm*) Einfuhrzoll, Importzoll *m*.

imported [ɪmˈpɔːtɪd] *adj* importiert, eingeführt, Import-.

importer [ɪmˈpɔːtəʳ] *n* Importeur(in *f*) *m* (*of* von); (*country also*) Importland *nt* (*of* für).

import-export trade *n* Import-Export-Handel *m*, Ein- und Ausfuhr *f*; **import licence** *n* Einfuhrlizenz, Importlizenz *f*; **import permit** *n* Einfuhr- *or* Importerlaubnis *f or* -bewilligung *f*.

importunate [ɪmˈpɔːtjʊnɪt] *adj* aufdringlich; *salesman also, creditor, demand* hartnäckig, beharrlich.

importunately [ɪmˈpɔːtjʊnɪtlɪ] *adv see adj*.

importunateness [ɪmˈpɔːtjʊnɪtnɪs] *n see adj* Aufdringlichkeit *f*; Hartnäckigkeit, Beharrlichkeit *f*.

importune [ˌɪmpɔːˈtjuːn] *vt* belästigen; (*creditor, with questions*) zusetzen (+*dat*); (*visitor*) zur Last fallen (+*dat*).

importunity [ˌɪmpɔːˈtjuːnɪtɪ] *n* **1.** *see* **importunateness**. **2.** (*demand, request*) unverschämte Bitte; (*of creditor*) hartnäckige Forderung.

impose [ɪmˈpəʊz] I *vt* **1.** *task, conditions* aufzwingen, auferlegen (*on sb* jdm); *sanctions, fine, sentence* verhängen (*on gegen*); *tax* erheben. **to ~ a tax on sth** etw

mit einer Steuer belegen, etw besteuern.
2. to ~ oneself *or* **one's presence on sb** sich jdm aufdrängen.
II *vi* zur Last fallen (*on sb* jdm). **to ~ on sb's kindness/friendship** jds Freundlichkeit/Freundschaft ausnützen *or* mißbrauchen.

imposing [ɪmˈpəʊzɪŋ] *adj* beeindruckend, imponierend; *person, appearance, building also* stattlich, imposant.

imposition [ˌɪmpəˈzɪʃən] *n* **1.** *no pl see vt 1.* Aufzwingen *nt*, Auferlegung *f*; Verhängung *f*; Erhebung *f*.
2. (*tax*) Steuer *f* (*on* für, auf +*dat*).
3. (*taking advantage*) Zumutung *f* (*on* für). **I'd love to stay if it's not too much of an ~** ich würde liebend gern bleiben, wenn ich Ihnen nicht zur Last falle.

impossibility [ɪmˌpɒsəˈbɪlɪtɪ] *n* Unmöglichkeit *f*.

impossible [ɪmˈpɒsəbl] **I** *adj* (*all senses*) unmöglich. **~!** ausgeschlossen!, unmöglich!; **it is ~ for him to leave/do that** er kann unmöglich gehen/das unmöglich tun.
II *n* Unmögliche(s) *nt*. **to ask for the ~** Unmögliches verlangen; **to do the ~** (*in general*) Unmögliches tun; (*in particular case*) das Unmögliche tun.

impossibly [ɪmˈpɒsəblɪ] *adv* unmöglich.

impostor [ɪmˈpɒstəʳ] *n* Betrüger(in *f*), Schwindler(in *f*) *m*; (*assuming higher position also*) Hochstapler(in *f*) *m*.

imposture [ɪmˈpɒstʃəʳ] *n see* **impostor** Betrug *m*, Schwindelei *f*; Hochstapelei *f*.

impotence [ˈɪmpətəns] *n see adj* Schwäche, Kraftlosigkeit *f*; Impotenz *f*; Schwäche, Machtlosigkeit *f*; Ohnmacht *f*.

impotent [ˈɪmpətənt] *adj* (*physically*) schwach, kraftlos; (*sexually*) impotent; (*fig*) schwach, machtlos; *grief, rage* ohnmächtig.

impound [ɪmˈpaʊnd] *vt* **1.** (*seize*) *goods, contraband* beschlagnahmen. **2.** *cattle* einsperren; *car* abschleppen (lassen).

impoverish [ɪmˈpɒvərɪʃ] *vt person, country* verarmen lassen; *soil* auslaugen; (*fig*) *culture* verarmen lassen.

impoverished [ɪmˈpɒvərɪʃt] *adj* arm; *person, conditions also* ärmlich; (*having become poor*) verarmt; *soil* ausgelaugt; *supplies* erschöpft; (*fig*) dürftig.

impoverishment [ɪmˈpɒvərɪʃmənt] *n see vt* Verarmung *f*; Auslaugung *f*.

impracticability [ɪmˌpræktɪkəˈbɪlɪtɪ] *n see adj* Impraktikabilität *f*; Unbrauchbarkeit *f*; schlechte Befahrbarkeit.

impracticable [ɪmˈpræktɪkəbl] *adj* impraktikabel; *plan also* in der Praxis nicht anwendbar, praktisch unmöglich; *design, size* unbrauchbar; *road* schwer befahrbar.

impractical [ɪmˈpræktɪkəl] *adj* unpraktisch; *scheme also* unbrauchbar.

impracticality [ɪmˌpræktɪˈkælɪtɪ] *n* (*of person*) unpraktische Art; (*of scheme, idea*) Unbrauchbarkeit *f*.

imprecation [ˌɪmprɪˈkeɪʃən] *n* Verwünschung *f*, Fluch *m*.

impregnable [ɪmˈpregnəbl] *adj* (*Mil*) *fortress, defences* uneinnehmbar; (*fig*) *position* unerschütterlich; *argument* unwiderlegbar, unumstößlich.

impregnate [ˈɪmpregneɪt] *vt* **1.** (*saturate*)

tränken. **2.** (*fig*) erfüllen; *person also* durchdringen. **3.** (*Biol:* *fertilize*) befruchten; *humans also* schwängern.

impregnation [ˌɪmpregˈneɪʃən] *n see vt* Tränkung *f*; Erfüllung *f*; Durchdringung *f*; Befruchtung *f*; Schwängerung *f*.

impresario [ˌɪmprɪˈsɑːrɪəʊ] *n, pl* **~s** Impresario *m*; Theater-/ Operndirektor *m*.

impress [ɪmˈpres] **I** *vt* **1.** beeindrucken; (*favourably, memorably also*) Eindruck machen auf (+*acc*); (*arouse admiration in*) imponieren (+*dat*). **how does it ~ you?** wie finden Sie das?; **he/it ~ed me favourably/unfavourably** er/das hat einen/keinen guten *or* günstigen Eindruck auf mich gemacht; **I am not ~ed** das beeindruckt mich nicht, das imponiert mir gar nicht; **he is not easily ~ed** er läßt sich nicht so leicht beeindrucken.
2. (*fix in mind of*) einschärfen (*on sb* jdm); *idea, danger, possibility* (deutlich) klarmachen (*on sb* jdm).
3. (*press to make mark*) **to ~ a pattern** *etc* **onto/into sth** ein Muster *etc* auf etw (*acc*) aufdrücken *or* aufprägen/in etw (*acc*) eindrücken *or* einprägen; **his words ~ed themselves on my mind** seine Worte haben sich mir eingeprägt.
II *vi* Eindruck machen; (*person: deliberately*) Eindruck schinden (*inf*).
III [ˈɪmpres] *n* Abdruck *m*.

impression [ɪmˈpreʃən] *n* **1.** Eindruck *m*. **to make a good/bad ~ on sb** einen guten/ schlechten Eindruck auf jdn machen; **his words made an ~** seine Worte machten Eindruck; **he created an ~ of power** er erweckte den Eindruck von Macht; **first ~s are usually right** der erste Eindruck ist gewöhnlich richtig.
2. (*vague idea*) Eindruck *m*; (*feeling*) Gefühl *nt*. **to give sb the ~ that ...** jdm den Eindruck vermitteln, daß ...; **I was under the ~ that ...** ich hatte den Eindruck, daß ...; **he had the ~ of falling** er hatte das Gefühl, zu fallen.
3. (*on wax etc*) Abdruck, Eindruck *m*; (*of engraving*) Prägung *f*.
4. (*of book etc*) Nachdruck *m*. **first ~** Erstdruck *m*.
5. (*take-off*) Nachahmung *f*. **to do an ~ of sb** jdn imitieren *or* nachahmen.

impressionable [ɪmˈpreʃnəbl] *adj* für Eindrücke empfänglich, leicht zu beeindrucken *pred* (*pej*). **at an ~ age** in einem Alter, in dem man für Eindrücke besonders empfänglich ist.

impressionism [ɪmˈpreʃənɪzəm] *n* Impressionismus *m*.

impressionist [ɪmˈpreʃənɪst] *n* Impressionist(in *f*) *m*.

impressive [ɪmˈpresɪv] *adj* beeindruckend.

impressively [ɪmˈpresɪvlɪ] *adv see adj*.

imprint [ɪmˈprɪnt] **I** *vt* **1.** (*mark*) *leather* prägen; *paper* bedrucken; *seal, paper etc* aufprägen (*on* auf +*acc*); (*on paper*) aufdrucken (*on* auf +*acc*).
2. (*fig*) einprägen (*on sb* jdm). **to ~ itself on sb's mind/ memory** sich jdm/sich in jds Gedächtnis (*acc*) einprägen.
II [ˈɪmprɪnt] *n* **1.** (*lit*) (*on leather, wax etc*) Abdruck *m*; (*on paper*) (Auf)druck *m*; (*fig*) Spuren, Zeichen *pl*, bleibender

Eindruck. **he left the ~ of his ideas on his followers** seine Nachfolger waren noch von seinen Ideen geprägt. **2.** (*Typ*) Impressum *nt.* **under the Klett ~** mit dem Klett-Impressum.

imprison [ɪmˈprɪzn] *vt* (*lit*) inhaftieren; (*fig*) gefangenhalten. **to be/keep ~ed** (*lit, fig*) gefangen sein/gefangenhalten.

imprisonment [ɪmˈprɪznmənt] *n* (*action*) Inhaftierung *f*; (*state*) Gefangenschaft *f.* **to sentence sb to one month's/life ~** jdn zu einem Monat Gefängnis *or* Freiheitsstrafe/zu lebenslänglicher Freiheitsstrafe verurteilen; **to serve a sentence** *or* **term of ~** eine Freiheitsstrafe verbüßen. **III** *n* (*Mus*) Impromptu *nt.*

improbability [ɪmˌprɒbəˈbɪlɪtɪ] *n* Unwahrscheinlichkeit *f.*

improbable [ɪmˈprɒbəbl] *adj* unwahrscheinlich.

impromptu [ɪmˈprɒmptjuː] **I** *adj* improvisiert. **II** *adv* improvisiert; *perform* aus dem Stegreif. **to speak/sing/act ~** improvisieren. **III** *n* (*Mus*) Impromptu *nt.*

improper [ɪmˈprɒpəʳ] *adj* (*unsuitable*) unpassend, unangebracht; (*unseemly*) unschicklich; (*indecent*) unanständig; (*wrong*) *diagnosis, interpretation* unzutreffend; *use* unsachgemäß; (*dishonest*) *practice* unlauter; (*not professional*) *conduct* unehrenhaft. **it is ~ to do that** es gehört sich nicht, das zu tun; **~ use of tools/drugs/one's position** Zweckentfremdung *f* von Geräten/Drogen-/Amtsmißbrauch *m.*

improperly [ɪmˈprɒpəlɪ] *adv see adj.*

impropriety [ˌɪmprəˈpraɪətɪ] *n* Unschicklichkeit *f*; (*of behaviour etc, language, remark*) Ungehörigkeit *f*; (*indecency: of jokes etc*) Unanständigkeit *f.*

improve [ɪmˈpruːv] **I** *vt* verbessern; *area, appearance* verschönern; *sauce, food etc also* verfeinern; *production, value also* erhöhen, steigern; *knowledge also* erweitern; *low salaries also* aufbessern. **to ~ one's mind** sich weiterbilden.

II *vi see vt* sich verbessern, sich bessern; schöner werden; sich erhöhen, steigen. **he has ~d in maths** er hat sich in Mathematik gebessert; **to ~ with use** mit Gebrauch besser werden; **wine ~s with age** je älter der Wein, desto besser; **the invalid is improving** dem Kranken geht es besser; **I'll try to ~** ich werde versuchen, mich zu bessern; **things are improving** es sieht schon besser aus; **this book ~s on re-reading** das Buch gewinnt beim zweiten Lesen.

III *vr* **to ~ oneself** sich an sich (*dat*) arbeiten.

◆**improve (up)on** *vi +prep obj* **1.** übertreffen, besser machen. **2.** (*Comm, Fin*) *offer* überbieten, gehen über (*+acc*).

improved [ɪmˈpruːvd] *adj* besser, verbessert; *offer also* höher.

improvement [ɪmˈpruːvmənt] *n see vt* Verbesserung *f*, Besserung *f*; Verschönerung *f*; Verfeinerung *f*; Erhöhung, Steigerung *f*; Erweiterung *f*; Aufbesserung *f*; (*in health*) Besserung *f*; (*in studies also*) Fortschritte *pl.* **an ~ in pay** eine Gehaltsaufbesserung; **~ of one's mind** Weiterbildung *f*; **to be open to ~** verbesserungsfähig sein;

an ~ on the previous one eine Verbesserung/Besserung *etc* gegenüber dem Früheren; **to carry out ~s to a house** Ausbesserungs- *or* (*to appearance*) Verschönerungsarbeiten an einem Haus vornehmen.

improvident [ɪmˈprɒvɪdənt] *adj* sorglos. **he was ~ of the future** er sorgte nicht für die Zukunft vor.

improving [ɪmˈpruːvɪŋ] *adj* informativ, lehrreich; *book, also* bildend; (*morally ~*) erbaulich.

improvisation [ˌɪmprəvaɪˈzeɪʃən] *n* Improvisation, Improvisierung *f*; (*object improvised*) Provisorium *nt.*

improvise [ˈɪmprəvaɪz] *vti* improvisieren.

imprudence [ɪmˈpruːdəns] *n* Unklugheit *f.*

imprudent *adj*, **~ly** *adv* [ɪmˈpruːdənt, -lɪ] unklug.

impudence [ˈɪmpjʊdəns] *n* Unverschämtheit, Frechheit *f.* **what ~!** so eine Unverschämtheit *or* Frechheit! **he had the ~ to ask me** er hatte die Stirn *or* er besaß die Frechheit, mich zu fragen.

impudent *adj*, **~ly** *adv* [ˈɪmpjʊdənt, -lɪ] unverschämt, dreist.

impugn [ɪmˈpjuːn] *vt person* angreifen; *sb's behaviour etc also* scharfe Kritik üben an (*+dat*); *sb's honesty, motives* in Zweifel ziehen; *statement, evidence, veracity of witness* anfechten.

impulse [ˈɪmpʌls] *n* Impuls *m*; (*driving force*) (Stoß- *or* Trieb)kraft *f.* **nerve ~** nervöser Reiz *or* Impuls; **to give an ~ to business** dem Handel neue Impulse geben; **creature/man of ~** impulsives Wesen/impulsiver Mensch; **to yield to a sudden** *or* **rash ~** einem Impuls nachgeben *or* folgen; **on ~** aus einem Impuls heraus, impulsiv; **~ buying** impulsives *or* spontanes Kaufen; **an ~ buy** *or* **purchase** ein Impulsivkauf *m.*

impulsion [ɪmˈpʌlʃən] *n* (*lit: act of impelling*) Antrieb *m*; (*lit, fig: driving force also*) Antriebskraft *f*; (*fig*) (*impetus*) Impuls *m*; (*compulsion*) Trieb, Drang *m.*

impulsive [ɪmˈpʌlsɪv] *adj* **1.** impulsiv; *action, remark also* spontan. **2.** (*Phys, Tech*) *force* Trieb-, (an)treibend.

impulsively [ɪmˈpʌlsɪvlɪ] *adv see adj 1.*

impulsiveness [ɪmˈpʌlsɪvnɪs] *n see adj 1.* Impulsivität *f*; Spontaneität *f.*

impunity [ɪmˈpjuːnɪtɪ] *n* Straflosigkeit *f.* **with ~** ungestraft.

impure [ɪmˈpjʊəʳ] *adj water, drugs* unrein; *food* verunreinigt; *thoughts, mind also, motives* unsauber; *style* nicht rein.

impurity [ɪmˈpjʊərɪtɪ] *n see adj* Unreinheit *f*; Verunreinigung *f*; Unsauberkeit *f*; Unreinheit *f.*

imputation [ˌɪmpjʊˈteɪʃən] *n* (*of crime*) Bezichtigung *f*; (*of lie*) Unterstellung *f.*

impute [ɪmˈpjuːt] *vt* zuschreiben (*to sb/sth* jdm/einer Sache). **to ~ a crime/lie to sb** jdn eines Verbrechens bezichtigen/jdm eine Lüge unterstellen, jdn einer Lüge bezichtigen.

in [ɪn] **I** *prep* **1.** (*position*) in (*+dat*); (*with motion*) in (*+acc*). **it was ~ the lorry/pocket/car** es war auf dem Lastwagen/in der Tasche/im Auto; **he put it ~ the lorry/car/pocket** er legte es auf den Lastwagen/

ins Auto/steckte es in die Tasche; ~ **here/ there** hierin/darin, hier/da drin (*inf*); (*with motion*) hier/da hinein/ herein, hier/ da rein (*inf*); **go ~ that direction** gehen Sie in diese *or* dieser Richtung; ~ **the street** auf der/die Straße; ~ **Thompson Street** in der Thompsonstraße; **he lives ~ a little village** er wohnt auf *or* in einem kleinen Dorf; **sitting ~ the window** am Fenster sitzend; ~ **(the) church** in der Kirche; **to stay ~ the house** im Haus *or* (*at home*) zu Hause bleiben; ~ **bed/prison/town** im Bett/Gefängnis/in der Stadt; ~ **Germany/ Iran/Switzerland/the United States** in Deutschland/im Iran/in der Schweiz/in den Vereinigten Staaten.

2. (*people, works*) bei. **we find it ~ Dickens** wir finden das bei Dickens *or* in Dickens' Werken; **rare ~ a child of that age** selten bei einem Kind in diesem Alter; **you have a great leader ~ him** in ihm habt ihr einen großen Führer.

3. (*time: with dates etc, during*) in (+ *dat*). ~ **1974** (im Jahre) 1974; ~ **the sixties** in den sechziger Jahren; ~ **the reign of** unter der Herrschaft von; ~ **June** im Juni; ~ **(the) spring** im Frühling; ~ **the morning(s)** morgens, am Morgen, am Vormittag; ~ **the daytime** tagsüber, während des Tages; ~ **the evening** abends, am Abend; **three o'clock** ~ **the afternoon** drei Uhr nachmittags; ~ **those days** damals, zu jener Zeit; ~ **the beginning** am Anfang, anfangs.

4. (*time: interval*) in (+*dat*); (*within*) innerhalb von. ~ **a moment** *or* **minute** sofort, gleich; ~ **a short time** in kurzer Zeit; ~ **a week('s time)** in einer Woche; **I haven't seen him ~ years** ich habe ihn seit Jahren *or* jahrelang nicht mehr gesehen.

5. (*manner, state, condition*) **to speak ~ a loud/soft voice** mit lauter/leiser Stimme sprechen, laut/leise sprechen; **to speak ~ a whisper** flüstern, flüsternd sprechen; **to speak ~ German** Deutsch *or* deutsch reden; **the background is painted ~ red** der Hintergrund ist rot (gemalt) *or* in Rot gehalten; **to pay ~ dollars** mit *or* in Dollar bezahlen; **to stand ~ a row/ ~ groups** in einer Reihe/in Gruppen *or* gruppenweise stehen; ~ **this way** so, auf diese Weise; **to walk ~ twos** zu zweit *or* zu zweien gehen; **to count ~ fives** in Fünfern zählen; ~ **good/bad health** gesund/krank; **she squealed ~ delight** sie quietschte vor Vergnügen; ~ **anger** im Zorn; **to be ~ a rage** wütend *or* zornig sein; ~ **a good state** in gutem Zustand; **to live ~ luxury/ poverty** im Luxus/in Armut leben.

6. (*dress*) in (+*dat*). ~ **one's best clothes** in Sonntagskleidung; ~ **his shirt/ shirt sleeves/slippers** im Hemd/in Hemdsärmeln, hemdsärmelig/in Hausschuhen; **dressed ~ white** weiß gekleidet; **the lady ~ green** die Dame in Grün.

7. (*substance, material*) **upholstered ~ silk** mit Seide bezogen; **she was dressed ~ silk** sie war in Seide gekleidet; **to paint ~ oils** in Öl malen; **to write ~ ink/pencil** mit Tinte/Bleistift schreiben; ~ **marble** in Marmor, marmorn.

8. (*ratio*) **there are 12 inches** ~ **a foot** ein

Fuß hat 12 Zoll; **one book/child ~ ten** jedes zehnte Buch/Kind, ein Buch/Kind von zehn; **fifteen pence ~ the pound discount** fünfzehn Prozent Rabatt.

9. (*degree, extent*) ~ **large/small quantities** in großen/ kleinen Mengen; ~ **part** teilweise, zum Teil; **to die ~ hundreds** zu Hunderten sterben.

10. (*in respect of*) **blind ~ the left eye** auf dem linken Auge *or* links blind; **weak** *or* **poor ~ maths** in Mathematik schwach *or* schlecht; **a rise ~ prices** ein Preisanstieg *m*, **ten feet ~ height** zehn Fuß hoch; **to be too long ~ the leg** zu lange Beine haben; **five ~ number** fünf an der Zahl; **the latest thing ~ hats** der letzte Schrei bei Hüten.

11. (*occupation, activity*) **he is ~ the army** er ist beim Militär; **he is ~ banking/ the motor business** er ist im Bankwesen/in der Autobranche (tätig); **he travels ~ ladies' underwear** er reist in Damenunterwäsche.

12. (+*prp*) ~ **trying to escape** beim Versuch zu fliehen, beim Fluchtversuch; **but ~ saying this** aber indem ich dies sage; **he made a mistake ~ saying that** es war ein Fehler von ihm, das zu sagen.

13. ~ **that** insofern als.

II *adv* **1.** da; (*at home also*) zu Hause. **there is nobody ~** es ist niemand da/zu Hause; **the train is ~** der Zug ist da *or* angekommen; **the harvest is ~** die Ernte ist eingebracht; **our team is ~** (*Cricket*) unsere Mannschaft ist am Schlag; **we were asked ~** wir wurden hereingebeten.

2. (*fig*) **strawberries are now ~** es ist Erdbeerzeit; **miniskirts are ~** Miniröcke sind in (*inf*) *or* in Mode; **the Socialists are ~** die Sozialisten sind an der Regierung; **the Communist candidate is ~** der kommunistische Kandidat ist gewählt *or* reingekommen (*inf*).

3. (*phrases*) **we are ~ for rain/a cold spell** uns (*dat*) steht Regen/eine Kältewelle bevor; **he's ~ for it!** der kann sich auf was gefaßt machen (*inf*); **you don't know what you are ~ for/letting yourself ~ for** Sie wissen nicht, was Ihnen bevorsteht/auf was Sie sich da einlassen; **are you ~ for the race?** machen Sie bei dem Rennen mit?; **he is ~ for the post of manager** er hat sich um die Stelle des Managers beworben; **he hasn't got it ~ him** er hat nicht das Zeug dazu; **it's not ~ him to …** er hat einfach nicht das Zeug dazu, zu …; **to have it ~ for sb** (*inf*) es auf jdn abgesehen haben (*inf*); **to be ~ on sth** an einer Sache beteiligt sein; (*on secret etc*) über etw (*acc*) Bescheid wissen; **he likes to be ~ on things** er mischt gern (überall) mit (*inf*); **to be (well) ~ with sb** sich gut mit jdm verstehen; **my luck is ~** ich habe einen Glückstag.

III *adj attr* **1.** „**~**" **door** Eingangstür *f*; "**~**" **tray** Ablage *f* für Eingänge.

2. (*inf*) in *inv* (*inf*). **an ~ subject** ein Modefach *nt*; **the ~ thing to is to …** es ist in (*inf*) *or* zur Zeit Mode, zu …

IV *n* **to know the ~s and outs of a matter** bei einer Sache genau Bescheid wissen.

inability [ˌɪnəˈbɪlɪtɪ] *n* Unfähigkeit *f*. ~ **to pay** Zahlungsunfähigkeit *f*.

inaccessibility ['ɪnæk‚sesə'bɪlɪtɪ] *n see adj*
Unzugänglichkeit *f*; Unerreichbarkeit *f*.

inaccessible [‚ɪnæk'sesəbl] *adj information,
person* unzugänglich; *place also*
unerreichbar.

inaccuracy [ɪn'ækjʊrəsɪ]   *n   see   adj*
Ungenauigkeit *f*; Unrichtigkeit *f*.

inaccurate [ɪn'ækjʊrɪt] *adj* (*lacking ac-
curacy*) ungenau; (*not correct*) unrichtig.
while it would be ~ to claim ... während es
unrichtig wäre, zu behaupten, ...

inaccurately [ɪn'ækjʊrɪtlɪ] *adv see adj.*

inaction [ɪn'ækʃən] *n* Untätigkeit, Taten-
losigkeit *f*.

inactive [ɪn'æktɪv] *adj* untätig; *person, life,
hands also* müßig (*geh*); *mind* träge,
müßig (*geh*); *volcano* erloschen, untätig.

inactivity [‚ɪnæk'tɪvɪtɪ] *n* Untätigkeit *f*; (*of
mind*) Trägheit *f*; (*Comm*) Stille, Flaute *f*.

inadequacy [ɪn'ædɪkwəsɪ] *n see adj* Un-
zulänglichkeit *f*; Unangemessenheit *f*.

inadequate [ɪn'ædɪkwɪt] *adj* unzulänglich,
inadäquat (*geh*); *supplies, resources,
punishment, reasons, proposals also* un-
zureichend; *measures* unangemessen. **she
makes him feel ~** sie gibt ihm das Gefühl
der Unzulänglichkeit; **Jones, your work is
~** Jones, Ihre Arbeit ist unzulänglich.

inadequately [ɪn'ædɪkwɪtlɪ] *adv* unzuläng-
lich, inadäquat (*geh*); *equipped, ex-
plained, documented also* unzureichend.

inadmissibility ['ɪnəd‚mɪsə'bɪlɪtɪ] *n* Un-
zulässigkeit *f*.

inadmissible [‚ɪnəd'mɪsəbl] *adj* unzulässig.

inadvertence [‚ɪnəd'vɜːtəns] *n* Ungewollt-
heit *f*. **through ~** aus Versehen.

inadvertent [‚ɪnəd'vɜːtənt] *adj* unbeabsich-
tigt, ungewollt.

inadvertently [‚ɪnəd'vɜːtəntlɪ] *adv* ver-
sehentlich.

inadvisability ['ɪnəd‚vaɪzə'bɪlɪtɪ] *n* Unrat-
samkeit *f* (*of doing sth* etw zu tun).

inadvisable [‚ɪnəd'vaɪzəbl] *adj* unratsam,
nicht zu empfehlen *pred*, nicht zu empfeh-
lend *attr*.

inalienable [ɪn'eɪlɪənəbl] *adj rights* un-
veräußerlich.

inane [ɪ'neɪn] *adj* dumm; *suggestion also*
hirnverbrannt.

inanely [ɪ'neɪnlɪ] *adv* dumm.

inanimate [ɪn'ænɪmɪt] *adj* leblos, tot;
nature unbelebt.

inanity [ɪ'nænɪtɪ] *n see adj* Dummheit *f*;
Hirnverbranntheit *f*.

inapplicable [ɪn'æplɪkəbl] *adj answer*
unzutreffend; *laws, rules* nicht anwendbar
(*to sb* auf jdn).

inappropriate [‚ɪnə'prəʊprɪɪt] *adj* un-
passend, unangebracht; *action also* unan-
gemessen; *time* unpassend, ungelegen,
ungünstig. **you have come at a most ~ time**
Sie kommen sehr ungelegen.

inappropriately [‚ɪnə'prəʊprɪɪtlɪ] *adv see adj.*

inappropriateness [‚ɪnə'prəʊprɪɪtnɪs] *n see
adj* Unpassende *nt*, Unangebrachtheit *f*;
Unangemessenheit *f*; Ungünstigkeit *f*.

inapt [ɪn'æpt] *adj* ungeschickt; *remark also*
unpassend.

inaptitude [ɪn'æptɪtjuːd] *n* (*of person*)
Unfähigkeit *f*; (*for work etc*) Untauglich-
keit *f*; (*of remark*) Ungeschicktheit,
Unangebrachtheit *f*.

inarticulate [‚ɪnɑː'tɪkjʊlɪt] *adj* **1.** *essay*
schlecht *or* unklar ausgedrückt, inar-
tikuliert (*geh*); *speech also* schwerfällig.
she's very ~ sie kann sich kaum *or* nur
schlecht ausdrücken; **a brilliant but ~
scientist** ein glänzender, aber wenig
wortgewandter Wissenschaftler; **he was ~
about his real feelings** er konnte seine
wahren Gefühle nur schwer ausdrücken;
~ with rage sprachlos vor Zorn; **just a
string of ~ grunts** nur eine Reihe unver-
ständlicher Grunzlaute.
2. (*Zool*) nicht gegliedert.

inartistic *adj*, **~ally** *adv* [‚ɪnɑː'tɪstɪk, -əlɪ]
unkünstlerisch; *work also* kunstlos.

inasmuch [‚ɪnəz'mʌtʃ] *adv*: **~ as** da, weil;
(*to the extent that*) insofern als.

inattention [‚ɪnə'tenʃən] *n* Unaufmerksam-
keit *f*. **~ to detail** Ungenauigkeit *f* im
Detail.

inattentive *adj*, **~ly** *adv* [‚ɪnə'tentɪv, -lɪ]
unaufmerksam.

inattentiveness [‚ɪnə'tentɪvnɪs] *n* Unauf-
merksamkeit *f*.

inaudibility [ɪn‚ɔːdə'bɪlɪtɪ] *n* Unhörbarkeit
f.

inaudible *adj*, **inaudibly** *adv* [ɪn'ɔːdəbl, -ɪ]
unhörbar.

inaugural [ɪ'nɔːgjʊrəl] **I** *adj lecture* An-
tritts-; *meeting, address, speech* Eröff-
nungs-. **II** *n* (*speech*) Antritts-/Eröffnungs-
rede *f*.

inaugurate [ɪ'nɔːgjʊreɪt] *vt* **1.** *president,
official* (feierlich) in sein/ihr Amt einset-
zen *or* einführen, inaugurieren (*geh*).
2. *policy* einführen; *building* ein-
weihen; *exhibition* eröffnen; *era* ein-
leiten.

inauguration [ɪ‚nɔːgjʊ'reɪʃən] *n see vt*
1. Amtseinführung, Inauguration (*geh*) *f*.
2. Einführung *f*; Einweihung *f*; Eröffnung
f; Beginn, Anfang *m*.

inauspicious [‚ɪnɔːs'pɪʃəs] *adj* unheilver-
heißend; *circumstances, omen also* un-
heilträchtig.

inauspiciously [‚ɪnɔːs'pɪʃəslɪ] *adv see adj.*

in-between [ɪnbɪ'twiːn] *adj* (*inf*) Mittel-,
Zwischen-. **it is sort of ~** es ist so ein Mit-
telding; **~ stage** Zwischenstadium *nt*; **~
times** *adv* zwischendurch, dazwischen.

inboard ['ɪnbɔːd] **I** *adj* (*Naut*) Innenbord-.
II *adv* binnenbords. **III** *n* Innenbordmotor
m.

inborn ['ɪn'bɔːn] *adj* angeboren.

inbred ['ɪn'bred] *adj* **1.** **they look very ~** sie
sehen nach Inzucht aus; **to stop them
becoming ~** um die Inzucht bei ihnen
aufzuhalten; **the royal family became very
~** in der Königsfamilie herrschte Inzucht.
2. *quality* angeboren.

inbreeding ['ɪn'briːdɪŋ] *n* Inzucht *f*.

Inc (*US*) *abbr of* **Incorporated**.

Inca ['ɪŋkə] **I** *n* Inka *mf*. **II** *adj* (*also* **~n**)
Inka-, inkaisch.

incalculable [ɪn'kælkjʊləbl] *adj* **1.** *amount*
unschätzbar, unermeßlich; *damage, harm
also, consequences* unabsehbar. **2.** (*Math*)
nicht berechenbar. **3.** *character, mood*
unberechenbar, unvorhersehbar.

incandescence [‚ɪnkæn'desns] *n* (Weiß)-
glühen *nt*, (Weiß)glut *f*.

incandescent [‚ɪnkæn'desnt] *adj* (*lit*)

(weiß)glühend; *(fig liter)* hell leuchtend, strahlend. ~ **lamp** Glühlampe *f*.

incantation [ˌɪnkæn'teɪʃən] *n* Zauber-(spruch) *m*, Zauberformel *f*; *(act)* Beschwörung *f*.

incapability [ˌɪnˌkeɪpə'bɪlɪtɪ] *n* Unfähigkeit *f* (*of doing sth* etw zu tun).

incapable [ɪn'keɪpəbl] *adj person* unfähig; *(physically)* hilflos. **to be ~ of doing sth** unfähig *or* nicht imstande sein, etw zu tun, etw nicht tun können; **drunk and ~** volltrunken; **~ of working** arbeitsunfähig; **~ of tenderness** zu Zärtlichkeit nicht fähig.

incapacitate [ˌɪnkə'pæsɪteɪt] *vt* **1.** unfähig machen (*for* für, *from doing sth* etw zu tun). **physically ~d** körperlich behindert; **somewhat ~d by his broken ankle** durch seinen gebrochenen Knöchel ziemlich behindert. **2.** *(Jur)* entmündigen.

incapacity [ˌɪnkə'pæsɪtɪ] *n* **1.** Unfähigkeit *f* (*for* für). **~ for work** Arbeitsunfähigkeit *f*. **2.** *(Jur)* mangelnde Berechtigung (*for* zu). **~ to inherit** Erbunfähigkeit *f*; **~ of a minor** Geschäftsunfähigkeit *f* eines Minderjährigen.

incarcerate [ɪn'kɑːsəreɪt] *vt* einkerkern.

incarnate [ɪn'kɑːnɪt] **I** *adj* *(Rel)* fleischgeworden, menschgeworden; *(personified)* leibhaftig *attr*, in Person. **he's the devil ~** er ist der leibhaftige Teufel *or* der Teufel in Person.

II [ˈɪnkɑːneɪt] *vt (make real)* Gestalt *or* Form geben (*+dat*); *(be embodiment of)* verkörpern.

incarnation [ˌɪnkɑː'neɪʃən] *n (Rel, fig)* Inkarnation *f*.

incautious *adj*, **~ly** *adv* [ɪn'kɔːʃəs, -lɪ] unvorsichtig, unbedacht.

incendiary [ɪn'sendɪərɪ] **I** *adj* **1.** *(lit)* bomb Brand-. **~ device** Brandsatz *m*. **2.** *(fig)* speech aufwiegelnd, aufhetzend. **II** *n* **1.** *(bomb)* Brandbombe *f*. **2.** *(person)* *(lit)* Brandstifter(in *f*) *m*; *(fig)* Aufrührer(in *f*), Unruhestifter(in *f*) *m*.

incense¹ [ɪn'sens] *vt* wütend machen, erbosen, erzürnen. **~d** wütend, erbost (*at, by* über *+acc*).

incense² ['ɪnsens] *n* *(Eccl)* Weihrauch *m*; *(fig)* Duft *m*.

incentive [ɪn'sentɪv] *n* Anreiz *m*. **it'll give them a bit of ~** das wird ihnen einen gewissen Anreiz *or* Ansporn geben.

inception [ɪn'sepʃən] *n* Beginn, Anfang *m*.

incertitude [ɪn'sɜːtɪtjuːd] *n* Ungewißheit, Unsicherheit *f*.

incessant [ɪn'sesnt] *adj* unaufhörlich, unablässig; *complaints also* nicht abreißend; *noise* ununterbrochen.

incessantly [ɪn'sesntlɪ] *adv see adj*.

incest ['ɪnsest] *n* Inzest *m*, Blutschande *f*.

incestuous [ɪn'sestjʊəs] *adj* blutschänderisch, inzestuös (*geh*).

inch [ɪntʃ] **I** *n* Inch, ≈ Zoll *m*. **because of his lack of ~es** weil er ein bißchen kleiner ist/ war; **she's grown a few ~es** sie ist ein paar Zentimeter gewachsen; **~ by ~** Zentimeter um Zentimeter; **he came within an ~ of winning/victory** es hätte um ein Haar *or* beinahe gewonnen; **he came within an ~ of being killed** er ist dem Tod um Haaresbreite entgangen; **the lorry missed me by ~es** der Lastwagen hat mich um

Haaresbreite verfehlt; **he knows every ~ of the area** er kennt die Gegend wie seine Westentasche; **he is every ~ a soldier** er ist jeder Zoll ein Soldat; **we will not surrender one ~ of our territory** wir werden keinen Zentimeter unseres Gebiets abtreten; **they searched every ~ of the room** sie durchsuchten das Zimmer Zentimeter für Zentimeter; **he couldn't see an ~ in front of him** er konnte die Hand nicht vor den Augen sehen; **give him an ~ and he'll take a mile** *(prov)* wenn man ihm den kleinen Finger gibt, nimmt er die ganze Hand *(prov)*.

II *vi* **to ~ forward/out/in** sich millimeterweise *or* stückchenweise vorwärts-/ hinaus-/heraus-/hinein-/hereinschieben; **the Dutch swimmer is ~ing ahead** der holländische Schwimmer schiebt sich langsam an die Spitze.

III *vt* langsam manövrieren. **he ~ed his way forward** er schob sich langsam vorwärts.

incidence ['ɪnsɪdəns] *n* **1.** *(Opt)* Einfall *m*. **angle of ~** Einfallswinkel *m*. **2.** *(of crime, disease)* Häufigkeit *f*. **a high ~ of crime** eine hohe Verbrechensquote; **the ~ of death from malaria** die Häufigkeit von Todesfällen durch Malaria.

incident ['ɪnsɪdənt] **I** *n* **1.** *(event)* Ereignis *nt*, Begebenheit *f*, Vorfall *m*. **a life full of ~s** ein ereignisreiches Leben; **an ~ from his childhood** eine Episode aus seiner Kindheit.

2. *(diplomatic etc)* Zwischenfall *m*; *(disturbance in pub etc)* Vorfall *m*. **without ~** ohne Zwischenfälle.

3. *(in book, play)* Episode *f*.

II *adj* **1.** **~ to** *(form)* verbunden mit.

2. *(Opt)* ray einfallend.

incidental [ˌɪnsɪ'dentl] **I** *adj* **1.** **dangers ~ to foreign travel** mit Auslandsreisen verbundene Gefahren; **~ music** Begleitmusik *f*.

2. *(unplanned)* event zufällig.

3. *(secondary etc)* nebensächlich; *remark* beiläufig.

II *n* Nebensächlichkeit, Nebensache *f*. **~s** *(expenses)* Nebenausgaben *pl*.

incidentally [ˌɪnsɪ'dentəlɪ] *adv* übrigens. **it's only ~ important** das ist nur von nebensächlicher Bedeutung.

incinerate [ɪn'sɪnəreɪt] *vt* verbrennen; *(cremate)* einäschern.

incineration [ɪnsɪnə'reɪʃən] *n see vt* Verbrennung *f*; Einäscherung *f*.

incinerator [ɪn'sɪnəreɪtər] *n* (Müll)-verbrennungsanlage *f*; *(garden ~)* Verbrennungsofen *m*; *(in crematorium)* Feuerbestattungsofen *m*.

incipient [ɪn'sɪpɪənt] *adj* anfangend, beginnend; *disease, difficulties also* einsetzend.

incise [ɪn'saɪz] *vt* **1.** *(in)*schneiden *(into* in *+acc)*. **2.** *(Art)* *(in wood)* *(ein)*schnitzen; *(in metal, stone)* eingravieren, einritzen.

incision [ɪn'sɪʒən] *n* Schnitt *m*; *(Med)* Einschnitt *m*.

incisive [ɪn'saɪsɪv] *adj style, tone, words* prägnant; *criticism* treffend, scharfsinnig; *mind* scharf; *person* scharfsinnig.

incisively [ɪn'saɪsɪvlɪ] *adv speak, formulate, put* prägnant; *argue, criticize, reason* treffend, scharfsinnig.

incisiveness [ɪn'saɪsɪvnɪs] n see adj Prägnanz f; Treffende nt, Scharfsinnigkeit f; Schärfe f; Scharfsinnigkeit f.

incisor [ɪn'saɪzə^r] n Schneidezahn m.

incite [ɪn'saɪt] vt aufhetzen; masses also aufwiegeln; racial hatred aufhetzen zu.

incitement [ɪn'saɪtmənt] n 1. no pl see vt Aufhetzung f; Aufwiege(e)lung f. 2. (incentive) Anreiz, Ansporn m (to zu).

incivility [ˌɪnsɪ'vɪlɪtɪ] n Unhöflichkeit f.

incl abbr of **inclusive(ly)** incl., inkl.; **including** incl., inkl.

inclement [ɪn'klemənt] adj weather, wind rauh, unfreundlich; judge, attitude unbarmherzig, unerbittlich.

inclination [ˌɪnklɪ'neɪʃən] n 1. (tendency, wish etc) Neigung f. he follows his (own) ~s er tut das, wozu er Lust hat; what are his natural ~s? welches sind seine Neigungen?; my (natural) ~ is to carry on ich neige dazu, weiterzumachen; ~ to stoutness Anlage or Neigung f zu Korpulenz; I have no ~ to see him again ich habe keinerlei Bedürfnis, ihn wiederzusehen; he showed no ~ to leave er schien nicht gehen zu wollen.
2. (of head, body) Neigung f.
3. (of hill, slope etc) Neigung f, Gefälle, Abfallen nt.

incline [ɪn'klaɪn] I vt 1. head, body, roof neigen. this ~s me to think that he must be lying das läßt mich vermuten, daß er lügt.
2. (dispose) veranlassen, bewegen. the news ~s me to stay aufgrund der Nachricht würde ich gern bleiben; see inclined.
II vi 1. (slope) sich neigen; (ground also) abfallen.
2. (be disposed, tend towards) neigen. to ~ to a point of view zu einer Ansicht neigen or tendieren; he ~s to laziness er neigt zur Faulheit.
III ['ɪnklaɪn] n Neigung f; (of hill) Abhang m; (gradient: Rail etc) Gefälle nt.

inclined [ɪn'klaɪnd] adj 1. to be ~ to do sth (feel that one wishes to) Lust haben, etw zu tun, etw tun wollen; (have tendency to) dazu neigen, etw zu tun; I am ~ to think that ... ich neige zu der Ansicht, daß ...; if you feel ~ wenn Sie Lust haben; to be well ~ towards sb jdm geneigt or gewogen sein; if you're ~ that way wenn Ihnen so etwas liegt; I'm ~ to disagree ich möchte da doch widersprechen; I'm ~ to believe you ich möchte Ihnen gern glauben; it's ~ to break das bricht leicht.
2. plane geneigt, schräg.

inclose [ɪn'kləʊz] vt see enclose.

include [ɪn'kluːd] vt einschließen, enthalten; (on list, in group etc) einbeziehen. the tip is not ~d in the bill Trinkgeld ist in der Rechnung nicht inbegriffen; all ~d alles inklusive or inbegriffen; the invitation ~s everybody die Einladung betrifft alle; they were all ~d in the accusation die Anschuldigung bezog sich auf alle; the children ~d mit(samt) den Kindern, einschließlich der Kinder; does that ~ me? gilt das auch für mich?; to ~ sb in one's prayers jdn in sein Gebet einschließen; in which category would you ~ this? in welche Kategorie würden Sie das aufnehmen?; I think we

should ~ a chapter on ... ich finde, wir sollten auch ein Kapitel über ... dazunehmen.

◆**include out** vt sep (hum inf) auslassen. ~ me ~ ohne mich.

including [ɪn'kluːdɪŋ] prep inklusive, inbegriffen, mit. that makes seven ~ you mit Ihnen sind das sieben; that comes to 200 marks ~ packing das kommt auf 200 DM inklusive or einschließlich Verpackung or Verpackung inbegriffen; there were six rooms ~ kitchen mit Küche waren es sechs Zimmer; ~ the service charge inklusive Bedienung, Bedienung (mit) inbegriffen; not ~ service exklusive Bedienung, Bedienung nicht inbegriffen or eingeschlossen; up to and ~ chapter V bis inklusive or einschließlich Kapitel V; up to and ~ March 4th bis einschließlich 4. März.

inclusion [ɪn'kluːʒən] n Aufnahme f. with the ~ of John that makes seven mit John macht das sieben.

inclusive [ɪn'kluːsɪv] adj inklusive, einschließlich; price Inklusiv-, Pauschal-. ~ sum Pauschale, Pauschalsumme f; ~ terms Pauschalpreis m; to be ~ of einschließlich (+gen) sein, einschließen (+acc); to the fifth page ~ bis einschließlich der fünften Seite, bis Seite fünf einschließlich; from 1st to 6th May ~ vom 1. bis einschließlich or inklusive 6. Mai.

inclusively [ɪn'kluːsɪvlɪ] adv inklusive, einschließlich.

incognito [ˌɪnkɒg'niːtəʊ] I adv inkognito. II n, pl ~s Inkognito nt. III adj traveller Inkognito-. to remain ~ inkognito bleiben.

incoherence [ˌɪnkəʊ'hɪərəns] n (of style, prose) Zusammenhanglosigkeit f, mangelnder Zusammenhang. with each further drink his ~ grew seine Worte wurden mit jedem Glas wirrer.

incoherent [ˌɪnkəʊ'hɪərənt] adj style, argument zusammenhanglos, unzusammenhängend; speech, conversation also wirr; person sich unklar ausdrückend; drunk etc schwer verständlich.

incoherently [ˌɪnkəʊ'hɪərəntlɪ] adv talk, write zusammenhanglos, unzusammenhängend, wirr.

incombustible [ˌɪnkəm'bʌstəbl] adj unbrennbar.

income ['ɪnkʌm] n Einkommen nt; (receipts) Einkünfte pl.

income group n Einkommensklasse f.

incomer ['ɪnˌkʌmə^r] n (new arrival) Neuankömmling m; (successor) Nachfolger(in f) m.

incomes policy n Lohnpolitik f; **income tax** n Lohnsteuer f; (on private income) Einkommensteuer f; **income tax return** n Steuererklärung f.

incoming ['ɪnˌkʌmɪŋ] adj ankommend; train also einfahrend; ship also einlaufend; (succeeding) president etc nachfolgend, neu; mail, orders etc eingehend. ~ tide Flut f.

incommensurable [ˌɪnkə'menʃərəbl] adj nicht zu vergleichend attr, nicht vergleichbar; (Math) inkommensurabel.

incommensurate [ˌɪnkə'menʃərɪt] adj 1. to

be ~ with sth in keinem Verhältnis zu etw stehen. **2.** (*inadequate*) unzureichend (*to* für).

incommunicado [,ɪnkəmjʊnɪ'kɑːdəʊ] *adj pred* ohne jede Verbindung zur Außenwelt, abgesondert. **he was held ~** er hatte keinerlei Verbindung zur Außenwelt; **to be ~** (*fig*) für niemanden zu sprechen sein.

incomparable [ɪn'kɒmpərəbl] *adj* nicht vergleichbar (*with* mit); *beauty, skill* unvergleichlich.

incomparably [ɪn'kɒmpərəblɪ] *adv* unvergleichlich.

incompatibility ['ɪnkəm,pætə'bɪlɪtɪ] *n see adj* Unvereinbarkeit *f*; Unverträglichkeit *f*. **divorce on grounds of ~** Scheidung aufgrund der Unvereinbarkeit der Charaktere der Ehepartner.

incompatible [,ɪnkəm'pætəbl] *adj characters, ideas, propositions, temperaments* unvereinbar; *technical systems also* nicht zueinander passend; *drugs, blood groups, colours* nicht miteinander verträglich. **the drugs are ~** die Arzneimittel vertragen sich nicht miteinander; **we are ~, she said** wir passen überhaupt nicht zusammen *or* zueinander, sagte sie; **the possession of great wealth is surely ~ with genuine Marxist beliefs** der Besitz großer Reichtümer läßt sich wohl kaum mit echtem Marxismus vereinbaren.

incompetence [ɪn'kɒmpɪtəns], **incompetency** [ɪn'kɒmpɪtənsɪ] *n* **1.** Unfähigkeit *f*; (*for job*) Untauglichkeit *f*. **2.** (*Jur*) Unzuständigkeit *f*.

incompetent [ɪn'kɒmpɪtənt] **I** *adj* **1.** *person* unfähig; (*for sth*) untauglich; *piece of work* unzulänglich. **to be ~ in business** nicht geschäftstüchtig sein; **to be ~ to teach music** unfähig sein, Musik zu unterrichten, zum Musiklehrer untauglich sein. **2.** (*Jur*) unzuständig, nicht zuständig. **II** *n* Nichtskönner *m*, Niete *f* (*inf*).

incompetently [ɪn'kɒmpɪtəntlɪ] *adv* schlecht, stümperhaft.

incomplete [,ɪnkəm'pliːt] *adj collection, series* unvollkommen, unvollständig; (*referring to numbers*) unvollständig, nicht vollzählig; (*not finished also*) *painting, novel* unfertig.

incompletely [,ɪnkəm'pliːtlɪ] *adv see adj.*

incompleteness [,ɪnkəm'pliːtnɪs] *n see adj* Unvollkommenheit, Unvollständigkeit *f*; Unvollständigkeit *f*; Unfertigkeit *f*.

incomprehensible [ɪn,kɒmprɪ'hensəbl] *adj* unverständlich; *act also* unbegreiflich, unfaßbar. **people like that are just ~** solche Leute kann ich einfach nicht begreifen.

incomprehensibly [ɪn,kɒmprɪ'hensəblɪ] *adv see adj.*

inconceivability ['ɪnkən,siːvə'bɪlɪtɪ] *n see adj* Unvorstellbarkeit *f*; Unfaßbarkeit, Unbegreiflichkeit *f*.

inconceivable [,ɪnkən'siːvəbl] *adj* unvorstellbar, undenkbar; (*hard to believe also*) unfaßbar, unbegreiflich.

inconceivably [,ɪnkən'siːvəblɪ] *adv see adj.*

inconclusive [,ɪnkən'kluːsɪv] *adj* (*not decisive*) *result* unbestimmt, zu keiner Entscheidung führend; *action, discussion, investigation* ohne (schlüssiges) Ergebnis,

ergebnislos; (*not convincing*) *evidence, argument* nicht überzeugend, nicht schlüssig, nicht zwingend.

inconclusively [,ɪnkən'kluːsɪvlɪ] *adv* (*without result*) ergebnislos; *argue* nicht überzeugend, nicht schlüssig.

incongruity [,ɪnkɒŋ'gruːɪtɪ] *n* **1.** *no pl* (*of remark, sb's presence*) Unpassende(s), Unangebrachtsein *nt*; (*of dress*) Unangemessenheit *f*, Mißverhältnis *nt* (*of sth with sth* zwischen etw *dat* und etw *dat*); (*of juxtaposition, mixture*) Mißklang *m*. **he commented on the ~ of the Rolls parked in the slums** er bemerkte, wie fehl am Platz sich der im Slum geparkte Rolls-Royce ausmachte; **because of the ~ of this Spanish-style villa in a Scottish setting** weil diese Villa im spanischen Stil so gar nicht in die schottische Landschaft paßte/paßt. **2.** (*thing*) Unstimmigkeit *f*.

incongruous [ɪn'kɒŋgruəs] *adj couple, juxtaposition, mixture* wenig zusammenpassend *attr*; *thing to do, behaviour, remark* unpassend; (*out of place*) fehl am Platz. **a red jacket with a most ~ green shirt** eine rote Jacke mit einem überhaupt nicht dazu passenden grünen Hemd; **it seems ~ that …** es scheint abwegig *or* widersinnig, daß …

inconsequent [ɪn'kɒnsɪkwənt] *adj* unlogisch, nicht folgerichtig; *remark* nicht zur Sache gehörend *attr*, beziehungslos.

inconsequential [ɪn,kɒnsɪ'kwenʃəl] *adj* beziehungslos, irrelevant; (*not logical*) unlogisch, nicht folgerichtig; (*unimportant*) unbedeutend, unwichtig.

inconsequentially [ɪn,kɒnsɪ'kwenʃəlɪ] *adv* unlogisch.

inconsiderable [,ɪnkən'sɪdərəbl] *adj* unbedeutend, unerheblich. **a not ~ amount** ein nicht unbedeutender Betrag.

inconsiderate [,ɪnkən'sɪdərɪt] *adj* rücksichtslos; (*in less critical sense, not thinking*) unaufmerksam.

inconsiderately [,ɪnkən'sɪdərɪtlɪ] *adv see adj.*

inconsistency [,ɪnkən'sɪstənsɪ] *n* **1.** (*contradictoriness*) Widersprüchlichkeit *f*, mangelnde Übereinstimmung, Ungereimtheit *f*. **2.** (*unevenness: of work, in quality etc*) Unbeständigkeit *f*.

inconsistent [,ɪnkən'sɪstənt] *adj* **1.** (*contradictory*) *action, speech* widersprüchlich, ungereimt. **to be ~ with sth** zu etw im Widerspruch stehen, mit etw nicht übereinstimmen. **2.** (*uneven, irregular*) *work* unbeständig, ungleich; *person* inkonsequent. **but you're ~, sometimes you say …** aber da sind Sie nicht konsequent, manchmal sagen Sie …

inconsistently [,ɪnkən'sɪstəntlɪ] *adv* **1.** *argue* widersprüchlich. **2.** *work, perform* unbeständig, ungleichmäßig.

inconsolable [,ɪnkən'səʊləbl] *adj* untröstlich.

inconspicuous [,ɪnkən'spɪkjʊəs] *adj* unauffällig. **to make oneself ~** so wenig Aufsehen wie möglich erregen.

inconspicuously [,ɪnkən'spɪkjʊəslɪ] *adv* unauffällig.

inconstancy [ɪnˈkɒnstənsɪ] *n see adj*
Unbeständigkeit *f*, Wankelmut *m*; Unstetigkeit *f*, Wankelmut *m*; Veränderlichkeit, Unbeständigkeit *f*.

inconstant [ɪnˈkɒnstənt] *adj person (in friendship)* unbeständig, wankelmütig; *(in love)* unstet, wankelmütig; *(variable) weather, quality* veränderlich, unbeständig.

incontestable [ˌɪnkənˈtestəbl] *adj* unbestreitbar, unanfechtbar. **it is ~ that ...** es ist unbestritten, daß ...

incontestably [ˌɪnkənˈtestəblɪ] *adv see adj.*

incontinence [ɪnˈkɒntɪnəns] *n (Med)* Inkontinenz *f (spec)*, Unfähigkeit *f*, Stuhl und/oder Harn zurückzuhalten; *(of desires)* Zügellosigkeit, Hemmungslosigkeit *f*.

incontinent [ɪnˈkɒntɪnənt] *adj (Med)* unfähig, Stuhl und/oder Harn zurückzuhalten; *desires* zügellos, hemmungslos.

incontrovertible [ɪnˌkɒntrəˈvɜːtəbl] *adj* unstreitig, unbestreitbar, unwiderlegbar.

inconvenience [ˌɪnkənˈviːnɪəns] **I** *n* 1. Unannehmlichkeit *f*. **there are ~s to living in the country** das Leben auf dem Land hat lästige Nachteile *or* bringt Unannehmlichkeiten mit sich; **it was something of an ~ not having a car** es war eine ziemlich lästige *or* leidige Angelegenheit, kein Auto zu haben.
2. *no pl* Unannehmlichkeit(en *pl*) *f (to sb* für jdn). **I don't want to cause you any ~** ich möchte Ihnen keine Umstände bereiten *or* machen; **to put sb to great ~** jdm große Umstände bereiten; **at considerable personal ~** trotz beträchtlicher persönlicher Unannehmlichkeiten; **because of the ~ of the time/date** weil die Uhrzeit/der Termin ungelegen war.
II *vt* Unannehmlichkeiten *or* Umstände bereiten (+*dat*); *(with reference to time)* ungelegen kommen (+*dat*). **don't ~ yourself** machen Sie keine Umstände.

inconvenient [ˌɪnkənˈviːnɪənt] *adj time* ungelegen, ungünstig; *house, design* unbequem, unpraktisch; *location* ungünstig; *shops* ungünstig *or* ungeschickt gelegen; *journey* beschwerlich, lästig. **3 o'clock is very ~ for me** 3 Uhr kommt mir sehr ungelegen *or* ist sehr ungünstig für mich; **you couldn't have chosen a more ~ time** einen ungünstigeren Zeitpunkt hätten Sie kaum wählen können.

inconveniently [ˌɪnkənˈviːnɪəntlɪ] *adv see adj.*

inconvertibility [ˈɪnkənˌvɜːtɪˈbɪlɪtɪ] *n (Fin)* Uneinlösbarkeit, Inkonvertibilität *f*.

inconvertible [ˌɪnkənˈvɜːtəbl] *adj* uneinlösbar, inkonvertibel.

incorporate [ɪnˈkɔːpəreɪt] *vt* 1. *(integrate)* aufnehmen, einbauen, integrieren *(into* in +*acc*). **the chemicals are ~d with** *or* **in the blood** die Chemikalien werden ins Blut aufgenommen; **Hanover was ~d into Prussia in 1866** Hannover wurde 1866 mit Preußen vereinigt.
2. *(contain)* (in sich *dat*) vereinigen, enthalten. **the tax is ~d in the price** (die) Steuer ist im Preis enthalten; **all the tribes are now ~d in one state** alle Stämme sind

jetzt zu einem Staat zusammengeschlossen.
3. *(Jur, Comm)* gesellschaftlich organisieren; *(US)* (amtlich) als Aktiengesellschaft eintragen, registrieren. **to ~ a company** eine Gesellschaft gründen; **~d company** *(US)* (handelsgerichtlich) eingetragene Gesellschaft.

incorporation [ɪnˌkɔːpəˈreɪʃən] *n see vt* 1. Aufnahme, Einfügung, Integration *f (into,* in in +*acc*). 2. Verbindung, Vereinigung *f*. 3. *(Jur, Comm)* Gründung, Errichtung *f*.

incorporeal [ˌɪnkɔːˈpɔːrɪəl] *adj* nicht körperlich, körperlos.

incorrect [ˌɪnkəˈrekt] *adj* 1. *(wrong)* falsch; *wording, calculation also* fehlerhaft; *statement, assessment also* unzutreffend, unrichtig, unwahr; *opinion also* irrig; *text* ungenau, fehlerhaft. **you are ~** Sie irren sich, Sie haben unrecht; **that is ~** das stimmt nicht, das ist nicht richtig *or* wahr; **it would be ~ to say that ...** es wäre unzutreffend, zu sagen, daß ...; **you are ~ in thinking that ...** Sie haben unrecht, wenn Sie denken, daß ...
2. *(improper) behaviour* inkorrekt, nicht einwandfrei; *dress* inkorrekt, falsch. **it is ~ to ...** es ist nicht korrekt, zu ...

incorrectly [ˌɪnkəˈrektlɪ] *adv see adj*. **I had ~ assumed that ...** ich hatte fälschlich(erweise) angenommen, daß ...

incorrigible [ɪnˈkɒrɪdʒəbl] *adj* unverbesserlich.

incorruptible [ˌɪnkəˈrʌptəbl] *adj* 1. *person* charakterstark; *(not bribable)* unbestechlich. **she's ~** man kann sie nicht verderben. 2. *material, substance* unzerstörbar.

increase [ɪnˈkriːs] **I** *vi* zunehmen; *(taxes)* erhöht werden; *(pain also)* stärker werden; *(amount, number, noise, population also)* anwachsen; *(possessions, trade, riches also)* sich vermehren, (an)wachsen; *(pride also, strength, friendship)* steigen; *(supply, joy, rage)* sich vergrößern, größer werden; *(business firm, institution, town)* sich vergrößern, wachsen; *(rain, wind)* stärker werden. **to ~ in volume/weight** umfangreicher/schwerer werden; **to ~ in width/size/number** sich erweitern/vergrößern/vermehren, weiter/größer/mehr werden; **to ~ in height** höher werden.
II *vt* vergrößern; *rage, sorrow, joy, possessions, riches also* vermehren; *darkness, noise, love, resentment also, effort* verstärken; *trade, sales, business firm also* erweitern; *numbers, taxes, price, speed, demand* erhöhen. **he ~d his efforts** er machte größere Anstrengungen; **then to ~ our difficulties** was die Dinge noch schwieriger machte; **~d demand** erhöhte *or* verstärkte Nachfrage; **~d standard of living** höherer Lebensstandard; **~d efficiency** Leistungssteigerung *f*; **we ~d output to ...** wir erhöhten den Ausstoß auf ...
III *n* Zunahme, Erhöhung, Steigerung *f; (in size)* Vergrößerung, Erweiterung *f; (in number)* Vermehrung *f*, Zuwachs *m*, Zunahme *f; (in speed)* Erhöhung,

Steigerung f (*in gen*); (*of business*) Erweiterung, Vergrößerung f; (*in sales*) Aufschwung m; (*in expenses*) Vermehrung, Steigerung f (*in gen*); (*of effort etc*) Vermehrung, Steigerung, Verstärkung f; (*of demand*) Verstärkung f, Steigen nt; (*of work*) Mehr nt (*of an* +dat), Zunahme f; (*of violence*) Zunahme f, Anwachsen nt; (*of salary*) Gehaltserhöhung or -aufbesserung f; (*of noise*) Zunahme, Verstärkung f. an ~ in the population of 10% per year ein jährlicher Bevölkerungszuwachs von 10%; to get an ~ of £5 per week eine Lohnerhöhung von £ 5 pro Woche bekommen; to be on the ~ ständig zunehmen; ~ in value Wertzuwachs m, Wertsteigerung f; rent ~ Mieterhöhung f.

increasing [ɪn'kri:sɪŋ] adj zunehmend, steigend, (an)wachsend. an ~ number of people are changing to ... immer mehr Leute steigen auf (+acc) ... um.

increasingly [ɪn'kri:sɪŋlɪ] adv zunehmend, immer mehr. he became ~ angry er wurde immer or zunehmend ärgerlicher; ~, people are finding that ... man findet in zunehmendem Maße, daß ...; this is ~ the case dies ist immer häufiger der Fall.

incredible [ɪn'kredəbl] adj unglaublich; (*inf: amazing also*) unwahrscheinlich (*inf*).

incredibly [ɪn'kredəblɪ] adv see adj.

incredulity [ˌɪnkrɪ'dju:lɪtɪ] n Ungläubigkeit, Skepsis f.

incredulous adj, **~ly** adv [ɪn'kredjʊləs, -lɪ] ungläubig, skeptisch; *look also* zweifelnd.

increment ['ɪnkrɪmənt] n 1. (*in salary*) Gehaltserhöhung or -zulage f. 2. Zuwachs m, Steigerung f.

incriminate [ɪn'krɪmɪneɪt] vt belasten.

incriminating [ɪn'krɪmɪneɪtɪŋ], **incriminatory** [ɪn'krɪmɪneɪtərɪ] adj belastend.

incrimination [ɪnˌkrɪmɪ'neɪʃən] n Belastung f.

incubate ['ɪnkjʊbeɪt] I vt egg ausbrüten; *bacteria* züchten; *plan, idea* ausbrüten (*inf*), ausreifen lassen. II vi (*lit*) ausgebrütet or bebrütet werden; (*fig*) (aus)reifen, sich formen.

incubation [ˌɪnkjʊ'beɪʃən] n see vb Ausbrüten nt; Züchten nt; Ausreifen nt. ~ period (*Med*) Inkubationszeit f.

incubator ['ɪnkjʊbeɪtəʳ] n (*for babies*) Brutkasten, Inkubator m; (*for chickens*) Brutapparat m; (*for bacteria*) Brutschrank m.

inculcate ['ɪnkʌlkeɪt] vt einimpfen, einprägen (*in sb* jdm).

inculcation [ˌɪnkʌl'keɪʃən] n Einimpfen nt, Einimpfung f.

incumbency [ɪn'kʌmbənsɪ] n 1. (*Eccl*) Pfründe f. 2. (*form: tenure of office*) Amt nt; (*term*) Amtszeit f.

incumbent [ɪn'kʌmbənt] (*form*) I adj 1. to be ~ upon sb jdm obliegen (*form*), jds Pflicht sein (*to do sth* etw zu tun). 2. the ~ mayor der amtshabende or amtierende Bürgermeister. II n Amtsinhaber m; (*Eccl*) Inhaber m einer Pfarrstelle.

incur [ɪn'kɜːʳ] vt 1. *anger, injury, displeasure* sich (*dat*) zuziehen, auf sich (*acc*) ziehen; *risk* eingehen, laufen. 2. (*Fin*) *loss* erleiden; *debts, expenses* machen. **other**

expenses ~red weitere Auslagen or Ausgaben pl.

incurable [ɪn'kjʊərəbl] I adj (*Med*) unheilbar; (*fig*) unverbesserlich. II n (*Med*) unheilbar Kranke(r) or Erkrankte(r) mf.

incurably [ɪn'kjʊərəblɪ] adv see adj.

incurious [ɪn'kjʊərɪəs] adj (*not curious*) nicht wißbegierig, nicht neugierig; (*uninterested*) gleichgültig, uninteressiert.

incursion [ɪn'kɜːʃən] n Einfall m, Eindringen nt (*into* in +acc); (*fig*) Ausflug m (*into* in +acc); (*of darkness*) Einbruch m.

indebted [ɪn'detɪd] adj 1. (*fig*) verpflichtet. to be ~ to sb for sth jdm für etw (zu Dank) verpflichtet sein. 2. (*Fin*) verschuldet (*to sb* bei jdm).

indebtedness [ɪn'detɪdnɪs] n (*fig*) Dankesschuld (*to* bei), Verpflichtung (*to* gegenüber) f; (*Fin*) Verschuldung f.

indecency [ɪn'di:snsɪ] n Unanständigkeit, Anstößigkeit f. act of ~ (*Jur*) unsittliches Verhalten.

indecent [ɪn'di:snt] adj unanständig, anstößig; (*Jur*) act unsittlich, unzüchtig; joke schmutzig, unanständig, zotig. with ~ haste mit ungebührlicher Eile or Hast.

indecently [ɪn'di:sntlɪ] adv see adj.

indecipherable [ˌɪndɪ'saɪfərəbl] adj nicht zu entziffern pred, nicht zu entziffernd attr; *handwriting* unleserlich.

indecision [ˌɪndɪ'sɪʒən] n Unentschlossenheit, Unschlüssigkeit f.

indecisive [ˌɪndɪ'saɪsɪv] adj 1. *person, manner* unschlüssig, unentschlossen. 2. *discussion* ergebnislos; *argument, battle* nicht(s) entscheidend attr.

indecisively [ˌɪndɪ'saɪsɪvlɪ] adv see adj.

indeclinable [ˌɪndɪ'klaɪnəbl] adj (*Gram*) nicht deklinierbar.

indecorous adj, **~ly** adv [ɪn'dekərəs, -lɪ] unziemlich, unschicklich, ungehörig.

indeed [ɪn'di:d] adv 1. (*really, in reality, in fact*) tatsächlich, wirklich, in der Tat. I feel, ~ I know he is right ich habe das Gefühl, ja ich weiß (sogar), daß er recht hat.

2. (*confirming*) isn't that wrong? — ~ ist das nicht falsch? — allerdings; are you coming? — ~ I am! kommst du? — aber sicher or natürlich; may I open the window? — you may —/~ you may not darf ich das Fenster öffnen? — ja bitte, aber gern doch!/das dürfen Sie nicht; are you pleased? — yes, ~ or ~, yes! bist du zufrieden? — oh ja, das kann man wohl sagen!; is that Charles? — ~ ist das Charles? — ganz recht.

3. (*as intensifier*) wirklich. very ... ~ wirklich sehr ...; thank you very much ~ vielen herzlichen Dank.

4. (*showing interest, irony, surprise*) wirklich, tatsächlich. did you/is it ~? nein wirklich?, tatsächlich?; his wife, ~! seine Frau ..., daß ich nicht lache!; what ~! was wohl!; ~? ach so?, ach wirklich?

5. (*admittedly*) zwar. there are ~ mistakes in it, but ... es sind zwar Fehler darin, aber ...

6. (*expressing possibility*) if ~ ... falls ... wirklich; if ~ he were wrong falls er wirklich unrecht haben sollte; I may ~ come es kann gut sein, daß ich komme.

indefatigable adj, **~bly** adv

[,ɪndɪ'fætɪgəbl, -ɪ] unermüdlich, rastlos.
indefensible [,ɪndɪ'fensəbl] *adj* **1.** *behaviour, remark etc* unentschuldbar, nicht zu rechtfertigend *attr or* rechtfertigen *pred.* **2.** *town etc* nicht zu verteidigend *attr or* verteidigen *pred*, unhaltbar. **3.** *cause, theory* unhaltbar.
indefinable [,ɪndɪ'faɪnəbl] *adj word, colour, charm* unbestimmbar, undefinierbar; *feeling, impression also* unbestimmt.
indefinite [ɪn'defɪnɪt] *adj* **1.** (*with no fixed limit*) *number, time* unbestimmt. ~ **leave** Urlaub auf unbestimmte Zeit.
2. (*Gram*) unbestimmt.
3. (*vague*) unklar, undeutlich.
indefinitely [ɪn'defɪnɪtlɪ] *adv* **1.** *wait etc* unbegrenzt (lange), unendlich lange, endlos; *postpone* auf unbestimmte Zeit. **we can't go on like this** ~ wir können nicht endlos *or* immer so weitermachen.
2. (*vaguely*) unklar, undeutlich.
indelible [ɪn'deləbl] *adj stain* nicht zu entfernen; *ink also* wasserunlöslich; (*fig*) *impression* unauslöschlich. ~ **ink** Wäschetinte *f*; ~**pencil** Kopierstift, Tintenstift *m*.
indelibly [ɪn'delɪblɪ] *adv* (*fig*) unauslöschlich.
indelicacy [ɪn'delɪkəsɪ] *n* Taktlosigkeit, Ungehörigkeit *f*; (*of person*) Mangel *m* an Feingefühl, Taktlosigkeit *f*; (*crudity*) Geschmacklosigkeit *f*.
indelicate [ɪn'delɪkət] *adj person* taktlos; *act, remark also* ungehörig; (*crude*) geschmacklos.
indelicately [ɪn'delɪkətlɪ] *adv see adj* taktlos; ungehörig; (*crudely*) geschmacklos.
indemnification [ɪn,demnɪfɪ'keɪʃən] *n* **1.** (*compensation*) Schadensersatz *m*, Entschädigung *f* (*for* für); (*sum received*) Schadensersatz(summe *f*) *m*, Entschädigung(ssumme) *f*; (*for expenses*) Erstattung *f* (*for gen*). **2.** (*for against* gegen) (*safeguard*) Absicherung *f*; (*insurance*) Versicherung *f*.
indemnify [ɪn'demnɪfaɪ] *vt* **1.** (*compensate*) entschädigen, Schadensersatz *m* leisten (*for* für); (*for expenses*) erstatten (*for acc*). **2.** (*safeguard*) absichern (*from, against* gegen); (*insure*) versichern (*against, from* gegen).
indemnity [ɪn'demnɪtɪ] *n* **1.** (*compensation*) (*for damage, loss etc*) Schadensersatz *m*, Entschädigung, Abfindung *f*; (*after war*) Wiedergutmachung *f*. **2.** (*insurance*) Versicherung(sschutz *m*) *f*. **deed of** ~ (*Jur*) ≃ Versicherungspolice *f*.
indent [ɪn'dent] **I** *vt border, edge* einkerben; *coast* zerklüften, einbuchten; (*Typ*) *word, line* einrücken, einziehen; (*leave dent in*) *metal etc* einbeulen.
II *vi* **to** ~ **on sb for sth** (*Brit Comm*) etw bei jdm ordern.
III ['ɪndent] *n* (*in border etc*) Einkerbung, Kerbe *f*; (*in coast*) Einbuchtung *f*; (*Typ: of line*) Einrückung *f*, Einzug *m*; (*dent: in metal etc*) Beule, Delle *f*.
indentation [ɪnden'teɪʃən] *n* **1.** *no pl see vt* Einkerben *nt*; Zerklüften *nt*; Einrücken, Einziehen *nt*; Einbeulen *nt*.
2. (*notch, dent*) (*in border, edge*) Kerbe *f*, Einschnitt *m*; (*in coast*) Einbuchtung *f*;

(*Typ*) Einrückung *f*, Einzug *m*; (*in metal etc*) Delle, Vertiefung *f*.
indenture [ɪn'dentʃə*r*] **I** *n* ~**s** *pl* (*of apprentice*) Ausbildungs- *or* Lehrvertrag *m*.
II *vt* apprentice in die Lehre nehmen. **he was** ~**d with Hobson's** er ging bei Hobson in die Lehre.
independence [,ɪndɪ'pendəns] *n* Unabhängigkeit *f* (*of* von); (*of person: in attitude, spirit also*) Selbständigkeit *f*. **to achieve** ~ die Unabhängigkeit erlangen; **I~ Day** (*US*) der Unabhängigkeitstag.
independent [,ɪndɪ'pendənt] **I** *adj* **1.** unabhängig (*of* von) (*also Pol*); *person* (*in attitude, spirit also*) selbständig; *school* frei, unabhängig (*vom Staat*); *income* eigen, privat. **she is a very** ~ **young lady** sie ist eine sehr selbständige junge Dame; **a man of** ~ **means** eine Person mit Privateinkommen, ein Privatier *m*.
2. (*unconnected, unrelated to work of others*) *reports, research, thinker etc* unabhängig. **they reached the summit by** ~ **routes** sie erreichten den Gipfel auf getrennten Wegen; **the two explosions were** ~ die beide Explosionen hatten nichts miteinander zu tun; ~ **suspension** (*Aut*) Einzel(rad)aufhängung *f*.
3. ~ **clause** (*Gram*) übergeordneter Satz, Hauptsatz *m*.
II *n* (*Pol*) Unabhängige(r) *mf*.
independently [,ɪndɪ'pendəntlɪ] *adv* unabhängig; (*in attitude, spirit also*) selbständig; (*on own initiative also*) von allein(e). **they each came** ~ **to the same conclusion** sie kamen unabhängig voneinander zur gleichen Schlußfolgerung.
in-depth ['ɪndepθ] *adj* eingehend.
indescribable [,ɪndɪ'skraɪbəbl] *adj* unbeschreiblich; (*inf: terrible*) fürchterlich, schrecklich, unglaublich.
indescribably [,ɪndɪ'skraɪbəblɪ] *adv see adj.*
indestructibility ['ɪndɪ,strʌktə'bɪlɪtɪ] *n* Unzerstörbarkeit *f*.
indestructible *adj*, ~**bly** *adv* [,ɪndɪ'strʌktəbl, -ɪ] unzerstörbar.
indeterminable [,ɪndɪ'tɜ:mɪnəbl] *adj* unbestimmbar, nicht zu bestimmen *attr or* bestimmen *pred.*
indeterminate [,ɪndɪ'tɜ:mɪnɪt] *adj amount, length* unbestimmt; *duration also* ungewiß; *meaning, concept* unklar, vage. **of** ~ **sex** von unbestimmbarem *or* nicht bestimmbarem Geschlecht.
indeterminately [,ɪndɪ'tɜ:mɪnɪtlɪ] *adv see adj.*
indetermination ['ɪndɪ,tɜ:mɪ'neɪʃən] *n* (*indecisiveness*) Entschlußlosigkeit, Unschlüssigkeit, Unentschiedenheit *f*.
index ['ɪndeks] **I** *n* **1.** *pl* -**es** (*in book*) Register *nt*, Index *m*; (*of sources*) Quellenverzeichnis *nt*; (*in library*) (*of topics*) (Schlagwort)katalog *m*; (*of authors*) (Verfasser)katalog *m*; (*card* ~) Kartei *f*. **I~** (*Eccl*) Index *m*.
2. *pl* **indices** (*pointer*) (*Typ*) Hinweiszeichen, Handzeichen *nt*; (*on scale*) (An)zeiger *m*, Zunge *f*. **to provide a useful** ~ **to or of the true state of affairs** nützlichen Aufschluß über den wahren Stand der Dinge geben.
3. *pl* -**es** *or* **indices** (*number showing*

ratio) Index *m*, Meßzahl *f*. **cost-of-living** ~ Lebenshaltungskosten-Index *m*.

4. *pl* **indices** (*Math*) Index *m*; (*exponent*) Wurzelexponent *m*.

II *vt* mit einem Register *or* Index versehen; *word* in das Register *or* in den Index aufnehmen. **the book is well** ~**ed** das Buch hat ein gutes Register.

index card *n* Karteikarte *f*; **index finger** *n* Zeigefinger *m*; **index-linked** *adj* rate, *salaries* der Inflationsrate (*dat*) angeglichen; *pensions* dynamisch.

India ['ɪndɪə] *n* Indien *nt*. ~ **ink** (*US*) Tusche *f*; ~ **man** Indienfahrer *m*.

Indian ['ɪndɪən] **I** *adj* **1.** indisch. **2.** (*American* ~) indianisch, Indianer-. ~ **Ocean** Indischer Ozean. **II** *n* **1.** Inder(in *f*) *m*. **2.** (*American* ~) Indianer(in *f*) *m*.

Indiana [ɪndɪ'ænə] *n* (*abbr* **Ind**, **IN**) Indiana *nt*.

Indian club *n* Keule *f*; **Indian corn** *n* Mais *m*; **Indian file** *n* Gänsemarsch *m*; **in** ~**im** Gänsemarsch; **Indian giver** *n* (*US inf*) jd, der etwas Geschenktes zurückfordert; **Indian ink** *n* Tusche *f*; **Indian summer** *n* Altweibersommer, Spät- *or* Nachsommer *m*; (*fig*) zweiter Frühling *m*; **Indian wrestling** *n* Armdrücken *nt*.

India paper *n* Dünndruckpapier *nt*; **India rubber I** *n* Gummi, Kautschuk *m*; (*eraser*) Radiergummi *m*; **II** *attr* Gummi-.

indicate ['ɪndɪkeɪt] **I** *vt* **1.** (*point out, mark*) zeigen, bezeichnen, deuten auf (+*acc*). to ~ **a place on a map** einen Ort auf der Karte zeigen, auf einen Ort auf der Karte deuten *or* zeigen; **large towns are** ~**d in red** Großstädte sind rot eingezeichnet *or* gekennzeichnet.

2. (*person: gesture, express*) andeuten, zeigen, zu verstehen geben. **to** ~ **one's feelings** seine Gefühle zeigen *or* zum Ausdruck bringen; ~ **your intention to turn right** zeigen Sie Ihre Absicht an, nach rechts abzubiegen.

3. (*be a sign of, suggest*) erkennen lassen, schließen lassen auf (+*acc*), (hin)-deuten auf (+*acc*). **what does it** ~ **to you?** was erkennen Sie daraus?

4. (*register and display*) *temperature, speed* (an)zeigen.

5. (*Med*) *treatment* indizieren; *illness* Anzeichen sein für, anzeigen.

II *vi* (*Aut*) (Richtungswechsel) anzeigen (*form*), blinken, den Blinker setzen. **to** ~ **right** rechts blinken.

indication [ˌɪndɪ'keɪʃən] *n* **1.** (*sign*) (An)-zeichen *nt* (*also Med*) (*of* für), Hinweis *m* (*of* auf +*acc*). **there is every/no** ~ **that he is right** alles/nichts weist darauf hin *or* läßt darauf schließen, daß er recht hat; **he gave a clear** ~ **of his intentions** er ließ seine Absichten deutlich erkennen; **what are the** ~**s that it will happen?** was deutet darauf hin, daß es geschieht?; **we had no** ~ **that ...** es gab kein Anzeichen dafür, daß ...; **that is some** ~ **of what we can expect** das gibt uns einen Vorgeschmack auf das, was wir zu erwarten haben.

2. (*showing, marking*) (*by gesturing, facial expression*) Anzeigen *nt*; (*by pointing, drawing*) Bezeichnen *nt*. ~ **of the boundaries on this map is very poor** die

Grenzen sind auf dieser Karte sehr undeutlich bezeichnet.

3. (*on gauge*) Anzeige *f*. **what is the pressure** ~? wie ist die Druckanzeige?

indicative [ɪn'dɪkətɪv] **I** *adj* **1.** bezeichnend (*of* für). **to be** ~ **of sth** auf etw (*acc*) schließen lassen, auf etw (*acc*) hindeuten; *of sb's character* für etw bezeichnend sein.

2. (*Gram*) indikativisch. ~ **mood** Indikativ *m*, Wirklichkeitsform *f*.

II *n* (*Gram*) Indikativ *m*, Wirklichkeitsform *f*.

indicator ['ɪndɪkeɪtə'] *n* (*instrument, gauge*) Anzeiger *m*; (*needle*) Zeiger *m*; (*Aut*) Richtungsanzeiger *m* (*form*); (*flashing*) Blinker *m*; (*Chem*) Indikator *m*; (*fig: of economic position etc*) Meßlatte *f*. **altitude/pressure** ~ Höhen-/ Druckmesser *m*; (**arrival/departure**) ~ **board** (*Rail, Aviat*) Ankunfts-/Abfahrts(anzeige)tafel *f*.

indices ['ɪndɪsiːz] *pl of* **index**.

indict [ɪn'daɪt] *vt* (*charge*) anklagen, beschuldigen (*on a charge of sth* einer Sache *gen*), unter Anklage stellen; (*US Jur*) Anklage erheben gegen (*for* wegen +*gen*). **to** ~ **sb as a murderer** jdn unter Mordanklage stellen, jdn des Mordes anklagen.

indictable [ɪn'daɪtəbl] *adj* person strafrechtlich verfolgbar; *offence* strafbar.

indictment [ɪn'daɪtmənt] *n* (*of person*) (*accusation*) Beschuldigung, Anschuldigung *f*; (*charge sheet*) Anklage *f* (*for, on a charge of* wegen); (*US: by grand jury*) Anklageerhebung *f*. **to bring an** ~ **against sb** gegen jdn Anklage erheben, jdn unter Anklage stellen; **to draw up a bill of** ~ eine Anklageschrift verfassen; **to be an** ~ **of sth** (*fig*) ein Armutszeugnis für etw sein.

indifference [ɪn'dɪfrəns] *n see adj* Gleichgültigkeit, Indifferenz (*geh*) *f* (*to, towards* gegenüber). **it's a matter of complete** ~ **to me** das ist mir völlig egal *or* gleichgültig.

indifferent [ɪn'dɪfrənt] *adj* **1.** (*lacking interest*) gleichgültig, indifferent (*geh*) (*to, towards* gegenüber). **he is quite** ~ **about it/to her** es/sie ist ihm ziemlich gleichgültig. **2.** (*mediocre*) mittelmäßig, durchschnittlich.

indifferently [ɪn'dɪfrəntlɪ] *adv* **1.** *see adj 1*. **2.** (*mediocrely*) (mittel)mäßig (gut).

indigence ['ɪndɪdʒəns] *n* Bedürftigkeit *f*.

indigenous [ɪn'dɪdʒɪnəs] *adj* einheimisch (*to* in +*dat*); *customs* landeseigen; *language* Landes-. **plants** ~ **to Canada** in Kanada heimische *or* beheimatete Pflanzen; ~ **peoples of South America** die einheimischen Völker Südamerikas.

indigent ['ɪndɪdʒənt] *adj* bedürftig, arm.

indigestible [ˌɪndɪ'dʒestəbl] *adj* (*Med*) unverdaulich; (*fig*) schwer verdaulich, schwer zu ertragend *attr or* ertragen *pred*.

indigestion [ˌɪndɪ'dʒestʃən] *n* Magenverstimmung *f*.

indignant [ɪn'dɪgnənt] *adj* entrüstet, indigniert (*dated, geh*) (*at, about* über +*acc*). **to be** ~ **with sb** mit jdm ungehalten sein; **to make sb** ~ jds Unwillen erregen.

indignantly [ɪn'dɪgnəntlɪ] *adv see adj*.

indignation [ˌɪndɪg'neɪʃən] *n* Entrüstung *f*

(*at, about, with* über +*acc*), Unwillen *m* (*at, about wegen*).

indignity [ɪnˈdɪgnɪtɪ] *n* Demütigung *f*.

indigo [ˈɪndɪgəʊ] **I** *n*, *pl* ~(**e**)**s** Indigo *nt or m*. **II** *adj* indigofarben. ~ **blue** indigoblau.

indirect [ˌɪndɪˈrekt] *adj* **1.** indirekt; *consequence, result etc also* mittelbar. **by** ~ **means** auf Umwegen; **by an** ~ **route/ path/ road** auf Umwegen; **to make an** ~ **reference to sb/sth** auf jdn/etw anspielen *or* indirekt Bezug nehmen. **2.** (*Gram*) indirekt. ~ **object** Dativobjekt *nt*; ~ **speech** *or* (*US*) **discourse** indirekte Rede.

indirectly [ˌɪndɪˈrektlɪ] *adv see adj 1*.

indirectness [ˌɪndɪˈrektnɪs] *n* Indirektheit *f*.

indiscernible [ˌɪndɪˈsɜːnəbl] *adj* nicht erkennbar *improvement, change etc also* unmerklich; *noise* nicht wahrnehmbar. **to be almost** ~ kaum zu erkennen sein; (*noise*) kaum wahrzunehmen sein.

indiscernibly [ˌɪndɪˈsɜːnɪblɪ] *adv see adj*.

indiscipline [ɪnˈdɪsɪplɪn] *n* Mangel *m* an Disziplin, Undiszipliniertheit, Disziplinlosigkeit *f*.

indiscreet [ˌɪndɪˈskriːt] *adj* indiskret; (*tactless*) taktlos, ohne Feingefühl.

indiscreetly [ˌɪndɪˈskriːtlɪ] *adv see adj*.

indiscreetness [ˌɪndɪˈskriːtnɪs] *n see* **indiscretion**.

indiscretion [ˌɪndɪˈskreʃən] *n see adj* Indiskretion *f*; Taktlosigkeit *f*, Mangel *m* an Feingefühl; (*affair*) Abenteuer *nt*.

indiscriminate [ˌɪndɪˈskrɪmɪnɪt] *adj* wahllos; *spending also* unüberlegt; *reading also* kritiklos, unkritisch; *mixture also* kunterbunt; *choice* willkürlich; *reader, shopper* kritiklos, unkritisch; *tastes* unausgeprägt. **you shouldn't be so** ~ **in the friends you make** du solltest dir deine Freunde etwas sorgfältiger aussuchen; **he was completely** ~ **in whom he punished** er verteilte seine Strafen völlig wahllos *or* willkürlich.

indiscriminately [ˌɪndɪˈskrɪmɪnɪtlɪ] *adv see adj*.

indiscriminating [ˌɪndɪˈskrɪmɪneɪtɪŋ] *adj* unkritisch, kritiklos.

indispensability [ˈɪndɪˌspensɪˈbɪlɪtɪ] *n* Unentbehrlichkeit *f*, unbedingte Notwendigkeit (*to* für).

indispensable [ˌɪndɪˈspensəbl] *adj* unentbehrlich, unbedingt notwendig *or* erforderlich (*to* für). ~ **to life** lebensnotwendig; **to make oneself** ~ **to sb** sich für jdn unentbehrlich machen.

indispensably [ˌɪndɪˈspensəblɪ] *adv* **it is** ~ **necessary to them** es ist unbedingt notwendig *or* erforderlich für sie.

indisposed [ˌɪndɪˈspəʊzd] *adj* **1.** (*unwell*) unwohl, indisponiert (*geh*), unpäßlich (*geh*). **2.** (*disinclined*) **to be** ~ **to do sth** nicht gewillt *or* geneigt sein, etw zu tun.

indisposition [ˌɪndɪspəˈzɪʃən] *n see adj* **1.** Unwohlsein *nt*, Indisposition (*geh*), Unpäßlichkeit (*geh*) *f*. **2.** Unwilligkeit *f*. ~ **to work** Arbeitsunwilligkeit *f*.

indisputability [ˈɪndɪˌspjuːtəˈbɪlɪtɪ] *n* Unbestreitbarkeit, Unstrittigkeit *f*.

indisputable [ˌɪndɪˈspjuːtəbl] *adj* unbestreitbar, unstrittig, nicht zu bestreiten *attr or* bestreiten *pred*;

evidence unanfechtbar.

indisputably [ˌɪndɪˈspjuːtəblɪ] *adv* unstrittig, unbestreitbar.

indissolubility [ˈɪndɪˌsɒljʊˈbɪlɪtɪ]] *n* (*Chem*) Unlöslichkeit, Unlösbarkeit *f*; (*fig*) Unauflöslichkeit, Unauflösbarkeit *f*.

indissoluble *adj*, ~**bly** *adv* [ˌɪndɪˈsɒljʊbl, -ɪ] (*Chem*) unlöslich, unlösbar; (*fig*) unauflöslich, unauflösbar, unlöslich.

indistinct [ˌɪndɪˈstɪŋkt] *adj object, shape, words* verschwommen, unklar, undeutlich; *noise* schwach, unklar; *memory* undeutlich; *voice* undeutlich, unklar.

indistinctly [ˌɪndɪˈstɪŋktlɪ] *adv see* nicht deutlich, unscharf, verschwommen; *speak* undeutlich, unklar; *remember* schwach, unklar, dunkel.

indistinguishable [ˌɪndɪˈstɪŋgwɪʃəbl] *adj* **1.** nicht unterscheidbar, nicht zu unterscheiden *attr or* unterscheiden *pred* (*from* von). **2.** (*indiscernible*) nicht erkennbar *or* sichtbar; *improvement, change, difference etc also* unmerklich; *noise* nicht wahrnehmbar.

indium [ˈɪndɪəm] *n* (*abbr* **In**) Indium *nt*.

individual [ˌɪndɪˈvɪdjʊəl] **I** *adj* **1.** (*separate*) einzeln. ~ **cases** Einzelfälle *pl*; **to give** ~ **help** jedem einzeln helfen. **2.** (*own*) eigen; (*for one person*) portion *etc* einzeln, Einzel-. **our own** ~ **plates** unsere eigene Teller; ~ **portions cost 55p** eine Einzelportion kostet 55 Pence. **3.** (*distinctive, characteristic*) eigen, individuell.

II *n* Individuum *nt*, Einzelne(r) *mf*; (*inf*) Individuum *nt*, Mensch *m*, Person *f*. **the freedom of the** ~ die Freiheit des einzelnen, die individuelle Freiheit; *see* **private**.

individualism [ˌɪndɪˈvɪdjʊəlɪzəm] *n* Individualismus *m*.

individualist [ˌɪndɪˈvɪdjʊəlɪst] *n* Individualist(in *f*) *m*.

individuality [ˌɪndɪˌvɪdjʊˈælɪtɪ] *n* Individualität *f*, (eigene) Persönlichkeit.

individualize [ˌɪndɪˈvɪdjʊəlaɪz] *vt* individualisieren; (*treat separately*) einzeln behandeln; (*give individuality to*) *book, author's style, performance* eine persönliche *or* individuelle *or* eigene Note verleihen (+*dat*).

individually [ˌɪndɪˈvɪdjʊəlɪ] *adv* individuell; (*separately*) einzeln. ~ **styled suit** Modellanzug *m*.

indivisible *adj*, ~**bly** *adv* [ˌɪndɪˈvɪzəbl, -ɪ] unteilbar (*also Math*), untrennbar.

Indo- [ˈɪndəʊ-] *pref* Indo-. **--China** Indochina *nt*.

indoctrinate [ɪnˈdɒktrɪneɪt] *vt* indoktrinieren.

indoctrination [ɪnˌdɒktrɪˈneɪʃən] *n* Indoktrination *f*.

Indo-European [ˈɪndəʊˌjʊərəˈpiːən] **I** *adj* indogermanisch, indoeuropäisch; **II** *n* **1.** Indogermane *m*, Indogermanin *f*, Indoeuropäer(in *f*) *m*; **2.** (*language*) Indogermanisch, Indoeuropäisch *nt*.

indolence [ˈɪndələns] *n* Trägheit *f*.

indolent *adj*, ~**ly** *adv* [ˈɪndələnt, -lɪ] träge.

indomitable [ɪnˈdɒmɪtəbl] *adj person, courage* unbezähmbar, unbezwingbar;

will unbeugsam, eisern, unerschütterlich. **his ~ pride** sein nicht zu brechender Stolz.

Indonesia [ˌɪndəʊˈniːzɪə] *n* Indonesien *nt*.

Indonesian [ˌɪndəʊˈniːzɪən] **I** *adj* indonesisch. **II** *n* **1.** Indonesier(in *f*) *m*. **2.** (*language*) Indonesisch *nt*.

indoor [ˈɪndɔːʳ] *adj aerial* Zimmer-, Innen-; *plant* Zimmer-, Haus-; *clothes* Haus-; *photography* Innen-; *sport* Hallen-; *swimming pool* Hallen-; (*private*) überdacht. **~ games** Spiele *pl* fürs Haus; (*Sport*) Hallenspiele *pl*.

indoors [ɪnˈdɔːz] *adv* drin(nen) (*inf*), innen; (*at home*) zu Hause. **to stay ~** im Haus bleiben, drin bleiben (*inf*); **go and play ~** geh im Haus *or* drinnen spielen; **to go ~** ins Haus gehen.

indubitable [ɪnˈdjuːbɪtəbl] *adj* zweifellos, unzweifelhaft.

indubitably [ɪnˈdjuːbɪtəblɪ] *adv* zweifellos, zweifelsohne.

induce [ɪnˈdjuːs] *vt* **1.** (*persuade*) dazu bewegen *or* bringen *or* veranlassen.
2. *reaction, hypnosis* herbeiführen, bewirken, hervorrufen; *sleep* herbeiführen; *illness* verursachen, führen zu; *labour, birth* einleiten. **this drug ~s sleep** dieses Mittel hat eine einschläfernde Wirkung; **she had to be ~d** die Geburt mußte eingeleitet werden; (**artificially**) **~d sleep** künstlicher Schlaf.
3. (*Philos*) induktiv erarbeiten.
4. (*Elec*) *current, magnetic effect* induzieren.

inducement [ɪnˈdjuːsmənt] *n* **1.** (*no pl: persuasion*) Überredung *f*; (*motive, incentive*) Anreiz *m*, Ansporn *m no pl*. **he can't work without ~s** er kann nicht arbeiten, ohne daß man ihn dazu anspornt.
2. *see* **induction 2.**

induct [ɪnˈdʌkt] *vt* **1.** *bishop, president etc* in sein Amt einsetzen *or* einführen. **2.** (*US Mil*) einziehen, einberufen.

inductee [ɪndʌkˈtiː] *n* (*US Mil*) (zum Wehrdienst) Eingezogene(r) *or* Einberufene(r) *m*.

induction [ɪnˈdʌkʃən] *n* **1.** (*of bishop, president etc*) Amtseinführung *f*; (*US Mil*) Einberufung, Einziehung *f*.
2. (*bringing about*) (*of sleep, reaction etc*) Herbeiführen *nt*; (*of labour, birth*) Einleitung *f*.
3. (*Philos, Math, Elec*) Induktion *f*. **~ coil** *n* (*Elec*) Induktionsspule *f*.

inductive *adj*, **~ly** *adv* [ɪnˈdʌktɪv, -lɪ] (*all senses*) induktiv.

indulge [ɪnˈdʌldʒ] **I** *vt* **1.** *appetite, desires etc* nachgeben (+*dat*); *person also* nachsichtig sɛɪn mit; (*over~*) *children* verwöhnen, verhätscheln; *one's imagination* frönen (+*dat*). **to ~ oneself in sth** sich (*dat*) etw gönnen, in etw schwelgen.
2. *debtor* Zahlungsaufschub gewähren (+*dat*).
II *vi* **to ~ in sth** sich (*dat*) etw gönnen *or* genehmigen (*inf*); (*in vice, drink, daydreams*) einer Sache (*dat*) frönen, sich einer Sache (*dat*) hingeben; **he ~s in some very peculiar hobbies** er frönt einigen sehr eigenartigen Hobbies; **dessert came, but I didn't ~** (*inf*) der Nachtisch kam, aber ich konnte mich beherrschen; **will you ~?**

(*inf*) (*offering drink etc*) genehmigen Sie sich auch einen/eine *etc*? (*inf*); **I don't ~** ich trinke/rauche *etc* nicht.

indulgence [ɪnˈdʌldʒəns] *n* **1.** Nachsicht *f*; (*of appetite etc*) Nachgiebigkeit *f* (*of* gegenüber); (*over~*) Verwöhnung, Verhätschelung *f*. **the ~ of his wishes** das Erfüllen seiner Wünsche.
2. (*in activity, drink etc*) **~ in drink** übermäßiges Trinken; **excessive ~ in vice led to the collapse of the Roman Empire** die Lasterhaftigkeit der Römer führte zum Untergang ihres Reiches; **too much ~ in sport is bad for your studies** übermäßiges Sporttreiben wirkt sich schlecht auf das Lernen aus.
3. (*thing indulged in*) Luxus *m*; (*food, drink, pleasure*) Genuß *m*. **such are his little ~s** das sind die kleinen Genüsse, die er sich (*dat*) gönnt; **I occasionally allow myself a little ~** ab und zu gönne ich mir ein bißchen Luxus.
4. (*Eccl*) Ablaß *m*.

indulgent [ɪnˈdʌldʒənt] *adj* (*to* gegenüber) nachsichtig; *mother etc also* nachgiebig; (*to one's own desires etc*) nachgiebig.

indulgently [ɪnˈdʌldʒəntlɪ] *adv see adj*.

industrial [ɪnˈdʌstrɪəl] *adj production, designer, diamond, worker, equipment, state, archeology* Industrie-; *production also, expansion* industriell; *research, training, medicine, experience, accident* Betriebs-; *medicine, psychology* Arbeits-. **~ action** Arbeitskampfmaßnahmen *pl*; **to take ~ action** in den Ausstand treten; **~ dispute** Auseinandersetzungen *pl* zwischen Arbeitgebern und Arbeitnehmern; **~ estate** (*Brit*) Industriegebiet *nt*; **~ relations** Beziehungen *pl* zwischen Arbeitgebern und Gewerkschaften; **I~ Revolution** Industrielle Revolution; **~ tribunal** Arbeitsgericht *nt*; **~ trouble** Arbeitsunruhen *pl*; **~ unrest** Arbeitsunruhen *pl*.

industrialism [ɪnˈdʌstrɪəlɪzəm] *n* Industrie *f*.

industrialist [ɪnˈdʌstrɪəlɪst] *n* Industrielle(r) *mf*.

industrialization [ɪnˌdʌstrɪəlaɪˈzeɪʃən] *n* Industrialisierung *f*.

industrialize [ɪnˈdʌstrɪəlaɪz] *vti* industrialisieren.

industrious *adj*, **~ly** *adv* [ɪnˈdʌstrɪəs, -lɪ] arbeitsam, fleißig, emsig.

industriousness [ɪnˈdʌstrɪəsnɪs] *n* Arbeitsamkeit *f*, Fleiß *m*, Emsigkeit *f*.

industry [ˈɪndəstrɪ] *n* **1.** (*trade, branch of ~*) Industrie *f*. **heavy/light ~** Schwer-/Leichtindustrie *f*; **hotel ~** Hotelgewerbe *nt*; **tourist ~** Touristik *f*; *f*; **in certain industries** in einigen Branchen. **2.** (*industriousness*) Fleiß *m*.

inebriate [ɪˈniːbrɪɪt] **I** *n* (*form*) Trinker(in *f*) *m*. **II** *adj see* **inebriated 1. III** [ɪˈniːbrɪeɪt] *vt* (*lit*) betrunken machen; (*fig*) trunken machen; (*success, popularity etc*) berauschen.

inebriated [ɪˈniːbrɪeɪtɪd] *adj* **1.** (*form*) betrunken, unter Alkoholeinfluß (*form*).
2. (*fig*) berauscht, trunken (*liter*).

inebriation [ɪˌniːbrɪˈeɪʃən], **inebriety** [ˌɪniːˈbraɪətɪ] *n* (*form*) betrunkener Zustand.

inedible [ɪn'edɪbl] *adj* nicht eßbar; (*unpleasant*) *meal etc* ungenießbar.

ineffable *adj*, **~bly** *adv* [ɪn'efəbl, -ɪ] (*liter*) unsäglich (*liter*), unsagbar.

ineffective [ˌɪnɪ'fektɪv] *adj* unwirksam, wirkungslos, ineffektiv; *attempt also* fruchtlos, nutzlos; *reasoning also* unergiebig; *person* unfähig, untauglich.

ineffectively [ˌɪnɪ'fektɪvlɪ] *adv see adj.*

ineffectiveness [ˌɪnɪ'fektɪvnɪs] *n see adj* Unwirksamkeit, Wirkungslosigkeit, Ineffektivität *f*; Fruchtlosigkeit, Nutzlosigkeit *f*; Unergiebigkeit *f*; Unfähigkeit, Untauglichkeit *f*.

ineffectual [ˌɪnɪ'fektjʊəl] *adj* ineffektiv.

inefficacious [ˌɪnefɪ'keɪʃəs] *adj* unwirksam, wirkungslos, ohne Wirkung; *policy* erfolglos, fruchtlos.

inefficacy [ɪn'efɪkəsɪ] *n see adj* Unwirksamkeit, Wirkungslosigkeit *f*; Erfolglosigkeit, Fruchtlosigkeit *f*.

inefficiency [ˌɪnɪ'fɪʃənsɪ] *n see adj* Unfähigkeit, Ineffizienz (*geh*) *f*; Inkompetenz *f*; Leistungsunfähigkeit *f*; Unproduktivität, Ineffizienz (*geh*) *f*.

inefficient [ˌɪnɪ'fɪʃənt] *adj person* unfähig, ineffizient (*geh*); *worker, secretary also* inkompetent; *machine, engine, factory, company* leistungsunfähig; *method, organization* unrationell, unproduktiv, ineffizient (*geh*). **to be ~ at doing sth** etw schlecht machen.

inefficiently [ˌɪnɪ'fɪʃəntlɪ] *adv* schlecht. **he works very ~** er ist ineffizient *or* inkompetent.

inelastic [ˌɪnɪ'læstɪk] *adj* (*lit*) unelastisch; (*fig*) starr, nicht flexibel.

inelasticity [ˌɪnɪlæs'tɪsɪtɪ] *n* (*lit*) Mangel *m* an Elastizität; (*fig*) Mangel *m* an Flexibilität, Starrheit *f*.

inelegance [ɪn'elɪgəns] *n see adj* Uneleganz *f*; Mangel *m* an Schick *or* Eleganz; Schwerfälligkeit, Unausgewogenheit *f*; Ungeschliffenheit, Plumpheit, Schwerfälligkeit *f*; Derbheit, Unschönheit *f*.

inelegant [ɪn'elɪgənt] *adj* unelegant; *clothes also* ohne Schick *or* Eleganz; *person also* ohne Eleganz; *style also* schwerfällig, unausgewogen; *prose, phrase also* ungeschliffen, plump, schwerfällig; *dialect* derb, unschön, schwerfällig.

inelegantly [ɪn'elɪgəntlɪ] *adv see adj.*

ineligibility [ɪn,elɪdʒə'bɪlɪtɪ] *n see adj* Nichtberechtigtsein *nt*; Unwählbarkeit *f*; mangelnde Eignung, Untauglichkeit *f*.

ineligible [ɪn'elɪdʒəbl] *adj* (*for benefits, grant*) nicht berechtigt (*for* zu Leistungen +*gen*); (*for election*) nicht wählbar; (*for job, office, as husband*) ungeeignet, untauglich. **~ for military service** wehruntauglich; **to be ~ for a pension** nicht pensionsberechtigt sein.

inept [ɪ'nept] *adj behaviour* ungeschickt, linkisch, unbeholfen; *remark* unpassend, unangebracht, ungeschickt; *compliment, refusal, attempt* plump; *comparison* ungeeignet, unpassend; *person* (*clumsy*) ungeschickt, ungelehrig, unbeholfen; (*slow at learning*) begriffsstutzig.

ineptitude [ɪ'neptɪtjuːd], **ineptness** [ɪ'neptnɪs] *n see adj* Ungeschicktheit *f*; Plumpheit *f*; Ungeeignetheit *f*; Begriffs-

stutzigkeit *f*. **full of stylistic ~s** voller Stilbrüche.

inequality [ˌɪnɪ'kwɒlɪtɪ] *n* (*lack of equality*) Ungleichheit *f*; (*instance of ~*) Unterschied *m*. **~ of opportunity** Chancenungleichheit *f*.

inequitable [ɪn'ekwɪtəbl] *adj* ungerecht.

inequity [ɪn'ekwɪtɪ] *n* Ungerechtigkeit *f*.

ineradicable [ˌɪnɪ'rædɪkəbl] *adj mistake, failing* unabänderlich, unwiderruflich; *feeling of guilt, hatred* tiefsitzend, unauslöschlich; *disease, prejudice* unausrottbar.

inert [ɪ'nɜːt] *adj* unbeweglich; (*Phys*) *matter* träge; (*Chem*) *substance* inaktiv. **~ gas** Edelgas *nt*.

inertia [ɪ'nɜːʃə] *n* (*lit, fig*) Trägheit *f*. **~-reel seat belt** Automatikgurt *m*.

inescapable [ˌɪnɪs'keɪpəbl] *adj* unvermeidlich; *consequence also* unausweichlich; *conclusion also* zwangsläufig.

inescapably [ˌɪnɪs'keɪpəblɪ] *adv see adj.*

inessential [ˌɪnɪ'senʃəl] **I** *adj* unwesentlich, unerheblich, unwichtig. **II** *n* Unwesentliche(s) *nt no pl*, Nebensächlichkeit *f*.

inestimable [ɪn'estɪməbl] *adj* unschätzbar.

inevitability [ɪn,evɪtə'bɪlɪtɪ] *n* Unvermeidlichkeit *f*.

inevitable [ɪn'evɪtəbl] *adj* unvermeidlich; *result also* zwangsläufig. **victory/defeat seemed ~** der Sieg/die Niederlage schien unabwendbar.

inevitably [ɪn'evɪtəblɪ] *adv* if it's **~ the case that ...** wenn es notgedrungenerweise *or* zwangsläufig so sein muß, daß ...; **~, he got drunk/was late** es konnte ja nicht ausbleiben, daß er sich betrank/zu spät kam; **as ~ happens on these occasions** wie es bei solchen Anlässen immer ist.

inexact *adj*, **~ly** *adv* [ˌɪnɪg'zækt, -lɪ] ungenau.

inexcusable *adj*, **~bly** *adv* [ˌɪnɪks'kjuːzəbl, -ɪ] unverzeihlich, unentschuldbar.

inexhaustible [ˌɪnɪg'zɔːstəbl] *adj* unerschöpflich; *curiosity* unstillbar, unendlich; *person, talker* unermüdlich.

inexorable [ɪn'eksərəbl] *adj* (*relentless*) unerbittlich; (*not to be stopped*) unaufhaltsam; *truth, facts* unumstößlich.

inexorably [ɪn'eksərəblɪ] *adv see adj.*

inexpediency [ˌɪnɪk'spiːdɪənsɪ] *n see adj* Ungeeignetheit, Unzweckmäßigkeit *f*; Unratsamkeit, Unklugheit *f*.

inexpedient [ˌɪnɪk'spiːdɪənt] *adj plan, measures, action, decision* ungeeignet, unzweckmäßig; *policy* unratsam, unklug. **that was rather ~ of you** das war ziemlich unklug von Ihnen.

inexpensive [ˌɪnɪk'spensɪv] *adj* billig, preisgünstig.

inexpensively [ˌɪnɪk'spensɪvlɪ] *adv* billig.

inexperience [ˌɪnɪk'spɪərɪəns] *n* Unerfahrenheit *f*, Mangel *m* an Erfahrung.

inexperienced [ˌɪnɪk'spɪərɪənst] *adj* unerfahren; *woodworker, skier etc* ungeübt, nicht so versiert. **to be ~ in doing sth** wenig Erfahrung mit etw haben, in etw (*dat*) wenig geübt sein.

inexpert [ɪn'ekspɜːt] *adj* unfachmännisch, laienhaft; *treatment also* unsachgemäß; (*untrained*) ungeübt. **to be ~ in doing sth** ungeübt darin sein, etw zu tun.

inexpertly [ɪn'ekspɜːtlɪ] *adv see adj.*

inexpertness [ɪn'ekspə:tnɪs] *n see adj* Laienhaftigkeit *f*; Unsachgemäßheit *f*; Ungeübtheit *f*.

inexplicability [ˌɪnɪksplɪkə'bɪlɪtɪ] *n* Unerklärlichkeit, Unerklärbarkeit *f*.

inexplicable [ˌɪnɪk'splɪkəbl] *adj* unerklärlich, unerklärbar.

inexplicably [ˌɪnɪk'splɪkəblɪ] *adv* (+*adj*) unerklärlich; (+*vb*) unerklärlicherweise.

inexplicit [ɪnɪk'splɪsɪt] *adj* unklar, ungenau.

inexpressible [ˌɪnɪk'spresəbl] *adj thoughts, feelings* unbeschreiblich, unbeschreibbar; *pain, joy also* unsagbar.

inexpressive [ˌɪnɪk'spresɪv] *adj face* ausdruckslos; *word* blaß, nichtssagend; *style* blaß, ohne Ausdruckskraft.

inextinguishable [ˌɪnɪk'stɪŋgwɪʃəbl] *adj fire* unlöschbar; *love, hope* unerschütterlich, beständig; *passion* unbezwinglich.

inextricable [ˌɪnɪk'strɪkəbl] *adj tangle* unentwirrbar; *confusion* unüberschaubar; *difficulties* unlösbar.

inextricably [ˌɪnɪk'strɪkəblɪ] *adv entangled* unentwirrbar; *linked* untrennbar. **he has become ~ involved with her** er kommt nicht mehr von ihr los.

infallibility [ɪnˌfælə'bɪlɪtɪ] *n* Unfehlbarkeit *f*.

infallible [ɪn'fæləbl] *adj* unfehlbar.

infallibly [ɪn'fæləblɪ] *adv* unfehlbar; *work* fehlerfrei; *argued* unwiderlegbar.

infamous ['ɪnfəməs] *adj* (*notorious*) berüchtigt, verrufen; (*shameful*) *person* niederträchtig; *deed, conduct* niederträchtig, schändlich (*geh*).

infamy ['ɪnfəmɪ] *n* **1.** *see adj* Verrufenheit *f*; Niedertracht *f*; Niedertracht, Schändlichkeit (*geh*) *f*. **2.** (*public disgrace*) Schande *f*.

infancy ['ɪnfənsɪ] *n* frühe Kindheit, Kindesalter *nt*; (*Jur*) Minderjährigkeit *f*; (*fig*) Anfangsstadium *nt*. **data processing is no longer in its ~** die Datenverarbeitung steckt nicht mehr in den Kinderschuhen.

infant ['ɪnfənt] *n* (*baby*) Säugling *m*; (*young child*) Kleinkind *nt*; (*Jur*) Minderjährige(r) *mf*. ~ **class** (*Brit*) *erste und zweite Grundschulklasse*; ~ **mortality** Säuglingssterblichkeit *f*; ~ **school** (*Brit*) *Grundschule f für die ersten beiden Jahrgänge*; **she teaches ~s** sie unterrichtet Grundschulkinder.

infanticide [ɪn'fæntɪsaɪd] *n* Kindesmord *m*, Kindestötung *f*; (*person*) Kindesmörder(in *f*) *m*.

infantile ['ɪnfəntaɪl] *adj* **1.** (*childish*) kindisch, infantil. **2.** (*Med*) Kinder-. ~ **paralysis** (*dated*) Kinderlähmung *f*.

infantry ['ɪnfəntrɪ] *n* (*Mil*) Infanterie, Fußtruppe (*Hist*) *f*.

infantryman ['ɪnfəntrɪmən] *n, pl* **-men** [-mən] Infanterist, Fußsoldat (*Hist*) *m*.

infatuated [ɪn'fætjʊeɪtɪd] *adj* vernarrt, verknallt (*inf*) (*with* in +*acc*). **to become ~ with sb** sich in jdn vernarren.

infatuation [ɪnˌfætjʊ'eɪʃən] *n* **1.** (*state*) Vernarrtheit *f* (*with* in +*acc*). **2.** (*object of ~*) Angebetete(r) *mf*.

infect [ɪn'fekt] *vt* **1.** *wound* infizieren; (*lit*) *person also* anstecken; *water* verseuchen, verunreinigen; *meat* verderben. **to be ~ed with** *or* **by an illness** sich mit einer Krank-

heit infiziert *or* angesteckt haben; **his wound became ~ed** seine Wunde entzündete sich; **her cold ~ed all her friends** sie steckte alle ihre Freunde mit ihrer Erkältung an.

2. (*fig*) (*with enthusiasm etc*) anstecken. **the whole village was ~ed by a spirit of patriotism** das ganze Dorf war von patriotischem Geist erfüllt.

infection [ɪn'fekʃən] *n* **1.** (*illness*) Infektion, Entzündung *f*. **2.** (*act of infecting*) Infektion *f*; (*of person also*) Ansteckung *f*; (*of water*) Verseuchung, Verunreinigung *f*.

infectious [ɪn'fekʃəs] *adj* **1.** (*Med*) *disease* ansteckend, infektiös. **are you still ~?** besteht bei dir noch Ansteckungsgefahr? **2.** (*fig*) *enthusiasm, laugh* ansteckend; *idea* zündend.

infectiousness [ɪn'fekʃəsnɪs] *n* **1.** (*Med*) **the ~ of this disease** die Ansteckungs- *or* Infektionsgefahr bei dieser Krankheit.

2. (*fig*) **the ~ of his laughter/enthusiasm** sein ansteckendes Lachen/seine mitreißende Begeisterung.

infer [ɪn'fɜ:ʳ] *vt* **1.** schließen, folgern (*from* aus). **nothing can be ~red from this** daraus kann man nichts schließen *or* folgern. **2.** (*imply*) andeuten, zu verstehen geben.

inferable [ɪn'fɜ:rəbl] *adj* ableitbar, zu folgern *pred*, zu schließen *pred*.

inference ['ɪnfərəns] *n* Schluß(folgerung *f*) *m*. **he was intelligent enough to realize by ~ from what I said that ...** er war intelligent genug, um aus dem, was ich sagte, den Schluß zu ziehen, daß ...; **by ~ he said that ...** implizit sagte er, daß ...

inferential [ˌɪnfə'renʃəl] *adj* schlußfolgernd; *proof* Indizien-.

inferior [ɪn'fɪərɪəʳ] **I** *adj* **1.** (*in quality*) minderwertig; *quality also* minder, geringer; *person* unterlegen; (*in rank*) untergeordnet, niedriger; *court* untergeordnet. **to be ~ to sth** (*in quality*) von minderer *or* geringerer Qualität sein als etw; **to be ~ to sb** jdm unterlegen sein; (*in rank*) jdm untergeordnet *or* nachgestellt sein; **he feels ~** er kommt sich (*dat*) unterlegen *or* minderwertig vor.

2. (*Typ*) ~ **letter** tiefstehender Buchstabe.

3. (*Biol*) *order, species* niedriger.

II *n* **one's ~s** (*in social standing*) Leute *or* Personen *pl* aus einer niedrigeren Schicht; (*in rank*) seine Untergebenen *pl*.

inferiority [ɪnˌfɪərɪ'ɒrɪtɪ] *n* (*in quality*) Minderwertigkeit *f*; (*of person*) Unterlegenheit *f* (*to* gegenüber); (*in rank*) untergeordnete Stellung, niedrigere Stellung, niedrigerer Rang (*to* als). ~ **complex** Minderwertigkeitskomplex *m*.

infernal [ɪn'fɜ:nl] *adj* (*lit*) Höllen-; (*fig*) *cruelty, scheme* teuflisch; *weather* gräßlich; (*inf*) *impudence, nuisance* verteufelt; *noise* höllisch.

infernally [ɪn'fɜ:nəlɪ] *adv* (*inf*) teuflisch, verdammt (*inf*).

inferno [ɪn'fɜ:nəʊ] *n, pl* **~s** (*hell*) Hölle *f*, Inferno *nt*; (*blazing house etc*) Flammenmeer *nt*. **a blazing ~** ein flammendes Inferno.

infertile [ɪn'fɜːtaɪl] *adj soil, womb* unfruchtbar; *mind* unergiebig, ideenlos.

infertility [ˌɪnfɜː'tɪlɪtɪ] *n see adj* Unfruchtbarkeit *f*; Unergiebigkeit, Ideenlosigkeit *f*.

infest [ɪn'fest] *vt* (*rats, lice*) herfallen über (+*acc*); (*plague also*) befallen; (*fig: unwanted people*) heimsuchen, verseuchen.
to be ~**ed with rats** mit Ratten verseucht sein.

infestation [ˌɪnfes'teɪʃən] *n* Verseuchung *f*.

infidel ['ɪnfɪdəl] *n* (*Hist, Rel*) Ungläubige(r) *mf*.

infidelity [ˌɪnfɪ'delɪtɪ] *n* Untreue *f*.

in-fighting ['ɪnfaɪtɪŋ] *n* (*Boxing*) Nahkampf *m*; (*fig*) interner Machtkampf.

infiltrate ['ɪnfɪltreɪt] **I** *vt* **1.** *troops* infiltrieren; *enemy lines also* eindringen in (+*acc*); (*Pol*) *organization also* unterwandern; *spies, informer* einschleusen.
2. (*liquid*) einsickern in (+*acc*), durchsickern in (+*acc*), durchdringen. **to** ~ **a liquid into a substance** eine Flüssigkeit in eine Substanz eindringen lassen.
II *vi* **1.** (*Mil*) eindringen (*into* +*acc*); (*spy, informer also*) sich einschleusen (*into* +*acc*), unterwandern (*into acc*); (*fig: ideas*) eindringen (*into* +*acc*).
2. (*liquid*) **to** ~ **into a substance** in eine Substanz eindringen *or* einsickern; **to** ~ **through sth** durch etw durchsickern.

infiltration [ˌɪnfɪl'treɪʃən] *n* **1.** (*Mil*) Infiltration *f*; (*Pol also*) Unterwanderung *f*. **the** ~ **of spies** das Einschleusen von Spionen; **by** ~ **of the enemy's lines** durch Eindringen in die feindlichen Linien, durch Infiltration der feindlichen Linien.
2. (*of liquid*) Eindringen, Durchsickern, Einsickern *nt*.

infiltrator ['ɪnfɪlˌtreɪtəʳ] *n* (*Mil*) Eindringling *m*; (*Pol*) Unterwanderer *m*. ~**s** (*Mil*) Sickertruppe *f*.

infinite ['ɪnfɪnɪt] **I** *adj* (*lit*) unendlich; (*fig also*) *care, trouble, joy, pleasure* grenzenlos; *knowledge* grenzenlos, unendlich groß. **an** ~ **amount of time/money/space** unendlich viel Zeit/Geld/unbegrenzt *or* unbeschränkt viel Platz.
II *n*: **the** ~ (*space*) das Unendliche; (*God*) der Unendliche.

infinitely ['ɪnfɪnɪtlɪ] *adv* unendlich; (*fig also*) grenzenlos; *improved* ungeheuer; *better, worse* unendlich viel.

infinitesimal [ˌɪnfɪnɪ'tesɪməl] *adj* unendlich klein, winzig; (*Math*) infinitesimal, unendlich klein. ~ **calculus** Infinitesimalrechnung *f*.

infinitesimally [ˌɪnfɪnɪ'tesɪməlɪ] *adv* smaller, better, different nur ganz geringfügig; *small* zum Verschwinden.

infinitive [ɪn'fɪnɪtɪv] (*Gram*) **I** *adj* Infinitiv-, infinitivisch. **II** *n* Infinitiv *m*, Grundform *f*. **in the** ~ im Infinitiv.

infinitude [ɪn'fɪnɪtjuːd] *n* (*infinite number*) unbegrenztes Maß (*of an* +*dat*); (*of facts, possibilities etc*) unendliches Maß (*of an* +*dat*); (*of space*) unendliche Weite (*of gen*).

infinity [ɪn'fɪnɪtɪ] *n* (*lit*) Unendlichkeit *f*; (*fig also*) Grenzenlosigkeit *f*; (*Math*) das Unendliche. **to** ~ (bis) ins Unendliche; **in** ~ in der Unendlichkeit/im Unendlichen;

to focus on ~ (*Phot*) (auf) Unendlich einstellen; **composed of an** ~ **of parts** aus unendlich vielen Teilen *or* einer Unzahl von Teilen zusammengesetzt.

infirm [ɪn'fɜːm] *adj* gebrechlich, schwach. ~ **of purpose** (*liter*) willensschwach, wenig zielstrebig.

infirmary [ɪn'fɜːmərɪ] *n* (*hospital*) Krankenhaus *nt*; (*in school etc*) Krankenzimmer *nt* *or* -stube *f*; (*in prison, barracks*) (Kranken)revier *nt*, Krankenstation *f*.

infirmity [ɪn'fɜːmɪtɪ] *n* Gebrechlichkeit *f*. **the infirmities of old age** die Altersgebrechen *pl*.

inflame [ɪn'fleɪm] *vt* **1.** (*Med*) entzünden. **her eyes were** ~**d with crying** ihre Augen waren vom Weinen gerötet; **to become** ~**d** (*wound etc*) sich entzünden.
2. *person* erzürnen, aufbringen; *feelings* entflammen, entfachen; *anger* erregen, entfachen. **his speech** ~**d the people** seine Rede brachte die Menge in Harnisch *or* auf; **he was** ~**d with rage/indignation/desire** *etc* er glühte vor Zorn/Entrüstung/Begierde *etc*.

inflammable [ɪn'flæməbl] **I** *adj* (*lit*) feuergefährlich, (leicht) entzündbar, inflammabel (*form*); (*fig*) *temperament* explosiv, leicht reizbar; *situation* brisant, gereizt. "**highly** ~", „Vorsicht Feuergefahr", „feuergefährlich". **II** *n* feuergefährlicher *or* leicht brennbarer Stoff.

inflammation [ˌɪnflə'meɪʃən] *n* **1.** (*Med*) Entzündung *f*. **2.** (*fig: of passion, anger etc*) Aufstacheln *nt*, Aufstachelung *f*.

inflammatory [ɪn'flæmətərɪ] *adj* *speech, pamphlet* aufrührerisch, aufwieglerisch, Hetz-.

inflatable [ɪn'fleɪtəbl] **I** *adj* aufblasbar; *dinghy* Schlauch-. **II** *n* (*boat*) Gummiboot *nt*.

inflate [ɪn'fleɪt] **I** *vt* **1.** aufpumpen; (*by mouth*) aufblasen.
2. (*Econ*) *prices, bill* steigern, hochtreiben. **to** ~ **the currency** die Inflation anheizen, den Geldumlauf steigern.
3. (*fig*) steigern, erhöhen; *sb's ego etc also* aufblähen. ~**d with pride** mit *or* vor Stolz geschwollen.
II *vi* sich mit Luft füllen.

inflated [ɪn'fleɪtɪd] *adj* *prices* überhöht, inflationär; *pride* übersteigert, übertrieben; *style, rhetoric* geschwollen, hochtrabend. **to have an** ~ **opinion of oneself** ein übertriebenes Selbstbewußtsein haben.

inflation [ɪn'fleɪʃən] *n* **1.** (*Econ*) Inflation *f*. **to fight** ~ die Inflation bekämpfen. **2.** (*act of inflating*) *see vt* Aufpumpen *nt*; Aufblasen *nt*; Steigern, Hochtreiben *nt*; Steigern, Erhöhen *nt*; Aufblähen *nt*.

inflationary [ɪn'fleɪʃənərɪ] *adj* *politics, demands* inflationär, inflationistisch (*pej*); *spiral* Inflations-.

inflect [ɪn'flekt] **I** *vt* **1.** (*Gram*) flektieren, beugen. **2.** *voice* modulieren. **II** *vi* (*Gram*) flektierbar sein, gebeugt werden.

inflected [ɪn'flektɪd] *adj* *word* flektiert, gebeugt; *language* flektierend.

inflection [ɪn'flekʃən] *n see* **inflexion**.

inflexibility [ɪnˌfleksɪ'bɪlɪtɪ] *n* (*lit*) Unbiegbarkeit, Steifheit, Starrheit *f*; (*fig*) Unbeugsamkeit *f*, geringe Flexibilität, Sturheit (*pej*) *f*.

inflexible [ɪnˈfleksəbl] *adj (lit) substance, object* unbiegbar, steif, starr; *(fig) person, attitude, opinion* unbeugsam, wenig flexibel, stur *(pej)*.

inflexion [ɪnˈflekʃən] *n* 1. *(Gram: of word, language)* Flexion, Beugung *f*. 2. *(of voice)* Tonfall *m*.

inflict [ɪnˈflɪkt] *vt punishment, fine* verhängen *(on, upon sb* jdm); *suffering* zufügen *(on or upon sb* jdm); *wound* zufügen, beibringen *(on or upon sb* jdm); *blow* versetzen *(on or upon sb* jdm). **to ~ oneself** or **one's company on sb** sich jdm aufdrängen; **he always has to ~ all his troubles on us** er muß uns immer mit seinen Problemen behelligen.

infliction [ɪnˈflɪkʃən] *n* 1. *(act) see vt* Verhängung *(on, upon* gegen), Auferlegung *f*; Zufügen *nt*; Beibringen *nt*; Versetzen *nt*. 2. *(misfortune)* Plage *f*, Kreuz *nt*.

in-flight [ˈɪnflaɪt] *adj entertainment* während des Fluges.

inflorescence [ˌɪnflɔːˈresəns] *n* Blütenstand *m*.

inflow [ˈɪnfləʊ] *n* 1. *(of water, air) (action)* Zustrom *m*, Einfließen, Zufließen *nt; (quantity)* Zufluß(menge *f*), Einfluß (menge *f*) *m; (place)* Zufluß *m*. **~ pipe** Zuflußrohr *nt*.
2. *(fig) (of foreign currency, goods)* Zustrom *m; (of people also)* Andrang *m; (of ideas etc)* Eindringen *nt*.

influence [ˈɪnfluəns] **I** *n* Einfluß *m (over* auf +*acc*). **to have an ~ on sb/sth** *(person)* Einfluß auf jdn/etw haben; *(fact, weather etc also)* Auswirkungen *pl* auf jdn/etw haben; **the weather had a great ~ on the number of voters** das Wetter beeinflußte die Zahl der Wähler stark; **to have a great deal of ~ with sb** großen Einfluß bei jdm haben; **he's been a bad ~ on you** er war ein schlechter Einfluß für Sie; **she is a good ~ in the school** or **on the pupils** sie hat einen guten Einfluß auf die Schüler; **to bring ~ to bear on sb, to exert an ~ on sb** Einfluß auf jdn ausüben; **to use one's ~** or **bring one's ~ to bear to get sth** seinen Einfluß ausüben or geltend machen, um etwas zu bekommen; **you have to have ~ to get a job here** Sie müssen schon einigen Einfluß haben, wenn Sie hier eine Stelle haben wollen; **a man of ~** eine einflußreiche Person; **under the ~ of drink/drugs** unter Alkohol-/Drogeneinfluß, unter Alkohol-/Drogeneinwirkung; **under the ~** *(inf)* betrunken.
II *vt* beeinflussen. **to be easily ~d** leicht beeinflußbar or zu beeinflussen sein.

influential [ˌɪnfluˈenʃəl] *adj* einflußreich. **these factors were ~ in my decision** diese Faktoren haben meine Entscheidung beeinflußt.

influenza [ˌɪnfluˈenzə] *n* Grippe *f*.

influx [ˈɪnflʌks] *n* 1. *(of capital, shares, foreign goods)* Zufuhr *f; (of people)* Zustrom, Andrang *m; (of ideas etc)* Zufluß *m*. 2. *see* **inflow 1.**

info [ˈɪnfəʊ] *n, pl* **~s** *(inf) see* **information.**

inform [ɪnˈfɔːm] **I** *vt person* benachrichtigen, informieren *(about* über +*acc*); unterrichten. **to ~ sb of sth** jdn von etw

unterrichten, jdn über etw informieren; **I am pleased to ~ you that ...** ich freue mich, Ihnen mitteilen zu können, daß ...; **to ~ the police** die Polizei verständigen or benachrichtigen or informieren; **to keep sb/oneself ~ed** jdn/sich auf dem laufenden halten *(of* über +*acc*); **to ~ oneself about sth** sich über etw *(acc)* informieren; **until we are better ~ed** bis wir genauer informiert sind; **why was I not ~ed?** warum wurde ich nicht (darüber) informiert?; **I should like to be ~ed just as soon as he arrives** unterrichten Sie mich bitte sofort von seiner Ankunft.
II *vi* **to ~ against** *or* **on sb** jdn anzeigen *or* denunzieren *(pej)*.

informal [ɪnˈfɔːməl] *adj (esp Pol: not official) meeting, talks* nicht formell, nicht förmlich; *visit* inoffiziell, nicht förmlich; *arrangement* inoffiziell; *(simple, without ceremony) meeting, gathering, party* zwanglos, ungezwungen; *manner, tone also* leger; *language, speech* ungezwungen, informell; *restaurant* gemütlich. **the ~ use of "du"** die vertraute Anrede „du"; **"dress ~"** „zwanglose Kleidung"; **he is very ~** er ist sehr leger.

informality [ˌɪnfɔːˈmælɪtɪ] *n see adj* nicht formeller or förmlicher Charakter; inoffizieller Charakter; Zwanglosigkeit, Ungezwungenheit *f*; Ungezwungenheit *f*, informeller Charakter or Ton; Gemütlichkeit *f*; legerer Art. **the ~ of his behaviour** sein legeres Benehmen.

informally [ɪnˈfɔːməlɪ] *adv (unofficially)* inoffiziell; *(casually, without ceremony)* zwanglos, ungezwungen.

informant [ɪnˈfɔːmənt] *n* Informant, Gewährsmann *m*.

information [ˌɪnfəˈmeɪʃən] *n* 1. Auskunft *f*, Informationen *pl*. **a piece of ~** eine Auskunft or Information; **for your ~** zu Ihrer Information or Kenntnisnahme *(form); (indignantly)* damit Sie es wissen; **to give sb ~ about** or **on sb/sth** jdm Auskunft or Informationen über jdn/etw geben; **to get ~ about** or **on sb/sth** sich über jdn/etw informieren, über jdn/etw Erkundigungen einziehen; **to ask for ~ on** or **about sb/sth** um Auskunft or Informationen über jdn/etw bitten; **"~"** „Auskunft"; **we have no ~ about that** wir wissen darüber nicht Bescheid; **until further ~ is available** bevor wir nichts Näheres wissen; **what ~ do we have on Kowalsky?** welche Informationen besitzen wir über Kowalsky?; **where did you get your ~?** woher haben Sie diese Kenntnisse or Informationen?; **detailed ~** Einzelheiten *pl*.
2. *(Computers, content)* Information *f*.

information bureau *n* Auskunft(sbüro *nt*) *f*, Verkehrsbüro *nt*; **information content** *n* Informationsgehalt *m*; **information retrieval** *n* Datenabruf *m*; **information sciences** *npl* Informatik *f*; **information storage** *n* Datenspeicherung *f*; **information theory** *n* Informationstheorie *f*.

informative [ɪnˈfɔːmətɪv] *adj* aufschlußreich, informativ *(geh); book, lecture also* lehrreich. **he's not very ~ about his plans** er ist nicht sehr mitteilsam, was seine Pläne betrifft.

informed [ɪnˈfɔːmd] *adj* (*having information*) *observers* informiert, (gut) unterrichtet; (*educated*) gebildet.

informer [ɪnˈfɔːməʳ] *n* Informant, Denunziant (*pej*) *m*. **police** ~ Polizeispitzel *m*; **to turn** ~ seine Mittäter verraten.

infra dig [ˈɪnfrəˈdɪg] *adj* (*inf*) unter meiner/ seiner *etc* Würde.

infra-red [ˈɪnfrəˈred] *adj* infrarot.

infrastructure [ˈɪnfrəˌstrʌktʃəʳ] *n* Infrastruktur *f*.

infrequency [ɪnˈfriːkwənsɪ] *n* Seltenheit *f*.

infrequent [ɪnˈfriːkwənt] *adj* selten. **at** ~ **intervals** in großen Abständen; **her mistakes are so** ~ sie macht so selten Fehler.

infrequently [ɪnˈfriːkwəntlɪ] *adv see adj.*

infringe [ɪnˈfrɪndʒ] **I** *vt* verstoßen gegen; *law also* verletzen, übertreten; *copyright also* verletzen. **II** *vi* **to** ~ **(up)on sb's rights/ privacy** jds Rechte/Privatsphäre verletzen.

infringement [ɪnˈfrɪndʒmənt] *n* **1. an** ~ **(of a rule)** ein Regelverstoß *m*; ~ **of the law** Gesetzesverletzung *or* -übertretung *f*; ~ **of a patent/copyright** Patentverletzung *f*/ Verletzung *f* des Urheberrechts. **2.** (*of privacy*) Eingriff *m* (*of* in *+acc*).

infuriate [ɪnˈfjʊərɪeɪt] *vt* wütend *or* rasend machen, zur Raserei bringen. **to be/get** ~**d** wütend *or* rasend sein/werden.

infuriating [ɪnˈfjʊərɪeɪtɪŋ] *adj* (äußerst) ärgerlich. **an** ~ **person** ein Mensch, der einen zur Raserei bringen kann.

infuriatingly [ɪnˈfjʊərɪeɪtɪŋlɪ] *adv* aufreizend. **she's** ~ **slow** sie ist aufreizend *or* zum Verzweifeln langsam.

infuse [ɪnˈfjuːz] **I** *vt* **1.** *courage, enthusiasm etc* einflößen, geben (*into sb* jdm). **they were** ~**d with new hope** sie waren von neuer Hoffnung erfüllt.
2. (*Cook*) *tea, herbs* aufgießen.
II *vi* ziehen.

infuser [ɪnˈfjuːzəʳ] *n* Tee-Ei *nt*.

infusion [ɪnˈfjuːʒən] *n* **1.** (*of hope etc*) Einflößen *nt*. **2.** (*Cook*) Aufguß *m*; (*tea-like*) Tee *m*. **3.** (*Med*) Infusion *f*.

ingenious [ɪnˈdʒiːnɪəs] *adj* genial; *person also* erfinderisch, geschickt, findig; *idea, method also* glänzend, ingeniös (*geh*); *device, instrument also* raffiniert.

ingeniously [ɪnˈdʒiːnɪəslɪ] *adv* genial, glänzend.

ingeniousness [ɪnˈdʒiːnɪəsnɪs] *n see* **ingenuity.**

ingénue [ˌænʒeɪˈnjuː] *n* naives Mädchen; (*Theat*) Naive *f*.

ingenuity [ˌɪndʒɪˈnjuːɪtɪ] *n* Genialität *f*; (*of person also*) Einfallsreichtum *m*, Findigkeit *f*; (*of idea, method also*) Brillanz *f*; (*of device, instrument also*) Raffiniertheit *f*.

ingenuous [ɪnˈdʒenjʊəs] *adj* **1.** (*candid*) offen, aufrichtig, unbefangen. **2.** (*naive*) naiv, unverdorben.

ingenuously [ɪnˈdʒenjʊəslɪ] *adv see adj.*

ingenuousness [ɪnˈdʒenjʊəsnɪs] *n see adj* **1.** Offenheit, Aufrichtigkeit, Unbefangenheit *f*. **2.** Naivität, Unverdorbenheit *f*.

ingest [ɪnˈdʒest] *vt* (*Biol*) aufnehmen.

ingestion [ɪnˈdʒestʃən] *n* (*Biol*) Nahrungsaufnahme *f*.

inglorious [ɪnˈglɔːrɪəs] *adj* unrühmlich, unehrenhaft; *defeat* schmählich, ruhmlos.

ingoing [ˈɪngəʊɪŋ] *adj mail* eingehend, einlaufend. ~ **tenant** neuer Mieter, Nachmieter *m*.

ingot [ˈɪngət] *n* Barren *m*. **steel** ~ Stahlblock *m*.

ingrained [ˌɪnˈgreɪnd] *adj* **1.** (*fig*) *habit* fest, eingefleischt; *prejudice* tief verwurzelt *or* eingewurzelt; *belief* fest verankert, unerschütterlich. **to be** ~ fest verwurzelt sein.
2. *dirt* tief eingedrungen, tiefsitzend (*attr*). **hands** ~ **with dirt** Hände, bei denen sich der Schmutz in den Poren festgesetzt hat.

ingratiate [ɪnˈgreɪʃɪeɪt] *vr* **to** ~ **oneself with sb** sich bei jdm einschmeicheln.

ingratiating [ɪnˈgreɪʃɪeɪtɪŋ] *adj person, speech* schmeichlerisch, schöntuerisch; *smile* schmeichlerisch süßlich.

ingratiatingly [ɪnˈgreɪʃɪeɪtɪŋlɪ] *adv see adj.*

ingratitude [ɪnˈgrætɪtjuːd] *n* Undank *m*. **sb's** ~ jds Undankbarkeit *f*.

ingredient [ɪnˈgriːdɪənt] *n* Bestandteil *m*; (*for recipe*) Zutat *f*. **all the** ~**s of success** alles, was man zum Erfolg braucht; **the** ~**s of a man's character** alles, was den Charakter eines Menschen ausmacht.

in-group [ˈɪngruːp] *n* maßgebliche Leute *pl*, Spitze *f*; (*Sociol*) In-Group *f*.

ingrowing [ˈɪngrəʊɪŋ] *adj* (*Med*) *toenail* eingewachsen.

inhabit [ɪnˈhæbɪt] *vt* bewohnen; (*animals*) leben in (*+dat*).

inhabitable [ɪnˈhæbɪtəbl] *adj* bewohnbar.

inhabitant [ɪnˈhæbɪtənt] *n* (*of house, burrow etc*) Bewohner(in *f*) *m*; (*of island, town also*) Einwohner(in *f*) *m*.

inhalation [ˌɪnhəˈleɪʃən] *n* (*Med*) Inhalation *f*.

inhale [ɪnˈheɪl] **I** *vt* einatmen; (*Med*) inhalieren. **II** *vi* (*in smoking*) Lungenzüge machen, inhalieren.

inhaler [ɪnˈheɪləʳ] *n* Inhalationsapparat *m*.

inharmonious [ˌɪnhɑːˈməʊnɪəs] *adj* unharmonisch.

inhere [ɪnˈhɪəʳ] *vi* **to** ~ **in sth** einer Sache (*dat*) innewohnen *or* eignen.

inherent [ɪnˈhɪərənt] *adj* innewohnend, eigen, inhärent (*esp Philos*) (*to, in dat*). **the** ~ **hardness of diamonds** die den Diamanten eigene Härte; **instincts** ~ **in all animals** allen Tieren inhärente *or* eigene Instinkte.

inherently [ɪnˈhɪərəntlɪ] *adv* von Natur aus.

inherit [ɪnˈherɪt] **I** *vt* (*lit, fig*) erben. **the problems which we** ~**ed from the last government** die Probleme, die uns die letzte Regierung hinterlassen *or* vererbt hat. **II** *vi* erben. **to** ~ **from sb** jdn beerben.

inheritable [ɪnˈherɪtəbl] *adj* (*lit, fig*) erblich; *goods, shares* vererbbar.

inheritance [ɪnˈherɪtəns] *n* Erbe *nt* (*also fig*), Erbschaft *f*. **he got it by** ~ er hat es durch eine Erbschaft bekommen.

inherited [ɪnˈherɪtɪd] *adj qualities, disease* ererbt.

inhibit [ɪnˈhɪbɪt] *vt* hemmen (*also Psych, Sci*). **to** ~ **sb from doing sth** jdn daran hindern, etw zu tun; **don't let me** ~ **you** haben Sie meinetwegen keine Hemmungen.

inhibited [ɪnˈhɪbɪtɪd] *adj* gehemmt. **to be** ~ Hemmungen haben, gehemmt sein.

inhibition [ˌɪnhɪˈbɪʃən] n Hemmung f (also Psych, Sci). **a feeling of ~** Hemmungen pl; **he has no ~s about speaking French** er hat keine Hemmungen, Französisch zu sprechen.

inhospitable [ˌɪnhɒˈspɪtəbl] adj ungastlich; climate, region unwirtlich.

inhospitably [ˌɪnhɒˈspɪtəblɪ] adv ungastlich.

inhospitality [ˈɪnˌhɒspɪˈtælɪtɪ] n Ungastlichkeit f, mangelnde Gastfreundschaft; (of climate) Unwirtlichkeit f.

inhuman [ɪnˈhjuːmən] adj (lit) monster, shape nicht menschlich; (fig) unmenschlich.

inhumane [ˌɪnhjuːˈmeɪn] adj inhuman; (to people also) menschenunwürdig.

inhumaneness [ˌɪnhjuːˈmeɪnnɪs] n see adj Inhumanität f; Menschenunwürdigkeit f.

inhumanity [ˌɪnhjuːˈmænɪtɪ] n Unmenschlichkeit f. **man's ~ to man** die Unmenschlichkeit der Menschen untereinander.

inimical [ɪˈnɪmɪkəl] adj (hostile) feindselig (to gegen); (injurious) abträglich (to dat).

inimitable [ɪˈnɪmɪtəbl] adj unnachahmlich.

iniquitous [ɪˈnɪkwɪtəs] adj ungeheuerlich.

iniquity [ɪˈnɪkwɪtɪ] n (no pl: wickedness) Ungeheuerlichkeit f; (sin) Missetat f; (crime) Greueltat f; see den.

initial [ɪˈnɪʃəl] I adj 1. anfänglich, Anfangs-. **my ~ reaction** meine anfängliche Reaktion; **in the ~ stages** im Anfangsstadium.
  2. (Typ) ~ **letter** Anfangsbuchstabe m.
  II n Initiale f; (Typ also) Anfangsbuchstabe m. **to sign a letter with one's ~s** seine Initialen or (Pol) Paraphe unter einen Brief setzen; (Comm) einen Brief abzeichnen.
  III vt letter, document mit seinen Initialen unterzeichnen; (Comm) abzeichnen; (Pol) paraphieren.

initially [ɪˈnɪʃəlɪ] adv anfangs, zu or am Anfang; (Ling) im Anlaut.

initiate [ɪˈnɪʃɪeɪt] I vt 1. (set in motion) den Anstoß geben zu, initiieren; negotiations also einleiten. **to ~ proceedings against sb** (Jur) gegen jdn einen Prozeß anstrengen.
  2. (formally admit: into club etc) feierlich aufnehmen; (in tribal society) adolescents initiieren.
  3. (instruct) einweihen.
  II n (in club etc) Neuaufgenommene(r) mf; (in tribal society) Initiierte(r) mf; (in knowledge) Eingeweihte(r) mf.

initiation [ɪˌnɪʃɪˈeɪʃən] n 1. (of project, fashion etc) Initiierung f; (of negotiations also) Einleitung f.
  2. (into society) Aufnahme f; (as tribal member) Initiation f. ~ **ceremony** Aufnahmezeremonie f.
  3. (into branch of knowledge) Einweihung f.

initiative [ɪˈnɪʃətɪv] n Initiative f. **to take the ~** die Initiative ergreifen; **on one's own ~** aus eigener Initiative; **to have ~** Initiative haben.

initiator [ɪˈnɪʃɪeɪtəʳ] n Initiator(in f) m.

inject [ɪnˈdʒekt] vt (ein)spritzen; (fig) comment einwerfen; money into economy pumpen. **to ~ sb with sth** (Med) jdm etw spritzen or injizieren; **to ~ sb with enthusiasm, to ~ enthusiasm into sb** jdn

mit Begeisterung erfüllen; **he ~ed new life into the club** er brachte neues Leben in den Verein.

injection [ɪnˈdʒekʃən] n (act) Einspritzung f; (of gas) Einblasen nt; (that injected) Injektion, Spritze f. **to give sb an ~** jdm eine Injektion or Spritze geben; **the ~ of more money into the economy** eine größere Finanzspritze für die Wirtschaft.

injector [ɪnˈdʒektəʳ] n Einspritzpumpe f.

injudicious adj, **~ly** adv [ˌɪndʒuˈdɪʃəs, -lɪ] unklug.

injunction [ɪnˈdʒʌŋkʃən] n Anordnung f; (Jur) gerichtliche Verfügung.

injure [ˈɪndʒəʳ] vt 1. (lit) verletzen. **to ~ one's leg** sich (dat) das Bein verletzen, sich (acc) am Bein verletzen; **how many were ~d?, how many ~d were there?** wie viele Verletzte gab es?
  2. (fig) (offend) sb, sb's feelings verletzen, kränken; (damage) reputation schaden (+dat). **his ~d reputation** sein geschädigter Ruf; **the ~d party** (Jur) der/die Geschädigte.

injurious [ɪnˈdʒʊərɪəs] adj schädlich. **to be ~ to sb/sth** jdm/einer Sache schaden or schädlich sein; ~ **to the health** gesundheitsschädigend or -schädlich.

injury [ˈɪndʒərɪ] n Verletzung f (to gen); (fig also) Kränkung f (to gen). **to do sb/oneself an ~** jdn/sich verletzen; **to play ~ time** (Sport) nachspielen.

injustice [ɪnˈdʒʌstɪs] n (unfairness, inequality) Ungerechtigkeit f; (violation of sb's rights) Unrecht nt no pl. **to do sb an ~** jdm Unrecht tun; **if a real ~ has been done to you...** wenn Ihnen wirklich Unrecht geschehen ist ...

ink [ɪŋk] I n Tinte (also Zool) f; (Art) Tusche f; (Typ) Druckfarbe f; (for newsprint) Druckerschwärze f. **written in ~** mit Tinte geschrieben; **a sketch in ~** eine Tuschzeichnung. II vt mit Tinte beschmieren; (Typ) einfärben.
  ◆**ink in** vt sep outline, writing mit Tinte or (Art) Tusche ausziehen or nachziehen; (fill in) shape mit Tinte or (Art) Tusche ausmalen or ausfüllen.
  ◆**ink out** vt sep mit Tinte übermalen.
  ◆**ink over** vt sep mit Tinte or (Art) Tusche ausziehen or nachzeichnen.

ink in cpds Tinten-; (Art) Tusch-.

inkling [ˈɪŋklɪŋ] n (vague idea) dunkle Ahnung. **he hadn't an ~** er hatte nicht die leiseste Ahnung; **to give sb an ~** jdm eine andeutungsweise Vorstellung geben; **there was no ~ of the disaster to come** nichts deutete auf die bevorstehende Katastrophe hin.

ink pad n Stempelkissen nt; **inkpot** n Tintenfaß nt; **inkstain** n Tintenfleck m.

inky [ˈɪŋkɪ] adj (+er) 1. (lit) tintenbeschmiert, voller Tinte, tintig; fingers also Tinten-. 2. (fig) darkness tintenschwarz; blue, black tintig.

inlaid [ɪnˈleɪd] I ptp of **inlay**. II adj eingelegt (with mit).

inland [ˈɪnlænd] I adj 1. waterway, navigation, sea Binnen-. ~ **town** Stadt f im Landesinneren.
  2. (domestic) mail Inland(s)-; trade Binnen-. ~ **produce** inländisches Erzeug-

nis, inländische Erzeugnisse *pl*, Inlands-
erzeugnis(se *pl*) *nt*; I~ **Revenue** (*Brit*) ≃
Finanzamt *nt*.
    II *adv* landeinwärts.
inlaw ['ınlɔ:] *n* angeheirateter Verwandter,
angeheiratete Verwandte. ~s (*parents-in-
law*) Schwiegereltern *pl*.
inlay ['ınleɪ] (*vb: pret, ptp* **inlaid**) **I** *n* (*in
table, box*) Einlegearbeit *f*, Intarsien *pl*;
(*Dentistry*) Plombe, Füllung *f*; (*of gold etc*)
Inlay *nt*. **II** [ın'leɪ] *vt* einlegen (*with* mit).
inlet ['ınlet] *n* **1.** (*of sea*) Meeresarm *m*; (*of
river*) Flußarm *m*. **2.** (*Tech*) Zuleitung *f*;
(*of ventilator*) Öffnung *f*.
inlet pipe *n* Zuleitung(srohr *nt*) *f*; **inlet
valve** *n* Einlaßventil *nt*.
inmate ['ınmeɪt] *n* Insasse *m*, Insassin *f*.
inmost ['ınməʊst] *adj see* **innermost.**
inn [ın] *n* **1.** Gasthaus *nt*; (*old: hotel*) Her-
berge *f* (*old*); (*old: tavern*) Schenke *f*.
2. (*Jur*) the I~s **of Court** die vier eng-
lischen Juristenverbände.
innards ['ınədz] *npl* Innereien *pl* (*also fig*),
Eingeweide *pl*.
innate [ı'neɪt] *adj* angeboren.
inner ['ınər] **I** *adj* **1.** innere(r, s); *side, sur-
face, door, court, city,* (*Anat*) *ear also*
Innen-. ~ **harbour** Innenbecken *nt*.
    2. (*fig*) *emotions* innere(r, s); *meaning*
verborgen; *life* Seelen-. **he wasn't one of
the ~ circle** er gehörte nicht zum engeren
Kreise; **the ~ man** (*soul*) das Innere; **the
needs of the ~ man** die inneren Bedürf-
nisse; **to satisfy the ~ man** für sein
leibliches Wohl sorgen.
    II *n* (*Archery*) Schwarze(s) *nt*.
innermost ['ınəməʊst] *adj* innerste(r, s). **in
the ~ recesses of the mind in den hinter-
sten Winkeln des Gehirns; in the ~ depths
of the forest** im tiefsten Wald.
inner tube *n* Schlauch *m*.
inning ['ınıŋ] *n* (*Baseball*) Inning *nt*.
innings ['ınıŋz] *n* (*Cricket*) Innenrunde *f*. **to
have one's ~** (*fig inf*) an der Reihe sein; **he
has had a long** *or* **a good ~** (*fig inf*) er war
lange an der Reihe; (*life*) er hatte ein
langes, ausgefülltes Leben.
innkeeper ['ın,ki:pər] *n* (Gast)wirt *m*.
innocence ['ınəsəns] *n* **1.** Unschuld *f*. **to
pretend ~** vorgeben, unschuldig zu sein,
unschuldig tun; **in all ~** in aller Unschuld.
    2. (*liter: ignorance*) Unkenntnis *f*.
innocent ['ınəsənt] **I** *adj* **1.** unschuldig; *mis-
take, misrepresentation* unabsichtlich. **she
is ~ of the crime** sie ist an dem Ver-
brechen unschuldig; **to put on an ~ air**
eine Unschuldsmiene aufsetzen; **as ~ as a
newborn babe** unschuldig wie ein Lamm.
    2. ~ *of* (*liter: ignorant*) nicht vertraut
mit; (*devoid of*) frei von, ohne.
    II *n* Unschuld *f*.
innocently ['ınəsəntlı] *adv* unschuldig; (*in
all innocence*) in aller Unschuld.
innocuous *adj*, ~**ly** *adv* [ı'nɒkjʊəs, -lı]
harmlos.
innovate ['ınəʊveɪt] **I** *vt* neu einführen. **II** *vi*
Neuerungen einführen.
innovation [,ınəʊ'veɪʃən] *n* Innovation *f*;
(*introduction also*) Neueinführung *f* (*of
gen*); (*thing introduced also*) Neuerung *f*.
innovative [ınə'veɪtıv] *adj* auf Neuerungen
aus, innovatorisch (*geh*).

innovator ['ınəʊveɪtər] *n* Neuerer *m*; (*of
reform*) Begründer *m*.
innuendo [,ınjʊ'endəʊ] *n*, *pl* ~**es** ver-
steckte Andeutung. **to make ~es about sb**
über jdn Andeutungen fallenlassen.
innumerable [ı'nju:mərəbl] *adj* unzählig.
innumeracy [ı'nju:mərəsı] *n* Nicht-
Rechnen-Können *nt*.
innumerate [ı'nju:mərıt] *adj* **to be ~** nicht
rechnen können.
inoculate [ı'nɒkjʊleɪt] *vt person* impfen
(*against* gegen).
inoculation [ı,nɒkjʊ'leɪʃən] *n* Impfung *f*. **to
give sb an ~ (against smallpox)** jdn (gegen
Pocken) impfen.
inoffensive [,ınə'fensıv] *adj* harmlos.
inoperable [ın'ɒpərəbl] *adj disease, tumour*
inoperabel, nicht operierbar; *policy* un-
durchführbar.
inoperative [ın'ɒpərətıv] *adj* **1.** (*ineffective*)
law, rule außer Kraft, ungültig. **to become
~** außer Kraft treten, ungültig werden.
    2. (*not working*) **to be ~** (*machine, radio*)
nicht funktionieren; **to render sth ~** etw
außer Betrieb setzen.
inopportune [ın'ɒpətju:n] *adj* inopportun;
demand, visit, moment also ungelegen;
words unpassend, nicht angebracht. **to be
~** ungelegen *or* zur Unzeit kommen.
inopportunely [ın'ɒpətju:nlı] *adv* zur Un-
zeit.
inordinate [ı'nɔ:dınıt] *adj* unmäßig; *number
of people, size, sum of money* ungeheuer.
inordinately [ı'nɔ:dınıtlı] *adv* unmäßig;
large ungeheuer.
inorganic [,ınɔ:'gænık] *adj* anorganisch;
(*fig*) unorganisch.
in-patient ['ınpeıʃnt] *n* stationär behandel-
ter Patient/behandelte Patientin.
input ['ınpʊt] *n* **1.** (*into computer*) Input *m*
or nt, Eingabe *f*; (*of capital*) Investition
f; (*of manpower*) (Arbeits)aufwand *m*;
(*power ~*) Energiezufuhr *f*. **2.** (*point of
~, ~ terminal*) Eingang *m*.
inquest ['ınkwest] *n* (*into death*) gericht-
liche Untersuchung der Todesursache;
(*fig*) Manöverkritik *f*.
inquire [ın'kwaıər] *etc* (*esp US*) *see* **enquire**
etc.
inquisition [,ınkwı'zıʃən] *n* **1.** (*Hist Eccl*)
the I~ die Inquisition. **2.** (*Jur*) Unter-
suchung *f*. **3.** (*fig*) Inquisition *f*, Verhör *nt*.
inquisitive [ın'kwızıtıv] *adj* neugierig; (*for
knowledge*) wißbegierig. **he's very ~
about my friends** er will alles über meine
Freunde wissen.
inquisitively [ın'kwızıtıvlı] *adv see adj*.
inquisitiveness [ın'kwızıtıvnıs] *n* (*of per-
son*) Neugier *f*; (*for knowledge*) Wiß-
begier(de) *f*.
inquisitorial [ın,kwızı'tɔ:rıəl] *adj* in-
quisitorisch.
inroad ['ınrəʊd] *n* **1.** (*Mil*) Einfall *m* (*into* in
+*acc*).
    2. (*fig*) **to make ~s upon** *or* **into sb's
rights** in jds Rechte (*acc*) eingreifen; **the
Japanese are making ~s into the British
market** die Japaner dringen in den
britischen Markt ein; **these expenses are
making heavy ~s into my bank account**
diese Ausgaben reißen ein großes Loch in
mein Bankkonto; **extra work has made**

~s (up)on or **into my spare time** zusätzliche Arbeit hat meine Freizeit sehr eingeschränkt.

inrush ['ɪnrʌʃ] n Zustrom m; (of water) Einbruch m. **there was a sudden ~ of tourists** die Touristen kamen plötzlich in Strömen.

ins abbr of **1. insurance** Vers. **2. inches.**

insane [ɪn'seɪn] **I** adj **1.** geisteskrank, wahnsinnig; (fig) wahnsinnig, irrsinnig. **you must be ~!** du bist wohl geisteskrank or wahnsinnig! **that's ~!** das ist Wahnsinn or Irrsinn! **2.** (esp US) **~ asylum/ward** Anstalt f/Abteilung f für Geisteskranke.
II npl **the ~** die Geisteskranken pl.

insanely [ɪn'seɪnlɪ] adv irr; (fig) verrückt; jealous irrsinnig.

insanitary [ɪn'sænɪtərɪ] adj unhygienisch.

insanity [ɪn'sænɪtɪ] n Geisteskrankheit f, Wahnsinn m; (fig) Irrsinn, Wahnsinn m.

insatiability [ɪn,seɪʃə'bɪlɪtɪ] n see adj Unersättlichkeit f; Unstillbarkeit f.

insatiable [ɪn'seɪʃəbl], **insatiate** [ɪn'seɪʃɪɪt] (liter) adj unersättlich; curiosity, desire also unstillbar.

inscribe [ɪn'skraɪb] vt **1.** words, symbols etc (engrave) (on ring etc) eingravieren; (on rock, stone, wood) einmeißeln; (on tree) einritzen. **to ~ sth on sth** etw in etw (acc) eingravieren/einmeißeln/einritzen.
2. book eine Widmung schreiben in (+acc).
3. to ~ sth in sb's memory etw in jds Gedächtnis (dat) verankern.
4. (Math) einbeschreiben (in a circle etc einem Kreis etc).
5. (Fin) **~d stock** Namensaktien pl.

inscription [ɪn'skrɪpʃən] n **1.** (on monument etc) Inschrift f; (on coin) Aufschrift f. **2.** (in book) Widmung f.

inscrutability [ɪn,skru:tə'bɪlɪtɪ] n Unergründlichkeit f.

inscrutable [ɪn'skru:təbl] adj unergründlich. **~ face** undurchdringlicher Gesichtsausdruck.

insect ['ɪnsekt] n Insekt, Kerbtier nt.

insect bite n Insektenstich m; **insect eater** n Insektenfresser m; **insect-eating plant** n fleischfressende Pflanze.

insecticide [ɪn'sektɪsaɪd] n Insektengift, Insektizid (form) nt.

insectivorous [,ɪnsek'tɪvərəs] adj insektenfressend.

insect-powder ['ɪnsekt,paʊdər] n Insektenpulver nt; **insect-repellent I** adj insektenvertreibend; **II** n Insektenschutzmittel nt.

insecure [,ɪnsɪ'kjʊər] adj unsicher; foundation also nicht sicher. **if they feel ~ in their jobs** wenn sie sich auf ihrem Arbeitsplatz nicht sicher fühlen.

insecurely [,ɪnsɪ'kjʊəlɪ] adv nicht sicher.

insecurity [,ɪnsɪ'kjʊərɪtɪ] n Unsicherheit f.

inseminate [ɪn'semɪneɪt] vt inseminieren (spec), befruchten; cattle besamen; (fig) beliefs einimpfen.

insemination [ɪn,semɪ'neɪʃən] n see vt Insemination (spec), Befruchtung f; Besamung f; Einimpfung f; (fig: of knowledge) Vermittlung f.

insensate [ɪn'senseɪt] adj (liter) **1.** matter, stone leblos. **2.** (fig: unfeeling) gefühllos.

insensibility [ɪn,sensə'bɪlɪtɪ] n **1.** (bodily) Unempfindlichkeit f (to gegenüber); (unconsciousness) Bewußtlosigkeit f. **2.** (lack of feeling) Gefühllosigkeit f (to gegenüber).

insensible [ɪn'sensəbl] adj **1.** (bodily) unempfindlich (to gegen); (unconscious) bewußtlos. **his hands became ~ to any feeling** seine Hände verloren jegliches Gefühl.
2. (liter: of beauty, music) unempfänglich (of, to für).
3. (liter: unaware) **~ of** or **to sth** einer Sache (gen) nicht bewußt.
4. (form: imperceptible) unmerklich.

insensitive [ɪn'sensɪtɪv] adj **1.** (emotionally) gefühllos.
2. (unappreciative) unempfänglich. **to be ~ to artistic form/the beauties of nature** etc für künstlerische Formen/Schönheiten der Natur etc unempfänglich sein.
3. (physically) unempfindlich. **~ to pain/light** schmerz-/ lichtunempfindlich.

insensitivity [ɪn,sensɪ'tɪvɪtɪ] n **1.** (emotional) Gefühllosigkeit f (towards gegenüber).
2. (unappreciativeness) Unempfänglichkeit f (to für). **his ~ to the beauties of nature** seine Unempfänglichkeit für die Schönheiten der Natur.
3. (physical) Unempfindlichkeit f.

inseparability [ɪn,sepərə'bɪlɪtɪ] n see adj Untrennbarkeit f; Unzertrennlichkeit f.

inseparable [ɪn'sepərəbl] adj untrennbar; friends unzertrennlich.

inseparably [ɪn'sepərəblɪ] adv untrennbar.

insert [ɪn'sɜ:t] **I** vt (stick into) hineinstecken; (place in) hineinlegen; (place between) einfügen; zip, pocket einsetzen; thermometer, suppository, shell einführen; coin einwerfen; injection needle einstechen. **to ~ sth in sth** etw in etw (acc) stecken; **to ~ an extra paragraph in a chapter** einen weiteren Absatz in ein Kapitel einfügen; **to ~ an advert in a paper** eine Anzeige in eine Zeitung setzen, in einer Zeitung inserieren.
II ['ɪnsɜ:t] n (in book) Einlage f; (word) Beifügung, Einfügung f; (in magazine) Beilage f; (advertisement) Inserat nt.

insertion [ɪn'sɜ:ʃən] n **1.** see vt Hineinstecken nt; Hineinlegen nt; Einfügen nt; Einsetzen nt; Einführen nt; Einwerfen nt; Einstechen nt; (of an advert) Aufgeben nt; (by printer) Einrücken nt. **2.** see **insert** **II. 3.** (Sew) Einsatz m.

in-service ['ɪn,sɜ:vɪs] adj attr **~ training** (berufsbegleitende) Fortbildung; (in firm also) innerbetriebliche Fortbildung.

inset [ɪn'set] (vb: pret, ptp ~) **I** vt map, illustration einfügen; (Sew) einsetzen.
II ['ɪnset] n **1.** (pages) Einlage, Beilage f; (also **~ map**) Nebenkarte f; (on diagram) Nebenbild nt. **2.** (Sew) Einsatz m.

inshore ['ɪn'ʃɔ:r] **I** adj Küsten-. **~ fishing** Küstenfischerei f. **II** adv fish, be in Küstennähe; blow, flow auf die Küste zu.

inside ['ɪn'saɪd] **I** n **1.** Innere(s) nt; (of pavement) Innenseite f. **the car overtook on the ~** das Auto überholte innen; **it's painted on the ~** es ist innen bemalt; **you'll have to ask someone on the ~** Sie müssen einen Insider or Eingeweihten fragen; **to know a company from the ~** interne Kenntnisse über eine Firma haben; **locked from** or **on the** ~ von innen verschlossen.

2. the wind blew the umbrella ~ **out** der Wind hat den Schirm umgestülpt; **your jumper's** ~ **out** du hast deinen Pullover links or verkehrt herum an; **to turn sth** ~ **out** etw umdrehen; (*fig*) *flat etc* etw auf den Kopf stellen; **to know sth** ~ **out** etw in- und auswendig kennen.

3. (*inf*) (*stomach: also* ~**s**) Eingeweide, Innere(s) *nt.* **to have pains in one's** ~**s** Bauch- or Leibschmerzen haben.

II *adj* Innen-, innere(r, s). ~ **information** Insider-Informationen *pl*, interne Informationen *pl*; **it is an** ~ **job** (*done in office etc*) das wird betriebsintern gemacht; **it looks like an** ~ **job** (*crime*) es sieht nach dem Werk von Insidern aus (*inf*); ~ **lane** (*Sport*) Innenbahn *f*; (*Aut*) Innenspur *f*; ~ **leg measurement** innere Beinlänge; ~ **pocket** Innentasche *f*; ~ **story** (*Press*) Inside-Story *f*; ~ **track** Innenbahn *f*; ~ **forward** Halbstürmer *m*; ~ **left** Halblinke(r) *m*; ~ **right** Halbrechte(r) *m.*

III *adv* innen; (*indoors*) drin(nen); (*direction*) nach innen, hinein/herein. **look** ~ sehen Sie hinein; (*search*) sehen Sie innen nach; **come** ~! kommen Sie herein!; **let's go** ~ gehen wir hinein; **there is something** ~ es ist etwas (innen) drin; **to be** ~ (*inf*) (*in prison*) sitzen (*inf*).

IV *prep* (*also esp US:* ~ **of**) **1.** (*place*) innen in (+*dat*); (*direction*) in (+*acc*) ... (hinein). **don't let him come** ~ **the house** lassen Sie ihn nicht ins Haus (herein); **he was waiting** ~ **the house** er wartete im Haus; **once** ~ **the door he ...** wenn er erst einmal im Haus ist/war ...; **he went** ~ **the house** er ging ins Haus (hinein).

2. (*time*) innerhalb. **he was 5 secs** ~ **the record** er ist 5 Sekunden unter dem Rekord geblieben.

insider [ɪnˈsaɪdə'] *n* Insider *m*; Eingeweihte(r) *mf.*

insidious *adj*, ~**ly** *adv* [ɪnˈsɪdɪəs, -lɪ] heimtückisch.

insight [ˈɪnsaɪt] *n* **1.** *no pl* Verständnis *nt.* his ~ **into my problems** sein Verständnis für meine Probleme; ~ **into human nature** Menschenkenntnis *f.*

2. Einblick *m* (*into* in +*acc*). **to gain an** ~ **into sth** in etw (einen) Einblick gewinnen or bekommen.

insignia [ɪnˈsɪgnɪə] *npl* Insignien *pl.*

insignificance [ˌɪnsɪgˈnɪfɪkəns] *n see adj* Belanglosigkeit *f*; Geringfügigkeit *f*; Unscheinbarkeit *f.*

insignificant [ˌɪnsɪgˈnɪfɪkənt] *adj* belanglos; *sum, difference also* unbedeutend, geringfügig; *little man, person* unscheinbar.

insincere [ˌɪnsɪnˈsɪə'] *adj* unaufrichtig; *person, smile also* falsch.

insincerely [ˌɪnsɪnˈsɪəlɪ] *adv see adj.*

insincerity [ˌɪnsɪnˈserɪtɪ] *n see adj* Unaufrichtigkeit *f*; Falschheit *f.*

insinuate [ɪnˈsɪnjʊeɪt] *vt* **1.** (*hint, suggest*) andeuten (*sth to sb* etw jdm gegenüber). **what are you insinuating?** was wollen Sie damit sagen?; **are you insinuating that I am lying?** willst du damit sagen, daß ich lüge? **2. to** ~ **oneself into sb's favour** sich

bei jdm einschmeicheln.

insinuating [ɪnˈsɪnjʊeɪtɪŋ] *adj remark* anzüglich; *article also* voller Anzüglichkeiten; *tone of voice* spitz, bedeutungsvoll. **he said it in such an** ~ **way** er sagte es auf eine so anzügliche Art.

insinuation [ɪnˌsɪnjuˈeɪʃən] *n* Anspielung *f* (*about* auf +*acc*). **he objected strongly to any** ~ **that ...** er wehrte sich heftig gegen jede Andeutung, daß ...

insipid [ɪnˈsɪpɪd] *adj* fad(e); *person, novel, lyrics also* geistlos.

insist [ɪnˈsɪst] *vti* bestehen. **I** ~! ich bestehe darauf!; **I didn't want to but he** ~**ed** ich wollte nicht, aber er bestand darauf; **if you** ~ wenn Sie darauf bestehen; (*if you like*) wenn's unbedingt sein muß; **I must** ~ **that you stop** ich muß darauf bestehen, daß Sie aufhören; **I must** ~ **that I am right** ich muß doch nachdrücklich betonen, daß ich recht habe; **he** ~**s on his innocence** or **that he is innocent** er behauptet beharrlich, unschuldig zu sein; **to** ~ (**up)on a point** auf einem Punkt beharren; **I** ~ **on the best** ich bestehe auf bester Qualität; **he** ~**s on punctuality** er besteht auf Pünktlichkeit; **to** ~ **on doing sth/on sb doing sth** darauf bestehen, etw zu tun/daß jd etw tut; **if you will** ~ **on smoking that foul tobacco** wenn Sie schon unbedingt diesen scheußlichen Tabak rauchen müssen.

insistence [ɪnˈsɪstəns] *n* Bestehen *nt* (*on* auf +*dat*). **the accused's** ~ **on his innocence** die Unschuldsbeteuerungen des Angeklagten; **in spite of his** ~ **that he was right** trotz seiner beharrlichen Behauptung, recht zu haben; **I did it at his** ~ ich tat es, weil er darauf bestand.

insistent [ɪnˈsɪstənt] *adj* **1.** *person* beharrlich, hartnäckig; *salesman etc* aufdringlich. **I didn't want to but he was** ~ ich wollte eigentlich nicht, aber er bestand or beharrte darauf; **he was most** ~ **that ...** er bestand hartnäckig darauf, daß ...; **he was most** ~ **about it** er beharrte or bestand hartnäckig darauf.

2. (*urgent*) *demand, tone, singing, rhythm* nachdrücklich, penetrant (*pej*).

insistently [ɪnˈsɪstəntlɪ] *adv* mit Nachdruck.

insofar [ˌɪnsəʊˈfɑː'] *adv:* ~ **as** soweit.

insole [ˈɪnsəʊl] *n* Einlegesohle *f*; (*part of shoe*) Brandsohle *f.*

insolence [ˈɪnsələns] *n* Unverschämtheit, Frechheit *f.*

insolent *adj*, ~**ly** *adv* [ˈɪnsələnt, -lɪ] unverschämt, frech.

insolubility [ɪnˌsɒljʊˈbɪlɪt] *n see adj* **1.** Unlöslichkeit *f.* **2.** Unlösbarkeit *f.*

insoluble [ɪnˈsɒljʊbl] *adj* **1.** *substance* unlöslich. **2.** *problem* unlösbar.

insolvency [ɪnˈsɒlvənsɪ] *n* Zahlungsunfähigkeit, Insolvenz (*geh*) *f.*

insolvent [ɪnˈsɒlvənt] *adj* zahlungsunfähig, insolvent (*geh*).

insomnia [ɪnˈsɒmnɪə] *n* Schlaflosigkeit *f.*

insomniac [ɪnˈsɒmnɪæk] *n* **to be an** ~ an Schlaflosigkeit leiden.

insomuch [ˌɪnsəʊˈmʌtʃ] *adv see* **inasmuch.**

inspect [ɪnˈspekt] *vt* **1.** (*examine*) kontrollieren, prüfen. **to** ~ **sth for sth** etw auf etw (*acc*) (hin) prüfen. **2.** (*Mil etc*: *review*) inspizieren.

inspection [ɪnˈspekʃən] n **1.** Kontrolle, Prüfung f; (*medical*) Untersuchung f; (*of school*) Inspektion f. **on** ~ bei näherer Betrachtung *or* Prüfung; **for your** ~ zur Prüfung *or* Einsicht; ~ **copy** Ansichtsexemplar nt. **2.** (*Mil*) Inspektion f.

inspector [ɪnˈspektər] n Kontrolleur(in f) m; (*of schools*) Schulrat m, Schulrätin f; (*of police*) Polizeiinspektor m; (*higher*) Kommissar m; (*of taxes*) Steuerinspektor m.

inspectorate [ɪnˈspektərɪt] n Inspektion f.

inspiration [ˌɪnspəˈreɪʃən] n Inspiration (*for* zu *or* für), Eingebung (*for* zu) f. **he gets his** ~ **from …** er läßt sich von … inspirieren; **that idea of yours was a real** ~! Ihre Idee war wirklich eine Inspiration; **you are my** ~ du inspirierst mich.

inspire [ɪnˈspaɪər] vt **1.** respect, trust, awe einflößen (*in sb* jdm); hope, confidence etc (er)wecken (*in* in +dat); hate hervorrufen (*in* bei). **to** ~ **sb with hope/confidence/hate** jdn mit Hoffnung/Vertrauen/Haß erfüllen.

2. (*be inspiration to*) person inspirieren. **I was** ~**d by his example** sein Vorbild hat mich inspiriert; **whatever** ~**d you to change it?** (iro) was hat dich bloß dazu inspiriert, es zu ändern?

inspired [ɪnˈspaɪəd] adj genial; work also voller Inspiration; author also inspiriert. **in an** ~ **moment** in einem Augenblick der Inspiration; (iro) in einem lichten Moment; **it was an** ~ **guess** das war genial geraten.

inspiring [ɪnˈspaɪərɪŋ] adj speech inspirierend. **this subject/translation isn't particularly** ~ (inf) dieses Thema/diese Übersetzung reißt einen nicht gerade vom Stuhl (inf).

Inst abbr of **Institute** Inst.

inst abbr of **instant** d.M.

instability [ˌɪnstəˈbɪlɪtɪ] n Instabilität f; (*of character also*) Labilität f.

install [ɪnˈstɔːl] vt installieren; telephone also anschließen; bathroom, fireplace einbauen; person also (in ein Amt) einsetzen or einführen; priest investieren. **to have electricity** ~**ed** ans Elektrizitätsnetz angeschlossen werden; **to** ~ **a new mayor** einen neuen Bürgermeister in sein Amt einsetzen or einführen; **when you've** ~**ed yourself in your new office** wenn Sie sich in Ihrem neuen Büro installiert or eingerichtet haben; **he** ~**ed himself in the best armchair** (inf) er pflanzte sich in den besten Sessel (inf).

installation [ˌɪnstəˈleɪʃən] n **1.** see vt Installation f; Anschluß m; Einbau m; Amtseinsetzung or -einführung f; Investitur f.

2. (*machine etc*) Anlage, Einrichtung f.
3. military ~ militärische Anlage.

instalment, (*US*) **installment** [ɪnˈstɔːlmənt] n **1.** (*of story, serial*) Fortsetzung f; (*Rad, TV*) (Sende)folge f. **2.** (*Fin, Comm*) Rate f. **monthly** ~ Monatsrate f; **to pay in** or **by** ~**s** in Raten or ratenweise bezahlen.

installment plan n (*US*) Ratenzahlung(splan m) f. **to buy on the** ~ auf Raten kaufen.

instance [ˈɪnstəns] **I** n **1.** (*example*) Beispiel nt; (*case*) Fall m. **for** ~ zum Beispiel; **as an** ~ **of** als (ein) Beispiel für; **let's take an actual** ~ nehmen wir doch einen wirklichen Fall; **in many** ~**s** in vielen Fällen; **in the first** ~ zuerst or zunächst (einmal).

2. at the ~ **of** (*form*) auf Ersuchen or Betreiben (+gen) (*form*), auf Veranlassung von.

3. (*Jur*) **court of first** ~ erste Instanz.

II vt **1.** (*exemplify*) Beispiele anführen für.

2. (*cite*) cost, example anführen.

instant [ˈɪnstənt] **I** adj **1.** unmittelbar; relief, result, reply, success also sofortig attr. ~ **replay** (*TV*) Wiederholung f.

2. (*Cook*) Instant-. ~ **coffee** Pulver- or Instantkaffee m; ~ **milk** Trockenmilch f; ~ **food** Fertiggerichte pl; ~ **potatoes** fertiger Kartoffelbrei.

3. (*Comm*) dieses Monats. **your letter of the 10th inst(ant)** Ihr Schreiben vom 10. dieses Monats.

II n Augenblick m. **this (very)** ~ sofort, auf der Stelle; **I'll be ready in an** ~ ich bin sofort fertig; **he left the** ~ **he heard the news** sofort, als er die Nachricht hörte, ist er gegangen.

instantaneous [ˌɪnstənˈteɪnɪəs] adj unmittelbar. **death was** ~ der Tod trat sofort or unmittelbar ein.

instantaneously [ˌɪnstənˈteɪnɪəslɪ] adv sofort, unverzüglich.

instantly [ˈɪnstəntlɪ] adv sofort.

instead [ɪnˈsted] **I** prep ~ **of** statt (+gen or (inf) +dat), anstelle von. ~ **of going to school** (an)statt zur Schule zu gehen; ~ **of that** statt dessen; **his brother came** ~ **of him** sein Bruder kam an seiner Stelle or statt ihm (inf); **he accidentally hit Jim** ~ **of John** er traf aus Versehen Jim (an)statt John; **this is** ~ **of a Christmas present** das ist anstelle eines Weihnachtsgeschenks.

II adv statt dessen, dafür. **if he doesn't want to go, I'll go** ~ wenn er nicht gehen will, gehe ich statt dessen; **I didn't go home, I went to the pictures** ~ ich bin nicht nach Hause gegangen, sondern statt dessen ins Kino.

instep [ˈɪnstep] n **1.** (*Anat*) Spann, Rist m. **to have high** ~**s** einen hohen Rist haben. **2.** (*of shoe*) Blatt nt.

instigate [ˈɪnstɪgeɪt] vt anstiften; rebellion, strike also anzetteln; new idea, reform etc initiieren.

instigation [ˌɪnstɪˈgeɪʃən] n see vt Anstiftung f; Anzettelung f; Initiierung f. **at sb's** ~ auf jds Betreiben or Veranlassung.

instigator [ˈɪnstɪgeɪtər] n (*of crime etc*) Anstifter(in f) m; (*of new idea, reform etc*) Initiator(in f) m.

instil [ɪnˈstɪl] vt einflößen, einprägen (*into sb* jdm); knowledge, attitudes beibringen (*into sb* jdm).

instinct [ˈɪnstɪŋkt] n Instinkt m. **the sex/survival** ~ der Geschlechtstrieb/Überlebenstrieb; **by** or **from** ~ instinktiv; **to have an** ~ **for business** einen ausgeprägten Geschäftssinn haben.

instinctive [ɪnˈstɪŋktɪv] adj instinktiv; behaviour also Instinkt-.

instinctively [ɪnˈstɪŋktɪvlɪ] adv instinktiv.

institute [ˈɪnstɪtjuːt] **I** vt **1.** new laws,

custom, reforms einführen; (*found*)
organization etc einrichten; *search* einleiten.
2. (*Jur*) *enquiry* einleiten; *an action*
einleiten (*against sb* gegen jdn); *proceedings* anstrengen (*against* gegen). **to ~**
divorce proceedings die Scheidung einreichen.
II *n* Institut *nt*; (*home*) Anstalt *f*. **I~ of**
Technology/Education technische
Hochschule/pädagogische Hochschule;
women's ~ Frauenverein *m*.
institution [ˌɪnstɪˈtjuːʃən] *n see vt* **1.** Einführung *f*; Einrichtung *f*; Einleitung *f*.
2. Einleitung *f*; Anstrengung *f*; Einreichung *f*.
3. (*organization*) Institution, Einrichtung *f*.
4. (*building, home etc*) Anstalt *f*.
5. (*custom*) Institution *f*. **he's been here**
so long he's become an ~ er ist schon so
lange hier, daß er zur Institution geworden ist.
institutional [ˌɪnstɪˈtjuːʃənl] *adj life etc*
Anstalts-. **~ care in hospital/an old folk's**
home stationäre Versorgung *or* Pflege im
Krankenhaus/in einem Altenheim.
institutionalize [ˌɪnstɪˈtjuːʃənəlaɪz] *vt* (*all*
senses) institutionalisieren.
instruct [ɪnˈstrʌkt] *vt* **1.** (*teach*) *person*
unterrichten.
2. (*tell, direct*) *person* anweisen; (*command*) die Anweisung erteilen (+*dat*);
(*Brit Jur*) *solicitor* (*give information to*)
unterrichten, instruieren; (*appoint*)
lawyer beauftragen; *jury* instruieren,
belehren. **I've been ~ed to report to you**
ich habe (An)weisung, Ihnen Meldung zu
erstatten; **what were you ~ed to do?**
welche Instruktionen *or* Anweisungen
haben Sie bekommen?
3. (*form: inform*) in Kenntnis setzen.
instruction [ɪnˈstrʌkʃən] *n* **1.** (*teaching*)
Unterricht *m*. **course of ~** Lehrgang *m*; **to**
give sb ~ in fencing jdm Fechtunterricht
erteilen.
2. (*order, command*) Anweisung, Instruktion *f*; (*of jury*) Belehrung, Instruktion *f*; (*for computers*) Befehl *m*. **on whose**
~s did you do that? auf wessen Anweisung *or* Anordnung haben Sie das
getan?; **~s for use** Gebrauchsanweisung,
Gebrauchsanleitung *f*; **~ book** (*Tech*)
Bedienungsanleitung *f*.
instructive [ɪnˈstrʌktɪv] *adj* instruktiv, aufschlußreich; (*of educational value*) lehrreich.
instructor [ɪnˈstrʌktəʳ] *n* (*also Sport*) Lehrer *m*; (*US*) Dozent *m*; (*Mil*) Ausbilder
m.
instructress [ɪnˈstrʌktrɪs] *n* (*also Sport*)
Lehrerin *f*; (*US*) Dozentin *f*; (*Mil*) Ausbilderin *f*.
instrument [ˈɪnstrʊmənt] **I** *n* **1.** (*Mus, Med,*
Tech) Instrument *nt*; (*domestic*) Gerät
nt. **to fly an aircraft by** *or* **on ~s** ein Flugzeug nach den (Bord)instrumenten
fliegen.
2. (*person*) Werkzeug *nt*.
3. (*Jur*) Urkunde *f*, Dokument *nt*.
II [ˈɪnstrʊˌment] *vt* **1.** (*Mus*) instrumentieren.

2. (*put into effect*) durch- *or* ausführen.
instrumental [ˌɪnstrʊˈmentl] **I** *adj* **1.** **he was**
~ in getting her the job er hat ihr zu dieser
Stelle verholfen; **he was ~ in bringing**
about the downfall of the government er
war am Sturz der Regierung beteiligt.
2. (*Mus*) *music, accompaniment*
Instrumental-.
II *n* (*Mus*) Instrumentalstück *nt*.
instrumentalist [ˌɪnstrʊˈmentəlɪst] *n* Instrumentalist(in *f*) *m*.
instrumentation [ˌɪnstrʊmenˈteɪʃən] *n* Instrumentation *f*.
instrument *in cpds* (*Aviat*) Instrumenten-;
~ panel Armaturenbrett *nt*.
insubordinate [ˌɪnsəˈbɔːdənɪt] *adj* aufsässig, widersetzlich.
insubordination [ˈɪnsəbɔːdɪˈneɪʃən] *n*
Aufsässigkeit, Widersetzlichkeit *f*; (*Mil*)
Gehorsamsverweigerung *f*.
insubstantial [ˌɪnsəbˈstænʃəl] *adj* wenig
substantiell; *fear, hopes, accusation also*
gegenstandslos; *dreams* immateriell;
ghost nicht körperhaft; *amount* geringfügig); *meal, plot also* dürftig.
insufferable *adj*, **~bly** *adv* [ɪnˈsʌfərəbl, -ɪ]
unerträglich.
insufficiency [ˌɪnsəˈfɪʃənsɪ] *n* (*of supplies*)
Knappheit *f*, unzureichende Menge; (*of*
sb's work) Unzulänglichkeit *f*.
insufficient [ˌɪnsəˈfɪʃənt] *adj* nicht
genügend, ungenügend *pred*; *work, insulation also* unzulänglich.
insufficiently [ˌɪnsəˈfɪʃəntlɪ] *adv* ungenügend; unzulänglich.
insular [ˈɪnsjələʳ] *adj* **1.** (*narrow*) engstirnig.
2. *administration, climate* Insel-, insular.
insularity [ˌɪnsjʊˈlærɪtɪ] *n see adj* **1.** Engstirnigkeit *f*. **2.** insulare Lage, Insellage *f*.
insulate [ˈɪnsjʊleɪt] *vt* **1.** *room,* (*Elec*)
isolieren. **2.** (*fig: from unpleasantness etc*)
abschirmen (*from* gegen).
insulating [ˈɪnsjʊleɪtɪŋ]: **~ material** Isoliermaterial *nt*; **~ tape** Isolierband *nt*.
insulation [ˌɪnsjʊˈleɪʃən] *n* **1.** Isolation *f*;
(*material also*) Isoliermaterial *nt*. **2.** (*fig*)
Geschütztheit *f* (*from* gegen).
insulator [ˈɪnsjʊleɪtəʳ] *n* (*Elec: device*)
Isolator *m*; (*material also*) Isolierstoff *m*;
(*for heat*) Wärmeschutzisolierung *f*.
insulin [ˈɪnsjʊlɪn] *n* Insulin *nt*.
insult [ɪnˈsʌlt] **I** *vt* beleidigen; (*by words*
also) beschimpfen.
II [ˈɪnsʌlt] *n* Beleidigung *f*; (*with words*
also) Beschimpfung *f*. **an ~ to the**
profession eine Beleidigung für den ganzen Berufsstand; **an ~ to my intelligence**
eine Beleidigung meiner Intelligenz; **to**
add ~ to injury das Ganze noch
schlimmer machen.
insulting [ɪnˈsʌltɪŋ] *adj* beleidigend; *question* unverschämt. **to use ~ language to sb**
jdm gegenüber beleidigende Äußerungen
machen, jdn beschimpfen.
insultingly [ɪnˈsʌltɪŋlɪ] *adv* beleidigend;
behave in beleidigender *or* unverschämter
Weise.
insuperable [ɪnˈsuːpərəbl] *adj* unüberwindlich.
insupportable [ˌɪnsəˈpɔːtəbl] *adj* unerträglich.
insurance [ɪnˈʃʊərəns] *n* Versicherung *f*;

(*amount paid out*) Versicherungssumme *f*
or -betrag *m*. **to take out** ~ eine Ver-
sicherung abschließen (*against* gegen); **he
got £100 ~ when his car was damaged** er
bekam £ 100 von der Versicherung, als
sein Auto beschädigt wurde.

insurance agent *n* Versicherungs-
vertreter(in *f*) *m*; **insurance broker** *n*
Versicherungsmakler *m*; **insurance
company** *n* Versicherungsgesellschaft *f*;
insurance policy *n* Versicherungspolice
f; (*fig*) Sicherheitsvorkehrung *f*; **to take
out an** ~ eine Versicherung abschließen;
(*fig*) Sicherheitsvorkehrungen treffen; **as
an** ~(*fig*) für alle Fälle, sicherheitshalber;
insurance scheme *n* Versicherung *f*; **in-
surance stamp** *n* (*Brit*) Versicherungs-
marke *f*.

insure [ɪnˈʃʊəʳ] *vt car, house* versichern
(lassen). **to ~ oneself** or **one's life** eine
Lebensversicherung abschließen; **to ~
oneself against poverty/failure** *etc* (*fig*)
sich gegen Armut/einen Fehlschlag *etc*
(ab)sichern.

insured [ɪnˈʃʊəd] I *adj* versichert. II *n* **the ~
(party)** der/die Versicherungsnehmer(in),
der/die Versicherte.

insurer [ɪnˈʃʊərəʳ] *n* Versicherer, Ver-
sicherungsgeber *m*.

insurgent [ɪnˈsɜːdʒənt] I *adj* aufständisch.
II *n* Aufständische(r) *mf*.

insurmountable [ˌɪnsəˈmaʊntəbl] *adj*
unüberwindlich.

insurrection [ˌɪnsəˈrekʃən] *n* Aufstand *m*.

insurrectionary [ˌɪnsəˈrekʃənərɪ] I *adj* auf-
ständisch. II *n* Aufständische(r) *mf*.

insurrectionist [ˌɪnsəˈrekʃənɪst] *n* Aufstän-
dische(r) *mf*.

intact [ɪnˈtækt] *adj* (*not damaged*) unver-
sehrt, intakt; (*whole, in one piece*) intakt.
not one window was left ~ kein einziges
Fenster blieb ganz or heil; **his confidence
remained** ~ sein Vertrauen blieb
ungebrochen or unerschüttert.

intake [ˈɪnteɪk] *n* **1.** (*act*) (*of water, electric
current*) Aufnahme *f*; (*of steam*) An-
saugen *nt*; (*amount*) (*of water, electricity*)
Aufnahme *f*, aufgenommene Menge; (*of
steam*) angesaugte or einströmende
Menge; (*pipe*) (*for water*) Zuflußrohr,
Einführungsrohr *nt*; (*for steam*) Ein-
strömungsöffnung, Ansaugöffnung *f*,
Einführungsrohr *nt*. **air** ~ Luftzufuhr *f*;
food ~ Nahrungsaufnahme *f*.
   2. (*Sch*) Aufnahme *f*; (*Mil*) Rekru-
tierung *f*.

intangible [ɪnˈtændʒəbl] *adj* **1.** nicht greif-
bar. **2.** *fears, longings* unbestimmbar.
3. (*Jur, Comm*) ~ **property/assets**
immaterielle Güter/Werte *pl*.

integer [ˈɪntɪdʒəʳ] *n* ganze Zahl.

integral [ˈɪntɪgrəl] I *adj* **1.** *part* wesentlich,
integral (*geh*). **2.** (*whole*) vollständig,
vollkommen. **3.** (*Math*) *calculus* Integral-.
II *n* (*Math*) Integral *nt*.

integrate [ˈɪntɪgreɪt] I *vt* (*all senses*)
integrieren. **to ~ sth into sth** etw in etw
(*acc*) integrieren; **to ~ sth with sth** etw auf
etw (*acc*) abstimmen; **to ~ a school** (*US*)
eine Schule auch für Schwarze *etc* zugäng-
lich machen. II *vi* (*US: schools etc*) auch
für Schwarze *etc* zugänglich werden.

integrated [ˈɪntɪgreɪtɪd] *adj plan* einheitlich;
piece of work einheitlich, ein organisches
Ganzes bildend; *school, town* ohne
Rassentrennung. **to become** ~ **into a
group** in eine Gruppe integriert or einge-
gliedert werden; **a fully ~ personality** eine
in sich ausgewogene Persönlichkeit; ~
circuit integrierter Schaltkreis.

integration [ˌɪntɪˈgreɪʃən] *n* (*all senses*)
Integration *f* (*into* in +*acc*). (**racial**) ~
Rassenintegration *f*.

integrity [ɪnˈtegrɪtɪ] *n* **1.** (*honesty*) Integrität
f. **2.** (*wholeness*) Einheit *f*.

intellect [ˈɪntɪlekt] *n* **1.** Intellekt *m*. **a man of
such** ~ ein Mann mit einem solchen
Intellekt; **his powers of** ~ seine intellek-
tuellen Fähigkeiten. **2.** (*person*) großer
Geist.

intellectual [ˌɪntɪˈlektjʊəl] I *adj* intellek-
tuell; *interests also* geistig. **something a
little more** ~ etwas geistig Anspruchs-
volleres. II *n* Intellektuelle(r) *mf*.

intellectualism [ˌɪntɪˈlektjʊəlɪzəm] *n*
Intellektualismus *m*.

intellectualize [ˌɪntɪˈlektjʊəlaɪz] *vt* intellek-
tualisieren.

intellectually [ˌɪntɪˈlektjʊəlɪ] *adv* intellek-
tuell.

intelligence [ɪnˈtelɪdʒəns] *n* **1.** Intelligenz *f*.
a man of little ~ ein Mensch von geringer
Intelligenz; **if he hasn't got the ~ to wear
a coat** wenn er nicht gescheit genug ist,
einen Mantel anzuziehen.
   2. (*news, information*) Informationen
pl. **enemy shipping** ~ Informationen *pl*
über Feindschiffe.
   3. (*Mil etc*) Geheim- or Nachrichten-
dienst *m*.

intelligence corps *n* (*Mil*) Geheim- or
Nachrichtendienst *m*; **intelligence of-
ficer** *n* (*Mil*) Nachrichtenoffizier *m*;
intelligence quotient *n* Intelligenz-
quotient *m*; **intelligence service** *n* (*Pol*)
Geheim- or Nachrichtendienst *m*;
intelligence test *n* Intelligenztest *m*.

intelligent [ɪnˈtelɪdʒənt] *adj* intelligent.

intelligently [ɪnˈtelɪdʒəntlɪ] *adv* intelligent.

intelligentsia [ɪnˌtelɪˈdʒentsɪə] *n* Intelli-
genz, Intelligenzija *f*.

intelligibility [ɪnˌtelɪdʒəˈbɪlɪtɪ] *n* Verständ-
lichkeit *f*; (*of handwriting*) Leserlichkeit
f.

intelligible [ɪnˈtelɪdʒəbl] *adj* zu verstehen
pred, verständlich; *handwriting* leserlich
(*to sb* für jdn).

intelligibly [ɪnˈtelɪdʒəblɪ] *adv* deutlich.

intemperance [ɪnˈtempərəns] *n* (*lack of
moderation*) Maßlosigkeit, Unmäßigkeit
f; (*drunkenness*) Trunksucht *f*.

intemperate [ɪnˈtempərɪt] *adj* **1.** *person*
(*lacking moderation*) unmäßig, maßlos;
(*addicted to drink*) trunksüchtig.
2. *climate* extrem; *wind* heftig; *zeal, haste*
übermäßig.

intend [ɪnˈtend] *vt* **1.** (+*n*) beabsichtigen,
wollen. **I ~ him to go with me** ich beab-
sichtige or habe vor, ihn mitzunehmen;
(*insist*) er soll mit mir mitkommen; **I ~ed
no harm** es war (von mir) nicht böse
gemeint; (*with action*) ich hatte nichts
Böses beabsichtigt; **did you ~ that?** hatten
Sie das beabsichtigt?, war das Ihre Ab-

sicht?; **I didn't ~ it as an insult** das sollte keine Beleidigung sein; **it was ~ed as a compliment** das sollte ein Kompliment sein; **he is ~ed for the diplomatic service** er soll einmal in den diplomatischen Dienst; **this park is ~ed for the general public** dieser Park ist für die Öffentlichkeit gedacht *or* bestimmt; **that remark was ~ed for you** diese Bemerkung war auf Sie gemünzt; **this water is not ~ed for drinking** dieses Wasser ist nicht zum Trinken (gedacht); **this film was never ~ed for children** dieser Film war nie für Kinder bestimmt *or* gedacht.

2. (+*vb*) beabsichtigen, fest vorhaben. **he ~s to win** er hat fest vor, zu gewinnen; **I ~ to leave next year** ich beabsichtige *or* habe vor, nächstes Jahr zu gehen; **what do you ~ to do about it?** was beabsichtigen Sie, dagegen zu tun?; **I fully ~ to punish him** ich habe fest vor *or* bin fest entschlossen, ihn zu bestrafen; **did you ~ that to happen?** hatten Sie das beabsichtigt?

intended [ɪn'tendɪd] **I** *adj* **1.** *effect* beabsichtigt, geplant. **2.** *husband, wife* zukünftig, in spe *pred.* **II** *n* **my ~** (*inf*) mein Zukünftiger (*inf*)/meine Zukünftige (*inf*).

intense [ɪn'tens] *adj* **1.** intensiv; *joy, anxiety, disappointment* äußerst groß. **2.** *person* ernsthaft; *study, life* intensiv. **he suddenly looked very ~** er sah plötzlich ganz ernst aus.

intensely [ɪn'tenslɪ] *adv cold, hot, disappointed, angry, difficult* äußerst; *study* intensiv, ernsthaft. **he spoke so ~ that none could doubt his sincerity** er sprach mit einer solchen Intensität, daß niemand an seiner Aufrichtigkeit zweifeln konnte.

intenseness [ɪn'tensnɪs] *n see* **intensity.**

intensification [ɪn,tensɪfɪ'keɪʃən] *n* Intensivierung *f*; (*Phot*) Verstärkung *f*.

intensifier [ɪn'tensɪfaɪəʳ] *n* (*Gram*) Verstärkungspartikel *f*.

intensify [ɪn'tensɪfaɪ] **I** *vt* intensivieren; *meaning* verstärken. **II** *vi* zunehmen; (*pain, heat also*) stärker werden; (*fighting also*) sich verschärfen.

intensity [ɪn'tensɪtɪ] *n* Intensität *f*; (*of feeling, storm also*) Heftigkeit *f*. **~ of a negative** (*Phot*) Dichte *f* eines Negativs.

intensive [ɪn'tensɪv] *adj* intensiv, Intensiv-. **to be in ~ care** (*Med*) auf der Intensivstation sein; **~ care unit** Intensiv(pflege)-station *f*; **they came under ~ fire** sie kamen unter heftigen Beschuß.

intensively [ɪn'tensɪvlɪ] *adv* intensiv.

intent [ɪn'tent] **I** *n* Absicht *f*. **with good ~** in guter Absicht; **to all ~s and purposes** im Grunde; **with ~ to** (*esp Jur*) in der Absicht *or* mit dem Vorsatz zu; **to do sth with ~** etw vorsätzlich tun; *see* **loiter.**

II *adj* **1.** *look* durchdringend.

2. to be ~ on achieving sth fest entschlossen sein, etw zu erreichen; **he was so ~ on catching the bus that he didn't notice the lorry coming** er war so darauf bedacht, den Bus zu kriegen, daß er den Lastwagen nicht kommen sah; **to be ~ on one's work** auf seine Arbeit konzentriert sein.

intention [ɪn'tenʃən] *n* **1.** Absicht, Intention *f*. **what was your ~ in saying that?** mit welcher Absicht haben Sie das gesagt?; **it**

is my ~ **to punish you severely** ich beabsichtige, Sie streng zu bestrafen; **I have every ~ of doing that** ich habe die feste Absicht, das zu tun; **to have no ~ of doing sth** nicht die Absicht haben, etw zu tun; **I have no** *or* **haven't the least** *or* **the slightest ~ of staying!** ich habe nicht die geringste Absicht hierzubleiben; **with good ~s** mit guten Vorsätzen; **with the best of ~s** in der besten Absicht; **with the ~ of ...** in der Absicht zu ...

2. ~s (*inf*) (Heirats)absichten *pl*; **his ~s are honourable** er hat ehrliche Absichten *pl*.

intentional [ɪn'tenʃənl] *adj* absichtlich, vorsätzlich (*esp Jur*). **it wasn't ~** das war keine Absicht, es war unabsichtlich.

intentionally [ɪn'tenʃnəlɪ] *adv* absichtlich.

intently [ɪn'tentlɪ] *adv listen, gaze* konzentriert.

inter [ɪn'tɜːʳ] *vt* (*form*) bestatten.

inter- [ˈɪntəʳ] *pref* zwischen-, Zwischen-.

interact [,ɪntərˈækt] *vi* aufeinander wirken; (*Phys*) wechselwirken; (*Psychol, Sociol*) interagieren.

interaction [,ɪntərˈækʃən] *n see vi* gegenseitige Einwirkung, Wechselwirkung *f* (*also Phys*); Interaktion *f*.

intercede [,ɪntəˈsiːd] *vi* sich einsetzen, sich verwenden (*with* bei, *for, on behalf of* für); (*in argument*) vermitteln.

intercept [,ɪntəˈsept] *vt message, person, plane, pass* abfangen; (*Math*) abschneiden. **they ~ed the enemy** sie schnitten dem Feind den Weg ab.

interception [,ɪntəˈsepʃən] *n see vt* Abfangen *nt*; Sektion *f*. **point of ~** (*Math*) Schnittpunkt *m*.

interceptor [,ɪntəˈseptəʳ] *n* (*Aviat*) Abfangjäger *m*.

intercession [,ɪntəˈseʃən] *n* Fürsprache *f*; (*in argument*) Vermittlung *f*.

interchange [ˈɪntətʃeɪndʒ] **I** *n* **1.** (*of roads*) Kreuzung *f*; (*of motorways*) (Autobahn)-kreuz *nt*. **2.** (*exchange*) Austausch *m*. **II** [,ɪntəˈtʃeɪndʒ] *vt* **1.** (*switch round*) (miteinander) vertauschen, (aus)tauschen. **2.** *ideas etc* austauschen (*with* mit).

interchangeable [,ɪntəˈtʃeɪndʒəbl] *adj* austauschbar.

interchangeably [,ɪntəˈtʃeɪndʒəblɪ] *adv* austauschbar.

inter-city [,ɪntəˈsɪtɪ] *adj* Intercity-. **~ train** Intercityzug *m*; **to go ~** den Intercity nehmen.

intercollegiate [ˈɪntəkəˈliːdʒɪɪt] *adj* zwischen Colleges.

intercom [ˈɪntəkɒm] *n* (Gegen)-sprechanlage *f*; (*in ship, plane*) Bordverständigungsanlage *f*; (*in schools etc*) Lautsprecheranlage *f*.

intercommunicate [,ɪntəkəˈmjuːnɪkeɪt] *vi* (*departments, people*) miteinander in Verbindung stehen; (*rooms*) miteinander verbunden sein.

intercommunication [ˈɪntəkəˌmjuːnɪˈkeɪʃən] *n* gegenseitige Verbindung, Verbindung *f* untereinander.

interconnect [,ɪntəkəˈnekt] **I** *vt* miteinander verbinden; *parts* schlüssig verbinden; *loudspeakers, circuits also* zusammenschalten. **~ed facts/results/events** *etc* zueinander in Beziehung stehende Tatsachen pl/Ergebnisse pl/Ereignisse pl etc; **are these events ~ed in any way?** besteht irgendein Zusammenhang zwischen diesen Vorfällen?

II vi (parts) sich schlüssig verbinden; (rooms) miteinander verbunden sein; (facts, events) in Zusammenhang stehen.

interconnection [ˌɪntəkə'nekʃən] n Verbindung f; (of parts) schlüssige Verbindung; (of circuits etc) Zusammenschaltung f; (of facts, events etc) Verbindung f, Zusammenhang m.

intercontinental ['ɪntəˌkɒntɪ'nentl] adj interkontinental, Interkontinental-.

intercourse ['ɪntəkɔːs] n **1.** Verkehr m. **human/social ~** Verkehr m mit Menschen/gesellschaftlicher Verkehr. **2.** (sexual) ~ (Geschlechts)verkehr m.

interdenominational ['ɪntədɪˌnɒmɪ'neɪʃənl] adj interkonfessionell.

interdepartmental ['ɪntəˌdiːpɑː'mentl] adj relations, quarrel zwischen den Abteilungen; conference, projects mehrere Abteilungen betreffend.

interdependence [ˌɪntədɪ'pendəns] n wechselseitige Abhängigkeit, Interdependenz f.

interdependent [ˌɪntədɪ'pendənt] adj wechselseitig voneinander abhängig, interdependent.

interdict [ˌɪntə'dɪkt] **I** vt **1.** (Jur) untersagen, verbieten. **2.** (Eccl) person, place mit dem Interdikt belegen; priest suspendieren. **II** ['ɪntədɪkt] n **1.** (Jur) Verbot nt. **2.** (Eccl) Interdikt nt.

interdiction [ˌɪntə'dɪkʃən] n (Jur) Verbot nt, Untersagung f; (Eccl) Interdikt nt.

interest ['ɪntrɪst] **I** n **1.** Interesse nt. **do you have any ~ in chess?** interessieren Sie sich für Schach?, haben Sie Interesse an Schach (dat)?; **to take/feel an ~ in sb/sth** sich für jdn/etw interessieren; **after that he took no further ~ in us/it** danach war er nicht mehr an uns (dat)/daran interessiert; **to show an ~ in sb/sth** Interesse für jdn/etw zeigen; **is it of any ~ to you?** (do you want it) sind Sie daran interessiert?; **just for ~** nur aus Interesse, nur interessehalber; **he has lost ~** er hat das Interesse verloren; **what are your ~s?** was sind Ihre Interessen(gebiete)?; **his ~s are ...** er interessiert sich für...

2. (importance) Interesse nt (to für). **questions of public ~** Fragen pl von öffentlichem Interesse.

3. (advantage, welfare) Interesse nt. **to act in sb's/one's own ~(s)** in jds/im eigenen Interesse handeln; **in the ~(s) of sb/sth** in jds Interesse (dat)/im Interesse einer Sache (gen); **the public ~** das öffentliche Wohl; **in the public ~** im öffentlichen Interesse.

4. (Fin) Zinsen pl. **~ on an investment** Zinsen aus einer Kapitalanlage; **rate of ~, ~ rate** Zinssatz m; **to bear ~ at 4%** 4% Zinsen tragen, mit 4% verzinst sein; **loan with ~** verzinstes Darlehen; **to repay a loan with ~** ein Darlehen mit Zins und Zinseszins zurückzahlen; **to return sb's kindness with ~** (fig) jds Freundlichkeit vielfach erwidern; **I'll pay him back with**

~ (fig) ich werde es ihm mit Zinsen heimzahlen.

5. (Comm) (share, stake) Anteil m; (~ group) Kreise pl, Interessentengruppe f. **shipping/oil ~s** (shares) Reederei-/ Ölanteile pl; (people) Reeder, Reedereikreise pl/Vertreter pl von Ölinteressen; **the landed ~(s)** die Landbesitzer pl, die Gutsbesitzer pl; **he has a financial ~ in the company** er ist finanziell an der Firma beteiligt; **German ~s in Africa** deutsche Interessen pl in Afrika.

II vt interessieren (in für, an +dat). **to ~ sb in doing sth** jdn dafür or daran interessieren, etw zu tun; **can I ~ you in a little drink?** kann ich Sie zu etwas Alkoholischem überreden?; **to ~ a pupil in maths** das Interesse eines Schülers an or für Mathematik wecken, einen Schüler für Mathematik interessieren; **to ~ oneself in sb/sth** sich für jdn/etw interessieren.

interested ['ɪntrɪstɪd] adj **1.** interessiert (in an +dat). **I'm not ~** ich habe kein Interesse (daran), ich bin nicht (daran) interessiert; **... and I'm not ~ either ...** und es interessiert mich auch gar nicht; **to be ~ in sb/sth** sich für jdn/etw interessieren, an jdm/etw interessiert sein; **would you be ~ in a game of cards?** hätten Sie Interesse, Karten zu spielen?; **I'm going to the cinema, are you ~ (in coming)?** ich gehe ins Kino, haben Sie Interesse daran or Lust mitzukommen?; **I'm selling my car, are you ~?** ich verkaufe meinen Wagen, sind Sie interessiert?; **I'd be ~ to know how ...** es würde mich ja schon interessieren, wie ...; **she was ~ to see what he would do** sie war gespannt, was er wohl tun würde.

2. (having personal or financial interest) befangen; (involved) beteiligt. **he is an ~ party** er ist befangen/daran beteiligt.

interesting ['ɪntrɪstɪŋ] adj interessant.

interestingly ['ɪntrɪstɪŋlɪ] adv see adj.

interface ['ɪntəfeɪs] **I** n Grenzfläche, Grenzschicht f; (Computers) Anpaßschaltung f, Interface nt. **the man/machine ~ in society** die Interaktion von Mensch und Maschine in der Gesellschaft.

II [ɪntə'feɪs] vt koppeln.

interfacing ['ɪntəfeɪsɪŋ] n (Sew) Einlage f.

interfere [ˌɪntə'fɪə'] vi **1.** (meddle) (in argument, sb's affairs) sich einmischen (in in +acc); (with machinery, sb's property) sich zu schaffen machen (with an +dat); (euph: sexually) sich vergehen (with an +dat). **don't ~ with the machine** laß die Finger von der Maschine; **who's been interfering with my books?** wer war an meinen Büchern?; **the body has been ~d with** an der Leiche hat sich jemand zu schaffen gemacht; (sexually) an der Leiche hat sich jemand vergangen.

2. (thing, event: disrupt, obstruct) **to ~ with sth** etw stören (also Rad); **to ~ with sb's plans** jds Pläne durchkreuzen.

interference [ˌɪntə'fɪərəns] n **1.** (meddling) Einmischung f. **I don't want any ~ with my papers** ich will nicht, daß jemand an meine Papiere geht. **2.** (disruption, Rad, TV) Störung f (with gen).

interfering [ˌɪntəˈfɪərɪŋ] *adj person* sich ständig einmischend. **don't be so ~** misch dich nicht immer ein.

interim [ˈɪntərɪm] **I** *n* Zwischenzeit *f*, Interim *nt* (*geh*). **in the ~** in der Zwischenzeit. **II** *adj* vorläufig; *agreement, arrangements, solution also* Übergangs-, Interims- (*geh*); *report, payment* Zwischen-; *government* Übergangs-.

interior [ɪnˈtɪərɪər] **I** *adj* (*inside*) Innen-; (*inland*) Binnen-; (*domestic*) Inlands-, Binnen-.

  II *n* (*of country*) Innere(s) *nt*; (*Art*) Interieur *nt*; (*of house*) Innenausstattung *f*; (*Phot*) Innenaufnahme *f*. **deep in the ~** tief im Landesinneren; **deep in the ~ of Africa** *etc* tief im Herzen Afrikas *etc*; **Department of the I~** (*US*) Innenministerium *nt*; **the ~ of the house has been newly decorated** das Haus ist innen neu gemacht.

interior angle *n* Innenwinkel *m*; **interior decoration** *n* Innenausstattung *f*; (*decor also*) Interieur *nt*; **interior decorator** *n* Innenausstatter(in *f*) *m*; **interior design** *n* Innenarchitektur *f*; **interior monologue** *n* innerer Monolog *m*; **interior-sprung** *adj mattress* Federkern-.

interject [ˌɪntəˈdʒekt] *vt remark, question* einwerfen. **..., he ~ed ...,** rief er dazwischen.

interjection [ˌɪntəˈdʒekʃən] *n* (*exclamation*) Ausruf *m*; (*Ling also*) Interjektion *f*; (*remark*) Einwurf *m*.

interlace [ˌɪntəˈleɪs] **I** *vt threads etc* verflechten; (*in cloth also*) verweben; *cloth* (*with thread*) durchwirken; *fingers* verschlingen; (*fig*) *scenes, styles* verflechten. **II** *vi* sich ineinander verflechten; (*twigs*) verschlungen sein.

interlard [ˌɪntəˈlɑːd] *vt* **to ~ a speech with facetious comments** witzige Kommentare in eine Rede einflechten; **a speech ~ed with jokes** eine mit Witzen gespickte Rede.

interleave [ˌɪntəˈliːv] *vt* (mit Zwischenblättern) durchschießen.

interlink [ˌɪntəˈlɪŋk] **I** *vt* ineinanderhängen; (*fig*) *theories etc* miteinander verknüpfen *or* verbinden. **II** *vi* ineinanderhängen; (*fig: theories etc*) zusammenhängen.

interlock [ˌɪntəˈlɒk] **I** *vt* (fest) zusammen- *or* ineinanderstecken. **II** *vi* ineinandergreifen; (*one piece*) fest stecken *or* sitzen (*with in* +*dat*); (*antlers, chariot wheels etc*) sich verfangen; (*antlers*) sich verhaken; (*fig: destinies*) verkettet sein.

interlocutor [ˌɪntəˈlɒkjutər] *n* Gesprächspartner(in *f*) *m*.

interloper [ˈɪntələupər] *n* Eindringling *m*.

interlude [ˈɪntəluːd] *n* Periode *f*; (*Theat*) (*interval*) Pause *f*; (*performance*) Zwischenspiel *nt*; (*Mus*) Interludium *nt*; (*episode*) Intermezzo *nt*, Episode *f*.

intermarriage [ˌɪntəˈmærɪdʒ] *n* (*between groups*) Mischehen *pl*; (*within the group*) Heirat *f* untereinander.

intermarry [ˌɪntəˈmærɪ] *vi* (*marry within the group*) untereinander heiraten; (*two groups: marry with each other*) sich durch Heirat vermischen, Mischehen eingehen.

intermediary [ˌɪntəˈmiːdɪərɪ] **I** *n* (Ver)-mittler(in *f*) *m*, Mittelsperson *f*, Mittelsmann *m*. **II** *adj* (*intermediate*) Zwischen-; (*mediating*) Vermittlungs-, vermittelnd.

intermediate [ˌɪntəˈmiːdɪət] *adj* Zwischen-; *French, maths etc* für fortgeschrittene Anfänger. **an ~ student** ein fortgeschrittener Anfänger; **A is ~ in size between B and C** A liegt größenmäßig *or* in der Größe zwischen B und C; **~-range missile** Mittelstreckenrakete *f*.

interment [ɪnˈtɜːmənt] *n* Beerdigung, Bestattung *f*.

intermezzo [ˌɪntəˈmetsəu] *n, pl* **~s** Intermezzo *nt*.

interminable [ɪnˈtɜːmɪnəbl] *adj* endlos.

interminably [ɪnˈtɜːmɪnəblɪ] *adv* endlos.

intermingle [ˌɪntəˈmɪŋgl] **I** *vt* vermischen. **II** *vi* sich mischen (*with* unter +*acc*). **people from many countries ~d at the conference** Menschen aus vielen Ländern bekamen bei der Konferenz Kontakt miteinander.

intermission [ˌɪntəˈmɪʃən] *n* **1.** Unterbrechung, Pause *f*. **2.** (*Theat, Film*) Pause *f*.

intermittent [ˌɪntəˈmɪtənt] *adj* periodisch auftretend; (*Tech*) intermittierend. **~ fever** Wechselfieber *nt*.

intermittently [ˌɪntəˈmɪtəntlɪ] *adv* periodisch; (*Tech*) intermittierend.

intermix [ˌɪntəˈmɪks] **I** *vt* vermischen. **II** *vi* sich vermischen.

intern¹ [ɪnˈtɜːn] *vt person* internieren; *ship etc* festhalten.

intern² [ˈɪntɜːn] (*US*) **I** *n* Medizinalassistent(in *f*) *m*. **II** *vi* das Medizinalpraktikum absolvieren.

internal [ɪnˈtɜːnl] *adj* (*inner*) innere(r, s); (*Math*) *angle, diameter* Innen-; (*within country also*) *trade etc* Binnen-, im Inland, landesintern; (*within organization*) *policy, mail examination, examiner* intern; *telephone* Haus-. **~ combustion engine** Verbrennungsmotor *m*; **~ medicine** Innere Medizin; **I~ Revenue Service** (*US*) Steueramt, Finanzamt *nt*; **~ affairs** innere Angelegenheiten *pl*, Inneres *nt*.

internalize [ɪnˈtɜːnəlaɪz] *vt* verinnerlichen.

internally [ɪnˈtɜːnəlɪ] *adv* innen, im Inneren; (*in body*) innerlich; (*in country*) landesintern; (*in organization*) intern. **he is bleeding ~** er hat innere Blutungen *pl*; **"not to be taken ~"** „nicht zur inneren Anwendung", „nicht zum Einnehmen".

international [ˌɪntəˈnæʃnəl] **I** *adj* international. **~ law** Völkerrecht *nt*, internationales Recht; **~ reply coupon** internationaler Antwortschein; **~ date line** Datumsgrenze *f*; **I~ Monetary Fund** Internationaler Währungsfonds; **money order** Auslandsanweisung *f*.

  II *n* **1.** (*Sport*) (*match*) Länderspiel *nt*; (*player*) Nationalspieler(in *f*) *m*. **2.** (*Pol*) **I~** Internationale *f*.

Internationale [ˌɪntəˌnæʃəˈnɑːl] *n* Internationale *f*.

internationalism [ˌɪntəˈnæʃnəlɪzəm] *n* Internationalismus *m*.

internationalist [ˌɪntəˈnæʃnəlɪst] *n* Internationalist(in *f*) *m*.

internationalize [ˌɪntəˈnæʃnəlaɪz] *vt* internationalisieren.

internationally [ˌɪntəˈnæʃnəlɪ] *adv* international.

internecine [ˌɪntəˈniːsaɪn] *adj* (*mutually destructive*) für beide Seiten verlustreich; (*bloody*) mörderisch. ~ **war** gegenseitiger Vernichtungskrieg; ~ **strife** innere Zerrissenheit.

internee [ˌɪntəːˈniː] *n* Internierte(r) *mf*.

internist [ɪnˈtɜːnɪst] *n* (*US*) Internist(in *f*) *m*.

internment [ɪnˈtɜːnmənt] *n* Internierung *f*.

internship [ˈɪntɜːnʃɪp] *n* (*US*) Medizinalpraktikum *nt*.

interplanetary [ˌɪntəˈplænɪtərɪ] *adj* interplanetar.

interplay [ˈɪntəpleɪ] *n* Zusammenspiel *nt*.

Interpol [ˈɪntəpɒl] *n* Interpol *f*.

interpolate [ɪnˈtɜːpəleɪt] *vt remark* einwerfen; *matter into book etc* interpolieren, einfügen; (*Math*) interpolieren.

interpolation [ɪnˌtɜːpəˈleɪʃ ən] *n* (*of remark*) Einwerfen *nt*; (*remark made*) Einwurf *m*; (*in text*) Interpolation, Einfügung *f*; (*Math*) Interpolation *f*.

interpose [ˌɪntəˈpəʊz] **I** *vt* **1.** *object* dazwischenbringen *or* -stellen/-legen. **to ~ sth between two things** etw zwischen zwei Dinge bringen *or* stellen/legen; **to be ~d between two things** zwischen zwei Dingen stehen/liegen; **to ~ oneself between two people** sich zwischen zwei Leute stellen. **2.** (*interject*) *remark, question* einwerfen; *objection* vorbringen (*into* in +*dat*). **II** *vi* (*intervene*) eingreifen.

interpret [ɪnˈtɜːprɪt] **I** *vt* **1.** (*translate orally*) dolmetschen. **2.** (*explain, understand*) auslegen, interpretieren; *omen, dream* deuten; (*Theat, Mus*) interpretieren. **how would you ~ what he said?** wie würden Sie seine Worte verstehen *or* auffassen? **II** *vi* dolmetschen.

interpretation [ɪnˌtɜːprɪˈteɪʃ ən] *n see vt* 2. Auslegung, Interpretation *f*; Deutung *f*; Interpretation *f*. **what ~ do they put on his speech?** wie legen sie seine Rede aus?, wie interpretieren sie seine Rede?

interpretative [ɪnˈtɜːprɪtətɪv] *adj* interpretierend.

interpreter [ɪnˈtɜːprɪtə^r] *n* Dolmetscher(in *f*) *m*; (*Theat, Mus*) Interpret(in *f*) *m*; (*of dreams*) Traumdeuter(in *f*) *m*.

interracial [ˌɪntəˈreɪʃ əl] *adj* (*between races*) zwischen den *or* verschiedenen Rassen; (*multiracial*) gemischtrassig. ~ **tensions** Rassenspannungen *pl*.

interregnum [ˌɪntəˈregnəm] *n*, *pl* -**s** *or* **interregna** [ˌɪntəˈregnə] Interregnum *nt*.

interrelate [ˌɪntərɪˈleɪt] *vt two things* zueinander in Beziehung bringen, eine Beziehung herstellen zwischen (+*dat*). **to ~ one thing with another** eine Sache in Beziehung zu einer anderen bringen; **to be ~d** zueinander in Beziehung stehen, zusammenhängen; ~**d facts** zusammenhängende Tatsachen *pl*.

interrelation [ˌɪntərɪˈleɪʃ ən] *n* Beziehung *f* (*between* zwischen +*dat*).

interrogate [ɪnˈterəgeɪt] *vt* (*police*) verhören; (*father, headmaster etc*) regelrecht verhören.

interrogation [ɪnˌterəˈgeɪʃ ən] *n* Verhör *nt*. **why should I submit to your ~?** warum soll ich mich von dir verhören lassen?

interrogative [ˌɪntəˈrɒgətɪv] **I** *adj look, tone* fragend; (*Gram*) Frage-, Interrogativ-. ~ **mood** Interrogativ *m*. **II** *n* (*Gram*) (*pronoun*) Interrogativpronomen, Interrogativ-. ~ **mood** Interrogativ *m*. **II** *n* (*Gram*) (*pronoun*) Interrogativpronomen, Fragefürwort *nt*; (*mood*) Interrogativ *m*.

interrogatively [ˌɪntəˈrɒgətɪvlɪ] *adv* fragend; (*Gram also*) interrogativ.

interrogator [ɪnˈterəgeɪtə^r] *n* Vernehmungsbeamte(r) *mf* (*form*). **my/his ~s** die, die mich/ihn verhörten/verhören.

interrogatory [ˌɪntəˈrɒgətərɪ] *adj* fragend.

interrupt [ˌɪntəˈrʌpt] **I** *vt* (*break the continuity of*) unterbrechen (*also Elec*); (*in conversation: rudely also*) ins Wort fallen (+*dat*); *activity, work, traffic flow also* stören; (*obstruct*) *view* versperren.

II *vi* (*in conversation*) unterbrechen; (~ *sb's work etc*) stören. **stop ~ing!** fall mir/ ihm *etc* nicht dauernd ins Wort!

interrupter [ˌɪntəˈrʌptə^r] *n* (*Elec*) Unterbrecher *m*.

interruption [ˌɪntəˈrʌpʃ ən] *n* Unterbrechung *f*; (*of work, activity, traffic flow also*) Störung *f*; (*of view*) Versperrung *f*.

intersect [ˌɪntəˈsekt] **I** *vt* durchschneiden; (*Geometry*) schneiden. **II** *vi* sich kreuzen; (*Geometry, in set theory*) sich schneiden. ~**ing sets** Schnittmengen *pl*.

intersection [ˌɪntəˈsekʃ ən] *n* (*crossroads*) Kreuzung *f*; (*Geometry*) Schnittpunkt *m*. **point of ~** Schnittpunkt *m*.

intersperse [ˌɪntəˈspɜːs] *vt* (*scatter*) verteilen. ~**d with sth** mit etw dazwischen; **a speech ~d with quotations** eine mit Zitaten gespickte Rede.

interstate [ˌɪntəˈsteɪt] *adj* (*US*) zwischen den (US-Bundes)staaten, zwischenstaatlich. ~ **(highway)** Bundesautobahn *f*.

interstellar [ˌɪntəˈstelə^r] *adj* interstellar.

interstice [ɪnˈtɜːstɪs] *n* Zwischenraum *m*; (*in wall etc also*) Sprung, Riß *m*; (*between panels also*) Fuge *f*.

intertribal [ˌɪntəˈtraɪbl] *adj* zwischen den *or* verschiedenen Stämmen.

intertwine [ˌɪntəˈtwaɪn] **I** *vt* verschlingen; (*fig*) *destinies also* verknüpfen; *stories* verweben. **II** *vi* (*branches, arms etc*) sich ineinander verschlingen; (*threads*) verschlungen sein; (*fig: destinies*) sich verbinden.

interurban [ˌɪntəˈɜːbən] *adj* (*US*) *railroad* städteverbindend.

interval [ˈɪntəvəl] *n* **1.** (*space, time*) Abstand *m*. **at ~s** in Abständen; **sunny ~s** (*Met*) Aufheiterungen *pl*. **2.** (*Sch, Theat etc*) Pause *f*. **3.** (*Mus*) Intervall *nt*.

intervene [ˌɪntəˈviːn] *vi* (*person*) einschreiten (*in* bei), intervenieren; (*event, fate*) dazwischenkommen. **if nothing ~s** wenn nichts dazwischenkommt; **twelve years ~ between these events** zwölf Jahre liegen zwischen den Ereignissen.

intervening [ˌɪntəˈviːnɪŋ] *adj period of time* dazwischenliegend. **in the ~ weeks** in den Wochen dazwischen, in den dazwischenliegenden Wochen.

intervention [ˌɪntəˈvenʃ ən] *n* Eingreifen *nt*, Eingriff *m*, Intervention *f*.

interview [ˈɪntəvjuː] **I** *n* **1.** (*for job*) Vorstellungsgespräch *nt*; (*with authorities, employer etc*) Gespräch *nt*; (*for grant*) Auswahlgespräch *nt*.

2. (*Press, TV etc*) Interview *nt*.
3. (*formal talk*) Gespräch *nt*.
II *vt* **1.** *job applicant* ein/das Vorstellungsgespräch führen mit; *applicant for grant etc* Fragen stellen (+*dat*). **he is being ~ed on Monday for the job** er hat am Montag sein Vorstellungsgespräch.
2. (*Press, TV etc*) interviewen.
III *vi* **1.** das Vorstellungsgespräch/die Vorstellungsgespräche führen.
2. (*Press, TV etc*) interviewen.

interviewee [ˌɪntəvjuːˈiː] *n* (*for job*) Kandidat(in *f*) *m* (für die Stelle); (*Press, TV etc*) Interviewte(r) *mf*.

interviewer [ˈɪntəvjuːəʳ] *n* (*for job*) Leiter(in *f*) *m* des Vorstellungsgesprächs; (*Press, TV etc*) Interviewer(in *f*) *m*.

interweave [ˌɪntəˈwiːv] *irreg* **I** *vt* (*lit, fig*) verweben; *branches, fingers* verschlingen, ineinanderschlingen. **II** *vi* sich verweben; (*branches*) sich ineinanderschlingen.

intestate [ɪnˈtestɪt] *adj* (*Jur*) nicht testamentarisch vermacht. **to die ~** sterben, ohne ein Testament zu hinterlassen.

intestinal [ɪnˈtestɪnl] *adj* Darm-.

intestine [ɪnˈtestɪn] *n* Darm *m*. **small/large ~** Dünn-/Dickdarm *m*.

intimacy [ˈɪntɪməsɪ] *n* Vertrautheit, Intimität *f*; (*euph: sexual ~*) Intimität *f*. **in the ~ of the home** in der Vertrautheit *or* vertrauten Atmosphäre seines Heims; **acts of ~** Vertraulichkeiten *pl*; **~ took place** (*form euph*) es kam zu Intimitäten.

intimate[1] [ˈɪntɪmɪt] **I** *adj* **1.** *friend* eng, vertraut, intim (*geh*); (*sexually*) intim. **to be on ~ terms with sb** mit jdm auf vertraulichem Fuß stehen; **he was a bit too ~ with my wife** er war ein bißchen zu vertraulich mit meiner Frau; **to be/become ~ with sb** mit jdm vertraut sein/ werden; (*sexually*) mit jdm intim sein/werden.
2. (*fig*) intim (*geh*); *feelings, thoughts also* geheim; *connection also* eng; *knowledge* gründlich.
II *n* Vertraute(r) *mf*.

intimate[2] [ˈɪntɪmeɪt] *vt* andeuten. **he ~d to them that they should stop** er bedeutete ihnen aufzuhören.

intimately [ˈɪntɪmɪtlɪ] *adv acquainted* bestens; *behave, speak* vertraulich; *related, connected* eng; *know* genau, gründlich. **we know each other but not ~** wir kennen uns, aber nicht besonders gut.

intimation [ˌɪntɪˈmeɪʃən] *n* Andeutung *f*.

intimidate [ɪnˈtɪmɪdeɪt] *vt* einschüchtern. **they ~d him into not telling the police** sie schüchterten ihn so ein, daß er der Polizei nichts erzählte; **we won't be ~d** wir lassen uns nicht einschüchtern.

intimidation [ɪnˌtɪmɪˈdeɪʃən] *n* Einschüchterung *f*.

into [ˈɪntuː] *prep* in (+*acc*); (*against*) *crash, drive* gegen. **to translate sth ~ French** etw ins Französische übersetzen; **to divide 3 ~ 9** 9 durch 3 teilen *or* dividieren; **3 ~ 9 goes 3** 3 geht dreimal in 9; **they worked far ~ the night** sie arbeiteten bis tief in die Nacht hinein; **it turned ~ a nice day** es wurde ein schöner Tag; **I'm not really ~ the job yet** (*inf*) ich bin noch nicht ganz drin im Job (*inf*); **I'm not ~ that** (*sl*) darauf stehe ich nicht (*sl*); **he's (heavily) ~**

jazz (*sl*) er steht (schwer) auf Jazz (*sl*).

intolerable *adj*, **~bly** *adv* [ɪnˈtɒlərəbl, -ɪ] unerträglich.

intolerance [ɪnˈtɒlərəns] *n* **1.** Intoleranz, Unduldsamkeit *f* (*of* gegenüber). **2.** (*esp Med*) Überempfindlichkeit *f* (*to, of* gegen).

intolerant [ɪnˈtɒlərənt] *adj* intolerant, unduldsam (*of* gegenüber); (*Med*) überempfindlich (*to, of* gegen).

intolerantly [ɪnˈtɒlərəntlɪ] *adv* in meiner/ seiner *etc* Intoleranz.

intonate [ˈɪntəʊneɪt] *vt* (*Ling*) intonieren.

intonation [ˌɪntəʊˈneɪʃən] *n* Intonation *f*; (*Ling also*) Satzmelodie *f*. **~ pattern** Intonationsmuster *nt*.

intone [ɪnˈtəʊn] *vt* intonieren.

intoxicant [ɪnˈtɒksɪkənt] *n* Rauschmittel *nt*.

intoxicate [ɪnˈtɒksɪkeɪt] *vt* (*lit, fig*) berauschen.

intoxicated [ɪnˈtɒksɪkeɪtɪd] *adj* betrunken, berauscht (*also fig*), im Rausch (*also fig*). **~ by drugs/with success** im Drogenrausch/vom Erfolg berauscht.

intoxication [ɪnˌtɒksɪˈkeɪʃən] *n* Rausch *m* (*also fig*), (Be)trunkenheit *f*; (*Med: poisoning*) Vergiftung *f*. **in a state of ~** (*form*) in (be)trunkenem Zustand.

intra- [ˌɪntrə-] *pref* intra-.

intractable [ɪnˈtræktəbl] *adj* metal unnachgiebig; *problem, illness* hartnäckig; *child, temper* unlenksam.

intramural [ˌɪntrəˈmjʊərəl] *adj* (*esp Univ*) (*course*) innerhalb der Universität; *activities* studienspezifisch.

intransigence [ɪnˈtrænsɪdʒəns] *n* Unnachgiebigkeit, Intransigenz (*geh*) *f*.

intransigent [ɪnˈtrænsɪdʒənt] *adj* unnachgiebig, intransigent (*geh*).

intransitive [ɪnˈtrænsɪtɪv] **I** *adj verb* intransitiv, Intransitiv-. **II** *n* Intransitiv *nt*.

intrastate [ˌɪntrəˈsteɪt] *adj* (*US*) innerhalb des (Bundes)staates.

intra-uterine device [ˌɪntrəˈjuːtəraɪndɪˌvaɪs] *n* Intrauterinpessar *nt*.

intravenous [ˌɪntrəˈviːnəs] *adj* intravenös.

intrepid *adj*, **~ly** *adv* [ɪnˈtrepɪd, -lɪ] unerschrocken, kühn.

intricacy [ˈɪntrɪkəsɪ] *n* Kompliziertheit *f*; (*intricate part*) Feinheit *f*.

intricate [ˈɪntrɪkɪt] *adj* kompliziert; (*involved also*) verwickelt.

intricately [ˈɪntrɪkɪtlɪ] *adv* kompliziert.

intrigue [ɪnˈtriːg] **I** *vi* intrigieren.
II *vt* (*arouse interest of*) faszinieren; (*arouse curiosity of*) neugierig machen. **I would be ~d to know why …** es würde mich schon interessieren, warum …
III [ˈɪntriːg] *n* (*plot*) Intrige *f*; (*no pl: plotting*) Intrigen(spiel *nt*) *pl*.

intriguer [ɪnˈtriːgəʳ] *n* Intrigant(in *f*) *m*.

intriguing [ɪnˈtriːgɪŋ] *adj* (*a*) faszinierend, interessant. **II** *n* Intrigen(spiel *nt*) *pl*.

intriguingly [ɪnˈtriːgɪŋlɪ] *adv* auf faszinierende Weise.

intrinsic [ɪnˈtrɪnsɪk] *adj merit, value* immanent; (*essential*) wesenhaft.

intrinsically [ɪnˈtrɪnsɪkəlɪ] *adv* an sich.

introduce [ˌɪntrəˈdjuːs] *vt* **1.** (*make acquainted*) (*to person*) vorstellen (*to sb* jdm), bekannt machen (*to* mit); (*butler*) ankündigen; (*to subject*) einführen (*to* in +*acc*).

have you two been ~d? hat man Sie bekannt gemacht?; **I don't think we've been** ~d ich glaube nicht, daß wir uns kennen; **to ~ oneself** sich vorstellen; **he was ~d to drink at an early age** er hat schon früh Bekanntschaft mit dem Alkohol gemacht; **who ~d him to heroin?** durch wen ist er ans Heroin geraten?; **he was ~d to flying by a friend** er ist durch einen Freund zum Fliegen gekommen; **to ~ sb/ sth into sb's presence** jdn/etw vor jdn bringen.

2. *fashion, practice, reform, invention* einführen; *(Parl) bill* einbringen; *mood* bringen *(into* in *+acc); book, subject, era* einleiten; *(announce) speaker* vorstellen, ankündigen; *programme* ankündigen.

3. *(insert)* einführen *(into* in *+acc).*

introduction [ˌɪntrə'dʌk∫ən] *n* **1.** *(to person)* Vorstellung *f.* **since his ~ to Lord X** seit er Lord X vorgestellt worden ist; **to make** *or* **perform the ~s** die Vorstellung übernehmen; **letter of ~** Einführungsbrief *m or* -schreiben *nt.*

2. *(introductory part) (to book, music)* Einleitung *f (to* zu).

3. *(elementary course, book)* Einführung *f.* **an ~ to French** eine Einführung ins Französische.

4. *(introducing, being introduced) (to subject)* Einführung *f (to* in *+acc); (to habit, hobby)* Bekanntschaft *f (to* mit); *(of fashion, practice, reform etc)* Einführung *f; (of bill)* Einbringen *nt; (announcing) (of speaker)* Vorstellung, Ankündigung *f; (of programme)* Ankündigung *f; (bringing or carrying in)* Einführung *f (into* in *+dat); (insertion)* Einführung *f (into* in *+acc).*

introductory [ˌɪntrə'dʌktərɪ] *adj page, paragraph, chapter* einleitend; *words, remarks* einführend; *talk* Einführungs-.

introspection [ˌɪntrəʊ'spek∫ən] *n* Selbstbeobachtung, Introspektion *(geh) f.*

introspective [ˌɪntrəʊ'spektɪv] *adj person* selbstbeobachtend, introspektiv *(geh); novel, remarks* introspektiv.

introspectiveness[ˌɪntrəʊ'spektɪvnɪs] *n (of novel, remarks)* introspektiver Charakter; *(of person)* Neigung *f* zur Selbstbeobachtung *or* Introspektion *(geh).*

introversion [ˌɪntrəʊ'vɜːʃən] *n (Psych)* Introversion *f.*

introvert ['ɪntrəʊvɜːt] **I** *n (Psych)* Introvertierte(r) *mf.* **to be an ~** introvertiert sein. **II** [ˌɪntrəʊ'vɜːt] *vt (Psych)* nach innen wenden; *(Biol)* nach innen stülpen.

introverted ['ɪntrəʊvɜːtɪd] *adj* introvertiert.

intrude [ɪn'truːd] **I** *vi* sich eindrängen. **to ~ in sb's affairs** sich in jds Angelegenheiten *(acc)* mischen; **am I intruding?** störe ich?; **to ~ on sb's privacy/grief** jds Privatsphäre verletzen/jdn in seinem Kummer stören; **to ~ on a conversation** sich in eine Unterhaltung *(acc)* ein(misch)en.

II *vt remark* einwerfen. **to ~ oneself** *or* **one's presence/one's views upon sb** sich jdm/jdm seine Ansichten aufdrängen; **to ~ oneself into sb's affairs** sich in jds Angelegenheiten *(acc)* mischen.

intruder [ɪn'truːdəʳ] *n* Eindringling *m.*

intrusion [ɪn'truːʒən] *n* **1.** Störung *f; (on*

sb's privacy also) Verletzung *f (on gen).* **the ~ of his work on his free time** daß seine Arbeit immer mehr von seiner Freizeit beanspruchte; **they regarded her advice as an ~** sie betrachteten ihren Rat als eine Einmischung.

2. *(forcing: of opinions, advice, one's presence)* Aufdrängen *nt.*

intrusive [ɪn'truːsɪv] *adj person* aufdringlich; *(Phon)* intrusiv.

intuition [ˌɪntjuː'ɪʃən] *n* Intuition *f; (of future events etc)* (Vor)ahnung *f (of* von). **to know sth by ~** etw intuitiv wissen.

intuitive [ɪn'tjuːɪtɪv] *adj* intuitiv; *guess, feeling, assessment* instinktiv.

intuitively [ɪn'tjuːɪtɪvlɪ] *adv* intuitiv.

inundate ['ɪnʌndeɪt] *vt (lit, fig)* überschwemmen, überfluten; *(with work)* überhäufen. **have you a lot of work? — I'm ~d** haben Sie viel Arbeit? — ich ersticke darin.

inundation [ˌɪnʌn'deɪʃən] *n (lit, fig) (with invitations, offers etc)* Überschwemmung *f; (with work)* Überhäufung *f.* **an ~ of tourists/letters** eine Flut von Touristen/ Briefen.

inure [ɪn'jʊəʳ] *vt* gewöhnen *(to* an *+acc); (physically)* abhärten *(to* gegen); *(to danger)* stählen *(to* gegen). **to become ~d to sth** sich an etw *(acc)* gewöhnen/sich gegen etw abhärten/stählen.

invade [ɪn'veɪd] *vt (Mil) country* einmarschieren in *(+acc); (fig)* überfallen; *privacy* eindringen in *(+acc),* stören.

invader [ɪn'veɪdəʳ] *n (Mil)* Invasor *m; (fig)* Eindringling *m (of* in *+acc).*

invading [ɪn'veɪdɪŋ] *adj* einmarschierend; *Huns, Vikings etc* einfallend; *army, troops also* Invasions-.

invalid¹ ['ɪnvəlɪd] **I** *adj* **1.** krank; *(disabled)* invalide, körperbehindert.

2. *(for invalids)* Kranken-; Invaliden-. **~ chair** Roll- *or* Krankenstuhl *m; ~* **car** Invaliden(kraft)fahrzeug *nt.*

II *n* Kranke(r) *mf; (disabled person)* Invalide, Körperbehinderte(r) *mf.* **he's been an ~ all his life** er hat sein ganzes Leben lang ein körperliches Leiden gehabt.

◆**invalid out** *vt sep* dienstuntauglich *or* -unfähig schreiben *or* erklären. **to be ~ed ~ of the army** wegen Dienstuntauglichkeit aus dem Heer entlassen werden.

invalid² [ɪn'vælɪd] *adj (esp Jur)* ungültig; *deduction, argument* nicht stichhaltig; *assumption* nicht zulässig. **it makes the argument ~** es entkräftet das Argument.

invalidate [ɪn'vælɪdeɪt] *vt* ungültig machen; *theory* entkräften.

invalidation [ɪnˌvælɪ'deɪʃən] *n (of document)* Ungültigmachung *f; (of theory)* Entkräftung *f.*

invalidity [ˌɪnvə'lɪdɪtɪ] *n see* **invalid²** Ungültigkeit *f;* mangelnde Schlüssigkeit *or* Stichhaltigkeit; Unzulässigkeit *f.*

invaluable [ɪn'væljʊəbl] *adj* unbezahlbar; *service, role* unschätzbar; *jewel, treasure* von unschätzbarem Wert.

invariable [ɪn'vɛərɪəbl] **I** *adj (also Math)* unveränderlich; *bad luck* konstant, ständig. **II** *n (Math)* Konstante *f.*

invariably [ɪn'vɛərɪəblɪ] *adv* ständig, unweigerlich; (*not changing*) unveränderlich. **do you trust his judgement? — ~!** trauen Sie seinem Urteil? — ausnahmslos!

invasion [ɪn'veɪʒən] *n* (*lit*, *fig*) Invasion *f*; (*of privacy etc*) Eingriff *m* (*of* in +*acc*). **the German ~ of Poland** der Einmarsch *or* Einfall (*pej*) der Deutschen in Polen.

invective [ɪn'vektɪv] *n* Beschimpfungen *pl* (*against gen*).

inveigh [ɪn'veɪ] *vi* **to ~ against sb/sth** (*liter*) sich in Schimpfreden gegen jdn/etw ergehen (*geh*).

inveigle [ɪn'vi:gl] *vt* (*liter*) verleiten (*into* zu); (*lure*) locken. **to ~ sb into doing sth** jdn dazu verleiten, etw zu tun.

invent [ɪn'vent] *vt* erfinden.

invention [ɪn'venʃən] *n* **1.** Erfindung *f*. **of one's own ~** selbsterfunden. **2.** (*inventiveness*) Phantasie *f*.

inventive [ɪn'ventɪv] *adj* (*creative*) *powers*, *skills*, *mind* schöpferisch; *novel*, *design* einfallsreich; (*resourceful*) erfinderisch.

inventiveness [ɪn'ventɪvnɪs] *n* Einfallsreichtum *m*.

inventor [ɪn'ventər] *n* Erfinder(in *f*) *m*.

inventory ['ɪnvəntrɪ] **I** *n* Inventar *nt*, Bestandsaufnahme *f*. **to make** *or* **take an ~ of sth** Inventar von etw *or* den Bestand an etw (*dat*) aufnehmen. **II** *vt* (*Comm*) inventarisieren.

inverse ['ɪn'vɜ:s] **I** *adj* umgekehrt, entgegengesetzt. **in ~ order** in umgekehrter Reihenfolge; **to be in ~ proportion to ...** im umgekehrten Verhältnis zu ... stehen; (*Math*) umgekehrt proportional zu ... sein. **II** *n* Gegenteil *nt*.

inversion [ɪn'vɜ:ʃən] *n* Umkehrung *f*; (*Mus also*, *Gram*) Inversion *f*; (*fig: of roles*, *values*) Verkehrung, Umkehrung *f*.

invert [ɪn'vɜ:t] *vt* umkehren; *object also* auf den Kopf stellen; *order also* umdrehen; (*Gram*) *subject and object* umstellen; *word order* umkehren. **~ed commas** (*Brit*) Anführungszeichen *pl*; **that's just ~ed snobbery** das ist auch eine Art Snobismus.

invertebrate [ɪn'vɜ:tɪbrɪt] **I** *n* Wirbellose(r), Invertebrat (*spec*) *m*. **II** *adj* wirbellos.

invest [ɪn'vest] **I** *vt* **1.** (*Fin*, *fig*) investieren (*in* in +*acc or dat*); (*Fin also*) anlegen (*in* in +*dat*).
2. (*form: with rank or authority*) *president etc* einsetzen, investieren (*old*). **to ~ sb/sth with sth** jdm/einer Sache etw verleihen.
II *vi* investieren, Geld anlegen (*in* in +*acc or dat*, *with* bei). **to ~ in shares** in Aktien investieren, sein Geld in Aktien anlegen.

investigate [ɪn'vestɪgeɪt] **I** *vt* untersuchen; (*doing scientific research also*) erforschen; *sb's political beliefs*, *an insurance claim*, *business affairs* überprüfen; *complaint* nachgehen (+*dat*); *motive*, *reason* erforschen; *crime* untersuchen; (*by police also*) Ermittlungen anstellen über (+*acc*). **to ~ a case** in einem Fall ermitteln *or* Ermittlungen anstellen.
II *vi* nachforschen; (*police*) ermitteln, Ermittlungen anstellen.

investigation [ɪnˌvestɪ'geɪʃən] *n* **1.** (*to*

determine *cause*) Untersuchung *f* (*into* gen); (*official enquiry also*) Ermittlung *f*. **on ~ it turned out that ...** bei näherer Untersuchung stellte sich heraus, daß ...
2. (*looking for sth*) Nachforschung *f*; (*by police*) Ermittlungen *pl*; (*of affairs*, *applicants*, *political beliefs etc*) Überprüfung *f*. **to be under ~** überprüft werden; **he is under ~** (*by police*) gegen ihn wird ermittelt; **new methods of criminal ~** neue polizeiliche Ermittlungsmethoden; (*private*) **~ agency** Detektei *f*, Detektivbüro *nt*.
3. (*scientific research*) (*in field*) Forschung *f*; (*of bacteria*, *object etc*) Erforschung *f* (*into gen*). **recent scientific ~ has shown ...** die neuesten wissenschaftlichen Untersuchungen haben gezeigt ...; **his ~s into the uses of this word** seine Forschungen über den Gebrauch dieses Wortes.

investigative [ɪn'vestɪgətɪv] *adj journalism* Enthüllungs-; *technique* Forschungs-; *mind* Forscher-.

investigator [ɪn'vestɪgeɪtər] *n* Ermittler *m*; (*private ~*) (Privat)detektiv *m*; (*insurance ~*) (Schadens)ermittler(in *f*) *m*; (*from government department*) Untersuchungs- *or* Ermittlungsbeamte(r) *m*. **a team of ~s** ein Untersuchungsausschuß *m*, eine Untersuchungskommission.

investiture [ɪn'vestɪtʃər] *n* (*of president etc*) (feierliche) Einsetzung, Amtseinführung *f*; (*of royalty*) Investitur *f*; (*of honour*) Verleihung *f*; (*occasion*) Auszeichnungsfeier *f*.

investment [ɪn'vestmənt] *n* **1.** (*Fin*) Investition *f*; (*act also*) Anlage *f*. **industry needs more ~** die Industrie braucht mehr Investitionen; **to make an ~** investieren (*of sth* etw); **oil/this company is a good ~** Öl/diese Firma ist eine gute (Kapital)anlage; **learning languages is a good ~** es macht sich bezahlt, wenn man Sprachen lernt; **~ trust** Investmentgesellschaft *f*.
2. (*investiture*) (*as sth*) (Amts)einsetzung *f*; (*with sth*) Verleihung *f* (+*gen*).

investor [ɪn'vestər] *n* Kapitalanleger, Investor *m*. **the small ~** die Kleinanleger *pl*.

inveterate [ɪn'vetərɪt] *adj dislike*, *hatred* tief verwurzelt; *opposition*, *prejudice* hartnäckig; *enemies*, *hatred* unversöhnlich; *criminal*, *smoker* Gewohnheits-; *liar*, *gambler* unverbesserlich.

invidious [ɪn'vɪdɪəs] *adj remark* gehässig, boshaft; *task*, *position* unerfreulich, unangenehm; *behaviour*, *conduct* gemein; *distinctions*, *comparison* ungerecht.

invigilate [ɪn'vɪdʒɪleɪt] (*Brit*) **I** *vt exam* Aufsicht führen bei. **II** *vi* Aufsicht führen.

invigilation [ɪnˌvɪdʒɪ'leɪʃən] *n* (*Brit*) Aufsicht *f*. **to do the ~** Aufsicht führen.

invigilator [ɪn'vɪdʒɪleɪtər] *n* (*Brit*) Aufsicht *f*, Aufsichtführende(r) *mf*.

invigorate [ɪn'vɪgəreɪt] *vt* beleben; (*tonic*, *cure*) kräftigen.

invigorating [ɪn'vɪgəreɪtɪŋ] *adj climate* gesund; *sea air*, *shower* erfrischend, belebend; *tonic*, *cure* kräftigend, stärkend; (*fig*) *attitude*, *frankness* (herz)erfrischend. **he found the American business world very ~** die amerikanische

Geschäftswelt stimulierte ihn.

invincibility [ɪnˌvɪnsɪ'bɪlɪtɪ] *n* Unbesiegbarkeit *f*.

invincible [ɪn'vɪnsəbl] *adj army etc* unbesiegbar, unschlagbar; *courage, determination* unerschütterlich.

inviolability [ɪnˌvaɪələ'bɪlɪtɪ] *n see adj* Unantastbarkeit *f*; Unverletzlichkeit *f*; Heiligkeit *f*.

inviolable [ɪn'vaɪələbl] *adj* unantastbar; *frontiers also* unverletzlich; *law, oath* heilig.

inviolate [ɪn'vaɪəlɪt] *adj* (*form*) *honour* unbeschadet; *rights* unangetastet.

invisibility [ɪnˌvɪzə'bɪlɪtɪ] *n* Unsichtbarkeit *f*.

invisible [ɪn'vɪzəbl] *adj* unsichtbar. ~ **earnings/exports** (*Econ*) unsichtbare Einkünfte *pl*/Exporte *pl*; ~ **ink** Geheimtinte *f*; ~ **mending** Kunststopfen *nt*.

invisibly [ɪn'vɪzəblɪ] *adv* unsichtbar.

invitation [ˌɪnvɪ'teɪʃən] *n* Einladung *f*. **by** ~ (**only**) nur auf Einladung; **at sb's** ~ auf jds Aufforderung (*acc*) (hin); **an** ~ **to burglars** eine Aufforderung zum Diebstahl.

invite [ɪn'vaɪt] **I** *vt* **1.** *person* einladen. **to** ~ **sb to do sth** jdn auffordern or bitten, etw zu tun; **he** ~**d me to try for myself** er bot mir an, es doch selbst zu versuchen.

    2. (*ask for, attract*) *suggestions, questions, a discussion* bitten um; (*behaviour*) *ridicule, contempt, trouble* auslösen, führen zu. **written in such a way as to** ~ **further discussion** so geschrieben, daß es zu weiteren Diskussionen auffordert; **you're inviting defeat/an accident by ...** das muß ja zu einer Niederlage/einem Unglück führen, wenn du ...; **you're inviting ridicule/criticism** du machst dich lächerlich/setzt dich der Kritik aus; **there's no need to** ~ **trouble** man muß es ja nicht auf Ärger anlegen.

    II ['ɪnvaɪt] *n* (*inf*) Einladung *f*.

◆**invite in** *vt sep* hereinbitten.

◆**invite out** *vt sep* einladen. **I** ~**d her** ~ ich habe sie gefragt, ob sie mit mir ausgehen möchte; **to** ~ **sb** ~ **for a meal** jdn in ein Restaurant einladen.

◆**invite round** *vt sep* (zu sich) einladen.

◆**invite up** *vt sep* heraufbitten.

inviting [ɪn'vaɪtɪŋ] *adj* einladend; *prospect, idea, meal* verlockend.

invitingly [ɪn'vaɪtɪŋlɪ] *adv* einladend; (*temptingly*) verlockend.

invocation [ˌɪnvəʊ'keɪʃən] *n* Beschwörung *f*; (*Eccl*) Invokation *f*. **an** ~ **to the muses** (*Liter*) eine Anrufung der Musen.

invoice ['ɪnvɔɪs] **I** *n* (*bill*) (Waren)rechnung, Faktura *f*; (*list*) Lieferschein *m*, Faktura *f*. **II** *vt goods* in Rechnung stellen, berechnen, fakturieren. **to** ~ **sb for sth** jdm für etw eine Rechnung ausstellen; **has he been** ~**d for these yet?** hat er dafür schon eine Rechnung bekommen?

invoke [ɪn'vəʊk] *vt* **1.** (*appeal to, call for*) *God, the law, muse* anrufen; *evil spirits* beschwören. **to** ~ **the name of Marx** Marx ins Feld führen; **to** ~ **God's blessing/help from God** Gottes Segen erbitten/Gott um Hilfe anflehen; **to** ~ **vengeance on one's enemies** Rache auf seine Feinde herabflehen *or* -rufen.

    2. (*call into operation*) *treaty etc* sich

berufen auf (+*acc*). **to** ~ **sb's help** an jds Hilfsbereitschaft (*acc*) appellieren.

involuntarily [ɪn'vɒləntərɪlɪ] *adv* unabsichtlich; (*automatically*) unwillkürlich. **he found himself** ~ **involved** er sah sich unfreiwilligerweise verwickelt.

involuntary [ɪn'vɒləntərɪ] *adj* unbeabsichtigt, ungewollt; *muscle movement etc* unwillkürlich. **I found myself an** ~ **listener** ich wurde zum unfreiwilligen Zuhörer.

involve [ɪn'vɒlv] *vt* **1.** (*entangle*) verwickeln (*sb in sth* jdn in etw *acc*); (*include*) beteiligen (*sb in sth* jdn an etw *dat*); (*concern*) betreffen. **don't** ~ **yourself in any unnecessary expense** machen Sie sich (*dat*) keine unnötigen Ausgaben; **the book doesn't** ~ **the reader** das Buch fesselt *or* packt den Leser nicht; **I was watching TV but I wasn't really** ~**d in it** ich habe ferngesehen, war aber gar nicht richtig dabei; **it wouldn't** ~ **you at all** du hättest damit gar nichts zu tun; **to be** ~**d in sth** etwas mit etw zu tun haben; (*have part in also*) an etw (*dat*) beteiligt sein; (*in sth bad also*) in etw (*acc*) verwickelt sein; **to get** ~**d in sth** in etw (*acc*) verwickelt werden; (*in quarrel, crime etc also*) in etw (*acc*) hineingezogen werden; **I didn't want to get** ~**d** ich wollte damit/mit ihm *etc* nichts zu tun haben; **I didn't want to get too** ~**d** ich wollte mich nicht zu sehr engagieren; **a matter of principle is** ~**d** es geht ums Prinzip; **the person** ~**d** die betreffende Person; **we are all** ~**d in the battle against inflation** der Kampf gegen die Inflation geht uns alle an; **to be/get** ~**d with sth** etwas mit etw zu tun haben; (*have part in*) an etw (*dat*) beteiligt sein; (*work etc*) mit etw beschäftigt sein; **he got** ~**d with local politics** er hat sich lokalpolitisch engagiert; **to be** ~**d with sb** mit jdm zu tun haben; (*sexually*) mit jdm ein Verhältnis haben; **to get** ~**d with sb** mit jdm Kontakt bekommen, sich mit jdm einlassen (*pej*); **he got** ~**d with a girl** er hat eine Beziehung mit einem Mädchen angefangen; **she doesn't want to get** ~**d** sie will sich nicht engagieren *or* enger binden.

    2. (*entail*) mit sich bringen, zur Folge haben; (*encompass*) umfassen; (*mean*) bedeuten. **what does your job** ~? worin besteht Ihre Arbeit?; **it's involving too much of my time** es beansprucht zuviel Zeit, es kostet mich zuviel Zeit; **he doesn't understand what's** ~**d in this sort of work** er weiß nicht, worum es bei dieser Arbeit geht; **do you realize what's** ~**d in raising a family?** weißt du denn, was es bedeutet, eine Familie großzuziehen?; **about £1,000 was** ~**d** es ging dabei um etwa £ 1.000; **the job** ~**d 50 workmen** für die Arbeit wurden 50 Arbeiter gebraucht; **it would** ~ **moving to Germany** das würde bedeuten, nach Deutschland umzuziehen; **finding the oil** ~**d the use of a special drill** um das Öl zu finden, brauchte man einen Spezialbohrer.

involved [ɪn'vɒlvd] *adj* kompliziert; *regulations also* verwirrend; *story also* verwickelt; *style* komplex, umständlich (*pej*).

involvement [ɪn'vɒlvmənt] *n* (*being concerned with*) Beteiligung *f* (*in an* +*dat*); (*in*

quarrel, crime etc) Verwicklung *f* (*in* in
+*acc*); (*commitment*) Engagement *nt*;
(*sexually*) Verhältnis *nt*; (*complexity*)
Kompliziertheit, Verworrenheit (*pej*) *f*.
his ~ with shady characters sein Umgang
m mit zwielichtigen Gestalten; the extent
of his ~ with her/his work das Maß, in
dem er sich bei ihr/bei seiner Arbeit
engagiert hat; we don't know the extent of
his ~ in the plot/plan wir wissen nicht, wie
weit er an dem Komplott/Plan beteiligt
ist/war; there is no ~ of the reader in the
novel der Leser fühlt sich von dem Roman
nicht angesprochen.

invulnerability [ɪnˌvʌlnərə'bɪlɪtɪ] *n see adj*
Unverwundbarkeit, Unverletzbarkeit *f*;
Uneinnehmbarkeit *f*; Unangreifbarkeit *f*.

invulnerable [ɪn'vʌlnərəbl] *adj* unverwund-
bar, unverletzbar; *fortress* uneinnehm-
bar; (*lit, fig*) *position* unangreifbar. ~ to
attack unbezwingbar.

inward ['ɪnwəd] **I** *adj* **1.** (*inner*) innere(r, s);
smile, life innerlich; *thoughts* innerste(r,
s). **2.** *curve* nach innen gehend; *mail*
eintreffend.

inwardly ['ɪnwədlɪ] *adv* innerlich, im In-
neren.

inward(s) ['ɪnwəd(z)] *adv* nach innen.

iodine ['aɪədiːn] *n* (*abbr* I) Jod *nt*.

ion ['aɪən] *n* Ion *nt*.

Ionic [aɪ'ɒnɪk] *adj* ionisch.

ionic [aɪ'ɒnɪk] *adj* Ionen-.

ionize ['aɪənaɪz] *vti* ionisieren.

ionosphere [aɪ'ɒnəsfɪər] *n* Ionosphäre *f*.

iota [aɪ'əʊtə] *n* Jota *nt*. not an *or* one ~ nicht
ein Jota.

IOU [ˌaɪəʊ'juː] *abbr of* I owe you Schuld-
schein *m*. to give sb an ~ jdm einen
Schuldschein ausschreiben.

Iowa ['aɪəʊə] *n* (*abbr* Ia, IA) Iowa *nt*.

IPA *abbr of* International Phonetic As-
sociation, International Phonetic Al-
phabet.

ipso facto ['ɪpsəʊ'fæktəʊ] *adv* eo ipso.

IQ *abbr of* intelligence quotient IQ,
Intelligenzquotient *m*. ~ test Intelligenz-
test, IQ-Test *m*.

IRA *abbr of* Irish Republican Army IRA *f*.

Iran [ɪ'rɑːn] *n* (der) Iran.

Iranian [ɪ'reɪnɪən] **I** *adj* iranisch. **II** *n*
1. Iraner(in *f*) *m*. **2.** (*language*) Iranisch *nt*.

Iraq [ɪ'rɑːk] *n* (der) Irak.

Iraqi [ɪ'rɑːkɪ] **I** *adj* irakisch. **II** *n* **1.** Iraker(in
f) *m*. **2.** (*dialect*) Irakisch *nt*.

irascibility [ɪˌræsɪ'bɪlɪtɪ] *n* Reizbarkeit *f*,
Jähzorn *m*.

irascible [ɪ'ræsɪbl] *adj* reizbar, erregbar,
jähzornig; *temperament also* jähzornig,
heftig, aufbrausend.

irascibly [ɪ'ræsɪblɪ] *adv* gereizt.

irate [aɪ'reɪt] *adj* zornig; *crowd* wütend.

irately [aɪ'reɪtlɪ] *adv* zornig.

Ireland ['aɪələnd] *n* Irland *nt*. **Northern** ~
Nordirland *nt*. **Republic of** ~ Republik *f*
Irland.

iridescence [ˌɪrɪ'desəns] *n see adj* (*liter*)
Irisieren *nt*; Schillern *nt*; Schimmern *nt*.

iridescent [ˌɪrɪ'desənt] *adj* (*liter*) irisierend;
plumage also, water schillernd; *opals etc,
silk* schimmernd.

iridium [aɪ'rɪdɪəm, ɪ'rɪdɪəm] *n* (*abbr* Ir)
Iridium *nt*.

iris ['aɪərɪs] *n* **1.** (*of eye*) Regenbogenhaut,
Iris *f*. **2.** (*Bot*) Iris, Schwertlilie *f*.

Irish ['aɪərɪʃ] **I** *adj* **1.** irisch. ~ coffee Irish
Coffee *m*; ~man Ire *m*; ~ Republican
Army Irisch-Republikanische Armee; ~
Sea Irische See; ~ setter Irish Setter *m*; ~
stew Irish Stew *nt*; ~woman Irin *f*.
    2. (*hum inf: illogical*) blödsinnig.
II *n* **1.** *pl* the ~ die Iren, die Irländer *pl*.
    2. (*language*) Irisch *nt*, irisches Gälisch.

irksome ['ɜːksəm] *adj* lästig.

iron ['aɪən] **I** *n* **1.** (*abbr* Fe) Eisen *nt*. a will
of ~ ein eiserner Wille; to rule with a rod
of ~ mit eiserner Rute *or* Hand herr-
schen.
    2. (*electric* ~, *flat*~) Bügeleisen, Plätt-
eisen (*dial*) *nt*. to have more than one ~ in
the fire (*fig*) mehrere Eisen im Feuer
haben; he has too many ~s in the fire er
macht zuviel auf einmal; to strike while
the ~ is hot (*Prov*) das Eisen schmieden,
solange es heiß ist (*Prov*).
    3. (*Golf*) Eisen *nt*.
    4. (*fetters*) ~s *pl* Hand- und Fuß-
schellen *pl*.
    II *adj* **1.** (*Chem*) Eisen-; (*made of* ~)
Eisen-, eisern, aus Eisen.
    2. (*fig*) *constitution, hand* eisern; *will*
eisern, stählern; *rule* streng, unbarmher-
zig. to rule with an ~ hand mit eiserner
Faust regieren; the I~ Chancellor der
Eiserne Kanzler; they soon discovered
that here was an ~ fist in a velvet glove es
wurde ihnen bald klar, daß mit ihm *etc*
nicht zu spaßen war, obwohl er *etc* so sanft
wirkte.
    III *vt clothes* bügeln, plätten (*dial*).
    IV *vi* (*person*) bügeln; (*cloth*) sich
bügeln lassen.

◆**iron out** *vt sep* (*lit, fig*) ausbügeln; *dif-
ferences also* ausgleichen; *problems, dif-
ficulties also* aus dem Weg räumen.

Iron Age *n* Eisenzeit *f*; **Iron Curtain** *n*
Eiserner Vorhang; the ~ countries die
Länder hinter dem Eisernen Vorhang.

ironic(al) [aɪ'rɒnɪk(əl)] *adj* ironisch; *smile
also* spöttisch; *position* paradox, witzig
(*inf*). it's really ~ das ist wirklich witzig
(*inf*); it's really ~ that now he's got a car
he's not allowed to drive es ist doch
paradox *or* wirklich witzig (*inf*), daß er
jetzt, wo er ein Auto hat, nicht fahren
darf.

ironically [aɪ'rɒnɪkəlɪ] *adv* ironisch. and
then, ~ enough, he turned up komischer-
weise *or* witzigerweise (*inf*) *or* ulkiger-
weise (*inf*) tauchte er dann auf; and then,
~, it was he himself who ... und dann hat
ausgerechnet er ..., und dann hat
paradoxerweise er ...

ironing ['aɪənɪŋ] *n* (*process*) Bügeln, *nt*;
(*clothes*) Bügelwäsche *f*. to do the ~ (die
Wäsche) bügeln; ~ board Bügelbrett *nt*.

iron lung *n* eiserne Lunge; **ironmonger** *n*
(*Brit*) Eisen(waren)händler(in *f*) *m*; **iron-
monger's (shop)** *n* (*Brit*) Eisen- und
Haushaltswarenhandlung *f*; **iron ore** *n*
Eisenerz *nt*; **iron rations** *npl* eiserne
Ration; **ironwork** *n* Eisen *nt*; (*on chest,
cart etc*) Eisenbeschläge *pl*; to do ~
Eisenarbeiten machen; **ironworks** *n sing
or pl* Eisenhütte *f*.

irony ['aɪərənɪ] *n* Ironie *f no pl.* **the ~ of it is that ...** das Ironische daran ist, daß ..., die Ironie liegt darin, daß ...; **one of the ironies of fate** die Ironie des Schicksals.

irradiate [ɪ'reɪdɪeɪt] *vt* **1.** (*emit*) *heat, light rays* ausstrahlen. **2.** (*liter: illumine*) erhellen (*liter*). **3.** (*treat by irradiating*) bestrahlen.

irrational [ɪ'ræʃənl] *adj* **1.** (*illogical, Math*) irrational; *fear, belief also* unsinnig; (*not sensible*) unvernünftig. **his illness made him quite ~** seine Krankheit ließ ihn völlig irrational werden; **if you maintain X, then it is ~ to deny Y** wenn Sie X behaupten, ist es widersinnig *or* unlogisch, Y zu leugnen. **2.** (*not having reason*) vernunftlos.

irrationality [ɪˌræʃəˈnælɪtɪ] *n see adj* Irrationalität *f*; Unsinnigkeit *f*; Unvernünftigkeit *f*.

irrationally [ɪ'ræʃnəlɪ] *adv* irrational; (*not sensibly*) unvernünftig. **quite ~, he believed ...** er glaubte gegen jede Vernunft *or* völlig unsinnigerweise ...

irreconcilable [ɪˌrekən'saɪləbl] *adj* **1.** *enemy, hatred* unversöhnlich. **2.** *belief, opinion, differences* unvereinbar.

irreconcilably [ɪˌrekən'saɪləblɪ] *adv see adj.*

irrecoverable [ˌɪrɪ'kʌvərəbl] *adj* endgültig *or* für immer verloren, unwiederbringlich verloren; *loss* unersetzlich, unersetzbar; *debt* nicht eintreibbar, uneinbringlich. **the company's losses are ~** die Verluste der Firma können nicht mehr wettgemacht werden.

irrecoverably [ˌɪrɪ'kʌvrəblɪ] *adv* ~ **lost** für immer verloren.

irredeemable [ˌɪrɪ'diːməbl] *adj* **1.** *currency, pawned object* nicht einlösbar; *bonds* unkündbar, untilgbar; *pawned object, annuity, debt* nicht ablösbar. **2.** (*fig*) *sinner* (rettungslos) verloren; *loss* unwiederbringlich; *fault* unverbesserlich; *transgression* unverzeihlich. **a period of ~ gloom** eine Zeit völliger Hoffnungslosigkeit.

irredeemably [ˌɪrɪ'diːməblɪ] *adv* *lost* rettungslos; *confused* hoffnungslos.

irreducible [ˌɪrɪ'djuːsəbl] *adj* (*Chem, Math*) nicht reduzierbar. **the ~ minimum** das Allermindeste.

irrefutability [ˌɪrɪfjuːtə'bɪlɪtɪ] *n* Unwiderlegbarkeit *f*.

irrefutable [ˌɪrɪ'fjuːtəbl] *adj* unwiderlegbar.

irrefutably [ˌɪrɪ'fjuːtɪblɪ] *adv* unwiderlegbar; *demonstrate also* eindeutig.

irregular [ɪ'regjʊləʳ] **I** *adj* **1.** (*uneven*) unregelmäßig; *intervals, teeth also, shape, coastline* ungleichmäßig; *surface* uneben. **to be ~ in one's attendance** unregelmäßig erscheinen; **the windows are deliberately ~** die Fenster sind bewußt uneinheitlich; **to keep ~ hours** ein ungeregeltes Leben führen, keine festen Zeiten haben; **he's been a bit ~ recently** (*inf*) er hat in letzter Zeit ziemlich unregelmäßigen Stuhlgang. **2.** (*not conforming*) unstatthaft; (*contrary to rules*) unvorschriftsmäßig; (*contrary to law*) ungesetzlich; *marriage* ungültig; *behaviour* ungebührlich, ungehörig. **well, it's a bit ~, but I'll ...** eigentlich dürfte ich das nicht tun, aber

ich ...; **it's a most ~ request, but ...** das ist ein höchst unübliches Ersuchen, aber ...; **this is most ~!** das ist äußerst ungewöhnlich!; **because of ~ procedures, the contract was not valid** wegen einiger Formfehler war der Vertrag ungültig. **3.** (*Gram*) unregelmäßig. **4.** *troops* irregulär. **II** *n* (*Mil*) Irreguläre(r) *m*. **the ~s** die irreguläre Truppe.

irregularity [ɪˌregjʊ'lærɪtɪ] *n see adj* **1.** Unregelmäßigkeit *f*; Ungleichmäßigkeit *f*; Unebenheit *f*; Uneinheitlichkeit *f*; Ungeregeltheit *f*. **2.** Unstatthaftigkeit *f*; Unvorschriftsmäßigkeit *f*; Ungesetzlichkeit *f*; (*of marriage*) unvorschriftsmäßige Durchführung; Ungebührlichkeit, Ungehörigkeit *f*. **a slight ~ in the proceedings** ein kleiner Formfehler; **a slight ~ with one of his pupils/the chambermaid** eine kleine Entgleisung mit einem seiner Schüler/dem Zimmermädchen. **3.** (*Gram*) Unregelmäßigkeit *f*.

irregularly [ɪ'regjʊləlɪ] *adv see adj* **1.** unregelmäßig; ungleichmäßig; uneben. **2.** unstatthaft; unvorschriftsmäßig; ungesetzlich; ungebührlich, ungehörig.

irrelevance [ɪ'reləvəns], **irrelevancy** [ɪ'relɪvənsɪ] *n* Irrelevanz *f no pl*; (*of details also*) Unwesentlichkeit, Nebensächlichkeit *f*; (*of titles, individuals*) Bedeutungslosigkeit *f*. **his speech was full of irrelevancies** vieles in seiner Rede war irrelevant *or* nebensächlich *or* unwesentlich.

irrelevant [ɪ'reləvənt] *adj* irrelevant; *details also, information* unwesentlich, nebensächlich; *titles etc* bedeutungslos. **it is ~ whether he agrees or not** es ist irrelevant *or* belanglos, ob er zustimmt; **it's ~ to the subject** das ist für das Thema irrelevant; **don't be ~** (*in discussion*) bleib bei der Sache.

irrelevantly [ɪ'reləvəntlɪ] *adv* belanglos. **..., he said ~ ...,** sagte er, obwohl das gar nicht zur Sache gehörte; **he rambled on ~** er schwafelte irrelevantes Zeug.

irreligious [ˌɪrɪ'lɪdʒəs] *adj* unreligiös, irreligiös; *youth, savages* gottlos; (*lacking respect*) pietätlos.

irremediable [ˌɪrɪ'miːdɪəbl] *adj character defects, errors* nicht behebbar; *situation* nicht mehr zu retten *pred or* rettend *attr*.

irremediably [ˌɪrɪ'miːdɪəblɪ] *adv* hoffnungslos.

irreparable [ɪ'repərəbl] *adj damage* irreparabel, nicht wiedergutzumachen *pred or* wiedergutzumachend *attr*; *loss* unersetzlich; *harm also* bleibend.

irreparably [ɪ'repərəblɪ] *adv* irreparabel.

irreplaceable [ˌɪrɪ'pleɪsəbl] *adj* unersetzlich.

irrepressible [ˌɪrɪ'presəbl] *adj urge, curiosity* unbezähmbar; *optimism* unerschütterlich, unverwüstlich; *person* nicht unter- *or* kleinzukriegen; *child* sonnig; *delight* unbändig. **he has an ~ disposition** er ist eine Frohnatur.

irreproachable [ˌɪrɪ'prəʊtʃəbl] *adj manners* tadellos, einwandfrei; *conduct also* untadelig.

irreproachably [ˌɪrɪ'prəʊtʃəblɪ] *adv* tadellos.

irresistible [ˌɪrɪˈzɪstəbl] *adj* unwiderstehlich.

irresistibly [ˌɪrɪˈzɪstəblɪ] *adv see adj*.

irresolute [ɪˈrezəluːt] *adj* unentschlossen.

irresolutely [ɪˈrezəluːtlɪ] *adv see adj*.

irresoluteness [ɪˈrezəluːtnɪs], **irresolution** [ɪˌrezəˈluːʃən] *n* Unentschiedenheit, Unentschlossenheit *f*.

irrespective [ˌɪrɪˈspektɪv] *adj*: ~ **of** ungeachtet (+*gen*), unabhängig von; **candidates should be chosen** ~ **of sex** bei der Auswahl der Kandidaten sollte das Geschlecht keine Rolle spielen; ~ **of whether they want to or not** egal *or* gleichgültig, ob sie wollen oder nicht.

irresponsibility [ˈɪrɪˌsponsəˈbɪlɪtɪ] *n see adj* Unverantwortlichkeit *f*; Verantwortungslosigkeit *f*.

irresponsible [ˌɪrɪˈsponsəbl] *adj action, behaviour* unverantwortlich; *person* verantwortungslos.

irresponsibly [ˌɪrɪˈsponsəblɪ] *adv* unverantwortlich; *behave also* verantwortungslos.

irretrievable [ˌɪrɪˈtriːvəbl] *adj* nicht mehr wiederzubekommen; *past, happiness etc* unwiederbringlich; *loss* unersetzlich. **the erased information is** ~ die gelöschte Information kann nicht mehr abgerufen werden; ~ **breakdown of marriage** (unheilbare) Zerrüttung der Ehe.

irretrievably [ˌɪrɪˈtriːvəblɪ] *adv* ~ **lost** für immer verloren; ~ **broken down** (unheilbar) zerrüttet.

irreverence [ɪˈrevərəns] *n see adj* Unehrerbietigkeit *f*; Respektlosigkeit *f*, Despektierlichkeit *f*; Respektlosigkeit *f*; Pietätlosigkeit *f*.

irreverent [ɪˈrevərənt] *adj behaviour* unehrerbietig; *remark* respektlos, despektierlich; *novel, author* respektlos; (*towards religion, the dead*) pietätlos.

irreverently [ɪˈrevərəntlɪ] *adv see adj*.

irreversible [ˌɪrɪˈvɜːsəbl] *adj* nicht rückgängig zu machen; *judgment* unwiderruflich; (*Med, Phys, Chem*) irreversibel; *damage* bleibend; *decision* umstößlich.

irrevocable *adj*, ~**bly** *adv* [ɪˈrevəkəbl, -ɪ] unwiderruflich.

irrigate [ˈɪrɪgeɪt] *vt* **1**. *land, crop* bewässern. **2**. (*Med*) spülen.

irrigation [ˌɪrɪˈgeɪʃən] *n* **1**. (*Agr*) Bewässerung *f*. ~ **canal** Bewässerungskanal *m*. **2**. (*Med*) Spülung, Irrigation *f*.

irritability [ˌɪrɪtəˈbɪlɪtɪ] *n* Reizbarkeit *f*; Gereiztheit *f*.

irritable [ˈɪrɪtəbl] *adj* (*as characteristic*) reizbar; (*on occasion*) gereizt.

irritably [ˈɪrɪtəblɪ] *adv* gereizt.

irritant [ˈɪrɪtənt] *n* (*Med*) Reizerreger *m*; (*person*) Nervensäge *f* (*inf*); (*noise etc*) Ärgernis *nt*.

irritate [ˈɪrɪteɪt] *vt* **1**. (*annoy*) ärgern, aufregen; (*deliberately*) reizen; (*get on nerves*) irritieren. **to get** ~**d** ärgerlich werden; **she's easily** ~**d** sie ist sehr reizbar *or* schnell verärgert; **I get** ~**d at** *or* **with him** er reizt *or* ärgert mich, er regt mich auf. **2**. (*Med*) reizen.

irritating [ˈɪrɪteɪtɪŋ] *adj* ärgerlich; *cough* lästig. **I find his presence/jokes most** ~ seine Anwesenheit regt/Witze regen mich wirk-

lich auf; **you really are the most** ~ **person** du kannst einem wirklich auf die Nerven gehen; **how** ~ **for you!** wie ärgerlich!

irritatingly [ˈɪrɪteɪtɪŋlɪ] *adv* ärgerlich. **he very** ~ **changed his mind** ärgerlicherweise hat er seine Meinung geändert.

irritation [ˌɪrɪˈteɪʃən] *n* **1**. (*state*) Ärger *m*, Verärgerung *f*; (*act*) Ärgern *nt*; (*deliberate*) Reizen *nt*; (*thing that irritates*) Ärgernis *nt*, Unannehmlichkeit *f*. **the noise is a source of** ~ der Lärm irritiert einen. **2**. (*Med*) Reizung *f*.

irrupt [ɪˈrʌpt] *vi* eindringen, hereinstürzen; (*water also*) hereinbrechen.

irruption [ɪˈrʌpʃən] *n* Eindringen *nt*; (*of water also*) Hereinbrechen *nt*.

Is *abbr of* **Island(s), Isle(s)**.

is [ɪz] *3rd person sing present of* **be**.

Islam [ˈɪzlɑːm] *n* (*religion*) der Islam; (*Moslems collectively*) Mohammedaner *pl*.

Islamic [ɪzˈlæmɪk] *adj* islamisch.

island [ˈaɪlənd] *n* (*lit, fig*) Insel *f*.

islander [ˈaɪləndəʳ] *n* Insulaner(in *f*), Inselbewohner(in *f*) *m*.

isle [aɪl] *n* (*poet*) Eiland *nt* (*poet*). **the I~ of Man** die Insel Man.

islet [ˈaɪlɪt] *n* kleines Eiland (*poet*), Inselchen *nt*.

isn't [ˈɪznt] *contr of* **is not**.

isobar [ˈaɪsəʊbɑːʳ] *n* Isobare *f*.

isolate [ˈaɪsəʊleɪt] *vt* **1**. (*separate*) absondern, isolieren; (*Med, Chem*) isolieren. **we have to** ~ **probable from possible causes** wir müssen die wahrscheinlichen von den möglichen Ursachen trennen. **2**. (*cut off*) abschneiden, isolieren. **to** ~ **oneself from other people** sich (von anderen) abkapseln; **to** ~ **oneself from the world** sich isolieren. **3**. (*pinpoint*) herausfinden; *problem also, essential factor* herauskristallisieren.

isolated [ˈaɪsəʊleɪtɪd] *adj* **1**. (*cut off*) abgeschnitten, isoliert; (*remote*) abgelegen; *existence* zurückgezogen; (*Med*) isoliert. **2**. (*single*) einzeln.

isolation [ˌaɪsəʊˈleɪʃən] *n* **1**. (*act*) (*separation, cutting-off*) Absonderung, Isolierung (*esp Med, Chem*) *f*; (*pinpointing*) Herausfinden *nt*; (*of problem also, of essential factor*) Herauskristallisierung *f*. **2**. (*state*) Isoliertheit, Abgeschiedenheit *f*; (*remoteness*) Abgelegenheit, Abgeschiedenheit *f*. **his** ~ **from the world** seine Abgeschiedenheit von der Welt; **spiritual** ~ geistige Isolation; **he felt a sense of** ~ er fühlte sich isoliert; **Splendid I~** (*Hist*) Splendid Isolation *f*; **he lived in splendid** ~ **in a bedsitter in the suburbs** (*iro*) er wohnte, weitab vom Schuß (*inf*), in einem möblierten Zimmer am Stadtrand; **to keep a patient in** ~ einen Patienten isolieren; **to live in** ~ zurückgezogen leben; **to consider sth in** ~ etw gesondert *or* isoliert betrachten.

isolation hospital *n* Isolierspital *nt*.

isolationism [ˌaɪsəʊˈleɪʃənɪzəm] *n* Isolationismus *m*.

isolationist [ˌaɪsəʊˈleɪʃənɪst] **I** *adj* isolationistisch. **II** *n* Isolationist(in *f*) *m*.

isolation ward *n* Isolierstation *f or* -haus *nt*.

isometrics [ˌaɪsəʊˈmetrɪks] *n sing* Isometrie *f*.

isosceles [aɪˈsɒsɪliːz] *adj*: ~ **triangle** gleich-schenkliges Dreieck.

isotherm [ˈaɪsəʊθɜːm] *n* (*Met*) Isotherme *f*.

isotope [ˈaɪsəʊtəʊp] *n* Isotop *nt*.

Israel [ˈɪzreɪl] *n* Israel *nt*.

Israeli [ɪzˈreɪlɪ] **I** *adj* israelisch. **II** *n* Israeli *mf*.

Israelite [ˈɪzrɪəlaɪt] *n* (*Bibl*) Israelit(in *f*) *m*.

issue [ˈɪʃuː] **I** *vt* **1.** (*give, send out*) *passport, documents, certificate, driving licence* ausstellen; *tickets, library books* ausgeben; *shares, banknotes* ausgeben, emittieren; *stamps* herausgeben; *coins* ausgeben; *order, warning* ergehen lassen (*to an* +*acc*), erteilen (*to dat*); *warning* aussprechen; *proclamation* erlassen; *details* bekanntgeben. **the issuing authorities** die ausstellende Behörde; **to ~ sb with a visa, to ~ a visa to sb** jdm ein Visum ausstellen; **a warrant for his arrest was ~d** gegen ihn wurde Haftbefehl erlassen.

2. (*publish*) *book, newspaper* herausgeben.

3. (*supply*) *rations, rifles, ammunition* ausgeben. **to ~ sth to sb/to ~ sb with sth** etw an jdn ausgeben.

II *vi* (*liquid, gas*) austreten; (*smoke*) (heraus)quellen; (*sound*) (hervor- *or* heraus)dringen; (*people etc*) (heraus)-strömen. **his actions ~ from a desire to help** seine Handlungen entspringen dem Wunsch zu helfen; **the sewage/river ~s into the sea** das Abwasser fließt/der Fluß mündet ins Meer.

III *n* **1.** (*question*) Frage *f*; (*matter also*) Angelegenheit *f*; (*problematic*) Problem *nt*. **the factual ~s** die Tatsachen *pl*; **the ~ is whether ...** es geht darum *or* die Frage ist, ob ...; **the whole future of the country is at ~** es geht um die Zukunft des Landes; **what is at ~?** worum geht es?; **to join ~ with sb over sth** jdn in einer Sache aufgreifen; **to take ~ with sb over sth** jdm in etw (*dat*) widersprechen; **this has become something of an ~** das ist zu einem Problem geworden; **to make an ~ of sth** etw aufbauschen; **to evade the ~** ausweichen; **do you want to make an ~ of it?** (*inf*) du willst dich wohl mit mir anlegen?; **to face the ~** den Tatsachen ins Auge sehen.

2. (*outcome, result*) Ergebnis *nt*. **that decided the ~** das war entscheidend *or* ausschlaggebend; **to force the ~** eine Entscheidung erzwingen.

3. (*of banknotes, shares, coins, stamps etc*) Ausgabe *f*; (*of shares also*) Emission *f*. **place of ~** (*of tickets*) Ausgabestelle *f*; (*of passports*) Ausstellungsort *m*; **date of ~** (*of tickets*) Ausstellungsdatum *nt*; (*of stamps*) Ausgabetag *m*; **~ desk** Ausgabe(schalter *m*) *f*.

4. (*handing-out*) Ausgabe *f*; (*supplying, thing supplied*) Lieferung *f*. **the ~ of blankets/guns to the troops** die Versorgung der Truppen mit Decken/die Ausrüstung der Truppen mit Gewehren; **it's part of the clothing ~** es ist Teil der Ausstattung.

5. (*of book etc*) Herausgabe *f*; (*book etc*) Ausgabe *f*.

6. (*of liquid, gas*) Ausströmen *nt*. **~ of**

pus Eiterabsonderung *f*; **an ~ of blood from the cut** eine Blutung der Wunde.

7. (*Jur: offspring*) Nachkommenschaft *f*.

Istanbul [ˌɪstænˈbuːl] *n* Istanbul *nt*.

isthmus [ˈɪsməs] *n* Landenge *f*, Isthmus *m*.

it [ɪt] **I** *pron* **1.** (*when replacing German noun*) (*subj*) er/sie/es; (*dir obj*) ihn/sie/es; (*indir obj*) ihm/ihr/ihm. **of ~** davon; **behind/over/under** *etc* **~** dahinter/darüber/darunter *etc*; **~'s me** *or* **I** (*form*) wer ist da? — ich (bin's); **who is ~?** — **~'s the Browns!** wer ist da? — die Browns!; **what is ~?** was ist es *or* das?; (*matter*) was ist los?; **that's not ~** (*not the trouble*) das ist es (gar) nicht; (*not the point*) darum geht's gar nicht; **the cheek of ~!** so eine Frechheit!; **the worst of ~ is that ...** das Schlimmste daran ist, daß ...; **do you believe ~?** glaubst du das?

2. (*indef subject*) es. **~'s raining** es regnet; **yes, ~ is a problem/pleasant change** ja, das ist ein Problem/eine angenehme Abwechslung; **~ seems simple to me** mir scheint das ganz einfach; **if ~ hadn't been for her, we would have come** wenn sie nicht gewesen wäre, wären wir gekommen; **why is ~ always me who has to ...?** warum bin ich immer derjenige *etc*, der *etc* ...?, warum muß (ausgerechnet) immer ich ...?; **~ wasn't me** ich war's nicht; **~ was the Italians/10 miles** es waren die Italiener/10 Meilen; **I don't think ~ (is) wise of you ...** ich halte es für unklug, wenn du ...; **I've seen/known ~ happen** ich habe es (schon) gesehen/erlebt.

3. (*emph*) **~ was him** *or* **he** (*form*) **who asked her** *er* hat sie gefragt; **~ was a cup that he dropped and not ...** er hat eine *Tasse* fallen lassen und nicht ...; **~ was for his sake that she lied** nur um seinetwillen hat sie gelogen; **~'s the other one I like** ich mag den *anderen*/das *andere etc*.

4. (*inf phrases*) **that's ~!** (*agreement*) ja, genau!; (*annoyed*) jetzt reicht's mir!; **that's ~ (then)!** (*achievement*) (so,) das wär's!, geschafft!; (*disappointment*) ja, das war's dann wohl; **this is ~!** (*before action*) jetzt geht's los!; *see* **at, in, with-it.**

II *n* (*inf*) **1.** (*in children's games*) **you're ~!** du bist!

2. **this is really ~!** das ist genau das richtige, *das* ist es; **he really thinks he's ~** er bildet sich (*dat*) ein, er sei sonst wer.

3. **my cat's an ~** meine Katze ist ein Neutrum.

ITA (*Brit*) *abbr of* **Independent Television Authority.**

Italian [ɪˈtæljən] **I** *adj* italienisch. **II** *n* **1.** Italiener(in *f*) *m*. **2.** (*language*) Italienisch *nt*.

italic [ɪˈtælɪk] **I** *adj* kursiv. **~ type** Kursivdruck *m*; **~ script** Kurrentschrift *f*. **II** *n* **~s** *pl* Kursivschrift, Kursive *f*; **in ~s** kursiv (gedruckt); **my ~s** Hervorhebung von mir.

italicize [ɪˈtælɪsaɪz] *vt* kursiv schreiben/drucken.

Italy [ˈɪtəlɪ] *n* Italien *nt*.

itch [ɪtʃ] **I** *n* **1.** Jucken *nt*, Juckreiz *m*. **I have an ~** mich juckt es.

2. (*inf: urge*) Lust *f*. **I have an ~ to do**

sth/for sth es reizt *or* juckt (*inf*) mich, etw zu tun/etw reizt *or* juckt (*inf*) mich.
II *vi* **1.** jucken. **my back ~es** mein Rücken juckt (mich), mir *or* mich juckt der Rücken.
2. (*inf*) **he is ~ing to ...** es reizt *or* juckt (*inf*) ihn, zu ...; **he's ~ing for a fight** er ist auf Streit aus.

itching ['ɪtʃɪŋ] **I** *adj* juckend. **to have an ~ palm** (*fig*) gern die Hand aufhalten (*inf*).
II *n* Jucken *nt*, Juckreiz *m*.

itchy ['ɪtʃɪ] *adj* (+*er*) **1.** (*itching*) juckend. **it is ~** es juckt; **I've got ~ feet** (*inf*) ich will hier weg (*inf*); (*want to travel also*) mich packt das Fernweh; **he's got ~ fingers/an ~ palm** (*inf*) er macht lange Finger/er hält gern die Hand auf (*inf*).
2. (*causing itching*) *cloth* kratzig.

it'd ['ɪtəd] *contr of* **it would; it had.**

item ['aɪtəm] *n* **1.** (*in programme, on agenda etc*) Punkt *m*; (*Comm: in account book*) (Rechnungs)posten *m*; (*article*) Stück, Ding *nt*, Gegenstand *m*; (*in catalogue etc*) Artikel *m*; (*Brit: in variety show*) Nummer *f*. **~s of furniture** Möbelstücke *pl*; **he went through the business ~ by ~** er ging die Sache Punkt für Punkt durch; **petrol is one of the most expensive ~s I have to buy** Benzin gehört zu den teuersten Dingen, die ich kaufe.
2. (*of news*) Bericht *m*; (*short, Rad, TV also*) Meldung *f*.

itemization [ˌaɪtəmaɪ'zeɪʃən] *n* detaillierte Aufstellung, Einzelaufführung *f*.

itemize ['aɪtəmaɪz] *vt* spezifizieren, einzeln aufführen.

itinerant [ɪ'tɪnərənt] *adj* umherziehend, wandernd, Wander-; *preacher* Wander-; *minstrel* fahrend; *worker* Saison-, Wander-; *judge* Reise-. **~ theatre group** Wandertruppe *f*.

itinerary [aɪ'tɪnərərɪ] *n* (*route*) (Reise)route *f*; (*map*) Straßenkarte *f*.

it'll ['ɪtl] *contr of* **it will; it shall.**

its [ɪts] *poss adj* sein(e)/ihr(e)/sein(e).

it's [ɪts] *contr of* **it is; it has** (*as aux*).

itself [ɪt'self] *pron* **1.** (*reflexive*) sich.
2. (*emph*) selbst. **and now we come to the text ~** und jetzt kommen wir zum Text selbst; **the frame ~ is worth £1,000** der Rahmen allein *or* schon der Rahmen ist £1.000 wert; **in ~, the actual amount is not important** der Betrag an sich ist unwichtig; **enthusiasm is not enough in ~** Begeisterung allein genügt nicht.
3. (*automatically*) von selbst, selbsttätig; **seen by ~** einzeln betrachtet; **the bomb went off by ~** die Bombe ging von selbst los.

ITV (*Brit*) *abbr of* **Independent Television.**

IUD *abbr of* **intra-uterine device.**

I've [aɪv] *contr of* **I have.**

ivory ['aɪvərɪ] **I** *n* **1.** (*also colour*) Elfenbein *nt*. **2.** (*Art*) Elfenbeinschnitzerei *f*. **3.** (*inf*) **ivories** (*piano keys*) Tasten *pl*; (*billiard balls*) Billardkugeln *pl*; (*dice*) Würfel *pl*; (*dated: teeth*) Beißer *pl* (*inf*). **II** *adj* **1.** elfenbeinern. **2.** *colour* elfenbeinfarben.

Ivory Coast *n* Elfenbeinküste *f*.

ivory tower **I** *n* (*fig*) Elfenbeinturm *m*.
II *adj attr* weltfremd.

ivy ['aɪvɪ] *n* Efeu *m*.

Ivy League *n* (*US*) Eliteuniversitäten der USA.

J

J, j [dʒeɪ] n J, j nt.
J abbr of **joule**.
jab [dʒæb] **I** vt **1.** (with stick, elbow etc)
stoßen; (with knife also) stechen. **he ~bed
his elbow into my side** er stieß mir den or
mit dem Ellbogen in die Seite; **he ~bed
his finger** er stach sich (dat) in den Finger;
he ~bed his finger at the map er tippte mit
dem Finger auf die Karte; **a sharp ~bing
pain** ein scharfer, stechender Schmerz.
2. (inf: give injection to) eine Spritze
geben or setzen or verpassen (inf) (+dat).
   II vi zustoßen (at sb with sth mit etw auf
jdn); · (Boxing) eine (kurze) Gerade
schlagen (at auf +acc).
   III n **1.** (with stick, elbow) Stoß m; (with
needle, knife) Stich m. **he gave the jellyfish
a ~ with a stick** er stieß or pik(s)te (inf)
mit dem Stock in die Qualle (hinein).
   2. (inf: injection) Spritze f.
   3. (Boxing) (kurze) Gerade.
jabber ['dʒæbəʳ] **I** vt (daher)plappern (inf);
poem, prayers herunterrasseln, abhaspeln
(inf). **II** vi (also ~ **away**) plappern,
schwätzen, quasseln (inf). **they sat there
~ing away in Spanish** sie saßen da und
quasselten (inf) Spanisch. **III** n Ge-
plapper, Gequassel (inf), Geschnatter nt.
jabbering ['dʒæbərɪŋ] n Geplapper, Plap-
pern, Geschnatter nt.
Jack [dʒæk] n dim of **John** Hans m. **I'm all
right ~** das kann mich überhaupt nicht
jucken (inf).
jack [dʒæk] n **1.** Hebevorrichtung f; (Aut)
Wagenheber m.
   2. (Cards) Bube m.
   3. (Naut: flag) Gösch, Bugflagge f.
   4. (Bowling) Zielkugel f.
   5. **every man ~ (of them)** (inf) alle ohne
Ausnahme.
◆**jack in** vt sep (sl) university, job etc
stecken (sl), aufgeben; girlfriend Schluß
machen mit (inf). **~ it ~!** (stop it) hör auf
damit!, steck's! (sl).
◆**jack up** vt sep **1.** car aufbocken. **2.** (sl)
prices, wages (in die Höhe) treiben.
jackal ['dʒækɔːl] n Schakal m.
jackass ['dʒækæs] n (donkey) Eselshengst
m; (inf: person) Esel m (inf).
jackboot ['dʒækbuːt] n Schaftstiefel m.
jackdaw ['dʒækdɔː] n Dohle f.
jacket ['dʒækɪt] n **1.** (garment) Jacke f;
(man's tailored ~ also) Jackett nt; (life ~)
Schwimmweste f.
   2. (of book) Schutzumschlag m, Buch-
hülle f; (US: of record) Plattenhülle f.
   3. (esp US: for papers etc) Umschlag m.
   4. **~ potatoes, potatoes (baked) in their
~s** (in der Schale) gebackene Kartoffeln
pl.
   5. (Tech: of boiler etc) Mantel m,
Ummantelung f.
Jack Frost n der Frost, der Reif (per-
sonifiziert); **jack-in-the-box** n Schachtel-

or Kastenteufel m; **he was up and down
like a ~** er sprang immer wieder auf, der
reinste Hampelmann.
jackknife ['dʒæknaɪf] **I** n, pl **-knives
1.** (großes) Taschenmesser. **2.** (also ~
dive) gehechteter Sprung. **II** vi the lorry
~d der Auflieger or Anhänger hat sich
quergestellt.
jack-of-all-trades [,dʒækəvˈɔːltreɪdz] n
Alleskönner m; **to be (a) ~ (and master of
none)** (prov) ein Hansdampf m in allen
Gassen sein.
jackpot ['dʒækpɒt] n Pott m (inf); (Cards
also) Jackpot m; (in lottery etc) Haupt-
gewinn m. **the ~ this week stands at £200**
diese Woche ist der Höchstgewinn £ 200;
to hit the ~ (lit) einen Treffer haben;
(in lottery) den Hauptgewinn bekommen;
(fig) das große Los ziehen.
Jack Robinson [,dʒækˈrɒbɪnsən]: **before
you could say ~** (inf) im Nu, im Hand-
umdrehen.
Jacob ['dʒeɪkəb] n Jakob m.
Jacobean [,dʒækəˈbiːən] adj aus der Zeit
Jakobs I.
Jacobite ['dʒækəbaɪt] n Jakobit m.
jade [dʒeɪd] **I** n (stone) Jade m or f; (colour)
Jadegrün nt. **II** adj Jade-; (colour)
jadegrün. **~ green** jadegrün.
jaded ['dʒeɪdɪd] adj (physically) matt, ab-
gespannt; (permanently) verbraucht, ab-
gelebt; (mentally dulled) stumpfsinnig,
abgestumpft; (from overindulgence etc)
übersättigt; appearance verlebt, ver-
braucht; palate abgestumpft.
jag [dʒæg] n **1.** (of rock) Zacke, Spitze f; (of
saw) Zacke f. **2. to go on a ~** (sl) einen
draufmachen (sl).
jagged ['dʒægɪd] adj zackig; edge, hole also
schartig, (aus)gezackt; wound, tear
ausgefranst; coastline zerklüftet.
jaguar ['dʒægjʊəʳ] n Jaguar m.
jail [dʒeɪl] **I** n Gefängnis nt. **in ~** im Gefäng-
nis; **to go to ~** eingesperrt werden, ins
Gefängnis kommen. **II** vt einsperren, ins
Gefängnis sperren
jailbird ['dʒeɪlbɜːd] n (inf) Knastbruder m
(inf); **jailbreak** n Ausbruch m (aus dem
Gefängnis); **jailbreaker** n Ausbrecher m.
jailer ['dʒeɪləʳ] n Gefängniswärter(in f) or
-aufseher(in f) m.
jail house n (US) Gefängnis nt.
jalop(p)y [dʒəˈlɒpɪ] n (inf) alte (Klapper)-
kiste or Mühle (inf).
jam¹ [dʒæm] n Marmelade, Konfitüre f.
jam² **I** n **1.** (crowd) Gedränge, Gewühl nt.
   2. (traffic ~) (Verkehrs)stau m,
Stauung f.
   3. (blockage in machine, of logs etc)
Stockung, Stauung f. **there's a ~ in the
pipe** das Rohr ist verstopft.
   4. (inf: tight spot) Klemme (inf),
Patsche (inf) f. **to be in a ~** in der Klemme
or Patsche sitzen (inf); **to get into a ~** ins

Gedränge kommen (*inf*); **to get into a ~ with sb/sth** mit jdm/etw Schwierigkeiten haben; **to get sb out of a ~** jdm aus der Klemme helfen (*inf*), jdn aus der Patsche ziehen (*inf*).

II *vt* **1.** (*make stick*) *window, drawer etc* verklemmen, verkanten; *gun, brakes etc* blockieren; (*wedge*) (*to stop rattles etc*) festklemmen; (*between two things*) einklemmen. **be careful not to ~ the lock** paß auf, daß sich das Schloß nicht verklemmt; **it's ~med** es klemmt; **the ship was ~med in the ice** das Schiff saß im Eis fest; **he got his finger ~med** *or* **he ~med his finger in the door** er hat sich (*dat*) den Finger in der Tür eingeklemmt.

2. (*cram, squeeze*) (*into* in +*acc*) *things* stopfen, hineinzwängen, quetschen; *people* quetschen, pferchen. **to be ~med together** (*things*) zusammengezwängt sein; (*people*) zusammengedrängt sein.

3. (*crowd, block*) *street, town etc* verstopfen, blockieren; (*people also*) sich drängen in (+*dat*). **a street ~med with cars** eine verstopfte Straße; **the passage was ~med with people** Menschen verstopften *or* versperrten den Durchgang.

4. (*move suddenly*) **to ~ one's foot on the brake** eine Vollbremsung machen; **he ~med his knees into the donkey's flanks** er preßte dem Esel die Knie in die Flanken; *see also* ~ **on.**

5. (*Rad*) *station, broadcast* stören.

III *vi* **1. the crowd ~med into the bus** die Menschenmenge zwängte sich in den Bus.

2. (*become stuck*) (*brake*) sich verklemmen; (*gun*) Ladehemmung haben; (*door, window etc*) klemmen.

◆**jam in** *vt sep* **1.** (*wedge in*) einkeilen. **he was ~med ~ by the crowd** er war in der Menge eingekeilt. **2.** (*press in*) (herein-) stopfen in (+*acc*). **II** *vi* (*crowd in*) sich herein-/ hineindrängen.

◆**jam on** *vt sep* **1. to ~ ~ the brakes** eine Vollbremsung machen, voll auf die Bremse latschen (*inf*). **2. to ~ ~ one's hat** sich (*dat*) den Hut aufstülpen. **II** *vi* (*brakes*) klemmen.

◆**jam up** *vt sep* **1.** *see* **jam² II 1. 2.** (*block*) *roads, entrance etc* blockieren, versperren; *drain, pipe* verstopfen, blockieren.

Jamaica [dʒə'meɪkə] *n* Jamaika *nt*.

Jamaican [dʒə'meɪkən] **I** *adj* jamaikanisch, jamaikisch. **~ rum** Jamaikarum *m*. **II** *n* Jamaikaner(in *f*), Jamaiker(in *f*) *m*.

jamb [dʒæm] *n* (Tür-/Fenster)pfosten *m*.

jamboree [,dʒæmbə'ri:] *n* (*Scouts'*) (Pfad-finder)treffen *nt*; (*dated: party*) Rummel *m* (*inf*). **village ~** Dorffest *nt*.

James [dʒeɪmz] *n* Jakob *m*.

jam-full [,dʒæm'fʊl] *adj container* voll-gestopft, gepfropft voll; *room, bus* überfüllt, knallvoll (*inf*), proppenvoll (*inf*); **jam jar** *n* Marmeladenglas *nt*.

jamming [dʒæmɪŋ] *n* (*Rad*) Störung *f*. **~ station** Störsender *m*.

jammy [dʒæmɪ] *adj* (+*er*) (*Brit sl: lucky*) Glücks-. **a ~ shot** ein Glückstreffer *m*; **the ~ bugger won three in a row** der mit seinem Schweineglück hat dreimal nacheinander gewonnen (*inf*).

jam-packed [,dʒæm'pækt] *adj* überfüllt,

proppenvoll (*inf*); **jam roll** *n* Biskuitrolle *f*; **jam session** *n* Jam Session *f*.

Jan *abbr of* **January** Jan.

jangle [dʒæŋgl] **I** *vi* (*keys, money*) klimpern (*inf*); (*bells*) bimmeln (*inf*); (*chains, harness*) klirren, rasseln. **II** *vt money* klimpern mit; *bell* bimmeln lassen; *keys also, chains* rasseln mit. **it ~d my nerves** das ist mir durch Mark und Bein gegangen. **III** *n see* **jangling II.**

jangling [dʒæŋglɪŋ] **I** *adj keys, money* klimpernd; *bells* bimmelnd; *chains, harness* klirrend, rasselnd. **II** *n see vi* Klimpern, Geklimper (*inf*) *nt*; Bimmeln *nt*; Klirren, Rasseln *nt*.

janitor [dʒænɪtəʳ] *n* Hausmeister *m*; (*of block of flats also*) Hauswart *m*.

janitress [dʒænɪtrɪs] *n* Hausmeisterin *f*.

January [dʒænjʊərɪ] *n* Januar *m*; *see also* **September.**

japan [dʒə'pæn] **I** *n* schwarzer Lack, Japanlack *m*. **II** *vt* mit Japanlack überziehen.

Japan [dʒə'pæn] *n* Japan *nt*.

Japanese [,dʒæpə'ni:z] **I** *adj* japanisch. **II** *n* **1.** Japaner(in *f*) *m*. **2.** (*language*) Japanisch *nt*.

jar¹ [dʒɑːʳ] *n* **1.** (*for jam, marmalade etc*) Glas *nt*; (*without handle*) Topf *m*, Gefäß *nt*; (*with handle*) Krug *m*. **2.** (*inf: drink*) Bierchen *nt* (*inf*).

jar² **I** *n* **1.** (*jolt*) Ruck *m*. **he/his neck got quite a ~ in the accident** er/sein Hals hat bei dem Autounfall einen schweren Stoß abbekommen.

2. (*fig*) Schock *m*. **the news gave me a bit of a ~** die Nachricht hat mir einen ziemlichen Schock *or* Schlag versetzt.

II *vi* **1.** (*grate: metal etc*) kreischen, quietschen. **to ~ on** *or* **against sth** auf etw (*dat*) quietschen *or* kreischen.

2. (*be out of harmony*) (*note*) schauerlich klingen; (*colours, patterns*) sich beißen (*inf*), nicht harmonieren (*with* mit); (*ideas, opinions*) sich nicht vertragen, nicht harmonieren (*with* mit).

III *vt building etc* erschüttern; *back, knee etc* stauchen; (*jolt continuously*) durchrütteln; (*fig*) einen Schock versetzen (+*dat*). **he must have ~red the camera** er muß mit dem Photoapparat gewackelt haben; **someone ~red my elbow** jemand hat mir an den *or* mich am Ellbogen gestoßen.

◆**jar (up)on** *vi +prep obj* Schauer über den Rücken jagen (+*dat*). **this noise ~s ~ my nerves** dieser Lärm geht mir auf die Nerven.

jargon [dʒɑːgən] *n* Jargon *m* (*pej*), Fachsprache *f*.

jarring [dʒɑːrɪŋ] *adj sound* gellend, kreischend; *accent* störend; *colour, pattern* sich beißend *attr* (*inf*), nicht zusammenpassend *attr*.

jasmin(e) [dʒæzmɪn] *n* Jasmin *m*. **winter ~** gelber Jasmin.

jasper [dʒæspəʳ] *n* Jaspis *m*.

jaundice [dʒɔːndɪs] *n* Gelbsucht *f*.

jaundiced [dʒɔːndɪst] *adj* **1.** (*lit*) gelbsüchtig. **2.** *attitude* verbittert, zynisch. **to take a ~ view of sth** in bezug auf etw (*acc*) zynisch sein.

jaunt [dʒɔːnt] *n* Trip *m*, Spritztour *f*. **to go for**

or **on a** ~ einen Ausflug *or* eine Spritztour machen; **on his last** ~ **through Europe** auf seinem letzten Trip durch Europa.

jauntily ['dʒɔ:ntɪlɪ] *adv* munter, fröhlich, unbeschwert; *walk also* schwungvoll. **with his hat perched** ~ **over one ear** den Hut keck aufgesetzt.

jauntiness ['dʒɔ:ntɪnɪs] *n* Unbeschwertheit, Sorglosigkeit *f*; (*of singing*) Munterkeit, Fröhlichkeit, Heiterkeit *f*.

jaunty ['dʒɔ:ntɪ] *adj* (+*er*) munter, fröhlich, unbeschwert; *tune also, hat* flott; *attitude* unbeschwert, sorglos; *steps also* schwungvoll. **he wore his hat at a** ~ **angle** er hatte den Hut keck aufgesetzt.

Java ['dʒɑ:və] *n* Java *nt.*

Javanese [,dʒɑ:və'ni:z] **I** *adj* (*also* **Javan**) javanisch. **II** *n* **1.** Javaner(in *f*) *m.* **2.** (*language*) Javanisch *nt.*

javelin ['dʒævlɪn] *n* Speer *m.* **throwing the** ~, ~ **throwing** Speerwerfen *nt.*

jaw [dʒɔ:] **I** *n* **1.** Kiefer *m*, Kinnlade *f.* **the lion opened its** ~s der Löwe riß seinen Rachen auf; **with its prey between its** ~s mit der Beute im Maul.
2. ~s *pl* (*fig*) (*of valley etc*) Mündung, Öffnung *f*; **the** ~**s of death** die Klauen *pl* des Todes; **like walking into the** ~**s of death** wie ein Gang zum Schafott.
3. (*of pincer, vice*) (Klemm)backe *f.*
4. (*inf*) (*chatting*) Gerede, Geschwätz *nt*; (*chat*) Schwatz *m*, Schwätzchen *nt.*
5. (*inf*) (*sermonizing*) (Moral)predigen *nt* (*inf*); (*sermon*) Moralpredigt *f* (*inf*).
II *vi* **1.** (*inf: chat*) quatschen (*inf*).
2. (*inf: moralize*) predigen (*inf*).

jawbone ['dʒɔ:bəʊn] *n* Kieferknochen *m*, Kinnbacke *f.*

jay [dʒeɪ] *n* Eichelhäher *m.*

jaywalk ['dʒeɪ,wɔ:k] *vi* sich als Fußgänger unachtsam verhalten; **jaywalker** *n* unachtsamer Fußgänger.

jazz [dʒæz] **I** *n* **1.** (*Mus*) Jazz *m.*
2. (*inf: talk*) Getön (*inf*), Gewäsch (*pej*) *nt.* **he gave me a lot of** ~ **about his marvellous job** er schwärmte mir was von seinem tollen Job vor (*inf*); **... and all that** ~ ... und all so 'n Zeug (*inf*), ... und das ganze Drum und Dran (*inf*).
II *attr* *band, music* Jazz-.
◆**jazz up** *vt sep* aufmöbeln (*inf*), aufpeppen (*inf*). **to** ~ ~ **the classics** klassische Musik verjazzen.

jazzman ['dʒæzmæn] *n, pl* **-men** [-men] Jazzer *m.*

jazzy ['dʒæzɪ] *adj* (+*er*) *colour* knallig (*inf*), auffallend, schreiend (*pej*); *pattern* wild, stark gemustert, auffallend; *dress, tie* poppig (*inf*), knallig (*inf*).

JC *abbr of* **Jesus Christ** J. Chr.

jealous ['dʒeləs] *adj* **1.** *husband, lover, child etc* eifersüchtig; (*envious: of sb's possessions, success etc*) neidisch, mißgünstig. **to be** ~ **of sb** auf jdn eifersüchtig sein/jdn beneiden; **I'm not at all** ~ **of his success** ich bin nicht neidisch auf seinen Erfolg, ich beneide ihn nicht um seinen Erfolg.
2. (*watchful, careful*) sehr besorgt (*of* um), bedacht (*of* auf +*acc*). **to keep a** ~ **watch over** *or* **a** ~ **eye on sb** jdn mit Argusaugen bewachen.

3. (*Bibl*) **a** ~ **God** ein eifersüchtiger Gott.

jealously ['dʒeləslɪ] *adv* **1.** *see adj 1.*
2. (*carefully*) sorgsam, sorgfältig.

jealousy ['dʒeləsɪ] *n see adj* (*of* auf +*acc*) Eifersucht *f*; Neid *m*, Mißgunst *f*. **their small-minded, petty jealousies** ihre engstirnigen, kleinlichen Eifersüchteleien *pl.*

jeans [dʒi:nz] *npl* Jeans *pl.* **a pair of** ~ (ein Paar) Jeans *pl.*

jeep [dʒi:p] *n* Jeep *m.*

jeer [dʒɪər] **I** *n* (*remark*) höhnische Bemerkung, Spöttelei *f*; (*shout, boo*) Buhruf *m*, Johlen *nt no pl*; (*laughter*) Hohngelächter *nt*, hämisches Lachen *no pl.*
II *vi see n* höhnische Bemerkungen machen, höhnen (*old, geh*); johlen, buhen; höhnisch *or* hämisch *or* schadenfroh lachen. **to** ~ **at sb** jdn verhöhnen.

jeering ['dʒɪərɪŋ] *see* **jeer I** *adj* höhnisch; johlend; hämisch *or* höhnisch lachend.
II *n* höhnische Bemerkungen *pl*; Johlen, Gejohle *nt*; Hohngelächter *nt.*

Jehovah [dʒɪ'həʊvə] *n* Jehova, Jahwe *m.* ~**'s witness** Zeuge *m* Jehovas.

jell [dʒel] *vi see* **gel.**

jello ['dʒeləʊ] *n* (*US*) Wackelpeter *m* (*inf*).

jelly ['dʒelɪ] **I** *n* **1.** Gelee *nt*; (*esp Brit: dessert*) (rote) Grütze, Wackelpeter *m* (*inf*); (*esp US: jam*) Marmelade *f*; (*round meat etc*) Aspik, Gallert(e *f*) *m.* **it forms a kind of** ~ es bildet eine gelee- *or* gallertartige Masse. **2.** (*sl: gelignite*) Dynamit *nt.* **II** *vt* in Aspik einlegen. **jellied eels** Aal in Aspik, Sülzaale *pl.*

jellybaby ['dʒelɪbeɪbɪ] *n* (*Brit*) Gummibärchen *nt*; **jellybean** *n* Geleebonbon *m or nt*; **jellyfish** *n* Qualle *f.*

jemmy ['dʒemɪ], (*US*) **jimmy** *n* Brecheisen, Stemmeisen *nt.*

jeopardize ['dʒepədaɪz] *vt* gefährden, in Gefahr bringen.

jeopardy ['dʒepədɪ] *n* Gefahr *f.* **in** ~ in Gefahr, gefährdet; **to put sb/sth in** ~ jdn/etw gefährden *or* in Gefahr bringen; **to be in** ~ **of one's life** in Lebensgefahr schweben *or* sein.

jerbil *n see* **gerbil.**

Jericho ['dʒerɪkəʊ] *n* Jericho *nt.*

jerk [dʒɜ:k] **I** *n* **1.** Ruck *m*; (*jump*) Satz *m*; (*spasm, twitch*) Zuckung *f*, Zucken *nt no pl.* **to give sth a** ~ einer Sache (*dat*) einen Ruck geben; *rope, fishing line* an etw (*dat*) ruckartig ziehen; **to give a** ~ (*car*) rucken, einen Satz machen; (*twitch*) (*person*) zusammenzucken; (*knee etc*) zucken; (*head*) zurückzucken; **the train stopped with a** ~**/a series of** ~s der Zug hielt mit einem Ruck/ruckweise an.
2. *see* **physical** ~s.
3. (*sl: person*) Blödmann *m* (*sl*).
II *vt* rucken *or* ruckeln (*inf*) an (+*dat*). **the impact** ~**ed his head forward/back** beim Aufprall wurde sein Kopf nach vorn/hinten geschleudert; **he** ~**ed the fish out of the water** er zog den Fisch mit einem Ruck aus dem Wasser; **he** ~**ed his head back to avoid the punch** er riß den Kopf zurück, um dem Schlag auszuweichen; **he** ~**ed the book away/out of my hand** er riß das Buch weg/er riß mir das Buch aus der Hand; **he** ~**ed himself free** er riß sich los.

III vi (rope, fishing line) rucken; (move jerkily) ruckeln (inf); (body, muscle) zucken, zusammenzucken; (head) zurückzucken. **he ~ed away from me** er sprang mit einem Satz von mir weg; **his head ~ed forward** sein Kopf wurde nach vorne geschleudert; **the car ~ed forward** der Wagen machte einen Satz or Ruck nach vorn; **the car ~ed to a stop** das Auto hielt ruckweise an; **to ~ out/open** heraus-/aufspringen.

jerkily ['dʒɜːkɪlɪ] adv ruckartig; (over cobbles etc) holpernd, rüttelnd; write, speak holprig.

jerkin ['dʒɜːkɪn] n Jacke f; (Hist) (Leder)wams nt.

jerky ['dʒɜːkɪ] adj (+er) **1.** ruckartig; way of speaking also abgehackt; style sprunghaft, abgehackt. **a ~ ride over cobbles/in an old bus** eine holprige Fahrt über Kopfsteinpflaster/in einem alten Bus.

Jerome [dʒəˈrəʊm] n Hieronymus m.

jerry ['dʒerɪ] n (Brit sl: chamberpot) Pott (inf), Thron (inf) m.

Jerry ['dʒerɪ] n (esp Mil sl) (German soldier) deutscher Soldat, Deutsche(r) m; (the Germans) die Deutschen pl.

jerry-building ['dʒerɪˌbɪldɪŋ] n schlampige Bauweise; **jerry-built** adj schlampig gebaut; **jerry can** n großer (Blech)kanister.

jersey ['dʒɜːzɪ] n Pullover m; (Cycling, Ftbl etc) Trikot nt; (cloth) Jersey m. **~ wool** Wolljersey m.

Jersey ['dʒɜːzɪ] n **1.** Jersey nt. **2.** (cow) Jersey(rind) nt.

Jerusalem [dʒəˈruːsələm] n Jerusalem nt.

jest [dʒest] **I** n (no pl: fun) Spaß m; (joke also) Scherz, Witz m. **in ~** im Spaß. **II** vi scherzen, spaßen. **she's not a woman to ~ with** sie läßt nicht mit sich spaßen; **to ~ about sth** über etw (acc) Scherze or Witze machen.

jester ['dʒestər] n **1.** (Hist) Narr m. **the King's ~** der Hofnarr. **2.** (joker) Spaßvogel, Witzbold (inf) m.

jesting ['dʒestɪŋ] **I** adj spaßend, scherzhaft. **it's no ~ matter** darüber macht man keine Späße or Witze. **II** n Spaßen, Scherzen nt.

jestingly ['dʒestɪŋlɪ] adv im Spaß, scherzhaft.

Jesuit ['dʒezjʊɪt] n Jesuit m.

Jesuitic(al) [ˌdʒezjʊˈɪtɪk(əl)] adj jesuitisch, Jesuiten-.

Jesuitism ['dʒezjʊɪtɪzəm], **Jesuitry** ['dʒezjʊɪtrɪ] n Jesuitismus m.

Jesus ['dʒiːzəs] **I** n Jesus m. **~ Christ** Jesus Christus. **II** interj (sl) Mensch (inf). **~ Christ!** Herr Gott, (noch mal)! (inf); (surprised) Menschenskind! (inf).

jet¹ [dʒet] **I** n **1.** (of water, vapour) Strahl m. **a thin ~ of water** ein dünner Wasserstrahl; **a ~ of gas** (aus einer Düse) austretendes Gas.
2. (nozzle) Düse f.
3. (engine) Düsentriebwerk, Strahltriebwerk nt; (also ~ plane) Düsenflugzeug nt, Jet m (inf).
II vi **1.** (water etc) schießen.
2. (Aviat) jetten (inf).
III attr (Aviat) Düsen-.

jet² n (Miner) Jet(t) m or nt, Gagat m. **~**

black kohl(pech)rabenschwarz, pechschwarz.

jet engine n Düsentriebwerk, Strahltriebwerk nt; **jet-engined** adj Düsen-, mit Düsenantrieb; **jet fighter** n Düsenjäger m; **jetlag** n Schwierigkeiten pl durch die Zeitumstellung; **he's suffering from ~** er ist durch die Zeitumstellung völlig aus dem Rhythmus gekommen; **jet plane** n Düsenflugzeug nt; **jet-powered, jet-propelled** adj mit Strahl- or Düsenantrieb, Düsen-; **jet propulsion** n Düsen- or Strahlantrieb m.

jetsam ['dʒetsəm] n über Bord geworfenes Gut; (on beach) Strandgut nt; see flotsam.

jet set n Jet-set m; **jet-setter** n he has become a real **~** der ist voll in den Jet-set eingestiegen (inf).

jettison ['dʒetɪsn] vt **1.** (Naut, Aviat) (als Ballast) abwerfen or über Bord werfen. **2.** (fig) plan über Bord werfen; person abhängen, aufgeben; unwanted articles wegwerfen.

jetty ['dʒetɪ] n (breakwater) Mole f, Hafendamm m; (landing pier) Landesteg, Pier m, Landungsbrücke f.

Jew [dʒuː] n **1.** Jude m, Jüdin f. **~-baiting** Judenverfolgung, Judenhetze f. **2.** (pej inf) Geizkragen, Geizhals (inf) m.

jewel ['dʒuːəl] n **1.** (gem) Edelstein m, Juwel nt (geh); (piece of jewellery) Schmuckstück nt. **~ box, ~ case** Schmuckkästchen nt, Schmuckkasten m. **2.** (of watch) Stein m. **3.** (fig: person) Juwel, Goldstück (inf) nt.

jewelled, (US) **jeweled** ['dʒuːəld] adj mit Edelsteinen besetzt; watch mit Steinen.

jeweller, (US) **jeweler** ['dʒuːələr] n Juwelier, Schmuckhändler m; (making jewellery) Goldschmied m.

jewellery, (US) **jewelry** ['dʒuːəlrɪ] n Schmuck m no pl. **a piece of ~** ein Schmuckstück nt.

Jewess ['dʒuːɪs] n Jüdin f.

Jewish ['dʒuːɪʃ] adj jüdisch; (pej inf: mean) knickerig (inf).

Jewry ['dʒʊərɪ] n die Juden pl.

Jezebel ['dʒezəbel] n (Bibl) Isebel f; (fig) verruchtes Weib.

jib [dʒɪb] **I** n **1.** (of crane) Ausleger m.
2. (Naut) Klüver m. **~-boom** Klüverbaum m.
II vi (horse) scheuen, bocken (at vor +dat). **to ~ at sth** (person) sich gegen etw sträuben.

jibe [dʒaɪb] n, vi see gibe.

jiffy ['dʒɪfɪ], **jiff** [dʒɪf] n (inf) Minütchen nt (inf). **I won't be a ~** ich komme sofort or gleich; (back soon) ich bin sofort or gleich wieder da; **half a ~/wait a ~!** Augenblick(chen)! (inf); **in a ~** sofort, gleich.

jig [dʒɪg] **I** n **1.** (dance) lebhafter Volkstanz. **she did a little ~** (fig) sie vollführte einen Freudentanz.
2. (Tech) Spannvorrichtung f.
II vi (dance) tanzen; (fig: also ~ about) herumhüpfen. **to ~ up and down** Sprünge machen, herumspringen.
III vt **he was ~ging his foot up and down** er wippte mit dem Fuß; **to ~ a baby up and down on one's knees** ein Kind auf den Knien reiten lassen or schaukeln.

jigger ['dʒɪgəʳ] n 1. (*sieve*) Schüttelsieb nt.
2. (*US: measure*) Meßbecher m für
Alkohol: 1¼Unzen. 3. (*sandflea*) Sandfloh
m.

jiggered ['dʒɪgəd] adj (*inf*) well, I'm ~! da
bin ich aber platt (*inf*) or baff (*inf*); I'm ~
if I'll do it den Teufel werde ich tun (*inf*);
to be ~ (*tired*) kaputt sein (*inf*).

jiggery-pokery ['dʒɪgərɪ'pəʊkərɪ] n (*Brit
inf*) Schmu m (*inf*). I think there's been
some ~ going on here ich glaube, hier ist
was faul (*inf*).

jiggle ['dʒɪgl] vt wackeln mit; *door handle*
rütteln an (+*dat*).

jigsaw ['dʒɪgsɔ:] n 1. (*Tech*) Tischler-
Bandsäge f. 2. (*also* ~ **puzzle**) Puzzle-
(spiel) nt.

jilt [dʒɪlt] vt *lover* den Laufpaß geben
(+*dat*); *girl* sitzenlassen. ~ed verschmäht.

Jim [dʒɪm] n dim of **James.**

Jim Crow I n (*pej: negro*) Nigger (*pej*),
Schwarze(r) m; (*discrimination*) Rassen-
diskriminierung f. II attr law, policy
(gegen Neger) diskriminierend; saloon
etc Neger-.

jiminy ['dʒɪmɪnɪ] interj (*US*) Menschens-
kind (*inf*).

jim-jams ['dʒɪmdʒæmz] n (*sl*) 1. (*nervous-
ness*) Muffe f (*sl*), Muffensausen nt (*sl*).
he has the ~ ihm geht die Muffe (*sl*), er
hat Muffensausen (*sl*).
2. (*the creeps*) Gruseln, Grausen nt,
Gänsehaut f. he gives me the ~ bei dem
kriege ich das große Grausen (*inf*).

jimmy ['dʒɪmɪ] n (*US*) see **jemmy.**

jingle ['dʒɪŋgl] I n 1. (*of keys, coins etc*)
Geklimper, Klimpern nt; (*of bells*) Bim-
meln nt.
2. (*catchy verse*) Spruch m, Versen nt;
(*for remembering*) Merkvers m. adver-
tising ~ Werbespruch m.
II vi (*keys, coins etc*) klimpern; (*bells*)
bimmeln.
III vt keys, coins klimpern mit; bells
bimmeln lassen.

jingoism ['dʒɪŋgəʊɪzəm] n Hurrapatriotis-
mus, Chauvinismus m.

jingoistic [ˌdʒɪŋgəʊ'ɪstɪk] adj hur-
rapatriotisch, chauvinistisch.

jinks [dʒɪŋks] npl (*inf*) see **high** ~.

jinx [dʒɪŋks] n there must be or there's a ~
on it das ist verhext; he's been a ~ on us er
hat uns nur Unglück gebracht; to put a ~
on sth etw verhexen.

jitterbug ['dʒɪtəbʌg] I n 1. (*dance*) Jitterbug
m. 2. (*inf: panicky person*) Nervenbündel
nt (*inf*). II vi Jitterbug tanzen.

jitters ['dʒɪtəz] npl (*inf*) the ~ das große
Zittern (*inf*) or Bibbern (*inf*); his ~ sein
Bammel m (*inf*); to give sb the ~ jdn ganz
rappelig machen (*inf*).

jittery ['dʒɪtərɪ] adj (*inf*) nervös.

jiujitsu [dʒu:'dʒɪtsu:] n Jiu-Jitsu nt.

Joan [dʒəʊn] n Johanna f. ~ of Arc Johan-
na von Orleans, Jeanne d'Arc.

Job [dʒəʊb] n (*Bibl*) Hiob, Job m. the Book
of ~ das Buch Hiob; he/that would try the
patience of ~ bei ihm/da muß man eine
Engelsgeduld haben; you're a real ~'s
comforter du bist vielleicht ein schöner or
schwacher Trost.

job [dʒɒb] I n 1. (*piece of work*) Arbeit f. I
have a ~ to do ich habe zu tun; I have
several ~s to do ich habe verschiedene
Sachen zu erledigen; I have a little ~ for
you ich habe da eine kleine Arbeit or Auf-
gabe für Sie; it's quite a ~ to paint the
house das ist vielleicht eine Arbeit, das
Haus zu streichen; the car's in for a spray
~ (*inf*) der Wagen ist zum Lackieren in
der Werkstatt; the plumbers have a lot of
~s on just now die Klempner haben zur
Zeit viele Aufträge; to be paid by the ~
für (die) geleistete Arbeit bezahlt wer-
den, pro Auftrag bezahlt werden; he's on
the ~ (*inf: at work*) er ist bei or an der
Arbeit; (*sl: having sex*) er ist zu Gange
(*inf*); to make a good/bad ~ of sth etw gut
or sauber (*inf*) hinkriegen/etw verpatzen
or versauen (*inf*); he knows his ~ er ver-
steht sein Handwerk; see **odd.**
2. (*employment*) Stelle f, Job m (*inf*).
the nice thing about a teaching ~ is ... das
Schöne am Lehrberuf ist ...; he had a
vacation ~ or a ~ for the vacation er hatte
eine Ferienarbeit or einen Ferienjob
(*inf*); 500 ~s lost 500 Arbeitsplätze ver-
lorengegangen; to bring new ~s to a
region in einer Gegend neue Arbeits-
plätze schaffen.
3. (*duty*) Aufgabe f. that's not my ~
dafür bin ich nicht zuständig; it's not my
~ to tell him es ist nicht meine Aufgabe,
ihm das zu sagen; I'll do my ~ and you do
yours ich mache meine Arbeit, und Sie
Ihre; it's your ~ to make the tea es ist Ihre
Aufgabe, den Tee zu machen; I had the ~
of breaking the news to her es fiel mir zu,
ihr die Nachricht beizubringen; he's not
doing his ~ er erfüllt seine Aufgabe(n)
nicht; I'm only doing my ~ ich tue nur
meine Pflicht.
4. that's a good ~! so ein Glück; what
a good ~ or it's a good ~ I brought my
cheque book, I brought my cheque book
and a good ~ too! nur gut, daß ich mein
Scheckbuch mitgenommen habe; it's a
bad ~ schlimme Sache (*inf*); to give sb/sth
up as a bad ~ jdn/etw aufgeben; that
should do the ~ das müßte hinhauen (*inf*);
this is just the ~ das ist goldrichtig or
genau das richtige; double whisky? — just
the ~ einen doppelten Whisky? — prima
Idee (*inf*).
5. (*difficulty*) I had a ~ doing it or to do
it das war gar nicht so einfach; she has a ~
getting up the stairs es ist gar nicht einfach
für sie, die Treppe raufzukommen; it was
quite a ~ das war ganz schön schwer (*inf*)
or schwierig.
6. (*sl: crime*) Ding nt (*sl*). we're going to
do a ~ next week wir drehen nächste
Woche ein Ding (*sl*).
7. (*inf: person, thing*) Ding nt. his new
car's a lovely little ~ sein neues Auto ist
wirklich große Klasse (*inf*) or eine Wucht
(*inf*); that blonde's a gorgeous little ~ die
Blondine sieht wirklich klasse aus (*inf*).
8. (*baby-talk*) to do a (big/little) ~ ein
(großes/kleines) Geschäft machen (*inf*),
Aa/Pipi machen (*baby-talk*).
II vi 1. (*do casual work*) Gelegenheits-
arbeiten tun or verrichten, jobben (*sl*). a
graphic designer who ~s for various ad-

vertising firms ein Graphiker, der für verschiedene Werbeagenturen Aufträge or Arbeiten ausführt. **2.** (*St Ex*) als Makler tätig sein, Maklergeschäfte betreiben. **3.** (*profit from public position*) sein Amt (zu privatem Nutzen) mißbrauchen. **III** *vt* (*also* ~ **out**) work in Auftrag geben, auf Kontrakt or auf feste Rechnung vergeben.

jobber ['dʒɒbəʳ] *n* **1.** (*St Ex*) Makler, Börsenhändler, Effektenhändler *m*. **2.** (*casual worker*) Gelegenheitsarbeiter *m*. **3.** (*dishonest person*) Schieber *m*, jemand, der seine Stellung mißbraucht.

jobbery ['dʒɒbəri] *n* Amtsmißbrauch *m*, Schiebung *f*.

jobbing ['dʒɒbɪŋ] **I** *adj* worker, gardener Gelegenheits-; printer Akzidenz-. **II** *n* **1.** (*casual work*) Gelegenheitsarbeit *f*. **2.** see **jobbery**. **3.** (*St Ex*) Börsen- or Effektenhandel *m*.

job characteristics *npl* Tätigkeitsmerkmale *nt pl*; **job description** *n* Arbeitsplatzbeschreibung *f*; Tätigkeitsbeschreibung *f*; (*in ad*) Stellenbeschreibung *f*; **job evaluation** *n* Arbeitsplatzbewertung *f*; **job hunting** *n* Arbeitssuche, Stellenjagd (*inf*) *f*; **jobless I** *adj* arbeitslos, stellungslos; **II** *n* **the** ~ *pl* die Arbeitslosen *pl*; **job lot** *n* (*Comm*) (Waren)posten *m*; **job printer** *n* Akzidenzdrucker *m*; **job sharing** *n* Arbeitsplatzteilung *f*, Jobsharing *nt*.

Jock [dʒɒk] *n* (*inf*) Schotte *m*.

jockey ['dʒɒkɪ] **I** *n* Jockei, Jockey, Rennreiter(in *f*) *m*.

II *vi* **to** ~ **for position** (*lit*) sich in eine gute Position zu drängeln versuchen, sich gut plazieren wollen; (*fig*) rangeln; **there was a lot of** ~**ing behind the scenes** es gab ziemliche Rangeleien hinter den Kulissen.

III *vt* (*force by crafty manoeuvres*) **to** ~ **sb into doing sth** jdn dazu bringen, etw zu tun; **he felt he had been** ~**ed into it** er hatte das Gefühl, daß man ihn da reinbugsiert hatte (*inf*); **to** ~ **sb out of a job** jdn aus seiner Stellung hinausbugsieren (*inf*).

jockstrap ['dʒɒkstræp] *n* Suspensorium *nt*.

jocose [dʒəˈkəʊs] *adj* scherzend.

jocular ['dʒɒkjʊləʳ] *adj* lustig, witzig.

jocularity [ˌdʒɒkjʊˈlærɪtɪ] *n* Spaßigkeit, Witzigkeit, Scherzhaftigkeit *f*.

jocularly ['dʒɒkjʊlǝlɪ] *adv* scherzhaft; (*as a joke*) im Scherz.

jocund ['dʒɒkǝnd] *adj* heiter, fröhlich.

jodhpurs ['dʒɒdpǝz] *npl* Reithose(n *pl*) *f*.

Joe [dʒǝʊ] *n dim of* **Joseph** Sepp (*S Ger*), Jupp (*dial*) *m*.

jog [dʒɒg] **I** *vt* stoßen an (+*acc*) or gegen; *person* anstoßen. **he** ~**ged the child up and down on his knee** er ließ das Kind auf seinem Knie reiten; **to** ~ **sb's memory** jds Gedächtnis (*dat*) nachhelfen or auf die Sprünge helfen.

II *vi* trotten, zuckeln (*inf*); (*Sport*) Dauerlauf machen, joggen. **to** ~ **up and down** auf und ab hüpfen.

III *n* **1.** (*push, nudge*) Stoß, Schubs, Stups *m*. **to give sb's memory a** ~ jds Gedächtnis (*dat*) nachhelfen. **2.** (*run*) trabender Lauf, Trott *m*;

(*Sport*) Dauerlauf *m*. **he broke into a** ~ er fing an zu traben; **to go for a** ~ (*Sport*) einen Dauerlauf machen, joggen (gehen).

◆**jog about** or **around I** *vi* hin und her gerüttelt werden. **II** *vt sep* durchschütteln.

◆**jog along** *vi* **1.** (*go along: person, vehicle*) entlangzuckeln. **2.** (*fig*) (*person, worker, industry*) vor sich (*acc*) hin wursteln (*inf*); (*work*) seinen Gang gehen.

jogger ['dʒɒgǝʳ] *n* Dauerläufer(in *f*), Jogger(in *f*) *m*.

jogging ['dʒɒgɪŋ] *n* Dauerlauf *m*, Joggen *nt*.

joggle ['dʒɒgl] **I** *vt* schütteln, rütteln. **II** *n* Schütteln, Rütteln *nt*.

jog-trot ['dʒɒgtrɒt] *n* Trott *m*.

John [dʒɒn] *n* Johannes *m*. ~ **the Baptist** Johannes der Täufer; ~ **Bull** ein typischer Engländer, John Bull *m*; (*the English*) die Engländer *pl*.

john [dʒɒn] *n* (*esp US inf*) (*toilet*) Lokus *m* (*inf*), Klo *nt* (*inf*).

Johnny ['dʒɒnɪ] *n dim of* **John** Hänschen *nt*, Hänsel *m* (*old*). **j**~ (*Brit sl*) (*man*) Typ *m* (*inf*); (*condom*) Pariser *m* (*inf*).

join [dʒɔɪn] **I** *vt* **1.** (*lit, fig: connect, unite*) verbinden (*to* mit); (*attach also*) anfügen (*to an* +*acc*). **to** ~ **two things together** zwei Dinge (miteinander) verbinden; (*attach also*) zwei Dinge zusammenfügen or aneinanderfügen; **to** ~ **hands** (*lit, fig*) sich (*dat*) or einander die Hände reichen; ~**ed in marriage** durch das heilige Band der Ehe verbunden or vereinigt.

2. (*become member of*) army gehen zu; *one's regiment* sich anschließen (+*dat*), sich begeben zu; *political party, club, religious order* beitreten (+*dat*), eintreten in (+*acc*); *university* (*as student*) anfangen an (+*dat*); (*as staff*) firm anfangen bei; *group of people, procession* sich anschließen (+*dat*). **to** ~ **the queue** sich in die Schlange stellen or einreihen; **he has been ordered to** ~ **his ship at Liverpool** er hat Order bekommen, sich in Liverpool auf seinem Schiff einzufinden; **Dr. Morris will be** ~**ing us for a year as guest professor** Dr. Morris wird ein Jahr bei uns Gastprofessor sein.

3. he ~**ed us in France** er stieß in Frankreich zu uns; **I** ~**ed him at the station** wir trafen uns am Bahnhof, ich traf mich mit ihm am Bahnhof; **I'll** ~ **you in five minutes** ich bin in fünf Minuten bei Ihnen; (*follow you*) ich komme in fünf Minuten nach; **may I** ~ **you?** kann ich mich Ihnen anschließen?; (*sit with you*) darf ich Ihnen Gesellschaft leisten?; (*in game, plan etc*) kann ich mitmachen?; **will you** ~ **us?** machen Sie mit, sind Sie dabei?; (*sit with us*) wollen Sie uns nicht Gesellschaft leisten?; (*come with us*) kommen Sie mit?; **will you** ~ **me in a drink?** trinken Sie ein Glas mit mir?; **Paul** ~**s me in wishing you ...** Paul schließt sich meinen Wünschen für ... an; **they** ~**ed us in singing ...** sie sangen mit uns zusammen ...

4. *another river, the sea* einmünden or fließen in (+*acc*); (*road*) *another road* (ein)münden in (+*acc*). **his estates** ~ **ours** seine Ländereien grenzen an unsere (an).

II *vi* **1.** (*also* ~ **together**) (*two parts*) (*be attached*) (miteinander) verbunden sein;

(*be attachable*) sich (miteinander) verbinden lassen; (*grow together*) zusammenwachsen; (*meet, be adjacent*) zusammenstoßen, zusammentreffen; (*estates*) aneinander (an)grenzen; (*rivers*) zusammenfließen, sich vereinigen; (*roads*) sich treffen. **let us all ~ together in the Lord's Prayer** wir wollen alle zusammen das Vaterunser beten; **he ~s with me in wishing you …** er schließt sich meinen Wünschen für … an; **to ~ together in doing sth** etw zusammen *or* gemeinsam tun; **the bones wouldn't ~ properly** die Knochen wollten nicht richtig zusammenheilen; **they all ~ed together to get her a present** sie taten sich alle zusammen, um ihr ein Geschenk zu kaufen.

  2. (*club member*) beitreten.

  III *n* Naht(stelle) *f*; (*in pipe, knitting*) Verbindungsstelle *f*.

◆**join in** *vi* (*in activity*) mitmachen (*prep obj* bei); (*in game also*) mitspielen (*prep obj* bei); (*in demonstration also, in protest*) sich anschließen (*prep obj +dat*); (*in conversation*) sich beteiligen (*prep obj* an +*dat*). **he doesn't ~ ~ much** er beteiligt sich nicht sehr (stark); **~ ~, everybody!** (*in song etc*) alle (mitmachen)!; **everybody ~ed ~ the chorus** sie sangen alle zusammen den Refrain, alle fielen in den Refrain ein; **he didn't want to ~ ~ the fun** er wollte nicht mitmachen.

◆**join on I** *vi* (*be attachable*) sich verbinden lassen (*prep obj, -to* mit), sich anfügen lassen (*prep obj, -to* an +*acc*); (*be attached*) verbunden sein (*prep obj, -to* mit); (*people: in procession etc*) sich anschließen (*prep obj, -to* +*dat*, an +*acc*).

  II *vt* verbinden (*prep obj, -to* mit); (*extend with*) ansetzen (*prep obj, -to* an +*acc*).

◆**join up I** *vi* **1.** (*Mil*) Soldat werden, zum Militär gehen. **2.** (*meet: road etc*) sich treffen, aufeinanderstoßen; (*join forces*) sich zusammenschließen, sich zusammentun (*inf*). **II** *vt sep* (miteinander) verbinden.

joiner ['dʒɔɪnəʳ] *n* Tischler, Schreiner *m*.

joinery ['dʒɔɪnərɪ] *n* (*trade*) Tischlerei *f*, Tischlerhandwerk *nt*; (*piece of ~*) Tischlerarbeit *f*.

joint [dʒɔɪnt] **I** *n* **1.** (*Anat, tool, in armour etc*) Gelenk *nt*. **he's feeling a bit stiff in the ~s** (*inf*) er fühlt sich ein bißchen steif (in den Knochen); **the times are out of ~** (*fig liter*) die Zeit *or* Welt ist aus den Fugen.

  2. (*join*) (*in woodwork*) Fuge *f*; (*in pipe etc*) Verbindung(sstelle) *f*; (*welded etc*) Naht(stelle) *f*; (*junction piece*) Verbindungsstück *nt*.

  3. (*Cook*) Braten *m*. **a ~ of beef** ein Rindsbraten *m*.

  4. (*sl: place*) Laden *m* (*inf*); (*for gambling*) Spielhölle *f*.

  5. (*sl: of marijuana*) Joint *m* (*sl*).

  II *vt* **1.** (*Cook*) (in Stücke) zerlegen *or* zerteilen.

  2. *boards, pipes etc* verbinden.

  III *adj attr* gemeinsam; (*in connection with possessions also*) gemeinschaftlich; *action, work, decision also* Gemeinschafts-; (*co-*) *ruler, owner etc* Mit-; *rulers, owners etc* gemeinsam;

(*total, combined*) *influence, strength* vereint. **~ account** gemeinsames Konto; **~ agreement** Lohnabkommen *nt* mehrerer Firmen mit einer Gewerkschaft; **~ committee** gemeinsamer *or* gemischter Ausschuß; **it was a ~ effort** das ist in Gemeinschaftsarbeit entstanden; **it took the ~ efforts of six strong men to move it** es waren die vereinten Anstrengungen *or* Kräfte von sechs starken Männern nötig, um es von der Stelle zu bewegen; **~ ownership** Miteigentum *nt*, Mitbesitz *m*; **~ partner** Teilhaber *m*; **~ resolution** (*US Pol*) gemeinsamer Beschluß (beider gesetzgebender Versammlungen); **~ stock** Aktienkapital *nt*; **~ venture** Gemeinschaftsunternehmen *nt*.

jointed ['dʒɔɪntɪd] *adj* (*articulated*) mit Gelenken versehen, gegliedert.

jointly ['dʒɔɪntlɪ] *adv* gemeinsam; *decide, work, rule also* zusammen, miteinander.

joist [dʒɔɪst] *n* Balken *m*; (*of metal, concrete*) Träger *m*.

joke [dʒəʊk] **I** *n* Witz *m*; (*hoax*) Scherz *m*; (*prank*) Streich *m*; (*inf: pathetic person or thing*) Witz *m*; (*laughing stock*) Gespött, Gelächter *nt*. **for a ~** zum Spaß, zum *or* aus Jux (*inf*); **I don't see the ~** ich möchte wissen, was daran so lustig ist *or* sein soll; **he treats the school rules as a big ~** für ihn sind die Schulregeln ein Witz; **he can/can't take a ~** er versteht Spaß/keinen Spaß; **what a ~!** zum Totlachen! (*inf*), zum Schießen! (*inf*); **it's no ~** das ist nicht witzig; **the ~ is that …** das Witzige *or* Lustige daran ist, daß …; **this is getting beyond a ~** das geht (langsam) zu weit; **the ~ was on me** der Spaß ging auf meine Kosten; **I'm not in the mood for ~s** ich bin nicht zu(m) Scherzen aufgelegt; **to play a ~ on sb** jdm einen Streich spielen; **to make a ~ about sb/sth** einen Witz über jdn/etw machen *or* reißen (*inf*); **to make ~s about sb/sth** sich über jdn/etw lustig machen, über jdn/etw Witze machen *or* reißen (*inf*).

  II *vi* Witze machen, scherzen (*geh*); (*about* über +*acc*); (*pull sb's leg*) Spaß machen. **I'm not joking** ich meine das ernst; **you must be joking!** das ist ja wohl nicht Ihr Ernst.

joker ['dʒəʊkəʳ] *n* **1.** (*person*) Witzbold, Spaßvogel *m*. **2.** (*sl*) Typ (*inf*), Kerl (*inf*) *m*. **3.** (*Cards*) Joker *m*.

jokey *adj see* **joky.**

jokily ['dʒəʊkɪlɪ] *adv* lustig; *say* scherzhaft, im Scherz.

joking ['dʒəʊkɪŋ] **I** *adj tone* scherzhaft, spaßend. **I'm not in a ~ mood** ich bin nicht zu Scherzen *or* Späßen aufgelegt, mir ist nicht nach Scherzen zumute. **II** *n* Witze *pl*. **~ apart** *or* **aside** Spaß *or* Scherz beiseite.

jokingly ['dʒəʊkɪŋlɪ] *adv* im Spaß; *say, call also* scherzhaft.

joky ['dʒəʊkɪ] *adj* (+*er*) lustig.

jollification [ˌdʒɒlɪfɪˈkeɪʃən] *n* (*hum*) Festivität *f* (*hum*); (*merrymaking: also* ~s) Festlichkeiten *pl*.

jollity ['dʒɒlɪtɪ] *n* Fröhlichkeit, Ausgelassenheit *f*.

jolly ['dʒɒlɪ] **I** *adj* (+*er*) **1.** (*merry*) fröhlich, vergnügt.

2. (*inf: tipsy*) angeheitert (*inf*).

II *adv* (*Brit inf*) ganz schön (*inf*), vielleicht (*inf*); *nice, warm, happy, pleased* mächtig (*inf*). **you are ~ lucky** Sie haben vielleicht Glück *or* ein Mordsglück (*all inf*); **~ good/well** prima (*inf*), famos (*dated inf*); **that's ~ kind of you** das ist furchtbar *or* unheimlich nett von Ihnen; **it's getting ~ late** es wird langsam spät; **you ~ well will go!** und ob du gehst!; **so you ~ well should be!** das will ich schwer meinen! (*inf*); **I should ~ well think so too!** das will ich auch gemeint haben!

III *vt* **to ~ sb into doing sth** jdn bereden, etw zu tun; **to ~ sb along** jdm aufmunternd zureden; **to ~ sb up** jdn aufmuntern.

jolly boat *n* Beiboot *nt*.

jolt [dʒəʊlt] **I** *vi* (*vehicle*) holpern, rüttelnd fahren; (*give one ~*) einen Ruck machen. **to ~ along** rüttelnd entlangfahren; **the cart ~ed off down the track** der Karren fuhr rüttelnd *or* holpernd den Weg hinunter; **to ~ to a halt** ruckweise anhalten.

II *vt* (*lit*) (*shake*) durchschütteln, durchrütteln; (*once*) einen Ruck geben *or* versetzen (+*dat*) (*fig*) aufrütteln. **to ~ sb out of his complacency** jdn aus seiner Zufriedenheit aufrütteln; **it ~ed him into action** das hat ihn aufgerüttelt.

III *n* **1.** (*jerk*) Ruck *m*.
2. (*fig inf*) Schock *m*.

jolting [ˈdʒəʊltɪŋ] *n* Rütteln, Schütteln, Holpern *nt*.

Jonah [ˈdʒəʊnə] *n* Jona(s) *m*.

Jordan [ˈdʒɔːdn] *n* (*country*) Jordanien *nt*; (*river*) Jordan *m*.

Joseph [ˈdʒəʊzɪf] *n* Joseph, Josef *m*.

Josephine [ˈdʒəʊzɪfiːn] *n* Josephine *f*.

josh [dʒɒʃ] (*US inf*) **I** *vt* aufziehen, veräppeln, verulken (*all inf*). **II** *vi* Spaß machen (*inf*). **III** *n* Neckerei, Hänselei *f*.

Joshua [ˈdʒɒʃjʊə] *n* Josua *m*.

joss stick [ˈdʒɒsstɪk] *n* Räucherstäbchen *nt*.

jostle [ˈdʒɒsl] **I** *vi* drängeln. **he ~d against me** er rempelte mich an; **the people jostling round the stalls** die Leute, die sich vor den Buden drängelten.

II *vt* anrempeln, schubsen. **they ~d him out of the room** sie drängten ihn aus dem Zimmer; **he was ~d along with the crowd** die Menge schob ihn mit sich.

III *n* Gedränge *nt*, Rempelei *f*.

jot [dʒɒt] *n* (*inf*) (*of truth, sense*) Funken *m*, Fünkchen, Körnchen *nt*. **it won't do a ~ of good** das nützt gar nichts; **not one ~ or tittle** (*inf*) aber auch nicht das kleinste bißchen (*inf*), keinen Deut.

◆**jot down** *vt sep* sich (*dat*) notieren. **to ~ ~ notes** Notizen machen.

jotter [ˈdʒɒtə^r] *n* (*note pad*) Notizblock *m*; (*notebook*) Notizheft(chen) *nt*.

jottings [ˈdʒɒtɪŋz] *npl* Notizen *pl*.

joule [dʒuːl] *n* (*abbr* J) Joule *nt*.

journal [ˈdʒɜːnl] *n* **1.** (*magazine*) Zeitschrift *f*; (*newspaper*) Zeitung *f*. **2.** (*diary*) Tagebuch *nt*. **to keep a ~** Tagebuch führen. **3.** (*Naut*) Logbuch, Bordbuch, Schiffsjournal *nt*; (*Comm*) Journal *nt*; (*daybook*) Tagebuch *nt*; (*Jur*) Gerichtsakten *pl*.

journalese [ˌdʒɜːnəˈliːz] *n* Zeitungsstil *m*.

journalism [ˈdʒɜːnəlɪzəm] *n* Journalismus *m*.

journalist [ˈdʒɜːnəlɪst] *n* Journalist(in *f*) *m*.

journalistic [ˌdʒɜːnəˈlɪstɪk] *adj* journalistisch.

journalistically [ˌdʒɜːnəˈlɪstɪkəlɪ] *adv* im Zeitungsstil, in journalistischem Stil.

journey [ˈdʒɜːnɪ] **I** *n* Reise *f*; (*by car, train etc also*) Fahrt *f*; (*of spaceship etc also*) Flug *m*. **to go on a ~** eine Reise machen, verreisen; **they have gone on a ~** sie sind verreist; **to set out on one's/a ~** abreisen/ eine Reise antreten; **it is a ~ of 50 miles** *or* **a 50 mile ~** es liegt 50 Meilen entfernt; **it's a two day ~ to get to ... from here** man braucht zwei Tage, um von hier nach ... zu kommen; **a bus/train ~** eine Bus-/Zugfahrt; **the ~ home** die Heimreise, die Heimfahrt; **he has quite a ~ to get to work** er muß ziemlich weit fahren, um zur Arbeit zu kommen; **his ~ through life** sein Lebensweg *m*.

II *vi* reisen. **to ~ on** weiterreisen.

journeyman [ˈdʒɜːnɪmən] *n, pl* **-men** [-mən] Geselle *m*.

joust [dʒaʊst] **I** *vi* im Turnier kämpfen. **II** *n* Zweikampf *m* im Turnier.

jousting [ˈdʒaʊstɪŋ] *n* Turnier(kämpfe *pl*) *nt*.

Jove [dʒəʊv] *n* Jupiter *m*. **by ~!** (*dated*) Donnerwetter!

jovial [ˈdʒəʊvɪəl] *adj* fröhlich, jovial (*esp pej*); *welcome* freundlich, herzlich.

joviality [ˌdʒəʊvɪˈælɪtɪ] *n* see adj Fröhlichkeit, Jovialität (*esp pej*) *f*; Herzlichkeit *f*.

jovially [ˈdʒəʊvɪəlɪ] *adv* see adj.

jowl [dʒaʊl] *n* (*jaw*) (Unter)kiefer *m*; (*often pl*) (*cheek*) Backe *f*; (*fold of flesh*) Hängebacke *f*; see cheek.

joy [dʒɔɪ] *n* **1.** Freude *f*. **to my great ~** zu meiner großen Freude; **she/the garden is a ~ to behold** *or* **to the eye** sie/der Garten ist eine Augenweide; **it's a ~ to hear him** es ist eine wahre Freude *or* ein Genuß, ihn zu hören; **to wish sb ~** jdm Glück (und Zufriedenheit) wünschen; **I wish you ~ (of it)!** (*iro*) na dann viel Spaß *or* viel Vergnügen!; **one of the ~s of this job is ...** eine der erfreulichen Seiten dieses Berufs ist ...; **that's the ~ of this system** das ist das Schöne an diesem System; *see* jump.

2. *no pl* (*Brit inf: success*) Erfolg *m*. **I didn't get much/any ~** ich hatte nicht viel/ keinen Erfolg; **any ~?** hat es geklappt? (*inf*); **you won't get any ~ out of him** bei ihm werden Sie keinen Erfolg haben.

joyful [ˈdʒɔɪfʊl] *adj* freudig, froh.

joyfully [ˈdʒɔɪfʊlɪ] *adv* freudig.

joyfulness [ˈdʒɔɪfʊlnɪs] *n* Fröhlichkeit *f*; (*of person also*) Frohsinn *m*, Heiterkeit *f*.

joyless [ˈdʒɔɪlɪs] *adj* freudlos; *person also* griesgrämig.

joyous [ˈdʒɔɪəs] *adj* (*liter*) freudig, froh.

joy-ride [ˈdʒɔɪraɪd] *n* Spritztour *f*, Vergnügungsfahrt *f* (*in einem gestohlenen Auto*); **to go for a ~** (ein Auto stehlen und damit) eine Spritztour *or* Vergnügungsfahrt machen; **joystick** *n* (*Aviat*) Steuerknüppel *m*.

Jr *abbr of* **junior** jr., jun.

jubilant [ˈdʒuːbɪlənt] *adj* überglücklich; (*expressing joy*) jubelnd *attr*; *voice* jubelnd *attr*, frohlockend *attr*; *face* strahlend *attr*; (*at sb's failure etc*) triumphierend *attr*. **to**

be ~ überglücklich sein; jubeln; strahlen; triumphieren.

jubilation [ˌdʒuːbɪˈleɪʃən] n Jubel m.

jubilee [ˈdʒuːbɪliː] n Jubiläum nt.

Judaea [dʒuːˈdiːə] n Judäa nt.

Judah [ˈdʒuːdə] n Juda m.

Judaic [dʒuːˈdeɪɪk] adj judaisch.

Judaism [ˈdʒuːdeɪɪzəm] n Judaismus m.

Judas [ˈdʒuːdəs] n 1. (Bibl, fig) Judas m. 2. **j~ (hole)** Guckloch nt.

judder [ˈdʒʌdər] (Brit) I n Erschütterung f; (in car etc) Ruckeln m. **to give a** ~ see vi. II vi erzittern; (person) zucken; (car etc) ruckeln. **the train ~ed to a standstill** der Zug kam ruckartig zum Stehen.

Judea n see **Judaea**.

judge [dʒʌdʒ] I n 1. (Jur) Richter(in f) m; (of competition) Preisrichter(in f) m; (Sport) Punktrichter(in f), Kampfrichter(in f) m. ~ **of appeal** Berufungsrichter m; **~-advocate** (Mil) Beisitzer m bei einem Kriegsgericht, Kriegsgerichtsrat m.

2. (fig) Kenner m. **to be a good/bad ~ of character** ein guter/schlechter Menschenkenner sein; **to be a good/no ~ of wine/horses** ein/kein Weinkenner/Pferdekenner sein; **I'll be the ~ of that** das müssen Sie mich schon selbst beurteilen lassen.

3. (Bibl) **(the Book of) J~s** (das Buch der) Richter.

II vt 1. (Jur) person die Verhandlung führen über (+acc); case verhandeln; (God) richten.

2. competition beurteilen, bewerten; (Sport) Punktrichter or Kampfrichter sein bei.

3. (fig: pass judgement on) ein Urteil fällen über (+acc). **you shouldn't ~ people by appearances** Sie sollten Menschen nicht nach ihrem Äußeren beurteilen.

4. (consider, assess, deem) halten für, erachten für (geh). **you can ~ for yourself which is better/how upset I was** Sie können selbst beurteilen, was besser ist/Sie können sich (dat) denken, wie bestürzt ich war; **I can't ~ whether he was right or wrong** ich kann nicht beurteilen, ob er recht oder unrecht hatte; **I ~d from his manner that he was guilty** ich schloß aus seinem Verhalten, daß er schuldig war; **how would you ~ him?** wie würden Sie ihn beurteilen or einschätzen?

5. (estimate) speed, width, distance etc einschätzen. **he ~d the moment well** er hat den richtigen Augenblick abgepaßt.

III vi 1. (Jur) Richter sein; (God) richten; (at competition) Preisrichter sein; (Sport) Kampfrichter or Punktrichter sein.

2. (fig) (pass judgement) ein Urteil fällen; (form an opinion) (be)urteilen. **who am I to ~?** ich kann mir dazu kein Urteil erlauben; **as far as one can ~** soweit man (es) beurteilen kann; **judging by or from sth** nach etw zu urteilen; **judging by appearances** dem Aussehen nach; **to ~ by appearances** nach dem Äußeren urteilen; **(you can) ~ for yourself** beurteilen Sie das selbst; **he let me ~ for myself** er überließ es meinem Urteil.

judg(e)ment [ˈdʒʌdʒmənt] n 1. (Jur) (Gerichts)urteil nt; (Eccl) Gericht nt; Richterspruch m; (divine punishment) Strafe f Gottes. **to await** ~ (Jur) auf sein or das Urteil warten; (Eccl) auf das Gericht or den Richterspruch (Gottes) warten; **the Day of J~, J~ Day** der Tag des Jüngsten Gerichtes; **to pass** (also fig) or **give** or **deliver** ~ ein Urteil fällen, ein Urteil sprechen (on über +acc); **to sit in ~ on a case** einen Fall verhandeln, Richter in einem Fall sein; **to sit in ~ on sb** über jdn zu Gericht sitzen; **I don't want to sit in ~ on you** ich möchte mich nicht zu Ihrem Richter aufspielen; **it's a ~ from above** das ist die Strafe Gottes.

2. (opinion) Meinung, Ansicht f, Urteil nt; (moral ~, value ~) Werturteil nt; (estimation: of distance, speed etc) Einschätzung f. **to give one's** ~ **on sth** sein Urteil über etw (acc) abgeben, seine Meinung zu etw äußern; **an error of** ~ eine Fehleinschätzung; **in my** ~ meines Erachtens, meiner Meinung nach.

3. (discernment) Urteilsvermögen nt. **a man of** ~ ein Mensch mit einem guten Urteilsvermögen; **to show** ~ ein gutes Urteilsvermögen beweisen or zeigen; **it's all a question of** ~ das ist eine Frage des Gefühls.

judicature [ˈdʒuːdɪkətʃər] n (judges) Richterstand m; (judicial system) Gerichtswesen nt, Gerichtsbarkeit f.

judicial [dʒuːˈdɪʃəl] adj 1. (Jur) gerichtlich, Justiz-; power richterlich. ~ **function** Richteramt nt; **to take** or **bring** ~ **proceedings against sb** ein Gerichtsverfahren nt gegen jdn anstrengen or einleiten; ~ **murder** Justizmord m.

2. (critical) mind klar urteilend attr, kritisch.

judiciary [dʒuːˈdɪʃɪərɪ] n (branch of administration) Gerichtsbehörden pl; (legal system) Gerichtswesen nt; (judges) Richterstand m.

judicious adj, **~ly** adv [dʒuːˈdɪʃəs, -lɪ] klug, umsichtig.

judo [ˈdʒuːdəʊ] n, no pl Judo nt.

Judy [ˈdʒuːdɪ] n abbr of **Judith**; (in Punch and ~) Gretel f; see **Punch**.

jug [dʒʌg] I n 1. (for milk, coffee etc) (with lid) Kanne f; (without lid) Krug m; (small) Kännchen nt.

2. (sl: prison) Kittchen nt (sl).

II vt (Cook) schmoren. **~ged hare** ≈ Hasenpfeffer m.

juggernaut [ˈdʒʌgənɔːt] n 1. (Brit: lorry) Schwerlaster m.

2. (Rel) **J~** Dschagannath m.

3. (fig: destructive force) verheerende Gewalt. **the ~ of war** der Moloch des Krieges; **Puritanism, like some huge ~, swept across the country** der Puritanismus rollte mit unaufhaltsamer Gewalt über das Land.

juggle [ˈdʒʌgl] I vi jonglieren. **to ~ with the facts/figures** die Fakten/Zahlen so hindrehen, daß sie passen. II vt facts/figures so hindrehen, daß sie passen.

juggler [ˈdʒʌglər] n 1. (lit) Jongleur m. 2. (fig: trickster) Schwindler m. ~ **with**

words Wortverdreher *m*.
juggling ['dʒʌglɪŋ] *n* **1.** (*lit*) Jonglieren *nt*.
2. (*fig*) Verdrehen *nt* (*with* von). ~ **with
words/figures** Wort-/Zahlenakrobatik *f*;
(*falsification*) Wortverdrehung *f*/
Frisieren *nt* von Zahlen.
Jugoslav ['ju:gəʊ͵slɑ:v] **I** *adj* jugoslawisch.
II *n* Jugoslawe *m*, Jugoslawin *f*.
Jugoslavia [͵ju:gəʊ'slɑ:vɪə] *n* Jugoslawien
nt.
jugular ['dʒʌgjʊlə'] *adj*: ~ **vein** Drossel-
vene, Jugularvene *f*.
juice [dʒu:s] *n* **1.** (*of fruit, meat*) Saft *m*.
2. *usu pl* (*of body*) Körpersäfte *pl*. **3.** (*sl*:
electricity, petrol) Saft *m* (*sl*).
juiciness ['dʒu:sɪnɪs] *n* (*lit*) Saftigkeit *f*;
(*fig*) Pikanterie, Schlüpfrigkeit *f*, gewis-
ser Reiz; (*of scandal*) Saftigkeit *f* (*inf*).
juicy ['dʒu:sɪ] *adj* (+*er*) *fruit* saftig; (*inf*)
profit saftig (*inf*); *squelch* schmatzend,
quatschend; *story* pikant, schlüpfrig;
scandal gepfeffert (*inf*), saftig (*inf*); (*inf*)
girl knackig (*inf*).
jujitsu [͵dʒu:'dʒɪtsu:] *n* Jiu-Jitsu *nt*.
jukebox ['dʒu:kbɒks] *n* Musikbox *f*,
Musikautomat *m*.
Jul *abbr of* **July**.
Julius ['dʒu:lɪəs] *n* Julius *m*. ~ **Caesar**
Julius Caesar *m*.
July [dʒu:'laɪ] *n* Juli *m*; *see also* **September**.
jumble ['dʒʌmbl] **I** *vt* (*also* ~ **up**) **1.** (*lit*)
durcheinanderwerfen, durcheinanderbunt ver-
mischen. ~**d up** durcheinander, kunter-
bunt vermischt; **to** ~ **everything up** alles
durcheinanderbringen.
2. (*fig*) *facts, details* durcheinander-
bringen, verwirren.
II *n* **1.** Durcheinander *nt*; (*of ideas
also*) Wirrwarr *m*.
2. *no pl* (*for* ~ *sale*) gebrauchte Sachen
pl. ~ **sale** (*Brit*) ≃ Flohmarkt *m*.
jumbo ['dʒʌmbəʊ] *n*, *pl* ~**s 1.** (*inf*) Jumbo
m (*inf*). **2.** (~ *jet*) Jumbo(-Jet) *m*.
jump [dʒʌmp] **I** *n* **1.** (*lit*) Sprung *m*; (*of
animal also*) Satz *m*; (*with parachute*)
Absprung *m*; (*on race-course*) Hindernis
nt. **a** ~ **of 5 feet** ein Sprung von 5 Fuß; (*in
length also*) ein 5 Fuß weiter Sprung; (*in
height also*) ein 5 Fuß hoher Sprung; **this
horse is no good over the** ~**s** dieses Pferd
taugt bei den Hindernissen nichts.
2. (*fig*) (*of prices*) (plötzlicher *or*
sprunghafter) Anstieg; (*in narrative*)
Sprung *m*, abrupter Übergang. **to take a
sudden** ~ (*prices, temperature*) ruckartig
or sprunghaft ansteigen.
3. (*start*) **to give sb a** ~ jdn erschrecken,
jdn zusammenfahren *or* zusammen-
zucken lassen; **you gave me such a** ~ du
hast mich aber erschreckt; **it gave him a** ~
er fuhr *or* zuckte zusammen.
4. to have the ~ **on sb** (*sl*) jdm
gegenüber im Vorteil sein.
II *vi* **1.** (*leap*) springen, einen Satz
machen; (*Sport*) springen; (*parachutist*)
(ab)springen. **to** ~ **into a river** in einen
Fluß springen; **this horse** ~**s well** dieses
Pferd springt gut *or* nimmt die Hinder-
nisse gut; **to** ~ **for joy** Freudensprünge
pl/einen Freudensprung machen; (*heart*)
vor Freude hüpfen; **to** ~ **up and down on
the spot** auf der Stelle hüpfen; **they** ~**ed**

up **and down on his stomach** sie hüpften
auf seinem Bauch herum; **to** ~ **to con-
clusions** vorschnelle Schlüsse ziehen.
2. (*typewriter*) Buchstaben überspringen
gen *or* auslassen.
3. (*fig*) springen, unvermittelt über-
gehen; (*prices, shares*) in die Höhe
schnellen, sprunghaft ansteigen. ~ **to it!**
los schon!, mach schon!; **if you keep** ~**ing
from one thing to another** wenn Sie nie an
einer Sache bleiben; **let's offer £200 and
see which way they** ~ (*inf*) machen wir
ihnen doch (einfach) ein Angebot von
£ 200 und sehen dann, wie sie darauf
reagieren.
4. (*start*) zusammenfahren, zusammen-
zucken. **the shout made him** ~ er zuckte
or fuhr bei dem Schrei zusammen; **you
made me** ~ du hast mich (aber) er-
schreckt; **his heart** ~**ed when ...** sein Herz
machte einen Satz, als ...
III *vt* **1.** *ditch etc* überspringen, hinüber-
springen über (+*acc*); (*horses also*)
(hinüber)setzen über (+*acc*).
2. *horse* springen lassen.
3. (*skip*) überspringen, auslassen;
pages also überblättern.
4. (*pick-up*) *groove* überspringen. **to** ~
the rails (*train*) entgleisen; **to** ~ **a man**
(*Draughts*) einen überspringen.
5. (*inf usages*) (*Jur*) **to** ~ **bail** abhauen
(*inf*) (*während man auf Kaution
freigelassen ist*); **to** ~ **a claim** einen schon
bestehenden Anspruch übergehen; **to** ~
the lights bei Rot über die Kreuzung fah-
ren; **to** ~ **the queue** (*Brit*) sich vordrän-
geln; **to** ~ **ship** (*Naut*) (*passenger*) das
Schiff vorzeitig verlassen; (*sailor*) heim-
lich abheuern; **to** ~ **a train** (*get on*) auf
einen Zug aufspringen; (*get off*) von
einem Zug abspringen; **they** ~**ed a train to
Acapulco** sie fuhren schwarz nach
Acapulco; **to** ~ **sb** jdn überfallen.
◆**jump about** *or* **around** *vi* herumhüpfen
or -springen.
◆**jump at** *vi* +*prep obj person* (*lit*) ansprin-
gen; (*fig*) anfahren; *object* zuspringen auf
(+*acc*); *offer* sofort zugreifen bei, sofort
ergreifen; *suggestion* sofort aufgreifen;
chance sofort beim Schopf ergreifen.
◆**jump down** *vi* hinunter-/herunterhüpfen
or -springen (*from* von). **to** ~ ~ **sb's
throat** jdn anfahren, jdn dazwischenfah-
ren (*inf*); ~ ~! spring *or* hüpf (runter)!
◆**jump in** *vi* hineinspringen/
hereinspringen; ~ ~! (*to car*) steig ein!;
(*at swimming pool etc*) spring *or* hüpf
(hinein/herein)!
◆**jump off** *vi* herunterspringen (*prep obj*
von); (*from train, bus*) aussteigen (*prep
obj* aus); (*when moving*) abspringen (*prep
obj* von); (*from bicycle, horse*) absteigen
(*prep obj* von).
◆**jump on** *vi* **I** *vt* (*lit*) (*onto vehicle*) einsteigen
(*prep obj, -to* in +*acc*); (*onto moving
train, bus*) aufspringen (*prep obj, -to* auf
+*acc*); (*onto bicycle, horse*) aufsteigen
(*prep obj, -to* auf +*acc*). **to** ~ ~(**to) sb/sth**
auf jdn/etw springen; **he** ~**ed** ~(**to) his
bicycle** er schwang sich auf sein Fahrrad.
II *vi* +*prep obj* (*inf*) *person* anfahren;
suggestion kritisieren.

◆**jump out** *vi* hinaus-/herausspringen *or* -hüpfen; *(from vehicle)* aussteigen *(of* aus); *(when moving)* abspringen *(of* von).
to ~ ~ of bed aus dem Bett springen.

◆**jump up** *vi* hochspringen; *(from sitting or lying position also)* aufspringen; *(onto sth)* hinaufspringen *(onto* auf +*acc*).

jump ball *n* Schiedsrichterball *m*.

jumped-up ['dʒʌmpt'ʌp] *adj* (*inf*) **this new ~ manageress** dieser kleine Emporkömmling von einer Abteilungsleiterin.

jumper ['dʒʌmpəʳ] *n* **1.** *(garment)* (*Brit*) Pullover *m*; *(US: dress)* Trägerkleid *nt*.
2. *(person, animal)* Springer *m*.

jumpiness ['dʒʌmpɪnɪs] *n see adj* (*inf*) Nervosität *f*; Schreckhaftigkeit *f*.

jump jet *n* Senkrechtstarter *m*; **jump leads** *npl* (*Brit Aut*) Starthilfekabel *nt*; **jump-off** *n* *(Show-jumping)* Stechen *nt*; **jump seat** *n* Notsitz, Klappsitz *m*; **jump suit** *n* Overall *m*.

jumpy ['dʒʌmpɪ] *adj* (*+er*) **1.** *(inf)* person nervös; *(easily startled)* schreckhaft; *market* unsicher. **2.** *motion* ruckartig.

Jun *abbr of* **June; junior** jr., jun.

junction ['dʒʌŋkʃən] *n* **1.** *(Rail)* Gleisanschluß *m*; *(of roads)* Kreuzung *f*; *(of rivers)* Zusammenfluß *m*. **a very sharp ~** eine sehr scharfe Abzweigung; **Clapham J~** Claphamer Kreuz *nt*; **Hamm is a big railway ~** Hamm ist ein großer Eisenbahnknotenpunkt.
2. *(Elec)* Anschlußstelle *f*.
3. *(act)* Verbindung *f*.

junction box *n* *(Elec)* Verteilerkasten *m*.

juncture ['dʒʌŋktʃəʳ] *n*: **at this ~** zu diesem Zeitpunkt.

June [dʒuːn] *n* Juni *m*; *see also* **September.**

jungle ['dʒʌŋgl] *n* Dschungel *m* (*also fig*), Urwald *m*.

junior ['dʒuːnɪəʳ] **I** *adj* **1.** *(younger)* jünger.
he is ~ to me er ist jünger als ich; **Hiram Schwarz, ~ Hiram** Schwarz junior; **~ school** (*Brit*) Grundschule *f*; **~ college** *(US Univ)* College, an dem man die ersten zwei Jahre eines 4-jährigen Studiums absolviert; **~ high (school)** *(US)* ≈ Mittelschule *f*.
2. *(subordinate)* employee untergeordnet; *officer* rangniedriger. **to be ~ to sb** unter jdm stehen; **~ clerk** zweiter Buchhalter; **he's just some ~ clerk** er ist bloß ein kleiner Angestellter; **~ Minister** Staatssekretär *m*; **~ partner** jüngerer Teilhaber; *(in coalition)* kleinerer (Koalitions)partner.
3. *(Sport)* Junioren-, der Junioren. **~ team** Juniorenmannschaft *f*.
II *n* **1.** Jüngere(r) *mf*, Junior *m*. **he is my ~ by two years, he is two years my ~** er ist zwei Jahre jünger als ich.
2. *(Brit Sch)* *(at primary school)* Grundschüler(in *f*) *m*; *(at secondary school)* Unterstufenschüler(in *f*) *m*.
3. *(US Univ)* Student(in *f*) *m* im vorletzten Studienjahr.
4. *(Sport)* **the ~s** die Junioren *pl*.

juniper ['dʒuːnɪpəʳ] *n* Wacholder *m*. **~ berry** Wacholderbeere *f*.

junk[1] [dʒʌŋk] *n* **1.** *(discarded objects)* Trödel *m*, altes Zeug, Gerümpel *nt*.
2. *(inf: trash)* Ramsch, Plunder, Schund

m. **3.** *(sl: drugs)* Stoff *m* (*sl*).

junk[2] *n* *(boat)* Dschunke *f*.

junket ['dʒʌŋkɪt] **I** *n* **1.** *(Cook)* Dickmilch *f*.
2. *(old, hum: merrymaking)* Gelage, Fest *nt*, Lustbarkeit *f* (*old, hum*). **II** *vi* (*old, hum*) ein Gelage abhalten.

junketing ['dʒʌŋkɪtɪŋ] *n* **1.** *(old, hum: merrymaking)* Festivität(en *pl*) (*esp hum*), Lustbarkeit (*old, hum*) *f*. **2.** *(US: trip at public expense)* (Vergnügungs)-reise *f* auf Staatskosten.

junkie ['dʒʌŋkɪ] *n* (*sl*) Fixer(in *f*) *m* (*sl*).

junk room *n* Rumpelkammer *f*; **junk shop** *n* Trödelladen *m*; **junk yard** *n* (*for metal*) Schrottplatz *m*; *(for discarded objects)* Schuttabladeplatz *m*; *(of rag and bone merchant)* Trödellager(platz *m*) *nt*.

junta ['dʒʌntə] *n* Junta *f*.

Jupiter ['dʒuːpɪtəʳ] *n* Jupiter *m*.

juridical [dʒʊə'rɪdɪkəl] *adj* *(of law)* juristisch, Rechts-; *(of court)* gerichtlich.

jurisdiction [,dʒʊərɪs'dɪkʃən] *n* Gerichtsbarkeit *f*; *(range of authority)* Zuständigkeit(sbereich *m*) *f*. **this court has no ~ over him** er untersteht diesem Gericht nicht; **that's not (in) my ~** dafür bin ich nicht zuständig.

jurisprudence [,dʒʊərɪs'pruːdəns] *n* Jura *nt*, Rechtswissenschaft, Jurisprudenz (*old*) *f*; *see* **medical.**

jurist ['dʒʊərɪst] *n* Jurist(in *f*), Rechtswissenschaftler(in *f*) *m*.

juror ['dʒʊərəʳ] *n* Schöffe *m*, Schöffin *f*; *(for capital crimes)* Geschworene(r) *mf*; *(in competition)* Preisrichter(in *f*) *m*.

jury ['dʒʊərɪ] *n* **1.** *(Jur)* **the ~** die Schöffen *pl*; *(for capital crimes)* die Geschworenen *pl*; **they don't have juries there** da gibt's keine Schöffengerichte *or* (*for capital crimes*) Schwurgerichte; **to sit on the ~** Schöffe/Geschworener sein; **Gentlemen of the J~** meine Herren Schöffen/Geschworenen; *see* **grand ~, coroner.**
2. *(for examination)* Prüfungsausschuß *m*; *(for exhibition, competition)* Jury *f*, Preisgericht *nt*.

jury box *n* Schöffen-/Geschworenenbank *f*; **jury man** *n* Schöffe *m*; Geschworene(r) *m*; **jury service** *n* Schöffenamt *nt*; Amt *nt* des Geschworenen; **to do ~** Schöffe/Geschworener sein.

just[1] [dʒʌst] *adv* **1.** *(immediate past)* gerade, (so)eben. **they have ~ left** sie sind gerade *or* (so)eben gegangen; **she left ~ before I came** sie war, kurz bevor ich kam, weggegangen; **he's ~ been appointed** er ist gerade *or* eben erst ernannt worden; **I met him ~ after lunch** ich habe ihn gleich nach dem Mittagessen getroffen.
2. *(at this/that very moment)* gerade. **hurry up, he's ~ going** beeilen Sie sich, er geht gerade; **I'm ~ coming** ich komme ja schon; **I was ~ going to ...** ich wollte gerade ...; **~ as I was going** genau in dem Moment *or* gerade, als ich gehen wollte.
3. *(barely, almost not)* gerade noch, mit knapper Not. **he ~ escaped being run over** er wäre um ein Haar überfahren worden; **it ~ missed** es hat fast *or* beinahe getroffen; **I only ~ caught the train** ich habe den Zug gerade noch *or* mit knapper Not erreicht; **I've got only ~ enough to live on**

mir reicht es gerade so *or* so eben noch zum Leben.

4. (*exactly*) genau, gerade. **it is ~ five o'clock** es ist genau fünf Uhr; **that's ~ like you** das sieht dir ähnlich; **it's ~ on nine o'clock** es ist gerade neun Uhr; **it happened ~ as I expected** es passierte genau so, wie ich es erwartet hatte; **that's ~ it!** das ist's ja gerade *or* eben!; **that's ~ what I was going to say** genau das wollte ich (auch) sagen; **~ what do you mean by that?** was wollen Sie damit sagen?; **~ what does this symbol mean?** was bedeutet dieses Zeichen genau?; **it was ~ there** genau da war es; **~ at that moment** genau *or* gerade in dem Augenblick; **everything has to be ~ so** es muß alles seine Ordnung haben.

5. (*only, simply*) nur, bloß. **I can stay ~ a minute** ich kann nur *or* bloß eine Minute bleiben; **~ you and me** nur wir beide, wir beide allein; **this is ~ to show you how it works** dies soll Ihnen lediglich zeigen, wie es funktioniert; **he's ~ a boy** er ist doch noch ein Junge; **why don't you want to/ like it? — I ~ don't** warum willst du nicht/magst du es nicht? — ich will/mag's eben *or* halt (*inf*) nicht; **~ like that** (ganz) einfach so; **I don't know, I ~ don't** ich weiß (es) nicht, beim besten Willen nicht; **you can't ~ assume ...** Sie können doch nicht einfach annehmen ...; **it's ~ not good enough** es ist halt (*inf*) *or* einfach nicht gut genug; **I ~ prefer it this way** ich find's halt (*inf*) *or* eben *or* einfach besser so.

6. (*a small distance, with position*) gleich. **~ round the corner** gleich um die Ecke; **~ above the trees** direkt über den Bäumen; **put it ~ over there** stell's mal da drüben hin; **~ here** (genau) hier.

7. (*absolutely*) echt, wirklich. **it was ~ fantastic** es war einfach prima; **it's ~ terrible** das ist ja schrecklich!

8. ~ as genauso, ebenso; **the blue hat is ~ as nice as the red one** der blaue Hut ist genauso hübsch wie der rote; **she didn't understand you — it's ~ as well** sie hat Sie nicht verstanden — vielleicht auch besser *or* auch recht; **it's ~ as well you didn't go out** nur gut, daß Sie nicht weggegangen sind; **come ~ as you are** kommen Sie so, wie Sie sind; **it's ~ as you please** wie Sie wollen; **~ as I thought!** ich habe es mir doch gedacht!

9. ~ about in etwa, so etwa; **I am ~ about ready** ich bin so ziemlich fertig; **it's ~ about here** es ist (so) ungefähr hier; **did he make it in time? — ~ about** hat er's (rechtzeitig) geschafft? — so gerade; **will this do — ~ about** ist das recht so? — so in etwa.

10. im Moment. **~ now** (*in past*) soeben (erst), gerade erst; **not ~ now** im Moment nicht; **~ now?** jetzt gleich?

11. (*other uses*) **~ think** denk bloß; **~ listen** hör mal; **~ try** versuch's doch mal; **~ taste this** probier das mal; (*it's awful*) probier bloß das mal; **~ shut up!** sei bloß still!; **~ wait here a moment** warten Sie hier mal (für) einen Augenblick; **~ a moment** *or* **minute!** Moment mal!; **I can ~ see him as a soldier** ich kann ihn mir gut als Soldat vorstellen; **I can ~ see you getting up so early** (*iro*) du – und so früh aufstehen!; **can I ~ finish this?** kann ich das mal eben fertigmachen?; **don't I ~!** und ob (ich ...); **~ watch it** nimm dich bloß in acht; **~ you dare** wehe, wenn du's wagst.

just² *adj* (+*er*) **1.** *person, decision* gerecht (*to* gegenüber). **2.** *punishment, reward* gerecht; *anger* berechtigt; *suspicion* gerechtfertigt, begründet. **I had ~ cause to be alarmed** ich hatte guten Grund, beunruhigt zu sein; **as (it) is only ~** wie es recht und billig ist.

justice [ˈdʒʌstɪs] *n* **1.** (*Jur*) (*quality*) Gerechtigkeit *f*; (*system*) Gerichtsbarkeit, Justiz *f*. **British ~** britisches Recht; **is this the famous British ~?** ist das die berühmte britische Gerechtigkeit?; **to bring a thief to ~** einen Dieb vor Gericht bringen; **court of ~** Gerichtshof *m*, Gericht *nt*; **to administer ~** Recht sprechen; *see* poetic.

2. (*fairness*) Gerechtigkeit *f*; (*of claims*) Rechtmäßigkeit *f*. **to do him ~** um ihm gegenüber gerecht zu sein; **this photograph doesn't do me ~** auf diesem Foto bin ich nicht gut getroffen; **that's not true, you're not doing yourself ~** das stimmt nicht, Sie unterschätzen sich; **you didn't do yourself ~ in the exams** Sie haben im Examen nicht gezeigt, was Sie können; **to do sb ~** jdm gegenüber gerecht sein; **they did ~ to my dinner** sie wußten mein Essen zu würdigen; **and with ~** und (zwar) zu Recht; **there's no ~, is there?** das ist doch nicht gerecht.

3. (*judge*) Richter *m*. **Lord Chief J~** oberster Richter in Großbritannien; **J~ of the Peace** Friedensrichter *m*; **Mr J~ Plod** Richter Plod.

justifiable [ˌdʒʌstɪˈfaɪəbl] *adj* gerechtfertigt, zu rechtfertigen *pred*, berechtigt.

justifiably [ˌdʒʌstɪˈfaɪəblɪ] *adv* zu Recht.

justification [ˌdʒʌstɪfɪˈkeɪʃən] *n* **1.** Rechtfertigung *f* (*of gen, for* für). **it can be said in his ~ that ...** zu seiner Verteidigung *or* Entschuldigung kann gesagt werden, daß ...; **he had no ~ for lying** er hatte keine Rechtfertigung *or* Entschuldigung für seine Lüge.

2. (*Typ*) Justieren *nt*.

justify [ˈdʒʌstɪfaɪ] *vt* **1.** (*show to be right*) rechtfertigen, verteidigen (*sth to sb* etw vor jdm *or* jdm gegenüber). **you don't need to ~ yourself** Sie brauchen sich nicht zu rechtfertigen *or* verteidigen; **am I justified in thinking that ...?** gehe ich recht in der Annahme, daß ...?

2. (*be good reason for*) rechtfertigen, ein Grund sein für. **the future could hardly be said to ~ great optimism** die Zukunft berechtigt wohl kaum zu großem Optimismus; **this does not ~ his being late** das ist kein Grund für sein Zuspätkommen; **you're not justified in talking to her like that** Sie haben kein Recht, so mit ihr zu reden.

3. (*Typ*) justieren. **justified lines** Blocksatz *m*.

justly [ˈdʒʌstlɪ] *adv* zu Recht, mit Recht; *treat, try* gerecht; *condemn* gerechterweise.

justness ['dʒʌstnɪs] n Gerechtigkeit f.

jut [dʒʌt] vi (also ~ **out**) hervorstehen, hervorragen, herausragen. **the cliff ~s out into the sea** die Klippen ragen ins Meer hinaus; **to ~ out over the street** über die Straße vorstehen or hinausragen.

jute [dʒuːt] n Jute f.

Jutland ['dʒʌtlənd] n Jütland nt.

juvenile ['dʒuːvənaɪl] I n (Admin) Jugendliche(r) mf. II adj (youthful) jugendlich; (for young people) Jugend-, für Jugendliche; (pej) kindisch, unreif.

juvenile court n Jugendgericht nt; **juvenile**

delinquency n Jugendkriminalität f, Kriminalität f bei Jugendlichen; **juvenile delinquent** n jugendlicher Straftäter; **juvenile lead** n (Theat) Rolle f des jugendlichen Hauptdarstellers; (actor) jugendlicher Hauptdarsteller.

juxtapose ['dʒʌkstə,pəʊz] vt nebeneinanderstellen; ideas also gegeneinanderhalten; colours nebeneinandersetzen.

juxtaposition [,dʒʌkstəpə'zɪʃən] n (act) Nebeneinanderstellung f. **in ~** (direkt) nebeneinander.

K

K, k [keɪ] *n* K, k *nt*.

Kaffir ['kæfə^r] *n* Kaffer *m*.

kale, kail [keɪl] *n* Grünkohl *m*.

kaleidoscope [kə'laɪdəskəʊp] *n* Kaleido-skop *nt*.

kaleidoscopic [kə,laɪdə'skɒpɪk] *adj* kaleidoskopisch.

kangaroo [,kæŋgə'ruː] *n* Känguruh *nt*. **~ court** inoffizielles Gericht, Femegericht *nt*.

Kansas ['kænzəs] *n* (*abbr* **Kan(s), KS**) Kansas *nt*.

kaolin ['keɪəlɪn] *n* Kaolin *m or nt*, Porzellanerde *f*.

kapok ['keɪpɒk] *n* Kapok *m*.

kaput [kə'pʊt] *adj* (*sl*) kaputt (*inf*).

karat ['kærət] *n see* **carat**.

karate [kə'rɑːtɪ] *n* Karate *nt*. **~ chop** Karateschlag *or* -hieb *m*.

Kashmir [,kæʃ'mɪə^r] *n* Kaschmir *nt*.

Kate [keɪt] *n dim of* **Catherine** Käthe, Kathi *f*.

katydid ['keɪtɪdɪd] *n* Laubheuschrecke *f*.

kayak ['kaɪæk] *n* Kajak *m or nt*.

KC (*Brit*) *abbr of* **King's Counsel.**

kedgeree [,kedʒə'riː] *n* Reisgericht *nt* mit Fisch und Eiern.

keel [kiːl] *n* (*Naut*) Kiel *m*. **to be on an even ~ again** (*lit*) sich wieder aufgerichtet haben; **he put the business back on an even ~** er brachte das Geschäft wieder ins Lot.

◆**keel over** *vi* (*ship*) kentern; (*fig inf*) umkippen. **she ~ed ~ in a faint** sie klappte zusammen (*inf*), sie kippte um (*inf*).

keelhaul ['kiːlhɔːl] *vt* kielholen.

keen¹ [kiːn] *adj* (+*er*) **1.** (*sharp*) *blade* scharf; *wind* scharf, schneidend.
2. (*acute, intense*) *appetite* kräftig; *interest* groß, stark; *pleasure* groß; *feeling* stark, tief; *desire, pain* heftig, stark; *sight, eye, hearing, ear* gut, scharf; *mind, wit* scharf; (*esp Brit*) *prices* günstig; *competition* scharf. **he has a ~ sense of history** er hat ein ausgeprägtes Gefühl für Geschichte. **3.** (*enthusiastic*) begeistert; *football fan, golf player also, supporter* leiden-schaftlich; (*eager, interested*) *applicant, learner* stark interessiert; (*hardworking*) eifrig. **~ to learn/know** lernbegierig/ begierig zu wissen; **try not to seem too ~** versuchen Sie, Ihr Interesse nicht zu sehr zu zeigen; **he is terribly ~** seine Begeisterung/sein Interesse/sein Eifer kennt kaum Grenzen; **to be ~ on sb** von jdm sehr angetan sein, scharf auf jdn sein (*inf*); *on pop group, actor, author* von jdm begeistert sein; **to be ~ on sth** etw sehr gern mögen; *classical music, Italian cooking also, football* sehr viel für etw übrig haben; **to be ~ on doing sth** (*like to do*) etw gern *or* mit Begeisterung tun; **to be ~ to do sth** (*want to, do*) sehr darauf erpicht sein *or* scharf darauf sein (*inf*), etw zu tun;

to be ~ on mountaineering/ dancing begeisterter *or* leidenschaftlicher Bergsteiger/ Tänzer sein, leidenschaftlich gern bergsteigen/tanzen; **I'm not very ~ on him/that idea** ich bin von ihm/dieser Idee nicht gerade begeistert; **he's very ~ on getting the job finished** ihm liegt sehr viel daran, daß die Arbeit fertig wird; **he's not ~ on her coming** er legt keinen (gesteigerten) Wert darauf, daß sie kommt. **4.** (*US sl: very good*) Spitze (*sl*).

keen² (*Ir*) **I** *n* Totenklage *f*. **II** *vi* die Totenklage halten.

keenly ['kiːnlɪ] *adv* **1.** (*sharply*) scharf, schneidend. **2.** (*intensely, acutely*) *feel* leidenschaftlich, tief, stark; *interested, wish, desire* stark, sehr, leidenschaftlich. **the competition was ~ contested** im Wett-bewerb wurde hart gekämpft. **3.** (*enthusi-astically*) mit Begeisterung.

keenness ['kiːnnɪs] *n* **1.** (*of blade, mind, wind, sight*) Schärfe *f*. **2.** *see adj 3*. Begei-sterung *f*; Leidenschaftlichkeit *f*; starkes Interesse; Eifer *m*.

keep [kiːp] (*vb: pret, ptp* **kept**) **I** *vt* **1.** (*re-tain*) behalten. **to ~ one's temper** sich beherrschen; **to ~ sb/sth in mind** an jdn/ etw denken; **please ~ me in mind for the job** bitte denken Sie an mich für die Ver-gabe des Postens; **to ~ a place for sb** einen Platz für jdn freihalten; **to ~ one's place in a book** sich (*dat*) die Stelle im Buch mar-kieren; **I can't ~ that number in my head** ich kann die Nummer nicht behalten *or* mir die Nummer nicht merken; **to ~ a note of sth** sich (*dat*) etw notieren.
2. *shop, hotel, restaurant* haben, unter-halten, führen; *bees, pigs etc* halten. **to ~ house for sb** jdm den Haushalt führen; **to ~ servants/a car** sich (*dat*) Diener/ein Auto halten.
3. (*support*) versorgen, unterhalten. **I earn enough to ~ myself** ich verdiene genug für mich (selbst) zum Leben; **I have six children to ~** ich habe sechs Kinder zu versorgen *or* unterhalten; **he ~s a mistress** er hält sich (*dat*) eine Geliebte; **to ~ sb in clothing** (*person*) für jds Kleidung sor-gen; **I couldn't afford to ~ you in drink** ich könnte deine Getränke nicht bezahlen.
4. (*maintain in a certain state or place or position*) halten. **to ~ one's dress clean** sein Kleid nicht schmutzig machen; **to ~ sb quiet** zusehen *or* dafür sorgen, daß jd still ist; **that'll ~ them quiet for a while** das wird für eine Weile Ruhe schaffen; **it kept her in bed for a week** sie mußte deswegen eine Woche im Bett bleiben; **he kept his hands in his pockets** er hat die Hände in der Tasche gelassen; **just to ~ her happy** damit sie zufrieden ist; **to ~ sb alive** jdn am Leben halten; **to ~ sb waiting** jdn war-

ten lassen; **to** ~ **sth tidy** *or* **in order** etw sauber *or* in Ordnung halten; ~ **your hands to yourself!** nehmen Sie Ihre Hände weg!; **the garden was well kept** der Garten war (gut) gepflegt; **to** ~ **the traffic moving** den Verkehr in Fluß *or* am Fließen halten; **to** ~ **the conversation going** das Gespräch in Gang halten.

5. (*in a certain place, look after*) aufbewahren; (*put aside*) aufheben. **where do you** ~ **your spoons?** wo sind die Löffel?; **I've been** ~**ing it for you** ich habe es für Sie aufgehoben.

6. (*be faithful to, observe, fulfil*) *promise* halten; *law, rule* einhalten, befolgen; *treaty* einhalten; *obligations* nachkommen (+*dat*), erfüllen; *appointment* einhalten. **to** ~ **a vow** einen Schwur halten, ein Gelübde erfüllen.

7. (*celebrate*) **to** ~ **Lent/the Sabbath** das Fasten/den Sabbat (ein)halten.

8. (*guard, protect*) (be)hüten; *sheep etc* hüten, aufpassen auf (+*acc*). **to** ~ **goal** (*Ftbl*) im Tor sein *or* stehen, das Tor hüten; *see* ~ **from I 2.**

9. *accounts, diary etc* führen (*of* über +*acc*).

10. (*Comm: stock*) führen, (zu verkaufen) haben.

11. (*detain*) aufhalten, zurückhalten. **I mustn't** ~ **you** ich darf Sie nicht aufhalten; **what kept you?** wo waren Sie denn so lang?; **what's** ~**ing him?** wo bleibt er denn?; **to** ~ **sb prisoner** jdn gefangenhalten *or* festhalten.

12. (*not disclose*) **can you** ~ **this from your mother?** können Sie das vor Ihrer Mutter geheimhalten *or* verbergen?; ~ **it to yourself** behalten Sie das für sich; *see* **secret.**

13. (*US: continue to follow*) *road, path* weitergehen *or* -fahren, folgen (+*dat*); *direction* einhalten. **to** ~ **one's course** (den) Kurs (ein)halten.

14. (*esp US: remain in*) **to** ~ **one's bed/one's room** im Bett/auf seinem Zimmer bleiben; **to** ~ **one's seat** sitzen bleiben.

15. to ~ **late hours** lange aufbleiben.

II *vi* **1.** (*continue in a specified direction*) **to** ~ **(to the) left/ right** sich links/rechts halten; **to** ~ **to the left** (*Aut*) auf der linken Seite bleiben, links fahren; **to** ~ **to the middle of the road** immer in der Mitte der Straße fahren; ~ **on this road** bleiben Sie auf dieser Straße.

2. (*continue*) **to** ~ **doing sth** (*not stop*) etw weiter tun; (*repeatedly*) etw immer wieder tun; (*constantly*) etw dauernd tun; **to** ~ **walking** weitergehen; **he kept lying to her** er hat sie immer wieder belogen; **if you** ~ **complaining** wenn Sie sich weiter beschweren; **she** ~**s talking about you all the time** sie redet dauernd von Ihnen; ~ **going** machen Sie weiter; **I** ~ **hoping she's still alive** ich hoffe immer noch, daß sie noch lebt; **I** ~ **thinking ...** ich denke immer ...

3. (*remain in a certain state, position*) bleiben. **to** ~ **quiet** still sein; **to** ~ **silent** schweigen; **to** ~ **calm** ruhig bleiben, Ruhe bewahren.

4. (*food etc*) sich halten.

5. (*be in a certain state of health*) **how are you** ~**ing?** und wie geht es Ihnen denn so?; **to** ~ **well** gesund bleiben; **to** ~ **fit** fit bleiben, sich in Form halten; **he's** ~**ing better now** es geht ihm wieder besser; **to** ~ **alive** sich am Leben halten.

6. (*wait*) **that business can** ~ das kann warten; **will it** ~? kann das warten?

III *n* **1.** (*livelihood, food*) Unterhalt *m*. **I got £10 a week and my** ~ ich bekam £ 10 pro Woche und freie Kost und Logis; **he's not worth his** ~ (*inf*) er ist sein Brot nicht wert, er bringt doch nichts (ein) (*inf*).

2. (*in castle*) Bergfried *m*; (*as prison*) Burgverlies *nt*.

3. for ~**s** (*inf*) für immer; **he's playing for** ~**s** ihm ist's ernst; **it's yours for** ~**s** das darfst du behalten.

◆**keep ahead** *vi* vorne bleiben. **to** ~ ~ **of one's rivals** seinen Konkurrenten vorausbleiben; **to** ~ **one step** ~ **of the others** den anderen einen Schritt voraus sein.

◆**keep at I** *vi* +*prep obj* **1.** (*continue with*) weitermachen mit. ~ ~ **it** machen Sie weiter so. **2.** (*nag*) herumnörgeln an (+*dat*). ~ ~ **him until he says yes** laß ihm so lange keine Ruhe, bis er ja sagt. **II** *vt* +*prep obj* **to** ~ **sb** ~ **a task** jdn nicht mit einer Arbeit aufhören lassen; **to** ~ **sb** ~ **it** jdn hart hernehmen (*inf*).

◆**keep away I** *vi* (*lit*) wegbleiben; (*not approach*) nicht näher herankommen (*from* an +*acc*). ~ ~! nicht näherkommen!; ~ ~ **from that place** gehen Sie da nicht hin; **he just can't** ~ ~ **from the pub** es zieht ihn immer wieder in die Wirtschaft; ~ ~ **from him** lassen Sie die Finger von ihm.

II *vt always separate person, children, pet etc* fernhalten (*from* von). **to** ~ **sth** ~ **from sth** etw nicht an etw (*acc*) kommen lassen; ~ **your hand** ~ **from the cutting edge** kommen Sie mit Ihrer Hand nicht an die Schneide; ~ **them** ~ **from each other** halten Sie sie auseinander; **what's been** ~**ing you**? wo waren Sie denn so lange?

◆**keep back I** *vi* zurückbleiben, nicht näherkommen. **please** ~ ~ **from the edge** bitte gehen Sie nicht zu nahe an den Rand.

II *vt sep* **1.** (*hold back*) *person, hair, crowds, enemy* zurückhalten; *water* stauen; *tears* unterdrücken. ~ **sb/sth** ~ **from sb** jdn/etw von jdm abhalten.

2. (*withhold*) *money, taxes* einbehalten; *information, facts etc* verschweigen (*from sb* jdm); (*from parent, husband etc*) verheimlichen, verschweigen (*from sb* jdm). **they are** ~**ing** ~ **the names of the victims** die Namen der Opfer werden nicht bekanntgegeben.

3. (*make late*) aufhalten; *pupil* dabehalten.

4. (*hold up, slow down*) behindern. **being with the slower learners is** ~**ing him** ~ weil er mit schwächeren Schülern zusammen ist, kommt er nicht so schnell voran.

◆**keep down I** *vi* unten bleiben.

II *vt sep* **1.** (*lit*) unten lassen; (*hold down*) unten halten; *head* ducken. ~ **your**

voices ~ reden Sie leise *or* nicht so laut.

2. *people, revolt, one's anger* unterdrücken; *dog* bändigen; *rebellious person* im Zaum *or* unter Kontrolle halten; *rabbits, weeds etc* unter Kontrolle halten. **you can't ~ a good man** ~ der Tüchtige läßt sich nicht unterkriegen.

3. *taxes, rates, prices* niedrig halten; *spending* einschränken. **to ~ one's weight** ~ nicht zunehmen.

4. *food etc* bei sich behalten.

5. (*Sch*) wiederholen lassen.

◆**keep from I** *vt +prep obj* **1.** *sb* hindern an (+*dat*); (*from going, doing sth also*) abhalten von. **I couldn't ~ him ~ doing it/ going there** ich konnte ihn nicht daran hindern *or* davon abhalten(, das zu tun)/, dort hinzugehen; **to ~ sb ~ falling** jdn am Fallen hindern; **to ~ oneself ~ doing sth** sich (davor) hüten, etw zu tun; **to ~ sb ~ school** jdn nicht in die Schule (gehen) lassen; **~ them ~ getting wet** verhindern Sie es, daß sie naß werden; **you should ~ your engine ~ overheating** Sie sollten den Motor nicht zu heiß werden lassen.

2. (*protect*) **to ~ sb ~ sth** jdn vor etw (*dat*) bewahren.

3. (*withhold*) **to ~ sth ~ sb** jdm etw verschweigen; *piece of news also* jdm etw vorenthalten.

II *vi +prep obj* **to ~ ~ doing sth** etw nicht tun; (*avoid doing also*) es vermeiden, etw zu tun; **she couldn't ~ laughing** sie mußte einfach lachen, sie konnte das Lachen nicht unterdrücken; **to ~ ~ drink** das Trinken unterlassen.

◆**keep in I** *vt sep* **1.** *fire* nicht ausgehen lassen; *feelings* zügeln.

2. *schoolboy* nachsitzen lassen. **his mummy's kept him ~** seine Mutti hat ihn nicht weggelassen *or* gehen lassen.

3. *stomach* einziehen.

II *vi* **1.** (*fire*) anbleiben. **it'll ~ ~ all night** es brennt die ganze Nacht durch.

2. (*stay indoors*) drinnen bleiben.

3. (*with group, person*) **he's just trying to ~ ~** er will sich lieb Kind machen.

◆**keep in with** *vi +prep obj* sich gut stellen mit.

◆**keep off I** *vt* (*person*) wegbleiben. **if the rain ~s ~** wenn es nicht regnet; **"~ ~!"** „Betreten verboten!"

II *vt sep* **1.** *dog, person* fernhalten (*prep obj* von); *one's hands* wegnehmen, weglassen (*prep obj* von). **this weather will ~ the crowds** ~ dieses Wetter wird einen Massenandrang verhindern; **"~ ~ the grass"** „Betreten des Rasens verboten"; **~ him ~ me** halten Sie ihn mir vom Leib; **~ your hands ~** Hände weg!

2. *jacket etc* ausbehalten; *hat* abbehalten.

III *vi +prep obj* vermeiden. **~ ~ the whisky** lassen Sie das Whiskytrinken.

◆**keep on I** *vi* **1.** weitermachen, nicht aufhören. **to ~ ~ doing sth** etw weiter tun; (*repeatedly*) etw immer wieder tun; (*incessantly*) etw dauernd tun; **he ~s ~ swearing** er flucht dauernd; **if you ~ ~ like this** wenn du so weitermachst; **~ ~ trying** versuchen Sie es weiter; **I ~ ~ telling you** ich sage dir ja immer; **the**

rain kept ~ **all night** es regnete die ganze Nacht durch.

2. (*keep going*) weitergehen *or* -fahren. **~ ~ past the church** fahren Sie immer weiter an der Kirche vorbei; **~ straight ~** immer geradeaus.

3. **to ~ ~ at sb** (*inf*) dauernd an jdm herummeckern (*inf*).

4. **to ~ ~ about sth** (*inf*) unaufhörlich von etw reden.

II *vt sep* **1.** *servant, employee* weiterbeschäftigen, behalten.

2. *coat etc* anbehalten; *hat* aufbehalten.

◆**keep out I** *vt* (*of room, building*) draußen bleiben; (*of property, land, area*) etw nicht betreten. **to ~ ~ of a room/bar/area** ein Zimmer/eine Bar/eine Gegend nicht betreten; **~ ~ of my room!** geh/komm nicht in mein Zimmer; **"~ ~"** „Zutritt verboten"; **to ~ ~ of sight** sich nicht zeigen; (*hiding*) in Deckung bleiben; **to ~ ~ of danger** Gefahr meiden; **to ~ ~ of debt** keine Schulden machen; **that child can never ~ ~ of mischief** das Kind stellt dauernd etwas an; **you ~ ~ of this!** halten Sie sich da *or* hier raus!

II *vt sep* **1.** *person* nicht hereinlassen (*of* in +*acc*); *light, cold, rain, enemy etc* abhalten. **this screen ~s the sun ~ of your eyes** diese Blende schützt Ihre Augen vor Sonne; **how can I ~ the rabbits ~ (of my garden)?** was kann ich tun, daß die Kaninchen nicht hereinkommen/nicht in meinen Garten kommen?

2. **to ~ sb ~ of danger/harm** jdn vor Gefahr/Gefahren schützen; **I wanted to ~ him ~ of this** ich wollte nicht, daß er da mit hereingezogen wurde; **to ~ sb's name ~ of the papers** jds Namen nicht in der Zeitung erwähnen; **~ the plants ~ of the sun/cold** schützen Sie die Pflanzen vor Sonne/Kälte; **~ him ~ of my way** halte ihn mir vom Leib.

◆**keep to I** *vi +prep obj* **1.** **to ~ ~ one's promise** sein Versprechen halten, zu seinem Wort stehen; **to ~ ~ one's bed/ one's room** im Bett/in seinem Zimmer bleiben; **~ ~ the main road** bleiben Sie auf der Hauptstraße; **to ~ ~ the schedule/ plan** den Zeitplan einhalten, sich an den Zeitplan/Plan halten; **to ~ ~ the subject/ point** bei der Sache *or* beim Thema bleiben.

2. **to ~ ~ (oneself) ~ oneself** nicht sehr gesellig sein, ein Einzelgänger sein; **they ~ (themselves) ~ themselves** (*as a group*) sie bleiben unter sich.

II *vt +prep obj* **to ~ sb ~ his word/ promise** jdn beim Wort nehmen; **to ~ sth ~ a minimum** etw auf ein Minimum beschränken.

◆**keep together I** *vi* (*stay together*) zusammenbleiben; (*as friends etc*) zusammenhalten; (*singers, oarsmen etc*) im Einklang *or* Takt sein. **II** *vt sep* zusammen aufbewahren; (*fix together, unite*) *things, people* zusammenhalten; (*conductor*) *orchestra* im Takt halten.

◆**keep under I** *vt sep* *fire* unter Kontrolle halten; *anger, feelings* unterdrücken, nicht hochkommen lassen; *passions* zügeln; *people, race* unterdrücken; *subordinates*

streng behandeln, an der Kandare haben;
(*keep under anaesthetic*) unter Narkose
halten. **you won't ~ him** ~ der läßt sich
nicht unterkriegen *or* kleinkriegen.

II *vi* (*under water etc*) unter Wasser
bleiben.

◆**keep up I** *vi* **1.** (*tent, pole*) stehen bleiben.
2. (*rain*) (an)dauern; (*weather, hur-
ricane etc*) anhalten; (*prices, output,
standard*) gleich hoch bleiben; (*moral,
strength, determination*) nicht nachlassen.
3. to ~ ~ (*with sb/sth*) (*in race, work,
with prices*) (mit jdm/etw) Schritt halten,
(mit jdm/etw) mithalten können (*inf*); (*in
comprehension*) (jdm/einer Sache) folgen
können; **they bought it just to ~ ~ with the
Joneses** sie kauften es nur, um den Nach-
barn nicht nachzustehen; **to ~ ~ with the
times** mit der Zeit gehen; **to ~ ~ with the
news** sich auf dem laufenden halten; **I
haven't kept ~ with my French** ich bin mit
meinem Französisch ganz aus der Übung
gekommen.
4. (*keep in touch with*) **to ~ ~ with sb**
mit jdm in Kontakt bleiben.

II *vt sep* **1.** *pole, tent* aufrecht halten. **the
lifebelt kept him** ~ der Rettungsring hielt
ihn über Wasser; **to ~ his trousers** ~
damit die Hose nicht herunterrutscht.
2. (*not stop*) nicht aufhören mit; *study
etc* fortsetzen, weitermachen; *quality,
prices, output, friendship* aufrechterhal-
ten; *tradition, custom* weiterpflegen,
aufrechterhalten; *subscription* beibehal-
ten; *payments etc* weiterbezahlen; *work-
rate, speed* (*maintain*) halten; (*endure*)
durchhalten. **I try to ~ ~ my Latin** ich
versuche, mit meinem Latein nicht aus
der Übung zu kommen; **to ~ ~ a corres-
pondence** in Briefwechsel bleiben; **he kept
their morale** ~ er hat ihnen Mut gemacht;
~ it ~! (machen Sie) weiter so!
3. (*maintain*) *house* unterhalten; *road*
instand halten.
4. (*prevent from going to bed*) am
Schlafengehen hindern. **that child kept
me ~ all night** das Kind hat mich die ganze
Nacht nicht schlafen lassen.

keeper ['kiːpəʳ] *n* (*in asylum, zoo*) Wär-
ter(in *f*), Pfleger(in *f*), Betreuer(in *f*) *m*;
(*of museum*) Kustos *m*; (*guard*) Wäch-
ter(in*f*), Aufseher(in *f*), Aufpasser(in *f*)
m. **am I my brother's ~?** soll ich meines
Bruders Hüter sein?

keeping ['kiːpɪŋ] *n* **1.** (*care*) **to put sb in sb's
~** jdn in jds Obhut (*acc*) geben; **to put sth
in sb's ~** jdm etw zur Aufbewahrung
übergeben; *see* **safe-keeping**.
2. (*of rule*) Beachten, Einhalten *nt*.
3. in ~ with in Übereinstimmung *or*
Einklang mit; **her behaviour was out of ~
with the dignity of the occasion** ihr Beneh-
men entsprach nicht der Feierlichkeit des
Anlasses.

keepsake ['kiːpseɪk] *n* Erinnerung(sstück
nt) *f*. **for a ~** zur Erinnerung.

keg [keg] *n* **1.** (*barrel*) kleines Faß, Fäßchen
nt. **2.** (*also ~ beer*) (Bier *nt*) vom Faß.

kelp [kelp] *n* Seetang *m*.

ken [ken] **I** *n* **that is beyond** *or* **outside my ~**
das entzieht sich meiner Kenntnis. **II** *vti*
(*Scot*) *see* **know**.

kennel ['kenl] *n* **1.** Hundehütte *f*. **2.** **~s**
(*cage*) Hundezwinger *m*; (*for breeding*)
Hundezucht *f*; (*boarding*) (Hunde)heim,
Tierheim *nt*; **to put a dog in ~s** einen
Hund in Pflege geben.

Kentucky [ken'tʌkɪ] *n* (*abbr* **Ken, Ky, KY**)
Kentucky *nt*.

Kenya ['kenjə] *n* Kenia *nt*.

Kenyan ['kenjən] **I** *n* Kenianer(in *f*) *m*.
II *adj* kenianisch.

kepi ['keɪpɪ] *n* Käppi *nt*.

kept [kept] **I** *pret, ptp of* **keep**. **II** *adj* **~
woman** Mätresse *f*; **she's a ~ woman** sie
läßt sich aushalten.

kerb [kɜːb] *n* (*Brit*) Bordkante *f*.

kerb drill *n* Verkehrserziehung *f*; **kerb-
stone** *n* Bordstein, Randstein *m*.

kerfuffle [kə'fʌfl] *n* (*Brit inf*) (*noise*) Lärm
m, Gedöns *nt* (*inf*); (*fight*) Balgerei *f*
(*inf*); (*trouble*) Theater *nt* (*inf*).

kernel ['kɜːnl] *n* (*lit, fig*) Kern *m*.

kerosene ['kerəsiːn] *n* Kerosin *nt*.

kestrel ['kestrəl] *n* Turmfalke *m*.

ketch [ketʃ] *n* Ketsch *f*.

ketchup ['ketʃəp] *n* Ketchup *nt or m*.

kettle ['ketl] *n* Kessel *m*. **I'll put the ~ on** ich
stelle mal eben (Kaffee-/Tee)wasser auf;
the ~'s boiling das Wasser kocht; **this is a
pretty ~ of fish** (*inf*) das ist eine schöne
Bescherung; **this is a different ~ of fish**
(*inf*) das ist doch was ganz anderes.

kettledrum ['ketldrʌm] *n* (Kessel)pauke *f*.

key [kiː] **I** *n* **1.** Schlüssel *m*.
2. (*fig: solution*) Schlüssel *m*. **education
is the ~ to success** Bildung ist der
Schlüssel zum Erfolg.
3. (*answers*) Lösungen *pl*, Schlüssel *m*;
(*Sch*) Schlüssel *m*, Lehrerheft *nt*; (*Math
etc*) Lösungsheft *nt*; (*for maps etc*)
Zeichenerklärung *f*.
4. (*of piano, typewriter etc*) Taste *f*.
5. (*Mus*) Tonart *f*. **to sing off ~** falsch
singen; **change of ~** Tonartwechsel *m*,
Modulation *f*; **in ~ of C** in C-Dur/
c-Moll.
6. (*Build*) Untergrund *m*.
II *adj attr* (*vital*) Schlüssel-, wichtig-
ste(r, s). **~ industry** Schlüsselindustrie *f*;
~ man Schlüsselfigur *f*; **~ point** springen-
der Punkt; **~ position** Schlüsselposition *f*.
III *vt* *speech etc* (*to or for one's audi-
ence*) (auf jdn) abstimmen *or* zuschneiden
(*to, for* auf *+acc*), anpassen (*to, for* dat).

◆**key up** *vt sep* **she was (all) ~ed ~ about
the interview** sie war wegen des Inter-
views ganz aufgedreht (*inf*); **he was all
~ed ~ for the big race** er hatte sich schon
ganz auf das große Rennen eingestellt.

keyboard ['kiːbɔːd] **I** *n* (*of piano*)
Klaviatur, Tastatur *f*; (*of organ*) Manual
nt; (*of typewriter*) Tastatur *f*; **~ operator**
Maschinensetzer(in *f*) *m*; **a genius on the
~** (*Mus*) ein Klaviergenie *nt*; **II** *vt* (*Typ*)
setzen; **keyhole** *n* Schlüsselloch *nt*; **key
money** *n* Provision *f*, Schlüsselgeld *nt*;
key note *n* (*Mus*) Grundton *m*; (*of a
speech*) Leitgedanke, Tenor *m*; **~ speech**
(*Pol etc*) programmatische Rede; **key
ring** *n* Schlüsselring *m*; **key signature** *n*
(*Mus*) Tonartbezeichnung *f*; **keystone** *n*
(*Archit*) Schlußstein *m*; (*fig*) Grund-
pfeiler *m*; **key stroke** *n* Anschlag *m*.

KG (*Brit*) *abbr of* **Knight of the Garter**.

kg *abbr of* **kilogramme(s), kilogram(s)** kg.

khaki [ˈkɑːkɪ] **I** *n* K(h)aki *nt.* **II** *adj* k(h)aki-(braun *or* -farben).

kibosh [ˈkaɪbɒʃ] *n* (*sl*): **to put the ~ on sth** etw vermasseln (*inf*).

kick [kɪk] **I** *n* **1.** (*act of ~ing*) Tritt, Stoß, Kick (*inf*) *m.* **to take a ~ at sb/sth** nach jdm/etw treten; **he gave the ball a tremendous ~** er trat mit Wucht gegen den Ball; **a tremendous ~ by Beckenbauer** ein toller Schuß von Beckenbauer; **to give the door a ~** gegen die Tür treten; **give it a ~** tritt mal dagegen; **to get a ~ on the leg** gegen das *or* ans Bein getreten werden; **what he needs is a good ~ up the backside** (*inf*) er braucht mal einen kräftigen Tritt in den Hintern (*inf*).

2. (*inf: thrill*) **she gets a ~ out of it** es macht ihr einen Riesenspaß (*inf*); **to do sth for ~s** etw zum Spaß *or* Jux (*inf*) *or* Fez (*inf*) tun; **just for ~s** nur aus Jux und Tollerei (*inf*); **she just lives for ~s** sie lebt nur zu ihrem Vergnügen.

3. *no pl* (*power to stimulate*) Feuer *nt*, Pep *m* (*inf*). **this drink has plenty of ~ in it** dieses Getränk hat es in sich.

4. (*of gun*) Rückstoß *m.*

II *vi* (*person*) treten; (*struggle*) um sich treten; (*baby, while sleeping*) strampeln; (*animal*) austreten, ausschlagen; (*dancer*) das Bein hochwerfen; (*gun*) zurückstoßen *or* -schlagen, Rückstoß haben; (*inf: engine*) stottern (*inf*). **he ~ed into third** (*sl*) er ging in den dritten (Gang).

III *vt* **1.** (*person, horse*) *sb* treten, einen Tritt versetzen (+*dat*); *door, ball* treten gegen; *ball* kicken (*inf*); *object* einen Tritt versetzen (+*dat*), mit dem Fuß stoßen. **to ~ sb's behind** jdn in den Hintern treten; **to ~ a goal** ein Tor schießen; **to ~ the bucket** (*inf*) abkratzen (*inf*), ins Gras beißen (*inf*); **I could have ~ed myself** (*inf*) ich hätte mich selbst *or* mir in den Hintern treten können (*inf*).

2. (*sl: stop*) **to ~ heroin** vom Heroin runterkommen (*sl*); **to ~ a habit** es sich stecken (*sl*).

◆**kick about** *or* **around I** *vi* (*sl*) (*person*) herumgammeln (*sl*), rumhängen (*sl*) (*prep obj* in +*dat*); (*thing*) rumliegen (*inf*) (*prep obj* in +*dat*).

II *vt sep* **to ~ a ball** ~ (herum)bolzen (*inf*), den Ball herumkicken (*inf*); **you shouldn't let them ~ you** ~ Sie sollten sich nicht so herumstoßen lassen; **don't ~ that book** ~ werfen Sie das Buch nicht so herum; **to ~ an idea ~** (*sl*) eine Idee durchdiskutieren.

◆**kick against** *vi* +*prep obj* treten gegen. **to ~ ~ the pricks** sich widersetzen, wider *or* gegen den Stachel löcken (*geh*).

◆**kick at** *vi* +*prep obj* treten nach.

◆**kick away** *vt sep* wegstoßen; (*knock down*) niedertreten.

◆**kick back I** *vi* **1.** zurücktreten. **2.** (*gun*) zurückstoßen, einen Rückstoß haben. **II** *vt sep blanket* wegstrampeln; *ball* zurückspielen *or* -schießen *or* -kicken (*inf*).

◆**kick in** *vt sep door* eintreten. **to ~ sb's teeth** ~ jdm die Zähne einschlagen.

◆**kick off I** *vi* (*Ftbl*) anstoßen; (*player also*) den Anstoß ausführen; (*fig inf*) losgehen (*inf*), beginnen. **who's going to ~ ~?** (*fig inf*) wer fängt an? **II** *vt sep* wegtreten; *shoes* von sich schleudern.

◆**kick out I** *vi* (*horse*) ausschlagen; (*person*) um sich treten. **to ~ ~ at sb** nach jdm treten. **II** *vt sep* hinauswerfen (*of* aus).

◆**kick over** *vi* +*prep obj*: **to ~ ~ the traces** über die Stränge schlagen.

◆**kick up** *vt sep* **1.** *dust* aufwirbeln. **2.** (*fig inf*) **to ~ ~ a row** *or* **a din** Krach machen (*inf*); **to ~ ~ a fuss** Krach schlagen (*inf*).

kickback [ˈkɪkbæk] *n* (*inf*) (*reaction*) Auswirkung *f*; (*as bribe*) Provision *f*; (*perk*) Nebeneinnahme *f*; **kickdown** *n* Kickdown *m.*

kick-off [ˈkɪkɒf] *n* **1.** (*Sport*) Anpfiff, Anstoß *m*; **the ~ is at 3 o'clock** Anpfiff ist um 3 Uhr; **2.** (*sl: of ceremony etc*) Start, Anfang *m*; **the ~ is at 3 o'clock** um 3 geht's los (*inf*); **kick-start(er)** *n* Kickstarter *m*; **kickturn** *n* (*Ski*) Kehre *f.*

kid [kɪd] **I** *n* **1.** (*young goat*) Kitz, Zicklein (*liter*) *nt.*

2. (*leather*) Ziegen- *or* Glacéleder *nt.*

3. (*inf: child*) Kind *nt.* **to get the ~s to bed** die Kleinen ins Bett bringen; **it's ~'s stuff** (*for children*) das ist was für kleine Kinder(*inf*); (*easy*) das ist doch ein Kinderspiel.

4. (*inf*) (*man*) Junge, Bursche (*inf*) *m*; (*woman*) Kleine *f* (*inf*). **listen ~, you keep out of this** hör mal Kleiner, du hältst dich hier raus (*inf*); **come on ~s!** los Jungs! (*inf*).

II *adj attr* **~ brother** kleiner Bruder, Brüderchen *nt*; **~ gloves** Glacéhandschuhe *pl*; **to handle sb with ~ gloves** (*fig*) jdn mit Samthandschuhen *or* Glacéhandschuhen anfassen.

III *vt* (*inf*) **to ~ sb (on)** (*tease*) jdn aufziehen (*inf*); (*deceive*) jdm etw vormachen, jdn an der Nase rumführen (*inf*); **you can't ~ me** mir kannst du doch nichts vormachen; **don't ~ yourself!** machen Sie sich doch nichts vor!

IV *vi* (*inf*) Jux machen (*inf*). **no ~ding** im Ernst, ehrlich (*inf*).

◆**kid on** *vt sep see* **kid III.**

kiddy [ˈkɪdɪ] *n* (*inf*) Kleinchen (*inf*), Kindchen (*inf*) *nt.*

kidnap [ˈkɪdnæp] *vt* entführen, kidnappen.

kidnapper [ˈkɪdnæpəʳ] *n* Entführer(in *f*), Kidnapper(in *f*) *m.*

kidnapping [ˈkɪdnæpɪŋ] *n* Entführung *f*, Kidnapping *nt.*

kidney [ˈkɪdnɪ] *n* (*Anat, Cook*) Niere *f.*

kidney bean *n* Gartenbohne *f*; **kidney dish** *n* Nierenschale *f*; **kidney machine** *n* künstliche Niere; **kidney-shaped** *adj* nierenförmig; **kidney stone** *n* (*Med*) Nierenstein *m.*

kill [kɪl] **I** *vt* **1.** töten, umbringen; (*by beating*) totschlagen, erschlagen; (*by shooting*) erschießen, totschießen; (*by stabbing*) erstechen, erdolchen; *animals* töten; (*Hunt*) erlegen; (*slaughter*) schlachten; (*shock*) umbringen; *pains* beseitigen; *weeds* vernichten. **to be ~ed in action/in battle/in the war** fallen/im

Kampf fallen/im Krieg fallen; **too many people are being** ~**ed on the roads** zu viele Menschen sterben auf der Straße *or* kommen auf der Straße um; **her brother was** ~**ed in a car accident** ihr Bruder ist bei einem Autounfall ums Leben gekommen; **how many were** ~**ed?** wieviel Todesopfer gab es?; **the frost has** ~**ed my geraniums** meine Geranien sind erfroren; **she** ~**ed herself** sie brachte sich um, sie nahm sich (*dat*) **please, don't** ~ **me** bitte, lassen Sie mich leben; **many people were** ~**ed by the plague** viele Menschen sind der Pest zum Opfer gefallen; **he was** ~**ed with poison/a knife/a hammer** er wurde vergiftet/(mit einem Messer) erstochen/mit einem Hammer erschlagen; **each man** ~**s the thing he loves** jeder zerstört das, was er liebt; **I'll** ~ **him!** (*also fig*) den bring' ich um (*inf*); **the bullet** ~**ed him** die Kugel traf ihn tödlich *or* tötete ihn.

2. (*fig uses*) *feelings, love etc* töten, zerstören. **to** ~ **time** die Zeit totschlagen; **to** ~ **two birds with one stone** (*Prov*) zwei Fliegen mit einer Klappe schlagen (*Prov*); **these stairs/the children are** ~**ing me** (*inf*) diese Treppe/die Kinder bringen mich (noch mal) um(*inf*); **she was** ~**ing herself** (*laughing*) (*inf*) sie hat sich totgelacht *or* kaputtgelacht (*inf*); **this one'll** ~ **you** (*inf*) da lachst du dich tot(*inf*); **this heat is** ~**ing me** (*inf*) ich vergehe vor Hitze; **my feet are** ~**ing me** (*inf*) mir brennen die Füße; **don't** ~ **yourself** (*iro*) übernehmen Sie sich nicht.

3. (*spoil the effect of*) *taste, flavour, performance* verderben, überdecken; *hopes* vernichten, zunichte machen.

4. (*defeat*) *parliamentary bill, proposal* zu Fall bringen.

5. *sound* schlucken. ~ **that light!** (*inf*) Licht aus!

6. (*Press etc*) *paragraph, story* streichen, abwürgen (*sl*).

7. (*Tech*) *engine etc* abschalten, ausschalten; (*Elec*) *circuit* unterbrechen.

8. (*inf*) *bottle* leermachen, auf den Kopf stellen (*inf*).

II *vi* töten. **cigarettes can** ~ Zigaretten können tödlich sein *or* tödliche Folgen haben; **he was dressed to** ~ er hatte sich in Schale geworfen (*inf*).

III *n* **1.** (*Hunt*) Erlegen *nt*, Abschuß *m*; (*at bullfight*) Todesstoß *m*. **to be in at the** ~(*lit*) beim Abschuß dabei sein; (*fig*) am Ende dabei sein.

2. (*Hunt etc: animals killed*) Beute *f no pl*.

◆**kill off** *vt sep* vernichten, töten; *whole race* ausrotten, vernichten; *cows, pigs, elephants* abschlachten; *weeds* vertilgen.

killer ['kɪləʳ] *n* (*person*) Mörder(in *f*), Killer (*inf*) *m*. **this disease is a** ~ diese Krankheit ist tödlich; *see* **lady-killer, weed-killer.**

killer instinct *n*: **the** ~ (*lit*) der Tötungsinstinkt; **a successful businessman needs the** ~ ein erfolgreicher Geschäftsmann muß über Leichen gehen können; **killer whale** *n* Schwertwal, Mordwal *m*.

killing ['kɪlɪŋ] **I** *n* **1.** (*of animals*) (*Hunt*) Erlegen *nt*; (*at abattoir*) (Ab)schlachten *nt*.

2. (*of person*) Töten *nt*, Tötung *f*. **three**

more ~**s in Belfast** drei weitere Morde *or* Todesopfer in Belfast.

3. (*fig*) **to make a** ~ einen Riesengewinn machen.

II *adj* **1.** *blow etc* tödlich.

2. (*exhausting*) *work* mörderisch (*inf*).

3. (*funny*) urkomisch (*inf*).

killingly ['kɪlɪŋlɪ] *adv*: ~ **funny** zum Totlachen (*inf*).

killjoy ['kɪldʒɔɪ] *n* Spielverderber, Miesmacher *m*.

kiln [kɪln] *n* (*for baking, burning*) (Brenn)-ofen *m*; (*for minerals*) Röst- *or* Kiesofen *m*; (*for drying bricks etc*) Trockenofen *m*; (*for hops etc*) Darre *f*, Darrofen *m*.

kilo ['kiːləʊ] *n, pl* ~**s** Kilo *nt*.

kilocycle ['kɪləʊˌsaɪkl] *n* Kilohertz *nt*.

kilogramme, (*US*) **kilogram** ['kɪləʊɡræm] *n* Kilogramm *nt*.

kilohertz ['kɪləʊhɜːts] *n* Kilohertz *nt*.

kilometre, (*US*) **kilometer** ['kɪləʊˌmiːtəʳ] *n* Kilometer *m*. ~**s per hour** Stundenkilometer *pl*.

kilowatt ['kɪləʊwɒt] *n* Kilowatt *nt*. ~ **hour** Kilowattstunde *f*.

kilt [kɪlt] *n* Kilt, Schottenrock *m*.

kin [kɪn] **I** *n* Familie *f*, Verwandte *pl*, Verwandtschaft *f*. **II** *adj* verwandt (*to* mit).

kind[1] [kaɪnd] *n* **1.** (*class, variety, nature*) Art *f*; (*of coffee, sugar, paint etc*) Sorte *f*. **they differ in** ~ sie sind verschiedenartig; **several** ~**s of flour** mehrere Mehlsorten; **this** ~ **of book** diese Art Buch; **what** ~ **of ...?** was für ein(e) ...?; **what** ~ **of people does he think we are?** für wen hält er uns denn?; **the only one of its** ~ das einzige seiner Art; **a funny** ~ **of person** ein komischer Mensch *or* Typ; **he's not that** ~ **of person** so ist er nicht; **they're two of a** ~ (*people*) sie sind vom gleichen Schlag; **I know your** ~ deinen Typ kenne ich; **your** ~ **never do any good** Leute wie Sie tun nie gut; **this** ~ **of thing** so etwas; **you know the** ~ **of thing I mean** Sie wissen, was ich meine; **... of all** ~**s** alle möglichen ...; **something of the** ~ so etwas ähnliches; **nothing of the** ~ nichts dergleichen; **you'll do nothing of the** ~ du wirst das schön bleiben lassen!; **it's not my** ~ **of holiday** (*inf*) solche Ferien sind nicht mein Fall (*inf*) *or* nach meinem Geschmack; **she's my** ~ **of woman** (*inf*) sie ist mein Typ.

2. a ~ **of ...** eine Art ..., so ein(e) ...; **a** ~ **of box** so (etwas wie) eine Schachtel, eine Art Schachtel; **in a** ~ **of way I'm sorry** (*inf*) irgendwie tut es mir leid; **I** ~ **of thought that he ...** (*inf*) (*and he didn't*) ich habe eigentlich gedacht, daß er ...; (*and he did*) ich habe es mir beinahe gedacht, daß er ...; **I was** ~ **of disappointed** (*a little*) ich war irgendwie enttäuscht; (*very*) ich war ziemlich enttäuscht; **are you nervous? —** ~ **of** (*inf*) bist du nervös? — ja, schon (*inf*).

3. (*goods, as opposed to money*) Naturalien *pl*, Ware *f*. **payment in** ~ Bezahlung in Naturalien; **I shall pay you in** ~ (*fig*) ich werde es Ihnen in gleicher Münze zurückzahlen.

kind[2] *adj* (+*er*) liebenswürdig, nett, freundlich (*to* zu). **he's** ~ **to animals** er ist gut zu Tieren; **would you be** ~ **enough to open**

the door wären Sie (vielleicht) so nett *or* freundlich *or* lieb, die Tür zu öffnen; **he was so ~ as to show me the way** er war so nett *or* freundlich und zeigte mir den Weg; **it was very ~ of you to help me** es war wirklich nett *or* lieb von Ihnen, mir zu helfen.

kindergarten [ˈkɪndəˌgɑːtn] *n* Kindergarten *m*.

kind-hearted [ˈkaɪndˈhɑːtɪd] *adj* gutherzig, gütig.

kind-heartedness [ˈkaɪndˈhɑːtɪdnɪs] *n* Gutherzigkeit, Güte *f*.

kindle [ˈkɪndl] **I** *vt fire* entfachen, anzünden, entzünden; *passions, desire* entfachen, wecken. **II** *vi* (*fire, wood etc*) brennen; (*passions, enthusiasm etc*) entbrennen, aufflammen.

kindliness [ˈkaɪndlɪnɪs] *n* Freundlichkeit, Güte, Liebenswürdigkeit *f*.

kindling [ˈkɪndlɪŋ] *n* (*wood*) Anzündholz, Anmachholz *nt*.

kindly [ˈkaɪndlɪ] **I** *adv* **1.** *speak, act* freundlich, nett; *treat* liebenswürdig, freundlich. **they ~ put me up for a night** sie nahmen mich freundlicherweise *or* liebenswürdigerweise für eine Nacht auf.
2. will you ~ do it now tun Sie das sofort, wenn ich bitten darf; **~ shut the door** machen Sie doch bitte die Tür zu.
3. I don't take ~ to his smoking sein Rauchen ist mir gar nicht angenehm; **he won't take at all ~ to** that das wird ihm gar nicht gefallen; **I don't take ~ to not being asked** es ärgert mich, wenn ich nicht gefragt werde; **she didn't take ~ to the idea of going abroad** sie konnte sich gar nicht mit dem Gedanken anfreunden, ins Ausland zu gehen.
II *adj* (+*er*) *person* lieb, nett, freundlich; *advice* gut gemeint, freundlich; *voice* sanft, gütig.

kindness [ˈkaɪndnɪs] *n* **1.** *no pl* Freundlichkeit, Liebenswürdigkeit *f* (*towards* gegenüber); (*goodness of heart*) Güte *f* (*towards* gegenüber). **to treat sb with ~, to show sb ~** freundlich *or* liebenswürdig zu jdm sein; **out of the ~ of one's heart** aus reiner Nächstenliebe; **would you have the ~ to …?** hätten Sie die Freundlichkeit *or* Güte, zu …?
2. (*act of ~*) Gefälligkeit, Aufmerksamkeit *f*. **to do sb a ~** jdm eine Gefälligkeit erweisen; **it would be a ~ to tell him** man würde ihm einen Gefallen tun, wenn man es ihm sagen würde.

kindred [ˈkɪndrɪd] **I** *n, no pl* (*relatives*) Verwandtschaft *f*. **II** *adj* (*related*) verwandt. **~ spirit** Gleichgesinnte(r) *mf*.

kinetic [kɪˈnetɪk] *adj* kinetisch.

kinetics [kɪˈnetɪks] *n sing* Kinetik *f*.

kinfolk [ˈkɪnfəʊk] *n see* **kinsfolk**.

king [kɪŋ] *n* **1.** (*lit*) König *m*. **K~'s Counsel** (*Jur*) Kronanwalt *m* (*Staatsanwalt, der in höheren Strafsachen die Krone vertritt*).
2. (*fig*) König *m*. **an oil ~** ein Ölkönig *or* -magnat *m*.
3. (*Chess, Cards*) König *m*; (*Draughts*) Dame *f*.

king bolt *n* (*US*) *see* **kingpin**; **kingcup** *n* (*buttercup*) Hahnenfuß *m*, Butterblume *f*; (*marsh marigold*) Sumpfdotterblume *f*.

kingdom [ˈkɪŋdəm] *n* **1.** (*lit*) Königreich *nt*.
2. (*Rel*) **~ of heaven** Himmelreich *nt*; **to send sb to ~ come** (*inf*) jdn ins Jenseits befördern (*inf*); **you can go on doing that till ~ come** (*inf*) Sie können (so) bis in alle Ewigkeit weitermachen. **3.** (*Zool, Bot*) Reich *nt*.

kingfisher [ˈkɪŋfɪʃəʳ] *n* Eisvogel *m*. **~-blue** eisblau, gletscherblau.

kingly [ˈkɪŋlɪ] *adj* königlich, majestätisch.

kingmaker [ˈkɪŋˌmeɪkəʳ] *n* (*lit, fig*) Königsmacher *m*; **kingpin** *n* (*Tech*) Königsbolzen, Drehzapfen *m*; (*Aut*) Achsschenkelbolzen *m*; (*fig: person*) Stütze *f*; **kingship** *n* Königtum *nt*; **king-size(d)** *adj* (*inf*) in Großformat, großformatig; *cigarettes* King-size; *bed* extra groß; **I've got a ~ headache** (*hum*) ich hab' vielleicht einen Brummschädel (*inf*).

kink [kɪŋk] **I** *n* **1.** (*in rope etc*) Knick *m*, Schlaufe *f*; (*in hair*) Welle *f*. **2.** (*mental peculiarity*) Schrulle *f*, Tick *m* (*inf*); (*sexual*) abartige Veranlagung. **II** *vi* (*rope*) Schlaufen bilden, sich verdrehen; (*hair*) sich wellen.

kinky [ˈkɪŋkɪ] *adj* (+*er*) **1.** *hair* wellig. **2.** (*inf*) *person, ideas, mind* verdreht (*inf*), schrullig, spleenig (*inf*); *boots, fashion* verrückt (*inf*), irr (*sl*); (*sexually*) abartig.

kinsfolk [ˈkɪnzfəʊk] *n* Verwandtschaft *f*, Verwandte(n) *pl*.

kinship [ˈkɪnʃɪp] *n* Verwandtschaft *f*.

kinsman [ˈkɪnzmən] *n, pl* **-men** [-mən] Verwandte(r) *m*.

kinswoman [ˈkɪnzwʊmən] *n, pl* **-women** [-wɪmɪn] Verwandte *f*.

kiosk [ˈkiːɒsk] *n* **1.** Kiosk, Verkaufsstand *m*. **2.** (*Brit Telec*) (Telephon)zelle *f*.

kip [kɪp] *n* (*Brit sl*) **1** (*sleep*) Schläfchen *nt*, Ratzer(chen *nt*) *m* (*sl*). **II** *vi* (*also ~ down*) pennen (*sl*).

kipper [ˈkɪpəʳ] *n* Räucherhering, Bückling *m*.

kiss [kɪs] **I** *n* Kuß *m*. **~ of life** Mund-zu-Mund-Beatmung *f*; **~ of death** (*fig*) Todesstoß *m*; **~ curl** Schmachtlocke *f*.
II *vt* küssen; (*fig: touch gently*) sanft berühren. **to ~ sb's cheek** jdn auf die Wange küssen; **to ~ sb's hand** jdm die Hand küssen; (*woman's hand: in greeting*) jdm einen Handkuß geben; **they ~ed each other** sie gaben sich einen Kuß, sie küßten sich; **to ~ sb good night/goodbye** jdm einen Gute-Nacht-Kuß/Abschiedskuß geben; **come here and I'll ~ it better** komm her, ich werde mal blasen, dann tut's nicht mehr weh.
III *vi* küssen; (*~ each other*) sich küssen. **to ~ and make up** sich mit einem Kuß versöhnen.

♦**kiss away** *vt sep* **she ~ed ~ the child's tears** sie küßte dem Kind die Tränen fort.

kisser [ˈkɪsəʳ] *n* (*sl*) Fresse *f* (*sl*).

kissproof [ˈkɪspruːf] *adj* kußecht.

kit [kɪt] *n* **1.** (*equipment*) (*for fishing, photography etc*) Ausrüstung *f*.
2. (*Sport: clothes*) Ausrüstung *f*, Zeug *nt* (*inf*), Sachen *pl* (*inf*). **gym ~** Sportzeug *nt*, Sportsachen *pl*.
3. (*belongings, luggage etc*) Sachen *pl*; *see* **caboodle**.
4. (*set of items*) (*tools*) Werkzeug *nt*; (*in*

box) Werkzeugkasten *m*; (*puncture repair* ~) Flickzeug *nt*; (*first-aid* ~) Erste-Hilfe-Ausrüstung *f*, Verbandszeug *nt*. **5.** (*for self-assembly*) Bastelsatz *m*.

◆**kit out** *or* **up** *vt sep* ausrüsten (*esp Mil*), ausstatten; (*clothe*) einkleiden.

kitbag ['kɪtbæg] *n* Seesack *m*.

kitchen ['kɪtʃɪn] **I** *n* Küche *f*. **II** *attr* Küchen-; *scales also*, *song* Haushalts-. ~**foil** Haushalts- *or* Alufolie *f*; ~ **garden** Gemüsegarten, Küchengarten *m*; ~ **range** Küchenherd *m*; ~ **unit** Küchenschrank *m*.

kitchenette [ˌkɪtʃɪ'net] *n* (*separate room*) kleine Küche; (*part of one room*) Kochnische *f*.

kitchenmaid ['kɪtʃɪnmeɪd] *n* Küchenmagd *f*; **kitchen sink** *n* Spüle *f*, Ausguß, Spülstein *m*; **I've packed everything but the** ~ (*inf*) ich habe den ganzen Hausrat eingepackt; **kitchen-sink drama** *n* Alltagsdrama, Wohnküchendrama *nt*; **kitchenware** *n* Küchengeräte *pl*.

kite [kaɪt] *n* **1.** (*Orn*) Milan *m*. **2.** (*toy*) Drachen *m*. **K~ mark** (*Brit*) dreieckiges Gütezeichen. **3.** (*Aviat sl*) Vogel *m* (*sl*).

kith [kɪθ] *n*: ~ **and kin** Blutsverwandte *pl*; **they came with** ~ **and kin** sie kamen mit Kind und Kegel.

kitsch [kɪtʃ] *n* Kitsch *m*.

kitten ['kɪtn] *n* kleine Katze, Kätzchen *nt*. **to have** ~**s** (*inf*) Junge *or* Zustände kriegen (*inf*).

kittenish ['kɪtənɪʃ] *adj* verspielt; (*fig*) *woman* kokett.

kittiwake ['kɪtɪweɪk] *n* Dreizehenmöwe *f*.

kitty ['kɪtɪ] *n* **1.** (*shared money*) (gemeinsame) Kasse; (*Cards etc also*) Spielkasse *f*. **we'll have a ~ for the drinks** wir machen eine Umlage für die Getränke; **I've nothing left in the** ~ die Kasse ist leer. **2.** (*inf: cat*) Mieze *f*.

kiwi ['kiːwiː] *n* **1.** Kiwi *m*. **2.** (*also* ~ **fruit**) Kiwi(frucht) *f*.

klaxon ['klæksn] *n* Horn *nt*, Hupe *f*.

Kleenex ® ['kliːneks] *n* Tempo(taschentuch) ® *nt*.

kleptomania [ˌkleptəʊ'meɪnɪə] *n* Kleptomanie *f*.

kleptomaniac [ˌkleptəʊ'meɪnɪæk] **I** *n* Kleptomane *m*, Kleptomanin *f*. **II** *adj* kleptomanisch.

km *abbr of* **kilometre(s)** km.

kmph *abbr of* **kilometres per hour** km/h.

knack [næk] *n* Trick, Kniff *m*; (*talent*) Talent, Geschick *nt*. **there's a (special)** ~ **to opening it** da ist ein Trick *or* Kniff dabei, wie man das aufbekommt; **you'll soon get the** ~ **of it** Sie werden den Dreh bald rausbekommen *or* raushaben; **I've lost the** ~ ich bekomme *or* kriege (*inf*) das nicht mehr hin *or* fertig; **she's got a** ~ **of saying the wrong thing** sie hat ein Geschick *or* Talent, immer das Falsche zu sagen.

knacker ['nækər] *n* (*Brit*) (*of horses*) Abdecker, Schinder *m*; (*of boats, houses*) Abbruchunternehmer *m*.

knackered ['nækəd] *adj* (*Brit sl*) kaputt (*inf*), ausgebufft (*sl*).

knapsack ['næpsæk] *n* Proviantbeutel, Tornister (*esp Mil*), Knappsack (*old*) *m*.

knave [neɪv] *n* **1.** (*old*) Bube (*old*), Schurke *m*. **2.** (*Cards*) Bube, Unter (*old*) *m*.

knavish ['neɪvɪʃ] *adj* (*old*) schurkisch.

knead [niːd] *vt wax etc* kneten; (*massage*) *muscles* massieren, durchkneten (*inf*).

knee [niː] **I** *n* Knie *nt*. **to be on one's** ~**s** (*lit*, *fig*) auf den Knien liegen; **on one's** ~**s, on bended** ~(**s**) (*liter, hum*) kniefällig; **to go down on one's** ~**s to sb** (*lit, fig*) sich vor jdm auf die Knie werfen, vor jdm einen Kniefall machen; **to bring sb to his** ~**s** (*lit, fig*) jdn in die Knie zwingen; **he sank in up to the** *or* **his** ~**s** er sank knietief *or* bis zu den Knien ein; **at** ~ **level** in Kniehöhe; ~ **jerk** *or* **reflex** (*Med*) Kniesehnenreflex, Patellarreflex (*spec*) *m*; **I'll put you over my** ~ **in a minute** ich lege dich gleich übers Knie.

II *vt* mit dem Knie stoßen.

knee breeches *npl* Bundhose *f*; **kneecap** *n* Kniescheibe *f*; **knee-deep** *adj* knietief; **knee-high** *adj* kniehoch, in Kniehöhe; **knee joint** *n* (*Med, Tech*) Kniegelenk *nt*.

kneel [niːl] *pret, ptp* **knelt** *or* ~**ed** *vi* (*before* vor +*dat*) knien; (*also* ~ **down**) niederknien, (sich) hinknien.

knee-length ['niːleŋθ] *adj skirt* knielang; *boots* kniehoch.

kneeler ['niːlər] *n* Kniepolster *nt*; (*stool*) Kniebank *f*.

knee pad *n* Knieschützer *m*, Knieleder *nt*.

knell [nel] *n* Geläut *nt*, (Toten)glocke *f*.

knelt [nelt] *pret, ptp of* **kneel.**

knew [njuː] *pret of* **know.**

knickerbockers ['nɪkəbɒkəz] *npl* Knickerbocker *pl*.

knickers ['nɪkəz] *npl* **1.** Schlüpfer *m*. **to get one's** ~ **in a twist** (*sl*) sich (*dat*) ins Hemd machen (*sl*); ~! (*sl*) (*rubbish*) Quatsch! (*inf*); (*bother*) Mist! (*inf*). **2.** (*old*) *see* **knickerbockers.**

knick-knack ['nɪknæk] *n* nette Kleinigkeit, Kinkerlitzchen *nt*. ~**s** Krimskrams *m*; (*esp figurines*) Nippes, Nippsachen *pl*.

knife [naɪf] **I** *n, pl* **knives** Messer *nt*. ~**, fork and spoon** Besteck *nt*; **he's got his** ~ **into me** (*inf*) der hat es auf mich abgesehen (*inf*); **to be/go under the** ~ (*Med inf*) unterm Messer sein (*inf*)/unters Messer kommen (*inf*); **to turn** *or* **twist the** ~ (**in the wound**) (*fig*) Salz in die Wunde streuen.

II *vt* einstechen auf (+*acc*); (*fatally*) erstechen, erdolchen.

knife edge *n* (*lit*) (Messer)schneide *f*; **to be balanced on a** ~ (*fig*) auf Messers Schneide stehen; **knife grinder** *n* (*person*) Scherenschleifer(in *f*) *m*; (*thing*) Schleifrad *nt or* -stein *m*; **knife pleat** *n* einfache Falte; **knife rest** *n* Messerbänkchen *nt*; **knife sharpener** *n* Messerschärfer *m*.

knight [naɪt] **I** *n* (*title, Hist*) Ritter *m*; (*Chess*) Springer *m*, Pferd(chen), Rössel *nt*. **K~ of the Garter** Träger *m* des Hosenbandordens; ~ **of the road** (*Brit hum*) Kapitän *m* der Landstraße (*hum*). **II** *vt* adeln, zum Ritter schlagen.

knight errant *n, pl* **knights errant** fahrender Ritter; **knight-errantry** [naɪt'erəntrɪ] *n* fahrendes Rittertum; (*fig*) Ritterlichkeit *f*.

knighthood ['naɪthʊd] *n* **1.** (*knights collectively*) Ritterschaft *f*. **2.** (*rank*) Ritterstand *m*. **to receive a ~** in den Ritterstand erhoben werden.

knightly ['naɪtlɪ] *adj* (*+er*) ritterlich.

knit [nɪt] *pret, ptp* **~ted** *or* ~ I *vt* **1.** stricken. **the wool is then ~ted into ...** aus der Wolle wird dann ... gestrickt; **~ three, purl two** drei rechts, zwei links. **2. to ~ one's brow** die Stirn runzeln. II *vi* **1.** stricken. **2.** (*bones: also* ~ **together,** ~ **up**) verwachsen, zusammenwachsen.

◆**knit together** I *vt sep* **1.** *stitches* zusammenstricken. **2.** (*unite*) *threads of story* (miteinander) verknüpfen; *people* eng verbinden. II *vi* **1.** *see* **knit** II **2.** **2.**(*unite*) miteinander verwachsen. **they ~ well** ~ sie harmonieren gut; (*through experience*) sie sind gut aufeinander eingespielt.

◆**knit up** I *vi* **1.** (*wool*) sich stricken. **2.** *see* **knit** II **2.** II *vt sep jersey* stricken.

knitted [nɪtɪd] *adj* gestrickt; *cardigan, dress etc* Strick-. **~ goods** Strickwaren *or* -sachen *pl*.

knitter ['nɪtər] *n* Stricker(in *f*) *m*.

knitting ['nɪtɪŋ] *n* **1.** Stricken *nt*; (*material being knitted*) Strickzeug *nt*, Strickarbeit *f*; (*knitted goods*) Gestrickte(s) *nt*, Stricksachen *pl*. **she was doing her ~** sie strickte.
2. (*of bones etc*) Verwachsen, Zusammenwachsen *nt*.

knitting machine *n* Strickmaschine *f*; **knitting needle** *n* Stricknadel *f*; **knitting wool** *n* (Strick)wolle *f*, Strickgarn *nt*.

knitwear ['nɪtwɛər] *n* Strickwaren, Strick- *or* Wollsachen *pl*.

knives [naɪvz] *pl of* **knife.**

knob [nɒb] *n* **1.** (*on walking stick*) Knauf *m*; (*on door also*) Griff *m*; (*on instrument etc*) Knopf *m*. **and the same to you with** (**brass**) **~s on** (*Brit sl*) das beruht auf Gegenseitigkeit.
2. (*small swelling*) Beule *f*, Knubbel *m* (*inf*); (*on tree*) Knoten, Auswuchs *m*.
3. (*small piece*) Stückchen *nt*.

knobbly ['nɒblɪ] *adj* (*+er*) *wood* knorrig, verwachsen; *surface* uneben, höckrig, knubbelig (*inf*). **~ knees** Knubbelknie *pl* (*inf*).

knock [nɒk] I *n* **1.** (*blow*) Stoß *m*; (*esp with hand, tool etc*) Schlag *m*. **to get a ~** einen Stoß/Schlag abbekommen; **my head got a ~, I got a ~ on the head** (*was hit*) ich habe einen Schlag auf den Kopf bekommen; (*hit myself*) ich habe mir den Kopf angeschlagen *or* angestoßen; **he got a ~ from the swing** die Schaukel hat ihn getroffen; **he had a bit of a ~** er hat etwas abbekommen (*inf*); **the car got a few ~s** das Auto ist ein paarmal gerammt worden; **the furniture has had a few ~s** die Möbel haben ein paar Schrammen abbekommen; **he gave himself a nasty ~** er hat sich böse angeschlagen *or* angestoßen.
2. (*noise*) Klopfen, Pochen (*liter*) *nt no pl*; (*in engine*) Klopfen *nt no pl*, Klopfgeräusch *nt*. **there was a ~ at the door** es hat (an der Tür) geklopft; **I heard a ~** ich habe es klopfen hören; **I'll give you a ~ at 7 o'clock** (*Brit*) ich klopfe um 7 Uhr (an deine Tür).

3. (*fig: setback*) (Tief)schlag *m*. **~s** (*inf: criticism*) Kritik *f*; **to** (**have to**) **take a lot of ~s** viele Tiefschläge einstecken (müssen); (*be criticized*) unter starken Beschuß kommen; **to take a ~** (*self-confidence, pride etc*) erschüttert werden; (*person*) einen Tiefschlag erleben.

II *vt* **1.** (*hit, strike*) stoßen; (*with hand, tool, racket etc*) schlagen; *one's knee, head etc* anschlagen, anstoßen (*on an +dat*); (*nudge, jolt*) stoßen gegen; (*collide with*) (*car, driver*) rammen. **to ~ one's head/elbow** *etc* sich (*dat*) den Kopf/Ellbogen *etc* anschlagen *or* anstoßen; **he ~ed his foot against a stone** er stieß mit dem Fuß gegen einen Stein; **to ~ sb on the head** jdn an *or* auf den Kopf schlagen; **that ~ed his plans on the head** (*inf*) das hat all seine Pläne über den Haufen geworfen (*inf*); **to ~ sb to the ground** jdn zu Boden werfen; **to ~ sb unconscious** jdn bewußtlos werden lassen; (*person*) jdn bewußtlos schlagen; **he ~ed some holes in the side of the box** er machte ein paar Löcher in die Seite der Kiste; **to ~ holes in an argument** ein Argument zerpflücken; **to ~ sb/sth out of the way** jdn/etw beiseite stoßen; **she ~ed the gun out of his hand** sie schlug ihm die Waffe aus der Hand; **he ~ed it as he went past** er ist beim Vorbeigehen dagegengestoßen; (*deliberately*) er hat ihm/ihr den Stoß beim Vorbeigehen einen Stoß versetzt *or* gegeben; **she ~ed the glass to the ground** sie stieß gegen das Glas, und es fiel zu Boden; **don't ~ your glass off the table** werfen *or* stoßen Sie Ihr Glas nicht vom Tisch; **somebody ~ed the nose off the statue** jemand hat der Statue die Nase abgeschlagen; **to ~ the nonsense out of sb** jdm den Unsinn austreiben; **to ~ some sense into sb** jdn zur Vernunft bringen.
2. (*inf: criticize*) (he)runtermachen (*inf*). **if you don't know it, don't ~ it** verdamme doch nicht etwas, was du überhaupt nicht kennst.

III *vi* **1.** klopfen, pochen (*liter*); (*engine etc*) klopfen. **to ~ at the door/window** an die Tür klopfen, anklopfen/gegen das Fenster klopfen; **~ before entering** bitte anklopfen; **he ~ed on the table** er schlug *or* klopfte auf den Tisch.
2. (*bump, collide*) stoßen (*into, against* gegen). **he ~ed into** *or* **against the gatepost** er rammte den Türpfosten.
3. his knees were ~ing ihm zitterten *or* schlotterten (*inf*) die Knie.
IV *interj* ~ ~! klopf, klopf.

◆**knock about** *or* **around** I *vi* (*inf*) **1.** (*person*) herumziehen (*prep obj in +dat*). **he has ~ed ~ a bit** er ist schon (ganz schön) (he)rumgekommen (*inf*).
2. (*object*) herumliegen (*prep obj in +dat*).
II *vt sep* **1.** (*ill-treat*) verprügeln, schlagen. **he was badly ~ed ~ in the crash** er ist beim Unfall ziemlich zugerichtet worden.
2. (*damage*) ramponieren (*inf*).
3. to ~ a ball ~ ein paar Bälle schlagen.

◆**knock back** *vt sep* (*inf*) **1. he ~ed ~ his whisky** er kippte sich (*dat*) den Whisky hinter die Binde (*inf*).

2. (*cost*) **this watch ~ed me ~ £20** ich
habe für die Uhr £ 20 hingelegt, die Uhr
hat mich £ 20 gekostet; **what did they ~
you ~ for it?** was mußten Sie dafür hin-
legen *or* blechen? (*inf*).

3. (*shock*) schocken, erschüttern.

4. (*reject*) zurückweisen.

◆**knock down** *vt sep* **1.** *person, thing* um-
werfen, zu Boden werfen; *opponent* (*by
hitting*) niederschlagen; (*car, driver*) an-
fahren, umfahren; (*fatally*) überfahren;
building abreißen, niederreißen; *tree* fäl-
len, umhauen; *door* einschlagen; *ob-
stacle, fence* niederreißen; (*car*) umfah-
ren. **she was ~ed ~ and killed** sie wurde
überfahren; **he ~ed him ~ with one blow**
er schlug *or* streckte (*geh*) ihn mit einem
Schlag zu Boden.

2. *price* (*buyer*) herunterhandeln (*to
auf +acc*); (*seller*) heruntergehen mit. **I
~ed him ~ to £15** ich habe es auf £ 15
heruntergehandelt; **he ~ed the price ~ by
£5 for me** er hat mir £ 5 nachgelassen.

3. (*at auction*) zuschlagen (*to sb* jdm).
to be ~ed ~ at £1 für ein Pfund versteigert
werden.

4. *machine, furniture* zerlegen,
auseinandernehmen.

◆**knock in** *vt sep nail* einschlagen.

◆**knock off I** *vi* (*inf*) aufhören, Feierabend
or Schluß machen (*inf*). **to ~ ~ for lunch**
Mittag machen.

II *vt sep* **1.** (*lit*) *vase, cup, person etc*
hinunterstoßen; *nose off statue etc* ab-
schlagen; *insect* abschütteln; *high jump
bar* reißen. **the branch ~ed the rider ~
(his horse)** der Ast riß den Reiter (vom
Pferd).

2. (*inf: reduce price by*) nachlassen (*for
sb* jdm), runtergehen (*inf*). **he ~ed £5 ~
the bill/price** er hat £ 5 von der Rechnung/
vom Preis nachgelassen.

3. (*inf: do quickly*) *essay, painting* hin-
hauen (*inf*); (*with good result*) aus dem
Ärmel schütteln (*inf*).

4. (*Brit sl: steal*) klauen (*inf*).

5. (*sl: kill*) umlegen (*inf*).

6. (*inf: stop*) aufhören mit; *smoking,
criticizing* stecken (*sl*). **to ~ ~ work**
Feierabend machen; **~ it ~!** nun hör
schon auf!

◆**knock out** *vt sep* **1.** *tooth* ausschlagen;
nail herausschlagen (*of* aus); *pipe* aus-
klopfen; *contents* herausklopfen (*of* aus).

2. (*stun*) bewußtlos werden lassen; (*by
hitting*) bewußtlos schlagen, k.o.
schlagen; (*Boxing*) k.o. schlagen; (*drink*)
umhauen (*inf*).

3. (*from competition*) besiegen (*of* in
+*dat*). **to be ~ed ~** ausscheiden, raus-
fliegen (*inf*) (*of* aus).

4. (*inf: stun, shock*) (*good news*) um-
werfen, umhauen (*inf*); (*bad news, sb's
death etc*) schocken (*inf*).

5. (*sl: bowl over*) hinreißen (*inf*), um-
hauen (*inf*).

6. (*inf: exhaust*) schaffen (*inf*), kaputt-
machen (*inf*).

◆**knock over** *vt sep* umwerfen, umstoßen;
(*car*) anfahren; (*fatally*) überfahren.

◆**knock together I** *vi* **his knees were ~ing
~** seine Knie zitterten *or* schlotterten

(*inf*). **II** *vt sep* **1.** (*make hurriedly*) *shelter,
object* zusammenzimmern; *meal, snack*
auf die Beine stellen (*inf*). **2.** (*lit*)
aneinanderstoßen.

◆**knock up I** *vi* **1.** (*Brit Sport*) sich ein-
spielen, ein paar Bälle schlagen.

2. (*US sl*) bumsen (*inf*).

II *vt sep* **1.** (*hit upwards*) hochschlagen.

2. (*Brit: wake*) (auf)wecken.

3. (*make hurriedly*) *meal* auf die Beine
stellen (*inf*), herzaubern (*inf*); *building*
hochziehen, hinstellen; *shelter* zusam-
menzimmern.

4. (*Brit sl: exhaust*) kaputtmachen
(*inf*), schaffen (*inf*); (*experience, shock*)
schaffen (*inf*).

5. (*sl*) (*make pregnant*) ein Kind anhän-
gen (+*dat*) (*inf*), ein Kind machen
(+*dat*) (*inf*); (*US: have sex with*) bumsen
mit (*inf*). **she's ~ed ~** die hat 'nen dicken
Bauch (*sl*).

6. (*Cricket*) **to ~ ~ 20 runs** 20 Läufe
machen.

7. (*inf: do*) *mileage* fahren; *overtime*
machen.

knock-down [ˈnɒkˈdaʊn] *adj attr furniture
etc* zerlegbar; **~ price** Schleuderpreis *m*;
(*at auction*) Mindestpreis *m*; **~ blow**
(*Boxing*) Niederschlag *m*.

knocker [ˈnɒkəʳ] *n* **1.** (*door ~*) (Tür)klopfer
m.

2. (**pair of**) **~s** (*Brit sl: breasts*) Vorbau
m (*inf*).

3. (*inf: critic*) Kritikaster *m* (*inf*). **every
good new idea is sure to have its ~s** bei
jeder guten Idee gibt's jemanden, der was
dran auszusetzen hat.

knocking [ˈnɒkɪŋ] *n* **1.** Klopfen, Pochen
(*liter*) *nt*; (*in engine*) Klopfen *nt*. **2.** (*inf*)
Kritik *f* (*of an* +*dat*). **he has taken** *or* **had
a lot of ~** er ist ziemlich unter Beschuß
gekommen.

knock-kneed [ˌnɒkˈniːd] *adj* X-beinig; **to be
~** X-Beine haben; **knockout I** *n* (*Boxing*)
Knockout, K.o. *m*; (*inf: person, thing*)
Wucht *f* (*inf*); **II** *attr* **1.** (*Boxing, fig*) **~
blow** K.o.-Schlag *m*; **2. ~ competition**
Ausscheidungskampf *m*; **knock-up** *n*
(*Brit Sport*) **to have a ~** ein paar Bälle
schlagen.

knoll [nəʊl] *n* Hügel *m*, Kuppe *f*.

knot [nɒt] **I** *n* **1.** (*in string, tie, fig*) Knoten
m; (*in muscle*) Verspannung *f*. **to tie/undo**
or **untie a ~** einen Knoten machen/
aufmachen *or* lösen; **to tie the ~**(*fig*) den
Bund fürs Leben schließen; **to tie oneself
(up) in ~s** (*fig*) sich immer mehr ver-
wickeln *or* tiefer verstricken; **his stomach
was in a ~** sein Magen krampfte sich
zusammen.

2. (*Naut: speed*) Knoten *m*. **to make 20
~s** 20 Knoten machen; **see rate[1] I 1.**

3. (*in wood*) Ast *m*, Verwachsung *f*.

4. (*group*) Knäuel *m*. **a ~ of tourists** ein
Touristenknäuel *m*.

II *vt* einen Knoten machen in (+*acc*);
(**~ together**) verknoten, verknüpfen. **to ~
sth to sth** etw mit etw verknoten; **get
~ted!** (*sl*) du kannst mich mal! (*inf*).

III *vi* sich verknoten, Knoten bilden.

◆**knot together** *vt sep* verknoten.

knotty [ˈnɒtɪ] *adj* (+*er*) *wood* astreich,

knorrig; *veins, rope* knotig; *problem* verwickelt, verzwickt (*inf*).

know [nəʊ] (*vb: pret* **knew,** *ptp* **known**) **I** *vti*
1. (*have knowledge about*) wissen; *answer, facts, dates, details, results etc also* kennen; *French, English etc* können. **to ~ how to do sth** (*in theory*) wissen, wie man etw macht; (*in practice*) etw tun können; **he ~s a thing or two** (*inf*) er weiß Bescheid, er weiß ganz schön viel (*inf*); **she ~s all the answers** sie weiß Bescheid, sie kennt sich aus; (*pej*) sie weiß immer alles besser; **do you ~ the difference between …?** wissen Sie, was der Unterschied zwischen … ist?; **to ~ that/ why …** wissen, daß/warum …; **I ~ you are wrong** ich weiß, daß Sie Unrecht haben; **I ~ him to be honest** ich weiß, daß er ehrlich ist; **to let sb ~ sth** (*not keep back*) jdn etw wissen lassen; (*tell, inform*) jdm von etw Bescheid sagen *or* geben; **let me ~ when/ where** *etc* sagen Sie mir (Bescheid), wann/wo *etc*; **that's what** *I'd* **like to ~** (*too*) das möchte ich auch wissen; **that's what I'd like to ~** das möchte ich wirklich wissen; **that's worth ~ing** das ist ja interessant; **that might be worth ~ing es** könnte interessant sein, das zu wissen; **as far as I ~** soviel ich weiß, meines Wissens; **he might even be dead for all I ~** vielleicht ist er sogar tot, was weiß ich; **not that I ~** nicht daß ich wüßte; **who ~s?** wer weiß?, weiß ich's; **there's no ~ing** (*inf*) das kann keiner sagen, das weiß niemand; **there's no ~ing what he'll do** man weiß nie, was er noch tut; **the channel was rough, as I well ~** *or* **as well I ~**! die Überfahrt war stürmisch, das kann ich dir sagen; **I'd have you ~ that …** ich möchte doch sehr betonen, daß …; **to ~ what one is talking about** wissen, wovon man redet; **to ~ one's own mind** wissen, was man will; **before you ~ where you are** ehe man sich's versieht; **I've been a fool and don't I ~ it!** (*inf*) ich seh's ja ein, ich war doof (*inf*), ich war vielleicht doof (*inf*); **she's angry! — don't I ~ it!** (*inf*) sie ist wütend! — wem sagst du das! (*inf*); **he just didn't want to ~** er wollte einfach nicht hören; **he didn't want to ~ me** er wollte nichts mit mir zu tun haben; **I ~!** ich weiß!, weiß ich (doch)!; (*having a good idea*) ich weiß was!, ich habe eine Idee!; **I don't ~** (das) weiß ich nicht; **I don't ~ that that is a good idea** ich weiß nicht, ob das eine gute Idee ist; **I wouldn't ~** (*inf*) weiß ich (doch) nicht (*inf*); **don't you ~?** weißt du das denn nicht?; **how should I ~** wie soll ich das wissen?; **what do you ~!** (*inf*) sieh mal einer an!; **you never ~** man kann nie wissen.

2. **you ~, we could/there is …** weißt du, wir könnten/da ist …; **he gave it away/he didn't come, you ~** er hat es nämlich weggegeben/er ist nämlich nicht gekommen; **you have to give me more time/ details, you ~** (wissen Sie,) Sie müssen mir schon etwas mehr Zeit/genauere Einzelheiten geben; **it's not so easy, you ~** (wissen Sie,) das ist gar nicht so einfach; **then there was this man, you ~, and …** und da war dieser Mann, nicht (wahr),

und …; **it's long and purple and, you ~, sort of crinkly** es ist lang und lila und, na ja, so kraus.

3. (*be acquainted with*) *people, places, book, author* kennen. **I ~ Bavaria well** ich kenne Bayern gut, ich kenne mich gut in Bayern aus; **to get to ~ sb/sth** jdn/etw kennenlernen; **do you ~ him to speak to?** kennen Sie ihn näher?; **if I ~ John, he'll already be there** wie ich John kenne, ist er schon da; *see* **name I 1., sight I 2.**

4. **to get to ~ sb/a place** jdn/einen Ort kennenlernen; **to get to ~ sth** *methods, techniques, style, pronunciation etc* etw lernen; *habits, faults, shortcuts etc* etw herausfinden.

5. (*recognize*) erkennen. **to ~ sb by his voice/walk** etc jdn an der Stimme/am Gang *etc* erkennen; **would you ~ him again?** würden Sie ihn wiedererkennen?; **he ~s a bargain/good manuscript when he sees one** er weiß, was ein guter Kauf/ein gutes Manuskript ist.

6. (*be able to distinguish*) unterscheiden können. **don't you ~ your right from your left?** können Sie rechts und links nicht unterscheiden?; **you wouldn't ~ him from his brother** Sie könnten ihn nicht von seinem Bruder unterscheiden; **he doesn't ~ one end of a horse/hammer from the other** er hat keine Ahnung von Pferden/er hat keine Ahnung, was ein Hammer ist (*inf*).

7. (*experience*) erleben. **I've never ~n it to rain so heavily** so einen starken Regen habe ich noch nie erlebt; **I've never ~n him to smile** ich habe ihn noch nie lächeln sehen, ich habe es noch nie erlebt, daß er lächelt; **you have never ~n me to tell a lie** Sie haben mich noch nie lügen hören.

8. (*in passive*) **to be ~n (to sb)** (jdm) bekannt sein; **it is (well) ~n that …** es ist (allgemein) bekannt, daß …; **is he/that ~n here?** ist er/das hier bekannt?, kennt man ihn/das hier?; **he is ~n to have been here** man weiß, daß er hier war; **he is ~n as Mr X** man kennt ihn als Herrn X; **she wishes to be ~n as Mrs X** sie möchte Frau X genannt werden; **to make sb/sth ~n** jdn/ etw bekanntmachen; **to make oneself ~n** sich melden (*to sb* bei jdm); (*introduce oneself*) sich vorstellen (*to sb* jdm); (*become well-known*) sich (*dat*) einen Namen machen; **to become ~n** bekannt werden; (*famous*) berühmt werden.

9. **I ~ better than that** ich bin ja nicht ganz dumm; **I ~ better than to say something like that** ich werde mich hüten, so etwas zu sagen; **he ~s better than to eat into his capital** er ist nicht so dumm, sein Kapital anzugreifen; **he ought to have** *or* **should have ~n better than to do that** es war dumm von ihm, das zu tun; **you ought to ~ better at your age** in deinem Alter müßte man das aber (besser) wissen; **they don't ~ any better** sie kennen's nicht anders; **he says he didn't do it, but I ~ better** er sagt, er war es nicht, aber ich weiß, daß das nicht stimmt; **mother always ~s best** Mutter weiß es am besten; **OK, you ~ best** o.k., Sie müssen's wissen.

II *n* (*inf*) **to be in the** ~ eingeweiht sein, im Bild sein (*inf*), Bescheid wissen (*inf*); **the people in the** ~ **say** ... Leute, die darüber Bescheid wissen, sagen ..., die Fachleute sagen ...

◆**know about I** *vi* +*prep obj* (*have factual knowledge, experience of*) *history, maths, politics* sich auskennen in (+*dat*); *Africa* Bescheid wissen über (+*acc*); *women, cars, horses* sich auskennen mit; (*be aware of, have been told about*) wissen von. **I** ~ ~ **that** weiß ich; **I didn't** ~ ~ **that** das wußte ich nicht; **I only knew** ~ **it yesterday** ich habe erst gestern davon gehört; **I** ~ ~ **John, but is anyone else absent?** John, das weiß ich, aber fehlt sonst noch jemand?; **to get to** ~ ~ **sb/sth** von jdm/etw hören; **I don't** ~ ~ **that** davon weiß ich nichts; (*don't agree*) da bin ich aber nicht so sicher.

II *vt sep* +*prep obj* **to** ~ **a lot/nothing/ something** ~ **sth** (*have factual knowledge*) viel/nichts/etwas über etw (*acc*) wissen; (*in history, maths etc*) in etw (*dat*) gut/ nicht/etwas Bescheid wissen; (*about women, cars, horses etc*) sich gut/nicht/ etwas mit etw auskennen, viel/nichts/ etwas über etw wissen; (*be aware of, have been told about*) viel/nichts/etwas von etw wissen; **that was the first I knew** ~ **it** davon hatte ich nichts gewußt; **not much is** ~ **n** ~ **that** darüber weiß man nicht viel; **I** ~ **all** ~ **that** da kenne ich mich aus; (*I'm aware of that*) das weiß ich; (*I've been told about it*) ich weiß Bescheid; **I** ~ **all** ~ **you** ich weiß über Sie Bescheid; **that's all you** ~ ~ **it!** (*iro*) das meinst auch nur du!

◆**know of** *vi* +*prep obj café, better method* kennen; (*have heard of*) *sb, sb's death* gehört haben von. **not that I** ~ ~ nicht, daß ich wüßte.

knowable ['nəʊəbl] *adj* der/die/das man wissen kann.

know-all ['nəʊɔːl] *n* Alleswisser, Allesbesserwisser *m*; **know-how** *n* praktische Kenntnis, Know-how *nt*; **he hasn't got the** ~ **for the job** er hat nicht die nötige Sachkenntnis für diese Arbeit.

knowing ['nəʊɪŋ] *adj look, smile* wissend; *person* verständnisvoll, wissend.

knowingly ['nəʊɪŋlɪ] *adv* **1.** (*consciously*) bewußt, absichtlich, wissentlich. **2.** *look, smile* wissend.

know-it-all ['nəʊɪtɔːl] *n* (*US*) *see* **know-all**.

knowledge ['nɒlɪdʒ] *n* **1.** (*understanding, awareness*) Wissen *nt*, Kenntnis *f*. **to have** ~ **of** Kenntnis haben *or* besitzen von, wissen von; **to have no** ~ **of** keine Kenntnis haben von, nichts wissen von; **to (the best of) my** ~ soviel ich weiß, meines Wissens; **not to my** ~ nicht, daß ich wüßte; **without his** ~ ohne sein Wissen; **without the** ~ **of her mother** ohne Wissen ihrer Mutter, ohne daß ihre Mutter es wußte/weiß; **it has come to my** ~ **that** ... ich habe erfahren, daß ..., es ist mir zu Ohren gekommen, daß ...

2. (*learning, facts learnt*) Kenntnisse *pl*, Wissen *nt*. **my** ~ **of English** meine Englischkenntnisse *pl*; **my** ~ **of D.H.**

Lawrence was ich von D.H. Lawrence kenne; **I have a thorough** ~ **of this subject** auf diesem Gebiet weiß ich gründlich Bescheid; **the police have no** ~ **of him/his activities** die Polizei weiß nichts über ihn/ seine Aktivitäten; **the advance of** ~ der Fortschritt der Wissenschaft.

knowledgeable ['nɒlɪdʒəbl] *adj person* kenntnisreich, mit gutem Wissen; *report* gut fundiert. **to be** ~ viel wissen (*about* über +*acc*).

known [nəʊn] **I** *ptp of* **know. II** *adj* bekannt; *expert also* anerkannt. **it is a** ~ **fact that** ... es ist (allgemein) bekannt, daß ..., es ist eine anerkannte Tatsache, daß ...

knuckle ['nʌkl] *n* (Finger)knöchel *m*; (*of meat*) Hachse, Haxe *f*.

◆**knuckle down** *vi* (*inf*) sich dahinterklemmen (*inf*), sich dranmachen (*inf*). **to** ~ ~ **to work** sich hinter die Arbeit klemmen (*inf*), sich an die Arbeit machen.

◆**knuckle under** *vi* (*inf*) spuren (*inf*), sich fügen.

knucklebone ['nʌklbəʊn] *n* Knöchelbein *nt*; **knuckleduster** *n* Schlagring *m*; **knucklehead** *n* (*inf*) Blödmann *m* (*inf*); **knuckle joint** *n* (*Anat*) Knöchel- *or* Fingergelenk *nt*; (*Tech*) Kardan- *or* Kreuzgelenk *nt*.

KO ['keɪ'əʊ] **I** *n* K.o.(-Schlag) *m*. **II** *vt* (*Boxing*) k.o. schlagen.

koala [kəʊ'ɑːlə] *n* (*also* ~ **bear**) Koala(bär) *m*.

kookaburra ['kʊkəˌbʌrə] *n* Rieseneisvogel *m*, Lachender Hans.

kooky ['kuːkɪ] *adj* (+*er*) (*US inf*) komisch (*inf*), verrückt (*inf*).

Koran [kɒ'rɑːn] *n* Koran *m*.

Korea [kə'rɪə] *n* Korea *nt*.

Korean [kə'rɪən] **I** *adj* koreanisch. ~ **war** Koreakrieg *m*. **II** *n* **1.** Koreaner(in *f*) *m*. **2.** (*language*) Koreanisch *nt*.

kosher ['kəʊʃər] *adj* **1.** koscher. **2.** (*inf*) in Ordnung. **there's something not quite** ~ **about that deal** an dem Geschäft ist etwas faul (*inf*).

kowtow [ˌkaʊ'taʊ] *vi* einen Kotau machen, dienern. **to** ~ **to sb** vor jdm dienern *or* katzbuckeln (*inf*) *or* einen Kotau machen.

kph *abbr of* **kilometres per hour** kph.

kraal [krɑːl] *n* Kral *m*.

Kraut [kraʊt] *n, adj als Schimpfwort gebrauchte Bezeichnung für Deutsche und Deutsches.*

Kremlin ['kremlɪn] *n*: **the** ~ der Kreml.

kremlinologist [ˌkremlɪ'nɒlədʒɪst] *n* Kremlforscher(in *f*) *m*.

kremlinology [ˌkremlɪ'nɒlədʒɪ] *n* Kremlforschung *f*.

krypton ['krɪptɒn] *n* (*abbr* **Kr**) Krypton *nt*.

kudos ['kjuːdɒs] *n* Ansehen *nt*, Ehre *f*. **he only did it for the** ~ er tat es nur der Ehre wegen.

Kurd [kɜːd] *n* Kurde *m*, Kurdin *f*.

Kurdish ['kɜːdɪʃ] **I** *adj* kurdisch. **II** *n* Kurdisch *nt*.

Kuwait [kʊ'weɪt] *n* Kuwait *nt*.

kw *abbr of* **kilowatt(s)** kW.

kWh, kwh *abbr of* **kilowatt hour(s)** kWh.

L

L, l [el] *n* L, l *nt*.

L *abbr of* **1.** (*Brit Mot*) **Learner** L. **2. Lake. 3. large.**

l *abbr of* **1. litre(s)** l. **2. left** l.

LA *abbr of* **Los Angeles.**

lab [læb] *abbr of* **laboratory.**

Lab (*Pol*) *abbr of* **Labour.**

label ['leɪbl] **I** *n* **1.** Etikett *nt*; (*showing contents, instructions etc*) Aufschrift, Beschriftung *f*; (*on specimen, cage*) Schild *nt*; (*tied on*) Anhänger *m*; (*adhesive*) Aufkleber *m*, Aufklebeetikett *nt*; (*on parcel*) Paketadresse *f*; (*of record company*) Schallplattengesellschaft, Plattenfirma *f*. **on the Pye** ~ von Pye herausgegeben.
2. (*fig*) Etikett *nt* (*usu pej*).
II *vt* **1.** etikettieren, mit einem Schild/Anhänger/Aufkleber versehen; (*write on*) beschriften. **the bottle was ~led "poison"** die Flasche trug die Aufschrift „Gift".
2. (*fig*) **ideas** bezeichnen; (*pej*) abstempeln. **to ~ sb (as) sth** jdn als etw abstempeln; **he got himself ~led as a troublemaker** er brachte sich (*dat*) den Ruf eines Unruhestifters ein.

labia ['leɪbɪə] *pl of* **labium**.

labial ['leɪbɪəl] **I** *adj* (*Anat, Phon*) labial, Lippen-. **II** *n* (*Phon*) Labial, Lippenlaut *m*.

labium ['leɪbɪəm] *n*, *pl* **labia** (*Anat*) Schamlippe *f*, Labium *nt* (*spec*).

labor *etc* (*US*) *see* **labour** *etc*. ~ **union** (*US*) Gewerkschaft *f*.

laboratory [lə'bɒrətərɪ, (*US*) 'læbrə,tɔːrɪ] *n* Labor(atorium) *nt*. ~ **assistant** Laborant(in *f*) *m*; **the project was abandoned at the ~ stage** das Projekt wurde im Versuchsstadium abgebrochen.

laborious [lə'bɔːrɪəs] *adj* **task, undertaking** mühsam, mühselig; *style* schwerfällig, umständlich.

laboriously [lə'bɔːrɪəslɪ] *adv* mühsam; *speak* umständlich.

labour, (*US*) **labor** ['leɪbə'] **I** *n* **1.** (*work in general*) Arbeit *f*; (*toil*) Anstrengung, Mühe *f*. **they succeeded by their own ~s** sie haben es aus eigener Kraft geschafft.
2. (*task*) Aufgabe *f*. **it was a ~ of love** ich/er *etc* tat es aus Liebe zur Sache; **the ~s of Hercules** die Arbeiten *pl* des Herkules.
3. (*Jur*) *see* **hard ~**.
4. (*persons*) Arbeiter, Arbeitskräfte *pl*. **to withdraw one's ~** die Arbeit verweigern; **organized ~** die organisierte Arbeiterschaft.
5. (*Brit Pol*) **L~** die Labour Party; **this district is L~** dies ist ein Labourbezirk *m*.
6. (*Med*) Wehen *pl*. **to be in ~** in den Wehen liegen, (*die*) Wehen haben.
II *vt* **point, subject** auswalzen, breittreten (*inf*). **I won't ~ the point** ich will nicht darauf herumreiten.

III *vi* **1.** (*in fields etc*) arbeiten; (*work hard*) sich abmühen (*at, with* mit). **to ~ for** *or* **in a cause** sich für eine Sache einsetzen; **to ~ under a delusion/misapprehension** sich einer Täuschung/Illusion (*dat*) hingeben; **to ~ under difficulties** mit Schwierigkeiten zu kämpfen haben.
2. (*move etc with effort or difficulty*) sich quälen. **the engine is ~ing** der Motor hört sich gequält an; (*in wrong gear*) der Motor läuft untertourig; **to ~ up a hill** sich einen Hügel hinaufquälen, mühsam den Berg hochkriechen; **his breathing became ~ed** er begann, schwer zu atmen.

labour camp *n* Arbeitslager *nt*; **Labour Day** *n* der Tag der Arbeit.

labourer, (*US*) **laborer** ['leɪbərə'] *n* (Hilfs-)arbeiter *m*; (*farm* ~) Landarbeiter *m*; (*day-*~) Tagelöhner *m*.

Labour Exchange *n* (*Brit old*) Arbeitsamt *nt*; **labour force** *n* Arbeiterschaft *f*; (*of company*) Belegschaft *f*.

labouring, (*US*) **laboring** ['leɪbərɪŋ] *adj* **class** Arbeiter-, arbeitend; **job** Aushilfs-.

labourite, (*US*) **laborite** ['leɪbəraɪt] *n* (*pej*) Labour-Anhänger *m*.

labour-market ['leɪbə,mɑːkɪt] *n* Arbeitsmarkt *m*; **labour movement** *n* Arbeiterbewegung *f*; **labour pains** *npl* Wehen *pl*; **labour relations** *npl* die Beziehungen *pl* zwischen den Arbeitgebern und Arbeitnehmern; **labour-saving** *adj* arbeitssparend; **labour ward** *n* Kreißsaal *m*.

Labrador ['læbrədɔː'] *n* Labradorhund *m*.

laburnum [lə'bɜːnəm] *n* Goldregen *m*.

labyrinth ['læbɪrɪnθ] *n* (*lit, fig*) Labyrinth *nt*.

labyrinthine [,læbɪ'rɪnθaɪn] *adj* labyrinthisch (*also fig*), labyrinthähnlich.

lace [leɪs] **I** *n* **1.** (*fabric*) Spitze *f*; (*as trimming*) Spitzenborte *f* *or* -besatz *m*; (*of gold, silver*) Tresse, Litze *f*.
2. (*of shoe*) (Schuh)band *nt*, Schnürsenkel *m*. **~-up (shoe)** Schnürschuh *m*.
II *vt* **1.** schnüren; **shoe** *also* zubinden; (*fig*) **fingers** ineinander verschlingen.
2. **to ~ a drink** einen Schuß Alkohol in ein Getränk geben.
III *vi* (*shoes etc*) (zu)geschnürt werden.

◆**lace into** *vi* +*prep obj* **to ~ ~ sb** (*verbally*) jdm eine Standpauke halten, jdn anschnauzen (*inf*); (*physically*) auf jdn losgehen, jdn verprügeln.

◆**lace up I** *vt sep* (zu)schnüren. **II** *vi* geschnürt werden.

lacerate ['læsəreɪt] *vt* **1.** verletzen; (*by glass etc*) zerschneiden; (*by thorns*) zerkratzen, aufreißen; (*by claws, whip*) zerfetzen; *painting* aufschlitzen. **he ~d his arm** er zog sich (*dat*) tiefe Wunden am Arm zu; **she ~d her wrist with a razor-blade** sie schlitzte sich (*dat*) die Pulsadern mit einer Rasierklinge auf.

2. (*fig*) *feeling, pride* zutiefst verletzen.

laceration [ˌlæsə'reɪʃən] *n* **1.** Verletzung, Fleischwunde *f*; (*tear*) Rißwunde *f*; (*from blow*) Platzwunde *f*; (*from whip*) Striemen *m*; (*from glass*) Schnittwunde *f*; (*from claws etc*) Kratzwunde *f*.
2. (*fig: of feeling, pride*) Verletzung *f*.

lachrymose [ˈlækrɪməʊs] *adj* (*liter*) *person* weinerlich; *story, film etc* rührselig.

lacing [ˈleɪsɪŋ] *n* (*of shoe*) Schnürsenkel, Schuhbänder *pl*; (*of corset*) Schnürung *f*.
tea with a ~ of rum Tee *m* mit einem Schuß Rum.

lack [læk] **I** *n* Mangel *m*. **for** *or* **through ~ of sth** aus Mangel an etw (*dat*); **~ of water/ time** Wasser-/Zeitmangel *m*; **there is no ~ of money in that family** in dieser Familie fehlt es nicht an Geld.
II *vt* **they ~ the necessary equipment/ talent** es fehlt ihnen an der notwendigen Ausrüstung/am richtigen Talent; **we ~ time** uns fehlt die nötige Zeit; **he ~s confidence** ihm fehlt Selbstvertrauen.
III *vi* **1. to be ~ing** fehlen; **his sense of humour is sadly ~ing** mit seinem Sinn für Humor ist es nicht weit her.
2. he is ~ing in confidence ihm fehlt es an Selbstvertrauen; **he is completely ~ing in any sort of decency** er besitzt überhaupt keinen Anstand.
3. he ~ed for nothing es fehlte ihm an nichts.

lackadaisical [ˌlækə'deɪzɪkəl] *adj* (*lacking energy*) lustlos, desinteressiert; (*careless*) nachlässig, lasch.

lackey [ˈlækɪ] *n* (*lit, fig*) Lakai *m*.

lacking [ˈlækɪŋ] *adj* **1. to be found ~** sich nicht bewähren, der Sache (*dat*) nicht gewachsen sein.
2. (*inf*) geistig minderbemittelt (*inf*).

lacklustre [ˈlækˌlʌstəʳ] *adj* *surface, eyes* stumpf, glanzlos; *style* farblos, langweilig.

laconic [lə'kɒnɪk] *adj* lakonisch; *prose, style* knapp.

laconically [lə'kɒnɪkəlɪ] *adv see adj*.

lacquer [ˈlækəʳ] **I** *n* Lack *m*; (*hair ~*) Haarspray *nt*; (*nail ~*) Nagellack *m*. **II** *vt* lackieren; *hair* sprayen.

lacquered [ˈlækəd] *adj* lackiert; *hair* gesprayt; *wood* Lack-.

lactate [ˈlækteɪt] *vi* Milch absondern.

lactation [læk'teɪʃən] *n* Milchabsonderung *f*; (*period*) Stillzeit *f*.

lactic [ˈlæktɪk] *adj* **~ acid** Milchsäure *f*.

lactose [ˈlæktəʊs] *n* Milchzucker *m*, Laktose *f*.

lacuna [lə'kjuːnə] *n, pl* **~e** [lə'kjuːniː] Lakune *f*.

lacy [ˈleɪsɪ] *adj* (+*er*) Spitzen-; (*like lace*) spitzenartig.

lad [læd] *n* Junge *m*; (*in stable etc*) Bursche *m*. **he's only a ~** er ist (doch) noch jung, er ist (doch) noch ein Junge; **a simple country ~** ein einfacher Bauernjunge, ein einfacher Junge vom Land; **all together, ~s, push!** alle zusammen, Jungs, anschieben!; **he's a bit of a ~** (*inf*) er ist ein ziemlicher Draufgänger; **he's a bit of a ~ with the girls** (*inf*) er ist ein ganz schöner Frauentyp (*inf*); **he likes a night out with the ~s** (*inf*) er geht gern mal mit seinen Kumpels weg (*inf*).

ladder [ˈlædəʳ] **I** *n* **1.** Leiter *f*.
2. (*fig*) (Stufen)leiter *f*. **social ~** Leiter des gesellschaftlichen Erfolges; **the climb up the social ~** der gesellschaftliche Aufstieg; **a big step up the ~** ein großer Schritt nach vorn; *see* **top**.
3. (*Brit: in stocking*) Laufmasche *f*. **~proof** maschenfest, laufmaschensicher.
II *vt* (*Brit*) *stocking* zerreißen. **I've ~ed my stocking** ich habe mir eine Laufmasche geholt.
III *vi* (*Brit: stocking*) Laufmaschen bekommen.

lade [leɪd] *pret* **~d**, *ptp* **laden I** *vt ship* beladen; *cargo* verladen. **II** *vi* Ladung übernehmen *or* an Bord nehmen.

laden [ˈleɪdn] *adj* (*lit, fig*) beladen (*with* mit). **bushes ~ with flowers** blütenschwere Büsche *pl*.

la-di-da [ˈlɑːdiːˈdɑː] *adj* (*inf*) affektiert.

lading [ˈleɪdɪŋ] *n* (*act*) Verladen *nt*; (*cargo*) Ladung *f*.

ladle [ˈleɪdl] **I** *n* (Schöpf- *or* Suppen)kelle *f*, Schöpflöffel *m*. **II** *vt* schöpfen.
◆ladle out *vt sep soup, praise* austeilen. **he ~s ~ praise to everyone** er überschüttet jeden mit Lob.

ladleful [ˈleɪdlfʊl] *n* **one ~** eine Kelle (voll); **each pan holds ten ~s** in jeden Topf paßt der Inhalt von zehn Schöpfkellen.

lady [ˈleɪdɪ] *n* **1.** Dame *f*. **"Ladies"** (*lavatory*) „Damen"; **where is the ladies** *or* **the ladies' room?** wo ist die Damentoilette?; **ladies and gentlemen!** sehr geehrte *or* meine (sehr verehrten) Damen und Herren!; **ladies, …** meine Damen, …; **~ of the house** Dame des Hauses; **your good ~** (*hum, form*) Ihre Frau Gemahlin (*hum, form*); **the old ~** (*inf*) (*mother*) die alte Dame (*inf*); (*wife*) meine/deine/seine Alte (*inf*) *or* Olle (*N Ger inf*); **young ~** junge Dame; (*scoldingly*) mein Fräulein; **ladies' man** Charmeur, Frauenheld *m*.
2. (*noble*) Adlige *f*. **L~** (*as a title*) Lady *f*; **dinner is served, my ~** es ist angerichtet, Mylady *or* gnädige Frau; **to live like a ~** wie eine große Dame leben.
3. Our L~ die Jungfrau Maria, Unsere Liebe Frau; **Church of Our L~** Kirche (zu) Unserer Lieben Frau(en), (Lieb)frauenkirche *f*.

ladybird [ˈleɪdɪbɜːd], (*US*) **ladybug** [ˈleɪdɪbʌg] *n* Marienkäfer *m*; **Lady Day** *n* Mariä Verkündigung *no art*; **lady doctor** *n* Ärztin *f*; **lady-in-waiting** *n* Ehrendame, Hofdame *f*; **lady-killer** *n* (*inf*) Herzensbrecher *m*; **ladylike** *adj* damenhaft, vornehm; **it's not ~** es gehört sich nicht für eine Dame/ein Mädchen; **lady mayoress** *n* Titel der Frau des Lord Mayor, Frau *f* (Ober)bürgermeister (*dated*); **ladyship** *n*: **certainly, Your L~** gewiß, Euer Gnaden; **lady's maid** *n* (Kammer)zofe *f*.

lag¹ [læg] **I** *n* (*time-~*) Zeitabstand *m*, Zeitdifferenz *f*; (*delay*) Verzögerung *f*. **there is too much of a ~** es vergeht zuviel Zeit; **after a ~ of 15 minutes** nach 15 Minuten, nachdem 15 Minuten vergangen *or* verstrichen waren; **there was a ~ in the conversation for a few minutes** die Unterhaltung stockte für ein paar Minuten; **the**

cultural ~ is very apparent der kulturelle Rückstand ist offensichtlich.

II vi (time) langsam vergehen, dahinkriechen; (in pace) zurückbleiben.

◆lag behind vi zurückbleiben. we ~ ~ in space exploration in der Raumforschung liegen wir (weit) zurück or hinken wir hinterher (inf); why don't you walk beside me instead of always ~ging ~? warum läufst du nicht neben mir, anstatt immer hinterherzutrödeln?

lag² vt boiler, pipe umwickeln, isolieren.

lag³ n (sl: also old ~) (ehemaliger) Knacki (sl).

lager ['lɑ:gəʳ] n helles Bier.

laggard ['lægəd] I n (sb who has fallen behind) Nachzügler(in f) m; (idler) Trödler m. II adj student, worker faul.

lagging ['lægɪŋ] n Isolierschicht f; (material) Isoliermaterial nt.

lagoon [lə'gu:n] n Lagune f.

laid [leɪd] pret, ptp of lay⁴.

lain [leɪn] ptp of lie².

lair [leəʳ] n Lager nt; (cave) Höhle f; (den) Bau m.

laird [leəd] n (Scot) Gutsherr m.

laissez-faire ['leɪseɪ'feəʳ] I n Laisser-faire nt. there's too much ~ here hier geht es zu leger zu. II adj (Econ) Laisser-faire-; (fig) leger, lax.

laity ['leɪtɪ] n 1. (laymen) Laienstand m, Laien pl. 2. (those outside a profession) Laien pl.

lake¹ [leɪk] n See m.

lake² n (colour) Karm(es)inrot nt.

Lake District n Lake District m (Seengebiet nt im NW Englands); Lake Poets npl Dichter pl des Lake District: Wordsworth, Coleridge, Southey; lakeside I n Seeufer nt; II attr am See.

lam¹ [læm] (sl) I vt vermöbeln (sl). II vi to ~ into sb jdn zur Schnecke machen (sl); (physically) auf jdn eindreschen (inf).

lam² n (US sl) he's on the ~ hinter dem sind se her (sl); he took it on the ~ er machte (die) Mücke (sl), er türmte (inf).

lama ['lɑ:mə] n Lama m.

lamb [læm] I n 1. (young sheep) Lamm nt.
2. (meat) Lamm(fleisch) nt.
3. (person) Engel m. the little ~s (children) die lieben Kleinen pl; she took it like a ~ sie ertrug es geduldig wie ein Lamm; like a ~ to the slaughter wie das Lamm zur Schlachtbank, wie ein Opferlamm.
4. the L~ of God das Lamm Gottes.

II vi lammen. the ~ing season die Lammungszeit.

lambast [læm'bæst], lambaste [læm'beɪst] vt fertigmachen (inf), es tüchtig geben (+dat) (inf).

lamb chop n Lammkotelett nt; lambskin n Lammfell nt; lamb's tail n (Bot) Haselkätzchen nt; lambswool n Lammwolle f.

lame [leɪm] I adj (+er) 1. lahm; (as result of stroke etc) gelähmt. to be ~ in one foot einen lahmen Fuß haben; to be ~ in one leg auf einem Bein lahm sein; the horse went ~ das Pferd fing an zu lahmen.
2. (fig) excuse lahm, faul; argument schwach, wenig überzeugend; metre holprig. ~ duck Niete f (inf).

II vt lähmen; horse lahm machen.

lamé ['lɑ:meɪ] n Lamé nt.

lamely ['leɪmlɪ] adv argue, say etc lahm. ~ he mumbled an excuse er murmelte eine lahme Entschuldigung vor sich hin.

lameness ['leɪmnɪs] n 1. Lähmung f (in, of gen). his ~ sein Gelähmtsein nt. 2. (fig) see adj 2. Lahmheit f; Schwäche f, mangelnde Überzeugungskraft; Holprigkeit f.

lament [lə'ment] I n 1. (expression of sorrow) Klage(n pl), Wehklage f. in ~ (weh)klagend.
2. (Liter, Mus) Klagelied nt.

II vt beklagen, beweinen; misfortune etc bejammern, beklagen. to ~ sb um jdn trauern; it is much to be ~ed that ... es ist sehr zu beklagen, daß ...

III vi (weh)klagen. to ~ for sb um jdn trauern; to ~ over sth über etw (acc) jammern, etw bejammern or beklagen.

lamentable ['læməntəbl] adj beklagenswert; piece of work jämmerlich schlecht, erbärmlich.

lamentably ['læməntəblɪ] adv erbärmlich, beklagenswert. he failed ~ er scheiterte kläglich; she was ~ ignorant of politics es war traurig or zum Weinen, wie wenig sie von Politik wußte.

lamentation [ˌlæmən'teɪʃən] n (Weh)klage f; (act) Klagen, Jammern nt; (poem, song) Klagelied nt.

laminated ['læmɪneɪtɪd] adj geschichtet; windscreen Verbundglas-; book cover laminiert. ~ glass Verbundglas nt; ~ wood Sperrholz nt; ~ plastic Resopal ® nt; ~ working surfaces Arbeitsflächen aus Resopal.

lamp [læmp] n Lampe f; (in street) Laterne f; (Aut, Rail) Scheinwerfer m; (rear~) Rücklicht nt; (torch) Taschenlampe f; (sun~) Höhensonne f; (fig) Licht nt.

lampblack ['læmpblæk] n Farbruß m; lamp bracket n Lampenhalterung f; lamp chimney, lamp glass n Zylinder m; lamplight n Lampenlicht nt, Schein m der Lampe(n); (in street) Licht nt der Laterne(n); by ~ bei Lampenlicht.

lampoon [læm'pu:n] I n Spott- or Schmähschrift f. II vt verspotten, verhöhnen.

lamppost ['læmppəʊst] n Laternenpfahl m.

lamprey ['læmprɪ] n Neunauge nt, Bricke f; (sea ~) Lamprete f.

lampshade ['læmpʃeɪd] n Lampenschirm m; lamp-standard n see lamppost.

lance [lɑ:ns] I n Lanze f. ~-corporal Obergefreite(r) m. II vt (Med) öffnen, aufschneiden.

lancet ['lɑ:nsɪt] n 1. (Med) Lanzette f.
2. (Archit) ~ arch Spitzbogen m.

Lancs [læŋks] abbr of Lancashire.

land [lænd] I n 1. (not sea) Land nt. by ~ auf dem Landwege; by ~ and by sea zu Land und zu Wasser; to see how the ~ lies (lit) das Gelände erkunden or auskundschaften; (fig) die Lage sondieren or peilen; the lay or lie of the ~ (lit) die Beschaffenheit des Geländes; until I've seen the lay or lie of the ~ (fig) bis ich die Lage sondiert habe; see dry land.
2. (nation, region, fig) Land nt. to be in the ~ of the living unter den Lebenden sein.

3. (*as property*) Grund und Boden *m*; (*estates*) Ländereien *pl*. **to own ~ Land besitzen; get off my ~!** verschwinden Sie von meinem Grundstück.

4. (*Agr*) Land *nt*; (*soil*) Boden *m*. **to work on the ~** das Land bebauen; **to live off the ~** (*grow own food*) sich vom Lande ernähren, von den Früchten des Landes leben (*liter*); (*forage*) sich aus der Natur ernähren.

II *vt* **1.** (*Naut*) *passengers* absetzen, von Bord lassen; *troops* landen; *goods* an Land bringen, löschen; *fish at port* anlanden; *boat* an Land ziehen. **he ~ed the boat on the beach** er zog das Boot an den Strand.

2. (*Aviat*) *passengers* absetzen, von Bord lassen; *troops* landen; *goods* abladen. **to ~ a plane** (mit einem Flugzeug) landen; **the helicopter ~ed a doctor on the ship** der Hubschrauber setzte einen Arzt auf dem Schiff ab; **the spaceship ~ed its cargo on the moon** das Raumschiff landete seine Fracht auf dem Mond.

3. *fish on hook* an Land ziehen.

4. (*inf: obtain*) kriegen (*inf*); *contract* sich (*dat*) verschaffen; *prize* (sich *dat*) holen (*inf*). **she finally ~ed him** sie hat sich (*dat*) ihn schließlich geangelt (*inf*).

5. (*inf*) *blow* landen (*inf*). **he ~ed him one** *or* **a punch on the jaw** er versetzte ihm *or* landete (bei ihm) einen Kinnhaken.

6. (*inf: place*) bringen. **behaviour like that will ~ you in trouble/jail** bei einem solchen Betragen wirst du noch mal Ärger bekommen/im Gefängnis landen; **it ~ed me in a mess** dadurch bin ich in einen ganz schönen Schlamassel (*inf*) geraten *or* gekommen; **I've ~ed myself in a real mess** ich bin (ganz schön) in die Klemme geraten (*inf*).

7. (*inf: lumber*) **to ~ sb with sth** jdm etw aufhalsen (*inf*) *or* andrehen (*inf*); **I got ~ed with him for two hours** ich hatte ihn zwei Stunden lang auf dem Hals.

III *vi* **1.** (*from ship*) an Land gehen.

2. (*Aviat*) landen; (*bird, insect*) landen, sich setzen. **as it ~ed** (*Aviat*) bei der Landung; **we're coming in to ~** wir setzen zur Landung an.

3. (*fall, be placed, strike*) landen. **the bomb ~ed on the building** die Bombe fiel auf das Gebäude; **to ~ on one's feet** (*lit*) auf den Füßen landen; (*fig*) auf die Füße fallen.

◆**land up** *vi* (*inf*) landen (*inf*). **you'll ~ ~ in trouble** da wirst du noch mal Ärger bekommen; **I ~ed ~ with only £2** (*had left*) ich hatte noch ganze £2 in der Tasche (*inf*); (*obtained only*) ich habe nur £ 2 herausgeschlagen (*inf*); **he ~ed ~ being sacked from the job after all** er wurde schließlich doch entlassen.

land-agent ['læn,eɪdʒənt] *n* Gutsverwalter(in *f*) *m*.

landau ['lændɔː] *n* Landauer *m*.

landed ['lændɪd] *adj* **the ~ class** die Großgrundbesitzer *pl*; **~ gentry** Landadel *m*; **~ property** Grundbesitz *m*.

landfall ['lændfɔːl] *n* Sichten *nt* von Land; (*land sighted*) gesichtetes Land; **to make ~** Land sichten; **land forces** *npl* Landstreitkräfte *pl*; **landholder** *n* (*landowner*) Grundbesitzer *m*; (*tenant*) Pächter *m*.

landing ['lændɪŋ] *n* **1.** (*Naut*) (*of person*) Landung *f*; (*of ship also*) Anlegen *nt*; (*of goods*) Löschen *nt*. **2.** (*Aviat*) Landung *f*. **3.** (*on stairs*) (*inside house*) Flur, Gang *m*; (*outside flat door*) Treppenabsatz *m*; (*corridor outside flat doors*) Gang, Etagenabsatz *m*.

landing-card ['lændɪŋ,kɑːd] *n* Einreisekarte *f*; **landing-craft** *n* Landungsboot *nt*; **landing-field** *n* Landeplatz *m*; **landing-gear** *n* Fahrgestell *nt*; **landing-net** *n* Kescher *m*; **landing-party** *n* Landetrupp *m*; **landing-place** *n* (*Naut*) Anlegeplatz *m*; **landing-stage** *n* (*Naut*) Landesteg *m*; **landing-strip** *n* Landebahn *f*; **landing wheels** *npl* (*Lauf*)räder *pl*.

landlady ['læn,leɪdɪ] *n* (Haus)wirtin *f*; (*in pub*) Wirtin *f*; **land law** *n* Bodenrecht *nt*; **landless** *adj* landlos; **landlocked** *adj* von Land eingeschlossen; **a ~ country** ein Land ohne Zugang zum Meer, ein Binnenstaat *m*; **landlord** ['lænlɔːd] *n* (*of land*) Grundbesitzer *m*; (*of flat etc*) (Haus)wirt *m*; (*of pub*) Wirt *m*; **~!** Herr Wirt!; **landlubber** *n* Landratte *f* (*inf*); **landmark** *n* (*Naut*) Landmarke *f*; (*boundary mark*) Grenzstein, Grenzpfahl *m*; (*well-known thing*) Wahrzeichen *nt*; (*fig*) Meilenstein, Markstein *m*; **landmine** *n* Landmine *f*; **land-owner** *n* Grundbesitzer *m*; **land reform** *n* Boden(rechts)reform *f*; **land route** *n* Landweg *m*; **landscape** ['lændskeɪp] *n* Landschaft *f*; **II** *vt* *big area, natural park* landschaftlich gestalten; *garden, grounds* gärtnerisch gestalten, anlegen; **landscape gardener** *n* (*for big areas etc*) Landschaftsgärtner(in *f*) *m*; (*for gardens etc*) Gartengestalter(in *f*) *m*; **landscape gardening** *n* Landschaftsgärtnerei *or* -gestaltung *f*; Gartengestaltung *f*; **landslide** *n* (*lit, fig*) Erdrutsch *m*; **a ~ victory** ein überwältigender Sieg; **landslip** *n* Erdrutsch *m*; **land tax** *n* Grundsteuer *f*; **landward** *adj* *view* zum (Fest)land; **they were sailing in a ~ direction** sie fuhren in Richtung Land *or* auf das Land zu; **on the ~ side** auf der Landseite, auf der dem Land zugekehrten Seite; **landward(s)** *adv* landwärts; **to ~** in Richtung Land.

lane [leɪn] *n* (*in country*) (*for walking*) (Feld)weg *m*; (*for driving*) Sträßchen *nt*; (*in town*) Gasse *f*, Weg *m*; (*Sport*) Bahn *f*; (*motorway*) Spur *f*; (*shipping ~*) Schiffahrtsweg *m* *or* -linie *f*; (*air ~*) (Flug)route, Luftstraße *f*. **"get in ~"** „bitte einordnen".

language ['læŋgwɪdʒ] *n* Sprache *f*. **a book on ~** ein Buch über die Sprache; **the ~ of flowers** die Blumensprache; **to study ~s** Philologie studieren; **your ~ is disgusting** deine Ausdrucksweise ist abscheulich; **that's no ~ to use to your mother!** so spricht man nicht mit seiner Mutter!; **bad ~** Kraftausdrücke, unanständige Ausdrücke *pl*; **strong ~** Schimpfwörter, derbe Ausdrücke *pl*; (*forceful ~*) starke Worte *pl*; **the request/complaint was couched in rather strong ~** die Aufforderung/Beschwerde hörte sich ziemlich kraß an;

putting it into plain ~ ... (*simply*) einfach ausgedrückt ...; (*bluntly*) um es ganz direkt *or* ohne Umschweife zu sagen, ...; **to talk sb's ~** jds Sprache sprechen; **to talk the same ~ (as sb)** die gleiche Sprache (wie jd) sprechen.

language course *n* Sprachkurs(us) *m*; **language lab(oratory)** *n* Sprachlabor *nt*; **language-learning I** *n* Spracherlernung *f*; **II** *adj* Sprachlern-; **language teacher** *n* Sprachlehrer(in *f*) *m*.

languid ['læŋgwɪd] *adj* träge; *gesture* müde, matt; *appearance, manner* lässig, gelangweilt; *walk* lässig, schlendernd; *voice* müde.

languidly ['læŋgwɪdlɪ] *adv* träge, lässig. **the model posed ~ against the sofa** das Modell lehnte sich in einer lässigen Pose gegen das Sofa; **the chords build up slowly and ~** die Akkorde bauen sich langsam und schleppend auf.

languidness ['læŋgwɪdnɪs] *n see adj* Trägheit *f*; Mattigkeit *f*; Lässigkeit *f*.

languish ['læŋgwɪʃ] *vi* schmachten; (*flowers*) dahinwelken; (*pine*) sich sehnen (*for* nach). **the panda merely ~ed in its new home** der Panda wurde in seiner neuen Heimat immer apathischer *or* stumpfer; **the child ~ed during his mother's absence** das Kind verzehrte sich nach seiner Mutter (*geh*); **I'm ~ing away in this boring town** ich verkümmere in dieser langweiligen Stadt.

languishing ['læŋgwɪʃɪŋ] *adj* schmachtend; *death* langsam und qualvoll.

languor ['læŋgəʳ] *n* (*indolence*) Trägheit, Schläfrigkeit *f*; (*weakness*) Mattigkeit, Schlappheit *f*; (*emotional*) Stumpfheit, Apathie *f*. **the ~ of the tropical days** die schläfrige Schwüle der tropischen Tage.

languorous ['læŋgərəs] *adj* träge, schläfrig; *heat* schläfrig, wohlig; *feeling* wohlig; *music* schmelzend; *rhythm, metre* gleitend, getragen; *tone, voice* schläfrig. **a ~ beauty** eine schwüle Schönheit.

languorously ['læŋgərəslɪ] *adv* träge; *speak* mit schläfriger Stimme. **she stretched out ~** sie räkelte sich verführerisch.

lank [læŋk] *adj person, body* dürr, hager; *hair* strähnig, kraftlos; *grass* dürr, mager.

lanky ['læŋkɪ] **I** *adj* (*+er*) schlaksig. **II** *n* (*inf*) Lange(r) *mf* (*inf*).

lanolin(e) ['lænəʊlɪn] *n* Lanolin *nt*.

lantern ['læntən] *n* (*also Archit*) Laterne *f*.

lantern-slide ['læntən͵slaɪd] *n* Lichtbild *nt*.

lanthanum ['lænθənəm] *n* (*abbr* La) Lanthan *nt*.

lanyard ['lænjəd] *n* (*cord*) Kordel *f* (*an der Pfeife oder Messer getragen wird*); (*Naut*) Taljereep *nt*.

Laos [laʊs] *n* Laos *nt*.

Laotian ['laʊʃən] **I** *adj* laotisch. **II** *n* Laote *m*, Laotin *f*.

lap¹ [læp] *n* Schoß *m*. **on her ~** auf dem/ ihrem Schoß; **his opponent's mistake dropped victory into his ~** durch den Fehler seines Gegners fiel ihm der Sieg in den Schoß; **it's in the ~ of the gods** es liegt im Schoß der Götter; **to live in the ~ of luxury** ein Luxusleben führen; **~ and diagonal seat belt** Dreipunkt(sicherheits)- gurt *m*.

lap² (*over~*) **I** *n* Überlappung *f*. **II** *vt* überlappen. **III** *vi* sich überlappen. **the meeting ~ped over into extra time** die Versammlung ging über die vorgesehene Zeit hinaus.

lap³ *vt* (*wrap*) wickeln.

lap⁴ (*Sport*) **I** *n* (*round*) Runde *f*; (*fig: stage*) Etappe, Strecke *f*, Abschnitt *m*. **~ of honour** Ehrenrunde *f*; **we're on the last ~ now** (*fig*) wir haben es bald geschafft. **II** *vt* überrunden. **III** *vi* **to ~ at 90 mph** mit einer Geschwindigkeit von 90 Meilen pro Stunde seine Runden drehen; **he's ~ping at 58 seconds** (*athlete*) er läuft die Runde in einer Zeit von 58 Sekunden.

lap⁵ **I** *n* (*lick*) Schlecken, Lecken *nt*; (*of waves*) Klatschen, Schlagen, Plätschern *nt*. **the cat took a cautious ~ at the milk** die Katze leckte vorsichtig an der Milch. **II** *vt* **1.** (*lick*) lecken, schlecken.

2. (*water*) **the waves ~ped the shore** die Wellen plätscherten an das Ufer.

III *vi* (*waves, water*) plätschern (*against* an *+acc*), schlagen (*against* gegen). **to ~ over sth** schwappen über etw (*acc*).

◆**lap up** *vt sep* **1.** *liquid* auflecken, aufschlecken, aufschlabbern (*inf*). **the children hungrily ~ped ~ their soup** die Kinder löffelten hungrig ihre Suppe.

2. *praise, compliments* genießen; *nonsense* schlucken. **she ~ped it ~** das ging ihr runter wie Honig (*inf*).

lap-dog ['læpdɒg] *n* Schoßhund *m*.

lapel [lə'pel] *n* Aufschlag *m*, Revers *nt or m*.

lapidary ['læpɪdərɪ] **I** *adj* **~ art** (Edel)- steinschneidekunst *f*; **~ inscription** in Stein gehauene Inschrift. **II** *n* Steinschneider *m*.

lapis lazuli ['læpɪs'læzjʊlaɪ] *n* Lapislazuli *m*.

Lapland ['læplænd] *n* Lappland *nt*.

Laplander ['læplændəʳ], **Lapp** [læp] *n* Lappländer(in *f*) *m*, Lappe *m*, Lappin *f*.

Lapp [læp] *n* **1.** *see* **Laplander. 2.** *see* **Lappish.**

lapping ['læpɪŋ] *n* (*of water*) Plätschern, Schlagen *nt*.

Lappish ['læpɪʃ] *n* Lappländisch, Lappisch *nt*.

lapse [læps] **I** *n* **1.** (*error*) Fehler *m*; (*moral*) Fehltritt *m*, Verfehlung *f*. **~ of justice** Justizirrtum *m*; **to suffer from ~s of memory** an Gedächtnisschwäche leiden; **~ of good taste** Geschmacksverirrung *f*.

2. (*decline*) Absinken, Abgleiten *nt no pl*. **a ~ in confidence** ein Vertrauensschwund *m*.

3. (*expiry*) Ablauf *m*; (*of claim*) Verfall *m*, Erlöschen *nt*; (*cessation*) Aussterben, Schwinden *nt*.

4. (*of time*) Zeitspanne *f*, Zeitraum *m*. **after a ~ of 4 months** nach (einem Zeitraum von) 4 Monaten; **there was a ~ in the conversation** es gab eine Gesprächspause.

II *vi* **1.** (*make mistake*) einen Fehler begehen, etwas falsch machen; (*morally*) fehlen (*liter*), einen Fehltritt begehen, Unrecht tun. **to ~ from one's faith** von seinem Glauben abfallen, seinem Glauben abtrünnig werden; **to ~ from duty** seine Pflicht vernachlässigen.

2. (*decline*) verfallen (*into* in +*acc*); abgleiten (*from sth into sth* von etw in etw *acc*). **his taste must have ~d when he bought that picture** er muß an Geschmacksverirrung gelitten haben, als er das Bild kaufte; **to ~ into one's old ways** wieder in seine alten Gewohnheiten verfallen; **he ~d into the vernacular** er verfiel (wieder) in seinen Dialekt; **he ~d into silence** er versank in Schweigen; **he ~d into a coma** er sank in ein Koma.

3. (*expire*) ablaufen; (*claims*) verfallen, erlöschen; (*cease to exist*) aussterben; (*friendship, correspondence*) einschlafen. **the plan ~d because of lack of support** der Plan wurde mangels Unterstützung fallengelassen.

lapsed [læpst] *adj* Catholic abtrünnig, vom Glauben abgefallen; *insurance policy* abgelaufen, verfallen.

lapwing ['læpwɪŋ] *n* Kiebitz *m*.

larceny ['lɑ:sənɪ] *n* (*Jur*) Diebstahl *m*.

larch [lɑ:tʃ] *n* (*also* ~ **tree**) Lärche *f*; (*wood*) Lärche(nholz *nt*) *f*.

lard [lɑ:d] **I** *n* Schweineschmalz *nt*. **II** *vt* mit Schweineschmalz bestreichen; (*with strips of bacon, fig*) spicken.

larder ['lɑ:dəʳ] *n* (*room*) Speisekammer *f*; (*cupboard*) Speiseschrank *m*.

large [lɑ:dʒ] **I** *adj* (+*er*) **1.** (*big*) groß; *person* stark, korpulent; *meal* reichlich, groß; *list* lang. **a ~ land-owner** ein Großgrundbesitzer *m*; **she looks as ~ as life in that photograph** sie sieht auf dem Foto aus, wie sie leibt und lebt; **there he/it was as ~ as life** da war er/es in voller Lebensgröße.

2. (*extensive*) *interests, power* weitreichend, bedeutend. **his interests were on a ~ scale** er hatte weitreichende *or* breit gestreute Interessen; **taking the ~ view** global betrachtet.

II *adv* groß. **guilt was written ~ all over his face** die Schuld stand ihm deutlich im Gesicht geschrieben.

III *n* **1.** (*in general*) **at ~** im großen und ganzen, im allgemeinen; **people** *or* **the world at ~** die Allgemeinheit.

2. to be at ~ (*free*) frei herumlaufen.

3. at ~ (*in detail, at length*) ausführlich, lang und breit.

4. strewn at ~ (*at random*) kreuz und quer verstreut; **scattering accusations at ~** mit Anschuldigungen um sich werfend.

5. ambassador at ~ Sonderbotschafter *m*.

large-hearted ['lɑ:d̩ʒ,hɑ:tɪd] *adj* großherzig.

largely ['lɑ:dʒlɪ] *adv* zum größten Teil.

large-minded ['lɑ:dʒ,maɪndɪd] *adj* aufgeschlossen.

largeness ['lɑ:dʒnɪs] *n see adj* **1.** Größe *f*; Umfang *m*; Reichlichkeit *f*; Länge *f*. **2.** Bedeutung *f*, Umfang *m*.

large-scale ['lɑ:dʒ,skeɪl] *adj* groß angelegt; *reception, party* in großem Rahmen; **a ~ producer of food** ein Großhersteller *m* von Nahrungsmitteln; **~ rioting** Massenaufruhr *m*, Massenunruhen *pl*; **a ~ map** eine (Land)karte in großem Maßstab; **large-sized** *adj* groß.

largesse [lɑ:'ʒes] *n* Großzügigkeit, Freigebigkeit; (*gift*) (großzügige) Gabe.

largish ['lɑ:dʒɪʃ] *adj* ziemlich groß.

largo ['lɑ:gəʊ] *n, pl* **~s** Largo *nt*.

lariat ['lærɪət] *n* Lasso *nt or m*.

lark¹ [lɑ:k] *n* (*Orn*) Lerche *f*. **to get up with the ~** mit den Hühnern aufstehen; **as happy as a ~** quietschfidel.

lark² *n* (*inf*) **1.** (*joke, fun, frolic*) Jux (*inf*), Spaß *m*. **let's go to the party, it'll be a bit of a ~** gehen wir zu der Party, das wird bestimmt lustig; **what a~!** das ist (ja) zum Schreien *or* Schießen!; **to do sth for a ~** etw (nur) zum Spaß *or* aus Jux machen.

2. (*business, affair*) **this whole agency ~ is …** die ganze Geschichte mit der Agentur ist … (*inf*); **I wouldn't get involved in that ~** auf so was *or* so 'ne Sache würde ich mich nicht einlassen (*inf*); **politics and all that ~** Politik und der ganze Kram (*inf*); **this dinner-jacket ~** dieser Blödsinn mit dem Smoking (*inf*).

◆**lark about** *or* **around** *vi* (*inf*) herumblödeln, herumalbern. **to ~ ~ with sth** mit etw herumspielen.

larkspur ['lɑ:kspɜ:ʳ] *n* Rittersporn *m*.

larva ['lɑ:və] *n, pl* **~e** ['lɑ:vɪ] Larve *f*.

larval ['lɑ:vəl] *adj* Larven-, larvenartig.

laryngitis [,lærɪn'dʒaɪtɪs] *n* Kehlkopfentzündung, Laryngitis (*spec*) *f*.

larynx ['lærɪŋks] *n* Kehlkopf *m*.

lascivious [lə'sɪvɪəs] *adj* lasziv (*geh*); *movements, person, look, behaviour also* lüstern; *book* schlüpfrig.

lasciviously [lə'sɪvɪəslɪ] *adv* lüstern. **the dancer moved ~** die Bewegungen der Tänzerin waren lasziv.

lasciviousness [lə'sɪvɪəsnɪs] *n see adj* Laszivität *f* (*geh*); Lüsternheit *f*; Schlüpfrigkeit *f*.

laser ['leɪzəʳ] *n* Laser *m*. **~ beam** Laserstrahl *m*.

lash¹ [læʃ] *n* (*eye~*) Wimper *f*. **she fluttered her ~es at him** sie machte ihm schöne Augen.

lash² **I** *n* **1.** (*whip*) Peitsche *f*; (*thong*) Schnur *f*.

2. (*stroke*) (Peitschen)schlag *m*.

3. (~*ing*) (*of tail*) Schlagen *nt*; (*of waves, rain also*) Peitschen *nt*.

4. (*fig*) Schärfe *f*. **the ~ of her tongue** ihre scharfe Zunge.

II *vt* **1.** (*beat*) peitschen; (*as punishment*) auspeitschen; (*hail, rain, waves*) peitschen gegen; (*tail*) schlagen mit. **to ~ the crowd into a fury** die Menge aufpeitschen; **he ~ed himself into a fury** er steigerte sich in seine Wut hinein; **his speech ~ed his audience into a passion of enthusiasm** seine Rede riß die Zuhörer zu Begeisterungsstürmen hin.

2. (*fig: criticize*) abkanzeln.

3. (*tie*) festbinden (*to* an +*dat*). **to ~ sth together** etw zusammenbinden.

III *vi* **to ~ against** peitschen gegen.

◆**lash about** *or* **around** *vi* (wild) um sich schlagen.

◆**lash along** *vt sep see* **lash on.**

◆**lash around** *vi see* **lash about.**

◆**lash back** *vt sep* festbinden.

◆**lash down I** *vt sep* (*tie down*) festbinden *or* -zurren. **II** *vi* (*rain etc*) niederprasseln.

◆**lash into** *vi* +*prep obj* **to ~ ~ sb** (*physically*) auf jdn einschlagen; (*with words*) jdn anfahren *or* anbrüllen (*inf*).

◆**lash on** *or* **along** *vt sep horse, slaves* mit der Peitsche antreiben.

◆**lash out** I *vi* **1.** (*physically*) (wild) um sich schlagen *or* hauen; (*horse*) ausschlagen. **to ~ ~ at sb** auf jdn losgehen.

2. (*in words*) vom Leder ziehen (*inf*). **to ~ ~ against** *or* **at sb/sth** gegen jdn/etw wettern; "**TUC boss ~es ~**" „Gewerkschaftsboß holt zum Schlag aus".

3. (*inf: with money*) sich in Unkosten stürzen. **to ~ ~ on sth** sich (*dat*) etw was kosten lassen (*inf*); **to ~ ~ on sb** spendabel gegenüber jdm sein (*inf*); **now we can really ~ ~** jetzt können wir uns wirklich mal etwas leisten.

II *vt insep sum of money* springen lassen.

◆**lash up** *vt sep* verschnüren.

lashing ['læʃɪŋ] *n* **1.** (*beating*) Prügel *pl*; (*punishment*) Auspeitschung *f*. **she gave him a ~ with her tongue** sie machte ihn zur Schnecke (*inf*).

2. (*tie*) Verschnürung *f*; (*of prisoner*) Fesseln *pl*; (*Naut*) Tau *nt*, Zurring *m*.

3. **~s** *pl* (*inf*) eine Unmenge (*inf*); **~s of money/cream** eine Unmenge *or* massenhaft Geld/Schlagsahne (*inf*).

lass [læs] *n* (junges) Mädchen, Mädel *nt* (*dial*); (*country ~*) Mädchen *nt* vom Land; (*sweetheart*) Freundin *f*, Schatz *m*.

lassitude ['læstɪtjuːd] *n* Mattigkeit, Trägheit *f*.

lasso [læ'suː] I *n*, *pl* **-(e)s** Lasso *m or nt*. II *vt* mit dem Lasso einfangen.

last[1] [lɑːst] I *adj* **1.** letzte(r, s). **he was ~ to arrive** er kam als letzter an; **the ~ person** der letzte; **the ~ but one, the second to ~** (one) der/die/das vorletzte; **(the) ~ one there buys the drinks!** der letzte *or* wer als letzter ankommt, zahlt die Getränke; **~ Monday, on Monday** ~ letzten Montag; **~ year** letztes Jahr, im vorigen Jahr; **during the ~ 20 years, these ~ 20 years** in den letzten 20 Jahren; **to have the ~ laugh** zum Schluß das Lachen haben; **~ but not least** nicht zuletzt, last not least.

2. (*most unlikely, unsuitable etc*) **that's the ~ thing I worry about** das ist das letzte, worüber ich mir Sorgen machen würde; **that was the ~ thing I expected** damit hatte ich am wenigsten gerechnet; **he was the ~ person I expected to see** mit ihm habe ich am wenigsten gerechnet; **he's the ~ person I want to see** er ist der letzte, den ich sehen möchte; **you're the ~ person to be entrusted with it** du bist der letzte, dem man das anvertrauen kann.

II *n* **1.** (*final one or part, one before*) der/die/das letzte. **he was the ~ of the visitors to leave** er ging als letzter der Besucher; **he withdrew the ~ of his money from the bank** er hob sein letztes Geld von der Bank ab; **each one is better than the ~** eins ist besser als das andere; **this is the ~ of the cake** das ist der Rest des Kuchens; **I hope this is the ~ we'll hear about it** ich hoffe, damit ist die Sache erledigt; **that was the ~ we saw of him** danach haben wir ihn nicht mehr gesehen; **the ~ we heard of him was ...** das letzte, was wir von ihm hörten, war ...; **that was the ~ we heard of**

it/him seitdem haben wir nichts mehr darüber/von ihm gehört; **I shall be glad to see the ~ of this** hin ich bin froh, wenn ich das hinter mir habe/wenn ich den los bin (*inf*) *or* nicht mehr sehe; **we shall never hear the ~ of it** das werden wir noch lange zu hören kriegen; **to look one's ~ on sth** den letzten Blick auf etw (*acc*) werfen; **my ~** (*Comm*) mein letztes Schreiben.

2. **at ~** endlich; **at long ~** schließlich und endlich; **to the ~** bis zum Schluß.

III *adv* **when did you ~ have a bath** *or* **have a bath ~?** wann hast du das letztemal gebadet?; **I ~ heard from him a month ago** vor einem Monat habe ich das letztemal von ihm gehört; **he spoke ~** er sprach als letzter; **the horse came in ~** das Pferd ging als letztes durchs Ziel.

last[2] I *vt* **it will ~ me/a careful user a lifetime** das hält/bei vernünftiger Benutzung hält es ein Leben lang *or* ewig (*inf*); **the car has ~ed me eight years** das Auto hat acht Jahre (lang) gehalten; **these cigarettes will ~ me a week** diese Zigaretten reichen mir eine Woche.

II *vi* (*continue*) dauern; (*remain intact: cloth, flowers, marriage*) halten. **it can't ~** es hält nicht an; **it won't ~** es wird nicht lange anhalten *or* so bleiben; **it's too good to ~** das ist zu schön, um wahr zu sein; **he'll stay as long as the beer ~s** er bleibt, solange Bier da ist; **will this material ~?** ist dieses Material haltbar *or* dauerhaft?; **he won't ~ long in this job** er wird in dieser Stelle nicht alt werden (*inf*); **the previous boss ~ed only a week** der letzte Chef blieb nur eine Woche.

◆**last out** I *vt sep* ausreichen für; (*people*) durchhalten. II *vi* (*money, resources*) ausreichen; (*person*) durchhalten.

last[3] *n* Leisten *m*.

Last Day *n* **the ~** der Jüngste Tag; **last-ditch** *adj* allerletzte(r, s); *attempt etc* in letzter Minute.

lasting ['lɑːstɪŋ] *adj relationship* dauerhaft; *material also* haltbar; *shame etc* anhaltend.

Last Judgement *n* **the ~** das Jüngste *or* Letzte Gericht.

lastly ['lɑːstlɪ] *adv* schließlich, zum Schluß.

last-minute [ˌlɑːst'mɪnɪt] *adj* in letzter Minute; **last post** *n* Zapfenstreich *m*; **last rites** *npl* Letzte Ölung; **the Last Supper** *n* das (Letzte) Abendmahl; **the last word** *n* (*in fashion*) der letzte Schrei; **to have ~** das letzte Wort haben; **~ on this subject** das maßgebende Werk auf diesem Gebiet.

lat *abbr of* **latitude** Br.

latch [lætʃ] I *n* Riegel *m*. **to be on the ~** nicht verschlossen sein, nur eingeklinkt sein; **to drop the ~** den Riegel vorschieben, die Tür verriegeln.

II *vt* verriegeln.

◆**latch on** *vi* (*inf*) **1.** (*get hold*) sich festhalten; (*with teeth*) sich festbeißen (*to sth* an etw *dat*). **he ~ed ~ to the idea of coming with us** er hat es sich (*dat*) in den Kopf gesetzt, mitzukommen.

2. (*attach oneself*) sich anschließen (*to dat*). **she ~ed ~ to me at the party** sie hängte sich auf der Party an mich (*inf*).

3. (*understand*) kapieren (*inf*).

latchkey ['lætʃ,ki:] *n* Haus-/Wohnungsschlüssel *m*. ~ **child** Schlüsselkind *nt*.

late [leɪt] **I** *adj* (+*er*) **1.** spät. **to be** ~ (**for sth**) (zu etw) zu spät kommen; **the trains tend to be** ~ die Züge haben oft Verspätung; **dinner will be** ~ **tonight** wir essen heute abend später; (*in hotels*) es wird heute abend später serviert; **I was** ~ **in getting up this morning** ich bin heute morgen zu spät aufgestanden; **he is always** ~ **with his rent** er bezahlt seine Miete immer zu spät; **you'll make me** ~ Ihretwegen werde ich mich verspäten *or* zu spät kommen; **I don't want to make you** ~ **for work** ich möchte nicht, daß du zu spät zur Arbeit kommst; **that made the harvest** ~ dadurch verzögerte sich die Ernte; **due to the** ~ **arrival of** ... wegen der verspäteten Ankunft ... (+*gen*).

2. it's ~ es ist spät; **it's getting** ~ es ist spät.

3. *hour* spät; *opening hours* lang; *bus, train* Spät-. **at this** ~ **hour** zu so später Stunde, so spät; **he keeps very** ~ **hours** er geht sehr spät ins Bett; **they had a** ~ **dinner yesterday** sie haben gestern spät zu Abend gegessen; ~ **night club** Nachtbar *f*; ~ **potato/summer/edition/programme** Spätkartoffel *f*/-sommer *m*/-ausgabe *f*/ -programm *nt*; ~ **entrants to the examination will be charged £1 extra** für Nachmeldungen zur Prüfung wird eine Gebühr von £ 1 erhoben; **this essay was a** ~ **entry for the competition** dieser Aufsatz wurde verspätet für den Wettbewerb eingereicht; (*last-minute*) dieser Aufsatz wurde in letzter Minute eingereicht; **it happened in the** ~ **eighties** es geschah Ende der achtziger Jahre; **a man in his** ~ **eighties** ein Mann hoch in den Achtzigern, ein Endachtziger; **in the** ~ **morning** am späten Vormittag; **a** ~ **18th-century building** ein Gebäude aus dem späten 18. Jahrhundert; **he came in** ~ **June** er kam Ende Juni; **L~ Stone Age** Jungsteinzeit *f*; **Easter is** ~ **this year** Ostern liegt *or* ist dieses Jahr spät; **spring is** ~ **this year** wir haben dieses Jahr einen späten Frühling.

4. *attr* (*deceased*) verstorben. **the** ~ **John F. Kennedy** John F. Kennedy.

5. (*former*) **the** ~ **Prime Minister** der frühere *or* vorige Premierminister.

6. (*recent*) jüngst. **in the** ~ **war** im letzten Krieg.

7. ~ **of No 13 White St** ehemals *or* bis vor kurzem White St Nr. 13.

II *adv* spät. **to come** ~ zu spät kommen; **I'll be home** ~ **today** ich komme heute spät nach Hause, es wird heute spät; **the train arrived eight minutes** ~ der Zug hatte acht Minuten Verspätung; **better** ~ **than never** lieber *or* besser spät als gar nicht; **to sit** *or* **stay up** ~ lange aufbleiben; **to work** ~ **at the office** länger im Büro arbeiten; ~ **at night** spät abends; ~ **in the night** spät in der Nacht; ~ **into the night** bis spät in die Nacht; ~ **in the afternoon** am späten Nachmittag; ~ **last century/in the year** (gegen) Ende des letzten Jahrhunderts/Jahres; **Goethe was still active even** ~ **in life** Goethe war auch im hohen Alter noch aktiv; **of** ~ in letzter Zeit; **until as** ~ **as 1900** noch bis 1900; **it was as** ~ **as 1900 before child labour was abolished** erst 1900 wurde die Kinderarbeit abgeschafft; **I saw him as** ~ **as yesterday** ich habe ihn erst gestern (noch) gesehen.

latecomer ['leɪtkʌməʳ] *n* Zuspätkommende(r) *mf*, Nachzügler(in *f*) *m* (*inf*). **the firm is a** ~ **to the industry** die Firma ist neu in der Industrie.

lately ['leɪtlɪ] *adv* in letzter Zeit. **till** ~ bis vor kurzem.

latency ['leɪtənsɪ] *n* Latenz *f*. **the** ~ **of his artistic abilities** seine verborgenen *or* latenten künstlerischen Fähigkeiten.

lateness ['leɪtnɪs] *n* (*being late at work etc*) Zuspätkommen *nt*; (*of train, payments*) Verspätung *f*; (*of meal*) späte Zeit; (*of harvest, seasons*) spätes Eintreten.

latent ['leɪtənt] *adj* latent; *strength also* verborgen; *artistic talent, ability also* verborgen, versteckt; *heat also* gebunden; *energy* ungenutzt; (*Med*) *period* Latenz-.

later ['leɪtəʳ] **I** *adj* später. **at a** ~ **hour, at a** ~ **time** später, zu einer späteren Zeit; **this version is** ~ **than that one** diese Version ist neuer als die andere; **in his** ~ **years** in seinem späteren Leben.

II *adv* später. **Mr Smith,** ~ **to become Sir John** Mr Smith, der spätere Sir John; **the weather cleared up** ~ **in the day** das Wetter klärte sich im Laufe des Tages auf; ~ **that night/ week/day** später in der Nacht/Woche/an dem Tag; **a moment** ~ einen Augenblick später, im nächsten Augenblick; **see you** ~! bis nachher, bis später; **come at 7 o'clock and no** ~ komm um 7 Uhr und nicht *or* keine Minute später; **don't come any** ~ **than 7 o'clock** komme bis spätestens *or* nicht später als 7 Uhr; **not** ~ **than 1980** spätestens 1980; ~ **on** nachher.

lateral ['lætərəl] *adj* seitlich; *view, window* Seiten-. ~ **line** (*of fish*) Seitenlinie *f*; ~ **thinking** spielerisches Denken.

laterally ['lætərəlɪ] *adv* seitlich.

latest ['leɪtɪst] **I** *adj* **1.** späteste(r, s). **what is the** ~ **date you can come?** wann kannst du spätestens kommen?

2. (*most recent*) *fashion, version* neu(e)ste(r, s). **the** ~ **news** das Neu(e)ste.

3. *people* letzte(r, s). **the** ~ **men to resign** die letzten, die zurückgetreten sind; **he was the** ~ **to arrive** er kam als letzter.

II *adv* am spätesten. **he came** ~ er kam zuletzt *or* als letzter.

III *n* **1. what's the** ~ (**about John**)? was gibt's Neues (über John)?; **wait till you hear the** ~! warte, bis du das Neueste gehört hast!; **have you seen John's** ~? (*girl*) hast du Johns Neu(e)ste schon gesehen?

2. at the (**very**) ~ spätestens.

latex ['leɪteks] *n* Latex (*spec*), Milchsaft *m*.

lath [læθ] *n* Latte *f*. ~**s** *pl* (*structure*) Lattenwerk *nt*.

lathe [leɪð] *n* Drehbank *f*. ~ **operator** Dreher *m*.

lather ['lɑːðəʳ] **I** *n* (Seifen)schaum *m*; (*sweat*) Schweiß *m*. **the horse/athlete was in a** ~ das Pferd/der Sportler war schweiß-

naß; **to get into a ~ (about sth)** (*inf*) sich (über etw *acc*) aufregen.
II *vt* einschäumen.
III *vi* schäumen.

Latin ['lætɪn] **I** *adj* **1.** (*Roman*) civilization, world römisch; *poets, literature also* lateinisch. **~ language** lateinische Sprache; (*of ancient Latium*) latinische Sprache.
2. (*of Roman origin*) romanisch; *temperament, charm* südländisch. **~ Quarter** Quartier Latin *nt*.
3. (*Rel*) römisch-katholisch.
II *n* **1.** (*inhabitant of ancient Latium*) Latiner(in *f*) *m*; (*Roman*) Römer(in *f*) *m*; (*a member of any Latin race*) Südländer(in *f*), Romane *m*, Romanin *f*.
2. (*language*) Latein(isch) *nt*.

Latin America *n* Lateinamerika *nt*.

Latin-American ['lætɪnəˈmerɪkən] **I** *adj* lateinamerikanisch. **II** *n* Lateinamerikaner(in *f*) *m*.

latinism ['lætɪnɪzəm] *n* Latinismus *m*.

latinization [ˌlætɪnaɪˈzeɪʃən] *n* Latinisierung *f*.

latinize ['lætɪnaɪz] *vt* latinisieren.

latish ['leɪtɪʃ] **I** *adj* ziemlich spät; *applicant, letter* verspätet; *amendment* neuer, später. **II** *adv* ziemlich spät.

latitude ['lætɪtjuːd] *n* Breite *f*; (*fig*) Freiheit *f*, Spielraum *m*.

latitudinal [ˌlætɪˈtjuːdɪnl] *adj* Breiten-. **~ lines** Breitengrade *pl*.

latrine [ləˈtriːn] *n* Latrine *f*.

latter ['lætər] **I** *adj* **1.** (*second of two*) letztere(r, s).
2. (*at the end*) **the ~ part of the book/story is better** gegen Ende wird das Buch/die Geschichte besser; **the ~ part/half of the week/year/century** die zweite Hälfte der Woche/des Jahres/des Jahrhunderts; **in the ~ years** in den letzten Jahren; **in his ~ years** in den späteren Jahren seines Lebens.
II *n* **the ~** der/die/das/letztere; die letzteren.

latter-day ['lætəˈdeɪ] *adj* modern. **the L~ Saints** die Heiligen der Letzten Tage.

latterly ['lætəlɪ] *adv* in letzter Zeit.

lattice ['lætɪs] *n* Gitter *nt*.

latticed ['lætɪst] *adj* vergittert.

Latvia ['lætvɪə] *n* Lettland *nt*.

Latvian ['lætvɪən] **I** *adj* lettisch. **II** *n* **1.** Lette *m*, Lettin *f*. **2.** (*language*) Lettisch *nt*.

laudable ['lɔːdəbl] *adj* lobenswert.

laudably ['lɔːdəblɪ] *adv* lobenswerterweise.

laudanum ['lɔːdnəm] *n* Laudanum *nt*.

laudatory ['lɔːdətərɪ] *adj* lobend. **a ~ speech** eine Lobrede *or* Laudatio (*geh*).

laugh [lɑːf] **I** *n* **1.** Lachen *nt*. **no, she said, with a ~** nein, sagte sie lachend; **she let out** *or* **gave a loud ~** sie lachte laut auf; **what a ~ (she's got)!** die hat vielleicht 'ne Lache! (*inf*); **to have a good ~ over** *or* **about sth** sich köstlich über etw (*acc*) amüsieren; **you'll have a good ~ about it one day** eines Tages wirst du darüber lachen können; **the ~ was on me** der Witz ging auf meine Kosten; **to have the last ~ (over** *or* **on sb)** es jdm zeigen (*inf*); **to play for ~s** Lacherfolge haben wollen; **he played Hamlet for ~s** er machte aus Hamlet eine komische Figur.

2. (*inf: fun*) **what a ~** (das ist ja) zum Totlachen *or* zum Schreien (*inf*)!; **just for a ~** nur (so) aus Spaß; **it'll be a good ~** es wird bestimmt lustig; **he's a ~** er ist urkomisch *or* zum Schreien (*inf*); **to be good for a ~** ganz lustig sein.
II *vi* lachen (*about, at, over* über +*acc*). **to ~ at sb** sich über jdn lustig machen; **to ~ up one's sleeve** sich (*dat*) ins Fäustchen lachen; **it's nothing to ~ about** das ist nicht zum Lachen; **it's all very well for you to ~** du hast gut lachen; **you'll be ~ing on the other side of your face soon** dir wird das Lachen noch vergehen; **to ~ out loud** laut auflachen; **to ~ in sb's face** jdm ins Gesicht lachen; **he who ~s last ~s longest** (*Prov*) wer zuletzt lacht, lacht am besten (*Prov*); **don't make me ~!** (*iro* *inf*) daß ich nicht lache! (*inf*); **you've got your own house, you're ~ing** (*inf*) du hast ein eigenes Haus, du hast es gut.
III *vt* **to ~ oneself silly** sich tot- *or* kaputtlachen (*inf*); **he was ~ed out of court** er wurde ausgelacht; **the idea was ~ed out of court** die Idee wurde verlacht.

♦**laugh away** **I** *vt sep* mit Humor tragen, sich lachend hinwegsetzen über (+*acc*). **my father ~ed my fears** mein Vater nahm mir mit einem Lachen die Angst.
II *vi* he sat there ~ing → er saß da und lachte und lachte.

♦**laugh down** *vt sep* auslachen, mit Gelächter übertönen.

♦**laugh off** *vt* **1.** *always separate* **to ~ one's head ~** sich tot- *or* kaputtlachen (*inf*).
2. *sep* (*dismiss*) lachen über (+*acc*), mit einem Lachen abtun.

laughable ['lɑːfəbl] *adj* lachhaft, lächerlich.

laughably ['lɑːfəblɪ] *adv* lächerlich.

laughing ['lɑːfɪŋ] **I** *adj* lachend. **it's no matter** das ist nicht zum Lachen, das ist gar nicht komisch. **II** *n* Lachen *nt*. **the sound of hysterical ~** der Klang hysterischen Gelächters.

laughing gas *n* Lachgas *nt*; **laughing hy(a)ena** *n* Tüpfel- *or* Fleckenhyäne *f*.

laughingly ['lɑːfɪŋlɪ] *adv* see *adj*.

laughing jackass *n* Rieseneisvogel *m*; **laughing stock** *n* Witzfigur *f*; **his visionary ideas made him a ~** mit seinen phantastischen Ideen machte er sich lächerlich.

laughter ['lɑːftər] *n* Gelächter *nt*. **~ broke out among the audience** das Publikum brach in Gelächter aus; **children's ~** Kinderlachen *nt*; **he shook with silent ~** er schüttelte sich vor Lachen.

launch [lɔːnʃ] **I** *n* **1.** (*vessel*) Barkasse *f*.
2. (*~ing*) (*of ship*) Stapellauf *m*; (*of lifeboat*) Aussetzen *nt*; (*of rocket*) Abschuß *m*.
3. (*~ing*) (*of company*) Gründung, Eröffnung *f*; (*of new product*) Einführung *f*; (*with party, publicity: of film, play, book*) Lancierung *f*; (*bringing out*) (*of film, play*) Premiere *f*; (*of book*) Herausgabe *f*; (*of shares*) Emission *f*.
II *vt* **1.** *new vessel vom Stapel lassen*; (*christen*) taufen; *lifeboat* zu Wasser lassen, aussetzen; *rocket* abschießen; *plane* katapultieren. **Lady X ~ed the new

boat der Stapellauf fand in Anwesenheit von Lady X statt; **she was ~ed in Belfast** sie wurde in Belfast vom Stapel gelassen; **the rocket was ~ed into space** die Rakete wurde in den Weltraum geschossen.

2. *company, newspaper* gründen; *new product* einführen, auf den Markt bringen; *(with party, publicity) film, play, book* lancieren; *(bring out) film* anlaufen lassen; *play* auf die Bühne bringen; *book* herausbringen; *plan* in die Wege leiten; *programme, trend* einführen; *policy* in Angriff nehmen; *shares* emittieren, ausgeben. **to ~ an offensive** *or* **an attack against the enemy** zum Angriff gegen den Feind übergehen; **to ~ sb into society** jdn in die Gesellschaft einführen; **to ~ sb on his way** jdm einen guten Start geben; **he helped ~ his son into the City** er brachte seinen Sohn in Finanzkreisen unter; **once he is ~ed on this subject** ... wenn er einmal mit diesem Thema angefangen hat ...; **now that he's ~ed himself on this long description** da er jetzt mit dieser langen Beschreibung losgelegt hat *(inf)*.

3. *(hurl)* schleudern. **he ~ed himself into the crowd** er stürzte sich in die Menge.

◆**launch forth** *vi see* **launch out 1., 4.**

◆**launch into** *vi* +*prep obj (question, attack etc vigorously)* angreifen. **the author ~es straight ~ his main theme** der Autor kommt gleich zum Hauptthema.

◆**launch out** *vi* **1.** *(also ~ forth)* **the astronauts ~ed ~ into the unknown** die Astronauten starteten ins Unbekannte.

2. *(diversify)* sich verlegen *(in auf* +*acc).* **the company ~ed ~ in several new directions** die Firma stieg in einige neue Branchen ein.

3. *(inf: spend a lot)* **now we can afford to ~ ~ a bit** jetzt können wir es uns leisten, etwas mehr auszugeben *(on für).*

4. *(start: also ~ forth)* anfangen *(into sth mit etw, etw acc).* **to ~ ~ into a new career** eine neue Karriere starten; **he ~ed ~ into a violent attack on the government** er ließ wütende Angriffe gegen die Regierung vom Stapel *(inf) or* los *(inf);* **he ~ed ~ into a description of** ... er legte mit einer Schilderung der/des ... los *(inf).*

launcher ['lɔːntʃəʳ] *n (for missiles)* Startgerät *nt.*

launching ['lɔːntʃɪŋ] *n see* **launch 1 2., 3.**

launching pad *n* Start- *or* Abschußrampe *f; (fig)* Sprungbrett *nt;* **launching site** *n* Abschußbasis *f.*

launder ['lɔːndəʳ] **I** *vt* waschen und bügeln. **II** *vi* waschen und bügeln. **modern fabrics ~ easily** moderne Gewebe lassen sich leicht reinigen *or* sind pflegeleicht.

launderette [ˌlɔːndəˈret] *n* Münzwäscherei *f,* Waschsalon *m.*

laundress ['lɔːndrɪs] *n* Waschfrau, Wäscherin *f.*

laundry ['lɔːndrɪ] *n (establishment)* Wäscherei *f; (clothes) (dirty)* schmutzige Wäsche; *(washed)* Wäsche *f.* **to do the ~** (Wäsche) waschen.

laureate ['lɔːrɪɪt] *n: poet ~* Hofdichter *m.*

laurel ['lɒrəl] *n* Lorbeer *m.* **to look to one's ~s** sich behaupten (müssen); **to rest on**

one's **~s** sich auf seinen Lorbeeren ausruhen; **to win one's ~s** Lorbeeren ernten.

lav [læv] *n (Brit inf)* Klo *nt (inf).*

lava ['lɑːvə] *n* Lava *f.*

lavatory ['lævətrɪ] *n* Toilette *f.* **~ attendant** Toilettenfrau *f/ -*mann *m;* **~ seat** Toilettensitz *m,* Brille *f (inf).*

lavender ['lævɪndəʳ] **I** *n (flower)* Lavendel *m; (colour)* Lavendel *nt.* **II** *adj (colour)* lavendelfarben.

lavish ['lævɪʃ] **I** *adj gifts* großzügig, üppig; *praise* reich, überschwenglich; *affection* überschwenglich, überströmend; *banquet* üppig; *party* feudal; *(pej)* verschwenderisch; *expenditure* verschwenderisch. **to be ~ in** *or* *(form)* **of sth** mit etw verschwenderisch sein *or* umgehen; **he was ~ in his help to others** er half anderen großzügig; **you were very ~ with the cream** du hast ja mit der Sahne nicht gespart; **to be ~ with one's money** das Geld mit vollen Händen ausgeben.

II *vt* **to ~ sth on sb** jdn mit etw überhäufen *or* überschütten; **she ~ed food and drink on them** sie bewirtete sie fürstlich; **to ~ care on sth** viel Sorgfalt auf etw *(acc)* verwenden.

lavishly ['lævɪʃlɪ] *adv give* großzügig; *praise* überschwenglich; *put paint on, spread* reichlich; *entertain* üppig, reichlich. **they entertain ~** sie geben feudale Feste; **~ furnished** luxuriös *or* aufwendig eingerichtet; **to spend (money) ~** das Geld mit vollen Händen ausgeben *(on* für).

lavishness ['lævɪʃnɪs] *n (of gifts)* Großzügigkeit, Üppigkeit *f; (of praise, affection)* Überschwenglichkeit *f; (of banquet)* Üppigkeit *f; (of person)* Großzügigkeit *f; (pej)* Verschwendungssucht *f.* **the ~ of the party/his expenditure** die feudale Party/seine verschwenderischen Ausgaben.

law [lɔː] *n* **1.** *(rule, Jewish, Sci)* Gesetz *nt.* **~ of nature** Naturgesetz *nt;* **it's the ~** das ist Gesetz; **his word is ~** sein Wort ist Gesetz; **to become ~** rechtskräftig werden; **is there a ~ against it?** ist das verboten?; **there is no ~ against asking, is there?** *(inf)* man darf doch wohl noch fragen, oder?; **he is a ~ unto himself** er macht, was er will.

2. *(body of laws)* Gesetz *nt no pl; (system)* Recht *nt.* **in** *or* **under French ~** nach französischem Recht; **he is above/outside the ~** er steht über dem Gesetz/außerhalb des Gesetzes; **what is the ~ on drugs?** wie sind die Drogengesetze?; **to keep within the ~** sich im Rahmen des Gesetzes bewegen; **in ~** vor dem Gesetz; **by ~** gesetzlich.

3. *(as study)* Jura *no art,* Recht(swissenschaft *f) nt.*

4. *(Sport)* Regel *f; (Art)* Gesetz *nt.* **the ~s of harmony** die Harmonielehre.

5. *(operation of ~)* **to practise ~** eine Anwaltspraxis haben; **to go to ~** vor Gericht gehen, den Rechtsweg beschreiten; **to take sb to ~, to go to ~ with** *or* **against sb** gegen jdn gerichtlich vorgehen, jdn vor Gericht bringen; **to take a case against sb to ~** in einer Sache gegen jdn gerichtlich vorgehen; **to take**

the ~ **into one's own hands** das Recht
selbst in die Hand nehmen; ~ **and order**
Ruhe *or* Recht und Ordnung; **the forces of**
~ **and order** die Ordnungskräfte *pl*.
6. the ~ *(inf)* die Polente *(sl)*; **I'll have**
the ~ **on you** ich hole die Polizei.

law-abiding ['lɔ:ə,baɪdɪŋ] *adj* gesetzestreu;
lawbreaker *n* Rechtsbrecher *m*; **law**
court *n* Gerichtshof *m*, Gericht *nt*; **law**
enforcement *n* the duty of the police is ~
Aufgabe der Polizei ist es, dem Gesetz
Geltung zu verschaffen.

lawful ['lɔ:fʊl] *adj* rechtmäßig. ~ **wedded**
wife rechtmäßig angetraute Frau; **will you**
take this man to be your ~ **wedded hus-**
band? willst du mit diesem Mann den
Bund der Ehe eingehen?

lawfully ['lɔ:fəlɪ] *adv see adj*. **he is** ~ **entitled**
to compensation er hat einen Rechtsan-
spruch *or* rechtmäßigen Anspruch auf
Entschädigung; **he was careful to carry on**
his activities ~ er achtete darauf, daß
seine Handlungen im Rahmen des
Gesetzes blieben.

lawgiver ['lɔ:ɡɪvəʳ] *n* Gesetzgeber *m*.

lawless ['lɔ:lɪs] *adj act* gesetzwidrig; *person*
gesetzlos; *country* ohne Gesetzgebung. ~
seizure of power unrechtmäßige Machter-
greifung.

lawlessness ['lɔ:lɪsnɪs] *n* Gesetzwidrigkeit
f. ~ **among young people** gesetzwidriges
Verhalten unter Jugendlichen; **after the**
coup, the country reverted to ~ nach dem
Staatsstreich fiel das Land in einen Zu-
stand der Gesetzlosigkeit zurück.

lawn¹ [lɔ:n] *n (grass)* Rasen *m no pl*. **the**
~s in front of the houses der Rasen vor
den Häusern.

lawn² *n (Tex)* Batist, Linon *m*.

lawnmower ['lɔ:n,məʊəʳ] *n* Rasenmäher
m; **lawn tennis** *n* Rasentennis, Lawn-
Tennis *nt*.

lawrencium [lɒ'rensɪəm] *n (abbr* **Lr**)
Lawrencium *nt*.

law reports *npl* Entscheidungs- *or* Fall-
sammlung *f*; *(journal)* Gerichtszeitung *f*;
law school *n (US)* juristische Fakultät;
law student *n* Jurastudent(in *f*) *m*,
Student(in *f*) *m* der Rechte *(form)*;
lawsuit *n* Prozeß *m*, Klage *f*; **he brought**
a ~ **for damages** er strengte eine Schadens-
ersatzklage an.

lawyer ['lɔ:jəʳ] *n* (Rechts)anwalt *m*,
(Rechts)anwältin *f*.

lax [læks] *adj (+er)* **1.** lax; *discipline also*
lasch; *morals also* locker, lose. **she is**
rather ~ **in her relations with men** sie hat
ein recht lockeres Verhältnis zu Män-
nern; **to be** ~ **about sth** etw vernach-
lässigen, **he's** ~ **about washing/imposing**
discipline er nimmt's mit dem Waschen/
der Disziplin nicht so genau; **they are too**
~ **about doing their homework** sie machen
ihre Hausaufgaben zu nachlässig.
2. ~ **bowels** dünner Stuhl(gang).

laxative ['læksətɪv] **I** *adj* abführend. **II** *n*
Abführmittel *nt*.

laxity ['læksɪtɪ], **laxness** ['læksnɪs] *n (lack*
of vigour, discipline) Laxheit *f*; *(careless-*
ness also) Nachlässigkeit *f*. **his moral** ~
seine lockeren *or* laxen moralischen Ein-
stellungen; **the sexual** ~ **of our times** die

sexuelle Freizügigkeit unserer Zeit.

lay¹ [leɪ] *n (Liter, Mus)* Ballade *f*, Lied *nt*.

lay² *adj* Laien-. ~ **opinion** die öffentliche
Meinung; **a** ~ **opinion** die Meinung eines
Laien.

lay³ *pret of* **lie**.

lay⁴ *(vb: pret, ptp* **laid)** **I** *n* **1.** Lage *f; see* **land**
I 1.
  2. *(sl)* **she's an easy** ~ sie läßt jeden ran
(sl); **she's a good** ~ sie ist gut im Bett
(inf); **that's the best** ~ **I ever had** das war
die beste Nummer, die ich je gemacht
habe *(sl)*.

II *vt* **1.** *(place, put)* legen *(sth on sth* etw
auf etw *acc)*. **to** ~ **(one's) hands on** *(get*
hold of) erwischen, fassen; *(find)* finden;
to ~ **a hand on sb** jdm etwas tun, Hand an
jdn legen *(geh)*; **he grabs all the money he**
can ~ **his hands on** er rafft alles Geld an
sich, das ihm unter die Finger kommt.

  2. *bricks, foundations, track* legen; *con-*
crete gießen; *cable, mains, pipes* verlegen;
road bauen, anlegen; *carpet, lino*
(ver)legen. **to** ~ **a floor with carpets** einen
Boden mit Teppichen auslegen.

  3. *(prepare) fire* herrichten; *table*
decken; *mines, ambush* legen; *trap* auf-
stellen; *plans* schmieden. **to** ~ **breakfast/**
lunch den Frühstücks-/Mittagstisch
decken; **to** ~ **a trap for sb** jdm eine Falle
stellen.

  4. *(non-material things) burden* aufer-
legen *(on sb* jdm). **to** ~ **the blame for sth**
on sb/sth jdm/einer Sache die Schuld an
etw *(dat)* geben; **to** ~ **responsibility for sth**
on sb jdn für etw verantwortlich machen;
to ~ **a tax on sth** etw mit einer Steuer
belegen; **to** ~ **an embargo on sth** ein Em-
bargo über etw *(acc)* verhängen; **the stress**
which he ~**s on it** der Nachdruck, den er
darauf legt.

  5. *(bring forward) complaint* vorbrin-
gen *(before* bei); *accusation* erheben. **the**
police laid a charge of murder against him
die Polizei erstattete gegen ihn Anzeige
wegen Mordes; **the crime was laid to his**
charge das Verbrechen wurde ihm zur
Last gelegt; **he laid his case before them** er
trug ihnen seinen Fall vor.

  6. *dust* binden; *ghost* austreiben; *fear*
zerstreuen; *doubts* beseitigen. **to** ~ **waste**
verwüsten; *see* **low¹, open** *etc*.

  7. *eggs (hen)* legen; *(fish, insects)*
ablegen.

  8. *bet* abschließen; *money* setzen. **to** ~
a bet on sth auf etw *(acc)* wetten; **I** ~ **you**
a fiver on it! ich wette mit dir um 5 Pfund!;
I'll ~ **you that ...** ich wette mit dir, daß ...

  9. *(sl)* **to** ~ **a woman** eine Frau aufs
Kreuz legen *(sl)*; **he just wants to get laid**
er will nur bumsen *(inf)*.

III *vi (hen)* legen.

◆**lay about I** *vi* um sich schlagen. **II** *vt sep*
losschlagen gegen.

◆**lay aside** *or* **away** *vt sep, work etc* weg-
legen, zur Seite legen; *(keep in reserve,*
save) beiseite *or* auf die Seite legen; *(cast*
away) ablegen; *doubts* aufgeben; *plans etc*
auf Eis legen.

◆**lay back** *vt sep ears* anlegen; *person*
zurücklegen.

◆**lay before** *vt + prep obj* **to** ~ **sth** ~ **sb** *plan* jdm etw vorlegen; *ideas also* jdm etw unterbreiten; *claim, complaint* etw bei jdm vorbringen.

◆**lay by** *vt sep* beiseite *or* auf die Seite legen.

◆**lay down** *vt sep* **1.** *book, pen etc* hinlegen. **he laid his bag ~ on the table** er legte seine Tasche auf den Tisch.

  2. (*give up*) *burden* ablegen; *office* niederlegen. **to ~ ~ one's arms** die Waffen niederlegen; **to ~ ~ one's life** sein Leben geben *or* opfern.

  3. (*impose, establish*) *condition* festsetzen *or* -legen; *policy* festsetzen, bestimmen; *rules* aufstellen, festlegen; *price* festsetzen, vorschreiben. **it is laid ~ that** es wurde festgelegt, daß; **to ~ ~ the law** (*inf*) Vorschriften machen (*to sb* jdm).

  4. (*store*) lagern.

  5. *ship* auf Stapel legen.

  6. *deposit* hinterlegen.

◆**lay in** *vt sep food etc* einlagern; *supplies also* anlegen.

◆**lay into** *vi +prep obj* (*inf*) **to ~ ~ sb** auf jdn losgehen; (*verbally*) jdn fertigmachen (*inf*) *or* runterputzen (*inf*).

◆**lay off I** *vi* (*inf: stop*) aufhören (*prep obj* mit). **~ ~, will you?** hör (mal) auf, ja?; **~ ~ it!** hör auf damit!, laß das!; **you'll have to ~ ~ smoking** du wirst das Rauchen aufgeben müssen (*inf*); **~ ~ my little brother, will you!** laß bloß meinen kleinen Bruder in Ruhe!

  II *vt sep workers* Feierschichten machen lassen. **to be laid ~** Feierschichten einlegen müssen.

◆**lay on** *vt sep* **1.** (*apply*) *paint* auftragen.

  2. (*prepare, offer*) *hospitality* bieten (*for sb* jdm); (*supply*) *entertainment* sorgen für; *excursion* veranstalten; *extra buses* einsetzen; *water, electricity* anschließen. **if you ~ ~ the drinks I'll get the food** wenn du die Getränke stellst, besorge ich das Essen; **she had laid ~ a lot of food** sie hatte sehr viel zu essen aufgetischt; **an extra flight was laid ~** eine Sondermaschine wurde eingesetzt.

  3. (*impose*) **to ~ ~ a tax ~ sth** etw mit einer Steuer belegen, etw besteuern.

◆**lay out I** *vt sep* **1.** ausbreiten. **the vast plain laid ~ before us** die weite Ebene, die sich vor uns ausbreitete.

  2. (*prepare*) *clothes* zurechtlegen; *corpse* (waschen und) aufbahren.

  3. (*design, arrange*) anlegen, planen; *garden also* gestalten; *room* aufteilen; *rooms in house* verteilen, anordnen; *office* aufteilen, anordnen; *book* gestalten; *page* umbrechen; (*in magazines*) das Layout (*+gen*) machen.

  4. *money* (*spend*) ausgeben; (*invest*) investieren.

  5. (*knock out*) **to ~ sb ~** jdn k.o. schlagen, jdn erledigen (*inf*); **he laid himself ~ cold when he fell downstairs** er verlor das Bewußtsein, als er die Treppe hinunterfiel.

  II *vr* (*dated: take trouble*) sich bemühen, sich (*dat*) Mühe geben.

◆**lay over** *vi* (*US*) Aufenthalt haben.

◆**lay to** *vi* (*Naut*) beidrehen.

◆**lay up** *vt sep* **1.** (*store*) lagern; *supply* anlegen; (*amass, save*) anhäufen, ansammeln. **he's ~ing ~ trouble for himself in the future** er wird später noch (viel) Ärger bekommen.

  2. (*immobilize*) *ship* auflegen; *boat* aufbocken; *car* stillegen, einmotten (*inf*). **to be laid ~ (in bed)** auf der Nase (*inf*) *or* im Bett liegen; **you'd better take it easy or you'll ~ yourself ~** Sie müssen etwas langsamer treten, sonst liegen Sie nachher flach *or* auf der Nase (*inf*).

layabout ['leɪəˌbaʊt] *n* Nichtstuer, Arbeitsscheue(r) *m*; **lay brother** *n* Laienbruder *m*; **layby** *n* (*Brit*) (*in town*) Parkbucht *f*; (*in country*) Parkplatz *m*; (*big*) Rastplatz *m*.

layer ['leɪəʳ] **I** *n* **1.** Schicht (*also Geol*), Lage *f*. **to arrange the meat in ~s** das Fleisch lagenweise anordnen; **we climbed through ~ upon ~ of cloud** wir stiegen durch eine Wolkenschicht nach der anderen auf; **~ cake** Schichttorte *f*.

  2. (*Hort*) Ableger *m*.

  3. (*hen*) Legehenne *f*.

  II *vt* (*Hort*) absenken.

layette [leɪ'et] *n* Babyausstattung *f*.

lay figure *n* Gliederpuppe *f*; (*fig*) Marionette *f*.

laying ['leɪɪŋ] *n:* **~ on of hands** Handauflegen *nt*.

layman ['leɪmən] *n* Laie *m*; **lay-off** *n* **further ~s were unavoidable** weitere Arbeiter mußten Feierschichten einlegen; **layout** *n* Anordnung, Anlage *f*; (*Typ*) Layout *nt*; **we have changed the ~ of this office** wir haben dieses Büro anders aufgeteilt; **our house has a different ~** unser Haus hat eine andere Zimmerverteilung *or* ist anders angelegt; **layover** *n* (*US*) Aufenthalt *m*; **lay reader** *n* Vorbeter, Hilfsdiakon *m*; **lay sister** *n* Laienschwester *f*; **laywoman** *n* Laie *m*.

laze [leɪz] **I** *n* **in to have a ~** faulenzen; **to have a long ~ in bed** lange faul im Bett (liegen)bleiben. **II** *vi* faulenzen.

◆**laze about** *or* **around** *vi* faulenzen, auf der faulen Haut liegen. **stop lazing ~** steh/ sitz *etc* nicht so faul herum!

◆**laze away** *vt sep* verbummeln.

lazily ['leɪzɪlɪ] *adv* faul; (*languidly, unhurriedly*) träge.

laziness ['leɪzɪnɪs] *n* Faulheit *f*; (*languor*) Trägheit *f*.

lazy ['leɪzɪ] *adj* (+*er*) (*not inclined to work*) faul; (*slow-moving*) langsam, träge; (*lacking activity*) träge. **~ little streams** träge fließende kleine Bäche *pl*; **we had a ~ holiday** wir haben im Urlaub nur gefaulenzt.

lazybones ['leɪzɪˌbəʊnz] *n sing* (*inf*) Faulpelz *m*, Faultier *nt*.

lb *n* (*weight*) ≈ Pfd *nt*.

lea [li:] *n* (*poet*) Au(e) *f* (*poet*).

leach [li:tʃ] *vt* (durch)filtern; (*extract*) auslaugen.

lead¹ [led] **I** *n* **1.** (*metal, abbr Pb*) Blei *nt*. **they filled him full of ~** (*inf*) sie pumpten ihn mit Blei voll (*sl*). **2.** (*in pencil*) Graphit *nt*; (*single ~*) Mine *f*. **3.** (*Naut*) Lot *nt*. **4.** **~s** *pl* (*on roof*) Bleiplatten *pl*; (*in window*) Bleifassung *f*. **II** *vt* (*weight with ~*) mit Blei beschweren.

lead² [liːd] (*vb: pret, ptp* **led**) **I** *n* **1.** (*front position*) Spitzenposition *f*; (*leading position, Sport*) Führung, Spitze *f*; (*in league etc*) Tabellenspitze *f*. **to be in the ~** führend sein, in Führung liegen; (*Sport*) in Führung *or* vorn liegen, führen; **to take the ~, to move into the ~** in Führung gehen, die Führung übernehmen; (*in league*) Tabellenführer werden; **Japan took the ~ from Germany in exports** Japan lief Deutschland auf dem Exportmarkt den Rang ab. **2.** (*distance, time ahead*) Vorsprung *m*. **to have two minutes' ~ over sb** zwei Minuten Vorsprung vor jdm haben. **3.** (*example*) Beispiel *nt*. **to give sb a ~** jdm etw vormachen; **to take the ~, to show a ~** mit gutem Beispiel vorangehen. **4.** (*clue*) Indiz *nt*, Anhaltspunkt *m*; (*in guessing etc*) Hinweis, Tip *m*. **the police have a ~** die Polizei hat eine Spur. **5.** (*Cards*) it's **my ~** ich fange an. **6.** (*Theat*) (*part*) Hauptrolle *f*; (*person*) Hauptdarsteller(in *f*) *m*. **7.** (*leash*) Leine *f*. **on a ~** an der Leine. **8.** (*Elec*) Leitung(skabel *nt*) *f*, Kabel *nt*; (*from separate source*) Zuleitung *f* (*form*).

II *vt* **1.** (*conduct*) *person, animal* führen; *water* leiten. **that road will ~ you back to the station** auf dieser Straße kommen Sie zum Bahnhof zurück; **to ~ the way** (*lit, fig*) vorangehen; (*fig: be superior*) führend sein; **all this talk is ~ing us nowhere** dieses ganze Gerede bringt uns nicht weiter. **2.** (*be the leader of, direct*) (an)führen; *expedition, team* leiten; *regiment* führen; *movement, revolution* leiten; *orchestra* (*conductor*) leiten; (*first violin*) führen. **to ~ a government** an der Spitze einer Regierung stehen, Regierungschef sein; **to ~ a party** Parteivorsitzender sein. **3.** (*be first in*) anführen. **they led us by 30 seconds** sie lagen mit 30 Sekunden vor uns (*dat*); **Britain ~s the world in textiles** Großbritannien ist auf dem Gebiet der Textilproduktion führend in der Welt. **4.** *card* ausspielen. **5.** *life* führen. **to ~ a life of luxury/misery** in Luxus/im Elend leben; **to ~ sb a wretched life** jdm das Leben schwermachen. **6.** (*influence*) **to ~ sb to do sth** jdn dazu bringen, etw zu tun; **what led him to change his mind?** wie kam er dazu, seine Meinung zu ändern?; **to ~ sb to believe that ...** jdm den Eindruck vermitteln, daß ..., jdn glauben machen, daß ... (*geh*); **I am led to believe that ...** ich habe Grund zu der Annahme, daß ...; **to ~ sb into trouble** jdn in Schwierigkeiten bringen; **he is easily led** er läßt sich leicht beeinflussen; (*deceive*) er läßt sich leicht täuschen; **I am led to the conclusion that ...** ich komme zu dem Schluß, daß ...; **what ~s you to think that?** woraus schließen Sie das? **7.** *wire, flex* legen, entlangführen.

III *vi* **1.** (*go in front*) vorangehen; (*in race*) in Führung liegen. **to ~ by 10 metres** einen Vorsprung von 10 Metern haben, mit 10 Metern in Führung liegen; **he easily ~s** er liegt klar in Führung; **"The Times"**

led with a story about the financial crisis die „Times" berichtete auf der ersten Seite ausführlich über die Finanzkrise; **always ~s with his right** (*Boxing*) er führt seine Schläge immer mit der Rechten aus. **2.** (*be a leader, in dancing*) führen. **he had shown the ability to ~** er hat gezeigt, daß er Führungsqualitäten besitzt. **3.** (*Cards*) ausspielen (*with sth* etw). **who ~s?** wer spielt aus?, wer fängt an? **4.** (*street etc*) führen, gehen. **it ~s into that room** es führt zu diesem Raum; **this road ~s nowhere** diese Straße führt nirgendwohin *or* geht nicht weiter. **5.** (*result in, cause*) führen (*to* zu). **all this talk is ~ing nowhere** dieses ganze Gerede führt zu nichts; **remarks like that could ~ to trouble** solche Bemerkungen können unangenehme Folgen haben; **what will all these strikes ~ to?** wo sollen all diese Streiks hinführen?

◆**lead along** *vt sep* führen. **he led him ~ the street** er führte ihn die Straße entlang.

◆**lead aside** *vt sep* auf die Seite *or* beiseite nehmen.

◆**lead away I** *vt sep* wegführen *or* -bringen; *criminal, prisoner* abführen. **we must not allow this argument to ~ us ~ from the matter in hand** wir dürfen uns durch dieses Argument nicht vom eigentlichen Thema abbringen lassen. **II** *vi* wegführen. **this is ~ing ~ from the subject** das führt vom Thema ab.

◆**lead off I** *vt sep* abführen. **a policeman led the drunk man ~ the pitch** ein Polizist führte den Betrunkenen vom Platz. **II** *vi* **1.** (*go off from*) abgehen. **2.** (*start*) beginnen.

◆**lead on I** *vi usu imper* **~ ~, sergeant!** führen Sie an, Oberfeldwebel!; **~ ~, John!** geh vor, John! **II** *vt sep* (*deceive*) anführen (*inf*), hinters Licht führen; (*tease*) aufziehen, auf den Arm nehmen (*inf*). **she's just ~ing him ~** sie führt ihn nur an der Nase herum.

◆**lead out I** *vt sep* hinausführen. **he led his wife ~ onto the dance floor** er führte seine Frau auf die Tanzfläche. **II** *vi* hinausgehen.

◆**lead up I** *vt sep* hinaufführen (*to* auf +*acc*); (*lead across*) führen (*to* zu). **to ~ sb ~ the garden path** (*fig*) jdm etwas vormachen, jdn an der Nase herumführen. **II** *vi* **1.** (*come before*) **the events/years that led ~ to the war** die Ereignisse/Jahre, die dem Krieg voran- *or* vorausgingen. **2.** (*introduce*) **he was obviously ~ing ~ to an important announcement** er schickte sich offensichtlich an, etwas Wichtiges anzukündigen; **his speech was obviously ~ing ~ to an important announcement** seine Rede war offensichtlich die Einleitung zu einer wichtigen Ankündigung; **what are you ~ing ~ to?** worauf willst du hinaus?

leaded ['ledɪd] *adj window* bleiverglast, Bleiglas-.

leaden ['lednɪ] *adj* **1.** (*old: of lead*) bleiern (*geh*), Blei-. **2.** *sky, colour* bleiern (*geh*); *heart, limbs* bleischwer.

leader ['liːdəʳ] *n* **1.** Führer *m*; (*of union,*

party also) Vorsitzende(r) *mf*; (*military also*) Befehlshaber *m*; (*of gang, rebels*) Anführer *m*; (*of expedition, project*) Leiter(in *f*) *m*; (*Sport*) (*in league*) Tabellenführer *m*; (*in race*) der/die/das Erste; (*Mus*) (*of orchestra*) Konzertmeister *m*; (*of choir*) Führer *m*; (*of band*) erster Bläser; (*of jazz band, pop group*) Leader *m*. **to be the ~** (*in race, competition*) in Führung liegen; **the ~s** (*in race, competition*) die Spitzengruppe; **~ of the opposition** Oppositionsführer(in *f*) *m*; **the ~s of fashion** die Modemacher *pl*; **the product is a ~ in its field** dieses Produkt ist ein Spitzenreiter *m or* ist auf diesem Gebiet führend; **has he the qualities to be a ~ of men?** hat er Führungsqualitäten?

2. (*Brit Press*) Leitartikel *m*. **~ writer** Leitartikler *m*.

leaderless ['li:dəlıs] *adj* führerlos, ohne Führer; *party, union* führungslos.

leadership ['li:dəʃɪp] *n* **1.** Führung, Leitung *f*; (*office also*) Vorsitz *m*. **under the ~ of** unter (der) Führung von.

2. (*quality*) Führungsqualitäten *pl.* **the country is looking for ~** das Land ruft nach einer straffen Führung.

lead-in ['li:dɪn] *n* Einführung, Einleitung *f* (*to* in +*acc*).

leading ['li:dɪŋ] *adj* **1.** (*first*) vorderste(r, s); *runner, horse, car also* führend. **the ~ car in the procession** das die Kolonne anführende Auto.

2. (*most important*) *person, company* führend; *sportsman, product* Spitzen-; *issue* Haupt-, wichtigste(r, s); *part, rôle* (*Theat*) tragend, Haupt-; (*fig*) führend. **we are a ~ company in ...** unsere Firma ist führend auf dem Gebiet ... (+*gen*).

leading article *n* Leitartikel *m*; **leading edge** *n* (*Aviat*) (Flügel)vorderkante *f*; **leading lady** *n* Hauptdarstellerin *f*; **leading light** *n* Nummer eins *f*; (*person also*) großes Licht, Leuchte *f*; **leading man** *n* Hauptdarsteller *m*; **leading question** *n* Suggestivfrage *f*.

lead [led-]: **lead pencil** *n* Bleistift *m*; **lead-poisoning** *n* Bleivergiftung *f*; **lead shot** *n* Schrot *m or nt*.

lead story ['li:d-] *n* Hauptartikel *m*.

leaf [li:f] I *n, pl* **leaves 1.** Blatt *nt*. **to be in ~** grün sein; **to come into ~** grün werden; **he swept the leaves into a pile** er fegte das Laub auf einen Haufen.

2. (*of paper*) Blatt *nt*. **to take a ~ out of sb's book** sich (*dat*) von jdm eine Scheibe abschneiden; **to turn over a new ~** einen neuen Anfang machen.

3. (*of table*) Ausziehplatte *f*. **pull the leaves out** zieh den Tisch aus!

4. (*of metal*) Folie *f*. **gold/silver ~** Blattgold/-silber *nt*.

II *vi* **to ~ through a book** ein Buch durchblättern.

leaf bud *n* Blattknospe *f*; **leafless** *adj* blattlos, kahl.

leaflet ['li:flıt] *n* **1.** Prospekt *m*; (*single page*) Hand- *or* Reklamezettel *m*; (*with instructions*) Merkblatt *nt*; (*handout*) Flugblatt *nt*; (*brochure for information*) Broschüre *f*. **2.** (*young leaf*) Blättchen *nt*.

leaf-mould ['li:fməʊld], (*US*) **leaf mold** *n* (Laub)kompost *m*; **leaf spring** *n* Blattfeder *f*.

leafy ['li:fɪ] *adj* (+*er*) grün, belaubt.

league[1] ['li:g] *n* (*measure*) Wegstunde *f*.

league[2] *n* **1.** (*treaty*) Bündnis *nt*, Bund *m*; (*organization*) Verband *m*, Liga *f*. **L~ of Nations** Völkerbund *m*; **to enter into a ~** ein Bündnis eingehen, einen Bund schließen; **to be in ~ with sb** mit jdm gemeinsame Sache machen; **these two boys must be in ~ with each other** diese beiden Jungen stecken sicher unter einer Decke (*inf*); **to be in ~ against sb** sich gegen jdn verbündet haben.

2. (*Sport*) Liga *f*. **the club is top of the ~** der Klub ist Tabellen- *or* Ligaführer; **he was not in the same ~** (*fig*) er hatte nicht das gleiche Format.

league game *n* Ligaspiel *nt*; **league leaders** *npl* Tabellenführer *m*; **league table** *n* Tabelle *f*.

leak [li:k] I *n* **1.** (*hole*) undichte Stelle; (*in container*) Loch *nt*; (*Naut*) Leck *nt*. **to have a ~** undicht sein; (*bucket etc*) laufen, lecken (*N Ger*). **my Biro has a ~** mein Kugelschreiber läuft aus *or* ist nicht dicht.

2. (*escape of liquid*) Leck *nt*. **a gas ~** eine undichte Stelle in der Gasleitung; **a faulty joint caused a ~ of gas** durch die fehlerhafte Verbindung strömte Gas aus.

3. (*fig*) undichte Stelle. **there was a ~ of information** es sind Informationen durchgesickert; **a security/news ~** eine undichte Stelle; **a ~ to the press** eine Indiskretion der Presse gegenüber; **they wanted to break the news gently by a series of ~s to the press** sie wollten die Nachricht langsam an die Presse durchsickern lassen.

4. (*sl*) **to go for a ~** pissen gehen (*sl*).

II *vt* **1.** durchlassen. **that tank is ~ing acid** aus diesem Tank läuft Säure aus.

2. (*fig*) *information, story, plans* zuspielen (*to sb* jdm).

III *vi* **1.** (*ship, receptacle, pipe*) lecken; (*roof*) undicht *or* nicht dicht sein; (*pen*) auslaufen, undicht sein.

2. (*gas*) ausströmen, entweichen; (*liquid*) auslaufen; (*ooze out*) tropfen (*from* aus). **water is ~ing (in) through the roof** Wasser tropft *or* sickert durch das Dach, es regnet durch (das Dach durch); **to ~ away** auslaufen.

◆**leak out** I *vt sep news* zuspielen (*to sb* jdm). II *vi* **1.** (*liquid*) auslaufen, durchsickern. **2.** (*news*) durchsickern.

leakage ['li:kıdʒ] *n* **1.** (*act*) Auslaufen *nt*; (*of body fluids*) Austreten *nt*. **there's a ~ of water into the oil** da läuft *or* tropft Wasser ins Öl; **there's still a ~ in the pipe** das Rohr ist immer noch undicht; **the ground was polluted by a ~ of chemicals** der Boden war durch auslaufende Chemikalien verunreinigt.

2. (*fig*) **a ~ of information** (*act*) Durchsickern *nt* von Informationen.

leaky ['li:kı] *adj* (+*er*) undicht; *boat also* leck.

lean[1] [li:n] I *adj* (+*er*) **1.** (*thin*) mager, dünn; *face, person* schmal; (*through lack of food*) hager; *meat* mager.

2. (*poor*) *year, harvest* mager.

II *n* mageres Fleisch.

lean² (*vb: pret, ptp* **~ed** *or* **leant**) **I** *n*
Neigung *f*.

II *vt* **1.** (*put in sloping position*) lehnen
(*against* gegen, an +*acc*). **to ~ one's head
on sb's shoulder** seinen Kopf an jds Schulter (*acc*) lehnen.
2. (*rest*) aufstützen (*on* auf +*dat or acc*).
to ~ one's elbow on sth sich mit dem Ellbogen auf etw (*acc*) stützen.

III *vi* **1.** (*be off vertical*) sich neigen (*to*
nach); (*trees*) sich biegen. **the box was
~ing dangerously on its side** die Kiste
neigte sich gefährlich auf die Seite; **he ~t
across the counter** er beugte sich über den
Ladentisch.
2. (*rest*) sich lehnen. **to ~ against sth**
sich gegen etw lehnen; **~ing against the
bar** an die Bar gelehnt; **she ~t on my arm**
sie stützte sich auf meinen Arm; **he ~t on
the edge of the table** er stützte sich auf die
Tischkante.
3. (*tend in opinion etc*) **to ~ towards the
left/socialism** nach links/zum Sozialismus
tendieren; **to ~ towards sb's opinion** zu
jds Ansicht neigen *or* tendieren; **which
way does he ~?** in welche Richtung tendiert er?; **at least they're ~ing in the direction of reform** sie neigen immerhin
Reformen (*dat*) zu.

◆**lean back** *vi* sich zurücklehnen.

◆**lean forward** *vi* sich vorbeugen.

◆**lean on** *vi* **1.** (*depend*) **to ~ ~ sb** sich auf
jdn verlassen. **2.** (*inf: put pressure on*) **to
~ ~ sb** jdn bearbeiten (*inf*) *or* beknien
(*inf*); **they ~t ~ him too hard** sie haben
ihn zu sehr unter Druck gesetzt (*inf*).

◆**lean out** *vi* sich hinauslehnen (*of* aus).

◆**lean over** *vi* **1.** (*be off vertical*) sich (vor)neigen.
2. sich vorbeugen. **they ~t ~ the side of
the bridge** sie beugten sich über das
Brückengeländer; **he ~t ~ her shoulder**
er beugte sich über ihre Schulter; *see*
backwards.

leaning ['li:nɪŋ] **I** *adj* schräg, schief. **the L~
Tower of Pisa** der Schiefe Turm von Pisa.
II *n* Hang *m*, Neigung *f*. **he had a ~
towards the left** er hatte einen Hang nach
links; **artistic ~s** künstlerische Neigungen
pl.

leanness ['li:nnɪs] *n* Magerkeit *f*. **the ~ of
his face** sein schmales Gesicht; (*through
lack of food*) sein hageres Gesicht.

leant [lent] *pret, ptp of* **lean.**

lean-to ['li:ntu:] **I** *n, pl* **~s** Anbau *m*; (*shelter*) Wetterschutz *m*. **II** *adj* angebaut.

leap [li:p] (*vb: pret, ptp* **~ed** *or* **leapt**) **I** *n*
Sprung, Satz (*inf*) *m*. **in one ~, at a ~** mit
einem Satz; **to take a ~ at sth** einen Satz
über etw (*acc*) machen, über etw (*acc*) setzen; **a great ~ forward** (*fig*) ein großer
Sprung nach vorn; **a ~ in the dark** (*fig*) ein
Sprung ins Ungewisse; **by ~s and bounds**
(*fig*) sprunghaft.

II *vt* springen *or* setzen über (+*acc*). **he
~t the horse across the ditch** er ließ das
Pferd über den Graben springen.

III *vi* springen. **to ~ about** herumspringen; **to ~ for joy** vor Freude hüpfen,
Freudensprünge machen; **to ~ to one's
feet** aufspringen; **he ~t to her assistance** er

sprang ihr zu Hilfe; **the house ~t into view**
das Haus kam plötzlich in Sicht.

◆**leap at** *vt insep* **to ~ ~ a chance** eine
Gelegenheit beim Schopf packen, sofort
zugreifen; **to ~ ~ an offer** sich (förmlich)
auf ein Angebot stürzen.

◆**leap out** *vi* **1.** (*jump out*) hinaus-/herausspringen (*of* aus +*dat*).
2. (*colours*) ins Auge springen, hervorstechen. **the bright colours ~ ~ at you** die
hellen Farben springen einem ins Auge.

◆**leap up** *vi* **he** (*person, animals*) aufspringen;
(*flames*) hochschlagen; (*prices*) sprunghaft ansteigen, emporschnellen. **he ~t ~
from behind the wall** er sprang hinter der
Mauer hervor; **to ~ ~ into the air** in die
Höhe springen.

leapfrog ['li:pfrog] **I** *n* Bockspringen *nt*. **to
play ~** Bockspringen spielen *or* machen.
II *vi* bockspringen.
III *vt* **he ~ged him** er machte einen
Bocksprung über ihn; **he ~ged his way to
the top of the company** er machte in der
Firma eine Blitzkarriere.

leap year *n* Schaltjahr *nt*.

leapt [lept] *pret, ptp of* **leap.**

learn [lɜ:n] *pret, ptp* **~ed** *or* **learnt I** *vt*
1. (*gain knowledge, skill etc*) lernen; *language also* erlernen. **where did you ~ that
habit?** wo hast du dir das angewöhnt?; **I
~t (how) to swim** ich habe schwimmen
gelernt; **we ~t (how) to write business
letters** wir lernten Geschäftsbriefe
schreiben.
2. (*be informed*) erfahren.

II *vi* **1.** (*gain knowledge etc*) lernen.
he'll never ~! er lernt es nie!; **some people
never ~!** manche lernen's nie!; **to ~ from
experience** aus der *or* durch Erfahrung
lernen.
2. (*find out*) hören, erfahren (*about, of*
von).

◆**learn off** *vt sep* lernen.

◆**learn up** *vt sep* (*learn by study*) lernen,
pauken (*inf*); (*memorize*) (auswendig)
lernen.

learned ['lɜ:nɪd] *adj* gelehrt; *book also*,
journal also wissenschaftlich; *society also*,
profession akademisch. **a ~ man** ein
Gelehrter *m*.

learnedly ['lɜ:nɪdlɪ] *adv* gelehrt.

learner ['lɜ:nə'] *n* Anfänger(in *f*) *m*; (*student*) Lernende(r) *mf*; (*~ driver*) Fahrschüler(in *f*) *m*. **special classes for slow
~s** Sonderklassen *pl* für lernschwache
Schüler.

learning ['lɜ:nɪŋ] *n* **1.** (*act*) Lernen *nt*. **difficulties encountered during the ~ of
geometry** Schwierigkeiten beim Erlernen
der Geometrie.
2. (*erudition*) Gelehrsamkeit, Gelehrtheit *f*. **a man of ~** ein Gelehrter *m*; **the ~
contained in these volumes** das in diesen
Bänden enthaltene Wissen; **seat of ~**
Stätte *f* der Gelehrsamkeit.

learnt [lɜ:nt] *pret, ptp of* **learn.**

lease [li:s] **I** *n* (*of land, farm, business
premises etc*) Pacht *f*; (*contract*) Pachtvertrag *m*; (*of house, flat, office*) Miete *f*;
(*contract*) Mietvertrag *m*. **to take a ~ on
a house** ein Haus mieten; **to take a ~ on
business premises** ein Geschäft (sgrund-

stück) *nt* pachten; **to occupy a house on a 99-year ~** ein Haus auf 99 Jahre pachten; **we have the house/farm on a ~** wir haben das Haus gemietet/den Bauernhof gepachtet; **to let sth out on ~** etw in Pacht geben, etw verpachten/vermieten; **to give sb/sth a new ~ of life** jdm/einer Sache (neuen) Aufschwung geben.

II *vt* (*take*) pachten (*from* von), in Pacht nehmen (*from* bei); mieten (*from* von); (*give: also ~ out*) verpachten (*to* an +*acc*), in Pacht geben (*to sb* jdm); vermieten (*to* an +*acc*).

leasehold ['li:shəʊld] **I** *n* (*property*) Pachtbesitz *m*; (*land also*) Pachtgrundstück *nt*; (*building also*) gepachtetes Gebäude; (*contract, tenure*) Pachtvertrag *m*; **we own the house on ~** wir haben das Haus langfristig gepachtet; **II** *adj* gepachtet, in Pacht; *property* Pacht-; **leaseholder** *n* Pächter *m*.

leash [li:ʃ] *n* Leine *f*. **on a ~** an der Leine.

least [li:st] **I** *adj* **1.** (*slightest, smallest*) geringste(r, s).
2. (*with uncountable nouns*) wenigste(r, s). **he has the ~ money** er hat am wenigsten Geld.
II *adv* **1.** (+*vb*) am wenigsten. **~ of all would I wish to offend him** auf gar keinen Fall möchte ich ihn beleidigen.
2. (+*adj*) **~ possible expenditure** möglichst geringe Kosten; **the ~ expensive car** das billigste *or* preiswerteste Auto; **the ~ difficult method** die einfachste Methode; **of all my worries that's the ~ important** das ist meine geringste Sorge; **the ~ talented player** der am wenigsten talentierte Spieler; **the ~ known** der/die/das Unbekannteste; **the ~ interesting** der/die/das Uninteressanteste; **not the ~ bit drunk** kein bißchen betrunken.
III *n* **the ~** der/die/das Geringste *or* Wenigste; **that's the ~ of my worries** darüber mache ich mir die wenigsten Sorgen; **it's the ~ one can do** es ist das wenigste, was man tun kann; **at ~, I think so** ich glaube wenigstens; **at ~ it's not raining** wenigstens *or* zumindest regnet es nicht; **we can at ~ try** wir können es wenigstens versuchen; **there were eight at ~** es waren mindestens acht da; **we need three at the very ~** allermindestens brauchen wir drei; **at the very ~ you could apologize** du könntest dich wenigstens *or* zumindest entschuldigen; **and that's the ~ of it** und das ist noch das wenigste; **not in the ~!** nicht im geringsten!, ganz und gar nicht!; **to say the ~** um es milde zu sagen; **the ~ said, the better, ~ said, soonest mended** (*Prov*) je weniger man darüber spricht, desto besser.

leastways ['li:stweɪz] *adv* (*inf*) zumindest.

leather ['leðəʳ] **I** *n* Leder *nt*. **~neck** (*US sl*) Ledernacken *m*. **II** *adj* Leder-, ledern. **III** *vt* (*inf*) versohlen (*inf*), ein paar überziehen (+*dat*) (*inf*).

leathering ['leðərɪŋ] *n* (*inf*) Tracht *f* Prügel.

leathery ['leðərɪ] *adj material* lederartig; *smell* Leder-; *skin* ledern; *meat* zäh.

leave [li:v] (*vb: pret, ptp* **left**) **I** *n* **1.** (*permission*) Erlaubnis *f*. **by your ~** (*form*) mit Ihrer (gütigen) Erlaubnis (*form*); **to**

ask sb's ~ to do sth jdn um Erlaubnis bitten, etw zu tun; **he borrowed my car without so much as a by your ~** er hat sich (*dat*) so einfach *or* so mir nichts, dir nichts mein Auto geliehen.
2. (*permission to be absent, Mil*) Urlaub *m.* **to be on ~** auf Urlaub sein, Urlaub haben; **to be on ~ from sth** von etw beurlaubt sein; **I've got ~ to attend the conference** ich habe freibekommen, um an der Konferenz teilzunehmen; **a two-day ~** zwei Tage Urlaub; **~ of absence** Beurlaubung *f*; **to be on ~ of absence** beurlaubt sein.
3. to take one's ~ sich verabschieden; **to take ~ of one's senses** den Verstand verlieren; **~-taking** Abschied *m*; (*act*) Abschiednehmen *nt.*
II *vt* **1.** (*depart from, quit*) *place, person* verlassen. **the train left the station** der Zug fuhr aus dem Bahnhof; **when the plane left Rome** als das Flugzeug von Rom abflog; **when he left Rome** als er von Rom wegging/wegfuhr/abflog *etc*; **may I ~ the room?** darf ich mal raus?; **to ~ home** von zu Hause weggehen/wegfahren; (*permanently*) von zu Hause weggehen; **to ~ school** die Schule verlassen; (*prematurely also*) (von der Schule) abgehen; **to ~ the table** vom Tisch aufstehen; **to ~ one's job** seine Stelle aufgeben; **to ~ the road** (*crash*) von der Straße abkommen; (*turn off*) von der Straße abbiegen; **to ~ the rails** entgleisen; **the rocket left the ground** die Rakete hob (vom Boden) ab; **I'll ~ you at the station** am Bahnhof trennen wir uns dann; (*in car*) ich setze dich am Bahnhof ab.
2. (*allow or cause to remain*) lassen; *bad taste, dirty mark, message, scar* hinterlassen. **I'll ~ the key with the neighbours** ich hinterlege *or* lasse den Schlüssel bei den Nachbarn; **"to be left until called for"** „wird abgeholt"; (*in post office*) postlagernd; **to ~ a good impression with sb** einen guten Eindruck bei jdm hinterlassen.
3. (*~ in a certain condition*) lassen. **who left the window open?** wer hat das Fenster offengelassen?; **to ~ two pages blank** zwei Seiten freilassen; **this ~s me free for the afternoon/ free to go shopping** dadurch habe ich den Nachmittag frei/Zeit zum Einkaufen; **this new development ~s us with a problem** diese neue Entwicklung stellt uns vor ein Problem; **~ the dog alone** laß den Hund in Ruhe; **~ me alone!** laß mich (in Ruhe)!; **to ~ well alone** die Finger davonlassen (*inf*); **to ~ sb to himself** jdn allein lassen; **to ~ go or hold of** loslassen; **let's ~ it at that** lassen wir es dabei (bewenden); **his rudeness left me speechless** seine Unverschämtheit verschlug mir die Sprache; **if we ~ it so that he'll contact us** wenn wir dabei verbleiben, daß er sich mit uns in Verbindung setzt.
4. (*forget*) liegen- *or* stehenlassen.
5. (*after death*) *person, money* hinterlassen. **he left his wife very badly off** er ließ seine Frau fast mittellos zurück.
6. to be left (*remain, be over*) übrigbleiben; **all I have left** alles, was ich noch

habe; **how many are there left?** wie viele
sind noch da *or* übrig; **3 from 10 ~s 7** 10
minus 3 ist *or* (ist) gleich 7; **what does that
~?** wieviel bleibt übrig?; (*Math*) wieviel
gibt *or* ist das?; **nothing was left for me but
to sell it** mir blieb nichts anderes übrig, als
es zu verkaufen.

  7. (*entrust*) überlassen (*up to sb* jdm). ~
it to me laß mich nur machen; **I ~ it to you
to judge** es bleibt dir überlassen zu
urteilen; **to ~ sth to chance** etw dem
Zufall überlassen.

  8. (*stop*) **let's ~ this now** lassen wir das
jetzt mal.

  III *vi* (weg)gehen; abfahren; abfliegen;
(*train, bus, ship*) abfahren; (*plane*) ab-
fliegen. **we ~ for Sweden tomorrow** wir
fahren morgen nach Schweden; **which
flight did he ~ on?** welchen Flug hat er
genommen?

◆**leave aside** *vt sep* beiseite lassen.

◆**leave behind** *vt sep* **1.** *the car, the chil-
dren* dalassen, zurücklassen. **we've left all
that ~ us** das alles liegt hinter uns; **we've
left all our worries ~ us** (*settled*) wir sind
alle Sorgen los; (*forgotten*) wir haben all
unsere Sorgen vergessen.

  2. (*outstrip*) hinter sich (*dat*) lassen. **he
left all his fellow-students ~** er stellte alle
seine Kommilitonen in den Schatten.

  3. (*forget*) liegen- *or* stehenlassen.

◆**leave in** *vt sep* *sentence, scene in play etc*
lassen, nicht herausnehmen, drinlassen
(*inf*). **don't ~ the dog ~ all day** lassen Sie
den Hund nicht den ganzen Tag im Haus;
how long should the meat be left ~? wie
lange muß das Fleisch im Ofen bleiben?

◆**leave off** **I** *vt sep clothes* nicht anziehen;
lid nicht darauftun, ablassen (*inf*); *radio,
lights* auslassen; *umlaut* weglassen. **don't
~ the top ~ your pen** laß den Füllhalter
nicht offen *or* ohne Kappe liegen; **you left
her name ~ the list** Sie haben ihren
Namen nicht in die Liste aufgenommen.

  II *vi* +*prep obj* (*inf*) aufhören. **we left ~
work after lunch** wir haben nach dem Mit-
tagessen Feierabend gemacht.

  III *vi* (*inf*) aufhören. ~ ~! laß das!

◆**leave on** *vt sep clothes* anbehalten, an-
lassen (*inf*); *lights, fire etc* anlassen. **we
left the wall-paper ~ and painted over it**
wir haben die Tapete drangelassen (*inf*)
or nicht entfernt und sie überstrichen.

◆**leave out** *vt sep* **1.** (*not bring in*) draußen
lassen.

  2. (*omit*) auslassen; (*exclude*) *people*
ausschließen (*of* von). **he was instructed to
~ ~ all references to politics** er bekam
Anweisung, alle Hinweise auf Politik
wegzulassen; **you ~ my wife/politics ~ of
this** lassen Sie meine Frau/die Politik aus
dem Spiel.

  3. (*leave available*) dalassen. **I'll ~ the
books ~ on my desk** ich lasse die Bücher
auf meinem Schreibtisch; **will you ~ the
tools ~ ready?** legen Sie bitte das Werk-
zeug zurecht.

  4. (*not put away*) nicht wegräumen,
liegen lassen.

◆**leave over** *vt sep* **1.** (*leave surplus*) übrig-
lassen. **to be left ~** übrig(geblieben) sein.

  2. (*postpone*) verschieben, vertagen.

leaven ['levn] **I** *n* (*also* ~**ing** [-ɪŋ]) Treib-
mittel *nt*; (*fermenting dough*) Sauerteig
m; (*fig*) Auflockerung *f*.

  II *vt* (auf)gehen lassen, treiben; (*fig*)
auflockern.

leaves [liːvz] *pl of* **leaf**.

leaving ['liːvɪŋ] *n* Fortgang, Weggang *m*. ~
was very difficult (for him) das Weggehen
fiel ihm schwer.

leaving certificate *n* Abgangszeugnis *nt*;
leaving-party *n* Abschiedsfeier *or* -party
f; **leaving present** *n* Abschiedsgeschenk
nt.

leavings ['liːvɪŋz] *npl* (*food*) (Über)reste *pl*;
(*rubbish*) Abfälle *pl*.

Lebanese [ˌlebə'niːz] **I** *adj* libanesisch. **II** *n*
Libanese *m*, Libanesin *f*.

Lebanon ['lebənən] *n* **the ~** der Libanon.

lecher ['letʃəʳ] **I** *n* Lüstling, Wüstling *m*;
(*hum*) Lustmolch *m*. **II** *vi* lüstern sein. **to
~ after sb** (*chase*) jdm nachstellen; (*in
mind*) sich lüsterne Vorstellungen *pl* über
jdn machen.

lecherous ['letʃərəs] *adj* lüstern; *man,
behaviour also* geil.

lecherously ['letʃərəslɪ] *adv* lüstern.

lechery ['letʃərɪ] *n* Lüsternheit, Geilheit *f*.
his reputation for ~ sein Ruf als Wüstling.

lectern ['lektɜːn] *n* Pult *nt*.

lecture ['lektʃəʳ] **I** *n* **1.** Vortrag *m*; (*Univ*)
Vorlesung *f*. **to give a ~** einen Vortrag/
eine Vorlesung halten (*to* für, *on sth* über
etw *acc*).

  2. (*scolding*) (Straf)predigt *f*. **to give sb
a ~** jdm eine Strafpredigt *or* Standpauke
(*inf*) halten (*on* wegen).

  II *vt* **1.** (*give a ~*) **to ~ sb on sth** jdm
einen Vortrag/eine Vorlesung über etw
(*acc*) halten; **he ~s us in French** wir hören
bei ihm (Vorlesungen in) Französisch.

  2. (*scold*) tadeln, abkanzeln. **to ~ sb**
jdm eine Strafpredigt halten (*on* wegen).

  III *vi* einen Vortrag halten; (*Univ*)
(*give ~*) eine Vorlesung halten; (*give ~
course*) lesen, Vorlesungen halten (*on*
über +*acc*). **he ~s in English** er ist Dozent
für Anglistik; **he ~s on Victorian poetry** er
liest über Viktorianische Dichtung; **have
you ever heard him ~?** hast du schon mal
eine Vorlesung bei ihm gehört?

lecture course *n* Vorlesungs-/Vortrags-
reihe *f*; **lecture notes** *npl* (*professor's*)
Manuskript *nt*; (*student's*) Aufzeichnun-
gen *pl*; (*handout*) Vorlesungsskript *nt*.

lecturer ['lektʃərəʳ] *n* Dozent *m*; (*speaker*)
Redner(in *f*) *m*. **assistant ~** ≈ Assistent
m; **senior ~** Dozent *m* in höherer Position.

lecture room *n* Hörsaal *m*.

lectureship ['lektʃəʃɪp] *n* Stelle *f* als
Dozent, Lehrauftrag *m*.

lecture tour *n* Vortragsreise *f*.

led [led] *pret, ptp of* **lead**².

ledge [ledʒ] *n* **1.** Leiste, Kante *f*; (*along wall*)
Leiste *f*; (*of window*) (*inside*) Fenster-
brett *nt*; (*outside*) (Fenster)sims *nt or m*;
(*shelf*) Ablage *f*, Bord *nt*; (*mountain ~*)
(Fels)vorsprung *m*. **2.** (*ridge of rocks*) Riff
nt.

ledger ['ledʒəʳ] *n* Hauptbuch *nt*. ~ **line**
(*Mus*) Hilfslinie *f*.

lee [liː] **I** *adj* Lee-. **II** *n* **1.** (*Naut*) Lee *f*.
2. (*shelter*) Schutz, Windschatten *m*.

leech [li:tʃ] *n* Blutegel *m*; (*fig*) Blutsauger *m*.

leek [li:k] *n* Porree, Lauch *m*.

leer [lɪərʳ] **I** *n* (*knowing, sexual*) anzügliches Grinsen; (*evil*) heimtückischer Blick. **II** *vi* anzüglich grinsen; einen heimtückischen or schrägen Blick haben.

lees [li:z] *npl* Bodensatz *m*.

leeward ['li:wəd] **I** *adj* Lee-. **II** *adv* leewärts. **III** *n* Lee(seite) *f*. **to** ~ an der Leeseite; **steer to** ~ nach der Leeseite steuern, leewärts steuern.

leeway ['li:weɪ] *n* **1.** (*Naut*) Abtrift *f*, Leeweg *m*.
2. (*fig*) (*flexibility*) Spielraum *m*; (*time lost*) Zeitverlust *m*. **to make up** ~ den Zeitverlust aufholen; **there's a lot of** ~ **to make up** es gibt viel nachzuarbeiten.

left¹ [left] *pret, ptp of* **leave**.

left² **I** *adj* (*also Pol*) linke(r, s). **his thinking is rather** ~ er hat ziemlich linke Ansichten *pl* (*inf*); **no** ~ **turn** Linksabbiegen verboten; **he's got two** ~ **hands** (*inf*) er hat zwei linke Hände (*inf*).
II *adv* links (*of* von). **turn** ~ (*Aut*) links abbiegen; **keep** ~ links fahren; **move** ~ **a little** rücken Sie ein bißchen nach links; ~, **right,** ~, **right** links, rechts, links, rechts; ~ **turn!** (*Mil*) links um!
III *n* **1.** Linke(r, s). **on the** ~ links (*of* von), auf der linken Seite (*of* +*gen*); **on** or **to your** ~ links (von Ihnen), auf der linken Seite; **his wife sat on my** ~ seine Frau saß links von mir or zu meiner Linken (*form*); **to keep to the** ~ sich links halten, links fahren; **to fall to the** ~ nach links fallen.
2. (*Pol*) Linke *f*. **to be on the** ~ links stehen; **he's further to the** ~ **than I am** er steht weiter links als ich; **to be on** or **to the** ~ **of the party** dem linken Flügel der Partei angehören.
3. (*Boxing*) Linke *f*.

left back *n* linker Verteidiger; **left half** *n* linker Vorstopper; **left-hand** *adj* ~ **drive** Linkssteuerung *f*; ~ **side** linke Seite; **he stood on the** ~ **side of the king** er stand zur Linken des Königs; ~ **turn** linke Abzweigung; **take the** ~ **turn** bieg links ab; **left-handed** *adj* linkshändig; *tool* für Linkshänder; (*fig*) *compliment* zweifelhaft; **both the children are** ~ beide Kinder sind Linkshänder; **a** ~ **blow** ein linker Treffer.

leftie ['leftɪ] *n* (*pej*) linker Typ (*pej*).

leftish ['leftɪʃ] *adj* linksliberal, links angehaucht (*inf*).

leftist ['leftɪst] **I** *adj* linke(r, s), linksgerichtet. **his views are** ~ er ist linksgerichtet, er steht links. **II** *n* Linke(r) *mf*.

left-luggage (office) [left'lʌgɪdʒ-] *n* Gepäckaufbewahrung *f*; **left-luggage locker** *n* Gepäckschließfach *nt*; **left-over I** *adj* übriggeblieben; **II** *n* **left-overs** (Über)reste *pl*; **left-wing I** *adj* (*Pol*) linke(r, s); *politician also* linksgerichtet; **II** *n* **left wing** linker Flügel (*also Sport*); (*player*) Linksaußen *m*; **left-winger** *n* (*Pol*) Linke(r) *mf*; (*Sport*) Linksaußen *m*.

leg [leg] **I** *n* **1.** (*of person, animal*) Bein *nt*. **to be on one's last** ~**s** im den letzten Zügen liegen (*inf*); (*person*) auf dem letzten Loch pfeifen (*inf*); **this dress/carpet is on**
its last ~**s** dieses Kleid/ dieser Teppich hält or macht's (*inf*) nicht mehr lange; **he hasn't a** ~ **to stand on** (*fig*) (*no excuse*) er kann sich nicht herausreden; (*no proof*) das kann er nicht belegen; **to walk one's** ~**s off** sich (*dat*) die Füße wund laufen; **to walk sb's** ~**s off** jdn (ganz schön) scheuchen (*inf*), jdm davonlaufen; **to run sb's** ~**s off** (*fig*) jdn herumscheuchen (*inf*); *see* **pull, shake, stretch**.
2. (*as food*) Keule, Hachse *f*. ~ **of lamb** Lammkeule *f*.
3. (*of furniture*) Bein *nt*; (*of bed also*) Fuß *m*.
4. (*stage*) Etappe *f*.
II *vt:* **to** ~ **it** (*inf*) laufen, zu Fuß gehen.

legacy ['legəsɪ] *n* (*lit, fig*) Erbschaft *f*, Vermächtnis *nt*; (*also*) Erbe *nt*; (*fig pej*) Hinterlassenschaft *f*. **she bought a car with the** ~ sie kaufte sich (*dat*) ein Auto von dem geerbten Geld or von der Erbschaft; **our** ~ **to future generations must not be a polluted world** wir dürfen den zukünftigen Generationen keine verschmutzte Welt hinterlassen.

legal ['li:gl] *adj* **1.** (*lawful*) legal, rechtlich zulässig; *claim* Rechts-, rechtmäßig; (*according to the law*) *tender, restrictions, obligation, limit* gesetzlich; (*allowed by law*) *fare, speed* zulässig; (*valid before law*) *will, purchase* rechtsgültig. **to become** ~ rechtskräftig werden; **to make sth** ~ etw legalisieren; **the** ~ **age for marriage** das gesetzliche Heiratsalter, die Ehemündigkeit; **it is not** ~ **to sell drink to children** es ist gesetzlich verboten, Alkohol an Kinder zu verkaufen; ~ **separation** gesetzliche Trennung, Trennung *f* von Tisch und Bett; ~ **rights** gesetzlich verankerte Rechte *pl*; **they don't know what their** ~ **rights are** sie kennen ihre eigenen Rechte nicht; **the** ~ **custody of the children** das Sorgerecht für die Kinder; **women had no** ~ **status** Frauen waren nicht rechtsfähig; **he made** ~ **provision for his ex-wife** er hat die Versorgung seiner geschiedenen Frau rechtlich geregelt.
2. (*relating to the law*) *matters, affairs* juristisch, rechtlich, Rechts-; *advice, journal, mind* juristisch; *fees, charges* Gerichts-; *dictionary, act, protection, adviser* Rechts-; *decision* richterlich, Gerichts-; *inquiry, investigation* gerichtlich. ~ **action** Klage *f*; **to take** ~ **action against sb** gegen jdn Klage erheben, jdn verklagen; **from a** ~ **point of view** aus juristischer Sicht, rechtlich gesehen; **what's his** ~ **position?** wie ist seine rechtliche Stellung?; ~ **aid** Rechtshilfe *f*; **to take** ~ **advice** juristischen Rat einholen; **there is no** ~ **defence against that** dagegen gibt es keinen rechtlichen Schutz; ~ **department** Rechtsabteilung *f*, juristische Abteilung; ~ **offence** strafbare Handlung; **drug-peddling is a** ~ **offence** der Handel mit Drogen ist strafbar; **the** ~ **profession** der Anwaltsstand, die Anwaltschaft; (*including judges*) die Juristenschaft; ~ **representative** gesetzlicher Vertreter; (*counsel*) (Rechts)anwalt, Verteidiger *m*.

legality [li:'gælɪtɪ] *n* Legalität *f*; (*of claim*) Rechtmäßigkeit *f*; (*of tender*) Gesetzlichkeit f; (of restrictions, obligation) Gesetz-mäßigkeit f; (of fare, speed) Zulässigkeit f; (of contract also, of will, marriage, purchase, decision, limit) rechtliche Gültigkeit, Rechtsgültigkeit f.

legalization [ˌliːgəlaɪˈzeɪʃ ən] n Legalisierung f.

legalize [ˈliːgəlaɪz] vt legalisieren.

legally [ˈliːgəlɪ] adv (lawfully) transacted legal; married rechtmäßig; guaranteed, obliged, set down gesetzlich; (relating to the law) advise juristisch; indefensible rechtlich. what's the position ~? wie ist die Lage rechtlich gesehen?; ~ speaking vom rechtlichen Standpunkt aus, juristisch gesehen; ~ responsible vor dem Gesetz verantwortlich; to be ~ entitled to sth einen Rechtsanspruch auf etw (acc) haben; ~ binding rechtsverbindlich; ~, he can only stay for 3 months legal(erweise) kann er nur 3 Monate bleiben; ~ valid rechtsgültig.

legate [ˈlegɪt] n Legat m.

legatee [ˌlegəˈtiː] n Vermächtnisnehmer(in f) m.

legation [lɪˈgeɪʃ ən] n (diplomats) Gesandtschaft, Vertretung f; (building) Gesandtschaftsgebäude nt.

legend [ˈledʒənd] n 1. Legende f; (fictitious) Sage f. to become a ~ in one's lifetime schon zu Lebzeiten zur Legende werden.
2. (inscription, caption) Legende f.

legendary [ˈledʒəndərɪ] adj 1. legendär; person also sagenumwoben. 2. (famous) berühmt.

legerdemain [ˌledʒədəˈmeɪn] n Taschenspielerei f.

leggings [ˈlegɪŋz] npl (hohe or lange) Gamaschen pl; (fireman's, yachtsman's) Beinlinge f; (trousers) Überhose f; (baby's) Gamaschenhose f.

leggy [ˈlegɪ] adj (+er) langbeinig; (gawky) staksig.

Leghorn [ˈleghɔːn] n Livorno nt.

legibility [ˌledʒɪˈbɪlɪtɪ] n Lesbarkeit f; Leserlichkeit f.

legible [ˈledʒɪbl] adj lesbar; handwriting also leserlich.

legibly [ˈledʒɪblɪ] adv lesbar; write leserlich.

legion [ˈliːdʒən] n 1. Armee f; (Foreign L~) Legion f.
2. (Roman) Legion f.
3. (organization) L~ Legion f; L~ of Honour Ehrenlegion f.
4. (fig: large number) Legion f. his supporters are ~ seine Anhänger sind Legion.

legionary [ˈliːdʒənərɪ] I adj Legions-. II n (also **legionnaire**) Legionär m.

legislate [ˈledʒɪsleɪt] I vi 1. Gesetze/ein Gesetz erlassen.
2. (fig) to ~ for sth etw berücksichtigen; (give ruling on) für etw Regeln aufstellen.
II vt to ~ sth out of existence etw durch Gesetz aus der Welt schaffen; attempts to ~ the trade unions into submission Versuche pl, die Gewerkschaften durch Gesetz zu unterwerfen.

legislation [ˌledʒɪsˈleɪʃ ən] n (making laws) Gesetzgebung f; (laws) Gesetze pl.

legislative [ˈledʒɪslətɪv] adj gesetzgebend.

~ **reforms** Gesetzesreformen pl.

legislator [ˈledʒɪsleɪtə ʳ] n Gesetzgeber m.

legislature [ˈledʒɪsleɪtʃ ə ʳ] n Legislative f.

legitimacy [lɪˈdʒɪtɪməsɪ] n Rechtmäßigkeit, Legitimität f; (of birth) Ehelichkeit f; (of conclusion) Berechtigung f. I don't doubt the ~ of your excuse ich bezweifle nicht, daß Ihre Entschuldigung gerechtfertigt ist.

legitimate [lɪˈdʒɪtɪmət] adj 1. (lawful) rechtmäßig, legitim. how ~ is his claim? wie legitim ist sein Anspruch? 2. (reasonable) berechtigt; excuse begründet. 3. (born in wedlock) ehelich.

legitimatize [lɪˈdʒɪtɪmətaɪz], **legitimize** [lɪˈdʒɪtɪmaɪz] vt legitimieren; children für ehelich erklären.

legitimately [lɪˈdʒɪtɪmətlɪ] adv (lawfully) legitim; (with reason) berechtigterweise, mit Recht.

legless [ˈleglɪs] adj (without legs) ohne Beine; (sl: drunk) sternhagelvoll (sl); **legman** n (US) kleiner Reporter, der Informationsquellen abklappert; (who runs errands) Laufbursche, Bote m; **leg-pull** n (inf) Scherz, Bluff (inf) m; **legroom** n Platz m für die Beine, Beinfreiheit f; **legshow** n (inf) Revue f.

legume [ˈlegjuːm] n (species) Hülsenfrüchtler m; (fruit) Hülsenfrucht f.

leg up n to give sb a ~ jdm hochhelfen; **legwork** n Lauferei f.

Leics abbr of **Leicestershire**.

leisure [ˈleʒə ʳ, (US) ˈliːʒə ʳ] n Freizeit f. to be a lady of ~ nicht berufstätig sein; to lead a life of ~ ein Leben in or der Muße führen (geh), sich dem (süßen) Nichtstun ergeben; the problem of what to do with one's ~ das Problem der Freizeitgestaltung; the Prime Minister is seldom at ~ der Premierminister hat selten Zeit für sich or hat selten freie Zeit; do it at your ~ (in own time) tun Sie es, wenn Sie Zeit or Ruhe dazu haben; (at own speed) lassen Sie sich (dat) Zeit damit; to have the ~ to do sth die Zeit or Muße haben, etw zu tun; ~ hours Freizeit f.

leisure activities npl Hobbys, Freizeitbeschäftigungen pl; **leisure clothes** npl Freizeitkleidung f.

leisured [ˈleʒəd] adj the ~ classes die feinen Leute.

leisurely [ˈleʒəlɪ] adj geruhsam. to walk at a ~ pace gemächlich or langsam gehen.

leisure time n Freizeit f; **leisurewear** n Freizeitbekleidung f.

lemming [ˈlemɪŋ] n Lemming m.

lemon [ˈlemən] I n 1. Zitrone f; (colour) Zitronengelb nt; (tree) Zitrone(nbaum m) f. 2. (inf) (fool) Dussel m (inf); (thing) nutzloses Ding. II adj Zitronen-. ~ yellow Zitronengelb nt.

lemonade [ˌleməˈneɪd] n Limonade f, (süßer) Sprudel; (with lemon flavour) Zitronensprudel m or -limonade f.

lemon cheese or **curd** n zähflüssiger Brotaufstrich mit Zitronengeschmack; **lemon meringue pie** n mit Baisermasse gedeckter Mürbeteig mit einer Zitronencremefüllung; **lemon sole** n Seezunge f; **lemon squash** n Zitronensaft m; (in bottle) Zitronensirup m; **lemon**

squeezer n Zitronenpresse f; **lemon tea** n Zitronentee m.

lemur ['li:mə^r] n Lemur, Maki m.

lend [lend] pret, ptp **lent** I vt **1.** (loan) leihen (to sb jdm); (banks) money verleihen (to an +acc).

2. (fig: give) verleihen (to dat); name geben. **I am not going to ~ my name to this** dafür ich meinen (guten) Namen nicht her; **to ~ a hand** helfen, mit anfassen.

II vr **to ~ oneself to sth** sich für etw hergeben; (be suitable) sich für etw eignen.

◆**lend out** vt sep verleihen; books also ausleihen.

lender ['lendə^r] n (professional) Geldverleiher m.

lending ['lendɪŋ] adj library Leih-. **minimum ~ rate** Mindestzinssatz m; **~ rights** Verleihrecht nt; (for author) Anspruch m auf Leihbücherei-Tantiemen.

lend-lease ['lend'li:s] n: **~ agreement** Leih-Pacht-Abkommen nt.

length [leŋθ] n **1.** Länge f. **a journey of incredible ~** eine unglaublich lange or weite Reise; **to be 4 metres in ~** 4 Meter lang sein; **what ~ is it?** wie lang ist es?; **what ~ do you want it?** wie lang hätten Sie es gerne?; **of some ~** ziemlich lang; **the river, for most of its ~, meanders through meadows** der Fluß schlängelt sich in seinem Verlauf größtenteils durch Wiesen; **along the whole ~ of the river/lane** den ganzen Fluß/Weg entlang; **the pipe, for most of its ~, ...** fast das ganze Rohr ...; **it turns its own ~** es kann sich um die eigene Achse drehen; **over all the ~ and breadth of England** in ganz England; (travelling) kreuz und quer durch ganz England; **the ~ of skirts** die Rocklänge; **at full ~** in voller Länge.

2. (section) (of cloth, rope, pipe) Stück nt; (of wallpaper) Bahn f; (of road) Abschnitt m; (of pool) Bahn, Länge f.

3. (of time) Dauer f; (great ~) lange Dauer. **of some ~** ziemlich lange, von einiger Dauer; **we didn't stay any (great) ~ of time** wir sind nicht lange geblieben; **for any ~ of time** für längere Zeit; **for what ~ of time?** für wie lange?; **~ of life** (of people) Lebenserwartung f; (of animals) Lebensalter nt; (of machine) Lebensdauer f; **~ of service with a company** Betriebszugehörigkeit f; **~ of service with the army** Dienstjahre pl bei der Armee; **at ~** (finally) schließlich; (for a long time) lange, ausführlich.

4. (Phon, Poet, Sport) Länge f. **~ mark** Längenzeichen nt; **to win by half a ~** mit einer halben Länge siegen.

5. to go to any ~s to do sth vor nichts zurückschrecken, um etw zu tun; **to go to great ~s** sich (dat) sehr viel Mühe geben, alles mögliche versuchen; **to go to the ~ of ...** so weit gehen, daß ...

lengthen ['leŋθən] I vt verlängern; clothes länger machen. II vi länger werden.

lengthily ['leŋθɪlɪ] adv ausführlich, langatmig (pej).

lengthways ['leŋθweɪz], **lengthwise** ['leŋθwaɪz] I adj Längen-, Längs-. ~

measurement Längenmessung f; **~ cut** Längsschnitt m. II adv der Länge nach.

lengthy ['leŋθɪ] adj (+er) lange; (dragging on) langwierig; speech ausführlich, langatmig (pej).

lenience ['li:nɪəns], **leniency** ['li:nɪənsɪ] n see adj Nachsicht f; Milde f.

lenient ['li:nɪənt] adj nachsichtig (towards gegenüber); judge, attitude milde.

leniently ['li:nɪəntlɪ] adv see adj.

lens [lenz] n (Anat, Opt, Phot) Linse f; (in spectacles) Glas nt; (camera part containing ~) Objektiv nt; (eyeglass) Klemmlupe f; (for stamps etc) Vergrößerungsglas nt, Lupe f.

lent [lent] pret, ptp of **lend.**

Lent [lent] n Fastenzeit f.

lentil ['lentl] n Linse f. **~ soup** Linsensuppe f.

Leo ['li:əu] n, pl **~s** (Astrol) Löwe m.

leonine ['li:ənaɪn] adj Löwen-, löwenartig.

leopard ['lepəd] n Leopard m. **the ~ never changes its spots** (prov) die Katze läßt das Mausen nicht (Prov).

leotard ['li:ətɑ:d] n Trikot nt; (gymnastics) Gymnastikanzug m.

leper ['lepə^r] n Leprakranke(r) mf.

lepidoptera [lepɪˈdɒptərə] npl Falter pl.

leprechaun ['leprəkɔ:n] n Kobold m.

leprosy ['leprəsɪ] n Lepra f.

leprous ['leprəs] adj leprös, Lepra-.

lesbian ['lezbɪən] I adj lesbisch. II n Lesbierin, Lesbe (inf) f.

lesbianism ['lezbɪənɪzəm] n (in general) lesbische Liebe; (of one person) Lesbiertum nt.

lèse-majesté, lese majesty ['lez'mædʒəsteɪ] n (high treason) Hochverrat m; (insult to dignity) (Majestäts)beleidigung f.

lesion ['li:ʒən] n Verletzung f; (structural change) krankhafte Gewebsveränderung. **~s in the brain** Gehirnverletzungen pl.

less [les] I adj, adv, n weniger. **of ~ importance** von geringerer Bedeutung, weniger bedeutend; **~ noise, please!** nicht so laut, bitte!; **no ~ a person than the bishop** kein Geringerer als der Bischof; **that was told me by the minister, no ~** das hat mir kein Geringerer als der Minister gesagt; **he needs ~ time** er braucht weniger Zeit; **he did it in ~ time** er hat es in kürzerer Zeit or schneller getan; **to grow ~** weniger werden; (grow at slow rate) langsamer wachsen; (decrease) abnehmen; **~ and ~** immer weniger; **she saw him ~ and ~ (often)** sie sah ihn immer seltener; **a sum ~ than £1** eine Summe unter £ 1; **it's nothing ~ than disgraceful/than a disaster** es ist wirklich eine Schande/ein Unglück nt; **it was little ~ than blackmail** das war schon fast or so gut wie Erpressung; **he was ~ frightened than angry** er war nicht so sehr ängstlich, sondern eher ärgerlich; **~ quickly** nicht so schnell; **he works ~ than I (do)** er arbeitet weniger als ich; **still or even ~** noch weniger; **none the ~** trotzdem, nichtsdestoweniger; **I didn't find the film any the ~ interesting** ich fand den Film nicht weniger interessant; **I don't love her any the ~** ich liebe sie nicht weniger; **we see ~ of her nowadays** wir sehen sie jetzt nicht mehr so oft; **can't you let me have it for ~?** können Sie es mir nicht etwas billiger lassen?; **I hope you won't think (any the)** ~ **of me** ich hoffe, du denkst nicht schlecht von mir; ~ **of that!** komm mir nicht so!

II *prep* weniger; (*Comm*) abzüglich. **a year** ~ **4 days** ein Jahr weniger 4 Tage; **6** ~ **4 is 2** 6 weniger *or* minus 4 ist 2.

lessee [le'si:] *n* Pächter *m*; (*of house, flat*) Mieter *m*.

lessen ['lesn] **I** *vt* 1. (*make less*) verringern; *cost* senken, vermindern; *effect* vermindern, abschwächen.

     2. (*make seem less important etc*) herabsetzen, herabwürdigen; *a person's contribution, services also* schmälern.

     II *vi* nachlassen; (*danger, wind, enthusiasm, difficulty also*) abnehmen; (*value of money*) sich verringern, abnehmen.

lessening ['lesnɪŋ] *n* Nachlassen *nt* (*in sth* + *gen*). ~ **of value** Wertabnahme *f*; **a** ~ **in the rate of inflation** ein Rückgang *m or* eine Verringerung der Inflationsrate.

lesser ['lesə^r] *adj* geringer; (*in names*) klein. **to a** ~ **extent** in geringerem Maße; **a** ~ **amount** ein kleinerer Betrag; **the** ~ **weight** das leichtere Gewicht.

lesson ['lesn] *n* 1. (*Sch etc*) Stunde *f*; (*unit of study*) Lektion *f*. ~**s** Unterricht *m*; (*homework*) (Haus)aufgaben *pl*; **his** ~**s are boring** sein Unterricht ist *or* seine Stunden sind langweilig; ~**s begin at 9** der Unterricht *or* die Schule beginnt um 9; **a French** ~, **a** ~ **in** *or* **on French** eine Französischstunde; **a driving** ~ eine Fahrstunde; **to give** *or* **teach a** ~ eine Stunde geben, unterrichten; **we're having a French** ~ **now** wir haben jetzt Französisch.

     2. (*fig*) Lehre *f*. **to be a** ~ **to sb** jdm eine Lehre sein; **he has learnt his** ~ er hat seine Lektion gelernt; **to teach sb a** ~ jdm eine Lektion erteilen; **what** ~ **can we learn from this story?** was können wir von dieser Geschichte lernen?

     3. (*Eccl*) Lesung *f*. **to read the** ~ die Lesung halten.

lessor [le'sɔ:^r] *n* (*form*) Verpächter *m*; (*of flat etc*) Vermieter *m*.

lest [lest] *conj* (*form*) 1. (*for fear that*) aus Furcht, daß; (*in order that ... not*) damit ... nicht; (*in case*) für den Fall, daß. **I didn't do it** ~ **somebody should object** ich habe es aus Furcht, daß jemand dagegen sein könnte, nicht getan; **we watched all night** ~ **they should return** wir blieben die ganze Nacht wach für den Fall, daß sie zurückkommen könnten.

     2. (*after fear, be afraid etc*) daß. **I was frightened** ~ **he should fall** ich hatte Angst, daß er fallen könnte.

let¹ [let] *n* 1. (*Tennis*) Netz(ball *m*) *nt*.

     2. **without** ~ **or hindrance** (*Jur*) ungehindert.

let² **I** *n* **they are looking for a** ~ **in this area** sie wollen eine Wohnung/ein Haus in dieser Gegend mieten. **II** *vt* (*esp Brit: hire out*) vermieten; **"to** ~**"** „zu vermieten"; **we can't find a house to** ~ wir können kein Haus finden, das zu mieten ist.

let³ *pret, ptp* ~ *vt* 1. (*permit*) lassen. **to** ~ **sb**

do sth jdn etw tun lassen; **she** ~ **me borrow the car** ich durfte ihr Auto nehmen; **we can't** ~ **that happen** wir dürfen das nicht zulassen; **he wants to but I won't** ~ **him** er möchte gern, aber ich lasse ihn nicht *or* erlaube es ihm nicht; **the particle wants to escape but the magnetic force won't** ~ **it** das Teilchen möchte sich freimachen, aber die magnetische Kraft verhindert es; **oh please** ~ **me** bitte, bitte, laß mich doch (mal)!; ~ **me help you** darf ich Ihnen helfen *or* behilflich sein?; ~ **me know what you think** sagen Sie mir (Bescheid) *or* lassen Sie mich wissen (*form*), was Sie davon halten; **to** ~ **sb be** jdn (in Ruhe) lassen; **to** ~ **sb/sth go, to** ~ **go of sb/sth** jdn/etw loslassen; **to** ~ **sb go** (*depart*) jdn gehen lassen; ~ **me go!** lassen Sie mich los!, loslassen!; **to** ~ **oneself go** (*neglect oneself*) sich gehenlassen; (*relax*) aus sich herausgehen; **to** ~ **sth go** (*neglect*) etw vernachlässigen; **to** ~ **oneself go on a subject** sich über ein Thema auslassen; **to** ~ **it go at that** es dabei bewenden lassen; **to** ~ **sb pass** jdn vorbeilassen; **we'll** ~ **it pass** *or* **go this once** (*disregard*) error wir wollen es mal durchgehen lassen; *see* drop, fly², slip.

     2. (*old: causative*) lassen. ~ **it be known, that ...** alle sollen wissen, daß ...

     3. **to** ~ **sb/sth alone** jdn/etw in Ruhe lassen; **we can't improve it any more, we'd better** ~ **it alone** wir können es nicht mehr verbessern, also lassen wir es lieber so; **we'd better** ~ **well alone** wir lassen besser die Finger davon; **please** ~ **me by/past** bitte, lassen Sie mich vorbei/durch; **to** ~ **sb/sth through** jdn/etw durchlassen.

     4. ~ **alone** (*much less*) geschweige denn.

     5. ~**'s go home** komm, wir gehen nach Hause; ~**'s go!** gehen wir!; ~**'s get out of here** bloß weg von hier!; **yes,** ~**'s** oh ja!; ~**'s not lieber nicht; don't** ~ ~**'s** *or* ~**'s not fight** wir wollen uns doch nicht streiten; ~**'s be happy** laß uns glücklich sein; ~**'s be friends** wir wollen Freunde sein; ~ **him try (it)!** das soll er nur *or* mal versuchen!; ~ **me think** *or* **see, where did I put it?** warte mal *or* Moment mal, wo habe ich das nur hingetan?; ~ **X be 60** X sei 60; ~ **there be no mistake about it** lassen Sie sich (*dat*) das gesagt sein!; ~ **there be music** laßt Musik erklingen; ~ **there be peace** es soll Friede sein; ~ **there be light** es werde Licht; ~ **us pray** laßt uns beten; ~ **us suppose ...** nehmen wir (mal) an, daß ...

     6. **to** ~ **blood** einen Aderlaß machen; **they** ~ **so much of his blood** sie nahmen ihm so viel Blut ab.

◆**let down** *vt sep* 1. (*lower*) *rope, person* hinunter-/ herunterlassen; *seat* herunterklappen; *hair, window* herunterlassen. **to** ~ **sb** ~ **gently** (*fig*) jdm etw/das schonend beibringen.

     2. (*lengthen*) *dress* länger machen.

     3. (*deflate*) **to** ~ **a tyre** ~ die Luft aus einem Reifen lassen.

     4. (*fail to help*) **to** ~ **sb** ~ jdn im Stich lassen (*over* mit); **the weather** ~ **us** ~ das Wetter machte uns einen Strich durch die Rechnung; **to** ~ **the side** ~ die anderen

hängenlassen (*inf*) *or* im Stich lassen.

5. (*disappoint*) enttäuschen. **to feel ~ ~** enttäuscht sein.

6. to ~ the school/oneself ~ die Schule/ sich blamieren *or* in Verruf bringen.

◆**let in** I *vt sep* **1.** *water* durchlassen.

2. (*admit*) *air, cat, visitor* hereinlassen; (*to club etc*) zulassen (*to* zu). **he ~ himself ~to the flat** er ging in die Wohnung hinein; **I was just ~ting myself ~** ich schloß gerade die Tür auf.

3. (*involve in*) **to ~ sb ~ for a lot of work** jdm eine Menge Arbeit aufhalsen; **see what you've ~ me ~ for now** da hast du mir aber was eingebrockt! (*inf*); **to ~ oneself ~ for sth** sich auf etw (*acc*) ein- lassen; **to ~ oneself/sb ~ for trouble** sich/ jdm Ärger einbringen *or* einhandeln.

4. (*allow to know*) **to ~ sb ~ on sth, to ~ sb~to sth** jdn in etw (*acc*) einweihen; **she ~ me ~ on the secret** sie hat es mir verraten.

5. (*Sew*) **to ~ ~ a panel** eine Bahn ein- setzen.

II *vi* (*shoes, tent*) Wasser durchlassen, undicht sein.

◆**let off** I *vt sep* **1.** *also vt* (*fire*) *arrow* abschießen; *gun, shot* abfeuern.

2. (*explode*) hochgehen lassen.

3. (*emit*) *vapour* von sich geben; *gases* absondern; *smell* verbreiten.

4. (*forgive*) **to ~ sb ~** jdm etw durch- gehen lassen; **I'll ~ you ~ this time** dies- mal drücke ich noch ein Auge zu; **to ~ sb ~ sth** jdm etw erlassen; **to ~ sb ~ with a warning/fine** jdn mit einer Verwarnung/ Geldstrafe davonkommen lassen; **to ~ sb ~ lightly** mit jdm glimpflich verfahren; **to be ~ ~ lightly** glimpflich davonkommen.

5. (*allow to go*) gehen lassen.

6. (*from car etc*) herauslassen (*inf*), aussteigen lassen.

II *vi* (*fart*) einen fahren lassen (*inf*).

◆**let on** *vi* **1.** *also vt* (*inf: tell, give away*) **don't ~ ~ you know** laß dir bloß nicht anmerken, daß du das weißt; **don't ~ ~ about our meeting with John** sag nichts über unser Treffen mit John.

2. (*pretend*) **to ~ ~ that ...** vorgeben, daß ...

◆**let out** *vt sep* **1.** (*allow to go out*) *cat, smell, air* hinaus-/ herauslassen; (*from car*) absetzen. **to ~ oneself ~** sich (*dat*) die Tür aufmachen; **I'll ~ myself ~** ich finde alleine hinaus.

2. *prisoner* entlassen, rauslassen (*inf*); (*divulge*) *news* bekanntgeben *or* -machen; *secret* verraten, ausplaudern (*inf*).

3. (*emit*) *yell* ausstoßen. **to ~ ~ a laugh** auflachen; **to ~ ~ a yawn** (laut) gähnen.

4. (*make larger*) *dress* weiter machen, auslassen.

5. *fire* ausgehen lassen.

6. (*free from responsibility*) **that ~s me ~ (of it)** da komme ich (schon mal) nicht in Frage.

7. (*rent*) vermieten.

◆**let up** *vi* **1.** (*cease*) aufhören.

2. (*ease up*) nachlassen.

3. to ~ ~ on sb jdn in Ruhe lassen; **the trainer didn't ~ ~ on them until they were perfect** der Trainer hat so lange nicht locker gelassen, bis sie perfekt waren.

let-down ['letdaʊn] *n* (*inf: disappointment*) Enttäuschung *f*.

lethal ['liːθəl] *adj* tödlich.

lethargic [lɪ'θɑːdʒɪk] *adj* **1.** *appearance, person* träge, lethargisch; *atmosphere also* schläfrig; *animal* träge; *pace of music* schleppend; (*uninterested*) lethargisch, teilnahmslos, lustlos.

2. (*Med*) schlafsüchtig, lethargisch.

lethargically [lɪ'θɑːdʒɪkəlɪ] *adv see adj*.

lethargy ['leθədʒɪ] *n* **1.** Lethargie, Trägheit *f*. **an atmosphere of ~** eine schläfrige *or* träge Atmosphäre. **2.** (*Med*) Schlafsucht, Lethargie *f*.

let's [lets] *contr of* **let us**.

Lett [let] *adj, n see* **Latvian**.

letter ['letə^r] I *n* **1.** (*of alphabet*) Buchstabe *m*. **the ~ of the law** der Buchstabe des Gesetzes; **to the ~** buchstabengetreu, genau; **did he do it? — to the ~** hat er es getan? — ganz nach Vorschrift.

2. (*written message*) Brief *m*; (*Comm etc*) Schreiben *nt* (*form*) (*to an +acc*). **by ~** schriftlich, brieflich; **~ of credit** Kredit- brief *m*, Akkreditiv *nt*; **~s patent** Patent- (urkunde *f*) *nt*.

3. (*Liter*) **~s** Literatur *f*; **man of ~s** Belletrist *m*; (*writer*) Literat *m*.

4. (*US: award*) *als Auszeichnung ver- liehenes Schulabzeichen*.

II *vt sign, label* beschriften.

letter bomb *n* Briefbombe *f*; **letterbox** *n* Briefkasten *m*; **letter-card** *n* Briefkarte *f*.

lettered ['letəd] *adj* **1.** (*rare*) *person* gelehrt. **2.** *object* beschriftet.

letterhead ['letəhed] *n* Briefkopf *m*; (*writ- ing paper*) Geschäfts(brief)papier *nt*.

lettering ['letərɪŋ] *n* Beschriftung *f*.

letterpress ['letəpres] *n* Hochdruck *m*.

letting ['letɪŋ] *n* Vermieten *nt*.

Lettish ['letɪʃ] *adj, n see* **Latvian**.

lettuce ['letɪs] *n* Kopfsalat *m*.

let-up ['letʌp] *n* (*inf*) Pause *f*; (*easing up*) Nachlassen *nt*. **if there is a ~ in the rain** wenn der Regen aufhört/nachläßt.

leucocyte, leukocyte ['luːkəʊsaɪt] *n* (*form*) Leukozyt *m*.

leukaemia, leukemia [luːˈkiːmɪə] *n* Leukämie *f*.

Levant [lɪ'vænt] *n* Levante *f*.

Levantine ['levəntaɪn] I *adj* levantinisch. II *n* (*person*) Levantiner(in *f*) *m*.

levee[1] ['leveɪ] *n* (*Hist*) (*on awakening*) Lever *nt*; (*at British court*) Nachmittags- empfang *m*.

levee[2] ['levɪ] *n* Damm, Deich *m*.

level ['levl] I *adj* **1.** (*flat*) *ground, surface, floor* eben; *spoonful* gestrichen. **try to keep the boat ~** versuchen Sie, das Boot waagerecht zu halten.

2. (*at the same height*) auf gleicher Höhe (*with* mit); (*parallel*) parallel (*with* zu). **to be ~ with the ground** zu gleicher Höhe mit dem Boden sein; (*parallel*) parallel zum Boden sein; **the bedroom is ~ with the ground** das Schlafzimmer liegt ebenerdig *or* zu ebener Erde; **to be ~ with the water** auf der gleichen Höhe wie der Wasserspiegel sein.

3. (*equal*) *race* Kopf-an-Kopf-; (*fig*) gleich gut. **the two runners are absolutely** *or* **dead ~** die beiden Läufer liegen *or* sind genau auf gleicher Höhe; **Jones was al-most ~ with the winner** Jones kam fast auf gleiche Höhe mit dem Sieger.

4. (*steady*) *tone of voice* ruhig; (*well-balanced*) ausgeglichen; *judgement* ab- *or* ausgewogen; *head* kühl.

5. I'll do my ~ best ich werde mein möglichstes tun.

II *adv* **~ with** in Höhe (+*gen*); **the pipe runs ~ with the ground** das Rohr verläuft zu ebener Erde; (*parallel*) das Rohr verläuft parallel zum Boden; **they're running absolutely ~** sie laufen auf genau gleicher Höhe; **the value of the shares stayed ~ for some time** der Wert der Aktien blieb für einige Zeit gleich; **to draw ~ with sb** jdn einholen, mit jdm gleichziehen; (*in league etc*) punktegleich mit jdm sein.

III *n* **1.** (*instrument*) Wasserwaage *f*.

2. (*altitude*) Höhe *f*. **on a ~** (with) auf gleicher Höhe (mit); **water always finds its own ~** Wasser kehrt immer in die Waagerechte zurück; **at eye ~** in Augenhöhe; **the trees were very tall, almost at roof ~** die Bäume waren sehr hoch, sie reichten fast bis zum Dach; **to be on a ~ with the ground** in Bodenhöhe *or* zu ebener Erde sein *or* liegen.

3. (*flat place*) ebene Fläche.

4. (*storey*) Geschoß *nt*.

5. (*position on scale*) Niveau *nt*, Ebene *f*. **they're on a different ~** sie haben ein unterschiedliches Niveau; **to descend** *or* **sink** *or* **come down to that ~** auf ein so tiefes Niveau absinken; **he expects everyone to come down to his ~** er erwartet von jedem, daß er sich auf sein Niveau herabbegibt; **to be on a ~ with** auf gleichem Niveau sein wie; **they are on a ~ as far as salaries are concerned** sie bekommen das gleiche Gehalt; **he tried to raise the ~ of the conversation** er versuchte, der Unterhaltung etwas mehr Niveau zu geben; **if profit keeps on the same ~** wenn sich der Gewinn auf dem gleichen Stand hält; **he maintains his high ~ of excellence** er hält sein äußerst hohes Niveau; **a high ~ of intelligence** ein hoher Intelligenzgrad; **a low ~ of sales** ein sehr geringer Absatz; **a high ~ of civilization** eine hohe Kulturstufe; **the higher ~s of academic research** die höheren Stufen der wissenschaftlichen Forschung; **the talks were held at a very high ~** die Gespräche fanden auf hoher Ebene statt; **to reduce sth to a more comprehensible ~** etw auf eine etwas verständlichere Ebene bringen; **he reduces everything to the commercial ~** er reduziert alles auf eine rein kommerzielle Basis; **on a purely personal ~** rein persönlich, auf rein persönlicher Ebene.

6. (*amount, degree*) **a high ~ of hydrogen** ein hoher Wasserstoffanteil *or* Anteil an Wasserstoff; **the ~ of alcohol in the blood** der Alkoholspiegel im Blut.

7. (*inf: straightforward, honest*) **it's on the ~** (*business*) es ist reell; (*proposition*) es ist ehrlich gemeint; **I guess you're on the ~** du bist wohl schon in Ordnung (*inf*); **is he on the ~?** meint er es ehrlich?; **to be on the ~ with sb** jdm gegenüber ehrlich *or* aufrichtig sein.

IV *vt* **1.** *ground, site etc* einebnen, planieren; *building* abreißen; *town* dem Erdboden gleichmachen. **you can't ~ all men** man kann nicht alle Menschen gleichmachen; **to ~ sth to** *or* **with the ground** etw dem Erdboden gleichmachen.

2. *blow* versetzen, verpassen (*inf*) (*at sb* jdm); *weapon* richten (*at* auf +*acc*); *accusation* erheben (*at* gegen); *remark* richten (*at* gegen). **to ~ a charge against sb** Anklage gegen jdn erheben, jdn anklagen.

V *vi* (*sl*) **to ~ with sb** jdm keinen Quatsch *or* Scheiß erzählen (*sl*).

◆**level down** *vt sep* (*lit*) einebnen; (*fig*) auf ein tieferes Niveau bringen *or* herabsetzen; *salaries* nach unten angleichen.

◆**level out I** *vi* (*also ~ off*) **1.** (*ground*) eben *or* flach werden; (*fig*) sich ausgleichen, sich einpendeln. **2.** (*Aviat*) (*pilot*) das Flugzeug abfangen; (*plane*) sich fangen; (*after rising*) horizontal fliegen. **II** *vt sep site* planieren, einebnen; (*fig*) *differences* ausgleichen.

◆**level up** *vt sep* (*lit*) ausgleichen; *salaries* angleichen; (*fig*) auf ein höheres Niveau bringen. **they aim to ~ educational standards** sie wollen das Bildungsniveau anheben.

level crossing *n* (*Brit*) (höhengleicher) Bahnübergang; **level-headed** *adj person* ausgeglichen; *attitude, reply, decision* ausgewogen; *reply, decision also* überlegt.

leveller ['levləʳ] *n* Gleichmacher *m*.

levelly ['levəlɪ] *adv* (*calmly*) ruhig; *gaze* gerade.

level pegging *adj* punktgleich. **with 30 votes each they are ~** mit jeweils 30 Stimmen liegen sie auf gleicher Höhe; **it's ~ as they go round the final bend** sie liegen in der letzten Kurve auf gleicher Höhe.

lever ['liːvəʳ, (*US*) 'levəʳ] **I** *n* Hebel *m*; (*crowbar*) Brechstange *f*; (*fig*) Druckmittel *nt*.

II *vt* (hoch)stemmen, mit einem Hebel/einer Brechstange (an- *or* hoch)heben. **he ~ed the machine-part into place** er hob das Maschinenteil durch Hebelwirkung an seinen Platz; **he ~ed the box open** er stemmte die Kiste auf; **he ~ed himself onto the ledge** er hievte sich auf den Felsvorsprung (hoch).

◆**lever out** *vt sep* herausstemmen *or* -brechen. **we'll never ~ him ~ of such a comfortable job** aus diesem bequemen Job werden wir ihn nie herausholen *or* -lotsen können (*inf*); **he ~ed himself ~ of the armchair** er hievte sich aus dem Sessel (hoch).

◆**lever up** *vt sep* mit einem Hebel/einer Brechstange hochstemmen.

leverage ['liːvərɪdʒ] *n* Hebelkraft *f*; (*fig*) Einfluß *m*. **this spanner can exert considerable ~** dieser Schraubenschlüssel kann eine beträchtliche Hebelwirkung ausüben; **to use sth as ~** (*fig*) etw als Druckmittel benutzen; (*to one's own advantage*) etw zu seinem Vorteil ausnützen; **this gave us a bit of ~ with the authorities** dadurch konnten wir etwas Druck auf die Behörden ausüben; **his**

approval gives us a bit of ~ with them
seine Zustimmung verstärkt unsere
Position ihnen gegenüber.

leveret ['levərɪt] n junger Hase, Häschen nt.

leviathan [lɪ'vaɪəθən] n Leviathan m,
Meerungeheuer nt; (fig) Gigant m.

levitate ['levɪteɪt] I vt schweben lassen. II vi
schweben.

levitation [ˌlevɪ'teɪʃən] n Levitation f, freies
Schweben.

Levite ['liːvaɪt] n Levit(e) m.

levity ['levɪtɪ] n Leichtfertigkeit f. **sounds of**
~ Gelächter nt.

levy ['levɪ] I n (act) (Steuer)einziehung or
-eintreibung f; (tax) Steuer f, Abgaben
pl; (Mil) Aushebung f; (of supplies) Ein-
ziehung, Beschlagnahme f. **there were 100**
men in the first ~ 100 Männer wurden bei
der ersten Aushebung eingezogen.

    II vt 1. (raise) tax einziehen, erheben;
fine auferlegen (on sb jdm); (Mil) army,
troops ausheben; supplies einziehen,
beschlagnahmen. **to** ~ **a tax on beer** Bier
mit einer Steuer belegen.

    2. (wage) war führen (against, on
gegen).

lewd [luːd] adj (+er) unanständig; (lustful)
lüstern; remark anzüglich; joke, song
unanständig, anstößig, anzüglich;
imagination schmutzig.

lewdly ['luːdlɪ] adv anzüglich.

lewdness ['luːdnɪs] n (being indecent) An-
stößigkeit, Unanständigkeit f; (being lust-
ful) Lüsternheit f; (of remark) Anzüglich-
keit f; (of imagination) Schmutzigkeit f.

lexical ['leksɪkəl] adj lexikalisch.

lexicographer [ˌleksɪ'kɒgrəfə^r] *n*
Lexikograph(in) f m.

lexicographic(al) [ˌleksɪkəʊ'græfɪk(əl)] adj
lexikographisch.

lexicography [ˌleksɪ'kɒgrəfɪ] *n*
Lexikographie f.

lexicon ['leksɪkən] n Wörterbuch, Lexikon
nt; (in linguistics) Lexikon nt.

l.h.d. abbr of **left hand drive.**

liability [ˌlaɪə'bɪlɪtɪ] n 1. (burden) Belastung
f.

    2. (being subject to) one's ~ **for tax** jds
Steuerpflicht f; **he has a tax** ~ **of £1,000** er
muß £ 1000 Steuern bezahlen; ~ **for jury**
service Pflicht f zur Ausübung des
Schöffen-/ Geschworenenamtes; ~ **to pay**
damages Schadensersatzpflicht f.

    3. (proneness) Anfälligkeit f (to für).

    4. (responsibility) Haftung f. **we accept**
no ~ **for ...** wir übernehmen keine Haf-
tung für ...; **his** ~ **for his wife's debts** seine
Haftung or Haftbarkeit für die Schulden
seiner Frau; **that is not my** ~ dafür hafte
ich nicht.

    5. (Fin) **liabilities** Verbindlichkeiten,
Verpflichtungen pl.

liable ['laɪəbl] adj 1. (subject to) **to be** ~
unterliegen (for sth einer Sache dat); **to be**
~ **for tax** (things) besteuert werden; (per-
son) steuerpflichtig sein; **people earning**
over £X are ~ **for surtax** wer mehr als £ X
verdient, unterliegt einer Zusatzsteuer or
ist zusatzsteuerpflichtig; ~ **to penalty**
strafbar; **you'll make yourself** ~ **to a heavy**
fine Sie können zu einer hohen Geldstrafe
verurteilt werden.

    2. (prone to) anfällig. **he's always been**
~ **to bronchitis** er war schon immer
anfällig für Bronchitis; ~ **to inflation** in-
flationsanfällig.

    3. (responsible) **to be** ~ haften, haftbar
sein; **to be** ~ **for** haftbar sein or haften für,
aufkommen müssen für.

    4. (likely to) **we are** ~ **to get shot here**
wir können hier leicht beschossen wer-
den; **the pond is** ~ **to freeze** der Teich
friert leicht zu; **is he** ~ **to come?** ist an-
zunehmen, daß er kommt?; **he's** ~ **to tell**
the police es wäre ihm zuzutrauen, daß er
es der Polizei meldet; **the computer is still**
~ **to make mistakes** der Computer kann
durchaus noch Fehler machen; **the plan is**
~ **to changes** der Plan wird möglicher-
weise geändert; **I don't think it's** ~ **to hap-**
pen tonight ich halte es für nicht wahr-
scheinlich, daß es heute nacht passiert; **if**
you tell him that, he's ~ **to lose his temper**
wenn Sie ihm das sagen, wird er bestimmt
wütend.

liaise [liː'eɪz] vi als Verbindungsmann or V-
Mann (inf) fungieren. **to** ~ **with sb** sich
mit jdm in Verbindung setzen.

liaison [liː'eɪzɒn] n 1. (coordination) Verbin-
dung, Zusammenarbeit f; (person)
Verbindungsmann, V-Mann (inf) m;
(Mil) Verbindung f; (person) Verbin-
dungsmann or -offizier m. 2. (affair)
Liaison f.

liaison officer n Verbindungsmann m;
(Mil) Verbindungsoffizier m. **the firm's** ~
der Firmensprecher.

liar ['laɪə^r] n Lügner(in f) m.

lib [lɪb] in cpds -bewegung f.

Lib (Pol) abbr of **Liberal.**

libation [laɪ'beɪʃən] n 1. (offering) Trank-
opfer nt. 2. (inf: drinking session) ~s
Trinkgelage, Saufgelage (inf) nt.

libel ['laɪbəl] I n (schriftlich geäußerte) Ver-
leumdung (on gen). **to utter/publish a** ~
against sb jdn verleumden; **it's a** ~ **on the**
whole neighbourhood es ist eine Verleum-
dung der gesamten Nachbarschaft.

    II vt verleumden.

libellous, (US) **libelous** ['laɪbələs] adj ver-
leumderisch.

liberal ['lɪbərəl] I adj 1. (generous) offer,
supply großzügig; helping of food reich-
lich.

    2. (broad-minded) liberal.

    3. ~ **education** Allgemeinbildung f; **the**
~ **arts** die geisteswissenschaftlichen
Fächer.

    4. (Pol) liberal.

    II n (Pol: L~) Liberale(r) mf.

liberalism ['lɪbərəlɪzəm] n Liberalität f;
(Pol: L~) der Liberalismus.

liberality [ˌlɪbə'rælɪtɪ] n 1. (generosity)
Großzügigkeit f. 2. see **liberal-**
mindedness.

liberalization [ˌlɪbərəlaɪ'zeɪʃən] *n*
Liberalisierung f.

liberalize ['lɪbərəlaɪz] vt liberalisieren.

liberally ['lɪbərəlɪ] adv liberal; (generously)
großzügig. **he applies the paint very** ~ er
trägt die Farbe dick or reichlich auf.

liberal-minded ['lɪbərəl'maɪndɪd] adj per-
son liberal (eingestellt); views liberal;
liberal-mindedness n (of person)

liberale Einstellung or Gesinnung; (of views) Liberalität f.

liberate ['lıbəreıt] vt **1.** (free) prisoner, country befreien. **2.** gas etc freisetzen.

liberation [ˌlıbə'reıʃən] n Befreiung f; (of gases) Freisetzung f.

liberator ['lıbəreıtəʳ] n Befreier m.

Liberia [laı'bıərıə] n Liberia nt.

Liberian [laı'bıərıən] **I** adj liberianisch, liberisch. **II** n Liberianer(in f), Liberier(in f) m.

libertine ['lıbəti:n] n Wüstling m.

liberty ['lıbətı] n **1.** Freiheit f. **basic liberties** Grundrechte pl; **to restore sb to ~** jdm die Freiheit wiedergeben; **to be at ~** (criminal etc) frei herumlaufen; (having time) Zeit haben; **to be at ~ to do sth** (be permitted) etw tun dürfen; **I am not at ~ to comment** es ist mir nicht gestattet, darüber zu sprechen; **you are at ~ to go** es steht Ihnen frei zu gehen.
2. (presumptuous action, behaviour) **I have taken the ~ of giving your name** ich habe mir erlaubt, Ihren Namen anzugeben; **to take liberties with a text** einen Text sehr frei bearbeiten; **to take liberties with sb** sich jdm gegenüber Freiheiten herausnehmen; **what a ~!** (inf) so eine Frechheit or Unverschämtheit!

libidinous [lı'bıdınəs] adj lüstern; person, behaviour also triebhaft; (Psych) libidinös.

libido [lı'bi:dəʊ] n, pl **~s** Libido f.

Libra ['li:brə] n Waage f.

Libran ['li:brən] n Waage(mensch m) f.

librarian [laı'breərıən] n Bibliothekar(in f) m.

librarianship [laı'breərıənʃıp] n **1.** (subject) Bibliothekswesen nt or -lehre f. **2.** (job) Bibliothekarsstelle f.

library ['laıbrərı] n **1.** (public) Bibliothek, Bücherei f. **2.** (private) Bibliothek f. **3.** (collection of books/records) (Bücher)-sammlung/(Schallplatten)sammlung f. **4.** (series of books) Buchreihe, Bibliothek f.

library book n Leihbuch nt; **library edition** n Leihbuchausgabe f; **library science** n Bibliothekswissenschaften pl; **library ticket** n Leserausweis m.

librettist [lı'bretıst] n Librettist m.

libretto [lı'bretəʊ] n, pl **~s** Libretto nt.

Libya ['lıbıə] n Libyen nt.

Libyan ['lıbıən] **I** adj libysch. **II** n Libyer(in f) m.

lice [laıs] pl of **louse.**

licence, (US) **license** ['laısəns] n **1.** (permit) Genehmigung, Erlaubnis f; (by authority) behördliche Genehmigung, Konzession f; (Comm) Lizenz f; (driving ~) Führerschein m; (gun ~) Waffenschein m; (hunting ~) Jagdschein m; (marriage ~) Eheerlaubnis f; (radio ~, television ~) (Rundfunk-/ Fernseh)genehmigung f; (dog ~) Hundemarke f. **he hasn't paid his (dog) ~** er hat seine Hundesteuer nicht bezahlt; **you have to have a (television) ~** man muß Fernsehgebühren bezahlen; **a ~ to practise medicine** die Approbation, die staatliche Zulassung als Arzt; **the restaurant has lost its ~** (to sell drinks) das Restaurant hat seine Schankerlaubnis or Konzession verloren; **we'll get a late ~ for the reception** für den Empfang bekommen wir eine Genehmigung für verlängerte Ausschankzeiten; **a ~ to kill** ein Freibrief zum Töten; **to manufacture sth under ~** etw in Lizenz herstellen.
2. (freedom) Freiheit f. **translated with a good deal of ~** sehr frei übersetzt.
3. (excessive freedom) Zügellosigkeit f. **there is too much ~ in sexual matters/the cinema nowadays** in sexuellen Dingen/im Kino geht es heutzutage zu freizügig zu.

licence number n (Aut) Kraftfahrzeug- or Kfz-Kennzeichen nt; **licence plate** n (Aut) Nummernschild nt.

license ['laısəns] **I** n (US) see **licence. II** vt eine Lizenz/Konzession vergeben an (+acc). **a car must be ~d every year** die Kfz-Steuer muß jedes Jahr bezahlt werden; **to ~ a pub** einer Gaststätte Schankerlaubnis or die Schankkonzession erteilen; **to be ~d to do sth** die Genehmigung haben, etw zu tun; **he is ~d to practise medicine** er ist approbierter Arzt, er ist als Arzt zugelassen; **we are not ~d to sell alcohol** wir haben keine Schankerlaubnis or Konzession; **secret agents are ~d to kill** Geheimagenten dürfen Leute totschießen.

licensed ['laısənst] adj **~ house/premises** Lokal nt mit Schankerlaubnis; **fully ~** mit voller Schankkonzession or -erlaubnis.

licensee [ˌlaısən'si:] n see **licence** Konzessions-/Lizenzinhaber(in f) m; Inhaber(in f) m eines Waffenscheins etc; (of bar) Inhaber(in f) m einer Schankerlaubnis. **the ~ of our local pub** der Wirt unserer Stammkneipe; **postage paid by ~** Gebühr bezahlt Empfänger.

licensing ['laısənsıŋ] adj **~ hours** Ausschankzeiten pl; **after ~ hours** über die Polizeistunde or Sperrzeit hinaus; **~ laws** Schankgesetze pl.

licentiate [laı'senʃıt] n Lizentiat m; (degree) Lizentiat nt.

licentious [laı'senʃəs] adj ausschweifend, lasterhaft; behaviour unzüchtig; book sehr freizügig; look lüstern.

licentiously [laı'senʃəslı] adv see adj.

licentiousness [laı'senʃəsnıs] n Unmoral, Lasterhaftigkeit f; (of book) Freizügigkeit f; (of look) Lüsternheit f.

lichen ['laıkən] n Flechte f.

lichgate, lychgate ['lıtʃgeıt] n überdachter Kirchhofseingang.

licit ['lısıt] adj erlaubt, gesetzlich.

lick [lık] **I** n **1.** (with tongue) Lecken nt. **to give sth a ~** an etw (dat) lecken.
2. (salt ~) (Salz)lecke f; (artificial) Leckstein m.
3. (inf: small quantity) **it's time we gave the kitchen a ~ of paint** die Küche könnte auch mal wieder etwas Farbe vertragen (inf); **to give oneself a ~ and a promise** Katzenwäsche machen.
4. (inf: pace) **the project is coming along at a good ~** das Projekt geht ganz gut voran (inf); **to go/drive at a good ~** einen (ganz schönen) Zahn draufhaben (inf).
II vt **1.** (with tongue) lecken. **he ~ed the stamp** er leckte an der Briefmarke; **he ~ed the ice-cream** er leckte am Eis; **to ~**

one's lips sich (*dat*) die Lippen lecken; (*fig*) sich (*dat*) die Finger lecken; **to ~ one's wounds** (*fig*) seine Wunden lecken; **to ~ sb's boots** (*fig*) vor jdm kriechen (*inf*), jds Stiefel lecken; **to ~ sb into shape** (*fig*) jdn auf Zack bringen (*inf*).

2. (*waves*) plätschern an (+*acc*); (*flames*) züngeln an (+*dat*).

3. (*inf: beat, defeat*) in die Pfanne hauen (*sl*), einseifen (*inf*). **he'll get ~ed for breaking that window** er kriegt eine Tracht Prügel *or* den Hintern voll (*inf*) dafür, daß er die Fensterscheibe eingeworfen hat; **this ~s everything!** das haut dem Faß den Boden aus! (*inf*); **I think we've got it ~ed** ich glaube, wir haben die Sache jetzt im Griff.

III *vi* **to ~ at sth** an etw (*dat*) lecken; **flames ~ed round the building** Flammen züngelten an dem Gebäude empor.

◆**lick off** *vt sep* ablecken. **to ~ sth ~ sth** etw von etw ablecken.

◆**lick up** *vt sep* auflecken.

lickety-split ['lɪkɪtɪ'splɪt] *adv* (*US inf*) blitzschnell, mit Volldampf (*inf*).

licking ['lɪkɪŋ] *n* (*inf*) (*beating*) Tracht *f* Prügel; (*defeat*) Niederlage *f*. **to give sb a ~** (*beating*) jdm eine Abreibung geben (*inf*); (*defeat*) jdn in die Pfanne hauen (*sl*).

licorice *n see* **liquorice**.

lid [lɪd] *n* **1.** Deckel *m*. **that puts the (tin) ~ on it** (*inf*) das ist doch die Höhe; **a documentary that really takes the ~ off Hollywood** ein Dokumentarfilm, der das wahre Gesicht Hollywoods zeigt; **the press took the ~ off the whole plan** die Presse hat den Plan enthüllt.

2. (*eye~*) Lid *nt*.

3. (*sl: hat*) Deckel *m* (*inf*).

lidless ['lɪdlɪs] *adj* **1.** ohne Deckel. **2.** *eyes* ohne Lider.

lido ['liːdəʊ] *n*, *pl* **~s** Freibad *nt*.

lie¹ [laɪ] **I** *n* Lüge *f*. **it's a ~!** das ist eine Lüge!, das ist gelogen!; **to tell a ~** lügen; **to give the ~ to sb** jdn der Lüge bezichtigen *or* beschuldigen; **to give the ~ to a report** die Unwahrheit eines Berichtes zeigen *or* beweisen; **~ detector** Lügendetektor *m*.

II *vi* lügen. **to ~ to sb** jdn belügen *or* anlügen.

III *vt* **to ~ one's way out of sth** sich aus etw herauslügen.

lie² (*vb: pret* **lay**, *ptp* **lain**) **I** *n* (*position*) Lage, Position *f*.

II *vi* **1.** (*in horizontal or resting position*) liegen; (*~ down*) sich legen. **he lay where he had fallen** er blieb liegen, wo er hingefallen war; **~ on your back** leg dich auf den Rücken; **the snow didn't ~** der Schnee blieb nicht liegen.

2. (*be buried*) ruhen. **to ~ at rest** zur letzten Ruhe gebettet sein (*geh*).

3. (*be situated*) liegen. **the runner who is lying third** der Läufer, der auf dem dritten Platz liegt; **Russia ~s to the north of India** Rußland liegt nördlich von Indien; **Uganda ~s far from the coast** Uganda liegt weit von der Küste ab *or* entfernt; **our road lay along the river** unsere Straße führte am Fluß entlang; **you are young and your life ~s before you** du bist jung,

und das Leben liegt noch vor dir.

4. (*be, remain in a certain condition*) liegen. **to ~ asleep** (daliegen und) schlafen; **to ~ helpless** hilflos daliegen; **to ~ dying** im Sterben liegen; **he lay resting on the sofa** er ruhte sich auf dem Sofa aus; **to ~ still** still (da)liegen; **the snow lay deep** es lag tiefer Schnee; **the book lay unopened** das Buch lag ungeöffnet da; **to ~ low** untertauchen, sich nicht mehr sehen lassen; **how do things ~?** wie steht die Sache?; **these duties ~ heavy on me** diese Pflichten lasten schwer auf mir; **to ~ heavy on the conscience** schwer auf dem Gewissen lasten.

5. (*immaterial things*) liegen. **where does the difficulty ~?** wo liegt die Schwierigkeit?; **it ~s with you to solve the problem** es liegt bei dir, das Problem zu lösen; **he did everything that lay in his power to help us** er tat alles in seiner Macht stehende, um uns zu helfen; **that responsibility ~s with your department** dafür ist Ihre Abteilung verantwortlich.

◆**lie about** *or* **around** *vi* herumliegen.

◆**lie back** *vi* **1.** (*recline*) sich zurücklehnen.

2. (*fig: take no action*) es sich gemütlich machen, sich ausruhen. **we can't afford to ~ ~ and relax until the job's finished** wir können uns (*dat*) keine Ruhe gönnen, bis die Arbeit erledigt ist.

◆**lie down** *vi* **1.** sich hinlegen. **he lay ~ on the bed** er legte sich aufs Bett; **~ ~!** (*to a dog*) leg dich!, hinlegen!

2. (*fig: accept, submit*) **don't expect me to ~ ~ and listen to your insults** erwarte nicht, daß ich mir deine Beleidigungen ruhig anhöre; **to ~ ~ under sth** (*dat*) etw gefallen *or* bieten lassen; **he won't take that lying ~!** das läßt er sich nicht gefallen *or* bieten!; **he didn't take defeat lying ~** er nahm die Niederlage nicht tatenlos hin.

◆**lie in** *vi* (*stay in bed*) im Bett bleiben.

◆**lie off** *vi* (*Naut: be anchored nearby*) vor Anker liegen.

◆**lie over** *vi* zurückgestellt werden.

◆**lie to** *vi* (*Naut*) **1.** (*be anchored*) vor Anker liegen, ankern. **2.** (*come into a position for anchoring*) beidrehen.

◆**lie up** *vi* **1.** (*rest after illness etc*) im Bett bleiben.

2. (*hide*) untertauchen. **the robbers are lying ~** die Räuber sind untergetaucht.

3. (*be out of use*) nicht benutzt werden, unbenutzt stehen; (*car*) abgestellt sein.

Liechtenstein ['liːxtənˌʃtaɪn] *n* Liechtenstein *nt*.

lie-down ['laɪdaʊn] *n* (*inf*) **to have a ~** ein Schläfchen *or* Nickerchen machen (*inf*).

liege [liːdʒ] *n* (*old*) **1.** (*also ~ lord*) Lehnsherr *m*. **my ~** Euer Gnaden. **2.** (*also ~ man*) Lehnsmann, Vasall *m*.

lie-in ['laɪɪn] *n* (*inf*) **to have a ~** (sich) ausschlafen.

lien [lɪən] *n* Zurückbehaltungsrecht, Pfandrecht *nt*.

lieu [luː] *n* (*form*) money **in ~** statt dessen Geld; **in ~ of X** an Stelle von X; **in ~ of that** statt dessen.

Lieut. (*Mil*) *abbr of* **lieutenant** Lt.

lieutenancy [lefˈtenənsɪ, (*US*)luːˈtenənsɪ] *n*

Leutnantsrang m. **he gained his** ~ **er ist zum Leutnant befördert worden.**
lieutenant [lefˈtenənt, (US) luːˈtenənt] n **1.** Leutnant m; (Brit) Oberleutnant m. **first** (US)/**second** ~ Oberleutnant/Leutnant. **2.** (governor) Statthalter, Gouverneur m.
lieutenant-colonel [lefˌtenəntˈkɜːnl] n Oberstleutnant m; **lieutenant-commander** n Fregattenkapitän m; **lieutenant-general** n Generalleutnant m; **lieutenant-governor** n Vizegouverneur m.
life [laɪf] n, pl **lives 1.** Leben nt. **bird/plant** ~ die Vogel-/ Pflanzenwelt; **there is not much insect** ~ **here** hier gibt es nicht viele Insekten; **drawn from** ~ lebensnah; **to the** ~ lebensecht; **the battle resulted in great loss of** ~ bei der Schlacht kamen viele ums Leben; **this is a matter of** ~ **and death** hier geht es um Leben und Tod; **begins at 40** das Leben fängt mit 40 (erst richtig) an; **to bring sb back to** ~ jdn wiederbeleben, jdn ins Leben zurückrufen; **his book brings history to** ~ sein Buch läßt die Geschichte lebendig werden; **to come to** ~ (fig) lebendig werden; **I'm the sort of person who comes to** ~ **in the evenings** ich bin ein Typ, der erst abends munter wird; **after half an hour the discussion came to** ~ nach einer halben Stunde kam Leben in die Diskussion; **to put new** ~ **into sb** jdm wieder Auftrieb geben; **for dear** ~ verzweifelt; **they swam for dear** ~ sie schwammen um ihr Leben; **they looked at him in the oxygen tent fighting for dear** ~ sie sahen, wie er im Sauerstoffzelt um sein Leben kämpfte; **at my time of** ~ in meinem Alter; **marriage should be for** ~ eine Ehe sollte fürs Leben geschlossen werden; **he's got a job for** ~ er hat eine Stelle auf Lebenszeit; **the murderer was imprisoned for** ~ der Mörder bekam „lebenslänglich" (inf); **he got** ~ **for the murder** (inf) er hat „lebenslänglich" für den Mord gekriegt (inf). **2.** (individual life) **how many lives were lost?** wie viele (Menschen) sind ums Leben gekommen?; **the lives of the prisoners** das Leben der Gefangenen; **to take sb's** ~ jdn umbringen; **to take one's own** ~ sich (dat) das Leben nehmen; **to save sb's** ~ (lit) jdm das Leben retten; (fig) jdn retten; **the suspected murderer is on trial for his** ~ für den Mordverdächtigen geht es bei dem Prozeß um Leben und Tod; **early/later in** ~, **in early/later** ~ in frühen Jahren/in späteren Jahren or später im Leben; **she began (her working)** ~ **as a teacher** sie begann ihr Berufsleben als Lehrerin; **all his** ~ sein ganzes Leben lang; **I've never been to London in my** ~ ich war in meinem ganzen Leben noch nicht in London; **run for your lives!** rennt um euer Leben!; **I can't for the** ~ **of me ...** (inf) ich kann beim besten Willen nicht ...; **never in my** ~ **have I heard such nonsense** ich habe mein Lebtag noch nicht or noch nie im Leben so einen Unsinn gehört; **not on your life!** (inf) ich bin doch nicht verrückt! (inf); **would you ever disobey him? — not on your** ~! (inf) würdest

du je seine Befehle mißachten? — nie im Leben!
3. (the world, social activity) **to see** ~ die Welt sehen; **there isn't much** ~ **here in the evenings** hier ist abends nicht viel Leben or nicht viel los.
4. (liveliness) Leben nt. **those children are full of** ~! diese Kinder stecken voller Leben or sind sehr lebhaft!; **the performance of the play was full of** ~ die Aufführung war sehr lebendig; **he's still got so much** ~ **in him** er ist noch so vital or steckt noch voller Leben; **there's** ~ **in the old girl yet** (inf) sie ist noch schwer aktiv (inf); (of car) die Kiste bringt's noch (sl); **he is the** ~ **and soul of every party** er bringt Leben in jede Party; **wherever John goes, he wants to be the** ~ **and soul of the party** John will überall im Mittelpunkt stehen.
5. (way of life) Leben nt. ~ **is hard in the arctic regions** das Leben in der Arktis ist hart; **village** ~ das Leben auf dem Dorf; **this is the** ~! ja, ist das ein Leben!; **what a** ~! was für ein Leben!; **such is** ~ so ist das Leben; **to lead the** ~ **of Riley** wie Gott in Frankreich leben; **it's a good** ~ es ist ein schönes Leben; **the good** ~ das süße Leben.
6. (useful or active life of sth) Lebensdauer f. **during the** ~ **of the present Parliament** während der Legislaturperiode des gegenwärtigen Parlaments; **there's not much** ~ **left in the battery** die Batterie macht's nicht mehr lange (inf).
7. (book) (biography) Biographie f; (of saint, king etc) Lebensbeschreibung f.
life annuity n Leib- or Lebensrente f; **life assurance** n Lebensversicherung f; **lifebelt** n Rettungsgürtel m; **lifeblood** n Blut nt; (fig) Lebensnerv m; **to drain away sb's** ~ (fig) jdn ausbluten lassen; **lifeboat** n (from shore) Rettungsboot nt; (from ship also) Beiboot nt; **lifebuoy** n Rettungsring m; **life cycle** n Lebenszyklus m; **life expectancy** n Lebenserwartung f; **life force** n Lebenskraft f; **life-giving** adj lebenspendend; **lifeguard** n **1.** (on beach) Rettungsschwimmer m; (in baths) Bademeister m; **2.** (Mil) Leibwache f; **life history** n Lebensgeschichte f; (Biol) Entwicklungsgeschichte f; **life imprisonment** n lebenslängliche Freiheitsstrafe; **life insurance** n see **life assurance**; **life jacket** n Schwimmweste f.
lifeless [ˈlaɪflɪs] adj **1.** (inanimate) leblos, tot; planet unbelebt, ohne Leben. **2.** (dead, as if dead) leblos. **3.** (fig) (listless, dull) lahm (inf), langweilig; people also teilnahmslos.
lifelessly [ˈlaɪflɪslɪ] adv leblos; (fig) teilnahmslos.
lifelessness [ˈlaɪflɪsnɪs] n Leblosigkeit f; (fig) Teilnahmslosigkeit f.
lifelike [ˈlaɪflaɪk] adj lebensecht; imitation also naturgetreu; **lifeline** n **1.** Rettungsleine f; (of diver) Signalleine f; (fig) Rettungsanker m; **the telephone is a** ~ **for many old people** das Telefon ist für viele alte Leute lebenswichtig; **2.** (Palmistry) Lebenslinie f; **lifelong** adj lebenslang; **they are** ~ **friends** sie sind schon ihr Leben lang Freunde; **we became** ~ **friends** wir

wurden Freunde fürs Leben; **his ~ devotion to the cause** die Sache, in deren Dienst er sein Leben gestellt hat; **her ~ fear of water** ihre angeborene Angst vor Wasser; **life peer** *n* Peer *m* auf Lebenszeit; **life preserver** *n* **1.** (*Brit*) Totschläger *m*; **2.** (*US*) Schwimmweste *f*.

lifer ['laɪfə^r] *n* (*sl*) Lebenslängliche(r) *mf* (*inf*).

life raft *n* Rettungsfloß *nt*; **lifesaver** *n* **1.** Lebensretter(in *f*) *m*; (*lifeguard*) Rettungsschwimmer(in *f*) *m*; **2.** (*fig*) Retter *m* in der Not; **life-saving I** *n* Lebensrettung *f*; (*saving people from drowning*) Rettungsschwimmen *nt*; **II** *adj techniques, apparatus* Rettungs-; *phone call, drug* lebensrettend; *drop of whisky* rettend; **~ certificate** Rettungsschwimmabzeichen *nt*; **life sentence** *n* lebenslängliche Freiheitsstrafe; **life-size(d)** *adj* in Lebensgröße, lebensgroß; **lifespan** *n* (*of people*) Lebenserwartung *f*; (*of animals, plants*) Leben(sdauer *f*) *nt*; **life support system** *n* Lebenserhaltungssystem *nt*; **lifetime** *n* **1.** Lebenszeit *f*; (*of battery, machine, animal*) Lebensdauer *f*; **once in a ~** einmal im Leben; **during** *or* **in my ~** während meines Lebens; **in his ~ there were no buses** zu seiner Zeit gab es keine Busse; **the chance of a ~** eine einmalige Chance, *die* Chance (*inf*); **a ~'s devotion to charity** ein Leben, das der Wohltätigkeit gewidmet ist; **the work of a ~** ein Lebenswerk *nt*; **2.** (*fig*) Ewigkeit *f*; **lifework** *n* Lebenswerk *nt*.

lift [lɪft] **I** *n* **1.** (*~ing*) Heben *nt*. **he questioned the story with a ~ of the eyebrows** er zog die Augenbrauen hoch, als er die Geschichte hörte; **the haughty ~ of her head** ihre hochmütige Kopfhaltung; **give me a ~ up** heb mich mal hoch; **give me a ~ with this trunk** hilf mir, den Koffer hochzuheben.

2. (*Weightlifting*) **his next ~ is 100 kg** beim nächsten Versuch will er 100 kg heben; **different types of ~** mehrere verschiedene Hebearten *pl*.

3. (*emotional uplift*) **to give sb a ~** jdn aufmuntern; (*drug*) jdn aufputschen; (*prospect*) jdm Auftrieb geben.

4. (*in car etc*) **to give sb a ~** (*take along*) jdn mitnehmen; (*as special journey*) jdn fahren; **to get a ~ from sb** von jdm mitgenommen werden/von jdm gefahren werden; **don't take ~s from strangers** laß dich nicht von Fremden mitnehmen; **want a ~?** möchten Sie mitkommen?

5. (*Brit: elevator*) Fahrstuhl, Aufzug, Lift *m*; (*for goods*) Aufzug *m*. **he took the ~** er fuhr mit dem Fahrstuhl *etc*.

6. (*Aviat*) Auftrieb *m*.

II *vt* **1.** (*also ~ up*) hochheben; *window* hochschieben; *feet, head* heben; *eyes* aufschlagen; *hat* lüften, ziehen; *potatoes etc* ernten; *child etc* hochheben. **to ~ one's hand to sb** die Hand gegen jdn erheben.

2. (*fig also ~ up*) heben; *voice* erheben. **~ (up) your hearts to God** erhebt eure Herzen zu Gott; **the news ~ed him out of his depression** durch die Nachricht verflog seine Niedergeschlagenheit; **the excellence of his style ~s him far above his contemporaries** sein ausgezeichneter Stil

stellt ihn weit über seine Zeitgenossen.

3. (*remove*) *restrictions etc* aufheben.

4. (*inf: steal*) mitgehen lassen (*inf*), klauen (*inf*); (*plagiarize*) abschreiben.

5. to have one's face ~ed sich (*dat*) das Gesicht straffen *or* liften lassen.

6. (*sl: arrest*) schnappen (*inf*).

III *vi* **1.** (*be lifted*) sich hochheben lassen. **that chair is too heavy (for you) to ~** dieser Stuhl ist zu schwer zum Hochheben.

2. (*mist*) sich lichten.

3. (*rocket, plane*) abheben. **it ~ed slowly into the sky** es stieg langsam zum Himmel auf.

◆**lift down** *vt sep* herunterheben.

◆**lift off** *vti sep* abheben.

◆**lift up** *I vt sep see* **lift II 1., 2. to ~ ~ one's head** (*fig*) den Kopf hochhalten. **II** *vi* hochgeklappt werden.

lift attendant *n* (*Brit*), **liftman** *n* (*Brit*) Fahrstuhlführer *m*; **liftboy** *n* (*Brit*) Liftboy *m*; **lift-off** *n* (*Space*) Abheben *nt*, Start *m*; **we have ~** wir haben abgehoben; **liftshaft** *n* Aufzugsschacht *m*.

ligament ['lɪgəmənt] *n* Band, Ligament *nt*. **he's torn a ~ in his shoulder** er hat einen Bänderriß in der Schulter.

ligature ['lɪgətʃə^r] *n* (*Med, Mus, Typ*) Ligatur *f*; (*bandage*) Binde *f*; (*Med: thread or cord*) Abbindungsschnur *f*/-draht *m*.

light¹ [laɪt] (*vb: pret, ptp* **lit** *or* **~ed**) **I** *n* **1.** (*in general*) Licht *nt*. **~ and shade** Licht und Schatten; **at first ~** bei Tagesanbruch; **to read by the ~ of a candle** bei Kerzenlicht lesen; **hang the picture in a good ~** häng das Bild ins richtige Licht; **to cast** *or* **shed** *or* **throw ~ on sth** (*lit*) etw beleuchten; (*fig also*) Licht in etw (*acc*) bringen; **to cast a new** *or* **fresh ~ on sth** neues Licht auf etw (*acc*) werfen; **to stand in sb's ~** (*lit*) jdm im Licht stehen; **his clever brother always stood in his ~** (*fig*) er stand immer im Schatten seines klugen Bruders; **in the cold ~ of day** (*fig*) Licht besehen; **this story shows his character in a bad ~** diese Geschichte wirft ein schlechtes Licht auf seinen Charakter; **it revealed him in a different ~** es ließ ihn in einem anderen Licht erscheinen; **to see sth in a new ~** etw mit anderen Augen betrachten; **in the ~ of** angesichts (+*gen*); **the theory, seen in the ~ of recent discoveries** die Theorie im Licht(e) der neuesten Entdeckungen betrachtet; **in the ~ of what you say** in Anbetracht dessen, was Sie sagen; **to bring to ~** ans Tageslicht bringen; **to come to ~** ans Tageslicht kommen; **to see the ~** (*liter*) (*be born*) das Licht der Welt erblicken (*liter*); (*be made public*) veröffentlicht werden; **finally I saw the ~** (*inf*) endlich ging mir ein Licht auf (*inf*); (*morally*) endlich wurden mir die Augen geöffnet; **to go out like a ~** sofort weg sein (*inf*).

2. Licht *nt*; (*lamp*) Lampe *f*; (*fluorescent ~*) Neonröhre *f*. **put out the ~/~s before you go to bed** mach das Licht aus, bevor du ins Bett gehst; **all the ~s went out during the storm** während des Sturms gingen alle Lichter aus; (*traffic*) **~s** Ampel *f;* **the ~s** (*of a car*) die Beleuchtung; **all ships must show a ~ while at sea** alle Schiffe müssen auf See Lichter führen; **~s out** (*Mil*) Zapfenstreich *m;* **~s out!** Licht aus(machen)!

3. (*flame*) **have you a ~?** haben Sie Feuer?; **to put a ~ to sth, to set ~ to sth** etw anzünden.

4. (*Archit*) (Dach)fenster *nt;* (*skylight*) Oberlicht *nt.*

5. (*in eyes*) Leuchten *nt.* **the ~ went out of her eyes** das Strahlen erlosch in ihren Augen.

6. (*standards*) **according to his ~s** nach bestem Wissen und Gewissen.

II *adj* (*+er*) hell. **a ~ green dress** ein hellgrünes Kleid; **it is ~ now** es ist jetzt hell *or* Tag.

III *vt* **1.** (*illuminate*) beleuchten; *lamp, light* anmachen. **electricity ~s the main streets** die Hauptstraßen werden elektrisch beleuchtet; **a smile lit her face** ein Lächeln erhellte ihr Gesicht; **to ~ the way for sb** jdm leuchten; (*fig*) jdm den Weg weisen.

2. anzünden; *cigarette also* anstecken; *fire also* anmachen.

IV *vi* (*begin to burn*) brennen. **this fire won't ~** das Feuer geht nicht an.

◆**light up I** *vi* **1.** (*be lit*) aufleuchten. **the shop signs ~ ~ after dark** die Leuchtreklamen werden nach Einbruch der Dunkelheit eingeschaltet; **the room suddenly lit ~** plötzlich ging das Licht im Zimmer an.

2. (*face*) sich erhellen; (*eyes*) aufleuchten. **his face lit ~ with joy** sein Gesicht strahlte vor Freude.

3. (*smoke*) **the men took out their pipes and lit ~** die Männer holten ihre Pfeifen hervor und zündeten sie an.

II *vt sep* **1.** (*illuminate*) beleuchten; (*from inside also*) erhellen; *lights* anmachen. **a smile lit ~ his face** ein Lächeln erhellte sein Gesicht; **Piccadilly Circus was all lit ~** der Piccadilly Circus war hell erleuchtet.

2. *cigarette etc* anzünden.

3. (*fig sl*) **to be lit ~** angesäuselt (*inf*) *or* beduselt (*sl*) sein.

◆**light (up)on** *vi + prep obj* (*inf*) entdecken, stoßen auf (*+acc*).

light² **I** *adj* (*+er*) leicht; *taxes* niedrig; *punishment* milde. **~ lorry/railway** Kleinlastwagen *m*/Kleinbahn *f;* **to give sb ~ weight** jdm zuwenig abwiegen; **she has a very ~ touch on the piano** sie hat einen sehr weichen Anschlag; **she has a ~ touch or hand with pastry** ihr gelingt der Teig immer schön locker; **to be a ~ eater** wenig essen, kein großer Esser sein; **~ comedy** Lustspiel *nt;* **~ opera** Operette *f;* **~ reading** Unterhaltungslektüre *f;* **with a ~ heart** leichten Herzens; **as ~ as air** *or* **a feather** federleicht; **a bit ~ in the head** (*crazy*) nicht ganz richtig im Kopf; (*tipsy*) angeheitert; (*dizzy*) benommen; **to be ~ on one's feet** sich leichtfüßig bewegen; **to make ~ of one's difficulties** eine Schwierigkeiten auf die leichte Schulter nehmen; **you shouldn't make ~ of her problems** du solltest ihre Probleme nicht so leichthin abtun; **to make ~ work of**

spielend fertigwerden mit.

II *adv* **to travel ~** mit wenig *or* leichtem Gepäck reisen.

light³ *vi pret, ptp* **~ed** *or* **lit** [lɪt] (*liter*) sich niederlassen.

light bulb *n* Glühlampe *or* -birne *f;* **light-coloured** *adj, comp* **lighter-coloured,** *superl* **lightest-coloured** hell.

lighten¹ [ˈlaɪtn] **I** *vt* erhellen; *colour, hair* aufhellen; *gloom* erheitern. **II** *vi* hell werden, sich aufhellen. **to thunder and ~** (*Met*) donnern und blitzen.

lighten² **I** *vt load* leichter machen. **to ~ a ship/a ship's cargo** ein Schiff leichtern; **to ~ sb's workload** jdm etwas Arbeit abnehmen; **the good news ~ed her heart** die gute Nachricht machte ihr das Herz leichter.

II *vi* (*load*) leichter werden. **her heart ~ed** ihr wurde leichter ums Herz.

lighter¹ [ˈlaɪtə^r] *n* Feuerzeug *nt.*

lighter² *n* (*Naut*) Leichter *m.*

light-fingered [ˈlaɪtˈfɪŋɡəd] *adj, comp* **lighter-fingered,** *superl* **lightest-fingered** langfingerig; **light fitting, light fixture** *n* (*lightbulb holder*) Fassung *f;* (*bracket*) (Lampen)halterung *f;* **light-footed** *adj, comp* **lighter-footed,** *superl* **lightest-footed** leichtfüßig; **light-haired** *adj, comp* **lighter-haired,** *superl* **lightest-haired** hellhaarig; *animals also* mit hellem Fell; **light-headed** *adj, comp* **lighter-headed,** *superl* **lightest-headed** benebelt (*inf*); (*dizzy also*) benommen; (*tipsy also*) angeheitert; (*with fever*) wirr (im Kopf); (*frivolous*) oberflächlich, leichtfertig; **I felt quite ~ when I heard I'd passed the exam** ich wurde ganz ausgelassen *or* übermütig, als ich hörte, daß ich die Prüfung bestanden hatte; **wine makes me ~** Wein steigt mir in den Kopf; **light-headedness** *n adj* Benommenheit *f;* angeheiterter Zustand; Verwirrtsein *nt;* Oberflächlichkeit, Leichtfertigkeit *f;* Ausgelassenheit *f,* Übermut *m;* **light-hearted** *adj* unbeschwert, unbekümmert; *chat* zwanglos; *reply* scherzhaft; *book, film* fröhlich, vergnüglich; *look at life* heiter, unbekümmert; *comedy* leicht; **light-heartedly** *adv* unbekümmert, leichten Herzens; *reply* scherzhaft; **light-heartedness** *n see adj* Unbeschwertheit, Unbekümmertheit *f;* Zwanglosigkeit *f;* Scherzhaftigkeit *f;* Fröhlichkeit, Vergnüglichkeit *f;* Heiterkeit *f;* **light heavyweight** *n* Halbschwergewicht *nt;* (*boxer*) Halbschwergewichtler *m;* **lighthouse** *n* Leuchtturm *m;* **lighthouse keeper** *n* Leuchtturmwärter *m.*

lighting [ˈlaɪtɪŋ] *n* Beleuchtung *f.*

lighting-up time [ˈlaɪtɪŋˈʌptaɪm] *n* Zeitpunkt *m,* zu dem Straßen- und Fahrzeugbeleuchtung eingeschaltet werden muß. **when is ~?** wann wird die Beleuchtung angemacht?

lightish [ˈlaɪtɪʃ] *adj colour* hell.

lightless [ˈlaɪtlɪs] *adj* dunkel, lichtlos.

lightly [ˈlaɪtlɪ] *adv* **1.** *touch, rain, eat, wounded, stressed* leicht; *walk, tread* leise. **to sleep ~** einen leichten Schlaf haben; **they are ~ taxed** sie haben niedrige Steuern; **to get off ~** glimpflich davonkommen; **to touch ~ on a subject** ein Thema nur berühren *or* streifen.

    2. *(casually) say* leichthin. **to speak ~ of sb/sth** sich abfällig *or* geringschätzig über jdn/etw äußern; **he spoke ~ of his illness** er nahm seine Krankheit auf die leichte Schulter; **don't take her problems so ~** nimm ihre Probleme etwas ernster; **to treat sth too ~** etw nicht ernst genug nehmen; **a responsibility not to be ~ undertaken** eine Verantwortung, die man nicht unüberlegt auf sich nehmen sollte.

light meter *n* Belichtungsmesser *m*.

lightness[1] ['laɪtnɪs] *n* Helligkeit *f*.

lightness[2] *n* **1.** geringes Gewicht, Leichtheit *f*; *(of task, step, movements)* Leichtigkeit *f*; *(of taxes)* Niedrigkeit *f*; *(of punishment)* Milde *f*; *(of soil, cake)* Lockerheit *f*. **the ~ of the breeze/wound/music** *etc* die leichte Brise/Verletzung/Musik *etc*; **a feeling of ~ came over him** ein Gefühl der Erleichterung überkam ihn; **there was a certain ~ in her attitude to life** ihre Einstellung zum Leben hatte etwas Unbeschwertes.

    2. *(lack of seriousness)* mangelnder Ernst. **a certain ~ in your attitude towards the authorities** eine gewisse Leichtfertigkeit den Behörden gegenüber.

lightning ['laɪtnɪŋ] **I** *n* Blitz *m*. **a flash of ~** ein Blitz *m*; *(doing damage)* ein Blitzschlag *m*; **struck by ~** vom Blitz getroffen; **what causes ~?** wie entstehen Blitze?; **we had some ~ an hour ago** vor einer Stunde hat es geblitzt; **as quick as ~, like (greased) ~** wie der Blitz, wie ein geölter Blitz; **~ conductor** *or* *(US)* **rod** Blitzableiter *m*.

    II *attr* blitzschnell, Blitz-. **~ attack** Überraschungs- *or* Blitzangriff *m*; **~ strike** spontaner Streik, spontane Arbeitsniederlegung; **with ~ speed** blitzschnell, mit Blitzesschnelle.

lights [laɪts] *npl (Anat)* Tierlunge *f*.

lightship ['laɪtʃɪp] *n* Feuerschiff *nt*; **lightskinned** *adj, comp* **lighter-skinned**, *superl* **lightest-skinned** hellhäutig; **light wave** *n* (Licht)welle *f*; **lightweight I** *adj* leicht; *(boxer)* Leichtgewichts-; *(fig)* schwach; **II** *n* Leichtgewicht *nt*; *(boxer)* Leichtgewichtler *m*; *(fig)* Leichtgewicht *nt*; **he is regarded as a ~ in academic circles** er wird in akademischen Kreisen nicht für voll genommen; **light-year** *n* Lichtjahr *nt*.

ligneous ['lɪgnɪəs] *adj* hölzern, holzartig.

lignite ['lɪgnaɪt] *n* Lignit *m*.

likable *adj see* **lik(e)able**.

like[1] [laɪk] **I** *adj* **1.** *(similar)* ähnlich. **the two boys are very ~** die beiden Jungen sind sich *(dat)* sehr ähnlich.

    2. *(same)* **of ~ origin** gleicher Herkunft.

    II *prep (similar to)* ähnlich (+*dat*); *(in comparisons)* wie. **to be ~ sb** jdm ähnlich sein; **to look/sound ~ sth** wie etw aussehen/klingen; **they are very ~ each other** sie sind sich sehr ähnlich; **who(m) is he ~?** wem sieht er ähnlich?, wem gleicht er?; **what's he ~?** wie ist er?; **what's your new coat ~?** wie sieht dein neuer Mantel aus?; **she was ~ a sister to me** sie war wie

eine Schwester zu mir; **that's just ~ him!** das sieht ihm ähnlich!, das ist typisch!; **it's not ~ him** es ist nicht seine Art; **I never saw anything ~ it** so (et)was habe ich noch nie gesehen; **that's just ~ a woman!** typisch Frau!; **that's more ~ it!** so ist es schon besser!; **that hat's nothing ~ as nice as this one** der Hut ist bei weitem nicht so hübsch wie dieser; **there's nothing ~ a nice cup of tea!** es geht nichts über eine schöne Tasse Tee!; **is this what you had in mind? — it's something/nothing ~ it** hattest du dir so etwas vorgestellt? — ja, so ähnlich/nein, überhaupt nicht; **the Americans are ~ that** so sind die Amerikaner; **people ~ that** solche Leute; **a car ~ that** so ein Auto, ein solches Auto; **I found one ~ it** ich habe ein ähnliches gefunden; **one exactly ~ it** eines, das genau gleich ist; **yes ~ stars** Augen wie Sterne; **it will cost something ~ £10** es wird etwa *or* so ungefähr £ 10 kosten; **I was thinking of something ~ a doll** ich habe an so etwas wie eine Puppe gedacht; **that sounds ~ a good idea** das hört sich gut an; **~ a man** wie ein Mann; **~ mad** *(inf)*, **~ anything** *(inf)* wie verrückt *(inf) or* wild *(inf)*; **~ that** so; **it wasn't ~ that at all** so war's doch gar nicht; **he thinks ~ us** er denkt wie wir; **A, ~ B, thinks that ...** A wie (auch) B meinen, daß ...

    III *adv (inf)* **it's nothing ~** es ist nichts dergleichen; **as ~ as not, very ~, ~ enough** höchst wahrscheinlich, sehr wahrscheinlich; **I found this money, ~** *(dial)* ich hab da das Geld gefunden, nich *(sl) or* wa *(dial) or* gell *(S Ger)*.

    IV *conj (strictly incorrect)* **~ I said** wie ich schon sagte, wie gesagt; **it's just ~ I say** das sage ich ja immer; **~ we used to (do)** wie früher.

    V *n (equal etc)* **we shall not see his ~ again** einen Mann *or* so etwas *(inf)* wie ihn bekommen wir nicht wieder; **and the ~, and such ~** und dergleichen; **I've no time for the ~s of him** *(inf)* mit solchen Leuten gebe ich mich nicht ab *(inf)*.

like[2] **I** *n usu pl (taste)* Geschmack *m*. **she tried to find out his ~s and dislikes** sie wollte herausbekommen, was er mochte und was nicht.

    II *vt* **1.** *person* mögen, gern haben. **how do you ~ him?** wie gefällt er dir?; **I don't ~ him** ich kann ihn nicht leiden, ich mag ihn nicht; **he is well ~d here** er ist hier sehr beliebt.

    2. *(find pleasure in)* **I ~ black shoes** ich mag *or* mir gefallen schwarze Schuhe; **I ~ chocolate** ich mag Schokolade, ich esse gern Schokolade; **I ~ football** *(playing)* ich spiele gerne Fußball; *(watching)* ich finde Fußball gut; **I ~ dancing** ich tanze gern; **we ~ it here** es gefällt uns hier; **I ~ wine but wine doesn't ~ me** *(inf)* ich trinke gern Wein, aber er bekommt mir nicht; **how do you ~ Cádiz?** wie gefällt Ihnen Cádiz?; **how would you ~ a walk?** was hältst du von einem Spaziergang?; **how would you ~ a black eye?** du willst dir wohl ein blaues Auge holen!; **well, I ~ that!** *(inf)* na, wie finde ich denn das? *(inf)*, das ist ein starkes Stück! *(inf)*; **I ~**

your nerve! (*inf*) du hast Nerven! (*inf*).

3. (*wish, wish for*) **I should ~ more time** ich würde mir gerne noch etwas Zeit lassen; **I should ~ to know why** ich wüßte (gerne), warum; **I should ~ you to do it** ich möchte, daß du es tust; **whether he ~s it or not** ob es ihm paßt oder nicht, ob er will oder nicht; **I didn't ~ to disturb him** ich wollte ihn nicht stören; **what would you ~?** was hätten *or* möchten Sie gern?, was darf es sein?; **would you ~ a drink?** möchten Sie etwas trinken?; **how do you ~ your coffee?** wie trinken Sie Ihren Kaffee?; **would you ~ to go to Seville?** würden Sie gern nach Sevilla fahren?

III *vi* **he is free to act as he ~s** es steht ihm frei, zu tun, was er will; **as you ~** wie Sie wollen; **if you ~** wenn Sie wollen.

lik(e)able ['laɪkəbl] *adj* sympathisch.

lik(e)ableness ['laɪkəblnɪs] *n* liebenswertes Wesen. **there's a certain ~ about him** er hat etwas Sympathisches an sich.

likelihood ['laɪklɪhʊd] *n* Wahrscheinlichkeit *f*. **in all ~** aller Wahrscheinlichkeit nach; **there is no ~ of that** das ist nicht wahrscheinlich; **is there any ~ of him coming?** besteht die Möglichkeit, daß er kommt?; **what's the ~ of their getting married?** wie wahrscheinlich ist es *or* wie groß ist die Wahrscheinlichkeit, daß die beiden heiraten?

likely ['laɪklɪ] **I** *adj* (*+er*) 1. (*probable*) wahrscheinlich. **he is not ~ to come** es ist unwahrscheinlich, daß er kommt; **is it ~ that I would do that?** trauen Sie mir das zu?; **the plan most ~ to succeed** der erfolgversprechendste Plan; **an incident ~ to cause trouble** ein Zwischenfall, der möglicherweise Ärger nach sich zieht; **a ~ explanation** eine mögliche *or* wahrscheinliche Erklärung; (*iro*) wer's glaubt, wird selig! (*inf*); **a ~ story!** (*iro*) das soll mal einer glauben!, vor allem das! (*inf*).

2. (*inf: suitable*) **a ~ spot for a picnic** ein geeignetes *or* prima (*inf*) Plätzchen für ein Picknick; **he is a ~ person for the job** er kommt für die Stelle in Frage; **~ candidates** aussichtsreiche Kandidaten; **a ~ lad** ein vielversprechender junger Mann.

II *adv* **not ~!** (*inf*) wohl kaum (*inf*); **as ~ as not** höchstwahrscheinlich; **very ~ they've lost it** höchstwahrscheinlich haben sie es verloren; **it's more ~ to be early than late** es wird eher früh als spät werden.

like-minded ['laɪk'maɪndɪd] *adj* gleichgesinnt. **~ people** Gleichgesinnte *pl*.

liken ['laɪkən] *vt* vergleichen (*to* mit).

likeness ['laɪknɪs] *n* (*resemblance*) Ähnlichkeit *f*; (*portrait*) Bild(nis) *nt*. **the ghost appeared in the ~ of a monk** der Geist erschien in der Gestalt eines Mönchs; **the god took on the ~ of a bull** der Gott nahm die Form eines Stiers an.

likewise ['laɪkwaɪz] *adv* ebenso, gleichermaßen. **~ it is true that ...** ebenso trifft es zu, daß ...; **he did ~** er machte es ebenso, er tat das gleiche; **have a nice weekend — ~** schönes Wochenende! — danke gleichfalls!

liking ['laɪkɪŋ] *n* 1. (*for particular person*) Zuneigung *f*; (*for types*) Vorliebe *f*. **to have a ~ for sb** Zuneigung für jdn empfin-

den, jdn gern haben; **she took a ~ to him** sie mochte ihn (gut leiden).

2. (*for thing*) Vorliebe *f*. **to take a ~ to sth** eine Vorliebe für etw bekommen; **to be to sb's ~** nach jds Geschmack *nt* sein.

lilac ['laɪlək] **I** *n* 1. (*plant*) Flieder *m*.
2. (*colour*) (Zart)lila *nt*. **II** *adj* fliederfarben, (zart)lila.

Lilliputian [ˌlɪlɪ'pjuːʃən] **I** *adj* (*lit*) Liliputaner-; (*fig*) winzig, liliputanerhaft. **II** *n* (*lit, fig*) Liliputaner(in *f*) *m*.

lilo ® ['laɪˌləʊ] *n*, *pl* **~s** Luftmatratze *f*.

lilt [lɪlt] **I** *n* 1. (*of song*) munterer Rhythmus; (*of voice*) singender Tonfall. **she spoke with a Welsh ~** sie sprach mit dem singenden Tonfall der Waliser.

2. (*song*) fröhliches *or* munteres Lied. **II** *vt song* trällern.

III *vi* **I love the way her voice ~s** ich mag ihren singenden Tonfall; **her voice ~ed as she spoke** sie sprach mit einem singenden Tonfall; **the tune ~s merrily along** die Melodie plätschert munter dahin.

lilting ['lɪltɪŋ] *adj accent* singend; *ballad, tune, melody* beschwingt, munter.

liltingly ['lɪltɪŋlɪ] *adv see adj*. **to speak ~** mit singendem Tonfall sprechen; **the tune continues ~** die Melodie geht munter *or* beschwingt weiter.

lily ['lɪlɪ] *n* Lilie *f*; (*water ~*) Seerose *f*. **~ of the valley** Maiglöckchen *nt*.

lily-livered ['lɪlɪˌlɪvəd] *adj* feige; **lily pad** *n* Seerosenblatt *nt*; **lily-white** *adj* schnee- *or* blütenweiß; (*fig*) tugendhaft.

limb [lɪm] *n* 1. (*Anat*) Glied *nt*. **~s** *pl* Glieder, Gliedmaßen *pl*; **to tear sb ~ from ~** jdn in Stücke reißen; **life and ~** Leib und Leben.

2. (*of tree*) Ast *m*. **to be out on a ~** (*fig*) (ganz) allein (da)stehen; **he had left himself out on a ~** er hatte sich in eine prekäre Lage gebracht.

3. (*of cross*) Balken *m*; (*of organization etc*) Glied *nt*.

limber¹ ['lɪmbə*ʳ*] *n* (*Mil*) Protze *f*.

limber² *adj* beweglich, gelenkig.

◆**limber up** *vi* Lockerungsübungen machen; (*fig*) sich vorbereiten. **~ ~ with a few easy exercises** machen Sie sich mit ein paar einfachen Übungen warm.

limbless ['lɪmlɪs] *adj tree* astlos. **a ~ person** ein Versehrter; (*with no limbs*) ein Mensch ohne Gliedmaßen.

limbo ['lɪmbəʊ] *n*, *pl* **~s** 1. (*Rel*) Vorhölle *f*, Limbus *m* (*spec*).

2. (*fig*) Übergangs- *or* Zwischenstadium *nt*. **our expansion plans are in ~ because of lack of money** unsere Erweiterungspläne sind wegen Geldmangels in der Schwebe; **I'm in a sort of ~** ich hänge in der Luft (*inf*).

lime¹ [laɪm] **I** *n* 1. (*Geol*) Kalk *m*. 2. (*bird ~*) (Vogel)leim *m*. **II** *vt* mit Kalk düngen.

lime² *n* (*Bot: linden, also* **~ tree**) Linde *f*.

lime³ *n* (*Bot: citrus fruit*) Limone(lle) *f*; (*tree*) Limonenbaum *m*. **~ juice** Limonensaft *m*.

lime kiln *n* Kalkofen *m*.

limelight ['laɪmlaɪt] *n* Rampenlicht *nt*. **to be in the ~** im Rampenlicht *or* im Licht der Öffentlichkeit stehen.

limerick ['lɪmərɪk] *n* Limerick *m*.

limestone ['laɪmstəʊn] *n* Kalkstein *m*.
limey ['laɪmɪ] *n* (*US sl*) Engländer(in *f*) *m*.
limit ['lɪmɪt] **I** *n* 1. Grenze *f*; (*limitation*) Beschränkung, Begrenzung *f*; (*speed ~*) Geschwindigkeitsbegrenzung *f*; (*Comm*) Limit *nt*. **the city** ~ die Stadtgrenzen *pl*; **a 40-mile** ~ eine Vierzigmeilengrenze; (*speed ~*) eine Geschwindigkeitsbegrenzung von 40 Meilen pro Stunde; **is there any** ~ **on the size?** gibt es irgendwelche Größenbeschränkungen?, ist die Größe begrenzt *or* beschränkt?; **to put a** ~ **on sth, to set a** ~ **to** *or* **on sth** etw begrenzen, etw beschränken; **that's beyond my financial** ~s das übersteigt meine finanziellen Möglichkeiten; **we're constantly working at the** ~s **of our abilities** unsere Arbeit bringt uns ständig an die Grenzen unserer Leistungsfähigkeit; **there's a** ~! alles hat seine Grenzen!; **there is a** ~ **to what one person can do** ein Mensch kann nur so viel tun und nicht mehr; **there is no** ~ **to his stupidity** seine Dummheit kennt keine Grenzen; **there's a** ~ **to the amount of money we can spend** unseren Ausgaben sind Grenzen gesetzt, wir können nicht unbegrenzt Geld ausgeben; **it is true within** ~s es ist bis zu einem gewissen Grade richtig; **without** ~s unbegrenzt, unbeschränkt; **off** ~s **to military personnel** Zutritt für Militär verboten, für Militär gesperrt; **to go to the** ~ **to help sb** bis zum Äußersten gehen, um jdm zu helfen; **to know no** ~s keine Grenzen kennen; **40 mph is the** ~ die Geschwindigkeit ist auf 40 Meilen pro Stunde beschränkt; **over the** ~ zuviel; (*in time*) zu lange; **you are** *or* **your baggage is over the** ~ Ihr Gepäck hat Übergewicht; **he was driving over the** ~ er hat die Geschwindigkeitsbegrenzung überschritten; **he had more than the legal** ~ (**of alcohol**) **in his blood** er hatte mehr Promille, als gesetzlich erlaubt; **top C is my** ~ höher als bis zum hohen C komme ich nicht; **I'll offer £40, that's my** ~ ich biete £ 40, das ist mein Limit *or* höher kann ich nicht gehen.

2. (*inf*) **it's the (very)** ~! das ist die Höhe (*inf*) *or* das letzte (*inf*); **that child is the** ~! dieses Kind ist eine Zumutung! (*inf*); **he's the** ~! das ist 'ne Type! (*inf*).

II *vt* begrenzen, beschränken; *freedom, spending, possibilities* einschränken; *imagination* hemmen. **to** ~ **sth to sth** etw auf etw (*acc*) beschränken; **are you** ~**ed for time?** ist Ihre Zeit begrenzt?; **to** ~ **oneself to a few remarks** sich auf einige (wenige) Bemerkungen beschränken; **time is the** ~**ing factor** wir sind zeitlich gebunden.

limitation [ˌlɪmɪˈteɪʃən] *n* Beschränkung *f*; (*of freedom, spending*) Einschränkung *f*. **poor education is a great** ~ eine schlechte Schulbildung ist ein großes Handikap; **the** ~**s of a bilingual dictionary** die beschränkten Möglichkeiten eines zweisprachigen Wörterbuchs; **to have one's/its** ~s seine Grenzen haben.

limited ['lɪmɪtɪd] *adj improvement, knowledge* begrenzt; *edition, means also* beschränkt; *intelligence, knowledge also* mäßig; *person* beschränkt. **in a more** ~

sense in engerem Sinn; ~ **liability company** (*Brit*) Gesellschaft *f* mit beschränkter Haftung.
limitless ['lɪmɪtlɪs] *adj* grenzenlos.
limousine ['lɪməziːn] *n* Limousine *f*.
limp¹ [lɪmp] **I** *n* Hinken, Humpeln *nt*. **to walk with a** ~ hinken, humpeln; **the accident left him with a** ~ seit dem Unfall hinkt er; **he has a bad** ~ er hinkt *or* humpelt sehr stark.

II *vi* hinken, humpeln. **the ship managed to** ~ **into port** das Schiff kam mit Müh und Not in den Hafen.
limp² *adj* (+*er*) schlapp, schlaff; *flowers* welk; *material, cloth* weich; *voice* matt, müde; (*of homosexual etc*) süßlich. **let your body go** ~ alle Muskeln entspannen.
limpet ['lɪmpɪt] *n* Napfschnecke *f*. **to stick to sb like a** ~ (*inf*) wie eine Klette an jdm hängen; ~ **mine** Haftmine *f*.
limpid ['lɪmpɪd] *adj* klar; *liquid also* durchsichtig.
limpidly ['lɪmpɪdlɪ] *adv* klar.
limply ['lɪmplɪ] *adv* schlapp, schlaff. ~ **bound in calfskin** in weiches Kalbsleder gebunden.
limpness ['lɪmpnɪs] *n see adj* Schlaffheit *f*, Schlappheit *f*; Welkheit *f*; Weichheit *f*; Mattigkeit *f*; Süßlichkeit *f*.
limy ['laɪmɪ] *adj* (+*er*) kalkhaltig.
linchpin ['lɪnʃpɪn] *n* Achs(en)nagel *m*, Lünse *f*; (*fig*) Stütze *f*. **accurate timing is the** ~ **of the entire operation** das ganze Unternehmen steht und fällt mit genauer Zeiteinteilung.
Lincs [lɪŋks] *abbr of* **Lincolnshire.**
linden ['lɪndən] *n* (*also* ~ **tree**) Linde *f*.
line¹ [laɪn] **I** *n* 1. (*rope etc, washing* ~, *fishing* ~) Leine *f*.

2. (*Math etc, on tennis court etc, on paper, palm*) Linie *f*; (*on face*) Falte *f*. **drawn in a few bold** ~s mit wenigen kühnen Strichen gezeichnet; **all along the** ~ (*fig*) auf der ganzen Linie; **he was hard.**

3. (*boundary, outline*) **the** ~ die Linie, der Äquator; **the state** ~ die Staatsgrenze; **the** ~ **between right and wrong** die Grenze zwischen Recht und Unrecht; **the snow/tree** ~ die Schnee-/ Baumgrenze; **the ship's graceful** ~s die schnittigen Linien des Schiffes.

4. (*row*) Reihe *f*; (*of people, cars also*) Schlange *f*; (*of hills*) Kette *f*; (*Sport*) Linie *f*. **in (a)** ~ in einer Reihe; **in a straight** ~ geradlinig; **the rocket goes in a curving** ~ die Rakete fliegt eine gekrümmte Bahn; **a** ~ **of soldiers** eine Reihe Soldaten; **a** ~ **of traffic** eine Autoschlange; **a single** ~ **of traffic** einspuriger Verkehr; **John is next in** ~ **for promotion** John ist als nächster mit der Beförderung an der Reihe; **to be out of** ~ **with sb/sth** (*fig*) mit jdm/etw nicht übereinstimmen *or* in Einklang stehen; **to be in** ~ (**with**) (*fig*) in Einklang stehen (mit), übereinstimmen (mit); **to bring sb into** ~ **with sth** (*fig*) jdn auf die gleiche Linie wie etw (*acc*) bringen; **it's time these rebels were brought into** ~ es wird Zeit, daß die Rebellen zurückgepfiffen werden; **to fall** *or* **get into** ~ (*abreast*) sich in Reih und Glied aufstellen; (*behind one another*) sich hintereinander *or* in

einer Reihe aufstellen; **he refused to fall into** ~ **with the new proposals** er weigerte sich, mit den neuen Vorschlägen konform zu gehen; **it's time these rebels fell into** ~ es ist Zeit, daß sich diese Rebellen anpassen *or* daß diese Rebellen spuren *(inf)*; **to keep the party in** ~ die Einheit der Partei wahren; **to step out of** ~ *(lit)* aus der Reihe treten; *(fig)* aus der Reihe tanzen; **if he steps out of** ~ **again** wenn er sich noch einmal etwas zuschulden kommen läßt.

   5. *(US: queue)* Schlange *f.* **to stand in** ~ Schlange stehen.

   6. *(in factory)* Band *nt.*

   7. *(company: of aircraft, liners, buses)* Gesellschaft, Linie *f; (shipping company also)* Reederei *f.*

   8. *(of descent)* **in the male** ~ in der männlichen Linie; **he was descended from a long** ~ **of farmers** er stammte aus einem alten Bauerngeschlecht; **royal** ~ königliche Familie; **who is fourth in** ~ **to the throne?** wer steht an vierter Stelle der Thronfolge?

   9. *(Rail) (in general)* Strecke, Bahnlinie *f; (section of track)* Strecke *f.* ~**s** *pl* Gleise *pl;* **to reach the end of the** ~ *(fig)* am Ende sein.

   10. *(Telec: cable)* Leitung *f.* **the firm has 52** ~**s** die Firma hat 52 Anschlüsse; **this is a very bad** ~ die Verbindung ist sehr schlecht; **his** ~ **is engaged** seine Leitung *or* sein Anschluß ist besetzt; **to be on the** ~ **to sb** mit jdm telefonieren; **get off the** ~! gehen Sie aus der Leitung!; **hold the** ~ bleiben Sie am Apparat!; **can you get me a** ~ **to Chicago?** können Sie mir eine Verbindung nach Chicago geben?

   11. *(written)* Zeile *f.* ~**s** *(Sch)* Strafarbeit *f;* **the teacher gave me 200** ~**s** der Lehrer ließ mich 200mal ... schreiben; ~**s** *(Theat)* Text *m;* **I don't get any good** ~**s in this part** der Text für diese Rolle *or* diese Partie ist sehr dürftig; **he gets all the funny** ~**s** er bekommt immer die lustigen Stellen; **this** ~ **has been changed so often** diese Textstelle ist so oft geändert worden; **to drop sb a** ~ jdm ein paar Zeilen *or* Worte schreiben; **to read between the** ~**s** zwischen den Zeilen lesen.

   12. *(direction, course)* **we tried a new** ~ **of approach to the problem** wir versuchten, an das Problem anders heranzugehen; ~ **of argument** Argumentation *f;* ~ **of attack** *(fig)* Taktik *f;* **what's your** ~ **of attack?** wie wollen Sie an die Sache herangehen?; **the police refused to reveal their** ~**s of inquiry** die Polizei weigerte sich zu sagen, in welcher Richtung sie ermittelte; ~ **of thought** Denkrichtung *f;* ~ **of vision** Blickrichtung *f;* **to be on the right** ~**s** *(fig)* auf dem richtigen Weg sein, richtig liegen *(inf);* **a possible** ~ **of development** eine mögliche Entwicklungsrichtung; **we must take a firm** *or* **strong** ~ **with these people** wir müssen diesen Leuten gegenüber sehr bestimmt auftreten; **the government will take a strong** ~ **over inflation** die Regierung wird gegen die Inflation energisch vorgehen; **the** ~ **of least resistance** der Weg des geringsten Widerstandes; **he took the** ~ **that** ... er

vertrat den Standpunkt, daß ...; **I've heard that** ~ **before** *(inf)* die Platte kenn' ich schon *(inf);* **to be along the** ~**s of** ungefähr so etwas wie ... sein; **to be on the same** ~**s as** in der gleichen Richtung liegen wie; **the essay is written along the** ~**s of the traditional theory** der Aufsatz ist in Richtung der herkömmlichen Lehre verfaßt; **along rather general** ~**s** in ziemlich groben Zügen; **the story developed along these** ~ die Geschichte hat sich so *or* folgendermaßen entwickelt; **along these** ~**s** ungefähr so; **something along these** ~**s** etwas in dieser Richtung *or* Art; **I was thinking along the same** ~**s** ich hatte etwas ähnliches gedacht; **on** *or* **along rather expressionistic** ~**s** auf ziemlich expressionistische Art; **it's all in the** ~ **of duty** das gehört zu meinen/seinen *etc* Pflichten.

   13. *(Mil)* ~ **of battle** Kampflinie *f;* **to draw up the** ~**s of battle** *(fig)* (Kampf)-stellung beziehen; **enemy** ~**s** feindliche Stellungen *or* Linien *pl;* ~**s of communication** Verbindungswege *pl;* **to keep one's** ~**s of retreat open** sich *(dat)* den Rückzug offenhalten; *see* **fire**.

   14. *(fig: business)* Branche *f.* **what** ~ **is he in?, what's his** ~**?** was ist er von Beruf?, was macht er beruflich?; **that's not in my** ~ **of business** damit habe ich nichts zu tun; **we're in the same** ~ **of business** wir sind in der gleichen Berufssparte *or* Branche tätig; **fishing's more in my** ~ Angeln liegt mir mehr *or* gefällt mir besser.

   15. *(range of items)* **the best in its** ~ beste seiner Art; **we have a new** ~ **in spring hats** wir haben eine neue Kollektion Frühjahrshüte; **that** ~ **did not sell at all** dieses Modell ließ sich überhaupt nicht verkaufen.

   16. *(clue, information)* **to give sb a** ~ **on sth** jdm einen Hinweis auf etw *(acc)* geben; **the police eventually managed to get a** ~ **on him** die Polizei konnte ihm schließlich etwas nachweisen; **once a journalist has got a** ~ **on a story** ... wenn ein Journalist einer Geschichte erst einmal auf der Spur ist ...

   17. *(inf)* **to lay it on the** ~ *(inf)* die Karten auf den Tisch legen *(inf);* **to lay it on the** ~ **to sb** jdm reinen Wein einschenken *(inf).*

   II *vt* **1.** *(cross with* ~*s)* linieren, liniieren. **worry had** ~**d his face** sein Gesicht war von Sorge gezeichnet.

   2. *streets* säumen. **an avenue** ~**d with trees** eine baumbestandene Allee; **the streets were** ~**d with cheering crowds** eine jubelnde Menge säumte die Straßen; **the crew** ~**d the sides of the ship** die Mannschaft hatte sich auf beiden Seiten des Schiffes aufgestellt; **portraits** ~**d the walls** an den Wänden hing ein Porträt neben dem andern.

◆**line up I** *vi (stand in line)* sich aufstellen, antreten; *(queue)* sich anstellen. **the teams** ~**d** ~ **like this** die Mannschaften hatten folgende Aufstellung; **the party** ~**d** ~ **behind their leader** *(fig)* die Partei stellte sich hinter ihren Vorsitzenden.

   II *vt sep* **1.** *troops, pupils, prisoners*

antreten lassen; *boxes, books etc* in einer Reihe *or* nebeneinander aufstellen. **they ~d the prisoners ~ along the wall** die Gefangenen mußten sich an der Wand entlang aufstellen. **2.** (*prepare, arrange*) *entertainment* sorgen für, auf die Beine stellen (*inf*); *speakers* bekommen, verpflichten; *support* mobilisieren. **have you anything special ~d ~ for this evening?** haben Sie für heute abend etwas Bestimmtes geplant?; **I've ~d ~ a meeting with the directors** ich habe ein Treffen mit den Direktoren arrangiert; **I've got a meeting with John ~d ~ for 10 o'clock** um 10 Uhr steht ein Treffen mit John auf dem Programm; **I've got a nice little date ~d ~ for this evening** ich habe für heute abend eine nette Verabredung arrangiert; **we've got a little surprise ~d ~ for you** wir haben eine kleine Überraschung für dich geplant.

line² *vt clothes* füttern; *pipe* auskleiden, innen beziehen; *floor of attic* auslegen. **~ the box with paper** den Karton mit Papier auskleiden *or* ausschlagen; **to ~ brakes** Bremsbeläge *pl* erneuern (lassen); **the membranes which ~ the stomach** die Schleimhäute, die den Magen auskleiden *or* innen überziehen; **to ~ one's own pockets** (*fig*) sich bereichern, in die eigene Tasche arbeiten *or* wirtschaften (*inf*).

lineage ['lɪnɪɪdʒ] *n* (*descent*) Abstammung *f*; (*descendants*) Geschlecht *nt*.

lineal ['lɪnɪəl] *adj descent* direkt.

lineament ['lɪnɪəmənt] *n* (*form*) Lineament *nt* (*rare*). **~s** *pl* (*of face*) Gesichtszüge *pl*.

linear ['lɪnɪəʳ] *adj motion* linear, geradlinig; *design* Linien-; *measure* Längen-. **~ B** Linear B *f*.

lined [laɪnd] *adj face etc* (*of old people*) faltig; (*through worry, tiredness etc*) gezeichnet; *paper* liniert, liniiert. **to become ~ with age** Altersfalten bekommen.

line drawing *n* Zeichnung *f*.

linen ['lɪnɪn] **I** *n* Leinen *nt*; (*table ~*) Tischwäsche *f*; (*sheets, garments etc*) Wäsche *f*. **~ closet, ~ cupboard** Wäscheschrank *m*. **II** *adj* Leinen-.

line-out ['laɪnaʊt] *n* (*Rugby*) Gasse *f*.

liner ['laɪnəʳ] *n* (*ship*) Passagierschiff *nt*, Liniendampfer *m*; (*plane*) Verkehrsflugzeug *nt*.

linesman ['laɪnzmən], (*US also*) **lineman** ['laɪnmən] *n, pl* **-men** [-mən] (*Sport*) Linienrichter *m*; (*Rail*) Streckenwärter *m*; (*Elec, Telec*) Leitungsmann *m*; (*for faults*) Störungssucher *m*.

line-up ['laɪnʌp] *n* (*Sport*) Aufstellung *f*; (*cast*) Besetzung *f*; (*alignment*) Gruppierung *f*; (*US: queue*) Schlange *f*. **she picked the thief out of the ~** sie erkannte den Dieb bei der Gegenüberstellung.

ling¹ [lɪŋ] *n* (*Zool*) Leng(fisch) *m*.

ling² *n* (*Bot*) Heidekraut *nt*.

linger ['lɪŋgəʳ] *vi* **1.** (*also ~ on*) (zurück)bleiben, verweilen (*liter*); (*in dying*) zwischen Leben und Tod schweben; (*custom*) fortbestehen, sich halten; (*doubts, suspicions*) zurückbleiben; (*feeling, emotion, pain*) anhalten, bleiben; (*memory*) fortbestehen, bleiben; (*chords*)

nachklingen; (*scent*) sich halten. **the party was over, but many of the guests ~ed in the hall** die Party war vorbei, aber viele Gäste standen noch im Flur herum. **2.** (*delay*) sich aufhalten, verweilen (*liter*). **3.** (*dwell*) **to ~ on a subject** bei einem Thema verweilen (*geh*) *or* bleiben; **I let my eyes ~ on the scene** ich ließ meinen Blick auf der Szene ruhen; **to ~ over a meal** sich (*dat*) bei einer Mahlzeit Zeit lassen, sich bei einer Mahlzeit lange aufhalten; **we ~ed over a glass of wine** wir tranken gemächlich ein Glas Wein.

lingerie ['læŋʒəriː] *n* (Damen)unterwäsche *f*.

lingering ['lɪŋgərɪŋ] *adj* lang, ausgedehnt; *death* langsam; *illness* langwierig, schleppend; *doubt* zurückbleibend; *look* sehnsüchtig; *chords* lange (nach)klingend; *kiss* innig. **the lovers took a ~ farewell of each other** der Abschied der Liebenden wollte kein Ende nehmen; **the customs officer gave him a long ~ look** der Zollbeamte sah ihn lange prüfend an.

lingo ['lɪŋgəʊ] *n, pl* **~es** (*inf*) Sprache *f*; (*specialist jargon*) Kauderwelsch *nt* (*inf*).

lingua franca ['lɪŋgwə'fræŋkə] *n* Verkehrssprache, Lingua franca *f*; (*official language*) Amtssprache *f*.

lingual ['lɪŋgwəl] *adj* Zungen-.

linguist ['lɪŋgwɪst] *n* **1.** (*speaker of languages*) Sprachkundige(r) *mf*. **he's a good ~** er ist sehr sprachbegabt. **2.** (*specialist in linguistics*) Linguist(in *f*), Sprachforscher(in *f*) *m*.

linguistic [lɪŋ'gwɪstɪk] *adj* **1.** (*concerning language*) sprachlich; *competence* Sprach-. **2.** (*of science*) linguistisch, sprachwissenschaftlich.

linguistically [lɪŋ'gwɪstɪkəlɪ] *adv see adj* sprachlich; linguistisch.

linguistics [lɪŋ'gwɪstɪks] *n sing* Linguistik *f*, Sprachwissenschaft *f*.

liniment ['lɪnɪmənt] *n* Einreibemittel *nt*.

lining ['laɪnɪŋ] *n* (*of clothes etc*) Futter *nt*; (*~ material*) Futterstoff *m*; (*of brake*) (Brems)belag *m*; (*of pipe*) Auskleidung *f*; (*of attic floor*) Belag *m*. **the ~ of the stomach** die Magenschleimhaut.

link [lɪŋk] **I** *n* **1.** (*of chain, fig*) Glied *nt*; (*person*) Bindeglied *nt*. **2.** (*cuff ~*) Manschettenknopf *m*. **3.** (*connection*) Verbindung *f*. **a new rail ~ for the village** eine neue Zug- *or* Bahnverbindung zum Dorf; **he broke all his ~s with his family** er brach alle Beziehungen zu *or* jede Verbindung mit seiner Familie ab; **cultural ~s** kulturelle Beziehungen *pl*; **the strong ~s between Britain and Australia** die starken Bindungen *or* engen Beziehungen zwischen Großbritannien und Australien; **the ~ of friendship** freundschaftliche Bande *or* Bindungen *pl*; **are there any ~s between the two phenomena?** besteht zwischen diesen beiden Phänomenen ein Zusammenhang *or* eine Beziehung *or* eine Verbindung? **4.** (*Measure*) Link *nt*. **II** *vt* verbinden; *spaceships also* aneinanderkoppeln. **to ~ arms** sich unterhaken (*with* bei); **the police ~ed arms** die Polizisten bildeten einen Kordon; **we ~ed by telephone to ...** wir sind telefonisch verbunden mit ...; **do you think these two murders are ~ed?** glauben Sie, daß zwischen den beiden Morden eine Verbindung besteht?; **success in business is closely ~ed with self-confidence** Erfolg im Beruf hängt eng mit Selbstvertrauen zusammen; **his name is closely ~ed with several reforms** sein Name ist mit mehreren Reformen eng verbunden.

III *vi* to ~ **(together)** (*parts of story*) sich zusammenfügen lassen; (*parts of machine*) verbunden werden; (*railway lines*) sich vereinigen, zusammenlaufen.

◆**link up I** *vi* zusammenkommen; (*people*) sich zusammentun; (*facts*) übereinstimmen, zusammenpassen; (*companies*) sich zusammenschließen. **to ~ ~ in space** ein Kopplungsmanöver im Weltraum durchführen.

II *vt sep* miteinander verbinden; *bits of evidence* miteinander in Verbindung bringen; *spaceships* koppeln.

linkman ['lɪŋkmən] *n, pl* **-men** [-men] Verbindungsmann *m*; (*Rad, TV*) Moderator *m*.

links [lɪŋks] *npl* **1.** Dünen *pl*. **2.** (*golf course*) Golfplatz *m*.

link-up ['lɪŋkʌp] *n* (*Telec, general*) Verbindung *f*; (*of spaceships*) Kopplung(smanöver *nt*) *f*.

linnet ['lɪnɪt] *n* (Blut)hänfling *m*.

lino ['laɪnəʊ] *n, no pl* Linoleum *nt*. ~ **cut** Linolschnitt *m*.

linoleum [lɪ'nəʊlɪəm] *n* Linoleum *nt*.

linseed ['lɪnsiːd] *n* Leinsamen *m*. ~ **oil** Leinöl *nt*.

lint [lɪnt] *n* Scharpie *f*, Mull *m*.

lintel ['lɪntl] *n* Sturz *m* (*Archit*).

lion ['laɪən] *n* Löwe *m*. **the ~'s share** der Löwenanteil.

lioness ['laɪənɪs] *n* Löwin *f*.

lionhearted ['laɪən'hɑːtɪd] *adj* unerschrocken, furchtlos.

lionize ['laɪənaɪz] *vt* to ~ **sb** jdn feiern.

lip [lɪp] *n* **1.** (*Anat*) Lippe *f*. **he wouldn't open his ~s** er wollte den Mund nicht aufmachen; **to hang on sb's ~s** an jds Lippen (*dat*) hängen; **to keep a stiff upper ~** Haltung bewahren; **to lick** *or* **smack one's ~s** sich (*dat*) die Lippen lecken.

2. (*of jug*) Schnabel *m*; (*of cup, crater*) Rand *m*.

3. (*inf: cheek*) Frechheit (en *pl*) *f*. **to give sb a lot of ~** jdm gegenüber eine (dicke *or* freche) Lippe riskieren (*inf*); **none of your ~!** sei nicht so frech.

lipread ['lɪpˌriːd] *irreg* **I** *vt* **I could ~ what he said** ich konnte ihm von den Lippen *or* vom Mund ablesen, was er sagte; **II** *vi* von den Lippen *or* vom Mund ablesen; **lipreading** *n* **deaf people use/learn ~** Taube lesen vom Mund ab/lernen, vom Mund abzulesen; **lip service** *n* **to pay ~ to an idea** ein Lippenbekenntnis zu einer Idee ablegen; **lipstick** *n* Lippenstift *m*.

liquefaction [ˌlɪkwɪ'fækʃən] *n* Verflüssigung *f*.

liquefy ['lɪkwɪfaɪ] **I** *vt* verflüssigen. **II** *vi* sich verflüssigen.

liqueur [lɪ'kjʊər] *n* Likör *m*.

liquid ['lɪkwɪd] **I** *adj* **1.** flüssig; *measure* Flüssigkeits-; (*fig*) *eyes* blank, glänzend; (*fig*) *notes, song* perlend. ~ **crystal** Flüssigkristall *m*; ~ **crystal readout** Leuchtdiodenanzeige *f*.

2. (*Comm*) (frei) verfügbar, flüssig.

3. (*Phon*) ~ **consonant** Liquida *f*, Fließlaut *m*.

II *n* **1.** Flüssigkeit *f*. **she can only take ~s** sie kann nur Flüssiges zu sich nehmen. **2.** (*Phon*) Liquida *f*, Fließlaut *m*.

liquidate ['lɪkwɪdeɪt] *vt* **1.** (*Comm*) liquidieren; *assets also* flüssig machen; *company also* auflösen. **to ~ a debt** eine Schuld/Schulden tilgen. **2.** *enemy etc* liquidieren.

liquidation [ˌlɪkwɪ'deɪʃən] *n* **1.** (*Comm*) Liquidation, Liquidierung *f*; (*of company also*) Auflösung *f*; (*of debts*) Tilgung *f*. **2.** Liquidierung *f*.

liquidator ['lɪkwɪdeɪtər] *n* Liquidator *m*.

liquidity [lɪ'kwɪdɪtɪ] *n* Liquidität *f*.

liquidize ['lɪkwɪdaɪz] *vt* (im Mixer) pürieren *or* zerkleinern.

liquidizer ['lɪkwɪdaɪzər] *n* Mixgerät *nt*.

liquor ['lɪkər] *n* **1.** *whisky, brandy etc* Spirituosen *pl*; (*alcohol*) Alkohol *m*. **he can't take his ~** er verträgt nichts. **2.** (*juice*) Flüssigkeit *f*.

◆**liquor up** *vt sep* (*US sl*) **to get ~ed** ~ sich besaufen (*sl*).

liquorice, licorice ['lɪkərɪs] *n* (*plant*) Süßholz *nt*; (*root*) Süßholzwurzel *f*; (*flavouring, sweetmeat*) Lakritze *f*.

liquor store *n* (*US*) ≃ Wein- und Spirituosengeschäft *nt*.

lira ['lɪərə] *n* Lira *f*. **10 ~(s)** 10 Lire.

Lisbon ['lɪzbən] *n* Lissabon *nt*.

lisle [laɪl] *n* (*also* ~ **thread**) Florgarn *nt*. ~ **stockings** Baumwollstrümpfe *pl*.

lisp [lɪsp] **I** *n* Lispeln *nt*. **to speak with a ~, to have a ~** lispeln. **II** *vti* lispeln.

lissom(e) ['lɪsəm] *adj* geschmeidig; *person also* gelenkig.

list¹ [lɪst] **I** *n* **1.** Liste *f*; (*shopping ~*) Einkaufszettel *m*. **it's not on the ~** es steht nicht auf der Liste; ~ **of names** Namensliste *f*; (*esp in book*) Namensregister *n*, Namensverzeichnis *nt*; ~ **of prices** Preisliste *f*, Preisverzeichnis *nt*; ~ **of applicants** Bewerberliste *f*; **there's a long ~ of people waiting for houses** für Häuser besteht eine lange Warteliste.

2. (*publisher's* ~) Programm *nt*. **we'd like to start an educational ~** wir würden gern Lehrbücher in unser Programm aufnehmen.

II *vt* aufschreiben, notieren; *single item* in die Liste aufnehmen; (*verbally*) aufzählen. **it is not ~ed** es ist nicht aufgeführt; ~ed **building** unter Denkmalschutz stehendes Gebäude.

list² (*Naut*) **I** *n* Schlagseite, Krängung (*spec*) *f*. **to have a bad ~** schwere Schlagseite haben; **to have a ~ of 20°** sich um 20° auf die Seite neigen; **a ~ to port** Schlagseite nach Backbord.

II *vi* Schlagseite haben, krängen (*spec*). **to ~ badly** schwere Schlagseite haben.

listen ['lɪsn] *vi* **1.** (*hear*) hören (*to sth* etw *acc*). **to ~ to the radio** Radio hören; **if you**

~ **hard, you can hear the sea** wenn du genau horchst *or* hinhörst, kannst du da Meer hören; **she ~ed carefully to everything he said** sie hörte ihm genau zu; **to ~ for sth** auf etw (*acc*) horchen; **the boys are ~ing for the bell at the end of the lesson** die Jungen warten auf das Klingeln am Ende der Stunde; **to ~ for sb** horchen *or* hören, ob jd kommt.

2. (*heed*) zuhören. **~ to me!** hör mir zu!; **~, I know what we'll do** paß auf, ich weiß, was wir machen; **~, I'm warning you** hör mal, ich warne dich!; **don't ~ to him** hör nicht auf ihn.

◆**listen in** *vi* (im Radio) hören (*to sth* etw *acc*); (*listen secretly*) mithören (*on sth* etw *acc*). **I'd love to ~ ~ on or to your discussion** ich möchte mir Ihre Diskussion mit anhören.

listener ['lɪsnə'] *n* Zuhörer(in *f*) *m*; (*Rad*) Hörer(in *f*) *m*. **to be a good ~** gut zuhören können.

listening ['lɪsnɪŋ] *n* **we don't do much ~ now we've got television** wir hören nicht mehr viel Radio, seit wir Fernsehen haben; **~ post** (*Mil, fig*) Horchposten *m*.

listless ['lɪstlɪs] *adj* lustlos; *patient* teilnahmslos.

listlessly ['lɪstlɪslɪ] *adv see adj*.

listlessness ['lɪstlɪsnɪs] *n see adj* Lustlosigkeit *f*; Teilnahmslosigkeit *f*.

list price *n* Listenpreis *m*.

lists [lɪsts] *npl* (*Hist*) Schranken *pl*. **to enter the ~** (*fig*) in die Schranken treten (*liter*), zum Kampf antreten; **he entered the ~ after the first ballot** er trat nach dem ersten Wahlgang in den Wahlkampf ein.

lit [lɪt] *pret, ptp of* light¹, light³.

litany ['lɪtənɪ] *n* Litanei *f*.

liter *n* (*US*) *see* litre.

literacy ['lɪtərəsɪ] *n* Fähigkeit *f*, lesen und schreiben zu können. **~ campaign** Kampagne *f* gegen das Analphabetentum, Alphabetisierungskampagne *f*; **the ~ rate in Slobodia is only 30%** die Analphabetenquote in Slobodia beträgt 70%; **~ test** Lese- und Schreibtest *m*.

literal ['lɪtərəl] **I** *adj* **1.** (*esp Typ*) **~ error** Schreib-/ Tipp-/Druckfehler *m*.

2. *translation* wörtlich; *meaning, sense also* eigentlich.

3. (*real*) **that is the ~ truth** das ist die reine Wahrheit; **it was a ~ disaster** es war im wahrsten Sinne des Wortes eine Katastrophe; **the ~ impossibility of working there** die völlige *or* buchstäbliche Unmöglichkeit, dort zu arbeiten.

4. (*prosaic*) nüchtern, prosaisch. **he has a very ~ mind** *or* **is very ~-minded** er denkt sehr nüchtern, er ist sehr prosaisch.

II *n* Schreib-/Tipp-/Druckfehler *m*.

literally ['lɪtərəlɪ] *adv* **1.** (*word for word, exactly*) (wort)wörtlich. **to take sth ~** etw wörtlich nehmen.

2. (*really*) buchstäblich, wirklich. **it was ~ impossible to work there** es war wirklich *or* einfach unmöglich, dort zu arbeiten; **he was a ~ giant** er war im wahrsten Sinne des Wortes ein Riese.

literariness ['lɪtərərɪnɪs] *n* literarische Stilebene.

literary ['lɪtərərɪ] *adj* literarisch. **he has ~**

tastes er interessiert sich für Literatur; **a ~ man** ein Literaturkenner *m*; (*author*) ein Literat *or* Autor *m*; **~ historian** Literaturhistoriker(in *f*) *m*.

literate ['lɪtərɪt] *adj* **1. to be ~** lesen und schreiben können.

2. (*well-educated*) gebildet. **his style is not very ~** er schreibt einen ungeschliffenen Stil.

literati [ˌlɪtə'rɑːtiː] *npl* Literaten *pl*.

literature ['lɪtərɪtʃə'] *n* Literatur *f*; (*inf: brochures etc*) Informationsmaterial *nt*; (*specialist ~*) (Fach)literatur *f*.

lithe [laɪð] *adj* (+*er*) geschmeidig; *person, body also* gelenkig.

lithium ['lɪθɪəm] *n* (*abbr* Li) Lithium *nt*.

lithograph ['lɪθəʊgrɑːf] **I** *n* Lithographie *f*, Steindruck *m*. **II** *vt* lithographieren.

lithographer [lɪ'θɒgrəfə'] *n* Lithograph(in *f*) *m*.

lithographic [ˌlɪθəʊ'græfɪk] *adj* lithographisch, Steindruck-.

lithography [lɪ'θɒgrəfɪ] *n* Lithographie *f*, Steindruck(verfahren *nt*) *m*.

Lithuania [ˌlɪθjʊ'eɪnɪə] *n* Litauen *nt*.

Lithuanian [ˌlɪθjʊ'eɪnɪən] **I** *adj* litauisch. **II** *n* **1.** Litauer(in *f*) *m*. **2.** (*language*) Litauisch *nt*.

litigant ['lɪtɪgənt] *n* prozeßführende Partei.

litigate ['lɪtɪgeɪt] *vi* einen Prozeß führen.

litigation [ˌlɪtɪ'geɪʃən] *n* Prozeß, Rechtsstreit *m*.

litigious [lɪ'tɪdʒəs] *adj* prozeßsüchtig. **a ~ person** jd, der ständig Prozesse führt.

litmus ['lɪtməs] *n* Lackmus *m or nt*. **~ paper** Lackmuspapier *nt*.

litotes [laɪ'təʊtiːz] *n* Litotes *f*.

litre, (*US*) **liter** ['liːtə'] *n* Liter *m or nt*.

litter ['lɪtə'] **I** *n* **1.** Abfälle *pl*; (*papers, wrappings*) Papier *nt*. **the park was strewn with ~** der Park war mit Papier und Abfällen übersät; **a ~ of papers/books** ein Haufen *m* Papier/ Bücher.

2. (*Zool*) Wurf *m*.

3. (*vehicle*) Sänfte *f*; (*Med*) Tragbahre, Trage *f*.

4. (*bedding for animals*) Streu *f*, Stroh *nt*; (*for plants*) Stroh *nt*; (*cat ~*) Kies *m*.

II *vt* **1. to be ~ed with sth** (*lit, fig*) mit etw übersät sein; **old cans ~ed the countryside** alte Dosen verschandelten die Landschaft; **to ~ papers about a room, to ~ a room with papers** Papier(e) im Zimmer verstreuen.

2. (*give birth to*) werfen.

3. *plant* abdecken; *animal* Streu geben (+*dat*).

III *vi* **1.** (*have young*) werfen.

2. (*esp US*) Abfall wegwerfen.

litter basket *n* Abfallkorb *m*; **litter bin** *n* Abfalleimer *m*; (*hooked on*) Abfallkorb *m*; (*bigger*) Abfalltonne *f*; **litter bug** (*inf*), **litter lout** (*inf*) *n* Dreckspatz (*inf*), Schmutzfink (*inf*) *m*.

little ['lɪtl] **I** *adj* klein. **a ~ house** ein Häuschen *nt*, ein kleines Haus; **a funny ~ nose** ein lustiges (kleines) Näschen; **the ~ ones** die Kleinen *pl*; **the ~ people** *or* **folk** die Elfen; **he will have his ~ joke** er will auch einmal ein Witzchen machen; **to worry about ~ things** sich (*dat*) über Kleinigkeiten Gedanken machen; **he has**

a ~ mind er ist ein Kleingeist; **~ things please ~ minds** so kann man auch mit kleinen Sachen Kindern eine Freude machen; **a ~ while ago** vor kurzem, vor kurzer Zeit; **in a ~ while** bald.

II *adv, n* **1.** wenig. **of ~ importance/ interest** von geringer Bedeutung/ geringem Interesse; **~ better than** kaum besser als; **~ more than a month ago** vor kaum einem Monat; **~ short of** fast schon, beinahe; **~ did I think that ...** ich hätte kaum gedacht, daß ...; **~ does he know that ...** er hat keine Ahnung, daß ...; **to think ~ of sb/sth** nicht viel von jdm/etw halten; **I walk as ~ as possible** ich laufe so wenig wie möglich; **to spend ~ or nothing** so gut wie (gar) nichts ausgeben; **every ~ helps** Kleinvieh macht auch Mist (*Prov*); **please donate, every ~ helps** auch die kleinste Spende hilft; **he had ~ to say** er hatte nicht viel zu sagen; **I see very ~ of her nowadays** ich sehe sie in letzter Zeit sehr selten; **the ~ of his book that I have read** das wenige *or* bißchen, was ich von seinem Buch gelesen habe; **she did what ~ she could** sie tat das Wenige, das sie tun konnte; **~ by ~** nach und nach; **~ by ~, he dragged himself across the room** Stückchen für Stückchen schleppte er sich durch das Zimmer; **to make ~ of sth** etw herunterspielen *or* bagatellisieren; **I could make ~ of this book** ich konnte mit diesem Buch nicht viel anfangen.

2. a ~ ein wenig, ein bißchen; **a ~ hot/ better** etwas *or* ein bißchen heiß/besser, ein wenig besser; **with a ~ effort** mit etwas Anstrengung; **I'll give you a ~ advice** ich gebe dir einen kleinen Tip; **a ~ after five** kurz nach fünf; **I was not a ~ surprised** ich war einigermaßen überrascht; **after a ~** nach einer Weile; **for a ~** für ein Weilchen.

littleness ['lɪtlnɪs] *n* Kleinheit *f*, geringe Größe; (*of contribution*) Geringfügigkeit *f*; (*of mind*) Beschränktheit, Begrenztheit *f*.

littoral ['lɪtərəl] (*form*) **I** *adj* litoral (*spec*), Litoral- (*spec*); (*of lake also*) Ufer-; (*of sea also*) Küsten-. **II** *n* Litorale *nt*; Uferland *nt*; Küstenstrich *m or* -region *f*.

liturgical [lɪ'tɜːdʒɪkəl] *adj* liturgisch.

liturgy ['lɪtədʒɪ] *n* Liturgie *f*.

livable, liveable ['lɪvəbl] *adj life* erträglich.

livable-in ['lɪvəblə͵ɪn] *adj* (*inf*) **the house is ~ in** dem Haus kann man *or* läßt es sich wohnen; **livable-with** *adj* (*inf*) **John's too moody to be ~** John ist zu launisch, mit ihm kann man nicht zusammen leben; **arthritis can't be cured, but it can be made ~** Arthritis ist unheilbar, kann aber erträglich gemacht werden.

live¹ [lɪv] **I** *vt life* führen. **to ~ a part** in einer Rolle aufgehen; **he had been living a lie** sein Leben war eine Lüge; **to ~ one's own life** sein eigenes Leben leben.

II *vi* **1.** leben. **there is no man living who can equal him** es gibt niemanden, der es ihm gleichtun könnte; **will he ~, doctor?** wird er (über)leben, Herr Doktor?; **long ~ Queen Anne!** lang lebe Königin Anne!; **we ~ and learn** man lernt nie aus; **to ~ and let ~** leben und leben lassen; **to ~ like a**

king *or* **lord** fürstlich *or* wie Gott in Frankreich leben; **not many people ~ to be a hundred** nicht viele Menschen werden hundert (Jahre alt); **to ~ to a ripe old age** ein hohes Alter erreichen; **his name will ~ for ever** sein Ruhm wird nie vergehen; **his poetry will ~ for ever** seine Dichtung ist unvergänglich; **we will ~ again after death** wir werden nach dem Tode wiedergeboren werden; **to ~ by one's wits** sich (so) durchschlagen; **to ~ by one's pen** von seinen Büchern *or* vom Schreiben leben; **he ~d through two wars** er hat zwei Kriege miterlebt; **to ~ through an experience** eine Erfahrung durchmachen; **the patient was not expected to ~ through the night** man rechnete nicht damit, daß der Patient die Nacht überstehen *or* überleben würde; **to ~ within/beyond one's income** nicht über/über seine Verhältnisse leben; **you'll ~ to regret it** das wirst du noch bereuen.

2. (*experience real living*) **I want to ~** ich will leben *or* was erleben (*inf*); **you've never skied? you haven't ~d!** du bist noch nie Ski gefahren? du weißt gar nicht, was du versäumt hast!; **before she met him she hadn't ~d** sie begann erst zu leben, als sie ihn kennenlernte.

3. (*reside*) wohnen; (*in town, in country also, animals*) leben. **he ~s at 19 Marktstraße** er wohnt in der Marktstraße Nr.19; **he ~s in Gardner St/on the High St** er wohnt in der Gardner St/auf der *or* in der Hauptstraße; **who ~s in that big house?** wer wohnt in dem großen Haus?; **to ~ in the country** auf dem Land wohnen *or* leben; **he ~s with his parents** er wohnt bei seinen Eltern; **a house not fit to ~ in** ein unbewohnbares Haus, ein Haus, in dem man nicht wohnen kann.

4. (*inf: belong*) **where does this jug ~?** wo gehört der Krug hin?

5. **the other athletes couldn't ~ with him/the pace** die anderen Läufer konnten mit ihm/mit dem Tempo nicht mithalten.

◆**live down** *vt sep scandal, humiliation* hinwegkommen über (+*acc*), verwinden; (*actively*) *scandal, mistake* Gras wachsen lassen über (+*acc*). **he'll never ~ it** das wird man ihm nie vergessen.

◆**live in** *vi* im Haus/im Heim/auf dem Universitätsgelände *etc* wohnen, nicht außerhalb wohnen.

◆**live off** *vi +prep obj* **to ~ ~ one's estates** von seinem Besitz leben; **to ~ ~ one's relations** auf Kosten seiner Verwandten leben.

◆**live on I** *vi* (*continue to live*) weiterleben.

II *vi +prep obj* leben von, sich ernähren von. **to ~ ~ eggs** sich von Eiern ernähren, von Eiern leben; **he doesn't earn enough to ~ ~** er verdient nicht genug, um davon zu leben; **to ~ ~ hope** (nur noch) von der Hoffnung leben; **to ~ ~ one's reputation** von seinem Ruf zehren.

◆**live out I** *vi* außerhalb (des Hauses/des Heims/des Universitätsgeländes *etc*) wohnen. **II** *vt sep life* verbringen; *winter* überleben.

◆**live together** *vi* zusammenleben; (*share a room, flat etc*) zusammenwohnen.

◆**live up** *vt always separate*: **to ~ it ~** (*inf*) die Puppen tanzen lassen (*inf*); (*extravagantly*) in Saus und Braus leben (*inf*); **in my young days we really knew how to ~ it ~** in meiner Jugend wußten wir noch, wie man sich so richtig auslebt.

◆**live up to** *vi +prep obj* **the holidays ~d ~ ~ expectations/the advertiser's claims** der Urlaub hielt, was er *etc*/die Werbung versprochen hatte; **to ~ ~ ~ standards/ one's reputation** den Anforderungen/ seinem Ruf gerecht werden; **the holiday didn't ~ ~ ~ our hopes** der Urlaub entsprach nicht dem, was wir uns (*dat*) erhofft hatten; **he's got a lot to ~ ~ ~** in ihn werden große Erwartungen gesetzt; **I doubt whether he can ~ ~ ~ his brother** ich bezweifle, daß er seinem Bruder das Wasser reichen kann.

live² [laɪv] **I** *adj* **1.** (*alive*) lebend; *issue, question* aktuell; **a real ~ duke** ein waschechter Herzog; **~ births** Lebendgeburten *pl*.

    2. (*having power or energy*) *coal* glühend; *match* ungebraucht; *cartridge, shell* scharf; (*Elec*) geladen; **"danger, ~ wires!"** „Vorsicht Hochspannung!"; **she's a real ~ wire** (*fig*) sie ist ein richtiges Energiebündel.

    3. (*Rad, TV*) live.

    II *adv* (*Rad, TV*) live, direkt.

liveable ['lɪvəbl] *adj see* **livable**.

livelihood ['laɪvlɪhʊd] *n* Lebensunterhalt *m*. **rice is their ~** sie verdienen ihren Lebensunterhalt mit Reis; **to earn a ~** sich (*dat*) seinen Lebensunterhalt verdienen.

liveliness ['laɪvlɪnɪs] *n see adj* Lebhaftigkeit *f*; Lebendigkeit *f*; Dynamik *f*; Schnelligkeit *f*; Aufgewecktheit *f*.

livelong ['lɪvlɒŋ] *adj*: **all the ~ day/night** den lieben langen Tag, den ganzen Tag über/ die ganze Nacht durch.

lively ['laɪvlɪ] *adj* (+*er*) lebhaft; *scene, account* lebendig; *campaign* dynamisch; *pace* flott; *mind* wach, aufgeweckt. **things are getting ~** es geht hoch her (*inf*); **at 8 things will start to get ~** um 8 wird es dann lebhafter; **we had a ~ time** es war viel los (*inf*).

liven up ['laɪvən'ʌp] **I** *vt sep* beleben, Leben bringen in (+*acc*) (*inf*). **II** *vi* in Schwung kommen; (*person*) aufleben.

liver¹ ['lɪvər] *n clean* ~ solider Mensch; **he's a fast ~** er führt ein flottes Leben (*inf*).

liver² *n* (*Anat, Cook*) Leber *f*. **~ sausage, ~wurst** Leberwurst *f*.

liveried ['lɪvərɪd] *adj* livriert.

liverish ['lɪvərɪʃ] *adj* **1. to be ~** etwas mit der Leber haben; **I felt a bit ~ after the party** mir ging es nach der Party ziemlich mies (*inf*). **2.** (*bad-tempered*) mürrisch.

Liverpudlian [ˌlɪvəˈpʌdlɪən] **I** *n* Bewohner(in *f*) *m* von Liverpool. **II** *adj* von Liverpool.

liverwort ['lɪvəwɜːt] *n* (*Bot*) Lebermoos *nt*; (*hepatica*) Leberblümchen *nt*.

livery ['lɪvərɪ] *n* Livree *f*; (*fig liter*) Kleid *nt*.

livery company *n* Zunft *f*; **livery stable** *n* Mietstall *m*.

lives [laɪvz] *pl of* **life**.

livestock ['laɪvstɒk] *n* Vieh *nt*; (*number of animals*) Viehbestand *m*.

livid ['lɪvɪd] *adj* **1.** (*inf*) wütend, fuchsteufelswild (*inf*). **he got ~ with us** er hatte eine Stinkwut auf uns (*inf*). **2.** blau. **the sky was a ~ grey** der Himmel war blaugrau.

living ['lɪvɪŋ] **I** *adj* lebend; *example, faith* lebendig. **a ~ creature** ein Lebewesen *nt*; **not a ~ soul** keine Menschenseele; **(with)-in ~ memory** seit Menschengedenken; **he is ~ proof of ...** er ist der lebende Beweis für ...; **~ or dead** tot oder lebendig; *see* **daylight**.

    II *n* **1. the ~** *pl* die Lebenden *pl*.

    2. (*way of ~*) **the art of ~** Lebenskunst *f*; **he is fond of good ~** er lebt gern gut; **gracious ~** die vornehme Lebensart; **loose ~** lockerer Lebenswandel; *see* **standard**.

    3. (*livelihood*) Lebensunterhalt *m*. **to earn** *or* **make a ~** sich (*dat*) seinen Lebensunterhalt verdienen; **he sells brushes for a ~** er verkauft Bürsten, um sich (*dat*) seinen Lebensunterhalt zu verdienen; **they made a bare ~ out of the soil** sie hatten mit dem Ertrag des Bodens ihr Auskommen; **to work for one's ~** arbeiten, um sich (*dat*) seinen Lebensunterhalt zu verdienen; **some of us have to work for a ~** es gibt auch Leute, die arbeiten müssen.

    4. (*Eccl*) Pfründe *f*.

living conditions *npl* Wohnverhältnisse *pl*; **living room** *n* Wohnzimmer *nt*; **living space** *n* (*in house*) Wohnraum *m*; (*for a nation*) Lebensraum *m*; **living wage** *n* ausreichender Lohn.

lizard ['lɪzəd] *n* Eidechse *f*; (*including larger forms also*) Echse *f*.

llama ['lɑːmə] *n* Lama *nt*.

LLD *abbr of* **Doctor of Laws** Dr. jur.

lo [ləʊ] *interj* (*old*) siehe (*old*). **~ and behold!** und siehe da.

loach [ləʊtʃ] *n* Schmerle *f*.

load [ləʊd] **I** *n* **1.** (*sth carried, burden*) Last *f*; (*cargo*) Ladung *f*; (*on girder, axle etc, fig*) Belastung, Last *f*. **what sort of ~ was the ship/lorry carrying?** was hatte das Schiff/der Lastwagen geladen?; **to put a ~ on sth** etw belasten; **to put too heavy a ~ on sth** etw überlasten; **the maximum ~ for that bridge is 10 tons** die maximale Tragkraft *or* -fähigkeit dieser Brücke beträgt 10 Tonnen; **an arm-~ of shopping** ein Armvoll Einkäufe; **a train-~ of passengers** ein Zug voll Reisender; **(work)** (Arbeits)pensum *nt*; **he has a heavy teaching ~ this term** er hat in diesem Semester eine hohe Stundenzahl; **that's a ~ off my mind!** da fällt mir ein Stein vom Herzen!; **to take a ~ off sb's mind** jdm eine Last von der Seele nehmen.

    2. (*Elec*) (*supplied*) Leistung *f*; (*carried*) Spannung *f*.

    3. (*inf usages*) **~s of, a ~ of** massenhaft (*inf*), jede Menge (*inf*); **it's a ~ of old rubbish** das ist alles Blödsinn (*inf*) *or* Quatsch (*inf*); (*film, book, translation*) das ist alles Mist! (*inf*); **get a ~ of this!** (*listen*) hör dir das mal an! (*inf*); (*look*) guck dir das mal an! (*inf*).

    II *vt* **1.** *goods* laden; *lorry etc* beladen. **the ship was ~ed with bananas** das Schiff hatte Bananen geladen.

2. (*burden, weigh down*) beladen. **the branch was ~ed with pears** der Ast war mit Birnen überladen.

3. (*fig*) überhäufen. **to ~ sb with honours** jdn mit Ehrungen überschütten *or* -häufen; **the whole matter is ~ed with problems** die Angelegenheit steckt voller Probleme.

4. *gun* laden. **to ~ a camera** einen Film (in einen Fotoapparat) einlegen.

5. *dice* fälschen, präparieren. **to ~ the dice** (*fig*) mit gezinkten Karten spielen; **to ~ the dice against sb** (*fig*) jdn übervorteilen.

III *vi* **1.** laden. **~ing bay** Ladeplatz *m*; "**~ing and unloading**" „Be- und Entladen".

2. (**~ gun**) laden; (**~ camera**) einen Film einlegen. **~!** Gewehr(e) laden.

◆**load down** *vt sep* (*schwer*) beladen; (*fig*) überladen. **the poor animal was ~ed ~ by its burden** das arme Tier wurde von seiner Last niedergedrückt; **he is ~ed ~ with sorrows** Sorgen lasten schwer auf ihm.

◆**load up I** *vi* aufladen. **II** *vt sep lorry* beladen; *goods* aufladen.

load-bearing ['ləʊd‚bɛərɪŋ] *adj wall* tragend; **load capacity** *n* (*Elec*) Belastung(sfähigkeit) *f*; (*of lorry*) maximale Nutzlast.

loaded ['ləʊdɪd] *adj* beladen; *dice* falsch, präpariert; *camera* mit eingelegtem Film; *gun* geladen. **a ~ question** eine Fangfrage; **he's ~** (*inf: rich*) er schwimmt im Geld (*inf*); (*sl: drunk*) der hat schwer *or* ganz schön geladen (*inf*).

load line *n* Ladelinie *f*; **loadstar** *n see* **lodestar; loadstone** *n see* **lodestone.**

loaf [ləʊf] *n, pl* **loaves** Brot *nt*; (*unsliced*) (Brot)laib *m*; (*meat ~*) Hackbraten *m*. **a ~ of bread** ein (Laib) Brot; **a small white ~** ein kleines Weißbrot; **half a ~ is better than none** *or* **than no bread** (*Prov*) (wenig ist) besser als gar nichts; **use your ~!** (*sl*) streng deinen Grips an (*inf*); **use your ~, show some tact** (*sl*) denk mal ein bißchen, und sei etwas taktvoller (*inf*).

◆**loaf about** *or* **around** *vi* (*inf*) faulenzen. **he ~ed ~ the house all day** er hing den ganzen Tag zu Hause herum (*inf*).

loafer ['ləʊfə']n **1.** (*inf: idler*) Faulenzer, Nichtstuer *m*. **2.** (*US: casual shoe*) Halbschuh, Trotteur *m*.

loam [ləʊm] *n* Lehmerde *f*.

loamy ['ləʊmɪ] *adj* (+*er*) lehmig. **~ soil** Lehmboden *m*.

loan [ləʊn] *I n* **1.** (*thing lent*) Leihgabe *f*; (*from bank etc*) Darlehen *nt*; (*public ~*) Anleihe *f*. **my friend let me have the money as a ~** mein Freund hat mir das Geld geliehen; **it's not a gift, it's a ~** es ist nicht geschenkt, sondern nur geliehen; **government ~s** Regierungsdarlehen *nt*; (*borrowings*) Staatsanleihen *pl*.

2. I asked for the ~ of the bicycle ich bat darum, das Fahrrad ausleihen zu dürfen; **he gave me the ~ of his bicycle** er hat mir sein Fahrrad geliehen; **it's on ~** es ist geliehen; (*out on ~*) es ist verliehen *or* ausgeliehen; **the machinery is on ~ from the American government** die Maschinen sind eine Leihgabe der amerikanischen

Regierung; **to have sth on ~** etw geliehen haben (*from* von).

II *vt* leihen (*to sb* jdm).

loan collection *n* Leihgaben *pl*; **loan shark** *n* (*inf*) Kredithai *m* (*inf*); **loan word** *n* Lehnwort *nt*.

loath, loth [ləʊθ] *adj* **to be ~ to do sth** etw ungern tun.

loathe [ləʊð] *vt thing, person* verabscheuen; *modern art, spinach, jazz etc* nicht ausstehen können. **I ~ doing it** (*in general*) ich hasse es, das zu tun; (*on particular occasion*) es ist mir zuwider, das zu tun.

loathing ['ləʊðɪŋ] *n* Abscheu *m*.

loathsome ['ləʊðsəm] *adj thing, person* abscheulich, widerlich; *task* verhaßt; *deformity* abstoßend, abscheuerregend; *wound* ekelerregend.

loathsomeness ['ləʊðsəmnɪs] *n see adj* Abscheulichkeit, Widerlichkeit *f*; Verhaßtheit *f*; abstoßender Anblick.

loaves [ləʊvz] *n, pl of* **loaf.**

lob [lɒb] *I n* (*Tennis*) Lob *m*. **II** *vt ball* im Lob spielen, lobben. **he ~bed the grenade over the wall** er warf die Granate im hohen Bogen über die Mauer; **to ~ sth over to sb** jdm etw zuwerfen; **~ it over!** wirf es herüber! **III** *vi* (*Tennis*) lobben.

lobby ['lɒbɪ] *I n* (*entrance hall*) Vor- *or* Eingangshalle *f*; (*of hotel, theatre*) Foyer *nt*; (*corridor*) Flur, Korridor *m*; (*anteroom, waiting room*) Vorzimmer *nt*; (*place in Parliament*) Lobby *f*; (*Pol*) Lobby, Interessengruppe *f or* -verband *m*. **the railway ~** die Eisenbahnlobby.

II *vt* **to ~ one's Member of Parliament** auf seinen Abgeordneten Einfluß nehmen; **to ~ a bill through parliament** als Interessengruppe ein Gesetz durchs Parlament bringen.

III *vi* auf die Abgeordneten Einfluß nehmen, Lobbyist sein. **they are ~ing for this reform** die Lobbyisten versuchen, diese Reform durchzubringen.

lobbying ['lɒbɪɪŋ] *n* Beeinflussung *f* von Abgeordneten (durch Lobbies).

lobbyist ['lɒbɪɪst] *n* Lobbyist *m*.

lobe [ləʊb] *n* (*Anat*) (*of ear*) Ohrläppchen *nt*; (*of lungs, brain*) Lappen, Lobus (*spec*) *m*; (*of leaf*) Ausbuchtung *f*.

lobed [ləʊbd] *adj* gelappt.

lobelia [ləʊ'biːlɪə] *n* Lobelie *f*.

lobster ['lɒbstə']n Hummer *m*. **~ pot** Hummer(fang)korb *m*.

local ['ləʊkəl] *I adj* Orts-; (*in this area*) hiesig; (*in that area*) dortig; *radio station* lokal, Orts-; *newspaper* Lokal-, Orts-; *train* Nahverkehrs-; *politician* Kommunal-; *anaesthetic* lokal, örtlich. **all the ~ residents** alle Ortsansässigen *pl*; **he's a ~ man** er ist ein Ortsansässiger, er ist von hier (*inf*); **~ authorities** städtische Behörden *pl*; (*council*) Gemeindeverwaltung *f*; Stadtverwaltung *f*; Stadt- und Kreisverwaltung *f*; **~ government** Kommunal- *or* Gemeindeverwaltung *f*; Kreisverwaltung *f*; **~ opinion is against the change** die öffentliche Meinung am Ort ist gegen die Änderung; **~ bus** Stadtbus *m*; (*serving the immediate locality*) Nahverkehrsbus *m*; **~ colour** Lokalkolorit *nt*; **vote for your ~ candidate**

wählen Sie den Kandidaten Ihres Wahlkreises; **accents with the usual ~ variations** Dialekte mit den üblichen regionalen Unterschieden; **our village hasn't got a ~ butcher** unser Dorf hat keinen eigenen Schlachter; **there are two ~ grocers** es gibt zwei Lebensmittelhändler am Ort; **the ~ shops aren't very good** die dortigen/hiesigen Geschäfte sind nicht sehr gut; **our ~ doctor back home in Canada** unser Doktor zu Hause in Kanada; **what are their main ~ products there?** was wird dort hauptsächlich erzeugt?; **our best ~ wine** der beste hiesige Wein; **the ~ wine over there will make you sick** von dem dortigen Wein wird es einem schlecht.

II n **1.** (pub) **the ~** (in village) der Dorfkrug, die Dorfkneipe (inf); (in community) das Stammlokal; **our ~** unsere Stammkneipe (inf), unser Stammlokal nt. **2.** (born in) Einheimische(r) mf; (living in) Einwohner(in) f m.

locale [ləʊˈkɑːl] n Schauplatz m.

locality [ləʊˈkælɪtɪ] n Gegend f. **in the ~ of the crime** am Ort des Verbrechens.

localize [ˈləʊkəlaɪz] vt **1.** (detect) lokalisieren. **2. this custom, once widespread, has now become very ~d** die einst weitverbreitete Sitte ist jetzt auf wenige Orte begrenzt.

locally [ˈləʊkəlɪ] adv am Ort; (Med) örtlich. **I prefer to shop ~** ich kaufe lieber im Ort ein; **the shops are situated ~** die Geschäfte befinden sich in günstiger Lage; **do you live ~?** wohnen Sie am Ort?; **I work in Glasgow but I don't live ~** ich arbeite in Glasgow, wohne aber nicht hier/da; **was she well-known ~?** war sie in dieser Gegend sehr bekannt?; **if each district is ~ governed** wenn jeder Bezirk regional regiert wird; **the plant grows ~** die Pflanze wächst in dieser Gegend.

locate [ləʊˈkeɪt] vt **1.** (position) legen; headquarters einrichten; (including act of building) bauen, errichten; sportsground, playground anlegen; road bauen, anlegen. **to be ~d at** or **in** sich befinden (+dat); **the hotel is centrally ~d** das Hotel liegt zentral. **2.** (find) ausfindig machen; submarine, plane orten.

location [ləʊˈkeɪʃən] n **1.** (position, site) Lage f; (of building also) Standort m; (of road) Führung f; (of ship) Position f. **this would be an ideal ~ for the road/airport** das wäre ein ideales Gelände für die Straße/den Flughafen; **the precise ~ of the earthquake** wo das Erdbeben genau stattgefunden hat; **the doctors haven't determined the precise ~ of the tumour** die Ärzte haben den Tumor noch nicht genau lokalisiert. **2.** (positioning, siting) (of building, road) Bau m; (of park) Anlage f; (of headquarters) (removal) Einrichtung f; (building) Errichtung f. **they discussed the ~ of the road/airport** sie diskutierten, wo die Straße/der Flughafen gebaut werden soll. **3.** (finding) Auffinden nt; (of tumour) Lokalisierung f; (of star, ship) Ortung,

Positionsbestimmung f. **the ~ of oil in the North Sea** die Entdeckung von Erdöl in der Nordsee. **4.** (Film) Drehort m. **to be on ~ in Mexico** (person) bei Außenaufnahmen in Mexiko sein.

locative [ˈlɒkətɪv] n Lokativ m.

loc cit [ˈlɒkˈsɪt] abbr of **loco citato** l.c., a.a.O.

loch [lɒx] n (Scot) See m; (sea ~) fjordartiger Meeresarm.

loci [ˈləʊkiː] pl of **locus**.

lock¹ [lɒk] n (of hair) Locke f.

lock² [lɒk] n **1.** (on door, box, gun) Schloß nt. **to put sb/sth under ~ and key** jdn hinter Schloß und Riegel bringen/etw wegschließen; **to keep money under ~ and key** Geld unter Verschluß halten; **he offered me the house ~, stock and barrel** er bot mir das Haus mit allem Drum und Dran an (inf); **they destroyed it ~, stock and barrel** sie haben es total zerstört; **to condemn sth ~, stock and barrel** etw in Grund und Boden verdammen; **it is finished ~, stock and barrel** es ist ganz und gar fertig. **2.** (canal ~) Schleuse f. **3.** (hold) Fesselgriff m. **4.** (Aut) Wendekreis m. **the steering wheel was on** or **at full ~** das Lenkrad war voll eingeschlagen.

II vt door etc ab- or zuschließen; steering wheel sperren, arretieren; wheel blockieren. **to ~ sb in a room** jdn in einem Zimmer einschließen; **the armies were ~ed in combat** die Armeen waren in Kämpfe verwickelt; **they were ~ed in each other's arms** sie hielten sich fest umschlungen; **he ~ed my arm in a firm grip** er umklammerte meinen Arm mit festem Griff; **this bar ~s the wheel in position** diese Stange hält das Rad fest.

III vi schließen; (wheel) blockieren. **a suitcase that ~s** ein verschließbarer Koffer, ein Koffer, der sich abschließen läßt; **his jaw had ~ed fast** er hatte Mundsperre.

◆**lock away** vt sep wegschließen; person einsperren. **he ~ed the money ~ in his safe** er schloß das Geld in seinem Safe ein.

◆**lock in** vt sep einschließen. **to be ~ed ~** eingesperrt sein.

◆**lock on I** vi (spaceship etc) gekoppelt werden (to mit). **the radio automatically ~s ~to a channel** das Radio hat automatische Feineinstellung; **the missile ~s ~to its target** das Geschoß richtet sich auf das Ziel; **his mind has ~ed ~ to one way of thinking** er hat sich auf eine Denkart festgefahren.

II vt sep radio, scanner einstellen (to auf +acc). **with a padlock he ~ed the extra piece ~** er befestigte das zusätzliche Stück mit einem Anhängeschloß.

◆**lock out** vt sep aussperren.

◆**lock together I** vi (rockets) (miteinander) gekoppelt werden; (pieces of jigsaw) sich zusammenstecken lassen.

II vt sep rockets koppeln; pieces of jigsaw zusammenstecken. **~ed ~ in a passionate embrace** in einer leidenschaftlichen Umarmung fest umschlungen.

◆**lock up I** *vt sep* **1.** *thing, house* abschließen; *person* einsperren. **to ~ sth ~ in sth** etw in etw (*dat*) einschließen. **2.** (*Comm*) *capital* fest anlegen. **II** *vi* abschließen.

locker ['lɒkəʳ] *n* Schließfach *nt*; (*Naut, Mil*) Spind *m*. **~ room** Umkleideraum *m*.

locket ['lɒkɪt] *n* Medaillon *nt*.

lock gate *n* Schleusentor *nt*; **lockjaw** *n* Wundstarrkrampf *m*; **lock keeper** *n* Schleusenwärter *m*; **locknut** *n* Gegenmutter *f*; **lockout** *n* Aussperrung *f*; **locksmith** *n* Schlossermeister *m*; **lockstitch** *n* Steppstich *m*; **lock-up** *n* **1.** (*shop*) Laden *m*, Geschäft *nt*; (*garage*) Garage *f*; **2.** (*prison*) Gefängnis *nt*.

loco[1] *n, pl* **~s** (*Rail inf*) Lok *f* (*inf*).

loco[2] *adj* (*esp US sl*) bekloppt (*sl*).

loco citato [ˌlɒkəʊsɪˈtɑːtəʊ] *see* **loc cit.**

locomotion [ˌləʊkəˈməʊʃən] *n* Fortbewegung *f*. **means of ~** Fortbewegungsmittel *nt*.

locomotive [ˌləʊkəˈməʊtɪv] **I** *adj* Fortbewegungs-. **~ power** Fortbewegungsfähigkeit *f*; **~ engine** Lokomotive *f*. **II** *n* Lokomotive *f*.

locum (tenens) ['ləʊkəm('tenenz)] *n* Vertreter(in *f*) *m*.

locus ['lɒkəs] *n, pl* **loci** geometrischer Ort.

locust ['ləʊkəst] *n* Heuschrecke *f*. **~ tree** Robinie *f*.

locution [ləˈkjuːʃən] *n* Ausdrucksweise *f*; (*expression*) Ausdruck *m*.

lode [ləʊd] *n* Ader *f*.

lodestar ['ləʊdstɑːʳ] *n* Leitstern *m*; Polarstern *m*; (*fig*) (*person*) Leitbild *nt*; (*principle*) Leitstern *m*; **lodestone** *n* Magnetit, Magneteisenstein *m*.

lodge [lɒdʒ] **I** *n* (*in grounds*) Pförtnerhaus *nt*; (*of Red Indian*) Wigwam *m*; (*shooting ~, skiing ~ etc*) Hütte *f*; (*porter's ~*) Pförtnerloge *f*; (*in school, Univ*) Pedellzimmer *nt*; (*masonic ~*) Loge *f*; (*of beaver*) Bau *m*. **II** *vt* **1.** *person* unterbringen. **2.** *complaint* einlegen (*with* bei); *charge* einreichen. **3.** (*insert*) *spear* stoßen. **to be ~d** (fest)stecken. **4.** *jewellery, money* deponieren. **III** *vi* **1.** (*live*) (zur *or* in Untermiete) wohnen (*with sb, at sb's* bei jdm); (*at boarding house*) wohnen (*in* in +*dat*). **2.** (*object, bullet*) steckenbleiben.

lodger ['lɒdʒəʳ] *n* Untermieter(in *f*) *m*. **she takes ~s** sie vermietet (Zimmer). **she nimmt Untermieter auf.**

lodging ['lɒdʒɪŋ] *n* **1.** Unterkunft *f*. **they gave me a night's ~** sie gaben mir Unterkunft *or* ein Zimmer für die Nacht. **2. ~s** *pl* ein möbliertes Zimmer; möblierte Zimmer *pl*; **we took ~s with Mrs B** wir mieteten uns bei Frau B ein; **~ house** Pension *f*.

loess ['ləʊɪs] *n* Löß *m*.

loft [lɒft] **I** *n* **1.** Boden, Speicher *m*; (*hay~*) Heuboden *m*. **in the ~** auf dem Boden *or* Speicher. (*organ ~, choir ~*) Empore *f*. **II** *vt* (*Sport*) hochschlagen.

loftily ['lɒftɪlɪ] *adv* hoch; *say, speak* stolz, hochmütig.

loftiness ['lɒftɪnɪs] *n* **1.** (*of tree, mountain*) Höhe *f*. **2.** (*of sentiments*) Erhabenheit *f*; (*of prose*) erlesener *or* gehobener *or* hochtrabender (*pej*) Stil.

lofty ['lɒftɪ] **I** *adj* (+*er*) **1.** (*high*) hoch. **2.** (*noble*) *ideals* hoch(fliegend); *ambitions* hochfliegend; *sentiments* erhaben; *prose, style* erlesen, gehoben, hochtrabend (*pej*). **3.** (*haughty*) stolz, hochmütig. **II** *n* (*inf*) Lange(r) *mf* (*inf*).

log[1] [lɒg] *n* **1.** Baumstamm *m*; (*short length of tree trunk*) Block, Klotz *m*; (*for a fire*) Scheit *nt*. **to sleep like a ~** schlafen wie ein Bär; (*exhausted*) schlafen wie ein Klotz; **~ cabin** Blockhaus *nt or* -hütte *f*.

log[2] **I** *n* **1.** (*Naut: apparatus*) Log *nt*. **2.** (*record*) Aufzeichnungen *pl*; (*Naut*) Logbuch *nt*. **to make** *or* **keep a ~ of sth** über etw (*acc*) Buch führen. **II** *vt* **1.** Buch führen über (+*acc*); (*Naut*) (ins Logbuch) eintragen. **2.** (*travel*) zurücklegen.

◆**log up** *vt sep* (*Naut*) (ins Logbuch) eintragen; (*clock up*) *distance* zurücklegen; (*fig*) *successes* einheimsen (*inf*).

log[3] *abbr of* **logarithm** log. **~ tables** Logarithmentafel *f*.

loganberry ['ləʊgənbərɪ] *n* (*fruit*) Loganbeere *f*; (*bush*) Loganbeerbusch *m*.

logarithm ['lɒgərɪθəm] *n* Logarithmus *m*.

logarithmic [ˌlɒgəˈrɪθmɪk] *adj* logarithmisch.

logbook *n* (*Naut*) Logbuch *nt*; (*Aviat*) Bordbuch *nt*; (*of lorries*) Fahrtenbuch *nt*; (*Aut: registration book*) Kraftfahrzeug- *or* Kfz-Brief *m*; (*in hospitals, police stations etc*) Dienstbuch *nt*.

loggerheads ['lɒgəhedz] *npl*: **to be at ~ (with sb)** Streit (mit jdm) haben, sich (*dat*) (mit jdm) in den Haaren liegen (*inf*); **they were constantly at ~ with the authorities** sie standen mit den Behörden dauernd auf Kriegsfuß.

loggia ['lɒdʒɪə] *n* Loggia *f*.

logging ['lɒgɪŋ] *n* Holzfällen *nt*.

logic ['lɒdʒɪk] *n* Logik *f*.

logical ['lɒdʒɪkəl] *adj* logisch; *conclusion also* folgerichtig.

logically ['lɒdʒɪkəlɪ] *adv* *think, argue* logisch.

logician [lɒˈdʒɪʃən] *n* Logiker(in *f*) *m*.

logistic [lɒˈdʒɪstɪk] *adj* logistisch.

logistics [lɒˈdʒɪstɪks] *n sing* Logistik *f*.

logo ['ləʊgəʊ] *n, pl* **~s** Firmenzeichen *nt*.

loin [lɔɪn] *n* Lende *f*. **~ cloth** Lendenschurz *m*; *see* **gird up.**

loiter ['lɔɪtəʳ] **I** *vt* **to ~ away the time** die Zeit verbummeln (*inf*). **II** *vi* **1.** (*waste time*) trödeln, bummeln. **2.** (*hang around suspiciously*) herumtreiben, herumlungern. **"no ~ing"** „unberechtigter Aufenthalt verboten"; **to ~ with intent** sich verdächtig machen, sich auffällig verhalten.

◆**loiter about** *or* **around** *vi* herumlungern.

loiterer ['lɔɪtərəʳ] *n* Herumtreiber(in *f*), Herumlungerer *m*; (*straggler*) Nachzügler(in *f*), Bummelant *m* (*inf*).

loll [lɒl] *vi* lümmeln. **stand up straight, don't ~** stell dich gerade hin, laß dich nicht so hängen (*inf*) *or* lümmle nicht so herum; **he was ~ing in an easy chair** er hing (*inf*) *or* räkelte sich im Sessel; **to ~ against sth** sich (lässig) gegen *or* an etw (*acc*) lehnen.

◆**loll about** *or* **around** *vi* herumlümmeln, herumhängen (*inf*).

◆**loll back** *vi* sich zurücklehnen.

◆**loll out** *vi* heraushängen.

lollipop ['lɒlɪpɒp] *n* Lutscher *m*; (*iced ~*) Eis *nt* am Stiel. *~* **man/ woman** (*Brit inf*) ≈ Schülerlotse *m*.

lollop ['lɒləp] *vi* (*also ~ along*) (*animal*) trotten, zotteln; (*puppy, rabbit*) hoppeln; (*person*) zockeln. **he ran with a ~ing stride** er rannte in großen, schlaksigen Sätzen.

lolly ['lɒlɪ] *n* **1.** (*inf: lollipop*) Lutscher *m*. **an ice(d)** *~* ein Eis *nt* am Stiel. **2.** (*sl: money*) Mäuse (*sl*), Piepen (*sl*) *pl*.

Lombard ['lɒmbɑːd] **I** *adj* lombardisch. **II** *n* Lombarde *m*, Lombardin *f*.

Lombardy ['lɒmbədɪ] *n* Lombardei *f*.

London ['lʌndən] **I** *n* London *nt*. **II** *adj* Londoner.

Londoner ['lʌndənər] *n* Londoner(in *f*) *m*.

lone [ləʊn] *adj* einzeln, einsam; (*only*) einzig. **he prefers to play a** *~* **hand** er macht lieber alles im Alleingang; *~* **wolf** (*fig*) Einzelgänger *m*.

loneliness ['ləʊnlɪnɪs] *n* Einsamkeit *f*.

lonely ['ləʊnlɪ] *adj* (*+er*) einsam.

loner ['ləʊnər] *n* Einzelgänger(in *f*) *m*.

lonesome ['ləʊnsəm] *adj* (*esp US*) einsam.

long¹ *abbr of* **longitude** L.

long² [lɒŋ] **I** *adj* (*+er*) **1.** (*in size*) lang; *glass* hoch; *journey* weit. **it is 6 metres** *~* es ist 6 Meter lang; **to be** *~* **in the leg** lange Beine haben; **to pull a** *~* **face** ein langes Gesicht machen; **it's a** *~* **way** das ist weit; **it's a** *~* **way to Hamburg** nach Hamburg ist es weit; **the odds against the government solving the problems are** *~* die Chancen, daß die Regierung eine Lösung für die Probleme findet, stehen schlecht; **to have a** *~* **memory** ein gutes Gedächtnis haben; **to be** *~* **in the tooth** (*inf*) nicht mehr der/die Jüngste sein.

2. (*in time*) lang; *job* langwierig. **it's a** *~* **time since I saw her** ich habe sie schon lange *or* seit längerer Zeit nicht mehr gesehen; **he's been here (for) a** *~* **time** er ist schon lange hier; **she was abroad for a** *~* **time** sie war lange *or* (eine) lange Zeit im Ausland; *~* **time no see** (*inf*) sieht man dich auch mal wieder? (*inf*); **to take a** *~* **look at sth** etw lange *or* ausgiebig betrachten; **how** *~* **is the film?** wie lange dauert der Film?; **a year is 12 months** *~* ein Jahr hat 12 Monate; **how** *~* **are your holidays?** wie lange haben Sie Urlaub?; **to take the** *~* **view** etw auf lange Sicht betrachten; **the days are getting** *~er* die Tage werden länger.

3. (*Poet, Phon*) *vowel, syllable* lang.

4. a *~* **drink** (*mixed*) ein Longdrink *m*; (*beer*) ein Bier *nt*; **I'd like something** *~* **and cool** ich möchte einen kühlen Longdrink.

II *adv* **1.** lang(e). **to be** *~* **in** *or* **about doing sth** lange zu etw brauchen; **don't be** *~*! beeil dich!; **don't be too** *~* **about it** laß dir nicht zuviel Zeit, mach nicht zu lange (*inf*); **I shan't be** *~* (*in finishing*) ich bin gleich fertig; (*in returning*) ich bin gleich

wieder da; **he drank** *~* **and deep** er nahm einen langen, tiefen Schluck; **all night** *~* die ganze Nacht; *~* **ago** vor langer Zeit; **not** *~* **ago** vor kurzem; *~* **before** lange vorher; *~* **before now** viel früher; *~* **before they arrived** lange bevor sie ankamen; **not** *~* **before I met you** kurz bevor ich dich kennenlernte; **not** *~* **before that** kurz davor; **those days are** *~* **(since) past** diese Tage sind schon lange vorbei; **at the** *~est* höchstens; **as** *~* **as so** lange wie; **we waited as** *~* **as we could** wir haben gewartet, solange wir konnten; **as** *~* **as, so** *~* **as** (*provided that*) solange; *see also* **ago**, **since**.

2. (*in comp*) **how much** *~er* **can you stay?** wie lange noch bleiben?; **I can't wait any** *~er* (*from then*) länger kann ich nicht warten; (*from now*) ich kann nicht mehr länger warten; **if that noise goes on any** *~er* wenn der Lärm weitergeht; **no** *~er* (*not any more*) nicht mehr; **I'll wait no** *~er* ich warte nicht länger.

3. so *~*! (*inf*) tschüs! (*inf*), bis später!

III *n* **1. the** *~* **and the short of it is that ...** kurz gesagt ..., der langen Rede kurzer Sinn, ...; **before** *~* bald; **are you going for** *~*? werden Sie länger weg sein?; **I won't stay for** *~* ich bleibe nicht lange; **it won't take** *~* das dauert nicht lange; **I won't take** *~* ich brauche nicht lange (dazu).

2. (*Poet*) lange Silbe.

long³ *vi* sich sehnen (*for* nach); (*less passionately*) herbeisehnen, kaum erwarten können (*for sth* etw *acc*). **he** *~ed* **for his love to return** er wartete sehnsüchtig auf die Rückkehr seiner Liebsten; **I'm** *~ing* **for him to resign** ich warte ungeduldig auf seinen Rücktritt; **the children were** *~ing* **for the bell to ring** die Kinder warteten sehnsüchtig auf das Klingeln *or* konnten das Klingeln kaum erwarten; **he is** *~ing* **for me to make a mistake** er möchte zu gern, daß ich einen Fehler mache; **I am** *~ing* **to go abroad** ich brenne darauf, ins Ausland zu gehen; **I'm** *~ing* **to see that film** ich will den Film unbedingt sehen; **I'm** *~ing* **to hear his reaction** ich bin sehr gespannt, wie er darauf reagiert, ich bin sehr auf seine Reaktion gespannt; *~ed-for* ersehnt; **the much** *~ed-for cup of tea** die heißersehnte Tasse Tee.

longboat ['lɒŋbəʊt] *n* großes Beiboot; (*of Vikings*) Wikingerboot *nt*; **longbow** *n* (Lang)bogen *m*; **long-case clock** *n* Großvateruhr *f*; **long-distance** **I** *adj* *lorry, call* Fern-; *flight, race, runner also* Langstrecken-; *~* **bus** (Fern)reisebus, Überlandbus *m*; **II** *adv* **to call** *~* ein Ferngespräch führen; **long division** *n* schriftliche Division; **long-drawn-out** *adj speech, argument* langatmig; *meeting* ausgedehnt, in die Länge gezogen.

longevity [lɒnˈdʒevɪtɪ] *n* Langlebigkeit *f*.

long-forgotten ['lɒŋfəˌgɒtn] *adj* längst vergessen; **long-haired** *adj person* langhaarig; *dog etc* Langhaar-; **longhand** *n* Langschrift *f*; **long-headed** *adj* (*fig*) klug, weitblickend; **longhorn** *n* Longhorn *nt*.

longing ['lɒŋɪŋ] **I** *adj look* sehnsüchtig; *eyes* sehnsuchtsvoll.

II *n* Sehnsucht *f* (*for* nach). **to have a ~ to do sth** sich danach sehnen, etw zu tun.

longingly ['lɒŋɪŋlɪ] *adv* sehnsüchtig.

longish ['lɒŋɪ] *adj* ziemlich lang.

longitude ['lɒŋgɪtjuːd] *n* Länge *f*. **lines of ~** Längengrade *pl*.

longitudinal [,lɒŋgɪ'tjuːdɪnl] *adj* Längen-; *stripes, cut* Längs-.

longitudinally [,lɒŋgɪ'tjuːdɪnəlɪ] *adv* der Länge nach.

long johns *npl* (*inf*) lange Unterhosen *pl*; **long jump** *n* Weitsprung *m*; **long jumper** *n* Weitspringer(in *f*) *m*; **long-legged** *adj* langbeinig; **long-limbed** *adj* langglied(e)rig; **long-lived** ['lɒŋlɪvd] *adj* langlebig; *success* dauerhaft, von Dauer; *anger* anhaltend, von Dauer; **~ trees** Bäume, die lange leben; **they are a ~ family** in dieser Familie leben alle lang; **long-lost** *adj person* verloren geglaubt; *ideals, enthusiasm etc* verlorengegangen; **long-playing** *adj* Langspiel-; **long-range** *adj gun* weittragend; *missile* Fernkampf-; *aircraft* Langstrecken-; *forecast, plane* langfristig; **longship** *n* Wikingerboot *nt*; **long-shoreman** *n* (*US*) Hafenarbeiter *m*; **long shot** *n* **1.** (*Phot*) Fernaufnahme *f*. **2.** (*inf*) **it's a ~, but it may pay off** es ist gewagt, aber es könnte sich auszahlen; **it was a ~, but it proved to be true** die Vermutung war weit hergeholt, hat sich aber als wahr erwiesen; **to take a ~** einen gewagten Versuch unternehmen; **not by a ~** bei weitem nicht, noch lange nicht; **long-sight** *n see* **long-sightedness; long-sighted** *adj* (*lit, fig*) weitsichtig; **long-sightedness** *n* Weitsichtigkeit *f*; (*fig*) Weitsicht *f*; **long-standing I** *adj* alt; *friendship also* langjährig; *interest, invitation* schon lange bestehend; **II** *n* **of ~** *see adj*; **long-suffering** *adj* schwer geprüft; **long suit** *n* (*Cards*) lange Reihe; (*fig*) Trumpf *m*; **long-tailed** *adj* langschwänzig; **long-term I** *adj plans, investment* langfristig; *memory* Langzeit-; **II** *n* **in the ~** langfristig gesehen; **to plan for the ~** auf lange Sicht planen; **long vacation** *n* (*Univ*) (Sommer)semesterferien *pl*; (*Sch*) große Ferien *pl*; **long-wave I** *adj* Langwellen-; **II** *n* Langwelle *f*; **longways** *adv* der Länge nach, längs; **long-winded** *adj* umständlich; *story* langatmig; **long-windedly** *adv* langatmig; **long-windedness** *n* Langatmigkeit *f*.

loo [luː] *n* (*Brit inf*) Klo *nt* (*inf*). **to go to the ~** aufs Klo gehen (*inf*); **in the ~** auf dem Klo (*inf*).

loofah ['luːfə] *n* Luffa *f*.

look [lʊk] **I** *n* **1.** (*glance*) Blick *m*. **she gave me a dirty ~, I got a dirty ~ from her** sie warf mir einen vernichtenden Blick zu; **she gave me a ~ of disbelief** sie sah mich ungläubig an; **we got some very odd ~s** wir wurden komisch angesehen; **to have *or* take a ~ at sth** sich (*dat*) etw ansehen; **he had a quick ~ at his watch** er sah kurz auf die Uhr; **can I have a ~?** darf ich mal sehen *or* gucken (*inf*)?; **have a ~ at this!** sieh *or* guck (*inf*) dir das mal an!; **is it in the dictionary? — have a ~ (and see)** steht

das im Wörterbuch? — sieh *or* guck (*inf*) mal nach; **let's have a ~** laß mal sehen, zeig mal her; **let's have a ~ at it/you** laß mal sehen, zeig mal/laß dich mal ansehen; **do you want a ~?** willst du mal sehen?; (*at the paper*) willst du mal hineinsehen *or* einen Blick hineinwerfen?; **to take a good ~ at sth** sich (*dat*) etw genau ansehen; **take *or* have a good ~** sehen *or* gucken (*inf*) Sie genau hin; **to have a ~ for sth** sich nach etw umsehen; **I can't find it — have another ~** ich finde es nicht — sieh *or* guck (*inf*) noch mal nach; **to have a ~ round** sich umsehen; **shall we have a ~ round the town?** sollen wir uns (*dat*) die Stadt ansehen?

2. (*air, appearances*) Aussehen *nt*. **there was a ~ of despair in his eyes** ein verzweifelter Blick war in seinen Augen; **he had the ~ of a sailor** er sah wie ein Seemann aus; **I don't like the ~ of him/this wound** er/die Wunde gefällt mir gar nicht; **by the ~ of him** so, wie er aussieht; **to give sth a new ~** einer Sache (*dat*) ein neues Aussehen verleihen *or* Gesicht geben.

3. **~s** *pl* Aussehen *nt*; **good ~s** gutes Aussehen; **~s aren't everything** auf das Aussehen allein kommt es nicht an; **you can't go by ~s alone** man kann nicht nur nach dem Aussehen *or* Äußeren gehen; **she began to lose her ~s** sie verlor allmählich ihr gutes Aussehen.

II *vt* **he is ~ing his age** man sieht ihm sein Alter an; **he's not ~ing himself these days** er sieht in letzter Zeit ganz verändert aus; **he's ~ing his old self again** er ist wieder ganz der alte; **to ~ one's best** sehr vorteilhaft *or* attraktiv aussehen; **she ~s her best in red** Rot steht ihr am besten; **~ what you've done!** sieh *or* guck (*inf*) dir mal an, was du da angestellt hast!; **~ what you've done, now she's offended** jetzt hast du's geschafft, nun ist sie beleidigt; **can't you ~ what you're doing!** kannst du nicht aufpassen, was du machst?; **~ where you're going!** paß auf, wo du hintrittst!; **just ~ where he's put the car!** sieh *or* schau (*dial*) *or* guck (*inf*) dir bloß mal an, wo er das Auto abgestellt hat!; **~ who's here!** guck mal (*inf*) *or* sieh doch, wer da ist!

III *vi* **1.** (*see, glance*) gucken, schauen (*liter, dial*); (*with prep etc also*) sehen. **to ~ round** sich umsehen; **he ~ed in(to) the chest** er sah *or* schaute (*dial*) *or* guckte (*inf*) in die Kiste (hinein); **to ~ carefully** genau hinsehen *etc*; **~ and see** nachsehen *etc*; **~ here!** hör (mal) zu!; **now ~ here, it wasn't my fault** Moment mal, das war aber nicht meine Schuld; **~, there's a much better solution** da gibt es doch eine wesentlich bessere Lösung; **just ~!** guck mal!; **to ~ over one's shoulder** über die Schulter sehen; **to ~ over sb's shoulder** jdm über die Schulter sehen; **~ before you leap** (*Prov*) erst wägen, dann wagen (*Prov*).

2. (*search*) suchen, nachsehen.

3. (*seem*) aussehen. **it ~s all right to me** es scheint mir in Ordnung zu sein; **it ~s suspicious to me** es kommt mir verdächtig vor, es sieht verdächtig aus; **how does it ~ to you?** was meinst du dazu?; **the car ~s**

about 10 years old das Auto sieht so aus, als ob es 10 Jahre alt wäre; **it ~s well on you** es steht dir gut; **to ~ lively** schnell machen.

4. to ~ like aussehen wie; **the picture doesn't ~ like him** das Bild sieht ihm nicht ähnlich; **it ~s like rain, it ~s as if it will rain** es sieht nach Regen aus; **it ~s like cheese to me** (ich finde,) das sieht wie Käse aus; **it ~s as if we'll be late** es sieht (so) aus, als würden wir zu spät kommen; **the festival ~s like being lively** auf dem Festival wird es wahrscheinlich hoch hergehen.

5. *(face)* gehen nach. **this window ~s (towards the) north** dieses Fenster geht nach Norden; **the village ~s towards the forest** das Dorf liegt dem Wald zugewendet.

◆**look about** *vi* sich umsehen *(for sth nach etw)*. **to ~ ~ one** sich umsehen.

◆**look after** *vi +prep obj* **1.** *(take care of)* sich kümmern um. **to ~ ~ oneself** *(cook etc)* für sich selbst sorgen, sich selbst versorgen; *(be capable, strong etc)* auf sich *(acc)* aufpassen; **he's only ~ing ~ his own interests** *(acc)* er handelt nur im eigenen Interesse. **2.** *(temporarily)* sehen nach; **children also** aufpassen auf *(+acc)*. **3.** *(follow with eyes)* nachsehen *(+dat)*.

◆**look ahead** *vi* **1.** nach vorne sehen. **2.** *(fig)* vorausschauen. **when we ~ ~ to the next 30 years/ the future of this country** wenn wir die nächsten 30 Jahre/die Zukunft dieses Landes betrachten; **a good manager is one who can ~** ein guter Manager muß Weitblick haben.

◆**look around** *vi* **1.** sich umsehen. **2.** *(in shop etc)* sich umsehen; *(+prep obj)* sich *(dat)* ansehen.

◆**look at** *vi +prep obj* **1.** **just ~ ~ him!** sieh *etc* dir den mal an!; **he ~ed ~ his watch** er sah *etc* auf die Uhr; **~ ~ the blackboard** schau(t) an *or* auf die Tafel; **don't ~ directly ~ the sun** sehen *etc* Sie nicht direkt in die Sonne; **I can't ~ ~ him without feeling ...** wenn ich ihn ansehe *etc*, habe ich immer das Gefühl, daß ...; **he/it isn't much to ~ ~** *(not attractive)* er/es sieht nicht besonders (gut) aus; *(nothing special)* er/es sieht nach nichts aus; **to ~ ~ him ...** wenn man ihn sieht ...

2. *(examine)* sich *(dat)* ansehen; *offer* prüfen. **we'll have to ~ ~ the financial aspect** wir müssen die finanzielle Seite betrachten.

3. *(view)* betrachten, sehen. **they ~ ~ life in a different way** sie haben eine andere Einstellung zum Leben; **to ~ ~ a problem in a new light** ein Problem in einem neuen *or* in neuem Licht sehen.

4. *(consider)* *possibilities* sich *(dat)* überlegen; *suggestions, offer* in Betracht ziehen.

◆**look away** *vi* **1.** wegsehen. **2. the house ~s ~ from the sea** das Haus liegt vom Meer abgewendet.

◆**look back** *vi* sich umsehen; *(fig)* zurückblicken *(on sth, to sth auf etw acc)*. **he's never ~ed ~** *(inf)* es ist ständig mit ihm bergauf gegangen.

◆**look down** *vi* hinunter-/heruntersehen.

we ~ed ~ the hole wir sahen ins Loch hinunter.

◆**look down on** *vi +prep obj* herabsehen auf *(+acc)*. **you shouldn't ~ ~ ~ his attempts to help** du solltest ihn nicht belächeln, wenn er versucht zu helfen.

◆**look for** *vi +prep obj* **1.** *(seek)* suchen. **he's ~ing ~ trouble** er wird sich *(dat)* Ärger einhandeln; *(actively)* er sucht Streit. **2.** *(expect)* erwarten.

◆**look forward to** *vi +prep obj* sich freuen auf *(+acc)*. **I'm so ~ing ~ ~ seeing you again** ich freue mich so darauf, dich wiederzusehen; **I ~ ~ ~ hearing from you** ich hoffe, bald von Ihnen zu hören.

◆**look in** *vi* **1.** hinein-/hereinsehen. **2.** *(visit)* vorbeikommen *(on sb bei jdm)*. **3.** *(watch TV)* fernsehen.

◆**look into** *vi +prep obj* untersuchen; *complaint etc* prüfen.

◆**look on** *vi* **1.** *(watch)* zusehen. **2. to ~ ~ to** *(window)* (hinaus)gehen auf *(+acc)*; *(building)* liegen an *(+dat)*. **3.** *+prep obj (also **look upon**)* betrachten, ansehen. **to ~ ~ sb as a friend** jdn als Freund betrachten; **to ~ ~ ~ sb with respect** Achtung *or* Respekt vor jdm haben.

◆**look out I** *vi* **1.** hinaus-/heraussehen. **to ~ ~ (of) the window** zum Fenster hinaussehen, aus dem Fenster sehen. **2.** *(building etc)* **to ~ ~ on or over sth** einen Blick auf etw *(acc)* haben. **3.** *(take care)* aufpassen.

II *vt sep* heraussuchen.

◆**look out for** *vi +prep obj* **1.** *(keep watch for)* **we'll ~ ~ ~ you at the station/after the meeting** wir werden auf dem Bahnhof/nach der Versammlung nach dir Ausschau halten; **~ ~ ~ pickpockets/his left hook** nimm dich vor Taschendieben/seinem linken Haken in acht, paß auf Taschendiebe/auf seinen linken Haken auf; **the bouncers were told to ~ ~ ~ troublemakers** die Rausschmeißer sollten auf Unruhestifter achten *or* achtgeben; **you must ~ ~ ~ spelling mistakes/snakes** Sie müssen auf Rechtschreibfehler/Schlangen achten. **2.** *(seek)* *new job* sich umsehen nach; *new staff also, ideas* suchen.

◆**look over** *vt sep* *papers, notes etc* durchsehen; *house* sich *(dat)* ansehen.

◆**look round** *vi see* **look around**.

◆**look through I** *vi* durchsehen *(prep obj* durch*)*. **he stopped at the window and ~ed ~** er blieb am Fenster stehen und sah hinein/herein; **he ~ed ~ the window** er sah zum Fenster hinein/herein/hinaus/heraus; **to ~ straight ~ sb** durch jdn hindurchgucken.

II *vt sep (examine)* durchsehen.

◆**look to** *vi +prep obj* **1.** *(look after)* sich kümmern um. **~ ~ it that ...** sieh zu, daß ...

2. *(rely on)* sich verlassen auf *(+acc)*. **we ~ ~ you for support/to lead the country** wir rechnen auf Ihre *or* mit Ihrer Hilfe/wir rechnen damit *or* zählen darauf, daß Sie das Land führen; **there's no point in ~ing ~ him for help** es ist sinnlos, von ihm Hilfe zu erwarten; **we ~ ~ you for guidance** wir wenden uns an Sie um Rat.

◆**look up I** *vi* **1.** aufsehen *or* -blicken.
2. (*improve*) besser werden; (*shares, prices*) steigen. **things are ~ing** ~ es geht bergauf.
II *vt sep* **1. to ~ sb ~ and down** jdn von oben bis unten ansehen *or* mustern.
2. (*visit*) **to ~ sb ~** bei jdm vorbeischauen, jdn besuchen.
3. (*seek*) word nachschlagen.

◆**look upon** *vi* +*prep obj see* **look on** 3.

◆**look up to** *vi* +*prep obj* **to ~ ~ ~ sb** zu jdm aufsehen; **he was always ~ed ~ ~** andere haben immer zu ihm aufgesehen.

look-around ['lʊkəraʊnd] *n* **to have** *or* **take a ~** sich umsehen.

looked-for ['lʊktfɔ:ʳ] *adj* (*expected*) (lang)-ersehnt.

looker ['lʊkəʳ] *n* (*inf*) **to be a (good) ~** klasse aussehen (*inf*).

looker-on ['lʊkə'(r)ɒn] *n* Zuschauer(in *f*) *m*, Schaulustige(r) *mf* (*pej*).

look-in ['lʊkɪn] *n* (*inf*) Chance *f*. **he didn't get a ~** er hatte keine Chance.

looking glass ['lʊkɪŋ-] *n* Spiegel *m*.

look-out ['lʊkaʊt] *n* **1.** (*tower etc*) (*Mil*) Ausguck *m*; ~ **post/station/tower** Beobachtungsposten *m*/-station *f*/-turm *m*; **2.** (*person*) (*Mil*) Wacht- *or* Beobachtungsposten *m*; **the thieves had a ~ on the building opposite** einer der Diebe stand auf dem gegenüberliegenden Gebäude Wache *or* Schmiere (*inf*); **3. to be on the ~ for, to keep a ~ for** *see* **look out for**; **4.** (*prospect*) Aussichten *pl*; **it's a grim ~ for us** es sieht schlecht aus für uns; **5.** (*inf: worry*) **that's his ~!** das ist sein Problem!;

look-see *n* (*inf*) **to have a ~** nachgucken (*inf*) *or* -schauen (*dial*) *or* -sehen; **look-through** *n* (*inf*) Durchsicht *f*; **would you have a ~?** können Sie sich das mal durchsehen?

loom[1] [lu:m] *n* Webstuhl *m*.

loom[2] *vi* (*also* ~ **ahead** *or* **up**) (*lit, fig*) sich abzeichnen; (*storm*) heraufziehen; (*disaster*) sich zusammenbrauen; (*danger*) drohen; (*difficulties*) sich auftürmen; (*exams*) bedrohlich näherrücken. **the ship ~ed (up) out of the mist** das Schiff tauchte undeutlich/bedrohlich aus dem Nebel (auf); **the threat of unemployment was ~ing on the horizon** Arbeitslosigkeit zeichnete sich drohend ab; **the fear of a sudden attack ~ed in their thoughts** sie schwebten in Angst vor einem plötzlichen Angriff; **to ~ large** eine große Rolle spielen; **the skyscraper ~s over the city** der Wolkenkratzer ragt über die Stadt.

loon[1] [lu:n] *n* (*Orn*) Seetaucher *m*.

loon[2] *n* (*sl*) Blödmann *m* (*sl*).

loony ['lu:nɪ] (*sl*) **I** *adj* (+*er*) bekloppt (*sl*). **II** *n* Verrückte(r) (*inf*), Irre(r) *mf*. ~ **bin** Klapsmühle *f* (*sl*).

loop [lu:p] **I** *n* **1.** (*curved shape*) Schlaufe *f*; (*of wire*) Schlinge *f*; (*of river, Rail, Computers*) Schleife *f*; (*Med*) Spirale *f*.
2. (*Aviat*) Looping *m*. **to ~ the ~** einen Looping machen.
II *vt rope etc* schlingen (*round* um). **to ~ a rope through a ring** ein Seil durch einen Ring ziehen.
III *vi* (*rope etc*) sich schlingen; (*line, road etc*) eine Schleife machen.

◆**loop back I** *vt sep* ~ **the wire** ~ **around the lid** biegen Sie den Draht zurück um den Deckel. **II** *vi* (*road*) eine Schleife machen; (*person*) in einem Bogen zurückkehren. **this wire has to ~ ~** dieser Draht muß zurückgebogen werden.

loophole ['lu:phəʊl] *n* (*Mil*) Schießscharte *f*; (*fig*) Hintertürchen *nt*; **a ~ in the law** eine Lücke im Gesetz; **loopline** *n* (*Rail*) Schleife *f*.

loopy ['lu:pɪ] *adj* (+*er*) (*sl*) bekloppt (*sl*).

loose [lu:s] **I** *adj* (+*er*) **1.** (*not tight, movable*) *board, button* lose; (*dress, collar*) weit; (*tooth, bandage, knot, screw, soil, weave*) locker; *limbs* beweglich, locker. ~ **change** Kleingeld *nt*; **a ~ connection** (*Elec*) ein Wackelkontakt *m*; **to come** *or* **work ~** (*screw, handle etc*) sich lockern; (*sole, cover etc*) sich (los)lösen; (*button*) abgehen; **to hang ~** lose herunterhängen; **her hair hung ~** sie trug ihr Haar offen; **to have ~ bowels** Durchfall haben.
2. (*free*) (*person, animal*) sich losreißen (*from* von); (*ship*) sich (von der Vertäuung) losreißen; (*from group of players etc*) sich trennen, sich lösen; (*break out*) ausbrechen; (*from commitment, parental home etc*) sich freimachen (*from* von); **to run ~** frei herumlaufen; (*of children*) unbeaufsichtigt herumlaufen; **to be at a ~ end** (*fig*) nichts mit sich anzufangen wissen; **to turn** *or* **let** *or* **set ~** frei herumlaufen lassen; *prisoner* freilassen; *imagination* freien Lauf lassen (+*dat*); **to tie up the ~ ends** (*fig*) ein paar offene *or* offenstehende Probleme lösen.
3. (*not exact, vague*) *translation* frei; *account, thinking, planning* ungenau; *connection* lose.
4. (*too free, immoral*) *conduct* lose; *morals* locker; *person* unmoralisch, lose. **a ~ life** ein lockerer Lebenswandel; **in that bar you get ~ women** in der Bar findest du lose Mädchen; **to have a ~ tongue** nichts für sich behalten können.
II *n* (*inf*) **to be on the ~** (*prisoners, dangerous animals*) frei herumlaufen; **he was on the ~ in Paris** er machte Paris unsicher; **the troops were on the ~ in the city** die Truppen wüteten in der Stadt.
III *vt* **1.** (*free*) befreien.
2. (*untie*) losmachen.
3. (*slacken*) lockern.

◆**loose off I** *vt sep* loslassen; *shot, bullet* abfeuern. **II** *vi* Feuer eröffnen (*at* auf +*acc*). **to ~ ~ at sb** (*fig inf*) eine Schimpfkanonade auf jdn loslassen (*inf*).

loosebox ['lu:s,bɒks] *n* Box *f*; **loose covers** *npl* Überzüge *pl*; **loose-fitting** *adj* weit; **loose-leaf book** *n* Ringbuch *nt*; **loose-leaf page** *n* Ringbucheinlage *f*; **loose-limbed** *adj* (*lithe*) gelenkig, beweglich; (*gangling*) schlaksig; **loose-living** *adj* verkommen, lose.

loosely ['lu:slɪ] *adv* **1.** lose, locker. **his hands dangled ~ from his wrists** er ließ seine Hände locker baumeln.
2. ~ **speaking** grob gesagt; ~ **translated** frei übersetzt; **I was using the word rather ~** ich habe das Wort ziemlich frei gebraucht; **a scientist cannot afford to use**

words ~ ein Wissenschaftler kann es sich nicht erlauben, Begriffe vage zu gebrauchen; **they are** ~ **connected** sie hängen lose zusammen.

3. *behave* unmoralisch. **he lives** ~ er führt ein loses *or* lockeres Leben.

loosen ['luːsn] **I** *vt* **1.** (*free*) befreien; *tongue* lösen. **2.** (*untie*) losmachen, lösen. **3.** (*slacken*) lockern; *belt also* weiter machen; *soil* auflockern; *collar* aufmachen. **II** *vi* sich lockern.

◆**loosen up I** *vt sep muscles* lockern; *soil* auflockern. **II** *vi* (*muscles*) locker werden; (*athlete*) sich (auf)lockern; (*relax*) auftauen.

looseness ['luːsnɪs] *n* Lockerheit *f*; (*of clothes*) Weite *f*; (*of thinking*) Ungenauigkeit *f*; (*of translation*) Freiheit *f*. ~ **of the bowels** zu rege Darmtätigkeit; **the** ~ **of her conduct** ihr loses *or* unmoralisches Benehmen.

loot [luːt] **I** *n* Beute *f*; (*inf: money*) Zaster *m* (*sl*). **II** *vti* plündern.

looter ['luːtəʳ] *n* Plünderer *m*.

lop [lɒp] *vt* (*also* ~ **off**) abhacken.

lope [ləʊp] *vi* in großen Sätzen springen; (*hare*) hoppeln. **he** ~**d along by her side** er lief mit großen Schritten neben ihr her.

lop-eared ['lɒpˌɪəd] *adj* mit Hängeohren.

lop ears *npl* Hängeohren *pl*.

lopsided ['lɒpˈsaɪdɪd] *adj* schief; (*fig*) einseitig.

loquacious [ləˈkweɪʃəs] *adj* redselig.

loquacity [ləˈkwæsɪtɪ] *n* Redseligkeit *f*.

lord [lɔːd] **I** *n* **1.** (*master, ruler*) Herr *m*. ~ **and master** Herr und Meister *m*; (*hum: husband*) Herr und Gebieter *m*; *tobacco* ~**s** Tabakkönige *pl*.

2. (*Brit: nobleman*) Lord *m*. **the (House of) L**~**s** das Oberhaus; **my** ~ (*to bishop*) Exzellenz; (*to noble*) (*in English contexts*) Mylord; (*to baron*) Herr Baron; (*to earl, viscount*) Euer Erlaucht; (*to judge*) Euer Ehren.

3. (*Brit: important official*) **First L**~ **of the Admiralty** Stabschef *m* der Marine; **L**~ **Chancellor** Lordsiegelbewahrer, Lordkanzler *m*; **L**~ **Mayor** = Oberbürgermeister *m*; **L**~ **Justice** *Richter m an einem Berufungsgericht.*

4. (*Rel*) **L**~ Herr *m*; **the L**~ (**our**) **God** Gott, der Herr; **the L**~**'s day** der Tag des Herrn; **the L**~**'s prayer** das Vaterunser; (**good**) **L**~**!** (*inf*) ach, du lieber Himmel! (*inf*), (ach,) du meine Güte! (*inf*); (*annoyed*) mein Gott! (*inf*); **L**~ **knows I've tried often enough** ich hab's weiß Gott oft genug versucht.

II *vt* **to** ~ **it** das Zepter schwingen; **to** ~ **it over sb** jdn herumkommandieren.

lordliness ['lɔːdlɪnɪs] *n* Vornehmheit *f*; (*haughtiness*) Überheblichkeit *f*.

lordly ['lɔːdlɪ] *adj* (+*er*) **1.** (*magnificent*) vornehm; *house also* (hoch)herrschaftlich. **2.** (*proud, haughty*) hochmütig, arrogant; *tone of voice* herrisch, gebieterisch.

lordship ['lɔːdʃɪp] *n* (*Brit: title*) Lordschaft *f*. **his/your** ~ seine/Eure Lordschaft; (*to bishop*) seine/Eure Exzellenz; (*to judge*) seine/Euer Ehren *or* Gnaden.

lore [lɔːʳ] *n* Überlieferungen *pl*. **gypsy** ~

Sagengut *nt or* Überlieferungen *pl* der Zigeuner; **plant** ~ Pflanzenkunde *f*.

lorgnette [lɔːˈnjet] *n* Lorgnette *f*.

lorry ['lɒrɪ] *n* (*Brit*) Last(kraft)wagen, Lkw, Laster (*inf*) *m*. ~ **driver** Last(kraft)-wagenfahrer, Lkw-Fahrer(in *f*) *m*.

lose [luːz] *pret, ptp* **lost I** *vt* **1.** verlieren; *pursuer* abschütteln; *one's French* vergessen, verlernen; *prize* nicht bekommen. **many men** ~ **their hair** vielen Männern gehen die Haare aus; **the cat has lost a lot of hair** die Katze hat viel Haar(e) verloren; **the shares have lost 15% in a month** die Aktien sind in einem Monat um 15% gefallen; **you will** ~ **nothing by helping them** es kann dir nicht schaden, wenn du ihnen hilfst; **that mistake lost him his job/her friendship/the game** dieser Fehler kostete ihn die Stellung/ihre Freundschaft/den Sieg; **he lost himself in his work** er ging ganz in seiner Arbeit auf; **to** ~ **no time in doing sth** etw sofort tun.

2. **my watch lost three hours** meine Uhr ist drei Stunden nachgegangen.

3. **if a teacher goes too fast he will** ~ **his students** wenn ein Lehrer zu schnell macht, kommen seine Schüler nicht mehr mit.

4. (*not catch*) *train, opportunity* verpassen; *words* nicht mitbekommen.

5. (*passive usages*) **to be lost** (*things*) verschwunden sein; (*people*) sich verlaufen haben; (*fig*) verloren sein; (*words*) untergehen; **I can't follow the reasoning, I'm lost** ich kann der Argumentation nicht folgen, ich verstehe nichts mehr; **he was soon lost in the crowd** er hatte sich bald in der Menge verloren; **to be lost at sea** auf See geblieben sein; (*of ship*) auf See vermißt sein; **the ship was lost with all hands** das Schiff war mit der ganzen Besatzung untergegangen; **all is lost!** alles verloren!; **to get lost** sich verlaufen; **I got lost after the second chapter** nach dem zweiten Kapitel kam ich nicht mehr mit; **get lost!** (*inf*) verschwinde! (*inf*); **to look lost** (ganz) verloren aussehen; (*fig*) ratlos *or* hilflos aussehen; **you look (as though you're) lost, can I help you?** haben Sie sich verlaufen *or* verirrt, kann ich Ihnen behilflich sein?; **to give sb/sth up for lost** jdn verloren geben/etw abschreiben; **he was lost to science** er war für die Wissenschaft verloren; **I'm lost without my watch** ohne meine Uhr bin ich verloren *or* aufgeschmissen (*inf*); **classical music is lost on him** er hat keinen Sinn für klassische Musik; **good wine is lost on him** er weiß guten Wein nicht zu schätzen; **the joke/remark was lost on her** der Witz/die Bemerkung kam bei ihr nicht an.

II *vi* verlieren; (*watch*) nachgehen. **the novel** ~**s a lot in the film** der Roman verliert in der Verfilmung sehr; **you will not** ~ **by helping him** es kann dir nicht schaden, wenn du ihm hilfst.

◆**lose out** *vi* (*inf*) schlecht wegkommen (*inf*), den kürzeren ziehen (*on* bei).

loser ['luːzəʳ] *n* Verlierer(in *f*) *m*. **he's a born** ~ er ist der geborene Verlierer.

losing ['luːzɪŋ] *adj team* Verlierer-; (*causing to lose*) die Niederlage entscheidend, verhängnisvoll. **a ~ battle** ein aussichtsloser Kampf; **to be on the ~ side** verlieren.

loss [lɒs] *n* **1.** Verlust *m*. **~ of memory** Gedächtnisverlust *m*; **progressive ~ of memory** Gedächtnisschwund *m*; **the ~ of the last three games upset the team** die letzten drei Niederlagen brachten die Mannschaft aus der Fassung; **~ of speed/ time** *etc* Geschwindigkeits-/Zeitverlust *m etc*; **there was a heavy ~ of life** viele kamen ums Leben.

2. (*amount, sth lost*) Verlust *m*. **the army suffered heavy ~es** die Armee erlitt schwere Verluste; **to sell sth at a ~** etw mit Verlust verkaufen; **it's your ~** es ist deine Sache; **he's no ~** er ist kein (großer) Verlust; **a dead ~** (*inf*) ein böser Reinfall (*inf*); (*person*) ein hoffnungsloser Fall (*inf*); **total ~** Totalverlust *m*.

3. to be at a ~ nicht mehr weiterwissen; **we are at a ~ with this problem** wir stehen dem Problem ratlos gegenüber; **we are at a ~ what to do** wir wissen nicht mehr aus noch ein; **we are at a ~ to say why** wir haben keine Ahnung, warum; **to be at a ~ for words** nicht wissen, was man sagen soll; **he's never at a ~ for words/an excuse** er ist nie um Worte/eine Ausrede verlegen.

lost [lɒst] **I** *pret, ptp of* **lose.**

II *adj* verloren; *art* ausgestorben; *cause* aussichtslos; *child* verschwunden, vermißt; *civilisation* untergegangen, versunken; *opportunity* verpaßt. **he is mourning his ~ wife** er betrauert den Verlust seiner Frau; **~-and-found department** (*US*), **~ property office** Fundbüro *nt*.

lot¹ [lɒt] *n* **1.** (*for deciding*) Los *nt*. **by ~** durch Losentscheid, durch das Los; **to cast** *or* **draw ~s** losen, Lose ziehen; **to cast** *or* **draw ~s for sth** etw verlosen; **to cast** *or* **draw ~s for a task** eine Aufgabe auslosen; **they drew ~s to see who would begin** sie losten aus, wer anfangen sollte.

2. (*destiny*) Los *nt*. **failure was his ~ in life** es war sein Los, immer zu versagen; **it falls to my ~ to tell him** mir fällt die Aufgabe zu, es ihm zu sagen; **to throw in one's ~ with sb** sich mit jdm zusammentun.

3. (*plot*) Parzelle *f*; (*Film*) Filmgelände *nt*, **building ~** Bauplatz *m*; **parking ~** (*US*) Parkplatz *m*.

4. (*number of articles of same kind*) Posten *m*; (*at auction*) Los *nt*.

5. (*group of things*) **where shall I put this ~?** wo soll ich das hier *or* das Zeug (*inf*) hintun?; **can you carry that ~ by yourself?** kannst du das (alles) alleine tragen?; **divide the books up into three ~s** teile die Bücher in drei Teile *or* Stapel ein; **I'd just finished marking the papers when he gave me another ~** ich war gerade mit dem Korrigieren fertig, da gab er mir einen neuen Packen *or* Stoß *or* noch eine Ladung (*inf*).

6. he/she is a bad ~ (*inf*) er/sie taugt nichts, er/sie ist eine miese Type (*sl*).

7. (*inf: group*) Haufen *m*. **that ~ in the next office** die *or* die Typen (*sl*) vom Büro nebenan (*inf*); **I'm fed up with you ~** ich hab' die Nase voll von euch allen (*inf*) *or* von euch Bande (*inf*).

8. the ~ (*inf*) alle; alles; **that's the ~** das ist alles, das wär's (*inf*); **the whole ~ of them** sie alle; (*people also*) die ganze Mannschaft (*inf*); **he's eaten the ~** er hat alles aufgegessen.

lot² **I** *n* **a ~, ~s viel: a ~ of money** viel *or* eine Menge Geld; **a ~ of books, ~s of books** viele *or* eine Menge Bücher; **such a ~** so viel; **what a ~!** was für eine Menge!; **what a ~ you've got** du hast aber viel; **how much has he got?** — **~s** *or* **a ~** wieviel hat er? — jede Menge (*inf*) *or* viel; **quite a ~ of books** ziemlich viele *or* eine ganze Menge Bücher; **such a ~ of books** so viele Bücher; **an awful ~ of things to do** furchtbar viel zu tun; **I want ~s and ~s** ich will jede Menge (*inf*); **I read a ~** ich lese viel; **we see a ~ of John these days** wir sehen John in letzter Zeit sehr oft; **I'd give a ~ to know ...** ich würde viel drum geben, wenn ich wüßte ...

II *adv*: **a ~, ~s** viel; **things have changed a ~** es hat sich vieles geändert; **I feel ~s or a ~ better** es geht mir sehr viel besser; **a ~ you care!** dich interessiert das überhaupt nicht!

loth *adj see* **loath.**

lotion ['ləʊʃən] *n* Lotion *f*.

lottery ['lɒtəri] *n* Lotterie *f*.

lotus ['ləʊtəs] *n* Lotos *m*. **~-eater** Lotophage, Lotosesser(in *f*) *m*; (*fig*) Müßiggänger *m*; **~ position** Lotossitz *m*.

loud [laʊd] **I** *adj* (**+er**) **1.** laut. **he gave a ~ shout of laughter** er lachte laut auf; **he was ~ in his criticism of the government** er übte heftige Kritik an der Regierung; **~ and clear** laut und deutlich.

2. *behaviour* aufdringlich; *colour* grell, schreiend; (*in bad taste*) auffällig.

II *adv* laut. **to say sth out ~** etw laut sagen.

loudhailer [ˌlaʊd'heɪləʳ] *n* Megaphon *nt*, Flüstertüte *f* (*inf*); (*not hand-held*) Lautsprecher *m*.

loudly ['laʊdlɪ] *adv see adj*.

loud-mouth ['laʊdˌmaʊθ] *n* (*inf*) Großmaul *nt* (*inf*); **loud-mouthed** ['laʊdˌmaʊðd] *adj* (*inf*) großmäulig (*inf*).

loudness ['laʊdnɪs] *n see adj* Lautstärke *f*; Aufdringlichkeit *f*; Grellheit *f*; Auffälligkeit *f*.

loudspeaker [ˌlaʊd'spiːkəʳ] *n* Lautsprecher *m*; (*of hi-fi also*) Box *f*.

Louisiana [luːˌiːzɪ'ænə] *n* (*abbr* **La, LA**) Louisiana *nt*.

lounge [laʊndʒ] **I** *n* (*in house*) Wohnzimmer *nt*; (*in hotel*) Gesellschaftsraum *m*; (*~ bar, on liner etc*) Salon *m*; (*at airport*) Warteraum *m*.

II *vi* faulenzen. **to ~ about** *or* **around** herumliegen/-sitzen/ -stehen; **to ~ against a wall** sich lässig gegen eine Mauer lehnen; **to ~ back in a chair** sich in einem Stuhl zurücklehnen; **to ~ up to sb** auf jdn zuschlendern.

lounge bar *n* Salon *m* (*vornehmerer Teil einer Gaststätte*).

lounger ['laʊndʒəʳ] *n* Nichtstuer, Faulenzer *m*.

lounge suit *n* Straßenanzug *m*.

lour, lower ['laʊəʳ] *vi* (*person*) ein finsteres Gesicht machen; (*clouds*) sich türmen. **a**

threatening sky ~**ed above us** der Himmel war bedrohlich dunkel *or* überzogen; **to** ~ **at sb** jdn finster *or* drohend ansehen.
louring ['laʊərɪŋ] *adj* finster.
louse [laʊs] **I** *n, pl* **lice 1.** (*Zool*) Laus *f*. **2.** (*sl*) fieser Kerl (*sl*). **II** *vt* (*sl*) **to** ~ **sth up** etw vermasseln (*sl*); *friendship* kaputt-machen (*inf*).
lousy ['laʊzɪ] *adj* (+ *er*) **1.** verlaust. **he is** ~ **with money** (*sl*) er hat Geld wie Dreck (*sl*). **2.** (*sl: very bad*) saumäßig (*sl*), beschissen (*sl*); *trick etc* fies (*sl*). **I'm** ~ **at arithmetic** in Mathe bin ich miserabel (*inf*) *or* saumäßig (*sl*); **a** ~ **$3** popelige *or* lausige 3 Dollar (*inf*).
lout [laʊt] *n* Rüpel, Flegel *m*.
loutish ['laʊtɪʃ] *adj* rüpelhaft, flegelhaft.
louvre, louver ['luːvə^r] *n* Jalousie *f*.
lovable ['lʌvəbl] *adj* liebenswert.
love [lʌv] **I** *n* **1.** (*affection*) Liebe *f*. ~ **is ... die Liebe ist ...; to have a** ~ **for** *or* **of sb/sth** jdn/etw sehr lieben; **he has a great** ~ **of swimming** er schwimmt sehr gerne; ~ **of learning** Freude *f* am Lernen; ~ **of adventure** Abenteuerlust *f*; ~ **of books** Liebe *f* zu Büchern; **the** ~ **of God for his creatures** die Liebe Gottes zu seinen Geschöpfen; **the** ~ **of God ruled his life** die Liebe zu Gott bestimmte sein Leben; ~ **of (one's) country** Vaterlandsliebe *f*; **for** ~ aus Liebe; (*free*) umsonst; (*without stakes*) nur zum Vergnügen; **for** ~ **nor money** nicht für Geld und gute Worte; **for the** ~ **of** aus Liebe zu; **for the** ~ **of God!** um Himmels willen!; **he studies history for the** ~ **of it** er studiert Geschichte aus Liebe zur Sache; **to be in** ~ **(with sb)** (in jdn) verliebt sein; **to fall in** ~ **(with sb)** sich (in jdn) verlieben; **there is no** ~ **lost between them** sie können sich nicht ausstehen; **to make** ~ (*sexually*) sich lieben, miteinander schlafen; **to make** ~ **to sb** (*sexually*) mit jdm schlafen; **I've never made** ~ ich habe noch mit keinem/keiner geschlafen; **make** ~ **to me** liebe mich; **he's good at making** ~ er ist gut in der Liebe; **make** ~ **not war** Liebe, nicht Krieg. **2.** (*greetings, in letters etc*) **with my** ~ mit herzlichen Grüßen; **give him my** ~ grüß ihn von mir; **to send one's** ~ **to sb** jdn grüßen lassen. **3.** (*sb/sth causing fondness*) Liebe *f*. **yes, (my)** ~ ja, Liebling *or* Schatz. **4.** (*inf: form of address*) mein Lieber/ meine Liebe. **I'm afraid the bus is full,** ~ der Bus ist leider voll. **5.** (*Tennis*) null. **fifteen** ~ fünfzehn null; **Rosewall lost 3** ~ **games** Rosewall verlor 3 Spiele zu null. **II** *vt* lieben; (*like*) *thing* gern mögen. **I** ~ **tennis** ich mag Tennis sehr gern; (*to play*) ich spiele sehr gern Tennis; **he** ~**s swimming, he** ~**s to swim** er schwimmt sehr *or* für sein Leben gern; **I'd** ~ **to be with you all the time** ich wäre so gerne die ganze Zeit mit dir zusammen; **I'd** ~ **a cup of tea** ich hätte (liebend) gern(e) eine Tasse Tee; **I'd** ~ **to come** ich würde gern *or* liebend gerne kommen; **we'd all** ~ **you to come with us** wir würden uns alle sehr freuen, wenn du mitkommen würdest. **III** *vi* lieben.

love affair *n* Liebschaft *f*, Verhältnis *nt*; **lovebird** *n* (*Orn*) Unzertrennliche(r) *m*; (*fig inf*) Turteltaube *f*; **love game** *n* (*Tennis*) Zu-Null-Spiel *nt*; **love-hate relationship** *n* Haßliebe *f*; **loveless** *adj* ohne Liebe; *home also* lieblos; **love letter** *n* Liebesbrief *m*; **love life** *n* Liebesleben *nt*.
loveliness ['lʌvlɪnɪs] *n* Schönheit *f*; (*of weather, view also*) Herrlichkeit *f*.
lovelorn ['lʌvlɔːn] *adj* (*liter*) *person* liebes-krank (*liter*); *song, poem* liebesweh (*liter*).
lovely ['lʌvlɪ] **I** *adj* (+ *er*) (*beautiful*) schön; *object also* hübsch; *baby* niedlich, reizend; (*delightful*) herrlich, wunder-schön; *joke* herrlich; (*charming, likeable*) liebenswürdig, nett. **we had a** ~ **time** es war sehr schön; **it's** ~ **and warm in this room** es ist schön warm in diesem Zimmer; **it's been** ~ **to see you** es war schön, dich zu sehen; **it's a** ~ **day for a picnic** es ist ein herrlicher *or* idealer Tag für ein Picknick; **how** ~ **of you to remember!** wie nett *or* lieb, daß Sie daran gedacht haben; **what a** ~ **thing to say!** wie nett, so was zu sagen! **II** *n* (*inf: person*) Schöne *f*. **yes, my** ~ ja, mein schönes Kind.
love-making ['lʌvˌmeɪkɪŋ] *n* (*sexual*) Liebe *f*; **his expert** ~ sein gekonntes Liebesspiel; **love match** *n* Liebesheirat *f*; **love nest** *n* Liebesnest *nt*; **love potion** *n* Liebestrank *m*.
lover ['lʌvə^r] *n* **1.** Liebhaber, Geliebte(r) (*old, liter*) *m*, Geliebte *f*. **the** ~**s** die Liebenden *pl*, das Liebespaar; **we were** ~**s for two years** wir waren zwei Jahre lang eng *or* intim befreundet; **Romeo and Juliet were** ~**s** Romeo und Julia liebten sich; **so she took a** ~ da nahm sie sich (*dat*) einen Liebhaber. **2. a** ~ **of books** ein Bücherfreund *m*, ein Liebhaber *m* von Büchern; **a** ~ **of good food** ein Freund *m* *or* Liebhaber *m* von gutem Essen; **music** ~ Musikliebhaber *or* -freund *m*; **football** ~**s** Fußballanhänger *or* -begeisterte *pl*.
loverboy ['lʌvəbɔɪ] *n* (*sl*) unser Freund hier (*inf*); (*boyfriend*) Freund *m*.
love seat *n* S-förmiges Sofa, Tête-à-Tête *nt*; **love set** *n* (*Tennis*) Zu-Null-Satz *m*; **lovesick** *adj* liebeskrank; **to be** ~ Liebes-kummer *m* haben; **lovesong** *n* Liebeslied *nt*; **love story** *n* Liebesgeschichte *f*.
loving ['lʌvɪŋ] *adj* liebend; *look, disposition* liebevoll. ~ **kindness** Herzensgüte *f*; (*of God*) Barmherzigkeit *f*; ~ **cup** Pokal *m*; **your** ~ **son ...** in Liebe Euer Sohn ...
lovingly ['lʌvɪŋlɪ] *adv* liebevoll.
low[1] [ləʊ] **I** *adj* (+ *er*) **1.** niedrig; *form of life, musical key* nieder; *bow, note* tief; *den-sity, intelligence* gering; *food supplies* knapp; *pulse* schwach; *quality* gering; (*pej*) minderwertig (*pej*); *light* gedämpft, schwach; (*Ling*) *vowel* offen; (*Math*) *denominator* klein. **the lamp was** ~ die Lampe brannte schwach; **the sun was** ~ **in the sky** die Sonne stand tief am Himmel; **her dress was** ~ **at the neck** ihr Kleid hatte einen tiefen Ausschnitt; **that punch was a bit** ~ der Schlag war etwas tief; **the river**

is ~ der Fluß hat *or* führt wenig Wasser; **the barometer is ~ today** der Barometerstand ist heute niedrig; **a ridge of ~ pressure** ein Tiefdruckkeil *m*; **a ~-calorie diet** eine kalorienarme Diät; **activity on the stock exchange is at its ~est** die Börsentätigkeit hat ihren Tiefstand erreicht; **to be ~ in funds** knapp bei Kasse sein (*inf*).

2. (*not loud or shrill*) *voice* leise.

3. (*socially inferior, vulgar*) *birth* nieder, niedrig; *rank, position also* untergeordnet; *tastes, manners* gewöhnlich, ordinär (*pej*); *character, company* schlecht; *joke, song* geschmacklos; *trick* gemein. **how ~ can you get!** wie kann man nur so tief sinken!; **~ cunning** Gerissenheit *f*.

4. (*weak in health or spirits*) *resistance* schwach, gering; *morale* schlecht. **to be in ~ spirits** in gedrückter Stimmung sein, bedrückt *or* niedergeschlagen sein; **to feel ~** sich nicht wohl *or* gut fühlen; (*emotionally*) niedergeschlagen sein; **to make sb feel ~** (*events*) jdn mitnehmen, jdm zu schaffen machen; (*people*) jdn mitnehmen *or* bedrücken.

II *adv* aim nach unten; *speak, sing* leise; *fly, bow* tief. **the boxer swung ~** der Boxer holte zu einem tiefen Schwinger aus; **they turned the lamps down ~** sie drehten die Lampen herunter; **a dress cut ~ in the back** ein Kleid mit tiefem Rückenausschnitt; **I would never sink so ~ as to ...** so tief würde ich nie sinken, daß ich ...; **share prices went so ~ that ...** die Aktienkurse fielen so sehr, daß ...; **to buy ~ and sell high** billig kaufen und teuer verkaufen; **to lay sb ~** (*punch*) jdn zu Boden strecken; (*disease*) jdn befallen; **he's been laid ~ with the flu** er liegt mit Grippe im Bett; **to play ~** (*Cards*) um einen niedrigen *or* geringen Einsatz spielen; **to run** *or* **get ~** knapp werden; **we are getting ~ on petrol** uns (*dat*) geht das Benzin aus.

III *n* **1.** (*Met*) Tief *nt*; (*fig also*) Tiefpunkt, Tiefstand *m*. **to reach a new ~** einen neuen Tiefstand erreichen.

2. (*Aut: ~ gear*) niedriger Gang.

low² **I** *n* (*of cow*) Muh *nt*. **II** *vi* muhen.

lowborn [ˈləʊbɔːn] *adj* von niedriger Geburt; **lowboy** *n* (*US*) niedrige Kommode; **lowbred** *adj* gewöhnlich, ordinär (*pej*); **lowbrow** **I** *adj* (geistig) anspruchslos; *person also* ungebildet; **II** *n* Kulturbanause *m* (*inf*); **Low Church** *n* reformierter, puritanischer Teil der Anglikanischen Kirche; **low comedy** *n* Schwank *m*, Klamotte *f* (*pej*); **low-cost** *adj* preiswert; **the Low Countries** *npl* die Niederlande *pl*; **low-cut** *adj dress* tief ausgeschnitten; **low-down** (*inf*) **I** *n* Informationen *pl*; **what's the ~ on Kowalski?** was wissen *or* haben (*inf*) wir über Kowalski?; **to get the ~ on sth** über etw (*acc*) aufgeklärt werden; **II** *adj* (*esp US*) gemein, fies (*sl*).

lower¹ [ˈləʊə'] **I** *adj see* low¹ niedriger; tiefer *etc*; *Austria, Saxony* Nieder-; *jaw, arm* Unter-; *limbs, storeys, latitudes* untere(r, s). **the ~ school** die unteren Klassen, die Unter- und Mittelstufe; **the ~ reaches**

of the river der Unterlauf des Flusses; **hemlines are ~ this year** die Röcke sind dieses Jahr länger; **the ~ classes** die untere(n) Schicht(en), die Unterschicht *or* -klasse; **the ~ deck** das Unterdeck; (*men*) Unteroffiziere und Mannschaft.

II *adv* tiefer; leiser. **~ down the mountain** weiter unten am Berg; **~ down the scale/the list** weiter unten auf der Skala/Liste.

III *vt* **1.** (*let down*) *boat, injured man, load* herunter-/ hinunterlassen; *eyes, mast* umlegen; *sail, flag* einholen; *bicycle saddle* niedriger machen. "**~ the life-boats!**" „Rettungsboote aussetzen!"

2. (*reduce*) *pressure* verringern; *voice, price* senken; *morale, resistance* schwächen; *standard* herabsetzen. **~ your voice** sprich leiser; **his behaviour ~ed him in my opinion** sein Benehmen ließ ihn in meiner Achtung sinken; **don't ~ the tone of the conversation** senke das Gesprächsniveau nicht; **to ~ oneself** sich hinunterlassen; **he ~ed himself into an armchair/his sports car** er ließ sich in einen Sessel nieder/stieg in seinen Sportwagen; **he ~ed himself by associating with criminals** durch den Umgang mit Kriminellen begab er sich unter sein Niveau; **to ~ oneself to do sth** sich herablassen, etw zu tun.

IV *vi* sinken, fallen.

lower² **I** *n* (*of cow*) *vi see* **lour.**

lower case I *n* Kleinbuchstaben, Gemeine (*spec*) *pl*; **II** *adj* klein, gemein (*spec*); **Lower Chamber** *n* Unterhaus *nt*, zweite Kammer; **lower-class** *adj* Unterschicht-; *pub, habit, vocabulary* der unteren *or* niederen Schichten.

lowering [ˈlaʊərɪŋ] *adj see* **louring.**

low-flying [ˌləʊˈflaɪŋ] *adj* tieffliegend; **~ plane** Tieffflieger *m*; **low frequency** *n* Niederfrequenz *f*; **Low German** *n* Platt(deutsch) *nt*; (*Ling*) Niederdeutsch *nt*; **low-grade** *adj* minderwertig; **low-grade petrol** *n* Benzin mit niedriger Oktanzahl; **low-heeled** *adj shoes* mit flachem *or* niedrigem Absatz.

lowing [ˈləʊɪŋ] *n* Muhen *nt*.

low key I *n* zurückhaltender Ton; **II** *adj approach* gelassen; *handling* besonnen; *production, film's treatment* einfach gehalten, unaufdringlich; *reception* reserviert; *colours* gedämpft; **lowland I** *n* Flachland *nt*; **the ~ of Scotland** das schottische Tiefland; **the ~ of Northern Europe** die Tiefebenen *pl* Mitteleuropas; **II** *adj* Flachland-; (*of Scotland*) Tiefland-; **lowlander** *n* Flachlandbewohner(in *f*) *m*; **Lowlander** *n* (*in Scotland*) Bewohner(in *f*) *m* des schottischen Tieflandes.

lowliness [ˈləʊlɪnɪs] *n* Bescheidenheit *f*; (*of position, birth also*) Niedrigkeit *f*.

lowly [ˈləʊlɪ] *adj* (+*er*) *see* **n** bescheiden; niedrig.

low-lying [ˌləʊˈlaɪŋ] *adj* tiefgelegen; **Low Mass** *n* (einfache) Messe; **low-minded** *adj* gemein; **low-necked** *adj* tief ausgeschnitten.

lowness [ˈləʊnɪs] *n see* low¹ **1.** Niedrigkeit *f*; Tiefe *f*; Knappheit *f*; Schwäche *f*; Minderwertigkeit *f*; Gedämpftheit, Schwäche

f; (of sun, shares) niedriger Stand. ~ **of density** geringe Dichte; ~ **of neckline** tiefer Ausschnitt; ~ **of a river** niedriger Wasserstand eines Flusses; ~ **of intelligence** geringer Grad an Intelligenz.
2. the ~ of her voice ihre leise Stimme.
3. Niedrigkeit *f*; Gewöhnlichkeit *f*; Schlechtheit, Schlechtigkeit *f*; Geschmacklosigkeit *f*; Gemeinheit *f*.
'4. Schwäche *f*. **his present ~** seine gegenwärtige Niedergeschlagenheit.

low-pitched [,ləʊˈpɪtʃt] *adj* tief; **low-pressure** *adj (Tech)* Niederdruck-; *(Met)* Tiefdruck-; **low-priced** *adj* günstig; **low-rise** *attr* niedrig (gebaut); **low-slung** *adj* **to have ~ hips** einen langen Oberkörper haben; **low-spirited** *adj*, **low-spiritedly** *adv* niedergeschlagen; **low-tension** *adj (Elec)* Niederspannungs-; **low tide, low water** *n* Niedrigwasser *nt*; **low-water mark** *n* Niedrigwassergrenze *f*.

loyal [ˈlɔɪəl] *adj (+er)* **1.** treu. **he was very ~ to his friends** er hielt (treu) zu seinen Freunden. **2.** *(without emotional involvement)* loyal. **he's too ~ to say anything against the party** er ist zu loyal, um etwas gegen seine Partei zu sagen.

loyalist [ˈlɔɪəlɪst] **I** *n* Loyalist *m*. **the ~s in the army** die regierungstreuen Teile der Armee. **II** *adj* loyal; *army, troops* regierungstreu.

loyally [ˈlɔɪəlɪ] *adv see adj* **1.** treu. **2.** loyal.

loyalty [ˈlɔɪəltɪ] *n see adj* **1.** Treue *f*. **conflicting loyalties** nicht zu vereinbarende Treuepflichten.
2. Loyalität *f*. **his changing political loyalties** seine wechselnden politischen Bekenntnisse.

lozenge [ˈlɒzɪndʒ] *n* **1.** *(Med)* Pastille *f*. **2.** *(shape)* Raute *f*, Rhombus *m*.

LP *abbr of* **long player, long playing record** LP *f*.

L-plate [ˈelpleɪt] *n Schild m mit der Aufschrift „L" (für Fahrschüler).*

LSD *abbr of* **lysergic acid diethylamide** LSD *nt*.

Lt *abbr of* **Lieutenant** Lt.

Ltd *abbr of* **Limited** GmbH.

lubricant [ˈluːbrɪkənt] **I** *adj* Schmier-; *(Med)* Gleit-. **II** *n* Schmiermittel *nt*; *(Med)* Gleitmittel *nt*.

lubricate [ˈluːbrɪkeɪt] *vt (lit, fig)* schmieren, ölen. ~**d** *sheath* Kondom *m* mit Gleitsubstanz; **well-~d** *(hum)* bezecht.

lubrication [,luːbrɪˈkeɪʃən] *n* Schmieren, Ölen *nt*; *(fig)* reibungslose Gestaltung.

lubricator [ˈluːbrɪkeɪtəʳ] *n* Schmiervorrichtung *f*.

lubricity [luːˈbrɪsɪtɪ] *n (liter: lewdness)* Schlüpfrigkeit *f*.

Lucerne [luːˈsɜːn] *n* Luzern *nt*. **Lake ~** Vierwaldstätter See *m*.

lucid [ˈluːsɪd] *adj (+er)* **1.** *(clear)* klar; *account, statement also* präzise; *explanation* einleuchtend, anschaulich. **2.** *(sane)* ~ **intervals** lichte Augenblicke; **he was ~ for a few minutes** ein paar Minuten lang war er bei klarem Verstand.

lucidity [luːˈsɪdɪtɪ] *n* Klarheit *f*; *(of explanation)* Anschaulichkeit *f*.

lucidly [ˈluːsɪdlɪ] *adv* klar; *explain* anschaulich; *write* verständlich.

luck [lʌk] *n* Glück *nt*. **his life was saved by ~** sein Leben wurde durch einen glücklichen Zufall gerettet; **bad ~** Unglück, Pech *nt*; **bad ~!** so ein Pech!; **bad ~, that's your own fault** Pech (gehabt), da bist du selbst schuld; **good ~** Glück *nt*; **good ~!** viel Glück!; **good ~ to them!** *(iro)*, **and the best of (British) ~!** *(iro)* na dann viel Glück!; **it was his good ~ to be chosen** er hatte das Glück, gewählt zu werden; **here's ~!** *(toast)* auf glückliche Zeiten!; **no such ~!** schön wärs! *(inf)*; **just my ~!** Pech (gehabt), wie immer!; **it's the ~ of the draw** man muß es eben nehmen, wie's kommt; **with any ~** mit etwas Glück; **worse ~!** leider, wie schade; **better ~ next time!** vielleicht klappt's beim nächsten Mal!; **to be in ~** Glück haben; **to be out of ~** kein Glück haben; **he was a bit down on his ~** er hatte eine Pechsträhne; **to bring sb bad ~** jdm Unglück bringen; **as ~ would have it** wie es der Zufall wollte; **for ~** als Glücksbringer *or* Talisman; **to keep sth for ~** etw als Glücksbringer aufheben; **one for ~** und noch eine(n, s); **to try one's ~** sein Glück versuchen.

luckily [ˈlʌkɪlɪ] *adv* glücklicherweise. ~ **for me** zu meinem Glück.

luckless [ˈlʌklɪs] *adj* glücklos; *attempt also* erfolglos.

lucky [ˈlʌkɪ] *adj (+er)* **1.** *(having luck)* Glücks-. **a ~ shot** ein Glückstreffer *m*; **that was a ~ move** der Zug war Glück; **you ~ thing!, ~ you!** du Glückliche(r) *mf*; **who's the ~ man?** wer ist der Glückliche?; **to be ~** Glück haben; **I was ~ enough to meet him** ich hatte das (große) Glück, ihn kennenzulernen; **you are ~ to be alive** du kannst von Glück sagen, daß du noch lebst; **you were ~ to catch him** du hast Glück gehabt, daß du ihn erwischt hast; **you're a ~ man** du bist ein Glückspilz; **you'll be ~ to make it in time** wenn du das noch schaffst, hast du (aber) Glück; **I want another £500 — you'll be ~!** ich will nochmal £ 500 haben — viel Glück!; **to be ~ at cards** Glück im Spiel haben; **to be born ~** ein Glücks- *or* Sonntagskind sein; **to be ~ in that ...** Glück haben, daß ...
2. *(bringing luck)* **star, day, number** Glücks-. ~ **charm** Glücksbringer, Talisman *m*; ~ **dip** ≃ Glückstopf *m*; **it must be my ~ day** ich habe wohl heute meinen Glückstag.
3. *(happening fortunately)* **coincidence** glücklich. **it was ~ I stopped him in time** ein Glück, daß ich ihn rechtzeitig aufgehalten habe, zum Glück habe ich ihn rechtzeitig aufgehalten; **that was very ~ for you** da hast du aber Glück gehabt; **he had a ~ escape in the accident** bei dem Unfall ist er glücklich *or* noch einmal davongekommen; **that was a ~ escape** da habe ich/hast du *etc* noch mal Glück gehabt.

lucrative [ˈluːkrətɪv] *adj* einträglich, lukrativ.

lucrativeness [ˈluːkrətɪvnɪs] *n* Einträglichkeit *f*.

lucre [ˈluːkəʳ] *n* **filthy ~** schnöder Mammon.

ludicrous [ˈluːdɪkrəs] *adj* grotesk; *sight, words, also* lächerlich; *suggestion also* haarsträubend; *prices, wages* (*low*), *speed* (*slow*) lächerlich, lachhaft; *prices, wages* (*high*), *speed* (*fast*) haarsträubend.

ludicrously ['lu:dɪkrəslɪ] *adv see adj* grotesk; lächerlich; haarsträubend. **the old woman was ~ dressed in a miniskirt** die alte Frau hatte einen lächerlich *or* grotesk wirkenden Minirock an; **~ expensive** absurd teuer; **prices are ~ high/low** die Preise sind haarsträubend *or* absurd hoch/lächerlich *or* grotesk niedrig.

ludicrousness ['lu:dɪkrəsnɪs] *n see adj* Groteskheit *f*; Lächerlichkeit *f*; Lächerlichkeit, Lachhaftigkeit *f*; Absurdität *f*.

ludo ['lu:dəʊ] *n, no pl* Mensch, ärgere dich nicht *nt*.

luff [lʌf] (*Naut*) **I** *n* Vorliek *nt*. **II** *vti* (an)-luven.

lug¹ [lʌg] *n* **1**. (*earflap*) Klappe *f*; (*Tech*) Haltevorrichtung *f*. **2**. (*sl: ear*) Ohr *nt*.

lug² *n see* lugsail.

lug³ *vt* schleppen; (*towards one*) zerren. **to ~ sth about with one** etw mit sich herum-schleppen.

luggage ['lʌgɪdʒ] *n* (*Brit*) Gepäck *nt*.

luggage carrier *n* Gepäckträger *m*; **luggage rack** *n* (*Rail etc*) Gepäcknetz *nt or* -ablage *f*; (*Aut*) Gepäckträger *m*; **luggage trolley** *n* Kofferkuli *m*; **luggage van** *n* (*Rail*) Gepäckwagen *m*.

lugger ['lʌgə'] *n* Logger *m*.

lugsail ['lʌgsl] *n* Loggersegel *nt*.

lugubrious [lu:'gu:brɪəs] *adj person, song* schwermütig; *smile, tune* wehmütig; *face, expression* kummervoll.

lugubriously [lu:'gu:brɪəslɪ] *adv* traurig, kummervoll.

Luke [lu:k] *n* Lukas *m*.

lukewarm ['lu:kwɔ:m] *adj* (*lit, fig*) lauwarm; *applause, support also* lau, mäßig; *friendship* lau, oberflächlich.

lull [lʌl] **I** *n* Pause *f*; (*Comm*) Flaute *f*. **a ~ in the wind** eine Windstille; **we heard the scream during a ~ in the storm** wir hörten den Schrei, als der Sturm für einen Augenblick nachließ; **a ~ in the conversation** eine Gesprächspause. **II** *vt baby* beruhigen; (*fig*) einlullen; *fears etc* zerstreuen, beseitigen. **to ~ a baby to sleep** ein Baby in den Schlaf wiegen; **he ~ed them into a sense of false security** er wiegte sie in trügerische Sicherheit.

lullaby ['lʌləbaɪ] *n* Schlaflied *nt*.

lumbago [lʌm'beɪgəʊ] *n, no pl* Hexenschuß *m*.

lumbar ['lʌmbə'] *adj* Lenden-.

lumber¹ ['lʌmbə'] **I** *n* **1**. (*timber*) (Bau)holz *nt*. **2**. (*junk*) Gerümpel *nt*. **II** *vt* **1**. (*also ~ up*) *space, room* voll-stopfen *or* -pfropfen. **2**. (*Brit inf*) **to ~ sb with sth** jdm etw aufhalsen (*inf*); **he got ~ed with the job** man hat ihm die Arbeit aufgehalst (*inf*); **I got ~ed with her for the evening** ich hatte sie den ganzen Abend auf dem Hals (*inf*). **3**. (*US*) *hillside, forest* abholzen. **III** *vi* Holz fällen, holzen.

lumber² *vi* (*cart*) rumpeln; (*tank*) walzen; (*elephant, person*) trampeln; (*bear*) tap-sen. **a big fat man came ~ing into the room**

ein dicker, fetter Mann kam ins Zimmer gewalzt.

lumbering¹ ['lʌmbərɪŋ] *adj see* lumber² rumpelnd; trampelnd; tapsig; *tank* schwer, klobig; *gait* schwerfällig.

lumbering² *n* Holzfällen *nt*, Holzfällerei *f*.

lumberjack ['lʌmbədʒæk], **lumberman** ['lʌmbəmæn] *n* Holzfäller *m*; **lumber jacket** *n* Lumberjack *m*; **lumber mill** *n* Sägemühle *f or* -werk *nt*; **lumber room** *n* Rumpelkammer *f*; **lumberyard** *n* (*US*) Holzlager *nt*.

luminary ['lu:mɪnərɪ] *n* **1**. (*form*) Himmels-körper *m*, Gestirn *nt*. **2**. (*fig*) Koryphäe *f*.

luminosity [ˌlu:mɪ'nɒsɪtɪ] *n* (*form*) Hellig-keit *f*; (*emission of light*) Leuchtkraft *f*; (*fig*) Brillanz *f*.

luminous ['lu:mɪnəs] *adj* leuchtend; *paint, dial* Leucht-; (*fig liter*) *writings* brillant.

lummox ['lʌməks] *n* (*US inf*) Trottel *m* (*inf*).

lump [lʌmp] **I** *n* **1**. Klumpen *m*; (*of sugar*) Stück *nt*. **2**. (*swelling*) Beule *f*; (*inside the body*) Geschwulst *f*; (*in breast*) Knoten *m*; (*on surface*) Huppel *m* (*inf*), kleine Erhebung. **with a ~ in one's throat** (*fig*) mit einem Kloß im Hals. **3**. (*inf: person*) Klotz *m*, Trampel *mf or nt* (*inf*). **a big** *or* **great fat ~** (*of a man*) ein Fettkloß *m* (*inf*). **4**. **you can't judge them in the ~ like that** du kannst sie doch nicht so pauschal beurteilen *or* alle über einen Kamm scheren; **taken in the ~, they're not bad** alles in allem sind sie nicht schlecht; **to pay money in a ~** (*at once*) auf einmal bezah-len; (*covering different items*) pauschal bezahlen. **II** *vt* (*inf: put up with*) **to ~ it** sich damit abfinden; **if he doesn't like it he can ~ it** wenn's ihm nicht paßt, hat er eben Pech gehabt (*inf*). **III** *vi* (*sauce, flour*) klumpen.

◆**lump together** *vt sep* **1**. (*put together*) zusammentun; *books* zusammenstellen; *expenses, money* zusammenlegen. **2**. (*judge together*) *persons, topics* in einen Topf werfen, über einen Kamm scheren.

lumpish ['lʌmpɪʃ] *adj person* klobig, plump.

lump payment *n* (*at once*) einmalige Bezahlung; (*covering different items*) Pauschalbezahlung *f*; **lump sugar** *n* Wür-felzucker *m*; **lump sum** *n* Pauschalbetrag *m or* -summe *f*.

lumpy ['lʌmpɪ] *adj* (*+er*) *liquid etc, mattress, cushion* klumpig; *figure* pum-melig, plump.

lunacy ['lu:nəsɪ] *n* Wahnsinn *m*. **lunacies** *pl* Verrücktheiten *pl*.

lunar ['lu:nə'] *adj* Mond-, lunar (*spec*).

lunatic ['lu:nətɪk] **I** *adj* verrückt, wahnsin-nig. **~ fringe** Extremisten *pl*, radikale *or* extremistische Randgruppe. **II** *n* Wahn-sinnige(r), Irre(r) *mf*. **~ asylum** Irrenan-stalt *f*.

lunch [lʌntʃ] **I** *n* Mittagessen *nt*. **to have** *or* **take ~** (zu) Mittag essen; **how long do you get for ~?** wie lange haben Sie Mit-tagspause?; **when do you have ~ in the office?** wann haben *or* machen Sie im

Büro Mittag?; **he's at** ~ er ist beim Mittagessen; **to have** ~ **out** auswärts *or* im Restaurant (zu Mittag) essen.

    II *vt* zum Mittagessen einladen. **they** ~**ed me on caviar and steak** ich bekam Kaviar und Steak zum Mittagessen serviert.

    III *vi* (zu) Mittag essen. **we** ~**ed on a salad** zum (Mittag)essen gab es einen Salat.

◆**lunch out** *vi* auswärts *or* im Restaurant (zu) Mittag essen.

lunch break *n* Mittagspause *f*.

luncheon ['lʌntʃən] *n* (*form*) Lunch *nt or m*, Mittagessen *nt*.

luncheon meat *n* Frühstücksfleisch, Lunch(eon)meat *nt*; **luncheon voucher** *n* Essen(s)bon *m or* -marke *f*.

lunch hour *n* Mittagsstunde *f*; (*lunch break*) Mittagspause *f*; **lunchroom** *n* (*US*) Imbißstube *f*; (*canteen*) Kantine *f*; **lunchtime** *n* Mittagspause *f*; **they arrived at** ~ sie kamen um die Mittagszeit *or* gegen Mittag an.

lung [lʌŋ] *n* Lunge *f*; (*iron* ~) eiserne Lunge. **he has weak** ~**s** er hat keine gute Lunge; ~ **cancer** Lungenkrebs *m*.

lunge [lʌndʒ] **I** *n* Satz *m* nach vorn; (*esp Fencing*) Ausfall *m*. **he made a** ~ **at his opponent** er stürzte sich auf seinen Gegner; (*Fencing*) er machte einen Ausfall.

    II *vi* (sich) stürzen; (*esp Fencing*) einen Ausfall machen. **to** ~ **at sb** sich auf jdn stürzen.

◆**lunge out** *vi* ausholen. **to** ~ ~ **at sb** sich auf jdn stürzen.

lupin, (*US***) lupine** ['lu:pɪn] *n* Lupine *f*.

lupine ['lu:paɪn] *adj* wölfisch.

lurch[1] [lɜ:tʃ] *n*: **to leave sb in the** ~ (*inf*) jdn im Stich lassen, jdn hängenlassen (*inf*).

lurch[2] **I** *n* Ruck *m*; (*of boat*) Schlingern *nt*. **with a drunken** ~ **he started off down the road** betrunken taumelte *or* torkelte er die Straße hinunter; **to give a** ~ rucken, einen Ruck machen; (*boat*) schlingern.

    II *vi* **1.** *see* **to give a** ~.

    2. (*move with* ~*es*) ruckeln, sich ruckartig bewegen; (*boat*) schlingern; (*person*) taumeln, torkeln. **the train** ~**ed to a standstill** der Zug kam mit einem Ruck zum Stehen; **to** ~ **about** hin und her schlingern/hin und her taumeln *or* torkeln; **the bus** ~**ed off down the bumpy track** der Bus ruckelte den holprigen Weg hinunter; **to** ~ **along** dahinruckeln/ entlangtorkeln *or* -taumeln; **the economy still manages to** ~ **along** die Wirtschaft schlittert gerade soeben dahin.

lure [ljʊəʳ] **I** *n* (*bait*) Köder *m*; (*person, for hawk*) Lockvogel *m*; (*general*) Lockmittel *nt*; (*fig: of city, sea etc*) Verlockungen *pl*. **the** ~ **of the wild** der lockende Ruf der Wildnis; **he resisted all her** ~**s** er widerstand all ihren Verführungskünsten.

    II *vt* anlocken. **to** ~ **sb away from sth** jdn von etw weg- *or* fortlocken; **to** ~ **sb/an animal into a trap** jdn/ein Tier in eine Falle locken; **to** ~ **sb/an animal out** jdn/ ein Tier herauslocken.

◆**lure on** *vt sep* (*inf*) spielen mit.

lurid ['ljʊərɪd] *adj* (+*er*) **1.** *colour, sky* grell; *dress* grellfarben, in grellen Farben.

    2. (*fig*) *language* reißerisch, blutrünstig; *account* reißerisch aufgemacht, sensationslüstern; *detail* blutig, grausig; (*sordid*) widerlich, peinlich. **all the love scenes are presented in** ~ **detail** die Liebesszenen werden bis in die allerletzten Einzelheiten dargestellt.

luridly ['ljʊərɪdlɪ] *adv* **1.** grell. **the sky glowed** ~ der Himmel leuchtete in grellen Farben. **2.** reißerisch.

luridness ['ljʊərɪdnɪs] *n see adj* **1.** Grellheit *f*. **2.** (*of account*) reißerische *or* sensationslüsterne Aufmachung; (*of details*) grausige/peinliche Darstellung. **the** ~ **of his language** seine reißerische Sprache.

lurk [lɜ:k] *vi* lauern. **a nasty suspicion** ~**ed at the back of his mind** er hegte einen fürchterlichen Verdacht; **the fears which still** ~ **in the unconscious** Ängste, die noch im Unterbewußtsein lauern; **a doubt still** ~**ed in his mind** ein Zweifel plagte ihn noch.

◆**lurk about** *or* **around** *vi* herumschleichen.

lurking ['lɜ:kɪŋ] *adj* heimlich; *doubt also* nagend.

luscious ['lʌʃəs] *adj* köstlich, lecker; *fruit also* saftig; *colour* satt; *girl* zum Anbeißen (*inf*), knusprig (*inf*); *figure (full)* üppig; (*pleasing*) phantastisch.

lusciously ['lʌʃəslɪ] *adv* köstlich. ~ **coated in thick cream** mit einer köstlich dicken Sahneschicht.

lusciousness ['lʌʃəsnɪs] *n* Köstlichkeit *f*; (*of fruit also*) Saftigkeit *f*; (*of colour*) Sattheit *f*; (*of girl*) appetitliches Aussehen (*inf*); (*of figure*) Üppigkeit *f*.

lush [lʌʃ] **I** *adj grass, meadows* saftig, satt; *vegetation* üppig. **II** *n* (*US sl*) Säufer(in *f*) *m* (*inf*).

lushness ['lʌʃnɪs] *n see adj* Saftigkeit *f*; Üppigkeit *f*.

lust [lʌst] **I** *n* (*inner sensation*) Wollust, Sinneslust *f*; (*wanting to acquire*) Begierde *f* (*for* nach); (*greed*) Gier *f* (*for* nach). **rape is an act of** ~ Vergewaltigungen entspringen triebhafter Gier; **the** ~**s of the flesh** die fleischlichen (Ge)lüste, die Fleischeslust; ~ **for power** Machtgier *f*; **his uncontrollable** ~ seine ungezügelte Gier/ fleischliche Begierde.

    II *vi* **to** ~ **after, to** ~ **for** (*old, hum: sexually*) begehren (+*acc*); (*greedily*) gieren nach.

luster *n* (*US*) *see* **lustre**.

lusterless *adj* (*US*) *see* **lustreless**.

lustful *adj*, ~**ly** *adv* ['lʌstfʊl, -fəlɪ] lüstern.

lustfulness ['lʌstfʊlnɪs] *n* Lüsternheit, Begierde *f*.

lustily ['lʌstɪlɪ] *adv* kräftig; *work* mit Schwung und Energie; *eat* herzhaft; *sing* aus voller Kehle; *cry* aus vollem Hals(e).

lustre ['lʌstəʳ] *n* **1.** Schimmer *m*, schimmernder Glanz; (*in eyes*) Glanz *m*. **2.** (*fig*) Glanz, Ruhm *m*.

lustreless ['lʌstəlɪs] *adj* glanzlos; *eyes, hair also* stumpf.

lustrous ['lʌstrəs] *adj* schimmernd, glänzend.

lusty ['lʌstɪ] *adj* (+*er*) *person* gesund und munter, voller Leben; *man also, life* kernig, urwüchsig; *appetite* herzhaft, kräftig; *cheer, cry* laut, kräftig; *push, kick etc* kräftig, kraftvoll.

lute [lu:t] *n* Laute *f.*

lutetium [lʊ'ti:ʃɪəm] *n* (*abbr* **Lu**) Lutetium *nt.*

Luther ['lu:θəʳ] *n* Luther *m.*

Lutheran ['lu:θərən] **I** *adj* lutherisch. **II** *n* Lutheraner(in *f*) *m.*

Lutheranism ['lu:θərənɪzəm] *n* Luthertum *nt.*

Luxembourg ['lʌksəmbɜ:g] *n* Luxemburg *nt.*

luxuriance [lʌg'zjʊərɪəns] *n* Üppigkeit *f*; (*of hair also*) Fülle, Pracht *f.*

luxuriant *adj*, **~ly** *adv* [lʌg'zjʊərɪənt, -lɪ] üppig.

luxuriate [lʌg'zjʊərɪeɪt] *vi* to ~ in sth (*people*) sich in etw (*dat*) aalen; (*plants*) in etw (*dat*) prächtig gedeihen.

luxurious [lʌg'zjʊərɪəs] *adj* luxuriös, Luxus-; *carpet, seats, hotel also* feudal; *food* üppig.

luxuriously [lʌg'zjʊərɪəslɪ] *adv* luxuriös. to live ~ ein Luxusleben *or* ein Leben im Luxus führen.

luxury ['lʌkʃərɪ] **I** *n* **1.** (*in general*) Luxus *m*; (*of car, house etc*) luxuriöse *or* feudale Ausstattung, Komfort *m.* to live a life of ~ ein Luxusleben *or* ein Leben im Luxus führen.

2. (*article*) Luxus *m no pl.* we can't allow ourselves many luxuries wir können uns (*dat*) nicht viel Luxus leisten.

II *adj* (*cruise, tax*) Luxus-.

LV (*Brit*) *abbr of* **luncheon voucher.**

LW *abbr of* **long wave** LW.

lychgate *n see* **lichgate.**

lye [laɪ] *n* Lauge *f.*

lying ['laɪɪŋ] **I** *adj* lügnerisch, verlogen. **II** *n* Lügen *nt.* that would be ~ das wäre gelogen.

lymph [lɪmf] *n* Lymphe, Gewebsflüssigkeit *f.* ~ node/gland Lymphknoten *m*/-drüse *f.*

lymphatic [lɪm'fætɪk] **I** *adj* lymphatisch, Lymph-. **II** *n* Lymphgefäß *nt.*

lynch [lɪntʃ] *vt* lynchen.

lynching ['lɪntʃɪŋ] *n* Lynchen *nt.* there'll be a ~ soon er *etc* wird bestimmt gelyncht werden.

lynch law *n* Lynchjustiz *f.*

lynx [lɪŋks] *n* Luchs *m.*

lynx-eyed ['lɪŋks‚aɪd] *adj* mit Luchsaugen. the ~ teacher der Lehrer, der Augen wie ein Luchs hatte.

lyre ['laɪəʳ] *n* Leier, Lyra (*geh*) *f.* ~-bird Leierschwanz *m.*

lyric ['lɪrɪk] **I** *adj* lyrisch. **II** *n* (*poem*) lyrisches Gedicht; (*genre*) Lyrik *f*; (*often pl: words of pop song*) Text *m.*

lyrical ['lɪrɪkəl] *adj* lyrisch; (*fig*) schwärmerisch. to get *or* wax ~ about sth über etw (*acc*) ins Schwärmen geraten.

lyrically ['lɪrɪkəlɪ] *adv* lyrisch; (*fig*) schwärmerisch; *sing* melodisch.

lyricism ['lɪrɪsɪzəm] *n* Lyrik *f.*

lysergic acid diethylamide [laɪ'sɜ:dʒɪk ‚æsɪd‚daɪə'θɪləmaɪd] *n* Lysergsäurediäthylamid *nt.*

lysol ['laɪsɒl] ® *n* Lysol ® *nt* .

M

M, m [em] *n* M, m *nt*.
M *abbr of* **Medium**.
m *abbr of* **million(s)** Mill, Mio.; **metre(s)** m; **mile(s)**; **minute(s)** min; **married** verh.; **masculine** m.
MA *abbr of* **Master of Arts** M.A.
ma [mɑː] *n* (*inf*) Mama (*inf*), Mutti (*inf*) *f*.
ma'am [mæm] *n* gnä' Frau *f* (*form*); *see* **madam 1**.
mac[1] [mæk] *n* (*Brit inf*) Regenmantel *m*.
mac[2] *n* (*esp US inf*) Kumpel *m* (*inf*).
macabre [məˈkɑːbrə] *adj* makaber.
macadam [məˈkædəm] *n* Schotter, Splitt *m*, Makadam *m or nt*.
macaroni [ˌmækəˈrəʊnɪ] *n* Makkaroni *pl*.
macaroon [ˌmækəˈruːn] *n* Makrone *f*.
macaw [məˈkɔː] *n* Ara *m*.
mace[1] [meɪs] *n* (*weapon*) Streitkolben *m*, Keule *f*; (*mayor's*) Amtsstab *m*. **~bearer** Träger *m* des Amtsstabes.
mace[2] *n* (*spice*) Muskatblüte *f*, Mazis *m*.
Macedonia [ˌmæsɪˈdəʊnɪə] *n* Makedonien, Mazedonien *nt*.
Macedonian [ˌmæsɪˈdəʊnɪən] **I** *n* Makedonier(in *f*), Mazedonier(in *f*) *m*. **II** *adj* makedonisch, mazedonisch.
Mach [mæk] *n* Mach *nt*. **~ number** Mach-Zahl *f*; **the jet was approaching ~ 2** das Flugzeug näherte sich (einer Geschwindigkeit von) 2 Mach.
machete [məˈtʃeɪtɪ] *n* Machete *f*, Buschmesser *nt*.
machination [ˌmækɪˈneɪʃən] *n usu pl* Machenschaften *pl*.
machine [məˈʃiːn] **I** *n* Maschine *f*, Apparat *m*; (*vending ~*) Automat *m*; (*car*) Wagen *m*; (*cycle, plane*) Maschine *f*; (*Pol*) Partei-/Regierungsapparat *m*; (*fig: person*) Maschine *f*, Roboter *m*.
II *vt* (*Tech*) maschinell herstellen; (*treat with machine*) maschinell bearbeiten; (*Sew*) mit der Maschine nähen.
machine age *n* Maschinenzeitalter *nt*; **machine gun I** *n* Maschinengewehr *nt*; **II** *vt* mit dem Maschinengewehr beschießen/erschießen; **machine gunner** *n* Soldat *m*/Polizist *m etc* mit Maschinengewehr; **machine-made** *adj* maschinell hergestellt; **machine operator** *n* Maschinenarbeiter *m*; (*skilled*) Maschinist *m*.
machinery [məˈʃiːnərɪ] *n* (*machines*) Maschinen *pl*, Maschinerie *f*; (*mechanism*) Mechanismus *m*; (*fig*) Maschinerie *f*. **the ~ of government** der Regierungsapparat.
machine shop *n* Maschinensaal *m*; **machine tool** *n* Werkzeugmaschine *f*.
machinist [məˈʃiːnɪst] *n* (*Tech*) (*operator*) Maschinist *m*; (*constructor, repairer*) Maschinenschlosser *m*; (*Sew*) Näherin *f*.
mackerel [ˈmækrəl] *n* Makrele *f*.
mackintosh [ˈmækɪntɒʃ] *n* Regenmantel *m*.
macro- [ˈmækrəʊ-] *pref* makro-, Makro-.

macrobiotic [ˈmækrəʊbaɪˈɒtɪk] *adj* makrobiotisch.
macrocosm [ˈmækrəʊˌkɒzəm] *n* Makrokosmos *m*.
mad [mæd] **I** *adj* (+*er*) **1.** wahnsinnig, verrückt; *dog* tollwütig; *idea* verrückt. **to go ~** verrückt *or* wahnsinnig werden; **to drive sb ~** jdn wahnsinnig *or* verrückt machen; **it's enough to drive you ~** es ist zum Verrücktwerden; **he's as ~ as a hatter** (*prov*) er ist ein komischer Vogel *or* Kauz; **you must be ~!** du bist ja wahnsinnig!
2. (*inf: angry*) böse, sauer (*inf*). **to be ~ at sb** auf jdn böse *or* sauer (*inf*) sein; **to be ~ about** *or* **at sth** über etw (*acc*) wütend *or* sauer (*inf*) sein.
3. (*stupid, rash*) verrückt. **you ~ fool!** du bist ja wahnsinnig *or* verrückt!; **that was a ~ thing to do** das war (völlig) idiotisch (*inf*), das war Wahnsinn (*inf*).
4. (*inf: very keen*) **to be ~ about** *or* **on sth** auf etw (*acc*) verrückt sein; **I'm not exactly ~ about this job** ich bin nicht gerade versessen auf diesen Job; **I'm (just) ~ about you** ich bin (ganz) verrückt nach dir!
5. (*wild*) wahnsinnig. **the prisoner made a ~ dash for freedom** der Gefangene unternahm einen verzweifelten Ausbruchsversuch.
II *adv* (*inf*) **to be ~ keen on sb/sth** ganz scharf auf jdn/etw sein (*inf*); **to be ~ keen to do sth** ganz versessen darauf sein, etw zu tun; **like ~** wie verrückt, wahnsinnig; **he ran like ~** er rannte wie wild.
Madagascan [ˌmædəˈgæskən] **I** *adj* madegassisch. **II** *n* Madegasse *m*, Madegassin *f*.
Madagascar [ˌmædəˈgæskəʳ] *n* Madagaskar *nt*.
madam [ˈmædəm] *n* **1.** gnädige Frau (*old, form*). **can I help you, ~?** kann ich Ihnen behilflich sein?; **dear ~** sehr geehrte gnädige Frau.
2. (*inf: girl*) kleine Prinzessin.
3. (*of brothel*) Bordellwirtin, Puffmutter (*inf*) *f*.
madcap [ˈmædkæp] **I** *adj idea* versponnen; *youth* stürmisch; *tricks* toll. **II** *n* impulsiver Mensch.
madden [ˈmædn] *vt* (*make mad*) verrückt machen; (*make angry*) ärgern.
maddening [ˈmædnɪŋ] *adj* unerträglich, zum Verrücktwerden; *delay also* lästig; *habit* aufreizend. **isn't it ~?** ist das nicht ärgerlich?; **this is ~!** das ist (ja) zum Verrücktwerden!
maddeningly [ˈmædnɪŋlɪ] *adv* unerträglich. **the train ride was ~ slow** es war zum Verrücktwerden, wie langsam der Zug fuhr.
madder [ˈmædəʳ] *n* (*plant*) Krapp *m*, Färberröte *f*; (*dye*) Krapprot *nt*.

made [meɪd] *pret, ptp of* **make.**

Madeira [mə'dɪərə] *n* Madeira *nt*; (*wine*) Madeira *m*. ~ **cake** Sandkuchen *m*.

made-to-measure ['meɪdtə'meʒə^r] *adj* maßgeschneidert. ~ **suit** Maßanzug *m*.

made-up [meɪd'ʌp] *adj story* erfunden; *face* geschminkt.

madhouse ['mædhaʊs] *n* (*lit, fig*) Irrenhaus *nt*.

madly ['mædlɪ] *adv* **1.** wie verrückt. **he worked ~ for weeks on end** er arbeitete wochenlang wie besessen *or* verrückt.
2. (*inf: extremely*) wahnsinnig. **to be ~ in love (with sb)** bis über beide Ohren (in jdn) verliebt sein; **I'm not ~ keen to go** ich bin nicht wahnsinnig scharf (*inf*) *or* erpicht darauf (zu gehen).

madman ['mædmən] *n, pl* **-men** [-mən] Irre(r), Verrückte(r) *m*.

madness ['mædnɪs] *n* Wahnsinn *m*. **it's sheer ~!** das ist heller *or* reiner Wahnsinn!; **what ~!** das ist doch Wahnsinn!

Madonna [mə'dɒnə] *n* Madonna *f*; (*picture also*) Madonnenbild *nt*; (*statue also*) Madonnenfigur *f*.

Madrid [mə'drɪd] *n* Madrid *nt*.

madrigal ['mædrɪgəl] *n* Madrigal *nt*.

maestro ['maɪstrəʊ] *n, pl* **-s** Maestro *m*.

Mafia ['mæfɪə] *n* Maf(f)ia *f*.

mag [mæg] *n* (*inf*) Magazin *nt*; (*glossy also*) Illustrierte *f*. **porn ~** Pornoheft *nt*.

magazine [mægə'zi:n] *n* **1.** (*journal*) Zeitschrift *f*, Magazin *nt*. **2.** (*in gun*) Magazin *nt*. **3.** (*Mil: store*) Magazin (*Hist*), Depot *nt*.

magenta [mə'dʒentə] **I** *n* Fuchsin *nt*. **II** *adj* tiefrot.

maggot ['mægət] *n* Made *f*.

Magi ['meɪdʒaɪ] *npl*: **the ~** die Heiligen Drei Könige, die drei Weisen aus dem Morgenland.

magic ['mædʒɪk] **I** *n* **1.** Magie, Zauberei, Zauberkunst *f*. **as if by ~** wie durch Zauberei, wie durch ein Wunder; **it worked like ~** (*inf*) es klappte *or* lief wie am Schnürchen (*inf*).
2. (*mysterious charm*) Zauber *m*.
II *adj* Zauber-; *powers* magisch; *moment* zauberhaft. **the witch cast a ~ spell on her** die Hexe verzauberte sie; **the ~ word** (*having special effect*) das Stichwort; (*making sth possible*) das Zauberwort; **the ~ touch** ein geschicktes Händchen; **a pianist who really had the ~ touch** ein begnadeter Pianist.

magical ['mædʒɪkəl] *adj* magisch. **the effect was ~** das wirkte (wahre) Wunder.

magically ['mædʒɪkəlɪ] *adv* wunderbar. ~ **transformed** auf wunderbare Weise verwandelt.

magic carpet *n* fliegender Teppich; **magic circle** *n* Gilde *f* der Zauberkünstler; **magic eye** *n* magisches Auge.

magician [mə'dʒɪʃən] *n* Magier, Zauberer *m*; (*conjuror*) Zauberkünstler *m*. **I'm not a ~!** ich kann doch nicht hexen!

magic lantern *n* Laterna magica *f*; **magic wand** *n* Zauberstab *m*.

magisterial [mædʒɪ'stɪərɪəl] *adj* **1.** (*lit*) *powers, office, robes* eines Friedensrichters. **2.** (*imperious*) gebieterisch.

magistracy ['mædʒɪstrəsɪ] *n* (*position*)

Amt *nt* des Friedensrichters; (*judges*) Friedensrichter *pl*.

magistrate ['mædʒɪstreɪt] *n* Friedensrichter, Schiedsmann *m*. **~s' court** Friedens- *or* Schiedsgericht *nt*.

magnanimity [mægnə'nɪmɪtɪ] *n* Großherzigkeit, Großmut *f*.

magnanimous *adj*, **~ly** *adv* [mæg'nænɪməs, -lɪ] großmütig, großherzig.

magnate ['mægneɪt] *n* Magnat *m*.

magnesia [mæg'ni:ʃə] *n* Magnesia *f*.

magnesium [mæg'ni:zɪəm] *n* (*abbr* **Mg**) Magnesium *nt*.

magnet ['mægnɪt] *n* (*lit, fig*) Magnet *m*.

magnetic [mæg'netɪk] *adj* (*lit*) magnetisch; *charms* unwiderstehlich. **he has a ~ personality** er hat eine große Ausstrahlung *or* ein sehr anziehendes Wesen.

magnetically [mæg'netɪkəlɪ] *adv* magnetisch.

magnetic attraction *n* magnetische Anziehungskraft; **magnetic compass** *n* magnetischer Kompaß, Magnetkompaß *m*; **magnetic field** *n* Magnetfeld *nt*; **magnetic mine** *n* Magnetmine *f*; **magnetic needle** *n* Magnetnadel *f*; **magnetic north** *n* nördlicher Magnetpol; **magnetic pole** *n* Magnetpol *m*; **magnetic storm** *n* (er)magnetischer Sturm; **magnetic tape** *n* Magnetband *nt*.

magnetism ['mægnɪtɪzəm] *n* Magnetismus *m*; (*fig: of person*) Anziehungskraft, Ausstrahlung *f*.

magnetize ['mægnɪtaɪz] *vt* magnetisieren. **the audience was ~d by this incredible performance** das Publikum folgte dieser unglaublichen Darstellung wie gebannt.

magneto [mæg'ni:təʊ] *n, pl* **-s** Magnetzünder *m*.

magnification [mægnɪfɪ'keɪʃən] *n* Vergrößerung *f*. **high/low ~** starke/geringe Vergrößerung; **seen at 300 ~s** in 300facher Vergrößerung, 300fach vergrößert.

magnificence [mæg'nɪfɪsəns] *n* **1.** (*excellence*) Großartigkeit, Größe *f*. **2.** (*splendid appearance*) Pracht *f*, Glanz *m*. **3.** **his M~** Seine Magnifizenz.

magnificent [mæg'nɪfɪsənt] *adj* **1.** (*wonderful, excellent*) großartig; *food, meal* hervorragend, ausgezeichnet. **2.** (*of splendid appearance*) prachtvoll, prächtig.

magnificently [mæg'nɪfɪsəntlɪ] *adv see* **magnificent 1.** großartig. **you did ~** das hast du großartig gemacht. **2.** prachtvoll, prächtig.

magnify ['mægnɪfaɪ] *vt* **1.** vergrößern. **to ~ sth 7 times** etw 7fach vergrößern; **~ing glass** Vergrößerungsglas *nt*, Lupe *f*.
2. (*exaggerate*) aufbauschen.

magnitude ['mægnɪtju:d] *n* **1.** Ausmaß *nt*, Größe *f*; (*importance*) Bedeutung *f*. **I didn't appreciate the ~ of the task** ich war mir über den Umfang der Aufgabe nicht im klaren; **in operations of this ~** bei Vorhaben dieser Größenordnung; **a matter of the first ~** eine Angelegenheit von äußerster Wichtigkeit; **a fool of the first ~** ein Narr erster Güte.
2. (*Astron*) Größenklasse *f*.

magnolia [mæg'nəʊlɪə] *n* Magnolie *f*; (*also* ~ **tree**) Magnolienbaum *m*.

magnum ['mægnəm] *n* ≃ Anderthalbliterflasche *f* (*esp von Sekt*). ~ **opus** Hauptwerk *nt*.

magpie ['mægpaɪ] *n* Elster *f*.

Magyar ['mægjɑːʳ] **I** *adj* madjarisch, magyarisch. **II** *n* Madjar(in *f*), Magyar(in *f*) *m*.

maharajah [ˌmɑːhəˈrɑːdʒə] *n* Maharadscha *m*.

maharani [ˌmɑːhəˈrɑːniː] *n* Maharani *f*.

mahogany [məˈhɒgənɪ] **I** *n* Mahagoni *nt*; (*tree*) Mahagonibaum *m*. **II** *adj* Mahagoni-; (*colour*) mahagoni(farben).

maid [meɪd] *n* **1.** (*servant*) (Dienst)- mädchen *nt*, Hausangestellte *f*; (*in hotel*) Zimmermädchen *nt*; (*lady's* ~) Zofe *f*. **2.** (*old*) (*maiden*) Jungfer (*obs*), Maid (*old, poet*) *f*; (*young girl*) Mägdelein *nt* (*poet*). **3.** *see* **old** ~.

maiden ['meɪdn] **I** *n* (*liter*) Maid *f* (*old, poet*), Mädchen *nt*. **II** *adj flight, voyage etc* Jungfern-.

maiden aunt *n* unverheiratete, ältere Tante; **maidenhair** *n* Frauenhaar *nt*; **maidenhead** *n* (*Anat*) Jungfernhäutchen *nt*; **maidenhood** *n* Jungfräulichkeit, Un- schuld *f*; (*time*) Jungmädchenzeit *f*.

maidenly ['meɪdnlɪ] *adj* jungfräulich; (*modest*) mädchenhaft.

maiden name *n* Mädchenname *m*; **maiden over** *n* (*Cricket*) 6 Würfe ohne einen Lauf; **maiden speech** *n* Jungfernrede *f*.

maid of honour *n* Brautjungfer *f*; **maid- servant** *n* Hausangestellte *f*, Hausmäd- chen *nt*.

mail¹ [meɪl] **I** *n* Post *f*. **to send sth by** ~ etw mit der Post versenden *or* schicken; **is there any** ~ **for me?** ist Post für mich da? **II** *vt* aufgeben; (*put in letterbox*) einwer- fen; (*send by* ~) mit der Post schicken. ~**ing list** Anschriftenliste *f*.

mail² **I** *n* (*Mil*) Kettenpanzer *m*. **II** *vt* **the** ~**ed fist of imperialism** die gepanzerte Faust des Imperialismus.

mailbag ['meɪlbæg] *n* Postsack *m*; **mail- boat** *n* Postdampfer *m*; **mailbox** *n* (*US*) Briefkasten *m*; **mail car** *n* (*US Rail*) Post- wagen *m*; **mailman** *n* (*US*) Briefträger, Postbote *m*; **mail-order catalogue** *n* Versandhauskatalog *m*; **mail-order firm**, **mail-order house** *n* Versandhaus, Ver- sandgeschäft *nt*; **mail train** *n* Postzug *m*; **mail van** *n* (*on roads*) Postauto *nt*; (*Brit Rail*) Postwagen *m*.

maim [meɪm] *vt* (*mutilate*) verstümmeln; (*cripple*) zum Krüppel machen. **the wounded and the** ~**ed** die Verletzten und Versehrten; **he will be** ~**ed for life** er wird sein Leben lang ein Krüppel bleiben.

main [meɪn] **I** *adj attr* Haupt-. **the** ~ **thing is to ...** die Hauptsache ist, daß ...; **the** ~ **thing is you're still alive** Hauptsache, du lebst noch; *see* **part**.

  II *n* **1.** (*pipe*) Hauptleitung *f*. **the** ~**s** (*of town*) das öffentliche Versorgungsnetz; (*electricity also*) das Stromnetz; (*of house*) der Haupthahn; (*for electricity*) der Hauptschalter; **the machine is run directly off the** ~**s** das Gerät wird direkt ans Stromnetz angeschlossen; ~**s operated** für Netzbetrieb, mit Netzan- schluß; **the water/gas/electricity was switched off at the** ~**s** der Haupthahn/

Hauptschalter für Wasser/Gas/ Elektrizität wurde abgeschaltet. **2. in the** ~ im großen und ganzen. **3.** *see* **might²**.

Maine [meɪn] *n* (*abbr* **ME**) Maine *nt*.

main deck *n* Hauptdeck *nt*; **mainland** *n* Festland *nt*; **on the** ~ **of Europe** auf dem europäischen Festland; **mainline I** *n* Hauptstrecke *f*; ~ **train** Schnellzug *m*; **II** *vi* (*sl*) fixen (*sl*).

mainly ['meɪnlɪ] *adv* hauptsächlich, in er- ster Linie. **the meetings are held** ~ **on Tuesdays** die Besprechungen finden mei- stens dienstags statt; **the climate is** ~ **wet** das Klima ist vorwiegend *or* überwiegend feucht.

mainmast ['meɪnmɑːst] *n* Haupt- *or* Großmast *m*; **main road** *n* Hauptstraße *f*; **mainsail** *n* Haupt- *or* Großsegel *nt*; **mainspring** *n* (*Mech*) Triebfeder *f*; (*fig*) Triebfeder *f*, treibende Kraft; **mainstay** *n* (*Naut*) Haupt- *or* Großstag *nt*; (*fig*) Stütze *f*; **mainstream** *n* **1.** Hauptrichtung *f*; **to be in the** ~ **of sth** der Hauptrichtung (+*gen*) angehören; **2.** (*Jazz*) Mainstream *m*.

maintain [meɪnˈteɪn] *vt* **1.** (*keep up*) aufrechterhalten; *law and order, peace etc also* wahren; *quality also, speed, attitude* beibehalten; *prices* halten; *life* erhalten. **2.** (*support*) *family* unterhalten. **3.** (*keep in good condition*) *machine* warten; *roads* instand halten; *building* in- stand halten, unterhalten; *car* pflegen. **4.** (*claim*) behaupten. **he still** ~**ed he was innocent** er beteuerte immer noch seine Unschuld. **5.** (*defend*) *theory* vertreten; *rights* ver- teidigen.

maintenance ['meɪntɪnəns] *n see vt* **1.** Aufrechterhaltung *f*; Wahrung *f*; Beibehaltung *f*; Aufrechterhaltung *f*; Erhaltung *f*. **2.** (*of family*) Unterhalt *m*; (*social security*) Unterstützung *f*. **he has to pay** ~ er ist unterhaltspflichtig. **3.** Wartung *f*; Instandhaltung *f*; In- standhaltung *f*, Unterhalt *m*; Pflege *f*; (*cost*) Unterhalt *m*.

maintenance costs *npl* Unterhaltskosten *pl*; **maintenance crew** *n* Wartungs- mannschaft *f*.

maisonette [ˌmeɪzəˈnet] *n* (*small flat*) Ap- partement *nt*; (*small house*) Häuschen *nt*.

maize [meɪz] *n* Mais *m*.

Maj *abbr of* **major**.

majestic [məˈdʒestɪk] *adj* majestätisch; *proportions* stattlich; *movement* gemessen; *music* getragen; (*not slow*) grandios, erhaben.

majestically [məˈdʒestɪkəlɪ] *adv move* majestätisch.

majesty ['mædʒɪstɪ] *n* (*stateliness*) Majestät *f*; (*of movements etc*) Würde *f*. **music full of** ~ **and grace** Musik voller Erhabenheit und Anmut; **His/Her M**~ Seine/Ihre Majestät; **Your M**~ Eure Majestät.

Maj Gen *abbr of* **major general**.

major ['meɪdʒəʳ] **I** *adj* **1.** Haupt-; (*of greater importance*) bedeutend(er); (*of greater extent*) größer. **a** ~ **road** eine Hauptver- kehrsstraße; **a** ~ **poet** ein bedeutender

Dichter; **matters of ~ interest** Angelegenheiten *pl* von größerem Interesse; **of ~ importance** von größerer Bedeutung; **~ premise** erste Prämisse, Obersatz *m*; **a ~ operation** eine größere Operation; **a ~ work of art** ein bedeutendes Kunstwerk.

2. (*Mus*) key, scale Dur-. **A/A flat/G sharp ~** A-/As-/Gis-Dur *nt*; **~ third** große Terz.

3. Jenkins M~ Jenkins der Ältere.

II *n* **1.** (*Mil*) Major *m*.

2. (*Mus*) Dur *nt*. **in the ~** in Dur.

3. (*Jur*) **to become a ~** volljährig *or* mündig werden.

4. (*US*) (*subject*) Hauptfach *nt*. **he's a psychology ~** Psychologie ist/war sein Hauptfach.

III *vi* (*US*) **to ~ in French** Französisch als Hauptfach studieren.

Majorca [mə'jɔːkə] *n* Mallorca *nt*.

Majorcan [mə'jɔːkən] **I** *adj* mallorquinisch. **II** *n* Mallorquiner(in *f*) *m*.

major domo [ˌmeɪdʒə'dəʊməʊ] *n*, *pl* ~ **~s** Haushofmeister, Majordomus *m*.

major general *n* Generalmajor *m*.

majority [mə'dʒɒrɪtɪ] *n* **1.** Mehrheit *f*. **the ~ of cases** die Mehrheit *or* Mehrzahl der Fälle; **to be in a ~** in der Mehrzahl sein; **to be in a ~ of 3** eine Mehrheit von 3 Stimmen haben; **to have a ~ of 10** eine Mehrheit von 10 Stimmen haben; **a two-thirds ~** die Zweidrittelmehrheit; **by a small ~** mit knapper Mehrheit.

2. (*Jur*) Volljährigkeit, Mündigkeit *f*. **to attain one's ~, to reach the age of ~** volljährig *or* mündig werden.

majority decision *n* Mehrheitsbeschluß *m*; **majority rule** *n* Mehrheitsregierung *f*.

make [meɪk] (*vb*: *pret*, *ptp* **made**) **I** *vt* **1.** (*produce, prepare*) machen; *bread* backen; *cars* herstellen; *dress* nähen; *coffee* kochen; *peace* stiften; *the world* erschaffen. **she made it into a suit** sie machte einen Anzug daraus; **it's made of gold** es ist aus Gold; **made in Germany** in Deutschland hergestellt; **to ~ enemies/an enemy of sb** sich (*dat*) jdn zum Feind machen; **he's as clever as they ~ 'em** (*inf*) der ist ein ganz gerissener Hund (*inf*); **to show what one is made of** zeigen, was in einem steckt; **they're made for each other** sie sind wie geschaffen füreinander; **this car wasn't made to carry 8 people** dieses Auto ist nicht dazu gedacht, 8 Leute zu transportieren; **I'm not made for running** ich bin nicht zum Laufen *or* zum Läufer geschaffen; *see* **made-to-measure**.

2. (*do, execute*) *bow, journey, mistake, attempt, plan, remarks, suggestions etc* machen; *speech* halten; *choice, arrangements* treffen; *decision* fällen, treffen. **to ~ an application/a guess** sich bewerben/raten; **I've made my last payment** ich habe die letzte Rate bezahlt; **to ~ sb a present of sth** jdm etw schenken.

3. (*cause to be or become*) machen; (*appoint*) machen zu. **to ~ sb happy/angry** *etc* jdn glücklich/wütend *etc* machen; **to ~ sb one's wife** jdn zu seiner Frau machen; **to ~ one's voice heard** mit seiner Stimme durchdringen; **he was made a judge** man ernannte ihn zum Richter; **they'll never ~ a soldier of him** *or* **out of him** aus ihm wird nie ein Soldat; **I'll ~ it easy for you** ich mache es dir leicht **to ~ a success/a mess of a job** etw glänzend erledigen/etw vermasseln (*inf*); **it ~s the room look smaller** es läßt den Raum kleiner wirken; **to ~ good one's/sb's losses** seine Verluste wettmachen/jdm seine Verluste ausgleichen *or* ersetzen; **it ~s no difference to me** es ist mir gleich; **we decided to ~ a day/night of it** wir beschlossen, den ganzen Tag dafür zu nehmen/(die Nacht) durchzumachen; **let's ~ it Monday** sagen wir Montag; **do you want to ~ something of it?** (*inf*) hast du was dagegen? (*inf*).

4. (*cause to do or happen*) lassen, (*dazu*) bringen; (*compel*) zwingen. **it all ~s me think that ...** das alles läßt mich denken, daß ...; **to ~ sb laugh** jdn zum Lachen bringen; **onions ~ your eyes water** von Zwiebeln tränen einem die Augen; **what ~s you say that?** warum sagst du das?; **I'll ~ him suffer for this** dafür soll er mir büßen!; **he ~s his heroine die** er läßt seine Heldin sterben; **to ~ sb do sth** jdn dazu bringen *or* veranlassen (*geh*), etw zu tun; (*force*) jdn zwingen, etw zu tun; **~ me!** (*challenging*) versuch mal, mich zu zwingen!; **I'll ~ him** den zwing ich!; **to ~ sth do, to ~ do with sth** sich mit etw begnügen, mit etw zufrieden sein; **you can't ~ him agree** Sie können ihn nicht dazu bringen *or* (*force*) zwingen zuzustimmen; **how can I ~ you understand?** wie kann ich es Ihnen verständlich machen?; **that made the cloth shrink** dadurch ging der Stoff ein; **what ~s the engine go?** was treibt den Motor an?; **that certainly made him think again** das hat ihm bestimmt zu denken gegeben; **what ~s you think you can do it?** was macht Sie glauben, daß Sie es schaffen können?; **the chemical ~s the plant grow faster** die Chemikalie bewirkt, daß die Pflanze schneller wächst; **that will ~ the pain go** dies wird den Schmerz vertreiben; **what made you come to this town?** was hat Sie dazu veranlaßt, in diese Stadt zu kommen?; **what will ~ you change your mind?** was wird Sie dazu bringen, Ihre Meinung zu ändern?; **what finally made me drop the idea was ...** was mich am Ende dazu veranlaßt hat, den Gedanken fallenzulassen, war ...

5. (*earn*) *money* verdienen; *profit, loss, fortune* machen (on bei); *name, reputation* sich (*dat*) verschaffen; *name* sich (*dat*) machen.

6. (*reach, achieve, also Sport*) schaffen (*inf*), erreichen; *train, plane etc also* erwischen (*inf*); *connection* schaffen; *summit, top, shore etc* es schaffen zu (*inf*); (*ship*) *20 knots* machen. **to ~ land/port** (*Naut*) anlegen/in den Hafen einlaufen; **we made good time** wir kamen schnell voran; **he just made it** er hat es gerade noch geschafft; **sorry I couldn't ~ your party last night** tut mir leid, ich habe es gestern abend einfach nicht zu deiner Party geschafft; **his first record didn't ~ the charts** seine erste Platte schaffte es nicht bis in die Hitparade; **to ~ it** or **~ good (as a writer)** es (als Schriftsteller) schaffen (inf) or zu etwas bringen; **we've made it!** wir haben es geschafft!; **he'll never ~ it through the winter** er wird den Winter nie überstehen; **we'll never ~ the airport in time** wir schaffen es garantiert nicht mehr zum Flughafen; **he was out to ~ the top** er wollte es ganz nach oben schaffen; **he made university/the first eleven** er schaffte es, an die Universität/in die erste Mannschaft zu kommen; **the story made the front page** die Geschichte kam auf die Titelseite.

7. (cause to succeed) **stars etc** berühmt machen, zum Erfolg verhelfen (+dat). **this film made her** mit diesem Film schaffte sie es (inf) or den Durchbruch; **his performance ~s the play** das Stück lebt von seiner schauspielerischen Leistung; **you'll be made for life** Sie werden ausgesorgt haben; **he's got it made** (inf) er hat ausgesorgt; **but what really made the evening was ...** die eigentliche Krönung des Abends war ...; **that ~s my day!** das freut mich unheimlich!; (iro) das hat mir gerade noch gefehlt!; **seeing the Queen made her day** sie war selig, als sie die Königin gesehen hatte; **he can ~ or break you** er hat dein Schicksal in der Hand.

8. (equal) sein, (er)geben; (constitute also) machen, (ab)geben. **2 plus 2 ~s 4** 2 und 2 ist 4; **1760 yards ~ 1 mile** 1760 Yards sind eine Meile; **this ~s the fifth time** das ist nun das fünfte Mal; **that ~s £55 you owe me** Sie schulden mir damit (nun) £55; **how much does that ~ altogether?** was macht das insgesamt?; **to ~ a fourth at bridge** den vierten Mann beim Bridge machen; **it ~s good television/publicity** es ist sehr fernsehwirksam/werbewirksam; **he'll never ~ a soldier/an actor** aus dem wird nie ein Soldat/Schauspieler; **you'd ~ someone a good wife** Sie würden eine gute Ehefrau abgeben; **she made him a good wife** sie war ihm eine gute Frau; **he'd ~ a fantastic Hamlet/a good teacher** er wäre ein fantastischer Hamlet/guter Lehrer; **they ~ a good/an odd couple** sie sind ein gutes/ungleiches Paar.

9. (estimate) distance, total schätzen auf. **what time do you ~ it?, what do you ~ the time?** wie spät hast du es?, wie spät ist es bei dir?; **I ~ it 3.15** ich habe 3¹⁵; **I ~ it 3 miles** nach meiner Rechnung haben wir 3 Meilen; **how many do you ~ it?** wie viele sind es nach deiner Zählung?

10. (Cards) (fulfil) contract erfüllen; (win) trick machen; (shuffle) pack mischen; see **bid.**

11. (Elec) circuit schließen; contact herstellen.

12. (inf) **to ~ a woman** mit einer Frau schlafen; **to ~ it (with sb)** mit jdm schlafen; **they were making it all night** sie liebten sich die ganze Nacht.

13. (Naut: signal) senden, funken. **~ (the following message) to HMS Victor** machen Sie die folgende Meldung an HMS Victor.

II vi **1.** (go) **to ~ towards a place** auf einen Ort zuhalten; (ship) Kurs auf einen Ort nehmen; **to ~ after sb** jdm nachsetzen; **he made at me with a knife** er ging mit einem Messer auf mich los.

2. to ~ on a deal bei einem Geschäft verdienen.

3. (begin) **to ~ as if to do sth** Anstalten machen, etw zu tun; (as deception) so tun, als wolle man etw tun.

4. (sl) **to ~ like** so tun, als ob; **he made like he was dying** er markierte (inf) or spielte den Sterbenden; **he's started making like a big-shot** er hat angefangen, den starken Mann zu spielen or zu markieren (inf).

III vr **1. to ~ oneself useful** sich nützlich machen; **to ~ oneself comfortable** es sich (dat) bequem machen; **~ yourself small** mach dich klein; **to ~ oneself conspicuous** auffallen; **you'll ~ yourself sick!** du machst dich damit krank!; **to ~ oneself an expert on ...** sich zum Experten für ... machen; (pretend to be) sich als Experte für ... ausgeben; **he made himself Emperor for life** er krönte or machte sich selbst zum Kaiser auf Lebenszeit; **to ~ oneself heard/understood** sich (dat) Gehör verschaffen/sich verständlich machen.

2. to ~ oneself do sth sich dazu zwingen, etw zu tun.

IV n **1.** (brand) Marke f, Fabrikat nt. **what ~ of car do you run?** welche (Auto-)marke fahren Sie?; **it's a good ~** das ist eine gute Marke.

2. (pej inf) **on the ~** (for profit) profitgierig (inf), auf Profit aus; (ambitious) karrieresüchtig (inf), auf Karriere aus; (sexually) sexhungrig (inf).

◆**make away** vi see **make off.**

◆**make away with** vi +prep obj **to ~ ~ ~ sb/oneself** jdn/sich umbringen.

◆**make for** vi +prep obj **1.** (head for) zuhalten auf (+acc); (on foot also) zustreben (+dat, auf +acc); (crowd also) zuströmen (+dat, auf +acc); (attack) losgehen auf (+acc); (vehicle) losfahren auf (+acc). **where are you making ~?** wo willst du hin?; **we are making ~ London** wir wollen nach London; (by vehicle also) wir fahren Richtung London; (by ship also) wir halten Kurs auf London.

2. (promote) führen zu; happy marriage, successful parties den Grund legen für. **such tactics don't ~ ~ good industrial relations** solche Praktiken wirken sich nicht gerade günstig auf das Arbeitsklima aus; **the trade figures ~ ~ optimism** die Handelsziffern geben Anlaß zum Optimismus.

◆**make of** vi +prep obj halten von. **I didn't ~ much ~ it** ich konnte nicht viel dabei finden; **well, what do you ~ ~ that?** nun, was halten Sie davon?, was sagen Sie dazu?; **don't ~ too much ~ it** überbewerten Sie es nicht.

◆**make off** vi sich davonmachen (with sth mit etw).

◆**make out I** vt sep **1.** (write out) cheque, receipt ausstellen (to auf +acc); list, bill aufstellen, zusammenstellen; (fill out) form ausfüllen. **to ~ ~ a case for sth** für etw argumentieren.

2. (see, discern) ausmachen; (decipher)

entziffern; (*understand*) verstehen; *person, actions* schlau werden aus. **I can't ~ ~ what he wants** ich komme nicht dahinter, was er will.

3. (*claim*) behaupten.

4. (*imply*) **to ~ ~ that ...** es so hinstellen, als ob ...; **he made ~ that he was hurt** er tat, als sei er verletzt; **to ~ sb ~ to be clever/a genius** jdn als klug/Genie hinstellen; **she's not as rich as he ~s** sie ist nicht so reich, wie er sie hinstellt; **he tried to ~ ~ it was my fault** er versuchte, es so hinzustellen, als wäre ich daran schuld.

II *vi* **1.** (*inf*) (*get on*) zurechtkommen; (*with people*) auskommen; (*succeed*) es schaffen. **he didn't ~ ~ with her** er ist bei ihr nicht gelandet (*inf*); **how did you ~ ~ at the interview?** wie sind Sie beim Interview zurechtgekommen?

2. (*US inf: pet*) knutschen (*inf*), fummeln (*inf*).

◆**make over** *vt sep* **1.** (*assign*) überschreiben (*to sb dat*); (*bequeath*) *property, money* vermachen (*to sb dat*). **2.** (*convert*) umändern, umarbeiten; *house* umbauen. **the gardens have been made ~ into a parking lot** man hat die Anlagen in einen Parkplatz umgewandelt.

◆**make up I** *vt sep* **1.** (*constitute*) bilden. **to be made ~ of** bestehen aus, sich zusammensetzen aus; **he made ~ the four at bridge** er war der vierte Mann zum *or* beim Bridge.

2. (*put together*) *food, medicine, bed* zurechtmachen; *parcel also* zusammenpacken; *list, accounts* zusammenstellen, aufstellen; *team* zusammenstellen; (*Typ*) *page* umbrechen; (*design layout*) aufmachen. **to ~ material ~ into sth** Material zu etw verarbeiten.

3. *quarrel* beilegen, begraben. **to ~ it ~ (with sb)** sich (mit jdm) wieder vertragen, sich (mit jdm) aussöhnen; **come on, let's ~ it ~ komm,** wir wollen uns wieder vertragen.

4. *face, eyes* schminken.

5. to ~ ~ one's mind (to do sth) sich (dazu) entschließen (, etw zu tun); **~ ~ your mind!** entschließ dich!; **my mind is quite made ~** mein Entschluß steht fest; **I can't ~ ~ your mind for you** ich kann das nicht für dich entscheiden; **to ~ ~ one's mind about sb/sth** sich (*dat*) eine Meinung über jdn/etw bilden; **I can't ~ ~ my mind about him** ich weiß nicht, was ich von ihm halten soll.

6. (*invent*) erfinden, sich (*dat*) ausdenken. **you're making that ~!** jetzt schwindelst du aber! (*inf*); **he ~s it ~ as he goes along** (*performer, storyteller*) er macht das aus dem Stegreif; (*child playing*) er macht das, wie es ihm gerade einfällt; (*making excuses, telling lies*) er saugt sie (*dat*) das nur so aus den Fingern.

7. (*complete*) *crew* vollständig *or* komplett (*inf*) machen. **if you can raise £80 I'll ~ ~ the other £20** wenn Sie £ 80 aufbringen können, komme ich für die restlichen £ 20 auf; **add water to ~ it ~ to one litre** mit Wasser auf einen Liter auffüllen.

8. (*compensate for*) *loss* ausgleichen;

time einholen, aufholen; *sleep* nachholen. **to ~ it ~ to sb (for sth)** (*compensate*) jdn (für etw) entschädigen; (*emotionally, return favour etc*) jdm etw wiedergutmachen.

9. *fire* (wieder) anschüren *or* anfachen.

II *vi* **1.** (*after quarrelling*) sich versöhnen, sich wieder vertragen. **let's kiss and ~ ~** komm, gib mir einen Kuß und wir vertragen uns wieder.

2. (*material*) **this material will ~ ~ nicely/into a nice coat** dieser Stoff wird sich gut verarbeiten lassen/wird sich als Mantel gut machen.

3. (*catch up*) aufholen. **to ~ ~ on sb** jdn einholen, an jdn herankommen; **you've a lot of making ~ to do** du hast viel nachzuholen *or* aufzuarbeiten.

◆**make up for** *vi +prep obj* **to ~ ~ ~ sth** etw ausgleichen; **to ~ ~ ~ ~ lost time** verlorene Zeit aufholen; **to ~ ~ ~ the loss of sb/lack of sth** jdn/etw ersetzen; **that still doesn't ~ ~ ~ the fact that you were very rude** das macht noch lange nicht ungeschehen, daß du sehr unhöflich warst.

◆**make up to** *vi +prep obj* (*inf*) sich heranmachen an (+*acc*).

◆**make with** *vi +prep obj* (*esp US sl*) **he started making ~ his trumpet** er legte mit seiner Trompete los (*inf*); **OK, let's ~ ~ the paint brushes** na dann, schnappen wir uns die Pinsel (*inf*).

make-believe [ˈmeɪkbɪˌliːv] **I** *adj attr* Phantasie-, imaginär; *world also* Schein-. **II** *n* Phantasie *f*. **a world of ~** eine Phantasiewelt; **don't be afraid, it's only ~** hab keine Angst, das ist doch nur eine Geschichte. **III** *vt* sich (*dat*) vorstellen.

make-or-break [ˈmeɪkəˈbreɪk] *adj attr* (*inf*) kritisch, entscheidend.

maker [ˈmeɪkəʳ] *n* (*manufacturer*) Hersteller *m*. **our M~** unser Schöpfer *m*; **to go to meet one's M~** zum Herrn eingehen.

makeshift [ˈmeɪkʃɪft] **I** *adj* improvisiert; *repairs* Not-, behelfsmäßig; **II** *n* Übergangslösung *f*, Notbehelf *m*; **make-up** *n* **1.** Make-up *nt*; (*cosmetics also*) Schminke *f*; (*Theat also*) Maske *f*; **the star does his own ~** der Star schminkt sich selbst/macht seine Maske selbst; **she spends hours on her ~** sie braucht Stunden zum Schminken; **2.** (*composition*) (*of team, party etc*) Zusammenstellung *f*; (*character*) Veranlagung *f*; *psychological ~* Psyche *f*; **it's part of their national ~** das gehört zu ihrem Nationalcharakter; **3.** (*Typ*) Umbruch *m*; (*layout*) Aufmachung *f*; **make-up girl** *n* Maskenbildnerin *f*; **make-up man** *n* Maskenbildner *m*; **make-up mirror** *n* Schminkspiegel *m*; **makeweight** *n* **1.** (*lit*) **he added a few more as ~s** er gab noch ein paar dazu, um das Gewicht vollzumachen; **2.** (*fig: person*) Lückenbüßer *m*; **to use sth as a ~** etw in die Waagschale werfen.

making [ˈmeɪkɪŋ] *n* **1.** (*production*) Herstellung *f*; (*of food*) Zubereitung *f*. **in the ~** im Werden, im Entstehen; **his reputation was still in the ~** er war noch dabei, sich (*dat*) einen Ruf zu schaffen; **here you can see history in the ~** hier hat man den Finger am Puls der Geschichte (*liter*); **it's**

a civil war in the ~ hier ist ein Bürgerkrieg im Entstehen; **the mistake was not of my** ~ der Fehler war nicht mein Werk; **it was the** ~ **of him** das hat ihn zum Mann gemacht; *(made him successful)* das hat ihn zu dem gemacht, was er (heute) ist.
2. ~s *pl* Voraussetzungen *(of* zu) *pl;* **he has the** ~s **of an actor/a general** *etc* er hat das Zeug zu einem Schauspieler/General *etc;* **the situation has all the** ~s **of a strike** die Situation bietet alle Voraussetzungen für einen Streik.

maladjusted [ˌmælə'dʒʌstɪd] *adj (Psych, Sociol)* verhaltensgestört. **pyschologically** ~ verhaltensgestört; **socially** ~ verhaltensgestört, umweltgestört; ~ **youths** fehlangepaßte *or* nicht angepaßte Jugendliche *pl.*

maladjustment [ˌmælə'dʒʌstmənt] *n (Psych, Sociol)* Verhaltensstörung *f.*

maladroit *adj,* ~**ly** *adv* [ˌmælə'drɔɪt, -lɪ] ungeschickt.

malady ['mælədɪ] *n* Leiden *nt,* Krankheit *f.* **social** ~ gesellschaftliches Übel.

malaise [mæ'leɪz] *n* Unwohlsein *nt; (fig)* Unbehagen *nt.* **I have a vague feeling of** ~ **about the future** mich überkommt ein leises Unbehagen, wenn ich an die Zukunft denke.

malaria [mə'leərɪə] *n* Malaria *f.*

malarial [mə'leərɪəl] *adj* Malaria-.

Malawi [mə'lɑːwɪ] *n* Malawi *nt.*

Malay [mə'leɪ] **I** *adj* malaiisch. **II** *n* **1.** Malaie *m,* Malaiin *f.* **2.** *(language)* Malaiisch *nt.*

Malaya [mə'leɪə] *n* Malaya *nt.*

Malayan [mə'leɪən] **I** *adj* malaiisch. **II** *n* Malaie *m,* Malaiin *f.*

Malaysia [mə'leɪzɪə] *n* Malaysia *nt.*

Malaysian [mə'leɪzɪən] **I** *adj* malaysisch. **II** *n* Malaysier(in *f*) *m.*

male [meɪl] **I** *adj* **1.** männlich. ~ **chauvinist pig** Chauvi *m (sl);* ~ **child** Junge *m;* **a** ~ **doctor** ein Arzt *m;* ~ **nurse** Krankenpfleger *m;* ~ **sparrow/crocodile** Spatzen-/Krokodilmännchen *nt.*
2. choir, voice Männer-. **an all-**~ **club** ein reiner Männerverein; **that's a typical** ~ **attitude** das ist typisch männlich.
3. *(manly)* männlich.
4. *(Mech)* ~ **screw** Schraube *f;* ~ **plug** Stecker *m.*
II *n (animal)* Männchen *nt; (inf: man)* Mann *m,* männliches Wesen. **the** ~ **of the species** das männliche Tier, das Männchen; **that's typical of a** ~ *(inf)* das ist typisch Mann *(inf).*

malediction [ˌmælɪ'dɪkʃən] *n* Fluch *m,* Verwünschung *f.*

malefactor ['mælɪfæktəʳ] *n* Übeltäter, Missetäter *m.*

malevolence [mə'levələns] *n* Boshaftigkeit *f; (of action)* Böswilligkeit *f.* **to feel** ~ **towards sb** einen Groll gegen jdn hegen.

malevolent [mə'levələnt] *adj* boshaft; *gods* übelwollend; *action* böswillig.

malformation [ˌmælfɔː'meɪʃən] *n* Mißbildung *f.*

malformed [mæl'fɔːmd] *adj* mißgebildet.

malfunction [ˌmæl'fʌŋkʃən] **I** *n (of liver etc)* Funktionsstörung *f; (of machine)* Defekt *m.* **a** ~ **of the carburettor** ein Defekt im Vergaser.

II *vi (liver etc)* nicht richtig arbeiten; *(machine etc)* defekt sein, nicht richtig funktionieren; *(system)* versagen, nicht richtig funktionieren. **the** ~**ing part** das defekte Teil.

Mali ['mɑːlɪ] *n* Mali *nt.*

malice ['mælɪs] *n* **1.** Bosheit, Bösartigkeit *f; (of action)* Böswilligkeit *f.* **out of** ~ aus Bosheit; **to bear sb** ~ einen Groll gegen jdn hegen; **I bear him no** ~ ich bin ihm nicht böse. **2.** *(Jur)* **with** ~ **aforethought** in böswilliger Absicht, vorsätzlich.

malicious [mə'lɪʃəs] *adj* **1.** *person, words* boshaft; *behaviour* bösartig, böswillig; *crime* gemein, arglistig; *slander* böswillig. **2.** *(Jur) damage* mutwillig, böswillig.

maliciously [mə'lɪʃəslɪ] *adv see adj.*

malign [mə'laɪn] **I** *adj (liter) intent* böse; *influence* unheilvoll; *see also* **malignant.** **II** *vt* verleumden; *(run down)* schlechtmachen. **to** ~ **sb's character** jdm Übles nachsagen.

malignancy [mə'lɪɡnənsɪ] *n* Bösartigkeit *f; (fig: evil thing)* Übel *nt.*

malignant [mə'lɪɡnənt] *adj* bösartig. **he took a** ~ **delight in our misfortunes** unser Unglück bereitete ihm ein hämisches Vergnügen; **a** ~ **growth** *(Med, fig)* ein bösartiges Geschwür.

malignity [mə'lɪɡnɪtɪ] *n* Bösartigkeit *f.*

malinger [mə'lɪŋɡəʳ] *vi* simulieren, krank spielen.

malingerer [mə'lɪŋɡərəʳ] *n* Simulant *m.*

mallard ['mæləd] *n* Stockente *f.*

malleability [ˌmælɪə'bɪlɪtɪ] *n* Formbarkeit *f.*

malleable ['mælɪəbl] *adj* formbar *(also fig),* weich. **gold is much more** ~ **than iron** Gold ist viel weicher *or* läßt sich viel leichter bearbeiten als Eisen.

mallet ['mælɪt] *n* Holzhammer *m; (croquet)* (Krocket)hammer *m; (polo)* (Polo-)schläger *m.*

malnutrition [ˌmælnjʊ'trɪʃən] *n* Unterernährung *f.*

malpractice [ˌmæl'præktɪs] *n* Berufsvergehen *nt,* Verstoß *m* gegen das Berufsethos, Amtsvergehen *nt (eines Beamten).* **minor** ~s **common in the profession** kleinere Unregelmäßigkeiten, wie sie in diesem Berufszweig häufig sind.

malt [mɔːlt] **I** *n* Malz *nt.* ~ **extract** Malzextrakt *m;* ~ **loaf** ≈ Rosinenbrot *nt;* ~ **whisky** Malt Whisky *m.* **II** *vt barley* malzen, mälzen; *drink etc* mit Malz versetzen *or* mischen. ~**ed milk** Malzmilch *f.*

Malta ['mɔːltə] *n* Malta *nt.*

Maltese [ˌmɔːl'tiːz] **I** *adj* maltesisch. ~ **cross** Malteserkreuz *nt.* **II** *n* **1.** Malteser(in *f*) *m.* **2.** *(language)* Maltesisch *nt.*

maltreat [ˌmæl'triːt] *vt* schlecht behandeln; *(using violence)* mißhandeln.

maltreatment [ˌmæl'triːtmənt] *n* schlechte Behandlung; Mißhandlung *f.*

mamba ['mæmbə] *n* Mamba *f.*

mambo ['mæmbəʊ] *n, pl* ~**s** Mambo *m.*

mammal ['mæməl] *n* Säugetier *nt.*

mammalian [mæ'meɪlɪən] *adj* Säugetier-, der Säugetiere.

mammary ['mæmərɪ] *adj* Brust-. ~ **gland** Brustdrüse *f.*

mammon ['mæmən] *n* Mammon, Reichtum *m.* **M**~ der Mammon.

mammoth [ˈmæməθ] **I** n Mammut nt. **II** adj Mammut-; cost, enterprise kolossal.

mammy [ˈmæmɪ] n (inf) Mami f (inf); (US) (schwarze) Kinderfrau.

man [mæn] **I** n, pl **men** 1. (adult male) Mann m. **be a ~**! sei ein Mann!; **to make a ~ out of sb** einen Mann aus jdm machen; **this incident made a ~ out of him** dieses Ereignis hat ihn zum Mann gemacht; **he's only half a ~** er ist kein richtiger Mann; **I'm only half a ~ without you** ohne dich bin ich nur ein halber Mensch; **he took it like a ~** er hat es wie ein Mann or mannhaft ertragen; **that's just like a ~** das ist typisch Mann; **her ~** (inf) ihr Mann; **~ and boy** von Kindheit/Jugend an; **they are ~ and wife** sie sind Mann und Frau; **the ~ in the street** der Mann auf der Straße, der kleine Mann; **~ of God** Mann m Gottes; **~ of letters** (writer) Schriftsteller, Literat m; (scholar) Gelehrte(r) m; **he's a ~ about town** er kennt sich aus; **a suit for the ~ about town** ein Anzug für den feinen Herrn; **a ~ of the world** ein Mann m von Welt.

2. (human race: also **M~**) der Mensch; die Menschen.

3. (person) man. **no ~** keiner, niemand; **any ~** jeder; **any ~ who believes that ...** wer das glaubt, ...; **sometimes a ~ needs a change** (inf) manchmal braucht man einfach etwas Abwechslung; **men say that ...** die Leute sagen, daß ...; **that ~!** dieser Mensch!; **that ~ Jones** dieser or der Jones!; **the strong ~ of the government** der starke Mann (in) der Regierung; **as one ~** geschlossen, wie ein Mann; **they are communists to a ~** sie sind allesamt Kommunisten.

4. (type) **the right/wrong ~** der Richtige/Falsche; **you've come to the right ~** da sind or liegen (inf) Sie hier richtig; **then I am your ~** dann bin ich genau der Richtige (für Sie), da sind Sie bei mir an der richtigen Adresse; **he's not the ~ for the job** er ist nicht der Richtige für diese Aufgabe; **he's not the ~ to make a mistake like that** so etwas würde ihm bestimmt nicht passieren; **he's not a ~ to ...** er ist nicht der Typ, der ...; **he's not a ~ to meddle with** mit ihm ist nicht gut Kirschen essen; **medical ~** Mediziner m; **it's got to be a local ~** es muß jemand von hier or aus dieser Gegend sein; **I'm not a drinking ~** ich bin kein großer Trinker; **I'm a whisky ~ myself** ich bin mehr für Whisky; **I'm not a football ~** ich mache mir nicht viel aus Fußball; **he's a 4-pint ~** mehr als 4 Halbe verträgt er nicht; unter 4 Halben tut er's nicht.

5. (sl: interj) Mensch (inf), Mann (inf). **you can't do that, ~** Mensch or Mann, das kannst du doch nicht machen! (inf); **~, was I surprised!** Mann or Mensch, war ich vielleicht überrascht! (sl); **fantastic, ~!** dufte, Mann! (sl); **see you, ~!** bis später; **are you coming with us, ~?** du, kommst du noch mit?

6. (employee, soldier etc) Mann m; (servant also) Bedienstete(r) m. **she has a ~ to do the garden** sie hat jemanden, der den Garten macht; **officers and men** Offiziere

und Mannschaften; **follow me, men!** mir nach, Leute!

7. (Chess) Figur f; (in draughts) Stein m.

II vt ship bemannen; fortress besetzen; power station, pump, gun bedienen. **the ship is ~ned by a crew of 30** das Schiff hat 30 Mann Besatzung; **a fully ~ned ship** ein vollbemanntes Schiff; **he left 10 soldiers behind to ~ the fortress** er ließ 10 Soldaten als Besatzung für die Festung zurück; **~ the guns/pumps!** an die Geschütze/Pumpen!

manacle [ˈmænəkl] **I** n usu pl Handfesseln, Ketten pl. **II** vt person in Ketten legen; hands (mit Ketten) fesseln. **they were ~d together** sie wurden/waren aneinandergekettet.

manage [ˈmænɪdʒ] **I** vt 1. company, organization leiten; property verwalten; affairs in Ordnung halten, regeln; football team, pop group managen. **he ~d the election** er war Wahlleiter; **the election was ~d** (pej) die Wahl war manipuliert.

2. (handle, control) person, child, animal zurechtkommen mit, fertigwerden mit; car, ship zurechtkommen mit, handhaben. **she can't ~ children** sie kann nicht mit Kindern umgehen; **I can ~ him** mit dem werde ich schon fertig.

3. task bewältigen, zurechtkommen mit; another portion bewältigen, schaffen (inf). **£5 is the most I can ~** ich kann mir höchstens £ 5 leisten; **I'll ~ it** das werde ich schon schaffen; **he ~d it very well** er hat das sehr gut gemacht; **I'll do that as soon as I can ~ it** ich mache das, sobald ich kann; **can you ~ the cases?** kannst du die Koffer (allein) tragen?; **thanks, I can ~ them** danke, das geht schon; **she can't ~ the stairs** sie kommt die Treppe nicht hinauf/hinunter; **can you ~ two more in the car?** kriegst du noch zwei Leute in dein Auto? (inf); **can you ~ 8 o'clock?** 8 Uhr, ginge or geht das?; **could you ~ (to be ready by) 8 o'clock?** kannst du um 8 Uhr fertig sein?; **could you ~ another whisky?** schaffst du noch einen Whisky?; **I think I could ~ another cake** ich glaube, ich könnte noch ein Stück Kuchen vertragen.

4. **to ~ to do sth** es schaffen, etw zu tun; **we have ~d to reduce our costs** es ist uns gelungen, die Kosten zu senken; **I hope you'll ~ to come** ich hoffe, Sie können kommen; **how did you ~ to get a salary increase?** wie hast du es geschafft or angestellt, eine Gehaltserhöhung zu bekommen?; **he ~d to control himself** es gelang ihm, sich zu beherrschen; **how could you possibly ~ to do that?** wie hast du denn das fertiggebracht?; **could you possibly ~ to close the door?** (iro) wäre es vielleicht möglich, die Tür zuzumachen?; **could you possibly ~ to help me?** könnten Sie mir vielleicht helfen?

II vi zurechtkommen, es schaffen. **can you ~?** geht es?; **thanks, I can ~** danke, es geht schon or ich komme schon zurecht; **she ~s well enough** sie kommt ganz gut zurecht; **how do you ~?** wie schaffen or machen Sie das bloß?; **to ~**

without sth ohne etw auskommen; **to ~ without sb** ohne jdn auskommen *or* zurechtkommen; **I can ~ by myself** ich komme (schon) allein zurecht; **how do you ~ on only £20 a week?** wie kommen Sie mit nur £ 20 pro Woche aus?

manageable ['mænɪdʒəbl] *adj child* folgsam, fügsam; *horse* fügsam; *amount, job* zu bewältigen; *hair* leicht frisierbar, geschmeidig; *number* überschaubar; *car* leicht zu handhaben. **this company is just not ~** es ist unmöglich, dieses Unternehmen (erfolgreich) zu leiten; **pieces of a more ~ size** Stücke, die leichter zu handhaben sind, Stücke *pl* in handlicher Größe; **a job of ~ size** eine überschaubare Aufgabe; **can you do that? — yes, that's ~** können Sie das tun? — ja, das läßt sich machen; **the staircase isn't ~ for an old lady** die Treppe ist für eine alte Dame zu beschwerlich.

management ['mænɪdʒmənt] *n* **1.** (*act*) (*of company*) Leitung, Führung *f*, Management *nt*; (*of non-commercial organization*) Leitung *f*; (*of estate, assets, money*) Verwaltung *f*; (*of affairs*) Regelung *f*. **losses due to bad ~** Verluste, die auf schlechtes Management zurückzuführen sind; **crisis ~** Krisenmanagement *nt*; **~ studies** Betriebswirtschaft *f*; **~ consultant** Unternehmensberater *m*.
  2. (*persons*) Unternehmensleitung *f*; (*of single unit or smaller factory*) Betriebsleitung *f*; (*non-commercial*) Leitung *f*; (*Theat*) Intendanz *f*. "**under new ~**" „neuer Inhaber"; (*shop*) „neu eröffnet"; (*pub*) „unter neuer Bewirtschaftung".

manager ['mænɪdʒəʳ] *n* (*Comm etc*) Geschäftsführer, Manager *m*; (*of restaurant*) Geschäftsführer *m*; (*of smaller firm or factory*) Betriebsleiter *m*; (*of bank, chain store*) Filialleiter *m*; (*of department*) Abteilungsleiter *m*; (*of estate etc*) Verwalter *m*; (*Theat*) Intendant *m*; (*of private theatre*) Theaterdirektor *m*; (*of pop group, boxer etc*) Manager *m*; (*of team*) Trainer *m*. **sales/publicity ~** Verkaufsleiter *m*/Werbeleiter *m*; **business ~** (*for theatre*) Verwaltungsdirektor *m*.

manageress [,mænɪdʒə'res] *n* Geschäftsführerin *f*, Leiterin *f* eines Unternehmens/Hotels *etc*; (*of department*) Abteilungsleiterin *f*; (*of chain store*) Filialleiterin *f*.

managerial [,mænə'dʒɪərɪəl] *adj* geschäftlich; (*executive*) Management-; *post* leitend. **he has no ~ skills** er ist für leitende Funktionen ungeeignet.

managing director ['mænɪdʒɪŋdɪ'rektəʳ] *n* leitender Direktor.

Manchuria [mæn'tʃʊərɪə] *n* die Mandschurei.

Manchurian [mæn'tʃʊərɪən] **I** *adj* mandschurisch. **II** *n* **1.** Mandschu *m*. **2.** (*language*) Mandschu *nt*.

Mancunian [mæŋ'kjuːnɪən] **I** *n* Bewohner(in *f*) *m* Manchesters. **he's a ~** er kommt *or* ist aus Manchester. **II** *adj* aus Manchester.

mandarin ['mændərɪn] *n* **1.** (*Chinese official*) Mandarin *m*; (*official*) hoher

---

Funktionär, Bonze *m* (*pej*). **2.** (*language*) **M~** Hochchinesisch *nt*. **3.** (*fruit*) Mandarine *f*.

mandate ['mændeɪt] **I** *n* Auftrag *m*; (*Pol also*) Mandat *nt*; (*territory*) Mandat(sgebiet) *nt*. **to give sb a ~ to do sth** jdm den Auftrag geben, etw zu tun; **we have a clear ~ from the country to ...** wir haben den eindeutigen Wählerauftrag, zu ...
  II *vt* **to ~ a territory to sb** ein Gebiet jds Verwaltung (*dat*) unterstellen *or* als Mandat an jdn vergeben.

mandatory ['mændətərɪ] *adj* obligatorisch; (*Pol*) mandatorisch. **the ~ nature of this ruling** der Zwangscharakter dieser Regelung; **the Navy have ~ powers of arrest** die Marine ist zur Festnahme befugt *or* ermächtigt; **union membership is ~** Mitgliedschaft in der Gewerkschaft ist Pflicht.

man-day ['mæn'deɪ] *n* Manntag *m*.

mandible ['mændɪbl] *n* (*of vertebrates*) Unterkiefer(knochen) *m*. **~s** (*of insects*) Mundwerkzeuge, Mundgliedmaßen *pl*; (*of birds*) Schnabel *m*.

mandolin(e) ['mændəlɪn] *n* Mandoline *f*.

mandrake ['mændreɪk] *n* Mandragora, Mandragore *f*. **~ root** Alraune *f*.

mandrill ['mændrɪl] *n* Mandrill *m*.

mane [meɪn] *n* (*lit, fig*) Mähne *f*.

maneater ['mæn,iːtəʳ] *n* Menschenfresser *m*; (*shark*) Menschenhai *m*; (*inf: woman*) männermordendes Weib (*inf*); **maneating shark** *n* Menschenhai *m*; **maneating tiger** *n* Menschenfresser *m*.

maneuver *n, vti* (*US*) see **manoeuvre**.

manful *adj*, **~ly** *adv* ['mænfʊl, -fəlɪ] mannhaft (*geh*), mutig, beherzt.

manganese [,mæŋgə'niːz] *n* (*abbr* **Mn**) Mangan *nt*.

mange [meɪndʒ] *n* Räude *f*; (*of man*) Krätze *f*.

mangel(-wurzel) ['mæŋgl(,wɜːzl)] *n* Runkel- *or* Futterrübe *f*.

manger ['meɪndʒəʳ] *n* Krippe *f*.

mangle¹ ['mæŋgl] **I** *n* Mangel *f*. **II** *vt clothes* mangeln.

mangle² *vt* (*also ~ up*) (übel) zurichten.

mango ['mæŋgəʊ] *n, pl* **~(e)s** (*fruit*) Mango *f*; (*tree*) Mangobaum *m*.

mangold(-wurzel) ['mæŋgəld(,wɜːzl)] *n* see **mangel(-wurzel)**.

mangrove ['mæŋgrəʊv] *n* Mangrove(n)baum *m*. **~ swamp** Mangrove *f*.

mangy ['meɪndʒɪ] *adj* (*+er*) *dog* räudig; *carpet* schäbig.

manhandle ['mæn,hændl] *vt* **1.** grob *or* unsanft behandeln; **he was ~d into the back of the van** er wurde recht unsanft *or* gewaltsam in den Laderaum des Wagens verfrachtet; **2.** *piano etc* hieven; **manhole** *n* Kanal- *or* Straßenschacht *m*; (*in boiler etc*) Mannloch *nt*, Einsteigöffnung *f*.

manhood ['mænhʊd] *n* **1.** (*state*) Mannesalter *nt*. **2.** (*manliness*) Männlichkeit *f*. **3.** (*men*) Männer *pl*.

man-hour ['mæn'aʊəʳ] *n* Arbeitsstunde, Mannstunde *f*; **manhunt** *n* Fahndung *f*; (*for criminal also*) Verbrecherjagd *f*; (*hum: of woman*) Männerfang *m*.

mania ['meɪnɪə] *n* **1.** (*madness*) Manie *f*. **persecution ~** Verfolgungswahn *m*.

2. (*inf: enthusiasm*) Manie *f*, Tick (*inf*), Fimmel (*inf*) *m*. this ~ for nationalization diese Verstaatlichungsmanie; he has this ~ for collecting stuff er hat einen Sammeltick (*inf*) *or* -fimmel (*inf*); it has become a ~ with him das ist bei ihm zur Manie geworden.

maniac ['meɪnɪæk] I *adj* wahnsinnig. II *n* **1.** Wahnsinnige(r), Irre(r) *mf*. **2.** (*fig*) these sports ~s diese Sportfanatiker *pl*.

maniacal [mə'naɪəkəl] *adj* wahnsinnig.

manic-depressive ['mænɪkdɪ'presɪv] I *adj* manisch-depressiv. II *n* Manisch-Depressive(r) *mf*.

manicure ['mænɪ,kjʊər] I *n* Maniküre *f*. ~ set Nagelnecessaire, Nagel- *or* Maniküreetui *nt*. II *vt* maniküren. his well-~d hands seine gepflegten *or* sorgfältig manikürten Hände.

manicurist ['mænɪ,kjʊərɪst] *n* Handpflegerin *f*.

manifest ['mænɪfest] I *adj* offenkundig, offenbar; (*definite also*) eindeutig. I think it's ~ that ... es liegt doch wohl auf der Hand, daß ...; to make sth ~ etw klar *or* deutlich machen, etw manifestieren (*geh*). II *n* (*Naut*) Manifest *nt*. III *vt* zeigen, bekunden. IV *vr* sich zeigen; (*Sci, Psych etc*) sich manifestieren; (*ghost*) erscheinen; (*guilt etc*) sich offenbaren, offenbar werden.

manifestation [,mænɪfe'steɪʃən] *n* (*act of showing*) Ausdruck *m*, Manifestierung, Bekundung *f*; (*sign*) Anzeichen *nt*, Manifestation *f*; (*of spirit*) Erscheinung *f*.

manifestly ['mænɪfestlɪ] *adv* eindeutig, offensichtlich.

manifesto [,mænɪ'festəʊ] *n*, *pl* ~(e)s Manifest *nt*.

manifold ['mænɪfəʊld] I *adj* mannigfaltig (*geh*), vielfältig. ~ uses vielseitige Anwendung; it's a ~ subject das ist ein sehr komplexes Thema; his ~ experience seine reichhaltigen Erfahrungen. II *n* (*Aut*) (*inlet* ~) Ansaugrohr *nt*; (*exhaust* ~) Auspuffrohr *nt*.

manikin ['mænɪkɪn] *n* (*dwarf*) Männchen *nt*, Knirps *m*; (*Art*) Modell *nt*, Gliederpuppe *f*.

manila, manilla [mə'nɪlə] *n* **1.** (~ *paper*) Hartpapier *nt*. ~ envelopes braune Umschläge. **2.** (~ *hemp*) Manilahanf *m*.

manioc ['mænɪɒk] *n* Maniok *m*.

manipulate [mə'nɪpjʊleɪt] *vt* **1.** *machine etc* handhaben, bedienen; *bones* einrenken; (*after fracture*) zurechtrücken. **2.** *public opinion, person, prices* manipulieren; *accounts, figures also* frisieren (*inf*).

manipulation [mə,nɪpjʊ'leɪʃən] *n* Manipulation *f*.

manipulator [mə'nɪpjʊleɪtər] *n* Manipulator, Manipulant *m*.

mankind [mæn'kaɪnd] *n* die Menschheit.

manliness ['mænlɪnɪs] *n* Männlichkeit *f*.

manly ['mænlɪ] *adj* (+*er*) männlich.

man-made ['mæn'meɪd] *adj* künstlich, Kunst-. ~ fibres Kunstfasern *pl*.

manna ['mænə] *n* Manna *nt*.

manned [mænd] *adj satellite etc* bemannt.

mannequin ['mænɪkɪn] *n* (*fashion*) Mannequin *nt*; (*Art*) Modell *nt*; (*dummy*) Gliederpuppe *f*.

manner ['mænər] *n* **1.** (*mode*) Art, Weise, Art und Weise *f*. ~ of payment Zahlungsweise *f*; in *or* after this ~ auf diese Art und Weise; in the Spanish ~ im spanischen Stil; in such a ~ that ... so ..., daß ...; a ball in the grand ~ ein Ball alten Stils *or* im alten Stil; in a ~ of speaking sozusagen, gewissermaßen; it's just a ~ of speaking (*of idiom*) das ist nur so eine Redensart; I didn't mean to insult him, it was just a ~ of speaking das sollte keine Beleidigung sein, ich habe das nur so gesagt; as to the ~ born als sei er/sie dafür geschaffen; he writes dictionaries as to the ~ born er ist der geborene Lexikograph; a horseman as to the ~ born ein geborener Reiter.

2. (*behaviour etc*) Art *f*; (*towards people*) Verhalten *nt*. he has a very kind ~ er hat ein sehr freundliches Wesen; I don't like his ~ ich mag seine Art nicht.

3. ~s *pl* (*good, bad etc*) Manieren *pl*, Benehmen *nt*, Umgangsformen *pl*; that's bad ~s das *or* so etwas gehört sich nicht; ~s! benimm dich!; it's bad ~s to ... es gehört sich nicht *or* es ist unanständig, zu ...; to have bad ~s schlechte Manieren haben; he has no ~s er hat keine Manieren, er kann sich nicht benehmen; have you forgotten your ~s? wo hast du denn deine Manieren gelassen?; now, don't forget your ~s! du weißt doch, was sich gehört!; to teach sb some ~s jdm Manieren beibringen.

4. ~s *pl* (*of society*) Sitten (und Gebräuche) *pl*; a novel/ comedy of ~s ein Sittenroman *m*/eine Sittenkomödie.

5. (*class, type*) Art *f*. all ~ of birds die verschiedensten Arten von Vögeln; we saw all ~ of interesting things wir sahen allerlei Interessantes *or* so manches Interessante; I've got all ~ of things to do yet ich habe noch allerlei *or* tausenderlei zu tun; by no ~ of means keineswegs, in keinster Weise (*inf*).

mannered ['mænəd] *adj style* maniert; *friendliness, subservience etc* betont, prononciert (*geh*).

mannerism ['mænərɪzəm] *n* **1.** (*in behaviour, speech*) Angewohnheit, Eigenheit *f*. **2.** (*of style*) Manieriertheit *f*.

mannerliness ['mænəlɪnɪs] *n* Wohlerzogenheit *f*, gutes Benehmen.

mannerly ['mænəlɪ] *adj* wohlerzogen.

mannish ['mænɪʃ] *adj woman* männlich; *clothes* männlich wirkend.

manoeuvrability [mə,nu:vrə'bɪlɪtɪ] *n* Manövrierfähigkeit, Wendigkeit *f*.

manoeuvrable [mə'nu:vrəbl] *adj* manövrierfähig, wendig.

manoeuvre, (*US*) **maneuver** [mə'nu:vər] I *n* **1.** (*Mil*) Feldzug *m*. **2.** (*Mil*) ~s Manöver *nt or pl*, Truppenübung *f*; the troops were out on ~s die Truppen befanden sich im Manöver. **3.** (*clever plan*) Manöver *nt*, Winkelzug, Schachzug *m*. rather an obvious ~ ein ziemlich auffälliges Manöver. II *vt* manövrieren. he ~d his troops out onto the plain er dirigierte *or* führte seine Truppen hinaus auf die Ebene; to ~ a gun into position ein Geschütz in Stellung bringen; **to ~ sb into doing sth** jdn dazu bringen, etw zu tun.

III *vi* manövrieren; (*Mil*) (ein) Manöver durchführen. **to ~ for position** (*lit, fig*) sich in eine günstige Position manövrieren; **room to ~** Spielraum *m*, Manövrierfähigkeit *f*.

manor ['mænəʳ] *n* Gut(shof *m*), Landgut *nt*. **lord/lady of the ~** Gutsherr *m*/-herrin *f*; **~ house** Herrenhaus *nt*.

manpower ['mæn,paʊəʳ] *n* Leistungs- *or* Arbeitspotential *nt*; (*Mil*) Stärke *f*. **we haven't got the ~** wir haben dazu nicht genügend Personal *or* Arbeitskräfte *pl*.

manqué ['mɒŋkeɪ] *adj pred* (*failed*) gescheitert; (*unfulfilled*) verkannt. **an artist ~** ein verkannter Künstler; **he's a novelist ~** an ihm ist ein Schriftsteller verlorengegangen.

manse [mæns] *n* Pfarrhaus *nt*.

manservant ['mænsɜ:vənt] *n*, *pl* **menservants** ['mensɜ:vənts] Diener *m*.

mansion ['mænʃən] *n* Villa *f*; (*of ancient family*) Herrenhaus *nt*.

man-sized ['mæn,saɪzd] *adj* **steak** Riesen-; **manslaughter** *n* Totschlag *m*.

manta (ray) ['mæntə(reɪ)] *n* Teufelsrochen, Manta *m*.

mantelpiece ['mæntlpi:s] *n*, **mantelshelf** ['mæntlʃelf] *n*, *pl* **-shelves** [-ʃelvz] (*above fireplace*) Kaminsims *nt or m*; (*around fireplace*) Kaminverkleidung *or* -einfassung *f*.

mantis ['mæntɪs] *n see* **praying ~**.

mantle ['mæntl] **I** *n* **1.** Umhang *m*; (*fig*) Deckmantel *m*. **a ~ of snow** eine Schneedecke. **2.** (*gas ~*) Glühstrumpf *m*.
II *vt* (*liter*) bedecken.

man-to-man ['mæntə'mæn] *adj, adv* von Mann zu Mann; **a ~ talk** ein Gespräch von Mann zu Mann; **mantrap** *n* Fußangel *f*.

manual ['mænjʊəl] **I** *adj* manuell; *control also* von Hand; *work also* Hand-; *labour* körperlich. **~ labourer** Schwerarbeiter *m*; **~ worker** (manueller *or* Hand-)arbeiter *m*; **~ skill** Handwerk *nt*; **he was trained in several ~ skills** er hatte verschiedene Handwerksberufe *pl* erlernt; **~ gear change** Schaltgetriebe *nt*, Schaltung *f* von Hand.
II *n* **1.** (*book*) Handbuch *nt*.
2. (*Mus*) Manual *nt*.

manually ['mænjʊəlɪ] *adv* von Hand, manuell.

manufacture [,mænjʊ'fæktʃəʳ] **I** *n* (*act*) Herstellung *f*; (*pl: products*) Waren, Erzeugnisse *pl*. **articles of foreign ~** ausländische Erzeugnisse *pl*.
II *vt* **1.** herstellen. **~d goods** Fertigware *f*, Fertigerzeugnisse *pl*.
2. (*fig*) *excuse* erfinden.
III *vi* **we started manufacturing ...** wir begannen mit der Herstellung ...

manufacturer [,mænjʊ'fæktʃərəʳ] *n* Hersteller *m*.

manufacturing [,mænjʊ'fæktʃərɪŋ] **I** *adj* *techniques* Herstellungs-; *capacity* Produktions-; *industry* verarbeitend.
II *n* Erzeugung, Herstellung *f*.

manure [mə'njʊəʳ] **I** *n* Dung, Mist *m*; (*esp artificial*) Dünger *m*. **liquid ~** Jauche *f*;

artificial **~** Kunstdünger *m*. **II** *vt* *field* düngen.

manuscript ['mænjuskrɪpt] *n* Manuskript *nt*; (*ancient also*) Handschrift *f*. **the novel is still in ~** der Roman ist noch in Manuskriptform; **I read it first in ~ form** ich habe es zuerst als Manuskript gelesen.

Manx [mæŋks] **I** *adj* der Insel Man. **~ cat** Manx-Katze *f* (*stummelschwänzige Katze*). **II** *n* (*language*) Manx *nt*.

Manxman ['mæŋksmən] *n*, *pl* **-men** [-mən] Bewohner *m* der Insel Man, Manx *m*.

many ['menɪ] **I** *adj* viele. **~ people** viele (Menschen *or* Leute); **there were as ~ as 20** es waren sogar 20 da; **fifty went to France and as ~ to Germany** fünfzig gingen nach Frankreich und ebenso viele nach Deutschland; **as ~ again** noch einmal so viele; **there's one too ~** einer ist zuviel; **he's had one too ~** er hat einen über den Durst getrunken; **~ a good soldier** so mancher gute Soldat; **~ a time** so manches Mal; **~'s the time I've heard that old story** ich habe diese alte Geschichte so manches Mal gehört.

II *n* eine ganze Menge *or* Reihe *or* Anzahl (von). **a good/great ~ houses** eine (ganze) Reihe *or* Anzahl Häuser; **the ~** die (große) Masse.

many-coloured [,menɪ'kʌləd] *adj* bunt, vielfarbig; **many-sided** *adj* vielseitig; *figure also* vieleckig; **it's a ~ problem** das Problem hat sehr viele verschiedene Aspekte.

Maoist ['maʊɪst] *n* Maoist(in *f*) *m*.

Maori ['maʊrɪ] **I** *adj* Maori-. **II** *n* **1.** Maori *mf*. **2.** (*language*) Maori *nt*.

map [mæp] **I** *n* (Land)karte *f*; (*of streets, town*) Stadtplan *m*; (*showing specific item*) Karte *f*. **a ~ of the stars/rivers** eine Stern-/Flußkarte; **this will put Cheam on the ~** (*fig*) das wird Cheam zu einem Namen verhelfen; **it's right off the ~** (*fig*) das liegt (ja) am Ende der Welt; **entire cities were wiped off the ~** ganze Städte wurden ausradiert.

II *vt* (*measure*) vermessen; (*make a map of*) eine Karte anfertigen von. **the history of her suffering was ~ped on her face** ihr Gesicht war von Leid gezeichnet.

◆**map out** *vt sep* **1.** (*lit*) *see* **map II**.
2. (*fig: plan*) entwerfen. **the essay is well ~ped** der Aufsatz ist gut angelegt; **our holiday schedule was all ~ped ~ in advance** der Zeitplan für unsere Ferien war schon im voraus genau festgelegt.

maple ['meɪpl] *n* (*wood, tree*) Ahorn *m*.

maple leaf *n* Ahornblatt *nt*; **maple sugar** *n* Ahornzucker *m*; **maple syrup** *n* Ahornsirup *m*.

mapmaker ['mæpmeɪkəʳ] *n* Kartograph *m*; **mapmaking** *n* Kartographie *f*; **mapreader** *n* Kartenleser(in *f*) *m*; **mapreading** *n* Kartenlesen *nt*.

Mar *abbr of* **March**.

mar [ma:ʳ] *vt* verderben; *happiness* trüben; *beauty* mindern. **not a cloud to ~ the sky** kein Wölkchen trübte den Himmel; **his essay was ~red by careless mistakes** durch seine Flüchtigkeitsfehler verdarb er (sich *dat*) den ganzen Aufsatz.

marabou ['mærəbu:] *n* Marabu *m*.

maraschino [ˌmærəˈskiːnəʊ] n, pl ~s (drink) Maraschino m; (~ cherry) Maraschinokirsche f.

marathon [ˈmærəθən] I n 1. (lit) Marathon-(lauf) m. 2. (fig) Marathon nt. this film is a real ~ das ist wirklich ein Marathonfilm m. II adj Marathon-.

maraud [məˈrɔːd] vti plündern.

marauder [məˈrɔːdəʳ] n Plünderer m; (animal) Räuber m.

marble [ˈmɑːbl] I n 1. Marmor m. 2. (work in ~) Marmorplastik f. 3. (glass ball) Murmel f, Klicker m (inf). he hasn't got all his ~s (inf) er hat nicht mehr alle Tassen im Schrank (inf). II adj Marmor-.

marbled [ˈmɑːbld] adj surface, pages marmoriert.

March [mɑːtʃ] n März m; see also September.

march [mɑːtʃ] I n 1. (Mil, Mus) Marsch m; (demonstration) Demonstration f; (fig: long walk) Weg m. we had been five days on the ~ wir waren fünf Tage lang marschiert; it's two days' ~ es ist ein Zwei-Tage-Marsch; he went for a good ~ across the moors er ist durchs Moorland marschiert.
2. (of time, history, events) Lauf m.
3. to steal a ~ on sb jdm zuvorkommen. II vt soldiers marschieren lassen; distance marschieren. to ~ sb off jdn abführen.
III vi marschieren. forward ~! vorwärts(, marsch)!; quick ~! im Laufschritt, marsch!; to ~ in einmarschieren; she just ~ed into the room sie marschierte einfach hinein; time ~es on die Zeit bleibt nicht stehen; to ~ out abmarschieren; to ~ past sb an jdm vorbeimarschieren; she ~ed straight up to him sie marschierte schnurstracks auf ihn zu.

marcher [ˈmɑːtʃəʳ] n (in demo) Demonstrant(in f) m.

marching orders [ˈmɑːtʃɪŋˌɔːdəz] (Mil) Marschbefehl m; (inf) Entlassung f; the new manager got his ~ der neue Manager ist gegangen worden (inf); she gave him his ~ sie gab ihm den Laufpaß gegeben.

marchioness [ˈmɑːʃənɪs] n Marquise f.

march past n Aufmarsch m, Defilee nt.

Mardi gras [ˈmɑːdɪˈɡrɑː] n Karneval m.

mare [meəʳ] n (horse) Stute f; (donkey) Eselin f.

mare's nest [ˈmeəznest] n Windei nt, Reinfall m.

margarine [ˌmɑːdʒəˈriːn], **marge** [mɑːdʒ] (inf) n Margarine f.

margin [ˈmɑːdʒɪn] n 1. (on page) Rand m. a note (written) in the ~ eine Randbemerkung, eine Bemerkung am Rand.
2. (extra amount) Spielraum m. ~ of error Fehlerspielraum m; he left a safety ~ of one hour sicherheitshalber kalkulierte er einen Spielraum von einer Stunde ein; by a narrow ~ knapp; it's within the safety ~ das ist noch sicher.
3. (Comm: also profit ~) Gewinnspanne, Verdienstspanne f.

marginal [ˈmɑːdʒɪnl] adj 1. note Rand-.
2. improvement, difference geringfügig, unwesentlich; constituency unentschieden. this is a ~ constituency for the

Tories die Tories haben in diesem Wahlkreis nur eine knappe Mehrheit.

marginally [ˈmɑːdʒɪnəlɪ] adv geringfügig, unwesentlich, nur wenig. is that better? — ~ ist das besser? — etwas, ein wenig; but only just — nur ganz knapp; it's only ~ useful es hat nur sehr begrenzte Anwendungsmöglichkeiten pl.

marguerite [ˌmɑːɡəˈriːt] n Margerite f.

marigold [ˈmærɪɡəʊld] n (African or French ~) Tagetes, Studentenblume f; (common or pot ~) Ringelblume f.

marihuana, marijuana [ˌmærɪˈhwɑːnə] n Marihuana nt.

marina [məˈriːnə] n Yachthafen m.

marinade [ˌmærɪˈneɪd] n Marinade f.

marinate [ˈmærɪneɪt] vt marinieren.

marine [məˈriːn] I adj Meeres-, See-. ~ insurance Seeversicherung f; ~ life Meeresfauna und -flora f.
II n 1. (fleet) Marine f. merchant ~ Handelsmarine f.
2. (person) Marineinfanterist m. the ~s die Marineinfanterie, die Marinetruppen pl; tell that to the ~s! (inf) das kannst du deiner Großmutter erzählen! (inf).

mariner [ˈmærɪnəʳ] n Seemann m.

marionette [ˌmærɪəˈnet] n Marionette f.

marital [ˈmærɪtl] adj ehelich. ~ status Familienstand m; ~ vows Ehegelübde nt; ~ bliss Eheglück nt.

maritime [ˈmærɪtaɪm] adj warfare, law See-. ~ regions Küstenregionen pl.

marjoram [ˈmɑːdʒərəm] n Majoran m.

Mark [mɑːk] n Markus m. ~ Antony Mark Anton.

mark¹ [mɑːk] n (Fin) Mark f.

mark² I n 1. (stain, spot etc) Fleck m; (scratch) Kratzer m, Schramme f. to make a ~ on sth einen Fleck auf etw (acc) machen/etw beschädigen; dirty ~s Schmutzflecken pl; with not a ~ on it in makellosem Zustand; will the operation leave a ~? wird die Operation Spuren or Narben hinterlassen?; the ~s of violence die Spuren der Gewalt; he left the ring without a ~ on him/his body er verließ den Ring, ohne auch nur eine Schramme abbekommen zu haben.
2. (~ing) (on animal) Fleck m; (on person) Mal nt; (on plane, football pitch etc) Markierung f; (sign: on monument etc) Zeichen m.
3. (in exam) Note f. high or good ~s gute Noten pl; the ~s are out of 100 insgesamt kann/konnte man 100 Punkte erreichen; you get no ~s at all as a cook (fig) in puncto Kochen bist du ja nicht gerade eine Eins (inf); there are no ~s for guessing (fig) das ist ja wohl nicht schwer zu zu erraten; he gets full ~s for punctuality (fig) in Pünktlichkeit verdient er eine Eins.
4. (sign, indication) Zeichen nt. he had the ~s of old age er war vom Alter gezeichnet; it bears the ~s of genius das trägt geniale Züge; it's the ~ of a gentleman daran erkennt man den Gentleman.
5. (instead of signature) to make one's ~ drei Kreuze (als Unterschrift) machen.
6. (level) expenses have reached the £100 ~ die Ausgaben haben die

100-Pfund-Grenze erreicht; **the temperature reached the 35°** ~ die Temperatur stieg bis auf 35° an.

7. Cooper M~ II Cooper, II.

8. (*phrases*) **to be quick off the** ~ (*Sport*) einen guten Start haben; (*fig*) blitzschnell handeln *or* reagieren; **you were quick off the** ~ du warst aber fix!; **to be slow off the** ~ (*Sport*) einen schlechten Start haben; (*fig*) nicht schnell genug schalten *or* reagieren; **to be up to the** ~ den Anforderungen entsprechen; (*work also*) über dem Strich sein; **his work is not up to the** ~ seine Arbeit ist unter dem Strich; **I'm not feeling quite up to the** ~ ich bin *or* fühle mich nicht ganz auf dem Posten; **to leave one's** ~ **(on sth)** einer Sache (*dat*) seinen Stempel aufdrücken; **to make one's** ~ sich (*dat*) einen Namen machen; **on your** ~**s!** auf die Plätze!; **to be wide of the** ~ (*shooting*) danebentreffen, danebenschießen; (*fig: in guessing, calculating*) danebentippen, sich verhauen (*inf*); **to hit the** ~ (*lit, fig*) ins Schwarze treffen.

9. (*Rugby*) Freifang *m*. "~!" „Marke!"

II *vt* **1.** (*adversely*) beschädigen; (*stain*) schmutzig machen, Flecken machen auf (+*acc*); (*scratch*) zerkratzen. **her face was** ~**ed for life** sie hat bleibende Narben im Gesicht zurückbehalten; **the experience** ~**ed him for life** das Erlebnis hat ihn für sein Leben gezeichnet.

2. (*for recognition, identity*) markieren, bezeichnen; (*label*) beschriften; (*price*) auszeichnen; (*playing cards*) zinken. ~**ed with the name and age of the exhibitor** mit Namen und Alter des Ausstellers versehen; **the bottle was** ~**ed "poison"** die Flasche trug die Aufschrift „Gift"; **the chair is** ~**ed at £2** der Stuhl ist mit £ 2 ausgezeichnet; **the picture/cage isn't** ~**ed** das Bild ist ohne Angaben/der Käfig hat keine Aufschrift; ~ **where you have stopped in your reading** machen Sie sich (*dat*) ein Zeichen, bis wohin Sie gelesen haben; ~ **sth with an asterisk** etw mit einem Sternchen versehen; **X** ~**s the spot** X markiert *or* bezeichnet die Stelle; **the teacher** ~**ed him absent** der Lehrer trug ihn als fehlend ein; **it's not** ~**ed on the map** es ist nicht auf der Karte eingezeichnet; **it's** ~**ed with a blue dot** es ist mit einem blauen Punkt gekennzeichnet.

3. (*characterize*) kennzeichnen. **a decade** ~**ed by violence** ein Jahrzehnt, das im Zeichen der Gewalt stand; **the new bill** ~**s a change of policy** das neue Gesetz deutet auf einen politischen Kurswechsel hin; **it** ~**ed the end of an era** damit ging eine Ära zu Ende; **it** ~**s him as a future star** daran zeigt sich, daß er eine große Karriere vor sich (*dat*) hat; **a month** ~**ed by inactivity** ein Monat, der sich durch Untätigkeit auszeichnete.

4. (*usu pass*) zeichnen. ~**ed with grief** von Schmerz gezeichnet; **a beautifully** ~**ed bird** ein schön gezeichneter Vogel.

5. *exam, paper* korrigieren (und benoten). **to** ~ **a paper A** eine Arbeit mit (einer) Eins benoten; **to** ~ **a candidate**

einem Kandidaten eine Note geben; **the candidate was** ~**ed ...** der Kandidat erhielt die Note ...; **we** ~**ed him A** wir haben ihm eine Eins gegeben; **to** ~ **sth wrong** etw anstreichen.

6. (*heed*) hören auf (+*acc*). ~ **my words** eins kann ich dir sagen; (*threatening, warning also*) lassen Sie sich das gesagt sein!; ~ **you, he may have been right** er könnte gar nicht so unrecht gehabt haben; ~ **you, I didn't believe him** ich habe ihm natürlich nicht geglaubt.

7. (*Sport*) *player, opponent* decken.

8. to ~ **time** (*Mil, fig*) auf der Stelle treten.

III *vi* **1.** (*get dirty*) schmutzen, schmutzig werden; (*scratch*) Kratzer bekommen.

2. (*Sport*) decken.

◆**mark down** *vt sep* **1.** (*note down*) (sich *dat*) notieren. **2.** *prices* heruntersetzen.

◆**mark off** *vt sep* kennzeichnen; *boundary* markieren; *football pitch etc* abgrenzen; *danger area etc* absperren.

◆**mark out** *vt sep* **1.** *tennis court etc* abstecken.

2. (*note*) bestimmen (*for* für). **the area has been** ~**ed** ~ **for special government grants** für das Gebiet sind besondere staatliche Zuschüsse vorgesehen.

3. (*identify*) **his speeches have** ~**ed him** ~ **as a communist** aus seinen Reden geht hervor *or* kann man schließen, daß er Kommunist ist.

◆**mark up** *vt sep* **1.** (*write up*) notieren (*on* auf +*dat*). **2.** *price* heraufsetzen, erhöhen.

marked [mɑːkt] *adj* **1.** *contrast* merklich, deutlich; *accent* stark, deutlich; *improvement* spürbar, merklich. **it is becoming more** ~ es wird immer deutlicher *or* tritt immer deutlicher zutage. **2. he's a** ~ **man** er steht auf der schwarzen Liste.

markedly [ˈmɑːkɪdlɪ] *adv* merklich. **it is** ~ **better** es ist wesentlich *or* bedeutend besser; **not** ~ so nicht, daß es auffallen würde; **they are not** ~ **different** es besteht kein besonderer *or* großer Unterschied zwischen ihnen.

marker [ˈmɑːkəʳ] *n* **1.** Marke *f*; (*to turn at*) Wendemarke *f*, Wendepunkt *m*; (*on road*) Schild *nt*, Wegweiser *m*; (*in book*) Lesezeichen *nt*. **2.** (*for exams*) Korrektor(in *f*) *m*; (*scorekeeper in games*) Punktezähler *m*. **will you be the** ~? schreibst du (die Punkte) auf? **3.** (*Ftbl*) Beschatter *m*.

market [ˈmɑːkɪt] **I** *n* **1.** Markt *m*. **he took his sheep to** ~ er brachte seine Schafe zum Markt; **at the** ~ auf dem Markt; **to go to** ~ auf den/zum Markt gehen.

2. (*trade*) Markt *m*. **world** ~ Weltmarkt *m*; **open** ~ offener Markt; **to be in the** ~ **for sth** an etw (*dat*) interessiert sein; **to be on the** ~ auf dem Markt sein; **to come on(to) the** ~ auf den Markt kommen; **to put on the** ~ auf den Markt bringen; *house* zum Verkauf anbieten.

3. (*area, demand*) (Absatz)markt *m*; (*area also*) Absatzgebiet *nt*. **to create a** ~ Nachfrage erzeugen; **to find a ready** ~ guten Absatz finden.

4. (*stock-*~) Börse *f*. **to play the** ~ (an der Börse) spekulieren.

II *vt* vertreiben. **to ~ a (new) product** ein (neues) Produkt auf den Markt bringen; **it's a nice idea, but we can't ~ it** das ist eine gute Idee, sie läßt sich nur nicht verkaufen *or* vermarkten; **the reason it didn't sell was simply that it wasn't properly ~ed** es fand wegen unzureichenden Marketings keinen Absatz.

III *vi* sich verkaufen, Absatz finden.

marketable ['mɑːkɪtəbl] *adj* absetzbar, marktfähig *or* -gängig.

marketeer [ˌmɑːkəˈtɪə'] *n (Pol)* **(Common) M~** Anhänger *or* Befürworter *m* der EWG; **black ~** Schwarzhändler *m*.

market garden *n* Gemüseanbaubetrieb *m*, Gärtnerei *f*; **market gardening** *n* (gewerbsmäßiger) Anbau von Gemüse.

marketing ['mɑːkɪtɪŋ] *n* Marketing *nt*.

marketplace ['mɑːkɪtpleɪs] *n* Marktplatz *m*; *(world of trade)* Markt *m*; **in/on the ~** auf dem Markt(platz); **market price** *n* Marktpreis *m*; **market research** *n* Marktforschung *f*; **market town** *n* Marktstädtchen *nt*; **market value** *n* Marktwert *m*.

marking ['mɑːkɪŋ] *n* **1.** Markierung *f*; *(on aeroplane also)* Kennzeichen *nt*; *(on animal)* Zeichnung *f*. **~ ink** Wäschetinte *f*. **2.** *(of exams) (correcting)* Korrektur *f*; *(grading)* Benotung *f*. **3.** *(Sport)* Decken *nt*, Deckung *f*.

marksman ['mɑːksmən] *n, pl* **-men** [-mən] Schütze *m*; *(police etc)* Scharfschütze *m*.

marksmanship ['mɑːksmənʃɪp] *n* Treffsicherheit *f*.

mark-up ['mɑːkʌp] *n* Handelsspanne *f*; *(amount added)* Preiserhöhung *f or* -aufschlag *m*. **~ price** Verkaufspreis *m*.

marlin ['mɑːlɪn] *n* Fächerfisch, Marlin *m*.

marmalade ['mɑːməleɪd] *n* Marmelade *f* aus Zitrusfrüchten. **(orange) ~** Orangenmarmelade *f*.

marmoset ['mɑːməʊzet] *n* Krallenaffe *m*, Pinseläffchen *nt*.

marmot ['mɑːmət] *n* Murmeltier *nt*.

maroon[1] *vt* aussetzen. **~ed** von der Außenwelt abgeschnitten; **~ed by floods** vom Hochwasser eingeschlossen.

marquee [mɑːˈkiː] *n* Festzelt *nt*.

marquess, marquis ['mɑːkwɪs] *n* Marquis *m*.

marram grass ['mærəmˌgrɑːs] *n* Strandhafer *m*, Dünengras *nt*.

marriage ['mærɪdʒ] *n* **1.** *(state)* die Ehe; *(wedding)* Hochzeit, Heirat *f*; *(~ ceremony)* Trauung *f*. **civil ~** Zivilehe *f*/ standesamtliche Trauung; **~ of convenience** Vernunftehe *f*; **relations by ~** angeheiratete Verwandte; **to be related by ~** *(in-laws)* miteinander verschwägert sein; *(others)* miteinander verwandt sein; **to give sb in ~ to sb** jdn jdm zur Frau geben; **to give sb in ~** jdn verheiraten; **an offer of ~** ein Heiratsantrag *m*.

2. *(fig)* Verbindung *f*. **a ~ of two minds** eine geistige Ehe.

marriageable ['mærɪdʒəbl] *adj* heiratsfähig. **of ~ age** im heiratsfähigen Alter.

marriage ceremony *n* Trauzeremonie *f*; **marriage guidance** *n* Eheberatung *f*;

maroon[1] **I** *adj* kastanienbraun, rötlichbraun. **II** *n (colour)* Kastanienbraun *nt*; *(firework)* Leuchtkugel *f*.

marriage guidance counsellor *n* Eheberater(in *f*) *m*; **marriage settlement** *n* Ehevertrag *m*; **marriage vow** *n* Ehegelübde *nt*.

married ['mærɪd] *adj* life, state Ehe-; *man, woman* verheiratet. **~ couple** Ehepaar *nt*; **~ quarters** Unterkünfte für Eheleute; **he/she is a ~ man/woman** er/sie ist verheiratet.

marrow ['mærəʊ] *n* **1.** *(Anat)* (Knochen)-mark *nt*. **~bone** Markknochen *m*; **to be frozen to the ~** völlig durchgefroren sein. **2.** *(fig: of statement etc)* Kern *m*, Wesentliche(s) *nt*. **3.** *(Bot)* *(also* **vegetable ~**) Gartenkürbis *m*.

marry ['mærɪ] **I** *vt* **1.** heiraten. **to ~ money** reich heiraten; **will you ~ me?** willst du mich heiraten?

2. *(priest)* trauen.

3. *(father)* verheiraten.

II *vi* **1.** *(also* **get married**) heiraten, sich verheiraten; *(of couple)* heiraten, sich vermählen *(geh)*. **to ~ into a rich family** in eine reiche Familie einheiraten; **to ~ into money** reich heiraten; **he married into a small fortune** durch die Heirat ist er an ein kleines Vermögen gekommen; **he's not the ~ing kind** er ist nicht der Typ, der heiratet; **~ in haste, repent at leisure** *(prov)* Heiraten in Eile bereut man in Weile *(prov)*.

2. *(fig: of two pieces of wood etc)* ineinanderpassen.

◆**marry off** *vt sep* an den Mann/die Frau bringen *(inf)*; *girl also* unter die Haube bringen *(inf)*. **he has married ~ his daughter to a rich young lawyer** er hat dafür gesorgt, daß seine Tochter einen reichen jungen Anwalt heiratet.

Mars [mɑːz] *n* Mars *m*.

Marseilles [mɑːˈseɪlz] *n* Marseille *nt*.

marsh [mɑːʃ] *n* Sumpf *m*.

marshal ['mɑːʃəl] **I** *n (Mil, of royal household)* Marschall *m*; *(at sports meeting etc)* Platzwärter *m*; *(at demo etc)* Ordner *m*; *(US)* Bezirkspolizeichef *m*. **II** *vt* *facts, arguments* ordnen; *soldiers* antreten lassen; *(lead)* geleiten, führen.

marshalling yard ['mɑːʃəlɪŋˈjɑːd] *n* Rangier- *or* Verschiebebahnhof *m*.

marsh gas *n* Methangas, Sumpf- *or* Grubengas *nt*; **marshland** *n* Marschland *nt*; **marshmallow** *n* *(sweet)* Marshmallow *nt*; *(Bot)* Eibisch *m*; **marsh marigold** *n* Sumpfdotterblume *f*.

marshy ['mɑːʃɪ] *adj (+er)* sumpfig.

marsupial [mɑːˈsuːpɪəl] **I** *adj* **~ animal** Beuteltier *nt*. **II** *n* Beuteltier *nt*.

marten ['mɑːtɪn] *n* Marder *m*.

martial ['mɑːʃəl] *adj music* kriegerisch, Kampf-; *bearing* soldatisch. **the ~ arts** die Kampfkunst; **~ law** Kriegsrecht *nt*; **the state was put under ~ law** über den Staat wurde (das) Kriegsrecht verhängt.

Martian ['mɑːʃɪən] **I** *adj atmosphere, exploration* des Mars; *invaders* vom Mars. **II** *n* Marsbewohner(in *f*), Marsmensch *m*.

martin ['mɑːtɪn] *n* Schwalbe *f*.

martinet [ˌmɑːtɪˈnet] *n* (strenger) Zuchtmeister. **he's a real ~** er führt ein strenges Regiment.

Martinique [ˌmɑːtɪˈniːk] *n* Martinique *nt*.

Martinmas ['mɑːtɪnməs] *n* Martinstag *m*, Martini *nt*.

martyr ['mɑːtəʳ] **I** *n* Märtyrer(in *f*) *m*. **he was a ~ to the cause of civil rights** er wurde zum Märtyrer für die Sache der Bürgerrechtsbewegung; **to be a ~ to arthritis** entsetzlich unter Arthritis zu leiden haben; **there's no need to make a ~ of yourself** (*inf*) du brauchst hier nicht den Märtyrer zu spielen (*inf*).

　II *vt* martern, (zu Tode) quälen. **thousands of Christians were ~ed** Tausende von Christen starben den Märtyrertod.

martyrdom ['mɑːtədəm] *n* (*suffering*) Martyrium *nt*; (*death*) Märtyrertod *m*.

marvel ['mɑːvəl] **I** *n* Wunder *nt*. **the ~s of modern science** die Wunder der modernen Wissenschaft; **if he ever gets there it will be a ~** (*inf*) wenn er jemals dort ankommt, ist das ein Wunder; **you're a ~!** (*inf*) du bist ein Engel!; (*clever*) du bist ein Genie!

　II *vi* staunen (*at* über +*acc*). **to ~ at a sight** einen Anblick bestaunen.

marvellous, (*US*) **marvelous** ['mɑːvələs] *adj* wunderbar, phantastisch, fabelhaft. **isn't it ~?** ist das nicht herrlich?; (*iro*) gut, nicht! (*iro*), das ist der Abschuß! (*inf*).

marvellously, (*US*) **marvelously** ['mɑːvələslɪ] *adv* (*with adj*) herrlich; (*with vb*) großartig, fabelhaft.

Marxian ['mɑːksɪən] *adj* Marxisch.

Marxism ['mɑːksɪzəm] *n* der Marxismus.

Marxist ['mɑːksɪst] **I** *adj* marxistisch. **II** *n* Marxist(in *f*) *m*.

Mary ['mɛərɪ] *n* Maria *f*.

Maryland ['mɛərɪlænd] *n* (*abbr* **Md, MD**) Maryland *nt*.

marzipan [ˌmɑːzɪ'pæn] *n* Marzipan *nt or m*.

mascara [mæ'skɑːrə] *n* Wimperntusche *f*.

mascot ['mæskət] *n* Maskottchen *nt*.

masculine ['mæskjʊlɪn] **I** *adj* männlich; *woman* maskulin. **II** *n* (*Gram*) Maskulinum *nt*.

masculinity [ˌmæskjʊ'lɪnɪtɪ] *n* Männlichkeit *f*.

mash [mæʃ] **I** *n* Brei *m*; (*for animals*) Futterbrei *m*; (*potatoes*) Püree *nt*; (*in brewing*) Maische *f*. **II** *vt* zerstampfen.

mashed [mæʃt] *adj* ~ **potatoes** Kartoffelbrei *m or* -püree *nt*.

mask [mɑːsk] **I** *n* (*lit, fig*) Maske *f*. **the ~ slipped** (*fig*) er/sie *etc* ließ die Maske fallen; **surgeon's ~** Mundschutz *m*. **II** *vt* maskieren; (*clouds, trees etc*) verdecken; *feelings* verbergen; *intentions* maskieren.

masked [mɑːskt] *adj* maskiert. ~ **ball** Maskenball *m*.

masochism ['mæsəʊkɪzəm] *n* Masochismus *m*.

masochist ['mæsəʊkɪst] *n* Masochist(in *f*) *m*.

masochistic [ˌmæsəʊ'kɪstɪk] *adj* masochistisch.

mason ['meɪsn] *n* **1.** (*builder*) Steinmetz *m*; (*in quarry*) Steinhauer *m*; *see* **monumental. 2.** (*free~*) Freimaurer *m*.

masonic [mə'sɒnɪk] *adj* Freimaurer-.

masonry ['meɪsnrɪ] *n* **1.** (*stonework*) Mauerwerk *nt*. **2.** (*free~*) Freimaurerei *f*, Freimaurertum *nt*.

masquerade [ˌmæskə'reɪd] **I** *n* Maskerade

f. **that's just a ~**, (*fig*) das ist alles nur Theater.

　II *vi* **to ~ as ...** sich verkleiden als ...; (*fig*) sich ausgeben als ..., vorgeben, ... zu sein; **this cheap rubbish masquerading as literature** dieser Schund, der als Literatur ausgegeben wird.

mass¹ [mæs] *n* (*Eccl*) Messe *f*. **high ~** Hochamt *nt*; **to go to ~** zur Messe gehen; **to hear ~** die Messe feiern; **to say ~** die *or* eine Messe lesen.

mass² **I** *n* **1.** (*general, Phys*) Masse *f*; (*of people*) Menge *f*. **a ~ of snow/rubble** eine Schneemasse/ein Schutthaufen *m*; **the ~ of rubble** der Haufen Schutt; **a ~ of cold air** eine kalte Luftmasse; **a ~ of red hair** ein Wust roter Haare; **a ~ of flames** ein einziges Flammenmeer; **he's a ~ of bruises** er ist voller blauer Flecken; **the garden is a ~ of yellow/colour** der Garten ist ein Meer *nt* von Gelb/ein Farbenmeer *nt*; **the ~es** die Masse(n *pl*); **the great ~ of the population** die (breite) Masse der Bevölkerung; **the nation in the ~** die breite(n) Volksmasse(n); **people, in the ~, prefer ...** die breite Masse (der Menschen) zieht es vor, ...

　2. (*bulk*) **the great ~ of the mountains** das riesige Bergmassiv.

　3. (*inf*) ~**es** massenhaft, eine Masse (*inf*); **he has ~es of money/time** er hat massenhaft *or* massig (*inf*) *or* eine Masse (*inf*) Geld/Zeit; **the factory is producing ~es of cars** die Fabrik produziert Unmengen von Autos; **I've got ~es of things to do** ich habe noch massig (*inf*) zu tun.

　II *vt troops* massieren, zusammenziehen. **the ~ed bands of the Royal Navy** die vereinigten Militärkapellen der königlichen Marine.

　III *vi* (*Mil*) sich massieren; (*Red Indians etc*) sich versammeln; (*clouds*) sich (zusammen)ballen. **they're ~ing for an attack** sie sammeln sich zum Angriff.

mass *in cpds* Massen-.

Massachusetts [ˌmæsə'tʃuːsɪts] *n* (*abbr* **Mass, MA**) Massachusetts *nt*.

massacre ['mæsəkəʳ] **I** *n* Massaker *nt*. **II** *vt* niedermetzeln, massakrieren. **last Saturday they ~d us 6-0** (*inf*) letzten Samstag haben sie uns mit 6:0 fertiggemacht (*inf*).

massage ['mæsɑːʒ] **I** *n* Massage *f*. ~ **parlour** Massagesalon *m*. **II** *vt* massieren.

masseur [mæ'sɜːʳ] *n* Masseur *m*.

masseuse [mæ'sɜːz] *n* (*professional*) Masseurin *f*; (*in eros centre etc*) Masseuse *f*.

massif [mæ'siːf] *n* (*Geog*) (Gebirgs)massiv *nt*.

massive ['mæsɪv] *adj* riesig, enorm; *structure, wall* massiv, wuchtig; *forehead* breit, wuchtig; *boxer* wuchtig, massig; *task* gewaltig; *support, heart attack* massiv. **the ship was designed on a ~ scale** das Schiff hatte riesenhafte Ausmaße; **space research is planned and financed on a ~ scale** Raumforschung wird in ganz großem Rahmen geplant und finanziert.

massively ['mæsɪvlɪ] *adv* wuchtig. **a ~ built man** ein Schrank von einem Mann; **~ in debt** enorm verschuldet.

massiveness ['mæsɪvnɪs] *n* (*of expanse of land, plane, ship, hotel etc*) riesige *or* gewaltige Ausmaße *pl*; (*of fortune, expenditure, orchestra*) enorme Größe; (*of structure, wall*) Wuchtigkeit, Massivität *f*; (*of boxer, forehead*) Wuchtigkeit *f*.

mass media *npl* Massenmedien *pl*; **mass meeting** *n* Massenveranstaltung *f*; (*in company*) Betriebsversammlung *f*; (*of trade union*) Vollversammlung *f*; (*Pol*) Massenkundgebung *f*; **mass murderer** *n* Massenmörder *m*; **mass murders** *npl* Massenmord *m*; **mass number** *n* (*Phys*) Massenzahl *f*; **mass-produce** *vt* in Massenproduktion *or* -fabrikation herstellen; *cars, engines etc* serienweise herstellen; **mass-produced** *adj* ~ **items** Massenartikel *pl*; **it looks as though it was** ~ das sieht sehr nach Massenware aus; **mass psychology** *n* Massenpsychologie *f*.

mast¹ [mɑːst] *n* (*Naut*) Mast(baum) *m*; (*Rad etc*) Sendeturm *m*. **10 years before the** ~ 10 Jahre auf See.

mast² *n* (*Bot*) Mast *f*.

master ['mɑːstəʳ] **I** *n* **1.** (*of the house, dog, servants*) Herr *m*. **M**~ (*Christ*) der Herr; (*in address*) Meister; **I am (the)** ~ **now** jetzt bin ich der Herr; **to be** ~ **in one's own house** (*also fig*) Herr im Hause sein; **to be one's own** ~ sein eigener Herr sein.

2. (*Naut*) Kapitän *m*. ~**'s certificate** Kapitänspatent *nt*.

3. (*musician, painter etc*) Meister *m*.

4. (*teacher*) Lehrer *m*; (*of apprentice*) Meister *m*.

5. to be ~ **of sth** etw beherrschen; **after years of practice he became a fluent** ~ **of Russian** nach jahrelanger Übung meisterte er die russische Sprache fließend; **to be** ~ **of the situation** Herr *m* der Lage sein; **to be the** ~ **of one's fate** sein Schicksal in der Hand haben; *see past* ~.

6. (*boy's title*) Master, Meister (*old*) *m*.

7. (*of college*) Leiter, Rektor *m*.

8. (~ *copy*) Original *nt*.

II *vt* meistern; *one's emotions* unter Kontrolle bringen; *technique, method* beherrschen. **to** ~ **the violin** das Geigenspiel beherrschen.

master *in cpds* (*with trades*) -meister *m*; ~**-at-arms** Bootsmann *m* mit Polizeibefugnis; ~ **bedroom** großes Schlafzimmer; ~ **builder** Baumeister *m*; ~ **copy** Original *nt*.

masterful ['mɑːstəfʊl] *adj* meisterhaft; *ball control* gekonnt; (*dominating*) *personality* gebieterisch. **he's got a** ~, **yet polite attitude** er hat eine bestimmte, aber trotzdem höfliche Art; **we were amazed at his** ~ **control of the meeting** wir staunten darüber, souverän er die Sitzung in der Hand hatte.

masterfully ['mɑːstəfəlɪ] *adv* meisterhaft; *control* souverän; *play, kick etc* gekonnt.

master key *n* Hauptschlüssel *m*.

masterly ['mɑːstəlɪ] *adj* meisterhaft, gekonnt.

master mason *n* Steinmetzmeister *m*; **mastermind I** *n* (führender) Kopf; **who's the** ~ **who planned all these operations?** wer ist der Kopf, der hinter der Planung

dieser Unternehmungen steckte?; **II** *vt* **who** ~**ed the robbery?** wer steckt hinter dem Raubüberfall?; **Master of Arts/ Science** *n* Magister *m* der philosophischen/naturwissenschaftlichen Fakultät; **master of ceremonies** *n* (*at function*) Zeremonienmeister *m*; (*on stage*) Conférencier *m*; (*on TV*) Showmaster *m*; **masterpiece** *n* Meisterwerk *nt*; **master race** *n* Herrenvolk *nt*; **master stroke** *n* Meister- *or* Glanzstück *nt*; **master switch** *n* Hauptschalter *m*.

mastery ['mɑːstərɪ] *n* (*control: of language, technique*) Meisterung *f*; (*of instrument etc*) Beherrschung *f*; (*skill*) Können *nt*; (*over competitors etc*) Oberhand *f*. ~ **of the seas** Herrschaft *f* über die Meere; **the painter's** ~ **of colour and form** des Malers meisterhafter Gebrauch von Form und Farbe.

masthead ['mɑːsthed] *n* (*Naut*) Mars, Mastkorb *m*; (*US: in magazines etc*) Impressum *nt*.

masticate ['mæstɪkeɪt] *vti* kauen; (*for young*) vorkauen.

mastication [ˌmæstɪ'keɪʃən] *n* Kauen *nt*; Vorkauen *nt*.

mastiff ['mæstɪf] *n* Dogge *f*.

mastitis [mæ'staɪtɪs] *n* Brust(drüsen)- entzündung, Mastitis *f*.

mastoid ['mæstɔɪd] **I** *adj* warzenförmig. **II** *n* Warzenfortsatz *m*.

masturbate ['mæstəbeɪt] *vi* masturbieren.

masturbation [ˌmæstə'beɪʃən] *n* Masturbation.

mat¹ [mæt] **I** *n* Matte *f*; (*door* ~) Fußmatte *f or* -abstreifer *m*; (*on table*) Untersetzer *m*; (*of cloth*) Deckchen *nt*; (*of hair*) Gewirr *nt*. **place** ~ Set *nt*. **II** *vt* **the sea- water had** ~**ted his hair** durch das Salzwasser waren seine Haare verfilzt geworden. **III** *vi* verfilzen.

mat² *adj see* **matt**.

match¹ [mætʃ] *n* Streich- *or* Zündholz *nt*.

match² **I** *n* **1.** (*sb/sth similar, suitable etc*) **to be** *or* **make a good** ~ gut zusammenpassen; **the skirt is a good** ~ **for the jumper** der Rock paßt gut zum Pullover.

2. (*equal*) **to be a/no** ~ **for sb** (*be able to compete with*) sich mit jdm messen/nicht messen können; (*be able to handle*) jdm gewachsen/nicht gewachsen sein; **he's a** ~ **for anybody** er kann es mit jedem aufnehmen; **A was more than a** ~ **for B** A war B weit überlegen; **to meet one's** ~ seinen Meister finden.

3. (*marriage*) Heirat *f*. **who thought up this** ~? wer hat die beiden zusammengebracht?; **she made a good** ~ sie hat eine gute Partie gemacht; **he's a good** ~ er ist eine gute Partie.

4. (*Sport*) (*general*) Wettkampf *m*; (*team game*) Spiel *nt*; (*Tennis*) Match *nt*, Partie *f*; (*Boxing, Fencing*) Kampf *m*; (*quiz*) Wettkampf, Wettbewerb *m*. **athletics** ~ Leichtathletikkampf *m*; **we must have another** ~ **some time** wir müssen wieder einmal gegeneinander spielen; **that's** ~ (*Tennis*) Match!

II *vt* **1.** (*pair off*) **they're well** ~**ed** die beiden passen gut zusammen; **the two boxers were well** ~**ed** die beiden Boxer waren einander ebenbürtig; **the teams are well ~ed** die Mannschaften sind gleichwertig; **we had to ~ each noun with an adjective** wir mußten zu jedem Substantiv ein passendes Adjektiv finden.

2. (*equal*) gleichkommen (+*dat*) (*in* an +*dat*). **nobody can ~ him in argument** niemand kann so gut argumentieren wie er; **a quality that has never been ~ed since** eine Qualität, die bislang unerreicht ist; **no knight could ~ him in battle** kein Ritter konnte sich mit ihm messen; **I can't ~ him in chess** im Schach kann ich es mit ihm nicht aufnehmen; **~ that if you can!** das soll erst mal einer nachmachen; **three kings! ~ that!** drei Könige! kannst du da noch mithalten?; **this climate/whisky can't be ~ed anywhere in the world** so ein Klima/so einen Whisky gibt es nicht noch einmal.

3. (*correspond to*) entsprechen (+*dat*). **the results did not ~ our hopes** die Ergebnisse entsprachen unseren Hoffnungen nicht.

4. (*clothes, colours*) passen zu. **to ~ colours and fabrics so that …** Farben und Stoffe so aufeinander abstimmen, daß …; **the colour of his face ~ed the red of his jumper** sein Gesicht war so rot wie sein Pullover.

5. (*pit*) **he decided to ~ his team against** *or* **with the champions** er beschloß, seine Mannschaft gegen die Meister antreten zu lassen; **to be ~ed against sb** gegen jdn antreten; **to ~ one's wits/strength against sb** sich geistig mit jdm messen/seine Kräfte mit jdm messen.

III *vi* zusammenpassen. **it doesn't ~** das paßt nicht (zusammen); **with a skirt to ~** mit (dazu) passendem Rock.

◆**match up I** *vi* **1.** (*correspond*) zusammenpassen. **2.** (*be equal*) **he ~ed ~ to the situation** er war der Situation gewachsen. **II** *vt sep colours* aufeinander abstimmen. **to ~ sth ~ with sth** das Passende zu etw finden.

matchbox ['mætʃbɒks] *n* Streichholzschachtel *f.*

matching ['mætʃɪŋ] *adj* (dazu) passend. **they form a ~ pair** sie passen *or* gehören zusammen; **a ~ set of wine glasses** ein Satz *m* Weingläser.

matchless ['mætʃlɪs] *adj* einzigartig, beispiellos, unvergleichlich.

matchmaker ['mætʃˌmeɪkəʳ] *n* Ehestifter(in *f*), Kuppler(in *f*) (*pej*) *m*; **matchmaking** *n* she loves ~ sie verkuppelt die Leute gern (*inf*); **match point** *n* (*Tennis*) Matchball *m*; **matchstick** *n* Streichholz *nt.*

mate¹ [meɪt] (*Chess*) **I** *n* Matt *nt.* **II** *vt* matt setzen. **III** *vi* white plays and ~s in two Weiß zieht und setzt den Gegner in zwei Zügen matt.

mate² **I** *n* **1.** (*fellow worker*) Arbeitskollege, Kumpel *m.*

2. (*helper*) Gehilfe, Geselle *m.*

3. (*Naut*) Maat *m.*

4. (*of animal*) (*male*) Männchen *nt*; (*female*) Weibchen *nt.*

5. (*inf: friend*) Freund(in *f*) *m.* **listen, ~** hör mal, Freundchen! (*inf*); **got a**

light, ~? hast du Feuer, Kumpel? (*inf*).

6. (*hum inf: husband, wife*) Mann *m*/ Frau *f.*

7. (*of pair*) **here's one sock, where's its ~?** hier ist eine Socke, wo ist die andere *or* zweite?

II *vt animals* paaren; *female animal* decken lassen; (*fig hum*) verkuppeln. **III** *vi* (*Zool*) sich paaren.

material [məˈtɪərɪəl] **I** *adj* **1.** (*of matter, things*) materiell. **~ damage** Sachschaden *m.*

2. *needs, comforts* materiell.

3. (*esp Jur: important*) *evidence* wesentlich, erheblich; *difference* grundlegend, wesentlich. **that's not ~** das ist nicht relevant.

II *n* **1.** Material *nt*; (*for report, novel etc*) Stoff *m*; (*esp documents etc*) Material *nt.* **~s** Material *nt*; **building ~s** Baustoffe *pl or* -material *nt*; **raw ~s** Rohstoffe *pl*; **writing ~s** Schreibzeug *nt*; **he's good editorial ~** er hat das Zeug zum Redakteur; **this group would be good ~ for our show** diese Band wäre für unsere Show ganz brauchbar.

2. (*cloth*) Stoff *m*, Material *nt.*

materialism [məˈtɪərɪəlɪzəm] *n* der Materialismus.

materialist [məˈtɪərɪəlɪst] *n* Materialist(in *f*) *m.*

materialistic *adj*, **~ally** *adv* [məˌtɪərɪəˈlɪstɪk, -əlɪ] materialistisch.

materialize [məˈtɪərɪəlaɪz] *vi* **1.** (*idea, plan*) sich verwirklichen; (*promises, hopes etc*) wahr werden. **this idea will never ~** aus dieser Idee wird nie etwas; **the meeting never ~d** das Treffen kam nie zustande; **the money he'd promised me never ~d** von dem Geld, das er mir versprochen hatte, habe ich nie etwas gesehen.

2. (*ghost*) erscheinen; (*indistinct object also*) auftauchen.

materially [məˈtɪərɪəlɪ] *adv* grundlegend, wesentlich.

matériel [məˌtɪərɪˈel] *n* (*US*) Ausrüstung *f.*

maternal [məˈtɜːnl] *adj* mütterlich. **~ grandfather** Großvater mütterlicherseits.

maternity [məˈtɜːnɪtɪ] *n* Mutterschaft *f.*

maternity benefit *n* Mutterschaftsgeld *nt*; **maternity dress** *n* Umstandskleid *nt*; **maternity home, maternity hospital** *n* Entbindungsheim *nt*; **maternity leave** *n* Mutterschaftsurlaub *m*; **maternity unit** *n* Entbindungs- *or* Wöchnerinnenstation *f*; **maternity ward** *n* Entbindungsstation *f.*

matey ['meɪtɪ] (*Brit inf*) **I** *adj* (+*er*) *person* freundlich, kollegial; (*pej*) vertraulich; *atmosphere* freundschaftlich, kollegial, familiär; *gathering* vertraulich. **careful what you say, he's ~ with the director** sei vorsichtig mit dem, was du sagst, er steht mit dem Direktor auf du und du.

II *n* Kumpel *m*; (*warningly*) Freundchen *nt* (*inf*).

math [mæθ] *n* (*US inf*) Mathe *f* (*inf*).

mathematical *adj*, **~ly** *adv* [ˌmæθəˈmætɪkəl, -ɪ] mathematisch.

mathematician [ˌmæθəməˈtɪʃən] *n* Mathematiker(in *f*) *m.*

mathematics [ˌmæθəˈmætɪks] *n* **1.** *sing* Mathematik *f.* **2.** *pl* **the ~ of this are com-**

plicated das ist mathematisch kompliziert.

maths [mæθs] *n sing* (*Brit inf*) Mathe *f* (*inf*).

matinée ['mætɪneɪ] *n* Matinee *f*; (*in the afternoon also*) Frühvorstellung *f*.

mating ['meɪtɪŋ] *n* Paarung *f*.

mating call *n* Lockruf *m*; (*of birds also*) Balzlaut *m*; (*of deer also*) Brunstschrei *m*; **mating season** *n* Paarungszeit *f*.

matins ['mætɪnz] *n sing* (*Catholic*) Matutin *f*, Morgenlob *nt*; (*Anglican*) Morgenandacht *f*.

matriarch ['meɪtrɪɑ:k] *n* Matriarchin *f*.

matriarchal [ˌmeɪtrɪ'ɑ:kl] *adj* matriarchalisch.

matriarchy ['meɪtrɪɑ:kɪ] *n* Matriarchat *nt*.

matrices ['meɪtrɪsi:z] *pl of* **matrix**.

matricide ['meɪtrɪsaɪd] *n* (*act*) Muttermord *m*; (*person*) Muttermörder(in *f*) *m*.

matriculate [mə'trɪkjʊleɪt] **I** *vi* sich immatrikulieren. **II** *vt* immatrikulieren.

matrimonial [ˌmætrɪ'məʊnɪəl] *adj* vows, problems Ehe-.

matrimony ['mætrɪmənɪ] *n* (*form*) Ehe *f*. **to enter into holy** ~ in den heiligen Stand der Ehe treten.

matrix ['meɪtrɪks] *n, pl* **matrices** *or* **-es** **1.** (*Biol*) Gebärmutter *f*, Mutterleib *m*. **2.** (*mould*) Matrize, Mater *f*. **3.** (*Geol, Math*) Matrix *f*.

matron ['meɪtrən] *n* **1.** (*in hospital*) Oberin, Oberschwester *f*; (*in school*) Schwester *f*. **2.** (*married woman*) Matrone *f*.

matronly ['meɪtrənlɪ] *adj* matronenhaft.

matt [mæt] *adj* matt, mattiert.

matted ['mætɪd] *adj* verfilzt.

matter ['mætə'] **I** *n* **1.** (*substance, not mind*) die Materie. **organic/inorganic** ~ organische/anorganische Stoffe *pl*.

2. (*particular kind*) Stoff *m*. **advertising** ~ Reklame, Werbung *f*; **printed** ~ Drucksache(n *pl*) *f*.

3. (*Med: pus*) Eiter *m*.

4. (*Typ*) (*copy*) Manus(kript) *nt*; (*type set up*) Satz *m*.

5. (*content*) Inhalt *m*.

6. (*question, affair*) Sache, Angelegenheit *f*; (*topic*) Thema *nt*, Stoff *m*. **can I talk to you on a** ~ **of great urgency?** kann ich Sie in einer äußerst dringenden Angelegenheit sprechen?; **this is a** ~ **I know little about** darüber weiß ich wenig; **in this** ~ in diesem Zusammenhang; **in the** ~ **of …** was … (+*acc*) anbelangt, hinsichtlich … (+*gen*); **in the** ~ **of clothes** *etc* in puncto Kleidung *etc*; **there's the** ~ **of my expenses** da ist (noch) die Sache *or* Frage mit meinen Ausgaben; **that's quite another** ~ das ist etwas (ganz) anderes; **that's another** ~ **altogether, that's a very different** ~ das ist etwas völlig anderes; **it will be no easy** ~ **(to) …** es wird nicht einfach sein, zu …; **it's a serious** ~ das ist eine ernste Angelegenheit; **that's not the** ~ **in hand** darum geht es gar nicht; **let's concentrate on the** ~ **in hand** wir sollten uns auf das eigentliche Thema konzentrieren; **the** ~ **is closed** die Sache *or* der Fall ist erledigt.

7. ~**s** *pl* Angelegenheiten *pl*; **business** ~**s** geschäftliche Angelegenheiten *or*

Dinge *pl*, Geschäftliche(s) *nt*; **money** ~**s** Geldangelegenheiten *or* -fragen *pl*; **as** ~**s stand** wie die Dinge liegen; **to make** ~**s worse** zu allem Unglück (noch).

8. for that ~ eigentlich; **he wants to complain about it and for that** ~, **so do I** er will sich darüber beschweren und ich eigentlich auch; **questions concerning Glasgow, or for that** ~ **the whole of Scotland** Fragen, die Glasgow oder eigentlich ganz Schottland betreffen.

9. a ~ **of** eine Frage (+*gen*), eine Sache von; **it's a** ~ **of form/ time** das ist eine Formsache/Zeitfrage *or* Frage der Zeit; **it's a** ~ **of taste/opinion** das ist Geschmacks-/Ansichtssache; **it's a** ~ **of adjusting this part exactly** es geht darum, dieses Teil genau einzustellen; **it will be a** ~ **of a few weeks** es wird ein paar Wochen dauern; **it's a** ~ **of 10 miles from …** es sind 10 Meilen von …; **it can only be a** ~ **of a few days** es kann sich nur um ein paar Tage handeln, es ist nur eine Frage von ein paar Tagen; **in a** ~ **of minutes** innerhalb von Minuten; **it's a** ~ **of great concern to us** die Sache ist für uns von großer Bedeutung; **it's not just a** ~ **of increasing the money supply** es ist nicht damit getan, die Geldzufuhr zu erhöhen; **it's just a** ~ **of trying harder** man muß sich ganz einfach etwas mehr anstrengen; **as a** ~ **of course** selbstverständlich; **it's a** ~ **of course with us** für uns ist das eine Selbstverständlichkeit; **you should always take your passport with you as a** ~ **of course** es sollte für Sie eine Selbstverständlichkeit sein, stets Ihren Paß bei sich zu haben; **earthquakes happen as a** ~ **of course in that part of the world** Erdbeben sind in der Gegend an der Tagesordnung.

10. no ~! macht nichts; **I've decided to leave tomorrow, no** ~ **what** ich gehe morgen, egal was passiert; **no** ~ **how/what/ when/ where** *etc* … egal, wie/was/wann/wo *etc* …; **no** ~ **how you do it** wie du es auch machst, egal, wie du es machst; **no** ~ **how hot it was** auch *or* selbst bei der größten Hitze; **no** ~ **how hard he tried** so sehr er sich auch anstrengte.

11. sth is the ~ **with sb/sth** etw ist mit jdm/etw los; (*ill*) etw fehlt jdm; **what's the** ~? was ist (denn) los?, was ist (denn)?; **what's the** ~ **with you this morning?** was ist denn heute morgen mit dir los?, was hast du denn heute morgen?; **what's the** ~ **with smoking?** was ist denn dabei, wenn man raucht?; **something's the** ~ **with the lights** mit dem Licht ist irgend etwas nicht in Ordnung; **what's the** ~ **with you?** — **nothing's the** ~ was ist denn mit dir los? — gar nichts; **as if nothing was the** ~ als ob nichts (los) wäre.

II *vi* **it doesn't** ~ (es *or* das) macht nichts, ist schon gut; **what does it** ~? was macht das schon?; **I forgot it, does it** ~? — **yes, it does** — ich hab's vergessen, ist das schlimm? — ja, das ist schlimm; **does it** ~ **to you if I go?** macht es dir etwas aus, wenn ich gehe?; **why should it** ~ **to me?** warum sollte mir das etwas ausmachen?; **why should it** ~ **to me if people are starving?** was geht es mich an, wenn Menschen

verhungern?; **it doesn't ~ to me what you
do** es ist mir (ganz) egal, was du machst;
some things ~ more than others es ist aber
nicht alles gleich wichtig; **the things which
~ in life** was im Leben wichtig ist *or* zählt.
matter-of-fact ['mætərəv'fækt] *adj* sach-
lich, nüchtern.
Matthew ['mæθju:] *n* Matthias *m*; (*Bibl*)
Matthäus *m*.
matting ['mætɪŋ] *n* Matten *pl.*
mattress ['mætrɪs] *n* Matratze *f.*
mature [mə'tjʊər] **I** *adj* (+*er*) **1.** *person,
mind* reif; *child* verständig, vernünftig.
his mind is very ~ geistig ist er schon sehr
reif; **of ~ years** im reiferen Alter.
  2. *wine* ausgereift; *sherry, port, cheese*
reif; *fruit* reif, ausgereift; *plant*
ausgewachsen; *plans* ausgereift. **his ~r
poems** seine reiferen Gedichte.
  3. (*Comm*) *bill, debt* fällig.
  II *vi* **1.** (*person*) reifer werden; (*ani-
mal*) auswachsen. **his character ~d
during the war years** der Krieg ließ ihn
reifer werden *or* machte ihn reifer.
  2. (*wine, cheese*) reifen, reif werden.
  3. (*Comm*) fällig werden.
  III *vt* **1.** *person* reifer machen.
  2. *wine, cheese* reifen lassen.
maturely [mə'tjʊəlɪ] *adv behave* verständig,
vernünftig. **a more ~ conceived novel** ein
ausgereifterer Roman.
maturity [mə'tjʊərɪtɪ] *n* **1.** Reife *f.* **to reach
~** (*person*) erwachsen werden; (*legally*)
volljährig werden; (*animal*) ausgewach-
sen sein; **poems of his ~** Gedichte *pl*
seiner reiferen Jahre; **he's somewhat lack-
ing in ~** ihm fehlt die nötige Reife.
  2. (*Comm*) Fälligkeit *f*; (*date*) Fälligkeits-
datum *nt.*
matzo(h) ['mætsəʊ] *n, pl* **~s** Matze *f*, Mat-
zen *m.*
maudlin ['mɔːdlɪn] *adj story* rührselig; *per-
son* sentimental, gefühlsselig.
maul [mɔːl] *vt* übel zurichten; (*fig*) *writer,
play etc* verreißen.
Maundy ['mɔːndɪ] *n:* **~ money** Almosen, die
an Gründonnerstag verteilt werden; **~
Thursday** Gründonnerstag *m.*
Mauritius [mə'rɪʃəs] *n* Mauritius *nt.*
mausoleum [ˌmɔːsə'lɪəm] *n* Mausoleum *nt.*
mauve [məʊv] **I** *adj* mauve, malvenfarben.
  II *n* Mauvein *nt.*
maverick ['mævərɪk] *n* **1.** (*US Agr*) herren-
loses Kalb/Rind *nt* ohne Brandzeichen.
  2. (*dissenter*) Abtrünnige(r) *m.*
  3. (*independent person*) Alleingänger,
Einzelgänger *m.*
maw [mɔː] *n* **1.** (*Anat*) Magen *m*; (*of cow*)
(Lab)magen *m*; (*of bird*) Hals *m.* **2.** (*liter*)
Maul *nt*; (*fig*) Rachen, Schlund *m.*
mawkish ['mɔːkɪʃ] *adj* rührselig, kitschig;
taste unangenehm *or* widerlich süß.
mawkishness ['mɔːkɪʃnɪs] *n see adj* Rühr-
seligkeit, Sentimentalität *f*; widerliche
Süße.
max *abbr of* **maximum** max.
maxi ['mæksɪ] *n* (*dress*) Maxirock *m*/-kleid
nt/-mantel *m.*
maxim ['mæksɪm] *n* Maxime *f.*
maximal ['mæksɪməl] *adj* maximal.
maximization [ˌmæksɪmaɪ'zeɪʃən] *n*
Maximierung *f.*

maximize ['mæksɪmaɪz] *vt* maximieren.
maximum ['mæksɪməm] **I** *adj attr* Höchst-;
size, height, costs, length maximal. **he
scored ~ points** er hat die höchste Punkt-
zahl erreicht; **the ~ salary in grade 6 is ...**
das höchste Gehalt in Gehaltsstufe 6 ist
...; **a ~ speed of ...** eine Höchstgeschwin-
digkeit von ...; **5 is the ~ number allowed
in a taxi** maximal *or* höchstens 5 Leute
dürfen in ein Taxi.
  II *n, pl* **-s** *or* **maxima** ['mæksɪmə]
Maximum *nt.* **up to a ~ of £8** bis zu
maximal *or* höchstens £ 8; **temperatures
reached a ~ of 34°** die Höchsttemperatur
betrug 34°; **is that the ~ you can offer?** ist
das Ihr höchstes Angebot?.
May [meɪ] **I** *n* Mai *m*; *see also* **September**.
  II *vi*: **to go m~ing** den Mai feiern.
may [meɪ] *vi pret* **might** (*see also* **might¹**)
  1. (*possibility: also* **might**) können. **it ~
rain** es könnte regnen, vielleicht regnet
es; **it ~ be that ...** vielleicht ..., es könnte
sein, daß ...; **although it ~ have been use-
ful** obwohl es hätte nützlich sein können;
he ~ not be hungry vielleicht hat er keinen
Hunger; **I ~ have said so** es kann *or*
könnte sein, daß ich das gesagt habe; **you
~ be right** (*doubting*) Sie könnten recht
haben, Sie haben vielleicht recht; (*ten-
tatively agreeing*) da können *or* könnten
Sie recht haben; **you ~n't be so lucky next
time** das nächste Mal haben Sie vielleicht
nicht soviel Glück; **there ~ not be a next
time** vielleicht gibt's gar kein nächstes
Mal; **I ~ just do that** vielleicht tue ich das
wirklich; **that's as ~ be** (*not might*) das
mag ja sein, (aber ...); **you ~ well ask** das
kann man wohl fragen.
  2. (*permission*) dürfen. **~ I go now?**
darf ich jetzt gehen?; **yes, you ~** ja, Sie
dürfen.
  **3. I had hoped he might succeed this
time** ich hatte gehofft, es würde ihm dies-
mal gelingen; **such a policy as ~ or might
bring peace** eine Politik, die zum Frieden
führen könnte; **we ~ or might as well go**
ich glaube, wir können (ruhig) gehen; **you
~ or might as well go now** du kannst jetzt
ruhig gehen; **if they won't help we ~ or
might just as well give up** wenn sie uns
nicht helfen, können wir (ja) gleich auf-
geben.
  4. (*in wishes*) **~ you be successful!** (ich
wünsche Ihnen) viel Erfolg!; **~ you be
very happy together** ich hoffe, ihr werdet
glücklich miteinander; **~ the Lord have
mercy on your soul** der Herr sei deiner
Seele gnädig; **~ you be forgiven** (*inf*) so
was tut man doch nicht!; **~ I be struck
dead if I lie!** ich will auf der Stelle tot um-
fallen, wenn das nicht stimmt.
  5. (*in questions*) **who ~ or might you
be?** und wer sind Sie?, wer sind denn?
Maya ['meɪjə] *n* **1.** Maya *mf.* **2.** (*language*)
Maya *nt*, Mayasprache *f.*
Mayan ['meɪjən] **I** *adj* Maya-. **II** *n* **1.** Maya
mf. **2.** (*language*) Maya(sprache *f*) *nt.*
maybe ['meɪbiː] *adv* vielleicht, kann sein
(, daß ...).
May Day *n* der 1. Mai, der Maifeiertag *m.*
Mayday *n* (*distress call*) Maydaysignal
nt, SOS-Ruf *m*; (*said*) Mayday.

mayfly ['meɪflaɪ] n Eintagsfliege f.

mayhem ['meɪhem] n 1. (US Jur) (schwere) Körperverletzung. 2. (havoc) Chaos nt.

mayn't [meɪnt] contr of may not.

mayonnaise [,meɪə'neɪz] n Mayonnaise f.

mayor [mɛəʳ] n Bürgermeister(in f) m.

mayoral ['mɛərəl] adj des Bürgermeisters.

mayoralty ['mɛərəltɪ] n (office) Bürgermeisteramt nt, Amt nt des Bürgermeisters.

mayoress ['mɛərəs] n Frau f Bürgermeister; Tochter f des Bürgermeisters; (lady mayor) Bürgermeisterin f.

maypole ['meɪpəʊl] n Maibaum m; may queen n Maikönigin f.

maze [meɪz] n Irrgarten m; (puzzle) Labyrinth nt; (fig) Wirrwarr m, Gewirr nt. the ~ of streets das Gewirr der Straßen.

MB abbr of **Bachelor of Medicine**.

MC abbr of 1. **Master of Ceremonies**. 2. **Military Cross** Verdienstkreuz nt.

McCoy [mə'kɔɪ] n see **real**.

MCP abbr of **male chauvinist pig**.

MD abbr of 1. **Doctor of Medicine** Dr. med. 2. **managing director**.

m.d. abbr of **mentally deficient**.

me [mi:] pron 1. (dir obj, with prep +acc) mich; (indir obj, with prep +dat) mir. he's older than ~ er ist älter als ich. 2. (emph) ich. who, ~? wer, ich?; it's ~ ich bin's.

mead [mi:d] n (drink) Met m.

meadow ['medəʊ] n Wiese, Weide f. in the ~ auf der Wiese etc.

meadowland ['medəʊlænd] n Weideland nt; meadowsweet n Mädesüß nt.

meagre, (US) meager ['mi:gəʳ] adj spärlich; amount kläglich; meal kärglich.

meagrely, (US) meagerly ['mi:gəlɪ] adv spärlich; live kärglich.

meagreness, (US) meagerness ['mi:g·ənɪs] n see adj Spärlichkeit f; Kläglichkeit f; Dürftigkeit, Kärglichkeit f.

meal¹ [mi:l] n Schrot(mehl nt) m.

meal² n Mahlzeit f; (food) Essen nt. come round for a ~ komm zum Essen (zu uns); to go for a ~ essen gehen; to have a (good) ~ (gut) essen; hot ~s warme Mahlzeiten pl, warmes Essen; I haven't had a ~ for two days ich habe seit zwei Tagen nichts Richtiges mehr gegessen; don't make a ~ of it (inf) nun übertreib's mal nicht (inf); he really made a ~ of it (inf) er war nicht mehr zu bremsen (inf).

meal-ticket ['mi:l,tɪkɪt] n (US: lit) Essensbon m or -marke f; a boyfriend is just a ~ to a lot of girls viele Mädchen haben nur einen Freund, um ihn auszunützen or auszunehmen (inf); she's just his ~ er hat bloß ein Bratkartoffelverhältnis mit ihr; mealtime n Essenszeit f.

mealy ['mi:lɪ] adj (+ er) mehlig.

mealy-mouthed ['mi:lɪ'maʊðd] adj beschönigend. let's not be ~ about it wir wollen doch mal nicht so um den heißen Brei herumreden.

mean¹ [mi:n] adj (+er) 1. (miserly) geizig, knauserig. you ~ thing! du Geizhals or Geizkragen!
2. (unkind, spiteful) gemein. don't be ~! sei nicht so gemein or fies! (inf); you ~

thing! du gemeines or fieses (sl) Stück!
3. (base, inferior) birth, motives niedrig.
4. (shabby, unimpressive) shack, house schäbig, armselig.
5. (vicious) bösartig; look gehässig, hinterhältig; criminal niederträchtig, abscheulich.
6. he is no ~ player er ist ein beachtlicher Spieler; that's no ~ feat das ist nicht zu unterschätzen; a sportsman/politician of no ~ ability ein sehr fähiger Sportler/ Politiker.

mean² I n (middle term) Durchschnitt m; (Math) Durchschnitt, Mittelwert m, Mittel nt. the golden or happy ~ die goldene Mitte, der goldene Mittelweg. II adj mittlere(r, s). ~ sea level Normalnull nt.

mean³ pret, ptp meant vt 1. bedeuten; (person: refer to, have in mind) meinen. what do you ~ by that? was willst du damit sagen?; the name ~s nothing to me der Name sagt mir nichts; it ~s a lot of expense for us das bedeutet eine Menge Ausgaben für uns; it ~s starting all over again das bedeutet or das heißt, daß wir wieder ganz von vorne anfangen müssen; your friendship/he ~s a lot to me deine Freundschaft/er bedeutet mir viel; you ~ everything to me du bist alles für mich.
2. (intend) beabsichtigen. to ~ to do sth etw tun wollen; (do on purpose) etw absichtlich tun; to be ~t for sb/sth für jdn/ etw bestimmt sein; to ~ sb to do sth wollen, daß jd etw tut; sth is ~t to be sth etw soll etw sein; what do you ~ to do? was wirst du tun?, was hast du vor?; I only ~t to help ich wollte nur helfen; of course it hurt, I ~t it to or it was ~t to natürlich tat das weh, das war Absicht; without ~ing to sound rude ich möchte nicht unverschämt klingen(, aber …); I ~t it as a joke das sollte ein Witz sein; I ~t you to have it das solltest du haben; I was ~t to do that ich hätte das tun sollen; you are ~t to be on time du solltest pünktlich sein; he wasn't ~t to be a leader er war nicht zum Führer bestimmt; I thought it was ~t to be hot in the south ich dachte immer, daß es im Süden so heiß sei; I ~ to be obeyed ich verlange, daß man mir gehorcht; I ~ to have it ich bin fest entschlossen, es zu bekommen; if he ~s to be awkward … wenn er vorhat, Schwierigkeiten zu machen, …; this present was ~t for you dieses Geschenk war für dich gedacht; you weren't ~t to see it du solltest das nicht zu sehen bekommen; see business.
3. (be serious about) ernst meinen. I ~ it! das ist mein Ernst!; do you ~ to say you're not coming? soll das heißen, daß du nicht kommst?; I ~ what I say ich sage das im Ernst.
4. he ~s well/no harm er meint es gut/ nicht böse; to ~ well by sb es gut mit jdm meinen; to ~ no harm es gut mit jdm meinen; (physically) jdm nichts tun; (in past tense) jdm nichts tun wollen; I ~t no harm by what I said was ich da gesagt habe, war nicht böse gemeint; he ~t no offence er wollte niemanden beleidigen.

meander [mɪ'ændəʳ] vi (river) sich (dahin)-

schlängeln, mäandern; (*person*) wirr sein; (*go off subject*) (vom Thema) abschweifen; (*walking*) schlendern.

meanderings [mɪˈændərɪŋz] *npl see vi* Windungen *pl*, Mäander *m*; Gefasel *nt*; Abschweifungen, Exkurse *pl*.

meaning [ˈmiːnɪŋ] **I** *adj look etc* vielsagend, bedeutsam.

   II *n* Bedeutung *f*; (*sense: of words, poem etc also*) Sinn *m*. what's the ~ of (the word) "hick"? was soll das Wort „hick" heißen *or* bedeuten?; **to mistake sb's ~** jdn mißverstehen; **do you get my ~?** haben Sie mich (richtig) verstanden?; **you don't know the ~ of love/hunger** du weißt ja gar nicht, was Liebe/Hunger ist *or* bedeutet; **what's the ~ of this?** was hat denn das zu bedeuten?, was soll denn das (heißen)?

meaningful [ˈmiːnɪŋfʊl] *adj* **1.** (*semantically*) *word, symbol* mit Bedeutung, sinntragend; (*Ling*) *unit* bedeutungstragend; *poem, film* bedeutungsvoll; *relationship* ernst. **to be ~** eine Bedeutung haben; **the statistics only become ~ when ...** die Zahlen ergeben nur dann einen Sinn, wenn ... **2.** (*purposeful*) sinnvoll.

meaningless [ˈmiːnɪŋlɪs] *adj* **1.** (*semantically*) *word, symbol etc* ohne Bedeutung, bedeutungslos. **to write "xybj" is ~** die Buchstaben „xybj" ergeben keinen Sinn *or* bedeuten nichts. **2.** sinnlos. **my life is ~** mein Leben hat keinen Sinn.

meanness [ˈmiːnnɪs] *n see adj* **1.** Geiz *m*, Knauserigkeit *f*. **2.** Gemeinheit *f*. **3.** Niedrigkeit *f*. **4.** Schäbigkeit, Armseligkeit *f*. **5.** Bösartigkeit *f*; Gehässigkeit, Hinterhältigkeit *f*; Niedertracht *f*.

means [miːnz] *n* **1.** *sing* (*method*) Möglichkeit *f*; (*instrument*) Mittel *nt*. **a ~ of transport** ein Beförderungsmittel *nt*; **a ~ of escape** eine Fluchtmöglichkeit; **a ~ to an end** ein Mittel *nt* zum Zweck; **I have/there is no ~ of doing it** es ist mir/es ist unmöglich, das zu tun; **we've no ~ of knowing** wir können nicht wissen; **they used him as the ~ of getting the heroin across the border** sie benutzten ihn, um das Heroin über die Grenze zu bringen; **all known ~ have been tried** man hat alles Mögliche versucht; **by ~ of sth** durch etw; **by ~ of doing sth** dadurch, daß man etw tut; **by this ~** dadurch, auf diese Weise; **by some ~ or other** auf irgendeine Art und Weise, irgendwie.

   2. *sing* **by all ~!** (aber) selbstverständlich *or* natürlich!; **by all ~ take one** nehmen Sie sich ruhig (eins); **by no ~, not by any ~** keinesfalls, durchaus nicht; (*under no circumstances*) auf keinen Fall.

   3. *pl* (*wherewithal*) Mittel *pl*; (*financial ~ also*) Gelder *pl*. **a man of ~** ein vermögender Mann; **private ~** private Mittel; **that is within/beyond my ~** das kann ich mir leisten/nicht leisten; **to live beyond/within one's ~** über seine Verhältnisse leben/seinen Verhältnissen entsprechend leben; **~ test** Einkommens- *or* Vermögensveranlagung *f*.

meant [ment] *pret, ptp of* **mean**[3].

meantime [ˈmiːntaɪm] **I** *adv* inzwischen.

   II *n* **for the ~** vorerst, im Augenblick,

einstweilen; **in the ~** in der Zwischenzeit, inzwischen.

meanwhile [ˈmiːnwaɪl] *adv* inzwischen.

measles [ˈmiːzlz] *n sing* Masern *pl*.

measly [ˈmiːzlɪ] *adj* (+*er*) (*inf*) mick(e)rig (*inf*), poplig (*inf*).

measurable [ˈmeʒərəbl] *adj* meßbar; (*perceptible*) erkennbar.

measurably [ˈmeʒərəblɪ] *adv see adj* meßbar; deutlich.

measure [ˈmeʒəʳ] **I** *n* **1.** (*unit of measurement*) Maß(einheit *f*) *nt*. **a ~ of length** ein Längenmaß *nt*; **beyond ~** grenzenlos; **her joy was beyond** *or* **knew no ~** ihre Freude kannte keine Grenzen; *see* **weight**.

   2. (*object for measuring*) Maß *nt*; (*graduated for length*) Maßstab *m*; (*graduated for volume*) Meßbecher *m*.

   3. (*amount ~d*) Menge *f*. **wine is sold in ~s of 1/4 litre** Wein wird in Vierteln ausgeschenkt; **to give sb full/short ~** (*barman*) richtig/zuwenig ausschenken; (*grocer*) richtig/zu wenig abwiegen; **in full ~** in höchstem Maße; **for good ~** zur Sicherheit, sicherheitshalber; **... and another one for good ~** ... und noch eines obendrein.

   4. (*fig: yardstick*) Maßstab *m* (*of* für). **can we regard this exam as a ~ of intelligence?** kann diese Prüfung als Intelligenzmaßstab gelten?; **what should we use as a ~ of inflation?** woran sollte man die Inflation messen?; **MacLeod's approval is the ~ of a good whisky** MacLeods Urteil in bezug auf Whisky ist (für mich) maßgebend *or* ausschlaggebend; **please consider this as a ~ of my esteem for ...** bitte betrachten Sie dies als Ausdruck meiner Anerkennung für ...; **it gave us some ~ of the difficulty** es gab uns einen Begriff von der Schwierigkeit.

   5. (*extent*) **in some ~** in gewisser Hinsicht *or* Beziehung; **some ~ of** ein gewisses Maß an; **to a** *or* **in large ~** in hohem Maße; **to get the ~ of sb/sth** jdn/ etw (richtig) einschätzen.

   6. (*step*) Maßnahme *f*. **to take ~s to do sth** Maßnahmen ergreifen, um etw zu tun.

   7. (*Poet*) Versmaß *nt*.

   8. (*US Mus*) Takt *m*.

   II *vt* messen; *length also* abmessen; *room also* ausmessen; (*take sb's measurements*) Maß nehmen bei; (*fig*) beurteilen, abschätzen; *words* abwägen. **a ~d mile** genau eine Meile; **to ~ one's length** (*fig*) der Länge nach hinfallen.

   III *vi* messen. **what does it ~?** wieviel mißt es?, wie groß ist es?

◆**measure off** *vt sep* abmessen.

◆**measure out** *vt sep* abmessen; *weights also* abwiegen.

◆**measure up I** *vt sep* **1.** (*take measurements of*) *wood, room etc* abmessen; *person for suit etc* Maß nehmen bei.

   2. (*fig: assess*) *situation* abschätzen; *person* einschätzen.

   II *vi* **1.** (*be good enough, compare well*) he didn't ~ ~ er hat enttäuscht; **to ~ ~ to sth** an etw (*acc*) herankommen; **it's a hard job, but he should ~ ~** das ist eine schwierige Aufgabe, aber er sollte ihr gewachsen sein.

2. (*take measurements*) Maß nehmen, messen.

measured ['meʒəd] *adj tread, pace* gemessen (*liter*); *tone, way of talking* bedacht, bedächtig; *statement, words* wohlüberlegt, durchdacht.

measureless ['meʒəlɪs] *adj* unermeßlich.

measurement ['meʒəmənt] *n* **1.** (*act*) Messung *f.* **the metric system of** ~ das metrische Maßsystem. **2.** (*measure*) Maß *nt*; (*figure*) Meßwert *m*; (*fig*) Maßstab *m*. **to take sb's** ~s bei jdm Maß nehmen.

meat [mi:t] *n* **1.** Fleisch *nt.* **cold** ~ kalter Braten; (*sausage*) Wurst *f*; **assorted cold** ~s Aufschnitt *m*.

2. (*old: food*) Essen *nt*, Speise *f* (*liter*). ~ **and drink** Speise und Trank; **one man's** ~ **is another man's poison** (*Prov*) des einen Freud, des andern Leid (*Prov*).

3. (*fig: of argument, book*) Substanz *f*. **a book with some** ~ **in it** ein aussagestarkes Buch.

meat *in cpds* Fleisch-; ~**ball** Fleischkloß *m*; ~ **loaf** ≈ Fleischkäse *m*; ~ **products** Fleisch- und Wurstwaren *pl*.

meaty ['mi:tɪ] *adj* (+*er*) **1.** *taste* Fleisch-. **2.** (*fig*) *book* aussagestark.

Mecca ['mekə] *n* (*lit, fig*) Mekka *nt*.

mechanic [mɪ'kænɪk] *n* Mechaniker *m*.

mechanical [mɪ'kænɪkəl] *adj* (*lit, fig*) mechanisch; *toy* technisch. ~ **engineer/engineering** Maschinenbauer *or* -bauingenieur *m*/Maschinenbau *m*; **a** ~ **device** ein Mechanismus *m*.

mechanically [mɪ'kænɪkəlɪ] *adv* (*lit, fig*) mechanisch. ~-**minded** technisch begabt.

mechanics [mɪ'kænɪks] *n* **1.** *sing* (*subject*) (*engineering*) Maschinenbau *m*; (*Phys*) Mechanik *f.* **home** ~ **for the car-owner** kleine Maschinenkunde für den Autobesitzer.

2. *pl* (*technical aspects*) Mechanik *f*, Mechanismus *m*; (*fig: of writing etc*) Technik *f*. **there is something wrong with the** ~ **of the car** das Auto ist mechanisch nicht in Ordnung; **I don't understand the** ~ **of parliamentary procedure** ich verstehe den Mechanismus parlamentarischer Abläufe nicht.

mechanism ['mekənɪzəm] *n* Mechanismus *m.*

mechanization [ˌmekənaɪ'zeɪʃən] *n* Mechanisierung *f.*

mechanize ['mekənaɪz] *vt* mechanisieren.

med *abbr of* **medium.**

medal ['medl] *n* Medaille *f*; (*decoration*) Orden *m.*

medalist *n* (*US*) *see* **medallist.**

medallion [mɪ'dæljən] *n* Medaillon *nt*; (*medal*) Medaille *f.*

medallist, (*US*) **medalist** ['medəlɪst] *n* Medaillengewinner(in *f*) *m.*

meddle ['medl] *vi* (*interfere*) sich einmischen (*in* in +*acc*); (*tamper*) sich zu schaffen machen, herumfummeln (*inf*) (*with* an +*dat*). **to** ~ **with sb** sich mit jdm einlassen; **he's not a man to** ~ **with** mit ihm ist nicht gut Kirschen essen; **he's always meddling** er mischt sich in alles ein.

meddlesome ['medlsəm] *adj,* **meddling** ['medlɪŋ] *adj attr* **she's a** ~ **old busybody** sie mischt sich dauernd in alles ein.

media ['mi:dɪə] *n, pl of* **medium** Medien *pl.* **he works in the** ~ er ist im Mediensektor tätig *or* beschäftigt.

mediaeval *adj see* **medieval.**

medial ['mi:dɪəl] *adj* (*situated in the middle*) mittlere(r, s).

median ['mi:dɪən] **I** *adj* mittlere(r, s). ~ (**strip**) (*US*) Mittelstreifen *m.* **II** *n* (*Math*) Zentralwert *m.*

mediate ['mi:dɪeɪt] **I** *vi* vermitteln. **II** *vt settlement* aushandeln, herbeiführen.

mediation [ˌmi:dɪ'eɪʃən] *n* Vermittlung *f.*

mediator ['mi:dɪeɪtər] *n* Vermittler, Mittelsmann *m.*

mediatory ['mi:dɪətərɪ] *adj* vermittelnd, des Vermittlers.

medic ['medɪk] *n* (*inf*) Mediziner *m* (*inf*).

medical ['medɪkəl] **I** *adj* medizinisch; (*in military contexts*) Sanitäts-; *test, examination, treatment* ärztlich; *authority, board, inspector* Gesundheits-; *student* Medizin-. ~ **school** ≈ medizinische Fakultät; **I'm not a** ~ **man** ich bin kein Arzt *or* Doktor; **her** ~ **history** ihre Krankengeschichte; **that made** ~ **history** das hat in der Medizin Geschichte gemacht; ~ **card** (*Brit*) Krankenversicherungsschein *m*; ~ **jurisprudence** Gerichtsmedizin *f*; ~ **ward** Innere Abteilung.

II *n* (ärztliche) Untersuchung *f.* **have you had your** ~? bist du zur Untersuchung gewesen?

medically ['medɪkəlɪ] *adv* medizinisch; *examine* ärztlich.

medicament [me'dɪkəmənt] *n* Medikament, Mittel *nt.*

Medicare ['medɪˌkeər] *n* (*US*) *staatliche Krankenversicherung und Gesundheitsfürsorge in den USA.*

medicate ['medɪkeɪt] *vt* (medizinisch) behandeln. ~**d** medizinisch.

medication [ˌmedɪ'keɪʃən] *n* (*act*) (medizinische) Behandlung *f*; (*drugs etc*) Verordnung *f*, Medikamente *pl.*

medicinal [me'dɪsɪnl] *adj* Heil-, heilend. **for** ~ **purposes** zu medizinischen Zwecken; **the** ~ **properties of various herbs** die Heilkraft verschiedener Kräuter.

medicinally [me'dɪsɪnəlɪ] *adv use, take* zu Heilzwecken, zu medizinischen Zwecken; *valuable* medizinisch.

medicine ['medsɪn, 'medɪsɪn] *n* **1.** Arznei, Medizin (*inf*) *f*; (*one particular preparation*) Medikament *nt.* **to take one's** ~ (*lit*) seine Arznei einnehmen; (*fig*) die bittere Pille schlucken, in den sauren Apfel beißen; **to give sb a taste of his own** ~ (*fig*) es jdm mit gleicher Münze heim- *or* zurückzahlen.

2. (*science*) Medizin *f.* **to practise** ~ den Arztberuf ausüben.

medicine ball *n* Medizinball *m*; **medicine chest** *n* Hausapotheke *f*, Arzneischränkchen *nt*; **medicine-man** *n* Medizinmann *m.*

medieval [ˌmedɪ'i:vəl] *adj* mittelalterlich.

mediocre [ˌmi:dɪ'əʊkər] *adj* mittelmäßig.

mediocrity [ˌmi:dɪ'ɒkrɪtɪ] *n* **1.** (*quality*) Mittelmäßigkeit *f.* **2.** (*person*) kleines Licht.

meditate ['medɪteɪt] **I** *vt:* **to** ~ **revenge** auf Rache sinnen (*liter*). **II** *vi* nachdenken (*upon, on*) über +*acc*); (*Rel, Philos*) meditieren.

meditation [ˌmedɪˈteɪʃən] *n* Nachdenken *nt*; (*Rel, Philos*) Meditation *f*. "A M~ on Life" „Betrachtungen über das Leben".

meditative [ˈmedɪtətɪv] *adj* nachdenklich; (*Rel, Philos*) Meditations-.

meditatively [ˈmedɪtətɪvlɪ] *adv see adj.*

Mediterranean [ˌmedɪtəˈreɪnɪən] **I** *n* Mittelmeer *nt.* **in the ~** (*in sea*) im Mittelmeer; (*in region*) am Mittelmeer, im Mittelmeerraum. **II** *adj climate, nations* Mittelmeer-; *scenery, character, person* südländisch. **the ~ Sea** das Mittelmeer; **~ fruit** Südfrüchte *pl*; **~ types** Südländer *pl.*

medium [ˈmiːdɪəm] **I** *adj quality, size etc* mittlere(r, s); *steak* halbdurch, medium; *brown, sized etc* mittel-. **of ~ height/ difficulty** mittelgroß/-schwer.

II *n, pl* **media** *or* **-s** **1.** (*means*) Mittel *nt*; (*TV, Rad, Press*) Medium *nt*; (*Art, Liter*) Ausdrucksmittel *nt*. **~ of exchange** Tauschmittel *nt*; **through the ~ of the press** durch die Presse; **advertising ~** Werbeträger *m.*

2. (*surrounding substance*) (*Phys*) Medium *nt*; (*environment*) Umgebung *f*; (*air, water etc*) Element *nt.*

3. (*midpoint*) Mitte *f*. **happy ~** goldener Mittelweg.

4. (*spiritualist*) Medium *nt.*

medium *in cpds* mittel-; **~-range rocket** Mittelstreckenrakete *f*; **~-rare** rosa, englisch; **~-sized** mittelgroß; **~ wave** Mittelwelle *f.*

medley [ˈmedlɪ] *n* Gemisch *nt*; (*Mus*) Potpourri, Medley *nt.*

meek [miːk] *adj* (+*er*) sanft(mütig), lammfromm (*inf*); (*pej*) duckmäuserisch; (*uncomplaining*) duldsam, geduldig. **don't be so ~ and mild** laß dir doch nicht (immer) alles gefallen!

meekly [ˈmiːklɪ] *adv see adj.*

meekness [ˈmiːknɪs] *n see adj* Sanftmut *f*; (*pej*) Duckmäuserei *f*; Duldsamkeit *f.*

meerschaum [ˈmɪəʃəm] *n* Meerschaum *m*; (*pipe* Meerschaumpfeife *f.*

meet [miːt] (*vb: pret, ptp* **met**) **I** *vt* **1.** (*encounter*) *person* treffen, begegnen (+*dat*); (*by arrangement*) treffen, sich treffen mit; *difficulty* stoßen auf (+*acc*); (*Sport*) treffen auf (+*acc*). **I'll ~ you outside** ich treffe euch draußen; **he met his guests at the door** er empfing seine Gäste an der Tür; **he met his death in 1800** im Jahre 1800 fand er den Tod; **to ~ death calmly** dem Tod gefaßt entgegentreten; **to arrange to ~ sb** sich mit jdm verabreden; **his eyes** *or* **gaze met mine** unsere Blicke trafen sich; **I could not ~ his eye** ich konnte ihm nicht in die Augen sehen; **there's more to it than ~s the eye** da steckt mehr dahinter, als man auf den ersten Blick meint.

2. (*get to know*) kennenlernen; (*be introduced to*) bekannt gemacht werden mit. **come and ~ him** komm, ich mache euch miteinander bekannt; **pleased to ~ you!** guten Tag/Abend, sehr angenehm! (*form*).

3. (*await arrival, collect*) abholen (*at an* +*dat, von*); (*connect with*) *train, boat etc* Anschluß haben an (+*acc*). **I'll ~ your**

train ich hole dich vom Zug ab; **the car will ~ the train** der Wagen wartet am Bahnhof *or* steht am Bahnhof bereit.

4. (*join, run into*) treffen *or* stoßen auf (+*acc*); (*converge with*) sich vereinigen mit; (*river*) münden *or* fließen in (+*acc*); (*intersect*) schneiden; (*touch*) berühren. **where East ~s West** (*fig*) wo Ost und West sich treffen.

5. *expectations, target, obligations, deadline* erfüllen; *requirement, demand, wish* entsprechen (+*dat*), gerecht werden (+*dat*); *deficit, expenses, needs* decken; *debt* bezahlen, begleichen; *charge, objection, criticism* begegnen (+*dat*).

II *vi* **1.** (*encounter*) (*people*) sich begegnen; (*by arrangement*) sich treffen; (*society, committee etc*) zusammenkommen, tagen; (*Sport*) aufeinandertreffen. **until we ~ again!** bis zum nächsten Mal!; **to ~ halfway** einen Kompromiß schließen.

2. (*become acquainted*) sich kennenlernen; (*be introduced*) bekannt gemacht werden. **we've met before** wir kennen uns bereits; **haven't we met before somewhere?** sind wir uns nicht schon mal begegnet?, kennen wir uns nicht irgendwoher?

3. (*join etc*) *see vt* **4.** sich treffen, aufeinanderstoßen; sich vereinigen; ineinanderfließen; sich schneiden; sich berühren; (*fig: come together*) sich treffen. **our eyes met** unsere Blicke trafen sich; **the skirt wouldn't ~ round her waist** der Rock ging an der Taille nicht zu.

III *n* (*Hunt*) Jagd(veranstaltung) *f*; (*US Sport*) Sportfest *nt*. **swimming ~** Schwimmfest *nt.*

◆**meet up** *vi* sich treffen.

◆**meet with** *vi* +*prep obj* **1.** (*encounter, experience*) *hostility, opposition, problems* stoßen auf (+*acc*); *success, accident* haben; *disaster, loss, shock* erleiden; *setback* erleben; *approval, encouragement, an untimely death* finden. **to ~ praise/blame** gelobt/getadelt werden; **to ~ ~ kindness/a warm welcome** freundlich behandelt/herzlich empfangen werden.

2. *person* treffen; (*esp US: have a meeting with*) (zu einer Unterredung) zusammenkommen mit.

meeting [ˈmiːtɪŋ] *n* **1.** Begegnung *f*, Zusammentreffen *nt*; (*arranged*) Treffen *nt*; (*business ~*) Besprechung, Konferenz *f*. **the minister had a ~ with the ambassador** der Minister traf zu Gesprächen *or* zu einer Unterredung mit dem Botschafter zusammen.

2. (*of committee, board of directors, council*) Sitzung *f*; (*of members, employees, citizens*) Versammlung *f*, Meeting *nt*. **at the last ~** bei der letzten Sitzung; **the committee has three ~s a year** der Ausschuß tagt dreimal im Jahr; **Mr Jones is at/in a ~** Herr Jones ist (gerade) in einer Sitzung.

3. (*Sport*) Veranstaltung *f*; (*between teams, opponents*) Begegnung *f.*

4. (*of rivers*) Zusammenfluß *m.*

meeting place *n* Treffpunkt *m*; **meeting point** *n* Treffpunkt *m*; (*of rivers*) Zusam-

menfluß *m*; (*of lines*) Schnitt-/
Berührungspunkt *m*.
mega- [ˈmegə-] *pref* (*million*) Mega-.
megalith [ˈmegəlɪθ] *n* Megalith *m*.
megalomania [ˌmegələʊˈmeɪnɪə] *n*
Größenwahn *m*, Megalomanie *f* (*spec*).
megalomaniac [ˌmegələʊˈmeɪnɪæk] *n*
Größenwahnsinnige(r) *mf*. **he's a ~** er
leidet an Größenwahn, er ist größen-
wahnsinnig.
megaphone [ˈmegəfəʊn] *n* Megaphon *nt*.
megavolt [ˈmegəvɒlt] *n* Megavolt *nt*;
megawatt [ˈmegəwɒt] *n* Megawatt *nt*.
melamine [ˈmeləmiːn] *n* Melamin *nt*.
melancholia [ˌmelənˈkəʊlɪə] *n* Schwermut,
Melancholie *f*.
melancholic [ˌmelənˈkɒlɪk] *adj* melan-
cholisch, schwermütig.
melancholy [ˈmelənkəlɪ] **I** *adj* melan-
cholisch, schwermütig; *duty*, *sight etc*
traurig. **II** *n* Melancholie, Schwermut *f*.
mêlée [ˈmeleɪ] *n* (*confused struggle*)
Gedränge, Gewühl *nt*; (*fighting*) Hand-
gemenge *nt*.
mellifluous [meˈlɪflʊəs] *adj* wohltönend *or*
-klingend.
mellifluously [meˈlɪflʊəslɪ] *adv* klangvoll.
mellow [ˈmeləʊ] **I** *adj* (+*er*) **1.** *fruit* aus-
gereift, saftig; *wine* ausgereift, lieblich;
colour, *light* warm; *sound* voll, rund,
weich; *voice* weich, sanft.
 2. *person* abgeklärt, gesetzt; (*fig: slight-
ly drunk*) heiter, angeheitert. **in the ~
later years** im gesetzteren Alter.
 II *vt* reifen, heranreifen lassen; (*relax*)
heiter stimmen; *sounds*, *colours* dämp-
fen, abschwächen; *taste* mildern.
 III *vi* (*wine*, *fruit*) reif werden; (*colours*,
sounds) weicher werden; (*person*) (*be-
come gentler*) abgeklärter *or* gesetzter
werden; (*relax*) umgänglicher werden.
mellowness [ˈmeləʊnɪs] *n see adj* **1.** Aus-
gereiftheit, Saftigkeit *f*; lieblicher
Geschmack; Wärme *f*; Weichheit *f*;
weicher *or* sanfter Klang. **2.** Abge-
klärtheit, Gesetztheit *f*; heitere *or*
angeheiterte Stimmung.
melodic [mɪˈlɒdɪk] *adj* melodisch.
melodious [mɪˈləʊdɪəs] *adj* melodiös,
melodisch, wohlklingend.
melodiously [mɪˈləʊdɪəslɪ] *adv* melodiös,
melodisch.
melodiousness [məˈləʊdɪəsnɪs] *n* Wohl-
klang *m*, Melodik *f*.
melodrama [ˈmeləʊˌdrɑːmə] *n* Melodrama
nt.
melodramatic *adj*, **~ally** *adv*
[ˌmeləʊdrəˈmætɪk, -əlɪ] melodramatisch.
melody [ˈmelədɪ] *n* Melodie *f*; (*fig: of poetry
etc*) Melodik *f*.
melon [ˈmelən] *n* Melone *f*.
melt [melt] **I** *vt* **1.** schmelzen; *snow also* zum
Schmelzen bringen; *butter* zergehen
lassen, zerlassen; *sugar*, *grease* auflösen.
 2. (*fig*) *heart etc* erweichen.
 II *vi* **1.** schmelzen; (*butter also*) zer-
gehen; (*sugar*, *grease*) sich (auf)lösen. **it
just ~s in the mouth** es zergeht einem nur
so auf der Zunge.
 2. (*fig*) (*person*) dahinschmelzen;
(*anger*) verfliegen. **... and then his heart
~ed** ...und dann ließ er sich erweichen; **to**

~ into tears in Tränen zerfließen.
◆**melt away** *vi* **1.** (*lit*) (weg)schmelzen.
 2. (*fig*) sich auflösen; (*person*) dahin-
schmelzen; (*anger*, *anxiety*) verfliegen;
(*suspicion*, *money*) zerrinnen.
◆**melt down** *vt sep* einschmelzen.
melting point [ˈmeltɪŋˌpɔɪnt] *n* Schmelz-
punkt *m*; **what is the ~ of iron?** welchen
Schmelzpunkt hat Eisen?; **melting pot** *n*
(*lit*, *fig*) Schmelztiegel *m*; **to be in the ~** in
der Schwebe sein.
member [ˈmembəʳ] *n* **1.** Mitglied *nt*; (*of
tribe*, *species*) Angehörige(r) *mf*. **"~s
only"** „nur für Mitglieder"; **~ of the
family** Familienmitglied *nt*; **if any ~ of the
audience ...** falls einer der Zuschauer/
Zuhörer ...; **you have to be a ~** Sie müssen
Mitglied sein; **the ~ countries** die Mit-
gliedsstaaten *pl*.
 2. (*Parl*) Abgeordnete(r) *mf*. **~ of par-
liament** Parlamentsmitglied *nt*; (*in GB*)
Abgeordnete(r) *mf* des Unterhauses; (*in
BRD*) Bundestagsabgeordnete(r) *mf*; **the
~ for Woodford** der/die Abgeordnete für
den Wahlkreis Woodford.
 3. (*Math*, *Logic*) Glied *nt*.
membership [ˈmembəʃɪp] *n* Mitgliedschaft
f (*of* in +*dat*); (*number of members*) Mit-
gliederzahl *f*. **when I applied for ~ of the
club** als ich mich um die Clubmitglied-
schaft bewarb; **~ list** Mitgliederkartei *f*.
membrane [ˈmembreɪn] *n* Membran(e) *f*.
memento [məˈmentəʊ] *n*, *pl* **-(e)s** An-
denken *nt* (*of* an +*acc*).
memo [ˈmeməʊ] *n*, *pl* **-s** *abbr of
memorandum 1. Mitteilung *f*; (*reminder*)
Notiz *f*. **~ pad** Notizblock *m*.
memoir [ˈmemwɑːʳ] *n* **1.** Kurzbiographie *f*.
 2. **~s** *pl* Memoiren *pl*.
memorable [ˈmemərəbl] *adj* unvergeßlich;
(*important*) denkwürdig.
memorably [ˈmemərəblɪ] *adv* bemerkens-
wert.
memorandum [ˌmeməˈrændəm] *n*, *pl*
memoranda [ˌmeməˈrændə] **1.** (*in busi-
ness*) Mitteilung *f*; (*personal reminder*)
Notiz *f*, Vermerk *m*. **2.** (*Pol*) Memoran-
dum *nt*.
memorial [mɪˈmɔːrɪəl] **I** *adj* *plaque*, *service*
Gedenk-. **II** *n* Denkmal *nt* (*to* für). **M~
Day** (*US*) ≃ Volkstrauertag *m*.
memorize [ˈmeməraɪz] *vt* sich (*dat*) ein-
prägen.
memory [ˈmemərɪ] *n* **1.** Gedächtnis *nt*;
(*faculty*) Erinnerungsvermögen *nt*. **from
~** aus dem Kopf; **to commit sth to ~** sich
(*dat*) etw einprägen; *poem* etw auswendig
lernen; **I have a bad ~ for faces/names** ich
habe ein schlechtes Personengedächtnis/
Namensgedächtnis; **if my ~ serves me
right** wenn ich mich recht entsinne.
 2. (*that remembered*) Erinnerung *f* (*of*
an +*acc*). **I have no ~ of it** ich kann mich
nicht daran erinnern; **to take a trip** *or* **to
walk down ~ lane** in Erinnerungen
schwelgen.
 3. (*Computers*) Speicher *m*. **~ bank**
Datenbank *f*.
 4. to honour sb's ~ jds Andenken
ehren; **in ~ of** zur Erinnerung *or* zum
Gedenken (*form*) an (+*acc*).
men [men] *pl of* **man**.

menace ['menɪs] **I** n **1.** Bedrohung f (to gen); (issued by a person) Drohung f; (imminent danger) drohende Gefahr. **2.** (inf: nuisance) (Land)plage f. **she's a ~ on the roads** sie gefährdet den ganzen Verkehr. **II** vt bedrohen.

menacing ['menɪsɪŋ] adj drohend.

menacingly ['menɪsɪŋlɪ] adv see adj.

menagerie [mɪ'nædʒərɪ] n Menagerie f.

mend [mend] **I** n (in shoe) reparierte Stelle; (in piece of metal, cloth etc also) Flickstelle f; (in roof, fence etc also) ausgebesserte Stelle. **to be on the ~** (lit: person, fig) sich (langsam) erholen, sich auf dem Wege der Besserung befinden (form, hum); **the fracture is on the ~** der Bruch heilt schon wieder or ist am Verheilen.

  II vt **1.** (repair) reparieren; toy, machine also wieder ganz machen (inf); roof, fence also ausbessern; hole, clothes flicken.

  2. (improve) **to ~ one's ways** sich bessern; **that won't ~ matters** das macht die Sache auch nicht besser.

  III vi (bone) (ver)heilen. **the patient is ~ing nicely** der Patient macht gute Fortschritte; **make do and ~** (prov) aus alt mach neu (prov).

mendacious [men'deɪʃəs] adj lügnerisch, verlogen; statement also unwahr.

mendaciously [men'deɪʃəslɪ] adv unwahrheitsgemäß.

mendacity [men'dæsɪtɪ] n Verlogenheit f.

mendelevium [ˌmendɪ'liːvɪəm] n (abbr Md) Mendelevium nt.

mending ['mendɪŋ] n (articles to be mended) Flickarbeit f.

menfolk ['menfəʊk] npl Männer pl, Mannsvolk nt (old).

menial ['miːnɪəl] **I** adj niedrig, untergeordnet. **she regards no task as too ~ for her** sie betrachtet keine Arbeit für unter ihrer Würde; **the ~ staff** die (unteren) Dienstboten, das Gesinde. **II** n (pej) Dienstbote m.

meningitis [ˌmenɪn'dʒaɪtɪs] n Hirnhautentzündung, Meningitis f.

meniscus [mɪ'nɪskəs] n, pl **menisci** [mɪ'nɪsaɪ] Meniskus m.

menopause ['menəʊpɔːz] n Wechseljahre pl, Menopause f (spec).

menorah [mɪ'nɔːrə] n siebenarmiger Leuchter.

menstrual ['menstrʊəl] adj Menstruations-, menstrual (spec). **~ bleeding** Monatsblutung f.

menstruate ['menstrʊeɪt] vi menstruieren (spec), die Menstruation haben.

menstruation [ˌmenstrʊ'eɪʃən] n die Menstruation or Periode.

mental ['mentl] adj **1.** geistig; cruelty seelisch. **he has a ~ age of ten** er ist auf dem geistigen Entwicklungsstand eines Zehnjährigen; **to make a ~ note of sth** sich (dat) etw merken; **to have a ~ blackout** eine Bewußtseinsstörung haben, geistig weggetreten sein (inf); (due to alcohol) einen Filmriß haben (inf); (in exam) ein Brett vor dem Kopf haben (inf); **~ breakdown** Nervenzusammenbruch m; **~ arithmetic** Kopfrechnen nt; **~ health** Geisteszustand m; **~ home** (Nerven)-heilanstalt f; **~ hospital** psychiatrische Klinik, Nervenklinik f; **~ illness** Geisteskrankheit f; **~ patient** Geisteskranke(r) mf; **~ reservation** (stille) Bedenken, Vorbehalte pl; **the causes are ~ not physical** die Ursachen sind eher psychischer als physischer Natur; **he still shows great ~ agility** er ist geistig noch immer sehr rege.

  2. (sl: mad) übergeschnappt (sl).

mentality [men'tælɪtɪ] n Mentalität f.

mentally ['mentəlɪ] adv **1.** geistig. **~ handicapped/deficient** geistig behindert/ geistesschwach; **he is ~ ill** er ist geisteskrank. **2.** (in one's head) im Kopf.

menthol ['menθɒl] n Menthol nt.

mentholated ['menθəleɪtɪd] adj Menthol-, mit Menthol.

mention ['menʃən] **I** n Erwähnung f. **to get or receive a ~** erwähnt werden; **he received a ~ for bravery** er erhielt eine Auszeichnung or Belobigung für seine Tapferkeit; **to give sth a ~** etw erwähnen; **there is a/no ~ of it** es wird erwähnt/nicht erwähnt; **I can't find any ~ of his name** ich kann seinen Namen nirgendwo finden; **~ should also be made of …** … sollte Erwähnung finden (form); **it's hardly worth a ~** es ist kaum erwähnenswert; **at the ~ of his name/the police …** als sein Name/das Wort Polizei fiel or erwähnt wurde …

  II vt erwähnen (to sb jdm gegenüber).

he was ~ed in several dispatches er wurde mehrfach lobend erwähnt; **not to ~ …** nicht zu vergessen …, geschweige denn …; **France and West Germany, not to ~ Holland** Frankreich und die Bundesrepublik, von Holland ganz zu schweigen or ganz abgesehen von Holland; **too numerous to ~** zu zahlreich, um sie einzeln erwähnen zu können; **don't ~ it!** (das ist doch) nicht der Rede wert!, (bitte,) gern geschehen!; **if I may ~ it** wenn ich das einmal sagen darf; **the person we'd like to elect, ~ing no names, is …** wen wir gerne wählen würden, ohne irgendwelche Namen nennen zu wollen, ist …; **to ~ sb in one's will** jdn in seinem Testament berücksichtigen; **~ me to your parents!** empfehlen Sie mich Ihren Eltern! (form), viele Grüße an Ihre Eltern!

mentor ['mentɔːr] n Mentor m.

menu ['menjuː] n (bill of fare) Speisekarte f; (dishes served) Menü nt. **may we see the ~?** können or würden Sie uns bitte die Karte bringen?; **what's on the ~?** was gibt es heute (zu essen)?; **they have a very good ~ there** man kann dort ausgezeichnet essen; **the typical British ~ consists of …** ein typisches britisches Essen besteht aus …

mercantile ['mɜːkəntaɪl] adj Handels-; nation also handeltreibend. **the ~ marine** die Handelsmarine.

mercenary ['mɜːsɪnərɪ] **I** adj **1.** person geldgierig. **his motives were purely ~** er tat es nur des Geldes wegen; **don't be so ~** sei doch nicht so hinter dem Geld her (inf); **he's got a rather ~ attitude** bei ihm spielt nur das Geld eine Rolle. **2.** (Mil) troops Söldner-. **II** n Söldner m.

merchandise ['mɜːtʃəndaɪz] n Ware f.

merchant ['mɜːtʃənt] *n* **1.** Kaufmann *m*.
corn/fruit/diamond ~ Getreide-/Obst-/
Diamantenhändler *m*. **2.** (*Brit sl*) Typ *m*
(*sl*). **he's a real speed** ~ der fährt wie der
Henker (*sl*).

merchant *in cpds* Handels-; ~ **bank** Han-
delsbank *f*; ~**man** Handelsschiff *nt*; ~
navy Handelsmarine *f*; ~ **prince** reicher
Kaufmann, Handelsboss (*inf*) *m*; ~
seaman Matrose *m* in der Handelsmarine;
~ **ship** Handelsschiff *nt*.

merciful ['mɜːsɪfʊl] *adj* gnädig. **o** ~ **Lord**
gütiger Gott; **O Lord be** ~! Gott, sei uns
(*dat*) gnädig!; **his death was a** ~ **release
from pain** sein Tod war für ihn eine Er-
lösung.

mercifully ['mɜːsɪfəlɪ] *adv act* barmherzig;
treat sb gnädig; (*fortunately*) glücklicher-
weise. **his suffering was** ~ **short** es war
eine Gnade, daß er nicht lange leiden
mußte.

merciless ['mɜːsɪlɪs] *adj* unbarmherzig, er-
barmungslos; *destruction* schonungslos.

mercilessly ['mɜːsɪlɪslɪ] *adv* erbarmungs-
los.

mercurial [mɜːˈkjʊərɪəl] *adj* (*Chem*)
Quecksilber-; (*containing mercury*)
quecksilberhaltig; (*fig*) (*volatile*) sprung-
haft, wechselhaft; (*lively*) quicklebendig.

Mercury ['mɜːkjʊrɪ] *n* Merkur *m*.

mercury ['mɜːkjʊrɪ] *n* (*abbr* **Hg**) Quecksil-
ber *nt*.

mercy ['mɜːsɪ] *n* **1.** *no pl* (*feeling of com-
passion*) Erbarmen *nt*; (*action, for-
bearance from punishment*) Gnade *f*;
(*God's* ~) Barmherzigkeit *f*. **to beg for** ~
um Gnade bitten *or* flehen; **to have** ~/**no**
~ **on sb** mit jdm Erbarmen/kein Erbar-
men haben; **Lord have** ~ **upon us** Herr,
erbarme dich unser; **to throw oneself on
sb's** ~ sich jdm auf Gnade und Ungnade
ausliefern; **to be at the** ~ **of sb** jdm
ausgeliefert sein; **to be at the** ~ **of sth** einer Sache (*dat*) aus-
geliefert sein; **we're at your** ~ wir sind in
Ihrer Gewalt *or* Hand; **at the** ~ **of the
elements** dem Spiel der Elemente preis-
gegeben; **a** ~ **mission, a mission of** ~ eine
Hilfsaktion; **with a recommendation to** ~
(*Jur*) mit einer Empfehlung auf Straf-
milderung.

     2. (*inf: blessing*) Segen *m*, Glück *nt*. **it's
a** ~ **nobody was hurt** man kann von Glück
sagen, daß niemand verletzt wurde; **we
must be thankful for small mercies** man
muß schon mit wenigem zufrieden sein.

mercy killing *n* Euthanasie *f*, Töten *nt* aus
Mitleid.

mere [mɪər] *adj* bloß; *formality also, non-
sense* rein. **he's a** ~ **clerk** er ist bloß ein
kleiner Angestellter; **a** ~ **3%/2 hours** bloß
or lediglich 3%/2 Stunden; **a** ~ **nothing**
eine (bloße) Lappalie; **but she's a** ~ **child**
aber sie ist doch noch ein Kind!

merely ['mɪəlɪ] *adv* lediglich, bloß. **it's not
~ **broken, it's ruined es ist nicht bloß
kaputt, es ist völlig ruiniert.

merge [mɜːdʒ] **I** *vi* **1.** zusammenkommen;
(*colours*) ineinander übergehen; (*roads*)
zusammenlaufen *or* -führen. **to** ~ **with sth**
mit etw verschmelzen, sich mit etw
vereinen; (*colour*) in etw (*acc*) über-

gehen; (*road*) in etw (*acc*) einmünden; **to**
~ **(in) with/into the crowd** in der Menge
untergehen/untertauchen; **to** ~ **into sth** in
etw (*acc*) übergehen; **the bird** ~**d into** *or*
in with its background of leaves der Vogel
verschmolz mit dem Laubwerk im Hinter-
grund; "**motorways** ~" „Autobahnein-
mündung".

     2. (*Comm*) fusionieren, sich zusam-
menschließen.

     II *vt* **1.** miteinander vereinen *or* verbin-
den *or* verschmelzen; *colours also* inein-
ander übergehen lassen; *metals* legieren.

     2. (*Comm*) zusammenschließen,
fusionieren. **they were** ~**d into one com-
pany** sie wurden zu einer Firma zusam-
mengeschlossen; **they were** ~**d with ...** sie
haben mit ... fusioniert.

merger ['mɜːdʒər] *n* (*Comm*) Fusion *f*.

meridian [məˈrɪdɪən] *n* (*Astron, Geog*)
Meridian *m*; (*fig*) Höhepunkt, Gipfel *m*.

meringue [məˈræŋ] *n* Meringe *f*, Baiser *nt*.

merino [məˈriːnəʊ] *n, pl* ~**s** **1.** (*sheep*)
Merino(schaf *nt*) *m*. **2.** (*wool*)
Merinowolle *f*.

merit ['merɪt] **I** *n* (*achievement*) Leistung *f*,
Verdienst *nt*; (*advantage*) Vorzug *m*. **to
look** *or* **inquire into the** ~**s of sth** etw auf
seine Vorteile *or* Vorzüge untersuchen; **a
work of great literary** ~ ein Werk von
großem literarischem Wert; **what are the
particular** ~**s of Greek drama?** wodurch
zeichnet sich das griechische Drama
besonders aus?; **judged on** ~ **alone**
ausschließlich nach Leistung(en) *or* ihren
Verdiensten beurteilt; **there's no par-
ticular** ~ **in coming early** es ist keine
besondere Leistung *or* kein besonderes
Verdienst, früh zu kommen; **to treat a
case on its** ~**s** einen Fall für sich selbst *or*
gesondert behandeln; **to pass an exam
with** ~ ein Examen mit Auszeichnung
bestehen.

     II *vt* verdienen. **it** ~**s your consideration**
das ist es wert, daß Sie sich damit beschäf-
tigen.

meritocracy [ˌmerɪˈtɒkrəsɪ] *n* Leistungs-
gesellschaft *f*.

mermaid ['mɜːmeɪd] *n* Nixe, See- *or* Meer-
jungfrau *f*.

merman ['mɜːmæn] *n, pl* -**men** [-men] Nix,
Wassergeist *m*.

merrily ['merɪlɪ] *adv* vergnügt.

merriment ['merɪmənt] *n* Heiterkeit, Fröh-
lichkeit *f*; (*laughter*) Gelächter *nt*. **at this
there was much** ~ das erregte allgemeine
Heiterkeit.

merry ['merɪ] *adj* (+*er*) **1.** (*cheerful*) fröh-
lich, vergnügt, lustig; *song, tune* fröhlich.
to make ~ lustig *or* vergnügt sein; **M~
Christmas!** Fröhliche *or* Frohe Weih-
nachten!; **M~ England** das gute alte Eng-
land; **to give sb** ~ **hell** (*inf*) jdm einheizen
(*inf*).

     2. (*inf: tipsy*) angeheitert (*inf*). **to get** ~
sich (*dat*) einen anpicheln (*inf*).

merry-go-round ['merɪɡəʊˌraʊnd] *n*
Karussell *nt*; **merrymaker** *n* Festgast *m*,
Feiernde(r) *mf*; **merrymaking** *n* Feiern
nt, Belustigung, Lustbarkeit (*liter*) *f*; **after
the** ~ **had finished** nach Beendigung des
Festes.

mescalin(e) [ˈmeskəlɪn] *n* Mescalin *nt*.
mesh [meʃ] **I** *n* **1.** *(hole)* Masche *f*; *(size of hole)* Maschenweite *f*. **the broad ~ of this material makes it ideal** die Grobmaschigkeit dieses Materials ist ideal; **a 5mm ~ screen** ein 5 mm Maschendraht.
2. *(material)* *(wire ~)* Maschendraht *m*; *(network of wires)* Drahtgeflecht *nt*; *(Tex)* Gittergewebe *nt*.
3. *(Mech)* **out of/in ~** nicht im/im Eingriff; **the tight ~ of the cogwheels** die enge Verzahnung der Räder.
4. *(fig)* **to catch** *or* **entangle sb in one's ~es** jdn umgarnen, jdn in sein Netz locken; **to be caught in sb's ~es** jdm ins Netz gegangen sein.
II *vi* **1.** *(Mech)* eingreifen *(with* in *+acc)*. **the gears ~ (together)** die Zahnräder greifen ineinander.
2. *(fig: views, approach)* sich vereinen lassen. **he tried to make the departments ~ (together)** er versuchte, die einzelnen Abteilungen miteinander zu koordinieren.
III *vt see* **enmesh**.
mesmerism [ˈmezmərɪzəm] *n* hypnotische Wirkung; *(old)* Mesmerismus *m*.
mesmerize [ˈmezməraɪz] *vt* hypnotisieren; *(fig)* faszinieren, fesseln. **the audience sat ~d** die Zuschauer saßen wie gebannt.
mess¹ [mes] **I** *n* **1.** Durcheinander *nt*; *(untidy also)* Unordnung *f*; *(dirty)* Schweinerei *f*. **to be (in) a ~** unordentlich sein; *(disorganized)* ein einziges Durcheinander sein; *(fig: one's life, marriage, career etc)* verkorkst sein *(inf)*; **to be a ~** *(piece of work)* eine Schweinerei sein; *(disorganized)* ein einziges *or* heilloses Durcheinander sein; *(person)* *(in appearance)* unordentlich aussehen; *(psychologically)* verkorkst sein *(inf)*; **to look a ~** *(person)* unmöglich aussehen; *(untidy also)* schlampig *or* unordentlich aussehen; *(dirty also)* völlig verdreckt sein; *(room, piece of work)* schlimm aussehen; **to make a ~** *(be untidy)* Unordnung machen; *(be dirty)* eine Schweinerei machen; **to make a ~ of sth** *(make untidy)* etw in Unordnung bringen, etw durcheinanderbringen; *(make dirty)* etw verdrecken; *(bungle, botch)* etw verpfuschen, bei etw Mist bauen *(inf)*; **one's life** etw verkorksen *(inf)* *or* verpfuschen; **I made a ~ of sewing it on** ich habe beim Annähen Mist gebaut *(inf)*; **you've really made a ~ of things** du hast alles total vermasselt *(inf)*; **a fine ~ you've made of that** da hast du was Schönes angerichtet; **what a ~!** das sieht ja vielleicht aus!; *(fig)* ein schöner Schlamassel! *(inf)*; **I'm not tidying up your ~** ich räume nicht für dich auf.
2. *(awkward predicament)* Schwierigkeiten *pl*, Schlamassel *m* *(inf)*. **cheating got him into a ~** durch seine Mogelei ist er in ziemliche Schwierigkeiten geraten; **he got into a ~ with the police** er hat Ärger mit der Polizei bekommen; **when he forgot his lines he panicked and got into a ~** als er seinen Text vergaß, geriet er in Panik und verheddert sich völlig *(inf)*.
3. *(euph: excreta)* Dreck *m*. **the cat/**

baby **has made a ~ on the carpet** die Katze/das Baby hat auf den Teppich gemacht.
II *vi see* **mess about II 3., 4**.
◆**mess about** *or* **around** *(inf)* **I** *vt sep* *(fiddle, tinker with)* herumpfuschen an *(+dat)* *(inf)*; **plans** durcheinanderbringen; *person* an der Nase herumführen *(inf)*; *(boss, person in authority)* herumschikanieren; *(by delaying decision)* hinhalten.
II *vi* **1.** *(play the fool)* herumalbern.
2. *(do nothing in particular)* herumgammeln *(inf)*. **he enjoys ~ing ~ on the river** er gondelt gern auf dem Fluß herum.
3. *(tinker, fiddle)* herumfummeln *(inf)* *or* -spielen *(with an +dat)*; *(as hobby etc)* herumbasteln *(with an +dat)* *(inf)*. **that'll teach you to ~ ~ with explosives** das soll dir eine Lehre sein, nicht mit Sprengkörpern herumzuspielen; **I don't like film directors ~ing ~ with my scripts** ich kann es nicht haben, wenn Regisseure an meinen Drehbüchern herumändern.
4. to ~ ~ with sb *(associate with)* sich mit jdm einlassen *or* abgeben; *(not take seriously)* jdn zum Narren haben.
◆**mess up** *vt sep* durcheinanderbringen; *(make untidy also)* unordentlich machen, in Unordnung bringen; *(make dirty)* verdrecken; *(botch, bungle)* verpfuschen, verhunzen *(inf)*; **marriage** kaputtmachen *(inf)*, ruinieren; **life, person** verkorksen *(inf)*; **person** *(as regards looks)* übel zurichten. **missing the connection ~ed ~ the whole journey** dadurch, daß wir den Anschluß verpaßten, lief die ganze Reise schief; **that's really ~ed things ~** das hat wirklich alles verdorben.
mess² *(Mil)* **I** *n* Kasino *nt*; *(on ships)* Messe *f*; *(food)* Essen *nt*. **II** *vi* essen, das Essen einnehmen.
message [ˈmesɪdʒ] *n* **1.** Mitteilung, Nachricht, Botschaft *(old, form)* *f*; *(radio ~)* Funkspruch *m* *or* -meldung *f*; *(report, police ~)* Meldung *f*. **a ~ from headquarters** eine Mitteilung vom Hauptquartier; **to take a ~ to sb** jdm eine Nachricht überbringen; **to give sb a ~** *(verbal)* jdm etwas ausrichten; *(written)* jdm eine Nachricht geben; **would you give John a ~ (for me)?** könnten Sie John etwas (von mir) ausrichten?; **I gave John a ~ for you** ich habe John gebeten, dir etwas auszurichten; **to send a ~ to sb** jdn benachrichtigen; **to leave a ~ for sb** *(written)* jdm eine Nachricht hinterlassen; *(verbal)* jdm etwas ausrichten lassen; **can I take a ~ (for him)?** *(on telephone)* kann ich (ihm) etwas ausrichten?; **the Queen's ~ to the people** die (Fernseh)ansprache der Königin.
2. *(moral, advertising)* Botschaft *f*. **the ~ of the play is …** die Aussage des Stückes ist …, das Stück will folgendes sagen …; **a pop song with a ~** ein Schlagertext, der einem etwas zu sagen hat.
3. to get the ~ *(fig inf)* kapieren *(inf)*.
messenger [ˈmesɪndʒəʳ] *n* Bote *(old, form)*, Überbringer(in *f*) *m* (einer Nachricht); *(Mil)* Kurier *m*. **~ boy** Botenjunge, Laufbursche *m*; **bank/post office ~** Bank-/Postbote *m*.

Messiah [mɪˈsaɪə] n Messias m.

messianic [ˌmesɪˈænɪk] adj messianisch.

Messrs [ˈmesəz] pl of **Mr** abbr of **Messieurs** not translated except on letters etc. **to ~ ...** an die Herren ...

mess-up [ˈmesʌp] n Kuddelmuddel nt (inf). **there's been a bit of a ~** da ist etwas schiefgelaufen (inf).

messy [ˈmesɪ] adj (+er) (dirty) dreckig, schmutzig; (untidy) unordentlich; (confused) durcheinander; (fig: unpleasant) unschön. **~ writing** fürchterliche Klaue (inf); **he's a ~ eater** er kann nicht ordentlich essen, er ißt wie ein Schwein.

met¹ [met] pret, ptp of **meet²**.

met² abbr of **meteorological**.

meta- [ˈmetə-] pref meta-, Meta-.

metabolic [ˌmetəˈbɒlɪk] adj Stoffwechsel-, metabolisch.

metabolism [meˈtæbəlɪzəm] n Stoffwechsel, Metabolismus m.

metal [ˈmetl] **I** n Metall nt; (Brit: on road) Asphalt m. **~s** pl (Rail) Schienen pl. **II** vt road asphaltieren. **~-led road** Asphaltstraße f.

metallic [mɪˈtælɪk] adj metallisch.

metallurgist [meˈtælədʒɪst] n Metallurg(in f) m.

metallurgy [meˈtælədʒɪ] n Hüttenkunde, Metallurgie f.

metal in cpds Metall-; **~ plating** Metallschicht f; (act) Plattierung f; **~-work** Metall nt; **we did ~work at school** wir haben in der Schule Metallarbeiten gemacht; **~worker** Metallarbeiter m.

metamorphosis [ˌmetəˈmɔːfəsɪs] n, pl **metamorphoses** [ˌmetəˈmɔːfəsiːz] Metamorphose f; (fig) Verwandlung f.

metaphor [ˈmetəfəʳ] n Metapher f.

metaphorical [ˌmetəˈfɒrɪkəl] adj metaphorisch.

metaphorically [ˌmetəˈfɒrɪklɪ] adv see adj. **~ speaking** metaphorisch ausgedrückt, bildlich gesprochen.

metaphysical adj, **~ly** adv [ˌmetəˈfɪzɪkəl, -ɪ] metaphysisch.

metaphysics [ˌmetəˈfɪzɪks] n sing Metaphysik f.

metastasis [mɪˈtæstəsɪs] n, pl **metastases** [mɪˈtæstəsiːz] n Metastasenbildung f, Metastasierung f.

mete [miːt] vt: **to ~ out** zuteil werden lassen (to sb jdm); praise austeilen; rewards verteilen; **to ~ out a punishment to sb** jdn bestrafen; **the function of the courts is to ~ out justice** es ist Aufgabe der Gerichte zu richten.

meteor [ˈmiːtɪəʳ] n Meteor m.

meteoric [ˌmiːtɪˈɒrɪk] adj meteorisch; (fig) kometenhaft.

meteorite [ˈmiːtɪəraɪt] n Meteorit m.

meteoroid [ˈmiːtɪərɔɪd] n Sternschnuppe f.

meteorological [ˌmiːtɪərəˈlɒdʒɪkəl] adj Wetter-, meteorologisch. **the M~ Office** (Brit) das Wetteramt.

meteorologist [ˌmiːtɪəˈrɒlədʒɪst] n Meteorologe m, Meteorologin f.

meteorology [ˌmiːtɪəˈrɒlədʒɪ] n Meteorologie, Wetterkunde f.

meter¹ [ˈmiːtəʳ] **I** n Zähler m; (gas ~ also) Gasuhr f; (water ~) Wasseruhr f; (parking ~) Parkuhr f; (exposure or light ~) Belichtungsmesser m; (slot ~) Münzzähler m. **the ~ has run out** die Parkuhr ist abgelaufen/es ist kein Geld mehr im Zähler. **II** vt messen.

meter² n (US) see **metre**.

methane [ˈmiːθeɪn] n Methan nt.

method [ˈmeθəd] n Methode f; (process) Verfahren nt; (Cook) Zubereitung f; (in experiment) Vorgehens- or Verfahrensweise f. **~ of payment/application** Zahlungs-/Anwendungsweise f; **there's ~ in his madness** sein Wahnsinn hat Methode.

methodical adj, **~ly** adv [mɪˈθɒdɪkəl, -ɪ] methodisch.

Methodism [ˈmeθədɪzəm] n Methodismus m.

Methodist [ˈmeθədɪst] **I** adj methodistisch. **II** n Methodist(in f) m.

methodology [ˌmeθəˈdɒlədʒɪ] n Methodik, Methodologie f.

meths [meθs] n sing abbr of **methylated spirits** Spiritus m.

Methuselah [məˈθuːzələ] n Methusalem m. **as old as ~** so alt wie Methusalem.

methyl alcohol [ˈmiːθaɪlˈælkəhɒl] n Methylalkohol m.

methylated spirits [ˈmeθɪleɪtɪdˈspɪrɪts] n sing Äthylalkohol, (Brenn)spiritus m.

meticulous [mɪˈtɪkjʊləs] adj sorgfältig, (peinlich) genau, exakt. **to be ~ about sth** es mit etw sehr genau nehmen.

meticulously [mɪˈtɪkjʊləslɪ] adv see adj. **~ clean** peinlich sauber.

metre, (US) meter [ˈmiːtəʳ] n **1.** (Measure) Meter m or nt. **2.** (Poet) Metrum nt.

metric [ˈmetrɪk] adj metrisch. **the ~ system** das metrische Maßsystem; **~ ton** Metertonne f; **to go ~** auf das metrische Maßsystem umstellen.

metrical [ˈmetrɪkəl] adj (Poet) metrisch.

metricate [ˈmetrɪkeɪt] vt auf das metrische Maßsystem umstellen.

metrication [ˌmetrɪˈkeɪʃən] n Umstellung f auf das metrische Maßsystem.

metronome [ˈmetrənəʊm] n Metronom nt.

metropolis [mɪˈtrɒpəlɪs] n Metropole, Weltstadt f; (capital) Hauptstadt f.

metropolitan [ˌmetrəˈpɒlɪtən] **I** adj weltstädtisch, weltoffen; der Hauptstadt; (Eccl) Metropolitan-; diocese Erz-; bishop Diözesan-. **a ~ city** eine Weltstadt; **M~ Police** Londoner/New Yorker Polizei. **II** n Weltbürger(in f) m; (citizen) Großstädter(in f) m; Hauptstädter(in f) m; (Eccl) Metropolit m.

mettle [ˈmetl] n (spirit) Courage f, Stehvermögen nt; (of horse) Zähigkeit f; (temperament) Feuer nt. **a man of ~** ein Mann von echtem Schrot und Korn; **to show one's ~** zeigen, was in einem steckt; **to test sb's ~** herausfinden, was in jdm steckt; **to be on one's ~** auf dem Posten sein; **to put sb on his ~** jdn fordern.

mew [mjuː] **I** n Miau(en) nt. **II** vi miauen.

mews cottage [mjuːzˈkɒtɪdʒ] n ehemaliges Kutscherhäuschen.

Mexican [ˈmeksɪkən] **I** adj mexikanisch. **II** n Mexikaner(in f) m.

Mexico [ˈmeksɪkəʊ] n Mexiko nt.

mezzo-soprano [ˌmetsəʊsəˈprɑːnəʊ] n, pl **~s** Mezzosopran m.

mfd *abbr of* **manufactured** hergest.
miaow [miˈaʊ] **I** *n* Miau(en) *nt.* **II** *vi* miauen.
mica [ˈmaɪkə] *n* Muskovit *m.*
mice [maɪs] *pl of* **mouse.**
Michaelmas [ˈmɪklməs] *n* Michaeli(s) *nt.* ~ **daisy** Herbstaster *f;* ~ **Day** Michaelis(tag *m) nt.*
Michigan [ˈmɪʃɪɡən] *n (abbr* **Mich, MI)** Michigan *nt.*
mickey [ˈmɪkɪ] *n (sl):* **to take the** ~ **(out of sb)** jdn auf den Arm *or* auf die Schippe nehmen *(inf) or* veräppeln *(inf);* **are you taking the** ~**?** du willst mich/ihn *etc* wohl veräppeln *etc (inf).*
Mickey Finn [ˈmɪkɪˈfɪn] *n (inf)* Betäubungsmittel *nt; (drink)* präparierter Drink.
micro- [ˈmaɪkrəʊ-] *pref* mikro-, Mikro-.
microbe [ˈmaɪkrəʊb] *n* Mikrobe *f.*
microbiology [ˌmaɪkrəʊbaɪˈɒlədʒɪ] *n* Mikrobiologie *f;* **microchip** *n* Mikrochip *nt;* **microcosm** *n* Mikrokosmos *m;* **microdot** *n* Bildpunkt *m,* Mikrobild *nt;* **microfiche** *n* Mikrofiche *m or nt,* Mikrokarte *f;* **microfilm I** *n* Mikrofilm *m;* **II** *vt* auf Mikrofilm aufnehmen.
micron [ˈmaɪkrɒn] *n* Mikron, Mikrometer *nt.*
microorganism [ˌmaɪkrəʊˈɔːɡəˌnɪzəm] *n* Mikroorganismus *m;* **microphone** [ˈmaɪkrəfəʊn] *n* Mikrophon *nt;* **microprocessor** [ˌmaɪkrəʊˈprəʊsesəʳ] *n* Mikroprozessor *m;* **microscope** [ˈmaɪkrəskəʊp] *n* Mikroskop *nt.*
microscopic [ˌmaɪkrəˈskɒpɪk] *adj details, print* mikroskopisch. ~ **creature** mikroskopisch kleines Lebewesen.
microscopically [ˌmaɪkrəˈskɒpɪkəlɪ] *adv* mikroskopisch.
microwave [ˈmaɪkrəʊˌweɪv] *n* Mikrowelle *f.* ~ **oven** Mikrowellenherd *m;* ~ **link** Richtfunkverbindung *f.*
mid [mɪd] **I** *prep (poet) see* **amid(st). II** *adj* mittel-, Mittel-. **in** ~ **January/June** Mitte Januar/Juni; **in the** ~ **1950s** Mitte der fünfziger Jahre; **in the** ~ **20th century** Mitte des 20. Jahrhunderts; **temperatures in the** ~ **eighties** Temperaturen um 85° Fahrenheit; **in** ~ **morning/afternoon** am Vormittag/Nachmittag; **a** ~**-morning/-afternoon break** eine Frühstücks-/Nachmittagspause; **a** ~**-morning/-afternoon snack** ein zweites Frühstück/ein Imbiß *m* am Nachmittag; **in** ~ **channel** in der Mitte des Kanals; **in** ~ **ocean** mitten auf dem Meer; **in** ~ **air** in der Luft; **in** ~ **course** mittendrin *(inf).*
MIDAS [ˈmaɪdəs] *abbr of* **Missile Defence Alarm System** Raketenabwehrwarnsystem *nt.*
Midas [ˈmaɪdəs] *n* Midas *m.* **the** ~ **touch** eine glückliche Hand, Glück *nt;* **he has the** ~ **touch** er macht aus Dreck Geld *(inf).*
midday [ˈmɪdˈdeɪ] **I** *n* Mittag *m.* **at** ~ mittags, gegen Mittag, um die Mittagszeit. **II** *adj attr* mittäglich. ~ **meal** Mittagessen *nt;* ~ **sun/heat** Mittagssonne/-hitze *f.*
middle [ˈmɪdl] **I** *n* Mitte *f; (central section: of book, film etc)* Mittelteil *m,* mittlerer Teil; *(inside of fruit, nut etc)* Innere(s) *nt; (stomach)* Bauch, Leib *m; (waist)* Taille *f.* **in the** ~ **of the table** mitten auf dem Tisch;

(in exact centre) in der Mitte des Tisches; **he passed the ball to the** ~ **of the field** er spielte den Ball zur (Feld)mitte; **in the** ~ **of the night/morning** mitten in der Nacht/am Vormittag; **in the** ~ **of the day** mitten am Tag; *(around midday)* gegen Mittag; **in the** ~ **of nowhere** j.w.d. *(inf),* am Ende der Welt; **in the** ~ **of summer/winter** mitten im Sommer/Winter; **in** *or* **about the** ~ **of May** Mitte Mai; **in the** ~ **of the century** um die Jahrhundertmitte, Mitte des Jahrhunderts; **we were in the** ~ **of lunch** wir waren mitten beim Essen; **in the** ~ **of my back** im Kreuz; **to be in the** ~ **of doing sth** mitten dabei sein, etw zu tun; **down the** ~ in der Mitte; **he parts/she parted his hair down the** ~ er hat einen Mittelscheitel/sie scheitelte sein Haar in der Mitte.
II *adj* mittlere(r, s); *part, point, finger* Mittel-. **the** ~ **house** das mittlere Haus, das Haus in der Mitte.
middle *in cpds* Mittel-, mittel-; **middle age** *n* mittleres Lebensalter; **a man of** ~ ein Mann mittleren Alters *or* in den mittleren Jahren; **middle-aged** *adj* in den mittleren Jahren, mittleren Alters; *feeling, appearance* alt; *attitudes* spießig *(pej),* altmodisch; **Middle Ages** *npl* Mittelalter *nt;* **middlebrow I** *adj* für den (geistigen) Normalverbraucher; *tastes* Durchschnitts-, des Normalverbrauchers, Allgemein-; **II** *n* (geistiger) Normalverbraucher; **middle C** *n* (eingestrichenes) C; **middle-class** *adj* bürgerlich, spießig *(pej); (Sociol)* Mittelstands-, mittelständisch; **he's so typically** ~ er ist ein typischer Vertreter der Mittelklasse, er ist ein richtiger Spießer *(pej);* **middle class(es)** *n* Mittelstand *m or* -klasse *or* -schicht *f;* **middle distance** *n* mittlere Entfernung; *(Art)* Mittelgrund *m;* **middle ear** *n* Mittelohr *nt;* **Middle East** *n* Naher Osten; **Middle English** *n* Mittelenglisch *nt;* **Middle High German** *n* Mittelhochdeutsch *nt;* **Middle Low German** *n* mittelniederdeutsche Sprache; **middleman** *n* Mittelsmann *m; (Comm)* Zwischenhändler *m;* **middle name** *n* zweiter (Vor)name; **modesty is my** ~ *(fig)* ich bin die Bescheidenheit in Person; **middle-of-the-road** *adj* gemäßigt; *policy, politician* der gemäßigten Mitte; **middleweight** *(Sport)* **I** *n* Mittelgewicht *nt; (person also)* Mittelgewichtler *m;* **II** *adj* Mittelgewichts-.
middling [ˈmɪdlɪŋ] *adj* mittelmäßig *(of size)* mittlere(r, s). **how are you?** — ~ wie geht es dir? — einigermaßen.
Middx *abbr of* **Middlesex.**
midfield [ˌmɪdˈfiːld] **I** *n* Mittelfeld *nt.* **II** *adj* *player* Mittelfeld-.
midge [mɪdʒ] *n* Mücke *f.*
midget [ˈmɪdʒɪt] **I** *n* kleiner Mensch, Liliputaner *m; (child)* Knirps *m.* **II** *adj* winzig; *submarine* Kleinst-.
midland [ˈmɪdlənd] **I** *adj attr* im Landesinneren (gelegen); **II** *n* Landesinnere(s) *nt;* **the M~s** die Midlands; **midnight I** *n* Mitternacht *f;* **at** ~ um Mitternacht; **II** *adj attr* mitternächtlich; *walk also, feast, hour* Mitternachts-; **the** ~ **sun** die Mitternachtssonne; **midpoint** *n* mittlerer Punkt;

(*Geometry*) Mittelpunkt *m*; **to reach ~** die Hälfte hinter sich (*dat*) haben.

midriff ['mɪdrɪf] *n* Taille *f*. **a punch to the ~** ein Schlag in die Magengegend *or* -grube.

midshipman ['mɪdʃɪpmən] *n*, *pl* **-men** [-mən] Fähnrich *m* zur See; **midships** *adv* mittschiffs.

midst [mɪdst] **I** *n* Mitte *f*. **in the ~ of** mitten in; **in the ~ of her tears** unter Tränen; **and in the ~ of our troubles Grandpa died** und zu allem Unglück starb noch Großvater; **in our ~** unter uns, in unserer Mitte.
   II *prep* (*old poet*) see **amid(st)**.

midstream [,mɪd'striːm] *n* **in ~** (*lit*) in der Mitte des Flusses; (*fig*) auf halber Strecke, mittendrin; **midsummer I** *n* Hochsommer *m*; **M~'s Day** Sommersonnenwende *f*, Johanni(stag *m*) *nt*; **II** *adj days*, *nights* Hochsommer-; **~ madness** Sommerkoller *m* (*inf*); **mid-term I** *n* **in ~** mitten im Trimester/Schulhalbjahr; **II** *adj* **~ elections** (*Pol*) Zwischenwahlen *pl*; **~ examinations** *Prüfungen in der Mitte eines Trimesters/Schulhalbjahres*; **midway I** *adv* auf halbem Weg; **~ through sth** mitten in etw (*dat*); **we are now ~** die Hälfte haben wir nun hinter uns (*dat*); **II** *adj* **X is the ~ point between A and B** X liegt auf halbem Wege zwischen A und B; **we've now reached the ~ point/stage in the project** das Projekt ist jetzt zur Hälfte fertig; **midweek I** *adv* mitten in der Woche; **by ~** Mitte der Woche; **II** attr Mitte der Woche; **he booked a ~ flight** er buchte einen Flug für Mitte der Woche; **Midwest** *n* Mittelwesten *m*; **Midwestern** *adj* mittelwestlich; *songs*, *dialect etc also* des Mittelwestens.

midwife ['mɪdwaɪf] *n*, *pl* **-wives** Hebamme *f*.

midwifery [,mɪd'wɪfərɪ] *n* Geburtshilfe *f*.

midwinter [,mɪd'wɪntə] **I** *n* Mitte *f* des Winters, Wintermitte *f*. **II** *adj* um die Mitte des Winters, mittwinterlich.

midwives ['mɪdwaɪvz] *pl of* **midwife**.

miff [mɪf] (*inf*) **I** *n* **to get into a ~** sich auf den Schlips getreten fühlen (*about* von) (*inf*), sich erhitzen (*about* über +*acc*). **II** *vt* **to be ~ed at sth** sich wegen etw auf den Schlips getreten fühlen (*inf*); **to get ~ed at sth** sich über etw (*acc*) erhitzen.

MI5 ['emaɪ'faɪv] *abbr of* **Military Intelligence (5)** *Abteilung f des britischen Geheimdienstes*.

might¹ [maɪt] *pret of* **may**. **they ~ be brothers, they look so alike** sie könnten Brüder sein, sie sehen sich so ähnlich; **as you ~ expect** wie zu erwarten war; **how old ~ he be?** wie alt er wohl ist?; **you ~ try Smith's** Sie könnten es ja mal bei Smiths versuchen; **can I help you? — you ~ lay the table** kann ich dir behilflich sein? — du könntest den Tisch decken; **he ~ at least have apologized** er hätte sich wenigstens entschuldigen können; **she was thinking of what ~ have been** sie dachte an das, was hätte sein können.

might² *n* Macht *f*. **with ~ and main** mit aller Macht; **with all one's ~** mit aller Kraft; **superior ~** Übermacht *f*; **~ is right** (*Prov*) Macht geht vor Recht (*Prov*).

mightily ['maɪtɪlɪ] *adv* **1.** mit aller Macht;

(*fig: majestically, imposingly*) gewaltig. **2.** (*inf: extremely*) mächtig (*inf*).

mightiness ['maɪtɪnɪs] *n* Macht *f*; (*of wave, shout, scream*) Gewalt *f*; (*of warrior, noise, cheer*) Stärke *f*; (*of ship, tree etc*) gewaltige Ausmaße *pl*.

mightn't ['maɪtnt] *contr of* **might not**.

mighty ['maɪtɪ] **I** *adj* (+*er*) gewaltig; (*wielding power*) mächtig; *warrior* stark. **II** *adv* (*inf*) mächtig (*inf*).

migraine ['miːgreɪn] *n* Migräne *f*.

migrant ['maɪgrənt] **I** *adj* Wander-. **~ bird** Zugvogel *m*; **~ worker** Wanderarbeiter *m*; (*esp in EEC*) Gastarbeiter *m*. **II** *n* Zugvogel *m*; Wanderarbeiter *m*; Gastarbeiter *m*.

migrate [maɪ'greɪt] *vi* (*animals, workers*) (ab)wandern; (*birds*) nach Süden ziehen; (*fig: townsfolk etc*) ziehen. **do these birds ~?** sind das Zugvögel?

migration [maɪ'greɪʃən] *n* **1.** Wanderung *f*; (*of birds also*) (Vogel)zug *m*; (*fig: of people*) Abwanderung *f*; (*seasonal*) Zug *m*. **2.** (*number*) Schwarm *m*.

migratory [maɪ'greɪtərɪ] *adj life* Wander-. **~ birds** Zugvögel; **~ instinct** Wandertrieb *m*; **~ worker** Wanderarbeiter *m*.

mike [maɪk] *n* (*inf*) Mikrophon *nt*.

Mike [maɪk] *n dim of* **Michael**. **for the love of ~!** (*inf*) um Himmels willen (*inf*).

milady [mɪ'leɪdɪ] *n* Mylady *f*, gnädige Frau.

milage *n see* **mileage**.

Milan [mɪ'læn] *n* Mailand *nt*.

mild [maɪld] **I** *adj* (+*er*) **1.** (*gentle*) *climate, weather, punishment, spring day* mild; *breeze, criticism, rebuke* leicht, sanft; *medicine* leicht; *person, character* sanft. **a detergent which is ~ to your hands** ein Waschmittel, das Ihre Hände schont.
   2. (*in flavour*) *taste, cigar, cheese* mild; *cigarettes also, whisky* leicht. **this cheese has a very ~ taste** der Käse ist sehr mild; **~ ale** leichtes dunkles Bier.
   3. (*slight*) leicht.
   II *n* (*beer*) leichtes dunkles Bier.

mildew ['mɪldjuː] **I** *n* Schimmel *m*; (*on plants*) Mehltau *m*. **II** *vi* verschimmeln, Schimmel ansetzen; (*plants*) von Mehltau befallen sein.

mildewy ['mɪldjuːɪ] *adj* schimmelig, verschimmelt; *plants* von Mehltau befallen.

mildly ['maɪldlɪ] *adv* leicht; *scold, say* sanft; *scold, rebuke* milde. **to put it ~** gelinde gesagt; **... and that's putting it ~** ... und das ist noch milde ausgedrückt.

mildness ['maɪldnɪs] *n see adj* **1.** Milde *f*; Sanftheit *f*; Leichtigkeit *f*; Sanftheit, Sanftmütigkeit *f*. **2.** milder Geschmack, Milde *f*; Leichtigkeit *f*.

mile [maɪl] *n* Meile *f*. **how many ~s per gallon does your car do?** wieviel verbraucht Ihr Auto?; **a fifty-~ journey** eine Fahrt von fünfzig Meilen; **~s (and ~s)** (*inf*) meilenweit; **~ upon ~ of yellow beaches** meilenlange Sandstrände *pl*; **they live ~s away** sie wohnen meilenweit weg; **you can tell it a ~ off/it stands or sticks out a ~** das sieht ja ein Blinder (mit Krückstock) (*inf*); **it smelled for ~s around** das roch meilenweit im Umkreis *or* 10 Kilometer gegen den Wind (*inf*); **he's ~s better at tennis than she is** er spielt hundertmal besser Tennis als sie (*inf*).

mileage ['maɪlɪdʒ] *n* Meilen *pl*; (*on odometer*) Meilenstand *m*, Meilenzahl *f*. **what's the ~ from here to London?** wieviel Meilen sind es von hier nach London?; **what ~ did you do yesterday?** wie viele Meilen seid ihr gestern gefahren?; **~ per gallon** Benzinverbrauch *m*; **we got a lot of ~ out of it** (*fig inf*) das war uns (*dat*) sehr dienlich.

mileometer [maɪ'lɒmɪtəʳ] *n* Tacho(meter), Meilenzähler *m*.

milepost ['maɪlpəʊst] *n* Meilenanzeiger *or* -pfosten *m*.

miler ['maɪləʳ] *n* 1500-Meter-Läufer(in *f*) *m*.

milestone ['maɪlstəʊn] *n* (*lit*, *fig*) Meilenstein *m*.

milieu ['miːljɜː] *n* Milieu *nt*.

militant ['mɪlɪtənt] **I** *adj* militant. **II** *n* militantes Mitglied/militanter Student/ Gewerkschaftler/Politiker. **the ~s among the trade unionists** die militanten Gewerkschaftler.

militarily ['mɪlɪtrɪlɪ] *adv* militärisch (gesehen), auf militärischem Gebiet.

militarism ['mɪlɪtərɪzəm] *n* Militarismus *m*.

militarist ['mɪlɪtərɪst] **I** *adj* militaristisch. **II** *n* Militarist *m*.

militaristic [ˌmɪlɪtə'rɪstɪk] *adj* militaristisch.

militarize ['mɪlɪtəraɪz] *vt* militarisieren.

military ['mɪlɪtərɪ] **I** *adj* militärisch; *government*, *band* Militär-. **~ police** Militärpolizei *f*; **~ service** Militärdienst, Wehrdienst *m*; **to do one's ~ service** seinen Wehr- *or* Militärdienst ableisten *or* machen (*inf*); **he's doing his ~ service** er ist gerade beim Militär.

II *n*: **the ~** das Militär.

militate ['mɪlɪteɪt] *vi* **to ~ against/in favour of sth** für/gegen etw sprechen.

militia [mɪ'lɪʃə] *n* Miliz, Bürgerwehr *f*.

militiaman [mɪ'lɪʃəmən] *n*, *pl* **-men** [-mən] Milizsoldat *m*.

milk [mɪlk] **I** *n* Milch *f*. **~ of magnesia** Magnesiamilch *f*; **the land of** *or* **flowing with ~ and honey** das Land, wo Milch und Honig fließt; **she was not exactly flowing over with the ~ of human kindness** sie strömte nicht gerade über vor Freundlichkeit; **it's** *or* **there's no use crying over spilt ~** (*prov*) was passiert ist, ist passiert.

II *vt* (*lit*, *fig*) melken.

III *vi* Milch geben, milchen (*dial*).

milk *in cpds* Milch-; **~-and-water** (*fig*) seicht, verwässert; **~ bar** Milchbar *f*; **~ chocolate** Vollmilchschokolade *f*; **~ churn** Milchkanne *f*; **~ float** Milchauto *nt*.

milkiness ['mɪlkɪnɪs] *n* Milchigkeit *f*.

milking ['mɪlkɪŋ] *n* Melken *nt*. **~ machine** Melkmaschine *f*; **~ stool** Melkschemel *m*.

milkmaid ['mɪlkmeɪd] *n* Milchmädchen *nt*; **milkman** *n* Milchmann *m*; **milk pudding** *n* Milchspeise *f*; **milk shake** *n* Milchmixgetränk *nt*, Milchshake *m*; **milksop** *n* Milchbart *m*, Milchgesicht *nt*; **milk tooth** *n* Milchzahn *m*; **milkweed** *n* (*US*) Schwalbenwurzgewächs *nt*; **milk-white** *adj* milchig-weiß, milchweiß.

milky ['mɪlkɪ] *adj* (+*er*) milchig. **~ coffee** Milchkaffee *m*.

Milky Way [ˌmɪlkɪ'weɪ] *n* Milchstraße *f*.

mill [mɪl] **I** *n* **1.** (*building*) Mühle *f*.

2. (*machine*) Mühle *f*. **the poor man really went through the ~** (*inf*) der Arme hat wirklich viel durchmachen müssen; (*was questioned hard*) der Arme wurde wirklich durch die Mangel gedreht (*inf*); **in training you're really put through the ~** (*inf*) im Training wird man ganz schön hart rangenommen (*inf*).

3. (*paper*, *steel* ~ *etc*) Fabrik *f*; (*cotton* ~) (*for thread*) Spinnerei *f*; (*for cloth*) Weberei *f*. **saw** ~ Sägemühle *f* *or* -werk *nt*.

II *vt* *flour*, *coffee etc* mahlen; *metal*, *paper* walzen; (*with milling machine*) *metal* fräsen; *coin* rändeln.

◆**mill about** *or* **around** *vi* umherlaufen. **people were ~ing the office** es herrschte ein Kommen und Gehen im Büro; **the crowds ~ing ~ the stalls in the market place** die Menschenmenge, die sich zwischen den Marktständen einherschob.

milled [mɪld] *adj* *grain* gemahlen; *coin*, *edge* gerändelt.

millennial [mɪ'lenɪəl] *adj* tausendjährig.

millennium [mɪ'lenɪəm] *n*, *pl* **-s** *or* **millennia** [mɪ'lenɪə] (*1,000 years*) Jahrtausend, Millennium *nt*; (*state of perfection*) Tausendjähriges Reich, Millennium *nt*.

millepede ['mɪlɪpiːd] *n see* **millipede.**

miller ['mɪləʳ] *n* Müller *m*.

millet ['mɪlɪt] *n* Hirse *f*.

milli- ['mɪlɪ-] *pref* Milli-.

milliard ['mɪlɪɑːd] *n* (*Brit*) Milliarde *f*.

millibar ['mɪlɪbɑːʳ] *n* Millibar *nt*; **milligram(me)** *n* Milligramm *nt*; **millilitre**, (*US*) **milliliter** *n* Milliliter *m or nt*.

milliner ['mɪlɪnəʳ] *n* Hutmacher *m*, Hut- *or* Putzmacherin, Modistin *f*. **at the ~'s (shop)** im Hutgeschäft *or* -laden.

million ['mɪljən] *n* Million *f*. **4 ~ people** 4 Millionen Menschen; **for ~s and ~s of years** für Millionen und aber Millionen von Jahren; **the starving ~s** die Millionen, die Hunger leiden; **she's one in a ~** (*inf*) so jemanden wie sie findet man sobald nicht wieder, sie ist einsame Klasse (*sl*); **it will sell a ~** (*inf*) das wird ein Millionenerfolg; **I've done it ~s of times** (*inf*) das habe ich schon tausendmal gemacht; **to feel like a ~ dollars** (*inf*) sich pudelwohl fühlen.

millionaire [ˌmɪljə'neəʳ] *n* Millionär *m*.

millionairess [ˌmɪljə'neəres] *n* Millionärin *f*.

millionth ['mɪljənθ] **I** *adj* (*fraction*) millionstel; (*in series*) millionste(r, s). **II** *n* Millionstel *nt*.

millipede ['mɪlɪpiːd] *n* Tausendfüßler *m*.

millpond ['mɪlpɒnd] *n* Mühlteich *m*; **millrace** *n* Mühlbach *or* -graben *m*; **millstone** *n* Mühlstein, Mahlstein *m*; **she's/ it's a ~ round his neck** sie/das ist für ihn ein Klotz am Bein; **millwheel** *n* Mühlrad *nt*.

milord [mɪ'lɔːd] *n* (*person*) Mylord, Lord *m*; (*as address*) Mylord *m*.

mime [maɪm] **I** *n* (*acting*) Pantomime *f*; (*actor*) Pantomime *m*; (*ancient play*, *actor*) Mimus *m*. **the art of ~** die Pantomimik, die Kunst der Pantomime; **to do a ~** eine Pantomime darstellen. **II** *vt* pantomimisch darstellen. **III** *vi* Pantomimen spielen.

mimeograph ['mɪmɪəɡrɑːf] **I** *n* Vervielfältigungsapparat *m*. **II** *vt* vervielfältigen.

mimic ['mɪmɪk] (*vb: pret, ptp* ~**ked**) **I** *n*
Imitator *m*. **he's a very good** ~ er kann
sehr gut Geräusche/andere Leute nach-
ahmen. **II** *vt* nachahmen; (*ridicule*) nach-
äffen.

mimicry ['mɪmɪkrɪ] *n* Nachahmung *f*; (*Biol*)
Mimikry *f*. **protective** ~ Schutzfärbung *f*.

mimosa [mɪ'məʊzə] *n* Mimose *f*.

Min *abbr of* **Minister** Min; **Ministry** Min.

min *abbr of* **minute(s)** min; **minimum** min.

minaret [ˌmɪnə'ret] *n* Minarett *nt*.

mince [mɪns] **I** *n* (*Brit*) Hackfleisch *nt*.
II *vt meat* hacken, durch den
Fleischwolf drehen. **he doesn't ~ his
words** er nimmt kein Blatt vor den Mund;
not to ~ matters ... um es mal ganz deut-
lich *or* brutal (*inf*) zu sagen ...
III *vi* (*walk*) tänzeln, trippeln, schar-
wenzeln; (*behave/speak*) sich geziert
benehmen/ausdrücken.

mincemeat ['mɪnsmiːt] *n süße Gebäck-
füllung aus Dörrobst und Sirup;* **to make
~ of sb** (*inf*) (*physically*) Hackfleisch aus
jdm machen (*inf*); (*verbally*) jdn zur
Schnecke machen (*inf*); **to make ~ of sth**
(*inf*) keinen guten Faden an etw (*dat*)
lassen; **mince pie** *n mit Mincemeat
gefülltes Gebäck.*

mincer ['mɪnsəʳ] *n* Fleischwolf *m*.

mincing ['mɪnsɪŋ] *adj* geziert; *steps* tän-
zelnd, trippelnd.

mind [maɪnd] **I** *n* **1**. (*intellect*) Geist (*also
Philos*), Verstand *m*. **a triumph of ~ over
matter** ein Triumph des Geistes *or*
Willens über den Körper; **the conscious
and unconscious** ~ das Bewußte und das
Unbewußte; **it's all in the** ~ das ist alles
Einbildung; **in one's ~'s eye** vor seinem
geistigen Auge, im Geiste; **to blow sb's** ~
(*sl*) jdn umwerfen (*inf*); (*drugs*) jdn high
machen (*sl*).
2. (*person*) Geist *m*. **one of the finest
~s of our times** einer der großen Geister
unserer Zeit; *see* **great**.
3. (*type of* ~) Geist, Kopf *m*; (*way of
thinking*) Denkweise *f*. **to have a good** ~
ein heller Kopf sein; **to have a literary/
logical** *etc* ~ literarisch/logisch *etc* veran-
lagt sein; **to the child's/Victorian** ~
in der Denkweise des Kindes/der vik-
torianischen Zeit; **the public** ~ das Emp-
finden der Öffentlichkeit; **state** *or* **frame
of** ~ (seelische) Verfassung *f*, (Geistes)-
zustand *m*.
4. (*thoughts*) Gedanken *pl*. **to be clear
in one's ~ about sth** sich (*dat*) über etw im
klaren sein; **he had something on his** ~ ihn
beschäftigte etwas; **the child's death was
constantly on his** ~ der Gedanke an den
Tod des Kindes ließ ihn nicht los *or*
beschäftigte ihn ständig; **to put** *or* **set** *or*
give one's ~ to sth (*try to do*) sich anstren-
gen, etw zu tun; (*think about sth*) sich auf
etw (*acc*) konzentrieren; **if you put** *or* **set
your ~ to it** wenn du dich anstrengst; **keep
your ~ on the job** bleib mit den Gedanken
or dem Kopf bei der Arbeit; **she couldn't
get** *or* **put the song/him out of her** ~ das
Lied/er ging ihr nicht aus dem Kopf; **you
can put that idea out of your ~!** den
Gedanken kannst du dir aus dem Kopf

schlagen!; **to take sb's ~ off things/sth** jdn
auf andere Gedanken bringen/jdn etw
vergessen lassen; **he can't keep his ~ off
sex** er denkt nur an Sex *or* an nichts
anderes als Sex; **the idea never entered my
~** daran hatte/hätte ich überhaupt nicht
gedacht; **it's been going through my ~** es
ging mir im Kopf herum.
5. (*memory*) Gedächtnis *nt*. **to bear** *or*
keep sth in ~ etw nicht vergessen; *facts
also, application* etw im Auge behalten; **to
bear** *or* **keep sb in** ~ an jdn denken;
applicant also jdn im Auge behalten; **that
quite put it out of my** ~ dadurch habe ich
es vergessen; **to bring** *or* **call sth to** ~ etw
in Erinnerung rufen, an etw (*acc*) erin-
nern; **it puts me in ~ of sb/sth** es weckt in
mir Erinnerungen an jdn/etw.
6. (*inclination*) Lust *f*; (*intention*) Sinn
m, Absicht *f*. **to have sb/sth in ~** an jdn/
etw denken; **to have in ~ to do sth** vor-
haben *or* im Sinn haben, etw zu tun; **to
have it in ~ to do sth** beabsichtigen *or* sich
(*dat*) vorgenommen haben, etw zu tun;
I've half a ~/a good ~ to ... ich hätte Lust/
große *or* gute Lust, zu ...; **to be of a ~ to**
do sth geneigt sein, etw zu tun (*geh*); **no-
thing was further from my ~** nichts lag
mir ferner; **his ~ is set on that** er hat sich
(*dat*) das in den Kopf gesetzt.
7. (*opinion*) Meinung, Ansicht *f*. **to
change one's ~** ~ seine Meinung ändern
(*about* über +*acc*), es sich (*dat*) anders
überlegen; **to be in two ~s about sth** sich
(*dat*) über etw (*acc*) nicht im klaren sein;
to be of one *or* **the same ~** eines Sinnes
(*geh*) *or* gleicher Meinung sein; **I'm of the
same ~ as you** ich denke wie du, ich bin
deiner Meinung; **with one ~** ~ wie ein
Mann; **to my ~ he's wrong** meiner An-
sicht nach *or* nach meiner Meinung irrt er
sich; **to have a ~ of one's own** (*person*)
(*think for oneself*) eine eigene Meinung
haben; (*not conform*) seinen eigenen
Kopf haben; (*hum: machine etc*) seine
Mucken haben (*inf*).
8. (*sanity*) Verstand *m*, Sinne *pl*. **his ~
is wandering** er ist nicht ganz klar im
Kopf; **to go out of** *or* **lose one's ~** verrückt
werden, den Verstand verlieren; **to drive
sb out of his ~** jdn um den Verstand brin-
gen, jdn wahnsinnig machen; **to be out of
one's ~** verrückt *or* nicht bei Verstand
sein; (*with worry etc*) ganz *or* völlig aus
dem Häuschen sein (*inf*); **nobody in his
right ~** kein normaler Mensch; **while the
balance of his ~ was disturbed** (*Jur*)
wegen Verlusts des seelischen
Gleichgewichts.
II *vt* **1**. (*look after*) aufpassen auf
(+*acc*); *sb's chair, seat* freihalten. **I'm
~ing the shop** (*fig*) ich sehe nach dem
Rechten.
2. (*be careful of*) aufpassen (auf +*acc*);
(*pay attention to*) achten auf (+*acc*); (*act
in accordance with*) beachten. ~ **what
you're doing!** paß (doch) auf!; ~ **your lan-
guage!** drück dich anständig aus!; ~ **your
temper!** nimm dich zusammen!; ~ **the
step!** Vorsicht Stufe!; ~ **your head!** Kopf
einziehen (*inf*), Vorsicht! niedrige Tür/
Decke *etc*; ~ **your feet!** (*when sitting*) zieh

die Füße ein!; *(when moving)* paß auf, wo du hintrittst!; ~ **your own business** kümmern Sie sich um Ihre eigenen Angelegenheiten; ~ **you do it!** sieh zu, daß du das tust.

3. *(care, worry about)* sich kümmern um; *(object to)* etwas haben gegen. **she ~s/doesn't ~ it** es macht ihr etwas/nichts aus; *(is/is not indifferent to)* es stört sie/stört sie nicht; *(is not/is indifferent to)* es ist ihr nicht egal/ist ihr egal; **I don't ~ what he does** es ist mir egal, was er macht; **I don't ~ four but six is too many** ich habe nichts gegen vier, aber sechs sind zuviel; **do you ~ coming with me?** würde es dir etwas ausmachen mitzukommen?; **would you ~ opening the door?** wären Sie so freundlich, die Tür aufzumachen?; **do you ~ my smoking?** macht es Ihnen etwas aus *or* stört es Sie *or* haben Sie etwas dagegen, wenn ich rauche?; **never ~ the expense** (es ist) egal, was es kostet; **never ~ that now** das ist jetzt nicht wichtig, laß das doch jetzt; **never ~ him** kümmere dich *or* achte nicht auf ihn; **don't ~ me** laß dich (durch mich) nicht stören; *(iro)* nimm auf mich keine Rücksicht; **I wouldn't ~ a cup of tea** ich hätte nichts gegen eine Tasse Tee.

III *vi* **1.** *(be careful)* aufpassen. ~ **and see if …** sieh zu, ob …; ~ **you get that done** sieh zu, daß du das fertigbekommst.

2. ~ **you** allerdings; ~ **you, I'd rather not go** ich würde eigentlich lieber nicht gehen; **it was raining at the time,** ~ **you** allerdings hat es da geregnet; ~ **you, he did try/ask** er hat es immerhin versucht/ hat immerhin gefragt; **I'm not saying I'll do it,** ~ ich will damit aber nicht sagen, daß ich es tue.

3. *(care, worry)* sich kümmern, sich *(dat)* daraus machen; *(object)* etwas dagegen haben. **he doesn't seem to ~ about anything** ihn scheint nichts zu kümmern; **nobody seemed to ~** niemand schien etwas dagegen zu haben; **do you ~?** macht es Ihnen etwas aus?; **do you ~!** *(iro)* na hör mal!, ich möchte doch sehr bitten!; **do you ~ if I open** *or* **would you ~ if I opened the window?** macht es Ihnen etwas aus, wenn ich das Fenster öffne?; **I don't ~ if I do** ich hätte nichts dagegen; **never you ~!** kümmere dich doch nicht darum; *(none of your business)* das geht dich überhaupt nichts an!

4. **never ~** macht nichts, ist doch egal; *(in exasperation)* ist ja auch egal, schon gut; **I broke your vase — never ~** ich habe deine Vase kaputtgemacht — macht nichts; **never ~, you'll find another** mach dir nichts draus, du findest bestimmt einen anderen; **oh, never ~, I'll do it myself** ach, laß (es) *or* schon gut, ich mache es selbst; **never ~ about that now!** laß das doch jetzt!; **never ~ about that mistake** mach dir nichts aus dem Fehler; **never ~ about your back** *(in exasperation)* laß mich doch mit deinem Rücken in Frieden.

◆**mind out** *vi* aufpassen *(for* auf *+acc).* ~ ~**!** paß (doch) auf!

mind-bending,   **mind-blowing**

['maɪnd‚bendɪŋ‚-‚bləʊɪŋ] *adj (sl)* irre *(sl)*; **mind-boggling** *adj (inf)* irrsinnig *(inf)*, verrückt *(inf)*.

minded ['maɪndɪd] *adj* gesonnen *(geh)*, gewillt. **to be ~ to do sth** gewillt geneigt *(geh)* sein, etw zu tun.

mindful ['maɪndfʊl] *adj* **to be ~ of sth** etw berücksichtigen *or* bedenken; **ever ~ of the risks, she …** weil sie sich *(dat)* der Risiken bewußt war, … sie ….

mindless ['maɪndlɪs] *adj (stupid)* hirnlos, ohne Verstand; *(senseless) destruction, crime* sinnlos; *occupation* geistlos; **mindreader** *n* Gedankenleser(in *f*) *m.*

mine[1] [maɪn] *poss pron* meine(r, s). **this car is ~** das ist *mein* Auto, dieses Auto gehört mir; **is this ~?** gehört das mir?, ist das meine(r, s)? **his friends and ~** seine und meine Freunde; **a friend of ~** ein Freund von mir; **~ is a rather different job** meine Arbeit ist ziemlich anders; **that cook of ~!** dieser Koch!; **a favourite expression of ~** einer meiner Lieblingsausdrücke.

mine[2] **I** *n* **1.** *(Min)* Bergwerk *nt*; *(copper ~, gold~, silver-~ also)* Mine *f*; *(coal~ also)* Grube, Zeche *f.* **to work down the ~s** unter Tage arbeiten.

2. *(Mil, Naut etc)* Mine *f.* **to lay ~s** Minen legen.

3. *(fig)* **the book is a ~ of information** das Buch ist eine wahre Fundgrube; **he is a ~ of information** er ist ein wandelndes Lexikon *(inf)*.

II *vt* **1.** *coal, metal* fördern, abbauen; *area* Bergbau betreiben in *(+dat).*

2. *(Mil, Naut) channel, road* verminen; *ship* eine Mine befestigen an *(+dat)*; *(blow up)* (mit einer Mine) sprengen.

III *vi* Bergbau betreiben.

mine-detector ['maɪndɪ‚tektə^r] *n* Minensuchgerät *nt*; **minefield** *n* Minenfeld *nt*; **minelayer** *n* Minenleger *m.*

miner ['maɪnə^r] *n* Bergarbeiter, Bergmann *m.* **~'s lamp** Grubenlampe *f.*

mineral ['mɪnərəl] **I** *n* Mineral *nt.* **II** *adj* mineralisch; *deposit, resources, kingdom* Mineral-. **~ ores** Erze *pl.*

mineralogical [‚mɪnərə'lɒdʒɪkəl] *adj* mineralogisch.

mineralogist [‚mɪnə'rælədʒɪst] *n* Mineraloge *m*, Mineralogin *f.*

mineralogy [‚mɪnə'rælədʒɪ] *n* Mineralogie *f.*

mineral oil *n* Mineralöl *nt*; **mineral water** *n* Mineralwasser *nt.*

mineshaft ['maɪnʃɑːft] *n* Schacht *m.*

minestrone [‚mɪnɪ'strəʊnɪ] *n* Minestrone *f.*

minesweeper ['maɪn‚swiːpə^r] *n* Minenräumboot *or* -sucher *m*; **mine workings** *npl* Stollen *pl.*

mingle ['mɪŋgl] **I** *vi* sich vermischen; *(people, groups)* sich untereinander vermischen. **he ~d with people of all classes** er hatte Umgang mit Menschen aller gesellschaftlichen Schichten; **to ~ with the crowd** sich unters Volk mischen.

II *vt* mischen *(with* mit).

mingy ['mɪndʒɪ] *adj (+er) (Brit inf)* knickerig *(inf)*; *amount* lumpig *(inf)*.

mini- ['mɪnɪ-] *pref* Mini-.

miniature ['mɪnɪtʃə^r] **I** *n* Miniatur- *or* Kleinausgabe *f*; *(Art)* Miniatur *f*; *(bottle)*

Miniflasche f. **in ~ en** miniature, im kleinen. **II** adj attr Miniatur-.

miniature camera n Kleinbildkamera f; **miniature golf** n Mini- or Kleingolf nt; **miniature poodle** n Zwergpudel m; **miniature railway** n Liliputbahn f; **miniature submarine** n Kleinst-U-Boot nt.

minibus ['mɪnɪbʌs] n Kleinbus m; **minicab** n Minicar m, Kleintaxi nt.

minim ['mɪnɪm] n (Brit Mus) halbe Note.

minimal adj, **~ly** adv ['mɪnɪml, -ɪ] minimal.

minimize ['mɪnɪmaɪz] vt 1. (reduce) expenditure, time lost etc auf ein Minimum reduzieren. 2. (belittle, underestimate) schlechtmachen, herabsetzen.

minimum ['mɪnɪməm] **I** n Minimum nt. **the temperature reached a ~ of 5 degrees** die Tiefsttemperatur betrug 5 Grad; **with a ~ of inconvenience** mit einem Minimum an Unannehmlichkeiten; **what is the ~ you will accept?** was ist für Sie das Minimum or der Mindestbetrag?; **a ~ of 2 hours/ £50/10 people** mindestens 2 Stunden/ £ 50/10 Leute; **to reduce sth to a ~** etw auf ein Minimum or Mindestmaß reduzieren.

II adj attr Mindest-. **to achieve maximum possible profits from ~ possible expenditure** möglichst hohe Gewinne mit möglichst geringen Ausgaben erzielen; **the ~ expenditure will be ...** das wird mindestens ... kosten; **~ temperature** Tiefsttemperatur f; **~ wage** Mindestlohn m.

mining ['maɪnɪŋ] n 1. (Min) Bergbau m; (work at the face) Arbeit f im Bergwerk. 2. (Mil) (of area) Verminen nt; (of ship) Befestigung f einer Mine (of an +dat); (blowing-up) Sprengung f.

mining area n Bergbaugebiet, Revier nt; **mining disaster** n Grubenunglück nt; **mining engineer** n Berg(bau)ingenieur m; **mining industry** n Bergbau m; **mining town** n Bergarbeiterstadt f.

miniskirt ['mɪnɪˌskəːt] n Minirock m.

minister ['mɪnɪstər] **I** n 1. (Pol) Minister m. 2. (Eccl) Pfarrer, Pastor m, protestantischer Geistlicher. **good morning, ~** guten Morgen, Herr Pfarrer or Herr Pastor.

II vi **to ~ to sb** sich um jdn kümmern; **to ~ to sb's needs/wants** jds Bedürfnisse/ Wünsche (acc) befriedigen.

ministerial [ˌmɪnɪ'stɪərɪəl] adj ministeriell, Minister-. **~ post** Ministerposten m; **his ~ duties** seine Pflichten als Minister.

ministration [ˌmɪnɪ'streɪʃən] n usu pl Pflege, Fürsorge f.

ministry ['mɪnɪstrɪ] n 1. (Pol) Ministerium nt. **~ of defence/agriculture** Verteidigungs- / Landwirtschaftsministerium; **during his ~** in or während seiner Amtszeit (als Minister); **during the ~ of X** als X Minister war. 2. (Eccl) geistliches Amt. **to join or enter or go into the ~** Pfarrer or Geistlicher werden. 3. (ministering) Sendungsbewußtsein nt.

mink [mɪŋk] n Nerz m. **~ coat** Nerzmantel m.

Minnesota [ˌmɪnɪ'səʊtə] n (abbr **Minn, MN**) Minnesota nt.

minnow ['mɪnəʊ] n Elritze f.

minor ['maɪnər] **I** adj 1. (of lesser extent) kleiner; (of lesser importance) unbedeutend, unwichtig; offence, operation, injuries leicht; interest, importance geringer; poet, position unbedeutend; prophet, planet klein; road Neben-. **a ~ role** eine Nebenrolle, eine kleinere Rolle.

2. (Mus) key, scale Moll-. **G/E flat/C sharp ~** g-/es-/cis-Moll nt; **~ third** kleine Terz; **the novel ends in a ~ key** or **on a ~ note** der Roman endet mit einer traurigen Note.

II n 1. (Mus) **the ~** Moll nt; **the music shifts to the ~** die Musik wechselt nach Moll über or gerät in die Molltonart über. 2. (Jur) Minderjährige(r) mf. 3. (US Univ) Nebenfach nt.

III vi (US Univ) im Nebenfach studieren (in acc).

Minorca [mɪ'nɔːkə] n Menorca nt.

Minorcan [mɪ'nɔːkən] **I** adj menorkinisch. **II** n Menorkiner(in f) m.

minority [maɪ'nɒrɪtɪ] **I** n 1. Minderheit, Minorität f. **to be in a ~** in der Minderheit sein. 2. (Jur) Minderjährigkeit f.

II adj attr Minderheits-. **~ group** Minderheit, Minorität f; **~ programme** (Rad, TV) Programm, das nur einen kleinen Hörerkreis/Zuschauerkreis anspricht.

minster ['mɪnstər] n Münster nt.

minstrel ['mɪnstrəl] n (medieval) Spielmann m; (wandering) (fahrender) Sänger; (ballad-singer) Bänkelsänger m; (singer of love songs) Minnesänger m; (esp US: modern) weißer als Neger zurechtgemachter Sänger und Komiker.

mint¹ [mɪnt] **I** n Münzanstalt or -stätte, Münze f. **(Royal) M~** (Königlich-)Britische Münzanstalt; **to be worth a ~** Gold wert or unbezahlbar sein; **he earns a ~ (of money)** er verdient ein Heidengeld (inf).

II adj stamp ungestempelt, postfrisch. **in ~ condition** in tadellosem Zustand.

III vt coin, phrase prägen.

mint² n (Bot) Minze f; (sweet) Pfefferminz nt. **~ sauce** Minzsoße f.

minuet [ˌmɪnju'et] n Menuett nt.

minus ['maɪnəs] **I** prep 1. minus, weniger. **£100 ~ taxes** £ 100 abzüglich (der) Steuern. 2. (without, deprived of) ohne. **he returned from the war ~ an arm** er kam mit einem Arm weniger aus dem Krieg zurück.

II adj quantity, value negativ; sign Minus-, Subtraktions-; temperatures Minus-, unter Null. **~ three degrees centigrade** drei Grad minus; **an alpha ~** (in grading) eine Eins minus.

III n (sign) Minus(zeichen) nt. **2 ~es make a plus** minus mal minus gibt plus; **if the result is a ~ ...** wenn das Ergebnis negativ or eine negative Größe ist ...

minuscule ['mɪnɪskjuːl] adj winzig.

minute¹ ['mɪnɪt] **I** n 1. (of time, degree) Minute f. **in a ~** gleich, sofort; **this (very) ~!** auf der Stelle!; **at this very ~** gerade jetzt or in diesem Augenblick; **I shan't be a ~**, **it won't take a ~** es dauert nicht lang; **any ~** jeden Augenblick; **tell me the ~ he**

comes sag mir sofort Bescheid, wenn er kommt; **at 6 o'clock to the** ~ genau um 6 Uhr, um Punkt 6 Uhr, um 6 Uhr auf die Minute; **have you got a** ~? hast du mal eine Minute *or* einen Augenblick Zeit?; **it won't take 5** ~**s/a** ~ es dauert keine 5 Minuten/keine Minute; **I enjoyed every** ~ **of it** ich habe es von Anfang bis Ende genossen; **at the** **last** ~ in letzter Minute. **2.** (*official note*) Notiz *f*. ~**s** Protokoll *nt*; **to take the** ~**s** das Protokoll führen.

II *vt meeting* protokollieren; *remark, fact* zu Protokoll nehmen.

minute² [maɪˈnjuːt] *adj* (+*er*) (*small*) winzig; *resemblance* ganz entfernt; (*detailed, exact*) minuziös; *detail* kleinste(r, s).

minute book [ˈmɪnɪtˈbʊk] *n* Protokollbuch *nt*; **minute hand** *n* Minutenzeiger *m*.

minutely [maɪˈnjuːtlɪ] *adv* (*by a small amount*) ganz geringfügig; (*in detail*) genauestens.

minuteness [maɪˈnjuːtnɪs] *n* (*size*) Winzigkeit *f*; (*of account, description*) Ausführlichkeit *f*; (*of detail*) Genauigkeit *f*.

minute steak [ˈmɪnɪt-] *n* dünnes, kurz gebratenes Steak.

minutiae [mɪˈnjuːʃiiː] *npl* genaue Einzelheiten *pl*.

minx [mɪŋks] *n* Biest *nt* (*inf*).

miracle [ˈmɪrəkəl] *n* Wunder *nt*. **to work** *or* **perform** ~**s** (*lit*) Wunder tun *or* wirken *or* vollbringen; **I can't work** ~**s** ich kann nicht hexen *or* zaubern; **by a** ~**, by some** ~ (*fig*) wie durch ein Wunder; **it will be a** ~ **if** ... das wäre ein Wunder, wenn...; **it's a** ~ **he** ... es ist ein Wunder, daß er ...; **her recovery/his victory was a** ~ es war ein Wunder, daß sie wieder gesund geworden ist/er gewonnen hat.

miracle drug *n* Wunderdroge *f*; **miracle play** *n* Mirakelspiel *nt*, geistliches Drama; **miracle worker** *n* Wundertäter *m*.

miraculous [mɪˈrækjʊləs] *adj* wunderbar, wundersam (*liter*); *powers* Wunder-. **there was a** ~ **change in her appearance** es war kaum zu fassen, wie sie sich verändert hatte; **that is nothing short of** ~ das grenzt ans Wunderbare *or* an ein Wunder.

miraculously [mɪˈrækjʊləslɪ] *adv* (*lit*) auf wunderbare *or* wundersame (*liter*) Weise; (*fig*) wie durch ein Wunder.

mirage [ˈmɪrɑːʒ] *n* Fata Morgana, Luftspiegelung *f*; (*fig*) Trugbild *nt*, Illusion *f*.

mire [ˈmaɪəʳ] *n* Morast (*also fig*), Schlamm *m*. **to drag sb through the** ~ (*fig*) jds Namen in den Schmutz ziehen.

mirror [ˈmɪrəʳ] **I** *n* Spiegel *m*. **a** ~ **of 19th century life** ein Spiegel(bild) des Lebens im 19. Jahrhundert; **to hold a** ~ **up to sb/ sth** jdm den Spiegel vorhalten/etw widerspiegeln.

II *vt* widerspiegeln, spiegeln.

mirth [mɜːθ] *n* Freude *f*, Frohsinn *m*; (*laughter*) Heiterkeit *f*.

mirthful [ˈmɜːθfʊl] *adj* froh, heiter, fröhlich.

mirthless [ˈmɜːθlɪs] *adj* freudlos; *laughter* unfroh.

mirthlessly [ˈmɜːθlɪslɪ] *adv* unfroh.

misadventure [ˌmɪsədˈventʃəʳ] *n* Mißgeschick *nt*. **death by** ~ Tod durch Unfall.

misalliance [ˌmɪsəˈlaɪəns] *n* Mesalliance *f*.

misanthrope [ˈmɪzənθrəʊp], **misanthro-**

pist [mɪˈzænθrəpɪst] *n* Misanthrop, Menschenfeind *m*.

misanthropic [ˌmɪzənˈθrɒpɪk] *adj* misanthropisch, menschenfeindlich.

misanthropy [mɪˈzænθrəpɪ] *n* Misanthropie, Menschenfeindlichkeit *f*.

misapply [ˈmɪsəˈplaɪ] *vt* falsch anwenden; *funds* falsch verwenden; *one's energy* verschwenden.

misapprehend [ˈmɪsˌæprɪˈhend] *vt* mißverstehen.

misapprehension [ˈmɪsˌæprɪˈhenʃən] *n* Mißverständnis *nt*. **I think you are under a** ~ ich glaube, bei Ihnen liegt (da) ein Mißverständnis vor; **he was under the** ~ **that** ... er hatte fälschlicherweise *or* irrtümlicherweise angenommen, daß ...; **he did it under the** ~ **that** ... er tat es, weil er irrtümlicherweise angenommen hatte, daß ...

misappropriate [ˈmɪsəˈprəʊprɪeɪt] *vt* entwenden; *money* veruntreuen.

misappropriation [ˈmɪsəˌprəʊprɪˈeɪʃən] *n see vt* Entwendung *f*; Veruntreuung *f*.

misbegotten [ˈmɪsbɪˈgɒtn] *adj* (*liter: illegitimate*) unehelich; (*fig: ill-conceived*) schlecht konzipiert.

misbehave [ˈmɪsbɪˈheɪv] *vi* sich schlecht *or* unanständig benehmen, sich ungebührlich betragen (*form*); (*child also*) ungezogen sein.

misbehaviour, (*US*) **misbehavior** [ˈmɪsbɪˈheɪvjəʳ] *n* schlechtes Benehmen; (*of child also*) Ungezogenheit *f*. **sexual** ~ sexuelles Fehlverhalten.

misbelief [ˈmɪsbɪˈliːf] *n* irrige Annahme; (*Rel*) Irrglaube *m*.

miscalculate [ˈmɪsˈkælkjʊleɪt] **I** *vt* falsch berechnen; (*misjudge*) falsch einschätzen. **to** ~ **a distance/a jump** sich in der Entfernung/bei einem Sprung verschätzen.

II *vi* sich verrechnen; (*estimate wrongly*) sich verkalkulieren; (*misjudge*) sich verschätzen.

miscalculation [ˈmɪsˌkælkjʊˈleɪʃən] *n* Rechenfehler *m*; (*wrong estimation*) Fehlkalkulation *f*; (*misjudgement*) Fehleinschätzung *f*. **to make a** ~ **in sth** bei etw einen Rechenfehler machen/etw falsch kalkulieren/etw falsch einschätzen.

miscall [ˈmɪsˈkɔːl] *vt* einen falschen Namen geben (+*dat*). **X, ~ed "the Beautiful"** X, fälschlich ,,die Schöne'' genannt.

miscarriage [ˈmɪsˌkærɪdʒ] *n* **1.** (*Med*) Fehlgeburt *f*. **2.** ~ **of justice** Justizirrtum *m*. **3.** (*form: of letter*) Fehlleitung *f*.

miscarry [ˌmɪsˈkærɪ] *vi* **1.** (*Med*) eine Fehlgeburt haben. **2.** (*fail: plans*) fehllaufen *or* -schlagen. **3.** (*form: letter, goods*) fehlgeleitet werden.

miscast [ˈmɪsˈkɑːst] *vt irreg play* falsch *or* schlecht besetzen, fehlbesetzen

miscellanea [ˌmɪsəˈleɪnɪə] *npl* Verschiedenes *nt*; (*of literary compositions, objects*) (bunte) Sammlung.

miscellaneous [ˌmɪsɪˈleɪnɪəs] *adj* verschieden; *poems* vermischt, verschiedenerlei; *collection, crowd* bunt. **"~"** ,,Verschiedenes''; **a** ~ **section** Vermischtes.

miscellaneously [ˌmɪsɪˈleɪnɪəslɪ] *adv* verschieden; *collected* bunt, wahllos.

miscellany [mɪˈselənɪ] *n (collection)* (bunte) Sammlung, (buntes) Gemisch; *(variety)* Vielfalt *f*; *(of writings)* vermischte Schriften *pl*; *(of poems, articles)* Sammelband *m*, Auswahl *f*.

mischance [ˌmɪsˈtʃɑːns] *n* unglücklicher Zufall. **by some ~** durch einen unglücklichen Zufall.

mischief [ˈmɪstʃɪf] *n* 1. *(roguery)* Schalk *m*, Verschmitztheit *f*; *(naughty, foolish behaviour)* Unsinn, Unfug *m*. **she's full of ~** sie hat nur Unfug im Kopf; **he's up to some ~** er führt etwas im Schilde; **there's some ~ going on** irgend etwas geht hier vor; **he's always getting into ~** er stellt dauernd etwas an; **to keep sb out of ~** aufpassen, daß jd keine Dummheiten macht; **to keep out of ~** keine Dummheiten *or* keinen Unfug machen; **that'll keep you out of ~** dann kommst du wenigstens auf keine dummen Gedanken.

2. *(trouble)* **to mean/make ~** Unfrieden stiften wollen/ stiften; **to make ~ for sb** jdm Unannehmlichkeiten bereiten, jdn in Schwierigkeiten bringen; **~-maker** Unruhestifter *m*.

3. *(damage, physical injury)* Schaden *m*. **to do sb a ~** jdm Schaden zufügen; *(physically)* jdm etwas (an)tun, jdn verletzen; **to do ~ to sth** Schaden bei etw anrichten.

4. *(person)* Schlawiner *m*; *(child, puppy also)* Racker *m*.

mischievous [ˈmɪstʃɪvəs] *adj* 1. *(roguish, playful)* expression, smile schelmisch, verschmitzt, spitzbübisch. **a ~ person/child** ein Schlawiner/Schlingel *or* Racker; **her son is really ~** ihr Sohn ist ein Schlingel *or* hat nur Unfug im Sinn.

2. *(troublemaking)* rumour bösartig; person boshaft; strike schädlich; *(physically disabling)* blow verletzend.

mischievously [ˈmɪstʃɪvəslɪ] *adv see adj.*

mischievousness [ˈmɪstʃɪvəsnɪs] *n (roguery)* Verschmitztheit *f*.

misconceive [ˌmɪskənˈsiːv] *vt (understand wrongly)* verkennen, eine falsche Vorstellung haben von; *(base on false assumption)* von einer falschen Voraussetzung ausgehen bei.

misconception [ˈmɪskənˈsepʃən] *n* fälschliche *or* irrtümliche Annahme; *(no pl: misunderstanding)* Verkennung *f*. **to be under a ~ about sth** etw verkennen, sich *(dat)* falsche Vorstellungen von etw machen.

misconduct [ˌmɪsˈkɒndʌkt] **I** *n* 1. *(improper behaviour)* schlechtes Benehmen; *(professional)* Berufsvergehen *nt*; Verfehlung *f* im Amt; *(sexual)* Fehltritt *m*.

2. *(mismanagement)* schlechte Verwaltung.

II [ˌmɪskənˈdʌkt] *vt* schlecht verwalten.

III [ˌmɪskənˈdʌkt] *vr* **to ~ oneself** sich schlecht benehmen; *(professionally)* sich falsch verhalten.

misconstruction [ˈmɪskənˈstrʌkʃən] *n* falsche Auslegung, Fehlinterpretation, Mißdeutung *f*. **he put a deliberate ~ on my words** er hat meine Worte absichtlich mißverstanden.

misconstrue [ˈmɪskənˈstruː] *vt* mißverstehen, mißdeuten, falsch auslegen. **you have ~d my meaning** Sie haben mich falsch verstanden; **to ~ sth as sth** etw irrtümlicherweise für etw halten.

miscount [ˈmɪsˈkaʊnt] **I** *n* **there was a ~** da hat sich jemand verzählt. **II** *vt* falsch (aus)zählen. **III** *vi* sich verzählen.

misdate [ˈmɪsˈdeɪt] *vt letter* falsch datieren.

misdeal [ˈmɪsˈdiːl] *irreg* **I** *vt cards* falsch (aus)geben. **II** *vi* sich vergeben, falsch geben.

misdeed [ˈmɪsˈdiːd] *n* Missetat *f (old)*.

misdemeanour, *(US)* **misdemeanor** [ˌmɪsdɪˈmiːnər] *n* schlechtes Betragen *or* Benehmen; *(Jur)* Vergehen *nt*, Übertretung *f*.

misdirect [ˈmɪsdɪˈrekt] *vt* 1. *letter* falsch adressieren; *energies* falsch einsetzen, vergeuden; *person (send astray)* in die falsche Richtung schicken; *(misinform)* falsch informieren, eine falsche Auskunft geben (+*dat*); *(Jur)* jury falsch belehren.

2. *campaign, operation* schlecht durchführen.

misdirection [ˈmɪsdɪˈrekʃən] *n see vt* 1. falsche Adressierung; falscher Einsatz, Vergeudung *f*; falsche Richtungsweisung; falsche Information; falsche Unterrichtung. 2. schlechte Durchführung.

miser [ˈmaɪzər] *n* Geizhals *or* -kragen *m*.

miserable [ˈmɪzərəbl] *adj* 1. *(unhappy)* unglücklich; *colour* trist. **~ with hunger/cold** elend vor Hunger/Kälte; **to make sb ~** jdm Kummer machen *or* bereiten, jdn unglücklich machen; **to make life ~ for sb** jdm das Leben schwer machen.

2. *(wretched, causing distress)* headache, cold, weather gräßlich, fürchterlich; existence, hovels, spectacle erbärmlich, elend, jämmerlich.

3. *(contemptible)* miserabel, jämmerlich, erbärmlich; person gemein, nichtswürdig, erbärmlich; treatment, behaviour schofel *(inf)*, gemein; failure kläglich, jämmerlich. **a ~ £3** miese £ 3 *(inf)*.

miserably [ˈmɪzərəblɪ] *adv* 1. *(unhappily)* unglücklich; say also kläglich.

2. *(wretchedly, distressingly)* hurt, ache, rain gräßlich, fürchterlich; live, die elend, jämmerlich; poor erbärmlich.

3. *(contemptibly)* pay, feed miserabel; play also erbärmlich; fail kläglich, jämmerlich; treat, behave schofel *(inf)*, gemein.

misericord [mɪˈzərɪkɔːd] *n* Miserikordie *f*.

miserliness [ˈmaɪzəlɪnɪs] *n* Geiz *m*.

miserly [ˈmaɪzəlɪ] *adj* geizig; hoarding kleinlich.

misery [ˈmɪzərɪ] *n* 1. *(sadness)* Kummer *m*, Trauer *f*. **she looked the picture of ~** sie war ein Bild des Jammers.

2. *(suffering)* Qualen *pl*; *(wretchedness)* Elend *nt*. **to make sb's life a ~** jdm das Leben zur Qual *or* zur Hölle machen; **to put an animal out of its ~** ein Tier von seinen Qualen erlösen; **to put sb out of his ~** *(fig)* jdn nicht länger auf die Folter spannen.

3. *(inf: person)* Miesepeter *m (inf)*.

misfire [ˈmɪsˈfaɪər] *vi (engine, rocket)* fehlzünden, eine Fehlzündung haben; *(plan)* fehlschlagen; (joke, trick) danebengehen.

misfit ['mɪsfɪt] n (person) Außenseiter(in f) m; (social ~ also) Nichtangepaßte(r) mf. **he's always been a ~ here** er hat nie richtig hierher gepaßt, er hat sich hier nie angepaßt; **I felt a ~** ich fühlte mich fehl am Platze.

misfortune [mɪs'fɔːt ʃuːn] n (ill fortune, affliction) (schweres) Schicksal or Los nt; (bad luck) Pech nt no pl; (unlucky incident) Mißgeschick nt. **it was my ~ or I had the ~ to ...** ich hatte das Pech, zu ...

misgiving [mɪs'gɪvɪŋ] n Bedenken pl. **I had (certain) ~s about the scheme/about lending him the money** mir war bei dem Vorhaben/dem Gedanken, ihm das Geld zu leihen, nicht ganz wohl.

misgovern ['mɪs'gʌvən] vt schlecht regieren, schlecht verwalten.

misgovernment ['mɪs'gʌvənmənt] n Mißwirtschaft f (of in +dat).

misguided ['mɪs'gaɪdɪd] adj töricht; decision also, opinions irrig; (misplaced) kindness, enthusiasm, solicitude unangebracht, fehl am Platz. **I think it was ~ of you or you were ~ to accept his proposal** meiner Ansicht nach waren Sie schlecht beraten or war es töricht, seinen Vorschlag anzunehmen.

misguidedly ['mɪs'gaɪdɪdlɪ] adv töricht; teach, believe irrigerweise.

mishandle ['mɪs'hændl] vt case falsch or schlecht handhaben.

mishap ['mɪshæp] n Mißgeschick nt. **without (further) ~** ohne (weitere) Zwischenfälle.

mishear ['mɪs'hɪər] irreg I vt falsch hören. II vi sich verhören.

misinform ['mɪsɪn'fɔːm] vt falsch informieren or unterrichten. **you've been ~ed** man hat Sie or Sie sind falsch informiert.

misinterpret ['mɪsɪn'tɜːprɪt] vt falsch auslegen or deuten; play, novel fehlinterpretieren, falsch auslegen; (interpreter) falsch wiedergeben or verdolmetschen. **it could easily be ~ed as ingratitude** es könnte (mir/dir etc) leicht als Undankbarkeit ausgelegt werden; **he ~ed her silence as agreement** er deutete ihr Schweigen fälschlich als Zustimmung.

misinterpretation ['mɪsɪn,tɜːprɪ'teɪ ʃən] n Fehldeutung f, falsche Auslegung; (of play, novel) Fehlinterpretation f, falsche Auslegung; (by interpreter) falsche Wiedergabe.

misjudge ['mɪs'dʒʌdʒ] vt falsch einschätzen, sich verschätzen in (+dat); person also falsch beurteilen.

misjudgement [,mɪs'dʒʌdʒmənt] n Fehleinschätzung f; (of person also) falsche Beurteilung.

mislay [,mɪs'leɪ] vt irreg verlegen.

mislead [,mɪs'liːd] vt irreg 1. (give wrong idea) irreführen. **don't be misled by appearances** lassen Sie sich nicht durch Äußerlichkeiten täuschen.
2. (lead into bad ways) verleiten (into zu).
3. (in guiding) in die Irre or falsche Richtung führen.

misleading [,mɪs'liːdɪŋ] adj irreführend. **the**

~ **simplicity of his style** die täuschende Einfachheit seines Stils.

misleadingly [,mɪs'liːdɪŋlɪ] adv irreführenderweise.

mismanage ['mɪs'mænɪdʒ] vt company, finances schlecht verwalten; affair, deal schlecht abwickeln or handhaben.

mismanagement ['mɪs'mænɪdʒmənt] n Mißwirtschaft f. **his ~ of the matter** seine schlechte Abwicklung der Angelegenheit.

misnomer ['mɪs'nəʊmər] n unzutreffender Name, Fehlbezeichnung f.

misogynist [mɪ'sɒdʒɪnɪst] n Weiberfeind m.

misogyny [mɪ'sɒdʒɪnɪ] n Weiberhaß m.

misplace ['mɪs'pleɪs] vt 1. document, file etc falsch einordnen; (mislay) verlegen. 2. **to be ~d** (confidence, trust, affection) fehl am Platz or unangebracht sein; **her ~d affection/trust** ihre törichte Zuneigung/ ihr törichtes Vertrauen ...

misplay [,mɪs'pleɪ] vt verschießen.

misprint ['mɪsprɪnt] I n Druckfehler m. II [,mɪs'prɪnt] vt verdrucken.

mispronounce ['mɪsprə'naʊns] vt falsch aussprechen.

mispronunciation ['mɪsprə,nʌnsɪ'eɪ ʃən] n falsche or fehlerhafte Aussprache.

misquotation ['mɪskwəʊ'teɪ ʃən] n falsches Zitat.

misquote ['mɪs'kwəʊt] vt falsch zitieren. **he was ~d as having said ...** man unterstellte ihm, gesagt zu haben ...

misread ['mɪs'riːd] vt irreg falsch or nicht richtig lesen; (misinterpret) falsch verstehen.

misrepresent ['mɪs,reprɪ'zent] vt falsch darstellen, ein falsches Bild geben von; facts verdrehen, falsch darstellen; ideas verfälschen. **he was ~ed in the papers** seine Worte etc wurden von der Presse verfälscht or entstellt wiedergegeben; **he was ~ed as being for the strike** er wurde zu Unrecht als Befürworter des Streiks hingestellt; **he was ~ed as having said ...** ihm wurde unterstellt, gesagt zu haben ...

misrepresentation ['mɪs,reprɪzen'teɪ ʃən] n falsche Darstellung; (of facts also) Verdrehung f; (of theory) Verfälschung f.

misrule ['mɪs'ruːl] I n schlechte Regierung; (by government also) Mißwirtschaft f. II vt schlecht regieren.

miss¹ [mɪs] I n 1. (shot) Fehltreffer or -schuß m; (failure) Mißerfolg m, Pleite f (inf), Reinfall m (inf). **his first shot was a ~** sein erster Schuß ging daneben; **it was a near ~** das war eine knappe Sache; (shot) das war knapp daneben; **it was a near ~ with that car** das Auto haben wir aber um Haaresbreite verfehlt; **a ~ is as good as a mile** (prov) fast getroffen ist auch daneben.
2. **to give sth a ~** (inf) sich (dat) etw schenken.
II vt 1. (fail to hit, catch, reach, find, attend etc) (by accident) verpassen; chance, appointment, bus, concert also versäumen; (deliberately not attend) nicht gehen zu or in (+acc); (not hit, find) target, ball, way, step, vocation, place, house verfehlen; (shot, ball) verfehlen, vorbeigehen an (+dat). **to ~ breakfast** nicht

frühstücken; (*be too late for*) das Frühstück verpassen; **you haven't ~ed much!** da hast du nichts *or* nicht viel verpaßt *or* versäumt!; **they ~ed each other in the crowd** sie verpaßten *or* verfehlten sich in der Menge; **to ~ the boat** *or* **bus** (*fig*) den Anschluß verpassen; **~ a turn** einmal aussetzen; **have I ~ed my turn?** bin ich übergangen worden?

2. (*fail to experience*) verpassen; (*deliberately*) sich (*dat*) entgehen lassen; (*fail to hear or perceive also*) nicht mitbekommen; (*deliberately*) überhören/-sehen. **I ~ed that** das ist mir entgangen; **he doesn't ~ much** (*inf*) ihm entgeht so schnell nichts.

3. (*fail to achieve*) *prize* nicht bekommen *or* schaffen (*inf*). **he narrowly ~ed being first/becoming president** er wäre beinahe auf den ersten Platz gekommen/Präsident geworden.

4. (*avoid*) *obstacle* (noch) ausweichen können (+*dat*); (*escape*) entgehen (+*dat*). **to ~ doing sth** etw fast *or* um ein Haar tun.

5. (*leave out*) auslassen; (*overlook, fail to deal with*) übersehen. **my heart ~ed a beat** mir stockte das Herz.

6. (*notice or regret absence of*) (*person*) *people, things* vermissen. **I ~ him/my old car** er/mein altes Auto fehlt mir; **he won't be ~ed** keiner wird ihn vermissen; **he'll never ~ it** er wird es nie merken(, daß es ihm fehlt).

III *vi* **1.** nicht treffen; (*punching also*) danebenschlagen; (*shooting also*) danebenschießen; (*not catch*) danebengreifen; (*not be present, not attend*) fehlen; (*ball, shot, punch also*) danebengehen; (*Aut: engine*) aussetzen.

2. (*inf: fail*) **you can't ~** da kann nichts schiefgehen; **he never ~es** er schafft es immer.

◆**miss out** I *vt sep* auslassen; (*accidentally not see*) übersehen; *last line or paragraph etc* weglassen.

II *vi* (*inf*) zu kurz kommen. **to ~ ~ on sth** etw verpassen; (*get less*) bei etw zu kurz kommen.

miss² *n* **1.** M~ Fräulein *nt*, Frl. *abbr*; M~ **Germany 1980** (die) Miß Germany von 1980.

2. (*girl*) **a proper little ~** ein richtiges Dämchen *or* kleines Fräulein.

3. (*term of address*) mein Fräulein; (*to waitress etc*) Fräulein; (*to teacher*) Fräulein *or* Frau X.

misshapen ['mɪs'ʃeɪpən] *adj* mißgebildet; *plant, tree also* verwachsen; *chocolates* unförmig, mißraten.

missile ['mɪsaɪl] *n* **1.** (*stone, javelin etc*) (Wurf)geschoß *nt*.

2. (*rocket*) Rakete *f*, Flugkörper *m* (*form*). **~ base** *or* **site** Raketenbasis *f*; **~ launcher** Abschuß- *or* Startrampe *f*; (*vehicle*) Raketenwerfer *m*.

missilry ['mɪsɪlrɪ] *n* (*science*) Raketentechnik *f*; (*missiles*) Raketen(waffen) *pl*.

missing ['mɪsɪŋ] *adj* (*not able to be found*) *person, soldier, aircraft, boat* vermißt; *object* verschwunden; (*not there*) fehlend. **to be ~/to have gone ~** fehlen; (*moun-*

taineer, aircraft, boat etc) vermißt werden; **the coat has two buttons ~** an dem Mantel fehlen zwei Knöpfe; **we are £50 ~ uns** (*dat*) fehlen £ 50;**~ in action** vermißt; **~ person** Vermißte(r) *mf*; **~ link** fehlendes Glied; (*Biol*) Missing link *nt*, Übergangs- *or* Zwischenform *f*.

mission ['mɪʃən] *n* **1.** (*business, task*) Auftrag *m*; (*calling*) Aufgabe, Berufung *f*; (*Mil*) Befehl *m*; (*operation*) Einsatz *m*. **what is their ~?** welchen Auftrag haben sie?; wie lauten ihre Befehle?; **our ~ is to ...** wir sind damit beauftragt, zu ...; **he's on a secret ~** er ist in geheimer Mission unterwegs; **sense of ~** Sendungsbewußtsein *nt*.

2. (*journey*) Mission *f*. **trade ~** Handelsreise *f*; **~ of inquiry** Erkundungsreise *f*; **Henry Kissinger's ~ to the Middle East** Kissingers Nahostmission.

3. (*people on ~*) Gesandtschaft, Delegation *f*; (*Pol*) Mission *f*. **trade ~** Handelsdelegation *f*.

4. (*Rel*) Mission- *f*. **~ hut** Mission(sstation) *f*.

missionary ['mɪʃənrɪ] I *n* Missionar(in *f*) *m*. II *adj* missionarisch. **in the ~ position** (*fig inf*) auf altdeutsch.

mission control *n* (*Space*) Kontrollzentrum *nt*.

missis ['mɪsɪz] *n* (*Brit inf*) (*wife*) bessere Hälfte (*hum inf*), Alte (*pej inf*), Olle (*sl*) *f*; (*mistress of household*) Frau *f* des Hauses. **yes, ~** ja(wohl).

Mississippi [mɪsɪ'sɪpɪ] *n* **1.** (*river*) Mississippi *m* **2.** (*abbr* **Miss, MS**) (*state*) Mississippi *nt*.

Missouri [mɪ'zu:rɪ] *n* **1.** (*river*) Missouri *m*. **2.** (*abbr* **Mo, MO**) (*state*) Missouri *nt*.

misspell ['mɪs'spel] *vt irreg* verkehrt *or* falsch schreiben.

misspelling ['mɪs'spelɪŋ] *n* (*act*) falsches Schreiben; (*spelling mistake*) Rechtschreib(e)fehler *m*.

misspent [ˌmɪs'spent] *adj* vergeudet, verschwendet. **I regret my ~ youth** ich bedaure es, meine Jugend so vergeudet *or* vertan zu haben.

misstate ['mɪs'steɪt] *vt* falsch darlegen *or* darstellen.

misstatement ['mɪs'steɪtmənt] *n* falsche Darstellung.

missy ['mɪsɪ] *n* (*inf*) Fräuleinchen *nt* (*inf*), kleines Fräulein.

mist [mɪst] *n* **1.** Nebel *m*; (*in liquid*) Trübung *f*; (*haze*) Dunst *m*; (*on glass etc*) Beschlag *m*.

2. (*fig*) **through a ~ of tears** durch einen Tränenschleier; **it is lost in the ~s of time/antiquity** das liegt im Dunkel der Vergangenheit.

◆**mist over** I *vi* (*become cloudy*) sich trüben; (*glass, mirror: also* **mist up**) (sich) beschlagen. **her eyes ~ed ~ with tears** Tränen verschleierten ihren Blick (*liter*).

II *vt sep* **the condensation is ~ing ~ the windows** durch den Dampf beschlagen die Fensterscheiben.

mistakable [mɪ'steɪkəbl] *adj* **the twins are easily ~** man kann die Zwillinge leicht miteinander verwechseln.

mistake [mɪ'steɪk] I *n* Fehler *m*. **to make a**

~ (in writing, calculating etc) einen Fehler machen; (be mistaken) sich irren; **you're making a big** ~ **in marrying him** Sie machen or begehen (form) einen schweren Fehler, wenn Sie ihn heiraten; **by** ~ aus Versehen, versehentlich; **there must be some** ~ da muß ein Fehler or Irrtum vorliegen; **there's no** ~ **about it,** ... (es besteht) kein Zweifel, ...; **let there be no** ~ **about it, make no** ~ **(about it)** ein(e)s or das steht fest: ...; **make no** ~, **I mean what I say** damit wir uns nicht falsch verstehen: mir ist es Ernst; **it's freezing and no** ~! (inf) (ich kann dir sagen,) das ist vielleicht eine Kälte! (inf).

II vt pret **mistook**, ptp **mistaken** 1. words, meaning, remarks etc falsch auffassen or verstehen; seriousness, cause verkennen, nicht erkennen; house, road, time of train sich irren or vertun (inf) in (+dat). **to** ~ **sb's meaning** jdn falsch verstehen; **there's no mistaking what he meant** er hat sich unmißverständlich ausgedrückt; **there was no mistaking his anger** er war eindeutig wütend.

2. **to** ~ **A for B** A mit B verwechseln, A für B halten.

3. **to be** ~n sich irren; **you are badly** ~n **there** da irren Sie sich aber gewaltig!; **if I am not** ~n ... wenn mich nicht alles täuscht ..., wenn ich mich nicht irre ...

mistaken [mɪˈsteɪkən] adj (wrong) idea falsch; (misplaced) loyalty, kindness unangebracht, fehl am Platz; affection, trust töricht. **a case of** ~ **identity** eine Verwechslung.

mistakenly [mɪˈsteɪkənlɪ] adv fälschlicherweise, irrtümlicherweise; (by accident) versehentlich.

mister [ˈmɪstəʳ] n 1. (abbr **Mr**) Herr m; (on envelope) Herrn; (with politicians' names etc) not translated. 2. (inf: sir) not translated. **please,** ~, **can you tell me ...?** können Sie mir bitte sagen ...?; **now listen here,** ~ hören Sie mal her.

mistime [ˈmɪsˈtaɪm] vt 1. (act) einen ungünstigen Zeitpunkt wählen für. 2. race falsch or fehlerhaft stoppen.

mistle thrush [ˈmɪslˌθrʌʃ] n Misteldrossel f.

mistletoe [ˈmɪsltəʊ] n Mistel f; (sprig) Mistelzweig m.

mistook [mɪˈstʊk] pret of **mistake**.

mistranslate [ˈmɪstrænzˈleɪt] vt falsch übersetzen.

mistranslation [ˈmɪstrænzˈleɪʃən] n (act) falsche Übersetzung; (error also) Übersetzungsfehler m.

mistreat [ˌmɪsˈtriːt] vt schlecht behandeln; (violently) mißhandeln.

mistreatment [ˌmɪsˈtriːtmənt] n schlechte Behandlung; (violent) Mißhandlung f.

mistress [ˈmɪstrɪs] n 1. (of house, horse, dog) Herrin f. **she is now** ~ **of the situation** sie ist jetzt Herr der Lage. 2. (lover) Geliebte, Mätresse (old) f. 3. (teacher) Lehrerin f. 4. (old: Mrs) Frau f.

mistrial [ˌmɪsˈtraɪəl] n **it was declared a** ~ das Urteil wurde wegen Verfahrensmängeln aufgehoben.

mistrust [ˈmɪsˈtrʌst] I n Mißtrauen nt (of gegenüber). II vt mißtrauen (+dat).

mistrustful [ˌmɪsˈtrʌstfʊl] adj mißtrauisch. **to be** ~ **of sb/sth** jdm/einer Sache mißtrauen or gegenüber mißtrauisch sein.

misty [ˈmɪstɪ] adj (+er) 1. day, morning neblig; (hazy) dunstig; mountain peaks in Nebel/Dunst gehüllt; colour gedeckt.

2. (fig) memory verschwommen. **her eyes grew** ~, **a** ~ **look came into her eyes** ihr Blick verschleierte sich.

3. glasses (misted up) beschlagen; (opaque) milchig; liquid trübe. **the window is getting** ~ das Fenster beschlägt.

misunderstand [ˈmɪsʌndəˈstænd] irreg I vt falsch verstehen, mißverstehen. **don't** ~ **me ...** verstehen Sie mich nicht falsch ... II vi **I think you've misunderstood** ich glaube, Sie haben das mißverstanden or falsch verstanden.

misunderstanding [ˈmɪsʌndəˈstændɪŋ] n 1. Mißverständnis nt. **there must be some** ~ das muß ein Mißverständnis sein, da muß ein Mißverständnis vorliegen; **let there be no** ~ **(about it) ...** damit wir uns nicht mißverstehen: ...

2. (disagreement) Meinungsverschiedenheit f.

misunderstood [ˈmɪsʌndəˈstʊd] adj unverstanden; artist, playwright verkannt.

misuse [ˈmɪsˈjuːs] I n Mißbrauch m; (of words) falscher Gebrauch; (of funds) Zweckentfremdung f. ~ **of power/ authority** Macht-/Amtsmißbrauch m. II [ˈmɪsˈjuːz] vt see n mißbrauchen; falsch gebrauchen; zweckentfremden.

misword [ˈmɪsˈwɜːd] vt contract etc falsch formulieren.

mite¹ [maɪt] n (Zool) Milbe f.

mite² I n 1. (Hist: coin) Scherf, Heller m; (as contribution) Scherflein nt.

2. (small amount) bißchen nt. **well, just a** ~ **then** na gut, ein (ganz) kleines bißchen; **a** ~ **of consolation** ein winziger Trost.

3. (child) Würmchen nt (inf). **poor little** ~! armes Wurm!

II adv (inf) **a** ~ **surprised/disappointed/ early** etwas or ein bißchen überrascht/ enttäuscht/früh dran.

miter n (US) see **mitre**.

mitigate [ˈmɪtɪgeɪt] vt pain lindern; punishment mildern. **mitigating circumstances** mildernde Umstände pl.

mitigation [ˌmɪtɪˈgeɪʃən] n see vt Linderung f; Milderung f. **to say a word in** ~ etwas zu jds/seiner Verteidigung anführen.

mitre, (US) miter [ˈmaɪtəʳ] I n 1. (Eccl) Mitra f. 2. (Tech: also ~-joint) Gehrung, Gehrfuge f. II vt (Tech) gehren.

mitt [mɪt] n 1. see **mitten** 1. 2. (baseball glove) Fang- or Baseballhandschuh m. 3. (sl: hand) Pfote f (inf).

mitten [ˈmɪtn] n 1. Fausthandschuh, Fäustling m; (with bare fingers) Handschuh m ohne Finger or mit halben Fingern. 2. ~s pl (Boxing) Boxhandschuhe pl.

mix [mɪks] I n Mischung f. **a good social** ~ **at the party** eine gutgemischtes Publikum; **cake** ~ Backmischung f.

II vt 1. (ver)mischen; drinks mischen, mixen; (Cook) ingredients verrühren; dough zubereiten; salad untermengen, wenden. **to ~ business with pleasure** das Angenehme mit dem Nützlichen verbinden; **you shouldn't ~ business with pleasure** Dienst ist Dienst und Schnaps ist Schnaps (*prov*).

2. (*confuse*) durcheinanderbringen. **to ~ sb/sth with sb/sth** jdn/etw mit jdm/etw verwechseln.

3. to ~ it (*sl*) sich kloppen (*sl*).

III *vi* **1.** sich mischen lassen; (*chemical substances, races*) sich vermischen.

2. (*go together*) zusammenpassen. **business and pleasure don't ~** Arbeit und Vergnügen lassen sich nicht verbinden.

3. (*people*) (*get on*) miteinander auskommen; (*mingle*) sich vermischen; (*associate*) miteinander verkehren. **to ~ with sb** mit jdm auskommen; sich unter jdn mischen; mit jdm verkehren; **he finds it hard to ~** er ist nicht sehr gesellig *or* kontaktfreudig; **to ~ well** kontaktfreudig *or* gesellig sein; **he's started ~ing in high society recently** neuerdings verkehrt er in den besseren Kreisen.

◆**mix in** *vt sep* egg, water unterrühren.

◆**mix up** *vt sep* **1.** vermischen; *ingredients* verrühren; *medicine* mischen.

2. (*get in a muddle*) durcheinanderbringen; (*confuse with sb/sth else*) verwechseln.

3. (*involve*) **to ~ sb ~ in sth** jdn in etw (*acc*) hineinziehen; (*in crime etc also*) jdn in etw (*acc*) verwickeln; **to be ~ed ~ in sth** in etw (*acc*) verwickelt sein.

mixed [mɪkst] *adj* **1.** (*assorted*) gemischt. **~ nuts/biscuits** Nuß-/Keksmischung *f*.

2. (*both sexes*) gemischt.

3. (*varied*) gemischt; (*both good and bad*) unterschiedlich. **a ~ set of people** eine bunt zusammengewürfelte Gruppe; **I have ~ feelings about him/it** ich habe ihm gegenüber zwiespältige Gefühle/ich betrachte die Sache mit gemischten Gefühlen.

mixed blessing *n* **it's a ~** das ist ein zweischneidiges Schwert; **children are a ~** Kinder sind kein reines Vergnügen; **mixed doubles** *npl* (*Sport*) gemischtes Doppel; **mixed farming** *n* Ackerbau und Viehzucht (*+pl vb*); **mixed grill** *n* Grillteller *m*; **mixed marriage** *n* Mischehe *f*; **mixed metaphor** *n* gemischte Metapher, Bildervermengung *f*; **mixed pickles** *npl* Mixed Pickles, Mixpickles *pl*; **mixed-up** *adj* durcheinander *pred*; (*muddled*) *person* konfus; **I'm all ~** ich bin völlig durcheinander; **she's just a crazy ~ kid** sie ist total verdreht.

mixer [ˈmɪksəʳ] *n* **1.** (*food*) Mixer *m*, Mixgerät *nt*; (*cement*) Mischmaschine *f*.

2. (*Rad*) (*person*) Tonmeister *m*; (*thing*) Mischpult *nt*.

3. (*sociable person*) **to be a good ~** kontaktfreudig sein.

mixture [ˈmɪkstʃəʳ] *n* Mischung *f*; (*Med*) Mixtur *f*; (*Cook*) Gemisch *nt*; (*cake ~, dough*) Teig *m*. **~ of tobaccos/teas** Tabak-/Teemischung *f*; **~ of gases** Gasgemisch *nt*.

mix-up [ˈmɪksʌp] *n* Durcheinander *nt*. **there seemed to be some ~ about which train ...** es schien völlig unklar, welchen Zug ...; **there must have been a ~** da muß irgend etwas schiefgelaufen sein (*inf*).

MLR (*Brit*) *abbr of* **minimum lending rate** Mindestzinssatz *m*.

mm *abbr of* **millimetre(s)** mm.

mnemonic [nɪˈmɒnɪk] **I** *adj* Gedächtnis-. **~ trick** *or* **device** Gedächtnisstütze *f*; **~ rhyme** Eselsbrücke *f* (*inf*). **II** *n* Gedächtnisstütze *or* -hilfe, Eselsbrücke (*inf*) *f*.

MO *abbr of* **1. money order. 2. medical officer** Sanitätsoffizier *m*.

moan [məʊn] **I** *n* **1.** (*groan*) Stöhnen *nt*; (*of wind*) Seufzen, Raunen (*geh*) *nt*; (*of trees etc*) Raunen *nt* (*geh*).

2. (*grumble*) Gestöhn(e) *nt no pl* (*inf*). **to have a ~ about sth** über etw (*acc*) jammern *or* schimpfen.

II *vi* **1.** (*groan*) stöhnen; (*wind, trees*) raunen (*geh*).

2. (*grumble*) stöhnen, schimpfen (*about* über *+acc*).

III *vt* **...**, **he ~ed ...** stöhnte er; **he ~ed a confession** er brachte das Geständnis stöhnend *or* unter Stöhnen heraus.

moaner [ˈməʊnəʳ] *n* (*inf*) Miesepeter *m* (*inf*); Mäkelliese *f* (*inf*).

moaning [ˈməʊnɪŋ] *n* **1.** Stöhnen *nt*; (*of wind also*) Seufzen *nt*; (*of trees etc*) Raunen *nt* (*geh*). **2.** (*grumbling*) Gestöhn(e) *nt*.

moat [məʊt] *n* Wassergraben *m*; (*of castle also*) Burggraben *m*.

mob [mɒb] **I** *n* **1.** (*crowd*) Horde, Schar *f*; (*riotous, violent*) Mob *m no pl*. **the crowd became a ~** das Volk wurde zur wütenden Menge; **they went in a ~ to the town hall** sie stürmten zum Rathaus.

2. (*inf*) (*criminal gang*) Bande *f*; (*fig: clique*) Haufen *m*, Bande *f*.

3. the ~ (*pej: the masses*) die Masse(n *pl*).

II *vt* herfallen über (*+acc*), sich stürzen auf (*+acc*); *actor, pop star also* belagern.

mobile [ˈməʊbaɪl] **I** *adj* **1.** *person* beweglich, mobil; (*having means of transport*) beweglich, motorisiert; (*Sociol*) mobil. **the patient is ~ already** der Patient kann schon aufstehen.

2. *X-ray unit etc* fahrbar. **~ canteen** Kantine *f* auf Rädern, mobile Küche; **~ home** Wohnwagen *m*; **~ library** Fahrbücherei *f*; **~ walkway** (*US*) Rollsteg *m*.

3. *mind* wendig, beweglich; *face, expression, features* lebhaft, beweglich.

II *n* Mobile *nt*.

mobility [məʊˈbɪlɪtɪ] *n* (*of person*) Beweglichkeit *f*; (*of work force, Sociol*) Mobilität *f*; (*of mind also*) Wendigkeit *f*; (*of features, face also*) Lebhaftigkeit *f*.

mobilization [ˌməʊbɪlaɪˈzeɪʃən] *n* Mobilisierung *f*; (*Mil also*) Mobilmachung *f*.

mobilize [ˈməʊbɪlaɪz] **I** *vt* mobilisieren; (*Mil also*) mobil machen. **II** *vi* mobil machen.

mobster [ˈmɒbstəʳ] *n* (*esp US*) Gangster, Bandit *m*.

moccasin [ˈmɒkəsɪn] *n* Mokassin *m*.

mocha [ˈmɒkə] *n* Mokka *m*.

mock [mɒk] **I** *n* **to make a ~ of sth** etw ad absurdum führen; (*put an end to*) etw vereiteln *or* zunichte machen.

II *adj attr emotions* gespielt; *attack, battle, fight* Schein-; *crash, examination* simuliert; *Tudor, Elizabethan* Pseudo-.

III vt **1.** (ridicule) sich lustig machen über (+acc), verspotten.

2. (mimic) nachmachen or -äffen.

3. (defy) trotzen (+dat); law sich hinwegsetzen über (+acc); (set at nought) plans, efforts vereiteln, zunichte machen.

IV vi to ~ at sb/sth sich über jdn/etw lustig machen or mokieren; **don't ~** mokier dich nicht!, spotte nicht! (geh).

mocker ['mɒkər] n **1.** Spötter(in f) m, spöttischer Mensch. **2.** to put the ~s on sth (Brit sl) etw vermasseln (inf).

mockery ['mɒkərɪ] n **1.** (derision) Spott m.

2. (object of ridicule) Gespött nt. **they made a ~ of him** sie machten ihn zum Gespött der Leute; **to make a ~ of sth** etw lächerlich machen; (prove its futility) etw ad absurdum führen; **inflation will make a ~ of our budget** durch die Inflation wird unser Haushaltsplan zur Farce.

3. this is a ~ of justice das spricht jeglicher Gerechtigkeit hohn; **it was a ~ of a trial** der Prozeß war eine einzige Farce.

mocking ['mɒkɪŋ] **I** adj spöttisch. **II** n Spott m.

mockingbird ['mɒkɪŋˌbɜːd] n Spottdrossel f.

mockingly ['mɒkɪŋlɪ] adv spöttisch, voller Spott.

mock orange n falscher Jasmin, Pfeifenstrauch m; **mock turtle soup** n Mockturtlesuppe f; **mock-up** n Modell nt in Originalgröße.

MOD (Brit) abbr of **Ministry of Defence** Verteidigungsministerium nt.

mod [mɒd] (dated sl) **I** adj modern, pop(p)ig (inf). **II** n modisch gekleideter Halbstarker in den 60er Jahren.

modal ['məʊdl] adj modal. ~ **verb** Modalverb nt.

modality [məʊ'dælɪtɪ] n Modalität f.

mod cons ['mɒd'kɒnz] abbr of **modern conveniences** mod. Komf., (moderner) Komfort.

mode [məʊd] n **1.** (Gram) Modus m; (Mus) Tonart f; (Philos) Modalität f.

2. (way) Art f (und Weise); (form) Form f. ~ **of transport** Transportmittel nt; ~ **of life** Lebensweise f; (Biol) Lebensform f.

3. (Fashion) Mode f. **to be the ~ in** Mode sein.

model ['mɒdl] **I** n **1.** Modell nt. **it is built on the ~ of the Doge's Palace** es ist eine Nachbildung des Dogenpalastes; **our democracy is based on the ~ of Greece** unsere Demokratie ist nach dem Vorbild Griechenlands aufgebaut.

2. (perfect example) Muster nt (of an +dat).

3. (artist's, photographer's) Modell nt; (fashion ~) Mannequin nt; (male ~) Dressman m.

4. (of car, dress, machine etc) Modell nt.

II adj **1.** railway, town Modell-; house, home Muster-.

2. (perfect) vorbildlich, Muster-, mustergültig.

III vt **1.** to ~ X on Y Y als Vorlage or Muster für X benützen; **X is ~led on Y** Y dient als Vorlage or Muster für X; **this**

building is ~led on the Parthenon dieses Gebäude ist dem Parthenon nachgebildet; **the system was ~led on the American one** das System war nach amerikanischem Muster aufgebaut; **it's not ~led on anything** es ist frei entstanden, dafür gibt es keine Vorlage; **to ~ oneself/ one's life on sb** sich (dat) jdn zum Vorbild nehmen.

2. (make a ~) modellieren, formen. **her delicately ~led features** (fig) ihre feingeschnittenen Gesichtszüge.

3. dress etc vorführen.

IV vi **1.** (make ~s) modellieren.

2. (Art, Phot) als Modell arbeiten or beschäftigt sein; (fashion) als Mannequin/ Dressman arbeiten. **to ~ for sb** jdm Modell stehen/jds Kreationen vorführen.

modelling, (US) **modeling** ['mɒdlɪŋ] n **1.** (of statue etc) Modellieren nt; (fig: of features) Schnitt m. **2.** to do some ~ (Phot, Art) als Modell arbeiten; (Fashion) als Mannequin/ Dressman arbeiten.

moderate ['mɒdərɪt] **I** adj gemäßigt (also Pol); language also, appetite, enjoyment, lifestyle, speed mäßig; demands also, price vernünftig, angemessen; drinker, eater maßvoll; number, income, success (mittel)mäßig, bescheiden; punishment, winter mild. **a ~ amount** einigermaßen viel; ~-**sized, of ~ size** mittelgroß.

II n (Pol) Gemäßigte(r) mf.

III ['mɒdəreɪt] vt mäßigen. **to have a moderating influence on sb** mäßigend auf jdn wirken.

IV ['mɒdəreɪt] vi nachlassen, sich mäßigen; (wind etc) nachlassen, sich abschwächen; (demands) gemäßigter or maßvoller werden.

moderately ['mɒdərɪtlɪ] adv einigermaßen. **a ~ expensive suit** ein nicht allzu or übermäßig teurer Anzug; **the house was ~ large** das Haus war mäßig groß.

moderation [ˌmɒdə'reɪʃən] n Mäßigung f. **in ~** mit Maß(en).

modern ['mɒdən] **I** adj modern (also Art, Liter); times, world also heutig; history neuere und neueste. ~ **languages** neuere Sprachen, moderne Fremdsprachen pl; (Univ) Neuphilologie f; M~ **Greek** etc Neugriechisch etc nt.

II n Anhänger(in f) m der Moderne.

modernism ['mɒdənɪzəm] n Modernismus m.

modernist ['mɒdənɪst] **I** adj modernistisch. **II** n Modernist m.

modernistic [ˌmɒdə'nɪstɪk] adj modernistisch.

modernity [mɒ'dɜːnɪtɪ] n Modernität f.

modernization [ˌmɒdənaɪ'zeɪʃən] n Modernisierung f.

modernize ['mɒdənaɪz] vt modernisieren.

modernly ['mɒdənlɪ] adv (fashionably) modern.

modernness ['mɒdənnɪs] n see **modernity**.

modest ['mɒdɪst] adj **1.** (unboastful) bescheiden.

2. (moderate) bescheiden; way of life, person also genügsam, anspruchslos; requirements also gering; price mäßig. **a ~ crowd turned out for the occasion** die Veranstaltung war (nur) mäßig besucht.

3. (*chaste, proper*) schamhaft; (*in one's behaviour*) anständig, sittsam (*geh*), züchtig (*old*). **to be ~ in one's dress** sich unauffällig or dezent kleiden.

modestly ['mɒdɪstlɪ] *adv* **1.** (*unassumingly, moderately*) bescheiden. **2.** (*chastely, properly*) schamhaft; *behave* anständig, züchtig (*old*); *dress* unauffällig, dezent.

modesty ['mɒdɪstɪ] *n see adj* **1.** Bescheidenheit *f*. **in all ~** bei aller Bescheidenheit. **2.** Bescheidenheit *f*; Genügsamkeit, Anspruchslosigkeit *f*; Mäßigkeit *f*. **3.** Schamgefühl *nt*; Anstand *m*, Sittsamkeit (*geh*), Züchtigkeit (*old*) *f*; Unauffälligkeit, Dezentheit *f*.

modicum ['mɒdɪkəm] *n* ein wenig or bißchen. **with a ~ of luck** mit ein (klein) wenig or einem Quentchen Glück; **a ~ of hope/decorum/confidence** ein Funke (von) Hoffnung/ Anstand/Vertrauen; **a ~ of truth** ein Körnchen Wahrheit.

modifiable ['mɒdɪfaɪəbl] *adj* modifizierbar.

modification [ˌmɒdɪfɪ'keɪʃən] *n* (Ver)- änderung *f*; (*of design*) Abänderung *f*; (*of terms, contract, wording*) Modifizierung, Modifikation *f*. **to make ~s to sth** (Ver)- änderungen an etw (*dat*) vornehmen; etw abändern; etw modifizieren.

modifier ['mɒdɪfaɪə'] *n* (Gram) Bestim- mungswort *nt*, nähere Bestimmung.

modify ['mɒdɪfaɪ] *vt* **1.** (*change*) (ver)- ändern; *design* abändern; *terms, contract, wording* modifizieren. **2.** (*moderate*) mäßigen. **3.** (*Gram*) näher bestimmen.

modish ['məʊdɪʃ] *adj* (*fashionable*) modisch; (*stylish*) schick.

modishly ['məʊdɪʃlɪ] *adv see adj*.

modular ['mɒdjʊlə'] *adj* aus Elementen zusammengesetzt. **the ~ design of their furniture** ihre als Bauelemente konzipier- ten Möbel.

modulate ['mɒdjʊleɪt] *vti* (Mus, Rad) modulieren. **the key (was) ~d from major to minor** die Tonart wechselte von Dur nach Moll.

modulation [ˌmɒdjʊ'leɪʃən] *n* (Mus, Rad) Modulation *f*.

module ['mɒdju:l] *n* (Bau)element *nt*; (*Space*) Raumkapsel *f*. **command ~** Kom- mandokapsel *f*; **lunar ~** Mondlandefähre *f* or -fahrzeug *nt*; **service ~** Antriebs- gruppe *f*.

modus operandi ['məʊdəsˌɒpə'rændɪ] *n* Modus operandi *m*.

modus vivendi ['məʊdəsˌvɪ'vendɪ] *n* Modus vivendi *m*; (*way of life*) Lebensstil *m* or -weise *f*.

mogul ['məʊɡəl] *n* Mogul *m*.

mohair ['məʊhɛə'] *n* Mohair *m*.

Mohammed [məʊ'hæmed] *n* Mohammed *m*.

Mohammedan [məʊ'hæmɪdən] **I** *adj* mohammedanisch. **II** *n* Mohammeda- ner(in *f*) *m*.

Mohammedanism [mə'hæmədənɪzəm] *n* Islam *m*.

moist [mɔɪst] *adj* (+*er*) feucht (*from, with* vor +*dat*).

moisten ['mɔɪsn] **I** *vt* anfeuchten. **to ~ sth with sth** etw mit etw befeuchten. **II** *vi* feucht werden.

moistness ['mɔɪstnɪs] *n* Feuchtigkeit *f*.

moisture ['mɔɪstʃə'] *n* Feuchtigkeit *f*.

moisturize ['mɔɪstʃəraɪz] *vt skin* mit einer Feuchtigkeitscreme behandeln; (*cos- metic*) geschmeidig machen, Feuchtigkeit verleihen (+*dat*); *air* befeuchten.

moisturizer ['mɔɪstʃəraɪzə'], **moisturizing cream** ['mɔɪstʃəraɪzɪŋ'kri:m] *n* Feuchtig- keitscreme *f*.

molar (tooth) ['məʊlə'(ˌtu:θ)] *n* Backen- zahn *m*.

molasses [məʊ'læsɪz] *n* Melasse *f*.

mold *etc* (US) *see* **mould** *etc*.

molt *n, vti* (US) *see* **moult**.

mole¹ [məʊl] *n* (Anat) Pigmentmal *nt* (*form*), Leberfleck *m*.

mole² *n* (Zool) Maulwurf *m*; (*inf: secret agent*) Agent *m*.

mole³ *n* (Naut) Mole *f*.

molecular [məʊ'lekjʊlə'] *adj* molekular, Molekular-.

molecule ['mɒlɪkju:l] *n* Molekül *nt*.

molehill ['məʊlhɪl] *n* Maulwurfshaufen or -hügel *m*; **moleskin** *n* (*fur*) Maulwurfsfell *nt*; (*garment*) Mantel/Jacke *etc* aus Maul- wurfsfell; (*fabric*) Moleskin *m* or *nt*.

molest [məʊ'lest] *vt* belästigen.

molestation [ˌməʊles'teɪʃən] *n* Belästigung *f*.

mollify ['mɒlɪfaɪ] *vt* besänftigen, beschwichtigen.

mollusc ['mɒləsk] *n* Molluske *f* (*spec*), Weichtier *nt*.

mollycoddle ['mɒlɪˌkɒdl] **I** *vt* verhätscheln, verpäppeln, verzärteln. **to ~ oneself** sich päppeln. **II** *n* Weichling *m*.

Moloch ['məʊlɒk] *n* Moloch *m*.

Molotov cocktail ['mɒlətɒf'kɒkteɪl] *n* Molotowcocktail *m*.

molten ['məʊltən] *adj* geschmolzen; *glass, lava* flüssig.

molybdenum [mɒ'lɪbdɪnəm] *n* (*abbr* **Mo**) Molybdän *nt*.

mom [mɒm] *n* (US inf) *see* **mum²**.

moment ['məʊmənt] *n* **1.** Augenblick, Mo- ment *m*. **from ~ to ~** zusehends, von Minute zu Minute; **any ~ now, (at) any ~** jeden Augenblick; **at any ~** (*any time*) jederzeit; **at the ~** im Augenblick, momentan; **not at the** or **this ~** im Augenblick or zur Zeit nicht; **at the last ~** im letzten Augenblick; **at this (particular) ~ in time** momentan, augenblicklich; **for the ~** im Augenblick, vorläufig; **for a ~** (für) einen Moment; **for one ~ it seemed to have stopped** einen Augenblick lang schien es aufgehört zu haben; **not for a** or **one ~ ...** nie(mals) ...; **I didn't hesitate for a ~** ich habe keinen Augenblick gezögert; **in a ~** gleich; **in a ~ of madness** in einem Anflug von geistiger Umnachtung; **it was all over in a ~** or **a few ~s** das ganze dauerte nur wenige Augenblicke or war im Nu geschehen; **to leave things until the last ~** alles erst im letzten Moment er- ledigen or machen (*inf*); **half a ~/one ~!** Momentchen/einen Moment!; **just a ~!, wait a ~!** Moment mal!; **I shan't be a ~** ich bin gleich wieder da; (*nearly ready*) ich bin gleich soweit; **I have just this ~ heard of it** ich habe es eben or gerade erst erfahren; **we haven't a ~ to lose** wir haben keine Minute zu verlieren; **not a ~ too**

soon keine Minute zu früh, in letzter Minute; **not a ~'s peace** or **rest** keine ruhige Minute; **the ~ I saw him I knew ...** als ich ihn sah, wußte ich sofort ...; **the ~ he arrives there's trouble** sobald er auftaucht, gibt es Ärger; **the ~ of truth** die Stunde der Wahrheit; **he is the man of the ~** er ist der Mann des Tages.
2. (*Phys*) Moment *nt*. **~ of acceleration/ inertia** Beschleunigungs-/Trägheitsmoment *nt*.
3. (*importance*) Bedeutung *f*. **of little ~** bedeutungslos, unwichtig; **matters of ~** wichtige Angelegenheiten *pl*.

momentarily ['məʊməntərɪlɪ] *adv* **1.** (für) einen Augenblick or Moment. **2.** (*US*) (*very soon*) jeden Augenblick or Moment; (*from moment to moment*) zusehends.

momentary ['məʊməntərɪ] *adj* **1.** kurz; *glimpse also* flüchtig. **there was a ~ silence** einen Augenblick lang herrschte Stille.
2. he was in ~ fear of being captured er hatte Angst, jeden Augenblick gefangengenommen zu werden.

momentous [məʊ'mentəs] *adj* (*memorable, important*) bedeutsam, bedeutungsvoll; (*of great consequence*) von großer Tragweite. **of ~ significance** von entscheidender Bedeutung.

momentousness [məʊ'mentəsnɪs] *n* Bedeutsamkeit *f*; (*of decision*) Tragweite *f*.

momentum [məʊ'mentəm] *n* (*of moving object*) Schwung *m*; (*at moment of impact*) Wucht *f*; (*Phys*) Impuls *m*; (*fig*) Schwung *m*. **to gather** or **gain ~** (*lit*) sich beschleunigen, in Fahrt kommen (*inf*); (*fig: idea, movement, plan*) in Gang kommen; **to keep going under its own ~** (*lit*) sich aus eigener Kraft weiterbewegen; (*fig*) eine Eigendynamik entwickelt haben; **to lose ~** (*lit, fig*) Schwung verlieren.

Mon *abbr of* **Monday** Mo.

Monaco ['mɒnəkəʊ] *n* Monaco *nt*.

monarch ['mɒnək] *n* Monarch(in *f*), Herrscher(in *f*) *m*; (*fig*) König *m*. **absolute ~** Alleinherrscher *m*.

monarchic(al) [mɒ'nɑːkɪk(əl)] *adj* monarchisch; (*favouring monarchy*) monarchistisch.

monarchism ['mɒnəkɪzəm] *n* (*system*) Monarchie *f*; (*advocacy of monarchy*) Monarchismus *m*.

monarchist ['mɒnəkɪst] **I** *adj* monarchistisch. **II** *n* Monarchist(in *f*) *m*, Anhänger(in *f*) *m* der Monarchie.

monarchy ['mɒnəkɪ] *n* Monarchie *f*.

monastery ['mɒnəstərɪ] *n* (*Männer-* or *Mönchs*)kloster *nt*.

monastic [mə'næstɪk] *adj* mönchisch, klösterlich; *architecture* Kloster-; *life* Ordens-, Kloster-. **~ vows** Ordensgelübde *nt*.

monasticism [mə'næstɪsɪzəm] *n* Mönch(s)tum *nt*.

Monday ['mʌndɪ] *n* Montag *m*; *see also* **Tuesday.**

Monegasque [ˌmɒnə'gæsk] **I** *n* Monegasse *m*, Monegassin *f*. **II** *adj* monegassisch.

monetary ['mʌnɪtərɪ] *adj* **1.** (*pertaining to finance or currency*) währungspolitisch, monetär; *talks, policy, reform, system* Währungs-; *reserves, institutions* Geld-; *unit* Geld-, Währungs-. **2.** (*pecuniary*) Geld-; *considerations* geldlich.

money ['mʌnɪ] *n* Geld *nt*; (*medium of exchange*) Zahlungsmittel *nt*. **to make ~** (*person*) (viel) Geld verdienen; (*business*) etwas einbringen, sich rentieren; **to lose ~** (*person*) Geld verlieren; (*business*) Verluste machen or haben; **there's ~ in it** das ist sehr lukrativ; **that's the one for my ~**! ich tippe auf ihn/sie *etc*; **to be in the ~** (*inf*) Geld wie Heu haben; **to earn good ~** gut verdienen; **to get one's ~'s worth** etwas für sein Geld bekommen; **I've really had my ~'s worth** or **~ out of that car** der Wagen hat sich wirklich bezahlt gemacht or war wirklich sein Geld wert; **to keep sb in ~** jdn (finanziell) unterstützen; **do you think I'm made of ~?** (*inf*) ich bin doch kein Krösus!; **that's throwing good ~ after bad** das ist rausgeschmissenes Geld (*inf*); **your ~** or **your life!** Geld oder Leben!; **to put one's ~ where one's mouth is** (*inf*) (nicht nur reden, sondern) Taten sprechen lassen; **~ talks** (*inf*) mit Geld geht alles; **~ isn't everything** (*prov*) Geld (allein) macht nicht glücklich (*prov*); **~ makes ~** (*prov*) Kapital vermehrt sich von selbst.

money bag *n* Geldsack *m*; **moneybags** *n sing* (*inf*) Geldsack *m*; **moneybox** *n* Sparbüchse *f*; **moneychanger** *n* (Geld)wechsler *m*.

moneyed ['mʌnɪd] *adj* begütert.

moneygrubber ['mʌnɪˌgrʌbə'] *n* Raffke *m* (*inf*); **moneygrubbing** **I** *adj* geld- or raffgierig; **II** *n* Geld- or Raffgier *f*; **moneylender** *n* Geld(ver)leiher *m*; **moneymaking** **I** *adj* *idea, plan* gewinnbringend, einträglich; **II** *n* Geldverdienen *nt*; **money market** *n* Geldmarkt *m*; **money order** *n* Post- or Zahlungsanweisung *f*; **moneyspinner** *n* (*inf*) Verkaufsschlager (*inf*) or -hit (*inf*).

Mongol ['mɒŋgəl] **I** *adj* **1.** mongolisch. **2.** (*Med*) **m~** mongoloid. **II** *n* **1.** *see* **Mongolian II. 2.** (*Med*) **he's a m~** er ist mongoloid.

Mongolia [mɒŋ'gəʊlɪə] *n* Mongolei *f*.

Mongolian [mɒŋ'gəʊlɪən] **I** *adj* mongolisch; *features, appearance* mongolid. **II** *n* **1.** Mongole *m*, Mongolin *f*. **2.** (*language*) Mongolisch *nt*.

mongolism ['mɒŋgəlɪzəm] *n* (*Med*) Mongolismus *m*.

Mongoloid ['mɒŋgəlɔɪd] *adj* **1.** mongolid. **2.** (*Med*) **m~** mongoloid.

mongoose ['mɒŋguːs] *n*, *pl* **-s** Mungo *m*.

mongrel ['mʌŋgrəl] **I** *adj* *race* Misch-. **II** *n* (*also* **~ dog**) Promenadenmischung *f*; (*pej*) Köter *m*; (*pej: person*) Mischling *m*.

monitor ['mɒnɪtə'] **I** *n* **1.** (*Sch*) Schüler(in *f*) *m* mit besonderen Pflichten. **stationery/ book ~** Schreibwaren-/Bücherwart *m*.
2. (*TV, Tech: screen*) Monitor *m*.
3. (*control, observer*) Überwacher *m*; (*of telephone conversations*) Abhörer *m*; (*Rad*) Mitarbeiter(in *f*) *m* am Monitor-Dienst.
4. (*also* **~ lizard**) Waran(echse *f*) *m*.

II vt **1.** foreign station, telephone conversation abhören; TV programme mithören.
2. (control, check) überwachen.

monk [mʌŋk] n Mönch m.

monkey ['mʌŋkɪ] **I** n Affe m; (fig: child) Strolch, Schlingel m. **to make a ~ out of sb** (inf) jdn verhohnepipeln (inf); **well, I'll be a ~'s uncle** (inf) (ich glaub,) mich laust der Affe (inf).
II vi **to ~ about** (inf) herumalbern; **to ~ about with sth** an etw (dat) herumspielen or -fummeln (inf).

monkey business n (inf) **there's some ~ going on here** da ist doch irgend etwas faul (inf); **what ~ have you been up to?** was hast du jetzt schon wieder angestellt?; **monkey-nut** n Erdnuß f; **monkey-puzzle (tree)** n Andentanne, Araukarie (spec) f; **monkey-tricks** npl Unfug m, dumme Streiche pl; **none of your ~!** mach(t) mir keinen Unfug!; **monkey-wrench** n verstellbarer Schraubenschlüssel, Engländer, Franzose m.

monkish ['mʌŋkɪʃ] adj mönchisch; (fig pej) pastorenhaft.

mono ['mɒnəʊ] **I** n, pl ~s Mono nt. **II** adj mono- attr; record also in Mono pred.

mono- pref Mono-, mono-.

monochrome ['mɒnəkrəʊm] **I** adj monochrom, einfarbig; television schwarzweiß. **II** n (Art) monochrome or in einer Farbe gehaltene Malerei; (TV) Schwarzweiß nt.

monocle ['mɒnəkəl] n Monokel nt.

monogamous [mɒ'nɒgəməs] adj monogam.

monogamy [mɒ'nɒgəmɪ] n Monogamie f.

monogram ['mɒnəgræm] n Monogramm nt.

monogrammed ['mɒnəgræmd] adj mit Monogramm.

monograph ['mɒnəgrɑ:f] n Monographie f; **monolingual** [,mɒnəʊ'lɪŋgwəl] adj einsprachig.

monolith ['mɒnəʊlɪθ] n Monolith m.

monolithic [,mɒnəʊ'lɪθɪk] adj (lit) monolithisch; (fig) gigantisch, riesig.

monologue ['mɒnəlɒg] n Monolog m.

monomania [,mɒnəʊ'meɪnɪə] n Monomanie f; **monoplane** ['mɒnəʊpleɪn] n Eindecker m.

monopolization [mə,nɒpəlaɪ'zeɪʃən] n (lit) Monopolisierung f; (fig) (of bathroom, best seat etc) Beschlagnahme f; (of person, sb's time etc) völlige Inanspruchnahme; (of conversation etc) Beherrschung f.

monopolize [mə'nɒpəlaɪz] vt (lit) market monopolisieren, beherrschen; (fig) person, place, sb's time etc mit Beschlag belegen, in Beschlag nehmen; conversation, discussion beherrschen, an sich (acc) reißen. **to ~ the supply/distribution of ...** eine Monopolstellung für die Lieferung/den Vertrieb von ... haben.

monopoly [mə'nɒpəlɪ] n **1.** (lit) Monopol nt. **~ position** Monopolstellung f; **there's a government ~ on or of ...** der Staat hat das Monopol für ...
2. (fig) **to have the or a ~ on or of sth** etw für sich gepachtet haben (inf); **you**

haven't got a ~ on me ich bin doch nicht dein Eigentum.
3. M~ ® (game) Monopoli ® nt.

monorail ['mɒnəʊreɪl] n Einschienenbahn f; **monosyllabic** [,mɒnəʊsɪ'læbɪk] adj (lit, fig) einsilbig, monosyllabisch (Ling); **monosyllable** ['mɒnə,sɪləbl] n einsilbiges Wort, Einsilber m; **monotheism** ['mɒnəʊθi:,ɪzəm] n Monotheismus m; **monotheistic** [,mɒnəʊθi:'ɪstɪk] adj monotheistisch.

monotone ['mɒnətəʊn] n monotoner Klang; (voice) monotone Stimme.

monotonous [mə'nɒtənəs] adj (lit, fig) eintönig, monoton. **it's getting ~** es wird allmählich langweilig.

monotony [mə'nɒtənɪ] n (lit, fig) Eintönigkeit, Monotonie f.

monotype ® ['mɒnətaɪp] n Monotype-Verfahren ® nt. **~ machine** Monotype ® f.

monoxide [mɒ'nɒksaɪd] n Monoxid nt.

Monsignor [mɒn'si:njəʳ] n Monsignore m.

monsoon [mɒn'su:n] n Monsun m.

monster ['mɒnstəʳ] **I** n **1.** (big animal, thing) Ungetüm, Monstrum nt; (animal also) Ungeheuer nt. **a real ~ of a fish** ein wahres Monstrum or Ungeheuer von (einem) Fisch; **a ~ of a book** ein richtiger Schinken (inf), ein Mammutwerk.
2. (abnormal animal) Ungeheuer, Monster, Monstrum nt; (legendary animal) (groteskes) Fabelwesen.
3. (cruel person) Unmensch m, Ungeheuer nt.
II attr **1.** (enormous) Riesen-; film Mammut-.
2. (to do with ~s) Monster-.

monstrosity [mɒn'strɒsɪtɪ] n (quality) Ungeheuerlichkeit, Monstrosität f; (thing) Monstrosität f; (cruel deed) Greueltat f. **it's a ~ that ...** es ist unmenschlich or schändlich, daß ...

monstrous ['mɒnstrəs] adj **1.** (huge) ungeheuer (groß), riesig. **2.** (shocking, horrible) abscheulich; crime, thought, colour also gräßlich; suggestion ungeheuerlich. **it's ~ that ...** es ist einfach ungeheuerlich or schändlich, daß ...

monstrously ['mɒnstrəslɪ] adv schrecklich, fürchterlich.

montage [mɒn'tɑ:ʒ] n Montage f.

Montana [mɒn'tænə] n (abbr **Mont, MT**) Montana nt.

Monte Carlo ['mɒntɪ'kɑ:ləʊ] n Monte Carlo nt.

month [mʌnθ] n Monat m. **in the ~ of October** im Oktober; **six ~s** ein halbes Jahr, sechs Monate; **in or for ~s** seit langem; **it went on for ~s** es hat sich monatelang hingezogen; **one ~'s salary** ein Monatsgehalt; **paid by the ~** monatlich bezahlt.

monthly ['mʌnθlɪ] **I** adj monatlich; magazine, ticket Monats-. **they have ~ meetings** sie treffen sich einmal im Monat. **II** adv monatlich. **twice ~** zweimal im or pro Monat. **III** n Monats(zeit)schrift f.

monument ['mɒnjʊmənt] n Denkmal nt; (big also) Monument nt; (small, on grave etc) Gedenkstein m; (fig) Zeugnis nt (to gen).

monumental [ˌmɒnjuˈmentl] *adj* **1.** ~ **inscription** Grabinschrift *f*; ~ **mason** Steinmetz, Steinbildhauer *m*; ~ **sculptures** Steinfiguren *pl*. **2.** (*very great*) enorm, monumental (*geh*); *proportions, achievement* gewaltig; *ignorance, stupidity, error* kolossal, ungeheuer.

moo [muː] **I** *n* **1.** Muhen *nt*. **2.** (*sl: woman*) Kuh *f* (*inf*). **II** *vi* muhen.

mooch [muːtʃ] (*inf*) **I** *vi* tigern (*inf*). **I spent all day just ~ing about** or **around the house** ich habe den ganzen Tag zu Hause herumgegammelt (*inf*). **II** *vt* (*US inf*) abstauben (*inf*).

mood[1] [muːd] *n* **1.** (*of party, town etc*) Stimmung *f*; (*of one person also*) Laune *f*. **he was in a good/bad/foul** ~ er hatte gute/ schlechte/eine fürchterliche Laune, er war gut/ schlecht/fürchterlich gelaunt; **to be in a cheerful** ~ gut aufgelegt sein; **to be in a generous** ~ in Geberlaune sein; **I'm in no laughing** ~ or **in no** ~ **for laughing** mir ist nicht nach or zum Lachen zumute; **to be in the** ~ **for sth/to do sth** zu etw aufgelegt sein/dazu aufgelegt sein, etw zu tun; **I'm not in the** ~ **for work** or **to work/ for chess** ich habe keine Lust zum Arbeiten/zum Schachspielen; **I'm not in the** ~ ich bin nicht dazu aufgelegt; (*to do sth also*) ich habe keine Lust; (*for music etc also*) ich bin nicht in der richtigen Stimmung.

2. (*bad* ~) schlechte Laune. **he's in one of his** ~**s** er hat mal wieder eine seiner Launen; **he's in a** ~ er hat schlechte Laune; **he has** ~**s** er ist sehr launisch.

mood[2] *n* (*Gram*) Modus *m*. **indicative/ imperative/subjunctive** ~ Indikativ/ Imperativ/Konjunktiv *m*.

moodily [ˈmuːdɪlɪ] *adv see adj*.

moodiness [ˈmuːdɪnɪs] *n see adj* Launenhaftigkeit *f*; schlechte Laune; Verdrossenheit *f*.

moody [ˈmuːdɪ] *adj* (+*er*) launisch, launenhaft; (*bad-tempered*) schlechtgelaunt *attr*, schlecht gelaunt *pred*; *look, answer* verdrossen, übellaunig.

moon [muːn] **I** *n* Mond *m*. **is there a** ~ **tonight?** scheint heute der Mond?; **the man in the** ~ der Mann im Mond; **you're asking for the** ~**!** du verlangst Unmögliches!; **to promise sb the** ~ jdm das Blaue vom Himmel versprechen; **to be over the** ~ (*inf*) überglücklich sein. **II** *vi* (vor sich *acc* hin) träumen.

◆**moon about** or **around** *vi* ziellos herumstreichen. **to** ~ ~ **(in) the house** durchs Haus streichen.

◆**moon away** *vt sep time* verträumen.

moonbeam [ˈmuːnbiːm] *n* Mondstrahl *m*; **moonlight I** *n* Mondlicht *nt* or -schein *m*; **it was** ~ der Mond schien; **a** ~ **walk** ein Mondscheinspaziergang *m*; *see* flit; **II** *vi* (*inf*) nebenher arbeiten; **moonlighter** *n* (*inf*) Nebenberufler(in *f*) *m*, ≈ Schwarzarbeiter *m*; **moonlit** *adj object* mondbeschienen; *night, landscape, lawn* mondhell; **moonshine I** *n* **1.** (*moonlight*) Mondschein, Mondenschein (*poet*) *m*; **2.** (*inf: nonsense*) Unsinn *m*; **3.** (*inf: illegal whisky*) illegal gebrannter Whisky; **moonshiner** *n* (*inf*) Schwarzbrenner *m*;

moonshot *n* Mondflug *m*; **moonstone** *n* Mondstein *m*; **moonstruck** *adj* (*mad*) mondsüchtig; (*fig*) vernarrt.

moony [ˈmuːnɪ] *adj* (+*er*) (*inf: dreamy*) verträumt.

Moor [muəʳ] *n* Maure *m*; (*old: black man*) Mohr *m*.

moor[1] [muəʳ] *n* (Hoch- or Heide)moor *nt*; (*Brit: for game*) Moorjagd *f*. **a walk on the** ~**s** ein Spaziergang übers Moor.

moor[2] **I** *vt* festmachen, vertäuen; (*at permanent moorings*) muren. **II** *vi* festmachen, anlegen.

moorage [ˈmuərɪdʒ] *n* (*place*) Anlegeplatz *m*; (*charge*) Anlegegebühren *pl*.

moorhen [ˈmuəhen] *n* Teichhuhn *nt*.

mooring [ˈmuərɪŋ] *n* (*act of* ~) Anlegen *nt*; (*place*) Anlegeplatz *m*. ~**s** (*ropes, fixtures*) Verankerung, Muring *f*.

Moorish [ˈmuərɪʃ] *adj* maurisch; *invasion* der Mauren.

moorland [ˈmuərlənd] *n* Moor- or Heideland(schaft *f*) *nt*.

moose [muːs] *n, pl* ~ Elch *m*.

moot [muːt] **I** *adj*: **a** ~ **point** or **question** eine fragliche Sache; **it's a** ~ **point** or **question whether …** es ist noch fraglich or die Frage (*inf*), ob … **II** *vt* aufwerfen; *suggestion* vorbringen. **it has been** ~**ed whether …** es wurde zur Debatte gestellt, ob …

mop [mɒp] **I** *n* (*floor* ~) (Naß)mop *m*; (*dish* ~) Spülbürste *f*; (*sponge* ~) Schwammop *m*; (*inf: hair*) Mähne *f*, Zotteln *pl* (*inf*). **II** *vt floor, kitchen* wischen.

◆**mop down** *vt sep walls* abwischen; *floor* wischen.

◆**mop up I** *vt sep* **1.** aufwischen. **2.** (*Mil*) säubern (*inf*). **to** ~ ~ (**what's left of**) **the enemy** ein Gebiet von feindlichen Truppen säubern (*inf*); ~**ping**-~ **operations** Säuberungsaktion *f*; (*hum*) Aufräumungsarbeiten *pl*. **II** *vi* (auf)wischen.

mope [məup] *vi* Trübsal blasen (*inf*).

◆**mope about** or **around** *vi* mit einer Jammermiene herumlaufen. **to** ~ ~ **the house** zu Hause hocken und Trübsal blasen (*inf*).

moped [ˈməuped] *n* Moped *nt*; (*very small*) Mofa *nt*.

mopy [ˈməupɪ] *adj* (+*er*) (*inf*) trübselig.

moraine [mɒˈreɪn] *n* Moräne *f*.

moral [ˈmɒrəl] **I** *adj* **1.** moralisch, sittlich; *principles, philosophy* Moral-; *support, victory, obligation* moralisch. ~ **standards** Moral *f*; **M**~ **Rearmament** Moralische Aufrüstung.

2. (*virtuous*) integer, moralisch einwandfrei; (*sexually*) tugendhaft; (*moralizing*) *story, book* moralisch.

3. it's a ~ **certainty that …** es ist mit Sicherheit anzunehmen, daß …; **to have a** ~ **right to sth** jedes Recht auf etw (*acc*) haben.

II *n* **1.** (*lesson*) Moral *f*. **to draw a** ~ **from sth** eine Lehre aus etw ziehen.

2. ~**s** *pl* (*principles*) Moral *f*; **his** ~**s are different from mine** er hat ganz andere Moralvorstellungen als ich; **she's a girl of loose** ~**s** sie hat eine recht lockere Moral; **do your** ~**s allow you to do this?** kannst du das moralisch vertreten?

morale [mɒˈrɑːl] *n* Moral *f*. **to boost sb's** ~

jdm (moralischen) Auftrieb geben; **to destroy sb's ~** jdn entmutigen.

moralist ['mɒrəlıst] n (*Philos, fig*) Moralist m.

moralistic [ˌmɒrə'lıstık] adj moralisierend; (*Philos*) moralistisch.

morality [mə'rælıtı] n Moralität f; (*moral system*) Moral, Ethik f. ~ **play** Moralität f.

moralize ['mɒrəlaız] vi moralisieren. **to ~ about** or **upon sb/sth** sich über jdn/etw moralisch entrüsten; **stop your moralizing!** hör mit deinen Moralpredigten auf!

morally ['mɒrəlı] adv **1.** (*ethically*) moralisch. **2.** (*virtuously*) integer, moralisch einwandfrei; (*sexually*) tugendhaft.

morass [mə'ræs] n Morast, Sumpf (*also fig*) m. **to sink** or **be sucked into the ~ (of vice)** sich immer tiefer (im Laster) verstricken.

moratorium [ˌmɒrə'tɔːrıəm] n Stopp m; (*Mil*) Stillhalteabkommen nt; (*on treaty etc*) Moratorium nt; (*Fin*) Zahlungsaufschub m. **a ~ on nuclear armament** ein Atomwaffenstopp m.

morbid ['mɔːbɪd] adj **1.** *idea, thought, jealousy etc* krankhaft; *interest, attitude also* unnatürlich; *imagination, mind also, sense of humour, talk etc* makaber; (*gloomy*) *outlook, thoughts* düster; *person* trübsinnig; (*pessimistic*) schwarzseherisch; *poet, novel, music etc* morbid. **that's ~!. that's a ~ thought** or **idea!** das ist ja makaber; **don't be so ~!** sieh doch nicht alles so schwarz! **2.** (*Med*) morbid; *growth* krankhaft.

morbidity [mɔː'bıdıtı] n *see adj* **1.** Krankhaftigkeit f; Unnatürlichkeit f; Düsterkeit f; Hang m zu düsteren Gedanken; Morbidität f. **2.** Morbidität f; Krankhaftigkeit f.

morbidly ['mɔːbıdlı] adv **to talk/think ~** krankhafte or düstere or morbide (*geh*) Gedanken äußern/haben; **a ~ humorous story** eine Geschichte von makabrem Humor; **he is ~ interested in bad crashes** er hat ein krankhaftes or unnatürliches or morbides (*geh*) Interesse an schweren Unfällen; **staring ~ out of the window** trübsinnig aus dem Fenster schauend.

mordacious [mɔː'deɪʃəs] adj *see* **mordant**.

mordacity [mɔː'dæsıtı], **mordancy** ['mɔːdənsı] n beißender Humor.

mordant ['mɔːdənt] adj beißend, ätzend.

more [mɔː[r]] I n, pron **1.** (*greater amount*) mehr; (*a further* or *additional amount*) noch mehr; (*of countable things*) noch mehr or welche. **~ and ~** immer mehr; **I want a lot ~** ich will viel mehr; (*in addition*) ich will noch viel mehr; **three/a few ~** noch drei/noch ein paar; **a little ~** etwas mehr; (*in addition*) noch etwas mehr; **many/much ~** viel mehr; **not many/much ~** nicht mehr viele/viel; **no ~** nichts mehr; (*countable*) keine mehr; **some ~** noch etwas; (*countable*) noch welche; **any ~?** noch mehr or etwas?; (*countable*) noch mehr or welche?; **there isn't/aren't any ~** mehr gibt es nicht; (*here, at the moment, left over*) es ist nichts mehr da/es sind keine mehr da; **is/are there any ~?** gibt es noch mehr?; (*left over*) ist noch

etwas da/sind noch welche da?; **even ~** noch mehr; **let's say no ~ about it** reden wir nicht mehr darüber; **we shall hear/see ~ of you** wir werden öfter von dir hören/dich öfter sehen; **there's ~ to come** das ist noch nicht alles; **what ~ do you want?** was willst du denn noch?; **what ~ could one want?** mehr kann man sich doch nicht wünschen; **there's ~ to it** da steckt (noch) mehr dahinter; **there's ~ to bringing up children than just ...** zum Kindererziehen gehört mehr als nur ...; **and what's ~, he ...** und außerdem or obendrein hat er ... (noch) ...; **they are ~ than we are** sie sind in der Mehrzahl.

2. (*all*) **the ~** um so mehr; **the ~ you give him, the ~ he wants** je mehr du ihm gibst, desto mehr verlangt er; **it makes me (all) the ~ ashamed** das beschämt mich um so mehr; **all the ~ so because ...** um so mehr, weil ...; **the ~ the merrier** je mehr, desto or um so (*inf*) besser.

II adj mehr; (*in addition*) noch mehr. **two/five ~ bottles** noch zwei/fünf Flaschen; **one ~ day, one day ~** noch ein Tag; **~ and ~ money/friends** immer mehr Geld/Freunde; **a lot/a little ~ money** viel/etwas mehr Geld; (*in addition*) noch viel/noch etwas mehr Geld; **a few ~ friends/weeks** noch ein paar Freunde/Wochen; **no ~ money/friends** kein Geld mehr/keine Freunde mehr; **no ~ singing/quarrelling!** Schluß mit der Singerei/mit dem Zanken!; **do you want some ~ tea/books?** möchten Sie noch etwas Tee/noch ein paar Bücher?; **I don't want any ~ money/friends** ich will nicht (noch) mehr Geld/Freunde; **is there any ~ wine in the bottle?** ist noch (etwas) Wein in der Flasche?; **there isn't any ~ wine** es ist kein Wein mehr da; **there aren't any ~ books** mehr Bücher gibt es nicht; (*here, at the moment*) es sind keine Bücher mehr da; **(the) ~ fool you!** du bist ja vielleicht ein Dummkopf!; **the ~ fool you for giving him the money** daß du auch so dumm bist, und ihm das Geld gibst.

III adv **1.** mehr. **~ and ~** immer mehr; **it will weigh/grow a bit ~** es wird etwas mehr weigen/noch etwas wachsen; **will it weigh/grow any ~?** wird es mehr wiegen/noch wachsen?; **to like/want sth ~** etw lieber mögen/wollen; **~ than** mehr als; **£5/2 hours ~ than I thought** £ 5 mehr/2 Stunden länger, als ich dachte; **he is ~ than happy/satisfied/generous** er ist überglücklich/mehr als zufrieden/(schon) mehr als dumm/überaus or mehr als großzügig; **the house is ~ than half built** das Haus ist schon mehr als zur Hälfte fertig; **it will ~ than meet the demand** das wird die Nachfrage mehr als genügend befriedigen; **he's ~ lazy than stupid** er ist eher faul als dumm; **no ~ than** nicht mehr als; **no ~ a duchess than I am** genausowenig eine Herzogin wie ich (eine bin); **nothing ~ than ignorance** reine Unkenntnis; **no ~ do I** ich auch nicht; **he has resigned — that's no ~ than I expected** er hat gekündigt — das habe ich ja erwartet.

2. (*again*) **once ~** noch einmal, noch mal (*inf*); **never ~** nie mehr or wieder.

3. (*longer*) mehr. **no** ~, **not any** ~ nicht mehr; **to be no** ~ (*person*) nicht mehr sein *or* leben; (*thing*) nicht mehr existieren; **I can't stand it any** ~ ich kann es nicht mehr *or* länger ertragen; **if he comes here any** ~ ... wenn er noch weiter *or* länger hierher kommt ...

4. (*to form comp of adj, adv*) -er (*than* als). ~ **beautiful/beautifully** schöner; ~ **and** ~ **beautiful** immer schöner; **no** ~ **stupid than I am** (auch) nicht dümmer als ich.

5. ~ **or less** mehr oder weniger; **neither** ~ **nor less, no** ~, **no less** nicht mehr und nicht weniger.

morello [mɒ'reləʊ] *n*, *pl* ~**s** Sauerkirsche *f*.

moreover [mɔː'rəʊvəʳ] *adv* überdies, zudem, außerdem.

mores ['mɔːreɪz] *npl* Sittenkodex *m*.

morgue [mɔːg] *n* **1.** (*mortuary*) Leichenschauhaus *nt*. **to be like a** ~ wie ausgestorben sein. **2.** (*Press*) Archiv *nt*.

moribund ['mɒrɪbʌnd] *adj person* todgeweiht (*geh*), moribund (*spec*); *species* im Aussterben begriffen; (*fig*) *plan, policy* zum Scheitern verurteilt; *customs, way of life* zum Aussterben verurteilt.

Mormon ['mɔːmən] **I** *adj* mormonisch, Mormonen-; *doctrine* der Mormonen. **II** *n* Mormone *m*, Mormonin *f*.

Mormonism ['mɔːmənɪzəm] *n* Mormonentum *nt*.

mornay ['mɔːneɪ] *adj sauce* Käse-.

morning ['mɔːnɪŋ] **I** *n* Morgen *m*; (*as opposed to afternoon also*) Vormittag *m*; (*fig*) (*of life*) Frühling *m* (*liter*); (*of an era*) Anfänge *pl*, Beginn *m*. ~ **dawned der** Morgen *or* es dämmerte; **in the** ~ morgens, am Morgen; vormittags, am Vormittag; (*tomorrow*) morgen früh; **early in the** ~ früh(morgens), in der Frühe, am frühen Morgen; (*tomorrow*) morgen früh; **very early in the** ~ in aller Frühe, ganz früh (am Morgen); (*tomorrow*) morgen ganz früh; **late (on) in the** ~ am späten Vormittag, gegen Mittag; (**at**) **7 in the** ~ (um) 7 Uhr morgens *or* früh; (*tomorrow*) morgen (früh) um 7; **this/yesterday/tomorrow** ~ *adv* heute morgen/gestern morgen/morgen früh, heute/gestern/morgen vormittag; **on the** ~ **of November 28th** am Morgen des 28. November, am 28. November morgens; **the** ~ **after** am nächsten *or* anderen Tag *or* Morgen; **the** ~ **after the night before**, the ~-**after feeling** der Katzenjammer *or* die Katersstimmung am nächsten Morgen.

II *attr* Morgen-; (*regularly in the* ~) morgendlich; *train, service etc* Vormittags-; (*early* ~) *train, news* Früh-. **what time is** ~ **coffee?** (*at work*) wann ist morgens die Kaffeepause?; (*in café*) ab wann wird vormittags Kaffee serviert?

morning coat *n* Cut(away) *m*; **morning glory** *n* Winde *f*; **morning sickness** *n* (Schwangerschafts)übelkeit *f*.

Moroccan [mə'rɒkən] **I** *adj* marokkanisch. **II** *n* Marokkaner(in*f*) *m*.

Morocco [mə'rɒkəʊ] *n* Marokko *nt*.

morocco [mə'rɒkəʊ] *n*, *no pl* (*also* ~ **leather**) Maroquin *nt*.

moron ['mɔːrɒn] *n* (*Med*) Geistesschwache(r), Debile(r) (*spec*) *mf*; (*inf*) Trottel (*inf*), Schwachkopf (*inf*) *m*.

moronic [mə'rɒnɪk] *adj* (*Med*) geistesschwach, debil (*spec*); (*inf*) idiotisch (*inf*).

morose *adj*, ~**ly** *adv* [mə'rəʊs, -lɪ] verdrießlich, mißmutig.

moroseness [mə'rəʊsnɪs] *n* Verdrießlichkeit *f*, Mißmut *m*.

morpheme ['mɔːfiːm] *n* Morphem *nt*.

morphia ['mɔːfɪə], **morphine** ['mɔːfiːn] *n* Morphium, Morphin (*spec*) *nt*.

morphological [,mɔːfə'lɒdʒɪkəl] *adj* morphologisch.

morphology [mɔː'fɒlədʒɪ] *n* Morphologie *f*.

morse [mɔːs] *n* (*also* **M**~ **code**) Morsezeichen *pl*, Morseschrift *f*. ~ **alphabet** Morsealphabet *nt*.

morsel ['mɔːsl] *n* (*of food*) Bissen, Happen *m*; (*fig*) bißchen *nt*; (*of information*) Brocken *m*.

mortal ['mɔːtl] **I** *adj* **1.** (*liable to die*) sterblich; (*causing death*) *injury, combat* tödlich.

2. (*extreme*) *agony, fear* tödlich, Todes-; *sin, enemy* Tod-; (*inf*) *hurry* irrsinnig (*inf*).

3. (*inf: conceivable*) **no** ~ **use** überhaupt kein Nutzen.

4. (*inf: tedious*) *hours, boredom* tödlich (*inf*).

II *n* Sterbliche(r) *mf*.

mortality [mɔː'tælɪtɪ] *n* **1.** (*mortal state*) Sterblichkeit *f*.

2. (*number of deaths*) Todesfälle *pl*; (*rate*) Sterblichkeit(sziffer), Mortalität (*form*) *f*. ~ **rate, rate of** ~ Sterbeziffer, Sterblichkeitsziffer, Mortalität (*form*) *f*.

mortally ['mɔːtəlɪ] *adv* (*fatally*) tödlich; (*fig: extremely*) *shocked etc* zu Tode; *wounded* zutiefst; *offended* tödlich.

mortar[1] ['mɔːtəʳ] *n* **1.** (*bowl*) Mörser *m*. **2.** (*cannon*) Minenwerfer *m*.

mortar[2] **I** *n* (*cement*) Mörtel *m*. **II** *vt* mörteln.

mortgage ['mɔːgɪdʒ] **I** *n* Hypothek *f* (*on* auf +*acc/dat*). **a** ~ **for £5,000/for that amount** eine Hypothek über *or* von £ 5.000/über diesen Betrag. **II** *vt house, land* hypothekarisch belasten. **to** ~ **one's future** (*fig*) sich (*dat*) die *or* seine Zukunft verbauen.

mortgagee [,mɔːgə'dʒiː] *n* Hypothekar *m*.

mortgagor [,mɔːgə'dʒɔːʳ] *n* Hypothekenschuldner *m*.

mortice *n, vt see* **mortise.**

mortician [,mɔː'tɪʃən] *n* (*US*) Bestattungsunternehmer *m*.

mortification [,mɔːtɪfɪ'keɪʃən] *n* **1.** Beschämung *f*; (*embarrassment*) äußerste Verlegenheit; (*humiliation*) Demütigung *f*. **much to his** ~, **she** ... (*embarrassment*) es war ihm äußerst peinlich, daß sie ...; (*humiliation*) er empfand es als eine Schmach, daß sie ...

2. (*Rel*) Kasteiung *f*.

3. (*Med*) Brand *m*.

mortify ['mɔːtɪfaɪ] **I** *vt usu pass* **1.** beschämen; (*embarrass*) äußerst peinlich sein (+*dat*). **he was mortified** es war ihm äußerst peinlich.

2. (*Rel*) kasteien.
3. (*Med*) absterben lassen. **to be mortified** abgestorben sein.
II *vi* (*Med*) absterben.

mortifying *adj*, **~ly** *adv* ['mɔːtɪfaɪŋ, -lɪ] beschämend; (*embarrassing*) peinlich.

mortise, mortice ['mɔːtɪs] **I** *n* Zapfenloch *nt*. **~ lock** (Ein)steckschloß *nt*. **II** *vt* verzapfen (*into* mit).

mortuary ['mɔːtjʊərɪ] *n* Leichenhalle *f*.

Mosaic [məʊ'zeɪk] *adj* mosaisch.

mosaic [məʊ'zeɪk] **I** *n* Mosaik *nt*. **II** *attr* Mosaik-.

Moscow ['mɒskəʊ] *n* Moskau *nt*.

Moselle [məʊ'zel] *n* Mosel *f*; (*also* ~ **wine**) Mosel(wein) *m*.

Moses ['məʊzɪz] *n* Mose(s) *m*. **~ basket** Körbchen *nt*.

Moslem ['mɒzlem] **I** *adj* mohammedanisch. **II** *n* Moslem *m*.

mosque [mɒsk] *n* Moschee *f*.

mosquito [mɒ'skiːtəʊ] *n*, *pl* **~es** Stechmücke *f*; (*in tropics*) Moskito *m*. **~ net** Moskitonetz *nt*.

moss [mɒs] *n* Moos *nt*.

mossy ['mɒsɪ] *adj* (+*er*) (*moss-covered*) moosbedeckt, bemoost; *lawn* vermoost; (*mosslike*) moosig, moosartig.

most [məʊst] **I** *adj superl* **1.** meiste(r, s); (*greatest*) *satisfaction, pleasure etc* größte(r, s); (*highest*) *speed etc* höchste(r, s). **who has (the) ~ money?** wer hat am meisten *or* das meiste Geld?; **that gave me (the) ~ pleasure** das hat mir am meisten Freude *or* die größte Freude gemacht; **for the ~ part** größtenteils, zum größten Teil; (*by and large*) im großen und ganzen.
2. (*the majority of*) die meisten. **~ men/ people** die meisten (Menschen/Leute).

II *n, pron* (*uncountable*) das meiste; (*countable*) die meisten. **~ of it/them** das meiste/die meisten; **~ of the money/his friends** das meiste Geld/die meisten seiner Freunde; **~ of the winter/day** fast den ganzen Winter/Tag über; **~ of the time** die meiste *or* fast die ganze Zeit; (*usually*) meist(ens); **at (the) ~/the very ~** höchstens/allerhöchstens; **to make the ~ of sth** (*make good use of*) etw nach Kräften *or* voll ausnützen; (*enjoy*) etw gründlich genießen; **to make the ~ of one's looks** *or* **oneself** das Beste aus sich machen; **the girl with the ~** (*inf*) die Superfrau (*inf*).

III *adv* **1.** *superl* (+*vbs*) am meisten; (+*adj*) -ste(r, s); (+*adv*) am meisten. **the ~ beautiful/difficult** *etc* der/die/das schönste/ schwierigste *etc;* **which one did it ~ easily?** wem ist es am leichtesten gefallen?; **what ~ displeased him, what displeased him ~ ...** am meisten mißfiel ihm ...; **~ of all** am allermeisten; **~ of all because ...** vor allem, weil ...
2. (*very*) äußerst, überaus. **~ likely** höchstwahrscheinlich.

most-favoured-nation **clause** [ˌməʊst'feɪ-vəd'neɪʃn̩ˌklɔːz] *n* (*Pol*) Meistbegünstigungsklausel *f*.

mostly ['məʊstlɪ] *adv* (*principally*) hauptsächlich; (*most of the time*) meistens; (*by and large*) zum größten Teil. **they are ~ women/over fifty** die meisten sind Frauen/

über fünfzig, sie sind zum größten Teil Frauen/über fünfzig; **~ because ...** hauptsächlich, weil ...

MOT (*Brit*) **1.** *abbr of* **Ministry of Transport** Verkehrsministerium *nt*. **2.** **~** (**test**) der TÜV; **it failed its ~** es ist nicht durch den TÜV gekommen.

mote [məʊt] *n* (*old*) Staubkorn, Stäubchen *nt*. **to see the ~ in one's neighbour's eye (and not the beam in one's own)** den Splitter im Auge des anderen (und nicht den Balken im eigenen Auge) sehen.

motel [məʊ'tel] *n* Motel *nt*.

moth [mɒθ] *n* Nachtfalter *m*; (*wool-eating*) Motte *f*.

mothball ['mɒθbɔːl] *n* Mottenkugel *f*; **to put in ~s** (*lit, fig*) einmotten; *ship* stillegen, außer Dienst stellen; **moth-eaten** *adj* (*lit*) mottenzerfressen; (*fig*) ausgedient, vermottet (*inf*).

mother ['mʌðəʳ] **I** *n* **1.** Mutter *f*; (*animal also*) Muttertier *nt*; (*address to elderly lady*) Mütterchen *nt*. **M~ of God** Muttergottes, Mutter Gottes *f*; **M~'s Day** Muttertag *m*; **~'s help** Haus(halts)hilfe *f*; **a ~'s love** Mutterliebe *f*; **to be (like) a ~ to sb** wie eine Mutter zu jdm sein; **I had the ~ and father of a headache** (*inf*) ich hatte vielleicht Kopfschmerzen!
2. (*US vulg*) Saftsack *m* (*vulg*). **a real ~ of a ...** ein/eine Scheiß- ... (*sl*).

II *attr* church, plant Mutter-; *bear, bird etc* -mutter *f*; **~ hen** Glucke *f*; **~ figure** Mutterfigur *f*.

III *vt* (*care for*) *young* auf- *or* großziehen; (*give birth to*) zur Welt bringen; (*cosset*) bemuttern.

mother country *n* (*native country*) Vaterland *nt*, Heimat *f*; (*head of empire*) Mutterland *nt*; **mothercraft** *n* Kinderpflege *f*; **mother-fucker** *n* (*US vulg*) Saftsack *m* (*vulg*), Arschloch *nt* (*vulg*); **motherfucking** *adj* (*US vulg*) Scheiß- (*vulg*); **motherhood** *n* Mutterschaft *f*.

Mothering Sunday ['mʌðərɪŋ'sʌndɪ] *n* Lätare *nt*.

mother-in-law ['mʌðərɪnlɔː] *n*, *pl* **mothers-in-law** Schwiegermutter *f*; **motherland** *n* (*native country*) Vaterland *nt*, Heimat *f*; (*ancestral country*) Land der Väter *or* Vorfahren.

motherly ['mʌðəlɪ] *adj* mütterlich.

mother-of-pearl [ˌmʌðərəʊ'pɜːl] **I** *n* Perlmutt *nt*, Perlmutter *f*; **II** *adj* Perlmutt-; **Mother Superior** *n* Mutter Oberin *f*; **mother-to-be** *n*, *pl* **mothers-to-be** werdende Mutter; **mother tongue** *n* Muttersprache *f*.

moth-hole ['mɒθhəʊl] *n* Mottenloch *nt*; **moth-proof** **I** *adj* mottenfest; **II** *vt* mottenfest machen.

motif [məʊ'tiːf] *n* (*Art, Mus*) Motiv *nt*; (*Sew*) Muster *nt*.

motion ['məʊʃən] **I** *n* **1.** *no pl* (*movement*) Bewegung *f*. **to be in ~** sich bewegen; (*engine, machine etc*) laufen; (*train, bus etc*) fahren; **to set** *or* **put sth in ~** etw in Gang bringen *or* setzen.
2. (*gesture*) Bewegung *f*. **to go through the ~s (of doing sth)** (*because protocol, etiquette etc demands it*) etw pro forma *or* der Form halber tun; (*pretend*) so tun, als

ob (man etw täte); den Anschein erwecken(, etw zu tun); (do mechanically) etw völlig mechanisch tun.

3. (proposal) Antrag m. **to propose** or **make** (US) **a** ~ einen Antrag stellen.

4. (in debate) Thema nt.

5. (bowel ~) Stuhlgang m; (faeces) Stuhl m. **to have a** ~ Stuhlgang haben.

II vti **to** ~ **(to) sb to do sth** jdm bedeuten, etw zu tun (geh), jdm ein Zeichen geben, daß er etw tun solle; **he** ~**ed me in/away** er winkte mich herein/er gab mir ein Zeichen wegzugehen.

motionless ['məʊʃnlɪs] adj unbeweglich, reg(ungs)los; **motion picture** n Film m; **motion-picture** attr Film-.

motivate ['məʊtɪveɪt] vt motivieren.

motivation [ˌməʊtɪ'veɪʃən] n Motivation f.

motive ['məʊtɪv] **I** n **1.** (incentive, reason) Motiv nt, Beweggrund m; (for crime) (Tat)motiv nt. **the profit** ~ Gewinnstreben nt. **2.** see **motif. II** adj power, force Antriebs-, Trieb-.

motiveless ['məʊtɪvlɪs] adj grundlos, ohne Motiv, unmotiviert.

motley ['mɒtlɪ] **I** adj kunterbunt; (varied also) bunt(gemischt); (multicoloured also) bunt (gescheckt). **II** n Narrenkostüm or -kleid nt. **on with the** ~! lache, Bajazzo!

motor ['məʊtə^r] **I** n **1.** Motor m. **2.** (inf: car) Auto nt.

II vi (dated) (mit dem Auto) fahren.

III attr **1.** (Physiol) motorisch. **2.** (~-driven) Motor-.

motor-assisted [ˌməʊtərə'sɪstɪd] adj mit Hilfsmotor; **motorbike** n Motorrad nt; **motorboat** n Motorboot nt.

motorcade ['məʊtəˌkeɪd] n Fahrzeug- or Wagenkolonne f.

motorcar ['məʊtəkɑː^r] n (dated, form) Automobil (dated), Kraftfahrzeug (form) nt; **motor coach** n (dated) Autobus m; **motor-cycle** n Motorrad, Kraftrad (form) nt; ~ **combination** Motorrad mit Beiwagen; **motor-cycling** n Motorradfahren nt; (Sport) Motorradsport m; **motor-cyclist** n Motorradfahrer(in f) m; **motor-driven** adj Motor-, mit Motorantrieb.

motoring ['məʊtərɪŋ] **I** adj attr accident, offence Verkehrs-; news, correspondent Auto-. **II** n Autofahren nt. **school of** ~ Fahrschule f.

motorist ['məʊtərɪst] n Autofahrer(in f) m.

motorization [ˌməʊtəraɪ'zeɪʃən] n Motorisierung f.

motorize ['məʊtəraɪz] vt motorisieren. **to be** ~**d** motorisiert sein; (private person also) ein Auto haben.

motorman ['məʊtəmən] n (of train) Zugführer m; (of tram) Straßenbahnfahrer m; **motor mechanic** n Kraftfahrzeugmechaniker, Kfz-Mechaniker m; **motor nerve** n motorischer Nerv; **motor race** n (Auto)rennen nt; **motor racing** n Rennsport m; **motor road** n Fahrstraße f; **motor scooter** n (form) Motorroller m; **motor show** n Automobilausstellung f; **motor sport** n Motorsport m; (with cars also) Automobilsport m; **motor truck** n (US)

Lastwagen m; **motor vehicle** n (form) Kraftfahrzeug nt; **motorway** n (Brit) Autobahn f.

mottled ['mɒtld] adj gesprenkelt; complexion fleckig.

motto ['mɒtəʊ] n, pl ~**es** Motto nt, Wahlspruch m; (personal also) Devise f; (Her also) Sinnspruch m; (in cracker, on calendar) Spruch m. **the school** ~ das Motto der Schule.

mould¹, (US) **mold** [məʊld] **I** n **1.** (hollow form) (Guß)form f; (Typ also) Mater f; (shape, Cook) Form f.

2. (jelly, blancmange) Pudding, Wackelpeter (inf) m.

3. (fig: character, style) **to be cast in the same/a different** ~ (people) vom gleichen/von einem anderen Schlag sein; (novel characters) nach demselben/einem anderen Muster geschaffen sein; **people of that/a simple** ~ Menschen dieses Schlages/mit einer einfachen Wesensart; **to fit sb/sth into a** ~ jdn/etw in ein Schema zwängen.

II vt **1.** (lit) (fashion) formen (into zu); (cast) gießen.

2. (fig) character, person formen. **to** ~ **sb into sth** etw aus jdm machen.

III vr **to** ~ **oneself on sb** sich (dat) jdn zum Vorbild nehmen; **to** ~ **oneself on an ideal** sich an einem Ideal orientieren.

mould², (US) **mold** n (fungus) Schimmel m.

mould³, (US) **mold** n (soil) Humus(boden m or -erde f) m.

moulder¹, (US) **molder** ['məʊldə^r] n (Tech) Former, (Form)gießer m.

moulder², (US) **molder** vi (lit) vermodern; (leaves also) verrotten; (food) verderben; (carcass) verwesen; (fig) (mental faculties, building) zerfallen; (equipment) vermodern, vergammeln (inf); (person) verkümmern.

mouldiness, (US) **moldiness** ['məʊldɪnɪs] n Schimmel m (of auf +dat), Schimmligkeit f. **a smell of** ~ ein Modergeruch m.

moulding, (US) **molding** ['məʊldɪŋ] n **1.** (act) Formen nt; (of metals) Gießen nt. **2.** (cast) Abdruck m; (of metal) (Ab)guß m; (ceiling ~) Deckenfries or -stuck m. **3.** (fig) Formen nt.

mouldy, (US) **moldy** ['məʊldɪ] adj (+er) **1.** (covered with mould) verschimmelt, schimmelig; (musty) mod(e)rig. **2.** (dated inf) (pathetic, contemptible) miserabel (inf); (mean) person schäbig; amount lumpig (inf).

moult, (US) **molt** [məʊlt] **I** n (of birds) Mauser f; (of mammals) Haarwechsel m; (of snakes) Häutung f. **II** vt hairs verlieren; feathers, skin abstreifen. **III** vi (bird) sich mausern; (mammals) sich haaren; (snake) sich häuten.

mound [maʊnd] n **1.** (hill, burial ~) Hügel m; (earthwork) Wall m; (Baseball) Wurfmal nt. **2.** (pile) Haufen m; (of books, letters) Stoß, Stapel m.

mount¹ [maʊnt] n **1.** (poet: mountain, hill) Berg m. **2.** (in names) **M~ Etna/Kilimanjaro** etc der Ätna/Kilimandscharo etc; **M~ Everest** Mount Everest m; **on**

M~ **Sinai** auf dem Berg(e) Sinai.

mount² I *n* 1. *(horse etc)* Reittier, Roß *(old, liter)* nt.

2. *(support, base)* *(of machine)* Sockel, Untersatz *m; (of colour slide)* Rahmen *m; (of microscope slide)* Objektträger *m; (of jewel)* Fassung *f; (of photo, picture)* Passepartout *nt; (backing)* Unterlage *f,* Rücken *m; (stamp ~)* Falz *m.*

II *vt* 1. *(climb onto)* besteigen, steigen auf (+*acc*).

2. *(place in/on ~)* montieren; *picture, photo* mit einem Passepartout versehen; *(on backing) colour slide* aufrahmen; *microscope slide, specimen, animal* präparieren; *jewel* (ein)fassen; *stamp* aufkleben.

3. *(organize) play* inszenieren; *attack, expedition, exhibition* organisieren, vorbereiten; *army* aufstellen.

4. **to ~ a guard** eine Wache aufstellen *(on* vor +*dat*); **to ~ guard** Wache stehen *or* halten *(on* vor +*dat*).

5. *(mate with)* bespringen; *(birds, inf: person)* besteigen.

6. *(provide with horse)* mit Pferden/ einem Pferd versorgen.

III *vi* 1. *(get on)* aufsteigen; *(on horse also)* aufsitzen.

2. *(increase: also ~ up)* sich häufen.

mountain ['maʊntɪn] *n (lit, fig)* Berg *m.* **in the ~s** im Gebirge, in den Bergen; **to make a ~ out of a molehill** aus einer Mücke einen Elefant(en) machen *(inf)*.

mountain *in cpds* Berg-; *(alpine, Himalayan etc)* Gebirgs-; **~ ash** Eberesche *f;* **~ chain** Berg- *or* Gebirgskette *f,* Gebirgszug *m;* **~ dew** *(inf) illegal gebrannter Whisky.*

mountaineer [‚maʊntɪ'nɪəʳ] I *n* Bergsteiger(in *f) m.* II *vi* bergsteigen, klettern.

mountaineering [‚maʊntɪ'nɪərɪŋ] I *n* Bergsteigen, Klettern *nt.* II *attr* Bergsteiger-, Kletter-.

mountain lion *n* Puma, Silberlöwe *m.*

mountainous ['maʊntɪnəs] *adj* bergig, gebirgig; *(fig: huge)* riesig.

mountain range *n* Gebirgszug *m or* -kette *f;* **mountainside** *n* (Berg)hang *m.*

mountebank ['maʊntɪbæŋk] *n* Quacksalber, Scharlatan *m.*

mounted ['maʊntɪd] *adj (on horseback)* beritten; *(Mil: with motor vehicles)* motorisiert.

mounting ['maʊntɪŋ] *n* 1. *see* **mount²** II 2. Montage *f;* Versehen *nt* mit einem Passepartout; Aufziehen *nt;* Rahmen *nt;* Präparieren *nt;* (Ein)fassen *nt;* Aufkleben *nt.* 2. *(frame etc) see* **mount²** I 2. **engine ~s** Motoraufhängung *f.*

mourn [mɔːn] I *vt person* trauern um, betrauern; *sb's death* beklagen; *(fig)* nachtrauern (+*dat*). **who is she ~ing?** um wen trauert sie?; *(wear ~ing for)* warum trägt sie Trauer?; **what is to become of us?**, **she ~ed** was soll aus uns werden?, klagte sie.

II *vi* trauern; *(wear ~ing)* Trauer tragen, in Trauer gehen. **to ~ for** *or* **over sb/sth** um jdn trauern, jds Tod *(acc)* betrauern/ einer Sache *(dat)* nachtrauern.

mourner ['mɔːnəʳ] *n* Trauernde(r) *mf;*

(non-relative at funeral) Trauergast *m.*

mournful ['mɔːnfʊl] *adj (sad) person, occasion, atmosphere* traurig, trauervoll; *person (as character trait), voice* weinerlich; *look also* jammervoll, Jammer-; *sigh, appearance* kläglich, jämmerlich; *sound, cry* klagend.

mournfully ['mɔːnfʊlɪ] *adv see adj.*

mournfulness ['mɔːnfʊlnɪs] *n see adj* Traurigkeit *f;* Weinerlichkeit *f;* Jämmerlichkeit *f;* klagender Laut.

mourning ['mɔːnɪŋ] *n (act)* Trauer *f,* Trauern *nt (of* um); *(with wailing)* Wehklage *f; (period etc)* Trauerzeit *f; (dress)* Trauer(kleidung) *f.* **to be in ~ for sb** um jdn trauern; *(wear ~)* Trauer tragen; **to come out of ~** die Trauer ablegen; **to go into ~** trauern; *(wear ~)* Trauer anlegen; **next Tuesday has been declared a day of national ~** für den kommenden Dienstag wurde Staatstrauer angeordnet.

mouse [maʊs] I *n, pl mice* 1. Maus *f.* 2. *(inf: person) (shy)* schüchternes Mäuschen; *(nondescript)* graue Maus. II *vi* Mäuse fangen, mausen. **to go mousing** auf Mäusejagd gehen.

mouse *in cpds* Mause-; **~-coloured** mausgrau.

mousetrap ['maʊstræp] *n* Mausefalle *f.*

mousey *adj see* **mousy.**

mousse [muːs] *n* Creme(speise) *f.*

moustache, *(US)* **mustache** [mə'stɑːʃ] *n* Schnurrbart *m.*

mousy, mousey ['maʊsɪ] *adj (+er) (timid, shy)* schüchtern; *(nondescript)* farblos, unscheinbar; *colour, hair* mausgrau.

mouth [maʊθ] I *n (of person)* Mund *m; (of animal)* Maul *nt; (of dog etc)* Rachen *m; (of bottle, cave, vice etc)* Öffnung *f; (of river)* Mündung *f; (of harbour)* Einfahrt *f.* **to be down in the ~** *(inf)* deprimiert *or* niedergeschlagen sein; **to keep one's (big) ~ shut** *(inf)* den Mund *or* die Klappe *(inf)* halten; **to have a foul ~** ein grobes *or* ungewaschenes Maul haben *(inf);* **he has three ~s to feed** er hat drei Mäuler zu ernähren *or* stopfen *(inf); see* **word.**

II [maʊð] *vt (say affectedly)* (über)deutlich artikulieren; *(articulate soundlessly)* mit Lippensprache sagen.

mouthful ['maʊθfʊl] *n (of drink)* Schluck *m; (of food)* Bissen, Happen *(inf) m; (fig: difficult word)* Zungenbrecher *m; (long word)* Bandwurm *m.* **I got a ~ of salt water** ich habe einen ganzen Schwall Salzwasser geschluckt.

mouth-organ ['maʊθˌɔːɡən] *n* Mundharmonika *f;* **mouthpiece** *n* Mundstück *nt; (of telephone)* Sprechmuschel *f; (fig: spokesman, publication)* Sprachrohr *nt;* **mouth-to-mouth** *adj* Mund-zu-Mund-; **mouthwash** *n* Mundwasser *nt;* **mouthwatering** *adj* lecker; **that smells/looks really ~** da läuft einem ja das Wasser im Mund(e) zusammen!; **mouthwateringly** *adv* appetitlich.

movability [‚muːvə'bɪlɪtɪ] *n see adj* Beweglichkeit *f;* Transportfähigkeit *f.*

movable ['muːvəbl] I *adj* beweglich *(auch Jur, Eccl); (transportable)* transportierbar, transportfähig. II *n* 1. *(portable object)* bewegliches Gut. **~s** Mobiliar *nt,*

Mobilien *pl.* **2.** *usu pl* (*Jur*) bewegliches Vermögen, Mobiliarvermögen *nt.*

move [muːv] **I** n **1.** (*in game*) Zug *m*; (*fig*) (*step, action*) Schritt *m*; (*measure taken*) Maßnahme *f.* **it's my** *etc* ~ (*lit, fig*) ich *etc* bin am Zug *or* dran (*inf*); **to have first/to make a** ~ (*lit*) den ersten Zug/einen Zug machen; **to make a/the first** ~ (*fig*) etwas *or* Schritte unternehmen/den ersten Schritt tun; **that was a false** *or* **bad/good/clever** ~ (*lit*) das war ein schlechter/ guter/ raffinierter Zug; (*fig*) das war taktisch falsch *or* unklug/das war ein guter/ geschickter Schachzug.

2. (*movement*) Bewegung *f.* **to be on the** ~ (*things, people*) in Bewegung sein; (*fig: things, developments*) im Fluß sein; (*person: in different places*) unterwegs *or* auf Achse (*inf*) sein; (*vehicle*) fahren; (*country, institutions etc*) sich im Umbruch befinden; **to watch sb's every** ~ jdn nicht aus den Augen lassen; **to get a** ~ **on (with sth)** (*inf*) (*hurry up*) zumachen (*inf*) *or* sich beeilen (mit etw); (*make quick progress*) (mit etw) vorankommen; **get a** ~ **on!** (*inf*), mach mal zu! (*inf*); **to make a** ~ **to do sth** (*fig*) Anstalten machen, etw zu tun; **nobody had made a** ~ **(towards going)** keiner hatte Anstalten gemacht zu gehen; **it's time we made a** ~ es wird Zeit, daß wir gehen *or* daß wir uns auf den Weg machen.

3. (*of house etc*) Umzug *m*; (*to different job*) Stellenwechsel *m*; (*to different department*) Wechsel *m.*

II *vt* **1.** (*make sth* ~) leaves, pointer, part bewegen; *wheel, windmill etc* (an)treiben; (*shift*) objects, furniture woanders hinstellen; (~ *away*) wegstellen; (*shift about*) umstellen, umräumen; *chest, chair* rücken; *vehicle* (*engine*) von der Stelle bewegen; (*driver*) wegfahren; (*transport*) befördern; (*remove*) soil, dirt, rubble wegschaffen; *obstacle* aus dem Weg räumen; *rock* von der Stelle bewegen; *chess piece etc* ziehen mit, einen Zug machen mit; (*out of the way*) wegnehmen. **to** ~ **sth to a different place** etw an einen anderen Platz stellen; **to be unable to** ~ **sth** (*lift*) etw nicht von der Stelle *or* vom Fleck (*inf*) bringen; *screw, nail* etw nicht losbekommen; **I can't** ~ **this lid/ handle** der Deckel/Griff läßt sich nicht bewegen; **you'll have to** ~ **these books/ your car (out of the way)** Sie müssen diese Bücher wegräumen/Ihr Auto entfernen.

2. *parts of body* bewegen; (*take away*) *arm* wegnehmen; *one's foot, hand* wegziehen. **not to** ~ **a muscle** sich nicht rühren; **could you** ~ **your head a little to the side?** können Sie vielleicht Ihren Kopf ein wenig zur Seite drehen?; **he** ~**d his face a little closer** er ging mit dem Gesicht etwas näher heran; ~ **yourself, can't you?** können Sie nicht mal etwas Platz machen?; **to** ~ **the bowels** (*form*) Stuhlgang haben.

3. (*change location of*) offices, troops, *production* verlegen. **to** ~ **house/office** umziehen/(in ein anderes Büro) umziehen; **we've been** ~**d to a new office** wir mußten in ein anderes Büro umziehen.

4. *enemy, demonstrators* vertreiben;

patient bewegen; (*transport*) transportieren; (*transfer*) verlegen; *refugees* transportieren; (*out of area*) evakuieren; *employee* (*to different department etc*) versetzen; (*upgrade*) befördern (*to* zu); *pupil* (*by authorities*) versetzen. ~ **those people schicken Sie die Leute da weg; to** ~ **sb to a hospital** jdn ins Krankenhaus einliefern; **his parents** ~**d him to another school** seine Eltern haben ihn in eine andere Schule getan *or* gegeben.

5. (*fig: sway*) **to** ~ **sb from an opinion** *etc* jdn von einer Meinung *etc* abbringen; **to** ~ **sb to do sth** jdn veranlassen *or* bewegen (*geh*) *or* dazu bringen, etw zu tun; **I am not to be** ~**d, I shall not be** ~**d** ich bleibe hart, ich bleibe dabei.

6. (*cause emotion in*) rühren, bewegen; (*upset*) erschüttern, ergreifen. **to be** ~**d** gerührt sein; erschüttert sein; ~ **sb to tears/anger/ pity** jdn zu Tränen rühren/jds Zorn/Mitleid erregen.

7. (*form: propose*) beantragen. **she** ~**d an amendment to the motion** sie stellte einen Abänderungsantrag; **I** ~ **that we adjourn** ich beantrage eine Vertagung.

8. (*Comm: sell*) absetzen. **to** ~ **stock** das Lager räumen.

III *vi* **1.** sich bewegen. **nothing/nobody** ~**d** nichts/niemand rührte sich; **the wheel/ vehicle began to** ~ das Rad/Fahrzeug setzte sich in Bewegung; **she** ~**s gracefully/like a cat** ihre Bewegungen sind anmutig/katzenhaft; **don't** ~**!** stillhalten!

2. (*not be stationary*) (*vehicle, ship*) fahren; (*traffic*) vorankommen. **to keep moving** nicht stehenbleiben; **to keep sb/ sth moving** jdn/etw in Gang halten; **keep those people moving!** sorgen Sie dafür, daß die Leute weitergehen!; **things are moving at last** endlich kommen die Dinge in Gang *or* geschieht etwas; ~**!** na los, wird's bald! (*inf*).

3. (~ *house*) umziehen. **we** ~**d to London/to a bigger house** wir sind nach London/in ein größeres Haus umgezogen; **they** ~**d from London** sie sind von London weggezogen.

4. (*change place*) gehen; (*in car etc*) fahren. **let's** ~ **into the garden** gehen wir in den Garten; **he has** ~**d to room 52** er ist jetzt in Zimmer 52; **he has** ~**d to another department/a different company** er hat die Abteilung/Firma gewechselt; **he has** ~**d to Brown's** er ist zu Brown gegangen; **have the troops** ~**d?** sind die Truppen abgezogen?; ~**!** weitergehen!; (*go away*) verschwinden Sie!; **don't** ~ gehen Sie nicht weg; **it's time we were moving** *or* **we** ~**d** es wird Zeit, daß wir gehen.

5. (*progress*) **to** ~ **(away) from/closer to** *or* **towards sth** sich von etw entfernen/sich einer Sache (*dat*) nähern; **which way are events/is civilization moving?** in welche Richtung entwickeln sich die Dinge/entwickelt sich unsere Zivilisation?; **to** ~ **with the times** mit der Zeit gehen.

6. (*inf*) (*go fast*) einen Zahn *or* ein Tempo draufhaben (*inf*); (*hurry up*) zumachen (*inf*), einen Zahn zulegen (*sl*). **he can** ~ der ist unheimlich schnell (*inf*); **150? that's moving!** 150? das ist aber ein ganz schönes Tempo! (*inf*).

7. to ~ in high society/in yachting circles *etc* in den besseren Kreisen/in Seglerkreisen *etc* verkehren.

8. (*in games*) (*make a* ~) einen Zug machen, ziehen; (*have one's turn*) am Zug sein, ziehen. **white ~s, white to ~** Weiß ist am Zug *or* zieht.

9. (*fig: act*) etwas unternehmen, Maßnahmen ergreifen. **they must ~ first** sie müssen den ersten Schritt tun.

10. (*form: propose, request*) **to ~ for sth** etw beantragen.

11. (*sell*) sich absetzen lassen, gehen (*inf*).

◆**move about I** *vt sep* (*place in different positions*) umarrangieren; *furniture, ornaments etc* umstellen, umräumen; *parts of body* (hin und her) bewegen; (*fiddle with*) herumspielen mit; *employee* versetzen; (*make travel*) umher- *or* herumschicken. **the families of servicemen get ~d ~ a lot** die Familien von Militärpersonal müssen oft umziehen.

II *vi* sich (hin und her) bewegen; (*fidget*) herumzappeln; (*travel*) unterwegs sein; (*move house*) umziehen. **I can hear him moving ~** ich höre ihn herumlaufen.

◆**move along I** *vt sep* weiterrücken; *car* vorfahren; *bystanders etc* zum Weitergehen veranlassen. **II** *vi* (*along seat etc*) auf- *or* durchrücken; (*along pavement, bus etc*) weitergehen; (*cars*) weiterfahren. **I'd better be moving ~** (*inf*) ich glaube, ich muß weiter *or* los (*inf*).

◆**move around** *vti sep see* **move about**.

◆**move aside I** *vt sep* zur Seite *or* beiseite rücken *or* schieben; *person* beiseite drängen. **II** *vi* zur Seite gehen, Platz machen.

◆**move away I** *vt sep* wegräumen; *car* wegfahren; *person* wegschicken; (*to different town, job etc*) *troops* abziehen; *pupil* wegsetzen. **to ~ sb ~ from sb/sth** jdn von jdm/etw entfernen.

II *vi* **1.** (*move aside*) aus dem Weg gehen, weggehen; (*leave*) (*people*) weggehen; (*vehicle*) losfahren; (*move house*) fort- *or* wegziehen (*from* aus, von); (*firm*) wegziehen (*from* von, aus), verziehen; (*person*) (*from department*) verlassen (*from* acc); (*from job*) wechseln (*from* acc).

2. (*fig*) abkommen (*from* von); (*from ideology also*) sich distanzieren (*from* von); (*from policy, aims etc also*) sich entfernen (*from* von).

◆**move back I** *vt sep* **1.** (*to former place*) zurückstellen; *people* zurückbringen; (*into old house, town*) wieder unterbringen (*into* in +*dat*); (*to job*) zurücksetzen; *soldiers* zurückbeordern. **they'll ~ you ~ when the danger is past** Sie werden zurückgeschickt, wenn die Gefahr vorbei ist.

2. (*to the rear*) *things* zurückschieben *or* -rücken; *car* zurückfahren; *chess piece* zurückziehen, zurückgehen mit; *people*

zurückdrängen; *troops* zurückziehen.

II *vi* **1.** (*to former place*) zurückkommen; (*into one's house*) wieder einziehen (*into* in +*acc*); (*into old job*) zurückgehen (*to* zu); (*fig: to theory, ideology*) zurückkehren (*to* zu).

2. (*to the rear*) zurückweichen; (*troops*) sich zurückziehen; (*car*) zurückfahren. **~, please!** bitte zurücktreten!

◆**move down I** *vt sep* (*downwards*) (weiter) nach unten stellen; (*along*) (weiter) nach hinten stellen; (*Sch*) zurückstufen; (*Sport*) absteigen lassen. **to ~ sb ~ (the line/the bus)** jdn weiter hinten hinstellen/jdn (im Bus) aufrücken lassen.

II *vi* (*downwards*) nach unten rücken *or* rutschen; (*along*) weiterrücken *or* -rutschen; (*in bus etc*) nach hinten aufrücken; (*Sch*) zurückgestuft werden; (*team etc*) absteigen, zurückfallen (*to* auf +*acc*). **(right) ~ the bus, please!** rücken Sie bitte (ans hintere Ende des Busses) auf!; **to ~ ~ the social scale** gesellschaftlich absteigen; **he had to ~ ~ a year** (*Sch*) er mußte eine Klasse zurück.

◆**move forward I** *vt sep* **1.** *person* vorgehen lassen; *chair, table etc* vorziehen *or* -rücken; *chess piece* vorziehen, vorgehen mit; *car* vorfahren; *troops* vorrücken lassen.

2. (*fig: advance*) *event, date* vorverlegen. **to ~ the hands of a clock ~** den Zeiger *or* die Uhr vorstellen.

II *vi* (*person*) vorrücken; (*crowd*) sich vorwärts bewegen; (*car*) vorwärtsfahren; (*troops*) vorrücken; (*hands of clock*) vor- *or* weiterrücken.

◆**move in I** *vt sep* **1.** *police, troops, extra staff* einsetzen (*-to* in +*dat*); (*march/drive in*) einrücken lassen (*-to* in +*acc*); (*take inside*) *luggage etc* herein-/hineinstellen (*-to* in +*acc*); *car* hineinfahren (*-to* in +*acc*).

2. the council/removal firm hasn't ~d us ~(to the house) yet die Stadt hat uns noch nicht im Haus untergebracht/die Spedition hat unseren Umzug noch nicht gemacht.

II *vi* **1.** (*into accommodation*) einziehen (*-to* in +*acc*).

2. (*come closer*) sich nähern (*on* dat), näher herankommen (*on* an +*acc*); (*camera*) näher herangehen (*on* an +*acc*); (*police, troops*) anrücken; (*start operations*) (*workers*) (an)kommen, anfangen; (*hooligans, firms etc*) auf den Plan treten. **to ~ ~ on sb** (*police, troops*) gegen jdn vorrücken; (*guests*) jdm auf den Leib rücken; **the big concerns ~d ~ on the market/the casinos** die großen Konzerne etablierten sich auf dem Markt/im Kasinogeschäft.

◆**move off I** *vt sep* *people* wegschicken. **~ her ~!** (*car, train etc*) (*inf*) fahr los!

II *vi* **1.** (*go away*) (*people*) weggehen; (*troops*) abziehen.

2. (*start moving*) sich in Bewegung setzen; (*train, car also*) los- *or* abfahren.

◆**move on I** *vt sep* *hands of clock* vorstellen. **the policeman ~d them ~** der Polizist forderte sie auf weiterzugehen/ weiterzufahren; **he ~d the discussion ~ to**

the next point er leitete die Diskussion
zum nächsten Punkt über.

II *vi* (*people*) weitergehen; (*vehicles*)
weiterfahren. **it's about time I was moving**
~ (*fig*) es wird Zeit, daß ich (mal) etwas
anderes mache; **to** ~ ~ **to a more respon-
sible job** zu einem verantwortungsvolleren
Posten aufsteigen; **I've got to be moving** ~
or I'll miss my train ich muß unbedingt
weiter, sonst verpasse ich noch den Zug;
let us ~ ~ **to more important matters** wen-
den wir uns wichtigeren Dingen zu; **let's** ~
~ **to the next point** gehen wir zum nächsten
Punkt über; **time is moving** ~ die Zeit ver-
geht.

◆**move out I** *vt sep* **1.** *car* herausfahren (*of*
aus). **we had to** ~ ~ **the furniture** wir
mußten die Möbel hinausräumen *or*
-stellen.

2. (*withdraw*) *troops* abziehen. **they are
being** ~**d** ~ (*of their house*) sie müssen
(aus ihrem Haus) ausziehen; **they** ~**d
everybody** ~ **of the danger zone** alle muß-
ten die Gefahrenzone verlassen *or*
räumen; **the removal men are moving us** ~
tomorrow die Spediteure machen morgen
unseren Umzug.

II *vi* **1.** (*leave accommodation*)
ausziehen; (*withdraw: troops*) abziehen.
to ~ ~ **of an area** ein Gebiet räumen.

2. (*leave: train etc*) abfahren.

◆**move over I** *vt sep* herüber-/hinüber-
schieben. ~ **your bottom** ~ rück *or* rutsch
mal ein Stück zur Seite; **he** ~**d the car** ~
to the side er fuhr an die Seite heran.

II *vi* zur Seite rücken *or* rutschen.
~ ~, **we all want to sit down** rück *or* rutsch
mal ein Stück, wir wollen uns auch hinset-
zen (*inf*); **he** ~**d** ~ **to his own side of the
bed** er rückte herüber in seine Betthälfte.

◆**move up I** *vt sep* **1.** (*weiter*) nach oben
stellen; (*promote*) befördern; (*Sch*) ver-
setzen; (*Sport*) aufsteigen lassen. **they** ~**d
him** ~ **two places** sie haben ihn zwei Plätze
vorgerückt; **the general** ~**d his men** ~
onto the hill der General beorderte seine
Leute auf den Hügel hinauf; **to** ~ **sb** ~
(**the line/the bus**) jdn weiter nach vorne
stellen/jdn (im Bus) aufrücken lassen.

2. *troops* (*into battle area*) aufmar-
schieren lassen; (*to front line*) vorrücken
lassen; *guns, artillery* auffahren.

II *vi* **1.** (*fig*) aufsteigen; (*be promoted*) befördert wer-
den; (*Sch*) versetzt werden. **to** ~ ~ **the
social scale** die gesellschaftliche Leiter
hinaufklettern.

2. (*move along*) auf- *or* weiterrücken.
~ ~ **the bus!** rücken Sie auf *or* weiter!

moveable *adj, n see* **movable.**

movement ['mu:vmənt] *n* **1.** (*motion*)
Bewegung *f*; (*fig: trend*) Trend
m (*towards* zu); (*of events*) Entwicklung
f; (*of prices/rates*) Preis-/Kursbewegung
f; (*of troops etc*) Truppenbewegung *f*. **a
slight downward/upward** ~ eine leichte
Abwärts-/Aufwärtsbewegung; **the novel
lacks** ~ dem Roman fehlt die Handlung;
~ (**of the bowels**) (*Med*) Stuhlgang *m*;
there was a ~ **towards the door** alles
drängte zur Tür; **a marked** ~ **to the right**
ein merklicher *or* deutlicher Rechtsruck.

2. (*political, artistic etc* ~) Bewegung *f*.
3. (*transport: of goods etc*) Beförderung *f*.
4. (*Mus*) Satz *m*.
5. (*mechanism*) Antrieb(smechanismus)
m, Getriebe *nt*; (*of clock*) Uhrwerk *nt*.

mover ['mu:vər] *n* **1.** (*of proposition*)
Antragsteller *m*. **2.** (*remover*)
Möbelpacker *m*. **3.** (*walker, dancer etc*)
he is a good/poor *etc* ~ seine Bewegungen
sind schön/plump *etc*.

movie ['mu:vɪ] *n* (*esp US*) Film *m*. **(the)** ~**s**
der Film; **to go to the** ~**s** ins Kino gehen.

movie *in cpds* Film-; ~ **camera** Filmkamera
f; ~**goer** Kinogänger (*in f*) *m*; ~**-house**
Kino, Filmtheater *nt*.

moving ['mu:vɪŋ] *adj* **1.** (*that moves*)
beweglich. ~ **staircase** *or* **stairs** Roll-
treppe *f*; ~ **pavement** (*esp Brit*) *or* **walk**
(*US*) Rollsteig *m*. **2.** (*Tech: motive*) *power
etc* Antriebs-; (*fig: instigating*) *force*
treibend. **3.** (*causing emotion*) ergreifend;
movement also bewegend; *tribute* rüh-
rend.

movingly ['mu:vɪŋlɪ] *adv* ergreifend.

mow[1] [məʊ] *pret* ~**ed**, *ptp* **mown** *or* ~**ed** *vti*
mähen.

◆**mow down** *vt sep* abmähen; (*fig:
slaughter*) niedermähen.

mow[2] *n* (*US*) Heuhaufen *m*; (*storing place*)
Heuboden *m*.

mower ['məʊər] *n* (*person*) Mäher,
Schnitter (*old*) *m*; (*machine*) (*on farm*)
Mähmaschine *f*; (*lawn*~) Rasenmäher
m.

mowing ['məʊɪŋ] *n* Mähen *nt*. ~ **machine**
Mähmaschine *f*.

mown [məʊn] *ptp of* **mow**[1].

Mozambique [ˌməʊzæm'bi:k] *n*
Mozambique, Moçambique *nt*.

MP *abbr of* **1. Member of Parliament.
2. Military Police. 3. Metropolitan
Police.**

mpg *abbr of* **miles per gallon.**

mph *abbr of* **miles per hour.**

Mr ['mɪstər] *abbr of* **Mister** Herr *m*.

Mrs ['mɪsɪz] *abbr of* **Mistress** Fr., Frau *f*.

Ms [mɪz] *n* Frau *f* (*auch für Unverheiratete*).

ms *abbr of* **manuscript** MS, Mskr.

MSc *abbr of* **Master of Science.**

Msg *abbr of* **Monsignor** Msgr., Mgr.

Mt *abbr of* **Mount.**

much [mʌtʃ] **I** *adj, n* **1.** viel *inv*. **how** ~
wieviel *inv*; **not** ~ nicht viel; **that** ~ so
viel; **but that** ~ **I do know** aber *das* weiß
ich; ~ **of this is true** viel *or* vieles daran ist
wahr; **we don't see** ~ **of each other** wir
sehen uns nicht oft *or* nur selten; **he/it isn't
up to** ~ (*inf*) er/es ist nicht gerade
berühmt (*inf*); **I'm not** ~ **of a musician/
cook/player** ich bin nicht sehr musikalisch/
keine große Köchin/kein (besonders)
guter Spieler; **that wasn't** ~ **of a dinner/
party** das Essen/die Party war nicht
gerade besonders; **I find that a bit (too)** ~
after all I've done for him nach allem was
ich für ihn getan habe, finde ich das ein
ziemlich starkes Stück (*inf*).

2. **too** ~ (*in quantity, money, etc, inf:
more than one can take*) zuviel *inv*; (*with
emphatic too*) zu viel; (*sl*) (*marvellous,
hilarious*) Spitze (*sl*); (*ridiculous*) das
Letzte (*in f*); **to be too** ~ **for sb** (*in*

quantity) zuviel für jdn sein; (*too expensive*) jdm zuviel *or* zu teuer sein; **these children are/this job is too ~ for me** ich bin den Kindern/der Arbeit nicht gewachsen; **he'd be too ~ for anybody** er wäre für jeden eine Zumutung; **he doesn't do too ~** er tut nicht übermäßig viel; **far too ~, too ~ by half** viel zu viel.

3. (just) as ~ ebensoviel *inv*, genausoviel *inv*; **about/not as ~** ungefähr/nicht soviel; **three times as ~** dreimal soviel; **I have twice** *or* **three times as ~ as I can eat** das kann ich nie im Leben aufessen; **as ~ as you want/can** *etc* soviel du willst/kannst *etc*; **he spends as ~ as he earns** er gibt (genau)soviel aus, wie er verdient; **as ~ again** noch einmal soviel; **I feared/thought** *etc* **as ~** (genau) das habe ich befürchtet/mir gedacht *etc*; **it's as ~ as I can do to stand up** es fällt mir schwer genug aufzustehen; **as ~ as to say ...** was soviel heißt *or* bedeutet wie ...

4. so ~ soviel *inv*; (*emph so, with following that*) so viel; **it's not so ~ a problem of modernization as ...** es ist nicht so sehr ein Problem der Modernisierung, als ...; **at so ~ a pound** zu soundsoviel Mark/Pfund *etc* pro Pfund; **you know so ~** du weißt so viel; *see also* **so**.

5. to make ~ of sb/sth viel Wind um jdn/etw machen; **Glasgow makes ~ of its large number of parks** Glasgow rühmt sich seiner vielen Parks; **I couldn't make ~ of that chapter** mit dem Kapitel konnte ich nicht viel anfangen (*inf*).

II *adv* **1.** (*with adj, adv*) viel; (*with vb*) sehr; (*with vb of physical action*) drive, sleep, think, talk, laugh *etc* viel; come, visit, go out *etc* oft, viel (*inf*). **a ~-admired/-married woman** eine vielbewunderte/oft verheiratete Frau; **he was ~ dismayed/embarrassed** *etc* er war sehr bestürzt/verlegen *etc*; **so ~/too ~** soviel/zuviel; so sehr/zu sehr; **I like it very/so ~** es gefällt mir sehr gut/so gut *or* so sehr; **I don't like him/it too ~** ich kann ihn/es nicht besonders leiden; **thank you very/(ever) so ~** vielen Dank/ganz *or* vielen herzlichen Dank; **I don't ~ care** *or* **care ~** es ist mir ziemlich egal; **however ~ he tries** sosehr *or* wie sehr er sich auch bemüht; **~ to my astonishment** sehr zu meinem Erstaunen, zu meinem großen Erstaunen; **~ as I should like to** so gern ich möchte; **~ as I like him** sosehr ich ihn mag.

2. (*by far*) weitaus, bei weitem. **~ the biggest** weitaus *or* bei weitem der/die/das größte, der/die/das weitaus größte; **I would ~ prefer to** *or* **~ rather stay** ich würde viel lieber bleiben.

3. (*almost*) beinahe. **they are ~ of an age** *or* **~ the same age** sie sind fast *or* beinahe gleichaltrig; **they're (fairly) ~ the same size** sie sind beinahe *or* so ziemlich gleich groß.

muchness ['mʌtʃnɪs] *n* **they're much of a ~** (*inf*) (*things*) das ist eins wie das andere; (*people*) sie sind einer wie der andere.

muck [mʌk] *n* **1.** (*dirt*) Dreck *m*; (*euph: cat's/dog's ~*) Kot *m*; (*manure*) Dung, Mist *m*; (*liquid manure*) Jauche *f*. **where**

there's ~, there's brass *or* money (*Prov*) Dreck und Geld liegen nahe beisammen.

2. (*fig*) (*rubbish*) Mist *m*; (*obscenities*) Schund *m*; (*food etc*) Zeug *nt* (*inf*). **Lord/Lady ~** Graf Rotz (*inf*)/die feine Dame.

◆**muck about** *or* **around** (*inf*) **I** *vt sep* **1. to ~ sb ~** mit jdm machen, was man will, jdn verarschen (*sl*); (*by not committing oneself*) jdn hinhalten; **that applicant/the travel agents really ~ed us ~** das war ein ewiges Hin und Her mit dem Bewerber/dem Reisebüro (*inf*).

2. (*fiddle around with, spoil*) herumpfuschen an (+*dat*) (*inf*). **to ~ things ~** alles durcheinanderbringen.

II *vi* **1.** (*lark about*) herumalbern *or* -blödeln (*inf*); (*do nothing in particular*) herumgammeln (*inf*). **to ~ ~ in boats** sich mit Booten beschäftigen; **to ~ ~ at sth/(at) doing sth** Zeit mit etw vertrödeln (*inf*)/Zeit damit vertrödeln, etw zu tun.

2. (*tinker with*) herumfummeln (*with* an +*dat*).

3. to ~ ~ with sb jdn an der Nase herumführen (*inf*).

◆**muck in** *vi* (*inf*) mit anpacken (*inf*).

◆**muck out** *vti sep* (aus)misten (*inf*).

◆**muck up** *vt sep* (*inf*) **1.** (*dirty*) dreckig machen (*inf*).

2. (*spoil*) vermasseln (*inf*); person (*emotionally*) verkorksen (*inf*).

muck-rake ['mʌkreɪk] *vi* (*fig inf*) im Schmutz wühlen; **muck-raker** *n* (*fig inf*) Sensationshai *m* (*inf*); **muck-raking I** *n* (*fig inf*) Sensationsmache(rei) *f* (*inf*); **II** *adj* (*fig inf*) person sensationslüstern; **a ~ newspaper** ein Skandalblatt *nt*; **muck-spreading** *n* Miststreuen, Mistbreiten *nt*; **muck-up** *n* (*inf*) Durcheinander *nt*; (*fiasco*) Katastrophe *f*; **there's been a ~ with the invitations** bei den Einladungen hat jemand/habe ich *etc* Mist gemacht (*inf*).

mucky ['mʌkɪ] *adj* (+*er*) dreckig (*inf*), schmutzig; soil *etc* matschig. **to get oneself/sth all ~** sich/etw ganz dreckig (*inf*) *or* schmutzig machen; **you ~ thing** *or* **pup!** (*inf*) du Ferkel! (*inf*).

mucous ['mju:kəs] *adj* schleimig; deposits, secretions *etc* Schleim-. **~ membrane** Schleimhaut *f*.

mucus ['mju:kəs] *n* Schleim *m*.

mud [mʌd] *n* **1.** Schlamm *m*; (*on roads etc*) Matsch *m*. **the car stuck in the ~** der Wagen blieb im Matsch *or* Schlamm stecken.

2. (*fig*) **his name is ~** (*inf*) er ist unten durch (*inf*); **to drag sb/sb's name** *or* **reputation through the ~** jdn/jds guten Namen in den Schmutz zerren *or* ziehen; **to throw** *or* **sling ~ at sb/sth** jdn mit Schmutz bewerfen/etw in den Dreck (*inf*) *or* Schmutz ziehen.

mud-bath ['mʌdbɑ:θ] *n* Schlammbad *nt*; (*Med*) Moorbad *nt*.

muddle ['mʌdl] **I** *n* Durcheinander *nt*. **to get in(to) a ~** (*things*) durcheinandergeraten; (*person*) konfus werden; **to get in(to) a ~ with sth** mit etw nicht klarkommen (*inf*); **to get sb/sth in(to) a ~** jdn/etw völlig durcheinanderbringen; **to be in a ~** völlig durcheinander sein.

II vt durcheinanderbringen; *two things or people also* verwechseln; (*make confused*) *person also* verwirren, konfus machen. **to ~ A with** *or* **and B A mit** *or* **und B verwechseln; you're only muddling the issue** du machst die Sache nur verworrener.

◆**muddle along** *or* **on** vi vor sich (*acc*) hin wursteln (*inf*).

◆**muddle through** vi durchkommen, sich (irgendwie) durchwursteln (*inf*) *or* durchschlagen.

◆**muddle up** vt sep see **muddle II.**

muddled ['mʌdld] *adj* konfus; *person also* durcheinander *pred*; *thoughts, ideas also* verworren, wirr. **he has/this is a rather ~ way of doing things** er macht alles/das ist ja ziemlich kompliziert.

muddle-headed ['mʌdl̩hedɪd] *adj person* zerstreut; *ideas* konfus, verworren.

muddler ['mʌdlər] *n* (*person*) Tölpel, Dussel (*inf*) *m*.

muddy ['mʌdɪ] **I** *adj* (+er) **1.** *floor, shoes, hands etc* schmutzig, schlammbeschmiert; *road, ground etc* schlammig, matschig; *liquid* schlammig, trübe. **2.** (*fig*) *complexion* gräulich schimmernd; *style* verworren. **II** vt schmutzig machen, mit Schlamm beschmieren. **his explanation only helped to ~ the waters** durch seine Erklärung ist die Sache nur noch verworrener geworden.

mudflap ['mʌdflæp] *n* Schmutzfänger *m*; **mudflat** *n* Watt(enmeer) *nt no pl*; **mudguard** *n* (*on cycles*) Schutzblech *nt*; (*on cars*) Kotflügel *m*; **mud hut** *n* Lehmhütte *f*; **mud pack** *n* Schlammpackung *f*; **mud pie** *n* Kuchen *m* (*aus Sand, Erde etc*); **mud-slinger** *n* Dreckschleuder *f* (*inf*); **mud-slinging I** *n* Schlechtmacherei *f*; **we've had enough ~** es ist genug im Schmutz *or* Dreck (*inf*) gewühlt worden; **II** *adj* a ~ **politician/newspaper** ein Politiker, der/eine Zeitung, die andere mit Schmutz bewirft.

muff[1] [mʌf] *n* Muff *m*.

muff[2] (*inf*) **I** *n* **to make a ~ of sth** see vt.

II vt vermasseln (*inf*), verpatzen (*inf*); *exam also* verhauen (*inf*); *question* danebenhauen *or* sich verhauen bei (*inf*); *kick, shot, ball* danebensetzen (*inf*); *lines, text, passage* verpatzen (*inf*). **to ~ a catch** danebengreifen (*inf*), schlecht fangen.

muffle ['mʌfl] vt **1.** (*wrap warmly: also ~up*) *person* einmummen, einmummeln (*inf*). **2.** (*deaden*) *sound, shot etc* dämpfen; *noise* abschwächen, abdämpfen; *shouts* ersticken; *bells, oars, drum* umwickeln.

muffled ['mʌfld] *adj sound etc* gedämpft; *shouts* erstickt; *drum, bells, oars* umwickelt.

muffler ['mʌflər] *n* **1.** (*scarf*) (dicker) Schal. **2.** (*Tech*) Schalldämpfer *m*; (*US Aut*) Auspuff(topf) *m*.

mug [mʌg] **I** *n* **1.** (*cup*) Becher *m*; (*for beer*) Krug *m*.

2. (*inf: dupe*) Trottel *m*. **to take sb for a ~** jdn für blöd halten; **that's a ~'s game** das ist doch schwachsinnig.

3. (*sl: face*) Visage *f* (*sl*). ~ **shot** Verbrecherfoto *nt* (*inf*).

II vt **1.** (*attack and rob*) überfallen und zusammenschlagen, herfallen über (+*acc*) und berauben.

2. (*US sl: photograph*) fotografieren.

◆**mug up** vt sep (*also:* ~ ~ **on**) (*inf*) **to ~ sth/one's French ~, to ~ ~ on sth/one's French** etw/Französisch pauken (*inf*).

mugger ['mʌgər] *n* Straßenräuber *m*.

mugging ['mʌgɪŋ] *n* Straßenraub *m no pl*.

muggins ['mʌgɪnz] *n sing* (*Brit inf*) Blödmann *m* (*inf*). **and ~ here forgot ...** und ich Blödmann vergesse (*inf*) ...

muggy ['mʌgɪ] *adj* (+er) schwül; *heat* drückend.

mugwump ['mʌgwʌmp] *n* (*US Pol*) Unabhängige(r) *mf*.

mulatto [mjuˈlætəʊ] **I** *adj* Mulatten-; *complexion, features* eines Mulatten/einer Mulattin. ~ **people** Mulatten *pl*. **II** *n, pl* ~**es** Mulatte *m*, Mulattin *f*.

mulberry ['mʌlbərɪ] *n* (*fruit*) Maulbeere *f*; (*tree*) Maulbeerbaum *m*; (*colour*) Aubergine *nt*, dunkles Violett.

mulch [mʌltʃ] (*Hort*) **I** *n* Krümelschicht *f*, Mulch *m* (*spec*). **II** vt mulchen (*spec*), abdecken.

mulct [mʌlkt] vt **1.** (*fine*) mit einer Geldstrafe belegen (*form*). **2.** (*defraud*) **to ~ sb of sth** jdm etw abschwindeln.

mule[1] [mjuːl] *n* **1.** (*of donkey and mare*) Maultier *nt*; (*of stallion and donkey*) Maulesel *m*. ~ **skinner** (*US inf*) Maultiertreiber *m*. **2.** (*inf: person*) Maulesel *m*. **(as) stubborn as a ~** (so) störrisch wie ein Maulesel. **3.** (*Tech*) Selfaktor *m*.

mule[2] *n* (*slipper*) Schlappen *m* (*dial*), Pantoffel *m*.

muleteer [mjuːlɪˈtɪər] *n* Maultiertreiber *m*.

mulish ['mjuːlɪʃ] *adj* stur, starrsinnig; *person also* störrisch.

mulishly ['mjuːlɪʃlɪ] *adv* stur, starrsinnig.

mulishness ['mjuːlɪʃnɪs] *n* Starrsinn *m*, Sturheit *f*.

mull [mʌl] vt **to ~ wine** Glühwein zubereiten; ~**ed wine** Glühwein *m*.

◆**mull over** vt sep sich (*dat*) durch den Kopf gehen lassen.

mullet ['mʌlɪt] *n* Meeräsche *f*.

mulligatawny [ˌmʌlɪgəˈtɔːnɪ] *n* Currysuppe *f*.

multi ['mʌltɪ] *n* (*inf: company*) Multi *m* (*inf*).

multi- *pref* mehr-, Mehr-; (*with Latin stem in German*) Multi-, multi-.

multi-cellular [ˌmʌltɪˈseljʊlər] *adj* viel- *or* mehrzellig; **multicoloured** *adj* mehrfarbig; *material also, lights, decorations* bunt; *bird* buntgefiedert; *fish* buntschillernd.

multifarious [ˌmʌltɪˈfeərɪəs] *adj* vielfältig, mannigfaltig.

multiform ['mʌltɪfɔːm] *adj* vielgestaltig, **multigrade** ['mʌltɪgreɪd] *adj oil* Mehrbereichs-; **multilateral** [ˌmʌltɪˈlætərəl] *adj* (*Pol*) multilateral; (*Math*) mehrseitig; **multilevel** ['mʌltɪlevl] *adj shopping centre etc* terrassenartig angelegt; **multilingual** [ˌmʌltɪˈlɪŋgwəl] *adj* mehrsprachig; **multimedia** [ˌmʌltɪˈmiːdɪə] *adj* multimedial; **multimillionaire** [ˌmʌltɪˈmɪljəˈneər] *n* Multimillionär(in *f*) *m*; **multinational** [ˌmʌltɪˈnæʃnl] **I** *n* multinationaler Konzern; **II** *adj* multinational.

multiple ['mʌltɪpl] **I** *adj* **1.** (*with sing n: of* *several parts*) mehrfach. ~ **birth** Mehrlingsgeburt *f;* ~ **choice** Multiple Choice *f;* ~ **cropping** mehrfache Bebauung; ~ **personality** (*Psych*) alternierende Persönlichkeit, Persönlichkeitsspaltung *f;* ~ **star** Sternhaufen *m;* ~**-unit** (*train*) Triebwagen *m;* ~ **voting** mehrfache Stimmberechtigung.

   2. (*with pl n: many*) mehrere.

   II *n* **1.** (*Math*) Vielfache(s) *nt.* **eggs are usually sold in** ~**s of six** Eier werden gewöhnlich in Einheiten zu je sechs verkauft.

   2. (*Brit: also* ~ **store**) Ladenkette *f.*

multiple sclerosis *n* multiple Sklerose.
multiplicand [ˌmʌltɪplɪˈkænd] *n* Multiplikand *m.*
multiplication [ˌmʌltɪplɪˈkeɪʃən] *n* **1.** (*Math*) Multiplikation *f;* (*act also*) Multiplizieren, Malnehmen (*inf*) *nt.* ~ **table** Multiplikationstabelle *f;* **he knows all his** ~ **tables** er kann das Einmaleins.

   2. (*fig*) Vervielfachung, Vermehrung *f.*
multiplicity [ˌmʌltɪˈplɪsɪtɪ] *n* Vielzahl *f.*
multiplier [ˈmʌltɪplaɪəʳ] *n* (*Math*) Multiplikator *m.*
multiply [ˈmʌltɪplaɪ] **I** *vt* **1.** (*Math*) multiplizieren, malnehmen (*inf*). **to** ~ **8 by 7** 8 mit 7 multiplizieren *or* malnehmen (*inf*); **4 multiplied by 6 is 24** 4 mal 6 ist 24.

   2. (*fig*) vervielfachen, vermehren.

   II *vi* (*Math*) **1.** (*person*) multiplizieren; (*numbers*) sich multiplizieren lassen.

   2. (*fig*) zunehmen, sich vermehren *or* vervielfachen.

   3. (*breed*) sich vermehren.
multi-purpose [ˌmʌltɪˈpɜːpəs] *adj* Mehrzweck-; **multiracial** *adj* multirassisch, gemischtrassig; ~ **policy** Politik der Rassenintegration; ~ **school** Schule ohne Rassentrennung; **multi-stage** [ˈmʌltɪˌsteɪdʒ] *adj* Mehrstufen-; **multistor(e)y** [ˌmʌltɪˈstɔːrɪ] *adj* mehrstöckig; ~ **flats** (Wohn)hochhäuser *pl;* ~ **car-park** Park(hoch)haus *nt;* **multitrack** [ˈmʌltɪˌtræk] *adj* mehrspurig;.
multitude [ˈmʌltɪtjuːd] *n* Menge *f.* **a** ~ **of** eine Vielzahl von, eine Menge; (*of people also*) eine Schar (von).
multitudinous [ˌmʌltɪˈtjuːdɪnəs] *adj* zahlreich.
mum[1] [mʌm] *n, adj* (*inf*) ~**'s the word!** nichts verraten! (*inf*); **to keep** ~ den Mund halten (*about* über +*acc*) (*inf*).
mum[2] *n* (*Brit inf: mother*) Mutter *f;* (*as address*) Mutti *f* (*inf*).
mumble [ˈmʌmbl] **I** *n* Gemurmel, Murmeln *nt.*

   II *vt* murmeln. **he** ~**d the words** er nuschelte.

   III *vi* vor sich hin murmeln; (*speak indistinctly*) nuscheln. **don't** ~ **(into your beard)** murm(e)le doch nicht so in deinen Bart.
mumbler [ˈmʌmbləʳ] *n* **he's a real** ~ er nuschelt so.
mumblingly [ˈmʌmblɪŋlɪ] *adv* undeutlich.
mumbo jumbo [ˈmʌmbəʊ ˈdʒʌmbəʊ] *n, pl* ~**s** (*empty ritual, superstition*) Mumpitz, Hokuspokus *m;* (*gibberish*) Kauderwelsch *nt;* (*idol*) Wodugott *m.*
mummification [ˌmʌmɪfɪˈkeɪʃən] *n* Einbalsamierung, Mumifizierung *f.*

mummify [ˈmʌmɪfaɪ] **I** *vt* einbalsamieren, mumifizieren. **II** *vi* mumifizieren.
mummy[1] [ˈmʌmɪ] *n* (*corpse*) Mumie *f.*
mummy[2] *n* (*Brit inf: mother*) Mami, Mama *f* (*inf*).
mumps [mʌmps] *n sing* Mumps *m or f* (*inf*) *no art.*
munch [mʌntʃ] *vti* mampfen (*inf*).
◆**munch away** *vi* vor sich hin mampfen (*inf*).
mundane [ˌmʌnˈdeɪn] *adj* (*worldly*) weltlich, irdisch; (*fig*) schlicht und einfach; (*pej: humdrum*) profan, banal.
mundanely [ˌmʌnˈdeɪnlɪ] *adv* weltlich; (*in a down-to-earth way*) *remark, describe* nüchtern; *dressed* schlicht und einfach; (*pej*) banal.
mundaneness [ˌmʌnˈdeɪnnɪs] *n see adj* Weltlichkeit *f;* Schlichtheit *f;* Banalität *f.*
Munich [ˈmjuːnɪk] *n* München *nt.*
municipal [mjuːˈnɪsɪpəl] *adj* städtisch; *baths also* Stadt-; *administration, council, elections etc* Stadt-, Gemeinde-.
municipality [mjuːˌnɪsɪˈpælɪtɪ] *n* (*place*) Ort *m*, Gemeinde *f;* (*council*) Stadt, Gemeinde *f.*
municipalize [mjuːˈnɪsɪpəlaɪz] *vt bus service, baths etc* unter städtische Verwaltung *or* Gemeindeverwaltung bringen.
municipally [mjuːˈnɪsɪpəlɪ] *adv* von der Stadt *or* Gemeinde.
munificence [mjuːˈnɪfɪsns] *n* (*form*) Großzügigkeit, Generosität (*geh*) *f.*
munificent [mjuːˈnɪfɪsnt] *adj* (*form*) großzügig; *person also* generös (*geh*).
munificently [mjuːˈnɪfɪsntlɪ] *adv* (*form*) großzügig, generös (*geh*). ~ **donated by ...** großzügigerweise gespendet von ...
munition [mjuːˈnɪʃən] *n usu ur* Kriegsmaterial *nt no pl,* Waffen *pl* und Munition *f.* ~**s dump** (Waffen- und) Munitionslager *or* -depot *nt.*
mural [ˈmjʊərəl] **I** *n* Wandgemälde *nt.* **II** *adj* Wand-.
murder [ˈmɜːdəʳ] **I** *n* **1.** Mord *m.* **the** ~ **of John F. Kennedy** der Mord an John F. Kennedy, die Ermordung John F. Kennedys; **to stand accused of** ~ unter Mordverdacht stehen.

   2. (*fig inf*) **it was** ~ es war mörderisch; **to cry** ~, **to shout blue** ~ Zeter und Mordio schreien, ein Mordsspektakel *or* -theater machen (*inf*); **to get away with** ~ sich (*dat*) alles erlauben können.

   II *vt* **1.** érmorden, umbringen (*inf*); (*slaughter*) morden; (*inf*) *opponents* haushoch schlagen.

   2. (*inf: ruin*) *music, play etc* verhunzen (*inf*).
murderer [ˈmɜːdərəʳ] *n* Mörder *m.*
murderess [ˈmɜːdərɪs] *n* Mörderin *f.*
murderous [ˈmɜːdərəs] *adj villain, soldiers etc* mordgierig, blutrünstig; *deed, intent, plot* Mord-; (*fig*) mörderisch. ~ **attack** Mordanschlag *m.*
murderously [ˈmɜːdərəslɪ] *adv* mordgierig, blutdürstig; (*fig*) mörderisch. **the knife glinted** ~ das Messer blitzte tödlich.
murkily [ˈmɜːkɪlɪ] *adv* trübe. **the wreck could be seen** ~ **through the muddy water** das Wrack zeichnete sich undeutlich im schlammigen Wasser ab.

murkiness ['mɜ:kɪnɪs] *n see adj* Trübheit, Unklarheit, Unschärfe *f*; Finsterkeit *f*; Dunkel *nt*.

murky ['mɜ:kɪ] *adj* (+*er*) trübe; *fog* dicht; *photo, outline etc* unscharf, unklar; (*shady*) *character, deed* finster; *past* dunkel. **it's really ~ outside** draußen ist es so düster.

murmur ['mɜ:mə^r] **I** *n* (*soft speech*) Murmeln, Raunen (*liter*) *nt*; (*of discontent*) Murren *nt*; (*of water, wind, leaves, traffic*) Rauschen *nt*. **there was a ~ of approval/disagreement** ein beifälliges/ abfälliges Murmeln erhob sich; **a soft ~ of voices** gedämpftes Stimmengemurmel; **..., she said in a ~ ...**, murmelte sie; **not a ~ kein Laut; without a ~** ohne zu murren.

II *vt* murmeln; (*with discontent*) murren.

III *vi* murmeln; (*with discontent*) murren (*about, against* über +*acc*); (*fig*) rauschen.

murmuring ['mɜ:mərɪŋ] *n see vi* Murmeln *nt no pl*; Murren *nt no pl*; Rauschen *nt no pl*. **~s** (**of discontent**) Unmutsäußerungen (*from gen*).

muscadel(le) [ˌmʌskə'del] *n see* **muscatel.**

muscat ['mʌskət] *n* (*grape*) Muskatellertraube *f*.

muscatel [ˌmʌskə'tel] *n* (*wine*) Muskateller *m*.

muscle ['mʌsl] *n* Muskel *m*; (*fig: power*) Macht *f*. **he's all ~** er besteht nur aus Muskeln *or* ist sehr muskulös (gebaut); **you really need ~ for this job** für diese Arbeit braucht man wirklich Kraft *or* ganz schöne Muskeln (*inf*); **to have financial/industrial ~** finanzstark *or* -kräftig/wirtschaftlich einflußreich sein; **he never moved a ~** er rührte sich nicht.

◆**muscle in** *vi* (*sl*) mitmischen (*sl*) (*on* bei). **to ~ ~ on sb's territory** jdm dazwischenfunken (*inf*).

muscle-bound ['mʌslbaʊnd] *adj* (*inf: muscular*) muskulös; **to be ~** eine überentwickelte Muskulatur haben; **muscleman** *n* Muskelmann *or* -protz (*pej*) *m*.

Muscovite ['mʌskəvaɪt] **I** *adj* moskowitisch. **II** *n* Moskowiter(in *f*) *m*.

muscular ['mʌskjʊlə^r] *adj* Muskel-, muskulär (*form*); (*having strong muscles*) muskulös. **~ dystrophy** Muskeldystrophie *f*.

musculature ['mʌskjʊlətʃə^r] *n* Muskulatur *f*.

Muse [mju:z] *n* (*Myth*) Muse *f*.

muse [mju:z] **I** *vi* nachgrübeln, nachsinnen (*liter*) (*about, on* über +*acc*). **II** *vt* grüblerisch *or* sinnierend (*liter*) sagen.

museum [mju:'zɪəm] *n* Museum *nt*. **~ piece** (*lit, hum*) Museumsstück *nt*.

mush [mʌʃ] *n* **1.** Brei *m*; (*of fruit also*) Mus *nt*. **the snow became a soft ~** der Schnee wurde matschig. **2.** (*inf*) Schmalz *m*.

mushroom ['mʌʃrʊm] **I** *n* (*eßbarer*) Pilz; (*button ~*) Champignon *m*; (*atomic ~*) Pilz *m*. **a great ~ of smoke** ein großer Rauchpilz; **to grow like ~s** wie die Pilze aus dem Boden schießen.

II *attr* **1.** (*~-shaped*) pilzförmig. **~ cloud** Atompilz *m*.

2. (*made of ~s*) Pilz-; Champignon-.

3. (*rapid and ephemeral*) *growth* sprunghaft; *fame, success* über Nacht erlangt, schlagartig. **~ town** Stadt, die aus dem Boden geschossen ist.

III *vi* **1. to go ~ing** in die Pilze gehen, Pilze sammeln (gehen).

2. (*grow rapidly*) wie die Pilze aus dem Boden schießen. **his fame/success ~ed** er wurde schlagartig berühmt/erfolgreich.

3. (*become ~-shaped*) **the smoke ~ed in the still air** der Rauch breitete sich pilzförmig in der Luft aus.

mushy ['mʌʃɪ] *adj* (+*er*) **1.** matschig; *liquid, consistency* breiig. **~ snow** Schneematsch *m*; **~ peas** Erbsenmus *nt*. **2.** (*inf: maudlin*) schmalzig.

music ['mju:zɪk] *n* Musik *f*; (*of voice*) Musikalität *f*; (*written score*) Noten *pl*. **do you use ~?** spielen/singen Sie nach Noten?; **to set** *or* **put sth to ~** etw vertonen; **~ of the spheres** Sphärenmusik *f*; **it was (like) ~ to my ears** das war Musik für mich *or* in meinen Ohren; **to face the ~** (*fig*) dafür gradestehen.

musical ['mju:zɪkl] **I** *adj* **1.** (*of music*) musikalisch; *instrument, evening* Musik-. **~ box** Spieluhr *or* -dose *f*; **~ chairs** *sing* Reise *f* nach Jerusalem.

2. (*tuneful*) melodisch.

3. (*musically-minded*) musikalisch.

II *n* Musical *nt*.

musicality [ˌmju:zɪ'kælɪtɪ] *n* Musikalität *f*.

musically ['mju:zɪkəlɪ] *adv* **1.** musikalisch. **2.** (*tunefully*) melodisch.

music *in cpds* Musik-; **~ box** (*esp US*) Spieldose *or* -uhr *f*; **~ centre** Kompaktanlage *f*, Musik-Center *nt*; **~ drama** Musikdrama *nt*; **~ hall** Varieté *nt*.

musician [mju:'zɪʃən] *n* Musiker(in *f*) *m*.

musicianship [mju:'zɪʃənʃɪp] *n* musikalisches Können.

musicological [ˌmju:zɪkə'lɒdʒɪkəl] *adj* musikwissenschaftlich.

musicologist [ˌmju:zɪ'kɒlədʒɪst] *n* Musikwissenschaftler(in *f*) *m*.

musicology [ˌmju:zɪ'kɒlədʒɪ] *n* Musikwissenschaft *f*.

music-paper ['mju:zɪk,peɪpə^r] *n* Notenpapier *nt*; **music stand** *n* Notenständer *m*; **music-stool** *n* Klavierstuhl *or* -hocker *m*.

musing ['mju:zɪŋ] **I** *adj* grüblerisch, nachdenklich, sinnierend (*liter*); *philosopher, book, article* gedankenvoll. **II** *n* Überlegungen *pl* (*on* zu).

musingly ['mju:zɪŋlɪ] *adv see adj.*

musk [mʌsk] *n* **1.** (*secretion, smell*) Moschus *m*. **2.** (*Bot*) Moschuskraut *nt*.

musk deer *n* Moschustier *nt*, Moschushirsch *m*.

musketeer [ˌmʌskɪ'tɪə^r] *n* Musketier *m*.

musk-melon ['mʌskmelən] *n* Zucker- *or* Gartenmelone *f*; **musk-ox** *n* Moschusochse *m*; **muskrat** *n* Bisamratte *f*; **musk-rose** *n* Moschusrose *f*.

musky ['mʌskɪ] *adj* (+*er*) moschusartig; *smell* Moschus-; *aftershave etc* nach Moschus riechend.

Muslim ['mʊzlɪm] *adj, n see* **Moslem.**

muslin ['mʌzlɪn] **I** *n* Musselin *m*. **II** *adj* Musselin-, aus Musselin.

musquash ['mʌskwɒʃ] *n* Bisamratte *f*.

muss [mʌs] (*US inf*) **I** *n* Durcheinander *nt*. **to be in a ~** durcheinander (*inf*) *or* unordentlich sein. **II** *vt* (*also* **~ up**) in Unordnung bringen; *hair, room also* durcheinanderbringen (*inf*). **to get ~ed (up)** in Unordnung geraten.

mussel ['mʌsl] *n* (Mies)muschel *f*. **~ bed** Muschelbank *f*.

mussy ['mʌsɪ] *adj* (+*er*) (*US inf*) unordentlich, durcheinander *pred* (*inf*).

must¹ [mʌst] **I** *vb aux present tense only* **1.** müssen. **you ~ (go and) see this church** Sie müssen sich (*dat*) diese Kirche unbedingt ansehen; **do it if you ~** tu, was du nicht lassen kannst; **~ you/I?** *etc* (*really?*) ja (wirklich)?; (*do you/I have to?*) muß das sein?; **we ~ away** (*old*) wir müssen fort.

2. (*in neg sentences*) dürfen. **I ~n't forget that** ich darf das nicht vergessen.

3. (*be certain to*) **he ~ be there by now** er ist inzwischen bestimmt da; **he (surely) ~ be there by now** er *muß* doch inzwischen da sein; **I ~ have lost it** ich muß es verloren haben; **you ~ have heard of him** Sie haben bestimmt schon von ihm gehört; (*with stress on ~*) Sie müssen doch schon von ihm gehört haben; **he ~ be older than that** er muß älter sein; **there ~ be a reason why he didn't come** er hat bestimmt einen Grund *or* (*with stress on ~*) er muß doch einen Grund haben, weshalb er nicht gekommen ist; **it ~ be about 3 o'clock** es wird wohl (so) etwa 3 Uhr sein, es muß so gegen 3 Uhr sein; **I ~ have been dreaming** da habe ich wohl geträumt; **I ~ have been mad** ich muß (wohl) wahnsinnig gewesen sein; **you ~ be crazy!** du bist ja *or* wohl wahnsinnig!

4. (*showing annoyance*) müssen. **he ~ come just then/now** natürlich mußte/muß er gerade da/jetzt kommen.

II *n* (*inf*) Muß *nt*. **a sense of humour/an umbrella is a ~** man braucht unbedingt Humor/einen Schirm, Humor/ein Schirm ist unerläßlich; **tighter security is a ~** bessere Sicherheitskontrollen sind unerläßlich; **this novel/programme is a ~ for everyone** diesen Roman/dieses Programm muß man einfach *or* unbedingt gelesen/ gesehen haben.

must² *n* (*mustiness*) Muffigkeit *f*.

mustache *n* (*US*) *see* **moustache.**

mustang ['mʌstæŋ] *n* Mustang *m*.

mustard ['mʌstəd] **I** *n* Senf *m*; (*colour*) Senfgelb *nt*. **to be as keen as ~** Feuer und Flamme sein. **II** *attr flavour, smell* Senf-; (*yellow*) senffarben.

mustard *in cpds* Senf-; **~ plaster** Senfpackung *f*; **~ yellow** senfgelb.

muster ['mʌstə¹] **I** *n* (*esp Mil: assembly*) Appell *m*; (*cattle* ~) Zusammentreiben *nt* der Herde. **to pass ~** (*fig*) den Anforderungen genügen.

II *vt* **1.** (*summon*) versammeln, zusammenrufen; (*esp Mil*) antreten lassen; *cattle* zusammentreiben.

2. (*manage to raise: also* **~ up**) zusammenbekommen, aufbringen; (*fig*) *powers of deduction, intelligence, strength etc* aufbieten; *strength, courage* aufbringen; *all one's courage* zusammennehmen.

III *vi* sich versammeln; (*esp Mil*) (zum Appell) antreten.

◆**muster in** *vt sep* (*US Mil*) einziehen.
◆**muster out** *vt sep* (*US*) *troops* entlassen.

mustiness ['mʌstɪnɪs] *n* Muffigkeit *f*.

mustn't ['mʌsnt] *contr of* **must not.**

musty ['mʌstɪ] *adj* (+*er*) *air* muffig; *books* moderig.

mutability [ˌmjuːtə'bɪlɪtɪ] *n* Wandlungsfähigkeit, Mutabilität (*spec*) *f*.

mutable ['mjuːtəbl] *adj* variabel, veränderlich; (*Biol*) mutabel.

mutant ['mjuːtənt] **I** *n* Mutante (*spec*), Mutation *f*. **II** *adj* Mutations-.

mutate [mjuː'teɪt] **I** *vi* sich verändern; (*Biol*) mutieren (*to* zu); (*Ling*) sich verwandeln (*to* in +*acc*). **II** *vt* wandeln; (*Biol*) zu einer Mutation führen bei.

mutation [mjuː'teɪʃən] *n* (*process*) Veränderung *f*; (*result*) Variante *f*; (*Biol*) Mutation *f*; (*Ling*) Wandel *m* (*to* zu).

mute [mjuːt] **I** *adj* stumm (*also Ling*); *amazement, rage* sprachlos. **II** *n* **1.** (*dumb person*) Stumme(r) *mf*. **2.** (*hired mourner*) Totenkläger *m*; (*woman*) Klageweib *nt*. **3.** (*Mus*) Dämpfer *m*. **III** *vt* dämpfen.

muted ['mjuːtɪd] *adj* gedämpft; (*fig*) *criticism etc* leise, leicht.

mutilate ['mjuːtɪleɪt] *vt person, animal, story, play* verstümmeln; *painting, building etc* verschandeln (*inf*).

mutilation [ˌmjuːtɪ'leɪʃən] *n see vt* Verstümmelung *f*; Verschandelung *f* (*inf*).

mutineer [ˌmjuːtɪ'nɪə¹] *n* Meuterer *m*.

mutinous ['mjuːtɪnəs] *adj* (*Naut*) meuterisch, aufrührerisch; (*fig*) rebellisch.

mutiny ['mjuːtɪnɪ] (*Naut, fig*) **I** *n* Meuterei *f*. **II** *vi* meutern.

mutt [mʌt] *n* (*pej sl*) (*dog*) Köter *m*; (*idiot*) Dussel *m* (*inf*).

mutter ['mʌtə¹] **I** *n* Murmeln, Gemurmel *nt*; (*of discontent*) Murren *nt*.

II *vt* murmeln, brummeln. **they ~ed their discontent** sie murrten unzufrieden.

III *vi* murmeln; (*with discontent*) murren.

muttering ['mʌtərɪŋ] *n* (*act*) Gemurmel *nt*; (*with discontent*) Murren *nt*; (*remark*) Gemurmel *nt no pl*; Meckerei *f* (*inf*).

mutton ['mʌtn] *n* Hammel(fleisch *nt*) *m*. **as dead as ~** mausetot (*inf*); **she's ~ dressed as lamb** (*inf*) sie macht auf jung (*inf*).

mutual ['mjuːtjʊəl] *adj* (*reciprocal*) *trust, respect, affection etc* gegenseitig; (*bilateral*) *troop withdrawals, efforts, détente, satisfaction* beiderseitig; (*shared, in common*) *friends, dislikes etc* gemeinsam. **it would be for our ~ benefit** es wäre für uns beide von Vorteil *or* zu unser beider Nutzen (*form*); **the feeling is ~** das beruht (ganz) auf Gegenseitigkeit; **~ insurance** Versicherung *f* auf Gegenseitigkeit.

mutuality [ˌmjuːtjʊ'ælɪtɪ] *n* Gegenseitigkeit *f*.

mutually ['mjuːtjʊəlɪ] *adv* beide; (*reciprocally*) *distrust* gegenseitig; *satisfactory, beneficial* für beide Seiten; *agreed, rejected* von beiden Seiten.

muzak ® ['mjuːzæk] *n* Berieselungsmusik *f* (*inf*).

muzziness ['mʌzɪnɪs] *n see adj* Benommenheit *f*; Verschwommenheit *f*; Verzerrtheit *f*.

muzzle ['mʌzl] **I** *n* **1.** (*snout, mouth*) Maul *nt*. **2.** (*for dog etc*) Maulkorb *m*. **3.** (*of gun*) Mündung *f*; (*barrel*) Lauf *m*. **II** *vt animal* einen Maulkorb um- *or* anlegen (+*dat*); (*fig*) *critics, the press* mundtot machen; *criticism, protest* ersticken.

muzzy ['mʌzɪ] *adj* (+*er*) (*dizzy, dazed*) benommen, benebelt; (*blurred*) *view, memory etc* verschwommen; *noise* verzerrt.

MW *abbr of* **medium wave** MW.

my [maɪ] **I** *poss adj* mein. **I've hurt ~ leg/ arm** *etc* ich habe mir das Bein/den Arm *etc* verletzt; **~ father and mother** mein Vater und meine Mutter; **in ~ country** bei uns, in meinem Land (*form*); **I've got a car/ problems of ~ own** ich habe mein eigenes Auto/meine eigenen Probleme, ich habe selbst ein Auto/Probleme.
    II *interj* (*surprise*) (du) meine Güte, du liebe Zeit; (*delight*) ach, oh. **~, ~, hasn't she grown!** nein so was, die ist vielleicht groß geworden.

myna(h) bird ['maɪnəˌbɜːd] *n* Hirtenstar *m*.

myopia [maɪ'əʊpɪə] *n* Kurzsichtigkeit *f*.

myopic [maɪ'ɒpɪk] *adj* kurzsichtig.

myriad ['mɪrɪəd] **I** *n* Myriade *f*. **a ~ of** Myriaden von. **II** *adj* (*innumerable*) unzählige.

myrrh [mɜː^r] *n* Myrrhe *f*.

myrtle ['mɜːtl] *n* Myrte *f*.

myself [maɪ'self] *pers pron* **1.** (*dir obj, with prep* +*acc*) mich; (*indir obj, with prep* + *dat*) mir. **I said to ~** ich sagte mir; **singing to ~** vor mich hin singend; **I wanted to see (it) for ~** ich wollte es selbst *or* selber sehen; **I tried it out on ~** ich habe es an mir selbst *or* selber ausprobiert; **I addressed the letter to ~** ich habe den Brief an mich selbst adressiert.
    2. (*emph*) (ich) selbst. **my wife and ~** meine Frau und ich; **I did it ~** ich habe es selbst gemacht; **I thought/said so ~** das habe ich auch gedacht/gesagt; **... if I say so or it ~** ... auch wenn es ich selbst sage; **(all) by ~** (ganz) allein(e); **I'll go there ~** ich gehe selbst hin; **I ~ believe or ~, I believe that ...** ich persönlich *or* ich selbst bin der Ansicht, ...; **~, I doubt it** ich für meinen Teil bezweifle das.
    3. (*one's normal self*) **I'm not (feeling) ~ today** mit mir ist heute etwas nicht in Ordnung *or* irgend etwas los; (*healthwise also*) ich bin heute nicht ganz auf der Höhe; **I didn't look ~ in that dress** das Kleid paßte überhaupt nicht zu mir; **I**

tried to be just ~ ich versuchte, mich ganz natürlich zu benehmen.

mysterious [mɪ'stɪərɪəs] *adj* (*puzzling*) rätselhaft, mysteriös; (*secretive*) geheimnisvoll; *atmosphere, stranger* geheimnisvoll. **she is being quite ~ about it/him** sie macht ein großes Geheimnis daraus/um ihn; **why are you being so ~?** warum tust du so geheimnisvoll?

mysteriously [mɪ'stɪərɪəslɪ] *adv vague, unwilling, pleased* sonderbar; (*puzzlingly*) *vanish, change* auf rätselhafte *or* geheimnisvolle *or* mysteriöse Weise; *disappointed, missing* unerklärlicherweise; (*secretively*) geheimnisvoll.

mystery ['mɪstərɪ] *n* (*puzzle*) Rätsel *nt*; (*secret*) Geheimnis *nt*. **to be shrouded or veiled or surrounded in ~** von einem Geheimnis umwittert *or* umgeben sein; **there's no ~ about it** da ist überhaupt nichts Geheimnisvolles dabei; **it's a ~ to me** das ist mir schleierhaft *or* ein Rätsel; **don't make a great ~ out of it!** mach doch kein so großes Geheimnis daraus!; **why all the ~?** was soll denn die Geheimnistuerei?

mystic ['mɪstɪk] **I** *adj* mystisch; *writing, words, beauty also* geheimnisvoll. **II** *n* Mystiker(in *f*) *m*.

mystical ['mɪstɪkəl] *adj* mystisch.

mysticism ['mɪstɪsɪzəm] *n* Mystizismus *m*; (*of poetry etc*) Mystik *f*, Mystische(s) *nt*.

mystification [ˌmɪstɪfɪ'keɪʃən] *n* (*bafflement*) Verwunderung, Verblüffung *f*; (*act of bewildering*) Verwirrung *f*. **he put an end to my ~ by explaining ...** das Rätsel löste sich für mich, als er mir erklärte ...

mystify ['mɪstɪfaɪ] *vt* vor ein Rätsel stellen. **his explanation mystified us all** seine Erklärung blieb uns allen ein Rätsel; **I was completely mystified by the whole business** die ganze Sache war mir ein völliges Rätsel *or* völlig schleierhaft (*inf*); **the conjurer's tricks mystified the audience** die Kunststücke des Zauberers verblüfften das Publikum; **~ing** unerklärlich.

mystique [mɪ'stiːk] *n* geheimnisvoller Nimbus. **modern women have little ~, there is little ~ about modern women** die moderne Frau hat wenig Geheimnisvolles an sich.

myth [mɪθ] *n* Mythos *m*; (*fig*) Märchen *nt*. **it's a ~** (*fig*) das ist doch ein Gerücht.

mythical ['mɪθɪkəl] *adj* mythisch, sagenhaft; (*fig*) erfunden. **~ figure/character** Sagengestalt *f*; **~ story** Mythos *m*, Sage *f*.

mythological [ˌmɪθə'lɒdʒɪkəl] *adj* mythologisch.

mythology [mɪ'θɒlədʒɪ] *n* Mythologie *f*.

myxomatosis [ˌmɪksəʊmə'təʊsɪs] *n* Myxomatose *f*.

N

N, n [en] *n* N, n *nt*.
N *abbr of* **north** N.
n 1. (*Math*) n. **2. 'n** (*inf*) = **and. 3.** (*inf: many*) x (*inf*). ~ **times** x-mal (*inf*).
n *abbr of* **1. noun** Subst. **2. neuter** *nt*.
NAACP (*US*) *abbr of* **National Association for the Advancement of Colored People** *Vereinigung zur Unterstützung Farbiger*.
Naafi ['næfɪ] *abbr of* **Navy, Army and Air Force Institutes** (*shop*) Laden *m* der britischen Armee; (*canteen*) Kantine *f* der britischen Armee.
nab [næb] *vt* (*inf*) **1.** (*catch*) erwischen; (*police also*) schnappen (*inf*). **2.** (*take for oneself*) sich (*dat*) grapschen (*inf*). **somebody had ~bed my seat** mir hatte jemand den Platz geklaut (*inf*).
nadir ['neɪdɪəʳ] *n* **1.** (*Astron*) Nadir, Fußpunkt *m*. **2.** (*fig*) Tiefstpunkt *m*. **the ~ of despair** tiefste Verzweiflung.
nag¹ [næg] **I** *vt* (*find fault with*) herumnörgeln an (+*dat*); (*pester*) keine Ruhe lassen (+*dat*) (*for wegen*). **don't ~ me** nun laß mich doch in Ruhe!; **to ~ sb to do sth** jdm die Hölle heiß machen, damit er etw tut; **she kept on ~ging him until he did it** sie hat ihm so lange zugesetzt *or* keine Ruhe gelassen, bis er es machte; **one thing that's been ~ging me for some time is …** was mich schon seit einiger Zeit plagt *or* nicht in Ruhe läßt, ist …
II *vi* (*find fault*) herumnörgeln, meckern (*inf*); (*be insistent*) keine Ruhe geben. **to ~ at sb** an jdm herumnörgeln, jdm keine Ruhe lassen; **stop ~ging** hör auf zu meckern (*inf*).
III *n* (*fault-finder*) Nörgler(in *f*) *m*; (*woman also*) Meckerliese, Meckerziege *f* (*inf*); (*man also*) Meckerfritze *m* (*inf*); (*pestering*) Quälgeist *m*. **don't be a ~** nun meckre nicht immer (*inf*).
nag² *n* (*old horse*) Klepper *m*, Mähre *f*; (*inf: horse*) Gaul *m*.
nagger ['nægəʳ] *n see* **nag¹ III.**
nagging ['nægɪŋ] **I** *adj* **1.** *wife* meckernd (*inf*), nörglerisch; (*pestering*) ewig drängend. **2.** *pain* dumpf; *worry, doubt* quälend. **II** *n* (*fault-finding*) Meckern *nt* (*inf*), Nörgelei *f*; (*pestering*) ewiges Drängen.
nail [neɪl] **I** *n* **1.** (*Anat*) Nagel *m*. **2.** (*Tech*) Nagel *m*. **as hard as ~s** knallhart (*inf*), (*unheimlich*) hart; (*physically*) zäh wie Leder; **on the ~** (*fig inf*) auf der Stelle, sofort; **to hit the ~ (right) on the head** (*fig*) den Nagel auf den Kopf treffen; **to drive a ~ into sb's coffin, to be a ~ in sb's coffin** (*fig*) ein Nagel zu jds Sarg sein.
II *vt* **1.** (*fix with ~s, put ~s into*) nageln. **to ~ sth to the floor/door/wall** etw an den Boden/an die Tür/Wand nageln, etw auf dem Boden/an der Tür/Wand festnageln;

he ~**ed his opponent to the canvas** er pinnte seinen Gegner auf die Matte (*inf*). **2.** (*fig*) *person* festnageln. **panic ~ed him to his chair** Furcht fesselte ihn an den Stuhl; **to be ~ed to the spot** *or* **ground** wie auf der Stelle festgenagelt sein; **they ~ed the contract** sie haben den Vertrag unter Dach und Fach gebracht. **3.** (*inf*) **to ~ sb** sich (*dat*) jdn schnappen (*inf*); (*charge also*) jdn drankriegen (*inf*).
◆**nail down** *vt sep* **1.** (*lit*) *box* zunageln; *carpet, lid* festnageln. **2.** (*fig*) *person* festnageln (*to* auf +*acc*). **I ~ed him ~ to coming at 6 o'clock** ich nagelte ihn auf 6 Uhr fest.
◆**nail up** *vt sep picture etc* annageln; *door, window* vernageln; *box* zunageln; *goods* in Kisten verpacken und vernageln.
nail *in cpds* Nagel-; **nail-biting I** *n* Nägelkauen *nt*; **II** *adj* (*inf*) *terror* atemberaubend; *suspense also* atemlos; *match* spannungsgeladen; **nail-brush** *n* Nagelbürste *f*; **nail-clippers** *npl* Nagelknipser *m*; **nail-file** *n* Nagelfeile *f*; **nail polish** *n* Nagellack *m*; **nail polish remover** *n* Nagellackentferner *m*; **nail scissors** *npl* Nagelschere *f*; **nail varnish** *n* (*Brit*) Nagellack *m*.
naïve [naɪˈiːv] *adj* (+*er*) naiv; *person, remark also* einfältig.
naïvely [naɪˈiːvlɪ] *adv* naiv. **he ~ believed me** er war so naiv, mir zu glauben.
naïveté [naɪˈiːvteɪ], **naïvety** [naɪˈiːvtɪ] *n* Naivität *f*; (*of person also*) Einfalt *f*.
naked ['neɪkɪd] *adj* **1.** *person* nackt, unbekleidet, bloß (*liter*). **to go ~** nackt *or* nackend (*inf*) gehen; **I feel ~ without my wristwatch/make-up** ich fühle mich ohne meine Armbanduhr unangezogen/ohne Make-up nackt und bloß; (**as**) ~ **as the day (that) he was born** splitterfasernackt (*hum*). **2.** *branch* nackt, kahl; *countryside* kahl; *sword* bloß, blank, nackt; *flame, light* offen; *truth, facts* nackt. **the ~ eye** das bloße *or* unbewaffnete Auge; **a room with one ~ light** ein Zimmer, in dem nur eine Glühbirne hing.
nakedness ['neɪkɪdnɪs] *n* Nacktheit *f*.
NALGO ['nælgəʊ] (*Brit*) *abbr of* **National Association of Local Government Officers** Beamtenverband *m*.
namby-pamby ['næmbɪˈpæmbɪ] (*inf*) **I** *n* Mutterkind *nt*; (*boy also*) Muttersöhnchen *nt*. **II** *adj person* verweichlicht, verzärtelt (*inf*); (*indecisive*) unentschlossen.
name [neɪm] **I** *n* **1.** Name *m*. **what's your ~?** wie heißen Sie?, wie ist Ihr Name? (*form*); **my ~ is …** ich heiße …, mein Name ist … (*form*); **a man by the ~ of Gunn** ein Mann namens *or* mit Namen Gunn; **I know him only by ~** ich kenne ihn nur dem Namen nach; **he knows all his customers by ~** er kennt alle seine Kun-

den bei Namen; **to refer to sb/sth by** ~ jdn/ etw namentlich *or* mit Namen nennen; **in** ~ **alone** *or* only nur dem Namen nach; **a marriage in** ~ **only** *or* **in** ~ **alone** eine nur auf dem Papier bestehende Ehe; **I won't mention any** ~s ich möchte keine Namen nennen; **he writes under the** ~ **of X** er schreibt unter dem Namen X; **fill in your** ~s **and address(es)** Namen und Adresse eintragen; **what** ~ **shall I say?** wie ist Ihr Name, bitte?; *(on telephone)* wer ist am Apparat?; *(before showing sb in)* wen darf ich melden?; **to have one's** ~ **taken** *(Ftbl, Police etc)* aufgeschrieben werden; **in the** ~ **of** im Namen (+*gen*); **stop in the** ~ **of the law** halt, im Namen des Gesetzes; **in the** ~ **of goodness/God** um Himmels/ Gottes willen; **I'll put my/your** ~ **down** *(on list, in register etc)* ich trage mich/dich ein; *(for school, class, excursion, competition etc)* ich melde mich/dich an *(for* zu, *for a school* in einer Schule); *(for tickets, goods etc)* ich lasse mich/dich vormerken; *(on waiting list)* ich lasse mich *or* meinen Namen/dich *or* deinen Namen auf die Warteliste setzen; **to put one's** ~ **down for a vacancy** sich um *or* für eine Stelle bewerben; **I'll put your** ~ **down, Sir/ Madam** ich werde Sie vormerken, mein Herr/ meine Dame; **to call sb** ~s jdn beschimpfen; **you can call me all the** ~s **you like ...** ich kann mich nennen, wie du willst ...; **not to have a penny/cent to one's** ~ völlig pleite sein *(inf)*; **what's in a** ~? was ist *or* bedeutet schon ein Name?, Name ist Schall und Rauch *(Prov)*; **in all but** ~ praktisch; **that's the** ~ **of the game** *(inf)* darum geht es; **I'll do it or my** ~ **'s not Bob Brown** ich mache das, so wahr ich Bob Brown heiße; ~s **cannot hurt me** man kann mich nennen, wie man will.

2. *(reputation)* Name, Ruf *m.* **to have a good/bad** ~ einen guten/schlechten Ruf *or* Namen haben; **to get a bad** ~ in Verruf kommen; **to give sb a bad** ~ jdn in Verruf bringen; **to make one's** ~ **as, to make a** ~ **for oneself** as sich *(dat)* einen Namen machen als; **to make one's** ~ berühmt werden; **this book made his** ~ mit diesem Buch machte er sich einen Namen; **to have a** ~ **for sth** für etw bekannt sein.

II *vt* **1.** *(call by a* ~, *give a* ~ *to) person* nennen; *plant, star etc* bezeichnen, einen Namen geben (+*dat*); *ship* taufen, einen Namen geben (+*dat*). **I** ~ **this child/ ship X** ich taufe dieses Kind/Schiff auf den Namen X; **a person** ~d **Smith** jemand namens *or* mit Namen Smith; **the child is** ~d **Peter** das Kind hat den *or* hört auf den Namen Peter; **to** ~ **a child after** *or (US)* **for** sb ein Kind nach jdm nennen; **he was** ~d **as the thief/culprit/victim** er wurde als der Dieb/der Schuldige/das Opfer genannt *or* bezeichnet; **to** ~ **names** Namen nennen.

2. *(appoint, nominate)* ernennen. **to** ~ **sb mayor/as leader** jdn zum Bürgermeister/Führer ernennen; **to** ~ **sb for the post of mayor** jdn für das Amt des Bürgermeisters vorschlagen; **he has been** ~d **as Nobel Prize winner** ihm wurde der Nobelpreis verliehen; **they** ~d **him (as) footballer of the year** sie haben ihn zum

Fußballer des Jahres gewählt *or* ernannt. **3.** *(describe, designate)* **to** ~ **sb (as) sth** jdn als etw bezeichnen. **4.** *(specify, list)* nennen. ~ **the main plays by Shakespeare** nenne mir die wichtigsten Dramen Shakespeares; ~ **your price** nennen Sie Ihren Preis; **to** ~ **the day** *(inf)* den Hochzeitstag festsetzen; **you** ~ **it, they have it/he's done it** es gibt nichts, was sie nicht haben/was er nicht gemacht hat.

name-day ['neɪmdeɪ] *n* Namenstag *m*; **name-drop** *vi (inf)* berühmte Bekannte in die Unterhaltung einfließen lassen; **she's always** ~ping sie muß dauernd erwähnen, wen sie alles kennt; **name-dropper** *n (inf)* **he's a terrible** ~ er muß dauernd erwähnen, wen er alles kennt; **name-dropping** *n (inf)* Angeberei *f (inf)* mit berühmten Bekannten; **nameless** *adj* **1.** *(unknown) person* unbekannt; *author also* namenlos; **2.** *(undesignated)* namenlos; **a person who shall be/remain** ~ jemand, der nicht genannt werden soll/ der ungenannt bleiben soll; **3.** *(undefined) sensation, emotion* unbeschreiblich; *longing, terror, suffering also* namenlos; **4.** *(shocking) vice, crime* unaussprechlich.

namely ['neɪmlɪ] *adv* nämlich.

name-plate ['neɪmpleɪt] *n* Namensschild *nt*; *(on door also)* Türschild *nt*; *(on business premises)* Firmenschild *nt*; **namesake** *n (man)* Namensvetter *m*; *(woman)* Namensschwester *f*; **name-tape** *n* Wäschezeichen *nt*.

Namibia [næˈmɪbɪə] *n* Namibia *nt*.

nankeen [nænˈkiːn] *n*, *no pl (cloth)* Nanking(stoff *m*) *m or nt*.

nanny ['nænɪ] *n* **1.** Kindermädchen *nt*. **2.** *(inf: also* **nanna**) Oma, Omi *f (inf)*. **3.** *(also* ~-**goat**) Geiß, Ziege *f*.

nap¹ [næp] **I** *n* Schläfchen, Nickerchen *nt*. **afternoon** ~ Nachmittagsschläfchen *nt*; **to have** *or* **take a** ~ ein Schläfchen *or* ein Nickerchen machen. **II** *vi* **to catch sb** ~ping *(fig)* jdn überrumpeln.

nap² *n (Tex)* Flor *m*; *(Sew)* Strich *m*.

nap³ *(Racing)* **I** *vt winner, horse* setzen auf (+*acc*). **II** *n* Tip *m.* **to select a** ~ auf ein bestimmtes Pferd setzen.

napalm ['neɪpɑːm] **I** *n* Napalm *nt*. **II** *vt* mit Napalm bewerfen.

napalm bomb *n* Napalmbombe *f*; **napalm bombing** *n* Abwurf *m* von Napalmbomben.

nape [neɪp] *n (usu:* ~ **of the/one's neck)** Nacken *m*, Genick *nt*.

naphthalene ['næfθəliːn] *n* Naphthalin *nt*.

napkin ['næpkɪn] *n* **1.** *(table* ~) Serviette *f*. **2.** *(for baby)* Windel *f*; *(US: sanitary* ~) (Damen)binde *f*.

Naples ['neɪplz] *n* Neapel *nt*.

nappy ['næpɪ] *n (Brit)* Windel *f*.

narcissi [nɑːˈsɪsaɪ] *pl of* **narcissus 1.**

narcissism [nɑːˈsɪsɪzəm] *n* Narzißmus *m*.

narcissistic [ˌnɑːsɪˈsɪstɪk] *adj* narzißtisch.

narcissus [nɑːˈsɪsəs] *n* **1.** *pl* **narcissi** *(Bot)* Narzisse *f*. **2.** *(Myth)* N~ Narziß *m*.

narcosis [nɑːˈkəʊsɪs] *n* Narkose *f*.

narcotic [nɑːˈkɒtɪk] **I** *adj* **1.** ~ **substance/**

drug Rauschgift *nt*; **in a ~ stupor** vom Rauschgift benommen. **2.** (*Med*) narkotisch. **II** *n* **1.** Rauschgift *nt*. **the ~s squad** das Rauschgiftdezernat. **2.** (*Med*) Narkotikum *nt*.

nark [nɑːk] (*Brit*) **I** *vt* (*inf*) ärgern. **to get/feel ~ed** wütend werden/sich ärgern. **II** *n* (*sl*) Spitzel *m*.

narrate [nəˈreɪt] *vt* erzählen; *events, journey etc* schildern.

narration [nəˈreɪʃən] *n* Erzählung *f*; (*of events, journey*) Schilderung *f*.

narrative [ˈnærətɪv] **I** *n* **1.** (*story*) Erzählung *f*; (*account*) Schilderung *f*; (*text*) Text *m*. **writer of ~** erzählender Autor. **2.** (*act of narrating*) Erzählen *nt*; (*of events, journey*) Schilderung *f*. **II** *adj* erzählend; *ability etc* erzählerisch. **~ poem** Ballade *f*; (*modern*) Erzählgedicht *nt*.

narrator [nəˈreɪtəʳ] *n* Erzähler(in *f*) *m*.

narrow [ˈnærəʊ] **I** *adj* (+*er*) **1.** eng; *road, path, passage, valley also, shoulders, hips* schmal.

2. (*fig*) *person, attitudes, ideas* engstirnig, beschränkt; *views also, sense, meaning, interpretation* eng; *existence* beschränkt; *majority, victory* knapp; *scrutiny* peinlich genau. **to have a ~ mind** engstirnig sein; **to have a ~ escape** gerade noch einmal davonkommen; **that was a ~ escape/squeak** (*inf*) das war knapp.

3. (*Ling*) *vowel* geschlossen. **II** *n* **~s** *pl* enge Stelle. **III** *vt road etc* enger machen, verengen. **to ~ the field** (*fig*) die Auswahl reduzieren (*to* auf +*acc*); **with ~ed eyes** mit zusammengekniffenen Augen.

IV *vi* enger werden, sich verengen.

◆**narrow down** (*to* auf +*acc*) **I** *vi* sich beschränken; (*be concentrated*) sich konzentrieren. **the question ~s ~ to this** die Frage läuft darauf hinaus.

II *vt sep* (*limit*) beschränken, einschränken; *possibilities etc* beschränken; (*concentrate*) konzentrieren. **that ~s it ~ a bit** dadurch wird die Auswahl kleiner.

narrowly [ˈnærəʊlɪ] *adv* **1.** (*by a small margin*) *escape* mit knapper Not. **he ~ escaped being knocked down** er wäre um ein Haar or beinahe überfahren worden; **you ~ missed (seeing) him** du hast ihn gerade verpaßt.

2. *interpret* eng; *examine* peinlich genau. **she looks at things/life much too ~** sie sieht die Dinge/das Leben viel zu eng.

narrow-minded *adj*, **narrow-mindedly** [ˌnærəʊˈmaɪndɪd, -lɪ] *adv* engstirnig; **narrow-mindedness** *n* Engstirnigkeit *f*.

NASA [ˈnæsə] *abbr of* **National Aeronautics and Space Administration** die NASA (*amerikanische Luftfahrtbehörde*).

nasal [ˈneɪzəl] **I** *adj* **1.** (*Anat*) Nasen-. **2.** *sound* nasal, Nasal-; *accent, voice, intonation* näselnd. **to speak in a ~ voice** durch die Nase sprechen, näseln. **II** *n* (*Ling*) Nasal(laut) *m*.

nasalize [ˈneɪzəlaɪz] *vt* nasalieren.

nasally [ˈneɪzəlɪ] *adv pronounce* nasal; *speak* durch die Nase, näselnd.

nascent [ˈnæsnt] *adj* **1.** (*liter*) *republic, world, culture* werdend, im Entstehen

begriffen; *state* Entwicklungs-; *doubt, hope, pride* aufkommend. **2.** (*Chem*) naszierend.

nastily [ˈnɑːstɪlɪ] *adv* **1.** (*unpleasantly*) scheußlich; *speak, say* gehässig, gemein; *behave also* gemein. **to speak ~ to sb** zu jdm gehässig sein, jdn angiften (*inf*). **2.** (*awkwardly, dangerously*) *fall, cut oneself* böse, schlimm; *skid, veer* gefährlich. **his arm was ~ broken** er hat sich (*dat*) den Arm schlimm gebrochen.

nastiness [ˈnɑːstɪnɪs] *n, no pl* **1.** *see adj 1.* Scheußlichkeit *f*; Ekelhaftigkeit *f*; Abscheulichkeit *f*; Schmutzigkeit *f*; Gefährlichkeit *f*.

2. (*of behaviour etc*) Gemeinheit *f*; (*of person also*) Bosheit *f*; (*of remarks etc also*) Gehässigkeit *f*; (*behaviour*) gemeines *or* scheußliches Benehmen (*to* gegenüber); (*remarks*) Gehässigkeit(en *pl*) *f* (*to(wards)* gegenüber).

3. (*see adj 3.*) Anstößigkeit *f*; Ekelhaftigkeit *f*. **the ~ of his mind** seine üble *or* schmutzige Phantasie.

nasturtium [nəˈstɜːʃəm] *n* (Kapuziner)kresse *f*, Kapuziner *m*.

nasty [ˈnɑːstɪ] *adj* (+*er*) **1.** (*unpleasant*) scheußlich; *smell, taste also, medicine* ekelhaft, widerlich; *weather, habit also* abscheulich, übel; *surprise also* böse, unangenehm; (*serious*) *break, cough, wound also* böse, schlimm; (*objectionable*) *crime, behaviour, language, word, names* abscheulich; (*dirty*) schmutzig; (*dangerous*) *virus, disease* böse, gefährlich; *corner, bend, fog* böse, übel, gefährlich. **that's a ~-looking sky/cut** der Himmel/der Schnitt sieht böse aus; **she had a ~ fall** sie ist böse *or* schlimm gefallen; **he has a ~ look in his eyes** sein Blick verheißt nichts Gutes; **to turn ~** (*situation, person*) unangenehm werden; (*animal*) wild werden; (*weather*) schlecht werden, umschlagen; **events took a ~ turn** die Dinge nahmen eine Wendung zum Schlechten.

2. *person, behaviour* gemein, garstig; (*dated*), *fies* (*inf*); *trick* gemein, übel; (*spiteful*) *remark, person also* gehässig; *rumour* gehässig, übel. **he has a ~ temper** mit ihm ist nicht gut Kirschen essen; **that was a ~ thing to say/do** das war gemein *or* fies (*inf*); **you ~ little boy (you)!** du böser Junge; **what a ~ man** was für ein ekelhafter Mensch; **he's a ~ bit** *or* **piece of work** (*inf*) er ist ein übler Kunde (*inf*) *or* Typ (*inf*); **he looks a ~ bit** *or* **piece of work** er sieht fies aus (*inf*).

3. (*offensive*) anstößig; *film, book also* ekelhaft, schmutzig. **to have a ~ mind** eine üble Phantasie haben; (*obsessed with sex*) eine schmutzige Phantasie haben.

natal [ˈneɪtl] *adj* Geburts-.

natality [nəˈtælɪtɪ] *n* (*esp US*) Geburtsziffer *f*.

nation [ˈneɪʃən] *n* Volk *nt*; (*people of one country*) Nation *f*. **people of all ~s** Menschen aller Nationen; **the voice of the ~** die Stimme des Volkes; **to address the ~** zum Volk sprechen; **the whole ~ watched him do it** das ganze Land sah ihm dabei zu; **the Sioux ~** die Siouxindianer *pl*, das

Volk der Sioux(indianer).

national ['næ∫ənəl] **I** *adj* national; *concern, problem, affairs also* das (ganze) Land betreffend, des Landes, des Staates; *interest, debt, income* Staats-, öffentlich; *strike, scandal* landesweit; *economy, wealth* Volks-; *security* Staats-; *team, character* National; *defence, language, church, religion* Landes-; *custom, monument* Volks-; *(not local) agreement, radio station etc* überregional; *(in names)* Staats-, staatlich. **the ~ papers** die überregionale Presse.

II *n* **1.** *(person)* Staatsbürger(in *f*) *m*. **foreign ~** Ausländer(in *f*) *m*; **Commonwealth ~s** Angehörige *pl* des Commonwealth.

2. *(inf: newspaper)* überregionale Zeitung.

3. *(Sport) see* **Grand N~**.

national anthem *n* Nationalhymne *f*; **national costume, national dress** *n* National- *or* Landestracht *f*; **National Guard** *n* *(esp US)* Nationalgarde *f*; **National Health** *adj attr* ≃ Kassen-; **National Health (Service)** *n* *(Brit)* Staatlicher Gesundheitsdienst *m*; **I got it on the ~** ≃ das hat die Krankenkasse bezahlt; **national holiday** *n* gesetzlicher *or* staatlicher Feiertag; **national insurance** *n* *(Brit)* Sozialversicherung *f*; **~ benefits** Arbeitslosen- und Krankengeld *nt*.

nationalism ['næ∫nəlɪzəm] *n* Nationalismus *m*. **feeling of ~** Nationalgefühl *nt*.

nationalist ['næ∫nəlɪst] **I** *adj* nationalistisch. **II** *n* Nationalist(in *f*) *m*.

nationalistic [‚næ∫nə'lɪstɪk] *adj* nationalistisch.

nationality [‚næ∫ə'nælɪtɪ] *n* Staatsangehörigkeit, Nationalität *f*. **what ~ is he?** welche Staatsangehörigkeit hat er?; **she is of German ~** sie hat die deutsche Staatsangehörigkeit; **the many nationalities present** die Menschen verschiedener Nationalitäten, die anwesend sind/waren.

nationalization [‚næ∫nəlaɪ'zeɪ∫ən] *n* Verstaatlichung *f*.

nationalize ['næ∫nəlaɪz] *vt industries etc* verstaatlichen.

nationally ['næ∫nəlɪ] *adv* *(as a nation)* als Nation; *(nation-wide)* im ganzen Land, landesweit.

national park *n* Nationalpark *m*; **national savings certificate** *n* *(Brit)* festverzinsliches öffentliches Sparpapier; **national service** *n* Wehrdienst *m*; **National Socialism** *n* der Nationalsozialismus; **National Socialist I** *n* Nationalsozialist(in *f*) *m*; **II** *adj* nationalsozialistisch.

nation-wide ['neɪ∫ən‚waɪd] *adj, adv* landesweit.

native ['neɪtɪv] **I** *adj* **1.** *land, country, town* Heimat-; *language* Mutter-; *product, costume, customs, habits, plants* einheimisch; *(associated with natives) question, quarters, labour* Eingeborenen-. **the ~ inhabitants** die Einheimischen *pl*; *(in colonial context)* die Eingeborenen *pl*; *(original inhabitants)* die Ureinwohner *pl*; **the ~ habitat of the tiger** der Heimat des Tigers; **my ~ Germany** mein Heimatland Deutschland; **a ~ German** ein gebür-

tiger Deutscher, eine gebürtige Deutsche; **to go ~** wie die Eingeborenen leben; **~ speaker** Muttersprachler(in *f*) *m*.

2. *(inborn) wit, quality* angeboren.

3. *metal* gediegen.

II *n* **1.** *(person)* Einheimische(r) *mf*; *(in colonial contexts)* Eingeborene(r) *mf*; *(original inhabitant)* Ureinwohner(in *f*) *m*. **a ~ of Britain/Germany** ein gebürtiger Brite/Deutscher, eine gebürtige Britin/Deutsche; **to speak German like a ~** Deutsch wie ein Deutscher sprechen.

2. to be a ~ of … *(plant, animal)* in … beheimatet sein.

native-born [‚neɪtɪv'bɔːn] *adj attr* gebürtig; **native country** *n* Heimatland, Vaterland *nt*; **native land** *n* Vaterland *nt*.

nativity [nə'tɪvɪtɪ] *n* Geburt *f*. **the N~** Christi Geburt *f*; *(picture)* die Geburt Christi; **~ play** Krippenspiel *nt*.

NATO ['neɪtəʊ] *abbr of* **North Atlantic Treaty Organization** die NATO.

natter ['nætər] *(Brit)* **I** *vi* *(gossip)* schwatzen *(inf)*; *(chatter also)* quasseln *(inf)*. **to ~ away in German** deutsch quasseln *(inf)*. **II** *n* Schwatz *m* *(inf)*. **to have a ~** einen Schwatz halten *(inf)*.

natty ['nætɪ] *adj* *(+er)* **1.** *(neat) dress* schick, schmuck *(dated)*; *person also* adrett. **2.** *(handy) tool, gadget* handlich.

natural ['næt∫rəl] **I** *adj* **1.** natürlich; *rights* naturgegeben, Natur-; *laws, forces, phenomena, religion, silk, sponge* Natur-. **it is ~ for you/him to think …** es ist nur natürlich, daß Sie denken/er denkt …; **~ resources** Naturschätze *pl*; **the ~ world** die Natur; **in its ~ state** im Naturzustand; **~ childbirth** natürliche Geburt; *(method)* die schmerzlose Geburt; **to die a ~ death** *or* **of ~ causes** eines natürlichen Todes sterben; **death from ~ causes** *(Jur)* Tod durch natürliche Ursachen; **to be imprisoned for the rest of one's ~ life** *(Jur)* eine lebenslängliche Gefängnisstrafe verbüßen; **a ~ son of Utah** in Utah geboren.

2. *(inborn) gift, ability, quality* angeboren. **to have a ~ talent for sth** eine natürliche Begabung für etw haben; **he is a ~ artist/comedian** er ist der geborene Künstler/Komiker; **it is ~ for birds to fly** Vögel können von Natur aus fliegen; **sth comes ~ to sb** etw fällt jdm leicht.

3. *(unaffected) manner* natürlich.

4. *(Math) number* natürlich.

5. *parents* leiblich; *(old) child* natürlich.

II *n* **1.** *(Mus) (sign)* Auflösungszeichen *nt*; *(note)* Note *f* ohne Vorzeichen; *(note with a ~ sign)* Note *f* mit Auflösungszeichen. **B ~/D ~** H, h/D, d; **you played F sharp instead of a ~** Sie haben fis statt f gespielt; *see also* **major, minor**.

2. *(inf: person)* Naturtalent *nt*. **he's a ~ for this part** diese Rolle ist ihm wie auf den Leib geschrieben.

3. *(inf: life)* Leben *nt*. **I've never heard the like in all my ~** ich habe so was mein Lebtag noch nicht gehört *(inf)*.

natural gas *n* Erdgas *nt*; **natural history** *n* Naturkunde *f*; *(concerning evolution)* Naturgeschichte *f*.

naturalism ['næt∫rəlɪzəm] *n* Naturalismus *m*.

naturalist ['nætʃrəlɪst] n 1. Naturforscher m. 2. (Art, Liter) Naturalist m.

naturalistic [,nætʃrə'lɪstɪk] adj (Art, Liter) naturalistisch.

naturalization [,nætʃrəlaɪ'zeɪʃən] n Naturalisierung, Einbürgerung f. ~ papers Einbürgerungsurkunde f.

naturalize ['nætʃrəlaɪz] vt 1. person einbürgern, naturalisieren. to become ~d eingebürgert werden. 2. animal, plants heimisch machen; word einbürgern. to become ~d heimisch werden/sich einbürgern.

naturally ['nætʃrəlɪ] adv 1. von Natur aus. 2. (not taught) natürlich, instinktiv. it comes ~ to him das fällt ihm leicht. 3. (unaffectedly) behave, speak natürlich, ungekünstelt. 4. (of course) natürlich.

naturalness ['nætʃrəlnɪs] n Natürlichkeit f.

natural philosophy n Naturwissenschaft, Naturlehre (old) f; **natural science** n Naturwissenschaft f; the ~s die Naturwissenschaften pl; **natural selection** n natürliche Auslese; **natural wastage** n natürliche Personalreduzierung.

nature ['neɪtʃəʳ] n 1. Natur f. N~ die Natur; laws of ~ Naturgesetze pl; against ~ gegen die Natur; in a state of ~ (uncivilized, inf: naked) im Naturzustand; to return to ~ (person) zur Natur zurückkehren; (garden) in den Naturzustand zurückkehren; to paint from ~ nach der Natur malen.
2. (of person) Wesen(sart f) nt, Natur f. cruel by ~ von Natur aus grausam.
3. (of object, material) Beschaffenheit f. it's in the ~ of things das liegt in der Natur der Sache.
4. (type, sort) Art f. things of this ~ derartiges; ... or something of that ~ ... oder etwas in der Art.

nature-lover ['neɪtʃə,lʌvəʳ] n Naturfreund m; **nature poet** n Naturdichter(in f) m; **nature reserve** n Naturschutzgebiet nt; **nature study** n Naturkunde f; **nature trail** n Naturlehrpfad m; **nature worship** n Naturverehrung f.

naturism ['neɪtʃərɪzəm] n Freikörperkultur f, FKK no art.

naturist ['neɪtʃərɪst] I n Anhänger(in f) m der Freikörperkultur, FKK-Anhänger(in f) m. II adj FKK-, Freikörperkultur-.

naught [nɔːt] n (old, form) see **nought 2**.

naughtily ['nɔːtɪlɪ] adv frech, dreist; (esp of child) say, remark ungezogen, frech; behave unartig, ungezogen.

naughtiness ['nɔːtɪnɪs] n see adj 1. Frechheit, Dreistigkeit f; Unartigkeit, Ungezogenheit f; Unartigkeit f, Ungehorsam m. 2. Unanständigkeit f.

naughty ['nɔːtɪ] adj (+er) 1. frech, dreist; child unartig, ungezogen; dog unartig, ungehorsam. you ~ boy/dog! du böser or unartiger Junge/Hund!; ~, ~! aber, aber!
2. (shocking) joke, word, story unanständig. ~! nein, wie unanständig!; the ~ nineties die frechen neunziger Jahre.

nausea ['nɔːsɪə] n (Med) Übelkeit f; (fig) Ekel m.

nauseate ['nɔːsɪeɪt] vt to ~ sb (Med) (bei)

jdm Übelkeit verursachen, in jdm Übelkeit erregen; (fig) jdn anwidern.

nauseating ['nɔːsɪeɪtɪŋ] adj sight, smell, violence, food ekelerregend; film, book, style gräßlich; overpoliteness widerlich; person ekelhaft, widerlich. to have a ~ effect (Med) Übelkeit verursachen (on sb bei) jdm); that is a ~ attitude bei der Einstellung kann einem übel werden.

nauseatingly ['nɔːsɪeɪtɪŋlɪ] adv widerlich.

nauseous ['nɔːsɪəs] adj 1. (Med) that made me (feel) ~ dabei wurde mir übel. 2. (fig) widerlich.

nautical ['nɔːtɪkəl] adj nautisch; chart also See-; prowess, superiority zur See, seefahrerisch; distance zur See; stories von der Seefahrt; language, tradition, appearance seemännisch. a ~ nation eine Seefahrernation; ~ mile Seemeile f.

nautically ['nɔːtɪkəlɪ] adv superior zur See, was die Seefahrt betrifft.

naval ['neɪvəl] adj Marine-; base, agreement, parade Flotten-; battle, forces See-. **naval academy** n Marineakademie f; **naval architect** n Schiffsbauingenieur m; **naval architecture** n Schiffsbau m; **naval aviation** n Seeflugwesen nt; **naval power** n Seemacht f; **naval warfare** n Seekrieg m.

nave [neɪv] n (of church) Haupt- or Mittel- or Längsschiff nt.

navel ['neɪvəl] n 1. (Anat) Nabel m. 2. (also ~ orange) Navelorange f.

navigable ['nævɪgəbl] adj 1. schiffbar. in a ~ condition (ship) seetüchtig. 2. balloon, airship lenkbar.

navigate ['nævɪgeɪt] I vi (in plane, ship) navigieren; (in car) dem Fahrer dirigieren; (in rally) der Beifahrer sein. who was navigating? (in plane, ship) wer war für die Navigation zuständig?; (in car) wer war der Beifahrer?; I don't know the route, you'll have to ~ ich kenne die Strecke nicht, du mußt mir sagen, wie ich fahren muß or du mußt mich dirigieren.
II vt 1. aircraft, ship, spaceship navigieren. to ~ sth through sth etw durch etw (hindurch)navigieren; (fig) etw durch etw hindurchschleusen; he ~d his way through the crowd er bahnte sich (dat) einen Weg durch die Menge.
2. (journey through) durchfahren; (plane, pilot) durchfliegen.

navigation [,nævɪ'geɪʃən] n 1. (act of navigating) Navigation f. 2. (shipping) Schiffsverkehr m. 3. (skill) (in ship, plane) Navigation f. how's your ~? (in car) bist du als Beifahrer gut zu gebrauchen?; his ~ was lousy, we got lost (in car) er hat mich so schlecht dirigiert, daß wir uns verirrt haben.

navigator ['nævɪgeɪtəʳ] n (Naut) Navigationsoffizier m; (Aviat) Navigator m; (Mot) Beifahrer m.

navvy ['nævɪ] n (Brit) Bauarbeiter m; (on road also) Straßenarbeiter m.

navy ['neɪvɪ] I n 1. (Kriegs)marine f. to serve in the ~ in der Marine dienen; N~ Department (US) Marineministerium nt. 2. (also ~ blue) Marineblau nt. II adj 1. attr Marine-. 2. (also ~ blue) marineblau.

nay [neɪ] I adv 1. (obs, dial) nein. 2. (liter)

surprised, ~ **astonished** überrascht, nein vielmehr verblüfft. **II** *n* Nein *nt*, Neinstimme *f*; *see* **yea**.

Nazi ['nɑːtsɪ] **I** *n* Nazi *m*; (*fig pej*) Faschist *m*. **II** *adj* Nazi-.

Nazism ['nɑːtsɪzəm] *n* Nazismus *m*.

NB *abbr of* **nota bene** NB.

NCB (*Brit*) *abbr of* **National Coal Board**.

NCO *abbr of* **non-commissioned officer**.

NE *abbr of* **north-east** NO.

Neanderthal [nɪˈændətɑːl] *adj* Neandertaler *attr*. ~ **man** der Neandertaler.

neap [niːp] *n* (*also* ~**-tide**) Nippflut, Nippzeit, Nipptide (*N Ger*) *f*.

Neapolitan [nɪəˈpɒlɪtən] **I** *adj* neapolitanisch. ~ **ice-cream** Fürst-Pückler-Eis *nt*. **II** *n* Neapolitaner(in *f*) *m*.

near [nɪər] (+*er*) **I** *adv* **1.** (*close in space and time*) nahe. **to be** ~ (*person, object*) in der Nähe sein; (*event, departure, festival etc*) bevorstehen; (*danger, end, help etc*) nahe sein; **to be very** ~ ganz in der Nähe sein; (*in time*) nahe *or* unmittelbar bevorstehen; (*danger etc*) ganz nahe sein; **to be** ~**er/**~**est** näher/am nächsten sein; (*event etc*) zeitlich näher liegen/zeitlich am nächsten liegen; **to be** ~ **at hand** zur Hand sein; (*shops*) in der Nähe sein; (*help*) ganz nahe sein; (*event*) unmittelbar bevorstehen; **when death is so** ~ wenn man dem Tod nahe ist; **he lives quite** ~ er wohnt ganz in der Nähe; **don't sit/stand so** ~ setzen Sie sich/stehen Sie nicht so nahe (daran); **you live** ~**er/**~**est** du wohnst näher/am nächsten; **to move/come** ~**er** näherkommen; **to draw** ~**/**~**er** heranrücken/näher heranrücken; **that was the** ~**est I ever got to seeing him** da hätte ich ihn fast gesehen; **this is the** ~**est I can get to solving the problem** besser kann ich das Problem nicht lösen.

2. (*closely, exactly, accurately*) genau. **as** ~ **as I can judge** soweit ich es beurteilen kann; **they're the same length or as** ~ **as makes no difference** sie sind so gut wie gleich lang; **you won't get any** ~**er than that** genauer kann man es kaum treffen; **(that's)** ~ **enough** so geht's ungefähr, das haut so ungefähr hin (*inf*); **... no, but** ~ **enough ...** nein, aber es war nicht weit davon entfernt.

3. (*almost*) fast, beinahe; **impossible** *also*, **dead** nahezu.

4. **it's nowhere** *or* **not anywhere** ~ **enough/right** das ist bei weitem nicht genug/das ist weit gefehlt; **we're nowhere** *or* **not anywhere** ~ **finishing the book** wir haben das Buch noch lange nicht fertig; **nowhere** ~ **as much** lange *or* bei weitem nicht soviel.

II *prep* (*also adv:* ~ **to**) **1.** (*close to*) (*position*) nahe an (+*dat*), nahe (+*dat*); (*with motion*) nahe an (+*acc*); (*in the vicinity of*) in der Nähe von *or* +*gen*; (*with motion*) in die Nähe von *or* +*gen*. **to be/get** ~ (**to**) **the church** in der Nähe der Kirche sein/in die Nähe der Kirche kommen; **the hotel is very** ~ (**to**) **the station** das Hotel liegt ganz in der Nähe des Bahnhofs; **the chair is** ~/~**er** (**to**) **the table** der Stuhl steht neben dem *or* nahe/näher an dem Tisch; **move the chair** ~/~**er** (**to**)

the table rücken Sie den Stuhl an den/näher an den Tisch; **to come** *or* **get** ~/~**er** (**to**) **sb/sth** nahe/näher an jdn/etw herankommen; **to stand** ~/~**er** (**to**) **the table** am *or* neben dem *or* nahe am/näher am Tisch stehen; **he won't go** ~ **anything illegal** mit Ungesetzlichem will er nichts zu tun haben; **she stood too** ~ (**to**) **the stove** sie stand zu nahe am Herd; **when we got** ~ (**to**) **the house** als wir an das Haus herankamen *or* in die Nähe des Hauses kamen; **when we are** ~**er home** wenn wir nicht mehr so weit von zu Hause weg sind; **keep** ~ **me** bleib in meiner Nähe; ~ **here/there** hier/dort in der Nähe; **don't come** ~ **me** komm mir nicht zu nahe; **to be** ~**est to sth** einer Sache (*dat*) am nächsten sein; **take the chair** ~**est** (**to**) **you/the table** nehmen Sie den Stuhl direkt neben Ihnen/dem Tisch; **to be** ~ (**to**) **sb's heart** *or* **sb** jdm am Herzen liegen; **to be** ~ **the knuckle** *or* **bone** (*inf*) (*joke*) gewagt sein; (*remark*) hart an der Grenze sein.

2. (*close in time: with time stipulated*) gegen. ~ (**to**) **death/her confinement** dem Tode/der Geburt nahe; **she is** ~ **her time** es ist bald soweit (bei ihr); ~ (**to**) **the appointed time** um die ausgemachte Zeit herum; **phone again** ~ (**to**) **Christmas** rufen Sie vor Weihnachten noch einmal an; **come back** ~**er** (**to**) **3 o'clock** kommen Sie gegen 3 Uhr wieder; **to be** ~**er/**~**est** (**to**) **sth** einer Sache (*dat*) zeitlich näher liegen/am nächsten liegen; ~ (**to**) **the end of my stay/the play/book** gegen Ende meines Aufenthalts/des Stücks/des Buchs; **I'm** ~ (**to**) **the end of the book/my stay** ich habe das Buch fast zu Ende gelesen/mein Aufenthalt ist fast zu Ende *or* vorbei; **her birthday is** ~ (**to**) **mine** ihr und mein Geburtstag liegen nahe beieinander; **the sun was** ~ (**to**) **setting** die Sonne war am Untergehen; **it is drawing** ~ (**to**) **Christmas** es geht auf Weihnachten zu; **as it drew** ~/~**er** (**to**) **his departure** als seine Abreise heranrückte/näher heranrückte.

3. (*on the point of*) **to be** ~ (**to**) **doing sth** nahe daran sein, etw zu tun; **to be** ~ (**to**) **tears/despair** *etc* den Tränen/der Verzweiflung *etc* nahe sein; **the project is** ~ (**to**) **completion** das Projekt steht vor seinem Abschluß; **he came** ~ **to ruining his chances** er hätte sich (*dat*) seine Chancen beinahe verdorben; **we were** ~ **to being drowned** wir waren dem Ertrinken nahe, wir wären beinahe ertrunken.

4. (*similar to*) ähnlich (+*dat*). **German is** ~**er** (**to**) **Dutch than English is** Deutsch ist dem Holländischen ähnlicher als Englisch; **nobody comes anywhere** ~ **him at swimming** (*inf*) im Schwimmen kann es niemand mit ihm aufnehmen (*inf*).

III *adj* **1.** (*close in space*) nahe. **it looks very** ~ es sieht so aus, als ob es ganz nah wäre; **our** ~**est neighbours are 5 miles away** unsere nächsten Nachbarn sind 5 Meilen entfernt.

2. (*close in time*) nahe. **these events are still very** ~ diese Ereignisse liegen noch nicht lange zurück.

3. (*closely related, intimate*) *relation*

nah; *friend* nah, vertraut. **my ~est and dearest** meine Lieben *pl*; **a ~ and dear friend** ein lieber und teurer Freund.

4. *escape* knapp; *resemblance* groß, auffallend. **a ~ disaster/accident** beinahe ein Unglück *nt*/ein Unfall *m*; **a ~ race/contest** ein Rennen *nt*/Wettkampf *m* mit knappem Ausgang; **that was a ~ guess** Sie haben es beinahe erraten, das war nicht schlecht geraten; **to be in a state of ~ collapse/hysteria** am Rande eines Zusammenbruchs/der Hysterie sein; **round up the figure to the ~est pound** runden Sie die Zahl auf das nächste Pfund auf; **£50 or ~est offer** (*Comm*) Angebote *pl* um £ 50; **we'll sell it for £50, or ~est offer** wir verkaufen es für £ 50 oder das nächstbeste Angebot; **this is the ~est equivalent** das kommt dem am nächsten; **that is the ~est (thing) you'll get to a compliment/an answer** ein besseres Kompliment/eine bessere Antwort kannst du kaum erwarten.

IV *vt place* sich nähern (+*dat*). **he was ~ing his end** sein Leben neigte sich dem Ende zu; **to be ~ing sth** (*fig*) einer Sache (*acc*) zugehen; **to ~ completion** kurz vor dem Abschluß stehen.

nearby [nɪə'baɪ] **I** *adv* (*also* **near by**) in der Nähe. **II** *adj* nahe gelegen.

Near East *n* Naher Osten. **in the ~** im Nahen Osten.

nearly ['nɪəlɪ] *adv* **1.** (*almost*) beinahe, fast. **I ~ laughed** ich hätte fast *or* beinahe gelacht; **she was ~ crying** *or* **in tears** sie war den Tränen nahe.

2. not ~ bei weitem nicht, nicht annähernd; **not ~ enough** bei weitem nicht genug.

nearness ['nɪənɪs] *n* Nähe *f*.

nearside ['nɪəsaɪd] **I** *adj* auf der Beifahrerseite, linke(r, s)/rechte(r, s); **II** *n* Beifahrerseite *f*; **near-sighted** *adj* kurzsichtig; **near-sightedness** *n* Kurzsichtigkeit *f*; **near thing** *n* that was a ~ das war knapp.

neat [ni:t] *adj* (+*er*) **1.** (*tidy*) *person, house, hair-style* ordentlich; *worker, work, handwriting, sewing also* sauber; *hair, appearance also* gepflegt. **to make a ~ job of sth** etwas tadellos machen; *see* **pin**.

2. (*pleasing*) nett; *clothes also* adrett; *person, figure also* hübsch; *ankles* schlank. **she has a ~ figure** sie hat ein nettes Figürchen.

3. (*skilful*) *gadget, speech* gelungen; *style* gewandt; *solution* sauber, elegant; *trick* schlau. **that's very ~** das ist sehr schlau.

4. (*undiluted*) *spirits* pur; *wines* unverdünnt. **to drink one's whisky ~** Whisky pur trinken.

5. (*US inf: excellent*) prima (*inf*).

neaten ['ni:tn] *vt* (*also* **~ up**) in Ordnung bringen; *phrasing* glätten.

neatly ['ni:tlɪ] *adv see adj 1.-3.* **1.** ordentlich; sauber.

2. nett; adrett; hübsch. **a ~ turned ankle** eine hübsche schlanke Fessel.

3. gelungen; gewandt; sauber, elegant; schlau. **a ~ put** treffend ausgedrückt.

neatness ['ni:tnɪs] *n see adj 1.-3.* **1.** Ordent-

lichkeit *f*; Sauberkeit *f*. **2.** Nettheit *f*, nettes Aussehen; Adrettheit *f*; hübsches Aussehen; Schlankheit *f*. **3.** Gelungenheit *f*; Gewandtheit *f*; Sauberkeit, Eleganz *f*; Schlauheit *f*.

Nebraska [nɪ'bræskə] *n* (*abbr* **Nebr, NB**) Nebraska *nt*.

nebula ['nebjʊlə] *n*, *pl* **~e** ['nebjʊli:] **1.** (*Astron*) Nebel *m*, Nebelfleck *m*. **2.** (*Med*) Trübung *f*.

nebulous ['nebjʊləs] *adj* **1.** (*Astron*) Nebel-. **2.** (*fig*) unklar, verworren, nebulös.

necessarily ['nesɪsərɪlɪ] *adv* notwendigerweise (*also Logic*), unbedingt. **not ~** nicht unbedingt; **if that is true, then it is ~ the case that ...** wenn das wahr ist, dann folgt notwendigerweise daraus, daß ...

necessary ['nesɪsərɪ] **I** *adj* **1.** notwendig, nötig, erforderlich (*to, for* für). **it is ~ to ... man muß ...; is it ~ for me to come too?** muß ich auch kommen?; **it's not ~ for you to come** Sie brauchen nicht zu kommen; **it is ~ for him to be there** er muß (unbedingt) dasein; **all the ~ qualifications** alle erforderlichen Qualifikationen; **~ condition** Voraussetzung *f*; (*Logic*) notwendige Voraussetzung; **to make it ~ for sb to do sth** es erforderlich machen, daß jd etw tut; **if ~** wenn nötig, nötigenfalls; **to do everything ~, to do what is ~** alles Nötige tun; **good food is ~ to health** gutes Essen ist für die Gesundheit notwendig; **to do no more than is ~** nicht mehr tun, als unbedingt notwendig *or* nötig ist.

2. (*unavoidable*) *conclusion, change, result* unausweichlich. **we drew the ~ conclusions** wir haben die entsprechenden Schlüsse daraus gezogen; **a ~ evil** ein notwendiges Übel.

II *n* **1.** (*inf: what is needed*) **the ~** das Notwendige; **will you do the ~?** wirst du das Notwendige *or* Nötige erledigen?

2. (*inf: money*) **the ~** das nötige Kleingeld.

3. *usu pl* **the ~** *or* **necessaries** das Notwendige.

necessitate [nɪ'sesɪteɪt] *vt* notwendig *or* erforderlich machen, erfordern (*form*). **the heat ~d our staying indoors** die Hitze zwang uns, im Haus zu bleiben.

necessity [nɪ'sesɪtɪ] *n* **1.** *no pl* Notwendigkeit *f*. **from** *or* **out of ~** aus Not; **of ~** notgedrungen, notwendigerweise; **the ~ for quick action** die Wichtigkeit schnellen Handelns, die Notwendigkeit für schnelles Handeln; **it is a case of absolute ~** es ist unbedingt notwendig; **in case of ~** im Notfall; **~ is the mother of invention** (*Prov*) Not macht erfinderisch (*Prov*).

2. *no pl* (*poverty*) Not, Armut *f*.

3. (*necessary thing*) Notwendigkeit *f*. **the bare necessities (of life)** das Notwendigste (zum Leben).

neck [nek] **I** *n* **1.** Hals *m*. **to break one's ~** sich (*dat*) das Genick *or* den Hals brechen; **to risk one's ~** Kopf und Kragen riskieren; **to save one's ~** seinen Hals aus der Schlinge ziehen; **to win by a ~** um eine Kopflänge gewinnen; **to have sb round one's ~** (*fig inf*) jdn auf dem *or* am Halse haben; **to be up to one's ~ in work** bis über die Ohren in der Arbeit stecken; **he's in it**

up to his ~ (*inf*) er steckt bis über den Hals drin; **to get it in the** ~ (*inf*) eins aufs Dach bekommen (*inf*); **to stick one's** ~ **out** seinen Kopf riskieren; **it's** ~ **or nothing** (*inf*) alles oder nichts; **in this** ~ **of the woods** (*inf*) in diesen Breiten; *see* **breathe.**

2. (*Cook*) ~ **of lamb** Halsstück *nt* vom Lamm.

3. (*of bottle, vase, violin, bone*) Hals *m*; (*of land*) Landenge *f*.

4. (*of dress etc*) Ausschnitt *m*. **it has a high** ~ es ist hochgeschlossen.

5. (*also* ~ **measurement**) Halsweite *f*.

II *vi* (*inf*) schmusen (*inf*).

neck and neck (*lit, fig*) **I** *adj attr* Kopf-an-Kopf-; **II** *adv* Kopf an Kopf; **neckband** *n* Besatz *m*; (*of shirt*) Kragensteg *m*; (*of pullover*) Halsbündchen *nt*.

necklace ['neklɪs] *n* (Hals)kette *f*.

necklet ['neklɪt] *n* Kettchen *nt*.

neckline ['neklaɪn] *n* Ausschnitt *m*; **necktie** *n* (*esp US*) Krawatte *f*, Schlips *m*.

necrology [ne'krɒlədʒɪ] *n* (*form*) Totenverzeichnis, Nekrologium *nt*; (*obituary*) Nachruf, Nekrolog *m*.

necromancer ['nekrəʊmænsəʳ] *n* Toten- *or* Geisterbeschwörer(in *f*) *m*.

necromancy ['nekrəʊmænsɪ] *n* Toten- *or* Geisterbeschwörung *f*.

necrophilia [,nekrəʊ'fɪlɪə] *n* Leichenschändung, Nekrophilie *f*.

necropolis [ne'krɒpəlɪs] *n* Totenstadt, Nekropole, Nekropolis *f*.

nectar ['nektəʳ] *n* (*lit, fig*) Nektar *m*.

nectarine ['nektərɪn] *n* (*fruit*) Nektarine *f*; (*tree*) Nektarine(nbaum *m*) *f*.

née [neɪ] *adj* **Mrs Smith,** ~ **Jones** Frau Smith, geborene Jones.

need [ni:d] **I** *n* **1.** *no pl* (*necessity*) Notwendigkeit *f* (*for sb*). **if** ~ **be** nötigenfalls, wenn nötig; **in case of** ~ notfalls, im Notfall; **(there is) no** ~ **for sth** etw ist nicht nötig; **(there is) no** ~ **to do sth** etw braucht nicht *or* muß nicht unbedingt getan werden; **there is no** ~ **for sb to do sth** jd braucht etw nicht zu tun; **there's no** ~ **to hurry/worry** es hat keine Eile, du brauchst dich nicht zu beeilen/dir keine Sorgen zu machen; **to be (badly) in** ~ **of sth** (*person*) etw (dringend) brauchen; **those most in** ~ **of help** diejenigen, die Hilfe am nötigsten brauchen; **to be in** ~ **of repair/an overhaul** reparaturbedürftig sein/(dringend) überholt werden müssen; **to have no** ~ **of sth** etw nicht brauchen; **to have no** ~ **to do sth** etw nicht zu tun brauchen.

2. *no pl* (*misfortune*) Not *f*. **in time(s) of** ~ in schwierigen Zeiten, in Zeiten der Not; **do not fail me in my hour of** ~ (*usu iro*) verlaß mich nicht in der Stunde der Not.

3. *no pl* (*poverty*) Not *f*. **to be in great** ~ große Not leiden.

4. (*requirement*) Bedürfnis *nt*. **the body's** ~ **for oxygen** das Sauerstoffbedürfnis des Körpers; **my** ~**s are few** ich stelle nur geringe Ansprüche *pl*; **your** ~ **is greater than mine** Sie haben es nötiger als ich; **there is a great** ~ **for ...** es besteht ein großer Bedarf an (+*dat*) ...

II *vt* **1.** (*require*) brauchen. **he** ~**ed no**

second invitation man mußte ihn nicht zweimal bitten; **to** ~ **no introduction** keine spezielle Einführung brauchen; **much** ~**ed** dringend notwendig; **what I** ~ **is a good drink** ich brauche etwas zu trinken; **just what I** ~**ed** genau das richtige; **that's/you're all I** ~**ed** (*iro*) das hat/du hast mir gerade noch gefehlt; **this situation** ~**s some explanation** diese Situation bedarf einer Erklärung (*gen*); **it** ~**s a service/a coat of paint/careful consideration** es muß gewartet/gestrichen/ gründlich überlegt werden; **it** ~**ed an accident to make him drive carefully** er mußte erst einen Unfall haben, bevor er vernünftig fuhr.

2. (*in verbal constructions*) **sth** ~**s doing** *or* **to be done** etw muß gemacht werden; **the book** ~**s careful reading** *or* **to be read carefully** das Buch muß sorgfältig gelesen werden; **he** ~**s watching/cheering up** man muß ihn beobachten/aufheitern, er muß beobachtet/aufgeheitert werden; **to** ~ **to do sth** (*have to*) etw tun müssen; **not to** ~ **to do sth** etw nicht zu tun brauchen; **he doesn't** ~ **to be told** man braucht es ihm nicht zu sagen; **you shouldn't** ~ **to be told** das müßte man dir nicht erst sagen müssen; **it doesn't** ~ **me to tell you that** das brauche ich dir ja wohl nicht zu sagen.

III *v aux* **1.** (*indicating obligation*) (*in positive contexts*) müssen. ~ **he go?** muß er gehen?; ~ **I say more?** mehr brauche ich ja wohl nicht zu sagen; **I** ~ **hardly say that ...** ich brauche wohl kaum zu erwähnen, daß ...; **no-one** ~ **go** *or* ~**s to go home yet** es braucht noch keiner nach Hause zu gehen; **you only** ~**ed (to) ask** du hättest nur (zu) fragen brauchen.

2. (*indicating obligation*) (*in negative contexts*) brauchen. **you** ~**n't wait** du brauchst nicht (zu) warten; **we** ~**n't have come/gone** wir hätten gar nicht kommen/ gehen brauchen; **I/you** ~**n't have bothered** das war nicht nötig.

3. (*indicating logical necessity*) **that** ~**n't be the case** das muß nicht unbedingt der Fall sein; **it** ~ **not follow that ...** daraus folgt nicht unbedingt, daß ...

needful ['ni:dfʊl] **I** *adj* (*old*) notwendig, nötig (*for, to* für, zu). **II** *n* (*inf*) (*what is necessary*) **to do the** ~ das Nötige tun; (*to supply the* ~ (*money*) das nötige Kleingeld zur Verfügung stellen.

neediness ['ni:dɪnɪs] *n* Armut, Bedürftigkeit *f*.

needle ['ni:dl] **I** *n* (*all senses*) Nadel *f*. **it's like looking for a** ~ **in a haystack** es ist, als ob man eine Stecknadel im Heuhaufen *or* Heuschober suchte; **to give sb the** ~ (*inf*) jdn reizen.

II *vt* **1.** (*inf: goad*) ärgern, piesacken (*inf*). **what's needling him?** was ist ihm über die Leber gelaufen? (*inf*).

2. (*US inf*) **to** ~ **a drink** einen Schuß Alkohol in ein Getränk geben.

needless ['ni:dlɪs] *adj* unnötig; *remark etc also* überflüssig. ~ **to say** natürlich; ~ **to say, he didn't come** er kam natürlich nicht.

needlessly ['ni:dlɪslɪ] *adv* unnötig(erweise), überflüssig(erweise). **he was quite ~ rude** er war ganz unnötig grob.

needlewoman ['ni:dl,wʊmən] *n* Näherin *f*; **needlework** *n* Handarbeit *f*.

needy ['ni:dɪ] **I** *adj* (+*er*) ärmlich, bedürftig. **in ~ circumstances** in ärmlichen Umständen. **II** *n* **the ~** die Bedürftigen *pl*.

ne'er [nɛəʳ] *adv* (*old, poet: never*) nie, niemals.

ne'er-do-well ['nɛədu:,wel] **I** *n* Tunichtgut, Taugenichts (*dated*) *m*. **II** *adj* nichtsnutzig.

nefarious [nɪ'fɛərɪəs] *adj* verrucht, ruchlos.

negate [nɪ'geɪt] *vt* (*nullify*) zunichte machen; (*deny*) verneinen (*also Gram*), negieren (*geh*).

negation [nɪ'geɪʃən] *n* Verneinung *f*; (*of statement, negative form also*) Negation *f*.

negative ['negətɪv] **I** *adj* negativ; *answer* verneinend; (*Gram*) *form* verneint. **~ sign** (*Math*) Minuszeichen *nt*, negatives Vorzeichen; **~ ion** Anion *nt*; **I got a ~ reply to my request** ich habe auf meinen Antrag einen abschlägigen Bescheid bekommen.

II *n* **1.** (*also Gram*) Verneinung *f*. **to answer in the ~** eine verneinende Antwort geben; (*say no*) mit Nein antworten; (*refuse*) einen abschlägigen Bescheid geben; **put this sentence into the ~** verneinen Sie diesen Satz.

2. (*Gram: word*) Verneinungswort *nt*, Negation *f*; (*Math*) negative Zahl. **two ~s make a positive** (*Math*) zweimal minus gibt plus.

3. (*Phot*) Negativ *nt*.

4. (*Elec*) negativer Pol.

III *interj* nein.

negatively ['negətɪvlɪ] *adv* negativ; (*in the negative*) verneinend. **how do you express this statement ~?** wie drückt man diesen Satz verneint aus?

negativity [negə'tɪvɪtɪ] *n* negative Einstellung.

neglect [nɪ'glekt] **I** *vt* vernachlässigen; *promise* nicht einhalten; *opportunity* versäumen; *advice* nicht befolgen. **to ~ to do sth** es versäumen *or* unterlassen, etw zu tun.

II *n see vt* Vernachlässigung *f*; Nichteinhalten *nt*; Versäumen *nt*; Nichtbefolgung *f*; (*negligence*) Nachlässigkeit *f*. **~ of one's duties** Pflichtvergessenheit *f*, Pflichtversäumnis *nt*; **to be in a state of ~** verwahrlost sein, völlig vernachlässigt sein; **the fire started through (his) ~** das Feuer ist durch seine Nachlässigkeit entstanden.

neglected [nɪ'glektɪd] *adj* vernachlässigt; *area, garden etc also* verwahrlost. **to feel ~** sich vernachlässigt fühlen.

neglectful [nɪ'glektfʊl] *adj* nachlässig; *father, government etc* pflichtvergessen. **to be ~ of sb/sth** sich nicht um jdn/etw kümmern, jdn/etw vernachlässigen.

neglectfully [nɪ'glektfəlɪ] *adv see adj*.

négligé(e) ['neglɪʒeɪ] *n* Negligé *nt*.

negligence ['neglɪdʒəns] *n* (*carelessness*) Nachlässigkeit *f*; (*causing danger, Jur*) Fahrlässigkeit *f*.

negligent ['neglɪdʒənt] *adj* **1.** nachlässig; (*causing danger, damage*) fahrlässig. **to be ~ of sb/sth** jdn/etw vernachlässigen; **to be**

~ of one's duties pflichtvergessen sein. **2.** (*off-hand*) lässig.

negligently ['neglɪdʒəntlɪ] *adv see adj* **1.** nachlässig; fahrlässig. **2.** lässig.

negligible ['neglɪdʒəbl] *adj* unwesentlich, unbedeutend; *quantity, amount, sum also* geringfügig, unerheblich. **the opposition in this race is ~** in diesem Rennen gibt es keinen ernst zu nehmenden Gegner.

negotiable [nɪ'gəʊʃɪəbl] *adj* **1.** (*Comm*) (*can be sold*) verkäuflich, veräußerlich; (*can be transferred*) übertragbar. **not ~** nicht verkäuflich/übertragbar.

2. these terms are ~ über diese Bedingungen kann verhandelt werden.

3. *road* befahrbar; *river, pass* passierbar; *obstacle, difficulty* überwindbar.

negotiate [nɪ'gəʊʃɪeɪt] **I** *vt* **1.** (*discuss*) verhandeln über (+*acc*); (*bring about*) aushandeln. **2.** *bend in road, (horse) fence* nehmen; *river, mountain, rapids* passieren; *obstacle, difficulty* überwinden. **3.** (*Comm*) *shares* handeln mit; *sale* tätigen (*form*). **II** *vi* verhandeln (*for* über +*acc*).

negotiation [nɪ,gəʊʃɪ'eɪʃən] *n* **1.** *siehe vt I 1*. Verhandlung *f*; Aushandlung *f*. **the matter is still under ~** über diese Sache wird noch verhandelt; **it's a matter for ~** darüber muß verhandelt werden; **by ~** auf dem Verhandlungsweg.

2. *usu pl* (*talks*) Verhandlung *f*. **to begin ~s with sb** Verhandlungen *pl* mit jdm aufnehmen; **to be in ~(s) with sb** mit jdm in Verhandlungen stehen.

3. (*of river, mountain, rapids*) Passage *f*, Passieren *nt*; (*of obstacle, difficulty*) Überwindung *f*. **~ of the bend proved difficult** es war schwierig, die Kurve zu nehmen.

negotiator [nɪ'gəʊʃɪeɪtəʳ] *n* Unterhändler(in *f*) *m*.

Negress ['ni:gres] *n* Negerin *f*.

Negro ['ni:grəʊ] **I** *adj* Neger-. **II** *n*, *pl* **~es** Neger *m*.

Negroid ['ni:grɔɪd] *adj* negroid.

neigh [neɪ] **I** *vi* wiehern. **II** *n* Wiehern *nt*.

neighbour, (*US*) **neighbor** ['neɪbəʳ] **I** *n* **1.** Nachbar(in *f*) *m*; (*at table*) Tischnachbar(in *f*) *m*; *see* **next-door.**

2. (*Bibl*) Nächste(r) *mf*.

II *vt* (*adjoin*) angrenzen an (+*acc*).

III *vi* **1.** **to ~ on** (*adjoin*) (an)grenzen an (+*acc*); (*approach*) grenzen an (+*acc*).

2. (*US inf*) **to ~ with sb** gutnachbarliche Beziehungen *pl* zu jdm haben.

neighbourhood, (*US*) **neighborhood** ['neɪbəhʊd] *n* (*district*) Gegend *f*, Viertel *nt*; (*people*) Nachbarschaft *f*. **she is very popular with the whole ~** sie ist bei allen Nachbarn *or* in der ganzen Nachbarschaft sehr beliebt; **in the ~ of sth** in der Nähe von etw; (*fig: approximately*) um etw herum.

neighbouring, (*US*) **neighboring** ['neɪbərɪŋ] *adj* *house(s), village* benachbart, angrenzend, Nachbar-; *fields, community* angrenzend, Nachbar-.

neighbourly, (*US*) **neighborly** ['neɪbəlɪ] *adj* *person* nachbarlich; *action, relations* gutnachbarlich. **they are ~ people** sie sind gute Nachbarn; **to behave in a ~ way** sich als guter Nachbar erweisen.

neighing ['neɪɪŋ] *n* Wiehern *nt*.

neither ['naɪðəʳ] I *adv* ~ ... nor weder ... noch; **he ~ knows nor cares** er weiß es nicht und will es auch nicht wissen, er weiß es nicht, noch will er es wissen.

II *conj* auch nicht. **I'm not going — ~ am I** ich gehe nicht — ich auch nicht; **I can't go, ~ do I want to** ich kann und will auch nicht gehen.

III *adj* keine(r, s) (der beiden). ~ **one of them** keiner von beiden.

IV *pron* keine(r, s). ~ **of them** keiner von beiden; **which will you take? — ~** welches nehmen Sie? — keines (von beiden).

nelly ['nelɪ] *n*: **not on your ~** (*Brit hum inf*) nie im Leben.

nelson ['nelsən] *n* (*Wrestling*) **full ~** Doppelnelson *m*, doppelter Nackenheber; **half ~** Nelson *m*, einfacher Nackenheber.

neo- ['niːəʊ-] *pref* neo-, Neo-. **~classical** klassizistisch; **~classicism** Klassizismus *m*; **~colonial** neokolonialistisch; **~colonialism** Neokolonialismus *m*; **~fascism** Neofaschismus *m*; **~fascist** I *adj* neofaschistisch; II *n* Neofaschist(in *f*) *m*.

neodymium [ˌniːəʊ'dɪmɪəm] *n* (*abbr* **Nd**) Neodym *nt*.

neolithic [ˌniːəʊ'lɪθɪk] *adj* jungsteinzeitlich, neolithisch.

neologism [nɪ'ɒlədʒɪzəm] *n* (*Ling*) (Wort)-neubildung *f*, Neologismus *m*.

neon ['niːɒn] I *n* (*abbr* **Ne**) Neon *nt*. II *adj attr lamp, lighting, tube* Neon-. **~ sign** (*name*) Neon- *or* Leuchtschild *nt*; (*advertisement*) Neon- *or* Leuchtreklame *f no pl*.

neo-Nazi [ˌniːəʊ'nɑːtsɪ] I *n* Neonazi *m*. II *adj* neonazistisch.

Nepal [nɪ'pɔːl] *n* Nepal *nt*.

Nepalese [ˌnepə'liːz], **Nepali** [nɪ'pɔːlɪ] I *adj* nepalesisch, nepalisch. II *n* 1. Nepalese *m*, Nepalesin *f*. 2. (*language*) Nepalesisch *nt*.

nephew ['nevjuː, 'nefjuː] *n* Neffe *m*.

nephritis [ne'fraɪtɪs] *n* Nierenentzündung *f*.

nepotism ['nepətɪzəm] *n* Vetternwirtschaft *f*, Nepotismus *m*.

Neptune ['neptjuːn] *n* (*Astron, Myth*) Neptun *m*.

neptunium [nep'tjuːnɪəm] *n* (*abbr* **Np**) Neptunium *nt*.

nerd [nɜːd] *n* (*US sl*) Erzreaktionär *m* (*inf*).

nerve [nɜːv] I *n* 1. (*Anat*) Nerv *m*. **to suffer from ~s** nervös sein; **to have an attack** *or* **fit of ~s** in Panik geraten, durchdrehen (*inf*); (*before exam also*) Prüfungsangst haben; **to be in a terrible state of ~s** mit den Nerven völlig fertig *or* herunter sein; **it's only ~s** du bist/er ist *etc* nur nervös; **to get on sb's ~s** (*inf*) jdm auf die Nerven gehen *or* fallen; **he doesn't know what ~s are** er hat die Ruhe weg (*inf*); **to live on one's ~s** nervlich angespannt sein, völlig überreizt sein; **to have ~s of steel** Nerven wie Drahtseile haben.

2. *no pl* (*courage*) Mut *m*. **to lose/keep one's ~** die Nerven verlieren/nicht verlieren; **his ~ failed him** ihn verließ der Mut, er bekam Angst; **to have the ~ to do sth** sich trauen, etw zu tun; **a test of ~** eine Nervenprobe.

3. *no pl* (*inf: impudence*) Frechheit, Unverschämtheit *f*. **to have the ~ to do sth** die Frechheit besitzen, etw zu tun; **he's got a ~!** der hat Nerven! (*inf*); **what a ~!**, **the ~ of it!** so eine Frechheit!

4. (*Bot*) Ader *f*, Nerv *m*.

II *vtr* **to ~ oneself for sth/to do sth** sich seelisch und moralisch auf etw (*acc*) vorbereiten/darauf vorbereiten, etw zu tun; **I can't ~ myself to do it** ich bringe einfach den Mut nicht auf, das zu tun; **to ~ sb to do sth** jdm den Mut geben, etw zu tun.

nerve *in cpds* Nerven-; **~ cell** Nervenzelle *f*; **~ centre** (*Brit*) *or* (*US*) **center** (*Anat*) Nervenknoten *m*; (*fig*) Schaltzentrale *f*; **~ ending** Nervende *nt*; **~ gas** Nervengas *nt*.

nerveless ['nɜːvlɪs] *adj* 1. (*without nerves*) ohne Nerven; *plant also* ohne Adern, ungeädert. 2. (*confident*) *person* gelassen, seelenruhig.

nerve-racking ['nɜːvrækɪŋ] *adj* nervenaufreibend.

nervous ['nɜːvəs] *adj* 1. (*Anat*) *structure* Nerven-; (*related to the nerves*) *problem, disorder also* nervös (bedingt); *exhaustion, reflex* nervös. **~ tension** Nervenanspannung *f*.

2. (*apprehensive, timid*) nervös; (*overexcited, tense also*) aufgeregt. **to feel ~** nervös sein; **I am ~ about the exam/him** mir ist bange vor dem Examen/um ihn; **I am rather ~ about diving** ich habe einen ziemlichen Bammel vor dem Tauchen (*inf*); **to be in a ~ state** nervös *or* aufgeregt sein.

nervous *in cpds* Nerven-; **~ breakdown** Nervenzusammenbruch *m*; **~ energy** Vitalität *f*; **after the exam I still had a lot of ~ energy** nach dem Examen war ich noch ganz aufgedreht.

nervously ['nɜːvəslɪ] *adv* nervös.

nervousness ['nɜːvəsnɪs] *n* Nervosität *f*; (*tension also*) Aufgeregtheit *f*.

nervous system *n* Nervensystem *nt*; **nervous wreck** *n* (*inf*) **to be/look/feel a ~** mit den Nerven völlig am Ende *or* fertig sein.

nervy ['nɜːvɪ] *adj* (*+er*) 1. (*Brit: tense*) nervös, unruhig. 2. (*US inf: cheeky*) frech, unverschämt.

nest [nest] I *n* 1. (*of birds, bees, ants*) Nest *nt*. **to leave the ~** (*lit, fig*) das Nest verlassen.

2. (*of boxes etc*) Satz *m*. **a ~ of tables** ein Satztisch *m*.

3. (*fig: den*) Schlupfwinkel *m*. **a ~ of thieves/crime** ein Diebes-/Verbrechernest.

II *vi* 1. (*bird*) nisten.

2. **to go ~ing** Nester ausheben *or* ausnehmen.

nest-egg ['nesteg] *n* (*lit*) Nestei *nt*; (*fig*) Notgroschen *m*. **to have a nice little ~** (*fig*) sich (*dat*) einen Notgroschen zurückgelegt haben.

nesting-box ['nestɪŋbɒks] *n* Nistkasten *m*.

nestle ['nesl] *vi* **to ~ down in bed** sich ins Bett kuscheln; **to ~ up to sb** sich an jdn schmiegen *or* kuscheln; **the village nestling in the hills** das Dorf, das zwischen den Bergen eingebettet liegt.

nestling ['nesɫlɪŋ] *n* Nestling *m*.

net¹ [net] **I** *n* **1.** (*lit, fig*) Netz *nt*. **to make** ~**s** Netze knüpfen; **to walk into the police** ~ (*fig*) der Polizei ins Netz *or* Garn gehen; **to be caught in the** ~ (*fig*) in die Falle gehen; **he felt the** ~ **closing round him** (*fig*) er fühlte, wie sich die Schlinge immer enger zog.

2. (*Sport*) Netz *nt*. **to come up to the** ~ ans Netz gehen; **the ball's in the** ~ der Ball ist im Tor *or* Netz.

3. (*Tex*) Netzgewebe *nt*; (*for curtains, clothes etc*) Tüll *m*.

II *vt* **1.** *fish, game, butterfly* mit dem Netz fangen; (*fig*) *criminal* fangen. **the police have** ~**ted the criminal** der Verbrecher ist der Polizei ins Netz gegangen; **we haven't** ~**ted many fish today** wir haben heute nicht viele Fische gefangen.

2. (*Sport*) *ball* ins Netz schlagen.

3. (*cover*) mit Netzen überspannen.

net² **I** *adj* **1.** *price, income, weight* netto, Netto-. ~ **profit** Reingewinn, Nettoertrag *m*; **it costs £15** ~ es kostet £ 15 netto.

2. (*fig*) *result* End-, letztendlich.

II *vt* netto einnehmen; (*in wages, salary*) netto verdienen; (*show, deal etc*) einbringen.

netball ['netbɔːl] *n* (*Brit*) Korbball *m*; **net curtain** *n* Tüllgardine *f*, Store *m*.

nether ['neðə^r] *adj* (*liter*) untere(r, s). ~ **regions** Unterwelt *f*.

Netherlands ['neðələndz] *npl* **the** ~ die Niederlande *pl*.

nett *see* **net²**.

netting ['netɪŋ] *n* Netz *nt*; (*wire* ~) Maschendraht *m*; (*fabric*) Netzgewebe *nt*; (*for curtains etc*) Tüll *m*.

nettle ['netl] **I** *n* (*Bot*) Nessel *f*. **to grasp the** ~ (*fig*) in den sauren Apfel beißen. **II** *vt* (*fig inf*) *person* ärgern, wurmen (*inf*).

nettle rash *n* Nesselausschlag *m*.

network ['netwɜːk] **I** *n* **1.** (*lit, fig*) Netz *nt*.

2. (*Rad, TV*) Sendenetz *nt*; (*Elec*) Netzwerk *nt*. **II** *vt* (*inf*) *programme* im ganzen Netzbereich ausstrahlen.

neural ['njʊərəl] *adj* Nerven-.

neuralgia [njʊə'rældʒə] *n* Neuralgie *f*, Nervenschmerzen *pl*.

neurasthenia [ˌnjʊərəs'θiːnɪə] *n* Neurasthenie, Nervenschwäche *f*.

neurasthenic [ˌnjʊərəs'θenɪk] **I** *n* Neurastheniker(in *f*) *m*. **II** *adj* neurasthenisch.

neuritis [njʊə'raɪtɪs] *n* Neuritis, Nervenentzündung *f*.

neurological [ˌnjʊərə'lɒdʒɪkəl] *adj* neurologisch.

neurologist [njʊə'rɒlədʒɪst] *n* Neurologe *m*, Neurologin *f*, Nervenarzt *m*/-ärztin *f*.

neurology [njʊə'rɒlədʒɪ] *n* Neurologie *f*.

neuron ['njʊərɒn] *n* Neuron *nt*.

neuropath ['njʊərəpæθ] *n* Nervenkranke(r) *mf*.

neuropathic [njʊərəʊ'pæθɪk] *adj* neuropathisch.

neuropathology [ˌnjʊərəʊpə'θɒlədʒɪ] *n* Neuropathologie *f*, Lehre *f* von den Nervenkrankheiten.

neurosis [njʊə'rəʊsɪs] *n, pl* **neuroses** [njʊə'rəʊsiːz] Neurose *f*.

neurosurgeon ['njʊərəʊˌsɜːdʒən] *n* Neurochirurg(in *f*) *m*.

neurosurgery ['njʊərəʊˌsɜːdʒərɪ] *n* Neurochirurgie *f*.

neurotic [njʊə'rɒtɪk] **I** *adj* neurotisch. **to be** ~ **about sth** (*inf*) in bezug auf etw (*acc*) neurotisch sein; **he's getting rather** ~ **about this problem** das Problem ist bei ihm schon zur Neurose geworden. **II** *n* Neurotiker(in *f*) *m*.

neurotically [njʊə'rɒtɪkəlɪ] *adv* neurotisch.

neuter ['njuːtə^r] **I** *adj* **1.** (*Gram*) sächlich.

2. *animal, person* geschlechtslos; (*castrated*) kastriert; *plant* ungeschlechtlich.

II *n* **1.** (*Gram*) Neutrum *nt*; (*noun also*) sächliches Hauptwort. **in the** ~ in der sächlichen Form, im Neutrum.

2. (*animal*) geschlechtsloses Wesen; (*castrated*) kastriertes Tier; (*plant*) ungeschlechtliche Pflanze.

III *vt* *cat, dog* kastrieren; *female* sterilisieren.

neutral ['njuːtrəl] **I** *adj* (*all senses*) neutral.

II *n* **1.** (*person*) Neutrale(r) *mf*; (*country*) neutrales Land.

2. (*Aut*) Leerlauf *m*. **to be in** ~ im Leerlauf sein; **to put the car/gears in** ~ den Gang herausnehmen.

neutralism ['njuːtrəlɪzəm] *n* Neutralismus *m*.

neutrality [njuː'trælɪtɪ] *n* Neutralität *f*.

neutralization [ˌnjuːtrəlaɪ'zeɪʃən] *n* Neutralisation *f*; (*fig*) Aufhebung *f*.

neutralize ['njuːtrəlaɪz] *vt* neutralisieren; (*fig*) aufheben; *the force of an argument* die Spitze nehmen (+*dat*). **neutralizing agent** neutralisierender Wirkstoff.

neutron ['njuːtrɒn] *n* Neutron *nt*.

neutron bomb *n* Neutronenbombe *f*; **neutron star** *n* Neutronenstern *m*.

Nevada [ne'vaːdə] *n* (*abbr* **Nev, NV**) Nevada *nt*.

never ['nevə^r] *adv* **1.** (*not ever*) nie, niemals (*geh*). **I** ~ **eat it** das esse ich nie; **I have** ~ **seen him** ich habe ihn (noch) nie gesehen; ~ **again** nie wieder; ~ **before** noch nie; **I had** ~ **seen him before today** ich hatte ihn (vor heute) noch nie gesehen; ~ **even** nicht einmal; ~ **ever** gar *or* absolut *or* garantiert nie; **I have** ~ **ever been so insulted** ich bin noch nie so beleidigt worden; **I have** ~ **yet been able to find ... ich** habe ... bisher noch nicht finden können.

2. (*emph: not*) **that will** ~ **do!** das geht ganz und gar nicht!; **he** ~ **so much as smiled** er hat nicht einmal gelächelt; **he said** ~ **a word** er hat kein einziges Wort gesagt; **you've** ~ **left it behind!** (*inf*) du hast es doch wohl nicht etwa liegenlassen! (*inf*); **you've** ~ **done that!** hast du das wirklich gemacht?; **Spurs were beaten —** ~**!** (*inf*) Spurs ist geschlagen worden — nicht möglich *or* nein!; **well I** ~ (**did**)! (*inf*) nein, so was!; ~ **fear** keine Angst.

never-ending [ˌnevər'endɪŋ] *adj* endlos, unaufhörlich; *discussions, negotiations also* nicht enden wollend *attr*; **it seemed** ~ es schien kein Ende nehmen zu wollen; **a** ~ **job** eine Arbeit ohne Ende; **never-failing** *adj method etc* unfehlbar; *source, spring etc* unversieglich; **nevermore** *adv* (*liter*) nimmermehr (*liter*), niemals wieder; **never-never** *n* (*Brit inf*) **on the** ~ auf Pump (*inf*); **never-never land** *n*

Wunsch- *or* Traumwelt *f.*

nevertheless [‚nevəðə'les] *adv* trotzdem, dennoch, nichtsdestoweniger (*geh*).

new [nju:] *adj* (+*er*) **1.** neu. ~ **moon** Neumond *m*; **there's a** ~ **moon tonight** heute nacht ist Neumond; **that's nothing** ~ das ist nichts Neues; **what's** ~? (*inf*) was gibt's Neues? (*inf*); **to make sth (look) like** ~ etw wie neu machen; **as** ~ wie neu; **this system is** ~ **to me** dieses System ist mir neu; **he is a** ~ **man** (*fig*) er ist ein neuer Mensch; **that's a** ~ **one on me** (*inf*) das ist mir ja ganz neu; (*joke*) den kenne ich noch nicht; **a** ~ **kind of engine** ein neuartiger Motor.

2. (*fresh*) *potatoes* neu; *wine* neu, jung; *bread* frisch.

3. (*modern, novel*) modern; *fashion, style* neu. **the** ~ **woman** die moderne Frau; **the** ~ **diplomacy** die neue Diplomatie; **the** ~ **look** (*Fashion*) der New Look.

4. (*lately arrived, inexperienced*) *person, pupil, recruit* neu. **the** ~ **boys/girls** die Neuen *pl*, die neuen Schüler; **I'm quite** ~ **to the company** ich bin neu in dieser Stelle/Firma; **to be** ~ **to business** ein Neuling im Geschäftsleben sein; **are you** ~ **here?** sind Sie neu hier?

new-born ['nju:bɔ:n] *adj* neugeboren; **the** ~ **babies** die Neugeborenen; **newcomer** *n* (*who has just arrived*) Neuankömmling *m*; (*in job, subject etc*) Neuling *m* (*to* in +*dat*); **they are** ~s **to this town** sie sind neu in dieser Stadt; **for the** ~s **I will recap** für diejenigen, die neu dazugekommen sind, fasse ich kurz zusammen.

newel ['nju:əl] *n* (*of spiral staircase*) Spindel *f*; (*supporting banister*) Pfosten *m*.

New England *n* Neuengland *nt*; **newfangled** *adj* neumodisch; **newfashioned** *adj* modisch, modern; **newfound** *adj* *friend, happiness* neu (gefunden); *confidence, hope* neugeschöpft; **Newfoundland I** *n* Neufundland *nt*; **II** *adj attr* Neufundländer-, neufundländisch; ~ **dog** Neufundländer *m*; **Newfoundlander** *n* Neufundländer(in *f*) *m*; **New Guinea** *n* Neuguinea *nt*; **New Hampshire** [nju:'hæmpʃəʳ] *n* (*abbr* **NH**) New Hampshire *nt*.

newish ['nju:ɪʃ] *adj* ziemlich neu.

New Jersey *n* (*abbr* **NJ**) New Jersey *nt*; **new-laid** *adj* frisch; **new-look** *adj* (*inf*) neu.

newly ['nju:lɪ] *adv* frisch. **a** ~-**dug trench** ein frisch gezogener Graben; ~-**made** ganz neu; *bread, cake etc* ganz frisch; *road, gardens etc* neuangelegt; *grave* frisch.

newlywed ['nju:lɪwed] *n* (*inf*) Neu- *or* Frischvermählte(r) *mf*.

New Mexico *n* (*abbr* **NM**) New Mexico *nt*; **new-mown** *adj* frisch gemäht.

newness ['nju:nɪs] *n* Neuheit *f*; (*of bread, cheese etc*) Frische *f*. **his** ~ **to this job/the trade/this town** die Tatsache, daß er neu in dieser Arbeit ist/daß er Neuling ist/daß er erst seit kurzem in dieser Stadt ist.

New Orleans *n* New Orleans *nt*; **new penny** *n* (*Brit*) neuer Penny (*in der Dezimalwährung*).

news [nju:z] *n, no pl* **1.** (*report, information*) Nachricht *f*; (*recent development*) Neuigkeit(en *pl*) *f.* **a piece of** ~ eine Neuigkeit; **I have** ~/**no** ~ **of him** ich habe von ihm gehört/nicht von ihm gehört, ich weiß Neues/nichts Neues von ihm; **there is no** ~ es gibt nichts Neues zu berichten; **have you heard the** ~? haben Sie schon (das Neueste) gehört?; **tell us your** ~ erzähl uns die Neuigkeiten *or* das Neueste; **let us have** *or* **send us some** ~ **of yourself** lassen Sie mal von sich hören, schreiben Sie mal, was es Neues gibt; **what's your** ~? was gibt's Neues?; **is there any** ~? gibt es etwas Neues?; **I have** ~ **for you** (*iro*) ich habe eine Überraschung für dich; **bad/sad/good** ~ schlimme *or* schlechte/traurige/gute Nachricht(en); **when the** ~/**the** ~ **of his death broke** als es/sein Tod bekannt wurde; **who will break the** ~ **to him?** wer wird es ihm sagen *or* beibringen?; **that is** ~/**no** ~ **(to me)!** das ist (mir) ganz/nicht neu!; **that isn't exactly** ~ das ist nichts Neues; **it will be** ~ **to him that ...** er wird staunen, daß ...; ~ **travels fast** wie sich doch alles herumspricht; **bad** ~ **travels fast** schlechte Nachrichten verbreiten sich schnell; **no** ~ **is good** ~ keine Nachricht ist gute Nachricht.

2. (*Press, Film, Rad, TV*) Nachrichten *pl.* ~ **in brief** Kurznachrichten *pl*; **financial** ~ Wirtschaftsbericht *m*; **sports** ~ Sportnachrichten *pl*; **it was on the** ~ das kam in den Nachrichten; **to be in the** ~ von sich reden machen; **to make** ~ Schlagzeilen machen.

news agency *n* Nachrichtenagentur *f*, Nachrichtendienst *m*; **newsagent** *n* (*Brit*) Zeitungshändler *m*; **news-boy** *n* (*US*) Zeitungsjunge *m*; **news bulletin** *n* Bulletin *nt*; **newscast** *n* Nachrichtensendung *f*; **newscaster** *n* Nachrichtensprecher(in *f*) *m*; **news dealer** *n* (*US*) Zeitungshändler *m*; **news editor** *n* Nachrichtenredakteur *m*; **news embargo** *n* Nachrichtensperre *f*; **newsflash** *n* Kurzmeldung *f*; **news hawk, news hound** *n* (*inf*) Zeitungsmann (*inf*), Reporter *m*; **news headlines** *npl* Kurznachrichten *pl*; (*recap*) Nachrichten *pl* in Kürze; **news item** *n* Neuigkeit, Nachricht *f*; **the three main** ~s **today** die drei Hauptpunkte der Nachrichten; **a short** ~ (*in paper*) eine Pressenotiz, eine Zeitungsnotiz; **newsletter** *n* Rundschreiben, Mitteilungsblatt *nt*.

New South Wales *n* Neusüdwales *nt*.

newspaper ['nju:z‚peɪpəʳ] *n* Zeitung *f.* **daily/weekly** ~ Tageszeitung/Wochenzeitung; **he works on a** ~ er ist bei einer Zeitung beschäftigt.

newspaper article *n* Zeitungsartikel *m*; **newspaper boy** *n* Zeitungsjunge *m*; **newspaper cutting** *n* Zeitungsausschnitt *m*; **newspaper man** *n* Zeitungsverkäufer, Zeitungsmann (*inf*) *m*; (*journalist*) Journalist *m*; **newspaper office** *n* Redaktion *f*; **newspaper report** *n* Zeitungsbericht *m*.

newsprint ['nju:zprɪnt] *n* Zeitungspapier *nt*; **newsreader** *n* Nachrichtensprecher(in *f*) *m*; **newsreel** *n* Wochenschau *f*; **news-**

room *n* (*of newspaper*) Nachrichten-redaktion *f*; (*TV, Rad*) Nachrichtenstudio *nt or* -zentrale *f*; **news sheet** *n* Informationsblatt *nt*; **news stand** *n* Zeitungsstand *m*; **news story** *n* Bericht *m*; **news theatre** *n* Aktualitätenkino *nt*.

new-style ['njuːstaɪl] *adj* im neuen Stil.

news vendor *n* Zeitungsverkäufer(in *f*) *m*; **newsworthy** *adj* sensationell; **to be ~** Neuigkeitswert haben.

newsy ['njuːzɪ] *adj* (*+er*) (*inf*) voller Neuigkeiten.

newt [njuːt] *n* Wassermolch *m*. **as drunk as a ~** voll wie eine Strandhaubitze (*inf*).

New Testament I *n* the ~ das Neue Testament; **II** *adj attr* des Neuen Testaments; **new wave I** *n* (*in films*) neue Welle; **II** *adj attr* der neuen Welle; **the New World** *n* die Neue Welt.

New Year *n* neues Jahr; (*~'s Day*) Neujahr *nt*. **to bring in** *or* **see in the ~** das neue Jahr begrüßen; **Happy ~!** (ein) glückliches *or* gutes neues Jahr!; **over/at ~** über/an Neujahr; **~'s Day**, (*US also*) **~'s Neujahr** *nt*, Neujahrstag *m*; **~'s Eve** Silvester, Sylvester *nt*; **~ resolution** (guter) Vorsatz für das neue Jahr.

New York I *n* (*abbr* **NY**) New York *nt*; **II** *adj attr* New Yorker; **New Yorker** *n* New Yorker(in *f*) *m*; **New Zealand I** *n* Neuseeland *nt*; **II** *adj attr* Neuseeländer *attr*, neuseeländisch; **New Zealander** *n* Neuseeländer(in *f*) *m*.

next [nekst] **I** *adj* **1.** (*in place*) nächste(r, s).

2. (*in time*) nächste(r, s). **he came back the ~ day/week** er kam am nächsten Tag/in der nächsten Woche wieder; **(the) ~ time I see him** wenn ich ihn das nächste Mal sehe; **the ~ time I saw him** als ich ihn das nächste Mal sah; **(the) ~ moment he was gone** im nächsten Moment war er weg; **from one moment to the ~** von einem Moment zum anderen; **this time ~ week** nächste Woche um diese Zeit; **the year/week after ~** übernächstes Jahr/übernächste Woche; **the ~ day but one** der übernächste/am übernächsten Tag.

3. (*order*) nächste(r, s). **who's ~?** wer ist der nächste?; **you're ~** Sie sind dran (*inf*) *or* an der Reihe; **~ please!** der nächste, bitte!; **I'll ask the very ~ person (I see)** ich frage den nächsten(, den ich sehe); **my name is ~ on the list** mein Name kommt als nächster auf der Liste; **the ~ but one** der/die/das übernächste; **the ~ thing to do is (to) polish it** als nächstes poliert man (es); **the ~ size smaller/bigger** die nächstkleinere/nächstgrößere Größe; **the ~ best** der/die/das nächstbeste; **the ~ tallest/oldest boy** (*second in order*) der zweitgrößte/zweitälteste Junge.

II *adv* **1.** (*the ~ time*) das nächste Mal; (*afterwards*) danach. **what shall we do ~?** und was sollen wir als nächstes machen?; **whatever ~?** (*in surprise*) Sachen gibt's! (*inf*); (*despairingly*) wo soll ich nur hinführen?

2. ~ to sb/sth neben jdm/etw; (*with motion*) neben jdn/etw; **the ~ to last row** die vorletzte Reihe; **he was ~ to last** er war der vorletzte; **the ~ to bottom shelf** das vorletzte Brett, das zweitunterste

Brett; **~ to the skin** (direkt) auf der Haut; **~ to nothing/nobody** so gut wie nichts/niemand; **~ to impossible** nahezu unmöglich; **the thing ~ to my heart** (*most important*) was mir am meisten am Herzen liegt; (*dearest*) das mir am liebste.

III *n* nächste(r) *mf*; (*child*) nächste(s) *nt*.

next-door ['neksdɔːʳ] **I** *adv* nebenan. **they live ~ to us** sie wohnen (direkt) neben uns *or* (gleich) nebenan; **we live ~ to each other** wir wohnen Tür an Tür; **the boy ~** der Junge von nebenan; **if he isn't mad he's ~ to it** wenn er nicht schon verrückt ist, ist er jedenfalls nicht weit davon entfernt.

II *adj* **the ~ neighbour/house** der direkte Nachbar/das Nebenhaus; **we are ~ neighbours** wir wohnen Tür an Tür.

next of kin *n*, *pl* **-** nächster Verwandter, nächste Verwandte; nächste Verwandte *pl*.

nexus ['neksəs] *n* Verknüpfung, Verkettung *f*.

NFU (*Brit*) *abbr of* **National Farmers' Union** Bauernverband *m*.

NHS (*Brit*) *abbr of* **National Health Service.**

niacin ['naɪəsɪn] *n* Nikotinsäure *f*, Niacin *nt*.

Niagara [naɪ'ægrə] *n* Niagara *m*. **(the) ~ Falls** die Niagarafälle *pl*.

nib [nɪb] *n* Feder *f*; (*point of ~*) (Feder)spitze *f*.

nibble ['nɪbl] **I** *vt* knabbern; (*pick at*) *food* anknabbern, herumnagen an (*+dat*) (*inf*).

II *vi* (*at an +dat*) knabbern; (*pick at*) herumnagen; (*fig*) sich interessiert zeigen.

III *n* **I think I've got a ~** ich glaube, bei mir beißt einer an; **I feel like a ~** (*inf*) ich habe Appetit auf etwas.

nibs [nɪbz] *n* (*hum inf*) **his ~** der hohe Herr (*iro*).

Nicaragua [ˌnɪkə'rægjʊə] *n* Nicaragua *nt*.

Nicaraguan [ˌnɪkə'rægjʊən] **I** *adj* nicaraguanisch. **II** *n* Nicaraguaner(in *f*) *m*.

nice [naɪs] *adj* (*+er*) **1.** nett; *person, ways, voice also* sympathisch; (*~-looking*) *girl, dress, looks etc also* hübsch; *weather* schön, gut; *taste, smell, meal, whisky* gut; *warmth, feeling, car* schön; *food* gut, lecker; (*skilful*) *workmanship, work* gut, schön, fein. **that's not ~!** das ist aber nicht nett!; **be a ~ girl and ...** sei lieb und ...; **to have a ~ time** sich gut amüsieren; **I had a ~ rest** ich habe mich gut *or* schön ausgeruht; **that's a ~ one** der/die/das ist toll (*inf*) *or* prima (*inf*).

2. (*intensifier*) schön. **a ~ long holiday** schön lange Ferien; **~ and warm/near/quickly** schön warm/nahe/schnell; **take it ~ and easy** überanstrengen Sie sich nicht; **~ and easy does it** immer schön sachte.

3. (*respectable*) *girl* nett; *district* fein; *words* schön; (*refined*) *manners* gut, fein. **not a ~ word/district/book** gar kein schönes Wort/Viertel/Buch.

4. (*iro*) nett, schön, sauber (*all iro*). **you're in a ~ mess** du sitzt schön im Schlamassel (*inf*); **that's a ~ way to talk to your mother** wie sprichst du denn mit deiner Mutter?

5. (*subtle*) *distinction, shade of meaning* fein, genau. **that was a ~ point** das war eine gute Bemerkung; **one or two ~ points** ein paar brauchbare *or* gute Gedanken.

6. (*hard to please*) *person* anspruchsvoll, pingelig (*inf*), heikel (*dial*).

nice-looking ['naɪsˌlʊkɪŋ] *adj* gut aussehend; *girl also, face, dress etc* nett aussehend; *hotel, village, girl* hübsch. **to be ~** gut aussehen.

nicely ['naɪslɪ] *adv* **1.** (*pleasantly*) nett; (*well*) *go, speak, behave, placed* gut. **to go ~** wie geschmiert laufen (*inf*); **eat up/say thank you ~!** iß mal schön auf/sag mal schön danke!; **that will do ~** das reicht vollauf; **how's it going? — ~, thank you** wie geht es so? — danke, ganz gut; **to be ~ spoken** sich gepflegt ausdrücken.

2. (*carefully*) *distinguish* genau, fein.

niceness ['naɪsnɪs] *n* **1.** (*pleasantness*) (*of person, behaviour*) Nettigkeit *f*; (*nice appearance*) nettes *or* hübsches Aussehen; (*skilfulness*) Qualität, Feinheit *f*.

2. (*subtlety*) Feinheit, Genauigkeit *f*.

3. (*fastidiousness*) anspruchsvolle Art, Pingeligkeit (*inf*), Heikelkeit (*dial*) *f*.

nicety ['naɪsɪtɪ] *n* **1.** (*subtlety*) Feinheit *f*; (*of judgement also*) Schärfe *f*; (*precision*) (peinliche) Genauigkeit. **to a ~** äußerst *or* sehr genau; **a point/question of some ~** ein feiner *or* subtiler Punkt/eine subtile Frage.

2. niceties *pl* Feinheiten, Details *pl*.

niche [niːʃ] *n* (*Archit*) Nische *f*; (*fig*) Plätzchen *nt*.

Nicholas ['nɪkələs] *n* Nikolaus *m*.

Nick [nɪk] *n abbr of* **Nicholas**. **Old ~** (*inf*) der Böse, der Leibhaftige (*old*).

nick¹ [nɪk] *n* **1.** Kerbe *f*. **I got a little ~ on my chin** ich habe mich leicht am Kinn geschnitten.

2. in the ~ of time gerade noch (rechtzeitig).

3. (*Brit inf: condition*) **in good/bad ~** gut/nicht gut in Schuß (*inf*).

II *vt* **1.** *wood, stick* einkerben. **to ~ oneself** *or* **one's chin** (*inf*) sich (am Kinn) schneiden.

2. (*bullet*) *person, wall, arm* streifen.

nick² (*Brit*) **I** *vt* (*inf*) **1.** (*arrest*) einsperren (*inf*), einlochen (*inf*); (*catch*) schnappen (*inf*). **he got ~ed** den haben sie sich (*dat*) gekascht (*sl*) *or* geschnappt (*inf*).

2. (*steal*) klauen (*inf*).

II *n* (*sl*) (*prison*) Kittchen *nt* (*inf*); (*police station*) Wache *f*, Revier *nt*.

nick³ *vt* (*US sl*) **to ~ sb for sth** jdm etw abknöpfen (+*dat*) (*inf*).

nickel ['nɪkl] *n* **1.** (*abbr* Ni) Nickel *nt*. **2.** (*US*) Nickel *m*, Fünfcentstück *nt*.

nickel-plated ['nɪklˌpleɪtɪd] *adj* vernickelt.

nicker ['nɪkər] *n, pl-* (*Brit sl*) Lappen *m* (*sl*).

nickname ['nɪkneɪm] **I** *n* Spitzname *m*. **II** *vt* *person* betiteln, taufen (*inf*).

nicotine ['nɪkətiːn] *n* Nikotin *nt*.

nicotine poisoning *n* Nikotinvergiftung *f*; **nicotine-stained** *adj* gelb von Nikotin; *fingers also* nikotingelb.

niece [niːs] *n* Nichte *f*.

niff [nɪf] *n* (*Brit inf*) Mief *m* (*inf*).

niffy ['nɪfɪ] *adj* (+*er*) (*Brit inf*) muffig (*inf*).

nifty ['nɪftɪ] *adj* (+*er*) (*inf*) (*smart*) flott (*inf*); *gadget, tool* schlau (*inf*); (*quick*) *person*

flott (*inf*), fix (*inf*). **a ~ piece of work** gute *or* lockere (*sl*) Arbeit; **he's pretty ~ with a gun** er hat ein lockeres Händchen mit dem Schießeisen (*inf*); **you'd better be ~ about it!** und ein bißchen dalli! (*inf*).

Niger ['naɪdʒər] *n* Niger *m*.

Nigeria [naɪ'dʒɪərɪə] *n* Nigeria *nt*.

Nigerian [naɪ'dʒɪərɪən] **I** *adj* nigerianisch. **II** *n* Nigerianer(in *f*) *m*.

niggardliness ['nɪgədlɪnɪs] *n see adj* Knaus(e)rigkeit *f*; Armseligkeit *f*.

niggardly ['nɪgədlɪ] *adj person* knaus(e)rig; *amount, portion also* armselig.

nigger ['nɪgər] *n* (*pej*) Nigger *m* (*pej inf*). **there's a ~ in the woodpile** irgend jemand schießt quer (*inf*); (*snag*) da ist ein Haken dran (*inf*).

niggle ['nɪgl] **I** *vi* (*complain*) (herum)kritteln (*inf*), herumkritisieren (*about* an +*dat*). **II** *vt* (*worry*) plagen, quälen, zu schaffen machen (+*dat*).

niggling ['nɪglɪŋ] **I** *adj person* kritt(e)lig (*inf*), überkritisch; *question, doubt, pain* bohrend, quälend; *detail* pingelig (*inf*); *feeling* ungut. **II** *n* Kritteln *nt*.

nigh [naɪ] *adj* (*old, liter*) nahe. **II** *adv* **1.** (*old, liter*) **to draw ~** (sich) nahen (*old, geh*) (*to dat*). **2. ~ on** nahezu (*geh*); **it is well ~ impossible** es ist nahezu unmöglich. **III** *prep* (*old, liter*) nahe (+*dat*).

night [naɪt] **I** *n* **1.** Nacht *f*; (*evening*) Abend *m*. **I saw him last ~** ich habe ihn gestern abend gesehen; **I'll see him tomorrow ~** ich treffe ihn morgen abend; **I stayed with them last ~** ich habe heute *or* letzte Nacht bei ihnen übernachtet; **I'll stay with them tomorrow ~** ich übernachte morgen nacht bei ihnen; **on Friday ~** Freitag abend/nacht; **on the ~ of (Saturday) the 11th** am (Samstag, dem) 11. nachts; **11/6 o'clock at ~** 11 Uhr nachts/6 Uhr abends; **to travel/see Paris by ~** nachts reisen/Paris bei Nacht sehen; **far into the ~** bis spät in die Nacht, bis in die späte Nacht; **in/during the ~** in/während der Nacht; **the ~ before they were ...** am Abend/die Nacht zuvor waren sie ...; **the ~ before last they were ...** vorgestern abend/vorletzte Nacht waren sie ...; **to have a good/bad ~/~'s sleep** gut/schlecht schlafen; (*patient also*) eine gute/schlechte Nacht haben; **I need a good ~'s sleep** ich muß mal wieder ordentlich schlafen; **night-night!** (*inf*) gut' Nacht! (*inf*); **~ after ~** jede Nacht; **all ~ (long)** die ganze Nacht; **~ and day** (*lit, fig*) Tag und Nacht; **to have a ~ out** (abends) ausgehen; **a ~ out with the lads** ein Abend mit den Kumpels; **to make a ~ of it** durchmachen (*inf*); **to have/get a late/an early ~** spät/früh ins Bett kommen, spät/früh schlafen gehen; **too many late ~s!** zuwenig Schlaf!; **to work ~s** nachts arbeiten; **to be on ~s** (*policeman, nurse etc*) Nachtdienst haben; (*shift worker*) Nachtschicht haben.

2. (*darkness*) Nacht *f*. **~ is falling** die Nacht bricht herein.

3. (*Theat*) Abend *m*. **last three ~s of ...** die letzten drei Abende von ...; **a Mozart ~** ein Mozartabend *m*; *see* **first ~**.

II *adv* **~s** (*esp US*) nachts.

night *in cpds* Nacht-; **night-bird** *n* Nachtvogel *m*; (*fig*) Nachteule *f* (*inf*), Nachtschwärmer m; **night-blindness** n Nacht-blindheit f; **nightcap** n 1. (garment) Nachtmütze f; (for woman) Nachthaube f; 2. (drink) Schlummertrunk m (inf); **nightclothes** npl Nachtzeug nt, Nacht-wäsche f (esp Comm); **night-club** n Nachtlokal nt or -klub m; **nightdress** n Nachthemd, Nachtgewand (geh) nt; **nightfall** n Einbruch m der Dunkelheit; **at ~** bei Einbruch der Dunkelheit; **night-flight** n Nachtflug m; **nightgown** n Nachthemd nt; **night-hawk** n (US) (lit) Amerikanischer Ziegenmelker; (fig) Nachtschwärmer m.

nightie ['naɪtɪ] n (inf) Nachthemd nt.

nightingale ['naɪtɪŋgeɪl] n Nachtigall f.

nightjar ['naɪtdʒɑːʳ] n Ziegenmelker m, Nachtschwalbe f; **night letter** n (US) (zu billigem Tarif gesandtes) Nacht-telegramm nt; **night-life** n Nachtleben nt; **night-light** n 1. (for child etc) Nachtlicht nt; 2. (for teapot etc) Teelicht nt; **night-long** adj sich über die ganze Nacht hin-ziehend; (lasting several nights) nächte-lang.

nightly ['naɪtlɪ] I adj (every night) (all)-nächtlich, Nacht-; (every evening) (all)-abendlich, Abend-.
II adv (every night) jede Nacht/jeden Abend. **performances/ three perform-ances ~** jeden Abend Vorstellung/drei Vorstellungen; **twice ~** zweimal pro Abend.

nightmare ['naɪtmɛəʳ] n (lit, fig) Alptraum m.

nightmarish ['naɪtmɛərɪʃ] adj grauenhaft.

night-nurse ['naɪt‚nɜːs] n Nachtschwester f; (man) Nachtpfleger m; **nightowl** n (inf) Nachteule f (inf); **night-porter** n Nacht-portier m; **nightsafe** n Nachtsafe m; **nightschool** n Abendschule f; **night-shade** ['naɪtʃeɪd] n Nachtschatten m; see **deadly ~**; **night-shift** n Nachtschicht f; **night-shirt** n Herrennachthemd nt; **night sky** n nächtlicher Himmel; **night-spot** n Nachtlokal nt; **nightstick** n (US) Schlagstock m; **night-storage heater** n Nachtspeicherofen m; **night-time** I n Nacht f; **in the** or **at ~** nachts; II adj attr nächtlich, Nacht-; **night-watch** n Nacht-wache f; **night-watchman** n Nacht-wächter m; **nightwear** n Nachtzeug nt, Nachtwäsche f (esp Comm).

nihilism ['naɪɪlɪzm] n Nihilismus m.

nihilist ['naɪɪlɪst] n Nihilist(in f) m.

nihilistic [‚naɪˈlɪstɪk] adj nihilistisch.

nil [nɪl] n (zero) null (also Sport); (nothing) nichts. **the score was one-~** es stand eins zu null; **the response etc was ~** die Reak-tion etc war gleich Null.

Nile [naɪl] n Nil m.

nimble ['nɪmbl] adj (+er) (quick) fingers, feet flink; (agile) gelenkig, wendig, beweglich; (skilful) geschickt; mind beweglich. **she is still ~** sie ist noch sehr rüstig.

nimble-fingered ['nɪmbl‚fɪŋgəd] adj finger-fertig; **nimble-footed** adj leichtfüßig.

nimbleness ['nɪmblnɪs] n see adj Flinkheit f; Gelenkigkeit, Wendigkeit, Beweglich-keit f; Geschicklichkeit f, Geschick nt; Beweglichkeit f.

nimble-witted ['nɪmbl‚wɪtɪd] adj schlagfer-tig.

nimbly ['nɪmblɪ] adv work, respond flink; dance leicht(füßig); jump, climb gelenkig.

nimbus ['nɪmbəs] n 1. (Liter: halo) Nimbus (geh), Heiligenschein m. 2. (Met) see **cumulonimbus.**

nincompoop ['nɪŋkəmpuːp] n (inf) Trottel (inf), Simpel (inf) m.

nine [naɪn] I adj neun. **~ times out of ten** in neun Zehntel der Fälle, so gut wie immer; **to have ~ lives** ein zähes Leben haben; **a ~ days' wonder** eine Eintagsfliege (inf).
II n Neun f. **dressed up to the ~s** in Schale (inf); see also **six.**

ninepins ['naɪnpɪnz] n (game) Kegeln nt. **to go down like ~** (fig) wie die Fliegen um-fallen (inf).

nineteen ['naɪn'tiːn] I adj neunzehn. II n Neunzehn f. **she talks ~ to the dozen** sie redet wie ein Wasserfall (inf); see also **six-teen.**

nineteenth ['naɪn'tiːnθ] I adj (in series) neunzehnte(r, s); (as fraction) neunzehn-tel. II n Neunzehnte(r, s); Neunzehntel nt; see also **sixteenth.**

ninetieth ['naɪntɪɪθ] I adj (in series) neunzig-ste(r, s); (as fraction) neunzigstel. II n Neunzigste(r, s); Neunzigstel nt.

ninety ['naɪntɪ] I adj neunzig. II n Neunzig f. **the temperature was up in the nineties** die Temperatur war über 90° Fahrenheit gestiegen; see also **sixty.**

ninny ['nɪnɪ] n (inf) Dussel m (inf).

ninth [naɪnθ] I adj (in series) neunte(r, s); (as fraction) neuntel. II n Neunte(r, s); Neuntel nt; (Mus) None f; see also **sixth.**

niobium [naɪˈəʊbɪəm] n (abbr Nb) Niobium nt.

Nip [nɪp] n (pej) Japs(e) m (inf).

nip¹ [nɪp] I n 1. (pinch) Kniff m; (bite from animal etc) Biß m. **to give sb a ~ in the arm** jdn in den Arm zwicken or kneifen; **the dog gave him a ~** der Hund hat kurz zugeschnappt; **it was ~ and tuck** (esp US inf) das war eine knappe Sache.
2. there's a ~ in the air today es ist ganz schön frisch heute.
II vt 1. (bite) zwicken; (pinch also) kneifen. **the dog ~ped his ankle** der Hund hat ihn am Knöchel gezwickt; **to ~ oneself/ one's finger in sth** sich (dat) den Finger in etw (dat) klemmen.
2. (Hort) bud, shoot abknipsen. **to ~ sth in the bud** (fig) etw im Keim ersticken.
3. (cold, frost etc) plants angreifen. **the cold air ~ped our faces** die Kälte schnitt uns ins Gesicht.
III vi (Brit inf) sausen (inf), flitzen (inf). **to ~ up(stairs)/down(stairs)** hoch-/runter-sausen (inf) or -flitzen (inf); **I'll just ~ down to the shops** ich gehe mal kurz ein-kaufen (inf); **I'll ~ on ahead** ich gehe schon mal voraus (inf).

♦**nip along** vi (Brit inf) entlangsausen (inf) or -flitzen (inf). **~ ~ to Joan's house** lauf or saus mal schnell zu Joan rüber (inf).

♦**nip in** vi (Brit inf) hinein-/hereinsausen (inf); (call in) auf einen Sprung vorbeikommen/-gehen. **I've just ~ped for a minute** ich bin nur für ein Minütchen vorbeigekommen (*inf*); **he just ~ped ~to the pub for a drink** er ging auf einen Sprung *or* nur mal kurz in die Kneipe (*inf*).

◆**nip off I** *vi* (*Brit inf*) davonsausen (*inf*). **II** *vt sep twig* abknicken; (*with clippers etc*) abzwicken. **he ~ped ~ the end of his finger** er hat sich (*dat*) die Fingerspitze gekappt.

◆**nip out** *vi* (*Brit inf*) hinaus-/heraussausen (*inf*); (*out of house etc*) kurz weggehen.

nip² *n* (*inf: drink*) Schlückchen *nt*.

nipper ['nɪpəʳ] *n* **1.** (*Zool*) Schere, Zange *f*. **2.** (*Brit inf: child*) Steppke *m* (*inf*).

nipple ['nɪpl] *n* **1.** (*Anat*) Brustwarze *f*; (*US: on baby's bottle*) Sauger, Schnuller (*inf*) *m*. **2.** (*Aut*) Nippel *m*.

nippy ['nɪpɪ] *adj* (+*er*) **1.** (*Brit inf*) flink, flott; *car, motor* spritzig. **be ~ about it** ein bißchen zack, zack (*inf*). **2.** (*sharp, cold*) *weather* frisch; *wind also* beißend.

Nirvana [nɪəʳˈvɑːnə] *n* Nirwana *nt*.

nisi ['naɪsaɪ] *conj see* **decree**.

Nissen hut ['nɪsnˌhʌt] *n* (*Brit*) Nissenhütte *f*.

nit [nɪt] *n* **1.** (*Zool*) Nisse, Niß *f*. **2.** (*Brit inf*) Dummkopf, Blödmann (*inf*) *m*.

niter *n* (*US*) *see* **nitre**.

nit-picking ['nɪtpɪkɪŋ] *adj* (*inf*) kleinlich, pingelig (*inf*).

nitrate ['naɪtreɪt] *n* Nitrat *nt*.

nitre, (*US*) **niter** ['naɪtəʳ] *n* Salpeter *m or nt*.

nitric ['naɪtrɪk] *adj* (*of nitrogen*) Stickstoff-; (*of nitre*) Salpeter-.

nitric acid *n* Salpetersäure *f*; **nitric oxide** *n* Stick(stoffmon)oxyd *nt*.

nitrogen ['naɪtrədʒən] *n* (*abbr* N) Stickstoff *m*.

nitrogen *in cpds* Stickstoff-.

nitroglycerin(e)   ['naɪtrəʊˈglɪsəriːn]   *n* Nitroglyzerin *nt*.

nitrous acid ['naɪtrəsˈæsɪd] *n* salpetrige Säure; **nitrous oxide** *n* Distickstoffmonoxyd, Lachgas *nt*.

nitty-gritty ['nɪtɪˈgrɪtɪ] *n* (*inf*) **to get down to the ~** zur Sache kommen.

nitwit ['nɪtwɪt] *n* (*inf*) Dummkopf *m*.

nix [nɪks] **I** *n* (*sl*) nix (*inf*). **II** *vt* (*US sl*) ablehnen.

NNE *abbr of* **north-north-east** NNO.

NNW *abbr of* **north-north-west** NNW.

No, no *abbr of* **1.** north N. **2.** number Nr.

no [nəʊ] **I** *adv* **1.** (*negative*) nein. **oh ~!** o nein!; **to answer ~** (*to question*) mit Nein antworten, verneinen; (*to request*) nein sagen; **she can't say ~** sie kann nicht nein sagen; **the answer is ~** da muß ich nein sagen; (*as emphatic reply also*) nein (und noch mal nein).

  2. (*not*) nicht. **hungry or ~, you'll eat it** ob du Hunger hast oder nicht, das wird gegessen (*inf*).

  3. (*with comp*) nicht. **I have ~ more money** ich habe kein Geld mehr; **he has ~ more than anyone else** er hat auch nicht mehr als jeder andere; **I'm ~ less tired than you are** ich bin auch nicht weniger müde als du; **~ later than Monday** spätestens Montag; **~ longer ago than last week** erst letzte Woche.

  II *adj* **1.** (*not any: also with numerals and "other"*) kein. **a person of ~**

intelligence ein Mensch ohne jede Intelligenz; **~ one person could do it** keiner könnte das allein tun; **~ two men could be less alike** zwei verschiedenere Menschen könnte es nicht geben; **~ other man** kein anderer; **it's of ~ interest/ importance** das ist belanglos/unwichtig; **it's ~ use** *or* **good** das hat keinen Zweck.

  2. (*forbidding*) **~ parking/smoking** Parken/Rauchen verboten.

  3. (*with gerund*) **there's ~ saying** *or* **telling what he'll do next** man kann nie wissen, was er als nächstes tun wird; **there's ~ denying it** es läßt sich nicht leugnen; **there's ~ pleasing him** ihm kann man es auch nie recht machen.

  4. (*emph*) **she's ~ genius/beauty** sie ist nicht gerade ein Genie/eine Schönheit; **president or ~ president** Präsident hin oder her, Präsident oder nicht; **this is ~ place for children** das ist hier nichts für Kinder; **I'm ~ expert, but ...** ich bin ja kein Fachmann, aber ...; **in ~ time** im Nu; **it's ~ small matter** das ist keine Kleinigkeit; **theirs is ~ easy task** sie haben keine leichte Aufgabe; **there is ~ such thing** so etwas gibt es nicht; **it was/we did ~ such thing** bestimmt nicht, nichts dergleichen; **I'll do ~ such thing** ich werde mich hüten.

  III *n, pl* **-es** Nein *nt*; (*~ vote*) Neinstimme *f*. **I won't take ~ for an answer** ich bestehe darauf, ich lasse nicht locker; **the ~es have it** die Mehrheit ist dagegen.

Noah ['nəʊə] *n* Noah *m*. **~'s ark** die Arche Noah.

nob [nɒb] *n* (*inf*) einer der besseren Leute.

no-ball ['nəʊˈbɔːl] *n* (*Cricket*) wegen Übertretens ungültiger Ball.

nobble ['nɒbl] *vt* (*Brit inf*) **1.** *horse, dog* lahmlegen (*inf*). **2.** (*catch*) sich (*dat*) schnappen (*inf*). **3.** (*obtain dishonestly*) *votes etc* (sich *dat*) kaufen; *money* einsacken (*inf*).

nobelium [nəʊˈbiːlɪəm] *n* (*abbr* No) Nobelium *nt*.

Nobel prize ['nəʊbelˈpraɪz] *n* Nobelpreis *m*. **~ winner** Nobelpreisträger(in *f*) *m*.

nobility [nəʊˈbɪlɪtɪ] *n, no pl* **1.** (*people*) (Hoch)adel *m*. **she is one of the ~** sie ist eine Adlige.

  2. (*quality*) Adel *m*, Edle(s) *nt*. **~ of mind/thought** geistiger Adel; **~ of feelings/sentiment** edle Gefühle *pl*/edles Gefühl; **~ of ideals** hohe Ideale *pl*.

noble ['nəʊbl] **I** *adj* (+*er*) **1.** (*aristocratic*) *person, rank* adlig. **to be of ~ birth** adlig sein, von edler *or* adliger Geburt sein.

  2. (*fine*) *person, deed, thought etc* edel, nobel; *appearance* vornehm; *soul, mind also* adlig; (*brave*) *resistance* heldenhaft, wacker. **that was a ~ attempt** das war ein löblicher Versuch.

  3. *monument* stattlich, prächtig.

  4. (*inf: selfless*) edel, großmütig, edelmütig. **how ~ of you!** (*iro*) zu gütig.

  5. *metal* edel, Edel-.

  II *n* Adlige(r) *mf*.

nobleman ['nəʊblmən] *n* Adlige(r), Edelmann (*Hist*) *m*; **noble-minded** *adj* edel gesinnt, vornehm.

nobleness ['nəʊblnɪs] *n* **1.** (*of person*) Adligkeit *f*; (*of birth, rank*) Vornehmheit *f*.

2. (*of deed, thought*) Vornehmheit *f*; (*of person*) edle *or* noble Gesinnung; (*of soul, mind also*) Adel *m*.

3. (*impressiveness*) Stattlichkeit *f*.

4. (*inf: selflessness*) Großmütigkeit *f*; (*of person also*) Großmut, Edelmut *m*.

noblesse oblige [nəʊˈblesəʊˈbliːʒ] Adel verpflichtet, noblesse oblige.

noblewoman [ˈnəʊblwʊmən] *n*, *pl* **-women** [-wɪmɪn] Adlige *f*; (*married also*) Edelfrau *f* (*Hist*); (*unmarried also*) Edelfräulein *nt* (*Hist*).

nobly [ˈnəʊblɪ] *adv* **1.** (*aristocratically*) vornehm. ~ **born** von edler Geburt.

2. (*finely*) edel, vornehm; (*bravely*) wacker, heldenhaft. **you've done** ~ du hast dich wacker geschlagen (*inf*).

3. (*impressively*) proportioned prächtig, prachtvoll.

4. (*inf: selflessly*) nobel, großmütig.

nobody [ˈnəʊbədɪ] **I** *pron* niemand, keiner. **who saw him? —** ~ wer hat ihn gesehen? — niemand; ~ **knows better than I** niemand *or* keiner weiß besser als ich; **there was** ~ **else** da war niemand anderes *or* sonst niemand; ~ **else could have done it** es kann niemand anders *or* kein anderer gewesen sein; ~ **else but you can do it** nur du kannst das, außer dir kann das niemand; **like** ~**'s business** wie nichts; **the speed he works at is** ~**'s business** er arbeitet mit einem Affentempo (*inf*); **he's** ~**'s fool** er ist nicht auf den Kopf gefallen.

II *n* Niemand *m no pl*, Nichts *nt no pl*, kleines unbedeutendes Würstchen (*inf*). **he's a mere** ~ er ist überhaupt nichts, er ist doch ein Niemand *or* Nichts; **I worked with him when he was (a)** ~ ich habe mit ihm gearbeitet, als er noch nichts war.

no-claim(s) bonus [ˈnəʊˌkleɪm(z)ˈbəʊnəs] *n* Schadenfreiheitsrabatt *m*.

nocturnal [nɒkˈtɜːnl] *adj* nächtlich; *sound also* der Nacht; *animal, bird* Nacht-. ~ **flowers** Nachtblüher *pl*.

nocturne [ˈnɒktɜːn] *n* (*Mus*) Nokturne *f*.

nod [nɒd] **I** *n* **1.** Nicken *nt*. **he gave a quick** ~ er nickte kurz; **to give sb a** ~ jdm zunicken; **a** ~ **is as good as a wink (to a blind man)** (*inf*) schon verstanden; das wird er schon verstehen.

2. (*inf: sleep*) **the land of N**~ das Land der Träume.

II *vi* **1.** (*person, flowers*) nicken; (*plumes*) wippen. **to** ~ **to sb** jdm zunicken; **to** ~ **in agreement/welcome** zustimmend/zur Begrüßung nicken.

2. (*doze*) ein Nickerchen *nt* machen (*inf*). **she was** ~**ding over a book** sie war über einem Buch eingenickt (*inf*).

3. even Homer ~**s** Irren ist menschlich.

III *vt* **1. to** ~ **one's head** mit dem Kopf nicken; **to** ~ **one's agreement/approval** zustimmend nicken; **to** ~ **a greeting/welcome to sb** jdm zum Gruß/zur Begrüßung zunicken.

2. (*Sport*) *ball* köpfen.

◆**nod off** *vi* einnicken (*inf*).

nodal [ˈnəʊdl] *adj* knotenartig, Knoten-; (*fig*) *point* Knoten-.

nodding [ˈnɒdɪŋ] *adj* **to have a** ~ **acquaintance with sb** jdn flüchtig kennen.

node [nəʊd] *n* (*all senses*) Knoten *m*.

nodular [ˈnɒdjʊləʳ] *adj* knötchenartig, Knötchen-.

nodule [ˈnɒdjuːl] *n* (*Med, Bot*) Knötchen *nt*; (*Geol*) Klümpchen *nt*.

noggin [ˈnɒgɪn] *n* **1.** (*inf: head*) Birne *f* (*inf*). **2.** (*Measure*) Becher *m* (≃ 0,15 litres). **let's have a** ~ (*inf*) wie wär's mit 'nem Gläschen? (*inf*).

no-go area [ˈnəʊˌgəʊˈɛərɪə] *n* Sperrgebiet *nt*.

no-good [ˈnəʊgʊd] **I** *adj person* nichtsnutzig; **II** *n* (*person*) Nichtsnutz *m*.

noise [nɔɪz] **I** *n* Geräusch *nt*; (*loud, irritating sound*) Lärm, Krach *m*; (*Elec: interference*) Rauschen *nt*. **what was that** ~? was war das für ein Geräusch?; **a hammering** ~ ein hämmerndes Geräusch; **the** ~ **of the traffic/bells** der Straßenlärm/der Lärm der Glocken; ~**s in the ears** (*Med*) Ohrensausen *nt*; **it made a lot of** ~ es war sehr laut, es hat viel Krach gemacht; **don't make a** ~! sei leise!; **stop that** ~ hör mit dem Krach *or* Lärm auf; **he's always making** ~**s about resigning** er redet dauernd davon, daß er zurücktreten will; **to make a lot of** ~ **about sth** (*inf*) viel Geschrei um etw machen; **a big** ~ (*fig inf*) ein großes Tier (*inf*); ~ **level** Geräuschpegel *m*; ~ **abatement** Lärmbekämpfung *f*.

II *vt* **to** ~ **sth abroad** *or* **about** (*old, hum*) etw verbreiten; **it was** ~**d about that ...** es ging das Gerücht (um), daß ...

noiseless [ˈnɔɪzlɪs] *adj* geräuschlos; *tread, step also* lautlos.

noiselessly [ˈnɔɪzlɪslɪ] *adv see adj*.

noisily [ˈnɔɪzɪlɪ] *adv see adj*.

noisiness [ˈnɔɪzɪnɪs] *n* Lärm *m*; (*of person*) laute Art; (*of children*) Krachmacherei *f* (*inf*); (*of protest, welcome, debate*) Lautstärke *f*. **the** ~ **of these pupils/this car** der Lärm *or* Krach, den diese Schüler machen/dieses Auto macht.

noisome [ˈnɔɪsəm] *adj* **1.** *smell* widerlich, eklig. **2.** (*noxious*) giftig, (gesundheits)-schädlich.

noisy [ˈnɔɪzɪ] *adj* (+*er*) laut; *traffic, child also* lärmend; *machine, behaviour, work also* geräuschvoll; *protest, welcome, debate* lautstark. **don't be so** ~ sei nicht so laut, mach nicht so viel Lärm; **this is a** ~ **house** in dem Haus ist es laut.

nomad [ˈnəʊmæd] *n* Nomade *m*, Nomadin *f*.

nomadic [nəʊˈmædɪk] *adj* nomadisch, Nomaden-; *tribe, race* Nomaden-.

no-man's-land [ˈnəʊmænzlænd] *n* (*lit, fig*) Niemandsland *nt*.

nom de plume [ˈnɒmdəˈpluːm] *n* Pseudonym *nt*.

nomenclature [nəʊˈmenklətʃəʳ] *n* Nomenklatur *f*.

nominal [ˈnɒmɪnl] *adj* **1.** (*in name*) nominell. ~ **value** (*of shares*) Nenn- *or* Nominalwert *m*; ~ **shares** Stamm- *or* Gründungsaktien *pl*. **2.** (*small*) *salary, fee, amount, rent* nominell, symbolisch. **3.** (*Gram*) Nominal-.

nominally [ˈnɒmɪnəlɪ] *adv* nominell.

nominate [ˈnɒmɪneɪt] *vt* **1.** (*appoint*) ernennen. **he was** ~**d chairman** er wurde zum

Vorsitzenden ernannt. **2.** (*propose*) nominieren, (als Kandidaten) aufstellen.

nomination [,nɒmɪ'neɪʃən] *n* **1.** (*appointment*) Ernennung, Bestellung (*form*) *f.* **2.** (*proposal*) Nominierung *f.*

nominative ['nɒmɪnətɪv] (*Gram*) **I** *n* Nominativ, Werfall *m.* **II** *adj* (**the**) ~ **case** der Nominativ, der Werfall.

nominee [,nɒmɪ'niː] *n* Kandidat(in *f*) *m.*

non- [nɒn-] *pref* nicht-.

nonagenarian [,nɒnədʒɪ'neərɪən] **I** *n* Neunziger(in *f*) *m.* **II** *adj* in den Neunzigern.

non-aggression [nɒnə'greʃən] *n* Nichtangriff *m.* ~ **pact** Nichtangriffspakt *m.*

non-alcoholic [,nɒnælkə'hɒlɪk] *adj* nichtalkoholisch, alkoholfrei; **non-aligned** *adj* (*Pol*) blockfrei, bündnisfrei; **non-alignment** *n* (*Pol*) Blockfreiheit, Bündnisfreiheit *f;* ~ **policy** Neutralitätspolitik *f;* **non-appearance** *n* Nichterscheinen *nt;* **non-arrival** *n* Ausbleiben *nt;* (*of train, plane, letter also*) Nichteintreffen *nt.*

nonce-word ['nɒnswɜːd] *n* Ad-hoc-Bildung *f.*

nonchalance ['nɒnʃələns] *n* Lässigkeit, Nonchalance *f.*

nonchalant *adj,* ~**ly** *adv* ['nɒnʃələnt, -lɪ] lässig, nonchalant.

non-Christian [,nɒn'krɪstjən] **I** *n* Nichtchrist(in *f*) *m;* **II** *adj* nichtchristlich; **noncom** *n* (*Mil inf*) Uffz. *m* (*sl*); **noncombatant** *n* Nichtkämpfer, Nonkombattant (*spec*) *m;* **II** *adj* nicht am Kampf beteiligt; **non-commissioned** *adj* (*Mil*): ~ **officer** Unteroffizier *m;* **noncommittal** *adj* zurückhaltend; *answer also* unverbindlich; **to be ~ about whether …** sich nicht festlegen, ob …; **he's so ~** er legt sich nie fest; **non-committally** *adv answer, say* unverbindlich; **noncompliance** *n* (*with regulations etc*) Nichteinhaltung, Nichterfüllung *f* (*with gen*); (*with wishes, orders*) Zuwiderhandlung *f,* Zuwiderhandeln *nt* (*with gegen*).

non compos mentis ['nɒn,kɒmpəs'mentɪs] *adj* nicht zurechnungsfähig, unzurechnungsfähig. **to look/be ~** (*inf*) etwas geistesabwesend aussehen/nicht ganz dasein (*inf*).

nonconformism [,nɒnkən'fɔːmɪzəm] *n* Nonkonformismus *m;* **the ~ of his views** seine nonkonformistischen Ansichten; **nonconformist I** *n* Nonkonformist(in *f*) *m;* **II** *adj* nonkonformistisch; **nonconformity** *n* (*with rules*) Nichteinhaltung *f* (*with gen*), Nichtkonformgehen *nt* (*form*) (*with* mit); **non-contributory** *adj benefits, insurance, pension scheme* ohne Eigenbeteiligung; *member* beitragsfrei; **non-co-operation** *n* unkooperative Haltung; **non-denominational** *adj* bekenntnisfrei, konfessionslos.

nondescript ['nɒndɪskrɪpt] *adj taste, colour* unbestimmbar; *person, appearance* unauffällig, unscheinbar (*pej*).

non-detachable [,nɒndɪ'tætʃəbl] *adj handle, hood etc* nicht abnehmbar, fest angebracht; *lining* nicht ausknöpfbar; (*without zip*) nicht ausreißbar; **nondiscrimination** *n* Nichtdiskriminierung *f* (*against, towards gen*); **non-**

discriminatory *adj* nichtdiskriminierend; **non-drinker** *n* Nichttrinker(in *f*) *m;* **she is a ~** sie trinkt keinen Alkohol; **non-driver** *n* Nichtfahrer(in *f*) *m;* ~**s do not appreciate …** wer selbst nicht (Auto) fährt, weiß … nicht zu schätzen.

none [nʌn] **I** *pron* keine(r, s); keine; (*on form*) keine. ~ **of them/us is coming** von ihnen/uns kommt keiner; ~ **of the boys/the chairs/them/the girls** keiner der Jungen/Stühle/von ihnen/keines der Mädchen; ~ **of this/the cake** nichts davon/von dem Kuchen; ~ **of this is any good** das ist alles nicht gut; ~ **of this money is mine** von dem Geld gehört mir nichts; **do you have any bread/apples?** — ~ (**at all**) haben Sie Brot/Äpfel? — nein, gar keines/keine; **there is ~ left** es ist nichts übrig; ~ **but he/the best** nur er/nur das Beste; **their guest was ~ other than …** ihr Gast war kein anderer als …; **but ~ of your silly jokes** aber laß bitte deine dummen Witze; **I want ~ of your excuses** und ich will keine Entschuldigungen hören; (**we'll have**) ~ **of that!** jetzt reicht's aber!; **I want ~ of this/this nonsense** ich will davon/von diesem Unsinn nichts hören; **he would have ~ of it** er wollte davon nichts wissen.

II *adv* **to be ~ the wiser** auch nicht schlauer sein; **it's ~ too warm** es ist nicht *or* keineswegs zu warm; ~ **too sure/easy** durchaus nicht sicher/einfach; **and ~ too soon either** und auch keineswegs zu früh.

nonentity [nɒ'nentɪtɪ] *n* (*person*) Nullität *f,* unbedeutende Figur.

non-essential [nɒnɪ'senʃəl] **I** *adj* unnötig; *workers* nicht unbedingt nötig; *services* nicht lebenswichtig. **II** *n* ~**s** *pl* nicht (lebens)notwendige Dinge *pl.*

nonetheless [,nʌnðə'les] *adv* nichtsdestoweniger, trotzdem.

non-event [nɒnɪ'vent] *n* (*inf*) Reinfall *m* (*inf*); **non-existence** *n* Nichtvorhandensein *nt;* (*Philos*) Nicht-Existenz *f;* **non-existent** *adj* nichtvorhanden *attr,* nicht vorhanden *pred;* (*Philos*) nicht existent; **non-fat** *adj diet* fettlos; **non-fattening** *adj* nicht dickmachend *attr; fruit is ~* Obst macht nicht dick; **non-ferrous** *adj* nicht eisenhaltig; **non-fiction I** *n* Sachbücher *pl;* **II** *adj* ~**book/publication** Sachbuch *nt;* ~ **department** Sachbuchabteilung *f;* **noninterference** *n* Nichteinmischung *f* (*in* in +*acc*); **non-intervention** *n* (*Pol etc*) Nichteinmischung *f,* Nichteingreifen *nt* (*in in* +*acc*); **non-iron** *adj* bügelfrei; **nonmember** *n* Nichtmitglied *nt;* (*of society also*) Nichtangehörige(r) *mf;* **open to ~s** Gäste willkommen; **non-migratory** *adj* ~ **bird** Standvogel, Nichtzieher (*spec*) *m;* **non-milk** *adj:* ~ **fat(s)** nichttierische Fette *pl;* **non-negotiable** *adj ticket* nicht übertragbar; **non-observance** *n* Nicht(be)achtung *f.*

no-nonsense ['nəʊ,nɒnsəns] *adj* (kühl und) sachlich, nüchtern.

non-partisan [,nɒn'pɑːtɪzæn] *adj* unparteiisch; **non-payment** *n* Nichtzahlung *f.*

nonplus ['nɒn'plʌs] *vt* verblüffen. **utterly** ~**sed** völlig verdutzt *or* verblüfft.

non-productive [,nɒnprə'dʌktɪv] *adj* ~ **industries** Dienstleistungssektor *m;* ~

worker Angestellte(r) *mf* im Dienstleistungssektor; **non-profit** (*US*), **non-profit-making** *adj* keinen Gewinn anstrebend *attr; charity etc also* gemeinnützig; **non-proliferation** *n* Nichtweitergabe *f* von Atomwaffen; ~ **treaty** Atomsperrvertrag *m*; **non-reader** *n* Analphabet(in *f*) *m*; **there are still five** ~ **in this class** in dieser Klasse können fünf Schüler noch nicht lesen; **non-recognition** *n* Nichtanerkennung *f*; **non-resident** I *adj* nicht ansässig; (*in hotel*) nicht im Hause wohnend; **II** *n* Nicht(orts)ansässige(r) *mf*; (*in hotel*) nicht im Haus wohnender Gast; **open to** ~ auch für Nichthotelgäste; **non-returnable** *adj bottle* Einweg-; **non-run** *adj* laufmaschenfrei, maschenfest; **non-scheduled** *adj flight, train* außerplanmäßig; **non-sectarian** *adj* nichtkonfessionell; *assembly* nicht konfessionsgebunden.

nonsense ['nɒnsəns] *n, no pl* (*also as interjection*) Unsinn, Quatsch (*inf*), Nonsens (*geh*) *m*; (*verbal also*) dummes Zeug; (*silly behaviour*) Dummheiten *pl*. **a piece of** ~ ein Unsinn *or* Quatsch (*inf*) *m*; **that's a lot of** ~! das ist (ja) alles dummes Zeug!; **I've had enough of this** ~ jetzt reicht's mir aber; **to make (a)** ~ **of sth** etw ad absurdum führen, etw unsinnig *or* sinnlos machen; **no more of your** ~! Schluß mit dem Unsinn!; **and no** ~ und keine Dummheiten; **I will stand** *or* **have no** ~ **from you** ich werde keinen Unsinn *or* keine Dummheiten dulden; **he won't stand any** ~ **over that** was das betrifft, verträgt er keinen Spaß; **a man with no** ~ **about him** ein nüchterner *or* kühler und sachlicher Mensch; *see* **stuff.**

nonsense verse *n* Nonsensvers, Unsinnsvers *m*; (*genre*) Nonsensverse *pl*, Nonsensdichtung *f*.

nonsensical [nɒnˈsensɪkəl] *adj idea, action* unsinnig. **don't be** ~ sei nicht albern.

nonsensically [nɒnˈsensɪkəlɪ] *adv* ohne Sinn und Verstand.

non sequitur [ˌnɒnˈsekwɪtəʳ] *n* unlogische (Schluß)folgerung.

non-shrink [ˌnɒnˈʃrɪŋk] *adj* nichteinlaufend *attr;* **to be** ~ nicht einlaufen; **non-skid** *adj* rutschsicher; **non-slip** *adj* rutschfest; **non-smoker** *n* **1.** (*person*) Nichtraucher(in *f*) *m*; **2.** (*Rail*) Nichtraucher(abteil *nt*) *m*; **non-smoking** *adj* **area** Nichtraucher-; **non-standard** *adj sizes* nicht der Norm entsprechend; (*of clothes, shoes*) Sonder-; (*not usually supplied*) *fittings* nicht üblich, Sonder-; ~ **use of language** unüblicher *or* ungewöhnlicher Sprachgebrauch; **non-starter** *n* **1.** (*in race*) (*person*) Nichtstartende(r) *mf*; (*horse*) nichtstartendes Pferd; **there were two** ~ zwei traten nicht an; **2.** (*fig: person, idea*) Blindgänger *m*; **non-stick** *adj pan, surface* kunststoffbeschichtet, Teflon-®; **non-stop** I *adj train* durchgehend; *journey* ohne Unterbrechung; *flight, performances* Nonstop-; **II** *adv talk* ununterbrochen; *fly* nonstop; *travel* ohne Unterbrechung, nonstop; **non-swimmer** *n* Nichtschwimmer(in *f*) *m*; **non-taxable** *adj* nichtsteuerpflichtig; **non-technical**

adj language etc für den Laien verständlich; *subject* nichttechnisch; **non-U** *adj* (*Brit*) charakteristisch für die Gewohnheiten, Sprechweise etc des Kleinbürgertums, nicht vornehm; **non-union** *adj worker, labour* nichtorganisiert; **non-verbal** *adj communication* nichtverbal, wortlos, ohne Worte; **non-violence** *n* Gewaltlosigkeit *f*; **non-violent** *adj* gewaltlos; **non-voter** *n* Nichtwähler(in *f*) *m*; **non-white** I *n* Farbige(r) *mf*; **II** *adj* farbig.

noodle ['nu:dl] *n* **1.** (*Cook*) Nudel *f*. **2.** (*dated inf: fool*) Dummerjan *m* (*inf*).

nook [nʊk] *n* (*corner*) Ecke *f*, Winkel *m*; (*remote spot*) Winkel *m*. **in every** ~ **and cranny** in jedem Winkel.

noon [nu:n] I *n* Mittag *m*. **at** ~ um 12 Uhr mittags. **II** *adj* 12-Uhr-, Mittags- (*inf*).

noonday ['nu:ndeɪ] *adj attr* Mittags-.

no-one ['nəʊwʌn] *pron see* **nobody I.**

noontime, noontide (*liter*) ['nu:ntaɪm, -taɪd] *n* Mittagszeit, Mittagsstunde (*geh*) *f*; **at** ~ um die Mittagsstunde (*geh*).

noose [nu:s] *n* Schlinge *f*. **to put one's head in the** ~ (*prov*) den Kopf in die Schlinge stecken.

nope [nəʊp] *adv* (*inf*) ne(e) (*dial*), nein.

nor [nɔːʳ] *conj* **1.** noch. **neither ...** ~ weder ... noch.

2. (*and not*) und ... auch nicht. **I shan't go,** ~ **will you** ich gehe nicht, und du auch nicht; **I don't like him** — ~ **do I** ich mag ihn nicht — ich auch nicht; ~ **was this all** und das war noch nicht alles.

Nordic ['nɔːdɪk] *adj* nordisch.

nor'-east [nɔːˈriːst] (*Naut*) *see* **north-east.**

norm [nɔːm] *n* Norm *f*. **our** ~ **is ...** in der Regel leisten wir ...; die Norm liegt bei ...

normal ['nɔːməl] I *adj* **1.** *person, situation, conditions* normal; *procedure, practice, routine also, customary* üblich. **it's a perfectly** *or* **quite a** ~ **thing** das ist völlig normal; ~ **working will resume later** der normale Betrieb wird später wiederaufgenommen; ~ **temperature/consumption/ output** Normaltemperatur *f*/-verbrauch *m*/-leistung *f*; **he is not his** ~ **self today** er ist heute so anders.

2. (*Math*) senkrecht.

3. (*Chem*) *solution* Normal-.

II *n, no pl* (*of temperature*) Normalwert, Durchschnitt *m*; (*Math*) Senkrechte *f*; (*to tangent*) Normale *f*. **temperatures below** ~ Temperaturen unter dem Durchschnitt; **her temperature is above/below** ~ sie hat erhöhte Temperatur/sie hat Untertemperatur; **when things/we are back to** ~ wenn sich alles wieder normalisiert hat.

normalcy ['nɔːdɪk] *n see* **normality.**

normality [nɔːˈmælɪtɪ] *n* Normalität *f*. **the return to** ~ **after war** die Normalisierung (des Lebens) *or* die Wiederaufnahme eines normalen Lebens nach dem Krieg; **to return to** ~ sich wieder normalisieren.

normalization [ˌnɔːməlaɪˈzeɪʃən] *n* Normalisierung *f*.

normalize ['nɔːməlaɪz] *vt* normalisieren; *relations* wiederherstellen. **to be** ~**d** sich normalisiert haben.

normally ['nɔːməlɪ] *adv* (*usually*) normalerweise, gewöhnlich; (*in normal way*) normal.

Norman [ˈnɔːmən] **I** adj normannisch. **the ~ Conquest** der normannische Eroberungszug. **II** n Normanne m, Normannin f.

Normandy [ˈnɔːməndɪ] n die Normandie.

normative [ˈnɔːmətɪv] adj normativ.

nor'-nor'-east [ˌnɔːnɔːˈriːst] (Naut) see **north-north-east.**

nor'-nor'-west [ˌnɔːnɔːˈwest] (Naut) see **north-north-west.**

Norse [nɔːs] **I** adj mythology altnordisch. **II** n (Ling) **Old ~** Altnordisch nt.

Norseman [ˈnɔːsmən] n, pl **-men** [-mən] (Hist) Normanne, Wikinger m.

north [nɔːθ] **I** n **1.** Norden m. **in/from the ~** im/aus dem Norden; **to the ~ of** nördlich von, im Norden von; **to veer/go to the ~** in nördliche Richtung or nach Norden drehen/gehen; **the wind is in the ~** es ist Nordwind; **the N~ (of Scotland/England)** Nordschottland/Nordengland nt.

2. (US Hist) **the N~** der Norden, die Nordstaaten.

II adj attr Nord-.

III adv im Norden; (towards the ~) nach Norden. **to be further ~** weiter im Norden or weiter nördlich sein; **~ of** nördlich or im Norden von.

north in cpds Nord-; **North Africa** n Nordafrika nt; **North African I** adj nordafrikanisch; **II** n Nordafrikaner(in f) m; **North America** n Nordamerika nt; **North American I** adj nordamerikanisch; **II** n Nordamerikaner(in f) m.

Northants [nɔːˈθænts] abbr of **Northamptonshire.**

northbound [ˈnɔːθbaʊnd] adj carriageway nach Norden (führend); traffic in Richtung Norden; **North Carolina** [ˌnɔːθkærəˈlaɪnə] n (abbr NC) Nordkarolina nt; **north country** n Nordengland nt; **north-country** adj nordenglisch.

Northd abbr of **Northumberland.**

North Dakota [ˌnɔːθdəˈkəʊtə] n (abbr ND) Norddakota nt.

north-east [ˌnɔːθˈiːst] **I** n Nordosten, Nordost (esp Naut) m; **in/from the ~** im Nordosten/von Nordost; **II** adj Nordost-, nordöstlich; **III** adv nach Nordosten; **~ of** nordöstlich von; **north-easterly I** adj nordöstlich; **II** n (wind) Nordostwind m; **north-eastern** adj provinces nordöstlich, im Nordosten; **north-eastwards** adv nach Nordost(en).

northerly [ˈnɔːðəlɪ] **I** adj nördlich. **II** adv nach Norden. **III** n Nordwind m.

northern [ˈnɔːðən] adj nördlich; Germany, Italy etc Nord-. **the ~ lights** das Nordlicht; **N~ Ireland** Nordirland nt.

northerner [ˈnɔːðənər] n Bewohner(in f) m des Nordens; Nordengländer(in f) m/ -deutsche(r) mf etc; (US) Nordstaatler(in f) m.

northernmost [ˈnɔːðənməʊst] adj nördlichste(r, s).

North Korea n Nordkorea nt; **North Korean I** adj nordkoreanisch; **II** n Nordkoreaner(in f) m; **north-north-east I** n Nordnordosten, Nordnordost (esp Naut) m; **II** adj Nordnordost-, nordnordöstlich; **III** adv nach Nordnordost(en); **north-north-west I** n Nordnordwesten, Nordnordwest (esp Naut) m; **II** adj

Nordnordwest-, nordnordwestlich; **III** adv nach Nordnordwest(en); **North Pole** n Nordpol m; **North Sea I** n Nordsee f; **II** adj Nordsee-; **~ gas/oil** Nordseegas nt/ -öl nt; **North Star** n Nordstern m; **North Vietnam** n Nordvietnam nt; **northward, northwardly I** adj nördlich; **in a ~ direction** nach Norden, (in) Richtung Norden; **II** adv (also northwards) nach Norden, nordwärts; **north-west I** n Nordwesten, Nordwest (esp Naut) m; **II** adj Nordwest-, nordwestlich; **the ~ Passage** die Nordwestliche Durchfahrt; **III** adv nach Nordwest(en); **~ of** nordwestlich von; **north-westerly I** adj nordwestlich; **II** n Nordwestwind m.

Norway [ˈnɔːweɪ] n Norwegen nt.

Norwegian [nɔːˈwiːdʒən] **I** adj norwegisch. **II** n **1.** Norweger(in f) m. **2.** (language) Norwegisch nt.

nor'-west [nɔːˈwest] (Naut) see **north-west.**

Nos., nos. abbr of **numbers** Nrn.

nose [nəʊz] **I** n **1.** (of person, animal) Nase f. **to hold one's ~** sich (dat) die Nase zuhalten; **to speak through one's ~** durch die Nase sprechen; **the tip of one's ~** die Nasenspitze; **my ~ is bleeding** ich habe Nasenbluten; **follow your ~** immer der Nase nach; **she always has her ~ in a book** sie hat dauernd den Kopf in einem Buch (vergraben); **to do sth under sb's very ~** etw vor jds Augen (dat) tun; **to find sth under one's ~** praktisch mit der Nase auf etw (acc) stoßen; **it was right under his ~ all the time** er hatte es die ganze Zeit direkt vor der Nase; **to lead sb by the ~** jdn an der Nase herumführen; **to poke** or **stick one's ~ into sth** (fig) seine Nase in etw (acc) stecken; **you keep your ~ out of this** (inf) halt du dich da raus (inf); **to cut off one's ~ to spite one's face** (prov) sich ins eigene Fleisch schneiden; **to look down one's ~ at sb/sth** auf jdn/etw herabblicken; **with one's ~ in the air** mit hocherhobenem Kopf, hochnäsig; **to pay through the ~** (inf) viel blechen (inf), sich dumm und dämlich zahlen (inf); **to win by a ~** (horse) um eine Nasenlänge gewinnen; **to put sb's ~ out of joint** jdn vor den Kopf stoßen; **to keep one's ~ clean** (inf) sauber bleiben (inf).

2. (sense of smell) Nase f; (fig also) Riecher m (inf). **to have a ~ for sth** (fig) eine Nase or einen Riecher (inf) für etw haben.

3. (of wines) Blume f.

4. (of plane) Nase f; (of car) Schnauze f; (of boat also) Bug m; (of torpedo) Kopf m. **~ to tail** (cars) Stoßstange an Stoßstange.

II vti **the car/ship ~d (its way) through the fog** das Auto/Schiff tastete sich durch den Nebel; **the car ~d (its way) into the stream of traffic** das Auto schob sich in den fließenden Verkehr vor; **to ~ into sb's affairs** (fig) seine Nase in jds Angelegenheiten (acc) stecken (inf).

◆**nose about** or **around** vi herumschnüffeln (inf); (person also) herumspionieren.

◆**nose out** vt sep aufspüren; secret, scandal ausspionieren (inf), ausschnüffeln (inf). **II** vi (car) sich vorschieben.

nosebag ['nəʊzbæg] *n* Futtersack *m*;
noseband *n* Nasenriemen *m*;
nosebleed *n* Nasenbluten *nt*; **nose cone**
n (*Aviat*) Raketenspitze *f*.

nosedive ['nəʊzdaɪv] **I** *n* (*Aviat*) Sturzflug
m; **to go into a** ~ zum Sturzflug ansetzen;
the car/he took *or* **made a** ~ **into the sea**
das Auto stürzte vornüber/er stürzte kopf-
über ins Meer; **the company's affairs took
a** ~ mit der Firma ging es rapide bergab;
II *vi* (*plane*) im Sturzflug herabgehen; **to**
~ **off sth** vornüber von etw stürzen; (*per-
son*) kopfüber von etw stürzen; **the com-
pany's affairs** ~**d** mit der Firma ging es
rapide bergab; **nosegay** *n* (Bieder-
meier)sträußchen *nt*; **nose-wheel** *n*
Bugrad *nt*.

nosey *adj see* **nosy**.

nosey parker [,nəʊzɪ'pɑːkə^r] *n* (*inf*)
Schnüffler(in *f*), Topfgucker (*inf*) *m*. **I
don't like** ~**s** ich mag Leute nicht, die ihre
Nase in alles stecken (*inf*); ~**!** sei doch
nicht so neugierig!

nosh [nɒʃ] (*Brit sl*) **I** *n* (*food*) Futter *nt*
(*inf*); (*meal*) Schmaus *m*. **to have some** ~
was essen. **II** *vi* futtern (*inf*).

nosh-up ['nɒʃʌp] *n* (*Brit sl*) Schmaus *m*,
Freßgelage *nt* (*sl*).

nostalgia [nɒ'stældʒɪə] *n* Nostalgie *f* (*for*
nach).

nostalgic [nɒ'stældʒɪk] *adj* nostalgisch,
wehmütig. **to feel/be** ~ **for sth** sich nach
etw zurücksehnen.

nostril ['nɒstrəl] *n* Nasenloch *nt*; (*of horse,
zebra etc*) Nüster *f*.

nosy ['nəʊzɪ] *adj* (+*er*) (*inf*) neugierig.

not [nɒt] *adv* **1.** nicht. **he told me** ~ **to come/
to do that** er sagte, ich solle nicht
kommen/ich solle das nicht tun; **do** ~ *or*
don't come kommen Sie nicht; **that's how**
~ **to do it** so sollte man es nicht machen;
he was wrong in ~ **making a protest** es war
falsch von ihm, nicht zu protestieren; ~
wanting to be heard, he ... da er nicht
gehört werden wollte, ... er ...

2. (*emphatic*) nicht. ~ **a sound/word** *etc*
kein Ton/Wort *etc*, nicht ein Ton/Wort
etc; ~ **a bit** kein bißchen; ~ **one of them**
kein einziger, nicht einer; ~ **a thing** über-
haupt nichts; ~ **any more** nicht mehr; ~
yet noch nicht.

3. (*in tag or rhetorical questions*) **it's
hot, isn't it** *or* **is it** ~**?** (*form*) es ist heiß,
nicht wahr *or* nicht? (*inf*); **isn't it hot?** (es
ist) heiß, nicht wahr?, ist das vielleicht
heiß!; **isn't he cheeky!** (er ist) ganz schön
frech, nicht! (*inf*); **you are coming, aren't
you** *or* **are you** ~**?** Sie kommen doch,
oder?; **he's** ~ **coming, is he?** er kommt
doch nicht etwa, oder?; **you have got it,
haven't you?** Sie haben es, nicht wahr?;
you like it, don't you *or* **do you** ~**?** (*form*)
das gefällt dir, nicht (wahr)?; **you are** ~
angry – or are you? Sie sind doch nicht
etwa böse?

4. (*as substitute for clause*) nicht. **is he
coming? — I hope/I believe** ~ kommt er?
— ich hoffe/glaube nicht; **it would seem** *or*
appear ~ anscheinend nicht; **he's decided
not to do it — I should think/hope** ~ er hat
sich entschlossen, es nicht zu tun — das
möchte ich auch meinen/hoffen.

5. (*elliptically*) **are you cold?** — ~ **at all**
ist dir kalt? — überhaupt *or* gar nicht;
thank you very much — ~ **at all** vielen
Dank — keine Ursache *or* gern
geschehen; ~ **in the least** überhaupt *or* gar
nicht, nicht im geringsten; ~ **that I care**
nicht, daß es mir etwas ausmacht(e); ~
that I know of nicht, daß ich wüßte; **it's** ~
that I don't believe him ich glaube ihm ja.

notability [,nəʊtə'bɪlɪtɪ] *n* **1.** (*person*)
bedeutende Persönlichkeit. **2.** (*eminence*)
Berühmtheit, Bedeutung *f*.

notable ['nəʊtəbl] **I** *adj* (*eminent*) *person*
bedeutend; (*worthy of note*) *success, fact,
event also* bemerkenswert, beachtens-
wert, denkwürdig; (*big*) *difference, im-
provement* beträchtlich, beachtlich; (*con-
spicuous*) auffallend. **he was** ~ **by his ab-
sence** er glänzte durch Abwesenheit. **II** *n
see* **notability 1.**

notably ['nəʊtəblɪ] *adv* **1.** (*strikingly*) auf-
fallend; *improved, different* beträchtlich.
to be ~ **absent** durch Abwesenheit glän-
zen. **2.** (*in particular*) hauptsächlich, vor
allem.

notarial [nəʊ'tɛərɪəl] *adj seal, deed, style*
notariell; *fees* Notar-.

notary (public) ['nəʊtərɪ('pʌblɪk)] *n* Notar
m.

notation [nəʊ'teɪʃən] *n* **1.** (*system*)
Zeichensystem *nt*, Notation *f* (*Sci*); (*sym-
bols*) Zeichen *pl*; (*phonetic also*) Schrift
f; (*Mus*) Notenschrift, Notation *f*. **2.** (*note*)
Notiz, Anmerkung *f*.

notch [nɒtʃ] **I** *n* Kerbe *f*; (*of handbrake, for
adjustment etc*) Raste *f*; (*in belt*) Loch *nt*;
(*on damaged blade etc*) Scharte *f*; (*US
Geog*) Schlucht *f*. **our team is a** ~ **above
theirs** unsere Mannschaft ist eine Klasse
besser als ihre; *see* **top-notch**.

II *vt* einkerben, einschneiden.

♦**notch up** *vt sep score, points* erzielen,
einheimsen (*inf*); *record* erringen, ver-
zeichnen; *success* verzeichnen können.

note [nəʊt] **I** *n* **1.** Notiz, Anmerkung *f*;
(*foot*~) Anmerkung, Fußnote *f*; (*official:
in file etc*) Vermerk *m*; (*diplomatic* ~)
Note *f*; (*informal letter*) Briefchen *nt*,
paar Zeilen *pl*. ~**s** (*summary*) Aufzeich-
nungen *pl*; (*plan, draft*) Konzept *nt*; **a few
rough** ~**s** ein paar Stichworte *pl*; **lecture**
~**s** (*professor's*) Manuskript *nt*; (*student's*)
Aufzeichnungen *pl*; (*handout*) Vor-
lesungsskript *nt*; **to speak without** ~**s** frei
sprechen, ohne Vorlage sprechen; **to send
sb a** ~ jdm ein paar Zeilen schicken; **to
take** *or* **make** ~**s** Notizen machen; (*in lec-
ture also, in interrogation*) mitschreiben;
to make ~**s on a text** (*dat*) Notizen zu
einem Text machen; **to take** *or* **make a** ~
of sth sich (*dat*) etw notieren.

2. *no pl* (*notice*) **to take** ~ **of sth** von etw
Notiz nehmen, etw zur Kenntnis nehmen;
(*heed*) einer Sache (*dat*) Beachtung
schenken; **take** ~ **of what I tell you** hören
Sie auf das, was ich zu sagen habe; **worthy
of** ~ beachtenswert, erwähnenswert.

3. *no pl* (*importance*) **a man of** ~ ein
bedeutender Mann; **nothing of** ~ nichts
Beachtens- *or* Erwähnenswertes.

4. (*Mus*) (*sign*) Note *f*; (*sound, on
piano etc*) Ton *m*; (*song of bird etc*) Lied

nt, Gesang *m*. **to give the** ~ den Ton angeben; **to play/sing the right/wrong** ~ richtig/falsch spielen/singen; **to strike the right** ~ (*fig*) den richtigen Ton treffen; **it struck a wrong** *or* **false** ~ (*fig*) da hat er *etc* sich im Ton vergriffen; (*wasn't genuine*) es klang nicht echt.

5. (*quality, tone*) Ton, Klang *m*. **his voice had a** ~ **of desperation** aus seiner Stimme klang Verzweiflung, seine Stimme hatte einen verzweifelten Klang; **a** ~ **of nostalgia** eine nostalgische Note; **there was a** ~ **of warning in his voice** seine Stimme hatte einen warnenden Unterton.

6. (*Fin*) Note *f*, Schein *m*. **a £5** ~, **a five-pound** ~ eine Fünfpfundnote, ein Fünfpfundschein *m*.

II vt 1. bemerken; (*take note of*) zur Kenntnis nehmen; (*pay attention to*) beachten. **2.** *see* ~ **down.**

◆**note down** *vt sep* notieren, aufschreiben; (*as reminder*) sich (*dat*) notieren *or* aufschreiben.

notebook ['nəʊtbʊk] *n* Notizbuch *or* -heft *nt*; **notecase** *n* Brieftasche *f*.

noted ['nəʊtɪd] *adj* bekannt, berühmt (*for* für, wegen).

notepad ['nəʊtpæd] *n* Notizblock *m*; **notepaper** *n* Briefpapier *nt*.

noteworthy ['nəʊtwɜːðɪ] *adj* beachtenswert, erwähnenswert.

nothing ['nʌθɪŋ] *I n, pron, adv* **1.** nichts. **to eat** ~ nichts essen; ~ **pleases him** nichts gefällt ihm, ihm gefällt nichts; ~ **could be easier** nichts wäre einfacher; **she is five foot** ~ (*inf*) sie ist genau fünf Fuß.

2. (*with vb*) nichts. **she is** *or* **means** ~ **to him** sie bedeutet ihm nichts; **she is** ~ (**compared**) **to her sister** sie ist nichts im Vergleich zu ihrer Schwester; **that came to** ~ da ist nichts draus geworden; **I can make** ~ **of it** ich werde daraus nicht schlau; **he thinks** ~ **of doing that** er findet nichts dabei (, das zu tun); **think** ~ **of it** keine Ursache; **will you come?** — ~ **doing!** (*inf*) kommst du? — ausgeschlossen!; **there was** ~ **doing at the club** (*inf*) im Club war nichts los; **I tried, but there's** ~ **doing** (*inf*) ich hab's versucht, aber da ist nichts zu machen.

3. (*with prep*) **all his fame stood** *or* **counted for** ~ sein Ruhm galt nichts; **for** ~ (*free, in vain*) umsonst; **it's not for** ~ **that he's called X** er heißt nicht umsonst *or* ohne Grund X; **there's** ~ (**else**) **for it but to leave** da bleibt einem nichts übrig als zu gehen; **there's** ~ (**else**) **for it, we'll have to ...** da hilft alles nichts, wir müssen ...; **there was** ~ **in it for me** ich hatte nichts davon; **there's** ~ **in the rumour** an dem Gerücht ist nichts (Wahres); **that is** ~ **to you** für dich ist das doch gar nichts; (*isn't important*) das ist dir egal; **there's** ~ **to it** (*inf*) das ist kinderleicht (*inf*).

4. (*with adj, adv*) ~ **but** nur; **he does** ~ **but eat** er tut nichts anderes als essen; ~ **else** sonst nichts; ~ **more** sonst nichts; **he was** ~ **more than a simple teacher** er war nur ein einfacher Lehrer; **I'd like** ~ **more than that** ich möchte nichts lieber als das; ~ **much** nicht viel; ~ **less than** nur; ~ **if not polite** äußerst *or* überaus höflich; ~

new nichts Neues; **it was** ~ **like so big as we thought** es war lange nicht so groß, wie wir dachten.

II n 1. (*Math*) Null *f*.

2. (*thing, person of no value*) Nichts *nt*. **it was a mere** ~ das war doch nicht der Rede wert, das war doch nur eine winzige Kleinigkeit; **don't apologize, it's** ~ entschuldige dich nicht, es ist nicht der Rede wert; **what's wrong with you?** — **it's** ~ was ist mit dir los? — nichts; **to whisper sweet** ~**s to sb** jdm Zärtlichkeiten ins Ohr flüstern.

nothingness ['nʌθɪŋnɪs] *n* Nichts *nt*.

no through road *n* **it's a** ~ es ist keine Durchfahrt.

notice ['nəʊtɪs] **I n 1.** (*warning, communication*) Bescheid *m*, Benachrichtigung *f*; (*written notification*) Mitteilung *f*; (*of forthcoming event, film etc*) Ankündigung *f*. ~ **to pay** (*Comm*) Zahlungsaufforderung, Mahnung *f*; ~ **of receipt** (*Comm*) Empfangsbestätigung *or* -bescheinigung *f*; **final** ~ letzte Aufforderung; **to give sb one week's** ~ **of sth** jdn eine Woche vorher von etw benachrichtigen, jdm eine Woche vorher über etw (*acc*) Bescheid geben; **to give** ~ **of appeal** (*Jur*) Berufung einlegen; **we must give advance** ~ **of the meeting** wir müssen das Treffen ankündigen; **to give official** ~ **that ...** öffentlich bekanntgeben, daß ...; (*referring to future event*) öffentlich ankündigen, daß ...; **without** ~ ohne Ankündigung, (*of arrival also*) unangemeldet; ~ **is hereby given that ...** hiermit wird bekanntgegeben, daß ...; **he didn't give us much** ~, **he gave us rather short** ~ er hat uns nicht viel Zeit gelassen *or* gegeben; **to have** ~ **of sth** von etw Kenntnis haben; **to serve** ~ **on sb** (*Jur: to appear in court*) jdn vorladen; **at short** ~ kurzfristig; **at a moment's** ~ jederzeit, sofort; **at three days'** ~ binnen drei Tagen, innerhalb von drei Tagen; **until further** ~ bis auf weiteres.

2. (*public announcement*) (*on* ~-*board etc*) Bekanntmachung *f*, Anschlag *m*; (*poster also*) Plakat *nt*; (*sign*) Schild *nt*; (*in newspaper*) Mitteilung, Bekanntmachung *f*; (*short*) Notiz *f*; (*of birth, wedding, vacancy etc*) Anzeige *f*. **the** ~ **says ...** da steht ...; **to post a** ~ einen Anschlag machen, ein Plakat aufhängen; **public** ~ öffentliche Bekanntmachung; **birth/marriage/death** ~ Geburts-/Heirats-/Todesanzeige *f*; **I saw a** ~ **in the paper about the concert** ich habe das Konzert in der Zeitung angekündigt gesehen.

3. (*prior to end of employment, residence etc*) Kündigung *f*. ~ **to quit** Kündigung *f*; **to give sb** ~ jdm kündigen; **to give in one's** ~ kündigen; **I am under** ~ (**to quit**), **I got my** ~ mir ist gekündigt worden; **a month's** ~ eine einmonatige Kündigungsfrist; **I have to give** (**my landlady**) **a week's** ~ ich habe eine einwöchige Kündigungsfrist; **she gave me** *or* **I was given a month's** ~ mir wurde zum nächsten Monat gekündigt.

4. (*review*) Kritik, Rezension *f*.

5. (*attention*) **to take** ~ **of sth** von etw Notiz nehmen; (*heed*) etw beachten, einer Sache (*dat*) Beachtung schenken; **to take no ~ of sb/sth** jdn/etw ignorieren, von jdm/etw keine Notiz nehmen, jdm/etw keine Beachtung schenken; **take no ~!** kümmern Sie sich nicht darum!; **a lot of ~ he takes of me!** als ob er mich beachten würde!; **to attract ~** Aufmerksamkeit erregen; **that has escaped his ~** das hat er nicht bemerkt; **to bring sth to sb's ~** jdn auf etw (*acc*) aufmerksam machen; (*in letter, form etc*) jdn von etw in Kenntnis setzen; **it came to his ~ that ...** er erfuhr, daß ...; **that is beneath my ~** das nehme ich nicht zur Kenntnis.

II *vt* bemerken; (*feel, hear, touch also*) wahrnehmen; (*recognize, acknowledge existence of*) zur Kenntnis nehmen; (*difference*) feststellen; (*realize also*) merken. **~ the beautiful details** achten Sie auf die schönen Einzelheiten; **without my noticing it** ohne daß ich etwas gemerkt *or* bemerkt habe, von mir unbemerkt; **I ~d her hesitating** ich bemerkte *or* merkte, daß sie zögerte; **did he wave? — I never ~d** hat er gewinkt? — ich habe es nicht bemerkt *or* gesehen; **I ~ you have a new dress** wie ich sehe, hast du ein neues Kleid; **to get oneself ~d** Aufmerksamkeit erregen, auf sich (*acc*) aufmerksam machen; (*negatively*) auffallen.

noticeable ['nəʊtɪsəbl] *adj* erkennbar, wahrnehmbar; (*visible*) sichtbar; (*obvious, considerable*) deutlich; *relief, pleasure, disgust etc*) sichtlich, merklich. **the stain is very ~** der Fleck fällt ziemlich auf; **the change was ~** man konnte eine Veränderung feststellen; **it is hardly ~, it isn't really ~** man merkt es kaum, es fällt so gut wie nicht auf; (*visible also*) man sieht es kaum; **it is ~ that ...** man merkt, daß ...

noticeably ['nəʊtɪsəblɪ] *adv* deutlich, merklich; *relieved, pleased, annoyed etc* sichtlich.

notice-board ['nəʊtɪsbɔːd] *n* Anschlagbrett *nt*; (*in school etc also*) Schwarzes Brett; (*sign*) Schild *nt*, Tafel *f*.

notifiable ['nəʊtɪfaɪəbl] *adj* meldepflichtig.

notification [ˌnəʊtɪfɪ'keɪʃən] *n* Benachrichtigung, Mitteilung *f*; (*of disease, crime, loss, damage etc*) Meldung *f*; (*written ~: of birth etc*) Anzeige *f*. **~ of the authorities** (die) Benachrichtigung der Behörden; **to send written ~ of sth to sb** jdm etw schriftlich mitteilen.

notify ['nəʊtɪfaɪ] *vt person, candidate* benachrichtigen, unterrichten (*form*); *change of address, loss, disease etc* melden. **to ~ sb of sth** jdn von etw benachrichtigen, jdm etw mitteilen; *authorities, insurance company* jdm etw melden; **to be notified of sth** von etw benachrichtigt werden.

notion ['nəʊʃən] *n* **1.** (*idea, thought*) Idee *f*; (*conception also*) Vorstellung *f*; (*vague knowledge also*) Ahnung *f*; (*opinion*) Meinung, Ansicht *f*. **I have no ~ or not the foggiest** (*inf*) *or* **slightest ~ of what he means** ich habe keine Ahnung *or* nicht die leiseste Ahnung, was er meint; **I have no ~ of time** ich habe überhaupt kein Zeitgefühl; **to put ~s into sb's head** jdn auf

Gedanken *or* Ideen bringen; **where did you get the ~ or what gave you the ~ that I ...?** wie kommst du denn auf die Idee, daß ich ...?; **he got the ~ (into his head)** *or* **he somehow got hold of the ~ that she wouldn't help him** irgendwie hat er sich (*dat*) eingebildet, sie würde ihm nicht helfen; **we need a rough ~ of how many he wants** wir müssen ungefähr wissen, wie viele er will.

2. (*whim*) Idee *f*. **to get/have a ~ to do sth** Lust bekommen/haben, etw zu tun; **he gets a ~ to do something, nothing can stop him** wenn er sich (*dat*) etwas in den Kopf gesetzt hat, kann ihn keiner davon abhalten; **she has some strange ~s** sie kommt manchmal auf seltsame Ideen.

3. (*esp US inf*) **~s** *pl* Kurzwaren *pl*.

notional ['nəʊʃənl] *adj* **1.** (*hypothetical*) fiktiv, angenommen; (*nominal*) *payment* nominell, symbolisch. **2.** (*esp US*) verträumt. **3.** (*Philos*) spekulativ.

notoriety [ˌnəʊtə'raɪətɪ] *n* traurige Berühmtheit.

notorious [nəʊ'tɔːrɪəs] *adj person, fact* berüchtigt, berühmt-berüchtigt; *place also* verrufen, verschrieen; (*well-known*) *gambler, criminal, liar* notorisch. **a ~ woman** eine Frau von schlechtem Ruf; **to be ~ for sth** für etw berüchtigt sein; **it is a ~ fact that ...** es ist leider nur allzu bekannt, daß ...

notoriously [nəʊ'tɔːrɪəslɪ] *adv* notorisch. **to be ~ inefficient/violent** *etc* für seine Untüchtigkeit/Gewalttätigkeit berüchtigt *or* bekannt sein.

no-trump ['nəʊ'trʌmp] (*Cards*) **I** *adj* Ohne-Trumpf-. **II** *n* (*also* **~s**) Ohne-Trumpf-Spiel *nt*.

Notts [nɒts] *abbr of* **Nottinghamshire.**

notwithstanding [ˌnɒtwɪθ'stændɪŋ] (*form*) **I** *prep* ungeachtet (+*gen*) (*form*), trotz (+*gen*). **II** *adv* dennoch, trotzdem, nichtsdestotrotz (*form*). **III** *conj* **~ that ...** obwohl *or* obgleich ...

nougat ['nuːɡɑː] *n* Nougat *m*.

nought [nɔːt] *n* **1.** (*number*) Null *f*. **~s and crosses** Kinderspiel *nt* mit Nullen und Kreuzen. **2.** (*liter: nothing*) Nichts *nt*. **to come to ~** sich zerschlagen.

noun [naʊn] *n* Substantiv(um), Hauptwort, Dingwort *nt*. **proper/common/abstract/collective ~** Name *m*/Gattungsname *or* -begriff *m*/Abstraktum *nt*/Sammelbegriff *m*; **~ phrase** Nominalphrase *f*.

nourish ['nʌrɪʃ] **I** *vt* **1.** nähren; *person also* ernähren; *leather* pflegen. **2.** (*fig*) *hopes etc* nähren, hegen. **literature to ~ their minds** Literatur als geistige Nahrung. **II** *vi* nahrhaft sein.

nourishing ['nʌrɪʃɪŋ] *adj food, diet, drink* nahrhaft.

nourishment ['nʌrɪʃmənt] *n* (*food*) Nahrung *f*.

nous [naʊs] *n* (*inf*) Grips *m* (*inf*).

nouveau riche [ˌnuːvəʊ'riːʃ] **I** *n, pl* **-x -s** [ˌnuːvəʊ'riːʃ] Neureiche(r) *mf*. **II** *adj* typisch neureich.

Nov *abbr of* **November** Nov.

nova ['nəʊvə] *n, pl* **-e** ['nəʊviː] *or* **-s** Nova *f*.

Nova Scotia ['nəʊvə'skəʊʃə] *n* Neuschottland *nt*.

novel¹ ['nɒvəl] n Roman m.
novel² adj neu(artig).
novelette [ˌnɒvəˈlet] n (pej) Romänchen nt, Kitschroman m.
novelettish [ˌnɒvəˈletɪʃ] adj (pej) situation rührselig, kitschig.
novelist ['nɒvəlɪst] n Romanschriftsteller(in f), Romancier m.
novelistic [nɒvəˈlɪstɪk] adj Roman-.
novella [nəˈvelə] n Novelle f.
novelty ['nɒvəltɪ] n **1.** (newness) Neuheit f. **once the ~ has worn off** wenn der Reiz des Neuen or der Neuheit vorbei ist. **2.** (innovation) Neuheit f, Novum nt. **it was quite a ~** das war etwas ganz Neues. **3.** (Comm: trinket) Krimskrams m.
November [nəʊˈvembəʳ] n November m; see also **September**.
novice ['nɒvɪs] n (Eccl) Novize m, Novizin f; (fig) Neuling, Anfänger(in f) m (at bei, in +dat).
noviciate, novitiate [nəʊˈvɪʃɪɪt] n (Eccl) **1.** (state) Noviziat nt. **2.** (place) Novizenhaus nt.
now [naʊ] **I** adv **1.** jetzt, nun; (immediately) jetzt, sofort, gleich; (at this very moment) gerade, (so)eben; (nowadays) heute, heutzutage. **she ~ realized why ...** nun or da erkannte sie, warum ...; **just ~** gerade; (immediately) gleich, sofort; **~ is the time to do it** jetzt ist der richtige Moment dafür; **I'll do it just or right ~** ich mache es jetzt gleich or sofort; **it's ~ or never** jetzt oder nie; **even ~ it's not right** es ist immer noch nicht richtig; **~ for it** los!; **what is it ~?** was ist denn jetzt or nun schon wieder?; **by ~** (present, past) inzwischen, mittlerweile; **they have/had never met before ~** sie haben sich bis jetzt/ sie hatten sich bis dahin noch nie getroffen; **before ~** it was thought ... früher dachte man, daß ...; **we'd have heard before ~** das hätten wir (inzwischen) schon gehört; **for ~** (jetzt) erst einmal, im Moment, vorläufig; **even ~** auch or selbst jetzt noch; **from ~ on(wards)** von nun an; **between ~ and the end of the week** bis zum Ende der Woche; **in three days from ~** (heute) in drei Tagen; **from ~ until then** bis dahin; **up to ~, till ~, until ~** bis jetzt. **2.** (alternation) **~ ... ~** bald ... bald; (every) **~ and then, ~ and again** ab und zu, von Zeit zu Zeit, gelegentlich.
II conj **1.** **~ (that) you've seen him** jetzt, wo Sie ihn gesehen haben. **2.** (in explanation etc) nun.
III interj also. **~, ~!** na, na!; **well ~** also; **~ then** also (jetzt); **stop that ~!** Schluß jetzt!; **come ~, don't exaggerate** nun übertreib mal nicht; **~, why didn't I think of that?** warum habe ich bloß nicht daran gedacht?
nowadays ['naʊədeɪz] adv heute, heutzutage. **heroes of ~** Helden von heute.
no way ['nəʊ'weɪ] adv see **way I 8.**
nowhere ['nəʊweəʳ] adv nirgendwo, nirgends; (with verbs of motion) nirgendwohin. **~ special** irgendwo; (with motion) irgendwohin; **it's ~ you know** du kennst den Ort nicht; **to appear from or out of ~** ganz plötzlich or aus heiterem Himmel auftauchen; **to come ~** (Sport)

unter „ferner liefen" kommen or enden; **to come from ~ and win** (Sport) überraschend siegen; **we're getting ~ (fast)** wir kommen nicht weiter; **rudeness will get you ~** Grobheit bringt dir gar nichts ein.
noxious ['nɒkʃəs] adj schädlich; habit übel; influence also verderblich.
nozzle ['nɒzl] n Düse f; (of syringe) Kanüle f.
nr abbr of **near** b., bei.
NSB (Brit) abbr of **National Savings Bank.**
NSPCC (Brit) abbr of **National Society for the Prevention of Cruelty to Children** Kinderschutzbund m.
NT abbr of **New Testament** NT nt.
nth [enθ] adj **the ~ power or degree** die n-te Potenz; **for the ~ time** zum x-ten Mal (inf).
nuance ['njuːɑ̃ːns] n Nuance f; (of colour also) Schattierung f.
nub [nʌb] n **1.** (piece) Stückchen, Klümpchen nt. **2.** (fig) **the ~ of the matter** der springende Punkt, der Kernpunkt.
Nubia ['njuːbɪə] n Nubien nt.
Nubian ['njuːbɪən] **I** adj nubisch. **II** n Nubier(in f) m.
nubile ['njuːbaɪl] adj girl heiratsfähig; (attractive) gut entwickelt.
nuclear ['njuːklɪəʳ] adj Kern-, Atom- (esp Mil); fusion, fission, reaction, research Kern-; fuel nuklear, atomar; attack, test, testing Kernwaffen-, Atomwaffen-; propulsion Atom-; submarine, missile atomgetrieben, Atom-.
nuclear deterrent n nukleares Abschreckungsmittel; **nuclear energy** n see **nuclear power; nuclear family** n Klein- or Kernfamilie f; **nuclear fuel** n Kernbrennstoff m; **nuclear physicist** n Kernphysiker(in f) m; **nuclear physics** n Kernphysik f; **nuclear pile** n Atommeiler m; **nuclear power** n Atomkraft, Kernenergie f; **nuclear-powered** adj atomgetrieben; **nuclear power station** n Kern- or Atomkraftwerk nt; **nuclear reactor** n Kern- or Atomreaktor m; **nuclear war** n Atomkrieg m; **nuclear warfare** n Atomkrieg m; **nuclear waste** n Atommüll m; **~ dump** Atommülldeponie f; **nuclear weapons** npl Kernwaffen pl.
nuclei ['njuːklɪaɪ] pl of **nucleus.**
nucleic acid [njuːˈkleɪɪkˈæsɪd] n Nukleinsäure f.
nucleus ['njuːklɪəs] n, pl nuclei (Phys, Astron, fig) Kern m; (Biol: of cell also) Nukleus m. **atomic ~** Atomkern m.
nude [njuːd] **I** adj nackt; (Art) Akt-. **~ figure/portrait** Akt m. **II** n (person) Nackte(r) mf; (Art) (painting, sculpture etc) Akt m; (model) Aktmodell nt. **in the ~** nackt.
nudge [nʌdʒ] **I** vt stupsen, anstoßen. **to ~ sb's memory** (fig) jds Gedächtnis (dat) (ein wenig) nachhelfen. **II** n Stups m, kleiner Stoß. **to give sb a ~** jdm einen Stups geben, jdn stupsen.
nudism ['njuːdɪzəm] n Freikörperkultur f, Nudismus m.
nudist ['njuːdɪst] n Anhänger(in f) m der Freikörperkultur, FKK-Anhänger(in f),

Nudist(in f) m. ~ colony/camp/beach FKK-Kolonie f/-platz m/-strand m, Nudistenkolonie f/-platz m/ Nacktbadestrand m.

nudity ['nju:dɪtɪ] n Nacktheit f.

nugget ['nʌgɪt] n (of gold etc) Klumpen m; (fig: of information, knowledge) Brocken m, Bröckchen nt.

nuisance ['nju:sns] n 1. (person) Plage f; (esp pestering) Nervensäge f; (esp child) Quälgeist m. he can be a ~ er kann einen auf die Nerven gehen; to make a ~ of oneself lästig werden; ~ value Störfaktor m; he's good ~ value er sorgt für Umtrieb. 2. (thing, event) to be a ~ lästig sein; (annoying) ärgerlich sein; what a ~, having to do it again wie ärgerlich or lästig, das noch einmal machen zu müssen; to become a ~ lästig werden; this wind is a ~ dieser Wind ist furchtbar. 3. (Jur) public ~ öffentliches Ärgernis.

NUJ (Brit) abbr of National Union of Journalists ≃ dju.

nuke [nju:k] n (US sl) I n Kern- or Atomkraftwerk nt; (bomb) Atombombe f. II vt eine Atombombe werfen auf (+acc).

null [nʌl] adj (Jur) act, decree (null und) nichtig, ungültig. to render sth ~ and void etw null und nichtig machen.

nullification [ˌnʌlɪfɪˈkeɪʃən] n 1. Annullierung, Nichtigerklärung, Aufhebung f. 2. (US) unterlassene Amts- or Rechtshilfe.

nullify ['nʌlɪfaɪ] vt annullieren, für (null und) nichtig erklären.

nullity ['nʌlɪtɪ] n (Jur) Ungültigkeit, Nichtigkeit f.

NUM (Brit) abbr of National Union of Mineworkers Bergarbeitergewerkschaft f.

numb [nʌm] I adj (+er) taub, empfindungslos, gefühllos; feeling taub; (emotionally) benommen, wie betäubt. ~ with grief starr or wie betäubt vor Schmerz. II vt (cold) taub or gefühllos machen; (injection, fig) betäuben. ~ed with fear/grief starr vor Furcht/Schmerz, vor Furcht erstarrt/wie betäubt vor Schmerz.

number ['nʌmbər] I n 1. (Math) Zahl f; (numeral) Ziffer f. the ~ of votes cast die abgegebenen Stimmen. 2. (quantity, amount) Anzahl f. a ~ of problems/applicants eine (ganze) Anzahl von Problemen/Bewerbern; large ~s of people/books (sehr) viele Leute/eine ganze Menge Bücher; on a ~ of occasions des öfteren; boys and girls in equal ~s ebenso viele Jungen wie Mädchen; in a small ~ of cases in wenigen Fällen; ten in ~ zehn an der Zahl; they were few in ~ es waren nur wenige; to be found in large ~s zahlreich vorhanden sein; in small/ large ~s in kleinen/großen Mengen; many in ~ zahlreich; a fair ~ of times ziemlich oft; times without ~ unzählige Male pl; any ~ can play beliebig viele Spieler können teilnehmen; any ~ of cards etc (when choosing) beliebig viele Karten etc; (many) sehr viele Karten etc; I've told you any ~ of times ich habe es dir zigmal or x-mal gesagt (inf); to win by force of ~s aufgrund zahlenmäßiger Überlegenheit

gewinnen; they have the advantage of ~s sie sind zahlenmäßig überlegen. 3. (of house, room, phone) Nummer f; (of page) Seitenzahl f; (of car) (Auto)-nummer f; (Mil: of soldier etc) Kennnummer f. ~ at ~ 4 (in) Nummer 4; N~ Ten (Downing Street) (Downing Street) Nummer Zehn; to take a car's/sb's ~ die Nummer eines Autos/jds Nummer aufschreiben; I dialled a wrong ~ ich habe mich verwählt; it was a wrong ~ ich/er etc war falsch verbunden; the ~ one pop star/ footballer (inf) der Popstar/ Fußballer Nummer eins (inf); to take care of or look after ~ one (inf) (vor allem) an sich (acc) selbst denken; he's my ~ two (inf) er ist mein Vize (inf) or Stellvertreter m; I'm (the) ~ two in the department ich bin der zweite Mann in der Abteilung; his ~'s up (inf) er ist dran (inf); to do ~ one/two (baby-talk) klein/groß machen (baby-talk); to get sb's ~ (US inf) jdn einschätzen or einordnen or durchschauen. 4. (song, act etc) Nummer f; (issue of magazine etc also) Ausgabe f, Heft nt; (dress) Kreation f. the June ~ das Juniheft, die Juniausgabe or -nummer; she's a nice little ~ das ist eine tolle Mieze (inf). 5. (Gram) Numerus m. 6. (Eccl) The Book of N~s das Vierte Buch Mose, Numeri pl. 7. (company) one of their/our ~ eine(r) aus ihren/ unseren Reihen. 8. ~s pl (arithmetic) Rechnen nt. II vt 1. (give a number to) numerieren. 2. (include) zählen (among zu). 3. (amount to) zählen. the group ~ed 50 es waren 50 (Leute in der Gruppe); the library ~s 30,000 volumes die Bibliothek hat 30.000 Bände. 4. (count) zählen. to be ~ed (limited) begrenzt sein; his days are ~ed seine Tage sind gezählt. III vi (Mil etc: also ~ off) abzählen.

numbering ['nʌmbərɪŋ] n (of houses etc) Numerierung f. ~ system Numeriersystem nt.

numberless ['nʌmbəlɪs] adj zahllos, unzählig; **number-plate** n (Brit) Nummernschild, Kennzeichen nt.

numbness ['nʌmnɪs] n (of limbs etc) Taubheit, Starre f; (fig: of mind, senses) Benommenheit, Betäubung f.

num(b)skull ['nʌmskʌl] n (inf) Holz- or Schafskopf (inf) m.

numeracy ['nju:mərəsɪ] n Rechnen nt.

numeral ['nju:mərəl] n Ziffer f.

numerate ['nju:mərɪt] adj rechenkundig. to be (very) ~ (gut) rechnen können.

numeration [ˌnju:məˈreɪʃən] n Numerierung f.

numerator ['nju:məreɪtər] n (Math) Zähler, Dividend m.

numerical [nju:ˈmerɪkəl] adj symbols, equation numerisch, Zahlen-; value Zahlen-; order, superiority zahlenmäßig.

numerically [nju:ˈmerɪkəlɪ] adv zahlenmäßig.

numerous ['nju:mərəs] adj zahlreich; family kinderreich.

numismatics [ˌnju:mɪzˈmætɪks] n sing

Münzkunde, Numismatik f.
numskull n see **num(b)skull.**
nun [nʌn] n Nonne f.
nuncio ['nʌnʃɪəʊ] n, pl **~s** Nuntius m.
nuptial ['nʌpʃəl] **I** adj ~ bliss ehelich, Ehe-; feast, celebration Hochzeits-; vow Ehe-.
II n the **~s** pl (hum, liter) die Hochzeit f.
NUR (Brit) abbr of **National Union of Railwaymen** Eisenbahnergewerkschaft f.
nurse [nɜːs] **I** n Schwester f; (as professional title) Krankenschwester f; (nanny) Kindermädchen nt, Kinderfrau f; (wet-~) Amme f. **male ~** Krankenpfleger m.
II vt **1.** pflegen; plant also, (fig) plan hegen; hope, wrath etc hegen, nähren; fire bewachen; (treat carefully) schonen. **to ~ sb back to health** jdn gesund pflegen; **to ~ sb through an illness** jdn während or in einer Krankheit pflegen; **to ~ a cold** an einer Erkältung herumlaborieren (inf); **he stood there nursing his bruised arm** er stand da und hielt seinen verletzten Arm; **to ~ a business through bad times** ein Geschäft durch schlechte Zeiten bringen.
  2. (suckle) child stillen; (cradle) (in den Armen) wiegen.
nursemaid ['nɜːsmeɪd] n (nanny, hum: servant) Kindermädchen nt.
nursery ['nɜːsərɪ] n **1.** (room) Kinderzimmer nt; (in hospital) Säuglingssaal m.
  2. (institution) Kindergarten m; (all-day) Kindertagesstätte f, Hort m. **3.** (Agr, Hort) (for plants) Gärtnerei f; (for trees) Baumschule f; (fig) Brutstätte f.
nurseryman ['nɜːsrɪmən] n Gärtner m; **nursery nurse** n Kindermädchen nt, Kinderfrau f; **nursery rhyme** n Kinderreim m; **nursery school** n Kindergarten m; **nursery school teacher** n Kindergärtner(in f) m; **nursery slope** n (Ski) Idiotenhügel (hum), Anfängerhügel m.
nursing ['nɜːsɪŋ] **I** n **1.** (care of invalids) Pflege f, Pflegen nt.
  2. (profession) Krankenpflege f.
  3. (feeding) Stillen nt.
II adj attr staff Pflege-; abilities pflegerisch. **the ~ profession** Krankenpflege f; (nurses collectively) die pflegerischen Berufe.
nursing auxiliary n Schwesternhelferin f; **nursing bottle** n (US) Flasche f, Fläschchen nt; **nursing care** n Pflege f; **nursing home** n Privatklinik f; (Brit: maternity hospital) Entbindungsklinik f; (convalescent home) Pflegeheim nt.
nurture ['nɜːtʃəʳ] **I** n (nourishing) Hegen nt; (upbringing) Erziehung, Bildung f.
II vt **1.** (lit, fig) **to ~ sb on sth** jdn mit etw aufziehen. **2.** (fig: train) hegen und pflegen.
NUS (Brit) abbr of **National Union of Students.**
NUT (Brit) abbr of **National Union of Teachers** ≃ GEW f.
nut [nʌt] n **1.** (Bot) Nuß f; (of coal) kleines Stück. **a packet of ~s and raisins** eine Tüte Studentenfutter; **a hard ~ to crack** (fig) eine harte Nuß.
  2. (inf: head) Nuß (inf), Birne (inf) f.

use your **~!** streng deinen Grips an! (inf); **to be off one's ~** nicht ganz bei Trost sein (inf), spinnen (inf); **to go off one's ~** durchdrehen (inf), anfangen zu spinnen (inf); **to do one's ~** (Brit sl) durchdrehen (inf); see also **nuts.**
  3. (inf: person) Spinner(in f) m (inf). **he's a tough ~** (inf) er ist ein harter or zäher Brocken (inf).
  4. (Mech) (Schrauben)mutter f; **the ~s and bolts of a theory** die Grundbestandteile einer Theorie.
  5. **~s** pl (US sl: testicles) Eier pl (sl).
nut-brown ['nʌtbraʊn] adj nußbraun; **nutcase** n (inf) Spinner(in f) m (inf); **nutcracker(s** pl) n Nußknacker m; **nuthatch** n Kleiber m; **nut-house** n (lit, fig) Irrenhaus nt (inf); **nutmeg** n (spice) Muskat(nuß f) m; (also **nutmeg tree**) Muskatnußbaum m.
nutrient ['njuːtrɪənt] **I** adj substance nahrhaft; properties Nähr-. **II** n Nährstoff m.
nutriment ['njuːtrɪmənt] n (form) Nahrung f.
nutrition [njuː'trɪʃən] n (diet, science) Ernährung f.
nutritional [njuː'trɪʃənl] adj value, content Nähr-.
nutritious [njuː'trɪʃəs] adj nahrhaft.
nutritiousness [njuː'trɪʃəsnɪs] n Nahrhaftigkeit f.
nutritive ['njuːtrɪtɪv] adj nahrhaft.
nuts [nʌts] adj pred (inf) **to be ~** spinnen (inf); **to go ~** durchdrehen (inf), anfangen zu spinnen (inf); **to be ~ about sb/sth** von jdm/etw ganz weg sein (inf); (keen on) ganz wild auf jdn/etw sein (inf); **he can't dance for ~** er kann nicht für fünf Pfennig tanzen (inf); **~!** (US) Quatsch! (inf); (in annoyance) Mist (inf)!; **~ to him!** (US) er kann mich mal (gern haben)! (inf).
nutshell ['nʌtʃel] n Nußschale f. **in a ~** (fig) kurz gesagt, mit einem Wort; **to put the matter in a ~** (fig) um es (ganz) kurz or kurz und bündig zu sagen.
nutter ['nʌtəʳ] n (Brit sl) Spinner(in f) m (inf); (dangerous) Verrückte(r) mf.
nutty ['nʌtɪ] adj (+er) **1.** flavour Nuß-; cake also mit Nüssen. **2.** (inf: crazy) bekloppt (inf). **to be ~ about sb/sth** von jdm/etw ganz weg sein (inf); (keen) ganz wild auf jdn/etw sein (inf).
nuzzle ['nʌzl] **I** vt (pig) aufwühlen; (dog) beschnüffeln, beschnuppern. **II** vi **to ~** (up) **against sb, to ~ up to sb** (person, animal) sich an jdn schmiegen.
NW abbr of **north-west** NW.
nylon ['naɪlɒn] **I** n **1.** (Tex) Nylon nt. **2.** **~s** pl Nylonstrümpfe pl. **II** adj Nylon-. **~ material** Nylon nt.
nymph [nɪmf] n **1.** (Myth) Nymphe f.
  2. (Zool) Nymphe f.
nymphet [nɪm'fet] n Nymphchen nt.
nympho ['nɪmfəʊ] n, pl **~s** (inf) Nymphomanin f.
nymphomania [ˌnɪmfəʊ'meɪnɪə] n Nymphomanie, Mannstollheit f.
nymphomaniac [ˌnɪmfəʊ'meɪnɪæk] n Nymphomanin f.
NZ abbr of **New Zealand.**

O

O, o [əʊ] *n* **1.** O, o *nt.* **2.** [(*Brit*) əʊ, (*US*) zɪərəʊ] (*Telec*) Null *f*.

O *interj* **1.** (*Poet*) o. ~ **my people** o du mein Volk!
 2. (*expressing feeling*) oh, ach. ~ **for a bit of fresh air!** ach, wenn es doch nur ein bißchen frische Luft gäbe!; ~ **to be in France** (ach,) wäre ich nur in Frankreich!; *see also* **oh.**

o' [ə] *prep abbr of* **of.**

oaf [əʊf] *n*, *pl* -**s**, **oaves** Flegel, Lümmel *m*. **you clumsy** ~! du altes Trampel (*inf*).

oafish [ˈəʊfɪʃ] *adj* flegelhaft, lümmelhaft; (*clumsy*) stieselig (*inf*), tölpelhaft.

oak [əʊk] *n* Eiche *f*; (*wood also*) Eichenholz *nt*.

oak *in cpds* Eichen-; ~ **apple** Gallapfel *m*.

oaken [ˈəʊkən] *adj* (*liter*) Eichen-, eichen.

oakum [ˈəʊkəm] *n* Werg *nt*.

OAP (*Brit*) *abbr of* **old-age pensioner.**

oar [ɔːʳ] *n* **1.** Ruder *nt*, Riemen (*Rowing*) *m*. **to pull at the** ~**s** rudern; sich in die Riemen legen; **to be** *or* **pull a good** ~ ein guter Ruderer/eine gute Rudrerin sein; **he always has to put his** ~ **in** (*fig inf*) er muß (aber auch) immer mitmischen (*inf*); **to rest on one's** ~**s** (*fig*) langsamer treten (*inf*).
 2. (*person*) Ruderer *m*, Rudrerin *f*.

oarlock [ˈɔːlɒk] *n* (*US*) (Ruder)dolle *f*; **oarsman** *n* Ruderer *m*; **oarsmanship** *n* Rudertechnik *or* -kunst *f*.

OAS *abbr of* **Organization of American States** OAS *f*.

oasis [əʊˈeɪsɪs] *n*, *pl* **oases** [əʊˈeɪsiːz] (*lit*, *fig*) Oase *f*.

oast [əʊst] *n* Darre *f*, Trockenboden *m*. ~-**house** Trockenschuppen *m or* -haus *nt*.

oat [əʊt] *n usu pl* Hafer *m*. ~**s** *pl* (*Cook*) Haferflocken *pl*; **to sow one's wild** ~**s** (*fig*) sich (*dat*) die Hörner abstoßen; **he's feeling his** ~**s** ihn sticht der Hafer; **to be off one's** ~**s** (*hum sl*) keinen Appetit haben.

oatcake [ˈəʊtkeɪk] *n* salziger Haferkeks.

oath [əʊθ] *n* **1.** Schwur *m*; (*Jur*) Eid *m*. **to take** *or* **make** *or* **swear an** ~ schwören; (*Jur*) einen Eid ablegen *or* leisten; **to be under** ~ (*Jur*) unter Eid stehen; **to break one's** ~ seinen Schwur brechen; **to put sb on** ~ (*Jur*) jdn vereidigen; **he put them on** ~ **to tell the truth** er hat sie auf die Wahrheit vereidigt; **to release sb from his** ~ jdn von seinem Eid entbinden; **to take the** ~ (*Jur*) vereidigt werden; **he refused to take the** ~ **on the Bible** er lehnte es ab, auf die Bibel zu schwören.
 2. (*curse, profanity*) Fluch *m*.

oatmeal [ˈəʊtmiːl] **I** *n*, *no pl* Haferschrot *m*, Hafermehl *nt*. **II** *adj colour* hellbeige.

OAU *abbr of* **Organization of African Unity** OAU *f*.

oaves [əʊvz] *pl of* **oaf.**

obduracy [ˈɒbdjʊərəsɪ] *n see adj* Hartnäckig-
keit *f*; Verstocktheit, Halsstarrigkeit *f*; Unnachgiebigkeit *f*.

obdurate [ˈɒbdjʊrɪt] *adj* (*stubborn*) hartnäckig; *sinner* verstockt, halsstarrig; (*hardhearted*) unnachgiebig, unerbittlich.

OBE *abbr of* **Order of the British Empire.**

obedience [əˈbiːdɪəns] *n*, *no pl* Gehorsam *m*. **in** ~ **to the law** dem Gesetz entsprechend; **to teach sb** ~ jdn gehorchen lehren.

obedient [əˈbiːdɪənt] *adj* gehorsam; *child, dog also* folgsam. **to be** ~ gehorchen (*to dat*); (*child, dog also*) folgen (*to dat*); (*steering, controls, car also*) reagieren, ansprechen (*to* auf +*acc*).

obediently [əˈbiːdɪəntlɪ] *adv see adj*.

obeisance [əʊˈbeɪsəns] *n* **1.** (*form: homage, respect*) Ehrerbietung, Reverenz (*geh*) *f*. **to do** *or* **make** *or* **pay** ~ (**to sb**) (jdm) seine Ehrerbietung bezeugen, jdm huldigen.
 2. (*obs: deep bow*) Verbeugung, Verneigung *f*.

obelisk [ˈɒbɪlɪsk] *n* **1.** (*Archit*) Obelisk *m*.
 2. (*Typ*) Kreuz *nt*.

obese [əʊˈbiːs] *adj* fettleibig (*form*, *Med*), feist (*pej*).

obeseness [əʊˈbiːsnɪs], **obesity** [əʊˈbiːsɪtɪ] *n* Fettleibigkeit, Feistheit (*pej*) *f*.

obey [əˈbeɪ] **I** *vt* gehorchen (+*dat*); *conscience also*, (*child, dog also*) folgen (+*dat*); *law, rules* sich halten an (+*acc*), befolgen; *order* befolgen; (*Jur*) *summons* nachkommen (+*dat*), Folge leisten (+*dat*); (*machine, vehicle*) *controls* reagieren *or* ansprechen auf (+*acc*); *driver* gehorchen (+*dat*). **to** ~ **sb implicitly** jdm absoluten Gehorsam leisten; **I like to be** ~**ed** ich bin (es) gewohnt, daß man meine Anordnungen befolgt.
 II *vi* gehorchen; (*child, dog also*) folgen; (*machine, vehicle also*) reagieren. **the troops refused to** ~ die Truppen verweigerten den Gehorsam.

obituary [əˈbɪtjʊərɪ] *n* Nachruf *m*. ~ **notice** Todesanzeige *f*; ~ **column** Sterberegister *nt*.

object[1] [ˈɒbdʒɪkt] *n* **1.** (*thing*) Gegenstand *m*, Ding *nt*; (*Philos, abstract etc*) Objekt, Ding *nt*. **she became an** ~ **of pity** mit ihr mußte man Mitleid haben; **he was an** ~ **of scorn** er war die Zielscheibe der Verachtung; **the cat is the sole** ~ **of her love** ihre ganze Liebe gilt ihrer Katze.
 2. (*aim*) Ziel *nt*, Absicht *f*, Zweck *m*. **with the sole** ~ **(of doing)** mit dem einzigen Ziel *or* nur in der Absicht(, zu ...); **he has no** ~ **in life** er hat kein Ziel im Leben *or* kein Lebensziel; **what's the** ~ **(of staying here)?** wozu *or* zu welchem Zweck (bleiben wir hier)?; **the** ~ **of the exercise** der Zweck *or* (*fig also*) Sinn der Übung; **to defeat one's own** ~ sich (*dat*) selber schaden, sich (*dat*) ins eigene Fleisch schneiden (*inf*); **that defeats the** ~ das

macht es sinnlos, das verfehlt seinen Sinn or Zweck.

3. (*obstacle*) Hinderungsgrund *m*. **money/distance (is) no ~** Geld/ Entfernung spielt keine Rolle.

4. (*Gram*) Objekt *nt*. **direct/indirect ~** direktes/indirektes Objekt, Akkusativ-/ Dativobjekt.

5. (*inf: odd thing*) Ding, Dings (*inf*) *nt*; (*odd person*) Subjekt *nt*, Vogel *m* (*inf*).

object² [əb'dʒekt] **I** *vi* dagegen sein; (*make objection, protest*) protestieren; (*be against: in discussion etc*) Einwände haben (*to* gegen); (*raise objection*) Einwände erheben; (*disapprove*) Anstoß nehmen (*to an* +*dat*), sich stören (*to an* +*dat*). **to ~ to sth** (*disapprove*) etw ablehnen *or* mißbilligen; **I don't ~ to that** ich habe nichts dagegen (einzuwenden); **if you don't ~** wenn es (Ihnen) recht ist, wenn Sie nichts dagegen haben; **do you ~ to my smoking?** stört es (Sie), wenn ich rauche?, haben Sie etwas dagegen, wenn ich rauche?; **he ~s to my drinking** er nimmt daran Anstoß *or* er hat etwas dagegen, daß ich trinke; **I ~ to your tone/ to people smoking in my living room** ich verbitte mir diesen Ton/ich verbitte mir, daß in meinem Wohnzimmer geraucht wird; **I ~ most strongly to his smoking** ich mißbillige es aufs äußerste, daß er raucht; **I ~ most strongly to what he says/to his argument** ich protestiere energisch gegen seine Behauptung/ich lehne seine Argumentation energisch ab; **I ~ to him bossing me around** ich wehre mich dagegen, daß er mich (so) herumkommandiert; **she ~s to all that noise** sie stört sich an dem vielen Lärm; **I ~!** ich protestiere!, ich erhebe Einspruch! (*form*); **to ~ to a witness** (*Jur*) einen Zeugen ablehnen.

II *vt* einwenden.

object clause *n* Objektsatz *m*.

objection [əb'dʒekʃən] *n* **1.** (*reason against*) Einwand *m* (*to* gegen). **to make** *or* **raise an ~** einen Einwand machen *or* erheben (*geh*); **I have no ~ to his going away** ich habe nichts dagegen (einzuwenden), daß er weggeht; **are there any ~s?** irgendwelche Einwände?; **what are your ~s to it/ him?** was haben Sie dagegen/gegen ihn (einzuwenden)?, welche Einwände haben Sie dagegen/gegen ihn?; **~!** (*Jur*) Einspruch!; **I have no ~ to him** (*as a witness etc*) ich erhebe keinen Einspruch gegen ihn.

2. (*dislike*) Abneigung *f*, (*disapproval*) Einspruch, Widerspruch *m*. **I have a strong ~ to dogs** ich habe eine starke Abneigung gegen Hunde; **I have no ~ to him** (*as a person*) ich habe nichts gegen ihn.

objectionable [əb'dʒekʃənəbl] *adj* störend; *conduct* anstößig, nicht einwandfrei; *remark, language* anstößig, unanständig; *smell* unangenehm, übel. **the censor removed everything he found ~** der Zensor entfernte alle Stellen, die er für anstößig hielt; **he's a most ~ person** er ist unausstehlich *or* ekelhaft; **he became ~** er wurde unangenehm.

objectionably [əb'dʒekʃənəblɪ] *adv* unangenehm.

objective [əb'dʒektɪv] **I** *adj* **1.** (*impartial*) *person, article* objektiv, sachlich.

2. (*real*) objektiv. **~ fact** Tatsache *f*; **it doesn't exist in the ~ world** das gibt es nicht tatsächlich *or* in der Realität.

II *n* **1.** (*aim*) Ziel *nt*; (*esp Comm*) Zielvorstellung *f*; (*Mil*) Angriffsziel *nt*. **in establishing our ~s** bei unserer Zielsetzung.

2. (*Opt, Phot*) Objektiv *nt*.

objectively [əb'dʒektɪvlɪ] *adv* **1.** (*unemotionally*) objektiv, sachlich. **2.** (*in real life etc*) tatsächlich, wirklich.

objectivism [əb'dʒektɪvɪzəm] *n* Objektivismus *m*.

objectivity [ˌɒbdʒek'tɪvɪtɪ] *n* Objektivität *f*.

object lesson *n* **1.** (*fig*) Paradebeispiel, Musterbeispiel *nt* (*in, on* für, *gen*). **2.** (*Sch*) Anschauungsunterricht *m*.

objector [əb'dʒektər] *n* Gegner(in *f*) *m* (*to* gen).

objet d'art ['ɒbʒeɪ'dɑː] *n* Kunstgegenstand *m*.

oblate¹ ['ɒbleɪt] *adj* (*Math*) abgeplattet.

oblate² *n* (*Eccl*) Oblate *m*.

oblation [əʊ'bleɪʃən] *n* (*Eccl*) Opfergabe *f*.

obligate ['ɒblɪgeɪt] *vt* verpflichten (*sb to do sth* jdn, etw zu tun).

obligation [ˌɒblɪ'geɪʃən] *n* Verpflichtung, Pflicht *f*. **to be under an ~ to do sth** verpflichtet sein *or* die Pflicht haben, etw zu tun; **to be under an ~ to sb** jdm verpflichtet sein; **without ~** (*Comm*) unverbindlich, ohne Obligo (*form*); **with no ~ to buy** ohne Kaufzwang.

obligatory [ɒ'blɪgətərɪ] *adj* obligatorisch; *rule* verbindlich; *subject* Pflicht-. **biology is ~** Biologie ist Pflicht; **attendance is ~** Anwesenheit ist vorgeschrieben; **it's ~ to pay taxes** jeder ist steuerpflichtig; **to make it ~ to do sth/for sb to do sth** vorschreiben, daß etw getan wird/daß jd etw tut; **identity cards were made ~** Personalausweise wurden Vorschrift; **with the ~ piper** mit dem obligaten Dudelsackpfeifer.

oblige [ə'blaɪdʒ] **I** *vt* **1.** (*compel*) zwingen; (*because of duty*) verpflichten (*sb to do sth* jdn, etw zu tun); (*Jur*) vorschreiben (*sb to do sth* jdm, etw zu tun). **to feel ~d to do sth** sich verpflichtet fühlen, etw zu tun; **I was ~d to go** ich sah mich gezwungen zu gehen; **you are not ~d to do it** Sie sind nicht dazu verpflichtet, es zwingt Sie keiner dazu; **you are not ~d to answer this question** Sie brauchen diese Frage nicht zu beantworten.

2. (*do a favour to*) einen Gefallen tun (+*dat*), gefällig sein (+*dat*). **could you ~ me with a light?** wären Sie so gut, mir Feuer zu geben?; **please ~ me by opening a window** würden Sie mir bitte den Gefallen tun und ein Fenster öffnen?; **he ~d us with a song** er gab uns ein Lied zum besten; **would you ~ me by not interrupting** hätten Sie die Güte, mich nicht zu unterbrechen; **you would ~ me by shutting up!** würden Sie gefälligst Ruhe geben!; **anything to ~ a friend** was tut man nicht alles für einen Freund!

3. **much ~d!** herzlichen Dank!; **I am much ~d to you for this!** ich bin Ihnen dafür sehr verbunden *or* dankbar.

II *vi* **she is always ready to ~** sie ist

immer sehr gefällig or hilfsbereit; (hum) sie ist niemals abgeneigt; **they called for a song, but no-one** ~d sie verlangten nach einem Lied, aber niemand kam der Aufforderung nach; **anything to** ~ stets zu Diensten!; **a prompt reply would** ~ (Comm) für eine baldige Antwort wären wir sehr dankbar.

obliging [ə'blaɪdʒɪŋ] adj entgegenkommend, gefällig; personality zuvorkommend.

obligingly [ə'blaɪdʒɪŋlɪ] adv freundlicherweise, liebenswürdigerweise.

oblique [ə'bliːk] I adj **1.** line schief, schräg, geneigt; angle schief; (Gram) case abhängig. ~ **stroke** Schrägstrich m.
2. (fig) look schief, schräg; course schräg; method, style, reply indirekt; hint, reference indirekt, versteckt. **he achieved his goal by rather** ~ **means** er erreichte sein Ziel auf Umwegen or (dishonestly) auf krummen Wegen.
II n Schrägstrich m. **and** ~ **or** und Strich oder.

obliquely [ə'bliːklɪ] adv **1.** schräg. **2.** (fig) indirekt.

obliqueness [ə'bliːknɪs] n **1.** Schiefe, Schräge, Neigung f. **2.** (fig: of means) Indirektheit f.

obliterate [ə'blɪtəreɪt] vt (erase, abolish) auslöschen; past, memory also tilgen (geh); city also, (inf) opposite team etc vernichten; (hide from sight) sun, view verdecken. **the coffee stain has** ~d **most of the design/text** der Kaffeefleck hat das Muster/den Text fast ganz unkenntlich/unleserlich gemacht; **a sculpture whose features were** ~d **by age** die vom Alter unkenntlich gemachte Skulptur.

obliteration [ə,blɪtə'reɪʃən] n see vt Auslöschen nt; Vernichtung f; Verdecken nt.

oblivion [ə'blɪvɪən] n **1.** Vergessenheit f, Vergessen nt. **to sink** or **fall into** ~ in Vergessenheit geraten, der Vergessenheit anheimfallen (geh); **to rescue sb/sth from** ~ jdn/etw wieder ins Bewußtsein bringen; **he drank himself into** ~ er trank bis zur Bewußtlosigkeit.
2. (unawareness) see **obliviousness**.

oblivious [ə'blɪvɪəs] adj **to be** ~ **of sth** sich (dat) etw nicht bewußt machen, sich (dat) einer Sache (gen) nicht bewußt sein; **he was quite** ~ **of his surroundings** er nahm seine Umgebung gar nicht wahr; **they are** ~ **of** or **to the beauty of their surroundings** sie haben für die Schönheit ihrer Umgebung keinen Sinn; **he was totally** ~ **of what was going on in his marriage** er (be)merkte gar nicht, was in seiner Ehe vor sich ging; ~ **of the traffic lights** ohne die Ampel zu bemerken; **how can anyone remain so** ~ **to other people's feelings!** wie kann man bloß so wenig an die Gefühle anderer denken!; ~ **of the world** weltvergessen.

obliviously [ə'blɪvɪəslɪ] adv **to carry on** ~ einfach (unbeirrt) weitermachen.

obliviousness [ə'blɪvɪəsnɪs] n because of his ~ **of the danger he was in** weil er sich (dat) nicht der Gefahr bewußt war, in der er schwebte; **because of his** ~ **of what was**

happening weil er gar nicht bemerkte, was vorging; **a state of blissful** ~ **to the world** ein Zustand seliger Weltvergessenheit.

oblong ['ɒblɒŋ] I adj rechteckig. **II** n Rechteck nt.

obloquy ['ɒbləkwɪ] n (liter) **1.** (blame, abuse) Schmähung (liter), Beschimpfung f. **2.** (disgrace) Schande, Schmach f.

obnoxious [ɒb'nɒkʃəs] adj widerlich, widerwärtig; person also, behaviour unausstehlich. **an** ~ **person** ein Ekel nt (inf); **don't be so** ~ **to her** sei nicht so gemein or fies (inf) zu ihr.

obnoxiously [ɒb'nɒkʃəslɪ] adv see adj.

obnoxiousness [ɒb'nɒkʃəsnɪs] n see adj Widerlichkeit, Widerwärtigkeit f; Unausstehlichkeit f.

oboe ['əʊbəʊ] n Oboe f.

oboist ['əʊbəʊɪst] n Oboist(in f) m.

obscene [əb'siːn] adj obszön; word, picture, book also unzüchtig; language, joke also zotig; gesture, posture, thought also schamlos, unzüchtig; (non-sexually, repulsive) ekelerregend.

obscenely [əb'siːnlɪ] adv obszön; (repulsively) ekelerregend.

obscenity [əb'senɪtɪ] n Obszönität f. **the** ~ **of these crimes** diese ekelerregenden Verbrechen; **he used an** ~ er benutzte or gebrauchte einen ordinären Ausdruck.

obscure [əb'skjʊəʳ] I adj (+er) **1.** (hard to understand) dunkel; style unklar, undurchsichtig; argument verworren; book, poet, poem schwer verständlich.
2. (indistinct) feeling, memory dunkel, undeutlich, unklar. **for some** ~ **reason** aus einem unerfindlichen Grund.
3. (unknown, little known, humble) obskur; poet, village also unbekannt; beginnings (humble) unbedeutend; (not known also) dunkel; life wenig beachtenswert. **of** ~ **birth** von unbekannter Herkunft.
4. (rare: dark) düster, finster.
II vt **1.** (hide) sun, view verdecken. **the tree** ~d **the bay from our view** der Baum nahm uns (dat) die Sicht auf die Bucht.
2. (confuse) verworren or unklar machen; mind verwirren.

obscurely [əb'skjʊəlɪ] adv **1.** written, presented, argued, remember undeutlich, unklar. **2.** **a movement which began** ~ **in the depths of Russia** eine Bewegung mit obskuren Anfängen im tiefsten Rußland. **3.** lit schwach.

obscurity [əb'skjʊərɪtɪ] n **1.** no pl (of a wood, night) Dunkelheit, Finsternis f, Dunkel nt.
2. (of style, ideas, argument) Unklarheit, Verworrenheit f. **to lapse into** ~ verworren or unklar werden.
3. no pl (of birth, origins) Dunkel nt. **to live in** ~ zurückgezogen leben; **to rise from** ~ aus dem Nichts auftauchen; **in spite of the** ~ **of his origins** trotz seiner unbekannten Herkunft; **to sink into** ~ in Vergessenheit geraten.

obsequies ['ɒbsɪkwɪz] npl (form) Beerdigungsfeier f.

obsequious adj, **~ly** adv [əb'siːkwɪəs, -lɪ] unterwürfig, servil (geh) (to(wards) gegen, gegenüber).

obsequiousness [əb'siːkwɪəsnɪs] n Unterwürfigkeit, Servilität (geh) f.

observable [əbˈzɜːvəbl] adj sichtbar, erkennbar. **as is ~ in rabbits** wie bei Kaninchen zu beobachten ist.

observance [əbˈzɜːvəns] n 1. (of law) Befolgung, Beachtung f, Beachten nt.
2. (Eccl) (keeping of rites etc) Einhalten nt, Einhaltung f, Beachten nt; (celebration) Kirchenfest nt; (in a convent etc) (Ordens)regel, Observanz f. ~ of the Sabbath Einhaltung f des Sabbats or (non-Jewish) des Sonntagsgebots; **religious ~s** religiöse or (Christian also) kirchliche Feste.

observant [əbˈzɜːvənt] adj 1. (watchful) person aufmerksam, wach(sam), achtsam. **if you'd been a little more ~** wenn du etwas besser aufgepaßt hättest.
2. (strict in obeying rules) **you should be a little more ~ of the law** Sie sollten sich ein bißchen an das Gesetz halten.

observantly [əbˈzɜːvəntlɪ] adv aufmerksam. **... which he very ~ spotted ...**, wie er sehr gut bemerkt hat.

observation [ˌɒbzəˈveɪʃən] n 1. Beobachtung f; (act also) Beobachten nt. **to keep sb/sth under ~** jdn/etw unter Beobachtung halten; (by police) jdn/etw überwachen or observieren (form); **~ of nature** Naturbeobachtung f; **to take an ~** (Naut) das Besteck nehmen; **powers of ~** Beobachtungsgabe f; **he's in hospital for ~** er ist zur Beobachtung im Krankenhaus; **to escape sb's ~** (von jdm) unbemerkt bleiben, jdm entgehen.
2. (of rules, Sabbath) Einhalten nt.
3. (remark) Bemerkung, Äußerung f. **~s on Kant** Betrachtungen über or zu Kant.

observational [ˌɒbzəˈveɪʃənəl] adj empirisch, auf Grund von Beobachtungen gewonnen.

observation car n (US Rail) Aussichtswagen, Panoramawagen m; **observation lounge** n Aussichtsrestaurant nt; **observation post** n Beobachtungsposten m; **observation ward** n Beobachtungsstation f.

observatory [əbˈzɜːvətrɪ] n Observatorium nt, Sternwarte f; (Met) Observatorium nt, Wetterwarte f.

observe [əbˈzɜːv] I vt 1. (see, notice) beobachten, bemerken; difference, change also wahrnehmen. **did you actually ~ him do it?** haben Sie ihn wirklich dabei beobachtet?
2. (watch carefully, study) beobachten; (by police) überwachen.
3. (remark) bemerken, feststellen.
4. (obey) achten auf (+acc); rule, custom, ceasefire, Sabbath einhalten; anniversary etc begehen, feiern. **to ~ a minute's silence** eine Schweigeminute einlegen; **failure to ~ the law** ein Verstoß gegen das Gesetz.
II vi 1. (watch) zusehen; (act as an observer) beobachten.
2. (remark) bemerken, feststellen (on zu, über +acc).

observer [əbˈzɜːvəʳ] n (watcher) Zuschauer(in f) m; (Mil, Aviat, Pol) Beobachter m.

obsess [əbˈses] vt **to be ~ed by or with sb/sth** von jdm/etw besessen sein; **sth ~es sb** jd ist von etw besessen; **his one ~ing thought** der ihn ständig verfolgende Gedanke; **don't become ~ed by it** laß das nicht zum Zwang or zur Manie werden.

obsession [əbˈseʃən] n 1. (fixed idea) fixe Idee, Manie f; (fear etc) Zwangsvorstellung, Obsession (spec) f. **the cat was an ~ with her** die Katze war ihre ganze Leidenschaft; **it's an ~ with him** das ist eine fixe Idee von ihm; (hobby etc) er ist davon besessen.
2. (state) Besessenheit (with von), Monomanie f. **this ~ with order/tidiness/accuracy** dieser Ordnungs-/Aufräumungs-/Genauigkeitswahn m; **because of his ~ with her** weil er ihr gänzlich verfallen ist/war.

obsessive [əbˈsesɪv] adj zwanghaft, obsessiv (spec). **to become ~** zum Zwang or zur Manie werden; **an ~ thought/memory** ein Gedanke, eine Erinnerung, die einen nicht losläßt; **an ~ desire for wealth** eine Sucht nach Reichtum; **he is an ~ reader** er liest wie besessen, er hat die Lesewut (inf); **~ neurosis** (Psych) Zwangsneurose f.

obsessively [əbˈsesɪvlɪ] adv wie besessen. **she is ~ preoccupied with cleanliness** sie huldigt einem Sauberkeitswahn.

obsolescence [ˌɒbsəˈlesns] n Veralten nt; see planned.

obsolescent [ˌɒbsəˈlesnt] adj allmählich außer Gebrauch kommend. **to be ~** anfangen zu veralten.

obsolete [ˈɒbsəliːt] adj veraltet, überholt, obsolet (geh). **to become ~** veralten.

obstacle [ˈɒbstəkl] n (lit, fig) Hindernis nt. **~ race** (Sport, fig) Hindernisrennen nt; **to be an ~ to sb/sth** jdm/einer Sache im Weg(e) stehen, jdn/etw (be)hindern; **if they put any ~ in the way of our plans** wenn man uns Steine in den Weg legt; **all the ~s to progress/peace** etc alles, was den Fortschritt/Frieden etc behindert.

obstetric(al) [ɒbˈstetrɪk(əl)] adj (Med) techniques etc Geburtshilfe-. **~ ward** Entbindungs- or Wöchnerinnenstation f.

obstetrician [ˌɒbstəˈtrɪʃən] n Geburtshelfer(in f) m.

obstetrics [ɒbˈstetrɪks] n sing Geburtshilfe f; (ward) Wöchnerinnenstation f.

obstinacy [ˈɒbstɪnəsɪ] n 1. (of person) Hartnäckigkeit f, Starrsinn m. **his ~ in doing sth** der Hartnäckigkeit, mit der er etw tut.
2. (of illness) Hartnäckigkeit f; (of resistance also) Verbissenheit f.

obstinate [ˈɒbstɪnɪt] adj 1. hartnäckig, starrsinnig; nail etc widerspenstig. **to remain ~** stur bleiben. 2. resistance, illness hartnäckig.

obstinately [ˈɒbstɪnɪtlɪ] adv hartnäckig, stur.

obstreperous [əbˈstrepərəs] adj aufmüpfig; child aufsässig. **the drunk became ~** der Betrunkene fing an zu randalieren; **it's not a real complaint, he's just being ~** es ist keine echte Beschwerde, er will nur Schwierigkeiten machen.

obstreperously [əbˈstrepərəslɪ] adv see adj.

obstreperousness [əb'strepərəsnıs] *n*
see adj Aufmüpfigkeit *f*; Aufsässigkeit
f.

obstruct [əb'strʌkt] **I** *vt* **1.** (*block*)
blockieren; *passage, also, view* versper-
ren; (*Med*) *artery, pipe also* verstopfen.

2. (*hinder*) (be)hindern; *navigation*
behindern; *traffic, progress also* aufhal-
ten, hemmen; (*Sport*) behindern; (*in
possession of ball*) sperren. **to ~ a bill**
(*Parl*) einen Gesetzentwurf blockieren; **to
~ a policeman in the execution of his duty**
einen Polizisten an der Amtsausübung
hindern; **to ~ the course of justice** die
Rechtsfindung behindern.

II *vi* (*be obstructionist*) obstruieren,
Obstruktion treiben; (*Sport*) sperren.

obstruction [əb'strʌkʃən] *n* **1.** *see vt* 1.
Blockierung *f*; (*of view*) Versperren *nt*;
Verstopfung *f*.

2. *see vt* 2. Behinderung *f*; Hemmung
f; Behinderung *f*; Sperren *nt*. **to cause an
~ den Verkehr behindern.

3. (*obstacle*) Hindernis, Hemmnis (*esp
fig*) *nt*. **there is an ~ in the pipe** das Rohr
ist blockiert *or* verstopft.

4. (*Pol*) Obstruktion, Behinderung *f*.

obstructionism [əb'strʌkʃənızəm] *n* Ob-
struktionspolitik *f*.

obstructionist [əb'strʌkʃənıst] *n* Obstruk-
tionspolitiker *m*.

obstructive [əb'strʌktıv] *adj* obstruktiv (*esp
Pol*), behindernd. **~ politician** Obstruk-
tionspolitiker(in *f*) *m*; **to be ~** (*person*)
Schwierigkeiten machen, sich querstellen
(*inf*); **to be ~ to progress** dem Fortschritt
hinderlich sein.

obtain [əb'teın] **I** *vt* erhalten, bekommen;
result, votes also erzielen; *information,
goods also* beziehen; *knowledge* erwer-
ben. **to ~ sth by hard work** etw durch
harte Arbeit erreichen; **possession** sich
(*dat*) etw mühsam erarbeiten; **can food be
~ed from seawater?** können aus Meer-
(es)wasser Nahrungsmittel gewonnen
werden?; **to ~ sth for sb** jdm etw be- *or*
verschaffen.

II *vi* (*form*) gelten; (*rules also*) in Kraft
sein; (*customs*) bestehen, herrschen.

obtainable [əb'teınəbl] *adj* erhältlich.

obtrude [əb'truːd] **I** *vt* **1. to ~ oneself (up)on
others** sich anderen aufdrängen; **to ~
one's opinion(s) (up)on sb** jdm seine
Meinung aufzwingen.

2. (*push out*) hervorstrecken.

II *vi* **1.** (*intrude*) sich aufdrängen. **not to
~ upon sb's private grief** jdn nicht in
seinem Schmerz belästigen.

2. (*protrude*) (her)vorstehen; (*fig*) her-
vortreten.

obtrusion [əb'truːʒən] *n* **1.** Aufdrängen *nt*.
because of this ~ of his ideas upon others
weil er seine Ideen anderen aufdrängen
will. **2.** (*pushing out*) Hervorstrecken *nt*.
3. (*sticking out*) Herausragen *nt*.

obtrusive [əb'truːsıv] *adj person* aufdring-
lich; *smell also* penetrant; *building, fur-
niture* zu auffällig.

obtrusively [əb'truːsıvlı] *adv see adj*.

obtrusiveness [əb'truːsıvnıs] *n see adj* Auf-
dringlichkeit *f*; Penetranz *f*; Auffälligkeit
f.

obtuse [əb'tjuːs] *adj* **1.** (*Geometry*) stumpf.
2. *person* begriffsstutzig, beschränkt. **are
you just being ~?** tust du nur so
beschränkt?

obtuseness [əb'tjuːsnıs] *n* Begriffsstutzig-
keit, Beschränktheit *f*.

obverse ['ɒbvɜːs] **I** *adj side* Vorder-. **II** *n*
1. (*of coin*) Vorderseite *f*, Avers *m*. **2.** (*of
statement, truth*) andere Seite, Kehrseite
f.

obviate ['ɒbvıeıt] *vt* vermeiden, umgehen;
objection, need vorbeugen (+*dat*).

obvious ['ɒbvıəs] *adj* offensichtlich, deut-
lich; (*visually also*) augenfällig; (*not
subtle*) plump; *proof* klar, eindeutig; *dif-
ference, fact* eindeutig, offensichtlich, of-
fenkundig; *statement* naheliegend, selbst-
verständlich; *reason* (leicht) ersichtlich;
dislike, reluctance, surprise sichtlich. **an ~
truth** eine offenkundige Tatsache;
**because of the ~ truth of what he main-
tains** da es so eindeutig *or* offensichtlich
wahr ist, was er sagt; **that's the ~
translation/solution** das ist die
naheliegendste Übersetzung/Lösung; **he
was the ~ choice** es lag nahe, ihn zu wäh-
len; **it was ~ he didn't want to come** er
wollte offensichtlich nicht kommen; **it's
quite ~ he doesn't understand** man merkt
doch (sofort) *or* es ist doch klar, daß er
nicht versteht; **there's no need to make it
so ~** man braucht das (doch) nicht so
deutlich zu zeigen *or* so deutlich werden
zu lassen; **do I have to make it even more
~?** muß ich denn noch deutlicher wer-
den?; **we must not be too ~ about it** wir
dürfen es nicht zu auffällig machen; **with
the ~ exception of ...** natürlich mit Aus-
nahme von ...; **even if I am stating the ~**
selbst wenn ich hier etwas längst
Bekanntes sage; **don't just state the ~, try
to be original** sagen/schreiben Sie nicht,
was sich von selbst versteht, sondern
bemühen Sie sich um Originalität; **what's
the ~ thing to do?** was ist das
Naheliegendste?

obviously ['ɒbvıəslı] *adv* offensichtlich,
offenbar; (*noticeably*) (offen)sichtlich.
he's ~ French er ist eindeutig ein Fran-
zose; **~!** natürlich!, selbstverständlich!; **is
he there? — well, ~ not** ist er da? — offen-
sichtlich nicht; **~ he's not going to like it**
das wird ihm natürlich nicht gefallen; **he's
~ not going to get the job** er bekommt die
Stelle nicht, das ist ja klar (*inf*).

obviousness ['ɒbvıəsnıs] *n* Offensichtlich-
keit, Deutlichkeit *f*. **amused by the ~ of
his approach** belustigt über die Eindeutig-
keit *or* Plumpheit seines Annäherungs-
versuchs.

OC *n abbr of* **Officer Commanding** (*Mil*)
Oberbefehlshaber *m*.

ocarina [ˌɒkəˈriːnə] *n* Okarina *f*.

occasion [əˈkeıʒən] **I** *n* **1.** (*point in time*)
Gelegenheit *f*, Anlaß *m*. **on that ~**
damals, bei *or* zu jener Gelegenheit *or*
jenem Anlaß (*geh*); **on another ~** ein an-
deres Mal, bei einer anderen Gelegenheit
etc; **on several ~s** mehrmals, bei *or* zu
mehreren Gelegenheiten etc; (**on) the first
~** beim ersten Mal, das erste Mal; **on ~**
gelegentlich; (*if need be*) wenn nötig; **to**

rise to the ~ sich der Lage gewachsen zeigen.
2. (*special time*) Ereignis *nt*. **~s of state** Staatsanlässe *pl*; **on the** ~ **of his birthday** anläßlich *or* aus Anlaß seines Geburtstages (*geh*); **one's 21st birthday should be something of an** ~ ein 21. Geburtstag sollte schon ein besonderes Ereignis sein.
3. (*opportunity*) Gelegenheit, Möglichkeit *f*. **I never had the** ~ **to congratulate him** es bot sich mir keine *or* nicht die Gelegenheit *or* ich hatte nicht die Möglichkeit, ihm zu gratulieren; **I would like to take this** ~ **to ...** (*form*) ich möchte diese Gelegenheit ergreifen, um ...
4. (*reason*) Grund, Anlaß *m*, Veranlassung *f*. **should the** ~ **arise** sollte es nötig sein *or* werden; **if you have** ~ **to ...** sollten Sie Veranlassung haben, zu ...; **not an** ~ **for merriment** kein Grund zur Freude.
II *vt* (*form*) verursachen, Anlaß geben zu, zeitigen (*geh*). **to** ~ **sb to do sth** jdn dazu veranlassen, etw zu tun.

occasional [ə'keɪʒənl] *adj* **1. he likes an** ~ **cigar** er raucht hin und wieder ganz gerne *or* gelegentlich ganz gern eine Zigarre.
2. (*designed for special event*) *poem, music* zu der Gelegenheit *or* dem Anlaß verfaßt/komponiert. ~ **table** kleiner Wohnzimmertisch.

occasionally [ə'keɪʒənəlɪ] *adv* gelegentlich, hin und wieder, zuweilen (*geh*). **very** ~ sehr selten, nicht sehr oft.

occident ['ɒksɪdənt] *n* (*liter*) Abendland *nt*, Okzident *m* (*geh*). **the O**~ (*Pol*) der Westen.

occidental [ˌɒksɪ'dentəl] **I** *adj* (*liter*) abendländisch. **II** *n* (*rare*) Abendländer(in *f*) *m*.

occult [ɒ'kʌlt] **I** *adj* okkult; (*of occultism*) okkultistisch; (*secret*) geheimnisvoll. **II** *n* Okkulte(s) *nt*.

occultism ['ɒkəltɪzəm] *n* Okkultismus *m*.

occultist [ɒ'kʌltɪst] *n* Okkultist(in *f*) *m*.

occupancy ['ɒkjʊpənsɪ] *n* (*period*) Wohndauer *f*. **a change of** ~ ein Besitzerwechsel *m*; (*of rented property*) ein Mieterwechsel *m*; **levels of hotel** ~ Übernachtungsziffern *pl*.

occupant ['ɒkjʊpənt] *n* (*of house*) Bewohner(in *f*) *m*; (*of post*) Inhaber(in *f*) *m*; (*of car*) Insasse *m*.

occupation [ˌɒkjʊ'peɪʃən] **I** *n* **1.** (*employment*) Beruf *m*, Tätigkeit *f*. **what is his** ~? was ist er von Beruf?, welchen Beruf hat er?, welche Tätigkeit übt er aus?; **he is a joiner by** ~ er ist Tischler von Beruf.
2. (*pastime*) Beschäftigung, Betätigung, Tätigkeit *f*.
3. (*Mil*) Okkupation *f*; (*act also*) Besetzung *f* (*of* von); (*state also*) Besatzung *f* (*of* in +*dat*). **army of** ~ Besatzungsheer *nt*.
4. (*of house etc*) Besetzung *f*. **to be in** ~ **of a house** ein Haus bewohnen; **ready for** ~ bezugsfertig, schlüsselfertig; **we found them already in** ~ wir sahen, daß sie schon eingezogen waren.
II *adj attr troops* Besatzungs-.

occupational [ˌɒkjʊ'peɪʃənl] *adj* Berufs-, beruflich. ~ **disease** Berufskrankheit *f*; ~ **hazard** *or* **risk** Berufsrisiko *nt*; ~ **therapy** Beschäftigungstherapie *f*.

occupier ['ɒkjʊpaɪəʳ] *n* Bewohner(in *f*) *m*;

(*of post*) Inhaber(in *f*) *m*.

occupy ['ɒkjʊpaɪ] *vt* **1.** *house* bewohnen; *seat, room* belegen, besetzen; *hotel room* belegen. **is this seat occupied?** ist dieser Platz belegt?; **you have a special place in my memories** du hast einen besonderen Platz in meinem Herzen (inne).
2. (*Mil etc*) besetzen; *country also* okkupieren.
3. *post, position* innehaben, bekleiden.
4. (*take up*) beanspruchen; *space also* einnehmen; *time also* in Anspruch nehmen; (*help pass*) ausfüllen; *attention also* in Anspruch nehmen. **can't you find some better way of** ~**ing your time?** kannst du mit deiner Zeit nicht etwas Besseres anfangen?
5. (*busy*) beschäftigen. **to be occupied (with)** beschäftigt sein (mit); **to** ~ **oneself** sich beschäftigen; **to keep sb occupied** jdn beschäftigen; **that'll keep him occupied** dann hat er was zu tun *or* ist er beschäftigt; **he kept his mind occupied** er beschäftigte sich geistig; **a thought which has been** ~**ing my mind** ein Gedanke, der mich beschäftigt.

occur [ə'kɜːʳ] *vi* **1.** (*take place*) (*event*) geschehen, sich ereignen, vorkommen; (*difficulty*) sich ergeben; (*change*) stattfinden. **don't let it** ~ **again** lassen Sie das nicht wieder vorkommen, daß das nicht wieder passiert!; **should the case** ~ sollte der Fall eintreten; **if the opportunity** ~**s** wenn sich die Gelegenheit bietet *or* ergibt.
2. (*be found: disease*) vorkommen.
3. (*come to mind*) einfallen, in den Sinn kommen (*geh*) (*to sb* jdm). **it** ~**s to me that ...** ich habe den Eindruck, daß ...; **the idea just** ~**red to me** es ist mir gerade eingefallen; **it never** ~**red to me** darauf bin ich noch nie gekommen; **it didn't even** ~ **to him to ask** er kam erst gar nicht auf den Gedanken, zu fragen; **did it ever** ~ **to you to apologize?** hast du eigentlich je daran gedacht, dich zu entschuldigen?

occurrence [ə'kʌrəns] *n* **1.** (*event*) Ereignis, Vorkommnis *nt*, Begebenheit *f*. ~**s that could not have been predicted** unvorhergesehene Ereignisse; **an everyday** ~ ein alltägliches Ereignis.
2. (*presence, taking place*) Auftreten *nt*; (*of minerals*) Vorkommen *nt*. **the** ~ **of typhoons in Dorset is rare** Taifune kommen in Dorset selten vor; **further** ~**s of this nature must be avoided** weitere Vorkommnisse dieser Art müssen vermieden werden.

ocean ['əʊʃən] *n* **1.** Ozean *m*, Meer *nt*. **2. an** ~ **of flowers** ein Blumenmeer *nt*; ~**s of** (*inf*) jede Menge (*inf*), massenhaft.

ocean bed *n* Meeresboden *or* -grund *m*; **ocean climate** *n* Meeresklima *nt*, maritimes Klima; **ocean-going** *adj* hochseetüchtig; ~ **tug** Hochseeschlepper *m*.

Oceania [ˌəʊʃɪ'eɪnɪə] *n* Ozeanien *nt*.

Oceanian [ˌəʊʃɪ'eɪnɪən] **I** *adj* ozeanisch. **II** *n* Ozeanier(in *f*) *m*.

oceanic [ˌəʊʃɪ'ænɪk] *adj* Meeres-; (*fig*) riesenhaft.

ocean liner *n* Ozeandampfer *m*.

oceanographer [ˌəʊʃə'nɒgrəfəʳ] *n* Ozeanograph(in *f*), Meereskundler(in *f*) *m*.

oceanography [ˌəʊʃəˈnɒɡrəfɪ] *n* Ozeanographie, Meereskunde *f*.

ocean voyage *n* Schiffsreise, Seereise *f*.

ocelot [ˈɒsɪlɒt] *n* Ozelot *m*.

ochre, (*US*) **ocher** [ˈəʊkə^r] **I** *n* Ocker *m or nt*. **red ~** roter *or* rotes Ocker; **yellow ~** (*substance*) Ocker *m or nt*; (*colour*) Ocker- (gelb *nt*) *m or nt*. **II** *adj* ockerfarben.

o'clock [əˈklɒk] *adv* **1. at 5 ~** um 5 Uhr; **it is 5 ~** es ist 5 Uhr; **2. aircraft approaching at 5 ~** Flugzeug aus Südsüdost; **face north and the house is at about 11 ~** das Haus liegt Nordnordwest.

OCR *abbr of* **optical character recognition** optische Zeichenerkennung.

Oct *abbr of* **October** Okt.

octagon [ˈɒktəɡən] *n* Achteck, Oktogon, Oktagon *nt*.

octagonal [ɒkˈtæɡənl] *adj* achteckig, oktogonal.

octane [ˈɒkteɪn] *n* Oktan *nt*. **high-~ petrol** Benzin mit hoher Oktanzahl; **~ number, ~ rating** Oktanzahl *f*.

octave [ˈɒktɪv] *n* **1.** (*Mus*) Oktave *f*. **2.** (*of sonnet*) Oktett *nt*.

octet [ɒkˈtet] *n* (*Mus, Poet*) Oktett *nt*.

October [ɒkˈtəʊbə^r] *n* Oktober *m*. **the ~ Revolution** die Oktoberrevolution; *see also* **September.**

octogenarian [ˌɒktəʊdʒɪˈnɛərɪən] **I** *n* Achtziger(in *f*) *m*, Achtzigjährige(r) *mf*. **II** *adj* achtzigjährig.

octopus [ˈɒktəpəs] *n* Tintenfisch *m*, Krake *f*.

ocular [ˈɒkjʊlə^r] *adj* (*form*) Augen-.

oculist [ˈɒkjʊlɪst] *n* Augenspezialist(in *f*) *m*.

OD (*sl*) **I** *n* Überdosis *f*. **II** *vi* eine Überdosis nehmen.

odd [ɒd] *adj* (+er) **1.** (*peculiar*) merkwürdig, seltsam, sonderbar; *person, thing, idea* auch eigenartig, absonderlich. **how ~ that we should meet him** (wie) eigenartig *etc*, daß wir ihn trafen; **the ~ thing about it is that ...** das Merkwürdige *etc* daran ist, daß ...

2. *number* ungerade.

3. (*one of a pair or a set*) *shoe, glove* einzeln. **he/she is (the) ~ man** *or* **one out** er/sie ist übrig *or* überzählig *or* das fünfte Rad am Wagen; (*in character*) er/sie steht (immer) abseits *or* ist ein Außenseiter/ eine Außenseiterin; **in each group underline the word which is the ~ man** *or* **one out** unterstreichen Sie in jeder Gruppe das nicht dazugehörige Wort.

4. (*about*) **600 ~ marks** so um die 600 Mark, ungefähr *or* etwa 600 Mark.

5. (*surplus, extra*) übrig, restlich.

6. (*not regular or specific*) *moments, times* zeitweilig; (*Comm*) *size* ausgefallen. **any ~ piece of wood** irgendein Stück(chen) Holz; **at ~ moments** *or* **times** ab und zu; **at ~ moments during the day** zwischendurch; **~ job** (gelegentlich) anfallende Arbeit; **he does all the ~ jobs** er macht alles, was an Arbeit anfällt; **~ job man** Mädchen *nt* für alles.

oddball [ˈɒdbɔːl] (*inf*) **I** *n* komischer Kauz. **II** *adj* komisch, kauzig, verschroben.

oddity [ˈɒdɪtɪ] *n* **1.** (*strangeness: of person*) Wunderlichkeit, Absonderlichkeit, Eigenartigkeit *f*; (*of thing*) Ausgefallenheit *f*.

2. (*odd person*) komischer Kauz; (*who doesn't fit, thing*) Kuriosität *f*.

oddly [ˈɒdlɪ] *adv* *speak, behave* eigenartig, sonderbar, merkwürdig. **I find her ~ attractive** ich finde sie auf (eine) seltsame Art *or* auf merkwürdige Weise anziehend; **~ enough she was at home** merkwürdigerweise *or* eigenartigerweise *or* seltsamerweise war sie zu Hause; **~ enough you are right** Sie werden überrascht sein, aber das stimmt.

oddment [ˈɒdmənt] *n usu pl* Restposten *m*; (*of cloth also*) Rest *m*; (*single piece also*) Einzelstück *nt*.

oddness [ˈɒdnɪs] *n* Merkwürdigkeit, Seltsamkeit *f*.

odds [ɒdz] *npl* **1.** (*Betting*) Odds *pl*, Gewinnquote *f*; (*of. bookmaker also*) (feste) Kurse *pl*. **the ~ are 6 to 1** die Chancen stehen 6:1; **long/short ~** geringe/hohe Gewinnchancen; **fixed ~** feste Kurse; **to lay** *or* **give ~ of 2 to 1 (against/in favour of sb)** den Kurs mit 2:1 (gegen/für jdn) angeben; **I'll lay ~ (of 3 to 1) that ...** (*fig*) ich wette (3 gegen 1), daß ...

2. (*chances for or against*) Chance(n *pl*) *f*. **in spite of the tremendous ~ against him ...** obwohl alles so völlig gegen ihn sprach *or* war ...; **the ~ were in our favour** alles sprach für uns; **against all the ~ he won** wider Erwarten *or* entgegen allen Erwartungen gewann er; **what are the ~ on/ against ...?** wie sind *or* stehen die Chancen, daß .../daß ... nicht?; **to fight against heavy/overwhelming ~** (*Mil*) gegen eine große/überwältigende gegnerische Übermacht ankämpfen; **to struggle against impossible ~** so gut wie keine Aussicht auf Erfolg haben; **the ~ are that he will come** es sieht ganz so aus, als ob er käme *or* kommen würde.

3. (*inf*) **to pay over the ~** einiges mehr bezahlen.

4. (*difference*) **what's the ~?** was macht das schon (aus)?; **it makes no ~** es spielt keine Rolle; **it makes no ~ to me** es ist mir (völlig) einerlei.

5. (*variance*) **to be at ~ with sb over sth** mit jdm in etw (*dat*) nicht einiggehen.

odds and ends *npl* Krimskrams, Kram *m*; (*of food*) Reste *pl*; (*of cloth*) Reste, Flicken *pl*.

odds and sods *npl* (*hum inf*) Kleinkram *m*. **a few ~** (*people*) ein paar Hansel (*inf*).

odds-on [ˈɒdzɒn] **I** *adj* (*Betting*) *favourite* mit „Odds auf" (*der Kurs ist für ihn angegeben*). **he's ~ favourite for the post** er hat die größten Aussichten, die Stelle zu bekommen. **II** *adv* **it's ~ that he'll come** es ist so gut wie sicher, daß er kommt.

ode [əʊd] *n* Ode *f* (*to, on* an +*acc*).

odious [ˈəʊdɪəs] *adj* *person* abstoßend, ekelhaft; *action* abscheulich, verabscheuenswürdig. **an ~ person** ein Ekel *nt*; **what an ~ thing to say** wie abscheulich, so etwas zu sagen.

odium [ˈəʊdɪəm] *n* (*being hated*) Haß *m*; (*repugnance*) Abscheu *m*.

odometer [ɒˈdɒmɪtə^r] *n* Kilometerzähler *m*.

odontologist [ˌɒdɒnˈtɒlədʒɪst] *n* Odontologe *m*, Odontologin *f*, Facharzt *m*/ -ärztin *f* für Zahnheilkunde.

odontology [ˌɒdɒnˈtɒlədʒɪ] n Odontologie, Zahnheilkunde f.

odor etc (US) see **odour** etc.

odoriferous [ˌəʊdəˈrɪfərəs] adj (form) wohlriechend, duftend.

odorous [ˈəʊdərəs] adj (esp poet) duftend, wohlriechend.

odour, (US) **odor** [ˈəʊdəʳ] n 1. (lit, fig) Geruch m; (sweet smell) Duft, Wohlgeruch m; (bad smell) Gestank m. 2. to be in good/bad ~ with sb gut/schlecht bei jdm angeschrieben sein.

odourless, (US) **odorless** [ˈəʊdəlɪs] adj geruchlos.

Odyssey [ˈɒdɪsɪ] n (Myth, fig) Odyssee f.

oecumenical [ˌiːkjuːˈmenɪkəl] adj see **ecumenical.**

oedema, (US) **edema** [ɪˈdiːmə] n Ödem nt.

Oedipus [ˈiːdɪpəs] n Ödipus m. ~ **complex** Ödipuskomplex m.

o'er [ˈəʊəʳ] prep, adv (poet) contr of **over.**

oesophagus, (US) **esophagus** [iːˈsɒfəgəs] n Speiseröhre f.

of [ɒv,əv] prep 1. (indicating possession or relation) von (+dat), use of gen. the wife ~ the doctor die Frau des Arztes, die Frau vom Arzt; a friend ~ ours ein Freund von uns; a painting ~ the Queen ein Gemälde der or von der Königin; a painting ~ the Queen's (belonging to her) ein Gemälde (im Besitz) der Königin; (painted by her) ein Gemälde (von) der Königin; ~ it davon; the first ~ June der erste Juni; the first ~ the month der Erste (des Monats), der Monatserste; it is no business ~ theirs es geht sie nichts an; that damn dog ~ theirs ihr verdammter Hund; it is very kind ~ you es ist sehr freundlich von Ihnen.

2. (indicating separation in space or time) south ~ Paris südlich von Paris; within a month ~ his death einen Monat nach seinem Tod; a quarter ~ six (US) Viertel vor sechs.

3. (indicating cause) he died ~ poison/cancer er starb an Gift/Krebs; he died ~ hunger er verhungerte, er starb Hungers (geh); it tastes ~ garlic es schmeckt nach Knoblauch; she is proud ~ him sie ist stolz auf ihn; I am ashamed ~ it ich schäme mich dafür.

4. (indicating deprivation, riddance) he was cured ~ the illness er wurde von der Krankheit geheilt; trees bare ~ leaves Bäume ohne Blätter; free ~ charge kostenlos; loss ~ appetite Appetitlosigkeit f.

5. (indicating material) aus. dress made ~ wool Wollkleid nt, Kleid nt aus Wolle; house ~ brick Backsteinhaus nt, Haus nt aus Backstein.

6. (indicating quality, identity etc) house ~ ten rooms Haus nt mit zehn Zimmern; man ~ courage mutiger Mensch, Mensch m mit Mut; girl ~ ten zehnjähriges Mädchen, Mädchen nt von zehn Jahren; a question ~ no importance eine Frage ohne Bedeutung; the city ~ Paris die Stadt Paris; person ~ swarthy complexion dunkelhäutige' Person; where is that rascal ~ a boy? wo ist dieser verflixte Bengel?; that idiot ~ a waiter dieser Idiot von Kellner.

7. (objective genitive) fear ~ God Gottesfurcht f; his love ~ his father die Liebe zu seinem Vater; he is a leader ~ men er hat die Fähigkeit, Menschen zu führen; great eaters ~ fruit große Obstesser pl; writer ~ legal articles Verfasser von juristischen Artikeln; love ~ money Liebe zum Geld.

8. (subjective genitive) love ~ God for man Liebe Gottes zu den Menschen; affection ~ a mother Mutterliebe f.

9. (partitive genitive) the whole ~ the house das ganze Haus; half ~ the house das halbe Haus; how many ~ them do you want? wie viele möchten Sie (davon)?; there were six ~ us wir waren zu sechst, wir waren sechs; he is not one ~ us er gehört nicht zu uns; one ~ the best einer der Besten; he asked the six ~ us to lunch er lud uns sechs zum Mittagessen ein; ~ the ten only one was absent von den zehn fehlte nur einer; the book he wanted most ~ all das Buch, das er am meisten wollte; today ~ all days ausgerechnet heute; you ~ all people ought to know gerade Sie sollten das wissen; they are the best ~ friends sie sind die besten Freunde; the best ~ teachers der (aller)beste Lehrer; the bravest ~ the brave der Mutigste der Mutigen.

10. (concerning) what do you think ~ him? was halten Sie von ihm?; what has become ~ him? was ist aus ihm geworden?; he warned us ~ the danger er warnte uns vor der Gefahr; doctor ~ medicine Doktor der Medizin; what ~ it? ja und?

11. (in temporal phrases) he's become very quiet ~ late er ist seit neuestem so ruhig geworden; they go out ~ an evening (inf) sie gehen abends (schon mal) aus (inf).

off [ɒf] I adv 1. (distance) the house is 5 km ~ das Haus ist 5 km entfernt; some way ~ (from here) in einiger Entfernung (von hier); it's a long way ~ das ist weit weg; (time) das liegt in weiter Ferne; August isn't/the exams aren't very far ~ es ist nicht mehr lang bis August/bis zu den Prüfungen; Christmas is only a week ~ es ist nur noch eine Woche bis Weihnachten; noises ~ (Theat) Geräusche pl hinter den Kulissen.

2. (departure) to be/go ~ gehen; he's ~ to school er ist zur Schule gegangen; (be) ~ with you! mach, daß du wegkommst!; I must be ~ ich muß (jetzt) gehen or weg (inf); it's time I was ~ es wird or ist (höchste) Zeit, daß ich gehe; where are you ~ to? wohin gehen Sie denn?; ~ we go! los!, auf los geht's los!, na denn man los! (inf); he's ~ playing tennis or he goes ~ playing tennis every evening er geht jeden Abend Tennis spielen; they're ~ (Sport) sie sind vom Start ab; they're ~ (inf: complaining etc) sie legt schon wieder los (inf); see vbs.

3. (removal) he had his coat ~ er hatte den Mantel aus; he had his coat ~ in two seconds er hatte seinen Mantel in zwei Sekunden aus(gezogen); he helped me ~ with my coat er half mir aus dem Mantel;

with his trousers ~ ohne Hose; ~ **with those wet clothes!** raus aus den nassen Kleidern!; **the handle has come** ~ der Griff ist abgegangen; **there are two buttons** ~ es fehlen zwei Knöpfe; ~ **with his head!** Kopf ab!; **he had the back of the TV** ~ er hatte die Rückwand des Fernsehers abgenommen; **the lid is** ~ der Deckel ist nicht drauf.

4. (*discount*) **3%** ~ (*Comm*) 3% Nachlaß *or* Abzug; **3%** ~ **for cash** (*Comm*) 3% Skonto, bei Barzahlung 3%; **to give sb £5/something** ~ jdm £ 5 Ermäßigung/eine Ermäßigung geben; **he let me have £5** ~ er gab es mir (um) £ 5 billiger.

5. (*not at work*) **to have time** ~ **to do sth** freibekommen haben, um etw zu tun; **I've got a day** ~ ich habe einen Tag frei; **she's nearly always** ~ **on Tuesdays** dienstags hat sie fast immer frei.

6. (*in phrases*) ~ **and on, on and** ~ ab und zu, ab und an; **it rained** ~ **and on** es regnete mit Unterbrechungen; **right** *or* **straight** ~ gleich; **3 days straight** ~ 3 Tage hintereinander.

II *adj* **1.** *attr* (*substandard*) *year, day etc* schlecht. **I'm having an** ~ **day today** ich bin heute nicht in Form.

2. *pred* (*not fresh*) verdorben, schlecht; *milk also* sauer; *butter also* ranzig.

3. *pred* (*cancelled*) *match, party, talks* abgesagt; (*not available: in restaurant*) *chops, fish* aus. **the bet/agreement is** ~ die Wette/Abmachung gilt nicht (mehr); **their engagement is** ~ ihre Verlobung ist gelöst.

4. *TV, light, machine* aus(geschaltet); *tap* zu(gedreht). **the gas/electricity was** ~ das Gas/der Strom war abgeschaltet; **the handbrake was** ~ die Handbremse war gelöst.

5. **they are badly** *or* **poorly/well** *or* **comfortably** ~ sie sind nicht gut/(ganz) gut gestellt, sie stehen sich schlecht/(ganz) gut; **I am badly** ~ **for money/time** mit Geld/Zeit sieht es bei mir nicht gut aus; **how are we** ~ **for time?** wie sieht es mit der Zeit aus?, wieviel Zeit haben wir noch?; **he is better/worse** ~ **staying in England** er ist in England besser/schlechter dran, er steht sich in England besser/schlechter.

6. *pred* (*wide of the truth etc*) **he was quite badly** ~ **in his calculations** er hatte sich in seinen Berechnungen ziemlich *or* schwer (*inf*) vertan; **the high notes were a bit** ~ die hohen Töne waren etwas schief (*inf*) *or* unsauber.

7. *pred* (*inf*) **that's a bit** ~! das ist ein dicker Hund! (*inf*); **his behaviour was rather** ~ er hat sich ziemlich danebenbenommen.

III *prep* **1.** (*indicating motion, removal etc*) von (+*dat*). **he jumped** ~ **the roof** er sprang vom Dach; **once you are** ~ **the premises** sobald Sie vom Gelände (herunter) sind; **he borrowed money** ~ **his father** (*inf*) er lieh sich (*dat*) von seinem Vater Geld; **they dined** ~ **a chicken** sie verspeisten ein Hühnchen; **I'll take** *or* **knock** (*inf*) **something** ~ **the price for you** ich lasse Ihnen vom *or* im Preis etwas nach; **he got £2** ~ **the shirt** er bekam das Hemd £ 2

billiger; **the lid had been left** ~ **the tin** jemand hatte den Deckel nicht wieder auf die Büchse getan; **the coat has two buttons** ~ **it** am Mantel fehlen zwei Knöpfe; **a song** ~ **his latest LP** ein Lied von seiner neusten LP.

2. (*distant from*) ab(gelegen) von (+*dat*); (*in a sidestreet from*) in einer Nebenstraße von (+*dat*); (*Naut*) vor (+*dat*). **the house was ~/1 mile** ~ **the main road** das Haus lag von der Hauptstraße ab/lag eine Meile von der Hauptstraße weg *or* entfernt; **height** ~ **the ground** Höhe vom Boden (weg); **just** ~ **Piccadilly** in der Nähe von Piccadilly, gleich bei Piccadilly; **a road** ~ **Bank Street** eine Querstraße von *or* zu Bank Street.

3. ~ **the map** nicht auf der Karte; **I'm** ~ **sausages** Wurst kann mich zur Zeit nicht reizen; **I just want it** ~ **my hands** ich möchte das nur loswerden.

offal ['ɒfəl] *n, no pl* Innereien *pl*; (*fig*) Abfall, Ausschuß *m*.

offbeat ['ɒf,biːt] *I adj* **1.** (*unusual*) unkonventionell, ausgefallen, ungewöhnlich; **2.** *jazz* synkopiert; **II** *n* unbetonte Taktzeit;

off-centre, (*US*) **off-center** *adj* (*lit*) nicht in der Mitte; *construction* asymmetrisch; **his translation/explanation was a bit** ~ seine Übersetzung/Erklärung war schief *or* ging an der Sache vorbei; **off-chance** *n* **I just did it on the** ~ ich habe es auf gut Glück getan; **to do sth on the** ~ **that ...** etw auf den Verdacht hin *or* in der unbestimmten Hoffnung tun, daß ...; **I came on the** ~ **of seeing her** ich kam in der Hoffnung, sie vielleicht zu sehen; **off-colour**, (*US*) **off-color** *adj* **1.** (*unwell*) unwohl; **to feel/be** ~ sich nicht wohl fühlen; **2.** (*indecent*) schlüpfrig, gewagt.

offence, (*US*) **offense** [ə'fens] *n* **1.** (*Jur: crime*) Straftat *f*, Delikt *nt*; (*minor also*) Vergehen *nt*. **to commit an** ~ sich strafbar machen; **it is an** ~ **to ...** ... (ist) bei Strafe verboten; **first** ~ erste Straftat, erstes Vergehen; **second** ~ Rückfall *m*; **an** ~ **against ...** ein Verstoß *m* gegen ...

2. (*fig*) **an** ~ **against good taste** eine Beleidigung des guten Geschmacks; **an** ~ **against common decency** eine Erregung öffentlichen Ärgernisses; **it is an** ~ **to the eye** das beleidigt das Auge.

3. *no pl* (*to sb's feelings*) Kränkung, Beleidigung *f*; (*to sense of decency, morality etc*) Anstoß *m*. **to cause** *or* **give** ~ **to sb** jdn kränken *or* beleidigen; **without giving** ~ ohne kränkend zu sein; **to take** ~ **at sth** wegen etw gekränkt *or* beleidigt sein; **she is quick to take** ~ sie ist leicht gekränkt *or* beleidigt; **I meant no** ~ ich habe es nicht böse gemeint; **no** ~ **(meant)** nichts für ungut; **no** ~ **(taken)** ich nehme dir das nicht übel.

4. (*Eccl: sin*) Sünde *f*.

5. [ɒ'fens] (*attack*) Angriff *m*.

offend [ə'fend] **I** *vt* **1.** (*hurt feelings of*) kränken; (*be disagreeable to*) Anstoß erregen bei. **don't be** ~**ed** seien Sie (doch) nicht beleidigt, nehmen Sie mir *etc* das nicht übel; **this novel would** ~ **a lot of people** viele Leute würden an diesem Roman Anstoß nehmen.

2. *ear, eye* beleidigen; *reason* verstoßen gegen; *sense of justice* verletzen.
II *vi* **1.** (*give offence*) beleidigend sein.
2. (*do wrong*) Unrecht tun.
◆**offend against** *vi +prep obj task, common sense* verstoßen gegen; *God* sündigen gegen.

offender [ə'fendə'] *n* (*law-breaker*) Täter(in *f*) *m*; (*against traffic laws*) Verkehrssünder(in *f*) *m*. **young ~** jugendlicher Straffälliger; **home for young ~s** Jugendstrafanstalt *f*; *see* **first ~**.

offending [ə'fendɪŋ] *adj remark* kränkend, beleidigend. **the ~ party** (*Jur*) die schuldige Partei; (*fig*) der/die Schuldige; **the ~ object** der Stein des Anstoßes.

offense *n* (*US*) *see* **offence**.

offensive [ə'fensɪv] **I** *adj* **1.** *weapon* (*Jur*) Angriffs-; (*Mil also*) Offensiv-.
2. (*unpleasant*) *smell, sight* übel, abstoßend, widerlich; *language, film, book* anstößig, Anstoß erregend; (*insulting, abusive*) *remark, gesture, behaviour* beleidigend, unverschämt. **his language was ~ to his parents** seine Ausdrucksweise erregte Anstoß bei seinen Eltern; **to find sb/sth ~** jdn/etw abstoßend finden; *behaviour, language* Anstoß an etw (*dat*) nehmen.
II *n* (*Mil, Sport*) Angriff *m*, Offensive *f*. **to take the ~** in die Offensive gehen; **to go over to the ~** zum Angriff übergehen; **on the ~** in der Offensive.

offensively [ə'fensɪvlɪ] *adv* **1.** (*unpleasantly*) übel, widerlich; (*in moral sense*) anstößig; (*abusively*) beleidigend; (*obscenely*) unflätig. **2.** (*Mil, Sport*) offensiv.

offensiveness [ə'fensɪvnɪs] *n see adj* **2.** Widerlichkeit *f*; Anstößigkeit *f*; Unverschämtheit *f*.

offer ['ɒfə'] **I** *n* Angebot *nt*; (*also ~ of marriage*) (Heirats)antrag *m*. **did you have many ~s of help?** haben Ihnen viele Leute ihre Hilfe angeboten?; **any ~s?** ist jemand interessiert?; **he made me an ~ (of £50)** er machte mir ein Angebot (von £ 50); **an ~ I couldn't refuse** ein Angebot, zu dem ich nicht nein sagen konnte; **on ~** (*Comm*) (*on special ~*) im Angebot; (*for sale also*) verkäuflich; *see* **near III 4.**
II *vt* **1.** anbieten; *reward, prize* aussetzen. **to ~ to do sth** anbieten, etw zu tun; (*~ one's services*) sich an(er)bieten, etw zu tun, sich bereit erklären, etw zu tun; **he ~ed to help** er bot seine Hilfe an; **to ~ one's services** sich anbieten; **he was ~ed the job** ihm wurde die Stelle angeboten; **he's got nothing to ~** er hat nichts zu bieten.
2. *advice* anbieten; *plan, suggestion* unterbreiten; *remark* beisteuern; *excuse* vorbringen; *consolation* spenden; *condolences* aussprechen. **to ~ an opinion** sich (dazu) äußern.
3. (*present in worship or sacrifice*) *prayers, homage, sacrifice* darbringen; *one's life* opfern.
4. (*put up, attempt to inflict*) *resistance* bieten. **to ~ violence** gewalttätig werden (*to* gegen); *see* **battle.**
5. (*afford, make available*) bieten.

6. *subject* (*for exam*) machen.
III *vi whenever the opportunity ~s* wenn immer sich die Gelegenheit bietet *or* ergibt; **did he ~?** hat er es angeboten?
◆**offer up** *vt sep prayers, sacrifice* darbringen (*to sb* jdm).

offering ['ɒfərɪŋ] *n* Gabe *f*; (*Rel*) (*collection*) Opfergabe *f*; (*sacrifice*) Opfer *nt*; (*iro: essay, play etc*) Vorstellung *f*.

offertory ['ɒfətərɪ] *n* (*Eccl*) (*part of service*) Offerung *f*, Offertorium *nt*; (*collection*) Kollekte, Geldsammlung *f*. **~ box** Opferstock *m*.

offhand [ˌɒf'hænd] **I** *adj* (*also* **off-handed**) (*casual remark*) lässig; *manner, behaviour, tone also* wurstig (*inf*). **to be ~ to sb** zu jdm wurstig sein (*inf*), sich jdm gegenüber lässig benehmen; **to be ~ about sth** etw leichthin abtun.
II *adv* so ohne weiteres, aus dem Stand (*inf*). **I couldn't tell you ~** das könnte ich Ihnen auf Anhieb *or* so ohne weiteres nicht sagen.

offhandedly [ˌɒf'hændɪdlɪ] *adv* lässig, leichthin.

offhandedness [ˌɒf'hændɪdnɪs] *n see adj* Lässigkeit *f*; Wurstigkeit *f* (*inf*).

office ['ɒfɪs] *n* **1.** Büro *nt*; (*of lawyer*) Kanzlei *f*; (*part of organization*) Abteilung *f*; (*branch also*) Geschäftsstelle *f*. **at the ~** im Büro; **local government ~s** Gemeindeverwaltung *f*.
2. (*public position*) Amt *nt*. **to take ~** sein *or* das Amt antreten; (*political party*) an die Regierung kommen; **to be in or hold ~** im Amt sein; (*party*) an der Regierung sein; **he holds the ~ of Minister of Education** er bekleidet das Amt des Erziehungsministers; **to be out of ~** nicht mehr an der Regierung sein; (*person*) nicht im Amt sein.
3. (*duty*) Aufgabe, Pflicht *f*.
4. *usu pl* (*attention, help*) **through his good ~s** durch seine guten Dienste; **through the ~s of ...** durch Vermittlung von ...
5. (*Eccl*) Gottesdienst *m*. **~ for the dead** Totenamt *nt*; (*RC*) Totenmesse *f*.
6. (*Comm*) **"usual ~s"** „übliche Nebenräume".

office bearer *n* Amtsträger(in *f*), Amtsinhaber(in *f*) *m*; **office block** *n* Bürohaus *or* -gebäude *nt*; **office boy** *n* Laufjunge *m*; **office furniture** *n* Büromöbel *pl*; **office hours** *npl* Arbeitsstunden *pl*, Dienstzeit *f*; (*on sign*) Geschäfts- *or* Öffnungszeiten *pl*; **to work ~** normale Arbeitszeiten haben; **office job** *n* Stelle *f* im Büro; **office junior** *n* Bürogehilfe *m*/-gehilfin *f*.

officer ['ɒfɪsə'] *n* **1.** (*Mil, Naut, Aviat*) Offizier *m*. **~ of the day** diensthabender Offizier, Offizier *m* vom Dienst; **~s' mess** Offizierskasino *nt*.
2. (*official*) Beamte(r) *m*, Beamtin *f*; (*police ~*) Polizeibeamte(r), Polizist *m*; (*of club, society*) Vorstandsmitglied *nt*, Funktionär *m*. **medical ~ of health** Amtsarzt *m*; (*Mil*) Stabsarzt *m*; **yes, ~** jawohl, Herr Wachtmeister.

office supplies *npl* Büroartikel *pl*, Bürobedarf *m*; **office-worker** *n* Büroangestellte(r) *mf*.

official [əˈfɪʃəl] I *adj* offiziell; *report, duties, meeting also* amtlich; *robes, visit* Amts-; *uniform* Dienst-; *(formal) ceremony, style* förmlich, formell. ~ **statement** amtliche Verlautbarung; **is that** ~? ist das amtlich?; *(publicly announced)* ist das offiziell?; ~ **secret** Dienstgeheimnis, Amtsgeheimnis *nt*; O~ **Secrets Act** Gesetz *nt* zur amtlichen Schweigepflicht; **acting in one's** ~ **capacity** in Ausübung seiner Amtsgewalt; ~ **seal** Dienstsiegel, Amtssiegel *nt*.

II *n (railway* ~, *post office* ~ *etc)* Beamte(r) *m*, Beamtin *f*; *(of club, at race-meeting)* Funktionär *m*.

officialdom [əˈfɪʃəldəm] *n (pej)* Bürokratie *f*, Beamtentum *nt*.

officialese [əˌfɪʃəˈliːz] *n* Beamtensprache, Amtssprache *f*.

officially [əˈfɪʃəlɪ] *adv* offiziell.

officiate [əˈfɪʃɪeɪt] *vt* amtieren, fungieren *(at* bei).

officious [əˈfɪʃəs] *adj* (dienst)beflissen, übereifrig.

officiousness [əˈfɪʃəsnɪs] *n* (Dienst)-beflissenheit *f*, Übereifer *m*.

offing [ˈɒfɪŋ] *n*: in the ~ in Sicht.

off-key [ˌɒfˈkiː] *adj (Mus)* falsch; **off-licence** *n (Brit)* 1. *(shop)* Wein- und Spirituosenhandlung *f*; 2. *(permit)* Lizenz *f* zum Alkoholvertrieb *or* -verkauf; **off-line** *adj, adv (Computers)* off-line; **off-load** *vt goods* ausladen, entladen; *passengers* aussteigen lassen; **off-peak** *adj* ~ **central heating** Nacht(strom)-speicheröfen *pl*; ~ **electricity** Strom *m* außerhalb der Hauptabnahmezeit, Nachtstrom *m*; ~ **charges** verbilligter Tarif; *(Elec)* ≈ Nachttarif *m*; ~ **ticket** verbilligte Fahrkarte/Flugkarte außerhalb der Hauptverkehrszeit; **offprint** *n* Sonderabdruck *m*; **off-putting** *adj (Brit) smell, behaviour* abstoßend; *sight also, meal* wenig einladend; *thought, idea, story* wenig ermutigend; *(daunting)* entmutigend; *interviewer* wenig entgegenkommend; *job* unsympathisch; **it can be rather** ~ **to see how sausages are made** es kann einem den Appetit verderben *or* die Lust am Essen nehmen, wenn man sieht, wie Wurst gemacht wird; **off sales** *n (Brit)* 1. *pl* Verkauf *m* außer Haus; 2. *sing see* **off-licence** 1.; **off-season** I *n (in tourism)* Nebensaison *f*; **in the** ~ außerhalb der Saison; II *adj travel, prices* außerhalb der Saison.

offset [ˈɒfset] I *vt irreg* 1. *(financially, statistically etc)* ausgleichen; *(make up for)* wettmachen, aufwiegen.
2. *(place non-centrally)* versetzen.
II *n* 1. *(Typ)* Offsetdruck *m*.
2. *(Hort)* Ableger *m*.
3. *(fig: counterbalancing factor)* Ausgleich *m*. **as an** ~ zum Ausgleich, als Ausgleich *(to* für).

offshoot [ˈɒfʃuːt] *n* 1. *(of plant)* Ausläufer, Ableger *m*; *(of tree)* Schößling, Sproß *m*; 2. *(fig) (of family)* Nebenlinie *f*; *(of organization)* Nebenzweig *m*; *(of discussion, action etc)* Randergebnis *nt*; **offshore** I *adj fisheries* Küsten-; *island* küstennah; *wind* ablandig; *rig, installa-*

tions etc im Meer; II *adv* **the wind blew** ~ der Wind kam vom Land; **the ship anchored** ~ das Schiff ankerte vor der Küste; **offside** I *adj* 1. *(Sport)* im Abseits; 2. *(Aut)* auf der Fahrerseite, rechte(r, s) / linke(r, s); II *n (Aut)* Fahrerseite *f*; III *adv (Sport)* abseits, im Abseits; **offspring** *n* 1. *sing* Sprößling *m*, Kind *nt*, Abkömmling *m*; *(of animal)* Junge(s) *nt*; 2. *pl (form, hum: of people)* Nachwuchs *m (hum)*, Nachkommen *pl*; *(of animals)* (die/ihre) Jungen *pl*; **offstage** *adv* hinter den Kulissen, hinter der Bühne; **off-street parking** *n* **there isn't much** ~ **in this area** in dieser Gegend gibt es wenige Parkhäuser und Parkplätze; **off-the-cuff** *adj remark, speech* aus dem Stegreif; **off-the-peg** *attr*, **off the peg** *pred (Brit) dress, suit* von der Stange, Konfektions-; **off-white** I *adj* gebrochen weiß; II *n* gebrochenes Weiß.

oft [ɒft] *adv (liter)* oft.

often [ˈɒfən] *adv* oft, häufig. **he went there** ~, **he** ~ **went there** er ging oft *or* häufig dahin; **you have been there as** ~ **as I have** Sie sind schon (eben)sooft wie ich dort-gewesen; **do you go there as** ~ **as twice a week?** gehen Sie tatsächlich zweimal in der Woche da hin?; **not as** ~ **as twice a week** weniger als zweimal in der Woche; **as** ~ **as I ask you ...** jedesmal wenn *or* sooft ich Sie frage ...; **more** ~ **than not, as** ~ **as not** meistens; **every so** ~ öfters, von Zeit zu Zeit; **he did it once too** ~ er hat es einmal zu oft *or* zuviel getan; **how** ~? wie oft?; **it is not** ~ **that ...** es kommt selten vor, daß ..., es geschieht nicht oft, daß ...

ogle [ˈəʊgl] *vt* kein Auge lassen *or* wenden von, begaffen *(pej)*; *(flirtatiously)* schöne Augen machen (+*dat*); *legs, girls* schielen nach, beäuge(l)n *(esp hum)*; *(hum) cream cakes etc* schielen nach.

ogre [ˈəʊgər] *n* Menschenfresser *m*; *(fig)* Unmensch *m*.

ogress [ˈəʊgrɪs] *n (lit)* menschenfressende Riesin; *(fig)* Ungeheuer *nt*, Unmensch *m*.

oh [əʊ] *interj* ach; *(admiring, surprised, disappointed)* oh; *(questioning, disinterested, in confirmation)* tatsächlich, wahrhaftig. ~ **good!** au *or* Mensch prima! *(inf)*; ~ **well** na ja!; ~ **bother/damn!** Mist! *(inf)*/verdammt! *(sl)*; ~ **dear!** o je!; ~ **yes?** *(interested)* ach ja?; *(disbelieving)* so, so; ~ **yes, that's right** ach ja, das stimmt; ~ **yes, of course there'll be room** o ja, klar haben wir Platz; ~ **my God!** o Gott!, ach du lieber Gott!

Ohio [əʊˈhaɪəʊ] *n (abbr* **OH)** Ohio *nt*.

ohm [əʊm] *n* Ohm *nt*. **O**~**'s law** Ohmsches Gesetz.

OHMS *abbr of* **On His/Her Majesty's Service** im Dienste Ihrer/Seiner Majestät.

oil [ɔɪl] I *n* 1. Öl *nt*. **to pour** ~ **on troubled waters** die Wogen glätten, Öl auf die Wogen gießen.
2. *(petroleum)* (Erd)öl *nt*. **to strike** ~ *(lit)* auf Öl stoßen; *(fig)* einen guten Fund machen; *(get rich)* das große Los ziehen; **tax on** ~ Mineralölsteuer *f*; ~ **prices** Erdölpreise *pl*.
3. *(Art) (painting)* Ölgemälde *nt*. **to paint in** ~**s** in Öl malen.

II *vt* ölen, schmieren; *table, furniture* einölen. **to ~ sb's palm** (*fig*) jdn schmieren (*inf*); **to ~ sb's tongue** (*fig*) jdm die Zunge ölen *or* schmieren; **to ~ the wheels** (*fig*) die Dinge erleichtern.

oil *in cpds* Öl-; **oil-based** *adj* auf Ölbasis; **~ paint** Ölfarbe *f*; **oil-burning** *adj lamp, stove* Öl-; **oilcake** *n* Ölkuchen *m*; **oilcan** *n* Ölkanne *f*; (*for lubricating also*) Ölkännchen *nt*; **oil change** *n* Ölwechsel *m*; **to do an ~** Öl wechseln, einen Ölwechsel machen; **I took the car in for an ~** ich habe den Wagen zum Ölwechsel(n) gebracht; **oilcloth** *n* Wachstuch *nt*.

oiled [ɔɪld] *adj* **1. ~ silk** Ölhaut *f*. **2.** (*sl: drunk*) **he's well-~** der ist ganz schön voll (*inf*), der hat ganz schön getankt (*inf*).

oilfield ['ɔɪlfiːld] *n* Ölfeld *nt*; **oil-fired** *adj* Öl-, mit Öl befeuert.

oiliness ['ɔɪlɪnɪs] *n* **1.** ölige Beschaffenheit; (*of food*) Fettigkeit *f*. **2.** (*fig*) (*of person*) aalglattes Wesen. **the ~ of his voice** seine ölige Stimme.

oil lamp *n* Öllampe *f*; **oil level** *n* Ölstand *m*; **oil paint** *n* Ölfarbe *f*; **oil painting** *n* (*picture*) Ölgemälde *nt*; (*art*) Ölmalerei *f*; **she's no ~** (*inf*) sie ist nicht gerade eine Schönheit; **oilpan** *n* Ölwanne *f*; **oil-producing** *adj* ölproduzierend; **~ country** Ölförderland *nt*; **oil rig** *n* (Öl)bohrinsel *f*; **oil sheik** *n* Ölscheich *m*; **oilskin** *n* (*cloth*) Öltuch *nt*; **oilskins** *npl* (*clothing*) Ölzeug *nt*; **oil slick** *n* Schlick, Ölteppich *m*; **oilstone** *n* geölter Wetzstein; **oil stove** *n* Ölofen *m*; **oil tanker** *n* (*ship*) (Öl)tanker *m*, Tankschiff *nt*; (*lorry*) Tankwagen *m*; **oil terminal** *n* Ölhafen *m*; **oil well** *n* Ölquelle *f*.

oily ['ɔɪlɪ] *adj* (+*er*) **1.** ölig; *food* fettig; *clothes, fingers* voller Öl. **2.** (*fig*) aalglatt; *voice* ölig.

ointment ['ɔɪntmənt] *n* Salbe *f*.

OK, okay ['əʊ'keɪ] (*inf*) **I** *interj* okay (*inf*); (*agreed also*) einverstanden, in Ordnung. **~, ~!** ist ja gut! (*inf*).

II *adj* in Ordnung, okay (*inf*). **that's ~ with** *or* **by me** (*that's convenient*) das ist mir recht, mir ist's recht; (*I don't mind that*) von mir aus, mir soll's recht sein; **is it ~ with you if …?** macht es (dir) was aus, wenn …?; **how's your mother? — she's ~** wie geht's deiner Mutter? — gut *or* (*not too well*) so so la la (*inf*), so einigermaßen; **to be ~ (for time/money** *etc*) (noch) genug (Zeit/Geld *etc*) haben; **what do you think of him? — he's ~** was halten Sie von ihm? — der ist in Ordnung (*inf*); **he's an ~ guy** (*esp US*) er ist ein prima Kerl (*inf*).

III *adv* (*well*) gut; (*not too badly*) einigermaßen (gut); (*for sure*) schon. **can you mend/manage it ~?** kannst du das reparieren/ kommst du damit klar?; **he'll come ~** der kommt schon.

IV *vt order, plan, suggestion* gutheißen, billigen; *document, proposed expenses* genehmigen.

V *n* Zustimmung *f*. **to give sth one's ~** seine Zustimmung zu etw geben.

okey-doke ['əʊkɪ'dəʊk], **okey-dokey** ['əʊkɪ'dəʊkɪ] *interj* (*inf*) okay (*inf*).

Oklahoma [‚əʊklə'həʊmə] *n* (*abbr* **Okla, OK**) Oklahoma *nt*.

old [əʊld] **I** *adj* (+*er*) **1.** alt. **~ people** *or* **folk(s)** alte Leute, die Alten *pl*; **if I live to be that ~** wenn ich (je) so alt werde; **~ Mr Smith, ~ man** Smith (*esp US*) der alte (Herr) Smith; **he is 40 years ~** er ist 40 (Jahre alt); **two-year-~** Zweijährige(r) *mf*; **the ~ part of** Ulm die Ulmer Altstadt; **the ~ (part of) town** die Altstadt; **my ~ school** meine alte *or* ehemalige Schule.

2. (*inf: as intensifier*) **she dresses any ~ how** die ist vielleicht immer angezogen (*inf*); **any ~ thing** irgendwas, irgendein Dings (*inf*); **any ~ bottle/blouse** *etc* irgendeine Flasche/ Bluse *etc* (*inf*); **~ Mike** der Michael (*inf*); **the same ~ excuse** die gleiche alte Entschuldigung; **we had a great ~ time** wir haben uns prächtig amüsiert.

II *n* **in days of ~** in alten *or* früheren Zeiten; **I know him of ~** ich kenne ihn von früher; **as of ~** wie in alten Zeiten.

old age *n* das Alter; **to reach ~** ein hohes Alter erreichen; **in one's ~** auf seine alten Tage (*also hum*); **old-age pension** *n* (Alters)rente *f*; **old-age pensioner** *n* Rentner(in *f*) *m*; **old boy** *n* (*Brit Sch*) ehemaliger Schüler, Ehemalige(r) *m*; **the ~ network** Beziehungen *pl* (von der Schule her); **old country** *n* Mutterland *nt*, alte Heimat.

olden ['əʊldən] *adj* (*liter*) alt. **in ~ times** *or* **days** vor alten Zeiten.

Old English I *n* Altenglisch *nt*; **II** *adj* altenglisch; **old-established** *adj family, firm* alteingesessen; *custom* seit langem bestehend, alt.

olde-worlde ['əʊldɪ'wɜːldɪ] *adj* altertümlich; (*pej*) auf alt gemacht.

old-fashioned ['əʊld'fæ‚ʃnd] *adj* altmodisch; **old girl** *n* (*Brit Sch*) Ehemalige *f*, ehemalige Schülerin; **Old Glory** *n* (*US*) die Flagge der USA; **old gold** *n* Altgold *nt*; **old guard** *n* (*fig*) alte Garde; **Old High German** *n* Althochdeutsch *nt*.

oldie ['əʊldɪ] *n* (*inf*) (*joke*) alter Witz; (*record*) alte Platte.

oldish ['əʊldɪʃ] *adj* ältlich.

old lady *n* (*inf*) **the/my ~** (*wife*) die/meine Alte (*inf*) *or* Olle (*inf*); (*mother*) die/meine alte Dame (*inf*); **old-line** *adj* (*following tradition*) der alten Schule; (*long-established*) alteingesessen; **old maid** *n* alte Jungfer; **old man** *n* (*inf*) **my/the ~** (*husband*) mein/dein *etc* Alter (*inf*) *or* Oller (*inf*); (*father*) mein Alter/ der Alte (*inf*), mein alter/der alte Herr (*inf*); **the ~** (*boss etc*) der Alte; **old master** *n* alter Meister; **old people's home** *n* Altersheim *nt*; **old salt** *n* (*inf*) Seebär; **old school** *n* (*fig*) alte Schule; **old school tie** *n* (*lit*) Schulschlips *m*; (*fig*) Gehabe, das von Ehemaligen einer Public School erwartet wird; **old stager** *n* (*inf*) alter Hase (*inf*).

oldster ['əʊldstə‚ˈ] *n* (*US inf*) älterer Mann.

old-style [‚əʊld'staɪl] *adj* im alten Stil; **Old Testament** *n* Altes Testament; **old-timer** *n* Altgedient(er), Veteran *m*; **old wives' tale** *n* Ammenmärchen *nt*; **old woman** *n* **1.** *see* **old lady**; **2. he's an ~** er ist wie ein altes Weib; **old-womanish** *adj* tuntig (*inf*); **Old World** *n* alte Welt; **old-world**

adj **1.** (*quaint*) *politeness, manners* alt-väterlich; *cottage, atmosphere* altehr-würdig, heimelig; **2.** (*esp US: European etc*) zur alten Welt gehörend.

oleaginous [ˌəʊlɪˈædʒɪnəs] *adj* (*form*) *consistency* ölig, Öl-; (*containing oil*) ölhaltig.

oleander [ˌəʊlɪˈændə^r] *n* Oleander *m*.

oleo- [ˈəʊlɪəʊ-] *pref* Öl-. ~**margarine** (*esp US*) Margarine *f*.

O Level [ˈəʊlevl] *n* (*Brit*) Abschluß *m* der Sekundarstufe 1, ≈ mittlere Reife. **to do one's** ~**s** ≈ die mittlere Reife machen; **to have English** ~ bis zur mittleren Reife Englisch gelernt haben; **he failed his English** ~ er fiel durch die O-Level-Prüfung in Englisch; **3** ~**s** die mittlere Reife in 3 Fächern.

olfactory [ɒlˈfæktərɪ] *adj* Geruchs-.

oligarchy [ˈɒlɪgɑːkɪ] *n* Oligarchie *f*.

olive [ˈɒlɪv] **I** *n* **1.** Olive *f*; (*also* ~ **tree**) Olivenbaum *m*; (*also* ~ **wood**) Olive(nholz *nt*) *f*. **2.** (*colour*) Olive *nt*. **II** *adj* (*also* ~-**coloured**) olivgrün; *complexion* dunkel.

olive branch *n* (*lit, fig*) Ölzweig *m*; **to hold out the** ~ **to sb** (*fig*) jdm seinen Willen zum Frieden bekunden; **olive-green I** *adj cloth* olivgrün; **II** *n* Olivgrün *nt*; **olive oil** *n* Olivenöl *nt*.

Olympian [əʊˈlɪmpɪən] **I** *adj* olympisch. **II** *n* **the** ~**s** die Olympier *pl*.

Olympic [əʊˈlɪmpɪk] **I** *adj games, stadium* olympisch. ~ **champion** Olympiasieger(in *f*), Olympionike *m*, Olympionikin *f*; ~ **flame** *or* **torch** olympisches Feuer. **II** *n* **the** ~**s** *pl* die Olympiade, die Olympischen Spiele.

Olympus [əʊˈlɪmpəs] *n* (*also* **Mount** ~) der Olymp.

ombudsman [ˈɒmbʊdzmən] *n, pl* -**men** [-mən] Ombudsmann *m*.

omelette, (*US*) **omelet** [ˈɒmlɪt] *n* Omelett(e) *nt*. **you can't make an** ~ **without breaking eggs** (*Prov*) wo gehobelt wird, da fallen Späne (*Prov*).

omen [ˈəʊmen] *n* Omen, Zeichen *nt*. **it is an** ~ **of success** das bedeutet Erfolg; **a bird of ill** ~ ein Unglücksvogel *m*.

ominous [ˈɒmɪnəs] *adj* bedrohlich; *event, appearance also* drohend; *look, voice also* unheilverkündend, unheilschwanger; *sign also* verhängnisvoll. **that's** ~ das läßt nichts Gutes ahnen; **that sounds** ~ das verspricht nichts Gutes.

ominously [ˈɒmɪnəslɪ] *adv* bedrohlich; *say* in einem unheilverkündenden Ton.

omission [əʊˈmɪʃ ən] *n* (*omitting: of word, detail etc*) Auslassen *nt*; (*word, thing etc left out*) Auslassung *f*; (*failure to do sth*) Unterlassung *f*. **with the** ~ **of ...** unter Auslassung (+*gen*) ...; **sin of** ~ (*Eccl, fig*) Unterlassungssünde *f*; **sins of** ~ **and commission** (*Eccl*) Unterlassungssünden und begangene Sünden.

omit [əʊˈmɪt] *vt* **1.** (*leave out*) auslassen. **please** ~ **all reference to me** bitte erwähnen Sie mich nicht. **2.** (*fail*) (*to do sth* etw zu tun) es unterlassen; (*accidentally also*) versäumen.

omnibus [ˈɒmnɪbəs] **I** *n* **1.** (*form: bus*) Omnibus, Autobus *m*. **2.** (*book*) Sammel-

band *m*. **II** *adj* (*esp US*) allgemein, umfassend. ~ **bill** (*Parl*) Sammelgesetz *nt*.

omnidirectional [ˌɒmnɪdɪˈrekʃənl] *adj* Rundstrahl-.

omnipotence [ɒmˈnɪpətəns] *n, no pl* Allmacht, Omnipotenz *f*.

omnipotent [ɒmˈnɪpətənt] **I** *adj* allmächtig. **II** *n* **The O~** der Allmächtige.

omnipresence [ˈɒmnɪˈprezəns] *n* Allgegenwart *f*.

omnipresent [ˈɒmnɪˈprezənt] *adj* allgegenwärtig.

omniscience [ɒmˈnɪsɪəns] *n* Allwissenheit *f*.

omniscient [ɒmˈnɪsɪənt] *adj* allwissend.

on [ɒn] **I** *prep* **1.** (*indicating place, position*) auf (+*dat*); (*with vb of motion*) auf (+*acc*); (*on vertical surface, part of body*) an (+*dat/acc*). **the book is** ~ **the table** das Buch ist auf dem Tisch; **he put the book** ~ **the table** er legte das Buch auf den Tisch; **it was** ~ **the blackboard** es stand an der Tafel; **he hung it** ~ **the wall/nail** er hängte es an die Wand/den Nagel; **a ring** ~ **his finger** ein Ring am Finger; **he hit his head** ~ **the table/the ground** er hat sich (*dat*) den Kopf am Tisch/auf dem *or* am Boden angeschlagen; **they came** ~(**to**) **the stage** sie kamen auf die Bühne; **they made an attack** ~ **us** sie griffen uns an; **he turned his back** ~ **us** er kehrte uns (*dat*) den Rücken zu; **~ the right** rechts; **~ my right** rechts von mir, zu meiner Rechten; ~ **TV/ the radio** im Fernsehen/Radio; **I have no money** ~ **me** ich habe kein Geld bei mir; **to count sth** ~ **one's fingers** etw an den Fingern abzählen; **we had something to eat** ~ **the train** wir haben im Zug etwas gegessen; **Southend-~-Sea** Southend am Meer; **a house** ~ **the coast/main road** ein Haus am Meer/an der Hauptstraße; **it's quicker (to go)** ~ **the main road** es geht auf der Hauptstraße schneller; ~ **the bank of the river** am Flußufer; *see also* **onto**.

2. (*indicating means of travel*) **we went** ~ **the train/bus** wir fuhren mit dem Zug/Bus; ~ **a bicycle** mit dem (Fahr)rad; ~ **foot/horseback** zu Fuß/Pferd.

3. (*indicating means*) **he lives** ~ **his income** er lebt von seinem Einkommen; **I could live** ~ **that** davon könnte ich leben; **they live** ~ **potatoes** sie ernähren sich von Kartoffeln; **the heating works** ~ **oil** die Heizung wird mit Öl betrieben.

4. (*about, concerning*) über (+*acc*). **a book** ~ **German grammar** ein Buch über deutsche Grammatik; **tonight we have Lord X** ~ **pornography** heute abend spricht Lord X über Pornographie *or* zum Thema Pornographie.

5. (*in expression of time*) an (+*dat*). ~ **Sunday** (am) Sonntag; ~ **Sundays** sonntags; ~ **December the first** am ersten Dezember; **stars visible** ~ **clear nights** Sterne, die in klaren Nächten sichtbar sind; ~ **or about the twentieth** um den Zwanzigsten herum; ~ **and after the twentieth** am Zwanzigsten und danach.

6. (*at the time of*) bei (+*dat*). ~ **my arrival** bei meiner Ankunft; ~ **examination** bei der Untersuchung; ~ **request** auf Wunsch; ~ **hearing this he left** als er das hörte, ging er; ~ (receiving) my letter nach Erhalt meines Briefes.

7. (*as a result of*) auf (+*acc*) … hin. ~ **receiving my letter** auf meinen Brief hin.

8. (*indicating membership*) in (+*dat*). **he is** ~ **the committee** er gehört dem Ausschuß an, er sitzt im Ausschuß; **he is** ~ **the "Evening News"** er ist bei der „Evening News"; **he is** ~ **the teaching staff** er gehört zum Lehrpersonal.

9. (*engaged upon*) **I am working** ~ **a new project** ich arbeite gerade an einem neuen Projekt; **he was away** ~ **an errand** er war auf einem Botengang unterwegs; **I am** ~ **overtime** ich mache Überstunden; **we're** ~ **the past tense** (*Sch*) wir sind bei der Vergangenheit; **we were** ~ **page 72** wir waren auf Seite 72.

10. (*at the expense of etc*) **this round is** ~ **me** diese Runde geht auf meine Kosten; **have it** ~ **me** das spendiere ich (dir/Ihnen), ich gebe (dir/Ihnen) das aus.

11. (*as against*) im Vergleich zu. **prices are up** ~ **last year('s)** im Vergleich zum letzten Jahr sind die Preise gestiegen.

12. (*Mus*) **he played (it)** ~ **the violin/ trumpet** er spielte (es) auf der Geige/ Trompete; ~ **drums/piano** am Schlagzeug/ Klavier; ~ **trumpet/tenor sax** Trompete/Tenorsaxophon.

13. (*according to*) nach (+*dat*). ~ **your theory** Ihrer Theorie nach *or* zufolge.

14. (*in phrases*) *see also* **n**, **vb** *etc* **I'm** ~ **£8,000 a year** ich bekomme £ 8.000 im Jahr; **he retired** ~ **a good pension** er trat mit einer guten Rente in den Ruhestand; **to be** ~ **a course** (*Sch*, *Univ*) an einem Kurs teilnehmen; **to be** ~ **drugs/pills** Drogen/Pillen nehmen; **he has nothing** ~ **me** (*not as good as*) er kann mir nicht das Wasser reichen; (*no hold over*) er hat nichts gegen mich in der Hand.

II *adv* *see also* **vb** + **on 1.** (*indicating idea of covering*) **he put his hat** ~ er setzte seinen Hut auf; **he put his coat** ~ er zog seinen Mantel an; **he screwed the lid** ~ er schraubte den Deckel drauf; **try it** ~ probieren Sie es an; **she had nothing** ~ sie hatte nichts an; **what did he have** ~? was hatte er an?

2. (*indicating advancing movement*) **move** ~! gehen Sie weiter!, weitergehen!; ~! ~! weiter! weiter!; **to pass a message** ~ eine Nachricht weitergeben.

3. (*indicating time*) **from that day** ~ von diesem Tag an; **later** ~ später; **it was well** ~ **in the night** es war spät in der Nacht; **well** ~ **in the morning/afternoon** spät am Morgen/Nachmittag; **it was well** ~ **into September** es war spät im September; *see* **get** ~.

4. (*indicating continuation*) **to keep** ~ **talking** immer weiterreden, in einem fort reden; **go** ~ **with your work** machen Sie Ihre Arbeit weiter; **life still goes** ~ das Leben geht weiter; **the noise went** ~ **and** ~ der Lärm hörte überhaupt nicht auf; **she went** ~ **and** ~ sie hörte gar nicht mehr auf; *see* **and.**

5. (*indicating position towards one*) **put it this way** ~ stellen/legen Sie es so herum

(darauf); **lengthways** ~ längs.

6. (*in phrases*) **he's always** ~ **at me** er hackt dauernd auf mir herum; **he's always (going)** ~ **at me to get my hair cut** er liegt mir dauernd in den Ohren, daß ich mir die Haare schneiden lassen soll; **he's been** ~ **at me about that several times** er ist mir ein paarmal damit gekommen; **she's always** ~ **about her experiences in Italy** sie kommt dauernd mit ihren Italienerfahrungen; **what's he** ~ **about?** wovon redet er nun schon wieder?

III *adj* **1.** (*switched on*) *lights*, *TV*, *radio* an; *brake* angezogen; *electricity*, *gas* an- (gestellt). **the** ~ **switch** der Einschalter; **in the** ~ **position** auf „ein" gestellt; **to leave the engine** ~ den Motor laufen lassen.

2. *pred* (*in place*) *lid*, *cover* drauf. **his hat/tie was** ~ **crookedly** sein Hut saß/sein Schlips hing schief; **his hat was already** ~ er hatte den Hut schon auf.

3. to be ~ (*being performed*) (*in theatre*, *cinema*) gegeben *or* gezeigt werden; (*on TV*, *radio*) gesendet *or* gezeigt werden; **who's** ~ **tonight?** (*Theat*, *Film*) wer spielt heute abend?, wer tritt heute abend auf?; (*TV*) wer kommt heute abend (im Fernsehen)?; **you're** ~ **now** (*Theat*, *Rad*, *TV*) Ihr Auftritt!, Sie sind (jetzt) dran (*inf*); **is that programme still** ~? läuft das Programm immer noch?; **the play is still** ~ (*running*) das Stück wird immer noch gegeben *or* gespielt; **what's** ~ **tonight?** was ist *or* steht heute abend auf dem Programm?; **tell me when the English team is** ~ sagen Sie mir, wenn die englische Mannschaft dran ist *or* drankommt; **I have nothing** ~ **tonight** ich habe heute abend nichts vor; **there's a tennis match** ~ **tomorrow** morgen findet ein Tennismatch statt; **there's a tennis match** ~ **at the moment** ein Tennismatch ist gerade im Gang; **what's** ~ **in London?** was ist los in London?

4. (*valid*) **to be** ~ (*bet*, *agreement*) gelten; **you're** ~! abgemacht!, topp (*inf*); **you're/he's not** ~ (*inf*) das ist nicht drin (*inf*); **it's just not** ~ (*not acceptable*) das ist einfach nicht drin (*inf*), das gibt es einfach nicht; **his behaviour was really not** ~ sein Benehmen war unmöglich; **are you** ~? (*inf*: *are you with us*) machst du mit?

onanism [ˈəʊnənɪzəm] *n* (*form*) Coitus interruptus *m*; (*masturbation*) Onanie *f*.

once [wʌns] **I** *adv* **1.** (*on one occasion*) einmal. ~ **a week** einmal in der Woche, einmal pro Woche; ~ **only** nur einmal; ~ **again** *or* **more** noch einmal; ~ **again we find that ..w** n stellen wiederum *or* erneut fest, daß …; ~ **or twice** (*lit*) ein- oder zweimal; (*fig*) nur ein paarmal; ~ **and for all** ein für allemal; (**every**) ~ **in a while**, ~ **in a way** ab und zu mal; **you can come this** ~ dieses eine Mal können Sie kommen; **for** ~ ausnahmsweise einmal; **I never** ~ **wondered where you were** ich habe mich kein einziges Mal gefragt, wo Sie wohl waren; **if** ~ **you begin to hesitate** wenn Sie erst einmal anfangen zu zögern; ~ **is enough** einmal reicht.

2. (*in past*) einmal. **he was** ~ **famous** er war früher einmal berühmt; ~ **upon a time there was …** es war einmal …

3. at ~ (*immediately*) sofort, auf der Stelle; (*at the same time*) auf einmal, gleichzeitig; **all at ~** auf einmal; (*suddenly*) ganz plötzlich; **they came all at ~** sie kamen alle zur gleichen Zeit *or* gleichzeitig; **don't spend it all at ~** gib es nicht alles auf einmal aus.

II *conj* wenn; (*with past tense*) als. **~ you understand, it's easy** wenn Sie es einmal verstehen, ist es einfach; **~ learnt, it isn't easily forgotten** was man einmal gelernt hat, vergißt man nicht so leicht.

once-over [ˈwʌnsəʊvəʳ] *n* (*inf*) (*quick look*) flüchtige Überprüfung, kurze Untersuchung. **to give sb/sth the** *or* **a ~** (*appraisal*) jdn/etw mal kurz überprüfen *or* inspizieren; (*clean*) mal kurz über etw (*acc*) gehen (*inf*); **to give sb the** *or* **a ~** (*beat up*) jdn in die Mache nehmen (*inf*).

oncoming [ˈɒnkʌmɪŋ] **I** *adj car, traffic* entgegenkommend; *danger* nahend, drohend. **the ~ traffic** der Gegenverkehr. **II** *n* (*of winter etc*) Nahen, Kommen *nt*.

one [wʌn] **I** *adj* **1.** (*number*) ein/eine/ein; (*when counting*) eins. **~ man in a thousand** einer von tausend; **there was ~ person too many** da war einer zuviel; **~ girl was pretty, the other was ugly** das eine Mädchen war hübsch, das andere häßlich; **she was in ~ room, he was in the other** sie war im einen Zimmer, er im anderen; **the baby is ~ (year old)** das Kind ist ein Jahr (alt); **it is ~ (o'clock)** es ist eins, es ist ein Uhr; **~ hundred pounds** hundert Pfund; (*on cheque etc*) einhundert Pfund; **there is only ~ way of doing it** da gibt es nur (die) eine Möglichkeit, es zu tun; **that's ~ way of doing it** so kann man's (natürlich) auch machen.

2. (*indefinite*) **~ morning/day** *etc* **he realized** eines Morgens/Tages bemerkte er ...; **you'll regret it ~ day** Sie werden das eines Tages bereuen; **~ day next week/soon** nächste Woche einmal/bald einmal; **~ sunny summer's day** an einem sonnigen Sommertag.

3. (*a certain*) **~ Mr Smith** ein gewisser Herr Smith.

4. (*sole, only*) **no ~ man could do it** niemand konnte es allein (für sich) tun; **my ~ (and only) hope** meine einzige Hoffnung; **my ~ thought was to get away** mein einziger Gedanke war: nichts wie weg; **the ~ and only Brigitte Bardot** die unvergleichliche Brigitte Bardot.

5. (*same*) **they all came in the ~ car** sie kamen alle in dem einen Auto; **they are ~ and the same person** das ist ein und dieselbe Person; **it is ~ and the same thing** das ist ein und dasselbe; **it's all ~** das ist einerlei.

6. (*united*) **God is ~** Gott ist unteilbar; **are they ~ with us?** sind sie mit uns eins?; **we are ~ on the subject** wir sind uns über dieses Thema einig.

II *pron* **1.** eine(r, s). **the ~ who ...** der(jenige), der .../die(jenige), die .../das(jenige), das ...; **he/that was the ~** er/das war's; **do you have ~?** haben Sie einen/eine/ein(e)s?; **the red/big** *etc* **~** der/die/das rote/große *etc*; **he has very fine ~s** er hat sehr schöne; **a bigger ~** ein größerer/

eine größere/ein größeres; **my/his ~** (*inf*) meiner/meine/mein(e)s/seiner/seine/sein(e)s; **not (a single) ~ of them** nicht eine(r, s) von ihnen, kein einziger/keine einzige/kein einziges; **no ~ of these people** keiner dieser Leute; **any ~** irgendeine(r, s); **every ~** jede(r, s); **this ~** diese(r, s); **that ~** der/die/das, jene(r, s) (*geh*); **which ~?** welche(r, s)?; **our dear ~s** unsere Lieben *pl*; **the little ~s** (*children*) die Kleinen *pl*; (*animals*) die Jungen *pl*; **that's a good ~** (*inf*) der (Witz) ist gut; (*iro: excuse etc*) (das ist ein) guter Witz; **I'm not ~ to go out often** ich bin nicht der Typ, der oft ausgeht; **I am not much of a ~ for cakes** (*inf*) ich bin kein großer Freund von Kuchen (*inf*); **she was never ~ to cry** Weinen war noch nie ihre Art; (*but she did*) sonst weinte sie nie; **what a ~ he is for the girls!** der ist vielleicht ein Schwerenöter! (*inf*); **he's a great ~ for discipline/turning up late** der ist ganz groß, wenn's um Disziplin/ums Zuspätkommen geht; **ooh, you are a ~!** (*inf*) oh, Sie sind mir vielleicht eine(r)! (*inf*); **she is a teacher, and he/her sister wants to be ~ too** sie ist Lehrerin, und er möchte auch gern Lehrer werden/ihre Schwester möchte auch gern eine werden; **I, for ~, think otherwise** ich, zum Beispiel, denke anders; **they came ~ and all** sie kamen alle (ohne Ausnahme); **~ by ~** einzeln; **~ after the other** eine(r, s) nach dem/der/dem anderen; **take ~ or the other** nehmen Sie das eine oder das andere/den einen oder den anderen/die eine oder die andere; **~ or other of them will do it** der/die eine oder andere wird es tun; **he is ~ of the family** er gehört zur Familie; **he is ~ of us** er ist einer von uns; **~ who knows the country** jemand, der das Land kennt; **in the manner of ~ who ...** in der Art von jemandem, der ...; **like ~ demented/possessed** wie verrückt/besessen.

2. (*impers*) (*nom*) man; (*acc*) einen; (*dat*) einem. **~ must learn to keep quiet** man muß lernen, still zu sein; **to hurt ~'s foot** sich (*dat*) den Fuß verletzen; **to wash ~'s face/hair** sich (*dat*) das Gesicht/die Haare waschen; **~ likes to see ~'s** *or* **his** (*US*) **friends happy** man sieht seine Freunde gern glücklich.

III *n* (*written figure*) Eins *f*. **Chapter ~** Kapitel eins; **in ~s and twos** in kleinen Gruppen; **to be at ~ (with sb)** sich (*dat*) (mit jdm) einig sein; **he was at ~ with the world** er war mit der Welt im Einklang; **he is not at ~ with himself** er ist mit sich selbst nicht im reinen; **it was bedroom and sitting-room (all) in ~** es war Schlaf- und Wohnzimmer in einem; **jumper and trousers all in ~** Pullover und Hose in einem Stück; **I landed him ~** (*inf*) dem habe ich eine(n) *or* eins verpaßt (*inf*); **to be ~ up on sb** (*inf*) (*know more*) jdm etwas voraussein; (*have more*) jdm etwas voraushaben; **Rangers were ~ up after the first half** Rangers hatten nach der ersten Halbzeit ein Tor Vorsprung.

one-acter [ˈwʌnˌæktəʳ], **one-act play** [ˈwʌnæktˈpleɪ] *n* Einakter *m*.

one another = **each other**; *see* **each II 2.**

one-armed [ˈwʌnɑːmd] *adj* einarmig; ~
bandit *n* (*inf*) einarmiger Bandit; **one-
eyed** *adj* einäugig; **one-handed I** *adj per-
son* einhändig; **II** *adv* mit einer Hand;
one-horse *adj* **1.** *vehicle* einspännig; **2.**
(*sl: inferior*) ~ **town** Kuhdorf *nt* (*inf*);
one-legged *adj person* einbeinig; **a** ~
table ein Tisch mit einem Bein; **one-line**
adj message etc einzeilig; **one-man** *adj*
Einmann-; ~ **band** Einmannkapelle *f*;
(*fig inf*) Einmannbetrieb *m*; ~ **job** Arbeit
f für einen einzelnen; ~ **show** (*Art*) Aus-
stellung *f* eines (einzigen) Künstlers;
(*Theat etc*) Einmannshow *f*; **she's a** ~
woman ihr liegt nur an einem Mann etwas.

oneness [ˈwʌnnɪs] *n* Einheit *f*; (*of personal-
ity, thought*) Geschlossenheit *f*; (*concord:
with nature, fellow men*) Einklang *m*.

one-night stand [ˌwʌnnaɪtˈstænd] *n* (*Theat*)
einmalige Vorstellung; (*fig*) einmalige
Angelegenheit; **one-off** (*Brit inf*) **I** *adj*
einmalig; **II** *n* **a** ~ eine Ausnahme; **one-
one** (*US*) **one-to-one**; **one-
owner** *adj* **a** ~ **car** ein Auto, das nur einen
Besitzer hatte; **one-party** *adj* (*Pol*) *sys-
tem* Einparteien-; **one-piece I** *adj* ein-
teilig; **II** *n* (*bathing costume*) (einteiliger)
Badeanzug, Einteiler *m*; **one-room** *attr*,
one-roomed *adj* Einzimmer-.

onerous [ˈɒnərəs] *adj responsibility* schwer-
(wiegend); *task, duty* beschwerlich.

oneself [wʌnˈself] *pron* **1.** (*dir and indir,
with prep*) sich; (~ *personally*) sich selbst
or selber. **2.** (*emph*) (sich) selbst; *see also*
myself.

one-shot [ˌwʌnˈʃɒt] *adj*, *n* (*US*) *see* **one-
off; one-sided** *adj* einseitig; *judgement,
account also* parteiisch; **one-time** *adj*
ehemalig; **one-to-one** *adj correspon-
dence, correlation* sich Punkt für Punkt ent-
sprechend, eineindeutig (*geh*); ~ **teaching**
Einzelunterricht *m*; **one-track** *adj* **he's
got a** ~ **mind** der hat immer nur das eine
im Sinn *or* Kopf; **one-upmanship**
[ˌwʌnˈʌpmənʃɪp] *n* **that's just a form of** ~
damit will er *etc* den anderen nur um eine
Nasenlänge voraussein; **one-way** *adj
traffic, street* Einbahn-; ~ **ticket** (*US Rail*)
Einfachfahrkarte *f*.

ongoing [ˈɒŋɡəʊɪŋ] *adj* (*in progress*)
research, project im Gang befindlich,
laufend; (*long-term, continuing*) *develop-
ment, relationship* andauernd.

onion [ˈʌnjən] *n* Zwiebel *f*. **he knows his** ~**s**
(*Brit inf*) er kennt seinen Kram (*inf*).

onion dome *n* Zwiebelturm *m*; **onionskin**
n Zwiebelschale *f*; (*paper*) Florpost *f*;
onion soup *n* Zwiebelsuppe *f*.

on-line [ˈɒnlaɪn] *adj*, *adv* (*Computers*) on-
line.

onlooker [ˈɒnlʊkəʳ] *n* Zuschauer(in *f*) *m*.

only [ˈəʊnlɪ] **I** *adj attr* einzige(r, s). **he's an/
my** ~ **child** er ist ein Einzelkind *nt*/mein
einziges Kind; **the** ~ **one** *or* **person/ones** *or*
people der/die einzige/die einzigen; **he
was the** ~ **one to leave** *or* **who left** er ist als
einziger gegangen; **the** ~ **thing** das ein-
zige; **that's the** ~ **thing for it/the** ~ **thing
to do** das ist die einzige Möglichkeit; **the**
~ **thing I have against it is that** ... ich habe
nur eins dagegen einzuwenden, nämlich,
daß ...; **the** ~ **thing** *or* **problem is** ... nur

...; **the** ~ **thing is (that) it's too late** es ist
bloß *or* nur schon zu spät; **my** ~ **wish/
regret** das einzige, was ich mir wünsche/
was ich bedaure; **her** ~ **answer was a grin**
or **to grin** ihre Antwort bestand nur aus
einem Grinsen; *see* **one I 4.**

II *adv* **1.** nur. **it's** ~ **five o'clock** es ist
erst fünf Uhr; ~ **yesterday/last week** erst
gestern/letzte Woche; **one person** ~ nur
eine Person; **"members** ~**"** ,,(Zutritt)
nur für Mitglieder"; ~ **think of it!** stellen
Sie sich das nur (mal) vor!; ~ **to think of
it made him ill** der bloße Gedanke *or*
schon der Gedanke daran machte ihn
krank.

2. (*in constructions*) ~ **too true/easy** *etc*
nur (all)zu wahr/ leicht *etc*; **I'd be** ~ **too
pleased to help** ich würde nur zu gerne
helfen; **if** ~ **that hadn't happened** wenn
das bloß *or* nur nicht passiert wäre; **we** ~
just caught the train wir haben den Zug
gerade noch gekriegt; **he has** ~ **just ar-
rived** er ist gerade erst angekommen; **I've**
~ **just got enough** ich habe gerade genug;
not ~ ... **but also** ... nicht nur ..., sondern
auch ...

III *conj* bloß, nur. **I would do it myself,**
~ **I haven't time** ich würde es selbst
machen, ich habe bloß *or* nur keine Zeit.

ono *abbr of* **or near(est) offer.**

onomatopoeia [ˌɒnəʊmætəʊˈpiːə] *n* Laut-
malerei, Onomatopöie (*spec*) *f*.

onrush [ˈɒnrʌʃ] *n* (*of people*) Ansturm *m*;
(*of water*) Schwall *m*.

onset [ˈɒnset] *n* (*beginning*) Beginn *m*; (*of
cold weather also*) Einbruch *m*; (*of illness*)
Ausbruch *m*. **at the first** ~ **of winter
weather** bei Einbruch *or* Beginn des Win-
ters; **the** ~ **of this illness is quite gradual**
diese Krankheit kommt nur allmählich
zum Ausbruch; **with the** ~ **of old age he** ...
als er alt zu werden begann ...

onshore [ˈɒnʃɔːʳ] **I** *adj* Land-; *wind*
See-, auflandig. **to be** ~ an Land sein.
II [ɒnˈʃɔːʳ] *adv* (*also* **on shore**) an Land;
blow landwärts, küstenwärts.

onside [ɒnˈsaɪd] *adv* nicht im Abseits.

onslaught [ˈɒnslɔːt] *n* (*Mil*) (heftiger) An-
griff (*on* auf +*acc*); (*fig also*) Attacke *f*
(*on* auf +*acc*). **to make an** ~ **on sb/sth**
(*fig*) (*verbally*) jdn/etw angreifen *or*
attackieren; (*on work*) einer Sache (*dat*)
zu Leibe rücken; **the initial** ~ **of the storm**
das Losbrechen des Sturms.

onto [ˈɒntʊ] *prep* **1.** (*upon, on top of*) auf
(+*acc*); (*on sth vertical*) an (+*acc*). **to clip
sth** ~ **sth** etw an etw (*acc*) anklemmen; **to
get** ~ **the committee** in den Ausschuß
kommen.

2. (*in verbal expressions*) *see also vb*
+ *on* **to get/come** ~ **a subject** auf ein
Thema zu sprechen kommen; **are you** ~
the next chapter already? sind Sie schon
beim nächsten Kapitel?; **when will you get**
~ **the next chapter?** wann kommen Sie
zum nächsten Kapitel?; **to be/get** ~ *or* **on
to sb** (*find sb out*) jdm auf die Schliche
gekommen sein/kommen (*inf*); (*police*)
jdm auf der Spur sein/jdm auf die Spur
kommen.

ontological [ˌɒntəˈlɒdʒɪkəl] *adj* onto-
logisch.

ontology [ɒn'tɒlədʒɪ] n Ontologie f.

onus ['əʊnəs] n, no pl Pflicht f; (burden) Last, Bürde (geh) f. **to shift the ~ for sth onto sb** jdm die Verantwortung für etw zuschieben; **the ~ to do it is on** or **lies with him** es liegt an ihm, das zu tun.

onward ['ɒnwəd] I adj **the ~ march of time/ progress** das Fortschreiten der Zeit/der Vormarsch des Fortschritts; **the ~ course of events** die fortschreitende Entwicklung der Dinge.
II adv (also ~s) voran, vorwärts; march weiter. **from today/this time ~** von heute/ der Zeit an.
III interj (also ~s) voran, vorwärts.

onyx ['ɒnɪks] I n Onyx m. II adj Onyx-.

oodles ['uːdlz] npl (inf) jede Menge (inf). **~ (and ~s) of money** Geld wie Heu (inf).

oomph [umf] n (sl) 1. (energy) Pep (inf), Schwung m. 2. (sex appeal) Sex m (inf). **to have ~** sexy sein (inf).

ooze [uːz] I n 1. (sluggish flow) (of mud, glue, resin) Quellen nt; (of water, blood) Sickern, Triefen nt.
2. (mud) Schlamm m.
II vi 1. triefen; (water, blood also) sickern; (wound) nässen; (resin, mud, glue) (heraus)quellen.
2. (fig) **to ~ with sth** see III 2.; **he stood there, sweat/ charm oozing out of** or **from every pore** er stand da, förmlich triefend vor Schweiß/Liebenswürdigkeit.
III vt 1. (aus)schwitzen, absondern.
2. (fig) kindness, charm, culture triefen von (pej), verströmen; vanity, pride strotzen von; money, wealth stinken vor (+dat) (inf). **the house ~s money** or **wealth/ culture** das Haus verströmt eine Atmosphäre von Reichtum/Kultur.

◆**ooze away** vi wegsickern; (into ground) versickern; (fig) (courage, pride, affection etc) schwinden; (strength) versiegen.

◆**ooze out** vi herausquellen; (water, blood etc) heraussickern.

op¹ abbr of **opus** op.

op² [ɒp] n (inf) see **operation**.

opacity [əʊ'pæsɪtɪ] n 1. Undurchsichtigkeit, Lichtundurchlässigkeit f; (of paint) Deckkraft f. 2. (fig: of essay, meaning etc) Undurchsichtigkeit f.

opal ['əʊpəl] I n (stone) Opal m; (colour) beige-graue Farbe. II adj Opal-; (in colour) opalen (liter), beige-grau-schimmernd.

opalescence [ˌəʊpə'lesns] n Schimmern nt, Opaleszenz f.

opalescent [ˌəʊpə'lesnt] adj schimmernd, opaleszierend.

opaline ['əʊpəliːn] adj opalen (liter).

opaque [əʊ'peɪk] adj 1. opak; glass also, liquid trüb; paper undurchsichtig. 2. (fig) essay, prose undurchsichtig, unklar.

op art ['ɒp'ɑːt] n Op-Art f.

OPEC ['əʊpek] abbr of **Organization of Petroleum Exporting Countries** OPEC f.

open ['əʊpən] I adj 1. door, bottle, book, eye, flower etc offen, auf pred, geöffnet; circuit offen; lines of communication frei; wound etc offen. **to keep/hold the door ~** die Tür offen- or auflassen/offen- or aufhalten; **to fling** or **throw the door ~** die

Tür aufstoßen or aufwerfen; **I can't keep my eyes ~** ich kann die Augen nicht offen- or aufhalten; **the window flew ~** das Fenster flog auf; **his head was laid ~ when he fell** er schlug sich beim Fallen schwer den Kopf auf; **~ door policy** Politik f der offenen Tür; **a shirt ~ at the neck** ein am Hals offenes Hemd.
2. (~ for business: shop, bank etc) geöffnet. **the baker/ baker's shop is ~** der Bäcker hat/der Bäckerladen ist or hat geöffnet or hat auf (inf) or hat offen (inf).
3. (not enclosed) offen; country, ground also, view frei; carriage, car also ohne Verdeck. **~ sandwich** belegtes Brot; **in the ~ air** im Freien; **on ~ ground** auf offenem or freiem Gelände; (waste ground) auf unbebautem Gelände.
4. pred (not blocked, Ling) offen; road, canal, pores also frei (to für), geöffnet; rail track, river frei (to für); (Mus) string leer; pipe offen. **~ note** Grundton m; **have you had your bowels ~ today?** (Med form) haben Sie heute Stuhlgang gehabt?; **~ to traffic/shipping** für den Verkehr/die Schiffahrt freigegeben; **"road ~ to traffic"** „Durchfahrt frei"; **~ cheque** (Brit) Barscheck m.
5. (officially in use) building eingeweiht; road, bridge also (offiziell) freigegeben; exhibition eröffnet. **to declare sth ~** etw einweihen/freigeben/für eröffnet erklären.
6. (not restricted, accessible) letter, scholarship offen; market, competition also frei; (public) meeting, trial öffentlich. **to be ~ to sb** (competition, membership) jdm offenstehen; (admission) jdm freistehen; (place) für jdn geöffnet sein; (park) jdm zur Verfügung stehen; **two possibilities were ~ to him** zwei Möglichkeiten standen ihm offen; **~ day** Tag m der offenen Tür; **in ~ court** (Jur) in öffentlicher Verhandlung; **~ to the public** der Öffentlichkeit zugänglich; **park ~ to the public** öffentlicher Park; **~ shop** (Ind) Open Shop m; **we have an ~ shop** wir haben keinen Gewerkschaftszwang.
7. **to be ~ to advice/suggestions/ideas** Ratschlägen/ Vorschlägen/Ideen zugänglich sein or gegenüber offen sein; **I'm ~ to persuasion/correction** ich lasse mich gern überreden/verbessern; **I'm ~ to offers** ich lasse gern mit mir handeln or reden.
8. (not filled) evening, time frei; job, post also offen.
9. (not concealed) campaign, secret, resistance offen; hostility also unverhohlen, unverhehlt.
10. (not decided or settled) question offen, ungeklärt, ungelöst. **they left the matter ~** sie ließen die Angelegenheit offen or ungeklärt; **to have an ~ mind on sth** einer Sache (dat) aufgeschlossen gegenüberstehen; **keep your mind ~ to new suggestions** verschließen Sie sich neuen Vorschlägen nicht.
11. (exposed, not protected) (Mil) town offen; coast also ungeschützt. **~ to the elements** Wind und Wetter ausgesetzt; **to be ~/lay oneself ~ to criticism/attack** der Kritik/Angriffen ausgesetzt sein/sich der

Kritik/Angriffen aussetzen; **a theory ~ to criticism** eine anfechtbare Theorie.

12. *weave* locker; *fabric, pattern* durchbrochen.

13. (*frank*) offen, aufrichtig.

II *n* **in the ~** (*outside*) im Freien; (*on ~ ground*) auf freiem Feld; **it's all out in the ~** nun ist alles heraus (*inf*), nun ist es alles zur Sprache gekommen; **to bring sth out into the ~** mit etw nicht länger hinterm Berg halten; **to come out into the ~** (*fig*) (*person*) Farbe bekennen, sich erklären; (*affair*) herauskommen; **to force sb out into the ~** jdn zwingen, sich zu stellen; (*fig*) jdn zwingen, Farbe zu bekennen; **to force sth out into the ~** etw zur Sprache bringen.

III *vt* **1.** *door, mouth, bottle, letter etc* öffnen, aufmachen (*inf*); *book also, newspaper* aufschlagen; *throttle, circuit* öffnen. **he didn't ~ his mouth once** er hat kein einziges Mal den Mund aufgemacht; **to ~ ranks** (*Mil*) weg- *or* abtreten.

2. (*officially*) *exhibition* eröffnen; *building* einweihen; *motorway* (für den Verkehr) freigeben.

3. *region* erschließen. **they ~ed a road through the mountains** durch die Berge wurde eine Straße gebaut.

4. (*reveal, unfold*) öffnen. **to ~ one's heart to sb** sich jdm eröffnen (*geh*); **it had ~ed new horizons for him** dadurch erschlossen sich ihm neue Horizonte.

5. (*start*) *case, trial* eröffnen; *account also* einrichten; *debate, conversation etc also* beginnen.

6. (*set up*) *shop* eröffnen, aufmachen (*inf*); *school* einrichten.

7. (*Med*) *pores* öffnen. **to ~ the bowels** (*person*) Stuhlgang haben; (*medicine*) abführen.

8. to ~ fire (*Mil*) das Feuer eröffnen (*on auf +acc*).

IV *vi* **1.** aufgehen; (*door, flower, book, wound, pores also*) sich öffnen. **I couldn't get the bonnet/bottle to ~** ich habe die Motorhaube/Flasche nicht aufbekommen; **it won't ~** es geht nicht auf.

2. (*shop, museum*) öffnen, aufmachen.

3. (*afford access: door*) führen (*into in +acc*). **the two rooms ~ into one another** diese zwei Zimmer sind durch eine Tür verbunden; *see also ~* **on to.**

4. (*start*) beginnen (*with* mit); (*Cards, Chess*) eröffnen. **the play ~s next week** das Stück wird ab nächster Woche gegeben; **when we ~ed in Hull** bei unserer ersten Vorstellung in Hull.

◆**open on to** *vi +prep obj* (*window*) gehen auf (*+acc*); (*door also*) führen auf (*+acc*).

◆**open out I** *vi* **1.** (*become wider: river, street*) sich verbreitern (*into* zu); (*valley also, view*) sich weiten, sich öffnen.

2. (*flower*) sich öffnen, aufgehen.

3. (*map*) sich ausfalten lassen.

4. (*fig: develop, unfold*) (*person*) aus sich herausgehen; (*business*) sich ausdehnen (*into* auf *+acc*); (*new horizons*) sich auftun.

II *vt sep* **1.** (*unfold*) *map, newspaper etc* auseinanderfalten, aufmachen (*inf*).

2. (*make wider*) erweitern, vergrößern.

3. (*fig*) (*make expansive*) *person* aus der Reserve locken; (*develop*) *business* ausdehnen, erweitern.

◆**open up I** *vi* **1.** (*flower*) sich öffnen, aufgehen; (*fig*) (*prospects*) sich eröffnen, sich ergeben; (*field, new horizons*) sich auftun, sich erschließen.

2. (*become expansive*) gesprächiger werden. **to ~ ~ about sth** über etw (*acc*) sprechen *or* reden.

3. (*inf: accelerate*) aufdrehen (*inf*).

4. (*unlock doors: of house, shop etc*) aufschließen, aufmachen.

5. (*start up: new shop*) aufmachen.

6. (*start firing*) das Feuer eröffnen.

7. (*Sport: game*) sich auseinanderziehen.

II *vt sep* **1.** (*make accessible*) *territory, mine, prospects* erschließen; *new horizons, field of research etc also* auftun; (*unblock*) *disused tunnel etc* freimachen.

2. (*cut, make*) *passage* bauen; *gap* schaffen; *hole* machen; (*make wider*) *hole* größer *or* weiter machen, vergrößern.

3. (*unlock*) *house, shop, car etc* aufschließen, aufmachen.

4. (*start*) *business* eröffnen; *shop also* aufmachen.

open-air [ˈəʊpənˈɛəʳ] *adj* im Freien; **~ swimming pool** *n* Freibad *nt*; **~ theatre** *n* Freilichtbühne *f*, Freilichttheater *nt*; **open-and-shut** *adj* simpel; **it's an ~ case** es ist ein glasklarer Fall; **open-cast** *adj* *coal-mine* Tagebau-; **open-ended** *adj* (*fig*) *contract* offen, zeitlich nicht begrenzt; *offer* unbegrenzt; *commitment* Blanko-; *discussion* alles offen lassend *attr*; *subject, category* endlos, uferlos.

opener [ˈəʊpnəʳ] *n* Öffner *m*.

open-eyed [ˌəʊpənˈaɪd] *adj* mit weit offenen Augen; **open-handed** *adj* freigebig, großzügig; **open-hearth** *adj* (*Tech*) Herdofen-; *process* (Siemens-)Martin-; **open-heart surgery** *n* Herzeingriff *m* am offenen Herzen; **open house** *n* **to keep ~** ein offenes Haus führen.

opening [ˈəʊpnɪŋ] **I** *n* **1.** Öffnung *f*; (*in hedge, branches, clouds, wall etc also*) Loch *nt*; (*cleft also*) Spalt *m*; (*in traffic stream*) Lücke *f*; (*esp US: forest clearing*) Lichtung *f*; (*fig: in conversation*) Anknüpfungspunkt *m*.

2. (*beginning, initial stages*) Anfang *m*; (*of debate, speech, trial also, Chess, Cards*) Eröffnung *f*.

3. (*official ~*) (*of exhibition, stores*) Eröffnung *f*; (*of building also*) Einweihung *f*; (*of motorway*) Freigabe *f* (für den Verkehr). **O~ of Parliament** Parlamentseröffnung *f*.

4. (*action*) (*of door, mouth, bottle, letter etc*) Öffnen *nt*; (*by sb also*) Öffnung *f*; (*of shop, pub etc also*) Aufmachen *nt*; (*of flower also*) Aufgehen *nt*; (*of account*) Eröffnung *f*; (*setting up: of shop, school etc*) Eröffnen, Aufmachen *nt*. **hours of ~** Öffnungszeiten *pl*.

5. (*opportunity*) Möglichkeit, Chance *f*; (*for career also*) Start *m*; (*job vacancy*) (freie) Stelle. **he gave his adversary an ~** er bot seinem Gegner eine Blöße.

II attr (initial, first) erste(r, s); speech, move, gambit also Eröffnungs-; remarks einführend.

opening ceremony n Eröffnungsfeierlichkeiten pl; **opening night** n Eröffnungsvorstellung f (am Abend); **opening price** n (St Ex) Eröffnungs- or Anfangskurs m; **opening time** n Öffnungszeit f; **when is ~ on Sundays?** wann machen am Sonntag die Lokale auf?

openly ['əʊpnlɪ] adv (without concealment) offen; speak also freiheraus; (publicly) öffentlich.

open-minded [,əʊpən'maɪndɪd] adj aufgeschlossen; **open-mindedness** n Aufgeschlossenheit f; **open-mouthed** [,əʊpn'maʊðd] adj (in surprise or stupidity) mit offenem Mund, baff pred (inf); **open-necked** adj shirt mit offenem Kragen.

openness ['əʊpnnɪs] n 1. (frankness) Offenheit, Aufrichtigkeit f; (publicness) Öffentlichkeit, Offenheit f. 2. (fig: of mind) Aufgeschlossenheit f (to für). 3. (of countryside, coast) Offenheit f. 4. (looseness: of weave) Lockerheit f.

open-plan [,əʊpən'plæn] adj office Großraum-; stairs Frei-, frei angelegt; flat etc offen angelegt; **open prison** n offenes Gefängnis; **open season** n (Hunt) Jagdzeit f; **Open University** n (Brit) Fernuniversität f; **openwork** I n (Sew) Durchbrucharbeit f; (Archit) Durchbruchmauerwerk nt; II adj durchbrochen.

opera ['ɒpərə] n Oper f. **to go to the ~** in die Oper gehen.

operable ['ɒpərəbl] adj 1. (Med) operierbar, operabel. 2. (practicable) durchführbar, praktikabel.

opera in cpds Opern-; **opera glasses** npl Opernglas nt; **opera hat** n Chapeau claque m; **opera house** n Opernhaus nt; **opera singer** n Opernsänger(in f) m.

operate ['ɒpəreɪt] I vi 1. (machine, mechanism) funktionieren; (be powered) betrieben werden (by, on mit); (be in operation) laufen, in Betrieb sein; (fig: worker) arbeiten. **how does it ~?** wie funktioniert es?

2. (theory, plan, law) sich auswirken; (causes, factors also) hinwirken (on, for auf +acc); (organization, system) arbeiten; (medicine) wirken. **that law/plan is not operating properly** dieses Gesetz greift nicht richtig/der Plan funktioniert nicht richtig; **I don't understand how his mind ~s** ich verstehe seine Gedankengänge nicht.

3. (carry on one's business) operieren; (company also) Geschäfte tätigen; (detective, spy also) agieren; (airport, station) in Betrieb sein; (buses, planes) verkehren. **I don't like the way he ~s** ich mag seine Methoden nicht.

4. (Mil) operieren.

5. (Med) operieren (on sb/sth jdn/etw). **to be ~d on** operiert werden; **he ~d on him for appendicitis/a cataract** er operierte ihn am Blinddarm/auf grauen Star.

II vt 1. (person) machine, switchboard etc bedienen; (set in operation) in Betrieb

setzen; small mechanism, brakes etc also betätigen; (lever, button etc) betätigen; small mechanism etc betätigen, auslösen; (electricity, batteries etc) betreiben.

2. business betreiben, führen.

3. (put into practice) system, law anwenden; policy also betreiben.

4. (airline etc) route bedienen; bus etc service unterhalten; holiday, tours veranstalten.

operatic [,ɒpə'rætɪk] adj Opern-.

operating ['ɒpəreɪtɪŋ] adj attr 1. (Tech, Comm) altitude, pressure, cost Betriebs-. 2. (Med) Operations-. ~ **theatre** (Brit) or **room** Operationssaal, OP m.

operation [,ɒpə'reɪʃən] n 1. (act of operating vi) (of machine, mechanism, system) Funktionieren nt; (of machine also) Gang, Lauf m; (of plan) Durchführung f; (of theory) Anwendung f; (method of functioning) of machine, organization Arbeitsweise f; (of system, organ) Funktionsweise f; (of law) Wirkungsweise f. **to be in ~** (machine) in Betrieb sein; (law) in Kraft sein; (plan) durchgeführt werden; **to be out of ~** (machine) außer Betrieb sein; (fig: person) nicht einsatzfähig sein; **to come into ~** (machine) in Gang kommen; (law) in Kraft treten; (plan) zur Anwendung gelangen; **to bring** or **put a law into ~** ein Gesetz in Kraft setzen.

2. (act of operating vt) (of machine etc) Bedienung, Handhabung f; (of small mechanism) Betätigung f; (of business) Betreiben, Führen nt; (of system, policy) Anwendung f; (of plan, law) Durchführung f; (of route) Bedienung f; (of bus service etc) Unterhaltung f; (of tours) Veranstaltung f.

3. (Med) Operation f (on an +dat). **to have an ~** operiert werden. **to have a serious/heart ~** sich einer schweren Operation/Herzoperation unterziehen.

4. (enterprise) Unternehmen, Unternehmung, Operation f; (task, stage in undertaking) Arbeitsgang m; (Math) Rechenvorgang m, Operation f. (business) **~s** Geschäfte pl; **to cease/resume ~s** den Geschäftsverkehr einstellen/wiederaufnehmen; **mental ~s** Denkvorgänge pl.

5. (esp Mil: campaign) Operation f, Einsatz m, Unternehmen nt; (in police force etc) Einsatz m. **~s room** Hauptquartier nt; O~ **Cynthia** Operation Cynthia.

operational [,ɒpə'reɪʃənl] adj 1. (ready for use or action) machine, vehicle betriebsbereit or -fähig; army unit, aeroplane, tank etc, (fig) worker etc einsatzfähig; (in use or action) machine, vehicle etc in Betrieb, in or im Gebrauch; airport in Betrieb; army unit etc im Einsatz.

2. (Tech, Comm) altitude, fault, costs Betriebs-.

3. (Mil) patrol, flight Einsatz-; base Operations-.

operative ['ɒpərətɪv] I adj 1. (producing an effect) measure, laws wirksam; clause maßgeblich, entscheidend; (in effect) law rechtsgültig, geltend. **"if" being the ~ word** wobei ich „wenn" betone; **to become ~** (law) in Kraft treten; (system etc) verbindlich eingeführt werden.

2. (*Med*) *treatment* operativ.
3. (*manual*) *skills* maschinentechnisch; *class* Arbeiter-.
II *n* (*of machinery*) Maschinenarbeiter(in *f*) *m*; (*detective*) Detektiv *m*; (*spy*) Agent(in *f*) *m*.

operator ['ɒpəreɪtə'] *n* **1.** (*Telec*) ≃ Vermittlung *f*, Dame *f*/Herr *m* von der Vermittlung. **a call through the** ~ ein handvermitteltes Gespräch.
2. (*of machinery*) (Maschinen)arbeiter(in *f*) *m*; (*of vehicle, lift*) Führer (in *f*) *m*; (*of electrical equipment*) Bediener *m*; (*of computer etc*) Operator(in *f*) *m*. **lathe** *etc* ~ Arbeiter(in *f*) *m* an der Drehbank *etc*.
3. (*private company, company owner*) Unternehmer *m*; (*Fin*) (Börsen)makler *m*; (*tour* ~) Veranstalter *m*.
4. (*inf*) (raffinierter) Kerl, Typ (*inf*) *m*; (*criminal*) Gauner *m*. **to be a smooth/ clever** ~ raffiniert vorgehen.

operetta [ˌɒpə'retə] *n* Operette *f*.

ophthalmic [ɒf'θælmɪk] *adj* Augen-. ~ **optician** approbierter Augenoptiker, *der berechtigt ist, Sehhilfen zu verschreiben*.

ophthalmologist [ˌɒfθæl'mɒlədʒɪst] *n* Ophthalmologe *m*, Ophthalmologin *f*.

ophthalmology [ˌɒfθæl'mɒlədʒɪ] *n* Augenheilkunde, Ophthalmologie (*spec*) *f*.

ophthalmoscope [ɒf'θælməskəʊp] *n* Augenspiegel *m*.

opiate ['əʊpɪɪt] **I** *n* Opiat *nt*; (*fig*) Beruhigungsmittel *nt*. **II** *adj* opiumhaltig.

opinion [ə'pɪnjən] *n* **1.** (*belief, view*) Meinung, Ansicht *f* (*about, on* zu); (*political, religious*) Anschauung *f*. **in my** ~ meiner Meinung *or* Ansicht nach, meines Erachtens; **in the** ~ **of certain experts** nach Ansicht gewisser Experten; **to be of the** ~ **that** ... der Meinung *or* Ansicht sein, daß ...; **to express** *or* **put forward an** ~ seine Meinung äußern *or* vorbringen; **to ask sb's** ~ jdn nach seiner Meinung fragen; **it is a matter of** ~ das ist Ansichtssache; **I have no** ~ **about it** *or* **on the matter** dazu habe ich keine Meinung.
2. *no pl* (*estimation*) Meinung *f*. **to have a good** *or* **high/low** *or* **poor** ~ **of sb/sth** eine gute *or* hohe/keine gute *or* eine schlechte Meinung von jdm/etw haben; **to form an** ~ **of sb/sth** sich (*dat*) eine Meinung über jdn/etw bilden.
3. (*professional advice*) Gutachten *nt*; (*esp Med*) Befund *m*. **to seek** *or* **get a second** ~ (*esp Med*) ein zweites Gutachten einholen.

opinionated [ə'pɪnjəneɪtɪd] *adj* selbstherrlich, rechthaberisch.

opinion poll *n* Meinungsumfrage *f*.

opium ['əʊpɪəm] *n* (*lit, fig*) Opium *nt*. **the** ~ **of the masses** Opium für das Volk.

opium *in cpds* Opium-; **opium den** *n* Opiumhöhle *f*; **opium fiend** *n* Opiumsüchtige(r) *mf*; **opium poppy** *n* Schlafmohn *m*.

opossum [ə'pɒsəm] *n* Opossum *nt*.

opp *abbr of* **opposite** Gegent.

opponent [ə'pəʊnənt] *n* Gegner(in *f*) *m*.

opportune ['ɒpətjuːn] *adj time* gelegen, günstig; *remark* an passender Stelle; *action, event* rechtzeitig, opportun (*geh*).

opportunely ['ɒpətjuːnlɪ] *adv see adj*.

opportunism [ˌɒpə'tjuːnɪzəm] *n* Opportunismus *m*.

opportunist [ˌɒpə'tjuːnɪst] **I** *n* Opportunist *m*. **II** *adj* opportunistisch.

opportunity [ˌɒpə'tjuːnɪtɪ] *n* **1.** Gelegenheit *f*. **at the first** *or* **earliest** ~ bei der erstbesten Gelegenheit; **I have little/no** ~ **for listening** *or* **to listen to music** ich habe wenig/nie Gelegenheit, Musik zu hören; **to take/seize the** ~ **to do sth** *or* **of doing sth** die Gelegenheit nutzen/ergreifen, etw zu tun; **as soon as I get the** ~ sobald sich die Gelegenheit ergibt.
2. (*chance to better oneself*) Chance, Möglichkeit *f*. **equality of** ~ Chancengleichheit *f*.

oppose [ə'pəʊz] *vt* **1.** (*be against*) ablehnen; (*fight against*) sich entgegenstellen *or* entgegensetzen (+*dat*); *leadership, orders, plans, decisions, sb's wishes* sich widersetzen (+*dat*); *government* sich stellen gegen. **he** ~**s our coming** er ist absolut dagegen, daß wir kommen.
2. (*stand in opposition: candidate*) kandidieren gegen.
3. (*form*) (*against, to dat*) (*set up in opposition*) entgegensetzen, entgegenstellen; (*contrast*) gegenüberstellen.

opposed [ə'pəʊzd] *adj* **1.** *pred* (*hostile*) dagegen. **to be** ~ **to sb/sth** gegen jdn/etw sein; **I am** ~ **to your going away** ich bin dagegen, daß Sie gehen. **2.** (*opposite, contrasted*) entgegengesetzt, gegensätzlich. **3. as** ~ **to** im Gegensatz zu.

opposing [ə'pəʊzɪŋ] *adj team* gegnerisch; *army* feindlich; *characters* gegensätzlich; *minority* opponierend. ~ **party** (*Jur*) Gegenpartei *f*; ~ **counsel** (*Jur*) Anwalt *m* der Gegenpartei.

opposite ['ɒpəzɪt] **I** *adj* **1.** (*in place*) entgegengesetzt; (*facing*) gegenüberliegend *attr*, gegenüber *pred*. **to be** ~ gegenüber liegen/stehen/sitzen *etc*; **on the** ~ **page** auf der Seite gegenüber, auf der gegenüberliegenden *or* anderen Seite.
2. (*contrary*) entgegengesetzt (*to, from dat*, zu). **the** ~ **sex** das andere Geschlecht; ~ **number** Pendant *nt*; ~ **poles** (*Geog*) entgegengesetzte Pole (*pl*); (*Elec also*) Gegenpole *pl*; (*fig*) zwei Extreme.
II *n* Gegenteil *nt*; (*contrast: of pair*) Gegensatz *m*. **quite the** ~! ganz im Gegenteil!
III *adv* gegenüber, auf der anderen *or* gegenüberliegenden Seite. **they sat** ~ sie saßen uns/ihnen/sich *etc* gegenüber.
IV *prep* gegenüber (+*dat*). ~ **one another** sich gegenüber; **they live** ~ **us** sie wohnen uns gegenüber, sie wohnen gegenüber von uns; **to play** ~ **sb** (*Theat*) jds Gegenspieler sein, die Gegenrolle zu jdm spielen.

opposition [ˌɒpə'zɪʃən] *n* **1.** (*resistance*) Widerstand *m*, Opposition *f*; (*people resisting*) Opposition *f*. **to offer** ~ **to sb/sth** jdm die Stirn bieten (*geh*), jdm/einer Sache Widerstand entgegensetzen; **to act in** ~ **to sth** einer Sache (*dat*) zuwiderhandeln; **to start up a business in** ~ **to sb** ein Konkurrenzunternehmen zu jdm aufmachen; **without** ~ widerstandslos.

2. (*contrast*) Gegensatz *m*. **to be in ~ to sb** im Gegensatz zu etw stehen; **he found himself in ~ to the general opinion** er sah sich im Widerspruch zur allgemeinen Meinung.
3. (*Astron*) Opposition *f*, Gegenschein *m*.
4. (*esp Brit Parl*) **O~** Opposition(s- partei) *f*; **the O~**, **Her Majesty's O~** die Opposition; **leader of the O~** Op- positionsführer(in *f*) *m*; **O~ benches** Op- positionsbank *f*.

oppress [ə'pres] *vt* 1. (*tyrannize*) unter- drücken. 2. (*weigh down*) bedrücken, la- sten auf (+*dat*); (*heat*) lasten auf (+*dat*).
oppression [ə'preʃən] *n* 1. (*tyranny*) Unterdrückung *f*. 2. (*fig*) (*depression*) Bedrängnis, Bedrücktheit *f*; (*due to heat, climate*) bedrückende Atmosphäre. **the ~ of his spirits** seine Bedrängtheit.
oppressive [ə'presɪv] *adj* 1. (*tyrannical*) *regime, laws* repressiv; *taxes* (er)- drückend. 2. (*fig*) drückend; *thought* bedrückend; *heat also* schwül.
oppressively [ə'presɪvlɪ] *adv* 1. *rule* repressiv. **to ~ tax** ~ drückende Steuern *pl* erheben. 2. (*fig*) drückend.
oppressiveness [ə'presɪvnɪs] *n* 1. Un- terdrückung *f* (*of tyrant*); (*of taxes*) (er)- drückende Last. 2. (*fig*) bedrückende Atmosphäre; (*of thought*) schwere Last; (*of heat, climate*) Schwüle *f*.
oppressor [ə'presər] *n* Unterdrücker *m*.
opprobrious [ə'prəʊbrɪəs] *adj* *invective, remark* verächtlich, schmähend; *conduct* schändlich, schandhaft, schimpflich.
opprobrium [ə'prəʊbrɪəm] *n* (*disgrace*) Schande, Schmach *f*; (*scorn, reproach*) Schmähung *f*.
opt [ɒpt] *vi* **to ~ for sth/to do sth** sich für etw entscheiden/sich entscheiden, etw zu tun.
◆**opt out** *vi* sich anders entscheiden; (*of awkward situation also*) abspringen (*of* bei); (*of responsibility, invitation*) ableh- nen (*of acc*); (*give up membership, Rad, TV*) austreten (*of* aus); (*of insurance scheme*) kündigen (*of acc*).
optative ['ɒptətɪv] I *n* Optativ *m*, Wunsch- form *f*. II *adj* optativ.
optic ['ɒptɪk] *adj nerve, centre* Seh-.
optical ['ɒptɪkəl] *adj* optisch. **~ illusion** op- tische Täuschung.
optician [ɒp'tɪʃən] *n* Optiker(in *f*) *m*.
optics ['ɒptɪks] *n sing* Optik *f*.
optima ['ɒptɪmə] *pl of* **optimum**.
optimal ['ɒptɪml] *adj* optimal.
optimism ['ɒptɪmɪzəm] *n* Optimismus *m*.
optimist ['ɒptɪmɪst] *n* Optimist *m*.
optimistic [ˌɒptɪ'mɪstɪk] *adj* optimistisch, zuversichtlich. **to be ~ about sth** in bezug auf etw (*acc*) optimistisch sein.
optimistically [ˌɒptɪ'mɪstɪkəlɪ] *adv see adj*.
optimize ['ɒptɪmaɪz] *vt* optimieren.
optimum ['ɒptɪməm] I *adj* optimal; *con- ditions also* bestmöglich. II *n*, *pl* **optima** *or* **~s** Optimum *nt*. **at an ~** optimal.
option ['ɒpʃən] *n* 1. (*choice*) Wahl *f no pl*; (*possible course of action also*) Möglich- keit *f*. **since you've got the ~ of leaving or staying** da Sie die Wahl haben, ob Sie gehen oder bleiben wollen; **I have little/no ~** mir bleibt kaum eine/keine andere

Wahl; **he had no ~ but to come** ihm blieb nichts anderes übrig, als zu kommen; **that leaves us no ~** das läßt uns keine andere Wahl; **to leave one's ~s open** sich (*dat*) alle Möglichkeiten offenlassen.
2. (*Comm*) Option *f* (*on* auf +*acc*); (*on house, goods etc also*) Vorkaufsrecht *nt* (*on* an +*dat*); (*on shares*) Bezugsrecht *nt* (*on* für). **with an ~ to buy** mit einer Kaufoption *or* (*on shares*) Bezugsoption; (*on approval*) zur Ansicht.
3. (*Univ, Sch*) Wahlfach *nt*.
optional ['ɒpʃənl] *adj* (*not compulsory*) freiwillig; (*Sch, Univ*) *subject* Wahl-, wahlfrei, fakultativ; (*not basic*) *trim, mir- ror etc* auf Wunsch erhältlich. **"evening dress ~"** „Abendkleidung nicht Vor- schrift"; **~ extras** Extras *pl*; **the cigar lighter is an ~ extra** der Zigarettenanzün- der wird auf Wunsch eingebaut.
optometrist [ɒp'tɒmətrɪst] *n* (*US: optician*) Optiker(in *f*) *m*.
opulence ['ɒpjʊləns] *n, no pl see adj* Reich- tum *m*; Wohlhabenheit *f*; Prunk *m*, Stattlichkeit *f*; Feudalität *f*; Üppigkeit *f*; Üppigkeit, Fülligkeit *f*.
opulent ['ɒpjʊlənt] *adj* reich; *appearance* (*of person*) *also* wohlhabend; *clothes, building, room* prunkvoll, stattlich; *car, chairs, carpets* feudal; *décor also, lifestyle, vegetation* üppig; *figure* üppig, füllig.
opus ['əʊpəs] *n, pl* **opera** ['ɒpərə] *n* (*Mus*) Opus *nt*.
or *conj* 1. oder; (*with neg*) noch. **he could not read ~ write** er konnte weder lesen noch schreiben; **without tears ~ sighs** ohne Tränen oder Seufzer; **speak ~ (else) go out** sprechen Sie oder gehen Sie hinaus; **you'd better go ~ (else) you'll be late** gehen Sie jetzt besser, sonst kommen Sie zu spät; **you'd better do it ~ else!** tu das lieber, sonst ...!; **in a day/month ~ two** in ein bis or oder zwei Tagen/Monaten.
2. (*that is*) (oder) auch. **the Lacedaemonians, ~ Spartans** die Lazedämonier, (oder) auch Spartaner; **the Congo, ~ rather, Zaire** der Kongo, beziehungsweise Zaire.
oracle ['ɒrəkl] *n* Orakel *nt*; (*person*) Se- her(in *f*) *m*; (*fig*) Alleswisser *m*. **Delphic ~** delphisches Orakel, Orakel zu Delphi.
oracular [ɒ'rækjʊlər] *adj* *inscriptions, utterances* orakelhaft; *powers* seherisch; (*fig*) weise.
oral ['ɔ:rəl] 1 *adj* 1. *consonant, phase etc* oral; *medicine also* Oral- (*spec*), zum Ein- nehmen; *cavity, hygiene, sex also* Mund-. 2. (*verbal*) mündlich. II *n* Mündliche(s) *nt*.
orally ['ɔ:rəlɪ] *adv* 1. oral. 2. (*verbally*) mündlich.
orange ['ɒrɪndʒ] I *n* 1. (*fruit, tree*) Orange, Apfelsine *f*; (*drink*) Orangensaft *m*. 2. (*colour*) Orange *nt*. II *adj* 1. Orangen-. 2. *colour* orange *inv*, orange(n)farben.
orangeade ['ɒrɪndʒ'eɪd] *n* Orangeade, Orangenlimonade *f*.
orange-blossom ['ɒrɪndʒˌblɒsəm] *n* Oran- genblüte *f* wird von Bräuten zur Hochzeit getragen; **orange box** *n* Obst- *or* Apfel- sinenkiste *f*; **orange-coloured** *adj* orange(n)farben *or* -farbig; *m*; **orange**

juice n Orangensaft m; **Orange Order** n protestantische Vereinigung, die den Namen Wilhelms von Oranien trägt; **orange peel** n Orangen- or Apfelsinenschale f; **orange stick** n Manikürstäbchen nt.

orang-outang, orang-utan [ɔːˈræŋuːˈtæn] n Orang-Utan m.

orate [ɒˈreɪt] vi Reden/eine Rede halten (to vor +dat).

oration [ɒˈreɪʃən] n Ansprache f. **funeral ~** Grabrede f.

orator [ˈɒrətəʳ] vi Redner(in f) m.

oratorical [ˌɒrəˈtɒrɪkəl] adj oratorisch; contest also Redner-.

oratorio [ˌɒrəˈtɔːrɪəʊ] n, pl **~s** (Mus) Oratorium nt.

oratory[1] [ˈɒrətərɪ] n (art of making speeches) Redekunst f.

oratory[2] n (Eccl) Oratorium nt.

orb [ɔːb] n 1. (poet) Ball m; (star) Gestirn nt (geh); (eye) Auge nt. 2. (of sovereignty) Reichsapfel m.

orbit [ˈɔːbɪt] I n 1. (Astron, Space) (path) Umlaufbahn, Kreisbahn f, Orbit m (spec); (single circuit) Umkreisung f, Umlauf m. **to be in/go into ~** (round the earth/moon) in der (Erd-/ Mond)umlaufbahn sein/in die (Erd-/Mond)umlaufbahn eintreten; **to put a satellite into ~** einen Satelliten in die Umlaufbahn schießen. 2. (fig) Kreis m; (sphere of influence) (Macht)bereich m, Einflußsphäre f.
II vt umkreisen.
III vi kreisen.

orbital [ˈɔːbɪtl] adj orbital; velocity Umlauf-.

orchard [ˈɔːtʃəd] n Obstgarten m; (commercial) Obstplantage f. **apple/cherry ~** Obstgarten m mit Apfel-/Kirschbäumen; (commercial) Apfel-/Kirschplantage f.

orchestra [ˈɔːkɪstrə] n Orchester nt.

orchestral [ɔːˈkestrəl] adj Orchester-.

orchestrally [ɔːˈkestrəlɪ] adv orchestral.

orchestra pit n Orchestergraben m; **orchestra stalls** npl Orchestersitze pl.

orchestrate [ˈɔːkɪstreɪt] vt orchestrieren.

orchestration [ˌɔːkɪsˈtreɪʃən] n Orchestrierung, Orchesterbearbeitung f.

orchid [ˈɔːkɪd] n Orchidee f.

ordain [ɔːˈdeɪn] vt 1. sb ordinieren; (Eccl) priest weihen. **to be ~ed priest/to the ministry** ordiniert werden; (Catholic also) zum Priester geweiht werden. 2. (destine: God, fate) wollen, bestimmen. 3. (decree) (law) bestimmen; (ruler also) verfügen.

ordeal [ɔːˈdiːl] n 1. Tortur f; (stronger, longlasting) Martyrium nt; (torment, emotional ~) Qual f. 2. (Hist: trial) Gottesurteil nt. ~ **by fire/water** Feuer-/Wasserprobe f.

order [ˈɔːdəʳ] I n 1. (sequence) (Reihen)folge, (An)ordnung f. **word ~** Wortstellung, Wortfolge f; **are they in ~/in the right ~?** sind sie geordnet/sind sie in der richtigen Reihenfolge?; **in ~ of preference/merit** etc in der bevorzugten/in der ihren Auszeichnungen entsprechenden Reihenfolge; **to put sth in (the right) ~** etw ordnen; **to be in the wrong ~** or out of ~ durcheinander sein; (one item) nicht am

richtigen Platz sein; **to get out of ~** durcheinandergeraten; (one item) an eine falsche Stelle kommen. 2. (system) Ordnung f. **there's no ~ in his work** seiner Arbeit fehlt die Systematik; **the ~ of the world** die Weltordnung; **it is in the ~ of things** es liegt in der Natur der Dinge. 3. (tidy or satisfactory state) Ordnung f. **to put or set one's life/affairs in ~** Ordnung in sein Leben/seine Angelegenheiten bringen. 4. (discipline) (in society) Ordnung f; (in school, team also) Disziplin f. **to keep ~** die Ordnung wahren; die Disziplin aufrechterhalten; **to keep the children in ~** die Kinder unter Kontrolle halten; **~ in court** (Brit) or **the courtroom!** (US) Ruhe im Gerichtssaal!; **~, ~!** Ruhe! 5. (working condition) Zustand m. **to be in good/bad ~** in gutem/schlechtem Zustand sein; (work well/badly also) in Ordnung/nicht in Ordnung sein; **to be out of/in ~** (car, radio, telephone) nicht funktionieren/funktionieren; (machine, lift also) außer/in Betrieb sein. 6. (command) Befehl m, Order f (old, hum). **by ~ of the court** laut gerichtlicher Anweisung; **~s are ~s** Befehl ist Befehl; **"no parking – by ~ of the Town Council"** „Parken verboten – die Stadtverwaltung"; **by ~ of the minister** auf Anordnung des Ministers; **I don't take ~s from anyone** ich lasse mir von niemandem befehlen; **to be under ~s to do sth** Instruktionen haben, etw zu tun; **until further ~s** bis auf weiteren Befehl. 7. (in restaurant etc, Comm) Bestellung f; (contract to manufacture) Auftrag m. **made to ~** auf Bestellung (gemacht or hergestellt); **to give an ~ to or place an ~ with sb** eine Bestellung bei jdm aufgeben or machen; jdm einen Auftrag geben. 8. (Fin) **cheque to ~** Orderscheck, Namensscheck m; **pay to the ~ of** zahlbar an (+acc) ...; **pay X or O~** (zahlbar) an X oder dessen Order. 9. **in ~ to do sth** um etw zu tun; **in ~ that** damit. 10. (correct procedure at meeting, Parl etc) **a point of ~** eine Verfahrensfrage; **to be out of ~** gegen die Verfahrensordnung verstoßen; (Jur: evidence) unzulässig sein; (fig) aus dem Rahmen fallen; **to call sb/the meeting to ~** jdn ermahnen, sich an die Verfahrensordnung zu halten/die Versammlung zur Ordnung rufen; **an explanation/a drink would seem to be in ~** eine Erklärung/ein Drink wäre angebracht; **his demand is quite in ~** seine Forderung ist völlig berechtigt; **to be the ~ of the day** auf dem Programm (also fig) or der Tagesordnung stehen; (Mil) der Tagesbefehl sein. 11. (Archit) Säulenordnung f; (Biol) Ordnung f; (fig: class, degree) Art f. **intelligence of a high** or **the first ~** hochgradige Intelligenz; **something in the ~ of ten per cent** in der Größenordnung von zehn Prozent; **something in the ~ of one in ten** etwa einer von zehn. 12. (Mil: formation) Ordnung f.

13. (*social rank*) Schicht *f*. **the higher/ lower** ~**s** die oberen/unteren Schichten; **the** ~ **of baronets** der Freiherrnstand.
14. (*Eccl: of monks etc*) Orden *m*. **Benedictine** ~ Benediktinerorden *m*.
15. (*Eccl*) (holy) ~**s** *pl* Weihe(n *pl*) *f*; (*of priesthood*) Priesterweihe *f*; **to take** (holy) ~**s** die Weihen empfangen; **he is in** (holy) ~**s** er gehört dem geistlichen Stand an.
16. (*honour, society of knights*) Orden *m*.

II *vt* **1.** (*command, decree*) *sth* befehlen, anordnen; (*prescribe: doctor*) verordnen (*for sb* jdm). **to** ~ **sb to do sth** jdn etw tun heißen (*geh*), jdm befehlen *or* (*doctor*) verordnen, etw zu tun; (*esp Mil*) jdn dazu beordern, etw zu tun; **he was** ~**ed to be quiet** man befahl ihm, still zu sein; (*in public*) er wurde zur Ruhe gerufen; **the army was** ~**ed to retreat** dem Heer wurde der Rückzug befohlen; **he** ~**ed his gun to be brought** (**to him**) er ließ sich (*dat*) sein Gewehr bringen.
2. (*direct, arrange*) *one's affairs, life* ordnen. **to** ~ **arms** (*Mil*) das Gewehr abnehmen.
3. (*Comm etc*) *goods, dinner, taxi* bestellen; (*to be manufactured*) *ship, suit, machinery etc* in Auftrag geben.

III *vi* bestellen.

◆**order about** *or* **around** *vt sep* herumkommandieren.

order book *n* (*Comm*) Auftragsbuch *nt*; **order cheque** *n* Orderscheck, Namensscheck *m*; **order form** *n* Bestellformular *nt*, Bestellschein *m*.

orderliness ['ɔ:dəlɪnɪs] *n* **1.** Ordentlichkeit *f*. **2.** (*of group, demonstration*) Friedlichkeit, Gesittetheit *f*.

orderly ['ɔ:dəlɪ] **I** *adj* **1.** (*tidy, methodical*) ordentlich, geordnet; *life also* geregelt; *person, mind* ordentlich, methodisch.
2. (*disciplined*) *group, demonstration* ruhig, friedlich, gesittet.

II *n* **1.** (*Mil*) (*attached to officer*) Bursche *m* (*dated*). **2.** (*medical*) ~ Pfleger(in *f*) *m*; (*Mil*) Sanitäter *m*.

orderly officer *n* diensthabender Offizier, Offizier *m* vom Dienst; **orderly room** *n* Schreibstube *f*.

ordinal ['ɔ:dɪnl] (*Math*) **I** *adj* Ordnungs-, Ordinal-. **II** *n* Ordnungs- *or* Ordinalzahl *f*.

ordinance ['ɔ:dɪnəns] *n* **1.** (*order*) (*of government*) Verordnung *f*; (*Jur*) Anordnung *f*; (*of fate*) Fügung *f* (*geh*). **2.** (*Eccl*) (*sacrament*) Sakrament *nt*.

ordinarily ['ɔ:dnrɪlɪ] *adv* normalerweise, gewöhnlich; (+*adj*) normal, wie gewöhnlich.

ordinary ['ɔ:dnrɪ] **I** *adj* **1.** (*usual*) gewöhnlich, normal. **to do sth in the** ~ **way** etw auf die normale *or* gewöhnliche Art und Weise tun; **in the** ~ **way I would** ... normalerweise *or* gewöhnlich würde ich ...
2. (*average*) normal, durchschnittlich; (*nothing special, commonplace*) gewöhnlich; alltäglich. **the** ~ **Englishman** der normale Engländer; **a very** ~ **kind of person** ein ganz gewöhnlicher Mensch; **this is no** ~ **car** dies ist kein gewöhnliches Auto.

II *n* **1.** **out of the** ~ außergewöhnlich, außerordentlich; **nothing/something out of the** ~ nichts/etwas Außergewöhnliches *or* Ungewöhnliches; **intelligence above the** ~ überdurchschnittliche *or* außergewöhnliche Intelligenz.
2. (*form*) **physician in** ~ **to the king** Leibarzt *m* des Königs.

Ordinary Level *n see* **O Level**; **ordinary seaman** *n* Maat *m*; **ordinary share** *n* (*Fin*) Stammaktie *f*.

ordination [ˌɔ:dɪ'neɪʃən] *n* Ordination *f*.

ordnance ['ɔ:dnəns] (*Mil*) *n* **1.** (*artillery*) (Wehr)material *nt*. **2.** (*supply*) Material *nt*, Versorgung *f*; (*corps*) Technische Truppe; (*in times of war*) Nachschub *m*.

ordnance factory *n* Munitionsfabrik *f*; **Ordnance Survey** *n* (*Brit*) ≃ Landesvermessungsamt *nt* (*BRD*), Abteilung *f* Vermessung (im Ministerium des Innern) (*DDR*); **Ordnance Survey map** *n* (*Brit*) amtliche topographische Karte (*form*), Meßtischblatt *nt*.

ordure ['ɔ:djʊəʳ] *n* (*liter*) (*excrement*) Kot *m*; (*rubbish*) Unrat, Unflat (*geh*) *m*; (*fig*) Schmutz *m no pl*.

ore [ɔ:ʳ] *n* Erz *nt*.

oregano [ˌɒrɪ'ɡɑ:nəʊ] *n*, *no pl* Oregano *m*.

Oregon ['ɒrɪɡən] *n* (*abbr* **Oreg, OR**) Oregon *nt*.

organ ['ɔ:ɡən] *n* **1.** (*Anat*) Organ *nt*; (*penis*) Geschlecht *nt*. ~ **of speech** Sprechorgan *nt*. **2.** (*Mus*) Orgel *f*. **to be at the** ~ die Orgel spielen. **3.** (*mouthpiece of opinion*) Sprachrohr *nt*; (*newspaper*) Organ *nt*. **4.** (*means of action*) Organ *nt*.

organdie, (*US*) **organdy** ['ɔ:ɡəndɪ] **I** *n* Organdy *m*. **II** *attr* Organdy-.

organ-grinder ['ɔ:ɡən'ɡraɪndəʳ] *n* Drehorgelspieler, Leierkastenmann *m*.

organic [ɔ:'ɡænɪk] *adj* **1.** (*Sci*) *vegetables, farming* biodynamisch. **2.** (*fig*) *whole, unity* organisch; *part of whole* substantiell; *fault* immanent.

organically [ɔ:'ɡænɪkəlɪ] *adv* **1.** (*Sci*) organisch; *farm, grow* biodynamisch. **2.** (*fig*) *integrated, connected etc* organisch.

organism ['ɔ:ɡənɪzəm] *n* (*Biol, fig*) Organismus *m*.

organist ['ɔ:ɡənɪst] *n* Organist(in *f*) *m*.

organization [ˌɔ:ɡənaɪ'zeɪʃən] *n* **1.** (*act*) Organisation *f* (*also Pol*); (*of time*) Einteilung *f*; (*of work also*) Einteilung *f*.
2. (*arrangement*) *see vt* **1.** Ordnung *f*; Organisation *f*; Einteilung *f*; Aufbau *m*; Planung *f*. **3.** (*institution*) Organisation *f*; (*Comm*) Unternehmen *nt*.

organize ['ɔ:ɡənaɪz] **I** *vt* **1.** (*give structure to, systematize*) ordnen; *facts also* organisieren; *time* einteilen; *work* organisieren, einteilen; *essay* aufbauen; *one's/sb's life* planen. **to get (oneself)** ~**d** (*get ready*) alles vorbereiten; (*to go out*) sich fertigmachen; (*for term, holiday etc*) sich vorbereiten; (*sort things out*) seine Sachen in Ordnung bringen; (*sort out one's life*) ein geregeltes Leben anfangen; **I'll come as soon as I've got** (**myself**) ~**d** ich komme, sobald ich soweit bin; **I've only just taken over the shop, but as soon as I've got** ~**d I'll contact you** ich habe den Laden gerade erst übernommen, aber sobald alles (richtig) läuft, melde ich mich bei Ihnen.

2. (*arrange*) *party, meeting etc* organisieren; *food, music for party etc* sorgen für; *sports event also* ausrichten; (*into teams, groups*) einteilen. **to ~ things so that ...** es so einrichten, daß ...

3. (*Pol: unionize*) organisieren.

II *vi* (*Pol*) sich organisieren.

organized [ˈɔːɡənaɪzd] *adj* **1.** (*Sci*) organisch.

2. (*structured, systematized*) organisiert; *life* geregelt. **~ crime** organisiertes Verbrechen; **he isn't very ~** (*inf*) bei ihm geht alles drunter und drüber (*inf*); **you have to be ~** du mußt planvoll *or* systematisch *or* mit System vorgehen; **he's well ~** (*in new flat etc*) er ist bestens eingerichtet; (*well-prepared*) er ist gut vorbereitet.

3. (*Pol: unionized*) organisiert.

organizer [ˈɔːɡənaɪzəʳ] *n* Organisator, Veranstalter *m*; (*of sports event*) Ausrichter *m*.

orgasm [ˈɔːɡæzəm] *n* (*lit, fig*) Orgasmus *m*.

orgasmic [ɔːˈɡæzmɪk] *adj* orgastisch.

orgiastic [ˌɔːdʒɪˈæstɪk] *adj* orgiastisch.

orgy [ˈɔːdʒɪ] *n* (*lit, fig*) Orgie *f*. **drunken ~** Sauforgie *f*; **~ of spending** Kauforgie *f*; **an ~ of colour** eine orgiastische Farbenpracht.

oriel (window) [ˈɔːrɪəl(ˈwɪndəʊ)] *n* Erker(fenster *nt*) *m*.

orient [ˈɔːrɪənt] **I** *n* (*also* O~) Orient *m*; (*poet also*) Morgenland *nt*. **II** *adj* (*poet*) *sun, moon* aufgehend. **III** *vt see* **orientate.**

oriental [ˌɔːrɪˈentl] **I** *adj* orientalisch; *languages also* östlich; (*Univ*) orientalistisch; *rug* Orient-. **~ studies** *pl* Orientalistik *f*. **II** *n* (*person*) O~ Orientale *m*, Orientalin *f*.

orientate [ˈɔːrɪənteɪt] **I** *vr* (*lit*) sich orientieren (*by* an *+dat, by the map* nach der Karte); (*fig also*) sich zurechtfinden.

II *vt* ausrichten (*towards* auf *+acc*); *new employees etc* einführen. **you should ~ your thinking towards a more liberal attitude** Sie sollten Ihr Denken an einer liberaleren Haltung orientieren; **money-~d** materiell ausgerichtet.

orientation [ˌɔːrɪənˈteɪʃən] *n* **1.** (*getting one's bearing*) Orientierung *f*; (*fig also*) Ausrichtung *f*; (*of new employees etc*) Einführung *f*.

2. (*position, direction*) Kurs *m*; (*fig*) Orientierung *f*; (*attitude*) Einstellung *f* (*towards* zu); (*leaning*) Ausrichtung *f* (*towards* auf *+acc*).

orienteering [ˌɔːrɪənˈtɪərɪŋ] *n* Orientierungslauf *m*.

orifice [ˈɒrɪfɪs] *n* Öffnung *f*.

origin [ˈɒrɪdʒɪn] *n* **1.** Ursprung *m*, Herkunft *f*; (*of person, family*) Herkunft, Abstammung *f*; (*of world*) Entstehung *f*; (*of river*) Ursprung *m* (*geh*). **to have its ~ in** sth auf etw (*acc*) zurückgehen; (*river*) in etw (*dat*) entspringen; **his family had its ~ in France** seine Familie ist französischer Herkunft; **country of ~** Herkunftsland *nt*; **nobody knew the ~ of that rumour** niemand wußte, wie das Gerücht entstan-

den war; **what are his ~s?** was für eine Herkunft hat er?; **the ~s of the new state** die Anfänge des neuen Staates.

2. (*Math*) Ursprung *m*.

original [əˈrɪdʒɪnl] **I** *adj* **1.** (*first, earliest*) ursprünglich. **~ sin** die Erbsünde; **~ inhabitants of a country** Ureinwohner *pl* eines Landes; **~ text/version** Urtext *m*/ Urfassung *f*; **~ edition** Originalausgabe *f*.

2. (*not imitative*) *painting* original; *idea, writer, play* originell. **~ research** eigene Forschung; **~ document** (*Jur*) Originaldokument *nt*.

3. (*unconventional, eccentric*) *character, person* originell.

II *n* **1.** Original *nt*; (*of model*) Vorlage *f*.

2. (*eccentric person*) Original *nt*.

originality [əˌrɪdʒɪˈnælɪtɪ] *n* Originalität *f*.

originally [əˈrɪdʒənlɪ] *adv* **1.** ursprünglich.

2. (*in an original way*) originell.

originate [əˈrɪdʒɪneɪt] **I** *vt* hervorbringen; *policy, company* ins Leben rufen; *product* erfinden.

II *vi* **1.** entstehen. **the legend ~d in ...** die Legende ist in (*+dat*) ... entstanden *or* hat ihren Ursprung in (*+dat*) ...; **to ~ from a country** aus einem Land stammen; **to ~ from** *or* **with sb** von jdm stammen.

2. (*US: train etc*) ausgehen (*in* von).

originator [əˈrɪdʒɪneɪtəʳ] *n* (*of plan, idea*) Urheber(in *f*) *m*; (*of company*) Gründer(in *f*) *m*; (*of product*) Erfinder(in *f*) *m*.

oriole [ˈɔːrɪəʊl] *n* Pirol *m*.

Orkney Islands [ˈɔːknɪˈaɪləndz], **Orkneys** [ˈɔːknɪz] *npl* Orkneyinseln *pl*.

ormolu [ˈɔːməʊluː] **I** *n* (*alloy*) Messing *nt*; (*decoration*) Messingverzierungen *pl*; (*mountings*) Messingbeschläge *pl*. **II** *adj* Messing-.

ornament [ˈɔːnəmənt] **I** *n* **1.** (*decorative object*) Schmuck(gegenstand) *m* no *pl*, Verzierung *f*, Ziergegenstand *m*; (*on mantelpiece etc*) Ziergegenstand *m*; (*fig*) Zierde *f* (*to gen*). **she has the house full of ~s** sie hat das Haus voller Nippes (*pej*) *or* Ziergegenstände.

2. (*no pl: ornamentation*) Ornamente *pl*; (*decorative articles, on clothes etc*) Verzierungen *pl*, Zierat *m* (*geh*). **by way of ~, for ~** zur Verzierung.

3. (*Mus*) Verzierung *f*, Ornament *nt*.

II [ˈɔːnəment] *vt* verzieren; *room* ausschmücken.

ornamental [ˌɔːnəˈmentl] *adj* dekorativ; *object, garden, plant etc also* Zier-; *detail* schmückend, zierend. **to be purely ~** zur Verzierung *or* Zierde (da) sein.

ornamentation [ˌɔːnəmenˈteɪʃən] *n* **1.** (*ornamenting*) Verzierung *f*; (*of room*) Ausschmückung *f*. **2.** (*ornamental detail*) Verzierungen *pl*, Zierat *m* (*geh*); (*Art, Archit*) Ornamentik *f*; (*ornaments: in room etc*) Schmuck *m*.

ornate [ɔːˈneɪt] *adj* kunstvoll; (*of larger objects*) prunkvoll; *music* ornamentreich; *description* reich ausgeschmückt, umständlich (*pej*); *language, style* überladen (*pej*), reich.

ornately [ɔːˈneɪtlɪ] *adv* kunstvoll; *describe* mit beredten Worten, umständlich (*pej*); *written* in reicher Sprache.

ornateness [ɔːˈneɪtnɪs] *n* Verzierungsreichtum *m*; (*of baroque church, palace etc also*) Prunk *m*; (*of style*) Reichtum *m*; (*of description*) Wortreichtum *m*, Umständlichkeit *f* (*pej*); (*of decoration*) Reichtum *m*, Aufwendigkeit *f*.

ornithological [ˌɔːnɪθəˈlɒdʒɪkəl] *adj* ornithologisch, vogelkundlich.

ornithologist [ˌɔːnɪˈθɒlədʒɪst] *n* Ornithologe *m*, Ornithologin *f*, Vogelkundler(in *f*) *m*.

ornithology [ˌɔːnɪˈθɒlədʒɪ] *n* Ornithologie, Vogelkunde *f*.

orphan [ˈɔːfən] **I** *n* Waise *f*, Waisenkind *nt*. like ~ **Annie** (*inf*) wie bestellt und nicht abgeholt (*inf*).
II *adj child* Waisen-.
III *vt* zur Waise machen. **to be ~ed** zur Waise werden; **~ed since the age of three** verwaist *or* eine Waise seit dem dritten Lebensjahr.

orphanage [ˈɔːfənɪdʒ] *n* Waisenhaus *nt*.

orthodontic [ˌɔːθəʊˈdɒntɪk] *adj* kieferorthopädisch.

orthodontics [ˌɔːθəʊˈdɒntɪks] *n sing* Kieferorthopädie *f*.

orthodox [ˈɔːθədɒks] *adj* **1.** (*Rel*) orthodox. **2.** (*fig*) konventionell; *view, method, approach etc also* orthodox.

orthodoxy [ˈɔːθədɒksɪ] *n* **1.** Orthodoxie *f*. **2.** *see adj* **2.** Konventionalität *f*; Orthodoxie *f*. **3.** (*orthodox belief, practice etc*) orthodoxe Konvention.

orthographic(al) [ˌɔːθəˈgræfɪk(əl)] *adj* orthographisch, Rechtschreib(ungs)-.

orthography [ɔːˈθɒgrəfɪ] *n* Rechtschreibung, Orthographie *f*.

orthopaedic, (*US*) **orthopedic** [ˌɔːθəʊˈpiːdɪk] *adj* orthopädisch.

orthopaedics, (*US*) **orthopedics** [ˌɔːθəʊˈpiːdɪks] *n sing* Orthopädie *f*.

orthopaedist, (*US*) **orthopedist** [ˌɔːθəʊˈpiːdɪst] *n* Orthopäde *m*, Orthopädin *f*.

orthopaedy, (*US*) **orthopedy** [ˈɔːθəʊpiːdɪ] *n* Orthopädie *f*.

OS *abbr of* **1. ordinary seaman. 2. Ordnance Survey. 3. outsize.**

oscillate [ˈɒsɪleɪt] *vi* (*Phys*) oszillieren, schwingen; (*compass needle etc*) schwanken; (*rapidly*) zittern; (*fig*) schwanken. **the needle ~d violently** die Nadel schlug stark aus.

oscillating [ˈɒsɪleɪtɪŋ] *adj* **1.** (*Phys*) Schwing-, schwingend; *circuit* Schwing(ungs)-; *needle* ausschlagend; (*rapidly*) zitternd. **2.** (*fig*) schwankend.

oscillation [ˌɒsɪˈleɪʃən] *n see vi* Oszillation, Schwingung *f*; Schwanken *nt*; Zittern *nt*; (*individual movement etc*) Schwankung *f*.

oscillator [ˈɒsɪleɪtəʳ] *n* Oszillator *m*.

oscillograph [əˈsɪləgræf] *n* Oszillograph, Schwingungsschreiber *m*.

oscilloscope [əˈsɪləskəʊp] *n* Oszilloskop *nt*, Schwingungsmesser *m*.

osier [ˈəʊʒəʳ] **I** *n* Korbweide *f*; (*twig*) Weidenrute *or* -gerte *f*. **II** *attr basket, branch etc* Weiden-; *chair etc* Korb-.

Oslo [ˈɒzləʊ] *n* Oslo *nt*.

osmium [ˈɒzmɪəm] *n* (*abbr* **Os**) Osmium *nt*.

osmosis [ɒzˈməʊsɪs] *n* Osmose *f*.

osmotic [ɒzˈmɒtɪk] *adj* osmotisch.

osprey [ˈɒspreɪ] *n* Fischadler *m*.

osseous [ˈɒsɪəs] *adj* Knochen-, knöchern.

ossification [ˌɒsɪfɪˈkeɪʃən] *n* Verknöcherung, Ossifikation (*spec*) *f*.

ossify [ˈɒsɪfaɪ] **I** *vt* (*lit*) verknöchern lassen; (*fig*) erstarren lassen; (*mind*) unbeweglich machen. **to be/become ossified** (*lit*) verknöchert sein/verknöchern; (*fig*) erstarrt sein/erstarren; unbeweglich sein/ werden (*by* durch). **II** *vi* (*lit*) verknöchern; (*fig*) erstarren; (*mind*) unbeweglich werden.

ostensible *adj*, **~bly** *adv* [ɒˈstensəbl, -ɪ] vorgeblich; (*alleged*) angeblich.

ostentation [ˌɒstenˈteɪʃən] *n* **1.** (*pretentious display*) (*of wealth etc*) Pomp *m*; (*of skills etc*) Großtuerei *f*. **2.** (*obviousness*) penetrante Deutlichkeit. **with ~** demonstrativ, ostentativ.

ostentatious [ˌɒstenˈteɪʃəs] *adj* **1.** (*pretentious*) pompös, protzig (*inf*). **2.** (*conspicuous*) ostentativ, betont auffällig.

ostentatiously [ˌɒstenˈteɪʃəslɪ] *adv see adj*.

ostentatiousness [ˌɒstenˈteɪʃəsnɪs] *n see* **ostentation.**

osteoarthritis [ˌɒstɪəʊɑːˈθraɪtɪs] *n* Arthrose *f*.

osteopath [ˈɒstɪəpæθ] *n* Osteopath(in *f*) *m*.

osteopathy [ˌɒstɪˈɒpəθɪ] *n* Osteopathologie *f*.

ostracism [ˈɒstrəsɪzəm] *n* Ächtung *f*.

ostracize [ˈɒstrəsaɪz] *vt* ächten.

ostrich [ˈɒstrɪtʃ] *n* Strauß *m*.

OT *abbr of* **Old Testament** AT *nt*.

other [ˈʌðəʳ] **I** *adj* **1.** andere(r, s). **~ people** andere (Leute); **some ~ people will come later** später kommen noch ein paar; **there were 6 ~ people there as well** es waren auch noch 6 andere (Leute) da; **do you have any ~ questions?** haben Sie sonst noch Fragen?; **he had no ~ questions** er hatte sonst keine Fragen; **are there any ~s there?** sind noch andere *or* sonst noch ~s there? sind noch andere *or* sonst noch welche da?; **there were no ~s there** es waren sonst keine da; **something/someone or ~** irgend etwas/ jemand; **one or ~ of them will come** einer (von ihnen) wird kommen; **can you tell one from the ~?** kannst du sie auseinanderhalten?; *see* **each, one.**

2. *every* ~ (*alternate*) jede(r, s) zweite.

3. ~ **than** (*except*) außer (+*dat*); (*different to*) anders als.

4. some time or ~ irgendwann (einmal); **some writer/house** *etc* **or** ~ irgend so ein *or* irgendein Schriftsteller *m*/Haus *nt etc*.

II *pron* andere(r, s). **he doesn't like hurting ~s** er mag niemanden verletzen, er mag niemandem weh tun; **there are 6 ~s da** sind noch 6 (andere); **are there any ~s there?** sind noch andere *or* sonst noch welche da?; **there were no ~s there** es waren sonst keine da; **something/someone or ~** irgend etwas/ jemand; **one or ~ of them will come** einer (von ihnen) wird kommen; **can you tell one from the ~?** kannst du sie auseinanderhalten?; *see* **each, one.**

III *adv* **he could do no ~ (than come)** er konnte nicht anders (als kommen); **I've never seen her ~ than with her husband** ich habe sie immer nur mit ihrem Mann gesehen; **somehow or** ~ irgendwie, auf die eine oder andere Weise; **somewhere or ~** irgendwo; **he couldn't do it ~ than well/superficially** er konnte es nur gut/oberflächlich machen.

other-directed [ˈʌðədaɪˈrektɪd] *adj* fremdbestimmt.

otherness [ˈʌðənɪs] *n* Anderssein *nt*, Andersartigkeit *f*.

otherwise [ˈʌðəwaɪz] **I** *adv* **1.** (*in a different way*) anders. **I am ~ engaged** (*form*) ich bin anderweitig beschäftigt; **Richard I., ~ (known as) the Lionheart** Richard I., auch bekannt als Löwenherz, Richard I. oder auch Löwenherz; **you seem to think ~** Sie scheinen anderer Meinung zu sein.
   2. (*in other respects*) sonst, ansonsten (*inf*), im übrigen.
   II *conj* (*or else*) sonst, andernfalls.
   III *adj pred* anders. **poems tragic and ~** tragische und andere Gedichte.

other-worldliness [ˌʌðəˈwɜːldlɪnɪs] *n see adj* Weltferne *f*; Entrücktheit *f*; **other-worldly** *adj attitude* weltfern; *person also* nicht von dieser Welt; *smile, expression* entrückt.

otitis [əʊˈtaɪtɪs] *n* Mittelohrentzündung *f*.

otter [ˈɒtəʳ] *n* Otter *m*.

Ottoman [ˈɒtəmən] **I** *adj* osmanisch, ottomanisch (*rare*). **II** *n* Osmane *m*, Osmanin *f*.

ottoman [ˈɒtəmən] *n* Polstertruhe *f*.

ouch [aʊtʃ] *interj* autsch.

ought¹ [ɔːt] *v aux* **1.** (*indicating moral obligation*) **I ~ to do it** ich sollte *or* müßte es tun; **he ~ to have come** er hätte kommen sollen *or* müssen; **this ~ to have been done** das hätte man tun sollen *or* müssen; **~ I to go too? — yes, you ~ (to)/no, you ~n't (to)** sollte *or* müßte ich auch (hin)gehen? — ja doch/nein, das sollen Sie nicht; **he thought he ~ to tell you/you ~ to know** er meinte, er sollte Ihnen das sagen/Sie sollten das wissen; **people have come who ~ not to have done** es sind Leute gekommen, die nicht hätten kommen sollen; **~/~n't you to have left by now?** hätten Sie schon/hätten Sie nicht schon gehen müssen?; **cars are parked where they ~ not to be** Autos sind an Stellen geparkt, wo sie nicht hingehören.
   2. (*indicating what is right, advisable, desirable*) **you ~ to see that film** den Film sollten Sie sehen; **you ~ to have seen his face** sein Gesicht hätten Sie sehen müssen; **she ~ to have been a teacher** sie hätte Lehrerin werden sollen.
   3. (*indicating probability*) **he ~ to win the race** er müßte (eigentlich) das Rennen gewinnen; **come at six, that ~ to be early enough** komm um sechs, das sollte *or* müßte früh genug sein; **that ~ to do** das dürfte wohl *or* müßte reichen; **he ~ to be here soon** er müßte bald hier sein; **he ~ to have left by now** er müßte inzwischen gegangen *or* abgefahren sein; **... and I ~ to know!** ... und ich muß es doch wissen!

ought² *n see* **aught.**

ounce [aʊns] *n* Unze *f*. **if he had an ~ of sense** wenn er nur einen Funken *or* für fünf Pfennig (*inf*) Verstand hätte.

our [ˈaʊə] *poss adj* unser. **these are ~ own make** die stellen wir selbst her; **O~ Father** (*in prayer*) Vater unser; *see also* **my I.**

ours [ˈaʊəz] *poss pron* unsere(r, s). *see also* **mine¹.**

ourself [ˌaʊəˈself] *pers pron* (*form*) (wir) selbst.

ourselves [ˌaʊəˈselvz] *pers pron* (*dir, indir obj +prep*) uns; (*emph*) selbst; *see also* **myself.**

oust [aʊst] *vt* (*get, drive out*) herausbekommen; *sth stuck also* freibekommen; *government* absetzen; *politician, colleague etc* ausbooten (*inf*), absägen (*inf*); *heckler, anglicisms* entfernen; *rivals* ausschalten; (*take place of*) verdrängen. **to ~ sb from office/his post** jdn aus seinem Amt/seiner Stellung entfernen *or* (*by intrigue*) hinausmanövrieren.

out [aʊt] **I** *adv* **1.** (*not in container, car etc*) außen; (*not in building, room*) draußen; (*indicating motion*) (*seen from inside*) hinaus, raus (*inf*); (*seen from ~side*) heraus, raus (*inf*). **to be ~** weg sein; (*when visitors come*) nicht da sein; **they're ~ in the garden/~ playing** sie sind draußen im Garten/sie spielen draußen; **they are ~ fishing/shopping** sie sind zum Fischen/Einkaufen (gegangen), sie sind fischen/einkaufen; **he's ~ in his car** er ist mit dem Auto unterwegs; **she was ~ all night** sie war die ganze Nacht weg; **it's cold ~ here/there** es ist kalt hier/da *or* dort draußen; **~ you go!** hinaus *or* raus (*inf*) mit dir!; **~!** raus (hier)!; **~ with him!** hinaus *or* raus (*inf*) mit ihm!; **~ it goes!** hinaus damit, raus damit (*inf*); **~ everybody ~!** alle Mann *or* alles raus!; **he likes to be ~ and about** er ist gern unterwegs; **we had a day ~ at the beach/in London** wir haben einen Tag am Meer/in London verbracht; **the journey ~** die Hinreise; (*seen from destination*) die Herfahrt; **the goods were damaged on the journey ~** die Waren sind auf dem Transport beschädigt worden; **the book is ~** (*from library*) das Buch ist ausgeliehen *or* unterwegs (*inf*); **the Socialists are ~** die Sozialisten sind nicht mehr an der Regierung; **the workers are ~** (*on strike*) die Arbeiter streiken *or* sind im Ausstand; **school is ~** die Schule ist aus; **the tide is ~** es ist Ebbe.
   2. (*indicating distance*) **when he was ~ in Persia** als er in Persien war; **to go ~ to China** nach China fahren; **~ in the Far East** im Fernen Osten; **~ here in Australia** hier in Australien; **Wilton Street? isn't that ~ your way?** Wilton Street? ist das nicht da (hinten) bei euch in der Gegend?; **the boat was ten miles ~** das Schiff war zehn Meilen weit draußen; **five days ~ from Liverpool** (*Naut*) fünf Tage nach dem Auslaufen in/vor Liverpool; **five miles ~ from harbour** fünf Meilen vom Hafen weg, fünf Meilen vor dem Hafen.
   3. to be ~ (*sun*) (he)raus *or* draußen sein; (*stars, moon*) am Himmel stehen (*geh*), dasein; (*flowers*) blühen.
   4. (*in existence*) **the worst newspaper/best car ~** die schlechteste Zeitung/das beste Auto, die/das es zur Zeit gibt, die schlechteste Zeitung/das beste Auto überhaupt; **to be ~** (*be published*) herausgekommen sein; **when will it be ~?** wann

kommt es heraus?; **there's a warrant ~ for him** es besteht Haftbefehl gegen ihn.

5. (*not in prison*) **to be ~** draußen sein; (*seen from ~side also*) (he)raus sein; **to come ~** (he)rauskommen.

6. (*in the open, known*) **their secret was ~** ihr Geheimnis war bekanntgeworden; **the results are ~** die Ergebnisse sind (he)raus; **the news will ~** die Neuigkeit will heraus; **~ with it!** heraus damit!

7. (*to or at an end*) **before the day/month is/was ~** vor Ende des Tages/Monats.

8. (*light, fire*) aus.

9. (*not in fashion*) aus der Mode, passé.

10. (*Sport*) (*ball*) aus; (*player*) aus(geschlagen), out.

11. (*~ of the question, not permissible*) ausgeschlossen, nicht drin (*inf*).

12. (*worn ~*) **the jacket is ~ at the elbows** die Jacke ist an den Ellbogen durch.

13. (*indicating error*) **he was ~ in his calculations, his calculations were ~** er lag mit seinen Berechnungen daneben (*inf*) *or* falsch (*inf*), er hatte sich in seinen Berechnungen geirrt; **not far ~!** beinah(e) (richtig)!; **you're not far ~** Sie haben es fast (getroffen); **you're far** *or* **way ~!** weit gefehlt! (*geh*), da hast du dich völlig vertan (*inf*); **we were £5/20% ~** wir hatten uns um £ 5/20% verrechnet *or* vertan (*inf*); **that's £5/20% ~** das stimmt um £ 5/20% nicht; **the perspective is just a little bit ~** die Perspektive stimmt nicht ganz; **my clock is 20 minutes ~** meine Uhr geht 20 Minuten falsch *or* verkehrt.

14. (*indicating loudness, clearness*) **speak ~ loud** sprechen Sie laut/lauter; **they shouted ~** (**loud**) sie riefen laut (und vernehmlich); **please speak ~** bitte sprechen Sie laut.

15. (*indicating purpose*) **to be ~ for sth** auf etw (*acc*) aussein; **to be ~ for a good time** sich amüsieren wollen; **to be ~ for trouble** Streit suchen; **she was ~ to pass the exam** sie war (fest) entschlossen, die Prüfung zu bestehen; **he's ~ for all he can get** er will haben, was er nur bekommen kann; **he's ~ to get her** er ist hinter ihr her; **he's just ~ to make money** es ist ihr nur auf Geld aus, ihm geht es nur um Geld.

16. (*unconscious*) **to be ~** bewußtlos *or* weg (*inf*) sein; (*drunk*) weg *or* hinüber sein (*inf*); (*asleep*) weg (*inf*) *or* eingeschlafen sein.

17. (*dirt, stain etc*) (he)raus.

18. **~ and away** weitaus, mit Abstand.

II *n* **1.** *see* **in. 2.** (*esp US inf: way ~*) Hintertür *f*.

III *prep* aus (+*dat*). **to go ~ the door/window** zur Tür/zum Fenster hinausgehen; *see also* **out of.**

out- *pref with vbs* **to ~-dance** *etc* **sb** jdn im Tanzen *etc* übertreffen, besser als jd tanzen *etc*.

outact [,aʊtˈækt] *vt* an die Wand spielen.

out-and-out [ˈaʊtənˈaʊt] *adj liar* Erz-, ausgemacht; *fool* vollkommen, ausgemacht; *defeat* völlig, total. **he is an ~ revolutionary** er ist ein Revolutionär durch und durch; **it's an ~ disgrace** das ist eine bodenlose Schande.

outargue [,aʊtˈɑːgjuː] *vt* in der Diskussion überlegen sein (+*dat*).

outback [ˈaʊtbæk] (*in Australia*) **I** *n*: **the ~** das Hinterland. **II** *attr* **an ~ farm** eine Farm im Hinterland.

outbid [,aʊtˈbɪd] *vt irreg* überbieten; **outboard I** *adj motor* Außenbord-; **~ motorboat** Motorboot *nt* mit Außenbordmotor; **II** *n* Außenborder *m* (*inf*); **outbound** *adj ship* auslaufend, ausfahrend; **outbox** *vt sb* besser boxen als.

outbreak [ˈaʊtbreɪk] *n* (*of war, hostility, disease*) Ausbruch *m*. **if there should be an ~ of fire** wenn ein Brand *or* Feuer ausbricht; **~ of feeling/anger** Gefühls-/Zornesausbruch *m*.

outbuilding [ˈaʊtbɪldɪŋ] *n* Nebengebäude *nt*.

outburst [ˈaʊtbɜːst] *n* (*of joy, anger*) Ausbruch *m*. **~ of temper** *or* **anger** *etc*/**feeling** Wutanfall *m*/(Gefühls)ausbruch *m*.

outcast [ˈaʊtkɑːst] **I** *n* Ausgestoßene(r) *mf*, Geächtete(r) *mf*; (*animal*) Ausgestoßene(r) *mf*, Outcast *m*. **social ~** Außenseiter *m* der Gesellschaft; **he was treated as an ~** er wurde zum Außenseiter gestempelt; **one of the party's ~s** einer der von der Partei Verstoßenen.

II *adj* ausgestoßen, verstoßen.

outclass [,aʊtˈklɑːs] *vt* voraus *or* überlegen sein (+*dat*), in den Schatten stellen.

outcome [ˈaʊtkʌm] *n* Ergebnis, Resultat *nt*. **what was the ~?** was ist dabei herausgekommen?; **I don't know whether there'll be any immediate ~** ich weiß nicht, ob es unmittelbar zu einem Ergebnis führen wird.

outcrop [ˈaʊtkrɒp] *n* **1.** (*Geol*) **an ~** (**of rock**) eine Felsnase. **2.** (*fig*) (*of riots etc*) (plötzlicher) Ausbruch; (*undesirable consequence*) Auswuchs *m*.

outcry [ˈaʊtkraɪ] *n* Aufschrei *m* der Empörung (*against* über +*acc*); (*public protest*) Protestwelle *f* (*against* gegen). **to raise an ~ against sb/sth** gegen jdn/etw (lautstarken) Protest erheben; **there was a general ~ about the increase in taxes** eine Welle des Protests erhob sich wegen der Steuererhöhung.

outdated [,aʊtˈdeɪtɪd] *adj idea, theory* überholt; *machine, word, style, custom* veraltet; **outdistance** *vt* hinter sich (*dat*) lassen, abhängen (*inf*); **Y was ~d by X** Y fiel hinter X (*dat*) zurück.

outdo [,aʊtˈduː] *vt irreg* übertreffen, überragen, überbieten (*sb in sth* jdn an etw *dat*). **he can ~ him in every sport** er ist ihm in jeder Sportart überlegen; **but Jimmy was not to be outdone** aber Jimmy wollte da nicht zurückstehen.

outdoor [ˈaʊtdɔː] *adj* **~ games** Freiluftspiele *pl*, Spiele *pl* für draußen *or* im Freien; **~ shoes** Straßenschuhe *pl*; **~ clothes** wärmere Kleidung; **~ type** sportlicher Typ; **to lead an ~ life** viel im Freien sein; **~ swimming pool** Freibad *nt*; **~ shot** (*Film*) Außenaufnahme *f*.

outdoors [ˈaʊtˈdɔːz] **I** *adv live, play, sleep* draußen, im Freien. **to go ~** nach draußen gehen, rausgehen (*inf*); **go ~ and play** geh draußen spielen. **II** *n* **the great ~** (*hum*) die freie Natur.

outer [ˈaʊtəʳ] *adj attr* äußere(r, s); *door etc* also Außen-. ~ **garments** Oberbekleidung, Überkleidung *f*; ~ **man** (*appearance*) äußere Erscheinung, Äußere(s) *nt*; ~ **space** der äußere Weltraum.

Outer Hebrides [ˌaʊtəˈhebrɪdiːz] *npl* Äußere Hebriden *pl*.

outermost [ˈaʊtəməʊst] *adj* äußerste(r, s).

outfall [ˈaʊtfɔːl] **I** *n* (*of drain, sewer*) Ausfluß *m*; **II** *attr sewer, pipe* Ausfluß-; **outfield** *n* (*Sport*) (*place*) Außenfeld *nt*; (*people*) Außenfeldspieler *pl*; **outfielder** *n* Außenfeldspieler *m*; **outfight** *vt irreg* besser kämpfen als; (*defeat*) bezwingen.

outfit [ˈaʊtfɪt] *n* **1.** (*clothes*) Kleidung *f*, Kleider *pl*; (*Fashion*) Ensemble *nt*; (*fancy dress*) Kostüm *nt*; (*uniform*) Kluft *f*. is that a new ~ you're wearing? hast du dich neu eingekleidet? **2.** (*equipment*) Ausrüstung *f*. **3.** (*inf*) (*organization*) Laden (*inf*), Verein (*inf*) *m*; (*Mil*) Einheit, Truppe *f*.

outfitter [ˈaʊtfɪtəʳ] *n* (*of ships*) Ausrüster *m*. **gentlemen's** ~'s Herrenausstatter *m*; **sports** ~'s Sport(artikel)geschäft *nt*.

outflank [ˌaʊtˈflæŋk] *vt* **1.** (*Mil*) *enemy* umfassen, von der Flanke/den Flanken angreifen; **2.** (*fig: outwit*) überlisten, aufs Kreuz legen (*sl*); **outflow** *n* (*of gutter*) Ausfluß, Abfluß *m*; (*of water etc*) (*act*) Abfließen, Ausfließen *nt*, Abfluß, Ausfluß *m*; (*amount*) Ausfluß(menge *f*) *m*; (*of lava*) Ausfließen *nt*; Ausfluß, Auswurf *m*; (*of gas*) Ausströmen *nt*; Ausströmungsmenge *f*; (*of money*) Abfließen *nt*; Abfluß *m*; **outfly** *vt irreg* (fliegerisch) überlegen sein (*sb/sth* jdm/einer Sache); (*pilot also*) ein besserer Flieger sein als; **outfox** *vt* überlisten, austricksen (*inf*); **outgo** *n* (*US*) Ausgabe(n *pl*) *f*.

outgoing [ˌaʊtˈgəʊɪŋ] **I** *adj* **1.** *tenant* ausziehend; *office-holder* scheidend; *train, boat* hinausfahrend; *flight, plane* hinausgehend; *pipe, cable* wegführend, hinausführend. ~ **tide** ablaufendes Wasser, Ebbe *f*; **the ~ flight for New York** der Flug nach New York. **2.** *personality* aus sich herausgehend, kontaktfreudig. **II** *npl* ~s Ausgaben *pl*.

outgrow [ˌaʊtˈgrəʊ] *vt irreg* **1.** *clothes* herauswachsen aus. **2.** *habit* entwachsen (+*dat*), hinauswachsen über (+*acc*); *opinion* sich hinausentwickeln über (+*acc*). **he has ~n such childish pastimes** über solche Kindereien ist er hinaus. **3.** (*grow taller than*) (*tree*) hinauswachsen über (+*acc*); (*person*) über den Kopf wachsen (+*dat*).

outgrowth [ˈaʊtgrəʊθ] *n* (*offshoot*) Auswuchs *m*; (*fig*) Folge *f*.

outhouse [ˈaʊthaʊs] *n* Seitengebäude *nt*.

outing [ˈaʊtɪŋ] *n* Ausflug *m*. **school/firm's** ~ Schul-/ Betriebsausflug *m*; **to go on an** ~ einen Ausflug machen.

outlandish [ˌaʊtˈlændɪʃ] *adj* absonderlich, sonderbar; *behaviour also* befremdend, befremdlich; *idea etc also* verschroben (*pej*), wunderlich; *prose etc* eigenwillig; *name* ausgefallen; *wallpaper, colour-combination etc* ausgefallen, eigenwillig;

prices haarsträubend. **such** ~ **nonsense** solch unglaublicher Unsinn.

outlandishly [ˌaʊtˈlændɪʃlɪ] *adv* sonderbar, absonderlich; *decorated, portrayed* eigenwillig; *expensive* haarsträubend.

outlandishness [ˌaʊtˈlændɪʃnɪs] *n see adj* Absonderlichkeit, Sonderbarkeit *f*; Befremdlichkeit *f*; Verschrobenheit (*pej*), Wunderlichkeit *f*; Eigenwilligkeit *f*; Ausgefallenheit *f*.

outlast [ˌaʊtˈlɑːst] *vt* (*person*) (*live longer*) überleben; (*endure longer*) länger aushalten als; (*thing*) länger halten als; (*idea etc*) überdauern, sich länger halten als.

outlaw [ˈaʊtlɔː] **I** *n* Geächtete(r), Vogelfreie(r) *mf*; (*in western etc*) Bandit *m*. **to declare sb an** ~ jdn ächten, jdn (für) vogelfrei erklären. **II** *vt* war ächten; *person also* (für) vogelfrei erklären; *newspaper, action etc* für ungesetzlich erklären, verbieten.

outlawry [ˈaʊtlɔːrɪ] *n* Achtung *f*; (*defiance*) Gesetzlosigkeit *f*.

outlay [ˈaʊtleɪ] *n* (Kosten)aufwand *m*; (*recurring, continuous*) Kosten *pl*. **the initial** ~ die anfänglichen Aufwendungen; **capital** ~ Kapitalaufwand *m*; **to recover one's** ~ seine Auslagen wieder hereinholen *or* -bekommen; (*business*) die Unkosten hereinwirtschaften.

outlet [ˈaʊtlet] **I** *n* **1.** (*for water etc*) Abfluß, Auslaß *m*; (*for steam etc*) Abzug *m*; (*of river*) Ausfluß *m*. **2.** (*Comm*) Absatzmöglichkeit *f* *or* -markt *m*; (*merchant*) Abnehmer *m*; (*shop*) Verkaufsstelle *f*. **3.** (*fig*) (*for talents etc*) Betätigungsmöglichkeit *f*; (*for emotion*) Ventil *nt*. **II** *attr* (*Tech*) *drain, pipe* Auslaß-, Abfluß-; (*for steam etc*) Abzugs-; *valve* Auslaß-.

outline [ˈaʊtlaɪn] **I** *n* **1.** (*of objects*) Umriß *m*; (*line itself*) Umrißlinie *f*; (*silhouette*) Silhouette *f*; (*of face*) Züge *pl*. **to draw sth in** ~ etw im Umriß *or* in Umrissen zeichnen. **2.** (*fig: summary*) Grundriß, Abriß *m*. **in (broad)** ~ in großen *or* groben Zügen; **just give (me) the broad** ~s umreißen *or* skizzieren Sie es (mir) grob; ~**s of botany** Abriß *m or* Grundzüge *pl* der Botanik. **3.** (*Shorthand*) Kürzel, Sigel, Sigle *nt*. **II** *attr drawing, map* Umriß-. **III** *vt* **1.** (*draw outer edge of*) umreißen, den Umriß *or* die Umrisse zeichnen (+*gen*). **she stood there ~d against the sunset** ihre Silhouette zeichnete sich gegen die untergehende Sonne ab. **2.** (*give summary of*) umreißen.

outlive [ˌaʊtˈlɪv] *vt* **1.** (*live longer than*) *person* überleben; *century* überdauern. **to have ~d one's usefulness** ausgedient haben; (*method, system*) sich überlebt haben. **2.** (*come safely through*) *storm etc* überstehen; *disgrace etc* sich reinigen (können) von (*geh*), frei werden von.

outlook [ˈaʊtlʊk] *n* **1.** (*view*) (Aus)blick *m*, Aussicht *f* (*over* über +*acc*, *on to* auf +*acc*). **2.** (*prospects*) (Zukunfts)aussichten *pl*; (*Met*) Aussichten *pl*.

3. (*mental attitude*) Einstellung *f*. **his ~ (up)on life** seine Lebensauffassung *or* Einstellung zum Leben; **narrow ~** beschränkter Horizont, (geistige) Beschränktheit; **if you adopt such a narrow ~** wenn Sie die Dinge so eng sehen.

outlying [ˈaʊtˌlaɪɪŋ] *adj* (*distant*) entlegen, abgelegen; (*outside the town boundary*) umliegend; *district* (*of town*) Außen-, äußere(r, s); **outmanoeuvre**, (*US*) **outmaneuver** *vt* (*Mil, fig*) ausmanövrieren; (*in rivalry*) ausstechen; **outmatch** *vt* übertreffen, überlegen sein (+*dat*); **outmoded** *adj* unzeitgemäß, altmodisch; *literary style etc also* verstaubt; *ideas etc also* überholt, verstaubt; *design etc also* antiquiert; *technology etc also* überholt, veraltet; **outmost I** *adj* äußerste(r, s); *regions etc also* entlegenste(r, s); **II** *n*: **at the ~** äußerstenfalls, im äußersten Falle.

outnumber [ˌaʊtˈnʌmbəʳ] *vt* in der Mehrzahl *or* Überzahl sein gegenüber; (*in fight etc also*) zahlenmäßig überlegen sein (+*dat*); (*in survey, poll etc also*) in der Mehrheit sein gegenüber. **we were ~ed (by them)** wir waren (ihnen gegenüber) in der Minderzahl; wir waren (ihnen) zahlenmäßig unterlegen; wir waren (ihnen gegenüber) in der Minderheit; **we were ~ed five to one** sie waren fünfmal so viele wie wir; wir waren (ihnen) zahlenmäßig fünffach unterlegen; wir waren im Verhältnis fünf zu eins in der Minderheit.

out of *prep* **1.** (*outside, away from*) (*position*) nicht in (+*dat*), außerhalb (+*gen*); (*motion*) aus (+*dat*); (*fig*) außer (+*dat*). **I'll be ~ town all week** ich werde die ganze Woche (über) nicht in der Stadt sein; **to go/be ~ the country** außer Landes gehen/sein; **he was ~ the room at the time** er war zu dem Zeitpunkt nicht im Zimmer; **he walked ~ the room** er ging aus dem Zimmer (hinaus); **he went ~ the door** er ging zur Tür hinaus; **to look ~ the window** aus dem Fenster sehen, zum Fenster hinaus-/herausgucken; **I saw him ~ the window** ich sah ihn durchs Fenster; **~ danger/sight** außer Gefahr/Sicht; **get ~ my sight!** geh mir aus den Augen!; **he feels ~ it** (*inf*) er kommt sich (*dat*) ausgeschlossen vor, er fühlt sich ausgeschlossen; **they were 150 miles ~ Hamburg** (*Naut*) sie waren 150 Meilen von Hamburg weg *or* vor Hamburg; **three days ~ port** drei Tage nach dem Auslaufen aus dem Hafen/vor dem Einlaufen in den Hafen; **he lives 10 miles ~ London** er wohnt 10 Meilen außerhalb Londons; **you're well ~ it** so ist es auch besser für dich.

2. (*cause, motive*) aus (+*dat*). **~ curiosity** aus Neugier.

3. (*indicating origins or source*) aus (+*dat*). **to drink ~ a glass** aus einem Glas trinken; **made ~ silver** aus Silber (gemacht); **a filly ~ the same mare** ein Fohlen *nt* von derselben Stute; **a scene ~ a play** eine Szene aus einem Stück; **it's like something ~ a nightmare** es ist wie in einem Alptraum.

4. (*from among*) von (+*dat*). **in seven cases ~ ten** in sieben von zehn Fällen; **one ~ every four smokers** einer von vier Rauchern; **he picked one ~ the pile** er nahm einen aus dem Stapel (heraus).

5. (*without*) **~ breath** außer Atem; **we are ~ money/petrol/bread** wir haben kein Geld/Benzin/Brot mehr, das Geld/Benzin/Brot ist alle (*inf*); *see other nouns*.

out-of-date [ˌaʊtəvˈdeɪt] *adj, pred* **out of date** *methods, technology, ideas* überholt, veraltet; *clothes, records* altmodisch, unmodern; *customs* veraltet; **you're ~** Sie sind nicht auf dem laufenden; **out-of-doors** *adv see* **outdoors I**; **out-of-pocket** *adj*, **out of pocket** *pred* **~ expenses** Barauslagen *pl*; **I was £5 ~** ich habe £ 5 aus eigener Tasche bezahlt; **I'm still £2 ~** ich habe immer noch £ 2 zuwenig; **out-of-the-way** *adj*, **out of the way** (*remote*) *spot* abgelegen, aus der Welt; (*unusual*) *theory* ungewöhnlich; (*not commonly known*) *facts* wenig bekannt; **outpatient** *n* ambulanter Patient, ambulante Patientin; **~s' (department)** Ambulanz *f*; **~s' hospital** *or* **clinic** Poliklinik *f*; **outplay** *vt* (*Sport*) besser spielen als, überlegen sein (+*dat*); **outpoint** *vt* auspunkten; **outpost** *n* (*Mil, fig*) Vorposten *m*; **outpouring** *n often pl* Erguß *m* (*fig*).

output [ˈaʊtpʊt] *n* (*of machine, factory, person*) (*act*) Produktion *f*; (*quantity also*) Ausstoß *m*, Output *m or nt*; (*rate of ~ also*) (Produktions)leistung *f*, Output *m or nt*; (*quantity in agriculture also*) Ertrag *m*; (*Elec*) Leistung *f*; (*~ terminal*) Ausgang *m*; (*capacity of amplifier*) (Ausgangs)leistung *f*; (*of mine*) Förderung *f*; (*quantity*) Fördermenge *f*; (*rate of ~*) Förderleistung *f*; (*of computer*) Ausgangsinformation, Ausgabe *f*, Output *m or nt*. **effective ~ of a machine** Nutzleistung *f* einer Maschine; **this factory has an ~ of 600 radios a day** diese Fabrik produziert täglich 600 Radios.

outrage [ˈaʊtreɪdʒ] **I** *n* **1.** (*wicked, violent deed*) Schandtat, Untat (*geh*) *f*; (*cruel also*) Greueltat *f*; (*by police, demonstrators etc*) Ausschreitung *f*. **bomb ~** verbrecherischer Bombenanschlag.

2. (*indecency, injustice*) Skandal *m*. **it's an ~ to waste food** es ist ein Skandal *or* Frevel, Essen umkommen zu lassen; **an ~ against humanity** ein Verbrechen *nt* gegen die Menschlichkeit; **an ~ against common decency** eine empörende Verletzung *or* eine Verhöhnung des allgemeinen Anstandsgefühls; **an ~ against public morality** ein empörender Verstoß gegen die guten Sitten *or* die öffentliche Moral.

3. (*sense of ~*) Empörung, Entrüstung *f* (*at* über +*acc*). **he reacted with (a sense of) ~** er war empört *or* entrüstet.

II [aʊtˈreɪdʒ] *vt morals, conventions* ins Gesicht schlagen (+*dat*), hohnsprechen (+*dat*) (*geh*); *sense of decency* beleidigen; *ideals* mit Füßen treten, *person* empören, entrüsten. **public opinion was ~d by this cruelty/injustice** die öffentliche Meinung war über diese Grausamkeit/Ungerechtigkeit empört; **he deliberately**

set out to ~ **his critics** er hatte es darauf angelegt, seine Kritiker zu schockieren.
outrageous [aʊtˈreɪdʒəs] *adj* **1.** (*cruel, violent*) greulich, verabscheuenswürdig. **murder, rape, and other ~ deeds** Mord, Vergewaltigung und andere Untaten.

2. unerhört, empörend; *demand, insolence, arrogance etc also* unglaublich, unverschämt; *conduct, exaggeration, nonsense also* haarsträubend, hanebüchen (*inf*); *language* entsetzlich, unflätig; *lie* unerhört, unverschämt; *charge, defamation etc* ungeheuerlich; *clothes, make-up etc* ausgefallen, unmöglich (*inf*); (*indecent*) geschmacklos; *complexity, selfishness* unglaublich, unerhört.

outrageously [aʊtˈreɪdʒəslɪ] *adv* fürchterlich; *lie* schamlos; *exaggerate also* maßlos, haarsträubend; *swear also* entsetzlich, unflätig; *made-up also, dressed* haarsträubend, unmöglich (*inf*); *selfish also* unglaublich, haarsträubend. **he suggested/demanded quite ~ that** ... er machte den unerhörten Vorschlag/er stellte die unerhörte Forderung, daß ...

outrange [ˌaʊtˈreɪndʒ] *vt* eine größere Reichweite haben als; **outrank** *vt* (*Mil*) rangmäßig stehen über (+*dat*).

outré [ˈuːtreɪ] *adj* überspannt, extravagant.

outride [ˌaʊtˈraɪd] *vt irreg* besser reiten als; (*on bike*) besser fahren als; (*outdistance*) davonreiten (+*dat*)/-fahren (+*dat*); **he can't be outridden** mit ihm kann keiner mithalten; **outrider** *n* (*on motorcycle*) Kradbegleiter *m*; **outrigger** *n* (*Naut*) Ausleger *m*; (*boat*) Auslegerboot *nt*.

outright [aʊtˈraɪt] **I** *adv* **1.** (*entirely*) **to buy sth ~** etw ganz kaufen; (*not on HP*) den ganzen Preis für etw sofort bezahlen.

2. (*at once*) **kill** sofort, auf der Stelle, gleich. **he felled him ~** er streckte ihn mit einem einzigen Schlag zu Boden.

3. (*openly*) geradeheraus, unumwunden, ohne Umschweife.

II [ˈaʊtraɪt] *adj* **1.** (*complete*) ausgemacht; *deception, lie also* rein, glatt (*inf*); *nonsense also* total, absolut; *disaster, loss* völlig, vollkommen, total; *refusal, denial* total, absolut, glatt (*inf*); *defeat, error* gründlich, ausgesprochen, absolut. **that's ~ arrogance/impertinence/deception/selfishness** das ist die reine Arroganz/Unverschämtheit/das ist reiner *or* glatter (*inf*) Betrug/reiner Egoismus; **~ sale** (*Comm*) Verkauf *m* gegen sofortige Zahlung der Gesamtsumme.

2. (*open*) *person* offen.

outrun [ˌaʊtˈrʌn] *vt irreg* schneller laufen als; (*outdistance*) davonlaufen (+*dat*); (*in race also*) schlagen; (*fig*) übersteigen; **outset** *n* Beginn, Anfang *m*; **at the ~** zu *or* am Anfang; **from the ~** von Anfang an, von Anbeginn (*geh*); **let me make it quite clear at the ~ that** ... lassen Sie mich von vornherein klarstellen, daß ...; **outshine** *vt irreg* überstrahlen (*geh*), heller sein als; (*fig*) in den Schatten stellen.

outside [ˈaʊtˈsaɪd] **I** *n* **1.** (*of house, car, object*) Außenseite *f*. **the ~ of the car is green** das Auto ist (von) außen grün; **to open the door from the ~** die Tür von außen öffnen;

to stay on the ~ of a group sich in einer Gruppe im Hintergrund halten; **people on the ~ (of society)** Menschen außerhalb der Gesellschaft; **to overtake on the ~** außen überholen; **he sees it from the ~** (*fig*) er sieht es von außen *or* als Außenstehender.

2. (*extreme limit*) **at the (very) ~** im äußersten Falle, äußerstenfalls.

II *adj* **1.** (*external*) Außen-, äußere(r, s). **~ aerial** Außenantenne *f*; **an ~ broadcast** eine nicht im Studio produzierte Sendung; **to get some ~ help** Hilfe von außen holen; **~ influences** äußere Einflüsse, Einflüsse von außen; **the ~ lane** die äußere Spur, die Überholspur; **~ seat** (*in a row*) Außensitz *m*, Platz *m* am Gang; **~ work** Außendienst *m*; **I'm doing ~ work on the dictionary** ich arbeite freiberuflich am Wörterbuch mit; **~ world** Außenwelt *f*.

2. *price* äußerste(r, s). **at an ~ estimate** maximal.

3. (*very unlikely*) **an ~ chance** eine kleine Chance.

III *adv* (*on the outer side*) außen; (*of house, room, vehicle*) draußen. **to be/go ~** draußen sein/nach draußen gehen; **seen from ~** von außen gesehen; **I feel ~ it all** ich komme mir so ausgeschlossen vor.

IV *prep* (*also* **~ of**) **1.** (*on the outer side of*) außerhalb (+*gen*). **to be/go ~ sth** außerhalb einer Sache sein/aus etw gehen; **he went ~ the house** er ging aus dem/vors/hinters Haus, er ging nach draußen; **he is waiting ~ the door** er wartet vor der Tür; **the car ~ the house** das Auto vorm Haus.

2. (*beyond limits of*) außerhalb (+*gen*). **it is ~ our agreement** es geht über unsere Vereinbarung hinaus; **this falls ~ the scope of** ... das geht über den Rahmen (+*gen*) ... hinaus.

3. (*apart from*) außer (+*dat*), abgesehen von (+*dat*).

outside half *n* (*Rugby*) äußerer Halb(spieler); **outside left** *n* (*Ftbl, Hockey*) Linksaußen(spieler) *m*.

outsider [ˌaʊtˈsaɪdər] *n* Außenseiter(in *f*), Outsider *m*.

outside right *n* (*Ftbl, Hockey*) Rechtsaußen(spieler) *m*.

outsize [ˈaʊtsaɪz] *adj* **1.** übergroß; **~ clothes** Kleidung *f* in Übergröße, Übergrößen *pl*; **2.** (*inf: enormous*) riesig; **outskirts** *npl* (*of town*) Außen- *or* Randgebiete *pl*, Stadtrand *m*; (*of wood*) Rand *m*; **outsmart** *vt* (*inf*) überlisten, austricksen (*inf*).

outspoken [ˌaʊtˈspəʊkən] *adj* *person, criticism, speech, book* freimütig; *remark* direkt; *answer also* unverblümt. **he is ~** er nimmt kein Blatt vor den Mund.

outspokenly [ˌaʊtˈspəʊkənlɪ] *adv* geradeheraus, unverblümt; *answer, write also* freimütig; *remark also* direkt.

outspokenness [ˌaʊtˈspəʊkənnɪs] *n see adj* Freimütigkeit *f*; Direktheit *f*; Unverblümtheit *f*.

outspread [ˈaʊtspred] **I** *adj* ausgebreitet. **II** *vt irreg* ausbreiten.

outstanding [ˌaʊtˈstændɪŋ] *adj* **1.** (*exceptional*) hervorragend; *talent, beauty,* *brilliance* außerordentlich, überragend. **of ~ ability** hervorragend *or* außerordentlich begabt; **work of ~ excellence** ganz ausgezeichnete Arbeit; **of ~ importance** von höchster Bedeutung.

2. (*prominent, conspicuous*) *event* bemerkenswert; *detail* auffallend; *feature* hervorstechend, auffallend.

3. (*Comm, Fin*) *business* unerledigt; *account, bill, interest* ausstehend. **a lot of work is still ~** viel Arbeit ist noch unerledigt; **are there any problems still ~?** gibt es noch irgendwelche ungeklärten Probleme?; **~ debts** Außenstände *pl*.

outstandingly [ˌaʊtˈstændɪŋlɪ] *adv* hervorragend.

outstation [ˈaʊtˌsteɪʃn] *n* Vorposten *m*; **outstay** *vt* länger bleiben als; **I don't want to ~ my welcome** ich will eure Gastfreundschaft nicht überbeanspruchen *or* nicht zu lange in Anspruch nehmen; **outstretched** *adj body* ausgestreckt; *arms also* ausgebreitet; *vt* **1.** überholen; **2.** (*fig*) übertreffen (*in an* +*dat*); **outswim** *vt irreg* **to ~ sb** jdm davonschwimmen; **out-tray** *n* Korb *m* für Ausgänge; **outvote** *vt* überstimmen.

outward [ˈaʊtwəd] **I** *adj* **1.** (*of or on the outside*) *appearance, form* äußere(r, s); *beauty* äußerlich. **that's only his ~ self** so erscheint er nur nach außen hin; **he spoke with an ~ show of confidence** er gab sich den Anstrich von Selbstsicherheit.

2. (*going out*) *movement* nach außen führend *or* gehend; *freight* ausgehend; *journey, voyage* Hin-. **the ~ flow of traffic** der Verkehr aus der Stadt heraus.

II *adv* nach außen. **the door opens ~** die Tür geht nach außen auf; **~ bound** (*ship*) auslaufend (*from* von, *for* mit Bestimmung, *mit Kurs auf* +*acc*); **O~ Bound course** Abenteuerkurs *m*.

outwardly [ˈaʊtwədlɪ] *adv* nach außen hin. **outwards** [ˈaʊtwədz] *adv* nach außen.

outwear [ˌaʊtˈwɛəʳ] *vt irreg* **1.** (*last longer than*) überdauern, länger halten als; **2.** (*wear out*) *clothes* abtragen; *see also* **outworn; outweigh** *vt* (*argument*) überwiegen, mehr Gewicht haben als; **outwit** *vt* überlisten; (*in card games etc*) austricksen (*inf*); **outwork** *n* (*Mil*) Außenwerk *nt*; **outworn** *adj idea, subject, expression* abgedroschen, abgenutzt; *custom, doctrine* veraltet.

ova [ˈəʊvə] *pl of* **ovum**.

oval [ˈəʊvəl] **I** *adj* oval. **~-shaped** oval. **II** *n* Oval *nt*.

ovary [ˈəʊvərɪ] *n* (*Anat*) Eierstock *m*; (*Bot*) Fruchtknoten *m*.

ovation [əʊˈveɪʃən] *n* Ovation *f*, stürmischer Beifall. **to give sb an ~** jdm eine Ovation darbringen, jdm stürmischen Beifall zollen; *see* **standing**.

oven [ˈʌvn] *n* (*Cook*) (Back)ofen *m*; (*Tech*) (*for drying*) (Trocken)ofen *m*; (*for baking pottery etc*) (Brenn)ofen *m*. **to put sth in the ~** etw in den Ofen tun *or* stecken; **put it in the ~ for two hours** backen Sie es zwei Stunden; *pottery* brennen Sie es zwei Stunden; **to cook in a hot** *or* **quick/ moderate/slow ~** bei starker/mittlerer/ schwacher Hitze backen; **it's like an ~ in**

here hier ist ja der reinste Backofen.

oven-cloth [ˈʌvnklɒθ] *n* Topflappen *m*; **oven-glove** *n* (*Brit*) Topfhandschuh *m*; **ovenproof** *adj dish* feuerfest, hitzebeständig; **oven-ready** *adj* bratfertig; **oven-to-table-ware** *n* feuerfestes Geschirr; **ovenware** *n* feuerfeste Formen *pl*.

over [ˈəʊvə] **I** *prep* **1.** (*indicating motion*) über (+*acc*). **he spread the blanket ~ the bed** er breitete die Decke über das Bett; **he spilled coffee ~ it** er goß Kaffee darüber, er vergoß Kaffee darauf; **to hit sb ~ the head** jdm auf den Kopf schlagen; **to hit sb ~ the head with sth** jdm (mit) etw über den Kopf schlagen; (*fig*) jdm etw um die Ohren hauen.

2. (*indicating position: above, on top of*) über (+*dat*). **if you hang the picture ~ the desk** wenn du das Bild über dem Schreibtisch aufhängst *or* über den Schreibtisch hängst; **bent ~ one's books** über die Bücher gebeugt.

3. (*on the other side of*) über (+*dat*); (*to the other side of*) über (+*acc*). **to look ~ the wall** über die Mauer schauen; **the noise came from ~ the wall** der Lärm kam von der anderen Seite der Mauer; **it's ~ the page** es ist auf der nächsten Seite; **he looked ~ my shoulder** er sah mir über die Schulter; **the house ~ the way** das Haus gegenüber; **it's just ~ the road from us** das ist von uns (aus) nur über die Straße; **the bridge ~ the river** die Brücke über den Fluß; **we're ~ the main obstacles now** wir haben jetzt die größten Hindernisse hinter uns (*dat*); **when they were ~ the river** als sie über den Fluß hinüber/herüber waren.

4. (*in or across every part of*) in (+*dat*). **they came from all ~ England** sie kamen aus allen Teilen Englands *or* aus ganz England; **I'll show you ~ the house** ich zeige Ihnen das Haus; **you've got ink all ~ you/your hands** Ihre Hände sind ganz voller Tinte; **a blush spread ~ her face** sie errötete über und über; **to be all ~ sb** (*inf*) ein Mordstheater um jdn machen (*inf*).

5. (*superior to*) über (+*dat*). **to have jurisdiction/authority/command ~ sb** gesetzgebende Gewalt/ Autorität/Befehlsgewalt über jdn haben; **he has no control ~ his urges/his staff** er hat seine Triebe nicht in der Gewalt/seine Angestellten nicht unter Kontrolle; **he was promoted ~ me** er wurde über mich befördert.

6. (*more than, longer than*) über (+*acc*). **~ and above that** darüber hinaus; **~ and above the expenses** über die Ausgaben hinaus; **that was well ~ a year ago** das ist gut ein Jahr her, das war vor gut einem Jahr.

7. (*in expressions of time*) über (+*acc*); (*during*) während (+*gen*), in (+*dat*). **can we stay ~ the weekend?** können wir übers Wochenende bleiben?; **~ the summer/ Christmas** den Sommer über/über Weihnachten; **~ the summer we have been trying …** während des Sommers haben wir versucht …; **~ the (past) years I've come to realize …** im Laufe der (letzten) Jahre ist mir klargeworden …; **he has mellowed**

~ **the years** er ist mit den Jahren milder geworden; **the visits were spread** ~ **several months** die Besuche verteilten sich über mehrere Monate.

8. they talked ~ **a cup of coffee** sie unterhielten sich bei *or* über einer Tasse Kaffee; **let's discuss that** ~ **dinner/a beer** besprechen wir das beim Essen/bei einem Bier; **they'll be a long time** ~ **it** sie werden dazu lange brauchen; **he dozed off** ~ **his work** er nickte über seiner Arbeit ein; **he got stuck** ~ **a difficulty** bei einer Schwierigkeit stecken bleiben.

9. he told me ~ **the phone** er hat es mir am Telefon gesagt; **I heard it** ~ **the radio** ich habe es im Radio gehört; **a voice came** ~ **the intercom** eine Stimme kam über die Sprechanlage.

10. (*about*) über (+*acc*). **it's not worth arguing** ~ es lohnt (sich) nicht, darüber zu streiten; **that's nothing for you to get upset** ~ darüber brauchst du dich nicht aufzuregen.

11. what is 7 ~ **3?** wieviel ist 7 geteilt durch 3 *or* 7 durch 3?; **blood pressure of 150** ~ **120** Blutdruck *m* von 150 zu *or* über 120.

II *adv* **1.** (*across*) (*away from speaker*) hinüber; (*towards speaker*) herüber; (*on the other side*) drüben. **they swam** ~ **to us** sie schwammen zu uns herüber; **he took the fruit** ~ **to his mother** er brachte das Obst zu seiner Mutter hinüber; **he swam** ~ **to the other side** er schwamm auf die andere *or* zur anderen Seite hinüber; **the ball went** ~ **into the field** der Ball flog ins Feld hinüber; **come** ~ **tonight** kommen Sie heute abend vorbei; **he is** ~ **here/there** er ist hier/dort drüben; ~ **to you!** Sie sind dran; **and now** ~ **to our reporter in Belfast** und nun schalten wir zu unserem Reporter in Belfast um; **and now** ~ **to Paris where** ... und nun (schalten wir um) nach Paris, wo ...; **he has gone** ~ **to America** er ist nach Amerika gefahren; ~ **in America** drüben in Amerika; **he drove us** ~ **to the other side of town** er fuhr uns ans andere Ende der Stadt; **he went** ~ **to the enemy** er lief zum Feind über.

2. famous the world ~ in der ganzen Welt berühmt; **I've been looking for it all** ~ ich habe überall danach gesucht; **I am aching all** ~ mir tut alles weh; **he was shaking all** ~ er zitterte am ganzen Leib; **I'm wet all** ~ ich bin völlig naß; **he was black all** ~ er war von oben bis unten schwarz; **the dog licked him all** ~ der Hund leckte ihn von oben bis unten ab; **that's him/Fred all** ~ das ist typisch für ihn/Fred, typisch Fred; **it happens all** ~ das gibt es überall.

3. (*movement from one side to another, from upright position*) **to turn an object** ~ (**and** ~) einen Gegenstand (immer wieder) herumdrehen; **he hit her and** ~ **she went** und schlug sie, und sie fiel um.

4. (*ended*) (*film, first act, operation, fight etc*) zu Ende; (*romance, summer also*) vorbei; (*romance also*) aus. **the rain is** ~ der Regen hat aufgehört; **the danger was** ~ die Gefahr war vorüber, es bestand keine Gefahr mehr; **when all this is** ~

wenn das alles vorbei ist; **it's all** ~ **with him** es ist aus mit ihm.

5. (*indicating repetition*) **he counted them** ~ **again** er zählte sie noch einmal; **to start (all)** ~ **again** noch einmal (ganz) von vorn anfangen; ~ **and** ~ **(again)** immer (und immer) wieder; **he did it five times** ~ er hat es fünfmal wiederholt; **must I say everything twice** ~! muß ich denn immer alles zweimal sagen!

6. (*excessively*) übermäßig, allzu. **he is not** ~ **healthy** er ist nicht allzu gesund; **there's not** ~ **much left** es ist nicht allzuviel übrig.

7. (*remaining*) übrig. **there was no/a lot of meat (left)** ~ es war kein Fleisch mehr übrig/viel Fleisch übrig; **there were two cakes each and one** ~ es waren zwei Kuchen für jeden, und einer war übrig; **7 into 22 goes 3 and 1** ~ 22 durch 7 ist 3, Rest 1; **after doing the books I was a few pounds** ~ (*inf*) nach der Abrechnung war ich ein paar Pfund im Plus.

8. (*more*) **children of 8 and** ~ Kinder über *or* ab 8; **all results of 5.3 and** ~ alle Ergebnisse ab 5,3 *or* von 5,3 und darüber; **if it takes three hours or** ~ wenn es drei oder mehr Stunden dauert.

9. (*Telec*) **come in, please,** ~ bitte kommen, Ende; ~ **and out** Ende der Durchsage; (*Aviat*) over and out.

III *n* (*Cricket*) 6 aufeinanderfolgende Würfe.

over- *pref* über-.

overabundance [ˌəʊvərəˈbʌndəns] *n* Überfülle *f* (*of* von); **overabundant** *adj* überreichlich, sehr reichlich; **over-achieve** *vi* leistungsorientiert sein; **over-achiever** *n* leistungsorientierter Mensch; **overact** (*Theat*) **I** *vt* **role** übertreiben, übertrieben gestalten; **II** *vi* übertreiben (*also fig*), chargieren; **overactive** *adj* zu *or* übertrieben aktiv, hyperaktiv (*spec*); ~ **thyroid** (*Med*) Schilddrüsenüberfunktion *f*; **over-age** *adj* zu alt.

overage [ˈəʊvərɪdʒ] *n* (*US Comm*) Überschuß *m*.

overall¹ [ˌəʊvərˈɔːl] **I** *adj* **1.** *width, length, total* gesamt, Gesamt-. ~ **dimensions** (*Aut*) Außenmaße *pl*; ~ **majority** absolute Mehrheit.

2. (*general*) allgemein. **there's been an** ~ **improvement recently in his work/health** sein Gesundheitszustand hat sich/seine Leistungen haben sich in letzter Zeit allgemein verbessert; **the** ~ **effect of this was to** ... dies hatte das Endergebnis, daß ...

II *adv* **1.** insgesamt. **what does it measure** ~? wie sind die Gesamtmaße?

2. (*in general, on the whole*) im großen und ganzen.

overall² [ˈəʊvərɔːl] *n* (*Brit*) Kittel *m*; (*for women also*) Kittelschürze *f*; (*for children*) Kittelchen *nt*.

overalls [ˈəʊvərɔːlz] *npl* Overall, Arbeitsanzug *m*.

overambitious [ˌəʊvəræmˈbɪʃəs] *adj* übertrieben *or* zu ehrgeizig; **overanxiety** *n* übersteigerte Angst; **overanxious** *adj* übertrieben besorgt; (*on particular occasion*) übermäßig aufgeregt, übermäßig nervös; **he's ~ to please** er überschlägt sich, um zu gefallen; **overarm** I *adj, adv* (*Sport*) *throw* mit gestrecktem (erhobenem) Arm; *serve* über Kopf; **overawe** *vt* (*intimidate*) einschüchtern; (*impress*) überwältigen, tief beeindrucken; **overbalance** I *vi* (*person, object*) aus dem Gleichgewicht kommen, Übergewicht bekommen, das Gleichgewicht verlieren; II *vt object* umwerfen, umstoßen; *boat* kippen; *person* aus dem Gleichgewicht bringen.

overbearing [ˌəʊvəˈbɛərɪŋ] *adj* herrisch; *arrogance* anmaßend.

overbearingly [ˌəʊvəˈbɛərɪŋlɪ] *adv* herrisch. **so ~ arrogant** von einer derartig anmaßenden Arroganz.

overbid [ˌəʊvəˈbɪd] *irreg* I *vt* 1. (*at auction*) überbieten; 2. (*Cards*) überreizen; II *vi* 1. (*at auction*) mehr bieten, ein höheres Angebot machen; 2. (*Cards*) überreizen, überrufen; **overblouse** *n* Überbluse *f*; **overblow** *vt irreg* (*Mus*) überblasen; **overblown** *adj* 1. *flower* verblühend; 2. *prose, rhetoric* geschwollen, schwülstig, hochtrabend; 3. (*Mus*) *note* überblasen.

overboard [ˈəʊvəbɔːd] *adv* 1. (*Naut*) über Bord. **to fall ~** über Bord gehen *or* fallen; **man ~!** Mann über Bord!; **to throw sb/sth ~** jdn/etw über Bord werfen; (*fig*) etw verwerfen.
    2. (*fig inf*) **to go ~** übers Ziel hinausschießen, zu weit gehen, es übertreiben; **to go ~ for sb** von jdm ganz hingerissen sein.

overbold [ˌəʊvəˈbəʊld] *adj person, action* verwegen; **overburden** *vt* (*lit*) überladen; (*fig*) überlasten; **overbuy** *vi irreg* zuviel kaufen, über Bedarf einkaufen; **overcall** (*Cards*) I *vt* überbieten; II *n* höheres Gebot; **overcareful** *adj* übervorsichtig; **overcast** *adj* 1. *weather* bedeckt; *sky also* bewölkt; **it's getting rather ~** es zieht sich zu; 2. (*Sew*) *stitch* Überwendlings-; **~ seam** überwendliche Naht; **overcautious** *adj* übervorsichtig, übertrieben vorsichtig; **overcautiousness** *n* übertriebene Vorsicht.

overcharge [ˌəʊvəˈtʃɑːdʒ] I *vt* 1. *person* zuviel berechnen (+*dat*) *or* abverlangen (+*dat*) (*for* für). **they ~d me by £2** sie haben mir £ 2 zuviel berechnet. 2. *electric circuit* überlasten. 3. (*with detail, emotion*) *painting, style* überladen. II *vi* zuviel verlangen (*for* für).

overcoat [ˈəʊvəkəʊt] *n* Mantel, Überkleid (*old*) *m*.

overcome [ˌəʊvəˈkʌm] *irreg vt enemy* überwältigen, bezwingen; *bad habit* sich (*dat*) abgewöhnen; *shyness, nerves etc* überwinden; *temptation* widerstehen (+*dat*), bezwingen; *difficulty, obstacle* überwinden, meistern; *anger* bezwingen, überwinden; *disappointment* hinwegkommen über (+*acc*). **he was ~ by the fumes** die giftigen Gase machten ihn bewußtlos *or* betäubten ihn; **~ by the cold** von der Kälte betäubt; **sleep overcame him** der Schlaf übermannte ihn; **he was ~ by the temptation** er erlag der Versuchung; **he was quite ~ by the song** er war sehr gerührt von dem

Lied; **he was ~ by remorse/a feeling of despair** Reue/ein Gefühl der Verzweiflung überkam ihn; **~ with fear** von Furcht ergriffen *or* übermannt; **I don't know what to say, I'm quite ~** ich weiß gar nicht, was ich sagen soll, ich bin ganz ergriffen *or* gerührt.
    II *vi* siegen, siegreich sein. **we shall ~** wir werden siegen.

overcompensate [ˌəʊvəˈkɒmpenseɪt] *vi* **to ~ for sth** etw überkompensieren; **overcompensation** *n* Überkompensation *f*; **overconfidence** *n see adj* 1. übersteigertes Selbstvertrauen *or* Selbstbewußtsein; 2. zu großer Optimismus; 3. blindes Vertrauen (*in* in +*acc*); **overconfident** *adj* 1. (*extremely self-assured*) übertrieben selbstsicher *or* selbstbewußt; 2. (*too optimistic*) zu optimistisch; **he was ~ of success** er war sich (*dat*) seines Erfolges zu sicher; 3. (*excessively trustful*) blind vertrauend (*in* auf +*acc*); **he was ~ in the ability of this new method to ...** er hatte zuviel Vertrauen in die Fähigkeit dieser neuen Methode, zu ...; **overconsumption** *n* zu starker Verbrauch (*of* an +*dat*); **overcook** *vt* verbraten; (*boil*) verkochen; **overcorrect** I *vt* überkorrigieren; II *adj* überkorrekt; **overcritical** *adj* zu kritisch; **overcrowd** *vt* überladen; *bus etc also, room* (*with people*) überfüllen; **overcrowded** *adj* (*with things*) überfüllt; *town also* übervölkert; (*over-populated*) überbevölkert; (*with things*) überladen; **overcrowding** *n* (*of bus, room, flat, class-room*) Überfüllung *f*; (*of town*) Überbevölkerung *f*; **overdependent** *adj* zu abhängig (*on* von); **overdeveloped** *adj* überentwickelt.

overdo [ˌəʊvəˈduː] *vt irreg* 1. (*exaggerate*) übertreiben. **you are ~ing it** *or* **things** (*going too far*) Sie übertreiben, Sie gehen zu weit; (*tiring yourself*) Sie übernehmen *or* überlasten sich; **don't ~ the smoking/sympathy** übertreibe das Rauchen nicht/übertreibe es nicht mit dem Mitleid; **she rather overdid the loving wife** sie hat die liebevolle Ehefrau etwas zu dick aufgetragen; **I'm afraid you've rather overdone the garlic** ich fürchte, du hast es mit dem Knoblauch etwas zu gut gemeint.
    2. (*cook too long*) verbraten; (*boil*) verkochen.

overdone [ˌəʊvəˈdʌn] *adj* 1. (*exaggerated*) übertrieben; 2. *see vt* 2. verbraten; verkocht; **overdose** I *n* (*lit*) Überdosis *f*; (*fig*) Zuviel *nt* (*of* an +*dat*); **he died of an ~ of sleeping pills** er starb an einer Überdosis Schlaftabletten; II *vt* überdosieren, eine Überdosis geben (+*dat*); **overdraft** *n* Konto-Überziehung *f*; **to have an ~ of £10** sein Konto um £10 überzogen haben; **I've still got an ~** mein Konto ist immer noch überzogen; **overdraw** *vt irreg one's account* überziehen; **I'm always ~n at the end of the month** mein Konto ist am Ende des Monats immer überzogen; **overdress** I [ˌəʊvəˈdres] *vti* (sich) übertrieben *or* zu fein kleiden; II [ˈəʊvədres] *n* Überkleid *nt*; **overdrive** *n* (*Aut*) Schnellgang- (getriebe *nt*), Schongang(getriebe *nt*) *m*; **overdue** *adj* überfällig; **long ~** schon seit

langem fällig; ~ **interest** Zinsrückstände
pl; **he is** ~ er müßte schon lange da sein;
overeager *adj* übereifrig; **he was** ~ **to
start** er konnte den Start kaum abwarten;
they're not exactly ~ **to learn** sie sind nicht
gerade übermäßig lernbegierig; **over-
eagerness** *n* Übereifer *m*; **overeat** *vi
irreg* zuviel essen, sich übessen; **over-
eating** *n* Übessen *nt*; **overelaborate**
adj design manieriert, gekünstelt; *style*
verkünstelt; *excuse, plan, scheme* (viel zu)
umständlich, zu ausgeklügelt; *hairstyle,
dress* überladen; **overemphasis** *n* Über-
betonung *f*; **an** ~ **on money** eine Über-
bewertung des Geldes; **overemphasize**
vt überbetonen, überbewerten; *hips,
cheekbones* überbetonen; **one cannot** ~
the importance of this man kann nicht
genug betonen, wie wichtig das ist;
overemployed *adj* (beruflich) überfor-
dert; **overenthusiastic** *adj* übertrieben
begeistert; **not exactly** ~ nicht gerade hin-
gerissen; **overestimate I** [ˌəʊvərˈestɪmeɪt]
vt price zu hoch einschätzen *or* ansetzen;
importance überschätzen, überbewerten;
*chances, strength, danger, own import-
ance* überschätzen; **II** [ˌəʊvərˈestɪmɪt] *n*
(*of price*) Überbewertung *f*, zu hohe
Schätzung; **overexcite** *vt* zu sehr
aufregen; **overexcited** *adj person* über-
reizt, zu aufgeregt; *children* aufgedreht,
zu aufgeregt; **overexcitement** *n* Über-
reiztheit *f*, zu starke Aufregung; (*of child-
ren*) Aufgedrehtheit *f*; **overexercise I** *vt*
übertrainieren; **II** *vi* übermäßig viel
trainieren; **the dangers of overexercising**
die Gefahren übermäßigen Trainings;
overexert *vt* überanstrengen; **overexer-
tion** *n* Überanstrengung *f*; **overexpose** *vt*
(*Phot*) überbelichten; **overexposure** *n*
(*Phot*) Überbelichtung *f*; (*in media etc: of
topic*) Überbehandlung *f*; **the President's
image is suffering from** ~ (**in the media**)
das Image des Präsidenten leidet darun-
ter, daß er zu oft in den Medien erscheint;
overfeed *vt irreg* überfüttern.

overflow [ˈəʊvəfləʊ] **I** *n* **1.** Überlaufen *nt*.
  2. (*amount*) Übergelaufene(s), Über-
geflossene(s) *nt*.
  3. (*outlet*) Überlauf *m*.
  4. (*excess: of people, population*) Über-
schuß *m* (*of* an +*dat*).
  II [ˌəʊvəˈfləʊ] *vt area* überschwemmen;
container, tank überlaufen lassen. **the
river has ~ed its banks** der Fluß ist über
die Ufer getreten.
  III [ˌəʊvəˈfləʊ] *vi* **1.** (*liquid, river etc*)
überlaufen, überfließen; (*container*)
überlaufen; (*room, vehicle*) zum Platzen
gefüllt sein, überfüllt sein (*with* mit). **full
to ~ing** (*bowl, cup*) bis oben hin voll, zum
Überlaufen voll; (*room*) überfüllt, zu
voll; **the crowd at the meeting ~ed into the
street** die Leute bei der Versammlung
standen bis auf die Straße.
  2. (*fig: be full of*) überfließen (*with*
von). **his heart was ~ing with love** sein
Herz lief *or* floß über vor Liebe; **he's not
exactly ~ing with generosity/ideas** er
überschlägt sich nicht gerade vor
Großzügigkeit/er sprudelt nicht gerade
über vor Ideen.

overflow meeting *n* Parallelversammlung
f; **overflow pipe** *n* Überlaufrohr *nt or*
-leitung *f*; **overfly** *vt irreg* **1.** (*fly over*)
town überfliegen; **2.** (*fly beyond*) *runway,
airport* hinausfliegen über (+*acc*); **over-
full** *adj* übervoll (*with* von, mit); **over-
generous** *adj* zu *or* übertrieben
großzügig; **overgrow** *vt irreg path, gar-
den, wall* überwachsen, überwuchern;
overgrown *adj* **1.** überwachsen, über-
wuchert (*with* von); **2.** *child* aufge-
schossen, zu groß; **he's just an** ~ **school-
boy** er ist ein großes Kind; **overhand** *adj,
adv* **1.** (*Sport*) *see* **overarm**; **2.** (*Naut*)
~ **knot** einfacher Knoten; **overhang I** *vt
irreg* hängen über (+*acc*); (*project over:
rocks, balcony*) hinausragen über (+*acc*),
vorstehen über (+*acc*); **II** *n* (*of rock,
building*) Überhang *m*; (*Archit*) Über-
kragung *f*; **overhanging** *adj cliff, wall*
überhängend; *balcony* vorstehend; **over-
hasty** *adj* voreilig, übereilt; **don't do any-
thing** ~ übereilen Sie nichts, überstürzen
Sie nichts; **am I being** ~? bin ich da zu
voreilig?; **overhaul I** *n* Überholung *f*,
Überholen *nt*; (*inf: of patient*)
Generalüberholung *f* (*inf*); **the machine
needs an** ~ die Maschine muß überholt
werden; **II** *vt* **1.** *engine* überholen; *plans*
revidieren, überprüfen; (*inf*) *patient*
gründlich untersuchen; **2.** (*pass*) über-
holen; (*catch up*) einholen.

overhead[1] [ˈəʊvəhed] **I** *adv* oben; (*in the
sky: position*) am Himmel, in der Luft.
the people ~ (*above us*) die Leute über
uns; (*above them*) die Leute darüber; **a
plane flew** ~ ein Flugzeug flog über uns
etc (*acc*) (hinweg).
  II [ˈəʊvəhed] *adj cables, wires* Frei-. ~
cable Überlandleitung *f*; (*high voltage*)
Hochspannungsleitung *f*; (*Rail*) Ober-
leitung *f*; ~ **railway** Hochbahn *f*; ~ **cam-
(shaft)** obenliegende Nockenwelle; ~
lighting Deckenbeleuchtung *f*; ~ **projec-
tor** Tageslicht *or* Overheadprojektor *m*;
~-**valve engine** obengesteuerter Motor; ~
valves obengesteuerte Ventile *pl*; ~ **volley**
(*Sport*) Hochball *m*.

overhead[2] [ˈəʊvəhed] (*Comm*) **I** *adj* ~
charges *or* **costs** *or* **expenses** allgemeine
Unkosten *pl*. **II** *n* ~s (*Brit*), ~ (*US*) all-
gemeine Unkosten *pl*; **company ~s** all-
gemeine Geschäftskosten *or* Betriebsun-
kosten *pl*.

overhear [ˌəʊvəˈhɪər] *vt irreg* zufällig mit an-
hören, zufällig mitbekommen. **we don't
want him to** ~ **us** wir wollen nicht, daß er
uns zuhören kann; **I ~d them plotting** ich
hörte zufällig, wie sie etwas ausheckten;
the other day he was ~d to say that ...
neulich hat ihn jemand sagen hören, daß
...; **he was being ~d** jemand hörte mit.

overheat [ˌəʊvəˈhiːt] **I** *vt engine* überhitzen;
room überheizen; **II** *vi* (*engine*) heiß-
laufen; **overheated** *adj* heißgelaufen;
room überheizt; *discussion* erhitzt.

overindulge [ˈəʊvərɪnˈdʌldʒ] **I** *vt* **1.** *person*
zu nachsichtig sein mit, zuviel durchgehen
lassen (+*dat*).
  2. *fantasies etc* allzu freien Lauf lassen
(+*dat*); *passion, sexual appetite also*
zügellos frönen (+*dat*). **I somewhat ~d**

myself last night ich habe mich gestern
nacht etwas sehr gehen lassen.

II *vi* zuviel genießen; (*as regards eating
also*) Völlerei betreiben. **I ~d at the party**
ich habe auf der Party ein bißchen zuviel
des Guten gehabt; **to ~ in wine** zuviel
Wein trinken.

overindulgence ['əʊvərɪn'dʌldʒəns] *n*
1. allzu große Nachsicht *or* Nachgiebig-
keit (*of sb* jdm gegenüber).

2. (*as regards eating*) Völlerei *f.* **~ in
wine** übermäßiger Weingenuß; **~ in
cigarettes** zu starkes Rauchen; **this con-
stant ~ of his sexual appetite** sein
zügelloses Sexualleben; **health ruined by
~ in …** durch übermäßigen Genuß von …
geschädigte Gesundheit.

overindulgent ['əʊvərɪn'dʌldʒənt] *adj
parent* zu nachsichtig, zu gutmütig (*to-
wards*) sb jdm gegenüber, mit jdm);
should I have another or would that be ~?
soll ich mir noch einen nehmen, oder wäre
das des Guten zuviel *or* Völlerei?; **the
editor was ~ towards his own preferences**
der Herausgeber ließ seinen eigenen Vor-
lieben zu sehr freien Lauf.

overjoyed [,əʊvə'dʒɔɪd] *adj* überglücklich,
äußerst erfreut (*at, by* über +*acc*).

overkill ['əʊvəkɪl] *n* (*Mil*) Overkill *nt or m*;
(*fig*) Rundumschlag, Kahlschlag *m*; **over-
laden** *adj* (*lit, fig*) überladen (*with* mit);
lorry, circuit also überlastet; **overland
I** *adj journey* auf dem Landweg; **~ route**
Route *f* auf dem Landweg; **II** *adv travel
etc* über Land, auf dem Landweg.

overlap ['əʊvəlæp] **I** *n* Überschneidung *f*;
(*spatial also*) Überlappung *f*; (*of concepts*)
teilweise Entsprechung *or* Deckung. **3
inches' ~** 3 Inches Überlappung; **there's
quite a lot of ~ between the work done by
the various departments** die Arbeits-
bereiche der verschiedenen Abteilungen
überschneiden sich in vielen Punkten.

II [,əʊvə'læp] *vi* 1. (*tiles, boards*) einan-
der überdecken, überlappen; (*teeth*)
übereinander stehen. **made of ~ping
planks** aus (einander) überlappenden
Brettern.

2. (*visits, dates, responsibilities*) sich
überschneiden; (*ideas, concepts, plans,
work areas*) sich teilweise decken.

III [,əʊvə'læp] *vt* 1. *part* gehen über
(+*acc*); liegen über (+*dat*); (*person*)
überlappen. **the tiles ~ each other** die
Dachziegel überlappen sich.

2. *holiday, visit etc* sich überschneiden
mit; *idea etc* sich teilweise decken mit.

IV *adj attr joint* Überlappungs-.

overlay I [,əʊvə'leɪ] *vt irreg* überziehen;
(*with metal*) belegen; *wall* verkleiden;
II ['əʊvəleɪ] *n* Überzug *m*; (*metal*) Auflage
f; (*on map*) Auflegemaske *f*; (*Typ*)
Zurichtung *f*, Zurichtebogen *m*; **overleaf**
adv umseitig; **the illustration ~** die um-
seitige Abbildung; **see ~** siehe umseitig;
overload I *n* Übergewicht *nt*, zu große
Last, Überbelastung *f*; (*Elec*) Überlast *f*;
II *vt* überladen; *car, lorry, animal also*,
(*Elec, Mech*) überlasten; **overlong I** *adj*
überlang; **II** *adv* zu lang.

overlook [,əʊvə'lʊk] *vt* 1. (*have view onto*)
überblicken. **we had a room ~ing the park**

wir hatten ein Zimmer mit Blick auf den
Park; **the castle ~s the whole town** vom
Schloß aus hat man Aussicht auf die ganze
Stadt; **the garden is not ~ed** niemand
kann in den Garten hineinsehen.

2. (*fail to notice*) *detail* übersehen, nicht
bemerken.

3. (*ignore*) *mistake* hinwegsehen über
(+*acc*), durchgehen lassen. **I am
prepared to ~ it this time** diesmal will ich
noch ein Auge zudrücken.

overlord ['əʊvələ:d] *n* (*Hist*) Oberherr *m*.

overly ['əʊvəlɪ] *adv* übermäßig, allzu.

overmanned [,əʊvə'mænd] *adj* **to be ~** eine
zu große Belegschaft haben; **overman-
ning** *n* zu große Belegschaft(en *pl*); **we
must not permit ~ to occur** wir dürfen
nicht zulassen, daß unsere Belegschaft zu
groß wird *or* (*generally*) daß die Beleg-
schaften zu groß werden; **overmantel** *n*
(*Archit*) Kaminaufsatz *or* -aufbau *m*;
overmuch I *adv* zuviel, übermäßig; **II** *adj*
zuviel; **overnice** *adj distinction* spitzfin-
dig, zu genau.

overnight ['əʊvə'naɪt] **I** *adv* 1. über Nacht.
we drove ~ wir sind die Nacht durch-
gefahren; **to stay ~ (with sb)** bei jdm über-
nachten, (bei jdm) über Nacht bleiben.

2. (*fig*) von heute auf morgen, über
Nacht.

II *adj* 1. *journey* Nacht-. **~ stay** Über-
nachtung *f*; **~ bag** Reisetasche *f*.

2. (*fig: sudden*) ganz plötzlich. **you
can't expect an ~ change in her personal-
ity** Sie können nicht erwarten, daß sich
ihre Persönlichkeit von heute auf morgen
ändert; **an ~ success** ein Blitzerfolg *m*.

overparticular ['əʊvəpə'tɪkjʊlə'] *adj* zu
genau, pingelig (*inf*); **he wasn't ~about
filling in his expenses form correctly** er
nahm es mit dem Ausfüllen seines
Spesenantrages nicht zu *or* so genau;
overpass *n* Überführung *f*; **overpay** *vt
irreg* überbezahlen, zuviel bezahlen
(+*dat*); **he's been overpaid by about £5**
man hat ihm etwa £5 zuviel bezahlt; **over-
payment** *n* (*act*) Überbezahlung *f*;
(*amount*) zuviel bezahlter Betrag; **over-
play** *vt* (*overact*) übertrieben darstellen
or spielen; **to ~ one's hand** (*fig*) es
übertreiben, den Bogen überspannen;
overplus *n* (*esp US*) Überschuß *m*, Mehr
nt (*of* an +*dat*); **overpopulated** *adj* über-
bevölkert; **overpopulation** *n* Über-
bevölkerung *f*.

overpower [,əʊvə'paʊə'] *vt* 1. (*physically:
emotion, heat*) überwältigen, überman-
nen. **he was ~ed by the drug** die Droge tat
ihre Wirkung (bei ihm). 2. (*Mech*) **to be
~ed** übermotorisiert sein.

overpowering [,əʊvə'paʊərɪŋ] *adj* überwäl-
tigend; *smell* penetrant; *perfume* auf-
dringlich; *heat* glühend. **I felt an ~ de-
sire …** ich fühlte den unwiderstehlichen
Drang, …; **he's a bit ~ at times** seine Art
kann einem manchmal zuviel werden.

overprice [,əʊvə'praɪs] *vt* einen zu hohen
Preis verlangen für; **if the public will pay
for it then it's not ~d, he said** wenn es die
Leute bezahlen, dann ist der Preis nicht
zu hoch angesetzt, sagte er; **overprint I** *vt*
1. *stamp, text* überdrucken; (*Phot*) über-

kopieren; **2.** (*print too many copies of*) in zu großer Auflage drucken; **II** *n* (*on stamp*) Überdruck *m*; **overproduce** *vi* überproduzieren, zuviel produzieren; **overproduction** *n* Überproduktion *f*; **overprotect** *vt child* überbehüten, zu sehr behüten; **overprotective** *adj parent* überängstlich; **overrate** *vt* überschätzen; *person also* zu hoch einschätzen; *book, play, system etc also* überbewerten; **overreach** *vr* sich übernehmen; **overreact** *vi* übertrieben reagieren (*to* auf +*acc*); **overreaction** *n* übertriebene Reaktion (*to* auf +*acc*).

override [ˌəʊvəˈraɪd] *vt irreg* **1.** (*disregard*) sich hinwegsetzen über (+*acc*); *opinion, claims also* nicht berücksichtigen.

   2. (*prevail over, cancel out*) *order, decision, ruling* aufheben, außer Kraft setzen; *objection* ablehnen. **I'm afraid I'll have to ~ you there, said the chairman** das muß ich leider ablehnen, sagte der Vorsitzende; **to ~ sb's authority** sich über jds Autorität (*acc*) hinwegsetzen.

   3. *horse* müde reiten.

   4. (*teeth*) gehen über (+*acc*).

overriding [ˌəʊvəˈraɪdɪŋ] *adj principle* vorrangig, wichtigste(r, s); *priority* vordringlich; *desire* dringendste(r, s); (*Jur*) *act, clause* Aufhebungs-. **my ~ ambition is to ...** mein allergrößter Ehrgeiz ist es, zu ...

overripe [ˌəʊvəˈraɪp] *adj* überreif.

overrule [ˌəʊvəˈruːl] *vt* ablehnen; *claim also* nicht anerkennen; *objection also* zurückweisen; *verdict, decision* aufheben. **his objection was ~d** sein Einspruch wurde abgewiesen; **we were ~d** unser Vorschlag/ Einspruch *etc* wurde abgelehnt; **he was ~d by the majority** er wurde überstimmt.

overrun [ˌəʊvəˈrʌn] *irreg* **I** *vt* **1.** (*weeds*) überwuchern, überwachsen. **the town was ~ with tourists/mice** die Stadt war von Touristen/Mäusen überlaufen.

   2. (*troops etc: invade*) *country, district* einfallen in (+*dat*), herfallen über (+*acc*); *enemy position* überrennen.

   3. (*go past*) *mark* hinauslaufen über (+*acc*); (*Rail*) *signal* überfahren; (*train*) *platform* hinausfahren über (+*acc*); (*plane*) *runway* hinausrollen über (+*acc*).

   4. (*go beyond*) *time* überziehen, überschreiten. **the TV programme overran its time** das Fernsehprogramm überzog.

   5. (*overflow*) *banks* überfluten.

   II *vi* (*in time: speaker, concert etc*) überziehen. **you're ~ning** Sie überziehen (Ihre Zeit).

overseas [ˌəʊvəˈsiːz] **I** *adj country* überseeisch, in Übersee; *market, trade* Übersee-; *telegram* nach/aus Übersee; (*in Europe*) europäisch; *telegram* nach/aus Europa. **our ~ office** unsere Zweigstelle in Übersee/Europa; **~ aid** Entwicklungshilfe *f*; **an ~ visitor** ein Besucher aus Übersee/Europa; **~ service** (*Mil*) Militärdienst in Übersee/Europa.

   II *adv* **to be ~** in Übersee/Europa sein; **to go ~** nach Übersee/Europa gehen; **to be sent ~** nach Übersee/Europa geschickt werden; **from ~** aus Übersee/Europa.

oversee [ˌəʊvəˈsiː] *vt irreg* (*supervise*) *per-*

son, work beaufsichtigen, überwachen; **overseer** [ˈəʊvəˌsɪəʳ] *n* Aufseher(in *f*) *m*; (*foreman*) Vorarbeiter(in *f*) *m*; (*in coalmine*) Steiger *m*; **oversell** *vti irreg* **1.** (*sell too many*) **to ~ (sth)** (von etw) mehr verkaufen, als geliefert werden kann; *concert, match etc* (für etw) zu viele Karten verkaufen; **2.** (*promote too much*) zuviel Reklame machen für; **oversensitive** *adj* überempfindlich; **oversew** *vt irreg* umnähen; **oversexed** *adj* **to be ~** einen übermäßig starken Sexualtrieb haben; **don't leave me alone with that ~ brother of yours** laß mich bloß mit deinem Lustmolch von Bruder nicht allein (*inf*); **overshadow** *vt* (*lit, fig*) überschatten; **overshoe** *n* Überschuh *m*.

overshoot [ˌəʊvəˈʃuːt] *irreg* **I** *vt target, runway* hinausschießen über (+*acc*). **the golfer overshot the green** der Golfer schlug (den Ball) über das Grün hinaus; **to ~ the mark** (*lit, fig*) übers Ziel hinausschießen; **the factory has actually overshot its output estimate** die Fabrik hat die veranschlagte Produktion tatsächlich übertroffen.

   II *vi* (*plane*) durchstarten.

oversight [ˈəʊvəsaɪt] *n* **1.** Versehen *nt*. **by** or **through an ~** aus Versehen; **whether by ~ or intention** ob absichtlich oder aus Versehen. **2.** (*supervision*) Aufsicht, Beaufsichtigung *f*.

oversimplification [ˈəʊvəˌsɪmplɪfɪkeɪʃn] *n* (zu) grobe Vereinfachung; **oversimplify** [ˌəʊvəˈsɪmplɪfaɪ] *vt* grob or zu sehr vereinfachen, zu einfach darstellen; **oversize(d)** *adj* übergroß; *objects also* überdimensional; **~ families** zu kinderreiche Familien *pl*; **oversleep** *vi irreg* verschlafen; **overspend** *irreg* **I** *vi* zuviel ausgeben; **we've overspent by £10** wir haben £ 10 zuviel ausgegeben; **II** *vt* überschreiten; **overspill** (*Brit*) **I** [ˈəʊvəspɪl] *n* Bevölkerungsüberschuß *m*; **~ town** Trabantenstadt *f*; **II** [ˌəʊvəˈspɪl] *vi see* **overflow III 1.**; **overstaffed** *adj* überbesetzt; **overstaffing** *n* zuviel Personal; **overstate** *vt facts, case* übertreiben, übertrieben darstellen; **overstatement** *n* Übertreibung *f*, übertriebene Darstellung; **overstay** *vt see* **outstay**; **oversteer I** *n* Übersteuern *nt*; **II** *vi* übersteuern; **overstep** *vt* überschreiten; **to ~ the mark** zu weit gehen.

overstock [ˌəʊvəˈstɒk] **I** *vt farm, pond* zu hoch bestücken. **the farm/pond is ~ed** der Hof/der Teich hat einen zu großen Vieh-/ Fischbestand; **to ~ a shop** in einem Geschäft das Lager überfüllen; **the shop is ~ed** der Laden hat zu große Bestände.

   II *vi* (*shop*) zu große (Lager)bestände haben, zuviel lagern; (*farm*) zu große (Vieh)bestände haben.

overstrain [ˌəʊvəˈstreɪn] *vt horse, person* überanstrengen, überfordern; *metal* überbelasten; *resources, strength, theory* überbeanspruchen. **to ~ oneself** sich übernehmen, sich überanstrengen; **to ~ one's heart** sein Herz überlasten.

overstrung *adj* **1.** [ˌəʊvəˈstrʌŋ] *person* überspannt; **2.** [ˈəʊvəstrʌŋ] *piano* kreuzsaitig; **oversubscribe** *vt* (*Fin*) überzeichnen; **the zoo outing was ~d** zu viele (Leute) hatten sich für den Ausflug in den Zoo angemeldet; **oversupply I** vt überbeliefern; **II** n Überangebot nt (of an +dat), Überversorgung f (of mit).

overt [əʊ'vɜ:t] adj offen; hostility unverhohlen.

overtake [ˌəʊvə'teɪk] irreg **I** vt **1.** einholen; (pass) runner etc, (Brit) car überholen. **2.** (take by surprise) (storm, night) überraschen; (fate) ereilen (geh). ~n by fear von Furcht befallen; we were ~n by events, events have ~n us wir waren auf die Entwicklung der Dinge nicht gefaßt. **II** vi (Brit) überholen.

overtaking [ˌəʊvə'teɪkɪŋ] n (Brit) Überholen nt.

overtax [ˌəʊvə'tæks] vt **1.** (fig) person, heart überlasten, überfordern; patience überfordern; **to ~ one's strength** sich übernehmen; **don't ~ my patience** treibe es mit meiner Geduld nicht auf die Probe; **2.** (lit: tax too heavily) übermäßig besteuern; **over-the-counter** adj drugs nicht rezeptpflichtig; sale offen; **overthrow I** [ˈəʊvəˌθrəʊ] n **1.** Sieg m (of über +acc); (being overthrown) Niederlage f; (of dictator, government, empire) Sturz m; (of country) Eroberung f; **2.** (Cricket) zu weiter Wurf; **II** [ˌəʊvə'θrəʊ] vt irreg (defeat) enemy besiegen; government, dictator, general stürzen, zu Fall bringen; plans umstoßen; country erobern.

overtime [ˈəʊvətaɪm] **I** n **1.** Überstunden pl. **I am on ~** or doing ~ ich mache Überstunden; **he did four hours' ~** er hat vier (Stunden) Überstunden gemacht.
2. (US Sport) Verlängerung f. **we had to play ~** es gab eine Verlängerung.
II adv **to work ~** Überstunden machen; **his conscience was working ~** (fig inf) sein Gewissen ließ ihm keine Ruhe; **my imagination was working ~** meine Phantasie lief auf Hochtouren (inf); **his liver's been working ~ to keep up with all this alcohol** (inf) seine Leber mußte sich ganz schön ranhalten (inf), um all den Alkohol zu verkraften.
III [ˌəʊvə'taɪm] vt (Phot) photo überbelichten. **the programme planners ~d the symphony** die Programmgestalter hatten zuviel Zeit für die Symphonie eingeplant.
IV adj attr ~ **ban** Überstundenstopp m; ~ **pay** Überstundenlohn m; ~ **rates** Überstundentarif m.

overtired [ˌəʊvə'taɪəd] adj übermüdet.

overtly [əʊ'vɜ:tlɪ] adv offen.

overtone [ˈəʊvətəʊn] n **1.** (Mus) Oberton m. **2.** (fig) Unterton m. **unmistakable ~s of jealousy** ein unverkennbarer Unterton von Eifersucht; **political ~s** politische Untertöne pl.

overtop [ˌəʊvə'tɒp] vt überragen; **overtrick** n (Cards) überzähliger Stich; **overtrump** vt übertrumpfen.

overture [ˈəʊvətjʊəʳ] n **1.** (Mus) Ouvertüre f. **2.** usu pl (approach) Annäherungsversuch m. **to make ~s to sb** Annäherungsversuche bei jdm machen; (to woman also) jdm Avancen machen.

overturn [ˌəʊvə'tɜ:n] **I** vt **1.** umkippen, umwerfen; (capsize) boat also zum Kentern bringen.

2. regime stürzen; philosophy, world view umstürzen.
II vi (chair) umkippen; (boat also) kentern.
III [ˈəʊvətɜ:n] n (of government) Sturz, Umsturz m; (of world view etc) Umsturz m.

overuse I [ˌəʊvə'ju:s] n übermäßiger or zu häufiger Gebrauch; **II** [ˌəʊvə'ju:z] vt übermäßig oft or zu häufig gebrauchen; **over-value** vt goods zu hoch schätzen; idea, object überbewerten; person zu hoch einschätzen, überbewerten; **overview** n Überblick m (of über +acc); **overview map** n (US) Übersichtskarte f.

overweening [ˌəʊvə'wi:nɪŋ] adj überheblich, anmaßend; arrogance, pride, ambition maßlos.

overweight [ˈəʊvə'weɪt] **I** adj thing zu schwer; person also übergewichtig. **this box is 5 kilos ~** diese Schachtel hat 5 Kilo Übergewicht; ~ **luggage** Gepäck mit Übergewicht; **you're ~** Sie haben Übergewicht. **II** n Übergewicht nt.

overwhelm [ˌəʊvə'welm] vt **1.** (overpower: strong feelings) überwältigen. **he was ~ed when they gave him the present** er war zutiefst gerührt, als sie ihm das Geschenk gaben; **you ~ me!** (iro) da bin ich aber sprachlos!
2. (ruin, crush) enemy überwältigen; country besiegen; (Sport) defence überrennen.
3. (submerge: water) überschwemmen, überfluten; (earth, lava) verschütten.
4. (fig) (with favours, praise) überschütten, überhäufen; (with questions) bestürmen; (with work) überhäufen.

overwhelming [ˌəʊvə'welmɪŋ] adj überwältigend; desire, power unwiderstehlich; misfortune erschütternd.

overwhelmingly [ˌəʊvə'welmɪŋlɪ] adv see adj. **they voted ~ for it** sie haben mit überwältigender Mehrheit dafür gestimmt.

overwind [ˌəʊvə'waɪnd] vt irreg watch überdrehen; **overwork I** [ˈəʊvəwɜ:k] n Überarbeitung, Arbeitsüberlastung f; **II** [ˌəʊvə'wɜ:k] vt horse etc schinden; person überanstrengen; image, idea, theme etc überstrapazieren; **to ~ oneself** sich überarbeiten; **III** [ˌəʊvə'wɜ:k] vi sich überarbeiten; **overwritten** adj (too flowery etc) zu blumig (geschrieben); (too strong) zu stark formuliert; (too rhetorical) zu schwülstig.

overwrought [ˌəʊvə'rɔ:t] adj **1.** person überreizt. **2.** (too elaborate) style überfeinert, verkünstelt.

overzealous [ˌəʊvə'zeləs] adj übereifrig.

oviduct [ˈəʊvɪdʌkt] n Eileiter m.

oviparous [əʊ'vɪpərəs] adj eierlegend.

ovoid [ˈəʊvɔɪd] adj eiförmig, ovoid.

ovulation [ˌəʊvjʊ'leɪʃən] n Eisprung m, Ovulation f.

ovule [ˈəʊvju:l] n (Zool) Ovulum, Ei nt; (Bot) Samenanlage f.

ovum [ˈəʊvəm] n, pl **ova** Eizelle f, Ovum nt.

owe [əʊ] **I** vt **1.** money schulden, schuldig sein (sb sth, sth to sb jdm etw). **can I ~ you the rest?** kann ich dir den Rest schuldig bleiben?; **I surely ~ you more than that** ich schulde dir doch sicher mehr; **how**

much do I ~ you? (*in shop etc*) was bin ich schuldig?

2. *reverence, obedience, loyalty* schulden, schuldig sein (*to sb* jdm); *allegiance* schulden (*to sb* jdm).

3. (*be under an obligation for*) verdanken (*sth to sb* jdm etw). **I ~ my life to him** ich verdanke ihm mein Leben; **to what do I ~ the honour of your visit?** (*iro*) und was verschafft mir die Ehre Ihres Besuches?; **you ~ it to yourself to keep fit** du bist es dir schuldig, fit zu bleiben; **he ~s his failure to himself** er hat sich sein Versagen selbst zuzuschreiben; **we ~ him nothing** wir sind ihm (gar) nichts schuldig; **you ~ it to her to tell the truth** Sie sind es ihr schuldig, die Wahrheit zu sagen; **I think you ~ me an explanation** ich glaube, du bist mir eine Erklärung schuldig.

II *vi* **to ~ sb for sth** jdm Geld für etw schulden; **can I ~ you for the rest?** kann ich Ihnen den Rest schuldig bleiben?; **I still ~ him for the meal** ich muß ihm das Essen noch bezahlen.

owing ['əʊɪŋ] **I** *adj* unbezahlt. **the amount ~ on the house** die Schulden, die auf dem Haus liegen; **how much is still ~?** wieviel steht noch aus?; **the money still ~ to us** (*Comm*) Außenstände *pl*; **to pay what is ~** den ausstehenden Betrag bezahlen.

II *prep* **~ to** wegen (*+gen or (inf)* *+dat*), infolge (*+gen*); **~ to the circumstances** umständehalber; **~ to his being foreign** weil er Ausländer ist/war; **and it's all ~ to him that we succeeded** und unser Erfolg ist ihm allein zuzuschreiben.

owl [aʊl] *n* Eule *f*. **wise old ~** weise Eule.

owlish ['aʊlɪʃ] *adj* **the glasses gave him a somewhat ~ look** die Brille ließ ihn ein wenig eulenhaft erscheinen; **to look ~** wie eine Eule aussehen.

owlishly ['aʊlɪʃlɪ] *adv look, stare* wie eine Eule.

own¹ [əʊn] **I** *vt* **1.** (*possess*) besitzen, haben. **who ~s that?** wem gehört das?; **we used to rent the flat, now we ~ it** wir hatten die Wohnung einst gemietet, jetzt gehört sie uns; **he looks as if he ~s the place** er sieht so aus, als wäre er hier zu Hause; **the tourists behaved as if they ~ed the hotel** die Touristen benahmen sich, als gehöre das Hotel ihnen; **you don't ~ me, she said** ich bin nicht dein Privateigentum, sagte sie; **if you're going to behave like that, I don't ~ you** (*inf*) wenn du dich so benimmst, gehörst du nicht zu mir.

2. (*admit*) zugeben, zugestehen; (*recognize*) anerkennen. **he ~ed that the claim was reasonable** er erkannte die Forderung als gerechtfertigt an, er gab zu, daß die Forderung gerechtfertigt war; **he ~ed himself defeated** er gab sich geschlagen; **to ~ a child** (*Jur*) ein Kind (als seines) anerkennen.

II *vi* **to ~ to sth** etw eingestehen; **to debts** etw anerkennen; **he ~ed to having done it** er gestand, es getan zu haben; **he didn't ~ to having done it** er hat nicht zugegeben, daß er es getan hat.

◆**own up** *vi* es zugeben. **come on, ~ ~** (nun) gib schon zu; **to ~ ~ to sth** etw zugeben; **he ~ed ~ to stealing the money**

er gab zu *or* er gestand, das Geld gestohlen zu haben.

own² **I** *adj attr* eigen. **his ~ car** sein eigenes Auto; **one's ~ car** ein eigenes Auto; **he's his ~ man** er geht seinen eigenen Weg; **he likes beauty for its ~ sake** er liebt die Schönheit um ihrer selbst willen; **he does (all) his ~ cooking** er kocht für sich selbst; **I'm quite capable of finding my ~ way out** ich finde sehr gut alleine hinaus; **my ~ one is smaller** meine(r, s) ist kleiner.

II *pron* **1.** **that's my ~** das ist mein eigenes; **those are my ~** die gehören mir; **my ~ is bigger** meine(r, s) ist größer; **my time is my ~** ich kann mit meiner Zeit machen, was ich will; **I can scarcely call my time my ~** ich kann kaum sagen, daß ich über meine Zeit frei verfügen kann; **his ideas were his ~** die Ideen stammten von ihm selbst; **I'd like a little house to call my ~** ich würde gern ein kleines Häuschen mein eigen nennen; **a house of one's ~** ein eigenes Haus; **I have money of my ~** ich habe selbst Geld; **it has a beauty all its ~** *or* **of its ~** es hat eine ganz eigene *or* eigenartige Schönheit; **he gave me one of his ~** er gab mir eins von seinen (eigenen).

2. (*in phrases*) **can I have it for my (very) ~?** darf ich das ganz für mich allein behalten?; **to get one's ~ back (on sb)** es jdm heimzahlen; **he was determined to get his ~ back** er war entschlossen, sich zu revanchieren *or* es ihnen heimzuzahlen; **(all) on one's ~** (ganz) allein; (*without help also*) selbst; **on its ~** von selbst, von allein; **if I can get him on his ~** wenn ich ihn allein erwische.

owner ['əʊnər] *n* Besitzer(in *f*), Eigentümer(in *f*) *m*; (*of shop, factory, firm etc*) Inhaber(in *f*) *m*; (*of house, car etc also*) Eigner *m* (*form*); (*of dogs, car, slaves*) Halter *m*. **who's the ~ of this umbrella?** wem gehört dieser Schirm?; **at ~'s risk** auf eigene Gefahr.

owner-driver [ˌəʊnəˈdraɪvər] *n* Fahrzeughalter, der sein eigenes Auto fährt; **owner-editor** *n* Redakteur *m* im eigenen Hause; **ownerless** ['əʊnəlɪs] *adj* herrenlos; **owner-occupied** *adj house* vom Besitzer bewohnt; **owner-occupier** *n* jd, der im eigenen Haus wohnt.

ownership ['əʊnəʃɪp] *n* Besitz *m*. **to establish the ~ of sth** den Besitzer einer Sache (*gen*) feststellen; **there are doubts as to the ~ of the property** es ist nicht klar, wer der Eigentümer dieses Grundstücks ist; **under his ~ the business flourished** das Geschäft blühte in der Zeit, als es sich in seinem Besitz befand; **under new ~** unter neuer Leitung; **since we've been under new ~** seit der Eigentümer gewechselt hat; **this certifies your ~ of ...** das weist Sie als Eigentümer von ... aus.

ownsome ['əʊnsəm] *n*: **on one's ~** (*inf*) mutterseelenallein.

ox [ɒks] *n, pl* **~en** Ochse *m*. **as strong as an ~** bärenstark.

oxalic [ɒkˈsælɪk] *adj acid* Oxal-.

ox-bow lake ['ɒksbəʊˈleɪk] *n* toter Flußarm.

Oxbridge ['ɒksbrɪdʒ] **I** *n* Oxford und/oder

Cambridge. **II** *adj accent* wie in Oxford oder Cambridge; *people* der Universität (*gen*) Oxford oder Cambridge.

ox cart *n* Ochsenkarren *m*.

oxen ['ɒksən] *pl of* **ox**.

OXFAM ['ɒksfæm] *abbr of* **Oxford Committee for Famine Relief**. ~ **shop** ≈ Dritte-Welt-Laden *m*.

oxidation [ˌɒksɪ'deɪʃən] *n* (*Chem*) Oxydation, Oxidation *f*.

oxide ['ɒksaɪd] *n* (*Chem*) Oxyd, Oxid *nt*.

oxidize ['ɒksɪdaɪz] *vti* oxydieren, oxidieren.

oxlip ['ɒkslɪp] *n* (*Bot*) hohe *or* weiße Schlüsselblume.

Oxon ['ɒksən] *abbr of* **Oxfordshire**.

Oxonian [ɒk'səʊnɪən] **I** *n* Oxfordstudent(in *f*) *m*. **II** *adj* der Oxforder Universität angehörend.

oxtail ['ɒksteɪl] *n* Ochsenschwanz *m*; **oxtail soup** *n* Ochsenschwanzsuppe *f*.

oxyacetylene ['ɒksɪə'setɪliːn] *adj* Azetylensauerstoff-. ~ **burner** *or* **lamp** *or* **torch** Schweißbrenner *m*; ~ **welding** Autogenschweißen *nt*.

oxygen ['ɒksɪdʒən] *n* (*abbr* O) Sauerstoff *m*.

oxygenate [ɒk'sɪdʒəneɪt] *vt* oxygenieren, mit Sauerstoff behandeln *or* anreichern.

oxygenation [ˌɒksɪdʒə'neɪʃən] *n* Oxygenierung *f*, Anreicherung *or* Behandlung *f* mit Sauerstoff.

oxygen bottle, oxygen cylinder *n* Sauerstoffflasche *f*; **oxygen mask** *n* Sauerstoff- *or* Atemmaske *f*; **oxygen tank** *n* Sauerstoffbehälter *m*; **oxygen tent** *n* Sauerstoffzelt *nt*.

oyster ['ɔɪstər] *n* Auster *f*. **the world's his** ~ die Welt steht ihm offen *or* liegt ihm zu Füßen; **to shut up** *or* **clam up like an** ~ kein Wort mehr sagen.

oyster bank, oyster bed *n* Austernbank *f*; **oyster-breeding** *n* Austernzucht *f*; **oystercatcher** *n* (*Orn*) Austernfischer *m*; **oyster farm** *n* Austernpark *m*; **oyster shell** *n* Austernschale *f*.

oz *abbr of* **ounce(s)** Unzen.

ozone ['əʊzəʊn] *n* Ozon *nt*. ~ **layer** Ozonschicht *f*.

P

P, p [piː] *n* P, *p nt.* **to mind one's P's and Q's** (*inf*) sich anständig benehmen.

p *abbr of* **1.** **page** S. **2.** **penny, pence.**

PA *abbr of* **1.** **Press Association** *britische Nachrichtenagentur.* **2.** **public address (system).**

p.a. *abbr of* **per annum.**

pa [paː] *n* (*inf*) Papa, Papi, Vati *m* (*all inf*).

pace[1] ['peɪsɪ] *prep* ohne (*dat*) nahetreten zu wollen.

pace[2] [peɪs] **I** *n* **1.** (*step*) Schritt *m*; (*of horse*) Gangart *f*; (*lifting both legs on same side*) Paßgang *m.* **twelve ~s off** zwölf Schritt(e) entfernt; **to put a horse through its ~s** ein Pferd alle Gangarten machen lassen; **to put sb/a new car through his/its ~s** (*fig*) jdn/ein neues Auto auf Herz und Nieren prüfen.

2. (*speed*) Tempo *nt.* **the more leisurely ~ of life in those days** das geruhsamere Leben damals; **those who fall victim to the ~ of modern city life** wer der Hektik des modernen Großstadtlebens zum Opfer fällt; **at a good** *or* **smart ~** recht schnell; **at an incredible ~** unglaublich schnell; **at a slow ~** langsam; **how long will he keep this ~ up?** wie lange wird er das Tempo durchhalten?; **to keep ~** Schritt halten; (*in discussing*) mitkommen; **I can't keep ~ with events** ich komme mit den Ereignissen nicht mehr mit; **to make** *or* **set the ~** das Tempo angeben; **to quicken one's ~** seinen Schritt beschleunigen; (*working*) sein Tempo beschleunigen; **I'm getting old, I can't stand the ~ any more** (*inf*) ich werde alt, ich kann nicht mehr mithalten.

II *vt* **1.** (*measure*) *floor, room* mit Schritten ausmessen.

2. (*in anxiety etc*) auf und ab gehen *or* schreiten in (+*dat*).

3. *competitor* das Tempo angeben (+*dat*).

4. *horse* im Paßgang gehen lassen.

III *vi* **1.** **to ~ around** hin und her laufen; **to ~ up and down** auf und ab gehen.

2. (*horse*) im Paßgang gehen.

♦**pace off** *or* **out** *vt sep distance* mit Schritten ausmessen *or* abmessen.

pacemaker ['peɪsmeɪkə'] *n* (*in race, business, Med*) Schrittmacher *m.*

pacer ['peɪsə'], **pace-setter** ['peɪssetə'] *n* (*Sport*) Schrittmacher *m.*

pachyderm ['pækɪdɜːm] *n* Dickhäuter *m.*

Pacific [pə'sɪfɪk] *n* **the ~ (Ocean)** der Pazifische *or* Stille Ozean, der Pazifik; **~ time** Pazifische Zeit; **the ~ islands** die Pazifischen Inseln; **a ~ island** eine Insel im Pazifik.

pacific [pə'sɪfɪk] *adj people, nation* friedliebend, friedfertig.

pacifically [pə'sɪfɪkəlɪ] *adv live* in Frieden.

pacification [‚pæsɪfɪ'keɪʃən] *n* Versöhnung *f*; (*of area*) Befriedung *f.* **attempts at ~** Friedensbemühungen *pl.*

pacifier ['pæsɪfaɪə'] *n* **1.** (*peacemaker*) Friedensstifter(in *f*) *m.* **2.** (*US: dummy*) Schnuller *m.*

pacifism ['pæsɪfɪzəm] *n* Pazifismus *m.*

pacifist ['pæsɪfɪst] **I** *adj* pazifistisch. **II** *n* Pazifist(in *f*) *m.*

pacify ['pæsɪfaɪ] *vt baby* beruhigen; *angry person also* besänftigen; *warring countries* Frieden herbeiführen in (+*dat*), miteinander aussöhnen; *area* befrieden.

pack [pæk] **I** *n* **1.** (*bundle*) Bündel *nt*; (*on animal*) Last *f*; (*rucksack*) Rucksack *m*; (*Mil*) Gepäck *nt no pl*, Tornister *m* (*dated*).

2. (*packet*) (*for cereal, washing powder, etc*) Paket *nt*; (*US: of cigarettes*) Packung, Schachtel *f.* **towels/books sold in ~s of six** Handtücher/Bücher im Sechserpack.

3. (*Hunt*) Meute *f.*

4. (*of wolves, boy scouts*) Rudel *nt*; (*of submarines*) Gruppe *f.*

5. (*pej: group*) Horde, Meute *f.* **a ~ of thieves** eine Diebesbande; **he told us a ~ of lies** er tischte uns einen Sack voll Lügen auf; **it's all a ~ of lies** es ist alles erlogen.

6. (*of cards*) (Karten)spiel *nt.* **52 cards make a ~** ein Blatt *nt* besteht aus 52 Karten.

7. (*Rugby*) Stürmer *pl.*

8. (*Med, cosmetic*) Packung *f.*

9. (*of ice*) Scholle *f.*

II *vt* **1.** *crate, container etc* vollpacken; *fish, meat in tin etc* abpacken.

2. *case, trunk* packen; *things in case, clothes etc* einpacken.

3. (*wrap, put into parcel*) einpacken. **it comes ~ed in polythene** es ist in Cellophan verpackt.

4. (*crowd, cram*) packen; *container also* vollstopfen; *articles also* stopfen, pfropfen. **the box was ~ed full of explosives** die Kiste war voll mit Sprengstoff; **the crowds that ~ed the stadium** die Menschenmassen, die sich im Stadium drängten; **the comedy was playing to ~ed houses** die Komödie lief vor ausverkauften Häusern; **to be ~ed (full)** gerammelt voll sein (*inf*); **all this information is ~ed into one chapter** all diese Informationen sind in einem Kapitel zusammengedrängt; **a holiday ~ed with excitement** Ferien voller aufregender Erlebnisse; **a speech ~ed with jokes** eine mit Witzen gespickte Rede; **the coast is ~ed with tourists** an der Küste wimmelt es von Touristen.

5. (*make firm*) *soil etc* festdrücken.

6. *jury* mit den eigenen Leuten besetzen.

7. (*US inf: carry*) *gun* tragen, dabeihaben. **to ~ one's lunch** sich (*dat*) sein Mittagessen mitnehmen.

8. (*inf*) **to ~ a (heavy) punch** kräftig zuschlagen; **he ~s a nasty left** er hat *or* schlägt eine ganz gemeine Linke (*inf*).

9. *leak, pipe* (zu)stopfen.

III *vi* **1.** (*items*) passen; (*person*) packen. **that won't all ~ into one suitcase** das paßt *or* geht nicht alles in einen Koffer; **it ~s (in) nicely** es läßt sich gut verpacken; **I'm still ~ing** ich bin noch beim Packen.

2. (*crowd*) **the crowds ~ed into the stadium** die Menge drängte sich in das Stadion; **we can't all ~ into one Mini** wir können uns nicht alle in einen Mini zwängen; **they ~ed round the president** sie belagerten *or* umringten den Präsidenten.

3. (*become firm*) fest werden. **the snow had ~ed round the wheels** an den Rädern klebte eine feste Schneeschicht.

4. (*inf*) **to send sb ~ing** jdn kurz abfertigen; **she sent him ~ing without any supper** sie setzte ihn ohne Abendessen vor die Tür.

◆**pack away** I *vt sep* **1.** *clothes, boxes etc* wegpacken. **~ your toys ~ before you go out** räum deine Spielsachen weg, bevor du rausgehst; **I've ~ed all your books ~ in the attic** ich habe alle deine Bücher auf den Boden geräumt.

2. (*inf*) *food* **he can really ~ it ~** er kann ganz schön was verdrücken (*inf*).

II *vi* **the bed ~s ~ into a wall-cupboard** man kann das Bett in einem Wandschrank verschwinden lassen.

◆**pack down** *vi* (*Rugby*) ein Gedränge *nt* bilden.

◆**pack in** *vt sep* **1.** *clothes etc* einpacken.

2. *people* hineinpferchen in (+*acc*). **we can't ~ any more ~ here** (*people*) hier geht *or* paßt keiner mehr rein; (*things*) hier geht *or* paßt nichts mehr rein.

3. (*play, actor etc*) in Scharen anziehen. **this film is really ~ing them ~** (*inf*) dieser Film zieht die Leute in Scharen an.

4. (*Brit inf*) (*give up*) *job* hinschmeißen (*inf*); *girlfriend* sausen lassen (*inf*); (*stop*) *noise* aufhören mit; *work, activity* Schluß *or* Feierabend (*inf*) machen mit. **~ it ~!** hör auf!

II *vi* **1.** (*crowd in*) sich hineindrängen. **we all ~ed ~to his car** wir zwängten uns alle in sein Auto.

2. (*inf: stop working*) (*engine*) seinen Geist aufgeben (*hum*); (*person*) zusammenpacken, Feierabend machen (*inf*).

◆**pack off** *vt sep* **she ~ed them ~ to bed/school** sie verfrachtete sie ins Bett/schickte sie in die Schule.

◆**pack out** *vt sep usu pass* **to be ~ed ~** (*hall, theatre etc*) gerammelt voll sein (*inf*), überfüllt sein.

◆**pack up** I *vt sep clothes etc* zusammenpacken. **II** *vi* **1.** (*prepare luggage*) packen. **he just ~ed ~ and left** er packte seine Sachen und ging. **2.** (*inf: stop working*) (*engine*) seinen Geist aufgeben (*hum*); (*person*) Feierabend machen (*inf*). **3.** **the tent ~s ~ easily** das Zelt läßt sich gut verpacken.

package ['pækɪdʒ] I *n* **1.** (*parcel, esp US: packet*) Paket *nt*; (*of cardboard*) Schachtel *f*. **2.** (*esp Comm: group, set*) Paket, Bündel *nt*. **II** *vt* **1.** verpacken. **2.** (*in order to enhance sales*) präsentieren.

package deal *n* Pauschalangebot *nt*; **package holiday** *n* Pauschalreise *f*;

package store *n* (*US*) Spirituosenhandlung *f*; **package tour** *n see* **package holiday.**

packaging ['pækɪdʒɪŋ] *n see vt* **1.** Verpackung *f*. **this is where they do the ~** hier werden die Sachen verpackt. **2.** Präsentation *f*. **the public don't buy the product, they buy the ~** die Leute kaufen nicht das Produkt, sondern die Verpackung.

pack animal *n* Packtier, Lasttier *nt*; **pack drill** *n* Strafexerzieren *nt* in gefechtsmäßiger Ausrüstung.

packer ['pækə^r] *n* Packer(in *f*) *m*.

packet ['pækɪt] *n* **1.** Paket *nt*; (*of cigarettes*) Päckchen *nt*, Schachtel, Packung *f*; (*small box*) Schachtel *f*. **2.** (*Naut*) Paketboot *nt*. **3.** (*Brit sl: lot of money*) **that must have cost a ~** das muß ein Heidengeld *nt* gekostet haben (*inf*).

packet boat *n* Paketboot *nt*.

packhorse ['pækhɔːs] *n* Packpferd *nt*; **I'm not your ~!** ich bin nicht dein Packesel!; **packice** *n* Packeis *nt*.

packing ['pækɪŋ] *n* **1.** (*act*) (*in suitcases*) Packen *nt*; (*in factories etc*) Verpackung *f*. **to do one's ~** packen. **2.** (*material*) Verpackung *f*; (*for leak*) Dichtung *f*.

packing case *n* Kiste *f*; **packing house, packing plant** *n* (*US*) Abpackbetrieb *m*.

pack rat *n* Buschschwanzratte *f*; **packsack** *n* (*US*) Rucksack *m*; **pack-saddle** *n* Packsattel *m*; **pack-thread** *n* Zwirn *m*; **pack train** *n* Tragtierkolonne *f*.

pact [pækt] *n* Pakt *m*. **to make a ~ with sb** mit jdm einen Pakt schließen.

pad¹ [pæd] *vi* **to ~ about** umhertapsen; **the panther ~ded up and down** der Panther trottete auf und ab.

pad² I *n* **1.** (*stuffing*) (*for comfort etc*) Polster *nt*; (*for protection*) Schützer *m*; (*in bra*) Einlage *f*; (*brake ~ etc*) Belag *m*. **2.** (*of paper*) Block *m*; (*of blotting paper*) Schreibunterlage *f*. **3.** (*for inking*) Stempelkissen *nt*. **4.** (*of animal's foot*) Ballen *m*. **5.** (*launching ~*) (Abschuß)rampe *f*. **6.** (*inf: room, home*) Bude *f* (*inf*). **II** *vt shoulders etc* polstern.

◆**pad out** *vt sep* **1.** *shoulders* polstern. **2.** *article, essay etc* auffüllen; *speech* ausdehnen, strecken.

padded ['pædɪd] *adj shoulders, armour, bra* wattiert; *dashboard* gepolstert. **~ cell** Gummizelle *f*.

padding ['pædɪŋ] *n* **1.** (*material*) Polsterung *f*. **2.** (*fig: in essay etc*) Füllwerk *nt*.

paddle ['pædl] I *n* **1.** (*oar*) Paddel *nt*. **2.** (*blade of wheel*) Schaufel *f*; (*wheel*) Schaufelrad *nt*. **3.** (*for mixing*) Rührschaufel *f*. **4. to go for a ~, to have a ~** durchs Wasser waten.

II *vt* **1.** *boat* paddeln.

2. to ~ one's feet in the water mit den Füßen im Wasser planschen; **~ your feet and you'll stay afloat** du mußt mit den Füßen paddeln, dann gehst du nicht unter.

3. (*US: spank*) versohlen (*inf*).

III *vi* **1.** (*in boat*) paddeln.

2. (*with feet, swimming*) paddeln.

3. (*walk in shallow water*) waten.

paddle boat *n* Raddampfer *m*; (*small, on pond*) Paddelboot *nt*; **paddle steamer** *n* Raddampfer *m*; **paddle wheel** *n* Schaufelrad *nt*.

paddling pool ['pædlɪŋˌpuːl] *n* Planschbecken *nt*.

paddock ['pædək] *n* (*field*) Koppel *f*; (*of racecourse*) Sattelplatz *m*; (*motor racing*) Fahrerlager *nt*.

paddy[1] ['pædɪ] *n* **1.** (*rice*) ungeschälter Reis. **2.** (*also* ~ **field**) Reisfeld *nt*.

paddy[2] *n* (*Brit inf*) Koller *m* (*inf*). **to get into a** ~ einen Koller kriegen (*inf*).

paddy wagon *n* (*US inf*) grüne Minna (*inf*).

padlock ['pædlɒk] **I** *n* Vorhängeschloß *nt*. **II** *vt* (mit einem Vorhängeschloß) verschließen.

padre ['pɑːdrɪ] *n* (*Mil*) Feldkaplan, Feldgeistliche(r) *m*. **yes,** ~ ja, Herr Kaplan.

paean ['piːən] *n* Lobrede *f*. ~ **of praise** (*Rel*) Lobpreisung *f*.

paediatric, (*US*) **pediatric** [ˌpiːdɪ'ætrɪk] *adj* Kinder-, pädiatrisch (*spec*).

paediatrician, (*US*) **pediatrician** [ˌpiːdɪə'trɪʃən] *n* Kinderarzt *m*/-ärztin *f*.

paediatrics, (*US*) **pediatrics** [ˌpiːdɪ'ætrɪks] *n* Kinderheilkunde, Pädiatrie (*spec*) *f*.

pagan ['peɪɡən] **I** *adj* heidnisch. **II** *n* Heide *m*, Heidin *f*.

paganism ['peɪɡənɪzəm] *n* Heidentum *nt*.

page[1] [peɪdʒ] **I** *n* (*also* ~-**boy**) Page *m*; (*of knight*) Page, Edelknabe *m*. **II** *vt* **to** ~ **sb** jdn ausrufen lassen; **paging Mr Cousin** Herr Cousin, bitte!

page[2] **I** *n* **1.** Seite *f*. **on** ~ **14** auf Seite 14; **write on both sides of the** ~ beschreiben Sie beide Seiten.

2. a glorious ~ **of English history** ein Ruhmesblatt *nt* in der Geschichte Englands; **to go down in the** ~**s of history** in die Geschichte *or* die Annalen der Geschichte eingehen.

II *vt* (*Typ*) paginieren, mit Seitenzahlen versehen.

pageant ['pædʒənt] *n* (*show*) historische Aufführung, Historienspiel *nt*. **a** ~ **of Elizabethan times** (*series of theatrical tableaux etc*) eine historische Darstellung des Elisabethanischen Zeitalters; (*procession*) ein Festzug *m or* festlicher Umzug im Stil des Elisabethanischen Zeitalters.

pageantry ['pædʒəntrɪ] *n* Prunk *m*, Gepränge *nt*. **all the** ~ **of history** die ganze Pracht der Geschichte.

page-boy ['peɪdʒbɔɪ] *n* **1.** Page *m*; **2.** (*hairstyle*) Pagenkopf *m*.

paginate ['pædʒɪneɪt] *vt* paginieren.

pagination [ˌpædʒɪ'neɪʃən] *n* Paginierung *f*.

pagoda [pə'ɡəʊdə] *n* Pagode *f*.

paid [peɪd] **I** *pret, ptp of* **pay**.

II *adj official, work* bezahlt. **to put** ~ **to sth** etw zunichte machen; **that's put** ~ **to my holiday** damit ist mein Urlaub geplatzt *or* gestorben (*inf*); **that's put** ~ **to him** damit ist für ihn der Ofen aus (*inf*).

paid-up ['peɪd'ʌp] *adj share* eingezahlt. **a** ~ **membership of 500** 500 zahlende Mitglieder; **is he fully** ~? hat er alle Beiträge bezahlt?

pail [peɪl] *n* Eimer *m*.

pailful ['peɪlfʊl] *n* Eimer *m* (voll).

pain [peɪn] **I** *n* **1.** Schmerz *m*. **is the** ~ **still there?** hast du noch Schmerzen?; **where is the** ~ **exactly?** wo tut es denn genau weh?; **this will help the** ~ das ist gut gegen die Schmerzen; **to be in** ~ Schmerzen haben; **you can't just leave him in** ~ du kannst ihn nicht einfach leiden lassen; **he screamed in** ~ er schrie vor Schmerzen; **do insects feel** ~? können Insekten Schmerz empfinden?; **a sharp** ~ ein stechender Schmerz; **cucumber gives me a** ~ **in the stomach** von Gurken bekomme ich Magenschmerzen *pl*; **my ankle has been giving** *or* **causing me a lot of** ~ mein Knöchel tut mir sehr weh; **I have a** ~ **in my leg** mein Bein tut mir weh, ich habe Schmerzen im Bein.

2. (*mental*) Qualen *pl*. **the** ~ **of parting** der Abschiedsschmerz; **Werther: a soul in** ~ Werther: eine gequälte Seele; **he suffered great mental** ~ er litt Seelenqualen; **the decision caused me a lot of** ~ die Entscheidung war sehr schmerzlich für mich; **a look of** ~ **came over his face** sein Gesicht nahm einen schmerzlichen Ausdruck an.

3. ~**s** *pl* (*efforts*) Mühe *f*; **to be at** (*great*) ~**s to do sth** sich (*dat*) (große) Mühe geben, etw zu tun; **to take** ~**s over sth/to do sth** sich (*dat*) Mühe mit etw geben/sich (*dat*) Mühe geben, etw zu tun; **she takes great** ~**s over her appearance** sie verwendet sehr viel Sorgfalt auf ihr Äußeres; **all he got for his** ~**s was a curt refusal** zum Dank für seine Mühe wurde er schroff abgewiesen; **see what you get for your** ~**s!** das hast du nun für deine Mühe!

4. (*penalty*) **on** ~ **of death** bei Todesstrafe, unter Androhung der Todesstrafe; **with all the** ~**s and penalties of fame** mit allen Schattenseiten des Ruhmes.

5. (*inf: also* ~ **in the neck** *or* **arse** *sl*) **to be a (real)** ~ einem auf den Wecker (*inf*) *or* Geist (*inf*) gehen.

II *vt* **1.** (*mentally*) schmerzen. **it** ~**s me to see their ignorance** ihre Unwissenheit tut schon weh; **it** ~**s me to have to tell you this but** ... es schmerzt mich, Ihnen dies mitteilen zu müssen, aber ...

2. (*rare: physically*) **his arm was still** ~**ing him** sein Arm schmerzte noch immer.

pained [peɪnd] *adj expression, voice* schmerzerfüllt.

painful ['peɪnfʊl] *adj* **1.** (*physically*) schmerzhaft. **is it** ~? tut es weh?; **it's** ~ **to the touch** es tut weh, wenn man es berührt; **my arm was becoming** ~ mein Arm fing an zu schmerzen.

2. (*unpleasant*) *experience, memory* unangenehm. **it is my** ~ **duty to tell you that** ... ich habe die traurige Pflicht, Ihnen mitteilen zu müssen, daß ...; ~ **to behold** ein qualvoller Anblick.

3. (*inf: terrible*) peinlich. ~**, isn't it?** das tut weh, was?; **I went to the party but it was really** ~ (*boring*) ich war auf der Party, aber es war zum Sterben langweilig; (*embarrassing*) ich war auf der Party, eine äußerst peinliche Angelegenheit; **she gave a** ~ **performance** ihre Vorführung war mehr als peinlich.

painfully ['peɪnfəlɪ] *adv* **1.** (*physically*)

schmerzhaft. **he dragged himself ~ along** er quälte sich mühsam weiter.
2. (*inf: very*) schrecklich. **it was ~ obvious** es war nicht zu übersehen; **he was being ~ overpolite** es war peinlich, wie betont höflich er sich benahm; **he became ~ aware that ...** ihm wurde schmerzlich bewußt, daß ...

painkiller ['peɪnkɪlər] *n* schmerzstillendes Mittel; **painkilling** *adj drug* schmerzstillend.

painless ['peɪnlɪs] *adj* schmerzlos. **a procedure which makes paying completely ~** (*inf*) ein Verfahren, bei dem Sie von der Bezahlung überhaupt nichts merken; **don't worry, it's quite ~** (*inf*) keine Angst, es tut gar nicht weh.

painlessly ['peɪnlɪslɪ] *adv see adj.*

painstaking ['peɪnzˌteɪkɪŋ] *adj person, piece of work* sorgfältig. **with ~ accuracy** mit peinlicher Genauigkeit.

painstakingly ['peɪnzˌteɪkɪŋlɪ] *adv* sorgfältig, gewissenhaft. **one has to be so ~ precise** man muß äußerst genau sein.

paint [peɪnt] **I** *n* **1.** Farbe *f*; (*on car, furniture also*) Lack *m*; (*make-up*) Schminke *f*.
2. **~s** *pl* Farben *pl*; **box of ~s** Farb- or Malkasten *m*.
3. (*US: piebald horse*) Schecke *m*.
II *vt* **1.** streichen; *car* lackieren; *door also* lackieren. **to ~ one's face** sich anmalen (*inf*); (*Theat*) sich schminken; **to ~ the town red** (*inf*) die Stadt unsicher machen (*inf*).
2. *picture, person* malen. **he ~ed a very convincing picture of life on the moon** er zeichnete ein sehr überzeugendes Bild vom Leben auf dem Mond; *see black.*
III *vi* malen; (*decorate*) (an)streichen.
◆**paint in** *vt sep* (*add*) dazumalen; (*fill in*) ausmalen.
◆**paint on** *vt sep* aufmalen.
◆**paint out** *or* **over** *vt sep* übermalen; (*on wall*) überstreichen.
◆**paint up** *vt sep building* neu *or* frisch anstreichen; *face* anmalen. **she gets all ~ed ~ on a Friday night** freitags abends legt sie immer ihre Kriegsbemalung an (*inf*).

paintbox ['peɪntbɒks] *n* Farb- or Malkasten *m*; **paintbrush** *n* Pinsel *m*.

painter¹ ['peɪntər] *n* (*Art*) Maler(in *f*) *m*; (*decorator also*) Anstreicher(in *f*) *m*.

painter² *n* (*Naut*) Fangleine *f*.

painting ['peɪntɪŋ] *n* **1.** (*picture*) Bild, Gemälde *nt*. **2.** *no pl* (*Art*) Malerei *f*. **3.** *no pl* (*of flat etc*) Anstreichen *nt*.

paint pot *n* Farbtopf *m*; **paint roller** *n* Rolle *f*; **paint shop** *n* (*Ind*) Lackiererei *f*; **paint spray(er)** *n* Spritzpistole *f*; **paint stripper** *n* Abbeizmittel *nt*; **paintwork** *n* (*on car etc*) Lack *m*; (*on wall, furniture*) Anstrich *m*.

pair [peər] **I** *n* **1.** (*of gloves, shoes, people*) Paar *nt*; (*of animals*) Pärchen *nt*; (*of cards*) Pärchen *nt*; (*hum sl: breasts*) Vorbau *m* (*inf*), Teile *pl* (*sl*). **I've lost the ~ to this glove** ich habe den anderen *or* zweiten Handschuh verloren; **a ~ of trousers** eine Hose; **six ~s of trousers** sechs Hosen; **a new ~** (*of trousers*) eine neue (Hose); (*of shoes*) (ein Paar) neue; **he has a useful ~ of hands** (*boxer*) er ist ein guter Boxer; **a**

huge **~ of eyes** ein riesiges Augenpaar; **in ~s** paarweise; *hunt, arrive, go out* zu zweit; *seated* in Zweiergruppen; **they're a ~ of rascals** das sind vielleicht zwei Lausejungen; **what a ~ of fools we are!** wir (beide) sind vielleicht dumm!; **you're a fine ~ you are!** (*iro*) ihr seid mir (vielleicht) ein sauberes Pärchen (*iro*).
2. the ~s *sing or pl* (*Skating*) Paarlauf *m*; (*Rowing*) Zweier *m*; **in the ~s** im Paarlauf/Zweier.
II *vt* in Paaren *or* paarweise anordnen. **I was ~ed with Bob for the next round** in der nächsten Runde mußte ich mit Bob ein Paar bilden.
III *vi* (*Parl*) mit einem Abgeordneten einer anderen Partei ein Abkommen für eine Wahl treffen.
◆**pair off** **I** *vt sep* in Zweiergruppen einteilen. **to ~ sb ~ with sb** (*find boyfriend etc for*) jdn mit jdm zusammenbringen *or* verkuppeln (*inf*); **she was ~ed ~ with Jean in the tournament** sie wurde beim Turnier mit Jean zusammengebracht; **~ each word with its opposite** ordnen Sie jedem Wort den jeweiligen Gegensatz zu.
II *vi* Paare bilden. **all the people at the party had ~ed ~** bei der Party hatten alle Pärchen gebildet.

pairing ['peərɪŋ] *n* Paarung *f*.

pair-skating ['peəˌskeɪtɪŋ] *n* Paarlaufen *nt*.

paisley ['peɪzlɪ] **I** *n* Paisley-Muster. **II** *adj pattern; shirt* im Paisley-Muster.

pajamas [pəˈdʒɑːməz] *npl* (*US*) *see* **pyjamas**.

Pakistan [ˌpɑːkɪˈstɑːn] *n* Pakistan *nt*.

Pakistani [ˌpɑːkɪˈstɑːnɪ] **I** *adj* pakistanisch. **II** *n* Pakistani *mf*, Pakistaner(in *f*) *m*.

pal [pæl] *n* (*inf*) Kumpel *m* (*inf*). **OK, let's be ~s again** na gut, vertragen wir uns wieder!; **help me with this, there's a ~** sei doch so nett und hilf mir dabei.
◆**pal up** *vi* (*inf*) sich anfreunden (*with* mit).

palace ['pælɪs] *n* (*lit, fig*) Palast *m*. **royal ~** (Königs)schloß *nt*; **the PM was summoned to the ~** der Premierminister wurde zur Königin/zum König bestellt.

palace guard *n* Schloßwache *f*; **palace revolution** *n* (*lit, fig*) Palastrevolution *f*.

palaeo- ['pælɪəʊ-] *pref see* **paleo-**.

palatability [ˌpælətəˈbɪlɪtɪ] *n* **1.** Schmackhaftigkeit *f*. **2.** (*fig*) Attraktivität *f*.

palatable ['pælətəbl] *adj* genießbar; *food also* schmackhaft (*to* für); (*fig*) attraktiv. **to some the truth is not always ~** manchen Leuten schmeckt die Wahrheit nicht immer.

palatably ['pælətəblɪ] *adv* schmackhaft; (*fig also*) attraktiv.

palatal ['pælətl] **I** *adj* Gaumen-; (*Phon*) palatal. **II** *n* (*Phon*) Palatal(laut) *m*.

palatalize ['pælətəlaɪz] *vti* (*Phon*) den Palatallaut bilden.

palate ['pælɪt] *n* (*lit*) Gaumen *m*. **to have a delicate ~** einen empfindlichen Gaumen haben; **to have no ~ for sth** (*fig*) keinen Sinn für etw haben.

palatial [pəˈleɪʃəl] *adj* (*spacious*) palastartig; (*luxurious*) luxuriös, prunkvoll.

palatially [pəˈleɪʃəlɪ] *adv see adj.*

palatinate [pəˈlætɪnɪt] *n* Pfalz *f*.

palaver [pə'lɑ:vəʳ] *n* (*inf*) **1.** (*fuss and bother*) Umstand *m*, Theater *nt* (*inf*). **2.** (*conference*) Palaver *nt*.

pale¹ [peɪl] **I** *adj* (+*er*) colour, complexion, face blaß; light also, face (implying unhealthy etc) bleich, fahl. ~ **green/orange** etc blaß- or zartgrün/blaß- or zartorange etc; **to go** or **turn** ~ **with fear/anger** vor Schreck/Wut bleich or blaß werden; **but a** ~ **imitation of the real thing** nur ein Abklatsch *m* des Originals.
II *vi* (*person*) erbleichen, blaß or bleich werden; (*paper etc*) verblassen. **but X** ~**s beside Y** neben Y verblaßt X direkt; **to** ~ **into insignificance** zur Bedeutungslosigkeit herabsinken.

pale² *n* (*stake*) Pfahl *m*. **those last few remarks were quite beyond the** ~ diese letzten Bemerkungen haben eindeutig die Grenzen überschritten; **he is now regarded as beyond the** ~ man betrachtet ihn jetzt als indiskutabel.

pale ale *n* (*Brit*) helles Dunkelbier; **paleface** *n* Bleichgesicht *nt*.
palely ['peɪllɪ] *adv* shine, lit schwach, matt.
paleness *n* Blässe *f*.
paleo- [,pælɪəʊ-] *pref* paläo-, Paläo-; **paleography** [,pælɪ'ɒɡrəfɪ] *n* Paläographie *f*; **paleolithic** [,pælɪəʊ'lɪθɪk] *adj* paläolithisch, altsteinzeitlich; **paleontology** [,pælɪɒn'tɒlədʒɪ] *n* Paläontologie *f*.
Palestine ['pælɪstaɪn] *n* Palästina *nt*.
Palestinian [,pælə'stɪnɪən] **I** *adj* palästinensisch. **II** *n* Palästinenser(in *f*) *m*.
palette ['pælɪt] *n* Palette *f*. ~ **knife** Palettenmesser *nt*.
paling ['peɪlɪŋ] *n* (*stake*) Zaunpfahl *m*; (*fence*) Lattenzaun *m*; (*bigger*) Palisadenzaun *m*.
palisade [,pælɪ'seɪd] **I** *n* **1.** Palisade *f*. **2.** ~**s** *pl* (*US*) Steilufer *nt*. **II** *vt* einpfählen.
pall¹ [pɔ:l] *n* **1.** (*over coffin*) Bahrtuch, Sargtuch *nt*. **a** ~ **of smoke** (*fig*) (*covering*) eine Dunstglocke; (*rising in air*) eine Rauchwolke. **2.** (*Eccl*) Pallium *nt*.
pall² *vi* an Reiz verlieren; (*book, film etc also*) langweilig werden (*on sb* für jdn).
palladium [pə'leɪdɪəm] *n* (*abbr* Pd) Palladium *nt*.
pall-bearer ['pɔ:l,beərəʳ] *n* Sargträger *m*.
pallet ['pælɪt] *n* (*bed*) Pritsche *f*; (*for storage*) Palette *f*.
palliasse ['pælɪæs] *n* Strohsack *m*.
palliate ['pælɪeɪt] *vt* (*form*) **1.** disease lindern. **2.** offence, seriousness of situation (*make less serious*) mildern; (*make seem less serious*) beschönigen.
palliative ['pælɪətɪv] (*form*) **I** *adj* drug, remedy lindernd, Linderungs-; explanation beschönigend. **II** *n* Linderungsmittel, Palliativ(um) *nt*.
pallid ['pælɪd] *adj* blaß, fahl; (*unhealthy looking*) bleich, fahl.
pallor ['pæləʳ] *n* Blässe, Fahlheit *f*.
pally ['pælɪ] *adj* (+*er*) (*inf*) he's a ~ sort er ist ein freundlicher Bursche; **they're very** ~ sie sind dicke Freunde (*inf*); **to be** ~ **with sb** mit jdm gut Freund sein; **he immediately tried to get** ~ **with the boss** er versuchte sofort, sich beim Chef anzubiedern.
palm¹ [pɑ:m] *n* (*Bot*) Palme *f*; (*as carried at Easter*) Palmzweig *m*. **to carry off** or **bear the** ~ die Siegespalme erringen, siegen.
palm² **I** *n* (*Anat*) Handteller *m*, Handfläche *f*; (*of glove*) Innenfläche *f*. **the magician had concealed the ball in the** ~ **of his hand** der Zauberkünstler hielt den Ball in der hohlen Hand versteckt; **to grease sb's** ~ jdn schmieren (*inf*); **to read sb's** ~ jdm aus der Hand lesen; *see* **itching**.
II *vt* **1.** card im Ärmel verstecken. **2. the goalie just managed to** ~ **the ball over the crossbar** der Torwart schaffte es gerade noch, den Ball mit der Handfläche über die Querlatte zu lenken.
◆**palm off** *vt sep* (*inf*) rubbish, goods andrehen (*on(to*) *sb* jdm) (*inf*); *sb* (*with explanation*) abspeisen (*inf*).
palmist ['pɑ:mɪst] *n* Handliniendeuter(in *f*), Handleser(in *f*) *m*.
palmistry ['pɑ:mɪstrɪ] *n* Handliniendeutung, Handlesekunst *f*.
palm leaf *n* Palmwedel *m*; **palm oil** *n* Palmöl *nt*; **Palm Sunday** *n* Palmsonntag *m*; **palm tree** *n* Palme *f*; **palm wine** *n* Palmwein *m*.
palmy ['pɑ:mɪ] *adj* (+*er*) days glücklich, unbeschwert.
palpable ['pælpəbl] *adj* **1.** greifbar; (*Med*) tastbar, palpabel (*spec*). **2.** (*clear*) lie, error offensichtlich.
palpably ['pælpəblɪ] *adv* (*clearly*) eindeutig.
palpate [pæl'peɪt] *vt* (*Med*) palpieren.
palpitate ['pælpɪteɪt] *vi* (*heart*) heftig klopfen; (*tremble*) zittern.
palpitation [,pælpɪ'teɪʃən] *n* (*of heart*) Herzklopfen *nt*; (*trembling*) Zittern *nt*. **to have** ~**s** Herzklopfen haben.
palsied ['pɔ:lzɪd] *adj* gelähmt.
palsy ['pɔ:lzɪ] *n* Lähmung *f*. **cerebral** ~ zerebrale Lähmung.
paltriness ['pɔ:ltrɪnɪs] *n* Armseligkeit, Schäbigkeit *f*; (*of reason*) Unbedeutendheit, Geringfügigkeit *f*.
paltry ['pɔ:ltrɪ] *adj* (+*er*) armselig, schäbig. **for a few** ~ **pounds** für ein paar lumpige or armselige Pfund; **for some** ~ **reason** aus irgend einem unbedeutenden Grund.
pampas ['pæmpəs] *npl* Pampas *pl*.
pamper ['pæmpəʳ] *vt* verwöhnen; child also verhätscheln, verzärteln; dog verhätscheln.
pamphlet ['pæmflɪt] *n* (*informative brochure*) Broschüre *f*; (*literary*) Druckschrift *f*; (*political, handed out in street*) Flugblatt *nt*, Flugschrift *f*.
pamphleteer [,pæmflɪ'tɪəʳ] *n* Verfasser(in *f*) *m* von Druckschriften/Flugblättern.
pan¹ [pæn] **I** *n* **1.** (*Cook*) Pfanne *f*; (*sauce-*~) Topf *m*. **2.** (*of scales*) Waagschale *f*; (*for gold etc*) Goldpfanne *f*; (*of lavatory*) Becken *nt*. **3.** (*in ground*) Mulde *f*. **II** *vt* **1.** gold waschen. **2.** (*US*) fish braten. **3.** (*US inf: slate*) new play etc verreißen.
III *vi* **to** ~ **for gold** Gold waschen.
◆**pan out** *vi* (*inf*) sich entwickeln. **to** ~ ~ **well** klappen (*inf*); **if it** ~**s** ~ **as we hope** wenn's so wird, wie wir es uns erhoffen.
pan² (*Film*) **I** *n* (Kamera)schwenk *m*.
II *vti* panoramieren. **a** ~**ning shot** ein Schwenk *m*; **the shot** ~**ned along the wall** die Kamera fuhr langsam die Mauer ab;

~ **this shot across to the left** schwenke bei dieser Einstellung nach links hinüber; **the camera** ~**ned in to the group in the centre** die Kamera schwenkte auf die Gruppe in der Mitte ein.

pan- *pref* pan-, Pan-. **P**~**-African** panafrikanisch.

panacea [ˌpænəˈsɪə] *n* Allheilmittel *nt*.

panache [pəˈnæʃ] *n* Schwung, Elan *m*.

Panama [ˌpænəˈmɑː] *n* Panama *nt*. ~ **Canal** Panamakanal *m*.

panama (hat) *n* Panamahut *m*.

Panamanian [ˌpænəˈmeɪnɪən] **I** *adj* panamaisch. **II** *n* Panamaer(in *f*) *m*, Panamese *m*, Panamesin *f*.

Pan-American [ˈpænəˈmerɪkən] *adj* panamerikanisch.

Pan-Americanism [ˈpænəˈmerɪkənɪzəm] *n* Panamerikanismus *m*.

panatella [ˌpænəˈtelə] *n* (dünne, lange) Zigarre *f*.

pancake [ˈpænkeɪk] **I** *n* Pfannkuchen *m*. **P**~ **Day** Fastnachtsdienstag *m*; ~ **landing** Bauchlandung *f*. **II** *vi* (*aeroplane*) eine Bauchlandung machen.

panchromatic [ˈpænkrəʊˈmætɪk] *adj* panchromatisch.

pancreas [ˈpæŋkrɪəs] *n* Bauchspeicheldrüse *f*, Pankreas *nt*.

pancreatic [ˌpæŋkrɪˈætɪk] *adj* Bauchspeicheldrüsen-.

panda [ˈpændə] *n* Panda, Katzenbär *m*.

panda car *n* (*Brit*) (Funk)streifenwagen *m*.

pandemonium [ˌpændɪˈməʊnɪəm] *n* Chaos *nt*. **judging by the** ~ **coming from the classroom** dem Höllenlärm in der Klasse nach zu urteilen.

pander [ˈpændəʳ] **I** *n* (*rare*) Kuppler *m*. **II** *vi* nachgeben (*to* dat). **to** ~ **to sb's desires** jds Bedürfnisse (*acc*) befriedigen wollen; **this is** ~**ing to the public's basest instincts** damit wird an die niedrigsten Instinkte der Öffentlichkeit appelliert; **to** ~ **to sb's ego** jdm um den Bart gehen.

p and p *abbr of* **post(age) and packing.**

pane [peɪn] *n* Glasscheibe *f*.

panegyric [ˌpænɪˈdʒɪrɪk] *n* Lobrede *f*.

panel [ˈpænl] **I** *n* **1.** (*piece of wood*) Platte, Tafel *f*; (*in wainscoting, ceiling, door*) Feld *nt*; (*Sew*) Streifen, Einsatz *m*; (*Art*) Tafel *f*; (*painting*) Tafelbild *nt*; (*part of a plane's wing, fuselage*) Verschalungs-(bau)teil *nt*; (*part of bodywork of a car*) Karosserieteil *nt*. **door/wing** ~ (*on car*) Tür-/Kotflügelblech *nt*.

2. (*of instruments, switches*) Schalttafel *f*. **instrument** ~ Armaturenbrett *nt*; (*on machine*) Kontrolltafel *f*.

3. (*Jur*) (*list of names*) Geschworenenliste *f*; (*Brit Med*) ≃ Liste *f* der Kassenärzte.

4. (*of interviewers etc*) Gremium *nt*; (*in discussion*) Diskussionsrunde *f*; (*in quiz*) Rateteam *nt*. **a** ~ **of experts** ein Sachverständigengremium *nt*; **a** ~ **of judges** eine Jury.

II *vt* wall, ceiling täfeln, paneelieren.

panel beater *n* Autoschlosser *m*; **panel discussion** *n* Podiumsdiskussion *f*; **panel game** *n* Ratespiel *nt*; **panel lighting** *n* indirekte Beleuchtung.

panelling, (*US*) **paneling** [ˈpænəlɪŋ] *n* Täfelung *f*, Paneel *nt*; (*to conceal radiator etc, of plane*) Verschalung *f*.

panellist, (*US*) **panelist** [ˈpænəlɪst] *n* Diskussionsteilnehmer(in *f*) *m*.

panel-pin [ˈpænlpɪn] *n* Stift *m*; **panel truck** *n* (*US*) Lieferwagen *m*.

pang [pæŋ] *n* ~ **of conscience** Gewissensbisse *pl*; ~**s of hunger** quälender Hunger.

panhandle [ˈpænhændl] (*US*) **I** *n* Pfannenstiel *m*; (*shape of land*) Zipfel *m*; **II** *vi* (*US inf*) die Leute anhauen (*inf*); **panhandler** *n* (*US inf*) Bettler, Schnorrer (*inf*) *m*.

panic [ˈpænɪk] (*vb: pret, ptp* ~**ked**) **I** *n* Panik *f*. ~ **on the stock exchange** Börsenpanik *f*; **to flee in** ~ panikartig die Flucht ergreifen; **a** ~ **reaction** eine Kurzschlußreaktion; **the country was thrown into a (state of)** ~ das Land wurde von Panik erfaßt.

II *vi* in Panik geraten. **don't** ~ nur keine Panik!

III *vt* Panik auslösen unter (+*dat*). **to** ~ **sb into doing sth** jdn veranlassen, etw überstürzt zu tun.

panicky [ˈpænɪkɪ] *adj person* überängstlich; *act, measure etc* Kurzschluß-. **to get** ~ in Panik geraten; **don't get** ~! keine Panik!, dreh bloß nicht durch! (*inf*).

panic-stricken [ˈpænɪkˌstrɪkən] *adj* von panischem Schrecken ergriffen; *look* panisch.

pannier [ˈpænɪəʳ] *n* Korb *m*; (*on motorcycle etc*) Satteltasche *f*; (*for mule etc*) Tragkorb *m*.

panoply [ˈpænəplɪ] *n* (*armour*) Rüstung *f*; (*covering*) Baldachin *m*; (*fig liter*) Dach *nt*; (*array*) Palette *f*, Spektrum *nt*. **beneath the oak's** ~ **of leaves** unter dem Blätterdach der Eiche; **the** ~ **of the sky/of stars** das Himmels-/Sternenzelt (*liter*).

panorama [ˌpænəˈrɑːmə] *n* (*view, also fig: of life etc*) Panorama *nt* (*of gen*); (*survey*) Übersicht *f* (*of* über +*acc*).

panoramic [ˌpænəˈræmɪk] *adj view* Panorama-. ~ **shot** (*Phot*) Panoramaaufnahme *f*; **a** ~ **view of the hills** ein Blick *m* auf das Bergpanorama; **a** ~ **view of social development** ein umfassender Überblick über die gesellschaftliche Entwicklung; ~ **sight** (*Mil*) Rundblickzielfernrohr *nt*.

pan-pipes [ˈpænpaɪps] *npl* Panflöte *f*.

pansy [ˈpænzɪ] *n* **1.** (*Bot*) Stiefmütterchen *nt*. **2.** (*sl: homosexual*) Schwule(r) *m* (*inf*).

pant [pænt] **I** *n* Atemstoß *m*. **he was breathing in short** ~s er atmete stoßartig.

II *vi* **1.** keuchen; (*dog*) hecheln; (*train*) schnaufen. **to be** ~**ing for a drink** nach etwas zu trinken lechzen; **he was** ~**ing for breath** er schnappte nach Luft (*inf*), er rang nach Atem.

2. (*inf: desire*) lechzen (*for* nach). **to be** ~**ing to do sth** danach lechzen *or* darauf brennen, etw zu tun.

III *vt* (*also* ~ **out**) hervorstoßen.

pantaloon [ˌpæntəˈluːn] *n* (*Theat*) Hanswurst *m*.

pantaloons [ˌpæntəˈluːnz] *npl* (*Hist*) Pantalons *pl*.

pantechnicon [pænˈteknɪkən] *n* (*Brit*) Möbelwagen *m*.

pantheism ['pænθi:ɪzəm] *n* Pantheismus *m*.
pantheist ['pænθi:ɪst] *n* Pantheist(in *f*) *m*.
pantheon ['pænθɪən] *n* Pantheon *nt*.
panther ['pænθəʳ] *n* Panther *m*.
panties ['pæntɪz] *npl* (*for children*) Höschen *nt*; (*for women also*) (Damen)slip *m*.
a pair of ~ ein Höschen *nt*/ein Slip *m*.
pantile ['pæntaɪl] *n* Dachpfanne *f*.
pantograph ['pæntəgrɑ:f] *n* Pantograph *m*.
pantomime ['pæntəmaɪm] *n* **1.** (*in GB*) Weihnachtsmärchen *nt*. **what a** ~! (*inf*) was für ein Theater! (*inf*). **2.** (*mime*) Pantomime *f*.
pantry ['pæntrɪ] *n* Speisekammer *f*.
pants [pænts] *npl* (*trousers*) Hose *f*; (*Brit: under*~) Unterhose *f*. **a pair of** ~ eine Hose/Unterhose; **to wear the** ~ (*US fig*) die Hosen anhaben (*inf*).
pantsuit ['pæntsu:t] *n* (*US*) Hosenanzug *m*.
panty-girdle ['pæntɪgɑ:dl] *n* Miederhöschen *nt*; **panty-hose** *n* Strumpfhose *f*.
pap [pæp] *n* (*food*) Brei *m*.
papacy ['peɪpəsɪ] *n* Papsttum *nt*. **during the** ~ **of ...** während der Amtszeit des Papstes ..., unter Papst ...
papal ['peɪpəl] *adj* päpstlich.
papaya [pə'paɪə] *n* Papaye *f*; (*fruit*) Papaya *f*.
paper ['peɪpəʳ] **I** *n* **1.** (*material*) Papier *nt*. **a piece of** ~ ein Stück *nt* Papier; **a sheet of** ~ ein Blatt *nt* Papier; **to get** *or* **put sth down on** ~ etw schriftlich festhalten; **can we get your acceptance down on** ~? können wir Ihre Einwilligung schriftlich haben?; **it looks good on** ~ **but ...** auf dem Papier sieht es gut aus, aber ...; **it's not worth the** ~ **it's written on** das ist schade ums Papier, auf dem es steht; **the walls are like** ~ die Wände sind wie Pappe.
2. (*newspaper*) Zeitung *f*. **to write for the** ~**s** für Zeitungen schreiben; **to write to the** ~**s about sth** Leserbriefe/einen Leserbrief schreiben; **he's/his name is always in the** ~**s** er/sein Name steht ständig in der Zeitung.
3. ~**s** *pl* (*identity* ~**s**) Papiere *pl*.
4. ~**s** *pl* (*writings, documents*) Papiere *pl*; **private** ~**s** private Unterlagen *pl*.
5. (*set of questions in exam*) Testbogen *m*; (*exam*) (*Univ*) Klausur *f*; (*Sch*) Arbeit *f*. **to do a good** ~ **in maths** eine gute Mathematikklausur/-arbeit schreiben.
6. (*academic*) Referat, Paper (*sl*) *nt*.
7. (*wall*~) Tapete *f*.
8. (*Parl*) **a** ~ **white** ~ ein Weißbuch *nt*.
9. (*packet*) **a** ~ **of pins** ein Päckchen *nt* Stecknadeln.
II *vt wall, room* tapezieren.
◆**paper over** *vt sep* überkleben; (*fig*) *cracks* übertünchen.
paper *in cpds* Papier-; **paperback** *n* Taschenbuch *nt*; **paperbacked** *adj* Taschenbuch-; **paper bag** *n* Tüte *f*; **paperboy** *n* Zeitungsjunge *m*; **paper chain** *n* Girlande *f*; **paper chase** *n* Schnitzeljagd *f*; **paper-clip** *n* Büroklammer *f*; **paper handkerchief** *n* Papiertaschentuch *nt*; **paper-hanger** *n* Tapezierer *m*; **paper-hanging** *n* Tapezieren *nt*; **paper knife** *n* Brieföffner *m*; **paper lantern** *n* Lampion *m*; **paper**

mill *n* Papierfabrik *f*; **paper money** *n* Papiergeld *nt*; **paper tape** *n* Lochstreifen *m*; **paper-thin** *adj walls* hauchdünn; **paper tiger** *n* Papiertiger *m*; **paper weight** *n* Briefbeschwerer *m*; **paperwork** *n* Schreibarbeit *f*.
papery ['peɪpərɪ] *adj plaster, pastry* bröckelig, krümelig.
papier mâché ['pæpɪeɪ'mæʃeɪ] **I** *n* Papiermaché, Pappmaché *nt*. **II** *adj* aus Papiermaché *or* Pappmaché.
papism ['peɪpɪzəm] *n* (*pej*) Papismus *m*.
papist ['peɪpɪst] *n* (*pej*) Papist(in *f*) *m*.
papistry ['peɪpɪstrɪ] *n* (*pej*) Papismus *m*.
papoose [pə'pu:s] *n* Indianerbaby *nt*; (*carrier for Indian baby*) Winkelbrettwiege *f*; (*carrier for baby*) Tragegestell *nt*.
paprika ['pæprɪkə] *n* Paprika *m*.
Pap test ['pæptest] *n* Abstrich *m*.
Papua ['pæpjʊə] *n* Papua.
Papuan ['pæpjʊən] **I** *adj* papuanisch. **II** *n* **1.** Papua *mf*. **2.** (*language*) Papuasprache *f*.
papyrus [pə'paɪərəs] *n*, *pl* **papyri** [pə'paɪəraɪ] (*plant*) Papyrus(staude *f*) *m*; (*paper*) Papyrus *m*; (*scroll*) Papyrus(rolle *f*) *m*.
par [pɑ:ʳ] *n* **1.** (*Fin*) Pari, Nennwert *m*. **to be above/below** ~ über/unter pari *or* dem Nennwert stehen; **at** ~ zum Nennwert, al pari.
2. to be on a ~ **with sb/sth** sich mit jdm/ etw messen können; **this objection is on a** ~ **with Harry's** dieser Einwand liegt auf der gleichen Ebene wie Harrys; **culturally, the two countries are on** *or* **can be put on a** ~ in kultureller Hinsicht sind die beiden Länder miteinander vergleichbar; **an above-**~ **performance** eine überdurchschnittliche Leistung.
3. below ~ (*fig*) unter Niveau; **I'm feeling physically/mentally below** ~ ich fühle mich körperlich/seelisch nicht auf der Höhe; **I'm not feeling quite up to** ~ **today** ich bin heute nicht ganz auf dem Damm (*inf*) *or* Posten (*inf*).
4. (*Golf*) Par *m*. **to go round in six below/above** ~ sechs Schläge unter/über dem Par spielen.
parable ['pærəbl] *n* Parabel *f*, Gleichnis *nt*.
parabola [pə'ræbələ] *n* (*Math*) Parabel *f*.
parabolic [ˌpærə'bɒlɪk] *adj* **1.** Parabol-; *curve* parabelförmig. **2.** (*Liter*) gleichnishaft.
parachute ['pærəʃu:t] **I** *n* Fallschirm *m*. **by** ~ mit dem Fallschirm.
II *vt troops* mit dem Fallschirm absetzen; *supplies* abwerfen.
III *vi* (*also* ~ **down**) (mit dem Fallschirm) abspringen. **they** ~**d into the wrong zone** sie sprangen über dem falschen Gebiet ab; **to** ~ **to safety** sich mit dem Fallschirm retten.
◆**parachute in I** *vt sep troops* mit dem Fallschirm absetzen; *supplies* abwerfen. **II** *vi* (mit dem Fallschirm) abspringen.
parachute brake *n* Bremsfallschirm *m*; **parachute drop** *n* (*by person*) (Fallschirm)absprung *m*; (*of supplies*) (Fallschirm)abwurf *m*; **parachute jump** *n*

Absprung *m* (mit dem Fallschirm).

parachutist [ˈpærəʃuːtɪst] *n* Fallschirm-springer(in *f*) *m*.

parade [pəˈreɪd] I *n* 1. (*procession*) Umzug *m*; (*Mil, of boy scouts, circus*) Parade *f*; (*political*) Demonstration *f*. **church ~** Prozession *f*; **to be on ~** (*Mil*) eine Parade abhalten; **in the school procession you'll be on ~ in front of the public** bei der Schulparade sieht dich alle Welt; **and all the new hats will be out on ~** und dann werden alle neuen Hüte spazieren-geführt.
 2. (*public walk*) Promenade *f*.
 3. (*fashion ~*) Modenschau *f*.
 4. (*display*) Parade *f*; (*of wealth etc*) Zurschaustellung *f*.
 5. (*US mil*) (*review*) Truppeninspektion *f*; (*ground*) Truppenübungsplatz *m*.
 II *vt* 1. *troops* auf- *or* vorbeimarschieren lassen; *military might* demonstrieren; *placards* vor sich (*dat*) her tragen.
 2. (*show off*) zur Schau stellen; *new clothes, camera etc also* spazierentragen.
 III *vi* (*Mil*) auf- *or* vorbeimarschieren; (*political party*) eine Demonstration veranstalten. **the strikers ~d through the town** die Streikenden zogen durch die Stadt; **she ~d up and down with the hat on** sie stolzierte mit ihrem Hut auf und ab.

parade ground *n* Truppenübungsplatz, Exerzierplatz *m*.

paradigm [ˈpærədaɪm] *n* Musterbeispiel *nt*; (*Gram*) Paradigma *nt*.

paradigmatic [ˌpærədɪgˈmætɪk] *adj* beispielhaft, paradigmatisch.

paradise [ˈpærədaɪs] *n* (*lit, fig*) Paradies *nt*. **a shopper's ~** ein Einkaufsparadies *nt*; **an architect's ~** ein Paradies *nt* für Architekten; **living there must be ~ compared with this place** dort zu leben muß geradezu paradiesisch sein verglichen mit hier.

paradisiac(al) [ˌpærəˈdɪzɪək(əl)] *adj* paradiesisch.

paradox [ˈpærədɒks] *n* Paradox, Paradoxon (*liter*) *nt*. **life/he is full of ~es** das Leben/er steckt voller Widersprüche.

paradoxical [ˌpærəˈdɒksɪkəl] *adj* paradox; *person* widersprüchlich.

paradoxically [ˌpærəˈdɒksɪkəlɪ] *adv* paradoxerweise; *worded* paradox.

paraffin [ˈpærəfɪn] *n* (*Brit: oil*) Paraffin(öl) *nt*; (*US: wax*) Paraffin *nt*.

paraffin oil *n* (*Brit*) Paraffinöl *nt*; **paraffin stove** *n* (*Brit*) Paraffinofen *m*; **paraffin wax** *n* Paraffin *nt*.

paragon [ˈpærəgən] *n* Muster *nt*. **a ~ of virtue** ein Muster *nt* an Tugendhaftigkeit.

paragraph [ˈpærəgrɑːf] I *n* 1. Absatz, Abschnitt *m*. 2. (*brief article*) Notiz *f*. II *vt* (*in Abschnitte*) gliedern, aufgliedern.

Paraguay [ˈpærəgwaɪ] *n* Paraguay *nt*.

Paraguayan [ˌpærəˈgwaɪən] I *adj* paraguayisch. II *n* Paraguayer(in *f*) *m*.

parakeet [ˈpærəkiːt] *n* Sittich *m*.

paraldehyde [pəˈrældɪhaɪd] *n* Paraldehyd *nt*.

parallax [ˈpærəlæks] *n* Parallaxe *f*.

parallel [ˈpærəlel] I *adj* 1. *lines, streets* parallel. **at this point the road and river are ~** an dieser Stelle verlaufen Straße

und Fluß parallel (zueinander); **~ bars** Barren *m*; **~ connection** (*Elec*) Parallel-schaltung *f*; **in a ~ direction** parallel.
 2. (*fig*) *case, career, development* vergleichbar; *career, development also* parallel verlaufend. **a ~ case** ein Parallelfall *m*; **he argues along ~ lines to me** er argumentiert ähnlich wie ich.
 II *adv* **to run ~** (*roads, careers*) parallel verlaufen.
 III *n* 1. (*Geometry*) Parallele *f*.
 2. (*Geog*) Breitenkreis *m*. **the 49th ~** der 49. Breitengrad.
 3. (*Elec*) **connected in ~** parallel geschaltet.
 4. (*fig*) Parallele *f*. **without ~** ohne Parallele; **it has no ~** es gibt dazu keine Parallele; **to draw a ~ between X and Y** eine Parallele zwischen X und Y ziehen.
 IV *vt* (*fig*) gleichen (+*dat*). **a case ~led only by ...** ein Fall, zu dem es nur eine einzige Parallele gibt, nämlich ...; **it is ~led by ...** es ist vergleichbar mit ...

parallelism [ˈpærəlelɪzəm] *n* (*of lines*) Parallelität *f*; (*of cases also*) Ähnlichkeit *f*.

parallelogram [ˌpærəˈleləʊgræm] *n* Parallelogramm *nt*.

paralysis [pəˈræləsɪs] *n, pl* **paralyses** [pəˈraelɪsiːz] Lähmung, Paralyse *f*; (*of industry etc*) Lahmlegung *f*. **creeping ~** **progressive Paralyse; infantile ~** Kinder-lähmung *f*.

paralytic [ˌpærəˈlɪtɪk] I *adj* 1. paralytisch, Lähmungs-. 2. (*Brit sl: very drunk*) total blau (*inf*), stockvoll (*sl*). II *n* Paraly-tiker(in *f*) *m*, Gelähmte(r) *mf*.

paralyze [ˈpærəlaɪz] *vt* 1. lähmen, paralysieren (*spec*). **to be ~d in both legs** in beiden Beinen gelähmt sein; **to be ~d with fright** vor Schreck wie gelähmt sein.
 2. *industry, economy* lahmlegen; *traffic also* zum Erliegen bringen.

parameter [pəˈræmətəʳ] *n* 1. (*Math*) Parameter *m*. 2. **~s** *pl* (*framework, limits*) Rahmen *m*.

paramilitary [ˌpærəˈmɪlɪtərɪ] *adj* paramilitärisch.

paramount [ˈpærəmaʊnt] *adj* Haupt-. **of ~ importance** von größter *or* höchster Wichtigkeit; **solvency must be ~** der Zah-lungsfähigkeit muß Priorität eingeräumt werden.

paramour [ˈpærəmʊəʳ] *n* (*old*) Liebhaber *m*; (*hum*) (*man*) Hausfreund *m* (*hum*); (*woman*) Geliebte *f* (*hum*).

paranoia [ˌpærəˈnɔɪə] *n* Paranoia *f*; (*inf*) Verfolgungswahn *m*.

paranoiac [ˌpærəˈnɔɪɪk] I *n* Paranoi-ker(in *f*) *m*. II *adj* paranoisch.

paranoid [ˈpærənɔɪd] *adj* paranoid. **or am I just being ~?** oder bilde ich mir das nur ein?; **she's getting ~ about what other people think of her** die Angst vor dem, was andere von ihr denken, wird bei ihr langsam zur Manie.

paranormal [ˌpærəˈnɔːməl] *adj* paranor-mal.

parapet [ˈpærəpɪt] *n* (*on rampart*) (*of bridge*) Brüstung *f*; (*of well*) (Brunnen)-wand *f*.

paraphernalia [ˈpærəfəˈneɪlɪə] *npl* Brim-borium, Drum und Dran *nt*.

paraphrase ['pærəfreɪz] **I** *n* Umschreibung, Paraphrase *(geh) f*. **II** *vt* umschreiben, paraphrasieren *(geh)*.
paraplegia [ˌpærə'pliːdʒə] *n* doppelseitige Lähmung.
paraplegic [ˌpærə'pliːdʒɪk] **I** *adj* doppelseitig gelähmt, paraplegisch *(spec)*. **II** *n* Paraplegiker(in *f*) *m (spec)*.
parapsychology [ˌpærəsaɪ'kɒlədʒɪ] *n* Parapsychologie *f*.
parasite ['pærəsaɪt] *n (lit, fig)* Parasit, Schmarotzer *m*.
parasitic(al) [ˌpærə'sɪtɪk(əl)] *adj animal, plant* Schmarotzer-, parasitisch, parasitär *(also fig)*. **a ~ worm** ein Schmarotzer *m*; **to be ~ (up)on sth** von etw schmarotzen.
parasol ['pærəsɒl] *n* Sonnenschirm *m*.
paratrooper ['pærətruːpəʳ] *n* Fallschirmjäger *m*.
paratroops ['pærətruːps] *npl (soldiers)* Fallschirmjäger *pl*; *(division also)* Fallschirmjägertruppe *f*.
paratyphoid ['pærə'taɪfɔɪd] *n* Paratyphus *m*.
parboil ['pɑːbɔɪl] *vt* vorkochen.
parcel ['pɑːsl] *n* **1.** Paket *nt*. **to do sth up in a ~** etw als Paket packen; **~ post** *f*, **to send sth (by) ~ post** etw als Paket schicken. **2. a ~ of land** ein Stück *nt* Land; *see* **part**.
◆**parcel out** *vt sep* aufteilen.
◆**parcel up** *vt sep* als Paket verpacken.
parcel(s) office *n (Rail)* Paketstelle *f*.
parch [pɑːtʃ] *vt* ausdörren, austrocknen.
parched [pɑːtʃt] *adj lips, throat* ausgetrocknet; *land also* verdorrt. **to be ~ (with thirst)** (vor Durst) verschmachten; **I'm ~** ich habe furchtbaren Durst.
parchment ['pɑːtʃmənt] *n* Pergament *nt*.
pardon ['pɑːdn] **I** *n* **1.** *(Jur)* Begnadigung *f*. **there will be no ~ for deserters** für Fahnenflüchtige gibt es keinen Pardon; **to grant sb a ~** jdn begnadigen; **general ~** Amnestie *f*.
2. I beg your ~, but could you ...? verzeihen *or* entschuldigen Sie bitte, könnten Sie ...?; **I beg your ~!** erlauben Sie mal!, ich muß doch sehr bitten!; **(beg) ~?** *(Brit)*, **I beg your ~?** *(Brit)* bitte?, wie bitte?; **to beg sb's ~** jdn um Verzeihung bitten; **I beg your ~, beg ~** *(apology)* verzeihen *or* entschuldigen Sie, Verzeihung, Entschuldigung; **a thousand ~s!** ich bitte tausendmal um Verzeihung *or* Entschuldigung!; **we beg the reader's ~ for ...** wir bitten den Leser für ... um Nachsicht.
II *vt* **1.** *(Jur)* begnadigen.
2. *(forgive)* verzeihen, vergeben *(sb* jdm, *sth* etw). **to ~ sb sth** jdm etw verzeihen *or* vergeben; **~ me, but could you ...?** entschuldigen *or* verzeihen Sie bitte, könnten Sie ...?; **~ me!** Entschuldigung!, Verzeihung!; **~ me?** *(US)* bitte?, wie bitte?; **~ my mentioning it** entschuldigen *or* verzeihen Sie bitte, daß ich das erwähne.
pardonable ['pɑːdnəbl] *adj offence* entschuldbar; *weakness, mistake also* verzeihlich.
pardonably ['pɑːdnəblɪ] *adv* **he was ~ angry** sein Ärger war verständlich.
pare [peəʳ] *vt nails* schneiden; *fruit, stick* schälen.

◆**pare down** *vt sep (fig) expenses* einschränken; *personnel* einsparen. **to ~ sth ~ to the minimum** etw auf ein Minimum beschränken.
parent ['peərənt] **I** *n* **1.** Elternteil *m*. **~s** Eltern *pl*; **his father was his favourite ~** von seinen Eltern hatte er seinen Vater am liebsten.
2. *(fig)* Vorläufer *m*. **the Copernican theory is the ~ of modern astronomy** die moderne Astronomie geht auf die Lehren des Kopernikus zurück.
II *attr* **~ birds** Vogeleltern *pl*; **~ company** Muttergesellschaft *f*; **~ ship** *(Space)* Mutterschiff *nt*.
parentage ['peərəntɪdʒ] *n* Herkunft *f*. **of humble/unknown ~** (von) einfacher/ unbekannter Herkunft.
parental [pə'rentl] *adj* elterlich *attr*.
parenthesis [pə'renθɪsɪs] *n*, *pl* **parentheses** [pə'renθɪsiːz] Klammer(zeichen *nt*) *f*, Parenthese *f*; *(words, statement)* Einschub *m*, Parenthese *f*. **in ~** in Klammern; **could I just comment in ~ that ...** darf ich vielleicht einflechten, daß ...
parenthetic(al) [ˌpærən'θetɪk(əl)] *adj* beiläufig. **could I make one ~ comment?** darf ich eine Bemerkung einflechten?
parenthetically [ˌpærən'θetɪkəlɪ] *adv* nebenbei, beiläufig.
parenthood ['peərənthʊd] *n* Elternschaft *f*. **the joys of ~** die Vater-/Mutterfreuden *pl*; **the idea of ~ frightened her** sie schrak zurück vor dem Gedanken, Mutter zu sein.
parer ['peərəʳ] *n (apple-/fruit-~)* Schälmesser *nt*.
pariah ['pærɪə] *n (lit, fig)* Paria *m*; *(fig also)* Ausgestoßene(r) *mf*.
parings ['peərɪŋz] *npl (of nails)* abgeschnittene Fingernägel *pl*; *(of apple)* Schalen *pl*.
pari passu ['pærɪ'pæsuː] *adv* gleichlaufend, synchron.
Paris ['pærɪs] *n* Paris *nt*.
parish ['pærɪʃ] *n* Gemeinde *f*; *(district also)* Pfarrbezirk *m*, Pfarre, Pfarrei *f*.
parish church *n* Pfarrkirche *f*; **parish council** *n* Gemeinderat *m*.
parishioner [pə'rɪʃənəʳ] *n* Gemeinde(mit)-glied *nt*.
parish priest *n* Pfarrer *m*; **parish-pump politics** *n* Kirchturmpolitik *f*; **parish register** *n* Kirchenbuch, Kirchenregister *nt*.
Parisian [pə'rɪzɪən] **I** *adj* Pariser *inv*. **II** *n* Pariser(in *f*) *m*.
parity ['pærɪtɪ] *n* **1.** *(equality)* Gleichstellung *f*; *(as regards pay etc also, of opportunities)* Gleichheit *f*. **~ of pay** Lohngleichheit *f*.
2. *(equivalence)* Übereinstimmung *f*. **by ~ of reasoning** mit den gleichen Argumenten.
3. *(Fin, Sci)* Parität *f*. **the ~ of the dollar** die Dollarparität.
4. *(US Agr)* Preisparität *f*.
park [pɑːk] **I** *n* **1.** Park *m*. **national ~** Nationalpark *m*.
2. *(Sport)* Stadion *nt*.
3. *(US: car ~)* Parkplatz *m*.
4. *(Mil)* Arsenal *nt*.

5. (*Aut*) **to put/leave a car in** ~ das Getriebe in Parkstellung bringen/lassen.
II *vt* **1.** *car* parken; (*for longer period also*) abstellen; *bicycle* abstellen. **a ~ed car** ein parkendes Auto; **there's been a car ~ed outside for days** draußen parkt schon seit Tagen ein Auto; **he was very badly ~ed** er hatte miserabel geparkt.
2. (*inf: put*) *luggage etc* abstellen. **he ~ed himself right in front of the fire** er pflanzte sich direkt vor den Kamin (*inf*); **we ~ed the children with the neighbours** wir haben die Kinder bei den Nachbarn abgegeben *or* gelassen.
III *vi* parken. **there was nowhere to** ~ es gab nirgendwo einen Parkplatz; **to find a place to** ~ einen Parkplatz finden; (*in line of cars*) eine Parklücke finden.

parka ['pɑːkə] *n* Parka *m*.

parking ['pɑːkɪŋ] *n* Parken *nt*. **women are usually good at** ~ Frauen sind gewöhnlich gut im Einparken; **there's no** ~ **on this street** in dieser Straße ist Parken verboten *or* ist Parkverbot; **"no ~"** ,,Parken verboten"; **"~ for 50 cars"** ,,50 (Park)-plätze".

parking attendant *n* Parkplatzwächter *m*; **parking fine** *n* Geldbuße *f* (für Parkvergehen); **parking lights** *npl* Parklicht *nt*, Parkleuchte *f*; **parking lot** *n* (*US*) Parkplatz *m*; **parking meter** *n* Parkuhr *f*; **parking orbit** *n* (*Space*) Parkbahn *f*; **parking place** *n* Parkplatz *m*; **parking ticket** *n* Strafzettel *m*, Knöllchen *nt* (*dial inf*).

parkkeeper ['pɑːkˌkiːpəʳ] *n* Parkwächter *m*; **parkway** *n* (*US*) Allee *f*.

parky ['pɑːkɪ] *adj* (+*er*) (*Brit sl*) kühl.

parlance ['pɑːləns] *n* **in common** ~ im allgemeinen Sprachgebrauch; **in legal** ~ in der Rechtssprache; **in modern** ~ im modernen Sprachgebrauch.

parley ['pɑːlɪ] **I** *n* Verhandlungen *pl*. **II** *vi* verhandeln.

parliament ['pɑːləmənt] *n* Parlament *nt*. ~ **reconvenes in the early autumn** das Parlament tritt Anfang Herbst wieder zusammen; **the West German/East German** ~ das west-/ostdeutsche Parlament, der Bundestag/die Volkskammer; **the Austrian/Swiss** ~ die Bundesversammlung.

parliamentarian [ˌpɑːləmənˈtɛərɪən] *n* Parlamentarier(in *f*) *m*.

parliamentarianism [ˌpɑːləmənˈtɛərɪənɪzəm] *n* Parlamentarismus *m*.

parliamentary [ˌpɑːləˈmentərɪ] *adj* parlamentarisch. ~ **debates** Parlamentsdebatten *pl*; **the** ~ **Labour Party** die Parlamentsfraktion der Labour Party; ~ **private secretary** (*Brit*) Abgeordnete(r), der/die einem Minister zuarbeitet.

parlor car *n* (*US*) Salonwagen *m*.

parlour, (*US*) **parlor** ['pɑːləʳ] *n* **1.** (*in house*) Salon *m*. **2.** (*beauty* ~, *massage* ~ *etc*) Salon *m*. **ice-cream** ~ Eisdiele *f*.

parlour game *n* Gesellschaftsspiel *nt*; **parlourmaid** *n* (*Brit*) Dienstmädchen *nt*.

parlous ['pɑːləs] *adj* (*old, liter*) **to be in a** ~ **state** sich in einem prekären Zustand befinden.

Parnassus [pɑːˈnæsəs] *n* Mount ~ der Parnaß.

parochial [pəˈrəʊkɪəl] *adj* **1.** (*Eccl*) Pfarr-, Gemeinde-. **the** ~ **duties of a priest** die Aufgaben eines Gemeindepfarrers; **the** ~ **boundaries** die Grenzen des Pfarrbezirks; ~ **school** (*US*) Konfessionsschule *f*.
2. (*fig*) *attitude, person* engstirnig; *mind, ideas* beschränkt. **he's so** ~ **in his outlook** er hat einen sehr beschränkten Gesichtskreis.

parochialism [pəˈrəʊkɪəlɪzəm] *n* (*fig*) Engstirnigkeit *f*.

parodist ['pærədɪst] *n* Parodist(in *f*) *m*.

parody ['pærədɪ] **I** *n* **1.** Parodie *f* (*of* auf +*acc*). **2.** (*travesty*) Abklatsch *m*. **a** ~ **of justice** eine Parodie auf die Gerechtigkeit. **II** *vt* parodieren.

parole [pəˈrəʊl] **I** *n* **1.** (*Jur*) Bewährung *f*; (*temporary release*) Strafunterbrechung *f*, Kurzurlaub *m*. **to put sb** *or* **let sb out on** ~ jdn auf Bewährung entlassen; (*temporarily*) jdm Strafunterbrechung *or* Kurzurlaub gewähren; **to be on** ~ unter Bewährung stehen; (*temporarily*) auf Kurzurlaub sein; **he's on six months'** ~ er hat sechs Monate Bewährung(sfrist); **to break one's** ~ den Kurzurlaub zur Flucht benutzen.
2. (*Mil*) Parole *f*.
II *vt prisoner* auf Bewährung entlassen; (*temporarily*) Strafunterbrechung *or* Kurzurlaub gewähren (+*dat*).

paroxysm ['pærəksɪzəm] *n* Anfall *m*. ~ **of grief** Verzweiflungsanfall *m*; **to be seized by a** ~ **of rage** einen Wutanfall bekommen; ~**s of laughter** ein Lachkrampf *m*.

parquet ['pɑːkeɪ] *n* **1.** Parkett *nt*. **2.** (*US Theat*) Parkett *nt*. ~ **circle** Parkett *nt*.

parquetry ['pɑːkɪtrɪ] *n* Mosaikparkett *nt*.

parricide ['pærɪsaɪd] *n* (*act*) Vater-/Muttermord *m*; (*person*) Vater-/Muttermörder(in *f*) *m*.

parrot ['pærət] **I** *n* Papagei *m*. **II** *vt* (wie ein Papagei) nachplappern (*sb* jdm).

parrot-fashion ['pærətˌfæʃn] *adv* **to repeat sth** ~ etw wie ein Papagei nachplappern; **he learnt the poem** ~ er lernte das Gedicht stur auswendig; **parrot fever** *n* Papageienkrankheit *f*; **parrot-fish** *n* Papageifisch *m*.

parry ['pærɪ] **I** *n* (*Fencing, fig*) Parade *f*; (*Boxing*) Abwehr *f*. **II** *vti* (*Fencing, fig*) parieren; (*Boxing*) *blow* abwehren.

parse [pɑːz] **I** *vt* grammatisch analysieren. **II** *vi* analysieren. **this sentence doesn't** ~ **very easily** die Struktur dieses Satzes ist nicht leicht zu analysieren.

parsimonious [ˌpɑːsɪˈməʊnɪəs] *adj* geizig.

parsimoniously [ˌpɑːsɪˈməʊnɪəslɪ] *adv see adj*.

parsimony ['pɑːsɪmənɪ] *n* Geiz *m*.

parsley ['pɑːslɪ] *n* Petersilie *f*.

parsnip ['pɑːsnɪp] *n* Pastinake *f*.

parson ['pɑːsn] *n* Pfarrer, Pastor, Pfaffe (*pej*) *m*. ~**'s nose** Bürzel, Sterz *m*.

parsonage ['pɑːsənɪdʒ] *n* Pfarrhaus *nt*.

part [pɑːt] **I** *n* **1.** (*portion, fragment*) Teil *m*. **the stupid** ~ **of it is that ...** das Dumme daran ist, daß ...; **you haven't heard the best** ~ **yet** ihr habt ja das Beste noch gar nicht gehört; ~ **and parcel** fester Bestandteil; **it is** ~ **and parcel of the job** das gehört zu der Arbeit dazu; **in ~(s)** teilweise; **the greater ~ of it/of the work is done** der größte Teil davon/der Arbeit ist fertig; **a ~ of the country/city I don't know** eine Gegend, die ich nicht kenne; **this is in great ~ due to ...** das liegt größtenteils *or* vor allem an (+*dat*) ...; **the darkest ~ of the night is ...** es ist am dunkelsten ...; **during the darkest ~ of the night** in tiefster Nacht; **they chose the darkest ~ of the night** sie haben sich die dunkelsten Stunden der Nacht ausgesucht; **I kept ~ of it for myself** ich habe einen Teil davon für mich behalten; **I lost ~ of the manuscript** ich habe einen Teil des Manuskripts verloren; **that's ~ of the truth** das ist ein Teil der Wahrheit; **for the main** *or* **most ~** hauptsächlich, in erster Linie; **her performance was for the main** *or* **most ~ well controlled** ihre Darstellung war im großen und ganzen ausgewogen; **the house is built for the main** *or* **most ~ of wood** das Haus ist zum größten Teil aus Holz (gebaut); **in the latter ~ of the year** gegen Ende des Jahres; **the remaining ~ of our holidays** der Rest unseres Urlaubs; **she's become (a) ~ of me** sie ist ein Teil von mir geworden; **5 ~s of sand to 1 of cement** 5 Teile Sand auf ein(en) Teil Zement.

2. (*Mech, of kit etc*) Teil *nt.* **spare ~** Ersatzteil *nt.*

3. (*Gram*) ~ **of speech** Wortart *f;* **principal ~s of a verb** Stammformen *pl.*

4. (*of series*) Folge *f;* (*of serial*) Fortsetzung *f;* (*of encyclopaedia etc*) Lieferung *f.* **end of ~ one** (*TV*) Ende des ersten Teils.

5. (*share, role*) (An)teil *m,* Rolle *f;* (*Theat*) Rolle *f,* Part *m* (*geh*). **to play one's ~** (*fig*) seinen Beitrag leisten; **to take ~ in sth** an etw (*dat*) teilnehmen, bei etw mitmachen, sich an etw (*dat*) beteiligen; **who is taking ~?** wer macht mit?, wer ist dabei?; **he's taking ~ in the play** er spielt in dem Stück mit; **in the ~ of Lear** in der Rolle des Lear; **he looks the ~** (*Theat*) die Rolle paßt zu ihm; (*fig*) so sieht (d)er auch aus; **to play a ~** (*Theat, fig*) eine Rolle spielen; **to play no ~ in sth** nicht an etw (*dat*) beteiligt sein; **he's just playing a ~** (*fig*) der tut nur so.

6. (*Mus*) Stimme *f,* Part *m.* **the soprano ~** der Sopranpart, die Sopranstimme; **to sing in ~s** mehrstimmig singen.

7. ~**s pl** (*region*) Gegend *f;* **from all ~s** überallher, von überall her; **in** *or* **around these ~s** hier in der Gegend, in dieser Gegend; **in foreign ~s** in der Fremde, in fremden Ländern; **what ~ are you from?** aus welcher Gegend sind Sie?; **he's not from these ~s** er ist nicht aus dieser Gegend *or* von hier.

8. (*side*) Seite *f.* **to take sb's ~** sich auf jds Seite (*acc*) stellen, für jdn Partei ergreifen; **for my ~** was mich betrifft, meinerseits; **a miscalculation on my ~** eine Fehlkalkulation meinerseits; **on the ~ of** von seiten (+*gen*); seitens (+*gen*).

9. to take sth in good/bad ~ etw nicht übelnehmen/etw übelnehmen.

10. a man of ~ ein vielseitiges Talent; **a man of many ~s** ein vielseitiger Mensch.

11. (*US: in hair*) Scheitel *m.*

12. ~s pl (*male genitals*) Geschlechtsteile *pl.*

II *adv* teils, teilweise. **is it X or Y? — ~ one and ~ the other** ist es X oder Y? — teils (das eine), teils (das andere); **it is ~ iron and ~ copper** es ist teils aus Eisen, teils aus Kupfer; **brass is ~ copper, ~ zinc** Messing ist eine Kupfer-Zink-Legierung; **it was ~ eaten** es war halb aufgegessen; **he's ~ French, ~ Scottish and ~ Latvian** er ist teils Franzose, teils Schotte und teils Lette.

III *vt* **1.** (*divide*) teilen; *hair* scheiteln; *curtain* zur Seite schieben. **the police tried to ~ the crowd** die Polizei versuchte, eine Gasse durch die Menge zu bahnen.

2. (*separate*) trennen. **to ~ sb from sb/ sth** jdn von jdm/etw trennen; **till death us do ~** bis daß der Tod uns scheidet; **she's not easily ~ed from her money** sie trennt sich nicht gern von ihrem Geld; **to ~ company with sb/sth** sich von jdm/etw trennen; (*in opinion*) mit jdm nicht gleicher Meinung sein; **to ~ company** sich trennen; **at this point the two theories ~ company** an diesem Punkt gehen die beiden Theorien auseinander.

IV *vi* **1.** (*divide*) sich teilen; (*curtains*) sich öffnen. **her lips ~ed in a smile** ihre Lippen öffneten sich zu einem Lächeln.

2. (*separate*) (*person*) sich trennen; (*temporarily also*) auseinandergehen, scheiden (*geh*); (*things*) sich lösen, abgehen. **to ~ from** *or* **with sb** sich von jdm trennen; **we ~ed friends** wir gingen als Freunde auseinander; **to ~ with sth** sich von etw trennen.

partake [pɑːˈteɪk] *vi irreg* (*form*) **1. to ~ of** *food, drink* zu sich nehmen; **will you ~ of a glass of sherry?** darf ich Ihnen ein Glas Sherry anbieten?

2. (*share in*) **to ~ of sb's triumph** *etc* an jds Triumph (*dat*) *etc* teilhaben, jds Triumph (*acc*) *etc* teilen.

3. to ~ of a quality eine Eigenschaft an sich (*dat*) haben.

4. to ~ in (an activity) an etw (*dat*) teilnehmen.

parterre [pɑːˈtɛər] *n* (*US*) Parterre *nt.*

part exchange *n* **to offer/take sth in ~** etw in Zahlung geben/ nehmen.

parthenogenesis [ˌpɑːθɪnəʊˈdʒɛnɪsɪs] *n* Parthenogenese, Jungfernzeugung *f.*

Parthian shot [ˈpɑːθɪənˈʃɒt] *n* zum Abschied fallengelassene Spitze.

partial [ˈpɑːʃəl] *adj* **1.** (*not complete*) Teil-, partiell (*geh*), teilweise; *paralysis, eclipse* teilweise, partiell. **~ payment** Anzahlung *f;* **to reach a ~ agreement** teilweise Übereinstimmung erzielen.

2. (*biased*) voreingenommen; *judgement* parteiisch.

3. to be ~ to sth eine Schwäche für etw haben; **after a while I became rather ~ to it** nach einiger Zeit hatte ich eine ziemliche Vorliebe dafür entwickelt.

partiality [ˌpɑːʃɪˈælɪti] *n* **1.** *see adj* **2.** (*bias*) Voreingenommenheit *f;* Parteilichkeit *f.* **without ~** unvoreingenommen; unparteiisch. **2.** (*liking*) Vorliebe, Schwäche *f* (*for* für).

partially ['pɑːʃəlɪ] *adv* **1.** (*partly*) zum Teil, teilweise. **2.** (*with bias*) parteiisch.

participant [pɑːˈtɪsɪpənt] *n* Teilnehmer(in *f*) *m* (*in gen*, an *+dat*); (*in scuffle etc*) Beteiligte(r) *mf* (*in gen*, an *+dat*).

participate [pɑːˈtɪsɪpeɪt] *vi* **1.** (*take part*) sich beteiligen, teilnehmen (*in* an *+dat*). **it's no good complaining of being lonely if you don't** ~ es hat keinen Sinn, über deine Einsamkeit zu klagen, wenn du nirgends mitmachst; **he actively** ~**d in the success of the scheme** er hat aktiv zum Erfolg des Projekts beigetragen.
2. (*share*) beteiligt sein (*in* an *+dat*). **to** ~ **in sb's sorrow** an jds Kummer (*dat*) Anteil nehmen.

participation [pɑːˌtɪsɪˈpeɪʃən] *n* Beteiligung *f*; (*in competition etc*) Teilnahme *f*; (*worker* ~) Mitbestimmung *f*. ~ **in the profits** Gewinnbeteiligung *f*.

participator [pɑːˈtɪsɪpeɪtər] *n* Teilnehmer(in *f*) *m*.

participatory [pɑːˈtɪsɪpeɪtərɪ] *adj* teilnehmend; (*Ind*) Mitbestimmungs-.

participial [ˌpɑːtɪˈsɪpɪəl] *adj* Partizipial-, partizipial.

participle ['pɑːtɪsɪpl] *n* Partizip *nt*.

particle ['pɑːtɪkl] *n* **1.** (*of sand etc*) Teilchen, Körnchen *nt*; (*Phys*) Teilchen *nt*. ~ **of dust** Stäubchen, Staubkörnchen *nt*; (*fig*) Körnchen *nt*; **there's not a** ~ **of truth in it** darin steckt kein Körnchen Wahrheit; ~ **accelerator** Teilchenbeschleuniger *m*.
2. (*Gram*) Partikel *f*.

parti-coloured, (*US*) **parti-colored** ['pɑːtɪˌkʌləd] *adj* bunt, vielfarbig.

particular [pəˈtɪkjʊlər] **I** *adj* **1.** (*as against others*) **this** ~ **house is very nice** dies (eine) Haus ist sehr hübsch; **it varies according to the** ~ **case** das ist von Fall zu Fall verschieden; **in this** ~ **instance** in diesem besonderen Fall; **there's a** ~ **town in France where** ... in Frankreich gibt es eine Stadt, wo ...; **is there any one** ~ **colour you prefer?** bevorzugen Sie eine bestimmte Farbe?; **your** ~ **duty is to** ... Ihre besondere Aufgabe besteht darin, zu ...
2. (*special*) besondere(r, s). **in** ~ besonders, vor allem; **the wine in** ~ **was excellent** vor allem der Wein war hervorragend; **nothing in** ~ nichts Besonderes *or* Bestimmtes; **is there anything in** ~ **you'd like?** haben Sie einen besonderen Wunsch?; **he's a** ~ **friend of mine** er ist ein guter Freund von mir; **for no** ~ **reason** aus keinem besonderen *or* bestimmten Grund; **to take** ~ **care to** ... besonders darauf achten, daß ...
3. (*fussy, fastidious*) eigen; (*choosy*) wählerisch. **he is very** ~ **about cleanliness/ his children's education** er nimmt es mit der Sauberkeit/der Erziehung seiner Kinder sehr genau; **he's** ~ **about his car** er ist sehr eigen *or* pingelig (*inf*) mit seinem Auto; **you can't be too** ~ man kann gar nicht wählerisch genug sein; **I'm not too** ~ (**about it**) es kommt mir nicht so darauf an, mir ist es gleich; **she was most** ~ **about it** (*was definite*) sie bestand darauf.
II *n* ~**s** *pl* Einzelheiten *pl*; (*about person*) Personalien *pl*; **in this** ~ in diesem

Punkt; **correct in every** ~ in jedem Punkt richtig; **for further** ~**s apply to the personnel manager** weitere Auskünfte erteilt der Personalchef; **to give** ~**s** Angaben machen; **please give full** ~**s** bitte genaue Angaben machen; **the** ~ **and the general** das Besondere und das Allgemeine.

particularity [pəˌtɪkjʊˈlærɪtɪ] *n* **1.** (*individuality*) Besonderheit *f*. **2.** (*detailedness*) Ausführlichkeit *f*. **3.** (*fastidiousness*) Eigenheit *f*.

particularize [pəˈtɪkjʊləraɪz] **I** *vt* spezifizieren, genau angeben. **II** *vi* ins Detail *or* einzelne gehen.

particularly [pəˈtɪkjʊləlɪ] *adv* besonders, vor allem. **he said most** ~ **not to do it** er hat ausdrücklich gesagt, daß man das nicht tun soll; **do you want it** ~ **for tomorrow?** brauchen Sie es unbedingt morgen?; **we are** ~ **pleased to have with us today** ... wir freuen uns besonders, heute ... bei uns zu haben; **he was not** ~ **pleased** er war nicht besonders erfreut; **not** ~ nicht besonders; **it's important,** ~ **since time is getting short** es ist wichtig, zumal die Zeit *or* vor allem, weil die Zeit knapp wird.

parting ['pɑːtɪŋ] **I** *n* **1.** Abschied *m*. ~ **is such sweet sorrow** (*prov*) o süßer Abschiedsschmerz!; **after the** ~ **of the ways** nachdem sich ihre Wege getrennt hatten; **is this the** ~ **of the ways then?** das ist also das Ende (unserer Beziehung)?
2. (*Brit: in hair*) Scheitel *m*.
II *adj* Abschieds-, abschließend. **Charles knows all about it already, was her** ~ **shot** Charles weiß schon alles, schleuderte sie ihm nach.

partisan [ˌpɑːtɪˈzæn] **I** *adj* **1.** parteiisch (*esp pej*), parteilich. ~ **spirit** Partei- *or* Vereinsgeist *m*. **2.** (*Mil*) Partisanen-. **II** *n* **1.** Parteigänger *m*. **2.** (*Mil*) Partisan(in *f*) *m*, Freischärler *m*.

partisanship [ˌpɑːtɪˈzænʃɪp] *n* Parteilichkeit *f*.

partition [pɑːˈtɪʃən] **I** *n* **1.** Teilung *f*. **2.** (*wall*) Trennwand *f*. **3.** (*section*) Abteilung *f*.
II *vt country* teilen, spalten; *room* aufteilen.

◆**partition off** *vt sep* abteilen, abtrennen.

partitive ['pɑːtɪtɪv] *adj* (*Gram*) partitiv.

partly ['pɑːtlɪ] *adv* zum Teil, teilweise, teils.

partner ['pɑːtnər] **I** *n* Partner(in *f*) *m*; (*in limited company also*) Gesellschafter(in *f*) *m*; (*in crime*) Komplize *m*, Komplizin *f*. **they were/became** ~**s in crime** sie waren/ wurden Komplizen; **junior** ~ Juniorpartner *m*; **senior** ~ Seniorpartner *m*.
II *vt* **to** ~ **sb** jds Partner sein; **to be** ~**ed by sb** jdn zum Partner haben.

partnership ['pɑːtnəʃɪp] *n* **1.** Partnerschaft, Gemeinschaft *f*; (*in sport, dancing etc*) Paar *nt*. **we're** *or* **we make a pretty good** ~ wir sind ein ziemlich gutes Paar; **a relationship based on** ~ eine partnerschaftliche Beziehung; **to do sth in** ~ **with sb** etw mit jdm gemeinsam *or* in Zusammenarbeit machen.
2. (*Comm*) Personengesellschaft *f*. **to enter into a** ~ in eine Gesellschaft eintreten; **to take sb into** ~ jdn als Partner aufnehmen; **general** ~ offene Handelsgesellschaft; **he left the** ~ er ist aus der

Gesellschaft ausgeschieden.

part owner n Mitbesitzer(in f), Mitinhaber-(in f) m; **part payment** n Teilzahlung f.

partridge [ˈpɑːtrɪdʒ] n Rebhuhn nt.

part song n (individual) mehrstimmiges Lied; (genre) mehrstimmiger Gesang; **part-time** I adj job, teacher, employee Teilzeit-; **I'm just** ~ ich arbeite nur Teilzeit; II adv **can I do the job** ~ ? kann ich (auf) Teilzeit arbeiten?; **she only teaches** ~ sie unterrichtet nur stundenweise.

parturition [ˌpɑːtjʊəˈrɪʃ ən] n (form) Entbindung f.

party [ˈpɑːtɪ] n **1.** (Pol) Partei f. **to be a member of the** ~ Parteimitglied sein.

2. (group) Gruppe, Gesellschaft f; (Mil) Kommando nt, Trupp m. **a** ~ **of tourists** eine Reisegesellschaft; **we were a** ~ **of five** wir waren zu fünft; **I was one of the** ~ ich war dabei; **to join sb's** ~ sich jdm anschließen.

3. (celebration) Fest nt, Party, Fête (inf) f; (more formal) Gesellschaft f. **to have or give** or **throw** (inf) **a** ~ eine Party geben or machen or schmeißen (inf); eine Gesellschaft geben; **at the** ~ auf dem Fest or der Party; bei der Gesellschaft.

4. (Jur, fig) Partei f. **a/the third** ~ ein Dritter m/der Dritte; **the parties to a dispute** die streitenden Parteien; **to be a** ~ **to an agreement** einer Übereinkunft (dat) zustimmen; **to be a** ~ **to a crime** an einem Verbrechen beteiligt sein; **were you a** ~ **to this?** waren Sie daran beteiligt?; **I will not be a** ~ **to any violence** ich will mit Gewaltanwendung nichts zu tun haben.

5. (inf: person) **a** ~ **by the name of Johnson** ein gewisser Johnson.

party dress n Partykleid nt; **party line** n **1.** (Pol) Parteilinie f; **2.** (Telec) Gemeinschaftsanschluß m; **party man** n Gefolgsmann m; **party politics** npl Parteipolitik f; **party pooper** n (esp US inf) Partymuffel m (inf); **party spirit** n (Pol) Parteigeist m or -gesinnung f.

parvenu [ˈpɑːvənuː] n Emporkömmling m.

pasha [ˈpæʃ ə] n Pascha m.

pass [pɑːs] I n **1.** (permit) Ausweis m; (Mil etc) Passierschein m. **a free** ~ eine Freikarte; (permanent) ein Sonderausweis m.

2. (Brit Univ) Bestehen nt einer Prüfung. **to get a** ~ **in German** seine Deutschprüfung bestehen; (lowest level) seine Deutschprüfung mit „ausreichend" bestehen.

3. (Geog, Sport) Paß m; (Ftbl: for shot at goal) Vorlage f.

4. (Fencing) Ausfall m.

5. (movement) (by conjurer, hypnotist) Bewegung, Geste f.

6. things have come to a pretty ~ **when ...** so weit ist es schon gekommen, daß ...; **things had come to such a** ~ **that ...** die Lage hatte sich so zugespitzt, daß ... .

7. to make a ~ **at sb** bei jdm Annäherungsversuche machen.

8. (Aviat) **the jet made three** ~**es over the ship** der Düsenjäger flog dreimal über das Schiff; **on its fourth** ~ **the plane was almost hit** beim vierten Vorbeifliegen wurde das Flugzeug fast getroffen.

II vt **1.** (move past) vorbeigehen an (+ dat); vorbeifahren an (+ dat); vorbeifliegen an (+ dat). **he** ~**ed me without even saying hello** er ging ohne zu grüßen an mir vorbei; **the ship** ~**ed the estuary** das Schiff passierte die Flußmündung; **when the rocket** ~**es Venus** wenn die Rakete an der Venus vorbeifliegt.

2. (overtake) athlete, car überholen. **he's** ~**ed all the other candidates** er hat alle anderen Kandidaten überflügelt.

3. (cross) frontier etc überschreiten, überqueren, passieren. **not a word** ~**ed her lips** kein Wort kam über ihre Lippen.

4. (reach, hand) reichen. **they** ~**ed the photograph around** sie reichten or gaben das Foto herum; ~ (**me**) **the salt, please** reich mir doch bitte das Salz!; **he** ~**ed the hammer up** er reichte den Hammer hinauf; **the characteristics which he** ~**ed to his son** die Eigenschaften, die er an seinen Sohn weitergab.

5. it ~**es belief** es ist kaum zu fassen; **it** ~**es my comprehension that ...** es geht über meinen Verstand or meine Fassungskraft, daß ...; **love which** ~**es all understanding** Liebe, die jenseits allen Verstehens liegt.

6. (Univ etc) exam bestehen; candidate bestehen lassen.

7. this film will never ~ **the censors** dieser Film kommt nie und nimmer durch die Zensur.

8. (approve) motion annehmen; plan gutheißen, genehmigen; (Parl) verabschieden. **the motion was** ~**ed by 10 votes to 5** der Antrag wurde mit 10:5 Stimmen angenommen; **the censors will never** ~ **this film** die Zensur gibt diesen Film bestimmt nicht frei.

9. ball etc to ~ **the ball to sb** jdm den Ball zuspielen; **you should learn to** ~ **the ball and not hang on to it** du solltest lernen abzuspielen, statt am Ball zu kleben.

10. forged bank notes weitergeben.

11. to ~ **a cloth over sth** mit einem Tuch über etw (acc) wischen; **he** ~**ed his hand across his forehead** er fuhr sich (dat) mit der Hand über die Stirn; ~ **the thread through the hole** führen Sie den Faden durch die Öffnung; **he** ~**ed a chain around the front axle** er legte eine Kette um die Vorderachse.

12. (spend) time verbringen. **he did it just to** ~ **the time** er tat das nur, um sich (dat) die Zeit zu vertreiben.

13. remark von sich geben; opinion abgeben; (Jur) sentence verhängen; judgement fällen.

14. (discharge) excrement, blood absondern, ausscheiden. **to** ~ **water** Wasser or Harn lassen.

15. (omit) **I'll** ~ **this round** ich lasse diese Runde aus.

III vi **1.** (move past) vorbeigehen, vorbeifahren. **the street was too narrow for the cars to** ~ die Straße war so eng, daß die Wagen nicht aneinander vorbeikamen; **we** ~**ed in the corridor** wir gingen im Korridor aneinander vorbei.

2. (overtake) überholen.

3. (move, go) ~ **along the car please!** bitte weiter durchgehen!; **words** ~**ed**

between them es gab einige Meinungsverschiedenheiten; **the cars ~ down the assembly line** die Autos kommen das Fließband herunter; **as we ~ from feudalism to more open societies/youth to old age** beim Übergang vom Feudalismus zu offeneren Gesellschaftsformen/mit zunehmendem Alter; **people were ~ing in and out of the building** die Leute gingen in dem Gebäude ein und aus; **to ~ into a tunnel** in einen Tunnel fahren; **to ~ into oblivion/a coma** in Vergessenheit geraten/in ein Koma fallen; **expressions which have ~ed into/out of the language** Redensarten, die in die Sprache eingegangen sind/ aus der Sprache verschwunden sind; **to ~ out of sight** außer Sichtweite geraten; **the firm has ~ed out of existence** die Firma hat aufgehört zu bestehen; **he ~ed out of our lives** er ist aus unserem Leben verschwunden; **everything he said just ~ed over my head** was er sagte, war mir alles zu hoch; **when we ~ed over the frontier** als wir die Grenze passierten; **we're now ~ing over Paris** wir fliegen jetzt über Paris; **I'll just ~ quickly over the main points again** ich werde jetzt die Hauptpunkte noch einmal kurz durchgehen; **he's ~ing through a difficult period** er macht gerade eine schwere Zeit durch; **the manuscript has ~ed through a lot of hands** das Manuskript ist durch viele Hände gegangen; **the book has ~ed through several editions** das Buch ist mehrmals aufgelegt worden; **shall we ~ to the second subject on the agenda?** wollen wir zum zweiten Punkt der Tagesordnung übergehen?; **the crown always ~es to the eldest son** die Krone geht immer auf den ältesten Sohn über; **he ~ed under the archway** er ging/fuhr durch das Tor.

4. (*time*) (*also ~ by*) vergehen.

5. (*disappear, end: anger, hope, era etc*) vorübergehen, vorbeigehen; (*storm*) (*go over*) vorüberziehen; (*abate*) sich legen; (*rain*) vorbeigehen.

6. (*be acceptable*) gehen. **to let sth ~** etw durchgehen lassen; **let it ~!** vergiß es!, vergessen wir's!; **what ~es in New York may not be good enough here** was in New York geht, muß hier noch lange nicht gut genug sein; **it'll ~** das geht.

7. (*be considered, be accepted*) angesehen werden (*for or as sth* als etw). **this little café ~es for a restaurant** dieses kleine Café dient als Restaurant; **in her day she ~ed for a great beauty** zu ihrer Zeit galt sie als große Schönheit; **she could easily ~ for 25** sie könnte leicht für 25 durchgehen; **or what ~es nowadays for a hat** oder was heute so als Hut betrachtet wird; **a coward often ~es as a hero** ein Feigling wird oft als Held angesehen.

8. (*in exam*) bestehen. **I ~ed!** ich habe bestanden!; **did you ~ in chemistry?** bist du in Chemie durchgekommen?, hast du deine Chemieprüfung bestanden?

9. (*Sport*) abspielen. **to ~ to sb** jdm zuspielen, an jdn abgeben.

10. (*Cards*) passen. **(I) ~!** (ich) passe!; **~** (*in quiz etc*) passe!

11. (*old: happen*) **to come to ~** sich

begeben; **to bring sth to ~** etw bewirken.

◆**pass away** I *vi* **1.** (*end*) zu Ende gehen. **the days of our youth have ~ed ~ for ever** die Tage unserer Jugend sind für immer dahin. **2.** (*euph: die*) entschlafen. II *vt sep hours* sich (*dat*) vertreiben.

◆**pass between** *vi* +*prep obj* (*words*) fallen zwischen (*dat*). **what has ~ed ~ us** was sich zwischen uns zugetragen hat.

◆**pass by** I *vi* (*go past*) vorbeigehen; (*car etc*) vorbeifahren; (*time, months etc*) vergehen. **he just ~ed** er ging/fuhr einfach vorbei; **I can't let that ~ ~ without comment** ich kann das nicht kommentarlos durchgehen lassen; **to ~ ~ on the other side** (*fig*) achtlos vorbeigehen.

II *vi* +*prep obj* **if you ~ ~ the grocer's ...** wenn du beim Kaufmann vorbeikommst, ...

III *vt sep* (*ignore*) *problems* übergehen. **life has ~ed her ~** das Leben ist an ihr vorübergegangen.

◆**pass down** *vt sep* **1.** *traditions* weitergeben (*to an* +*acc*), überliefern (*to dat*); *characteristics* weitergeben (*to an* +*acc*). **~ed ~ by word of mouth** mündlich überliefert.

2. (*transmit*) **the story was ~ed ~ through the ranks** die Sache sprach sich (bis) zu den Soldaten durch.

◆**pass off** I *vi* **1.** (*take place*) ablaufen, vonstatten gehen.

2. (*end*) vorüber- *or* vorbeigehen.

3. (*be taken as*) durchgehen (*as* als). **she could easily ~ ~ as an Italian** sie würde ohne weiteres als Italienerin durchgehen.

II *vt sep* **to ~ oneself/sb/sth ~ as sth** sich/jdn/etw als *or* für etw ausgeben.

◆**pass on** I *vi* **1.** (*euph: die*) entschlafen, verscheiden.

2. (*proceed*) übergehen (*to* zu).

II *vt sep news, information* weitergeben; *disease* übertragen. **the financial benefits will be ~ed ~ to the public** die Erträge werden an die Öffentlichkeit weitergegeben; **~ it ~!** weitersagen!

◆**pass out** I *vi* **1.** (*become unconscious*) in Ohnmacht fallen, umkippen (*inf*). **he drank till he ~ed** er trank bis zum Umfallen. **2.** (*new officer*) ernannt werden. II *vt sep leaflets* austeilen, verteilen.

◆**pass over** I *vt sep* übergehen. **he's been ~ed ~ again** er ist schon wieder übergangen worden. II *vi* (*euph: die*) entschlafen.

◆**pass through** *vi* **I'm only ~ing ~** ich bin nur auf der Durchreise; **you have to ~ ~ Berlin** du mußt über Berlin fahren.

◆**pass up** *vt sep chance* vorübergehen lassen.

passable ['pɑːsəbl] *adj* **1.** passierbar; *road etc also* befahrbar. **2.** (*tolerable*) leidlich, passabel.

passably ['pɑːsəblɪ] *adv* leidlich, einigermaßen.

passage ['pæsɪdʒ] *n* **1.** (*transition: from youth to manhood etc*) Übergang *m*. **the ~ of time** der Verlauf *or* Strom (*geh*) der Zeit; **in** *or* **with the ~ of time** mit der Zeit.

2. (*through country*) Durchfahrt, Durchreise *f*; (*right of ~*) Durchreise *f*, Transit *m*, Durchreise- *or* Transitgenehmigung *f*.

3. (*voyage*) Überfahrt, Schiffsreise *f*; (*fare*) Überfahrt, Passage *f*; *see* work **II 3**.

4. (*Parl: process*) parlamentarische Behandlung; (*final*) Verabschiedung *f*.

5. (*corridor*) Gang *m*. **the narrow ~ between Denmark and Sweden** die schmale Durchfahrt zwischen Dänemark und Schweden; **secret ~** Geheimgang *m*; **he forced a ~ through the crowd** er bahnte sich (*dat*) einen Weg durch die Menge.

6. (*in book*) Passage *f*; (*Mus also*) Stück *nt*. **selected ~s from Caesar** ausgewählte Passagen aus Cäsar; **a ~ from the Bible** eine Bibelstelle.

passageway ['pæsɪdʒweɪ] *n* Durchgang *m*.

pass book *n* Sparbuch *nt*; **pass degree** *n* niedrigster Grad an britischen Universitäten, „Bestanden".

passé ['pæseɪ] *adj* überholt, passé (*inf*).

passenger ['pæsɪndʒə^r] *n* 1. (*on bus, in taxi*) Fahrgast *m*; (*on train*) Reisende(r) *mf*; (*on ship*) Passagier *m*; (*on plane*) Fluggast, Passagier *m*; (*in car*) Mitfahrer(in *f*), Beifahrer(in *f*) *m*; (*on motorcycle*) Beifahrer(in *f*) *m*.

2. (*inf: ineffective member*) **we can't afford to carry any ~s** (*no incompetent people*) wir können es uns nicht leisten, Leute mit durchzuschleppen; (*no idle people*) wir können uns keine Drückeberger leisten.

passenger aircraft *n* Passagierflugzeug *nt*; **passenger liner** *n* Passagierschiff *nt*; **passenger train** *n* Zug *m* im Personenverkehr.

passe-partout ['pæspɑ:tu:] *n* Passepartout *nt*.

passer-by ['pɑ:sə'baɪ] *n*, *pl* **passers-by** Passant(in *f*) *m*, Vorübergehende(r) *mf*.

passim ['pæsɪm] *adv* passim, verstreut.

passing ['pɑ:sɪŋ] *I n* 1. Vorübergehen *nt*. **with the ~ of time/the years** im Lauf(e) der Zeit/der Jahre; **I would like to mention in ~ that** ... ich möchte beiläufig noch erwähnen, daß ...

2. (*disappearance*) Niedergang *m*; (*euph: death*) Heimgang *m*. **the ~ of the old year** der Ausklang des alten Jahres.

3. (*Parl: of bill*) *see* **passage 4**.

II *adj car* vorbeifahrend; *clouds* vorüberziehend; *years* vergehend; *glance etc, thought* flüchtig; *comments, reference* beiläufig; *fancy* flüchtig, vorübergehend.

III *adv* (*old: very*) gar (*old*), überaus.

passing note *n* Durchgangston *m*.

passing-out (ceremony) [ˌpɑ:sɪŋ'aʊt (ˌserɪmənɪ)] *n* (*Mil*) Abschlußfeier *f*.

passion ['pæʃən] *n* 1. Leidenschaft *f*; (*fervour*) Leidenschaftlichkeit *f*; (*enthusiasm also*) Begeisterung *f*. **to have a ~ for sth** eine Passion *or* Leidenschaft für etw haben; **with his ~ for accuracy** mit seinem Drang nach Genauigkeit; **~s were running high** die Erregung schlug hohe Wellen; **political ~s** politische Leidenschaften *pl*; **his ~ for the cause** sein leidenschaftliches Engagement für die Sache; **music is a ~ with him** die Musik ist bei ihm eine Leidenschaft; **to be in a ~** erregt sein; **to fly into a ~** in Erregung geraten, sich erregen.

2. (*Rel, Art, Mus*) Passion *f*; (*Bibl: ac-* count of ~ also) Leidensgeschichte *f*. **The St Matthew P~** Die Matthäuspassion.

passionate ['pæʃənɪt] *adj* leidenschaftlich.

passionately ['pæʃənɪtlɪ] *adv see adj*.

passion flower *n* Passionsblume *f*; (*hum inf: as address*) Schatz *m*, Schätzchen *nt*; **passion fruit** *n* Passionsfrucht *f*; **passionless** *adj* leidenschaftslos; **passion play** *n* Passionsspiel *nt*; **Passion Sunday** *n* Passionssonntag *m*; **Passion Week** *n* Karwoche *f*.

passive ['pæsɪv] **I** *adj* 1. passiv; *acceptance* widerspruchslos, widerstandslos. **~ resistance** passiver Widerstand.

2. (*Gram*) passivisch, Passiv-.

II *n* (*Gram*) Passiv *nt*, Leideform *f*. **in the ~** im Passiv.

passively ['pæsɪvlɪ] *adv* passiv; *accept* widerstandslos, widerspruchslos; *watch etc* tatenlos.

passiveness ['pæsɪvnɪs], **passivity** [pə'sɪvɪtɪ] *n* Passivität *f*.

pass key *n* Hauptschlüssel *m*.

Passover ['pɑ:səʊvə^r] *n* Passah *nt*.

passport ['pɑ:spɔ:t] *n* Reisepaß, Paß (*inf*) *m*; (*fig*) Schlüssel *m* (*to* für, zu).

password ['pɑ:swɜ:d] *n* Losungs- *or* Kennwort *nt*, Parole *f*.

past [pɑ:st] **I** *adj* 1. frühe(r, s) *attr*, vergangene(r, s) *attr*. **for some time ~** seit einiger Zeit; **in times ~** in früheren *or* vergangenen Zeiten; **it's ~ history now** das gehört jetzt der Vergangenheit an; **all that is now ~** das ist jetzt alles vorüber *or* vorbei; **what's ~ is ~** was vorbei ist, ist vorbei; **in the ~ week** letzte *or* vorige *or* vergangene Woche, in der letzten *or* vergangenen Woche; **~ president** früherer Präsident.

2. (*Gram*) **~ tense** Vergangenheit, Vergangenheitsform *f*; **~ participle** Partizip Perfekt, zweites Partizip; **~ perfect** Plusquamperfekt *nt*, Vorvergangenheit *f*.

II *n* (*also Gram*) Vergangenheit *f*. **in the ~** in der Vergangenheit (*also Gram*), früher; **the verb is in the ~** das Verb steht in der Vergangenheit; **to be a thing of the ~** der Vergangenheit (*dat*) angehören; **a town/woman with a ~** eine Stadt/Frau mit Vergangenheit.

III *prep* 1. (*motion*) an (+*dat*) ... vorbei *or* vorüber; (*position: beyond*) hinter (+*dat*), nach (+*dat*). **just ~ the library** kurz nach *or* hinter der Bücherei; **to run ~ sb** an jdm vorbeilaufen.

2. (*time*) nach (+*dat*). **ten (minutes) ~ three** zehn (Minuten) nach drei; **half ~ four** halb fünf; **a quarter ~ nine** Viertel nach neun, Viertel zehn; **it's ~ 12** es ist schon nach 12 *or* 12 vorbei; **the trains run at a quarter ~ the hour** die Züge gehen jeweils um Viertel nach; **it's (well) ~ your bedtime** du solltest schon längst im Bett liegen.

3. (*beyond*) über (+*acc*). **~ forty** über vierzig; **his stupidity is ~ belief** er ist unglaublich dumm; **we're ~ caring** es kümmert uns nicht mehr; **to be ~ sth** für etw zu alt sein; **my car is getting ~ it** (*inf*) mein Auto tut's allmählich nicht mehr *or* bringt's nicht mehr (*inf*); **he's ~ it** (*inf*) er ist zu alt, er bringt's nicht mehr (*sl*); **I**

wouldn't put it ~ him (*inf*) ich würde es ihm schon zutrauen.

IV *adv* vorbei, vorüber. **to walk/run ~** vorüber- *or* vorbeigehen/vorbeirennen.

pasta ['pæstə] *n* Teigwaren, Nudeln *pl*.

paste [peɪst] **I** *n* **1.** (*for sticking*) Kleister *m*.
2. mix to a smooth/firm ~ (*glue etc*) zu einem lockeren/ festen Brei anrühren; (*cake mixture etc*) zu einem glatten/ festen Teig anrühren.
3. (*spread*) Brotaufstrich *m*; (*tomato ~*) Mark *nt*.
4. (*jewellery*) Similistein, Straß *m*.

II *vt* **1.** (*apply ~ to*) wallpaper *etc* einkleistern, mit Kleister bestreichen; (*affix*) kleben. **to ~ pictures into a book** Bilder in ein Buch (ein)kleben; **to ~ sth to sth** etw an etw (*acc*) kleben.
2. (*sl*) *opponent* eine Packung verabreichen (+*dat*) (*inf*); (*Boxing*) die Hucke vollhauen (+*dat*) (*inf*); *new play etc* verreißen. **to ~ sb (one)** (*lit*) jdm eins vor den Latz knallen (*sl*); **to ~ sb** (*defeat*) jdn in die Pfanne hauen (*inf*).

◆**paste up** *vt sep* aufkleben, ankleben; (*Typ*) einen Klebeumbruch machen von.

pasteboard ['peɪstbɔːd] *n* Karton *m*, Pappe *f*.

pastel ['pæstl] **I** *n* (*crayon*) Pastellstift *m*, Pastellkreide *f*; (*drawing*) Pastellzeichnung *f*, Pastell *nt*; (*colour*) Pastellton *m*.
II *adj attr* Pastell-, pastellen, pastellfarben. **~ colour** Pastellfarbe *f*.

pasteurization [ˌpæstəraɪˈzeɪʃən] *n* Pasteurisierung, Pasteurisation *f*.

pasteurize ['pæstəraɪz] *vt* pasteurisieren, keimfrei machen.

pastiche [pæˈstiːʃ] *n* Pasticcio *nt*; (*satirical writing*) Persiflage *f*.

pastille ['pæstl] *n* Pastille *f*.

pastime ['pɑːstaɪm] *n* Zeitvertreib *m*.

pastiness ['peɪstɪnɪs] *n* the **~ of her complexion** ihr bläßliches Aussehen.

pasting ['peɪstɪŋ] *n* (*sl*) **to get a ~** (*from sb* von jdm) fertiggemacht werden (*inf*); **to give sb a ~** jdn fertigmachen (*inf*).

past master *n* Experte *m*, Expertin *f*; (*Art, Sport also*) Altmeister(in *f*) *m*. **to be a ~ at doing sth** ein Experte darin sein, etw zu tun.

pastor ['pɑːstə*r*] *n* Pfarrer *m*.

pastoral ['pɑːstərəl] **I** *adj* **1.** (*Art, Liter, Mus*) pastoral.
2. (*Eccl*) pastoral, pfarramtlich; *duties also* seelsorgerisch; *responsibility* seelsorgerlich. **~ care** Seelsorge *f*; **~ staff** Bischofsstab *m*; **~ letter** Hirtenbrief *m*.
II *n* **1.** (*Liter, Art, Mus*) Pastorale *nt*.
2. (*Eccl*) Hirtenbrief *m*.

pastorale [ˌpæstəˈrɑːl] *n* (*Mus*) Pastorale *f*.

pastry ['peɪstrɪ] *n* Teig *m*; (*cake etc*) Stückchen *nt*. **pastries** *pl* Gebäck *nt*; **you've got a piece of ~ on your chin** du hast einen Krümel am Kinn; *see* **Danish**.

pastry-cook ['peɪstrɪˌkʊk] *n* Konditor(in *f*) *m*.

pasturage ['pɑːstjʊrɪdʒ] *n* **1.** (*grass*) Weide *f*. **2.** (*right of pasture*) Weiderecht *nt*.

pasture ['pɑːstʃ*ə*r] **I** *n* **1.** (*field*) Weide *f*. **to put out to ~** auf die Weide treiben; **to move on to ~s new** (*fig*) sich (*dat*) etwas Neues suchen.

2. *no pl* (*also* **~ land**) Weideland *nt*.
3. *no pl* (*food*) Futter *nt*.
II *vt animals* weiden lassen.
III *vi* grasen.

pasty [1] ['peɪstɪ] *adj* (+*er*) **1.** *consistency* zähflüssig; *material* klebrig. **2.** *colour, look* bläßlich.

pasty [2] ['pæstɪ] *n* (*esp Brit*) Pastete *f*.

pasty-faced ['peɪstɪˈfeɪst] *adj* blaß- *or* bleichgesichtig.

pat [1] [pæt] *n* (*of butter*) Portion *f*. **cow ~** Kuhfladen *m*.

pat [2] **I** *adv* **to know** *or* **have sth off ~** etw wie am Schnürchen (*inf*) *or* aus dem Effeff (*inf*) können; **to learn sth off ~** etw inund auswendig lernen; **he's always got an answer ~** er hat immer eine Antwort parat; **to stand ~** keinen Zollbreit nachgeben.
II *adj* answer, explanation glatt. **somehow his excuses seem a bit ~ to me** er ist mir immer ein bißchen zu schnell mit Ausreden bei der Hand.

pat [3] **I** *n* Klaps *m*. **he gave his nephew a ~ on the head** er tätschelte seinem Neffen den Kopf; **excellent work, said the teacher, giving her a ~ on the shoulder** hervorragende Arbeit, sagte der Lehrer und klopfte ihr auf die Schulter; **he gave her knee an affectionate ~** er tätschelte ihr liebevoll das Knie; **to give one's horse/the dog a ~** sein Pferd/ seinen Hund tätscheln; (*once*) seinem Pferd *or* Hund einen Klaps geben; **to give sb/oneself a ~ on the back** (*fig*) sich selbst auf die Schulter klopfen; **that's a ~ on the back for you** das ist ein Kompliment für dich.
II *vt* (*touch lightly*) tätscheln; (*hit gently*) *ball* leicht schlagen; *sand* festklopfen; *face* abtupfen. **to ~ sb/the dog on the head** jdm/ dem Hund den Kopf tätscheln; **to ~ sth/one's face dry** etw/ sein Gesicht trockentupfen; **she ~ted a few loose curls into place** sie drückte ein paar Locken an, die sich gelöst hatten; **he ~ted aftershave onto his chin** er betupfte sein Kinn mit Rasierwasser; **to ~ sb on the back** (*lit*) jdm auf den Rücken klopfen; **to ~ sb/oneself on the back** (*fig*) jdm/sich selbst auf die Schulter klopfen.

◆**pat down** *vt sep* festklopfen; *hair* festdrücken, andrücken.

pat [4] *abbr of* **patent** [2].

Patagonia [ˌpætəˈgəʊnɪə] *n* Patagonien *nt*.

Patagonian [ˌpætəˈgəʊnɪən] **I** *adj* patagonisch. **II** *n* Patagonier(in *f*) *m*.

patch [pætʃ] **I** *n* **1.** (*for mending*) Flicken *m*; (*on new garments*) Flecken *m*; (*eye ~*) Augenklappe *f*.
2. it's/he's not a ~ on ... (*inf*) das/er ist gar nichts gegen ...
3. (*small area, stain*) Fleck *m*; (*piece of land*) Stück *nt*; (*subdivision of garden*) Beet *nt*; (*part, section*) Stelle *f*; (*of time*) Phase *f*; (*inf: of policeman, prostitute*) Revier *nt*. **a ~ of blue sky** ein Stückchen *nt* blauer Himmel; **~es of colour** Farbtupfer *pl*; **a ~ of oil** ein Ölfleck *m*; **then we hit a bad ~ of road** dann kamen wir auf ein schlechtes Stück Straße; **the cabbage ~** das Kohlbeet; **we drove through a few ~es of rain on our way here** wir hatten auf dem

Weg stellenweise Regen; **there were sunny ~es during the day** hin und wieder schien die Sonne; **~es of depression** depressive Phasen *pl*; **he's going through a bad ~ at the moment** ihm geht's im Augenblick nicht sonderlich gut.
4. (*cosmetic beauty spot*) Schönheitspflästerchen *nt*.
II *vt* flicken. **this piece of cloth will just ~ that hole nicely** dieses Stück Stoff ist gerade richtig für das Loch.

◆**patch up** *vt sep* zusammenflicken; *quarrel* beilegen. **they managed to ~ ~ their relationship** sie haben sich schließlich wieder ausgesöhnt; **I want to ~ things ~ between us** ich möchte unsere Beziehung wieder in Lot bringen.

patchiness ['pætʃɪnɪs] *n* (*of work*) Unregelmäßigkeit *f*; (*of knowledge*) Lückenhaftigkeit *f*; (*of film, book, essay etc*) unterschiedliche Qualität.

patch pocket *n* aufgesetzte Tasche; **patch-up** *n* (*inf*) Flickwerk *nt no art*; **patchwork** *n* Patchwork *nt*; **~ quilt** Patchwork- or Flickendecke *f*; (*fig*) **a ~ of fields** ein bunter Teppich von Feldern; **a ~ of songs** eine bunte Folge von Liedern.

patchy ['pætʃɪ] *adj* (*+er*) **1.** *work* ungleichmäßig, unterschiedlich; *knowledge, memory* lückenhaft. **what was the performance like? — ~** wie war die Aufführung? — gemischt; **this is the patchiest production I've seen them do for a long time** eine derart ungleichmäßige Inszenierung habe ich von ihnen lange nicht mehr gesehen.
2. (*lit*) *material* gefleckt; *pattern* Flecken-.

pate [peɪt] *n* Rübe (*inf*), Birne (*sl*) *f*. **bald ~** Platte (*inf*), Glatze *f*.

pâté ['pæteɪ] *n* Pastete *f*.

patent[1] ['peɪtənt] *adj* **1.** (*obvious*) offensichtlich. **(~ed) invention** patentiert. **he's got his own ~ method for doing that** (*fig*) dafür hat er seine Spezialmethode; **his ~ remedy for hangovers** (*fig*) sein Patent- or Spezialrezept gegen Kater.

patent[2] **I** *n* Patent *nt*. **~ applied for or pending** Patent angemeldet; **to take out a ~ (on sth)** ein Patent (auf etw *acc*) erhalten; *see* **letter.** **II** *vt* patentieren lassen. **is it ~ed?** ist das patentrechtlich geschützt?

patentee [,peɪtən'tiː] *n* Patentinhaber(in *f*) *m*.

patent leather *n* Lackleder *nt*. **~ shoes** Lackschuhe *pl*.

patently ['peɪtəntlɪ] *adv* offenkundig, offensichtlich.

patent medicine *n* patentrechtlich geschütztes Arzneimittel; **Patent Office** *n* Patentamt *nt*.

paterfamilias ['pɑːtəfə'mɪːlɪæs] *n* Familienvater, Familienoberhaupt (*geh*) *m*.

paternal [pə'tɜːnl] *adj* väterlich. **my ~ uncle/grandmother** *etc* mein Onkel *m*/ meine Großmutter *etc* väterlicherseits.

paternalism [pə'tɜːnəlɪzəm] *n* Bevormundung *f*.

paternalist [pə'tɜːnəlɪst] *n* Patriarch *m*.

paternalist(ic) [pə'tɜːnəlɪst, pə,tɜːnə'lɪstɪk] *adj*, **paternalistically** [pə,tɜːnə'lɪstɪkəlɪ] *adv* patriarchalisch.

paternally [pə'tɜːnəlɪ] *adv see adj.*

paternity [pə'tɜːnɪtɪ] *n* Vaterschaft *f*. **~ suit** Vaterschaftsprozeß *m*; **he denied ~ of the child** er bestritt die Vaterschaft an dem Kind.

paternoster ['pætə'nɒstə[r]] *n* (*prayer*) Paternoster *nt*; (**~ bead**) Vaterunser-Perle *f*; (*lift*) Paternoster *m*.

path [pɑːθ] *n* **1.** (*lit*) (*trodden*) Weg, Pfad *m*; (*surfaced*) Weg *m*; (*in field*) Feldweg *m*. **we took a ~ across the fields** wir nahmen den Weg über das Feld.
2. (*trajectory, route*) Bahn *f*; (*of hurricane*) Weg *m*.
3. (*fig*) Weg *m*.

pathetic [pə'θetɪk] *adj* **1.** (*piteous*) mitleiderregend. **the exhausted refugees made a ~ sight** die erschöpften Flüchtlinge boten ein Bild des Jammers; **after three weeks the victim of the disease is reduced to the most ~ condition** nach drei Wochen ist das Opfer der Krankheit in einem erbarmungswürdigen Zustand.
2. (*poor*) erbärmlich, jämmerlich. **it's ~** es ist zum Weinen *or* Heulen (*inf*); **what a ~ bunch they are!** oh, was ist das für ein jämmerlicher Haufen!
3. the ~ fallacy die Vermenschlichung der Natur.

pathetically [pə'θetɪkəlɪ] *adv* **1.** (*piteously*) mitleiderregend. **he limped along ~** es war ein mitleiderregender Anblick, wie er humpelte; **~ thin/weak** erschreckend dünn/schwach.
2. *slow, stupid, inefficient* erbärmlich. **we have done ~ this year** wir haben dieses Jahr erbärmlich *or* miserabel abgeschnitten; **a ~ inadequate answer** eine äußerst dürftige Antwort; **a ~ weak attempt** ein kläglicher Versuch; **~ incapable** absolut unfähig; **the trains are ~ late** es ist zum Weinen *or* ein Jammer, wie unpünktlich die Züge sind; **it had become ~ obvious that she was ignoring him** es war schon peinlich zu sehen, wie sie ihn ignorierte.

pathfinder ['pɑːθ,faɪndə[r]] *n* (*lit*) Führer *m*; (*fig: innovator*) Wegbereiter(in *f*) *m*; **pathless** *adj* weglos.

pathogen ['pæθədʒɪn] *n* (*Med*) Krankheitserreger *m*.

pathogenic [,pæθə'dʒenɪk] *adj* pathogen, krankheitserregend.

pathological [,pæθə'lɒdʒɪkəl] *adj* (*lit, fig*) pathologisch, krankhaft; *studies etc* pathologisch, Pathologie-. **an almost ~ concern for cleanliness** ein fast schon pathologischer *or* krankhafter Drang nach Sauberkeit.

pathologist [pə'θɒlədʒɪst] *n* Pathologe *m*, Pathologin *f*.

pathology [pə'θɒlədʒɪ] *n* (*science*) Pathologie *f*. **the ~ of a disease** das Krankheitsbild.

pathos ['peɪθɒs] *n* Pathos *nt*.

pathway ['pɑːθweɪ] *n see* **path 1.**

patience ['peɪʃəns] *n* **1.** Geduld *f*. **to have ~/no ~ (with sb/sth)** Geduld/keine Geduld haben (mit jdm/etw); **to have no ~ with sb/sth** (*fig inf: dislike*) für jdn/etw nichts übrig haben; **to lose (one's) ~ (with sb/sth)** (mit jdm/etw) die Geduld verlieren; **~ is a virtue** (*prov*) Geduld ist eine Tugend; **~, ~!** nur Geduld!

2. (*Brit Cards*) Patience *f.* **to play ~** eine Patience legen.

patient ['peɪʃənt] **I** *adj* geduldig. **a ~ piece of work** eine mit sehr viel Geduld angefertigte Arbeit; **to be ~ with sb/sth** mit jdm/ etw geduldig sein; **you must be very ~ about it** du mußt sehr viel Geduld haben *or* sehr geduldig sein; **we have been ~ long enough!** unsere Geduld ist erschöpft!

II *n* Patient(in *f*) *m.*

patiently ['peɪʃəntlɪ] *adv see adj.*

patina ['pætɪnə] *n* Patina *f.*

patio ['pætɪəʊ] *n, pl* **~s** Veranda, Terrasse *f*; (*inner court*) Innenhof, Patio *m.*

patriarch ['peɪtrɪɑːk] *n* Patriarch *m.*

patriarchal [ˌpeɪtrɪ'ɑːkəl] *adj* patriarchalisch.

patriarchy [ˌpeɪtrɪ'ɑːkɪ] *n* Patriarchat *nt.*

patrician [pə'trɪʃən] **I** *adj* patrizisch. **the old ~ houses** die alten Patrizierhäuser. **II** *n* Patrizier(in *f*) *m.*

patricide ['pætrɪsaɪd] *n* Vatermord *m*; (*murderer*) Vatermörder(in *f*) *m.*

patrimony ['pætrɪmənɪ] *n* Patrimonium *nt.*

patriot ['peɪtrɪət] *n* Patriot(in *f*) *m.*

patriotic [ˌpætrɪ'ɒtɪk] *adj* patriotisch. **your ~ duty** deine Pflicht gegenüber dem Vaterland.

patriotically [ˌpætrɪ'ɒtɪkəlɪ] *adv see adj.*

patriotism ['pætrɪətɪzəm] *n* Patriotismus *m*, Vaterlandsliebe *f.*

patrol [pə'trəʊl] **I** *n* **1.** (*patrolling*) (*by police*) Streife *f*; (*by aircraft, ship*) Patrouille *f*; (*by watchman etc*) Runde *f*, Rundgang *m.* **the army/navy carry out** *or* **make weekly ~s of the area** das Heer/die Marine patrouilliert das Gebiet wöchentlich; **the army/navy maintain a constant ~** das Heer/die Marine führt ständige Patrouillen durch; **on ~** (*Mil*) auf Patrouille; (*police*) auf Streife; (*guard dogs, squad car, detectives*) im Einsatz; **the watchman was on his ~ when the burglars broke in** der Wächter machte gerade seine Runde, als die Einbrecher kamen.

2. (*~ unit*) (*Mil*) Patrouille *f*; (*police ~*) (Polizei)streife *f*; (*of boy scouts*) Fähnlein *nt*; (*of girl guides*) Gilde *f.*

II *vt* (*Mil*) *district, waters, sky, streets* patrouillieren, patrouillieren in (+*dat*); *frontier, coast* patrouillieren, patrouillieren vor (+*dat*); (*policeman, watchman*) seine Runden machen in (+*dat*); (*police car*) Streife fahren in (+*dat*); (*guard dogs, gamewarden*) einen Rund- *or* Streifengang *or* eine Runde machen in (+*dat*). **the frontier is not ~led** die Grenze wird nicht bewacht.

III *vi* (*soldiers, ships, planes*) patrouillieren; (*planes also*) Patrouille fliegen; (*policemen*) eine Streife/Streifen machen; (*watchman, store detective etc*) seine Runden machen. **to ~ up and down** auf und ab gehen.

patrol boat *n* Patrouillenboot *nt*; **patrol car** *n* Streifenwagen *m*; **patrol leader** *n* (*of scouts*) Fähnleinführer *m*; (*of girl guides*) Gildenführerin *f*; **patrolman** *n* Wächter *m*; (*US: policeman*) Polizist *m*; **patrol wagon** *n* (*US*) grüne Minna (*inf*), Gefangenenwagen *m*; **patrolwoman** *n* (*US: policewoman*) Polizistin *f.*

patron ['peɪtrən] *n* (*customer of shop*) Kunde *m*, Kundin *f*; (*customer of restaurant, hotel*) Gast *m*; (*of society*) Schirmherr(in *f*) *m*; (*of artist*) Förderer, Gönner(in *f*) *m*; (*~ saint*) Schutzpatron (in *f*) *m.* **~s only** nur für Kunden/Gäste. **a ~ of the arts** ein Mäzen *m*; **our ~s** (*of shop*) unsere Kundschaft.

patronage ['pætrənɪdʒ] *n* **1.** (*support*) Schirmherrschaft *f.* **under the ~ of** unter der Schirmherrschaft des/der; **his lifelong ~ of the arts** sein lebenslanges Mäzenatentum; **having secured the ~ of the Duke his election was a certainty** nachdem er sich die Unterstützung des Herzogs verschafft hatte, war seine Wahl sicher.

2. (*form: of a shop etc*) **we enjoy the ~ of ...** zu unseren Kunden zählen ...; **the attitude of the new sales assistant caused her to withdraw her ~** das Benehmen des neuen Verkäufers veranlaßte sie, dort nicht mehr einzukaufen.

3. (*right to appoint to government jobs*) Patronat *nt.* **under (the) ~ of** unter der Schirmherrschaft von.

4. (*rare: condescension*) **an air of ~** eine gönnerhafte Miene.

patronize ['pætrənaɪz] *vt* **1.** *pub, cinema etc* besuchen; *the railway* benutzen. **I hope you will continue to ~ our store** ich hoffe, daß Sie uns weiterhin beehren; **it's not a shop I ~** in dem Geschäft kaufe ich nicht.

2. (*treat condescendingly*) gönnerhaft *or* herablassend behandeln, von oben herab behandeln.

3. (*support*) *the arts etc* unterstützen, fördern.

patronizing ['pætrənaɪzɪŋ] *adj* gönnerhaft, herablassend. **to be ~ to** *or* **towards sb** jdn herablassend *or* von oben herab behandeln.

patronizingly ['pætrənaɪzɪŋlɪ] *adv see adj.*

patronymic [ˌpætrə'nɪmɪk] **I** *adj* patronymisch. **II** *n* Patronymikon *nt*, Vatersname *m.*

patsy ['pætsɪ] *n* (*US sl*) (*scapegoat*) Sündenbock *m*; (*easy victim*) Leichtgläubige(r) *mf*; (*weak man*) Schlappschwanz (*inf*), Schwächling *m.*

patten ['pætən] *n* Stelzenschuh *m.*

patter ['pætəʳ] **I** *n* **1.** (*of feet*) Getrippel *nt*; (*of rain*) Plätschern *nt.* **the ~ of tiny feet** (*fig*) fröhliches Kinderlachen *nt.*

2. (*of salesman, comedian, conjurer, disc jockey*) Sprüche *pl* (*inf*). **to start one's ~** seine Sprüche loslassen; **to have a good line in ~** (*of comedian, disc jockey etc*) gute Sprüche drauf *or* auf Lager haben (*inf*); **sales ~** Vertretersprüche *pl.*

3. (*inf: jargon*) Fachjargon *m* (*inf*).

II *vi* (*person, feet*) trippeln; (*rain: also ~ down*) plätschern.

pattern ['pætən] **I** *n* **1.** Muster *nt.* **to make a ~ in** ein Muster bilden.

2. (*Sew*) Schnitt *m*, Schnittmuster *nt*; (*Knitting*) Strickanleitung *f.*

3. (*fig: model*) Vorbild *nt.* **according to a ~** nach einem (festen) Schema; **on the Albanian ~** nach albanischem Vorbild *or* Muster; **to set a** *or* **the ~ for sth** ein Muster *or* Vorbild für etw sein.

4. *(fig: in events, behaviour etc)* Muster *nt*; *(set)* Schema *nt*; *(recurrent)* Regelmäßigkeit *f*. **there's a distinct ~ /no ~ to these crimes** in diesen Verbrechen steckt ein bestimmtes/kein Schema; **what ~ can we find in these events?** was verbindet diese Ereignisse?; **the ~ of events leading up to the war** der Ablauf der Ereignisse, die zum Krieg geführt haben; **a certain ~ emerged** es ließ sich ein gewisses Schema *or* Muster erkennen; **behaviour ~s** Verhaltensmuster *pl*; **her behaviour follows a predictable ~/shows no obvious ~** ihr Verhalten folgt einem voraussagbaren/ keinem erkennbaren Muster; **the natural ~ of life in the wild** die natürlichen Lebensvorgänge in der Wildnis; **the day-by-day ~ of his existence** die tägliche Routine seines Lebens; **it's the usual ~, the rich get richer and the poor get poorer** es läuft immer nach demselben Muster ab – die Reichen werden reicher und die Armen ärmer.

5. *(verb ~, sentence ~ etc)* Struktur *f*.

II *vt* **1.** *(model)* machen *(on* nach). **many countries ~ their laws on the Roman system** viele Länder orientieren sich bei ihrer Gesetzgebung an dem römischen Vorbild; **to be ~ed on sth** einer Sache *(dat)* nachgebildet sein; *(music, poem, style etc)* einer Sache *(dat)* nachempfunden sein; **to ~ oneself on sb** sich *(dat)* jdn zum Vorbild nehmen; **he ~ed his lifestyle on that of a country squire** er ahmte den Lebensstil eines Landadligen nach.

2. *(put ~s on)* mit einen Muster versehen; *see* **patterned.**

pattern book *n* Musterbuch *nt*.
patterned ['pætənd] *adj* gemustert.
patty ['pætɪ] *n* Pastetchen *nt*.
paucity ['pɔːsɪtɪ] *n* *(liter)* Mangel *m* *(of* an +*dat*).
paunch [pɔːntʃ] *n* Bauch, Wanst *(inf)* *m* ; *(of cow etc)* Pansen *m*.
paunchy ['pɔːntʃɪ] *adj* *(+er)* dick. **to be getting ~** einen (dicken) Bauch kriegen.
pauper ['pɔːpəʳ] *n* Arme(r) *mf*; *(supported by charity)* Almosenempfänger(in *f*) *m*. **~'s grave** Armengrab *nt*; **we may be materially better off, but we are spiritual ~s** materiell geht es uns zwar besser, geistig aber sind wir verarmt.
pauperism ['pɔːpərɪzəm] *n* Armut *f*.
pauperization [ˌpɔːpəraɪ'zeɪʃən] *n* Verarmung *f*; *(fig also)* Verkümmerung *f*.
pauperize ['pɔːpəraɪz] *vt* arm machen; *(fig)* verkümmern lassen.
pause [pɔːz] I *n* Pause *f*. **a hesitant ~** ein kurzes Zögern; **an anxious/a pregnant ~** ein ängstliches/vielsagendes Schweigen; **there was a ~ while ...** es entstand eine Pause, während ...; **to have a ~ (eine)** Pause machen; **without (a) ~** ohne Unterbrechung, pausenlos, ununterbrochen; **to give sb ~** *(esp liter)* jdm zu denken geben.

II *vi* **1.** stehenbleiben, stoppen *(inf)*; *(speaker)* innehalten. **he ~d dramatically** er legte eine Kunstpause ein; **he ~d for breath/a drink** er machte eine Pause, um Luft zu holen/etwas zu trinken; **he spoke for thirty minutes without once pausing** er sprach eine halbe Stunde ohne eine einzige Pause; **it made him ~** das machte ihn nachdenklich.

2. *(dwell on)* **to ~ (up)on sth** auf etw *(acc)* näher eingehen.

pave [peɪv] *vt* befestigen *(in, with* mit); *road, path (with stones also)* pflastern; *floor (with slabs)* mit Platten auslegen; *(with tiles)* fliesen, mit Fliesen auslegen. **to ~ the way for sb/sth** *(fig)* jdm/für etw den Weg ebnen; **where the streets are ~d with gold** wo das Geld auf der Straße liegt; **the path to hell is ~d with good intentions** *(prov)* der Weg zur Hölle ist mit guten Vorsätzen gepflastert *(prov)*; **the paths are ~d in** *or* **with purest marble** die Wege sind mit feinstem Marmor ausgelegt.
◆**pave over** *vt sep* betonieren; *(with slabs)* mit Platten auslegen.
paved [peɪvd] *adj* befestigt *(in, with* mit).
pavement ['peɪvmənt] *n* *(Brit)* Gehsteig, Bürgersteig *m*, Trottoir *nt*; *(US: paved road)* Straße *f*; *(material)* Bodenbelag *m*. **to leave the ~** *(US)* von der Straße abkommen; **~ artist** Pflastermaler(in *f*) *m*.
pavilion [pə'vɪlɪən] *n* Pavillon *m*; *(old: tent)* Zelt *nt*; *(Sport) (changing ~)* Umkleideräume *pl*; *(clubhouse)* Klubhaus *nt*.
paving ['peɪvɪŋ] *n* Belag *m*; *(US: of road)* Decke *f*; *(material)* Belag *m*; *(action)* Pflastern *nt*. **~ stone** Platte *f*.
paw [pɔː] I *n* *(of animal)* Pfote *f*; *(of lion, bear)* Pranke, Tatze *f*; *(pej inf: hand)* Pfote *f* *(inf)*.

II *vt* **1.** tätscheln; *(lion etc)* mit der Pfote *or* Tatze berühren. **to ~ the ground** *(lit)* scharren; *(fig: be impatient)* ungeduldig *or* kribbelig *(inf)* werden.

2. *(pej inf: handle)* betatschen *(inf)*.

III *vi* **to ~ at sb/sth** jdn/etw betätscheln *or* betatschen *(inf)*.
pawl [pɔːl] *n* Sperrklinke *f*.
pawn[1] [pɔːn] *n* *(Chess)* Bauer *m*; *(fig)* Schachfigur *f*.
pawn[2] I *n* *(security)* Pfand *nt*. **in ~** verpfändet, versetzt; **to pawn** *or* **put sth in ~** etw versetzen *or* auf die Pfandleihe *or* ins Leihhaus bringen.

II *vt* verpfänden, versetzen. **he had ~ed his soul to the devil** er hatte seine Seele dem Teufel verpfändet.
pawnbroker ['pɔːnˌbrəʊkəʳ] *n* Pfandleiher *m*; **pawnbroker's (shop), pawnshop** *n* Pfandhaus, Leihhaus *nt*; **pawn ticket** *n* Pfandschein, Leihschein *m*.
pay [peɪ] *(vb: pret, ptp* **paid)** I *n* Lohn *m*; *(of salaried employee)* Gehalt *nt*; *(Mil)* Sold *m*; *(of civil servant)* Gehalt *nt*, Bezüge *pl*, Besoldung *f*. **what's the ~ like?** wie ist die Bezahlung?; **it comes out of my ~** es wird mir vom Gehalt/Lohn abgezogen; **the discussions were about ~** in den Diskussionen ging es um die Löhne; **to be in sb's ~** für jdn arbeiten.

II *vt* **1.** *money, a sum, person, bill, duty, debt, charge, account, fee* bezahlen; *interest, a sum, duty, charge also* zahlen; *dividend* ausschütten, zahlen. **to ~ sb £10** jdm £ 10 zahlen; **to ~ shareholders** Dividenden ausschütten *or* zahlen; **how much is there to ~?** was macht das?; **to be** *or* **get paid** (*in regular job*) seinen Lohn/ sein Gehalt bekommen; **when do I get paid for doing that?** wann werde ich dafür bezahlt?; **savings accounts that ~ 5%** Sparkonten, die 5% Zinsen bringen; **I ~ you to prevent such mistakes** Sie werden schließlich dafür bezahlt, daß solche Fehler nicht vorkommen; **"paid"** (*on bill*) „bezahlt"; *see* **paid.**

2. (*lit, fig: be profitable to*) sich lohnen; (*honesty*) sich auszahlen. **in future it would ~ you to ask** in Zukunft solltest du besser vorher fragen; **it doesn't ~ you to be kind nowadays** es lohnt sich heutzutage nicht mehr, freundlich zu sein; **but it paid him in the long run** aber auf die Dauer hat es sich doch ausgezahlt.

3. to ~ (sb/a place) a visit *or* **call, to ~ a visit to** *or* **a call on sb/a place** jdn/einen Ort besuchen; (*more formal*) jdm/ einen Ort einen Besuch abstatten; **to ~ a visit to the doctor** den Arzt aufsuchen; *see* **attention, compliment, respect.**

III *vi* **1.** zahlen. **to ~ on account** auf Rechnung zahlen; **they ~ well for this sort of work** diese Arbeit wird gut bezahlt; **to ~ for sth** etw bezahlen; **it's already paid for** es ist schon bezahlt; **how much did you ~ for it?** wieviel hast du dafür bezahlt?; **to ~ for sb** für jdn zahlen; **they paid for her to go to America** sie zahlten ihr die Reise nach Amerika.

2. (*be profitable*) sich lohnen. **it's a business that ~s** es ist ein rentables Geschäft; **it's ~ing at last** es zahlt sich schließlich doch aus; **crime doesn't ~** (*prov*) Verbrechen lohnt sich nicht.

3. (*fig: to suffer*) **to ~ for sth** (**with sth**) für etw (mit etw) bezahlen; **you'll ~ for that!** dafür wirst du (mir) büßen; **to make sb ~** (**for sth**) jdn für etw büßen lassen.

◆**pay back** *vt sep* **1.** *money* zurückzahlen. **when do you want me to ~ you ~?** wann willst du das Geld wiederhaben?

2. *compliment, visit* erwidern; *insult, trick* sich revanchieren für. **to ~ sb ~** es jdm heimzahlen.

◆**pay in** I *vt sep* einzahlen. **to ~ money ~to an account** Geld auf ein Konto einzahlen. **II** *vi* einzahlen.

◆**pay off** I *vt sep workmen* auszahlen; *seamen* abmustern; *debt* abbezahlen, tilgen; *HP* ab(be)zahlen; *mortgage* ablösen; *creditor* befriedigen. **if this happens again we'll have to ~ him ~** wenn das noch einmal vorkommt, müssen wir ihn entlassen; *see* **score.** **II** *vi* sich auszahlen.

◆**pay out** I *vt sep* **1.** *money* (*spend*) ausgeben; (*count out*) auszahlen. **2.** *rope* ablaufen lassen. **II** *vi* bezahlen.

◆**pay over** *vt sep* aushändigen.

◆**pay up** I *vt sep* what one owes zurückzahlen; *subscription* bezahlen. **his account/he is paid ~** er hat alles bezahlt; *see* **paid-up.** **II** *vi* zahlen. **come on, ~ ~, I want my money** los, zahlen, ich will mein Geld.

payable ['peɪəbl] *adj* zahlbar; (*due*) fällig. **~ to bearer** zahlbar an Überbringer; **~ to order** zahlbar an Order; **~ immediately** zahlbar sofort; **to make a cheque ~ to sb** einen Scheck auf jdn ausstellen.

pay-as-you-earn ['peɪəzjuː'ɜːn] *attr* **~ tax**

system *Steuersystem nt, bei dem die Lohnsteuer direkt einbehalten wird;* **pay award** *n* Gehalts-/Lohnerhöhung *f;* **pay-bed** *n* Privatbett *nt;* **pay cheque** *n* Lohn-/ Gehaltsüberweisung *f;* **pay-claim** *n* Lohn-/ Gehaltsforderung *f;* **pay-day** *n* Zahltag *m;* **pay dirt** *n* abbauwürdiges Erzlager.

PAYE (*Brit*) *abbr of* **pay-as-you-earn.**

payee [peɪ'iː] *n* Zahlungsempfänger *m.*

payer ['peɪəʳ] *n* Zahler *m.*

pay freeze *n* Lohnstopp *m;* **pay increase** *n* Lohn-/ Gehaltserhöhung *f.*

paying ['peɪɪŋ] *adj* **1.** (*profitable*) rentabel. **2. ~ guest** zahlender Gast; **~ patient** Privatpatient(in *f*) *m.*

payload ['peɪləʊd] *n* Nutzlast *f;* (*of bomber*) Bombenlast *f;* **paymaster** *n* Zahlmeister *m;* **~ General** für Lohn- und Gehaltszahlungen im öffentlichen Dienst zuständiges Kabinettsmitglied.

payment ['peɪmənt] *n* (*paying*) (*of person*) Bezahlung, Entlohnung *f;* (*of bill, instalment etc*) Bezahlung, Begleichung *f;* (*of debt, mortgage*) Abtragung, Rückzahlung *f;* (*of interest, bank charge etc*) Zahlung *f;* (*sum paid*) Zahlung *f;* (*fig: reward*) Belohnung *f.* **three monthly ~s** drei Monatsraten; **as** *or* **in ~ of a debt/bill** in Begleichung einer Schuld/Rechnung; **as** *or* **in ~ for goods/his services** als Bezahlung für *or von* Waren/für seine Dienste; **to accept sth as** *or* **in ~** (**for ...**) etw in Begleichung/als Bezahlung (für ...) annehmen; **on ~ of** bei Begleichung/ Bezahlung von; **without ~** (*free*) umsonst; **to make a ~** eine Zahlung leisten; **to make a ~ on sth** eine Rate für etw zahlen; **to present sth for ~** etw zur Zahlung vorlegen; **to stop ~s** die Zahlungen *pl* einstellen; **to stop ~ of a cheque** einen Scheck sperren.

pay negotiations *npl see* **pay talks; pay-off** *n* (*inf: bribe*) Bestechungsgeld *nt;* (*final outcome, climax*) Quittung *f;* (*of joke*) Pointe *f.*

payola [peɪ'əʊlə] *n* (*esp US*) (*bribery*) Bestechung *f;* (*bribe*) Schmiergeld *nt.*

pay packet *n* Lohntüte *f;* **pay phone** *n* Münzfernsprecher *m;* **pay rise** *n* Lohn-/ Gehaltserhöhung *f;* **payroll** *n* **they have 500 people on the ~** sie haben eine Belegschaft von 500, sie haben 500 Beschäftigte; **a monthly ~ of £75,000** eine monatliche Lohn- und Gehaltssumme von £ 75.000; **pay round** *n* Tarifrunde *f;* **payslip** *n* Lohn-/ Gehaltsstreifen *m;* **pay station** *n* (*US*) öffentlicher Fernsprecher; **pay talks** *npl* Lohnverhandlungen *pl;* (*of profession, area of industry*) Tarifverhandlungen *pl;* **pay tone** *n* bei öffentlichen Fernsprechern: Ton, der anzeigt, daß Münzen eingeworfen werden müssen; **pay TV** *n* Münzfernseher *m.*

PC (*Brit*) *abbr of* **1. Police Constable. 2. Privy Council. 3. Privy Councillor.**

pc *abbr of* **1. post card. 2. per cent.**

pd *abbr of* **paid** bez.

PE *abbr of* **physical education.**

pea [piː] *n* Erbse *f.* **they are as like as two ~s** (**in a pod**) sie gleichen sich (*dat*) wie ein Ei dem anderen.

peace [piːs] n **1.** (*freedom from war*) Frieden, Friede (*geh*) m. **to be at ~ with sb/sth** mit jdm/etw in Frieden leben; **the two countries are now at ~** zwischen den beiden Ländern herrscht jetzt Frieden; **to be at ~ with oneself** mit sich (*dat*) selbst in Frieden leben; **he is at ~** (*euph: dead*) er ruht in Frieden; **to hold one's ~** schweigen; **to make (one's) ~ (with sb)** sich (mit jdm) versöhnen *or* aussöhnen; **to make (one's) ~ with oneself** mit sich (*dat*) selbst ins reine kommen; **to make ~ between ...** Frieden stiften zwischen (+*dat*) ...; **to make one's ~ with the world** seinen Frieden mit der Welt schließen.
2. (*Jur*) öffentliche (Ruhe und) Ordnung. **the (King's/ Queen's) ~** (*Jur*) die öffentliche Ordnung; **to keep the ~** (*Jur*) (*demonstrator, citizen*) die öffentliche Ordnung wahren; (*policeman*) die öffentliche Ordnung aufrechterhalten; (*fig*) Frieden bewahren.
3. (*tranquillity, quiet*) Ruhe f. **~ of mind** innere Ruhe, Seelenfrieden m; **the P~ of God** der Friede Gottes, Gottes Friede; **~ and quiet** Ruhe und Frieden; **to give sb some ~** jdn in Ruhe *or* Frieden lassen; **to give sb no ~** jdm keine Ruhe lassen; **to get some/no ~** zur Ruhe/nicht zur Ruhe kommen.

peaceable ['piːsəbl] adj *settlement, discussion* friedlich; *person, nature also* friedfertig, friedliebend.

peaceably ['piːsəblɪ] adv *see adj.*

peace conference n Friedenskonferenz f; **Peace Corps** n (*US*) Friedenskorps nt.

peaceful ['piːsfʊl] adj friedlich; (*peaceable*) *nation, person etc* friedfertig, friedliebend; (*calm, undisturbed*) *holiday, sleep etc* ruhig; *death* sanft; *use of nuclear power* für friedliche Zwecke. **he had a ~ reign** während seiner Regierungszeit herrschte Frieden.

peacefully ['piːsfəlɪ] adv friedlich. **to die ~** (**in one's sleep**) ohne Schmerzen sterben, sanft entschlafen (*liter*).

peacefulness ['piːsfʊlnɪs] n *see adj* Friedlichkeit f; Friedfertigkeit, Friedensliebe f; Ruhe f; Sanftheit f. **the ~ of the takeover** der friedliche Charakter des Machtwechsels.

peacekeeper ['piːsˌkiːpəʳ] n Friedenswächter m; **peacekeeping I** n Friedenssicherung f; **II** adj Friedens-; **a ~ operation** Maßnahmen pl zur Sicherung des Friedens; **peace-loving** (*adj*) friedliebend; **peacemaker** n Friedensstifter(in f) m; **peace offensive** n Friedensoffensive f; **peace-offering** n Friedensangebot nt; (*fig*) Versöhnungsgeschenk nt; **peace-pipe** n Friedenspfeife f; **peace talks** npl Friedensverhandlungen, Friedensgespräche pl; **peacetime I** n Friedenszeiten pl; **II** adj in Friedenszeiten.

peach [piːtʃ] **I** n **1.** (*fruit*) Pfirsich m; (*tree*) Pfirsichbaum m. **her complexion is like ~es and cream**, **she has a ~es-and-cream complexion** sie hat eine Pfirsichhaut.
2. (*inf*) **she's a ~** sie ist klasse (*inf*); **a ~ of a girl/dress/film** etc ein klasse Mädchen/Kleid/Film etc (*all inf*).

3. (*colour*) Pfirsichton m.
II adj pfirsichfarben.

peacock ['piːkɒk] n Pfau m; (*fig: man*) Geck m; **peacock blue** adj pfauenblau; **pea-green** adj erbsengrün; **peahen** n Pfauenhenne f.

peak [piːk] **I** n **1.** (*of mountain*) Gipfel m; (*of roof*) First m; (*sharp point*) Spitze f.
2. (*of cap*) Schirm m.
3. (*maximum*) Höhepunkt m; (*on graph*) Scheitelpunkt m. **he is at the ~ of fitness** er ist in Höchstform *or* Topform (*inf*); **when demand is at its ~** wenn die Nachfrage ihren Höhepunkt erreicht hat *or* am stärksten ist.
II adj attr *value, voltage* Spitzen-; *production, power, pressure* Höchst-. **a ~ year for new car sales** ein Rekordjahr nt für den Neuwagenabsatz.
III vi den Höchststand erreichen.
◆**peak off** vi zurückgehen.

peaked [piːkt] adj **1.** *cap, helmet etc* spitz.
2. *person, complexion etc* verhärmt, abgehärmt.

peak-hour ['piːkaʊəʳ] adj **~ consumption** Verbrauch m in der Hauptbelastungszeit; **measures to reduce ~ traffic** Maßnahmen zur Reduzierung der Belastung in der Hauptverkehrszeit; **peak hours** npl (*of traffic*) Hauptverkehrszeit, Stoßzeit f; (*Telec, Elec*) Hauptbelastungszeit f; **peak season** n Hochsaison f; **peak times** npl Hauptbelastungszeit f.

peaky ['piːkɪ] adj (+er) (*Brit inf*) *complexion* blaß; *face* verhärmt, abgehärmt; *look, child* kränklich.

peal [piːl] **I** n **~ of bells** (*sound*) Glockengeläut(e), Glockenläuten nt; (*set*) Glockenspiel nt; **~s of laughter** schallendes Gelächter; **~ of thunder** Donnerrollen nt, Donnerschlag m. **II** vi läuten; (*thunder*) dröhnen.
◆**peal out** vi verhallen. **the bells ~ed over the fields** das Geläut der Glocken verhallte über den Feldern.

peanut ['piːnʌt] n Erdnuß f. **~s** (*inf: not much money*) Kleingeld nt; ein Apfel und ein Ei (*inf*) (*to sb* für jdn); **the pay is ~s** die Bezahlung ist miserabel *or* lächerlich (*inf*); **£2,000? that's ~s these days** £ 2.000? das ist doch ein Klacks heutzutage (*inf*); **~ butter** Erdnußbutter f.

peapod ['piːpɒd] n Erbsenschote f.

pear [pɛəʳ] n Birne f; (*tree*) Birnbaum m.

peardrop ['pɛədrɒp] n (*pendant*) tropfenförmiger Anhänger m; (*sweet*) hartes Bonbon in Birnenform; **pear-drop** earring etc tropfenförmig.

pearl¹ [pɜːl] **I** n, vt, vi *see* **purl.**

pearl² [pɜːl] **I** n (*lit, fig*) Perle f; (*mother-of-~*) Perlmutt nt; (*of sweat etc*) Perle f, Tropfen m; (*colour*) Grauweiß nt. **~ of wisdom** weiser Spruch; **to cast ~s before swine** (*prov*) Perlen pl vor die Säue werfen (*prov*). **II** adj Perlen-; (**~-coloured**) grauweiß.

pearl barley n Perlgraupen pl; **pearl blue** adj silberblau; **pearl fishing** n Perlenfischerei f; **pearl grey** adj silbergrau; **pearl-handled** adj perlmuttbesetzt; **pearl oyster** n Perlenauster f.

pearly ['pɜːlɪ] adj (+er) (*in colour*) perlmuttfarben. ~ **white** perlweiß; **P~** Gates Himmelstür f.

pear-shaped ['peəʃeɪpt] adj birnenförmig.

peasant ['pezənt] **I** n (lit) (armer) Bauer; (pej inf) (ignoramus) Banause m; (lout) Bauer m; (pleb) Prolet m. **II** adj attr bäuerlich. ~ **farmer** (armer) Bauer; ~ **woman** (arme) Bäuerin.

peasantry ['pezəntrɪ] n Bauernschaft f; (class, status) Bauerntum nt.

pease-pudding ['piːz'pudɪŋ] n Erbspüree nt.

peashooter ['piːˌʃuːtər] n Pusterohr nt; **pea soup** n Erbsensuppe f; **pea-souper** [piːˈsuːpər] n Waschküche f (inf).

peat [piːt] n Torf m; (piece) Stück nt Torf. ~**bog** Torfmoor nt.

peaty ['piːtɪ] adj (+er) torfig; taste nach Torf.

pebble ['pebl] n Kiesel, Kieselstein m; (rock crystal) Bergkristall m; (after polishing) Kieselglas nt. **he/she is not the only ~ on the beach** (inf) es gibt noch andere.

pebble-dash ['pebl,dæʃ] n (Brit) (Kiesel)-rauhputz m.

pebbly ['peblɪ] adj (+er) steinig.

pecan [pɪˈkæn] n (nut) Pekannuß f; (tree) Hickory m.

peccadillo [ˌpekəˈdɪləʊ] n, pl ~(e)s kleine Sünde; (of youth) Jugendsünde f.

peccary ['pekərɪ] n Pekari, Nabelschwein nt.

peck¹ [pek] n (measure) Viertelscheffel m.

peck² **I** n **1.** (inf: kiss) flüchtiger Kuß m, Küßchen nt. **2. the hen gave him a ~** die Henne hackte nach ihm. **II** vt **1.** (bird) picken. **2.** (inf: kiss) ein Küßchen nt geben (+dat). **III** vi picken (at nach). **he just ~ed at his food** er stocherte nur in seinem Essen herum.

◆**peck out** vt sep aushacken.

pecker ['pekər] n **1.** (Brit inf) **keep your ~ up!** halt die Ohren steif! (inf). **2.** (US sl: penis) Schwanz m (sl).

pecking order ['pekɪŋˌɔːdər] n (lit, fig) Hackordnung f.

peckish ['pekɪʃ] adj (Brit inf: hungry) **I'm (feeling) a bit ~** ich könnte was zwischen die Zähne gebrauchen (inf).

pectin ['pektɪn] n Pektin f.

pectoral ['pektərəl] adj pektoral; fin, cross, ornament Brust-.

peculiar [pɪˈkjuːlɪər] adj **1.** (strange) seltsam, eigenartig. **2.** (exclusive, special) eigentümlich (to für +acc). **an animal ~ to Africa** ein Tier, das nur in Afrika vorkommt; **his own ~ style** der ihm eigene Stil.

peculiarity [pɪˌkjuːlɪˈærɪtɪ] n **1.** (strangeness) Seltsamkeit, Eigenartigkeit f.
2. (unusual feature) Eigentümlichkeit, Eigenheit, Besonderheit f. "**special peculiarities**" (on passport etc) ,,besondere Kennzeichen".

peculiarly [pɪˈkjuːlɪəlɪ] adv **1.** (strangely) seltsam, eigenartig. **2.** (exceptionally) besonders.

pecuniary [pɪˈkjuːnɪərɪ] adj (form) penalties, affairs Geld-; gain, advantage, problem finanziell; difficulties, problem also finanziell, pekuniär (geh).

pedagogic(al) [ˌpedəˈgɒdʒɪk(əl)] adj (form) pädagogisch.

pedagogue ['pedəgɒg] n (pedant) Schulmeister m; (form: teacher) Pädagoge m, Pädagogin f.

pedagogy ['pedəgɒgɪ] n (form) Pädagogik f.

pedal ['pedl] **I** n Pedal nt; (on waste bin etc) Trethebel m.
 II vt **he ~led the bicycle up the hill** er strampelte mit dem Fahrrad den Berg hinauf (inf); **he ~led the organ** er trat das Pedal der Orgel.
 III vi (on bicycle) treten; (on organ) das Pedal treten. **he ~led for all he was worth** er trat in die Pedale, er strampelte (inf), sosehr er konnte; **to ~ off** (mit dem Rad) wegfahren.

pedalbin ['pedlbɪn] n Treteimer m; **pedal-boat** n Tretboot nt; **pedalcar** n Tretauto nt.

pedal(l)o ['pedələʊ] n, pl ~(e)s Tretboot nt.

pedant ['pedənt] n Pedant(in f) m.

pedantic adj, ~**ally** adv [pɪˈdæntɪk, -əlɪ] pedantisch.

pedantry ['pedəntrɪ] n Pedanterie f.

peddle ['pedl] vt feilbieten, verkaufen; (fig) gossip etc verbreiten. **to ~ drugs** mit Drogen handeln.

peddler ['pedlər] n (esp US) see **pedlar**.

pederast ['pedəræst] n Päderast m.

pederasty ['pedəræstɪ] n Päderastie f.

pedestal ['pedɪstl] n Sockel m. **to put** or **set sb (up) on a ~** (fig) jdn in den Himmel heben; **to knock sb off his ~** (fig) jdn von seinem Sockel stoßen.

pedestrian [pɪˈdestrɪən] **I** n Fußgänger(in f) m. **II** adj **1.** attr (of pedestrians) Fußgänger-. **~ controlled traffic lights** Fußgängerampel f; **~ crossing** (Brit), **~ crosswalk** (US) Fußgängerüberweg m; **~ precinct** Fußgängerzone f. **2.** (prosaic) schwunglos.

pedestrianize [pɪˈdestrɪənaɪz] vt street in eine Fußgängerzone umwandeln.

pediatric [ˌpiːdɪˈætrɪk] etc (esp US) see **paediatric** etc.

pedicure ['pedɪkjʊər] n Pediküre f.

pedigree ['pedɪgriː] **I** n (lit, fig) Stammbaum m; (document) Ahnentafel f; (fig) Geschichte f. **II** attr reinrassig.

pedigreed ['pedɪgriːd] adj reinrassig.

pedlar ['pedlər] n Hausierer(in f) m; (of drugs) Drogenhändler(in f) m.

pedometer [pɪˈdɒmɪtər] n Pedometer nt, Schrittzähler m.

pee [piː] (inf) **I** n (urine) Urin m, Pipi (baby-talk) nt. **to need/have a ~** pinkeln müssen/pinkeln (inf). **II** vi **1.** pinkeln (inf). **2.** (also **~ down**) (hum: rain) pinkeln (inf).

peek [piːk] **I** n kurzer Blick; (furtive, from under blindfold etc) verstohlener Blick. **to take** or **have a ~** kurz/verstohlen gucken (at nach); **to get a ~ at sb/sth** jdn/etw kurz zu sehen bekommen. **II** vi gucken (at nach).

peekaboo ['piːkəbuː] interj guck-guck.

peel [piːl] n Schale f. **II** vt schälen; see **eye**. **III** vi (wallpaper) sich lösen; (paint) abblättern; (skin, person) sich schälen or pellen (inf).

◆**peel away** **I** vt sep wallpaper, paint abziehen, ablösen (from von); wrapper abstreifen (*from* von); *bark* abschälen (*from* von). **II** *vi* (*lit, fig*) sich lösen (*from* von).

◆**peel back** *vt sep* abziehen.

◆**peel off I** *vt sep* (+*prep obj* von) abziehen, ablösen; *tree bark* abschälen; *wrapper, dress, glove etc* abstreifen. **II** *vi* **1.** *see* **peel away II. 2.** (*leave formation*) ausscheren; (*Aviat also*) abdrehen.

peeler *n* (*potato ~*) Schälmesser *nt*, Schäler *m.*

peeling ['pi:lɪŋ] *n* **1.** Abschälen *nt.* **2.** *~s pl* Schalen *pl.*

peep¹ [pi:p] **I** *n* (*sound*) (*of bird etc*) Piep *m*; (*of horn, whistle, inf: of person*) Ton *m.* **to give a ~** (*bird*) einen Piep von sich geben; (*horn, whistle*) einen Ton von sich geben; **not to give a ~** keinen Piep von sich geben (*inf*); **one ~ out of you and …** (*inf*) noch einen Mucks (*inf*) *or* Pieps (*inf*) und …; **~! ~!** (*of horn*) tut! tut!; (*of whistle*) tüt! tüt!

II *vi* (*bird etc*) piepen; (*horn, car*) tuten; (*whistle*) pfeifen; (*person*) (*on horn*) tuten; (*on whistle*) pfeifen.

III *vt* **I ~ed my horn at him, I ~ed him** (*inf*) ich habe ihn angehupt (*inf*).

peep² **I** *n* (*look*) kurzer Blick; (*furtive, when forbidden etc*) verstohlener Blick. **to get a ~ at** etw kurz zu sehen bekommen; **to take** *or* **have a ~** (*at sth*) kurz/verstohlen (nach etw) gucken.

II *vt* **she ~ed her head out** sie streckte ihren Kopf hervor.

III *vi* gucken (*at* nach). **to ~ from behind sth** hinter etw (*dat*) hervorschauen; **to ~ over sth** über etw (*acc*) gucken; **to ~ through sth** durch etw gucken *or* lugen; **no ~ing!, don't ~ !** (aber) nicht gucken!

◆**peep out** *vi* herausgucken. **the sun ~ed ~ from behind the clouds** die Sonne sah *or* kam hinter den Wolken hervor.

peepers ['pi:pəz] *npl* (*inf*) Gucker *pl* (*inf*).

peephole ['pi:phəʊl] *n* Guckloch *nt*; (*in door also*) Spion *m.*

peeping Tom ['pi:pɪŋ'tɒm] *n* Spanner (*inf*), Voyeur *m.*

peep show *n* Peepshow *f*; **peep-toe I** *adj* offen; **II** *n* (*shoe*) offener Schuh.

peer¹ [pɪəʳ] *n* **1.** (*noble*) Peer *m.* **~ of the realm** Peer *m.*

2. (*equal*) Peer *m* (*spec*). **he was well-liked by his ~s** er war bei seinesgleichen beliebt; **to be tried by one's ~s** von seinesgleichen gerichtet werden; **as a musician he has** *or* **knows no ~** *or* **is without ~** als Musiker sucht er seinesgleichen.

peer² *vi* starren; (*short-sightedly, inquiringly*) schielen. **to ~ (hard) at sb/sth** jdn/etw anstarren, jdn anschielen/auf etw (*acc*) schielen; **the driver ~ed through the fog** der Fahrer versuchte angestrengt, im Nebel etwas zu erkennen; **~ing through the murky water, the diver …** der Taucher, der in dem trüben Wasser kaum etwas erkennen konnte, …

peerage ['pɪərɪdʒ] *n* (*peers*) Adelsstand *m*; (*in GB*) Peers *pl*; (*rank also*) Adelswürde *f*; (*in GB*) Peerage, Peerswürde *f*; (*book*) *das britische Adelsverzeichnis.* **to raise** *or* **elevate sb to the ~** jdn in den Adelsstand

erheben; **to give sb a ~** jdn adeln; **to get a ~** geadelt werden.

peeress ['pɪərɪs] *n* Peereß *f.*

peer group *n* Peer Group, Alterskohorte *f.*

peerless *adj*, **~ly** *adv* ['pɪəlɪs, -lɪ] einzigartig, unvergleichlich.

peeve [pi:v] *vt* (*inf*) ärgern, fuchsen (*inf*).

peeved [pi:vd] *adj* (*inf*) eingeschnappt, verärgert; *look* ärgerlich, verärgert.

peevish ['pi:vɪʃ] *adj* (*irritated*) gereizt, mürrisch, brummig; (*irritable*) reizbar.

peevishly ['pi:vɪʃlɪ] *adv* gereizt.

peevishness ['pi:vɪʃnɪs] *n* (*irritation*) Gereiztheit, Brummigkeit *f*; (*irritability*) Reizbarkeit *f.*

peewit ['pi:wɪt] *n* Kiebitz *m.*

peg [peg] **I** *n* (*stake*) Pflock *m*; (*tent ~ also*) Hering *m*; (*for ~board, wood joints, in games*) Stift *m*; (*of musical instrument*) Wirbel *m*; (*Brit: clothes ~*) (Wäsche)-klammer *f*; (*hook, for mountaineering*) Haken *m*; (*in barrel*) Zapfen, Spund *m.* **off the ~** von der Stange; **to take** *or* **bring sb down a ~ or two** (*inf*) jdm einen Dämpfer geben; **a (convenient) ~ on which to hang one's prejudices** *etc* ein guter Aufhänger für seine Vorurteile *etc.*

II *vt* **1.** (*fasten*) (*with stake*) anpflocken; (*with clothes ~*) anklammern; (*to ~board*) anheften; (*with tent ~*) festpflocken.

2. (*mark out*) *area* abstecken.

3. (*fig*) *prices, wages* festsetzen.

◆**peg away** *vi* (*inf*) nicht locker lassen (*at* mit).

◆**peg down** *vt sep tent etc* festpflocken.

◆**peg out I** *vt sep* **1.** *washing* aufhängen; *skins* ausspannen. **2.** (*mark out*) *area* abstecken. **II** *vi* (*sl*) (*die*) abkratzen (*sl*); (*stop: machine*) verrecken (*sl*).

◆**peg up** *vt sep washing* aufhängen; *notice* heften (*on an* +*acc*).

pegboard ['pegbɔːd] *n* Lochbrett *nt.*

peg-leg ['pegleg] *n* (*inf*) (*person*) Stelzfuß *m*; (*leg also*) Holzbein *nt.*

peignoir ['peɪnwɑː] *n* Négligé *nt.*

pejorative *adj*, **~ly** *adv* [pɪ'dʒɒrɪtɪv, -lɪ] pejorativ, abwertend, abschätzig.

Pekin(g) [pi:'kɪŋ] *n* Peking *nt.* **~ man** Pekingmensch *m.*

pekin(g)ese [ˌpi:kɪ'ni:z] **I** *n, pl* **- 1.** (*dog*) Pekinese *m.* **2. P~** Einwohner(in*f*) *m* von Peking. **3. P~** (*language*) Dialekt *m* von Peking. **II** *adj* **P~** Pekinger-.

pelican ['pelɪkən] *n* Pelikan *m.* **~ crossing** Ampelübergang *m.*

pellet ['pelɪt] *n* Kügelchen *nt*; (*for gun*) Schrot *m or nt*; (*Biol: regurgitated ~*) Gewölle *nt.*

pellicle ['pelɪkəl] *n* Film *m*; (*Zool: membrane*) Pellicula *f.*

pell-mell ['pel'mel] *adv* durcheinander, wie Kraut und Rüben (*inf*); (*with vbs of motion*) in heillosem Durcheinander.

pellucid [pe'lu:sɪd] *adj liquid, meaning* klar; *argument also* einleuchtend.

pelmet ['pelmɪt] *n* Blende *f*; (*of fabric*) Falbel *f*, Querbehang *m.*

pelt¹ [pelt] *n* Pelz *m*, Fell *nt.*

pelt² **I** *vt* **1.** (*throw*) schleudern (*at* nach). **to ~ sb/sth (with sth)** jdn/etw (mit etw) bewerfen.

2. (*beat hard*) verprügeln.

II *vi* (*inf*) **1.** (*go fast*) pesen (*inf*).

2. it ~ed (**with rain**) es hat nur so geschüttet (*inf*); **the rain/hail ~ed against the windows** der Regen/Hagel prasselte an *or* schlug gegen die Fensterscheiben.

III *n* (*inf*) **1.** (*speed*) **at full/a fair** *or* **quite a** ~ volle Pulle (*inf*).

2. (*blow*) Schlag *m*.

◆**pelt along** *vi* (*inf*) entlanggrasen.

◆**pelt down** *vi* it *or* the rain really ~ed ~ der Regen prasselte nur so herunter; **it's** ~**ing** ~ es regnet in Strömen.

pelvic ['pelvɪk] *adj* Becken-; *complaint, pains* in der Beckengegend. ~ **girdle** Beckengürtel *m*; ~ **fin** Bauchflosse *f*.

pelvis ['pelvɪs] *n* Becken *nt*.

pen¹ [pen] **I** *n* (*dip* ~) Feder *f*; (*fountain* ~) Füllfederhalter, Füller *m*; (*ball-point* ~) Kugelschreiber, Kuli (*inf*) *m*. **to set** *or* **put** ~ **to paper** zur Feder greifen; **to wield a cutting/powerful** *etc* ~ eine spitze/ gewandte *etc* Feder führen; **the** ~ **is mightier than the sword** (*prov*) die Feder ist mächtiger als das Schwert.

II *vt* niederschreiben; *poem etc also* verfassen.

pen² **I** *n* **1.** (*for cattle etc*) Pferch *m*; (*for sheep*) Hürde *f*; (*for pigs*) Koben *m*; (*play* ~) Laufstall *m*, Ställchen, Laufgitter *nt*. **2.** (*US inf: prison*) Knast *m* (*inf*) **3.** (*for submarines*) Bunker *m*. **II** *vt* einsperren.

◆**pen in** *vt sep* einsperren; (*fig*) car etc einklemmen, einkeilen.

◆**pen up** *vt sep* einsperren.

pen³ *n* (*swan*) weiblicher Schwan.

penal ['piːnl] *adj law, colony etc* Straf-. ~ **code** Strafgesetzbuch *nt*; ~ **system** Strafrecht *nt*; ~ **reform** Strafrechtsreform *f*; ~ **offence** Straftat *f*, strafbares Vergehen; ~ **servitude** Zwangsarbeit *f*.

penalization [ˌpiːnəlaɪˈzeɪʃən] *n* **1.** (*punishment*) Bestrafung *f*; (*fig*) Benachteiligung *f*. **2.** (*making punishable*) Unter-Strafe-Stellen *nt*.

penalize ['piːnəlaɪz] *vt* **1.** (*punish*) bestrafen. **2.** (*Sport*) *player* einen Strafstoß *etc* verhängen gegen; (*fig*) benachteiligen. **3.** (*make punishable*) unter Strafe stellen.

penalty ['penltɪ] *n* **1.** (*punishment*) Strafe *f*; (*fig: disadvantage*) Nachteil *m*. **the** ~ (**for this**) **is death** darauf steht die Todesstrafe; "~ **£5**" ,,bei Zuwiderhandlung wird eine Geldstrafe von £ 5 erhoben"; **on** ~ **of death/£5/imprisonment** bei Todesstrafe/bei einer Geldstrafe von £ 5/bei Gefängnisstrafe; **to pay the** ~ dafür büßen.

2. (*Sport*) Strafstoß *m*; (*Soccer*) Elfmeter *m*; (*Golf, Bridge*) Strafpunkt *m*.

penalty area *n* Strafraum *m*; **penalty box** *n* (*Ftbl*) Strafraum *m*; (*Ice Hockey*) Strafbank *f*; **penalty clause** *n* Vertragsstrafe *f*; **penalty goal** *n* (*Rugby*) Straftor *nt*; **penalty kick** *n* Strafstoß *m*; **penalty line** *n* Strafraumgrenze *f*; **penalty spot** *n* Elfmeterpunkt *m*.

penance ['penəns] *n* (*Rel*) Buße *f*; (*fig*) Strafe *f*. **to do** ~ Buße tun; (*fig*) büßen; **as a** ~ (*Rel*) als Buße; (*fig*) zur *or* als Strafe.

pen-and-ink ['penənd'ɪŋk] *adj* Feder-.

pence [pens] *n* **1.** Pence *m*. **2.** *pl of* **penny.**

penchant ['pɑ̃ːŋʃɑ̃ːŋ] *n* Schwäche, Vorliebe *f* (*for* für).

pencil ['pensl] **I** *n* Bleistift *m*; (*eyebrow* ~) Augenbrauenstift *m*; (*Math, Phys: of lines, rays etc*) Büschel *nt*. **II** *vt* (*also* ~ **in**) mit Bleistift schreiben/zeichnen *etc*. ~**led eyebrows** nachgezogene Augenbrauen *pl*. **III** *attr drawing etc* Bleistift-; *line also* mit Bleistift gezogen.

pencil box *n* Federkasten *m*; **pencil case** *n* Federmäppchen *nt*; **pencil sharpener** *n* (Bleistift)spitzer *m*.

pendant ['pendənt] *n* Anhänger *m*.

pendent ['pendənt] *adj* herabhängend; *lamps also* Hänge-.

pending ['pendɪŋ] **I** *adj* anstehend; *lawsuit* anhängig. "~" ,,unerledigt"; **to be** ~ (*decision etc*) noch anstehen; (*trial*) noch anhängig sein.

II *prep* ~ **his arrival/return** bis zu seiner Ankunft/Rückkehr; ~ **a decision** bis eine Entscheidung getroffen worden ist.

pendulous ['pendjʊləs] *adj* herabhängend. ~ **breasts** Hängebrüste *pl*.

pendulum ['pendjʊləm] *n* Pendel *nt*. **the** ~ **has swung back in the opposite direction** das Pendel ist in die entgegengesetzte Richtung ausgeschlagen (*lit, fig*); **the** ~ **has swung back in favour of** *or* **towards ...** die Tendenz geht wieder in Richtung (+*gen*) ...; **the swing of the** ~ die Tendenzwende.

penetrable ['penɪtrəbl] *adj* zu durchdringen.

penetrate ['penɪtreɪt] **I** *vt* eindringen in (+*acc*); (*go right through*) *walls etc* durchdringen; (*Mil*) *enemy lines* durchbrechen; (*Med*) *vein* durchstechen; (*infiltrate*) *party* infiltrieren. **is there anything that will ~ that thick skull of yours?** geht denn auch überhaupt nichts in deinen Schädel rein!; **to** ~ **sb's disguise** hinter jds Maske (*acc*) schauen.

II *vi* eindringen; (*go right through*) durchdringen. **has that ~d?** hast du/habt ihr das endlich kapiert?

penetrating ['penɪtreɪtɪŋ] *adj* durchdringend; *mind also* scharf; *insight* scharfsinnig; *light* grell; *pain* stechend.

penetratingly ['penɪtreɪtɪŋlɪ] *adv* durchdringend; *comment, analyze* scharfsinnig; *shine* grell. **a** ~ **accurate analysis** eine messerscharfe Analyse.

penetration [ˌpenɪˈtreɪʃən] *n* see *vt* Eindringen *nt* (*into* in +*acc*); Durchdringen *nt* (*of gen*); Durchbrechen *nt*, Durchbrechung *f*; Durchstechen *nt*; Infiltration *f*. **the** ~ **of his gaze** sein durchdringender Blick; **the** ~ **of the needle was 3 mm** die Nadel war 3 mm tief eingedrungen; **the** ~ **of his mind/his powers of** ~ sein Scharfsinn *m*.

penetrative ['penɪtrətɪv] *adj* see **penetrating.**

penfriend ['penfrend] *n* Brieffreund(in *f*) *m*.

penguin ['peŋgwɪn] *n* Pinguin *m*.

penholder ['pen͵həʊldər] *n* Federhalter *m*.

penicillin [ˌpenɪˈsɪlɪn] *n* Penizillin *nt*.

peninsula [pɪˈnɪnsjʊlə] *n* Halbinsel *f*.

peninsular [pɪˈnɪnsjʊlər] *adj* Halbinsel-.

penis ['piːnɪs] *n* Penis *m*. ~ **envy** Penisneid *m*.

penitence ['penɪtəns] *n* Reue *f*.

penitent ['penɪtənt] **I** *adj* reuig. **II** *n* Büßer(in f) m; (*Eccl*) reuiger Sünder, reuige Sünderin.

penitential [ˌpenɪˈtenʃəl] *adj* reuevoll, reumütig, reuig; (*Eccl*) Buß-.

penitentiary [ˌpenɪˈtenʃərɪ] *n* (*esp US: prison*) Strafanstalt f, Gefängnis nt.

penknife ['pennaɪf] *n* Taschenmesser nt; **pen name** *n* Pseudonym nt, Schriftstellername m.

pennant ['penənt] *n* Wimpel m.

pen nib *n* Feder f.

penniless ['penɪlɪs] *adj* mittellos. **to be ~** keinen Pfennig Geld haben.

pennon ['penən] *n see* **pennant**.

Pennsylvania [ˌpensɪlˈveɪnɪə] *n* (*abbr* **Pa, Penn, PA**) Pennsylvanien nt.

Pennsylvania-Dutch [ˌpensɪlˈveɪnɪəˈdʌtʃ] **I** *n* **1.** Pennsylvania-Deutsch nt. **2.** *pl* (*people*) Pennsylvania-Deutsche pl. **II** *adj* pennsylvania-deutsch.

Pennsylvanian [ˌpensɪlˈveɪnɪən] *adj* pennsylvanisch.

penny ['penɪ] *n*, *pl* (*coins*) **pennies**, (*sum*) **pence** Penny m; (*US*) Centstück nt. **in for a ~, in for a pound** (*prov*) wennschon, dennschon (*inf*); (*morally*) wer A sagt, muß auch B sagen (*prov*); **take care of the pennies and the pounds will take care of themselves** (*Prov*) spare im kleinen, dann hast du im großen; **a ~ for your thoughts** woran denkst du gerade?; **he keeps turning up like a bad ~** (*inf*) der taucht immer wieder auf (*inf*); **to spend a ~** (*inf*) austreten, mal eben verschwinden (*inf*); **the ~ dropped** (*inf*) der Groschen ist gefallen (*inf*); *see* **pretty, honest.**

penny dreadful *n* (*Brit*) Groschenroman m; **penny-farthing** *n* Hochrad nt; **penny-pincher** *n* Pfennigfuchser m; **penny-pinching** *adj* knauserig (*inf*); **pennyweight** *n* Pennygewicht nt; **penny whistle** *n* Kinderflöte f; **penny wise** *adj* **to be ~ and pound foolish** immer am falschen Ende sparen; **pennyworth** *n* **a ~ of liquorice/common-sense** für einen Penny Lakritz/für fünf Pfennig gesunden Menschenverstand.

penologist [piːˈnɒlədʒɪst] *n* Kriminalpädagoge m, Kriminalpädagogin f.

penology [piːˈnɒlədʒɪ] *n* Kriminalpädagogik f.

penpal ['penpæl] *n* (*inf*) Brieffreund(in f) m; **penpusher** *n* Schreiberling m; **penpushing I** *n* Schreiberei f, Schreibkram m; **II** *adj* job Schreib-.

pension ['penʃən] *n* **1.** (*money*) Rente f; (*for former salaried staff also*) Pension f; (*for civil servants also*) Ruhegehalt nt (*form*). **company ~** betriebliche Altersversorgung; **to be entitled to a ~** Anspruch auf eine Rente etc haben, renten-berechtigt/pensionsberechtigt sein; **to be living on a ~** von der Rente etc leben.

◆**pension off** *vt sep* (*inf*) vorzeitig pensionieren.

pensionable ['penʃənəbl] *adj* **this position is ~** diese Stellung berechtigt zu einer Pension/einem Ruhegehalt; **of ~ age** im Renten-/Pensionsalter.

pension book *n* Rentenausweis m.

pensioner ['penʃənər] *n see* **pension** Rent-

ner(in f) m; Pensionär(in f) m; Ruhegehaltsempfänger(in f) m (*form*).

pension fund *n* Rentenfonds m; **pension rights** *npl* Rentenanspruch m; **pension scheme** *n* Rentenversicherung f.

pensive *adj*, **~ly** *adv* ['pensɪv, -lɪ] nachdenklich; (*sadly serious*) schwermütig.

pensiveness ['pensɪvnɪs] *n see adj* Nachdenklichkeit f; Schwermütigkeit f.

pentagon ['pentəgən] *n* Fünfeck, Pentagon nt. **the P~** das Pentagon.

pentagonal [pen'tægənl] *adj* fünfeckig.

pentagram ['pentəgræm] *n* Drudenfuß m, Pentagramm nt.

pentahedron [ˌpentəˈhiːdrən] *n* Fünfflächner m, Pentaeder nt.

pentameter [pen'tæmɪtər] *n* Pentameter m.

Pentateuch ['pentətjuːk] *n* die fünf Bücher pl Mose, Pentateuch m.

pentathlete [pen'tæθliːt] *n* Fünfkämpfer(in f) m.

pentathlon [pen'tæθlən] *n* Fünfkampf m.

pentatonic [ˌpentəˈtɒnɪk] *adj* pentatonisch. **~ scale** fünfstufige Tonleiter.

Pentecost ['pentɪkɒst] *n* (*Jewish*) Erntefest nt; (*Christian*) Pfingsten nt.

pentecostal [ˌpentɪˈkɒstl] *adj* Pfingst-; *sect, service, revival* der Pfingstbewegung.

penthouse ['penthaʊs] *n* (*apartment*) Penthouse nt, Dachterrassenwohnung f; (*roof*) Überdachung f.

pent-up ['pent'ʌp] *adj* emotions, passion, excitement aufgestaut; atmosphere angespannt, geladen. **~ feelings** ein Emotionsstau m, angestaute Gefühle pl.

penultimate [peˈnʌltɪmɪt] *adj* vorletzte(r, s).

penumbra [pɪˈnʌmbrə] *n*, *pl* **~e** [-briː] *or* **~s** Halbschatten m.

penurious [pɪˈnjʊərɪəs] *adj* (*liter*) (*poor*) arm, armselig; existence also karg, dürftig; (*mean*) geizig, knauserig.

penuriously [pɪˈnjʊərɪəslɪ] *adv see adj.*

penury ['penjʊrɪ] *n* Armut, Not f.

peony ['piːənɪ] *n* Pfingstrose f.

people ['piːpl] **I** *npl* **1.** Menschen pl; (*not in formal context*) Leute pl. **we're concerned with ~** uns geht es um die Menschen; **French ~ are very fond of their food** die Franzosen lieben ihre gute Küche; **that's typical of Edinburgh ~** das ist typisch für (die) Leute aus Edinburgh; **a job where you meet ~** eine Arbeit, wo man mit Menschen or Leuten zusammenkommt; **the world is full of ~ like him** die Welt ist voll von Menschen or Leuten wie ihm; **all the ~ in the world** alle Menschen auf der Welt; **all ~ with red hair** alle Rothaarigen; **some ~ don't like it** manche Leute mögen es nicht; **most ~ in show business** die meisten Leute im Showgeschäft; **aren't ~ funny?** was gibt es doch für seltsame Menschen or Leute!; **why me of all ~?** warum ausgerechnet ich/mich?; **I met Harry of all ~!** ausgerechnet Harry habe ich getroffen!; **what do you ~ think?** was haltet ihr denn davon?; **poor/blind/disabled ~** arme Leute or Arme/Blinde/Behinderte; **middle-aged ~** Menschen mittleren Alters; **city ~** Stadtmenschen pl; **country ~** Menschen pl vom Land; **some ~!** Leute gibt's!; **some ~ have all the luck**

manche Leute haben einfach Glück.

2. (*inhabitants*) Bevölkerung *f*. **the ~ of Rome/Egypt** *etc* die Bevölkerung von Rom/Ägypten *etc*; **Madrid has over 5 million ~** Madrid hat über 5 Millionen Einwohner.

3. (*one, they*) man; (*~ in general, the neighbours*) die Leute. **~ say that ...** man sagt, daß ...; **what will ~ think!** was sollen die Leute denken!; **~ in general tend to say ...** im allgemeinen neigt man zu der Behauptung ...

4. (*nation, masses, subjects*) Volk *nt*. **the common ~** das einfache Volk; **a man of the ~** ein Mann *m* des Volkes; **government by the ~** (**of the ~**) eine Regierung des Volkes; **the Belgian ~** die Belgier *pl*, das belgische Volk; **P~'s Police/Republic** *etc* Volkspolizei *f*/-republik *f* *etc*.

II *vt* besiedeln. **the world seems to be ~d with idiots** die Welt scheint von Idioten bevölkert zu sein.

pep [pep] *n* (*inf*) Schwung, Pep (*inf*) *m*.

◆pep up *vt sep* (*inf*) Schwung bringen in (+*acc*); *food, drink* pikanter machen; *person* munter machen. **pills to ~ you ~** Aufputschmittel *pl*.

pepper ['pepǝʳ] **I** *n* Pfeffer *m*; (*green, red ~*) Paprika *m*; (*plant*) Pfefferstrauch *m*. **two ~s** zwei Paprikaschoten. **II** *vt* **1.** pfeffern. **2.** (*fig*) **to ~ a work with quotations** eine Arbeit mit Zitaten spicken; **to ~ sb with shot** jdn mit Kugeln durchlöchern.

pepper-and-salt [ˌpepǝrǝnd'sɔːlt] *adj* Pfeffer-und-Salz-; *hair* meliert; **pepper-corn** *n* Pfefferkorn *nt*; **peppermill** *n* Pfeffermühle *f*; **peppermint** *n* Pfefferminz *nt*; (*Bot*) Pfefferminze *f*; **pepper pot** *n* Pfefferstreuer *m*.

peppery ['pepǝrɪ] *adj* gepfeffert; (*fig*) *old man etc* hitzig, hitzköpfig. **it tastes rather ~** es schmeckt stark nach Pfeffer.

pep pill *n* Aufputschpille, Peppille *f*.

peppy ['pepɪ] *adj* (+*er*) (*sl*) zackig (*inf*); *performance, music etc* fetzig (*sl*).

pepsin ['pepsɪn] *n* Pepsin *nt*.

pep talk *n* (*inf*). **to give sb a ~** jdm ein paar aufmunternde Worte sagen.

peptic ['peptɪk] *adj* peptisch. **~ ulcer** Magengeschwür *nt*.

per [pɜːʳ] *prep* pro. **£20 ~ annum** £ 20 im *or* pro Jahr; **60 km ~ hour** 60 Stundenkilometer, 60 km pro Stunde *or* in der Stunde; **$2 ~ dozen** das Dutzend für $2, $2 das Dutzend; **£5 ~ copy** £ 5 pro *or* je Exemplar, £ 5 für jedes Exemplar; **as ~** gemäß (+*dat*); **~ se** an sich, per se (*geh*); *see* **usual.**

perambulate [pǝ'ræmbjʊleɪt] (*form*) **I** *vt* sich ergehen in (+*dat*) (*geh*). **II** *vi* sich ergehen (*liter*).

perambulator [ˈpræmbjʊleɪtǝʳ] *n* (*Brit form*) Kinderwagen *m*.

perceivable [pǝ'siːvǝbl] *adj* erkennbar. **scarcely ~** kaum *or* zu erkennen.

perceive [pǝ'siːv] *vt* wahrnehmen; (*understand, realize, recognize*) erkennen.

per cent, (*US*) **percent** [pǝ'sent] *n* Prozent *nt*. **what ~?** wieviel Prozent?; **20 ~** 20 Prozent; **a 10 ~ discount** 10 Prozent Rabatt.

percentage [pǝ'sentɪdʒ] **I** *n* **1.** Prozentsatz *m*; (*commission, payment*) Anteil *m*;

(*proportion*) Teil *m*. **a small ~ of the population** ein geringer Teil der Bevölkerung; **expressed as a ~** prozentual *or* in Prozenten ausgedrückt; **what ~?** wieviel Prozent?; **to get a ~ on all sales** prozentual am Umsatz beteiligt sein.

2. (*inf: advantage*) **there's no ~ in it** das bringt nichts (*inf*).

II *attr* prozentual. **on a ~ basis** prozentual, auf Prozentbasis; **the statistics are on a ~ basis** die Statistiken werden in Prozenten angegeben; **~ sign** Prozentzeichen *nt*.

perceptible [pǝ'septǝbl] *adj* wahrnehmbar; *improvement, trend, increase etc* spürbar, deutlich. **his unhappiness was ~ only to his close friends** nur seine engsten Freunde spürten, daß er unglücklich war.

perceptibly [pǝ'septǝblɪ] *adv* merklich, spürbar; (*to the eye*) wahrnehmbar, sichtbar.

perception [pǝ'sepʃǝn] *n* **1.** *no pl* Wahrnehmung *f*.

2. (*mental image, conception*) Auffassung *f* (*of* von). **one's ~ of the situation** die eigene Einschätzung der Lage.

3. (*no pl: perceptiveness*) Einsicht *f*; (*remark, observation*) Beobachtung *f*.

4. *no pl* (*act of perceiving*) (*of object, visible difference*) Wahrnehmung *f*; (*of difficulties, meaning, illogicality etc*) Erkennen *nt*. **his quick ~ of the danger saved us all from death** weil er die Gefahr blitzschnell erkannte, rettete er uns allen das Leben.

perceptive [pǝ'septɪv] *adj* **1.** *faculties* Wahrnehmungs-.

2. (*sensitive*) *person* einfühlsam; (*penetrating*) *analysis, speech, study* erkenntnisreich, scharfsinnig; *book, remark* einsichtig. **he has the ~ mind of a true artist** er hat das Einfühlungsvermögen eines wahren Künstlers; **very ~ of you** sehr aufmerksam, gut beobachtet (*iro*).

perceptively [pǝ'septɪvlɪ] *adv see adj.*

perceptiveness [pǝ'septɪvnɪs] *n see adj* 2. Einfühlsamkeit *f*; Erkenntnisreichtum *m*, Scharfsinnigkeit *f*; Einsichtigkeit *f*; Aufmerksamkeit *f*.

perch¹ [pɜːtʃ] *n* (*fish*) Flußbarsch *m*.

perch² **I** *n* **1.** (*of bird*) Stange *f*; (*in tree*) Ast *m*; (*hen-roost*) Hühnerstange *f*; (*fig: for person etc*) (hochliegender) Sitzplatz.

2. (*Measure*) Längenmaß (5.029 m).

II *vt* **to ~ sth on sth** etw auf etw (*acc*) setzen *or* (*upright*) stellen; **to be ~ed on sth** auf etw (*dat*) sitzen; (*birds also*) auf etw (*dat*) hocken; **with his glasses ~ed on the end of his nose** mit der Brille auf der Nasenspitze; **a castle ~ed on the rock** eine auf dem Felsen thronende Burg.

III *vi* (*bird, fig: person*) hocken; (*alight*) sich niederlassen.

perchance [pǝ'tʃɑːns] *adv* (*old*) vielleicht.

percipient [pǝ'sɪpɪǝnt] *adj see* **perceptive.**

percolate ['pɜːkǝleɪt] **I** *vt* filtrieren; *coffee* (in einer Kaffeemaschine) zubereiten. **II** *vi* (*lit, fig*) durchsickern. **the coffee is just percolating** der Kaffee läuft gerade durch.

percolator ['pɜːkǝleɪtǝʳ] *n* Kaffeemaschine *f*.

percuss [pǝ'kʌs] *vt* (*Med*) abklopfen.

percussion [pǝ'kʌʃǝn] *n* **1.** Perkussion *f*

(*also Med*). ~ **cap** Zündhütchen *nt*.
2. (*Mus*) Schlagzeug *nt*. ~ **instrument** Schlaginstrument *nt*.

percussionist [pə'kʌʃənɪst] *n* Schlagzeuger(in *f*) *m*.

perdition [pə'dɪʃən] *n* ewige Verdammnis.

peregrination [ˌperɪgrɪ'neɪʃən] *n* (*liter*) Fahrt *f*. **his literary** ~s seine literarischen Exkurse.

peregrine (falcon) ['perɪgrɪn('fɔ:lkən)] *n* Wanderfalke *m*.

peremptorily [pə'remptərɪlɪ] *adv see adj.*

peremptory [pə'remptərɪ] *adj command, instruction* kategorisch; *voice* gebieterisch; *person* herrisch.

perennial [pə'renɪəl] **I** *adj plant* mehrjährig, perennierend; (*perpetual, constant*) immerwährend, ewig; (*regularly recurring*) immer wiederkehrend.
II *n* (*Bot*) perennierende *or* mehrjährige Pflanze.

perennially [pə'renɪəlɪ] *adv* ständig; (*recurrently*) immer wieder.

perfect ['pɜ:fɪkt] **I** *adj* **1.** perfekt; *wife, teacher, host, relationship also* vorbildlich; *harmony, balance, symmetry also* vollkommen; *meal, work of art, pronunciation, English also* vollendet; *weather, day, holiday also* ideal; (*Comm: not damaged*) einwandfrei. **that's the** ~ **hairstyle/woman for you** das ist genau die richtige Frisur/Frau für dich; ~ **number** (*Math*) vollkommene Zahl; ~ **rhyme** rührender Reim; **his Spanish is far from** ~ sein Spanisch ist bei weitem nicht perfekt; **with** ~ **self-confidence** mit absolutem Selbstvertrauen; **nobody is** *or* **can be** ~ niemand ist perfekt *or* vollkommen.
2. (*absolute, utter*) völlig; *fool, nonsense also* ausgemacht. **she's a** ~ **bore** sie ist ausgesprochen langweilig; ~ **strangers** wildfremde Leute *pl*; **a** ~ **stranger** ein Wildfremder *m*, eine Wildfremde; **he's a** ~ **stranger to me** er ist mir völlig fremd; **it's a** ~ **disgrace** es ist wirklich eine Schande.
3. (*Gram*) ~ **tense** Perfekt *nt*; ~ **form** Vergangenheitsform *f*.
4. (*Mus*) *fourth* rein; *cadence* authentisch; *see* **pitch²**.
II *n* (*Gram*) Perfekt *nt*. **in the** ~ im Perfekt.
III [pə'fekt] *vt* vervollkommnen; *technique, technology, process also* perfektionieren.

perfectibility [pəˌfektɪ'bɪlɪtɪ] *n see adj* Vervollkommnungsfähigkeit *f*; Perfektionierbarkeit *f*.

perfectible [pə'fektɪbl] *adj* vervollkommnungsfähig; *technique, technology, process* perfektionierbar.

perfection [pə'fekʃən] *n* Vollkommenheit, Perfektion *f*. **to do sth to** ~ etw perfekt tun.

perfectionism [pə'fekʃənɪzəm] *n* Perfektionismus *m*.

perfectionist [pə'fekʃənɪst] *n* Perfektionist *m*.

perfective [pə'fektɪv] *adj* perfektiv.

perfectly ['pɜ:fɪktlɪ] *adv* **1.** (*flawlessly, completely*) perfekt; *translated, drawn, cooked, matched also* vollendet. **he timed his entry** ~ er hat seinen Eintritt genau

abgepaßt; **I understand you** ~ ich weiß genau, was Sie meinen.
2. (*absolutely, utterly*) absolut, vollkommen. **a** ~ **lovely day** ein wirklich herrlicher Tag.

perfidious *adj*, **~ly** *adv* [pɜ:'fɪdɪəs, -lɪ] (*liter*) perfid(e) (*liter*).

perfidiousness [pɜ:'fɪdɪəsnɪs], **perfidy** ['pɜ:fɪdɪ] *n* (*liter*) Perfidie *f* (*liter*).

perforate ['pɜ:fəreɪt] **I** *vt* (*with row of holes*) perforieren; (*pierce once*) durchstechen, lochen; (*Med*) perforieren. **II** *vi* (*ulcer*) durchbrechen.

perforation [ˌpɜ:fə'reɪʃən] *n* (*act*) Perforieren *nt*; (*row of holes, Med*) Perforation *f*.

perforce [pə'fɔ:s] *adv* (*old, liter*) notgedrungen.

perform [pə'fɔ:m] **I** *vt play, concerto* aufführen; *solo, duet* vortragen; *part* spielen; *trick* vorführen; *miracle* vollbringen; *task* verrichten, erfüllen; *duty, function* erfüllen; *operation* durchführen; *ritual, ceremony* vollziehen.
II *vi* **1.** (*appear: Theat etc*) auftreten. **to** ~ **on the violin** Geige spielen.
2. (*car, machine, football team etc*) leisten; (*examination candidate etc*) abschneiden. **the 2 litre version** ~s **better** die Zweiliterversion leistet mehr; **the choir** ~ed **very well** der Chor war sehr gut *or* hat sehr gut gesungen; **this car** ~s **best between 50 and 60 kmph** dieser Wagen bringt seine optimale Leistung zwischen 50 und 60 Stundenkilometern; **he** ~ed **brilliantly as Hamlet** er spielte die Rolle des Hamlet brillant; **the car is not** ~ing **properly** der Wagen läuft nicht richtig.
3. (*euph: excrete*) sein Geschäft verrichten.

performance [pə'fɔ:məns] *n* **1.** (*esp Theat: of play, opera etc*) Aufführung *f*; (*cinema*) Vorstellung *f*; (*by actor*) Leistung *f*; (*of a part*) Darstellung *f*. **the late** ~ die Spätvorstellung; **her** ~ **as Mother Courage was outstanding** ihre Darstellung der Mutter Courage war hervorragend; **he gave a splendid** ~ er hat eine ausgezeichnete Leistung geboten, er hat ausgezeichnet gespielt/gesungen etc; **we are going to hear a** ~ **of Beethoven's 5th** wir werden Beethovens 5. Sinfonie hören.
2. (*carrying out*) *see vt* Aufführung *f*; Vortrag *m*; (*of part*) Darstellung *f*; Vorführung *f*; Vollbringung *f*; Verrichtung, Erfüllung *f*; Durchführung *f*; Vollzug *m*. **in the** ~ **of his duties** in Ausübung seiner Pflicht; **he died in the** ~ **of his duty** er starb in Erfüllung seiner Pflicht.
3. (*effectiveness*) (*of machine, vehicle, sportsman etc*) Leistung *f*; (*of examination candidate etc*) Abschneiden *nt*. **he put up a good** ~ er hat sich gut geschlagen (*inf*); **what was his** ~ **like in the test?** wie hat er in der Prüfung abgeschnitten?; **the team gave a poor** ~ die Mannschaft hat eine schlechte Leistung gezeigt.
4. (*inf*) (*to-do, palaver*) Umstand *m*; (*bad behaviour*) Benehmen *nt*.

performer [pə'fɔ:məʳ] *n* Künstler(in *f*) *m*.

performing [pə'fɔ:mɪŋ] *adj animal* dressiert. **the** ~ **arts** die darstellenden

Künste; ~ **rights** Aufführungsrechte *pl.*

perfume ['pɜːfjuːm] **I** *n (substance)* Parfüm *nt*; *(smell)* Duft *m.* **II** [pə'fjuːm] *vt* parfümieren.

perfumer [pɜː'fjuːməʳ] *n (maker)* Parfümeur *m*; *(seller)* Parfümhändler(in *f*) *m*; *(device)* Parfümzerstäuber *m.*

perfumery [pɜː'fjuːmərɪ] *n (making perfume)* Parfümherstellung *f*; *(perfume factory)* Parfümerie *f*; *(perfumes)* Parfüm *nt.*

perfunctorily [pə'fʌŋktərɪlɪ] *adv see adj.*

perfunctory [pə'fʌŋktərɪ] *adj* flüchtig, der Form halber. **he said some ~ words of congratulation** er gratulierte mit ein paar flüchtig hingeworfenen Worten.

pergola ['pɜːgələ] *n* Pergola, Laube *f.*

perhaps [pə'hæps, præps] *adv* vielleicht. ~ **the greatest exponent of the art** der möglicherweise bedeutendste Vertreter dieser Kunst; ~ **so** das kann *or* mag sein.

peril ['perɪl] *n* Gefahr *f.* **do it at your (own)** ~ auf Ihre eigene Gefahr.

perilous ['perɪləs] *adj* gefährlich.

perilously ['perɪləslɪ] *adv* gefährlich. **he was clinging ~ to an outcrop of rock** er hing lebensgefährlich an einem Felsvorsprung; **we came ~ close to bankruptcy/the precipice** wir waren dem Bankrott/ Abgrund gefährlich nahe.

perimeter [pə'rɪmɪtəʳ] *n (Math)* Umfang, Perimeter *m*; *(Med)* Perimeter *m*; *(of grounds)* Grenze *f.*

period ['pɪərɪəd] *n* **1.** *(length of time)* Zeit *f*; *(age, epoch)* Zeitalter *nt*, Epoche *f*; *(Geol)* Periode *f.* **Picasso's blue ~** Picassos blaue Periode; **for a ~ of eight weeks/two hours** für eine (Zeit)dauer *or* einen Zeitraum von acht Wochen/zwei Stunden; **within a three-month ~** innerhalb von drei Monaten; **for a three-month ~ drei** Monate lang; **at that ~ (of my life)** zu diesem Zeitpunkt (in meinem Leben); **a ~ of cold weather** eine Kaltwetterperiode; **glacial ~** Eiszeit *f*; **the costume** *etc* **of the ~** die Kleidung *etc* der damaligen Zeit; **a writer of the ~** ein zeitgenössischer Schriftsteller.

　2. *(Sch)* (Schul)stunde *f.* **double ~** Doppelstunde.

　3. *(form: sentence)* Periode *f*; *(esp US: full stop)* Punkt *m.*

　4. *(menstruation)* Periode, Monatsblutung *f*, Tage *pl (inf).* **she missed a ~** sie bekam ihre Periode *etc* nicht.

　5. *(Chem)* Periode *f.*

period costume, period dress *n* zeitgenössische Kostüme *pl*; **period furniture** *n* antike Möbel *pl.*

periodic [,pɪərɪ'ɒdɪk] *adj (intermittent)* periodisch; *(regular also)* regelmäßig. ~ **system/table** *(Chem)* Periodensystem *nt.*

periodical [,pɪərɪ'ɒdɪkəl] **I** *adj see* **periodic.** **II** *n* Zeitschrift *f.*

periodically [,pɪərɪ'ɒdɪkəlɪ] *adv see* **periodic.**

periodicity [,pɪərɪə'dɪsɪtɪ] *n (Chem)* Periodizität *f.*

periodontitis [,perɪəʊdɒn'taɪtɪs] *n* Wurzelhautentzündung *f.*

period pains *npl* Menstruationsschmerzen *pl*; **period piece** *n* **1.** antikes Stück;

(painting, music etc) zeitgeschichtliches Dokument; **2.** *(also* **period play***)* Zeitstück *nt.*

peripatetic [,perɪpə'tetɪk] *adj* umherreisend; *existence* rastlos; *teacher* an mehreren Schulen unterrichtend *attr.*

peripheral [pə'rɪfərəl] *adj* Rand-; *(Anat)* peripher; *(fig)* nebensächlich, peripher.

periphery [pə'rɪfərɪ] *n* Peripherie *f.* **young people on the ~ of society** junge Menschen am Rande der Gesellschaft.

periscope ['perɪskəʊp] *n* Periskop *nt.*

perish ['perɪʃ] **I** *vi* **1.** *(liter) (die)* umkommen, sterben; *(be destroyed: cities, civilization)* untergehen. **he ~ed at sea** er fand den Tod auf See.

　2. *(rubber, leather etc)* verschleißen, brüchig werden; *(form: food)* verderben.

　II *vt* **1.** *rubber, leather* zerstören, brüchig werden lassen.

　2. *(inf)* ~ **the thought!** Gott behüte *or* bewahre!

perishable ['perɪʃəbl] **I** *adj food* verderblich. **II** *npl* ~**s** leicht verderbliche Ware(n).

perished ['perɪʃt] *adj (inf: with cold)* durchfroren.

perisher ['perɪʃəʳ] *n (Brit inf)* Teufelsbraten *m (inf).*

perishing ['perɪʃɪŋ] *adj (inf)* **1.** *(very cold) room, weather* eisig kalt. *(inf).* **2.** *(Brit inf: objectionable)* verdammt *(inf).*

peristalsis [,perɪ'stælsɪs] *n* Peristaltik *f.*

peritoneum [,perɪtəʊ'niːəm] *n* Bauchfell, Peritoneum *(spec) nt.*

peritonitis [,perɪtəʊ'naɪtɪs] *n* Bauchfellentzündung *f.*

periwinkle ['perɪ,wɪŋkl] *n (Bot)* Immergrün *nt*; *(Zool)* Strandschnecke *f.*

perjure ['pɜːdʒəʳ] *vr* einen Meineid leisten.

perjured ['pɜːdʒəd] *adj* meineidig.

perjury ['pɜːdʒərɪ] *n* Meineid *m.* **to commit ~** einen Meineid leisten.

perk [pɜːk] *n (esp Brit: benefit)* Vergünstigung *f.*

♦perk up I *vt sep* **1.** *(lift) head* heben. **he ~ed ~ his ears** *(dog, person)* er spitzte die Ohren.

　2. to ~ sb ~ *(make lively: coffee etc)* jdn aufmöbeln *(inf) or* munter machen; *(make cheerful: visit, idea etc)* jdn aufheitern; **to ~ ~ a room/party** ein Zimmer verschönern/eine Party in Schwung bringen.

　II *vi (liven up: person, party)* munter werden; *(cheer up)* aufleben; *(become interested)* hellhörig werden.

perkily ['pɜːkɪlɪ] *adv see adj.*

perky ['pɜːkɪ] *adj (+er) (cheerful, bright)* munter; *(cheeky, pert)* keß, keck.

perm [pɜːm] *n abbr of* **permanent wave I** *n* Dauerwelle *f.*

　II *vt* **to ~ sb's hair** jdm eine Dauerwelle machen.

　III *vi* **my hair doesn't ~ very easily** Dauerwelle hält bei mir sehr schlecht.

permafrost ['pɜːməfrɒst] *n* Dauerfrostboden *m.*

permanence ['pɜːmənəns], **permanency** ['pɜːmənənsɪ] *n* Dauerhaftigkeit, Permanenz *f*; *(of relationship, marriage also)* Beständigkeit *f*; *(of arrangement also, of* *job*) Beständigkeit *f*. **children need a feel-ing of** ~ Kinder brauchen ein Gefühl von Beständigkeit.

permanent ['pɜ:mənənt] **I** *adj* ständig, per-manent; *arrangement, position, building* fest; *job, relationship, dye* dauerhaft; *agreement* unbefristet. **the ~ revolution** die permanente Revolution; **I hope this is not going to become** ~ ich hoffe, das wird kein Dauerzustand; **a ~ employee** ein Festangestellter *m*; ~ **assets** Anlagever-mögen *nt*; ~ **capital** Anlagekapital *nt*; ~ **fixture** (*lit*) festinstallierte Einrichtung; **he is a ~ fixture here** er gehört schon mit zum Inventar; ~ **pleats** Dauerfalten *pl*; ~ **residence/address** ständiger *or* fester Wohnsitz; ~ **way** (*Brit*) Bahnkörper *m*; ~ **wave** *see* **perm I.**

II *n* (*US*) *see* **perm I.**

permanently ['pɜ:mənəntlɪ] *adv* per-manent, ständig; *fixed* fest. **a ~ depress-ing effect** eine anhaltende deprimierende Wirkung; ~ **employed** festangestellt *attr*, fest angestellt *pred*; ~ **pleated skirt** Rock mit Dauerfalten; **are you living ~ in Frankfurt?** ist Frankfurt Ihr fester *or* stän-diger Wohnsitz?

permanganate [pɜ:'mæŋgənɪt] *n* Perman-ganat *nt*.

permeability [,pɜ:mɪə'bɪlɪtɪ] *n* Durchlässig-keit, Permeabilität (*geh, Sci*) *f*.

permeable ['pɜ:mɪəbl] *adj* durchlässig, per-meabel (*geh, Sci*).

permeate ['pɜ:mɪeɪt] **I** *vt* (*lit, fig*) durchdrin-gen. **II** *vi* dringen (*into* in +*acc, through* durch).

permissible [pə'mɪsɪbl] *adj* erlaubt (*for sb* jdm).

permission [pə'mɪʃən] *n* Erlaubnis *f*. **with your** ~ mit Ihrer Erlaubnis, wenn Sie ge-statten; **without** ~ **from sb** ohne jds Er-laubnis; **to do sth with/by sb's** ~ etw mit jds Erlaubnis tun; **to get ~/sb's** ~ eine/jds Erlaubnis erhalten; **to give** ~ (**for sth**) etw erlauben, die Erlaubnis (für etw) erteilen; **to give sb** ~ (**to do sth**) jdm die Erlaubnis geben *or* jdm erlauben(, etw zu tun); **to ask sb's** ~, **to ask** ~ **of sb** jdn um Erlaubnis bitten; **"by** (**kind**) ~ **of ..."** „mit (freund-licher) Genehmigung (+*gen*) ...".

permissive [pə'mɪsɪv] *adj* nachgiebig, per-missiv (*geh*); (*sexually*) freizügig. **the ~ society** die permissive Gesellschaft.

permissiveness [pə'mɪsɪvnɪs] *n* Nach-giebigkeit, Permissivität (*geh*) *f*; (*sex-ually*) Freizügigkeit *f*.

permit [pə'mɪt] **I** *vt sth* erlauben, gestatten. **to ~ sb to do sth** jdm erlauben, etw zu tun; **is it/am I ~ted to smoke?** darf man/ich rauchen?; **visitors are not ~ted after 10 o'clock** nach 10 Uhr sind keine Besucher mehr erlaubt; ~ **me!** gestatten Sie bitte! **II** *vi* **1. if you** (**will**) ~ wenn Sie gestatten *or* erlauben; **if the weather ~s, weather ~ting** wenn es das Wetter erlaubt *or* ge-stattet *or* zuläßt.

2. (*form*) **to** ~ **of sth** etw zulassen.

III ['pɜ:mɪt] *n* Genehmigung *f*.

permutation [,pɜ:mjʊ'teɪʃən] *n* Permuta-tion *f*.

permute [pə'mju:t] *vt* permutieren.

pernicious [pɜ:'nɪʃəs] *adj* schädlich; (*Med*) perniziös, bösartig.

pernickety [pə'nɪkɪtɪ] *adj* (*inf*) pingelig (*inf*).

peroration [,perə'reɪʃən] *n* (*liter*) (*conclud-ing part*) Resümee *nt*, Zusammenfassung *f*; (*lengthy speech*) endlose Rede.

peroxide [pə'rɒksaɪd] *n* Peroxyd *nt*. **a ~ blonde** (*pej*) eine Wasserstoffblondine.

perpendicular [,pɜ:pən'dɪkjʊlər] **I** *adj* **1.** senkrecht (*to* zu). **the wall is not quite** ~ **to the ceiling** die Mauer steht nicht ganz lotrecht zur Decke; **a ~ cliff** eine senk-recht abfallende Klippe.

2. (*Archit*) perpendikular.

II *n* Senkrechte *f*. **to drop a** ~ ein Lot fällen; **to be out of** ~ nicht im Lot sein.

perpendicularly [,pɜ:pən'dɪkjʊləlɪ] *adv* senkrecht.

perpetrate ['pɜ:pɪtreɪt] *vt* begehen; *crime also* verüben.

perpetration [,pɜ:pɪ'treɪʃən] *n* Begehen *nt*, Begehung *f*; (*of crime also*) Verübung *f*.

perpetrator ['pɜ:pɪtreɪtər] *n* Übeltäter *m*. **the ~ of this crime** derjenige, der dieses Verbrechen begangen hat.

perpetual [pə'petjʊəl] *adj* ständig, fortwäh-rend, immerwährend; *joy* stet; *ice, snow* ewig. **you're a ~ source of amazement to me** ich muß mich immer wieder über dich wundern; ~ **motion/motion machine** Per-petuum mobile *nt*.

perpetually [pə'petjʊəlɪ] *adv* ständig.

perpetuate [pə'petjʊeɪt] *vt* aufrechterhal-ten; *memory* bewahren. **the old language of the area has been ~d in the place names** die alte Sprache der Gegend lebt in den Ortsnamen fort.

perpetuation [pə,petjʊ'eɪʃən] *n* Aufrecht-erhaltung *f*; (*of memory*) Bewahrung *f*; (*of old names etc*) Beibehaltung *f*.

perpetuity [,pɜ:pɪ'tju:ɪtɪ] *n* (*form*) Ewigkeit *f*. **in** ~ auf ewig; (*Jur*) lebenslänglich.

perplex [pə'pleks] *vt* verblüffen, verdutzen.

perplexed *adj*, ~**ly** *adv* [pə'plekst, -ɪdlɪ] verblüfft, verdutzt, perplex.

perplexing [pə'pleksɪŋ] *adj* verblüffend.

perplexingly [pə'pleksɪŋlɪ] *adv* verwirrend.

perplexity [pə'pleksɪtɪ] *n* Verblüffung *f*. **to be in some** ~ etwas verblüfft *or* verdutzt *or* perplex sein.

perquisite ['pɜ:kwɪzɪt] *n* (*form*) Vergün-stigung *f*.

perry ['perɪ] *n* Birnenmost *m*.

per se ['pɜ:'seɪ] *adv* an sich, per se (*geh*).

persecute ['pɜ:sɪkju:t] *vt* verfolgen.

persecution [,pɜ:sɪ'kju:ʃən] *n* Verfolgung *f* (*of* von). **to have a** ~ **complex** an Verfol-gungswahn leiden.

persecutor ['pɜ:sɪkju:tər] *n* Verfolger(in *f*) *m*.

perseverance [,pɜ:sɪ'vɪərəns] *n* Ausdauer (*with* mit), Beharrlichkeit (*with* bei) *f*.

persevere [,pɜ:sɪ'vɪər] *vi* nicht aufgeben. **to ~ in** *or* **with one's attempts/efforts to do sth** unermüdlich weiter versuchen, etw zu tun.

persevering *adj*, ~**ly** *adv* [,pɜ:sɪ'vɪərɪŋ, -lɪ] ausdauernd, beharrlich.

Persia ['pɜ:ʃə] *n* Persien *nt*.

Persian ['pɜ:ʃən] **I** *adj* persisch. ~ **carpet** Perser(teppich) *m*; ~ **cat** Perserkatze *f*; ~ **lamb** (*animal*) Karakulschaf *nt*; (*skin, coat*) Persianer *m*.

II *n* **1.** Perser(in *f*) *m*.
2. (*language*) Persisch *nt*.
persiflage [,pɜːsɪˈflɑːʒ] *n* Persiflage *f*.
persimmon [pɜːˈsɪmən] *n* Persimone *f*; (*wood*) Persimmon *nt*.
persist [pəˈsɪst] *vi* (*persevere*) nicht lockerlassen, unbeirrt fortfahren (*with* mit); (*be tenacious: in belief, demand etc*) beharren, bestehen (*in* auf +*dat*); (*last, continue: fog, pain etc*) anhalten, fortdauern. **if you ~ in coming late** wenn du weiterhin zu spät kommst; **we shall ~ in our efforts** wir werden in unseren Bemühungen nicht nachlassen.
persistence [pəˈsɪstəns], **persistency** [pəˈsɪstənsɪ] *n* (*tenacity*) Beharrlichkeit, Hartnäckigkeit *f*; (*perseverance*) Ausdauer *f*; (*of disease*) Hartnäckigkeit *f*; (*of fog, pain etc*) Anhalten, Fortdauern *nt*. **the ~ of his questioning brought results** sein beharrliches Fragen hat schließlich doch zu etwas geführt.
persistent [pəˈsɪstənt] *adj* (*tenacious*) *demands, questions* beharrlich; *person* hartnäckig; *attempts, efforts* ausdauernd; (*repeated, constant*) *offender, drinking, drinker* gewohnheitsmäßig; *nagging, lateness, threats* ständig; *cheerfulness* gleichbleibend; (*continuing*) *rain, illness, pain, noise* anhaltend. **despite our ~ warnings ...** obwohl wir sie/ihn *etc* immer wieder gewarnt haben ...
persistently [pəˈsɪstəntlɪ] *adv see adj*.
person [ˈpɜːsn] *n* **1.** *pl* **people** *or* (*form*) **~s** (*human being*) Mensch *m*; (*in official contexts*) Person *f*. **no ~** kein Mensch, niemand; **I know no such ~** so jemanden kenne ich nicht; **any ~** jeder; **a certain ~** ein gewisser Jemand; **~ to ~ call** Gespräch *nt* mit Voranmeldung; **30 p per ~** 30 Pence pro Person; **the murder was committed by ~ or ~s unknown** der Mord wurde von einem oder mehreren unbekannten Tätern verübt.
2. *pl* **~s** (*Gram, Jur: legal* **~**) Person *f*. **first ~** erste Person Plural.
3. *pl* **~s** (*body, physical presence*) Körper *m*; (*appearance*) Äußere(s) *nt*. **in ~** persönlich; **in the ~ of** in Gestalt (+*gen*); **crime against the ~** Vergehen gegen die Person; **on** *or* **about one's ~** bei sich.
persona [pɜːˈsəʊnə] *n*, *pl* **~e** (*Psych*) Persona *f*. **~ grata** (*Jur*) Persona grata *f*; **~ non grata** (*Jur, fig*) Persona non grata *f*.
personable [ˈpɜːsnəbl] *adj* von angenehmem *or* sympathischem Äußeren.
personae [pɜːˈsəʊniː] *pl of* **persona.**
personage [ˈpɜːsənɪdʒ] *n* Persönlichkeit *f*.
personal [ˈpɜːsnl] *adj* **1.** persönlich. **he gave several ~ performances to promote his new record** er trat mehrmals persönlich auf, um für seine neue Platte zu werben; **~ freshness** *or* **cleanliness/hygiene** Körperfrische *f*/-pflege *f*; **it's nothing ~** nicht, daß ich etwas gegen Sie persönlich hätte; **don't be ~** nun werden Sie mal nicht persönlich; **"~"** (*on letter*) „persönlich"; **~ column** Familienanzeigen *pl*; **~ property** persönliches Eigentum, Privateigentum *nt*; **~ call** Gespräch *nt* mit Voranmeldung; (*private call*) Privatgespräch *nt*.

2. (*Gram*) **~ pronoun** Personalpronomen *nt*, persönliches Fürwort.
personality [,pɜːsəˈnælɪtɪ] *n* **1.** (*character, person*) Persönlichkeit *f*. **~ cult** Personenkult *m*; **~ disorder** Persönlichkeitsstörung *f*.
2. (*personal remark*) **let's not descend to personalities** wir wollen nicht persönlich werden.
personally [ˈpɜːsənəlɪ] *adv* persönlich. **~, I think that ...** ich persönlich bin der Meinung, daß ...
personalty [ˈpɜːsənltɪ] *n* (*Jur*) bewegliches Vermögen.
personification [pɜːˌsɒnɪfɪˈkeɪʃən] *n* Personifizierung *f*. **he is the ~ of good taste** er ist der personifizierte gute Geschmack.
personify [pɜːˈsɒnɪfaɪ] *vt* personifizieren; (*be the personification of also*) verkörpern. **he is greed personified** er ist der personifizierte Geiz *or* der Geiz in Person.
personnel [,pɜːsəˈnel] **I** *n sing or pl* **1.** Personal *nt*; (*on plane*) Besatzung *f*; (*on ship*) Besatzung, Mannschaft *f*; (*Mil*) Leute *pl*. **this firm employs 800 ~** diese Firma beschäftigt 800 Leute *or* hat eine Belegschaft von 800 Leuten; **with a larger ~** mit mehr Personal.
2. (**~ department**) die Personalabteilung; (**~ work**) Personalarbeit *f*.
II *attr* Personal-. **~ carrier** (*Mil*) Mannschaftstransportwagen *m*/-transportflugzeug *nt*; **~ management** Personalführung *f*; **~ manager/officer** Personalchef *m*/-leiter *m*.
perspective [pəˈspektɪv] *n* (*lit*) Perspektive *f*; (*fig also*) Blickwinkel *m*. **to get a different ~ on a problem** ein Problem aus einer anderen Perspektive *or* aus einem anderen Blickwinkel sehen; **in ~** (*Art*) perspektivisch; **the foreground isn't in ~** der Vordergrund ist perspektivisch nicht richtig; **try to keep things in ~** versuchen Sie, nüchtern und sachlich zu bleiben; **to get sth out of ~** (*lit: artist etc*) etw perspektivisch verzerren; (*fig*) etw verzerrt sehen; **in historical ~** aus historischer Sicht; **to see things in their proper** *or* **true ~** die Dinge so sehen, wie sie sind.
Perspex® [ˈpɜːspeks] *n* Acrylglas *nt*.
perspicacious [,pɜːspɪˈkeɪʃəs] *adj person, remark etc* scharfsinnig; *decision* weitsichtig.
perspicacity [,pɜːspɪˈkæsɪtɪ] *n* Scharfsinn, Scharfblick *m*; (*of decision*) Weitsicht *f*.
perspicuity [,pɜːspɪˈkjuːɪtɪ] *n* Klarheit *f*; (*clearness: of expression, statement also*) Verständlichkeit *f*.
perspicuous [pəˈspɪkjʊəs] *adj* einleuchtend; (*clear*) *expression, statement* klar, verständlich.
perspiration [,pɜːspəˈreɪʃən] *n* (*perspiring*) Schwitzen *nt*, Transpiration *f* (*geh*); (*sweat*) Schweiß *m*. **beads of ~** Schweißperlen *pl*.
perspire [pəˈspaɪər] *vi* schwitzen, transpirieren (*geh*).
persuadable [pəˈsweɪdəbl] *adj* **he may be ~** (*amenable*) vielleicht läßt er sich *or* ist er zu überreden; (*convincible*) vielleicht läßt

er sich *or* ist er zu überzeugen.

persuade [pə'sweɪd] *vt* überreden; (*convince*) überzeugen. **to ~ sb to do sth** jdn überreden, etw zu tun; **to ~ sb into doing sth** jdn dazu überreden, etw zu tun; **to ~ sb out of sth/doing sth** jdm etw ausreden/ jdn dazu überreden, etw nicht zu tun; **to ~ sb of sth** jdn von etw überzeugen; **to ~ sb that ...** jdn davon überzeugen, daß ...; **she is easily ~d** sie ist leicht zu überreden/ überzeugen; **he doesn't take much persuading** ihn braucht man nicht lange zu überreden.

persuader [pə'sweɪdər] *n* Überredungskünstler(in *f*) *m*. **the hidden ~s** die geheimen Verführer.

persuasible [pə'sweɪzəbl] *adj see* **persuadable.**

persuasion [pə'sweɪʒən] *n* **1.** (*persuading*) Überredung *f*. **advertising uses many subtle means of ~** die Werbung arbeitet mit vielen subtilen Überzeugungsmechanismen; **her powers of ~** ihre Überzeugungskünste; **I don't need much ~ to stop working** man braucht mich nicht lange zu überreden, damit ich aufhöre zu arbeiten.
2. (*persuasiveness*) Überzeugungskraft *f*.
3. (*belief*) Überzeugung *f*; (*sect, denomination*) Glaube(nsrichtung *f*) *m*. **I am not of that ~** (*don't believe that*) davon bin ich nicht überzeugt; (*don't belong to that sect*) ich gehöre nicht diesem Glauben an; **and others of that ~** und andere, die dieser Überzeugung anhängen; **to be of left-wing ~, to have left-wing ~s** linke Ansichten haben.

persuasive [pə'sweɪsɪv] *adj* salesman, voice beredsam; *arguments etc* überzeugend. **I had to be very ~** ich mußte meine ganze Überredungskunst aufwenden.

persuasively [pə'sweɪsɪvlɪ] *adv* argue etc überzeugend. **..., he said ~ ...**, versuchte er sie/ihn *etc* zu überreden.

persuasiveness [pə'sweɪsɪvnɪs] *n* (*of person, salesman etc*) Überredungskunst, Beredsamkeit *f*; (*of argument etc*) Überzeugungskraft *f*.

pert [pɜːt] *adj* (+*er*) keck, keß.

pertain [pɜː'teɪn] *vi* **to ~ to sth** etw betreffen; (*belong to: land etc*) zu etw gehören; **all documents ~ing to the case** alle den Fall betreffenden Dokumente; **the mansion and the lands ~ing to it** das Gutshaus und die dazugehörigen Ländereien.

pertinacious [ˌpɜːtɪ'neɪʃəs] *adj* (*persevering*) beharrlich, ausdauernd; (*tenacious, stubborn*) hartnäckig.

pertinacity [ˌpɜːtɪ'næsɪtɪ] *n see adj* Beharrlichkeit, Ausdauer *f*; Hartnäckigkeit *f*.

pertinence [ˈpɜːtɪnəns] *n* Relevanz *f* (*to* für); (*of information*) Sachdienlichkeit *f*.

pertinent [ˈpɜːtɪnənt] *adj* relevant (*to* für); *information* sachdienlich.

pertinently [ˈpɜːtɪnəntlɪ] *adv* passend, völlig richtig. **he asked very ~ whether ...** er stellte zurecht die Frage, ob ...

pertly [ˈpɜːtlɪ] *adv see adj.*

pertness [ˈpɜːtnɪs] *n* Keckheit, Keßheit *f*.

perturb [pə'tɜːb] *vt* beunruhigen.

perturbation [ˌpɜːtɜː'beɪʃən] *n* (*state*) Unruhe *f*; (*act*) Beunruhigung *f*.

perturbing *adj*, **~ly** *adv* [pə'tɜːbɪŋ, -lɪ] beunruhigend.

Peru [pə'ruː] *n* Peru *nt*.

perusal [pə'ruːzəl] *n* Lektüre *f*; (*careful*) Prüfung *f*. **after a brief ~ of the newspaper he ...** nachdem er kurz einen Blick in die Zeitung geworfen hatte ...

peruse [pə'ruːz] *vt* (durch)lesen; (*carefully*) sorgfältig durchsehen, prüfen.

Peruvian [pə'ruːvɪən] **I** *adj* peruanisch. **II** *n* Peruaner(in *f*) *m*.

pervade [pɜː'veɪd] *vt* erfüllen; (*smell also*) durchziehen; (*light*) durchfluten. **the universities are ~d with subversive elements/propaganda** die Universitäten sind mit subversiven Elementen durchsetzt/von subversiver Propaganda durchdrungen.

pervasive [pɜː'veɪsɪv] *adj* smell etc durchdringend; *influence, feeling, ideas* um sich greifend.

pervasively [pɜː'veɪsɪvlɪ] *adv* durchdringend. **to spread ~** (*smell etc*) sich überall ausbreiten (*through* in +*dat*); (*ideas, mood etc also*) um sich greifen (*through* in +*dat*).

pervasiveness [pɜː'veɪsɪvnɪs] *n see adj* durchdringender Charakter; um sich greifender Charakter.

perverse [pə'vɜːs] *adj* (*contrary*) querköpfig, verstockt; (*perverted*) pervers, widernatürlich.

perversely [pə'vɜːslɪ] *adv see adj.*

perverseness [pə'vɜːsnɪs] *n see adj* Querköpfigkeit, Verstocktheit *f*; Perversität, Widernatürlichkeit *f*.

perversion [pə'vɜːʃən] *n* (*esp sexual, Psych*) Perversion *f*; (*no pl: act of perverting*) Pervertierung *f*; (*Rel*) Fehlglaube *m*; (*no pl: act*) Irreleitung *f*; (*distortion: of truth etc*) Verzerrung *f*.

perversity [pə'vɜːsɪtɪ] *n see* **perverseness.**

pervert [pə'vɜːt] **I** *vt* (*deprave*) *person, mind* verderben, pervertieren; (*Rel*) *believer* irreleiten; (*change, distort*) *truth, sb's words* verzerren. **to ~ the course of justice** (*Jur*) die Rechtsfindung behindern; (*by official*) das Recht beugen.
II [ˈpɜːvɜːt] *n* perverser Mensch.

pervious [ˈpɜːvɪəs] *adj* (*lit*) durchlässig; (*fig*) zugänglich (*to* für). **chalk is ~ (to water)** Kalk ist wasserdurchlässig.

pesky [ˈpeskɪ] *adj* (+*er*) (*esp US inf*) nervtötend (*inf*).

pessary [ˈpesərɪ] *n* (*contraceptive*) Pessar *nt*; (*suppository*) Zäpfchen *nt*.

pessimism [ˈpesɪmɪzəm] *n* Pessimismus *m*, Schwarzseherei *f*.

pessimist [ˈpesɪmɪst] *n* Pessimist(in *f*), Schwarzseher(in *f*) *m*.

pessimistic [ˌpesɪ'mɪstɪk] *adj* pessimistisch, schwarzseherisch. **I'm rather ~ about it** da bin ich ziemlich pessimistisch, da sehe ich ziemlich schwarz; **I'm ~ about our chances of success** ich bin pessimistisch, was unsere Erfolgschancen angeht.

pessimistically [ˌpesɪ'mɪstɪkəlɪ] *adv* pessimistisch.

pest [pest] *n* **1.** (*Zool*) Schädling *m*. **~ control** Schädlingsbekämpfung *f*. **2.** (*fig*) (*person*) Nervensäge *f*; (*thing*) Plage *f*.

pester [ˈpestər] *vt* belästigen; (*keep on at:*

with requests etc) plagen. **to ~ the life out of sb** jdm keine Ruhe lassen; **she ~ed me for the book** sie ließ mir keine Ruhe wegen des Buches; **to ~ sb to do sth** jdn bedrängen, etw zu tun.

pesticide ['pestɪsaɪd] *n* Schädlingsbekämpfungsmittel, Pestizid (*spec*) *nt*.

pestiferous [pe'stɪfərəs] *adj* verpestet; (*inf: annoying*) lästig.

pestilence ['pestɪləns] *n* (*old, liter*) Pest, Pestilenz (*old*) *f*.

pestilent ['pestɪlənt], **pestilential** [ˌpestɪ'lenʃəl] *adj* pesterfüllt; (*fig: pernicious*) schädlich, verderblich; (*inf: loathsome*) ekelhaft.

pestle ['pesl] *n* Stößel *m*.

pet¹ [pet] **I** *adj attr animal* Haus-; (*favourite*) Lieblings-. **a ~ lion** ein zahmer Löwe; **her two ~ dogs** ihre beiden Hunde; **a ~ name** ein Kosename *m*; *see* **hate**.

II *n* **1.** (*animal*) Haustier *nt*.

2. (*favourite*) Liebling *m*. **teacher's ~** Lehrers Liebling *m or* Schätzchen *nt* (*inf*); (*as derogatory name*) Streber *m*.

3. (*inf: dear*) Schatz *m*.

4. (*caress*) **he wants a ~** er möchte gestreichelt werden.

III *vt animal* streicheln; *child also* liebkosen; (*fig: spoil*) (ver)hätscheln.

IV *vi* (*sexually*) Petting machen.

pet² *n* (*dated inf: huff*) Verstimmung *f*. **to be in a ~** verstimmt *or* gekränkt sein.

petal ['petl] *n* Blütenblatt *nt*.

petard [pe'tɑ:d] *n* Petarde *f*; *see* **hoist**.

Pete [pi:t] *n* **for ~'s** *or* **p~'s sake** (*inf*) um Himmels willen.

Peter ['pi:tə^r] *n* Peter *m*; (*apostle*) Petrus *m*.

Saint ~ Sankt Peter, der Heilige Petrus; **to rob ~ to pay Paul** ein Loch mit dem anderen zustopfen.

◆peter out *vi* langsam zu Ende gehen; (*mineral vein*) versiegen; (*river*) versickern; (*song, noise*) verhallen; (*interest*) sich verlieren, sich totlaufen; (*excitement*) sich legen; (*plan*) im Sande verlaufen.

petersham ['pi:təʃəm] *n* (*ribbon*) Seidenripsband *nt*.

petiole ['petɪəʊl] *n* Stengel *m*.

petit bourgeois ['petɪ'bʊəʒwɑ:] **I** *n* Kleinbürger(in *f*) *m*. **II** *adj* kleinbürgerlich.

petite [pə'ti:t] *adj woman, girl* zierlich.

petite bourgeoisie ['petɪˌbʊəʒwɑ:'zi:] *n* Kleinbürgertum *nt*.

petition [pə'tɪʃən] **I** *n* **1.** (*list of signatures*) Unterschriftenliste *f*. **to get up a ~ for/against sth** Unterschriften für/gegen etw sammeln.

2. (*request*) Gesuch *nt*, Bittschrift, Petition *f*. **~ for mercy** Gnadengesuch *nt*.

3. (*Jur*) **~ for divorce** Scheidungsantrag *m*.

II *vt person, authorities* (*request, entreat*) ersuchen (*for* um); (*hand ~ to*) eine Unterschriftenliste vorlegen (+*dat*).

III *vi* **1.** (*hand in ~*) eine Unterschriftenliste einreichen.

2. (*Jur*) **to ~ for divorce** die Scheidung einreichen.

petitioner [pə'tɪʃənə^r] *n* Bittsteller(in *f*) *m*; (*Jur*) Kläger(in *f*) *m*.

petits pois [ˌpetɪ'pwɑ:] *npl* (*form*) Petits pois, junge, sehr feine Erbsen *pl*.

petrel ['petrəl] *n* Sturmvogel *m*.

petri dish ['petrɪˌdɪʃ] *n* Petrischale *f*.

petrifaction [ˌpetrɪ'fækʃən] *n* Versteinerung, Petrifikation *f*.

petrified ['petrɪfaɪd] *adj* **1.** (*lit*) versteinert. **as though ~** wie erstarrt. **2.** (*fig*) **I was ~** ich war starr vor Schrecken; **she is ~ of spiders/of doing that** sie hat panische Angst vor Spinnen/davor, das zu tun.

petrify ['petrɪfaɪ] **I** *vt* **1.** (*lit*) versteinern. **2.** (*frighten*) **he really petrifies me** er jagt mir schreckliche Angst ein; **to be petrified by sth** sich panisch vor etw (*dat*) fürchten. **II** *vi* versteinern.

petrochemical ['petrəʊ'kemɪkəl] **I** *n* petrochemisches Erzeugnis. **II** *adj* petrochemisch.

petrol ['petrəl] *n* (*esp Brit*) Benzin *nt*.

petrol *in cpds* Benzin-; **petrol can** *n* Reservekanister *m*.

petroleum [pɪ'trəʊlɪəm] *n* Erdöl *nt*. **~ ether** Petroläther *m*; **~ jelly** Vaselin *nt*, Vaseline *f*.

petroleum exporting *adj* erdölexportierend; **~ countries** *pl* Ölexportländer *pl*.

petrol gauge *n* Benzinuhr *f*.

petrology [pɪ'trɒlədʒɪ] *n* Gesteinskunde, Petrologie *f*.

petrol pump *n* (*in engine*) Benzinpumpe *f*; (*at garage*) Zapfsäule *f*; **petrol station** *n* Tankstelle *f*; **petrol tank** *n* Benzintank *m*; **petrol tanker** *n* (Benzin)tankwagen *m*.

petticoat ['petɪkəʊt] *n* Unterrock *m*; (*stiffened*) Petticoat *m*. **~ government** Weiberherrschaft *f*, Weiberregiment *nt*.

pettifogging ['petɪfɒgɪŋ] *adj objections* kleinlich; *details* belanglos; *person* pedantisch.

pettiness ['petɪnɪs] *n see adj* **1.** Unbedeutendheit, Belanglosigkeit, Unwichtigkeit *f*; Billigkeit *f*; Geringfügigkeit *f*. **2.** Kleinlichkeit *f*; spitzer Charakter.

petting ['petɪŋ] *n* Petting *nt*.

pettish *adj*, **~ly** *adv* ['petɪʃ, -lɪ] bockig (*inf*).

pettishness ['petɪnɪs] *n* bockige Art (*inf*).

petty ['petɪ] *adj* (+*er*) **1.** (*trivial*) unbedeutend, belanglos, unwichtig; *excuse* billig; *crime* geringfügig.

2. (*small-minded*) kleinlich; (*spiteful*) *remark* spitz.

3. (*minor*) *chieftain etc* untergeordnet; (*pej*) *official also* unbedeutend.

petty bourgeois *n, adj see* **petit bourgeois**; **petty bourgeoisie** *n see* **petite bourgeoisie**; **petty cash** *n* Portokasse *f*; **petty larceny** *n* einfacher Diebstahl; **petty officer** *n* Fähnrich *m zur* See.

petulance ['petjʊləns], **petulancy** ['petjʊlənsɪ] *n* leicht pikierte Art; (*of child*) bockige Art (*inf*).

petulant ['petjʊlənt] *adj* pikiert; *child* bockig (*inf*).

petulantly ['petjʊləntlɪ] *adv see adj*.

petunia [pɪ'tju:nɪə] *n* Petunie *f*.

pew [pju:] *n* (*Eccl*) (Kirchen)bank *f*; (*hum: chair*) Platz *m*. **have** *or* **take a ~!** (*hum*) laß dich nieder! (*hum*).

pewit *n see* **peewit**.

pewter ['pju:tə^r] *n* (*alloy*) Zinn *nt*; (*vessel*) Zinnbecher *m*; (*articles also*) Zinngeschirr *nt*.

phalanx ['fælæŋks] *n, pl* ~**es** *or*
phalanges [fæ'lændʒiːz] **1.** (*Anat*)
Finger-/Zehenglied *nt*, Phalanx *f* (*spec*).
2. (*body of people, troops*) Phalanx *f*.
phalli ['fælaɪ] *pl of* **phallus.**
phallic ['fælɪk] *adj* Phallus-, phallisch.
phallus ['fæləs] *n, pl* ~**es** *or* **phalli** Phallus
m.
phantasm ['fæntæzəm], **phantasma**
[fæn'tæzmə] *n, pl* **phantasmata** Phantasma *nt.*
phantasmagoria [ˌfæntæzmə'gɔːrɪə] *n*
Phantasmagorie *f.*
phantasmal [fæn'tæzməl] *adj* imaginär.
phantasmata [fæn'tæzmətə] *pl of* **phantasm, phantasma.**
phantasy *n see* **fantasy.**
phantom ['fæntəm] **I** *n* Phantom *nt*; (*ghost: esp of particular person*) Geist *m.* ~**s of the mind** Phantasiegebilde *pl.* **II** *adj attr* Geister-; (*mysterious*) Phantom-. **a ~ child/knight** *etc* der Geist eines Kindes/ Ritters *etc*; ~ **limb pains** Phantomschmerzen *pl*; ~ **pregnancy** eingebildete Schwangerschaft.
Pharaoh ['feərəʊ] *n* Pharao *m.*
Pharisaic(al) [ˌfærɪ'seɪk(ə)l] *adj* **1.** pharisäisch. **2.** **p~** (*fig*) pharisäerhaft.
Pharisee ['færɪsiː] *n* (*fig: also* **p~**) Pharisäer *m.*
pharmaceutic(al) [ˌfɑːmə'sjuːtɪk(ə)l] *adj* pharmazeutisch.
pharmaceutics [ˌfɑːmə'sjuːtɪks] *n sing see* **pharmacy 1.**
pharmacist ['fɑːməsɪst] *n* Apotheker(in *f*) *m*; (*in research*) Pharmazeut(in *f*) *m.*
pharmacological [ˌfɑːməkə'lɒdʒɪkəl] *adj* pharmakologisch.
pharmacologist [ˌfɑːmə'kɒlədʒɪst] *n* Pharmakologe *m*, Pharmakologin *f.*
pharmacology [ˌfɑːmə'kɒlədʒɪ] *n* Pharmakologie *f.*
pharmacopoeia [ˌfɑːməkə'pɪːə] *n* Pharmakopöe *f* (*spec*), amtliches Arzneibuch.
pharmacy ['fɑːməsɪ] *n* **1.** (*science*) Pharmazie *f.* **2.** (*shop*) Apotheke *f.*
pharyngeal [fə'rɪndʒɪəl], **pharyngal** [fə'rɪŋgəl] *adj* Rachen-.
pharyngitis [ˌfærɪn'dʒaɪtɪs] *n* Rachenkatarrh *m*, Pharyngitis *f* (*spec*).
pharynx ['færɪŋks] *n* Rachen *m.*
phase [feɪz] **I** *n* (*all senses*) Phase *f*; (*of construction, project, history also*) Abschnitt *m*; (*of illness*) Stadium *nt*. **out of/in** ~ (*Tech, Elec*) phasenverschoben/phasengleich, in Phase; (*fig*) unkoordiniert/ koordiniert; ~ **modulation** (*Elec*) Phasenmodulation *f*; **he's just going through a ~** das geht wieder vorbei.
    II *vt* (*introduce gradually*) *plan, change-over, withdrawal* schrittweise durchführen; (*coordinate, fit to one another*) *starting times, production stages, traffic lights* aufeinander abstimmen; *machines etc* gleichschalten, synchronisieren. **the traffic lights are not ~d here** hier gibt es keine grüne Welle.
◆**phase in** *vt sep* allmählich einführen.
◆**phase out** *vt sep* auslaufen lassen.
phasing ['feɪzɪŋ] *n* Synchronisierung, Gleichschaltung *f.*
PhD *n* Doktor *m*, Dr. ~ **thesis** Doktorarbeit

f; **to do/get one's** ~ seinen Doktor machen *or* promovieren/den Doktor bekommen; **he has a ~ in English** er hat in Anglistik promoviert.
pheasant ['feznt] *n* Fasan *m.*
phenix *n* (*US*) *see* **phoenix.**
phenobarbitone [ˌfiːnəʊ'bɑːbɪtəʊn], **phenobarbital** [ˌfiːnəʊ'bɑːbɪtəl] *n* Phenobarbital *nt.*
phenol ['fiːnɒl] *n* Phenol *nt.*
phenomena [fɪ'nɒmɪnə] *pl of* **phenomenon.**
phenomenal [fɪ'nɒmɪnl] *adj* phänomenal, sagenhaft (*inf*); *person, beauty, figure* fabelhaft; *boredom, heat* unglaublich.
phenomenally [fɪ'nɒmɪnəlɪ] *adv* außerordentlich; *bad, boring etc* unglaublich.
phenomenon [fɪ'nɒmɪnən] *n, pl* **phenomena** Phänomen *nt.*
phenotype ['fiːnəʊtaɪp] *n* Phänotyp(us) *m.*
phew [fjuː] *interj* Mensch, puh.
phial ['faɪəl] *n* Fläschchen *nt*; (*for serum*) Ampulle *f.*
Phi Beta Kappa ['faɪ'biːtə'kæpə] *n* (*US*) *Vereinigung f hervorragender Akademiker oder Mitglied dieser Vereinigung.*
philander [fɪ'lændər] *vi* tändeln (*liter*).
philanderer [fɪ'lændərər] *n* Schwerenöter *m.*
philandering [fɪ'lændərɪŋ] *n* Liebeleien *pl.*
philanthropic(al) [ˌfɪlən'θrɒpɪk(ə)l] *adj* menschenfreundlich; *person also, organization* philanthropisch (*geh*).
philanthropically [ˌfɪlən'θrɒpɪkəlɪ] *adv* menschenfreundlich.
philanthropist [fɪ'lænθrəpɪst] *n* Menschenfreund, Philanthrop (*geh*) *m.*
philanthropy [fɪ'lænθrəpɪ] *n* Menschenfreundlichkeit, Philanthropie (*geh*) *f.*
philatelist [fɪ'lætəlɪst] *n* Philatelist(in *f*), Briefmarkensammler(in *f*) *m.*
philately [fɪ'lætəlɪ] *n* Philatelie, Briefmarkenkunde *f.*
philharmonic [ˌfɪlɑː'mɒnɪk] **I** *adj* philharmonisch. ~ **hall/ society** Philharmonie *f.* **II** *n* **P~** Philharmonie *f.*
Philip ['fɪlɪp] *n* Philipp *m*; (*Bibl*) Philippus *m.*
Philippians [fɪ'lɪpɪənz] *n sing* (*Bibl*) Philipper *pl.*
philippic [fɪ'lɪpɪk] *n* (*lit, fig*) Philippika *f.*
Philippine ['fɪlɪpiːn] *adj* philippinisch.
Philippines ['fɪlɪpiːnz] *npl* Philippinen *pl.*
Philistine ['fɪlɪstaɪn] **I** *adj* **1.** (*lit*) Philister-. **2.** (*fig*) **p~** kulturlos; **II** *n* **1.** (*lit*) Philister *m.* **2.** (*fig*) **p~** Banause *m.*
philistinism ['fɪlɪstɪnɪzəm] *n* Banausentum *nt.*
Phillips ® ['fɪlɪps]: ~ **screwdriver** *n* Kreuzschlitzschraubendreher *m.*
philological [ˌfɪlə'lɒdʒɪkəl] *adj* philologisch.
philologist [fɪ'lɒlədʒɪst] *n* Philologe *m*, Philologin *f.*
philology [fɪ'lɒlədʒɪ] *n* Philologie *f.*
philosopher [fɪ'lɒsəfər] *n* Philosoph *m*, Philosophin *f.* ~**'s stone** Stein *m* der Weisen.
philosophic(al) [ˌfɪlə'sɒfɪk(ə)l] *adj* philosophisch; (*fig also*) gelassen.
philosophically [ˌfɪlə'sɒfɪkəlɪ] *adv see adj.*
philosophize [fɪ'lɒsəfaɪz] *vi* philosophieren (*about, on* über +*acc*).

philosophy [fɪˈlɒsəfɪ] *n* Philosophie *f*. ~ **of life** Lebensphilosophie *f*; **that's my** ~ das ist meine Philosophie *or* Einstellung.

philtre, (*US***) philter** [ˈfɪltə^r] *n* Zaubertrank *m*; (*love* ~) Liebestrank *m*.

phlebitis [flɪˈbaɪtɪs] *n* Venenentzündung *f*.

phlegm [flem] *n* (*mucus*) Schleim *m*; (*fig*) (*coolness*) Gemütsruhe *f*, stoische Ruhe; (*stolidness*) Trägheit, Schwerfälligkeit *f*, Phlegma *nt*.

phlegmatic [flegˈmætɪk] *adj* (*cool*) seelenruhig, stoisch; (*stolid*) träge, schwerfällig, phlegmatisch.

phlox [flɒks] *n* Phlox *m*.

phobia [ˈfəʊbɪə] *n* Phobie *f*. **she has a** ~ **about it** sie hat krankhafte Angst davor.

Phoenicia [fəˈniːʃə] *n* Phönizien *nt*.

Phoenician [fəˈniːʃən] **I** *adj* phönizisch. **II** *n* Phönizier(in *f*) *m*.

phoenix, (*US***) phenix** [ˈfiːnɪks] *n* (*Myth*) Phönix *m*. **like a ~ from the ashes** wie ein Phönix aus der Asche.

phon [fɒn] *n* Phon *nt*.

phone¹ [fəʊn] **I** *n* Telefon *nt*. **to pick up/put down the ~** (den Hörer) abnehmen/ auflegen; **II** *vt person* anrufen; *message* telefonisch übermitteln. **III** *vi* anrufen, telefonieren; *see also* **telephone**.

◆**phone back** *vti* (*vt: always separate*) zurückrufen.

◆**phone in I** *vi* anrufen. **II** *vt sep* telefonisch übermitteln.

phone² *n* (*Ling*) Phon *nt*.

phone-in [ˈfəʊnɪn] *n* Rundfunkprogramm *nt*, **an dem sich Hörer per Telefon** *beteiligen können*, Phone-in *nt*.

phoneme [ˈfəʊniːm] *n* Phonem *nt*.

phonemic [fəʊˈniːmɪk] *adj* phonemisch.

phonetic *adj*, **~ally** *adv* [fəʊˈnetɪk, -əlɪ] phonetisch.

phonetician [ˌfɒnɪˈtɪʃən] *n* Phonetiker(in *f*) *m*.

phonetics [fəʊˈnetɪks] *n* **1.** *sing* (*subject*) Phonetik *f*. **2.** *pl* (*phonetic script*) Lautschrift *f*, phonetische Umschrift.

phon(e)y [ˈfəʊnɪ] (*inf*) **I** *adj* (*fake, pretentious*) unecht; *excuse, deal, peace* faul (*inf*); *name* falsch; *passport, money* gefälscht; *story, report* erfunden; *company* Schwindel-. **a ~ doctor** ein Scharlatan *m*; **a ~ businessman** ein Roßtäuscher *m*.

II *n* (*thing*) Fälschung *f*; (*banknote also*) Blüte *f* (*inf*); (*bogus policeman etc*) Schwindler(in *f*) *m*; (*doctor*) Scharlatan *m*; (*pretentious person*) Angeber(in *f*) *m*.

phonic [ˈfɒnɪk] *adj* phonisch.

phonograph [ˈfəʊnəɡrɑːf] *n* (*old, US*) Phonograph *m*.

phonological [ˌfəʊnəˈlɒdʒɪkəl] *adj* phonologisch.

phonology [fəʊˈnɒlədʒɪ] *n* (*science*) Phonologie *f*; (*system*) Lautsystem *nt*.

phony *adj, n see* **phon(e)y**.

phosphate [ˈfɒsfeɪt] *n* (*Chem*) Phosphat *nt*; (*Agr: fertilizer*) Phosphatdünger *m*.

phosphor [ˈfɒsfə^r] *n* Phosphor *m*.

phosphorescence [ˌfɒsfəˈresns] *n* Phosphoreszenz *f*.

phosphorescent [ˌfɒsfəˈresnt] *adj* phosphoreszierend.

phosphoric [fɒsˈfɒrɪk] *adj* phosphorig.

phosphorous [ˈfɒsfərəs] *adj* phosphorsauer.

phosphorus [ˈfɒsfərəs] *n* (*abbr* P) Phosphor *m*.

photo [ˈfəʊtəʊ] *n, pl* ~**s** Foto, Photo *nt*, Aufnahme *f*; *see also* **photograph**.

photocell [ˈfəʊtəʊˌsel] *n* Photozelle *f*; **photocopier** [ˈfəʊtəʊˌkɒpɪə^r] *n* (Foto)- kopiergerät *nt*; **photocopy** [ˈfəʊtəʊˌkɒpɪ] **I** *n* Fotokopie, Photokopie *f*; **II** *vt* fotokopieren, photokopieren; **III** *vi* **this won't ~** das läßt sich nicht fotokopieren; **photoelectric** [ˌfəʊtəʊɪˈlektrɪk] *adj* photoelektrisch; ~ **cell** Photozelle *f*; ~ **barrier** Lichtschranke *f*; **photoengraving** *n* (*process*) Klischieren *nt*; (*plate*) Klischee *nt*; **photo finish** *n* Fotofinish *nt*; **photoflash** *n* Blitzlicht *nt*; ~ **lamp** Blitzgerät *nt*; **photoflood (lamp)** *n* Jupiterlampe *f*.

photogenic [ˌfəʊtəʊˈdʒenɪk] *adj* fotogen, photogen.

photograph [ˈfəʊtəɡræf] **I** *n* Fotografie, Photographie, Aufnahme *f*. **to take a ~ (of sb/sth)** (jdn/etw) fotografieren *or* photographieren, eine Aufnahme *or* ein Bild (von jdm/etw) machen; **she takes a good ~** (*is photogenic*) sie ist photogen; **this camera takes good ~s** diese Kamera macht gute Aufnahmen *or* Bilder *or* Fotos; ~ **album** Fotoalbum *nt*.

II *vt* fotografieren, photographieren, knipsen (*inf*).

III *vi* **to ~ well/badly** sich gut/schlecht fotografieren lassen.

photographer [fəˈtɒɡrəfə^r] *n* Fotograf(in *f*), Photograph(in *f*) *m*.

photographic [ˌfəʊtəˈɡræfɪk] *adj* fotografisch, photographisch; *equipment, magazine, club* Foto-, Photo-; *style of painting, art* naturgetreu.

photographically [ˌfəʊtəˈɡræfɪkəlɪ] *adv* fotografisch, photographisch. **to record sth ~** etw im Bild festhalten.

photography [fəˈtɒɡrəfɪ] *n* Fotografie, Photographie *f*; (*in film, book etc*) Fotografien, Photographien, Aufnahmen, Bilder *pl*.

photogravure [ˈfəʊtəʊɡrəˈvjʊə^r] *n* Photogravüre, Heliogravüre *f*.

photomontage [ˈfəʊtəʊmɒnˈtɑːʒ] *n* Fotomontage, Photomontage *f*.

photon [ˈfəʊtɒn] *n* Photon *nt*.

photosensitive [ˈfəʊtəʊˈsensɪtɪv] *adj* lichtempfindlich; **photosensitize** [ˈfəʊtəʊˈsensɪtaɪz] *vt* lichtempfindlich machen; **photoset** *vt irreg* (*Typ*) im Lichtsatz herstellen; **photosetting** *n* Lichtsatz *m*; **photostat** ® *n, vti see* **photocopy**; **photosynthesis** *n* Photosynthese *f*; **phototelegraphy** *n* Bildtelegraphie *f*; **phototropic** *adj* phototrop(isch).

phrasal [ˈfreɪzəl] *adj* Satz-. ~ **verb** Verb *nt* mit Präposition.

phrase [freɪz] **I** *n* **1.** (*Gram*) *f*, Satzglied *nt or* -teil *m*; (*in spoken language*) Phrase *f*. **noun/verb** ~ Nominal-/Verbalphrase *f*.

2. (*mode of expression*) Ausdruck *m*; (*set expression*) Redewendung *f*. **in a ~** kurz gesagt; *see* **set** **II 2., turn**.

3. (*Mus*) Phrase *f*.

II *vt* 1. formulieren; *criticism, suggestion also* ausdrücken.

2. (*Mus*) phrasieren.

phrasebook ['freɪzbʊk] *n* Sprachführer *m*; **phrase marker** *n* (*Ling*) P-Marker, Formationsmarker *m*.

phraseology [ˌfreɪzɪˈɒlədʒɪ] *n* Ausdrucksweise *f*; (*of letter etc*) Diktion *f*; (*jargon*) Jargon *m*.

phrasing ['freɪzɪŋ] *n* (*act*) Formulierung *f*; (*style*) Ausdrucksweise *f*, Stil *m*; (*Mus*) Phrasierung *f*.

phrenetic *adj see* **frenetic**.

phrenology [frɪˈnɒlədʒɪ] *n* Phrenologie *f*.

phthisis ['θaɪsɪs] *n* Schwindsucht, (Lungen)tuberkulose *f*.

phut [fʌt] (*inf*) I *n* Puff *m*. II *adv*: **to go** ~ (*make noise*) puff machen; (*break down*) kaputtgehen (*inf*); (*plans etc*) platzen (*inf*).

phylum ['faɪləm] *n*, *pl* **phyla** ['faɪlə] (*Biol*) Stamm *m*; (*Ling*) Sprachstamm *m*.

physical ['fɪzɪkəl] I *adj* 1. (*of the body*) körperlich; (*not psychological also*) physisch; *check-up* ärztlich. **you don't take/get enough** ~ **exercise** Sie bewegen sich nicht genug; **he's very** ~ (*inf*) er ist sehr sinnlich; **we don't actually need your** ~ **presence** Ihre Anwesenheit ist nicht unbedingt nötig.

2. (*material*) physisch, körperlich; *world* stofflich.

3. (*of physics*) *laws, properties* physikalisch. **it's a** ~ **impossibility** es ist technisch unmöglich.

II *n* ärztliche Untersuchung; (*Mil*) Musterung *f*.

physical chemistry *n* physikalische Chemie; **physical education** *n* (*abbr* PE) Sport *m*, Leibesübungen *pl* (*form*); **physical education college** *n* Sporthochschule, Sportakademie *f*; **physical education teacher** *n* Sportlehrer(in *f*) *m*; **physical geography** *n* physikalische Geographie, Physiogeographie *f*; **physical jerks** *npl* (*inf*) Gymnastik *f*.

physically ['fɪzɪkəlɪ] *adv* körperlich, physisch; (*Sci*) physikalisch. ~ **impossible** technisch unmöglich; **the substance changed** ~ die Substanz ging in einen anderen Zustand über; **the journey is** ~ **dangerous** die Reise ist gefährlich für Leib und Leben; **they removed him** ~ **from the meeting** sie haben ihn mit Gewalt aus der Versammlung entfernt.

physical science *n* Naturwissenschaft *f*; **physical training** *n* (*abbr* PT) *see* **physical education**.

physician [fɪˈzɪʃən] *n* Arzt *m*, Ärztin *f*.

physicist ['fɪzɪsɪst] *n* Physiker(in *f*) *m*.

physics ['fɪzɪks] *n* (*sing: subject*) Physik *f*. **the** ~ **of this are quite complex** die physikalischen Zusammenhänge sind hierbei ziemlich komplex.

physiognomy [ˌfɪzɪˈɒnəmɪ] *n* (*face*) Physiognomie *f*; (*study*) Physiognomik *f*; (*fig*) äußere Erscheinung, Aussehen *nt*.

physiological [ˌfɪzɪəˈlɒdʒɪkəl] *adj* physiologisch.

physiologist [ˌfɪzɪˈɒlədʒɪst] *n* Physiologe *m*, Physiologin *f*.

physiology [ˌfɪzɪˈɒlədʒɪ] *n* Physiologie *f*.

physiotherapist [ˌfɪzɪəˈθerəpɪst] *n* Physiotherapeut(in *f*) *m*.

physiotherapy [ˌfɪzɪəˈθerəpɪ] *n* Physiotherapie *f*, physikalische Therapie.

physique [fɪˈziːk] *n* Körperbau *m*, Statur *f*.

pi [paɪ] *n* (*Math*) Pi *nt*.

pianist ['pɪənɪst] *n* Klavierspieler(in *f*) *m*; (*concert* ~) Pianist(in *f*) *m*.

piano ['pjænəʊ] *n*, *pl* ~**s** (*upright*) Klavier, Piano (*geh, old*) *nt*; (*grand*) Flügel *m*. **who was at** *or* **on the** ~? wer war am Klavier?

piano-accordion [pɪˈænəʊəˌkɔːdjən] *n* Pianoakkordeon *nt*; **pianoforte** ['pjænəʊˈfɔːtɪ] *n* (*form*) Pianoforte *nt*.

pianola ® [pɪəˈnəʊlə] *n* Pianola *nt*.

piano lesson *n* Klavierstunde *f*; **pianoplayer** *n* Klavierspieler(in *f*) *m*; **piano stool** *n* Klavierhocker *m*; **piano tuner** *n* Klavierstimmer(in *f*) *m*.

piazza [pɪˈætsə] *n* Piazza *f*, (Markt)platz *m*; (*US: veranda*) (überdachte) Veranda.

picaresque [ˌpɪkəˈresk] *adj* pikaresk, pikarisch; *novel also* Schelmen-.

picayune [ˌpɪkəˈjuːn] *adj* (*US*) (*paltry*) gering, minimal; (*petty*) kleinlich.

piccalilli ['pɪkəˌlɪlɪ] *n* Piccalilli *pl*.

piccaninny [ˌpɪkəˈnɪnɪ] *n* Negerkind *nt*.

piccolo ['pɪkələʊ] *n*, *pl* ~**s** Pikkoloflöte *f*.

pick [pɪk] I *n* 1. (~*axe*) Spitzhacke, Picke *f*, Pickel *m*; (*Mountaineering*) Eispickel *m*; (*tooth*~) Zahnstocher *m*.

2. (*esp US: plectrum*) Plektron, Plektrum *nt*.

3. (*choice*) **to have first** ~ die erste Wahl haben; **take your** ~! such dir etwas/einen *etc* aus!

4. (*best*) Beste(s) *nt*; *see* **bunch**.

II *vt* 1. (*choose*) (aus)wählen. **to** ~ **a team** eine Mannschaft aufstellen; **he has been** ~**ed for England** er ist für England aufgestellt worden; **to** ~ **sides** wählen; **to** ~ **a winner** (*lit*) den Sieger erraten; (*fig*) das Große Los ziehen; **to** ~ **one's time** den richtigen Zeitpunkt wählen; **you really** ~ **your times, don't you?** (*iro*) du suchst dir aber auch immer den günstigsten Augenblick aus! (*iro*); **to** ~ **one's way through sth** seinen Weg durch etw finden; **he knows how to** ~ **'em** (*inf*) er hat den richtigen Riecher (*inf*); **you do** ~ **'em** (*iro*) du gerätst auch immer an den Falschen.

2. (*pull bits off, make holes in*) *jumper, blanket etc* zupfen an (+*dat*); *spot, scab* kratzen an (+*dat*); *hole* (*with fingers, instrument*) bohren; (*with beak*) picken, hacken. **to** ~ **one's nose** sich (*dat*) in der Nase bohren; **to** ~ **one's teeth** sich (*dat*) in den Zähnen herumstochern; **to** ~ **a lock** ein Schloß knacken; **to** ~ **a bone** (*with fingers*) abzupfen; (*with teeth, beak*) abnagen; **to** ~ **sth to pieces** (*lit*) etw zerzupfen; (*fig*) kein gutes Haar an etw (*dat*) lassen, etw verreißen; **to** ~ **holes in sth** (*fig*) etw bemäkeln; *in argument, theory* etw in ein paar Punkten widerlegen; **to** ~ **a fight** *or* **quarrel (with sb)** (mit jdm) einen Streit vom Zaun brechen; **he's very good at** ~**ing pockets** er ist ein sehr geschickter Taschendieb; **to** ~ **sb's pocket** jdm die Geldbörse/Brieftasche stehlen; **to** ~ **sb's brains** sich von jdm inspirieren lassen; *see* **bone**.

3. *fleas, splinter etc* entfernen (*from* von); (*pluck*) *flowers, fruit* pflücken.

4. (*US: pluck*) *chicken etc* rupfen.

5. (*esp US*) *strings* zupfen, anreißen; *banjo* zupfen.

6. (*peck up*) *corn etc* picken.

III *vi* **1.** (*choose*) wählen, aussuchen. **to ~ and choose** wählerisch sein.

2. (*esp US: on guitar etc*) zupfen.

◆**pick at** *vi +prep obj* **1. to ~ ~ one's food** im Essen herumstochern. **2.** (*inf: criticize*) **to ~ ~ sb/sth** auf jdm/etw herumhacken, an jdm/etw herummäkeln.

◆**pick off** *vt sep* **1.** (*remove*) *fluff etc* wegzupfen; (*pluck*) *fruit* pflücken; *nail polish* abschälen. **2.** (*shoot*) abschießen.

◆**pick on** *vi +prep obj* (*choose*) aussuchen; (*victimize*) herumhacken auf (+*dat*). **why ~ ~ me?** (*inf*) warum gerade ich?; **~ ~ somebody your own size!** (*inf*) leg dich doch mit einem Gleichstarken an! (*inf*).

◆**pick out** *vt sep* **1.** (*choose*) aussuchen, auswählen. **to ~ ~ a few examples** um ein paar Beispiele herauszugreifen.

2. (*remove*) heraussuchen, auslesen.

3. (*see, distinguish*) *person, familiar face* ausmachen, entdecken. **the spotlight ~ed ~ the leading dancer** der Scheinwerfer wurde auf den Haupttänzer gerichtet.

4. (*highlight*) hervorheben (*in, with* durch).

5. (*Mus*) **to ~ ~ a tune (on the piano)** eine Melodie (auf dem Klavier) improvisieren; **he ~ed ~ a few notes** er spielte ein paar Takte.

◆**pick over** *or* **through** *vi +prep obj* durchsehen, untersuchen.

◆**pick up I** *vt sep* **1.** (*take up*) aufheben; (*lift momentarily*) hochheben; *stitch* aufnehmen. **to ~ ~ a child in one's arms** ein Kind auf den Arm nehmen; **~ ~ your feet when you walk!** heb deine Füße (beim Gehen)!; **to ~ oneself ~** aufstehen; **as soon as he ~s ~ a book** sobald er ein Buch in die Hand nimmt; **to ~ ~ the phone** den Hörer abnehmen; **you just have to ~ ~ the phone** du brauchst nur anzurufen; **to ~ ~ the bill** (*fig*) die Rechnung bezahlen; **to ~ ~ a story** mit einer Geschichte fortfahren; **to ~ ~ the pieces** (*lit, fig*) die Scherben aufsammeln *or* zusammensuchen; **to ~ ~ the thread of a lecture** den Faden (eines Vortrags) wiederfinden.

2. (*get*) holen; (*buy*) bekommen; (*acquire*) *habit* sich (*dat*) angewöhnen; *news, gossip* aufschnappen; *illness* sich (*dat*) holen *or* zuziehen; (*earn*) verdienen. **to ~ sth ~ at a sale** im Ausverkauf erwischen; **to ~ ~ speed** schneller werden; **you never know what you'll ~ ~** (*what illness etc*) man weiß nie, was man sich (*dat*) da holen *or* zuziehen kann.

3. (*learn*) *skill etc* sich (*dat*) aneignen; *language also* lernen; *accent, word* aufschnappen; *information, tips etc* herausbekommen.

4. (*collect*) *person, goods* abholen.

5. (*bus etc*) *passengers* aufnehmen; (*in car*) mitnehmen.

6. (*rescue: helicopter, lifeboat*) bergen.

7. (*arrest, catch*) *wanted man, criminal*

schnappen (*inf*). **they ~ed him ~ for questioning** sie haben ihn geholt, um ihn zu vernehmen.

8. (*inf*) *girl* aufreißen (*inf*), sich (*dat*) anlachen (*inf*). **she got ~ed ~ at a party** die ist auf einer Party (von einem) abgeschleppt *or* aufgegabelt worden (*inf*).

9. (*find*) *road* finden. **to ~ ~ the trail** (*Hunt, fig*) die Fährte aufnehmen.

10. (*Rad*) *station* hereinbekommen, (rein)kriegen (*inf*); *message* empfangen, auffangen; (*see*) *beacon etc* ausmachen, sichten; (*on radar*) ausmachen; (*record stylus*) *sound* aufnehmen. **the surface was clearly ~ed ~ by the satellite's cameras** das Bild der Oberfläche wurde von den Satellitenkameras deutlich übermittelt.

11. (*correct, put right*) korrigieren.

12. (*restore to health*) wieder auf die Beine stellen.

13. (*spot, identify*) *mistakes* finden.

14. (*US inf: tidy*) *room* auf Vordermann bringen (*inf*).

II *vi* **1.** (*improve*) besser werden; (*appetite also*) zunehmen; (*currency*) sich erholen; (*business*) florieren; (*after slump*) sich erholen; (*engine*) rund laufen; (*accelerate*) schneller werden.

2. (*continue*) weitermachen. **to ~ ~ where one left off** da weitermachen, wo man aufgehört hat.

3. (*inf*) **to ~ ~ with sb** (*get to know*) jds Bekanntschaft machen.

pickaback ['pɪkəbæk] **I** *n* **to give sb a ~** jdn huckepack nehmen; **the little girl wanted a ~** das kleine Mädchen wollte huckepack getragen werden. **II** *adv* huckepack.

pickaninny *n* (*US*) *see* **piccaninny**.

pickaxe, (*US*) **pickax** ['pɪkæks] *n* Spitzhacke, Picke *f*, Pickel *m*.

picker ['pɪkəʳ] *n* (*of fruit etc*) Pflücker(in *f*) *m*.

picket ['pɪkɪt] **I** *n* **1.** (*of strikers*) Streikposten *m*. **to mount a ~** (*at or on a gate*) (an *or* bei einem Tor) Streikposten aufstellen.

2. (*Mil*) Feldposten, Vorposten *m*.

3. (*stake*) Pfahl *m*. **~ fence** Palisade *f*, Palisadenzaun *m*.

II *vt factory* Streikposten aufstellen vor (+*dat*); (*demonstrators etc*) demonstrieren vor (+*dat*).

III *vi* Streikposten aufstellen. **he is ~ing at the front entrance** er ist Streikposten am Vordereingang.

picketing ['pɪkɪtɪŋ] *n* Aufstellen *nt* von Streikposten. **there was no ~** es wurden keine Streikposten aufgestellt.

picket line *n* Streikpostenkette *f*. **to cross a ~** eine Streikpostenkette durchbrechen.

picking ['pɪkɪŋ] *n* **1.** (*amount of fruit picked*) Ernte *f*.

2. ~s *pl* Ausbeute *f*; (*stolen goods*) Beute *f*; **the kitchen staff are entitled to such ~s as leftover food** das Küchenpersonal darf übriggebliebenes Essen mitnehmen; **most office workers regard pens as legitimate ~s** die meisten Büroangestellten sehen es als ihr Recht an, Stifte mitgehen zu lassen (*inf*) *or* einzustecken; **she went along to see if there were any ~s** sie ging hin, um zu sehen, ob es für sie was zu holen gab.

pickle ['pɪkl] **I** *n* **1.** (*food*) Pickles *pl*.

2. (*solution*) (*brine*) Salzlake *f*, Pökel *m*; (*vinegar*) Essigsoße *f*; (*for leather, wood*) Beize *f*; (*Med, Sci*) Naßpräparat *nt*.

3. (*inf: predicament*) Klemme *f* (*inf*). **he was in a bit of a ~/a sorry ~** er steckte in einer Klemme (*inf*); **to get into a ~** in ein Kuddelmuddel geraten (*inf*); **what a ~!** so eine verzwickte Lage!

II *vt* (*in vinegar*) einlegen; (*in brine also*) pökeln; (*Med, Sci*) konservieren.

pickled ['pɪkld] *adj* **1.** eingelegt. **2.** *pred* (*inf: drunk*) besoffen (*sl*), alkoholisiert (*inf*).

picklock ['pɪklɒk] *n* (*tool*) Dietrich *m*; (*thief*) Einbrecher(in *f*) *m*; **pick-me-up** *n* (*drink*) Muntermacher *m*, Stärkung *f*; (*holiday etc*) Erholung *f*; **hearing that was a real ~** das hat mir richtig Auftrieb gegeben; **pickpocket** *n* Taschendieb(in *f*) *m*.

pick-up ['pɪkʌp] *n* **1.** (*also* **~ arm**) Tonabnehmer *m*.

2. (*also* **~ truck**) Kleinlieferwagen, Kleintransporter *m*.

3. (*inf: acquaintance*) Bekanntschaft *f*. **he's just looking for a ~** er will nur eine/einen aufreißen (*inf*).

4. (*collection*) Abholen *nt*. **he was late for the ~** er kam zu spät zum Treffpunkt; **the mail van makes 3 ~s a day** der Postwagen kommt dreimal täglich (, um die Post abzuholen); **the bus makes four ~s** der Bus hält viermal(, um Leute aufzunehmen); **~ point** (*for excursion*) Sammelstelle *f*, Treffpunkt *m*; (*on regular basis*) Haltestelle *f*.

5. (*improvement*) Verbesserung *f*; (*increase*) Ansteigen *nt*.

6. (*acceleration*) Beschleunigung *f*.

picky ['pɪkɪ] *adj* (+*er*) (*inf*) pingelig (*inf*).

picnic ['pɪknɪk] (*vb: pret, ptp* **~ked**) **I** *n* Picknick *nt*. **to have a ~** picknicken; **to go for** *or* **on a ~** ein Picknick veranstalten *or* machen; **it was no ~** (*fig inf*) es war kein Honiglecken.

II *vi* picknicken, ein Picknick machen. **we went ~king every Sunday** wir machten jeden Sonntag ein Picknick.

picnicker ['pɪknɪkəʳ] *n* jd, der ein Picknick macht *or* der picknickt.

picnic site *n* Rastplatz *m*; **picnic table** *n* Campingtisch *m*.

Pict [pɪkt] *n* Pikte *m*, Piktin *f*.

Pictish ['pɪktɪʃ] **I** *adj* piktisch. **II** *n* Piktisch *nt*.

pictogram ['pɪktəgræm] *n* Piktogramm *nt*.

pictorial [pɪk'tɔːrɪəl] **I** *adj calendar* bebildert; *magazine also* illustriert; *dictionary* Bild-; *impact* bildlich; *language, description* bildhaft. **to keep a ~ record of sth** etw im Bild festhalten.

II *n* (*magazine*) Illustrierte *f*; (*stamp*) Sondermarke *f*.

pictorially [pɪk'tɔːrɪəlɪ] *adv* (*in pictures*) in Bildern, bildlich; *impressive* vom Bild her; *describe* bildhaft.

picture ['pɪktʃəʳ] **I** *n* **1.** Bild *nt*; (*Art*) (*painting also*) Gemälde *nt*; (*drawing also*) Zeichnung *f*. **(as) pretty as a ~** bildschön.

2. (*TV*) Bild *nt*.

3. (*Film*) Film *m*. **the ~s** (*Brit*) das Kino; **to go to the ~s** (*Brit*) ins Kino

gehen; **what's on at the ~s?** (*Brit*) was gibt's im Kino?

4. (*mental image*) Vorstellung *f*, Bild *nt*. **these figures give the general ~** diese Zahlen geben ein allgemeines Bild; **have you got the general ~?** wissen Sie jetzt ungefähr Bescheid?; **to give you a ~ of what life is like here** damit Sie sich (*dat*) ein Bild vom Leben hier machen können; **the other side of the ~** die Kehrseite der Medaille; **to be in the ~** im Bilde sein; **to put sb in the ~** jdn ins Bild setzen; **I get the ~** (*inf*) ich hab's begriffen *or* kapiert (*inf*); **he/that no longer comes into the ~** er/das spielt keine Rolle mehr.

5. (*sight*) Bild *nt*; (*beautiful sight*) (*person also*) Traum *m*; (*thing also*) Gedicht *nt*, Traum *m*. **his face was a ~** sein Gesicht war ein Bild für die Götter (*inf*); **she looked a ~** sie war bildschön; **the garden is a ~** der Garten ist eine Pracht.

6. (*embodiment*) Bild *nt*, Verkörperung *f*; (*spitting image*) Abbild, Ebenbild *nt*. **she looked** *or* **was the ~ of happiness/ health** sie sah wie das Glück/die Gesundheit in Person aus; **she looked** *or* **was the ~ of misery** sie war ein Bild des Elends.

II *vt* **1.** (*imagine*) sich (*dat*) vorstellen. **to ~ sth to oneself** sich (*dat*) etw vorstellen.

2. (*describe*) beschreiben, darstellen.

3. (*by drawing, painting*) darstellen; (*in book*) abbilden.

picture book *n* Bildband *m*; (*for children*) Bilderbuch *nt*; **picture card** *n* Bild(karte *f*) *nt*; **picture frame** *n* Bilderrahmen *m*; **picture gallery** *n* Gemäldegalerie *f*; **picture-goer** *n* (*Brit*) Kinogänger(in *f*) *or* -besucher(in *f*) *m*; **picture hat** *n* Florentiner(hut) *m*; **picture paper** *n* (*Brit*) Illustrierte *f*; **picture postcard** *n* Ansichts(post)karte *f*; **picture rail** *n* Bilderleiste *f*.

picturesque [,pɪktʃə'resk] *adj* malerisch, pittoresk (*geh*); (*fig*) *description* anschaulich, bildhaft.

picturesquely [,pɪktʃə'resklɪ] *adv see adj*.

picturesqueness [,pɪktʃə'resknɪs] *n* Malerische(s) *nt*; (*fig: of account, language*) Bildhaftigkeit, Anschaulichkeit *f*.

picture tube *n* Bildröhre *f*; **picture window** *n* Aussichtsfenster *nt*; **picture writing** *n* Bilderschrift *f*.

piddle ['pɪdl] (*inf*) **I** *n* Pipi *nt* (*inf*). **II** *vi* **1.** pinkeln (*inf*); (*esp child*) Pipi machen (*inf*). **2. to ~ around** herumpladern.

piddling ['pɪdlɪŋ] *adj* (*inf*) lächerlich.

pidgin ['pɪdʒɪn] *n* Mischsprache *f*. **~ English** Pidgin-English *nt*.

pie [paɪ] *n* Pastete *f*; (*of meat, fish also*) Pirogge *f*; (*sweet*) Tortelett *nt*. **that's all ~ in the sky** (*inf*) das sind nur verrückte Ideen; **as nice/sweet as ~** (*inf*) superfreundlich (*inf*); **as easy as ~** (*inf*) kinderleicht.

piebald ['paɪbɔːld] **I** *adj* scheckig. **II** *n* Schecke *mf*.

piece [piːs] *n* **1.** Stück *nt*; (*part, member of a set*) Teil *nt*; (*component part*) Einzelteil *nt*; (*fragment of glass, pottery etc also*) Scherbe *f*; (*counter*) (*in draughts etc*) Stein *m*; (*in chess*) Figur *f*; (*Press: article*)

Artikel *m*; (*Mil*) Geschütz *nt*; (*firearm*) Waffe *f*; (*coin*) Münze *f*. **a 50p** ~ ein 50-Pence-Stück, eine 50-Pence-Münze; **a ~ of cake/land/paper** ein Stück *nt* Kuchen/ Land/Papier; **a ~ of furniture/luggage/ clothing** ein Möbel-/Gepäck-/Kleidungs-stück *nt*; **a ten-~ band/coffee set** eine zehnköpfige Band/ein zehnteiliges Kaf-feeservice; **a ~ of news/information/luck** eine Nachricht/eine Information/ein Glücksfall *m*; **by a ~ of good luck** glücklicherweise; **a ~ of work** eine Arbeit; **~ by ~** Stück für Stück; **to take sth to ~s** etw in seine Einzelteile zerlegen; **to come to ~s** (*collapsible furniture etc*) sich auseinan-dernehmen *or* zerlegen lassen; **to come or fall to ~s** (*broken chair, old book etc*) auseinanderfallen, sich in Wohlgefallen auflösen (*hum*); (*glass, pottery*) zer-brechen; **to be in ~s** (*taken apart*) in Ein-zelteile zerlegt sein; (*broken: vase etc*) in Scherben sein, zerbrochen sein; **to smash sth to ~s** etw kaputtschlagen; **he tore the letter (in)to ~s** er zerriß den Brief (in Stücke *or* Fetzen); **to put or fix together the ~s of a mystery** die einzelnen Teile eines Rätsels zusammenfügen; **to be paid by the ~** (*Ind*) Stücklohn *or* Akkordlohn erhalten; **he said his ~ very nicely** (*poem etc*) er hat das sehr nett vorgetragen; **down the road a ~** (*US inf*) ein Stückchen die Straße runter (*inf*).

2. (*phrases*) **to go to ~s** (*crack up*) durchdrehen (*inf*); (*lose grip*) die Kontrolle verlieren; (*sportsman, team*) abbauen (*inf*); **he's going to ~s** mit ihm geht's bergab; **all in one ~** (*intact*) heil, unversehrt; **it's all of a ~ with** his usual behaviour so benimmt er sich immer; **to give sb a ~ of one's mind** jdm gehörig *or* ordentlich die Meinung sagen; **to say one's ~** seine Meinung sagen.

3. (*sl: woman*) Weib *nt* (*sl*).

♦**piece together** *vt sep* (*lit*) zusammen-stückeln; (*fig*) sich (*dat*) zusammen-reimen; *evidence* zusammenfügen.

pièce de résistance ['pjːesdəˈreɪstˌstɑːɲs] *n* Krönung *f*.

piecemeal ['piːsmiːl] **I** *adv* Stück für Stück, stückweise; (*haphazardly*) kunterbunt durcheinander; **II** *adj* stückweise; (*hap-hazard*) wenig systematisch; **piecework** *n* Akkordarbeit *f*; **to be on ~** im Akkord arbeiten; **pieceworker** *n* Akkordar-beiter(in *f*) *m*.

pie chart *n* Kreisdiagramm *nt*; **piecrust** *n* Teigdecke *f*.

pied [paɪd] *adj* gescheckt, gefleckt. **the P~ Piper of Hamelin** der Rattenfänger von Hameln.

pied-à-terre [pɪeɪdɑːˈtɛəʳ] *n* Zweitwohnung *f*.

pie dish *n* Pastetenform *f*.

pied wagtail *n* Trauerbachstelze *f*.

pie-eyed ['paɪˈaɪd] *adj* (*sl*) blau (wie ein Veilchen) (*inf*).

pier [pɪəʳ] *n* **1.** Pier *m or f*; (*landing-place also*) Anlegestelle *f*, Anleger *m*. **2.** (*of bridge etc*) Pfeiler *m*.

pierce [pɪəs] *vt* durchstechen; (*knife, spear*) durchstoßen, durchbohren; (*bullet*) durchbohren; (*fig: sound, coldness etc*)

durchdringen. **to ~ a hole in sth** etw durchstechen; **to have one's ears ~d** sich (*dat*) die Ohrläppchen durchstechen lassen.

piercing ['pɪəsɪŋ] *adj* durchdringend; *cold, wind, voice also* schneidend; *yell also* gellend; *eyes also* stechend; *cold, sarcasm* beißend; *wit* scharf.

piercingly ['pɪəsɪŋlɪ] *adv see adj*.

pietism ['paɪətɪzəm] *n* **1.** P~ der Pietismus. **2.** (*piety*) Pietät, Frömmigkeit *f*; (*pej*) Frömmelei *f*.

pietist ['paɪətɪst] *n see* **pietism** Pietist(in *f*) *m*; frommer Mensch; Frömmler(in *f*) *m*.

pietistic [ˌpaɪəˈtɪstɪk] *adj* (*pej*) frömmelnd.

piety ['paɪətɪ] *n* Pietät, Frömmigkeit *f*. **filial ~** Respekt *m* gegenüber den Eltern.

piffle ['pɪfl] *n* (*inf*) Quatsch *m* (*inf*).

piffling ['pɪflɪŋ] *adj* (*inf*) lächerlich.

pig [pɪg] **I** *n* **1.** Schwein *nt*. **to buy a ~ in a poke** (*prov*) die Katze im Sack kaufen; **~ in the middle** Ball übern Kopf, einer in der Mitte; **~s might fly** (*prov*) wer's glaubt, wird selig; **they were living like ~s** sie haben wie die Schweine gehaust.

2. (*inf: person*) (*dirty, nasty*) Schwein *nt*, Sau *f* (*inf*); (*greedy*) Vielfraß *m* (*inf*). **to make a ~ of oneself** sich (*dat*) den Bauch vollschlagen (*inf*).

3. (*inf: thing*) fieses Ding (*inf*).

4. (*sl: policeman*) Schwein *nt* (*sl*).

5. (*Metal*) (*ingot*) Massel *f*; (*mould*) Kokille *f*.

II *vt* **to ~ it** (*inf*) hausen.

pigeon ['pɪdʒən] *n* **1.** Taube *f*. **2.** (*inf*) **that's not my ~** das ist nicht mein Bier (*inf*).

pigeon-breasted *adj* (*Med*) hühnerbrüstig.

pigeonhole ['pɪdʒɪnhəʊl] **I** *n* (*in desk etc*) Fach *nt*; **to put people in~s** (*fig*) Menschen (in Kategorien) einordnen, Leute ab-stempeln; **II** *vt* (*lit*) (in Fächer) einordnen; (*fig: categorize*) einordnen, ein- *or* auf-teilen; **pigeon house, pigeon loft** *n* Taubenschlag *m*; **pigeon-toed** *adj, adv* mit einwärts gerichteten Fußspitzen; **he is/walks ~** er geht über den großen Onkel (*inf*).

piggery ['pɪgərɪ] *n* **1.** Schweinemästerei *f*. **2.** (*inf: gluttony*) Völlerei *f*.

piggish ['pɪgɪʃ] *adj* **1.** *eyes, face* Schweins-. **2.** (*greedy*) gefräßig; *person also* ver-fressen (*inf*); *appetite* unmäßig; (*dirty*) saumäßig (*inf*); (*nasty*) fies (*inf*), schweinisch (*inf*); (*stubborn*) fies (*inf*).

piggishly ['pɪgɪʃlɪ] *adv see adj* 2.

piggishness ['pɪgɪʃnɪs] *n see adj* **1.** Schweineartigkeit, Schweineähnlich-keit *f*. **2.** Gefräßigkeit *f*; Verfressenheit *f* (*inf*); Unmäßigkeit *f*; Saumäßigkeit *f* (*inf*); Gemeinheit, Fiesheit (*inf*) *f*.

piggy ['pɪgɪ] *n* (*baby-talk*) Schweinchen *nt*. **II** *adj* (+*er*) **1.** *attr eyes, face* Schweins-. **2.** (*inf: greedy*) verfressen (*inf*).

piggyback ['pɪgɪbæk] *n, adv see* **pickaback**.

piggy bank *n* Sparschwein *nt*.

pigheaded ['pɪgˈhedɪd] *adj* stur.

pigheadedly ['pɪgˈhedɪdlɪ] *adv* stur.

pigheadedness ['pɪgˈhedɪdnɪs] *n* Sturheit *f*.

pig iron *n* Roheisen *nt*.

piglet ['pɪglɪt] *n* Ferkel *nt*.

pigman ['pɪgmən] *n, pl* **-men** [-mən]

Schweinehirt(e) *m*.

pigment ['pɪgmənt] *n* Pigment *nt*.

pigmentation [ˌpɪgmən'teɪʃən] *n* Pigmentierung *f*.

pigmy *n see* **pygmy**.

pigpen ['pɪgpen] *n (US) see* **pigsty**; **pig's ear** *n* **to make a ~ of sth** (*Brit sl*) etw vermasseln (*inf*); **pigskin** *n* **1.** Schweinsleder *nt*; **2.** (*US inf: football*) Pille *f* (*inf*), Leder *nt* (*inf*); **pigsty** *n* Schweinestall *m*; (*fig also*) Saustall *m* (*inf*); **pigswill** *n* Schweinefutter *nt*; (*fig: coffee, soup etc*) Spülwasser *nt* (*inf*); (*porridge etc*) Schweinefraß *m* (*sl*); **pigtail** *n* Zopf *m*.

pike¹ [paɪk] *n* (*weapon*) Pike *f*, Spieß *m*.

pike² *n* (*fish*) Hecht *m*.

pike³ *n* (*US inf*) (*toll-road*) Mautstraße *f*; (*barrier*) Mautschranke *f*.

pikestaff ['paɪkstɑːf] *n*: **as plain as a ~** sonnenklar.

pilchard ['pɪltʃəd] *n* Sardine *f*.

pile¹ [paɪl] **I** *n* **1.** (*heap*) Stapel, Stoß *m*. **to put things in a ~** etw (auf)stapeln; **her things lay** *or* **were in a ~** ihre Sachen lagen auf einem Haufen.

2. (*inf: large amount*) Haufen *m*, Menge, Masse *f*. **~s of money/ trouble/ food** eine *or* jede Menge (*inf*) Geld/ Ärger/Essen; **a ~ of things to do** massenhaft zu tun (*inf*).

3. (*inf: fortune*) Vermögen *nt*.

4. (*funeral* ~) Scheiterhaufen *m*.

5. (*liter, hum: building*) ehrwürdiges Gebäude.

6. (*atomic* ~) Atommeiler *m*.

II *vt* stapeln. **the sideboard was ~d high with presents** auf der Anrichte stapelten sich die Geschenke.

◆**pile in** *vi* (*inf*) (*-to* in +*acc*) hinein-/hereindrängen; (*get in*) einsteigen. **II** *vt sep* einladen (*-to* in +*acc*).

◆**pile off** *vi* (*inf*) hinaus-/herausdrängen (*prep obj* aus).

◆**pile on** **I** *vi* (*inf*) hinein-/hereindrängen (*-to* in +*acc*).

II *vt sep* (*lit*) aufhäufen (*-to* auf +*acc*). **she ~d rice ~(to) my plate** sie häufte Reis auf meinen Teller; **he's piling work ~(to) his staff** er überhäuft seine Leute mit Arbeit; **they are really piling ~ the pressure** sie setzen uns/euch *etc* ganz gehörig unter Druck; **to ~ ~ the agony** (*inf*) dick auftragen (*inf*); **to ~ it ~** (*inf*) dick auftragen (*inf*).

◆**pile out** *vi* (*inf*) hinaus-/herausdrängen (*of* aus).

◆**pile up** **I** *vi* **1.** (*lit, fig*) sich (an)sammeln *or* anhäufen; (*traffic, cars also*) sich stauen; (*snow, work also*) sich (auf)türmen; (*reasons*) sich häufen; (*evidence*) sich verdichten.

2. (*crash*) aufeinander auffahren.

II *vt sep* **1.** (auf)stapeln; *money* horten; (*fig*) *debts* anhäufen; *evidence* sammeln. **her hair was ~d ~ on top of her head** sie trug ihre Haare hoch aufgetürmt; **to ~ the fire ~** (*with logs/ coal*) (Holz/Kohle) nachlegen; **he's piling ~ trouble for himself** er handelt sich (*dat*) Ärger ein.

2. (*inf: crash*) *car* kaputtfahren.

pile² *n* Pfahl *m*.

pile³ *n* (*of carpet, cloth*) Flor *m*.

pile-driver ['paɪlˌdraɪvəʳ] *n* Ramme *f*.

piles [paɪlz] *npl* Hämorrhoiden *pl*.

pile-up ['paɪlʌp] *n* (*car crash*) (Massen)-karambolage *f*, Massenzusammenstoß *m*.

pilfer ['pɪlfəʳ] *vti* stehlen, klauen (*inf*). **there's a lot of ~ing in the office** im Büro wird viel geklaut (*inf*).

pilferer ['pɪlfərəʳ] *n* Dieb(in *f*) *m*.

pilgrim ['pɪlgrɪm] *n* Pilger(in *f*) *m*. **the P~ Fathers** die Pilgerväter *pl*.

pilgrimage ['pɪlgrɪmɪdʒ] *n* Wallfahrt, Pilgerfahrt *f*. **to go on** *or* **make a ~** wallfahren, eine Pilger- *or* Wallfahrt machen.

pill [pɪl] *n* **1.** Tablette *f*. **the ~** die Pille; **to be/ go on the ~** die Pille nehmen; *see* **bitter**. **2.** (*sl: ball*) Ball *m*.

pillage ['pɪlɪdʒ] **I** *n* (*act*) Plünderung *f*; (*booty*) Beute *f*. **II** *vti* plündern.

pillar ['pɪləʳ] *n* Säule *f*. **~ of salt** Salzsäule *f*; **~ of water** Wassersäule *f*; **the P~s of Hercules** die Säulen *pl* des Herkules; **a ~ of society** eine Säule *or* Stütze der Gesellschaft; **from ~ to post** von Pontius zu Pilatus.

pillar-box ['pɪləbɒks] *n* (*Brit*) Briefkasten *m*. **~ red** knallrot.

pillbox ['pɪlbɒks] *n* **1.** (*Med*) Pillenschachtel, Pillendose *f*. **2.** (*Mil*) Bunker *m*. **3.** (*also ~hat*) Pagenkäppi *nt*; (*for women*) Pillbox *f*.

pillion ['pɪljən] **I** *n* **1.** (*on motor-bike*) Soziussitz, Soziussattel *m*. **~ passenger** Sozius, Beifahrer(in *f*) *m*. **2.** (*Hist*) Damensattel *m*. **II** *adv* **to ride ~** auf dem Sozius(sitz) *or* Beifahrersitz mitfahren.

pillory ['pɪlərɪ] **I** *n* (*Hist*) Pranger *m*. **to be in the ~** am Pranger stehen. **II** *vt* (*fig*) anprangern.

pillow ['pɪləʊ] **I** *n* (Kopf)kissen *nt*. **II** *vt* betten.

pillowcase ['pɪləʊkeɪs] *n* (Kopf)kissenbezug *m*; **pillow fight** *n* Kissenschlacht *f*; **pillowslip** *n see* **pillowcase**; **pillow talk** *n* Bettgeflüster *nt*.

pilot ['paɪlət] **I** *n* **1.** (*Aviat*) Pilot(in *f*) *m*. **~'s licence** Flugschein *m*. **2.** (*Naut*) Lotse *m*. **3.** (*~ light*) Zündflamme *f*. **4.** (*US: on train*) Schienenräumer *m*. **II** *vt* *plane* führen, fliegen; *ship* lotsen; (*fig*) führen, leiten.

pilot boat *n* Lotsenboot *nt*; **pilot fish** *n* Lotsen- *or* Piloten- *or* Leitfisch *m*; **pilot flag** *n* Lotsenrufflagge *f*; **pilot house** *n* Ruderhaus, Steuerhaus *nt*; **pilot lamp** *n* Kontrollampe *f*; **pilotless** *adj* führerlos; **pilot light** *n* Zündflamme *f*; **Pilot Officer** *n* (*Brit Aviat*) Leutnant *m*; **pilot plant** *n* Versuchs- *or* Pilotanlage *f*; **pilot scheme** *n* Pilot- *or* Versuchsprojekt *nt*; **pilot study** *n* Pilotstudie *f*.

pimento [pɪ'mentəʊ] *n*, *pl* **~s** **1.** Paprikaschote *f*. **2.** (*allspice*) Piment *m or nt*, Nelkenpfeffer *m*; (*tree*) Pimentbaum *m*.

pimp [pɪmp] **I** *n* Zuhälter, Lude (*pej*) *m*. **II** *vi* Zuhälter sein. **to ~ for sb** für jdn den Zuhälter machen, jds Luds sein (*pej*).

pimpernel ['pɪmpənel] *n* (*Bot: also* **scarlet ~**) (Acker)gauchheil *m*.

pimple ['pɪmpl] *n* Pickel *m*, Pustel *f*. **she/her face comes out in ~s** sie bekommt Pickel/ sie bekommt Pickel im Gesicht.

pimply ['pɪmplɪ] *adj* (+*er*) pickelig.
pin [pɪn] **I** *n* **1.** (*Sew*) Stecknadel *f*; (*tie* ~, *hat*~, *on brooch, hair*~) Nadel *f*; (*Mech*) Bolzen, Stift *m*; (*small nail*) Stift *m*; (*in grenade*) Sicherungsstift *m*; (*on guitar*) Wirbel *m*; (*Med*) Stift, Nagel *m*; (*Elec: of plug*) Pol *m*. **a two-~ plug** ein zweipoliger Stecker; **I've got ~s and needles in my foot** mir ist der Fuß eingeschlafen; **~s and needles** *sing or pl* ein Kribbeln *nt*; **like a new ~** blitzsauber, funkelnagelneu; **neat as a (new) ~** wie aus dem Ei gepellt; **for two ~s I'd pack up and go** (*inf*) es fehlt nicht mehr viel, dann gehe ich; **you could have heard a ~ drop** man hätte eine Stecknadel fallen hören können.

2. (*esp US*) (*brooch*) Brosche *f*; (*badge: also lapel* ~, *fraternity* ~) Anstecknadel *f*, Abzeichen *nt*.

3. (*Golf*) Flaggenstock *m*; (*Bowling*) Kegel *m*.

4. **~s** *pl* (*inf: legs*) Gestell *nt* (*inf*); **he wasn't very steady on his ~s** er war etwas wackelig auf den Beinen.

II *vt* **1.** *dress* stecken. **to ~ sth to sth** etw an etw (*acc*) heften; **to ~ papers together** Blätter zusammenheften; **the bone had to be ~ned in place** der Knochen mußte genagelt werden.

2. (*fig*) **to ~ sb to the ground/against a wall** jdn am Boden/an einer Wand festnageln; **to ~ sb's arms to his side** jdm die Arme an den Körper pressen; **to ~ sb's arm behind his back** jdm den Arm auf den Rücken drehen; **to ~ one's hopes/faith on sb/sth** seine Hoffnungen/sein Vertrauen auf jdn/etw setzen; **to ~ back one's ears** die Ohren spitzen (*inf*).

3. (*inf: accuse of*) **to ~ sth on sb** jdm etw anhängen.

4. (*US inf*) **to get ~ned** sich verloben.
◆**pin down** *vt sep* **1.** (*fix down*) (*with pins*) an- *or* festheften; (*hold, weight down*) beschweren, niederhalten; (*trap: rockfall etc*) einklemmen. **he ~ned him ~ on the canvas** er drückte ihn auf die Matte; **two of the gang ~ned him ~** zwei aus der Bande drückten ihn zu Boden.

2. (*fig*) **to ~ sb ~** jdn festnageln *or* festlegen; **he wouldn't be ~ned ~ to any particular date** er ließ sich nicht auf ein bestimmtes Datum festnageln *or* festlegen; **I've seen him/it somewhere before but I can't ~ him/it ~** ich habe ihn/es schon mal irgendwo gesehen, kann ihn/es aber nicht einordnen; **we can't ~ ~ the source of the rumours** wir können die Quelle der Gerüchte nicht lokalisieren; **if you try to ~ his ideas ~** wenn Sie versuchen, seine Ideen genau zu umreißen; **there's something odd here, but I can't ~ it ~** irgend etwas ist hier merkwürdig, aber ich kann nicht genau sagen, was.
◆**pin up** *vt sep notice* anheften; *hair* hochstecken; *hem, dress, sleeves* stecken.

pinafore ['pɪnəfɔːʳ] *n* (*overall: for children*) Kinderkittel *m*; (*apron*) Schürze *f*, Kittel *m*. **~ dress** (*Brit*) Trägerkleid *nt*.

pinball ['pɪnbɔːl] *n* Flipper *m*. **to have a game of ~** Flipper spielen, flippern; **~ machine** Flipper(automat) *m*.

pince-nez ['pɛ̃snēɪ] *n* Kneifer *m*.

pincer movement ['pɪnsə-] *n* (*Mil fig*) Zangenbewegung *f*.

pincers ['pɪnsəz] *npl* **1.** Kneifzange, Beißzange *f*. **a pair of ~** eine Kneifzange, eine Beißzange. **2.** (*Zool*) Schere, Zange *f*.

pinch [pɪntʃ] **I** *n* **1.** (*with fingers*) Kneifen, Zwicken *nt no pl*. **to give sb a ~ on the arm** jdn in den Arm kneifen *or* zwicken.

2. (*small quantity*) Quentchen *nt*; (*Cook*) Prise *f*.

3. (*pressure*) **I'm rather feeling the ~ at the moment** ich bin im Augenblick ziemlich knapp bei Kasse (*inf*); **to feel the ~** die schlechte Lage zu spüren bekommen; **if it comes to the ~** wenn es zum Schlimmsten *or* Äußersten kommt; **at a ~** zur Not.

II *vt* **1.** (*with fingers*) kneifen, zwicken; (*with implement: squeeze*) *end of wire etc* zusammendrücken; (*shoe*) drücken. **to ~ sb's bottom** jdn in den Hintern kneifen; **to ~ oneself** sich kneifen; **to ~ one's finger in the door** sich (*dat*) den Finger in der Tür (ein)klemmen.

2. (*inf: steal*) klauen, stibitzen, mopsen (*all inf*). **don't let anyone ~ my seat** paß auf, daß mir niemand den Platz wegnimmt; **he ~ed Johnny's girl** er hat Johnny (*dat*) die Freundin ausgespannt (*inf*).

3. (*inf: arrest*) schnappen (*inf*).

III *vi* **1.** (*shoe, also fig*) drücken.

2. **to ~ and scrape** sich einschränken.
◆**pinch back** *or* **off** *vt sep bud* abknipsen.
pinchbeck ['pɪntʃbek] **I** *n* (*lit, fig*) Talmi *nt*. **II** *adj jewels* aus Talmi; Talmi-.

pinched ['pɪntʃt] *adj* **1.** verhärmt; (*from cold*) verfroren; (*from fatigue*) erschöpft. **to be/look ~ with cold/hunger** verfroren/verhungert sein/aussehen. **2.** (*inf: short*) **to be ~ for money/time** knapp bei Kasse sein (*inf*)/keine Zeit haben; **we're a bit ~ for space in here** wir sind hier ein wenig beengt.

pinch-hit ['pɪntʃhɪt] *vi* (*US*) Ersatzspieler sein; (*fig*) einspringen.

pinch-hitter ['pɪntʃhɪtəʳ] *n* (*US*) Ersatz(spieler) *m*; (*fig*) Ersatz *m*.

pinchpenny ['pɪntʃpenɪ] *adj* knauserig.

pin curl *n* Löckchen *nt*; **pincushion** *n* Nadelkissen *nt*.

pine¹ [paɪn] *n* Kiefer *f*.

pine² *vi* **1.** **to ~ for sb/sth** sich nach jdm/etw sehnen *or* verzehren. **2.** (~ *away, be sad*) vor Gram vergehen, sich vor Kummer verzehren.
◆**pine away** *vi* (*from grief*) sich (vor Kummer) verzehren, vor Gram vergehen; (*from disease*) (dahin)siechen; (*of animal, plant*) eingehen.

pineal gland ['pɪnɪəl-] *n* Zirbeldrüse *f*.

pineapple ['paɪnˌæpl] *n* Ananas *f*. **~ chunks** Ananasstücke *pl*; **~ juice** Ananassaft *m*.

pine cone *n* Kiefernzapfen *m*; **pine forest** *n* Kiefernwald *m*; **pine marten** *n* Baummarder *m*; **pine needle** *n* Kiefernadel *f*; **pine tree** *n* Kiefer *f*; **pine wood** *n* Kiefernwald *m*; (*material*) Kiefernholz *nt*.

ping [pɪŋ] **I** *n* (*of bell*) Klingeln *nt*; (*of bullet*) Peng *nt*. **to give or make a ~** (*sonar, lift bell etc*) klingeln; **the stone made a ~ as it hit the glass** der Stein machte klick, als er auf das Glas traf. **II** *vi* (*bell*) klingeln; (*bullet*) peng machen.

ping-pong ® [ˈpɪŋpɒŋ] n Pingpong nt.

pinhead [ˈpɪnhed] n (Steck)nadelkopf m; (inf: stupid person) Holzkopf (inf), Strohkopf (inf) m; **pin holder** n Blumenigel m; **pinhole** n Loch nt; **pinhole camera** n Lochkamera, Camera obscura f.

pinion [ˈpɪnjən] **I** n **1.** (Mech) Ritzel, Treibrad nt. **2.** (poet: wing) Fittich m (poet), Schwinge f (poet). **3.** (Orn) Flügelspitze f. **II** vt to ~ sb to the ground/ against the wall jdn zu Boden/gegen eine Wand drücken.

pink¹ [pɪŋk] **I** n **1.** (colour) Rosa nt; (hunting ~) Rot nt.
    2. (plant) Gartennelke f.
    3. to be in the ~ vor Gesundheit strotzen; **I'm in the ~** mir geht's prächtig; **in the ~ of condition** in Top- or Hochform.
    II adj **1.** (colour) rosa inv, rosafarben; cheeks, face rosig. **to turn ~** erröten; **to see ~ elephants** (inf) weiße Mäuse sehen (inf).
    2. (Pol inf) rot angehaucht.

pink² vt **1.** (Sew) mit der Zickzackschere schneiden. **2.** (nick) streifen.

pink³ vi (Aut) klopfen.

pink-eye [ˈpɪŋkaɪ] n (inf) Bindehautentzündung f.

pinkie [ˈpɪŋkɪ] n (Scot inf, US inf) kleiner Finger.

pinking shears [ˈpɪŋkɪŋˌʃɪəz] npl Zickzackschere f.

pinkish [ˈpɪŋkɪʃ] adj rötlich.

pin money n Nadelgeld nt.

pinnacle [ˈpɪnəkl] n (Archit) Fiale f; (of rock, mountain) Gipfel m, Spitze f; (fig) Gipfel, Höhepunkt m.

pinnate [ˈpɪneɪt] adj (Bot) gefiedert.

pinny [ˈpɪnɪ] n (inf) Schürze f.

pinoc(h)le [ˈpiːnʌkəl] n (Cards) Binokel nt.

pinpoint [ˈpɪnpɔɪnt] **I** n Punkt m; the buildings were mere ~s on the horizon die Gebäude zeichneten sich wie Stecknadelköpfe am Horizont ab; **a ~ of light** ein Lichtpunkt m; **II** vt (locate) genau an- or aufzeigen; (define, identify) genau feststellen or -legen; **pinprick** n Nadelstich m; (fig) Kleinigkeit f; **pinstripe** n (stripe) Nadelstreifen m; (cloth) Tuch nt mit Nadelstreifen; (~ suit) Nadelstreifenanzug m.

pint [paɪnt] n **1.** (measure) Pint nt; see appendix.
    2. (esp Brit: quantity) (of milk) Tüte f; (bottle) Flasche f; (of beer) Halbe(r) m, Halbe f (dial), Glas nt Bier. **fancy a quick ~?** wie wär's mit einem Bier auf die Schnelle? (inf); **he likes his ~** er hebt ganz gern mal einen (inf).

pin table n Flipper(automat) m.

pint-mug [ˈpaɪntˈmʌg] n Humpen m(, der ein Pint faßt).

pinto [ˈpɪntəʊ] n, pl ~s (US) Schecke mf.

pint-size(d) [ˈpaɪntsaɪz(d)] adj (inf) stöpselig (inf), knirpsig (inf). **a ~ boxer** ein Knirps von einem Boxer.

pin tuck n Biese f; **pin-up** n (picture) Pin-up-Foto nt; (person) (girl) Pin-up-girl nt; (man) Idol nt; **pin-up girl** n Pin-up-girl nt; **pinwheel** n (firework) Feuerrad nt; (US: toy) Windrädchen nt.

pioneer [ˌpaɪəˈnɪə^r] **I** n (also Mil) Pionier

m; (fig also) Bahnbrecher m.
    II adj attr see **pioneering**.
    III vt way vorbereiten, bahnen; (fig) Pionierarbeit f leisten für. **the firm which ~ed its technical development** die Firma, die die technische Pionierarbeit dafür geleistet hat.
    IV vi Pionierarbeit or Vorarbeit leisten.

pioneering [ˌpaɪəˈnɪərɪŋ] adj attr Pionier-. **the pride they take in their ~ ancestors** der Stolz auf ihre Vorfahren, die Pioniere.

pious [ˈpaɪəs] adj fromm; (pej also) frömmlerisch. **a ~ hope** ein frommer Wunsch.

piously [ˈpaɪəslɪ] adv fromm.

piousness [ˈpaɪəsnɪs] n Frömmigkeit f; (pej also) Frömmelei f.

pip¹ [pɪp] n **1.** (Bot) Kern m.
    2. (on card, dice) Auge nt; (Brit Mil inf) Stern m; (on radar screen) Pip m, Echozeichen nt.
    3. (Rad, Telec) **the ~s** das Zeitzeichen; (in public telephone) das Tut-tut-tut; **at the third ~ it will be ...** beim dritten Ton des Zeitzeichens ist es ...

pip² n (Vet) Pips m. **to give sb the ~** (Brit inf) jdn aufregen (inf).

pip³ vt (Brit inf) knapp besiegen or schlagen. **to ~ sb at the post** (in race) jdn um Haaresbreite schlagen, jdn im Ziel abfangen; (fig) jdm um Haaresbreite zuvorkommen; (in getting orders etc) jdm etw vor der Nase wegschnappen.

pipe [paɪp] **I** n **1.** (tube) (for water, gas, sewage) Rohr nt, Leitung f; (fuel ~, for steam) Leitung f; (in body) Röhre f.
    2. (Mus) Flöte f; (fife, of organ, boatswain's) Pfeife f. **~s** (bag~s) Dudelsack m; **~s of Pan** Panflöte f.
    3. (for smoking) Pfeife f. **~ of peace** Friedenspfeife; **to smoke a ~** Pfeife rauchen; **put that in your ~ and smoke it!** (inf) steck dir das hinter den Spiegel! (inf).
    II vt **1.** water, oil etc in Rohren leiten; music, broadcast ausstrahlen. **water has to be ~d in from the next state** Wasser muß in Rohrleitungen aus dem Nachbarstaat herangeschafft werden; **~d music** (pej) Musikberieselung f (inf).
    2. (Mus) tune flöten, pfeifen; (sing in high voice) krähen; (speak in high voice) piepsen; (Naut) pfeifen. **to ~ sb aboard** jdn mit Pfeifensignal an Bord empfangen.
    3. (Cook) spritzen; cake mit Spritzguß verzieren; (Sew) paspelieren, paspeln.
    III vi (Mus) flöten, (die) Flöte spielen; (bird) pfeifen; (young bird, anxiously) piep(s)en.

◆**pipe down** vi (inf) (be less noisy) die Luft anhalten (inf), ruhig sein; (become less confident) (ganz) klein werden (inf).

◆**pipe up** vi (inf) (person) den Mund aufmachen, sich melden. **suddenly a little voice ~d ~** plötzlich machte sich ein Stimmchen bemerkbar.

pipe band n Dudelsackkapelle f; **pipe clay** n (for making pipes) Pfeifenton m; **pipe cleaner** n Pfeifenreiniger m; **pipe dream** n Hirngespinst nt; **pipeline** n (Rohr)-leitung f; (for oil, gas also) Pipeline f; **to be in the ~** (fig) in Vorbereitung sein; **the pay rise hasn't come through yet but it's in the ~** die Lohnerhöhung ist noch nicht durch, steht aber kurz bevor.

piper [ˈpaɪpəʳ] n Flötenspieler(in f) m; (on fife) Pfeifer m; (on bagpipes) Dudelsackpfeifer m. **to pay the ~** die Kosten tragen; **he who pays the ~ calls the tune** (Prov) wer bezahlt, darf auch bestimmen.

pipe rack n Pfeifenständer m; **pipe tobacco** n Pfeifentabak m.

pipette [pɪˈpet] n Pipette f.

piping [ˈpaɪpɪŋ] **I** n **1.** (pipework) Rohrleitungssystem nt; (pipe) Rohrleitung f. **2.** (Sew) Paspelierung f; (on furniture) Kordel f; (Cook) Spritzgußverzierung f. **3.** (Mus) Flötenspiel nt; (on bagpipes) Dudelsackpfeifen nt. **II** adj voice piepsend. **III** adv: **~ hot** kochendheiß.

piping bag n Spritzbeutel m.

pipistrelle [ˌpɪpɪˈstrel] n Zwergfledermaus f.

pipit [ˈpɪpɪt] n Pieper m.

pippin [ˈpɪpɪn] n Cox m.

pipsqueak [ˈpɪpskwiːk] n (inf) Winzling m (inf).

piquancy [ˈpiːkənsɪ] n Pikantheit, Würze f; (fig) Pikanterie f.

piquant [ˈpiːkənt] adj (lit, fig) pikant.

pique [piːk] **I** n Groll m, Vergrämtheit f. **he resigned in a fit of ~** er kündigte, weil er vergrämt war; **you don't have to go straight into a fit of ~ just because ...** du brauchst nicht gleich pikiert or beleidigt zu sein, nur weil ...

II vt (offend, wound) kränken, verletzen. **to be ~d at sb/sth** über jdn/etw (acc) ungehalten or pikiert sein.

III vr **to ~ oneself on sth** sich (dat) viel auf etw (acc) einbilden.

piqué [ˈpiːkeɪ] n Pikee, Piqué m.

piracy [ˈpaɪərəsɪ] n Seeräuberei, Piraterie f; (of book etc) Raubdruck m; (of record) Raubpressung f. **an act of ~** Seeräuberei, Piraterie f.

piranha (fish) [pɪˈrɑːnjə(ˌfɪʃ)] n Piranha m.

pirate [ˈpaɪərɪt] **I** n Seeräuber, Pirat m; (~ ship) Seeräuberschiff, Piratenschiff nt; (also ~ cab) nicht konzessioniertes Taxi. **~ radio** Piratensender m.

II vt book einen Raubdruck herstellen von; invention, idea stehlen. **a ~d version of the record** eine Raubpressung.

piratical [paɪˈrætɪkəl] adj seeräuberisch, piratenhaft.

pirouette [ˌpɪruˈet] **I** n Pirouette f. **II** vi Pirouetten drehen, pirouettieren.

Pisces [ˈpaɪsiːz] npl (Astron) Fische pl; (Astrol) Fisch m. **I'm (a) ~** ich bin Fisch.

piss [pɪs] (vulg) **I** n (act) Piß m (sl); (urine) Pisse f (sl). **to have a/go for a ~** pissen (sl)/pissen gehen (sl); **to take the ~ out of sb** jdn verarschen (sl). **II** vti pissen (sl).

♦piss about or **around** vi (sl) herummachen (inf).

♦piss off (esp Brit sl) **I** vi abhauen (inf). **~ ~!** (go away) verpiß dich! (sl); (don't be stupid) du kannst mich mal (inf). **II** vt ankotzen (sl). **to be ~ed ~ with sb/sth** von jdm/etw die Schnauze voll haben (inf).

pissed [pɪst] adj (sl) (Brit: drunk) sturz- or stockbesoffen (inf); (US: angry) stocksauer (inf).

pistachio [pɪˈstɑːʃɪəʊ] n. pl **~s** Pistazie f; (colour) pistazienfarben.

pistil [ˈpɪstɪl] n Stempel m, Pistill nt (spec).

pistol [ˈpɪstl] n Pistole f. **~ shot** Pistolenschuß m; (person) Pistolenschütze m/ -schützin f; **to hold a ~ to sb's head** (fig) jdm die Pistole auf die Brust setzen; **~ grip camera** Kamera f mit Handgriff.

pistol-whip [ˈpɪstəlwɪp] vt (US) mit einer Pistole ein auf etw überziehen (+dat) (inf).

piston [ˈpɪstən] n Kolben m. **~ engine** Kolbenmotor m; **~ ring** Kolbenring m; **~ rod** Pleuel- or Kolbenstange f; **~ stroke** Kolbenhub m.

pit¹ [pɪt] **I** n **1.** (hole) Grube f; (coalmine also) Zeche f; (quarry also) Steinbruch m; (trap) Fallgrube f; (in zoo etc) Grube f; (for cock-fighting) (Kampf)arena f; (of stomach) Magengrube f. **to have a sinking feeling in the ~ of one's stomach** ein ungutes Gefühl in der Magengegend haben; **to go down the ~** Bergmann or Bergarbeiter werden; **he works down the ~(s)** er arbeitet unter Tage; **the ~** (hell) die Hölle; see **bottomless**.

2. (Aut) (in garage) Grube f; (motorracing) Box f; (Sport) (for long jump) Sprunggrube f; (for high jump) Sprunghügel m.

3. (Theat) (usu pl Brit: for audience) Parkett nt; (orchestra ~) Orchesterraum m or -versenkung f or -graben m.

4. (US St Ex) Börsensaal m.

5. (scar, on ceramics) Vertiefung f; (on skin also) Narbe f.

II vt **1. the surface of the moon is ~ted with small craters** die Mondoberfläche ist mit kleinen Kratern übersät; **his face was ~ted with smallpox scars** sein Gesicht war voller Pockennarben; **the skin of an orange is ~ted with small dents** die Schale einer Apfelsine ist narbig.

2. to ~ one's strength/wits against sb/sth seine Kraft/seinen Verstand an jdm/etw messen; **in the next round A is ~ted against B** in der nächsten Runde stehen sich A und B gegenüber; **they are clearly ~ting their new model against ours** mit ihrem neuen Modell nehmen sie offen sichtlich den Kampf gegen uns auf.

pit² (US) **I** n Stein m. **II** vt entsteinen.

pitapat [ˈpɪtəˈpæt] **I** adv (of heart) poch, klopf klopf; (of feet) tapp tapp. **to go ~** (heart) pochen, klopfen. **II** n (of rain, heart) Klopfen nt; (of feet) Getrappel, Getrippel nt.

pitch¹ [pɪtʃ] n Pech nt. **as black as ~** pechschwarz.

pitch² **I** n **1.** (throw) Wurf m. **he threw the ball back full ~** er schleuderte den Ball in hohem Bogen zurück.

2. (Naut) Stampfen nt.

3. (esp Brit Sport) Platz m, Feld nt.

4. (Brit) (for doing one's business: in market, outside theatre etc) Stand m; (fig: usual place: on beach etc) Platz m. **keep off my ~ ~!** (fig) komm mir nicht ins Gehege!; see **queer**.

5. (inf: sales ~) (long talk) Sermon m (inf); (technique) Verkaufstaktik, Masche f (inf). **if you changed your ~, you might sell more** mit einer anderen Masche könnten Sie vielleicht mehr verkaufen.

6. (*Phon, of note*) Tonhöhe *f*; (*of instrument*) Tonlage *f*; (*of voice*) Stimmlage *f*. **to have perfect ~** das absolute Gehör haben; **their speaking voices are similar in ~** ihre Stimmlagen sind ähnlich.

7. (*angle, slope: of roof*) Schräge, Neigung *f*; (*of propeller*) Steigung *f*. **the roofs have a high ~** die Dächer sind sehr steil; **the floor was sloping at a precarious ~** der Boden neigte sich gefährlich.

8. (*fig: degree*) **he roused the mob to such a ~ that …** er brachte die Massen so sehr auf, daß …; **the crowd/music had reached such a frenzied ~ that …** die Menge/Musik hatte einen solchen Grad rasender Erregung erreicht, daß …; **at its highest ~** auf dem Höhepunkt *or* Gipfel; **we can't keep on working at this ~ much longer** wir können dieses Arbeitstempo nicht mehr lange durchhalten; **their frustration had reached such a ~ that …** ihre Frustration hatte einen derartigen Grad erreicht, daß …; **matters had reached such a ~ that …** die Sache hatte sich derart zugespitzt, daß …; *see* fever.

9. (*US sl*) **what's the ~?** wie sieht's aus?, was liegt an? (*inf*).

II *vt* **1.** (*throw*) *hay* gabeln; *ball* werfen. **he was ~ed from** *or* **off his horse** er wurde vom Pferd geworfen; **he was ~ed through the windscreen** er wurde durch die Windschutzscheibe geschleudert; **sorry we have to ~ you straight in at the deep end** es tut mir leid, daß wir Sie gleich ins kalte Wasser werfen müssen.

2. (*Mus*) *song* anstimmen; *note* (*give*) angeben; (*hit*) treffen; *instrument* stimmen. **she ~ed her voice higher** sie sprach mit einer höheren Stimme.

3. (*fig*) **to ~ one's aspirations too high** seine Erwartungen *or* Hoffnungen zu hoch stecken; **his speech was ~ed in rather high-flown terms** seine Rede war ziemlich hochgestochen; **the production must be ~ed at the right level for London audiences** das Stück muß auf das Niveau des Londoner Publikums abgestimmt werden; **that's ~ing it rather strong** *or* **a bit high** das ist ein bißchen übertrieben; **to ~ sb a story** *or* **line** (*inf*) jdm eine ein Märchen auftischen (*inf*).

4. (*put up*) *camp* aufschlagen; *tent also, stand* aufstellen.

5. (*Baseball*) **he ~ed the first two innings** er spielte *or* machte in den ersten beiden Innings den Werfer.

III *vi* **1.** (*fall*) fallen, stürzen. **to ~ forward** vornüberfallen; **he ~ed off his horse** er fiel kopfüber vom Pferd.

2. (*Naut*) stampfen; (*Aviat*) absacken. **the ship ~ed and tossed** das Schiff stampfte und rollte.

3. (*Baseball*) werfen. **he's in there ~ing** (*US inf*) er schuftet wie ein Ochse (*inf*).

◆**pitch in I** *vt sep* hineinwerfen *or* -schleudern. **II** *vi* (*inf*) einspringen. **so we all ~ed ~ together** also packten wir alle mit an.

◆**pitch into** *vi +prep obj* (*attack*) herfallen über (*+acc*); *food also, work* sich hermachen über (*+acc*).

◆**pitch on** *vi +prep obj* (*inf: choose*)

herauspicken (*inf*).

◆**pitch out** *vt sep* (*lit, fig*) hinauswerfen; (*get rid of*) wegwerfen.

pitch black *adj* pechschwarz; **pitchblende** *n* Pechblende *f*; **pitch dark I** *adj* pechschwarz; **II** *n* (tiefe) Finsternis.

pitched ['pɪtʃt] *adj* **1.** *roof* Sattel-, Giebel-. **2.** *battle* offen.

pitcher[1] ['pɪtʃər] *n* Krug *m*; (*two-handled*) Henkelkrug *m*.

pitcher[2] *n* (*Baseball*) Werfer *m*.

pitchfork ['pɪtʃfɔːk] **I** *n* Heugabel *f*; (*for manure*) Mistgabel *f*; **II** *vt* gabeln; (*fig*) hineinwerfen; **pitch pine** *n* Pechkiefer *f*.

piteous ['pɪtɪəs] *adj* mitleiderregend; *sounds* kläglich.

piteously ['pɪtɪəslɪ] *adv see adj*.

pitfall ['pɪtfɔːl] *n* (*fig*) Falle *f*, Fallstrick *m*. **"P-~s of English"** „Hauptschwierigkeiten der englischen Sprache".

pith [pɪθ] *n* (*Bot*) Mark *nt*; (*of orange, lemon etc*) weiße Haut; (*fig: core*) Kern *m*, Wesentliche(s) *nt*. **remarks** *etc* **of great ~ (and moment)** bedeutungsschwere Äußerungen.

pithead ['pɪthed] *n* Übertageanlagen *pl*. **at the ~** über Tage.

pith hat, pith helmet *n* Tropenhelm *m*.

pithily ['pɪθɪlɪ] *adv* prägnant, markig.

pithiness ['pɪθɪnɪs] *n* (*fig*) Prägnanz, Markigkeit *f*.

pithy ['pɪθɪ] *adj* (+*er*) (*Bot*) reich an Mark; *oranges etc* dickschalig; (*fig*) prägnant, markig. **~ remarks** Kernsprüche *pl*.

pitiable ['pɪtɪəbl] *adj* mitleiderregend, bemitleidenswert.

pitiful ['pɪtɪfʊl] *adj* **1.** (*moving to pity*) *sight, story* mitleiderregend; *person* bemitleidenswert, bedauernswert; *cry, whimper also* jämmerlich.

2. (*poor, wretched*) erbärmlich, jämmerlich, kläglich.

pitifully ['pɪtɪfəlɪ] *adv see adj*. **it was ~ obvious that …** es war schon qualvoll offensichtlich, daß …

pitiless ['pɪtɪlɪs] *adj* mitleidlos; *person also, sun, glare* unbarmherzig; *cruelty also* gnadenlos, erbarmungslos.

pitilessly ['pɪtɪlɪslɪ] *adv see adj*.

pit pony *n* Grubenpony *nt*; **pit prop** *n* Grubenstempel, Abbaustempel *m*.

pittance ['pɪtəns] *n* Hungerlohn *m*. **I can hardly live on the ~** they pay me ich kann von den paar Pfennigen, die sie mir zahlen, kaum leben.

pitter-patter ['pɪtə'pætər] **I** *n* (*of rain*) Klatschen *nt*; (*of feet*) Getrappel, Getrippel *nt*. **II** *adv run* tapp tapp, tipp tapp. **her heart went ~** ihr Herz klopfte *or* pochte. **III** *vi* (*rain*) platschen, klatschen; (*run*) trappeln, trippeln.

pituitary (gland) [pɪ'tjuːɪtrɪ(ˌglænd)] *n* Hirnanhangdrüse *f*.

pity ['pɪtɪ] **I** *n* **1.** Mitleid, Mitgefühl, Erbarmen *nt*. **for ~'s sake!** Erbarmen!; (*less seriously*) um Himmels willen!; **to have** *or* **take ~ on sb, to feel ~ for sb** mit jdm Mitleid haben; **to do sth out of ~** (**for sb**) etw aus Mitleid (mit jdm) tun; **to feel no ~** kein Mitgefühl *etc* haben, kein Mitleid fühlen; **to move sb to ~** jds Mitleid (*acc*) erregen.

2. (*cause of regret*) (**what a**) ~! (wie)
schade!; **what a ~ he can't come** (wie)
schade, daß er nicht kommen kann;
more's the ~! leider; **it is a ~ that** ... es ist
schade, daß ...; **the ~ of it was that** ... das
Traurige daran war, daß ...; **it's a great ~**
es ist sehr schade, es ist jammerschade;
(*more formally*) es ist sehr bedauerlich.
II *vt* bemitleiden, bedauern; (*contempt-uously*) bedauern. **all I can say is that I ~
you** ich kann nur sagen, du tust mir leid.

pitying *adj*, **~ly** *adv* ['pɪtɪɪŋ, -lɪ] mitleidig;
glance also bedauernd; (*with contempt*)
verächtlich.

pivot ['pɪvət] (*vb: pret, ptp* **~ed**) **I** *n* Lager-zapfen, Drehzapfen *m*; (*Mil*) Flügelmann
m; (*fig*) Dreh- und Angelpunkt *m*. **~
-bearing** Zapfenlager *nt*. **II** *vt* drehbar
lagern. **he ~ed it on his hand** er ließ es auf
seiner Hand kreiseln. **III** *vi* sich drehen. **to
~ on sth** (*fig*) sich um etw drehen.

pivotal ['pɪvətl] *adj* (*fig*) zentral.

pixie, pixy ['pɪksɪ] *n* Kobold, Elf *m*. **~ hat**
or **hood** Rotkäppchenmütze *f*.

pixilated ['pɪksɪleɪtɪd] *adj* (*hum sl*) (*crazy,
eccentric*) überspannt, überkandidelt
(*inf*); (*drunk*) angeheitert (*inf*).

pizzle ['pɪzl] *n* Ochsenziemer *m*.

placard ['plækɑ:d] **I** *n* Plakat *nt*; (*at
demonstrations also*) Transparent *nt*. **II** *vt*
plakatieren. **to ~ a wall with slogans/
posters** *etc* eine Wand mit
Werbesprüchen/Plakaten bekleben.

placate [plə'keɪt] *vt* besänftigen,
beschwichtigen.

placatory [plə'keɪtərɪ] *adj* beschwich-tigend, besänftigend; *gesture also* ver-söhnlich.

place [pleɪs] **I** *n* **1.** (*in general*) Platz *m*,
Stelle *f*. **this is just the ~ for a picnic** das
ist genau der richtige Platz *or* die richtige
Stelle für ein Picknick; **this is the ~ where
he was** ... hier *or* an dieser Stelle wurde
er ...; **from ~ to ~** von einem Ort zum
anderen; **in another ~** woanders; **some/
any ~** irgendwo; **a poor man with no ~ to
go** ein armer Mann, der nicht weiß,
wohin; **this is no ~ for you/children** das ist
nichts *or* kein Platz für dich/für Kinder;
bed is the best ~ for him im Bett ist er am
besten aufgehoben; **there is no ~ for the
unsuccessful in our society** für Erfolglose
ist in unserer Gesellschaft kein Platz; **all
over the ~** überall; **I can't be in two ~s at
once!** ich kann doch nicht an zwei Stellen
gleichzeitig sein; **it was the last ~ I expec-ted to find him** da hätte ich ihn zuletzt *or*
am wenigsten vermutet; **to laugh in the
right ~** an den richtigen Stellen lachen;
to go ~s (*travel*) Ausflüge machen,
herumreisen; **he's going ~s** (*fig inf*) er
bringt's zu was (*inf*).
2. (*specific ~*) Stätte *f*, Ort *m*. **~ of
amusement** Vergnügungsstätte *f*; **~ of
birth/residence** Geburtsort *m*/Wohnort
m; **~ of business** *or* **work** Arbeitsstelle *f*.
3. (*on surface*) Stelle *f*. **water is coming
through in several ~s** an mehreren Stellen
kommt Wasser durch.
4. (*district etc*) Gegend *f*; (*country*)
Land *nt*; (*building*) Gebäude *nt*; (*town*)
Ort *m*. **there's nothing to do in the even-**

ings in this ~ hier kann man abends
nichts unternehmen; **they're building
a modern ~ out in the suburbs** sie bauen
ein neues Gebäude am Stadtrand;
Sweden's a great ~ Schweden ist ein tolles
Land.
5. (*house, home*) Haus *nt*. **country ~**
Gutshaus *nt*, Landsitz *m*; **a little ~ at the
seaside** ein Häuschen *nt* am Meer; **come
round to my ~ some time** besuch mich
mal, komm doch mal vorbei; **I've never
been to his ~** ich bin noch nie bei ihm
gewesen; **where's your ~?** wo wohnst
du?; **at Peter's ~** bei Peter.
6. (*in street names*) Platz *m*.
7. (*proper or natural ~*) Platz *m*. **do the
spoons have a special ~?** haben die Löffel
einen bestimmten Platz?; **make sure the
wire/screw is properly in ~** achten Sie
darauf, daß der Draht/die Schraube rich-tig sitzt; **to be out of ~** in Unordnung sein;
(*one object*) nicht an der richtigen Stelle
sein; (*fig*) (*remark*) unangebracht *or*
deplaziert sein; (*person*) fehl am Platze *or*
deplaziert sein; **to feel out of ~** sich fehl
am Platz *or* deplaziert fühlen; **not a hair
out of ~** tipptopp frisiert sein (*inf*); **everything
in her drawing-room must be in its proper
~** in ihrem Wohnzimmer muß alles an
seinem Platz sein; **your ~ is by his side**
dein Platz ist an seiner Seite; **everything
was in ~** alles war an seiner Stelle; **in the
right/wrong ~** an der richtigen/falschen
Stelle.
8. (*in book etc*) Stelle *f*. **to find/keep
one's ~** die richtige Stelle finden/sich
(*dat*) die richtige Stelle markieren; **to lose
one's ~** die Seite verblättern; (*on page*)
die Zeile verlieren.
9. (*seat, at table, in team, school, hos-pital etc*) Platz *m*; (*in hospital also*) Bett-platz *m*; (*university ~*) Studienplatz *m*;
(*job*) Stelle *f*. **to lay an extra ~ for sb** ein
zusätzliches Gedeck für jdn auflegen; **to
take one's ~** (*at table*) Platz nehmen; **take
your ~s for a square dance!** Aufstellung
zur Quadrille, bitte!; **~s for 500 workers**
500 Arbeitsplätze; **to give up/lose one's ~**
(*in a queue*) jdm den Vortritt lassen/sich
wieder hinten anstellen müssen.
10. (*social position etc*) Rang *m*, Stelle
f. **people in high ~s** Leute in hohen
Positionen; **to know one's ~** wissen, was
sich (für einen) gehört; **of course I'm not
criticizing your work, I know my ~!** (*hum*)
ich kritisiere doch selbstverständlich
nicht, das steht mir gar nicht zu; **it's not
my ~ to tell him what to do** es steht mir
nicht zu, ihm zu sagen, was er tun soll; **to
keep** *or* **put sb in his ~** jdn in seine Schran-ken weisen.
11. (*in exam, Sport etc*) Platz *m*, Stelle
f; (*Math*) Stelle *f*. **to work sth out to three
decimal ~s** etw auf drei Stellen nach dem
Komma berechnen; **P won, with Q in
second ~** P hat gewonnen, an zweiter
Stelle *or* auf dem zweiten Platz lag Q; **to
win first ~** erste(r, s) sein.
12. (*Horse-racing*) Plazierung *f*. **to get a
~** eine Plazierung erreichen, einen der
ersten drei Plätze belegen.
13. **in ~ of** statt (+*gen*); **if I were in**

your ~ (wenn ich) an Ihrer Stelle (wäre);
put yourself in my ~ versetzen Sie sich in
meine Lage; **to give** ~ **to sth** einer Sache
(*dat*) Platz machen; **to take** ~ stattfinden;
to take the ~ **of sb/sth** jdn/etw ersetzen,
jds Platz/den Platz von etw einnehmen.
14. in the **first/second/third** ~ erstens/
zweitens/drittens; **in the next** ~ weiterhin.
II *vt* 1. (*put*) setzen, stellen, legen; *per-
son at table etc* setzen; *guards* aufstellen;
shot (*with gun*) anbringen; (*Ftbl, Tennis*)
plazieren; *troops* in Stellung bringen; *an-
nouncement* (*in paper*) inserieren,
plazieren; *advertisement* plazieren. **the
magician** ~**d one hand over the other** der
Zauberer legte eine Hand über die an-
dere; **the dancer slowly** ~**d one foot for-
ward** der Tänzer setzte langsam einen
Fuß vor; **he** ~**d the cue-ball right behind
the black** er setzte den Spielball direkt
hinter den schwarzen Ball; **he** ~**d a knife
at my throat** er setzte mir ein Messer an
die Kehle; **she** ~**d a finger on her lips** sie
legte den Finger auf die Lippen; **to** ~ **a
matter before sb** jdm eine Angelegenheit
vorlegen; **I shall** ~ **the matter in the hands
of a lawyer** ich werde die Angelegenheit
einem Rechtsanwalt übergeben; **to** ~ **a
strain on sth** etw belasten; **to** ~ **too much
emphasis on sth** auf etw (*acc*) zuviel Nach-
druck legen; **where do you** ~ **love in your
list of priorities?** an welcher Stelle steht
die Liebe für dich?; **to** ~ **confidence/trust
etc in sb/sth** Vertrauen in jdn/etw setzen;
historians ~ **the book in the 5th century
AD** Historiker datieren das Buch auf das
5. Jahrhundert; **I don't know, it's very dif-
ficult to** ~ ich weiß es nicht, es ist sehr
schwer einzuordnen.
2. **to be** ~**d** (*shop, town, house etc*)
liegen; **we are well** ~**d for the shops** was
Einkaufsmöglichkeiten angeht, wohnen
wir günstig; **the vase was dangerously** ~**d**
die Vase stand an einer gefährlichen
Stelle; **how are you** ~**d for time/money?**
wie sieht es mit deiner Zeit/deinem Geld
aus?; **Liverpool are well** ~**d in the league**
Liverpool liegt gut in der Tabelle; **they
were well** ~**d to observe the whole battle**
sie hatten einen günstigen Platz, von dem
sie die ganze Schlacht verfolgen konnten;
we are well ~**d now to finish the job by
next year** wir stehen jetzt so gut da, daß
wir die Arbeit im nächsten Jahr fertig-
stellen können; **with the extra staff we are
better** ~**d now** mit dem zusätzlichen Per-
sonal stehen wir jetzt besser da; **he is well**
~**d** (*to get hold of things*) er sitzt an der
Quelle.
3. *order* erteilen (*with sb* jdm); *contract*
abschließen (*with sb* mit jdm); *phone call*
anmelden; *money* deponieren; (*Comm*)
goods absetzen. **this is the last time we** ~
any work with you das ist das letzte Mal,
daß wir Ihnen einen Auftrag erteilt
haben; **to** ~ **a book with a publisher's** ein
Buch bei einem Verleger unterbringen; **to**
~ **money at sb's credit** jdm eine Geld-
summe gutschreiben; **to** ~ **money at
interest** Geld zinsbringend anlegen; **goods
that are difficult to** ~ (*Comm*) kaum ab-
satzfähige Waren *pl*.

4. (*in job etc*) unterbringen (*with* bei).
5. (*in race, competition etc*) **the German
runner was** ~**d third** der deutsche Läufer
belegte den dritten Platz *or* wurde
Dritter; **to be** ~**d** (*in horse-race*) (*Brit*)
sich plazieren, unter den ersten drei sein;
(*US*) Zweiter sein.
6. (*remember, identify*) einordnen. **I
can't quite** ~ **him/his accent** ich kann ihn/
seinen Akzent nicht einordnen.

placebo [plə'siːbəʊ] *n, pl* ~**(e)s** (*Med*)
Placebo *nt*.

place card *n* Tischkarte *f*; **place kick** *n*
Platztritt *m*; **place mat** *n* Set *nt*; **place-
name** *n* Ortsname *m*; ~**s** (*as study*) Orts-
namenkunde *f*.

placenta [plə'sentə] *n* Plazenta *f*.

placid ['plæsɪd] *adj* ruhig; *person also*
gelassen; *disposition* friedfertig; *smile*
still; *scene* beschaulich, friedvoll.

placidity [plə'sɪdɪtɪ] *n see adj* Ruhe *f*;
Gelassenheit *f*; Friedfertigkeit *f*; Stille *f*;
Beschaulichkeit *f*.

placidly ['plæsɪdlɪ] *adv* ruhig, friedlich;
speak bedächtig.

placket ['plækɪt] *n* Schlitz *m*.

plagiarism ['pleɪdʒərɪzəm] *n* Plagiat *nt*.

plagiarist ['pleɪdʒərɪst] *n* Plagiator(in *f*) *m*.

plagiarize ['pleɪdʒəraɪz] *vt* plagiieren.

plague [pleɪg] **I** *n* (*Med*) Seuche *f*; (*Bibl,
fig*) Plage *f*. **the** ~ die Pest; **to avoid sb/sth
like the** ~ jdn/etw wie die Pest meiden; **a**
~ **of reporters descended on the town** eine
Horde von Reportern suchte die Stadt
heim.
II *vt* plagen. **to** ~ **the life out of sb** jdn
(bis aufs Blut) quälen, jdm das Leben
schwermachen.

plaice [pleɪs] *n, no pl* Scholle *f*.

plaid [plæd] *n* Plaid *nt*. ~ **skirt** karierter
Rock.

plain [pleɪn] **I** *adj* (+*er*) 1. klar; (*obvious
also*) offensichtlich; *tracks, differences*
deutlich. ~ **to see** offensichtlich; **it's as** ~
as the nose on your face (*inf*) das sieht
doch ein Blinder (mit Krückstock) (*inf*);
to make sth ~ jdm jdm etw klarmachen
or klar zu verstehen geben; **the reason is**
~ **to see** der Grund ist leicht einzusehen;
I'd like to make it quite ~ **that ...** ich
möchte gern klarstellen, daß ...; **do I/did
I make myself** *or* **my meaning** ~? ist das
klar/habe ich mich klar ausgedrückt?
2. (*frank, straightforward*) *question,
answer* klar; *truth* schlicht. **to be** ~ **with sb**
jdm gegenüber offen *or* direkt sein; **in** ~
language *or* **English, the answer is no** um
es klar *or* auf gut Deutsch zu sagen: die
Antwort ist nein; **it was** ~ **sailing** es ging
glatt (über die Bühne) (*inf*); **from now on
it'll be** ~ **sailing** von jetzt an geht es ganz
einfach.
3. (*simple, with nothing added*) einfach;
dress, design also schlicht; *living also*
schlicht, bescheiden; *cooking, food also*
(gut)bürgerlich; *cook* gutbürgerlich;
water klar; *chocolate* bitter; *cigarette* ohne
Filter; *paper* unliniert; *colour* einheitlich.
in a ~ **colour** einfarbig, uni *pred*; **he used
to be** ~ **Mr** früher war er einfach *or*
schlicht Herr X.
4. (*sheer*) rein; *greed also* nackt;

nonsense etc also völlig, blank (*inf*). **it's just ~ common sense** das ist einfach gesunder Menschenverstand.

5. (*not beautiful*) *person, appearance* nicht gerade ansprechend; *face also* alltäglich. **she really is so** ~ sie ist recht unansehnlich; **she's a real ~ Jane** sie ist nicht gerade hübsch *or* eine Schönheit.

II *adv* **1.** (*inf: simply, completely*) (ganz) einfach.

2. I can't put it ~er than that deutlicher kann ich es nicht machen.

III *n* **1.** (*Geog*) Ebene *f*, Flachland *nt*. **the ~s** das Flachland, die Ebene; (*in North America*) die Prärie.

2. (*Knitting*) rechte Masche.

plain clothes *npl* **in** ~ in Zivil.

plainclothesman [ˈpleɪnˌkləʊðzmən] *n, pl* **-men** [-mən] Polizist *m* in Zivil.

plainly [ˈpleɪnlɪ] *adv* **1.** (*clearly*) eindeutig; *explain, remember, visible* klar, deutlich. **2.** (*frankly*) offen, direkt. **3.** (*simply, unsophisticatedly*) einfach.

plainness [ˈpleɪnnɪs] *n* **1.** (*frankness, straightforwardness*) Direktheit, Offenheit *f*. **2.** (*simplicity*) Einfachheit *f*. **3.** (*lack of beauty*) Unansehnlichkeit *f*.

plainsman [ˈpleɪnzmən] *n, pl* **-men** [-mən] Flachländer *m*.

plainsong [ˈpleɪnsɒŋ] *n* Cantus planus *m*, Gregorianischer Gesang; **plain speaking** *n* Offenheit *f*; **some/a bit of ~** ein paar offene Worte; **plain-spoken** *adj* offen, direkt; *criticism also* unverhohlen.

plaintiff [ˈpleɪntɪf] *n* Kläger(in *f*) *m*.

plaintive [ˈpleɪntɪv] *adj* klagend; *voice etc also* wehleidig (*pej*); *song etc also* schwermütig, elegisch (*geh*); *look etc* leidend.

plaintively [ˈpleɪntɪvlɪ] *adv see adj*.

plait [plæt] **I** *n* Zopf *m*. **she wears her hair in** ~ sie trägt Zöpfe. **II** *vt* flechten.

plan [plæn] **I** *n* **1.** (*scheme*) Plan *m*; (*Pol, Econ also*) Programm *nt*. **~ of action** (*Mil, fig*) Aktionsprogramm *nt*; **~ of campaign** (*Mil*) Strategie *f*; **the ~ is to ...** es ist geplant, zu ...; **so, what's the ~?** was ist also geplant?; **the best ~ is to tell him first** am besten sagt man es ihm zuerst; **to make ~s (for sth)** Pläne (für etw) machen, (etw) planen; **to have great ~s for sb mit jdm Großes vorhaben, große Pläne mit jdm haben; **have you any ~s for tonight?** hast du (für) heute abend (schon) etwas vor?; **according to** ~ planmäßig.

2. (*diagram*) Plan *m*; (*for novel etc also*) Entwurf *m*; (*for essay, speech*) Konzept *nt*; (*town* ~) Stadtplan *m*.

II *vt* **1.** (*arrange*) planen; *programme etc* erstellen, ausarbeiten.

2. (*intend*) vorhaben. **we weren't ~ning to** wir hatten es nicht vor; **this development was not ~ned** diese Entwicklung war nicht eingeplant.

3. (*design*) planen; *buildings etc also* entwerfen.

III *vi* planen. **to ~ for sth** sich einstellen auf (+*acc*), rechnen mit; **to ~ months ahead** (auf) Monate vorausplanen; **to ~ on sth** mit etw rechnen; **I'm not ~ning on staying** ich habe nicht vor zu bleiben.

◆**plan out** *vt sep* in Einzelheiten planen.

plane¹ [pleɪn] *n* (*also* ~ **tree**) Platane *f*.

plane² **I** *adj* eben (*also Math*); *surface also* plan.

II *n* **1.** (*Math*) Ebene *f*.

2. (*fig*) Ebene *f*; (*intellectual also*) Niveau *nt*; (*social* ~) Stufe *f*. **he lives on a different ~** er lebt in anderen Sphären.

3. (*tool*) Hobel *m*.

4. (*aeroplane*) Flugzeug *nt*. **to go by ~/ take a ~** fliegen.

III *vt* hobeln. **to ~ sth down** etw abhobeln, etw glatt hobeln.

IV *vi* (*bird, glider, speedboat*) gleiten.

planeload [ˈpleɪnləʊd] *n* Flugzeugladung *f*.

planet [ˈplænɪt] *n* Planet *m*.

planetarium [ˌplænɪˈtɛərɪəm] *n* Planetarium *nt*.

planetary [ˈplænɪtərɪ] *adj* planetarisch, Planeten-; *travel* zu anderen Planeten.

plank [plæŋk] **I** *n* **1.** Brett *nt*; (*Naut*) Planke *f*; *see* **walk. 2.** (*Pol*) Schwerpunkt *m*. **II** *vtr* (*inf*) *see* **plonk¹**.

planking [ˈplæŋkɪŋ] *n* Beplankung *f*.

plankton [ˈplæŋktən] *n* Plankton *nt*.

planned [plænd] *adj* geplant. **~ economy** Planwirtschaft *f*; **~ obsolescence** geplanter Verschleiß *f*.

planner [ˈplænər] *n* Planer(in *f*) *m*.

planning [ˈplænɪŋ] *n* Planung *f*.

planning *in cpds* Planungs-; **~ permission** Baugenehmigung *f*.

plant [plɑːnt] **I** *n* **1.** (*Bot*) Pflanze *f*. **rare/ tropical ~** seltene/ tropische Gewächse.

2. (*no pl: equipment*) Anlagen *pl*; (*equipment and buildings*) Produktionsanlage *f*; (*no pl: US: of school, bank etc*) Einrichtungen *pl*; (*factory*) Werk *nt*. **~-hire** Baumaschinenvermietung *f*; "**heavy ~ crossing**" „Baustellenverkehr".

3. (*inf*) eingeschmuggelter Gegenstand etc, *der jdn kompromittieren soll*; (*frame-up*) Komplott *nt*.

II *attr* Pflanzen-. **~ life** Pflanzenwelt *f*.

III *vt* **1.** *plants, trees* pflanzen, ein- *or* anpflanzen; *field* bepflanzen. **to ~ a field with turnips/wheat** auf einem Feld Rüben anbauen *or* anpflanzen/Weizen anbauen.

2. (*place in position*) setzen; *bomb* legen; *kiss* drücken; *fist* pflanzen (*inf*); (*in the ground*) *stick* stecken; *flag* pflanzen. **to ~ sth in sb's mind** jdm etw in den Kopf setzen, jdn auf etw (*acc*) bringen; **he ~ed himself right in the doorway** er postierte sich genau im Eingang; **he ~ed himself right in front of the fire** (*inf*) er pflanzte sich genau vor dem Kamin auf (*inf*); **to ~ a punch on sb's chin** (*inf*) jdm einen Kinnhaken geben.

3. (*inf*) *incriminating evidence, stolen goods etc* manipulieren, praktizieren; (*in sb's car, home*) schmuggeln; *informer, spy etc* (ein)schleusen. **to ~ sth on sb** (*inf*) jdm etw unterjubeln (*inf*).

plantain [ˈplæntɪn] *n* (*Bot*) **1.** Plantainbanane *f*. **2.** (*weed*) Wegerich *m*.

plantation [plænˈteɪʃən] *n* Plantage, Pflanzung *f*; (*of trees*) Schonung, Anpflanzung *f*.

planter [ˈplɑːntər] *n* Pflanzer(in *f*) *m*; (*plantation owner also*) Plantagenbesitzer(in *f*) *m*; (*machine*) Pflanzmaschine *f*; (*seed* ~) Sämaschine *f*; (*plantpot*) Übertopf *m*.

plaque [plæk] *n* **1.** Plakette *f*; (*on building etc*) Tafel *f*. **2.** (*Med*) Belag *m*; (*on teeth*) (Zahn)belag *m*, Plaque *f* (*spec*).

plasm ['plæzəm], **plasma** ['plæzmə] *n* Plasma *nt*.

plaster ['plɑːstəʳ] **I** *n* **1.** (*Build*) (Ver)putz *m*.
2. (*Art, Med: also* ~ **of Paris**) Gips *m*; (*Med:* ~ *cast*) Gipsverband *m*. **to have one's leg in** ~ das Bein in Gips haben.
3. (*Brit: sticking* ~) Pflaster *nt*.
II *vt* **1.** (*Build*) *wall* verputzen. **to** ~ **over a hole** ein Loch zu- *or* vergipsen.
2. (*inf: cover*) vollkleistern. **to** ~ **a wall with posters, to** ~ **posters on a wall** eine Wand mit Plakaten vollkleistern *or* bepflastern (*inf*); ~**ed with mud** schlammbedeckt; **he** ~**ed down his wet hair with his hands** er klatschte sich (*dat*) das nasse Haar mit den Händen an.

plasterboard ['plɑːstəˌbɔːd] *n* Gipskarton(platten *pl*) *m*; **plaster cast** *n* (*model, statue*) Gipsform *f*; (*of footprint etc*) Gipsabdruck *m*; (*Med*) Gipsverband *m*.

plastered ['plɑːstəd] *adj pred* (*sl*) voll (*sl*).

plasterer ['plɑːstərəʳ] *n* Gipser *m*; Stukkateur *m*.

plastic ['plæstɪk] **I** *n* Plastik *nt*. ~**s** Kunststoffe, Plaste (*esp DDR*) *pl*.
II *adj* **1.** (*made of* ~) Plastik-, aus Plastik; (*pej inf*) *food, person* synthetisch; *pub* steril (*fig*), Plastik- (*inf*).
2. (*flexible*) formbar (*also fig*), modellierbar (*also fig*), plastisch. **the** ~ **arts** die gestaltenden Künste.
3. (*Med*) plastisch.

plastic bag *n* Plastiktüte *f*; **plastic bomb** *n* Plastikbombe *f*; **plastic explosive** *n* Plastiksprengstoff *m*.

plasticine ® ['plæstɪsiːn] *n* Plastilin *nt*.

plasticity [plæ'stɪsɪtɪ] *n* Formbarkeit, Modellierbarkeit *f*.

plastics industry *n* Kunststoffindustrie *f*; **plastic surgeon** *n* plastischer Chirurg; **plastic surgery** *n* plastische Chirurgie; **he had to have** ~ er mußte sich einer Gesichtsoperation unterziehen; **she decided to have** ~ **on her nose** sie entschloß sich, eine Schönheitsoperation an ihrer Nase vornehmen zu lassen.

plate [pleɪt] **I** *n* **1.** (*flat dish,* ~*ful, collection* ~) Teller *m*; (*warming* ~) Platte *f*. ~ **supper** (*US*) Tellergericht *nt*; **a dinner at $1.00 a** ~ (*US*) ein Essen für *or* zu $1.00 pro Person; **to have sth handed to one on a** ~ (*fig inf*) etw auf einem Tablett serviert bekommen (*inf*); **to have a lot on one's** ~ (*fig inf*) viel am Hals haben (*inf*).
2. (*gold, silver*) Silber und Gold *nt*; Tafelsilber *nt*; Tafelgold *nt*; (~*d metal*) vergoldetes/versilbertes Metall; (~*d articles*) (*jewellery*) Doublé *nt*; Doublee *nt*. **a piece of** ~ ein Stück *or* Gegenstand aus Gold/Silber *etc*; (~*d article*) ein vergoldeter/versilberter *etc* Gegenstand.
3. (*Tech, Phot, Typ*) Platte *f*; (*name*~, *number* ~) Schild *nt*.
4. (*Racing*) Cup, Pokal *m*; (*race*) Cup- *or* Pokalrennen *nt*.
5. (*illustration*) Tafel *f*.
6. (*dental* ~) (Gaumen)platte *f*.

7. (*Baseball: home* ~) Gummiplatte *f*.
II *vt ship* beplanken; (*with armourplating*) panzern. **to** ~ (**with gold/silver/ nickel**) vergolden/-silbern/-nickeln.

plateau ['plætəʊ] *n, pl* ~**s** *or* **-x** (*Geog*) Plateau *nt*, Hochebene *f*. **the rising prices have reached a** ~ die Preise steigen nicht mehr und haben sich eingependelt.

plateful ['pleɪtfʊl] *n* Teller *m*. **two** ~**s of salad** zwei Teller (voll) Salat.

plate glass *n* Tafelglas *nt*; **platelayer** *n* (*Brit Rail*) Streckenarbeiter *m*.

platelet ['pleɪtlɪt] *n* (*Physiol*) Plättchen *nt*.

plate rack *n* (*Brit*) Geschirrständer *m*.

platform ['plætfɔːm] *n* **1.** Plattform *f*; (*stage*) Podium *nt*, Bühne *f*. **2.** (*Rail*) Bahnsteig *m*. **3.** (*Pol*) Plattform *f*. **4.** (*inf:* ~ *shoe*) Plateauschuh *m*.

platform sole *n* Plateausohle *f*; **platform ticket** *n* Bahnsteigkarte *f*.

plating ['pleɪtɪŋ] *n* (*act*) Vergolden *nt*, Vergoldung *f*; Versilbern *nt*, Versilberung *f*; (*material*) Auflage *f*; (*of copper also*) Verkupferung *f*; (*of nickel also*) Vernickelung *f*; (*on ship*) Beplankung, Außenhaut *f*; (*armour*~) Panzerung *f*.

platinum ['plætɪnəm] *n* (*abbr* Pt) Platin *nt*. **a** ~ **blonde** eine Platinblonde.

platitude ['plætɪtjuːd] *n* Platitüde *f*.

platitudinous [ˌplætɪ'tjuːdɪnəs] *adj* banal.

Platonic [plə'tɒnɪk] *adj philosophy* Platonisch. **p**~ *love etc* platonisch.

platoon [plə'tuːn] *n* (*Mil*) Zug *m*.

platter ['plætəʳ] *n* Teller *m*; (*wooden* ~ *also*) Brett *nt*; (*serving dish*) Platte *f*; (*sl: record*) Platte *f*. **to have sth handed to one on a silver** ~ etw auf einem Tablett serviert bekommen.

platypus ['plætɪpəs] *n* Schnabeltier *nt*.

plaudit ['plɔːdɪt] *n usu pl* (*liter*) Ovation (*usu pl*), Huldigung *f* (*geh*).

plausibility [ˌplɔːzə'bɪlɪtɪ] *n see adj* Plausibilität *f*; Geschicktheit *f*; überzeugende Art.

plausible ['plɔːzəbl] *adj* plausibel; *argument also* einleuchtend; *liar* gut, geschickt; *manner, person* überzeugend.

plausibly ['plɔːzəblɪ] *adv* plausibel; *argue also* einleuchtend; *lie, present one's excuses* geschickt; *tell a story, act a part* auf überzeugende Art, überzeugend.

play [pleɪ] **I** *n* **1.** (*amusement, gambling*) Spiel *nt*. **to do/say sth in** ~ etw aus Spaß tun/ sagen; ~ **on words** Wortspiel *nt*; **children at** ~ spielende Kinder; **children learn through** ~ Kinder lernen beim Spiel; **it's your** ~ (*turn*) du bist dran; **he lost £800 in a few hours'** ~ er hat beim Spiel innerhalb von ein paar Stunden £ 800 verloren.
2. (*Sport*) Spiel *nt*. **to abandon** ~ das Spiel abbrechen; **because of bad weather** ~ **was impossible** es konnte wegen schlechten Wetters nicht gespielt werden; **in a clever piece of** ~, **in a clever** ~ (*US*) in einem klugen Schachzug; **there was some exciting** ~ **towards the end** gegen Ende gab es einige spannende (Spiel)- szenen; **to be in/out of** ~ (*ball*) im Spiel/ aus sein; **to kick the ball out of** ~ den Ball aus *or* ins Aus schießen.
3. (*Tech, Mech*) Spiel *nt*. **1 mm (of)** ~ 1 mm Spiel.

4. (*Theat*) (Theater)stück *nt*; (*Rad*) Hörspiel *nt*; (*TV*) Fernsehspiel *nt*. **the ~s of Shakespeare** Shakespeares Dramen.
5. (*fig: moving patterns*) Spiel *nt*.
6. (*fig phrases*) **to come into ~** ins Spiel kommen; **to give full ~ to one's imagination** seiner Phantasie (*dat*) freien Lauf lassen; **to bring** *or* **call sth into ~** etw aufbieten *or* einsetzen; **the ~ of opposing forces** das Widerspiel der Kräfte; **to make great ~ of sth** viel Aufhebens *or* Trara (*inf*) um etw machen; **to make a ~ for sb/ sth** sich um jdn bemühen/es auf etw (*acc*) abgesehen haben.

II *vt* **1.** *game, card, ball, position* spielen; *player* aufstellen, einsetzen. **to ~ sb (at a game)** gegen jdn (ein Spiel) spielen; **to ~ ball (with sb)** (jdm) mitspielen; **to ~ shop** (Kaufmanns)laden spielen, Kaufmann spielen; **to ~ a joke on sb** jdm einen Streich spielen; **to ~ a mean/ dirty trick on sb** jdn auf gemeine/ schmutzige Art hereinlegen; **they're all ~ ing the game** die machen doch alle mit; *see* **card¹, game¹, market, hell** etc.
2. (*Theat, fig*) *part, play* spielen; (*perform in*) *town* spielen in (+*dat*). **to ~ the fool** den Clown spielen.
3. *instrument, record, tune* spielen. **to ~ the piano** Klavier spielen; **to ~ sth through/over** etw durchspielen.
4. (*direct*) *lights, jet of water* richten.
5. (*Fishing*) drillen.

III *vi* **1.** spielen. **to go out to ~** rausgehen und spielen; **run away and ~!** geh spielen!; **can Johnny come out to ~?** darf Johnny zum Spielen rauskommen?; **to ~ with oneself** (*euph*) an sich (*dat*) herumspielen (*euph*); **to ~ with the idea of doing sth** mit dem Gedanken spielen, etw zu tun; **we don't have much time/money to ~ with** wir haben zeitlich/finanziell nicht viel Spielraum; **we don't have that many alternatives to ~ with** so viele Alternativen haben wir nicht zur Verfügung; **he wouldn't ~** (*fig inf*) er wollte nicht mitspielen (*inf*).
2. (*Sport, at game, gamble*) spielen. **to ~ at mothers and fathers/cowboys and Indians** Vater und Mutter/Cowboy und Indianer spielen; **he was ~ing at being angry/the jealous lover** seine Wut war gespielt/er spielte den eifersüchtigen Liebhaber; **~!** Anspiel!; **what are you ~ing at?** (*inf*) was soll (denn) das? (*inf*); **to ~ for money** um Geld spielen; **to ~ for time** (*fig*) Zeit gewinnen wollen; **to ~ into sb's hands** (*fig*) jdm in die Hände spielen.
3. (*Mus*) spielen. **to ~ to sb** jdm vorspielen.
4. (*move about, form patterns: sun, light, water*) tanzen; (*fountain*) spielen. **a smile ~ed on his lips** ein Lächeln spielte um seine Lippen; **the firemen's hoses ~ed on the flames** die Schläuche der Feuerwehrmänner waren auf die Flammen gerichtet; **the searchlights ~ed over the roofs** die Suchscheinwerfer strichen über die Dächer.
5. (*Theat*) (*act*) spielen; (*be performed*) gespielt werden.
6. (*Sport: ground, pitch*) sich bespielen

lassen. **the pitch ~s well/badly** auf dem Platz spielt es sich gut/schlecht.

◆**play about** *or* **around** *vi* spielen. **I wish he'd stop ~ing ~ and settle down to a steady job** ich wollte, er würde mit dem ständigen Hin und Her aufhören und sich eine feste Arbeit suchen; **to ~ ~ with sth/ an idea** mit etw (herum)spielen/mit einer Idee spielen; **to ~ ~ with sb/sb's feelings** mit jdm/jds Gefühlen spielen.

◆**play along I** *vi* mitspielen. **he ~ed ~ with the system** er arrangierte sich mit dem System; **to ~ ~ with a suggestion** auf einen Vorschlag eingehen/scheinbar eingehen.
II *vt sep* ein falsches Spiel spielen mit; (*in order to gain time*) hinhalten.

◆**play back** *vt sep* *tape recording* abspielen.

◆**play down** *vt sep* runterspielen (*inf*).

◆**play in** *vt sep* (*lead in with music*) musikalisch begrüßen.

◆**play off I** *vt sep* **to ~ X ~ against Y** X gegen Y ausspielen. **II** *vi* (*Sport*) um die Entscheidung spielen.

◆**play on I** *vi* weiterspielen.
II *vi* +*prep obj* (*also* **~ upon**) (*exploit*) *sb's fears, feelings, good nature* geschickt ausnutzen; (*emphasize*) *difficulties, similarities* herausstreichen. **the hours of waiting ~ed ~ my nerves** das stundenlange Warten zermürbte mich; **the author is ~ing ~ words** der Autor macht Wortspiele/ein Wortspiel.

◆**play out** *vt sep* **1.** (*Theat*) *scene* (*enact*) darstellen; (*finish acting*) zu Ende spielen (*also fig*). **their romance was ~ed ~ against a background of civil war** ihre Romanze spielte sich vor dem Hintergrund des Bürgerkrieges ab.
2. (*esp pass: use up*) *mine* ausbeuten. **to ~ ~ (the) time** die Zeit herumbringen; (*Sport also*) auf Zeit spielen, Zeit schinden (*pej*); **a ~ed-~ theory** (*inf*) eine überstrapazierte Theorie; **his talent is pretty well ~ed ~** (*inf*) sein Talent ist einigermaßen verbraucht.
3. (*Mus: accompany*) mit Musik hinausgeleiten.

◆**play through** *vi* +*prep obj* *a few bars etc* durchspielen.

◆**play up I** *vi* **1.** (*louder*) lauter spielen.
2. (*Sport inf: play better*) aufdrehen (*inf*). **~ ~!** vor!, ran!
3. (*Brit inf: cause trouble: car, injury, child*) verrückt spielen (*inf*).
4. (*inf: flatter*) **to ~ ~ to sb** jdm schöntun.
II *vt sep* (*inf*) **1.** (*cause trouble to*) **to ~ sb ~** jdm Schwierigkeiten machen; (*child, injury also*) jdn piesacken (*inf*).
2. (*exaggerate*) hochspielen.

◆**play upon** *vi* +*prep obj* *see* **play on II.**

playable ['pleɪəbl] *adj* *pitch* bespielbar; *ball* zu spielen *pred*.

play-act ['pleɪækt] *vi* (*fig*) Theater spielen; **play-acting** *n* (*fig*) Theater(spiel) *nt*; **playback** *n* (*switch, recording*) Wiedergabe *f*; (*playing-back also*) Abspielen *nt*; **they listened to the ~ of their conversation** sie hörten sich (*dat*) die Aufnahme ihres Gespräches an; **playbill** *n* (*poster*)

Theaterplakat *nt*; (*US: programme*) Theaterprogramm *nt*; **playboy** *n* Playboy *m*.

player ['pleɪə^r] *n* (*Sport, Mus*) Spieler(in *f*) *m*; (*Theat*) Schauspieler(in *f*) *m*; (*record ~*) Plattenspieler *m*.

player-piano ['pleɪə'pjɑːnəʊ] *n* automatisches Klavier.

playfellow ['pleɪfeləʊ] *n* Spielkamerad(in *f*) *m*.

playful ['pleɪfʊl] *adj* neckisch; *remark, smile, look also* schelmisch; *child, animal* verspielt, munter. **the dog is in a ~ mood/just being ~** der Hund will spielen/spielt nur; **to do sth in a ~ way** etw zum Scherz *or* aus Spaß tun.

playfully ['pleɪfəlɪ] *adv* neckisch; *remark, smile, look also* schelmisch. **to do/say sth ~** etw zum Scherz tun/sagen.

playfulness ['pleɪfʊlnɪs] *n* (*of child, animal*) Verspieltheit *f*; (*of adult*) Ausgelassenheit, Lustigkeit *f*.

playgoer ['pleɪˌgəʊə^r] *n* Theaterbesucher(in *f*) *m*; **playground** *n* Spielplatz *m*; (*Sch*) (Schul)hof *m*; (*fig*) Tummelplatz *m*, Spielwiese *f*; **playgroup** *n* Spielgruppe *f*; **playhouse** *n* 1. (*children's house*) Spielhaus *nt*; (*US: doll's house*) Puppenstube *f*; 2. (*Theat*) Schaubühne *f* (*dated*), Schauspielhaus *nt*.

playing card ['pleɪŋ-] *n* Spielkarte *f*; **playing field** *n* Sportplatz *m*.

playlet ['pleɪlɪt] *n* Spiel, Stück *nt*.

playmate ['pleɪmeɪt] *n see* **playfellow**; **play-off** *n* Entscheidungsspiel *nt*; (*extra time*) Verlängerung *f*; **playpen** *n* Laufstall *m*; **playroom** *n* Spielzimmer *nt*; **play school** *n* Kindergarten *m*; **plaything** *n* (*lit, fig*) Spielzeug *nt*, **~s** *pl* Spielzeug *nt*, Spielsachen *pl*; **playtime** *n* Zeit *f* zum Spielen; (*Sch*) große Pause.

playwright ['pleɪraɪt] *n* Dramatiker(in *f*) *m*; (*contemporary also*) Stückeschreiber(in *f*) *m*.

plaza ['plɑːzə] *n* Piazza *f*; (*US: shopping complex*) Einkaufszentrum *or* -center *nt*.

plea [pliː] *n* 1. Bitte *f*; (*general appeal*) Appell *m*. **to make a ~ for sth** zu etw aufrufen; **to make a ~ for mercy/leniency** um Gnade/Milde bitten.
2. (*excuse*) Begründung *f*. **on the ~ of illness** aus Krankheitsgründen.
3. (*Jur*) Plädoyer *nt*. **to enter a ~ of guilty/not guilty** ein Geständnis ablegen/ seine Unschuld erklären; **to enter a ~ of insanity** Zurechnungsunfähigkeit gelten.d machen.

plead [pliːd] *pret, ptp* **~ed** *or* (*Scot, US*) **pled** I *vt* 1. (*argue*) vertreten. **to ~ sb's case, to ~ the case for sb** (*Jur*) jdn vertreten; **to ~ the case for the defence** (*Jur*) die Verteidigung vertreten; **to ~ the case for sth** (*fig*) sich für etw einsetzen; **to ~ sb's cause** (*fig*) jds Sache vertreten, für jds Sache eintreten.
2. (*as excuse*) ignorance, insanity sich berufen auf (+*acc*).
II *vi* 1. (*beg*) bitten, nachsuchen (*for* um). **to ~ with sb to do sth** jdn bitten *or* ersuchen (*geh*), etw zu tun; **to ~ with sb for sth** (*beg*) jdn um etw bitten.
2. (*Jur*) (*counsel*) das Plädoyer halten.

to ~ guilty/not guilty sich schuldig/nicht schuldig bekennen; **to ~ for sth** (*fig*) für etw plädieren.

pleading ['pliːdɪŋ] I *n* Bitten *nt*; (*Jur*) Plädoyer *nt*. II *adj look, voice* flehend.

pleadingly ['pliːdɪŋlɪ] *adv* flehend.

pleasant ['pleznt] *adj* angenehm; *surprise also, news* erfreulich; *person also, face* nett; *manner also, smile* freundlich.

pleasantly ['plezntlɪ] *adv* angenehm; *smile, greet, speak etc* freundlich.

pleasantness ['plezntnɪs] *n* Freundlichkeit *f*; (*of news, surprise*) Erfreulichkeit *f*.

pleasantry ['plezntrɪ] *n* (*joking remark*) Scherz *m*; (*polite remark*) Höflichkeit *f*.

please [pliːz] I *interj* bitte. (**yes,**) **~** (*acceptance*) (ja,) bitte; (*enthusiastic*) oh ja, gerne; **~ pass the salt, pass the salt, ~** würden Sie mir bitte das Salz reichen?; **may I? — ~ do!** darf ich? — aber bitte!
II *vi* 1. **if you ~** (*form: in request*) wenn ich darum bitten darf; **and then, if you ~, he tried** ... und dann, stell dir vor, versuchte er ...; (*just*) **as you ~** ganz wie du willst, wie es Ihnen beliebt (*form*); **to do as one ~s** machen *or* tun, was man will, machen *or* tun, was einem gefällt.
2. (*cause satisfaction*) gefallen. **anxious or eager to ~** darum bemüht, alles richtig zu machen; (*girls*) darum bemüht, jeden Wunsch zu erfüllen; **a gift that is sure to ~** ein Geschenk, das sicher gefällt *or* ankommt; **we aim to ~** wir wollen, daß Sie zufrieden sind.
III *vt* 1. (*give pleasure to*) eine Freude machen (+*dat*); (*satisfy*) zufriedenstellen; (*do as sb wants*) gefallen (+*dat*), gefällig sein (+*dat*). **just to ~ you** nur dir zuliebe; **it ~s me to see him so happy** es freut mich, daß er so glücklich ist; **well do it then if it ~s you** tu's doch, wenn es dir Spaß macht; **music that ~s the ear** Musik, die das Ohr erfreut; **you can't ~ everybody** man kann es nicht allen recht machen; **there's no pleasing him** er ist nie zufrieden; **he is easily ~d** *or* **easy to ~** er ist leicht zufriedenzustellen; (*iro*) er ist eben ein bescheidener Mensch; **to be hard to ~** schwer zufriedenzustellen sein; **I was only too ~d to help** es war mir wirklich eine Freude zu helfen; *see* **pleased**.
2. (*iro, form: be the will of*) belieben (+*dat*) (*iro, form*). **it ~d him to order that** ... er beliebte anzuordnen, daß ... (*form*); **may it ~ Your Honour** (*Jur*) mit Erlaubnis des Herrn Vorsitzenden; **~ God he will recover** gebe Gott, daß er wieder gesund wird.
IV *vr* **to ~ oneself** tun, was einem gefällt; **~ yourself!** wie Sie wollen!; **you can ~ yourself about where you sit** es ist Ihnen überlassen, wo Sie sitzen.
V *n* Bitte *nt*. **without so much as a ~** ohne auch nur „bitte" zu sagen.

pleased [pliːzd] *adj* (*happy*) erfreut; (*satisfied*) zufrieden. **to be ~ (about sth)** sich (über etw *acc*) freuen; **I'm ~ to hear that** ... es freut mich zu hören, daß ...; **~ to meet you** angenehm (*form*), freut mich; **I'm ~ to be able to announce that** ... ich freue mich, mitteilen zu können, daß ...; **to be ~ at sth** über etw (*acc*) erfreut sein;

~ **with sb/sth** mit jdm/etw zufrieden sein.

pleasing ['pliːzɪŋ] *adj* angenehm. **to be ~ to the eye/ear** ein recht netter Anblick sein/ sich recht angenehm anhören.

pleasingly ['pliːzɪŋlɪ] *adv* angenehm.

pleasurable ['pleʒərəbl] *adj* angenehm; *anticipation* freudig.

pleasure ['pleʒəʳ] *n* **1.** (*satisfaction, happiness*) Freude *f*. **it's a ~, (my) ~** gern (geschehen)!; **with ~** sehr gerne, mit Vergnügen (*form*); **the ~ is mine** (*form*) es war mir ein Vergnügen (*form*); **it gives me great ~ to be here** (*form*) es ist mir eine große Freude, hierzusein; **I have much ~ in informing you that ...** ich freue mich (sehr), Ihnen mitteilen zu können, daß ...; **it would give me great ~ to ...** es wäre mir ein Vergnügen, zu ...; **to have the ~ of doing sth** das Vergnügen haben, etw zu tun; **he finds ~ in books** er hat Freude an Büchern; **he gets a lot of ~ out of his hobby** er hat viel Freude *or* Spaß an seinem Hobby; **he seems to take ~ in annoying me** es scheint ihm Vergnügen zu bereiten, mich zu ärgern; **may I have the ~?** (*form*) darf ich (um den nächsten Tanz) bitten? (*form*); **will you do me the ~ of dining with me?** (*form*) machen Sie mir das Vergnügen, mit mir zu speisen? (*form*); **Mrs X requests the ~ of Mr Y's company** (*form*) Frau X gibt sich die Ehre, Herrn Y einzuladen (*form*); **Mr Y has great ~ in accepting ...** (*form*) Herr Y nimmt ... mit dem größten Vergnügen an (*form*).

2. (*amusement*) Vergnügen *nt*. **is it business or ~?** (ist es) geschäftlich oder zum Vergnügen?

3. (*source of ~*) Vergnügen *nt*. **he's a ~ to teach** es ist ein Vergnügen, ihn zu unterrichten; **the ~s of country life** die Freuden des Landlebens; **all the ~s of London** alle Vergnügungen Londons.

4. (*iro, form: will*) Wunsch *m*. **to await sb's ~** abwarten, was jd zu tun geruht; **during Her Majesty's ~** (*Jur*) auf unbestimmte Zeit.

pleasure *in cpds* Vergnügungs-; **pleasure boat** *n* **1.** (*steamer*) Vergnügungsdampfer *m or* -schiff *nt*; Ausflugsdampfer *m or* -schiff *nt*; **2.** (*yacht etc*) Hobbyboot *nt*; **pleasure-cruise** *n* Vergnügungsfahrt, Kreuzfahrt *f*; **pleasure ground** *n* Parkanlage *f*; (*fairground*) Vergnügungspark *m*; **pleasure-loving** *adj* lebenslustig, leichtlebig (*pej*); **pleasure principle** *n* (*Psych*) Lustprinzip *nt*; **pleasure-seeking** *adj* vergnügungssüchtig; **pleasure-trip** *n* Vergnügungsausflug *m*, Vergnügungsreise *f*

pleat [pliːt] **I** *n* Falte *f*. **II** *vt* fälteln.

pleated ['pliːtɪd] *adj* gefältelt, Falten-. **~ skirt** Faltenrock *m*.

pleb [pleb] *n* (*pej inf*) Plebejer(in *f*) (*pej*), Prolet(in *f*) (*pej inf*) *m*.

plebeian [plɪ'biːən] **I** *adj* plebejisch. **II** *n* Plebejer(in *f*) *m*.

plebiscite ['plebɪsɪt] *n* Plebiszit *nt*, Volksentscheid *m*.

plectrum ['plektrəm] *n* Plektron, Plektrum *nt*.

pled [pled] (*US, Scot*) *pret, ptp of* **plead.**

pledge [pledʒ] **I** *n* **1.** (*in pawnshop, of love*) (*promise*) Versprechen *nt*, Pfand *nt*; Zusicherung *f*. **we have given them a ~ of aid** wir haben versprochen, ihnen zu helfen; **as a ~ of** als Zeichen (+*gen*); **under (the) ~ of secrecy** unter dem Siegel der Verschwiegenheit; **to sign** *or* **take the ~** (*lit*) sich schriftlich zur Abstinenz verpflichten; (*hum inf*) dem Alkohol abschwören (*usu hum*).

2. (*form: toast*) Toast (*form*), Trinkspruch *m*.

II *vt* **1.** (*give as security, pawn*) verpfänden.

2. (*promise*) versprechen, zusichern. **to ~ one's word** sein Wort geben *or* verpfänden; **to ~ support for sb/sth** jdm/einer Sache Unterstützung zusichern; **I am ~d to secrecy** ich bin zum Schweigen verpflichtet; **to ~ (one's) allegiance to sb/ sth** jdm/einer Sache Treue schwören *or* geloben.

3. (*form: toast*) einen Toast (*form*) *or* Trinkspruch ausbringen auf (+*acc*).

III *vr* **to ~ oneself to do sth** geloben *or* sich verpflichten, etw zu tun.

Pleistocene ['plaɪstəʊsiːn] **I** *n* Pleistozän *nt*. **II** *adj* pleistozän, Pleistozän-.

plenary ['pliːnərɪ] *adj* Plenar-, Voll-. **~ session** Plenarsitzung, Vollversammlung *f*; **~ powers** unbeschränkte Vollmachten.

plenipotentiary [ˌplenɪpə'tenʃərɪ] **I** *n* (General)bevollmächtigte(r) *mf*. **II** *adj* *ambassador* (general)bevollmächtigt.

plenitude ['plenɪtjuːd] *n* (*liter*) Fülle *f*.

plenteous ['plentɪəs] *adj* (*liter*) *see* **plentiful.**

plentiful ['plentɪfʊl] *adj* reichlich; *commodities, gold, minerals etc* reichlich *or* im Überfluß vorhanden; *hair* voll. **to be in ~ supply** reichlich *or* im Überfluß vorhanden sein.

plentifully ['plentɪfəlɪ] *adv* reichlich.

plenty ['plentɪ] **I** *n* **1.** eine Menge. **land of ~** Land des Überflusses; **times of ~** Zeiten des Überflusses, fette Jahre (*Bibl*) *pl*; **in ~** im Überfluß; **three kilos will be ~** drei Kilo sind reichlich; **there's ~ here for six** es gibt mehr als genug für sechs; **you've already had ~** du hast schon reichlich gehabt; **there's ~ more where that came from** davon gibt es genug; **there are still ~ left** es sind immer noch eine ganze Menge da.

2. **~ of** viel, eine Menge; **~ of time/ milk/eggs/reasons** viel *or* eine Menge Zeit/ Milch/viele *or* eine Menge Eier/Gründe; **he's certainly got ~ of nerve** der hat vielleicht Nerven! (*inf*); **has everyone got ~ of potatoes?** hat jeder reichlich Kartoffeln?; **there will be ~ of things to drink** es gibt dort ausreichend zu trinken; **he had been given ~ of warning** er ist genügend oft gewarnt worden; **we arrived in ~ of time to get a good seat** wir kamen so rechtzeitig, daß wir einen guten Platz kriegten; **don't worry, there's ~ of time** keine Angst, es ist noch genug *or* viel Zeit; **take ~ of exercise** Sie müssen viel Sport treiben.

II *adj* (*US inf*) reichlich. **~ bananas** reichlich Bananen.

III *adv* (*esp US inf*) ~ **big (enough)** groß genug; **he's** ~ **mean** er ist ziemlich brutal; **it rained** ~ es hat viel geregnet; **sure, I like it** ~ sicher, ich mag das sehr.

plenum ['pli:nəm] *n* Plenum *nt*, Vollversammlung *f*.

pleonasm ['pli:ənæzəm] *n* Pleonasmus *m*.

pleonastic [pli:ə'næstık] *adj* pleonastisch.

plethora ['pleθərə] *n* (*form*) Fülle *f*.

pleurisy ['plʊərısı] *n* Brustfellentzündung *f*.

plexus ['pleksəs] *n* Plexus *m*; (*of nerves also*) Nervengeflecht *nt*; (*of blood vessels also*) Gefäßgeflecht *nt*.

pliability [ˌplaɪə'bɪlɪtɪ] *n see adj* Biegsamkeit *f*; Geschmeidigkeit *f*; Formbarkeit *f*; Fügsamkeit *f*.

pliable ['plaɪəbl], **pliant** ['plaɪənt] *adj* biegsam; *leather* geschmeidig; *character, mind, person* formbar; (*docile*) fügsam.

pliers ['plaɪəz] *npl* (*also pair of* ~) (Kombi-) zange *f*.

plight¹ [plaɪt] *vt* to ~ **one's troth (to sb)** (*old, hum*) (jdm) die Ehe versprechen.

plight² *n* Not *f*, Elend *nt*; (*of currency, economy etc*) Verfall *m*. **to be in a sad** *or* **sorry** ~ in einem traurigen Zustand sein; **the country's economic** ~ die wirtschaftliche Misere des Landes.

plimsoll ['plɪmsəl] *n* (*Brit*) Turnschuh *m*.

Plimsoll line *or* **mark** *n* Höchstlademarke *f*.

plinth [plɪnθ] *n* Sockel *m*, Fußplatte *f*.

Pliocene ['plaɪəʊsi:n] **I** *n* Pliozän *nt*. **II** *adj* pliozän.

PLO *abbr of* **Palestinian Liberation Organization** PLO *f*.

plod [plɒd] **I** *n* Trott, Zockeltrab (*inf*) *m*. **it's a long** ~ **to the village** es ist ein langer beschwerlicher Weg bis zum Dorf.

II *vi* 1. trotten, zockeln (*inf*). **to** ~ **up a hill** einen Hügel hinaufstapfen; **to** ~ **along** *or* **on** weiterstapfen.

2. (*fig: in work etc*) sich abmühen *or* abplagen *or* herumquälen. **to** ~ **away at sth** sich mit etw abmühen *etc*; **to** ~ **on** sich weiterkämpfen, sich durchkämpfen.

plodder ['plɒdər] *n* zäher Arbeiter, zähe Arbeiterin.

plodding ['plɒdɪŋ] *adj walk* schwerfällig, mühsam; *student, worker* hart arbeitend *attr*; *research* langwierig, mühsam.

plonk¹ [plɒŋk] **I** *n* Bums *m*. **it fell with a** ~ **to the floor** es fiel mit einem Bums *or* einem dumpfen Geräusch auf den Boden.

II *adv fall, land* bums, peng. ~ **in the middle** genau in die/in der Mitte.

III *vt* (*inf: also* ~ **down**) (*drop, put down*) hinwerfen, hinschmeißen (*inf*); (*bang down*) hinknallen (*inf*), hinhauen (*inf*). **he** ~**ed a kiss on her cheek** er drückte ihr einen Kuß auf die Wange; **to** ~ **oneself (down)** sich hinwerfen, sich hinschmeißen (*inf*); **he** ~**ed himself down in a chair** er ließ sich in einen Sessel fallen; **just** ~ **yourself down somewhere** hau dich einfach irgendwo hin (*inf*).

plonk² *n* (*Brit sl: wine*) (billiger) Wein, Gesöff *m* (*hum, pej*).

plop [plɒp] **I** *n* Plumps *m*; (*in water*) Platsch *m*.

II *adv* **it fell** *or* **went** ~ **into the water** es

fiel mit einem Platsch ins Wasser.

III *vi* 1. (*make sound*) platschen.

2. (*inf: fall*) plumpsen (*inf*).

IV *vt* (*inf*) hinwerfen, hinschmeißen (*inf*), fallen lassen.

plosive ['pləʊsɪv] **I** *adj* Verschluß-, explosiv. **II** *n* Verschlußlaut, Explosivlaut *m*.

plot [plɒt] **I** *n* 1. (*Agr*) Stück *nt* Land; (*bed: in garden*) Beet *nt*; (*building* ~) Grundstück *nt*; (*allotment*) Parzelle *f*; (*in graveyard*) Grabstelle *f*.

2. (*US: diagram, chart*) (*of estate*) Plan *m*; (*of building*) Grundriß *m*.

3. (*conspiracy*) Verschwörung *f*, Komplott *nt*; *see* **thicken**.

4. (*Liter, Theat*) Handlung *f*.

II *vt* 1. (*plan*) planen, aushecken (*inf*). **what are you** ~**ting now?** was heckst du nun schon wieder aus?; **they** ~**ted to kill him** sie schmiedeten ein Mordkomplott gegen ihn.

2. *position, course* feststellen; (*draw on map*) einzeichnen; (*Math, Med*) *curve* aufzeichnen.

III *vi* sich verschwören. **to** ~ **against sb** sich gegen jdn verschwören.

plotter ['plɒtər] *n* Verschwörer(in *f*) *m*.

plough, (*US*) **plow** [plaʊ] **I** *n* Pflug *m*. **the P~** (*Astron*) der Wagen; **under the** ~ unter dem Pflug; **to put one's hand to the** ~ (*fig*) sich in die Riemen legen.

II *vt* pflügen, umpflügen.

III *vi* pflügen.

◆**plough back** *vt sep* (*Agr*) unterpflügen; (*Comm*) *profits* wieder (hinein)stecken, reinvestieren (*into* in +*acc*).

◆**plough in** *vt sep* unterpflügen.

◆**plough through** *vti + prep obj* 1. **the ship** ~**ed (its way)** ~ **the heavy seas** das Schiff pflügte sich durch die schwere See; **we had to** ~ **(our way)** ~ **knee-deep snow** wir mußten uns durch knietiefen Schnee kämpfen; **the car** ~**ed straight** ~ **our garden fence** der Wagen brach geradewegs durch unseren Gartenzaun.

2. (*inf*) **to** ~ **(one's way)** ~ **a novel** *etc* sich durch einen Roman *etc* durchackern (*inf*) *or* hindurchquälen.

◆**plough up** *vt sep field* umpflügen; (*uncover*) beim Pflügen zu Tage bringen; (*uproot*) *tree* roden. **the heavy lorries had completely** ~**ed** ~ **the village green** die schweren Lastwagen hatten den Dorfanger vollkommen zerpflügt; **the train** ~**ed** ~ **the track for 40 metres** der Zug riß 40 Meter Schienen aus ihrer Verankerung.

ploughboy ['plaʊbɔɪ] *n* Pflüger *m*; **ploughhorse** *n* Ackergaul *m*; **ploughman** *n* Pflüger *m*; ~'**s lunch** Käse und Brot als Imbiß; **ploughshare** *n* Pflugschar *f*.

plover ['plʌvər] *n* Regenpfeifer *m*; (*lapwing*) Kiebitz *m*.

plow *etc* (*US*) *see* **plough** *etc*.

ploy [plɔɪ] *n* (*stratagem*) Trick *m*.

pluck [plʌk] **I** *n* 1. (*courage*) Schneid (*inf*), Mut *m*.

2. (*of animal*) Innereien *pl*.

II *vt* 1. *fruit, flower* pflücken; *chicken* rupfen; *guitar, eyebrows* zupfen. **to** ~ (**at**) **sb's sleeve** jdn am Ärmel zupfen; **he** ~**ed a stray hair off his coat** er zupfte sich (*dat*) ein Haar von seinem Mantel; **his rescuers had ~ed him from the jaws of death** seine Retter hatten ihn den Klauen des Todes entrissen; **to ~ up (one's) courage** all seinen Mut zusammennehmen.

2. (*also ~ out*) hair, feather auszupfen.

III *vi* **to ~ at** an etw (*dat*) (herum)-zupfen.

pluckily ['plʌkɪlɪ] *adv* tapfer, mutig.

pluckiness ['plʌkɪnɪs] *n* Unerschrockenheit *f*, Schneid (*inf*) *m*.

plucky ['plʌkɪ] *adj* (+*er*) person, smile tapfer; little pony, action, person mutig.

plug [plʌg] **I** *n* **1.** (*stopper*) Stöpsel *m*; (*for stopping a leak*) Propfen *m*; (*in barrel*) Spund *m*. **a ~ of cotton wool** ein Wattebausch *m*; **to pull the ~** (*in lavatory*) die Spülung ziehen.

2. (*Elec*) Stecker *m*; (*incorrect: socket*) Steckdose *f*; (*spark ~*) (Zünd)kerze *f*.

3. (*inf: piece of publicity*) Schleichwerbung *f no pl.* **to give sb/sth a ~**, **to put in a ~ for sb/sth** für jdn/etw Schleichwerbung machen.

4. (*of tobacco*) Scheibe *f*; (*for chewing*) Priem *m*.

5. (*Geol*) Vulkanstotzen *m*.

6. (*US: fire~*) Hydrant *m*.

7. (*sl: punch*) **to take a ~ at sb** jdm eine verplätten (*sl*).

II *vt* **1.** (*stop*) hole, gap, crevice, leak verstopfen, zustopfen; barrel (ver)-spunden; tooth plombieren. **the doctor ~ged the wound with cotton wool** der Arzt stillte die Blutung mit Watte; **to ~ one's ears** sich (*dat*) die Ohren zuhalten; (*with cotton wool etc*) sich (*dat*) etwas in die Ohren stopfen; **to ~ the gaps in the tax laws** die Lücken im Steuerrecht schließen.

2. (*insert*) stecken. **to ~ the TV into the socket, please** steck bitte den Stecker vom Fernseher in die Steckdose; **an old rag had been ~ged into the hole** man hatte einen alten Lappen in das Loch gestopft.

3. (*inf: publicize*) Schleichwerbung machen für (*inf*).

4. (*inf: push, put forward*) idea hausieren gehen mit.

5. (*inf: shoot*) **to ~ sb in the head/stomach etc** jdm ein Loch in den Kopf/Bauch etc schießen; **they ~ged him full of lead** sie pumpten ihn mit Blei voll (*sl*).

6. (*sl: punch*) eine verplätten (+*dat*) (*sl*).

◆**plug away** *vi* (*inf*) ackern (*inf*). **to ~ ~ at sth** sich mit etw abrackern (*inf*).

◆**plug in I** *vt sep* TV, heater etc hineinstecken, einstöpseln, anschließen. **to be ~ged ~** angeschlossen sein. **II** *vi* sich anschließen lassen. **where does the TV ~ ~?** wo wird der Fernseher angeschlossen?

◆**plug up** *vt sep* gap, hole, leak etc verstopfen, zustopfen; crack zuspachteln.

plughole ['plʌɡhəʊl] *n* Abfluß(loch *nt*) *m*; **plug tobacco** *n* Kautabak *m*; **plug-ugly** (*inf*) *I n* Schlägertyp (*inf*), Rabauke (*inf*) *m*; **II** *adj* potthäßlich (*inf*).

plum [plʌm] **I** *n* **1.** (*fruit, tree*) Pflaume *f*; (*Victoria ~, dark blue*) Zwetsch(g)e *f*. **to speak with a ~ in one's mouth** (*fig inf*)

sprechen, als hätte man eine heiße Kartoffel im Mund.

2. (*colour*) Pflaumenblau *nt*.

3. (*fig inf: good job*) **a real ~ (of a job)** eine Bomben- *or* Mordsstelle (*inf*).

II *adj attr* (*inf*) job, position Bomben-(*inf*), Mords- (*inf*).

plumage ['pluːmɪdʒ] *n* Gefieder *nt*.

plumb [plʌm] **I** *n* (*~-line*) Lot, Senkblei *nt*. **out of ~** nicht im Lot.

II *adv* **1.** lotrecht, senkrecht.

2. (*inf*) (*completely*) total (*inf*), komplett (*inf*); (*exactly*) genau. **~ in the middle** (haar)genau in der Mitte.

III *vt* **1.** ocean, depth (aus)loten.

2. (*fig*) mystery etc ergründen. **to ~ the depths of despair** die tiefste Verzweiflung erleben; **a look that ~ed his very soul** ein Blick, der in die Tiefen seiner Seele drang.

plumbago [plʌmˈbeɪɡəʊ] *n*, *pl* **~s** Graphit *m*.

plumb bob *n* Lot, Senkblei *nt*.

plumber ['plʌmə^r] *n* Installateur, Klempner *m*.

plumbiferous [plʌmˈbɪfərəs] *adj* bleihaltig, bleiführend.

plumbing ['plʌmɪŋ] *n* **1.** (*work*) Installieren *nt*. **he decided to learn ~** er beschloß, Installateur *or* Klempner zu werden; **he does all his own ~** er macht alle Installations- *or* Klempnerarbeiten selbst.

2. (*fittings*) Rohre, Leitungen, Installationen *pl*; (*bathroom fittings*) sanitäre Anlagen *pl*. **the ~ makes an awful noise** die Rohre machen einen furchtbaren Krach; **to inspect the ~** (*hum*) die Lokalitäten aufsuchen (*hum*).

plumb-line ['plʌmlaɪn] *n* Lot, Senkblei *nt*; (*Naut also*) (Blei)lot *nt*; **plumb-rule** *n* Lotwaage *f*.

plum duff ['plʌmˈdʌf] *n* Plumpudding *m*.

plume [pluːm] **I** *n* Feder *f*; (*on helmet*) Federbusch *m*. **~ of smoke** Rauchwolke, Rauchfahne *f*; **in borrowed ~s** mit fremden Federn geschmückt. **II** *vr* **1.** (*bird*) sich putzen. **2. to ~ oneself on sth** auf etw (*acc*) stolz sein wie ein Pfau.

plumed [pluːmd] *adj* helmet etc federgeschmückt, mit Federschmuck.

plummet ['plʌmɪt] **I** *n* **1.** (*weight*) Senkblei *nt*; (*Fishing*) Grundsucher *m*.

2. (*falling*) (*Econ*) Sturz *m*; (*of bird, plane*) Sturzflug *m*.

II *vi* (*bird, plane etc*) hinunter-/herunterstürzen; (*Econ*) (*sales figures etc*) stark zurückgehen; (*currency, shares etc*) fallen, absacken. **the £ has ~ted to DM 3.50** das £ ist auf DM 3,50 gefallen *or* gesackt; **he has ~ted again to the depths of despair** er ist wieder in tiefster Verzweiflung.

plummy ['plʌmɪ] *adj* (+*er*) (*inf*) job Bomben- (*inf*), Mords- (*inf*); voice sonor.

plump [plʌmp] **I** *adj* (+*er*) **1.** rundlich, mollig, pummelig; legs etc stämmig; face rundlich, pausbäckig, voll; chicken etc gut genährt, fleischig.

2. phrasing, reply direkt, unverblümt.

II *adv* **to fall ~ onto sth** mit einem Plumps auf etw (*acc*) fallen.

III *vt* (*drop*) fallen lassen; (*throw*) wer-

fen; (angrily, noisily) knallen (inf). to ~
sth down etw hinfallen lassen/ hinwerfen/
hinknallen (inf); she ~ed herself down in
the armchair sie ließ sich in den Sessel
fallen; he had ~ed himself in the best chair
er hatte sich in den besten Sessel breit-
gemacht (inf).
    IV vi (fall) fallen.

◆plump for vi +prep obj sich entscheiden
für.

◆plump out vi (person) (Gewicht) anset-
zen.

◆plump up vt sep pillow aufschütteln;
chicken mästen.

plumpness ['plʌmpnɪs] n see adj Rundlich-
keit, Molligkeit, Pummeligkeit f; Stäm-
migkeit f; Rundlichkeit, Pausbäckigkeit f;
Wohlgenährtheit f.

plum pudding n Plumpudding m; plum
tree n Pflaumenbaum m; (Victoria plum)
Zwetsch(g)enbaum m.

plunder ['plʌndəʳ] I n 1. (act) (of place)
Plünderung f; (of things) Raub m. 2. (loot)
Beute f. II vt place plündern (also hum);
(completely) ausplündern; people
ausplündern; thing rauben.

plunderer ['plʌndərəʳ] n Plünderer m.

plundering ['plʌndərɪŋ] n (of place) Plün-
derung f, Plündern nt; (of things) Raub m.

plunge [plʌndʒ] I n 1. vt 1. (thrust) stecken;
(into water etc) tauchen. he ~d his knife
into his victim's back er jagte seinem
Opfer das Messer in den Rücken; he ~d
his hand into the hole/his pocket er steckte
seine Hand tief in das Loch/in die Tasche.
    2. (fig) to ~ the country into war/debt
das Land in einen Krieg/in Schulden stür-
zen; the room was/we were ~d into dark-
ness das Zimmer war in Dunkelheit
getaucht/tiefe Dunkelheit umfing uns.
    II vi 1. (dive) tauchen; (goalkeeper)
sich werfen, hechten.
    2. (rush, esp downward) stürzen. to ~ to
one's death zu Tode stürzen; the fireman
~d into the flames der Feuerwehrmann
stürzte sich in die Flammen; the road ~d
down the hill die Straße fiel steil ab.
    3. (share prices, currency etc) stürzen,
stark fallen.
    4. (fig: into debate, studies, prepara-
tions etc) sich stürzen (into in +acc).
    5. (horse) bocken; (ship) stampfen.
    6. (neckline) fallen. her deeply plunging
neckline der tiefe Ausschnitt ihres Kleides.
    7. (speculate rashly) sich verspe-
kulieren.
    III vr (into studies, job etc) sich stürzen
(into in +acc).
    IV n 1. (dive) (Kopf)sprung m; (of goal-
keeper) Hechtsprung m. to take the ~ (fig
inf) den Sprung or Schritt wagen.
    2. (downward movement) Sturz m.
    3. (fig: into debt, despair etc, of shares,
£ etc) Sturz m. shares took a ~ after the
government's announcement nach der
Ankündigung der Regierung kam es zu
einem Kurssturz.
    4. (rash investment) Fehlspekulation f.

◆plunge in I vt sep knife hineinjagen; hand
hineinstecken; (into water) hinein-
tauchen. he was ~d straight ~ (at the deep
end) (fig) er mußte gleich voll einsteigen

(inf). II vi (dive) hineinspringen.

plunger ['plʌndʒəʳ] n 1. (piston) Tauchkol-
ben m. 2. (for clearing drain) Sauger m.
3. (speculator) Spekulant(in f) m.

plunging ['plʌndʒɪŋ] adj neckline, back tief
ausgeschnitten.

plunk¹ [plʌŋk] vt banjo zupfen.

plunk² n, adv, vt see plonk¹.

pluperfect ['plu:'pɜ:fɪkt] I n Vorvergangen-
heit f, Plusquamperfekt nt. II adj in der
Vorvergangenheit, im Plusquamperfekt.
~ tense Vorvergangenheit f, Plusquam-
perfekt nt.

plural ['plʊərəl] I adj 1. (Gram) Mehrzahl-,
Plural-. 2. ~ voting Pluralwahlrecht,
Mehrstimmenwahlrecht nt. II n Mehrzahl
f, Plural m. in the ~ im Plural, in der
Mehrzahl.

pluralism ['plʊərəlɪzəm] n Pluralismus m.

pluralistic [ˌplʊərə'lɪstɪk] adj pluralistisch.

plurality [ˌplʊə'rælɪtɪ] n 1. Vielfalt, Man-
nigfaltigkeit f; (Sociol) Pluralität f.
2. (US Pol) (Stimmen)vorsprung m.

plus [plʌs] I prep (added to, increased by)
plus (+dat); (together with) und (außer-
dem).
    II adj 1. (Math, Elec, fig) ~ sign
Pluszeichen nt; a ~ quantity eine positive
Menge; the ~ terminal der Pluspol; a ~
factor/item ein Pluspunkt m; on the ~ side
auf der Habenseite.
    2. (more than) he scored beta ~ in the
exam ≃ er hat in der Prüfung eine Zwei
plus bekommen; 50 pages/hours ~ a week
mehr als or über 50 Seiten/Stunden pro
Woche.
    III n (sign) Pluszeichen nt; (positive fac-
tor) Pluspunkt m; (extra) Plus nt.

plus fours ['plʌs'fɔ:z] npl Knickerbocker pl.

plush [plʌʃ] I n Plüsch m. II adj (+er)
1. Plüsch-. 2. (inf: luxurious) feudal (inf);
hotel, restaurant also Nobel-; furnishing
also elegant, vornehm.

plushy ['plʌʃɪ] adj (+er) (inf) see plush II
2.

Pluto ['plu:təʊ] n, no pl (Myth) Pluto,
Pluton m; (Astron) Pluto m.

plutocracy [plu:'tɒkrəsɪ] n Plutokratie f.

plutocrat ['plu:təʊkræt] n Plutokrat(in f)
m.

plutocratic [ˌplu:təʊ'krætɪk] adj pluto-
kratisch.

plutonium [plu:'təʊnɪəm] n (abbr Pu)
Plutonium nt.

pluvial ['plu:vɪəl] adj (form) Regen-.

pluviometer [ˌplu:vɪ'ɒmɪtəʳ] n Regen- or
Niederschlagsmesser m, Pluviometer nt.

ply¹ [plaɪ] n three-~ wood dreischichtig;
wool Dreifach-, dreifädig; tissues
dreilagig.

ply² I vt 1. (work with, use) tool, brush etc
gebrauchen, umgehen mit, führen; needle
gebrauchen; oars einsetzen; (work busily
with) tool, brush etc fleißig führen or um-
gehen mit; needle tanzen lassen (geh);
oars kräftig einsetzen.
    2. (work at) trade ausüben, betreiben,
nachgehen (+dat).
    3. (ships) sea, river, route befahren;
seas also durchfahren.
    4. to ~ sb with questions jdn mit Fragen
überhäufen; to ~ sb with drink(s) jdn

immer wieder zum Trinken auffordern; **to ~ sb for information** jdn um Informationen angehen.

II vi (ship) **to ~ between** verkehren zwischen; **to ~ for hire** seine Dienste anbieten.

plywood ['plaɪwʊd] n Sperrholz nt.

PM abbr of **Prime Minister.**

pm abbr of **post meridiem** p.m.

pneumatic [njuːˈmætɪk] adj **1.** Luft-. **2.** (inf) young lady vollbusig (inf); breasts prall.

pneumatically [njuːˈmætɪkəl] adv mit or durch Druck- or Preßluft. **a ~ operated drill** ein preßluftbetriebener Bohrer.

pneumatic brake n Druckluftbremse f; **pneumatic drill** n Preßluftbohrer m; **pneumatic tyre** n Luftreifen m.

pneumonia [njuːˈməʊnɪə] n Lungenentzündung f.

PO abbr of **post office** PA; **postal order.**

poach[1] [pəʊtʃ] vt egg pochieren; fish (blau) dünsten. **~ed egg** pochiertes or verlorenes Ei; (in poacher) ≃ Ei nt im Glas.

poach[2] **I** vt unerlaubt or schwarz (inf) fangen; deer, rabbits etc also unerlaubt or schwarz (inf) schießen.

II vi **1.** wildern (for auf +acc). **to ~ for salmon** Lachs ohne Berechtigung or schwarz (inf) fangen.

2. (fig) **to ~ (on sb's territory)** (in sport) jdm ins Gehege or in die Quere kommen; (in work also) jdm ins Handwerk pfuschen.

poacher[1] ['pəʊtʃəʳ] n Wilderer m; (of game also) Wilddieb m.

poacher[2] n (for eggs) Pochierpfanne f.

poaching ['pəʊtʃɪŋ] n Wildern nt, Wilderei f.

pock [pɒk] n (pustule) Pocke, Blatter f; (mark) Pocken- or Blatternarbe f.

pocket ['pɒkɪt] **I** n **1.** (in garment) Tasche f. **to have sb/sth in one's ~** (fig) jdn/etw in der Tasche haben (inf); **take your hands out of your ~s!** nimm die Hände aus der Tasche!

2. (receptacle: in suitcase, file etc) Fach nt; (in book cover: for map etc) Tasche f; (Baseball) Tasche f; (Billiards) Loch nt.

3. (resources) Geldbeutel m. **that emptied his ~s/hit his ~** das hat seinen Geldbeutel ganz schön strapaziert (inf); **to be in ~** auf sein Geld kommen (inf); **I was £100 in ~ after the sale** nach dem Verkauf war ich um £ 100 reicher; **to put one's hand in one's ~** tief in die Tasche greifen; **with a car like that you'll always be putting your hand in your ~** bei so einem Wagen muß man ständig tief in die Tasche greifen; see **out-of-pocket.**

4. (restricted area, space) Gebiet nt; (smaller) Einsprengsel nt. **~ of resistance** Widerstandsnest nt; **~ of unemployment** Gebiet nt mit hoher Arbeitslosigkeit; **a ~ of ore** ein Einschluß m von Erz.

5. (Aviat: air ~) Luftloch nt.

II adj (for the pocket) comb, edition, dictionary Taschen-.

III vt **1.** (put in one's pocket) einstecken. **to ~ one's pride** seinen Stolz überwinden; **to ~ an insult** eine Beleidigung einstecken (inf).

2. (gain) kassieren; (misappropriate)

einstecken (inf), einsacken (inf).

3. (Billiards) einlochen.

4. (US Pol) durch Veto aufschieben.

pocket battleship n Westentaschenkreuzer m; **pocket billiards** n sing **1.** (US) Poolbillard f; **2.** (hum sl) Knickern (sl), Taschenbillard (sl) nt; **pocket-book** n **1.** (notebook) Notizbuch nt; **2.** (wallet) Brieftasche f; **3.** (US:hand bag) Handtasche f; **pocket calculator** n Taschenrechner m.

pocketful ['pɒkɪtfʊl] n **a ~** eine Tasche voll.

pocket handkerchief n Taschentuch nt; **pocket-knife** n Taschenmesser nt; **pocket-money** n Taschengeld nt; **pocket-size(d)** adj book im Taschenformat; camera Miniatur-; person winzig; garden, dictator im Westentaschenformat.

pockmark ['pɒkmɑːk] n Pocken- or Blatternarbe f; **pock-marked** adj face pockennarbig; surface narbig; **~ with bullet holes** mit Einschüssen übersät.

pod [pɒd] **I** n (Bot) Hülse f; (of peas also) Schote f; (Aviat) (for missiles etc) Magazin nt; (for jet engine) Gehäuse nt. **II** vt peas ent- or aushülsen, auslösen.

podgy ['pɒdʒɪ] adj (+er) rundlich, pummelig; face schwammig. **~ fingers** Wurstfinger pl.

podiatrist [pɒˈdiːətrɪst] n (US) Fußspezialist(in f) m.

podiatry [pɒˈdiːətrɪ] n (US) Lehre f von den Fußkrankheiten; (treatment) Fußpflege f.

podium ['pəʊdɪəm] n Podest nt.

poem ['pəʊɪm] n Gedicht nt. **epic ~** Epos nt.

poet ['pəʊɪt] n Dichter m; see **laureate.**

poetess ['pəʊɪtes] n Dichterin f.

poetic [pəʊˈetɪk] adj poetisch; talent, ability also dichterisch; place, charm stimmungsvoll, malerisch. **~ beauty** (visual) malerische Schönheit; (of thought, scene in play etc) poetische Schönheit; **he's not at all ~** er hat überhaupt keinen Sinn für Poesie; **he grew** or **became ~** er wurde poetisch or lyrisch; **~ justice** poetische Gerechtigkeit; **~ licence** dichterische Freiheit.

poetical [pəʊˈetɪkəl] adj see **poetic.**

poetically [pəʊˈetɪklɪ] adv see adj. **we analyse poems ~ not linguistically** wir untersuchen Gedichte vom dichterischen und nicht vom linguistischen Standpunkt her.

poetics [pəʊˈetɪks] n sing Poetik f.

poetry ['pəʊɪtrɪ] n **1.** Dichtung f; (not epic also) Lyrik f. **to write ~** Gedichte schreiben, dichten; **the rules of ~** die Regeln der Versdichtung; **~ reading** Dichterlesung f.

2. (fig) Poesie f. **there's no ~ in him** er ist völlig poesielos; **the sunset was sheer ~** der Sonnenuntergang war reinste Poesie; **her soufflés are/that dress is sheer ~** ihre Soufflés sind/dieses Kleid ist wirklich ein Gedicht.

po-faced ['pəʊfeɪst] adj (sl) (disapproving) grimmig, mürrisch.

pogo stick ['pəʊgəʊstɪk] n Springstock m.

pogrom ['pɒgrəm] n Pogrom nt.

poignancy ['pɔɪnjənsɪ] n see adj Ergreifende(s) nt; Wehmut f; Schmerzlichkeit *f*; Schärfe *f*. **the ~ of his words/look** die Wehmut, die in seinen Worten/ seinem Blick lag; **he writes with great ~** er schreibt sehr ergreifend.

poignant ['pɔɪnjənt] *adj* ergreifend; *memories, look* wehmütig; *distress, regret* schmerzlich; *wit* scharf.

poignantly ['pɔɪnjəntlɪ] *adv see adj*.

poinsettia [pɔɪn'setɪə] *n* Weihnachtsstern *m*.

point [pɔɪnt] **I** *n* **1.** (*dot, punctuation mark, Typ, Geometry*) Punkt *m*; (*in Hebrew texts*) Vokalzeichen *nt*. **(nought) ~ seven (0.7)** null Komma sieben (0,7).

2. (*unit on scale, on compass*) Punkt *m*; (*on thermometer*) Grad *m*. **from all ~s (of the compass)** aus allen (Himmels)- richtungen; **the bag is full to bursting ~** die Tüte ist zum Bersten voll; **up to a ~** bis zu einem gewissen Grad *or* Punkt.

3. (*sharp end, of chin*) Spitze *f*; (*of a star*) Zacke *f*; (*of antler*) (Geweih)ende *nt*, (Geweih)spitze *f*. **at the ~ of a gun/sword** mit vorgehaltener Pistole/vorgehaltenem Schwert; **things look different at the ~ of a gun** alles sieht ein bißchen anders aus, wenn einem jemand die Pistole auf die Brust setzt; **not to put too fine a ~ on it** (*fig*) um ganz offen zu sein, ehrlich gesagt.

4. (*place*) Punkt *m*, Stelle *f*. **the train stops at Slough and all ~s east** der Zug hält in Slough und allen Orten östlich davon; **~ of departure** (*lit, fig*) Ausgangspunkt *m*; **~ of entry** (*over border*) Ort *m* der Einreise; (*of space capsule*) Ort *m* des Wiedereintritts; **~ of view** Stand- *or* Gesichtspunkt *m*; **from my ~ of view** von meinem Standpunkt aus, aus meiner Per- spektive *or* Sicht; **from the ~ of view of productivity** von der Produktivität her gesehen; **at this ~** (*spatially*) an dieser Stelle, an diesem Punkt; (*in time*) (*then*) in diesem Augenblick; (*now*) jetzt; **from that ~ on they were friends** von da an waren sie Freunde; **at no ~** nie; **at no ~ in the book** nirgends in dem Buch; **to be (up) on the ~ of doing sth** im Begriff sein, etw zu tun; **he was on the ~ of telling me the story when ...** er wollte mir gerade die Geschichte erzählen, als ...; **he had reached the ~ of resigning** er war nahe daran zu resignieren; **to reach the ~ of no return** (*fig*) den Punkt erreichen, von dem aus es kein Zurück gibt; **they provoked him to the ~ where he lost his temper** sie reizten ihn so lange, bis er die Geduld verlor; **severe to the ~ of cruelty** streng bis an die Grenze der Grausamkeit; **she was indulgent to the ~ of spoiling the child** sie war nachgiebig in einem Maße, das schon in Verwöhnung des Kindes umschlug; **when it comes to the ~** wenn es darauf ankommt.

5. (*Sport, in test, St Ex etc*) Punkt *m*. **~s for/against** Pluspunkte *pl*/Minuspunkte *pl*; **~s decision** Entscheidung *f* nach Punk- ten; **~s win** Punktsieg *m*, Sieg *m* nach Punkten; **to win on ~s** nach Punkten gewinnen; **the cost of living has gone up two ~s** die Lebenshaltungskosten sind um zwei Punkte gestiegen.

6. (*purpose*) Zweck, Sinn *m*. **there's no ~ in staying** es hat keinen Zweck *or* Sinn zu bleiben; **I don't see the ~ of carrying on** ich sehe keinen Sinn darin, weiterzu- machen; **what's the ~?** was soll's?; **I just don't see the ~ of it** *or* **any ~ in it** das sehe ich überhaupt nicht ein, ich sehe über- haupt keinen Sinn darin; **the ~ of this is ...** Sinn und Zweck ist ...; **what's the ~ of trying?** wozu versuchen?; **he doesn't un- derstand the ~ of doing this** er versteht nicht, weswegen wir/sie *etc* das machen; **do you see the ~ of what I'm saying?** weißt du, worauf ich hinauswill?; **the ~ is that ...** es ist nämlich so ..., die Sache ist die, daß ...; **that's the whole ~ (of doing it this way)** gerade darum machen wir das so; **the ~ of the joke/story** die Pointe; **life has lost all ~** das Leben hat jeden *or* all seinen Sinn verloren.

7. (*detail, argument*) Punkt *m*. **the ~ at issue** der strittige Punkt; **a 12-~ plan** ein Zwölfpunkteplan *m*; **a ~ of interest** ein interessanter Punkt; **on this ~ we are agreed** in diesem Punkt stimmen wir überein; **I'm afraid that's off the ~** das ist nicht relevant *or* gehört nicht hierher; **to come to the ~** zur Sache kommen; **to keep** *or* **stick to the ~** beim Thema bleiben; **beside the ~** unerheblich, irrelevant; **to the ~** zur Sache, zum Thema; **his remarks are very much to the ~** seine Bemerkun- gen sind sehr sachbezogen; **~ by ~** Punkt für Punkt; **my ~ was ...** was ich sagen wollte, war ...; **to make a ~** ein Argument *nt* anbringen; **he made the ~ that ...** er betonte, daß ...; **you've made your ~!** wissen wir ja schon!, das hast du ja schon gesagt!; **the chairman gave him just 30 seconds to make his ~** der Vorsitzende gab ihm nur 30 Sekunden, um sein Argu- ment zu erläutern; **you have a ~ there** da ist etwas dran (*inf*); **if I may make another ~** wenn ich noch auf einen weiteren Punkt aufmerksam machen darf; **he took a long time to make his ~** er hat sehr lange gebraucht, um sich verständlich zu machen; **I take your ~, ~ taken** ich habe schon begriffen; **do you take my ~?** ver- stehst du mich?; **he may have a ~ you know** da kann er recht haben, weißt du; **would you put that ~ more succinctly?** können Sie das etwas knapper fassen?; **to gain** *or* **carry one's ~** sich durchsetzen; **to get** *or* **see the ~** verstehen, worum es geht; **to miss the ~** nicht verstehen, worum es geht; **he missed the ~ of what I was saying** er hat nicht begriffen, worauf ich hinaus- wollte; **that's not the ~** darum geht es nicht; **that's the whole ~** das ist es ja gerade; **a case in ~** ein einschlägiger Fall; **the case in ~** der zur Debatte stehende Punkt; **to make a ~ of sth** auf etw (*dat*) bestehen, auf etw (*acc*) Wert legen; **he made a special ~ of being early** er legte besonderen Wert darauf, früh dazusein; **we make a ~ of stressing ordinary usage** wir legen besonderen Nachdruck auf den normalen Sprachgebrauch.

8. (*matter*) **a ~ of principle** eine grund- sätzliche Frage; **a ~ of law** eine Rechts- frage; **a ~ of order** eine Frage der Geschäftsordnung; **a ~ of detail** eine Einzelfrage; *see* honour.

9. (*characteristic*) **good/bad** ~s gute/
schlechte Seiten *pl*; **he has his** ~s er hat
auch seine Vorzüge *or* guten Seiten; **the** ~s
to look for when buying a new car die
Punkte *or* Dinge, auf die man beim Kauf
eines neuen Wagens achten muß.

10. ~s *pl* (*Brit Rail*) Weichen *pl*.

11. (*Ballet: usu pl*) Spitze *f*. **to dance on**
~s auf den Spitzen tanzen.

12. (*Aut: usu pl*) Unterbrecherkon-
takte *pl*.

13. (*Brit Elec*) Steckdose *f*.

II *vt* **1.** (*aim, direct*) *gun, telescope etc*
richten (*at* auf +*acc*). **he** ~ed **his stick in
the direction of the house** er zeigte *or* wies
mit dem Stock auf das Haus; **he** ~ed **his
boat upstream** er drehte sein Boot
stromaufwärts; **he** ~s **his feet outwards
when he walks** er dreht seine Fußspitzen
beim Gehen nach außen; **they** ~ed **the
drunk off in the right direction** sie schick-
ten den Betrunkenen in die richtige
Richtung.

2. (*mark, show*) zeigen. **to** ~ **the way**
(*lit, fig*) den Weg weisen; **that really** ~ed
the moral das bewies, wie recht wir/sie *etc*
hatten.

3. (*sharpen*) *pencil, stick* (an)spitzen.

4. (*Build*) *wall, brickwork* verfugen.

5. (*punctuate*) *text* interpunktieren;
Hebrew vokalisieren; *psalm* mit De-
klarationszeichen versehen.

6. (*Hunt*) *game* anzeigen.

III *vi* **1.** (*with finger etc*) zeigen, deuten
(*at, to* auf +*acc*). **it's rude to** ~ (**at stran-
gers**) es ist unhöflich, mit dem Finger (auf
Fremde) zu zeigen; **don't** ~! zeig nicht mit
dem Finger!; **he** ~ed **in the direction of the
house/towards the house/back towards the
house** er zeigte *or* deutete in die Richtung
des Hauses/zum Haus/zurück zum Haus;
the compass needle ~s (**to the**) **north** die
Kompaßnadel weist nach Norden.

2. (*indicate*) (*facts, events*) hinweisen,
hindeuten (*to* auf +*acc*); (*person: point
out*) hinweisen. **everything** ~s **that way**
alles weist in diese Richtung; **the
problems which you have** ~ed **to in your
paper** die Probleme, auf die du in deinem
Aufsatz hingewiesen hast; **all the signs** ~
to success alle Zeichen stehen auf Erfolg;
all the signs ~ **to economic recovery** alles
deutet *or* weist auf eine Erholung der
Wirtschaft hin.

3. (*face, be situated: building, valley
etc*) liegen; (*be aimed: gun, vehicle etc*)
gerichtet sein. **with his gun** ~ed *or* ~ing
right at me, he said ... die Pistole direkt
auf mich gerichtet, sagte er ...; **the wheels
aren't** ~ing **in the same direction** die
Räder zeigen nicht in dieselbe Richtung.

4. (*Hunt*) (vor)stehen.

◆**point out** *vt sep* **1.** zeigen auf (+*acc*). **to**
~ **sth** ~ **to sb** jdn auf etw hinweisen *or*
aufmerksam machen; **could you** ~ **him** ~
to me? kannst du mir zeigen, wer er ist?;
I'll ~ **him** ~ ich zeige ihn dir; **the guide**
~ed ~ **the most interesting paintings** der
Führer machte auf die interessantesten
Gemälde aufmerksam.

2. (*mention*) **to** ~ **sth** ~ (**to sb**) (jdn) auf

etw (*acc*) aufmerksam machen, (jdn) auf
etw (*acc*) hinweisen.

◆**point up** *vt sep* (*emphasize*) unter-
streichen, betonen; (*make clear*) veran-
schaulichen, verdeutlichen.

point-blank ['pɔɪnt'blæŋk] **I** *adj* direkt;
refusal glatt. **at** ~ **range** aus kürzester
Entfernung *or* Distanz; **a** ~ **shot** ein Schuß
aus kürzester Distanz *or* Entfernung.

II *adv fire* aus kürzester Distanz *or* Ent-
fernung; *ask* rundheraus. **he refused** ~ **to
help** er weigerte sich rundweg *or* lehnte es
rundheraus *or* schlankweg ab zu helfen.

pointed ['pɔɪntɪd] *adj* **1.** (*sharp*) *stick, roof,
chin, nose* spitz; *window, arch* spitzbogig.

2. (*incisive*) *wit* scharf.

3. (*obvious in intention*) *remark, com-
ment* scharf, spitz; *reference* unverblümt;
absence, gesture, departure ostentativ. **her
~ lack of interest in my problems** ihr
ostentatives *or* betontes Desinteresse an
meinen Problemen; **that was rather** ~ das
war ziemlich deutlich.

pointedly ['pɔɪntɪdlɪ] *adv speak, comment*
spitz; *refer* unverblümt; *leave, stay away
etc* ostentativ.

pointer ['pɔɪntə'] *n* **1.** (*indicator*) Zeiger *m*.

2. (*stick*) Zeigestock *m*.

3. (*dog*) Pointer, Vorstehhund *m*.

4. (*fig: hint*) Hinweis, Fingerzeig, Tip
m. **he gave me some** ~s **on how to behave**
er gab mir ein paar Hinweise, wie ich mich
benehmen sollte.

5. (*fig: indication*) Anzeichen *nt*, Hin-
weis *m*. **the Government is looking for** ~s
on how the situation will develop die
Regierung sucht nach Anzeichen für die
weitere Entwicklung der Lage; **a** ~ **to a
possible solution** ein Hinweis auf eine
mögliche Lösung.

pointillism ['pwæntɪlɪzəm] *n* Pointillismus
m.

pointing ['pɔɪntɪŋ] *n* (*Build*) (*act*) Aus-
fugung *f*; (*material*) Fugenmörtel *m*. **the
~ on these old buildings needs to be res-
tored** das Mauerwerk dieser alten
Gebäude muß neu ausgefugt werden.

pointless *adj*, **~ly** *adv* ['pɔɪntlɪs, -lɪ] sinn-
los.

pointlessness ['pɔɪntlɪsnɪs] *n* Sinnlosigkeit
f.

point(s) duty *n* Verkehrsdienst *m*.

pointsman ['pɔɪntsmən] *n, pl* **-men** [-mən]
(*Brit Rail*) Weichensteller *m*.

point-to-point ['pɔɪntə'pɔɪnt] *n* (*also* ~
race) Geländejagdrennen *nt*.

poise [pɔɪz] **I** *n* **1.** (*carriage of head, body*)
Haltung *f*; (*grace*) Grazie *f*. **the graceful** ~
of the dancer's body die Grazie *or*
graziöse Haltung der Tänzerin/des Tän-
zers.

2. (*composure, self-possession*) Gelas-
senheit, Selbstsicherheit *f*. **a woman of
great** ~ **and charm** eine Frau voller Selbst-
sicherheit und Charme; **he lacks** ~ ihm
fehlt die Gelassenheit; **to lose/recover
one's** ~ seine Gelassenheit *or* Selbst-
sicherheit verlieren/wiedergewinnen.

II *vt* **1.** (*balance, hold balanced*) balan-
cieren. **he** ~d **the knife ready to strike** er
hielt das Messer so, daß er jederzeit zu-
stechen konnte; **she** ~d **her pen over her**

notebook sie hielt den Kugelschreiber schreibbereit über ihrem Notizblock; **the diver ~d himself for the leap** der Taucher machte sich sprungbereit *or* bereit zum Sprung; **he ~d himself on his toes, ready to jump** er verlagerte sein Körpergewicht auf die Zehenspitzen, bereit zum Sprung.

2. (*in passive*) **to be/hang ~d** (*bird, rock, sword*) schweben; **the diver was ~d on the edge of the pool** der Taucher stand sprungbereit am Beckenrand; **we sat ~d on the edge of our chairs** wir balancierten auf den Stuhlkanten; **women with water-jars ~d on their heads** Frauen, die Wasserkrüge auf dem Kopf balancieren/balancierten.

3. (*fig*) **the enemy are ~d to attack** der Feind steht angriffsbereit; **to be ~d on the brink/on the brink of sth** dicht davor/dicht vor etw (*dat*) *or* am Rande von etw stehen *or* sein; **a bright young man ~d on the brink of success** ein intelligenter junger Mann an der Schwelle zum Erfolg.

III *vi* (für einen Moment) unbeweglich bleiben; (*bird, helicopter*) schweben. **he ~d for a second on the edge of the pool** er verharrte einen Augenblick am Beckenrand.

poised [pɔɪzd] *adj* (*self-possessed*) gelassen.

poison [ˈpɔɪzn] **I** *n* (*lit, fig*) Gift *nt*. **what's your ~?** (*inf*), **name your ~** (*inf*) was willst du trinken?; **to hate sb like ~** jdn wie die Pest (*inf*) hassen; *see* meat.

II *vt* **1.** vergiften; *atmosphere, rivers* verpesten. **it won't ~ you** (*inf*) das wird dich nicht umbringen (*inf*).

2. (*fig*) vergiften; *marriage* zerrütten. **to ~ sb's mind against sb/sth** jdn gegen jdn/etw aufstacheln.

poisoner [ˈpɔɪznəʳ] *n* Giftmörder(in *f*) *m*.

poison gas *n* Giftgas *nt*.

poisoning [ˈpɔɪznɪŋ] *n* (*lit, fig*) Vergiftung *f*. **the gradual ~ of the atmosphere by ...** die zunehmende Luftverpestung durch ...; **to die of ~** an einer Vergiftung sterben.

poison ivy *n* kletternder Giftsumach.

poisonous [ˈpɔɪznəs] *adj* **1.** *snake, plants etc* giftig, Gift-; *substance, fumes etc* giftig.

2. (*fig*) *literature, doctrine* zersetzend; *remark etc* giftig; *propaganda also* Hetz-. **he's a ~ individual** er ist ein richtiger Giftzwerg.

poison-pen letter [ˈpɔɪznˌpenˈletəʳ] *n* anonymer Brief; **poison sumach** *n* (*US*) Giftsumach *m*.

poke¹ [pəʊk] *n* (*dial*) Beutel *m*; *see* pig.

poke² **I** *n* **1.** (*jab*) Stoß, Schubs (*inf*) *m*. **to give sb/sth a ~** *see vt 1*; **I got a ~ in the eye from his umbrella** er stieß mir den Regenschirm ins Auge.

2. (*US inf: punch*) Schlag *m*. **~ on the nose** Nasenstüber *m*.

II *vt* **1.** (*jab with stick*) stoßen; (*with finger*) stupsen. **to ~ the fire** das Feuer schüren, im Feuer stochern; **he ~d the ground with his stick** er stieß mit seinem Stock auf den Boden; **he accidentally ~d me in the eye** er hat mir aus Versehen ins Auge gestoßen.

2. (*US inf: punch*) hauen (*inf*). **to ~ sb on the nose** jdn auf die Nase hauen.

3. (*thrust*) **to ~ one's head/finger/a stick** *etc* **into sth** seinen Kopf/Finger/einen Stock *etc* in etw (*acc*) stecken; **he ~d his head round the door/out of the window** er streckte seinen Kopf durch die Tür/aus dem Fenster.

4. (*make by poking*) *hole* bohren.

III *vi* his elbows were poking through his sleeves an seinen Ärmeln kamen schon die Ellenbogen durch; **to ~ at sth** (*testing*) etw prüfen; (*searching*) in etw (*dat*) stochern; **he ~d at me with his fist** er schlug mit der Faust nach mir; **he ~d at me with his finger** (*touching*) er stupste mich; (*not touching*) er stieß mit dem Finger nach mir; **well, if you will go poking into things that don't concern you ...** na ja, wenn du deine Nase ständig in Dinge steckst, die dich nichts angehen ...

◆**poke about** *or* **around** *vi* **1.** (*prod*) herumstochern. **2.** (*inf: nose about*) stöbern, schnüffeln (*inf*). **3.** +*prep obj* (*inf: wander about*) (herum)bummeln. **we spent a pleasant day poking ~ the shops** wir haben einen netten Tag mit Geschäftebummeln verbracht.

◆**poke in** *vt sep* hinein-/hereinstecken *or* -strecken. **he ~d his head ~ through the window** er streckte seinen Kopf zum Fenster hinein/herein; **I'll just ~ my head in and say hello** (*inf*) ich will nur schnell vorbeischauen und guten Tag sagen.

◆**poke out** **I** *vi* vorstehen. **he walked along with his stomach poking ~** er ging mit vorgestrecktem Bauch; **the tortoise had its head poking ~ of its shell** die Schildkröte hatte ihren Kopf aus dem Panzer gestreckt; **a handkerchief was poking ~ of his top pocket** ein Taschentuch schaute *or* guckte aus seiner Brusttasche hervor.

II *vt sep* **1.** (*extend*) heraus-/hinausstrecken.

2. (*remove by poking*) **he ~d the dirt ~ with his fingers** er pulte (*inf*) *or* kratzte den Schmutz mit den Fingern heraus; **to ~ sb's eye ~** jdm das Auge ausstoßen.

◆**poke up** *vt sep fire* schüren. **he ~d his finger ~ his nose** er bohrte mit dem Finger in der Nase.

poke bonnet *n* Kiepenhut *m*, Schute *f*.

poker¹ [ˈpəʊkəʳ] *n* (*for fire*) Schürhaken, Feuerhaken *m*.

poker² *n* (*Cards*) Poker *nt*.

poker-faced [ˈpəʊkəˈfeɪst] *adj* mit einem Pokergesicht *or* Pokerface; (*bored*) mit unbewegter Miene.

pokeweed [ˈpəʊkwiːd] *n* (*US*) Kermesbeere *f*.

poky [ˈpəʊkɪ] *adj* (+*er*) (*pej*) *room, house* winzig. **it's so ~ in here** es ist so eng hier.

Polack [ˈpəʊlæk] *n* (*pej*) Polack(e) *m* (*pej*), Polackin *f* (*pej*).

Poland [ˈpəʊlənd] *n* Polen *nt*.

polar [ˈpəʊləʳ] *adj* **1.** Polar-, polar. **~ bear** Polar- *or* Eisbär *m*; **~ circle** Polarkreis *m*.

2. (*opposite*) polar.

polarity [pəʊˈlærɪtɪ] *n* (*Phys, fig*) Polarität *f*.

polarization [ˌpəʊləraɪˈzeɪʃən] *n* (*Phys*) Polarisation *f*; (*fig*) Polarisierung *f*.

polarize [ˈpəʊləraɪz] **I** *vt* polarisieren. **II** *vi* sich polarisieren.

Pole [pəʊl] n Pole m, Polin f.

pole¹ [pəʊl] I n 1. Stange f; (flag~, telegraph ~ also) Mast m; (of cart) Deichsel f; (ski-~) Stock m; (for vaulting) Stab m; (for punting) Stange, Stake (spec) f. to be up the ~ (Brit inf) eine Schraube locker haben (inf); to drive sb up the ~ (inf) jdn die Wände hoch treiben (inf).
2. (Measure: old) Rute f (old).
II vt punt staken.

pole² n (Geog, Astron, Elec) Pol m. they are ~s apart sie (acc) trennen Welten, Welten liegen zwischen ihnen.

pole-axe, (US) **pole-ax** [ˈpəʊlˌæks] I n 1. (Mil) Streitaxt f; 2. (for slaughtering) Schlachtbeil nt; II vt 1. (mit der Streitaxt) niederschlagen or umhauen; 2. (mit dem Schlachtbeil) töten; **polecat** n Iltis m; (US) Skunk m, Stinktier nt.

polemic [pɒˈlemɪk] I adj polemisch. II n Polemik f; (act also) Polemisieren nt.

polemical [pɒˈlemɪkəl] adj polemisch.

polemicist [pɒˈlemɪsɪst] n Polemiker(in f) m.

polemics [pɒˈlemɪks] n sing Polemik f.

pole position n (Sport) Innenbahn f; **pole star** n Polarstern m; **pole vault** I n Stabhochsprung m; (one jump) Sprung m mit dem Stab; II vi mit dem Stab springen; **pole vaulter** n Stabhochspringer(in f) m; **pole vaulting** n Stabhochspringen nt, Stabhochsprung m.

police [pəˈliːs] I n (+sing vb: institution, +pl vb: policemen) Polizei f. to join the ~ zur Polizei gehen; he is in or a member of the ~ er ist bei der Polizei; hundreds of ~ hunderte von Polizisten; extra ~ were called in es wurden zusätzliche Polizeikräfte angefordert; three ~ were injured drei Polizeibeamte or Polizisten wurden verletzt.
II vt road, frontier, territory, agreement kontrollieren; road, agreement, pop-concert also überwachen. a heavily ~d area ein Gebiet mit hoher Polizeidichte.

police car n Polizeiwagen m; **police constable** n (Brit) Polizist, Wachtmeister (inf) m; **police court** n ≃ Polizeigericht nt; **police dog** n Polizeihund m; **police escort** n Polizei-Eskorte f; **police force** n Polizei f; one of the best-equipped ~s in the world eine der bestausgestatteten Polizeitruppen der Welt; **policeman** n Polizist m; **police officer** n Polizeibeamte(r) m; **police record** n Vorstrafen pl; to have a ~ vorbestraft sein; **police state** n Polizeistaat m; **police station** n (Polizei)wache f or -revier nt; **policewoman** n Polizistin f.

policy¹ [ˈpɒlɪsɪ] n 1. Politik f no pl; (of business also) Geschäfts- or Firmenpolitik f (on bei), Praktiken pl (pej) (on in bezug auf +acc); (of government, newspaper also) Linie f; (of political party also) Programm nt; (of team, football manager: tactics) Taktik f; (principle) Grundsatz m. **social and economic** ~ Wirtschafts- und Sozialpolitik f; **what is company ~ on this matter?** wie sieht die Geschäfts- or Firmenpolitik in diesem Falle aus?; **a matter of** ~ eine Grundsatzfrage; ~ **decision** Grundsatzentscheidung f; ~ **statement**

Grundsatzerklärung f; ~**maker** Parteiideologe m; your ~ **should always be to give people a second chance** du solltest es dir zum Grundsatz machen, Menschen eine zweite Chance zu geben; **my** ~ **is to wait and see** meine Devise heißt abwarten; **our** ~ **is one of expansion** wir verfolgen eine expansionsorientierte Geschäftspolitik.
2. (prudence, a prudent procedure) Taktik f. **it would not be** ~ **to refuse** es wäre unklug, abzulehnen; ~ **demands that the government compromise**, die Regierung muß aus taktischen Gründen Kompromisse eingehen; **it was good/bad** ~ das war (taktisch) klug/unklug.

policy² n (also **insurance** ~) (Versicherungs)police f, Versicherungsschein m. **to take out a** ~ eine Versicherung abschließen; ~ **holder** Versicherungsnehmer m.

polio [ˈpəʊlɪəʊ] n, no pl Polio, Kinderlähmung f. ~ **injection** (Spritz)impfung f gegen Kinderlähmung.

poliomyelitis [ˌpəʊlɪəʊmaɪəˈlaɪtɪs] n (form) Poliomyelitis (spec), Kinderlähmung f.

Polish [ˈpəʊlɪʃ] I adj polnisch. ~ **corridor** Polnischer Korridor. II n (language) Polnisch nt.

polish [ˈpɒlɪʃ] I n 1. (material) (shoe ~) Creme f; (floor ~) (flüssiges) Wachs; (furniture ~) Politur f; (metal ~) Poliermittel nt; (nail ~) Lack m.
2. (act) to give sth a ~ etw polieren; shoes, silver also etw putzen; floor etw bohnern.
3. (~ed state, shine) Glanz m; (of furniture) Politur f. high ~ Hochglanz m, starker Glanz; to put a ~ on sth etw zum Glänzen bringen, Glanz auf etw (acc) bringen; water will take the ~ off Wasser nimmt den Glanz/greift die Politur an.
4. (fig: refinement) (of person, style, manners) Schliff m; (of performance) Brillanz f. to acquire ~ Schliff bekommen; (performance) brillant werden.
II vt 1. polieren; silver, shoes also putzen; floor bohnern.
2. (fig) person, performance den letzten Schliff geben (+dat); manner, style also polieren (inf), verfeinern.

♦**polish off** vt sep (inf) food verdrücken (inf), verputzen (inf); drink wegputzen (inf); work wegschaffen (inf), erledigen; opponent, competitor abservieren (inf).

♦**polish up I** vt sep 1. shoes, floor, silver etc polieren, auf Hochglanz bringen. 2. (fig: improve) style aufpolieren, verfeinern; work überarbeiten; one's French etc aufpolieren (inf). **you'd better** ~ ~ **your ideas** (inf) du solltest dich besser auf den Hosenboden setzen (inf). II vi sich polieren lassen.

polished [ˈpɒlɪʃt] adj 1. surface, furniture poliert, glänzend; floor gebohnert; stone, glass geschliffen. his highly ~ shoes seine blankgeputzten Schuhe. 2. style etc verfeinert; performance, performer brillant. 3. manners geschliffen.

polisher [ˈpɒlɪʃəʳ] n (person) Schleifer(in f) m; (machine) Schleif-/Polier-/Bohnermaschine f.

polite [pə'laɪt] *adj* (+*er*) **1.** höflich. **it wouldn't be** ~ es wäre unhöflich; **when I said it was good I was just being** ~ als ich sagte, es sei gut, wollte ich nur höflich sein; **there's no need to be** ~ **about it if you don't like it** du kannst es ruhig sagen, wenn es dir nicht gefällt; **we sat around making** ~ **conversation** wir saßen zusammen und machten Konversation. **2.** *society* fein.

politely [pə'laɪtlɪ] *adv* höflich.

politeness [pə'laɪtnɪs] *n* Höflichkeit *f*.

politic ['pɒlɪtɪk] *adj* **1.** klug. **it would be** ~ **to apologize** es wäre diplomatisch *or* (taktisch) klug, sich zu entschuldigen. **2. the body** ~ das Staatswesen, das staatliche Gemeinwesen.

political [pə'lɪtɪkəl] *adj* politisch. ~ **asylum** politisches Asyl; ~ **economy** Volkswirtschaft *f*; ~ **prisoner** politischer Gefangener, politische Gefangene; ~ **science** Politologie *f*.

politically [pə'lɪtɪkəlɪ] *adv* politisch.

politician [ˌpɒlɪ'tɪʃən] *n* Politiker(in *f*) *m*.

politicize [pə'lɪtɪsaɪz] *vt* politisieren.

politicking [pə'lɪtɪkɪŋ] *n* (*pej*) politische Aktivitäten *pl*.

politico [pə'lɪtɪkəʊ] *n*, *pl* -**s** (*US pej*) Politiker(in *f*) *m*.

politico- *pref* politisch-.

politics ['pɒlɪtɪks] *n* **1.** (+*sing or pl vb*) Politik *f*; (*views*) politische Ansichten *pl*. **what are his** ~? welche politischen Ansichten hat er? **2.** (+*sing or pl vb*) Politik *f*. **to go into** ~ in die Politik gehen; **to talk** ~ politisieren; **interested in** ~ politisch interessiert.

polity ['pɒlɪtɪ] *n* (*form of government*) Staats- *or* Regierungsform *f*; (*politically organized society*) Staat(swesen *nt*) *m*, Gemeinwesen *nt*; (*management of public affairs*) Staatsverwaltung *f*.

polka ['pɒlkə] *n* Polka *f*.

polka dot I *n* Tupfen *m*. II *adj* getupft, gepunktet.

poll [pəʊl] I *n* **1.** (*Pol: voting*) Abstimmung *f*; (*election*) Wahl *f*. **to take a** ~ abstimmen lassen, eine Abstimmung durchführen; **a** ~ **was taken among the villagers** unter den Dorfbewohnern wurde abgestimmt; **to head the** ~ bei der Wahl führen. **2.** (*total of votes cast*) Wahlbeteiligung *f*; (*for individual candidate*) Stimmenanteil *m*. **3.** ~**s** (*voting place*) Wahllokale *pl*; (*election*) Wahl *f*; **to go to the** ~**s** wählen *or* zur Wahl gehen, an die Urnen gehen; **a crushing defeat at the** ~**s** eine vernichtende Niederlage bei den Wahlen, eine vernichtende Wahlniederlage. **4.** (*opinion* ~) Umfrage *f*. II *vt* **1.** *votes* erhalten, auf sich (*acc*) vereinigen. **2.** (*in opinion* ~) befragen. **40% of those** ~**ed supported the Government** 40% der Befragten waren für die Regierung. **3.** *horns, trees* stutzen. ~**ed cattle** Rinder mit gestutzten Hörnern. III *vi* **he** ~**ed badly in the election** er

schnitt bei der Wahl schlecht ab.

pollard ['pɒləd] I *n* (*tree*) gekappter Baum. II *vt* kappen.

pollen ['pɒlən] *n* Blütenstaub, Pollen *m*. ~ **basket** Höschen *nt*, Hose *f*; ~ **count** Pollenzahl *f*.

pollinate ['pɒlɪneɪt] *vt* bestäuben.

pollination [ˌpɒlɪ'neɪʃən] *n* Bestäubung *f*.

polling ['pəʊlɪŋ] *n* Stimmabgabe, Wahl *f*. ~ **will be on Thursday** die Wahl ist am Donnerstag; ~ **has been heavy** die Wahlbeteiligung war (sehr) hoch.

polling booth *n* Wahlkabine, Wahlzelle *f*; **polling card** *n* Wahlausweis *m*; **polling day** *n* Wahltag *m*; **polling station** *n* Wahllokal *nt*.

pollster ['pəʊlstər] *n* Meinungsforscher(in *f*) *m*.

pollutant [pə'lu:tənt] *n* Schadstoff *m*.

pollute [pə'lu:t] *vt environment* verschmutzen; *river, atmosphere etc also* verunreinigen; *atmosphere also* verpesten (*pej*); (*fig*) *mind, morals* verderben, korrumpieren.

pollution [pə'lu:ʃən] *n* **1.** Umweltverschmutzung *f*. **the fight against** ~ der Kampf gegen die Umweltverschmutzung. **2.** *see vt* Verschmutzung *f*; Verunreinigung *f*; Verpestung (*pej*) *f*; (*fig*) Korrumpierung *f*.

polo ['pəʊləʊ] *n*, *no pl* Polo *nt*.

polonaise [ˌpɒlə'neɪz] *n* Polonaise, Polonäse *f*.

polo neck I *n* Rollkragen *m*; (*sweater*) Rollkragenpullover *m*. II *adj* Rollkragen-.

polonium [pə'ləʊnɪəm] *n* (*abbr* **Po**) Polonium *nt*.

poltergeist ['pɒltəgaɪst] *n* Poltergeist *m*.

polyandrous [ˌpɒlɪ'ændrəs] *adj* Vielmännerei betreibend; (*Bot*) polyadelphisch.

polyandry ['pɒlɪændrɪ] *n* Vielmännerei *f*.

polyanthus [ˌpɒlɪ'ænθəs] *n* (*primrose*) Gartenprimel *f*; (*narcissus*) Tazette *f*.

polychromatic [ˌpɒlɪkrəʊ'mætɪk] *adj* polychrom.

polyclinic ['pɒlɪklɪnɪk] *n* Poliklinik *f*.

polyester ['pɒlɪestər] *n* Polyester *m*.

polyethylene [ˌpɒlɪ'eθəli:n] *n* Polyäthylen *nt*.

polygamist [pə'lɪgəmɪst] *n* Polygamist *m*.

polygamous [pə'lɪgəməs] *adj* polygam.

polygamy [pə'lɪgəmɪ] *n* Polygamie, Vielehe, Vielweiberei *f*.

polyglot ['pɒlɪglɒt] I *adj* polyglott, vielsprachig. II *n* (*person*) Polyglotte(r) *mf*.

polygon ['pɒlɪgən] *n* Polygon, Vieleck *nt*.

polygonal [pə'lɪgənl] *adj* polygonal, vieleckig.

polyhedron [ˌpɒlɪ'hi:drən] *n* Polyeder *nt*, Vielflächner *m*.

polymer ['pɒlɪmər] *n* Polymer *nt*.

polymorphic [ˌpɒlɪ'mɔ:fɪk] *adj* polymorph, vielgestaltig.

polymorphism [ˌpɒlɪ'mɔ:fɪzəm] *n* Polymorphismus *m*.

Polynesia [ˌpɒlɪ'ni:zɪə] *n* Polynesien *nt*.

Polynesian [ˌpɒlɪ'ni:zɪən] I *adj* polynesisch. II *n* **1.** Polynesier(in *f*) *m*. **2.** (*language*) Polynesisch *nt*.

polynomial [ˌpɒlɪ'nəʊmɪəl] I *adj* polynomisch. II *n* Polynom *nt*.

polyp ['pɒlɪp] *n* Polyp *m*.

polyphonic [ˌpɒlɪ'fɒnɪk] *adj* polyphon.
polyphony [pə'lɪfənɪ] *n* Polyphonie *f*.
polypropylene [ˌpɒlɪ'prɒpɪliːn] *n* Polypropylen *nt*.
polystyrene [ˌpɒlɪ'staɪriːn] *n* Polystyrol *nt*; (*extended also*) Styropor *nt*.
polysyllabic [ˌpɒlɪsɪ'læbɪk] *adj* viel- *or* mehrsilbig.
polytechnic [ˌpɒlɪ'teknɪk] *n* (*Brit*) ≈ Polytechnikum *nt*; (*degree-awarding*) Technische Hochschule, TH *f*.
polytheism ['pɒlɪθiːɪzəm] *n* Polytheismus *m*.
polytheistic [ˌpɒlɪθiː'ɪstɪk] *adj* polytheistisch.
polythene ['pɒlɪθiːn] *n* (*Brit*) Polyäthylen *nt*; (*in everyday language*) Plastik *nt*. ~ **bag** Plastiktüte *f*.
polyunsaturated fats [ˌpɒlɪʌn'sætjəreɪtɪd 'fæts] *npl* mehrfach ungesättigte Fettsäuren *pl*.
polyurethane [ˌpɒlɪ'jʊərɪθeɪn] *n* Polyurethan *nt*.
polyvalent [pɒ'lɪvələnt] *adj* mehrwertig, polyvalent.
pomade [pə'mɑːd] I *n* Pomade *f*. II *vt* mit Pomade einreiben.
pomander [pəʊ'mændəʳ] *n* Duftkugel *f*.
pomegranate ['pɒmə.grænɪt] *n* Granatapfel *m*; (*tree*) Granat(apfel)baum *m*.
Pomerania [ˌpɒmə'reɪnɪə] *n* Pommern *nt*.
Pomeranian [ˌpɒmə'reɪnɪən] I *adj* pommer(i)sch. II *n* Pommer(in *f*) *m*; (*dog*) Spitz *m*.
pommel ['pʌml] I *n* (*on sword*) Knauf *m*; (*on saddle*) Knopf *m*. II *vt see* **pummel**.
pommy ['pɒmɪ] *n* (*Austral sl*) Engländer(in *f*) *m*. ~ **bastard** Scheißtommy *m* (*sl*).
pomp [pɒmp] *n* Pomp, Prunk *m*, Gepränge *nt*. ~ **and circumstance** Pomp und Prunk.
pompom ['pɒmpɒm] *n* **1.** (*gun*) automatische Flugzeugabwehrkanone *f*. **2.** (*on hat etc*) Troddel, Bommel (*dial*) *f*.
pomposity [pɒm'pɒsɪtɪ] *n see adj* Aufgeblasenheit, Wichtigtuerei *f*; Gespreiztheit *f*; Schwülstigkeit *f*, Bombast *m*.
pompous ['pɒmpəs] *adj person* aufgeblasen, wichtigtuerisch; *attitude, behaviour also, phrase* gespreizt; *language, letter, remark* schwülstig, bombastisch.
pompously ['pɒmpəslɪ] *adv write, speak* schwülstig, bombastisch; *behave* aufgeblasen, wichtigtuerisch.
ponce [pɒns] (*Brit sl*) I *n* (*pimp*) Zuhälter *m*; (*homosexual*) Warme(r) (*sl*), Schwule(r) (*inf*) *m*. II *vi to* ~ **for sb** jds Zuhälter sein.
◆**ponce about** *or* **around** *vi* (*Brit sl*) herumtänzeln.
poncho ['pɒntʃəʊ] *n*, *pl* ~**s** Poncho *m*.
poncy ['pɒnsɪ] *adj* (+*er*) (*Brit sl*) (*homosexual*) warm (*sl*), schwul (*inf*); *pink sweater, walk, actor* tuntig (*sl*).
pond [pɒnd] *n* Teich *m*. **the** ~ (*inf: Atlantic*) der große Teich (*hum*); ~ **life** Pflanzen- und Tierleben in Teichen.
ponder ['pɒndəʳ] I *vt* nachdenken über (+*acc*); *possibilities, consequences etc* erwägen, abwägen. II *vi* nachdenken (*on, over* über +*acc*).
ponderous ['pɒndərəs] *adj* schwerfällig: (*heavy*) massiv.
ponderously ['pɒndərəslɪ] *adv* schwerfällig.

ponderousness ['pɒndərəsnɪs] *n* Schwerfälligkeit *f*; (*heaviness*) Schwere, Gewichtigkeit *f*.
pondweed ['pɒndwiːd] *n* Laichkrautgewächs *nt*.
pone [pəʊn] *n* (*US*) Maisbrot *nt*.
pong [pɒŋ] (*Brit inf*) I *n* Gestank, Mief (*inf*) *m*. II *vi* stinken, miefen (*inf*).
pontiff ['pɒntɪf] *n* Pontifex *m*; (*pope also*) Papst *m*.
pontifical [pɒn'tɪfɪkəl] *adj* **1.** (*lit*) pontifikal; (*papal*) päpstlich. ~ **robes** Pontifikalien *pl*/päpstliche Gewänder *pl*; ~ **duties** Pontifikalien *pl*/päpstliche Pflichten *pl*; **P**~ **Mass** Pontifikalamt *nt*; ~ **office** Pontifikat *nt*. **2.** (*fig*) päpstlich.
pontifically [pɒn'tɪfɪkəlɪ] *adv* (*fig*) päpstlich.
pontificate [pɒn'tɪfɪkɪt] I *n* Pontifikat *nt*. II [pɒn'tɪfɪkeɪt] *vi* (*fig*) dozieren. I **wish you wouldn't** ~ **to me** ich wünschte, du würdest nicht in diesem belehrenden Ton mit mir reden.
pontoon[^1] [pɒn'tuːn] *n* Ponton *m*; (*on flying boat*) Schwimmer *m*. ~ **bridge** Pontonbrücke *f*.
pontoon[^2] *n* (*Brit Cards*) 17 und 4 *nt*.
pony ['pəʊnɪ] *n* **1.** Pony *nt*. **2.** (*Brit sl*) 25 Pfund. **3.** (*US sl: crib*) Klatsche *f* (*Sch sl*). **4.** (*US inf: small glass*) Gläschen *nt*.
pony express *n* Ponyexpreß *m*; **ponytail** *n* Pferdeschwanz *m*; **she was wearing her hair in a** ~ sie trug einen Pferdeschwanz; **pony trekking** *n* Ponyreiten *nt*.
poodle ['puːdl] *n* Pudel *m*.
poof(ter) ['puːf(təʳ)] *n* (*Brit sl*) Warme(r) (*sl*), Schwule(r) (*inf*) *m*.
poofy ['puːfɪ] *adj* (+*er*) (*Brit sl*) warm (*sl*), schwul (*inf*); *clothes, colour, actor* tuntig (*sl*), tuntenhaft (*inf*).
pooh [puː] *interj* (*bad smell*) puh, pfui; (*disdain*) pah, bah.
pooh-pooh ['puː'puː] *vt* verächtlich abtun.
pool[^1] [puːl] *n* **1.** Teich, Tümpel *m*; (*underground*) See *m*. **2.** (*of rain*) Pfütze *f*; (*of spilt liquid*) Lache *f*. **a** ~ **of blood** eine Blutlache; ~**s of sunlight/shade** sonnige/schattige Stellen. **3.** (*in river*) Loch *nt*. **4.** (*artificial*) Teich *m*; (*swimming* ~) (Schwimm)becken *nt*; (*in private garden, hotel also*) Swimmingpool *m*; (*swimming baths*) Schwimmbad *nt*. **to go to the** (**swimming**) ~ ins Schwimmbad gehen; **an olympic** ~ **should measure ...** ein olympisches Wettkampfbecken muß ... groß sein; **she was sitting at the edge of the** ~ sie saß am Beckenrand.
pool[^2] I *n* **1.** (*common fund*) (gemeinsame) Kasse *f*. **each player put £10 in the** ~ jeder Spieler gab £ 10 in die Kasse. **2.** (*supply, source*) (*typing* ~) Schreibzentrale *f*; (*car* ~) Fahrbereitschaft *f*; (*car-sharing*) Fahrgemeinschaft *f*. **a** ~ **of labour** ein Bestand *m* an Arbeitskräften; eine Arbeitskraftsreserve; **among them they have a great** ~ **of experience/ideas** zusammen verfügen sie über eine Menge Erfahrung/Ideen; **there is a great** ~ **of untapped ability** es gibt große, noch ungenutzte Begabungsreserven. **3. the** ~**s** *pl* (*football* ~) Toto *nt or m*;

to do the ~s Toto spielen; **to win the ~s** im Toto gewinnen.
  4. (*US: form of snooker*) Poolbillard *nt*.
  5. (*Comm*) Interessengemeinschaft *f*; (*US: monopoly, trust*) Pool *m*, Kartell *nt*.
  II *vt resources, savings* zusammenlegen; *efforts* vereinen (*geh*). **if we ~ our efforts we'll get the work done sooner** mit vereinten Kräften werden wir schneller mit der Arbeit fertig (werden); **the two scientists ~ed their results** die beiden Wissenschaftler kombinierten ihre Ergebnisse.

pool hall, pool room *n* Billardzimmer *nt*; **pool table** *n* Billardtisch *m*.

poop¹ [puːp] *n* Hütte, Poop *f*. **~ deck** Hütten- *or* Poopdeck *nt*.

poop² *vt* (*sl: exhaust*) schlauchen (*sl*). **to be ~ed (out)** geschlaucht (*sl*) sein.

poor [pʊəʳ] I *adj* (+*er*) **1.** arm. **~ whites** *arme weiße Bevölkerung im Süden der USA;* **a country ~ in natural resources** ein an Bodenschätzen armes Land; **it's the ~ man's Mercedes/ Monte Carlo** (*inf*) das ist der Mercedes/das Monte Carlo des kleinen Mannes (*inf*); **~ relation** (*fig*) armer Verwandter, arme Verwandte.
  2. (*not good*) schlecht; (*lacking quality also, meagre*) mangelhaft; *health, effort, performance, excuse also, sense of responsibility, leadership* schwach; *soil also* mager, unergiebig; *quality also* minderwertig. **a ~ chance of success** schlechte Erfolgsaussichten *pl*; **a ~ joke** (*weak*) ein schwacher Witz; (*in bad taste*) ein geschmackloser Witz; **only £55? that's pretty ~, isn't it?** nur £ 55? das ist aber ziemlich wenig!; **he is a ~ traveller/flier** er verträgt Reisen/Flugreisen nicht gut; **it will be a ~ day for the world when …** es wird ein schwarzer Tag für die Welt sein, wenn …; **this is a pretty ~ state of affairs** das sieht aber gar nicht gut aus; **he showed a ~ grasp of the facts** er zeigte wenig Verständnis für die Fakten; **he is a ~ hand at public speaking** in der Öffentlichkeit zu sprechen liegt ihm nicht; **she was always ~ at languages** sie war immer schlecht *or* schwach in Sprachen.
  3. (*pitiful, pitiable*) arm. **you ~ (old) chap** (*inf*) *or* **thing** (*inf*) du armer Tropf (*inf*); **~ you!** du Ärmste(r)!; **she's all alone, ~ woman** sie ist ganz allein, die arme Frau; **~ things, they look cold** die Ärmsten, ihnen scheint kalt zu sein; **it fell to my ~ self to …** es blieb meiner Wenigkeit (*dat*) überlassen, zu … (*iro*).
  II *npl* **the ~** die Armen *pl*.

poor box *n* Armen- *or* Almosenbüchse *f*.

poorly [ˈpʊəlɪ] I *adv* **1.** arm; *dressed, furnished* ärmlich. **~ off** arm dran (*inf*); **her husband left her very ~ off** ihr Mann ließ sie in sehr ärmlichen Verhältnissen zurück.
  2. (*badly*) schlecht. **~ lit** schlecht *or* schwach beleuchtet; **to do ~ (at sth)** (in etw *dat*) schwach *or* schlecht abschneiden; **we're rather ~ off for staff** wir haben einen ziemlichen Mangel an Personal.
  II *adj pred* (*ill*) schlecht, krank, elend.

poorness [ˈpʊənɪs] *n* **1.** (*lack of money*) Armut *f*.

2. (*lack of quality*) Dürftigkeit, Manghaftigkeit *f*; (*of soil*) Magerkeit, Unergiebigkeit *f*; (*of effort, excuse, harvest, performance*) Dürftigkeit *f*; (*of quality*) Minderwertigkeit *f*; (*of weather, memory, health, eyesight*) Unzulänglichkeit *f*; (*of leadership*) Schwäche *f*.

poove [puːv] *n see* **poof(ter)**.

pop¹ *abbr of* **population**.

pop² [pɒp] *n* (*esp US inf*) (*father*) Pa(pa) *m* (*inf*); (*elderly man*) Opa *m* (*hum inf*).

pop³ *n* (~ *music*) Popmusik *f*, Pop *m*.

pop⁴ I *n* **1.** (*sound*) Knall *m*. **the toy gun went off with a ~** peng, ging die Spielzeugpistole los.
  2. (*inf: shot*) Schuß *m*.
  3. (*fizzy drink*) Brause, Limo (*inf*) *f*.
  II *adv* **to go ~** (*cork*) knallen, hochgehen (*inf*); (*balloon*) platzen; (*ears*) mit einem Knacken aufgehen *or* (*when going down*) zugehen; **~!** peng!
  III *vt* **1.** *balloon, corn* zum Platzen bringen. **to ~ corn** Popcorn machen.
  2. (*inf: put*) stecken. **to ~ a letter into the postbox** einen Brief einwerfen *or* einschmeißen (*inf*); **he ~ped his head round the door** er streckte den Kopf durch die Tür; **to ~ a jacket/hat on sich** (*dat*) ein Jackett überziehen/sich (*dat*) einen Hut aufsetzen; **to ~ the question** einen (Heirats)antrag machen.
  3. (*inf*) *pills* einwerfen (*sl*), schlucken (*inf*).
  IV *vi* **1.** (*inf: go ~, burst*) (*cork*) knallen; (*balloon*) platzen; (*seed-pods, buttons, popcorn*) aufplatzen; (*ears*) mit einem Knacken aufgehen *or* (*when going down*) zugehen. **his eyes were ~ping out of his head** ihm fielen fast die Augen aus dem Kopf (*inf*); **suddenly her blouse ~ped open** plötzlich sprang ihre Bluse auf.
  2. (*inf: go quickly or suddenly*) **to ~ along/down to the baker's** schnell zum Bäcker laufen; **I'll just ~ upstairs** ich laufe mal eben nach oben; **~ across/over/round and see me sometime** komm doch mal auf einen Sprung bei mir vorbei (*inf*); **I thought I'd just ~ down to London for the weekend** ich dachte, ich fahr mal eben übers Wochenende nach London.

◆**pop at** *vi* +*prep obj* (*inf: shoot at*) ballern auf (+*acc*) (*inf*).

◆**pop back** (*inf*) I *vt sep* (schnell) zurücktun (*inf*). **~ the lid ~ on the box** klapp den Deckel wieder auf die Schachtel; **~ it into the box** tu es wieder in die Schachtel. **II** *vi* schnell zurücklaufen. **she ~ped ~ for her book** sie lief zurück, um ihr Buch zu holen.

◆**pop in** (*inf*) I *vt sep* hineintun. **to ~ sth ~ to sth** etw in etw (*acc*) stecken.
  II *vi* schnell hereinkommen/hereingehen; (*visit*) auf einen Sprung vorbeikommen (*inf*). **to ~ ~ for a short chat** auf einen kleinen Schwatz hereinschauen (*inf*); **she kept ~ping ~ and out** sie war dauernd rein und raus; **we just ~ped ~to the pub for a quickie** wir gingen kurz in die Kneipe, um einen zu heben (*inf*); **just ~ ~ any time you're passing** komm doch mal vorbei, wenn du in der Gegend bist.

◆**pop off** (inf) vi **1.** (die suddenly) den Geist aufgeben (hum), den Löffel abgeben (sl). **2.** (inf: go off) verschwinden (inf) (to nach). **do you fancy ~ping ~ to Spain for a week?** wie wär's, wollen wir für eine Woche nach Spanien verschwinden?

◆**pop out** (inf) vi **1.** (go out) (schnell) rausgehen (inf)/rauskommen (inf); (spring, rabbit) herausspringen (of aus). **he has just ~ped ~ for a beer** er ist schnell auf ein Bierchen gegangen (inf); **he has just ~ped ~ to buy a paper** er ist schnell eine Zeitung kaufen gegangen.
  2. (eyes) vorquellen. **his eyes were ~ping ~ with amazement** vor Staunen bekam er Stielaugen or fielen ihm fast die Augen aus dem Kopf (inf).

◆**pop up** (inf) **I** vt sep **1.** (put up) head hochstrecken.
  2. (bring up) schnell raufbringen (inf).
  3. (sl: liven up) old film, musical etc aufmotzen (inf).
  II vt **1.** (appear suddenly) auftauchen; (head, toast) hochschießen (inf); (figures in illustrations) sich aufstellen.
  2. (come up) (mal eben) raufkommen (inf)/raufgehen (inf); (go up) (mal eben) raufgehen (inf).

pop art n Pop-art f; **pop concert** n Popkonzert nt; **popcorn** n Popcorn nt.
Pope [pəʊp] n Papst m.
popery ['pəʊpərɪ] n (pej) Pfaffentum nt.
popeyed ['pɒp,aɪd] adj person glotzäugig; (fig) mit Glotzaugen; **pop festival** n Popfestival nt; **pop group** n Popgruppe f; **pop gun** n Spielzeugpistole f.
popish ['pəʊpɪʃ] adj (pej) papistisch.
poplar ['pɒplə^r] n Pappel f.
poplin ['pɒplɪn] n Popeline m or f.
pop music n Popmusik f; **popover** n (US) stark aufgehender hefiger Eierkuchen.
popper ['pɒpə^r] n (Brit inf: press-stud) Druckknopf m.
poppet ['pɒpɪt] n (inf) Schatz m; (term of address also) Schätzchen nt.
poppy ['pɒpɪ] n Mohn m.
poppycock ['pɒpɪkɒk] n (dated inf) Unsinn, Blödsinn (inf) m.
Poppy Day n (Brit) ≈ Volkstrauertag m (BRD); **poppy-seed** n Mohn m; **~ cake** Mohnkuchen m.
pop singer n Schlagersänger(in f) m; **pop song** n Popsong m; (hit) Schlager m; **pop star** n Popstar, Schlagerstar m.
populace ['pɒpjʊlɪs] n breite Masse, breite Öffentlichkeit f. **the ~ of Rome** das Volk von Rom, die Bürger vom Rom.
popular ['pɒpjʊlə^r] adj **1.** (well-liked) beliebt (with bei); (with the public also) populär (with bei); decision, measure populär. **I know I won't be ~ if I decide that, but ...** ich weiß, daß ich mich nicht gerade beliebt mache, wenn ich so entscheide, aber ...; **he's not the most ~ of men at the moment** er ist im Augenblick nicht gerade einer der Beliebtesten or (with the public also) Populärsten; **he was a very ~ choice** seine Wahl fand großen Anklang.
  2. (suitable for the general public) populär; music leicht; prices erschwing-

lich; science Populär-; edition Volks-; lectures, journal populärwissenschaftlich.
  3. (widespread) belief, fallacy, conviction, discontent weitverbreitet; (of or for the people) government, approval, consent, support des Volkes. **~ front** Volksfront f; **~ remedy** Hausmittel nt; **it's ~ to despise politicians these days** es gehört heutzutage zum guten Ton, sich über Politiker abfällig zu äußern; **to rule by ~ consent** mit Zustimmung der Allgemeinheit regieren; **by ~ request** auf allgemeinen Wunsch.
popularity [,pɒpjʊ'lærɪtɪ] n Beliebtheit f; (with the public also) Popularität f (with bei). **he'd never win a ~ contest!** er ist nicht gerade beliebt; **the sport is growing/ declining in ~** dieser Sport wird immer populärer/verliert immer mehr an Popularität.
popularization [,pɒpjʊlaɪ'zeɪʃən] n **1.** (act) Popularisierung f, allgemeine Einführung or Verbreitung.
  2. (work) Popularisierung f. **his new book is a mere ~ of his previous work** sein neues Buch ist nur eine Populärfassung seines früheren Werkes; **a ~ of Hamlet** eine Volksfassung des Hamlet.
popularize ['pɒpjʊləraɪz] vt **1.** (make well-liked) populär machen, zum Durchbruch verhelfen (+dat). **2.** (make understandable) science popularisieren, unter das Volk bringen (inf).
popularizer ['pɒpjʊləraɪzə^r] n **he is a great ~ of political/scientific ideas** er macht politische/wissenschaftliche Ideen auch der breiten Masse zugänglich.
popularly ['pɒpjʊləlɪ] adv allgemein. **he is ~ believed to be a rich man** nach allgemeiner Ansicht ist er ein reicher Mann.
populate ['pɒpjʊleɪt] vt (inhabit) bevölkern; (colonize) besiedeln. **this area is ~d mainly by immigrants** in diesem Stadtteil leben or wohnen hauptsächlich Einwanderer; **densely ~d areas/cities** dichtbesiedelte Gebiete pl/dichtbevölkerte Städte pl.
population [,pɒpjʊ'leɪʃən] n (of region, country) Bevölkerung f; (of village, town) Bewohner, Einwohner pl; (colonization) Besiedlung f; (number of inhabitants) Bevölkerungszahl f. **the ~ explosion** die Bevölkerungsexplosion; **the growing Negro ~ of London** die wachsende Zahl von Schwarzen in London.
populous ['pɒpjʊləs] adj country dicht besiedelt; town, area also mit vielen Einwohnern, einwohnerstark.
pop-up ['pɒpʌp] adj toaster automatisch; book, picture Hochklapp- (inf).
porage n see porridge.
porcelain ['pɔːsəlɪn] **I** n Porzellan nt. **II** adj Porzellan-.
porch [pɔːtʃ] n (of house) Vorbau m, Vordach nt; (US) Veranda f; (of church) Vorhalle f, Portal nt.
porcine ['pɔːsaɪn] adj (pig-like) schweineartig; (of pigs) Schweine-.
porcupine ['pɔːkjʊpaɪn] n Stachelschwein nt.
pore [pɔː^r] n Pore f.
◆**pore over** vi +prep obj (scrutinize) genau

studieren; (*meditate*) nachdenken *or*
nachgrübeln über (+*acc*). **to** ~ ~ **one's**
books über seinen Büchern hocken.
pork [pɔːk] *n* Schweinefleisch *nt*.
pork barrel *n* (*US inf*) Geldzuwendungen *pl*
der Regierung an örtliche Verwaltungs-
stellen, um deren Unterstützung zu gewin-
nen; **pork butcher** *n* Schweinemetzger
m; **pork chop** *n* Schweine- *or* Schweins-
kotelett *nt*.
porker ['pɔːkəʳ] *n* Mastschwein *nt*.
pork pie *n* Schweinepastete *f*; **pork pie hat**
n runder, niedriger Filzhut; **pork**
sausage *n* Schweinswurst *f*.
◆**porky** ['pɔːkɪ] *adj* (+*er*) **1.** Schweine-
fleisch-. **2.** (*inf: fat*) fett.
porn [pɔːn], (*esp US*) **porno** ['pɔːnəʊ] *n, pl*
~**s** (*inf*) Porno *m* (*inf*). **hard/soft** ~
harter/zahmer Porno; ~-**shop** Pornoladen
m (*inf*).
pornographic *adj*, ~**ally** *adv*
[,pɔːnə'græfɪk, -əlɪ] pornographisch.
pornography [pɔː'nɒgrəfɪ] *n* Pornographie
f.
porosity [pɔː'rɒsɪtɪ] *n* (*of rocks, of sub-*
stance) Porosität *f*; (*of skin*) Porigkeit *f*.
porous ['pɔːrəs] *adj* rock, substance porös;
skin porig.
porousness ['pɔːrəsnɪs] *n see* **porosity**.
porphyry ['pɔːfɪrɪ] *n* Porphyr *m*.
porpoise ['pɔːpəs] *n* Tümmler *m*.
porridge ['pɒrɪdʒ] *n* Porridge, Haferbrei *m*.
~ **oats** Haferflocken *pl*.
porringer ['pɒrɪndʒəʳ] *n* Porridgetopf *m*.
port[1] [pɔːt] *n* **1.** (*harbour*) Hafen *m*. **naval** ~
Kriegshafen *m*; **to come/put into** ~ in den
Hafen einlaufen; ~ **authority** Hafenamt
nt, Hafenbehörde *f*; ~ **dues** Hafengelder
pl; **any** ~ **in a storm** (*prov*) in der Not frißt
der Teufel Fliegen (*Prov*).
    2. (*city or town with a* ~) Hafen *m*,
Hafenstadt *f*.
port[2] *n* **1.** (*Naut, Aviat*: ~*hole*) Bullauge *nt*.
2. (*Naut: for cargo*) (Lade)luke *f*. **3.** (*Tech*)
Durchlaß(öffnung *f*) *m*.
port[3] **I** *n* (*Naut, Aviat: left side*) Backbord *m*.
II *adj side*) *cabin, deck also* auf
der Backbordseite. **III** *vt* (*Naut*): **to** ~ **the**
helm nach Backbord drehen.
port[4] *n* (*also* ~ **wine**) Portwein *m*.
port[5] (*Mil*) **I** *n* **to hold the rifle at** ~ das
Gewehr (schräg nach links) vor dem Kör-
per halten. **II** *vt arms* schräg nach links vor
dem Körper halten.
portable ['pɔːtəbl] *adj* tragbar; *radio,*
typewriter also Koffer-. **easily** ~ leicht zu
tragen; **a** ~ **television** ein Portable *nt*, ein
tragbarer Fernseher.
portage ['pɔːtɪdʒ] *n* (*Comm*) (*act*) Trans-
port *m*, Beförderung *f*; (*cost*) Rollgeld *nt*,
Transportkosten *pl*.
portal ['pɔːtl] *n* (*liter*) Portal *nt*, Pforte *f*
(*geh*), Tor *nt*.
portal vein *n* Pfortader *f*.
portcullis [pɔːt'kʌlɪs] *n* Fallgitter, Fallgatter
nt.
portend [pɔː'tend] *vt* (*form*) bedeuten, hin-
deuten auf (+*acc*).
portent ['pɔːtent] *n* Zeichen, Omen (*geh*) *nt*
(*of* für). **to be a** ~ **of sth** etw ahnen lassen.
portentous [pɔː'tentəs] *adj* (*ominous*) un-
heilschwanger; (*marvellous*) gewaltig;

(*grave*) gewichtig; (*pompous*) bomba-
stisch.
porter[1] ['pɔːtəʳ] *n* (*of office etc*) Pförtner,
Portier *m*; (*hospital* ~) Pfleger *m*; (*at*
hotel) Portier *m*; (*Rail, at airport*)
Gepäckträger *m*; (*Sherpa etc*) (Lasten)-
träger *m*; (*US Rail*) Schlafwagenschaffner
m. ~**'s lodge** Pförtnerloge *f*.
porter[2] *n* (*beer*) Porter *m or nt*.
porterage ['pɔːtərɪdʒ] *n* (*charge*) Träger-
lohn *m*.
portfolio [pɔːt'fəʊlɪəʊ] *n, pl* ~**s 1.** (Akten)-
mappe *f*. **2.** (*Pol: office*) Portefeuille
(*form*) *nt*, Geschäftsbereich *m*. **minister**
without ~ Minister ohne Portefeuille
(*form*) *or* Geschäftsbereich. **3.** (*Fin*) Por-
tefeuille *nt*. **4.** (*of artist, designer*) Kollek-
tion *f*.
porthole ['pɔːthəʊl] *n* Bullauge *nt*.
portico ['pɔːtɪkəʊ] *n, pl* ~(**e**)**s** Portikus *m*.
portion ['pɔːʃən] *n* **1.** (*piece, part*) Teil *m*;
(*of ticket*) Abschnitt *m*. **your/my** ~ dein/
mein Anteil *m*. **2.** (*of food*) Portion *f*.
3. (*old, form: marriage* ~) Mitgift *f*.
4. (*liter: fate*) Los, Schicksal *nt*.
◆**portion out** *vt sep* aufteilen, verteilen
(*among* unter +*acc*).
portliness ['pɔːtlɪnɪs] *n* Beleibtheit, Kor-
pulenz *f*.
portly ['pɔːtlɪ] *adj* (+*er*) beleibt, korpulent.
portmanteau [pɔːt'mæntəʊ] *n, pl* ~**s** *or* ~**x**
Handkoffer *m*. ~ **word** Kontaminations-
form *f*.
Porto Rico ['pɔːtəʊ'riːkəʊ] *etc see* **Puerto**
Rico *etc*.
portrait ['pɔːtrɪt] *n* (*also in words*) Porträt
nt. **to have one's** ~ **painted** sich malen
lassen; **to sit for one's** ~ für sein Porträt
sitzen; **to paint a** ~ **of sb** jdn porträtieren;
(*verbally also*) ein Porträt *or* Bild *nt* von
jdm zeichnen.
portraitist ['pɔːtrɪtɪst] *n* Porträtist(in *f*) *m*.
portrait painter *n* Porträtmaler(in *f*) *m*.
portraiture ['pɔːtrɪtʃəʳ] *n* (*portrait*) Porträt
nt; (*portraits collectively*) Porträts *pl*; (*art*
of ~) (*painting*) Porträtmalerei *f*; (*Phot*)
Porträtfotografie *f*.
◆**portray** [pɔː'treɪ] *vt* darstellen; (*paint*
also) malen; (*describe also*) schildern.
portrayal [pɔː'treɪəl] *n* Darstellung *f*;
(*description also*) Schilderung *f*.
Portugal ['pɔːtjʊgəl] *n* Portugal *nt*.
Portuguese [,pɔːtjʊ'giːz] **I** *adj* por-
tugiesisch. ~ **man-of-war** Staats- *or* Röh-
renqualle, Portugiesische Galeere *f*. **II** *n*
1. Portugiese *m*, Portugiesin *f*. **2.** (*lan-*
guage) Portugiesisch *nt*.
pose [pəʊz] **I** *n* **1.** (*position, attitude*) Hal-
tung *f*; (*of model, pej also*) Pose *f*. **to take**
up a ~ (*model*) eine Pose *or* Haltung ein-
nehmen; **to strike a (dramatic)** ~ sich
(dramatisch) in Positur werfen; **she's al-**
ways striking ~**s** sie benimmt sich immer
so theatralisch.
    2. (*affectation*) Pose *f*.
    II *vt* **1.** (*position*) model aufstellen.
    2. (*put forward*) question, problem
vortragen. **the question** ~**d by his speech**
die in seiner Rede aufgeworfene Frage.
    3. (*formulate*) question, problem for-
mulieren.
    4. (*constitute, present*) difficulties,

problem aufwerfen; *threat* darstellen.

III *vi* 1. (*model*) posieren; (*sitting also*) (Modell) sitzen; (*standing also*) Modell stehen.

2. (*attitudinize*) posieren, sich in Pose werfen.

3. (*present oneself as*) **to ~ as** sich ausgeben als.

poser ['pəʊzə^r] *n* 1. (*person*) Wichtigtuer, Aufschneider *m*. 2. (*inf: difficult problem or question*) harte Nuß (*inf*).

posh [pɒʃ] (*inf*) **I** *adj* (+*er*) piekfein (*inf*), vornehm; *neighbourhood, hotel, wedding also* nobel; *friends* vornehm, fein.

II *adv* (+*er*): **to talk ~** mit vornehmem Akzent sprechen.

III *vt* **to ~ sth up** (*inf*) etw verschönern.

poshly ['pɒʃlɪ] *adj* piekfein (*inf*), vornehm; *talk* vornehm.

poshness ['pɒʃnɪs] *n* Feinheit, Vornehmheit *f*, Distinguierte(s) *nt*.

posit ['pɒzɪt] **I** *n* (*claim*) Postulat *nt*, Grundannahme *f*. **II** *vt* 1. (*rare: put down*) absetzen. 2. (*claim*) postulieren; *hypothesis* aufstellen.

position [pə'zɪʃən] **I** *n* 1. (*location, place where sb/sth is*) (*of person*) Platz *m*; (*of object also*) Stelle *f*; (*of microphone, statue, wardrobe, plant etc*) Standort *m*; (*of spotlight, table, in picture, painting*) Anordnung *f*; (*of town, house etc*) Lage *f*; (*of plane, ship, Sport: starting ~, Ftbl etc*) Position *f*; (*Mil: strategic site*) Stellung *f*. **to be in ~** an der richtigen Stelle sein; **the actors were in ~ on the stage** die Schauspieler hatten ihre Plätze auf der Bühne eingenommen; **to jockey for ~** (*lit*) um eine gute Ausgangsposition kämpfen; (*fig*) um eine gute Position rangeln; **the ~ of the picture/fireplace isn't very good** das Bild hängt nicht sehr günstig/der Kamin hat keinen sehr günstigen Platz; **what ~ do you play?** auf *or* in welcher Position spielst du?

2. (*posture, way of standing, sitting etc*) Haltung *f*; (*in love-making, Art: of model*) Stellung *f*; (*Ballet*) Position *f*.

3. (*in class, league etc*) Platz *m*. **after the third lap he was in fourth ~** nach der dritten Runde lag er auf dem vierten Platz *or* war er Vierter.

4. (*social, professional standing*) Stellung, Position *f*.

5. (*job*) Stelle *f*. **he has a high ~ in the Ministry of Defence** er bekleidet eine hohe Stellung *or* Position im Verteidigungsministerium.

6. (*fig: situation, circumstance*) Lage *f*. **to be in a ~ to do sth** in der Lage sein, etw zu tun; **what is the ~ regarding ...?** wie sieht es mit ... aus?; **I'm not in a ~ to say anything about that** ich kann dazu nichts sagen.

7. (*fig: point of view, attitude*) Standpunkt *m*, Haltung, Einstellung *f*.

II *vt* (*place in ~*) *microphone, ladder, guards* aufstellen; *soldiers, policemen* postieren; (*artist, photographer etc*) plazieren. **he ~ed himself where he could see her** er stellte *or* (*seated*) setzte sich so, daß er sie sehen konnte.

positive ['pɒzɪtɪv] **I** *adj* 1. (*Math, Phot,*

Elec, Gram) positiv; *pole* Plus-. **the ~ degree** (*Gram*) der Positiv.

2. (*affirmative, constructive*) *result, answer* positiv; *attitude also* bejahend; *criticism, suggestion* konstruktiv. **he is a very ~ person** er hat eine sehr positive Einstellung zum Leben.

3. (*definite*) *person, tone of voice* bestimmt; *instructions* streng; *evidence, answer* definitiv, eindeutig; *rule* fest. **that is ~ proof** *or* **proof** – das ist der sichere *or* eindeutige Beweis; **to be ~ that ...** sicher sein, daß ..., definitiv wissen, daß ...; **to be ~ about** *or* **of sth** sich (*dat*) einer Sache (*gen*) absolut sicher sein.

4. (*real, downright*) **this is a ~ disgrace** das ist wirklich eine Schande; **he's a ~ genius/menace** er ist wirklich ein Genie/Ärgernis, er ist ein wahres Genie/wirkliches Ärgernis.

II *n* (*Phot*) Positiv *nt*; (*Gram*) Positiv *m*; (*Elec*) Pluspol *m*.

positively ['pɒzɪtɪvlɪ] *adv* 1. (*affirmatively, constructively, Sci*) positiv. 2. (*decisively*) bestimmt; (*definitely, indisputably*) *prove* definitiv, eindeutig. 3. (*really, absolutely*) wirklich, echt (*inf*).

positiveness ['pɒzɪtɪvnɪs] *n* 1. (*constructiveness*) Positive(s) *nt*. **I was reassured by the ~ of his attitude** ich wurde durch seine positive Haltung bestärkt.

2. (*certainty*) Überzeugung *f*; (*of voice also*) Bestimmtheit *f*; (*of evidence*) Überzeugungskraft *f*.

positivism ['pɒzɪtɪvɪzəm] *n* Positivismus *m*.

positivist ['pɒzɪtɪvɪst] **I** *adj* positivistisch. **II** *n* Positivist *m*.

positivistic *adj*, **~ally** *adv* [pɒzɪtɪ'vɪstɪk, -əlɪ] positivistisch.

positron [pɒzɪtrɒn] *n* Positron *nt*.

posse ['pɒsɪ] *n* (*US: sheriff's ~*) Aufgebot *nt*; (*fig*) Gruppe, Schar *f*.

possess [pə'zes] *vt* besitzen; (*form*) *foreign language, facts* verfügen über (+*acc*). **to ~ oneself of sth** (*form*) sich in den Besitz von etw bringen (*form*), etw an sich (*acc*) nehmen; **to be ~ed of sth** (*form*) über etw (*acc*) verfügen; **to be ~ed by demons/by an idea** von Dämonen/einer Idee besessen sein; **to be ~ed by** *or* **with rage** voll von *or* voller Wut sein; **to fight like one ~ed** wie ein Besessener kämpfen; **whatever ~ed you to do that?** was ist bloß in Sie gefahren, so etwas zu tun?

possession [pə'zeʃən] *n* 1. (*ownership*) Besitz *m*; (*Sport: of ball*) Ballbesitz *m*; (*fig: control: of feelings, oneself*) Kontrolle *f*. **to have sth in one's ~** etw in seinem Besitz haben; **to have/take ~ of sth** etw in Besitz haben/nehmen; **to come into/get ~ of sth** in den Besitz von etw gelangen/kommen; **to get/have ~ of the ball** in Ballbesitz gelangen/sein; **to be in ~ of sth** im Besitz von etw sein; **I'm in full ~ of the facts** ich verfüge über alle Tatsachen; **he put me in ~ of the information I required** er lieferte *or* verschaffte mir die Informationen, die ich benötigte; **according to the information in my ~** nach den mir zur Verfügung stehenden Informationen; **to be in ~ of a house** ein Haus in Besitz haben; **to take ~ of a house** ein

Haus in Besitz nehmen; ~ **is nine points of the law** (*prov*) das Recht steht auf der Seite der Besitzenden.
  2. (*by demons*) Besessenheit *f*.
  3. (*thing possessed*) Besitz *m no pl*; (*territory*) Besitzung *f*. **all his** ~**s** sein gesamter Besitz, seine gesamten Besitztümer.

possessive [pəˈzesɪv] **I** *adj* **1.** (*towards belongings*) eigen; *mother, boyfriend, love etc* besitzergreifend. **to be** ~ **about sth** seine Besitzansprüche auf etw (*acc*) betonen; **to be** ~ **towards sb** an jdn Besitzansprüche stellen.
  2. (*Gram*) ~ **pronoun/adjective** besitzanzeigendes Fürwort, Possessivpronomen *nt*; ~ **case** Genitiv *m*, zweiter Fall.
  II *n* (*Gram*) (*pronoun, adjective*) Possessiv(um) *nt*; (*case*) Genitiv *m*, zweiter Fall.

possessively [pəˈzesɪvlɪ] *adv* (*about things*) eigen; (*towards people*) besitzergreifend.

possessiveness [pəˈzesɪvnɪs] *n* eigene Art (*about* mit); (*towards people*) besitzergreifende Art (*towards* gegenüber).

possessor [pəˈzesəʳ] *n* Besitzer(in *f*) *m*. **to be the proud** ~ **of sth** der stolze Besitzer von etw sein.

posset [ˈposɪt] *n* heiße Milch mit Bier oder Wein und Gewürzen.

possibility [ˌposəˈbɪlɪtɪ] *n* Möglichkeit *f*. **there's not much** ~ **of success/of his** *or* **him being successful** die Aussichten auf Erfolg/darauf, daß er Erfolg hat, sind nicht sehr groß; **within the bounds of** ~ im Bereich des Möglichen; **the** ~ **of doing sth** die Möglichkeit *or* Chance, etw zu tun; **it's a distinct** ~ **that ...** es besteht eindeutig die Möglichkeit, daß ...; **he is a** ~ **for the job** er kommt für die Stelle in Frage *or* Betracht; **a third world war is always a grim** ~ ein dritter Weltkrieg muß als düstere Möglichkeit immer in Betracht gezogen werden; **there is some** *or* **a** ~ **that ...** es besteht die Möglichkeit, daß ...; **he/that has possibilities** in ihm/darin stecken Möglichkeiten.

possible [ˈposəbl] **I** *adj* möglich. **anything is** ~ möglich ist alles; **to make sth** ~ etw ermöglichen, etw möglich machen; **as soon/often/far as** ~ so bald/oft/weit wie möglich; **the best/ worst/quickest** ~ **...** der/die/das bestmögliche/schlechtestmögliche/schnellstmögliche ...; **if (at all)** ~ falls (irgend) möglich; **it's just** ~ **that I'll see you before then** eventuell sehe ich dich vorher noch; **it's just** ~, **I suppose** es ist unwahrscheinlich, aber möglich; **the only** ~ **choice, the only choice** ~ die einzig mögliche Wahl; **it will be** ~ **for you to return the same day** es besteht *or* Sie haben die Möglichkeit, am selben Tag zurückzukommen.
  II *n* Möglichkeit *f*. **a long list of** ~**s for the job** eine lange Liste möglicher Kandidaten für die Stelle; **he is a** ~ **for the English team** er kommt für die englische Mannschaft in Frage.

possibly [ˈposəblɪ] *adv* **1.** not ~ unmöglich; **that can't** ~ **be true** das kann unmöglich wahr sein; **can that** ~ **be true?** kann das (vielleicht doch) stimmen?; **how could I** ~

have come? wie hätte ich denn kommen können?; **how could he** ~ **have known that?** wie konnte er das nur wissen?; **he did all he** ~ **could** er tat, was er nur konnte; **if I** ~ **can** wenn ich es irgend kann.
  2. (*perhaps*) vielleicht, möglicherweise.

possum [ˈposəm] *n* Opossum *nt*, Beutelratte *f*. **to play** ~ (*sleeping*) sich schlafend stellen; (*dead*) sich tot stellen.

post¹ [pəʊst] **I** *n* (*pole, door* ~ *etc*) Pfosten *m*; (*lamp* ~) Pfahl *m*; (*telegraph* ~) Mast *m*. **a wooden/metal** ~ ein Holzpfosten *or* -pfahl *m*/ein Metallpfosten *m*; **starting/ winning** *or* **finishing** ~ Start-/Zielpfosten *m*; **he was left at the** ~ sie ließen ihn stehen; **to be beaten at the** ~ im Ziel abgefangen werden; *see* **deaf**.
  II *vt* **1.** (*display*) (*also* ~ **up**) anschlagen. " ~ **no bills**" „Plakate ankleben verboten".
  2. (*announce*) *concert etc* durch Anschlag bekanntmachen. **to** ~ **a reward** eine Belohnung ausschreiben; **to** ~ (**as**) **missing** als vermißt melden.

post² **I** *n* **1.** (*job*) Stelle *f*, Posten *m*.
  2. (*esp Mil: place of duty*) Posten *m*. **at one's** ~ auf seinem Posten; **to die at one's** ~ im Dienst sterben.
  3. (*Mil: camp, station*) Posten *m*. **a frontier** ~ ein Grenzposten *m*; ~ **exchange** (*abbr* **PX**) (*US*) von der Regierung betriebener Vorzugsladen für Truppenangehörige; **to return to/leave the** ~ zur Garnison zurückkehren/die Garnison verlassen; **the whole** ~ **fell sick** die ganze Garnison wurde krank.
  4. (*Brit Mil: bugle-call*) **first** ~ Wecksignal *nt*; **last** ~ Zapfenstreich *m*.
  5. (*trading* ~) Handelsniederlassung *f*.
  II *vt* **1.** (*position*) postieren; *sentry, guard also* aufstellen.
  2. (*send, assign*) versetzen; (*Mil also*) abkommandieren. **he has been** ~**ed away** er ist versetzt *or* (*Mil*) abkommandiert worden.

post³ **I** *n* **1.** (*esp Brit: mail*) Post *f*. **by** ~ mit der Post, auf dem Postweg (*form*); **it's in the** ~ es ist unterwegs *or* in der Post; **to catch/miss the** ~ (*letter*) noch/ nicht mehr mit der Post mitkommen; (*person*) rechtzeitig zur Leerung kommen/die Leerung verpassen; **there is no** ~ **today** (*no delivery*) heute kommt keine Post, heute wird keine Post ausgetragen; (*no letters*) heute ist keine Post (für uns) gekommen; **has the** ~ **been?** war die Post schon da?
  2. (*Hist*) Post *f*.
  II *vt* **1.** (*put in the* ~) aufgeben; (*in letter-box*) einwerfen, einstecken; (*send by* ~ *also*) mit der Post schicken. **I** ~**ed it to you on Monday** ich habe es am Montag an Sie abgeschickt.
  2. (*inform*) **to keep sb** ~**ed** jdn auf dem laufenden halten.
  3. (*enter in ledger: also* ~ **up**) eintragen (*to* in +*acc*). **all transactions must be** ~**ed (up) weekly** alle Geschäftsvorgänge müssen wöchentlich verbucht werden.
  III *vi* (*old: travel by* ~) mit der Post(kutsche) reisen.

◆**post off** *vt sep* abschicken.

post- [pəʊst-] *pref* nach-; (*esp with foreign words*) post-.

postage ['pəʊstɪdʒ] *n* Porto *nt*, Postgebühr *f (form)*. **~ and packing** (*abbr* p&p) Porto und Verpackung; **what is the ~ to Germany?** wie hoch ist das Porto nach Deutschland?

postage meter *n (US)* Frankiermaschine *f*; **postage paid** I *adj* portofrei; *envelope* frankiert, freigemacht, Frei-; II *adv* portofrei; **postage rate** *n* Porto *nt no pl*, Postgebühr *f*; **postage stamp** *n* Briefmarke *f*, Postwertzeichen *nt (form)*.

postal ['pəʊstl] I *adj* Post-, postalisch *(form)*. II *n (US inf) see* ~ **card**.

postal card *n (US)* (*letter card*) Postkarte *f mit aufgedruckter Briefmarke für offizielle Zwecke*; *(postcard)* Postkarte *f*; *(with picture)* Ansichtskarte *f*; **postal code** *n (Brit)* Postleitzahl *f*; **postal district** *n* (*of main sorting office*) ≃ Postort *m (form)*; (*of local sorting office*) ≃ Postzustellbereich *m (form)*; **postal order** *n (Brit)* Geldanweisung, *die bei der Post gekauft und eingelöst wird*; **postal tuition** *n* Fernunterricht *m*; **postal vote** *n* **to have a ~** per Briefwahl wählen.

post-bag ['pəʊstbæg] *n (Brit)* Postsack *m*; **postbox** *n (Brit)* Briefkasten *m*; **postcard** *n* Postkarte *f*; (**picture**) ~ *n* Ansichtskarte *f*; **post chaise** *n (Hist)* Postkutsche *f*; **post-classical** *adj* nachklassisch; **post code** *n (Brit)* Postleitzahl *f*; **postdate** *vt* 1. *cheque etc* vordatieren; 2. (*be later than*) später datieren als (+*nom*).

poster ['pəʊstə^r] *n (advertising)* Plakat *nt*; (*for decoration also*) Poster *nt*. ~ **colour** *or* **paint** Plakatfarbe, Plakafarbe ® *f*.

poste restante ['pəʊst'restã:nt] *(Brit)* I *n* Aufbewahrungsstelle *f* für postlagernde Sendungen. II *adv* postlagernd.

posterior [pɒ'stɪərɪə^r] I *adj (form)* hintere(r, s); (*in time*) spätere(r, s). **to be ~ to sth** hinter etw *(dat)* liegen; nach etw *(dat)* kommen, auf etw *(acc)* folgen. II *n (hum)* Allerwerteste(r) *m (hum)*.

posterity [pɒ'sterɪtɪ] *n* die Nachwelt.

post exchange *n (US)* Laden *m* der US-Armee; **post-free** *adj, adv* portofrei, gebührenfrei; **postglacial** *adj* postglazial, nacheiszeitlich; **postgraduate** I *n jd, der seine Studien nach dem ersten akademischen Grad weiterführt*; II *adj* ~ **course** Anschlußkurs *m*; **posthaste** *adv* schnellstens, auf dem schnellsten Wege; **post-horn** *n* Posthorn *nt*; **post house** *n (Hist)* Posthalterei *f*.

posthumous ['pɒstjʊməs] *adj* post(h)um; *child also* nachgeboren.

posthumously ['pɒstjʊməslɪ] *adv* post(h)um.

postil(l)ion [pə'stɪlɪən] *n* Reiter *m* des Sattelpferdes, Fahrer *m* vom Sattel *(form)*.

post-impressionism ['pəʊstɪm'preʃənɪzəm] *n* Nachimpressionismus *m*.

post-impressionist ['pəʊstɪm'preʃənɪst] I *adj* nach-impressionistisch. II *n* Nachimpressionist(in *f*) *m*.

posting ['pəʊstɪŋ] *n (transfer, assignment)* Versetzung *f*; (*Mil also*) Abkommandierung *f*. **he's got a new ~** er ist wieder

versetzt/abkommandiert worden.

postlude ['pəʊstlu:d] *n* Nachspiel *nt*.

postman ['pəʊstmən] *n* Briefträger, Postbote *m*; **~'s knock** *n Kinderspiel, bei dem für einen Brief mit einem Kuß bezahlt wird*; **postmark** I *n* Poststempel *m*; **date as ~** Datum des Poststempels; II *vt* (ab)-stempeln; **the letter is ~ed "Birmingham"** der Brief ist in Birmingham abgestempelt; **postmaster** *n* Postmeister *m*; **postmaster general** *n, pl* **postmasters general** ≃ Postminister *m*; **post-meridian** [ˌpəʊstmə'rɪdɪən] *adj (form)* nachmittäglich, Nachmittags-; **post meridiem** [ˌpəʊst mə'rɪdɪəm] *adv (form)* nachmittags; **postmistress** *n* Postmeisterin *f*; **post-mortem** [ˌpəʊst'mɔ:təm] *n* 1. (*also post-mortem examination*) Obduktion, Autopsie, Leichenöffnung *f*; 2. (*fig*) nachträgliche Erörterung; **to hold** *or* **have a ~ on sth** etw hinterher erörtern; **post-natal** *adj* nach der Geburt, postnatal *(spec)*; **post office** *n* Postamt *nt*; **the P~** (*institution*) die Post; **~ box** (*abbr* **PO Box**) Postfach *nt*; **~ worker** Postarbeiter(in *f*) *m*; **he has £100 in ~ savings** er hat £ 100 auf dem Postsparbuch; **post-operative** *adj* postoperativ; **post-paid** I *adj* portofrei; *envelope* frankiert, freigemacht, Frei-; II *adv* portofrei; **to reply ~** mit freigemachter Postkarte/freigemachtem Briefumschlag antworten.

postpone [pəʊst'pəʊn] *vt* 1. aufschieben, hinausschieben; (*for specified period*) verschieben. **it has been ~d till Tuesday** es ist auf Dienstag verschoben worden. 2. *(Gram form)* nachstellen.

postponement [pəʊst'pəʊnmənt] *n (act)* Verschiebung *f*; (*result*) Aufschub *m*.

postposition [ˌpəʊstpə'zɪʃn] *n (Gram)* Nachstellung *f*; (*part of speech*) Postposition *f*; **postprandial** [ˌpəʊst'prændɪəl] *adj* (*hum*) nach dem Essen; *walk* Verdauungs-; **postscript(um)** ['pəʊsskrɪpt(əm)] *n (abbr* **PS:** *to letter)* Postskriptum *nt*; (*to book, article etc*) Nachwort *nt*; (*fig: to affair*) Nachspiel *nt*.

postulant ['pɒstjʊlənt] *n (Rel)* Postulant *m*.

postulate ['pɒstjʊlɪt] I *n* Postulat *nt*. II ['pɒstjʊleɪt] *vt* postulieren; *theory* aufstellen.

postulation [ˌpɒstjʊ'leɪʃən] *n (act)* Postulieren *nt*; (*theory*) Postulat *nt*.

posture ['pɒstʃə^r] I *n (lit, fig)* Haltung *f*; (*pej*) Pose *f*. **she has very poor ~** sie hat eine sehr schlechte Haltung. II *vi* sich in Positur *or* Pose werfen. **is he merely posturing (because of the election)?** ist das nur eine (Wahl)pose seinerseits?

postwar ['pəʊst'wɔ:^{r}] *adj* Nachkriegs-.

posy ['pəʊzɪ] *n* Sträußchen *nt*.

pot [pɒt] I *n* 1. Topf *m*; (*tea~, coffee-~*) Kanne *f*; (*lobster ~*) Korb *m*; (*chimney ~*) Kaminaufsatz *m*. **~s and pans** Töpfe und Pfannen; **a pint ~** ≃ ein Humpen *m*; **to keep the ~ boiling** (*earn living*) dafür sorgen, daß der Schornstein raucht (*inf*); (*keep sth going*) den Betrieb aufrechterhalten; **that's (a case of) the ~ calling the kettle black** (*prov*) ein Esel schimpft den anderen Langohr (*prov*); **to go to ~** (*inf*) (*person, business*) auf den Hund kommen

(*inf*); (*plan, arrangement*) ins Wasser fallen (*inf*).
2. (*inf: large amount*) Haufen *m* (*inf*), Menge *f*. **to have ~s of money/time** massenhaft (*inf*) *or* jede Menge (*inf*) Geld/Zeit haben.
3. (*inf: important person*) **a big ~** ein hohes Tier (*inf*).
4. (*sl: marijuana*) Gras *nt* (*sl*).
5. (*Cards: pool*) Topf *m*.
6. (*inf: prize, cup*) Topf *m* (*inf*).
7. (*~-shot*) Schuß *m* aufs Geratewohl.
8. (*inf: ~belly*) Spitzbauch *m*.
II *vt* **1.** *meat* einmachen, einkochen; *jam* einfüllen.
2. *plant* eintopfen.
3. (*shoot*) game schießen.
4. (*Billiards*) *ball* einlochen.
5. (*inf*) *baby* auf den Topf setzen.
III *vi* **1.** **~ at** schießen auf (*+acc*); **to ~ away** wahllos schießen (*at* auf *+acc*).
2. (*inf: make pottery*) töpfern (*inf*).
potable [ˈpəʊtəbl] *adj* (*form*) trinkbar.
potash [ˈpɒtæʃ] *n* Pottasche *f*, Kaliumkarbonat *nt*.
potassium [pəˈtæsɪəm] *n* (*abbr* **K**) Kalium *nt*. **~ cyanide** Kaliumzyanid, Zyankali *nt*; **~ nitrate** Kaliumnitrat *nt*, Kalisalpeter *m*.
potato [pəˈteɪtəʊ] *n, pl* **-es** Kartoffel *f*; *see* **hot ~**.
potato beetle, potato bug (*esp US*) *n* Kartoffelkäfer *m*; **potato chip** (*esp US*), **potato crisp** (*Brit*) *n* Kartoffelchip *nt*; **potato salad** *n* Kartoffelsalat *m*.
potbellied [ˈpɒtˈbelɪd] *adj person* spitzbäuchig; (*through hunger*) blähbäuchig; *stove* Kanonen-; **potbelly** *n* (*stomach*) (*from overeating*) Spitzbauch *m*; (*from malnutrition*) Blähbauch *m*; (*stove*) Kanonenofen *m*; **potboiler** *n* rein kommerzielles Werk.
potency [ˈpəʊtənsɪ] *n see adj* Stärke *f*; Durchschlagskraft *f*; Potenz *f*; Macht *f*.
potent [ˈpəʊtənt] *adj drink, drug, charm, motive etc* stark; *argument, reason etc* durchschlagend; *man* potent; *ruler* mächtig.
potentate [ˈpəʊtənteɪt] *n* Potentat *m*.
potential [pəʊˈtenʃəl] **I** *adj* potentiell. **II** *n* Potential *nt* (*also Elec, Math, Phys*). **to have ~** ausbaufähig sein (*inf*).
potentiality [pəʊˌtenʃɪˈælɪtɪ] *n* Möglichkeit *f*.
potentially [pəʊˈtenʃəlɪ] *adv* potentiell.
potful [ˈpɒtfʊl] *n* Topf *m*; (*of coffee, tea*) Kanne *f*.
pothead [ˈpɒthed] *n* (*sl*) Kiffer(in *f*) *m* (*sl*).
pother [ˈpɒðəʳ] *n* (*old*) Aufruhr, Wirbel *m*.
potherb [ˈpɒthɜːb] *n* Küchenkraut *nt*; **pothole** *n* **1.** (*in road*) Schlagloch *nt*; **2.** (*Geol*) Höhle *f*; **potholer** *n* Höhlenforscher(in *f*) *m*; **potholing** *n* Höhlenforschung *f*; **pothook** *n* **1.** (*for pot*) Kesselhaken *m*; **2.** (*in writing*) Krakel *m*; **pothunter** *n* **1.** (*Sport*) unwaidmännischer Jäger; **2.** (*for prizes*) Pokalsammler(in *f*) *m*.
potion [ˈpəʊʃən] *n* Trank *m*.
potluck [ˌpɒtˈlʌk] *n*: **to take ~** nehmen, was es gerade gibt; **potpie** *n* (*US*) in einer Auflaufform gebackene Pastete; **potpourri** [ˌpəʊpʊˈriː] *n* **1.** (*lit*) Duftmischung

f; **2.** (*fig: mixture, medley*) (kunter)bunte Mischung; (*of music*) Potpourri *nt*; **pot roast** *n* Schmorbraten *m*; **potsherd** *n* (*Archeol*) Scherbe *f*; **potshot** *n* Schuß *m* aufs Geratewohl; **to take a ~ at sth** aufs Geratewohl auf etw (*acc*) schießen.
potted [ˈpɒtɪd] *adj* **1.** *meat* eingemacht; *fish* eingelegt. **2.** *plant* Topf-. **3.** (*shortened*) *history, biography* gekürzt, zusammengefaßt.
potter¹ [ˈpɒtəʳ] *n* Töpfer(in *f*) *m*. **~'s clay** Töpferton *m*; **~'s wheel** Töpferscheibe *f*.
potter², (*US also*) **putter** [ˈpʌtəʳ] *vi* (*do little jobs*) herumwerkeln; (*wander aimlessly*) herumschlendern. **she ~s away in the kitchen for hours** sie hantiert stundenlang in der Küche herum; **to ~ round the house** im Haus herumwerkeln; **to ~ along the road** (*car, driver*) dahinzuckeln; **we ~ along quite happily** wir leben recht zufrieden vor uns hin; **you'd be on time if you didn't ~ about** *or* **around so much in the morning** du könntest pünktlich sein, wenn du morgens nicht so lange trödeln würdest.
pottery [ˈpɒtərɪ] *n* (*workshop, craft*) Töpferei *f*; (*pots*) Töpferwaren, Tonwaren *pl*; (*glazed*) Keramik *f*; (*archaeological remains*) Tonscherben *pl*.
potting shed [ˈpɒtɪŋ-] *n* Schuppen *m*.
potty¹ [ˈpɒtɪ] *n* (*esp Brit*) Töpfchen *nt*. **~-trained** *adj* sauber.
potty² *adj* (*+er*) (*Brit inf: mad*) verrückt.
pouch [paʊtʃ] *n* Beutel *m*; (*under eyes*) (Tränen)sack *m*; (*of pelican, hamster*) Tasche *f*; (*Mil*) (Patronen)tasche *f*; (*Hist: for gunpowder*) (Pulver)beutel *m*; (*esp US: mail ~*) Postsack *m*.
pouf(fe) [puːf] *n* **1.** (*seat*) Puff *m*. **2.** (*Brit inf*) *see* **poof(ter)**.
poulterer [ˈpəʊltərəʳ] *n* (*Brit*) Geflügelhändler(in *f*) *m*.
poultice [ˈpəʊltɪs] **I** *n* Umschlag, Wickel *m*; (*for boil*) Zugpflaster *nt*. **II** *vt* einen Umschlag *or* Wickel machen um; ein Zugpflaster kleben auf (*+acc*).
poultry [ˈpəʊltrɪ] *n* Geflügel *nt*. **~ farm** Geflügelfarm *f*; **~ farmer** Geflügelzüchter *m*; **~ house** Hühnerhaus *nt*.
pounce [paʊns] **I** *n* Sprung, Satz *m*; (*swoop by bird*) Angriff *m*; (*by police*) Zugriff *m*.
II *vi* (*cat, lion etc*) einen Satz machen; (*bird*) niederstoßen; (*fig*) zuschlagen. **to ~ on sb/sth** (*lit, fig*) sich auf jdn/etw stürzen; (*bird*) auf etw (*acc*) niederstoßen; (*police*) sich (*dat*) jdn greifen/in etw (*dat*) eine Razzia machen.
pound¹ [paʊnd] *n* **1.** (*weight*) ≈ Pfund *nt*. **two ~s of apples** zwei Pfund Äpfel; **by the ~** pfundweise; **he is making sure he gets his ~ of flesh** er sorgt dafür, daß er bekommt, was ihm zusteht.
2. (*money*) Pfund *nt*. **one ~ sterling** ein Pfund *nt* Sterling; **five ~s** fünf Pfund; **a one-/five-~ note** eine Ein-/Fünfpfundnote, ein Ein-/Fünfpfundschein *m*; *see* **penny**.
pound² **I** *vt* **1.** (*hammer, strike*) hämmern; *earth, paving slabs* feststampfen; *meat* klopfen; *dough* kneten, schlagen; *piano, typewriter* hämmern auf (*+dat*); *table* hämmern auf (*+acc*); *door, wall* hämmern

gegen; (*waves, sea*) *ship* schlagen gegen; (*guns, shells, bombs*) ununterbrochen beschießen; (*troops, artillery*) unter Beschuß haben. **the boxer ~ed his opponent with his fists** der Boxer hämmerte mit den Fäusten auf seinen Gegner ein; **the ship was ~ed by the waves** die Wellen schlugen gegen das Schiff; **the old-style policeman ~ing his beat** der Polizist alten Stils, der seine Runde abmarschiert; **I tried to ~ some sense into his head** (*inf*) ich versuchte, ihm etwas Vernunft einzuhämmern (*inf*).

2. (*pulverize*) *corn etc* (zer)stampfen; *drugs, spices* zerstoßen. **to ~ sth to pieces** etw kleinstampfen; **the guns ~ed the walls to pieces** die Kanonen zertrümmerten die Mauern.

II *vi* **1.** (*beat*) hämmern; (*heart*) (wild) pochen; (*waves, sea*) schlagen (*on, against* gegen); (*drums*) dröhnen; (*engine, steamer, hooves*) stampfen. **he ~ed at** *or* **on the door/on the table** er hämmerte an *or* gegen die Tür/auf den Tisch.

2. (*run heavily*) stampfen; (*walk heavily, gunp*) stapfen. **the sound of ~ing feet** das Geräusch stampfender Füße.

◆**pound away** *vi* hämmern; (*music, drums, guns*) dröhnen. **our guns were ~ing ~ at the enemy position** wir hatten die feindliche Stellung unter anhaltendem Beschuß; **he was ~ing ~ at the typewriter** er hämmerte auf der Schreibmaschine herum.

◆**pound down** *vt sep earth, rocks* feststampfen. **to ~ sth ~ to a powder** etw pulverisieren.

◆**pound out** *vt sep* **to ~ ~ a tune/letter** eine Melodie/einen Brief herunterhämmern.

pound³ *n* (*for stray dogs*) städtischer Hundezwinger; (*for cars*) Abstellplatz *m* (*für amtlich abgeschleppte Fahrzeuge*).

poundage ['paʊndɪdʒ] *n* **1.** *auf Pfundbasis berechnete Gebühr oder Abgabe.* **2.** (*weight*) Gewicht *nt* (in Pfund).

pound-cake ['paʊndkeɪk] *n* (*US*) reichhaltiger Früchtekuchen.

pound foolish *adj see* penny wise.

pounding ['paʊndɪŋ] *n* **1.** Hämmern *nt*; (*of heart*) Pochen *nt*; (*of music, drums*) Dröhnen *nt*; (*of waves, sea*) Schlagen *nt*; (*of engine, steamer, pile-driver, hooves, feet etc*) Stampfen *nt*; (*of guns, shells, bombs*) Bombardement *nt*. **the ship took a ~ from the waves** das Schiff wurde von den Wellen gebeutelt; **the city took a ~ last night** gestern Nacht wurde die Stadt schwer bombardiert; **his theory took a ~ from the critics** seine Theorie wurde von den Kritikern scharf angegriffen; **our team took quite a ~ on Saturday** unsere Mannschaft hat am Samstag eine ziemliche Schlappe einstecken müssen (*inf*).

2. (*of corn etc*) Zerstampfen *nt*; (*of drugs*) Zerstoßen *nt*.

pour [pɔː^r] **I** *vt liquid* gießen; *large amount also, sugar, rice etc* schütten; *drink* eingießen, einschenken. **to ~ sth for sb** jdm etw eingießen *or* einschenken; **to ~ the water off the potatoes** die Kartoffeln abgießen; **she looks as if she's been ~ed into**

that dress! (*inf*) das Kleid sitzt wie angegossen (*inf*); **to ~ money into a project** Geld in ein Projekt pumpen (*inf*).

II *vi* **1.** (*lit, fig*) strömen; (*smoke also*) hervorquellen. **the sweat ~ed off him** der Schweiß floß in Strömen an ihm herunter; **books are ~ing off the presses** Bücher werden in Massen ausgestoßen; **cars ~ed along the road** Autokolonnen rollten die Straße entlang.

2. (*rain*) **the rain ~ed down** es regnete *or* goß in Strömen; *see* rain.

3. (*~ out tea, coffee etc*) eingießen, einschenken; (*US: act as hostess*) als Gastgeberin fungieren.

4. **this jug doesn't ~ well** dieser Krug gießt nicht gut.

◆**pour away** *vt sep* weggießen.

◆**pour forth** *vt sep see* **pour out I, II 2., 3.**

◆**pour in I** *vi* hinein-/hereinströmen; (*donations, protests*) in Strömen eintreffen. **II** *vt sep money, men* hineinpumpen (*inf*).

◆**pour out I** *vi* hinaus-/herausströmen (*of* aus); (*smoke also*) hervorquellen (*of* aus); (*words*) herausprudeln (*of* aus).

II *vt sep* **1.** *liquid* ausgießen; (*in large quantities*) *sugar, rice etc* ausschütten; *drink* eingießen, einschenken.

2. (*factories, schools*) *car, students* ausstoßen. **the underground stations ~ ~ thousands of workers** die U-Bahn-Stationen spucken Tausende von Arbeitern aus.

3. (*fig*) *feelings, troubles, story* sich (*dat*) von der Seele reden. **to ~ ~ one's thanks** sich überströmend bedanken; **to ~ ~ one's heart to sb** jdm sein Herz ausschütten.

pouring ['pɔːrɪŋ] *adj* **~ rain** strömender Regen.

pout [paʊt] **I** *n* **1.** (*facial expression*) Schmollmund *m*; (*because upset also*) Flunsch *m* (*inf*), Schnute *f* (*inf*).

2. (*sulking fit*) Schmollen *nt*. **to have a ~** schmollen.

II *vi* **1.** (*with lips*) einen Schmollmund machen; einen Flunsch *or* eine Schnute ziehen (*inf*).

2. (*sulk*) schmollen.

III *vt lips* schürzen; (*sulkingly*) zu einem Schmollmund verziehen.

poverty ['pɒvəti] *n* Armut *f*. **~-stricken** notleidend; *conditions* kümmerlich; **to be ~-stricken** (*hum inf*) am Hungertuch nagen (*hum*).

PoW *abbr of* **prisoner of war**.

powder ['paʊdə^r] **I** *n* Pulver *nt*; (*face, talcum ~ etc*) Puder *m*; (*dust*) Staub *m*. **to reduce sth to ~** etw zu Pulver machen.

II *vt* **1.** *milk* pulverisieren; *sugar* stoßen; *chalk* zermahlen.

2. (*apply ~ to*) *face, body, oneself* pudern. **to ~ one's nose** (*lit*) sich (*dat*) die Nase pudern; (*euph*) kurz verschwinden (*euph*); **the trees were ~ed with snow** die Bäume waren mit Schnee überzuckert.

III *vi* (*crumble*) (zu Staub) zerfallen.

powder blue I *adj* taubenblau; **II** *n* Taubenblau *nt*; **powder compact** *n* Puderdose *f*.

powdered ['paʊdəd] *adj milk, eggs, chalk*

-pulver *nt*. ~ **sugar** (*US*) Puderzucker, Staubzucker (*Aus*) *m*.

powder-horn ['paʊdə‚hɔːn] *n* Pulverhorn *nt*.

powdering ['paʊdərɪŋ] *n* (*liter*) **there was a light** ~ **of** snow on the grass das Gras war leicht mit Schnee überzuckert.

powder keg *n* (*lit, fig*) Pulverfaß *nt*; **powder puff** *n* Puderquaste *f*; **powder room** *n* Damentoilette *f*; **powder snow** *n* Pulverschnee *m*.

powdery ['paʊdərɪ] *adj* **1.** (*like powder*) pulvrig. **2.** (*crumbly*) bröckelig; *bones* morsch. **3.** (*covered with powder*) gepudert.

power ['paʊə'] **I** *n* **1.** *no pl* (*physical strength*) Kraft *f*; (*force: of blow, explosion etc*) Stärke, Gewalt, Wucht *f*; (*fig: of argument etc*) Überzeugungskraft *f*. **more** ~ **to your elbow!** (*inf*) setz dich/setzt euch durch!; **the** ~ **of** love/logic/tradition die Macht der Liebe/Logik/Tradition.

2. (*faculty, ability*) (*of hearing, imagination*) Vermögen *nt no pl*. **her** ~**s of persuasion** ihre Überredungskünste *pl*; **his** ~**s of hearing** sein Hörvermögen *nt*; **mental/hypnotic** ~**s** geistige/hypnotische Kräfte *pl*; **to reduce** *or* **weaken their** ~(**s**) **of resistance** um ihre Widerstandskraft zu schwächen.

3. (*capacity, ability to help etc*) Macht *f*. **he did all in his** ~ **to help them** er tat (alles), was in seiner Macht *or* in seinen Kräften stand, um ihnen zu helfen; **it's beyond my** *or* **not within my** ~ **to** ... es steht nicht in meiner Macht, zu ...

4. (*no pl: sphere or strength of influence, authority*) Macht *f*; (*Jur, parental*) Gewalt *f*; (*usu pl: thing one has authority to do*) Befugnis *f*. **he has the** ~ **to act** er ist handlungsberechtigt; **the** ~ **of the police/of the law** die Macht der Polizei/des Gesetzes; **to be in sb's** ~ in jds Gewalt (*dat*) sein; **that does not fall within my** ~(**s**)/**that is beyond** *or* **outside my** ~(**s**) das fällt nicht in meinen Machtbereich/das überschreitet meine Befugnisse; ~ **of attorney** (*Jur*) (Handlungs)vollmacht *f*; **the party now in** ~ die Partei, die im Augenblick an der Macht ist; **to fall from** ~ abgesetzt werden; **to come into** ~ an die Macht kommen; **I have no** ~ **over her** ich habe keine Gewalt über sie; **he has been given full** ~(**s**) **to make all decisions** man hat ihm volle Entscheidungsgewalt übertragen; "**student/worker** ~" „Macht den Studenten/Arbeitern".

5. (*person or institution having authority*) Autorität *f*, Machtfaktor *m*. **to be the** ~ **behind the scenes/throne** die graue Eminenz sein; **the** ~**s that be** (*inf*) die da oben (*inf*); **the** ~**s of darkness/evil** die Mächte der Finsternis/des Bösen.

6. (*nation*) Macht *f*. **a four-**~ **conference** eine Viermächtekonferenz.

7. (*source of energy: nuclear, electric* ~ *etc*) Energie *f*; (*of water, steam also*) Kraft *f*. **the ship made port under her own** ~ das Schiff lief mit eigener Kraft in den Hafen ein; **they cut off the** ~ (*electricity*) sie haben den Strom abgestellt.

8. (*of engine, machine, loudspeakers,*

transmitter) Leistung *f*; (*of microscope, lens, sun's rays, drug, chemical*) Stärke *f*. **the** ~ **of suggestion** die Wirkung *or* Wirkkraft des Unterschwelligen; **a low-**~ **microscope** ein schwaches Mikroskop; **a 10-**~ **magnification** eine 10fache Vergrößerung.

9. (*Math*) Potenz *f*. **to the** ~ (**of**) **2** hoch 2, in der 2. Potenz.

10. (*inf: a lot of*) **that did me a** ~ **of good** das hat mir unheimlich gutgetan (*inf*).

II *vt* (*engine*) antreiben; (*fuel*) betreiben. ~**ed by electricity/by jet engines** mit Elektro-/Düsenantrieb; **as he** ~**s his way down the straight** wie er die Gerade entlangbraust.

power-assisted ['paʊəə‚sɪstɪd] *adj* Servo-; **powerboat** *n* Rennboot *nt*; **power brakes** *npl* Servobremsen *pl*; **power cable** *n* Stromkabel *nt*; **power cut** *n* Stromsperre *f*; (*accidental*) Stromausfall *m*; **power dive** (*Aviat*) **I** *n* (Vollgas)sturzflug *m*; **II** *vi* einen Sturzflug machen; **power drill** *n* Bohrmaschine *f*; **powerdriven** *adj tool* Motor-.

powerful ['paʊəfʊl] *adj* **1.** (*influential*) *government, person* mächtig, einflußreich.

2. (*strong*) *boxer, engine, magnet, drug, emotions* stark; *stroke, punch, detergent* kraftvoll; *build, arm* kräftig.

3. (*fig*) *speaker, actor* mitreißend; *music, film, performance also* ausdrucksvoll; *argument* durchschlagend, massiv (*inf*); *salesman* überzeugend.

4. a ~ **lot of** (*dial*) ganz schön viel (*inf*).

powerfully ['paʊəfəlɪ] *adv* **1.** kraftvoll. ~ **built** kräftig gebaut. **2.** (*fig*) *speak* kraftvoll; *describe, act also* mitreißend; *argue* massiv (*inf*).

powerhouse ['paʊəhaʊs] *n* **1.** (*lit*) *see* **power station. 2.** (*fig*) treibende Kraft (*behind* hinter +*dat*). **he's a real** ~/**an intellectual** ~ er ist ein äußerst dynamischer Mensch/er hat eine erstaunliche intellektuelle Kapazität; **he's a** ~ **of new ideas** er hat einen unerschöpflichen Vorrat an neuen Ideen.

powerless ['paʊəlɪs] *adj* (*physically*) *punch, body* kraftlos; (*as regards ability to act*) *committee, person* machtlos; **to be** ~ **to resist** nicht die Kraft haben, zu widerstehen; **the government is** ~ **to deal with inflation** die Regierung steht der Inflation machtlos gegenüber; **we are** ~ **to help you** es steht nicht in unserer Macht, Ihnen zu helfen, wir sind machtlos; **power pack** *n* (*Elec*) Netzteil *nt*; **power plant** *n see* **power station**; **power point** *n* (*Elec*) Steckdose *f*; **power politics** *npl* Machtpolitik *f*; **power saw** *n* Motorsäge *f*; (*electric*) Elektrosäge *f*; **power station** *n* Kraftwerk *nt*; Elektrizitätswerk *nt*; **power steering** *n* (*Aut*) Servolenkung *f*; **power tool** *n* Elektrowerkzeug *nt*.

powwow ['paʊwaʊ] *n* (*of Red Indians*) Versammlung *f*; (*with Red Indians*) indianische Verhandlungen *pl*; (*inf*) Besprechung *f*; (*to solve problem*) Kriegsrat *m* (*hum*). **a family** ~ ein Familienrat *m*.

pox [pɒks] *n* (*old*) (*small~*) Pocken, Blattern *pl*; (*syphilis*) Syphilis *f*.

pp *abbr of* **1. pages** ff. **2. per procurationem = on behalf of** i.A.

PR *abbr of* **1. proportional representation. 2. public relations.**

pr *abbr of* **pair.**

practicability [ˌpræktɪkəˈbɪlɪtɪ] *n see adj* Durchführbarkeit *f*; Befahrbarkeit *f*.

practicable [ˈpræktɪkəbl] *adj* durchführbar, praktikabel; *road* befahrbar.

practicably [ˈpræktɪkəblɪ] *adv* if it can ~ be done falls (es) durchführbar (ist).

practical [ˈpræktɪkəl] *adj* praktisch; *person* praktisch (veranlagt). **to have a ~mind** praktisch denken; **his ideas have no ~ application** seine Ideen sind praktisch nicht anwendbar.

practicality [ˌpræktɪˈkælɪtɪ] *n* **1.** *no pl* (*of person*) praktische Veranlagung. **a person of great ~** ein sehr praktisch veranlagter Mensch.
2. *no pl* (*of scheme etc*) Durchführbarkeit *f*. **your solution shows/lacks ~** Ihre Lösung ist praxisnah/-fremd.
3. (*detail*) praktische Einzelheit.

practical joke *n* Streich *m*; **practical joker** *n* Witzbold *m* (*inf*).

practically [ˈpræktɪkəlɪ] *adv* (*all senses*) praktisch.

practical nurse *n* (*US*) ≃ Hilfsschwester *f*.

practice [ˈpræktɪs] **I** *n* **1.** (*habit, custom*) (*of individual*) Gewohnheit, Angewohnheit *f*; (*of group, in country*) Brauch *m*, Sitte *f*; (*bad habit*) Unsitte *f*; (*in business*) Verfahrensweise, Praktik *f*. **this is normal business ~** das ist im Geschäftsleben so üblich; **to make a ~ of doing sth, to make it a ~ to do sth** es sich (*dat*) zur Gewohnheit machen, etw zu tun; **Christian ~ dictates ...** es ist Christenpflicht; **that's common ~** das ist allgemein üblich.
2. (*exercise, training*) Übung *f*; (*rehearsal, trial run*) Probe *f*; (*Sport*) Training *nt*; (*~ game*) Trainingsspiel *nt*. **~ makes perfect** (*Prov*) Übung macht den Meister (*Prov*); **you should do 10 minutes' ~ each day** du solltest täglich 10 Minuten (lang) üben; **to be out of/in ~** aus der/in Übung sein; **that was just a ~ run** das war nur mal zur Probe; **the first ~ session** die erste Übung/Probe/das erste Training.
3. (*doing, as opposed to theory*) Praxis *f*. **in ~** in der Praxis; **that won't work in ~** das läßt sich praktisch nicht durchführen; **to put one's ideas into ~** seine Ideen in die Praxis umsetzen.
4. (*of doctor, lawyer etc*) Praxis *f*. **he took up the ~ of law/ medicine** er praktizierte als Rechtsanwalt/Arzt; **to go into** *or* **set up in ~** eine Praxis aufmachen *or* eröffnen, sich als Arzt/Rechtsanwalt *etc* niederlassen; **not to be in ~ any more** nicht mehr praktizieren; **to retire from ~** sich aus der Praxis zurückziehen; **a large legal ~** eine große Rechtsanwaltspraxis.

II *vti* (*US*) *see* **practise.**

practise, (*US*) **practice** [ˈpræktɪs] **I** *vt* **1.** *thrift, patience etc* üben; *self-denial, Christian charity* praktizieren. **to ~ what one preaches** (*prov*) seine Lehren in die Tat umsetzen.

2. (*in order to acquire skill*) üben; *song, chorus* proben. **to ~ the violin** Geige üben; **to ~ the high jump/one's golf swing** Hochsprung/seinen Schlag im Golf üben *or* trainieren; **to ~ doing sth** etw üben; **I'm practising my German on him** ich probiere mein Deutsch an ihm aus.

3. (*follow, exercise*) *profession, religion* ausüben, praktizieren. **to ~ law/medicine** als Anwalt/Arzt praktizieren.

II *vi* **1.** (*in order to acquire skill*) üben.
2. (*lawyer, doctor etc*) praktizieren.

practised, (*US*) **practiced** [ˈpræktɪst] *adj* geübt; *marksman, liar also* erfahren. **with a ~ eye/hand** mit geübtem Auge/ geübter Hand; **he's ~ in getting his own way** er hat Übung darin, seinen Willen durchzusetzen; **with ~ skill** gekonnt.

practising, (*US*) **practicing** [ˈpræktɪsɪŋ] *adj lawyer, doctor, homosexual* praktizierend; *Christian also, socialist* aktiv.

practitioner [prækˈtɪʃ(ə)nəʳ] *n* (*of method*) Benutzer, Anwender *m*; (*medical ~*) praktischer Arzt, praktische Ärztin; (*dental ~*) Zahnarzt *m*/-ärztin *f*; (*legal ~*) Rechtsanwalt *m*/-anwältin *f*. **the ~s of this profession** diejenigen, die diesen Beruf ausüben; **a ~ of Zen Buddhism/Christianity** ein Anhänger des Zen Buddhismus/ein praktizierender Christ.

praesidium [prɪˈsɪdɪəm] *n see* **presidium.**

pragmatic *adj*, **~ally** *adv* [prægˈmætɪk, -əlɪ] pragmatisch.

pragmatism [ˈprægmətɪzəm] *n* Pragmatismus *m*.

pragmatist [ˈprægmətɪst] *n* Pragmatiker(in *f*) *m*.

Prague [prɑːg] *n* Prag *nt*.

prairie [ˈprɛərɪ] *n* Grassteppe *f*; (*in North America*) Prärie *f*.

prairie dog *n* Präriehund *m*; **prairie oyster** *n* Prärieauster *f*; **prairie schooner** *n* Planwagen *m*.

praise [preɪz] **I** *vt* loben; (*to others, worshipfully also*) preisen (*geh*), rühmen (*geh*). **to ~ sb for having done sth** jdn dafür loben, etw getan zu haben.

II *n* Lob *nt no pl*. **a hymn of ~** eine Lobeshymne; **a poem in ~ of beer** ein Loblied *nt* auf das Bier; **he spoke/held a speech in ~ of their efforts** er sprach lobend von ihren Bemühungen/hielt eine Lobrede auf ihre Bemühungen; **to win ~** (*person*) Lob ernten; (*efforts*) Lob einbringen; **to be loud** *or* **warm in one's ~** (*of sth*) voll des Lobes (für etw) sein; **have nothing but ~ for him** ich kann ihn nur loben; **all ~ to him** alle Achtung!; **~ indeed!** (*also iro*) ein hohes Lob; **~ from him is ~ indeed** Lob aus seinem Mund will etwas heißen; **~ be to God!** (*in church*) gelobt sei der Herr!; **~(s) be!** Gott sei Dank!; *see* **sing.**

praiseworthiness [ˈpreɪzˌwɜːðɪnɪs] *n* (*of attempt, effort*) Löblichkeit *f*. **I don't doubt his ~/the ~ of his motives** ich zweifle nicht an seinen lobenswerten Absichten/daran, daß seine Motive lobenswert sind.

praiseworthy [ˈpreɪzˌwɜːðɪ] *adj* lobenswert; *attempt, effort also* löblich.

pram [præm] n (Brit) Kinderwagen m; (dolls') Puppenwagen m.

prance [prɑːns] vi (horse) tänzeln; (person) (jump around) herumhüpfen or -tanzen; (walk gaily, mince) tänzeln. **to ~ in/out** (person) herein-/hinausspazieren.

prang [præŋ] (esp Brit inf) **I** n (crash) Bums m (inf); (of plane) Bruchlandung f. **II** interj krach. **III** vt 1. (crash) car ramponieren (inf), lädieren; plane eine Bruchlandung machen. 2. (bomb) zerbomben, zusammenbomben (inf).

prank [præŋk] n Streich m; (harmless also) Ulk m. **to play a ~ on sb** jdm einen Streich spielen; einen Ulk mit jdm machen.

prankish ['præŋkɪʃ] adj person zu Streichen aufgelegt or bereit; behaviour, act schelmisch.

prankster ['præŋkstər] n Schelm m.

praseodymium [ˌpreɪzɪəʊˈdɪmɪəm] n (abbr Pr) Praseodym nt.

prat [præt] n (Brit sl: idiot) Trottel m (inf).

prate [preɪt] vi faseln, schwafeln.

prating ['preɪtɪŋ] **I** n Gefasel, Geschwafel nt. **II** adj faselnd, schwafelnd.

prattle ['prætl] **I** n Geplapper nt. **II** vi plappern.

prawn [prɔːn] n Garnele f. **~ cocktail** Krabbencocktail m.

pray [preɪ] **I** vi 1. (say prayers) beten. **let us ~** lasset uns beten; **to ~ for sb/sth** für jdn/ um etw beten; **to ~ for sth** (want it badly) stark auf etw (acc) hoffen.
   2. (old, liter) ~ **take a seat** wollen Sie bitte Platz nehmen?; **what good is that, ~ (tell)?** was hilft das, wenn ich mir die Frage gestatten darf?
II vt (old, liter) inständig bitten, ersuchen (geh).

prayer [preər] n Gebet nt; (service, ~ meeting) Andacht f. **to say one's ~s** beten; **to be at ~** beim Gebet sein; **a ~ for peace** ein Gebet für den Frieden; **a life of ~** ein Leben im Gebet; **Evening P~** Abendandacht f; **we attended Morning P~** wir besuchten die Morgenandacht; **we have ~s every morning** wir haben jeden Morgen eine Andacht; **family ~s** Hausandacht f; **the Book of Common P~** das Gebetbuch der anglikanischen Kirche.

prayer book n Gebetbuch nt; **prayer mat** n Gebetsteppich m; **prayer meeting** n Gebetsstunde f; **prayer shawl** n Gebetsmantel m; **prayer wheel** n Gebetsmühle f.

praying mantis ['preɪŋ'mæntɪs] n Gottesanbeterin f.

pre- [priː-] pref vor-; (esp with Latinate words in German) prä-.

preach [priːtʃ] **I** vt predigen; (fig) advantages etc propagieren. **to ~ a sermon** (lit, fig) eine Predigt halten; **to ~ the gospel** das Evangelium verkünden.
II vi (give a sermon, be moralistic) predigen. **to ~ to/at sb** jdm eine Predigt halten; **to ~ to the converted** (prov) offene Türen einrennen.

preacher ['priːtʃər] n Prediger m; (fig: moraliser) Moralprediger(in f) m.

preachify ['priːtʃɪfaɪ] vi (pej inf) predigen, moralisieren.

preaching ['priːtʃɪŋ] n (lit, fig) (act) Predigen nt; (sermon) Predigt f.

preachy ['priːtʃɪ] adj (inf) moralisierend.

preadolescent [ˌpriːædəˈlesənt] adj vorpubertär.

preamble [priːˈæmbl] n Einleitung f; (of book) Vorwort nt; (Jur) Präambel f.

preamplifier [priːˈæmplɪ‚faɪər], **preamp** (inf) [priːˈæmp] n Vorverstärker m.

prearrange ['priːəˈreɪndʒ] vt vorher vereinbaren, vorher abmachen.

prebend ['prebənd] n (form) (stipend) Pfründe, Präbende f; (person) Pfründner, Pfründeninhaber, Präbendar(ius) m.

precarious [prɪˈkɛərɪəs] adj unsicher; situation also, relationship prekär; theory, assertion anfechtbar. **that cup/that shelf looks somewhat ~** die Tasse/das Regal sieht ziemlich gefährlich aus.

precariously [prɪˈkɛərɪəslɪ] adv **to be ~ balanced** (lit, fig) auf der Kippe stehen; **he lived rather ~ from his work as a photographer** er verdiente einen ziemlich unsicheren Lebensunterhalt als Photograph; **~ perched on the edge of the table** gefährlich nahe am Tischrand.

precast [priːˈkɑːst] **I** vt irreg vorfertigen. **II** adj concrete Fertigteil-, vorgefertigt.

precaution [prɪˈkɔːʃən] n Sicherheitsmaßnahme, (Sicherheits)vorkehrung, Vorsichtsmaßnahme f. **do you take ~s?** (euph: use contraception) nimmst du (irgend) etwas?; **to take the ~ of doing sth** vorsichtshalber or sicherheitshalber etw tun.

precautionary [prɪˈkɔːʃənərɪ] adj Vorsichts-, Sicherheits-, vorbeugend. **it's purely ~** es ist eine reine or nur eine Vorsichtsmaßnahme.

precede [prɪˈsiːd] vt (in order, time) vorangehen (+dat); (in importance) gehen vor (+dat); (in rank) stehen über (+dat). **for a month preceding this** den (ganzen) Monat davor.

precedence ['presɪdəns] n (of person) vorrangige Stellung (over gegenüber); (of problem etc) Vorrang m (over vor +dat). **to take/have ~ over sb/sth** jdm/einer Sache gegenüber eine Vorrangstellung einnehmen/vor jdm/etw Vorrang haben; **to give ~ to sb/sth** jdm/einer Sache Vorrang geben; **dukes have ~ over barons** Herzöge stehen im Rang höher als Barone.

precedent ['presɪdənt] n Präzedenzfall m; (Jur also) Präjudiz nt. **according to ~** nach den bisherigen Fällen; **against all the ~s** entgegen allen früheren Fällen; **without ~** noch nie dagewesen; **to establish or create or set a ~** einen Präzedenzfall schaffen; **is there any ~ for this?** ist der Fall schon einmal dagewesen?; **there is no ~ for this decision** diese Entscheidung kann sich nicht an einem vergleichbaren Fall ausrichten.

preceding [prɪˈsiːdɪŋ] adj time, month etc vorangegangen; page, example also vorhergehend.

precentor [prɪˈsentər] n Vorsänger m.

precept ['priːsept] n Grundsatz m, Prinzip nt.

pre-Christian [priːˈkrɪstɪən] adj vorchristlich.

precinct ['priːsɪŋkt] n (pedestrian ~) Fußgängerzone f; (shopping ~) Geschäfts- or

Einkaufsviertel *nt*; (*US: police* ~) Revier *nt*; (*US: voting* ~) Bezirk *m*. ~s *pl* (*grounds, premises*) Gelände, Areal *nt*; (*environs*) Umgebung *f*; (*of cathedral*) Domfreiheit *f*.

preciosity [ˌpresɪˈɒsɪtɪ] *n* Geziertheit *f*.

precious [ˈpreʃəs] **I** *adj* **1.** (*costly*) wertvoll, kostbar. ~ **stone/metal** Edelstein *m*/ Edelmetall *nt*.
    2. (*treasured*) wertvoll; (*iro*) hochverehrt, heißgeliebt. **my** ~ (**one**)! mein Schatz!; **I have very** ~ **memories of him** ich habe Erinnerungen an ihn, die mir sehr wertvoll *or* teuer (*geh*) sind.
    3. *language, humour etc* geziert.
    II *adv* (*inf*) ~ **little/few** herzlich wenig/ wenige (*inf*).

precipice [ˈpresɪpɪs] *n* Steilabfall *m*; (*lit liter, fig*) Abgrund *m*.

precipitance [prɪˈsɪpɪtəns], **precipitancy** [prɪˈsɪpɪtənsɪ] *n* (*hastiness*) Hast, Eile *f*; (*overhastiness*) Voreiligkeit, Überstürztheit, Überstürzung *f*.

precipitant [prɪˈsɪpɪtənt] **I** *n* (Aus)- fällungsmittel *nt*. **II** *adj see* **precipitate II.**

precipitate [prɪˈsɪpɪteɪt] **I** *n* (*Met*) Niederschlag *m*; (*Chem also*) Präzipitat *nt*.
    II [prəˈsɪpɪtɪt] *adj* (*hasty*) hastig, eilig; (*overhasty*) übereilt, voreilig, überstürzt.
    III *vt* **1.** (*hurl*) schleudern; (*downwards*) hinabschleudern; (*fig*) stürzen.
    2. (*hasten*) beschleunigen.
    3. (*Chem*) (aus)fällen; (*Met*) niederschlagen.
    IV *vi* (*Chem*) ausfallen; (*Met*) sich niederschlagen.

precipitately [prɪˈsɪpɪtɪtlɪ] *adv see adj.*

precipitation [prɪˌsɪpɪˈteɪʃən] *n* **1.** *see vt* Schleudern *nt*; Hinabschleudern *nt*; Sturz *m*; Beschleunigung *f*; Ausfällen *nt*, (Aus)- fällung *f*; Niederschlag *m*. **2.** (*haste*) Hast, Eile *f*; (*over-hastiness*) Übereile, Übereiltheit, Überstürztheit *f*. **3.** (*Met*) Niederschlag *m*.

precipitous [prɪˈsɪpɪtəs] *adj* steil; (*hasty*) überstürzt.

precipitously [prɪˈsɪpɪtəslɪ] *adv see adj.*

précis [ˈpreɪsiː] *n, pl* ~ Zusammenfassung *f*; (*Sch*) Inhaltsangabe *f*.

precise [prɪˈsaɪs] *adj* genau; *answer, description etc, worker also* präzis. **at that** ~ **moment** genau in dem Augenblick; **this was the** ~ **amount I needed** das war genau *or* exakt der Betrag, den ich brauchte; **please be more** ~ drücken Sie sich bitte etwas genauer *or* deutlicher aus; **18, to be** ~ **18**, um genau zu sein; **in that** ~ **voice of hers** präzise *or* exakt, wie sie nun einmal spricht.

precisely [prɪˈsaɪslɪ] *adv* genau; *answer, describe, work also* präzis; *use instrument* exakt. **at** ~ **7 o'clock, at 7 o'clock** ~ Punkt 7 Uhr, genau um 7 Uhr; **but it is** ~ **because the money supply is …** aber gerade deshalb, weil das Kapital … ist; **that is** ~ **why I don't want it** genau deshalb will ich es nicht; **it is 10 o'clock** ~ es ist genau 10 Uhr; ~ **nothing** gar nichts.

preciseness [prɪˈsaɪsnɪs] *n* Genauigkeit *f*.

precision [prɪˈsɪʒən] *n* Genauigkeit *f*; (*of work, movement also*) Präzision *f*.

precision bombing *n* gezielter Bombenab-

wurf; **precision instrument** *n* Präzisionsinstrument *nt*; **precision tool** *n* Präzisionswerkzeug *nt*.

preclassical [priːˈklæsɪkəl] *adj* vorklassisch.

preclude [prɪˈkluːd] *vt possibility, misunderstanding* ausschließen. **to** ~ **sb from doing sth** jdn daran hindern, etw zu tun.

precocious [prɪˈkəʊʃəs] *adj interest, teenager, behaviour* frühreif; *statement, way of speaking* altklug.

precociously [prɪˈkəʊʃəslɪ] *adv see adj.*

precociousness [prɪˈkəʊʃəsnɪs], **precocity** [prɪˈkɒsɪtɪ] *n see adj* Frühreife *f*; Altklugheit *f*.

precognition [ˌpriːkɒgˈnɪʃən] *n* (*Psych*) Präkognition *f*; (*knowledge*) vorherige Kenntnis, vorheriges Wissen.

preconceived [ˌpriːkənˈsiːvd] *adj opinion, idea* vorgefaßt.

preconception [ˌpriːkənˈsepʃən] *n* vorgefaßte Meinung.

precondition [ˌpriːkənˈdɪʃən] *n* (Vor)- bedingung, Voraussetzung *f*.

precook [priːˈkʊk] *vt* vorkochen.

precursor [priːˈkɜːsər] *n* Vorläufer *m*; (*herald: of event etc*) Vorbote *m*; (*in office*) (Amts)vorgänger(in *f*) *m*.

predate [priːˈdeɪt] *vt* (*precede*) zeitlich vorangehen (+*dat*); *cheque, letter* zurückdatieren.

predator [ˈpredətər] *n* (*animal*) Raubtier *nt*; (*person*) Plünderer *m*.

predatory [ˈpredətərɪ] *adj animal* Raub-; *attack also, tribe* räuberisch.

predecease [ˌpriːdɪˈsiːs] *vt* **to** ~ **sb** vor jdm sterben.

predecessor [ˈpriːdɪsesər] *n* (*person*) Vorgänger(in *f*) *m*; (*thing*) Vorläufer *m*. **our** ~**s** (*ancestors*) unsere Ahnen *or* Vorfahren *pl*; **his latest book is certainly better than its** ~**s** sein neuestes Buch ist zweifellos besser als seine vorherigen.

predestination [priːˌdestɪˈneɪʃən] *n* Vorherbestimmung, Prädestination *f*.

predestine [priːˈdestɪn] *vt* prädestinieren.

predetermination [ˈpriːdɪˌtɜːmɪˈneɪʃən] *n see vt* Vorherbestimmung *f*; Prädetermination *f*; vorherige Festlegung; vorherige Ermittlung; Voraussicht *f*.

predetermine [ˌpriːdɪˈtɜːmɪn] *vt course of events, sb's future etc* vorherbestimmen; (*Philos*) prädeterminieren; (*fix in advance*) *price, date etc* vorher *or* im voraus festlegen; (*ascertain in advance*) *costs* vorher ermitteln; *problems* voraussehen.

predicable [ˈpredɪkəbl] *adj* **to be** ~ **of sth** von etw ausgesagt *or* behauptet werden können.

predicament [prɪˈdɪkəmənt] *n* Zwangslage *f*, Dilemma *nt*.

predicate [ˈpredɪkɪt] **I** *n* (*Gram*) Prädikat *nt*, Satzaussage *f*; (*Logic*) Aussage *f*. ~ **noun** prädikatives Substantiv, Prädikativ(um) *nt*.
    II [ˈpredɪkeɪt] *vt* (*imply, connote*) aussagen; (*assert, state*) behaupten. **to** ~ **sth on sth** (*base*) etw auf etw (*dat*) gründen; **to** ~ **sth of sth** (*assert as quality of*) etw von etw behaupten.

predicative *adj*, ~**ly** *adv* [prɪˈdɪkətɪv, -lɪ] prädikativ.

predict [prɪ'dɪkt] *vt* vorher- *or* voraussagen.
predictability [prə,dɪktə'bɪlɪtɪ] *n* Vorhersagbarkeit *f*.
predictable [prɪ'dɪktəbl] *adj* vorher- *or* voraussagbar. **you're so** ~ man weiß doch genau, wie Sie reagieren.
predictably [prɪ'dɪktəblɪ] *adv react* vorher- *or* voraussagbar. ~, **he was late** wie vorauszusehen, kam er zu spät.
prediction [prɪ'dɪkʃən] *n* Prophezeiung, Voraussage *f*.
predigest [,pri:daɪ'dʒest] *vt* vorverdauen; (*artificially, chemically*) aufschließen; (*fig*) vorkauen.
predilection [,pri:dɪ'lekʃən] *n* Vorliebe *f*, Faible *nt* (*for* für).
predispose [,pri:dɪs'pəʊz] *vt* geneigt machen; (*Med*) prädisponieren, anfällig machen. **to** ~ **sb in favour of sb/sth** jdn für jdn/etw einnehmen; **it** ~**s me to think that ...** das führt mich zu der Annahme, daß ...; **I'm not** ~**d to help him** ich bin nicht geneigt, ihm zu helfen.
predisposition [,pri:dɪspə'zɪʃən] *n* (*tendency, inclination*) Neigung *f* (*to* zu); (*Med*) Prädisposition, Anfälligkeit *f* (*to* für). **that children have a natural** ~ **to use language** daß Kinder eine natürliche Veranlagung haben, Sprache zu gebrauchen.
predominance [prɪ'dɒmɪnəns] *n* (*control*) Vorherrschaft, Vormachtstellung *f*; (*prevalence*) Überwiegen *nt*. **the** ~ **of women in the office** die weibliche Überzahl im Büro.
predominant [prɪ'dɒmɪnənt] *adj* (*most prevalent*) *idea, theory* vorrherrschend; (*dominating*) *person, animal* beherrschend. **those things which are** ~ **in your life** die Dinge, die in Ihrem Leben von größter Bedeutung sind.
predominantly [prɪ'dɒmɪnəntlɪ] *adv* überwiegend, hauptsächlich.
predominate [prɪ'dɒmɪneɪt] *vi* 1. vorherrschen. 2. (*in influence etc*) überwiegen. **Good will always** ~ **over Evil** das Gute wird immer über das Böse siegen; **if you allow any one individual to** ~ (**over the others**) wenn man einem einzigen gestattet, die anderen zu beherrschen.
pre-election [,pri:ɪ'lekʃən] *adj attr measure, atmosphere* Wahlkampf-.
pre-eminence [pri:'emɪnəns] *n* überragende Bedeutung.
pre-eminent [pri:'emɪnənt] *adj* herausragend, überragend.
pre-eminently [pri:'emɪnəntlɪ] *adv* hauptsächlich, vor allem, in erster Linie; (*excellently*) hervorragend.
pre-empt [pri:'empt] *vt* zuvorkommen (+*dat*); (*Bridge*) *seinen Gegenspielern durch eine nicht mehr zu überbietende Ansage zuvorkommen.*
pre-emption [pri:'empʃən] *n* Zuvorkommen *nt*.
pre-emptive [pri:'emptɪv] *adj* präventiv, Präventiv-.
preen [pri:n] **I** *vt feathers* putzen. **II** *vr* **to** ~ **oneself** (*bird*) sich putzen; (*person*) (*be smug*) sich brüsten (*on* mit); (*dress up*) sich herausputzen, sich aufputzen.
pre-exist [,pri:ɪg'zɪst] *vi* (*exist beforehand*) vorher existieren, vorher vorhanden sein;

(*exist in previous life*) präexistieren.
pre-existence [,pri:ɪg'zɪstəns] *n* (*no pl: existing before*) vorherige Existenz, vorheriges Vorhandensein; (*previous life*) früheres Leben *or* Dasein, Präexistenz *f*.
pre-existent [,pri:ɪg'zɪstənt] *adj* (*existing before*) vorher vorhanden *or* existent; (*of an earlier life*) präexistent.
prefab ['pri:fæb] *n* Fertig(teil)haus *nt*.
prefabricate [,pri:'fæbrɪkeɪt] *vt* vorfertigen.
prefabricated [,pri:'fæbrɪkeɪtɪd] *adj* vorgefertigt, Fertig-; *building* Fertig(teil)-.
prefabrication [pri:,fæbrɪ'keɪʃən] *n* Vorfertigung *f*.
preface ['prefɪs] **I** *n* Vorwort *nt*; (*of speech*) Vorrede *f*. **II** *vt* einleiten; *book* mit einem Vorwort versehen.
prefatory ['prefətərɪ] *adj* einleitend.
prefect ['pri:fekt] *n* Präfekt *m*; (*Brit Sch*) Aufsichtsschüler(in *f*) *m*. **form** ~ (*Sch*) ≃ Klassensprecher(in *f*) *m*.
prefecture ['pri:fektjʊəʳ] *n* Präfektur *f*.
prefer [prɪ'fɜ:ʳ] *vt* 1. (*like better*) vorziehen (*to dat*), lieber mögen (*to* als); *drink, food, music also* lieber trinken/essen/hören (*to* als); *applicant, solution* vorziehen, bevorzugen; (*be more fond of*) *person* lieber haben (*to* als). **he** ~**s blondes/hot countries** er bevorzugt Blondinen/warme Länder; **I** ~ **it that way** es ist mir lieber so; **which (of them) do you** ~? (*of people*) wen ziehen Sie vor?; (*emotionally*) wen mögen *or* haben Sie lieber?; (*of things*) welche(n, s) ziehen Sie vor *or* finden Sie besser?; **I'd** ~ **something less ornate** ich hätte lieber etwas Schlichteres; **to** ~ **to do sth** etw lieber tun, es vorziehen, etw zu tun; **I** ~ **to resign rather than ...** eher kündige ich, als daß ...; **I** ~ **walking/flying** ich gehe lieber zu Fuß/fliege lieber; **I would** ~ **you to do it today** mir wäre es lieber, wenn Sie es heute täten.
2. (*Jur*) **to** ~ **a charge/charges (against sb)** (gegen jdn) klagen, Klage (gegen jdn) einreichen *or* erheben.
3. (*esp Eccl: promote*) befördern. **the bishop was** ~**red to the archbishopric of York** dem Bischof wurde die Würde eines Erzbischofs von York verliehen.
4. (*treat preferentially*) bevorzugen (*to* vor +*dat*).
preferable ['prefərəbl] *adj* **X is** ~ **to Y** X ist Y (*dat*) vorzuziehen; **death is** ~ **to dishonour** lieber tot als ehrlos; **it would be** ~ **to do it that way** es wäre besser, es so zu machen.
preferably ['prefərəblɪ] *adv* am liebsten. **tea or coffee?** — **coffee,** ~ Tee oder Kaffee? — lieber Kaffee; **but** ~ **not Tuesday** aber, wenn möglich, nicht Dienstag.
preference ['prefərəns] *n* 1. (*greater liking*) Vorliebe *f*. **for** ~ lieber; **to have a** ~ **for sth** eine Vorliebe für etw haben, etw bevorzugen; **I drink coffee in** ~ **to tea** ich trinke lieber Kaffee als Tee; **he chose to stay at home in** ~ **to going abroad** er beschloß, lieber in der Heimat zu bleiben, als ins Ausland zu gehen, er zog es vor, in der Heimat zu bleiben, statt ins Ausland zu gehen; *see* **order I 1.**
2. (*thing preferred*) **what is your** ~? was

wäre Ihnen am liebsten?; **just state your** ~ nennen Sie einfach Ihre Wünsche; **I have no** ~ mir ist das eigentlich gleich. **3.** (*greater favour*) Vorzug *m.* **to show** ~ **to sb** jdn bevorzugen; **to give** ~ **to sb/sth** jdn/etw bevorzugen, jdm/etw den Vorzug geben (*over* gegenüber); **Commonwealth** ~ (*Comm*) Commonwealth-Präferenz *f*; **to give certain imports** ~ Vorzugs- or Präferenzzölle auf bestimmte Einfuhrartikel gewähren; ~ **shares** or **stock** (*Brit Fin*) Vorzugsaktien *pl.*

preferential [,prefə'renʃəl] *adj* **treatment** Vorzugs-; *terms* bevorzugt, Sonder-. **to give sb** ~ **treatment** jdn bevorzugt behandeln; ~ **trade** (*Comm*) Präferenz- or Vorzugshandel *m*; ~ **tariff** (*Comm*) Präferenz- or Vorzugszoll *m*; ~ **voting** (*Pol*) Präferenzwahlsystem *nt.*

preferentially [,prefə'renʃəlɪ] *adv* **treat** *etc* bevorzugt.

preferment [prɪ'fɜ:mənt] *n* **1.** (*esp Eccl: promotion*) Beförderung *f.* **2.** (*Jur*) ~ **of charges** Klageerhebung *f.*

preferred [prɪ'fɜ:d] *adj* **creditor** bevorrechtigt. ~ **stock** (*US Fin*) Vorzugsaktien *pl.*

prefigure [pri:'fɪgəʳ] *vt* (*indicate*) anzeigen, ankündigen; (*imagine beforehand*) sich (*dat*) ausmalen.

prefix ['pri:fɪks] **I** *n* (*Gram*) Vorsilbe *f*, Präfix *nt*; (*title*) Namensvorsatz *m*; (*in code*) Vorsatz *m*; (*Telec*) Vorwahl *f*. **II** [pri:'fɪks] *vt* (*Gram*) mit einer Vorsilbe or einem Präfix versehen; *name* mit einem Namensvorsatz versehen; *code* (*with acc*) voranstellen (+ *dat*), voransetzen (+ *dat*). **words** ~**ed by "un"** Wörter mit der Vorsilbe or dem Präfix „un".

preflight ['pri:'flaɪt] *adj attr* ~ **checks/ instructions** Kontrollen *pl*/Anweisungen *pl* vor dem Flug.

preform [pri:'fɔ:m] *vt* vorformen.

prefrontal [,pri:'frʌntl] *adj* des Stirnbeins.

pregnancy ['pregnənsɪ] *n* Schwangerschaft *f*; (*of animal*) Trächtigkeit *f*; (*fig*) (*of remarks etc*) Bedeutungsgehalt *m*; (*of silence, pause*) Bedeutungsschwere, Bedeutungsgeladenheit *f.*

pregnant ['pregnənt] *adj* **1.** *woman* schwanger; *animal* trächtig, tragend. **2.** (*fig*) *remark, silence, pause* bedeutungsvoll or -schwer or -geladen.

preheat [pri:'hi:t] *vt* vorheizen.

prehistoric [,pri:hɪ'stɒrɪk] *adj* prähistorisch, vorgeschichtlich.

prehistory [,pri:'hɪstərɪ] *n* Vorgeschichte *f.*

pre-ignition [,pri:ɪg'nɪʃən] *n* Frühzündung *f.*

pre-industrial [,pri:ɪn'dʌstrɪəl] *adj* vorindustriell.

prejudge [pri:'dʒʌdʒ] *vt* *case, issue* im vorhinein verurteilen; *person* im voraus verurteilen.

prejudice ['predʒʊdɪs] **I** *n* **1.** (*biased opinion*) Vorurteil *nt.* **his** ~ **against ...** seine Voreingenommenheit gegen ...; **there's a lot of** ~ **about ...** es gibt eine Menge Vorurteile hinsichtlich ...; **to have a** ~ **against sb/sth** ein Vorurteil *nt* gegen jdn/etw haben, gegen jdn/etw voreingenommen sein; **racial** ~ Rassenvorurteile *pl*; **colour** ~ Vorurteile *pl* gegen (Anders)farbige.

2. (*esp Jur: detriment, injury*) Schaden *m.* **to the** ~ **of sb/sth** (*form*) zum Nachteil or Schaden von jdm (*form*)/unter Beeinträchtigung von etw; **without** ~ (*Jur*) ohne Verbindlichkeit or Obligo; **without** ~ **to any claim** (*Jur*) ohne Beeinträchtigung or unbeschadet irgendwelcher Ansprüche.

II *vt* **1.** (*bias*) einnehmen, beeinflussen; *see also* **prejudiced**.

2. (*injure*) gefährden; *chances also* beeinträchtigen.

prejudiced ['predʒʊdɪst] *adj* **person** voreingenommen (*against* gegen); **opinion** vorgefaßt; *judge* befangen.

prejudicial [,predʒʊ'dɪʃəl] *adj* abträglich (*to sth* einer Sache *dat*). **to be** ~ **to a cause/ sb's chances** einer Sache (*dat*) schaden/jds Chancen gefährden.

prelacy ['preləsɪ] *n* (*office*) Prälatur *f*; (*bishops*) geistliche Würdenträger *pl*; (*system*) Kirchenhierarchie *f.*

prelate ['prelɪt] *n* Prälat *m.*

preliminary [prɪ'lɪmɪnərɪ] **I** *adj* **talks, negotiations, enquiry, investigation, stage** Vor-; **remarks** *also*, **chapter** einleitend; *steps, measures* vorbereitend. **II** *n* Einleitung *f* (*to* zu); (*preparatory measure*) Vorbereitung *f*, vorbereitende Maßnahme; (*Sport*) Vorspiel *nt.* **preliminaries** Präliminarien *pl* (*geh, Jur*); (*for speech*) einführende or einleitende Worte; (*Sport*) Vorrunde *f*; **the preliminaries are complete, now the actual work can begin** die Vorarbeit ist getan, jetzt kann die eigentliche Arbeit anfangen; **all the preliminaries to sth** alles, was einer Sache (*dat*) vorausgeht; **let's dispense with the preliminaries** kommen wir gleich zur Sache.

prelims ['pri:lɪmz] *npl* **1.** (*Univ*) Vorprüfung *f.* **2.** (*in book*) Vorbemerkungen *pl.*

prelude ['prelju:d] **I** *n* Vorspiel *nt*; (*introduction to fugue*) Präludium *nt*; (*fig*) Auftakt *m.* **II** *vt* einleiten.

premarital [pri:'mærɪtl] *adj* vorehelich.

premature ['premətʊəʳ] *adj* **baldness, birth, arrival** vorzeitig; *decision, action* verfrüht. **you were a little** ~ **da waren** Sie ein wenig voreilig; **the baby was three weeks** ~ das Baby wurde drei Wochen zu früh geboren; ~ **baby** Frühgeburt *f.*

prematurely ['premətʊəlɪ] *adv* **bald** vorzeitig; *decide* verfrüht; *act* voreilig. **he was born** ~ er war eine Frühgeburt.

premed [pri:'med] *n* (*inf*) **1.** *see* **premedication. 2.** (*US*) Medizinstudent, der einen auf das Medizinstudium vorbereitenden Einführungskurs besucht; dieser Kurs selbst.

premedical [pri:'medɪkl] *adj* (*US*) auf das Medizinstudium vorbereitend *attr.*

premedication [pri:,medɪ'keɪʃən] *n* Beruhigungsspritze *f* (*vor Anästhesie*).

premeditate [pri:'medɪteɪt] *vt* vorsätzlich planen.

premeditated [pri:'medɪteɪtɪd] *adj* vorsätzlich.

premeditation [pri:,medɪ'teɪʃən] *n* Vorsatz *m.*

premenstrual [pri:'menstruəl] *adj* prämenstruell, vor der Menstruation auftretend.

premier ['premiə^r] **I** *adj* führend. **of ~ importance** von äußerster Wichtigkeit. **II** *n* Premier(minister) *m*.

première ['premiεə^r] **I** *n* Première *f*; (*first ever also*) Uraufführung *f*; (*in particular place also*) Erstaufführung *f*. **II** *vt* uraufführen; erstaufführen.

premiership ['premiəʃip] *n* (*period*) Amtsperiode *or* -zeit *f* als Premier(minister); (*office*) Amt *nt* des Premier(minister)s.

premise ['premis] *n* **1.** (*esp Logic*) Prämisse (*spec*), Voraussetzung *f*.
   2. ~**s** *pl* (*of school, factory*) Gelände *nt*; (*building*) Gebäude *nt*; (*shop*) Räumlichkeiten *pl*; (*form: house*) Besitz *m*, Anwesen *nt*; **licensed** ~**s** Schankort *m*; **business** ~**s** Geschäftsräume *pl*; **drinking is not allowed in** *or* **on these** ~**s** es ist nicht erlaubt, hier Alkohol zu trinken; **will you escort him off the** ~**s?** würden Sie ihn bitte hinausbegleiten?

premiss *n see* **premise 1.**

premium ['pri:miəm] *n* (*bonus, additional sum*) Bonus *m*, Prämie *f*; (*surcharge*) Zuschlag *m*; (*insurance* ~) Prämie *f*; (*St Ex*) Aufgeld, Agio *nt*. ~ **bond** (*Brit*) Prämien- *or* Lotterieaktie *f*; **to sell sth at a** ~ etw über seinem Wert verkaufen; **to be at a** ~ (*St Ex*) über Pari stehen; (*fig*) hoch im Kurs stehen; **to put a** ~ **on sth** (*fig*) etw hoch einschätzen *or* bewerten.

premolar [pri:'məulə^r] *n* vorderer Backenzahn.

premonition [,pri:mə'niʃən] *n* (*presentiment*) (böse *or* schlechte) Vorahnung, (böses *or* schlechtes) Vorgefühl; (*forewarning*) Vorwarnung *f*.

premonitory [pri'mɒnitəri] *adj* warnend.

prenatal [pri:'neitl] *adj* pränatal, vor der Geburt.

prenuptial [pri:'nʌpʃəl] *adj* vor der Hochzeit.

preoccupation [pri:,ɒkju'peiʃən] *n* **her** ~ **with her appearance** ihre ständige Sorge um ihr Äußeres; **her** ~ **with making money** was such that ... sie war so sehr mit dem Geldverdienen beschäftigt, daß ...; **that was his main** ~ das war sein Hauptanliegen.

preoccupied [pri:'ɒkjupaid] *adj* look, tone of voice, smile gedankenverloren. **to be** ~ **with sth** nur an etw (*acc*) denken, sich ganz auf etw (*acc*) konzentrieren; **he has been** (*looking*) **absent** ~ **recently** er sieht in letzter Zeit so aus, als beschäftige ihn etwas; **he was too** ~ **to notice her** er war zu sehr mit anderen Dingen beschäftigt, um sie zu bemerken.

preoccupy [pri:'ɒkjupai] *vt* (stark) beschäftigen.

preordain ['pri:ɔ:'dein] *vt* vorherbestimmen.

prepackaged [pri:'pækidʒd], **prepacked** [pri:'pækt] *adj* abgepackt.

prepaid [pri:'peid] **I** *ptp of* **prepay. II** *adj* postage, goods vorausbezahlt; envelope vorfrankiert, freigemacht.

preparation [,prepə'reiʃən] *n* **1.** (*preparing*) Vorbereitung *f*; (*of meal,*

medicine etc) Zubereitung *f*. **in** ~ **for sth** als Vorbereitung für etw; **to be in** ~ in Vorbereitung sein.
   2. (*preparatory measure*) Vorbereitung *f*. **to make** ~**s** Vorbereitungen treffen.
   3. (*prepared substance*) (*Med, Sci*) Präparat *nt*. **beauty** ~**s** Schönheitspräparate *pl*.
   4. (*Brit Sch*) (*homework*) Hausaufgaben *pl*, Hausarbeit *f*; (*homework period*) Lernstunde *f*.

preparatory [pri'pærətəri] *adj* **1.** step, measure vorbereitend; plan, work also Vorbereitungs-.
   2. (*Sch*) ~ **education** Erziehung *or* Ausbildung *f* in Vorbereitungsschulen; ~ **school** (*Brit*) private Vorbereitungsschule für die Public School; (*US*) private Vorbereitungsschule für die Hochschule.
   3. talks were held ~ **to the summit conference** es wurden Gespräche geführt, um die Gipfelkonferenz vorzubereiten; **he paid all his bills** ~ **to going on holiday** er bezahlte alle seine Rechnungen, bevor er in Urlaub fuhr.

prepare [pri'pεə^r] **I** *vt* vorbereiten (*sb for sth* jdn auf etw *acc*, *sth for sth* etw für *or* auf etw *acc*); plan, speech also ausarbeiten; meal, medicine zubereiten; guest-room fertigmachen; (*Sci*) präparieren; data aufbereiten. ~ **yourself for a shock!** mach dich auf einen Schock gefaßt!; **we** ~**d ourselves for a long wait** wir stellten uns auf eine lange Wartezeit ein.
   II *vi* **to** ~ **for sth** sich auf etw (*acc*) vorbereiten, Vorbereitungen für etw treffen; **to** ~ **for an exam** sich auf eine Prüfung vorbereiten; **to** ~ **to do sth** Anstalten machen, etw zu tun.

prepared [pri'pεəd] *adj* **1.** (*also* **ready** ~) vorbereitet; speech also ausgearbeitet, abgefaßt; food Fertig-.
   2. (*in a state of readiness*) vorbereitet (*for* auf +*acc*). **I wasn't** ~ **for that!** darauf war ich nicht vorbereitet *or* gefaßt; **I wasn't** ~ **for him to do that** ich war nicht darauf vorbereitet, daß er das tut; **"be** ~**"** ,,allzeit bereit".
   3. (*willing*) **to be** ~ **to do sth** bereit sein, etw zu tun.

preparedness [pri'pεəridnis] *n* (*readiness*) Vorbereitetsein *nt* (*for* auf +*acc*); (*for untoward events*) Gefaßtsein *nt* (*for* auf +*acc*); (*willingness*) Bereitschaft *f*. **lack of** ~ mangelnde Vorbereitung (*for* auf +*acc*).

prepay [pri:'pei] *vt irreg* im voraus bezahlen.

prepayment [pri:'peimənt] *n* Vorauszahlung *f*.

preponderance [pri'pɒndərəns] *n* Übergewicht *nt*.

preponderant [pri'pɒndərənt] *adj* überwiegend.

preponderate [pri'pɒndəreit] *vi* überwiegen.

preposition [,prepə'ziʃən] *n* Präposition *f*, Verhältniswort *nt*.

prepositional [,prepə'ziʃənl] *adj* präpositional; phrase Präpositional-, Verhältnis-.

prepossess [,pri:pə'zes] *vt* einnehmen (*in sb's favour* für jdn).

prepossessing [,pri:pə'zesɪŋ] adj einnehmend, anziehend.

preposterous [prɪ'pɒstərəs] adj grotesk, absurd. **you're being** ~ das ist ja grotesk.

preposterously [prɪ'pɒstərəslɪ] adv grotesk. **he suggested, quite** ~ ... er machte den grotesken or absurden Vorschlag ...

preposterousness [prɪ'pɒstərəsnɪs] n Absurdität, Groteskheit f.

prep school n see **preparatory** 2.

prepuce ['pri:pju:s] n Vorhaut f.

prerecord [,pri:rɪ'kɔːd] vt vorher aufzeichnen. ~ed **cassette** bespielte Kassette.

prerequisite [,pri:'rekwɪzɪt] I n (Grund)-voraussetzung, Vorbedingung f. II adj erforderlich, notwendig.

prerogative [prɪ'rɒgətɪv] n Vorrecht, Prärogativ (geh) nt. **that's a woman's** ~ das ist das Vorrecht einer Frau.

Pres abbr of **president** Präs.

presage ['presɪdʒ] I n (omen) Vorzeichen nt, Vorbote m; (feeling) Vorahnung f. II vt ankünd(ig)en, andeuten.

Presbyterian [,prezbɪ'tɪərɪən] I adj presbyterianisch. II n Presbyterianer(in f) m.

presbytery ['prezbɪtərɪ] n (priest's house) (katholisches) Pfarrhaus; (part of church) Presbyterium nt.

preschool ['pri:'sku:l] adj attr vorschulisch. **a child of** ~ **age** ein Vorschulkind nt.

preschooling ['pri:'sku:lɪŋ] n Vorschulerziehung f.

prescience ['presɪəns] n vorheriges Wissen, vorherige Kenntnis, Vorherwissen nt.

prescribe [prɪ'skraɪb] I vt 1. (order, lay down) vorschreiben. 2. (Med, fig) verschreiben, verordnen (sth for sb jdm etw). II vi 1. (lay down rules) Vorschriften machen. 2. (Med) **to** ~ **for sth** für or gegen etw verschreiben.

prescription [prɪ'skrɪpʃən] n 1. (Med) Rezept nt; (act of prescribing) Verschreiben, Verordnen nt. **to make up** or **fill** (US) **a** ~ eine Medizin zubereiten; ~ **charge** Rezeptgebühr f; **only available on** ~ rezeptpflichtig. 2. (regulation) Vorschrift f.

prescriptive [prɪ'skrɪptɪv] adj normativ. **to be** ~ Vorschriften machen.

presealed ['pri:'si:ld] adj versiegelt; containers etc plombiert.

preseason ['pri:'si:zn] adj (Sport) match, training or der Saison; (in tourism) rates, weekend Vorsaison-.

preselect [,pri:sɪ'lekt] vt vorher auswählen; gear vorwählen.

presence ['prezns] n 1. Gegenwart, Anwesenheit f. **in sb's** ~, **in the** ~ **of sb** in jds (dat) Gegenwart or Anwesenheit, in Gegenwart or im Beisein von jdm; **he was admitted to the king's** ~ er wurde zum König vorgelassen; **your** ~ **is requested/required** Sie sind eingeladen/Ihre Anwesenheit ist erforderlich; **to make one's** ~ **felt** sich bemerkbar machen; **in the** ~ **of danger** im Angesicht der Gefahr. 2. **a military/police** ~ Militär-/Polizeipräsenz f. 3. (bearing, dignity) Auftreten nt, Haltung f; (of actor: also **stage** ~) Ausstrahlung f.

4. (invisible spirit) **they felt an invisible** ~ sie spürten, daß etwas Unsichtbares anwesend war.

presence of mind n Geistesgegenwart f.

present¹ ['preznt] I adj 1. (in attendance) anwesend. **to be** ~ anwesend sein, da or dort/hier sein; **he was ever** ~ **in her thoughts** er war in ihren Gedanken immer gegenwärtig; **to be** ~ **at sth** bei etw (anwesend) sein; ~ **company excepted** Anwesende ausgenommen; **all those** ~ alle Anwesenden. 2. (existing in sth) vorhanden. **gases** ~ **in the atmosphere** in der Atmosphäre vorhandene Gase; **carbon is** ~ **in organic matter** Kohlenstoff ist in organischen Stoffen enthalten; **a quality** ~ **in all great men** eine Eigenschaft, die man bei allen großen Männern findet. 3. (at the ~ time) moment, state of affairs, world record etc gegenwärtig, derzeitig, augenblicklich; problems, manager, husband etc also jetzig; year, season etc laufend. **at the** ~ **moment** zum gegenwärtigen or derzeitigen or jetzigen Zeitpunkt; **in the** ~ **circumstances** unter den gegenwärtigen or gegebenen Umständen; **in the** ~ **case** im vorliegenden Fall. 4. (Gram) **in the** ~ **tense** in der Gegenwart, im Präsens; ~ **participle** Partizip nt Präsens, Mittelwort nt der Gegenwart; ~ **perfect** (**tense**) zweite Vergangenheit, Perfekt nt.

II n Gegenwart f; (Gram also) Präsens nt. **at** ~ zur Zeit, im Moment or Augenblick, derzeit; **up to the** ~ bislang, bis jetzt; **there's no time like the** ~ (prov) was du heute kannst besorgen, das verschiebe nicht auf morgen (Prov); **that will be all for the** ~ das ist vorläufig alles.

present² I n (gift) Geschenk nt. **a birthday** ~ ein Geburtstagsgeschenk nt; **to make sb a** ~ **of sth** jdm etw schenken (also fig), jdm etw zum Geschenk machen (form); **I got it** or **was given it as a** ~ das habe ich geschenkt bekommen.

II [prɪ'zent] vt 1. (hand over formally) medal, prize etc übergeben, überreichen; (give as a gift) art collection, book etc schenken, zum Geschenk machen (form). **to** ~ **sb with sth, to** ~ **sth to sb** jdm etw übergeben or überreichen; (as a gift) jdm etw schenken or zum Geschenk machen (form); **they** ~**ed us with a hefty bill** sie präsentierten or überreichten uns (dat) eine gesalzene Rechnung; **he was** ~**ed with a gold watch** ihm wurde eine goldene Uhr geschenkt; **she** ~**ed him with a son** sie schenkte ihm einen Sohn. 2. (put forward) vorlegen; cheque (for payment) präsentieren; proof also erbringen (of sth für etw); proposal also unterbreiten. **his report** ~**s the matter in another light** sein Bericht zeigt die Angelegenheit in anderem Licht. 3. (offer, provide) target, view, opportunity bieten. **to** ~ **a brave face to the world** sich (dat) nichts anmerken lassen; **his action** ~**ed us with a problem** seine Tat stellte uns vor ein Problem; **he** ~**ed the appearance of normality** nach außen hin wirkte er ganz normal.

4. (*Rad, TV*) präsentieren; (*Theat also*) zeigen, aufführen; (*commentator*) moderieren. **~ing Nina Calcott as ...** (*Film*) und erstmals Nina Calcott als ...; **~ing, in the blue corner ...** in der blauen Ecke des Rings ...

5. (*introduce*) vorstellen. **may I ~ Mr X?** (*form*) erlauben Sie mir, Herrn X vorzustellen? (*form*); **to be ~ed at Court** bei Hof eingeführt werden.

6. (*point*) *gun etc* richten, zielen (*at* auf +*acc*). **~ arms!** (*Mil*) präsentiert das Gewehr!

III [prɪˈzent] *vr* (*opportunity, problem etc*) sich ergeben. **to ~ oneself as a candidate** sich aufstellen lassen; **to ~ oneself for an exam** sich zu einer Prüfung anmelden; **he was asked to ~ himself for interview** er wurde gebeten, zu einem Gespräch zu erscheinen.

presentable [prɪˈzentəbl] *adj* **to be ~** sich sehen lassen können; **it's not very ~** damit kann man sich nicht gut sehen lassen; **to make sth ~** etw so herrichten, daß man es zeigen kann; **to make oneself ~** sich zurechtmachen; **a ~ coat/skirt** ein Mantel/Rock, in *or* mit dem man sich sehen lassen kann.

presentably [prɪˈzentəblɪ] *adv* annehmbar, akzeptabel. **you have to be ~ dressed to get into that bar** man muß angemessen angezogen sein, wenn man in diese Bar will.

presentation [ˌprezənˈteɪʃən] *n* **1.** (*of gift etc*) Überreichung *f*; (*of prize, medal also*) Verleihung *f*; (*ceremony*) Verleihung(szeremonie) *f*; (*gift*) Geschenk *nt*. **to make the ~** die Preise/ Auszeichnungen *etc* verleihen; **to make sb a ~** jdm ein Geschenk überreichen; **~ copy** Dedikationsexemplar *nt*.

2. (*act of presenting*) (*of report, voucher, cheque etc*) Vorlage, Präsentation *f*; (*of petition*) Überreichung *f*; (*Jur: of case, evidence*) Darlegung *f*. **on ~** gegen Vorlage.

3. (*manner of presenting*) Darbietung, Präsentation *f*; (*of book*) Ausstattung *f*.

4. (*Theat*) Inszenierung *f*; (*TV also, Rad*) Produktion *f*; (*announcing, commentary*) Moderation *f*.

5. (*Med: at birth*) Lage *f*.

present-day [ˈprezntˈdeɪ] *adj attr morality, problems, fashions* unserer Zeit. **~ Britain** das heutige Großbritannien.

presenter [prɪˈzentər] *n* **1.** (*of cheque*) Überbringer(in *f*) *m*. **the ~ of the petition was a child** die Petition wurde von einem Kind überreicht; **he was the ~ of the report** der Bericht wurde von ihm vorgelegt. **2.** (*TV, Rad*) Moderator(in *f*) *m*.

presentiment [prɪˈzentɪmənt] *n* (Vor)ahnung *f*, Vorgefühl *nt*. **to have a ~ that ...** das Gefühl haben, daß ...

presently [ˈprezntlɪ] *adv* **1.** (*soon*) bald. **2.** (*at present*) zur Zeit, derzeit, gegenwärtig.

preservation [ˌprezəˈveɪʃən] *n see vt* **1.** Erhaltung *f*; Wahrung *f*; Aufrechterhaltung *f*; Bewahrung *f*. **2.** Konservierung *f* (*also of leather, wood*); Präservierung *f*.

to be in a good state of ~ gut erhalten sein. **3.** Einmachen, Einkochen *nt*; Einwecken *nt*; Einlegen *nt*. **4.** Bewahrung *f*.

preservative [prɪˈzɜːvətɪv] **I** *adj substance* Konservierungs-. **II** *n* Konservierungsmittel *nt*.

preserve [prɪˈzɜːv] **I** *vt* **1.** (*keep intact, maintain*) *customs, building, position, eyesight, manuscript* erhalten; *peace also, dignity, appearances* wahren; *memory, reputation* aufrechterhalten, wahren; *sense of humour, silence* bewahren.

2. (*keep from decay*) konservieren; *specimens etc* präservieren; *leather, wood* schützen. **well ~d** gut erhalten.

3. (*Cook*) einmachen, einkochen; (*bottle also*) einwecken; (*pickle*) einlegen. **preserving jar** Einmachglas *nt*.

4. (*keep from harm, save*) bewahren. **to ~ sb from sth** jdn vor etw (*dat*) schützen *or* bewahren; **heaven** *or* **the saints ~ me from that!** (*iro*) der Himmel möge mich damit verschonen *or* mir das ersparen!

5. (*Hunt*) *game, fish* schützen, hegen. **~d fishing/river/wood** unter Schutz stehende Fische/stehender Fluß/Wald.

II *n* **1.** (*Cook*) **~s** *pl* Eingemachtes *nt*; (*bottled fruit also*) Eingewecktes *nt*; **peach ~(s)** eingeweckte Pfirsiche *pl*; (*Brit: jam*) Pfirsichmarmelade *f*.

2. (*special domain*) Ressort *nt*. **to poach on sb's ~(s)** jdm ins Handwerk pfuschen; **game ~** (*Hunt*) Jagd *f*, Jagdrevier *nt*.

preserver [prɪˈzɜːvər] *n* Retter(in *f*) *m*.

preset [priːˈset] *vt irreg* vorher einstellen.

preshrink [priːˈʃrɪŋk] *vt irreg* vorwaschen.

preside [prɪˈzaɪd] *vi* (*at meeting etc*) den Vorsitz haben *or* führen (*at* bei); (*at meal*) den Vorsitz haben (*at* bei). **to ~ over an organization** *etc* eine Organisation *etc* leiten.

presidency [ˈprezɪdənsɪ] *n* Präsidentschaft *f*; (*esp US: of company*) Aufsichtsratsvorsitz *m*; (*US Univ*) Rektorat *nt*.

president [ˈprezɪdənt] *n* Präsident(in *f*) *m*; (*esp US: of company*) Aufsichtsratsvorsitzende(r) *mf*; (*US Univ*) Rektor(in *f*) *m*.

presidential [ˌprezɪˈdenʃəl] *adj* (*Pol*) Präsidenten-; *election also* Präsidentschafts-. **~ primary** Vorwahl *f* für die Präsidentschaft; **his ~ duties** seine Pflichten als Präsident.

presidium [prɪˈsɪdɪəm] *n* (Partei)präsidium *nt*.

press [pres] **I** *n* **1.** (*machine, trouser ~, flower ~*) Presse *f*; (*racket ~*) Spanner *m*.

2. (*Typ*) (Drucker)presse *f*; (*publishing firm*) Verlag *m*. **to go to ~** in Druck gehen; **to be in the ~** im Druck sein.

3. (*newspapers*) Presse *f*. **the sporting ~** die Sportpresse; **the weekly ~** die Wochenzeitungen *pl*; **to get a good/bad ~** eine gute/schlechte Presse bekommen.

4. (*squeeze, push*) Druck *m*. **to give sth a ~** etw drücken; *dress etc* etw bügeln.

5. (*dial, US: cupboard*) Wandschrank *m*.

6. (*crush*) Gedränge *nt*.

7. (*Weight-lifting*) Drücken *nt*.

II *vt* **1.** (*push, squeeze*) drücken (*to* an +*acc*); *button, doorbell, knob also, brake* *pedal* drücken auf (+*acc*); *clutch, piano pedal* treten; *grapes, fruit* (aus)pressen; *flowers* pressen. **to ~ the accelerator** Gas geben; **to ~ the trigger (of a gun)** abdrücken, den Abzug betätigen.

2. (*iron*) *clothes* bügeln.

3. (*urge, persuade*) drängen; (*harass, importune*) bedrängen, unter Druck setzen; (*insist on*) *claim, argument* bestehen auf (+*dat*). **to ~ sb hard** jdm (hart) zusetzen; **he didn't need much ~ing** man brauchte ihn nicht lange zu drängen; **to ~ the point** darauf beharren *or* herumreiten (*inf*); **to ~ home an advantage** einen Vorteil ausnutzen, sich (*dat*) einen Vorteil zunutze machen; **to be ~ed (for money/time)** knapp dran sein (*inf*), in Geldnot sein/unter Zeitdruck stehen, in Zeitnot sein.

4. *machine part, record etc* pressen. **~ed steel** gepreßter Stahl, Preßstahl *m*; **~ed pork** gepreßtes Schweinefleisch.

III *vi* **1.** (*lit, fig: bear down, exert pressure*) drücken. **to ~ down on sb** (*debts, troubles*) schwer auf jdm lasten.

2. (*urge, agitate*) drängen; (*be insistent also*) drängeln (*inf*). **to ~ for sth** auf etw (*acc*) drängen; **time ~es** die Zeit drängt.

3. (*move, push*) sich wälzen. **to ~ ahead** *or* **forward (with sth)** (*fig*) (mit etw) weitermachen; (*with plans*) etw weiterführen.

◆**press on** *vi* weitermachen; (*with journey*) weiterfahren.

◆**press out** *vt sep juice* auspressen; *pop-out models etc* herausdrücken.

press agency *n* Presseagentur *f*; **press agent** *n* Presseagent *m*; **press baron** *n* Pressezar *m*; **press box** *n* Pressetribüne *f*; **press button** *n see* push-button; **press clipping** *n* Zeitungsausschnitt *m*; **press conference** *n* Pressekonferenz *f*; **press cutting** *n* (*esp Brit*) Zeitungsausschnitt *m*; **press gallery** *n* (*esp Jur, Parl*) Pressetribüne *f*; **press-gang I** *n* (*Hist*) (*for navy*) Preßpatrouille *f*; (*for army*) Werber *pl*; **II** *vt* (*inf*) dazu drängen; **to ~ sb into (doing) sth** jdn drängen, etw zu tun.

pressing ['presɪŋ] **I** *adj* **1.** (*urgent*) dringend.

2. (*insistent*) *requests* nachdrücklich. **he was very ~ in his invitation** er drängte mir *etc* seine Einladung richtig auf.

II *n* (*records issued at one time*) Auflage *f*; (*copy of record*) Pressung *f*.

press lord *n see* press baron; **pressman** *n* **1.** (*esp Brit: reporter*) Zeitungsmann, Pressemann *m*; **2.** (*Typ*) Drucker *m*; **pressmark** *n* Signatur *f*; **press office** *n* Pressestelle *f*; **press officer** *n* Pressesprecher(in *f*) *m*; **press photographer** *n* Pressefotograf(in *f*) *m*; **press release** *n* Presseverlautbarung *f*; **press report** *n* Pressebericht *m*; **press room** *n* Druckerei *f*, (*Druck*)maschinensaal *m*; **press stud** *n* (*Brit*) Druckknopf *m*; **press-up** *n* Liegestütz *m*.

pressure ['preʃəʳ] **I** *n* **1.** Druck *m* (*also Phys, Met*). **at high/full ~** (*lit, fig*) unter Hochdruck.

2. (*compulsion, influence*) Druck, Zwang *m*. **parental ~** Druck von seiten

der Eltern; **social ~s** gesellschaftliche Zwänge *pl*; **to do sth under ~** etw unter Druck *or* Zwang tun; **to be under ~ to do sth** unter dem Druck stehen, etw zu tun; **to be under ~ from sb (to do sth)** von jdm gedrängt werden(, etw zu tun); **to put ~ on sb** jdn unter Druck setzen.

3. (*urgent demands, stress*) Druck, Streß *m no pl*. **~ of work prevents me** Arbeitsüberlastung hindert mich daran; **business ~s** geschäftliche Belastungen *pl*; **the ~s of modern life** die Belastungen *pl or* der Streß des modernen Lebens; **he works better under ~** er arbeitet besser unter Druck; **to be subjected to ~, to be under ~** unter Druck stehen *or* sein.

II *vt see* pressurize 2.

pressure cabin *n* (*Aviat*) Überdruckkabine *f*; **pressure-cook** *vt* mit Dampf kochen; **pressure cooker** *n* Druck- *or* Dampf- *or* Schnellkochtopf *m*; **pressure gauge** *n* Manometer *nt*, Druckmesser *m*; **pressure group** *n* Pressure-group *f*; **pressure point** *n* (*Anat*) Druckpunkt *m*; **pressure suit** *n* (*Aviat*) Druckanzug *m*.

pressurization [ˌpreʃəraɪˈzeɪʃən] *n* (*Aviat etc*) Druckausgleich *m*.

pressurize ['preʃəraɪz] *vt* **1.** *cabin, spacesuit* auf Normaldruck halten. **the cabin is only ~d when ...** der Druckausgleich in der Kabine wird erst hergestellt, wenn ...

2. unter Druck setzen. **to ~ sb into doing sth** jdn so unter Druck setzen, daß er schließlich etw tut; **I refuse to be ~d into agreeing/going** ich lasse mir meine Zustimmung nicht abpressen/ich lasse mich nicht zwingen zu gehen.

prestige [pre'stiːʒ] *n* Prestige *nt*. **~ value** Prestigewert *m*.

prestigious [pre'stɪdʒəs] *adj* Prestige-. **to be (very) ~** (einen hohen) Prestigewert haben.

presto ['prestəʊ] *adv see* hey.

prestressed ['priːstrest] *adj* vorgespannt; *concrete also* Spann-.

presumable [prɪˈzjuːməbl] *adj* vermutlich.

presumably [prɪˈzjuːməblɪ] *adv see adj*.

presume [prɪˈzjuːm] **I** *vt* **1.** (*suppose*) annehmen, vermuten; *sb's death* unterstellen (*form*). **~d dead** mutmaßlich verstorben; **to be ~d innocent** als unschuldig gelten.

2. (*venture*) **to ~ to do sth** sich (*dat*) erlauben *or* sich (*dat*) herausnehmen *or* sich erdreisten, etw zu tun.

II *vi* **1.** (*suppose*) annehmen, vermuten. **Dr Livingstone, I ~** Dr. Livingstone, wie ich annehme.

2. (*take liberties, be presumptuous*) **I didn't want to ~** ich wollte nicht aufdringlich sein; **you ~ too much** Sie sind wirklich vermessen; **to ~ on** *or* **upon sth** etw überbeanspruchen.

presumption [prɪˈzʌmpʃən] *n* **1.** (*assumption*) Annahme, Vermutung *f*. **the ~ is that ...** es wird angenommen *or* man vermutet, daß ...; **~ of death/innocence** Todes-/Unschuldvermutung *f*.

2. (*boldness, arrogance*) Unverschämtheit, Dreistigkeit *f*; (*in connection with one's abilities*) Überheblichkeit, Anmaßung, Vermessenheit (*geh*) *f*.

presumptive [prɪ'zʌmptɪv] *adj* **1.** (*Jur*) ~ **evidence** Indizien(beweis *m*) *pl.* **2.** (*likely*) ~ **heir, heir** ~ mutmaßlicher Erbe.

presumptuous *adj,* ~**ly** *adv* [prɪ'zʌmptjʊəs, -lɪ] unverschämt, dreist; (*in connection with one's abilities*) überheblich, anmaßend.

presumptuousness [prɪ'zʌmptjʊəsnɪs] *n see adj* Unverschämtheit, Dreistigkeit *f*; Überheblichkeit, Anmaßung *f*.

presuppose [,pri:sə'pəʊz] *vt* voraussetzen; (*require also*) zur Voraussetzung haben.

presupposition [,pri:sʌpə'zɪʃən] *n* Voraussetzung *f*.

pre-tax [pri:'tæks] *adj* unversteuert, vor Besteuerung.

pre-teen [pri:'ti:n] *adj* Kinder- (*bezogen auf die Zeit etwa zwischen dem zehnten und zwölften Lebensjahr*).

pretence (*US*) **pretense** [prɪ'tens] *n* **1.** (*make-believe story*) erfundene Geschichte; (*make-believe person*) erfundene Gestalt. **he didn't really shoot me, it was just** ~ er hat nicht auf mich geschossen, er hat nur so getan; **to make a** ~ **of being sth** so tun, als ob man etw sei *or* als sei man etw; **we soon saw through his** ~ **of being a foreigner** wir durchschauten bald, daß er nur vorspiegelte *or* vorgab, Ausländer zu sein; **he made not even the slightest** ~ **of being interested** er gab sich (*dat*) nicht einmal den Anschein des Interesses; **this constant** ~ **that all is well** die ständige Vorspiegelung, daß alles in Ordnung sei; **it's all a** ~ das ist alles nur gespielt *or* Mache (*inf*).
2. (*feigning, insincerity*) Heuchelei, Verstellung *f*. **his coolness is just (a)** ~ seine Kühle ist nur gespielt; **his** ~ **of innocence/friendship** seine gespielte Unschuld/Freundschaft; **he is incapable of** ~ er kann sich nicht verstellen.
3. (*affectation*) Unnatürlichkeit, Geziertheit *f*.
4. to make no ~ **to sth** keinen Anspruch auf etw (*acc*) erheben.
5. (*pretext, excuse*) Vorwand *m*. **on** *or* **under the** ~ **of doing sth** unter dem Vorwand, etw zu tun.

pretend [prɪ'tend] **I** *vt* **1.** (*make believe*) so tun, als ob; (*feign also*) vortäuschen, vorgeben. **to** ~ **to be interested** so tun, als ob man interessiert wäre; **to** ~ **to be sick/have a cold** eine Krankheit/Erkältung vortäuschen *or* vorschützen; **to** ~ **to be asleep** sich schlafend stellen.
2. (*claim*) **I don't** ~ **to** ... ich behaupte nicht, daß ich ...
II *vi* **1.** so tun, als ob; (*keep up facade*) sich verstellen. **he is only** ~**ing** er tut nur so (als ob); **let's stop** ~**ing** hören wir auf, uns (*dat*) etwas vorzumachen.
2. (*lay claim*) **to** ~ **to sth** auf etw (*acc*) Anspruch erheben.
III *adj* (*inf: child language*) jewellery, money, gun *etc* Spiel-. **it's just** ~ (*story etc*) das ist nur Spaß (*inf*).

pretender [prɪ'tendə[r]] *n* (*to throne*) Prätendent *m* (*to* auf +*acc*).

pretense *n* (*US*) *see* **pretence**.

pretension [prɪ'tenʃən] *n* **1.** (*claim*) Anspruch *m*; (*social, cultural*) Ambition *f*. **he**

makes no ~**(s) to originality** er beansprucht keineswegs, originell zu sein.
2. (*ostentation*) Prahlerei, Protzerei (*pej inf*) *f*; (*affectation*) Anmaßung *f*.

pretentious [prɪ'tenʃəs] *adj* (*pretending to be important*) anmaßend; *speech, style, book* hochtrabend, hochgestochen; (*ostentatious*) angeberisch, protzig (*inf*), großkotzig (*inf*); *house, restaurant, décor* pompös, bombastisch.

pretentiously [prɪ'tenʃəslɪ] *adv see adj.*

pretentiousness [prɪ'tenʃəsnɪs] *n see adj* Anmaßung *f*; Hochgestochenheit *f*; Angeberei, Protzigkeit (*inf*), Großkotzigkeit (*inf*) *f*; Pomp, Bombast *m*.

preter- [pri:tə[r]-] *pref* über-

preterite ['pretərɪt] **I** *adj verb* im Imperfekt; (*in English*) im Präteritum; *form* Imperfekt-; Präteritums-. **the** ~ **tense** das Präteritum, das Imperfekt. **II** *n* Imperfekt *nt*; Präteritum *nt*. **in the** ~ im Imperfekt/ Präteritum.

preternatural [,pri:tə'nætʃrəl] *adj* **1.** (*supernatural*) übernatürlich.
2. (*abnormal, exceptional*) außergewöhnlich.

pretext ['pri:tekst] *n* Vorwand *m*. **on** *or* **under the** ~ **of doing sth** unter dem Vorwand, etw zu tun.

prettify ['prɪtɪfaɪ] *vt* verschönern.

prettily ['prɪtɪlɪ] *adv* nett; *behave, thank, compliment also* artig, lieb; *dress also* hübsch.

prettiness ['prɪtɪnɪs] *n* (*pretty appearance*) hübsches Aussehen; (*of manners, compliment etc*) Artigkeit *f*. **the** ~ **of her hair/ face** ihr hübsches Haar/Gesicht.

pretty ['prɪtɪ] **I** *adj* (+*er*) **1.** hübsch, nett; *manners, compliment, speech* artig. **I'm/ she's not just a** ~ **face!** (*inf*) ich bin gar nicht so dumm (wie ich aussehe) (*inf*)/sie hat auch Köpfchen; **it wasn't a** ~ **sight** das war kein schöner Anblick; ~-**pretty** (*inf*) niedlich.
2. (*inf*) hübsch, schön (*inf*); *price, sum also* stolz. **it'll cost a** ~ **penny** das wird eine schöne Stange Geld kosten (*inf*); **a** ~ **state of affairs/kettle of fish** eine schöne Geschichte/ein schöner Schlamassel; **a** ~ **mess we're in!** da sitzen wir ganz schön in der Tinte! (*inf*).
II *adv* (*rather*) ziemlich; *good also* ganz; (*very also*) ganz schön (*inf*), ganz hübsch (*inf*). ~ **nearly** *or* **well finished** so gut wie *or* so ziemlich fertig (*inf*); **how's your job/the patient?** — ~ **much the same** was macht die Arbeit/der Patient? — so ziemlich wie immer/immer noch so ziemlich gleich.
III *n* **my** ~ mein Sternchen.
IV *vt* (*inf*) **to** ~ **up** schönmachen, verschönern; *sb, oneself also* hübsch machen.

pretzel ['pretsl] *n* Brezel *f*.

prevail [prɪ'veɪl] *vi* **1.** (*gain mastery*) siegen (*over, against* über +*acc*), sich durchsetzen (*over, against* gegenüber). **2.** (*conditions, wind etc*) vorherrschen; (*be widespread: customs*) weit verbreitet sein. **3.** (*persuade*) **to** ~ **(up)on sb to do sth** jdn dazu bewegen *or* bringen, etw zu tun.

prevailing [prɪ'veɪlɪŋ] *adj* **1.** (*current*)

fashion, conditions derzeitig, derzeit herrschend, aktuell; *opinion* aktuell; (vor)herrschend. **2.** *wind* vorherrschend.

prevalence ['prevələns] *n* (*widespread occurrence*) Vorherrschen *nt*, weite Verbreitung; (*of crime, disease*) Häufigkeit *f*; (*of fashion, style*) Beliebtheit *f*.

prevalent ['prevələnt] *adj* (*widespread*) vorherrschend, weit verbreitet; *opinion, attitude* geläufig, weit verbreitet; *custom, disease* häufig anzutreffen *pred*, häufig anzutreffend *attr*, weit verbreitet; *conditions, situation* herrschend; *fashions, style* beliebt.

prevaricate [prɪ'værɪkeɪt] *vi* Ausflüchte machen.

prevarication [prɪˌværɪ'keɪʃən] *n* Ausflucht *f*; (*prevaricating*) Ausflüchte *pl*.

prevent [prɪ'vent] *vt sth* verhindern, verhüten; (*through preventive measures*) vorbeugen (+*dat*). **to ~ sb (from) doing sth** jdn daran hindern *or* davon abhalten, etw zu tun; **to ~ sb from coming** jdn am Kommen hindern; **there is nothing to ~ me** nichts kann mich daran hindern *or* davon abhalten; **nothing could have ~ed him (from) falling** nichts hätte seinen Sturz verhindern *or* verhüten können; **to ~ sth (from) happening** verhindern, daß etw geschieht.

preventable [prɪ'ventəbl] *adj* vermeidbar, verhütbar.

prevention [prɪ'venʃən] *n* Verhinderung, Verhütung *f*; (*through preventive measures*) Vorbeugung *f* (*of* gegen). **~ is better than cure** vorbeugen ist besser als heilen; **society for the ~ of cruelty to animals/children** Tierschutzverein *m*/Kinderschutzbund *m*; **fire ~** Feuerschutz *m*.

preventive [prɪ'ventɪv] **I** *adj* vorbeugend, präventiv, Präventiv-. **to be ~** zur Vorbeugung dienen; **~ medicine** vorbeugende Medizin, Präventivmedizin *f*; **~ detention** (*Brit Jur*) Vorbeugehaft *f*; (*of habitual criminal*) Sicherungsverwahrung *f*; **~ war** Präventivkrieg *m*.

II *n* (*~ measure*) Präventivmaßnahme *f*; (*Med*) vorbeugendes Mittel, Präventiv *nt*. **as a ~** als Vorbeugung.

preview ['priːvjuː] **I** *n* **1.** (*of play, film*) Probeaufführung *f*; (*of exhibition*) Vorbesichtigung *f*. **to give sb a ~ of sth** (*fig*) jdm eine Vorschau auf etw (*acc*) geben.

2. (*Film: trailer, TV*) Vorschau *f* (*of* auf +*acc*).

II *vt* (*view beforehand*) vorher ansehen; (*show beforehand*) *film* vorher aufführen; *paintings, fashions* vorher zeigen.

previous ['priːvɪəs] *adj* **1.** (*immediately preceding*) vorherig; *page, day* vorhergehend; *year* vorangegangen; (*with indef art*) früher. **the ~ page/day/year** die Seite/der Tag/das Jahr davor; **in ~ years** in früheren Jahren, früher; **have you made any ~ applications?** haben Sie sich davor *or* früher schon einmal beworben?; **on a ~ occasion** zuvor, bei einer früheren Gelegenheit; **I have a ~ engagement** ich habe schon einen Termin; **no ~ experience necessary** Vorkenntnisse (sind)

nicht erforderlich; **~ conviction** (*Jur*) Vorstrafe *f*; **to have a ~ conviction** vorbestraft sein; **~ owner** Vorbesitzer(in *f*) *m*.

2. (*hasty*) voreilig.

3. **~ to** vor (+*dat*); **~ to doing sth** bevor man etw tut/tat.

previously ['priːvɪəslɪ] *adv* vorher, früher. **he'd arrived three hours ~** er war drei Stunden zuvor angekommen.

pre-war ['priː'wɔːr] *adj* Vorkriegs-.

prey [preɪ] **I** *n* (*lit, fig*) Beute *f*; (*animal also*) Beutetier *nt*. **beast/ bird of ~** Raubtier *nt*/Raubvogel *m*; **to be/fall ~ to sb/sth** (*lit*) eine Beute von jdm/etw werden; (*fig*) ein Opfer von jdm/etw werden; **she was a ~ to anxiety/depression** sie verfiel in Angst/Depressionen.

II *vi* **to ~ (up)on** (*animals*) Beute machen auf (+*acc*); (*pirates, thieves*) (aus)plündern; (*swindler etc*) als Opfer aussuchen; (*doubts*) nagen an (+*dat*); (*anxiety*) quälen. **it ~ed (up)on his mind** der Gedanke daran quälte ihn.

price [praɪs] **I** *n* **1.** Preis *m*. **the ~ of coffee/cars** die Kaffee-/ Autopreise *pl*; **~s and incomes policy** Lohn-Preis-Politik *f*; **to go up** *or* **rise/to go down** *or* **fall in ~** teurer/billiger werden, im Preis steigen/fallen; **what is the ~ of that?** was kostet das?; **at a ~ of ...** zum Preis(e) von ...; **at a ~** zum entsprechenden Preis, wenn man genug dafür hinlegt (*inf*); **at a reduced ~** verbilligt, zu herabgesetztem *or* reduziertem Preis (*form*); **if the ~ is right** wenn der Preis stimmt.

2. (*fig*) Preis *m*. **everybody has his ~** jeder hat seinen Preis; **the ~ of victory/freedom/fame** der Preis für den Sieg/die Freiheit/den Ruhm; **but at what a ~!** aber zu welchem Preis!; **at any/not at any ~** um jeden/keinen Preis; **it's too big a ~ to pay** das ist ein zu hoher Preis; **but what ~ honour?** wie kann man Ehre bezahlen?

3. (*value, valuation*) **a diamond of great ~** ein sehr wertvoller Diamant; **to put a ~ on sth** einen Preis für etw nennen; **but what ~ do you put on freedom?** aber wie ließe sich die Freiheit mit Gold aufwiegen?; **to be beyond/without ~** nicht mit Geld zu bezahlen sein.

4. (*reward*) Preis *m*. **to put a ~ on sb's head** eine Belohnung auf jds Kopf (*acc*) aussetzen; **to have a ~ on one's head** steckbrieflich gesucht werden.

5. (*Betting: odds*) Quote *f*. **what ~ are they giving on that horse?** wie stehen die Wetten für das Pferd?; **what ~ our being able to ...?** (*inf*) wetten, daß wir ... können?; **what ~ freedom/workers' solidarity now?** (*inf*) wie steht es jetzt mit der Freiheit/der Solidarität der Arbeiter?

II *vt* (*fix ~ of*) den Preis festsetzen von; (*put ~ label on*) auszeichnen (*at* mit); (*ask ~ of*) nach dem Preis fragen von; (*fig: estimate value of*) schätzen. **reasonably ~d** angemessen im Preis; **~d too high/low** zu teuer/billig; **to ~ one's goods/oneself/sb out of the market** seine Waren/sich selbst durch zu hohe Preise konkurrenzunfähig machen/jdn durch niedrigere Preise vom Markt verdrängen.

price bracket *n see* **price range; price control** *n* Preiskontrolle *f*; **price cut** *n* Preissenkung *f*; **price fixing** *n* Preisfestlegung *f*; **price freeze** *n* Preisstopp *m*; **price index** *n* Preisindex *m*.

priceless ['praɪslɪs] *adj* unschätzbar, von unschätzbarem Wert; (*inf: amusing*) *joke, film* köstlich; *person* unbezahlbar.

price limit *n* Preisgrenze *f*; **price list** *n* Preisliste *f*; **price range** *n* Preisklasse *f*; **price rise** *n* Preiskartell *nt*; **price rise** *n* Preiserhöhung *f*; **price support** *n* (*US*) Subvention, Preisstützung *f*; **price tag, price ticket** *n* Preisschild *nt*.

pricey ['praɪsɪ] *adj* (*Brit inf*) kostspielig.

prick [prɪk] **I** *n* **1.** (*puncture, pricking sensation*) Stich *m*. **to give sb/oneself a ~** jdn/ sich stechen; **~s of conscience** Gewissensbisse *pl*; *see* **kick against**.
  2. (*vulg: penis*) Schwanz *m* (*vulg*).
  3. (*vulg: person*) Arsch(loch *nt*) *m* (*vulg*).
  II *vt* **1.** (*puncture*) *oneself, sb* stechen; *balloon* durchstechen; *blister* aufstechen; *outline* (durch Löcher) markieren. **to ~ one's finger (with/on sth)** sich (*dat*) (mit etw) in den Finger stechen/sich (*dat*) (an etw *dat*) den Finger stechen; **like a ~ed balloon** wie ein Ballon, aus dem die Luft heraus ist; **his conscience ~ed him** er bekam *or* hatte Gewissensbisse; **it/ she ~ed his conscience** es/sie bereitete ihm Gewissensbisse.
  2. *see* **~ up II.**
  III *vi* **1.** (*thorn, injection etc*) stechen; (*eyes*) brennen.
  2. *see* **~ up I.**
◆**prick out** *vt sep* **1.** *seedlings* pflanzen, setzen, pikieren (*spec*). **2.** (*mark*) *pattern, shape, design* punktieren; (*with marking wheel*) ausrädeln.
◆**prick up I** *vi* her/its ears **~ed** ~ sie/es spitzte die Ohren. **II** *vt sep* **to ~ ~ its/ one's ears** (*lit, fig*) die Ohren spitzen.

pricking ['prɪkɪŋ] *n* (*sensation*) Stechen *nt*. **~s of conscience** Gewissensbisse *pl*.

prickle ['prɪkl] **I** *n* **1.** (*sharp point*) Stachel *m*; (*on plants also*) Dorn *m*. **2.** (*sensation*) Stechen *nt*; (*caused by wool, beard etc*) Kratzen *nt*; (*tingle, fig*) Prickeln *nt*. **II** *vi* stechen; (*wool, beard*) kratzen; (*tingle, fig*) prickeln.

prickly ['prɪklɪ] *adj* (+*er*) **1.** *plant, fish, animal* stach(e)lig; *beard, material* kratzig; *sensation* stechend; (*tingling*) prickeln (*also fig*). **2.** (*fig*) *person* bissig; *girl also* kratzbürstig (*inf*).

prickly heat *n* Hitzepocken *pl*; **prickly pear** *n* (*plant*) Feigenkaktus *m*; (*fruit*) Kaktusfeige *f*.

pride [praɪd] **I** *n* **1.** Stolz *m*; (*arrogance*) Hochmut *m*. **to have too much ~ to do sth** zu stolz sein, um etw zu tun; **to take (a) ~ in sth/in one's appearance** auf etw (*acc*) stolz sein/Wert auf sein Äußeres legen; **to be a (great) source of ~ to sb** jdn mit (großem) Stolz erfüllen; **her ~ and joy** ihr ganzer Stolz; **to have** *or* **take ~ of place** den Ehrenplatz einnehmen; **~ comes before a fall** (*Prov*) Hochmut kommt vor dem Fall (*Prov*).

  2. (*of lions*) Rudel *nt*.
  II *vr* **to ~ oneself on sth** sich einer Sache (*gen*) rühmen können; **I ~ myself on being something of an expert in this field** ich darf wohl behaupten, mich auf diesem Gebiet auszukennen.

prie-dieu ['priːdjɜː] *n* Betpult *nt*.

priest [priːst] *n* Priester, Geistliche(r) *m*.

priestess ['priːstɪs] *n* Priesterin *f*.

priesthood ['priːsthʊd] *n* Priestertum *nt*; (*priests collectively*) Priesterschaft *f*; **to enter the ~** Priester werden.

priestly ['priːstlɪ] *adj* priesterlich; *robes, office also* Priester-.

priest-ridden ['priːstˌrɪdn] *adj* klerikalistisch.

prig [prɪg] *n* (*goody-goody*) Tugendbold *m* (*inf*); (*boy also*) Musterknabe *m*; (*snob*) Schnösel *m* (*inf*).

priggish ['prɪgɪʃ] *adj* tugendhaft; (*snobbish*) hochnäsig.

priggishness ['prɪgɪʃnɪs] *n see adj* tugendhaftes Getue, Hochnäsigkeit *f*.

prim [prɪm] *adj* (+*er*) (*also* **~ and proper**) etepetete *inv* (*inf*); (*demure*) *person, dress* sittsam, züchtig; (*prudish*) prüde.

prima ballerina ['priːməˌbælə'riːnə] *n* Primaballerina *f*.

primacy ['praɪməsɪ] *n* **1.** (*supremacy*) Vorrang *m*; (*position*) Vorrangstellung *f*.
  2. (*Eccl*) Primat *nt or m*.

prima donna ['priːmə'dɒnə] *n* (*lit, fig*) Primadonna *f*.

primaeval *adj see* **primeval**.

prima facie ['praɪmə'feɪʃɪ] **I** *adv* allem Anschein nach. **II** *adj* **there are ~ reasons why ...** es gibt klar erkennbare Gründe, warum ...; **the police have a ~ case** die Polizei hat genügend Beweise.

primal ['praɪməl] *adj* ursprünglich, Ur-.

primarily ['praɪmərɪlɪ] *adv* hauptsächlich, in erster Linie.

primary ['praɪmərɪ] **I** *adj* (*chief, main*) Haupt-, wesentlich, primär (*form*). **of ~ importance** von größter Bedeutung, von äußerster Wichtigkeit; **the ~ meaning of a word** die Grundbedeutung eines Wortes.
  II *n* **1.** (*colour*) Grundfarbe *f*.
  2. (*US: election*) (innerparteiliche) Vorwahl.

primary accent *n* Hauptakzent *m*; **primary cell** *n* Primärzelle *f*; **primary colour** *n* Grundfarbe *f*; **primary education** *n* Grundschul(aus)bildung *f*; **primary election** *n* (*US*) (innerparteiliche) Vorwahl; **primary industry** *n* Grund(stoff)industrie *f*; (*agriculture etc*) Urindustrie *f*, primäre Industrie (*form*); (*main industry*) Hauptindustrie *f*; **primary rocks** *npl* Primärgestein *nt*; **primary school** *n* Grundschule *f*; **primary stress** *n* Hauptton *m*; **primary teacher** *n* Grundschullehrer(in *f*) *m*; **primary winding** *n* Primärwindung *f*.

primate ['praɪmɪt] *n* **1.** (*Zool*) Primat *m*.
  2. (*Eccl*) Primas *m*. **P~ of England/all England** Erzbischof von York/ Canterbury.

prime [praɪm] **I** *adj* **1.** (*major, chief*) Haupt-, wesentlich. **of ~ importance** von größter Bedeutung, von äußerster Wichtigkeit; **my ~ concern** mein Hauptanliegen *nt*.

2. (*excellent*) erstklassig, beste(r, s); *example* erstklassig. **in ~ condition** (*meat, fruit etc*) von hervorragender Qualität; (*athlete, car etc*) in hervorragender Verfassung; **~ cut** Stück *nt* bester Qualität.
3. (*Math*) *number, factor* Prim-.

II *n* **1.** (*full vigour*) **in the ~ of life/youth** in der Blüte seiner Jahre/der Jugend; **he is in/past his ~** er ist im besten Alter *or* in den besten Jahren/er ist über sein bestes Alter *or* seine besten Jahre hinaus; (*singer, artist*) er ist an seinem Höhepunkt angelangt/er hat seine beste Zeit hinter sich (*dat*); **this chop/chair is past its ~** dieses Kotelett ist auch nicht mehr das jüngste/der Stuhl hat auch schon bessere Zeiten gesehen.
2. (*Math*) Primzahl *f*.
3. (*Eccl: also* P~) Prim *f*.

III *vt* **1.** *gun* schußfertig machen; *bomb* scharf machen; *pump* vorpumpen; *carburettor* Anlaßkraftstoff einspritzen in (+*acc*).
2. *surface for painting* grundieren.
3. (*with advice, information*) instruieren. **to be well ~d for the interview game** für das Interview gut gerüstet sein.
4. *person* (*with drink*) alkoholisieren, unter Alkohol setzen.

prime costs *npl* (*Comm*) Selbstkosten, Gestehungskosten *pl*; **prime meridian** *n* Nullmeridian *m*; **prime minister** *n* Ministerpräsident(in *f*), Premierminister(in *f*) *m*; **prime mover** *n* (*Phys, Tech*) Zugmaschine *f*; (*Philos*) bewegende Kraft, Triebfeder *f*; (*fig: person*) treibende Kraft; **prime number** *n* Primzahl *f*.

primer ['praimə^r] *n* **1.** (*paint*) Grundierfarbe, Grundierung*f*; (*coat*) Grundierung *f*, Grundieranstrich *m*. **2.** (*book*) Fibel *f*.
3. (*explosive*) Zündhütchen *nt*, Treibladungszünder *m*.

prime ribs *npl* Hochrippen *pl*; **prime time** *n* (*US*) Haupteinschaltzeit *f*.

primeval [prai'mi:vəl] *adj* urzeitlich; *forest* Ur-. **~ soup** *or* **slime** Urschleim *m*.

primitive ['primitiv] **I** *adj* primitiv; (*Art*) naiv. **II** *n* (*Art*) (*artist*) Naive(r) *mf*; (*work*) naives Werk.

primitivism ['primitivizəm] *n* (*Art*) naive Kunst.

primly ['primli] *adv* (*demurely*) sittsam, züchtig; überkorrekt; (*prudishly*) prüde.

primness ['primnis] *n* etepetete Art *f* (*inf*); (*demureness*) Sittsamkeit, Züchtigkeit *f*; (*prudishness*) Prüderie *f*.

primogenitor [,praiməu'dʒenitə^r] *n* (*ancestor*) Ahn(e), Vorfahr *m*; (*first ancestor*) Urahn(e), Stammvater *m*.

primogeniture [,praiməu'dʒenitʃə^r] *n* Erstgeburt *f*. **right of ~** Erstgeburtsrecht *nt*.

primordial [prai'mɔ:diəl] *adj* primordial (*spec*), ursprünglich; *matter* Ur-.

primp [primp] **I** *vt* zurechtmachen. **to ~ oneself** (**up**) sich feinmachen *or* schniegeln. **II** *vi* sich zurechtmachen.

primrose ['primrəuz] **I** *n* (*Bot*) Erd-Schlüsselblume *f*; (*colour*) Blaßgelb *nt*. **II** *adj* blaßgelb. **the ~ path** (*fig*) der Rosenpfad.

primula ['primjulə] *n* Primel *f*.

primus (stove) ® ['praiməs(,stəuv)] *n* Primuskocher *m*.

prince [prins] *n* (*king's son*) Prinz *m*; (*ruler*) Fürst *m*. **P~ Charming** (*in fairy story*) der Königsohn; (*fig*) Märchenprinz *m*; **~ consort/regent** Prinzgemahl *m*/-regent *m*; **the P~ of Darkness/Peace** der Fürst der Finsternis/der Friedensfürst.

princely ['prinsli] *adj* (+*er*) fürstlich.

princess [prin'ses] *n* Prinzessin *f*; (*wife of ruler*) Fürstin *f*. **~ line** (*fashion*) Prinzeßform *f*.

principal ['prinsipəl] **I** *adj* Haupt-, hauptsächlich. **the ~ cities of China** die wichtigsten Städte Chinas; **my ~ concern** mein Hauptanliegen *nt*; **~ teacher** Rektor *m*; **~ horn in the Philharmonic Orchestra** erster Hornist/erste Hornistin der Philharmoniker; **~ boy** (*Theat*) jugendliche Hauptrolle in britischen Weihnachtsrevuen, die traditionsgemäß von einem Mädchen gespielt wird; **~ clause** (*Gram*) Hauptsatz *m*; **~ parts** (*Gram: of verb*) Stammformen *pl*.

II *n* **1.** (*of school*) Rektor *m*; (*in play*) Hauptperson *f*; (*in duel*) Duellant *m*.
2. (*Fin*) (*of investment*) Kapital(summe *f*) *nt*; (*of debt*) Kreditsumme *f*.
3. (*esp Jur: client*) Klient(in *f*), Mandant(in *f*) *m*.

principality [,prinsi'pæliti] *n* Fürstentum *nt*.

principally ['prinsipəli] *adv* vornehmlich, in erster Linie.

principle ['prinsipl] *n* **1.** Prinzip *nt*. **to go back to first ~s** zu den Grundlagen zurückgehen.
2. (*moral precept*) Prinzip *nt*, Grundsatz *m*; (*no pl: integrity*) Prinzipien, Grundsätze *pl*. **in/on** ~ im/aus Prinzip, prinzipiell; **a man of ~(s)** ein Mensch mit *or* von Prinzipien *or* Grundsätzen; **it's against my ~s** es geht gegen meine Prinzipien; **it's a matter of ~, it's the ~ of the thing** es geht dabei ums Prinzip.
3. (*basic element*) Element *nt*.

principled ['prinsipld] *adj man, statesman* mit Prinzipien *or* Grundsätzen, prinzipientreu. **high-~** mit hohen Prinzipien *or* Grundsätzen; **low-~** ohne Prinzipien *or* Grundsätze.

prink [priŋk] *vti see* **primp**.

print [print] **I** *n* **1.** (*typeface, characters*) Schrift *f*; (*~ed matter*) Gedruckte(s) *nt*. **out of/in ~** vergriffen/gedruckt; **to be in ~ again** wieder erhältlich sein; **to see sth in cold ~** etw schwarz auf weiß sehen; **he'll never get into ~** er wird nie etwas veröffentlichen; **don't let that get into ~** das darf nicht erscheinen; **in big ~** groß gedruckt; *see* **small ~**.
2. (*picture*) Druck *m*.
3. (*Phot*) Abzug *m*, Kopie *f*.
4. (*fabric*) bedruckter Stoff; (*cotton ~*) Kattun *m*; (*dress*) bedrucktes Kleid; (*of cotton*) Kattunkleid *nt*.
5. (*impression: of foot, hand etc*) Abdruck *m*. **to take sb's ~s** (*police*) von jdm Fingerabdrücke machen *or* nehmen.

II *vt* **1.** *book, design* drucken; *fabric* bedrucken. **it is ~ed on his memory** das hat sich in sein Gedächtnis eingegraben.
2. (*publish*) *story* veröffentlichen.

3. (*write in block letters*) in Druckschrift schreiben.
4. (*Phot*) abziehen.
5. hoof marks ~ed in the sand Hufabdrücke *or* Hufspuren *pl* im Sand.
III *vi* **1.** (*printer, printing machine*) drucken. **ready to ~** (*book*) druckfertig; (*machine*) druckbereit; **the book is ~ing now** das Buch ist gerade im Druck.
2. (*write in block letters*) in Druckschrift schreiben.
◆**print off** *vt sep* (*Typ*) drucken; (*Phot*) abziehen.
◆**print out** *vt sep* (*Computers*) ausdrucken.
~ ~ the results, please würden Sie bitte die Ergebnisse ausdrucken lassen.
printable ['prɪntəbl] *adj* druckfähig; *photograph* abzugsfähig, reproduzierbar.
printed ['prɪntɪd] *adj* Druck-, gedruckt; (*written in capitals*) in Großbuchstaben; *fabric* bedruckt. **~ matter/papers** Drucksache *f*; **~ circuit** gedruckte Schaltung.
printer ['prɪntər] *n* Drucker *m*. **the text has gone to the ~** der Text ist in Druck gegangen; **~'s devil** Setzerjunge *m*; **~'s ink** Druckerschwärze *f*.
printery ['prɪntərɪ] *n* Druckerei *f*.
printing ['prɪntɪŋ] *n* **1.** (*process*) Drucken *nt*. **2.** (*unjoined writing*) Druckschrift *f*; (*characters, print*) Schrift *f*. **3.** (*quantity printed*) Auflage *f*.
printing-ink ['prɪntɪŋ,ɪŋk] *n* Druckerschwärze *f*; **printing press** *n* Druckerpresse *f*; **printing works** *n sing or pl* Druckerei *f*.
print-maker ['prɪnt,meɪkər] *n* (*artist*) Graphiker *m*; (*manufacturer*) Druckhersteller *m*; **print-out** *n* (*Computers*) Ausdruck *m*; **print run** *n* Auflage *f*; **print-seller** *n* Graphikhändler(in *f*) *m*; **print-shop** *n* Graphikhandlung *f*; (*in printing works*) Druckmaschinensaal *m*.
prior¹ ['praɪər] *adj* **1.** *knowledge, warning, agreement* vorherig; (*of earlier origin*) *claim, engagement* früher. **2. ~ to sth** vor etw (*dat*); **~ to doing sth** bevor man etw tut/tat.
prior² *n* (*Eccl*) Prior *m*.
prioress ['praɪərɪs] *n* Priorin *f*.
priority [praɪˈɒrɪtɪ] *n* Vorrang *m*, Priorität *f*; (*thing having precedence*) vordringliche Sache *or* Angelegenheit. **a top ~** eine Sache *or* Angelegenheit (von) äußerster Dringlichkeit *or* höchster Priorität; **what is your top ~?** was steht bei Ihnen an erster Stelle?; **it must be given top ~** das muß vorrangig behandelt werden; **to have ~** Vorrang *or* Priorität haben; **to give ~ to sth** etw vorrangig behandeln, einer Sache (*dat*) den Vorrang geben *or* einräumen, einer Sache (*dat*) Priorität geben; **we must get our priorities right** wir müssen unsere Prioritäten richtig setzen; **you've got your priorities all wrong** du weißt ja nicht, was wirklich wichtig ist; **high/low on the list of priorities** oben/unten auf der Prioritätenliste.
priory ['praɪərɪ] *n* Priorat *nt*; (*in church names*) ≃ Münster *nt*.
prise, (*US*) **prize** [praɪz] *vt* **to ~ sth open** etw aufbrechen; **to ~ the lid up/off** den Deckel auf-/herunterbringen *or* -kriegen (*inf*); **to**

~ sth out (of sth) etw aus etw herausbekommen; **to ~ a secret out of sb** jdm ein Geheimnis entlocken.
prism ['prɪzəm] *n* Prisma *nt*.
prismatic [prɪzˈmætɪk] *adj* prismatisch; *colour* Spektral-; (*multi-coloured*) in den Farben des Spektrums.
prison ['prɪzn] **I** *n* (*lit, fig*) Gefängnis *nt*. **to be in ~** im Gefängnis sein *or* sitzen; **to go to ~ for 5 years** für *or* auf 5 Jahre ins Gefängnis gehen *or* wandern (*inf*); **to send sb to ~** jdn ins Gefängnis schicken, jdn zu einer Freiheitsstrafe verurteilen.
II *attr* Gefängnis-; *system, facilities* Strafvollzugs-. **~ camp** Gefangenenlager *nt*; **~ life** das Leben im Gefängnis.
prisoner ['prɪznər] *n* Gefangene(r) *mf* (*also Mil, fig*); (*Jur*) (*under arrest*) Festgenommene(r) *mf*; (*facing charge, at the bar*) Angeklagte(r) *mf*; (*convicted also*) Häftling, Sträfling *m*. **to hold** *or* **keep sb ~** jdn gefangenhalten; **to take sb ~** jdn gefangennehmen; **~ of war** Kriegsgefangene(r) *m*.
prissy ['prɪsɪ] *adj* (+*er*) (*pej*) zimperlich; *dress, hairstyle* brav.
pristine ['prɪstaɪn] *adj* (*in unspoilt state*) *beauty* unberührt, ursprünglich; *condition* tadellos, makellos; (*original*) urtümlich.
privacy ['prɪvəsɪ, 'praɪvəsɪ] *n* Privatleben *nt*. **there is no ~ in these flats** in diesen Mietwohnungen kann man kein Privatleben führen; **in the ~ of one's home** im eigenen Heim; **in an open-plan office one has no ~** in einem Großraumbüro hat man keinen privaten Bereich; **he told me this in the strictest ~** er sagte mir das unter dem Siegel der Verschwiegenheit; **in the strictest ~** (*meeting, preparations*) unter äußerster Geheimhaltung.
private ['praɪvɪt] **I** *adj* **1.** privat, Privat-; (*personal also*) *letter, reasons* persönlich; (*confidential also*) *matter, affair* vertraulich; (*secluded*) *place* abgelegen; *dining room* separat; (*not public*) *funeral, wedding* im engsten Kreis; *hearing, sitting* nichtöffentlich *attr*. **~ and confidential** streng vertraulich; **~ property** Privateigentum *nt*; **he acted in a ~ capacity** er handelte als Privatperson; **they wanted to be ~** sie wollten allein *or* für sich sein; **to keep sth ~** etw für sich behalten; **his ~ life** sein Privatleben *nt*; **in his ~ thoughts** in seinen ganz persönlichen Gedanken.
2. ~ car Privatwagen *m*; **~ citizen** Privatmann *m*; **~ company** Privatgesellschaft *f*; **~ detective** Privatdetektiv *m*; **~ enterprise** Privatunternehmen *nt*; (*free enterprise*) freies Unternehmertum; **~ eye** (*inf*) Privatdetektiv, Schnüffler (*pej inf*) *m*; **~ individual** Einzelne(r) *mf*; **~ law** Privatrecht *nt*; **~ means** Privatvermögen *nt*; **~ member** Abgeordnete(r) *mf*; **~ member's bill** Gesetzesinitiative *f* eines Abgeordneten; **~ parts** (*genitals*) Geschlechtsteile *pl*; **~ (medical) practice** (*Brit*) Privatpraxis *f*; **he is in ~ practice** er hat Privatpatienten; **~ pupil** Privatschüler(in *f*) *m*; **~ secretary** Privatsekretär(in *f*) *m*; **~ school** Privatschule *f*; **~ sector** Privatbereich *m*, privater Sektor;

~ soldier (*Mil*) gemeiner *or* einfacher Soldat; **~ tuition** Privatunterricht *m*; **~ tutor** Privatlehrer(in *f*) *m*; **~ view** Vorabbesichtigung *f*; **~ ward** Privatstation *f*.

II *n* **1.** (*Mil*) Gefreite(r) *mf*. **P~ X** der Gefreite X; (*in address*) Gefreiter X; **~ first class** (*US*) Obergefreite(r) *mf*.

2. **~s** *pl* (*genitals*) Geschlechtsteile *pl*.

3. in ~ privat; (*Jur*) unter Ausschluß der Öffentlichkeit; **we must talk in ~** wir müssen das unter vier Augen besprechen.

privateer [ˌpraɪvəˈtɪəʳ] *n* (*ship*) Freibeuter *m*, Kaperschiff *nt*; (*crew member*) Freibeuter, Kaperer *m*.

privately [ˈpraɪvɪtlɪ] *adv* **1.** (*not publicly*) privat, vertraulich. **the meeting was held ~** das Treffen wurde in kleinem Kreis *or* Rahmen abgehalten; **a ~ owned company** eine Gesellschaft in Privatbesitz.

2. (*secretly, personally, unofficialy*) persönlich. **I have been told ~ that ...** mir wurde vertraulich mitgeteilt, daß ...; **so he spoke ~ to me** deshalb sprach er mit mir unter vier Augen; **~ I think that ...** ich persönlich glaube, daß ...

privation [praɪˈveɪʃən] *n* **1.** (*state*) Armut, Not *f*. **a life of ~** ein Leben in Armut *or* Not. **2.** (*hardship*) Entbehrung *f*.

privet [ˈprɪvɪt] *n* (gemeiner) Liguster. **~ hedge** Ligusterhecke *f*.

privilege [ˈprɪvɪlɪdʒ] **I** *n* (*prerogative*) Privileg, Sonderrecht *nt*; (*honour*) Ehre *f*; (*Parl*) Immunität *f*. **it's a lady's ~** es ist das Vorrecht einer Dame.

II *vt* privilegieren. **I was ~d to meet him** ich hatte das Privileg *or* die Ehre, ihm vorgestellt zu werden.

privileged [ˈprɪvɪlɪdʒd] *adj* person, classes privilegiert; (*Parl*) speech der Immunität unterliegend *attr*; claim, debt bevorrechtigt. **~ communication** (*jur*) vertrauliche Mitteilung; **~ stock** Vorzugsaktie *f*.

privy [ˈprɪvɪ] **I** *adj* **1. to be ~ to sth** in etw (*acc*) eingeweiht sein. **2. P~** geheim; **P~ Council, P~ Councillor** Geheimer Rat; **P~ Purse** Privatschatulle *f*. **II** *n* Abort, Abtritt *m*.

prize¹ [praɪz] **I** *n* **1.** Preis *m*; (*in lottery also*) Gewinn *m*. **there are no ~s for guessing** (*inf*) dreimal darfst du raten. **2.** (*Naut: captured ship*) Prise *f* (*old*).

II *adj* **1.** (*awarded a ~*) entry, essay, sheep preisgekrönt. **~ idiot** (*inf*) Erzidiot *m* (*inf*).

2. (*awarded as a ~*) trophy Sieges-. **~ cup** (Sieger)pokal *m*.

3. (*offering a ~*) competition Preis-. **~ draw** Lotterie, Tombola *f*.

III *vt* (hoch)schätzen. **to ~ sth highly** etw sehr *or* hoch schätzen; **to ~ sth above sth** etw über *or* vor etw (*acc*) stellen; **~d possession** wertvollster Besitz, wertvollstes Stück; (*of museum etc*) Glanzstück, Paradestück *nt*.

prize² *vt* (*US*) *see* **prise**.

prize day *n* (*Sch*) (Tag *m* der) Preisverleihung *f*; **prize-fight** *n* Profi- *or* Berufsboxkampf *m*; **prize-fighter** *n* Profi- *or* Berufsboxer *m*; **prize-giving** *n* (*Sch*) Preisverleihung *or* -verteilung *f*; **prizelist** *n* (*in lottery, competition*) Gewinnerliste *f*; **prize money** *n* **1.** (*cash prize*)

Geld- *or* Barpreis *m*; (*Boxing*) (Sieges)prämie *f*; (*in competition*) Gewinn *m*; **2.** (*old Naut*) Prisengeld *nt*; **prize-ring** *n* (*Boxing*) Ring *m*; **prizewinner** *n* (Preis)gewinner(in *f*) *m*; **prizewinning** *adj* entry, novel preisgekrönt; ticket Gewinn-.

PRO *abbr of* **public relations officer.**

pro¹ [prəʊ] *n, pl* **~s** (*inf*) Profi *m*.

pro² *n, pl* **~s** (*inf: prostitute*) Nutte *f* (*inf*).

pro³ I *prep* (*in favour of*) für. **II** *n* the **~s and the cons** das Für und Wider, das Pro und Kontra.

pro- *pref* **1.** (*in favour of*) pro-. **~-Soviet** prosowjetisch. **2.** (*acting for*) Pro-.

probability [ˌprɒbəˈbɪlɪtɪ] *n* Wahrscheinlichkeit *f*. **in all ~** aller Wahrscheinlichkeit nach, höchstwahrscheinlich; **what's the ~** *or* **what are the probabilities of that happening?** wie groß ist die Wahrscheinlichkeit, daß das geschieht?

probable [ˈprɒbəbl] *adj* wahrscheinlich.

probably [ˈprɒbəblɪ] *adv see adj*. **more ~ than not** höchstwahrscheinlich.

probate [ˈprəʊbɪt] *n* (*examination*) gerichtliche Testamentsbestätigung; (*will*) beglaubigte Testamentsabschrift. **~ court** Nachlaßgericht *nt*; **to grant sb ~** jdm aufgrund der Testamentseröffnung einen Erbschein ausstellen.

probation [prəˈbeɪʃən] *n* **1.** (*Jur*) Bewährung *f*. **to put sb on ~ (for a year)** jdm (ein Jahr) Bewährung geben; **to be on ~** auf Bewährung sein, Bewährung haben; **~ officer** Bewährungshelfer(in *f*) *m*. **2.** (*of employee*) Probe *f*; (*~ period*) Probezeit *f*; (*Rel*) Noviziat *nt*.

probationary [prəˈbeɪʃnərɪ] *adj* **1.** Probe-. **~ period** Probezeit *f*; **his ~ 6 months** seine 6 Monate Probezeit. **2.** (*Jur*) Bewährungs-.

probationer [prəˈbeɪʃnəʳ] *n* (*Jur*) auf Bewährung Freigelassene(r) *mf*; (*Med*) Lernschwester *f*; (*Rel*) Novize *m*, Novizin *f*.

probe [prəʊb] **I** *n* **1.** (*device*) Sonde *f*. **2.** (*investigation*) Untersuchung *f* (*into gen*).

II *vt* untersuchen, sondieren; space, sb's past, subconscious, private life erforschen; mystery ergründen, erforschen;

III *vi* suchen, forschen (*for* nach); (*Med*) untersuchen (*for auf* +*acc*); (*inquire*) forschen, bohren (*for* nach). **to ~ into a wound/sb's private life/sb's past** eine Wunde mit der Sonde untersuchen/in jds Privatleben (*dat*) herumschnüffeln/in jds Vergangenheit (*dat*) bohren.

probing [ˈprəʊbɪŋ] **I** *n* Untersuchung *f*; (*with device also*) Sondierung *f*, Sondieren *nt*. **all this ~ into people's private affairs** dieses Herumschnüffeln in den privaten Angelegenheiten der Leute. **II** *adj* question, study, fingers prüfend.

probity [ˈprəʊbɪtɪ] *n* (*form*) Redlichkeit, Integrität (*geh*) *f*.

problem [ˈprɒbləm] *n* Problem *nt*; (*Math: as school exercise*) Aufgabe *f*; (*problematic area*) Problematik *f*. **what's the ~?** wo fehlt's?; **he's got a drinking ~** er trinkt (zuviel); **I had no ~ in getting the money** ich habe das Geld ohne Schwierigkeiten

bekommen; **no** ~! (*inf*) kein Problem!;
the whole ~ of modernization die ganze
Modernisierungsproblematik.

problematic(al) [ˌprɒbləˈmætɪk(əl)] *adj*
problematisch.

problem child *n* Problemkind *nt*; **problem page** *n* Problemseite *f*; **problem play** *n* Problemstück *nt*.

proboscis [prəʊˈbɒsɪs] *n* (*Zool, hum inf*) Rüssel *m*.

procedural [prəˈsiːdjʊrəl] *adj* verfahrenstechnisch; (*Jur*) verfahrensrechtlich.

procedure [prəˈsiːdʒəʳ] *n* Verfahren *nt*.
parliamentary/legal ~(s) parlamentarisches/gerichtliches Verfahren; **what would be the correct ~ in such a case?** wie verfährt man in einem solchen Falle?; **business** ~ geschäftliche Verfahrensweise; **questions of** ~ verfahrenstechnische *or* (*Jur*) verfahrensrechtliche Fragen *pl*.

proceed [prəˈsiːd] I *vi* **1.** (*form: go*) **vehicles must ~ with caution** vorsichtig fahren!; **I was ~ing along the High Street** ich ging die High Street entlang; **please ~ to gate 3** begeben Sie sich zum Flugsteig 3.
   2. (*form: go on*) (*person*) weitergehen; (*vehicle, by vehicle*) weiterfahren.
   3. (*carry on, continue*) fortfahren; (*as instruction in margin*) klar. **can we now ~ to the next item on the agenda?** können wir jetzt zum nächsten Punkt der Tagesordnung übergehen?; **they ~ed with their plan** sie führten ihren Plan weiter; (*start*) sie führten ihren Plan durch; **~ with your work** fahren Sie mit Ihrer Arbeit fort; **the text ~s as follows** der Text lautet dann wie folgt; **everything/the plan is ~ing satisfactorily** alles läuft bestens/alles verläuft nach Plan; **negotiations are ~ing well** die Verhandlungen kommen gut voran; **you may ~** (*speak*) Sie haben das Wort.
   4. (*set about sth*) vorgehen. **how does one ~ in such cases?** wie geht man in solchen Fällen vor?; **if you had ~ed according to the rules** wenn Sie vorschriftsmäßig vorgegangen wären; **to ~ on the assumption that ...** von der Voraussetzung ausgehen, daß ...
   5. (*originate*) **to ~ from** kommen von; (*fig*) herrühren von.
   6. (*Jur*) **to ~ against sb** gegen jdn gerichtlich vorgehen; **to ~ with a case** einen Prozeß anstrengen.
   II *vt* **now, he ~ed** nun, fuhr er fort; **to ~ to do sth** (dann) etw tun.

proceeding [prəˈsiːdɪŋ] *n* **1.** (*action, course of action*) Vorgehen *nt*. **there were some odd ~s** merkwürdige Dinge gingen vor.
   2. ~s *pl* (*function*) Veranstaltung *f*.
   3. ~s *pl* (*esp Jur*) Verfahren *nt*; **court ~s** Gerichtsverhandlung *f*; **to take/start ~s against sb** gegen jdn gerichtlich vorgehen; **to take legal/divorce ~s** ein Gerichtsverfahren *or* einen Prozeß anstrengen/die Scheidung einreichen.
   4. ~s *pl* (*record*) (*written minutes etc*) Protokoll *nt*; (*published report*) Tätigkeitsbericht *m*.

proceeds [ˈprəʊsiːdz] *npl* (*yield*) Ertrag *m*; (*from sale, bazaar, raffle*) Erlös *m*; (*takings*) Einnahmen *pl*.

process[1] [ˈprəʊses] I *n* **1.** Prozeß *m*. **the ~es of the law** der Gesetzesweg; **the ~ of time will ...** die Zeit wird ...; **in the ~ of time** im Laufe der Zeit, mit der Zeit; **in the ~** dabei; **to be in the ~ of doing sth/being made** dabeisein, etw zu tun/gerade gemacht werden.
   2. (*specific method, technique*) Verfahren *nt*; (*Ind also*) Prozeß *m*. ~ **engineering** Prozeß- *or* Verfahrenstechnik *f*.
   3. (*Jur*) Prozeß *m*, Verfahren *nt*. **to serve a ~ on sb** jdn vorladen; ~**-server** Zustellungsbeamte(r) *m*.
   4. (*Biol*) vorstehender Teil. **a ~ of a bone/of the jaw** ein Knochen-/Kiefervorsprung *m*.
   II *vt* (*treat*) *raw materials, data, information, waste* verarbeiten; *food* konservieren; *milk* sterilisieren; *application, loan, wood* bearbeiten; *film* entwickeln; (*deal with*) *people* abfertigen. ~**ed cheese,** (*US*) ~ **cheese** Schmelzkäse *m*.

process[2] [prəˈses] *vi* (*Brit: go in procession*) ziehen, schreiten.

processing [ˈprəʊsesɪŋ] *n see vt* Verarbeitung *f*, Konservierung *nt*; Sterilisierung *f*; Bearbeitung *f*; Entwicklung *f*; Abfertigung *f*.

procession [prəˈseʃən] *n* (*organized*) Umzug *m*; (*solemn*) Prozession *f*; (*line of people, cars etc*) Reihe, Schlange *f*. **funeral/carnival ~** Trauer-/Karnevalszug *m*; **to go** *or* **walk in ~** einen Umzug/eine Prozession machen.

processional [prəˈseʃənl] (*Eccl*) I *n* (*hymn*) Prozessionshymne *f*, Prozessionslied *nt*; (*book*) Prozessionsbuch *nt*. II *adj* Prozessions-; *pace also* gemessen.

proclaim [prəˈkleɪm] I *vt* **1.** erklären. **to ~ sb king** jdn zum König erklären *or* ausrufen *or* proklamieren. **2.** (*reveal*) verraten, beweisen. II *vr* sich erklären. **to ~ oneself king** sich zum König erklären.

proclamation [ˌprɒkləˈmeɪʃən] *n* **1.** (*act*) (*of war*) Erklärung *f*; (*of laws, measures*) Verkündung *f*; (*of state of emergency*) Ausrufung *f*. **after his ~ as Emperor** nach seiner Proklamation zum Kaiser.
   2. (*that proclaimed*) Erklärung, Proklamation *f*.

proclivity [prəˈklɪvɪtɪ] *n* Schwäche, Vorliebe *f* (*for* für).

proconsul [ˌprəʊˈkɒnsəl] *n* Prokonsul *m*.

procrastinate [prəʊˈkræstɪneɪt] *vi* zögern, zaudern. **he always ~s** er schiebt die Dinge immer vor sich (*dat*) her.

procrastination [prəʊˌkræstɪˈneɪʃən] *n* Zögern, Zaudern *nt*. ~ **won't solve your problems** durch Aufschieben lösen sich Ihre Probleme nicht.

procrastinator [prəʊˈkræstɪneɪtəʳ] *n* Zögerer, Zauderer *m*.

procreate [ˈprəʊkrɪeɪt] I *vi* zeugen, sich fortpflanzen. II *vt* zeugen, hervorbringen.

procreation [ˌprəʊkrɪˈeɪʃən] *n* Zeugung, Fortpflanzung *f*.

proctor [ˈprɒktəʳ] *n* (*Jur*) Prokurator *m*; (*Univ*) Proktor *m*; (*US: supervisor*) (Prüfungs)aufsicht *f*.

procurable [prəˈkjʊərəbl] *adj* erhältlich.

procurator [ˈprɒkjʊəreɪtəʳ] *n* (*Hist*) Prokurator *m*; (*Jur: agent also*) Bevollmächtigte(r) *m*. ~ **fiscal** (*Scot*) ≈ Staatsanwalt *m*.

procure [prǝ'kjʊǝ^r] I *vt* 1. (*obtain*) beschaffen, sich (*dat*) ver- *or* beschaffen, besorgen; (*bring about*) bewirken, herbeiführen. **to** ~ **sth for sb/oneself** jdm/sich etw beschaffen *or* besorgen, etw für jdn/sich beschaffen *or* besorgen. 2. (*for prostitution*) **woman** beschaffen (*for sb* jdm).
II *vi* Kuppelei betreiben. **procuring** Kuppelei *f*.

procurement [prǝ'kjʊǝmǝnt] *n* Beschaffung *f*; (*of release*) Bewirkung *f*; (*of prostitutes*) Verkupplung *f*.

procurer [prǝ'kjʊǝrǝ^r] *n* (*pimp*) Zuhälter, Kuppler *m*.

procuress [prǝ'kjʊǝrɪs] *n* Kupplerin *f*.

prod [prɒd] I *n* 1. Stoß, Knuff (*inf*) *m*. 2. (*fig*) Anstoß, Schubs (*inf*) *m*.
II *vt* 1. stoßen, knuffen (*inf*), puffen (*inf*). **he** ~**ded the donkey (on) with his stick** er trieb den Esel mit seinem Stock vorwärts; **he** ~**ded the hay with his stick** er stach mit seinem Stock ins Heu. 2. (*fig*) anspornen, anstacheln (*to do sth, into sth* zu etw).
III *vi* stoßen. **he** ~**ded at the picture with his finger** er stieß mit dem Finger auf das Bild; **he doesn't need any** ~**ding** man braucht ihn nicht anzuspornen.

prodigal ['prɒdɪgǝl] I *adj* verschwenderisch. **to be** ~ **with** *or* **of sth** verschwenderisch mit etw umgehen; **the** ~ **son** (*Bibl, fig*) der verlorene Sohn. II *n* Verschwender(in *f*) *m*.

prodigality [,prɒdɪ'gælɪtɪ] *n* (*liter*) Verschwendungssucht *f*; (*lavishness*) Fülle, Üppigkeit *f*.

prodigious [prǝ'dɪdʒǝs] *adj* (*vast*) ungeheuer, außerordentlich; (*marvellous*) erstaunlich, wunderbar.

prodigiously [prǝ'dɪdʒǝslɪ] *adv see adj*.

prodigy ['prɒdɪdʒɪ] *n* Wunder *nt*. **a** ~ **of nature** ein Naturwunder *nt*; **child** *or* **infant** ~ Wunderkind *nt*.

produce ['prɒdjuːs] I *n, no pl* (*Agr*) Produkt(e *pl*), Erzeugnis *nt*. **Italian** ~, ~ **of Italy** italienisches Erzeugnis; **the low level of** ~ **this year** der geringe diesjährige Ertrag; **the** ~ **of the soil** die Bodenprodukte *or* -erzeugnisse *pl*.
II [prǝ'djuːs] *vt* 1. (*manufacture*) produzieren; **cars, steel, paper etc also** herstellen; **agricultural products also, electricity, energy, heat** erzeugen; **crop** abwerfen; **coal** fördern; (*create*) **book, article, essay** schreiben; **painting, sculpture** anfertigen; **ideas also, masterpiece** hervorbringen; **interest, return on capital** bringen, abwerfen; **meal** machen, herstellen. **this is exactly the sort of environment that** ~**s criminal types** das ist genau das Milieu, das Kriminelle hervorbringt; **to** ~ **offspring** Junge bekommen; (*hum: people*) Nachwuchs bekommen; **to be well** ~**d** gut gemacht sein; (*goods also*) gut gearbeitet sein; (*magazine also*) gut in der Herstellung sein. 2. (*bring forward, show*) **gift, wallet etc** hervorholen (*from, out of* aus); **pistol** ziehen (*from, out of* aus); **proof, evidence** liefern, beibringen; **witness** beibringen; **ticket, documents** vorzeigen. **she managed to** ~ **something special for dinner** es gelang ihr, zum Abendessen etwas Besonderes auf den Tisch zu bringen; **I can't** ~ **it out of thin air** ich kann es doch nicht aus dem Nichts hervorzaubern *or* aus dem Ärmel schütteln (*inf*); **if we don't** ~ **results soon** wenn wir nicht bald Ergebnisse vorweisen können; **he** ~**d an incredible backhand** ihm gelang ein unglaublicher Rückhandschlag. 3. **play** inszenieren; **film** produzieren. **he** ~**d us in "The Dumb Waiter"** wir haben unter seiner Regie in „Der stumme Diener" gespielt; **who's producing you?** wer ist Ihr Regisseur? 4. (*cause*) **famine, bitterness, impression** hervorrufen; **interest, feeling of pleasure also, spark** erzeugen. **this news** ~**d a sensation** diese Nachricht hat Sensation gemacht. 5. (*Math*) **line** verlängern.
III [prǝ'djuːs] *vi* 1. (*Theat*) das/ein Stück inszenieren; (*Film*) den/einen Film produzieren. 2. (*factory, mine*) produzieren; (*land*) Ertrag bringen; (*tree*) tragen. **this cow hasn't** ~**d for years** diese Kuh hat jahrelang nicht mehr gekalbt; diese Kuh hat jahrelang keine Milch mehr gegeben.

producer [prǝ'djuːsǝ^r] *n* Hersteller, Produzent *m*; (*Agr*) Produzent, Erzeuger *m*; (*Theat*) Regisseur *m*; (*Film, TV*) Produzent *m*; (*Rad*) Spielleiter *m*. ~ **goods** Produktionsgüter *pl*.

product ['prɒdʌkt] *n* Produkt, Erzeugnis *nt*; (*fig: result, Math, Chem*) Produkt *nt*. **food** ~**s** Nahrungsmittel *pl*.

production [prǝ'dʌkʃǝn] *n* 1. *see vt* 1. Produktion *f*; Herstellung *f*; Erzeugung *f*; Förderung *f*; Schreiben *nt*; Anfertigung *f*; Hervorbringung *f*. **to put sth into** ~ die Herstellung *or* Produktion von etw aufnehmen; **when the new factory goes into** ~ wenn die neue Fabrik ihre Produktion aufnimmt; **when the new car goes into** ~ wenn der neue Wagen in die Produktion *or* Herstellung geht; **when we go into** ~ **(with this new model)** wenn wir (mit diesem neuen Modell) in die Produktion *or* Herstellung gehen; **is it still in** ~? wird das noch hergestellt?; **to take sth out of** ~ etw aus der Produktion nehmen. 2. (*output*) Produktion *f*. 3. *see vt* 2. Hervorholen *nt*; Ziehen *nt*; Lieferung, Beibringung *f*; Vorweisen, Vorzeigen *nt*. **on** ~ **of this ticket** gegen Vorlage dieser Eintrittskarte. 4. (*of play*) Inszenierung *f*; (*of film*) Produktion *f*.

production capacity *n* Produktionskapazität *f*; **production costs** *npl* Produktions- *or* Herstellungskosten *pl*; **production engineer** *n* Betriebsingenieur *m*; **production line** *n* Fließband *nt*, Fertigungsstraße *f*; **production manager** *n* Produktions- *or* Betriebsleiter *m*; **production model** *n* (*car*) Serienmodell *nt*.

productive [prǝ'dʌktɪv] *adj* produktiv; **land** ertragreich, fruchtbar; **mind also**

schöpferisch, fruchtbar; *well, mine* ergiebig, ertragreich; *business, shop* rentabel. **to be ~ of** sth zu etw führen, etw einbringen; **I don't think it would be very ~ to argue with him** ich glaube, es bringt nichts, mit ihm zu streiten (*inf*).

productively [prə'dʌktɪvlɪ] *adv* produktiv.

productivity [‚prɒdʌk'tɪvɪtɪ] *n see adj* Produktivität *f*; Fruchtbarkeit *f*; schöpferische Kraft; Ergiebigkeit *f*; Rentabilität *f*.

productivity agreement *n* Produktivitätsvereinbarung *f*; **productivity bonus** *n* Leistungszulage *f*; **productivity incentive** *n* Leistungsanreiz *m*.

proem ['prəʊem] *n* Einleitung *f*.

profanation [‚prɒfə'neɪʃən] *n* Entweihung, Profanierung *f*.

profane [prə'feɪn] **I** *adj* **1.** (*secular*) weltlich, profan. **2.** (*irreverent, sacrilegious*) (gottes)lästerlich. **don't be ~ use ~ language** gotteslästerlich fluchen, lästern. **II** *vt* entweihen, profanieren.

profanity [prə'fænɪtɪ] *n see adj* **1.** Weltlichkeit, Profanität *f*. **2.** Gotteslästerlichkeit *f*. **3.** (*act, utterance*) (Gottes)lästerung *f*.

profess [prə'fes] **I** *vt* **1.** *faith, belief etc* sich bekennen zu.
2. (*claim to have*) *interest, enthusiasm, distaste* bekunden; *belief, disbelief* kundtun; *weakness, ignorance* zugeben. **she ~es to be 25/a good driver** sie behauptet, 25/eine gute Fahrerin zu sein.
II *vr* **to ~ oneself satisfied** seine Zufriedenheit bekunden (*with* über *+acc*); **to ~ oneself unable/willing to do sth** sich außerstande sehen/ bereit erklären, etw zu tun.

professed [prə'fest] *adj* erklärt; (*pej: purported*) angeblich. **a ~ nun/monk** (*Eccl*) eine Nonne, die/ein Mönch, der die Gelübde abgelegt hat; **to be a ~ Christian** sich zum christlichen Glauben bekennen; **he is a ~ coward** er gibt zu, ein Feigling zu sein.

professedly [prə'festdlɪ] *adv* zugegebenermaßen; (*pej: purportedly*) angeblich.

profession [prə'feʃən] *n* **1.** (*occupation*) Beruf *m*. **the medical/teaching ~** der Arzt-/ Lehrberuf; **the medical/ architectural ~** (*members of the ~*) die Ärzteschaft/die Architekten *pl*; **the whole ~ was outraged** der gesamte Berufsstand war empört; **by ~ von** Beruf; **the ~s** die gehobenen Berufe; **the oldest ~ in the world** das älteste Gewerbe der Welt.
2. (*declaration*) (*Eccl*) Gelübde *nt*. **~ of faith** Glaubensbekenntnis *nt*; **a ~ of love** eine Liebeserklärung; **a ~ of loyalty** ein Treuegelöbnis *nt*; **he is, by his own ~, ...** nach eigenem Bekunden ist er ...

professional [prə'feʃənl] **I** *adj* **1.** Berufs-, beruflich; *army, soldier, tennis player* Berufs-; *opinion* fachmännisch, fachlich. **their ~ ability** ihre berufliche Fähigkeiten; **his ~ life** sein Berufsleben; **our relationship is purely ~** unsere Beziehung ist rein geschäftlich(er Natur); **a ~ thief** ein professioneller Dieb; **we need your ~ help here** hier brauchen wir Ihre fachmännische Hilfe; **he's now doing it on a ~ basis** er macht das jetzt hauptberuflich; **in his ~**

capacity as a doctor in seiner Eigenschaft als Arzt; **to be a ~ singer/author** *etc* von Beruf Sänger/Schriftsteller *etc* sein; **the ~ classes** die gehobenen Berufe; **to take ~ advice** fachmännischen Rat einholen; **it's not our ~ practice** es gehört nicht zu unseren geschäftlichen Gepflogenheiten; **to turn** *or* **go ~** Profi werden.
2. (*skilled, competent*) *piece of work etc* fachmännisch, fachgemäß, fachgerecht; *worker, person* gewissenhaft; *company, approach* professionell. **he didn't make a very ~ job of that** er hat das nicht sehr fachmännisch erledigt; **he handled the matter in a very ~ manner** er hat die Angelegenheit in sehr kompetenter Weise gehandhabt; **that's not a very ~ attitude to your work** das ist doch nicht die richtige Einstellung (zu Ihrem Beruf); **it's not up to ~ standards** es entspricht nicht fachlichen Normen; **a typed letter looks more ~** ein maschinengeschriebener Brief sieht professioneller aus.
3. (*inf*) *worrier, moaner* notorisch.
II *n* Profi *m*.

professionalism [prə'feʃnəlɪzəm] *n* Professionalismus *m*; (*of job, piece of work*) Perfektion *f*; (*Sport*) Berufssportlertum, Profitum *nt*.

professionally [prə'feʃnəlɪ] *adv* beruflich; (*in accomplished manner*) fachmännisch. **he used to be an amateur but now he plays ~** früher war er Amateur, aber jetzt ist er Berufsspieler *or* Profi; **he is ~ recognized as the best ...** er ist in Fachkreisen als der beste ... bekannt; **X, ~ known as Y** (*of artist, musician etc*) X, unter dem Künstlernamen Y bekannt; (*of writer*) X, unter dem Pseudonym Y bekannt; **they acted most ~ in refusing to ...** daß sie ... ablehnten, zeugte von hohem Berufsethos.

professor [prə'fesə^r] *n* **1.** Professor(in *f*) *m*; (*US also*) Dozent(in *f*) *m*. **2.** (*of a faith*) Bekenner(in *f*) *m*.

professorial [‚prɒfə'sɔːrɪəl] *adj* (*of a professor*) eines Professors; (*professorlike*) wie ein Professor, professoral (*pej*).

professorship [prə'fesəʃɪp] *n* Professur *f*, Lehrstuhl *m*. **to be appointed to a ~** eine Professur *or* einen Lehrstuhl bekommen.

proffer ['prɒfə^r] *vt arm, gift, drink* anbieten; *apologies, thanks etc* aussprechen; *remark* machen; *suggestion* vorbringen.

proficiency [prə'fɪʃənsɪ] *n level or standard of ~* Leistungsstand *m*; **her ~ at teaching/ as a secretary** ihre Tüchtigkeit als Lehrerin/Sekretärin; **his ~ in English/ translating** seine Englischkenntnisse/sein Können als Übersetzer; **his ~ with figures** sein Können im Umgang mit Zahlen; **~ test** Leistungstest *m*.

proficient [prə'fɪʃənt] *adj* tüchtig, fähig. **how long would it take to become ~ in Japanese?** wie lange würde es dauern, bis man Japanisch beherrscht?

profile ['prəʊfaɪl] **I** *n* Profil *nt*; (*picture, photograph*) Profilbild *nt*, Seitenansicht *f*; (*biographical ~*) Porträt *nt*; (*Tech: section*) (*vertical*) Längsschnitt *m*; (*horizontal*) Querschnitt *m*. **in ~** (*person, head*) im Profil; **to keep a low ~** sich zurückhalten.

II vt (draw a ~ of) (pictorially) im Profil darstellen; (biographically) porträtieren; (Tech) im Längs- or Querschnitt zeichnen or darstellen.

profit ['prɒfɪt] **I** n 1. (Comm) Gewinn, Profit m. **there's not much (of a)** ~ **in this business** dieses Geschäft wirft kaum Gewinn or Profit ab; ~ **and loss account** Gewinn-und-Verlustrechnung f; **to make a** ~ **(out of** or **on sth)** (mit etw) einen Profit or Gewinn machen, (an etw dat) verdienen, (mit etw) ein Geschäft machen; **to show** or **yield a** ~ einen Gewinn or Profit verzeichnen; **to sell sth at a** ~ etw mit Gewinn verkaufen; **the business is now running at a** ~ das Geschäft wirft jetzt Gewinn or Profit ab, das Geschäft rentiert sich jetzt; **I'm not doing it for** ~ ich tue das nicht, um damit Geld zu verdienen; **a with-~s policy** (Insur) eine Police mit Gewinnbeteiligung; **the role of** ~ **in the economy** die Rolle, die der Profit in der Wirtschaft spielt. 2. (fig) Nutzen, Vorteil m. **to turn sth to** ~ Nutzen aus etw ziehen; **you might well learn something to your** ~ Sie können etwas lernen, was Ihnen von Nutzen or Vorteil ist.

II vt (liter) nutzen, nützen (sb jdm).

III vi (gain) profitieren (by, from von), Nutzen or Gewinn ziehen (by, from aus).

profitability [,prɒfɪtə'bɪlɪtɪ] n Rentabilität, Einträglichkeit f.

profitable ['prɒfɪtəbl] adj (Comm) gewinn- or profitbringend, rentabel, profitabel; (fig: beneficial) nützlich, vorteilhaft. **could you not find a more** ~ **way of spending your time?** kannst du nichts Besseres mit deiner Zeit anfangen?

profitably ['prɒfɪtəblɪ] adv see adj.

profiteer [,prɒfɪ'tɪəʳ] **I** n Profitmacher m; (pej) Profitjäger, Profitgeier m. **war** ~ Kriegsgewinnler m. **II** vi sich bereichern.

profiteering [,prɒfɪ'tɪərɪŋ] n Geldschneiderei f, Wucher m.

profitless ['prɒfɪtlɪs] adj 1. (Comm) unrentabel. 2. discussion, exercise zwecklos.

profitlessly ['prɒfɪtlɪslɪ] adv 1. (Comm) ohne Gewinn. 2. argue zwecklos.

profit-making ['prɒfɪt,meɪkɪŋ] adj organization rentabel; (profit-oriented) auf Gewinn gerichtet; **profit margin** n Gewinnspanne f; **profit motive** n Gewinnstreben nt; **profit-sharing I** adj scheme Gewinnbeteiligungs-; **II** n Gewinnbeteiligung f.

profligacy ['prɒflɪgəsɪ] n (dissoluteness) Lasterhaftigkeit, Verworfenheit f; (extravagance) Verschwendungssucht f; (an extravagance) Verschwendung f.

profligate ['prɒflɪgɪt] **I** adj (dissolute) lasterhaft, verworfen; (extravagant) verschwenderisch, verschwendungssüchtig (pej). **II** n (roué) Windhund, Leichtfuß m; (prodigal) Verschwender(in f) m.

pro forma invoice [,prəʊ'fɔ:mə'ɪnvɔɪs] n Pro-forma-Rechnung f.

profound [prə'faʊnd] adj sleep, sigh, sorrow, love tief; thought tiefsinnig, tiefschürfend, tiefgründig; book gehaltvoll, profund (geh); thinker, knowledge profund (geh), tiefgehend attr; regret tief-

gehend attr; hatred, mistrust tiefsitzend attr; indifference vollkommen, völlig; interest stark; changes tiefgreifend attr.

profoundly [prə'faʊndlɪ] adv zutiefst. ~ **sad** tieftraurig; ~ **significant** äußerst bedeutsam; ~ **indifferent** völlig or vollkommen gleichgültig; **to be** ~ **ignorant of sth** überhaupt keine Ahnung von etw haben.

profundity [prə'fʌndɪtɪ] n 1. no pl Tiefe f; (of thought, thinker, book etc) Tiefgründigkeit, Tiefsinnigkeit f; (of knowledge) Gründlichkeit f. 2. (profound remark) Tiefsinnigkeit f.

profuse [prə'fju:s] adj vegetation üppig; bleeding stark; thanks, praise überschwenglich; apologies überreichlich. **to be** ~ **in one's thanks/apologies** sich überschwenglich bedanken/sich vielmals entschuldigen; **he was** ~ **in his praise** er geizte nicht mit seinem Lob.

profusely [prə'fju:slɪ] adv grow üppig; bleed stark; thank, praise überschwenglich; sweat heftig, stark. **he apologized** ~ er bat vielmals um Entschuldigung; ~ **illustrated** reich illustriert.

profusion [prə'fju:ʒən] n Überfülle f, verschwenderische Fülle. **trees/ice-cream in** ~ Bäume/Eis in Hülle und Fülle; **his painting was a wild** ~ **of reds and blues** sein Gemälde war eine Orgie in Rot und Blau.

progenitor [prəʊ'dʒenɪtəʳ] n (form) Vorfahr, Ahn m; (fig) Vorläufer m.

progenitrix [prə'dʒenɪtrɪks] n (form) Vorfahrin, Ahne f.

progeny ['prɒdʒɪnɪ] n Nachkommen pl, Nachkommenschaft f.

progesterone [prəʊ'dʒestə,rəʊn] n Progesteron, Gelbkörperhormon nt.

prognosis [prɒg'nəʊsɪs] n, pl **prognoses** [prɒg'nəʊsi:z] Prognose, Vorhersage f.

prognostic [prɒg'nɒstɪk] adj (form) prognostisch.

prognosticate [prɒg'nɒstɪkeɪt] **I** vi (often hum) Prognosen stellen, Vorhersagen machen. **II** vt prognostizieren.

prognostication [prɒg,nɒstɪ'keɪʃən] n Prognose, Vorhersage, Voraussage f.

program ['prəʊgræm] **I** n 1. (Computers) Programm nt. 2. (US) see **programme** 1. **II** vt 1. computer programmieren. 2. (US) see **programme** II.

programme, (US) program ['prəʊgræm] **I** n (all senses) Programm nt; (Rad, TV also) Sendung f. **what's the** ~ **for tomorrôw?** was steht für morgen auf dem Programm?; **what's on the other** ~? was gibt es or läuft im anderen Programm?; **our ~s for this evening** das Programm des heutigen Abends.

II vt computer programmieren; (fig) person vorprogrammieren. ~**d course/ learning** programmierter Unterricht/ programmiertes Lernen; **that's ~d for tomorrow** das steht für morgen auf dem Programm.

programme notes npl Programmhinweise pl; **programme planner** n (TV) Programmplaner m.

programmer ['prəʊgræməʳ] n Programmierer(in f) m.

programming ['prəʊgræmɪŋ] n Programmieren *nt*. ~ **language** Programmier-sprache *f*.

progress ['prəʊgres] I *n* **1.** *no pl* (*movement forwards*) Vorwärtskommen *nt*; (*Mil*) Vorrücken, Vordringen *nt*. **we made slow ~ through the mud** wir kamen im Schlamm nur langsam vorwärts.

2. *no pl* (*advance*) Fortschritt *m*. **the ~ of events** der Gang der Ereignisse; **to make (good/slow) ~** (gute/langsame) Fortschritte machen; **have you made any ~ in the negotiations/ your search for a solution?** haben Sie bei den Verhandlungen/ Ihrer Suche nach einer Lösung irgendwelche Fortschritte erzielt?, sind Sie bei den Verhandlungen/Ihrer Suche nach einer Lösung weitergekommen?

3. in ~ im Gange; **in full ~** in vollem Gange; **"silence please, meeting in ~"** ,,Sitzung! Ruhe bitte''; **the work still in ~** die noch zu erledigende Arbeit.

II [prə'gres] *vi* **1.** (*move, go forward*) sich vorwärts bewegen, vorwärts-schreiten. **we ~ed slowly across the ice** wir bewegten uns langsam über das Eis vor-wärts; **by the third day the expedition had ~ed as far as ...** am dritten Tag war die Expedition bis ... vorgedrungen *or* gekommen.

2. (*in time*) **as the work ~es** mit dem Fortschreiten der Arbeit; **as the game ~ed** im Laufe des Spiels; **while negotiations were actually ~ing** während die Verhand-lungen im Gange waren.

3. (*improve, make progress*) (*student, patient*) Fortschritte machen. **how far have you ~ed since our last meeting?** wie weit sind Sie seit unserer letzten Sitzung gekommen?; **investigations are ~ing well** die Untersuchungen kommen gut voran; **that civilization is constantly ~ing (towards a state of perfection)** daß sich die Zivilisation ständig (auf einen Zustand der Perfektion hin) weiterentwickelt; **that mankind is ~ing towards some goal** daß sich die Menschheit auf ein Ziel zubewegt.

4. (*through hierarchy etc*) **the employee ~es upwards through the company hierarchy** der Angestellte macht seinen Weg durch die Firmenhierarchie.

progression [prə'greʃən] *n* Folge *f*; (*Math*) Reihe, Progression *f*; (*Mus*) Sequenz *f*; (*development*) Entwicklung *f*; (*in taxation*) Progression *f*; (*discount rates etc*) Staffelung *f*. **sales have shown a con-tinuous ~** im Absatz wurde eine stete Aufwärtsentwicklung verzeichnet; **his ~ from a junior clerk to managing director** sein Aufstieg vom kleinen Angestellten zum Direktor.

progressive [prə'gresɪv] I *adj* **1.** (*increas-ing*) zunehmend; *disease etc* fort-schreitend; *paralysis* progressiv; *taxation* progressiv. ~ **form/tense** (*Gram*) Ver-laufsform *f*.

2. (*favouring progress*) progressiv, fort-schrittlich; (*Mus*) progressiv.

II *n* (*person*) Progressive(r) *mf*.

progressively [prə'gresɪvlɪ] *adv* zuneh-mend.

progressiveness [prə'gresɪvnɪs] *n* Fort-schrittlichkeit, Progressivität *f*.

prohibit [prə'hɪbɪt] *vt* **1.** verbieten, unter-sagen. **to ~ sb from doing sth** jdm etw verbieten *or* untersagen; **his health ~s him from swimming** sein Gesundheitszu-stand verbietet (es) ihm zu schwimmen; **"smoking ~ed"** ,,Rauchen verboten".

2. (*prevent*) verhindern. **to ~ sth being done** verhindern, daß etw geschieht; **to ~ sb from doing sth** jdn daran hindern, etw zu tun.

prohibition [ˌprəʊɪ'bɪʃən] I *n* Verbot *nt*. **(the) P~** (*Hist*) die Prohibition. II *attr* (*in US*) *laws, party* Prohibitions-.

prohibitionism [ˌprəʊɪ'bɪʃənɪzəm] *n* Prohibition *f*.

prohibitionist [ˌprəʊɪ'bɪʃənɪst] I *adj* Prohibitions-. II *n* Prohibitionist(in *f*) *m*.

prohibitive [prə'hɪbɪtɪv] *adj* **1.** *tax* Prohibi-tiv-; *duty* Sperr-. ~ **laws** Verbotsgesetze *pl*; ~ **signs** Verbotsschilder *pl*; ~ **rules** Verbote *pl*. **2.** *price, cost* unerschwinglich.

prohibitory [prə'hɪbɪtərɪ] *adj* *see* **prohibitive 1.**

project¹ ['prɒdʒekt] *n* Projekt *nt*; (*scheme*) Unternehmen, Vorhaben *nt*; (*Sch, Univ*) Referat *nt*; (*in primary school*) Arbeit *f*. ~ **engineer** Projektingenieur *m*.

project² [prə'dʒekt] I *vt* **1.** *film, map, figures* projizieren. **to ~ oneself/one's personality** sich selbst/seine eigene Person zur Gel-tung bringen; **to ~ one's neuroses onto somebody else** seine Neurosen auf einen anderen projizieren; **to ~ one's voice** seine Stimme zum Tragen bringen; **in order to ~ an adequate picture of our country** um ein angemessenes Bild un-seres Landes zu vermitteln.

2. (*plan*) (voraus)planen; *costs* über-schlagen.

3. (*Math*) *line* verlängern; *solid* projizieren.

4. (*propel*) abschießen. **to ~ a missile into space** eine Rakete in den Weltraum schießen.

5. (*cause to jut*) *part of building etc* vor-springen lassen.

II *vi* **1.** (*plan*) planen.

2. (*jut out*) hervorragen, hervorsprin-gen (*from* aus). **the upper storey ~s over the road** das obere Stockwerk ragt über die Straße.

3. (*Psych*) projizieren, von sich auf an-dere schließen.

4. (*with one's voice: actor, singer*) **you'll have to ~ more than that, we can't hear you at the back** Sie müssen lauter singen/ sprechen, wir können Sie hier hinten nicht hören.

projectile [prə'dʒektaɪl] *n* (Wurf)geschoß *nt*; (*Mil*) Geschoß, Projektil (*spec*) *nt*.

projection [prə'dʒekʃən] *n* **1.** (*of films, guilt feelings, figures, map*) Projektion *f*. ~ **booth** *or* **room** Vorführraum *m*. **2.** (*protrusion, overhang, ledge etc*) Vor-sprung, Überhang *m*. **3.** (*extension: of line*) Verlängerung *f*. **4.** (*prediction, estimate*) (Voraus)planung *f*. (*of cost*) Überschlagung *f*.

projectionist [prə'dʒekʃnɪst] *n* Filmvorfüh-rer(in *f*) *m*.

projective [prə'dʒektɪv] *adj geometry* Projektions-; (*Psych*) projizierend.

projector [prə'dʒektər] *n* (*Film*) Projektor *m*, Vorführgerät *nt*.

prolapse ['prəulæps] *n* (*Med*) Vorfall *m*.

prole [prəul] *n* (*esp Brit pej inf*) Prolet(in *f*) *m* (*inf*).

proletarian [ˌprəulə'teərɪən] **I** *adj* proletarisch. **II** *n* Proletarier(in *f*) *m*.

proletariat [ˌprəulə'teərɪət] *n* Proletariat *nt*.

proliferate [prə'lɪfəreɪt] *vi* (*number*) sich stark erhöhen; (*ideas*) um sich greifen; (*insects, animals*) sich stark vermehren; (*weeds, cells*) wuchern.

proliferation [prəˌlɪfə'reɪʃən] *n* (*in numbers*) starke Erhöhung; (*of animals*) zahlreiche Vermehrung; (*of nuclear weapons*) Weitergabe *f*; (*of ideas*) Ausbreitung *f*, Umsichgreifen *nt*; (*of sects*) Umsichgreifen *nt*; (*of weeds*) Wuchern *nt*.

prolific [prə'lɪfɪk] *adj* fruchtbar; *writer also* sehr produktiv.

prolix ['prəulɪks] *adj* weitschweifig.

prolixity [prəu'lɪksɪtɪ] *n* Weitschweifigkeit *f*.

prologue, (*US*) **prolog** ['prəulɒg] *n* Prolog *m*; (*of book*) Vorwort *nt*; (*fig*) Vorspiel *nt*.

prolong [prə'lɒŋ] *vt* verlängern; (*pej*) *process, pain* hinauszögern; (*Fin*) *draft* prolongieren.

prolongation [ˌprəulɒŋ'geɪʃən] *n see vt* Verlängerung *f*; Hinauszögern *nt*; Prolongation, Prolongierung *f*.

prom [prɒm] *n* (*inf*) (*Brit: promenade*) (Strand)promenade *f*; (*Brit: concert*) Konzert *nt* (*in gelockertem Rahmen*); (*US: ball*) Studenten-/Schülerball *m*.

promenade [ˌprɒmɪ'nɑːd] **I** *n* (*stroll, in dancing*) Promenade *f*; (*esp Brit: esplanade*) (Strand)promenade *f*; (*US: ball*) Studenten-/Schülerball *m*. ~ **concert** Konzert *nt* (*in gelockertem Rahmen*); ~ **deck** Promenadendeck *nt*.

II *vt* (*stroll through*) promenieren in (+*dat*); *avenue* entlangpromenieren; (*stroll with*) spazierenführen; (*in dance*) eine Promenade machen mit.

III *vi* (*stroll*) promenieren; (*in dance*) eine Promenade machen.

promethium [prə'miːθɪəm] *n* (*abbr* **Pm**) Promethium *nt*.

prominence ['prɒmɪnəns] *n* 1. *no pl* **the** ~ **of his forehead** seine ausgeprägte Stirn; **because of the** ~ **of the castle on a rock in the middle of the city** wegen der exponierten Lage des Schlosses auf einem Felsen inmitten der Stadt.

2. (*of ideas, beliefs*) Beliebtheit *f*; (*of writer, politician etc*) Bekanntheit *f*. **the undisputed** ~ **of his position as ...** seine unbestritten führende Position als ...; **to bring sb/sth into** ~ (*attract attention to*) jdn/etw herausstellen *or* in den Vordergrund rücken; (*make famous*) jdn/etw berühmt machen; **he came** *or* **rose to** ~ **in the Cuba affair** er wurde durch die Kuba-Affäre bekannt.

3. (*prominent part*) Vorsprung *m*.

prominent ['prɒmɪnənt] *adj* 1. (*jutting out*) *cheek-bones, teeth* vorstehend *attr*; *crag* vorspringend *attr*. **to be** ~ vorstehen; vorspringen.

2. (*conspicuous*) *markings* auffällig; *feature, characteristic* hervorstechend, auffallend. **put it in a** ~ **position** stellen Sie es deutlich sichtbar hin; **the castle occupies a** ~ **position on the hill** das Schloß hat eine exponierte Lage auf dem Hügel.

3. (*leading*) *role* führend; (*large, significant*) wichtig; *position also* einflußreich.

4. (*well-known, in the public eye*) *personality, publisher* prominent. **she is** ~ **in London society** sie ist ein bekanntes Mitglied der Londoner Gesellschaft.

prominently ['prɒmɪnəntlɪ] *adv display, place* deutlich sichtbar. **he figured** ~ **in the case** er spielte in dem Fall eine bedeutende Rolle.

promiscuity [ˌprɒmɪ'skjuːɪtɪ] *n* 1. Promiskuität *f*, häufiger Partnerwechsel.

2. (*liter: confusion*) Wirrwarr *m*.

promiscuous [prə'mɪskjuəs] *adj* 1. (*sexually*) promiskuitiv (*spec*). **to be** ~ häufig den Partner wechseln; ~ **behaviour** häufiger Partnerwechsel. 2. (*liter*) wirr.

promiscuously [prə'mɪskjuəslɪ] *adv see adj*.

promise ['prɒmɪs] **I** *n* 1. (*pledge*) Versprechen *nt*. **remember your** ~ **to me** denken Sie an Ihr Versprechen; **their** ~ **of help** ihr Versprechen zu helfen; ~ **of marriage** Eheversprechen *nt*; **is that a** ~? ganz bestimmt?; **to make sb a** ~ jdm ein Versprechen geben *or* machen; **make me one** ~ versprich mir eins; **I'm not making any** ~**s** versprechen kann ich nichts; **to hold** *or* **keep sb to his** ~ jdn an sein Versprechen binden; ~**s,** ~**s!** Versprechen, nichts als Versprechen!

2. (*hope, prospect*) Hoffnung, Aussicht *f*. **a young man of** ~ ein vielversprechender junger Mann; **to hold out a** *or* **the** ~ **of sth** jdm Hoffnungen auf etw (*acc*) machen; **to show** ~ zu den besten Hoffnungen berechtigen.

II *vt* (*pledge*) versprechen; (*forecast, augur*) hindeuten auf (+*acc*). **to** ~ (**sb**) **to do sth** (jdm) versprechen, etw zu tun; **to** ~ **sb sth, to** ~ **sth to sb** jdm etw versprechen; ~ **me one thing** versprich mir eins; **I'm not promising anything but ...** ich will nichts versprechen, aber ...; **I won't do it again,** **I** ~ **you** ich werde es nie wieder tun, das verspreche ich Ihnen; **I** ~ **you I didn't mean to do it** ehrlich, das habe ich nicht gewollt; **this** ~**s trouble** das sieht nach Ärger aus; **this** ~**s better things to come** das läßt auf Besseres hoffen; **that sky** ~**s rain** der Himmel sieht nach Regen aus; **the P**~**d Land** (*Bibl, fig*) das Gelobte Land.

III *vi* 1. versprechen. (**do you**) ~? versprichst du es?; ~! (*will you* ~) versprich's mir, ehrlich?; (*I* ~) ehrlich!; **I'll try, but I'm not promising** ich werde es versuchen, aber ich kann nichts versprechen.

2. **to** ~ **well** vielversprechend sein.

IV *vr* **to** ~ **oneself sth** sich (*dat*) etw versprechen; **I've** ~**d myself never to do it again** ich habe mir geschworen, daß ich das nicht noch einmal mache.

promising *adj*, ~**ly** *adv* ['prɒmɪsɪŋ, -lɪ] vielversprechend.

promissory note ['prɒmɪsərɪ'nəʊt] *n* Schuldschein *m*.

promontory ['prɒməntrɪ] *n* Vorgebirge, Kap *nt*.

promote [prə'məʊt] *vt* **1.** (*in rank*) befördern. **he has been** ~**d (to) colonel** *or* **to the rank of colonel** er ist zum Obersten befördert worden; **our team was** ~**d** (*Ftbl*) unsere Mannschaft ist aufgestiegen.

2. (*foster*) fördern; (*Parl*) **bill** sich einsetzen für.

3. (*organize, put on*) conference, race-meeting, boxing match etc veranstalten.

4. (*advertise*) werben für; (*put on the market*) auf den Markt bringen. **the new model has been widely** ~**d in the media** für das neue Modell ist in den Medien intensiv geworben worden.

promoter [prə'məʊtə'] *n* (*Sport, of beauty contest etc*) Promoter, Veranstalter *m*; (*of company*) Mitbegründer *m*. **sales** ~ Verkaufsleiter, Salespromoter (*Comm*) *m*.

promotion [prə'məʊʃən] *n* **1.** (*in rank*) Beförderung *f*. **to get** *or* **win** ~ befördert werden; (*football team*) aufsteigen.

2. (*fostering*) Förderung *f*; (*Parl: of bill*) Einsatz *m* (*of* für).

3. (*organization: of conference etc*) Veranstaltung *f*.

4. (*advertising*) Werbung *f* (*of* für); (*advertising campaign*) Werbekampagne *f*; (*marketing*) Einführung *f* auf dem Markt.

prompt [prɒmpt] **I** *adj* (+*er*) prompt; *action* unverzüglich, sofortig. **he is always very** ~ **with** *or* **about such things** solche Dinge erledigt er immer prompt *or* sofort; **he is always very** ~ (*on time*) er ist immer sehr pünktlich.

II *adv* **at 6 o'clock** ~ pünktlich um 6 Uhr, Punkt 6 Uhr.

III *vt* **1.** (*motivate*) veranlassen (*to* zu). **to** ~ **sb to do sth** jdn (dazu) veranlassen, etw zu tun; **he was** ~**ed purely by a desire to help** sein Beweggrund war einzig und allein der Wunsch zu helfen; **he didn't need any** ~**ing to ask her** man brauchte ihn nicht darum zu bitten, sie zu fragen; **he's a bit lazy, he needs a little** ~**ing** er ist ein bißchen faul, man muß ihm manchmal auf die Sprünge helfen.

2. (*evoke*) memories, feelings wecken; *conclusion* nahelegen. **I'll do it myself, I don't need you to** ~ **me** ich mache das schon selbst, du brauchst mich nicht erst zu ermahnen; **he doesn't need any** ~**ing, he's cheeky enough as it is** er braucht keine Ermunterung, er ist auch so schon frech genug.

3. (*help with speech*) vorsagen (*sb* jdm); (*Theat*) soufflieren (*sb* jdm). **he recited the whole poem without any** ~**ing** er sagte das ganze Gedicht auf, ohne daß ihm jemand (etwas) vorsagen mußte.

IV *vi* (*Theat*) soufflieren.

V *n* **1.** (*Theat*) **he needed a** ~ ihm mußte souffliert werden; **he couldn't hear the** ~ er hörte die Souffleuse nicht; **to give sb a** ~ jdm weiterhelfen; (*Theat*) jdm soufflieren.

2. (*reminder, encouragement*) **to give sb**

a ~ **jdm einen Schubs geben** (*inf*); **we have to give our debtors the occasional** ~ wir müssen uns bei unseren Schuldnern hin und wieder in Erinnerung bringen.

prompt box *n* Souffleurkasten *m*.

prompter ['prɒmptə'] *n* Souffleur *m*, Souffleuse *f*; (*tele-*~) Neger *m*.

prompting ['prɒmptɪŋ] *n* **1.** (*Theat*) Soufflieren *nt*. **2.** the ~**s of conscience/the heart** die Stimme des Gewissens/Herzens.

promptitude ['prɒmptɪtjuːd] *n see* **promptness**.

promptly ['prɒmptlɪ] *adv* prompt. **they left** ~ **at 6** sie gingen pünktlich um 6 Uhr *or* Punkt 6 Uhr; **of course he** ~ **forgot it all** er hat natürlich prompt alles vergessen.

promptness ['prɒmptnɪs] *n* Promptheit *f*. **the fire brigade's** ~ der prompte Einsatz der Feuerwehr.

prompt note *n* (*Comm*) Ermahnung *f*.

promulgate ['prɒməlgeɪt] *vt* verbreiten; *law* verkünden.

promulgation [,prɒməl'geɪʃən] *n see vt* Verbreitung *f*; Verkündung *f*.

prone [prəʊn] *adj* **1.** (*lying*) **to be** *or* **lie** ~ auf dem Bauch liegen; **in a** ~ **position** in Bauchlage. **2.** (*liable*) **to be** ~ **to sth/to do sth** zu etw neigen/dazu neigen, etw zu tun.

proneness ['prəʊnnɪs] *n* Neigung *f* (*to* zu).

prong [prɒŋ] **I** *n* **1.** (*of fork*) Zacke, Zinke *f*; (*of antler*) Sprosse *f*, Ende *nt*. **2.** (*fig*) (*of argument*) Punkt *m*; (*of attack*) (Angriffs)spitze *f*. **II** *vt* aufspießen.

pronominal [prəʊ'nɒmɪnl] *adj* Pronominal-.

pronoun ['prəʊnaʊn] *n* Fürwort, Pronomen *nt*.

pronounce [prə'naʊns] **I** *vt* **1.** *word etc* aussprechen. **I find Russian hard to** ~ ich finde die russische Aussprache schwierig.

2. (*declare*) erklären für. **to** ~ **oneself for/against sth** sich für/gegen etw aussprechen; **to** ~ **sentence** das Urteil verkünden.

II *vi* **1.** **to** ~ **in favour of/against sth** sich für/gegen etw aussprechen; **to** ~ **on sth** zu etw Stellung nehmen.

2. **he** ~**s badly** er hat eine schlechte Aussprache.

pronounced [prə'naʊnst] *adj* (*marked*) ausgesprochen; *hip-bones* ausgeprägt; *improvement, deterioration* deutlich; *views* prononciert. **he has a** ~ **limp** er hinkt sehr stark.

pronouncement [prə'naʊnsmənt] *n* Erklärung *f*; (*Jur: of sentence*) Verkündung *f*. **to make a** ~ eine Erklärung abgeben.

pronto ['prɒntəʊ] *adv* (*inf*) fix (*inf*). **do it** ~ aber dalli! (*inf*).

pronunciation [prə,nʌnsɪ'eɪʃən] *n* Aussprache *f*. **what is the** ~? wie lautet die Aussprache?

proof [pruːf] **I** *n* **1.** Beweis *m* (*of* für). **you'll need more** ~ **than that** die Beweise reichen nicht aus; **as** *or* **in** ~ **of** als *or* zum Beweis für; **to put sth to the** ~ etw auf die Probe stellen; (*Tech*) etw erproben; **that is** ~ **that ...** das ist der Beweis dafür, daß ...; **isn't that** ~ **enough?** ist das nicht Beweis genug?; **to give** *or* **show** ~ **of sth** etw nachweisen, den Nachweis für etw liefern; **can you give us any** ~ **of that?**

können Sie (uns) dafür Beweise liefern?; **what ~ is there that he meant it?** und was beweist, daß er es ernst gemeint hat?

2. (*test, trial*) Probe *f*. **the ~ of the pudding is in the eating** (*Prov*) Probieren geht über Studieren (*Prov*).

3. (*Typ*) (Korrektur)fahne *f*; (*Phot*) Probeabzug *m*.

4. (*of alcohol*) Alkoholgehalt *m*. **70 ~ ≈ 40° Vol.**

II *adj* (*resistant*) **to be ~ against fire/water/moisture/bullets** feuersicher/wasserdicht/feuchtigkeitsundurchlässig/kugelsicher sein; **to be ~ against temptation/her insults** gegen Versuchungen/ihre Beleidigungen gefeit *or* unempfindlich sein; **~ against inflation** inflationssicher.

III *vt* **1.** (*against water*) imprägnieren.

2. (*Typ*) (*make ~*) einen Korrekturabzug herstellen; (*read ~*) Korrektur lesen.

proof-read ['pruːfriːd] *vti irreg* Korrektur lesen; **proof-reader** *n* Korrektor(in *f*) *m*; **proof-reading** *n* Korrekturlesen *nt*.

prop¹ [prɒp] **I** *n* (*lit*) Stütze *f*; (*fig also*) Halt *m*. **II** *vt* **to ~ the door open** die Tür offenhalten; **to ~ oneself/sth against sth** sich/etw gegen etw lehnen; *see* **~ up**.

◆prop up *vt sep* **1.** (*rest, lean*) **to ~ oneself/sth ~ against sth** sich/etw gegen etw lehnen. **2.** (*support*) stützen; *tunnel, wall* abstützen; *engine* aufbocken; (*fig*) *régime, company, the pound* stützen; *organization* unterstützen. **to ~ oneself ~ on sth** sich auf etw (*acc*) stützen; **he spends most of his time ~ping ~ the bar** (*inf*) er hängt die meiste Zeit an der Bar.

prop² *n* (*inf: propeller*) Propeller *m*.

prop³ *n* (*inf*) *see* **property 4.**

prop⁴ *abbr of* **proprietor.**

propaganda [ˌprɒpə'gændə] *n* Propaganda *f*. **~ machine** Propagandamaschinerie *f*.

propagandist [ˌprɒpə'gændɪst] **I** *n* Propagandist(in *f*) *m*. **a tireless ~ for penal reform** ein unermüdlicher Verfechter der Strafrechtsreform. **II** *adj* propagandistisch.

propagate ['prɒpəgeɪt] **I** *vt* **1.** fortpflanzen. **2.** (*disseminate*) verbreiten; *views also* propagieren. **3.** (*Phys*) *sound, waves* fortpflanzen. **4.** (*Hort*) *plant* vermehren. **II** *vi* sich fortpflanzen *or* vermehren; (*views*) sich aus- *or* verbreiten.

propagation [ˌprɒpə'geɪʃən] *n* (*reproduction*) Fortpflanzung *f*; (*Hort: of plants*) Vermehrung *f*; (*dissemination*) Verbreitung *f*; (*of views*) Verbreitung *f*.

propane ['prəʊpeɪn] *n* Propan *nt*.

propel [prə'pel] *vt* antreiben; (*fuel*) betreiben. **~led along by the wind** vom Wind getrieben; **he was ~led through the window** er wurde aus dem Fenster geworfen.

propellant, propellent [prə'pelənt] **I** *n* Treibstoff *m*; (*in spray can*) Treibgas *nt*. **II** *adj* treibend.

propeller [prə'pelər] *n* Propeller *m*. **~ shaft** Antriebswelle *f*; (*Aut*) Kardanwelle *f*; (*Naut*) Schraubenwelle *f*.

propelling force [prə'pelɪŋ-] *n* (*lit, fig*) Triebkraft *f*; **propelling pencil** *n* (*Brit*) Drehbleistift *m*.

propensity [prə'pensɪtɪ] *n* Hang *m*, Neigung *f* (*to* zu). **to have a ~ to do sth/for**

doing sth dazu neigen, etw zu tun, die Neigung *or* den Hang haben, etw zu tun.

proper ['prɒpər] **I** *adj* **1.** (*peculiar, characteristic*) eigen. **~ to the species** der Art eigen, arteigen.

2. (*actual*) eigentlich. **physics ~** die eigentliche Physik; **in the ~ sense of the word** in der eigentlichen Bedeutung des Wortes; **he's not a ~ electrician** er ist kein richtiger Elektriker; **not in Berlin ~** nicht in Berlin selbst.

3. (*inf: real*) *fool etc* richtig; (*thorough*) *beating* gehörig, anständig (*inf*), tüchtig (*inf*). **we are in a ~ mess** wir sitzen ganz schön in der Patsche (*inf*).

4. (*fitting, suitable*) richtig. **in ~ condition** in ordnungsgemäßem Zustand; **the ~ time** die richtige Zeit; **in the ~ way** richtig; **as you think ~** wie Sie es für richtig halten; **to do the ~ thing by sb** das tun, was sich gehört; **the ~ thing to do would be to apologize** es gehört sich eigentlich, daß man sich entschuldigt; **don't touch the injured man unless you know the ~ thing to do** lassen Sie den Verletzten liegen, solange Sie nicht genau wissen, was man machen muß; **it wasn't really the ~ thing to say** es war ziemlich unpassend, das zu sagen; **we considered** *or* **thought it only ~ to ...** wir dachten, es gehört sich einfach zu ...

5. (*seemly*) anständig. **it is not ~ for you to ...** es gehört sich nicht, daß Sie ...

6. (*prim and ~*) korrekt.

II *adv* **1.** (*dial*) *poorly* richtig (*inf*).

2. (*incorrect usage*) *behave* anständig; *talk* richtig.

proper fraction *n* echter Bruch.

properly ['prɒpəlɪ] *adv* **1.** (*correctly*) richtig. **this word, although ~ a plural ...** dieses Wort, das eigentlich *or* genaugenommen Plural ist; **~ speaking** genaugenommen, strenggenommen; **Holland, more ~ called the Netherlands** Holland, eigentlich *or* richtiger die Niederlande; **Yugoslav is ~ called Serbo-Croat** Jugoslawisch heißt korrekt Serbokroatisch; **not ~ dressed for walking** nicht richtig angezogen zum Wandern.

2. (*in seemly fashion*) anständig. **to conduct oneself ~** sich korrekt verhalten; **she very ~ refused** sie hat zu Recht geweigert.

3. (*justifiably*) zu Recht.

4. (*inf: really*) ganz schön (*inf*).

proper name, proper noun *n* Eigenname *m*.

propertied ['prɒpətɪd] *adj* besitzend; *person* begütert.

property ['prɒpətɪ] *n* **1.** (*characteristic, Philos*) Eigenschaft *f*. **it has healing properties** es besitzt heilende Kräfte.

2. (*thing owned*) Eigentum *nt*. **government/company ~** Eigentum *nt* der Regierung/Firma, Regierungs-/Firmeneigentum *nt*; **that's my ~** das gehört mir; **common ~** (*lit*) gemeinsames Eigentum; (*fig*) Gemeingut *nt*; **~ is theft** Eigentum ist Diebstahl; **to become the ~ of sb** in jds Eigentum (*acc*) übergehen; **a man of ~** ein begüterter Mann.

3. (*building*) Haus *nt*; Wohnung *f*; (*office*) Gebäude *nt*; (*land*) Besitztum *nt*; (*estate*) Besitz *m*. **put your money in ~** legen Sie Ihr Geld in Immobilien an.

4. (*Theat*) Requisit *nt*.

property developer *n* Häusermakler *m*; **property man, property manager** *n* (*Theat*) Requisiteur *m*; **property market** *n* Immobilienmarkt *m*; **property owner** *n* Haus- und Grundbesitzer *m*; **property speculator** *n* Immobilienspekulant *m*; **property tax** *n* Vermögenssteuer *f*.

prophecy ['prɒfɪsɪ] *n* Prophezeiung *f*.

prophesy ['prɒfɪsaɪ] **I** *vt* prophezeien. **II** *vi* Prophezeiungen machen.

prophet ['prɒfɪt] *n* Prophet *m*.

prophetess ['prɒfɪtɪs] *n* Prophetin *f*.

prophetic *adj*, **~ally** *adv* [prə'fetɪk, -əlɪ] prophetisch.

prophylactic [ˌprɒfɪ'læktɪk] **I** *adj* prophylaktisch, vorbeugend. **II** *n* Prophylaktikum *nt*; (*contraceptive*) Präservativ *nt*.

prophylaxis [ˌprɒfɪ'læksɪs] *n* Prophylaxe *f*.

propinquity [prə'pɪŋkwɪtɪ] *n* (*form*) Nähe *f* (*to* zu); (*in time*) zeitliche Nähe (*to* zu); (*of relationship*) nahe Verwandtschaft (*to* mit).

propitiate [prə'pɪʃɪeɪt] *vt* (*liter*) (*in favour of*) günstig *or* versöhnlich stimmen; (*appease*) besänftigen.

propitiation [prəˌpɪʃɪ'eɪʃən] *n* (*liter*) see *vt* Versöhnung *f*; Besänftigung *f*. **as ~ for, in ~ of** als Sühne für.

propitiatory [prə'pɪʃɪətərɪ] *adj see vt* versöhnlich; besänftigend; *mood* versöhnlich.

propitious *adj*, **~ly** *adv* [prə'pɪʃəs, -lɪ] günstig (*to, for* für).

prop-jet ['prɒpdʒet] *n see* **turboprop**.

proponent [prə'pəʊnənt] *n* Befürworter(in *f*) *m*.

proportion [prə'pɔːʃən] **I** *n* **1.** (*ratio, relationship in number*) Verhältnis *nt* (*of x to y* zwischen x und y); (*relationship in size, Art*) Proportionen *pl*. ~s (*size*) Ausmaß *nt*; (*of building*) Ausmaße *pl*; (*relative to one another: Art, of building etc*) Proportionen *pl*; **to be in/out of ~ (to one another)** (*in number*) im richtigen/nicht im richtigen Verhältnis zueinander stehen; (*in size, Art*) in den Proportionen stimmen/nicht stimmen; (*in time, effort etc*) im richtigen/in keinem Verhältnis zueinander stehen; **to be in/out of ~ to** *or* **with sth** im Verhältnis/in keinem Verhältnis zu etw stehen; (*in size, Art*) in den Proportionen zu etw passen/nicht passen; **in ~ to** *or* **with what she earns her contributions are very small** im Verhältnis zu dem, was sie verdient, ist ihr Beitrag äußerst bescheiden; **you should try to draw the face more in ~ to the body** Sie sollten versuchen, das Gesicht proportional richtiger zum Körper zu zeichnen; **to get sth in ~** (*Art*) etw proportional richtig darstellen; (*fig*) etw objektiv betrachten; **he has got the arms out of ~** er hat die Arme proportional falsch dargestellt; **he has let it all get out of ~** (*fig*) er hat den Blick für die Proportionen verloren; **it's out of all ~!** das steht doch in

keinem Verhältnis!; **sense of ~** (*lit, fig*) Sinn *m* für Proportionen; **in ~ as** in dem Maße wie; **a man of huge ~s** ein Koloß von einem Mann; **he admired her ample ~s** er bewunderte ihre üppigen Formen; **a room of good ~s** ein Zimmer mit guter Raumaufteilung.

2. (*part, amount*) Teil *m*. **what ~ of the industry is in private hands?** wie groß ist der Anteil der Industrie, der sich in Privathand befindet?; **a ~ of the industry is in private hands** ein Teil der Industrie befindet sich in Privathand.

II *vt* **you haven't ~ed the head properly** Sie haben den Kopf proportional falsch dargestellt; **he ~ed the building beautifully** er hat das Gebäude wunderbar ausgewogen gestaltet; **an accurately/roughly ~ed model** ein maßstabgetreues/ungefähres Modell; **a nicely ~ed woman/building** eine wohlproportionierte Frau/ein wohlausgewogenes Gebäude.

proportional [prə'pɔːʃənl] *adj* proportional (*to* zu); *share, distribution also* anteilmäßig (*to* zu). **~ representation/voting** Verhältnis- *or* Proportionalwahl *f*.

proportionally [prə'pɔːʃnəlɪ] *adv* proportional; *share, distribute also* anteilmäßig; *more, less* entsprechend. **in Holland, MP's are elected ~** in Holland werden die Abgeordneten des Parlaments durch Verhältnis- *or* Proportionalwahl gewählt.

proportionate [prə'pɔːʃnɪt] *adj* proportional. **to be/not to be ~ to sth** im Verhältnis/in keinem Verhältnis zu etw stehen.

proportionately [prə'pɔːʃnɪtlɪ] *adv see adj*.

proposal [prə'pəʊzl] *n* **1.** Vorschlag *m* (*on, about* zu); (*~ of marriage*) (Heirats)antrag *m*. **to make sb a ~** jdm einen Vorschlag/(Heirats)antrag machen.

2. (*act of proposing*) (*of toast*) Ausbringen *nt*; (*of motion*) Einbringen *nt*. **his ~ of John as chairman was expected** daß er John zum Vorsitzenden vorschlägt, war erwartet worden.

propose [prə'pəʊz] **I** *vt* **1.** vorschlagen; *motion* stellen, einbringen. **to ~ marriage to sb** jdm einen (Heirats)antrag machen; **I ~ leaving now or that we leave now** ich schlage vor, wir gehen jetzt *or* daß wir jetzt gehen; **to ~ sb's health** einen Toast auf jdn ausbringen; *see* **toast²**.

2. (*have in mind*) beabsichtigen, vorhaben. **I don't ~ having any more to do with it/him** ich will nichts mehr damit/mit ihm zu tun haben; **but I don't ~ to** ich habe aber nicht die Absicht; **and just how do you ~ we pay for all that?** können Sie uns denn auch verraten, wie wir das alles bezahlen sollen?

II *vi* **1.** (*marriage*) einen (Heirats)antrag machen (*to* dat).

2. **man ~s, God disposes** (*Prov*) der Mensch denkt, Gott lenkt (*Prov*).

proposer [prə'pəʊzər] *n* (*in debate*) Antragsteller(in *f*) *m*. **if you want to stand for the committee you'll have to find a ~** wenn Sie sich in den Ausschuß wählen lassen wollen, müssen Sie jemanden finden, der Sie vorschlägt.

proposition [ˌprɒpə'zɪʃən] **I** *n* **1.** (*state-*

ment) Aussage *f*; (*Philos, Logic*) Satz *m*; (*Math*) (Lehr)satz *m*.
2. (*proposal*) Vorschlag *m*; (*argument*) These *f*. **a paying** ~ ein lohnendes Geschäft.
3. (*person or thing to be dealt with*) (*objective*) Unternehmen *nt*; (*opponent*) Fall *m*; (*prospect*) Aussicht *f*.
4. (*pej: improper* ~) unsittlicher Antrag.
II *vt* herantreten an (+*acc*); (*make an improper* ~ *to*) einen unsittlichen Antrag machen (+*dat*).

propound [prə'paʊnd] *vt* darlegen.

proprietary [prə'praɪətərɪ] *adj class* besitzend; *rights* Besitz-; *attitude, manner* besitzergreifend; *medicine, article, brand* Marken-.

proprietor [prə'praɪətəʳ] *n* (*of pub, hotel, patent*) Inhaber(in *f*) *m*; (*of house, newspaper*) Besitzer(in *f*) *m*.

proprietorship [prə'praɪətəʃɪp] *n see* **proprietor. under his** ~ während er der Inhaber/Besitzer war.

proprietress [prə'praɪətrɪs] *n* (*of pub, hotel*) Inhaberin *f*; (*of newspaper*) Besitzerin *f*.

propriety [prə'praɪətɪ] *n* (*correctness*) Korrektheit, Richtigkeit *f*; (*decency*) Anstand *m*; (*of clothing*) Gesellschaftsfähigkeit, Züchtigkeit (*liter*) *f*. **breach of** ~ Verstoß *m* gegen die guten Sitten; **the proprieties** die Regeln *pl* des Anstands.

props [prɒps] *npl* (*Theat*) Requisiten *pl*.

propulsion [prə'pʌlʃən] *n* Antrieb *m*.

pro rata ['prəʊ'rɑːtə] *adj, adv* anteilmäßig.

prorate ['prəʊreɪt] *vt* (*US*) anteilmäßig aufteilen *or* verteilen.

prorogation [,prəʊrə'geɪʃən] *n* Vertagung *f*.

prorogue [prə'rəʊg] **I** *vt* vertagen. **II** *vi* sich vertagen.

prosaic [prəʊ'zeɪɪk] *adj* prosaisch; (*down-to-earth*) nüchtern; *life, joke* alltäglich.

prosaically [prəʊ'zeɪɪkəlɪ] *adv see adj*.

proscenium [prəʊ'siːnɪəm] *n*, *pl* **proscenia** [prəʊ'siːnɪə] (*also* ~ **arch**) Proszenium *nt*. ~ **stage** Bühne *f* mit Vorbühne.

proscribe [prəʊ'skraɪb] *vt* (*forbid*) verbieten; (*outlaw*) ächten; (*banish, exile*) verbannen.

proscription [prəʊ'rɪpʃən] *n see vt* Verbot *nt*; Ächtung *f*; Verbannung *f*.

prose [prəʊz] *n* Prosa *f*; (*writing, style*) Stil *m*; (*Sch: translation text*) Übersetzung *f* in die Fremdsprache, Hinübersetzung *f*.

prose *in cpds* Prosa-.

prosecutable ['prɒsɪkjuːtəbl] *adj* strafbar.

prosecute ['prɒsɪkjuːt] **I** *vt* **1.** *person* strafrechtlich verfolgen (*for* wegen). **prosecuting counsel** Staatsanwalt *m*/-anwältin *f*. **2.** (*form: carry on*) *inquiry, campaign etc* durchführen; *claim* weiterverfolgen.
II *vi* Anzeige erstatten, gerichtlich vorgehen. **"shoplifting — we always** ~" „jeder Ladendiebstahl wird angezeigt *or* strafrechtlich verfolgt"; **Mr Jones, prosecuting, said ...** Herr Jones, der Vertreter der Anklage, sagte ...

prosecution [,prɒsɪ'kjuːʃən] *n* **1.** (*Jur*) (*act of prosecuting*) strafrechtliche Verfolgung; (*in court: case, side*) Anklage *f* (*for*

wegen). **(the) counsel for the** ~ die Anklage(vertretung), der Vertreter/die Vertreterin der Anklage; **witness for the** ~ Zeuge *m*/Zeugin *f* der Anklage, Belastungszeuge *m*/-zeugin *f*.
2. (*form*) *see vt* **2.** Durchführung *f*; Weiterverfolgung *f*.

prosecutor ['prɒsɪkjuːtəʳ] *n* Ankläger(in *f*) *m*.

proselyte ['prɒsɪlaɪt] *n* Neubekehrte(r) *mf*, Proselyt(in *f*) *m*.

proselytize ['prɒsɪlɪtaɪz] **I** *vt* bekehren. **II** *vi* Leute bekehren.

prose style *n* Stil *m*.

prosodic [prə'sɒdɪk] *adj* prosodisch.

prosody ['prɒsədɪ] *n* Verslehre *f*.

prospect ['prɒspekt] **I** *n* **1.** (*outlook, chance*) Aussicht *f* (*of* auf +*acc*). **what a** ~! (*iro*) das sind ja schöne Aussichten!; **he has no** ~s er hat keine Zukunft; **a job with no** ~s eine Stelle ohne Zukunft; **to hold out the** ~ **of sth** etw in Aussicht stellen.
2. (*person, thing*) **he's not much of a** ~ **for her** er hat ihr nicht viel zu bieten; **Manchester is a good** ~ **for the cup** Manchester ist ein aussichtsreicher Kandidat für den Pokal; **a likely** ~ **as a customer/candidate/ husband** ein aussichtsreicher Kunde/ Kandidat/als Ehemann in Frage kommt; **he's a good** ~ **for the team** (*could benefit it*) mit ihm hat die Mannschaft gute Aussichten.
3. (*old, form*) (*view*) Aussicht *f* (*of* auf +*acc*); (*painting*) Ansicht *f* (*of* von).
4. (*Min*) Schürfstelle *f*.
II [prə'spekt] *vt* (*Min*) nach Bodenschätzen suchen in (+*dat*).
III [prə'spekt] *vi* (*Min*) nach Bodenschätzen suchen.

prospecting [prə'spektɪŋ] *n* (*Min*) Suche *f* nach Bodenschätzen.

prospective [prə'spektɪv] *adj attr* (*likely to happen*) *journey, return* voraussichtlich; (*future*) *son-in-law, owner* zukünftig; *buyer* interessiert. ~ **candidate** Kandidat *m*; **all the** ~ **cases** alle in Frage kommenden Fälle.

prospector [prə'spektəʳ] *n* Prospektor, Gold-/Erz-/Ölsucher *m*.

prospectus [prə'spektəs] *n* Verzeichnis *nt*; (*for holidays etc*) Prospekt *m*.

prosper ['prɒspəʳ] *vi* (*town, country, crime*) gedeihen, blühen; (*financially*) florieren, blühen; (*plan*) erfolgreich sein. **how's he** ~**ing these days?** wie geht es ihm?

prosperity [prɒs'perɪtɪ] *n* Wohlstand, Reichtum *m*; (*of business*) Prosperität *f*.

prosperous ['prɒspərəs] *adj* wohlhabend, reich; *business* gutgehend, florierend; *economy* florierend, blühend. **those were** ~ **times/years** das waren Zeiten/Jahre des Wohlstands.

prosperously ['prɒspərəslɪ] *adv* **to live** ~ im Wohlstand leben; **she was** ~ **dressed** ihre Kleidung verriet Wohlstand.

prostate (gland) ['prɒsteɪt(,glænd)] *n* Prostata, Vorsteherdrüse *f*.

prosthesis [prɒs'θiːsɪs] *n* (*spec*) Prothese *f*.

prostitute ['prɒstɪtjuːt] **I** *n* Prostituierte *f*. **male** ~**s** männliche Prostituierte (*form*), Strichjungen *pl*. **II** *vt* (*lit*) prostituieren; *one's talents, honour, ideals* verkaufen.

III *vr* sich prostituieren; (*fig also*) sich verkaufen.

prostitution [ˌprɒstɪˈtjuːʃən] *n* (*lit, fig*) Prostitution *f*; (*of one's talents, honour, ideals*) Verkaufen *nt*.

prostrate [ˈprɒstreɪt] I *adj* ausgestreckt. **the servants lay ~ at their master's feet** die Diener lagen demütig *or* unterwürfig zu Füßen ihres Herrn; **she was ~ with grief/exhaustion** sie war vor Gram gebrochen/sie brach fast zusammen vor Erschöpfung.

II [prɒˈstreɪt] *vt usu pass* (*lit*) zu Boden werfen; (*fig*) (*with fatigue*) erschöpfen; (*with shock*) zusammenbrechen lassen. **to be ~d by an illness** einer Krankheit (*dat*) zum Opfer gefallen sein; **to be ~d by *or* with grief** vor Gram gebrochen sein; **to be ~d by *or* with exhaustion** vor Erschöpfung fast zusammenbrechen; **he was almost ~d by the heat** die Hitze ließ ihn fast zusammenbrechen.

III [prɒˈstreɪt] *vr* sich niederwerfen (*before* vor +*dat*).

prostration [prɒˈstreɪʃən] *n* (*lit*) Fußfall *m*; (*fig: exhaustion*) Erschöpfung *f*.

prosy [ˈprəʊzɪ] *adj* (+*er*) (*boring*) redselig; (*over-literary*) schwülstig.

Prot *abbr of* **Protestant** ev.

protactinium [ˌprəʊtækˈtɪnɪəm] *n* (*abbr* **Pa**) Protactinium *nt*.

protagonist [prəʊˈtægənɪst] *n* Protagonist(in *f*) *m*.

protect [prəˈtekt] I *vt* schützen (*against* gegen, *from* vor +*dat*); (*person, animal*) *sb, young* beschützen (*against* gegen, *from* vor +*dat*); *one's interests, rights also* wahren. **don't try to ~ the culprit** versuchen Sie nicht, den Schuldigen zu decken.

II *vi* schützen (*against* vor +*dat*).

protection [prəˈtekʃən] *n* 1. Schutz *m* (*against* gegen, *from* vor +*dat*); (*of interests, rights*) Wahrung *f*. **to be under sb's ~** unter jds Schutz (*dat*) stehen. 2. (*also* ~ **money**) Schutzgeld *nt*. ~ **racket** organisiertes Erpresserunwesen.

protectionism [prəˈtekʃənɪzəm] *n* Protektionismus *m*.

protectionist [prəˈtekʃənɪst] I *adj* protektionistisch. II *n* Protektionist *m*.

protective [prəˈtektɪv] *adj* Schutz-; *attitude, gesture* beschützend. ~ **custody** Schutzhaft *f*; ~ **colouring** Tarnfarbe, Schutzfarbe *f*; ~ **instinct** Beschützerinstinkt *m*; **the mother is very ~ towards her children** die Mutter ist sehr fürsorglich ihren Kindern gegenüber; **some parents can be too ~** manche Eltern sind übermäßig besorgt.

protectively [prəˈtektɪvlɪ] *adv* schützend; (*with regard to people*) beschützend.

protector [prəˈtektəʳ] *n* 1. (*defender*) Beschützer *m*. 2. (*protective wear*) Schutz *m*.

protectorate [prəˈtektərɪt] *n* Protektorat *nt*.

protectress [prəˈtektrɪs] *n* Beschützerin *f*.

protégé, protégée [ˈprɒtəʒeɪ] *n* Protegé, Schützling *m*.

protein [ˈprəʊtiːn] *n* Eiweiß, Protein *nt*. **a high-~ diet** eine eiweißreiche Kost.

pro tem [ˈprəʊˈtem] *abbr of* **pro tempore** zur Zeit, z.Zt.

protest [ˈprəʊtest] I *n* Protest *m*; (*demonstration*) Protestkundgebung *f*. **under ~** unter Protest; **in ~** aus Protest; **to make a/one's ~** Protest *or* Widerspruch erheben.

II [prəˈtest] *vi* (*against, about* gegen) protestieren; (*demonstrate*) demonstrieren. **the ~ing scream of the brakes** das gequälte Aufkreischen der Bremsen.

III [prəˈtest] *vt* 1. *innocence, loyalty* beteuern. **but it's mine, he ~ed** das gehört aber mir, protestierte er.
2. (*dispute*) *decision* protestieren gegen, Einspruch erheben gegen.

Protestant [ˈprɒtɪstənt] I *adj* protestantisch; (*esp in Germany*) evangelisch. II *n* Protestant(in *f*) m; evangelische(r) *mf*.

Protestantism [ˈprɒtɪstəntɪzəm] *n* Protestantismus *m*.

protestation [ˌprɒteˈsteɪʃən] *n* 1. (*of love, loyalty etc*) Beteuerung *f*. 2. (*protest*) Protest *m*.

protester [prəˈtestəʳ] *n* Protestierende(r) *mf*; (*in demo*) Demonstrant(in *f*) *m*.

proto- [ˈprəʊtəʊ-] *pref* (*Chem*) proto-, Proto-; (*Ling*) ur-, Ur-.

protocol [ˈprəʊtəkɒl] *n* Protokoll *nt*.

protohistory [ˈprəʊtəʊˈhɪstərɪ] *n* Urgeschichte *f*.

proton [ˈprəʊtɒn] *n* Proton *nt*.

protoplasm [ˈprəʊtəʊplæzəm] *n* Protoplasma *nt*.

prototype [ˈprəʊtəʊtaɪp] *n* Prototyp *m*.

protozoan [ˈprəʊtəʊˈzəʊən] I *adj* einzellig. II *n* Protozoon (*spec*), Urtierchen *nt*.

protozoic [ˈprəʊtəʊˈzəʊɪk] *adj* einzellig.

protract [prəˈtrækt] *vt* hinausziehen, in die Länge ziehen; *illness* verlängern; *decision* hinauszögern.

protracted [prəˈtræktɪd] *adj* *illness* langwierig; *discussion, debate, negotiations also* sich hinziehend *attr*; *description* langgezogen; *absence, dispute* längere(r, s).

protraction [prəˈtrækʃən] *n* that can only lead to the ~ of the discussion/illness das kann nur dazu führen, daß sich die Diskussion/Krankheit hinzieht.

protractor [prəˈtræktəʳ] *n* (*Math*) Winkelmesser *m*.

protrude [prəˈtruːd] I *vi* (*out of, from* aus) vorstehen; (*eyes*) vortreten. II *vt* hervorstrecken, herausstrecken.

protruding [prəˈtruːdɪŋ] *adj* vorstehend; *rock, ledge, cliff also* herausragend; *eyes* vortretend; *forehead, chin* vorspringend.

protrusion [prəˈtruːʒən] *n* 1. (*protruding object*) Vorsprung *m*. 2. (*of rock, buttress, teeth etc*) Vorstehen *nt*; (*of forehead, chin*) Vorspringen *nt*; (*of eyes*) Vortreten *nt*.

protrusive [prəˈtruːsɪv] *adj see* **protruding**.

protuberance [prəˈtjuːbərəns] *n* (*bulge*) Beule *f*; (*of stomach*) Vorstehen *nt*; (*of eyes*) Vortreten *nt*.

protuberant [prəˈtjuːbərənt] *adj* vorstehend; *eyes* vortretend.

proud [praʊd] I *adj* (+*er*) 1. stolz (*of* auf +*acc*). **it made his parents feel very ~** das erfüllte seine Eltern mit Stolz; **to be ~ that ... stolz (darauf) sein, daß ...; **to be ~ to do sth** stolz darauf sein, etw zu tun; **that's nothing to be ~ of** das ist nichts, worauf man stolz sein kann.

2. (*projecting*) **to be** ~ (*nail etc*) heraus- *or* hervorragen; (*Typ: character*) erhaben sein; ~ **flesh** wildes Fleisch.

   II *adv* **to do sb/oneself** ~ jdn/sich verwöhnen.

proudly ['praʊdlɪ] *adv* stolz.

provable ['pruːvəbl] *adj* beweisbar; *guilt, innocence also* nachweisbar.

prove [pruːv] *pret* ~**d**, *ptp* ~**d** *or* **proven**
I *vt* **1.** (*verify*) beweisen; *will* beglaubigen. **to** ~ **sb innocent** *or* **sb's innocence** jds Unschuld beweisen *or* nachweisen; **to** ~ **something against sb** jdm etwas nachweisen; **whether his judgement was right remains to be** ~**d** es muß sich erst noch erweisen, ob seine Beurteilung zutrifft; **it all goes to** ~ **that ...** das beweist mal wieder, daß ...; **he was** ~**d right in the end** er hat schließlich doch recht behalten.

   2. (*test out, put to the proof*) *rifle, aircraft etc* erproben; *one's worth, courage* unter Beweis stellen, beweisen.

   3. (*Cook*) *dough* gehen lassen.

   4. *also vi* (*turn out*) **to** ~ (**to be**) **hot/ useful** *etc* sich als heiß/nützlich *etc* erweisen; **if it** ~**s otherwise** wenn sich das Gegenteil herausstellt.

   II *vi* (*Cook: dough*) gehen.

   III *vr* **1.** (*show one's value, courage etc*) sich bewähren.

   2. **to** ~ **oneself innocent/indispensable** *etc* sich als unschuldig/unentbehrlich *etc* erweisen; **to** ~ **oneself as sth** *or* **to be sth** sich als etw erweisen.

proven ['pruːvən] **I** *ptp of* **prove**.
II ['prəʊvən] *adj* bewährt. **not** ~ (*Scot Jur*) unbewiesen.

provenance ['prɒvɪnəns] *n* Herkunft *f*, Ursprung *m*. **country of** ~ Herkunfts- *or* Ursprungsland *nt*.

provender ['prɒvɪndəʳ] *n* Futter *nt*.

proverb ['prɒvɜːb] *n* Sprichwort *nt*. (**the Book of) P**~**s** die Sprüche *pl*.

proverbial [prə'vɜːbɪəl] *adj* (*lit, fig*) sprichwörtlich.

proverbially [prə'vɜːbɪəlɪ] *adv* (*lit*) express in Form eines Sprichworts; (*fig*) sprichwörtlich.

provide [prə'vaɪd] **I** *vt* **1.** (*make available*) zur Verfügung stellen; *personnel* (*agency*) vermitteln; *money* bereitstellen; (*lay on, as part of service*) *chairs, materials, food etc* (zur Verfügung) stellen; (*see to, bring along*) *food, records etc* sorgen für; (*produce, give*) *ideas, specialist knowledge, electricity* liefern; *light, shade* spenden, geben; *privacy* sorgen für, schaffen; *topic of conversation* sorgen für, liefern. **X** ~**d the money and Y (**~**d) the expertise** X stellte das Geld bereit, und Y lieferte das Fachwissen; **a local band** ~**d the music** eine örtliche Kapelle sorgte für die Musik.

   2. **to** ~ **sth for sb** etw für jdn stellen; (*make available*) jdm etw zur Verfügung stellen; (*find, supply: agency etc*) jdm etw besorgen; **to** ~ **food and clothes for one's family** für Nahrung und Kleidung seiner Familie sorgen; **I can't** ~ **enough chairs/ food for everyone** ich kann nicht genug Stühle/Nahrung für alle stellen; **it** ~**s a**

certain amount of privacy/shade for the inhabitants es schafft für die Bewohner eine gewisse Abgeschlossenheit/es spendet den Bewohnern etwas Schatten.

   3. **to** ~ **sb with sth** (*with food, clothing etc*) jdn mit etw versorgen; (*equip*) jdn mit etw versehen *or* ausstatten; (*with excuse, idea, answer*) jdm etw geben *or* liefern; (*with opportunity, information*) jdm etw verschaffen *or* geben *or* liefern; **this job** ~**d him with enough money/with the necessary overseas experience** die Stelle verschaffte ihm genug Geld/die nötige Auslandserfahrung; **this** ~**d the school with enough money to build a gymnasium** dadurch hatte die Schule genügend Geld zur Verfügung, um eine Turnhalle zu bauen.

   4. (*stipulate: clause, agreement*) vorsehen. **unless otherwise** ~**d** sofern nichts Gegenteiliges bestimmt ist; *see* **provided (that), providing (that)**.

   II *vi* **the Lord will** ~ (*prov*) der Herr wird's schon geben; **a husband who** ~**s well** ein Ehemann, der gut für seine Familie/Frau sorgt.

   III *vr* **to** ~ **oneself with sth** sich mit etw ausstatten; **to** ~ **oneself with a good excuse** sich (*dat*) eine gute Entschuldigung zurechtlegen.

◆**provide against** *vi +prep obj* vorsorgen für, Vorsorge *or* Vorkehrungen treffen für. **the law** ~**s** ~ **such abuses** das Gesetz schützt vor solchem Mißbrauch.

◆**provide for** *vi +prep obj* **1.** *family etc* versorgen, sorgen für, Sorge tragen für.

   2. **the law/treaty** ~**s** ~ **penalties against abuses** bei Mißbrauch sieht das Gesetz/ der Vertrag Strafe vor; **as** ~**d** ~ **in the 1970 contract** wie in dem Vertrag von 1970 vorgesehen; **we** ~**d** ~ **all emergencies** wir haben für alle Notfälle vorgesorgt; **we have** ~**d** ~ **an increase in costs of 25%** wir haben eine Kostensteigerung von 25% einkalkuliert; **the design of the house** ~**s** ~ **the later addition of a garage** im Entwurf des Hauses ist der spätere Anbau einer Garage vorgesehen.

provided (that) [prə'vaɪdɪd('ðæt)] *conj* vorausgesetzt *or* gesetzt den Fall(, daß).

providence ['prɒvɪdəns] *n* (*fate*) die Vorsehung.

provident ['prɒvɪdənt] *adj* vorsorglich, vorsorgend, vorausschauend. **his** ~ **care for the future** seine Vorsorge für die Zukunft; ~ **fund** Unterstützungskasse *f*; ~ **society** private Altersversicherung.

providential [ˌprɒvɪ'denʃəl] *adj* **God's** ~ **care** die göttliche Vorsehung. **2.** (*lucky*) glücklich. **to be** ~ (ein) Glück sein.

providentially [ˌprɒvɪ'denʃəlɪ] *adv* (*luckily*) glücklicherweise. **it happened almost** ~ das war gleichsam eine Fügung (des Schicksals).

providently ['prɒvɪdəntlɪ] *adv see adj*.

provider [prə'vaɪdəʳ] *n* (*of family*) Ernährer(in *f*) *m*.

providing (that) [prə'vaɪdɪŋ('ðæt)] *conj* vorausgesetzt *or* gesetzt den Fall(, daß).

province ['prɒvɪns] *n* **1.** Provinz *f*.

   2. **the** ~**s** *pl* die Provinz.

   3. (*fig: area of knowledge, activity etc*)

Gebiet *nt*, Bereich *m*. **it's not within my ~** das fällt nicht in meinen Bereich *or* mein Gebiet.

4. (*area of authority*) Kompetenzbereich *m*. **that's not my ~** dafür bin ich nicht zuständig.

provincial [prə'vɪnʃəl] **I** *adj* Provinz-; *custom, accent* ländlich; (*pej*) provinzlerisch. **II** *n* Provinzbewohner(in *f*) *m*; (*pej*) Provinzler(in *f*) *m*.

provincialism [prə'vɪnʃəlɪzəm] *n* Provinzialismus *m*.

proving ground ['pruːvɪŋgraʊnd] *n* (*for theory*) Versuchsfeld *nt*; (*situation: for sb, sb's abilities*) Bewährungsprobe *f*.

provision [prə'vɪʒən] **I** *n* **1.** (*act of supplying*) (*for others*) Bereitstellung *f*; (*for one's own team, expedition etc*) Beschaffung *f*; (*of food, gas, water etc*) Versorgung *f* (*of* mit, *to sb* jds).
2. (*supply*) Vorrat *m* (*of* an +*dat*). **we had an ample ~ of reference books** *etc* uns (*dat*) standen genügend Nachschlagewerke *etc* zur Verfügung.
3. ~s (*food*) Lebensmittel *pl*; (*Mil, for journey, expedition*) Verpflegung *f*, Proviant *m*; **~s ship** Versorgungsschiff *nt*.
4. (*allowance*) Berücksichtigung *f*; (*arrangement*) Vorkehrung *f*, (*stipulation*) Bestimmung *f*. **with the ~ that ...** mit dem Vorbehalt *or* der Bedingung, daß ...; **is there no ~ for such cases in the legislation**? sind solche Fälle im Gesetz nicht berücksichtigt *or* vorgesehen?; **to make ~ for sb/one's family/the future** für sich/ seine Familie/für die Zukunft Vorsorge *or* Vorkehrungen treffen; **to make ~ for sth** etw vorsehen; (*in legislation, rules also*) etw berücksichtigen; *for margin of error etc* etw einkalkulieren; **the council made ~ for recreation** die Stadt hat Freizeiteinrichtungen geschaffen; **to make ~ against sth** gegen etw Vorkehrungen treffen.
II *vt* die Verpflegung liefern für; *expedition* verproviantieren; *troops* (mit Proviant) beliefern *or* versorgen.

provisional [prə'vɪʒənl] **I** *adj* provisorisch; *measures, solution also*, *offer, acceptance, decision, legislation* vorläufig. **~ driving licence** (*Brit*) vorläufige Fahrerlaubnis für Fahrschüler; **the ~ IRA** *see n*. **II** *n* (*Ir Pol*) **the P~s** Mitglieder *pl* der provisorischen irisch-republikanischen Armee.

provisionally [prə'vɪʒnəlɪ] *adv* vorläufig; *appoint also* provisorisch.

proviso [prə'vaɪzəʊ] *n, pl ~* (**e**)**s** (*condition*) Vorbehalt *m*, Bedingung *f*; (*clause*) Vorbehaltsklausel *f*.

provisory [prə'vaɪzərɪ] *adj* **1.** (*with a proviso*) vorbehaltlich. **a ~ clause** eine Vorbehaltsklausel. **2.** *see* **provisional I.**

Provo ['prəʊvəʊ] *n, pl ~s* (*Ir Pol*) *see* **provisional.**

provocation [ˌprɒvə'keɪʃən] *n* Provokation, Herausforderung *f*. **he acted under ~** er wurde dazu provoziert *or* herausgefordert; **he hit me without any ~** er hat mich geschlagen, ohne daß ich ihn dazu provoziert hätte.

provocative [prə'vɒkətɪv] *adj* provozierend, provokatorisch; *remark, behaviour also* herausfordernd; *dress*

provozierend. **he's just trying to be ~** er versucht nur zu provozieren.

provocatively [prə'vɒkətɪvlɪ] *adv see adj*.

provoke [prə'vəʊk] *vt sb* provozieren, reizen, herausfordern; *animal* reizen; *reaction, anger, criticism, dismay, smile* hervorrufen; *lust, pity* erwecken, erregen; *reply, dispute* provozieren; *discussion, revolt, showdown* herbeiführen, auslösen. **to ~ a quarrel** *or* **an argument** (*person*) Streit suchen; (*action*) zu einem Streit führen; **to ~ sb into doing sth** *or* **to do sth** jdn dazu bringen, daß er etw tut; (*taunt*) jdn dazu treiben *or* so provozieren, daß er etw tut; **it ~d us to action** das hat uns zum Handeln veranlaßt.

provoking [prə'vəʊkɪŋ] *adj* provozierend; (*annoying*) *fact, circumstance* ärgerlich. **a ~ child** ein Kind, das einen reizt.

provokingly [prə'vəʊkɪŋlɪ] *adv* provozierend.

provost ['prɒvəst] *n* **1.** (*Scot*) Bürgermeister *m*. **2.** (*Univ*) ≃ Dekan *m*. **3.** (*Eccl*) Propst *m*.

provost marshal [prə'vəʊst'mɑːʃəl] *n* Kommandeur *m* der Militärpolizei.

prow [praʊ] *n* Bug *m*.

prowess ['praʊɪs] *n* (*skill*) Fähigkeiten *pl*, Können *nt*; (*courage*) Tapferkeit *f*. **his (sexual) ~** seine Potenz.

prowl [praʊl] **I** *n* Streifzug *m*. **to be on the ~** (*cat, lion, burglar*) auf Streifzug sein; (*headmaster, boss*) herumschleichen; (*police car*) auf Streife sein; (*inf: for pickup*) auf Frauen-/ Männerjagd sein.
II *vt* durchstreifen.
III *vi* (*also ~ about or around*) herumstreichen; (*of boss, headmaster*) herumschleichen.

prowl car *n* (*US*) Streifenwagen *m*.

prowler ['praʊləʳ] *n* Herumtreiber(in *f*) *m*; (*peeping Tom*) Spanner *m* (*inf*). **he heard a ~ outside** er hörte, wie draußen jemand herumschlich.

prox ['prɒks] *abbr of* **proximo.**

proximity [prɒk'sɪmɪtɪ] *n* Nähe *f*. **in ~/in close ~ to** in der Nähe (+*gen*)/in unmittelbarer Nähe (+*gen*); **the ~ of their relationship** ihre enge Verwandtschaft.

proximo ['prɒksɪməʊ] *adv* (*Comm*) (des) nächsten Monats.

proxy ['prɒksɪ] *n* (*power, document*) (Handlungs)vollmacht *f*; (*person*) Stellvertreter(in *f*) *m*. **by ~** durch einen Stellvertreter; **to be married by ~** ferngetraut werden; **~ vote** stellvertretend abgegebene Stimme.

prude [pruːd] *n* **to be a ~** prüde sein; **only ~s would object to that** nur prüde Leute würden sich daran stoßen.

prudence ['pruːdəns] *n see adj* Umsicht *f*; Klugheit *f*; Überlegtheit *f*. **simple ~ should have made you stop** der gesunde Menschenverstand hätte Sie davon abbringen müssen.

prudent ['pruːdənt] *adj person* umsichtig; *measure, action, decision* klug; *answer* wohlüberlegt. **I thought it ~ to change the subject** ich hielt es für klüger, das Thema zu wechseln; **how ~!** sehr klug *or* weise!

prudently ['pruːdəntlɪ] *adv* wohlweislich;

act umsichtig; *answer* überlegt.

prudery ['pru:dərɪ] *n* Prüderie *f*.

prudish ['pru:dɪʃ] *adj* prüde; *clothes* sittsam, züchtig.

prudishly ['pru:dɪʃlɪ] *adv see adj.* **they ~ cut out all the swearwords** prüde, wie sie sind, haben sie alle Kraftausdrücke gestrichen.

prudishness ['pru:dɪʃnɪs] *n* (*prudish behaviour*) Prüderie *f*; (*prudish nature*) prüde Art; (*of clothes*) Sittsamkeit *f*.

prune¹ [pru:n] *n* Backpflaume *f*; (*inf: person*) Muffel *m* (*inf*).

prune² *vt* (*also ~ down*) beschneiden, stutzen; *hedge* schneiden, zurechtstutzen; (*fig*) *expenditure* kürzen; *workforce* reduzieren; *firm* schrumpfen lassen; *book, essay* zusammenstreichen, kürzen. **to ~ away** ab- *or* wegschneiden; *unnecessary details, verbiage etc* wegstreichen.

pruners ['pru:nəz] *npl* Gartenschere *f*.

pruning ['pru:nɪŋ] *n see vt* Beschneiden, Stutzen *nt*; Schneiden, Zurechtstutzen *nt*; Kürzung *f*; Reduzierung *f*; Schrumpfung *f*; Zusammenstreichen *nt*. **the tree needs ~ der Baum muß beschnitten** *or* gestutzt werden.

pruning hook *n* Rebmesser *nt*; **pruning knife** *n* Gartenmesser *nt*; **pruning shears** *npl* Gartenschere, Rebschere *f*.

prurience ['prʊərɪəns] *n see adj* Anzüglichkeit, Schlüpfrigkeit *f*; Schwüle *f* (*geh*); Lüsternheit, Geilheit *f*.

prurient ['prʊərɪənt] *adj* anzüglich, schlüpfrig; *imagination also* schwül (*geh*); *person* lüstern, geil.

Prussia ['prʌʃə] *n* Preußen *nt*.

Prussian ['prʌʃən] **I** *adj* preußisch. **~ blue** Preußischblau. **II** *n* **1.** Preuße *m*, Preußin *f*. **2.** (*language*) Preußisch *nt*.

prussic acid ['prʌsɪkˈæsɪd] *n* Blausäure *f*.

pry¹ [praɪ] *vi* neugierig sein; (*in drawers etc*) (herum)schnüffeln (*in* in +*dat*). **I don't mean to ~, but ...** es geht mich ja nichts an, aber ...; **to ~ into sb's affairs** seine Nase in jds Angelegenheiten (*acc*) stecken; **to ~ into sb's secrets** jds Geheimnisse ausspionieren wollen; **to ~ about** herumschnüffeln.

pry² *vt* (*US*) *see* **prise**.

prying ['praɪɪŋ] *adj* neugierig.

PS *abbr of* **postscript** PS.

psalm [sɑ:m] *n* Psalm *m*. (**the Book of) P~s** der Psalter; **~ book** Psalmenbuch *nt*.

psalmist ['sɑ:mɪst] *n* Psalmist *m*.

psalmody ['sælmədɪ] *n* Psalmodie *f*.

psalter ['sɔ:ltər] *n* Psalter *m*.

psaltery ['sɔ:ltərɪ] *n* Psalterium *nt*.

psephology [seˈfɒlədʒɪ] *n* Wahlanalytik *f*.

pseud [sju:d] (*inf*) **I** *n* Möchtegern *m* (*inf*). **II** *adj* *book, film* auf intellektuell gemacht (*inf*), gewollt; *views, ideas* hochgestochen (*inf*); *décor, pub etc* auf schick gemacht (*inf*); *person* affektiert; pseudointellektuell.

pseudo ['sju:dəʊ] (*inf*) **I** *adj* **1.** (*pretentious*) *see* **pseud II.** **2.** (*pretended*) unecht; *affection, simplicity* aufgesetzt; *revolutionary, intellectual etc* Möchtegern- (*inf*), Pseudo-. **II** *n, pl ~s see* **pseud I.**

pseudo- *pref* Pseudo-, pseudo.

pseudonym ['sju:dənɪm] *n* Pseudonym *nt*.

psittacosis [ˌpsɪtəˈkəʊsɪs] *n* Papageienkrankheit, Psittakose (*spec*) *f*.

psoriasis [sɒˈraɪəsɪs] *n* Schuppenflechte *f*.

PST *abbr of* **Pacific Standard Time.**

psych(e) [saɪk] (*sl*) **I** *vt* **1.** (*psychoanalyst*) analysieren. **2.** (*understand, get taped*) **to ~ sb (out)**, **to get sb ~ed (out)** jdn durchschauen. **3. to ~ oneself up, to get oneself ~ed up** sich hochputschen. **II** *vi* **to ~ out** ausflippen (*inf*).

psyche ['saɪkɪ] *n* Psyche *f*.

psychedelic [ˌsaɪkɪˈdelɪk] *adj* psychedelisch; *drugs also* bewußtseinserweiternd.

psychiatric [ˌsaɪkɪˈætrɪk] *adj* psychiatrisch; *illness* psychisch.

psychiatrist [saɪˈkaɪətrɪst] *n* Psychiater(in *f*) *m*.

psychiatry [saɪˈkaɪətrɪ] *n* Psychiatrie *f*.

psychic ['saɪkɪk] **I** *adj* übersinnlich; *powers* übernatürlich. **~ research** Parapsychologie *f*; **she is ~** sie besitzt übernatürliche Kräfte *or* übersinnliche Wahrnehmung; **you must be ~!** Sie müssen hellsehen können! **II** *n* Mensch *m* mit übernatürlichen Kräften *or* übersinnlicher Wahrnehmung.

psychical ['saɪkɪkəl] *adj see* **psychic I.**

psycho ['saɪkəʊ] *n, pl ~s* (*US inf*) Verrückte(r) *mf*.

psychoanalyse, (*US*) **psychoanalyze** [ˌsaɪkəʊˈænəlaɪz] *vt* psychoanalytisch behandeln, psychoanalysieren.

psychoanalysis [ˌsaɪkəʊəˈnælɪsɪs] *n* Psychoanalyse *f*.

psychoanalyst [ˌsaɪkəʊˈænəlɪst] *n* Psychoanalytiker(in *f*) *m*.

psychological [ˌsaɪkəˈlɒdʒɪkəl] *adj* (*mental*) psychisch; (*concerning psychology*) psychologisch. **~ make-up** Psyche *f*; **the ~ moment** der psychologisch günstige Augenblick; **~ warfare** psychologische Kriegsführung; **he's not really ill, it's all ~** er ist nicht wirklich krank, das ist alles nur Einbildung.

psychologically [ˌsaɪkəˈlɒdʒɪkəlɪ] *adv see adj.* **he is ~ unstable** er ist psychisch sehr unausgeglichen.

psychologist [saɪˈkɒlədʒɪst] *n* Psychologe *m*, Psychologin *f*.

psychology [saɪˈkɒlədʒɪ] *n* (*science*) Psychologie *f*; (*make-up*) Psyche *f*.

psychometrics [ˌsaɪkəʊˈmetrɪks] *n sing*, **psychometry** [saɪˈkɒmɪtrɪ] *n* Psychometrie *f*.

psychopath ['saɪkəʊpæθ] *n* Psychopath(in *f*) *m*.

psychopathic [ˌsaɪkəʊˈpæθɪk] *adj* psychopathisch.

psychopharmacology [ˌsaɪkəʊˌfɑːməˈkɒlədʒɪ] *n* Psychopharmakologie, Pharmakopsychologie *f*.

psychophysics [ˌsaɪkəʊˈfɪzɪks] *n sing* Psychophysik *f*.

psychophysiology [ˌsaɪkəʊˌfɪzɪˈɒlədʒɪ] *n* Psychophysiologie *f*.

psychosis [saɪˈkəʊsɪs] *n, pl* **psychoses** [saɪˈkəʊsiːz] Psychose *f*.

psychosomatic [ˌsaɪkəʊsəʊˈmætɪk] *adj* psychosomatisch.

psychosurgery [ˌsaɪkəʊˈsɜːdʒərɪ] *n* Gehirnchirurgie *f*.

psychotherapist [,saɪkəʊ'θerəpɪst] n Psychotherapeut(in f) m.

psychotherapy [,saɪkəʊ'θerəpɪ] n Psychotherapie f.

psychotic [saɪ'kɒtɪk] I adj psychotisch. ~ **illness** Psychose f. II n Psychotiker(in f) m.

PT abbr of **physical training**.

pt abbr of **part; pint; payment; point** Pkt.

PTA abbr of **parent-teacher association** Lehrer-Eltern-Ausschuß m.

ptarmigan ['tɑːmɪgən] n Schneehuhn nt.

Pte (Mil) abbr of **Private**.

pto abbr of **please turn over** bitte wenden, b.w.

Ptolemaic [,tɒlə'meɪɪk] adj ptolemäisch. ~ **system** ptolemäisches Weltbild.

ptomaine ['təʊmeɪn] n Leichengift nt.

pub [pʌb] n (Brit) Kneipe (inf), Wirtschaft f, Lokal nt; (in the country) Gasthaus, Wirtshaus nt. **let's go to the ~** komm, wir gehen einen trinken or wir gehen in die Kneipe (inf); ~ **grub/lunch** in Trinkgaststätten servierter Imbiß.

pub-crawl ['pʌbkrɔːl] n (inf) Kneipenbummel m (inf). **to go on a ~** einen Kneipenbummel machen (inf).

puberty ['pjuːbətɪ] n die Pubertät. **to reach the age of ~** ins Pubertätsalter or in die Pubertät kommen.

pubes ['pjuːbiːz] pl of **pubis**.

pubescence [pjuːˈbesəns] n die Pubertät.

pubescent [pjuːˈbesənt] adj pubertierend.

pubic ['pjuːbɪk] adj Scham-.

pubis ['pjuːbɪs] n, pl **pubes** Schambein nt.

public ['pʌblɪk] I adj öffentlich; health, library also Volks-; spending, debts der öffentlichen Hand, Staats-. **to be ~ knowledge** ein öffentliches Geheimnis sein; **to become ~** publik werden; **at the ~ expense** aus öffentlichen Mitteln; **it's rather ~ here** es ist nicht gerade privat hier; **he is a ~ figure** or **person** er ist eine Persönlichkeit des öffentlichen Lebens; **in the ~ eye** im Blickpunkt der Öffentlichkeit; **to make sth ~** etw bekanntgeben, etw publik machen; (officially) etw öffentlich bekanntmachen; **to go ~** (Comm) in eine Aktiengesellschaft umgewandelt werden.
II n sing or pl Öffentlichkeit f. **in ~** in der Öffentlichkeit; speak also, agree, admit öffentlich; **our/their** etc ~ unser/ihr etc Publikum; **the reading/sporting/theatre-going ~** die lesende/sportinteressierte/theaterinteressierte Öffentlichkeit; **the racing ~** die Freunde pl des Rennsports.

public address system n Lautsprecheranlage f.

publican ['pʌblɪkən] n (Brit) Gastwirt(in f) m.

public assistance n (US) staatliche Fürsorge.

publication [,pʌblɪ'keɪʃən] n Veröffentlichung, Publikation (geh) f. ~ **date** Erscheinungsdatum nt.

public bar n ≈ Ausschank m, Schenke f, Schwemme f (inf); **public building** n öffentliches Gebäude; **public company** n Aktiengesellschaft f; **public convenience** n öffentliche Bedürfnisanstalt (form); **public debt** n (esp US) Ver-

schuldung f der öffentlichen Hand; (national debt) Staatsverschuldung f; **public defender** n (US) Pflichtverteidiger(in f) m; **public domain** n (US) 1. (land) Domäne f; 2. (unpatented status) **this book/invention will soon become ~** das Copyright für dieses Buch/das Patent für diese Erfindung läuft bald ab; **public enemy** n Staatsfeind m; ~ **number one** Staatsfeind Nr. 1; **public holiday** n gesetzlicher Feiertag; **public house** n (Brit form) Gaststätte f.

publicist ['pʌblɪsɪst] n Publizist(in f) m.

publicity [pʌb'lɪsɪtɪ] n 1. Publicity f. 2. (Comm: advertising, advertisements) Werbung, Reklame f. **we must get out some more ~ for this product** wir müssen mehr Werbung für dieses Produkt treiben.

publicity agent n Publicitymanager m; **publicity campaign** n Publicitykampagne f; (Comm) Werbekampagne f; **publicity material** n Publicitymaterial nt; (Comm) Werbematerial nt.

publicize ['pʌblɪsaɪz] vt 1. (make public) bekanntmachen, an die Öffentlichkeit bringen. **I don't ~ the fact** ich will das nicht an die große Glocke hängen (inf). 2. (get publicity for) film, author Publicity machen für; new product also Werbung treiben or Reklame machen für.

public law n öffentliches Recht.

publicly ['pʌblɪklɪ] adv öffentlich. **this factory is ~ owned** diese Fabrik ist Gemeineigentum.

public money n öffentliche Gelder pl; **public opinion** n die öffentliche Meinung; **public opinion poll** n Meinungsumfrage f; **public ownership** n öffentlicher Besitz; **under ~** in öffentlichem Besitz; **public prosecutor** n Staatsanwalt m/-anwältin f; **public purse** n Staatskasse f, Staatssäckel m (inf); **Public Record(s) Office** n (Brit) Nationalarchiv nt; Bundeszentralarchiv nt (BRD); **public relations** n 1. pl Public Relations pl; 2. sing (area of work also) Öffentlichkeitsarbeit f; **public relations officer** n Pressesprecher(in f) m; **public school** n (Brit) Privatschule, Public School f; (US) staatliche Schule; **public schoolboy** n (Brit) Schüler m einer Privatschule; **public schoolgirl** n (Brit) Schülerin f einer Privatschule; **public sector** n öffentlicher Sektor; **public servant** n Arbeitnehmer(in f) m im öffentlichen Dienst; **public service** n (Civil Service) öffentlicher Dienst; (facility: water, transport etc) öffentlicher Dienstleistungsbetrieb; (benefit) Dienst m an der Allgemeinheit; **public service vehicle** n öffentliches Verkehrsmittel; **public speaker** n Redner(in f) m; **public speaking** n Redenhalten nt; **I'm no good at ~** ich kann nicht in der Öffentlichkeit reden; **public spirit** n Gemeinsinn m; **public-spirited** adj act, attitude gemeinsinnig (geh), die von Gemeinschaftssinn zeugt; **it's not very ~ of them to ...** es spricht nicht gerade für ihren Gemeinschaftssinn, daß sie ...; **public transport** n öffentliche Verkehrsmittel pl; **public**

utility *n* öffentlicher Versorgungsbetrieb; **public works** *npl* staatliche Bauvorhaben *pl.*

publish ['pʌblɪʃ] I *vt* 1. *(issue)* veröffentlichen; *book, magazine etc also* herausbringen; *research, thesis also* publizieren. ~ed **by Klett** bei Klett *or* im Klett Verlag erscheinen; **"~ed monthly"** „erscheint monatlich"; **"just ~ed"** „neu erschienen"; **"to be ~ed shortly"** „erscheint in Kürze"; **they ~ novels** sie verlegen Romane. 2. *(make public)* *news, banns* veröffentlichen, bekanntgeben; *decree* herausgeben; *will* eröffnen. **to ~ sth abroad** etw überall herumerzählen.

II *vi* **the magazine ~es on Tuesdays** das Magazin erscheint dienstags; **when are we going to ~?** *(book)* wann bringen wir das Buch heraus?; *(research)* wann veröffentlichen *or* publizieren wir die Arbeit?; **he used to ~ with Klett** er hat seine Bücher früher bei Klett veröffentlicht.

publisher ['pʌblɪʃə'] *n* *(person)* Verleger(in *f*) *m*; *(firm: also ~s)* Verlag *m.* **who are your ~s?** wer ist Ihr Verleger?

publishing ['pʌblɪʃɪŋ] *n* *(trade)* das Verlagswesen. **~ company** Verlagshaus *nt.*

puce [pjuːs] I *n* Braunrot *nt.* II *adj* braunrot; *(fig: with rage, shame)* rot.

puck[1] [pʌk] *n* *(goblin)* Kobold, Puck *m.*

puck[2] *n* *(Sport)* Puck *m.*

pucker ['pʌkə'] I *vt* *(in cloth)* Fältchen *nt.*

II *vt* *(also ~ up)* *one's lips, mouth* verziehen; *(for kissing)* spitzen; *one's brow* runzeln; *material* fälten.

III *vi* *(also ~ up)* *(lips)* sich verziehen; *(to be kissed)* sich spitzen; *(brow)* sich runzeln; *(material)* Falten werfen.

puckish *adj*, **~ly** *adv* ['pʌkɪʃ, -lɪ] koboldhaft.

pudding ['pʊdɪŋ] *n* 1. *(dessert)* Nachspeise *f*; *(crème caramel, instant whip etc)* Pudding *m.* **what's for ~?** was gibt es als Nachspeise *or* Nachtisch? 2. *(savoury: meat in suet)* ≃ (Fleisch)pastete *f.* **black ~** ≃ Blutwurst *f*; **white ~** ≃ Preßsack *m.*

pudding basin *n* Puddingform *f*; **pudding-basin haircut** *n* (Koch)topfschnitt *m* *(inf)*; **pudding club** *n* **to be in the ~** *(sl)* einen dicken Bauch haben *(inf)*; **pudding-face** *n* *(inf)* Vollmondgesicht *nt* *(inf)*; **pudding-head** *n* *(inf)* Knallkopp *m* *(inf)*; **pudding stone** *n* Puddingstein *m.*

puddle ['pʌdl] *n* Pfütze *f* *(also euph).*

pudendum [pju:'dendəm] *n*, *pl* **pudenda** [pju:'dendə] 1. *(of woman)* Vulva *f.* 2. **pudenda** *pl* *(of either sex)* primäre Geschlechtsmerkmale *pl*, Scham *f* *(geh).*

pudgy ['pʌdʒɪ] *adj* *(+er)* see **podgy.**

puerile ['pjʊəraɪl] *adj* infantil.

puerility [pjʊə'rɪlɪtɪ] *n* Infantilität *f.*

puerperal fever [pju:'ɜ:pərəl'fiːvə'] *n* Kindbettfieber, Puerperalfieber *(spec)* *nt.*

Puerto Rican ['pwɜ:təʊ'riːkən] I *adj* puertoricanisch, portorikanisch. II *n* *(person)* Puertoricaner(in *f*), Portorikaner(in *f*) *m.*

Puerto Rico ['pwɜ:təʊ'riːkəʊ] *n* Puerto Rico, Porto Rico *nt.*

puff [pʌf] I *n* 1. *(of breathing, of engine)* Schnaufen *nt no pl*; *(of horse)* Schnauben *nt no pl*; *(inf: breath)* Puste *f* *(inf)*; *(on*

cigarette etc) Zug *m* *(at, of* an +*dat).* **a ~ of air/wind** ein Luft-/ Windstoß *m*; **a ~ of air from the bellows** ein wenig Luft aus dem Blasebalg; **a ~ of smoke** eine Rauchwolke; **our hopes vanished in a ~ of smoke** unsere Hoffnungen lösten sich in nichts auf; **he blew out the candles with** *or* **in one ~** er blies die Kerzen auf einmal aus; **to be out of ~** *(inf)* außer Puste sein *(inf).* 2. *(powder ~)* Quaste *f.* 3. *(Cook)* **cream ~** Windbeutel *m*; **jam ~** Blätterteigteilchen *nt* mit Marmelade; **~ pastry,** *(US)* **~ paste** Blätterteig *m.* 4. *(inf: advertisement)* Schmus *m* *(inf).* **to give sb/sth a ~** jdn/etw hochjubeln *(inf).*

II *vt* 1. *smoke* ausstoßen; *cigarette, cigar* paffen *(inf).* **to ~ sth away/down** etw wegblasen/umblasen; **stop ~ing smoke in my face** blas mir nicht dauernd den Rauch ins Gesicht. 2. *(praise)* hochjubeln *(inf).* 3. *(Sew)* bauschen. **~ed sleeves** Puffärmel *pl.* 4. *(Cook)* **to ~ rice** Puffreis herstellen.

III *vi* *(person, train)* schnaufen; *(horse)* schnauben; *(wind)* blasen; *(chimney, smoke)* qualmen. **he was ~ing and panting** er pustete und schnaufte; **to ~ (away) at** *or* **on a cigar** an einer Zigarre paffen.

◆puff out *vt sep* 1. *(expand)* *chest* herausstrecken, herausdrücken; *cheeks* aufblasen; *feathers* (auf)plustern; *sail* blähen. 2. *(emit)* *air, smoke* ausstoßen; *words* hervorstoßen. 3. *(blow out)* auspusten. 4. *(inf)* **always separate** *(make out of breath)* außer Puste bringen *(inf).*

◆puff up I *vt sep* 1. *feathers* (auf)plustern; *(blow up)* aufblasen. 2. *(fig)* **to get/be ~ed ~** sich aufblasen; **to be ~ed ~ with pride** ganz aufgeblasen sein. II *vi* 1. *(swell: eyes, face etc)* anschwellen. 2. **he came ~ing ~ to me** er kam angeschnauft.

puff-adder ['pʌf,ædə'] *n* Puffotter *f*; **puff-ball** *n* *(Bot)* Bovist *m.*

puffed [pʌft] *adj* *(inf)* außer Puste *(inf).*

puffin ['pʌfɪn] *n* Papageientaucher, Lund *m.*

puffiness ['pʌfɪnɪs] *n* Verschwollenheit *f.*

puffy ['pʌfɪ] *adj* *(+er)* *(swollen)* geschwollen; *face, eyes also* verschwollen; *(from crying)* verquollen.

pug [pʌg] *n* *(also ~ dog)* Mops *m.*

pugilism ['pju:dʒɪlɪzəm] *n* *(form)* Faustkampf *m.*

pugnacious [pʌg'neɪʃəs] *adj* kampfeslustig; *(verbally)* streitsüchtig; *expression, remark also* herausfordernd; *support, defence* hartnäckig; *dog, campaign* aggressiv.

pugnaciously [pʌg'neɪʃəslɪ] *adv* see *adj.*

pugnacity [pʌg'næsɪtɪ] *n* see *adj* Kampfeslust *f*; Streitsüchtigkeit *f*; Herausforderung *f* *(of* in +*dat)*; Hartnäckigkeit *f*; Aggressivität *f.*

pug nose *n* Knollennase *f*; **pug-nosed** *adj* knollennasig.

puke [pju:k] *vti* *(sl)* kotzen *(sl)*, spucken *(inf).* **to ~ all over sth** *(sl)* etw vollkotzen.

pukka, pucka ['pʌkə] *adj* *(inf)* *(genuine)* echt; Original-; *(proper)* anständig *(inf)*; *(excellent)* eins a *(inf)*, erstklassig; *(posh, upper-class)* vornehm.

pulchritude ['pʌlkrɪtjuːd] n (liter) Schön-
heit f.

pull [pʊl] I n 1. (tug) Ziehen nt; (short) Ruck
m; (lit, fig: attraction) Anziehungskraft f;
(of current) Sog m. **he gave her/the rope a
~** er zog sie/am Seil; **he gave her hair a ~**
er zog sie an den Haaren; **I felt a ~ at my
sleeve** ich spürte, wie mich jemand am
Ärmel zog; **the ~ of family ties brought
him home again** familiäre Bande zogen
ihn wieder nach Hause.

2. (uphill journey) Anstieg m.

3. (inf: influence) Beziehungen pl (with
zu). **she has ~ with the manager** sie kann
beim Chef was erreichen (inf).

4. (at pipe, beer) Zug m. **he took a ~ at
his pipe/glass** er zog an seiner Pfeife/nahm
einen Schluck aus seinem Glas.

5. **bell ~** Klingelzug m; **beer ~** Bier-
pumpengriff m.

6. (Typ: proof) Abzug m.

II vt 1. (draw, drag) ziehen. **he ~ed the
dog behind him** er zog den Hund hinter
sich (dat) her; **to ~ a door shut** eine Tür
zuziehen; **he ~ed her towards him** er zog
sie an (acc).

2. (tug) handle, rope, bell ziehen an
(+dat); boat rudern. **he ~ed her hair** er
zog sie an den Haaren; **to ~ sth to pieces**
(lit) etw zerreißen, etw in Stücke reißen;
(fig: criticize) etw verreißen; **to ~ sb's leg**
(inf) jdn auf den Arm nehmen (inf); **~ the
other one (, it's got bells on)** (inf) das
glaubst du ja selber nicht!, das kannst du
deiner Großmutter erzählen! (inf); **she
was the one ~ing the strings** or **wires** sie
ließ alle nach ihrer Pfeife tanzen; **to ~
rank (on sb)** (jdm gegenüber) den Vor-
gesetzten herauskehren; **to ~ one's
punches** (Boxing) verhalten schlagen;
(fig) sich zurückhalten; **when it came to
criticizing other people he didn't ~ his** or
any punches wenn es darum ging, andere
zu kritisieren, zog er ganz schön vom
Leder (inf).

3. (extract, draw out) tooth, cork
(heraus)ziehen; gun, knife ziehen; weeds,
lettuce herausziehen; beer zapfen; (Cook)
chicken ausnehmen.

4. (strain) muscle sich (dat) zerren;
(tear) thread ziehen.

5. (attract) crowd anziehen.

6. (inf: carry out, do) deal durchziehen
(inf); (criminal) job drehen (inf). **what
are you trying to ~?** (inf) was heckst du
wieder aus? (inf).

7. (Typ) **to ~ a proof** einen Abzug
machen.

8. (Golf, Cricket, Baseball) verziehen,
auf die der Schlaghand entgegengesetzte
Seite schlagen.

III vi 1. ziehen (on, at an +dat). **to ~ to
the left/right** (car, brakes) nach links/
rechts ziehen; **to ~ on** or **at one's cigarette**
an seiner Zigarette ziehen; **to ~ for sb/sth**
(US inf) jdn/etw unterstützen.

2. (move: train, car etc) fahren. **he ~ed
across to the left-hand lane** er wechselte
auf die linke Spur über; **to ~ alongside**
seitlich heranfahren; (Naut) längsseits
kommen; **at the last moment he ~ed clear
of the obstacle** im letzten Moment zog er

an dem Hindernis vorbei; **the oarsmen
~ed for** or **towards the shore** die Ruderer
hielten auf das Ufer zu; **to ~ ahead (of sb)**
(car, runner) (an jdm) vorbeiziehen; (fig:
rival etc) jdn hinter sich (dat) lassen.

◆**pull about** vt sep toy etc herumzerren;
person herumzerren an (+dat).

◆**pull apart** I vt sep 1. (separate) auseinan-
derziehen; sheets of paper also, fighting
people trennen; radio etc auseinandernen-
men. 2. (fig inf) (search thoroughly)
auseinandernehmen (inf). II vi (through
design) sich auseinandernehmen lassen;
(break) auseinandergehen.

◆**pull away** I vt sep wegziehen. II vi (move
off) wegfahren; (ship) ablegen. **the car/
runner ~ed from the others** der Wagen/
Läufer setzte sich (von den anderen) ab.

◆**pull back** I vt sep zurückziehen. II vi (lit)
sich zurückziehen. **to ~ ~ (from doing
sth)** (fig) einen Rückzieher machen (und
etw nicht tun) (inf).

◆**pull down** I vt sep 1. herunterziehen. **he
~ed his hat ~ over his eyes** er zog sich
(dat) den Hut über die Augen.

2. (demolish) buildings abreißen.

3. (weaken, make worse) (illness)
person mitnehmen; (exam, question)
marks herunterdrücken; (failure, adverse
conditions) company etc mitnehmen;
profits, results herunterdrücken.

4. (US inf: earn) machen (inf).

II vi (blind etc) sich herunterziehen
lassen.

◆**pull in** I vt sep 1. claws, rope, stomach etc
einziehen; (into room, swimming-pool
etc) hineinziehen. **to ~ sb/sth ~(to) sth**
jdn/etw in etw (acc) ziehen.

2. (rein in) horse zügeln.

3. (attract) crowds anziehen.

4. (inf: earn) kassieren (inf).

5. (inf: take into custody) kassieren (inf).

II vi 1. (claws) sich einziehen lassen.

2. (into station, harbour, pier) einfah-
ren, einlaufen (into in +acc); (into
garage, driveway) hineinfahren (into in
+acc); (stop, park) anhalten. **he ~ed ~ to
the next lay-by** er fuhr auf den nächsten
Halteplatz; **he ~ed ~ to the kerb** er fuhr
an den Bordstein heran.

◆**pull off** vt sep 1. wrapping paper ab-
ziehen; cover also abnehmen; (violently)
abreißen; clothes, pullover, shoes
ausziehen; gloves, tights ausziehen, ab-
streifen. **he ~ed his clothes ~ and jumped
into the water** er riß sich (dat) die Kleider
vom Leib und sprang ins Wasser.

2. (inf: succeed in) schaffen (inf); deal,
coup also zuwege bringen (inf); order an
Land ziehen (inf); bank job, burglary
drehen (inf).

◆**pull on** vt sep coat etc sich (dat) über-
ziehen; hat aufsetzen.

◆**pull out** I vt sep 1. (extract) (of aus)
herausziehen; tooth ziehen; page
heraustrennen.

2. (elongate) table, dough ausziehen.

3. (withdraw) zurückziehen; troops ab-
ziehen.

II vi 1. (come out) sich herausziehen
lassen; pages sich heraustrennen lassen.

2. (elongate) sich ausziehen lassen.

3. (*withdraw*) aussteigen (*of* aus) (*inf*); (*troops*) abziehen.

4. (*leave: train etc*) herausfahren (*of* aus).

5. (*move on*) herausfahren. **the car/driver ~ed ~ from behind the lorry** der Wagen/Fahrer scherte hinter dem Lastwagen aus; **the boat ~ed ~ into midstream** das Boot fuhr in die Flußmitte hinaus.

◆**pull over** I *vt sep* **1.** hinüber-/herüberziehen; (*prep obj* über +*acc*). **2.** (*topple*) umreißen. II *vi* (*car, driver*) zur Seite fahren.

◆**pull round** I *vt sep* **1.** (*turn round*) herumdrehen. **2.** (*bring back to consciousness*) wieder zu sich bringen; (*help recover*) durchbringen. II *vi* (*regain consciousness*) wieder zu sich kommen; (*recover*) durchkommen.

◆**pull through** I *vt sep* (*lit*) durchziehen; (*fig: help recover, help succeed*) durchbringen. **to ~ sb/sth ~ sth** (*lit*) jdn/etw durch etw ziehen; **to ~ sb ~ a difficult period** jdm helfen, eine schwierige Zeit zu überstehen.

II *vi* (*fig: recover*) durchkommen. **to ~ ~ sth** (*lit*) sich durch etw ziehen lassen; (*fig*) etw überstehen.

◆**pull together** I *vi* (*lit*) gemeinsam ziehen; (*row jointly*) im gleichen Takt rudern; (*fig: cooperate*) am gleichen Strang ziehen. II *vt sep* (*fig*) *political party, members of family etc* zusammenschweißen; *novel etc* in einen Zusammenhang bringen. III *vr* sich zusammenreißen.

◆**pull under** *vt sep* nach unten ziehen.

◆**pull up** I *vt sep* **1.** (*raise by pulling*) hochziehen; (*up slope, upstairs also*) nach oben ziehen; *see* **sock**[1].

2. (*uproot*) herausreißen. **to ~ ~ one's roots, to ~ ~ stakes** (*esp US*) alles aufgeben.

3. (*stop*) anhalten.

4. (*reprimand*) (*for behaviour*) zurechtweisen; (*for pronunciation, grammar*) korrigieren.

5. (*improve*) *marks* verbessern. **that good mark ~ed you ~ a bit** durch diese gute Note hast du ein wenig aufgeholt.

II *vi* **1.** (*stop*) anhalten.

2. (*improve one's position*) aufholen. **to ~ ~ with sb/sth** jdn/etw einholen.

pullet ['pʊlɪt] *n* junges Huhn, Hühnchen *nt*.

pulley ['pʊlɪ] *n* (*wheel*) Rolle *f*; (*winch*) Flaschenzug *m*; (*hospital apparatus*) Streckapparat *m*.

pull-in ['pʊlɪn] *n* (*Brit*) (*lay-by*) Halteplatz *m*; (*café*) Raststätte *f*.

pull-out ['pʊlaʊt] I *n* **1.** (*withdrawal*) Abzug *m*; **2.** (*supplement*) heraustrennbarer Teil; II *attr supplement* heraustrennbar; *table leaf, seat* ausziehbar; **pullover** *n* Pullover *m*; **pull-up** *n* (*Sport*) Klimmzug *m*.

pulmonary ['pʌlmənərɪ] *adj* Lungen-.

pulp [pʌlp] I *n* **1.** (*soft mass, paper ~, wood~*) Brei *m*. **to reduce sth to ~** etw in Brei auflösen; *wood etc* (*for paper*) etw zu einem Brei verarbeiten; **to beat sb to a ~** (*inf*) jdn zu Brei schlagen (*sl*).

2. (*of plant stem*) Mark *nt*; (*of fruit,*

vegetable) Fruchtfleisch *nt*; (*of tooth*) Zahnmark *nt*, Pulpa *f* (*spec*).

3. (*also ~ magazine*) (*pej*) Schundmagazin *nt*.

II *vt fruit, vegetables* zerdrücken; *paper, book* einstampfen; *wood* zu Brei verarbeiten.

pulpit ['pʊlpɪt] *n* Kanzel *f*.

pulpy ['pʌlpɪ] *adj* (+*er*) breiig.

pulsate [pʌl'seɪt] *vi* (*lit, fig*) pulsieren; (*head, heart*) klopfen, pochen; (*voice, building*) beben; (*music*) rhythmisch klingen. **to ~ with excitement** vor Aufregung fiebern; **the whole town was pulsating with life** die ganze Stadt war von pulsierendem Leben erfüllt.

pulsation [pʌl'seɪʃən] *n* (*pulsating*) Pulsieren *nt*; (*of head, heart*) Klopfen, Pochen *nt*; (*one beat*) Schwingung *f*; (*of heart, in artery*) Schlag *m*.

pulse[1] [pʌls] I *n* (*Anat*) Puls *m*; (*Phys*) Impuls *m*; (*fig: of drums, music*) Rhythmus *m*. **~ beat** Pulsschlag *m*; **~ rate** Puls(zahl *f*) *m*; **to feel** *or* **take sb's ~** jdm den Puls fühlen; **he still keeps his finger on the ~ of economic affairs** (*fig*) er hat in Wirtschaftsfragen immer noch den Finger am Puls der Zeit.

II *vi* pulsieren; (*machines*) stampfen. **the town ~d with life** in der Stadt pulsierte das Leben; **the music ~d through the whole building** das ganze Haus vibrierte im Rhythmus der Musik.

pulse[2] *n* (*Bot, Cook*) Hülsenfrucht *f*.

pulverize ['pʌlvəraɪz] *vt* pulverisieren; (*fig inf*) (*beat up*) Kleinholz machen aus (*inf*); (*defeat*) fertigmachen (*inf*).

puma ['pjuːmə] *n* Puma *m*.

pumice (stone) ['pʌmɪs(ˌstəʊn)] *n* Bimsstein *m*.

pummel ['pʌml] *vt* eintrommeln auf (+*acc*).

pump[1] [pʌmp] I *n* Pumpe *f*.

II *vt* pumpen; *stomach* auspumpen; *pedal* mehrmals treten. **to ~ sth dry** etw leer pumpen; **to ~ sb dry** (*fig*) jdn aussaugen; **to ~ bullets into sb** jdn mit Blei vollpumpen (*sl*); **he ~ed my arm up and down** er riß meinen Arm wie einen Pumpenschwengel auf und ab; **to ~ money into sth** Geld in etw (*acc*) hineinpumpen; **to ~ sb (for information)** jdn aushorchen *or* löchern (*inf*); **to ~ information out of sb** Informationen aus jdm herausholen.

III *vi* pumpen; (*water, blood*) herausschießen. **the piston ~ed up and down** der Kolben ging auf und ab.

◆**pump in** *vt sep* (*lit, fig*) hineinpumpen.

◆**pump out** *vt sep liquid, air* herauspumpen; *boat, cellar, stomach* auspumpen.

◆**pump up** *vt sep* **1.** (*inflate*) *tyre etc* aufpumpen. **2.** *liquid* hochpumpen; (*from below ground also*) heraufpumpen.

pump[2] *n* (*dancing shoe*) Lackschuh *m*; (*ballet shoe*) Ballettschuh *m*; (*gym shoe*) Turnschuh *m*; (*US: court shoe*) Pumps *m*.

pumpernickel ['pʌmpənɪkl] *n* Pumpernickel *m*.

pumping station ['pʌmpɪŋˌsteɪʃən] *n* Pumpwerk *nt*, Pumpstation *f*; (*on a* *pipeline*) Förderpumpe *f*.

pumpkin ['pʌmpkɪn] *n* Kürbis *m*.

pump-room ['pʌmpruːm] *n* Trinkhalle *f*.

pun [pʌn] I *n* Wortspiel *nt*. II *vi* Wortspiele machen.

Punch [pʌntʃ] *n* Kasper *m*, Kasperle *nt*. **~-and-Judy show** Kasper(le)theater *nt*; **to be (as) pleased as ~** (*inf*) sich wie ein Schneekönig freuen (*inf*).

punch¹ [pʌntʃ] I *n* 1. (*blow*) Schlag *m*. 2. *no pl* (*fig: vigour*) Pfeffer (*inf*) *m*. II *vti* boxen. **I wanted to ~ his face when he said that** als er das sagte, hätte ich ihn *or* ihm am liebsten ins Gesicht geschlagen.

punch² I *n* (*for ~ing holes*) Locher *m*; (*in tickets*) Lochzange *f*; (*in leather*) Lochstanzer *m*; (*for stamping metal, leather etc*) Prägestempel *m*; (*for knocking out rivets etc*) Punze *f*.

II *vt* *ticket etc* lochen; *leather, metal* stanzen; *holes* stechen, stanzen; (*stamp*) *metal, pattern* prägen; (*US*) *cattle* hüten. **to ~ the time clock/card** die Uhr stechen/Karte stempeln.

◆**punch in** *vt sep* 1. **I'll ~ your face ~** (*inf*) ich hau' dir auf die Schnauze (*sl*). 2. (*Computers*) *data* tasten, tippen (*inf*).

◆**punch out** *vt sep* ausstechen, ausstanzen; *pattern etc* prägen.

punch³ *n* (*drink*) Bowle *f*; (*hot*) Punsch *m*.

punch bag *n* Sandsack *m*; **punch ball** *n* Birnball *m*; (*round*) Lederball *m*; **punch bowl** *n* Bowle *f*; **punch card** *n* Lochkarte *f*; **punch-drunk** *adj* (*Boxing*) benommen; (*fig*) durcheinander *pred*.

punching bag ['pʌntʃɪŋbæg] *n* (*US*) *see* **punch bag**.

punch-line ['pʌntʃlaɪn] *n* Pointe *f*; **punch tape** *n* Lochstreifen *m*; **punch-up** *n* (*Brit inf*) Schlägerei *f*.

punchy ['pʌntʃɪ] *adj* (+*er*) (*inf*) flott (*inf*).

punctilious [pʌŋk'tɪlɪəs] *adj* (*regarding etiquette*) korrekt; (*scrupulous, fastidious*) sehr *or* peinlich genau.

punctiliously [pʌŋk'tɪlɪəslɪ] *adv* korrekt; (*scrupulously, fastidiously*) (+*vb*) peinlich genau; (+*adj*) peinlich; *correct* höchst.

punctual ['pʌŋktjʊəl] *adj* pünktlich. **to be ~** pünktlich kommen.

punctuality [,pʌŋktjʊ'ælɪtɪ] *n* Pünktlichkeit *f*.

punctually ['pʌŋktjʊəlɪ] *adv* pünktlich.

punctuate ['pʌŋktjʊeɪt] I *vt* 1. (*Gram*) mit Satzzeichen versehen, interpunktieren.

2. (*intersperse*) unterbrechen. **he ~d his talk with jokes** seine Rede war mit Witzen durchsetzt.

3. (*emphasize*) betonen.

II *vi* Satzzeichen setzen.

punctuation [,pʌŋktjʊ'eɪʃən] *n* Zeichensetzung, Interpunktion *f*. **~ mark** Satzzeichen, Interpunktionszeichen *nt*.

puncture ['pʌŋktʃəʳ] I *n* (*in tyre, balloon etc*) Loch *nt*; (*in skin*) (Ein)stich *m*; (*flat tyre*) Reifenpanne *f*, Platte(r) *m* (*inf*). **lumbar ~** Lumbalpunktion *f*.

II *vt* stechen in (+*acc*); *membrane* durchstechen; *blister* aufstechen; *tyre, balloon* Löcher/ein Loch machen in (+*acc*); *pride* einen Stich versetzen (+*dat*). **a ~d lung** eine perforierte Lunge.

III *vi* (*tyre*) einen Platten haben (*inf*); (*balloon*) platzen. **my front tyre ~d** ich hatte einen Platten am Vorderrad.

pundit ['pʌndɪt] *n* (*lit*) Pandit *m*; (*fig*) Experte *m*, Expertin *f*.

pungency ['pʌndʒənsɪ] *n* Schärfe *f*.

pungent ['pʌndʒənt] *adj* (*lit, fig*) scharf; *smell also* stechend, durchdringend. **to have a ~ style of writing** eine spitze *or* scharfe Feder führen.

pungently ['pʌndʒəntlɪ] *adv see adj*.

puniness ['pjuːnɪnɪs] *n* Schwächlichkeit, Mickerigkeit (*pej*) *f*.

punish ['pʌnɪʃ] *vt* 1. *person* bestrafen, strafen (*geh*); *offence* bestrafen. **he was ~ed by a fine** er wurde mit einer Geldstrafe belegt; **he has been ~ed enough** er ist genug bestraft worden; (*has suffered enough*) er ist gestraft genug; **the other team ~ed us for that mistake** die andere Mannschaft ließ uns für diesen Fehler büßen.

2. (*fig inf: drive hard, treat roughly*) strapazieren; *horses, oneself* schinden; *opponent* rannehmen (*inf*), vorführen (*inf*), zusetzen (+*dat*).

punishable ['pʌnɪʃəbl] *adj* strafbar. **this offence is ~ by 2 years' imprisonment** dieses Verbrechen wird mit 2 Jahren Gefängnis bestraft; **it is a ~ offence** es ist strafbar.

punishing ['pʌnɪʃɪŋ] I *adj* *blow* hart. **to get or take some ~ treatment** (*cars, furniture*) strapaziert werden; (*Sport*) vorgeführt werden (*inf*).

II *n* **to take a ~** (*inf*) (*car, furniture etc*) strapaziert werden; (*team, boxer etc*) vorgeführt werden (*inf*); **to take one's ~ took a ~** sein Selbstbewußtsein litt darunter *or* bekam einen Knacks (*inf*).

punishment ['pʌnɪʃmənt] *n* 1. (*penalty*) Strafe *f*; (*punishing*) Bestrafung *f*. **you know the ~ for such offences** Sie wissen, welche Strafe darauf steht; **to take one's ~** seine Strafe akzeptieren. 2. (*fig inf*) **to take a lot of ~** (*car, furniture etc*) stark strapaziert werden; (*Sport*) vorgeführt werden (*inf*).

punitive ['pjuːnɪtɪv] *adj* Straf-; *taxation, fines etc* extrem (hoch).

Punjab ['pʌndʒɑːb] *n* **the ~** der *or* das Pandschab, das Fünfstromland (*geh*).

Punjabi [pʌn'dʒɑːbɪ] I *adj* Pandschab-. II *n* 1. Pandschabi *mf*. 2. (*language*) Pandschabi *nt*.

punk [pʌŋk] I *n* 1. (*person: also ~ rocker*) Punker, Punkrocker *m*; (*music: also ~ rock*) Punkrock *m*; (*culture*) Punk *m*. 2. (*US sl: hoodlum*) Ganove *m* (*inf*). II *adj* (*sl*) *music, party etc* Punk-. **~ rock** Punkrock *m*.

punnet ['pʌnɪt] *n* (*Brit*) Körbchen *nt*.

punster ['pʌnstəʳ] *n* **he is a brilliant ~** er versteht es hervorragend, Wortspiele zu machen.

punt¹ [pʌnt] I *n* (*boat*) Stechkahn, Stocherkahn *m*. II *vti* staken, stochern; (*go or take by ~*) im Stechkahn fahren.

punt² I *n* Schuß *m* (aus der Hand). **he gave the ball a ~** er schoß den Ball aus der Hand. II *vti* **to ~ (the ball)** (den Ball) aus der Hand schießen.

punt³ I n (bet) Wette f; (gamble) Spiel nt. **II** vi wetten; spielen.

punter¹ [ˈpʌntər] n (boater) Stechkahnfahrer(in f), Stocherer m.

punter² n (better) Wetter m; (gambler) Spieler(in f) m.

puny [ˈpjuːnɪ] adj (+er) person schwächlich, mick(e)rig (pej); effort kläglich.

pup [pʌp] I n 1. Junge(s) nt. **in ~** (bitch) trächtig; **she's still a ~** sie ist noch jung or klein. 2. (pej: youth) see **puppy**. **II** vi werfen.

pupa [ˈpjuːpə] n, pl ~**e** [ˈpjuːpiː] Puppe f.

pupate [ˈpjuːpeɪt] vi sich verpuppen.

pupil¹ [ˈpjuːpl] n (Sch, fig) Schüler(in f) m.

pupil² n (Anat) Pupille f.

puppet [ˈpʌpɪt] n (glove ~) Handpuppe f; (string ~, fig) Marionette f.

puppeteer [ˌpʌpɪˈtɪər] n Puppenspieler(in f) m.

puppet government n Marionettenregierung f.

puppetry [ˈpʌpɪtrɪ] n das Puppenspiel.

puppet-show [ˈpʌpɪtˌʃəʊ] n Puppenspiel nt; (with string puppets also) Marionettentheater nt; **puppet state** n Marionettenstaat m.

puppy [ˈpʌpɪ] n 1. (young dog) junger or kleiner Hund, Hundchen nt. **when he was still a ~** als er noch jung or klein war. 2. (pej dated: youth) Schnösel m (inf).

puppy dog n Hundchen nt; **puppy fat** n Babyspeck m; **puppy love** n Schwärmerei f.

purblind [ˈpɜːblaɪnd] adj (liter) (lit) halbblind attr, halb blind pred; (fig) blind.

purchasable [ˈpɜːtʃəsəbl] adj käuflich (zu erwerben geh).

purchase [ˈpɜːtʃɪs] I n 1. Kauf m; (of furniture, machine, flat, car also) Anschaffung f. **to make a ~** einen Kauf tätigen; eine Anschaffung machen.
2. (grip) Halt m.
II vt (buy) kaufen, erwerben (form), erstehen (form); (fig) success, victory erkaufen. **purchasing power** Kaufkraft f.

purchase-money [ˈpɜːtʃɪsˌmʌnɪ] n Kaufgeld nt; **purchase price** n Kaufpreis m.

purchaser [ˈpɜːtʃɪsər] n Käufer(in f) m.

purchase tax n (Brit) nach dem Großhandelspreis berechnete Kaufsteuer.

pure [pjʊər] adj (+er) rein; motive ehrlich, lauter (geh); (utter) madness, nonsense etc also reinste(r, s). **she stared at him in ~ disbelief** sie starrte ihn ganz ungläubig an; **malice ~ and simple** reine Bosheit; **a ~ wool dress** ein Kleid aus reiner Wolle; **blessed are the ~ in heart** (Bibl) selig, die reinen Herzens sind.

purebred [ˈpjʊəbred] I adj reinrassig. **II** n reinrassiges Pferd etc.

purée [ˈpjʊəreɪ] I n Püree nt, Brei m. **tomato ~** Tomatenmark nt. **II** vt pürieren.

purely [ˈpjʊəlɪ] adv rein.

pureness [ˈpjʊənɪs] n see **purity**.

purgation [pɜːˈgeɪʃən] n (liter) Reinigung f; (of sin, guilt) Buße f; (form: of bowels also) Entleerung f.

purgative [ˈpɜːgətɪv] I adj (Med) abführend; (fig liter) läuternd (geh). **II** n Abführmittel nt.

purgatorial [ˌpɜːgəˈtɔːrɪəl] adj (Rel) Fegefeuer-; (fig) höllisch. **~ fire** Fegefeuer nt.

purgatory [ˈpɜːgətərɪ] n (Rel) das Fegefeuer; (fig: state) die Hölle.

purge [pɜːdʒ] I n 1. (Med) (starkes) Abführmittel. 2. (Pol etc) Säuberung(s-aktion) f. **a ~ of all radical elements in the party** eine Säuberung der Partei von allen radikalen Elementen.
II vt reinigen; body entschlacken; guilt, offence, sin büßen; (Pol etc) party, organization säubern (of von); traitor, member eliminieren (from aus). **to ~ the bowels** den Darm entleeren.

purification [ˌpjʊərɪfɪˈkeɪʃən] n Reinigung f.

purifier [ˈpjʊərɪfaɪər] n Reinigungsanlage f; (air-freshener) Luftreiniger m.

purify [ˈpjʊərɪfaɪ] vt reinigen.

purism [ˈpjʊərɪzəm] n Purismus m.

purist [ˈpjʊərɪst] n Purist(in f) m.

puritan [ˈpjʊərɪtən] (Rel: P~) I adj puritanisch. **II** n Puritaner(in f) m.

puritanical [ˌpjʊərɪˈtænɪkəl] adj puritanisch.

puritanism [ˈpjʊərɪtənɪzəm] (Rel: P~) n Puritanismus m.

purity [ˈpjʊərɪtɪ] n Reinheit f; (of motives) Lauterkeit (geh), Ehrlichkeit f.

purl [pɜːl] I n linke Masche. **is the next row (in) ~?** ist die nächste Reihe links? **II** vti links stricken. **~ two** zwei links.

purloin [pɜːˈlɔɪn] vt (form, hum) entwenden.

purple [ˈpɜːpl] I adj violett, lila; face dunkelrot, hochrot; (pej) prose, passage hochgestochen, hochtrabend.
II n 1. (colour) Violett, Lila nt. 2. (fig) **the ~** (nobility) der Adel; (bishops) der Kardinalstand; **to be born in the ~** von königlichem Geblüt sein; **to be raised to the ~** den Kardinalspurpur anlegen.

purple heart n 1. (Brit) Amphetamintablette f. 2. (US) P~ H~ Purpurherz nt, Verwundetenabzeichen nt.

purplish [ˈpɜːplɪʃ] adj leicht violett or lila.

purport [ˈpɜːpət] I n Tenor m.
II [pɜːˈpɔːt] vt 1. (convey, mean) hindeuten auf (+acc).
2. (profess, claim) **to ~ to be/do sth** (person) vorgeben, etw zu sein/tun; (object) etw sein/tun sollen; **he is ~ed to be a spy** es wird behauptet, er sei ein Spion.

purpose [ˈpɜːpəs] n 1. (intention) Absicht f; (result aimed at, set goal) Zweck m. **on ~** mit Absicht, absichtlich; **what was your ~ in doing this?** was haben Sie damit beabsichtigt?; **he's a man with a ~ in life** er ist ein Mensch mit einem Lebensziel; **to answer or serve sb's ~(s)** jds Zweck(en) entsprechen or dienen; **for our ~s** für unsere Zwecke; **for the ~s of this meeting** zum Zweck dieser Konferenz; **for all practical ~s** in der Praxis; **to the ~** relevant; **to some/good/little ~** mit einigem/gutem/wenig Erfolg; **to no ~** ohne Erfolg.
2. no pl (resolution, determination) Entschlossenheit f. **weakness of ~** Mangel m an Entschlossenheit, Entschlußlosigkeit f; **strength of ~** Entschlußkraft, Entschlossenheit f; **to have a/no sense of ~** ein/kein Ziel haben.

II *vt* (*liter*) beabsichtigen.

purpose-built ['pɜ:pəs'bɪlt] *adj* spezial angefertigt, Spezial-; *building* speziell gebaut, Spezial-.

purposeful *adj*, **~ly** *adv* ['pɜ:pəsfʊl, -fəlɪ] entschlossen.

purposefulness ['pɜ:pəsfʊlnɪs] *n* Entschlossenheit *f*.

purposeless ['pɜ:pəslɪs] *adj* sinnlos; *person* ziellos.

purposely ['pɜ:pəslɪ] *adv* bewußt, absichtlich.

purposive ['pɜ:pəsɪv] *adj* remark, statement, behaviour gezielt. **to be ~** einen Zweck verfolgen.

purr [pɜ:ʳ] **I** *vi* (*cat, fig: person*) schnurren; (*engine*) surren. **II** *vt* (*say*) säuseln. **III** *n* Schnurren *nt no pl*; Surren *nt no pl*.

purse [pɜ:s] **I** *n* **1.** (*for money*) Portemonnaie *nt*, Geldbeutel *m* (*dial*), Geldbörse *f* (*form*). **to hold the ~ strings** (*fig*) über die Finanzen bestimmen, die Finanzen in der Hand haben; **she decided to loosen/tighten the ~ strings** sie beschloß, ihm/ihr mehr Geld zu geben/sie beschloß, ihn/sie kurzzuhalten. **2.** (*US: handbag*) Handtasche *f*. **3.** (*funds*) Gelder *pl*. **that's beyond my ~** das übersteigt meine Finanzen (*inf*). **4.** (*sum of money*) (*as prize*) Preisgeld *nt*; (*as gift*) (Geld)spende *f*; (*on retirement*) Geldgeschenk *nt*. **II** *vt* **to ~ one's lips/mouth (up)** einen Schmollmund machen.

purser ['pɜ:səʳ] *n* Zahlmeister *m*.

pursuance [pə'sju:əns] *n* (*form*) (*of plan*) Verfolgung *f*; (*of instruction*) Durchführung, Ausführung *f*; (*of duties*) Ausübung, Erfüllung *f*.

pursuant [pə'sju:ənt] *adj* (*form*) **~ to** gemäß (+*dat*), entsprechend (+*dat*).

pursue [pə'sju:] *vt* **1.** verfolgen; *girl, film star etc also* nachlaufen (+*dat*); *pleasure, success* nachjagen (+*dat*), aussein auf (+*acc*); *happiness* streben nach. **2.** (*carry on*) *train of thought, course of action, idea* verfolgen; *inquiry* durchführen; *profession also, studies* nachgehen (+*dat*); *subject* weiterführen.

pursuer [pə'sju:əʳ] *n* Verfolger(in *f*) *m*.

pursuit [pə'sju:t] *n* **1.** (*act of pursuing*) (*of person*) Verfolgung *f* (*of gen*), Jagd (*of* +*acc*) *f*; (*of knowledge*) Streben, Trachten *nt* (*of* nach); (*of pleasure*) Jagd *f* (*of* nach); (*of happiness*) Streben *nt* (*of* nach). **he set off in ~ (of her)** er rannte/fuhr (ihr) hinterher; **to go in ~ of sb/sth** sich auf die Jagd nach jdm/etw machen; **in (the) ~ of his goal** in Verfolgung seines Ziels. **2.** (*occupation*) Beschäftigung *f*; (*hobby, pastime*) Freizeitbeschäftigung *f*, Zeitvertreib *m*.

pursuit plane *n* Jagdflugzeug *nt*.

purulence ['pjʊərʊləns], **purulency** ['pjʊərʊlənsɪ] *n* Eitern *nt*; (*pus*) Eiter *m*.

purulent ['pjʊərʊlənt] *adj* eitrig. **to become ~** eitern.

purvey [pə'veɪ] *vt* (*form*) (*sell*) verkaufen. **to ~ sth to sb** (*supply*) jdm etw liefern;

food also jdn mit etw beliefern; *information also* jdn mit etw versorgen.

purveyance [pə'veɪəns] *n* (*form: sale*) Verkauf *m*.

purveyor [pə'veɪəʳ] *n* (*form*) (*seller*) Händler *m*; (*supplier*) Lieferant *m*.

purview ['pɜ:vju:] *n* (*form*) Rahmen *m*; (*of department*) Aufgabenbereich *m*, Ressort *nt*.

pus [pʌs] *n* Eiter *m*.

push [pʊʃ] **I** *n* **1.** (*shove*) Schubs *m* (*inf*); (*short*) Stoß *m*; (*in childbirth*) Drücken *nt no pl*. **to give sb/sth a ~** jdn/etw schieben; jdm/etw einen Stoß versetzen; **to give a car a ~** einen Wagen anschieben; **he needs a little ~ now and then** (*fig*) den muß man mal ab und zu in die Rippen stoßen (*inf*); **to get the~** (*Brit inf*) (*employee*) (raus)fliegen (*inf*) (*from* aus); (*boyfriend*) den Laufpaß kriegen (*inf*); **to give sb the ~** (*Brit inf*) *employee* jdn rausschmeißen (*inf*); *boyfriend* jdm den Laufpaß geben (*inf*). **2.** (*effort*) Anstrengung *f*; (*sales ~*) Kampagne, Aktion *f*; (*Mil: offensive*) Offensive *f*. **to make a ~** sich ranhalten (*inf*), Dampf machen (*inf*); (*Mil*) eine Offensive starten; **to have a ~ on sales** eine Verkaufskampagne führen. **3.** (*drive, aggression*) Durchsetzungsvermögen *nt*. **4.** (*inf*) **at a ~** notfalls, im Notfall; **if/when it comes to the ~** wenn es darauf ankommt.

II *vt* **1.** (*shove, move by ~ing*) schieben; (*quickly, violently*) stoßen, schubsen (*inf*); (*press*) button, controls drücken. **to ~ a door open/shut** eine Tür auf-/zuschieben; (*quickly, violently*) eine Tür auf-/zustoßen; **he ~ed the book into my hand** er drückte mir das Buch in die Hand; **to ~ a car to get it started** einen Wagen anschieben; **he ~ed his way through the crowd** er drängte sich durch die Menge. **2.** (*fig*) views, claims, interests durchzusetzen versuchen; *candidate* die Werbetrommel rühren für; *export side* intensiv fördern; *product* propagieren, massiv Werbung machen für; *drugs* schieben. **to ~ home an attack/one's advantage** einen Angriff forcieren/seinen Vorteil ausnutzen; **the speaker ~ed home his points** der Sprecher machte nachdrücklich seinen Standpunkt klar; **don't ~ your luck** treib's nicht zu weit!; **he's ~ing his luck trying to do that** er legt es wirklich darauf an, wenn er das versucht; **he must be ~ing 70** (*inf*) er muß auf die 70 zugehen. **3.** (*fig: put pressure on*) drängen, drängeln (*inf*); *athlete, pupil, employee* antreiben. **to ~ sb into doing sth** jdn dazu treiben, etw zu tun; **to ~ sb to do sth** jdn dazu drängen, etw zu tun; **to ~ sb for payment** jdn zum Zahlen drängen; **they ~ed him to the limits** sie trieben ihn bis an seine Grenzen; **that's ~ing it a bit** (*inf*) das ist ein bißchen übertrieben; **to be ~ed for time/money** (*inf*) mit der Zeit/mit Geld knapp dransein, unter Zeitdruck stehen/knapp bei Kasse sein (*inf*); **I was ~ed to find the money/an answer** ich hatte Probleme *or* Schwierigkeiten, das Geld zusammenzubringen/eine Antwort zu finden; **to ~ oneself hard** sich schinden.

III *vi* **1.** (*shove*) schieben; (*quickly, violently*) stoßen; (*press, in childbirth*) drücken; (*in a crowd*) drängen, drängeln (*inf*); (*press onward*) sich (vorwärts) kämpfen; (*fig*) (*be ambitious, assert oneself*) kämpfen; (*apply pressure*) drängen, drängeln (*inf*). "~" (*on door*) ,,drücken"; (*on bell*) ,,klingeln"; ~ **harder!** fester schieben/stoßen/drücken!; **he ~es too much** (*fig*) er ist zu aggressiv. **2. this door ~es** (*open*) bei dieser Tür muß man drücken.

◆**push about** *vt sep see* **push around.**
◆**push across** *vt sep see* **push over 1.**
◆**push ahead** *vi* sich ranhalten (*inf*).
◆**push along I** *vt sep wheelbarrow etc* vor sich (*dat*) her schieben; (*fig: speed up*) *work etc* voranbringen, vorantreiben. II *vi* (*inf*) sich auf den Weg machen (*inf*).
◆**push around** *vt sep* **1.** (*lit*) herumschieben; (*quickly, violently*) herumstoßen. **2.** (*fig inf: bully*) *child* herumschubsen; *adult* herumkommandieren.
◆**push aside** *vt sep* zur Seite *or* beiseite schieben; (*quickly, violently*) zur Seite *or* beiseite stoßen; (*fig*) *problems, suggestions* einfach abtun; *rival* zur Seite drängen.
◆**push away** *vt sep* wegschieben; (*quickly*) wegstoßen.
◆**push back** *vt sep people* zurückdrängen; (*with one push*) zurückstoßen; *curtains, cover, lock of hair* zurückschieben.
◆**push by** *vi see* **push past.**
◆**push down I** *vt sep* **1.** (*press down*) nach unten drücken. **2.** (*knock over*) umstoßen; *fence* umreißen. II *vi* (*press down*) hinunterdrücken, nach unten drücken; (*in childbirth*) drücken.
◆**push for** *vi* +*prep obj* drängen auf (+*acc*).
◆**push forward I** *vi* **1.** (*Mil*) vorwärts drängen. **2.** *see* **push ahead.** II *vt sep* (*lit*) nach vorn schieben; (*fig*) *claim* geltend machen; *ideas* herausstellen; *sb, oneself* in den Vordergrund schieben.
◆**push in I** *vt sep* **1.** hineinschieben; (*quickly, violently*) hineinstoßen. **to ~ sb/sth ~(to) sth** jdn/etw in etw (*acc*) schieben/stoßen; **to ~ one's way** sich hineindrängen. **2.** (*break*) eindrücken. II *vi* (*lit: in queue, into room etc*) sich hineindrängen *or* -drängeln (*inf*); (*fig: interfere*) sich dazwischen drängen, sich reindrängen (*inf*). **he ~ed ~to the queue** er drängelte sich (in der Schlange) vor.
◆**push off I** *vt sep* **1.** hinunterstoßen; (*quickly, violently*) hinunterstoßen; *lid, cap* wegdrücken. **to ~ sb ~ sth** jdn von etw schieben/stoßen; **to ~ sth ~ sth** etw von etw schieben/stoßen/ drücken; **I was ~ed ~ the pavement** ich wurde vom Bürgersteig gedrängt. **2.** *boat* abstoßen. II *vi* **1.** (*in boat*) abstoßen. **2.** (*inf: leave*) abhauen (*inf*). ~ ~! hau *or* zieh ab! (*inf*). **3. the top just ~es** ~ der Deckel läßt sich einfach wegdrücken.
◆**push on I** *vi* (*with journey*) weiterfahren; (*walking*) weitergehen; (*with job*) weiter-

machen. II *vt sep* **1.** *top, lid* festdrücken. **2.** (*fig*) (*urge on*) antreiben; (*incite*) anstacheln.
◆**push out I** *vt sep* **1.** hinausschieben; (*quickly, violently*) hinausstoßen. **to ~ sb/ sth ~ of sth** jdn/etw aus etw schieben/ stoßen; **to ~ one's way ~** (*of sth*) sich (aus etw) hinausdrängen.
 2. (*fig*) *employee, government, member of group* hinausdrängen. **to ~ sb ~ of sth** jdn aus etw drängen.
 3. (*Bot*) *root, shoots* treiben.
 II *vi* (*Bot: roots, shoots*) treiben.
◆**push over** *vt sep* **1.** (*pass over, move over*) hinüber-/ herüberschieben; (*quickly, violently*) hinüber-/herüberstoßen. **to ~ sb/sth ~ sth** jdn/etw über etw (*acc*) schieben/stoßen. **2.** (*knock over*) umwerfen.
◆**push past** *vi* sich vorbeischieben (*prep obj* an +*dat*); (*move violently*) sich vorbeidrängen (*prep obj* an +*dat*).
◆**push through I** *vt sep* **1.** (*shove through*) durchschieben; (*quickly, violently*) durchstoßen. **to ~ sb/sth ~ sth** jdn/etw durch etw schieben/stoßen; **to ~ one's way ~/ ~ the crowd** sich durchdrängen/ sich durch die Menge drängen.
 2. (*get done quickly*) *bill, decision* durchpeitschen (*inf*); *business* durchziehen (*inf*).
 II *vi* (*through crowd*) sich durchschieben; (*more violently*) sich durchdrängen; (*new shoots*) sich herausschieben. **he ~ed ~ the crowd** er schob/drängte sich durch die Menge.
◆**push up** *vt sep* **1.** (*lit*) hinaufschieben; (*quickly, violently*) hinaufstoßen; *window* hochschieben/-stoßen; *see* **daisy. 2.** (*fig*) (*raise, increase*) hochtreiben.

pushbar ['pʊʃbaː] *n* Riegel *m*; **push-bike** *n* (*Brit*) Fahrrad *nt*; **push-button** *n* Drucktaste *f*, Druckknopf *m*; ~ **controls** Druckknopfsteuerung *f*; **push-cart** *n* (Hand)karren *m*; **pushchair** *n* (*Brit*) Sportwagen *m*.

pusher ['pʊʃəʳ] *n* (*inf*) **1.** (*of drugs*) Pusher(in *f*) *m* (*inf*); (*small-time*) Dealer(in *f*) *m* (*inf*). **2.** (*ambitious person*) **he's a** ~ er setzt sich durch.

pushing ['pʊʃɪŋ], **pushy** (*inf*) *adj* penetrant (*pej*).

push-over ['pʊʃəʊvəʳ] *n* (*inf*) (*job etc*) Kinderspiel *nt*; (*match also*) Geschenk *nt* (*inf*); (*person*) leichtes Opfer; **push-pull** *adj circuit etc* Gegentakt-; **push-start I** *vt car* anschieben; **II** *n* **to give sb a** ~ jdn anschieben; **push-up** *n* Liegestütz *m*.

pushy ['pʊʃɪ] *adj* (+*er*) (*inf*) *see* **pushing.**

pusillanimity [ˌpjuːsɪləˈnɪmɪtɪ] *n* (*liter*) Unbeherztheit, Feigheit *f*.

pusillanimous [ˌpjuːsɪˈlænɪməs] *adj* (*liter*) unbeherzt, feige.

puss [pʊs] *n* (*inf*) Mieze (*inf*), Muschi (*inf*) *f*. **P~ in Boots** der Gestiefelte Kater; **she's a sly** ~ (*inf*) sie ist ein schlaues Ding (*inf*).

pussy ['pʊsɪ] *n* **1.** (*cat*) Mieze *f* (*inf*). **2.** (*sl: female genitals*) Muschi *f* (*inf*).

pussy-cat ['pʊsɪkæt] *n* (*baby-talk*) Miezekatze *f* (*baby-talk*); **pussyfoot** *vi* (*inf*) **1.** (*move cautiously*) auf Zehenspitzen tappen, auf Samtpfoten schleichen;

2. (*act cautiously*) **to ~** (*about or over sth*) (um etw) wie die Katze um den heißen Brei schleichen (*inf*); **pussyfooting** (*inf*) I *adj* überängstlich; II n **I'm fed up with his ~** ich habe es satt, wie er immer wie die Katze um den heißen Brei schleicht; **pussy willow** n Salweide *f*.

pustule ['pʌstjuːl] n Pustel *f*, Eiterpickel *m*.

put¹ [put] (*vb: pret, ptp ~*) I n (*Sport*) Stoß *m*. II *vt* **to ~ the shot** kugelstoßen; **~ting the shot** Kugelstoßen *nt*.

put² *pret, ptp ~* I *vt* **1.** (*place*) tun; (*~ down, position*) stellen, setzen; (*lay down*) legen; (*push in*) stecken. **to ~ sth in its place** etw an seinen Platz tun/stellen *or* setzen/legen; **~ the lid on the box** tu *or* mach den Deckel auf die Schachtel; **to ~ sth in a drawer** etw in eine Schublade tun *or* legen; **he ~ his hand in his pocket** er steckte die Hand in die Tasche; **you've ~ the picture too high up** du hast das Bild zu hoch (auf)gehängt; **they ~ a plank across the stream** sie legten ein Brett über den Bach; **he ~ some more coal on the fire** er legte Kohle nach; **~ the dog in the kitchen** tu den Hund in die Küche; **to ~ milk/ sugar in one's coffee** Milch/Zucker in den Kaffee tun *or* geben; **he ~ his hat on his head** er setzte sich (*dat*) den Hut auf; **to ~ the ball in the net** (*Ftbl*) den Ball ins Netz setzen; (*Tennis*) den Ball ins Netz schlagen; **her aunt ~ her on the train** ihre Tante setzte sie in den Zug; **to ~ sb across a river** jdn über einen Fluß setzen; **to ~ men on the moon** Menschen auf den Mond bringen; **to ~ a bullet through sb's head** jdm eine Kugel durch den Kopf schießen; **he ~ his hand/head on my shoulder** er legte seine Hand auf/seinen Kopf an meine Schulter; **he ~ his lips to my ear and whispered ...** er kam ganz dicht und flüsterte mir ins Ohr ...; **to ~ a glass to one's lips** ein Glas zum Mund(e) führen; **she ~ the shell to her ear** sie hielt (sich *dat*) die Muschel ans Ohr; **to ~ a heifer to a bull** die Kuh mit dem Stier zusammenbringen *or* -führen; **to ~ a horse to a fence** mit einem Pferd ein Hindernis angehen *or* anreiten; **to ~ one's hand over one's/sb's mouth** sich/jdm die Hand vor den Mund halten; **~ it there!** (*concluding deal*) abgemacht!; (*congratulatory*) gratuliere!; (*conciliatory*) schon gut; **I didn't know where to ~ myself** ich wußte gar nicht, wo ich hingucken sollte.

2. (*thrust*). **he ~ his head round the door** er steckte den Kopf zur Tür herein; **to ~ one's fist through a window** mit der Faust ein Fenster einschlagen; **to ~ a knife into sb** jdm einen Messerstich versetzen.

3. (*fit, fix*) machen (*on an +acc*), anbringen (*on an +dat*). **to ~ a patch on sth** einen Flicken auf etw (*acc*) setzen.

4. (*to stay*) ~ liegen-/stehen-/hängen- *etc* bleiben; (*hair*) halten; (*person*) (*not move*) bleiben; (*not stand up*) sitzen bleiben; **just stay ~!** bleib, wo du bist!

5. setzen. **to ~ a child in a home** ein Kind in ein Heim stecken; **to ~ money into sth** (sein) Geld in etw (*acc*) stecken; **he ~ £10 on Red Rum** er setzte £ 10 auf Red Rum; **I'm ~ting my money on him** ich setzte auf ihn; **I'm ~ting my money on him to get the job** ich gehe jede Wette ein, daß er die Stelle bekommt; **we'll each ~ £5 towards the cost of it** jeder von uns gibt £ 5 (zum Betrag) dazu; **to ~ a lot of effort into one's work** sich (*dat*) bei seiner Arbeit viel Mühe geben, viel Mühe in seine Arbeit stecken; **he ~s all his energy into his work** er steckt seine ganze Energie in die Arbeit; **she has ~ a lot into her marriage** sie hat eine Menge in ihre Ehe gesteckt *or* investiert; **I would ~ complete confidence in him** ich würde mein volles Vertrauen auf ihn *or* in ihn setzen; **to ~ sb in possession of the facts** jdn über den Stand der Dinge unterrichten.

6. (*cause to be, do etc*) **to ~ sb in a good/ bad mood** jdn fröhlich/mißmutig stimmen; **that ~s him in another category** das stuft ihn in eine andere Klasse ein; **I ~ the children on their best behaviour** ich habe den Kindern eingeschärft, sich ja gut zu benehmen; **to ~ sb to do** *or* **doing sth** jdn abordnen, etw zu tun; **he ~ four men on the job** er setzte (für diese Arbeit) vier Leute ein; **they ~ someone over/under him in the office** sie haben jemanden über ihn gesetzt/ihm jemanden unterstellt; **to ~ sb to great expense** jdm große Ausgaben verursachen; **to be ~ to a lot of inconvenience over sth** mit etw viele Unannehmlichkeiten haben.

7. (*write*) schreiben; *comma, line* machen; (*draw*) zeichnen, malen. **to ~ one's signature to a document** seine Unterschrift unter ein Schriftstück setzen; **~ your name here** schreiben *or* setzen Sie Ihren Namen hierhin; **to ~ a cross/tick against sb's name** jds Namen ankreuzen/ abhaken; **he ~ it in his next novel** er brachte das in seinem nächsten Roman.

8. (*~ forward*) *case, question, proposal* vorbringen. **to ~ a matter before a committee** eine Angelegenheit vor einen Ausschuß bringen; **to ~ the arguments for and against sth** das Für und Wider vor sich aufzählen; **to ~ sth on the agenda** etw auf die Tagesordnung setzen; **to ~ a question/ suggestion to sb** jdm eine Frage stellen/ einen Vorschlag unterbreiten; **I ~ it to you that ...** ich möchte Ihnen vorhalten, daß ...; **it was ~ to me that ...** es wurde mir nahegelegt, daß ...; **I ~ it to him that this might not fit in with his theory** ich gab ihm zu bedenken, daß dies vielleicht nicht in seine Theorie passen würde.

9. (*express*) ausdrücken, sagen. **that's one way of ~ting it** so kann man's auch sagen; **how shall I ~ it?** wie soll ich (es) sagen?; **how will you ~ it to him?** wie wirst du es ihm beibringen?; **if I may ~ it so** wenn ich das so sagen darf, wenn ich mich (mal) so ausdrücken darf; **the compliment was gracefully ~** das Kompliment war elegant formuliert.

10. **to ~ a text into Greek** einen Text ins Griechische übersetzen; **to ~ a verb into the past tense** ein Verb in die Vergangenheit setzen; **to ~ a poem to music** ein Gedicht vertonen.

11. (*rate*) schätzen (*at* auf +*acc*). **he ~s money before his family's happiness** er stellt Geld über das Glück seiner Familie; **I ~ him above Tennyson** ich schätze ihn höher ein als Tennyson; **to ~ a value of £10 on sth** den Wert einer Sache (*gen*) auf £10 schätzen.

II *vi* (*Naut*) **to ~ to sea** in See stechen.

◆**put about I** *vt sep* **1.** (*circulate*) *news, rumour* verbreiten, in Umlauf bringen. **he ~ it ~ that ...** er verbreitete (das Gerücht), daß ... **2.** (*Naut*) **to ~ a ship ~** den Kurs (eines Schiffes) ändern. **II** *vi* (*Naut*) den Kurs ändern.

◆**put across** *vt sep* **1.** (*communicate*) *ideas* verständlich machen (*to sb* jdm); *knowledge* vermitteln (*to sb* jdm); (*promote*) an den Mann bringen (*inf*). **to ~ oneself ~** den richtigen Eindruck von sich geben.

2. (*inf: play a trick*) **to ~ it *or* one ~ sb** jdn drankriegen (*inf*), jdn anführen.

◆**put aside** *vt sep* **1.** *book, knitting etc* beiseite legen. **2.** (*save for later use*) beiseite *or* auf die Seite legen, zurücklegen; (*in shop*) zurücklegen. **3.** (*fig: forget, abandon*) ablegen, über Bord werfen (*inf*); *anger, grief, animosity* begraben; *thought* aufgeben; *differences* vergessen.

◆**put away** *vt sep* **1.** (*in usual place*) einräumen; *toys also* aufräumen; (*tidy away*) wegräumen. **~ that money ~ in your bag** steck das Geld in deine Tasche; **~ that money ~!** steck das Geld weg!; **to ~ the car ~** das Auto einstellen.

2. (*save*) zurücklegen.

3. (*inf: consume*) schaffen (*inf*); *food also* verdrücken (*inf*), verputzen (*inf*); *drink also* schlucken (*inf*).

4. (*lock up: in prison, mental home*) einsperren.

5. (*put to sleep*) *pet* einschläfern.

◆**put back I** *vt sep* **1.** (*replace*) *see* **put** zurücktun/-stellen *or* -setzen/-legen/ -stecken.

2. (*postpone*) verschieben; (*set back*) *plans, production* zurückwerfen; (*readjust*) *watch etc* zurückstellen. **to be ~ ~ a class** (*Sch*) eine Klasse zurückgestuft werden; *see* **clock**.

II *vi* (*Naut: go back*) zurückkehren (*to* nach).

◆**put by** *vt sep* zurücklegen, auf die hohe Kante legen. **I've got a few pounds ~ ~** ich habe ein paar Pfund auf der hohen Kante.

◆**put down I** *vt sep* **1.** (*set down*) *object see* **put** wegtun/ -setzen *or* -stellen/weglegen; *surface* verlegen. **~ it ~ on the floor** stellen *or* setzen Sie es auf den Boden; **I simply couldn't ~ that book ~** ich konnte das Buch einfach nicht aus der Hand legen; *see* **foot I 2.**

2. (*lower*) *umbrella* zumachen, zuklappen; *aerial* einziehen; *car roof* zurückklappen; *lid* zuklappen.

3. *passenger* absetzen.

4. (*land*) landen.

5. (*crush*) *rebellion* niederschlagen; *rebels* niederwerfen; *crime* besiegen; *prostitution, gambling, drinking* unterdrücken; *rumour* zum Verstummen

bringen; *critic, heckler* zum Schweigen bringen; (*reject, humiliate*) ducken.

6. (*pay*) anzahlen; *deposit* machen.

7. (*store*) einlagern.

8. (*destroy*) *rats, vermin* vernichten; *pets* einschläfern; *injured horse etc* den Gnadenschuß geben (+*dat*).

9. (*write down*) niederschreiben, aufschreiben; (*on form, in register*) angeben; (*Parl*) *motion, resolution* vorlegen, einbringen. **to ~ one's son ~ for Eton** seinen Sohn für Eton anmelden; **you can ~ me ~ for £10** für mich können Sie £ 10 eintragen; **~ it ~ to *or* on my account/my husband's account** schreiben Sie es (mir)/ meinem Mann an; **~ it ~ under sundries/ on expenses** schreiben Sie es unter Verschiedenes auf/als Spesen an.

10. (*classify*) halten (*as* für). **I should ~ her ~ as about 30** ich würde sie auf etwa 30 schätzen.

11. (*attribute*) zurückführen (*to* auf +*acc*), zuschreiben (*to* dat).

II *vi* (*Aviat*) landen, niedergehen.

◆**put forth** *vt insep* (*liter*) *buds, shoots* hervorbringen.

◆**put forward** *vt sep* **1.** (*propose*) *idea, suggestion, plan* vorbringen; *person* (*for job etc*) vorschlagen; (*as candidate*) aufstellen; (*nominate*) vorschlagen. **he ~ himself/his name ~ for the job** er hat sich für den Posten angeboten. **2.** (*advance*) *date, meeting* vorverlegen (*to* auf +*acc*); *schedule* voranbringen, weiterbringen (*by* um); *watch etc* vorstellen.

◆**put in I** *vt sep* **1.** (*place in*) *see* **put** hineintun/-setzen *or* -stellen/-legen/ -stecken; (*pack*) einpacken. **he opened the drawer and ~ his hand ~** er öffnete die Schublade und griff mit der Hand hinein.

2. (*insert in book, speech etc*) einsetzen, einfügen; (*add*) hinzufügen, dazusagen.

3. (*interpose*) *remark* einfügen.

4. (*enter*) *application, protest* einreichen; *claim also* stellen. **to ~ ~ a plea of not guilty** (*Jur*) auf „nicht schuldig" plädieren; **to ~ sb ~ for an exam/a race/an award** jdn für *or* zu einer Prüfung/für ein Rennen anmelden/für eine Ehrung vorschlagen; **to ~ the car ~ for a service** das Auto zur Wartung (in die Werkstatt) bringen.

5. (*install*) einbauen.

6. (*employ*) *night-watchman* einsetzen; (*elect*) *political party* an die Regierung bringen, ranbringen (*inf*).

7. (*Sport: send in*) *player* hereinnehmen; *team to bat* (als Innenmannschaft) hereinschicken.

8. (*devote, expend*) *time* zubringen, verbringen (*with* mit), verwenden (*with* auf). **to ~ ~ an hour at the piano/an hour's painting** eine Stunde Klavier spielen/eine Stunde lang malen; **could you ~ ~ a few hours' work at the weekend?** könnten Sie am Wochenende ein paar Stunden Arbeit einschieben?; **he always ~s ~ a good day's work** er schafft jeden Tag ein ordentliches Arbeitspensum.

II *vi* **1. to ~ ~ for sth** *for job* sich um etw bewerben; *for leave, rise, house also* etw beantragen.

2. (*Naut: enter port*) to ~ ~ at a port in einen Hafen einlaufen; (*call at*) einen Hafen anlaufen; to ~ ~ to Bremen in Bremen einlaufen.

◆**put inside** vt sep (*inf*) einsperren (*inf*).

◆**put off** vt sep **1.** (*set down*) passengers aussteigen lassen (*prep obj* aus); (*forcibly*) hinauswerfen (*prep obj* aus).

2. (*lay aside*) ablegen.

3. (*postpone, delay*) match, appointment etc verschieben; decision aufschieben; sth unpleasant hinauszögern. it's too late to ~ our visitors ~ es ist zu spät, die Besucher (wieder) auszuladen.

4. (*make excuses to, be evasive with*) hinhalten. he's not easily ~ ~ er läßt sich nicht so leicht beirren.

5. (*discourage from doing sth*) to ~ sb ~ doing sth jdn davon abbringen or (*person also*) es jdm ausreden, etw zu tun.

6. (*repel*) die Lust nehmen or verderben (+*dat*). to ~ sb ~ sth jdm etw verleiden, jdm die Lust an etw (*dat*) nehmen; don't let his rudeness ~ you ~ störe dich nicht an seiner Flegelhaftigkeit.

7. (*distract*) ablenken (*prep obj* von). to ~ sb ~ the track jdn von der Fährte abbringen; he is easily ~ ~ his game er läßt sich leicht vom Spiel ablenken; I'd like to watch you if it won't ~ you ~ ich würde dir gern zusehen, wenn es dich nicht stört.

8. (*switch off*) light, TV, heater ausmachen, ausschalten; power, motor abstellen.

◆**put on** vt sep **1.** coat, shoes etc anziehen; hat (sich *dat*) aufsetzen; make-up auftragen, auflegen; (*fig: assume*) accent, manners annehmen; facade, front aufsetzen, vortäuschen. to ~ ~ one's make-up sich schminken; to ~ ~ an air of innocence eine unschuldige Miene aufsetzen; his sorrow is all ~ ~ sein Kummer ist bloß Schau (*inf*); to ~ it ~ (*inf*) so tun (, als ob); to ~ sb ~ (*inf*) jdn verkohlen (*inf*).

2. (*increase, add*) to ~ ~ weight/a few pounds zunehmen/ein paar Pfund zunehmen; to ~ ~ speed schneller fahren, beschleunigen; he ~ ~ fifty runs (*Cricket*) er erhöhte (das Gesamtergebnis) um fünfzig Punkte; 10p was ~ ~ the price of a gallon of petrol der Benzinpreis wurde um 10 Pence pro Gallone erhöht.

3. play aufführen; party geben; exhibition veranstalten; film vorführen; train, bus einsetzen; food (*on menu*) auf die Speisekarte setzen; (*fig*) act, show abziehen (*inf*). Sobers was ~ ~ to bowl Sobers wurde als Werfer eingesetzt; she ~ ~ a display of temper sie inszenierte einen Wutanfall.

4. (*on telephone*) to ~ sb ~ to sb jdn mit jdm verbinden; would you ~ him ~? könnten Sie ihn mir geben?

5. (*switch on*) light, TV anmachen, einschalten. to ~ the kettle/dinner ~ das Wasser/das Essen aufsetzen or aufstellen.

6. watch etc vorstellen.

7. to ~ sb ~ to sth (*inform about*) jdm etw vermitteln; to ~ sb ~ to a plumber/ garage etc jdm einen Installateur/eine Reparaturwerkstatt etc empfehlen; he ~

me ~ to a first-rate dentist durch ihn bin ich an einen erstklassigen Zahnarzt gekommen; what ~ you ~ to it? was hat dich darauf gebracht?; to ~ the police ~ to sb der Polizei auf jds Spur (*acc*) bringen; to ~ sb ~ to a winner/good thing etc jdm einen todsicheren Tip geben.

◆**put out I** vt sep **1.** (*place outside*) rubbish etc hinausbringen; cat, drunk vor die Tür setzen. to ~ the washing ~ (to dry) die Wäsche (zum Trocknen) raushängen; to be ~ ~ (*asked to leave*) vor die Tür gesetzt werden; to ~ sb ~ of business jdn aus dem Markt drängen; she could not ~ him ~ of her thoughts er ging ihr nicht aus dem Sinn; to ~ sb's eyes ~ jdm die Augen ausstechen; see grass.

2. (*stretch out, push out*) hand, foot ausstrecken; tongue, head herausstrecken. to ~ one's head ~ of the window den Kopf zum Fenster hinausstrecken.

3. (*sprout*) leaves, roots treiben.

4. cards, dishes, cutlery auflegen; chessmen etc aufstellen.

5. work vergeben (*to* an +*acc*).

6. (*bring out, circulate*) pamphlet, book herausbringen; propaganda machen; rumour verbreiten; regulations erlassen; statement abgeben; message, appeal durchgeben; description bekanntgeben; (*on TV, radio*) programme bringen.

7. (*generate*) kilowatts etc abgeben; horsepower leisten.

8. (*extinguish*) ausmachen, löschen.

9. (*make unconscious*) bewußtlos machen, betäuben; (*boxer*) k.o. schlagen.

10. (*discontent, vex*) to be ~ ~ (by sth) (über etw *acc*) verärgert or ungehalten sein; nothing seems to ~ her ~ sie scheint sich über nichts zu ärgern.

11. (*inconvenience*) to ~ sb ~ jdm Umstände bereiten or machen; to ~ oneself ~ (for sb) sich (*dat*) (wegen jdm) Umstände machen.

12. (*dislocate*) knee, shoulder ausrenken; (*more severely*) auskugeln; back verrenken; see nose.

13. (*make inaccurate*) (*fig*) calculations, figures verfälschen; instruments ungenau machen.

14. (*lend at interest*) money verleihen (*to* an +*acc*).

II vi (*Naut: set sail*) auslaufen. to ~ ~ to sea in See stechen; to ~ ~ of port/from Bremen aus dem Hafen/von Bremen auslaufen.

◆**put over** vt sep **1.** see put across. **2.** (*esp US: postpone*) verschieben (*to, until* auf +*acc*).

◆**put through** vt sep **1.** plan, reform, proposal, bill durchbringen; (+*prep obj*) bringen durch; claim weiterleiten; job durchführen; deal tätigen.

2. +*prep obj* (*cause to undergo*) durchmachen lassen. to ~ sb ~ a test/an exam jdn einem Test/einer Prüfung unterziehen; he was ~ ~ a lot of pain er hat viel Schmerzen durchmachen müssen; to ~ sb ~ university jdn durch die Universität bringen; they really ~ him ~ it! (*inf*) den haben sie vielleicht durch die Mangel gedreht! (*inf*); see mill, pace[2] I 1.

3. (*connect by telephone*) *person* verbinden (*to* mit); *call* durchstellen (*to* zu).
to ~ a call ~ to Beirut ein Gespräch nach Beirut vermitteln *or* (*caller*) anmelden.

◆**put together** *vt sep* **1.** (*put in same room, cage etc*) zusammentun; (*seat together*) zusammensetzen. **he's better than all the others ~ ~** er ist besser als alle anderen zusammen; *see* **head I 3.**
2. (*assemble*) zusammensetzen; *furniture, machine also* zusammenbauen; *book, essay, menu* zusammenstellen; *meal* auf die Beine stellen (*inf*); *collection, evidence, facts* zusammentragen; *case* aufstellen; *see* **two.**

◆**put under** *vt sep* (*doctor*) betäuben.

◆**put up I** *vt sep* **1.** (*raise, lift up*) *hand* hochheben; *car window* zumachen; *sash window* hochschieben; *umbrella* aufklappen; *hair* hochstecken; *collar* hochschlagen, hochklappen.
2. (*hoist*) *flag, sail* hissen, aufziehen.
3. (*fasten up*) *picture, decorations, curtains* aufhängen; *poster also* anmachen (*inf*); *notice also* anschlagen.
4. (*erect*) *building, fence, barrier, memorial* errichten; *ladder, scaffolding* aufstellen; *tent* aufschlagen.
5. (*send up*) *missile, flare* hochschießen; *space probe also* hochschicken.
6. (*increase*) erhöhen; *rent also* heraufsetzen; *prices* (*company*) erhöhen; (*rising costs*) hochtreiben; *sb's temperature, blood pressure* hochtreiben.
7. *see* **put forward 1.**
8. (*offer*) **to ~ sth ~ for sale/auction** etw zum Verkauf anbieten/zur Versteigerung geben; **to ~ ~ ~ resistance (to sb)** (*jdm*) Widerstand leisten.
9. (*feign*) *facade* vortäuschen.
10. (*give accommodation to*) unterbringen.
11. (*provide*) *capital* bereitstellen; *reward* aussetzen.
12. to ~ sb ~ to sth jdn zu etw anstiften.
II *vi* (*stay*) wohnen; (*for one night*) übernachten.

◆**put upon** *vi +prep obj* ausnutzen.

◆**put up with** *vi +prep obj* sich abfinden mit. **I won't ~ ~ ~ that** das lasse ich mir nicht gefallen.

putative ['pju:tətɪv] *adj* (*form*) vermutlich; *father, culprit* mutmaßlich. **the creatures which are our ~ ancestors** die Lebewesen, die vermutlich unsere Vorfahren sind; **a ~ source of oil** eine vermutete Ölquelle.

put-down ['pʊtdaʊn] *n* (*snub*) Abfuhr *f*.
put-off *n* (*inf*) faule Ausrede (*inf*); **put-on** (*inf*) **I** *adj* unecht, vorgetäuscht, aufgesetzt; **II** *n* Bluff *m*, Schau *f* (*inf*).

put-put ['pʌtpʌt] **I** *n* (*sound*) Tuckern *nt*. **II** *vi* tuckern.

putrefaction [,pju:trɪ'fækʃən] *n* Verwesung *f*.

putrefy ['pju:trɪfaɪ] *vi* verwesen.

putrid ['pju:trɪd] *adj* verfault; *smell* faulig; (*fig: corrupt*) zersetzt; (*inf: horrible*) gräßlich, ekelhaft.

putsch [pʊtʃ] *n* Putsch *m*.

putt [pʌt] **I** *n* Schlag *m* (, mit dem man einlocht). **he needed a long ~ at the 5th hole** am 5. Loch mußte er aus großem Abstand

einlochen. **II** *vti* putten, einlochen.

puttee, putty ['pʌtɪ] *n* (Wickel)gamasche *f*.
putter[1] ['pʌtə^r] *n* (*golf-club*) Putter *m*.
putter[2] (*US*) *vi see* **potter.**

putting ['pʌtɪŋ] *n* Putten, Einlochen *nt*; (*as game*) Putten *nt*. **~ green** kleiner Golfplatz nur zum Putten; (*green*) Grün *nt*.

putty[1] ['pʌtɪ] *n* in Kitt *m*. **~ knife** Spachtel *m*; **he was ~ in her hands** er war Wachs in ihren Händen. **II** *vt* kitten.
putty[2] *n see* **puttee.**

put-up ['pʊtʌp] *adj* (*inf*) **a ~ job** ein abgekartetes Spiel; **put-upon** *adj* (*inf*) ausgenutzt; **put-you-up** *n* (*Brit inf*) Schlafcouch *f*.

puzzle ['pʌzl] **I** *n* **1.** (*wordgame etc*) Rätsel *nt*; (*toy*) Geduldsspiel *nt*; (*jigsaw*) Puzzle(spiel) *nt*.
2. (*mystery*) Rätsel *nt*.
II *vt* **1.** verblüffen. **to be ~d about sth** sich über etw (*acc*) im unklaren sein; **the authorities are ~d** die Behörden stehen vor einem Rätsel. **2. to ~ sth out** etw (her)austüfteln.
III *vi* **to ~ about** *or* **over sth** sich (*dat*) über etw (*acc*) den Kopf zerbrechen.

puzzled ['pʌzld] *adj* verdutzt, verblüfft.

puzzlement ['pʌzlmənt] *n* Verblüffung, Verwirrung *f*.

puzzler ['pʌzlə^r] *n* harter Brocken (*inf*).

puzzling ['pʌzlɪŋ] *adj* rätselhaft; *story, mechanism, attitude, verwirrend.

PVC *abbr of* **polyvinyl chloride** PVC *nt*.

Pvt (*US Mil*) *abbr of* **Private.**

PX (*US*) *abbr of* **Post Exchange.**

pygmy, pigmy ['pɪgmɪ] **I** *n* **1.** **P~** Pygmäe *m*. **2.** (*small person, fig*) Zwerg *m*. **II** *adj* **1. P~** Pygmäen-. **2.** Zwerg-.

pyjama, (*US*) **pajama** [pə'dʒɑ:mə] *adj attr jacket, trousers* Schlafanzug-, Pyjama-.

pyjamas, (*US*) **pajamas** [pə'dʒɑ:məz] *npl* Schlafanzug, Pyjama *m*.

pylon ['paɪlən] *n* Mast *m*.

pyorrhoea, (*US*) **pyorrhea** [paɪə'rɪə] *n* Parodontitis *f* (*spec*).

pyramid ['pɪrəmɪd] *n* Pyramide *f*. **~ selling** ≈ Schneeballsystem *nt*.

pyramidal [pɪ'ræmɪdl] *adj* pyramidenförmig, Pyramiden-.

pyre ['paɪə^r] *n* Scheiterhaufen *m* (*zum Verbrennen von Leichen*).

Pyrenean [pɪrə'ni:ən] *adj* pyrenäisch.

Pyrenees [pɪrə'ni:z] *npl* Pyrenäen *pl*.

Pyrex ® ['paɪreks] *n* Hartglas, Jenaer Glas ® *nt*.

pyrite(s) ['paɪraɪt(s)] *n* Eisen- *or* Schwefelkies, Pyrit *m*.

pyrolysis [paɪ'rɒlɪsɪs] *n* Verschwelung, Pyrolyse *f*.

pyromania [,paɪrəʊ'meɪnɪə] *n* Pyromanie *f*.

pyromaniac [,paɪrəʊ'meɪnɪæk] *n* Pyromane *m*, Pyromanin *f*.

pyrotechnic [,paɪrəʊ'teknɪk] *adj* (*lit*) pyrotechnisch; (*fig*) brillant.

pyrotechnics [,paɪrəʊ'teknɪks] *n* (*sing*) Pyrotechnik *f*; (*pl: display*) Feuerwerk *nt*. **a display of ~** (*lit, fig*) ein Feuerwerk *nt*.

Pyrrhic ['pɪrɪk] *adj*: **~ victory** Pyrrhussieg *m*.

python ['paɪθən] *n* Python(schlange *f*) *m*.

pyx [pɪks] *n* Hostienkelch *m*; (*for sick communion*) Bursa *f*.

Q

Q, q [kjuː] n Q, q nt; see **P**.
Q abbr of **Queen.**
QC abbr of **Queen's Counsel.**
QED abbr of **quod erat demonstrandum**
q.e.d.
qt abbr of **quart.**
q.t. [‚kjuːˈtiː] n: **on the ~** (inf) heimlich.
qtr abbr of **quarter.**
qua [kwɑː] adv als.
quack[1] [kwæk] **I** n Schnattern, Quaken nt
no pl. **~-quack** (baby-talk) Entchen nt.
II vi (duck) schnattern, quaken, quak
machen (inf).
quack[2] **I** n (also ~ **doctor**) Quacksalber,
Kurpfuscher m; (hum: doctor) Doktor,
Medizinmann (hum) m. **II** adj attr
methods Kurpfuscher-.
quackery ['kwækərɪ] n Quacksalberei,
Kurpfuscherei f.
quad [kwɒd] n abbr of **1. quadrangle** Hof
m. **2. quadruplet** Vierling m.
quadrangle ['kwɒdræŋgl] n **1.** (Math)
Viereck nt. **2.** (Archit) (viereckiger) (In-
nen)hof.
quadrangular [kwɒˈdræŋgjʊləʳ] adj
viereckig.
quadrant ['kwɒdrənt] n (all senses)
Quadrant m.
quadratic [kwɒˈdrætɪk] adj (Math)
quadratisch.
quadrature ['kwɒdrətʃəʳ] n (Math, Astron)
Quadratur f.
quadrilateral [‚kwɒdrɪˈlætərəl] **I** adj
(Math) vierseitig. **II** n Viereck nt.
quadrille [kwəˈdrɪl] n Quadrille f.
quadripartite ['kwɒdrɪˈpɑːtaɪt] adj (Pol
form) Vierer-. **~ agreement** Viermächte-
abkommen nt.
quadroon [kwɒˈdruːn] n Viertelneger(in f)
m.
quadrophonic [‚kwɒdrəˈfɒnɪk] adj
quadrophonisch.
quadruped ['kwɒdruped] **I** n Vierfüß(l)er
m. **II** adj vierfüßig.
quadruple ['kwɒdrʊpl] **I** adj vierfach;
(Mus, Pol) Vierer-. **~ time** (Mus) Vierer-
takt m. **II** n Vierfache(s) nt. **III** vt vervier-
fachen. **IV** vi sich vervierfachen.
quadruplet [kwɒˈdruːplɪt] n (child) Vier-
ling m.
quadruplicate [kwɒˈdruːplɪkɪt] **I** adj vier-
fach. **II** n: **in** ~ in vierfacher Ausfertigung.
quaff [kwɒf] (old, hum) **I** vt trinken, schlür-
fen (hum). **II** vi zechen (old, hum); (take
a swig) schlucken.
quagmire ['kwægmaɪəʳ] n Sumpf, Morast
m; (fig) (of vice etc) Morast m; (difficult
situation) Schlamassel m (inf). **he was
bogged down in a ~ of tiny details** er hatte
sich in einem Wust von kleinen Einzel-
heiten festgebissen; **he was stuck in a ~ of
indecision** er konnte sich zu keinem Ent-
schluß durchringen.
quail[1] [kweɪl] vi (vor Angst) zittern or

beben (before vor +dat).
quail[2] n (Orn) Wachtel f.
quaint [kweɪnt] adj (+er) **1.** (picturesque)
cottage, village, scene malerisch, idyllisch;
(charmingly old-fashioned) pub, custom,
expression urig.
2. (pleasantly odd) idea kurios, schnur-
rig, putzig (used esp by women); nick-
name originell; old lady, way of speaking
drollig.
quaintly ['kweɪntlɪ] adv **1.** (picturesquely)
malerisch, idyllisch; decorated, finished
malerisch, urig.
2. written schnurrig; dressed putzig;
nicknamed originell.
quaintness ['kweɪntnɪs] n see adj
1. malerischer or idyllischer Anblick;
Urigkeit f. **2.** Kuriosität, Schnurrigkeit,
Putzigkeit f; Originalität f; Drolligkeit f.
quake [kweɪk] **I** vi zittern, beben (with vor
+dat); (earth, rafters etc) zittern, zit-
tern. **he ~d at the knees** ihm zitterten or
schlotterten (inf) die Knie. **II** n **1.** (inf:
earth~) (Erd)beben nt. **2.** (of rafters etc)
Beben nt.
Quaker ['kweɪkəʳ] n Quäker(in f) m.
Quakerism ['kweɪkərɪzəm] n Quäkertum
nt.
qualification [‚kwɒlɪfɪˈkeɪʃən] n **1.** (on
paper) Qualifikation f; (document itself)
Zeugnis nt; (skill, ability, suitable quality)
Voraussetzung f. **English ~s are not
recognized by Scottish schools** englische
Zeugnisse werden von schottischen
Schulen nicht anerkannt; **the only ~
needed is patience/is a knowledge of
French** die einzige Voraussetzung ist
Geduld/sind Französischkenntnisse.
2. (act of qualifying) Abschluß m von
jds Ausbildung. **after his ~ as a doctor/an
insurance broker** nachdem er seine Aus-
bildung als Arzt/Versicherungsagent ab-
geschlossen hatte.
3. (Sport) Qualifikation f.
4. (prerequisite) Voraussetzung f.
5. (limitation) Einschränkung f,
Vorbehalt m; (modification) Modifika-
tion f. **to accept a plan with/without ~(s)**
einen Plan unter Vorbehalt/vorbehaltlos
billigen.
6. (Gram) nähere Bestimmung.
qualified ['kwɒlɪfaɪd] adj **1.** (having train-
ing) ausgebildet; engineer graduiert;
(with university degree) Diplom-. **highly
~** hochqualifiziert; **to be ~ to do sth**
qualifiziert sein, etw zu tun; **~ to practice**
doctor, lawyer zugelassen; **he is/is not ~ to
teach** er besitzt die/keine Lehr-
befähigung; **he was not ~ for the job** ihm
fehlte die Qualifikation für die Stelle; **he
is fully ~** er ist voll ausgebildet; **now that
you are ~** nachdem Sie nun Ihre Aus-
bildung abgeschlossen haben.
2. (able, entitled) berechtigt. **I'm not ~**

to speak for her ich bin nicht kompetent, in ihrem Namen zu sprechen; **what makes you think you're ~ to judge her?** mit welchem Recht meinen Sie, sie beurteilen zu können?

3. (*limited*) *praise, approval* bedingt, nicht uneingeschränkt. **we're only prepared to make a ~ statement about ...** wir können uns nur bedingt *or* mit Einschränkungen zu ... äußern; **his theory is so ~ as to be ...** seine Theorie hat so viele Einschränkungen, daß sie ...; **in a ~ sense** mit Einschränkungen; **a ~ success** kein voller Erfolg; **~ acceptance** (*Comm*) bedingte Annahme.

qualifier ['kwɒlɪfaɪə^r] *n* (*Gram*) Ausdruck *m* des Grades.

qualify ['kwɒlɪfaɪ] **I** *vt* **1.** (*make competent*) qualifizieren; (*make legally entitled*) berechtigen, das Recht geben (+*dat*). **to ~ sb to do sth** (*entitle*) jdn berechtigen, etw zu tun; **his experience qualifies him to make these decisions** aufgrund seiner Erfahrung ist er qualifiziert *or* kompetent, diese Entscheidungen zu treffen; **this qualifies him for promotion** dadurch kommt er für eine Beförderung in Betracht.

2. (*limit*) *statement, criticism* einschränken; (*change slightly*) *opinion, remark* modifizieren, relativieren.

3. (*Gram*) näher bestimmen.

4. (*describe*) bezeichnen, klassifizieren.

II *vi* **1.** (*acquire degree etc*) seine Ausbildung abschließen, sich qualifizieren. **to ~ as a lawyer/doctor/teacher** sein juristisches/medizinisches Staatsexamen machen/die Lehrbefähigung erhalten; **to ~ as an officer** das Offizierspatent erwerben; **your salary increases when you ~** Sie bekommen nach bestandener Prüfung ein höheres Gehalt.

2. (*Sport, in competition*) sich qualifizieren (*for* für). **those who pass the first round of tests ~ for the final interviews** diejenigen, die die erste Testreihe erfolgreich bearbeiten, kommen in die engere und letzte Auswahl.

3. (*fulfil required conditions*) in Frage kommen (*for* für). **does he ~ for admission to the club?** erfüllt er die Bedingungen für die Aufnahme in den Klub?; **he hardly qualifies as a poet** er kann kaum als Dichter angesehen werden.

qualifying ['kwɒlɪfaɪŋ] *adj adjective* erläuternd; *round, heat* Qualifikations-.

qualitative *adj*, **~ly** *adv* ['kwɒlɪtətɪv, -lɪ] qualitativ.

quality ['kwɒlɪtɪ] **I** *n* **1.** (*degree of goodness*) Qualität *f*; (*Comm: categorized also*) Güteklasse *f*; (*of justice, education etc*) (hoher) Stand. **of the best ~** von bester Qualität; **of good/ poor ~** von guter/ schlechter Qualität, qualitativ gut/ schlecht; **~ matters more than quantity** Qualität geht vor Quantität; **they vary in ~** sie sind qualitativ verschieden; **he's got ~** er hat Format.

2. (*characteristics*) (*of person, thing*) Eigenschaft *f*; (*desirable also*) Qualität *f*. **the ~ of patience/selflessness** *etc* Geduld *f*/ Selbstlosigkeit *f etc*.

3. (*nature*) Art *f*. **because of the special ~ of the relationship** da es eine Beziehung besonderer Art war; **the sad ~ of the song** die traurige Stimmung des Liedes.

4. (*of voice, sound*) Klangfarbe *f*; (*Ling*) Qualität *f*; (*of colour*) Farbqualität *f*.

5. (*old, hum: high rank*) vornehmer Stand. **a lady of ~** eine vornehme Dame.

II *attr* **1.** *goods etc* Qualitäts-; *rating also, mark* Güte-.

2. (*inf: good*) erstklassig (*inf*); *newspaper* angesehen.

quality control *n* Qualitätskontrolle *f*.

qualm [kwɑ:m] *n* **1.** (*doubt, scruple*) Skrupel *m*, Bedenken *nt*. **I would feel no ~s about killing that dog** ich würde keine Bedenken *or* Skrupel haben, den Hund zu töten; **without a ~** ohne jeden Skrupel.

2. (*misgiving*) Bedenken *nt*.

quandary ['kwɒndərɪ] *n* Verlegenheit *f*, Dilemma *nt*. **he was in a ~ as to** *or* **about what to do** er wußte nicht, was er tun sollte; **to put sb in a ~** jdn in Verlegenheit *or* eine mißliche Lage bringen.

quanta ['kwɒntə] *pl of* **quantum**.

quantification [ˌkwɒntɪfɪ'keɪʃən] *n* Quantifizierung *f*.

quantifier ['kwɒntɪfaɪə^r] *n* (*Logic*) Quantor *m*.

quantify ['kwɒntɪfaɪ] *vt* quantifizieren (*form*), in Zahlen ausdrücken.

quantitative *adj*, **~ly** *adv* ['kwɒntɪtətɪv, -lɪ] quantitativ.

quantity ['kwɒntɪtɪ] *n* **1.** Quantität *f*; (*amount*) Menge *f*; (*proportion*) Anteil *m* (*of* an +*dat*), Quantum *nt*. **to prefer ~ to quality** Quantität der Qualität vorziehen; **in ~, in large quantities** in großen Mengen; **what ~ of yeast was used?** wieviel Hefe wurde benutzt?; **the ~ of meat in these sausages is very small** der Fleischanteil in diesen Würsten ist sehr klein; **in equal quantities** zu gleichen Teilen.

2. *often pl* (*large amount or number of*) Unmenge *f*. **quantities of books/beer** Unmengen von Büchern/Bier.

3. (*Math, Phys, fig*) Größe *f*.

4. (*Poet, Phon*) Quantität *f*.

quantity mark *n* Quantitätszeichen *nt*; **quantity surveyor** *n* Baukostenkalkulator *m*.

quantum ['kwɒntəm] *n*, *pl* **quanta** (*Phys*) Quant *nt*. **the quality of life cannot be measured as a ~** Lebensqualität kann nicht in Zahlen ausgedrückt werden; **the ~ of satisfaction** das (Aus)maß an Zufriedenheit.

quantum mechanics *n sing* Quantenmechanik *f*; **quantum number** *n* Quantenzahl *f*; **quantum physics** *n sing* Quantenphysik *f*; **quantum theory** *n* Quantentheorie *f*.

quarantine ['kwɒrənti:n] **I** *n* Quarantäne *f*. **to be in ~** in Quarantäne sein; (*ship*) unter Quarantäne liegen; **to put sb in ~** jdn unter Quarantäne stellen. **II** *attr* Quarantäne-. **III** *vt person, ship* unter Quarantäne stellen.

quark [kwɑ:k] *n* (*Phys*) Quark *nt*.

quarrel[1] ['kwɒrəl] *n* (*in window*) rautenförmiges Fensterglas.

quarrel² I n 1. Streit m; (*dispute*) Auseinandersetzung f. **they have had a** ~ sie haben Streit gehabt, sie haben sich gestritten; **to start** *or* **pick a** ~ einen Streit anfangen (*with* mit).
2. (*cause for complaint*) Einwand m (*with* gegen). **I have no** ~ **with him** ich habe nichts gegen ihn.
II vi 1. (*have a dispute*) sich streiten(*with* mit, *about, over* über +*acc, over inheritance/girl* wegen *or* um Erbe/Mädchen); (*more trivially also*) sich zanken.
2. (*find fault*) etwas auszusetzen haben (*with* an +*dat*).

quarrelling, (*US*) **quarreling** ['kwɒrəlɪŋ] n Streiterei f.

quarrelsome ['kwɒrəlsəm] *adj* streitsüchtig, händelsüchtig; *woman also* zänkisch.

quarrelsomeness ['kwɒrəlsəmnɪs] n Streitsucht, Händelsucht f.

quarry¹ ['kwɒrɪ] I n 1. Steinbruch m. **sandstone/slate** *etc* ~ Sandstein-/Schieferbruch *etc.* 2. (*fig*) Fundgrube f. II vt brechen, hauen. III vi Steine brechen *or* hauen. **to** ~ **for sth** etw hauen *or* brechen; (*fig*) nach etw suchen.
◆**quarry out** vt sep block heraushauen.

quarry² n 1. Beute f. 2. (*fig*) (*thing*) Ziel nt; (*person*) Opfer nt.

quarryman ['kwɒrɪmən] n, pl **-men** [-mən] Steinbrucharbeiter, Steinhauer m.

quart¹ [kwɔːt] n (*Measure*) Quart nt. **to try to put a** ~ **into a pint pot** Unmögliches versuchen.

quart² n 1. (*Fencing*) Quart f. 2. (*Cards*) Vierersequenz, Quart f. ~ **major** Quartmajor f.

quarter ['kwɔːtər] I n 1. (*fourth part*) Viertel nt. **to divide sth into** ~s etw in vier Teile teilen; **the bottle was a** ~/**three-**~**s full** die Flasche war zu einem Viertel/drei Vierteln gefüllt *or* viertel/dreiviertel voll; **a** ~ **(of a pound) of** tea ein Viertel(pfund) Tee; **a mile and a** ~ eineinviertel Meilen; **a** ~ **of a mile** eine Viertelmeile; **it was a** ~ **as big as the other one** es war ein Viertel so groß wie das andere; **for a** ~ **(of) the price, for** ~ **the price** zu einem Viertel des Preises.
2. (*in expressions of time*) Viertel nt. **a** ~ **of an hour** eine Viertelstunde; **a** ~ **to seven** (*Brit*), **a** ~ **of seven** (*US*) (ein) Viertel vor sieben, (*dial*); **a** ~ **past six** (*Brit*), **a** ~ **after six** (*esp US*) (ein) Viertel nach sechs, viertel sieben (*dial*); **it's just on the** ~ es ist gerade Viertel; **the clock strikes the** ~s die Uhr schlägt alle Viertelstunde; **the clock has just struck the** ~ die Uhr hat eben Viertel *or* die Viertelstunde geschlagen; **an hour and a** ~ eineinviertel Stunden, fünf viertel Stunden.
3. (*fourth of year*) Vierteljahr, Quartal nt. **paid by the** ~ vierteljährlich bezahlt; **a** ~'**s rent** die Miete für ein Quartal.
4. (*US*) Vierteldollar m, 25-Centstück nt.
5. (*district in town*) Viertel nt.
6. (*area*) **they came from all** ~**s of the earth** sie kamen aus allen Teilen der Welt; **in these** ~s in dieser Gegend.
7. (*direction*) (Himmels)richtung f.

they came from all ~s sie kamen aus allen Himmelsrichtungen.
8. (*Naut: direction of wind*) Richtung f. **what** ~ **is the wind in?** aus welcher Richtung kommt der Wind?
9. (*side*) Seite f; (*place*) Stelle f. **he won't get help from that** ~ von dieser Seite wird er keine Hilfe bekommen; **in high** ~s höheren Orts; **in various** ~s an verschiedenen Stellen.
10. ~s pl (*lodgings*) Quartier nt (*also Mil*), Unterkunft f; **winter** ~s Winterquartier nt; **to take up one's** ~s (*Mil*) sein Quartier beziehen; **to be confined to** ~s (*Mil*) Stubenarrest haben.
11. (*Naut: for battle*) Posten m. **to take up one's** ~s Posten beziehen.
12. (*Naut: part of ship*) Achterschiff nt. **on the port/starboard** ~ backbord/steuerbord.
13. (*mercy in battle*) Schonung f, Pardon m. **to give** ~ Schonung *or* Pardon gewähren.
14. (*Her*) Wappenfeld nt.
15. (*of moon*) Viertel nt.
16. (*Sport: of match*) (Spiel)viertel nt.
17. (*Measure*) ≈ Viertelzentner m.
II adj pound, mile Viertel-. **the/a** ~ **part** das/ein Viertel.
III vt 1. vierteln; (*divide into four also*) in vier Teile teilen; *beef, horse* (in vier Teile) zerlegen; *traitor's body* vierteilen.
2. (*lodge*) unterbringen, einquartieren (*also Mil*) (*on* bei).

quarter-back ['kwɔːtəbæk] n (*US Ftbl*) Quarterback m; **quarter-day** n Quartalstag m; **quarterdeck** n (*Naut*) Achterdeck, Quarterdeck nt; **quarter-final** n Viertelfinalspiel nt; **quarter-finalist** n Teilnehmer(in f) m am Viertelfinale; **quarter-finals** npl Viertelfinale nt.

quartering ['kwɔːtərɪŋ] n 1. *see* vt 1. Vierteln nt; Teilung f in vier Teile; Zerlegen nt; Vierteilen nt. 2. (*Mil*) Einquartierung f. 3. (*Her*) Einteilung f in vier Felder.

quarterlight ['kwɔːtəlaɪt] n (*Brit*) Dreieckfenster nt; (*openable*) Ausstellfenster nt.

quarterly ['kwɔːtəlɪ] I adj vierteljährlich. II n Vierteljahresschrift f. III adv vierteljährlich, alle Vierteljahre.

quartermaster ['kwɔːtə‚mɑːstər] n 1. (*Mil*) Quartiermeister m. **Q** ~ **General** Generalquartiermeister m. 2. (*Navy*) Steuermannsmaat m. ~'s **store** Versorgungslager nt.

quarter-note ['kwɔːtənəʊt] n (*US Mus*) Viertel(note f) nt; ~ **rest** Viertelpause f; **quarter sessions** npl vierteljährliche Gerichtssitzungen pl; **quarterstaff** n (*Hist*) Schlagstock m; **quarter-tone** n Vierteltonintervall nt.

quartet(te) [kwɔːˈtet] n (*Mus, foursome*) Quartett nt.

quarto ['kwɔːtəʊ] I n, pl **-s** (*Typ*) Quart(format) nt. II attr paper, volume in Quart.

quartz ['kwɔːts] n Quarz m. ~ **clock** Quarzuhr f; ~ **crystal** Quarzkristall m; ~ (**iodine**) **lamp** Quarzlampe f.

quartzite ['kwɔːtsaɪt] n Quarzfels m.

quasar ['kweɪzɑːʳ] n Quasar m.

quash [kwɒʃ] vt 1. (*Jur*) verdict aufheben, annullieren. 2. *rebellion* unterdrücken;

suggestion, objection ablehnen.

quasi- [ˈkwɑːzɪ] *pref* quasi-, quasi. **acting in a ~-managerial function** quasi als Manager handelnd.

quatercentenary [ˌkwɔːtəsenˈtiːnərɪ] *n* (*also* ~ **celebrations**) Vierhundertjahrfeier *f*; (*anniversary*) vierhundertster Jahrestag.

quaternary [kwəˈtɜːnərɪ] **I** *adj* (*Geol*) quartär; (*Chem*) quaternär, aus vier Teilen bestehend. **II** *n* (*Geol*) Quartär *nt*.

quatrain [ˈkwɒtreɪn] *n* Vierzeiler *m*.

quaver [ˈkweɪvəʳ] **I** *n* **1.** (*esp Brit Mus*) Achtel(note *f*) *nt*. ~ **rest** Achtelpause *f*. **2.** (*in voice*) Beben, Zittern *nt*. **with a ~ in her voice** mit bebender *or* zitternder Stimme. **II** *vi* (*voice*) beben, zittern; (*Mus*) tremolieren.

quavering [ˈkweɪvərɪŋ], **quavery** [ˈkweɪvərɪ] *adj* (*voice*) bebend, zitternd; *notes* tremolierend.

quay [kiː] *n* Kai *m*. **alongside the ~** am Kai.

quayside [ˈkiːsaɪd] *n* Kai *m*. **the ~ bars** die Hafenkneipen *pl*.

queasiness [ˈkwiːzɪnɪs] *n* Übelkeit *f*. **the ~ he feels on board ship** das Gefühl der Übelkeit, das er auf einem Schiff bekommt.

queasy [ˈkwiːzɪ] *adj* (+*er*) **I feel ~** mir ist (leicht) übel; **a ~ feeling** ein Gefühl *nt* der Übelkeit, ein Übelkeitsgefühl *nt*; **don't do it if you feel ~ about it** wenn dir nicht wohl dabei ist, dann tu's doch nicht.

queen [kwiːn] **I** *n* **1.** (*also fig*) Königin *f*. **she was ~ to George V** sie war die Gemahlin von Georg V; **~ of the May** Maikönigin *f*. **2.** (*bee, ant etc*) Königin *f*. **3.** (*Cards*) Dame *f*. **~ of spades** Pikdame. **4.** (*Chess*) Dame *f*. **~'s bishop/pawn** Damenläufer/-bauer *m*. **5.** (*sl: homosexual*) Tunte *f* (*sl*). **6.** (*sl: rocker* ~) Braut *f* (*sl*). **II** *vt* **1.** (*Chess*) in eine Dame ver- *or* umwandeln. **2.** (*inf*) **to ~ it** die große Dame spielen *or* heraushängen (*inf*); **to ~ it over sb** jdn herumkommandieren (*inf*). **III** *vi* (*Chess*) sich in eine Dame verwandeln.

queen bee *n* Bienenkönigin *f*; **queen consort** *n* Königin *f*, Gemahlin *f* des Königs; **queen dowager** *n* Königinwitwe *f*.

queenly [ˈkwiːnlɪ] *adj* königlich; *bearing, dignity also* einer Königin; *duties, rule also* der Königin.

queen mother *n* Königinmutter *f*; **Queen's Counsel** *n* Kronanwalt *m*, Anwalt *m* der Krone, ≈ Staatsanwalt *m*; (*as title*) Justizrat *m*; **queen's English** *n* englische Hochsprache; **don't you understand the ~?** verstehst du denn kein Englisch?; **queen's evidence** *n*: **to turn ~** als Kronzeuge auftreten; **queen's peace** *n* **to keep the ~** sich ordnungsgemäß verhalten; **Queen's Speech** *n* Thronrede *f*.

queer [kwɪəʳ] **I** *adj* (+*er*) **1.** (*strange*) eigenartig, seltsam, komisch; (*eccentric*) komisch, kauzig. **a ~-sounding name** ein komischer Name; **he's a bit ~ in the head** (*inf*) er ist nicht ganz richtig (im Kopf).

2. (*causing suspicion*) verdächtig, nicht ganz hasenrein. **there's something ~ about it** da ist etwas faul dran (*inf*). **3.** (*inf*) (*unwell*) unwohl; (*peculiar*) *feeling* komisch. **I feel ~** mir ist nicht gut/ mir ist ganz komisch (*inf*); **I came over all ~** mir wurde ganz anders (*inf*) *or* komisch (*inf*). **4.** (*inf: homosexual*) schwul (*inf*). **II** *n* (*inf: homosexual*) Schwule(r) *mf* (*inf*). **III** *vt* (*sl: spoil*) versauen (*sl*), vermasseln (*sl*). **to ~ sb's pitch** (*inf*) jdm einen Strich durch die Rechnung machen.

queer-bashing [ˈkwɪəˌbæʃɪŋ] *n* Verprügeln *nt* von Schwulen.

queerly [ˈkwɪəlɪ] *adv* eigenartig, seltsam, komisch.

queerness [ˈkwɪənɪs] *n* **1.** Eigenartigkeit, Merkwürdigkeit, Seltsamkeit *f*. **2.** (*inf: homosexuality*) Schwulheit *f* (*inf*).

Queer Street *n* (*Brit sl*) **to be in ~** pleite *or* blank sein (*inf*); **we'll really be in ~ if that happens** wenn das passiert, sind wir wirklich in Schwulitäten (*inf*).

quell [kwel] *vt fear* bezwingen; *passion* bändigen, zügeln; *riot* unterdrücken, niederschlagen; *anxieties* überwinden.

quench [kwentʃ] *vt flames, fire* löschen; *thirst also,* (*liter*) *desire* stillen; *enthusiasm* dämpfen.

quern [kwɜːn] *n* Hand- *or* Drehmühle *f*; (*Archeol*) Mahlstein *m*.

querulous [ˈkwerʊləs] *adj* nörglerisch, mißmutig. **a ~ person** ein Querulant *m*.

querulously [ˈkwerʊləslɪ] *adv see adj*.

query [ˈkwɪərɪ] **I** *n* **1.** (*question*) Frage *f*. **2.** (*Typ*) Fragezeichen *nt*. **II** *vt* **1.** (*express doubt about*) bezweifeln; *statement, motives* in Frage stellen; *bill, item, invoice* reklamieren. **I'm not ~ing your right to do that but ...** ich bezweifle ja nicht, daß Sie dazu berechtigt sind, aber ...; **£500! I'd ~ that if I were you** £ 500! da würde ich an Ihrer Stelle reklamieren. **2.** (*check*) **to ~ sth with sb** etw mit jdm abklären. **3.** (*with a question mark*) mit einem Fragezeichen versehen.

quest [kwest] **I** *n* (*search*) Suche *f* (*for* nach); (*for knowledge, happiness etc*) Streben *nt* (*for* nach). **to go in ~ of sth** (*old, liter*) sich auf die Suche nach etw machen. **II** *vi* **1.** (*old, liter: seek*) suchen (*for* nach). **2.** (*Hunt*) die Beute aufspüren.

question [ˈkwestʃən] **I** *n* **1.** (*Gram etc*) Frage *f* (*to an* +*acc*); (*Parl also*) Anfrage *f* (*to an* +*acc*). **to ask sb a ~** jdm eine Frage stellen; **don't ask so many ~s** frag nicht so viel; **they'll buy anything, no ~s asked** sie kaufen alles und stellen keine dummen Fragen; **what a ~ (to ask)!** was für eine Frage! **2.** *no pl* (*doubt*) Zweifel *m*, Frage *f*. **beyond (all)** *or* **without ~** ohne Frage, ohne (jeden) Zweifel; **without ~ he is ...** er ist zweifellos *or* ohne Frage *or* ohne Zweifel ...; **his honesty is beyond ~** seine

Ehrlichkeit steht außer Zweifel *or* Frage, an seiner Ehrlichkeit besteht kein Zweifel; **there is no** ~ **but that he has gone** (*form*) es besteht kein Zweifel darüber, er ist fort; **your sincerity is not in** ~ niemand zweifelt an Ihrer Aufrichtigkeit; **to call sth into** ~ etw in Frage stellen.

3. (*matter*) Frage *f.* **that's another** ~ **altogether** das ist etwas völlig anderes; **that's not the** ~ darum geht es nicht; **the German** ~ die deutsche Frage; **it's not just a** ~ **of money** es ist nicht nur eine Geldfrage *or* Frage des Geldes; **if it's only a** ~ **of whether ...** wenn es nur darum geht (*inf*) *or* sich darum handelt, ob ...

4. *no pl* (*possibility, likelihood*) **there is some** ~ **of a reunion/of him resigning** es ist die Rede von einer Wiedervereinigung/ davon, daß er zurücktreten will, eine Wiedervereinigung/sein Rücktritt ist im Gespräch; **there's no** ~ **of that happening/ of a strike** es steht außer Diskussion *or* es kann keine Rede davon sein, daß das passiert/von einem Streik kann keine Rede sein; **that's out of the** ~ das kommt nicht in Frage; **the person/matter in** ~ die fragliche *or* in Frage *or* in Rede (*form*) stehende Person/Angelegenheit.

II *vt* **1.** (*ask* ~*s of*) fragen (*about* nach); (*police etc*) vernehmen, verhören (*about* zu); (*examiner*) prüfen (*on* über +*acc*). **my father started** ~**ing me about where I'd been** mein Vater fing an, mich auszufragen, wo ich gewesen war; **they were** ~**ed by the immigration authorities** ihnen wurden von der Einwanderungsbehörde viele Fragen gestellt.

2. (*express doubt about*) bezweifeln, zweifeln an (+*dat*); (*dispute, challenge*) in Frage stellen. **but I'm not** ~**ing that!** das bezweifle *or* bestreite ich ja nicht; **I don't** ~ **your good intentions** ich zweifle nicht an Ihrer guten Absicht; **he** ~**ed her inclusion on the committee** er äußerte Bedenken gegen ihre Aufnahme in den Ausschuß.

questionable [ˈkwestʃənəbl] *adj* **1.** (*suspect*) fragwürdig. **of** ~ **honesty** von zweifelhaftem Ruf; **in** ~ **taste** geschmacklos. **2.** (*open to doubt*) *statement, figures* fraglich; *value, advantage also* zweifelhaft.

questioner [ˈkwestʃənəʳ] *n* Fragesteller(in *f*), Frager *m.*

questioning [ˈkwestʃənɪŋ] **I** *adj look* fragend.
II *n* (*by parents, husband*) Verhör *nt*; (*by police also*) Vernehmung *f*; (*of candidate*) Befragung *f.* **after hours of** ~ **by the immigration authorities** nach stundenlanger Befragung durch die Einwanderungsbehörde; **they brought him in for** ~ sie holten ihn, um ihn zu vernehmen.

questioningly [ˈkwestʃənɪŋlɪ] *adv* fragend.

question mark *n* Fragezeichen *nt*; **question-master** *n* Quizmaster *m.*

questionnaire [ˌkwestʃəˈnɛəʳ] *n* Fragebogen *m.*

question time *n* Zeit *f* für Fragen; (*Parl*) Fragestunde *f.*

queue [kjuː] **I** *n* **1.** (*Brit: of people, cars*) Schlange *f.* **to form a** ~ eine Schlange bilden; **to stand in a** ~ Schlange stehen,

anstehen; **to join the** ~ sich (hinten) anstellen; **a** ~ **of cars** eine Autoschlange; **a long** ~ **of people** eine lange Schlange. **2.** (*Hist: pigtail*) Zopf *m.*

II *vi* (*Brit: also* ~ **up**) Schlange stehen; (*people also*) anstehen; (*form a* ~) eine Schlange bilden; (*people*) sich anstellen. **they were queuing outside the cinema** sie standen vor dem Kino Schlange; **we** ~**d for an hour** wir haben eine Stunde angestanden; **they were queuing for bread** sie standen nach Brot an.

queue-jumper [ˈkjuːˌdʒʌmpəʳ] *n* (*Brit*) jd, der sich vordräng(el)t; **queue-jumping** *n* (*Brit*) Vordränge(l)n *nt*; **hey you, no** ~! he, Vordränge(l)n gibt's nicht! (*inf*).

quibble [ˈkwɪbl] **I** *vi* (*be petty-minded*) kleinlich sein (*over, about* wegen); (*argue with sb*) sich herumstreiten (*over, about* wegen). **to** ~ **over details** auf Einzelheiten herumreiten; **he** ~**d about the design** er krittelte am Design herum.

II *n* these aren't really serious criticisms at all, just ~s das ist doch keine ernsthafte Kritik, das sind doch nur Spitzfindigkeiten *or* Haarspalterei(en); **let's try to avoid unnecessary** ~s over details wir wollen doch nicht unnötig auf Einzelheiten herumreiten; **I've got a few** ~s about her work/the design ich habe ein paar Kleinigkeiten an ihrer Arbeit/am Design auszusetzen.

quibbler [ˈkwɪbləʳ] *n* (*petty critic*) Krittler, Kritikaster (*pej*) *m*; (*hair-splitter*) Wortklauber, Haarspalter *m.*

quibbling [ˈkwɪblɪŋ] **I** *adj* (*petty*) *person* kleinlich; (*hair-splitting*) *person, details, argument* spitzfindig. **II** *n* (*petty criticism*) Krittelei *f*; (*hair-splitting*) Haarspalterei, Wortklauberei *f*. **all this** ~ **about details** dieses Herumreiten auf Einzelheiten.

quick [kwɪk] **I** *adj* (+*er*) **1.** (*rapid*) schnell; *answer also* prompt. **be** ~! mach schnell!; (*on telephone etc*) faß dich kurz!; **and be** ~ **about it** aber ein bißchen dalli (*inf*); **you were/he was** ~ das ist ja schnell gegangen, das war ja schnell; **he was too** ~ **for me** (*in speech*) das ging mir zu schnell; (*in escaping*) er war zu schnell für mich; ~ **march!** (*Mil*) im Eilschritt, marsch!; **it's** ~**er by train** mit dem Zug geht es schneller; **to be** ~ **to do sth** etw ganz schnell tun; **he is** ~ **to criticize other people** er ist mit seiner Kritik schnell bei der Hand; **he is** ~ **to anger** er wird leicht zornig; **the** ~**est way to the station** der schnellste Weg zum Bahnhof; **what's the** ~**est way to the station?** wie komme ich am schnellsten zum Bahnhof?

2. (*short,* ~*ly done*) *kiss* flüchtig; *speech, synopsis* kurz; *rest* klein, kurz. **let me have a** ~ **look** laß mich mal schnell *or* kurz sehen; **we had a** ~ **meal** wir haben schnell etwas gegessen; **let's go for a** ~ **drive** komm, wir machen eine kleine Spritztour; **could I have** ~ **word?** könnte ich Sie mal kurz sprechen?; **could I have a** ~ **try?** darf ich mal schnell *or* kurz versuchen?; **I'll just write him a** ~ **note** ich schreibe ihm schnell mal *or* mal kurz; **time for a** ~ **beer** genügend Zeit, um schnell ein Bierchen zu trinken; **a ~ one** eine(r, s) auf die Schnelle (*inf*); (*question*) eine kurze Frage.

3. (*lively, ~ to understand*) *mind* wach; *person* schnell von Begriff (*inf*); *child* aufgeweckt; *temper* hitzig, heftig; *eye, ear* scharf. **the ~er children soon get bored** die Kinder, die schneller begreifen *or* eine schnellere Auffassungsgabe haben, langweilen sich bald; **he's very ~** er begreift *or* kapiert (*inf*) schnell; **he's too ~ for me** mit ihm komme ich nicht mit; **~, isn't he?** (*in repartee*) der ist aber schlagfertig.

II *n* **1.** (*Anat*) empfindliches Fleisch (*besonders unter den Fingernägeln*). **to bite one's nails to the ~** die Nägel bis zum Fleisch abkauen; **to be cut to the ~** tief getroffen sein.

2. *pl* (*liter*) **the ~ and the dead** die Lebenden und die Toten.

III *adv* (+*er*) schnell.

quick-acting ['kwɪk'æktɪŋ] *adj medicine* schnell wirkend *attr*; **quick-change artist** *n* (*Theat*) Verwandlungskünstler(in *f*) *m*.

quicken ['kwɪkən] **I** *vt* **1.** (*also ~ up*) beschleunigen.

2. (*liter: make more lively*) *feelings* erhöhen; *appetite* anregen; *imagination* beflügeln (*geh*), anregen.

II *vi* **1.** (*also ~ up*) schneller werden.

2. (*liter*) (*hope, interest*) wachsen; (*foetus*) sich bewegen.

quick-fire questions ['kwɪkfaɪə'kwestʃənz] *npl* Fragen *pl* wie aus der Maschinenpistole; **quick-firing** *adj* (*Mil*) Schnellfeuer-; **quick-freeze** *vt irreg food* einfrieren, einfrosten; **quick-frozen** *adj* Gefrier-, tiefgekühlt.

quickie ['kwɪkɪ] *n* (*inf*) eine(r, s) auf die Schnelle (*inf*); (*question*) kurze Frage.

quicklime ['kwɪklaɪm] *n* ungelöschter Kalk.

quickly ['kwɪklɪ] *adv* schnell.

quickness ['kwɪknɪs] *n* **1.** (*speed*) Schnelligkeit *f*. **his ~ to appreciate the problem** die Schnelligkeit, mit der er das Problem erfaßt hat. **2.** (*intelligence*) schnelle Auffassungsgabe. **~ of mind** Fähigkeit, schnell zu denken; **~ of temper** heftiges *or* aufbrausendes Temperament.

quicksand ['kwɪksænd] *n* Treibsand *m*; **quickset hedge** *n* Hecke *f*; (*hawthorn*) Weißdornhecke *f*; **quick-setting** *adj glue etc* schnell trocknend *attr*; *cement* schnell bindend *attr*; **quicksilver I** *n* Quecksilber *nt*; **II** *adj attr* (*fig liter*) quecksilbrig, lebhaft; **quickstep** *n* Quickstep *m*; **quick-tempered** *adj* hitzig, leicht erregbar; **to be ~** leicht aufbrausen; **quick-witted** *adj* geistesgegenwärtig; *answer* schlagfertig; **quick-wittedness** *n* Geistesgegenwart *f*; Schlagfertigkeit *f*; schnelle Auffassungsgabe.

quid[1] [kwɪd] *n, pl -* (*inf*) Pfund *nt*. **20 ~** 20 Eier (*sl*); **to be ~s in** auf sein Geld kommen (*inf*).

quid[2] *n* (*tobacco*) Priem *m*.

quiddity ['kwɪdɪtɪ] *n* **1.** (*Philos*) Wesen *nt*. **2.** (*liter: quibble*) Spitzfindigkeit *f*.

quid pro quo ['kwɪdprəʊ'kwəʊ] *n, pl ~s* Gegenleistung *f*.

quiescence [kwɪ'esns] *n* Ruhe, Stille *f*.

quiescent [kwɪ'esnt] *adj* ruhig, still.

quiet ['kwaɪət] **I** *adj* (+*er*) **1.** (*silent*) still; *neighbours, person also, engine* ruhig; *footsteps, music, car, voice* leise. **at night when the office is ~** nachts, wenn im Büro alles still ist; **double-glazing makes the house ~er** durch Doppelfenster wird das Haus ruhiger; **(be) ~!** Ruhe!, ruhig!; **to keep ~** (*not speak*) still sein; (*not make noise*) leise sein; **keep ~!** sei/seid still!; **can't you keep your dog ~!** können Sie nicht zusehen, daß Ihr Hund still ist?; **to keep ~ about sth** über etw (*acc*) nichts sagen; **to go ~** still werden; (*music etc*) leise werden; **you've gone very ~** du bist ja so still geworden; **I can't make the radio any ~er** ich kann das Radio nicht (noch) leiser stellen.

2. (*peaceful*) ruhig; *evening also* geruhsam; *conscience also* gut; *smile* leise. **things are very ~ at the moment** im Augenblick ist nicht viel los; **business is ~** das Geschäft ist ruhig; **to have a ~ mind** beruhigt sein; **he had a ~ sleep** er hat ruhig geschlafen; **I was just sitting there having a ~ drink** ich saß da und habe in aller Ruhe mein Bier *etc* getrunken.

3. (*gentle*) *face, character* sanft; *child* ruhig; *horse* brav, gutwillig; *irony* leise.

4. (*unpretentious, simple*) *dress, tie* dezent; *colour also* ruhig; *style* einfach, schlicht; *elegance* schlicht; *wedding, dinner* klein, im kleinen Rahmen.

5. (*not overt*) *hatred, envy* still; *resentment* heimlich. **I'll have a ~ word with him** ich werde mal ein Wörtchen (im Vertrauen) mit ihm reden; **could we have a ~ word together some time?** könnten wir uns mal unter vier Augen unterhalten?; **I caught him having a ~ drink** ich habe ihn dabei erwischt, wie er heimlich getrunken hat; **they had a ~ laugh over it** sie haben im stillen darüber gelacht; **he kept the matter ~** er behielt die Sache für sich.

II *n* Ruhe *f*. **in the ~ of the night** in der Stille der Nacht; **the sudden ~ after the bombing** die plötzliche Stille *or* Ruhe nach dem Bombenangriff; **on the ~** heimlich; *see* **peace**.

III *vt see* **quieten**.

quieten ['kwaɪətn] *vt* **1.** *sb* zum Schweigen bringen; *noisy class, dog* zur Ruhe bringen; *crying baby* beruhigen; *engine* ruhiger machen. **2.** (*make calm*) *person, conscience* beruhigen; *suspicion, fear* zerstreuen; *pain* lindern.

◆**quieten down I** *vi* (*become silent*) leiser werden; (*become calm*) sich beruhigen; (*after wild youth*) ruhiger werden. **~ ~, boys!** ein bißchen ruhiger, Jungens!; **things have ~ed ~ a lot** es ist viel ruhiger geworden.

II *vt sep person* beruhigen; *engine* ruhiger machen.

quietism ['kwaɪɪtɪzəm] *n* Quietismus *m*.

quietist ['kwaɪɪtɪst] **I** *n* Quietist(in *f*) *m*. **II** *adj* quietistisch.

quietly ['kwaɪətlɪ] *adv* (*making little noise*) leise; (*peacefully, making little fuss*) ruhig; (*secretly*) still und heimlich. **he's very ~ spoken** er spricht sehr leise; **to be ~ confident** insgeheim sehr sicher sein; I

was sitting here ~ sipping my wine ich saß da und trank in aller Ruhe meinen Wein; **he was very ~ dressed** er war sehr dezent gekleidet; **they got married very ~** sie haben im kleinen Rahmen geheiratet.

quietness ['kwaɪətnɪs] n **1.** (lack of noise) Stille f; (of engine, car) Geräuscharmut f; (of footsteps etc) Geräuschlosigkeit, Lautlosigkeit f; (of person) stille Art. **the ~ of her voice** ihre leise Stimme. **2.** (peacefulness) Ruhe f. **3.** (of colour) Dezentheit f; (of style) Schlichtheit f.

quietude ['kwaɪətjuːd] n (liter) Ruhe f, Friede(n) m.

quietus [kwaɪ'iːtəs] n (old, liter) Todesstoß m. **to give sb his/sth its ~** jdm/einer Sache den Todesstoß versetzen.

quiff [kwɪf] n (esp Brit) Stirnlocke, Tolle f.

quill [kwɪl] n **1.** (feather) Feder f; (feather stem) Federkiel m. **2.** (also ~-pen) Feder(kiel m) f. **3.** (of porcupine) Stachel m.

quilt [kwɪlt] I n (continental ~) Steppdecke f; (unstitched) Federbett nt; (bedspread) Bettdecke f. II vt absteppen; (with padding) wattieren.

quilting ['kwɪltɪŋ] n **1.** (process) (Ab)-steppen nt; Wattieren nt. **2.** (material) Steppstoff m.

quin [kwɪn] n (Brit) abbr of **quintuplet** Fünfling m.

quince [kwɪns] n (fruit, tree) Quitte f.

quincentenary [ˌkwɪnsen'tiːnərɪ] n fünfhundertster Jahrestag; (also ~ celebrations) Fünfhundertjahrfeier f.

quinine [kwɪ'niːn] n Chinin nt.

quinquennia [kwɪŋ'kwenɪə] pl of **quinquennium**.

quinquennial [kwɪŋ'kwenɪəl] adj alle fünf Jahre (stattfindend); (lasting five years) fünfjährig.

quinquennium [kwɪŋ'kwenɪəm] n, pl **quinquennia** (form) Jahrfünft nt.

quinsy ['kwɪnzɪ] n (old) Mandelentzündung f.

quint [kwɪnt] n (US) abbr of **quintuplet** Fünfling m.

quintessence [kwɪn'tesns] n (Philos, fig) Quintessenz f; (embodiment) Inbegriff m.

quintessential [ˌkwɪntɪ'senʃəl] adj (liter) fundamental (geh). **the ~ English gentleman** der Inbegriff des englischen Gentleman; **an instance of his ~ bad taste** ein Beispiel für seinen von Grund auf schlechten Geschmack.

quintessentially [ˌkwɪntɪ'senʃəlɪ] adv (liter) durch und durch. **they are ~ different** sie sind fundamental (geh) or von Grund auf verschieden; **this is ~ Bach** das ist Bach reinsten Wassers.

quintet(te) [kwɪn'tet] n (Mus, group of five) Quintett nt.

quintuple ['kwɪntjʊpl] I adj fünffach. II n Fünffache(s) nt. III vt verfünffachen. IV vi sich verfünffachen.

quintuplet [kwɪn'tjuːplɪt] n Fünfling m.

quip [kwɪp] I n witzige or geistreiche Bemerkung. II vti witzeln.

quipster ['kwɪpstər] n Spaßvogel m.

quire ['kwaɪər] n **1.** (24 sheets) 24 Bogen Papier. **2.** (folded, unbound sheets) Bogen m.

quirk [kwɜːk] n Schrulle, Marotte f; (of nature, fate) Laune f. **by a strange ~ of fate** durch eine Laune des Schicksals.

quirkiness ['kwɜːkɪnɪs] n Schrulligkeit f.

quirky ['kwɜːkɪ] adj (+er) schrullig.

quirt [kwɜːt] n (US) geflochtene Reitpeitsche.

quisling ['kwɪzlɪŋ] n Quisling m.

quit [kwɪt] (vb: pret, ptp **~ted** or **~**) I vt **1.** (leave) town, army verlassen; this life scheiden aus; (give up) job aufgeben, kündigen. **I've given you notice to ~ the flat** (form) ich habe ihr die Wohnung gekündigt/mir ist (die Wohnung) gekündigt worden. **2.** (inf: stop) aufhören mit. **to ~ doing sth** aufhören, etw zu tun; **~ it!** hör (damit) auf!; **to ~ work** mit der Arbeit aufhören. II vi **1.** (leave one's job) kündigen. **2.** (go away) weg- or fortgehen. **notice to ~** Kündigung f; **they gave me notice to ~** sie haben mir gekündigt. **3.** (accept defeat) aufgeben. III adj ~of frei von, ledig (+gen) (geh); **we are ~ of him** wir sind ihn los.

quite [kwaɪt] adv **1.** (entirely) ganz; (emph) völlig. **~ unnecessary/wrong/unthinkable** völlig unnötig/falsch/undenkbar; **I am ~ happy where I am** ich bin eigentlich da, wo ich bin, ganz zufrieden; **I was ~ happy until you came along** bevor du kamst, war ich völlig zufrieden; **it's ~ impossible to do that** das ist völlig or gänzlich unmöglich; **are you ~ finished!** bist du jetzt fertig?; **when you're ~ ready ...** (iro) wenn du dann fertig bist ...; **he's ~ grown up now** er ist jetzt schon richtig erwachsen; **I ~ agree with you** da stimme ich völlig mit Ihnen überein; **he ~ understands that he must go** er sieht es durchaus or völlig ein, daß er gehen muß; **he has ~ recovered** er ist völlig or ganz wiederhergestellt; **that's ~ another matter** das ist doch etwas ganz anderes; **that's ~ enough for me** das reicht mir wirklich; **that's ~ enough of that** das reicht jetzt aber; **not ~** nicht ganz; **you weren't ~ early/tall enough** Sie waren ein bißchen zu spät dran/zu klein; **he's not ~ rich enough to qualify** er ist noch nicht ganz reich genug, um in Frage zu kommen; **I don't ~ see what he means** ich verstehe nicht ganz, was er meint; **that's not ~ your colour** das ist nicht ganz die richtige Farbe für Sie; **he's not ~ the James Bond type** er ist nicht gerade der James-Bond-Typ; **it was not ~ midnight** es war noch nicht ganz Mitternacht; **sorry! — that's ~ all right** entschuldige! — das macht nichts; **I'm ~ all right, thanks** danke, mir geht's gut; **thank you — that's ~ all right** danke — bitte schön; **~ (so)!** genau!, sehr richtig!; ganz recht!; **~ the thing** (inf) ganz große Mode. **2.** (to some degree) ziemlich. **~ likely/unlikely** sehr wahrscheinlich/unwahrscheinlich; **he's had ~ a lot to drink** er hat ziemlich viel or ganz schön viel (inf) getrunken; **~ a few people** ziemlich viele Leute; **he is ~ a good singer** er ist ein ziemlich guter Sänger; **I ~ like this painting** dieses Bild gefällt mir ganz gut; **yes, I'd ~ like to** ja, eigentlich ganz gern.

3. (*really, truly*) wirklich. **she was ~ a beauty** sie war wirklich eine Schönheit; **she's ~ a girl/cook** *etc* sie ist ein tolles Mädchen/eine tolle Köchin *etc*; **it's ~ delightful** es ist entzückend, es ist einfach wunderbar; **it was ~ a shock/disappointment/change** es war ein ziemlicher *or* ganz schöner (*inf*) Schock/eine ziemliche *or* ganz schöne (*inf*) Enttäuschung/ Veränderung; **that's ~ some bruise/bill/ car** (*inf*) das ist vielleicht ein blauer Fleck/ eine Rechnung/ein Auto (*inf*); **it was ~ a party** das war vielleicht eine Party! (*inf*); **he's ~ the gentleman now** er ist jetzt ganz der feine Herr; **he's ~ a hero now** jetzt ist er ein richtiger Held; **~ the little party-goer, aren't we?** (*inf*) du bist wohl so eine richtige Partynudel, wie? (*inf*).

quits [kwɪts] *adj* quitt. **to be/get ~ wiih sb** mit jdm quitt sein/ werden; **to cry ~** aufgeben, klein beigeben; **shall we call it ~?** lassen wir's?; *see* **double**.

quittance ['kwɪtəns] *n* Schuldenerlaß *m*.

quitter ['kwɪtər] *n* (*inf*) **he's a ~** er gibt immer gleich auf.

quiver¹ ['kwɪvər] **I** *vi* zittern; (*person also*) beben (*with* +*dat*); (*wings*) flattern; (*lips, eyelids, heart*) zucken; (*flesh*) wabbeln. **II** *n* Zittern *nt*; Beben *nt*; Flattern *nt*; Zucken *nt*; Wabbeln *nt*.

quiver² *n* Köcher *m*.

quiverful ['kwɪvəfʊl] *n* (*of arrows*) Köchervoll *m*; (*liter: of children*) Schar *f*.

qui vive [ˌkiːˈviːv] *n*: **on the ~** auf dem Quivive (*dated*), auf der Hut.

quixotic [kwɪkˈsɒtɪk] *adj behaviour, gesture etc* edelmütig, ritterlich; *ideals* schwärmerisch, idealistisch. **an idealist, a strange ~ character** ein Idealist, ein eigenartiger, an Don Quichotte erinnernder Mensch; **don't you find that a little ~?** finden Sie das nicht etwas versponnen?

quixotically [kwɪkˈsɒtɪkəlɪ] *adv see adj.*

quiz [kwɪz] **I** *n* **1.** Quiz *nt*. **2.** (*US Sch inf*) Prüfung *f*. **II** *vt* **1.** (*question closely*) ausfragen (*about* über +*acc*). **2.** (*US Sch inf*) abfragen, prüfen.

quizmaster ['kwɪzˌmɑːstər] *n* Quizmaster *m*; **quiz programme,** (*US*) **quiz program** *n* Quizsendung *f*; **quiz show** *n* Quiz *nt.*

quizzical ['kwɪzɪkəl] *adj* **1.** *air, look* fragend; *smile* zweifelnd. **2.** (*odd*) eigenartig, drollig.

quizzically ['kwɪzɪkəlɪ] *adv look* fragend, zweifelnd.

quoin [kwɔɪn] *n* **1.** (*outer corner of wall*) Ecke *f*; (*cornerstone*) Eckstein *m*. **2.** (*Typ*) Schließzeug *nt.*

quoit [kwɔɪt] *n* Wurfring *m*.

quoits [kwɔɪts] *n sing* Wurfringspiel *nt*. **to play ~** Wurfring spielen.

quondam ['kwɒndæm] *adj* (*liter*) ehemalig, früher.

Quonset (hut) ® ['kwɒnsɪt('hʌt)] *n* (*US*) Nissenhütte *f*.

quorum ['kwɔːrəm] *n* Quorum *nt.*

quota ['kwəʊtə] *n* **1.** (*of work*) Pensum *nt*. **2.** (*permitted amount*) Quantum *nt*; (*share allotted*) Anteil *m*; (*of goods*) Kontingent *nt*. **the ~ of immigrants allowed into the country** die zugelassene Einwanderungsquote; **import ~** Einfuhrkontingent *nt.*

quotability [ˌkwəʊtəˈbɪlɪtɪ] *n* Zitierbarkeit *f*. **phrases which he valued for their ~** Aussprüche, die ihm als Zitate geeignet und wertvoll erschienen.

quotable ['kwəʊtəbl] *adj* zitierbar, zitierfähig. **a highly ~ author** ein gern zitierter Autor.

quotation [kwəʊˈteɪʃən] *n* **1.** (*passage cited*) Zitat *nt*; (*act*) Zitieren *nt*. **a ~ from the Bible/Shakespeare** ein Bibelzitat/ Shakespeare-Zitat; **a two-bar ~ from Bach** zwei Takte, die von Bach übernommen sind.

2. (*Fin: statement of price*) (Börsen- *or* Kurs)notierung *f*.

3. (*Comm: estimate*) Kosten(vor)- anschlag *m*.

quotation marks *npl* Anführungszeichen, Anführungsstriche *pl.* **open/close ~** Anführungsstriche unten/oben; **to put a word in ~** ein Wort in Anführungszeichen *or* -striche setzen.

quote [kwəʊt] **I** *vt* **1.** *author, text* zitieren. **you can ~ me (on that)** Sie können das ruhig wörtlich wiedergeben; **please don't ~ me on this, but ...** (*this isn't authoritative*) ich kann mich nicht hundertprozentig dafür verbürgen, aber ...; (*don't repeat it*) bitte wiederholen Sie nicht, was ich jetzt sage, aber ...; **he was ~d as saying that ...** er soll gesagt haben, daß ...; **~ ... end ~** *or* **un~** Zitat Anfang ... Zitat Ende; **and the ~ liberals** und die Liberalen in Anführungszeichen.

2. (*cite*) anführen. **to ~ sb/sth as an example** jdn/etw als Beispiel anführen.

3. (*Comm*) *price* nennen; *reference number* angeben.

4. (*St Ex*) notieren. **the shares are ~d at £2** die Aktien werden mit £ 2 notiert.

II *vi* zitieren. **to ~ from an author** einen Schriftsteller zitieren, aus dem Werk eines Schriftstellers zitieren; **... and I ~ ...** und ich zitiere.

III *n* **1.** (*from author, politician*) Zitat *nt*. **a two-bar ~ from Bach** zwei von Bach übernommene Takte.

2. **~s** Anführungszeichen *pl*; **in ~s** in Anführungszeichen.

3. (*Comm inf*) Kosten(vor)anschlag *m*.

quoth [kwəʊθ] *defective vb* (*obs, hum*) sagte, sprach (*liter*).

quotidian [kwəʊˈtɪdɪən] *adj* (*form*) täglich.

quotient ['kwəʊʃənt] *n* (*Math*) Quotient *m*.

R

R, r [ɑːʳ] *n* R, r *nt*. **the three Rs** Lesen, Schreiben und Rechnen (*with sing or pl vb*).

R *abbr of* **1. Rex, Regina. 2. river** Fl. **3.** (*US Film*) **restricted** für Jugendliche nicht geeignet.

r *abbr of* **right** r.

RA *abbr of* **Royal Academy**.

rabbet ['ræbɪt] *n* (*notch*) Nut *f*; (*joint*) Nutnaht *f*.

rabbi ['ræbaɪ] *n* Rabbiner *m*; (*as title*) Rabbi *m*.

rabbinical [rəˈbɪnɪkəl] *adj* rabbinisch.

rabbit ['ræbɪt] **I** *n* Kaninchen *nt*; (*fur also*) Kanin *nt* (*spec*). **II** *vi* **1. to go ~ing** Kaninchen jagen, auf Kaninchenjagd gehen. **2.** (*Brit inf: also ~ on*) quasseln (*inf*).

rabbit *in cpds* Kaninchen-; **rabbit burrow** *or* **hole** *n* Kaninchenbau *m*; **rabbit hutch** *n* Kaninchenstall *m*; **rabbit punch** *n* Nacken- *or* Genickschlag *m*; **rabbit skin** *n* Kaninchenfell *nt*; (*material*) Kanin *nt* (*spec*); **rabbit warren** *n* **1.** Gänge *pl* des Kaninchenbaus; **2.** (*fig: maze*) Labyrinth *nt*.

rabble ['ræbl] *n* (*disorderly crowd*) lärmende Menge, lärmender Haufen (*inf*); (*pej: lower classes*) Pöbel *m*.

rabble-rouser ['ræbl,rauzəʳ] *n* Volksverhetzer *m*; **rabble-rousing I** *n* Volksverhetzung *f*; **II** *adj* (auf)hetzerisch.

rabid ['ræbɪd] *adj* **1.** (*Vet*) toll(wütig). **2.** (*fanatical*) fanatisch.

rabidness ['ræbɪdnɪs] *n see adj* 2. Fanatismus *m*.

rabies ['reɪbiːz] *n* Tollwut *f*.

RAC *abbr of* **Royal Automobile Club**.

raccoon *n see* **racoon**.

race¹ [reɪs] **I** *n* **1.** Rennen *nt*; (*on foot also*) (Wett)lauf *m*; (*swimming*) Wettschwimmen *nt*. **100 metres ~** 100-m-Lauf *m*; **to run a ~** (*with or against sb*) (mit jdm um die Wette *or* gegen jdn) laufen; **to go to the ~s** zum Pferderennen gehen; **we were at the ~s yesterday** wir waren gestern beim Pferderennen; **the ~ for the Democratic nomination** das Rennen um die Nominierung des demokratischen Kandidaten; **it was a ~ to get the work finished** es war eine Hetze, die Arbeit fertigzumachen; **a ~ against time** ein Rennen *nt* gegen die Uhr; **his ~ is run** (*fig*) er ist erledigt (*inf*). **2.** (*swift current*) Strömung *f*; (*mill ~*) Gerinne *nt*. **3.** (*liter: of sun, moon*) Lauf *m*. **II** *vt* **1.** (*compete with*) um die Wette laufen/reiten/fahren/ schwimmen *etc* mit; (*Sport*) laufen/reiten/fahren/schwimmen *etc* gegen. **I'll ~ you to school** ich mache mit dir ein Wettrennen bis zur Schule; **the car was racing the train** das Auto fuhr mit dem Zug um die Wette. **2.** *engine* hochjagen; *car* rasen *or* jagen

mit. **he ~d me off to the station** er raste *or* jagte mit mir zum Bahnhof. **3.** (*Sport*) *car* ins Rennen schicken; *horse also* laufen *or* rennen lassen. **III** *vi* **1.** (*compete*) laufen/reiten/fahren/ schwimmen *etc*. **to ~ with or against sb** gegen jdn laufen *etc*, mit jdm um die Wette laufen *etc*; **to ~ against time** (*Sport*) gegen die Uhr laufen *etc*; **we're racing against time (to get this finished)** wir arbeiten gegen die Uhr(, um fertigzuwerden); **he ~s at Newmarket** er läßt seine Pferde in Newmarket laufen. **2.** (*rush*) rasen, jagen; (*on foot also*) rennen, hetzen; (*with work*) hetzen. **to ~ about** herumrasen/-rennen *etc*; **to ~ after sb/sth** hinter jdm/etw herhetzen *or* herjagen; **to ~ to get sth finished** Dampf machen, um etw fertigzubekommen (*inf*); **to ~ ahead with one's plans/work** *etc* seine Pläne/Arbeit *etc* vorantreiben; **the project is racing ahead** die Arbeit am Projekt geht mit Riesenschritten voran; **clouds ~d across the sky** Wolken jagten über den Himmel. **3.** (*engine*) durchdrehen; (*pulse*) jagen.

race² *n* **1.** (*ethnic group, species*) Rasse *f*. **of mixed ~** gemischtrassig; **of noble ~** (*person*) edler Herkunft *or* Abstammung; (*horse*) (von) edler Rasse; **~ is causing a problem in this town** es gibt Rassenprobleme in dieser Stadt. **2.** (*fig: of authors, poets etc*) Kaste *f*.

race card *n* Rennprogramm *nt*; **racecourse** *n* Rennbahn *f*; **race-goer** *n* Rennbesucher(in *f*) *m*; **race hatred** *n* Rassenhaß *m*; **racehorse** *n* Rennpferd *nt*; **race meeting** *n* Rennveranstaltung *f*.

racer ['reɪsəʳ] *n* Rennfahrer(in *f*) *m*; (*car*) Rennwagen *m*; (*bicycle*) Rennrad *nt*; (*yacht*) Rennjacht *f*; (*horse*) Rennpferd *nt*.

race relations *n* **1.** *pl* Beziehungen *pl* zwischen den Rassen; **2.** *sing* (*subject*) Rassenintegration *f*; **Race Relations Board** *n* (*Brit*) Amt *nt* für Rassenfragen; **race riot** *n* Rassenkrawall *m*; **racetrack** *n* Rennbahn *f*.

rachitic [ræˈkɪtɪk] *adj* rachitisch.

racial ['reɪʃəl] *adj* rassisch, Rassen-. **~ discrimination** Rassendiskriminierung *f*; **~ equality** Rassengleichheit *f*.

racialism ['reɪʃəlɪzəm] *n* Rassismus *m*.

racialist ['reɪʃəlɪst] **I** *n* Rassist(in *f*) *m*. **II** *adj* rassistisch.

racial minority *n* rassische Minderheit; **racial prejudice** *n* Rassenvorurteil *nt*.

racily ['reɪsɪlɪ] *adv see adj*.

raciness ['reɪsɪnɪs] *n see adj* **1.** Schwung *m*, Feuer *nt*; Gewagtheit *f*. **2.** Feurigkeit *f*. **3.** Rasanz *f*.

racing ['reɪsɪŋ] *n* (*horse-~*) Pferderennsport *m*, Pferderennen *nt*; (*motor ~*) Motorrennen *nt*. **he often goes ~** er geht oft zu Pferderennen/Motorrennen.

racing *in cpds* Renn-; ~ **bicycle** Rennrad *nt*; ~ **car** Rennwagen *m*; ~ **cyclist** Radrennfahrer(in *f*) *m*; ~ **driver** Rennfahrer(in *f*) *m*; ~ **stable** Rennstall *m*; ~ **tyres** *pl* Rennreifen *pl*; ~ **world** Welt *f* des Pferderennsports/Motorrennens; ~ **yacht** Rennjacht *f*.

racism ['reɪsɪzəm] *n see* **racialism**.

racist ['reɪsɪst] *n, adj see* **racialist**.

rack¹ [ræk] **I** *n* **1.** (*for hats, toast, pipes etc*) Ständer *m*; (*for bottles, plates also*) Gestell *nt*; (*shelves*) Regal *nt*; (*luggage* ~) Gepäcknetz *nt*; (*on car, bicycle*) Gepäckträger *m*; (*for bombs*) Bombenträger *m*; (*for fodder*) Raufe *f*; (*Tech*) Zahnstange *f*.
2. (*US Billiards*) *see* **frame**.
3. (*Hist*) Folter(bank) *f*. **to put sb on the** ~ (*lit, fig*) jdn auf die Folter spannen; **to be on the** ~ (*lit*) auf der Folterbank sein; (*fig*) Folterqualen leiden.
II *vt* **1.** (*pain*) quälen, plagen.
2. to ~ **one's brains** sich (*dat*) den Kopf zerbrechen.
3. (*Hist*) auf die Folter spannen, auf der Folter strecken.

rack² *n*: **to go to** ~ **and ruin** (*person*) verkommen, vor die Hunde gehen (*inf*); (*country, economy*) abwirtschaften, vor die Hunde gehen (*inf*); (*building*) verfallen, in Schutt und Asche zerfallen.

rack³ *vt wine, beer* abfüllen.

rack-and-pinion steering ['rækən'pɪnjən ,stɪ:rɪŋ] *n* (*Aut*) Zahnstangenlenkung *f*.

racket¹ ['rækɪt] *n* (*Sport*) Schläger *m*. ~ **press** Spanner *m*.

racket² *n* **1.** (*uproar*) Krach, Lärm, Krawall (*inf*) *m*. **to make a** ~ Krach *etc* machen.
2. (*inf*) (*dishonest business*) Schwindelgeschäft *nt* (*inf*); (*making excessive profit*) Wucher *m*. **the drugs** ~ das Drogengeschäft; **that package tour was a dreadful** ~ diese Pauschalreise war ein fürchterlicher Schwindel (*inf*).
3. (*sl: business, job*) Job *m* (*inf*). **what** ~ **are you in?** was ist Ihr Job? (*inf*).

racketeer [,rækɪ'tɪə'] *n* Gauner *m* (*inf*); (*making excessive profit*) Halsabschneider *m* (*inf*).

racketeering [,rækɪ'tɪərɪŋ] *n* Gaunereien *pl* (*inf*); (*excessive profit-making*) Beutelschneiderei *f* (*inf*).

racking ['rækɪŋ] *adj attr pain* rasend, entsetzlich; *cough* fürchterlich, quälend.

rack railway *n* Zahnradbahn *f*; **rack rent** *n* Wuchermiete *f*.

raconteur [,rækɒn'tɜ:'] *n* Erzähler(in *f*) *m* von Anekdoten.

racoon, raccoon [rə'ku:n] *n* Waschbär *m*.

racquet ['rækɪt] *n see* **racket¹**.

racy ['reɪsɪ] *adj* (+*er*) **1.** *speech, style, play* schwungvoll, feurig; (*risqué*) gewagt.
2. *wine* feurig. **3.** (*inf*) *car* rasant.

radar ['reɪdɑ:'] *n* Radar *nt or m*.

radar *in cpds* Radar-; ~ **beacon** Radarbake *f*, Radarfunkfeuer *nt*; ~ **operator** Bediener(in *f*) *m* eines/des Radargerätes; ~ **scanner** Rundsuchradargerät *nt*; ~ **sensor** Radarsensor *m*; ~ **station** Radarstation *f*; ~ **trap** Radarfalle *f*.

raddle ['rædl] **I** *n* Rötel, Roteisenstein *m*.

II *vt sheep* (mit Rötel) zeichnen. **her** ~**d face** ihr rouge-geschminktes Gesicht.

radial ['reɪdɪəl] **I** *adj* (*Tech*) radial; *beams, bars, lines also* strahlenförmig, strahlig; (*Anat*) Speichen-. ~ **engine** Sternmotor *m*; ~(-**ply**) **tyre** Gürtelreifen *m*. **II** *n* Gürtelreifen *m*.

radiance ['reɪdɪəns] *n see adj* Strahlen *nt*; Leuchten *nt*.

radiant ['reɪdɪənt] **I** *adj* **1.** *sun* strahlend; *colours also* leuchtend; (*fig*) *person, beauty, smile* strahlend (*with* vor +*dat*); *face* leuchtend, strahlend. **to be** ~ **with health** vor Gesundheit strotzen.
2. (*Phys*) Strahlungs-. ~ **heat** Strahlungswärme *f*; ~ **heater** *or* **fire** Heizstrahler *m*; ~ **heating** Flächenheizung *f*.
II *n* **1.** (*on electric fire etc*) Heizfläche *f*.
2. (*Astron*) Radiant *m*.

radiantly ['reɪdɪəntlɪ] *adv* strahlend.

radiate ['reɪdɪeɪt] **I** *vi* **1.** Strahlen aussenden; (*emit heat*) Wärme ausstrahlen; (*heat*) ausgestrahlt werden.
2. (*lines, roads*) strahlenförmig *or* sternförmig ausgehen (*from* von).
II *vt heat, light* ausstrahlen; *electric waves also* abstrahlen; (*fig*) *happiness, health, love* (förmlich) ausstrahlen.
III ['reɪdɪɪt] *adj shape* strahlenförmig.

radiation [,reɪdɪ'eɪʃən] *n* (*of heat etc*) (Aus)strahlung *f*; (*rays*) radioaktive Strahlung. ~ **sickness** Strahlenkrankheit *f*; ~ **therapy** *or* **treatment** Strahlenbehandlung *f*.

radiator ['reɪdɪeɪtə'] *n* (*for heating*) Heizkörper, Radiator *m*; (*Aut*) Kühler *m*. ~ **cap** Kühlerverschlußdeckel *m*; ~ **grill** Kühlergitter *nt*.

radical ['rædɪkəl] **I** *adj* **1.** (*basic*) fundamental, Grund-; (*extreme*) *change, reform* radikal, grundlegend; *rethinking, re-examination* total; (*Pol*) radikal. **to effect a** ~ **cure** eine Radikalkur machen.
2. (*Math*) *sign* Wurzel-. **a** ~ **expression** eine Wurzel.
3. (*Bot*) Wurzel-; *leaves* bodenständig.
II *n* (*Pol*) Radikale(r) *mf*; (*Math, Gram*) Wurzel *f*; (*in Chinese*) Radikal *m*; (*Chem*) Radikal *nt*.

radicalism ['rædɪkəlɪzəm] *n* (*Pol*) Radikalismus *m*.

radically ['rædɪkəlɪ] *adv see adj*. **there's something** ~ **wrong with this** hier stimmt etwas ganz und gar nicht.

radices ['reɪdɪsi:z] *pl of* **radix**.

radicle ['rædɪkl] *n* (*Bot*) Keimwurzel *f*; (*small root*) Würzelchen *nt*; (*Chem*) Radikal *nt*.

radii ['reɪdɪaɪ] *pl of* **radius**.

radio ['reɪdɪəʊ] **I** *n, pl* ~**s** **1.** Rundfunk *m*; (*also* ~ **set**) Radio(apparat *m*), Rundfunkgerät *nt*. **to listen to the** ~ Radio hören; **to hear sth on the** ~ etw im Radio hören; **he was on the** ~ **yesterday** er kam gestern im Rundfunk *or* Radio.
2. *no pl* (*telegraphy*) Funk *m*. **over the/ by** ~ über *or* per Funk.
II *vt person* per *or* über Funk verständigen; *message, one's position* funken, durchgeben.
III *vi* **to** ~ **for help** per Funk einen Hilferuf durchgeben.

radioactive [,reɪdɪəʊˈæktɪv] *adj* radioaktiv; ~ **waste** radioaktiver Müll; **radioactivity** *n* Radioaktivität *f*; **radio announcer** *n* Rundfunkansager(in *f*), Rundfunksprecher(in *f*) *m*; **radio beacon** *n* (*Aviat, Naut*) Funkfeuer *nt*, Funkbake *f*; **radio beam** *n* Funkleitstrahl *m*; **radio broadcast** *n* Rundfunksendung, Rundfunkübertragung *f*; **radiocarbon dating** *n* Radiokarbonmethode, Kohlenstoffdatierung *f*; **radio cassette recorder** *n* Radiorecorder *m*; **radio communication** *n* Funkverbindung *f*; **radio contact** *n* Funkkontakt *m*; **radio control** *n* Funksteuerung *f*; **radio-controlled** *adj* ferngesteuert, ferngelenkt; **radio direction finding** *n* Funkpeilung *f*; **radio engineer** *n* Rundfunktechniker(in *f*) *m*; **radio frequency** *n* Radiofrequenz *f*.

radiogram [ˈreɪdɪəʊgræm] *n* 1. (*apparatus*) Musiktruhe *f*. 2. (*message*) Funkspruch *m*. 3. *see* **radiograph**.

radiograph [ˈreɪdɪəʊgrɑːf] *n* Radiogramm *nt*; (*X-ray also*) Röntgenbild *nt*.

radiographer [,reɪdɪˈɒgrəfər] *n* Röntgenassistent(in *f*) *m*.

radiography [,reɪdɪˈɒgrəfɪ] *n* Röntgenographie *f*.

radioisotope [,reɪdɪəʊˈaɪsətəʊp] *n* Radioisotop *nt*; **radio link** *n* Funkverbindung *f*.

radiologist [,reɪdɪˈɒlədʒɪst] *n* Röntgenologe *m*, Röntgenologin *f*.

radiology [,reɪdɪˈɒlədʒɪ] *n* Radiologie *f*; (*X-ray also*) Röntgenologie *f*.

radio mast *n* Funkmast *m*; **radio programme** *n* Radio- *or* Rundfunkprogramm *nt*.

radioscopy [,reɪdɪˈɒskəpɪ] *n* Radioskopie *f*; (*Med*) Röntgenuntersuchung *f*.

radio set *n* Radioapparat *m*, Rundfunkgerät *nt*, Rundfunkempfänger *m*; **radio station** *n* Rundfunkstation *f*; **radio taxi** *n* Funktaxi *nt*; **radiotelephone** *n* Funksprechgerät *nt*; **radiotelephony** *n* Sprechfunk *m*; **radio telescope** *n* Radioteleskop *nt*; **radiotherapy** *n* Strahlen- *or* Röntgentherapie *f*; **radio wave** *n* Radiowelle *f*.

radish [ˈrædɪʃ] *n* (*small red*) Radieschen *nt*; (*all other varieties*) Rettich *m*.

radium [ˈreɪdɪəm] *n* (*abbr* **Ra**) Radium *nt*.

radius [ˈreɪdɪəs] *n*, *pl* **radii** 1. (*Math*) Radius, Halbmesser *m*; (*of ship, aircraft*) Aktionsradius, Wirkungsbereich *m*. **within a 6 km ~** (**of Hamburg**) in einem Umkreis von 6 km (von Hamburg). 2. (*Anat*) Speiche *f*.

radix [ˈreɪdɪks] *n*, *pl* **radices** (*Math*) Grundzahl *f*.

radon [ˈreɪdɒn] *n* (*abbr* **Rn**) Radon *nt*.

RAF *abbr of* **Royal Air Force** königliche (britische) Luftwaffe.

raffia [ˈræfɪə] *n* (*plant*) Raphia(palme) *f*; (*fibre*) Raphia(bast *m*), Raffia(bast *m*) *f*; (*for handicraft, garden*) Bast *m*.

raffish [ˈræfɪʃ] *adj* *appearance* flott, verwegen.

raffle [ˈræfl] I *n* Tombola, Verlosung *f*. ~ **ticket** Los *nt*. II *vt* (*also* ~ **off**) verlosen.

raft [rɑːft] *n* Floß *nt*.

rafter [ˈrɑːftər] *n* (Dach)sparren *m*.

rag[1] [ræg] *n* 1. Lumpen, Fetzen *m*; (*for cleaning*) Lappen, Lumpen *m*; (*for paper*) Lumpen, Hadern *pl*; (*inf: shirt, dress*) Fetzen *m* (*inf*). ~**s** Lumpen *pl*; (*inf: clothes*) Klamotten *pl* (*inf*); **in** ~**s** zerlumpt, abgerissen; **in** ~**s and tatters** zerlumpt und abgerissen; **to go from** ~**s to riches** (*by luck*) vom armen Schlucker zum reichen Mann/zur reichen Frau werden; (*by work*) vom Tellerwäscher zum Millionär werden; **to feel like a wet** ~ (*inf*) total ausgelaugt sein (*inf*); *see* **red** ~. 2. (*pej inf: newspaper*) Käseblatt *nt*.

rag[2] I *n* (*Brit inf*) (*joke*) Jux *m* (*inf*); (*Univ*) karnevalistische Veranstaltung der Studenten zu Wohltätigkeitszwecken. **for a** ~ aus Jux (*inf*); ~ **week** (*Univ*) Woche, in der Studenten durch Aufführungen Geld für Wohltätigkeitszwecke sammeln.

II *vt* 1. (*tease*) aufziehen, foppen. 2. (*Brit: play a trick on*) **to** ~ **sb** jdm einen Streich spielen.

ragamuffin [ˈrægəmʌfɪn] *n* Vogelscheuche *f* (*inf*); (*boy*) Bengel *m*; (*girl*) Göre *f*.

rag-and-bone man [,rægənˈbəʊnmæn] *n* Lumpenhändler, Lumpensammler *m*; **ragbag** *n* Lumpensack *m*; (*woman*) Schlampe *f*; (*fig*) Sammelsurium *nt* (*inf*); **rag doll** *n* Flickenpuppe *f*.

rage [reɪdʒ] I *n* Wut *f*, Zorn *m*; (*liter*) (*of sea*) Toben *nt*; (*of storm*) Toben, Rasen *nt*. **to be in a** ~ wütend sein, toben; **to fly into a** ~ einen Wutanfall bekommen; **fit of** ~ Wutanfall *m*; **to be (all) the** ~ (*inf*) der letzte Schrei sein (*inf*).

II *vi* toben, rasen; (*sea*) toben. **to** ~ **against sb/sth** gegen jdn/etw wettern.

ragged [ˈrægɪd] *adj* *person, clothes* zerlumpt; *beard, hair* zottig; *coastline, rocks* zerklüftet; *wound* schartig, zerfetzt; *edge, cuff* ausgefranst; (*fig*) *performance etc* stümperhaft.

ragged robin *n* Kuckuck-Lichtnelke, Kuckucksnelke *f*.

raging [ˈreɪdʒɪŋ] I *adj* *person* wütend; *fever* heftig, sehr hoch; *thirst* brennend; *pain, toothache* rasend; *storm, sea, wind* tobend. **he was** ~ er tobte; **to be in a** ~ **temper** eine fürchterliche Laune haben.

II *n* (*of person, storm*) Toben, Rasen *nt*; (*of sea*) Toben *nt*.

raglan [ˈræglən] I *adj* Raglan-. II *n* (*coat*) Mantel *m* mit Raglanärmeln.

ragout [ˈræguː] *n* (*Cook*) Ragout *nt*.

rag, tag and bobtail *n* Hinz und Kunz (+*pl or sing vb*); **ragtime** *n* Ragtime *m*; **rag trade** *n* (*sl*) Kleiderbranche *f*; **ragwort** *n* Jakobskraut *nt*.

raid [reɪd] I *n* Überfall *m*; (*Mil also*) Angriff *m*; (*air* ~) Luftangriff *m*; (*police* ~) Razzia *f*; (*by thieves*) Einbruch *m*. II *vt* 1. überfallen; (*police*) eine Razzia durchführen in (+*dat*); (*thieves*) einbrechen in (+*acc*). 2. (*fig hum*) plündern.

raider [ˈreɪdər] *n* (*bandit*) Gangster *m*; (*thief*) Einbrecher *m*; (*in bank*) Bankräuber *m*; (*ship*) Kaperschiff *nt*; (*plane*) Überfallflugzeug *nt*.

rail[1] [reɪl] I *n* 1. (*on bridge, stairs etc*) Geländer *nt*; (*Naut*) Reling *f*; (*curtain* ~)

Schiene *f*; (*towel-~*) Handtuchhalter *m*; (*altar-~*) Kommunionbank *f*. ~s (*fence*) Umzäunung *f*.
2. (*for train, tram*) Schiene *f*, Gleis *nt*. **to go off the ~s** (*lit*) entgleisen; (*fig*) (*morally*) auf die schiefe Bahn geraten; (*mentally*) zu spinnen anfangen (*inf*).
3. (~ *travel, ~way*) die (Eisen)bahn. **to travel by ~** mit der Bahn fahren.
II *vt goods* per *or* mit der Bahn verschicken *or* senden.

◆**rail in** *vt sep* einzäunen.

◆**rail off** *vt sep* abzäunen.

rail² *vi* **to ~ at/against sb** jdn beschimpfen/ über jdn schimpfen; **to ~ at fate** mit dem Schicksal hadern.

rail in *cpds* Bahn-; **railhead** *n* Endbahnhof *m*; (*end of track*) Gleisende *nt*.

railing ['reɪlɪŋ] *n* (*rail*) Geländer *nt*; (*Naut*) Reling *f*; (*fence: also* ~s) Zaun *m*.

raillery ['reɪlərɪ] *n* Spott *m*, Spöttelei *f*.

railroad ['reɪlrəʊd] **I** *n* (*US*) (Eisen)bahn *f*.
II *vt* **1.** (*US*) *goods* per *or* mit der Bahn befördern. **2.** (*esp US inf*) **to ~ a bill** eine Gesetzesvorlage durchpeitschen; **to ~ sb into doing sth** jdn dazu hetzen, etw zu tun.

railway ['reɪlweɪ] *n* (*esp Brit*) (Eisen)bahn *f*; (*track*) Gleis *nt*.

railway carriage *n* (*Brit*) Eisenbahnwagen *m*; **railway crossing** *n* Bahnübergang *m*; **railway engine** *n* Lokomotive *f*; **railway engineering** *n* Bahntechnik, Bahnbautechnik *f*; **railway line** *n* (Eisen)bahnlinie *f*; (*track*) Gleis *nt*; **railwayman** *n* Eisenbahner *m*; **railway station** *n* Bahnhof *m*.

raiment ['reɪmənt] *n* (*liter*) Gewand *nt* (*liter*).

rain [reɪn] **I** *n* **1.** Regen *m*. **in the ~** im Regen; **~ or shine, come ~ or come shine** (*lit*) ob es regnet oder schneit; (*fig*) was auch geschieht; **the ~s** die Regenzeit; *see* **right.**
2. (*fig: of arrows, blows etc*) Hagel *m*.
II *vti impers* (*lit, fig*) regnen. **it is ~ing** es regnet; **it never ~s but it pours** (*prov*) ein Unglück kommt selten allein (*prov*); **it's ~ing buckets** (*inf*) *or* **cats and dogs** (*inf*) es gießt wie aus Kübeln (*inf*).
III *vt* **to ~ blows on sb** einen Hagel von Schlägen auf jdn niedergehen lassen; **to ~ abuse on sb** jdn mit Schimpfwörtern überschütten.

◆**rain down** *vi* (*blows etc*) niedergehen (*upon* auf +*acc*).

◆**rain off,** (*US*) **rain out** *vt sep* **to be ~ed** wegen Regen nicht stattfinden; (*abandoned*) wegen Regen abgebrochen werden.

rain in *cpds* Regen-; **~ belt** Regenzone *f*.

rainbow ['reɪnbəʊ] *n* Regenbogen *m*. **a dress (in) all the colours of the ~** ein Kleid in allen Regenbogenfarben; **~ trout** Regenbogenforelle *f*.

rain-check ['reɪntʃek] *n* (*US*) **to take a ~** (*fig inf*) die Sache auf ein andermal verschieben; **raincoat** *n* Regenmantel *m*; **raindrop** *n* Regentropfen *m*; **rainfall** *n* Niederschlag *m*; **rain forest** *n* Regenwald *m*; **rain gauge** *n* Regenmesser *m*.

raininess ['reɪnɪnɪs] *n* regnerisches Wetter,

Regenwetter *nt*; (*of season, area*) Neigung *f* zu regnerischem Wetter.

rainless ['reɪnlɪs] *adj* niederschlagsfrei (*Met*), ohne Regen, regenfrei; **rainproof I** *adj* wasserfest, wasserdicht; **II** *vt* imprägnieren; **rainstorm** *n* schwere Regenfälle *pl*; **rainwater** *n* Regenwasser *nt*.

rainy ['reɪnɪ] *adj* (+*er*) regnerisch, Regen-; *day also* verregnet; *area also* regenreich. **~ season** Regenzeit *f*; **to keep sth for a ~ day** (*fig*) etw für schlechte Zeiten zurücklegen.

raise [reɪz] **I** *vt* **1.** (*lift*) *object, arm, head* heben; *blinds, eyebrow*, (*Theat*) *curtain* hochziehen; (*Naut*) *anchor* lichten; *sunken ship* heben; (*Med*) *blister* bilden. **to ~ one's hat to sb** (*lit, fig*) den Hut vor jdm ziehen *or* lüften; **to ~ one's glass to sb** jdm zutrinken; **to ~ one's hand against sb** die Hand gegen jdn erheben; **to ~ the pitch** (*Mus*) eine höhere Tonlage wählen; **to ~ sb from the dead** jdn von den Toten erwecken; **to ~ one's voice** lauter sprechen; (*get angry*) laut werden; **not a voice was ~d in protest** nicht eine Stimme des Protests wurde laut; **to ~ sb's/one's hopes** jdm/sich Hoffnung machen; **to ~ the roof** (*fig*) (*with noise*) das Haus zum Beben bringen; (*with approval*) in Begeisterungsstürme ausbrechen; (*with anger*) fürchterlich toben.
2. (*in height*) (*by* um) *wall, ceiling* erhöhen; *level* anheben.
3. (*increase*) (*to* auf +*acc*) *salary* erhöhen, anheben; *price also, limit, standard* anheben, heraufsetzen; *temperature* erhöhen. **to ~ the tone** das Niveau heben.
4. (*promote*) (er)heben (*to* in +*acc*).
5. (*build, erect*) errichten.
6. (*create, evoke*) *problem, difficulty* schaffen, aufwerfen; *question* aufwerfen, vorbringen; *objection* erheben; *suspicion, hope* (er)wecken; *spirits, ghosts* (herauf)beschwören; *mutiny* anzetteln. **to ~ a cheer/laugh/smile** (*in others*) Beifall ernten/Gelächter ernten/ein Lächeln hervorrufen; (*oneself*) Beifall spenden/ lachen/lächeln; **to ~ a protest** protestieren; **to ~ hell** (*inf*) einen Höllenspektakel machen.
7. (*grow, breed*) *children* aufziehen, großziehen; *animals* aufziehen; *crops* anbauen. **to ~ a family** Kinder großziehen.
8. (*get together*) *army* auf die Beine stellen, aufstellen; *taxes* erheben; *funds, money* aufbringen, auftreiben; *loan, mortgage* aufnehmen.
9. (*end*) *siege, embargo* aufheben.
10. (*Cards*) erhöhen.
11. (*Telec: contact*) Funkverbindung *or* Funkkontakt aufnehmen mit.
(*Math*) **to ~ a number to the power of 3** *etc* eine Zahl in die dritte *etc* Potenz erheben.
II *n* **1.** (*in salary*) Gehaltserhöhung *or* -aufbesserung *f*; (*in wages*) Lohnerhöhung *or* -aufbesserung *f*.
2. (*Cards*) Erhöhung *f*.

◆**raise up** *vt sep* heben. **he ~d himself ~ on his elbow** er stützte sich auf den Ellbogen.

raised [reɪzd] *adj arm* angehoben; *voice*

erhoben, laut. ~ type (*Typ*) erhabener Druck; *see* eyebrow.

raisin ['reɪzn] *n* Rosine *f.*

raj [rɑːdʒ] *n* Herrschaft *f eines Radscha*. **the British R~** die britische Oberherrschaft in Indien.

rajah ['rɑːdʒə] *n* Radscha *m.*

rake[1] [reɪk] **I** *n* Harke *f*, Rechen *m* (*dial*); (*for grate*) Kaminrechen *m*; (*for furnace*) Ofenkrücke *f.*
II *vt* **1.** harken, rechen (*dial*); *grate* säubern; *fire* ausräumen. **2.** (*machine gun, searchlight*) bestreichen.
III *vi* (*search*) **to ~ around** *or* **about** (herum)wühlen *or* (herum)stöbern; **to ~ around in one's memory** sich (*dat*) den Kopf zermartern.
◆**rake in** *vt sep* (*inf*) *money* kassieren (*inf*). **he's raking it ~** er scheffelt das Geld nur so.
◆**rake out** *vt sep* *fire* ausräumen; (*inf*) *information* auskundschaften, herausfinden.
◆**rake over** *vt sep* *earth, plot* harken; (*fig*) *past* begraben.
◆**rake up** *vt sep* **1.** *leaves* zusammenharken. **2.** (*fig*) *people, things* auftreiben (*inf*); *money also z*: sammenkratzen (*inf*). **3.** *fire* schüren; (*fig*) *quarrel* schüren; *memories, grievance* aufwärmen, auffrischen. **to ~ ~ the past** in der Vergangenheit wühlen, Vergangenes wieder hervorholen.

rake[2] *n* (*person*) Lebemann, Schwerenöter *m.*

rake[3] **I** *n* (*Naut: of mast*) schiefe Stellung, Neigung *f*; (*of stage, seating*) Neigung *f*; (*Aviat: of wing*) Anstellwinkel *m*; (*Aut: of seat*) verstellbare Rückenlehne. **II** *vi* (*Naut*) sich neigen; (*Theat*) ansteigen.

rake-off ['reɪkɒf] *n* (*inf*) (Gewinn)anteil *m*, Prozente *pl* (*inf*).

rakish[1] ['reɪkɪʃ] *adj* *person, appearance* flott, verwegen. **to wear one's hat at a ~ angle** den Hut verwegen aufgesetzt haben.

rakish[2] *adj* (*Naut*) schnittig.

rakishly ['reɪkɪʃlɪ] *adv* flott, verwegen.

rally[1] ['rælɪ] **I** *n* **1.** (*gathering*) (Massen)versammlung *f*, (Massen)treffen *nt*; (*of troops*) (Ver)sammlung *f*; (*Aut*) Rallye *f.* **electoral ~** Wahlversammlung *f*; **peace ~** Friedenskundgebung *f.* **2.** (*in health, spirits*) Erholung *f.* **3.** (*Tennis*) Ballwechsel *m.* **4.** (*St Ex*) Erholung *f.*
II *vt* *troops, supporters* (ver)sammeln, zusammenrufen. **to ~ one's strength** all seine Kräfte sammeln.
III *vi* **1.** (*sick person*) Fortschritte machen; (*St Ex*) sich erholen. **2.** (*troops, people*) sich sammeln, sich versammeln. **~ing point** Sammelplatz *m*; **to ~ to the support of sb** (*fig*) jdm in Scharen zu Hilfe eilen. **3.** (*Aut*) **to go ~ing** Rallyes/eine Rallye fahren *or* machen.
◆**rally round I** *vi +prep obj leader* sich scharen um; *person in distress* sich annehmen (*+gen*). **II** *vi* sich seiner/ihrer *etc* annehmen.

rally[2] *vt* (*obs*) (*tease*) necken, hänseln.

ram [ræm] **I** *n* **1.** (*animal*) Widder, Schafbock *m*. **the R~** (*Astrol*) der Widder. **2.** (*Tech*) Ramme *f*, Rammbär, Rammbock *m*; (*of hydraulic press*) Stoßheber *m*. **3.** (*Mil*) *see* battering ~. **4.** (*sl: man*) Rammler *m* (*sl*).
II *vt* **1.** (*push*) *stick, post, umbrella* stoßen; (*with great force*) rammen; (*pack*) zwängen; (*Tech*) *pile* rammen. **to ~ a charge home** (*Mil*) laden; (*Min*) eine Sprengladung anbringen; **to ~ home an argument** ein Argument durchsetzen; **to ~ sth down sb's throat** (*inf*) jdm etw eintrichtern (*inf*); **to ~ sth into sb's head** (*inf*) jdm etw einbleuen (*inf*). **2.** (*crash into*) *ship, car* rammen. **the car ~med a lamppost** das Auto prallte gegen einen Laternenpfahl.
◆**ram down** *vt sep* *earth* feststampfen; (*Tech*) *pile* einrammen. **his hat was ~med ~ over his ears** sein Hut war fest über beide Ohren gezogen.
◆**ram in** *vt sep* hineinstoßen; (*with great force*) hineinrammen.

ramble ['ræmbl] **I** *n* Streifzug *m*; (*hike*) Wanderung *f.*
II *vi* **1.** (*wander about*) Streifzüge/einen Streifzug machen; (*go on hike*) wandern. **2.** (*in speech*) (*old person*) unzusammenhängendes Zeug reden, faseln (*inf*); (*pej: also ~ on*) schwafeln (*inf*). **3.** (*Hort*) ranken, klettern.

rambler ['ræmblər] *n* **1.** (*person*) Spaziergänger(in *f*) *m*; (*member of club*) Wanderer(in *f*), Wanderfreund *m*. **2.** (*also ~ rose*) Kletterrose *f.*

rambling ['ræmblɪŋ] **I** *adj* **1.** *speech, writing* weitschweifig; *old person* faselnd (*inf*); *building, town* weitläufig. **2.** *plant* rankend, kletternd. **~ rose** Kletterrose *f.* **3.** **~ club/society** Wanderklub *m*/-verein *m.*
II *n* **1.** (*wandering about*) Streifzüge *pl*; (*hiking*) Wandern *nt.* **2.** (*in speech: also ~s*) Gefasel (*inf*), Geschwafel (*inf*) *nt.*

ramekin ['ræmkɪn] *n* (*Cook*) **1.** kleiner Käseauflauf *m*. **2.** (*also ~ dish*) Auflaufförmchen *nt.*

ramification [ˌræmɪfɪ'keɪʃən] *n* (*lit*) Verzweigung *f*; (*smaller*) Verästelung *f*; (*of arteries*) Verästelung *f*, Geäst *nt*. **the race question and its many ~s** die Rassenfrage und die damit verbundenen Probleme.

ramified ['ræmɪfaɪd] *adj* (*lit, fig*) verzweigt; (*more intricate*) verästelt.

ramify ['ræmɪfaɪ] *vi* (*lit, fig*) sich verzweigen. **the problem ramifies into several areas** das Problem greift in verschiedene Bereiche über.

ramjet (engine) ['ræmdʒet('endʒɪn)] *n* Staustrahltriebwerk *nt.*

rammer ['ræmər] *n* Ramme *f.*

ramp [ræmp] *n* Rampe *f*; (*hydraulic ~*) Hebebühne *f*; (*Aviat: also* **approach** *or* **boarding ~**) Gangway *f.*

rampage [ræm'peɪdʒ] **I** *n* **to be/go on the ~** randalieren; (*be angry*) (herum)toben/einen Wutanfall bekommen; (*looting*) auf Raubzug sein/gehen. **II** *vi* (*also ~ about* or **around**) herumtoben.

rampancy ['ræmpənsɪ] *n see adj 1.* Üppigkeit *f*, Wuchern *nt*; wildes Wuchern.

rampant ['ræmpənt] *adj* **1.** *(unrestrained) plants, growth* üppig, wuchernd *attr*; *heresy, evil, social injustice etc* wild wuchernd *attr*. **2.** *(Her)* (drohend) aufgerichtet.

rampart ['ræmpɑːt] *n* Wall *m*; *(fig: defence)* Schutzwall *m*.

ramrod ['ræmrɒd] *n* Ladestock *m*. **he's sitting there as stiff as a ~** er sitzt da, als hätte er einen Besen verschluckt.

ramshackle ['ræmˌʃækl] *adj building* baufällig; *car* klapprig, altersschwach.

ran [ræn] *pret, ptp of* **run**.

ranch [rɑːntʃ] **I** *n* Ranch, Viehfarm *f*. **II** *vi* Viehwirtschaft treiben.

rancher ['rɑːntʃə'] *n (owner, manager)* Rancher, Viehzüchter *m*; *(employee)* Farmarbeiter *m*.

rancid ['rænsɪd] *adj* ranzig.

rancidity [ræn'sɪdɪtɪ], **rancidness** ['rænsɪdnɪs] *n* Ranzigkeit *f*.

rancor *n (US) see* **rancour**.

rancorous ['ræŋkərəs] *adj tone* bitter; *attack* bösartig.

rancour, *(US)* **rancor** ['ræŋkə'] *n see adj* Bitterkeit *f*; Boshaftigkeit *f*.

rand [rænd] *n (monetary unit)* Rand *m*.

randiness ['rændɪnɪs] *n (Brit)* Geilheit *f*.

random ['rændəm] **I** *n* **at ~** *speak, walk, drive* aufs Geratewohl; *shoot, drop bombs* ziellos; *take* wahllos; **to hit out at ~** ziellos um sich schlagen; **to talk at ~** ins Blaue hineinreden; **a few examples chosen** *or* **taken at ~** ein paar willkürlich gewählte Beispiele.
II *adj selection* willkürlich, Zufalls-.
killed by a ~ bullet von einer verirrten Kugel getötet; **to give a ~ shot** einen Schuß ins Blaue abgeben; **to make a ~ guess** auf gut Glück raten; **~ sample** Stichprobe *f*; **~ sampling** Stichproben *pl*.

randy ['rændɪ] *adj (+er) (Brit)* scharf *(inf)*, geil.

rang [ræŋ] *pret, ptp of* **ring²**.

range [reɪndʒ] **I** *n* **1.** *(scope, distance covered)* Aktionsradius *m*; *(of missile, telescope also)* Reichweite *f*; *(of gun also)* Reichweite, Schußweite *f*; *(of vehicle also)* Fahrbereich *m*; *(of plane also)* Flugbereich *m*. **at a ~ of** eine Entfernung von; **at close** *or* **short/long ~** auf kurze/ große Entfernung; **to find the ~** *(Mil)* das Visier einstellen; **to be out of ~** außer Reichweite sein; *(of telescope)* außer Sichtweite sein; *(of gun)* außer Schußweite sein; **within shouting ~** in Hörweite; **within (firing) ~** in Schußweite, im Schuß- *or* Feuerbereich; **~ of vision** Gesichtsfeld *nt*.
2. *(spread, selection)* Reihe *f*; *(of goods also)* Sortiment *nt*; *(of colours also)* Skala *f*; *(of patterns, sizes, models)* Angebot *nt*, Auswahl *f (of* an +*dat)*. **a wide ~** eine große Auswahl; **in this price/temperature ~** in dieser Preisklasse *or* Preislage/in diesem Temperaturbereich; **out of/within my price ~** außerhalb/innerhalb meiner (finanziellen) Möglichkeiten *or* meiner Preisklasse; **a ~ of prices/temperatures/**

clients unterschiedliche Preise *pl*/ Temperaturen *pl*/Klienten *pl*; **a whole ~ of patterns/sizes/subjects** eine ganze Reihe verschiedener Muster/Größen/Themen; **we have the whole ~ of models/prices** wir führen sämtliche Modelle/Waren in allen Preislagen; **we cater for the whole ~ of customers** wir sind auf alle Kundenkreise eingestellt.
3. *(Mus) (of instruments)* (Ton)umfang *m*; *(of voice also)* (Stimm)umfang *m*.
4. *(domain, sphere)* Kompetenz *f*; *(of influence)* (Einfluß)bereich *m*. **this is outside the ~ of the department** dies liegt außerhalb der Kompetenz dieser Abteilung.
5. *(also shooting ~) (Mil)* Schießplatz *m*; *(rifle ~)* Schießstand *m*; *(at fair)* Schießbude *f*.
6. *(cooking stove)* Küchenherd *m*.
7. *(row)* Reihe *f*; *(mountain ~)* Kette *f*.
8. *(US: grazing land)* Freiland, Weideland *nt*. **~ cattle** Freilandvieh *nt*.
II *vt* **1.** *(place in a row)* aufstellen; *objects also* anordnen. **to ~ oneself with sb** *or* **on sb's side** *(fig)* sich auf jds Seite *(acc)* stellen.
2. *(classify)* zählen *(among, with* zu).
3. *(roam over)* durchstreifen, durchziehen. **to ~ the seas** die Meere befahren.
4. *(direct) gun, telescope* ausrichten *(on* auf +*acc)*.
5. *(US) cattle* grasen lassen.
III *vi* **1.** *(extend) (from … to)* gehen (von … bis); *(temperature, value)* liegen (zwischen … und). **the discussion ~d from the president to the hot-water system** die Diskussion umfaßte alles, vom Präsidenten bis zum Heißwassersystem; **his interests ~ from skiing to chess** seine Interessen reichen vom Skifahren bis zum Schachspielen; **his knowledge ~s over a wide field** er hat ein sehr umfangreiches Wissen; **the search ~d over the whole country** die Suche erstreckte sich auf das ganze Land.
2. *(roam)* streifen. **to ~ over the area** im Gebiet umherstreifen.
3. **to ~ over** *(animals, plants)* verbreitet sein in *(+dat)*; *(guns, missiles, shells)* eine Reichweite haben von.

range-finder ['reɪndʒˌfaɪndə'] *n* Entfernungsmesser *m*.

ranger ['reɪndʒə'] *n* **1.** *(of forest etc)* Förster, Aufseher *m*. **2.** *(US: mounted patrolman)* Ranger *m*; *(commando)* Überfallkommando *nt*. **3.** *(Brit)* **~ (scout)/(guide)** Ranger *m*.

Rangoon [ræŋ'guːn] *n* Rangun *nt*.

rangy ['reɪndʒɪ] *adj (+er)* langglied(e)rig.

rank¹ [ræŋk] **I** *n* **1.** *(Mil: degree)* Rang *m*. **officer of high ~** hoher Offizier; **to reach the ~ of general** den Rang eines Generals erlangen; *see* **pull**.
2. *(class, status)* Stand *m*, Schicht *f*. **people of all ~s** Leute *pl* aller Stände; **a person of ~** eine hochgestellte Persönlichkeit.
3. *(row)* Reihe *f*; *(taxi ~)* Taxistand *m*.
4. *(Mil: formation)* Glied *nt*. **to break ~(s)** aus dem Glied treten; **to keep ~(s)** in

Reih und Glied stehen; **to serve in the** ~**s** gemeiner Soldat sein; **the** ~**s, other** ~**s** (*Brit*) die Mannschaften und die Unteroffiziere; **the** ~ **and file** (*Mil*) die Mannschaft; **the** ~ **and file of the party/union** die Basis der Partei/Gewerkschaft; **the** ~ **and file workers** die einfachen Arbeiter; **to rise from the** ~**s** aus den Mannschaftsstand zum Offizier aufsteigen; (*fig*) sich hocharbeiten; **to reduce sb to the** ~**s** jdn degradieren; see **close**².

5. (*Mus*) Register *nt*.

II *vt* (*class, consider*) **to** ~ **sb among the best/great** *etc* jdn zu den Besten/Großen *etc* zählen; **where would you** ~ **Napoleon among the world's statesmen?** wie würden Sie Napoleon als Weltpolitiker einordnen?

III *vi* **to** ~ **among** zählen zu; **to** ~ **above/below sb** bedeutender/ weniger bedeutend als jd sein; (*athlete*) leistungsmäßig über/ unter jdm liegen; (*officer*) rangmäßig über/unter jdm liegen; **to** ~ **high among the world's statesmen** einer der großen Staatsmänner sein; **he** ~**s high among his friends** er hat eine Sonderstellung unter ihren Freunden; **he** ~**s as a great composer** er gilt als großer Komponist.

rank² *adj* (+*er*) **1.** *plants* üppig; *grass* verwildert; *soil* überwuchert.

2. *smell* übel; *dustbin, drain* stinkend *attr*; *fat* ranzig; *person* derb, vulgär.

3. *attr* (*utter*) *disgrace, injustice* wahr; *poison, nonsense, insolence* rein; *traitor, liar* übel; *stupidity* ausgesprochen.

ranker [ˈræŋkəʳ] *n* (*Mil*) (*soldier*) einfacher *or* gemeiner Soldat; (*officer*) aus dem *Mannschaftsstand aufgestiegener Offizier*.

ranking officer [ˈræŋkɪŋˈɒfɪsəʳ] *n* ranghöchster/ranghöherer Offizier.

rankle [ˈræŋkl] *vi* **to** ~ (**with sb**) jdn wurmen.

rankness [ˈræŋknɪs] *n see adj* **1.** Üppigkeit *f*; Verwildertheit *f*; Überwucherung *f*. **2.** Übelkeit *f*; Gestank *m*, Stinken *nt*; Ranzigkeit *f*; Derbheit *f*, Vulgarität *f*.

ransack [ˈrænsæk] *vt* (*search*) durchwühlen; (*pillage*) *house* plündern; *town, region* herfallen über (+*acc*).

ransom [ˈrænsəm] **I** *n* Lösegeld *nt*; (*rescue*) Auslösung *f*; (*release*) Freilassung *f*; (*Rel*) Erlösung *f*. **to hold sb to** ~ (*lit*) jdn als Geisel halten; (*fig*) jdn erpressen.

II *vt* (*buy free*) auslösen, Lösegeld bezahlen für; (*set free*) gegen Lösegeld freilassen; (*Rel*) erlösen.

rant [rænt] *vi* (*emotionally, angrily*) Tiraden loslassen; (*talk nonsense*) irres Zeug reden (*inf*). **to** ~ (**and rave**) **at sb** mit jdm schimpfen; **what's he** ~**ing** (**on**) **about?** worüber läßt er sich denn da aus? (*inf*).

ranting [ˈræntɪŋ] **I** *n see vi* Tiraden *pl*; irres Zeug; Geschimpfe *nt*. **II** *adj* pathetisch.

ranunculus [rəˈnʌŋkjʊləs] *n* (*garden flower*) Ranunkel *f*.

rap [ræp] **I** *n* (*noise, blow*) Klopfen *nt no pl*. **to give sb a** ~ **on the knuckles** (*lit, fig*) jdm auf die Finger klopfen; **to take the** ~ (*inf*) die Schuld zugeschoben kriegen (*inf*); **I don't care a** ~ (*inf*) das ist mir piepe (*inf*).

II *vt* *table* klopfen auf (+*acc*); *window* klopfen an (+*acc*). **to** ~ **sb's knuckles, to** ~ **sb over the knuckles** (*lit, fig*) jdm auf die Finger klopfen.

III *vi* klopfen. **to** ~ **at the door/window** kurz (an die Tür)/ans Fenster klopfen.

◆**rap out** *vt sep* **1.** (*say curtly*) *oath, order* ausstoßen. **2.** (*Spiritualism*) *message* klopfen.

rapacious *adj*, ~**ly** *adv* [rəˈpeɪʃəs, -lɪ] habgierig.

rapacity [rəˈpæsɪtɪ] *n* Habgier *f*.

rape¹ [reɪp] **I** *n* Vergewaltigung, Notzucht (*Jur*) *f*; (*obs: abduction*) Raub *m*. **II** *vt* vergewaltigen, notzüchtigen (*Jur*).

rape² *n* (*plant*) Raps *m*.

rape³ *n* (*grape pulp*) Trester *pl*.

rapid [ˈræpɪd] **I** *adj* schnell; *action, movement also* rasch; *improvement, change, spread also* rapide; *decline, rise* rapide, steil; *smile also* kurz; *heartbeat, pulse also* flink; *loss of heat* plötzlich; *river, waterfall* reißend; *slope, descent* steil. ~ **fire/firing** (*Mil*) Schnellfeuer *nt*; ~ **fire of questions** Feuerwerk *nt* von Fragen; ~ **eye movement sleep** REM-Schlaf *m*.

II *n* ~**s** *pl* (*Geog*) Stromschnellen *pl*.

rapidity [rəˈpɪdɪtɪ] *n see adj* Schnelligkeit *f*; Raschheit *f*; Rapidheit *f*; Steilheit *f*; Kürze *f*; Flinkheit *f*; Plötzlichkeit *f*; reißende Strömung; Steilheit *f*.

rapidly [ˈræpɪdlɪ] *adv see adj*.

rapier [ˈreɪpɪəʳ] *n* Rapier *nt*. ~ **thrust** (*lit*) Stoß *m* mit dem Rapier; (*fig*) (*remark*) Hieb *m*; (*retort*) Parade *f*.

rapine [ˈræpaɪn] *n* (*liter*) Plünderung *f*.

rapist [ˈreɪpɪst] *n* Vergewaltiger *m*.

rapping [ˈræpɪŋ] *n* Klopfen *nt*.

rapport [ræˈpɔːʳ] *n* **the** ~ **I have with my father** das enge Verhältnis zwischen mir und meinem Vater; **in** ~ **with** in Harmonie mit.

rapprochement [ræˈprɒʃmãː] *n* Annäherung *f*.

rapt [ræpt] *adj* **1.** *interest* gespannt; *attention* atemlos, höchste(r, s). ~ **in contemplation** in Betrachtungen versunken. **2.** *look, smile* verzückt.

rapture [ˈræptʃəʳ] *n* (*delight*) Entzücken *nt*; (*ecstasy*) Verzückung *f*. **to be in** ~**s** entzückt sein (*over* über +*acc*, *about* von); **she was in** ~**s when she heard he was returning** sie war außer sich vor Freude, als sie hörte, daß er zurückkommt; **to go into** ~**s** in Entzücken geraten; **to send sb into** ~**s** jdn in Entzücken versetzen.

rapturous [ˈræptʃərəs] *adj applause, reception* stürmisch, begeistert; *exclamation* entzückt; *look* verzückt, hingerissen.

rapturously [ˈræptʃərəslɪ] *adv see adj*.

rare [rɛəʳ] *adj* (+*er*) **1.** (*uncommon*) selten, rar; *occurrence* selten. **with very** ~ **exceptions** mit sehr wenigen Ausnahmen.

2. *atmosphere* dünn; *gas* Edel-; *earths* selten.

3. *meat* roh; *steak also* blutig, englisch.

4. (*inf: great*) irrsinnig (*inf*). **a person of** ~ **kindness** ein selten freundlicher Mensch (*inf*).

rarebit [ˈrɛəbɪt] *n see* **Welsh** ~.

rarefaction [ˌrɛərɪˈfækʃən] *n* Dünne *f*; (*fig*) Exklusivität *f*.

rarefied ['reərɪfaɪd] *adj atmosphere, air* dünn; (*fig*) exklusiv.

rarefy ['reərɪfaɪ] **I** *vt air, atmosphere* verdünnen, dünn werden lassen; (*fig*) exklusiv machen. **II** *vi* (*air*) dünn werden.

rarely ['reəlɪ] *adv* selten.

rareness ['reənɪs] *n see adj* **1.** Seltenheit, Rarheit *f*; (*of occurrence*) Rarheit *f*. **2.** Dünne *f*. **3.** Roheit *f*.

raring ['reərɪŋ] *adj*: **to be ~ to go** (*inf*) es kaum erwarten können, bis es losgeht.

rarity ['reərɪtɪ] *n* Seltenheit *f*; (*rare occurrence also*) Rarität *f*.

rascal ['rɑːskəl] *n* Gauner *m*; (*child*) Schlingel, Frechdachs *m*.

rascally ['rɑːskəlɪ] *adj* (*old, liter*) *trick* schändlich; *person* schurkisch.

rash[1] [ræʃ] *n* (*Med*) Ausschlag *m*. **to come out** *or* **break out in a ~** einen Ausschlag bekommen.

rash[2] *adj* (+*er*) *person* unbesonnen; *act also* voreilig, überstürzt; *thoughts* voreilig; *promise, words, decision* voreilig, vorschnell.

rasher ['ræʃəʳ] *n* Streifen *m*. **~ of bacon** Speckstreifen *m*.

rashly ['ræʃlɪ] *adv see adj*.

rashness ['ræʃnɪs] *n see adj* Unbesonnenheit *f*; Voreiligkeit, Überstürztheit *f*.

rasp [rɑːsp] **I** *n* (*tool*) Raspel *f*; (*noise*) Kratzen *nt no pl*; (*of cough*) Keuchen *nt no pl*; (*when breathing*) Rasseln, Keuchen *nt no pl*; (*inf: raspberry*) Himbeere *f*. **II** *vt* **1.** (*Tech*) raspeln, feilen. **2.** (*say: also ~ out*) *insults* krächzen; *orders* schnarren. **III** *vi* kratzen; (*breath*) rasseln; *see also* **rasping**.

raspberry ['rɑːzbərɪ] **I** *n* Himbeere *f*; (*plant: also ~ bush or cane*) Himbeerstrauch *m*. **to blow a ~** (*inf*) verächtlich schnauben. **II** *adj ice-cream, jam, flavour* Himbeer-; *colour, dress* himbeerrot.

rasping ['rɑːspɪŋ] **I** *adj sound* kratzend; *voice* kratzig (*inf*), krächzend; *cough* keuchend; *breath* rasselnd, keuchend. **II** *n* (*sound*) Kratzen *nt*; (*of voice*) Krächzen, Gekrächze *nt*.

raster ['ræstəʳ] *n* Raster *m or nt*.

rat [ræt] *n* (*Zool*) Ratte *f*; (*pej inf: person*) elender Verräter (*inf*). **you ~!** du Hund! (*inf*); **~s!** (*inf*) (*annoyance*) Mist! (*inf*); (*rejection*) Quatsch! (*inf*); *see* **smell**. **II** *vi* **1. to ~ on sb** (*inf*) (*desert*) jdn sitzenlassen (*inf*); (*inform on*) jdn verpfeifen (*inf*). **2. to go ~ting** auf Rattenfang gehen.

ratable *adj see* **rateable**.

rat *in cpds* Ratten-; **ratbag** *n* (*pej inf*) Schrulle *f* (*inf*); **rat-catcher** *n* Rattenfänger *m*; **rat-catching** *n* Rattenfang *m*.

ratchet ['rætʃɪt] *n* Ratsche *f*. **~ wheel** Sperrrad *nt*.

rate [reɪt] **I** *n* **1.** (*ratio, proportion, frequency*) Rate *f*; (*speed*) Tempo *nt*. **the failure ~ on this course/for this exam** die Durchfallrate *or* -quote bei diesem Kurs/ Examen; **at the** *or* **a ~ of 100 litres an hour/14 feet per minute** (in einem Tempo von) 100 Liter pro Stunde/14 Fuß pro Minute; **~ of climb** (*Aviat*) Steigleistung

f; **~ of consumption** Verbrauch *m*; **~ of flow** (*of water, electricity*) Fluß *m*; **pulse ~** Puls *m*; **at a great** *or* **terrific** (*inf*) **~, at a ~ of knots** (*inf*) in irrsinnigem Tempo (*inf*); (*move also*) mit hundert Sachen (*inf*); **if you continue at this ~** (*lit, fig*) wenn du so *or* in diesem Tempo weitermachst; **at the ~ you're going you'll be dead before long** wenn du so weitermachst, bist du bald unter der Erde; **at any ~** auf jeden Fall.

2. (*Comm, Fin*) Satz *m*; (*St Ex*) Kurs *m*. **~ of exchange** Wechselkurs *m*; **what's the ~ at the moment?** wie steht der Kurs momentan?; **what's the ~ of pay?** wie hoch ist der Satz (für die Bezahlung)?; **~ of interest** Zinssatz *m*; **postage/ advertising/insurance ~s** Post-/Werbe-/ Versicherungsgebühren *pl*; **there is a reduced ~ for children** Kinderermäßigung wird gewährt; **basic salary ~** Grundgehaltssatz *m*; **to pay sb at the ~ of £10 per hour** jdm einen Stundenlohn von £ 10 bezahlen.

3. ~s *pl* (*Brit: municipal tax*) Gemeindesteuern, Kommunalsteuern *pl*; **~s and taxes** Kommunal- und Staatssteuern *pl*; **~(s) office** Gemeindesteueramt *nt*; *see* **water-~**.

II *vt* **1.** (*estimate value or worth of*) (ein)schätzen. **to ~ sb/sth among ...** jdn/ etw zu ... zählen *or* rechnen; **how do you ~ these results?** was halten Sie von diesen Ergebnissen?; **to ~ sb/sth as sth** jdn/etw für etw halten; **he is generally ~d as a great statesman** er gilt allgemein als großer Staatsmann; **I ~ him as fairly intelligent** ich halte ihn für ziemlich intelligent; **to ~ sb/sth highly** jdn/etw hoch einschätzen.

2. (*Brit: Local Government*) veranlagen. **a house ~d at £100 per annum** ein Haus, dessen steuerbarer Wert £ 100 ist.

3. (*deserve*) verdienen. **I think he ~s a pass (mark)** ich finde, das kann man mit „ausreichend" oder besser bewerten.

4. (*sl: think highly of*) gut finden (*inf*). **III** *vi* (*be classed*) **to ~ as/among ...** gelten als .../zählen zu ...

rateable, ratable ['reɪtəbl] *adj* (*Brit*) *property* steuerpflichtig, steuerbar. **~ value** steuerbarer Wert.

ratepayer ['reɪt͵peɪəʳ] *n* (*Brit*) Steuerzahler *m* (*von Kommunalsteuern*).

rather ['rɑːðəʳ] *adv* **1.** (*for preference*) lieber. **~ than wait, he went away** bevor er wartete, ging er (lieber), er ging lieber, als daß er wartete; **I would ~ have the blue dress** ich hätte lieber das blaue Kleid; **I would ~ be happy than rich** ich wäre lieber glücklich als reich; **I would ~ you came yourself** mir wäre es lieber, Sie kämen selbst; **I'd ~ not** lieber nicht; **I'd ~ not go** ich würde lieber nicht gehen; **I'd ~ die!** eher sterbe ich!; **he expected me to phone ~ than (to) write** er erwartete eher einen Anruf als einen Brief von mir; **it would be better to phone ~ than (to) write** es wäre besser zu telefonieren, als zu schreiben.

2. (*more accurately*) vielmehr. **he is, or ~ was, a soldier** er ist, beziehungsweise *or* vielmehr war, Soldat; **a car, or ~ an old banger** ein Auto, genauer gesagt eine alte Kiste.

3. (*to a considerable degree*) ziemlich; (*somewhat, slightly*) etwas. **it's ~ more difficult than you think** es ist um einiges schwieriger, als du denkst; **it's ~ too difficult for me** es ist etwas zu schwierig für mich; **she's ~ an idiot/a killjoy** sie ist reichlich doof/ein richtiger Spielverderber; **I ~ think he's wrong** ich glaube fast, er hat Unrecht; **~!** (*inf*) und ob! (*inf*).

ratification [ˌrætɪfɪˈkeɪʃən] *n* Ratifizierung *f*.

ratify [ˈrætɪfaɪ] *vt* ratifizieren.

rating¹ [ˈreɪtɪŋ] *n* **1.** (*assessment*) (Ein)schätzung *f*; (*Brit: of yacht, car*) Veranlagung *f*. **what's your ~ of his abilities?** wie schätzen Sie seine Fähigkeiten ein?

2. (*class, category*) (*Sport: of yacht, car*) Klasse *f*; (*Fin: also credit ~*) Kreditfähigkeit *f*; (*Elec*) Leistung *f*; (*of petrol: also octane ~*) Oktanzahl *f*. **what's his ~?** wie wird er eingestuft?; **the popularity ~ of a TV programme** die Zuschauerzahlen eines Fernsehprogramms; **security ~** Sicherheitseinstufung *f*; **voltage ~** Grenzspannung *f*.

3. (*Naut*) (*rank*) Rang *m*; (*sailor*) Matrose *m*.

rating² *n* (*scolding*) Schelte *f*.

ratio [ˈreɪʃɪəʊ] *n, pl* **~s** Verhältnis *nt*. **the ~ of men to women** das Verhältnis von Männern zu Frauen; **in the** *or* **a ~ of 100 to 1** (*written* 100:1) im Verhältnis 100 zu 1; **in inverse ~** (*Math*) umgekehrt proportional; **inverse** *or* **indirect ~** umgekehrtes Verhältnis.

ratiocinate [ˌrætɪˈɒsɪneɪt] *vi* (*form*) reflektieren.

ration [ˈræʃən] **I** *n* Ration *f*; (*fig*) Quantum *nt*. **~s** (*food*) Rationen *pl*; **to put sb on short ~s** jdn auf halbe Ration setzen; **~ book/ card** Bezug(s)schein buch *nt*/Bezug(s)schein *m*; (*for food*) ≈ Lebensmittelkarte *f*/Lebensmittelmarke *f*.

II *vt* *goods, food* rationieren; (*state, government also*) bewirtschaften. **I'm going to ~ you to one apple a day** ich werde dir kurzhalten, du bekommst nur einen Apfel pro Tag; **he ~ed himself to five cigarettes a day** er erlaubte sich (*dat*) nur fünf Zigaretten pro Tag.

◆**ration out** *vt sep* zuteilen.

rational [ˈræʃənl] *adj* **1.** (*having reason*) *creature, person* vernunftbegabt, rational. **2.** (*sensible, reasonable*) *person, action, thinking* vernünftig, rational; *activity, solution* vernünftig, sinnvoll; (*Med: lucid, sane*) *person* bei klarem Verstand. **it was the only ~ thing to do** es war das einzig Vernünftige. **3.** (*Math*) rational.

rationale [ˌræʃəˈnɑːl] *n* Gründe *pl*, Gedankengänge *pl*. **there doesn't seem to be any ~** das scheint jeglicher Begründung zu entbehren.

rationalism [ˈræʃnəlɪzəm] *n* Rationalismus *m*.

rationalist [ˈræʃnəlɪst] *n* Rationalist *m*.

rationalistic [ˌræʃnəˈlɪstɪk] *adj* rationalistisch.

rationality [ˌræʃəˈnælɪtɪ] *n see adj 2.* Vernünftigkeit, Rationalität *f*; Vernünftigkeit *f*; (*Med*) klarer Verstand.

rationalization [ˌræʃnəlaɪˈzeɪʃən] *n* Rationalisierung *f*; (*of problem*) vernünftige Betrachtung.

rationalize [ˈræʃnəlaɪz] **I** *vt* **1.** *event, conduct etc* rationalisieren; *problem* vernünftig sehen *or* betrachten. **2.** (*organize efficiently*) *industry, production, work* rationalisieren. **3.** (*Math*) in eine rationale Gleichung umändern. **II** *vi* rationalisieren.

rationally [ˈræʃnəlɪ] *adv act, behave, think* vernünftig, rational; (*Med*) bei klarem Verstand.

rationing [ˈræʃənɪŋ] *n see vt* Rationierung *f*; Bewirtschaftung *f*.

rat-race [ˈrætreɪs] *n* ständiger Konkurrenzkampf. **rats' tails** *npl* (*pej*) Zotteln *pl* (*pej*); (*inf: bunches*) Rattenschwänze *pl* (*inf*).

rattan [ræˈtæn] *n* (*plant*) Rotang *m*; (*cane*) spanisches Rohr.

rattle [ˈrætl] **I** *vi* klappern; (*chains*) rasseln, klirren; (*bottles*) klirren; (*gunfire*) knattern; (*drums*) schlagen; (*hailstones*) prasseln; (*rattlesnake*) klappern. **to ~ at the door** an der Tür rütteln; **there's something rattling** da klappert etwas; **to ~ along/away** (*vehicle*) entlang-/davonrattern.

II *vt* **1.** *box, dice, keys* schütteln; *bottles, cans* zusammenschlagen; *chains* rasseln mit; *windows* rütteln an (+*dat*).

2. (*inf: alarm*) *person* durcheinanderbringen. **she was ~d at** *or* **by the news, the news ~d her** die Nachricht hat ihr einen Schock versetzt.

III *n* **1.** (*sound*) *see vi* Klappern *nt no pl*; Rasseln, Klirren *nt no pl*; Knattern *nt no pl*; Schlagen *nt no pl*; Prasseln *nt no pl*; (*Med: also death ~*) Röcheln *nt*.

2. (*child's*) Rassel, Klapper *f*; (*sports fan's*) Schnarre *f*.

◆**rattle down** *vi* herunterprasseln, herunterhageln.

◆**rattle off** *vt sep poem, speech, list* herunterrasseln.

◆**rattle on** *vi* (*inf*) (unentwegt) quasseln (*inf*) (*about* über +*acc*).

◆**rattle through** *vi* +*prep obj speech etc* herunterrasseln; *work, music* rasen durch.

rattlebrain [ˈrætlbreɪn] *n* (*inf*) Spatzenhirn *nt* (*inf*); **rattlesnake** *n* Klapperschlange *f*; **rattletrap** *n* (*hum inf*) Klapperkiste *f* (*hum inf*).

rattling [ˈrætlɪŋ] **I** *n* *see vi* Klappern *nt*; Rasseln, Klirren *nt*; Knattern *nt*; Schlagen *nt*; Prasseln *nt*; Klappern *nt*.

II *adj* *see vi* klappernd; rasselnd, klirrend; knatternd; schlagend; prasselnd. **at a ~ pace** (*inf*) in rasendem Tempo (*inf*).

rattrap, rat trap [ˈrættræp] *n* Rattenfalle *f*.

ratty [ˈrætɪ] *adj* (+*er*) (*inf*) **1.** (*irritable*) gereizt. **2.** (*US: run-down*) verlottert (*inf*).

raucous [ˈrɔːkəs] *adj* rauh, heiser.

raucously [ˈrɔːkəslɪ] *adv shout* rauh, heiser; *sing* mit rauher *or* heiserer Stimme.

raucousness ['rɔːkəsnɪs] *n* Rauheit, Heiserkeit *f*.

raunchy ['rɔːntʃɪ] *adj* (+*er*) (*US inf*) geil; *novel* rasant.

ravage ['rævɪdʒ] I *n* (*of war*) verheerendes Wüten *no pl*; (*of disease*) Wüten *nt no pl*, Zerstörung *f* (*of* durch). ~s (*of war*) Verheerung *f* (*of* durch); (*of disease*) Zerstörung *f* (*of* durch); **the ~s of time** die Spuren *pl* der Zeit.
II *vt* (*ruin*) verwüsten, verheeren; (*plunder*) plündern. ~d by disease von Krankheit schwer gezeichnet.

rave [reɪv] I *vi* (*be delirious*) phantasieren, delirieren (*spec*); (*talk wildly*) phantasieren; (*speak furiously*) toben; (*inf: speak, write enthusiastically*) schwärmen (*about, over* von); (*liter*) (*storm*) toben; (*wind*) brausen; (*sea*) toben. **to ~ against sb/sth** gegen jdn/etw wettern.
II *n* **1.** (*Brit sl: also* ~-**up**) Fete *f* (*sl*).
2. (*sl: praise*) Schwärmerei *f*. **to have a ~ about sth** von etw schwärmen *or* ganz weg sein (*sl*); **the play got a ~ review** (*inf*) das Stück bekam eine glänzende *or* begeisterte Kritik.
3. (*Brit sl: fashion*) **it's all the ~** das ist große Mode.

ravel ['rævəl] I *vt* **1.** (*disentangle*) *see* **ravel out** II. **2.** (*old: entangle*) verwirren. II *vi* (*become tangled*) sich verwirren; (*fray*) ausfransen.

◆**ravel out** I *vi* ausfransen; (*rope*) faserig werden. II *vt sep material* ausfransen; *threads* entwirren; *knitting* auftrennen, aufziehen; (*fig*) *difficulty* klären.

raven ['reɪvən] *n* Rabe *m*. ~-**black** rabenschwarz; ~-**haired** mit rabenschwarzem Haar.

ravening ['rævənɪŋ] *adj* beutehungrig, räuberisch.

ravenous ['rævənəs] *adj animal* ausgehungert; *person also* heißhungrig; *appetite, hunger* gewaltig. **I'm ~** ich habe einen Bärenhunger (*inf*).

ravenously ['rævənəslɪ] *adv* **to be ~ hungry** (*animal*) ausgehungert sein; (*person also*) einen Bärenhunger haben (*inf*).

raver ['reɪvəʳ] *n* (*Brit sl*) flotte Biene (*sl*).

rave-up ['reɪvʌp] *n* (*Brit sl*) *see* **rave** II **1.**

ravine [rə'viːn] *n* Schlucht, Klamm *f*.

raving ['reɪvɪŋ] I *adj* **1.** (*frenzied*) wahnsinnig, verrückt; (*delirious*) im Delirium, phantasierend *attr*. **a ~ lunatic** (*inf*) ein kompletter Idiot (*inf*).
2. (*inf: remarkable*) *success* toll (*inf*); *beauty* hinreißend.
II *adv* ~ **mad** (*inf*) total verrückt (*inf*).
III *n* ~(**s**) Phantasien *pl*, Delirien *pl*.

ravioli [rævɪ'əʊlɪ] *n* Ravioli *pl*.

ravish ['rævɪʃ] *vt* **1.** (*delight*) hinreißen.
2. (*old, liter: rape*) schänden (*geh*).

ravishing ['rævɪʃɪŋ] *adj woman, sight* atemberaubend; *beauty also, meal* hinreißend.

ravishingly ['rævɪʃɪŋlɪ] *adv beautiful* hinreißend, atemberaubend; *dressed, decorated* atemberaubend schön.

ravishment ['rævɪʃmənt] *n see vt* **1.** atemloses Staunen, Hingerissenheit *f*.
2. Schändung *f* (*geh*).

raw [rɔː] I *adj* (+*er*) **1.** (*uncooked*) *meat,*

food roh; (*unprocessed*) *ore, sugar, silk, brick also* Roh-; *spirit, alcohol* rein, unvermischt; *cloth* ungewalkt; *leather* ungegerbt; (*fig*) *statistics* nackt. **to give sb a ~ deal** (*inf*) jdn benachteiligen, jdn unfair behandeln; **to get a ~ deal** schlecht wegkommen (*inf*); ~ **edge** (*of cloth etc*) ungesäumte Kante; ~ **material** Rohstoff *m*.
2. (*inexperienced*) *troops, recruit* neu, unerfahren. ~ **recruit** (*fig*) blutiger Anfänger (*inf*).
3. (*sore*) *wound* offen; *skin* wund; *nerves* empfindlich.
4. *climate, wind, air* rauh.
5. (*esp US: coarse*) *humour, story, person* derb; *colour* grell.
II *n* **1. to touch sb on the ~** (*Brit*) bei jdm einen wunden Punkt berühren.
2. in the ~ (*inf: naked*) im Naturzustand; **life/nature in the ~** die rauhe Seite des Lebens/der Natur.

rawboned ['rɔː'bəʊnd] *adj* mager, knochig; **rawhide** *n* (*leather*) ungegerbtes Leder; (*whip*) Lederpeitsche *f*.

Rawlplug ® ['rɔːlplʌg] *n* Dübel *m*.

rawness ['rɔːnɪs] *n* **1.** (*of meat, food*) Roheit *f*. **2.** (*lack of experience*) Unerfahrenheit *f*. **3.** (*soreness*) Wundheit *f*. **4.** (*of weather*) Rauheit *f*. **5.** (*esp US: coarseness*) Derbheit *f*.

ray[1] [reɪ] *n* **1.** Strahl *m*. **a ~ of hope** ein Hoffnungsschimmer *or* -strahl *m*; ~ **gun** Strahlenpistole *f*. **2.** (*of fish*) Flossenstrahl *m*; (*of starfish*) Arm *m*.

ray[2] *n* (*fish*) Rochen *m*.

rayon ['reɪɒn] I *n* Reyon *nt*. II *adj* Reyon-, aus Reyon.

raze [reɪz] *vt* zerstören; (*Mil*) schleifen. **to ~ to the ground** dem Erdboden gleichmachen.

razor ['reɪzəʳ] *n* Rasierapparat *m*; (*cut-throat*) Rasiermesser *nt*. **electric ~** Elektrorasierer *m*; ~'**s edge** (*fig*) *see* ~-**edge 2**.

razorback ['reɪzəbæk] *n* (*Zool*) Finnwal *m*; **razorbill** *n* (*Zool*) Tordalk *m*; **razor blade** *n* Rasierklinge *f*; **razor-cut** I *n* Messerschnitt *m*; II *vt irreg* mit dem Messer schneiden; **razor-edge** *n* **1.** (*mountain ridge*) Grat *m*; **2.** (*fig*) **the decision rests on a ~** die Entscheidung steht auf Messers Schneide; **on the ~ of virtue** auf dem schmalen Grat der Tugend; **razor-sharp** *adj knife* scharf (wie ein Rasiermesser); (*fig*) *person* sehr scharfsinnig; *mind, wit* messerscharf.

razz [ræz] *vt* (*US inf*) aufziehen (*inf*).

razzle ['ræzl] *n* (*dated sl*): **to go on the ~** auf die Pauke hauen (*inf*).

razzle-dazzle ['ræzl'dæzl], **razzmatazz** ['ræzmə'tæz] *n* Rummel, Trubel *m*.

RC *abbr of* **Roman Catholic** rk, r.-k.

Rd *abbr of* **Road** Str.

RE *abbr of* **Religious Education**

re [riː] *prep* (*Admin, Comm etc: referring to*) betreffs (+*gen*), bezüglich (+*gen*); (*Jur: also* **in** ~) in Sachen gegen. ~ **your letter of 16th** Betr(eff): Ihr Brief vom 16.

re- [riː-] *pref* wieder-.

reach [riːtʃ] I *n* **1.** (*act of reaching*) **to make a ~ for sth** nach etw greifen.

2. (*denoting accessibility*) **within/out of sb's ~** in/außer jds Reichweite (*dat*), in/außer Reichweite für jdn; **within arm's ~** in greifbarer Nähe; **put it out of the children's ~** *or* **out of the ~ of children** stellen Sie es so, daß Kinder es nicht erreichen können; **keep out of ~ of children** von Kindern fernhalten; **cars are within everyone's ~ nowadays** Autos sind heute für jeden erschwinglich; **mountains within easy ~** Berge, die leicht erreichbar sind; **within easy ~ of the sea** in unmittelbarer Nähe des Meers; **I keep it within easy ~** ich habe es in greifbarer Nähe; **she was beyond (the) ~ of human help** für sie kam jede menschliche Hilfe zu spät; **this subject is beyond his ~** dieses Thema geht über seinen Horizont (*inf*).

3. (*distance one can ~*) Reichweite *f*; (*Boxing*) Aktionsradius *m*. **a long ~** lange Arme *pl*; ein großer Aktionsradius.

4. (*sphere of action, influence*) Einflußbereich *m*. **beyond the ~ of the law** außerhalb des Gesetzes.

5. (*stretch*) (*of beach, river*) Strecke *f*; (*of canal*) Wasserhaltung *f*; (*of woodland*) Gebiet *nt*.

II *vt* **1.** (*arrive at*) erreichen; *place, goal also,* ankommen an (+*dat*); *town, country* ankommen in (+*dat*); *perfection also* erlangen; *agreement, understanding* erzielen, kommen zu; *conclusion* kommen *or* gelangen zu. **we ~ed London at 3pm** wir kamen um 15 Uhr in London an; **when we ~ed him he was dead** als wir zu ihm kamen, war er tot; **to ~ page 50** bis Seite 50 kommen; **this advertisement is geared to ~ the under 25's** diese Werbung soll Leute unter 25 ansprechen; **you can ~ me at my hotel** Sie erreichen mich in meinem Hotel.

2. (*stretch to get or touch*) **to be able to ~ sth** an etw (*acc*) (heran)reichen können, bis zu etw langen können (*inf*); **can you ~ it?** kommen Sie dran?; **can you ~ the ceiling?** kannst du bis an die Decke reichen *or* langen (*inf*)?

3. (*come up to, go down to*) reichen *or* gehen bis zu.

4. (*inf: get and give*) reichen.

5. (*US Jur*) *witness* bestechen.

III *vi* **1.** (*to, as far as* bis) (*territory etc*) sich erstrecken, gehen, reichen; (*voice, sound*) tragen.

2. (*stretch out hand or arm*) greifen. **to ~ for sth** nach etw greifen *or* langen (*inf*); **he ~ed to grasp the door handle** er griff *or* langte (*inf*) nach dem Türgriff; **~ for the sky!** (*US*) Hände hoch!; **to ~ for the moon** (*fig*) nach den Sternen greifen.

3. can you ~? kommen Sie dran?

◆**reach across** *vi* hinüber-/herübergreifen *or* -langen (*inf*).

◆**reach back** *vi* (*in time*) zurückreichen, zurückgehen (*to* bis).

◆**reach down I** *vi* (*clothes, curtains, hair etc*) hinunter-/herunterreichen (*to* bis); (*person*) hinunter-/heruntergreifen *or* -langen (*inf*) (*for* nach). **II** *vt sep* hinunter-/herunterreichen.

◆**reach out I** *vt sep* **he ~ed ~ his hand to take the book** er streckte die Hand aus, um

das Buch zu nehmen; **he ~ed ~ his hand for the cup** er griff nach der Tasse.
II *vi* die Hand/Hände ausstrecken. **to ~ ~ for sth** nach etw greifen *or* langen (*inf*).
◆**reach over** *vi see* **reach across.**
◆**reach up I** *vi* **1.** (*water, level etc*) (hinauf-/herauf)reichen *or* -gehen (*to* bis). **2.** (*person*) hinauf-/heraufgreifen (*for* nach). **II** *vt sep* (*inf*) herauf-/hinaufreichen.

reachable ['riːtʃəbl] *adj* erreichbar.
reach-me-down ['riːtʃmɪˌdaun] *n* (*inf*) *see* **hand-me-down.**

react [riːˈækt] *vi* **1.** (*respond, Chem, Phys*) reagieren (*to* auf +*acc*). **slow to ~** (*Chem*) reaktionsträge; **she was slow to ~ to my offer** sie reagierte nur langsam auf mein Angebot; **to ~ against** negativ reagieren auf (+*acc*).

2. (*have an effect*) wirken (*on, upon* auf +*acc*). **to ~ upon sb's mood** sich auf jds Stimmung (*acc*) auswirken.

reaction [riːˈækʃən] *n* **1.** (*response, Chem, Phys*) Reaktion *f* (*to* auf +*acc, against* gegen). **what was his ~ to your suggestion?** wie hat er auf Ihren Vorschlag reagiert?; **action and ~** Wirkung und Gegenwirkung (+*pl vb*).

2. (*Pol*) Reaktion *f*.

3. (*Mil*) Gegenschlag *m*.

4. (*St Ex*) Umschwung, Rückgang *m*.

reactionary [riːˈækʃənrɪ] *adj* reaktionär.
reactivate [riːˈæktɪveɪt] *vt* reaktivieren.
reactive [riːˈæktɪv] *adj* (*Chem, Phys*) reaktiv.

reactor [riːˈæktər] *n* (*Phys*) Reaktor *m*; (*Chem also*) Reaktionsapparat *m*; (*Elec*) Blindwiderstand *m*.

read[1] [riːd] (*vb: pret, ptp* **read** [red]) **I** *vt* **1.** *book, letter, bad handwriting, hieroglyphics* lesen; (*to sb*) vorlesen (*to dat*). **do you ~ music?** können Sie Noten lesen?; **I read him to sleep** ich las ihm vor, bis er einschlief; **to take sth as read** (*fig*) (*as self-evident*) etw als selbstverständlich voraussetzen; (*as agreed*) etw für abgemacht halten; **they took the minutes as read** (*in meeting*) sie setzten das Protokoll als bekannt voraus; **for "meet" ~ "met"** anstelle von „meet" soll „met" stehen.

2. (*interpret*) *thoughts, feelings* lesen; *dream* deuten; *words* verstehen. **to ~ sb's thoughts/mind** jds Gedanken lesen; **to ~ sb's hand** jdm aus der Hand lesen; **to ~ the tea leaves** *or* **the teacups** ≈ aus dem Kaffeesatz lesen; **to ~ something into a text** etwas in einen Text (hinein)lesen.

3. (*Univ: study*) studieren.

4. *thermometer, barometer etc* sehen auf (+*acc*), ablesen. **to ~ a meter** einen Zähler(stand) ablesen.

5. (*meter*) (an)zeigen, stehen auf (+*dat*); (*flight etc instruments*) anzeigen. **the thermometer ~s 37°** das Thermometer steht auf *or* zeigt 37°.

6. (*Telec*) verstehen. **do you ~ me?** (*Telec*) können Sie mich verstehen?; (*fig*) haben Sie mich verstanden?

II *vi* **1.** lesen; (*to sb*) vorlesen (*to dat*). **she ~s well** sie liest gut; (*learner, beginner*) sie kann schon gut lesen; **to ~ aloud** *or* **out loud** laut lesen; **to ~ to oneself** für sich lesen; **he likes being read to** er läßt sich (*dat*) gern vorlesen; **will you ~ to me, mummy?** Mutti, liest du mir etwas vor?

2. (*convey impression when read*) **this book ~s well/badly** das Buch liest sich gut/nicht gut; **this ~s like a translation** das klingt wie eine Übersetzung; **that's how it ~s to me** so verstehe ich das.

3. (*have wording*) lauten. **the letter ~s as follows** *or* **thus** der Brief geht so *or* lautet folgendermaßen.

4. (*Univ: study*) **to ~ for an examination** sich auf eine Prüfung vorbereiten.

III *n* **to have a quiet/little** ~ ungestört *or* in Ruhe/ein wenig lesen; **this book is quite a good** ~ das Buch liest sich gut.

◆**read back** *vt sep* shorthand lesen; *one's notes etc* noch einmal lesen; (*to sb*) noch einmal vorlesen.

◆**read off** *vt sep* ablesen; (*without pause*) herunterlesen.

◆**read on** *vi* weiterlesen.

◆**read out** *vt sep* vorlesen; *instrument readings* ablesen.

◆**read over** *or* **through** *vt sep* durchlesen.

◆**read up I** *vt sep* nachlesen über (+*acc*), sich informieren über (+*acc*). **II** *vi* nachlesen, sich informieren (*on* über +*acc*).

read² [red] **I** *pret, ptp of* read¹. **II** *adj* **he is well/badly** ~ er ist sehr/wenig belesen.

readable ['riːdəbl] *adj* (*legible*) handwriting lesbar; (*worth reading*) book etc lesenswert.

readdress [ˌriːə'dres] *vt* letter, parcel umadressieren.

reader ['riːdəʳ] *n* **1.** Leser(in *f*) *m*. **publisher's** ~ Lektor(in *f*) *m*.

2. (*Brit Univ*) ≃ Dozent(in *f*) *m*.

3. (*schoolbook*) Lesebuch *nt*; (*to teach reading*) Fibel *f*; (*foreign language text*) Text *m*, Lektüre *f*; (*anthology*) Sammelband *m*. **a** ~ **in the Classics** eine Klassikersammlung.

readership ['riːdəʃɪp] *n* **1.** (*of newspaper, magazine*) Leserschaft *f*, Leser *pl*. **a big** *or* **wide ~/a** ~ **of millions** eine große Leserschaft/Millionen Leser. **2.** (*Brit Univ*) ≃ Dozentur *f*.

readily ['redɪlɪ] *adv* bereitwillig; (*easily*) leicht. ~ **to hand** griffbereit.

readiness ['redɪnɪs] *n* **1.** Bereitschaft *f*. **to be** (**kept**) **in** ~ (**for sth**) (für etw) bereitgehalten werden; **his** ~ **to help** seine Hilfsbereitschaft. **2.** (*ease*) Leichtigkeit *f*. **his** ~ **of mind** seine geistige Gewandtheit.

reading ['riːdɪŋ] *n* **1.** (*action*) Lesen *nt*.

2. (~ *matter*) Lektüre *f*. **this book is** *or* **makes very interesting** ~ dieses Buch ist sehr interessant zu lesen; **have you any light** ~? haben Sie eine leichte Lektüre?

3. (*recital, excerpt*) Lesung *f*. **play** ~ Lesen *nt* mit verteilten Rollen.

4. (*interpretation*) Interpretation *f*, Verständnis *nt*. **my** ~ **of this sentence** so wie ich den Satz verstehe, mein Verständnis des Satzes; **his** ~ **of the part** (*Film, Theat*) seine Interpretation *or* sein Verständnis der Rolle.

5. (*variant*) Version *f*.

6. (*from meter*) Thermometer-/Barometer-/Zählerstand etc *m*; (*from flight etc instruments*) Anzeige *f*. **to take a**

~ den Thermometerstand etc ablesen; die Anzeige ablesen; **the** ~ **is** ... das Thermometer etc steht auf ...; die Anzeige ist ...

7. (*Parl: of bill*) Lesung *f*.

8. (*knowledge*) Belesenheit *f*. **a man of wide** ~ ein sehr belesener Mann.

reading book *n* Lesebuch *nt*; **reading glass** *n* Lupe *f*; **reading glasses** *npl* Lesebrille *f*; **reading knowledge** *n* **to have a** ~ **of Spanish** Spanisch lesen können; **reading lamp** *n* Leselampe *f*; **reading matter** *n* Lesestoff *m*; **reading room** *n* Lesesaal *m*.

readjust [ˌriːə'dʒʌst] **I** *vt instrument, mechanism* neu einstellen; (*correct*) nachstellen; *prices, salary* anpassen, neu regeln; *opinion* korrigieren. **II** *vi* sich neu *or* wieder anpassen (*to* an +*acc*), sich neu *or* wieder einstellen (*to* auf +*acc*).

readjustment [ˌriːə'dʒʌstmənt] *n see vb* Neueinstellung *f*; Nachstellung *f*; Anpassung, Neuregelung *f*; Korrektur *f*; Wiederanpassung *f*.

ready ['redɪ] **I** *adj* (+ *er*) **1.** (*prepared*) person, thing bereit, fertig; (*finished, cooked etc*) fertig. ~ **to leave** abmarschbereit; (*for journey*) abfahrtbereit, reisefertig; ~ **to use** *or* **for use** gebrauchsfertig; ~ **to serve** tischfertig; ~ **for battle** kampfbereit; ~ **for anything** zu allem bereit; **dinner is** ~ das Essen ist fertig; **are you** ~ **to go?** sind Sie soweit?, kann es losgehen? (*inf*); **are you** ~ **to push?** alles fertig zum Schieben?; **I'm not quite** ~ yet ich bin noch nicht ganz fertig; **I'm** ~ **for him!** er soll nur kommen; **everything is** ~ **for his visit** alles ist für seinen Besuch bereit *or* fertig; **everything is** ~ **for the journey** alles ist für die Reise fertig *or* vorbereitet; **to be** ~ **with an excuse** eine Entschuldigung bereit haben *or* bereithalten; **to get** (**oneself**) ~ sich fertigmachen; **to get** ~ **to do sth** sich bereitmachen, etw zu tun; **to get** ~ **to go out/play tennis** sich zum Ausgehen/Tennisspielen fertigmachen; **to get** ~ **for sth** sich auf etw (*acc*) vorbereiten; **get** ~ **for it!** (*before blow etc*) Achtung!, paß auf!; (*before momentous news*) mach dich auf was gefaßt (*inf*); **to get** *or* **make sth** ~ etw fertigmachen, etw bereitmachen; *room, bed, breakfast etc* etw vorbereiten; ~ **about!** (*Naut*) klar zum Wenden!; ~, **steady, go!** Achtung *or* auf die Plätze, fertig, los!

2. ~ **to do sth** (*willing*) bereit, etw zu tun; (*quick*) schnell dabei, etw zu tun; **don't be so** ~ **to criticize** kritisieren Sie doch nicht so schnell; **I'm** ~ **to believe it** ich möchte das fast glauben; **he was** ~ **to cry** er war den Tränen nahe.

3. (*prompt*) reply prompt; *wit* schlagfertig. **to have a** ~ **tongue/pen** schlagfertig sein/die Feder zu führen wissen.

4. (*available*) money jederzeit verfügbares Geld; ~ **cash** Bargeld *nt*; **to pay in** ~ **cash** auf die Hand bezahlen; ~ **to hand** zur Hand.

5. (*practical*) solution sauber; (*competent*) speaker gewandt. **to have a** ~ **sale** (*Comm*) guten Absatz finden.

II *n* **1.** (*Mil*) **at the** ~ (*Mil*) mit dem

Gewehr im Anschlag; (*fig*) marsch-/fahr-
bereit *etc*; **with his pen at the** ~ mit
gezücktem Federhalter.

   2. (*money*) **the** ~ (*inf*) das nötige Klein-
geld (*inf*).

ready *in cpds* fertig-; **ready-cooked** *adj*
vorgekocht; **ready-furnished** *adj* fertig
eingerichtet; **ready-made** *adj curtains*
fertig; *clothes* Konfektions-; *solution*
Patent-; *answer, ideas* vorgefertigt;
ready-mix *adj attr* (*Cook*) aus einer
Packung; **ready reckoner** *n* Rechen-
tabelle *f*; **ready-to-serve** *adj* tischfertig;
ready-to-wear *adj, pred* **ready to wear**
Konfektions-, von der Stange (*inf*).

reaffirm [ˌriːəˈfɜːm] *vt* **1.** (*assert again*)
wieder *or* erneut versichern, beteuern.
   2. (*strengthen, reconfirm*) *suspicion,
doubts* bestätigen; *principles, wish* bestär-
ken.

reafforest [ˈriːəˈfɒrɪst] *vt* wieder aufforsten.

reafforestation [ˈriːəˌfɒrɪsˈteɪʃən] *n*
Wiederaufforstung *f*.

reagent [riːˈeɪdʒənt] *n* (*Chem*) Reagens *nt*.

real [rɪəl] **I** *adj* **1.** (*genuine*) *gold, flowers,
silk etc, sympathy, joy, desire* echt; *need,
improvement also* wirklich; (*as opposed to
substitute*) richtig; *name* richtig; (*true, as
opposed to apparent*) *owner, boss, reason,
purpose, state of affairs* wirklich, tatsäch-
lich, eigentlich; (*not imaginary*) *creature,
object, life, world* wirklich, real (*esp
Philos*); (*Phys, Math*) reell; (*Econ*) real.
~ **ale** Ale *nt*; **I prefer the** ~ **sun to the
sunlamp** ich finde die richtige Sonne lieber
als Höhensonne; **in** ~ **life** im wirklichen
Leben; **in** ~ **terms** effektiv; **he has no** ~
power er hat keine wirkliche Macht; **his
grief was very** ~ sein Schmerz war echt;
it's the ~ **thing** *or* **McCoy, this whisky!**
dieser Whisky ist der Echte; **it's not the** ~
thing das ist nicht das Wahre; (*not genuine*)
das ist nicht echt.
   2. (*proper, complete, through and
through*) richtig; *sportsman, gentleman,
coward also* echt; *champion, friend,
friendship* wahr, echt; *threat* echt, wirk-
lich; *idiot, disaster* komplett. **he doesn't
know what** ~ **contentment/family life is** er
weiß ja nicht, was Zufriedenheit/
Familienleben wirklich ist; **that's what I
call a** ~ **car** das nenne ich ein Auto; **that's
a** ~ **racket** das ist wirklich ein Schwindel.
   3. ~ **estate** Immobilien *pl*, unbeweg-
liches Vermögen; ~ **estate developer** (*US*)
Immobilienhändler(in *f*) *m*; ~ **estate office**
(*US*) Immobilienbüro *nt*; ~ **estate register**
(*US*) Grundbuch *nt*; ~ **property** Grund-
besitz *m*.
   II *adv* (*esp US inf*) echt (*inf*), wirklich.
we had a ~ **good laugh** wir haben so
gelacht.
   III *n* **1. for** ~ wirklich, echt (*inf*); **is that
invitation for** ~? ist die Einladung ernst
gemeint?; **he's not for** ~ (*not sincere*) er
meint es nicht wirklich; (*not genuine*) er
ist nicht echt.
   2. (*Philos*) **the** ~ das Reale, die Wirk-
lichkeit.

realism [ˈrɪəlɪzəm] *n* Realismus *m*.

realist [ˈrɪəlɪst] *n* Realist *m*.

realistic [rɪəˈlɪstɪk] *adj* realistisch; *painting*

also naturgetreu, wirklichkeitsgetreu.

realistically [rɪəˈlɪstɪkəlɪ] *adv see adj*.

reality [riːˈælɪtɪ] *n* **1.** Wirklichkeit, Realität
f. **to become** ~ sich verwirklichen; **in** ~
(*in fact*) in Wirklichkeit; (*actually*) eigent-
lich; **to bring sb back to** ~ jdn auf den
Boden der Tatsachen zurückbringen; **the
realities of the situation** der wirkliche
Sachverhalt.
   2. (*trueness to life*) Naturtreue *f*.

realizable [ˈrɪəlaɪzəbl] *adj assets* realisier-
bar, zu verflüssigen *pred; hope, plan*
realisierbar, zu verwirklichen *pred*.

realization [ˌrɪəlaɪˈzeɪʃən] *n* **1.** (*of assets*)
Realisation, Verflüssigung *f*; (*of hope,
plan*) Realisierung, Verwirklichung *f*.
   2. (*awareness*) Erkenntnis *f*.

realize [ˈrɪəlaɪz] **I** *vt* **1.** (*become aware of*)
erkennen, sich (*dat*) klarwerden (+*gen*),
sich (*dat*) bewußt werden (+*gen*); (*be
aware of*) sich (*dat*) klar sein über (+*acc*),
sich (*dat*) bewußt sein (+*gen*);
(*appreciate, understand*) begreifen, jdm
wird klar; (*notice*) (be)merken; (*discover*)
feststellen. **does he** ~ **the problems?** sind
ihm die Probleme bewußt *or* klar?; **I** ~**d
what he meant** es ist mir klargeworden *or*
ich habe begriffen, was er meinte; **I** ~**d
how he had done it** ich erkannte *or* mir
wurde klar, wie er es gemacht hatte; **I
hadn't** ~**d you were going away** mir war
nicht klar, daß Sie weggehen; **I've just** ~**d
I won't be here** mir ist eben aufgegangen
or klargeworden, daß ich dann nicht hier
sein werde; **when will you** ~ **you can't
…?** wann werden Sie endlich begreifen *or*
wann wird Ihnen endlich klar, daß Sie …
nicht können?; **I hadn't** ~**d how late it was**
ich habe gar nicht gemerkt, wie spät es
war; **when the parents** ~**d their child was
deaf** als die Eltern (be)merkten *or* fest-
stellten, daß ihr Kind taub war; **I** ~**d I
didn't have any money on me** ich stellte
fest, daß ich kein Geld dabei hatte; **I made
her** ~ **that I was right** ich machte ihr klar,
daß ich recht hatte; **you couldn't be
expected to** ~ **that** das konnten Sie nicht
wissen; **yes, I** ~ **that I was wrong** ja, ich
sehe ein, daß ich unrecht hatte.
   2. *hope, plan* verwirklichen, realisieren.
   3. (*Fin*) *assets* realisieren, verflüssigen;
price bringen, erzielen; *interest* abwerfen,
erbringen; (*goods*) einbringen. **how much
did you** ~ **on your Rembrandt?** wieviel
hat Ihr Rembrandt (ein)gebracht?
   II *vi* **didn't you** ~? war Ihnen das nicht
klar?; (*notice*) haben Sie das nicht
gemerkt?; **I've just** ~**d** das ist mir eben
klargeworden; (*noticed*) das habe ich
eben gemerkt; **I should have** ~**d** das hätte
ich wissen müssen; **he'll never** ~ (*notice*)
das wird er nie merken; (*understand*) das
wird ihm nie klarwerden.

really [ˈrɪəlɪ] **I** *adv* **1.** (*in reality*) wirklich,
tatsächlich. **I** ~ **don't know what to think**
ich weiß wirklich *or* tatsächlich nicht, was
ich davon halten soll; **I don't** ~ **know what
I'm going to do** ich weiß eigentlich nicht,
was ich machen werde; **well yes, I** ~ **think
we should** ich finde eigentlich schon, daß
wir das tun sollten; **before he** ~ **knew/
understood** bevor er richtig *or* wirklich

wußte/verstand; ~ **and truly** wirklich.
   2. (*intensifier*) wirklich, echt (*inf*);
happy, glad, disappointed also richtig.
you ~ must visit Paris Sie müssen wirklich
Paris besuchen; **I ~ must say ...** ich muß
schon sagen ...
   II *interj* (*in doubt, disbelief, surprise*)
wirklich, tatsächlich; (*in protest, indigna-
tion*) also wirklich! **not ~**! ach wirklich?

realm [relm] *n* (*liter: kingdom*) Königreich
nt; (*fig*) Reich *nt.* **within the ~s of possibil-
ity** im Bereich des Möglichen.

real number *n* reelle Zahl,

realtor ['rɪəltɔːʳ] *n* (*US*) Grundstücksmakler
m.

realty ['rɪəltɪ] *n, no pl* (*Jur*) Immobilien *pl.*

ream [riːm] *n* (*of paper*) (altes) Ries. **he
always writes ~s** (*inf*) er schreibt immer
ganze Bände (*inf*).

reanimate [ˌriːˈænɪmeɪt] *vt* (*Med form*)
patient, person wiederbeleben; (*fig*)
party, conversation also neu beleben.

reap [riːp] **I** *vt* **1.** *corn* (*cut*) schneiden,
mähen; (*harvest*) ernten; *field* abernten.
   2. (*fig*) *profit* ernten; *reward* bekommen.
to ~ what one has sown ernten, was man
gesät hat; *see* **sow¹.** **II** *vi* schneiden,
mähen; (*person*) ernten.

reaper ['riːpəʳ] *n* (*person*) Schnitter(in *f*)
m; (*machine*) Mähbinder *m.* **the R~** (*fig:
death*) der Schnitter.

reaping ['riːpɪŋ] *n see vt 1.* Schneiden,
Mähen *nt*; Ernten *nt*; Abernten *nt.*

reaping hook *n* Sichel *f*; **reaping machine**
n Mähbinder *m.*

reappear [ˌriːəˈpɪəʳ] *vi* wiedererscheinen,
wiederauftauchen; (*person, sun also*) sich
wieder zeigen; (*in public*) wiederer-
scheinen.

reappearance [ˌriːəˈpɪərəns] *n see vi*
Wiedererscheinen, Wiederauftauchen *nt.*

reappoint [ˌriːəˈpɔɪnt] *vt* (*to a job*) wieder
einstellen (*to* als); (*to a post*) wiederer-
nennen *or* -bestellen (*to* zu).

reappointment [ˌriːəˈpɔɪntmənt] *n see vt*
Wiedereinstellung *f*; Wiederernennung
or -bestellung *f.*

reapportion [ˌriːəˈpɔːʃən] *vt money, food,
land* neu aufteilen; *duties* neu zuteilen.

reappraisal [ˌriːəˈpreɪzəl] *n see vt* Neubeur-
teilung *f*; Neubewertung *f.*

reappraise [ˌriːəˈpreɪz] *vt situation,
problem* von neuem beurteilen; *author,
film etc also* neu bewerten.

rear¹ [rɪəʳ] **I** *n* **1.** (*back part*) hinterer Teil;
(*inf: buttocks*) Hintern *m* (*inf*). **in** *or* **at the
~** hinten (*of* in +*dat*); **to be situated at/
to(wards) the ~ of the plane** hinten im
Flugzeug/am hinteren Ende des Flug-
zeugs sein; **at** *or* **to the ~ of the building**
(*outside*) hinter dem Haus; (*inside*) nach
hinten; **go to the ~ of the house** (*behind the
house*) geh hinter das Haus; (*inside the
house*) geh nach hinten; **from the ~** von
hinten.
   2. (*Mil*) Schwanz *m* (der Truppe). **to
attack an army in the ~** eine Armee im
Rücken angreifen; **to bring up the ~** (*lit,
fig*) die Nachhut bilden.
   II *adj* Hinter-, hintere(r, s); (*Aut*)
engine, window Heck-. **~ door** (*of car*)
hintere Tür; **~ wheel/lights** (*Aut*) Hinter-

rad *nt*/Rücklichter *pl.*

rear² I *vt* **1.** *animals, family* großziehen, auf-
ziehen.
   2. to ~ its head (*animal*) den Kopf
zurückwerfen; (*snake*) sich aufstellen;
**violence/racialism ~ed its ugly head
(again)** die Gewalt/der Rassismus kam
(wieder) zum Durchbruch.
   II *vi* (*also* **~ up**) (*horse*) sich auf-
bäumen.

rear admiral *n* Konteradmiral *m*; **rear-
guard** *n* (*Mil*) Nachhut *f*; **~ action**
Nachhutgefecht *nt.*

rearm [ˌriːˈɑːm] **I** *vt* wiederbewaff-
nen; *forces, troops* neu ausrüsten *or* aus-
statten. **II** *vi* wieder aufrüsten; neue Aus-
rüstung anschaffen, sich neu ausrüsten.

rearmament [ˌriːˈɑːməmənt] *n see vb*
Wiederbewaffnung, Wiederaufrüstung *f*;
Neuausrüstung, Neuausstattung *f*; *see*
moral.

rearmost ['rɪəməʊst] *adj* hinterste(r, s). **we
were ~ in the queue** wir waren die letzten
in der Schlange.

rear projection *n* (*Film, Theat*) Rück-
projektion *f.*

rearrange [ˌriːəˈreɪndʒ] *vt furniture, system*
umstellen; *plans also, layout, formation,
order, ideas* ändern; *appointment, meet-
ing* neu abmachen.

rearrangement [ˌriːəˈreɪndʒmənt] *n see vt*
Umstellung *f*; Änderung *f*; Neuab-
machung *f.*

rear-view mirror ['rɪəˌvjuːˈmɪrəʳ] *n* Rück-
spiegel *m.*

rearward ['rɪəwəd] **I** *adj part* hintere(r, s);
position am Ende; *movement* nach hin-
ten. **II** *adv* (*also* **~s**) rückwärts.

rear-wheel drive ['rɪəˌwiːlˈdraɪv] *n*
Heckantrieb *m.*

reason ['riːzn] **I** *n* **1.** (*cause, justification*)
Grund *m* (*for* für). **my ~ for going, the ~
for my going** (der Grund,) weshalb ich
gehe/gegangen bin; **to give sb ~ for com-
plaint** jdm Anlaß *or* Grund zu Klagen
geben; **what's the ~ for this celebration?**
aus welchem Anlaß wird hier gefeiert?; **I
want to know the ~ why** ich möchte
wissen, weshalb; **and that's the ~ why ...**
und deshalb ...; **I have (good) ~/every ~ to
believe that ...** ich habe (guten) Grund/
allen Grund zu glauben, daß ...; **there is ~
to believe that ...** es gibt Gründe, zu
glauben, daß ...; **there is every ~ to
believe ...** es spricht alles dafür ..., man
kann zurecht annehmen ...; **for that very
~ (that)** eben deswegen(, weil); **with
(good) ~** mit gutem Grund, mit Recht;
without any ~ ohne jeden Grund *or*
Anlaß, grundlos; **for no ~ at all** grundlos,
ohne ersichtlichen Grund; **why did you do
that? — no particular ~** warum haben Sie
das gemacht? — einfach nur so; **for some
~ or (an)other** aus irgendeinem Grund;
for ~s best known to himself/myself aus
unerfindlichen/bestimmten Gründen; **all
the more ~ for doing it** *or* **to do it** um so
mehr Grund, das zu tun; **by ~ of** wegen
(+*gen*); **for ~s of State this was never
disclosed** die Staatsräson machte die
Geheimhaltung erforderlich.
   2. *no pl* (*mental faculty*) Verstand *m.* **to**

lose one's ~ den Verstand verlieren; **to reach the age of** ~ verständig werden; **the Age of R~** (*Hist*) das Zeitalter der Vernunft.

3. *no pl* (*common sense*) Vernunft *f*. **to listen to** ~ auf die Stimme der Vernunft hören; **he won't listen to** ~ er läßt sich (*dat*) nichts sagen; **he's beyond** ~ ihm ist mit Vernunft nicht beizukommen; **that stands to** ~ das ist logisch; **you can have anything within** ~ Sie können alles haben, solange es sich in Grenzen hält.

II *vi* **1.** (*think logically*) vernünftig *or* logisch denken.

2. (*argue*) **to** ~ (**with sb**) vernünftig mit jdm reden.

III *vt* **1.** **to** ~ **sb out of/into sth** jdm etw ausreden/jdn zu etw überreden; **to** ~ **why/ what ...** sich (*dat*) klarmachen, warum/ was ...; **he ~ed that we could get there by 6 o'clock** er rechnete vor, daß wir bis 6 Uhr dort sein könnten.

2. (*also* ~ **out**) (*deduce*) schließen, folgern; (*verbally*) argumentieren; (*work out*) *problem* durchdenken.

reasonable ['riːznəbl] *adj* **1.** vernünftig; *price also*, *chance* reell; *claim* berechtigt, billig; *amount* angemessen; (*acceptable*) *excuse*, *offer* akzeptabel, angemessen. **be ~!** sei vernünftig; **vegetables are** ~ (**in price**) **just now** Gemüse ist momentan preiswert; **guilty beyond** (**all**) ~ **doubt** (*Jur*) hinreichend schuldig.

2. (*quite good*) ordentlich, ganz gut. **his work was only** ~ seine Arbeit war nur einigermaßen (gut); **with a** ~ **amount of luck** mit einigem Glück.

reasonableness ['riːznəblnɪs] *n see adj* Vernünftigkeit *f*; Berechtigung, Billigkeit *f*; Angemessenheit *f*; Ordentlichkeit *f*.

reasonably ['riːznəblɪ] *adv* **1.** *behave*, *act*, *think* vernünftig. **one could** ~ **think/argue that ...** man könnte durchaus annehmen/ anführen, daß ...; ~ **priced** preiswert.

2. (*quite*, *fairly*) ziemlich, ganz.

reasoned ['riːznd] *adj* durchdacht.

reasoning ['riːznɪŋ] *n* logisches Denken; (*arguing*) Argumentation *f*. ~ **is not his strong point** logisches Denken ist nicht gerade seine starke Seite; **I don't follow your** ~ ich kann Ihrem Gedankengang *or* Ihrer Argumentation nicht folgen.

reassemble [ˌriːəˈsembl] **I** *vt* **1.** *people*, *troops* wieder versammeln.

2. *tool* wieder zusammenbauen; *car*, *machine also* wieder montieren.

II *vi* sich wieder versammeln; (*troops*) sich wieder sammeln.

reassert [ˌriːəˈsɜːt] *vt* mit Nachdruck behaupten. **to** ~ **oneself** seine Autorität wieder geltend machen.

reassess [ˌriːəˈses] *vt* neu überdenken; *proposals*, *advantages* neu abwägen; (*for taxation*) neu veranlagen; *damages* neu schätzen.

reassume [ˌriːəˈsjuːm] *vt work* wiederaufnehmen; *office also* wieder übernehmen.

reassurance [ˌriːəˈʃʊərəns] *n* **1.** (*feeling of security*) Beruhigung *f*. **a mother's presence gives a child the** ~ **it needs** die Gegenwart der Mutter gibt dem Kind das nötige Gefühl der Sicherheit.

2. (*renewed confirmation*) Bestätigung *f*. **despite his** ~(**s**) trotz seiner Versicherungen; (*of lover etc*) trotz seiner Beteuerungen.

3. *see* **reinsurance**.

reassure [ˌriːəˈʃʊər] *vt* **1.** (*relieve sb's mind*) beruhigen; (*give feeling of security to*) das Gefühl der Sicherheit geben (+*dat*).

2. (*verbally*) versichern (+*dat*); (*lover*) beteuern (+*dat*). **to** ~ **sb of sth** jdm etw versichern/beteuern; **she needs to be constantly** ~**d that her work is adequate** man muß ihr ständig versichern *or* bestätigen, daß ihre Arbeit gut genug ist.

3. *see* **reinsure**.

reassuring *adj*, ~**ly** *adv* [ˌriːəˈʃʊərɪŋ, -lɪ] beruhigend.

reawaken [ˌriːəˈweɪkən] **I** *vt* *person* wiedererwecken; *love*, *passion*, *interest also* neu erwecken, wieder aufleben lassen. **II** *vi* wieder aufwachen, wiedererwachen; (*interest*, *love*, *passion*) wieder aufleben, wiedererwachen.

reawakening [ˌriːəˈweɪknɪŋ] *n* (*of person*) Wiedererwachen *nt*; (*of ideas*, *interest also*) erneutes Aufleben.

rebate ['riːbeɪt] *n* (*discount*) Rabatt, (Preis)- nachlaß *m*; (*money back*) Rückvergütung, Rückzahlung *f*.

rebel ['rebl] **I** *n* Rebell(in *f*), Aufrührer(in *f*) *m*; (*by nature*) Rebell *m*. **II** *adj attr* rebellisch; *forces*, *troops also* aufständisch. **III** [rɪˈbel] *vi* rebellieren; (*troops*, *forces also*) sich erheben.

rebellion [rɪˈbeljən] *n* Rebellion *f*, Aufstand *m*. **to rise** (**up**) **in** ~ einen Aufstand machen, sich erheben.

rebellious [rɪˈbeljəs] *adj soldiers*, *peasants etc* rebellisch, aufrührerisch; *child*, *nature* rebellisch, widerspenstig.

rebelliousness [rɪˈbeljəsnɪs] *n* (*of troops*, *subordinates etc*) Rebellion *f*; (*nature*, *of child etc*) Widerspenstigkeit *f*.

rebirth [ˌriːˈbɜːθ] *n* Wiedergeburt *f*; (*of desire*) Wiederaufflackern *nt*.

rebore [ˌriːˈbɔːr] **I** *vt* wieder bohren; *hole* noch einmal bohren; (*Aut*) *engine* ausbohren. **II** ['riːbɔːr] *n* (*Aut*) **this engine needs a** ~ der Motor muß ausgebohrt werden.

reborn [ˌriːˈbɔːn] *adj* **to be** ~ wiedergeboren werden; **to be** ~ **in** (*fig*) weiterleben in (+ *dat*); **to feel** ~ sich wie neugeboren fühlen.

rebound [rɪˈbaʊnd] **I** *vi* (*ball*, *bullet*) zurückprallen, abprallen (*against*, *off* von). **your violent methods will** ~ (**on you**) Ihre rauhen Methoden werden auf Sie zurückfallen.

II ['riːbaʊnd] *n* (*of ball*, *bullet*) Rückprall *m*. **to hit a ball on the** ~ den zurück- *or* abgeprallten Ball schlagen; **she married him on the** ~ sie heiratete ihn, um sich über einen anderen hinwegzutrösten.

rebuff [rɪˈbʌf] **I** *n* Abfuhr *f*, kurze Zurückweisung. **to meet with a** ~ zurück- *or* abgewiesen werden, eine Abfuhr bekommen; (*from opposite sex*) einen Korb bekommen (*inf*). **II** *vt* zurückweisen *or* abweisen; einen Korb geben (+ *dat*) (*inf*).

rebuild [ˌriːˈbɪld] *vt irreg* **1.** (*restore*) *house*, *wall* wieder aufbauen; (*fig*) *society*, *relationship* wiederherstellen; *country* wiederaufbauen. **2.** (*convert*) *house* umbauen; *society* umorganisieren.

rebuilding [ˌriːˈbɪldɪŋ] n see vt Wiederaufbau m; Wiederherstellung f; Umbau m; Umorganisation f.

rebuke [rɪˈbjuːk] I n Verweis, Tadel m. II vt zurechtweisen (for wegen), tadeln (for für). to ~ sb for having spoken unkindly jdn für seine unfreundlichen Worte tadeln.

rebukingly [rɪˈbjuːkɪŋlɪ] adv tadelnd.

rebus [ˈriːbəs] n Bilderrätsel nt.

rebut [rɪˈbʌt] vt argument etc widerlegen.

rebuttal [rɪˈbʌtl] n Widerlegung f.

recalcitrance [rɪˈkælsɪtrəns] n Aufsässigkeit f.

recalcitrant [rɪˈkælsɪtrənt] adj aufsässig.

recall [rɪˈkɔːl] I vt 1. (summon back) zurückrufen; ambassador also abberufen; library book zurückfordern; (Fin) capital zurückfordern, einziehen. to ~ sb to life jdn ins Leben zurückrufen.
    2. (remember) sich erinnern an (+acc), sich entsinnen (+gen). I cannot ~ meeting him ich kann mich nicht daran erinnern, daß ich ihn kennengelernt habe.
    II n 1. see vt 1. Rückruf m; Abberufung f; Rückforderung, Einmahnung f; Einzug m. to sound the ~ (Mil) zum Rückzug blasen; beyond or past ~ für immer vorbei.
    2. (remembrance) powers of ~ Erinnerungsvermögen nt.

recant [rɪˈkænt] I vt religious belief widerrufen; statement also zurücknehmen. to ~ one's opinion seiner Meinung abschwören. II vi widerrufen.

recantation [ˌriːkænˈteɪʃən] n see vt Widerruf m; Zurücknahme f.

recap¹ [ˈriːkæp] (inf) I n kurze Zusammenfassung. can we have a quick ~? können wir kurz rekapitulieren? II vti rekapitulieren, kurz zusammenfassen.

recap² [ˌriːˈkæp] (US Aut) I n laufflächenerneuerter Reifen. II vt die Laufflächen erneuern von.

recapitulate [ˌriːkəˈpɪtjʊleɪt] I vt rekapitulieren, kurz zusammenfassen; (Mus) theme wiederaufnehmen. II vi rekapitulieren, kurz zusammenfassen; (Mus) eine Reprise bringen.

recapitulation [ˈriːkəˌpɪtjʊˈleɪʃən] n Rekapitulation f, kurze Zusammenfassung; (Mus) Reprise f.

recapture [ˌriːˈkæptʃəʳ] I vt animal wieder einfangen; prisoner wiederergreifen; town, territory wiedererobern; (fig) atmosphere etc wieder wachwerden lassen. they ~d the spark that had originally united them sie entzündeten den Funken, der einst da war, noch einmal.
    II n see vt Wiedereinfangen nt; Wiederergreifung f; Wiedereroberung f; Heraufbeschwörung f.

recast [ˌriːˈkɑːst] I vt irreg 1. (Metal) neu gießen, umgießen. 2. play, film eine neue Besetzung wählen für; parts, roles umbesetzen, neu besetzen. 3. (rewrite) umformen. II n (Metal) Neuguß, Umguß m.

recede [rɪˈsiːd] vi 1. (tide) zurückgehen; (fig) sich entfernen. to ~ into the distance in der Ferne verschwinden; all hope is receding jegliche Hoffnung schwindet.
    2. his chin ~s a bit er hat ein leicht

fliehendes Kinn; his hair is receding er hat eine leichte Stirnglatze; see also receding.
    3. (price) zurückgehen.
    4. to ~ from opinion, view etc abgehen von, aufgeben.

receding [rɪˈsiːdɪŋ] adj chin, forehead fliehend; hairline zurückweichend.

receipt [rɪˈsiːt] I n 1. no pl Empfang m; (Comm also) Erhalt, Eingang m. to acknowledge ~ of sth den Empfang etc einer Sache (gen) bestätigen; on ~ of your remittance/the goods, we shall be pleased to ... nach Empfang etc Ihrer Zahlung/der Waren, werden wir gerne ...; to pay on ~ (of the goods) bei Empfang etc (der Waren) bezahlen; I am in ~ of (on letter) ich bin im Besitz (+gen).
    2. (paper) Quittung f, Beleg m; (for parcel, letter also) Empfangsschein m; (~ of posting) Einlieferungsschein m.
    3. (Comm, Fin: money taken) ~s Einnahmen, Einkünfte pl.
    II vt bill quittieren.

receivable [rɪˈsiːvəbl] adj (Jur) zulässig. accounts/bills ~ (Comm) Außenstände pl/Wechselforderungen pl.

receive [rɪˈsiːv] I vt 1. (get) bekommen, erhalten; (take possession or delivery of) letter, present, salary, orders etc also empfangen; punch (ab)bekommen; refusal, setback erfahren; impression gewinnen, bekommen; recognition finden; (Jur) stolen goods hehlen; (Tennis) ball, service zurückschlagen; sacrament empfangen. "~d with thanks" (Comm) „dankend erhalten".
    2. (welcome) person empfangen; (into group, the Church) aufnehmen; offer, proposal, news aufnehmen.
    3. (Telec, Rad, TV) empfangen. are you receiving me? hören Sie mich?
    II vi 1. (form) (Besuch) empfangen.
    2. (Jur) Hehlerei treiben.
    3. (Tennis) rückschlagen. Borg to ~ Rückschläger Borg.
    4. (Telec) empfangen.

received [rɪˈsiːvd] adj: ~ opinion die allgemeine Meinung; ~ pronunciation hochsprachliche Aussprache.

receiver [rɪˈsiːvəʳ] n 1. (of letter, goods) Empfänger(in f) m; (Jur: of stolen property) Hehler(in f) m. 2. (Fin, Jur) official ~ Konkursverwalter m. 3. (Telec) Hörer m. ~ rest Gabel f. 4. (Rad) Empfänger m. 5. (Tennis) Rückschläger m.

receiving [rɪˈsiːvɪŋ] n (Jur: of stolen goods) Hehlerei f.

receiving end (inf): to be on the ~ (of it)/of sth derjenige sein, der es/etw abkriegt (inf); receiving set n Empfangsgerät nt.

recency [ˈriːsənsɪ] n Neuheit f.

recension [rɪˈsenʃən] n Rezension f.

recent [ˈriːsənt] adj kürzlich (usu adv); event, development, closure jüngste(r, s), neueste(r, s); news neueste(r, s), letzte(r, s); acquaintance, invention, edition, addition neu; publication Neu-. the ~ improvement die vor kurzem eingetretene Verbesserung; their ~ loss ihr vor kurzem erlittener Verlust; a ~ decision eine Entscheidung, die erst vor kurzem gefallen ist; most ~ neueste(r, s); he is a ~ ac-

quaintance of mine ich kenne ihn erst seit kurzem; **he is a ~ arrival** er ist erst vor kurzem angekommen, er ist erst kurz hier; **in ~ years/times** in den letzten Jahren/in letzter *or* jüngster (*geh*) Zeit; **of ~ date** neueren Datums; **~ developments** jüngste Entwicklungen, Entwicklungen in jüngster Zeit.

recently ['ri:sntlɪ] *adv* (*a short while ago*) vor kurzem, kürzlich; (*the other day also*) neulich; (*during the last few days or weeks*) in letzter Zeit. **~ he has been doing it differently** seit kurzem macht er das anders; **as ~ as** erst; **quite ~** erst vor kurzem, erst kürzlich; **until** (**quite**) **~** (noch) bis vor kurzem.

receptacle [rɪ'septəkl] *n* Behälter *m*.

reception [rɪ'sepʃən] *n* **1.** *no pl* (*receiving, welcome*) (*of person*) Empfang *m*; (*into group, of play, book etc*) Aufnahme *f*. **to give sb a warm/chilly ~** jdm einen herzlichen/ kühlen Empfang bereiten, jdn herzlich/kühl empfangen; **~ area/camp/ centre** Empfangsbereich *m*/ Aufnahmelager *nt*/ Durchgangslager *nt*; **~ desk** Empfang *m*, Rezeption *f*; **~ room** Wohnzimmer *nt*; (*in hotel*) Aufenthaltsraum *m*.
2. (*party, ceremony*) Empfang *m*.
3. (*in hotel etc*) der Empfang. **at/to ~** am/zum Empfang.
4. (*Rad, TV*) Empfang *m*.
5. (*Brit Sch: also ~ class*) Anfängerklasse *f*.

receptionist [rɪ'sepʃənɪst] *n* (*in hotel*) Empfangschef *m*, Empfangsdame *f*; (*with firm*) Herr *m*/Dame *f* am Empfang, Portier *m*, Empfangssekretärin *f*; (*at airport*) Bodenhostess *f*; (*at doctor's, dentist's etc*) Sprechstundenhilfe *f*.

receptive [rɪ'septɪv] *adj person, mind* aufnahmefähig; *audience* empfänglich. **~ to** empfänglich für.

receptiveness [rɪ'septɪvnɪs] *n see adj* Aufnahmefähigkeit *f*; Empfänglichkeit *f*. **~ to** Empfänglichkeit *f* für.

receptor [rɪ'septə^r] *n* (*nerve*) Reizempfänger, Rezeptor *m*.

recess [rɪ'ses] *n* **1.** (*cessation*) (*of Parliament*) (Sitzungs)pause *f*; (*of lawcourts*) Ferien *pl*; (*US Sch*) Pause *f*.
2. (*alcove*) Nische *f*.
3. (*secret place*) Winkel *m*. **in the** (**deepest**) **~es of my heart** in den (tiefsten) Tiefen meines Herzens.
II *vt* (*set back*) in eine/die Nische stellen; *cupboard, cooker* einbauen; *windows* vertiefen; *lighting* versenken; (*make a ~ in*) *wall etc* eine Nische machen in (+*acc*), vertiefen.

recession [rɪ'seʃən] *n* **1.** *no pl* (*receding*) Zurückweichen *n*, Rückgang *m*; (*Eccl*) Auszug *m*.
2. (*Econ*) Rezession *f*, (wirtschaftlicher) Rückgang.

recessional [rɪ'seʃənl] (*Eccl*) **I** *n* während des Auszugs gesungene Schlußhymne. **II** *adj hymn* Schluß-.

recessive [rɪ'sesɪv] *adj* zurückweichend; (*Econ, Biol*) rezessiv.

recharge [ˌri:'tʃɑ:dʒ] *vt battery* aufladen; *gun* neu *or* wieder laden, nachladen.

recheck [ˌri:'tʃek] *vt* nochmals prüfen.

recherché [rə'ʃeəʃeɪ] *adj* gewählt; *book, subject* ausgefallen; *expression* gesucht.

rechristen [ˌri:'krɪsən] *vt* umtaufen.

recidivism [rɪ'sɪdɪvɪzəm] *n* Rückfälligkeit *f*.

recidivist [rɪ'sɪdɪvɪst] **I** *n* Rückfällige(r) *mf*.
II *adj* rückfällig.

recipe ['resɪpɪ] *n* Rezept *nt*; (*fig also*) Geheimnis *nt*. **an easy ~ for ...** (*fig*) ein Patentrezept für ...

recipient [rɪ'sɪpɪənt] *n* Empfänger(in *f*) *m*.

reciprocal [rɪ'sɪprəkəl] **I** *adj* (*mutual*) gegenseitig; *favour* Gegen-; (*Gram, Math*) reziprok. **the ~ relationship between these two phenomena** die Wechselbeziehung zwischen diesen zwei Phänomenen; **~ trade** Handel untereinander.
II *n* (*Math*) reziproker Wert.

reciprocally [rɪ'sɪprəkəlɪ] *adv admire, help* gegenseitig; *trade, correspond* untereinander, miteinander; (*Gram*) reziprok.

reciprocate [rɪ'sɪprəkeɪt] **I** *vt* **1.** *smiles, wishes* erwidern; *help, kindness also* sich revanchieren für.
2. (*Tech*) hin- und herbewegen; *piston* auf- und abbewegen.
II *vi* **1.** sich revanchieren. **she ~d by throwing the saucepan at him** sie wiederum warf ihm den Topf nach.
2. (*Tech*) hin- und hergehen; (*piston*) auf- und abgehen. **reciprocating engine** Kolbenmotor *m*.

reciprocation [rɪˌsɪprə'keɪʃən] *n* **1.** (*of help, kindness*) Erwiderung *f* (*of gen*), Revanche *f* (*of* für). **2.** (*Tech*) Hin und Her *nt*; (*of pistons*) Auf und Ab *nt*.

reciprocity [ˌresɪ'prosɪtɪ] *n* (*of feelings, kindness etc*) Gegenseitigkeit *f*; (*of favours*) Austausch *m*; (*Pol*) Gegenseitigkeit, Reziprozität (*form*) *f*.

recital [rɪ'saɪtl] *n* **1.** (*of music, poetry*) Vortrag *m*; (*piano ~ etc*) Konzert *nt*. **song ~** Matinee *f*, Liederabend *m*. **2.** (*account*) Schilderung *f*; (*of details*) Aufführung, Aufzählung *f*.

recitation [ˌresɪ'teɪʃən] *n* Vortrag *m*.

recitative [ˌresɪtə'ti:v] *n* Rezitativ *nt*.

recite [rɪ'saɪt] **I** *vt* **1.** *poetry* vortragen, rezitieren. **2.** *facts* hersagen; *details* aufzählen. **II** *vi* vortragen, rezitieren.

reckless ['reklɪs] *adj* leichtsinnig; *driver, driving* rücksichtslos; *speed* gefährlich; *attempt* gewagt.

recklessly ['reklɪslɪ] *adv see adj*.

recklessness ['reklɪsnɪs] *n see adj* Leichtsinn *m*; Rücksichtslosigkeit *f*; Gefährlichkeit *f*; Gewagtheit *f*.

reckon ['rekən] **I** *vt* **1.** (*calculate*) *time, numbers, points, costs, area* ausrechnen, berechnen.
2. (*judge*) rechnen, zählen (*among* zu). **she is ~ed a beautiful woman** sie gilt als schöne Frau.
3. (*think, suppose*) glauben; (*estimate*) schätzen. **what do you ~?** was meinen Sie?; **he ~s himself to be one of the great golf players** er hält sich für einen der größten Golfspieler.
4. (*sl*) (*like*) gutfinden (*inf*); (*think likely to succeed*) große Chancen geben (+ *dat*).
II *vi* (*calculate*) rechnen. **it's difficult to**

~ (*eg how far/long etc*) das ist schwer zu schätzen.

◆**reckon in** *vt sep* mitrechnen, einrechnen.

◆**reckon on** *vi +prep obj* rechnen *or* zählen auf (+*acc*). **you can** ~ ~ **30** Sie können mit 30 rechnen; **I wasn't ~ing ~ having to do that** ich habe nicht damit gerechnet, daß ich das tun muß.

◆**reckon up I** *vt sep* zusammenrechnen. **II** *vi* abrechnen (*with* mit).

◆**reckon with** *vi +prep obj* rechnen mit. **he's a person to be ~ed ~** er ist nicht zu unterschätzen.

◆**reckon without** *vi +prep obj* nicht rechnen mit. **he ~ed ~ the fact that ...** er hatte nicht damit gerechnet, daß ...; **you must ~ ~ my being there to help you** du mußt damit rechnen, daß ich nicht da bin (, um dir zu helfen).

reckoner [ˈrekənəʳ] *n see* **ready** ~.

reckoning [ˈrekənɪŋ] *n* **1.** (*calculation*) (Be)rechnung *f*. **to be out in one's** ~ sich ziemlich verrechnet haben; **the day of** ~ der Tag der Abrechnung; **in your** ~ Ihrer Meinung *or* Schätzung nach. **2.** (*Naut*) *see* **dead** ~.

reclaim [rɪˈkleɪm] **I** *vt* **1.** *land* gewinnen; (*with manure etc*) kultivieren. **to** ~ **land from the sea** dem Meer Land abringen. **2.** (*liter*) *person* abbringen (*from* von). **3.** (*from waste*) wiedergewinnen, regenerieren (*from* aus). **4.** (*demand or ask back*) *rights, privileges* zurückverlangen; *lost item, baggage* abholen.

II *n* **1.** *past or beyond* ~ rettungslos *or* für immer verloren. **2.** *baggage or luggage* ~ Gepäckausgabe *f*.

reclaimable [rɪˈkleɪməbl] *adj land* nutzbar; *by-products* regenerierbar.

reclamation [ˌreklәˈmeɪʃən] *n see vt* **1.** Gewinnung *f*; Kultivierung *f*. **2.** Abbringung *f*. **3.** Wiedergewinnung, Regeneration *f*. **4.** (Rück)gewinnung *f*.

recline [rɪˈklaɪn] **I** *vt arm* zurücklegen (*on* auf +*acc*); *head also* zurücklehnen (*on* an +*acc*); *seat* zurückstellen.

II *vi* (*person*) zurückliegen; (*seat*) sich verstellen lassen. **she was reclining on the sofa** sie ruhte auf dem Sofa; **reclining in his bath** im Bade liegend; **reclining chair** Ruhesessel *m*; **reclining seat** verstellbarer Sitz; (*in car, on boat*) Liegesitz *m*; **reclining figure** (*Art*) Liegende(r) *mf*.

recliner [rɪˈklaɪnəʳ] *n* Ruhesessel *m*.

recluse [rɪˈkluːs] *n* Einsiedler(in *f*) *m*.

recognition [ˌrekəgˈnɪʃən] *n* **1.** (*acknowledgement, Pol*) Anerkennung *f*. **in** ~ **of** in Anerkennung (+*gen*); **by** *or* **on your own** ~ wie Sie selbst zugeben; **to gain/receive** ~ Anerkennung finden. **2.** (*identification*) Erkennen *nt*. **the baby's** ~ **of its mother's voice** daß das Baby die Stimme seiner Mutter erkennt/ erkannte; **he has changed beyond** *or* **out of all** ~ er ist nicht wiederzuerkennen. **Poland is no longer** ~ **as the country I knew in 1940** Polen ist nicht mehr das Land, das ich 1940 kannte.

recognizance [rɪˈkɒɡnɪzəns] *n* (*Jur*) Verpflichtung *f*; (*for debt*) Anerkenntnis *f*; (*sum of money*) Sicherheitsleistung *f*. **to enter into** ~ (**for sb**) für jdn Kaution stellen.

recognize [ˈrekəgnaɪz] *vt* **1.** (*know again*) *person, voice, face, voice etc* wiedererkennen; (*identify*) erkennen (*by an* +*dat*). **you wouldn't** ~ **him/the house** *etc* Sie würden ihn/das Haus *etc* nicht wiedererkennen; **do you** ~ **this tune?** erkennen Sie die Melodie?

2. (*acknowledge, Pol*) anerkennen (*as, to be* als). **she doesn't** ~ **me any more when she goes past** sie kennt mich nicht mehr, wenn sie mich trifft; **he doesn't even** ~ **my existence** er nimmt mich nicht einmal zur Kenntnis.

3. (*be aware*) erkennen; (*be prepared to admit*) zugeben, eingestehen. **you must** ~ **what is necessary** Sie müssen erkennen, was notwendig ist.

4. (*US: let speak*) das Wort erteilen (+ *dat, an* +*acc*).

recognized [ˈrekəgnaɪzd] *adj* anerkannt.

recoil [rɪˈkɔɪl] **I** *vi* **1.** (*person*) (*from* vor +*dat*) zurückweichen; (*in fear*) zurückschrecken; (*in disgust*) zurückschaudern. **2.** (*gun*) zurückstoßen; (*spring*) zurückschnellen.

3. (*fig: actions*) **to** ~ **on sb** auf jdn zurückfallen, sich an jdm rächen.

II [ˈriːkɔɪl] *n* (*of gun*) Rückstoß *m*; (*of spring*) Zurückschnellen *nt no pl*.

recollect [ˌrekəˈlekt] **I** *vt* sich erinnern an (+*acc*), sich entsinnen (+*gen*). **II** *vi* sich erinnern, sich entsinnen. **as far as I can** ~ soweit ich mich erinnern kann.

recollection [ˌrekəˈlekʃən] *n* (*memory*) Erinnerung *f* (*of an* +*acc*). **to the best of my** ~ soweit ich mich erinnern kann; **I have some/no** ~ **of** it ich kann mich schwach/nicht daran erinnern.

recommence [ˌriːkəˈmens] *vti* wiederbeginnen.

recommend [ˌrekəˈmend] *vt* **1.** empfehlen (*as* als). **to** ~ **sb for a job** jdn für eine Stelle empfehlen; **what do you** ~ **for (curing) a cough?** was empfehlen *or* raten Sie gegen Husten?; **to** ~ **sb sth** *or* **sth to sb** jdm etw empfehlen; **it is not to be ~ed** es ist nicht zu empfehlen; **~ed price** empfohlener Richtpreis; **~ed speed** Richtgeschwindigkeit *f*.

2. (*make acceptable*) sprechen für. **she has much/little to** ~ **her** es spricht sehr viel/wenig für sie; **his manners do little to** ~ **him** seine Manieren sind nicht gerade eine Empfehlung für ihn.

3. (*old, liter: entrust*) *child, one's soul* empfehlen (*to sb* jdm).

recommendable [ˌrekəˈmendəbl] *adj* empfehlenswert; *course of action, measures also* ratsam.

recommendation [ˌrekəmenˈdeɪʃən] *n* Empfehlung *f*. **on the** ~ **of** auf Empfehlung von; **to make a** ~ jemanden/etwas empfehlen; **letter of** ~ Empfehlung(sschreiben *nt*) *f*.

recommendatory [ˌrekəˈmendətərɪ] *adj* empfehlend.

recompense ['rekəmpens] **I** n **1.** (reward)
Belohnung f. **as a ~** als or zur Belohnung;
in ~ for als Belohnung für.
2. (Jur, fig) Entschädigung f; (of loss)
Wiedergutmachung f.
II vt **1.** (reward) belohnen.
2. (Jur, fig: repay) person ent-
schädigen; damage, loss wiedergut-
machen.

recompose [ˌriːkəm'pəuz] vt **1.** (rewrite)
umschreiben; (Mus also) umkom-
ponieren. **2.** (calm) **to ~ oneself** sich
wieder beruhigen.

reconcilable ['rekənsaɪləbl] adj people ver-
söhnbar; ideas, opinions miteinander
vereinbar.

reconcile ['rekənsaɪl] vt **1.** people versöh-
nen, aussöhnen; differences beilegen; dis-
pute schlichten. **they became** or **were ~d**
sie versöhnten sich, sie söhnten sich aus.
2. (make compatible) facts, ideas,
theories, principles miteinander in Ein-
klang bringen, miteinander vereinbaren.
to ~ sth with sth etw mit etw in Einklang
bringen, etw mit etw vereinbaren; **how do
you ~ that with the fact that you said no
last week?** wie läßt sich das damit verein-
baren, daß Sie letzte Woche nein gesagt
haben?
3. (make accept) **to ~ sb to sth** jdn mit
etw versöhnen; **to ~ oneself to sth, to
become ~d to sth** sich mit etw abfinden.

reconciliation [ˌrekənsɪlɪ'eɪʃən] n (of per-
sons) Versöhnung, Aussöhnung f; (of
opinions, principles) Vereinbarung, Ver-
söhnung (esp Philos) f; (of differences)
Beilegung f.

recondite [rɪ'kɒndaɪt] adj abstrus.

recondition [ˌriːkən'dɪʃən] vt generalüber-
holen. **~ed engine** Austauschmotor m.

reconnaissance [rɪ'kɒnɪsəns] n (Aviat,
Mil) Aufklärung f. **~ plane** Aufklärer m,
Aufklärungsflugzeug nt; **~ flight/patrol**
Aufklärungsflug m/Spähtrupp m; **to be on
~** bei einem Aufklärungseinsatz sein.

reconnoitre, (US) **reconnoiter** [ˌrekə'nɔɪtər]
I vt (Aviat, Mil) region auskundschaften,
erkunden, aufklären. **II** vi das Gelände
erkunden or aufklären.

reconquer [ˌriː'kɒŋkər] vt town, territory
zurückerobern; enemy erneut besiegen.

reconquest [ˌriː'kɒŋkwest] n see vt
Zurückeroberung f; erneuter Sieg (of über
+acc).

reconsider [ˌriːkən'sɪdər] **I** vt decision,
judgement noch einmal überdenken;
(change) revidieren; facts neu erwägen;
(Jur) case wiederaufnehmen. **I have ~ed
my decision** ich habe es mir noch einmal
überlegt.
II vi ask him to ~ sagen Sie ihm, er soll es
sich (dat) noch einmal überlegen; **there's
still time to ~** es ist noch nicht zu spät, seine
Meinung zu ändern or es sich anders zu
überlegen.

reconsideration ['riːkənˌsɪdə'reɪʃən] n see
vt Überdenken nt; Revision f; erneute Er-
wägung; Wiederaufnahme f. **following his
~** da er es sich (dat) anders überlegt hat/
hatte.

reconstitute [ˌriː'kɒnstɪtjuːt] vt **1.** assembly,
committee neu einrichten, rekonstituieren

(form); (reconstruct) wiederherstellen.
2. food aus einem Konzentrat zubereiten;
solution in Wasser auflösen.

reconstitution ['riːˌkɒnstɪ'tjuːʃən] n see vt
1. Rekonstitution f (form); Wiederher-
stellung f. **2.** Zubereitung f aus einem Kon-
zentrat; Auflösen nt in Wasser.

reconstruct [ˌriːkən'strʌkt] vt rekon-
struieren; cities wiederaufbauen; building
wieder aufbauen. **to ~ one's life** (im
Leben) noch einmal von vorn anfangen.

reconstruction [ˌriːkən'strʌkʃən] n see vt
Rekonstruktion f; Wiederaufbau m.

record [rɪ'kɔːd] **I** vt **1.** facts, story, events
(diarist, person) aufzeichnen; (documents,
diary etc) dokumentieren; (in register)
eintragen; (keep minutes of)
protokollieren; one's thoughts, feelings etc
festhalten, niederschreiben; protest,
disapproval zum Ausdruck bringen. **these
facts are not ~ed anywhere** diese Tat-
sachen sind nirgends festgehalten; **to ~
one's vote** seine Stimme abgeben; **his
speech as ~ed in the newspapers** seine
Rede, wie sie in den Zeitungen wieder-
gegeben wurde; **history/the author ~s that
...** es ist geschichtlich dokumentiert/der
Verfasser berichtet, daß ...
2. (thermometer, meter etc) verzeich-
nen, registrieren; (needle) aufzeichnen,
registrieren; (pen needle) aufzeichnen.
3. (on tape, cassette etc) music, person
aufnehmen; programme, speech also auf-
zeichnen.
II vi (Tonband)aufnahmen machen. **he
is ~ing at 5 o'clock** er hat um 5 Uhr eine
Aufnahme; **his voice does not ~ well** seine
Stimme läßt sich nicht gut aufnehmen; **the
tape-recorder won't ~** man kann mit dem
Tonbandgerät nicht aufnehmen.
III ['rekɔːd] n **1.** (account) Aufzeich-
nung f; (of attendance) Liste f; (of
meeting) Protokoll nt; (official document)
Unterlage, Akte f; (lit, fig: of the past, of
civilization) Dokument nt. **(public) ~s** im
Staatsarchiv gelagerte Urkunden; **a
photographic ~** eine Bilddokumentation;
to keep a ~ of sth über etw (acc) Buch füh-
ren; (official, registrar) etw registrieren;
(historian, chronicler) etw aufzeichnen; **to
keep a personal ~ of sth** sich (dat) etw
notieren; **it is on ~ that ...** es gibt Belege
dafür, daß ...; (in files) es ist aktenkundig,
daß ...; **there is no similar example on ~** es
ist kein ähnliches Beispiel bekannt; **I'm
prepared to go on ~ as saying that ...** ich
stehe zu der Behauptung, daß ...; **he's
on ~ as having said ...** es ist belegt, daß er
gesagt hat, ...; **last night the PM went on ~
as saying ...** gestern abend hat sich der
Premier dahingehend festgelegt, daß ...;
to put sth on ~ etw schriftlich festhalten;
to put or **set the ~ straight** für klare
Verhältnisse sorgen; **for the ~** der
Ordnung halber; (for the minutes) zur
Mitschrift; **this is strictly off the ~** dies
ist nur inoffiziell; **(strictly) off the ~ he
did come** ganz im Vertrauen: er ist doch
gekommen.
2. (police ~) Vorstrafen pl. **~s** (files)
Strafregister nt; **he's got a ~** er ist
vorbestraft; **he's got a clean ~, he hasn't**

got a ~ er ist nicht vorbestraft; **to keep one's ~ clean** sich (*dat*) nichts zuschulden kommen lassen. **3.** (*history*) Vorgeschichte *f*; (*achievements*) Leistungen *pl*. **to have an excellent ~** ausgezeichnete Leistungen vorweisen können; **the applicant with the best ~** der Bewerber mit den besten Voraussetzungen; **with a ~ like yours you should be able to handle this job** mit den Leistungen, die Sie vorzuweisen haben, *or* mit Ihren Voraussetzungen müßten Sie sich in dieser Stelle leicht zurechtfinden; **he has a good ~ of service** er ist ein verdienter Mitarbeiter; **service ~** (*Mil*) militärisches Führungszeugnis; **his attendance ~ is bad** er fehlt oft; **to have a good ~ at school** ein guter Schüler sein; **to have a good safety ~** in bezug auf Sicherheit einen guten Ruf haben; **to have a dubious ~ as far as sth is concerned** in bezug auf etw (*acc*) einen zweifelhaften Ruf haben; **he's got quite a ~** (*has done bad things*) er hat so einiges auf dem Kerbholz; **to spoil one's ~** es sich (*dat*) verderben, sich (*dat*) ein Minus einhandeln (*inf*); **I've been looking at your ~, Jones** ich habe mir Ihre Akte angesehen, Jones.
4. (*Mus*) (Schall)platte *f*; (~*ing*) (*of voice, music etc*) Aufnahme *f*; (*of programme, speech*) Aufzeichnung, Aufnahme *f*. **to make** *or* **cut a ~** eine Schallplatte machen.
5. (*Sport, fig*) Rekord *m*. **to beat** *or* **break the ~** den Rekord brechen; **to hold the ~** den Rekord halten *or* innehaben; **long-jump ~** Weitsprungrekord, Rekord im Weitsprung; **a ~ amount/time** ein Rekordbetrag *m*/eine Rekordzeit.
6. (*on seismograph etc*) Aufzeichnung, Registrierung *f*.

record [ˈrekɔːd]: **record album** *n* Plattenalbum *nt*; **record breaker** *n* (*Sport*) Rekordbrecher(in *f*) *m*; **record-breaking** *adj* (*Sport, fig*) rekordbrechend, Rekord-; **record changer** *n* Plattenwechsler *m*.

recorded [rɪˈkɔːdɪd] *adj* **1.** *music, programme* aufgezeichnet. **by ~ delivery** *or* **post** (*Brit*) per Einschreiben. **2.** *fact, occurrence* schriftlich belegt. **in all ~ history** seit unserer Geschichtsschreibung.

recorder [rɪˈkɔːdəʳ] *n* **1.** (*apparatus*) Registriergerät *nt*. **cassette/tape ~** Kassettenrekorder *m*/Tonbandgerät *nt*. **2.** (*Mus*) Blockflöte *f*. **3.** (*of official facts*) Berichterstatter *m*; (*historian*) Chronist *m*. **4.** (*Brit Jur*) nebenher als Richter tätiger Rechtsanwalt.

record holder *n* (*Sport*) Rekordhalter(in *f*) *or* -inhaber(in *f*) *m*.

recording [rɪˈkɔːdɪŋ] *n* (*of sound*) Aufnahme *f*; (*of programme*) Aufzeichnung *f*.

recording artist *n* Musiker(in *f*) *m*, der/die Schallplattenaufnahmen macht; Plattensänger(in *f*) *m*; **recording session** *n* Aufnahme *f*; **recording studio** *n* Aufnahmestudio *nt*.

record [ˈrekɔːd]: **record library** *n* Plattenverleih *m*; (*collection*) Plattensammlung *f*; **record-player** *n* Plattenspieler *m*; **record token** *n* Plattengutschein *m*.

recount [rɪˈkaʊnt] *vt* (*relate*) erzählen, wiedergeben.

re-count [ˌriːˈkaʊnt] **I** *vt* nachzählen. **II** [ˈriːˌkaʊnt] *n* (*of votes*) Nachzählung *f*.

recoup [rɪˈkuːp] *vt* **1.** (*make good*) *money, amount* wieder hereinbekommen; *losses* wiedergutmachen, wettmachen. **2.** (*reimburse*) entschädigen. **to ~ oneself** sich entschädigen. **3.** (*Jur*) einbehalten.

recourse [rɪˈkɔːs] *n* Zuflucht *f*. **to have ~ to sb/sth** sich an jdn wenden/Zuflucht zu etw nehmen; **without ~ to his books** ohne seine Bücher zu konsultieren; **without ~** (*Fin*) ohne Regreß.

recover¹, re-cover [ˌriːˈkʌvəʳ] *vt chairs, pillow, umbrella* neu beziehen *or* überziehen; *book* neu einbinden.

recover² [rɪˈkʌvəʳ] **I** *vt sth lost* wiederfinden; *one's appetite, balance also* wiedergewinnen; *sth lent* zurückbekommen; *health* wiedererlangen; *goods, property, lost territory* zurückbekommen, zurückbekommen; *space capsule, wreck* bergen; (*Ind etc*) *materials* gewinnen; *debt* eintreiben, beitreiben; (*Jur*) *damages* Ersatz erhalten für; *losses* wiedergutmachen; *expenses* decken, wieder einholen. **to ~ one's strength** wieder zu Kräften kommen; **to ~ consciousness** wieder zu Bewußtsein kommen *or* gelangen; **to ~ one's sight** wieder sehen können; **to ~ land from the sea** dem Meer Land abringen; **to ~ lost ground** (*fig*) aufholen; **to ~ oneself** *or* **one's composure** sich wieder fassen, seine Fassung wiedererlangen; **to be quite ~ed** sich ganz erholt haben.
II *vi* **1.** (*after shock, accident etc, St Ex, Fin*) sich erholen; (*from illness also*) genesen (*geh*); (*from falling*) sich fangen; (*regain consciousness*) wieder zu sich kommen.
2. (*Jur*) (den Prozeß) gewinnen.

recoverable [rɪˈkʌvərəbl] *adj* (*Fin*) *debt* ein- *or* beitreibbar; *losses, damages* ersetzbar; *deposit* zurückzahlbar.

recovery [rɪˈkʌvərɪ] *n* **1.** *see vi* Wiederfinden *nt*; Wiedergewinnung *f*; Zurückbekommen *nt*; Wiedererlangung *f*; Zurückgewinnung *f*; Bergung *f*; Gewinnung *f*; Ein- *or* Beitreibung *f*; Ersatz *m* (*of* für); Wiedergutmachung *f*; Deckung *f*. **~ vehicle/service** Abschleppwagen *m*/-dienst *m*.
2. *see vi* Erholung *f*; Genesung *f* (*geh*); Zusichkommen *nt*; Prozeßgewinn *m*; (*Golf*) Schlag *m* vom Rauh zum Fairway. **to be on the road** *or* **way to ~** auf dem Weg der Besserung sein; **he is making a good ~** er erholt sich gut; **past ~** nicht mehr zu retten; **to make a ~** (*regain strength etc*) sich erholen; (*gymnast*) sich fangen.

recreant [ˈrekrɪənt] (*liter*) **I** *n* (*coward*) Memme *f*; (*traitor*) Verräter *m*. **II** *adj see n* memmenhaft; verräterisch.

recreate [ˌriːkrɪˈeɪt] *vt atmosphere* wiederschaffen; *scene* nachschaffen; *love, friendship etc* wiederbeleben.

recreation [ˌrekrɪˈeɪʃən] *n* **1.** (*leisure*) Erholung, Entspannung *f*; (*pastime*) Hobby *nt*. **~ centre** eine Freizeitzentrum *nt*; **~ facilities** Möglichkeiten *pl* zur Freizeitgestaltung; **~ period** Freistunde *f*; **~ room**

Freizeitraum *m*; ~ **ground** Spielplatz *m*.
2. (*Sch*) Pause *f*.

recreational [͵rekrɪ'eɪʃənəl] *adj* Freizeit-.

recreative ['rekrɪ͵eɪtɪv] *adj* erholsam, entspannend.

recriminate [rɪ'krɪmɪneɪt] *vi* Gegenbeschuldigungen vorbringen.

recrimination [rɪ͵krɪmɪ'neɪʃən] *n* Gegenbeschuldigung *f*; (*Jur*) Gegenklage *f*. **there's no point in all these ~s** es hat keinen Sinn, sich gegenseitig zu beschuldigen.

recrudesce [͵riːkruː'des] *vi* (*form*) (*wound*) wieder aufbrechen; (*illness*) wieder ausbrechen; (*problems*) wieder beginnen.

recruit [rɪ'kruːt] **I** *n* (*Mil*) Rekrut *m* (*to gen*); (*to party, club*) neues Mitglied (*to in* +*dat*); (*to staff*) Neue(r) *mf* (*to in* +*dat*).
II *vt soldier* rekrutieren; *member* werben; *staff* einstellen, anstellen. **to be ~ed from** (*member, staff*) sich rekrutieren aus; **he ~ed me to help** er hat mich dazu herangezogen.
III *vi see vt* Rekruten ausheben *or* anwerben; Mitglieder werben; neue Leute einstellen.

recruiting [rɪ'kruːtɪŋ] *n see vt* Rekrutierung *f*; Werben *nt*; Einstellung *f*. ~ **office** (*Mil*) Rekrutierungsbüro *nt*; ~ **officer** *Aushebungsoffizier, Werbeoffizier* (*Hist*) *m*.

recruitment [rɪ'kruːtmənt] *n* (*of soldiers*) Rekrutierung, Aushebung *f*; (*of members*) Werbung *f*; (*of staff*) Einstellung *f*. ~ **drive** Anwerbungskampagne *f*.

recta ['rektə] *pl of* **rectum**.

rectal ['rektəl] *adj* rektal (*spec*), des Mastdarms. ~ **passage** Mastdarm *m*.

rectangle ['rek͵tæŋgl] *n* Rechteck *nt*.

rectangular [rek'tæŋgjʊləʳ] *adj* rechteckig; *coordinates* rechtwinklig.

rectifiable ['rektɪfaɪəbl] *adj* **1.** korrigierbar; *instrument* richtig einstellbar; *omission* nachholbar; *abuse* abstellbar. **2.** (*Chem, Math*) rektifizierbar.

rectification [͵rektɪfɪ'keɪʃən] *n see vt* **1.** Korrektur, Verbesserung *f*; Richtigstellung, Berichtigung *f*; richtige Einstellung; Nachholen *nt*, Wiedergutmachung *f*; Abhilfe *f* (*of* für). **2.** Gleichrichtung *f*. **3.** Rektifikation *f*.

rectifier ['rektɪ͵faɪəʳ] *n* (*Elec*) Gleichrichter *m*.

rectify ['rektɪfaɪ] *vt* **1.** korrigieren, verbessern; *error, statement also* richtigstellen, berichtigen; *position, anomaly* korrigieren; *instrument* richtig einstellen, korrigieren; *omission* nachholen, wiedergutmachen; *abuse* abhelfen (+*dat*). **2.** (*Elec*) gleichrichten. **3.** (*Chem, Math*) rektifizieren.

rectilineal [͵rektɪ'lɪnɪəl], **rectilinear** [͵rektɪ'lɪnɪəʳ] *adj* geradlinig.

rectitude ['rektɪtjuːd] *n* Rechtschaffenheit *f*.

rector ['rektəʳ] *n* **1.** (*Rel*) Pfarrer *m* (*der Church of England*). **2.** (*Scot*) (*Sch*) Direktor(in *f*) *m*; (*Univ*) Rektor(in *f*) *m*.

rectorship ['rektəʃɪp] *n see rector* Zeit *f* als Pfarrer; Direktorat *nt*; Rektorat *nt*.

rectory ['rektərɪ] *n* (*house*) Pfarrhaus *nt*.

rectum ['rektəm] *n, pl* ~**s** *or* **recta** Rektum *nt* (*spec*), Mastdarm *m*.

recumbent [rɪ'kʌmbənt] *adj* (*form*) ruhend *attr*, liegend *attr*. **to be** ~ liegen.

recuperate [rɪ'kuː͵pəreɪt] **I** *vi* sich erholen; (*from illness also*) genesen (*geh*). **II** *vt losses* wettmachen, wiedergutmachen.

recuperation [rɪ͵kuːpə'reɪʃən] *n see vb* Erholung *f*; Genesung *f* (*geh*); Wiedergutmachung *f*. **after my** ~ nachdem ich mich erholt hatte/habe.

recuperative [rɪ'kuː͵pərətɪv] *adj* erholsam; *treatment* Heil-. **he has amazing** ~ **powers** er erholt sich erstaunlich schnell.

recur [rɪ'kɜːʳ] *vi* **1.** (*happen again*) wiederkehren; (*error also, event*) sich wiederholen; (*opportunity*) sich wieder bieten, sich noch einmal bieten; (*problem, symptoms also*) wieder auftreten; (*idea, theme also*) wieder auftauchen.
2. (*Math*) sich periodisch wiederholen; *see* **recurring**.
3. (*come to mind again*) wieder einfallen (*to sb* jdm); (*thought, idea*) wiederkommen (*to sb* jdm).

recurrence [rɪ'kʌrəns] *n see vi* Wiederkehr *f*; Wiederholung *f*; erneutes Auftreten; Wiederauftauchen *nt*. **let there be no** ~ **of this** das darf nie wieder vorkommen.

recurrent [rɪ'kʌrənt] *adj* **1.** idea, theme, illness, symptom(s) (ständig) wiederkehrend *attr*; *error, problem also* häufig (vorkommend); *event(s)* sich wiederholend *attr*; *expenses* regelmäßig wiederkehrend. **2.** (*Anat*) sich zurückziehend.

recurring [rɪ'kɜːrɪŋ] *adj attr* **1.** *see* **recurrent 1. 2.** (*Math*) ~ **decimal** periodische Dezimalzahl; **four point nine three** ~ vier Komma neun Periode drei.

recusant ['rekjuːzənt] *adj* (*Rel Hist*) der/die sich weigert, dem anglikanischen Gottesdienst beizuwohnen; (*fig liter*) renitent.

recycle [͵riː'saɪkl] *vt* wiederaufbereiten.

recycling [͵riː'saɪklɪŋ] *n* Wiederaufbereitung *f*, Recycling *nt*.

red [red] **I** *adj* (+*er*) (*also Pol*) rot. ~ **meat** Rind-/Lammfleisch *nt*; ~ **as a beetroot** rot wie eine Tomate; **was my face** ~! da habe ich vielleicht einen roten Kopf bekommen; **to see** ~ (*fig*) rot sehen.
II *n* (*colour*) Rot *nt*; (*Pol: person*) Rote(r) *mf*; (*Billiards*) Karambole *f*, roter Ball; (*Roulette*) Rot, Rouge *nt*. **to underline mistakes in** ~ Fehler rot unterstreichen; **to go through the lights on** ~ bei Rot über die Ampel fahren; **to be** (**£100**) **in the** ~ (*inf*) (mit £ 100) in den roten Zahlen sein; **to get out of the** ~ (*inf*) aus den roten Zahlen herauskommen.

red *in cpds* Rot-, rot; **red admiral** *n* Admiral *m*; **Red Army** *n* Rote Armee; **red-blooded** *adj* heißblütig; **redbreast** *n* Rotkehlchen *nt*; **red-brick university** *n* (*Brit*) neugebackene Universität (*inf*); **redcap** *n* (*Brit Mil sl*) Militärpolizist, MP *m*; (*US*) Gepäckträger *m*; (*Orn*) Stieglitz *m*; **red carpet** *n* (*lit, fig*) roter Teppich; **to roll out the** ~ **for sb, to give sb the** ~ **treatment** (*inf*) roten Teppich für jdn ausrollen, jdn mit großem Bahnhof empfangen; **red cedar** *n* Bleistiftzeder *f*, Virginischer Wacholder; **red cent** *n* (*US inf*) roter Heller (*inf*); **Red China** *n* Rotchina *nt*; **Red Crescent** *n* Roter

Halbmond; **Red Cross I** n Rotes Kreuz; **II** attr Rotkreuz-, Rote-Kreuz-; **redcurrant** n (rote) Johannisbeere; **red deer** n Rothirsch m; pl Rotwild nt.

redden ['redn̩] **I** vt röten; sky, foliage rot färben. **II** vi (face) sich röten; (person) rot werden; (sky, foliage) sich rot färben.

reddish ['redɪʃ] adj rötlich.

red duster n (Naut inf) see **red ensign.**

redecorate [ˌriːˈdekəreɪt] vti (paper) neu tapezieren; (paint) neu streichen. **we'll have to** ~ wir müssen das Haus/die Wohnung etc neu machen (inf).

redecoration [riːˌdekəˈreɪʃən] n see vb (action) Neutapezieren nt; Neustreichen nt; (result) neue Tapeten pl; neuer Anstrich.

redeem [rɪˈdiːm] vt pawned object, trading stamps, coupons, bill etc einlösen (for gegen); promise also, obligation einhalten, erfüllen; (Fin) debt abzahlen, löschen; mortgage tilgen, abzahlen; shares verkaufen; (US) banknote wechseln (for in +acc); one's honour, situation retten; (Rel) sinner erlösen; (compensate for) failing, fault wettmachen, ausgleichen. **to** ~ **oneself** sich reinwaschen.

redeemable [rɪˈdiːməbl] adj 1. debt tilgbar; pawned object, trading stamps, coupons, bill einlösbar. ~ **for · ash/goods** gegen Bargeld/Waren einzulösen. 2. (Rel) erlösbar.

Redeemer [rɪˈdiːmər] n (Rel) Erlöser, Retter, Heiland m.

redeeming [rɪˈdiːmɪŋ] adj quality ausgleichend. ~ **feature** aussöhnendes Moment; **the only** ~ **feature of this novel is ...** das einzige, was einen mit diesem Roman aussöhnt, ist ...

redemption [rɪˈdempʃən] n see vt Einlösung f; Einhaltung, Erfüllung f; Abzahlung, Löschung f; Tilgung f; Verkauf m; Wechsel m; Rettung f; (Rel) Erlösung f; Ausgleich m. **beyond** or **past** ~ (fig) (object) nicht mehr zu retten; (situation, person) rettungslos verloren; ~ **centre** (Comm) Einlösestelle f.

redemptive [rɪˈdemptɪv] adj (Rel) erlösend.

red ensign n (Naut) britische Handelsflagge.

redeploy [ˌriːdɪˈplɔɪ] vt troops umverlegen; workers anders einsetzen; staff umsetzen.

redeployment [ˌriːdɪˈplɔɪmənt] n see vt Umverlegung f; Einsatz m an einem anderen Arbeitsplatz; Umsetzung f.

redevelop [ˌriːdɪˈveləp] vt building, area sanieren.

redevelopment [ˌriːdɪˈveləpmənt] n Sanierung f. ~ **area** Sanierungsgebiet nt.

red-eye ['redˌaɪ] n (US sl) Fusel m (inf), schlechter Whisky; **red-eyed** adj mit geröteten or roten Augen; **red-faced** adj mit rotem Kopf; **red-haired** adj rothaarig; **red-handed** adv: **to catch sb** ~ jdn auf frischer Tat ertappen; (esp sexually) jdn in flagranti erwischen (inf); **redhead** n Rothaarige(r) mf, Rotschopf m; **red-headed** adj rothaarig; **red heat** n Rotglut f; **red herring** n (lit) Räucherhering m; (fig) Ablenkungsmanöver nt; (in thrillers, historical research) falsche Spur; **red-hot** adj 1. (lit) rotglühend; (very hot)

glühend heiß; **2.** (fig inf) (enthusiastic) Feuer und Flamme pred (inf); (very recent) news brandaktuell; **redhot poker** n (Bot) Fackellilie f; **Red Indian** n Indianer(in f) m.

redirect [ˌriːdaɪˈrekt] vt letter, parcel umadressieren; (forward) nachsenden; traffic umleiten.

rediscover [ˌriːdɪˈskʌvər] vt wiederentdecken.

rediscovery [ˌriːdɪˈskʌvərɪ] n Wiederentdeckung f.

redistribute [ˌriːdɪˈstrɪbjuːt] vt wealth umverteilen, neu verteilen; (re-allocate) work neu zuteilen.

redistribution [ˌriːdɪstrɪˈbjuːʃən] n see vt Umverteilung, Neuverteilung f; Neuzuteilung f.

red lead n Bleirot nt, Bleimennige f; **red-letter day** n besonderer Tag, Tag, den man im Kalender rot anstreichen muß; **red light** n (lit) (warning light) rotes Licht; (traffic light) Rotlicht nt; **to go through the** ~ (Mot) bei Rot über die Ampel fahren, die Ampel überfahren (inf); **to see the** ~ (fig) die Gefahr erkennen; **the** ~ **district** die Strichgegend, der Strich (inf); (with night-clubs) das Amüsierviertel.

redness ['rednɪs] n Röte f.

redo [ˌriːˈduː] vt irreg **1.** noch einmal machen, neu machen; hair in Ordnung bringen. **2.** see **redecorate.**

redolent ['redəʊlənt] adj (liter) duftend. ~ **of** or **with lavender** nach Lavendel duftend; **to be** ~ **of my youth** stark an meine Jugend erinnern.

redouble [ˌriːˈdʌbl] **I** vt **1.** efforts, zeal etc verdoppeln. **2.** (Bridge) rekontrieren. **II** vi (zeal, efforts) sich verdoppeln. **III** n (Bridge) Rekontraansage f.

redoubt [rɪˈdaʊt] n (Mil) Redoute f; (inside a fort) Kasematte f.

redoubtable [rɪˈdaʊtəbl] adj (formidable) task horrend; (to be feared) person, teacher respektgebietend attr.

redound [rɪˈdaʊnd] vi **to** ~ **to sb's honour/ advantage** jdm zur Ehre/zum Vorteil gereichen (geh); **to** ~ **to sb's credit** jdm hoch angerechnet werden; **to** ~ **upon** wieder treffen.

red pepper n roter Paprika, rote Paprikaschote; **red pine** n Südkiefer f; (wood) Redpine nt.

redraft [ˌriːˈdrɑːft] **I** n see vt Neuentwurf m; Neufassung f; Umschrift f. **II** vt nochmals or neu entwerfen; speech also nochmals or neu abfassen; literary work umschreiben.

red rag n rotes Tuch. **it's like a** ~ **to a bull** das ist ein rotes Tuch für ihn/sie etc.

redress [rɪˈdres] **I** vt one's errors, wrongs wiedergutmachen; situation bereinigen; grievance beseitigen; abuse abhelfen (+ dat); balance wiederherstellen.

II n see vt Wiedergutmachung f; Bereinigung f; Beseitigung f; Abhilfe f. **to seek** ~ **for** Wiedergutmachung verlangen für; **he set out to seek** ~ **for these grievances** er wollte zu seinem Recht kommen; **there is no** ~ das steht unumstößlich fest; **legal** ~ Rechtshilfe f; **to have no** ~ **in law** keinen Rechtsanspruch haben; **but what** ~ **does a manager have against an employee?** aber welche Wege stehen dem Manager offen, gegen den Arbeitnehmer zu klagen?

Red Riding Hood n (Little) ~ Rotkäppchen nt; **red salmon** n Pazifiklachs m; **Red Sea** n Rotes Meer; **red setter** n (Roter) Setter; **redshank** n (Orn) Rotschenkel m; **red shift** n Rotverschiebung f; **redskin** n Rothaut f; **red spider mite** n Rote Spinne; **Red Spot** n (Astron) roter Punkt; **red squirrel** n Eichhörnchen nt; **redstart** n (Orn) Rotschwanz m; **red tape** n (fig) Papierkrieg m (inf); (with authorities also) Behördenkram m (inf).

reduce [rɪ'djuːs] **I** vt **1.** pressure, weight, swelling verringern, reduzieren; speed also verlangsamen; (lower also) standards, temperatures herabsetzen; prices ermäßigen, herabsetzen; taxes senken; (shorten) verkürzen; expenses, wages kürzen; (in size) width, staff, drawing, photo verkleinern, reduzieren; scale of operations einschränken; temperature senken; (Cook) sauce einkochen lassen; output drosseln, reduzieren; (Mil etc: in rank) degradieren. **to** ~ **one's weight** abnehmen; **to** ~ **speed** (Mot) langsamer fahren; **the facts may all be** ~**d to four main headings** die Tatsachen können alle auf vier Hauptpunkte reduziert werden.

2. (in price) goods, item heruntersetzen, herabsetzen.

3. (change the form of) (Chem) reduzieren; (Math) zerlegen (to in +acc). **to** ~ **sth to a powder/to its parts** etw pulverisieren/in seine Einzelteile zerlegen; **to** ~ **sth to a common denominator** (Math, fig) etw auf einen gemeinsamen Nenner bringen; **to** ~ **an argument to its simplest form** ein Argument auf die einfachste Form bringen; **it has been** ~**d to a mere ...** es ist jetzt nur noch ein ...; **to** ~ **sb to silence/obedience/despair/tears** jdn zum Schweigen/Gehorsam/zur Verzweiflung/zum Weinen bringen; **are we** ~**d to this!** so weit ist es also gekommen!

4. (Med) joint wieder einrenken.

II vi (esp US: slim) abnehmen. **to be reducing** eine Schlankheitskur machen.

reduced [rɪ'djuːst] adj price, fare ermäßigt, goods herabgesetzt; scale, version kleiner; circumstances beschränkt.

reducible [rɪ'djuːsəbl] adj (to auf +acc) (Chem, fig) reduzierbar; (Math) zerlegbar; drawing, scale also verkleinerbar; time also verkürzbar; costs herabsetzbar. **to be** ~ **to sth** sich auf etw (acc) reduzieren lassen.

reduction [rɪ'dʌkʃən] n **1.** no pl (in sth gen) Reduzierung, Reduktion, Verringerung f; (in speed also) Verlangsamung f; (in authority) Schwächung f; (in standards, temperatures also) Herabsetzung f; (in prices also) Ermäßigung, Herabsetzung f; (in taxes also) Senkung f; (in expenses, wages) Kürzung f; (in size) Verkleinerung f; (shortening) Verkürzung f; (in output also) Drosselung f; (in scale of operations) Einschränkung f; (of goods, items) Herabsetzung f; (of fever) Senkung f; (of joint) Wiedereinrenken nt. ~ **for cash**

Preisabschlag m bei Barzahlung; ~ **of taxes** Steuersenkung f; ~ **in rank** Degradierung f.

2. (to another state) (Chem) Reduktion f; (Math also) Zerlegung f (to in +acc). ~ **of sth to powder/to a pulp** Zermahlung f einer Sache (gen) zu Pulver/zu Brei; **by the** ~ **of the argument to its simplest form** indem man die Argumentation auf die einfachste Form bringt.

3. (amount reduced) (in sth gen) (in pressure, temperature, output) Abnahme f, Rückgang m; (of speed also) Verlangsamung f; (in size) Verkleinerung f; (in length) Verkürzung f; (in taxes) Nachlaß m; (in prices) Ermäßigung f; (Jur: of sentence) Kürzung f; (of swelling) Rückgang m. **to sell (sth) at a** ~ etw verbilligt or zu ermäßigtem Preis verkaufen; ~ **of strength** Nachlassen nt der Kräfte.

4. (copy) Verkleinerung f.

reductive [rɪ'dʌktɪv] adj verkürzt, zu kurz gegriffen; (Philos) reduktiv.

redundancy [rɪ'dʌndənsɪ] n Überflüssigkeit f; (of style) Weitschweifigkeit f; (Ind) Arbeitslosigkeit f. **redundancies** Entlassungen pl; **the depression caused a lot of redundancies** der Konjunkturrückgang brachte viel Arbeitslosigkeit mit sich; ~ **payment** Abfindung f.

redundant [rɪ'dʌndənt] adj überflüssig; style zu wortreich, redundant (geh); (Ind: out of work) arbeitslos. **to become/to be made** ~ (Ind) den Arbeitsplatz verlieren.

reduplicate [rɪ'djuːplɪkeɪt] vt wiederholen; (Ling) reduplizieren.

reduplication [rɪ,djuːplɪ'keɪʃən] n see vt Wiederholung f; Reduplikation f.

redwing ['redwɪŋ] n Rotdrossel f; **redwood** n Redwood nt.

re-echo [,riː'ekəʊ] **I** vi widerhallen. **II** vt echoen.

reed [riːd] n **1.** (Bot) Schilf(rohr), Ried nt. **in the** ~**s** im Schilf or Ried; **a broken** ~ (fig) ein schwankendes Rohr. **2.** (of wind instrument) Rohrblatt nt; (of harmonium) Durchschlagzunge f; (of organ) Zungenpfeife f. ~**s** Rohrblattinstrumente pl.

reed bunting n Rohrammer f; **reed instrument** n Rohrblattinstrument nt.

re-edit [,riː'edɪt] vt neu herausgeben; book, text noch einmal redigieren; film, tape neu schneiden.

reed organ n Harmonium nt; **reed pipe** n Schalmei f; **reed stop** n Zungenregister nt.

re-educate [,riː'edjʊkeɪt] vt (um)erziehen.

reed-warbler ['riːdwɔːbləʳ] n Rohrsänger m.

reedy ['riːdɪ] adj (+er) schilfig; instrument Rohrblatt-; sound näselnd; voice durchdringend.

reef[1] [riːf] n **1.** (in sea) Riff nt. **2.** (Min) Ader f, Gang m.

reef[2] (Naut) **I** n Reff nt. ~ **knot** Kreuz- or Weberknoten m. **II** vt sail reffen.

reefer ['riːfəʳ] n (jacket) Seemannsjacke f; (sl) Reefer m (sl).

reek [riːk] **I** n Gestank m. **II** vi stinken (of nach).

reel [riːl] **I** n **1.** (of thread, wire etc) Rolle, Spule f; (of film, magnetic tape) Spule f;

(*Fishing*) (Angel)rolle *f*.

2. (*dance*) Reel *m*.

II *vt* (*Tech*) thread aufspulen.

III *vi* (*person*) taumeln; (*drunk also*) torkeln, schwanken. **the blow made him ~ or sent him ~ing** er taumelte unter dem Schlag; **my head is ~ing** mir dreht sich der Kopf; **the news made him *or* his mind ~** bei der Nachricht drehte sich ihm alles; **the whole country is still ~ing from the shock** das ganze Land ist noch tief erschüttert von diesem Schock.

◆**reel in** *vt sep* (*Fishing*) einrollen; *fish* einholen.

◆**reel off** *vt sep* list herunterrasseln (*inf*); (*monotonously*) herunterleiern (*inf*); *thread* abwickeln, abspulen.

◆**reel up** *vt sep* (*Fishing*) aufspulen.

re-elect [ˌriːɪˈlekt] *vt* wiederwählen.

re-election [ˌriːɪˈlekʃən] *n* Wiederwahl *f*.

reeling [ˈriːlɪŋ] **I** *n see vi* Taumeln *nt*; Torkeln, Schwanken *nt*. **II** *adj* head brummend (*inf*).

re-embark [ˌriːɪmˈbɑːk] **I** *vt* wieder einschiffen. **II** *vi* sich wieder einschiffen. **to ~ on an enterprise** ein Unternehmen von neuem beginnen.

re-embarkation [ˈriːˌembɑːˈkeɪʃən] *n* Wiedereinschiffung *f*.

re-emerge [ˌriːɪˈmɜːdʒ] *vi* (*object, swimmer*) wieder auftauchen; (*facts*) (wieder) herauskommen, sich (wieder) herausstellen, an den Tag kommen.

re-enact [ˌriːɪˈnækt] *vt* **1.** (*Jur*) wieder in Kraft setzen. **2.** (*repeat*) *scene* nachspielen; *crime, meeting* nachvollziehen; *crime* (*for police purposes*) einen Lokaltermin abhalten wegen.

re-enactment [ˌriːɪˈnæktmənt] *n see vt* Wiederinkraftsetzung *f*; Nachspiel *nt*; Nachvollzug *m*; Lokaltermin *m*.

re-engage [ˌriːɪnˈgeɪdʒ] *vt employee* wieder einstellen; (*Tech*) *gear wheels* wieder ineinandergreifen lassen; *gear* wieder einlegen; *clutch* wieder kommen lassen.

re-enlist [ˌriːɪnˈlɪst] **I** *vi* (*Mil*) sich wieder melden *or* verpflichten. **II** *vt* (*Mil*) neu verpflichten. **to ~ sb's help** jds Hilfe erneut in Anspruch nehmen.

re-enter [ˌriːˈentəʳ] **I** *vi* **1.** wieder hereinkommen/hineingehen; (*walk in*) wieder eintreten; (*drive in*) wieder einfahren; (*penetrate: bullet etc*) wieder eindringen; (*climb in*) wieder einsteigen; (*cross border*) wieder einreisen; (*ship*) wieder einlaufen.

2. (*Theat*) wieder auftreten.

3. (*for race, exam etc*) sich wieder melden (*for* zu).

II *vt* **1.** room wieder hereinkommen/hineingehen in (+*acc*), wieder betreten; (*Space*) atmosphere wieder eintreten in (+*acc*); club etc wieder beitreten (+*dat*).

2. name (*on list etc*) wieder eintragen.

re-entry [ˌriːˈentrɪ] *n* **1.** (*also Space*) Wiedereintritt *m*; (*for exam*) Wiederantritt *m* (*for* zu). **~ point, point of ~** (*Space*) Wiedereintrittsstelle *f*.

2. (*Jur*) Wiederinbesitznahme *f*.

re-erect [ˌriːɪˈrekt] *vt* wieder aufbauen.

re-establish [ˌriːɪˈstæblɪʃ] *vt* order wiederherstellen; custom wieder einführen. **to ~**

sb as sth/in a position jdn wieder als etw/in eine Stelle einsetzen.

re-establishment [ˌriːɪˈstæblɪʃmənt] *n see vt* Wiederherstellung *f*; Wiedereinführung *f*; (*in a position, office*) Wiedereinsetzung *f*.

reeve¹ [riːv] *n* **1.** (*Hist*) Vogt *m*. **2.** (*in Canada*) ≈ Gemeindevorsteher *m*.

reeve² *vt* (*Naut*) (*thread*) einscheren; (*fasten*) festmachen.

re-examination [ˈriːɪgˌzæmɪˈneɪʃən] *n* Überprüfung *f*, erneute *or* nochmalige Prüfung; (*Jur: of witness*) erneute *or* nochmalige Vernehmung.

re-examine [ˌriːɪgˈzæmɪn] *vt* überprüfen, erneut *or* nochmals prüfen; (*Jur*) witness erneut *or* nochmals vernehmen.

ref¹ [ref] *n* (*Sport inf*) *abbr of* **referee** Schiri *m* (*inf*).

ref² *abbr of* **reference (number)**.

refectory [rɪˈfektərɪ] *n* (*in college*) Mensa *f*; (*in monastery*) Refektorium *nt*.

refer [rɪˈfɜːʳ] **I** *vt* **1.** (*pass*) matter, problem weiterleiten (*to* an +*acc*); decision übergeben (*to sb* jdm). **I ~red him to the manager** ich verwies ihn an den Geschäftsführer; **to ~ sb to the article on ...** jdn auf den Artikel über (+*acc*) ... verweisen; **the reader is ~red to page 10** der Leser wird auf Seite 10 verwiesen; **to ~ a cheque to drawer** (*Comm*) einen Scheck an den Aussteller zurücksenden.

2. (*Brit Univ*) thesis zur Änderung zurückgeben.

II *vi* **1.** (*allude to*) sprechen von; (*mention also*) erwähnen; (*words*) sich beziehen auf (+*acc*); **I am not ~ring to you** ich meine nicht Sie; **we shall not ~ to it again** wir wollen es nicht mehr erwähnen; **~ring to your letter** (*Comm*) mit Bezug auf Ihren Brief.

2. (*apply to*) **to ~ to** (*orders, rules*) gelten für; (*criticism, remark*) sich beziehen auf (+*acc*).

3. (*consult*) **to ~ to** to notes, book nachschauen in (+*dat*), konsultieren (*geh*); to person sich wenden an (+*acc*); **you must ~ to the original** Sie müssen aufs Original zurückgreifen.

◆**refer back I** *vi* **1.** (*person, remark*) sich beziehen (*to* auf +*acc*). **2.** (*check back, consult again*) zurückgehen (*to* zu). **II** *vt sep* (*pass back*) decision etc zurückgeben (*to* an +*acc*). **he ~red me ~ to you** er hat mich an Sie zurückverwiesen.

referee [ˌrefəˈriː] **I** *n* **1.** (*Ftbl, Rugby, fig*) Schiedsrichter *m*; (*Boxing*) Ringrichter *m*; (*Judo, Wrestling*) Kampfrichter *m*.

2. (*Jur*) Schiedsrichter *m*.

3. (*Brit: person giving a reference*) Referenz *f*. **to be a ~ for sb** jdm als Referenz dienen.

II *vt* (*Sport, fig*) Schiedsrichter sein bei; match also (als Schieds-/Ring-/Kampfrichter) leiten; (*Ftbl also*) pfeifen (*inf*).

III *vi* (*Sport, fig*) Schiedsrichter sein, (den) Schiedsrichter machen.

reference [ˈrefrəns] *n* **1.** (*act of mentioning*) Erwähnung *f* (*to sb/sth* jds/einer Sache); (*allusion*) (*direct*) Bemerkung *f* (*to* über +*acc*); (*indirect*) Anspielung *f* (*to* auf +*acc*). **to make (a) ~ to sth** etw erwähnen;

this was not said with ~ to you diese Worte waren nicht auf dich gemünzt; **in** *or* **with ~ to** was ... anbetrifft; (*Comm*) bezüglich (+*gen*); **~ your letter ...** (*Comm*) mit Bezug auf Ihren Brief (*form*); **without ~ to age/to one's notes** ungeachtet des Alters/ ohne seine Aufzeichnungen zu Hilfe zu nehmen.
  2. *no pl see vt 1.* (*to* an +*acc*) Weiterleitung *f*; Übergabe *f*.
  3. (*testimonial: also* **~s**) Referenz(en *pl*) *f*, Zeugnis *nt*. **to give sb a good ~** *or* **good ~s** jdm gute Referenzen *or* ein gutes Zeugnis ausstellen; **a banker's ~** eine Bankauskunft *or* -referenz; **I've been asked to give a ~ for him** man hat mich gebeten, ihm eine Referenz zu geben.
  4. (*note redirecting reader*) Verweis *m*; (*Comm*) Zeichen *nt*; *see* **cross-reference.**
  5. (*connection*) **to have ~ to** in Beziehung stehen mit *or* zu.
  6. (*authority, scope: of committee, tribunal*) Zuständigkeitsbereich *m*.
  7. (*esp US*) *see* **referee I 3.**

reference book *n* Nachschlagewerk *nt*; **reference library** *n* Präsenzbibliothek *f*; **reference mark** *n* Zeichen, das auf Fußnoten hinweist; **reference number** *n* Aktenzeichen *nt*; (*of subscriber etc*) Nummer *f*.

referendum [ˌrefə'rendəm] *n, pl* **referenda** [ˌrefə'rendə] Volksentscheid *m*, Referendum *nt*. **to hold a ~** einen Volksentscheid durchführen, ein Referendum abhalten.

refill [ˌri:'fɪl] **I** *vt* nachfüllen, wieder füllen.
  II ['ri:fɪl] *n* (*for fountain pen, lighter*) Nachfüllpatrone *f*; (*for ballpoint*) Nachfüll- *or* Ersatzmine *f*; (*lipstick*) Nachfüllstift *m*; (*for propelling pencil*) Ersatzmine *f*; (*for notebook*) Nachfüllblätter *pl*. **would you like a ~?** (*inf: drink*) darf ich dir nachschenken?

refine [rɪ'faɪn] *vt* **1.** *metal, oil, sugar* raffinieren. **2.** *language, manners, tastes* verfeinern, kultivieren. **3.** *techniques, methods* verfeinern, verbessern.
◆refine upon *vi* +*prep obj* *point, detail* näher ausführen; *method* verbessern, verfeinern.

refined [rɪ'faɪnd] *adj* **1.** *metal, oil* raffiniert, rein. **~ sugar** Raffinade *f*. **2.** *taste* fein; *person, style also* vornehm.

refinement [rɪ'faɪnmənt] *n* **1.** *no pl* (*of metal, oil, sugar*) Raffination, Raffinierung, Reinigung *f*.
  2. *no pl* (*of person, language, style*) Vornehmheit, Feinheit *f*. **a person of no ~** ein ganz unkultivierter Mensch.
  3. (*improvement*) Verfeinerung, Verbesserung *f* (*in sth gen*).

refinery [rɪ'faɪnərɪ] *n* (*metal, oil, sugar* ~) Raffinerie *f*.

refit [ˌri:'fɪt] **I** *vt ship* neu ausrüsten; *factory* neu ausstatten. **II** *vi* (*ship*) neu ausgerüstet werden. **III** ['ri:fɪt] *n* (*Naut*) Neuausrüstung *f*.

refitting [ˌri:'fɪtɪŋ], **refitment** [ˌri:'fɪtmənt] *n see* **refit III.**

reflate [ˌri:'fleɪt] **I** *vt* (*Econ*) bewußt inflationieren, ankurbeln. **II** *vi* (*economy*) sich beleben, angekurbelt werden.

reflation [ri:'fleɪʃən] *n* (*Econ*) Reflation *f*,

Ankurbelung *f* der Konjunktur.

reflationary [ri:'fleɪʃnərɪ] *adj* (*Econ*) bewußt *or* gewollt inflationär.

reflect [rɪ'flekt] **I** *vt* **1.** (*cast back*) *light, image, heat, sound* zurückwerfen, reflektieren; (*surface of water, mirror also*) spiegeln; (*fig*) *views, reality etc* widerspiegeln. **the moon was ~ed in the lake** der Mond spiegelte sich im See; **I saw him/myself ~ed in the mirror** ich sah ihn/mich im Spiegel; **to bask in sb's ~ed glory** sich in jds Glanz (*dat*) sonnen; **the many difficulties ~ed in his report/attitude** die vielen Schwierigkeiten, die sich in seinem Bericht/seiner Haltung spiegeln; **to ~ credit (up)on sb** ein gutes Licht auf jdn werfen.
  2. (*think*) **do you ever ~ that ...?** denken Sie je darüber nach, daß ...?
  II *vi* (*meditate*) nachdenken, reflektieren (*geh*) (*on, about* über +*acc*).
◆reflect (up)on *vt insep* etwas aussagen über (+*acc*); *person also* ein gutes/ schlechtes Licht werfen auf (+*acc*); *motives, reasons also* in gutem/ schlechtem Licht erscheinen lassen; *reputation, sb's honour* sich auswirken auf (+*acc*); (*unfavourably*) schaden (+*dat*), ein schlechtes Licht werfen auf (+*acc*).

reflectingly [rɪ'flektɪŋlɪ] *adv see* **reflectively.**

reflecting telescope [rɪ'flektɪŋ'telɪskəʊp] *n* Spiegelteleskop *nt*.

reflection [rɪ'flekʃən] *n* **1.** *no pl* (*reflecting*) Reflexion *f*; (*by surface of lake, mirror*) Spiegelung *f*; (*fig*) Widerspiegelung *f*.
  2. (*image*) Spiegelbild *nt*, Reflexion *f*; (*fig*) Widerspiegelung *f*. **to see one's ~ in a mirror** sich im Spiegel sehen; **a pale ~ of ...** ein matter Abglanz (+*gen*).
  3. *no pl* (*consideration*) Überlegung *f*; (*contemplation*) Reflexion, Betrachtung *f*. **(up)on ~** wenn man sich (*dat*) das recht überlegt.
  4. (*thoughts, comments*) **~s on language** Reflexionen *or* Betrachtungen *pl* über die Sprache.
  5. (*adverse criticism*) **this is a ~ on your motives** das zeigt Ihre Motive in schlechtem Licht; **this is no ~ on your motives** damit soll gar nichts über Ihre Motive gesagt sein.
  6. (*Anat*) Zurückbiegung *f*.

reflective [rɪ'flektɪv] *adj* **1.** (*Phys etc*) *surface* reflektierend, spiegelnd; *light* reflektiert. **2.** *faculty, powers* Denk-; *person* nachdenklich. **3.** (*Gram*) *see* **reflexive.**

reflectively [rɪ'flektɪvlɪ] *adv say, speak* überlegt.

reflectiveness [rɪ'flektɪvnɪs] *n* (*of person*) Nachdenklichkeit *f*.

reflectivity [rɪflek'tɪvɪtɪ] *n* (*Phys*) Reflexionsvermögen *nt*.

reflector [rɪ'flektəʳ] *n* (*on car, cycle*) Rückstrahler *m*; (*telescope*) Reflektor *m*.

reflex ['ri:fleks] **I** *adj* (*Physiol, Psych, Phys, fig*) Reflex-; (*Math*) *angle* überstumpf. **~ action** Reflex *m*; **~ camera** (*Phot*) Spiegelreflexkamera *f*. **II** *n* (*Physiol, Psych, fig*) Reflex *m*; (*Phys: image*) Reflexion *f*; *see* **condition.**

reflexion [rɪ'flekʃən] *n see* **reflection.**

reflexive [rɪ'fleksɪv] (*Gram*) **I** *adj* reflexiv. **II** *n* Reflexiv *nt*.

reflexively [rɪ'fleksɪvlɪ] *adv see adj*.

refloat [,ri:'fləʊt] *vt ship, business* wieder flottmachen.

reflux ['ri:flʌks] *n* Rückfluß *m*.

reforestation [,ri:fɒrɪs'teɪʃən] *n* (*US*) *see* **reafforestation**.

reform[1] [rɪ'fɔ:m] **I** *n* Reform *f* (*in sth gen*); (*of person*) Besserung *f*. ~ **school** Besserungsanstalt *f; see* **land** ~. **II** *vt* reformieren; *society also* verbessern; *conduct, person* bessern. **III** *vi* (*person*) sich bessern.

reform[2], **re-form** [,ri:'fɔ:m] **I** *vt* **1.** (*form again* (wieder bilden; (*Mil*) *ranks, troops* neu formieren.
2. (*give new form to*) umformen, umgestalten (*into* zu).
II *vi* sich wieder *or* erneut bilden; (*Mil*) sich neu formieren.

reformable [rɪ'fɔ:məbl] *adj person, conduct* besserungsfähig.

reformation [,refə'meɪʃən] *n* (*of person*) Reformierung, Besserung *f*. **the R~** die Reformation.

reformative [rɪ'fɔ:mətɪv] *adj effect* reformierend; *fervour* Reform-.

reformatory [rɪ'fɔ:mətərɪ] *n* Besserungsanstalt *f*.

reformed [rɪ'fɔ:md] *adj church, spelling* reformiert; *behaviour* gebessert. **he's a ~ character** er hat sich gebessert.

reformer [rɪ'fɔ:məʳ] *n* (*Pol*) Reformer *m*; (*Rel*) Reformator *m*.

reformist [rɪ'fɔ:mɪst] **I** *n* Reformist *m*. **II** *adj* reformistisch.

refract [rɪ'frækt] *vt* brechen.

refracting telescope [rɪ'fræktɪŋ'telɪskəʊp] *n* Refraktor *m*.

refraction [rɪ'frækʃən] *n* Brechung *f*.

refractive [rɪ'fræktɪv] *adj material, surface* brechend. ~ **index** Brechzahl *f*, Brechungsindex *m*.

refractor [rɪ'fræktəʳ] *n* **1.** (*Phys*) brechendes Medium. **2.** (*telescope*) Refraktor *m*.

refractoriness [rɪ'fræktərɪnɪs] *n see adj* Eigensinn *m*, störrische Art; Hartnäckigkeit *f*; Hitzebeständigkeit *f*.

refractory [rɪ'fræktərɪ] *adj* **1.** *person* eigensinnig, störrisch. **2.** (*Med*) hartnäckig. **3.** (*Chem, Miner*) hitzebeständig.

refrain[1] [rɪ'freɪn] *vi* **he ~ed from comment** er enthielt sich eines Kommentars; **they ~ed from such measures** sie sahen von solchen Maßnahmen ab; **I couldn't ~ from laughing** ich konnte mir das Lachen nicht verkneifen; **kindly ~ from saying that in front of the children** würden Sie das bitte nicht vor den Kindern sagen; **please ~ from smoking** bitte unterlassen Sie das Rauchen!

refrain[2] *n* (*Mus, Poet, fig*) Refrain *m*.

refrangible [rɪ'frændʒəbl] *adj* brechbar.

refresh [rɪ'freʃ] *vt* (*drink, bath, sleep, rest*) erfrischen; (*meal*) stärken. **to ~ oneself** (*with drink*) eine Erfrischung zu sich (*dat*) nehmen; (*with a bath*) sich erfrischen; (*with food*) sich stärken; (*with sleep, rest*) sich ausruhen; **to ~ one's memory** sein Gedächtnis auffrischen; **let me ~ your**

memory ich will Ihrem Gedächtnis nachhelfen.

refresher [rɪ'freʃəʳ] *n* **1.** (*Brit Jur*) zusätzliches Anwaltshonorar. **2.** ~ **course** (*Univ etc*) Auffrischungskurs *m*. **3.** (*inf: drink*) Erfrischung *f*.

refreshing *adj*, **~ly** *adv* [rɪ'freʃɪŋ, -lɪ] (*lit, fig*) erfrischend.

refreshment [rɪ'freʃmənt] *n* **1.** (*of mind, body*) Erfrischung *f*; (*through food*) Stärkung *f*. **2.** (*food, drink*) (**light**) **~s** (kleine) Erfrischungen *pl*; ~ **bar** *or* **stall** Büfett *nt*.

refrigerant [rɪ'frɪdʒərənt] **I** *n* Kühlmittel *nt*; (*Med*) kühlendes Mittel; (*fluid in fridge*) Kältemittel *nt*. **II** *adj* kühlend.

refrigerate [rɪ'frɪdʒəreɪt] *vt* (*chill*) kühlen; (*freeze*) tiefkühlen. "**~ after opening**" ,,nach dem Öffnen kühl aufbewahren".

refrigeration [rɪ,frɪdʒə'reɪʃən] *n see vt* Kühlung *f*; Tiefkühlung *f*.

refrigerator [rɪ'frɪdʒəreɪtəʳ] *n* Kühlschrank, Eisschrank *m*; (*room*) Kühlraum *m*.

refuel [,ri:'fjʊəl] *vti* auftanken.

refuelling [,ri:'fjʊəlɪŋ] *n* Auftanken *nt*. ~ **stop** Zwischenstopp *m* zum Auftanken.

refuge ['refjʊdʒ] *n* **1.** (*lit, fig*) Zuflucht *f* (*from* vor +*dat*). **place of ~** Zufluchtsort *m*; **to take ~** Zuflucht nehmen (*in* in +*dat*), sich flüchten (*in* in +*acc*); **to take ~ in lying** sich in Lügen flüchten. **2.** (*for climbers, pedestrians*) Unterstand *m*.

refugee [,refjʊ'dʒi:] *n* Flüchtling *m*. ~ **camp** Flüchtlingslager *nt*.

refund [rɪ'fʌnd] **I** *vt money* zurückzahlen, zurückerstatten; *expenses* erstatten; *postage* vergüten, zurückerstatten.
II ['ri:fʌnd] *n see vt* Rückzahlung, Rückerstattung *f*; Erstattung *f*; Vergütung *f*. **they wouldn't give me a ~** man wollte mir das Geld nicht zurückgeben.

refundable [rɪ'fʌndəbl] *adj money, payment(s)* zurückzahlbar, zurückerstattbar. **these expenses are/postage is ~** diese Ausgaben werden erstattet/das Porto wird vergütet.

refurbish [,ri:'fɜ:bɪʃ] *vt* aufpolieren; *hat, dress, furniture also* verschönern; *house* renovieren.

refurnish [,ri:'fɜ:nɪʃ] *vt* neu möblieren.

refusal [rɪ'fju:zəl] *n* **1.** Ablehnung *f*; (*of offer also*) Zurückweisung *f*; (*of food, permission, visa, permit*) Verweigerung *f*; (*to do sth*) Weigerung *f*. **to meet with** *or* **get a ~** eine Absage erhalten; **to give (sb) a flat ~** jdm eine glatte Absage erteilen; **to give sb first ~ of sth** jdm etw als erstem *or* zuerst anbieten.
2. (*Show-jumping*) Verweigerung *f*.

refuse[1] [rɪ'fju:z] **I** *vt invitation, candidate, proposal* ablehnen; (*stronger*) abweisen, zurückweisen; *offer also* ausschlagen; *request also* abschlagen, nicht gewähren; *visa, permit, permission* verweigern. **to ~ to do sth** sich weigern, etw zu tun, etw nicht tun wollen; **I ~ to be blackmailed** ich lasse mich nicht erpressen; **he was ~d a visa** ihm wurde kein Visum erteilt, ihm wurde das Visum verweigert; **to be ~d sth** etw nicht bekommen; **they were ~d permission (to leave)** es wurde ihnen nicht gestattet (wegzugehen), sie bekamen nicht die Erlaubnis (wegzugehen); **he ~d**

food er verweigerte die Nahrungsaufnahme; **he/his request was ~d** seine Bitte wurde abgelehnt; **she ~d him** sie wies ihn ab *or* zurück.

II *vi* ablehnen; *(to do sth)* sich weigern, es ablehnen; *(horse)* verweigern.

refuse² ['refjuːs] *n* Müll *m*; *(food waste)* Abfall *m*. **household ~** Haus(halts)müll *m*.

refuse ['refjuːs] *in cpds* Müll-; **~ bin** Mülleimer *m*; **~ chute** Müllschlucker *m*; **~ collection** Müllabfuhr *f*; **~ collector** Müllmann *m*; **~ destructor** Müllvernichtungsanlage *f*; **~ disposal** Müllbeseitigung *f*; **~ disposal service** Müllabfuhr *f*; **~ disposal unit** Müllzerkleinerer *m*; **~ dump** Müllablageplatz *m*.

refutable [rɪ'fjuːtəbl] *adj* widerlegbar.

refutation [ˌrefjʊ'teɪʃən] *n* Widerlegung *f*.

refute [rɪ'fjuːt] *vt* widerlegen.

regain [rɪ'geɪn] *vt* 1. wiedererlangen; *lost time* aufholen; *control, one's sight also* wiedergewinnen; *territory* zurückbekommen. **to ~ one's strength/health** wieder zu Kräften kommen/wieder gesund werden; **to ~ one's footing** wieder Stand finden; *(fig)* wieder auf die Beine kommen; **to ~ possession of sth** wieder in den Besitz einer Sache *(gen)* gelangen.

2. *(reach again)* main road/firm ground wieder gelangen an (+*acc*)/auf (+*acc*).

regal ['riːgəl] *adj* königlich; *(fig)* hoheitsvoll.

regale [rɪ'geɪl] *vt (with food, drink)* verwöhnen; *(with stories)* ergötzen *(geh)*.

regalia [rɪ'geɪlɪə] *npl* Insignien *pl*. **she was in full ~** *(hum)* sie war in großer Gala.

regally ['riːgəlɪ] *adv see adj.*

regard [rɪ'gɑːd] **I** *vt* 1. *(consider)* betrachten. **to ~ sb/sth as sth** jdn/etw für etw halten, jdn/etw als etw betrachten; **to ~ sb/ sth with favour** jdn/etw wohlwollend betrachten; **to ~ sth with horror** mit Schrecken an etw *(acc)* denken; **to be ~ed as ... as** als ... angesehen werden; **we ~ it as worth doing** wir glauben, daß es sich lohnt(, das zu tun); **we don't ~ it as necessary/our responsibility** wir halten es nicht für notwendig/wir betrachten es nicht als unsere Verantwortung; **to ~ sb/ sth highly** *or* **with great esteem** jdn/etw hochschätzen *or* sehr schätzen; **he is highly ~ed** er ist hoch angesehen; **his work is highly ~ed** seine Arbeit wird sehr geschätzt.

2. *(concern)* **as ~s that/him/your application** was das/ihn/Ihren Antrag betrifft *or* anbelangt; *see also* **regarding.**

3. *(liter: look at)* betrachten.

4. *(heed)* berücksichtigen. **without ~ing his wishes** ohne Rücksicht auf seine Wünsche.

II *n* 1. *(attention, concern)* Rücksicht *f (for* auf +*acc*)*. **to have some ~ for sb/sth** auf jdn/etw Rücksicht nehmen; **to show little/no ~ for sb/sth** wenig/keine Rücksichtnahme für jdn/etw zeigen; **with no ~ for his safety** ohne Rücksicht auf seine Sicherheit (zu nehmen); **without ~ to** *or* **for her advice/what people might think** ohne sich um ihren Rat zu kümmern/ohne sich darum zu kümmern, was die Leute denken mochten.

2. **in this ~** diesbezüglich *(form)*, in diesem Zusammenhang; **with** *or* **in ~ to** in bezug auf (+*acc*).

3. *(respect)* Achtung *f*. **to hold sb in high ~** jdn achten *or* sehr schätzen; **to have a great ~ for sb** jdn hochachten.

4. **~s** *pl (in message)* Gruß *m*. **to send sb one's ~s** jdn grüßen lassen; **give him my ~s** grüßen Sie ihn von mir; **(kindest) ~s, with kind ~s** mit freundlichen Grüßen.

5. *(liter: look)* Blick *m*.

regardful [rɪ'gɑːdfʊl] *adj (form)* **to be ~ of sb's feelings/the interests of State** jds Gefühle achten *or* respektieren/die Staatsinteressen wahren.

regarding [rɪ'gɑːdɪŋ] *prep* in bezug auf (+*acc*), bezüglich (+*gen*).

regardless [rɪ'gɑːdlɪs] **I** *adj* **~ of** ohne Rücksicht auf (+*acc*), ungeachtet (+*gen*); **~ of what it costs** egal, was es kostet; **~ of the fact that ...** ungeachtet dessen, daß ...

II *adv* trotzdem. **he did it ~** er hat es trotzdem getan.

regatta [rɪ'gætə] *n* Regatta *f*.

regency ['riːdʒənsɪ] *n* Regentschaft *f*. **R~ furniture/style** Regencymöbel *pl*/-stil *m*.

regenerate [rɪ'dʒenəreɪt] **I** *vt* 1. *(renew, re-create)* erneuern; *tissue also* neu bilden, regenerieren. **to be ~d** sich erneuern; sich neu bilden, sich regenerieren; *(fig: person) (by holiday etc)* sich erholen; *(esp Rel)* erneuert werden.

2. *(Elec)* rückkoppeln.

II *vi (esp Sci)* sich regenerieren; *(tissue also)* sich neu bilden.

III [rɪ'dʒenərɪt] *adj* regeneriert.

regeneration [rɪˌdʒenə'reɪʃən] *n see vb* Erneuerung *f*; Neubildung, Regeneration *f*; Erholung *f*; Rückkopplung *f*.

regenerative [rɪ'dʒenərətɪv] *adj* 1. *tissue* sich regenerierend; *(esp Rel)* erneuernd. 2. *(Elec)* positiv rückgekoppelt.

regent ['riːdʒənt] *n* Regent *m*; *(US Univ)* Mitglied *nt* des Universitäts- *or* Schulverwaltungsrats; *see* **prince.**

reggae ['regeɪ] *n* Reggae *m*.

regicide ['redʒɪsaɪd] *n (act)* Königsmord *m*; *(person)* Königsmörder(in *f*) *m*.

regime [reɪ'ʒiːm] *n* 1. *(Pol)* Regime *nt*; *(fig: management, social system etc)* System *nt*. 2. *see* **regimen.**

regimen ['redʒɪmen] *n (Med)* Kur *f*.

regiment ['redʒɪmənt] **I** *n (Mil)* Regiment *nt*; *(fig)* Kompanie *f*. **II** *vt (fig)* reglementieren.

regimental [ˌredʒɪ'mentl] **I** *adj (Mil)* Regiments-. **II** *n* **~s** *pl (Mil)* Uniform *f*.

regimentation [ˌredʒɪmen'teɪʃən] *n (fig)* Reglementierung *f*.

region ['riːdʒən] *n (of country)* Gebiet *nt*, Region *f (also Admin, TV)*; *(of body)* Gegend, Region *f*; *(of atmosphere, fig)* Bereich *m*. **the lower ~s** die Unterwelt; **in the ~ of 5 kg** um die 5 kg.

regional ['riːdʒənl] *adj* regional. **~ development** Gebietserschließung *f*.

regionalism ['riːdʒənəlɪzəm] *n* Regionalismus *m*; *(division into regions)* Einteilung *f* in Regionen; *(loyalty)* Lokalpatriotismus *m*; *(word also)* nur regional verwendeter Ausdruck.

regionalist [ˈriːdʒənəlɪst] **I** adj regionalistisch. **II** n Regionalist(in f) m.

register [ˈredʒɪstəʳ] **I** n **1.** (book) Register nt; (at school) Namensliste f; (in hotel) Gästebuch nt; (of members etc) Mitgliedsbuch nt. **to take the ~** die Namen aufrufen; **electoral** ~ Wählerverzeichnis nt; **~ of births, deaths and marriages** Personenstandsbuch nt; **~ of wills** (US: person) Testamentsbeamte(r) m.
2. (Tech) (recording device) Registriergerät nt; (for controlling airflow) Klappe f; see **cash ~**.
3. (Mus) Register nt; (organ stop) Registerzug m.
4. (Ling) (Sprach)ebene f.
5. (Typ) Register nt.
II vt **1.** (authorities: record formally) registrieren; (in book, files) eintragen; fact, figure also erfassen. **he is ~ed as disabled** er ist anerkannter Schwerbeschädigter; see **registered**.
2. (individual: have recorded) birth, marriage, death, (Comm) company, trademark anmelden, eintragen lassen; vehicle, child at school etc, candidate anmelden; student einschreiben. **to ~ a protest** Protest anmelden.
3. (indicate) (machines) speed, quantity, rainfall, temperature registrieren; (face, expression) happiness, disapproval zum Ausdruck bringen. **he ~ed surprise** er zeigte sich überrascht.
4. (Post) letter einschreiben.
5. (Typ) in Register bringen.
6. (realize) registrieren.
III vi **1.** (on electoral list etc) sich eintragen; (in hotel) sich anmelden; (student) sich einschreiben, sich immatrikulieren. **to ~ with a doctor/ dentist** sich bei einem Arzt/Zahnarzt auf die Patientenliste setzen lassen; **to ~ with the police** sich polizeilich melden.
2. (Tech) (part of machine) passen (with zu); (two parts) zueinander passen.
3. (Typ) Register halten.
4. (inf: be understood) **it hasn't ~ed (with him)** er hat es noch nicht registriert.

registered [ˈredʒɪstəd] adj **1.** student eingeschrieben; voter, company, name eingetragen; vehicle amtlich zugelassen. **~ nurse** (US) staatlich geprüfte Krankenschwester, staatlich geprüfter Pfleger; **~ trademark** gesetzlich geschütztes Warenzeichen, eingetragenes Warenzeichen.
2. (Post) letter eingeschrieben, Einschreib-. **by ~ post** per Einschreiben.

register ton n (Naut) Registertonne f.

registrar [ˌredʒɪˈstrɑːʳ] n (Admin) Standesbeamte(r) m; (Univ) höchster Verwaltungsbeamter, Kanzler m; (Med) Krankenhausarzt m/-ärztin f. **~'s office** (Brit Admin) Standesamt nt; **to be married by the ~** sich standesamtlich trauen lassen.

registration [ˌredʒɪˈstreɪʃən] n see vt **1.** Registrierung f; Eintragung f; Erfassung f.
2. Anmeldung f; Einschreibung f. **~ fee** Anmeldegebühr f; (for evening class) Kursgebühr f; (Univ) Einschreib(e)gebühr f; **~ number** (Aut) Kraftfahrzeugkennzeichen nt, polizeiliches Kenn-

zeichen; **~ document** (Aut) Kraftfahrzeugbrief m.
3. Registrierung f; Ausdruck m.
4. Aufgabe f als Einschreiben. **~ fee** Einschreibegebühr f.

registry [ˈredʒɪstrɪ] n Sekretariat nt; (in church) Sakristei f; (Brit: also ~ office) Standesamt nt. **to get married in a ~ office** standesamtlich heiraten; **port of ~** Heimathafen m.

regorge [rɪˈgɔːdʒ] **I** vt (form) erbrechen. **II** vi sich ergießen.

regress [rɪˈgres] vi (lit form: move backwards) sich rückwärts bewegen; (fig) (society) sich rückläufig entwickeln; (Biol, Psych, Med) sich zurückentwickeln.

regression [rɪˈgreʃən] n (lit form) see vt Rückwärtsbewegung f; rückläufige Entwicklung; Zurückentwicklung f.

regressive [rɪˈgresɪv] adj regressiv; trend rückläufig.

regret [rɪˈgret] **I** vt bedauern; one's youth, lost opportunity nachtrauern (+dat). **I ~ that we will not be coming** ich bedauere, daß wir nicht kommen können; **I ~ to say that ...** ich muß Ihnen leider mitteilen, daß ...; **he is very ill, I ~ to say** er ist leider or bedauerlicherweise sehr krank; **we ~ to hear that ...** wir hören mit Bedauern, daß ...; **it is to be ~ted that ...** es ist bedauerlich, daß ...; **you won't ~ it!** Sie werden es nicht bereuen; **he is much ~ted** er wird sehr vermißt.
II n Bedauern nt no pl. **to feel ~ for one's past youth** seiner vergangenen Jugend (dat) nachtrauern; **much to my ~** sehr zu meinem Bedauern; **I have no ~s** ich bereue nichts; **to do sth with ~** (sadly) etw mit Bedauern tun; (reluctantly) etw widerstrebend tun; **he sends his ~s** er läßt sich entschuldigen, er muß leider absagen.

regretful [rɪˈgretfʊl] adj look, attitude bedauernd attr. **he was extremely ~** es tat ihm sehr leid, er bedauerte es sehr.

regretfully [rɪˈgretfʊlɪ] adv (sadly) mit Bedauern; (reluctantly) widerstrebend.

regrettable [rɪˈgretəbl] adj bedauerlich.

regrettably [rɪˈgretəblɪ] adv bedauerlicherweise, leider.

regroup [ˌriːˈgruːp] **I** vt um- or neugruppieren. **II** vi sich umgruppieren, sich neu gruppieren.

regrouping [ˌriːˈgruːpɪŋ] n see vt Um- or Neugruppierung f.

regt abbr of **regiment** Reg.

regular [ˈregjʊləʳ] **I** adj **1.** (symmetrical) regelmäßig; features also ebenmäßig; surface gleichmäßig; (Geometry) gleichseitig.
2. (recurring at even intervals) service, bus, reminders regelmäßig; footsteps also gleichmäßig; employment fest, regulär; way of life, bowel movements geregelt. **to be ~ in one's habits** ein geregeltes Leben führen; **to keep ~ hours** feste Zeiten haben; **his visits are as ~ as clockwork** nach seinen Besuchen kann man die Uhr stellen.
3. (habitual) size, price, time normal; staff, customer, pub, butcher Stamm-; listener, reader regelmäßig. **our ~ cleaning**

woman unsere normale Reinemachefrau; **my ~ dentist** mein Hauszahnarzt *m*.
4. (*permissible, accepted*) *action, procedure* richtig. **it is quite ~ to apply in person** es ist ganz in Ordnung, sich persönlich zu bewerben. **5.** (*Mil*) Berufs-, regulär. **6.** (*Gram*) regelmäßig. **7.** (*Rel*) ~ **clergy** Ordensgeistlichkeit *f*. **8.** (*inf*) echt (*inf*). ~ **guy** (*US*) ein klasse or echter Kerl (*inf*).
II *n* (*Mil*) Berufssoldat *m*, regulärer Soldat; (*habitual customer etc*) Stammkunde *m*, Stammkundin *f*; (*in pub, hotel*) Stammgast *m*.

regularity [ˌregjʊˈlærɪtɪ] *n* **1.** *see adj 1*. Regelmäßigkeit *f*; Ebenmäßigkeit *f*; Gleichmäßigkeit *f*; Gleichseitigkeit *f*. **2.** *see adj 2*. Regelmäßigkeit *f*; Gleichmäßigkeit *f*; Festheit *f*; Geregeltheit *f*. **3.** *see adj 4*. Richtigkeit *f*. **4.** (*Gram*) Regelmäßigkeit *f*.

regularize [ˈregjʊləraɪz] *vt breathing, service* regulieren; *situation, relationship* normalisieren.

regularly [ˈregjʊləlɪ] *adv* regelmäßig; *breathe, beat also* gleichmäßig.

regulate [ˈregjʊleɪt] *vt* **1.** (*control*) regulieren; *flow, expenditure also, traffic, life-style* regeln. **2.** *machine, mechanism.* regulieren; *clock* richtig stellen.

regulation [ˌregjʊˈleɪʃən] **I** *n* **1.** (*regulating*) *see vt* Regulierung *f*; Regelung *f*. **2.** (*rule*) Vorschrift *f*. **according to (the)** ~s laut Vorschrift/Satzung; **to be contrary to** or **against (the)** ~s gegen die Vorschrift(en)/Satzung verstoßen; **fire/safety** ~s Feuer-/Sicherheitsvorschriften *pl*.
II *attr boots, dress* vorgeschrieben. **army** ~ **boots** vorgeschriebene Armeestiefel *pl*.

regulative [ˈregjʊlətɪv] *adj* regulativ, regulierend.

regulator [ˈregjʊleɪtəʳ] *n* (*instrument*) Regler *m*; (*in clock, watch*) Gangregler *m*; (*for manual adjustment*) Rücker *m*.

regurgitate [rɪˈgɜːdʒɪteɪt] *vt* wieder hochbringen, wieder von sich geben (*fig*); *information* wiederkäuen. **this animal's young feed on ~d insects** die Jungen dieses Tiers leben von vorverdauten Insekten.

regurgitation [rɪˌgɜːdʒɪˈteɪʃən] *n see vt* Wiederhochbringen *nt*; Wiederkäuen *nt*.

rehabilitate [ˌriːəˈbɪlɪteɪt] *vt* **1.** (*to everyday life*) *refugee, demobilized troops* (in die Gesellschaft) eingliedern; *ex-criminal, the disabled also* rehabilitieren. **2.** (*restore position to*) rehabilitieren.

rehabilitation [ˈriːəˌbɪlɪˈteɪʃən] *n see vt* Eingliederung *f* in die Gesellschaft; Rehabilitation *f*. ~ **centre** (*Admin*) Rehabilitationszentrum *nt*.

rehash [ˌriːˈhæʃ] **I** *vt literary material etc* aufbereiten. **II** [ˈriːhæʃ] *n* (*action*) Aufbereitung *f*; (*result*) Aufguß *m*.

rehearsal [rɪˈhɜːsəl] *n* **1.** (*Theat, Mus*) Probe *f*. **this play is in** ~ das Stück wird geprobt. **2.** (*recital: of facts*) Aufzählung *f*.

rehearse [rɪˈhɜːs] **I** *vt* **1.** (*Theat, Mus*) *play, concert* proben; *person* proben lassen. **to** ~ **what one is going to say** einüben, was

man sagen will. **2.** (*recite*) *facts, grievances* aufzählen. **II** *vi* proben.

reheat [ˌriːˈhiːt] *vt* aufwärmen.

rehouse [ˌriːˈhaʊz] *vt* unterbringen.

reign [reɪn] **I** *n* (*lit, fig*) Herrschaft *f*; (*of monarch also*) Regentschaft *f*. **the R~ of Terror** die Schreckensherrschaft. **II** *vi* (*lit, fig*) herrschen (*over* über +*acc*). **silence ~s** es herrscht Ruhe; *see* **supreme**.

reigning [ˈreɪnɪŋ] *adj attr* regierend; *champion* herrschend, amtierend (*hum*).

reimburse [ˌriːɪmˈbɜːs] *vt person* entschädigen; *loss* ersetzen; *expenses, costs* (zurück)erstatten, ersetzen.

reimbursement [ˌriːɪmˈbɜːsmənt] *n see vt* Entschädigung *f*; Ersatz *m*; (Rück)-erstattung *f*, Ersatz *m*.

reimport [ˌriːɪmˈpɔːt] *vt* wiedereinführen, reimportieren.

reimpose [ˌriːɪmˈpəʊz] *vt task, conditions* neu aufzwingen or auferlegen (*form*) (*on sb* jdm); *sanctions, fine* erneut verhängen (*on gegen*); *one's will, authority* erneut aufzwingen (*on sb* jdm). **to** ~ **a tax on sth** etw erneut besteuern.

rein [reɪn] *n* (*lit, fig*) Zügel *m*. ~**s** (*for child*) Laufgurt *m*; **to hold the** ~**s** (*lit, fig*) die Zügel or das Heft in der Hand haben; **he kept the horse on a long/short** ~ er ließ die Zügel lang/hielt die Zügel kurz; **to keep a tight** ~ **on sb/sth** (*lit, fig*) bei jdm/etw die Zügel kurz halten; **to give free** ~ **to sb/sth, to allow sb/sth free** ~ (*fig*) jdm/einer Sache freien Lauf lassen (+*dat*).
◆**rein back** *vti sep* zügeln.
◆**rein in I** *vt sep horse* zügeln; (*fig*) *passions also* im Zaum halten. **II** *vi* zügeln.
◆**rein up** *vti sep* zügeln.

reincarnate [ˌriːɪnˈkɑːneɪt] **I** *vt* reinkarnieren (*liter*). **to be** ~**d** wiedergeboren werden. **II** [ˌriːɪnˈkɑːnɪt] *adj* wiedergeboren.

reincarnation [ˌriːɪnkɑːˈneɪʃən] *n* die Wiedergeburt, die Reinkarnation.

reindeer [ˈreɪndɪəʳ] *n, pl* - **Ren(tier)** *nt*.

reinforce [ˌriːɪnˈfɔːs] *vt* (*lit, fig, Psych*) verstärken; *concrete also* armieren (*spec*); *sb's demands* stärken, stützen; *evidence, statement* stützen, bestätigen; *opinion* bestätigen. **to** ~ **sb's determination** jdn in seiner Absicht bestärken; ~**d concrete** Stahlbeton *m*.

reinforcement [ˌriːɪnˈfɔːsmənt] *n* **1.** *no pl* (*act*) *see vt* Verstärkung *f*; Armierung *f*; Stärkung, Stützung *f*; Bestätigung *f*. ~ **troops** (*Mil*) Verstärkungstruppen *pl*. **2.** (*thing*) Verstärkung *f*. ~**s** (*Mil, fig*) Verstärkung *f*.

reinstate [ˌriːɪnˈsteɪt] *vt person* wieder einstellen (*in* in +*acc*); *law and order* wiederherstellen (*in* in +*dat*).

reinstatement [ˌriːɪnˈsteɪtmənt] *n see vt* Wiedereinstellung *f*; Wiederherstellung *f*.

reinsurance [ˌriːɪnˈʃʊərəns] *n* Weiterversicherung *f*.

reinsure [ˌriːɪnˈʃʊəʳ] *vt* weiterversichern.

reintegrate [ˌriːˈɪntɪgreɪt] *vt* wiedereingliedern (*into* in +*acc*).

reintegration [ˈriːˌɪntɪˈgreɪʃən] *n* Wiedereingliederung *f*, Reintegration *f*.

reissue [ˌriːˈɪʃjuː] **I** *vt book* neu auflegen; *stamps, recording, coins* neu heraus-

geben. **II** *n* Neuauflage *f*; Neuausgabe *f*.
reiterate [riː'ɪtəreɪt] *vt* wiederholen.
reiteration [riː,ɪtə'reɪʃən] *n* Wiederholung *f*.
reiterative [riː'ɪtərətɪv] *adj comments* sich wiederholend *attr; style* repetitiv.
reject [rɪ'dʒekt] **I** *vt* **1.** *damaged goods etc* (*customer*) ablehnen, zurückweisen; (*maker, producer*) aussortieren, ausscheiden.
　2. (*turn down*) *application, request etc* ablehnen; (*stronger*) abweisen, zurückweisen; *candidate* (*through vote*) durchfallen lassen; *suitor, advances* zurückweisen; *offer also* ausschlagen; *plea also* abschlagen; *possibility* verwerfen.
　3. (*Med*) *drug* nicht vertragen, ablehnen; *transplant also* abstoßen; (*stomach*) *food* verweigern.
　II ['riːdʒekt] *n* (*Comm*) Ausschuß *m no pl.* ~ **goods** Ausschußware *f*; **society's** ~**s** die Ausgestoßenen *pl*.
rejection [rɪ'dʒekʃən] *n see vt* **1.** Ablehnung, Zurückweisung *f*; Aussortierung, Ausscheidung *f*.
　2. Ablehnung *f*; Abweisung, Zurückweisung *f*; Verwerfen *nt.* ~ **slip** Absage *f*.
　3. (*Med*) Ablehnung *f*; Abstoßung *f*; Verweigerung *f*.
rejoice [rɪ'dʒɔɪs] **I** *vt* (*liter*) *person* erfreuen.
　II *vi* sich freuen; (*jubilate*) jubeln; (*Rel*) jauchzen. **he** ~**s in the name of Marmaduke** (*hum*) er erfreut sich des Namens Marmaduke.
rejoicing [rɪ'dʒɔɪsɪŋ] *n* Jubel *m.* ~**s** Jubel *m*.
rejoin[1] [,riː'dʒɔɪn] *vt person, regiment* sich wieder anschließen (+*dat*). **to** ~ **ship** (*Naut*) wieder aufs Schiff kommen; **then we** ~**ed the motorway** danach kamen wir wieder auf die Autobahn; **the road** ~**s the motorway** die Straße trifft wieder auf die Autobahn.
rejoin[2] [rɪ'dʒɔɪn] *vt* (*reply*) erwidern; (*Jur*) duplizieren.
rejoinder [rɪ'dʒɔɪndər] *n* Erwiderung *f*; (*Jur*) Duplik *f*.
rejuvenate [rɪ'dʒuːvɪneɪt] *vt* verjüngen; (*fig*) erfrischen.
rekindle [,riː'kɪndl] **I** *vt* (*lit*) *fire, flame* wieder anzünden; (*fig*) *passions, love* wieder entzünden *or* entflammen; *hope* wiedererwecken. **II** *vi* (*lit*) wieder aufflackern; (*fig*) (*passion, love also*) wieder entflammen; (*hope*) wiedererwachen.
relapse [rɪ'læps] **I** *n* (*Med*) Rückfall, Rückschlag *m*; (*fig*) (*in economy*) Rückschlag *m*; (*into vice, crime*) Rückfall *m* (*into* in + *acc*). **to have a** ~ einen Rückfall haben.
　II *vi* (*Med*) einen Rückfall haben; (*economy*) einen Rückschlag erleiden. **to** ~ (**into crime/vice**) rückfällig werden; **to** ~ **into unconsciousness** wieder bewußtlos werden.
relate [rɪ'leɪt] **I** *vt* **1.** (*recount*) *story* erzählen; *details* aufzählen. **strange to** ~ so unglaublich es klingt.
　2. (*associate*) in Verbindung *or* Beziehung *or* Zusammenhang bringen (*to, with* mit).
　II *vi* **1.** zusammenhängen (*to* mit).
　2. (*form relationship*) eine Beziehung finden (*to* zu).

related [rɪ'leɪtɪd] *adj* **1.** (*in family*) verwandt (*to* mit). **2.** (*connected*) zusammenhängend; *elements, theories, languages etc* verwandt.
relating [rɪ'leɪtɪŋ] *adj* ~ **to** in Zusammenhang mit.
relation [rɪ'leɪʃən] *n* **1.** (*relative*) Verwandte(r) *mf.* **he's a/no** ~ (**of mine**) er ist/ist nicht mit mir verwandt; **is he any** ~ **to you?** ist er mit Ihnen verwandt?
　2. (*relationship*) Beziehung *f.* **to bear a** ~ **to** in Beziehung stehen zu; **to bear no** ~ **to** in keinerlei Beziehung stehen zu, keinerlei Beziehung haben zu; **in** ~ **to** (*as regards*) in bezug auf (+*acc*); (*compared with*) im Verhältnis zu.
　3. ~**s** *pl* (*dealings, ties, sexual* ~**s**) Beziehungen *pl*; **to have business** ~**s with sb** geschäftliche Beziehungen zu jdm haben.
　4. *no pl* (*of story*) Erzählung *f*; (*of details*) Aufzählung *f*.
relationship [rɪ'leɪʃənʃɪp] *n* **1.** Verwandtschaft *f* (*to* mit). **what is your** ~ (**to him**)? wie sind Sie (mit ihm) verwandt?
　2. (*connection: between events etc*) Beziehung, Verbindung *f*; (*relations*) Verhältnis *nt*, Beziehungen *pl*; (*in business*) Verbindung *f*. **to have a** (**sexual**) ~ **with** ein Verhältnis haben mit; **what kind of a** ~ **do you have with him?** (*is it good or bad*) wie ist Ihr Verhältnis zu ihm?; (*on what footing*) in welchem Verhältnis stehen Sie zu ihm?; **to have a good** ~ **with sb** ein gutes Verhältnis *or* gute Beziehungen zu jdm haben; **we have a business** ~ wir haben geschäftlich miteinander zu tun; **it is a strictly business** ~ es ist eine rein geschäftliche Beziehung.
relative ['relətɪv] **I** *adj* **1.** (*comparative, not absolute, Sci*) relativ; (*respective*) respektiv. ~ **to him, she is in a very happy position** verglichen mit ihm ist sie gut daran; **fuel consumption is** ~ **to speed** der Benzinverbrauch hängt von der Geschwindigkeit ab; **to live in** ~ **luxury** verhältnismäßig *or* relativ luxuriös leben; **the** ~ **merits of A and B** die respektiven Verdienste von A und B.
　2. (*relevant*) ~ **to** sich beziehend auf (+*acc*).
　3. (*Gram*) *pronoun, clause* Relativ-.
　4. (*Mus*) *minor, major* parallel.
　II *n* **1.** (*person*) *see* **relation 1.**
　2. (*Gram*) (*clause*) Relativsatz *m*; (*pronoun*) Relativpronomen *nt*.
relatively ['relətɪvlɪ] *adv* relativ, verhältnismäßig. ~ **speaking** relativ.
relativism ['relətɪvɪzəm] *n* Relativismus *m*.
relativity [,relə'tɪvɪtɪ] *n* (*Phys, Philos*) Relativität *f.* ~ **theory, the theory of** ~ die Relativitätstheorie.
relax [rɪ'læks] **I** *vt* lockern; *muscles also, person, one's mind* entspannen; *attention, effort* nachlassen in (+*dat*). **to** ~ **the bowels** (*Med*) den Stuhlgang fördern; **his face** ~**ed into a smile** sein Gesicht entspannte sich zu einem Lächeln.
　II *vi* (sich) entspannen; (*rest*) (sich) ausruhen; (*calm down*) sich beruhigen. **let's just** ~! ganz ruhig!; ~! reg dich nicht auf!
relaxant [rɪ'læksənt] *n* (*Med*) Relaxans *nt*.

relaxation [ˌriːlækˈseɪʃən] *n* **1.** *see vt* Lockerung *f*; Entspannung *f*; Nachlassen *nt*.

2. (*rest*) Entspannung *f*; (*recreation also*) Erholung *f*.

relaxed [rɪˈlækst] *adj* locker; *person, smile, voice* entspannt, ruhig; *atmosphere* zwanglos, gelockert; *throat* (*Med*) angegriffen. **to feel ~** (*physically*) entspannt sein; (*mentally*) sich wohl fühlen; **to feel ~ about sth** etw ganz gelassen sehen.

relaxing [rɪˈlæksɪŋ] *adj* entspannend; *climate* erholsam.

relay [ˈriːleɪ] **I** *n* **1.** (*of workers etc*) Ablösung *f*; (*of horses*) frisches Gespann. **to work in ~s** sich ablösen. **2.** (*Sport: also* **~ race**) Staffel(lauf *m*) *f*. **3.** (*Rad, TV*) Relais *nt*. **II** *vt* **1.** (*Rad, TV etc*) *programme, signal* (weiter)übertragen. **2.** *message* ausrichten (*to sb* jdm).

re-lay [ˌriːˈleɪ] *vt irreg* neu verlegen.

release [rɪˈliːs] **I** *vt* **1.** *animal, person* freilassen; (*from prison also*) entlassen; *employee, football player etc* freigeben; (*rescue*) befreien; (*from obligation, promise, vow*) entbinden, befreien; (*from pain*) erlösen. **to ~ sb on bail** (*Jur*) jdn gegen Kaution freilassen; **to ~ sb from a debt** jdm eine Schuld erlassen.

2. (*let go of*) loslassen; *spring also* zurückspringen lassen; *handbrake* losmachen; (*Phot*) *shutter* auslösen; *bomb* abwerfen; *grip, clasp* lösen; (*police*) *confiscated articles* freigeben. **to ~ the (foot) brake/clutch** den Fuß von der Bremse/Kupplung nehmen, die Kupplung kommen lassen.

3. (*Comm: issue*) *film, goods* herausbringen; *record also* veröffentlichen.

4. *news, statement* veröffentlichen.

5. (*emit*) *gas, energy* freisetzen; *smell* ausströmen; (*let off, into atmosphere*) *pressure, steam* ablassen.

6. (*Jur*) *property, title* aufgeben, verzichten auf (+*acc*).

II *n see vt* **1.** Freilassung *f*; Entlassung *f*; Freigabe *f*; Befreiung *f*; Entbindung *f*; Erlösung *f*. **death was a happy ~ for him** der Tod war eine Erlösung für ihn.

2. (*act*) Loslassen *nt*; Lösen *nt*; Auslösen *nt*; Abwurf *m*; Lösen *nt*; Freigabe *f*; (*mechanism*) Auslöser *m*; *see* **shutter**.

3. (*act*) Herausbringen *nt*; Veröffentlichung *f*; (*film*) Film *m*; (*record*) Platte *f*. **this film is now on general ~** dieser Film ist nun überall zu sehen; **a new ~ from XYZ Films Inc.** ein neu herausgekommener Film der XYZ Filmgesellschaft.

4. (*act*) Veröffentlichung *f*; (*statement*) Verlautbarung *f*.

5. Freisetzung *f*. **~ valve** Entlastungsventil *nt*.

6. Aufgabe *f* (*of gen*), Verzicht *m* (*of* auf +*acc*).

relegate [ˈreligeit] *vt* **1.** (*lit, fig: downgrade*) degradieren; (*Sport*) *team* absteigen lassen (*to in* +*acc*); *old toys, furniture* verbannen (*to in* +*acc*). **to be ~d** (*Sport*) absteigen; **~d to second place** (*fig*) an zweite Stelle abgeschoben *or* verbannt.

2. (*hand over*) *matter, question* weiter-

leiten (*to an* +*acc*).

relegation [ˌreliˈgeiʃən] *n see vt* **1.** Degradierung *f*; Abstieg *m*; Verbannung *f*. **2.** Weiterleitung *f*.

relent [rɪˈlent] *vi* (*person*) nachgeben; (*pace, pain*) nachlassen; (*weather*) sich bessern.

relentless [rɪˈlentlɪs] *adj* erbarmungslos; *person also* unerbittlich; *attitude, opposition also* unnachgiebig; *pain, cold* nicht nachlassend.

relentlessly [rɪˈlentlɪslɪ] *adv* unerbittlich, erbarmungslos; *oppose, maintain* unnachgiebig; *hurt, rain* unaufhörlich.

relevance [ˈrelʌvəns], **relevancy** [ˈrelɪvʌnsɪ] *n* Relevanz *f*.

relevant [ˈrelʌvənt] *adj* relevant (*to* für); *information, document also* entsprechend *attr*, sachdienlich (*form*); *course, study also* sachbezogen; *authority, person* zuständig. **a course ~ to one's studies** ein studienbezogener *or* für sein Studium relevanter Kurs; **the police are looking for any ~ information** die Polizei bittet um sachdienliche Hinweise.

reliability [rɪˌlaɪəˈbɪlɪtɪ] *n see adj* Zuverlässigkeit *f*; Verläßlichkeit *f*; Seriosität, Vertrauenswürdigkeit *f*.

reliable [rɪˈlaɪəbl] *adj* zuverlässig; *person also* verläßlich; *firm, company* seriös, vertrauenswürdig.

reliably [rɪˈlaɪəblɪ] *adv* zuverlässig.

reliance [rɪˈlaɪəns] *n* (*trust, confidence*) Vertrauen *nt* (*on* auf +*acc*). **to place ~ on sth** sich auf etw (*acc*) verlassen.

reliant [rɪˈlaɪənt] *adj* (*dependent*) angewiesen (*on, upon* auf +*acc*); *see* **self-reliant**.

relic [ˈrelɪk] *n* Überbleibsel, Relikt *nt*; (*Rel*) Reliquie *f*. **a ~ of** *or* **from a past age** ein Überbleibsel aus vergangener Zeit; **an old ~** (*pej inf*) (*person*) ein alter Knochen (*inf*); (*car, wardrobe etc*) ein vorsintflutlicher Karren/Schrank *etc* (*pej inf*).

relief [rɪˈliːf] **I** *n* **1.** (*from anxiety, pain*) Erleichterung *f*. **to bring sb ~** (*drug*) jdm Erleichterung verschaffen; (*news*) jdn erleichtern; **that brought him some ~ from his headache** das hat seine Kopfschmerzen etwas gelindert; **that's a ~!** mir fällt ein Stein vom Herzen; **it was a ~ to find it** ich/er *etc* war erleichtert, als ich/er *etc* es fand.

2. (*from monotony, boredom*) Abwechslung *f*. **to provide a little light/comic ~** eine kleine Abwechslung/komische Erleichterung schaffen.

3. (*assistance*) Hilfe *f*. **to go/come to sb's ~** jdm zu Hilfe eilen/kommen; **to send ~ in the form of food to sb** jdm mit Nahrungsmitteln zu Hilfe kommen; **to provide ~ for the poor** für die Armen sorgen; **to be on ~** (*US*) Fürsorge bekommen, von der Fürsorge leben.

4. (*esp Mil: act of relieving, replacement forces*) Entsatz *m*; (*substitute*) Ablösung *f*; **~ watchman/driver** *etc* Ablösung *f*; **~ train/bus** Entlastungszug *m*/-bus *m*.

5. (*Art, Geog*) Relief *nt*; (*Typ also*) Hochdruck *m*. **high/low ~** Hoch-/Flachrelief *nt*; **in ~** erhaben; **to stand out in ~ against sth** (*lit*) sich (deutlich) von etw abheben; *(fig)* im Gegensatz zu etw stehen; **to bring** *or* **throw sth into ~** etw hervorheben.

6. *(Jur)* Rechtshilfe *f (of* bei).

II *attr* **1.** *fund, organization* Hilfs-.

2. *watchman, driver* Ablöse-; *troops* Entsatz-; *bus, train, road* Entlastungs-.

3. *map* Relief-; *printing also* Hoch-.

relieve [rɪˈliːv] *vt* **1.** *person* erleichtern; *(of pain)* helfen *(+dat)*. **he was ~d to learn that** er war erleichtert, als er das hörte; **to ~ sb's mind** jdn beruhigen.

2. to ~ sb of sth *of burden, pain* jdn von etw befreien; *of duty, post, command* jdn einer Sache *(gen)* entheben *(geh)*; *of coat, suitcase* jdm etw abnehmen; *(hum) of wallet, purse etc* jdn um etw erleichtern.

3. *(mitigate) anxiety* mildern, schwächen; *pain* lindern; *(completely)* stillen; *tension* abbauen; *monotony (interrupt)* unterbrechen; *(liven things up)* beleben; *poverty* erleichtern; *(Med) congestion* abhelfen *(+dat)*; *(completely)* beheben. **the black of her dress was ~d by a white collar** das Schwarz ihres Kleides wurde durch einen weißen Kragen etwas aufgelockert; **the new road ~s peak-hour congestion** die neue Straße entlastet den Berufsverkehr; **to ~ oneself** *(euph)* sich erleichtern.

4. *(help)* helfen *(+dat)*.

5. *(take over from, also Mil)* ablösen.

6. *(Mil) town* entsetzen, befreien.

religion [rɪˈlɪdʒən] *n* Religion *f*; *(set of beliefs)* Glaube(n) *m*. **the Christian ~** der christliche Glaube; **wars of ~** Glaubenskriege *pl*; **that's against my ~** *(lit)* das verstößt gegen meine Religion; *(hum inf)* das hat mir der Arzt verboten; **it's an absolute ~ with him** *(fig)* das ist ihm heilig.

religiosity [rɪˌlɪdʒɪˈɒsɪtɪ] *n* Frömmlertum *nt*.

religious [rɪˈlɪdʒəs] **I** *adj* **1.** religiös; *order* geistlich; *freedom also, wars* Glaubens-, Religions-. **~ instruction** *or* **education** *(Sch)* Religionsunterricht *m*.

2. *(having ~ beliefs) person* gläubig; *(pious)* fromm.

3. *(fig: conscientious)* gewissenhaft; *silence* ehrfürchtig.

II *n* Ordensmann *m*, Ordensfrau *f*. **the ~ pl** die Ordensleute *pl*.

religiously [rɪˈlɪdʒəslɪ] *adv live* fromm, gottesfürchtig; *(fig: conscientiously)* gewissenhaft, treu und brav.

religiousness [rɪˈlɪdʒəsnɪs] *n (piety)* Frömmigkeit *f*; *(fig: conscientiousness)* Gewissenhaftigkeit *f*.

reline [ˌriːˈlaɪn] *vt coat, jacket* neu füttern; *brakes* neu belegen.

relinquish [rɪˈlɪŋkwɪʃ] *vt* **1.** *(give up)* aufgeben; *right, possessions, power, place* verzichten auf *(+acc)*. **to ~ sth to sb** jdm etw abtreten *or* überlassen.

2. *(let go)* **to ~ one's hold on sb/sth** *(lit, fig)* jdn/etw loslassen; **he ~ed his hold on life/reality** er gab seinen Willen zum Leben auf/er verlor jeden Bezug zur Realität; **to ~ one's hold over sb** *(fig)* jdn freigeben.

relinquishment [rɪˈlɪŋkwɪʃmənt] *n (form: of claim, possessions etc)* Verzicht *m (of* auf *+acc)*.

reliquary [ˈrelɪkwərɪ] *n* Reliquiar *nt*, Reliquienschrein *m*.

relish [ˈrelɪʃ] **I** *n* **1.** *(enjoyment)* Geschmack, Gefallen *m (for* an *+dat)*. **to do sth with (great) ~** etw mit (großem) Genuß tun.

2. *(Cook)* Soße *f*; *(spiciness)* Würze *f*; *(fig: charm)* Reiz *m*. **tomato/fruit ~** Tomaten-/Obstchutney *nt*; **hunger is the best ~** *(Prov)* Hunger ist der beste Koch *(Prov)*; **it had lost all ~ (for me)** *(fig)* hatte für mich jeglichen Reiz verloren.

II *vt* genießen; *food, wine also* sich *(dat)* schmecken lassen. **I don't ~ the thought of getting up at 5 a.m.** der Gedanke, um 5 Uhr aufzustehen, behagt *or* schmeckt *(inf)* mir gar nicht.

relive [ˌriːˈlɪv] *vt life* noch einmal leben; *experience, one's childhood* noch einmal erleben *or* durchleben.

reload [ˌriːˈləʊd] *vt* neu beladen; *gun* nachladen, neu laden.

relocation [ˌriːləʊˈkeɪʃən] *n* Umzug *m*; *(of refugees etc)* Umsiedlung *f*. **~ allowance** Umzugsbeihilfe *f*.

reluctance [rɪˈlʌktəns] *n* **1.** Widerwillen *m*, Abneigung *f*. **to do sth with ~** etw widerwillig *or* ungern tun. **2.** *(Phys)* magnetischer Widerstand.

reluctant [rɪˈlʌktənt] *adj* unwillig, widerwillig; *admission, consent, praise* widerwillig. **he is ~ to do it** es widerstrebt ihm, es zu tun; **I'm ~ to go, as he may not even be there** ich gehe nur ungern, denn er ist vielleicht nicht einmal da; **he seems to admit it** er scheint es nicht zugeben zu wollen; **he is a ~ soldier/student** er ist nur widerwillig Soldat/Student.

reluctantly [rɪˈlʌktəntlɪ] *adv* widerwillig.

rely [rɪˈlaɪ] *vi* **to ~ (up)on sb/sth** sich auf jdn/etw verlassen; *(be dependent on)* auf jdn/etw angewiesen sein; **she relied on the trains being on time** sie verließ sich darauf, daß die Züge pünktlich waren; **I ~ on him for my income** ich bin finanziell auf ihn angewiesen; **you can ~ (up)on my help** du kannst dich darauf verlassen, daß ich dir helfe; **you can ~ on me not to say anything about it** Sie können sich darauf verlassen, daß ich nichts davon sage.

REM *abbr of* **1. rapid eye movement. 2. roentgen equivalent man** Rem *nt*.

remain [rɪˈmeɪn] *vi* **1.** bleiben; *(be left over)* übrigbleiben. **much ~s to be done** es ist *or* bleibt noch viel zu tun; **nothing ~s to be said** es gibt *or* bleibt nichts mehr zu sagen; **nothing ~s but to accept** wir/sie *etc* brauchen nur noch anzunehmen; *(no alternative)* es bleibt uns nichts anderes übrig, als anzunehmen; **all that ~s is for me to wish you every success** ich möchte Ihnen nur noch viel Erfolg wünschen; **all that ~s (for me/us etc to do) is to lock up** ich brauche/wir brauchen jetzt nur noch abzuschließen; **that ~s to be seen** das wird sich zeigen, das bleibt abzuwarten; **the fact ~s that he is wrong** das ändert nichts an der Tatsache, daß er unrecht hat.

2. *(stay)* bleiben. **~ seated!** bleiben Sie sitzen; **to ~ silent** weiterhin schweigen; **to ~ behind/up** zurück-/aufbleiben; "**I ~**

yours faithfully John Smith'' ,,mit besten Grüßen verbleibe ich Ihr John Smith''.

remainder [rɪˈmeɪndəʳ] **I** *n* **1.** Rest *m* (*also Math*). **the ~** (*remaining people*) der Rest, die übrigen (Leute); **for the ~ of the week** für den Rest der Woche.

2. ~s *pl* (*Comm*) Restbestände *pl*; (*books also*) Remittenden *pl* (*spec*).

3. (*Jur*) Erbanwartschaft *f*.

II *vt books* als Remittenden abgeben.

remaining [rɪˈmeɪnɪŋ] *adj* übrig, restlich. **the ~ four, the four ~** die übrigen vier, die vier übrigen.

remains [rɪˈmeɪnz] *npl* (*of meal*) Reste *pl*; (*of fortune, army*) Rest *m*; (*of building*) Überreste *pl*; (*archaeological ~*) Ruinen *pl*. **literary ~** literarischer Nachlaß; **his (mortal) ~** seine sterblichen Überreste.

remake [ˌriːˈmeɪk] **I** *vt irreg* wieder *or* nochmals machen; (*in new form*) neu machen. **to ~ a film** ein Thema neu verfilmen.

II [ˈriːmeɪk] *n* (*Film*) Neuverfilmung *f*.

remand [rɪˈmɑːnd] **I** *vt* (*Jur*) *case* vertagen. **to ~ sb (in custody/on bail)** jdn weiterhin in Untersuchungshaft behalten/unter Kaution halten; **to ~ sb to a higher court** jdm an eine höhere Instanz verweisen; **he was ~ed in custody/on bail** er blieb in Untersuchungshaft/unter Kaution.

II *n* (*of person*) Aufrechterhaltung *f* der Untersuchungshaft/der Erhebung von Kaution (*of gegen*); (*form: of case*) Vertagung *f*. **to be on ~** in Untersuchungshaft sein; (*on bail*) auf Kaution freigelassen sein; **~ home** *or* **centre** (*Brit*) Untersuchungsgefängnis *nt* für Jugendliche.

remark [rɪˈmɑːk] **I** *n* **1.** (*comment*) Bemerkung *f*. **I have a few/no ~s to make on that subject** ich habe einiges zu diesem Thema zu bemerken/nichts zu diesem Thema zu sagen.

2. *no pl* (*notice*) **worthy of ~** bemerkenswert; **without ~** unbemerkt.

II *vt* **1.** (*say*) bemerken.

2. (*old, liter: notice*) bemerken.

III *vi* **to ~ (up)on sth** über etw (*acc*) eine Bemerkung machen, sich zu etw äußern.

remarkable [rɪˈmɑːkəbl] *adj* (*notable*) bemerkenswert; *intelligence, talent, wit also* beachtlich; (*extraordinary*) außergewöhnlich. **to be ~ for sth** sich durch etw auszeichnen.

remarkably [rɪˈmɑːkəblɪ] *adv* außergewöhnlich.

remarriage [ˌriːˈmærɪdʒ] *n* Wiederverheiratung *f* (*to mit*).

remarry [ˌriːˈmærɪ] *vi* wieder heiraten.

remediable [rɪˈmiːdɪəbl] *adj situation* rettbar; *fault, defect* behebbar.

remedial [rɪˈmiːdɪəl] *adj attr action, measures* Hilfs-; (*Med*) Heil-. **~ exercises** Heilgymnastik *f*; **to teach ~ English/ reading** einen/den Förderkurs in Englisch/im Lesen leiten; **~ teaching/ work** Förder- *or* Hilfsunterricht *m/* Förderaufgaben *pl*; **~ class** Förderklasse *f* (für Lernschwache).

remedy [ˈremədɪ] **I** *n* (*Med, fig*) Mittel *nt* (*for gegen*); (*medication*) Heilmittel *nt* (*for gegen*); (*Jur*) Rechtsmittel *nt*. **the situation is past** *or* **beyond ~** die Lage ist

hoffnungslos verloren *or* irreparabel; **unless we can find a ~** wenn wir keinen Ausweg *or* keine Lösung finden.

II *vt* (*Med*) heilen; (*fig*) *defect, fault* beheben; *situation* bessern; *abuse, evil* abhelfen (*+dat*).

remember [rɪˈmembəʳ] **I** *vt* **1.** (*recall*) sich erinnern an (*+acc*); (*bear in mind*) denken an (*+acc*); (*learn*) *formula, facts, vocabulary* sich (*dat*) merken. **I ~ that he was very tall** ich erinnere mich (daran), daß er sehr groß war; **I ~ her as a beautiful girl** ich habe sie als schönes Mädchen in Erinnerung; **I ~ her as a young girl** *or* **when she was young** ich erinnere mich noch, wie sie als kleines Mädchen war; **we must ~ that he's only a child** wir sollten bedenken *or* daran denken, daß er noch ein Kind ist; **to ~ to do sth** daran denken, etw zu tun; **I ~ doing it** ich erinnere mich daran, daß ich es getan habe; **I've just ~ed his name** mir ist gerade sein Name wieder eingefallen; **don't you ~ me?** erinnern Sie sich nicht an mich?; **here's something to ~ me by** da hast du etwas, das dich (immer) an mich erinnern wird; **do you ~ when ...?** (*reminiscing*) weißt du noch, als ...?; (*asking facts*) weißt du (noch), wann ...?; **I don't ~ a thing about it** ich kann mich überhaupt *or* absolut nicht daran erinnern; (*about lecture, book*) ich weiß nichts mehr davon; **I can never ~ phone numbers** ich kann mir Telefonnummern einfach nicht merken; **we can't always ~ everything** wir können nicht immer an alles denken; **~ where/who you are!** denken Sie daran *or* bedenken Sie, wo/wer Sie sind!; **to ~ sb in one's prayers/one's will** jdn in sein Gebet einschließen/jdn in seinem Testament bedenken.

2. (*commemorate*) gedenken (*+gen*).

3. (*give good wishes to*) **~ me to your mother** grüßen Sie Ihre Mutter von mir; **he asks to be ~ed to you** er läßt Sie grüßen.

II *vi* sich erinnern. **I can't ~** ich weiß das nicht mehr; **not as far as I ~** soweit ich mich erinnere, nicht!

remembrance [rɪˈmembrəns] *n* **1.** Erinnerung *f* (*of an +acc*). **R~Day** (*Brit*) ≃ Volkstrauertag *m*; **~ service** Gedenkgottesdienst *m*; **in ~ of** zur Erinnerung an (*+acc*); **to the best of my ~** soweit ich mich erinnern kann; **I have no ~ of that** ich habe keinerlei Erinnerung daran.

2. (*keepsake*) Andenken *nt* (*of an +acc*).

remind [rɪˈmaɪnd] *vt* erinnern (*of an +acc*). **you are ~ed that ...** wir weisen darauf hin, daß ...; **to ~ sb to do sth** jdn daran erinnern, etw zu tun; **that ~s me!** da(bei) fällt mir was ein.

reminder [rɪˈmaɪndəʳ] *n* (*note, knot etc*) Gedächtnisstütze *f*. **(letter of) ~** (*Comm*) Mahnung *f*; **as a ~ that ...** um dich/ihn *etc* daran zu erinnern, daß ...; **to give sb a ~ to do sth** jdn daran erinnern, etw zu tun; **his presence was a ~ of ...** seine Gegenwart erinnerte mich/dich *etc* an (*+acc*) ...

reminisce [ˌremɪˈnɪs] *vi* sich in Erinnerungen ergehen (*about über +acc*).

reminiscence [ˌremɪˈnɪsəns] *n* (*action*)

Zurückgehen *nt* (*of* zu); (*thought*) Reminiszenz, Erinnerung (*of* an +*acc*) *f*.

reminiscent [ˌremɪˈnɪsənt] *adj* **1.** to be ~ of sth an etw (*acc*) erinnern. **2.** (*reminiscing*) *style, chapter* nostalgisch.

reminiscently [ˌremɪˈnɪsəntlɪ] *adv smile, sigh etc* in der Erinnerung. to think ~ of sth nostalgisch an etw (*acc*) zurückdenken.

remiss [rɪˈmɪs] *adj* nachlässig.

remission [rɪˈmɪʃən] *n* (*form*) *see* **remit 1.** Erlassen *nt*; (*Jur*) (*Straf*)erlaß *m*; (*Rel*) Nachlaß *m*. he got 3 years' ~ for good behaviour ihm wurden wegen guter Führung 3 Jahre erlassen; there can be no ~ of the fees Gebührenerlaß ist nicht möglich. **2.** Überweisung *f*. **3.** Verschiebung, Vertagung *f*. **4.** Verweisung *f*. **5.** Nachlassen *nt*; (*Med*) Besserung *f*.

remissness [rɪˈmɪsnɪs] *n* Nachlässigkeit *f*.

remit [rɪˈmɪt] (*form*) **I** *vt* **1.** (*cancel, pardon*) *debt, sentence, sins* erlassen. **2.** (*send*) *money* überweisen. **3.** (*postpone*) verschieben, vertagen (*to* auf +*acc*, *till* bis). **4.** (*Jur: transfer*) *case* verweisen (*to* an +*acc*). **II** *vi* (*become less*) nachlassen.

remittal [rɪˈmɪtl] *n see* **remission 2.-4.**

remittance [rɪˈmɪtəns] *n* Überweisung *f* (*to* an +*acc*).

remittee [rɪmɪˈtiː] *n* (*Comm*) Empfänger *m* einer/der Überweisung.

remittent [rɪˈmɪtənt] *adj* (*Med*) *symptoms, fever* remittierend (*spec*). ~ **fever** Wechselfieber *nt*.

remitter [rɪˈmɪtəʳ] *n* (*sender*) Überweiser *m*.

remnant [ˈremnənt] *n* Rest *m*; (*fig: of splendour, custom*) Überrest *m*. the ~s of his former glory was von seinem Ruhm übriggeblieben war; ~ **day** (*Comm*) Resteverkaufstag *m*; ~ **sale** Resteausverkauf *m*.

remodel [ˌriːˈmɒdl] *vt* (*also Art, Tech*) umformen; *nose* richten; (*US*) *house* renovieren; (*fig*) *society, constitution also* umgestalten.

remonstrance [rɪˈmɒnstrəns] *n* Protest *m* (*with* bei, *against* gegen).

remonstrate [ˈremənstreɪt] *vi* protestieren (*against* gegen). to ~ with sb (about sth) jdm Vorhaltungen (wegen etw) machen.

remorse [rɪˈmɔːs] *n* Reue *f* (*at, over* über +*acc*). without ~ (*merciless*) erbarmungslos.

remorseful [rɪˈmɔːsfʊl] *adj* reumütig, reuig. to feel ~ Reue spüren.

remorsefully [rɪˈmɔːsfəlɪ] *adv see adj*.

remorsefulness [rɪˈmɔːsfʊlnɪs] *n* Reue *f*; (*of person also*) Reumütigkeit *f*.

remorseless [rɪˈmɔːslɪs] *adj* reulos, ohne Reue; (*fig: merciless*) unbarmherzig.

remorselessly [rɪˈmɔːslɪslɪ] *adv see adj*.

remorselessness [rɪˈmɔːslɪsnɪs] *n see adj* Reuelosigkeit *f*; Unbarmherzigkeit *f*.

remote [rɪˈməʊt] *adj* (+*er*) **1.** (*in place*) (*distant*) entfernt, fern (*geh*) *attr*; (*isolated*) entlegen, abgelegen. in the ~st parts of Africa in den abgelegensten Teilen Afrikas; in a ~ spot an einer entlegenen *or* abgelegenen Stelle. **2.** (*in time*) *past, future* fern. ~ antiquity die früheste Antike.

3. *relative*, (*fig*) *connection, relevance etc* entfernt. **4.** (*aloof*) unnahbar, unzugänglich. **5.** (*slight*) *possibility, resemblance* entfernt; *chance* gering, winzig. I haven't the ~st idea ich habe nicht die leiseste Idee.

remote control *n* Fernsteuerung, Fernlenkung *f*; **remote-controlled** *adj* ferngesteuert, ferngelenkt.

remotely [rɪˈməʊtlɪ] *adv situated, related* entfernt. it's just ~ possible es ist gerade eben noch möglich; if it's ~ possible wenn es auch nur irgend möglich ist; they're not even ~ similar sie sind sich nicht im entferntesten ähnlich.

remoteness [rɪˈməʊtnɪs] *n see adj* **1.** Ferne *f*; Abgelegenheit *f*. **2.** (*weite*) Ferne. **3.** Entferntheit *f*. his ~ from everyday life seine Lebensfremdheit. **4.** Unnahbarkeit, Unzugänglichkeit *f*. **5.** Entferntheit *f*; Winzigkeit *f*.

remould [ˌriːˈməʊld] **I** *vt* (*Tech*) *tyre* runderneuern. **II** [ˈriːməʊld] *n* (*tyre*) runderneuerter Reifen.

remount [ˌriːˈmaʊnt] **I** *vt* **1.** *horse, bicycle* wieder besteigen; *ladder* wieder hinaufsteigen *or* -klettern. **2.** *picture, photo* wieder aufziehen. **II** *vi* wieder aufsitzen.

removable [rɪˈmuːvəbl] *adj cover, lid, attachment* abnehmbar; *button, trimming* abtrennbar; *lining* abknöpfbar; *stain* zu entfernen *pred or* entfernend *attr*; (*from container*) herausnehmbar. the motor is easily ~ der Motor ist leicht auszubauen.

removal [rɪˈmuːvəl] *n see vt* **1.** Entfernung *f*; Abnahme *f*; Beseitigung *f*; Abtrennung *f*; Abknöpfen *nt*. his ~ to hospital seine Einlieferung ins Krankenhaus. **2.** Herausnehmen *nt*; Entfernung *f*; Streichen *nt*; Ausbau *m*. **3.** Beseitigung *f*; Aufhebung *f*; Ausräumung *f*; Beseitigung *f*; Zerstreuung *f*. **4.** Entfernung *f*. **5.** (*move from house*) Umzug *m*. our ~ to this house/to York unser Umzug in dieses Haus/nach York.

removal firm *n* Spedition *f*; **removal man** *n* Möbelpacker *m*; **removal van** *n* Möbelwagen *m*.

remove [rɪˈmuːv] **I** *vt* **1.** (*take off, take away etc*) entfernen; *cover, lid, attachments also, splint, bandage, tie* abnehmen; *stain also* beseitigen; *buttons, trimmings also* abtrennen; *lining* abknöpfen. to ~ sth from sb jdm etw wegnehmen; to ~ one's clothes die Kleider ablegen; to ~ sb to hospital/the cells jdn ins Krankenhaus einliefern/jdn in die Zelle bringen; to ~ a child from school ein Kind von *or* aus der Schule nehmen; to ~ one's make-up das Make-up entfernen. **2.** (*take out*) (*from container*) herausnehmen (*from* aus); (*Med*) *lung, kidney also* entfernen (*from* aus); *paragraph, word, item on list also* streichen (*Tech*) ausbauen (*from* aus). **3.** (*eradicate*) *threat* beseitigen (*usu pass*), Schluß machen mit; *tax* aufheben; *objection, obstacle* aus dem Weg schaffen *or* räumen; *difficulty, problem* beseitigen, ein Ende machen *or* setzen (+*dat*); *doubt, suspicion, fear* zerstreuen; *abuse, evil* abstellen, beseitigen; (*euph: kill*) beseitigen.

4. (*form: dismiss*) *official* entfernen.

5. (*form: to another house*) transportieren.

6. to be far ~d from ... weit entfernt sein von ...; **a cousin once/twice ~d** ein Cousin ersten/zweiten Grades.

II *vi* (*form: move house*) **to ~ to London** nach London (um)ziehen.

III *n* **1. this is but one ~ from disaster** das kommt einer Katastrophe nahe; **it's a far ~ from ...** es ist weit entfernt von ...

2. (*Brit Sch*) Klasse *f* für lernschwache Schüler.

remover [rɪˈmuːvə^r] *n* **1.** (*for nail varnish, stains etc*) Entferner *m*. **2.** (*removal man*) Möbelpacker *m*.

remunerate [rɪˈmjuːnəreɪt] *vt* (*pay*) bezahlen, vergüten; (*reward*) belohnen.

remuneration [rɪˌmjuːnəˈreɪʃ ən] *n* Bezahlung, Vergütung *f*; (*reward*) Belohnung *f*.

remunerative [rɪˈmjuːnərətɪv] *adj* lohnend, einträglich.

renaissance [rɪˈneɪsɑːns] *n* (*liter*) Wiedergeburt *f*; (*of nature*) Wiedererwachen *nt*. **the R~** (*Hist*) die Renaissance.

renal [ˈriːnl] *adj* Nieren-, renal (*spec*).

rename [ˌriːˈneɪm] *vt* umbenennen, umtaufen. **Petrograd was ~d Leningrad** Petrograd wurde in Leningrad umbenannt.

renascence [rɪˈnæsns] *n see* **renaissance.**

renascent [rɪˈnæsnt] *adj* (*liter*) wiedererwachend.

rend [rend] *pret, ptp* **rent** *vt* (*liter*) *cloth* zerreißen; *armour* aufreißen. **to ~ sth from sb/sth** jdm/einer Sache etw entreißen; **a country rent by civil war** ein vom Bürgerkrieg zerrissenes Land; **a cry rent the silence** ein Schrei zerriß die Stille; **to ~ sb's heart** jdm das Herz zerreißen.

render [ˈrendə^r] *vt* **1.** (*form: give*) *service, help* leisten; *judgement, explanation* abgeben; *homage* erweisen. **to ~ thanks to sb/God** jdm/Gott Dank sagen; **to ~ an account of one's expenditure** Rechenschaft über seine Ausgaben ablegen.

2. (*Comm*) **to ~ account** Rechnung legen *or* vorlegen; **(to) account ~ed £10** £ 10 laut früherer Rechnung.

3. (*interpret, translate*) wiedergeben; (*in writing*) übertragen; *music, poem also* vortragen.

4. (*form: make*) machen. **his accident ~ed him helpless** der Unfall hat ihn hilflos gemacht.

5. (*also ~ down*) *fat* auslassen.

6. (*Build*) verputzen.

◆**render up** *vt sep fortress, prisoner* übergeben.

rendering [ˈrendərɪŋ] *n* **1.** Wiedergabe *f*; (*in writing*) Übertragung *f*; (*of piece of music, poem also*) Vortrag *m*. **2.** (*Build*) Putz *m*.

rendez-vous [ˈrɒndɪvuː] **I** *n* (*place*) Treffpunkt *m*; (*agreement to meet*) Rendezvous *nt*. **II** *vi* sich treffen (*with* mit).

rendition [renˈdɪʃ ən] *n* (*form*) *see* **rendering 1.**

renegade [ˈrenɪgeɪd] **I** *n* Renegat(in *f*) *m*, Abtrünnige(r) *mf*. **II** *adj* abtrünnig.

renege [rɪˈniːg] *vi* nicht Wort halten; (*Cards*) nicht bedienen. **to ~ on a promise** ein Versprechen brechen.

renew [rɪˈnjuː] *vt* erneuern; *contract, passport etc* (*authority also*) verlängern; (*holder*) erneuern *or* verlängern lassen; *negotiations, discussions, attack, attempts* wiederaufnehmen; *one's strength* wiederherstellen; *supplies* auffrischen. **to ~ a library book** ein Buch verlängern lassen; **with ~ed enthusiasm** mit neuem Schwung; **~ed efforts/ strength** neue Anstrengungen/frische Kraft; **~ed outbreaks of rioting** erneute Krawalle *pl*.

renewable [rɪˈnjuːəbl] *adj* erneuerbar; *contract also, passport, bill of exchange* verlängerbar; (*must be renewed*) zu erneuern; zu verlängern.

renewal [rɪˈnjuːəl] *n see* **renew** Erneuerung *f*; Verlängerung *f*; Wiederaufnahme *f*; Wiederherstellung *f*; Auffrischung *f*.

rennet [ˈrenɪt] *n* (*Cook*) Lab *nt*.

renounce [rɪˈnaʊns] **I** *vt* *title, right, one's liberty* verzichten auf (+*acc*), aufgeben; *religion, devil* abschwören (+*dat*); (*Rel*) *world* entsagen (+*dat*); *opinions, cause, treaty* leugnen, abschwören (+*dat*); *friend* verleugnen. **II** *vi* (*Cards*) renoncieren.

renouncement [rɪˈnaʊnsmənt] *n see* **renunciation.**

renovate [ˈrenəʊveɪt] *vt* *building* renovieren; *painting, furniture* restaurieren.

renovation [ˌrenəʊˈveɪʃ ən] *n see vt* Renovierung *f*; Restaurierung *f*.

renown [rɪˈnaʊn] *n* guter Ruf, Ansehen *nt*. **of high ~** von hohem Ansehen, sehr berühmt.

renowned [rɪˈnaʊnd] *adj* berühmt (*for* für).

rent¹ [rent] **I** *n* (*for house, room*) Miete *f*; (*for farm, factory*) Pacht *f*. **for ~** (*US*) zu vermieten/verpachten/verleihen.

II *vt* **1.** (*also vi*) *house, room* mieten; *farm, factory* pachten; *TV, car etc* leihen.

2. (*also ~ out*) vermieten; verpachten; verleihen.

rent² **I** *pret, ptp* of **rend. II** *n* (*lit, fig*) Riß *m*; (*in rock*) Spalte *f*.

rental [ˈrentl] *n* (*amount paid*) (*for house*) Miete *f*; (*for TV, car, boat etc also*) Leihgebühr *f*; (*for land*) Pacht *f*; (*income from rents*) Miet-/Pacht-/Leihgebühreinnahmen *pl*. **~ library** (*US*) Leihbücherei *f*.

rent collector *n* Mietkassierer(in *f*) *m*; **rent control** *n* Mietkontrolle *f*, Mieterschutz *m*; **rent-controlled** *adj* bewirtschaftet (*form*), mit gebundener Miete; **rent-free** *adj* mietfrei; **rent tribunal** *n* Mieterschiedsgericht *nt*.

renunciation [rɪˌnʌnsɪˈeɪʃ ən] *n see* **renounce** Verzicht *m* (*of* auf +*acc*), Aufgabe *f*; Abschwören *nt*; Entsagung *f*; Leugnung *f*; Verleugnung *f*.

reoccupy [ˌriːˈɒkjʊpaɪ] *vt* *post, position* wieder innehaben *or* bekleiden; *house, hotel room etc* wieder belegen.

reopen [ˌriːˈəʊpən] **I** *vt* wieder öffnen, wieder aufmachen; *school, shop, theatre, hostilities* wiedereröffnen; *debate, negotiations,* (*Jur*) *case* wiederaufnehmen.

II *vi* wieder aufgehen; (*shop, theatre etc*) wieder eröffnen *or* aufmachen; (*school after holidays*) wieder beginnen; (*negoti-*

ations) wiederbeginnen; (*case*) wieder aufgerollt werden; (*wound*) wieder aufgehen.

reopening [‚ri:'əupnɪŋ] *n* (*of shop etc*) Wiedereröffnung *f*; (*of school after holiday*) Wiederbeginn *m*; (*of negotiations, debate, case*) Wiederaufnahme *f*.

reorder [‚ri:'ɔːdər] *vt* 1. (*also vi*) goods, supplies nachbestellen; (*because first order is lost etc*) neu bestellen. 2. (*reorganize*) neu ordnen, umordnen; books, names on a list also umstellen; people in a row umstellen; appointments umlegen.

reorganization [ri:‚ɔːgənai'zeiʃən] *n see vt* Neu- or Umorganisation *f*; Neu- or Umordnung *f*; Neueinteilung *f*; Neuaufbau *m*.

reorganize [‚ri:'ɔːgənaiz] I *vt* neu organisieren, umorganisieren; furniture, books umordnen; work, time neu einteilen; essay neu aufbauen. II *vi* (*Pol*) sich neu organisieren.

rep¹ [rep] *abbr of* 1. (*Theat*) **repertory** Repertoire-Theater *nt*. 2. (*Comm*) **representative** Vertreter(in *f*) *m*.

rep² *n* (*Tex*) Rips *m*.

Rep *abbr of* 1. **Republic** Rep. 2. **Republican** Rep., rep.

repair¹ [rɪ'pɛər] I *vt* (*lit, fig*) reparieren; tyre also, clothes flicken; roof, wall also, road ausbessern; (*fig*) error, wrong, damage wiedergutmachen.

II *n* 1. *see vt* Reparatur *f*; Flicken *nt*; Ausbesserung *f*; Wiedergutmachung *f*. to be under ~ (*car, ship, machine*) in Reparatur sein; to put sth in for ~ etw zur Reparatur bringen; the road is under ~ an der Straße wird gerade gearbeitet; beyond ~ nicht mehr zu reparieren/zu flicken/auszubessern/wiedergutzumachen; damaged beyond ~ irreparabel, nicht mehr zu reparieren; closed for ~s wegen Reparaturarbeiten geschlossen; "road ~s", „Straßenbauarbeiten".

2. *no pl* (*condition*) to be in good/bad ~ in gutem Zustand or in Schuß (*inf*) sein/in schlechtem Zustand sein.

repair² *vi* (*liter: go*) sich begeben (*to* nach).

repairer [rɪ'pɛərər] *n* (*watch/boot*) ~ Uhr-/Schuhmacher *m*.

repair kit *n* Flickzeug *nt*; **repair shop** *n* Reparaturwerkstatt *m*.

repaper [‚ri:'peɪpər] *vt* neu tapezieren.

reparable ['repərəbl] *adj* damage reparabel, wiedergutzumachen; loss ersetzbar.

reparation [‚repə'reiʃən] *n* (*for damage*) Entschädigung *f*; (*usu pl: after war*) Reparation *f*; (*for wrong, misdeed*) Wiedergutmachung *f*. to make ~ for sth etw wiedergutmachen.

repartee [‚repɑː'tiː] *n* Schlagabtausch *m*; (*retort*) schlagfertige Antwort. to be good at ~ schlagfertig sein.

repast [rɪ'pɑːst] *n* (*liter*) Mahl *nt* (*geh*).

repatriate [‚ri:'pætrieit] I *vt* in das Heimatland zurücksenden, repatriieren. II *n* [‚ri:'pætrɪɪt] Repatriierte(r) *mf*.

repatriation ['ri:‚pætrɪ'eiʃən] *n* Repatriierung *f*.

repay [‚ri:'pei] *vt irreg* money zurückzahlen; expenses erstatten; debt abzahlen; kind-

ness vergelten; *visit* erwidern. **if you lend me £2 I'll ~ it** or you on Saturday leih mir doch mal 2 Pfund, ich zahle sie dir am Samstag zurück; **to ~ sb for his generosity** sich für jds Großzügigkeit revanchieren; **to be repaid for one's efforts** für seine Mühen belohnt werden.

repayable [‚ri:'peiəbl] *adj* rückzahlbar.

repayment [‚ri:'peimənt] *n* (*of money*) Rückzahlung *f*; (*of effort, kindness*) Lohn *m*.

repeal [rɪ'piːl] I *vt law* aufheben. II *n* Aufhebung *f*.

repeat [rɪ'piːt] I *vt* wiederholen; (*tell to sb else*) weitersagen (*to sb* jdm). **to ~ oneself** sich wiederholen; **he wasn't keen to ~ the experience** er war nicht darauf aus, die Erfahrung noch einmal zu machen; **to ~ an order** (*Comm*) nachbestellen.

II *vi* 1. (*say again*) wiederholen. ~ **after me** sprecht mir nach.

2. (*Mus*) wiederholen. ~! (*conductor*) noch einmal!

3. **radishes ~ on me** Radieschen stoßen mir auf.

4. (*gun, clock etc*) repetieren.

5. (*Math*) periodisch sein.

III *n* 1. (*Rad, TV*) Wiederholung *f*.

2. (*Mus*) (*section*) Wiederholung *f*; (~ *sign*) Wiederholungszeichen *nt*.

repeated *adj*, **~ly** *adv* [rɪ'piːtɪd, -lɪ] wiederholt.

repeater [rɪ'piːtər] *n* (*gun*) Repetier- or Mehrladegewehr *nt*; (*watch*) Repetieruhr *f*.

repeating [rɪ'piːtɪŋ] *adj* (*Math*) *see* **recurring 2.**

repeat order *n* (*Comm*) Nachbestellung *f*; **repeat performance** *n* (*Theat*) Wiederholungsvorstellung *f*; **he gave a ~** (*fig*) er machte es noch einmal; (*pej*) er machte noch einmal das gleiche Theater (*inf*); **repeat sign** *n* (*Mus*) Wiederholungszeichen *nt*.

repel [rɪ'pel] *vt* 1. enemy, attack zurückschlagen; sb's advance, insects, flies abwehren; water abstoßen. 2. (*also vi*) (*disgust*) abstoßen.

repellent [rɪ'pelənt] I *adj* 1. ~ **to water** wasserabstoßend. 2. (*disgusting*) abstoßend. II *n* (*insect* ~) Insektenschutzmittel *nt*.

repelling [rɪ'pelɪŋ] *adj see* **repellent I 2.**

repent [rɪ'pent] I *vi* Reue empfinden (*of* über *+acc*). II *vt* bereuen.

repentance [rɪ'pentəns] *n* Reue *f*.

repentant [rɪ'pentənt] *adj* look, expression reuig, reuevoll. **he was very ~** es reute ihn sehr; **to feel ~** Reue empfinden; **a ~ sinner** ein reuiger Sünder.

repercussion [‚ri:pə'kʌʃən] *n* 1. (*consequence*) Auswirkung *f* (*on* auf *+acc*). ~**s pl** (*of misbehaviour etc*) Nachspiel *nt*; **that is bound to have ~s** das wird Kreise ziehen. 2. (*of shock*) Erschütterung *f*; (*of sounds*) Widerhall *m*.

repertoire ['repətwɑːr] *n* (*Theat, Mus*) Repertoire *nt*.

repertory ['repətəri] *n* 1. (*also* ~ **theatre**) Repertoire-Theater *nt*. ~ **company** Repertoire-Ensemble *nt*; **he was in ~** er

spielte an einem Repertoire-Theater.
2. (*songs, plays*) *see* **repertoire.**

repetition [,repɪ'tɪʃən] *n* Wiederholung *f*.

repetitious [,repɪ'tɪʃəs] *adj* sich wiederholend.

repetitive [rɪ'petɪtɪv] *adj* **to be** ~ sich dauernd wiederholen; **standing in a production line is such** ~ **work** die Arbeit am Fließband ist äußerst eintönig.

repine [rɪ'paɪn] *vi* (*liter*) hadern (*geh*) (*at, against* mit).

replace [rɪ'pleɪs] *vt* **1.** (*put back*) zurücksetzen; (*on end, standing up*) zurückstellen; (*on its side, flat*) zurücklegen. **to** ~ **the receiver** (*Telec*) (den Hörer) auflegen.
2. (*provide or be substitute for*) person, thing, ingredient, goods ersetzen; *employee* (*permanently also*) die Stelle einnehmen (+*gen*); (*temporarily*) vertreten. **the boss has** ~**d Smith with Jones** der Chef hat Smith durch Jones ersetzt.
3. (*renew*) *components, parts* austauschen, ersetzen.

replaceable [rɪ'pleɪsəbl] *adj person* ersetzbar, zu ersetzen; (*renewable*) *components, parts also* austauschbar.

replacement [rɪ'pleɪsmənt] *n* **1.** *see vt 1.* Zurücksetzen *nt*; Zurückstellen *nt*; Zurücklegen *nt*; (*of receiver*) Auflegen *nt*.
2. (*substituting*) Ersatz *m*; (*by deputy*) Vertretung *f*.
3. (*person or thing replacing*) Ersatz *m*; (*deputy*) Vertretung *f*. ~ **engine/clutch** Austauschmotor *m*/-kupplung *f*; ~ **part** Ersatzteil *nt*.

replant [,riː'plɑːnt] *vt* trees *etc* umpflanzen; *garden, field* neu bepflanzen.

replay ['riːpleɪ] (*Sport*) **I** *n* (*recording*) Wiederholung *f*; (*match also*) Wiederholungsspiel *nt*. **II** [,riː'pleɪ] *vt* match, game wiederholen, nochmals austragen.

replenish [rɪ'plenɪʃ] *vt* ergänzen; (*when badly depleted*) wieder auffüllen; *glass* auffüllen.

replenishment [rɪ'plenɪʃmənt] *n see vt* Ergänzung *f*; Wiederauffüllen *nt*; Auffüllen *nt*.

replete [rɪ'pliːt] *adj* (*form*) reichlich versehen *or* ausgestattet (*with* mit); (*well-fed*) *person* gesättigt.

repletion [rɪ'pliːʃən] *n* (*form*) Sättigung *f*.

replica ['replɪkə] *n* (*of painting, statue*) Reproduktion, Kopie *f*; (*of document*) Kopie *f*; (*of ship, building etc*) Nachbildung *f*. **she is a** ~ **of her sister** sie ist das Ebenbild ihrer Schwester.

reply [rɪ'plaɪ] **I** *n* (*letter*) Antwort *f*; (*spoken also*) Erwiderung *f*. **in** ~ (als Antwort) darauf; **in** ~ **to your letter/remarks** in Beantwortung Ihres Briefes (*form*), auf Ihren Brief/Ihre Bemerkungen; ~ **coupon** Antwortschein *m*; **to send a letter** ~ **paid** einen Brief gebührenfrei senden; ~**-paid envelope** freigemachter Briefumschlag, Freiumschlag *m*.
II *vt* **to** ~ (**to sb) that** ... (jdm) antworten, daß ...
III *vi* (*to sth* auf etw +*acc*) antworten; (*spoken also*) erwidern.

repopulate [,riː'pɒpjuleɪt] *vt* area neu besiedeln.

report [rɪ'pɔːt] **I** *n* **1.** (*account, statement*) Bericht *m* (*on* über +*acc*); (*Press, Rad, TV also*) Reportage *f* (*on* über +*acc*). **to give a** ~ **on sth** Bericht über etw (*acc*) erstatten/eine Reportage über etw (*acc*) machen; **an official** ~ **on the motor industry** ein Gutachten *nt* über die Autoindustrie; (*school*) ~ Zeugnis *nt*; **chairman's** ~ Bericht *m* des Vorsitzenden; ~ **card** (*Sch*) Zeugnis(blatt) *nt*.
2. (*rumour*) **to know sth only by** ~ etw nur vom Hörensagen kennen; **there is a** ~ **that** ... es wird gesagt, daß ...
3. (*reputation*) Ruf *m*.
4. (*of gun*) Knall *m*.
II *vt* **1.** results, findings berichten über (+*acc*); (*announce officially also*) melden; (*tell to particular person also*) melden (*to sb* jdm). **to** ~ **that** ... berichten, daß ...; **he** ~**ed to me that** ... er meldete mir, daß ...; **to** ~ **progress** einen Tätigkeitsbericht abgeben; **the papers** ~**ed the crime as solved** laut Presseberichten ist das Verbrechen aufgeklärt; **he is** ~**ed as having said** ... er soll gesagt haben ...; **it is** ~**ed from the White House that** ... es wird vom Weißen Haus berichtet *or* gemeldet, daß ...
2. (*to sb* jdm) (*notify authorities of*) accident, crime, suspect, criminal, culprit melden; (*to police also*) anzeigen; **one's position** angeben. **to** ~ **sb for sth** jdn wegen etw melden; **to** ~ **sb sick** jdn krank melden; ~**ed missing** als vermißt gemeldet; **nothing to** ~ keine besonderen Vorkommnisse!
III *vi* **1.** (*announce oneself*) sich melden. ~ **to the director on Monday** melden Sie sich am Montag beim Direktor; **to** ~ **for duty** sich zum Dienst melden; **to** ~ **sick** sich krank melden.
2. (*give a* ~) berichten, Bericht erstatten (*on* über +*acc*); (*work as journalist*) Reporter(in *f*) *m* sein. **the committee is ready to** ~ der Ausschuß hat seinen Bericht fertig; **this is Michael Brown** ~**ing (from Rome)** (*Rad, TV*) Michael Brown (mit einem Bericht aus Rom).

◆**report back** *vi* **1.** (*announce one's return*) sich zurückmelden. **2.** (*give report*) Bericht erstatten (*to sb* jdm).

reportage [,repɔː'tɑːʒ] *n* Reportage *f*; (*style*) Reporterstil *m*.

reported [rɪ'pɔːtɪd] *adj* **1.** gemeldet.
2. (*Gram*) ~ **speech** indirekte Rede.

reportedly [rɪ'pɔːtɪdlɪ] *adv* wie verlautet.

reporter [rɪ'pɔːtə^r] *n* **1.** (*Press, Rad, TV*) Reporter(in *f*), Berichterstatter(in *f*) *m*; (*on the spot*) Korrespondent(in *f*) *m*.
2. (*Jur, Parl: stenographer*) Stenograph(in *f*), Gerichtsschreiber(in *f*) (*old*) *m*.

repose [rɪ'pəʊz] **I** *n* (*liter*) (*rest, peace*) Ruhe *f*; (*composure*) Gelassenheit *f*. **in** ~ in Ruhe. **II** *vt* (*form, liter*) **1.** trust setzen (*in in or* auf +*acc*). **2.** ~ **oneself** (*rest*) sich ausruhen. **III** *vi* (*form, liter*) **1.** (*rest, be buried*) ruhen. **2.** (*be based*) beruhen (*upon* auf +*dat*).

repository [rɪ'pɒzɪtərɪ] *n* (*warehouse*) Lager, Magazin *nt*; (*fig*) (*of facts etc*) Quelle *f* (*of* für); (*book, library*) Fundgrube *f* (*of* für); (*liter: of secret*) Hüter(in *f*) *m*.

repossess [ˌriːpəˈzes] *vt* wieder in Besitz nehmen.

reprehend [ˌreprɪˈhend] *vt* tadeln, rügen.

reprehensible [ˌreprɪˈhensɪbl] *adj* verwerflich, tadelnswert.

reprehensibly [ˌreprɪˈhensɪblɪ] *adv* verwerflich.

reprehension [ˌreprɪˈhenʃən] *n* 1. *no pl* (*act*) Tadeln, Rügen *nt*. 2. (*rebuke*) Tadel *m*, Rüge *f*.

represent [ˌreprɪˈzent] *vt* 1. darstellen; (*stand for also*) stehen für; (*symbolize also*) symbolisieren. he ~s all that is best in ... er verkörpert das Beste (+*gen*) ...
  2. (*act or speak for, Parl, Jur*) vertreten. he ~s their firm in London er vertritt *or* repräsentiert die Firma in London.
  3. (*declare to be*) (*as*) als) *person, event, risk etc* darstellen; (*falsely*) hinstellen. he ~ed me as a fool/a saint er stellte mich als Narren/Engel hin.
  4. (*set forth, explain*) vor Augen führen (*to sb* jdm).
  5. (*Theat*) *character, part* darstellen.

representation [ˌreprɪzenˈteɪʃən] *n* 1. *no pl* (*representing*) see *vt* 1.-3. Darstellung *f*; Symbolisierung *f*; Vertretung *f*; Darstellung *f*; Hinstellung *f*.
  2. (*drawing, description, Theat*) Darstellung *f*.
  3. ~s *pl* (*esp Pol: remonstrations*) Vorstellungen, Vorhaltungen *pl*; the ambassador made ~s to the government der Botschafter wurde bei der Regierung vorstellig.

representational [ˌreprɪzenˈteɪʃənəl] *adj art, picture* gegenständlich. in ~ form symbolisch; a ~ party of eine Vertretung (+*gen*).

representative [ˌreprɪˈzentətɪv] I *adj* 1. (*of* für) (*typical*) *cross-section, sample* repräsentativ; *attitude also* typisch; (*symbolic*) symbolisch.
  2. (*acting for*) repräsentativ; *delegation* Repräsentativ-. a ~ body eine Vertretung.
  3. (*Parl*) *government* repräsentativ. ~ assembly Abgeordnetenversammlung *f*.
  II *n* (*Comm*) Vertreter(in *f*) *m*; (*Jur*) Bevollmächtigte(r), Beauftragte(r) *mf*; (*US Pol*) Abgeordnete(r) *mf*. authorized ~ Bevollmächtigte(r) *mf*; *see* house.

repress [rɪˈpres] *vt* unterdrücken; (*Psych*) verdrängen.

repression [rɪˈpreʃən] *n* Unterdrückung *f*; (*Psych*) Verdrängung *f*.

repressive [rɪˈpresɪv] *adj* repressiv.

reprieve [rɪˈpriːv] I *n* (*Jur*) Begnadigung *f*; (*postponement*) Strafaufschub *m*; (*fig*) Gnadenfrist *f*.
  II *vt* he was ~d (*Jur*) er wurde begnadigt; (*sentence postponed*) seine Strafe wurde aufgeschoben; the building/firm has been ~d for a while das Gebäude/die Firma ist vorerst noch einmal verschont geblieben.

reprimand [ˈreprɪmɑːnd] I *n* Tadel *m*; (*official also*) Verweis *m*. II *vt* tadeln; maßregeln (*geh*).

reprint [ˌriːˈprɪnt] I *vt* neu auflegen, neu abdrucken, nachdrucken. II [ˈriːprɪnt] *n*
Neuauflage *f*, Nachdruck *m*.

reprisal [rɪˈpraɪzəl] *n* (*for* gegen) Vergeltungsmaßnahme *f*; (*Mil, between companies, countries etc also*) Repressalie *f*. to take ~s zu Repressalien greifen; as a ~ for als Vergeltung für.

reproach [rɪˈprəʊtʃ] I *n* 1. (*rebuke*) Vorwurf *m*. a look of ~ ein vorwurfsvoller Blick; above *or* beyond ~ über jeden Vorwurf erhaben.
  2. (*discredit*) to be a ~ to sb/sth eine Schande für jdn/etw sein; to bring ~(up)-on sb/sth jdn/etw in schlechten Ruf bringen.
  II *vt* Vorwürfe machen (+*dat*). to ~ sb for his mistake jdm einen Fehler vorwerfen *or* zum Vorwurf machen; to ~ sb for having done sth jdm Vorwürfe dafür machen, daß er etw getan hat; he has nothing to ~ himself for *or* with er hat sich (*dat*) nichts vorzuwerfen.

reproachful *adj*, ~ly *adv* [rɪˈprəʊtʃfʊl, -fəlɪ] vorwurfsvoll.

reprobate [ˈreprəʊbeɪt] I *adj action* ruchlos, verwerflich; *person* verkommen; (*Eccl*) verdammt. II *n* verkommenes Subjekt, Gestrauchelte(r) *mf* (*geh*); (*Eccl*) Verdammte(r) *mf*. III *vt* (*form*) verdammen.

reprobation [ˌreprəʊˈbeɪʃən] *n* Verdammung *f*.

reprocess [ˌriːˈprəʊses] *vt* wiederverwerten; *sewage, atomic waste* wiederaufbereiten.

reproduce [ˌriːprəˈdjuːs] I *vt* 1. wiedergeben; (*Art, mechanically, electronically also*) reproduzieren; (*Typ*) abdrucken.
  2. (*Biol*) to ~ its kind sich fortpflanzen.
  3. (*Theat*) *play* neu inszenieren.
  II *vi* 1. (*Biol*) sich fortpflanzen *or* vermehren.
  2. (*Typ*) this picture won't ~ well dieses Bild läßt sich nicht gut reproduzieren.

reproducible [ˌriːprəˈdjuːsɪbəl] *adj* reproduzierbar.

reproduction [ˌriːprəˈdʌkʃən] *n* 1. (*procreation*) Fortpflanzung *f*.
  2. (*copying*) Reproduktion *f*; (*of documents also*) Vervielfältigung *f*. sound ~ Klang- *or* Tonwiedergabe *f*.
  3. (*copy*) Reproduktion *f*; (*photo*) Kopie *f*; (*sound* ~) Wiedergabe *f*. ~ furniture (moderne) Stilmöbel *pl*.

reproductive [ˌriːprəˈdʌktɪv] *adj* Fortpflanzungs-.

reproof [rɪˈpruːf] *n* Tadel *m*, Rüge *f*.

reproval [rɪˈpruːvəl] *n* 1. *no pl* (*act*) Tadeln, Rügen *nt*. 2. *see* reproof.

reprove [rɪˈpruːv] *vt* tadeln, rügen.

reproving *adj*, ~ly *adv* [rɪˈpruːvɪŋ, -lɪ] tadelnd.

reptile [ˈreptaɪl] I *n* Reptil, Kriechtier *nt*; (*fig pej*) Kriecher Kriecher *m* (*pej*). II *adj* Reptilien-, reptilartig.

reptilian [repˈtɪlɪən] I *adj* Reptilien-, reptilartig; (*fig pej*) kriecherisch (*pej*). II *n* Reptil, Kriechtier *nt*.

republic [rɪˈpʌblɪk] *n* Republik *f*.

republican [rɪˈpʌblɪkən] I *adj* republikanisch. II *n* Republikaner(in *f*) *m*.

republicanism [rɪˈpʌblɪkənɪzəm] *n* Republikanismus *m*.

repudiate [rɪˈpjuːdɪeɪt] *vt person* verstoßen;

authorship, (government etc) debt, obliga-tion nicht anerkennen; *accusation* zurück-weisen.

repudiation [rɪˌpjuːdɪˈeɪʃən] *n see vt* Ver-stoßung *f*; Nichtanerkennung *f*; Zurück-weisung *f*.

repugnance [rɪˈpʌgnəns] *n* Widerwille *m*, Abneigung *f* (*towards, for* gegen).

repugnant [rɪˈpʌgnənt] *adj* widerlich, ab-stoßend.

repulse [rɪˈpʌls] **I** *vt* (*Mil*) *enemy, attack* zurückschlagen, abwehren; (*fig*) *person, help, offer* abweisen, zurückweisen. **II** *n* (*Mil*) Abwehr *f*, Zurückweisung *nt*; (*fig*) Abweisung, Zurückweisung *f*. **to meet with** *or* **suffer a** ~ abgewiesen *or* zurückgewiesen werden.

repulsion [rɪˈpʌlʃən] *n* **1.** (*distaste*) Wider-wille *m* (*for* gegen). **2.** (*Phys*) Abstoßung *f*.

repulsive [rɪˈpʌlsɪv] *adj* **1.** (*loathsome*) ab-stoßend, widerwärtig. **2.** (*Phys*) *forces* abstoßend, Repulsiv-.

repulsively [rɪˈpʌlsɪvlɪ] *adv* abstoßend, widerwärtig. ~ **ugly** abstoßend häßlich.

repulsiveness [rɪˈpʌlsɪvnɪs] *n see adj* **1.** Abstoßende(s) *nt* (*of* an +*dat*), Wider-wärtigkeit *f*.

reputable [ˈrepjʊtəbl] *adj* ehrenhaft; *oc-cupation* ordentlich, anständig; *dealer, firm* seriös.

reputation [ˌrepjʊˈteɪʃən] *n* Ruf, Name *m*; (*bad* ~) schlechter Ruf. **what sort of** ~ **does she have?** wie ist ihr Ruf?; **he has a** ~ **for being ...** er hat den Ruf, ... zu sein; **to have a** ~ **for honesty** als ehrlich gelten; **you don't want to get (yourself) a** ~, **you know** du willst dich sicherlich nicht in Verruf bringen.

repute [rɪˈpjuːt] **I** *n* Ruf *m*, Ansehen *nt*. **to know sb by** ~ von jdm schon viel gehört haben; **to be of good** ~ einen guten Ruf genießen; **a restaurant; a house of ill** ~ ein Haus von zweifelhaftem Ruf.

    II *vt* (*pass only*) **he is** ~**d to be ...** man sagt, daß er ... ist; **he is** ~**d to be the best** er gilt als der Beste.

reputed [rɪˈpjuːtɪd] *adj* angenommen. **he is the** ~ **writer of two epic poems** er soll zwei epische Gedichte geschrieben haben; **the** ~ **father** (*Jur*) der vermutliche Vater.

reputedly [rɪˈpjuːtɪdlɪ] *adv* wie man an-nimmt. **he is** ~ **the best player in the world** er gilt als der beste Spieler der Welt.

request [rɪˈkwest] **I** *n* Bitte *f*, Wunsch *m*, Ersuchen *nt* (*geh*). **at sb's** ~ auf jds Bitte *etc*; **on/by** ~ auf Wunsch; **no parking by** ~ bitte nicht parken; **to make a** ~ **for sth** um etw bitten; **I have a** ~ **to make of** *or* **to you** ich habe eine Bitte an Sie.

    II *vt* bitten, ersuchen (*geh*); (*Rad*) *record* sich (*dat*) wünschen. **to** ~ **sth of** *or* **from sb** jdn um etw bitten *or* ersuchen (*geh*); **"you are** ~**ed not to smoke"** „bitte nicht rauchen".

request programme *n* (*Rad*) Wunschsen-dung *f*; **request stop** *n* (*Brit*) Bedarfshal-testelle *f*.

requiem [ˈrekwɪem] *n* Requiem *nt*. ~ **mass** Totenmesse *f*.

require [rɪˈkwaɪəʳ] *vt* **1.** (*need*) brauchen,

benötigen; *thing also* nötig haben; *work, action* erfordern; (*desire*) wünschen, mögen. **it** ~**s great care** das erfordert große Sorgfalt; **what qualifications are** ~**d?** welche Qualifikationen werden ver-langt *or* sind erforderlich?; **to be** ~**d to do sth** etw müssen; **that is not** ~**d** das ist nicht nötig *or* erforderlich; **if you** ~ **me** wenn Sie mich benötigen; **if** ~**d** falls notwendig *or* erforderlich; **when (it is)** ~**d** auf Wunsch, wenn es gewünscht wird; **as and when** ~**d** nach Bedarf; **dilute as** ~**d** nach Bedarf verdünnen.

    2. (*order*) verlangen. **to** ~ **sb to do sth** von jdm verlangen, daß er etw tut; **you are** ~**d to report to the boss immediately** Sie sollen sich sofort beim Chef melden; **to** ~ **sth of sb** etw von jdm verlangen; **as** ~**d by law** nach den gesetzlichen Bestimmungen gemäß *or* entsprechend.

required [rɪˈkwaɪəd] *adj* erforderlich, not-wendig; *date* vorgeschrieben; (*desired*) gewünscht. **the** ~ **amount** die benötigte Menge; ~ **reading** (*Sch, Univ*) Pflichtlek-türe *f*.

requirement [rɪˈkwaɪəmənt] *n* **1.** (*need*) Bedürfnis *nt*, Bedarf *m no pl*; (*desire*) Wunsch, Anspruch *m*. **to meet sb's** ~**s** jds Bedürfnisse (*acc*) erfüllen; jds Wünschen (*dat*) entsprechen, jds Ansprüchen (*dat*) gerecht werden; **there isn't enough bread to meet the** ~ es ist nicht genügend Brot da, um den Bedarf zu decken.

    2. (*condition, thing required*) Erforder-nis *nt*. **to fit the** ~**s** den Erfordernissen entsprechen.

requisite [ˈrekwɪzɪt] **I** *n* Artikel *m*; (*necess-ary thing*) Erfordernis *nt*. **bath/toilet/travel** ~**s** Bade-/Toiletten-/Reiseartikel *pl or* -utensilien *pl*. **II** *adj* erforderlich, not-wendig.

requisition [ˌrekwɪˈzɪʃən] **I** *n* Anforderung *f*; (*act: of objects*) Requisition *f*. **to make a** ~ **for sth** etw anfordern. **II** *vt sb's ser-vices* anfordern; *supplies, food* requirieren.

requital [rɪˈkwaɪtl] *n* (*repayment*) Vergel-tung *f*; (*revenge also*) Rache *f*.

requite [rɪˈkwaɪt] *vt* **1.** (*repay*) *person* es ver-gelten (+*dat*); *action* vergelten. ~**d love** erwiderte Liebe. **2.** (*avenge*) *action* ver-gelten; *person* rächen.

reread [ˌriːˈriːd] *vt irreg* wieder *or* nochmals lesen.

reroute [ˌriːˈruːt] *vt train, bus* umleiten.

rerun [ˌriːˈrʌn] **I** *vt irreg film* wieder *or* noch-mals aufführen; *tape* wieder *or* nochmals abspielen; *race* wiederholen. **II** [ˈriːrʌn] *n see vt* Wiederaufführung *f*; Wiederab-spielen *nt*; Wiederholung *f*.

resale [ˈriːˌseɪl] *n* Weiterverkauf *m*. **"not for** ~**"** „nicht zum Weiterverkauf be-stimmt"; (*on free sample*) „un-verkäufliches Muster"; ~ **price main-tenance** Preisbindung *f*.

rescind [rɪˈsɪnd] *vt decision* rückgängig machen, widerrufen; *judgement, contract also* annullieren; *law, act* aufheben.

rescission [rɪˈsɪʒən] *n see rescind* Widerruf *m*; Annullierung *f*; Aufhebung *f*.

rescue [ˈreskjuː] **I** *n* (*saving*) Rettung *f*; (*freeing*) Errettung, Befreiung *f*. ~ **was**

difficult die Rettung war schwierig; **to go/ come to sb's ~** jdm zu Hilfe kommen; **to the ~!** zu Hilfe!; **it was Bob to the ~** Bob war unsere/seine *etc* Rettung; **~ attempt/ operation/party** Rettungsversuch *m/* -aktion *f/* -mannschaft *f*.

II *vt* (*save*) retten; (*free*) erretten, befreien.

rescuer ['reskjʊəʳ] *n see vt* Retter(in *f*) *m*; Befreier(in *f*) *m*.

research [rɪ'sɜːtʃ] **I** *n* Forschung *f* (*into, on* über +*acc*). **a piece of ~** eine Forschungsarbeit; **to do ~** forschen, Forschung betreiben; **to carry out ~ into the effects of sth** Forschungen über die Auswirkungen einer Sache (*gen*) anstellen.

II *vi* forschen, Forschung betreiben. **to ~ into** *or* **on sth** etw erforschen, über etw (*acc*) forschen *or* Forschung betreiben.

III *vt* erforschen, untersuchen.

research *in cpds* Forschungs-; **~ assistant** wissenschaftlicher Assistent, wissenschaftliche Assistentin.

researcher [rɪ'sɜːtʃəʳ] *n* Forscher(in *f*) *m*.

research establishment *n* Forschungsstätte *f*; **research fellow** *n* (*Univ*) Forschungsstipendiat(in *f*) *m*; **research fellowship** *n* Forschungsstipendium *nt*; **research student** *n* (*Univ*) Student, der Forschungen für einen höheren akademischen Grad betreibt, ≃ Doktorand(in *f*) *m*; **research worker** *n* Forscher *m*.

reseat [ˌriː'siːt] *vt* **1.** *person* umsetzen. **when everyone was ~ed** als sich alle wieder gesetzt hatten. **2.** *chair* einen neuen Sitz geben (+ *dat*); *trousers* einen neuen Hosenboden anfertigen für. **3.** (*Tech*) *valve* neu einschleifen.

resemblance [rɪ'zembləns] *n* Ähnlichkeit *f*. **to bear a strong/a faint/no ~ to sb/sth** starke/leichte/wenig Ähnlichkeit mit jdm/ etw haben.

resemble [rɪ'zembl] *vt* ähneln (+ *dat*), gleichen (+ *dat*).

resent [rɪ'zent] *vt remarks, behaviour* übelnehmen, sich ärgern über (+*acc*); *person* ein Ressentiment haben gegen. **he ~ed my having** *or* **me for having got the job** er nahm es mir übel, daß ich die Stelle bekommen hatte; **he ~ed the fact that ...** er ärgerte sich darüber, daß ...; **to ~ sb's success** jdm seinen Erfolg mißgönnen; **I ~ that** das gefällt mir nicht.

resentful [rɪ'zentfʊl] *adj* ärgerlich (*of sb* auf jdn); (*of stepmother, younger brother etc*) voller Ressentiment (*of* gegen). **to be ~ of sb's success** jdm seinen Erfolg nicht gönnen; **he felt ~ about her promotion** er nahm es ihr übel, daß sie befördert worden war; **feeling ~ he walked out of the room** grollend verließ er das Zimmer.

resentfully [rɪ'zentfəlɪ] *adv* ärgerlich.

resentment [rɪ'zentmənt] *n* Ärger, Groll (*of* über +*acc*) *m no pl*.

reservation [ˌrezə'veɪʃən] *n* **1.** (*qualification of opinion*) Vorbehalt *m*; (*Philos*) Mentalreservation *f* (*spec*). **without ~** ohne Vorbehalt, vorbehaltlos; **with ~s** unter Vorbehalt(en); **to have ~s about sb/ sth** Bedenken in bezug auf jdn/etw haben.

2. (*booking*) Reservierung *f*. **to make a**

~ at the hotel/on the boat ein Zimmer im Hotel/einen Platz auf dem Schiff reservieren lassen *or* bestellen; **to have a ~ (for a room)** ein Zimmer reserviert haben.

3. (*area of land*) Reservat *nt*, Reservation *f*. (**central**) **~** (*Brit: on motorway*) Mittelstreifen *m*.

reserve [rɪ'zɜːv] **I** *vt* **1.** (*keep*) aufsparen, aufheben. **to ~ one's strength** seine Kräfte sparen; **to ~ judgement/one's decision** mit einem Urteil/seiner Entscheidung zurückhalten; **to ~ the right to do sth** sich (*dat*) (das Recht) vorbehalten, etw zu tun; **to ~ oneself for sth** sich für etw schonen; **a great career is ~d for him** ihm ist eine große Karriere sicher.

2. (*book in advance: client*) reservieren lassen. **the box office lady ~d 4 seats for us** die Dame an der Kasse hat uns 4 Plätze reserviert.

II *n* **1.** (*store*) (*of* an +*dat*) Reserve *f*, Vorrat *m*; (*Fin*) Reserve *f*. **to have great ~s of energy** große Kraftreserven haben; **cash ~** Barreserve *f*; **~ fund** Rücklage *f*, Reservefonds *m*; **world ~s of copper** die Weltkupferreserven *pl*, die Weltreserven *pl* an Kupfer; **to have/keep in ~** in Reserve haben/halten.

2. (*without*) **~** ohne Vorbehalt, vorbehaltlos; **with certain ~s** unter *or* mit gewissen Vorbehalten.

3. *see* **price**.

4. (*piece of land*) Reservat *nt*, Reservation *f*; *see* **game ~, nature ~**.

5. (*coolness, reticence*) Reserve, Zurückhaltung *f*. **he treated me with some ~** er behandelte mich etwas reserviert.

6. (*Mil*) (*force*) Reserve *f*; (*soldier*) Soldat *m* der Reserve.

7. (*Sport*) Reservespieler(in *f*) *m*.

reserve *in cpds* Reserve-; **reserve currency** *n* Leitwährung *f*.

reserved [rɪ'zɜːvd] *adj* **1.** (*reticent*) zurückhaltend, reserviert (*about* in bezug auf +*acc*). **2.** *room, seat* reserviert, belegt. **3.** (*Publishing*) **all rights ~** alle Rechte vorbehalten.

reservedly [rɪ'zɜːvɪdlɪ] *adv* zurückhaltend, reserviert.

reserve player *n* Reservespieler(in *f*) *m*; **reserve price** *n* Mindest- *or* Ausrufpreis *m*; **reserve tank** *n* Reservetank *m*.

reservist [rɪ'zɜːvɪst] *n* (*Mil*) Reservist *m*.

reservoir ['rezəvwɑːʳ] *n* (*lit*) (*for water*) Reservoir *nt*; (*for gas*) Speicher *m*; (*fig: of knowledge, facts, talent etc*) Fundgrube *f*.

reset [ˌriː'set] *vt irreg precious stone* neu (ein)fassen; *watch* neu stellen (*to* auf +*acc*); *dial, gauge* zurückstellen (*to* auf + *acc*); (*Med*) *limb, bone* wieder einrichten; *dislocated shoulder* wieder einrenken; (*Typ*) *text* neu setzen.

resettle [ˌriː'setl] *vt refugees* umsiedeln; *land* neu *or* wieder besiedeln.

resettlement [ˌriː'setlmənt] *n see vt* Umsiedlung *f*; Neubesied(e)lung *f*.

reshape [ˌriː'ʃeɪp] *vt dough, clay etc* umformen, neu formen; *text* umschreiben; *policy* umstellen.

reshuffle [ˌriː'ʃʌfl] **I** *vt cards* neu mischen; (*fig*) *Cabinet* umbilden; *board of directors* umbilden, umbesetzen. **II** *n* (*of cards*) erneutes Mischen; (*fig; of board*) Umbesetzung, Umbildung *f*. **Cabinet** ~ (*Pol*) Kabinettsumbildung *f*.

reside [rɪˈzaɪd] *vi* 1. (*form: live*) seinen Wohnsitz haben; *monarch, ambassador etc* residieren. 2. (*fig form*) **to** ~ **in sth** in etw (*dat*) liegen.

residence [ˈrezɪdəns] *n* 1. (*house*) Wohnhaus *nt*; (*hostel: for students, nurses*) Wohnheim *nt*; (*of monarch, ambassador etc*) Residenz *f*. **the President's official** ~ der Amtssitz des Präsidenten; *see* **hall**.

2. *no pl* (*stay, living*) country/place of ~ Aufenthaltsland *nt*/Wohnort *m*; **after 5 years'** ~ **in Britain** nach 5 Jahren Aufenthalt in Großbritannien; **to take up** ~ **in the capital** sich in der Hauptstadt niederlassen; ~ **in the country is restricted to nationals** nur Staatsangehörige können im Land Wohnsitz nehmen (*form*); **to be in** ~ (*monarch, governor etc*) anwesend sein; **there is always a doctor in** ~ es ist immer ein Arzt am Ort; ~ **permit** Aufenthaltsgenehmigung *f*.

residency [ˈrezɪdənsɪ] *n* 1. (*US*) *see* **residence 2.** 2. (*Brit*) Residenz *f*. 3. (*of doctor*) Assistenzzeit *f* im Krankenhaus.

resident [ˈrezɪdənt] **I** *n* 1. Bewohner(in *f*) *m*; (*in town also*) Einwohner(in *f*) *m*; (*of institution also*) Insasse *m*, Insassin *f*; (*in hotel*) Gast *m*. **"access restricted to ~s only"** ,,Anlieger frei''; **parking for ~s only** Parkplatz nur für Mieter; (*on road*) Parken nur für Anlieger gestattet; (*at hotel*) Parkplatz nur für Gäste. 2. (*doctor*) Anstaltsarzt *m*/-ärztin *f*.

II *adj* 1. (*in country, town*) wohnhaft; (*attached to institution*) ansässig, Haus-; *chaplain, tutor, physician* Haus-. **they are** ~ **in Germany** sie haben ihren Wohnsitz in Deutschland; **are you** ~ **in the hotel?** sind Sie Hotelgast/Hotelgäste? 2. **to be** ~ **in sb/sth** *see* **reside 2.**

residential [ˌrezɪˈdenʃəl] *adj area* Wohn-; *job* im Haus; *college* mit einem Wohnheim verbunden; *course* mit Wohnung im Heim.

residual [rɪˈzɪdjʊəl] **I** *adj* restlich, Rest-; (*Chem*) Rückstands-, rückständig. ~ **soil** (*Geol*) Alluvialboden *m*; (*by erosion*) Verwitterungsboden *m*. **II** *n* (*Chem*) Rückstand *m*; (*Statistics, Math*) Abweichung *f*.

residuary [rɪˈzɪdjʊərɪ] *adj* restlich, Rest-; (*Chem*) rückständig. ~ **legatee** (*Jur*) Empfänger *m* des nach Abzug sämtlicher Verbindlichkeiten verbleibenden Nachlasses.

residue [ˈrezɪdju:] *n* Rest *m*; (*Chem*) Rückstand *m*; (*Jur*) Nachlaß *m* nach Abzug sämtlicher Verbindlichkeiten.

residuum [rɪˈzɪdjʊəm] *n* (*Chem*) Rückstand *m*, Residuum *nt*; (*Jur*) *see* **residue**.

resign [rɪˈzaɪn] **I** *vt* 1. (*give up*) *office, post* zurücktreten von, abgeben; *claim, rights* aufgeben, verzichten auf (+*acc*). **to** ~ **power** abtreten; **he** ~**ed the leadership to his colleague** er übergab *or* überließ die Leitung seinem Kollegen; **to** ~ **one's commission** (*Mil*) seinen Abschied nehmen.

2. **to** ~ **oneself to sth/to doing sth** sich mit etw abfinden/sich damit abfinden, etw

zu tun; *see also* **resigned**.

II *vi* (*from public appointment, committee*) zurücktreten; (*employee*) kündigen; (*civil servant, clergyman*) sein Amt niederlegen; (*teacher*) aus dem Dienst ausscheiden. **to** ~ **from office** sein Amt niederlegen; **he** ~**ed from (his job with) "The Times"** er hat (seine Stelle) bei der ,,Times'' gekündigt; **the Prime Minister was forced to** ~ der Premierminister wurde zum Rücktritt gezwungen.

resignation [ˌrezɪgˈneɪʃən] *n* 1. *see vi* Rücktritt *m*; Kündigung *f*; Amtsniederlegung *f*; Ausscheiden *nt* aus dem Dienst. **to hand in one's** ~ seinen Rücktritt/seine Kündigung einreichen/sein Amt niederlegen/ aus dem Dienst ausscheiden.

2. (*mental state*) Resignation (*to* gegenüber +*dat*), Ergebung (*to* in +*acc*) *f*. 3. (*form: of right, claim etc*) Verzicht *m* (*of* auf +*acc*).

resigned [rɪˈzaɪnd] *adj person* resigniert. **to become** ~ **to sth** sich mit etw abfinden; **I was** ~ **to walking, when ...** ich hatte mich schon damit abgefunden, zu Fuß gehen zu müssen, als ...

resignedly [rɪˈzaɪnɪdlɪ] *adv person* resigniert.

resilience [rɪˈzɪlɪəns] *n see adj* Federn *nt*; Unverwüstlichkeit *f*.

resilient [rɪˈzɪlɪənt] *adj* 1. *material* federnd *attr*. **to be** ~ federn. 2. (*fig*) *person, nature* unverwüstlich.

resin [ˈrezɪn] *n* Harz *nt*.

resinous [ˈrezɪnəs] *adj* harzig, Harz-.

resist [rɪˈzɪst] **I** *vt* 1. sich widersetzen (+*dat*); *arrest, sb's advances, enemy, attack also* Widerstand leisten gegen, sich wehren gegen; (*fig*) *proposal, change also* sich sträuben *or* wehren gegen.

2. *temptation, sb, sb's charms* widerstehen (+*dat*). **I couldn't** ~ (*eating*) **another cake** ich konnte der Versuchung nicht widerstehen, noch ein Stück Kuchen zu essen.

3. (*wall, door*) standhalten (+*dat*). **the lock** ~**ed my attempts at opening it** das Schloß widerstand meinen Versuchen, es zu öffnen; **to** ~ **corrosion** korrosionsbeständig sein.

II *vi see vt* 1. sich widersetzen; Widerstand leisten, sich wehren; sich sträuben *or* wehren.

2. widerstehen.

3. standhalten.

resistance [rɪˈzɪstəns] *n* (*to* gegen) Widerstand *m* (*also Elec, Phys, Mil*); (*Med*) Widerstandsfähigkeit, Resistenz (*geh*) *f*. ~ **to water/heat** Wasser-/Hitzebeständigkeit *f*; **to meet with** ~ auf Widerstand stoßen; **to offer no** ~ (**to sb/sth**) (*to attacker, advances etc*) (jdm/gegen etw) keinen Widerstand leisten; (*to proposals*) sich (jdm/einer Sache) nicht entgegenstellen *or* widersetzen; ~ **fighter** Widerstandskämpfer *m*; **the R~ movement** (*Hist*) die französische Widerstandsbewegung.

resistant [rɪˈzɪstənt] *adj material, surface* strapazierfähig; (*Med*) immun (*to* gegen). **water-** ~ wasserbeständig.

resistor [rɪˈzɪstə[r]] *n* (*Elec*) Widerstand *m*.

resit [ˌri:ˈsɪt] (*vb: irreg*) **I** *vt exam* wieder-

holen. **II** *vi* die Prüfung wiederholen.
III ['riːsɪt] *n* Wiederholung(sprüfung) *f*.

resolute ['rezəluːt] *adj* energisch, entschlossen; *answer* entschieden, bestimmt.

resolutely ['rezəluːtlɪ] *adv see adj*.

resoluteness ['rezəluːtnɪs] *n see adj* Entschlossenheit *f*; Entschiedenheit, Bestimmtheit *f*.

resolution [ˌrezə'luːʃən] *n* **1.** (*decision*) Beschluß *m*; (*Pol, Admin etc also*) Resolution *f*; (*governing one's behaviour*) Vorsatz *m*. **good** ~s gute Vorsätze *pl*.
2. *no pl* (*resoluteness*) Entschlossenheit, Bestimmtheit *f*.
3. *no pl* (*of problem, puzzle*) Lösung *f*.
4. (*Phys, Mus*) Auflösung *f* (*into* in +*acc*).
5. (*Med: of swelling*) Rückgang *m*.

resolvable [rɪ'zɒlvəbl] *adj see vt 1.,3.* lösbar; zerstreubar; zerlegbar; auflösbar.

resolve [rɪ'zɒlv] **I** *vt* **1.** *problem* lösen; *doubt* zerstreuen.
2. (*decide*) **to** ~ **that** ... beschließen, daß ...; **to** ~ **to do sth** beschließen, etw zu tun; **that** ~**d me to ...** das hat mich zu dem Entschluß veranlaßt zu ...
3. (*break up: into elements*) zerlegen (*into* in +*acc*); (*convert*) auflösen (*also Phys*) (*into* in +*acc*).
4. (*Mus*) *chord, harmony* auflösen (*into* in +*acc*).
5. (*Med*) zum Rückgang bringen.
II *vi* **1.** (*decide*) **to** ~ (**up**)**on sth** etw beschließen.
2. (*into* +*acc*) (*break up*) zerfallen; (*be converted*) sich auflösen.
III *vr* (*into* in +*acc*) sich zerlegen lassen; (*be converted*) sich auflösen.
IV *n* **1.** (*decision*) Beschluß *m*.
2. *no pl* (*resoluteness*) Entschlossenheit *f*. **to do sth with** ~ etw fest entschlossen tun.

resolved [rɪ'zɒlvd] *adj* (fest) entschlossen.

resonance ['rezənəns] *n* Resonanz *f*; (*of voice*) voller Klang.

resonant ['rezənənt] *adj sound* voll; *voice* klangvoll; *room* mit Resonanz. ~ **with the sound of singing** von Gesang erfüllt.

resonator ['rezəneɪtər] *n* Resonator *m*.

resort [rɪ'zɔːt] **I** *n* **1.** (*recourse*) Ausweg *m*; (*thing, action resorted to also*) Rettung *f*. **as a last** ~ als letztes; **in the last** ~ im schlimmsten Fall, wenn alle Stricke reißen (*inf*); **you were my last** ~ du warst meine letzte Rettung.
2. (*place*) Urlaubsort *m*. **seaside/summer** ~ Seebad *nt*/Sommerurlaubsort *m*; **winter sports** ~ Wintersportort *m*; *see* **health** ~, **holiday** ~.
II *vi* **1.** (*have recourse*) **to** ~ **to sth/sb** zu etw greifen/sich an jdn wenden; **to** ~ **to violence** Gewalt anwenden, gewalttätig werden; **to** ~ **to beggary/stealing** sich aufs Betteln/Stehlen verlegen.
2. (*frequent*) **to** ~ **to a place** häufig an einem Ort verkehren.

resound [rɪ'zaʊnd] *vi* (*wider*)hallen (*with* von). **my ears were still** ~**ing with the noise** mir tönten noch die Ohren von dem Lärm; **his name** ~**ed throughout the land** (*fig*) sein Name war in aller Munde.

resounding [rɪ'zaʊndɪŋ] *adj noise, shout* widerhallend; *laugh, voice* schallend; (*fig*) *triumph, victory, failure* gewaltig; *success* durchschlagend; *defeat* haushoch. **the response was a** ~ **"no"** die Antwort war ein überwältigendes „Nein".

resoundingly [rɪ'zaʊndɪŋlɪ] *adv* **the play was** ~ **successful** das Stück war ein durchschlagender Erfolg.

resource [rɪ'sɔːs] *n* **1.** ~**s** *pl* (*wealth, supplies, money etc*) Mittel, Ressourcen *pl*; **financial/mineral/natural** ~**s** Geldmittel *pl*/Bodenschätze *pl*/Naturschätze *pl*; ~**s in** *or* **of men and materials** Reserven *pl* an Menschen und Material; **he has no** ~**s against boredom** er weiß sich (*dat*) gegen Langeweile nicht zu helfen; **left to his own** ~**s** (*dat*) selbst überlassen.
2. (*expedient*) Ausweg *m*, Mittel *nt*.

resourceful [rɪ'sɔːsfʊl] *adv person* einfallsreich, findig; *scheme* genial.

resourcefully [rɪ'sɔːfəlɪ] *adv see adj*.

resourcefulness [rɪ'sɔːsfʊlnɪs] *n see adj* Einfallsreichtum *m*, Findigkeit *f*; Genialität *f*.

respect [rɪ'spekt] **I** *n* **1.** (*esteem*) Respekt *m*, Achtung *f* (*for* *or* +*dat*). **to have/show** ~ **for** Respekt *or* Achtung haben/ zeigen vor (+*dat*); **for the law** achten; **to behave with** ~ sich respektvoll verhalten; **to hold sb in** (**great**) ~ jdn (sehr) achten; **he commands** ~ er ist eine Respektsperson *or* (*public figure*) respektgebietende Persönlichkeit; **to command the** ~ **of the nation** dem Volk Respekt *or* Achtung abnötigen.
2. (*consideration*) Rücksicht *f* (*for* auf +*acc*). **to treat with** ~ *person* rücksichtsvoll behandeln; *dangerous person etc* sich in acht nehmen vor (+*dat*); *toys, clothes etc* schonend behandeln; **nitroglycerine should be treated with** ~ Nitroglyzerin muß mit äußerster Vorsicht behandelt werden; **she has** *or* **shows no** ~ **for other people's feelings** sie nimmt keine Rücksicht auf die Gefühle anderer; **out of** ~ **for** aus Rücksicht auf (+*acc*); **with** (**due**) ~, **I still think that ...** bei allem Respekt meine ich dennoch, daß ...
3. (*reference*) **with** ~ **to ...** was ... anbetrifft, in bezug auf ... (+*acc*).
4. (*aspect*) Hinsicht, Beziehung *f*. **in some/other** ~**s** in gewisser/anderer Hinsicht *or* Beziehung; **in many** ~**s** in vieler Hinsicht; **in this** ~ in der *or* dieser Hinsicht *or* Beziehung; **in what ...?** in welcher Hinsicht *or* Beziehung?
5. ~**s** *pl* (*regards*) Empfehlungen (*geh*), Grüße *pl*; **to pay one's** ~**s to sb** jdm seine Aufwartung machen; **to pay one's last** ~**s to sb** jdm die letzte Ehre erwiesen.
II *vt* **1.** respektieren; *person, customs, the law, sb's integrity, privacy also* achten; *ability* anerkennen. **a** ~**ed company** eine angesehene Firma.
2. as ~**s was** ... anbelangt *or* betrifft.

respectability [rɪˌspektə'bɪlɪtɪ] *n see adj 1.* Ehrbarkeit *f*; Ehrenhaftigkeit *f*; Anständigkeit *f*; Angesehenheit, Geachtetheit *f*; Korrektheit, Anständigkeit *f*.

respectable [rɪ'spektəbl] *adj* **1.** (*estimable*) *person* ehrbar; *motives also* ehrenhaft; (*decent*) *life, district, club* anständig; (*socially approved*) *person* angesehen, geachtet, *clothes, behaviour* korrekt, anständig. **that's not ~** das schickt *or* gehört sich nicht.

2. (*large*) *size, income, sum* ansehnlich, beachtlich.

3. (*fairly good*) *advantage* beträchtlich; *score, lead* beachtlich. **a ~ writer** ein ganz ordentlicher Schriftsteller.

respectably [rɪ'spektəblɪ] *adv dress, behave* anständig.

respecter [rɪ'spektəʳ] *n* **death/the law is no ~ of persons** vor dem Tod/dem Gesetz sind alle gleich; **death is no ~ of wealth** der Tod nimmt keine Rücksicht auf Reichtum; **he is no ~ of persons** er läßt sich von niemandem beeindrucken.

respectful [rɪ'spektfʊl] *adj* respektvoll (*towards* gegenüber).

respectfully [rɪ'spektfəlɪ] *adv* **1.** *see adj.* **2.** (*in letters*) **I remain ~ yours** *or* **yours ~** ich verbleibe mit vorzüglicher Hochachtung Ihr ... (*form*).

respectfulness [rɪ'spektfʊlnɪs] *n* Respekt *m*. **~ of others** Rücksicht *f* auf andere.

respecting [rɪ'spektɪŋ] *prep* bezüglich (+*gen*).

respective [rɪ'spektɪv] *adj* jeweilig. **we took our ~ partners/glasses** wir nahmen jeder unseren Partner/unser Glas, wir nahmen unsere jeweiligen Partner/Gläser; **they each have their ~ merits** jeder von ihnen hat seine eigenen Vorteile.

respectively [rɪ'spektɪvlɪ] *adv* beziehungsweise. **the girls' dresses are green and blue ~** die Mädchen haben grüne beziehungsweise blaue Kleider; **and then allocate the funds ~** und die Mittel dann dementsprechend verteilen.

respiration [ˌrespɪ'reɪʃ ən] *n* (*Bot, Med*) Atmung *f*.

respirator ['respɪreɪtəʳ] *n* (*Med*) Respirator *m*; (*Mil*) Atemschutzmaske *f*.

respiratory [rɪ'spaɪərətərɪ] *adj* Atem-, respiratorisch (*spec*); *organs, muscles* Atmungs-; *infection, disease* der Atemwege. **~ tract** Atemwege *pl*.

respire [rɪ'spaɪəʳ] *vti* (*Med, form*) atmen.

respite ['respaɪt] *n* **1.** (*rest*) Ruhepause *f* (*from* von); (*easing off*) Nachlassen *nt*. **without (a) ~** ohne Unterbrechung *or* Pause. **2.** (*reprieve*) Aufschub *m*.

resplendence [rɪ'splendəns] *n see adj* Glanz *m*, Strahlen *nt*; Pracht *f*; Funkeln *nt*.

resplendent [rɪ'splendənt] *adj person, face* glänzend, strahlend; *clothes* prächtig. **the hills shone ~ in the evening sun** die Berge erglänzten *or* erstrahlten im Schein der Abendsonne; **there he was, ~ in his new uniform** da war er, in seiner funkelnden neuen Uniform; **the stage, ~ in blue and gold** die Bühne in einer Pracht von Gold- und Blautönen.

respond [rɪ'spɒnd] *vi* **1.** (*reply*) antworten **to ~ to a question** eine Frage beantworten, auf eine Frage antworten.

2. (*show reaction*) (*to* auf +*acc*) reagieren; (*brakes, meter also*) ansprechen. **to ~ to an appeal** einen Appell beantworten; **to ~ to an appeal for money** einem Spendenaufruf folgen; **they ~ed well to the appeal for money** der Spen-

denaufruf fand ein großes Echo; **to ~ to a call** einem Ruf folgen; **the patient did not ~ to the treatment/his mother's voice** der Patient sprach auf die Behandlung nicht an/reagierte nicht auf die Stimme seiner Mutter; **the illness ~ed to treatment** die Behandlung schlug an.

respondent [rɪ'spɒndənt] *n* (*Jur*) Scheidungsbeklagte(r) *mf*.

response [rɪ'spɒns] *n* **1.** (*reply*) Antwort, Erwiderung *f*; (*Eccl*) Antwort *f*. **in ~ (to)** als Antwort (auf +*acc*).

2. (*reaction*) Reaktion *f*. **£50,000 was raised in ~ to the radio appeal** auf den Aufruf im Rundfunk hin gingen Spenden in Höhe von 50.000 Pfund ein; **my appeals met with no ~** meine Bitten fanden kein Echo *or* keine Resonanz.

responsibility [rɪˌspɒnsə'bɪlɪtɪ] *n* **1.** *no pl* Verantwortung *f*. **to lay** *or* **put** *or* **place the ~ for sth on sb** jdm die Verantwortung für etw übertragen; **to take** *or* **assume (full) ~ (for sth)** die (volle) Verantwortung (für etw) übernehmen; **the management takes no ~ for ...** die Firma haftet nicht für ...; **it's not my ~ to do that** ich bin nicht dafür verantwortlich, das zu tun; **on my own ~** auf eigene Verantwortung; **he has no sense of ~ for his family** er hat kein Verantwortungsgefühl für seine Familie.

2. (*duty, burden*) Verpflichtung *f* (*to* für). **the responsibilities of office** die Dienstpflichten *pl*.

responsible [rɪ'spɒnsəbl] *adj* **1.** (*denoting cause of*) verantwortlich; (*to blame also*) schuld (*for an* +*dat*). **bad workmanship/ he was ~ for the failure** schlechte Arbeit/ er war für das Versagen verantwortlich/an dem Versagen schuld; **what's ~ for the hold-up?** woran liegt die Verzögerung?

2. (*liable, answerable*) verantwortlich. **to be ~ to sb for sth** jdm gegenüber für etw verantwortlich sein; **to be directly ~ to sb** jdm unmittelbar unterstellt sein; **to hold sb ~ for sth** jdn für etw verantwortlich machen.

3. (*trustworthy*) *person, attitude* verantwortungsbewußt; *firm* seriös, zuverlässig.

4. (*involving responsibility*) *job* verantwortungsvoll.

responsibly [rɪ'spɒnsəblɪ] *adv act, behave* verantwortungsbewußt; **carry out one's duties** zuverlässig.

responsive [rɪ'spɒnsɪv] *adj person, audience* interessiert, mitgehend; *class, pupil also* mitmachend; *steering, brakes, motor* leicht reagierend *or* ansprechend. **to be ~ to sth** auf etw (*acc*) reagieren *or* ansprechen; **to be ~ to sb's pleas** jds Bitten (*dat*) nachkommen.

responsiveness [rɪ'spɒnsɪvnɪs] *n* **because of the tremendous ~ of the audiences** weil das Publikum so hervorragend mitging; **a class not noted for its ~** eine Klasse, die dafür bekannt ist, daß sie kaum mitmacht; **they have improved the ~ of the steering** es ist ein leichteres Ansprechen der Steuerung erzielt worden; **I was somewhat surprised at their ~ to my suggestion** ich war über ihre positive Reaktion auf meinen Vorschlag einigermaßen überrascht.

rest¹ [rest] **I** n 1. (*relaxation*) Ruhe f; (*pause*) Pause, Unterbrechung f; (*in ~ cure, on holiday etc*) Erholung f. **a day of** ~ ein Ruhetag m; **to need** ~ Ruhe brauchen; **I need a** ~ ich muß mich ausruhen; (*vacation*) ich brauche Urlaub; **to go to the mountains for a** ~ zur Erholung in die Berge fahren; **to have** or **take a** ~ (*relax*) (sich) ausruhen; (*pause*) (eine) Pause machen; **she took** or **had an hour's** ~ (*relaxation*) sie ruhte sich eine Stunde aus; (*pause*) sie machte eine Stunde Pause; **to have a good night's** ~ sich ordentlich ausschlafen; **to give one's eyes a** ~ seine Augen ausruhen; **to give sb/the horses a** ~ jdn/die Pferde ausruhen lassen; **give it a** ~! hör doch auf!

2. to be at ~ (*peaceful*) ruhig sein; (*immobile*) sich in Ruhelage/-stellung befinden; (*euph: dead*) ruhen; **to set at** ~ *fears, doubts* beschwichtigen; **to put** or **set sb's mind at** ~ jdn beruhigen; **to come to** ~ (*ball, car etc*) zum Stillstand kommen; (*bird, insect*) sich niederlassen; (*gaze, eyes*) hängenbleiben (*upon* an +*dat*).

3. (*support*) Auflage f; (*of telephone*) Gabel f; (*Billiards*) Steg m; *see* **armrest**, **footrest**.

4. (*Mus*) Pause f; (*Poet*) Zäsur f.

II vi **1.** (*lie down, take* ~) ruhen (*geh*); (*relax, be still*) sich ausruhen; (*pause*) Pause machen, eine Pause einlegen; (*on walk, in physical work*) rasten, Pause machen; (*euph: be buried*) ruhen. **you must ~ for an hour** Sie sollten eine Stunde ausruhen; **she never** ~s sie arbeitet ununterbrochen; **he will not ~ until he discovers the truth** er wird nicht (rasten und) ruhen, bis er die Wahrheit gefunden hat; **to ~ easy (in one's bed)** ruhig schlafen; **to let a field ~** einen Acker brachliegen lassen; **(the case for) the prosecution** ~s das Plädoyer der Anklage ist abgeschlossen; **to let a matter ~** eine Sache auf sich beruhen lassen; **may he ~ in peace** er ruhe in Frieden.

2. (*remain*) (*decision, authority, blame, responsibility etc*) liegen (*with* bei). **the matter must not ~ there** man kann die Sache so nicht belassen; **and there the matter** ~s **for the moment** und damit ist die Sache momentan erledigt; (**you may**) ~ **assured that ...** Sie können versichert sein, daß ...

3. (*lean*) (*person, head, ladder*) lehnen (*on* an +*dat*, *against* gegen); (*be supported: roof etc*) ruhen (*on* auf +*dat*); (*fig: eyes, gaze*) ruhen (*on* auf +*dat*); (*fig: be based*) (*argument, case*) sich stützen (*on* auf +*acc*); (*reputation*) beruhen (*on* auf +*dat*); (*responsibility*) liegen, ruhen (*on* auf +*dat*). **her elbows were/head was** ~**ing on the table** ihre Ellbogen waren auf den Tisch gestützt/ihr Kopf lag auf dem Tisch.

III vt **1.** *one's eyes* ausruhen; *voice* schonen; *horses* ausruhen lassen. **to ~ oneself** sich ausruhen; **to be/feel** ~**ed** ausgeruht sein/sich ausgeruht fühlen; **(may) God ~ his soul** Gott hab ihn selig!; **to ~ one's case** (*Jur*) das Plädoyer abschließen.

2. (*lean*) *ladder* lehnen (*against* gegen, *on* an +*acc*); *elbow*, (*fig*) *theory, suspicions* stützen (*on* an +*acc*). **to ~ one's**

hand on sb's shoulder jdm die Hand auf die Schulter legen; **he ~ed his head against the wall** er lehnte den Kopf an die Wand.

♦**rest up** vi (*inf*) sich ausruhen.

rest² n (*remainder*) **the** ~ der Rest, das übrige/die übrigen; **the** ~ **of the money/ meal** der Rest des Geldes/Essens, das übrige Geld/Essen; **the** ~ **of the boys** der Rest der Jungen, die übrigen Jungen; **he was as drunk as the** ~ **of them** er war so betrunken wie der Rest or die übrigen; **she's no different from the** ~ sie ist wie alle anderen; **all the** ~ **of the money** der ganze Rest des Geldes, das ganze übrige Geld; **all the** ~ **of the books** alle übrigen Bücher; **and all the** ~ **of it** (*inf*) und so weiter und so fort; **Mary, Jane and all the** ~ **of them** Mary, Jane und wie sie alle heißen; **for the** ~ im übrigen.

restate [ˌriːˈsteɪt] vt **1.** (*express again*) *reasons* wieder or erneut nennen; *problem, argument, theory* wieder or erneut vortragen; *case, one's position* wieder or erneut darstellen; (*Mus*) *theme* wiederaufnehmen. **2.** (*express differently*) umformulieren; *case, one's position* neu darstellen.

restatement [ˌriːˈsteɪtmənt] n *see* vt **1.** erneute Nennung; erneuter Vortrag; erneute Darstellung; Wiederaufnahme f. **2.** Umformulierung f; Neudarstellung f.

restaurant [ˈrestərɔ̃ː] n Restaurant nt, Gaststätte f. **~ car** (*Brit Rail*) Speisewagen m.

restaurateur [ˌrestərəˈtɜːʳ] n Gastwirt, Gastronom m.

rest cure n Erholung f; (*in bed*) Liegekur f.

restful [ˈrestfʊl] adj *occupation, pastime etc* erholsam; *colour* ruhig; *place* friedlich. **she is very ~ to be with** es ist sehr gemütlich, mit ihr zusammen zu sein.

rest-home [ˈrestˌhəʊm] n Altersheim, Pflegeheim nt.

resting-place [ˈrestɪŋˌpleɪs] n Rastplatz m; (*euph: grave*) Ruhestätte f.

restitution [ˌrestɪˈtjuːʃən] n **1.** (*giving back*) Rückgabe f; (*of objects, money also*) Rückerstattung f. **to make ~ of sth** (*form*) etw zurückgeben/zurückerstatten; **~ of conjugal rights** (*Jur*) Wiederherstellung f der ehelichen Gemeinschaft. **2.** (*reparation*) Schadenersatz m, Entschädigung f.

restive [ˈrestɪv] adj *horse* (*stubborn*) störrisch; (*nervous*) unruhig; (*restless*) *person, manner* rastlos; *tribes* aufsässig.

restiveness [ˈrestɪvnɪs] n *see* adj störrische Art; Unruhe f; Rastlosigkeit f; Aufsässigkeit f.

restless [ˈrestlɪs] adj *person, manner, sea, night* unruhig; (*not wanting to stay in one place*) rastlos.

restlessly [ˈrestlɪslɪ] adv *see* adj.

restlessness [ˈrestlɪsnɪs] n *see* adj Unruhe f; Rastlosigkeit f.

restock [ˌriːˈstɒk] vt *shop* wieder auffüllen; *pond* wieder (mit Fischen) besetzen; *farm* den Viehbestand (+*gen*) erneuern.

restoration [ˌrestəˈreɪʃən] n **1.** (*return*) Rückgabe f (*to* an +*acc*); (*of property also*) Rückerstattung f (*to* an +*acc*); (*of confidence, order etc*) Wiederherstellung f; (*to office*) Wiedereinsetzung f (*to* in

+*acc*). **2. the R~** (*Hist*) die Restauration. **3.** (*of monument, work of art*) Restaurierung *f*.

restorative [rɪ'stɔːrətɪv] **I** *adj* stärkend; *remedy also* Stärkungs-. **II** *n* Stärkungsmittel *nt*.

restore [rɪ'stɔːʳ] *vt* **1.** *sth lost, borrowed, stolen* (*give back*) zurückgeben; (*bring back*) zurückbringen; *confidence, order, calm* wiederherstellen. **to ~ sb's health, to ~ sb to health** jds Gesundheit *or* jdn wiederherstellen, jdn wieder gesund machen; **to ~ sb to freedom** jdm die Freiheit wiedergeben; **to ~ sb to life** jdn ins Leben zurückrufen; **to ~ sth to its former condition** etw wiederherstellen. **2.** (*to former post*) wiedereinsetzen (*to* in +*acc*). **to ~ sb to the throne** jdn als König wiedereinsetzen; **to ~ to power** wieder an die Macht bringen. **3.** (*repair*) restaurieren.

restorer [rɪ'stɔːrəʳ] *n* (*Art*) Restaurator(in *f*) *m*; *see* **hair ~**.

restrain [rɪ'streɪn] *vt person* zurückhalten; *prisoner* mit Gewalt festhalten; *animal, unruly children, madman* bändigen; *radicals* in Schranken halten; *sb's activities, power* einschränken; *emotions, laughter* unterdrücken. **to ~ sb from doing sth** jdn davon abhalten, etw zu tun; **to ~ oneself** sich beherrschen.

restrained [rɪ'streɪnd] *adj emotions* unterdrückt; *manner, words* beherrscht; *tone, voice, colour* verhalten; *criticism* maßvoll, gezügelt.

restraint [rɪ'streɪnt] *n* **1.** (*restriction*) Einschränkung, Beschränkung *f*. **without ~** unbeschränkt; **develop** ungehemmt; **to place under ~** (*Jur*) in Haft nehmen. **2.** (*moderation*) Beherrschung *f*. **he said with great ~ that ...** er sagte sehr beherrscht, daß ...; **to express oneself without ~** sich zwanglos ausdrücken.

restrict [rɪ'strɪkt] *vt* beschränken (*to* auf +*acc*); *freedom, authority also* einschränken; *time, number also* begrenzen (*to* auf +*acc*). **~ing clothes** beengende Kleidungsstücke.

restricted [rɪ'strɪktɪd] *adj view* beschränkt, begrenzt; (*Admin, Mil*) *document, information* geheim; *locality* nur bestimmten Gruppen zugänglich; *admission* begrenzt. **within a ~ area** auf begrenztem Gebiet; **~ area** (*Brit Mot*) Strecke *f* mit Geschwindigkeitsbeschränkung; (*US*) Sperrgebiet *nt*.

restriction [rɪ'strɪkʃən] *n see vt* (*on gen*) Beschränkung *f*; Einschränkung *f*; Begrenzung *f*. **to place ~s on sth** etw beschränken *or* einschränken; **~s of space** räumliche Beschränktheit; **without ~s** uneingeschränkt; **speed ~** (*Mot*) Geschwindigkeitsbegrenzung *or* -beschränkung *f*; **price ~** Preisbeschränkung *f*.

restrictive [rɪ'strɪktɪv] *adj* restriktiv, einschränkend *attr*. **~ practices** (*Jur, Ind*) wettbewerbsbeschränkende Geschäftspraktiken *pl*; **~ clause** (*Gram*) restriktiver *or* einschränkender Nebensatz.

restring [ˌriː'strɪŋ] *vt irreg instrument* neu besaiten; *bow, racket* neu bespannen; *pearls* neu aufziehen.

rest-room ['restˌruːm] *n* (*US*) Toilette *f*.

result [rɪ'zʌlt] **I** *n* **1.** Folge *f*. **as a ~ he failed** folglich fiel er durch; **as a ~ of this** und folglich; **as a ~ of which he ...** was zur Folge hatte, daß er ...; **to be the ~ of** resultieren aus. **2.** (*outcome: of election, exam, race, Math etc*) Ergebnis, Resultat *nt*; (*good ~*) Resultat *nt*. **~s** (*of test, experiment*) Werte *pl*; **to get ~s** (*person*) Erfolg *or* Resultate erzielen; **we had very good ~s with this** wir hatten damit großen Erfolg *or* sehr gute Resultate; **as a ~ of my inquiry** auf meine Anfrage (hin); **what was the ~?** (*Sport*) wie ist es ausgegangen?; **without ~** ergebnislos. **II** *vi* sich ergeben, resultieren (*from* aus). **from which it ~s that ...** woraus folgt, daß ...

♦**result in** *vi +prep obj* führen zu.

resultant [rɪ'zʌltənt] **I** *adj* resultierend, sich daraus ergebend. **II** *n* (*Phys*) Resultierende *f*.

resume [rɪ'zjuːm] **I** *vt* **1.** (*restart*) *activity* wiederaufnehmen, weitermachen mit; *tale, account also* fortfahren in (+*dat*); *journey* fortsetzen. **well?, he ~d** nun?, fuhr er fort. **2.** *command, possession* wieder übernehmen; *name* wieder annehmen. **to ~ one's seat** seinen Platz wieder einnehmen; **to ~ possession of sth** etw wieder in Besitz nehmen. **3.** (*sum up*) zusammenfassen. **II** *vi* (*classes, work etc*) wieder beginnen.

résumé ['reɪzjuːmeɪ] *n* Resümee *nt*, Zusammenfassung *f*; (*US: curriculum vitae*) Lebenslauf *m*.

resumption [rɪ'zʌmpʃən] *n* (*of activity*) Wiederaufnahme *f*; (*of command, possession*) erneute Übernahme; (*of journey*) Fortsetzung *f*; (*of classes*) Wiederbeginn *m*.

resurface [ˌriː'sɜːfɪs] **I** *vt road* neu belegen. **II** *vi* (*diver, submarine, fig*) wieder auftauchen.

resurgence [rɪ'sɜːdʒəns] *n* Wiederaufleben, Wiedererstehen *nt*.

resurgent [rɪ'sɜːdʒənt] *adj* wieder auflebend.

resurrect [ˌrezə'rekt] *vt* **1.** (*lit*) *person* wiederbeleben; (*Rel*) auferstehen lassen. **to be ~ed** auferstehen. **2.** (*fig*) *law* wieder zurückbringen *or* einführen; *ideology, institution* wieder ins Leben rufen, wiederbeleben; *custom, fashion, style* wiederbeleben; *ideas, memories* wieder aufleben lassen; (*inf*) *dress, chair* ausgraben (*inf*).

resurrection [ˌrezə'rekʃən] *n see vt* **1.** Wiederbelebung *f*; Auferstehung *f*. **the R~** (*Rel*) die Auferstehung. **2.** Wiedereinführung *f*; Wiederbelebung *f*; Auflebenlassen *nt*; Ausgraben *nt* (*inf*).

resuscitate [rɪ'sʌsɪteɪt] *vt* (*Med*) wiederbeleben; (*fig*) beleben, neue Lebensgeister geben (+*dat*).

resuscitation [rɪˌsʌsɪ'teɪʃən] *n see vt* Wiederbelebung *f*; Belebung *f*.

retail ['riːteɪl] **I** *n* Einzelhandel, Kleinhandel *m*. **~ and wholesale** Einzel- und Großhandel *m*.

II *vt* im Einzel- *or* Kleinhandel verkaufen; (*fig*) *gossip* weitererzählen.

III *vi* (*goods*) **to ~ at ...** im Einzelhandel ... kosten.

IV *adv* im Einzelhandel. **to sell ~** im Einzelhandel verkaufen.

retail *in cpds* Einzelhandels-; **~ business** Einzel- *or* Kleinhandel *m*; (*shop*) Einzelhandelsgeschäft *nt*; **~ dealer** Einzelhändler *m*.

retailer ['ri:teɪlə^r] *n* Einzelhändler *m*.

retailing ['ri:teɪlɪŋ] *n* der Einzelhandel.

retail price *n* Einzelhandelspreis *m*.

retain [rɪ'teɪn] *vt* **1.** (*keep*) behalten; *money, possession, person* zurück(be)halten; *custom* beibehalten, bewahren; *urine* zurückhalten; *colour* behalten; *flavour* beibehalten; (*battery*) *charge* halten; (*dam*) *water* stauen. **to ~ water** (*soil, body*) Wasser speichern; (*sponge*) Wasser halten; **to ~ control (of sth)** etw weiterhin in der Gewalt haben; **to ~ the use of a limb/ one's eyes** ein Glied/seine Augen noch gebrauchen können.

2. (*remember*) sich (*dat*) merken; (*computer*) *information* speichern.

3. (*engage*) *lawyer* beauftragen.

retainer [rɪ'teɪnə^r] *n* **1.** (*old: servant*) Faktotum *nt*. **2.** (*fee*) Vorschuß *m*.

retaining fee [rɪ'teɪnɪŋ-] *n* Vorschuß *m*; **retaining wall** *n* Stützmauer *f*.

retake [ˌriː'teɪk] **I** *vt irreg* **1.** (*Mil*) *town* zurückerobern. **he was ~n (prisoner)** er wurde wieder gefangengenommen.

2. (*Film*) nochmals aufnehmen.

3. (*Sport*) *penalty* wiederholen.

II ['riː'teɪk] *n* (*Film*) Neuaufnahme *f*. **we need a ~ of that scene** wir müssen die Szene noch einmal filmen.

retaliate [rɪ'tælɪeɪt] *vi* Vergeltung üben; (*for bad treatment, insults etc*) sich revanchieren (*against sb* an jdm); (*in battle*) zurückschlagen, (*Sport, in fight, with measures in argument*) kontern. **he ~d by pointing out that ...** er konterte, indem er darauf hinwies, daß ...; **then she ~d by calling him a pig** sie revanchierte sich damit *or* zahlte es ihm damit heim, daß sie ihn ein Schwein nannte.

retaliation [rɪˌtælɪ'eɪʃən] *n* Vergeltung *f*; (*in fight also*) Vergeltungsschlag *m*; (*in argument, diplomacy etc*) Konterschlag *m*. **his ~ was vicious** er hat sich auf üble Weise revanchiert; **in ~** zur Vergeltung; **that's my ~ for what you did to me** das ist meine Revanche für das, was Sie mir angetan haben; **policy of ~** Vergeltungspolitik *f*.

retaliatory [rɪ'tælɪətərɪ] *adj* **~ insults** Retourkutschen *pl* (*inf*); **~ measures** Vergeltungsmaßnahmen *pl*.

retard [rɪ'tɑːd] *vt development* verlangsamen, verzögern; *explosion, (Aut) ignition* verzögern; (*Biol, Phys*) retardieren.

retarded [rɪ'tɑːdɪd] *adj* zurückgeblieben. **~ ignition** (*Aut*) Spätzündung *f*; **mentally ~** geistig zurückgeblieben.

retch [retʃ] **I** *vi* würgen. **II** *n* Würgen *nt*.

retching ['retʃɪŋ] *n* Würgerei *f*.

ret(d) *abbr of* **retired** a.D.

retell [ˌriː'tel] *vt irreg* wiederholen;

(*novelist*) *old legend* nacherzählen.

retention [rɪ'tenʃən] *n* **1.** Beibehaltung *f*; (*of possession*) Zurückhaltung *f*; (*of water*) Speicherung *f*; (*of facts*) Behalten *nt*; (*of information by computer*) Speicherung *f*; (*of lawyer*) Beauftragung *f*; (*Med:* **~ of urine**) Harnverhaltung *f*.

2. (*memory*) Gedächtnis *nt*.

retentive [rɪ'tentɪv] *adj memory* aufnahmefähig. **he is very ~** er hat ein gutes Gedächtnis.

retentiveness [rɪ'tentɪvnɪs] *n* (*of memory*) Aufnahmefähigkeit *f*; (*of person*) Merkfähigkeit *f*.

rethink [ˌriː'θɪŋk] **I** *vt irreg* überdenken. **II** ['riː'θɪŋk] *n* (*inf*) **we'll have to have a ~** wir müssen das noch einmal überdenken.

reticence ['retɪsəns] *n* Zurückhaltung *f*.

reticent ['retɪsənt] *adj* zurückhaltend. **to be ~ about sth** in bezug auf etw (*acc*) nicht sehr gesprächig sein.

reticently ['retɪsəntlɪ] *adv see adj*.

reticle ['retɪkl] *n* (*Opt*) Meßkreuz *nt*.

reticulate [rɪ'tɪkjʊlɪt], **reticulated** [rɪ'tɪkjʊleɪtɪd] *adj* netzartig, retikular.

retina ['retɪnə] *n, pl* **~e** ['retɪniː] *or* **~s** Netzhaut, Retina (*spec*) *f*.

retinue ['retɪnjuː] *n* Gefolge *nt*.

retire [rɪ'taɪə^r] **I** *vi* **1.** (*give up work*) aufhören zu arbeiten; (*civil servant, military officer*) in Pension gehen, sich pensionieren lassen, in den Ruhestand treten; (*self-employed*) sich zur Ruhe setzen; (*soldier*) aus der Armee ausscheiden; (*singer, player etc*) (zu singen/spielen *etc*) aufhören.

2. (*withdraw, Mil*) sich zurückziehen; (*Sport*) aufgeben; (*Ftbl, Rugby etc*) vom Feld gehen. **to ~ into oneself** sich in sich (*acc*) selbst zurückziehen; **to ~ from the world/from public life** sich von der Welt/ aus dem öffentlichen Leben zurückziehen.

3. (*old, form: go to bed*) sich zurückziehen.

II *vt* aus Altersgründen entlassen; *civil servant, military officer* pensionieren, in den Ruhestand versetzen; *soldier* verabschieden; (*Fin*) *bond* aus dem Verkehr ziehen.

retired [rɪ'taɪəd] *adj* **1.** (*no longer working*) *worker, employee* aus dem Arbeitsleben ausgeschieden (*form*); *civil servant, military officer* pensioniert, außer Dienst, im Ruhestand; *soldier* aus der Armee ausgeschieden. **he is ~** er arbeitet nicht mehr, er ist Rentner/ist pensioniert *or* im Ruhestand/ist nicht mehr in der Armee; **a ~ worker/teacher/soldier** ein Rentner/ pensionierter Lehrer/ehemaliger Soldat; **~ pay** Rente *f*; Pension *f*, Ruhegehalt *nt*.

2. (*secluded*) *life* zurückgezogen.

retirement [rɪ'taɪəmənt] *n* **1.** (*stopping work*) Ausscheiden *nt* aus dem Arbeitsleben (*form*); (*of civil servant, military officer*) Pensionierung *f*; (*of soldier*) Verabschiedung *f*.

2. (*period*) **how will you spend your ~?** was tun Sie, wenn Sie einmal nicht mehr arbeiten/wenn Sie pensioniert *or* im Ruhestand sind?; **to come out of ~** wieder zurückkommen.

3. (*seclusion*) Zurückgezogenheit *f.* **to live in ~** zurückgezogen leben.
4. (*Mil*) Rückzug *m*; (*Sport*) Aufgabe *f*; (*Ftbl, Rugby etc*) Abgang *m* vom Spielfeld.

retirement age *n* Rentenalter *nt*; **retirement benefit** *n* Altenhilfe *f*; **retirement pay** *n* Altersrente *f*; **retirement pension** *n* Altersruhegeld *nt* (*form*).

retiring [rɪˈtaɪərɪŋ] *adj* **1.** (*shy*) zurückhaltend. **2. ~ age** *see* **retirement age.**

retort [rɪˈtɔːt] **I** *n* **1.** (*answer*) scharfe Erwiderung *or* Antwort. **2.** (*Chem*) Retorte *f.* **II** *vt* scharf erwidern, zurückgeben. **III** *vi* scharf erwidern.

retouch [ˌriːˈtʌtʃ] *vt* (*Art, Phot*) retuschieren.

retrace [rɪˈtreɪs] *vt past, argumentation* zurückverfolgen; *development also* nachgehen (+*dat*), nachvollziehen. **to ~ one's steps** denselben Weg zurückgehen.

retract [rɪˈtrækt] **I** *vt* **1.** (*withdraw*) *offer* zurückziehen; *statement* zurücknehmen. **2.** (*draw back*) *claws,* (*Aviat*) *undercarriage* einziehen. **II** *vi* **1.** (*withdraw*) einen Rückzieher machen. **2.** (*claws, undercarriage*) eingezogen werden.

retractable [rɪˈtræktəbl] *adj see vt* **1.** zurückziehbar; zurücknehmbar. **2.** einziehbar.

retraction [rɪˈtrækʃən] *n see vt* **1.** (*act*) Rückzug *m*; Rücknahme *f*; (*that retracted*) Rückzieher *m.* **2.** Einziehen *nt.*

retrain [ˌriːˈtreɪn] **I** *vt* umschulen. **II** *vi* umgeschult werden, sich umschulen lassen.

retraining [ˌriːˈtreɪnɪŋ] *n* Umschulung *f.*

retread [ˌriːˈtred] **I** *vt tyre* die Laufflächen erneuern von. **II** [ˈriːˌtred] *n* (*tyre*) laufflächenerneuerter Reifen.

retreat [rɪˈtriːt] **I** *n* **1.** (*Mil*) Rückzug *m.* **to sound the ~** zum Rückzug blasen; **the army is in ~** die Armee befindet sich *or* ist auf dem Rückzug; **to make** *or* **beat a (hasty** *or* **swift) ~** (*Mil*) (schnell) den Rückzug antreten; (*fig*) (schleunigst) das Feld räumen.
2. (*place*) Zuflucht(sort *m*) *f*; (*hiding place*) Schlupfwinkel *m.* **he has gone to his country ~** er hat sich aufs Land zurückgezogen.

II *vi* (*Mil*) den Rückzug antreten; (*in fear*) zurückweichen; (*flood, glacier*) zurückgehen. **to ~ within oneself** sich in sich (*acc*) selbst zurückziehen.

III *vti* (*Chess*) zurückziehen.

retrench [rɪˈtrenʃ] **I** *vt expenditure* einschränken, kürzen; *personnel* einsparen; *book* kürzen. **II** *vi* sich einschränken.

◆**retrench on** *vi +prep obj see* **retrench I.**

retrenchment [rɪˈtrenʃmənt] *n see vt* Einschränkung, Kürzung *f*; Einsparung *f.*

retrial [ˈriːˈtraɪəl] *n* (*Jur*) Wiederaufnahmeverfahren *nt.* **to subject a case to (a) ~** einen Fall wiederaufnehmen.

retribution [ˌretrɪˈbjuːʃən] *n* Vergeltung *f.* **in ~** als Vergeltung.

retributive [rɪˈtrɪbjutɪv] *adj action* Vergeltungs-, vergeltend; *justice* ausgleichend.

retrievable [rɪˈtriːvəbl] *adj* **1.** *see vt* **1.** zurück-/hervor-/ heraus-/herunterholbar; rettbar; zu bergen; zurückgewinnbar; abruf-

bar; wiedererlangbar; wiedergutmachbar. **2.** *error* wiedergutmachbar; *situation* zu retten.

retrieval [rɪˈtriːvəl] *n see vt* **1.** Zurück-/Hervor-/Heraus-/ Herunterholen *nt*; Rettung *f*; Bergung *f*; Rückgewinnung *f*; Abfragen *nt*; Wiedererlangen *nt*; Wiedergutmachen *nt.* **2.** Wiedergutmachung *f*; Rettung *f.* **beyond** *or* **past ~** hoffnungslos. **3.** Apportieren *nt.*

retrieve [rɪˈtriːv] **I** *vt* **1.** (*recover*) zurück-/ hervor-/heraus-/ herunterholen; (*rescue*) retten; (*from wreckage etc*) bergen; *material from waste* zurückgewinnen; (*Computers*) *information* abrufen; *fortune, honour, position, money, investment* wiedererlangen; *loss* wiedergutmachen.

2. (*set to rights*) *error* wiedergutmachen; *situation* retten.
3. (*dog*) apportieren.

II *vi* (*dog*) apportieren.

retriever [rɪˈtriːvəʳ] *n* (*race*) Retriever *m.* **he is a good ~** er ist ein guter Apportierhund.

retro [ˈretrəʊ] **I** *pref* rück-, Rück-. **II** *n, pl* **~s** *abbr of* **retrorocket.**

retroactive [ˌretrəʊˈæktɪv] *adj* rückwirkend. **a ~ effect** eine Rückwirkung.

retrograde [ˈretrəʊɡreɪd] **I** *adj* rückläufig; *order* umgekehrt; *policy* rückschrittlich; (*Phys, Biol, Astron also*) retrograd (*spec*). **~ step** Rückschritt *m.* **II** *vi* (*Biol*) sich zurückentwickeln; (*Astron*) sich retrograd bewegen.

retrogress [ˌretrəʊˈɡres] *vi* (*go backwards*) sich rückwärts bewegen; (*deteriorate*) sich zurückentwickeln.

retrogression [ˌretrəʊˈɡreʃən] *n see vi* rückläufige Bewegung; Rückentwicklung *f.*

retrogressive [ˌretrəʊˈɡresɪv] *adj* (*moving backwards*) *motion etc* rückläufig, Rückwärts-; (*fig*) *plan, policy* rückschrittlich; (*Biol*) rückläufig.

retrorocket [ˈretrəʊˌrɒkɪt] *n* Bremsrakete *f.*

retrospect [ˈretrəʊspekt] *n* **in ~, what would you have done differently?** was hätten Sie rückblickend *or* im Rückblick anders gemacht?; **everything looks different in ~** im nachhinein *or* im Rückblick sieht alles anders aus.

retrospection [ˌretrəʊˈspekʃən] *n* Zurückblicken *nt.*

retrospective [ˌretrəʊˈspektɪv] **I** *adj thought* rückblickend; *wisdom* im nachhinein; (*Admin, Jur*) *pay rise* rückwirkend. **II** *n* Retrospektive *f.*

retrospectively [ˌretrəʊˈspektɪvlɪ] *adv act* rückwirkend. **to look ~ at sth** (*fig*) auf etw (*acc*) zurückblicken.

retry [ˈriːˈtraɪ] *vt* (*Jur*) *case* wiederaufnehmen, neu verhandeln; *person* neu verhandeln gegen, wieder vor Gericht bringen.

return [rɪˈtɜːn] **I** *vi* **1.** (*come back*) zurück- *or* wiederkommen, zurück- *or* wiederkehren (*geh*); (*go back*) (*person*) zurückgehen; (*vehicle*) zurückfahren; (*symptoms, doubts, fears*) wiederkommen, wieder auftreten; (*property: pass back to*) zurückfallen (*to* an +*acc*). **to ~ to London/the town/the group** nach London/ in die Stadt/zur Gruppe zurückkehren; **to**

~ **to school** wieder in die Schule gehen; **to ~ to (one's) work** (*after short pause*) wieder an seine Arbeit gehen; (*after strike*) die Arbeit wiederaufnehmen; **to ~ to what we were talking about** um auf unser Gespräch zurückzukommen; **to ~ to one's old ways** in seine alten Gewohnheiten zurückfallen; **to ~ home** nach Hause kommen/gehen, heimkehren (*geh*); **to ~ to health** wieder gesund werden.

II *vt* **1.** (*give back*) *sth borrowed, stolen, lost* zurückgeben (*to sb* jdm); (*bring or take back*) zurückbringen (*to sb* jdm); (*put back*) zurücksetzen/-stellen/-legen; (*send back*) (*to an* +*acc*) *letter etc* zurückschicken *or* -senden; (*refuse*) *cheque* zurückweisen; *ball* zurückschlagen/ -werfen; *sound, light* zurückwerfen; *salute, visit, sb's love, compliment* erwidern. **to ~ a/sb's blow** zurückschlagen; **he ~ed it to his pocket** er steckte es wieder in die Tasche; **to ~ goods to the shop** Waren in das Geschäft zurückbringen; **I hope to ~ your kindness/favour** ich hoffe, daß ich mich einmal bei Ihnen revanchieren kann; **to ~ like for like** Gleiches mit Gleichem vergelten; **to ~ fire** (*Mil*) das Feuer erwidern; **to ~ hearts** (*Bridge*) Herz nachspielen.

2. (*reply*) erwidern, zurückgeben.

3. (*declare*) *details of income* angeben. **to ~ a verdict of guilty (on sb)** (*Jur*) (jdn) schuldig sprechen, einen Schuldspruch (gegen jdn) fällen; **to ~ a verdict of murder** (*Jur*) jdn des Mordes für schuldig erklären.

4. (*Fin*) *income* einbringen; *profit, interest* abwerfen.

5. (*Brit Parl*) *candidate* wählen.

III *n* **1.** (*coming/going back*) (*of person, vehicle, seasons*) Rückkehr, Wiederkehr *f* (*geh*); (*of illness*) Wiederauftreten *nt*. **on my ~** bei meiner Rückkehr; **~ home** Heimkehr *f*; **~ to school** Schulbeginn *m*; **by ~** (*of post*) postwendend; **~ to work** (*after strike*) Wiederaufnahme *f* der Arbeit; **~ to health** Genesung *f*; **a ~ to one's old habits** ein Rückfall *m* in seine alten Gewohnheiten; **many happy ~s (of the day)!** herzlichen Glückwunsch zum Geburtstag!; *see* **point**.

2. (*giving/bringing/taking/sending back*) *see vt* **1.** Rückgabe *f*; Zurückbringen *nt*; Zurücksetzen/-stellen/-legen *nt*; Zurückschicken *or* -senden *nt*; Zurückweisen *nt*; Zurückschlagen *nt*/-werfen *nt*; Zurückwerfen *nt*; Erwiderung *f*.

3. (*Brit: also* ~ **ticket**) Rückfahrkarte *f*; (*Aviat*) Rückflugschein *m*.

4. (*profit: from investments, shares*) (*on* aus) Einkommen *nt*; (*on capital also*) Ertrag, Gewinn *m*; (*product: from land, mine etc*) Ertrag *m*. **~s** (*profits*) Gewinn *m*; (*receipts*) Einkünfte *pl*; **~ on capital** (*Fin*) Kapitalertrag *m*; *see* **diminish**.

5. (*fig: recompense*) **in ~** dafür; **in ~ for** für; **to do sb a kindness in ~** sich für einen Gefallen revanchieren.

6. (*act of declaring*) (*of verdict, election results*) Verkündung *f*; (*report*) Bericht *m*. **the population ~s show that ...** die

Bevölkerungszahlen zeigen, daß ...; **the ~ of the jury** ≃ das Urteil der Schöffen; **the (election) ~s** das Wahlergebnis; **tax ~** Steuererklärung *f*.

7. (*Brit Parl: of candidate*) Wahl *f* (*to* in +*acc*).

8. (*Sport*) (*game, match*) Rückspiel *nt*; (*stroke*) Rückschlag *m*; (*throw*) Rückwurf *m*; (*~ pass*) Rückpaß *m*. **to make a good ~** den Ball gut zurückschlagen/ -werfen.

9. (*Comm*) zurückgebrachte Ware.

returnable [rɪˈtɜːnəbl] *adj bottle* zurückzugebend *attr*; (*with deposit*) mit Flaschenpfand.

return fare *n* Preis *m* für eine Rückfahrkarte *or* (*Aviat*) einen Rückflugschein; **return flight** *n* Rückflug *m*; (*both ways*) Hin- und Rückflug .

returning officer [rɪˈtɜːnɪŋˈɒfɪsəʳ] *n* (*Brit Parl*) Wahlleiter *m*.

return journey *n* Rückreise *f*; (*both ways*) Hin- und Rückreise *f*; **return match** *n* Rückspiel *nt*; **return pass** *n* (*Sport*) Rückpaß *m*; **return ticket** *n* (*Brit*) Rückfahrkarte *f*; (*Aviat*) Rückflugschein *m*.

reunification [riːˌjuːnɪfɪˈkeɪʃən] *n* Wiedervereinigung *f*.

reunify [ˌriːˈjuːnɪfaɪ] *vt* wiedervereinigen.

reunion [rɪˈjuːnjən] *n* **1.** (*coming together*) Wiedervereinigung *f*. **2.** (*gathering*) Treffen *nt*, Zusammenkunft *f*. **a family ~** ein Familientreffen *nt*.

reunite [ˌriːjuːˈnaɪt] **I** *vt* wiedervereinigen. **they were ~d at last** sie waren endlich wieder vereint. **II** *vi* (*countries, parties*) sich wiedervereinigen; (*people*) wieder zusammenkommen.

Rev [rev] *abbr of* **Reverend**.

rev [rev] **I** *n abbr of* **revolution** (*Aut*) Umdrehung *f*. **the number of ~s per minute** die Dreh- *or* Tourenzahl pro Minute; **4,000 ~s per minute** 4.000 Umdrehungen *or* Touren (*inf*) pro Minute; **~ counter** Drehzahlmesser, Tourenzähler *m*.

II *vti* **to ~ (up)** (*driver*) den Motor auf Touren bringen; (*noisily*) den Motor aufheulen lassen; (*engine*) aufheulen.

revaluation [riːˌvæljʊˈeɪʃən] *n* (*Fin*) Aufwertung *f*.

revalue [ˌriːˈvæljuː] *vt* (*Fin*) aufwerten.

revamp [ˌriːˈvæmp] *vt* (*inf*) *book, play* aufpolieren (*inf*); *company* auf Vordermann bringen (*inf*); *house, room* aufmöbeln (*inf*).

revanchist [rɪˈvæntʃɪst] *adj* revanchistisch.

reveal [rɪˈviːl] *vt* **1.** (*make visible*) zum Vorschein bringen; (*show*) zeigen.

2. (*make known*) *truth, facts* enthüllen, aufdecken; *one's identity* zu erkennen geben, enthüllen; *ignorance, knowledge* erkennen lassen. **I cannot ~ to you what he said** ich kann Ihnen nicht verraten, was er gesagt hat; **he could never ~ his feelings for her** er konnte seine Gefühle für sie nie zeigen; **what does this ~ about the motives of the hero?** was sagt das über die Motive des Helden aus?; **Nixon ~s all** Nixon packt aus (*inf*); **the doctor did not ~ to him how hopeless his situation was** der Arzt hat ihn nicht darüber aufgeklärt, wie hoffnungslos sein Zustand war.

3. (*Rel*) offenbaren (*to sb* jdm). **~ed**

religion Offenbarungsreligion *f*.
revealing [rɪ'viːlɪŋ] *adj* **1.** aufschlußreich.
2. *material, slit skirt etc* viel zeigend; *dress, neckline also* offenherzig (*hum*).
reveille [rɪ'vælɪ] *n* (*Mil*) Reveille *f*, Wecksignal *nt*.
revel ['revl] **I** *vi* **1.** (*make merry*) feiern.
2. (*delight*) **to ~ in one's freedom** seine Freiheit aus ganzem Herzen genießen; **to ~ in doing sth** seine wahre Freude daran haben, etw zu tun.
II *n* **~s** *pl* Feiern *nt*.
revelation [ˌrevə'leɪʃən] *n* Enthüllung *f*; (*Rel*) Offenbarung *f*. **the book of) R~s** die Offenbarung (des Johannes); **it was a ~ to me** das hat mir die Augen geöffnet.
reveller ['revlər] *n* Feiernde(r) *mf*.
revelry ['revlrɪ] *n usu pl* Festlichkeit *f*.
revenge [rɪ'vendʒ] **I** *n* Rache *f*; (*Sport*) Revanche *f*. **to take ~ on sb (for sth)** sich an jdm (für etw) rächen; **to get one's ~** sich rächen; (*Sport*) sich revanchieren; **out of ~** aus Rache; **he killed him in ~** er tötete ihn aus Rache; **in ~ for** als Rache für.
II *vt insult, murder, sb* rächen. **to ~ oneself** *or* **to be ~d (for sth)** sich (für etw) rächen; **to ~ oneself on sb (for sth)** sich (für etw) an jdm rächen.
revengeful [rɪ'vendʒful] *adj* rachsüchtig.
revengefully [rɪ'vendʒfəlɪ] *adv* rachsüchtig; *act* aus Rache.
revenger [rɪ'vendʒər] *n* Rächer(in *f*) *m*.
revenue ['revənjuː] *n* (*of state*) Staatseinkünfte, öffentliche Einnahmen *pl*; (*tax ~*) Steueraufkommen *nt*; (*of individual*) Einnahmen, Einkünfte *pl*; (*department*) Finanzbehörde *f*, Fiskus *m*. **~ man** *or* **officer** Finanzbeamte(r) *m*; **~ stamp** (*US*) Steuermarke *or* -banderole *f*.
reverberate [rɪ'vɜːbəreɪt] **I** *vi* (*sound*) widerhallen, nachhallen; (*light, heat*) zurückstrahlen, reflektieren. **II** *vt sound, light, heat* zurückwerfen, reflektieren.
reverberation [rɪˌvɜːbə'reɪʃən] *n* (*of sound*) Widerhall, Nachhall *m*; (*of light, heat*) Zurückstrahlen *nt*, Reflexion *f*.
revere [rɪ'vɪər] *vt* verehren.
reverence ['revərəns] **I** *n* **1.** Ehrfurcht, Reverenz (*geh*) *f*; (*veneration*) Verehrung *f* (*for* für). **to have ~ for sb, to hold sb in ~** jdn verehren; **to treat sth with ~** etw ehrfürchtig behandeln.
2. your R~ (Euer) Hochwürden.
II *vt* verehren.
reverend ['revərənd] **I** *adj* **the R~ Robert Martin** ≃ Pfarrer Robert Martin; **the Most R~ John Smith** Erzbischof John Smith; **the Very R~ John Smith** Dekan John Smith; **the Right R~ John Smith** Bischof John Smith; **the R~ Mother** die Mutter Oberin. **II** *n* (*inf*) ≃ Pfarrer *m*.
reverent ['revərənt] *adj* ehrfürchtig, ehrfurchtsvoll.
reverential [ˌrevə'renʃəl] *adj awe, respect* ehrfürchtig; *bow, gesture etc* ehrerbietig.
reverently ['revərəntlɪ] *adv see adj*.
reverie ['revərɪ] *n* (*liter*) Träumereien *pl*. **he fell into a ~** er kam ins Träumen.
revers [rɪ'vɪər] *n, pl* - Revers *nt or m*.
reversal [rɪ'vɜːsəl] *n see vt* **1.** Umkehren *nt*; Umstellen *nt*, Vertauschung *f*; Wenden

nt; Umdrehen *nt*; Umkehren *nt*. **2.** Rückwärtslaufenlassen *nt*; Zurückstellen *nt*.
3. Umstoßung *f*; Aufhebung *f*; Umkehrung *f*; völlige Umstellung. **4. to suffer a ~** einen Rückschlag erleiden.
reverse [rɪ'vɜːs] **I** *adj* **1.** (*opposite*) umgekehrt; *direction* entgegengesetzt; (*Opt*) *image* seitenverkehrt. **in ~ order** in umgekehrter Reihenfolge.
2. ~ gear (*Aut*) Rückwärtsgang *m*; **~ motion** *or* **action** (*Tech*) (*backwards*) Rückwärtsbewegung *f*; (*opposite direction*) entgegengesetzte Bewegung.
II *n* **1.** (*opposite*) Gegenteil *nt*. **quite the ~!** ganz im Gegenteil!
2. (*back*) Rückseite *f*; (*of cloth also*) Abseite *f*, linke Seite; (*of coin, medal also*) Kehrseite *f*.
3. (*setback, loss*) Rückschlag *m*; (*defeat*) Niederlage *f*.
4. (*on typewriter*) Rückstelltaste *f*; (*on tape-recorder*) Rücklauftaste *f*; (*Aut*) Rückwärtsgang *m*. **in ~** (*Aut*) im Rückwärtsgang; **to go into ~** (*Aut*) in den Rückwärtsgang schalten.
III *vt* **1.** (*turn the other way round*) *order, situation, procedure* umkehren; *objects, sentences, words also* umstellen, vertauschen; *garment* wenden; *result also* umdrehen; (*Phot*) *negative* umkehren. **to ~ the order of sth** etw herumdrehen; **to ~ the charges** (*Brit Telec*) ein R-Gespräch führen; **~d charge call** R-Gespräch *nt*.
2. (*cause to move backwards*) *moving belt* rückwärts laufen lassen; *typewriter ribbon* zurückstellen. **to ~ one's car into the garage/down the hill/into a tree** rückwärts in die Garage fahren *or* setzen/ rückwärts den Berg hinunterfahren/ rückwärts gegen einen Baum fahren.
3. *verdict, judgement, decision* umstoßen; *decree* aufheben; *trend* umkehren; *policy* völlig umstellen.
IV *vi* (*move backwards*) (*car*) rückwärts fahren; (*dancer*) rückwärts tanzen; (*machine*) rückwärts laufen. **reversing lights** Rückfahrscheinwerfer *pl*.
reversibility [rɪˌvɜːsɪ'bɪlɪtɪ] *n see adj* Umstoßbarkeit *f*; Umkehrbarkeit *f*.
reversible [rɪ'vɜːsəbl] *adj decision* umstoßbar; (*Phys, Chem*) umkehrbar; *garment* Wende-. **~ cloth** Doubleface *m or nt*.
reversion [rɪ'vɜːʃən] *n* **1.** (*return to former state: of person*) Umkehr *f* (*to* zu); (*to bad state*) Rückfall *m* (*to* in +*acc*). **the ~ of this country to a republic** die Rückverwandlung dieses Landes in eine Republik; **~ to type** (*Biol*) (Arten)rückschlag *m*; **his ~ to type** das erneute Durchbrechen seiner alten Natur.
2. (*Jur: of property*) Zurückfallen *nt* (*to* an +*acc*).
reversionary [rɪ'vɜːʃnərɪ] *adj* **1.** (*Jur*) Anwartschafts-. **2.** (*Biol*) atavistisch.
revert [rɪ'vɜːt] *vi* (*return*) (*to former state*) zurückkehren (*to* zu); (*to bad state*) zurückfallen (*to* in +*acc*); (*to topic*) zurückkommen (*to* auf +*acc*); (*Jur: property*) zurückfallen (*to* an +*acc*). **he has ~ed to being a child** er ist wieder ins Kindheitsalter zurückgefallen; **but to ~ the question** aber um auf die Frage

zurückzukommen; **to ~ to type** (*Biol*) in der Art zurückschlagen; **he has ~ed to type** (*fig*) seine alte Natur ist wieder durchgebrochen; **fields ~ing to moorland/woodland** Felder, die wieder versumpfen/zu Wäldern werden.

review [rɪˈvjuː] **I** *n* **1.** (*look back*) Rückblick *m* (*of* auf +*acc*); (*report*) Überblick *m* (*of* über +*acc*). **I shall keep your case under ~** ich werde Ihren Fall genau verfolgen *or* im Auge behalten.
2. (*re-examination*) nochmalige Prüfung. **the agreement comes up for ~** *or* **comes under ~ next year** das Abkommen wird nächstes Jahr nochmals geprüft; **salary due for ~ in January** Gehaltsaufbesserung *f* im Januar geplant.
3. (*Mil: inspection*) Inspektion *f*.
4. (*of book, film, play etc*) Kritik, Besprechung, Rezension *f*.
5. (*magazine*) Zeitschrift *f*.
II *vt* **1.** (*look back at*) zurückblicken auf (+*acc*), überdenken.
2. (*re-examine*) erneut (über)prüfen.
3. (*Mil*) *troops* inspizieren, mustern.
4. *book, play, film* besprechen, rezensieren.

reviewer [rɪˈvjuːəʳ] *n* Kritiker(in *f*), Rezensent(in *f*) *m*.

revile [rɪˈvaɪl] **I** *vt* schmähen, verunglimpfen. **II** *vi* **to ~ against sb/sth** gegen jdn/etw schmähen.

revise [rɪˈvaɪz] **I** *vt* **1.** (*change*) *opinion, estimate* überholen, revidieren.
2. (*correct*) *proof, text* revidieren, überarbeiten. **~d edition** überarbeitete Ausgabe; **the R~d Version** (*Brit*), **the R~d Standard Version** (*US*) *die revidierte Übersetzung der Bibel*.
3. (*Brit: learn up*) wiederholen.
II *vi* (*Brit*) (den Stoff) wiederholen.

reviser [rɪˈvaɪzəʳ] *n* Bearbeiter *m*; (*of translations etc*) Korrektor *m*.

revision [rɪˈvɪʒən] *n* **1.** (*of opinion, estimate*) Überholen, Revidieren *nt*. **2.** (*of proofs*) Revision, Überarbeitung *f*. **3.** (*Brit: for exam*) Wiederholung *f* (des Stoffs). **4.** (*revised version*) überarbeitete Ausgabe.

revitalize [ˌriːˈvaɪtəlaɪz] *vt* neu beleben.

revival [rɪˈvaɪvəl] *n* **1.** (*bringing back*) (*of custom, usage*) Wiedererwecken, Wiederauflebenlassen *nt*; (*of old ideas, affair*) Wiederaufnehmen, Wiederaufgreifen *nt*; (*from faint, fatigue*) Wiederbeleben *nt*, Wiederbelebung *f*; (*of play*) Wiederaufnahme *f*; (*of law*) Wiederinkrafttreten *nt*.
2. (*coming back, return: of old ideas etc*) Wiederaufleben *nt*; (*of custom, usage also*) Wiederaufblühen *nt*, Renaissance *f* (*geh*); (*from faint, fatigue*) Wiederbelebung *f*. **there has been a ~ of interest in ...** das Interesse an ... ist wieder wach geworden *or* erwacht; **the dollar experienced a slight ~** der Dollar verzeichnete wieder einen leichten Aufschwung; **an economic ~** ein wirtschaftlicher Wiederaufschwung.
3. (*Rel*) Erweckung *f*.

revivalism [rɪˈvaɪvəlɪzəm] *n* (*Rel*) Erweckungsbewegung *f*.

revivalist [rɪˈvaɪvəlɪst] (*Rel*) **I** *adj* erneuernd. **II** *n* Anhänger(in *f*) *m* der Erweckungsbewegung.

revive [rɪˈvaɪv] **I** *vt* *person* (*from fainting, from fatigue*) (wieder *or* neu) beleben; munter machen (*inf*); (*from near death*) wiederbeleben; *fashion, custom, usage, conversation, hatred* wiederaufleben lassen; *friendship, hobby, old usage, word* wiederaufgreifen; wiederaufnehmen; *old play* wiederaufnehmen.
II *vi* (*person*) (*from fainting*) wieder zu sich kommen; (*from fatigue*) wieder aufleben, wieder munter werden; (*hope, feelings*) wiederaufleben; (*business, trade*) wiederaufblühen.

revivify [riːˈvɪvɪfaɪ] *vt* *person* wieder beleben; (*restore to life*) wiederbeleben.

revocation [ˌrevəˈkeɪʃən] *n see* **revoke** Aufhebung *f*; Zurückziehen *nt*; Widerruf *m*; Entzug *m*.

revoke [rɪˈvəʊk] **I** *vt* *law* aufheben; *order, promise* zurückziehen; *decision* widerrufen, rückgängig machen; *licence* entziehen. **II** *vi* (*Cards*) nicht Farbe bekennen. **III** *n* (*Cards*) Nichtfarbebekennen *nt*.

revolt [rɪˈvəʊlt] **I** *n* Empörung, Revolte *f*, Aufstand *m*. **to rise (up) in ~, to break out in ~** einen Aufstand *or* eine Revolte machen, sich erheben; **to be in ~ (against)** rebellieren (gegen).
II *vi* **1.** (*rebel*) (*against* gegen) revoltieren, rebellieren.
2. (*be disgusted*) (*at, against* bei, gegen) (*one's nature, sensibilities*) sich empören; (*stomach*) rebellieren.
III *vt* abstoßen, anekeln (*inf*). **I was ~ed by it** es hat mich angeekelt.

revolting [rɪˈvəʊltɪŋ] *adj* (*repulsive, disgusting*) abstoßend; *meal, story* ekelhaft; (*inf: unpleasant*) scheußlich, abscheulich; *person* widerlich.

revolution [ˌrevəˈluːʃən] *n* **1.** (*Pol, fig*) Revolution *f*; (*radical change also*) Umwälzung *f* (*in gen*). **2.** (*turn*) (*around own axis*) Umdrehung *f*; (*of planet around sun*) Umlauf *m*. **4,000 ~s per minute** eine Drehzahl von 4.000 pro Minute.

revolutionary [ˌrevəˈluːʃənərɪ] **I** *adj* (*lit, fig*) revolutionär. **II** *n* Revolutionär *m*.

revolutionize [ˌrevəˈluːʃənaɪz] *vt* revolutionieren.

revolve [rɪˈvɒlv] **I** *vt* drehen. **II** *vi* sich drehen. **to ~ on an axis/around the sun** sich um eine Achse/um die Sonne drehen.

revolver [rɪˈvɒlvəʳ] *n* Revolver *m*.

revolving [rɪˈvɒlvɪŋ] *in cpds* Dreh-; **~ chair** Drehstuhl *m*; **~ door** Drehtür *f*.

revue [rɪˈvjuː] *n* (*Theat*) Revue *f*; (*satirical*) Kabarett *nt*. **~ artist** Revuestar *m*; Kabarettist(in *f*) *m*.

revulsion [rɪˈvʌlʃən] *n* **1.** (*disgust*) Abscheu, Ekel *m* (*at* vor +*dat*). **2.** (*sudden change*) Umschwung *m*; (*reaction*) Empörung *f*.

reward [rɪˈwɔːd] **I** *n* Belohnung *f*; (*money*) Entgelt *nt* (*form*). **as a ~ for helping me** als Belohnung für Ihre Hilfe; **~ offered for the return of ...** Finderlohn für ...; **the ~s of this job** die Vorzüge dieser Arbeit.
II *vt* belohnen. **"finder will be ~ed"**

„Finderlohn (ist) ausgesetzt".

rewarding [rɪˈwɔːdɪŋ] adj (financially) lohnend, einträglich; (mentally, morally) experience lohnend; task, work dankbar. **this is a very ~ book** es lohnt sich wirklich, dieses Buch zu lesen; **bringing up a child is ~** ein Kind großzuziehen ist eine dankbare or lohnende Aufgabe.

rewind [ˌriːˈwaɪnd] vt irreg thread wieder aufwickeln; watch wieder aufziehen; film, tape zurückspulen. **~ button** Rückspultaste f.

rewire [ˌriːˈwaɪəʳ] vt neu verkabeln.

reword [ˌriːˈwɜːd] vt explanation, question umformulieren, anders ausdrücken; paragraph, sentence also neu abfassen.

rework [ˌriːˈwɜːk] vt (use again) theme wieder verarbeiten; (revise) neu fassen.

rewrite [ˌriːˈraɪt] I vt irreg (write out again) nochmals or neu schreiben; (recast) umschreiben. II [ˈriːˌraɪt] n **this is just a ~ of his first novel** dies ist nur ein Neuaufguß m seines ersten Romans; **it needs a complete ~** es muß vollständig neu geschrieben werden.

Reykjavik [ˈreɪkjəˌviːk] n Reykjavik nt.

rhapsodic [ræpˈsɒdɪk] adj (Mus) rhapsodisch; (fig) ekstatisch.

rhapsodize [ˈræpsədaɪz] vi überschwenglich schwärmen (over, about von).

rhapsody [ˈræpsədɪ] n (Mus) Rhapsodie f; (fig) Schwärmerei f.

r.h.d. abbr of **right hand drive.**

rhea [ˈriːə] n Nandu, Pampasstrauß m.

Rhenish [ˈrenɪʃ] adj wine Rhein-; region also rheinisch.

rhenium [ˈriːnɪəm] n (abbr Re) Rhenium nt.

rheostat [ˈriːəstæt] n Regelwiderstand, Rheostat (spec) m.

rhesus [ˈriːsəs] n Rhesus m. **~ baby** Rhesus-geschädigtes Baby; **~ monkey** Rhesusaffe m; **~ factor** Rhesusfaktor m; **~-negative/-positive** Rhesus negativ/positiv.

rhetoric [ˈretərɪk] n Rhetorik f; (pej) Phrasendrescherei f (pej).

rhetorical [rɪˈtɒrɪkəl] adj rhetorisch; (pej) phrasenhaft, schwülstig (pej). **~ question** rhetorische Frage.

rhetorically [rɪˈtɒrɪkəlɪ] adv (pej) schwülstig; ask rhetorisch.

rhetorician [ˌretəˈrɪʃən] n Rhetoriker m; (pej) Phrasendrescher m (pej).

rheumatic [ruːˈmætɪk] I n 1. (person) Rheumatiker(in f) m. 2. **~s** sing Rheumatismus m. II adj pains rheumatisch; joint rheumakrank. **~ fever** rheumatisches Fieber.

rheumatism [ˈruːmətɪzəm] n Rheuma(tismus m) nt.

rheumatoid [ˈruːmətɔɪd] adj **~ arthritis** Gelenkrheumatismus m.

rheumy [ˈruːmɪ] adj eyes wäßrig.

Rhine [raɪn] n Rhein m. **~ wine** Rheinwein m.

Rhineland [ˈraɪnlənd] n Rheinland nt; **rhinestone** n Rheinkiesel m.

rhino [ˈraɪnəʊ] n, pl **~** abbr of **rhinoceros.**

rhinoceros [raɪˈnɒsərəs] n Nashorn, Rhinozeros nt.

rhizome [ˈraɪzəʊm] n Rhizom nt, Wurzelstock m.

rhodium [ˈrəʊdɪəm] n (abbr **Rh**) Rhodium nt.

Rhodes [rəʊdz] n Rhodos nt. **in ~** auf Rhodos.

Rhodesia [rəʊˈdiːʒə] n (Hist) Rhodesien nt.

Rhodesian [rəʊˈdiːʒən] (Hist) I adj rhodesisch. II n Rhodesier(in f) m.

Rhode Island [rəʊd-] n (abbr **RI**) Rhode Island nt.

rhododendron [ˌrəʊdəˈdendrən] n Rhododendron m or nt.

rhomb [rɒm] n Rhombus m.

rhombic [ˈrɒmbɪk] adj rhombisch.

rhomboid [ˈrɒmbɔɪd] I n Rhomboid nt. II adj rhomboid.

rhombus [ˈrɒmbəs] n Rhombus m.

Rhone [rəʊn] n Rhone f.

rhubarb [ˈruːbɑːb] n Rhabarber m. "~, ~, ~" (Theat hum) „Rhabarbarhabarbarhabarba".

rhyme [raɪm] I n 1. Reim m. **there seems to be neither ~ nor reason to it, that has neither ~ nor reason** das hat weder Sinn noch Verstand.
   2. (poem) Gedicht nt. **in ~** in Reimen or Versen; **to put into ~** in Reime or Verse bringen or setzen.
   II vt reimen.
   III vi 1. sich reimen.
   2. (pej) reimen, Verse schmieden.

rhymester [ˈraɪmstəʳ], **rhymer** [ˈraɪməʳ] n (pej) Verseschmied (pej), Dichterling (pej) m.

rhyming [ˈraɪmɪŋ] adj **~ couplets** Reimpaare pl; **~ slang** Slang, bei dem ein Wort durch ein sich darauf reimendes Wort ersetzt wird.

rhythm [ˈrɪðm] n Rhythmus m. **the ~ method (of contraception)** die Knaus-Ogino-Methode; **~ section (of band)** Rhythmusgruppe f; **~ and blues** Rhythm-and-Blues m.

rhythmic(al) [ˈrɪðmɪk(əl)] adj rhythmisch; breathing, pulse gleichmäßig.

rhythmically [ˈrɪðmɪkəlɪ] adv see adj.

RI abbr of **Religious Instruction.**

rib [rɪb] I n 1. (Anat, Cook) Rippe f. **to dig or poke sb in the ~s** jdn in die Rippen stoßen. 2. (of leaf, ceiling, ship, shell) Rippe f; (of umbrella) Speiche f. 3. (Knitting) Rippen pl. **in ~** in Rippen. II vt (tease) necken, foppen.

ribald [ˈrɪbəld, ˈraɪbəld] adj deftig, zotig (pej); behaviour derb; company liederlich. **~ talk** Ferkeleien pl.

ribaldry [ˈrɪbəldrɪ] n Ferkeleien, Schweinereien pl.

ribbed [rɪbd] adj knitting gerippt; shell, ceiling Rippen-, mit Rippen.

ribbon [ˈrɪbən] n 1. (for hair, dress) Band nt; (for typewriter) Farbband nt; (on medal) Ordensband nt; (fig: narrow strip) Streifen m. **~ development** (Brit) Zeilenbauweise f.
   2. **~s** pl (tatters) Fetzen pl; **to tear sth to ~s** etw zerfetzen or zerreißen; (fig) play etc etw in der Luft zerreißen.

ribonucleic acid [ˌraɪbəʊnjuːˈkliːɪkˈæsɪd] n Ribonukleinsäure f.

ribwort [ˈrɪbwɜːt] n Spitzwegerich m.

rice [raɪs] n Reis m.

rice in cpds Reis-; **~ growing** Reis(an)bau

m; ~**-growing** reisanbauend; ~ **pudding** Milchreis *m*.

rich [rɪtʃ] **I** *adj* (+*er*) **1.** (*wealthy*) reich.

2. (*splendid*) *furniture, style, clothes* prächtig; *gift* teuer; *banquet* großartig.

3. *food* schwer. **a** ~ *diet* reichhaltige Kost.

4. (*fertile*) *soil* fett; *land* fruchtbar.

5. (*full*) *colour* satt; *sound also, voice* voll; *wine* schwer.

6. (*inf: amusing*) köstlich.

7. (*Aut*) *mixture* fett.

8. ~ **in vitamins** vitaminreich; ~ **in corn/minerals** reich an Getreide/Bodenschätzen; ~ **in detail/illustrations/examples** sehr detailliert/mit vielen Abbildungen/Beispielen.

II *n* **1. the** ~ *pl* die Reichen *pl*.

2. ~**es** Reichtümer *pl*.

Richard [ˈrɪtʃəd] *n* Richard *m*. ~ **(the) Lionheart** Richard Löwenherz.

richly [ˈrɪtʃlɪ] *adv dress, decorate* prächtig.

he ~ **deserves it** er hat es mehr als verdient; **he was** ~ **rewarded** (*lit*) er wurde reich belohnt; (*fig*) er wurde reichlich belohnt.

richness [ˈrɪtʃnɪs] *n see adj 1.–5., 7., 8.* **1.** Reichtum *m*. **2.** Pracht *f*; Großartigkeit *f*. **3.** Schwere *f*. **the** ~ **of the diet** die reichhaltige Kost. **4.** Fruchtbarkeit *f*. **5.** Sattheit *f*; Schwere *f*. **the** ~ **of his voice** seine volle Stimme. **6.** Fettheit *f*. **7.** Reichtum *m* (*in an* +*dat*).

Richter scale [ˈrɪktəˈskeɪl] *n* Richterskala *f*.

rick[1] [rɪk] *n* Schober *m*.

rick[2] *n, vt see* **wrick**.

rickets [ˈrɪkɪts] *n sing* Rachitis *f*, die englische Krankheit.

rickety [ˈrɪkɪtɪ] *adj* **1.** *furniture etc* wackelig.

2. (*Med*) rachitisch.

rickshaw [ˈrɪkʃɔː] *n* Rikscha *f*.

ricochet [ˈrɪkəʃeɪ] **I** *n see vi* Abprall *m*; Rikoschettieren *nt* (*spec*). **II** *vi* (*off* von) abprallen; (*bullet also*) rikoschettieren (*spec*). **the stone** ~**ed off the water** der Stein hüpfte auf dem Wasser.

rid [rɪd] *pret, ptp* ~ *or* ~**ded** *vt* **to** ~ **of** (*of pests, disease*) befreien von; (*of bandits etc*) säubern von; **to** ~ **oneself of sb/sth** jdn/etw loswerden; (*of pests also*) sich von etw befreien; (*of ideas, prejudice etc*) sich von etw lösen; **to get** ~ **of sb/sth** jdn/etw loswerden; **to be** ~ **of sb/sth** jdn/etw los sein; **get** ~ **of it** sieh zu, daß du das los wirst; (*throw it away*) schmeiß es weg (*inf*); **you are well** ~ **of him** ein Glück, daß du den los bist.

riddance [ˈrɪdəns] *n* **good** ~ **(to bad rubbish!)** (*inf*) ein Glück, daß wir das/den *etc* los sind.

ridden [ˈrɪdn] **I** *ptp of* **ride. II** *adj* ~ **by fears, fear-**~ angsterfüllt; **strike-**~ streikgeschüttelt; **disease-**~ von Krankheiten befallen; **doubt-**~ von Zweifeln zernagt; **strife-**~ zerstritten.

riddle[1] [ˈrɪdl] *n* (*sieve*) (Schüttel)sieb *nt*.

II *vt* **1.** *soil etc* sieben; *coal also* schütteln.

2. to ~ **sb/sth with bullets** jdn/etw mit Kugeln durchlöchern; ~**d with holes** völlig durchlöchert; ~**d with woodworm** wurmzerfressen; ~**d with corruption** von der Korruption zerfressen; ~**d with mistakes** voller Fehler.

riddle[2] *n* Rätsel *nt*. **I'll ask you a** ~ ich werde Ihnen ein Rätsel aufgeben.

ride [raɪd] (*vb: pret* **rode**, *ptp* **ridden**) **I** *n* **1.** (*in vehicle, on bicycle*) Fahrt *f*; (*on horse*) Ritt *m*; (*for pleasure*) Ausritt *m*. **to go for a** ~ eine Fahrt machen/reiten gehen; **after a hard** ~ **across country** nach einer langen Überlandfahrt/einem langen Ritt querfeldein; **he gave the child a** ~ **on his back** er ließ das Kind auf den Schultern reiten; **cycle/car/coach** ~ Rad-/Auto-/Busfahrt *f*; **to go for a** ~ **in the car** mit dem Auto wegfahren, eine Fahrt (mit dem Auto) machen; **to take sb for a** ~ (*in car etc*) mit jdm eine Fahrt machen; (*inf*) jdn anschmieren (*inf*); **he gave me a** ~ **into town in his car** er nahm mich im Auto in die Stadt mit; **it's my first** ~ **in a Rolls/in a train** ich fahre zum ersten Mal in einem Rolls-Royce/Zug; **can I have a** ~ **on your bike?** kann ich mal mit deinem Rad fahren? **3** ~**s on the merry-go-round** 3 Karussellfahrten; **to have a** ~ **in a helicopter** in einem Hubschrauber fliegen; **it's a 20p** ~ **from the station** ab Bahnhof kostet die Fahrt 20 Pence; **to steal a** ~ schwarzfahren.

2. (*quality of* ~) **this car gives a smooth/bumpy** ~ mit diesem Auto fährt es sich sanft/unsanft.

3. (*path for horses*) Reitweg *m*.

II *vi* **1.** (*on a horse etc, Sport*) reiten (*on* auf +*dat*). **to go riding** reiten gehen; **Harold Wilson** ~**s again!** (*fig hum*) Harold Wilson ist wieder da!

2. (*go in vehicle, by cycle etc*) fahren. **he was riding on a bicycle** er fuhr mit einem Fahrrad; **to** ~ **on a bus/in a car/in a train/in a cart** in einem Bus/Wagen/Zug/Schubkarren fahren; **to** ~ **away** *or* **off/down** weg- *or* davon-/hinunterfahren.

3. (*fig: float*) **the seagull** ~**s on the wind** die Möwe läßt sich vom Wind tragen; **the moon was riding high in the sky** der Mond zog hoch am Himmel dahin; **he's riding high** (*fig*) er schwimmt ganz oben; **to** ~ **at anchor** (*ship*) vor Anker liegen; **we'll just have to let the matter** *or* **to let things** ~ **for a while** wir müssen einfach für eine Weile den Dingen ihren Lauf lassen.

4. (*horse*) **to** ~ **well** gut laufen.

III *vt* **1.** *horse, donkey etc* reiten mit *or* auf (+*dat*), reiten; *bicycle, motorbike* fahren mit, fahren. **I have never ridden a bicycle/a motorbike** ich bin noch nie Rad/Motorrad gefahren; **he rode his horse away/back** *etc* er ritt mit seinem Pferd weg/zurück *etc*; **he rode him hard** er ritt es scharf; **he rode the horse into the stable** er ritt das Pferd in den Stall; **Jason will be ridden by H. Martin** Jason wird unter H. Martin laufen; **to** ~ **a race** bei einem Rennen reiten; **to** ~ **a good race** (bei einem Rennen) gut reiten; **they had ridden 10 km** sie waren 10 km geritten/gefahren; **he rode the country looking for ...** er durchritt/durchfuhr das ganze Land auf der Suche nach ...; **the birds riding the wind** die Vögel, die sich vom Wind tragen lassen; **the ship rode the waves** das Schiff trieb auf den Wellen; **witches** ~ **broomsticks** Hexen reiten auf einem Besen; **to** ~ **an argument to death** ein Argument totreden; *see also* **ridden.**

2. (*US inf: torment*) piesacken (*inf*), schikanieren, zusetzen (+*dat*). **don't ~ him too hard** treibt's nicht so toll mit ihm.

◆**ride about** *or* **around** *vi* (*on horse etc*) herumreiten; (*in vehicle, on motorcycle*) herumfahren; (*on bicycle*) herumradeln (*inf*), herumfahren.

◆**ride behind** *vi* (*on same horse, bicycle*) hinten sitzen; (*on different horse/bicycle*) hinterherreiten; hinterherfahren.

◆**ride down** *vt sep* **1.** (*trample*) umreiten. **2.** (*catch up with*) einholen.

◆**ride out I** *vt sep* überstehen. **II** *vi* (*on horse*) ausreiten, einen Ausritt machen.

◆**ride up** *vi* **1.** (*horseman*) heranreiten; (*motorcyclist etc*) heranfahren. **2.** (*skirt etc*) hochrutschen.

rider ['raɪdəʳ] *n* **1.** (*person*) (*on horse*) Reiter(in *f*) *m*; (*on bicycle, motorcycle*) Fahrer(in *f*) *m*. **2.** (*addition*) Zusatz *m*; (*to document, will etc*) Zusatzklausel *f*; (*to bill*)Allonge *f*; (*to jury's verdict*) zusätzliche Empfehlung.

ridge [rɪdʒ] **I** *n* **1.** (*raised strip*) (*on fabric, cardboard etc*) Rippe *f*; (*on corrugated iron*) Welle *f*; (*on sand*) Rippelmarke *f*; (*on ploughed land*) Grat *m*; (*in sea: reef*) Riff *nt*. **a ~ of hills/mountains** eine Hügelkette/ein Höhenzug *m*; **a ~ of high pressure** (*Met*) ein Hochdruckkeil *m*.

2. (*of hills, mountains*) Rücken, Kamm *m*; (*pointed, steep*) Grat *m*; (*of roof*) First *m*; (*of nose*) Rücken *m*.

II *vt rocks, land, sand* zerfurchen.

ridge pole *n* (*of tent*) Firststange *f*; **ridge tile** *n* Firstziegel *m*; **ridgeway** *n* Gratweg *m*.

ridicule ['rɪdɪkjuːl] **I** *n* Spott *m*. **to hold sb/ sth up to ~** sich über jdn/etw lustig machen; **to become an object of ~** der Lächerlichkeit preisgegeben werden. **II** *vt* verspotten, verlachen.

ridiculous [rɪ'dɪkjʊləs] *adj* lächerlich.

ridiculously [rɪ'dɪkjʊslɪ] *adv see adj.*

ridiculousness [rɪ'dɪkjʊləsnɪs] *n* Lächerlichkeit *f*.

riding ['raɪdɪŋ] *n* Reiten *nt*. **I enjoy ~** ich reite gern.

riding *in cpds* Reit-; **riding breeches** *npl* Reithosen, Breeches *pl*; **a pair of ~** eine Reithose; **riding crop** *n* Reitgerte *f*; **riding habit** *n* Reitkostüm, Reitkleid *nt*; **riding-light** *n* (*Naut*) Ankerlicht *nt*.

rife [raɪf] *adj* **1.** (*widespread*) *disease, corruption* weit verbreitet. **to be ~** grassieren; (*rumour*) umgehen. **2.** (*full of*) ~ **with** voll von, voller +*gen.*

riffle ['rɪfl] *vt* (*also ~ through*) *pages* blättern durch; *cards* mischen.

riffraff ['rɪfræf] *n* Pöbel *m*, Gesindel *nt*.

rifle¹ ['raɪfl] *vt town* plündern; (*also ~ through*) *sb's pockets, drawer, till, house* durchwühlen.

rifle² *n* (*gun*) Gewehr *nt mit gezogenem Lauf*; (*for hunting*) Büchse *f*. **the R~s** (*Mil*) ≈ die Schützen *pl*.

rifle butt *n* Gewehrkolben *m*; **rifleman** *n* (*Gewehr*)schütze *m*; **rifle range** *n* Schießstand *m*; **rifle shot** *n* Gewehrschuß *m*; **within rifle range** *or* **shot** in Schußweite (eines Gewehrs).

rift [rɪft] *n* **1.** Spalt *m*. **~ valley** Grabenbruch

m. **2.** (*fig: in friendship*) Riß *m*; (*Pol also*) Spalt *m.*

rig [rɪg] **I** *n* **1.** (*Naut*) Takelage, Takelung *f*.
2. (*oil ~*) (Öl)förderturm *m*; (*offshore*) Ölbohrinsel *f*.
3. (*inf: outfit: also ~-out*) Ausrüstung *f*.
in full ~ in großer Aufmachung.
4. (*US inf: articulated lorry*) Sattelschlepper *m*.
II *vt* **1.** (*Naut*) auftakeln.
2. (*fig*) *election, market etc* manipulieren.

◆**rig out** *vt sep* (*inf*) (*equip*) ausstaffieren (*inf*); (*dress*) auftakeln (*inf*).

◆**rig up** *vt sep ship* auftakeln; *equipment* aufbauen; (*fig*) (*make*) improvisieren; (*arrange*) arrangieren.

rigger ['rɪgəʳ] *n* (*Naut*) Takler *m*.

rigging ['rɪgɪŋ] *n* **1.** (*Naut*) (*action*) Auftakeln *nt*; (*ropes*) Tauwerk *nt*. **2.** (*inf: dishonest interference*) Manipulation, Schiebung (*inf*) *f*.

right [raɪt] **I** *adj* **1.** (*just, fair, morally good*) richtig, recht (*S Ger*). **it isn't ~ to lie** es ist nicht richtig *or* recht zu lügen; **it is only ~ to point out that ...** es ist nur recht und billig, wenn man darauf hinweist, daß ...; **to do the ~ thing by sb** sich jdm gegenüber anständig benehmen.

2. (*true, correct*) *answer, solution, time, train* richtig. **to be ~** (*person*) recht haben; (*answer, solution*) richtig sein, stimmen; (*clock*) richtig gehen; **how ~ you are!** (*inf*) da haben Sie ganz recht!; **you were ~ to refuse** *or* **in refusing** Sie hatten recht, als Sie ablehnten; **the ~ road** (*lit*) der richtige Weg; **on the ~ road** *or* **track** (*fig*) auf dem rechten Weg; **my guess was ~** ich habe richtig geraten; **let's get it ~ this time!** mach es dieses Mal richtig; (*in reporting facts etc*) sag es dieses Mal richtig; **to put** *or* **set ~ error** korrigieren; *clock* richtig stellen; *situation* wieder in Ordnung bringen; **to put** *or* **set sb ~** jdn berichtigen; **put me ~ if I'm wrong** korrigieren *or* verbessern Sie mich, wenn ich unrecht habe; *see also category 4.*

3. (*proper*) *clothes, document* richtig. **what's the ~ thing to do in this case?** was tut man da am besten?; **to come at the ~ time** zur rechten Zeit kommen; **to do sth the ~ way** richtig machen; **the ~ word** das rechte *or* richtige Wort; **Mr/Miss R~** (*inf*) der/die Richtige (*inf*); **we will do what is ~ for the country** wir werden tun, was für das Land gut ist; **to know the ~ people** die richtigen Leute kennen.

4. (*well*) **the medicine soon put** *or* **set him ~** die Medizin hat ihn schnell wiederhergestellt *or* wieder auf die Beine gebracht; **I don't feel quite ~ today** ich fühle mich heute nicht ganz wohl; **to be as ~ as rain** (*Brit*) kerngesund sein; (*after accident*) keine Schramme abbekommen haben (*inf*); **the plumber put things ~** der Klempner brachte alles wieder in Ordnung; **to be in one's ~ mind** klar bei Verstand sein; **he's not ~ in the head** (*inf*) bei ihm stimmt's nicht im Oberstübchen (*inf*); *see* **all right.**

5. (*phrases*) **~!**, **~-oh!** (*Brit inf*), **~ you are!** (*Brit inf*) gut, schön, okay (*inf*); **~**

on! (*esp US sl*) super! (*sl*); **that's ~!** (*correct, true*) das stimmt!; **that's ~, dear, put it on the table** schön, stell es bitte auf den Tisch; **so they came in the end — is that ~?** und so kamen sie schließlich — wirklich?; **~ enough!** (das) stimmt!; **it's a ~ mess in there** (*inf*) das ist vielleicht ein Durcheinander hier (*inf*); **he's a ~ fool!** (*inf*) er ist wirklich doof (*inf*); **you're a ~ one** (*inf*) du bist mir der Richtige (*inf*).
6. (*opposite of left*) rechte(r, s). **~ hand** rechte Hand; **I'd give my ~ hand to know the answer** ich würde was drum geben, wenn ich die Antwort wüßte (*inf*); **on your ~ hand you see the bridge** rechter Hand *or* rechts sehen Sie die Brücke.
II *adv* **1.** (*straight, directly*) direkt; (*exactly also*) genau. **~ in front/ahead of you** direkt *or* genau vor Ihnen; **go ~ on** gehen/ fahren Sie geradeaus weiter; **~ away, ~ off** (*immediately*) sofort, schnurstracks (*inf*); **~ off** (*at the first attempt*) auf Anhieb (*inf*); **~ now** (*at this very moment*) in diesem Augenblick; (*immediately*) sofort; **~ here** genau hier; **~ in the middle** genau *or* direkt in der/die Mitte; **~ at the beginning** gleich am Anfang; **I'll be ~ with you** ich bin gleich da.
2. (*completely, all the way*) ganz. **~ round the house** ganz um das Haus herum; (*inside*) durch das ganze Haus; **rotten ~ through** durch und durch verfault *or* (*fig*) verdorben; **pierced ~ through** mitten durchgestochen.
3. (*correctly*) richtig. **to guess/answer ~** richtig raten/antworten; **if I remember ~** wenn ich mich recht *or* richtig erinnere; **you did ~ to refuse** es war richtig (von Ihnen) abzulehnen; **nothing goes ~ for them** nichts klappt bei ihnen (*inf*), bei ihnen läuft alles schief (*inf*); **if I get you ~** (*inf*) wenn ich Sie (da) richtig verstehe; **I'll see you ~** (*inf*) ich werde aufpassen, daß Sie nicht zu kurz kommen (*inf*).
4. (*old, dial: very*) sehr. **the R~ Honourable John Smith MP** (*not old, dial*) der Abgeordnete John Smith.
5. (*opposite of left*) rechts. **it is ~ of the bridge** es ist rechts von der Brücke; **turn ~** biegen Sie rechts ab; **~ of centre** (*Pol*) rechts von der Mitte; **~, left and centre** (*everywhere*) überall; **to be cheated ~, left and centre** (*inf*) *or* **~ and left** (*inf*) von vorne bis hinten betrogen werden (*inf*).
III *n* **1.** *no pl* (*moral, legal*) Recht *nt*. **he doesn't know ~ from wrong** er kann Recht und Unrecht nicht auseinanderhalten; **to be in the ~** im Recht sein.
2. (*entitlement*) Recht *nt*; (*to sth also*) Anrecht *nt*, Anspruch *m*. **(to have) a ~ to sth ein** (An)recht *or* einen Anspruch auf etw (*acc*) (haben); **to have a ~ or the ~ to do sth** ein *or* das Recht haben, etw zu tun; **what ~ have you to say that?** mit welchem Recht sagen Sie das?; **by what ~?** mit welchem Recht?; **he is within his ~s** das ist sein gutes Recht; **by ~s** rechtmäßig, von Rechts wegen; **in one's own ~** selber, selbst; **to have the (sole) ~s of sth** (*Comm*) die (alleinigen) Rechte für etw haben; **the divine ~** (*of kings*) das Gottesgnadentum; **the queen has the divine ~ to ...** die

Königin hat das von Gott gegebene Recht, zu ...; *see* civil **~s**.
3. to put *or* **set sth to ~s** etw (wieder) in Ordnung bringen; **to put things** *or* **the world to ~s** die or die Welt verbessern.
4. (*not left*) rechte Seite. **to drive on the ~** rechts fahren; **to keep to the ~** sich rechts halten, rechts bleiben; **on my ~** rechts (von mir); **on** *or* **to the ~ of the church** rechts von der Kirche; **the R~** (*Pol*) die Rechte; **those to the ~ of him** (*Pol*) diejenigen, die weiter rechts stehen/ standen als er.
IV *vt* **1.** (*return to upright position*) aufrichten.
2. (*make amends for*) **wrong** wiedergutmachen.
3. the problem should ~ itself (*fig*) das Problem müßte sich von selbst lösen.

right angle *n* rechter Winkel; **at ~s (to)** rechtwinklig (zu); **right-angled** [ˈraɪtˌæŋgld] *adj* rechtwinklig.

righteous [ˈraɪtʃəs] *adj* **1.** rechtschaffen; (*pej*) selbstgerecht (*pej*). **2.** *indignation* gerecht; *anger also* heilig.

righteously [ˈraɪtʃəslɪ] *adv* rechtschaffen.

righteousness [ˈraɪtʃəsnɪs] *n* Rechtschaffenheit *f*.

rightful [ˈraɪtfʊl] *adj* **1.** *heir, owner* rechtmäßig. **2.** *punishment* gerecht.

rightfully [ˈraɪtfəlɪ] *adv* rechtmäßig; gerechterweise.

right-hand drive [ˈraɪthænd-] *adj* rechtsgesteuert; **right-handed** *adj* *person* rechtshändig; *punch, throw also* mit der rechten Hand; **right-hander** *n* (*punch*) Rechte *f*; (*person*) Rechtshänder(in *f*) *m*; **right-hand man** *n* rechte Hand; **right-hand side** *n* rechte Seite.

rightist [ˈraɪtɪst] **I** *n* (*Pol*) Rechte(r) *mf*. **II** *adj* rechtsorientiert.

rightly [ˈraɪtlɪ] *adv* **1.** (*correctly*) **he said, ~, that ...** er sagte sehr richtig, daß ...; **I don't ~ know** ich weiß nicht genau. **2.** (*justifiably*) mit *or* zu Recht. **~ or wrongly** ob das nun richtig ist/war oder nicht; **and ~ so** und zwar mit Recht.

right-minded [ˌraɪtˈmaɪndɪd] *adj* vernünftig; **right of way** *n* (*across property*) Durchgangsrecht *nt*; (*Mot: priority*) Vorfahrt(srecht *nt*) *f*; **it's his ~, he has the ~** (*Mot*) er hat Vorfahrt; **right-thinking** *adj* vernünftig; **right wing** *n* (*Sport, Pol*) rechter Flügel; **right-wing** *adj* (*Pol*) rechtsorientiert; **right-winger** *n* (*Sport*) Rechtsaußen *m*; (*Pol*) Rechte(r) *mf*.

rigid [ˈrɪdʒɪd] *adj* (*lit*) *board, material, frame* starr, steif; (*fig*) *person, character* strikt, streng, stur (*pej*); *discipline, principles* streng, strikt; (*inflexible*) unbeugsam; *interpretation* genau, stur (*pej*); *specifications* genau festgelegt, strikt; *system* starr, unbeugsam. **~ with fear** starr *or* steif vor Angst.

rigidity [rɪˈdʒɪdɪtɪ] *n see adj* Starrheit, Steifheit *f*; Striktheit, Strenge, Sturheit (*pej*) *f*; Strenge, Striktheit *f*; Unbeugsamkeit *f*; Genauigkeit, Sturheit (*pej*) *f*.

rigidly [ˈrɪdʒɪdlɪ] *adv stand etc* starr, steif; (*fig*) *behave, treat* streng, strikt; *oppose* stur, strikt; (*inflexibly*) unbeugsam.

rigmarole [ˈrɪɡmərəʊl] *n* Gelaber *nt*;

(*process*) Gedöns *nt* (*inf*).

rigor *n* (*US*) *see* **rigour**.

rigor mortis ['rɪgəˈmɔːtɪs] *n* die Toten- *or* Leichenstarre.

rigorous ['rɪgərəs] *adj* (*strict*) streng, strikt; *measures* rigoros; (*accurate*) *book-keeping, work* peinlich genau; *analysis, tests* gründlich; (*harsh*) *climate* streng. **with ~ precision/accuracy** mit äußerster Präzision/peinlicher Genauigkeit.

rigour, (*US*) **rigor** ['rɪgəˈ] *n* **1.** *no pl* (*strictness*) Strenge, Striktheit *f*. **2. ~s** *pl* (*of climate, famine etc*) Unbilden *pl*.

rig-out ['rɪgaʊt] *n* (*inf*) *see* **rig I 3.**

rile [raɪl] *vt* (*inf*) ärgern, reizen.

rim [rɪm] *n* (*of cup, bowl*) Rand *m*; (*of hat also*) Krempe *f*; (*of spectacles also*) Fassung *f*; (*of wheel*) Felge *f*.

rime[1] [raɪm] *n see* **rhyme**.

rime[2] *n* (*liter*) (Rauh)reif *m*.

rimless ['rɪmlɪs] *adj spectacles* randlos.

rimmed [rɪmd] *adj* mit Rand; *wheel* Felgen-. **gold-~ spectacles** Brille *f* mit Gold-fassung.

rind [raɪnd] *n* (*of cheese*) Rinde *f*; (*of bacon*) Schwarte *f*; (*of fruit*) Schale *f*.

ring[1] [rɪŋ] **I** *n* **1.** Ring *m*; (*for swimmer*) Schwimmring *or* -reifen *m*.

2. (*circle*) Ring *m*; (*in tree trunk*) Jahresring *m*. **to have ~s round one's eyes** (dunkle) Ringe unter den Augen haben; **to run ~s round sb** (*inf*) jdn in die Tasche stecken (*inf*).

3. (*group*) (*Pol*) Gruppe *f*; (*of dealers, spies*) Ring *m*.

4. (*enclosure*) (*at circus*) Manege *f*; (*at exhibition*) Ring *m*; (*Horse-racing*) Buchmacherring *m*; (*boxing ~*) (Box)ring *m*.

II *vt* (*surround*) umringen; (*in game: with hoop*) einen/den Ring werfen über (+*acc*); (*put ~ on or round*) *item on list etc* einkreisen, einen Kreis machen um; *bird* beringen; *bear, bull* einen/den Nasenring verpassen (+*dat*); *tree* ringeln.

ring[2] (*vb: pret* **rang**, *ptp* **rung**) **I** *n* **1.** (*sound*) Klang *m*; (*~ing: of bell, alarm bell*) Läuten *nt*; (*of electric bell, also alarm clock, phone*) Klingeln *nt*; (*metallic sound: of swords etc*) Klirren *nt*; (*of crystal*) Klang *m*. **there was a ~ at the door** es hat geklingelt *or* geläutet; **to hear a ~ at the door** die Türklingel hören; **give two ~s for the maid** für das Zimmermädchen zweimal läuten.

2. (*esp Brit Telec*) Anruf *m*. **to give sb a ~** jdn anrufen.

3. (*fig*) Klang *m*. **his voice had an angry ~** (in *or* to it) seine Stimme klang etwas böse; **that has the *or* a ~ of truth** (to *or* about it) das klingt sehr wahrscheinlich.

4. (*set*) **~ of bells** Glockenspiel *nt*.

II *vi* **1.** *see n 1.* klingen; läuten; klingeln; klirren; klingen; (*hammers*) schallen. **the (door)bell rang** es hat geläutet *or* geklingelt; **the bell rang for dinner** es hat zum Essen geläutet; **to ~ for sb** (nach) jdm läuten; **to ~ for sth** für etw läuten; **to ~ at the door** (an der Tür) klingeln *or* läuten.

2. (*esp Brit Telec*) anrufen.

3. (*sound, resound*) (*words, voice*) tönen, schallen; (*music, singing*) erklingen (*geh*), tönen. **to ~ false/true** falsch/

wahr klingen; **my ears are ~ing** mir klingen die Ohren; **the valley rang with their shouts** das Tal hallte von ihren Rufen wider (*geh*); **his voice rang with emotion** seine Rührung klang (bei seinen Worten) deutlich durch; **his words still ~ in my ears** seine Worte klingen mir noch im Ohr.

III *vt* **1.** *bell* läuten. **to ~ the doorbell** (an der Tür) läuten *or* klingeln; **that/his name ~s a bell** (*fig inf*) das/sein Name kommt mir bekannt vor; **to ~ the changes** (**on sth**) (*lit: on bells*) (etw) im Wechsel läuten; (*fig*) etw in allen Variationen durchspielen.

2. (*esp Brit, also ~ up*) anrufen.

◆**ring back** *vti sep* (*esp Brit*) zurückrufen.

◆**ring down** *vt sep* **to ~ the curtain ~** (*Theat*) den Vorhang niedergehen lassen; **to ~ ~ the curtain on sth** (*fig*) *on sth* einen Schlußstrich unter etw (*acc*) ziehen; *on era* den Vorhang über etw (*acc*) fallen lassen.

◆**ring in** *vi* **1.** (*esp Brit Telec*) sich telefonisch melden (*to* in +*dat*). **2.** (*US: clock in*) (zu Beginn der Arbeit) stempeln *or* stechen. **II** *vt sep* **to ~ the New Year** das neue Jahr einläuten.

◆**ring off** *vi* (*esp Brit Telec*) aufhängen, (den Hörer) auflegen.

◆**ring out** **I** *vi* **1.** ertönen; (*bell also*) laut erklingen; (*shot also*) krachen; (*sound above others*) herausklingen. **2.** (*US: clock out*) (am Ende der Arbeit) stempeln *or* stechen. **II** *vt sep* **to ~ ~ the Old Year** das alte Jahr ausläuten.

◆**ring up** *vt sep* **1.** (*esp Brit Telec*) anrufen. **2. to ~ the curtain** (*Theat*) den Vorhang hochgehen lassen; **to ~ ~ the curtain on sth** (*fig*) den Vorhang zu etw hochgehen lassen. **3.** (*cashier*) eintippen.

ring-a-ring-o'-roses ['rɪŋəˈrɪŋəˈrəʊzɪz] *n* Ringelreihen *m*; **ring binder** *n* Ringbuch *nt*; **ringbolt** *n* Ringbolzen *m*; **ring circuit** *n* Ringverzweigung *f*; **ringdove** *n* Ringeltaube *f*.

ringer ['rɪŋəˈ] *n* **1.** (*bell* ~) Glöckner *m*. **2. to be a dead ~ for sb** (*sl*) jdm aufs Haar gleichen.

ring-finger ['rɪŋˈfɪŋgəˈ] *n* Ringfinger *m*.

ringing ['rɪŋɪŋ] **I** *adj bell* läutend; *voice, tone* schallend. **~ tone** (*Brit Telec*) Rufzeichen *nt*. **II** *n* (*of bell*) Läuten *nt*; (*of electric bell also, of phone*) Klingeln *nt*; (*in ears*) Klingen *nt*.

ringleader ['rɪŋˌliːdəˈ] *n* Anführer(in *f*) *m*.

ringlet ['rɪŋlɪt] *n* Ringellocke *f*.

ringmaster ['rɪŋˌmɑːstəˈ] *n* Zirkusdirektor *m*; **ring road** *n* Umgehung(sstraße) *f*; **ringside** *n* **at the ~** am Ring; **ringside seat** *n* (*Boxing*) Ringplatz *m*; (*in circus*) Manegenplatz *m*; **to have a ~** (*fig*) einen Logenplatz haben; **ring-tailed** *adj* mit Ringelschwanz; **ringworm** *n* Scherpilzflechte *f*.

rink [rɪŋk] *n* Eisbahn *f*; (*roller-skating ~*) Rollschuhbahn *f*.

rinse [rɪns] **I** *n* **1.** (*act*) Spülung *f*. **to give sth a ~** *see vt 1.*

2. (*for hair*) Spülung *f*; (*colorant*) Tönung *f*.

II *vt* **1.** *clothes, hair* spülen; *plates* abspülen; *cup, mouth, basin* ausspülen. **to ~**

one's hands sich (dat) die Hände abspülen.

2. (colour with a ~) hair tönen.

◆**rinse down** vt sep car, wall abspülen. **to ~ sth ~ the plughole** etw den Abfluß hinunterspülen.

◆**rinse out** vt sep **1.** hair, tint, colour, soap, cup ausspülen, auswaschen. **to ~ ~ one's mouth** sich (dat) den Mund ausspülen. **2.** (wash quickly) clothes auswaschen.

Rio (de Janeiro) ['rɪəʊ(dədʒə'nɪərəʊ)] n Rio (de Janeiro) nt.

riot ['raɪət] **I** n **1.** (Pol) Aufstand, Aufruhr m no pl; (by mob, football fans etc) Krawall m; (fig: wild occasion) Orgie f. **to run ~** (people) randalieren; (vegetation) wuchern; **his imagination runs ~** seine Phantasie geht mit ihm durch; **to read sb the ~ act** (fig) jdm die Leviten lesen; **the ~ police/ squad** die Bereitschaftspolizei/ das Überfallkommando; **~ shield** Schutzschild m.

2. a ~ of colour(s) eine Farbenexplosion, eine Farbenorgie; **a ~ of flowers** ein wildes Blumenmeer.

3. to be a ~ (inf) zum Schießen or Schreien sein (inf).

II vi randalieren, Krawall machen; (revolt) einen Aufruhr machen.

rioter ['raɪətər] n Randalierer m; (rebel) Aufrührer m.

rioting ['raɪətɪŋ] n Krawalle pl; (Pol also) Aufstände pl. **~ in the streets** Straßenkrawalle or -schlachten pl.

riotous ['raɪətəs] adj **1.** person, crowd randalierend; living, behaviour, child wild. **2.** (inf) wild (inf); (hilarious) urkomisch (inf). **we had a ~ time** es ging noch her (inf); **a ~ success** ein Riesenerfolg m (inf).

riotously ['raɪətəslɪ] adv behave, live wild. **it was ~ funny** (inf) es war zum Schreien (inf).

RIP abbr of **rest in peace** R.I.P.

rip [rɪp] **I** n Riß m; (made by knife etc) Schlitz m.

II vt material, clothes einen Riß machen in (+acc); (stronger) zerreißen; (vandalize) pictures etc zerschlitzen. **to ~ sth down the middle** etw mitten durchreißen; **to ~ open** aufreißen; (with knife) aufschlitzen.

III vi **1.** (cloth, garment) reißen. **2.** (inf) **the car ~s along** der Wagen rast dahin; **to let ~** loslegen (inf); **he let ~ a stream of complaints** er hat einen Schwall Beschwerden vom Stapel gelassen (inf); **he let ~ at me** er ist auf mich losgegangen (inf).

◆**rip down** vt sep herunterreißen; old buildings abreißen.

◆**rip off** vt sep **1.** (lit) abreißen (prep obj von); clothing herunterreißen. **he ~ped her dress** er riß ihr das Kleid vom Leib. **2.** (sl) object, goods mitgehen lassen (inf); bank, shop, house ausrauben; person schröpfen (inf), ausnehmen (sl).

◆**rip out** vt sep herausreißen (of aus).

◆**rip up** vt sep zerreißen; road aufreißen.

riparian [raɪ'pɛərɪən] adj (form) Ufer-.

rip-cord ['rɪp,kɔːd] n Reißleine f.

ripe [raɪp] adj (+er) **1.** fruit, cheese reif;

(fig) lips voll. **2.** (mature) reif. **to live to a ~ old age** ein hohes Alter erreichen; **to be ~ for sth** (fig) für etw reif sein; **when the time is ~** wenn die Zeit dafür reif ist.

ripen ['raɪpən] **I** vt (lit, fig) reifen lassen. **II** vi reifen.

ripeness ['raɪpnɪs] n Reife f.

rip-off ['rɪpɒf] n (inf) Wucher, Nepp (inf) m; (cheat) Schwindel m.

riposte [rɪ'pɒst] **I** n (retort) scharfe Antwort; (Fencing) Riposte f. **II** vi (retort) scharf erwidern, parieren; (Fencing) parieren und eine Riposte bringen.

ripper ['rɪpər] n (murderer) Frauenmörder m.

ripple ['rɪpl] **I** n **1.** (in water) kleine Welle; (of crops) sanftes Wogen no pl. **little ~s spread out in the water** das Wasser kräuselte sich; **the wind blew across the grass in ~s** das Gras wogte im Wind. **2.** (noise) Plätschern nt; (of waves) Klatschen nt. **a ~ of laughter** ein kurzes Lachen; (girls') ein perlendes Lachen.

II vi **1.** (undulate) (water) sich kräuseln; (crops) wogen. **2.** (murmur: water) plätschern; (waves) klatschen.

III vt water kräuseln; corn wogen lassen.

rip-roaring ['rɪprɔː,rɪŋ] adj (inf) sagenhaft (inf); **riptide** n Kabbelung f.

rise [raɪz] (vb: pret **rose**, ptp **risen**) **I** n **1.** (increase) (in gen) (in temperature, pressure, of tide, river, barometer) Anstieg m, Steigen nt no pl; (in number) Zunahme f; (in prices, wages, bank rate also) Steigerung f; (St Ex) Aufschwung m. **a (pay) ~** (Brit) eine Gehaltserhöhung; **prices are on the ~** die Preise steigen; **there has been a ~ in the number of participants** die Zahl der Teilnehmer ist gestiegen; **a ~ in the population** ein Bevölkerungszuwachs m.

2. (upward movement) (of theatre curtain) Hochgehen, Heben nt; (of sun) Aufgehen nt; (Mus: in pitch) Erhöhung f (in gen); (fig: to fame, power etc) Aufstieg m (to zu). **to get a ~ out of sb** (inf) jdn zur Reaktion bringen.

3. (small hill) Erhebung f; (slope) Steigung f.

4. (origin) (of river) Ursprung m. **the river has its ~ in** der Fluß entspringt in (+dat); **to give ~ to sth** etw verursachen; **to questions** etw aufwerfen; **to complaints** Anlaß zu etw geben.

II vi **1.** (get up) (from sitting, lying) aufstehen, sich erheben (geh); (from bed, after falling) aufstehen. **he ~s early/late** er steht früh/spät auf; **he rose to go** er stand auf or er erhob sich (geh), um zu gehen; **to ~ (up) on tiptoe** sich auf die Zehenspitzen stellen; **to ~ from the table** vom Tisch aufstehen, sich vom Tisch erheben (geh); **~ and shine!** (inf) raus aus den Federn! (inf); **to ~ from the dead** (liter, Bibl) von den Toten auferstehen.

2. (go up) steigen; (smoke, mist also) aufsteigen, emporsteigen; (prices, temperature, pressure etc also) ansteigen (to auf +acc); (balloon, aircraft, bird) (auf)steigen; (lift) nach oben fahren;

(*theatre curtain*) hochgehen, sich heben; (*sun, moon, bread, dough*) aufgehen; (*wind, storm*) aufkommen, sich erheben; (*voice*) (*in volume*) sich erheben; (*in pitch*) höher werden; (*swimmer, fish*) hochkommen; (*new buildings*) entstehen; (*fig*) (*hopes*) steigen; (*anger*) wachsen, zunehmen; (*stomach*) sich heben. **to ~ to the surface** an die Oberfläche kommen; **the fish are rising well** die Fische beißen gut; **he won't ~ to any of your taunts** er läßt sich von dir nicht reizen; **the idea/ image rose in his mind** ihm kam der Gedanke/das Bild tauchte vor ihm auf; **to ~ in price** (*goods*) im Preis steigen; **to ~ above a certain temperature** über eine gewisse Temperatur steigen; **her spirits rose** ihre Stimmung hob sich; **his voice rose to screaming pitch** seine Stimme wurde kreischend *or* schrill; **to ~ to a crescendo** zu einem Crescendo anschwellen; **the colour rose to her cheeks** die Röte stieg ihr ins Gesicht.

3. (*ground*) ansteigen; (*mountains, hills, castle*) sich erheben.

4. (*fig: in society, rank*) **to ~ in the world/in society** es zu etwas bringen; **to ~ from nothing** sich aus dem Nichts empor- *or* hocharbeiten; **he rose to be President/a captain** er stieg zum Präsidenten/Kapitän auf; *see* **rank**[1].

5. (*adjourn*) (*assembly*) auseinander- gehen; (*meeting*) beendet sein. **the House rose at 2 a.m.** (*Parl*) das Haus beendete die Sitzung um 2 Uhr morgens.

6. (*originate: river*) entspringen.

7. (*also ~ up*) (*revolt: people*) sich em- pören, sich erheben; (*rebel: one's soul etc*) sich empören. **to ~ (up) in protest/anger (at sth)** (*people*) sich protestierend (gegen etw) erheben/sich (gegen etw) empören; (*one's soul, inner being etc*) sich (gegen etw) auflehnen/zornig empören; **to ~ (up) in revolt (against sb/sth)** (gegen jdn/etw) rebellieren, sich gegen jdn erheben.

◆**rise above** *vi +prep obj insults etc* erhaben sein über (+*acc*).

◆**rise up** *vi* (*person*) aufstehen, sich erheben (*geh*); (*mountain etc*) sich erheben; *see also* **rise II 7.**

risen ['rɪzn] **I** *ptp of* **rise. II** *adj* (*Rel*) **the ~ Lord** der Auferstandene; **Jesus Christ is ~!** Christ ist erstanden!

riser ['raɪzəʳ] *n* **1.** (*person*) **to be an early ~** Frühaufsteher(in *f*) *m* sein, früh auf- stehen; **to be a late ~** spät aufstehen, ein Langschläfer *m*/eine Langschläferin sein (*inf*). **2.** (*of stair*) Setzstufe *f*. **3.** (*for gas, water etc*) Steigrohr *nt*, Steigleitung *f*.

risibility [‚rɪzɪ'bɪlɪtɪ] *n* (*liter: disposition*) Lachlust *f*.

risible ['rɪzɪbl] *adj* (*liter: laughable*) lächer- lich, lachhaft.

rising ['raɪzɪŋ] **I** *n* **1.** (*rebellion*) Erhebung *f*, Aufstand *m*.

2. (*of sun, star*) Aufgehen *nt*, Aufgang *m*; (*of barometer, prices, river*) Anstei- gen *nt*; (*from dead*) Auferstehung *f*; (*of theatre curtain*) Hochgehen *nt*; (*of ground*) Steigung *f*, Anstieg *m*. **the ~ and falling of ...** das Auf und Ab (+*gen*)...

3. (*adjournment: of Parliament etc*)

Auseinandergehen *nt*.

II *adj* **1.** *sun* aufgehend; *tide, barometer, prices, hopes* steigend; *wind* aufkommend; *anger, fury* wachsend. **~ damp** Bodenfeuchtigkeit *f*; **the ~ sap** der aufsteigende Saft.

2. (*fig*) **a ~ young doctor** ein auf- strebender junger Arzt; **the ~ generation** die kommende Generation.

III *adv* (*inf*) **she's ~ sixteen** sie ist fast sechzehn.

risk [rɪsk] **I** *n* **1.** Risiko *nt*; (*in cpds*) -gefahr *f*. **to take** *or* **run ~s/a ~** Risiken/ein Risiko eingehen; **to take** *or* **run the ~ of doing sth** das Risiko eingehen, etw zu tun; **there is no ~ of his coming** *or* **that he will come** es besteht keine Gefahr, daß er kommt; **at one's own ~** auf eigene Gefahr, auf eigenes Risiko; **goods sent at sender's ~** Warenversand auf Risiko des Senders; **at the ~ of seeming stupid** auf die Gefahr hin, dumm zu erscheinen; **at the ~ of his life** unter Einsatz seines Lebens; **to put sb/ sth at ~** jdn gefährden/etw riskieren.

2. (*Insur*) Risiko *nt*. **fire ~** Feuerrisiko; **he's a bad accident ~** bei ihm besteht ein hohes Unfallrisiko; *see* **security ~.**

II *vt* **1.** *career, future, reputation, savings* riskieren, aufs Spiel setzen; *life also* wagen; *see* **neck.**

2. *defeat, quarrel, accident* riskieren; (*venture*) *criticism, remark also* wagen. **you'll ~ losing your job** Sie riskieren dabei, Ihre Stelle zu verlieren.

riskiness ['rɪskɪnɪs] *n* Riskantheit *f*.

risky ['rɪskɪ] *adj* (+*er*) **1.** *enterprise, deed* riskant. **2.** *joke, story* pikant, gewagt.

risqué ['ri:skeɪ] *adj* pikant, gewagt.

rissole ['rɪsəʊl] *n* ≈ Frikadelle *f*.

rite [raɪt] *n* Ritus *m*. **burial ~s** Bestattungs- riten *pl*.

ritual ['rɪtjʊəl] **I** *adj* rituell; *laws, objects* Ritual-.

II *n* Ritual *nt*; (*pej also*) Zeremoniell *nt no pl*. **he went through the ~ of checking all the locks** er überprüfte nach dem üblichen Zeremoniell *or* Ritual, ob alles abgeschlossen war.

ritualism ['rɪtjʊəlɪzəm] *n* Ritualismus *m*.

ritualist ['rɪtjʊəlɪst] *n* Ritualist(in *f*) *m*; (*ex- pert*) Ritualienforscher(in *f*) *m*.

ritualistic [‚rɪtjʊə'lɪstɪk] *adj* rituell.

ritzy ['rɪtsɪ] *adj* (+*er*) (*sl*) nobel (*inf*), prot- zig (*pej inf*).

rival ['raɪvəl] **I** *n* Rivale *m*, Rivalin *f* (*for* um, *to* für); (*in love also*) Nebenbuhler(in *f*) *m* (*old*); (*Comm*) Konkurrent(in *f*) *m*.

II *adj* (*to* für) *claims, attraction* konkur- rierend; *firm also* Konkurrenz-.

III *vt* (*in love, for affections*) rivalisieren mit; (*Comm*) konkurrieren mit. **he can't ~ her in intelligence** er kann sich mit ihr in bezug auf Intelligenz nicht messen; **his achievements ~ even yours** seine Leistungen können sich sogar mit deinen messen; **I can't ~ that** da kann ich nicht mithalten.

rivalry ['raɪvəlrɪ] *n* Rivalität *f*; (*Comm*) Konkurrenzkampf *m*.

rive [raɪv] *pret* **~d**, *ptp* **riven** ['rɪvn] *vt* (*old, liter*) spalten. **riven by grief** (*fig*) von Schmerz zerrissen.

river ['rɪvəʳ] n Fluß m; (major) Strom m. down ~ fluß-/ stromabwärts; up ~ fluß-/ stromaufwärts; the ~ Rhine (Brit), the Rhine ~ (US) der Rhein; ~s of blood/lava Blut-/Lavaströme pl; see sell.

river in cpds Fluß-; **river basin** n Flußbecken nt; **riverbed** n Flußbett nt.

riverine ['rɪvəraɪn] adj (form) (of river) Fluß-; (like river) flußartig; people am Fluß wohnend.

river mouth n Flußmündung f; **river police** n Wasserschutzpolizei f; **riverside I** n Flußufer nt; the ~ is cool and shady am Fluß ist es kühl und schattig; on/by the ~ am Fluß; **II** adj am Fluß(ufer); **river traffic** n Flußschiffahrt f.

rivet ['rɪvɪt] **I** n Niete f.
II vt (lit) nieten; two things vernieten; (fig) audience, attention fesseln. his eyes were ~ed to the screen sein Blick war auf die Leinwand geheftet; ~ed (to the spot) with fear vor Angst wie festgenagelt.

riveter ['rɪvɪtəʳ] n Nieter(in f) m; (tool) Nietmaschine f.

rivet(t)ing ['rɪvɪtɪŋ] **I** n Nieten nt. **II** adj (fig) fesselnd.

Riviera [ˌrɪvɪ'ɛərə] n the (French)/Italian ~ die französische/italienische Riviera.

rivulet ['rɪvjʊlɪt] n Flüßchen nt, Bach m.

rm abbr of **room** Zim.

RM abbr of **Royal Marines**.

RN abbr of **Royal Navy**.

RNA abbr of **ribonucleic acid** RNS f.

roach [rəʊtʃ] n Plötze f; (inf: cock~) Schabe f.

road [rəʊd] n **1.** Straße f. "~ up" „Straßenbauarbeiten"; "~ narrows" „Straßenverengung"; by ~ (send sth) per Spedition; (travel) mit dem Bus/Auto etc; she lives across the ~ (from us) sie wohnt über die Straße, sie wohnt gegenüber (von uns); just across the ~ is a bakery gerade gegenüber ist eine Bäckerei; my car has never been/is never off the ~ mein Auto war noch nie/ist nie in der Werkstatt; I hope to put the car back on the ~ soon ich hoffe, das Auto bald wieder fahren zu können; this vehicle shouldn't be on the ~ das Fahrzeug ist nicht verkehrstüchtig; he is a danger on the ~ er ist eine Gefahr für den Straßenverkehr; to take to the ~ sich auf den Weg machen, losfahren; (as tramp) Vagabund werden; to be on the ~ (travelling) unterwegs sein; (theatre company) auf Tournee sein; (car) fahren; is this the ~ to London? geht es hier nach London?; the London ~ die Straße nach London; "Westlands/London ~" „Westlandsstraße/Londoner Straße"; to have one for the ~ (inf) zum Abschluß noch einen trinken; gentleman of the ~ Vagabund m.
2. (fig) Weg m. on the ~ to ruin/success auf dem Weg ins Verderben/zum Erfolg; somewhere along the ~ he changed his mind irgendwann hat er seine Meinung geändert; (get) out of the ~! (dial inf) geh weg!; any ~ (dial inf) see anyhow.
3. ~s pl (Naut) Reede f.
4. (US) abbr of **railroad**.

road in cpds Straßen-; **road accident** n Verkehrsunfall m; **roadblock** n Straßensperre f; **road-book** n Straßenatlas m; **road construction** n Straßenbau m; **road fund licence** n (Brit) ≃ Verkehrssteuer f; **road haulage** n Spedition f; **road haulier** n Spediteur m; **roadhog** n (inf) Verkehrsrowdy m (inf); **roadholding (ability)** n Straßenlage f; (of tyres) Haftfähigkeit f; **roadhouse** n Rasthaus nt; **roadmender** n Straßenbauarbeiter m; **road metal** n Straßenschotter m; **roadroller** n Straßenwalze f; **road safety** n Verkehrssicherheit f, Sicherheit f im Straßenverkehr; **road sense** n Verkehrssinn m; **road show** n (Theat) Tournee f; **roadside I** n Straßenrand m; along or by the ~ am Straßenrand; **II** adj stall, toilet an der Straße; inn, pub also Straßen-; ~ repairs (professional) Sofortdienst m; (done alone) Reparatur f am Straßenrand; **roadsign** n (Straßen)verkehrszeichen nt; **roadstead** n (Naut) Reede f.

roadster ['rəʊdstəʳ] n (old) (car) Vehikel nt (inf); (bicycle) Drahtesel m (inf).

roadsweeper ['rəʊdˌswiːpəʳ] n (person) Straßenkehrer(in f) m; (vehicle) Straßenkehrmaschine f; **road-test I** n Straßentest m; **II** vt probefahren; **road transport** n Straßengüterverkehr m; **road-trials** npl (road-test) Straßentest m; (rally) Straßenwettbewerb m; **road-user** n Verkehrsteilnehmer m; **roadway** n Fahrbahn f; **roadwork** n (Sport) Straßentraining nt; **roadworks** npl Straßenbauarbeiten pl; **roadworthy** adj verkehrstüchtig.

roam [rəʊm] **I** vt streets, countryside wandern or ziehen durch. to ~ the (seven) seas die sieben Meere durchkreuzen; to ~ the streets (child, dog) (in den Straßen) herumstreunen.
II vi (herum)wandern; (hum: hands) wandern, sich verirren. to ~ about the house/streets durch das Haus/die Straßen wandern; to ~ about the world in der Welt herumziehen.
◆**roam about** or **around** vi herumwandern; (dogs, looters) herumstreunen.

roamer ['rəʊməʳ] n Vagabund m; (dog) Herumstreuner m; (child) Stromer m (inf).

roaming ['rəʊmɪŋ] **I** adj (fig) thoughts wandernd. **II** n Herumwandern nt.

roan [rəʊn] **I** adj horse rötlich-grau. **II** n Rotschimmel m.

roar [rɔːʳ] **I** vi (person, crowd, lion, bull) brüllen (with vor +dat); (fire in hearth) prasseln; (wind, engine, plane) heulen; (sea, waterfall) tosen; (thunder, forest fire) toben; (gun) donnern. to ~ at sb jdn anbrüllen; the trucks ~ed past die Lastwagen donnerten vorbei; he had them ~ing (with laughter) sie brüllten vor Lachen.
II vt **1.** (also ~ out) brüllen.
2. engine aufheulen lassen.
III n **1.** no pl see vi Gebrüll nt; Prasseln nt; Heulen nt; Tosen nt; Toben nt; Donnern nt.
2. ~s of laughter brüllendes Gelächter; the ~s of the crowd/lion das Brüllen der Menge/des Löwen.

roaring ['rɔːrɪŋ] **I** adj see vi brüllend;

prasselnd; heulend; tosend; tobend; donnernd. ~ **drunk** (*inf*) sternhagelvoll (*inf*); **the ~ Twenties** die wilden zwanziger Jahre; **a ~ success** ein voller Erfolg, ein Bombenerfolg *m* (*inf*); **to do a ~ trade** (**in sth**) ein Riesengeschäft *nt* (mit etw) machen.

II *n see* **roar III.**

roast [rəʊst] **I** *n* Braten *m*. **pork ~** Schweinebraten *m*.

II *adj pork, veal* gebraten; *chicken* Brat-, gebraten; *potatoes* in Fett im Backofen gebraten. **~ beef** Roastbeef *nt*; **we had ~ pork** es gab Schweinebraten.

III *vt* **1.** *meat* braten; *chestnuts, coffee beans, ore* rösten. **to ~ oneself by the fire/ in the sun** sich am Feuer/in der Sonne braten lassen; **to be ~ed alive** (*fig*) sich totschwitzen (*inf*); (*by sun*) gebraten werden (*inf*).

2. (*inf: criticize*) ins Gericht gehen mit.

IV *vi* (*meat*) braten; (*inf: person*) irrsinnig schwitzen (*inf*); (*in sun*) in der Sonne braten; *see also* **roasting.**

roaster [ˈrəʊstər] *n* (*oven*) Bratofen *m*, Bratröhre *f*; (*dish*) Bräter *m*; (*coffee ~*) Röstapparat *m*; (*for ore*) Röstofen *m*; (*chicken*) Brathähnchen *nt*; (*pig*) Spanferkel *nt*.

roasting [ˈrəʊstɪŋ] **I** *n* **1.** (*lit*) Braten *nt*. **~ spit** Bratspieß *m*.

2. (*inf: criticism*) Verriß *m*; (*telling-off*) Standpauke *f*.

II *adj* **1.** (*inf: hot*) knallheiß (*inf*).

2. (*Cook*) zum Braten; *chicken* Brat-; *meat* Braten-.

rob [rɒb] *vt person* bestehlen; (*more seriously*) berauben; *shop bank* ausrauben; *orchard* plündern. **to ~ sb of sth** (*lit, fig*) jdn einer Sache (*gen*) berauben (*geh*), jdm etw rauben; (*lit also*) jdm etw stehlen; **I've been ~bed!** ich bin bestohlen worden!; (*had to pay too much*) ich bin geneppt worden (*inf*); **to ~ the till** die Ladenkasse ausräumen *or* plündern; **he was ~bed of the pleasure of seeing her** es war ihm nicht vergönnt, sie zu sehen; **the shock ~bed him of speech** er hat vor Schreck die Stimme verloren; (*briefly also*) der Schreck hat ihm die Sprache verschlagen; **our team was ~bed** (*sl*) das ist nicht fair (, wir hätten gewinnen müssen).

robber [ˈrɒbər] *n* Räuber *m*.

robbery [ˈrɒbərɪ] *n* Raub *m no pl*; (*burglary*) Einbruch *m* (*of* in +*acc*). **~ with violence** (*Jur*) Raubüberfall *m*; **at that price it's sheer ~!** (*inf*) das ist der reinste Nepp (*inf*); **the bank ~** der Überfall auf die Bank.

robe [rəʊb] **I** *n* **1.** (*garment*) (*of office*) Robe *f*, Talar *m*; (*for priest also*) Rock *m*; (*for baby*) langes Kleidchen; (*esp US: for house wear*) Morgenrock *m*, Hauskleid *nt*. **he was wearing his ~ of office** er war im Ornat; **ceremonial ~s** Festgewänder *pl*; **christening ~** Taufkleid *nt*.

2. (*US: wrap*) Decke *f*.

II *vt* (*lit*) ankleiden, die Amtsrobe *or* den Ornat anlegen (+*dat*). **to ~ sb/sth in sth** (*lit, fig*) jdn/etw in etw (*acc*) kleiden.

III *vi* (*judge etc*) die Amtsrobe *or* den Ornat anlegen.

robin [ˈrɒbɪn] *n* Rotkehlchen *nt*.

robot [ˈrəʊbɒt] *n* Roboter *m*; (*fig also*) Automat *m*. **~ guidance, ~ pilot** Selbststeuerung *f*.

robust [rəʊˈbʌst] *adj person, material, toy, machine* robust, widerstandsfähig; *build* kräftig, robust; *exercise* hart; *defence* stark; *appetite, humour* gesund, unverwüstlich; *structure* massiv, stabil; *style* markig; *wine* kernig.

robustness [rəʊˈbʌstnɪs] *n see adj* Robustheit, Widerstandsfähigkeit *f*; Kräftigkeit *f*; Härte *f*; Stärke *f*; Gesundheit, Unverwüstlichkeit *f*; Massivität, Stabilität *f*; Markigkeit *f*; Kernigkeit *f*.

rock¹ [rɒk] **I** *vt* **1.** (*swing*) schaukeln; (*gently: lull*) wiegen. **to ~ a child to sleep** ein Kind in den Schlaf wiegen.

2. (*shake*) *town* erschüttern, zum Beben bringen; *building also* ins Wanken bringen; *ship* hin und her werfen; (*fig inf*) *person* erschüttern. **to ~ the boat** (*fig*) für Unruhe sorgen.

II *vi* **1.** (*gently*) schaukeln.

2. (*violently*) (*building, tree, post*) schwanken; (*ship*) hin und her geworfen werden; (*ground*) beben. **they ~ed with laughter** sie schüttelten sich vor Lachen.

3. (~ *and roll*) rocken.

III *n* (*pop music*) Rock *m*; (*dance*) Rock 'n' Roll *m*. **~-and-roll** Rock and Roll, Rock 'n' Roll *m*.

rock² *n* **1.** (*substance*) Stein *m*; (~ *face*) Fels(en) *m*; (*Geol*) Gestein *nt*. **porous/ volcanic ~** poröses/vulkanisches Gestein; **the study of ~s** Gesteinskunde *f*.

2. (*large mass*) Fels(en) *m*; (*boulder also*) Felsbrocken *m*; (*smaller*) (großer) Stein. **the R~** (**of Gibraltar**) der Felsen von Gibraltar; **as solid as a ~** (*structure*) massiv wie ein Fels; (*firm, marriage*) unerschütterlich wie ein Fels; **the ship went on the ~s** das Schiff lief (auf die Felsen) auf; **on the ~s** (*inf*) (*with ice*) mit Eis; (*ruined: marriage etc*) kaputt (*inf*); (*broke*) bankrott; **danger, falling ~s** Vorsicht Steinschlag.

3. (*sl: diamond*) Diamant *m*. **~s** (*jewels*) Klunker *pl* (*inf*).

4. *no pl* (*Brit: sweet*) Zuckerstange *f*.

rock-bottom [ˌrɒkˈbɒtəm] **I** *n* der Tiefpunkt; **to touch/reach ~** auf den Nullpunkt *or* Tiefpunkt sein/den Nullpunkt *or* Tiefpunkt erreichen; **II** *adj* (*inf*) *prices* niedrigste(r, s), Niedrigst-; **rock bun, rock cake** *n* ≈ Rosinenhäufchen *nt*; **rock-climber** *n* (Felsen)kletterer(in *f*) *m*; **rock climbing** *n* Klettern *nt* (im Fels); **rock crystal** *n* Bergkristall *m*.

rocker [ˈrɒkər] *n* **1.** (*of cradle etc*) Kufe *f*. **to be/go off one's ~** (*sl*) übergeschnappt sein (*inf*)/überschnappen (*inf*). **2.** (*sl: person*) Rocker *m*. **3.** (*Aut: also ~ arm*) Kipphebel, Unterbrecherhebel *m*.

rockery [ˈrɒkərɪ] *n* Steingarten *m*.

rocket [ˈrɒkɪt] **I** *n* **1.** Rakete *f*.

2. (*Brit inf: reprimand*) Anschiß *m* (*sl*). **to give sb a ~** jdm einen Anschiß geben (*sl*).

II *vi* (*prices*) hochschießen, hochschnellen. **to ~ to fame** über Nacht berühmt werden; (*person also*) kometenhaft aufsteigen; **he went ~ing past my door** (*inf*) er zischte *or* schoß (wie ein geölter Blitz) an meiner Tür vorbei (*inf*).

rocket *in cpds* Raketen-; **rocket-propelled** *adj* mit Raketenantrieb; **rocket propulsion** *n* Raketenantrieb *m*; **rocket range** *n* Raketenversuchsgelände *nt*; **within ~ mit Raketen zu erreichen**; **rocket research** *n* Raketenforschung *f*.

rocketry ['rɒkɪtrɪ] *n* Raketentechnik *f*; (*rockets*) Raketen *pl*.

rocket ship *n* Raketenträger *m*; (*rocket-propelled*) Raketenschiff *nt*.

rock face *n* Felswand *f*; **rock fall** *n* Steinschlag *m*; **rock garden** *n* Steingarten *m*.

rocking chair ['rɒkɪŋ-] *n* Schaukelstuhl *m*; **rocking horse** *n* Schaukelpferd *nt*.

rock plant *n* Steinpflanze *f*; **rock rose** *n* Sonnenröschen *nt*; **rock salmon** *n* (*Brit*) Dorsch *m*; **rock salt** *n* Steinsalz *nt*.

rocky[1] ['rɒkɪ] *adj* (*unsteady*) wackelig.

rocky[2] *adj* (+*er*) *mountain, hill* felsig; *road, path* steinig. **the R~ Mountains, the Rockies** die Rocky Mountains *pl*.

rococo [rəʊ'kəʊkəʊ] **I** *n, no pl* Rokoko *nt*. **II** *adj* Rokoko-, Rokoko *pred*.

rod [rɒd] *n* **1.** Stab *m*, Stange *f*; (*switch*) Rute, Gerte *f*; (*in machinery*) Stange *f*; (*for punishment, fishing*) Rute *f*; (*symbol of authority*) Stab *m*.
2. (*measure*) ≈ Rute *f* (5, 5 yards).
3. (*US sl: gun*) Schießeisen *nt* (*sl*).

rode [rəʊd] *pret of* **ride**.

rodent ['rəʊdənt] *n* Nagetier *nt*.

rodeo ['rəʊdɪəʊ] *n, no pl* **~s** Rodeo *nt*.

roe[1] [rəʊ] *n, pl* **(s)** (*species: also* ~ **deer**) Reh *nt*. **~ buck** Rehbock *m*; **~ deer** (*female*) Reh *nt*, Ricke *f* (*spec*).

roe[2] *n, pl* - (*of fish*) Rogen *m*. **herring ~** Heringsrogen *m*.

roentgen ['rɒntjən] **I** *n* Röntgen *nt*. **II** *adj* Röntgen-.

rogation [rəʊ'geɪʃən] *n* (*Eccl*) (*litany*) Litanei *f*; (*period: also* **R~** *or* **R~-tide**) Bittwoche *f*. **R~ Sunday** (Sonntag *m*) Rogate *no art*.

Roger ['rɒdʒəʳ] *n* Rüdiger *m*. **"r~"** ,,verstanden".

rogue [rəʊg] *n* **1.** (*scoundrel*) Gauner, Schurke *m*; (*scamp*) Schlingel, Spitzbube *m*. **~s' gallery** (*Police inf*) Verbrecheralbum *nt*. **2.** (*Zool*) Einzelgänger(in *f*) *m*. **~ elephant** Einzelgänger(-Elefant) *m*.

roguery ['rəʊgərɪ] *n no pl* (*wickedness*) Gaunerei *f*; (*mischief*) Spitzbüberei *f*.

roguish ['rəʊgɪʃ] *adj* spitzbübisch; (*old: wicked*) schurkisch.

roguishly ['rəʊgɪʃlɪ] *adv see adj*.

roister ['rɔɪstəʳ] *vi* (*revel*) herumtollen; (*brag*) prahlen, aufschneiden.

roisterer ['rɔɪstərəʳ] *n* Krawallmacher *m*; (*braggart*) Aufschneider *m*.

role [rəʊl] *n* (*Theat, fig*) Rolle *f*. **~-playing** Rollenspiel *nt*; **~ reversal** (*Psych*) Rollentausch *m*; **in the ~ of Ophelia** in der Rolle der Ophelia.

roll [rəʊl] **I** *n* **1.** (*of paper, netting, tobacco, wire, hair etc*) Rolle *f*; (*of fabric*) Ballen *m*; (*of banknotes*) Bündel *nt*; (*of butter*) Röllchen *nt*; (*of flesh, fat*) Wulst *m*, Röllchen *nt*. **a ~ of paper/banknotes** eine Rolle Papier/ein Bündel *nt* Banknoten; **a**

~ of film (*Phot*) eine Rolle Film.
2. (*Cook*) (*also* **bread ~**) Brötchen *nt*. **ham/cheese ~** Schinken-/Käsebrötchen *nt*; *see* **sausage ~** *etc*.
3. (*movement, of sea, waves*) Rollen *nt*; (*of ship also*) Schlingern *nt*; (*somersault, Aviat*) Rolle *f*; (*of person's gait*) Schaukeln, Wiegen *nt*. **to do a ~** eine Rolle machen; **the ship gave a sudden ~** das Schiff schlingerte plötzlich; **the dog was having a ~ on the grass** der Hund wälzte sich im Gras; **to have a ~ in the hay with sb** (*inf*) mit jdm ins Heu gehen (*inf*).
4. (*sound*) (*of thunder*) Rollen *nt*; (*of drums*) Wirbel *m*; (*of organ*) Brausen *nt*.
5. (*list, register*) Liste *f*, Register *nt*; (*of solicitors*) Anwaltsliste *f*. **we have 60 pupils on our ~(s)** bei uns sind 60 Schüler angemeldet; **~ of honour** Ehrenliste *f*; (*plaque*) Ehrentafel *f*; *see* **electoral ~**.

II *vi* **1.** rollen; (*from side to side: ship*) schlingern; (*presses*) laufen; (*Aviat*) eine Rolle machen. **to ~ over and over** rollen und rollen, kullern und kullern (*inf*); **the children/stones ~ed down the hill** die Kinder/Steine rollten *or* kugelten (*inf*) den Berg hinunter; **tears were ~ing down her cheeks** Tränen rollten *or* kullerten (*inf*) ihr über die Wangen; **heads will ~!** (*fig*) da werden die Köpfe rollen!; **can you keep the ball** *or* **things ~ing while I'm away?** (*inf*) können Sie den Laden in Schwung halten, solange ich weg bin? (*inf*); **the dog ~ed in the mud** der Hund wälzte sich im Schlamm; **he's ~ing in money** *or* **in it** (*inf*) er schwimmt im Geld (*inf*); **the words just ~ed off his tongue** die Worte flossen ihm nur so von der Zunge; **he ~s from side to side as he walks** er hat einen schaukelnden Gang.
2. (*sound*) (*thunder*) rollen, grollen; (*drum*) wirbeln; (*organ*) brausen; (*echo*) rollen.

III *vt barrel, hoop, ball, car* rollen; *umbrella* aufrollen; *cigarette* drehen; *pastry, dough* ausrollen; *metal, lawn, road* walzen. **to ~ one's eyes** die Augen rollen *or* verdrehen; **to ~ one's r's** das R rollen; **to ~ sth between one's fingers** etw zwischen den Fingern drehen; **to ~ one's own** (*cigarettes*) sich (*dat*) seine eigenen drehen; **the hedgehog ~ed itself into a ball** der Igel rollte sich zu einer Kugel zusammen; **he ~ed himself in a blanket** er wickelte sich in eine Decke; *see also* **rolled**.

◆**roll about** *vi* (*balls*) herumrollen *or* -kugeln (*inf*); (*ship*) schlingern; (*person, dog*) sich wälzen; (*inf: with laughter*) sich kugeln (vor Lachen) (*inf*).

◆**roll along I** *vi* **1.** (*ball*) entlang- *or* dahinrollen. **we were ~ing ~ at 100 mph** wir fuhren mit 160 Stundenkilometern. **2.** (*inf: arrive*) aufkreuzen (*inf*). **II** *vt sep* rollen.

◆**roll away I** *vi* (*ball, vehicle*) wegrollen; (*clouds, mist*) abziehen. **II** *vt sep trolley, table* wegrollen.

◆**roll back I** *vi* zurückrollen; (*eyes*) nach innen rollen. **II** *vt sep object, carpet* zurückrollen; *sheet* zurückschlagen. **if only we could ~ ~ the years** wenn wir nur die Uhr zurückdrehen könnten.

◆**roll by** *vi* (*vehicle, procession*) vor-beirollen; (*clouds*) vorbeiziehen; (*time, years*) dahinziehen.

◆**roll down I** *vi* (*ball, person, tears*) hinunter-/herunterrollen *or* -kugeln (*inf*). **II** *vt sep* cart hinunter-/herunterrollen.

◆**roll in I** *vi* herein-/hineinrollen; (*letters, money, contributions, suggestions*) hereinströmen; (*inf: person*) eintrudeln (*inf*). **II** *vt sep* hinein-/hereinrollen.

◆**roll off I** *vi* **1.** (*vehicle, procession*) weg- *or* davonrollen. **2.** (*fall off*) (*object, person*) herunter-/hinunterrollen.

◆**roll on I** *vi* weiterrollen; (*time*) verfliegen. ~ ~ **the holidays**! wenn doch nur schon Ferien wären! **II** *vt sep* stockings (die Beine) hochrollen.

◆**roll out I** *vt sep* **1.** *barrel* hinaus-/heraus-rollen.˙**2.** *pastry, dough* ausrollen; *metal* auswalzen. **3.** (*inf*) produzieren (*inf*). **II** *vi* hinaus-/herausrollen.

◆**roll over I** *vi* herumrollen; (*vehicle*) um-kippen; (*person*) sich umdrehen. **the dog ~ed ~ onto his back** der Hund rollte auf den Rücken. **II** *vt sep* umdrehen; *patient* auf die andere Seite legen.

◆**roll past** *vi see* **roll by**.

◆**roll up I** *vi* **1.** (*animal*) sich zusammen-rollen (*into zu*).
   2. (*inf: arrive*) antanzen (*inf*).
   3. (*at fairground etc*) ~ ~! treten Sie näher!
   II *vt sep* cloth, paper, map, umbrella auf- *or* zusammenrollen; *sleeves, trouser legs* hochkrempeln.

roll-bar ['rəʊlbɑːʳ] *n* Überrollbügel *m*; **roll-call** *n* (*Sch*) Namensaufruf *m*; (*Mil*) (An-wesenheits)appell *m*.

rolled [rəʊld] *adj* zusammengerollt; *tobacco* gerollt, gedreht. ~ **gold** Dubleegold *nt*; ~ **oats** Haferflocken *pl*.

roller ['rəʊləʳ] *n* **1.** (*for pressing, smooth-ing, painting*) Rolle *f*; (*pastry* ~) Nudel-holz *nt*; (*for lawn, road, Ind*) Walze *f*.
   2. (*for winding sth round*) Rolle *f*; (*hair* ~) (Locken)wickler *m*. **to put one's hair in** ~**s** sich (*dat*) die Haare eindrehen.
   3. (*for moving things*) Rolle *f*; (*log-shaped*) Rollklotz *m*.
   4. (*wave*) Brecher *m*.

roller bandage *n* Rollbinde *f*; **roller bear-ing** *n* Rollenlager *nt*; **roller blind** *n* Rollo, Rouleau *nt*; **roller coaster** *n* Achter-bahn, Berg-und-Tal-Bahn *f*; **roller skate** *n* Rollschuh *m*; **roller-skate** *vi* Rollschuh laufen; **he ~d down the street** er lief *or* fuhr mit seinen Rollschuhen die Straße entlang; **roller-skating** *n* Rollschuh-laufen *nt*; **roller towel** *n* Rollhandtuch *nt*.

rollick ['rɒlɪk] *vi* (*also* ~ **about**) herum-tollen.

rollicking ['rɒlɪkɪŋ] *adj person* ausgelassen; *play, farce* Klamauk-; *occasion, life* wild. ~ (**good**) **fun** Mordsspaß *m* (*inf*).

rolling ['rəʊlɪŋ] *adj ship* schlingernd; *sea* rollend, wogend; *waves* rollend; *countryside* wellig. **to have a ~ gait** einen schaukelnden Gang haben; **a ~ stone gathers no moss** (*Prov*) wer rastet, der rostet (*Prov*); **he's a ~ stone** er ist ein unsteter Bursche.

rolling mill *n* (*factory*) Walzwerk *nt*;

(*machine*) Walze *f*; **rolling pin** *n* Nudel-holz *nt*, Teigrolle *f*; **rolling stock** *n* (*Rail*) rollendes Material, Fahrzeuge *pl*.

rollmop (herring) ['rəʊlmɒp-] *n* Rollmops *m*; **roll-neck** *n* Rollkragen *m*; **roll-neck(ed)** *adj* Rollkragen-; **roll-on** *n* **1.** Elastikschlüpfer *m*; **2.** (*deodorant*) Roller *m*; **roll-on-roll-off, roll-on/roll-off** *adj* Roll-on-roll-off-; **roll-top** *n* Rolladen *m*; **roll-top desk** *n* Rollschreibtisch *m*.

roly-poly ['rəʊlɪ'pəʊlɪ] **I** *adj* (*inf*) kugel-rund, mopsig (*inf*). **II** *n* **1.** (*Brit: also* ~ **pudding**) *mit Nierentalg hergestellter Strudel.* **2.** (*inf: plump child*) Rollmops (*inf*), Pummel (*inf*) *m*. **3.** (*inf: somer-sault*) Purzelbaum *m* (*inf*).

Roman ['rəʊmən] **I** *n* **1.** (*Hist*) Römer(in *f*) *m*. **2.** (*Typ: also* **r**~ **type**) Magerdruck *m*.
   II *adj* römisch; (~ *Catholic*) römisch-katholisch. **r**~ (*Typ*) mager.

roman à clef ['rɔmɑ̃:ŋæ'kleɪ] *n* Schlüsselroman *m*.

Roman candle *n* Goldrausch *m*; **Roman Catholic I** *adj* (römisch-)katholisch; **the ~ Church** die (römisch-)katholische Kirche; **II** *n* Katholik(in *f*) *m*, (Römisch-)Katholische(r) *mf*.

romance [rəʊ'mæns] **I** *n* **1.** (*book*) Phan-tasieerzählung *f*, Roman *m*; (*love-story*) Liebesgeschichte *f or* -roman *m*; (*adven-ture story*) Abenteuerroman *m*; (*tale of chivalry*) Ritterroman(ze *f*) *m*; (*no pl: romantic fiction*) Liebesromane *pl*; (*fig: lies*) Märchen *nt*.
   2. (*love affair*) Romanze *f*. **it's quite a ~** das ist eine richtige Liebesgeschichte.
   3. *no pl* (*romanticism*) Romantik *f*. **the ~ of foreign lands** der Zauber ferner Län-der.
   4. (*Mus*) Romanze *f*.
   5. R~ (*R* ~ *languages*) die romanischen Sprachen *pl*.
   II *adj* **R**~ *language etc* romanisch.
   III *vi* phantasieren, fabulieren.

romancer [rəʊ'mænsəʳ] *n* (*fig*) Phantast *m*.

Romanesque [,rəʊmə'nesk] *adj* romanisch.

Romania [rəʊ'meɪnɪə] *n* Rumänien *nt*.

Romanian [rəʊ'meɪnɪən] **I** *adj* rumänisch. **II** *n* **1.** Rumäne *m*, Rumänin *f*. **2.** (*lan-guage*) Rumänisch *nt*.

Romanic [rəʊ'mænɪk] *adj language* romanisch.

romanize ['rəʊmənaɪz] *vt* (*Hist*) roma-nisieren; (*Rel*) nach dem Katholizismus ausrichten; (*Typ*) in Magerdruck umset-zen.

Roman nose *n* Römernase *f*; **Roman numeral** *n* römische Ziffer.

Romansh [rəʊ'mænʃ] **I** *adj* romantsch. **II** *n* Romantsch *nt*.

romantic [rəʊ'mæntɪk] **I** *adj* (*Art, Liter, Mus: also* **R**~) romantisch; *person also* romantisch veranlagt. ~ **novel** Liebes-/Abenteuerroman *m*; **he played the ~ lead in several plays** er spielte in mehreren Stücken den romantischen Liebhaber.
   II *n* (*Art, Liter, Mus: also* **R**~) Roman-tiker(in *f*) *m*.

romantically [rəʊ'mæntɪkəlɪ] *adv* roman-tisch.

romanticism [rəʊ'mæntɪsɪzəm] *n* (*Art, Liter, Mus: also* **R**~) Romantik *f*. **his ~**

sein romantisches Wesen.

romanticist [rəʊˈmæntɪsɪst] *n (Art, Liter, Mus: also* R~) Romantiker(in *f*) *m*.

romanticize [rəʊˈmæntɪsaɪz] **I** *vt* romantisieren, zu romantisch sehen. **II** *vi* phantasieren.

Romany [ˈrəʊmənɪ] **I** *n* **1.** Zigeuner(in *f*) *m*. **2.** *(language)* die Zigeunersprache, Romani *nt*. **II** *adj* Zigeuner-.

Rome [rəʊm] *n* Rom *nt*. **when in** ~ **(do as the Romans do)** *(prov)* ≈ andere Länder, andere Sitten *(Prov)*; ~ **wasn't built in a day** *(Prov)* Rom ist auch nicht an einem Tag erbaut worden *(Prov)*; **all roads lead to** ~ *(Prov)* viele Wege führen nach Rom *(prov)*; **the Church of** ~ die römische Kirche.

Romeo [ˈrəʊmɪəʊ] *n, pl* ~**s** Romeo *m*; *(fig)* Herzensbrecher *m*.

Romish [ˈrəʊmɪʃ] *adj (pej)* papistisch *(pej)*.

romp [rɒmp] **I** *n* Tollerei *f*. **the play was just a** ~ das Stück war reiner Klamauk; **to have a** ~ herumtollen *or* -toben.
II *vi* **1.** *(children, puppies)* herumtollen *or* -toben. **to** ~ **away** weghopsen.
2. to ~ **home** *(win)* spielend gewinnen.
3. to ~ **through sth** mit etw spielend fertig werden.

rompers [ˈrɒmpəz] *npl (also* **pair of** ~) einteiliger Spielanzug.

rondeau [ˈrɒndəʊ], **rondel** [ˈrɒndəl] *n (Mus)* Rondeau *nt*; *(Liter also)* Rondel *nt*.

rondo [ˈrɒndəʊ] *n, pl* ~**s** *(Mus)* Rondo *nt*.

Roneo ® [ˈrəʊnɪəʊ] **I** *vt* (mit Matrize) kopieren. **II** *n, pl* ~**s** Kopie *f*.

rood [ruːd] *n* **1.** *(Archit)* Kruzifix *nt*.
2. *(Brit: measure)* Rute *f*, ≈ Viertelmorgen *m*.

roof [ruːf] **I** *n* Dach *nt*; *(of car also)* Verdeck *nt*; *(of cave, tunnel)* Gewölbe *nt*. **the** ~ **of the mouth** der Gaumen; **the** ~ **of the world** das Dach der Welt; **a** ~ **of branches** ein Blätterdach *nt*; **without a** ~ **over one's head** ohne Dach über dem Kopf; **to live under the same** ~ **as sb** mit jdm unter demselben Dach wohnen; **as long as you live under my** ~ solange du deine Beine unter meinen Tisch streckst; **to go through the** ~ *(inf) (person)* an die Decke gehen *(inf)*; *(prices etc)* untragbar werden; *see* **hit, raise.**
II *vt house* mit einem Dach decken. **red-**~**ed** mit rotem Dach.
♦**roof in** *or* **over** *vt sep* überdachen.

roof *in cpds* Dach-; **roof-garden** *n* Dachgarten *m*.

roofing [ˈruːfɪŋ] *n* Material *nt* zum Dachdecken; *(action)* Dachdecken *nt*.

roof-rack [ˈruːfræk] *n* Dachträger *m*; **roof-top** *n* Dach *nt*; **to shout sth from the** ~**s** *(fig)* etw an die große Glocke hängen *(inf)*.

rook [rʊk] **I** *n* **1.** *(bird)* Saatkrähe *f*.
2. *(swindler)* Betrüger, Gauner *m*.
3. *(Chess)* Turm *m*. **II** *vt (swindle)* übers Ohr hauen *(inf)*, betrügen. **to** ~ **sb of £5** jdm £ 5 abgaunern. **III** *vi (Chess)* mit dem Turm ziehen.

rookery [ˈrʊkərɪ] *n* Kolonie *f*.

rookie [ˈrʊkɪ] *n (esp Mil sl)* Grünschnabel *m (inf)*.

room [ruːm] **I** *n* **1.** *(in house, building)* Zimmer *nt*, Raum *m (geh)*; *(public hall, ball~ etc)* Saal *m*; *(hotel bed~)* Zimmer *nt*; *(office)* Büro *nt*. **the whole** ~ **laughed** alle im Zimmer lachten; der ganze Saal lachte; **"**~**s to let"** „Zimmer zu vermieten"; ~ **and board** Unterkunft mit Verpflegung; *(in lodgings also)* Zimmer mit Pension.
2. *no pl (space)* Platz *m*; *(fig)* Spielraum *m*. **is there (enough)** ~**?** ist da genügend Platz?; **there is** ~ **for two (people)** es ist genügend Platz für zwei (Leute); **there is no** ~ **(for you/that box)** es ist nicht genug Platz (für dich/die Kiste); **to make** ~ **for sb/sth** für jdn/etw Platz machen *or* schaffen; **there is still** ~ **for hope** es besteht immer noch Hoffnung; **there is no** ~ **for doubt** es kann keinen Zweifel geben; **there is** ~ **for improvement in your work** Ihre Arbeit könnte besser sein.
II *vi* zur Untermiete wohnen. ~**ing house** *(esp US)* Mietshaus *nt (mit möblierten Wohnungen)*.

room clerk *n (US)* Empfangschef *m*, Empfangsdame *f*; **room divider** *n* Raumteiler *m*.

roomer [ˈruːməʳ] *n (US)* Untermieter(in *f*) *m*.

roomful [ˈruːmfʊl] *n* **a** ~ **of people** ein Zimmer voll(er) Leute.

roominess [ˈruːmɪnɪs] *n* Geräumigkeit *f*; *(of garment)* Weite *f*.

roommate [ˈruːmˌmeɪt] *n* Zimmergenosse *m*, Zimmergenossin *f*; **room service** *n* Zimmerservice, Etagendienst *m*; **to ring for** ~ nach dem Zimmerkellner/-mädchen klingeln; **room temperature** *n* Zimmertemperatur *f*; **wine at** ~ Wein mit *or* auf Zimmertemperatur.

roomy [ˈruːmɪ] *adj (+er)* geräumig; *garment* weit.

roost [ruːst] **I** *n (pole)* Stange *f*; *(henhouse)* Hühnerhaus *nt or* -stall *m*. **at** ~ auf der Stange; **to come home to** ~ *(fig)* auf den Urheber zurückfallen; *see* **cock, rule.** **II** *vi (settle)* sich auf die Stange setzen; *(sleep)* auf der Stange schlafen.

rooster [ˈruːstəʳ] *n* Hahn *m*.

root [ruːt] **I** *n* **1.** *(of plant, hair, tooth)* Wurzel *f*. ~**s** *(fig: of person)* Wurzeln *pl*; **by the** ~**s** mit der Wurzel; **to take** ~ *(lit, fig)* Wurzeln schlagen; **her** ~**s are in Scotland** sie ist in Schottland verwurzelt; **she has no** ~**s** sie ist nirgends zu Hause; **to put down** ~**s in a country** in einem Land Fuß fassen; *see* **grass-roots, pull up.**
2. *(fig) (source: of evil, of trouble etc)* Wurzel *f*. **the** ~ **of the matter** der Kern der Sache; **to get to the** ~**(s) of the problem** dem Problem auf den Grund gehen; **that is** *or* **lies at the** ~ **of his behaviour** das ist der eigentliche Grund für sein Benehmen.
3. *(Math, Ling)* Wurzel *f*; *(of equation)* Lösung *f*; *(Ling: base form also)* Stamm *m*; *see* **cube, square** ~.
II *vt plant* Wurzeln schlagen lassen bei.
deeply ~**ed** *(fig)* tief verwurzelt; ~**ed objections** grundsätzliche Einwände *pl*; **to be** *or* **stand** ~**ed to the spot** *(fig)* wie angewurzelt dastehen.

III vi (plants etc) Wurzeln schlagen.
◆**root about** or **around** vi herumwühlen (for nach).
◆**root for** vi +prep obj team anfeuern. **to ~ ~ sb** jdm die Daumen drücken; (esp Sport: cheer on) jdn anfeuern.
◆**root out** vt sep **1.** (lit) see **root up. 2.** (fig) (remove) evil mit der Wurzel ausreißen; (find) aufspüren, ausgraben (inf).
◆**root up** vt sep plant herausreißen; (dig up) ausgraben.
root in cpds Wurzel-; **root beer** n (US) Art f Limonade; **root cause** n eigentlicher Grund; **root crop** n Wurzelgemüse nt no pl; **rootless** adj plant wurzellos; (fig) person ohne Wurzeln; **root sign** n (Math) Wurzelzeichen nt; **rootstock** n (Bot) Wurzelstock m; **root word** n (Ling) Wortwurzel f; (base form also) Wortstamm m.
rope [rəʊp] **I** n **1.** Seil nt; (Naut) Tau nt; (of bell) Glockenstrang m; (hangman's ~) Strang, Strick m. **a ~ of pearls** eine Perlenschnur; **to give sb more/plenty of ~** (fig) jdm mehr/viel Freiheit lassen; **give him enough ~ and he'll hang himself** (fig) der dreht sich (dat) schon selbst seinen Strick.
2. (Mountaineering) Seil nt. **a ~ of climbers** eine Seilschaft; **to put on the ~s** anseilen; **to be on the ~** angeseilt sein.
3. the ~s (Boxing etc) die Seile pl; **to be on the ~s** (boxer) in den Seilen hängen; (inf) in der Klemme sein; **to know the ~s** (inf) sich auskennen; **to show sb the ~s** (inf) jdn in alles einweihen.
II vt **1.** box, case verschnüren. **to ~ sb to a tree** jdn an einen Baum binden; **to ~ sb's feet together** jdm die Füße zusammenbinden; **to ~ climbers (together)** Bergsteiger anseilen.
2. (lasso) mit dem Lasso fangen.
◆**rope in** vt sep **1.** area (mit einem Seil) abgrenzen; cattle mit einem Seil einfrieden. **2.** (fig) rankriegen (inf). **how did you get ~d ~to that?** wie bist du denn da reingeraten? (inf).
◆**rope off** vt sep area mit einem Seil abgrenzen.
◆**rope together** vt sep objects zusammenbinden; climbers an(einander)seilen.
◆**rope up I** vi (climbers) sich anseilen. **II** vt sep anseilen.
rope in cpds Seil-; **rope ladder** n Strickleiter f; **ropemaker** n Seiler m; **rope sole** n (aus Seil) geflochtene Sohle.
rop(e)y [rəʊpɪ] adj (+er) (inf) (bad) miserabel (inf); (worn) mitgenommen.
rosary [rəʊzərɪ] n (Rel) Rosenkranz m. **to say the ~** den Rosenkranz beten.
rose[1] [rəʊz] pret of **rise**.
rose[2] **I** n **1.** Rose f. **wild ~** Wildrose f; **~-bush/-tree** Rosenbusch m/-bäumchen nt; **my life isn't all (a bed of) ~s** (inf) ich bin auch nicht auf Rosen gebettet; **life/ marriage isn't all ~s** (inf) das Leben/die Ehe hat auch seine/ihre Schattenseiten; **no ~ without a thorn** (prov) keine Rose ohne Dornen (prov); **an English ~** (fig) eine englische Schöne; **that will put the ~s back in your cheeks** davon bekommst

du wieder etwas Farbe ins Gesicht.
2. (nozzle) Brause f; (rosette, Archit) Rosette f.
3. (colour) Rosarot, Rosenrot nt.
II adj rosarot, rosenrot.
rosé [rəʊzeɪ] **I** adj rosé. **II** n Rosé m.
roseate [rəʊzɪɪt] adj (liter) rosenfarben.
rose in cpds Rosen-; **rosebay** n Oleander m; **rosebowl** n Rosenpokal m; **rose-bud** n Rosenknospe f; **~ mouth** Rosenmund m; **rose-coloured** adj rosarot, rosenrot; **to see everything/life through ~ spectacles** alles/das Leben durch die rosarote Brille sehen; **rose garden** n Rosengarten m; **rosehip** n Hagebutte f.
rosemary [rəʊzmərɪ] n Rosmarin m.
rose petal n Rosen(blüten)blatt nt; **rose-pink I** adj rosarot; **II** n Rosarot nt; **rose quartz** n Rosenquarz m; **rose-red** adj rosenrot; **rose tree** n Rosenstrauch m.
rosette [rəʊzet] n Rosette f.
rosewater [rəʊzˌwɔːtəʳ] n Rosenwasser nt; **rose window** n (Fenster)rosette f; **rosewood** n Rosenholz nt.
rosin [rozɪn] **I** n Harz, Kolophonium (esp Mus) nt. **II** vt mit Harz/Kolophonium behandeln.
roster [rostəʳ] n Dienstplan m; see **duty ~**.
rostrum [rostrəm] n, pl **rostra** [rostrə] Tribüne f, Rednerpult nt; (for conductor) Dirigentenpult nt; (Roman Hist) Rostra f.
rosy [rəʊzɪ] adj (+er) (pink) rosarot; complexion, cheeks rosig; (rose-covered) fabric mit Rosenmuster; design Rosen-; (fig: promising) future, situation rosig. **to paint a ~ picture of sth** etw in den rosigsten Farben malen.
rot [rot] **I** n **1.** (in teeth, plants) Fäulnis f no pl; (in wood also) Moder m no pl. **to stop the ~** (lit, fig) den Fäulnisprozeß aufhalten; **then the ~ set in** (fig) dann setzte der Fäulnisprozeß or Verfall ein; see **dry ~**.
2. (inf: rubbish) Quatsch (inf), Blödsinn (inf) m.
II vi (wood, material, rope) verrotten, faulen; (teeth, plant) verfaulen; (fig) verrotten.
III vt verfaulen lassen; wood modrig machen.
◆**rot away** vi verfaulen, vermodern; (teeth) verfaulen; (plants) verwesen.
rota [rəʊtə] n Dienstplan m.
Rotarian [rəʊtɛərɪən] **I** adj Rotarier-. **II** n Rotarier m.
rotary [rəʊtərɪ] adj **1.** motion rotierend, Dreh-; wheel Rotations-. **~ iron** Heißmangel f; **~ (printing) press** Rotationsmaschine f; **~ printer** Rotationsdrucker m; **~ pump** Kreiselpumpe f. **2. R~ Club** Rotary Club m.
rotate [rəʊteɪt] **I** vt **1.** (around axis) drehen, rotieren lassen; (Math) rotieren lassen. **2.** crops im Wechsel anbauen; work, jobs turnusmäßig erledigen. **II** vi **1.** sich drehen, rotieren; (Math) rotieren. **2.** (crops) im Wechsel angebaut werden; (people: take turns) sich abwechseln.
rotating [rəʊteɪtɪŋ] adj (revolving) rotierend, sich drehend; crops im Wechsel angebaut.
rotation [rəʊteɪʃ(ə)n] n **1.** no pl Drehung, Rotation (also Math) f; (of crops) Wech-

sel *m*, Rotation *f*; (*taking turns*) turnus-
mäßiger Wechsel. **in** *or* **by** ~ abwech-
selnd im Turnus; ~ **of crops, crop** ~
Fruchtwechsel *m*. **2.** (*turn*) (Um)-
drehung, Rotation *f*.
rotatory [rəʊˈteɪtərɪ] *adj* **1.** *movement*
Dreh-, rotierend. **2.** *schedule* turnus-
mäßig; *cultivation* abwechselnd.
rote [rəʊt] *n*: **by** ~ *learn* auswendig; *recite*
mechanisch.
rotgut [ˈrɒtˌgʌt] *n* (*pej inf*) Fusel *m* (*inf*).
rotor [ˈrəʊtər] *n* (*Aviat*, *Elec*, *Aut*) Rotor *m*.
~ **arm** Verteilerfinger *m*; ~ **blade**
Flügelblatt *nt*.
rotten [ˈrɒtn] *adj* **1.** *vegetation*, *egg*, *tooth*
faul; *wood also* morsch; *fruit also* verdor-
ben; (*fig: corrupt*) korrupt, verdorben. ~
to the core (*fig*) durch und durch verdor-
ben.
  2. (*inf*) (*bad*) scheußlich (*inf*); *weather*,
book, *film*, *piece of work also* mies (*inf*);
(*mean*) gemein, eklig; (*unwell*) elend,
mies (*inf*). **what** ~ **luck!** so ein Pech!; **that
was a** ~ **trick/a** ~ **thing to do** das war ein
übler Trick/eine Gemeinheit.
rottenness [ˈrɒtnnɪs] *n see adj 1.* Faulheit
f; Morschheit *f*; Verdorbenheit *f*/Korrupt-
heit *f*, Verdorbenheit *f*.
rotter [ˈrɒtər] *n* (*dated Brit inf*) Lump *m*.
rotting [ˈrɒtɪŋ] *adj meat*, *wood* verfaulend;
carcass, *bones also* verwesend.
rotund [rəʊˈtʌnd] *adj person* rund(lich); *ob-
ject* rund; *speech*, *literary style* bomba-
stisch, hochtrabend; *voice* voll.
rotunda [rəʊˈtʌndə] *n* Rotunde *f*, Rundbau
m.
rotundity [rəʊˈtʌndɪtɪ] *n see adj* Rund(lich)-
keit *f*; Bombast *m*; Vollheit *f*.
rouble, (US) ruble [ˈruːbl] *n* Rubel *m*.
rouge [ruːʒ] **I** *n* Rouge *nt*. **II** *vt* **to** ~ **one's
cheeks** Rouge auflegen.
rough [rʌf] **I** *adj* (+*er*) **1.** (*uneven*) *ground*
uneben; *path*, *road also* holprig; *surface*,
skin, *hands*, *cloth* rauh.
  2. (*harsh*) *sound* hart; *voice*, *tone* rauh;
taste, *wine* sauer; *words* grob, hart. **to
have a** ~ **luck** schweres Pech haben; **he got
the** ~ **side of her tongue** er bekam (von
ihr) den Marsch geblasen.
  3. (*coarse*, *unrefined*) *person* unge-
hobelt; *manners also*, *speech* grob, roh.
  4. (*violent*) *person*, *child* grob, roh;
treatment, *handling* grob, hart; *life* wüst;
children's game wild; *match*, *sport*, *work*
hart; *neighbourhood*, *manners*, *pub* rauh;
sea, *weather*, *wind* rauh, stürmisch; *sea
crossing* stürmisch. **to be** ~ **with sb** grob
mit jdm umgehen, unsanft mit jdm um-
springen (*inf*); ~ **stuff** Schlägereien *pl*/
eine Schlägerei; **he had a** ~ **time (of it)** (*fig
inf*) es ging ihm ziemlich dreckig (*inf*); **the
examiners gave him a** ~ **time** (*inf*) die
Prüfer haben ihn ganz schön rangenom-
men (*inf*); **to be** ~ **on sb** (*Brit inf*) grob mit
jdm umspringen; **it's** ~ **on him** (*Brit inf*)
das ist hart für ihn.
  5. (*approximate*, *rudimentary*) grob,
ungefähr; *draft also* Roh-; *workmanship*
schludrig; *justice* grob. ~ **copy** Konzept
nt; ~ **sketch** Faustskizze *f*; ~ **paper** Kon-
zeptpapier *nt*; **in its** ~ **state** im Rohzu-
stand.

  6. (*inf: unwell*) **to feel** ~ sich mies füh-
len (*inf*).
  II *adv live* wüst; *play* wild. **to sleep** ~ im
Freien übernachten.
  III *n* **1.** *rough* Gelände; (*Golf*)
Rauh *nt*. ~ **or smooth?** (*Sport*) untere
oder obere Seite?
  2. (*unpleasant aspect*) **to take the** ~ **with
the smooth** das Leben nehmen, wie es
kommt.
  3. (*draft*, *sketch*) Rohentwurf *m*. **in the**
~ im Rohzustand.
  4. (*person*) Rowdy, Schläger *m*.
  IV *vt* **to** ~ **it** (*inf*) primitiv leben.
◆**rough out** *vt sep* grob entwerfen.
◆**rough up** *vt sep hair* zersausen; (*sl*) *per-
son* zusammenschlagen.
roughage [ˈrʌfɪdʒ] *n* Ballaststoffe *pl*.
rough-and-ready [ˈrʌfənˈredɪ] *adj method*,
installation, *equipment* provisorisch;
work zusammengepfuscht (*inf*); *per-
son* rauh(beinig); **rough-and-tumble** *n*
(*play*) Balgerei *f*; (*fighting*) Keilerei *f*;
rough book *n* (*Sch*) Schmierheft *nt*;
roughcast **I** *n* Rauhputz *m*; **II** *vt irreg*
rauh verputzen; **rough diamond** *n* (*lit*)
Rohdiamant *m*; **he's a** ~ er ist rauh, aber
herzlich; **rough-dry** *vt* einfach trocknen.
roughen [ˈrʌfn] **I** *vt ground* uneben machen;
skin, *cloth* rauh machen, rauh werden
lassen; *surface* aufrauhen. **living in that
district has** ~**ed his manners/speech** seit er
in diesem Bezirk wohnt, sind seine Sitten/
ist seine Sprechweise ganz verroht.
  II *vi* **1.** (*skin*) rauh werden.
  2. (*sound*) hart werden; (*voice*) rauh
werden.
  3. (*treatment*) hart werden; (*neighbour-
hood*) verrohen; (*sea*, *wind*, *weather*)
rauh *or* stürmisch werden.
rough-hew [ˌrʌfˈhjuː] *vt irreg timber* grob
behauen; **rough-house** (*inf*) **I** *n*
Schlägerei *f*; **II** *vt* herumstoßen.
roughly [ˈrʌflɪ] *adv* **1.** (*not gently*) grob,
roh; *play* rauh; *answer*, *order* grob, hart.
  2. (*not finely*) *make*, *sew*, *sketch* grob.
  3. (*approximately*) ungefähr. ~ (**speak-
ing**) grob gesagt.
roughneck [ˈrʌfˌnek] *n* (*inf*) Grobian *m*;
(*thug*) Schläger *m*.
roughness [ˈrʌfnɪs] *n see adj* **1.** Unebenheit
f; Holprigkeit *f*; Rauheit *f*. **2.** Härte *f*;
Rauheit *f*; saurer Geschmack; Grobheit,
Härte *f*. **3.** Ungehobeltheit *f*; Grobheit,
Roheit *f*. **4.** Grobheit, Roheit *f*; Grobheit,
Härte *f*; Wüstheit *f*; Wildheit *f*; Härte *f*;
Rauheit *f*. **5.** Grobheit *f*.
rough note book *n* (*Sch*) Schmierheft *nt*;
roughrider *n* Zureiter *m*; **roughshod**
adv: **to ride** ~ **over sb/sth** rücksichtslos
über jdn/etw hinweggehen; **rough-
spoken** *adj* **to be** ~ (sich) ungehobelt
(ausdrücken).
roulette [ruːˈlet] *n* Roulett(e) *f*.
Roumania [ruːˈmeɪnɪə] *see* **Romania**.
round [raʊnd] **I** *adj* (+*er*) **1.** rund; (*Ling*)
vowel gerundet. **in rich** ~ **tones** mit
vollem, rundem Klang; **a** ~ **dozen** ein
rundes Dutzend; ~ **figure**, ~ **number**
runde Zahl; **in** ~ **figures, that will cost 20
million** es kostet rund (gerechnet) *or*
runde 20 Millionen.

2. *(dated)* *(unequivocal)* *oath* kräftig;
(considerable) *sum* rund; *pace* flott. **in ~
terms** klar und deutlich.

II *adv* **there was a wall right ~ or all ~**
rings- *or* rundherum war eine Mauer; **he
went ~ by the bridge** er nahm den (Um)-
weg über die Brücke; **you can't get
through here, you'll have to go ~** Sie kön-
nen hier nicht durch, Sie müssen außen
herum gehen; **the long way ~** der Umweg,
der längere Weg; **that's a long way ~**
(detour) das ist ein großer Umweg;
(round field, town) das ist eine ganz
schöne Strecke; **~ and ~** *(in circles, round
field etc)* rundherum; *(all over the place)*
überall herum; **I asked him ~ for a drink**
ich lud ihn auf ein Glas Wein/Bier *etc* bei
mir ein; **I'll be ~ at 8 o'clock** ich werde um
8 Uhr da sein; **for the second time ~** zum
zweitenmal; **all (the) year ~** das ganze
Jahr über *or* hindurch; **all ~** *(lit)* rings-
herum; *(fig: for everyone)* für alle; **drinks
all ~!** eine Runde!; **taking things all ~,
taken all ~** insgesamt gesehen; **a pillar
2 m ~** eine Säule mit 2 m Umfang; *see also
vbs.*

III *prep* **1.** *(of place etc)* um (... herum).
~ the table/fire um den Tisch/das Feuer
(herum); **the ribbon ~ her hat** das Band
um ihren Hut; **all ~ the house** *(inside)* im
ganzen Haus; *(outside)* um das ganze
Haus herum; **~ and ~ the field** rings um
das Feld herum; **the villages ~ Wigan** die
Dörfer um Wigan (herum) *or* rund um
Wigan; **to go ~ a corner/bend** um eine
Ecke/Kurve gehen/fahren *etc*; **if you're ~
this way** wenn Sie in der Gegend sind; **to
look** *or* **see ~ a house** sich *(dat)* ein Haus
ansehen; **to show sb ~ a town** jdm eine
Stadt zeigen, jdn in einer Stadt herumfüh-
ren; **they went ~ the cafés looking for him**
sie gingen in alle Cafés, um nach ihm zu
suchen; **to talk ~ a subject** um ein Thema
herumreden; **she's 75 cm ~ the waist** um
die Taille mißt *or* ist sie 75 cm.

2. *(approximately)* ungefähr. **~ *(about)*
7 o'clock** ungefähr um 7 Uhr; **~ *(about)*
£800** um die £ 800.

IV *n* **1.** *(circle etc)* Kreis, Ring *m*; *(slice:
of bread, meat)* Scheibe *f*. **a ~ of toast** eine
Scheibe Toast.

2. *(delivery ~)* Runde *f*. **~(s)** *(of
policeman, watchman, doctor)* Runde *f*;
to do *or* **make one's ~(s)** seine Runde
machen; *(doctor also)* Hausbesuche
machen; **to go** *or* **make** *or* **do the ~s** *(visit-
ing relatives etc)* die Runde machen; **to do
the ~s of the clubs** *etc* *(inf)* durch die
Klubs *etc* ziehen, die Klubs abklappern
(inf); **he does a paper ~** er trägt Zeitungen
aus; **the daily ~** *(fig)* die tägliche Arbeit,
der tägliche Trott *(pej)*; **her life was one
long ~ of parties** ihr Leben war eine ein-
zige Folge von Partys.

3. to go the ~s *(story etc)* reihum gehen.

4. *(Sport, of election, talks)* Runde *f*;
(Show-jumping) Durchgang *m*. **a ~
*(of drinks)*** eine Runde; **a new ~ of
negotiations** eine neue Verhandlungs-
runde; **~ of ammunition** Ladung *f*; **10
~s of bullets** 10 Schuß; **a ~ of applause**
Applaus *m*.

5. *(Mus)* Kanon *m*.

6. in the ~ *(as a whole)* insgesamt;
theatre/sculpture in the ~ Arenatheater
nt/Rund- *or* Vollplastik *f*.

V *vt* **1.** *(make ~)* runden.

2. *(go ~)* *corner, bend* gehen/fahren
um; *cape* umfahren, herumfahren um;
obstacle herumgehen/-fahren *etc* um.

◆**round down** *vt sep price etc* abrunden.

◆**round off** *vt sep* **1.** *edges etc* abrunden.

2. *(complete, perfect)* *list, series* voll
machen; *speech, sentence, meal* abrun-
den; *debate, meeting, one's career*
beschließen, abschließen; **and now, to ~
~, I would like to say ...** und zum Ab-
schluß möchte ich nun sagen ...

◆**round on** *vi +prep obj* *(verbally)* anfah-
ren; *(in actions)* herumfahren zu.

◆**round out I** *vt sep story etc* runden. **II** *vi*
sich runden.

◆**round up** *vt sep* **1.** *(bring together)* *people*
zusammentrommeln *(inf)*; *cattle* zusam-
mentreiben; *criminals* hochnehmen *(inf)*;
facts zusammentragen. **2.** *price, number*
aufrunden.

◆**round upon** *vi +prep obj see* **round on.**

roundabout ['raʊndəbaʊt] **I** *adj* **~ route**
Umweg *m*; **we came a ~ way** *or* **by a ~
route** wir haben einen Umweg gemacht;
what a ~ way of doing things! wie kann
man nur so umständlich sein!; **I found out
in a ~ way** ich habe es auf Umwegen
herausgefunden; **by ~ means** auf Um-
wegen, hintenherum; **a very ~ way of put-
ting it** eine sehr umständliche Art, es
auszudrücken.

II *n* *(Brit)* *(merry-go-round)* Karussell
nt; *(Mot)* Kreisverkehr *m*; *see* **swing.**

rounded ['raʊndɪd] *adj* rundlich; *edges* ab-
gerundet; *vowel* gerundet. **(well-)~** *sen-
tences, style* (wohl) abgerundet; *bosom,
figure* wohlgerundet.

roundelay ['raʊndɪleɪ] *n* *(Mus)* Lied *nt* mit
Refrain.

rounders ['raʊndəz] *n sing* *(Brit Sport)* ≈
Schlagball *m*.

round-eyed ['raʊnd'aɪd] *adj* großäugig;
round-faced *adj* rundgesichtig, mit run-
dem Gesicht; **Roundhead** *n* *(Brit Hist)*
Rundkopf *m*; **roundhouse** *n* *(esp US
Rail)* Lokomotivschuppen *m*.

roundly ['raʊndlɪ] *adv* *(fig)* *(bluntly)* ohne
Umschweife.

round-necked ['raʊnd'nekt] *adj* mit run-
dem Ausschnitt.

roundness ['raʊndnɪs] *n* Rundheit *f*; *(of
sound also)* Vollheit *f*; *(of vowel)* Gerun-
detheit *f*.

round robin *n* **1.** *(petition)* gemeinsamer
Antrag(, *bei dem die Unterschriften (oft)
im Kreis angeordnet sind)*; **2.** *(esp US
Sport)* Wettkampf *m*, in dem jeder gegen
jeden spielt; **round-shouldered**
['raʊnd'ʃəʊldəd] *adj* mit runden Schul-
tern.

roundsman ['raʊndzmən] *n, pl* **-men**
[-mən] *(Brit)* Austräger *m*. **milk ~**
Milchmann(, *der an die Tür kommt)*.

Round Table *n* *(Hist)* (König Artus') Tafel-
runde *f*; **~ discussion/conference** Dis-
kussion *f*/Konferenz *f* am runden Tisch;
round-the-clock *adj* rund um die Uhr *not*

attr; **round trip** *n* Rundreise *f*; **round-trip ticket** *n* (*US*) Rückfahrkarte *f*; (*Aviat*) Hin- und Rückflug-Ticket *nt*; **round-up** *n* **1.** (*act*) (*of cattle*) Zusammentreiben *nt*; (*of people*) Zusammentrommeln *nt* (*inf*); (*of criminals*) Hochnehmen *nt* (*inf*); (*of facts*) Sammlung *f*, Zusammentragen *nt*; **a ~ of today's news** eine Zusammenfassung der Nachrichten vom Tage; **2.** (*group*) zusammengetriebene Herde; Versammlung *f*; ausgehobene Bande; Sammlung *f*.

rouse [rauz] **I** *vt* **1.** (*from sleep, daydream etc*) wecken.
     2. (*stimulate*) *person* bewegen; *feeling, admiration, interest* wecken, wachrufen; *hatred, indignation* erregen; *suspicions* erwecken, erregen. **to ~ sb (to anger)** jdn reizen; **to ~ sb to action** jdn zum Handeln bewegen; **to ~ sb out of his/her apathy** jdn aus seiner Apathie aufrütteln; **to ~ the masses** die Massen aufrütteln; **~ yourself!** raff dich auf!
     II *vi* (*waken*) wach werden; (*become active*) lebendig werden.

rousing ['rauzɪŋ] *adj speech, sermon* zündend, mitreißend; *cheers, applause* stürmisch; *music* schwungvoll.

roustabout ['raustəbaut] *n* **1.** (*US Naut*) (*deckhand*) Deckhelfer *m*; (*in dock*) Werft- or Hafenarbeiter *m*. **2.** (*US: unskilled labourer*) Hilfsarbeiter *m*. **3.** (*Austral*) Helfer *m* beim Scheren.

rout¹ [raut] **I** *n* **1.** (*defeat*) Schlappe *f*. **to put to ~** in die Flucht schlagen. **2.** (*Jur: mob*) Bande, Rotte *f*. **II** *vt* (*defeat*) in die Flucht schlagen.

rout² *vi* (*pig: also ~ about*) herumwühlen.

◆**rout out** *vt sep* (*find*) aufstöbern; (*force out*) (heraus)jagen (*of* aus).

route [ruːt], (*US*) [raut] **I** *n* **1.** Strecke, Route *f*; (*bus service*) Linie *f*. **shipping/air ~s** Schiffahrtsstraßen or -wege/Flugwege; **we live on a bus ~** wir wohnen an einer Buslinie; **the ~ to the coast goes through Easthampton** der Weg zur Küste führt durch Easthampton; **"all ~s"** (*Mot*) „alle Richtungen"; **~ map** Straßenkarte *f*.
     2. (*Mil*) Marschbefehl *m*. **~ march** Geländemarsch *m*.
     3. (*US: delivery round*) Runde *f*. **he has a paper ~** er trägt Zeitungen aus.
     4. (*Med: of drug*) Weg *m*.
     II *vt train, coach, bus* legen. **my luggage was ~d through Amsterdam** mein Gepäck wurde über Amsterdam geschickt; **the train is ~d (to go) through Birmingham** der Zug wird durch Birmingham geführt or über Birmingham gelegt.

routine [ruː'tiːn] **I** *n* **1.** Routine *f*. **as a matter of ~** routinemäßig.
     2. (*Dancing, Skating*) Figur *f*; (*Gymnastics*) Übung *f*. **he gave me the old ~ about his wife not understanding him** er kam mit der alten Geschichte, daß seine Frau ihn nicht versteht.
     II *adj* Routine-, routinemäßig. **~ duties** tägliche Pflichten *pl*; **to be ~ procedure** Routine(sache) sein; **it was quite ~** es war eine reine Formsache.

roux [ruː] *n* Mehlschwitze, Einbrenne *f*.

rove [rəuv] **I** *vi* (*person*) umherwandern or -ziehen; (*eyes*) umherwandern or -schweifen. **to ~ over sth** (*eyes*) über etw (*acc*) schweifen or wandern. **II** *vt countryside, streets* wandern or ziehen durch, durchwandern or -ziehen. **his eyes ~d the room** seine Augen wanderten durch das Zimmer.

rover ['rəuvə'] *n* **1.** (*wanderer*) Vagabund *m*. **2.** (*also* R~ Scout) Rover *m*.

roving ['rəuvɪŋ] **I** *adj* **he has a ~ eye** er riskiert gern ein Auge; **~ life** Vagabundenleben *nt*; **~ ambassador** Botschafter *m* für mehrere Vertretungen; **~ reporter** Reporter, der ständig unterwegs ist; **~ commission** weitläufiges Mandat; (*travelling*) Reisemandat *nt*.
     II *n* Vagabundieren *nt no pl*.

row¹ [rəu] *n* Reihe *f*. **4 failures in a ~** 4 Mißerfolge hinter- or nacheinander; **arrange them in ~s** stell sie in Reihen or reihenweise auf.

row² **I** *vti* (*in boat*) rudern. **to ~ sb across** jdn hinüber-/ herüberrudern; **to ~ away/back** weg-/zurückrudern. **II** *n* **to go for a ~** rudern gehen; **it will be a hard ~ upstream** flußaufwärts wird es hart zu rudern sein.

row³ [rau] **I** *n* **1.** (*noise*) Lärm, Krach (*inf*) *m*. **to make a ~ kick up** (*inf*) **a ~** Krach schlagen (*inf*). **2.** (*quarrel*) Streit, Krach (*inf*) *m*. **to have a ~ with sb** mit jdm Streit or Krach (*inf*) haben; **to start a ~** Streit anfangen. **3.** (*scolding*) **to get into a ~** Krach bekommen (*inf*). **II** *vi* (*quarrel*) (sich) streiten.

rowan ['rauən] *n* (*tree*) Eberesche, Vogelbeere *f*. **~ berry** Vogelbeere *f*.

rowboat ['rəu‚bəut] *n* (*US*) Ruderboot *nt*.

rowdiness ['raudɪnɪs] *n see adj* Krawall *m*; Rüpel- or Flegelhaftigkeit *f*; Randalieren, Rowdytum *nt*.

rowdy ['raudɪ] **I** *adj* (+*er*) (*noisy*) laut; *football fans* randalierend. **II** *n* Krawallmacher *m*.

rowdyism ['raudɪɪzəm] *n* Rowdytum *nt*.

rower ['rəuə'] *n* Ruderer *m*.

row house ['rəu‚haus] *n* (*US*) Reihenhaus *nt*.

rowing¹ ['rəuɪŋ] *n* Rudern *nt*.

rowing² ['rauɪŋ] (*quarrelling*) Streiterei *f*.

rowing ['rəuɪŋ]: **rowing boat** *n* (*Brit*) Ruderboot *nt*; **rowing club** *n* Ruderklub or -verein *m*.

rowlock ['rəu‚lɒk] *n* (*esp Brit*) Dolle *f*.

royal ['rɔɪəl] **I** *adj* königlich; *family, palace also* Königs-; (*fig also*) fürstlich. **II** *n* **1.** (*inf*) Angehörige(r) *mf* der königlichen Familie. **2.** (*stag*) kapitaler Bock.

Royal Academy *n* (*Brit*) Königliche Akademie; **Royal Air Force** *n* (*Brit*) Königliche Luftwaffe; **royal assent** *n* (*Brit*) königliche Zustimmung; **royal blue I** *adj* königsblau; **II** *n* Königsblau *nt*; **Royal Canadian Mounted Police** *n* kanadische berittene Polizei; **royal flush** *n* (*Cards*) Royal Flush *m*; **Royal Highness** *n* **Your/His ~** Eure/Seine Königliche Hoheit; **royal household** *n* königlicher Haushalt.

royalist ['rɔɪəlɪst] **I** *adj* royalistisch, königstreu. **II** *n* Royalist(in *f*) *m*, Königstreue(r) *mf*.

royally ['rɔɪəlɪ] *adv* königlich; (*fig also*) fürstlich.

Royal Navy (*Brit*) **I** *n* Königliche Marine. **II** *attr* der Königlichen Marine.

royalty ['rɔɪəlɪ] *n* **1.** (*dignity, rank*) das Königtum; (*collectively: royal persons*) das Königshaus, die königliche Familie. **he's** ~ er gehört zur königlichen Familie. **2. royalties** *pl* (*on* auf +*acc*) (*from book, records*) Tantiemen *pl*; (*from patent*) Patent- *or* Lizenzgebühren *pl*; (*from oil well*) Förderabgaben *pl*.

rozzer ['rɒzər] *n* (*Brit sl*) Bulle, Polyp (*sl*) *m*.

RP *abbr of* **received pronunciation.**

RPM (*Brit*) *abbr of* **resale price maintenance** vertikale Preisbindung.

rpm *abbr of* **revolutions per minute** Umdr. p. min.

RR (*US*) *abbr of* **Railroad.**

RSPCA *abbr of* **Royal Society for the Prevention of Cruelty to Animals** ≃ Tierschutzverein *m*.

RSVP *abbr of* **répondez s'il vous plaît** u.A.w.g.

Rt Hon *abbr of* **Right Honourable.**

rub [rʌb] **I** *n* **1.** Reiben *nt*; (*with duster etc*) Polieren *nt*. **to give sth a** ~ etw reiben; *furniture, shoes, silver* etw polieren. **2.** (*fig*) **there's the** ~! da liegt der Hase im Pfeffer.

II *vt* reiben; (*with towel also*) frottieren; (*polish*) polieren; (*Art*) *brass, inscription* durchzeichnen, durchschummern. **to** ~ **sth/oneself with a lotion** etw/sich mit einer Lotion einreiben; **to** ~ **one's hands (together)** sich (*dat*) die Hände reiben; **to** ~ **sth dry** etw trockenreiben *or* -rubbeln (*inf*); **to** ~ **noses** (*as greeting*) Nasen reiben; **to** ~ **sb's nose in sth** (*fig*) jdm etw dauernd unter die Nase reiben *or* halten; **to** ~ **shoulders with all sorts of people** (*fig*) mit allen möglichen Leuten in Berührung kommen.

III *vi* (*thing*) (*against* an +*dat*) reiben; (*shoes, collar*) scheuern. **you must have** ~**bed against some wet paint** da mußt du an feuchte Farbe gekommen sein; **the cat** ~**bed against my legs/ the tree** die Katze strich mir um die Beine/scheuerte sich am Baum.

◆**rub along** *vi* (*inf*) (*manage*) sich durchschlagen (*inf*). **to** ~ ~ (*together*) recht und schlecht miteinander auskommen.

◆**rub away** *vt sep* wegreiben.

◆**rub down** *vt sep horse* (*dry*) abreiben; (*clean*) striegeln; *person* abrubbeln (*inf*), abfrottieren; *wall, paintwork* (*clean*) abwaschen; (*sandpaper*) abschmirgeln.

◆**rub in** *vt sep* **1.** *oil, lotion* einreiben (*prep obj, -to* in +*acc*). **2.** (*fig*) *sb's stupidity* herumreiten auf (+*dat*). **he's always** ~**bing** ~ **how rich he is** (*inf*) er reibt es uns/ihnen *etc* immer unter die Nase, wie reich er ist (*inf*).

◆**rub off I** *vt sep dirt* wegreiben; *writing* ausradieren; *tape* löschen; (*from blackboard*) aus- *or* wegwischen; *paint, gold-plating* abreiben; (*through wear*) abwetzen.

II *vi* (*lit, fig*) abgehen; (*through wear also*) sich abwetzen. **to** ~ ~ **on(to) sb** (*fig*) auf jdn abfärben.

◆**rub out I** *vt sep stain etc* herausreiben; (*with eraser*) ausradieren; (*sl: kill*) auslöschen. **II** *vi* herausgehen; (*with eraser*) sich ausradieren lassen.

◆**rub up I** *vt sep* **1.** *vase, table* blank reiben. **2. to** ~ **sb** ~ **the wrong way** bei jdm anecken.

II *vi* **the cat** ~**bed** ~ **against my leg** die Katze strich mir um die Beine; **to** ~ ~ **against all sorts of people** (*fig*) mit allen möglichen Leuten in Berührung kommen.

rubber¹ ['rʌbər] **I** *n* (*material*) Gummi *m*; (*unprocessed, synthetic also*) Kautschuk *m* (*spec*); (*Brit: eraser*) (Radier)gummi *m*; (*sl: contraceptive*) Gummi *m* (*inf*). ~**s** (*shoes*) Turnschuhe *pl*; (*overshoes*) (Gummi)überschuhe *pl*; (*clothing*) Ölzeug *nt*. **II** *adj* Gummi-; Kautschuk- (*spec*). **is that cheque** ~? (*sl*) platzt der Scheck?; ~ **goods** Gummiwaren.

rubber² *n* (*Cards*) Robber *m*.

rubber band *n* Gummiband *nt*.

rubberize ['rʌbəraɪz] *vt* (*cover*) mit Gummi überziehen; (*impregnate*) gummieren.

rubberneck ['rʌbənek] (*US inf*) **I** *n* Gaffer *m* (*inf*); **II** *vi* gaffen (*inf*); **rubber plant** *n* Gummibaum *m*; **rubber plantation** *n* Kautschukplantage *f*; **rubber stamp** *n* Stempel *m*; **rubber-stamp** *vt* (*lit*) stempeln; (*fig inf*) genehmigen; **rubber tree** *n* Kautschukbaum *m*.

rubbery ['rʌbərɪ] *adj material* gummiartig; *meat* zäh; (*hum*) *lips* wulstig.

rubbing ['rʌbɪŋ] *n* **1.** (*action*) Reiben *nt*; (*of shoes, collar also*) Scheuern *nt*; (*with towel*) Frottieren *nt*; (*polishing*) Polieren *nt*. **2.** (*Art*) *see* **brass** ~.

rubbish ['rʌbɪʃ] **I** *n* (*waste material*) Abfall *m*, Abfälle *pl*; (*household* ~, *in factory also*) Müll *m*; (*on building site*) Schutt *m*; (*fig*) (*trashy goods, record etc*) Mist *m*; (*nonsense*) Quatsch (*inf*), Blödsinn *m*. **household** ~ Hausmüll *m*; **garden** ~ Gartenabfälle *pl*; **most modern furniture is** ~ die meisten modernen Möbel sind nichts wert; **he talked a lot** *or* **a load of** ~ er hat eine Menge Blödsinn verzapft (*inf*); **this book is** ~ das Buch ist Quatsch (*inf*).

II *attr* (*inf*) *see* **rubbishy.**

rubbish *in cpds* (*esp Brit*) Müll-; **rubbish bin** *n* Mülleimer *m*; **rubbish cart** *n* Müllwagen *m*; **rubbish chute** *n* Müllschlucker *m*; **rubbish collection** *n* Müllabfuhr *f*; **rubbish dump** *n* Müllabladeplatz *m*; (*in garden: also* **rubbish heap**) Abfallhaufen *m*; **rubbish tip** *n* Müllabladeplatz *m*.

rubbishy ['rʌbɪʃɪ] *adj* (*inf*) (*worthless*) *goods* wertlos; (*nonsensical*) *ideas* blödsinnig. **this is** ~ **stuff** (*article*) das taugt nichts *or* ist Mist; (*book, theory*) das ist Quatsch (*inf*).

rubble ['rʌbl] *n* Trümmer *pl*; (*smaller pieces*) Schutt *m*; (*Geol*) Geröll *nt*.

rub-down ['rʌbdaʊn] *n* **to give sb/sth a** ~ *see* **rub down.**

rube [ruːb] *n* (*US sl*) Tölpel *m* (*inf*).

rubella [ruːˈbelə] *n* Röteln *pl*.

Rubicon ['ruːbɪkən] *n*: **to cross the** ~ den Rubikon überschreiten.

rubicund ['ruːbɪkənd] *adj* rot.

rubidium [ruːˈbɪdɪəm] *n* (*abbr* **Rb**) Rubidium *nt*.

ruble *n* (*US*) *see* **rouble**.

rubric [ˈruːbrɪk] *n* (*heading*) Überschrift, Rubrik *f*; (*Eccl*) (liturgische) Anweisungen *pl*; (*on exam paper*) Prüfungsanweisungen *pl*. **under the ~ ...** in der Rubrik ...

ruby [ˈruːbɪ] **I** *n* (*stone*) Rubin *m*; (*colour: also* **~ red**) Rubinrot *nt*. **II** *adj* (*~-coloured*) *wine, lips* rubinrot; (*made of rubies*) *necklace, ring* Rubin-. **~ wedding** (*anniversary*) vierzigster Hochzeitstag.

ruched [ruːʃt] *adj* Rüschen-, gerüscht.

ruching [ˈruːʃɪŋ] *n* Rüschen *pl*.

ruck¹ [rʌk] *n* (*Racing*) Pulk *m*. **to get out of the ~** (*fig*) sich von der breiten Masse absetzen.

ruck² *n* (*wrinkle*) Falte *f*.

♦ruck up I *vt sep* *seam* zusammenziehen; *rug* verschieben. **his shirt is all ~ed ~** sein Hemd hat sich hochgeschoben. **II** *vi* (*seam*) sich zusammenziehen; (*shirt etc*) sich hochschieben; (*rug*) Falten schlagen.

rucksack [ˈrʌksæk] *n* Rucksack *m*.

ruckus [ˈrʌkəs] *n* (*inf*) Krawall *m*.

ruction [ˈrʌkʃən] *n* (*inf: usu pl*) (*dispute, scolding*) Krach *m no pl*; (*uproar also*) Krawall *m no pl*. **that'll cause ~s** das gibt Krach.

rudder [ˈrʌdər] *n* (*Naut, Aviat*) Ruder *nt*.

rudderless [ˈrʌdəlɪs] *adj* ohne Ruder; (*fig*) führungslos.

ruddiness [ˈrʌdɪnɪs] *n* Röte *f*. **the ~ of his complexion** seine gesunde Gesichtsfarbe.

ruddy [ˈrʌdɪ] *adj* (+*er*) **1.** *complexion* gesund, rot; *sky, glow* rötlich. **2.** (*Brit sl*) verdammt (*inf*).

rude [ruːd] *adj* (+*er*) **1.** (*bad-mannered*) unhöflich; (*stronger*) unverschämt; (*rough, uncouth*) grob. **it's ~ to stare** es gehört sich nicht, Leute anzustarren.
2. (*obscene*) unanständig. **to make a ~ noise/smell** (*euph*) pup(s)en (*inf*).
3. (*harsh*) *shock* bös, hart; *blast, weather* wüst, rauh; *reminder* unsanft.
4. (*liter: primitive*) primitiv; *fare* einfach, schlicht.
5. (*liter: vigorous*) *strength* gewaltig. **he is in ~ health/ strength** er strotzt (nur so) vor Gesundheit/Kraft.

rudely [ˈruːdlɪ] *adv see adj 1.-4.*

rudeness [ˈruːdnɪs] *n see adj* **1.** Unhöflichkeit *f*; Unverschämtheit *f*; Grobheit *f*.
2. Unanständigkeit, Unflätigkeit (*geh*) *f*.
3. Härte *f*; Wüstheit, Rauheit *f*.
4. Primitivität *f*; Einfachheit, Schlichtheit *f*. **5.** gewaltige Größe.

rudiment [ˈruːdɪmənt] *n* **1.** **~s** *pl* Anfangsgründe, Grundlagen *pl*. **2.** (*Biol*) Rudiment *nt*.

rudimentary [ˌruːdɪˈmentərɪ] *adj* (*basic*) *knowledge, principles* elementar; *language, system* rudimentär; (*Biol*) rudimentär. **a ~ sort of building** ein primitives Gebäude.

rue¹ [ruː] *vt* (*liter*) bereuen. **to ~ the day that ...** den Tag verwünschen, an dem ...

rue² *n* (*Bot*) Raute *f*.

rueful [ˈruːfʊl] *adj* *look* reuig, reuevoll; *situation* beklagenswert.

ruefully [ˈruːfəlɪ] *adv* reuevoll.

ruff¹ [rʌf] *n* **1.** (*on dress, of bird, animal*) Halskrause *f*. **2.** (*bird*) Kampfläufer *m*.

ruff² (*Cards*) **I** *n* Trumpfen *nt*. **II** *vti* (mit einem Trumpf) stechen.

ruffian [ˈrʌfɪən] *n* Rüpel, Grobian *m*; (*violent*) Schläger *m*.

ruffle [ˈrʌfl] **I** *n* (*on dress*) Rüsche *f*; (*on water*) Kräuseln *n no pl*.
II *vt* **1.** (*disturb*) *hair, feathers* zerzausen; *surface, water* kräuseln; *bedspread, clothes* verkrumpeln (*inf*). **the bird ~d (up) its feathers** der Vogel plusterte sich auf.
2. (*fig*) (*upset, disturb*) aus der Ruhe bringen; (*annoy also*) verärgern, aufbringen. **to get ~d** aus der Ruhe kommen.

rug [rʌg] *n* **1.** Teppich *m*; (*rectangular also*) Läufer *m*; (*valuable also*) Brücke *f*; (*bedside*) (Bett)vorleger *m*. **fireside ~** Kaminvorleger *m*. **2.** (*blanket*) (Woll)decke *f*.

rugby [ˈrʌgbɪ] *n* (*also* **~ football**) Rugby *nt*. **~ league** Rugbyliga *f*; **~ footballer, ~ player** Rugbyspieler *m*.

rugged [ˈrʌgɪd] *adj* *rauh*; *country, landscape also* wild; *cliff, rocks, mountains* zerklüftet; *ground* felsig; *statue* grob; *face, features* markig; *determination* wild; *resistance* verbissen.

ruggedness [ˈrʌgɪdnɪs] *n see adj* Rauheit *f*; Wildheit *f*; Zerklüftetheit *f*; Felsigkeit *f*; Grobheit *f*; Markigkeit *f*; Wildheit *f*; Verbissenheit *f*.

rugger [ˈrʌgər] *n* (*Brit inf*) *see* **rugby**.

ruin [ˈruːɪn] **I** *n* **1.** *no pl* (*of thing, person*) Untergang *m*; (*of event*) Ende *nt*; (*financial, social*) Ruin *m*. **the palace was going to ~** der Palast verfiel (zur Ruine).
2. (*cause of ~*) Ende *nt*; (*of person also*) Ruin *m*. **it will be the ~ of him** das wird ihn ruinieren; **you will be the ~ of me** du bist mein Ruin.
3. (*ruined building*) Ruine *f*; (*fig: person*) Wrack *nt*. **~s** (*of building*) Ruinen *pl*; (*of reputation, beauty*) Reste *pl*; (*of hopes, career*) Trümmer *pl*; **to be** *or* **lie in ~s** (*lit*) eine Ruine sein; (*fig*) zerstört sein; (*life: financially, socially*) ruiniert sein.
II *vt* (*destroy*) *building, hopes* zerstören; *reputation, health, sb's life also* ruinieren; (*financially, socially*) *person* ruinieren, zugrunde richten; (*spoil*) verderben.

ruination [ˌruːɪˈneɪʃən] *n see vt* Zerstörung *f*; Ruinierung *f*; Verderben *nt*. **to be the ~ of sb** jds Ruin sein.

ruined [ˈruːɪnd] *adj* *building* in Ruinen *pred*, zerfallen; *person* ruiniert.

ruinous [ˈruːɪnəs] *adj* (*financially*) ruinös; *price* extrem.

ruinously [ˈruːɪnəslɪ] *adv* **~ expensive** wahnsinnig teuer (*inf*).

rule [ruːl] **I** *n* **1.** Regel *f*; (*Sport, Cards also*) Spielregel *f*; (*Admin also*) Vorschrift, Bestimmung *f*. **the ~s of the game** (*lit, fig*) die Spielregeln; **to play by the ~s** (*lit, fig*) die Spielregeln einhalten; **running is against the ~s, it's against the ~s to run** Rennen ist nicht erlaubt; **~s and regulations** Regeln und Bestimmungen; **it's a ~ that ...** es ist Vorschrift, daß ...; **that's the ~ of the road** (*Mot*) das ist im

Straßenverkehr üblich; **the ~ of three** (*Math*) der Dreisatz; **by ~ of thumb** über den Daumen gepeilt; **to throw the ~ book at sb** (*fig*) jdn wegen jeder Kleinigkeit drankriegen (*inf*).

2. (*custom*) Regel *f*. **I make it a ~ to get up early** ich habe es mir zur Regel gemacht, früh aufzustehen; **as a** (**general**) **~** in der Regel; **ties are the ~ at the office** Krawatten sind im Büro die Regel; **violence is the ~ rather than the exception** Gewalt ist eher (die) Regel als (die) Ausnahme.

3. (*authority, reign*) Herrschaft *f*; (*period also*) Regierungszeit *f*. **the ~ of law** die Rechtsstaatlichkeit.

4. (*for measuring*) Metermaß *nt*, Maßstab *m*. **a foot ~** (*1 foot long*) ein (30 cm langes) Lineal; (*showing feet*) ein Maßstab *m* mit Fußeinteilung; **folding ~** Zollstock *m*; *see* **slide ~**.

II *vt* **1.** beherrschen, regieren; (*individual also*) herrschen über (+*acc*); (*fig*) *passions, emotion* beherrschen, zügeln; *person* beherrschen. **to ~ the roost** (*fig*) Herr im Haus sein (*inf*); **if you would only be ~d by what I say** wenn du nur auf mich hören würdest; **I won't be ~d by what he wants** ich richte mich nicht nach seinen Wünschen.

2. (*Jur, Sport, Admin: give decision*) entscheiden. **his question was ~d out of order** seine Frage wurde als unzulässig abgewiesen; **the judge ~d the defence out of order** (*Jur*) der Richter rügte die Verteidigung.

3. *paper* linieren; (*draw*) *line, margin* ziehen. **~d paper** liniertes Papier.

III *vi* **1.** (*lit, fig: reign*) herrschen (*over* über +*acc*), regieren (*over acc*).

2. (*Fin: prices*) notieren.

3. (*Jur*) entscheiden (*against* gegen, *in favour of* für, *on* in +*dat*).

◆**rule off** *vt sep* einen Schlußstrich ziehen unter (+*acc*).

◆**rule out** *vt sep word, sentence* einen Strich ziehen durch; (*fig: exclude, dismiss*) ausschließen.

ruler ['ruːləʳ] *n* **1.** (*for measuring*) Lineal *nt*.

2. (*sovereign*) Herrscher *m*.

ruling ['ruːlɪŋ] **I** *adj principle* leitend, Leit-; *factor* ausschlaggebend; *passion* vorherrschend; (*prevalent*) (vor)herrschend; (*Fin, St Ex*) *prices* notiert. **the ~ class** die herrschende Klasse; **the ~ party** (*Pol*) die Regierungspartei.

II *n* (*Admin, Jur*) Entscheid *m*. **to receive/give a ~** einen Bescheid erhalten/einen Entscheid fällen.

rum¹ [rʌm] *n* Rum *m*. **~ toddy** Grog *m*.

rum² *adj* (*dated Brit inf*) komisch (*inf*).

Rumania [ruːˈmeɪnɪə] *etc see* **Romania** *etc*.

rumba ['rʌmbə] *n* Rumba *m or f*.

rumble ['rʌmbl] **I** *n* **1.** *see vi* Grollen *nt*; Donnern *nt*; Knacken *nt*; Rumpeln, Knurren *nt* (*all no pl*). **his stomach gave a ~** sein Magen rumpelte *or* knurrte.

2. (*sl: fight*) Schlägerei *f*.

II *vi* (*thunder*) grollen; (*cannon*) donnern; (*pipes*) knacken; (*stomach*) rumpeln, knurren; (*train, truck*) rumpeln. **to ~ past/off** vorbei-/davonrumpeln.

III *vt* (*inf: see through*) swindle, trick, *person* durchschauen.

rumbling ['rʌmblɪŋ] *n see vi* Grollen *nt*; Donnern *nt*; Knacken *nt*; Rumpeln, Knurren *nt*; Rumpeln *nt* (*all no pl*).

rumbustious [rʌmˈbʌstʃəs] *adj* derb.

ruminant ['ruːmɪnənt] **I** *n* Wiederkäuer *m*.

II *adj* (*lit*) wiederkäuend, Wiederkäuer-; (*fig*) grübelnd.

ruminate ['ruːmɪneɪt] **I** *vi* (*lit*) wiederkäuen; (*fig*) grübeln (*over, about, on* über +*acc*). **II** *vt* wiederkäuen.

rumination [ˌruːmɪˈneɪʃən] *n* (*lit*) Wiederkäuen *nt no pl*; (*fig*) Grübeln *nt no pl*.

ruminative *adj*, **~ly** *adv* ['ruːmɪnətɪv, -lɪ] (*fig*) grübelnd.

rummage ['rʌmɪdʒ] **I** *n* **1. to have a good ~ in sth/around** etw gründlich durchstöbern *or* durchwühlen/gründlich herumstöbern *or* herumwühlen. **2.** (*jumble*) Ramsch *m*. **~ sale** (*US*) Ramschverkauf *m*. **II** *vi* (*also* **~ about, ~ around**) herumstöbern (*among, in* in +*dat*).

rummy ['rʌmɪ] *n* (*Cards*) Rommé *nt*.

rumour, (*US*) **rumor** ['ruːməʳ] **I** *n* Gerücht *nt*. **~ has it that ...** es geht das Gerücht um, daß ...; **as ~ has it** wie es Gerüchten zufolge heißt.

II *vt* **it is ~ed that ...** es geht das Gerücht, daß ...; (*through gossip*) man munkelt, daß ...; **he is ~ed to be in London** Gerüchten zufolge ist er in London; **his ~ed resignation** das Gerücht von seiner Abdankung.

rump [rʌmp] *n* (*of animal*) Hinterbacken *pl*; (*of fowl*) Bürzel *m*; (*inf: of person*) Hinterteil *nt*, Allerwerteste(r) *m* (*hum*). **~** (**steak**) Rumpsteak *nt*.

rumple ['rʌmpl] *vt* (*also* **~ up**) *clothes, paper* zerknittern; *hair* zerzausen.

rumpus ['rʌmpəs] *n* (*inf*) (*noise*) Spektakel (*inf*), Krach *m*; (*quarrel*) Krach *m* (*inf*). **to make a ~, to kick up a ~** (*make noise*) einen Spektakel *or* Heidenlärm machen (*inf*); (*complain*) Krach schlagen (*inf*); **~ room** (*US*) Spielzimmer *nt*.

run [rʌn] (*vb: pret* **ran**, *ptp* **~**) **I** *n* **1.** (*act of running, Cricket, Baseball*) Lauf *m*. **to go for a 2-km ~** einen 2 km-Lauf machen; **let the dog have a ~** laß den Hund laufen; **he came in at a ~** er kam hereingelaufen; **he took the fence at a ~** er nahm die Hürde im Lauf; **to break into a ~** zu laufen *or* rennen anfangen; **to take a ~ at a hurdle** auf eine Hürde loslaufen; **to make a ~ for it** weglaufen, wegrennen; **he made a ~ for the door** er lief *or* rannte zur Tür; **on the ~** (*from the police etc*) auf der Flucht; **to keep the enemy on the ~** den Feind weiter zur Flucht zwingen; **the house and family keep you on the ~** Haus und Familie halten einen ganz schön auf Trab; **we've given him a good ~ for his money, he has had a good ~ for his money** (*inf*) er hat was für sein Geld bekommen; (*competition*) er hat einen ordentlichen Kampf bekommen; (*pleasure*) er kann sich nicht beklagen; **my old car has given me a good ~ for my money** (*inf*) mein altes Auto hat mir gute Dienste geleistet.

2. (*journey: in vehicle*) Fahrt *f*; (*outing also*) Ausflug *m*. **to go for a ~ in the car**

eine Fahrt/einen Ausflug im Auto machen; **I'll give you a ~ up to town** ich fahre Sie in die Stadt.

3. (*distance travelled*) (*in bus, tram, boat, car*) Fahrt *f*; (*in plane*) Flug *m*; (*route*) Strecke *f*. **it's a 30-minute ~** es ist eine Fahrt von 30 Minuten; **the boat no longer does that ~** das Schiff fährt die Strecke nicht mehr; **on the outward/ inward ~** auf der Hinfahrt/Rückfahrt; **auf dem Hinflug/Rückflug; the ferries on the Dover-Calais ~** die Fähren der Linie Dover-Calais.

4. (*Aviat*) Flug *m*. **approach ~** Anflug *m*; **bombing ~** Bombenzielanflug *m*.

5. to have the ~ of a place einen Ort zur freien Verfügung haben; **to give sb the ~ of one's house** jdm sein Haus überlassen.

6. in the short/long ~ fürs nächste/auf die Dauer; *plan etc* auf kurze/lange Sicht.

7. (*series*) Folge, Reihe, Serie *f*; (*Cards*) Sequenz *f*; (*Theat*) Spielzeit *f*; (*of film*) Laufzeit *f*. **a ~ on the red** (*Roulette*) eine Serie von roten Zahlen; **the ~ of the cards** die Verteilung der Karten; **this fashion is having a long ~** diese Mode hat sich lange gehalten; **the play had a long ~** das Stück lief sehr lange; **a two-year ~ in office** eine zweijährige Amtszeit; **a ~ of luck/of bad luck** eine Glücks-/Pechsträhne; **a ~ of misfortunes** eine Serie von Mißgeschicken.

8. (*rush, great demand*) **~ on** Ansturm *m* auf (+*acc*); (*St Ex, Fin also*) Run *m* auf (+*acc*).

9. (*average type*) **the common ~ of mankind** der Durchschnittsmensch; **the usual ~ of students** die gewöhnliche Sorte Studenten.

10. (*trend: of market, opinion*) Tendenz *f*; (*course: of events*) Lauf *m*. **the ordinary ~ of things** der normale Gang der Dinge.

11. the ~ of the grain die Maserung; (*of paper*) die Faserrichtung.

12. (*track for sledging, skiing etc*) Bahn *f*. **ski ~** Abfahrt(sstrecke) *f*.

13. (*animal enclosure*) Gehege *nt*; (*chicken*) Hühnerhof *m*.

14. (*in stocking*) Laufmasche *f*.

15. (*Mus*) Lauf *m*.

16. the ~s (*inf: diarrhoea*) der flotte Otto (*inf*), die Renneritis (*hum inf*).

17. (*Typ: printing ~*) Auflage *f*.

II *vi* **1.** laufen, rennen; (*in race*) laufen. **to ~ past/off** vorbei-/ davonlaufen *or* -rennen; **she came ~ning out** sie kam herausgelaufen *or* -gerannt; **to ~ down a slope** einen Abhang hinunterlaufen *or* -rennen; **~! lauf!; walk don't ~** du sollst gehen, nicht rennen!; **to ~ for the bus** zum Bus laufen *or* rennen; **she ran to meet him** sie lief *or* rannte ihm entgegen; **she ran to help him** sie kam ihm schnell zu Hilfe; **to ~ in the 100 metres** die 100 Meter laufen; **eleven ran** (*Horse-racing*) elf (Pferde) waren am Start; **X, Y, Z also ran** (*Horse-racing*) X, Y, Z waren ebenfalls am Start; **this horse will ~ in the National** das Pferd startet im National; *see* **also-ran.**

2. (*flee*) davonlaufen, weglaufen, wegrennen. **to ~ for one's life** um sein Leben laufen *or* rennen; **~ for it!** lauft *or*

rennt, was ihr könnt!; **to ~ to earth** (*fox, criminal*) sich verkriechen.

3. (*fig*) (*news, rumour etc*) umgehen. **the news ran like wildfire through the crowd** die Nachricht ging wie ein Lauffeuer durch die Menge; **the order ran down the column** der Befehl wurde von Mund zu Mund weitergegeben; **he ran down the list** er ging die Liste durch; **a shiver ran down her spine** ein Schauer lief ihr über den Rücken; **a ripple of fear ran through the town** ein Schaudern durchlief die Stadt; **his eyes/fingers ran over the sculpture** seine Augen/ Finger glitten über die Plastik; **the idea ran through my head that ...** der Gedanke *or* es ging mir durch den Kopf, daß ...

4. (*story, words*) gehen, lauten; (*tune*) gehen. **so the story ~s** die Geschichte geht so; **the wording ran as follows** es hieß *or* lautete folgendermaßen; **the conversation ran on that very subject** das Gespräch drehte sich um eben das Thema; **my thoughts ran on my sister** ich dachte an meine Schwester.

5. (*stand as candidate*) kandidieren, sich aufstellen lassen. **to ~ for President** *or* **for the Presidency** für die Präsidentschaft kandidieren; **to ~ against sb** jds Gegenkandidat sein.

6. (*become*) **to ~ dry** (*river*) austrocknen; (*pen*) leer werden; (*resources*) ausgehen; **he ran dry of ideas** ihm gingen die Ideen aus; **supplies are ~ning short** *or* **low** die Vorräte werden knapp.

7. (*roll, slide: things*) laufen, gleiten; (*vehicle*) rollen. **to ~ on a rod/on rollers/in a groove** auf einer Stange/auf Rädern/in einer Rille laufen; **it ~s on wheels** es läuft *or* fährt auf Rädern; **money just ~s through his fingers** das Geld zerrinnt ihm einfach zwischen den Fingern.

8. (*flow*) (*water, tears, tap, nose, butter, cheese*) laufen; (*river, electric current*) fließen; (*eyes*) tränen; (*sore, abscess*) eitern; (*paint, colour*) zerfließen, ineinanderfließen; (*colour, dye: in washing*) färben; (*ink*) fließen. **my shirt has ~s into the sea** mein Hemd hat gefärbt; **where the river ~s into the sea** wo der Fluß ins Meer mündet; **the street ~s into the square** die Straße mündet auf den Platz; **interest rates are ~ning at record levels/15%** die Zinssätze sind auf Rekordhöhe/stehen auf 15%; **inflation is ~ning at 20%** die Inflationsrate beträgt 20%; **where the tide is ~ning strongly** wo die Gezeiten sehr stark sind; **let the tap/water ~ hot** laß das Wasser laufen, bis es heiß kommt; **your bath is ~ning in** Ihr Badewasser läuft ein; **the floor was ~ning with water** der Fußboden schwamm vor Wasser; **the walls were ~ning with moisture** die Wände tropften vor Feuchtigkeit; **~ning with sweat** schweißüberströmt; **his blood ran cold** das Blut gefror ihm in den Adern.

9. (*extend in time*) (*play, film, contract, Jur: sentence*) laufen; (*Fin: interest rate*) gelten. **the contract has 10 months to ~** der Vertrag läuft noch 10 Monate; **the expenditure ~s into thousands of pounds** die Ausgaben gehen in die Tausende (von

Pfund); **the book has ~ into three editions** das Buch hat schon drei Auflagen erreicht; **the poem ~s (in)to several hundred lines** das Gedicht geht über mehrere hundert Zeilen.

10. to ~ to (*afford*) I can't ~ **to a new car** ich kann mir kein neues Auto leisten; **the funds won't ~ to a party** die Finanzen reichen nicht für eine Party.

11. (*Naut*) **to ~ before the wind** vor dem Wind segeln; **to ~ onto the rocks** (auf die Felsen) auflaufen; **to ~ into port** in den Hafen einlaufen.

12. (*drive*) fahren.

13. (*provide service: bus, train etc*) fahren, verkehren. **this train ~s between London and Manchester** dieser Zug verkehrt zwischen London und Manchester; **the train doesn't ~ on Sundays** der Zug fährt sonntags nicht.

14. (*function*) (*machine, wheel*) laufen; (*factory*) arbeiten; (*fig: ceremony*) laufen. **the car is ~ning smoothly** der Wagen läuft ohne Schwierigkeiten; **you mustn't leave the engine ~ning** Sie dürfen den Motor nicht laufen lassen; **this model ~s on diesel** dieses Auto fährt mit Diesel; **the radio ~s off the mains/off batteries** das Radio läuft auf Netz/Batterie; **things are ~ning smoothly/badly for them** bei ihnen läuft zur Zeit alles wunschgemäß/alles schief; **the principle on which democracy ~s** das Prinzip, auf dem die Demokratie basiert; **all planes/ trains are ~ning late** alle Flugzeuge/Züge haben Verspätung; **the project is ~ning late/to schedule** das Projekt hat sich verzögert/geht ganz nach Plan voran.

15. (*extend in space*) (*road*) gehen, führen; (*mountains*) sich ziehen, sich erstrecken; (*river*) fließen. **the main road ~s north and south** die Hauptstraße geht *or* führt nach Norden und Süden; **he has a scar ~ning across his chest** eine Narbe zieht sich quer über seine Brust; **a wall ~s round the garden** um den Garten zieht sich *or* läuft eine Mauer; **the river ~s for 300 km** der Fluß ist 300 km lang; **this theme ~s right through his work** dieses Thema zieht sich durch sein ganzes Werk.

16. to ~ in the family in der Familie liegen.

17. (*stocking*) eine Laufmasche bekommen; (*stitch*) laufen.

III *vt* **1.** *distance* laufen, rennen; *race* laufen. **he ~s 3 km every day** er läuft jeden Tag 3 km; **the first race will be ~ at 2 o'clock** das erste Rennen findet um 2 Uhr statt; **to ~ errands/messages** Botengänge machen; **to ~ the streets** (*child, dog*) sich auf der Straße herumtreiben; **they ran the rapids** sie meisterten die Stromschnellen; **to ~ sb a close second** (*Sport*) nur knapp von jdm auf den zweiten Platz verwiesen werden.

2. (*fig*) **to ~ its/their course** (*events, disease*) seinen/ihren Lauf nehmen; **to ~ a temperature** *or* **a fever** Fieber haben.

3. (*chase, hunt*) *fox, deer* treiben; (*make run*) *person, animal* jagen. **they ran him out of the house** sie jagten ihn aus dem Haus; **to ~ sb off his feet** (*inf*) jdn ständig

in Trab halten (*inf*); **that will ~ him into trouble** das wird ihn in Schwierigkeiten bringen; **that will ~ you into a lot of expense** das wird Sie eine ganze Menge *or* schöne Stange (*inf*) kosten; **to ~ sb into debt** jdn in Schulden stürzen.

4. *candidate* aufstellen; (*Sport*) *horse* laufen lassen.

5. (*cause to flow*) **to ~ water into a bath** Wasser in die Badewanne einlaufen lassen; **I'll ~ you a bath** ich lasse Ihnen ein Bad einlaufen; **he ~s his words together** bei ihm fließen alle Wörter ineinander über, er schnuddelt (*dial*).

6. (*transport*) *person, thing* fahren, bringen; (*drive*) *vehicle* fahren. **he ran her home** er brachte *or* fuhr sie nach Hause; **I'll ~ your luggage to the station** ich fahre Ihr Gepäck zum Bahnhof; **he ran the car into the garage/a tree** er fuhr das Auto in die Garage/gegen einen Baum.

7. *buses, trains* unterhalten; *extra buses, trains* einsetzen. **this company ~s a bus service** diese Firma unterhält einen Busdienst; **how many machines does this factory ~?** wie viele Maschinen laufen in dieser Fabrik?

8. (*operate, cause to function*) *machine, engine* betreiben (*on* mit); (*person*) bedienen. **to ~ a radio off the mains** ein Radio auf Netz laufen lassen.

9. I can't afford to ~ a car ich kann es mir nicht leisten, ein Auto zu unterhalten; **he ~s a Rolls** er fährt einen Rolls-Royce.

10. (*conduct*) *experiment, test* durchführen; (*manage*) *business, hotel* führen, leiten; *shop* führen; *mine* betreiben; *school, organization, newspaper* leiten; (*organize*) *course of study, competition* veranstalten, durchführen; (*be in charge of*) *course, competition, department, project* leiten. **to ~ a house** einen Haushalt führen; **a house which is easy to ~** ein Haus, das leicht in Schuß gehalten werden kann; **I want to ~ my own life** ich möchte mein eigenes Leben leben; **she's the one who really ~s everything** sie ist diejenige, die den Laden schmeißt (*inf*); **I'm ~ning this show!** (*inf*) ich bestimme, was gemacht wird.

11. (*smuggle*) *guns etc* schmuggeln.

12. (*move, put*) **to ~ one's fingers over the piano keys** die Finger über die (Klavier)tasten gleiten lassen; **to ~ one's finger down a list** mit dem Finger eine Liste durchgehen; **to ~ one's fingers/a comb through one's hair** sich (*dat*) mit den Fingern/einem Kamm durch die Haare fahren; **to ~ one's eye over a page** eine Seite überfliegen; **he ran the vacuum cleaner over the carpet** er ging mit dem Staubsauger über den Teppich.

13. (*take, lead etc*) *rope, road* führen; *piece of elastic, line, ditch* ziehen; *pipe, wires* (ver)legen; (*above ground*) führen. **to ~ a rope round a tree** ein Seil um einen Baum legen.

14. (*thrust*) **he ran a sword into his side** er stieß ihm das Schwert in die Seite.

15. (*issue*) (*Press*) *article, series* bringen; (*Film also*) zeigen; (*Comm*) verkaufen.

◆**run about** or **around** vi (lit, fig) herumlaufen or -rennen. **to ~ ~ with sb** sich mit jdm herumtreiben; **I'm not going to ~ ~ after you cleaning up** ich putze doch nicht dauernd hinter dir her.

◆**run across I** vi 1. (lit) hinüber-/herüberlaufen or -rennen. 2. (go to see) kurz rüberlaufen or -gehen (to zu). **II** vi +prep obj (meet) person zufällig treffen; (find) object, reference stoßen auf (+acc).

◆**run after I** vi to come ~ning ~ hinterherlaufen or -rennen. **II** vi +prep obj nachlaufen or -rennen (+dat).

◆**run along** vi laufen, rennen; (go away) gehen. ~ ~! nun geht mal schön!

◆**run around** vi see **run about**.

◆**run at** vi +prep obj zu- or loslaufen auf (+acc); (attack) losstürzen auf (+acc).

◆**run away I** vi 1. (child, animal) weglaufen, wegrennen; (person) weglaufen; (horse) durchgehen. **to ~ ~ from home** von zu Hause weglaufen.
2. (water) auslaufen.
II vt sep water auslaufen lassen.

◆**run away with** vi +prep obj (use up) funds, money, resources verschlucken (inf), verbrauchen; (steal) money, object durchgehen or durchbrennen mit (inf); (Sport etc: win easily) race, prize spielend gewinnen. **don't ~ ~ ~ the idea that ...** (fig) kommen Sie nur nicht auf den Gedanken, daß ...; **he lets his imagination ~ ~ ~ him** seine Phantasie geht leicht mit ihm durch.

◆**run back I** vi (lit) zurücklaufen, zurückrennen. **let's just ~ ~ over what we've agreed** gehen wir noch einmal durch, was wir vereinbart haben. **II** vt sep 1. person zurückfahren or -bringen. 2. (rewind) tape, film zurückspulen.

◆**run down I** vi 1. (lit: person) hinunter-/herunterlaufen or -rennen.
2. (watch, clock) ablaufen; (battery) leer werden. **to let stocks ~ ~** das Lager leer werden lassen; (deliberately) das Lager abbauen.
II vt sep 1. (knock down) umfahren; (run over) überfahren.
2. (Naut) ship rammen; (in battle) versenken.
3. (limit, reduce) factory, shop (allmählich) auflösen; department, stocks, staff abbauen; battery zu stark belasten.
4. (disparage) schlechtmachen.
5. (pursue and capture) stag zur Strecke bringen; criminal also zu fassen kriegen; person ausfindig machen.

◆**run in I** vi (lit) hinein-/hereinlaufen or -rennen. **II** vt sep 1. car einfahren. "~ning ~, please pass" (Brit Mot) ,,bitte überholen, Wagen wird eingefahren". 2. (inf: arrest) sich (dat) schnappen.

◆**run into** vi +prep obj (meet) zufällig treffen; (collide with) rennen/fahren gegen. **to ~ ~ difficulties/trouble/problems** Schwierigkeiten/Ärger bekommen/auf Probleme stoßen; **to ~ ~ danger/debt** in Gefahr/Schulden geraten; see also **run II 8**.

◆**run off I** vi see **run away I 1**.
II vt sep 1. water ablassen.

2. poem, letter, article herunterschreiben, hinhauen (inf).
3. (reproduce) copy abziehen.
4. (Sport) **to ~ ~ the heats** die Ausscheidungskämpfe durchführen.
5. (excess weight) sich (dat) ablaufen.
6. (on machine) schnell machen.

◆**run on I** vi 1. (lit) weiterlaufen, weiterrennen. **you ~ ~, I'll catch up** geh schon mal voraus, ich komme nach.
2. (fig: in speaking) **he does ~ ~ so!** er redet wie ein Buch!; **it ran ~ for four hours** das zog sich über vier Stunden hin.
3. (handwriting, letters) verbunden sein; (words) fortlaufend geschrieben sein; (line of type) ohne Absatz gedruckt sein. ~ ~(instruction) ohne Absatz!
4. (time) weitergehen.
II vt sep letters verbinden; words fortlaufend schreiben; line of type ohne Absatz drucken.

◆**run out I** vi 1. (person) hinaus-/herauslaufen or -rennen; (rope, chain) ablaufen; (liquid) herauslaufen; (through leak) auslaufen.
2. (come to an end) ablaufen; (money, supplies) ausgehen, zu Ende gehen. **my patience is ~ning ~** mir geht langsam die Geduld aus.
II vt sep 1. rope, chain abwickeln.
2. (Cricket) ausschlagen (während der Schlagmann seinen Lauf macht).

◆**run out of** vi +prep obj **he ran ~ ~ supplies/money/patience/ time** ihm gingen die Vorräte/ging das Geld/die Geduld aus/er hatte keine Zeit mehr.

◆**run over I** vi 1. (to neighbour etc) kurz hinüberlaufen.
2. (overflow) überlaufen.
3. (Rad, TV etc) **the play ran ~ by 10 minutes** das Stück hatte 10 Minuten Überlänge; **we're ~ning ~** wir überziehen.
II vi +prep obj story, part in play, details durchgehen; text, notes durchsehen.
III vt sep (in vehicle) überfahren.

◆**run round** vi kurz vorbeigehen. **to ~ ~ and see sb** kurz bei jdm vorbeigehen; see also **run about**.

◆**run through** vi (lit) durchlaufen. **II** vi + prep obj 1. (use up) money, fortune durchbringen. 2. (rehearse) piece of music, play durchspielen; ceremony also, part durchgehen. 3. see **run over II**. **III** vt sep to ~ **sb** ~ **(with a sword)** jdn (mit einem Schwert) durchbohren.

◆**run up I** vi (lit) (up mountain, upstairs) hinauf-/herauflaufen; (towards sb/sth) hin-/herlaufen or -rennen (to zu). **to ~ ~ against difficulties** auf Schwierigkeiten stoßen.
II vt sep 1. flag hissen, hochziehen.
2. (incur) machen. **to ~ ~ one's account** sein Kreditkonto belasten; **to ~ ~ a debt** Schulden machen.
3. (sew) schnell zusammennähen.

runabout [ˈrʌnəbaʊt] n (car) kleiner Flitzer (inf); (boat) kleines Motorboot; **runaround** n (inf): **to give sb the ~** jdn an der Nase herumführen (inf); **runaway I** n Ausreißer(in f) m; **II** adj slave entlaufen; person, couple, horse durchgebrannt

(*inf*), ausgerissen; *car, railway truck* der/
die/das sich selbständig gemacht hat;
inflation unkontrollierbar; **the ~ child** der
kleine Ausreißer; **he had a ~ victory** er
hatte einen sehr leichten Sieg; **run-down
I** *n* **1.** (*of factory, shop*) (allmähliche)
Auflösung; (*of department, stock, person-
nel*) Abbau *m*; **2.** (*inf: summary*) Zusam-
menfassung *f*, Bericht *m*; **to give sb a ~ on
sth** jdn über etw (*acc*) informieren, jdm
einen Bericht über etw (*acc*) geben; **II** *adj*
(*dilapidated*) heruntergekommen; (*tired*)
abgespannt; *battery* leer; **to be (feeling) ~**
abgespannt sein.

rune [ruːn] *n* Rune *f*.

rung[1] *ptp of* **ring**[2].

rung[2] *n* (*of ladder*) Sprosse *f*; (*of chair*)
Querstab *m*.

runic [ˈruːnɪk] *adj* runisch, Runen-.

runner [ˈrʌnəʳ] *n* **1.** (*athlete*) Läufer(in *f*)
m; (*horse*) Rennpferd *nt*; (*messenger*)
Bote, Laufbursche *m*; (*smuggler*)
Schmuggler *m*.
  2. (*on sledge, skate*) Kufe *f*; (*for cur-
tain*) Vorhangröllchen *nt*; (*for drawer,
machine part*) Laufschiene *f*.
  3. (*carpet, for table*) Läufer *m*.
  4. (*Bot*) Ausläufer *m*. ~ **bean** (*Brit*)
Stangenbohne *f*.

runner-up [ˈrʌnərˈʌp] *n* Zweite(r), Zweit-
plazierte(r) *mf*. **the runners-up** die
weiteren Plätze; (*in competition*) die
weiteren Gewinner.

running [ˈrʌnɪŋ] **I** *n* **1.** Laufen, Rennen *nt*.
~ **style** Laufstil *m*; **to make the ~** (*lit, fig*)
das Rennen machen; **to be in the ~ (for
sth**) im Rennen (für etw) liegen; **to be out
of the ~** aus dem Rennen sein; **to take up
the ~** (*lit, fig*) sich an die Spitze setzen.
  2. (*functioning*) Laufen *nt*.
  3. (*management*) *see* **run III 10.** Füh-
rung, Leitung *f*; Betrieb *m*; Veranstal-
tung, Durchführung *f*.
  4. (*smuggling*) Schmuggel *m*.
  II *adj* **1.** ~ **jump** Sprung *m* mit Anlauf;
go and take a ~ jump (*inf*) du kannst mich
gern haben (*inf*); ~ **commentary** (*Rad,
TV*) fortlaufender Kommentar; **we don't
need a ~ commentary** (*inf*) wir brauchen
keinen Kommentar; ~ **account** (*Fin*)
laufendes Konto; *see also cpds*.
  2. (*after n*) **4 days** ~ 4 Tage hintereinan-
der *or* nacheinander.
  3. (*flowing*) *water, stream, handwriting*
fließend; *tap, nose* laufend; *eyes* tränend.
~ **water (in every room)** fließend(es)
Wasser in allen Zimmern; ~ **sore** (*Med*)
eiternde Wunde; (*fig*) Eiterbeule *f*; ~
cold schwerer Schnupfen.
  4. (*current*) *prices* momentan; *costs*
laufend.

running battle *n* **to fight a ~** (*fig*) einen
Kleinkrieg führen; **running-board** *n*
Trittbrett *nt*; **running costs** *npl* Betriebs-
kosten *pl*; (*of car*) Unterhaltskosten *pl*;
running knot *n* Schlaufenknoten *m*; **run-
ning mate** *n* (*US Pol*) Kandidat *m* für die
Vizepräsidentschaft; **running order** *n*: **in
~** betriebsbereit; **running track** *n*
Aschenbahn *f*.

runny [ˈrʌnɪ] *adj* (+ *er*) flüssig; *nose* laufend;
eyes wässerig, tränend. **I've got a ~ nose**

mir läuft die Nase, meine Nase läuft.

run-off [ˈrʌnɒf] *n* (*Sport*) Entscheidungslauf
m, Stechen *nt*; **run-of-the-mill** *adj* durch-
schnittlich, gewöhnlich; *theme, novel*
Feld-Wald-Wiesen- (*inf*); **run-on** *n* fort-
laufender Eintrag; ~ **line/entry** fort-
laufende Zeile/fortlaufender Eintrag;
run-proof *adj tights etc* laufmaschenfest.

runt [rʌnt] *n* kleinstes Ferkel (eines/des
Wurfes); (*pej*) Wicht *m*; (*despicable*)
Fiesling *m* (*inf*).

run-through [ˈrʌnˌθruː] *n* Durchgehen *nt*;
let's have a final ~ gehen wir das noch ein-
mal durch; **run-up** *n* (*Sport*) Anlauf *m*; (*fig*)
Vorbereitungszeit *f*; **runway** *n* (*Aviat*)
Start-und-Lande-Bahn *f*, Runway *m*.

rupee [ruːˈpiː] *n* Rupie *f*.

rupture [ˈrʌptʃəʳ] **I** *n* (*lit, fig*) Bruch *m*;
(*Pol: of relations*) Abbruch *m*. **II** *vt*
brechen. **to ~ oneself** (*inf*) sich (*dat*) einen
Bruch heben (*inf*). **III** *vi* brechen.

rural [ˈrʊərəl] *adj* ländlich; *population, life
also* Land-.

ruse [ruːz] *n* List *f*.

rush[1] [rʌʃ] **I** *n* **1.** (*rapid movement*) (*of
crowd*) Andrang *m*, Gedränge *nt*; (*of air*)
Stoß *m*; (*Mil: attack*) Sturm *m*. **he was
caught in the ~ for the door** die zur Tür
drängende Menge riß ihn mit; **he got lost in
the ~** das ging im Gedränge verloren;
they made a ~ for the door sie drängten
zur Tür; **to make a ~** at losstürzen auf
(+ *acc*); **there was a ~ for the empty seats**
alles stürzte sich auf die leeren Sitze;
there's been a ~ on these goods diese
Waren sind rasend weggegangen; **the
Christmas ~** der Weihnachtsbetrieb;
we've had a ~ of orders wir hatten eine
Flut von Aufträgen; **there was a ~ of
water** Wasser strömte *or* schoß herein/
heraus *etc*; **water streamed out in a ~** das
Wasser schoß in einem Schwall heraus; **a
~ of blood to the head** Blutandrang *m* im
Kopf.
  2. (*hurry*) Eile *f*; (*stronger*) Hetze, Hast
f. **the ~ of city life** die Hetze des Stadt-
lebens; **to be in a ~** in Eile sein; **I did it in
a ~** ich habe es sehr schnell *or* hastig
gemacht; **what's (all) the ~?** wozu die
Eile/Hetzerei?; **is there any ~ for this?** eilt
das?; **it all happened in such a ~** das ging
alles so plötzlich.
  3. ~**es** *pl* (*Film*) erste Kopie.
  II *vi* (*hurry*) eilen; (*stronger*) hetzen,
hasten; (*run*) stürzen; (*wind*) brausen;
(*water*) schießen, stürzen; (*make* ~*ing
noise*) rauschen. **they ~ed to help her** sie
eilten ihr zu Hilfe; **I ~ed to her side** ich
eilte an ihre Seite; **I'm ~ing to finish it** ich
beeile mich, es fertigzumachen; **don't ~,
take your time** überstürzen Sie nichts,
lassen Sie sich Zeit; **the train went ~ing
into the tunnel** der Zug brauste in den
Tunnel; **you shouldn't just go ~ing into
things** Sie sollten die Dinge nicht so über-
stürzen; **to ~ through** *book* hastig lesen;
meal hastig essen; *museum, town* hetzen
durch; *work* hastig erledigen; **to ~ past**
(*person*) vorbeistürzen; (*vehicle*) vor-
beischießen; **to ~ in/out** *etc* hinein-/hinaus-
stürzen *or* -stürmen; **the ambulance ~ed
to the scene** der Krankenwagen raste zur

Unfallstelle; **to ~ to the attack** auf ihn/sie *etc* losgehen; **to ~ into print** vorzeitig veröffentlichen; **the blood ~ed to his face** das Blut schoß ihm ins Gesicht; **memories ~ed into his mind** Erinnerungen schossen ihm durch den Kopf.

III *vt* **1. to ~ sb to hospital** jdn schnellstens ins Krankenhaus bringen; **they ~ed him out (of the room)** sie brachten ihn eilends aus dem Zimmer; **they ~ed the bill through Parliament** sie peitschten die Gesetzesvorlage durch das Parlament; **to ~ a book into print** ein Buch eilends in Druck geben.

2. (*force to hurry*) hetzen, drängen. **don't ~ me!** hetz mich nicht; **he won't be ~ed** er läßt sich nicht drängen *or* treiben; **to ~ sb off his feet** jdn dauernd auf Trab halten; **to ~ sb into doing sth** jdn dazu treiben, etw überstürzt zu tun.

3. (*charge at*) stürmen; *fence* zustürmen auf (*+acc*). **to ~ one's fences** (*fig*) die Sache überstürzen.

4. (*do hurriedly*) *job, task* hastig machen, schnell machen; (*do badly*) schludern bei (*pej*).

5. (*sl: charge exorbitantly*) schröpfen (*inf*). **what were you ~ed for it?** wieviel haben sie dir dafür abgeknöpft? (*inf*).

◆**rush about** *or* **around** *vi* herumhasten *or* -hetzen

◆**rush at** *vi +prep obj* **1.** losstürzen auf (*+acc*), sich stürzen auf (*+acc*). **2. he tends to ~ ~ things** er neigt dazu, die Dinge überstürzt zu machen.

◆**rush down** *vi* hinunter-/heruntereilen; (*very fast*) hinunter-/ herunterstürzen; (*stream*) hinunter-/herunterstürzen.

◆**rush out I** *vi* hinaus-/herauseilen; (*very fast*) hinaus-/ herausstürzen. **he ~ed ~ and bought one** er kaufte sofort eines. **II** *vt sep order* eilends wegschicken; *troops, supplies* eilends hintransportieren.

◆**rush through** *vt sep order* durchjagen; *goods, supplies* eilends durchschleusen.

◆**rush up I** *vi* (*lit*) hinauf-/heraufeilen; (*very fast*) hinauf-/ heraufstürzen. **II** *vt sep help, reinforcements* eilends schicken.

rush² [rʌʃ] *n* (*Bot*) Binse *f*. **in the ~es** im Schilf.

rush-hour(s *pl*) [ˈrʌʃˌauə(z)] *n* Hauptverkehrszeit(en *pl*), Stoßzeit(en *pl*), Rushhour *f*; **rush-hour traffic** *n* Stoßverkehr *m*; **rush job** *n* eiliger Auftrag; (*pej: bad work*) Schluderarbeit *f* (*inf*); **can you do a ~ for me?** können Sie das ganz schnell für mich machen?; **rushlight** *n* aus Binsen und Talg hergestellte Kerze; **rush mat, rush matting** *n* Binsenmatte *f*; **rush order** *n* (*Comm*) Eilauftrag *m*.

rusk [rʌsk] *n* Zwieback *m*.

russet [ˈrʌsɪt] **I** *n* **1.** (*colour*) gelbliches Rotbraun. **2.** (*apple*) Boskop *m*. **II** *adj* gelblich rotbraun.

Russia [ˈrʌʃə] *n* Rußland *nt*.

Russian [ˈrʌʃən] **I** *adj* russisch. **~ roulette** russisches Roulette. **II** *n* **1.** Russe *m*, Russin *f*. **2.** (*language*) Russisch *nt*.

Russky [ˈrʌskɪ] *n* (*pej*) Iwan *m*. **the Russkies** der Iwan.

rust [rʌst] **I** *n* Rost *m*; (*Bot*) Brand *m*.

~-proof/ -resistant rostfrei/nicht rostend; **covered in ~** völlig verrostet. **II** *adj* (*also* **~-coloured**) rostfarben. **III** *vt* (*lit*) rosten lassen. **IV** *vi* rosten; (*talent*) verkümmern; (*brain, language*) (ein)rosten.

◆**rust in** *vi* (*screw*) einrosten.

◆**rust over** *vi* verrosten.

◆**rust through I** *vi* durchrosten. **II** *vt sep* durchrosten lassen.

◆**rust up** *vi* festrosten.

rustic [ˈrʌstɪk] **I** *n* Bauer *m*. **II** *adj* bäuerlich; *style* rustikal; *manners* bäurisch (*pej*).

rusticate [ˈrʌstɪkeɪt] **I** *vi* (*form, liter*) (*go to country*) aufs Land ziehen; (*stay in country*) auf dem Land leben; (*become rustic*) bäurisch werden. **II** *vt* **1.** (*form, liter*) (*send to country*) aufs Land schicken; (*make rustic*) bäurisch machen. **2.** (*Brit Univ*) vorübergehend von der Universität verweisen.

rustiness [ˈrʌstɪnɪs] *n* Rostigkeit *f*; (*fig*) eingerostete Kenntnisse (*of* in *+dat*).

rustle [ˈrʌsl] **I** *n* Rascheln *nt*; (*of foliage*) Rauschen *nt*.

II *vi* (*leaves, silk, papers*) rascheln; (*foliage, skirts*) rauschen. **the wind ~d through the leaves** der Wind rauschte in den Blättern; (*on the ground*) der Wind raschelte mit den Blättern.

III *vt* **1.** *paper, skirt, leaves on ground etc* rascheln mit; *leaves on tree* rauschen in (*+dat*).

2. (*US: steal*) *cattle* klauen (*inf*).

◆**rustle up** *vt sep* (*inf*) *meal* improvisieren (*inf*). **can you ~ ~ a cup of coffee?** können Sie eine Tasse Kaffee auftreiben?

rustler [ˈrʌslər] *n* (*US*) (*cattle-thief*) Viehdieb *m*; (*inf: energetic person*) Geschäftlhuber *m* (*dial inf*).

rusty [ˈrʌstɪ] *adj* (*+er*) (*lit*) rostig; (*fig*) *mind, maths* eingerostet; *talent* verkümmert. **I'm a bit ~** ich bin etwas aus der Übung.

rut¹ [rʌt] (*Zool*) **I** *n* Brunft, Brunst *f*. **II** *vi* brunften, brunsten. **~ting call** Brunftschrei *m*; **~ting season** Brunftzeit *f*.

rut² [rʌt] *n* (*in track, path*) Spur, Furche *f*; (*fig: routine*) Trott *m* (*inf*). **to be in a ~** (*fig*) im Trott sein (*inf*); **to get into a ~** (*fig*) (*person*) in einen Trott geraten (*inf*); (*mind*) sich in einem eingefahrenen Gleis bewegen.

II *vt* furchen.

rutabaga [ˌruːtəˈbeɪgə] *n* (*US*) Steckrübe *f*.

ruthenium [ruːˈθiːnɪəm] *n* (*abbr* **Ru**) Ruthenium *nt*.

rutherfordium [ˌrʌðəˈfɔːdɪəm] *n* (*abbr* **Rf**) Kurtschatovium *nt*.

ruthless [ˈruːθlɪs] *adj person* rücksichtslos; *cuts, treatment, self-analysis* schonungslos; *irony, sarcasm* unbarmherzig, schonungslos. **you'll have to be ~** man muß hart sein.

ruthlessly [ˈruːθlɪslɪ] *adv see adj.*

ruthlessness [ˈruːθlɪsnɪs] *n see adj* Rücksichtslosigkeit *f*; Schonungslosigkeit *f*; Unbarmherzigkeit *f*; Härte *f*.

rye [raɪ] *n* (*grain*) Roggen *m*; (*US inf*) Roggenwhiskey *m*; (*bread*) Roggenbrot *nt*.

rye bread *n* Roggenbrot *nt*; **rye whisk(e)y** *n* Roggen- *or* Ryewhiskey *m*.

S

S, s [es] *n* S, s *nt*.
S *abbr of* **1. south** S. **2. Saint** St. **3. small**.
s (*Brit old*) *abbr of* **shilling**.
's 1. he's = *he is/has*; **what's** = **what is/
has/does? 2.** (*genitive*) **John's book** Johns
Buch; **my brother's car** das Auto meines
Bruders; **at the Browns'/butcher's** bei den
Browns/beim Fleischer. **3. let's** = **let us**.
SA *abbr of* **1. South Africa. 2. South
America. 3. South Australia. 4. Salva-
tion Army**.
Sabbatarian [ˌsæbəˈteərɪən] *n* strenger
Befürworter des Sonntagsgebots *or* (*Jew-
ish*) Sabbatgebots.
Sabbath [ˈsæbəθ] *n* Sabbat *m*.
sabbatical [səˈbætɪkəl] **I** *adj* **1.** (*Rel*)
Sabbat-. **2.** (*Univ*) *year, term* Forschungs-.
he is on ~ **leave** er hat akademischen Ur-
laub *or* Forschungsurlaub. **II** *n* (*Univ*)
akademischer Urlaub, Forschungsurlaub
m. **to have a** ~ Forschungsurlaub *or*
akademischen Urlaub haben.
saber *n* (*US*) *see* **sabre**.
sable [ˈseɪbl] **I** *n* Zobel *m*; (*fur*) Zobelfell
nt or -pelz *m*; (*liter: colour*) Schwarz *nt*.
II *adj* Zobel-; (*liter: black*) schwarz.
sabot [ˈsæbəʊ] *n* Holzschuh *m*.
sabotage [ˈsæbətɑːʒ] **I** *n* Sabotage *f*. **II** *vt*
(*lit, fig*) sabotieren.
saboteur [ˌsæbəˈtɜː^r] *n* Saboteur *m*.
sabre, (*US*) **saber** [ˈseɪbə^r] *n* Säbel *m*.
sabre-rattler [ˈseɪbəˌrætlə^r] *n* Säbelraßler
m; **sabre-rattling** *n* Säbelrasseln *nt*;
sabre-tooth, sabre-toothed tiger *n*
Säbelzahntiger *m*.
sac [sæk] *n* (*Anat*) Sack *m*; (*pollen* ~)
Staubbeutel *m*.
saccharin(e) [ˈsækərɪn] *n* Saccharin *nt*.
saccharine [ˈsækəriːn] *adj* Saccharin-; (*fig
liter*) zuckersüß.
sacerdotal [ˌsæsəˈdəʊtl] *adj* Priester-;
robes, dignity also priesterlich.
sachet [ˈsæʃeɪ] *n* Beutel *m*; (*of powder*)
Päckchen *nt*; (*lavender* ~) Kissen *nt*.
sack¹ [sæk] **I** *n* **1.** Sack *m*. **2** ~**s of coal**
2 Säcke *or* Sack Kohlen; **to buy sth by the**
~ etw sackweise *or* in Säcken kaufen.
  2. (*inf: dismissal*) Entlassung *f*, Raus-
schmiß *m* (*inf*). **to get the** ~ raus-
geschmissen werden (*inf*), rausfliegen
(*inf*); **to give sb the** ~ jdn rausschmeißen
(*inf*).
  3. (*sl: bed*) **to hit the** ~ sich in die Falle
or Klappe hauen (*sl*).
  II *vt* **1.** (*put in* ~*s*) einsacken.
  2. (*inf: dismiss*) rausschmeißen (*inf*),
entlassen.
sack² **I** *n* (*pillage*) Plünderung *f*. **II** *vt* plün-
dern.
sack³ *n* (*old*) Sherry *m*.
sackcloth [ˈsækklɒθ] *n* Sackleinen *nt*. **in** ~
and ashes in Sack und Asche.
sackful [ˈsækful] *n* Sack *m*. **two** ~**s of
potatoes** zwei Sack Kartoffeln.

sacking [ˈsækɪŋ] *n* **1.** (*material*) Sackleinen
nt. **2.** (*inf: dismissal*) Entlassung *f*.
sack-race [ˈsækreɪs] *n* Sackhüpfen *nt*.
sacral [ˈseɪkrəl] *adj* **1.** (*Rel*) sakral. **2.** (*Anat*)
Kreuzbein-.
sacrament [ˈsækrəmənt] *n* Sakrament *nt*.
the (Blessed *or* **Holy) S**~ das heilige Sa-
krament; **to receive the the Holy S**~ die
heilige Kommunion *or* (*Protestant*) das
heilige Abendmahl empfangen; **the last**
~**s** die Sterbesakramente *pl*.
sacramental [ˌsækrəˈmentl] *adj vows, rites,
significance* sakramental; *wine, bread,
rites* Opfer-.
sacred [ˈseɪkrɪd] *adj* heilig; *music, poetry*
geistlich; *building* sakral. **a statue** ~ **to
Venus** eine der Venus geweihte Statue;
these memories are ~ **to me** diese Erin-
nerungen sind mir heilig; **is nothing** ~?
(*inf*) ist denn nichts mehr heilig?; ~ **cow**
(*lit, fig*) heilige Kuh.
sacrifice [ˈsækrɪfaɪs] **I** *n* (*lit, fig*) Opfer *nt*;
(*thing sacrificed also*) Opfergabe *f*. **to
make a** ~ **of sb/sth** jdn/etw opfern *or* zum
Opfer bringen; **to make** ~**s** (*lit, fig*) Opfer
bringen; **the** ~ **of quality to speed** wenn
Qualität der Geschwindigkeit geopfert
wird *or* zum Opfer fällt.
  II *vt* opfern (*sth to sb* jdm etw).
sacrificial [ˌsækrɪˈfɪʃəl] *adj* Opfer-.
sacrilege [ˈsækrɪlɪdʒ] *n* Sakrileg *nt*; (*fig also*)
Frevel *m*.
sacrilegious [ˌsækrɪˈlɪdʒəs] *adj* (*lit*) gottes-
lästerlich, sakrilegisch (*geh*); (*fig*) frevel-
haft, frevlerisch.
sacristan [ˈsækrɪstən] *n* Sakristan *m*.
sacristy [ˈsækrɪstɪ] *n* Sakristei *f*.
sacrosanct [ˈsækrəʊsæŋkt] *adj* (*lit, fig*)
sakrosankt.
sacrum [ˈseɪkrəm] *n* Kreuzbein *nt*.
sad [sæd] *adj* (+*er*) traurig; *loss* schmerz-
lich; *colour* trist; *disappointment*
schlimm; *result also, mistake, lack*
bedauerlich. **to feel** ~ traurig sein; **he left
a** ~**der and wiser man** er ging betrübt und
geläutert weg.
sadden [ˈsædn] *vt* betrüben.
saddle [ˈsædl] **I** *n* (*also of hill*) Sattel *m*; (*of
meat*) Rücken *m*. **to be in the** ~ (*lit*) im
Sattel sein; (*fig*) im Sattel sitzen. **II** *vt*
1. *horse* satteln. **2.** (*inf*) **to** ~ **sb/oneself
with sb/sth** jdm/sich jdn/etw aufhalsen
(*inf*); **to be/have been** ~**d with sb/sth** jdn/
etw am Hals haben (*inf*).
♦**saddle up** *vti sep* aufsatteln.
saddle-backed [ˈsædlbækt] *adj hill* sattel-
förmig; *pig, gull* mit sattelförmiger Mar-
kierung am Rücken; **saddlebag** *n* Sattel-
tasche *f*; **saddlecloth** *n* Satteldecke *f*;
saddle-horse *n* Reitpferd *nt*.
saddler [ˈsædlə^r] *n* Sattler *m*.
saddle roof *n* Satteldach *nt*.
saddlery [ˈsædlərɪ] *n* Sattlerei *f*; (*articles*)
Sattelzeug *nt*.

saddle shoes *npl* (*US*) *Sportschuhe pl aus hellem Leder mit andersfarbigem Einsatz*; **saddle soap** *n Seife f für die Behandlung von Sätteln*; **saddle sore** *n* wundgescheuerte Stelle; **saddle-sore** *adj person* wundgeritten; *horse* wundgescheuert; **to get** ~ sich wund reiten/ scheuern.

sadism ['seɪdɪzəm] *n* Sadismus *m*.

sadist ['seɪdɪst] *n* Sadist(in *f*) *m*.

sadistic *adj*, **~ally** *adv* [sə'dɪstɪk, -əlɪ] sadistisch.

sadly ['sædlɪ] *adv* 1. traurig; (*unfortunately*) traurigerweise.
     2. (*regrettably*) bedauerlich. ~ **enough he has** ... bedauerlicherweise hat er ...; **the house had been** ~ **neglected** es war traurig, wie vernachlässigt das Haus war.

sadness ['sædnɪs] *n* Traurigkeit *f*.

sadomasochism [ˌseɪdəʊˌmæsəʊ'kɪzəm] *n* Sadomasochismus *m*.

sae *abbr of* **stamped addressed envelope.**

safari [sə'fɑːrɪ] *n Safari f*. **to be/go on** ~ eine Safari machen, auf Safari sein/gehen; ~ **jacket** Safarijacke *f*; ~ **park** Safaripark *m*.

safe[1] [seɪf] *n* (*for valuables*) Safe *m or nt*, Panzerschrank, Tresor *m*; (*for meat*) Fliegenschrank *m*.

safe[2] **I** *adj* (+*er*) 1. (*not in danger*) sicher; (*out of danger*) in Sicherheit; (*not injured*) unverletzt. **to be** ~ **from sb/sth** vor jdm/ etw sicher sein; **no girl is** ~ **with him** bei ihm ist kein Mädchen sicher; **to keep sth** ~ etw sicher aufbewahren; **all the passengers/climbers are** ~ alle Passagiere/ Bergsteiger sind in Sicherheit *or* (*not injured*) wohlbehalten *or* unverletzt; **you're not** ~ **without a seat-belt** es ist gefährlich *or* nicht sicher, ohne Gurt zu fahren; ~ **journey home!** komm gut nach Hause!; **thank God you're** ~ Gott sei Dank ist dir nichts passiert; ~ **and sound** gesund und wohlbehalten; **the patient is** ~ **now** der Patient ist jetzt außer Gefahr; **your reputation is** ~ Ihr Ruf ist nicht in Gefahr; **the secret is** ~ **with me** bei mir ist das Geheimnis sicher; **the thieves are now** ~ **in prison** die Diebe sind jetzt in sicherem Gewahrsam.
     2. (*not likely to cause harm, not dangerous, not presenting risks*) ungefährlich; (*stable, secure*) *building, roof etc* sicher. **not** ~ gefährlich; **this car is not** ~ **to drive** das Auto ist nicht verkehrssicher; **she is not** ~ **on the roads** sie ist eine Gefahr im Straßenverkehr; **is 120 km/h** ~ **on this road?** kann man auf dieser Straße gefahrlos 120 km/h fahren?; **is this beach** ~ **for bathing?** kann man an diesem Strand gefahrlos *or* ohne Gefahr baden?; **it is** ~ **to leave it open/tell him** man kann es unbesorgt *or* ohne weiteres auflassen/es ihm unbesorgt *or* ohne weiteres erzählen; **the dog is** ~ **with children** der Hund tut Kindern nichts.
     3. (*reliable*) *job, contraceptive, driver* sicher; *mountain guide, method also, player* zuverlässig, verläßlich. ~ **period** sichere *or* ungefährliche Zeit.
     4. (*not likely to be/go wrong*) *invest-*

ment, theory sicher; *policy* vorsichtig, risikolos; *estimate* realistisch. **it's a** ~ **assumption that** ... man kann mit ziemlicher Sicherheit annehmen, daß ...; **it's a** ~ **guess** es ist so gut wie sicher; **he plays a** ~ **game (of tennis)** er spielt (Tennis) auf Sicherheit; **I think it's** ~ **to say** ... ich glaube, man kann wohl *or* ruhig sagen ...; **is it** ~ **to generalize/draw that conclusion?** kann man das ohne weiteres verallgemeinern/ kann man diesen Schluß so ohne weiteres ziehen?; **do you feel** ~ **just taking on three extra staff?** haben Sie keine Bedenken, wenn Sie nur drei extra Leute einstellen?; **just to be** ~ *or* **on the** ~ **side** um ganz sicher zu sein, um sicherzugehen.
     5. (*certain*) **a** ~ **seat** (*Pol*) ein sicherer Sitz.
     II *adv* **to play (it)** ~ (*inf*) auf Nummer Sicher gehen (*inf*).

safe-blower, safe-breaker ['seɪfbləʊə^r, -breɪkə^r] *n* Safeknacker *m* (*inf*); **safe-conduct** *n* freies *or* sicheres Geleit; (*document*) Geleitbrief *m*; **safe-cracker** *n* (*inf*) Safeknacker *m* (*inf*); **safe-deposit** *n* Tresorraum *m*; **safe-deposit box** *n* Banksafe *m or nt*; **safeguard I** *n* Schutz *m*; **as a** ~ **against** zum Schutz gegen; **double-check these figures as a** ~ überprüfen Sie diese Zahlen zur Sicherheit noch einmal; **II** *vt* schützen (*against* vor + *dat*); *interests* wahrnehmen; **III** *vi* **to** ~ **against sth** sich gegen etw absichern; **safe-keeping** *n* sichere Verwahrung; **to give sb sth for** ~ jdm etw zur (sicheren) Aufbewahrung geben; **safelight** *n* (*Phot*) Dunkelkammerlicht *nt*.

safely ['seɪflɪ] *adv* (*unharmed*) *arrive, get home* wohlbehalten, heil; (*without problems also*) sicher, gut; (*without running risks*) unbesorgt, gefahrlos; *drive* vorsichtig; (*solidly, firmly*) sicher, fest; (*not dangerously*) ungefährlich. **we can** ~ **estimate that** ... wir können mit einiger Sicherheit annehmen, daß ...; **I think I can** ~ **say/claim/assume** ... ich glaube, ich kann wohl *or* ruhig sagen/behaupten/ annehmen ...; **I got** ~ **through the first interview** ich bin gut *or* heil durch das erste Interview gekommen; ~ **invested** sicher angelegt; **to put sth away** ~ etw an einem sicheren Ort verwahren; **put it** ~ **out of the reach of the children** bringen Sie es vor den Kindern in Sicherheit; **he was** ~ **tucked up in bed** er lag wohlvermummt im Bett.

safeness ['seɪfnɪs] *n* Sicherheit *f*.

safety ['seɪftɪ] *n* Sicherheit *f*. **in a place of** ~ an einem sicheren Ort; **for** ~**'s sake** aus Sicherheitsgründen; **with complete** ~ vollkommen sicher; **I think I can say with complete** ~ **that** ... ich glaube, ich kann mit Sicherheit behaupten, daß ...; **to play for** ~ (*Sport*) auf Sicherheit spielen; (*fig*) sichergehen; **(there's)** ~ **in numbers** zu mehreren ist man sicherer; **to reach** ~ in Sicherheit gelangen; **when we reached the** ~ **of the opposite bank** als wir sicher das andere Ufer erreicht hatten; **to seek** ~ **in flight** sein Heil in der Flucht suchen.

safety belt *n* Sicherheitsgurt *m*; **safety**

catch n (on gun) (Abzugs)sicherung f, Sicherungsbügel m; **was the ~ on/off?** war das Gewehr gesichert/entsichert?; **safety chain** n Sicherheitskette f; **safety curtain** n (Theat) eiserner Vorhang; **safety first** n to believe in ~ der Sicherheit den Vorrang geben; ~ **campaign** Unfallverhütungskampagne f; **"~"** (as slogan) „Sicherheit geht vor"; **safety glass** Sicherheitsglas nt; **safety harness** Sicherheitsgurt m; **safety lamp** n Grubenlampe f; **safety match** n Sicherheitsholz nt or -zünder m; **safety measure** n Sicherheitsvorkehrung f; **safety net** n Sprung- or Sicherheitsnetz nt; **safety pin** n Sicherheitsnadel f; **safety precaution** n Sicherheitsvorkehrung f; **safety razor** n Rasierapparat, Naßrasierer (inf) m; **safety valve** n Sicherheitsventil nt; (fig) Ventil nt.

saffron ['sæfrən] **I** n Safran m; (colour) Safrangelb nt. **II** adj Safran-; (in colour) safrangelb.

sag [sæg] **I** n **there's a bit of a ~ in the bed/ ceiling** das Bett/die Decke hängt etwas durch; **the ~ of her shoulders** ihre herabhängenden Schultern; **as a result of the recent ~ in prices** als Folge des jüngsten Preisabfalls.

II vi absacken; (in the middle) durchhängen; (shoulders) herabhängen; (breasts) schlaff herunterhängen; (production, rate) zurückgehen; (price, spirit) sinken; (conversation) abflauen. **don't ~, stand up straight** steh nicht so schlaff da (inf), stell dich gerade hin; **a drink will revive his ~ging spirits** ein Drink wird seine Stimmung wieder heben.

saga ['sɑːgə] n Saga f; (novel also) Generationsroman m; (fig) Geschichte, Story (sl) f.

sagacious adj, **~ly** adv [sə'geɪʃəs, -lɪ] weise, klug.

sagacity [sə'gæsɪtɪ] n Weisheit, Klugheit f.

sage¹ [seɪdʒ] **I** n Weise(r) m. **II** adj (+er) weise.

sage² n (Bot) Salbei m.

sage-green ['seɪdʒ'griːn] **I** n Graugrün nt. **II** adj graugrün.

sagely ['seɪdʒlɪ] adv weise.

sageness ['seɪdʒnɪs] n Weisheit f.

Sagittarian [,sædʒɪ'teərɪən] **I** n Schütze m. **II** adj des Schützen.

Sagittarius [,sædʒɪ'teərɪəs] n Schütze m.

sago ['seɪgəʊ] n, no pl Sago m.

Sahara [sə'hɑːrə] n Sahara f. **the ~ Desert** die (Wüste) Sahara.

said [sed] **I** pret, ptp of **say**. **II** adj (form) besagt.

sail [seɪl] **I** n **1.** Segel nt; (of windmill) Flügel m. **under ~** mit aufgezogenen Segeln; **in** or **under full ~** mit vollen Segeln; **to set** or **make ~ (for ...)** los- or abfahren (nach ...); (with sailing boat) absegeln (nach ...).

2. (trip) Fahrt f. **it's (a) 3 days' ~ from here** von hier aus fährt or (in yacht) segelt man 3 Tage; **to go for a ~** segeln gehen; **to take sb for a ~** mit jdm segeln gehen.

3. (boat) (Segel)schiff nt; (small) (Segel)boot nt. **there was not a ~ in sight** kein einziges Schiff war zu sehen.

II vt ship segeln mit; liner etc steuern. **they ~ed the ship to Cadiz** sie segelten nach Cadiz; **to ~ the seas** die Meere befahren.

III vi **1.** (Naut) fahren; (with yacht) segeln. **are you flying? — no, ~ing** fliegen Sie? — nein, ich fahre mit dem Schiff; **I went ~ing for a week** ich ging eine Woche segeln; **to ~ round the world** die Erde umsegeln; **to ~ round a headland** eine Landzunge umfahren/umsegeln.

2. (leave) (for nach) abfahren; (yacht, in yacht) absegeln. **passengers ~ing for New York** Passagiere nach New York.

3. (fig: glider, swan etc) gleiten; (moon, clouds) ziehen; (ball, object) fliegen. **she ~ed past/out of the room/into the room** sie rauschte vorbei/aus dem Zimmer/sie kam ins Zimmer gerauscht (all inf); **she ~ed through all her exams** sie schaffte alle Prüfungen spielend or mit Leichtigkeit; **the holidays just ~ed by** (inf) die Ferien vergingen wie im Flug.

◆**sail in** vi (inf: enter argument) sich einschalten.

◆**sail into** vi +prep obj (inf) person anfahren; discussion sich einschalten in (+acc).

sail boat n (US) Segelboot nt; **sailcloth** n Segeltuch nt; **sail fish** n Fächerfisch m.

sailing ['seɪlɪŋ] n **1.** Segeln nt; (as sport also) Segelsport m. **2.** (departure) **when is the next ~ for Arran?** wann fährt das nächste Schiff nach Arran?; see **plain**.

sailing boat n (Brit) Segelboot nt; **sailing date** n Abfahrtstermin m; **sailing school** n Segelschule f; **sailing ship** n Segelschiff nt; **sailing time** n Abfahrtszeit f; **sailing vessel** n Segelschiff nt.

sail maker n Segelmacher m.

sailor ['seɪlər] n **1.** Seemann m; (in navy) Matrose m; (sportsman) Segler(in f) m. **2.** to be a bad/good ~ (get seasick) nicht seefest/seefest sein.

sailplane ['seɪlpleɪn] n Segelflugzeug nt.

saint [seɪnt] n **1.** Heilige(r) mf.

2. (before name abbr to St [snt]) **St John** der heilige Johannes, Sankt Johannes, St. Johannes; **St Mark's (Church)** die Markuskirche.

3. (fig) Heilige(r) mf. **she is a ~ to put up with that** sie muß ja eine Engelsgeduld haben, daß sie sich das gefallen läßt.

sainted ['seɪntɪd] adj heiliggesprochen. **my ~ aunt!** (inf) heiliger Strohsack! (inf).

sainthood ['seɪnthʊd] n Heiligkeit f.

saintliness ['seɪntlɪnɪs] n Heiligmäßigkeit f; (fig pej: of person) frömmlerisches Wesen. **the ~ of his smile** sein lammfrommes Lächeln.

saintly ['seɪntlɪ] adj (+er) heiligmäßig; (fig pej) person frömmlerisch; smile lammfromm. **he stood there with a ~ look on his face** (lit) er hatte einen verklärten Gesichtsausdruck; (iro) er sah aus, als ob er kein Wässerchen trüben könnte.

saint's day ['seɪntsdeɪ] n Heiligenfest nt, Tag m des/der Heiligen ... **when is your ~?** wann ist Ihr Namenstag?

sake¹ [seɪk] n **for the ~ of ...** um (+gen) ... willen; **for my ~** meinetwegen; (to please me) mir zuliebe; **for your own ~** dir selbst zuliebe; **for your family's ~** um Ihrer

Familie willen, Ihrer Familie wegen; **for heaven's** or **Christ's** ~! (inf) um Gottes willen!; **for old times'** ~ in Erinnerung an alte Zeiten; **for the** ~ **of those who ...** für diejenigen, die ...; **I did it just for the** ~ **of having a new experience** ich habe es nur getan, um eine neue Erfahrung zu machen; **and all for the** ~ **of a few pounds** und alles wegen ein paar Pfund; **to talk for talking's** ~ reden, nur damit etwas gesagt wird; **I do the job for its own** ~ ich mache die Arbeit um ihrer selbst willen or ihrer selbst wegen.

sake², saki ['sɑ:kɪ] n (drink) Sake m.

salaam [sə'lɑ:m] **I** n, interj Salem m. **II** vt mit Salem begrüßen.

salable adj (US) see **saleable**.

salacious [sə'leɪʃəs] adj schlüpfrig; picture aufreizend; chuckle anzüglich.

salaciousness [sə'leɪʃəsnɪs] n see adj Schlüpfrigkeit f; aufreizende Darstellung; Anzüglichkeit f.

salad ['sæləd] n Salat m.

salad bowl n Salatschüssel f; **salad cream** n ≃ Mayonnaise f; **salad days** npl unschuldige Jugendtage pl; **salad dressing** n Salatsoße f; **salad oil** n Salatöl nt.

salamander ['sælə,mændər] n Salamander m; (Myth) Feuergeist m.

salami [sə'lɑ:mɪ] n Salami f.

sal ammoniac [,sælə'məʊnɪæk] n Ammoniumsalz nt, Salmiak m.

salaried ['sælərɪd] adj ~ **post** Angestelltenposten m; ~ **employee** Gehaltsempfänger m; ~ **staff** Gehaltsempfänger pl.

salary ['sælərɪ] n Gehalt nt. ~ **earner** Gehaltsempfänger m; ~ **increase** Gehaltserhöhung f.

sale [seɪl] n **1.** (selling) Verkauf m. **for** ~ zu verkaufen; **to put sth up for** ~ etw zum Verkauf anbieten; **is it up for** ~? steht es zum Verkauf?; **not for** ~ nicht verkäuflich; **going cheap for a quick** ~ umstandehalber billig abzugeben; **to be on** ~ verkauft werden; **on** ~ **at all bookshops** in allen Buchhandlungen erhältlich; **on** ~ **or return, on a** ~ **or return basis** auf Kommission(sbasis).
2. (instance) Geschäft nt; (of insurance, bulk order) Abschluß m. ~**s** pl (turnover) der Absatz; **how many** ~**s have you made?** wieviel (Stück) haben Sie verkauft/wie viele Abschlüsse haben Sie gemacht?; **"no** ~" (on till) ≃ Nullbon.
3. ~**s** sing (department) Verkaufsabteilung f.
4. (at reduced prices) Ausverkauf m; (at end of season also) Schlußverkauf m; (clearance) ~ Räumungsverkauf m. **to go to the** ~**s** zum Ausverkauf gehen; **they've got a** ~ **on** da ist Ausverkauf; **to buy in** or **at the** ~**s** im Ausverkauf kaufen.
5. (auction, selling off) Auktion f. ~ **of work** Basar m.

saleable, (US) salable ['seɪləbl] adj (marketable) absatzfähig; (in ~ condition) verkäuflich. **not in a** ~ **condition** nicht zum Verkauf geeignet.

sale price n Ausverkaufspreis m; **saleroom** n Auktionsraum m.

sales clerk n (US) Verkäufer(in f) m; **sales department** n Verkaufsabteilung

f; **sales director** n Verkaufsdirektor m; **sales figures** npl Verkaufs- or Absatzziffern pl; **sales force** n Verkäufer- or Absatzstab m; **salesgirl, saleslady** n Verkäuferin f; **salesman** n Verkäufer m; (representative) Vertreter, Repräsentant m; **sales manager** n Verkaufsleiter, Salesmanager m.

salesmanship ['seɪlzmənʃɪp] n Verkaufstechnik f.

sales pitch n Verkaufstechnik or -masche (inf) f; **sales representative** n Vertreter(in f) m; **sales resistance** n Kaufunlust f; **to meet with** ~ auf Absatzschwierigkeiten stoßen; **salesroom** n see **saleroom**; **sales talk** n Verkaufsgespräch nt; **that's just** ~ er/sie macht nur Reklame; **sales tax** n (US) Verkaufssteuer f; **saleswoman** n Verkäuferin f.

salient ['seɪlɪənt] adj (lit) hervorstehend; (fig) hervorstechend. **the** ~ **points of his argument** die Hauptpunkte pl seiner Argumentation.

saline ['seɪlaɪn] adj salzig. ~ **solution** Salzlösung f.

salinity [sə'lɪnɪtɪ] n Salzigkeit f; (content) Salzgehalt m.

saliva [sə'laɪvə] n Speichel m.

salivary ['sælɪvərɪ] adj Speichel-. ~ **gland** Speicheldrüse f.

salivate ['sælɪveɪt] vi Speichel produzieren; (animal) geifern; (old people, baby) sabbern; (with lust) lüstern geifern.

salivation [,sælɪ'veɪʃən] n Speichelfluß m.

sallow ['sæləʊ] adj bleich, teigig; colour fahl.

sallowness ['sæləʊnɪs] n Blässe f; Fahlheit f.

sally ['sælɪ] **I** n Ausbruch m; (of troops) Ausfall m. **to make a** ~ (troops) einen Ausfall machen; (fig: verbally) eine Tirade loslassen; **I made a** ~ **into town** ich habe einen Trip in die Stadt gemacht.
II vi (old, hum) **to** ~ **forth** (Mil) einen Ausfall machen; (rush out) hinaus-/herausstürmen; (set out) sich aufmachen.

salmon ['sæmən] **I** n, pl - Lachs, Salm m; (colour) Lachs(rosa) nt. **II** adj (in colour) lachs(farben).

salmon leap n Lachssprung m; (man-made) Lachsleiter or -treppe f; **salmon pink I** n Lachsrosa nt; **II** adj lachsrosa; **salmon river** n Fluß m, in dem Lachse vorkommen; **salmon trout** n Lachsforelle f.

salon ['sælɒn] n (all senses) Salon m.

saloon [sə'lu:n] n **1.** Saal m; (Naut) Salon m. **2.** (Brit Aut) Limousine f; (in motor racing) Tourenwagen m. **3.** (US: bar) Wirtschaft f; (in Westerns) Saloon m.

saloon bar n (Brit) vornehmerer Teil eines Lokals; **saloon car** n (Brit) Limousine f.

Salop ['sæləp] abbr of **Shropshire.**

salsify ['sælsɪfɪ] n Schwarzwurzel f.

salt [sɔ:lt] **I** n **1.** (Cook, Chem) Salz nt. ~ **of the earth** (fig) Salz der Erde; **to be worth one's** ~ (fig) etwas taugen; **to take sth with a pinch** or **grain of** ~ (fig) etw nicht ganz für bare Münze or so wörtlich nehmen.
2. ~**s** pl (smelling ~**s**) Riechsalz nt; (for bowels) salinisches Abführmittel; **the new**

director went through the board like a dose of ~s *(inf)* der neue Direktor hat im Vorstand mit eisernem Besen ausgekehrt. **3.** *(fig: zest, flavour)* Würze *f.*

II *adj meat, water etc* Salz-; *butter* gesalzen; *taste* Salz-, salzig.

III *vt (cure)* einsalzen; *(flavour)* salzen. ~ed herrings Salzheringe *pl.*

◆**salt away** *vt sep (inf) money* auf die hohe Kante legen *(inf).*

SALT [sɔːlt] *abbr of* **Strategic Arms Limitation Talks** SALT *(Abrüstungsverhandlungen).*

salt cellar *n* Salzfäßchen *nt; (shaker)* Salzstreuer *m;* **salt flats** *npl* Salztonebene *f.*

saltiness ['sɔːltɪnɪs] *n* Salzigkeit *f.*

salt lake *n* Salzsee *m;* **salt-lick** *n* Salzlecke *f;* **salt-marsh** *n* Salzsumpf *m;* **salt-mine** *n* Salzbergwerk *nt.*

saltness ['sɔːltnɪs] *n* Salzigkeit *f.*

salt-pan ['sɔːltpæn] *n* Salzpfanne *f;* **saltpetre,** *(US)* **saltpeter** [ˌsɔːltˈpiːtəʳ] *n* Salpeter *m;* **salt shaker** *n* Salzstreuer *m;* **salt water** *n* Salzwasser *nt;* **salt-water** *adj fish etc* Meeres-; *lake* Salz-; **salt works** *n sing or pl* Saline *f.*

salty ['sɔːltɪ] *adj* (+er) salzig.

salubrious [səˈluːbrɪəs] *adj* **1.** *(form) air, climate* gesund. **2.** *(inf) district, friends* ersprießlich. **not a very** ~ **pub** eine recht zweifelhafte Kneipe.

salutary ['sæljʊtərɪ] *adj* **1.** *(healthy)* gesund. **2.** *(beneficial) advice* nützlich; *experience* heilsam, lehrreich; *effect* günstig.

salutation [ˌsæljuːˈteɪʃən] *n* Begrüßung *f; (in letters)* Anrede *f.*

salutatory [səˈluːtətərɪ] *adj* Begrüßungs-.

salute [səˈluːt] **I** *n* Gruß *m; (of guns)* Salut *m.* **flags were raised in** ~ zur Begrüßung wurden die Fahnen gehißt; **to stand at the** ~ salutieren; **a 21-gun** ~ 21 Salutschüsse; **to take the** ~ die Parade abnehmen; **he gave a smart** ~ er salutierte zackig.

II *vt (Mil) flag etc* grüßen; *person also* salutieren vor (+*dat*); *(fig liter: welcome)* begrüßen; *courage* bewundern. **to** ~ **the arrival of sb/sth** jdn/etw begrüßen; **we** ~ **the glorious dead** wir gedenken der gefallenen Helden.

III *vi (Mil)* salutieren, grüßen.

salutories [səˈluːtərɪz] *npl (US)* Begrüßungsrede *f (bei Semesterabschluß und Zeugnisüberreichung).*

salvage ['sælvɪdʒ] **I** *n (act)* Bergung *f; (objects)* Bergungsgut *nt; (payment)* Bergelohn *m; (proceeds from* ~d *goods)* Wert *m* der geretteten Waren. **to collect newspapers for** ~ Zeitungen zur Wiederverwertung sammeln.

II *vt (from wreck, building)* bergen *(from* aus); *(fig) sentim (from* von). **to** ~ **sth from the fire** etw aus den Flammen retten; ~ **what you can** *(lit, fig)* rettet, was ihr retten könnt.

salvage operation *n* Bergungsaktion *f; (fig)* Rettungsaktion *f;* **salvage vessel** *n* Bergungsschiff *nt.*

salvation [sælˈveɪʃən] *n (act of saving)* Rettung *f; (state of being saved also, esp Rel)* Heil *nt.* **he found** ~ **in the Church** er fand sein Heil in der Kirche; **he found a kind of emotional** ~ **in this poetry** er fand Er-

lösung in dieser Dichtung; **the path to** ~ der Weg des Heils; **you were/that was my** ~ du warst/das war meine Rettung **these days every company has to figure out its own means of** ~ heutzutage muß jede Firma eigene Wege finden, um zu überleben.

Salvation Army I *n* Heilsarmee *f.* **II** *attr hostel, band, meeting* der Heilsarmee.

salvationist [sælˈveɪʃənɪst] *n* Heilsprediger(in *f) m; (usu* **S~:** *of Salvation Army)* Angehörige(r) *mf* der Heilsarmee.

salve[1] [sælv] *vt (liter) see* **salvage.**

salve[2] [sælv] **I** *n* Salbe *f; (fig liter)* Balsam *m.* **as a** ~ **for his conscience** um sein Gewissen zu beruhigen. **II** *vt (rare lit)* (ein)salben; *(fig) conscience* beruhigen.

salver ['sælvəʳ] *n* Tablett *nt.*

salvo ['sælvəʊ] *n, pl* ~**s** *(of guns, fig)* Salve *f.* **a** ~ **of applause** ein Beifallssturm *m.*

sal volatile [ˌsælvəˈlætɪlɪ] *n* Riechsalz *nt.*

Samaritan [səˈmærɪtən] *n* Samariter *m.* **good** ~ *(lit, fig)* barmherziger Samariter; **the** ~**s** ≃ Telefonseelsorge *f.*

samarium [səˈmɛərɪəm] *n (abbr* **Sm**) Samarium *nt.*

sambo ['sæmbəʊ] *n, pl* ~**s** *(pej)* Kaffer *m.*

same [seɪm] **I** *adj* **the** ~ der/die/das gleiche; *(one and the* ~, *numerically identical also)* derselbe/dieselbe/dasselbe; **they were both wearing the** ~ **dress** sie hatten beide das gleiche Kleid an; **they both live in the** ~ **house** sie wohnen beide in demselben *or* im selben Haus; **they are all the** ~ sie sind alle gleich; **she just wasn't the** ~ **person** sie war ein anderer Mensch; **it's the** ~ **thing** das ist das gleiche; **see you tomorrow,** ~ **time** ~ **place** bis morgen, gleicher Ort, gleiche Zeit *or* Ort und Zeit wie gehabt; **we sat at the** ~ **table as usual** wir saßen an unserem üblichen Tisch; **how are you?** — ~ **as usual** wie geht's? — wie immer; **I've made the** ~ **mistake myself** den Fehler habe ich auch gemacht, ich habe den gleichen Fehler gemacht; **this** ~ **person** eben dieser Mensch; *(Jur)* besagte Person; **he is the** ~ **age as his wife** er ist (genau) so alt wie seine Frau; **it happened the** ~ **day** es ist am gleichen *or* selben Tag passiert; **in the** ~ **way** (genau) gleich; *(by the* ~ *token)* ebenso; *see* **time.**

II *pron* **1. the** ~ der/die/das gleiche; derselbe/dieselbe/dasselbe; **and I would do the** ~ **again** und ich würde es wieder tun; **he left and I did the** ~ er ist gegangen, und ich auch *or* ebenfalls; **they are one and the** ~ das ist doch dasselbe; *(people)* das ist doch ein und derselbe/dieselbe; **another drink?** — **thanks, (the)** ~ **again** noch etwas zu trinken? — ja bitte, das gleiche noch mal; **she's much the** ~ sie hat sich kaum geändert; *(in health)* es geht ihr ziemlich gleich; **you're not the** ~ **any more** du bist nicht mehr derselbe/dieselbe; **I'm not the** ~ **as my brother** ich bin nicht so wie mein Bruder; **it's always the** ~ es ist immer das gleiche.

2. *no art (Comm) for repairing chair:* **£10, for recovering** ~**:** **£15** Stuhlreparatur: £ 10, Beziehen: £ 15.

3. *(in adverbial uses)* **the** ~ gleich; **to pay/treat everybody the** ~ alle gleich bezahlen/behandeln; **things go on just the ~ (as always)** es ändert sich nichts; **it's not the ~ as before** es ist nicht wie früher; **I don't feel the ~ about it** ich sehe das nicht so; **I used to love you but I don't feel the ~ any more** ich habe dich mal geliebt, aber das ist jetzt anders; **if it's all the ~ to you** wenn es Ihnen egal ist *or* nichts ausmacht; **it's all the ~ to me (what you do)** es ist mir egal(, was du tust); **it comes** *or* **amounts to the ~** das kommt *or* läuft aufs gleiche hinaus.

4. *(phrases)* **all** *or* **just the ~** *(nevertheless)* trotzdem; **~ here** ich/wir auch; **~ to you** (danke) gleichfalls **we left our country the ~ as you did** wir haben unsere Heimat verlassen, wie Sie auch.

sameness ['seɪmnɪs] *n* Eintönigkeit *f*.

Samoa [sə'məʊə] *n* Samoa *nt*.

Samoan [sə'məʊən] **I** *adj* samoanisch. **II** *n* **1.** Samoaner(in *f*) *m*. **2.** *(language)* Samoanisch *nt*.

samovar [ˌsæməʊ'vaːr] *n* Samowar *m*.

sample ['saːmpl] **I** *n* *(example)* Beispiel *nt* *(of* für); *(for tasting, fig: of talent, behaviour)* Kostprobe *f*; *(Comm)* *(of cloth etc)* Muster *nt*; *(of commodities, urine, blood etc)* Probe *f*; *(Statistics)* (Zufalls)stichprobe *f*, Sample *nt*. **that's a typical ~ of her cooking/the local dialect/ Japanese tourists** genau so kocht sie immer/das ist ein typisches Beispiel für den örtlichen Dialekt/das ist ein typischer japanischer Tourist; **give us a ~ of your playing/singing** spielen/singen Sie uns etwas vor; **up to ~** *(Comm)* dem Muster entsprechend; **to take ~s of public opinion/of goods produced** Stichproben zur öffentlichen Meinung/bei der gefertigten Ware machen.

II *adj attr* **pieces, books** Muster-; **pages, copy** Probe-; **bottle, sachet etc** Probier-. **~ survey** Stichprobenerhebung *f*; **a ~ section of the population** eine Auswahl aus der Bevölkerung.

III *vt* **wine, food** probieren, kosten; **pleasures** kosten. **to ~ wines** eine Weinprobe machen.

sampler ['saːmplər] *n* **1.** *(person)* Probierer(in *f*) *m*. **2.** *(Sew)* Stickmustertuch *nt*. **3.** *(record)* Auswahlplatte *f*.

sampling ['saːmplɪŋ] **I** *n* *(of food)* Kostprobe *f*; *(of wine)* Weinprobe *f*; *(Statistics)* Stichprobenverfahren *nt*. **II** *attr* **methods, techniques** Stichproben-.

sanatorium [ˌsænə'tɔːrɪəm] *n*, *pl* **sanatoria** [ˌsænə'tɔːrɪə] Sanatorium *nt*; *(in cpds)* -heilanstalt *f*.

sanctification [ˌsæŋktɪfɪ'keɪʃ ən] *n see vt* Heiligung *f*; Weihe *f*; Annahme *f*.

sanctify ['sæŋktɪfaɪ] *vt* *(make holy)* heiligen; *(give quasi-moral sanction to also)* sanktionieren; *(consecrate)* weihen; *(make binding)* **vows** annehmen.

sanctimonious [ˌsæŋktɪ'məʊnɪəs] *adj* frömmlerisch. **don't be so ~ about it** tu doch nicht so fromm.

sanctimoniously [ˌsæŋktɪ'məʊnɪəslɪ] *adv see adj*.

sanctimoniousness [ˌsæŋktɪ'məʊnɪəsnɪs] *n* frömmlerisches Wesen.

sanction ['sæŋkʃ ən] **I** *n* **1.** *(permission,*

approval) Zustimmung *f*. **to give one's ~ to sth** etw sanktionieren, seine Zustimmung zu etw geben; **rituals which have received the ~ of tradition** Rituale, die durch die Tradition sanktioniert sind. **2.** *(enforcing measure)* Sanktion *f*. **II** *vt* sanktionieren.

sanctity ['sæŋktɪtɪ] *n* Heiligkeit *f*; *(of rights)* Unantastbarkeit *f*. **a man of great ~** ein sehr heiliger Mann; **through time these customs have acquired an unquestionable ~** im Laufe der Zeit sind diese Sitten zur geheiligten Tradition geworden.

sanctuary ['sæŋktjʊərɪ] *n* **1.** *(holy place)* Heiligtum *nt*; *(altar ~)* Altarraum *m*. **2.** *(refuge)* Zuflucht *f*. **to seek ~ with** Zuflucht suchen bei. **3.** *(for animals)* Schutzgebiet *nt*.

sanctum ['sæŋktəm] *n* **1.** *(holy place)* heiliger Ort. **2.** *(fig: private place)* Allerheiligste(s) *nt*.

sand [sænd] **I** *n* Sand *m no pl*. **~s** *(of desert)* Sand *m*; *(beach)* Sandstrand *m*; **the ~s are running out** *(fig)* die Zeit *or* Uhr läuft ab; **the ~s of time** *(fig)* die Zeit. **II** *vt* *(smooth)* schmirgeln; *(sprinkle with ~)* streuen.

◆sand down *vt sep* (ab)schmirgeln.

sandal ['sændl] *n* Sandale *f*.

sandalwood ['sændlwʊd] **I** *n* Sandelholz *nt*. **II** *attr* Sandelholz-.

sandbag ['sændbæg] **I** *n* Sandsack *m*; **II** *vt* mit Sandsäcken schützen; **sandbank** *n* Sandbank *f*; **sandbar** *n* Sandbank *f*; **sandblast** *vt* sandstrahlen; **sandblaster** *n* Sandstrahler *m*; **sandblasting** *n* Sandstrahlen *nt*; **sand-box** *n* *(Rail)* Sandstreuer *m*; *(Metal)* Sandform *f*; *(for playing)* Sandkasten *m*; **sandboy** *n*: **as happy as a ~** quietschvergnügt *(inf)*; **sandcastle** *n* Sandburg *f*; **sand dune** *n* Sanddüne *f*; **sand-flea** *n* Strandfloh *m*; *(harmful)* Sandfloh *m*; **sand-fly** *n* Sandfliege *f*; **sand-glass** *n* Sanduhr *f*; **sand hopper** *n* Sandhüpfer *m*.

sandiness ['sændɪnɪs] *n* Sandigkeit *f*.

sandlot ['sændlɒt] *adj* *(US)* **~ baseball** *auf einem nicht als Spielfeld markierten Gelände und zum Spaß gespielter Baseball*; **sandman** *n* Sandmann *m*; **sand-martin** *n* Uferschwalbe *f*; **sandpaper I** *n* Sand-*or* Schmirgelpapier *nt*; **II** *vt* schmirgeln; **sandpaper down** *vt sep* abschmirgeln; **sandpiper** *n* Strandläufer *m*; **sandpit** *n* Sandkasten *m or* -kiste *f*; **sandshoe** *n* Stoffschuh *m*; *(for beach)* Strandschuh *m*; **sandstone I** *n* Sandstein *m*; **II** *adj* Sandstein-, aus Sandstein; **sandstorm** *n* Sandsturm *m*; **sand-table** *n* *(Mil)* Sandkasten *m*.

sandwich ['sænwɪdʒ] **I** *n* Doppelschnitte *f*, Sandwich *nt*. **open ~** belegtes Brot; **he has ~es for lunch** er ißt Brote *or* Schnitten *or* Stullen *(N Ger)* zum Mittagessen.

II *vt* *(also ~ in)* hineinzwängen; **car** einkeilen. **to be ~ed between two things/ people** *(car, house)* zwischen zwei Dingen/ Menschen eingekeilt sein; *(person also, small object)* zwischen zwei Dingen/Menschen eingezwängt sein.

sandwichboard ['sænwɪdʒbɔːd] *n* Reklametafel *f*, Sandwich *nt* *(hum)*; **sandwich course** *n* Blockunterricht *m* mit

Wechsel von praktischem und theoretischem Teil.

sandy ['sændɪ] *adj* (+*er*) **1.** sandig; *beach, soil* Sand-, sandig *pred.* **2.** (*in colour*) rötlich; *hair* rotblond.

sand-yacht ['sændjɒt] *n* Segelwagen *m*.

sane [seɪn] *adj* (+*er*) *person* normal; (*Med, Psych*) geistig gesund; (*Jur*) zurechnungsfähig; *world, society etc* gesund; (*sensible*) *advice, person* vernünftig.

sang [sæŋ] *pret of* **sing.**

sangfroid ['sɑ:ŋ'frwɑ:] *n* Gelassenheit, Seelenruhe *f*.

sanguinary ['sæŋgwɪnərɪ] *adj* (*liter*) *battle* blutig; *person* blutrünstig; *expression etc* derb.

sanguine ['sæŋgwɪn] *adj* **1.** (*optimistic*) optimistisch. **I remain ~ about his chances** was seine Chancen betrifft, bin ich noch immer zuversichtlich. **2.** ~ **complexion** rote *or* gesunde (*euph*) Gesichtsfarbe.

sanguinely ['sæŋgwɪnlɪ] *adv* optimistisch; *say* zuversichtlich.

sanguinity [sæŋ'gwɪnɪtɪ] *n* Optimismus *m*.

sanies ['seɪnɪi:z] *n* (*Med*) Jauche *f*.

sanitariness ['sænɪtərɪnɪs] *n* Hygiene *f*. **the ~ of conditions** die hygienischen Zustände.

sanitarium [ˌsænɪ'tɛərɪəm] *n* (*US*) *see* **sanatorium.**

sanitary ['sænɪtərɪ] *adj* hygienisch; *arrangements, installations* sanitär *attr; regulations, expert, commission* Gesundheits-; *recommendations* in bezug auf die Hygiene; *questions, principles* der Hygiene.

sanitary belt *n* Bindengürtel *m*; **sanitary inspector** *n* Gesundheitsaufseher *m*; **sanitary towel,** (*US*) **sanitary napkin** *n* Damenbinde *f*.

sanitation [ˌsænɪ'teɪʃən] *n* Hygiene *f*; (*toilets etc*) sanitäre Anlagen *pl*; (*sewage disposal*) Kanalisation *f*. **the ~ department** das Amt für Stadtreinigung *or* Stadthygiene; ~ **man** (*US*) Stadtreiniger *m*.

sanitize ['sænɪtaɪz] *vt* (*esp US*) keimfrei machen.

sanity ['sænɪtɪ] *n* **1.** (*mental balance*) geistige Gesundheit; (*of individual also*) gesunder Verstand; (*Jur*) Zurechnungsfähigkeit *f*. **to lose one's ~** den Verstand verlieren; **to doubt sb's ~** an jds Verstand (*dat*) zweifeln; **the line between ~ and insanity** die Grenze zwischen gesundem und krankem Verstand.

2. (*sensibleness*) Vernünftigkeit *f*. ~ **of judgement** ein gesundes Urteilsvermögen; ~ **demands that it be done soon** die Vernunft gebietet, es bald zu tun; **to return to ~** Vernunft annehmen.

sank [sæŋk] *pret of* **sink[1].**

Sanskrit ['sænskrɪt] **I** *adj* sanskritisch. **II** *n* Sanskrit *nt*.

Santa (Claus) ['sæntə('klɔ:z)] *n* der Weihnachtsmann.

sap[1] [sæp] *n* (*Bot*) Saft *m*; (*fig*) Lebenskraft *f*. **heavy taxation which sucks all the ~ out of industry** die hohe Besteuerung, die der Industrie das Mark aus den Knochen saugt; **the ~ is rising** (*lit*) der Saft steigt; (*fig*) die Triebe erwachen.

sap[2] I *n* (*Mil*) Sappe *f*. **II** *vt* **1.** (*Mil*) unter-

minieren, untergraben; *fortification also* Sappen graben unter (+*dat*). **2.** (*fig*) untergraben; *confidence also* schwächen. **to ~ sb's strength** jdn entkräften, jds Kräfte angreifen; **to ~ sb's energy/enthusiasm** jdm die Energie/Begeisterung nehmen.

sap[3] *n* (*sl*) Trottel *m* (*inf*).

sapling ['sæplɪŋ] *n* junger Baum.

sapper ['sæpə[r]] *n* (*Mil*) Pionier *m*.

sapphire ['sæfaɪə[r]] **I** *n* Saphir *m*; (*colour*) Saphirblau *nt*. **II** *adj ring* Saphir-; (*liter*) *sky* strahlend blau.

sarcasm ['sɑ:kæzəm] *n* Sarkasmus *m*.

sarcastic [sɑ:'kæstɪk] *adj* sarkastisch. **are you being ~?** sind Sie jetzt sarkastisch?, das soll wohl ein Witz sein (*inf*).

sarcastically [sɑ:'kæstɪkəlɪ] *adv see adj.*

sarcophagus [sɑ:'kɒfəgəs] *n*, *pl* **sarcophagi** [sɑ:'kɒfəgaɪ] Sarkophag *m*.

sardine [sɑ:'di:n] *n* Sardine *f*.

Sardinia [sɑ:'dɪnɪə] *n* Sardinien *nt*.

Sardinian [sɑ:'dɪnɪən] **I** *adj* sardisch, sardinisch. **II** *n* Sarde *m*, Sardin *f*, Sardinier(in *f*) *m*.

sardonic *adj*, ~**ally** *adv* [sɑ:'dɒnɪk, -əlɪ] süffisant; *laugh also* sardonisch (*liter*).

sari ['sɑ:rɪ] *n* Sari *m*.

sarong [sə'rɒŋ] *n* Sarong *m*.

sarsaparilla [ˌsɑ:səpə'rɪlə] *n* (*plant*) Sarsaparille *f*; (*drink*) dunkelbraune Limonade aus Sarsaparillenwurzeln.

sartorial [sɑ:'tɔ:rɪəl] *adj his* ~ **elegance** sein elegantes Aussehen, seine elegante Art, sich zu kleiden; **his unusual ~ preferences** seine Vorliebe für ungewöhnliche Kleidung.

sartorially [sɑ:'tɔ:rɪəlɪ] *adv dressed* elegant.

sash[1] [sæʃ] *n* Schärpe *f*.

sash[2] *n* (*window* ~) Schiebefenster *nt*.

sashay ['sæʃeɪ] *vi* (*esp US inf*) stolzieren. **I'll just ~ down to the bar** ich latsche mal eben zur Bar (*inf*).

sash-cord ['sæʃkɔ:d] *n* Gewichtsschnur *f*; **sash-window** *n* Schiebefenster *nt*.

sass [sæs] (*US inf*) **I** *n* Frechheit *f*. **II** *vt* frech antworten (+*dat*).

sassafras ['sæsəfræs] *n* Sassafras *m*.

Sassenach ['sæsənæx] *n*, *adj* (*Scot pej, hum*) Bezeichnung der Schotten für die Engländer/Englisches.

sassy ['sæsɪ] *adj* (+*er*) (*US inf*) frech.

sat [sæt] *pret, ptp of* **sit.**

Sat *abbr of* **Saturday** Sa.

Satan ['seɪtən] *n* Satan *m*.

satanic [sə'tænɪk] *adj* satanisch.

Satanism ['seɪtənɪzəm] *n* Satanismus, Satanskult *m*.

satchel ['sætʃəl] *n* Schultasche *f*, Schulranzen *m*.

sate [seɪt] *vt* (*liter*) *appetite, desires* stillen (*geh*), befriedigen. **now that he was ~d** nun, da seine Lüste gestillt waren (*geh*); **to ~ oneself** (*with food*) sich sättigen (*on* an +*dat*) (*liter*); (*sexually*) seine Lust befriedigen.

sateen [sæ'ti:n] *n* Baumwollsatin *m*.

satellite ['sætəlaɪt] *n* Satellit *m*; (*natural also, fig*) Trabant *m*.

satellite country, satellite state *n* Satellitenstaat *m*; **satellite town** *n* Satelliten- *or* Trabantenstadt *f*.

satiate ['seɪʃɪeɪt] vt appetite, desires, lust etc stillen (geh); person, animal sättigen; (to excess) übersättigen. **we were ~d with food and drink** wir hatten unseren Hunger und Durst zur Genüge gestillt; **I'm quite ~d** (liter, hum) mein Bedarf ist gedeckt (hum inf), ich bin gesättigt (hum, geh).

satiation [,seɪʃɪ'eɪʃ ən] n (act) Befriedigung f. **a state of ~** ein Zustand der Sättigung or (excessive) Übersättigung.

satiety [sə'taɪətɪ] n (liter) Sättigung f. **they fed to ~** sie aßen sich satt; **to do sth to (the point of) ~** etw bis zum Überdruß tun; **I've achieved a point of ~** ich habe meinen Sättigungsgrad erreicht.

satin ['sætɪn] **I** n Satin m. **II** adj Satin-; skin samtig.

satin stitch n Plattstich m; **satinwood** n Satinholz nt.

satiny ['sætɪnɪ] adj seidig; skin samtig.

satire ['sætaɪər] n Satire f (on auf +acc).

satirical [sə'tɪrɪkəl] adj literature, film etc satirisch; (mocking, joking) ironisch.

satirically [sə'tɪrɪkəlɪ] adv see adj.

satirist ['sætərɪst] n Satiriker(in f) m.

satirize ['sætəraɪz] vt satirisch darstellen or (written also) beschreiben. **his novel ~s** or **in his novel he ~s** contemporary American life sein Roman ist eine Satire auf die zeitgenössische amerikanische Lebensart.

satisfaction [,sætɪs'fækʃ ən] n **1.** (act: of person, needs, creditors, curiosity etc) Befriedigung f; (of debt) Begleichung, Tilgung f; (of employer etc) Zufriedenstellung f; (of ambition) Verwirklichung f; (of conditions, contract) Erfüllung f.

2. (state) Zufriedenheit f (at mit). **the ~ of having solved a difficult problem** die Genugtuung or das befriedigende Gefühl, ein schwieriges Problem gelöst zu haben; **to feel a sense of ~ at sth** Genugtuung über etw (acc) empfinden; **at least you have the ~ of seeing him pay** Sie haben wenigstens die Genugtuung, daß er zahlen muß; **we hope the meal was to your complete ~** wir hoffen, Sie waren mit dem Essen zufrieden or das Essen ist zu Ihrer vollen Zufriedenheit ausgefallen (form); **if anything in the hotel is not to your ~** sollte irgend etwas im Hotel nicht zu Ihrer Zufriedenheit sein; **it gives every** or **full ~** es fällt zur vollständigen Zufriedenheit aus; **the machine is guaranteed to give complete ~** wir garantieren mit diesem Gerät vollste Zufriedenheit; **we aim to give full ~** (to our customers) wir wollen, daß Sie/unsere Kunden zufrieden sind; **to get ~ out of sth** Befriedigung in etw (dat) finden; (find pleasure) Freude an etw (dat) haben; **I can't get any ~** ich bin unbefriedigt; **he gets ~ out of his job** seine Arbeit befriedigt ihn; **what ~ do you get out of climbing mountains?** was gibt Ihnen das Bergsteigen?; **what particular ~ did you get from the course?** was hat Ihnen der Kurs gegeben?; **he proved to my ~ that ...** er hat überzeugend bewiesen, daß ...

3. (satisfying thing) **your son's success must be a great ~ to you** der Erfolg Ihres Sohnes muß für Sie sehr befriedigend or eine große Freude sein; **it is no ~ to me to**

know that ... es ist kein Trost (für mich) zu wissen, daß ...

4. (redress) Genugtuung, Satisfaktion (old) f. **to demand/obtain ~ from sb** Genugtuung or Satisfaktion (old) von jdm verlangen/erhalten.

satisfactorily [,sætɪs'fæktərɪlɪ] adv zufriedenstellend. **does that answer your question ~?** ist damit Ihre Frage hinreichend or hinlänglich beantwortet?; **was it done ~?** waren Sie damit zufrieden?; **he is progressing ~** er macht zufriedenstellende Fortschritte pl.

satisfactory [,sætɪs'fæktərɪ] adj befriedigend, zufriedenstellend; account, completion of contract zufriedenstellend; (only just good enough) ausreichend, hinlänglich attr; reason triftig, einleuchtend; excuse angemessen, annehmbar; (in exams) ausreichend; befriedigend. **work is proceeding at a ~ pace** die Arbeit geht zufriedenstellend voran; **how ~ do you find the new conditions?** wie sind Sie mit den neuen Verhältnissen zufrieden?; **his work is only just ~** seine Arbeit ist gerade noch annehmbar or geht gerade or (Sch) ist gerade noch befriedigend; **this is just not ~!** das geht so nicht!; (not enough) das reicht einfach nicht (aus)!; **an offer of 8% is simply not ~** ein Angebot von 8% reicht einfach nicht; **your attitude is not ~** Ihre Einstellung läßt zu wünschen übrig.

satisfy ['sætɪsfaɪ] **I** vt **1.** (make contented) befriedigen; employer, customers etc zufriedenstellen; (meal) person sättigen. **to be satisfied (with sth)** (mit etw) zufrieden sein; **you'll have to be satisfied with that** Sie werden sich damit zufriedengeben or begnügen or bescheiden (geh) müssen; **not satisfied with that he ...** damit noch immer nicht zufrieden, ... er ...; **nothing satisfies him** ihn kann nichts befriedigen; (always wants more) er ist mit nichts zufrieden; **with a satisfied look on his face** mit einem zufriedenen Gesichtsausdruck; **this little drink didn't ~ him/his thirst** das bißchen hat ihm nicht gereicht/hat seinen Durst nicht gelöscht.

2. needs, wishes, lust, demand, sb (sexually) befriedigen; wants, curiosity also, hunger stillen; contract, conditions erfüllen; requirements genügen (+dat); ambitions verwirklichen. **to do sth to ~ one's pride** etw nur aus reinem Stolz tun.

3. (convince) überzeugen. **they were not satisfied with the answers** sie waren mit den Antworten nicht zufrieden; **if you can ~ him that ...** wenn Sie ihn davon überzeugen können, daß ...; **X has satisfied the examiners in the following subjects** X hat in den folgenden Fächern die Prüfung abgelegt.

4. (Comm) debt begleichen, tilgen; claims nachkommen (+dat); creditors befriedigen.

5. (Math) equation erfüllen.

II vr **to ~ oneself about sth** sich von etw überzeugen; **to ~ oneself that ...** sich davon überzeugen, daß ...; **have you satisfied yourself as to the validity of the claim?** haben Sie sich von der Rechtmäßigkeit der Forderungen überzeugt?

III *vi (meal)* sättigen. **we aim to ~** wir bemühen uns, allen Wünschen zu entsprechen; **pleasures which no longer ~** Genüsse, die einen nicht mehr befriedigen; **riches do not always ~** Reichtum macht nicht immer zufrieden.

satisfying ['sætɪsfaɪɪŋ] *adj* befriedigend; *food, meal* sättigend. **a ~ experience** ein befriedigendes Erlebnis; **sounds which are very ~ to the ear** angenehme Klänge *pl*; **a cool ~ lager** ein kühles, durststillendes Bier.

saturate ['sætʃəreɪt] *vt* **1.** *(with liquid)* (durch)tränken; *(rain)* durchnässen. **I'm ~d** *(inf)* ich bin klatschnaß *(inf)*.
2. *(Chem)* sättigen. **a ~d solution/colour** eine gesättigte Lösung/Farbe.
3. *(fig) market* sättigen. **this area is ~d with a sense of history** dies ist eine geschichtsträchtige Gegend; **the government ~d the area with troops** die Regierung entsandte massenhaft *or* pumpte *(inf)* Truppen in das Gebiet; **the area is ~d with troops** die Gegend wimmelt von Soldaten.

saturation [ˌsætʃə'reɪʃən] *n* Sättigung *f*. **after ~ in a red dye** nach Tränkung mit einem roten Farbstoff.

saturation bombing *n* völliges Zerbomben; **saturation point** *n* Sättigungspunkt *m*; *(fig)* Sättigungsgrad *m*; **to have reached ~** seinen Sättigungsgrad erreicht haben.

Saturday ['sætədɪ] *n* Sonnabend, Samstag *m*; *see also* **Tuesday.**

Saturn ['sætən] *n (Astron, Myth)* Saturn *m*.

saturnalia [ˌsætə'neɪlɪə] *npl* **1.** S~ Saturnalien *pl*. **2.** *(liter: wild revelry)* wilde Feste *pl*, Freudenfeste *pl*.

saturnine ['sætənaɪn] *adj (liter)* finster, düster.

satyr ['sætə'] *n* Satyr *m*.

sauce [sɔːs] *n* **1.** Soße, Sauce *f*. **white ~** Mehlsoße *f*; **what's ~ for the goose is ~ for the gander** *(Prov)* was dem einen recht ist, ist dem anderen billig *(prov)*. **2.** *no pl (inf: cheek)* Frechheit *f*. **none of your ~!** werd bloß nicht frech! *(inf)*.

sauce-boat ['sɔːsbəʊt] *n* Sauciere *f*; **saucebox** *n (inf)* Frechdachs *m*.

saucepan ['sɔːspən] *n* Kochtopf *m*.

saucer ['sɔːsə'] *n* Untertasse *f*.

saucily ['sɔːsɪlɪ] *adv see adj.*

sauciness ['sɔːsɪnɪs] *n, no pl* Frechheit *f*.

saucy ['sɔːsɪ] *adj (+er)* frech.

Saudi Arabia ['saʊdɪə'reɪbɪə] *n* Saudi-Arabien *nt*.

Saudi (Arabian) ['saʊdɪ(ə'reɪbɪən)] **I** *n* Saudi(araber) *m*, Saudiaraberin *f*. **II** *adj* saudisch, saudiarabisch.

Saul [sɔːl] *n* Saul(us) *m*.

sauna ['sɔːnə] *n* Sauna *f*. **to have a ~** in die Sauna gehen.

saunter ['sɔːntə'] **I** *n* Bummel *m*. **to have a ~ in the park** einen Parkbummel machen.
II *vi* schlendern. **he ~ed through the bazaar** er schlenderte *or* bummelte durch den Basar; **she came ~ing in four hours late** sie tanzte vier Stunden so spät an *(inf)*.

saurian ['sɔːrɪən] *n* Echse *f*; *(dinosaur etc)* Saurier *m*.

sausage ['sɒsɪdʒ] *n* **1.** Wurst *f*. **not a ~** *(inf)* rein gar nichts *(inf)*. **2.** *(Brit inf: silly person)* Dummerchen *nt (inf)*.

sausage dog *n (Brit hum)* Dackel *m*; **sausage machine** *n* Wurstfüllmaschine *f*; *(fig hum: school)* Bildungsfabrik *f*; **sausagemeat** *n* Wurstbrät *nt*; **sausage roll** *n* ≈ Bratwurst *f* im Schlafrock.

sauté ['səʊteɪ] **I** *adj* **~ potatoes** Brat- *or* Röstkartoffeln *pl*. **II** *vt potatoes* rösten; *(sear)* (kurz) anbraten.

savable ['seɪvəbl] *adj* zu retten *pred; goal* haltbar, zu halten *pred*.

savage ['sævɪdʒ] **I** *adj* wild; *sport, fighter, guard, punch, revenge* brutal; *custom* grausam; *animal* gefährlich; *competition* scharf, brutal *(inf)*; *(drastic, severe) cuts, measures* rigoros, drastisch, brutal *(inf)*; *changes* drastisch; *criticism* schonungslos, brutal *(inf)*. **the ~ people of New Guinea** die Wilden Neuguineas; **to put up a ~ fight** sich wütend *or* grimmig *(geh)* or wild *(inf)* verteidigen, sich verbissen wehren; **the guard dogs are ~** die Wachhunde sind scharf *or* gefährlich; **to make a ~ attack on sb** brutal über jdn herfallen; *(fig)* jdn scharf angreifen; **he has a ~ temper** er ist ein äußerst jähzorniger Mensch; **he is in a ~ temper** er ist fuchsteufelswild *(inf)*; **the critics were really ~ with her new play** die Kritiker haben ihr neues Stück wirklich schonungslos verrissen.
II *n* Wilde(r) *mf*.
III *vt (animal)* anfallen; *(fatally)* zerfleischen.

savagely ['sævɪdʒlɪ] *adv attack, fight, punch* brutal; *bite* gefährlich; *reduce services* drastisch, rigoros; *criticize* schonungslos, brutal *(inf)*. **he glared at her ~** er warf ihr einen wilden Blick zu.

savageness ['sævɪdʒnɪs] *n see adj* Wildheit *f*; Brutalität *f*; Grausamkeit *f*; Gefährlichkeit *f*; Schärfe *f*; drastische *or* brutale *(inf)* Härte; Schonungslosigkeit, Brutalität *(inf) f*. **the ~ of these changes** diese drastischen Veränderungen.

savagery ['sævɪdʒərɪ] *n* **1.** *(of tribe, people)* Wildheit *f*.
2. *(cruelty)* Grausamkeit *f*; *(of attack)* Brutalität *f*; *(of treatment, prison life)* brutale Härte. **the savageries committed ...** die Grausamkeiten *or* Greueltaten ...

savanna(h) [sə'vænə] *n* Savanne *f*.

save¹ [seɪv] **I** *n (Ftbl etc)* Ballabwehr *f*. **he made a fantastic ~** er hat den Ball prima abgewehrt *or* gehalten.
II *vt* **1.** *(rescue, Rel)* retten. **to ~ sb from sth** jdn vor etw *(dat)* retten; **to ~ sb from disaster/ruin** jdn vor einer Katastrophe/ dem Ruin bewahren *or* retten; **he ~d me from falling/ making that mistake** er hat mich davor bewahrt, hinzufallen/den Fehler zu machen; **to ~ sth from sth** etw aus etw retten; **to ~ the day (for sb)** jds Rettung sein; **God ~ the Queen** Gott schütze die Königin; **to ~ a building for posterity** ein Gebäude der Nachwelt erhalten.
2. *(put by)* aufheben, aufbewahren, aufsparen; *money* sparen; *(collect) stamps etc* sammeln. **~ some of the cake for me** laß mir etwas Kuchen übrig; **~ me a seat**

halte mir einen Platz frei; **~ it for later, I'm busy now** (*inf*) spar dir's für später auf, ich habe jetzt zu tun (*inf*).

3. (*avoid using up*) *fuel, time, space, money* sparen; (*spare*) *strength, eyes, battery* schonen; (*~ up*) *strength, fuel etc* aufsparen. **that will ~ you £2 a week** dadurch sparen Sie £ 2 die Woche; **you don't ~ much by taking this short cut** Sie gewinnen nicht viel, wenn Sie diese Abkürzung nehmen; **he's saving himself for the big match** er schont sich für das große Spiel.

4. (*prevent*) *bother, trouble* ersparen. **at least it ~d the rain coming in** es hat wenigstens den Regen abgehalten; **it'll ~ a lot of hard work if we ...** es erspart uns (*dat*) sehr viel Mühe, wenn wir ...; **it ~d us having to do it again** da brauchten wir es (wenigstens) nicht noch einmal zu machen, das hat es uns (*dat*) erspart, es noch einmal machen zu müssen; **I've been ~d a lot of expense** mir blieben *or* wurden sehr viel Ausgaben erspart.

5. *goal* verhindern; *shot, penalty* halten. **well ~d!** gut gehalten!

III *vi* **1.** (*with money*) sparen. **to ~ for sth** für *or* auf etw (*acc*) sparen; **~ as you earn** (*Brit: savings scheme*) Sparprogramm *nt*, bei dem der monatliche Beitrag unversteuert bleibt.

2. (*inf: keep*) (*food*) sich halten; (*news*) warten können.

◆**save up I** *vi* sparen (*for* für, auf +*acc*). **II** *vt sep* (*not spend*) sparen; (*not use*) aufheben, aufbewahren. **he's saving himself ~ for the big match** er schont sich für das große Spiel.

save² I *prep* außer +*dat*. II *conj* **1.** (*old, liter*) es sei denn (*geh*). **2. ~ that** nur daß.

saveable *adj see* **savable.**

saveloy ['sævǝlɔɪ] *n* Zervelatwurst *f*.

saver ['seɪvǝʳ] *n* **1.** Retter(in *f*) *m*. **2.** (*with money*) Sparer(in *f*) *m*.

saving ['seɪvɪŋ] **I** *adj* **1.** (*redeeming*) **the book has the ~ quality of brevity** was aber für das Buch spricht, ist seine Kürze; **the one ~ feature of the scheme** das einzig Gute an dem Plan, das einzige, was für den Plan spricht; **his/the book's ~ sense of humour** sein Humor/der Humor in dem Buch, der manches wettmacht; **the ~ beauty of a pair of lovely eyes in an otherwise unattractive face** die Schönheit der Augen, durch die das sonst unscheinbare Gesicht gewinnt; **his ~ grace** was einen mit ihm versöhnt.

2. sparsam.

3. ~ clause Sicherheitsklausel *f*, einschränkende Klausel.

II *n* **1.** *no pl* (*rescue, Rel*) Rettung *f*.

2. *no pl* (*of money*) Sparen *nt*. **to encourage ~** zum Sparen ermutigen.

3. (*of cost etc*) (*act*) Einsparung *f*; (*amount saved*) Ersparnis *f*. **how much of a ~ is there?** wieviel wird eingespart?

4. ~s *pl* Ersparnisse *pl*; (*in account*) Spareinlagen *pl*; **post-office ~s** Postsparguthaben *nt*.

III *prep, conj see* **save².**

savings *in cpds* Spar-; **savings account** *n* Sparkonto *nt*; **savings bank** *n* Sparkasse *f*; **savings book** *n* Sparbuch *nt*; **savings**

stamp *n* (*Brit*) Sparmarke *f*.

saviour, (US also) savior ['seɪvjǝʳ] *n* Retter(in *f*) *m*; (*Rel also*) Erlöser, Heiland *m*.

savoir-faire ['sævwɑːˈfeǝʳ] *n* Gewandtheit *f*; (*in social matters*) gute Umgangsformen *pl*. **it's a question of ~** es ist nur eine Frage, wie man es anfaßt.

savor *etc* (*US*) *see* **savour** *etc*.

savory ['seɪvǝrɪ] *n* (*Bot*) Bohnenkraut *nt*.

savour, (US) savor ['seɪvǝʳ] **I** *n* **1.** Geschmack *m*.

2. (*slight trace*) Spur *f*. **there is a ~ of pride in everything he says** in allem, was er sagt, schwingt ein gewisser Stolz mit.

3. (*enjoyable quality*) Reiz *m*.

II *vt* **1.** (*form*) kosten (*geh*), verkosten (*form*); *aroma* (*of food*) riechen.

2. (*fig liter*) genießen, auskosten.

III *vi* **to ~ of sth** (*fig liter*) etw ahnen lassen.

savouriness, (US) savoriness ['seɪvǝrɪnɪs] *n* **1.** (*tastiness*) Schmackhaftigkeit *f*. **the ~ of the smells/taste** die leckeren Gerüche/der leckere Geschmack. **2.** (*spiciness*) Würzigkeit, Pikantheit *f*.

savourless, (US) savorless ['seɪvǝlɪs] *adj* geschmacklos.

savoury, (US) savory ['seɪvǝrɪ] **I** *adj* **1.** (*appetizing*) lecker; *meal also* schmackhaft.

2. (*not sweet*) pikant. **~ omelette** gefülltes Omelett; **~ biscuits** Salzgebäck *nt*.

3. (*fig*) angenehm, ersprießlich; *sight also* einladend; *joke* fein.

II *n* Häppchen *nt*. **would you like a sweet or a ~?** hätten Sie gern etwas Süßes oder etwas Pikantes *or* Salziges?

savoy (cabbage) [sǝ'vɔɪ('kæbɪdʒ)] *n* Wirsing(kohl) *m*.

savvy ['sævɪ] (*sl*) **I** *n* (*common sense*) Grips *m* (*inf*), Köpfchen *nt* (*inf*); (*know-how*) Können, Know-how *nt*. **he hasn't got much ~** er hat keine Ahnung (*inf*).

II *vt* kapieren (*inf*).

saw¹ [sɔː] *pret of* **see¹.**

saw² *n* Spruch *m*, Weisheit *f*.

saw³ (*vb: pret* **~ed**, *ptp* **~ed** *or* **sawn**) **I** *n* Säge *f*.

II *vt* **1.** sägen. **to ~ sth through** etw durchsägen; **to ~ sth in two** etw entzweisägen; **~ the wood into smaller logs** zersägen Sie das Holz in kleinere Scheite; **~n timber** Schnittholz *nt*.

2. the bird/the bird's wings ~ed the air der Vogel schlug wild mit den Flügeln; **he/his arms ~ed the air** er schlug wild um sich, er fuchtelte mit den Armen.

III *vi* **1.** (*person, saw*) sägen; (*wood*) sich sägen lassen.

2. to ~ (away) at the violin auf der Geige herumsägen; **to ~ (away) at the meat** am Fleisch herumsäbeln (*inf*).

◆**saw down** *vt sep* um- *or* absägen.

◆**saw off** *vt sep* absägen. **a ~n-~ shotgun** ein Gewehr mit abgesägtem Lauf.

◆**saw up** *vt sep* zersägen (*into* in +*acc*).

sawbones ['sɔːbǝʊnz] *n* (*dated sl*) Medizinmann *m* (*inf*); **sawbuck** *n* (*US*) Sägebock *m*; (*sl*) Zehndollarschein *m*; **sawdust** *n* Sägemehl *nt*; **sawfish** *n* Sägefisch *m*; **sawhorse** *n* Sägebock *m*; **sawmill** *n* Sägewerk *nt*.

sawn [sɔːn] *ptp of* **saw**³.
saw-toothed [ˌsɔːˈtuːθt] *adj* gezähnt.
sawyer [ˈsɔːjəʳ] *n* Sägewerker *m*.
sax [sæks] *n* (*inf: saxophone*) Saxophon *nt*.
saxifrage [ˈsæksɪfrɪdʒ] *n* Steinbrech *m*.
Saxon [ˈsæksn] **I** *n* **1.** Sachse *m*, Sächsin *f*;
(*Hist*) (Angel)sachse *m*/-sächsin *f*.
2. (*Ling*) Sächsisch *nt*. **II** *adj* sächsisch;
(*Hist*) (angel)sächsisch. ~ **genitive** säch-
sischer Genitiv.
Saxony [ˈsæksənɪ] *n* Sachsen *nt*.
saxophone [ˈsæksəfəʊn] *n* Saxophon *nt*.
saxophonist [ˌsækˈsɒfənɪst] *n* Saxopho-
nist(in *f*) *m*.
say [seɪ] (*vb: pret, ptp* **said**) **I** *n* **1.** (*what a
person has to ~*) let him have his ~ laß ihn
mal reden *or* seine Meinung äußern.
  2. (*right to decide etc*) Mitspracherecht
nt (*in* bei). **to have no/a ~ in sth** bei etw
nichts/etwas zu sagen haben, bei etw kein/
ein Mitspracherecht haben; **to have the
last** *or* **final ~** (**in sth**) (etw) letztlich ent-
scheiden; (*person also*) das letzte Wort
(bei etw) haben.
  II *vti* **1.** sagen; *poem* aufsagen; *prayer,
text* sprechen; (*pronounce*) aussprechen.
~ after me ... sprechen Sie mir nach ...; **he
didn't have much to ~ for himself** er sagte
or redete nicht viel; (*in defence*) er konnte
nicht viel (zu seiner Verteidigung) sagen;
who shall I ~? wen darf ich melden?; **you
can ~ what you like ...** Sie können sagen,
was Sie wollen, ...; **that's not for him to ~**
es steht ihm nicht zu, sich darüber zu
äußern; (*to decide*) das kann ich/er nicht
entscheiden; **he said to wait here** er hat
gesagt, ich soll/wir sollen *etc* hier warten;
I'm not ~ing it's the best, but ... ich sage
or behaupte ja nicht, daß es das beste ist,
aber ...; **never let it be said that I didn't try**
es soll keiner sagen können *or* mir soll
keiner nachsagen, ich hätte es nicht ver-
sucht; **well, all I can ~ is ...** na ja, da kann
ich nur sagen ...; **do it this way — if you ~
so machen Sie es so** — wenn Sie meinen,
ganz wie Sie meinen; **if you don't like it,
~ so** wenn Sie es nicht mögen, dann sagen
Sie es doch; **why don't you ~ so?** warum
sagen Sie es dann nicht?; **you'd better do
it — who ~s?** tun Sie das lieber — wer sagt
das?; **well, what can I ~?** na ja, was kann
man da sagen?; **so ~ing, he sat down** und
mit den Worten setzte er sich.
  2. (*weather forecast, newspaper, dic-
tionary, clock, horoscope*) sagen (*inf*);
(*thermometer also*) anzeigen; (*law,
church, Bible, computer*) sagen. **it ~s in
the papers that ...** in den Zeitungen steht,
daß ...; **what does the paper/this book/
your horoscope** *etc* ~? was steht in der
Zeitung/diesem Buch/deinem Horoskop
etc?; **the rules ~ that ...** in den Regeln
heißt es, daß ...; **the weather forecast said
that ...** es hieß im Wetterbericht, daß ...,
laut Wetterbericht ...; **what does your
watch ~?** wie spät ist es auf Ihrer Uhr?,
was sagt Ihre Uhr? (*hum*); **did the news ~
anything about the strike?** kam in den
Nachrichten etwas über den Streik?; **they
weren't allowed to ~ anything about it in
the papers** sie durften in den Zeitungen
nichts darüber schreiben.

  3. (*tell*) sagen. **it's hard to ~ what's
wrong** es ist schwer zu sagen, was nicht
stimmt; **what does that ~ about his
intentions/ the main character?** was sagt
das über seine Absichten/die Hauptper-
son aus?; **that ~s a lot about his character/
state of mind** das läßt tief auf seinen
Charakter/Gemütszustand schließen; **and
that's ~ing a lot** und das will schon etwas
heißen; **that's not ~ing much** das will
nicht viel heißen; **that doesn't ~ much for
him** das spricht nicht für ihn; **that ~s a lot
for him** das spricht für ihn; **there's no ~ing**
das weiß keiner.
  **4. what would you ~ to a whisky/
holiday/game of tennis?** wie wär's mit
einem Whisky/mit Urlaub/, wenn wir
Tennis spielen würden?; **I wouldn't ~ no
to a cup of tea** ich hätte nichts gegen eine
Tasse Tee; **he never ~s no to a drink** er
schlägt einen Drink nie aus, er sagt nie
nein zu einem Drink; **what did he ~ to
your plan?** was hat er zu Ihrem Plan
gesagt?; **I'll offer £500, what do you ~ to
that?** ich biete £ 500, was meinen Sie
dazu?; **what do you ~ we go now?** (*inf*)
was hieltest du davon *or* wie wär's, wenn
wir jetzt gingen?, was meinst du, sollen
wir jetzt gehen?; **shall we ~ Tuesday/£50?**
sagen wir Dienstag/ £ 50?; **what do you
~?** was meinen Sie?
  5. (*exclamatory*) **well, I must ~!** na, ich
muß schon sagen!; **I ~!** (*dated*) na so was!;
(*to attract attention*) hallo!; ~, **what a
great idea!** (*esp US*) Mensch, tolle Idee!
(*inf*); **I should ~ (so)!** das möchte ich doch
meinen!; **you don't ~!** (*also iro*) nein
wirklich?, was du nicht sagst!; **well said!**
(ganz) richtig!; **you('ve) said it!** Sie sagen
es!; **you can ~ that again!** das kann man
wohl sagen!; ~ **no more!** ich weiß
Bescheid!; ~**s who?** (*inf*) wer sagt das?;
and so — all of us und wir stimmen alle zu;
though I ~ it myself wenn ich das mal
selbst sagen darf.
  6. (**it's**) **easier said than done** das ist
leichter gesagt als getan; **no sooner said
than done** gesagt, getan; **when all is said
and done** letzten Endes; **he is said to be
very rich** er soll sehr reich sein, es heißt,
er sei sehr reich; **a building said to have
been built by ...** ein Gebäude, das
angeblich von ... gebaut wurde *or* das von
... gebaut worden sein soll; **it goes without
~ing that ...** es versteht sich von selbst *or*
ist selbstverständlich, daß ...; **that is to ~**
das heißt; (*correcting also*) beziehungs-
weise; **to ~ nothing of the noise/costs** *etc*
von dem Lärm/den Kosten *etc* ganz zu
schweigen *or* mal ganz abgesehen; **to ~
nothing of being ...** davon, daß ich/er *etc*
..., ganz zu schweigen *or* mal ganz ab-
gesehen; **that's not to ~ that ...** das soll
nicht heißen, daß ...; **they ~ ...,** it is said
... es heißt ...; **enough said!** (na ja) genug!
  7. (*suppose*) ~ **it takes three men to ...**
angenommen, man braucht drei Leute,
um zu ...; **if it happens on,** ~, **Wednesday**
wenn es am, sagen wir mal Mittwoch,
passiert?

sayest [ˈseɪəst] (*obs*) *2nd pers sing of* **say**.
saying [ˈseɪɪŋ] *n* Redensart *f*; (*proverb*)

Sprichwort *nt*. **as the ~ goes** wie man so sagt, wie es so schön heißt.

say-so ['seɪsəʊ] *n* (*inf*) (*assertion*) Wort *nt*; (*authority*) Plazet *nt*. **on whose ~?** wer sagt das? (*inf*); mit welchem Recht?

scab [skæb] **I** *n* **1.** (*on cut*) Schorf, Grind *m*. **2.** (*scabies*) Krätze *f*. **3.** (*inf: strikebreaker*) Streikbrecher(in *f*) *m*. **II** *vi* **1.** (*inf*) den Streik brechen. **2.** (*wound*) **to ~ over** Schorf bilden.

scabbard ['skæbəd] *n* Scheide *f*.

scabby ['skæbɪ] *adj* (+*er*) **1.** *skin, hands* schorfig, grindig. **2.** (*having scabies*) räudig.

scabies ['skeɪbi:z] *n* Krätze, Skabies (*spec*) *f*; (*of animal also*) Räude, Schäbe *f*.

scabious ['skeɪbɪəs] *adj* (*having scabies*) räudig.

scabrous ['skeɪbrəs] *adj* (*indecent*) geschmacklos.

scaffold ['skæfəld] *n* (*on building*) Gerüst *nt*; (*for execution*) Schafott *nt*.

scaffolding ['skæfəldɪŋ] *n* Gerüst *nt*. **to put up ~** ein Gerüst aufbauen.

scalawag ['skæləwæg] *n* (*US*) *see* **scallywag**.

scald [skɔːld] **I** *n* Verbrühung *f*. **II** *vt* **1.** *oneself, skin etc* verbrühen. **he was ~ed to death** er erlitt tödliche Verbrennungen *pl*. **2.** *instruments, vegetables* abbrühen; *milk* abkochen.

scalding ['skɔːldɪŋ] *adj* siedend; (*inf: also ~ hot*) siedend heiß.

scale[1] [skeɪl] **I** *n* **1.** (*of fish, snake, skin*) Schuppe *f*; (*of rust*) Flocke *f*; (*of paint*) Plättchen *nt*; (*kettle ~*) Kesselstein *m no pl*. **the ~s fell from his eyes** es fiel ihm wie Schuppen von den Augen.
II *vt fish* (ab)schuppen.
III *vi* (*also ~ off*) sich schuppen; (*paint, rust*) abblättern.

scale[2] **I** *n* (**pair of**) **~s** *pl*, **~** (*form*) Waage *f*; **the S~s** (*Astron*) die Waage; **~-pan** Waagschale *f*; **he turns** *or* **tips the ~s at 80 kilos** er bringt 80 Kilo auf die Waage; **the extra votes have tipped** *or* **turned the ~s in favour of Labour** die zusätzlichen Stimmen gaben den Ausschlag für die Labour Party. **II** *vi* wiegen.

scale[3] *n* **1.** Skala *f*; (*on thermometer etc also*) Gradeinteilung *f*; (*on ruler*) (Maß)-einteilung *f*; (*fig*) Leiter *f*; (*social ~*) Stufenleiter *f*; (*list, table*) Tabelle *f*. **~ of charges** Gebührenordnung *f*, Tarife *pl*.
2. (*instrument*) Meßgerät *nt*.
3. (*Mus*) Tonleiter *f*. **the ~ of G** die G(-Dur)-Tonleiter.
4. (*of map etc*) Maßstab *m*. **on a ~ of 5 km to the cm** in einem Maßstab von 5 km zu 1 cm; **what is the ~?** welchen Maßstab hat es?, in welchem Maßstab ist es?; **to draw sth to ~** etw im Maßstab *or* maßstabgerecht zeichnen.
5. (*fig: size, extent*) Umfang *m*, Ausmaß *nt*. **to entertain on a large/small/different ~** Feste im größeren/im kleineren/in einem anderen Rahmen geben; **large stores buy on a different ~ from small shops** große Kaufhäuser kaufen in ganz anderen Mengen als kleine Geschäfte; **inflation on an unprecedented ~** Inflation von bisher nie gekanntem

Ausmaß; **they differ enormously in ~** sie haben völlig verschiedene Größenordnungen; **a house designed on a magnificent ~** ein in großem Stil *or* großzügig angelegtes Haus; **it's similar but on a smaller ~** es ist ähnlich, nur kleiner; **on a national ~** auf nationaler Ebene.

◆**scale down** *vt sep* (*lit*) verkleinern; (*fig*) verringern. **a sort of ~-d-~ Parthenon** eine Art Parthenon im Kleinformat.

◆**scale up** *vt sep* (*lit*) vergrößern; (*fig*) erhöhen.

scale[4] *vt mountain, wall* erklettern.

scale drawing *n* maßstabgerechte *or* maßstabgetreue Zeichnung; **scale model** *n* maßstabgetreues Modell.

scalene ['skeɪli:n] *adj triangle* ungleichseitig; *cone* schief.

scaliness ['skeɪlɪnɪs] *n* Schuppigkeit *f*.

scaling ladder ['skeɪlɪŋˈlædə'] *n* Sturmleiter *f*.

scallop ['skɒləp] **I** *n* **1.** (*Zool*) Kammmuschel, Jakobsmuschel (*esp Cook*) *f*. **~ shell** (*for cooking*) Muschelschale *f*.
2. ['skæləp] (*loop*) Bogen *m*, bogenförmige Verzierung; (*on linenware*) Feston *m*.
II ['skæləp] *vt* (*decorate with loops*) mit Bögen *or* einem Bogenrand versehen; *pastry also* bogenförmig eindrücken; *linenware* festonieren.

scalloped ['skæləpt] *adj* **1.** mit einem Bogenrand; *linenware* festoniert. **~ edge** Bogen-/Festonrand *m*. **2.** ['skɒləpt] (*Cook*) überbacken.

scallywag ['skælɪwæg] *n* (*inf*) Schlingel (*inf*), Strolch (*inf*) *m*.

scalp [skælp] **I** *n* Kopfhaut *f*; (*as Indian trophy*) Skalp *m*. **to want** *or* **be after** *or* **be out for sb's ~** (*fig*) jdn fertigmachen wollen (*inf*). **II** *vt* skalpieren; (*hum: by barber*) kahlscheren (*hum*).

scalpel ['skælpəl] *n* Skalpell *nt*.

scaly ['skeɪlɪ] *adj* (+*er*) schuppig; *walls* abblätternd.

scamp[1] [skæmp] *n* Frechdachs *m*.

scamp[2] *vt pfuschen or* schludern (*inf*) bei.

scamper ['skæmpə'] **I** *n* **they can go for a ~ in the garden** sie können im Garten herumtollen.
II *vi* (*person, child, puppy*) trippeln, trappeln; (*squirrel, rabbit*) hoppeln; (*mice*) huschen. **the rabbit ~ed down its hole** das Kaninchen verschwand blitzschnell in seinem Loch.

scampi ['skæmpɪ] *npl* Scampi *pl*.

scan [skæn] **I** *vt* **1.** (*search with sweeping movement*) schwenken über (+*acc*); (*person*) seine Augen wandern lassen über (+*acc*); *newspaper, book* überfliegen; (*examine closely*) *horizon* absuchen; (*by radar*) absuchen, abtasten. **he ~ned her face for a sign of emotion** er suchte in ihrem Gesicht nach Anzeichen einer Gefühlsregung.
2. (*TV*) abtasten, rastern.
3. *verse* in Versfüße zerlegen.
II *vi* (*verse*) das richtige Versmaß haben, sich reimen (*inf*). **he couldn't make it ~** er konnte es nicht ins richtige Versmaß bringen.
III *n* (*Med*) Scan *m*; (*in pregnancy*)

Ultraschalluntersuchung f; (picture) Ultraschallaufnahme f.

scandal ['skændl] n **1.** Skandal m. **the ~ of our overcrowded hospitals** unsere skandalös überfüllten Krankenhäuser; **to cause/create a ~** einen Skandal verursachen; (amongst neighbours etc) allgemeines Aufsehen erregen.
2. no pl (gossip) Skandalgeschichten pl; (piece of gossip) Skandalgeschichte f, Skandälchen nt. **the latest ~** der neueste Klatsch or Tratsch (inf).

scandalize ['skændəlaɪz] vt schockieren. **she was ~d** sie war entrüstet or empört (by über +acc).

scandalmonger ['skændl,mʌŋgəʳ] n Klatschmaul nt (inf), Lästerzunge f; **scandalmongering** n Klatschsucht f; (by press) Skandalsucht f.

scandalous ['skændələs] adj skandalös. **a ~ report/tale** eine Skandalgeschichte.

scandalously ['skændələslɪ] adv see adj.

Scandinavia [,skændɪ'neɪvɪə] n Skandinavien nt.

Scandinavian [,skændɪ'neɪvɪən] **I** adj skandinavisch. **II** n Skandinavier(in f) m.

scandium n (abbr Sc) Skandium nt.

scanner ['skænəʳ] n (Rad) Richtantenne f; (TV) Abtaststrahl m.

scansion ['skænʃən] n (Poet) metrische Gliederung; (Sch) Zerlegung f in Versfüße.

scant [skænt] adj (+er) wenig inv; satisfaction, attention, respect also, chance gering; success gering, mager; supply, grazing, amount dürftig, spärlich. **to do ~ justice to sth** einer Sache (dat) wenig or kaum gerecht werden; **a ~ 3 hours** knappe or kaum 3 Stunden.

scantily ['skæntɪlɪ] adv spärlich. **~ provided with ...** mit einem spärlichen or dürftigen Vorrat an (+dat) ...

scantiness ['skæntɪnɪs] n see scanty Spärlichkeit, Dürftigkeit f; Kärglichkeit f; Schütterkeit f; Knappheit f.

scanty ['skæntɪ] adj (+er) amount, supply spärlich, dürftig; vegetation, meal also kärglich; harvest also mager; hair schütter; piece of clothing, supply knapp.

scapegoat ['skeɪpgəʊt] n Sündenbock m. **to be a ~ for sth** für etw der Sündenbock sein; **to use sb/sth as a ~**, **to make sb/sth one's ~** jdm/einer Sache die Schuld zuschieben.

scar [skɑːʳ] **I** n (on skin, tree) Narbe f; (scratch) Kratzer m; (burn) Brandfleck m, Brandloch nt; (fig) (emotional) Wunde f; (on good name) Makel m. **~ tissue** vernarbtes Fleisch.
II vt skin, tree Narben/eine Narbe hinterlassen auf (+dat); furniture zerkratzen; Brandflecken hinterlassen auf (+dat); (fig) person zeichnen. **he was ~red for life** (lit) er behielt bleibende Narben zurück; (fig) er war fürs Leben gezeichnet; **her ~red face** ihr narbiges Gesicht; **the table was ~red with cigarette burns** der Tisch war mit Brandlöchern or Brandflecken von Zigaretten übersät; **his mind was ~red forever by this tragic occurrence** dieses tragische Ereignis hatte ihm tiefe Wunden hinterlassen.

III vi Narben/eine Narbe hinterlassen.

scarab ['skærəb] n Skarabäus m.

scarce [skɛəs] **I** adj (+er) (in short supply) knapp; (rare) selten. **to make oneself ~** (inf) sich rar machen (inf). **II** adv (old) see **scarcely**.

scarcely ['skɛəslɪ] adv **1.** kaum. **~ anybody** kaum einer or jemand; **~ anything** fast or beinahe nichts; **~ ever** kaum jemals, fast or beinahe nie.
2. (not really) wohl kaum. **you can ~ expect him to believe that** Sie erwarten doch wohl nicht or kaum, daß er das glaubt.

scarceness ['skɛəsnɪs], **scarcity** ['skɛəsɪtɪ] n (shortage) Knappheit f; (rarity) Seltenheit f. **because of the ~ of talent among the singers/pupils** weil so wenige Sänger/Schüler wirklich begabt sind; **a ~ of qualified people** ein Mangel m an qualifizierten Kräften; **there are many scarcities in wartime** in Kriegszeiten ist vieles knapp; **scarcity value** Seltenheitswert m.

scare [skɛəʳ] **I** n (fright, shock) Schreck(en) m; (general alarm) Panikstimmung, Hysterie f (about in bezug auf +acc, wegen). **to give sb a ~** jdm einen Schrecken einjagen; (make sb jump also) jdn erschrecken.
II vt einen Schrecken einjagen (+dat); (worry also) Angst machen (+dat); (frighten physically) person, animal erschrecken; birds aufscheuchen. **to be ~d** Angst haben (of vor +dat); **to be easily ~d** sehr schreckhaft sein; (easily worried) sich (dat) leicht Angst machen lassen; (timid: deer etc) sehr scheu sein; **to be ~d stiff** or **to death** or **out of one's wits** (all inf) Todesängste ausstehen, fürchterliche Angst haben; **she was too ~d to speak** sie konnte vor Angst nicht sprechen; **he's ~d of telling her the truth** er getraut sich nicht, ihr die Wahrheit zu sagen.
III vi **I don't ~ easily** ich bekomme nicht so schnell Angst.

◆**scare away** vt sep verscheuchen; people verjagen.

◆**scare off** vt sep **1.** see **scare away**. **2.** (put off) abschrecken (prep obj von).

scarecrow ['skɛəkrəʊ] n (lit, fig) Vogelscheuche f; **scarehead** n (US) Sensationsschlagzeile f; **scaremonger** n Panikmacher m; **scaremongering** n Panikmache(rei) f (inf); **scare tactics** npl Panikmache(rei) f (inf).

scarf [skɑːf] n, pl **scarves** Schal m; (neck ~) Halstuch nt; (head~) Kopftuch nt; (round the shoulders) Schultertuch nt. **~ pin** Brosche, Busen- or Vorstecknadel f.

scarifying ['skɛərɪfaɪɪŋ] adj (inf) beängstigend; film grus(e)lig (inf).

scarlatina [,skɑːlə'tiːnə] n Scharlach m.

scarlet ['skɑːlɪt] **I** n Scharlach(rot) nt. **~ fever** Scharlach m, Scharlachfieber nt. **II** adj (scharlach)rot, hochrot. **to turn ~** hochrot werden, rot anlaufen (inf); **he was ~ with rage** er war rot or knallrot (inf) vor Wut; **a ~ woman** (old, hum) eine verrufene or liederliche Frau.

scarp [skɑːp] n Abhang m.

scarper ['skɑːpəʳ] vi (Brit sl) abhauen (inf).

scarves [skɑːvz] *pl of* **scarf**.

scary ['skeərɪ] *adj* (+*er*) (*inf*) **1.** unheimlich; *house also, film* grus(e)lig (*inf*). **2.** (*nervous*) *horse, person* schreckhaft; (*easily worried*) ängstlich.

scat [skæt] *interj* (*inf*) verschwinde(t).

scathing ['skeɪðɪŋ] *adj* bissig; *remark also* schneidend; *attack* scharf, schonungslos; *look* vernichtend; *criticism* beißend, vernichtend. **to be** ~ **bissige Bemerkungen** *pl* machen (*about* über +*acc*).

scathingly ['skeɪðɪŋlɪ] *adv answer* mit schneidendem Hohn; *look* vernichtend; *criticize, attack* scharf, schonungslos.

scatology [skæ'tɒlədʒɪ] *n* (*Med*) Koprologie *f* (*spec*); (*fig*) Fäkalsprache *f*.

scatter ['skætə'] **I** *n see* **scattering**.
II *vt* **1.** (*distribute at random*) verstreuen; *seeds, gravel,* (*Phys*) *light* streuen (*on, onto* auf +*acc*); *money* verschleudern; (*not group together*) (unregelmäßig) verteilen; *votes* verteilen (*between* auf +*acc*). **to** ~ **sth around** *or* **about** etw überall umherstreuen *or* verstreuen; **to** ~ **sth with sth** etw mit etw bestreuen; **the books were** ~**ed** (**about**) **all over the room** die Bücher lagen im ganzen Zimmer herum *or* verstreut; **white material** ~**ed with blue stars** weißer Stoff mit blauen Sternen besät. **2.** (*disperse*) auseinandertreiben; *army etc also* zersprengen; (*demonstrators, crowd also*) zerstreuen. **his friends were** ~**d all over the country** seine Freunde waren über das ganze Land verstreut *or* zerstreut; **the division was** ~**ed all over the countryside** die Division war über das ganze Gebiet versprengt.
III *vi* sich zerstreuen (*to* in +*acc*); (*in a hurry, in fear*) auseinanderlaufen.

scatterbrain ['skætəbreɪn] *n* (*inf*) Schussel *m* (*inf*); **scatterbrained** ['skætəbreɪnd] *adj* (*inf*) schußlig (*inf*), schusselig (*inf*), zerfahren, flatterhaft; **scatter cushion** *n* (Sofa)kissen *nt*.

scattered ['skætəd] *adj population* gestreut; *villages* verstreut; *clouds, showers* vereinzelt.

scattering ['skætərɪŋ] *n* (*of people*) vereinzeltes Häufchen *nt*; (*Phys: of light, waves*) Streuung *f*. **a** ~ **of books/houses/dots** vereinzelte Bücher *pl*/Häuser *pl*/Punkte *pl*; **a thin** ~ **of snow on the hillside** dünner Schneefall auf dem Hügel.

scatty ['skætɪ] *adj* (+*er*) (*inf*) **1.** (*scatterbrained*) schußlig (*inf*), schusselig (*inf*). **2.** (*mad*) verrückt, närrisch (*inf*).

scavenge ['skævɪndʒ] **I** *vt* (*lit, fig*) ergattern. **the tramp** ~**d food from the bins** der Landstreicher plünderte die Abfalleimer; **the car had been completely** ~**d** das Auto war völlig ausgeschlachtet worden.
II *vi* (*lit*) Nahrung suchen. **jackals live by scavenging** Schakale leben von Aas; **to** ~ **in the bins** die Abfalleimer plündern; **he's always scavenging around in the scrapyards** er durchstöbert dauernd die Schrottplätze.

scavenger ['skævɪndʒə'] *n* (*animal*) Aasfresser *m*; (*fig: person*) Aasgeier *m*.

scenario [sɪ'nɑːrɪəʊ] *n, pl* ~**s** Szenar(ium) *nt*; (*fig*) Szenario *nt*.

scene [siːn] *n* **1.** (*place, setting*) Schauplatz *m*; (*of play, novel*) Ort *m* der Handlung. **the** ~ **of the crime** der Tatort, der Schauplatz des Verbrechens; **the** ~ **of the battle was a small hill** die Schlacht fand auf einem kleinen Hügel statt; **to set the** ~ (*lit, fig*) den richtigen Rahmen geben; **the** ~ **is set in Padua** Ort der Handlung ist Padua, das Stück/der Roman *etc* spielt in Padua; **a change of** ~ **does you good** ein Tapetenwechsel *m* tut dir gut; **to come** *or* **appear on the** ~ auftauchen, auf der Bildfläche erscheinen; **after the accident the police were first on the** ~ nach dem Unfall war die Polizei als erste zur Stelle. **2.** (*description, incident*) Szene *f*. **3.** (*Theat*) Szene *f*. **Act II,** ~ **i** Akt II, 1. Auftritt *or* Szene. **4.** (*Theat: scenery*) Bühnenbild *nt*, Kulisse *f*. **behind the** ~**s** (*lit, fig*) hinter den Kulissen. **5.** (*sight*) Anblick *m*; (*landscape*) Landschaft *f*; (*tableau*) Szene *f*. **they left behind a** ~ **of destruction** sie hinterließen eine Stätte der Verwüstung. **6.** (*fuss, argument*) Szene *f*. **7.** (*inf*) **the London drug/pop** *etc* ~ die Londoner Drogen-/ Popszene *etc* (*sl*); **on the fashion** ~ in der Modewelt; **that's not my** ~ da steh' ich nicht drauf (*sl*); **to know the** ~ *or* **what the** ~ **is** wissen, was läuft (*sl*); **it's a whole different** ~ **here** hier sieht alles ganz anders aus, hier läuft alles ganz anders (*inf*); **to make the** ~ groß herauskommen (*inf*).

scene change *n* Szenenwechsel *m*; **scene painter** *n* Bühnen- *or* Kulissenmaler(in *f*) *m*.

scenery ['siːnərɪ] *n* **1.** (*landscape*) Landschaft *f*. **there was no** ~ **at all to look at** die Landschaft bot überhaupt nichts Sehenswertes; **do you like the** ~? gefällt Ihnen die Gegend? **2.** (*Theat*) Bühnendekoration *f*, Kulissen *pl*.

scene shifter *n* Kulissenschieber *m*.

scenic ['siːnɪk] *adj* **1.** (*of landscape*) landschaftlich. ~ **shots** (*Phot*) Landschaftsaufnahmen *pl*. **2.** (*picturesque*) malerisch. ~ **railway** Touristenbahnlinie *f durch landschaftlich schönes Gebiet,* ≈ Berg-und-Tal-Bahn *f*. **3.** (*theatrical*) bühnentechnisch; filmtechnisch. ~ **effects** (*Theat*) Bühneneffekte *pl*; (*Film*) landschaftliche Effekte *pl*.

scent [sent] **I** *n* **1.** (*smell*) Duft, Geruch *m*. **2.** (*perfume*) Parfüm *nt*. **3.** (*of animal*) Fährte *f*. **to be on the** ~ (*lit, fig*) auf der Fährte *or* Spur sein (*of sb/ sth* jdm/einer Sache); **to lose the** ~ (*lit, fig*) die Spur *or* Fährte verlieren; **to put** *or* **throw sb off the** ~ (*lit, fig*) jdn von der Spur *or* Fährte abbringen *or* ablenken. **4.** (*sense of smell*) Geruchssinn *m*; (*fig*) (Spür)nase *f*.
II *vt* **1.** (*smell, suspect*) wittern. **2.** (*perfume*) parfümieren. **roses** ~**ed the air** der Duft von Rosen erfüllte die Luft.

◆**scent out** *vt sep* (*lit, fig*) aufspüren; *story* ausfindig machen.

scent bottle *n* Parfümfläschchen *nt*; **scent gland** *n* (*pleasant smell*) Duftdrüse *f*; (*unpleasant smell*) Stinkdrüse *f*; **scentless** *adj flower* duftlos, geruchlos; **scent spray** *n* Parfümzerstäuber *m*.

scepter *n* (*US*) *see* **sceptre**.

sceptic, (*US*) **skeptic** [ˈskɛptɪk] *n* Skeptiker(in *f*) *m*.

sceptical, (*US*) **skeptical** [ˈskɛptɪkəl] *adj* skeptisch. **he was ~ about it** er stand der Sache skeptisch gegenüber, er war skeptisch; **I'm ~ about the necessity of this** ich bin skeptisch *or* ich bezweifle, ob das nötig ist.

sceptically, (*US*) **skeptically** [ˈskɛptɪkəlɪ] *adv* skeptisch.

scepticism, (*US*) **skepticism** [ˈskɛptɪsɪzəm] *n* Skepsis *f* (*about* gegenüber).

sceptre, (*US*) **scepter** [ˈsɛptəʳ] *n* Zepter *nt*.

schedule [ˈʃɛdjuːl (*esp Brit*), ˈskɛdʒʊəl] **I** *n* **1.** (*of events*) Programm *nt*; (*of work*) Zeitplan *m*; (*of lessons*) Stundenplan *m*; (*esp US: timetable*) Fahr-/Flugplan *m*; (*US: list*) Verzeichnis *nt*. **what's on the ~ for today?** was steht für heute auf dem Programm?; **according to ~** planmäßig; (*work also*) nach Plan; **the train is behind ~** der Zug hat Verspätung; **the bus was on ~** der Bus war pünktlich *or* kam fahrplanmäßig an; **the building will be opened on ~** das Gebäude wird wie geplant eröffnet werden; **the work is up to ~** die Arbeit verläuft nach Zeitplan; **the work is ahead of/behind ~** wir/sie *etc* sind (mit der Arbeit) dem Zeitplan voraus/in Verzug *or* im Rückstand; **we are working to a very tight ~** wir arbeiten nach einem knapp bemessenen *or* sehr knappen Zeitplan.
2. (*insurance, mortgage ~*) Urkunde *f*; (*US Jur: appendix*) Anhang *m*.
II *vt* planen; (*put on programme, timetable*) ansetzen; (*US: list*) aufführen. **the work is ~d for completion in 3 months** die Arbeit soll (nach dem *or* laut Zeitplan) in 3 Monaten fertig(gestellt) sein; **this is not ~d for this year** das steht für dieses Jahr nicht auf dem Programm; **you are ~d to speak for 20 minutes/tomorrow** für Sie sind 20 Minuten Sprechzeit vorgesehen/ Ihre Rede ist für morgen geplant *or* angesetzt; **trains/buses to New York will be ~d differently** die Abfahrtszeiten der Züge/Busse nach New York werden geändert; **the plane is ~d for 2 o'clock** planmäßige Ankunft/planmäßiger Abflug ist 2 Uhr.

scheduled [ˈʃɛdjuːld (*esp Brit*), ˈskɛdʒʊəld] *adj* vorgesehen, geplant; *departure etc* planmäßig. **~ flight** (*not charter*) Linienflug *m*; (*on timetable*) planmäßiger Flug.

schema [ˈskiːmə] *n*, *pl* -**ta** [ˈskiːmətə] Darstellung *f*; (*Philos*) Schema *nt*.

schematic *adj*, **~ ally** *adv* [skɪˈmætɪk, -əlɪ] schematisch.

scheme [skiːm] **I** *n* **1.** (*plan*) Plan *m*, Programm *nt*; (*project*) Projekt *nt*; (*insurance ~, savings ~*) Programm *nt*; (*pension ~*) Pensionsprogramm *nt or* -plan *m*; (*idea*) Idee *f*.

2. (*plot*) (raffinierter) Plan; (*political also*) Komplott *nt*; (*at court, in firm etc*) Intrige *f*. **the CIA's ~s to discredit Castro** die Machenschaften *pl* des CIA, um Castro zu diskreditieren.
3. (*arrangement, layout*) (*of town centre etc*) Anlage *f*; (*of room etc*) Einrichtung *f*. **rhyme ~** Reimschema *nt*.
4. (*housing ~*) Siedlung *f*.
II *vi* Pläne schmieden *or* aushecken (*inf*); (*at court, in firm etc*) intrigieren. **to ~ for sth** auf etw (*acc*) hinarbeiten.

schemer [ˈskiːməʳ] *n* raffinierter Schlawiner; (*at court, in firm etc*) Intrigant(in *f*), Ränkeschmied (*liter*) *m*. **my mother's a real ~** meine Mutter schmiedet immer ganz raffinierte Pläne.

scheming [ˈskiːmɪŋ] **I** *n* raffiniertes Vorgehen, Tricks *pl* (*inf*); (*of politicians, businessmen etc*) Machenschaften, Schliche *pl*; (*at court, in firm etc*) Intrigen, Ränke (*liter*) *pl*.
II *adj girl, methods, businessman* raffiniert, durchtrieben; *colleague, courtier, politician* intrigant. **her ~ mother-in-law** ihre hinterhältige Schwiegermutter.

schism [ˈsɪzəm] *n* (*Eccl*) Schisma *nt*; (*general also*) Spaltung *f*.

schismatic [sɪzˈmætɪk] **I** *adj* schismatisch. **II** *n* Schismatiker(in *f*) *m*.

schist [ʃɪst] *n* Schiefer *m*.

schizo [ˈskɪtsəʊ] (*inf*) **I** *n*, *pl* **~s** (*schizophrenic*) Schizophrene(r) *mf*; (*crazy*) Verrückte(r) *mf* (*inf*). **II** *adj* (*schizophrenic*) schizophren; (*crazy*) verrückt (*inf*).

schizoid [ˈskɪtsɔɪd] **I** *adj* schizoid. **II** *n* Schizoide(r) *mf*.

schizophrenia [ˌskɪtsəʊˈfriːnɪə] *n* Schizophrenie *f*, Spaltungsirresein *nt*.

schizophrenic [skɪtsəʊˈfrɛnɪk] **I** *adj person, reaction* schizophren. **II** *n* Schizophrene(r) *mf*.

schizophrenically [ˌskɪtsəʊˈfrɛnɪkəlɪ] *adv* schizophren. **a ~ disturbed person** ein Mensch mit Bewußtseinsspaltung.

schmal(t)z [ʃmɔːlts] *n* (*inf*) Schmalz *m* (*inf*).

schnapp(p)s [ʃnæps] *n* Schnaps *m*.

schnitzel [ˈʃnɪtsəl] *n* (Wiener) Schnitzel *nt*.

schnorkel [ˈʃnɔːkl] *n see* **snorkel**.

schnozzle [ˈʃnɒzəl] *n* (*esp US sl*) Zinken *m* (*sl*).

scholar [ˈskɒləʳ] *n* **1.** (*learned person*) Gelehrte(r) *mf*. **the foremost ~s of our time** die führenden Wissenschaftler unserer Zeit; **a famous Shakespeare ~** ein bekannter Shakespearekenner.
2. (*student*) Student(in *f*) *m*; Schüler(in *f*) *m*.
3. (*scholarship holder*) Stipendiat(in *f*) *m*.

scholarliness [ˈskɒləlɪnɪs] *n* (*of person, work*) Gelehrtheit, Gelehrsamkeit *f*. **the ~ of his interests** sein Interesse an hochgeistigen Dingen; **the ~ of his appearance** sein gelehrtes Aussehen.

scholarly [ˈskɒləlɪ] *adj* wissenschaftlich; (*learned*) gelehrt; *interests* hochgeistig. **he's not at all ~** er hat keinen Hang zum Hochgeistigen; (*in his approach*) er geht überhaupt nicht wissenschaftlich vor; **his way of life was very ~** er führte ein sehr beschauliches Leben.

scholarship ['skɒləʃɪp] n 1. (learning) Gelehrsamkeit f. 2. (money award) Stipendium nt, Begabtenförderung f. **to win a ~ to Cambridge** ein Stipendium nt für Cambridge bekommen; **on a ~** mit einem Stipendium; **~ holder** Stipendiat(in f) m.

scholastic [skə'læstɪk] adj 1. (relative to school) schulisch, Schul-; (Univ) Studien-. **the ~ profession** der Lehrberuf. 2. (relative to scholasticism) scholastisch.

scholasticism [skə'læstɪsɪzəm] n Scholastik f.

school[1] [sku:l] I n 1. Schule f; (US: college, university) College nt; Universität f. **at ~** in der Schule/im College/an der Universität; **to go to ~** in die Schule/ins College/zur Universität gehen; **there's no ~ tomorrow** morgen ist schulfrei or keine Schule; **~ of art/dancing** Kunst-/Tanzschule f; **to learn in a tough ~** (fig) durch eine harte Schule gehen.
2. (Univ: department) Fachbereich m; (of medicine, law) Fakultät f. **S~ of Arabic Studies** Institut nt für Arabistik.
3. (group of artists, philosophers etc) Schule f. **he belongs to a different ~ of thought** er vertritt eine andere Lehrmeinung.
II vt lehren; animal dressieren; one's temper zügeln. **to ~ sb in a technique** jdn eine Technik lehren, jdn in einer Technik unterrichten or unterweisen; **he had been ~ed by poverty to ...** Armut hatte ihn gelehrt, ...; **he ~ed himself to control his temper** er hatte sich dazu erzogen, sich zu beherrschen.

school[2] n (of fish) Schule f; (of herrings) Schwarm m.

school in cpds Schul-; **school age** n schulpflichtiges Alter, Schulalter nt; **is he of ~ yet?** ist er schon schulpflichtig or im schulpflichtigen Alter?; **school bag** n Schultasche f; **school board** n (US) Schulbehörde f; (Brit old) Schulaufsichtsrat m (der sich aus geachteten Bürgern zusammensetzt); **schoolboy** I n Schuljunge, Schüler m; II adj attr Pennäler-, Schulbuben-; **schoolchildren** npl Schulkinder, Schüler pl; **schooldays** npl Schulzeit f; **school fees** npl Schulgeld nt; **schoolgirl** n Schulmädchen nt, Schülerin f; **schoolhouse** n (teacher's house) Lehrerhaus nt; (school) Schulhaus nt.

schooling ['sku:lɪŋ] n (education) Ausbildung f. **compulsory ~ was introduced in 1870** 1870 wurde die Schulpflicht eingeführt; **compulsory ~ lasts 11 years** die (gesetzlich) vorgeschriebene Schulzeit dauert 11 Jahre.

school-leaving age ['sku:lli:vɪŋ-] n Schulabgangsalter, Schulentlassungsalter nt; **schoolma'am, schoolmarm** n (pej) Schulmeisterin f (pej); **schoolmaster** n Lehrer m; **schoolmate** n Schulkamerad(in f), Schulfreund(in f) m; **schoolmistress** n Lehrerin f; **schoolroom** n (in school) Klassenzimmer nt; (in private house) Schulzimmer nt; **schoolteacher** n Lehrer(in f) m; **school yard** n Schulhof m; **school year** n Schuljahr nt.

schooner ['sku:nər] n 1. (boat) Schoner m. 2. (sherry glass) großes Sherryglas; (US, Austral: beer ~) hohes Pint-Glas.

schuss [ʃʊs] (Ski) I n Schuß m. II vi (im) Schuß fahren.

schwa [ʃwɑ:] n (Phon) Schwa nt.

sciatic [saɪ'ætɪk] adj Ischias-.

sciatica [saɪ'ætɪkə] n Ischias m or nt.

science ['saɪəns] n 1. Wissenschaft f; (natural ~) Naturwissenschaft f. **to study ~** Naturwissenschaften studieren; **a man of ~** ein Wissenschaftler m; **things that ~ cannot explain** Dinge, die man nicht naturwissenschaftlich erklären kann; **the ~ of cooking** die Kochkunst; **the ~ of life/astrology** die Lehre vom Leben/von den Gestirnen.
2. (systematic knowledge or skill) Technik f. **it wasn't luck that helped me to do it, it was ~!** das war kein Zufall, daß mir das gelungen ist, das war Können.

science fiction n Science-fiction f. **~ novel** Zukunftsroman, Science-fiction-Roman m.

scientific [saɪən'tɪfɪk] adj 1. (of natural sciences) naturwissenschaftlich; apparatus, equipment wissenschaftlich.
2. (systematic, exact) classification, methods etc wissenschaftlich. **a keen but not ~ football player** ein begeisterter, doch technisch schwacher Fußballspieler; **his ~ boxing technique** seine gekonnte Boxtechnik.

scientifically [saɪən'tɪfɪkəlɪ] adv wissenschaftlich; (relating to natural sciences) naturwissenschaftlich; box, fence etc technisch gekonnt. **he approaches sport very ~** der Sport wird bei ihm zur Wissenschaft; **~, his work is ...** vom naturwissenschaftlichen Standpunkt aus ist seine Arbeit ...

scientist ['saɪəntɪst] n (Natur)wissenschaftler(in f) m.

scientology [saɪən'tɒlɪdʒɪ] n Scientology f.

sci-fi ['saɪfaɪ] n (inf) see **science fiction**.

Scillies ['sɪlɪz], **Scilly Isles** ['sɪlɪ aɪlz] npl Scilly-Inseln pl.

scimitar ['sɪmɪtər] n Krummschwert nt.

scintillate ['sɪntɪleɪt] vi funkeln; (fig: person, conversation) vor Geist sprühen.

scintillating ['sɪntɪleɪtɪŋ] adj funkelnd attr; (fig) (witty, lively) wit, humour sprühend attr; person, speech vor Geist sprühend attr; (fascinating) information faszinierend. **to be ~** funkeln; sprühen; vor Geist sprühen; faszinierend sein.

scintillatingly ['sɪntɪleɪtɪŋlɪ] adv **~ witty** vor Geist sprühend.

scion ['saɪən] n 1. (Bot) Schößling m; (for grafting) (Pfropf)reis nt. 2. (form) Nachkomme, Nachfahr m.

scissors ['sɪzəz] n 1. pl Schere f. **a pair of ~** eine Schere. 2. sing (Sport) (also **~ jump**) Schersprung m; (also **~ hold**) Schere f. **~ kick** (Swimming, Ftbl) Scherenschlag m.

sclerosis [sklɪ'rəʊsɪs] n Sklerose f.

scoff[1] [skɒf] I n verächtliche or abschätzige Bemerkung. II vi spotten. **to ~ at sb/sth** jdn/etw verachten; (verbally) sich verächtlich or abschätzig über jdn/etw äußern.

scoff[2] (nf) I n (food) Fressalien pl (inf); (eating) Fresserei f (inf). II vt futtern (*inf*), in sich (*acc*) hineinstopfen (*inf*). **she ~ed (up) the lot** sie hat alles verputzt (*inf*).

scoffer ['skɒfə'] *n* Spötter(in *f*) *m*.

scoffing ['skɒfɪŋ] **I** *n* Spötterei *f*, verächtliche Bemerkungen *pl*. **II** *adj* spöttisch, verächtlich.

scoffingly ['skɒfɪŋlɪ] *adv see adj*.

scold [skəʊld] **I** *vt* (aus)schelten, ausschimpfen (*for* wegen). **she ~ed him for coming home late** sie schimpfte ihn aus, weil er so spät nach Hause gekommen war. **II** *vi* schimpfen. **III** *n* (*person*) Beißzange *f* (*inf*); (*woman also*) Xanthippe *f*.

scolding ['skəʊldɪŋ] *n* Schelte *f* no *pl*; (*act*) Schimpferei *f*. **to give sb a ~** jdn ausschimpfen, jdn (aus)schelten (*geh*).

scollop *n see* **scallop I 1.**

sconce [skɒns] *n* Wandleuchter *m*.

scone [skɒn] *n* brötchenartiges Buttergebäck.

scoop [skuːp] **I** *n* **1.** (*instrument*) Schaufel *f*; (*for ice cream, potatoes etc*) Portionierer *m*; (*ball of ice-cream, potato*) Kugel *f*. **at one ~** (*lit, fig*) auf einmal.

  2. (*inf: lucky gain*) Fang *m* (*inf*).

  3. (*Press*) Knüller *m* (*inf*).

  II *vt* **1.** schaufeln; *liquid* schöpfen.

  2. The Times ~ed the other papers die Times ist den anderen Zeitungen zuvorgekommen.

◆**scoop out** *vt sep* **1.** (*take out*) herausschaufeln; *liquid* herausschöpfen.

  2. (*hollow out*) *melon, marrow etc* aushöhlen; *hole* graben.

◆**scoop up** *vt sep* aufschaufeln; *liquid* aufschöpfen. **she ~ed the child/money ~** sie raffte das Kind/das Geld an sich (*acc*).

scoop neck *n* U-Ausschnitt *m*. **scoop-necked** ['skuːpnekt] *adj* mit U-Ausschnitt.

scoot [skuːt] *vi* (*inf*) (*scram*) abzischen (*sl*); (*walk quickly*) rennen. **~ across and get it!** spritz mal rüber und hol's! (*inf*).

scooter ['skuːtə'] *n* (Tret)roller *m*; (*motor ~*) (Motor)roller *m*.

scope [skəʊp] *n* **1.** (*of topic, idea, investigation*) Umfang *m*; (*of law, measures*) Reichweite *f*; (*of sb's duties, department, tribunal*) Kompetenzbereich *m*. **sth is within the ~ of sth** etw hält sich *or* bleibt im Rahmen einer Sache (*gen*); **sth is within the ~ of sb's duties/a department** *etc* etw fällt in jds Aufgabenbereich (*acc*)/ in den Kompetenzbereich einer Abteilung *etc*; **sth is beyond** *or* **outside the ~ of sth** etw geht über etw (*acc*) hinaus; **that's beyond the ~ of his duties/this department** das geht über seinen Aufgabenbereich/den Kompetenzbereich dieser Abteilung hinaus.

  2. (*extent of one's perception, grasp*) Fassungsvermögen *nt*; (*of talents, knowledge*) Umfang *m*. **that job would be beyond my ~** diese Arbeit würde meine Fähigkeiten übersteigen; **that is beyond my ~** *or* **the ~ of my understanding** das übersteigt mein Fassungsvermögen; **that job is within his ~** diese Arbeit liegt im Bereich seiner Fähigkeiten.

  3. (*opportunity*) Möglichkeit(en *pl*) *f*; (*to develop one's talents*) Entfaltungsmöglichkeit *f*; (*to use one's talents*) Spiel-

raum *m*. **there is ~ for improvement** es könnte noch verbessert werden; **to give sb ~ to do sth** jdm den nötigen Spielraum geben, etw zu tun; **that job gave his ability/imaginative powers full ~** in diesem Beruf konnten sich seine Fähigkeiten/ konnte sich seine Phantasie frei entfalten; **he was given full ~ to start new projects** man gab ihm freie Hand, neue Vorhaben durchzuführen.

scorbutic [skɔːˈbjuːtɪk] *adj* skorbutisch.

scorch [skɔːtʃ] **I** *n* (*also* ~ **mark**) verbrannte *or* versengte Stelle, Brandfleck *m*.

  II *vt* versengen. **the sun ~ed our faces** die Sonne brannte auf unsere Gesichter; **~ed earth policy** (*Mil*) Politik der verbrannten Erde.

  III *vi* **1. the sun ~ed down** die Sonne brannte herunter.

  2. (*become ~ed*) **that dress will ~ easily** das Kleid kann man leicht versengen.

  3. (*inf: go fast*) rasen (*inf*).

scorcher ['skɔːtʃə'] *n* (*inf*) **yesterday was a real ~** gestern war eine Knallhitze (*inf*) **his speech was quite a ~** das war eine gepfefferte Rede (*inf*).

scorching ['skɔːtʃɪŋ] *adj* (*very hot*) *sun, iron* glühend heiß; *day, weather* brütend heiß, knallheiß (*inf*); (*inf: very fast*) *speed* rasend; *driver* rasant; (*fig: scathing*) gepfeffert (*inf*).

score [skɔː'] **I** *n* **1.** (*number of points*) (Punkte)stand *m*; (*of game, Sport also*) Spielstand *m*; (*final ~*) Spielergebnis *nt*. **what was your ~ in the test?** wie viele Punkte hast du bei dem Test erreicht *or* gemacht? (*inf*); **England didn't get a very good ~** England hat nicht sehr gut abgeschnitten; (*in game, test also*) England hat nicht sehr viele Punkte erzielt; (*Ftbl etc also*) England hat nicht sehr viele Tore erzielt *or* geschossen; **the ~ was Celtic 2, Rangers 1** es stand 2:1 für Celtic (gegen Rangers); (*final ~*) Celtic schlug Rangers (mit) 2:1; **to keep (the) ~** (mit)zählen; (*officially*) Punkte zählen; (*on scoreboard*) Punkte anschreiben; **what's the ~?** wie steht es?; (*fig also*) wie sieht es aus? (*on* mit) (*inf*); **he doesn't know the ~** (*lit*) er weiß nicht, wie es steht; (*fig*) er weiß nicht, was gespielt wird (*inf*); **to make a ~ with sb** (*fig*) jdn stark beeindrucken.

  2. (*reckoning, grudge*) Rechnung *f*. **what's the ~?** was bin ich schuldig?, wieviel macht das?; **to pay off old ~s** alte Schulden begleichen; **to have a ~ to settle with sb** mit jdm eine alte Rechnung zu begleichen haben.

  3. (*Mus*) (*printed music*) Noten *pl*; (*of classical music also*) Partitur *f*; (*of film, musical*) Musik *f*.

  4. (*line, cut*) Rille, Kerbe *f*; (*on body*) Kratzer *m*; (*weal*) Striemen *m*.

  5. (*20*) zwanzig. **~s of ...** (*many*) Hunderte von ..., jede Menge ... (*inf*); **a ~ of people** zwanzig Leute; **3 ~ years and 10** (*old*) 70 Jahre; **~s and ~s** hundertmal, zigmal (*inf*); **by the ~** massenweise (*inf*).

  6. (*reason, ground*) Grund *m*. **on that ~** aus diesem Grund, deshalb.

  II *vt* **1.** erzielen; *marks, points also*

bekommen; *goals also* schießen; *runs also* schaffen. **he ~d an advantage over his opponent** er war gegenüber seinem Gegner im Vorteil; **each correct answer ~s five points** jede richtige Antwort zählt fünf Punkte; **to ~ a point off sb** (*fig*) auf jds Kosten (*acc*) glänzen, jdn ausstechen; **to ~ a hit with sb** jdn stark beeindrucken; **he ~d a hit with his book** er hatte einen durchschlagenden Erfolg mit seinem Buch.

2. (*groove*) einkerben, Rillen/eine Rille machen in (+*acc*); (*mark*) Kratzer/einen Kratzer machen in (+*acc*); (*Cook*) *fat, meat etc* einschneiden. **the wall is heavily ~d with lines** die Wand weist tiefe Rillen auf; **the mountainside had been ~d by glaciers** Gletscher hatten ihre Spuren am Berg hinterlassen.

3. (*Mus*) schreiben.

III *vi* **1.** einen Punkt erzielen *or* machen (*inf*); (*Sport also*) punkten; (*Ftbl etc*) ein Tor schießen; **to ~ well/badly** gut/schlecht abschneiden; (*in game, test etc also*) eine gute/keine gute Punktzahl erreichen; (*Ftbl etc also*) viele/wenig Tore schießen; **that's where he ~s** (*fig*) das ist sein großes Plus.

2. (*keep ~*) (mit)zählen.

3. (*sl: sexually*) **did you ~ with her?** hast du sie aufs Kreuz gelegt? (*sl*).

4. (*sl: obtain drugs*) sich (*dat*) Stoff beschaffen.

◆**score off I** *vt sep* (*delete*) ausstreichen. **II** *vi* +*prep obj* **to ~ ~ sb** jdn als dumm hinstellen.

◆**score out** *or* **through** *vt sep* aus- *or* durchstreichen.

◆**score up** *vt sep* anschreiben (*to sb* für jdn). **~ it ~ to me** (*fig*) eins zu null für mich (*inf*).

scoreboard ['skɔːbɔːd] *n* Anzeigetafel *f*; (*on TV*) Tabelle *f* der Spielergebnisse; **scorecard** *n* Spielprotokoll *nt*; (*Golf*) Zählkarte *f*; **scorekeeper** *n* (*official*) (*Sport*) Anschreiber *m*; (*in quiz etc*) Punktezähler *m*; **who's the ~** wer zählt (mit)?

scorer ['skɔːrər] *n* **1.** (*Ftbl etc: player*) Torschütze *m*. **Chelsea were the highest ~s** Chelsea schoß die meisten Tore; **the leading ~ in the quiz** der, der die meisten Punkte im Quiz erzielt. **2.** *see* **scorekeeper**.

score sheet *n* Spielbericht(sbogen) *m*, Protokoll *nt*.

scoring ['skɔːrɪŋ] **I** *n* Erzielen *nt* eines Punktes; (*Sport also*) Punkten *nt*; (*Ftbl etc*) Tor(schuß *m*) *nt*; (*scorekeeping*) Zählen *nt*. **X did most of the ~** X erzielte *or* machte (*inf*) die meisten Punkte; (*Ftbl etc*) X schoß die meisten Tore.

II *adj suf* **a low-/high-~ match** ein Spiel, in dem wenig/viele Punkte/Tore erzielt wurden; **a fast-~ batsman** ein Schlagmann, der schnell Punkte erzielt.

scorn ['skɔːn] **I** *n* (*disdain*) Verachtung *f*; (*verbal also*) Hohn *m*. **to laugh sb/sth to ~** jdn höhnisch verlachen/etw mit Hohnlachen quittieren; **to pour ~ on sth** etw verächtlich abtun.

II *vt* (*treat scornfully*) verachten;

(*condescendingly*) verächtlich behandeln; (*turn down*) *gift, advice* verschmähen; *idea* mit Verachtung von sich weisen. **to ~ to do sth** es für seiner (*gen*) unwürdig halten, etw zu tun; **to ~ sb as sth** jdn verächtlich als etw abtun.

scornful ['skɔːnfʊl] *adj* verächtlich; *laughter also, person* spöttisch, höhnisch. **to be ~ of sb/sth** jdn/etw verachten; (*verbally*) jdn/etw verhöhnen; **to be ~ about sb/sth** sich über jdn/etw verächtlich äußern.

scornfully ['skɔːnfəlɪ] *adv see adj.*

scornfulness ['skɔːnfʊlnɪs] *n* Verachtung *f* (*of* für).

Scorpio ['skɔːpɪəʊ] *n* (*Astrol*) Skorpion *m*.

scorpion ['skɔːpɪən] *n* Skorpion *m*.

Scot [skɒt] *n* Schotte *m*, Schottin *f*.

Scotch [skɒtʃ] **I** *adj* schottisch. **~ egg** *hartgekochtes Ei in Wurstbrät, paniert und ausgebacken;* **~ fir** Föhre *f*, (gemeine) Kiefer; **~ tape**® Tesafilm®*m*; **~ terrier** Scotchterrier *m*, schottischer Terrier.

II *n* **1.** (*~ whisky*) Scotch *m*. **2. the ~** *pl* die Schotten *pl*.

scotch [skɒtʃ] *vt rumour* aus der Welt schaffen; *idea, plan* unterbinden, einen Riegel vorschieben (+*dat*). **the rain has ~ed that** der Regen hat uns (*dat*) einen Strich durch die Rechnung gemacht (*inf*).

Scotchman ['skɒtʃmən], **Scotchwoman** ['skɒtʃwʊmən] *n see* **Scotsman, Scotswoman.**

scot-free ['skɒt'friː] *adv* ungeschoren. **to get off ~** ungeschoren davonkommen.

Scotland ['skɒtlənd] *n* Schottland *nt*.

Scots [skɒts] **I** *adj* schottisch. **II** *n* (*dialect*) Schottisch *nt*. **the ~** (*people*) die Schotten *pl*.

Scotsman ['skɒtsmən] *n* Schotte *m*; **Scots pine** *n* Föhre *f*, (gemeine) Kiefer; **Scotswoman** *n* Schottin *f*.

Scotticism ['skɒtɪsɪzəm] *n* schottischer Ausdruck.

Scottie ['skɒtɪ] *n* **1.** (*also ~ dog*) Scotchterrier *m*, schottischer Terrier. **2.** (*inf: Scotsman*) Schotte *m*.

Scottish ['skɒtɪʃ] **I** *adj* schottisch. **II** *n* **1.** (*dialect*) Schottisch *nt*. **2. the ~** *pl* die Schotten *pl*.

scoundrel ['skaʊndrəl] *n* (*dated*) Schurke *m*; (*inf*) Bengel *m*.

scoundrelly ['skaʊndrəlɪ] *adj* schurkisch.

scour[1] ['skaʊər] **I** *vt* scheuern. **II** *n* Scheuern *nt*. **give the pan a good ~** scheuern Sie den Topf gründlich.

◆**scour away** *or* **off** *vt sep* abscheuern; *rust* abreiben.

◆**scour out** *vt sep pan* ausscheuern.

scour[2] *vt area, town, shops* absuchen, abkämmen (*for* nach).

◆**scour about** *or* **around** *vi* herumsuchen (*for* nach).

scourer ['skaʊərər] *n* Topfkratzer *m*.

scourge [skɜːdʒ] **I** *n* (*lit, fig*) Geißel *f*. **II** *vt* **1.** geißeln. **2.** (*fig*) (*punish*) (be)strafen; (*devastate*) heimsuchen; (*verbally*) geißeln (*geh*).

scouse [skaʊs] *n* Liverpooler Dialekt.

scout[1] [skaʊt] **I** *n* **1.** (*Mil*) (*person*) Kundschafter, Späher *m*; (*ship, plane*) Aufklärer *m*.

2. (*reconnaissance*) Erkundung *f*; (*Mil*)

Aufklärung *f*; (*search*) Suche *f*. **on the ~ auf Erkundung/auf der Suche; to have a ~ about** *or* **(a)round for sth** sich nach etw umsehen.

3. Pfadfinder *m*; (*US: girl* ~) Pfadfinderin *f*.

4. (*football ~ etc*) Kundschafter, Spion *m*; (*talent* ~) Talentsucher *m*.

5. (*employed by motoring organization*) Pannenhelfer *m*.

6. (*Brit Univ*) *Diener m für die College-Studenten*.

II *vi* erkunden, auskundschaften. **they were ~ing inside enemy territory sie waren auf Erkundung in feindlichem Gebiet; to ~ for sth** nach etw Ausschau *or* Umschau halten; **he was ~ing for new talent** er war auf Talentsuche.

◆**scout about** *or* **around** *vi* sich umsehen (*for* nach).

◆**scout out** *vt sep* (*Mil*) auskundschaften; (*inf*) aufstöbern.

scout² *vt* proposal verwerfen; *rumour etc* aus der Welt schaffen.

scout car *n* Aufklärungsfahrzeug *nt*; (*heavier*) Aufklärungs- *or* Spähpanzer *m*.

scouting ['skaʊtɪŋ] **I** *n* **1.** Erkunden, Auskundschaften *nt*; (*Mil*) Aufklärung *f*; (*looking*) Suche *f* (*for* nach); (*for talent*) Talentsuche *f*. **2.** (*scout movement*) Pfadfinderei *f* (*inf*), Pfadfindertum *nt*. **II** *adj attr* Pfadfinder-.

scout master *n* Gruppenführer *m*; **scout movement** *n* Pfadfinderbewegung *f*; **scout troop** *n* Pfadfindergruppe *f*.

scow [skaʊ] *n* Prahm *m*.

scowl [skaʊl] **I** *n* unmutiger Ausdruck, finsterer Blick, böses Gesicht. **to give sb a ~** jdn böse ansehen. **II** *vi* ein böses *or* finsteres Gesicht machen. **to ~ at sb** jdn böse ansehen.

scowling ['skaʊlɪŋ] *adj* mißmutig.

scrabble ['skræbl] *vi* (*also ~ about*) (herum)tasten; (*among movable objects*) (herum)wühlen.

scrag [skræg] **I** *n* (*also ~ end*) Hals *m*. **II** *vt* (*sl*) person abmurksen (*inf*).

scragginess ['skrægɪnɪs] *n* Magerkeit *f*; (*of meat*) minderwertige Qualität, Sehnigkeit *f*.

scraggy ['skrægɪ] *adj* (*+er*) dürr; *meat* minderwertig, sehnig.

scram [skræm] *vi* (*inf*) abhauen (*sl*).

scramble ['skræmbl] **I** *n* **1.** (*climb*) Kletterei *f*. **we went for a ~ in the hills** wir sind in den Bergen herumgeklettert.

2. (*mad dash*) Gerangel, Gedrängel *nt*.

3. (*Motor sport*) Querfeldeinrennen *nt*.

II *vt* **1.** pieces, letters (untereinander- *or* ver)mischen.

2. eggs verquirlen, verrühren. **~d eggs** Rührei(er *pl*) *nt*.

3. (*Telec*) *message* chiffrieren, verschlüsseln; *line* an das Verschlüsselungsgerät anschließen.

III *vi* **1.** (*climb*) klettern; (*over mountains, rocks also*) kraxeln (*inf*). **he ~d to his feet** er rappelte sich auf (*inf*); **to ~ through the hedge** durch die Hecke kriechen *or* krabbeln (*inf*).

2. (*struggle*) **to ~ for sth/to get sth** sich um etw balgen *or* raufen/sich balgen *or*

raufen, um etw zu bekommen; *for ball etc* um etw kämpfen/darum kämpfen, etw zu bekommen; *for bargains, job, good site* sich um etw drängeln/sich drängeln, um etw zu bekommen; **they ~d for the escalator** sie drängelten sich zur Rolltreppe vor.

3. (*Aviat*) einen Soforteinsatz fliegen. **~!** höchste Alarmstufe.

scrambler ['skræmblə'] *n* (*Telec*) Verschlüsselungs- *or* Chiffriergerät *nt*.

scrap¹ [skræp] **I** *n* **1.** (*small piece*) Stückchen *nt*; (*fig*) bißchen *no pl*; (*of papers also, of conversation, news*) Fetzen *m*; (*of truth*) Fünkchen *nt*, Spur *f*; (*of poetry*) Fragment *nt*. **there isn't a ~ of food in the house** es ist überhaupt nichts *or* kein Bissen zu essen im Haus; **his few ~s of German** seine paar Brocken Deutsch; **a few ~s of information** ein paar magere Auskünfte; **not a ~!** nicht die Spur!; **not a ~ of evidence** nicht der geringste Beweis; **that won't help a ~** das hilft kein bißchen.

2. (*usu pl: leftover*) Rest *m*.

3. (*waste material*) Altmaterial *nt*, Altwaren *pl*; (*metal*) Schrott *m*; (*paper*) Altpapier *nt*. **these bits are ~** diese Sachen werden nicht mehr gebraucht; **are these notes ~?** können die Notizen weggeworfen werden?; **what is your car worth as ~?** wie hoch ist der Schrottwert Ihres Autos?

II *vt* car, ship etc verschrotten; *furniture, clothes* ausrangieren; *idea, plan etc* fallenlassen; *piece of work* wegwerfen. **~ that** (*inf: forget it*) vergiß es!

scrap² (*inf*) **I** *n* Balgerei *f*; (*verbal*) Streiterei *f*. **to get into** *or* **have a ~ with sb** mit jdm in die Wolle geraten (*inf*). **II** *vi* sich balgen; (*verbal*) sich streiten.

scrapbook ['skræpbʊk] *n* Sammelalbum *nt*; **scrap dealer** *n* Altwarenhändler *m*; (*in metal*) Schrott- *or* Altmetallhändler *m*.

scrape [skreɪp] **I** *n* **1.** (*act*) **to give sth a ~** *see vt* 1., 2.

2. (*mark, graze*) Schramme *f*.

3. (*sound*) Kratzen *nt*. **the ~ of his feet on the gravel** das Knirschen seiner Füße auf dem Kies; **a nasty ~ as she caught the lamppost** ein ekelhaftes Ratschen, als sie den Laternenpfahl streifte.

4. (*difficulty*) Schwulitäten *pl* (*inf*). **to get sb out of a ~** jdm aus der Patsche *or* Klemme helfen (*inf*).

II *vt* **1.** (*make clean or smooth*) potatoes, carrots etc schaben; *plate, wall, shoes* abkratzen; *dish, saucepan* auskratzen. **that's really scraping the (bottom of the) barrel** (*fig*) das ist wirklich das Letzte vom Letzten.

2. car schrammen; *wall, gatepost* streifen; *arm, knee* auf- *or* abschürfen. **the paint was ~d in the crash** der Lack bekam bei dem Unfall Kratzer.

3. (*grate against*) kratzen an (*+dat*). **he ~d his bow across the violin** er kratzte mit dem Bogen auf der Geige; **he ~d his nail along the glass** er kratzte mit dem Nagel über das Glas.

4. (*make by scraping*) hole scharren. **to ~ a living** gerade so sein Auskommen haben; **he ~d a living as a freelance**

reporter er hielt sich als freier Reporter gerade so über Wasser (*inf*).

III *vi* **1.** (*make clean*) kratzen.

2. (*rub*) streifen (*against acc*); (*grate*) kratzen (*against* an +*dat*). **the bird's broken wing ~d along the ground** der gebrochene Flügel des Vogels schleifte am Boden; **as he ~d past me** als er sich an mir vorbeizwängte; **the car ~d past the gatepost** der Wagen fuhr um Haaresbreite am Torpfosten vorbei.

3. (*be economical*) knapsen (*inf*), knausern.

◆**scrape along** *vi* sich schlecht und recht durchschlagen (*inf*) (*on* mit).

◆**scrape away I** *vi* herumkratzen (*at* an + *dat*). **II** *vt sep* abkratzen.

◆**scrape by** *vi* (*lit*) sich vorbeizwängen; (*fig*) sich durchwursteln (*inf*) (*on* mit).

◆**scrape in** *vi* **he just managed to ~** er ist gerade noch hineingerutscht (*inf*).

◆**scrape off I** *vi* sich abkratzen lassen. **II** *vt sep* abkratzen (*prep obj* von).

◆**scrape out** *vt sep* auskratzen, ausschaben; *eyes of potato, bad parts* ausschneiden.

◆**scrape through I** *vi* (*lit*) (*object*) gerade so durchgehen; (*person*) sich durchzwängen; (*in exam*) durchrutschen (*inf*). **II** *vi* +*prep obj narrow gap* sich durchzwängen durch; *exam* durchrutschen durch (*inf*).

◆**scrape together** *vt sep leaves* zusammenharken, zusammenrechen; *money* zusammenkratzen; *people* zusammenbringen, organisieren; *support* organisieren.

◆**scrape up** *vt sep* (*lit*) aufkratzen, zusammenkratzen; *money* auftreiben (*inf*); *support* organisieren.

scraper ['skreɪpə^r] *n* (*tool*) Spachtel *m*; (*at door*) Kratzeisen *nt*.

scrap heap *n* Schrotthaufen *m*. **to be thrown on the ~** (*thing*) zum Schrott geworfen werden; (*person*) zum alten Eisen geworfen werden; (*idea*) über Bord geworfen werden.

scrapings ['skreɪpɪŋz] *npl* (*of food*) Reste *pl*; (*potato ~*) Schalen *pl*; (*carrot ~*) Schababfälle, Schabsel *pl*; (*metal ~*) Späne *pl*. **~ of old paint/of rust** abgekratzte alte Farbe/abgekratzter Rost.

scrap iron *n* Alteisen *nt*; **scrap merchant** *n* Schrotthändler(in *f*) *m*; **scrap metal** *n* Schrott *m*, Altmetall *nt*.

scrappiness ['skræpɪnɪs] *n* (*of knowledge*) Lückenhaftigkeit *f*. **she apologized for the ~ of the meal** sie entschuldigte sich für das zusammengestoppelte Essen; **his essay/book was criticized for its ~** sein Aufsatz/Buch wurde als zusammengestückelt *or* zusammengestoppelt kritisiert.

scrappy ['skræpɪ] *adj* (+*er*) zusammengestückelt, zusammengestoppelt (*inf*); *knowledge* lückenhaft.

scrap yard *n* Schrottplatz *m*.

scratch [skrætʃ] **I** *n* **1.** (*mark*) Kratzer *m*.

2. (*act*) **to give sb a ~** jdn kratzen; **to have a ~** sich kratzen; **a ~ of the pen** ein Federstrich *m*.

3. (*sound*) Kratzen *nt no pl*.

4. to start from ~ (*ganz*) von vorn(e) anfangen; (*Sport*) ohne Vorgabe anfangen; **to start sth from ~** etw ganz von

vorne anfangen; *business* etw aus dem Nichts aufbauen; **to learn a language/a new trade from ~** eine Sprache ganz von Anfang an *or* von Grund auf erlernen/ einen neuen Beruf von der Pike auf *or* von Grund auf erlernen; **to be** *or* **come up to ~** (*inf*) die Erwartungen erfüllen, den Anforderungen entsprechen; **he/it is not quite up to ~ yet** (*inf*) er/es läßt noch zu wünschen übrig; **to bring sb up to ~** jdn auf Vordermann bringen (*inf*).

II *adj attr* **1.** *meal* improvisiert; *crew, team* zusammengewürfelt. **2.** (*with no handicap*) ohne Vorgabe.

III *vt* **1.** kratzen; *hole* scharren; (*leave ~es on*) zerkratzen. **she ~ed the dog's ear** sie kratzte den Hund am Ohr; **to ~ sth away** etw abkratzen; **we ~ed our names in the wood** wir ritzten unsere Namen ins Holz; **to ~ a living** (*dat*) einen kümmerlichen Lebensunterhalt verdienen; **he ~ed a living out of** *or* **from the soil** er konnte sich nur mühsam von den Erträgen des Bodens ernähren; **to ~ one's head** (*lit, fig*) sich am Kopf kratzen; **if you ~ my back, I'll ~ yours** (*fig*) eine Hand wäscht die andere; **to ~ the surface of sth** (*fig*) etw oberflächlich berühren.

2. to ~ sb/sb's name off a list jdn/jds Namen von *or* aus einer Liste streichen.

3. (*Sport etc*) (*withdraw*) streichen; *horse* zurückziehen.

IV *vi* **1.** (*make ~ing movement/noise*) kratzen; (*in soil etc*) scharren; (*~ oneself*) sich kratzen.

2. (*become ~ed*) **the new paint will ~ easily/won't ~** die neue Farbe bekommt leicht Kratzer/keine Kratzer.

3. (*Sport*) zurücktreten. **to ~ from** nicht antreten zu.

◆**scratch about** *or* **around** *vi* (*lit*) herumscharren; (*fig inf*) sich umtun (*inf*) *or* umsehen (*for* nach).

◆**scratch out** *vt sep* auskratzen; (*cross out*) ausstreichen.

◆**scratch together** *see* **scratch up 2.**

◆**scratch up** *vt sep* **1.** (*lit*) ausscharren. **2.** (*fig*) *money* zusammenkratzen; *team* zusammenbringen, auftreiben (*inf*).

scratchily ['skrætʃɪlɪ] *adv* kratzend.

scratchiness ['skrætʃɪnɪs] *n* Kratzen *nt*.

scratch line *n* (*US*) (*in races*) Startlinie *f*; (*jumping*) Absprunglinie *f*; (*throwing*) Abwurflinie *f*; **scratch method** *n* (*Med*) (*test*) Skarifikation *f* (*spec*); (*inoculation*) Ritzmethode *f*; **scratch pad** *n* (*US*) Notizblock *m*; **scratch paper** *n* (*US*) Notizpapier *nt*; **scratch test** *n* (*Med*) Kutanreaktionstest, Einreibungstest *m*.

scratchy ['skrætʃɪ] *adj* (+*er*) *sound, pen* kratzend *attr*; *record* zerkratzt; *feel, sweater* kratzig. **does his beard feel ~?** kratzt sein Bart?; **my old record-player has a rather ~ tone** mein alter Plattenspieler kracht ziemlich.

scrawl [skrɔːl] **I** *n* Krakelei *f*, Gekrakel *nt* (*inf*); (*handwriting*) Klaue *f* (*inf*); (*inf: message*) gekritzelte Nachricht.

II *vt* hinschmieren (*inf*), hinkritzeln. **it's been ~ed all over** es war ganz vollgeschmiert.

III *vi* krakeln (*inf*), schmieren.

scrawny ['skrɔ:nɪ] *adj* (+*er*) dürr.

scream [skri:m] **I** *n* **1.** Schrei *m*; (*of saw, tyres*) Kreischen *nt*; (*of engines, siren*) Heulen *nt*. **there were ~s of laughter from the audience** das Publikum kreischte vor Lachen; **to give a ~** einen Schrei ausstoßen; **a ~ of pain/fear** ein Schmerzensschrei/ein Angstschrei *m*. **2.** (*fig inf*) **to be a ~** zum Schreien sein (*inf*).

II *vt* schreien; *command* brüllen; (*fig: headlines*) ausschreien. **to ~ sth at sb** jdm etw zuschreien; **to ~ one's head off** (*inf*) sich (*dat*) die Lunge aus dem Leib *or* Hals schreien; **to ~ oneself hoarse** sich heiser schreien *or* brüllen.

III *vi* schreien; (*saw, tyres*) kreischen; (*wind, engine, siren*) heulen. **to ~ at sb** jdn anschreien; **to ~ for sth** nach etw schreien; **to ~ with pain** vor Schmerzen schreien; **to ~ with laughter** vor Lachen kreischen; **the newspaper headlines ~ed at him** (*fig*) die Schlagzeilen schrien ihm entgegen.

◆**scream out I** *vi* aufschreien. **to ~ ~ for sth** (*lit, fig*) nach etw schreien. **II** *vt sep* ausschreien; (*person*) hinausschreien; *name* schreien, rufen; *warning* ausstoßen.

screaming ['skri:mɪŋ] *adj* (*lit, fig*) schreiend; *saw, tyres* kreischend; *wind, engine, siren* heulend.

screamingly ['skri:mɪŋlɪ] *adv*: **~ funny** (*inf*) zum Schreien komisch (*inf*).

scree [skri:] *n* Geröll *nt*. **~ slope** Geröllhalde *f*, Geröllfeld *nt*.

screech [skri:tʃ] **I** *n* Kreischen *nt no pl*; (*of women, tyres also, of brakes*) Quietschen *nt no pl*; (*of owl*) Schrei *m*; (*of whistle*) Schrillen *nt no pl*. **the car stopped with a ~ of brakes** das Auto hielt mit quietschenden Bremsen; **to give a ~ of laughter** vor Lachen kreischen; **~ owl** Schleiereule *f*.

II *vt* schreien; *high notes* quietschen; (*fig: headlines*) ausschreien.

III *vi* kreischen; (*women, brakes, tyres also*) quietschen. **to ~ with pain** vor Schmerzen schreien; **to ~ with laughter** vor Lachen kreischen; **to ~ with delight** vor Vergnügen quietschen; **jet planes ~ing over the housetops** Düsenflugzeuge, die heulend über die Hausdächer fliegen.

screed [skri:d] *n* Roman *m* (*inf*). **to write ~s** (*inf*) ganze Romane schreiben (*inf*).

screen [skri:n] **I** *n* **1.** (*protective*) Schirm *m*; (*for privacy etc*) Wandschirm *m*; (*as partition*) Trennwand *f*; (*against insects*) Fliegenfenster *nt*; (*against light*) Verdunklungsschutz *m*; (*fig*) (*for protection*) Schutz *m*; (*of trees*) Wand *f*; (*of mist, secrecy*) Schleier *m*; (*of indifference*) Mauer *f*. **~ of smoke** Rauchschleier *m*, Nebelwand *f*; **protected by a ~ of destroyers** durch eine Zerstörerflotte geschützt.

2. (*Film*) Leinwand *f*; (*TV, radar ~*) (Bild)schirm *m*. **stars of the ~** Filmstars *pl*; **to write for the ~** für den Film/das Fernsehen schreiben; **the small ~** die Mattscheibe.

3. (*sieve*) (Gitter)sieb *nt*.
4. (*in church*) Lettner *m*.
5. (*Cricket*) *see* **sight ~.**

II *vt* **1.** (*hide*) verdecken; (*protect*) abschirmen; (*fig*) schützen (*from* vor +*dat*), abschirmen (*from* gegen). **to ~ the windows/doors** (*with screen*) einen Schirm vor die Fenster/ Türen stellen; (*with fabric*) die Fenster/Türen verhängen; (*against light*) die Fenster/Türen verdunkeln; (*against insects*) Fliegenfenster an den Fenstern/Türen anbringen; **to ~ sth from the enemy** etw vor dem Feind tarnen *or* verbergen; **he ~ed his eyes from the sun** er schützte die Augen vor der Sonne.

2. *TV programme* senden; *film* vorführen.

3. (*sift*) sieben.
4. (*investigate*) überprüfen.

◆**screen off** *vt sep* (durch einen Schirm/ Vorhang/eine Wand *etc*) abtrennen.

screening ['skri:nɪŋ] *n* **1.** (*of applicants, security risks*) Überprüfung *f*. **2.** (*of film*) Vorführung *f*; (*TV*) Sendung *f*.

screenplay ['skri:npleɪ] *n* Drehbuch *nt*; **screen-print I** *n* Siebdruck *m*; **II** *vt* im Siebdruckverfahren drucken; **screen-printing** *n* Siebdruck(verfahren *nt*) *m*; **screen test** *n* Probeaufnahmen *pl*.

screw [skru:] **I** *n* **1.** (*Mech*) Schraube *f*. **he's got a ~ loose** (*inf*) bei dem ist eine Schraube locker (*inf*); **to put the ~s on sb** (*inf*) jdm die Daumenschrauben anlegen (*inf*).

2. (*Naut, Aviat*) Schraube *f*, Propeller *m*.

3. (*action*) Drehung *f*. **to give sth a ~** an etw (*dat*) drehen.

4. (*Brit dated: of salt etc*) Salz-/Tabaksbeutelchen *or* -tütchen *nt* (*mit zusammengezwirbeltem Ende*).

5. (*sl: sexual intercourse*) Nummer *f* (*sl*). **he/she is a good ~** er/sie bumst gut (*inf*); **to have a ~** vögeln (*sl*), bumsen (*inf*).

6. (*Brit sl: wage*) **he earns a good ~** er verdient einen schönen Zaster (*sl*).

7. (*Brit sl: prison officer*) Schließer (*inf*), Kapo (*dial*) *m*.

II *vt* **1.** schrauben (*to an* +*acc*, *onto* auf +*acc*). **he ~ed his head round** er drehte seinen Kopf herum; **she ~ed her handkerchief into a ball** sie knüllte ihr Taschentuch zu einem Knäuel zusammen; **he ~ed his face into a smile** er verzog das Gesicht zu einem Lächeln.

2. (*inf: put pressure on*) in die Mangel nehmen (*inf*). **to ~ sb for sth** etw aus jdm herausquetschen (*inf*).

3. (*sl: have intercourse with*) bumsen (*inf*), vögeln (*sl*).

III *vi* **1.** (*can be ~ed*) sich schrauben lassen; (*fasten with screw*) angeschraubt werden.

2. (*sl: have intercourse*) bumsen (*inf*), vögeln (*sl*).

◆**screw down** *vt sep* an- *or* festschrauben.

◆**screw in I** *vt sep* (hin)einschrauben (*prep obj, -to* in +*acc*). **II** *vi* (hin)eingeschraubt werden (*prep obj, -to* in +*acc*).

◆**screw off I** *vt sep* abschrauben (*prep obj* von). **II** *vi* abgeschraubt werden (*prep obj* von).

◆**screw on I** *vt sep* anschrauben. **to ~ sth ~(to) sth** etw an etw (*acc*) schrauben; *lid, top* etw auf etw (*acc*) schrauben; **it was**

~ed ~ tightly es war festgeschraubt; (lid, top) es war fest zugeschraubt; to have one's head ~ed ~ (the right way) (inf) ein vernünftiger Mensch sein.

    II vi aufgeschraubt werden; (be fastened with screws) angeschraubt werden.

◆screw out I vt sep herausschrauben (of aus). to ~ sth ~ of sb (inf) money etw aus jdm herausquetschen (inf); concessions etw aus jdm herauspressen. II vi herausgeschraubt werden.

◆screw together I vt sep zusammenschrauben. II vi zusammengeschraubt werden.

◆screw up vt sep 1. screw, nut anziehen.
    2. (crush) paper, material zusammenknüllen, zerknüllen.
    3. eyes zusammenkneifen; face verziehen. to ~ one's courage seinen ganzen Mut zusammennehmen; to ~ oneself ~ to do sth sich aufraffen, etw zu tun.
    4. (sl: spoil) vermasseln (inf).
    5. (sl: make uptight) sb neurotisch machen. he's so ~ed ~ er ist total verkorkst (inf), der hat einen Knacks weg (sl); to be ~ed ~ about sth in bezug auf etw (acc) total neurotisch sein.

screwball ['skru:bɔ:l] (esp US sl) I n Spinner(in f) m (inf); II adj hirnverbrannt (inf); screwdriver n Schraubenzieher m.

screwed [skru:d] adj (Brit sl: drunk) voll (sl), fett (sl).

screw top n Schraubverschluß m; screw-topped ['skru:ˌtɒpt] adj mit Schraubverschluß.

screwy ['skru:ɪ] adj (+er) (inf) verrückt, bekloppt (sl); person, humour komisch, schrullig.

scribal ['skraɪbl] adj Schreib-; (copying) Abschreib-.

scribble ['skrɪbl] I n Gekritzel nt no pl; (note) schnell hingekritzelte Nachricht.
    II vt hinkritzeln. to ~ sth on sth etw auf etw (acc) kritzeln; paper ~d (over) with notes mit Notizen vollgekritzeltes Papier; to ~ sth down etw hinkritzeln.
    III vi 1. kritzeln. the children ~d all over the wallpaper die Kinder haben die ganze Tapete vollgekritzelt.
    2. (inf: write novel etc) schreiben.

scribbler ['skrɪblər] n (inf) Schreiberling m.

scribbling block ['skrɪblɪŋˌblɒk], scribbling pad ['skrɪblɪŋˌpæd] n (Brit) Schreibblock, Notizblock m.

scribe [skraɪb] n Schreiber m; (Bibl) Schriftgelehrte(r) m.

scrimmage ['skrɪmɪdʒ] I n (US Ftbl) Gedränge nt; (inf: struggle also) Rangelei f (inf); (Rugby) offenes Gedränge. ~s with the police Handgemenge nt mit der Polizei. II vi sich drängen.

scrimp [skrɪmp] vi sparen, knausern. to ~ and save geizen und sparen.

script [skrɪpt] I n 1. (style of writing) Schrift f; (joined writing) Schreibschrift f; (handwriting) Handschrift f; (Typ: cursive) Kursivdruck m.
    2. (Sch, Univ) (schriftliche) Arbeit.
    3. (of play, documentary) Text m; (screenplay) Drehbuch nt; (of talk etc) (Manu)skript nt.

    II vt den Text schreiben zu/das

Drehbuch/(Manu)skript schreiben für. a ~ed discussion eine vorbereitete Diskussion.

script girl n (Film) Scriptgirl nt.

scriptorium [skrɪp'tɔ:rɪəm] n, pl scriptoria [skrɪp'tɔ:rɪə] Schreibstube f (eines Klosters).

scriptural ['skrɪptʃərəl] adj Bibel-; characters biblisch.

scripture ['skrɪptʃər] n 1. S~, the S~s die (Heilige) Schrift; the Hindu ~s die heiligen Schriften or Bücher der Hindus.
    2. (Sch) Religion f.

scriptwriter ['skrɪptˌraɪtər] n Textautor(in f) m/Drehbuchautor(in f) m/Verfasser(in f) m des (Manu)skripts.

scrivener ['skrɪvənər] n (Hist) Schreiber m.

scroll [skrəʊl] n Schriftrolle f; (decorative) Schnörkel m; (volute, of violin) Schnecke f.

Scrooge [skru:dʒ] n Geizhals m.

scrotum ['skrəʊtəm] n (Anat) Hodensack m, Skrotum nt (spec).

scrounge [skraʊndʒ] (inf) I vi 1. (sponge) schnorren (inf) (off, from bei). he ~d off his parents for years er hat seinen Eltern jahrelang auf der Tasche (inf).
    2. (hunt) to ~ around for sth nach etw herumsuchen.
    II vt schnorren (inf), abstauben (inf) (from, off bei).
    III n (inf) to be on the ~ am Schnorren or Abstauben sein (inf); to have a ~ round for sth sich nach etw umgucken (inf).

scrounger ['skraʊndʒər] n (inf) Schnorrer m (inf).

scrounging ['skraʊndʒɪŋ] n (inf) Schnorrerei f (inf).

scrub¹ [skrʌb] n Gebüsch, Gestrüpp nt; (also ~land) Gestrüpp nt; (tropical) Busch(land nt) m.

scrub² I n Schrubben nt no pl. to give sth a ~/a good ~ etw schrubben/gründlich abschrubben; ~woman (US) Scheuer- or Putzfrau f. II vt schrubben; vegetables putzen; (inf: cancel) abblasen (inf); idea abschreiben (inf).

◆scrub up vi sich (dat) die Hände waschen or schrubben (inf).

scrubber ['skrʌbər] n (Brit sl) (billiges) Flittchen.

scrubbing brush ['skrʌbɪŋˌbrʌʃ] n Schrubbürste, Wurzelbürste f.

scrubby ['skrʌbɪ] adj (+er) bushes, beard struppig; countryside Busch-, mit Buschwerk bewachsen; chin stoppelig.

scruff¹ [skrʌf] n by the ~ of the neck am Genick.

scruff² n (inf: scruffy person) schlampig or vergammelt (inf) aussehende Person; (woman also) Schlampe f (inf); (man also) abgerissener Typ (inf).

scruffily ['skrʌfɪlɪ] adv (inf) vergammelt (inf).

scruffiness ['skrʌfɪnɪs] n (inf) vergammelter Zustand (inf), vergammeltes Aussehen (inf).

scruffy ['skrʌfɪ] adj (+er) (inf) vergammelt (inf); house, park also verlottert (inf), verwahrlost.

scrum [skrʌm] n (Rugby) Gedränge nt. ~ half Gedrängehalbspieler m.

scrummage [ˈskrʌmɪdʒ] *n* offenes Gedränge.

scrumptious [ˈskrʌmpʃəs] *adj* (*inf*) *meal etc* lecker; *girl* zum Anbeißen (*inf*).

scrumpy [ˈskrʌmpɪ] *n* ≈ Most *m* (*S Ger, Aus, Sw*) (*starker Cider in Südwestengland*).

scrunch [skrʌntʃ] I *n* Knirschen *nt*.
II *vt* his feet ~ed the gravel/snow der Kies/Schnee knirschte unter seinen Füßen.
III *vi* (*gravel, snow*) knirschen. he came ~ing up the garden path er ging mit knirschenden Schritten den Gartenweg hinauf.

scruple [ˈskruːpl] I *n* Skrupel *m*. ~s (*doubts*) (moralische) Bedenken *pl*; I have certain ~s about that ich habe da meine Bedenken; to be without ~, to have no ~s keine Skrupel haben. II *vi* not to ~ to do sth keine Skrupel haben, etw zu tun.

scrupulous [ˈskruːpjʊləs] *adj* (*person*) gewissenhaft; *honesty, fairness* unbedingt, kompromißlos; *cleanliness* peinlich; *account* (peinlich) genau. he is not too ~ in his business dealings/in matters of cleanliness er hat keine allzu großen Skrupel bei seinen Geschäften/er nimmt es mit der Sauberkeit nicht so genau.

scrupulously [ˈskruːpjʊləslɪ] *adv* (*honestly, conscientiously*) gewissenhaft; (*meticulously*)*exact, clean* peinlich; *fair, careful* äußerst.

scrupulousness [ˈskruːpjʊləsnɪs] *n* (*honesty, fairness*) Gewissenhaftigkeit *f*; (*meticulousness*) (peinliche) Genauigkeit.

scrutineer [ˌskruːtɪˈnɪər] *n* (*Brit Pol*) Wahlprüfer(in *f*) *m*.

scrutinize [ˈskruːtɪnaɪz] *vt* (*examine*) (genau) untersuchen; (*check*) genau prüfen; *votes* prüfen; (*stare at*) prüfend ansehen, mustern. to ~ sth for sth etw auf etw (*acc*) untersuchen *or* prüfen.

scrutiny [ˈskruːtɪnɪ] *n* 1. (*examination*) Untersuchung *f*; (*checking*) (Über-)prüfung *f*; (*of person*) Musterung *f*; (*stare*) prüfender *or* musternder Blick. 2. (*Pol*) Wahlprüfung *f*.

scuba [ˈskuːbə] *n* (Schwimm)tauchgerät *nt*. ~ diver (Sport-) taucher(in *f*) *m*.

scud [skʌd] *vi* flitzen; (*clouds*) jagen.

scuff [skʌf] I *vt* abwetzen. don't ~ your feet like that! schlurf nicht so! II *vi* schlurfen. III *n* 1. (~ mark) abgewetzte Stelle. 2. (*US: slipper*) Pantolette *f*.

scuffle [ˈskʌfl] I *n* (*skirmish*) Rauferei *f* (*inf*), Handgemenge *nt*. II *vi* (*have skirmish*) sich raufen; (*make noise*) poltern; (*mice etc*) trippeln. to ~ with the police ein Handgemenge *nt* mit der Polizei haben.

scull [skʌl] I *n* (*oar*) Skull *nt*; (*boat*) Skullboot *nt*. II *vt* rudern. III *vi* rudern, skullen.

scullery [ˈskʌlərɪ] *n* Spülküche *f*. ~~maid Küchenmagd *f*.

sculpt [skʌlpt] I *vt see* **sculpture II.** II *vi* bildhauern (*inf*). he ~s for a living er verdient sich (*dat*) seinen Lebensunterhalt als Bildhauer.

sculptor [ˈskʌlptər] *n* Bildhauer(in *f*) *m*.

sculptress [ˈskʌlptrɪs] *n* Bildhauerin *f*.

sculptural [ˈskʌlptʃərəl] *adj* plastisch; (*of statues*) bildhauerisch. the ~ work on the cathedral die Skulpturenarbeit der Kathedrale.

sculpture [ˈskʌlptʃər] I *n* (*art*) Bildhauerkunst, Skulptur *f*; (*work*) Bildhauerei *f*; (*object*) Skulptur, Plastik *f*.
II *vt* formen, arbeiten; (*in stone*) hauen, meißeln; (*in clay etc*) modellieren. he ~d the tombstone out of marble er haute den Grabstein in Marmor.

scum [skʌm] *n* 1. (*on liquid*) Schaum *m*; (*residue*) Rand *m*. a pond covered in green ~ ein mit einer grünen Schleimschicht bedeckter Teich.
2. (*pej inf*) (*collective*) Abschaum *m*; (*one individual*) Dreck(s)kerl *m* (*inf*). the ~ of the earth der Abschaum der Menschheit.

scupper [ˈskʌpər] I *n* Speigatt *nt*. II *vt* 1. (*Naut*) versenken. 2. (*Brit inf*) (*ruin*) zerschlagen. if he finds out, we'll be ~ed wenn er das erfährt, sind wir erledigt (*inf*).

scurf [skɜːf] *n* Schuppen *pl*.

scurrility [skʌˈrɪlɪtɪ] *n* (*abusiveness*) Ehrenrührigkeit *f*; (*of person*) verleumderische Art; (*abusive remark*) Verleumdung, Verunglimpfung *f*; (*indecency*) Zotigkeit, Unflätigkeit *f*; (*indecent remark*) zotige *or* unflätige Bemerkung.

scurrilous [ˈskʌrɪləs] *adj* (*abusive*) verleumderisch; *remark, attack, story also* ehrenrührig; (*indecent*) unflätig, zotig.

scurrilously [ˈskʌrɪləslɪ] *adv see adj.*

scurry [ˈskʌrɪ] I *n* (*hurry*) Hasten *nt*; (*sound*) Trippeln *nt*. there was a ~ to leave the room alle hatten es eilig, das Zimmer zu verlassen.
II *vi* (*person*) hasten; (*with small steps*) eilig trippeln; (*animals*) huschen. to ~ along entlanghasten/entlangtrippeln/entlanghuschen; they scurried out of the classroom sie hatten es alle eilig, aus dem Klassenzimmer zu kommen; to ~ for shelter sich (*dat*) eilig einen Unterschlupf suchen.

scurvy [ˈskɜːvɪ] *n* Skorbut *m*.

scut [skʌt] *n* Stummelschwanz *m*.

scuttle[1] [ˈskʌtl] *n* Kohleneimer *m*.

scuttle[2] *vi* (*person*) trippeln; (*animals*) hoppeln; (*spiders, crabs etc*) krabbeln. she/it ~d off in a hurry sie/es flitzte davon.

scuttle[3] (*Naut*) I *n* Luke *f*. II *vt* versenken.

scythe [saɪð] I *n* Sense *f*. II *vt* (mit der Sense) mähen.

Scythia [ˈsɪθɪə] *n* Skythien *f*.

SE *abbr of* **south-east** SO.

sea [siː] *n* 1. Meer *nt*, See *f*. by ~ auf dem Seeweg; to travel by ~ mit dem Schiff fahren; a town by *or* on the ~ eine Stadt am Meer *or* an der See; (out) at ~ auf See; as I looked out to ~ als ich aufs Meer hinausblickte; to be all at ~ (*fig*) nicht durchblicken (with bei) (*inf*); I'm all at ~ about how to answer this question ich habe keine Ahnung, wie ich die Frage beantworten soll; to go to ~ zur See gehen; to put to ~ in See stechen.
2. (*state of the ~*) See *f no pl*, Seegang *m*. heavy/strong ~s schwere/rauhe See.
3. (*fig*) Meer *nt*. a ~ of faces ein Meer

von Gesichtern; **a ~ of flame** ein Flammenmeer.

sea air n Seeluft f; **sea anemone** n Seeanemone f; **sea bathing** n Baden nt im Meer; **sea battle** n Seeschlacht f; **seabed** n Meeresboden, Meeresgrund (geh) m; **sea bird** n Seevogel m; **seaboard** n (US) Küste f; **seaborne** adj trade See-; fruit, articles etc auf dem Seeweg befördert; **seaborne goods** Seefrachtgüter pl; **sea breeze** n Seewind m; **sea coast** n Meeresküste f; **sea cow** n Seekuh f; **sea cucumber** n Seegurke, Seewalze f; **sea dog** n (inf: sailor) Seebär m; (seal) Seehund m; **sea elephant** n Elefantenrobbe f, See-Elefant m; **seafarer** n Seefahrer m; **seafaring** I adj nation, people seefahrend; boat hochseetüchtig; **~ man** Seefahrer m; II n Seefahrt f; **seafish** n See- or Meeresfisch m; **seafog** n Küstennebel, Seenebel m; **seafood** n Meeresfrüchte pl; **sea front** n (beach) Strand m; (promenade) Strandpromenade f; **seagoing** adj boat etc hochseetüchtig; nation, family Seefahrer-; **seagull** n Möwe f; **seahorse** n Seepferdchen nt; **seakale** n See- or Strandkohl m.

seal¹ [siːl] I n (Zool) Seehund m; (~skin) Seal m. II vi Seehunde jagen. **to go ~ing** auf Seehundfang or -jagd gehen; **to go on a ~ing expedition** an einer Seehundjagd teilnehmen.

seal² I n 1. (impression in wax etc) Siegel nt; (against unauthorized opening) Versiegelung f; (of metal) Plombe f; (die) Stempel m; (ring) Siegelring m; (decorative label) Aufkleber m. **the police put ~s on the door** die Polizei versiegelte die Tür; **under the ~ of secrecy** unter dem Siegel der Verschwiegenheit; **the ~ of the confessional** das Beichtgeheimnis; **~ of quality** Gütesiegel nt; **to put one's or the ~ of approval on sth** einer Sache (dat) seine offizielle Zustimmung geben; **to set one's ~ to sth** (lit, fig) unter etw (acc) sein Siegel setzen; **this set the ~ on their friendship** das besiegelte ihre Freundschaft.

    2. (airtight closure) Verschluß m; (washer) Dichtung f.

    II vt versiegeln; envelope, parcel also zukleben; (with wax) siegeln; (make air- or watertight) joint, container abdichten; porous surface versiegeln; (fig: settle, finalize) besiegeln. **~ed envelope** verschlossener Briefumschlag; **~ed orders** versiegelte Order; **~ the meat before adding the stock** Poren (durch rasches Anbraten) schließen und dann Fleischbrühe hinzufügen; **my lips are ~ed** meine Lippen sind versiegelt; **this ~ed his fate** dadurch war sein Schicksal besiegelt.

◆**seal in** vt sep einschließen. **this process ~s all the flavour** dieses Verfahren erhält das volle Aroma.

◆**seal off** vt sep absperren, abriegeln.

◆**seal up** vt sep versiegeln; parcel, letter zukleben; crack, windows abdichten.

sea legs npl: **to get or find one's ~** (inf) standfest werden.

sealer¹ ['siːlə^r] n (boat) Robbenfänger m;

(person also) Robbenjäger m.

sealer² n (varnish) (Ver)siegeler m.

sea level n Meeresspiegel m. **above/below ~** über/unter dem Meeresspiegel.

sealing wax ['siːlɪŋˌwæks] n Siegelwachs nt.

sea lion n Seelöwe m.

sealskin ['siːlskɪn] n Seehundfell nt, Seal m.

Sealyham ['siːlɪəm] n Sealyham-Terrier m.

seam [siːm] I n 1. Naht f; (furrow in skin) Falte, Furche f; (scar) Narbe f; (Naut) Fuge f. **to come apart at the ~s** aus den Nähten gehen; **to be bursting at the ~s** (lit, fig) aus allen Nähten platzen (inf).

    2. (Geol) Flöz nt.

    II vt (sew, join) nähen; (fig: mark with lines) durchziehen.

seaman ['siːmən] n, pl **-men** [-mən] Seemann m.

seaman-like ['siːmənlaɪk] adj seemännisch; **seaman-ship** n Seemannschaft f.

sea mile n Seemeile f.

seamless ['siːmlɪs] adj stockings nahtlos; cardigan ohne Nähte.

seamstress ['semstrɪs] n Näherin f.

seam-welding ['siːmˌweldɪŋ] n Nahtverschweißung f.

seamy ['siːmɪ] adj (+er) düster. **the ~ side of life** die Schattenseite des Lebens.

séance ['seɪɑ̃ːns] n spiritistische Sitzung, Séance f.

sea pink n (gemeine) Grasnelke; **sea plane** n Wasserflugzeug nt; **sea port** n Seehafen m; **sea power** n Seemacht f.

sear [sɪə^r] vt 1. (burn: hot metal, water etc) verbrennen; (pain) durchzucken; (Med: cauterize) ausbrennen; (Cook: brown quickly) rasch anbraten; (fig) zutiefst treffen.

    2. (scorch, wither: sun, wind) ausdörren, austrocknen.

search [sɜːtʃ] I n (hunt: for lost object, missing person etc) Suche f (for nach); (examination: of cupboard, luggage, suspect etc) Durchsuchung f (of gen); (esp Jur: of documents) Nachforschungen pl (of über +acc). **right of ~** Durchsuchungsrecht nt; **to go in ~ of sb/sth** auf die Suche nach jdm/etw gehen; **to make a ~ in or of a house** eine Haus(durch)suchung machen; **to make a ~ for sb/sth** nach jdm/etw suchen; **they arranged a ~ for the missing child** sie veranlaßten eine Suchaktion nach dem vermißten Kind.

    II vt (for nach) durchsuchen; archives, records suchen in (+dat), durchforschen; conscience erforschen; memory, sb's face durchforschen. **to ~ a place for sb/sth** einen Ort nach jdm absuchen/nach etw durch- or absuchen; **~ me!** (inf) was weiß ich? (inf).

    III vi suchen (for nach).

◆**search about** or **around** vi herumstöbern.

◆**search out** vt sep heraussuchen; person ausfindig machen, aufspüren; cause herausfinden.

◆**search through** vi +prep obj durchsuchen; papers, books durchsehen.

searcher ['sɜːtʃə^r] n (customs, police etc) Durchsuchungsbeamte(r) m, Durch-

suchungsbeamtin *f*. **the ~s** (*search party*)
die Suchmannschaft *f*.

searching *adj*, **~ly** *adv* ['sɜ:tʃɪŋ, -lɪ] *look*
prüfend, forschend; *question* durchdringend, sondierend.

searchlight ['sɜ:tʃlaɪt] *n* Suchscheinwerfer
m; **search party** *n* Suchmannschaft *f*;
search warrant *n* Durchsuchungsbefehl
m.

searing ['sɪərɪŋ] *adj heat* glühend; *pain also*
scharf; *ind* glühend heiß; (*fig*) *grief, sense
of loss* quälend.

seascape ['si:skeɪp] *n* Seestück *nt*; **sea ser-
pent** *n* Seeschlange *f*; **sea shanty** *n*
Seemannslied *nt*; **sea shell** *n* Muschel-
(schale) *f*; **seashore** *n* Strand *m*; **on the ~**
am Strand; **seasick** *adj* seekrank;
seasickness *n* Seekrankheit *f*; **seaside**
I *n* **at the ~** am Meer; **to go to the ~** ans
Meer fahren; **II** *attr resort, town* See-; *con-
cert* Strand-; **~ holidays/activities** Ferien/
Vergnügungsmöglichkeiten am Meer;
sea snake *n* (*Zool*) Seeschlange *f*.

season ['si:zn] **I** *n* **1.** (*of the year*) Jahreszeit
f. **rainy/monsoon ~** Regen-/Monsunzeit *f*.
2. (*social ~, sporting ~ etc*) Saison *f*.
holiday **~** Urlaubszeit *f*; **nesting/hunting
~** Brut-/Jagdzeit *f*; **the football ~** die Fuß-
ballsaison; **the strawberry ~** die Erdbeer-
zeit; **strawberries are in ~/out of ~ now**
für Erdbeeren ist jetzt die richtige/nicht
die richtige Zeit; **their bitch is in ~** ihre
Hündin ist läufig; **in and out of ~** an-
dauernd, jahrein (und) jahraus; **at the
height of the ~/London ~** in der *or* zur
Hochsaison/auf dem Höhepunkt der Lon-
doner Saison; **the ~ of good will** (*Christ-
mas*) die Zeit der Nächstenliebe; **"S~'s
greetings"** ,,fröhliche Weihnachten und
ein glückliches neues Jahr".
3. (*Theat*) Spielzeit *f*. **they did a ~ at La
Scala** sie spielten eine Saison lang an der
Scala; **for a ~** eine Spielzeit lang.
4. (*fig liter*) **in due ~** zu gegebener Zeit;
in good ~ rechtzeitig.
II *vt* **1.** *food* würzen; (*fig: temper*)
durchsetzen.
2. *wood* ablagern; (*fig: inure*) *troops*
stählen.

seasonable ['si:zənəbl] *adj* **1.** *dress,
weather etc* der Jahreszeit entsprechend
attr. **2.** (*form: timely*) *advice, rebuke* zur
rechten Zeit.

seasonal ['si:zənl] *adj employment, wor-
kers, rates etc* Saison-; *disease* jahreszeit-
lich bedingt.

seasoned ['si:znd] *adj* **1.** *food* gewürzt.
2. *timber* abgelagert. **3.** (*fig: experienced*)
erfahren; *troops also* kampfgestählt.

seasoning ['si:znɪŋ] *n* (*Cook*) Gewürz *nt*;
(*fig*) Würze *f*.

season ticket *n* (*Rail*) Zeitkarte *f*; (*Theat*)
Abonnement *nt*. **~ holder** Inhaber(in*f*) *m*
einer Zeitkarte; Abonnent(in *f*) *m*.

seat [si:t] **I** *n* **1.** (*place to sit*) (Sitz)platz *m*;
(*actual piece of furniture*) Sitz *m*; (*usu pl:
~ing*) Sitzgelegenheit *f*. **to have a front ~
at the opera** in der Oper in den vorderen
Reihen sitzen; **driver's *or* driving ~** Fah-
rersitz *m*; **an aircraft with 250 ~s** ein Flug-
zeug mit 250 Plätzen *or* Sitzen; **we'll have
to borrow some ~s** wir werden uns wohl

ein paar Stühle borgen müssen; **to lose
one's ~** seinen Platz verlieren *or* loswer-
den (*inf*); **will you keep my ~ for me?**
würden Sie mir meinen Platz freihalten?;
I've booked two ~s ich habe zwei Plätze
reservieren lassen; *see* **take**.
2. (*of chair etc*) Sitz *m*, Sitzfläche *f*; (*of
trousers*) Hosenboden *m*; (*buttocks*) Hin-
terteil *nt*. **he picked him up by the ~ of his
pants** er packte ihn beim Hosenboden.
3. (*on committee*) Sitz *m*. **a ~ in Parlia-
ment** ein Sitz im Parlament, ein Mandat *nt*;
to win a ~ ein Mandat gewinnen; **his ~ is
in Devon** sein Wahlkreis *m* ist in Devon.
4. (*centre*) (*of government, commerce
etc*) Sitz *m*; (*of fire, trouble*) Herd *m*. **~ of
learning** Stätte *f* der Gelehrsamkeit.
5. (*country ~, bishop's ~ etc*) Sitz *m*.
6. (*of rider*) Sitz *m*. **to keep/lose one's ~**
im Sattel bleiben/aus dem Sattel fallen.
II *vt* **1.** *person etc* setzen. **to ~ oneself**
sich setzen; **to be ~ed** sitzen; **please be
~ed** bitte, setzen Sie sich; **to remain ~ed**
sitzen bleiben.
2. (*have sitting room for*) **the car/table/
sofa ~s 4** im Auto/am Tisch/auf dem Sofa
ist Platz für 4 Personen; **the theatre ~s 900**
das Theater hat 900 Sitzplätze.
3. (*Tech: fix in place*) einpassen.
4. (*base*) **the development board was
~ed in Edinburgh** die Entwicklungs-
behörde hatte ihren Sitz in Edinburgh.
III *vi* (*skirt etc: go baggy*) ausbeulen,
sich durchsitzen.

seat belt *n* Sicherheits- *or* Sitzgurt *m*. **to
fasten one's ~, to put one's ~ on** sich an-
schnallen, seinen Sicherheitsgurt an-
legen; **"fasten ~s"** ,,bitte anschnallen".

seating ['si:tɪŋ] *n* Sitzgelegenheiten, Sitz-
plätze *pl*. **~ arrangements** Sitzordnung *f*;
~ plan (*Theat etc*) Sitzplan, Bestuhlungs-
plan *m*; **~ room** Platz *m* zum Sitzen.

SEATO ['si:təʊ] *abbr of* **South-East Asia
Treaty Organization** SEATO *f*.

sea transport *n* Seetransport *m*; **sea trip** *n*
Seereise *f*; **sea trout** *n* Meerforelle *f*; **sea
urchin** *n* Seeigel *m*; **sea wall** *n* Deich *m*;
seaward **I** *adj direction, course* aufs Meer
hinaus; **~wind** Seewind *m*; **II** *adv* (*also
seawards*) see- *or* meerwärts; **sea water**
n Meer- *or* Seewasser *nt*; **seaway** *n*
(*route*) Seestraße *f*; (*waterway*) Wasser-
weg *m or* -straße *f*; **seaweed** *n* (Meeres)-
alge *f*, (See)tang *m*, Seegras *nt*; **sea-
worthy** *adj* seetüchtig.

sebaceous [sɪ'beɪʃəs] *adj* Talg-. **~ glands**
Talgdrüsen *pl*.

seborrhoea, (*US*) **seborrhea** [sebə'rɪə] *n*
Seborrhö(e) *f*.

sebum ['si:bəm] *n* Talg *m*.

secant ['si:kənt] *n* **1.** Sekans *m*. **2.** (*line*)
Sekante *f*.

secateurs [‚sekə'tɜ:z] *npl* Gartenschere *f*.

secede [sɪ'si:d] *vi* sich abspalten.

secession [sɪ'seʃən] *n* Abspaltung *f*; (*US
Hist*) Sezession *f*.

secessionist [sɪ'seʃənɪst] **I** *adj* Sezessions-,
sezessionistisch. **II** *n* Sezessionist(in *f*) *m*.

seclude [sɪ'klu:d] *vt* absondern.

secluded [sɪ'klu:dɪd] *adj spot, house*
abgelegen; *life* zurückgezogen, abge-
schieden.

seclusion [sɪ'klu:ʒən] n (act of secluding) Absondern nt, Absonderung f; (being secluded) Abgeschlossenheit, Zurückgezogenheit, Abgeschiedenheit f; (of house, spot) Abgelegenheit f.

second[1] ['sekənd] I adj zweite(r, s). **the ~ floor** (Brit) der zweite Stock; (US) der erste Stock; **a ~ Goethe** ein zweiter Goethe; **every ~ house** jedes zweite Haus; **to be ~** Zweite(r, s) sein; **to be ~ to none** unübertroffen or unerreicht sein; **in ~ place** (Sport etc) an zweiter Stelle; **in the ~ place** (secondly) zweitens; **to be ~ in command** (Mil) stellvertretender Kommandeur sein; (fig) der zweite Mann sein; **~ violin/tenor** zweite Geige/zweiter Tenor; **I won't tell you a ~ time** ich sage dir das kein zweites Mal; **you won't get a ~ chance** die Möglichkeit kriegst du so schnell nicht wieder (inf); **the ~ thing he did was (to) get himself a drink** als zweites holte er sich etwas zu trinken; see **fiddle, string, wind**[1].

II n 1. **the ~** (in order) der/die/das zweite; (in race, class etc) der/die/das Zweite; **to come a poor/good ~** einen schlechten/guten zweiten Platz belegen; **Elizabeth the S~** Elizabeth die Zweite.

2. (Aut) der zweite Gang. **to drive in ~** im zweiten Gang or im Zweiten fahren.

3. (Brit Univ: degree) mittlere Noten bei Abschlußprüfungen. **he got an upper/lower ~** ≃ er hat mit Eins bis Zwei/Zwei bis Drei abgeschnitten.

4. (Sport, in duel) Sekundant m. **~s out!** Ring frei!

5. **~s** pl (inf: ~ helping) Nachschlag m (inf); **there aren't any ~s** es ist nichts mehr da; **can I have ~s?** kann ich noch etwas nachbekommen?

6. (Comm) **this is a ~** das ist zweite Wahl; **~s are much cheaper** Waren zweiter Wahl sind viel billiger.

II adv (+adj) zweit-; (+vb) an zweiter Stelle. **the speaker against a motion always speaks ~** der Gegenredner spricht immer als zweiter; **to come/lie ~** (in race, competition) Zweite(r) werden/an zweiter Stelle liegen, Zweite(r) sein; **to go or travel ~** (by rail, bus etc) zweiter Klasse fahren or reisen.

III vt motion, proposal unterstützen. **I'll ~ that!** (at meeting) ich unterstütze das; (in general) (genau) meine Meinung.

second[2] ʒ. 1. (of time, Math, Sci) Sekunde f; (inf: short time) Augenblick m. **just a ~!** (einen) Augenblick!; **it won't take a ~** es dauert nicht lange, es geht ganz schnell; **I'll only be a ~ (or two)** ich komme gleich; (back soon) ich bin gleich wieder da.

2. (Mus: interval) Sekunde f.

second[3] [sɪ'kɒnd] vt abordnen, abstellen.

secondarily ['sekəndrɪlɪ] adv in zweiter Linie.

secondary ['sekəndrɪ] adj 1. sekundär, Sekundär- (also Sci); road, route, effect, stress Neben-; industry verarbeitend; reason weniger bedeutend. **of ~ importance** von untergeordneter or sekundärer Bedeutung; **~ picketing** Aufstellung von Streikposten vor nur indirekt beteiligten Firmen; **~ feather** Armschwinge f.

2. (higher) education, school höher. **~ modern (school)** (Brit) ≃ Realschule f.

second-best [,sekənd'best] I n Zweitbeste(r, s); **(the) ~ isn't good enough for him** das Beste ist gerade gut genug für ihn; II adj zweitbeste(r, s); **he was always ~ to his older brother** er stand immer im Schatten seines älteren Bruders; III adv **to come off ~** es nicht so gut haben; (come off badly) den kürzeren ziehen; **second chamber** n zweite Kammer; **second childhood** n zweite Kindheit; **second class** n (Rail etc, mail) zweite Klasse: **second-class** I adj 1. travel, mail, citizen zweiter Klasse (after noun); **~ degree** (Brit Univ) see **second**[1] 3.; 2. see **secondrate**; II adv zweiter Klasse; **Second Coming** n Wiederkunft f; **second cousin** n Cousin m/Cousine f zweiten Grades; **second-degree burn** n Verbrennung f zweiten Grades.

seconder ['sekəndər] n Befürworter(in f) m.

second hand n (of watch) Sekundenzeiger m; **second-hand** I adj gebraucht; car Gebraucht-; dealer Gebrauchtwaren-; (for cars) Gebrauchtwagen-; bookshop Antiquariats-; clothes getragen, second hand (esp Comm); (fig) information indirekt, aus zweiter Hand; knowledge aus zweiter Hand; II adv gebraucht, aus zweiter Hand; **second lieutenant** n Leutnant m.

secondly ['sekəndlɪ] adv zweitens; (secondarily) an zweiter Stelle, in zweiter Linie.

secondment [sɪ'kɒndmənt] n Abordnung f. **to be on ~** abgeordnet sein.

second nature n zweite Natur; **to become ~ (to sb)** (jdm) in Fleisch und Blut übergehen; **second person** n (Gram) zweite Person; **second-rate** adj (pej) zweitklassig, zweitrangig; **second sight** n das Zweite Gesicht; **you must have ~** du mußt hellsehen können; **second thoughts** npl **to have ~ about sth** sich (dat) etw anders überlegen; **on ~ I decided not to** dann habe ich mich doch dagegen entschieden; **on ~ maybe I'd better do it myself** vielleicht mache ich es, genau besehen, doch lieber selbst.

secrecy ['si:krəsɪ] n (of person) (ability to keep secrets) Verschwiegenheit f; (secretiveness) Geheimnistuerei, Heimlichtuerei f; (of event, talks) Heimlichkeit f. **in ~** im geheimen; **in strict ~** ganz im geheimen; see **swear**.

secret ['si:krɪt] I adj geheim; negotiations, treaty, code also Geheim-; door, drawer also Geheim-, verborgen; pocket versteckt. **the ~ ingredient** die geheimnisvolle Zutat; (fig: of success etc) die Zauberformel; **to keep sth ~ (from sb)** etw (vor jdm) geheimhalten.

II n Geheimnis nt. **to keep sb/sth a ~ from sb** jdn/etw vor jdm geheimhalten; **in ~** im geheimen; **I told you that in ~ or as a ~** ich habe Ihnen das im Vertrauen erzählt; **they always met in ~** sie trafen sich immer heimlich; (society etc) sie hatten immer geheime Versammlungen; **to be in on the ~** in (das Geheimnis) eingeweiht sein; **to keep a ~** ein Geheimnis bewahren;

can you keep a ~? kannst du schweigen?; **to make no ~ of sth** kein Geheimnis *or* keinen Hehl aus etw machen; **the ~ of being a good teacher** das Geheimnis eines guten Lehrers; **I have no ~s from you** ich habe keine Geheimnisse vor dir.

secret agent *n* Geheimagent(in *f*) *m*.

secretaire [ˌsekrə'teəʳ] *n* Sekretär *m*.

secretarial [ˌsekrə'teərɪəl] *adj* Sekretärinnen-; *job, qualifications* als Sekretärin/ Sekretär; *work, job* Sekretariats-. **~ staff** Sekretärinnen und Schreibkräfte *pl*; (*of politician*) Stab *m*; **she joined his ~ staff** sie wurde Sekretärin bei ihm; **basic ~ skills** grundlegende Fertigkeiten *pl* einer Sekretärin.

secretariat [ˌsekrə'teərɪət] *n* Sekretariat *nt*.

secretary ['sekrətrɪ] *n* **1.** Sekretär(in *f*) *m*; (*of society*) Schriftführer(in *f*) *m*; (*esp US Pol: minister*) Minister(in *f*) *m*. **2.** (*desk*) *see* **secretaire**.

secretary bird *n* Sekretär *m*; **Secretary-General** *n, pl* **Secretaries-General, Secretary-Generals** Generalsekretär *m*; **Secretary of State** *n* (*Brit*) Minister(in *f*) *m*; (*US*) Außenminister(in *f*) *m*; **secretaryship** *n* (*office*) Amt *nt* des Schriftführers; (*period*) Zeit *f* als Schriftführer.

secrete [sɪ'kri:t] **I** *vt* **1.** (*hide*) verbergen. **2.** (*Med*) absondern. **II** *vi* (*Med*) absondern.

secretion [sɪ'kri:ʃən] *n* **1.** (*hiding*) Verbergen *nt*. **2.** (*Med*) (*act*) Absonderung, Sekretion *f*; (*substance*) Sekret *nt*.

secretive¹ [sɪ'kri:tɪv] *adj* (*Med*) sekretorisch.

secretive² ['si:krətɪv] *adj* *person* (*by nature*) verschlossen; (*in action*) geheimnistuerisch; *smile, behaviour* geheimnisvoll. **to be ~ about sth** mit etw geheimnisvoll tun.

secretively ['si:krətɪvlɪ] *adv* geheimnisvoll. **to behave ~** geheimnistuerisch sein.

secretiveness ['si:krətɪvnɪs] *n* (*character trait*) Verschlossenheit *f*; (*secretive behaviour*) Geheimnistuerei *f*. **the ~ of his smile/behaviour** sein geheimnisvolles Lächeln/Benehmen.

secretly ['si:krətlɪ] *adv* (*in secrecy*) im geheimen; *meet* heimlich; (*privately*) insgeheim, im stillen. **he was ~ concerned** insgeheim war er beunruhigt.

secretory [sɪ'kri:tərɪ] *adj gland etc* sekretorisch.

secret police *n* Geheimpolizei *f*; **secret service** *n* Geheimdienst *m*; **secret society** *n* Geheimgesellschaft *f*.

sect [sekt] *n* Sekte *f*.

sectarian [sek'teərɪən] **I** *adj policy, politics, views* konfessionsgebunden; *school, education also* konfessionell; *war, troubles, differences* Konfessions-, zwischen den Konfessionen. **II** *n* Konfessionalist(in *f*) *m*.

sectarianism [sek'teərɪənɪzəm] *n* Konfessionalismus *m*.

section ['sekʃən] **I** *n* **1.** (*part*) Teil *m*; (*wing of building also*) Trakt *m*; (*of book*) Abschnitt *m*; (*of document, law*) Absatz *m*; (*of motorway etc*) Abschnitt *m*; (*under construction*) Trakt *m*; (*of railway*)

Streckenabschnitt *m*; (*of orange*) Stück *nt*. **the brass/string ~ of the orchestra** die Blechbläser *pl*/Streicher *pl* des Orchesters; **the sports ~** (*Press*) der Sportteil. **2.** (*department, Mil*) Abteilung *f*; (*esp of academy etc*) Sektion *f*.

3. (*diagram*) Schnitt *m*. **in ~** im Schnitt; **vertical/ longitudinal ~** Quer-/Längsschnitt *m*.

4. (*cutting: of rock, tissue*) Schnitt *m*; (*Med: operation*) Sektion *f*. **he took a horizontal ~ of the tissue** er machte einen Horizontalschnitt von dem Gewebe.

II *vt* **1.** (*cut to show a ~*) einen Schnitt machen durch.

2. (*divide into ~s*) teilen.

◆**section off** *vt sep* abteilen; (*cordon off*) absperren.

sectional ['sekʃənl] *adj* **1.** (*in sections*) *road-building* abschnittsweise; *furniture, pipe, fishing rod* zerlegbar, zusammensetzbar. **~ drawing** Darstellung *f* im Schnitt. **2.** *differences, rivalries* zwischen den Gruppen; *interests* partikularistisch.

sectionalism ['sekʃənəlɪzəm] *n* Partikularismus *m*.

sector ['sektəʳ] *n* Sektor *m*.

secular ['sekjʊləʳ] *adj* weltlich, säkular; *music, art* profan; *court, education* weltlich. **~ priest** Weltgeistliche(r) *m*.

secularism ['sekjʊlərɪzəm] *n* Säkularismus *m*; (*of attitude*) Weltlichkeit *f*.

secularization [ˌsekjʊləraɪ'zeɪʃən] *n* Säkularisation *f*; (*of education, court, Sunday also*) Säkularisierung *f*.

secularize ['sekjʊləraɪz] *vt* säkularisieren.

secure [sɪ'kjʊəʳ] **I** *adj* (+*er*) sicher; (*emotionally*) geborgen; *existence, income* gesichert; *firm, well-fastened* grip, *knot, tile* fest. **~ in the knowledge that ...** ruhig in dem Bewußtsein, daß ...; **to be ~ against** *or* **from sth** vor etw (*dat*) sicher sein; **to feel ~** sich sicher fühlen; (*emotionally*) sich geborgen fühlen; **is the window/lid ~?** ist das Fenster fest zu/ist der Deckel fest drauf?; **to make a door/ rope ~** eine Tür/ein Seil sichern.

II *vt* **1.** (*fasten, make firm*) festmachen; (*tie up also*) befestigen; *window, door* fest zumachen; (*with chain, bolt etc*) sichern; *tile* befestigen; (*make safe*) sichern (*from, against* gegen), schützen (*from, against* vor +*dat*). **they ~d the prisoner in his cell** sie haben den Gefangenen sicher in der Zelle untergebracht.

2. (*obtain*) sich (*dat*) sichern; *majority of votes, order* erhalten; *profits, higher prices* erzielen; *share, interest in business* erwerben; (*buy*) erstehen; *cook, employee* verpflichten. **to ~ sb's services** jdn verpflichten.

3. (*guarantee*) sichern, garantieren; *loan* (ab)sichern.

securely [sɪ'kjʊəlɪ] *adv* (*firmly*) fest; (*safely*) sicher. **the prisoner was kept ~ in his cell** der Gefangene wurde streng gesichert in seiner Zelle gehalten.

secureness [sɪ'kjʊənɪs] *n see* **security** Sicherheit *f*; (*emotional*) Geborgenheit *f*.

security [sɪ'kjʊərɪtɪ] *n* **1.** Sicherheit *f*; (*emotional*) Geborgenheit *f*; (**~ measures**) Sicherheitsvorkehrungen *or*

-maßnahmen *pl.* for ~ zur Sicherheit; ~ of tenure Kündigungsschutz *m*; airports have tightened their ~ die Flughäfen haben ihre Sicherheitsvorkehrungen verschärft; in the ~ of one's own home sicher im eigenen Heim. 2. (~ *department*) Sicherheitsdienst *m*. 3. (*Fin*) (*guarantee*) Sicherheit *f*; (*guarantor*) Bürge *m*. to lend money on ~ Geld gegen Sicherheit leihen; to stand ~ for sb für jdn Bürge sein *or* Bürgschaft leisten. 4. (*Fin*) securities *pl* Effekten, (Wert)papiere *pl*.

security *in cpds* Sicherheits-; (*Fin*) Effekten-, Wertpapier-; **security check** *n* Sicherheitskontrolle *f*; **Security Council** *n* Sicherheitsrat *m*; **Security Force** *n* Friedenstruppe *f*; ~s *pl* Friedensstreitmacht *f*; **security guard, security man** *n* Wache *f*, Wächter *m*; (*for* ~ *checks*) Sicherheitsbeamte(r) *m*; **security risk** *n* Sicherheitsrisiko *nt*.

sedan [sɪˈdæn] *n* 1. (*also* ~ **chair**) Sänfte *f*. 2. (*US Aut*) Limousine *f*.

sedate [sɪˈdeɪt] I *adj* (+*er*) gesetzt; *little girl, colour* ruhig; *furnishings, décor* gediegen; *life* geruhsam; *speed* gemächlich; *answer* ruhig, gelassen; *prose* bedächtig. II *vt* Beruhigungsmittel geben (+*dat*), sedieren (*spec*). he was heavily ~d er stand stark unter dem Einfluß von Beruhigungsmitteln.

sedately [sɪˈdeɪtlɪ] *adv see adj.*

sedateness [sɪˈdeɪtnɪs] *n see adj* Gesetztheit *f*; ruhige Art; (*of colour*) ruhiger Ton; Gediegenheit *f*; Geruhsamkeit *f*; Gemächlichkeit *f*; Ruhe, Gelassenheit *f*; Bedächtigkeit *f*.

sedation [sɪˈdeɪʃən] *n* Beruhigungsmittel *pl.* to put sb under ~ jdm Beruhigungsmittel geben.

sedative [ˈsedətɪv] I *n* Beruhigungsmittel, Sedativum (*spec*) *nt.* II *adj* beruhigend.

sedentariness [ˈsedntərɪnɪs] *n* 1. as a result of the ~ of the job durch das dauernde Sitzen bei der Arbeit; 2. (*of tribe*) Seßhaftigkeit *f*; (*of bird*) Verbleiben *nt* am Nistort.

sedentary [ˈsedntərɪ] *adj* 1. *job, occupation* sitzend *attr*; *worker* Sitz-. to lead a ~ life sehr viel sitzen; any job of a ~ nature jede im Sitzen ausgeübte Tätigkeit. 2. *tribe* seßhaft; *bird* Stand-.

sedge [sedʒ] *n* Riedgras *nt*, Segge *f*. ~-**warbler** Seggenrohrsänger *m*.

sediment [ˈsedɪmənt] *n* (Boden)satz *m*; (*in river*) Ablagerung *f*; (*in chemical solution*) Niederschlag *m*, Sediment *nt*.

sedimentary [ˌsedɪˈmentərɪ] *adj* sedimentär. ~ rocks Sedimentgestein *nt*.

sedimentation [ˌsedɪmenˈteɪʃən] *n* Ablagerung, Sedimentation *f*.

sedition [səˈdɪʃən] *n* Aufwiegelung *f*.

seditious [səˈdɪʃəs] *adj* aufwieglerisch.

seduce [sɪˈdjuːs] *vt* verführen. to ~ sb into doing sth jdn zu etw verleiten, jdn dazu verleiten, etw zu tun; to ~ sb (away) from his duty/a party/his wife/a place jdn seine Pflichten vergessen lassen/jdn einer Partei/seiner Frau abspenstig machen/jdn von einem Ort weglocken.

seducer [sɪˈdjuːəʳ] *n* Verführer *m*.

seducible [sɪˈdjuːsɪbl] *adj* verführbar.

seduction [sɪˈdʌkʃən] *n* Verführung *f*.

seductive [sɪˈdʌktɪv] *adj* verführerisch; *salary, offer, suggestion* verlockend.

seductively [sɪˈdʌktɪvlɪ] *adv see adj.*

seductiveness [sɪˈdʌktɪvnɪs] *n* verführerische Art. the ~ of the offer *etc* das verlockende Angebot *etc*.

seductress [sɪˈdʌktrɪs] *n* Verführerin *f*.

sedulous *adj*, ~ly *adv* [ˈsedjʊləs, -lɪ] unermüdlich, unentwegt.

see[1] [siː] *pret* saw, *ptp* seen I *vt* 1. sehen; (*in newspaper etc also*) lesen; (*check also*) nachsehen, gucken (*inf*); (*go and* ~) film, show, sights sich (*dat*) ansehen. worth ~ing sehenswert; to ~ sb do sth sehen, wie jd etw macht; I've never ~n him swim(ming) ich habe ihn noch nie schwimmen sehen; he was ~n to enter the building man hat ihn gesehen *or* er wurde gesehen, wie er das Gebäude betrat; I saw it happen ich habe gesehen, wie es passiert ist; I don't like to ~ people mistreated ich kann es nicht sehen, wenn Menschen schlecht behandelt werden; I wouldn't like to ~ you unhappy ich möchte doch nicht, daß du unglücklich bist; I'll go and ~ who it is ich gehe mal nachsehen *or* ich gucke mal, wer das ist; ~ page 8 siehe Seite 8; there was nothing to be ~n es war nichts zu sehen; I don't know what she ~s in him ich weiß nicht, was sie an ihm findet; we don't ~ much of them nowadays wir sehen sie zur Zeit *nur* selten; ~ you (soon)! bis bald!; be ~ing you!, ~ you later! bis später!, bis nachher!; ~ you on Sunday! bis Sonntag!; I want to ~ (a bit of) the world ich möchte etwas von der Welt sehen *or* kennenlernen; I'll ~ him in hell first (*inf*) ich denke nicht (im Schlaf) daran; she won't ~ 40 again sie ist gut und gern 40; I/you must be ~ing things ich sehe/du siehst wohl Gespenster!; I must be ~ing things, if it isn't Peter! ich glaub', ich seh' nicht richtig, das ist doch der Peter!; can you ~ your way out without a torch? findest du den Weg ohne Taschenlampe?; I can't ~ my way (clear) to doing that ich sehe mich nicht in der Lage, das zu tun; I saw myself obliged to/faced with the need to ... ich sah mich gezwungen, zu ...

2. (*visit*) besuchen; (*on business*) aufsuchen. to call *or* go and ~ sb jdn besuchen (gehen); to ~ the doctor zum Arzt gehen, einen Arzt aufsuchen; he is the man you ought to ~ about this Sie sollten sich damit an ihn wenden.

3. (*meet with*) sehen; (*have a word with, talk to*) sprechen; (*receive visit of*) empfangen. the boss can't ~ you now, you can't ~ the boss now Sie können den Chef jetzt nicht sprechen; the boss/doctor will ~ you now der Chef/Herr Doktor ist jetzt frei; what did he want to ~ you about? weswegen wollte er Sie sprechen?; the minister saw the Queen yesterday der Minister war gestern bei der Königin; the Queen will ~ the minister tomorrow die Königin wird den Minister morgen empfangen; she refused to ~ us sie wollte uns

nicht empfangen *or* sehen; **there was only one applicant worth** ~**ing** es war nur ein Bewerber dabei, den es sich anzusehen lohnte.

4. (*accompany*) begleiten, bringen.

5. we'll/he'll ~ **if we can help** mal sehen/er wird mal sehen, ob wir helfen können; **we'll soon** ~ **who is right** wir werden ja bald sehen, wer recht hat; **that remains to be** ~**n** das wird sich zeigen; **let's just** ~ **what happens** wollen wir mal sehen *or* abwarten, was passiert; **I don't** ~ **any way I can help** ich sehe nicht, wie ich da helfen kann; **now let me** ~ **how we can solve this** lassen Sie mich mal überlegen, wie wir das lösen können; **give me a week, let me** ~ **if I can fix up something** gib mir eine Woche, und ich werde mal sehen, ob sich etwas arrangieren läßt.

6. (*visualize*) sich (*dat*) vorstellen. **I can't** *or* **don't** ~ **that working/him winning/myself living there** ich kann mir kaum vorstellen, daß das klappt/daß er gewinnt/daß ich da leben möchte; **I can't** ~ **myself in that job** ich glaube nicht, daß das eine Stelle für mich wäre; **he saw himself as the saviour** er sah sich als Retter; **I can** ~ **it happening** ich sehe es kommen; **I can't** ~ **any chance of that happening** das halte ich für unwahrscheinlich.

7. (*experience*) erleben. **now I've** ~**n everything** ja das denn zu fassen *or* die Möglichkeit?; **what a cheek, I've never** ~**n anything like it!** so eine Frechheit, so etwas habe ich ja noch nie gesehen *or* erlebt!; **it's** ~**n a lot of hard wear** das ist schon sehr strapaziert worden.

8. (*hear, notice*) sehen. **I** ~ **he's got married again** wie ich sehe, hat er wieder geheiratet.

9. (*understand*) verstehen; (*understand the reason for*) einsehen; (*realize*) erkennen. **I don't** ~ **the importance of doing it/the need for the change** ich sehe nicht ein, warum das unbedingt gemacht werden muß/warum das geändert werden muß; **I can** ~ **that it might be a good thing** ich sehe ja ein, daß das eine gute Idee wäre; **I can** ~ **I'm going to be busy** ich sehe schon, ich werde viel zu tun haben; **I fail to** *or* **don't** ~ **how anyone could …** ich begreife einfach nicht, wie jemand nur … kann; **I don't** ~ **how it works** es ist mir nicht klar, wie das funktioniert; **I don't** ~ **where the problem is** ich sehe das Problem nicht; **I** ~ **from this report that …** ich ersehe aus diesem Bericht, daß …; **(do you)** ~ **what i mean?** verstehst du(, was ich meine)?; **(didn't I tell you!)** siehst du's jetzt!; **I** ~ **what you mean** ich weiß *or* verstehe, was du meinst; **(you're quite right)** ja, du hast recht; **to make sb** ~ **sth** jdm etw klarmachen.

10. (*look at*) *problem* sehen. **as I** ~ **it** so, wie ich das sehe; **this is how I** ~ **it** ich sehe das so; **try to** ~ **it my way** versuchen Sie doch einmal, es aus meiner Sicht zu sehen; **I don't** ~ **it that way** ich sehe das anders.

11. (*ensure*) ~ **that it doesn't happen again** sieh zu *or* paß auf, daß das nicht noch mal passiert.

12. (*Cards*) **I'll** ~ **you** ich halte.

II *vi* **1.** (*have sight*) sehen.

2. (*look*) sehen. **let me** ~, **let's** ~ lassen Sie mich mal sehen; **can you** ~ **if I sit here?** können Sie (etwas) sehen, wenn ich hier sitze?; **it was so dark I couldn't** ~ es war so dunkel, ich konnte nichts sehen; **who was it?** —**I couldn't** ~ wer war das? —ich konnte es nicht sehen; **can you** ~ **to read?** ist es Ihnen hell genug zum Lesen?; **as far as the eye can** ~ so weit das Auge reicht; ~ **for yourself!** sieh doch selbst!; **now** ~ **here!** nun hören Sie mal her!

3. (*check, find out*) nachsehen, gucken (*inf*). **is he there?** — **I'll** ~ ist er da? — ich sehe mal nach *or* ich guck mal (*inf*); **I'll go and** ~ ich gehe mal nachsehen; ~ **for yourself!** sieh doch selbst (nach)!

4. (*discover*) sehen. **will he come?** — **we'll soon** ~ kommt er? — das werden wir bald sehen *or* rausfinden (*inf*); **what kind of person is she?** — **you'll soon** ~ **for yourself** was für ein Mensch ist sie? — das werden Sie bald selbst sehen *or* feststellen.

5. (*understand*) verstehen. **as far as I can** ~ … so wie ich das sehe …; **it's all over,** ~**?** es ist vorbei, verstehst du?; **it's logical, do you** ~**?** es ist logisch, nicht wahr?; **he's dead, don't you** ~**?** er ist tot, begreifst du das denn nicht?; **as I** ~ **from your report** wie ich in Ihrem Bericht lese, wie ich aus Ihrem Bericht ersehe; **it's too late, (you)** ~ (*explaining*) weißt du, es ist zu spät; (*I told you so*) siehst du, es ist zu spät!; **(you)** ~, **it's like this** es ist nämlich so; **(you)** ~, **we can't do that** weißt du, das können wir nicht machen; **and we went out,** ~, **and saw this film,** ~, **and …** (*dial*) und wir sind weggegangen, weißte (*inf*) *or* nich (*N Ger*), und haben uns den Film angesehen, weißte *etc*, und …; **I** ~**!** aha!; (*after explanation*) ach so!; (*to keep conversation going, I'm with you*) ja; **yes, I** ~ ja, aha.

6. (*consider*) **we'll** ~ (wir werden *or* wollen) mal sehen; **I don't know, I'll have to** ~ ich weiß nicht, ich muß mal sehen; **let me** ~, **let's** ~ warten Sie mal, lassen Sie mich mal überlegen.

◆**see about** *vi +prep obj* **1.** (*attend to*) sich kümmern um. **I'll have to** ~ ~ **getting the roof mended** ich muß mich darum kümmern, daß das Dach repariert wird; **he came to** ~ ~ **the TV** er kam, um sich (*dat*) den Fernseher anzusehen; **I've still a few things to** ~ ~ ich muß noch ein paar Dinge erledigen; **he came to** ~ ~ **the rent** er ist wegen der Miete gekommen.

2. (*consider*) **I'll** ~ ~ **it** ich will mal sehen *or* schauen (*esp S Ger*); **we'll** ~ ~ **that!** (*iro*) das wollen wir mal sehen.

◆**see across** *vt always separate* hinüberbegleiten *or* -bringen (*prep obj* über + *acc*).

◆**see in I** *vi* (*look in*) herein-/hineinsehen. **II** *vt sep* (*show in*) herein-/hineinbringen. **to** ~ **the New Year** ~ das neue Jahr begrüßen.

◆**see into** *vi +prep obj* **1.** *house, room* hineinsehen in (+*acc*). **2.** (*investigate*) untersuchen, prüfen, nachgehen (+*dat*).

◆**see off** *vt sep* **1.** (*bid farewell to*) verabschieden. **are you coming to ~ me ~?** kommt ihr mit mir (zum Flughafen *etc*)? **2.** (*chase off*) Beine machen (+*dat*) (*inf*). **~ him ~, boy!** verjag ihn! **3.** (*sl: be better than*) in die Tasche stecken (*inf*).

◆**see out I** *vi* (*look out*) heraus-/hinaussehen. **I can't ~ ~ of the window** ich kann nicht zum Fenster hinaussehen.

II *vt sep* **1.** (*show out*) hinausbringen *or* -begleiten (*of* aus). **I'll ~ myself ~** ich finde (schon) alleine hinaus.

2. (*last to the end of*) (*coat, car*) winter *etc* überdauern; (*old man, invalid*) wife, *year etc* überleben. **to ~ the old year ~** das alte Jahr verabschieden.

◆**see over** *or* **round** *vi* +*prep obj* house *etc* sich (*dat*) ansehen.

◆**see through I** *vi* **1.** (*lit*) (hin)durchsehen (*prep obj* durch).

2. +*prep obj* (*fig: not be deceived by*) durchschauen.

II *vt always separate* **1.** (*help through difficult time*) beistehen (+*dat*). **to ~ sb ~ a bad time** jdm über eine schwierige Zeit hinweghelfen; **I hope £10 will ~ you ~** die £ 10 reichen dir hoffentlich.

2. job zu Ende bringen; (*Parl*) bill durchbringen.

◆**see to** *vi* +*prep obj* sich kümmern um. **these shoes need/that cough needs ~ing ~** mit den Schuhen muß etwas gemacht werden/um den Husten muß man sich kümmern; **~ ~ it that you don't/he doesn't forget** sieh zu, daß du das nicht vergißt/sieh zu *or* sorge dafür, daß er das nicht vergißt; **there's no chance now, the rain has ~n ~ that** es ist aussichtslos, dafür hat der Regen schon gesorgt.

◆**see up I** *vi* (*look up*) herauf-/hinaufsehen (*prep obj* acc). **II** *vt sep* (*show up*) herauf-/hinaufbringen.

see² *n* Bistum *nt*; (*Catholic also*) Diözese *f*; (*Protestant in Germany*) Landeskirche *f*. **Holy S~, S~ of Rome** Heiliger Stuhl.

seed [siːd] **I** *n* **1.** (*Bot*) (*one single*) Same(n) *m*; (*of grain, poppy, sesame etc*) Korn *nt*; (*within fruit*) (Samen)kern *m*; (*collective*) Samen *pl*; (*for birds*) Körner *pl*; (*grain*) Saat *f*, Saatgut *nt*; (*liter: sperm*) Samen *pl*; (*liter: offspring*) Nachkommen *pl*; (*fig: of unrest, idea etc*) Keim *m* (*of* zu). **to go** *or* **run to ~** (*vegetables*) schießen; (*flowers*) einen Samenstand bilden; (*fig: person*) herunterkommen; **to sow the ~s of doubt (in sb's mind)** (bei jdm) Zweifel säen *or* den Keim des Zweifels legen; **I don't want to make a direct proposal, just to sow the ~s** ich möchte keinen direkten Vorschlag machen, ich möchte nur den Boden dafür bereiten.

2. (*Sport*) **to be the third ~** als dritter plaziert *or* gesetzt sein; **the number one ~** der/die Erstplazierte.

II *vt* **1.** (*sow with ~*) besäen.

2. (*extract ~s from*) entkernen.

3. (*Sport*) setzen, plazieren. **~ed players** gesetzte *or* plazierte Spieler.

III *vi* (*vegetables*) schießen; (*flowers*) Samen entwickeln.

IV *vr* **to ~ itself** (*plant*) sich aussäen.

seedbed [ˈsiːdbed] *n* Saatbeet, Saatbett *nt*; **seedcake** *n* Kümmelkuchen *m*; **seed-**

case *n* Samenkapsel *f*; **seed corn** *n* Samenkorn *nt*; **seed leaf** *n* Keimblatt *nt*; **seedless** *adj* kernlos.

seedling [ˈsiːdlɪŋ] *n* Sämling *m*.

seed pearl *n* Staubperle *f*; **seed plant** *n* Samenpflanze *f*; **seed potato** *n* Saatkartoffel *f*.

seedtime [ˈsiːdtaɪm] *n* Saatzeit *f*.

seedy [ˈsiːdɪ] *adj* (+*er*) **1.** (*disreputable*) person, character zweifelhaft, zwielichtig; area, place übel; clothes schäbig, abgerissen. **2.** (*inf: unwell*) **I feel ~** mir ist flau (*inf*) *or* nicht gut; **to look ~** angeschlagen (*inf*) *or* nicht gut aussehen.

seeing [ˈsiːɪŋ] **I** *n* Sehen *nt*. **I'd never have thought it possible but ~ is believing** (*prov*) ich hätte es nie für möglich gehalten, aber ich habe es mit eigenen Augen gesehen.

II *conj* **~ (that)** da.

seek [siːk] *pret, ptp* **sought** *vt* **1.** suchen; fame, wealth erlangen wollen, streben nach. **to ~ sb's advice** jdn um Rat fragen; **the reason is not far to ~** der Grund liegt auf der Hand.

2. (*liter: attempt*) suchen (*geh*). **they sought to kill him** sie suchten ihn zu töten (*liter*), sie trachteten ihm nach dem Leben.

◆**seek after** *vi* +*prep obj* **1.** suchen. **2.** see **sought-after**.

◆**seek for** *vi* +*prep obj* suchen nach; reforms, changes anstreben. **long-sought ~ reforms/changes** langerstrebte Reformen *pl*/Veränderungen *pl*.

◆**seek out** *vt sep* ausfindig machen; opinion herausfinden.

seeker [ˈsiːkəʳ] *n* Suchende(r) *mf*; (*pursuer*) Verfolger *m*. **~ of** *or* **after truth** Wahrheitssucher(in *f*) *m*.

seem [siːm] *vi* **1.** scheinen. **he ~s (to be) honest/a nice young man** er scheint ehrlich/ein netter junger Mann zu sein; **he ~s younger than he is** er wirkt jünger, als er ist; **that makes it ~ longer** dadurch wirkt es länger *or* kommt es einem länger vor; **he doesn't ~ (to be) able to concentrate** er scheint sich nicht konzentrieren zu können; **he is not what he ~s to be** er ist nicht (das), was er zu sein scheint; **things aren't always what they ~** vieles ist anders, als es aussieht; **I ~ to have heard that before** das habe ich doch schon mal gehört; **what ~s to be the trouble?** worum geht es denn?; (*doctor*) was kann ich für Sie tun?; **there ~s to be no need/solution** das scheint nicht nötig zu sein/da scheint es keine Lösung zu geben; **it ~s to me that I'll have to do that again** mir scheint, ich muß das noch einmal machen; **we are not welcome, it ~s** wir sind anscheinend *or* scheinbar (*inf*) nicht willkommen; **so it ~s** es sieht (ganz) so aus; **it ~s** *or* **would ~ that he is coming after all** es sieht so aus, als ob er doch noch kommt, es scheint, er kommt doch noch; **it doesn't ~ that he'll be coming** es sieht nicht so aus, als ob er kommt; **if it ~s right to you** wenn Sie es für richtig halten; **it ~s** *or* **would ~ (to be) advisable** das scheint ratsam (zu sein); **how does it ~ to you?** was meinen Sie?; **it ~s a shame to leave it**

unfinished es ist doch irgendwie *or* eigentlich schade, das nicht fertigzumachen; **it would ~ that ...** es scheint fast so, als ob ...
 2. it only ~s like it das kommt einem nur so vor; **I ~ to be floating in space** es kommt mir so vor, als ob ich schweben würde; **it all ~s so unreal to him/me** es kommt ihm/mir alles so unwirklich vor; **I ~ to have heard his name before** es kommt mir so vor, als hätte ich seinen Namen schon einmal gehört.

seeming ['siːmɪŋ] *adj attr* scheinbar.

seemingly ['siːmɪŋlɪ] *adv* scheinbar (*inf*), anscheinend.

seemliness ['siːmlɪnɪs] *n* Schicklichkeit *f*.

seemly ['siːmlɪ] *adj* (+ *er*) schicklich. **it isn't ~ (for sb to do sth)** es schickt sich nicht (für jdn, etw zu tun).

seen [siːn] *ptp of* **see**[1].

seep [siːp] *vi* sickern. **to ~ through/into sth** durch etw durchsickern/in etw (*acc*) hineinsickern.

seepage ['siːpɪdʒ] *n* (*out of sth*) Aussickern *nt*; (*through sth*) Durchsickern *nt*; (*into sth*) Hineinsickern *nt*. **there is an excessive amount of ~** es läuft zuviel aus/es dringt zuviel ein; (*Comm*) die Leckage ist zu groß.

seer [sɪəʳ] *n* Seher *m*.

seeress ['sɪərɪs] *n* Seherin *f*.

seersucker ['sɪəˌsʌkəʳ] *n* Krepp, Seersucker *m*.

seesaw ['siːsɔː] **I** *n* Wippe *f*; (*fig*) (*back and forth*) Hin und Her *nt*; (*up and down*) Auf und Ab *nt*. **II** *adj* schaukelnd. **~ changes** ständiges Hin und Her; **the boat rolled with a ~ motion** das Schiff schlingerte *or* schaukelte. **III** *vi* wippen; (*fig*) (*emotional states*) auf und ab gehen; (*prices, public opinion*) schwanken.

seethe [siːð] *vi* (*boil*) sieden; (*surge*) schäumen; (*fig*) (*be crowded*) wimmeln (*with* von); (*be angry*) kochen (*inf*).

see-through ['siːθruː] *adj* durchsichtig.

segment ['segmənt] **I** *n* Teil *m*; (*of worm*) Glied, Segment *nt*; (*of orange*) Stück *nt*, Rippe *f*, Schnitz *m* (*dial*); (*of circle*) Abschnitt *m*, Segment *nt*. **II** [seg'ment] *vt* zerlegen, segmentieren. **III** [seg'ment] *vi* sich teilen.

segmentation [ˌsegmən'teɪʃən] *n* Zerlegung, Segmentierung *f*; (*Biol*) Zellteilung *f*.

segregate ['segrɪgeɪt] *vt individuals* absondern; *group of population* nach Rassen/Geschlechtern/Konfessionen trennen. **to be ~d from sb/sth** von jdm/etw abgesondert sein; **~d** (*racially*) *school, church* nur für Weiße/Schwarze; *schools, society* mit Rassentrennung.

segregation [ˌsegrɪ'geɪʃən] *n* Trennung *f*. **racial/sexual ~** Rassentrennung *f*/Geschlechtertrennung *f*.

segregationist [ˌsegrɪ'geɪʃənɪst] *n* Befürworter(in *f*) *m* der Rassentrennung.

seine [seɪn] *n* Wade *f*.

seismic ['saɪzmɪk] *adj* seismisch.

seismograph ['saɪzməgrɑːf] *n* Seismograph *m*.

seismologist [saɪz'mɒlədʒɪst] *n* Seismologe *m*, Seismologin *f*.

seismology [saɪz'mɒlədʒɪ] *n* Seismologie, Seismik, Erdbebenkunde *f*.

seize [siːz] **I** *vt* **1.** (*grasp*) packen, ergreifen; (*as hostage*) nehmen; (*confiscate*) beschlagnahmen; *passport* einziehen; *ship* (*authorities*) beschlagnahmen; (*pirates*) kapern; (*capture*) *town* einnehmen; *train, building* besetzen; *criminal* fassen. **to ~ sb's arm, to ~ sb by the arm** jdn am Arm packen.
 2. (*fig*) (*lay hold of: panic, fear, desire*) packen, ergreifen; *power, leadership* an sich (*acc*) reißen; (*leap upon*) *idea, suggestion* aufgreifen; *opportunity* ergreifen.
 II *vi see* **seize up**.

◆**seize on** *or* **upon** *vi* +*prep obj* **1.** (*clutch at*) *idea, offer* sich stürzen auf (+*acc*); *excuse* beim Schopf packen. **2.** (*pick out for criticism*) herausgreifen.

◆**seize up** *vi* **1.** (*engine, brakes*) sich festfressen. **2.** (*inf*) **my back ~d** es ist mir in den Rücken gefahren (*inf*).

seizure ['siːʒəʳ] *n* **1.** (*confiscation*) Beschlagnahmung *f*; (*of passport*) Einzug *m*; (*of ship*) Beschlagnahme *f*; (*by pirates*) Kapern *nt*; (*capture*) Einnahme *f*; (*of train, building*) Besetzung *f*. **2.** (*Med*) Anfall *m*; (*apoplexy*) Schlaganfall *m*.

seldom ['seldəm] *adv* selten. **~ have I ...** ich habe selten ...; **~, if ever, does he do that** er tut das nur äußerst selten.

select [sɪ'lekt] **I** *vti* (*aus*)wählen; (*in buying also*) aussuchen; (*Sport*) auswählen; (*for football match etc*) aufstellen. **~ed poems** ausgewählte Gedichte *pl*. **II** *adj* (*exclusive*) exklusiv; (*carefully chosen*) auserwählt, auserlesen; *tobacco* auserlesen; *fruit* ausgesucht. **~ committee** Sonderausschuß *m*.

selection [sɪ'lekʃən] *n* **1.** (*choosing*) (*Aus*)wahl *f*; (*Biol*) Auslese, Selektion *f*.
 2. (*person, thing selected*) Wahl *f*; (*likely winner*) Tip *m*. **to make one's ~** seine Wahl treffen; **~s from Rossini/Goethe** ausgewählte Stücke *pl* von Rossini/eine Auswahl aus Goethe; **~ committee** Auswahlkomitee *nt*.
 3. (*range, assortment*) Auswahl *f* (*of* an +*dat*).

selective [sɪ'lektɪv] *adj* **1.** wählerisch; *reader* kritisch, anspruchsvoll; *examination, processes* Auslese-; *school* Elite-. **we can't treat everything, we have to be ~** wir können nicht alles abhandeln, wir müssen eine Auswahl treffen *or* selektiv vorgehen (*geh*) *or* (*choose carefully*) wählerisch sein; **the bigger the range the more ~ one must be** je größer das Angebot, desto kritischer muß man auswählen; **the computer program has to be made more ~** man sollte mehr Wahlmöglichkeiten in das Computerprogramm einbauen; **~ service** (*US*) Wehrdienst *m*.
 2. *radio* trennscharf, selektiv.

selectively [sɪ'lektɪvlɪ] *adv* wählerisch; *read also, operate* selektiv. **to read/buy ~** beim Lesen/Einkaufen wählerisch sein; **if he had proceeded more ~** wenn er eine bessere Auswahl getroffen hätte; **he built up his collection very ~** er wählte bei der Zusammenstellung seiner Sammlung sorgfältig aus.

selectivity [‚sɪlek'tɪvɪtɪ] *n* **1.** Selektivität *f*; *(of reader, buyer)* kritische Auswählen. **his collection shows great ~** seine Sammlung ist mit viel Sorgfalt ausgewählt; **to show ~** anspruchsvoll *or* wählerisch sein; **to show ~ in one's taste** einen anspruchsvollen Geschmack haben; **it diminishes the level of ~** es verringert die (Aus)-wahlmöglichkeiten *pl*; **the less sophisticated ~ of this computer** die weniger verfeinerten Sortiereinrichtungen dieses Computers.
2. *(Rad)* Trennschärfe, Selektivität *f*.

selectman [sɪ'lektmən] *n, pl* **-men** [-mən] *(US)* Stadtrat *m*.

selector [sɪ'lektər] *n* **1.** *(Tech)* Wählschalter *m*; *(lever)* Schaltgriff *m*; *(knob)* Schaltknopf *m*; *(TV)* Programmtaste *f*; *(Rad)* Stationstaste *f*; *(on record-player)* Geschwindigkeitsregler *m*; *(Aut)* Schalthebel *m*; *(of computer)* Selektor *m*.
2. *(Sport)* jd, der die Mannschaftsaufstellung vornimmt.

selenium [sɪ'liːnɪəm] *n (abbr* Se) Selen *nt*.

self [self] **I** *n, pl* **selves** Ich, Selbst *(esp Psych)* no pl *nt*; *(side of character)* Seite *f*. **he showed his worst ~** er zeigte sich von der schlechtesten Seite; **one's other/better ~** sein anderes/besseres Ich; **he's quite his old ~ again, he's back to his usual ~** er ist wieder ganz der alte *(inf)*; **to be all ~** *(inf)*, **to think of nothing but ~** nur an sich *(acc)* selbst denken; **with no thought of ~** ohne an sich *(acc)* selbst zu denken; **my humble ~** meine Wenigkeit.
II *pron (Comm)* **pay ~** zahlbar an selbst; **a room for wife and ~** ein Zimmer für meine Frau und mich.
III *adj attr lining* aus gleichem Material. **in a ~ colour** in uni.

self-abasement [‚selfə'beɪsmənt] *n* Selbsterniedrigung *f*; **self-absorbed** *adj* mit sich selbst beschäftigt; **self-abuse** *n (euph)* Selbstbefleckung *f (euph)*; **self-accusation** *n* Selbstanklage, Selbstbeschuldigung *f*; **self-accusing** *adj* selbstanklagend; **self-acting** *adj* automatisch, selbsttätig; **self-activating** *adj* **bomb** selbstzündend; **self-addressed** *adj envelope* adressiert; **self-adhesive** *adj* selbstklebend; **self-adjusting** *adj* selbstregulierend *attr*; *brakes* selbst-nachstellend *attr*; **to be ~** sich selbst regulieren/nachstellen; **self-advertisement** *n* Eigenreklame; **self-aggrandizement** *n* Selbstverherrlichung *f*; **self-appointed** *adj* selbsternannt; **he is the ~ spokesman of the group** er hat sich selbst zum Sprecher der Gruppe gemacht; **self-assertion** *n* Durchsetzungsvermögen *nt*; *(pej)* Überheblichkeit *f*, Eingenommenheit *f* von sich selbst; **self-assertive** *adj* selbstbewußt; *(pej)* von sich selbst eingenommen; **self-assurance** *n* Selbstsicherheit *f*; **self-assured** *adj* selbstsicher; **self-aware** *adj* sich *(dat)* seiner selbst bewußt, selbstbewußt; **self-awareness** *n* Selbsterkenntnis *f*, Selbstbewußtsein *nt*.

self-cancelling [‚self'kænslɪŋ] *adj indicator* sich automatisch abschaltend *attr*; **self-**

catering *adj* für Selbstversorger; **self-centred**, *(US)* **self-centered** *adj* egozentrisch, ichbezogen; **self-cleaning** *adj* selbstreinigend; **self-closing** *adj* automatisch *or* von selbst schließend *attr*; **self-coloured**, *(US)* **self-colored** *adj* einfarbig, uni; **self-complacent** *adj* selbstgefällig; **self-composed** *adj* ruhig, gelassen; **self-confessed** *adj* selbsterklärt *attr*; **self-confidence** *n* Selbstvertrauen, Selbstbewußtsein *nt*; **self-confident** *adj* selbstbewußt; **self-conscious** *adj* befangen, gehemmt; *piece of writing, style etc* bewußt; *(Philos: self-aware)* selbstbewußt; **self-consciousness** *n see adj* Befangenheit, Gehemmtheit *f*; Bewußtheit *f*; Selbstbewußtsein *nt*; **self-contained** *adj person* distanziert; *(self-sufficient)* selbstgenügsam; *flat* separat; *community* unabhängig; **self-contradictory** *adj* sich *(dat)* selbst widersprechend *attr*; *alibi* widersprüchlich; **his argument is ~** seine Argumente widersprechen sich *(dat)*; **self-control** *n* Selbstbeherrschung *f*; **self-controlled** *adj* selbstbeherrscht; **self-correcting** *adj* selbstregulierend *attr*; *computer* sich selbst korrigierend *attr*; **to be ~** sich selbst regulieren/korrigieren; **self-critical** *adj* selbstkritisch; **self-criticism** *n* Selbstkritik *f*.

self-deception [‚selfdɪ'sepʃn] *n* Selbsttäuschung *f*, Selbstbetrug *m*; **self-defeating** *adj* sinnlos, unsinnig; *argument* sich selbst widerlegend *attr*; **the government's plan was ~** dieser Plan der Regierung hat das Gegenteil erzielt; **self-defence**, *(US)* **self-defense** *n* Selbstverteidigung *f*; *(Jur)* Notwehr *f*; **to act in ~** in Notwehr handeln; **self-denial** *n* Selbstzucht *f*; *(Rel)* Selbstverleugnung *f*; **self-denying** *adj* sich selbst einschränkend *attr*; *(Rel)* sich selbst verleugnend *attr*; **to be ~** sich einschränken/verleugnen; **self-destruct** *vi* sich selbst zerstören; **self-destruction** *n* Selbstzerstörung *f*; *(of person, race)* Selbstmord *m*; **self-determination** *n* Selbstbestimmung *f (also Pol)*; **self-discipline** *n* Selbstdisziplin *f*; **self-doubt** *n* Zweifel *m* an sich *(dat)* selbst; **self-dramatization** *n* **his tendency towards ~** seine Neigung, sich in Szene zu setzen; **self-drive** *adj car* für Selbstfahrer.

self-educated [‚self'edjʊ'keɪtɪd] *adj* autodidaktisch; **he is ~** er ist Autodidakt; **self-effacing** *adj* zurückhaltend; **self-employed** *adj* selbständig; *artist* freischaffend; *journalist* freiberuflich; **self-esteem** *n (self-respect)* Selbstachtung *f*; *(conceit)* Selbstüberschätzung *f*; **self-evident** *adj* offensichtlich; *(not needing proof)* selbstverständlich; **we'll need more money — that's ~** wir brauchen mehr Geld — das versteht sich von selbst; **self-explanatory** *adj* unmittelbar verständlich; **this word is ~** das Wort erklärt sich selbst; **self-expression** *n* Selbstdarstellung *f*.

self-fertilization [‚self‚fɜːtɪlaɪ'zeɪʃn] *n* Selbstbefruchtung *f*; **self-fulfilling** *adj* **a ~ prophecy** eine sich selbst bewahrheitende Voraussage, eine self-fulfilling prophecy (*Sociol*); **to be** ~ sich selbst bewahrheiten; **self-fulfilment** *n* Erfüllung *f*.

self-governed, **self-governing** [ˌselfˈgʌvənd, -ˈgʌvənɪŋ] *adj* selbstverwaltet, sich selbst verwaltend *attr*; **to become** ~ eine eigene Regierung bekommen; **self-government** *n* Selbstverwaltung *f*.

self-help [ˌselfˈhelp] *n* Selbsthilfe *f*. **she never was one for** ~ sie konnte sich noch nie selbst behelfen.

self-importance [ˌselfimˈpɔːtəns] *n* Eigendünkel *m*; **self-important** *adj* dünkelhaft; *person also* aufgeblasen (*inf*); **self-imposed** *adj* selbstauferlegt *attr*; **his exile is** ~ er hat sich (*dat*) sein Exil selbst auferlegt; **self-improvement** *n* Weiterbildung *f*; **self-induced** *adj* selbstverursacht *attr*; **self-induction** *n* (*Elec*) Selbstinduktion *f*; **self-indulgence** *n see adj* Nachgiebigkeit *f* gegen sich selbst; Hemmungslosigkeit *f*; Maßlosigkeit *f*; **go on, take one, a little** ~ **never hurt anyone** nehmen Sie doch einen, jeder darf sich doch einmal verwöhnen *or* gehenlassen; **self-indulgent** *adj* nachgiebig gegen sich selbst; (*sexually*) hemmungslos; (*in eating, drinking also*) maßlos; **his columns grew ever more** ~ er schrieb seine Spalten immer mehr zum eigenen Vergnügen; **self-inflicted** *adj* wounds sich (*dat*) selbst zugefügt *or* beigebracht *attr*; *task, punishment* sich (*dat*) freiwillig auferlegt; **self-interest** *n* (*selfishness*) *m*; (*personal advantage*) eigenes Interesse.

selfish *adj*, **~ly** *adv* [ˈselfɪʃ, -lɪ] egoistisch, selbstsüchtig.

selfishness [ˈselfɪʃnɪs] *n* Egoismus *m*, Selbstsüchtigkeit *f*.

self-justification [ˌselfˌdʒʌstɪfiˈkeɪʃn] *n* Rechtfertigung *f*; **he felt no need for** ~ er sah keinen Grund, sich zu rechtfertigen; **..., he said in** ~ ..., sagte er zu seiner eigenen Rechtfertigung; **self-justifying** *adj* sachlich gerechtfertigt.

selfless [ˈselflɪs] *adj* selbstlos.

selflessly [ˈselflɪslɪ] *adv* selbstlos, in selbstloser Weise.

selflessness [ˈselflɪsnɪs] *n* Selbstlosigkeit *f*.

self-loading [ˌselfˈləʊdɪŋ] *adj* ~ gun Selbstlader *m*; **self-locking** *adj* von selbst schließend attr; *attachment* von selbst einrastend *attr*; **~door** Tür mit Schnappschloß; **self-love** *n* Eigenliebe, Selbstliebe (*also Philos*) *f*.

self-made [ˈselfmeɪd] *adj* ~ **man** Selfmademan *m*; **self-mutilation** *n* Selbstverstümmelung *f*.

self-neglect [ˌselfnɪˈglekt] *n* Vernachlässigung *f* seiner (*gen*) selbst. **as a result of** ~ weil er sich selbst vernachlässigt hat.

self-opinionated [ˌselfəˈpɪnjəneɪtɪd] *adj* rechthaberisch; *nonsense, drivel* selbstherrlich; **he's too** ~ **to change his mind** er ist viel zu sehr von sich selbst überzeugt, um seine Meinung zu ändern.

self-perpetuating [ˌselfpəˈpetʃueɪtɪŋ] *adj* sich selbst erneuernd *or* erhaltend *attr*; ~ **poverty/dictatorship** sich ständig fortsetzende Armut/Diktatur; **the system is** ~ das System erhält sich selbst *or* entwickelt

sich aus sich selbst weiter; **self-perpetuation** *n* Selbstperpetuierung *f*; **self-pity** *n* Selbstmitleid *nt*; **self-pitying** *adj* selbstbemitleidend; **self-pollination** *n* Selbstbestäubung *f*; **self-portrait** *n* Selbstporträt *or* -bildnis *nt*; **self-possessed** *adj* selbstbeherrscht; **self-possession** *n* Selbstbeherrschung *f*; **self-preservation** *n* Selbsterhaltung *f*; **the instinct for** ~ der Selbsterhaltungstrieb; **self-propagating** *adj* flower sich selbst aussäend *attr*; *poverty, bad state of affairs* sich aus sich selbst weiterentwickelnd *attr*; **self-propelled** *adj* selbstangetrieben *attr*, mit Selbstantrieb.

self-raising, (*US*) **self-rising** [ˌselfˈreɪzɪŋ, -ˈraɪzɪŋ] *adj* flour selbsttreibend, *mit bereits beigemischtem Backpulver*; **self-regulating** *adj* selbstregulierend *attr*; **this mechanism is** ~ dieser Mechanismus reguliert sich selbst; **self-reliance** *n* Selbständigkeit *f*; **self-reliant** *adj* selbständig; **self-reproach** *n* Selbstvorwurf *m*; **self-respect** *n* Selbstachtung *f*; **have you no** ~ schämen Sie sich gar nicht?; **self-respecting** *adj* anständig; **no** ~ **person would ...** niemand, der etwas auf sich hält, würde ...; **self-restraint** *n* Selbstbeherrschung *f*; **self-righteous** *adj* selbstgerecht; **self-righteousness** *n* Selbstgerechtigkeit *f*; **self-righting** *adj* boat sich (*von*) selbst aufrichtend *attr*; **self-rising** *adj* (*US*) *see* **self-raising**.

self-sacrifice [ˌselfˈsækrɪfaɪs] *n* Selbstaufopferung *f*; **self-sacrificing** *adj* aufopfernd; **selfsame** *adj* genau der/die/das gleiche, der-/die-/dasselbe; **on the** ~ **day** noch am selben Tag; **self-satisfaction** *n* Selbstzufriedenheit *f*; (*smugness*) Selbstgefälligkeit *f*; **self-satisfied** *adj* (*smug*) selbstgefällig, selbstzufrieden; **self-sealing** *adj* envelope selbstklebend; *tyre* selbstdichtend; **self-seeking** I *adj* selbstsüchtig; II *n* Selbstsucht *f*; **self-serve** (*esp US*), **self-service** I *adj* Selbstbedienungs-; **the petrol station has gone** ~ die Tankstelle hat jetzt auf Selbstbedienung umgestellt; II *n* Selbstbedienung *f*; **self-starter** *n* Selbstanlasser *m*; **self-styled** *adj* selbsternannt; **self-sufficiency** *n* (*of person*) Selbständigkeit *f*; (*emotional*) Selbstgenügsamkeit *f*; (*of country*) Autarkie *f*; (*of community*) Selbstversorgung *f*; **self-sufficient** *adj* person selbständig; (*emotionally*) selbstgenügsam; *country* autark; **they are** ~ **in oil** sie können ihren Ölbedarf selbst decken; **a** ~ **community** eine Gemeinde, die sich selbst versorgen kann; **self-supporting** *adj* person finanziell unabhängig; *structure* freitragend; *chimney* freistehend; **the newspaper/club is** ~ die Zeitung/der Club trägt sich selbst; **our commune is** ~ wir sind in unserer Kommune Selbstversorger.

self-tapping screw [ˈselftæpɪŋ-] *n* selbstschneidende Schraube, Treibschraube *f*; **self-taught** *adj* skills selbstlernt; **he is** ~ er hat sich (*dat*) das selbst beigebracht; (*intellectually*) er hat das autodidaktisch erlernt.

self-will [ˌselfˈwɪl] *n* Eigenwilligkeit *f*, Eigensinn *m* (*pej*); **self-willed** *adj* eigenwillig, eigensinnig (*pej*); **self-winding** *adj* watch Automatik-.

sell [sel] (*vb: pret, ptp* **sold**) **I** *vt* 1. verkaufen (*sb sth, sth to sb* jdm etw, etw an jdn); *insurance policy* abschließen (*to* mit); (*business*) *goods* absetzen. **I was sold this in Valencia** man hat mir das in Valencia verkauft; **the book sold 3,000 copies** von dem Buch wurden 3.000 Exemplare verkauft; **to ~ insurance (for a living)** Versicherungsvertreter sein; **he sold himself to the enemy** er hat sich an den Feind verkauft; **to ~ one's soul to sb/sth** jdm/einer Sache seine Seele verschreiben; **modern man has sold his soul** der moderne Mensch hat seine Seele verloren; **how much do you want to ~ it for?** wieviel verlangen Sie dafür?, wieviel wollen Sie dafür haben?; **I can't remember what I sold it for** ich weiß nicht mehr, für wieviel ich es verkauft habe.
   2. (*stock*) führen, haben (*inf*); (*deal in*) vertreiben.
   3. (*promote the sale of*) zugkräftig machen, einen guten Absatz verschaffen (+*dat*). **you need advertising to ~ your product** Sie müssen werben, um Ihr Produkt zu verkaufen *or* abzusetzen; **nothing will ~ this product, it's so bad** das Produkt ist so schlecht, daß es sich nicht verkaufen *or* absetzen läßt.
   4. (*inf: gain acceptance for*) schmackhaft machen (*to sb* jdm), gewinnen (*to sb* jdn); *religion* aufschwatzen (*inf*), verkaufen (*inf*) (*to sb* jdm). **I know I'll never be able to ~ it to him** ich weiß, daß ich ihn dafür nicht erwärmen kann *or* daß er dafür nicht zu haben ist; **to ~ oneself** (*put oneself across*) sich profilieren (*to* bei), sich verkaufen (*to* an +*acc*).
   5. (*inf: convince of the worth of*) **to ~ sb on sth** jdn von etw überzeugen; **to be sold on sb/sth** von jdm/etw begeistert sein; **how sold is he on the idea?** wie sehr hat es ihm diese Idee angetan? (*inf*).
   6. (*fig: betray*) verraten. **to ~ sb down the river** (*inf*) jdn ganz schön verschaukeln (*inf*).
   II *vi* (*person*) verkaufen (*to sb* an jdn); (*article*) sich verkaufen (lassen). **his book is ~ing well/won't ~** sein Buch verkauft sich gut/läßt sich nicht verkaufen; **the house sold for £15,000** das Haus wurde für £ 15.000 verkauft; **what are they ~ing at** *or* **for?** wieviel kosten sie?; **the idea didn't ~** (*fig*) die Idee kam nicht an.
   III *n* 1. (*Comm inf: sales appeal*) Zugkraft, Attraktivität *f*.
   2. (*selling technique*) Verkaufstaktik *or* -methode *f*; *see* **hard ~, soft ~**.
   3. (*dated inf: disappointment*) Reinfall *m*, Pleite *f* (*inf*).

◆**sell off** *vt sep* verkaufen; (*get rid of quickly, cheaply*) abstoßen; (*at auction*) versteigern.

◆**sell out I** *vt sep* 1. (*sell entire stock of*) ausverkaufen. **sorry, sold ~** wir sind leider ausverkauft; **we're sold ~ of icecream/size 10** das Eis/ Größe 10 ist ausverkauft.
   2. *share, interest* verkaufen, abgeben.
   3. (*inf: betray*) verraten (*to an* +*acc*).
   II *vi* 1. (*sell entire stock*) alles verkaufen *or* absetzen. **this book/we sold ~ in two days** das Buch war/wir waren in zwei Tagen ausverkauft.
   2. (*in business*) sein Geschäft/seine Firma/seinen Anteil *etc* verkaufen.
   3. (*inf: betray*) **the union leader sold ~ to the bosses** der Gewerkschaftsführer verkaufte die Arbeiter an die Bosse (*inf*); **he sold ~ to the right wing/the enemy** er hat sich an den rechten Flügel/den Feind verkauft.

◆**sell up I** *vt sep* zu Geld machen (*inf*); (*Brit Fin*) zwangsverkaufen. **II** *vi* sein Haus/seinen Besitz/ seine Firma *etc* verkaufen *or* zu Geld machen (*inf*).

seller [ˈselər] *n* 1. Verkäufer(in *f*) *m*. **you should take faulty goods back to the ~** du solltest fehlerhafte Ware (zum Händler) zurückbringen.
   2. (*thing sold*) **big ~** Verkaufsschlager *m*; **bad ~** schlecht gehender *or* verkäuflicher Artikel; (*in shop also*) Ladenhüter *m*; **this book is a good/slow ~** das Buch verkauft sich gut/schlecht.

selling [ˈselɪŋ] **I** *n* Verkauf *m*, Verkaufen *nt*. **II** *adj* Verkaufs-. ~ **price** Verkaufspreis *m*; ~ **point** Verkaufsanreiz *m*.

sellotape ® [ˈseləʊteɪp] (*Brit*) **I** *n* Tesafilm ® *m*. **II** *vt* mit Tesafilm ® festkleben.

sell-out [ˈselaʊt] *n* 1. (*inf: betrayal*) fauler Kompromiß *or* Handel (*to* mit); (*of one's ideals etc*) Ausverkauf *m* (*to an* +*acc*).
   2. (*Theat, Sport*) ausverkauftes Haus. **to be a ~** ausverkauft sein. 3. (*Comm*) Verkaufsschlager *m*.

seltzer (water) [ˈseltsə(ˈwɔːtər)] *n* Selterswasser *nt*.

selvage, selvedge [ˈselvɪdʒ] *n* Web(e)-kante *f*.

selves [selvz] *pl of* **self.**

semantic *adj*, ~**ally** *adv* [sɪˈmæntɪk, -əlɪ] semantisch.

semanticist [sɪˈmæntɪsɪst] *n* Semantiker(in *f*) *m*.

semantics [sɪˈmæntɪks] *n sing* Semantik *f*. **the discussion got bogged down in ~** die Diskussion blieb in Wortklaubereien stecken; **it's just a question of ~** es ist nur eine Frage der Formulierung *or* (*interpretation*) Auslegung.

semaphore [ˈseməfɔːr] **I** *n* 1. (*Rail*) Semaphor *nt*, Signalmast *m*. 2. (*system*) Signalsprache *f*, Winken *nt*. **transmitted by ~** durch optische Signale übermittelt; **to learn ~** das Winkeralphabet lernen. **II** *vti* durch Winkzeichen signalisieren.

semblance [ˈsembləns] *n* (*with def art*) Anschein *m* (*of* von); (*with indef art*) Anflug *m* (*of* von). **without a ~ of regret/fear/a smile** ohne den leisesten Anflug von Bedauern/Angst/eines Lächelns; **to put on a ~ of gaiety** (*liter*) eine fröhliche Miene zur Schau tragen (*geh*).

semen [ˈsiːmən] *n* Samenflüssigkeit *f*, Sperma *nt*.

semester [sɪˈmestər] *n* Semester *nt*.

semi[1] [ˈsemɪ] *n* (*Brit inf*) *see* **semidetached.**

semi[2] *n* (*US inf*) *see* **semitrailer.**

semi- *pref* halb-, Halb-.

semibreve ['semɪbriːv] *n* (*esp Brit*) ganze Note; **semicircle** *n* Halbkreis *m*; **semicircular** *adj* halbkreisförmig; **~ canal** (*Anat*) *n*; **semicolon** *n* Strichpunkt *m*, Semikolon *nt*; **semiconductor** *n* Halbleiter *m*; **semiconscious** *adj* halb bewußtlos; **semidarkness** *n* Halbdunkel *nt*; **semidetached I** *adj* ~ **house** halbes Doppelhaus; **II** *n* halbes Doppelhaus *nt*; **semifinal** *n* Halb- or Semifinalspiel *nt*; **semifinals** *npl* Halb- or Semifinale *nt*; **semifinalist** *n* Teilnehmer(in *f*) *m* am Halbfinale.

seminal ['semɪnl] *adj* **1.** ~ **fluid** Samenflüssigkeit *f*. **2.** (*embryonic*) keimhaft (*geh*). **to be present in a** ~ **state** im Keim vorhanden sein. **3.** (*generative*) *ideas* ertragreich.

seminar ['semɪnɑːʳ] *n* Seminar *nt*.

seminarian [ˌsemɪ'neərɪən], **seminarist** ['semɪnərɪst] *n* Seminarist *m*.

seminary ['semɪnərɪ] *n* Priesterseminar *nt*.

semiofficial ['semɪə'fɪʃəl] *adj* halbamtlich, offiziös; *rule* halboffiziell.

semiotic [semɪ'ɒtɪk] *adj* semiotisch.

semiotics [semɪ'ɒtɪks] *n sing* Semiotik *f*.

semiprecious ['semɪ'preʃəs] *adj* ~ **stone** Halbedelstein *m*; **semiquaver** *n* (*esp Brit*) Sechzehntel(note *f*) *nt*; **semiskilled** *adj worker* angelernt; *job* Anlern-; ~ **labour** (*workforce*) Angelernte *pl*; (*work*) Arbeit *f* für Angelernte; **semisolid** *adj* halbfest; **II** *n* halbfeste Substanz.

Semite ['siːmaɪt] *n* Semit *m*, Semitin *f*.

Semitic [sɪ'mɪtɪk] *adj* semitisch.

semitone ['semɪtəʊn] *n* Halbton *m*; **semitrailer** *n* (*US*) Sattelschlepper *m*; (*part*) Sattelauflieger *m*; **semivowel** *n* Halbvokal *m*.

semolina [ˌseməˈliːnə] *n* Grieß *m*.

sempstress ['sempstrɪs] *n* Näherin *f*.

Sen (*US*) *abbr of* **Senator**.

senate ['senɪt] *n* Senat *m*.

senator ['senɪtəʳ] *n* Senator *m*; (*as address*) Herr Senator.

senatorial [ˌsenə'tɔːrɪəl] *adj* des/eines Senators.

send [send] *pret, ptp* **sent I** *vt* **1.** schicken; *letter, messenger also* senden (*geh*); (~ *off*) *letter* abschicken; (*Rad*) *radio wave* ausstrahlen; *signal, SOS* senden; (*through wires*) übermitteln. **to** ~ **sb to prison/to his death** jdn ins Gefängnis/in den Tod schicken; **to** ~ **sb on a course/tour** jdn auf einen or zu einem Kurs/auf eine Tour schicken; **to** ~ **sb for sth** jdn nach etw schicken.

2. she ~**s her love/congratulations/ apologies** *etc* sie läßt grüßen/Ihnen ihre Glückwünsche ausrichten/sich entschuldigen *etc*; ~ **him my love/best wishes** grüßen Sie ihn von mir.

3. (*propel, make go*) *arrow, ball* schießen; (*hurl*) schleudern; (*conveyor belt*) leiten, befördern. **he/the explosion sent everything crashing to the ground** er/ die Explosion ließ alles krachend zu Boden fallen; **the blow sent him sprawling** der Schlag schleuderte ihn zu Boden; **the fire sent everyone running out of the build-**

ing das Feuer ließ alle das Gebäude fluchtartig verlassen; **this** ~**s a spark into the engine** das leitet einen Funken zum Motor; **his speech sent a wave of excitement through the audience** seine Rede ließ eine Woge der Aufregung durch die Zuschauer gehen; **the explosion had sent the spaceship off course** die Explosion hatte das Raumschiff vom Kurs abgebracht.

4. (*cause to become, cause to go*) **it's enough to** ~ **you round the bend** da kann man ja wirklich verrückt werden; **this sent him off into one of his diatribes/into fits of laughter** das ließ ihn eine seiner Schimpfkanonaden vom Stapel lassen/in einen Lachkrampf ausbrechen.

5. (*sl*) hinreißen. **that tune/he** ~**s me** ich bin ganz weg von der Melodie/von ihm (*inf*); *see also* **sent**.

II *vi* **she sent to say that …** sie ließ sagen or ausrichten or bestellen, daß …; **the mail-order firm suddenly stopped** ~**ing** die Versandfirma lieferte plötzlich nicht mehr.

◆**send across** *vt sep* herüber-/hinüberschicken; (+*prep obj*) schicken über (+ *acc*).

◆**send after I** *vt sep* **to** ~ **sb** ~ **sb** jdn jdm nachschicken. **II** *vi* +*prep obj* **they sent** ~ **him** sie schickten ihm jemanden nach.

◆**send along** *vt sep* her-/hinschicken.

◆**send away I** *vt sep* **1.** wegschicken, fortschicken; *letter etc also* abschicken. **his parents sent him** ~ **to Europe** seine Eltern schickten ihn nach Europa.

◆ **2. I had to** ~ **him** ~ **without an explanation** ich mußte ihn ohne Erklärung weggehen lassen or wegschicken.

II *vi* schreiben. **the number of people who sent** ~ **when they saw the TV advert** die Anzahl von Leuten, die auf die Fernsehreklame hin schrieben; **to** ~ ~ **for sth** etw anfordern.

◆**send back I** *vt sep* zurückschicken; *food in restaurant* zurückgehen lassen. **II** *vi* **to** ~ ~ **for reinforcements** nach Verstärkung schicken, Verstärkung holen lassen.

◆**send down** *vt sep* **1.** *temperature, prices* fallen lassen; (*gradually*) senken. **2.** (*Brit Univ: expel*) relegieren. **3.** *prisoner* verurteilen (*for* zu).

◆**send for** *vi* +*prep obj* **1.** *person* kommen lassen; *doctor, police, priest also* rufen; *help* herbeirufen; *reinforcements* herbeibeordern; *food* bringen lassen; (*person in authority*) *pupil, secretary, minister* zu sich bestellen. **I'll** ~ ~ **you/these books when I want you/them** ich lasse Sie rufen/ ich schicke nach den Büchern, wenn ich Sie/sie brauche; **to** ~ ~**sb to do sth** jdn herbeiholen or nach jdm schicken, um etw zu tun.

2. *copy, catalogue* anfordern, sich (*dat*) kommen lassen.

◆**send forth** *vt sep* (*liter*) aussenden (*geh*); *blossom* hervorbringen; *smell* verströmen (*geh*); *heat, light* ausstrahlen.

◆**send in I** *vt sep* einschicken, einsenden; *person* herein-/ hineinschicken; *troops* einsetzen. **II** *vi see* **send away II**.

◆**send off I** *vt sep* **1.** abschicken.

2. *children to school* wegschicken. **he sent his son ~ to Paris** er schickte seinen Sohn nach Paris.

3. *see* **send away I 1.**

4. (*Sport*) vom Platz verweisen (*for wegen*); (*Ice hockey*) auf die Strafbank schicken.

5. (*see off*) verabschieden.

II *vi see* **send away II.**

◆**send on** *vt sep* 1. (*forward*) *letter* nachschicken; (*pass on*) *memo* weiterleiten. 2. (*in advance*) *troops, luggage etc* vorausschicken. 3. *substitute* aufs Feld schicken; *actor* auf die Bühne schicken.

◆**send out** *vt sep* 1. (*out of house, room*) hinaus-/ herausschicken (*of aus*). **he sent me ~ to buy a paper** er hat mich losgeschickt, um eine Zeitung zu kaufen; **the company started ~ing work ~** die Firma hat angefangen, Arbeit außer Haus zu geben.

2. (*emit*) *rays, radio signals* aussenden; *light, heat, radiation* ausstrahlen, abgeben; *smoke* ausstoßen, abgeben.

3. *leaflets, invitations, application forms* verschicken.

◆**send out for I** *vi +prep obj* holen lassen. **II** *vt sep* **to ~ sb ~ ~ sth** jdn nach etw schicken.

◆**send up** *vt sep* 1. *rocket* hochschießen; *balloon* steigen lassen; *flare* in die Luft schießen.

2. *prices, temperature* hochtreiben, in die Höhe treiben; *pressure* steigen lassen.

3. (*destroy*) in die Luft gehen lassen. **to ~ sth ~ in flames** etw in Flammen aufgehen lassen.

4. (*Brit inf: satirize*) verulken (*inf*).

5. (*US inf: send to prison*) hinter Gitter bringen (*inf*).

sender ['sendə'] *n* Absender(in *f*) *m*.

send-off ['sendɒf] *n* Abschied *m*, Verabschiedung *f*; **to give sb a good ~** jdn ganz groß verabschieden (*inf*); **send-up** *n* (*Brit inf*) Verulkung *f* (*inf*); **to do a ~ of sb/sth** jdn/etw verulken (*inf*).

Senegal [ˌsenɪˈgɔːl] *n* Senegal *nt*.

Senegalese [ˌsenɪgəˈliːz] **I** *adj* senegalesisch. **II** *n* Senegalese *m*, Senegalesin *f*.

senescent [sɪˈnesənt] *adj* (*form*) alternd.

senile ['siːnaɪl] *adj person* senil; (*physically*) altersschwach. **~ decay** Altersabbau *m*.

senility [sɪˈnɪlɪtɪ] *n* Senilität *f*; (*physical*) Altersschwäche *f*.

senior ['siːnɪə'] **I** *adj* (*in age*) älter; (*in rank*) vorgesetzt, übergeordnet; (*with longer service*) dienstälter; *rank, civil servant* höher; *officer* ranghöher; *position* höher, leitend; *designer, editor, executive, accountant etc* leitend; *doctor, nurse etc* Ober-. **he is ~ to me** (*in age*) er ist älter als ich; (*in rank*) er ist mir übergeordnet; (*in length of service*) er ist *or* arbeitet schon länger hier als ich; **the ~ management** die Geschäftsleitung; **~ partner** Seniorpartner *m*; **~ consultant** Chefarzt *m*/-ärztin *f*; **~ citizen** älterer Bürger, Altbürger *m*; **~ service** (*Brit*) Kriegsmarine *f*; **~ school, ~ high school** (*US*) Oberstufe *f*; **my ~ officer** mein Vorgesetzter; **a very ~ officer** ein sehr hoher Offizier; **he's very/not very**

~ er hat eine ziemlich hohe/keine sehr hohe Stellung; **can I speak to somebody more ~?** könnte ich bitte jemanden sprechen, der verantwortlich ist?; **J. B. Schwartz, S~** J. B. Schwartz senior.

II *n* (*Sch*) Oberstufenschüler(in *f*) *m*; (*US Univ*) Student(in *f*) *m* im 4./letzten Studienjahr; (*in club etc*) Senior *m*. **he is my ~** (*in age*) er ist älter als ich; (*in rank*) er ist mir übergeordnet; (*in length of service*) er ist *or* arbeitet schon länger hier als ich; **he is two years my ~, he is my ~ by two years** er ist zwei Jahre älter als ich.

seniority [ˌsiːnɪˈɒrɪtɪ] *n* (*in age*) (höheres) Alter; (*in rank*) (höhere) Position; (*Mil*) (höherer) Rang; (*in civil service etc*) (höherer) Dienstgrad; (*in service*) (längere) Betriebszugehörigkeit; (*in civil service etc*) (höheres) Dienstalter. **promotion on the basis of ~** Beförderung *f* nach Länge der Dienstjahre/Betriebszugehörigkeit.

senna ['senə] *n* (*drug*) Sennesblätter *pl*; (*plant*) Sennespflanze *f*.

sen(r) *abbr of* **senior**.

sensation [senˈseɪʃən] *n* 1. (*feeling*) Gefühl *nt*; (*of heat, cold etc*) Empfindung *f*; (*of the external world*) Sinneseindruck *m*. **the ~ of falling** das Gefühl zu fallen; **a ~ of fear/hunger** ein Gefühl *nt* der Angst, ein Angst-/Hungergefühl *nt*.

2. (*great success*) Sensation *f*. **to cause** *or* **create a ~** (großes) Aufsehen erregen.

sensational [senˈseɪʃənl] *adj* 1. sensationell, aufsehenerregend; *newspaper, film, book* reißerisch aufgemacht, auf Sensation bedacht; *news item* Sensations-; *style, writing* reißerisch; *journalist* sensationsgierig *or* -lüstern (*inf*). 2. (*inf: very good etc*) sagenhaft (*inf*).

sensationalism [senˈseɪʃnəlɪzəm] *n* (*of paper, reporter etc*) Sensationsmache *f* (*inf*); (*of reader*) Sensationsgier *f*. **the cheap ~ of his style** die billige Effekthascherei in seinem Stil.

sensationally [senˈseɪʃnəlɪ] *adv* 1. *write, report* in einem reißerischen Stil. 2. (*inf: amazingly*) sagenhaft (*inf*).

sense [sens] **I** *n* 1. (*bodily*) Sinn *m*. **~ of hearing** Gehör(sinn *m*) *nt*; **~ of sight** Sehvermögen *nt*; **~ of smell** Geruchssinn *m*; **~ of taste** Geschmack(sinn) *m*; **~ of touch** Tastsinn *m*.

2. **~s** *pl* (*right mind*) Verstand *m*; **no man in his ~s ...** kein einigermaßen vernünftiger Mensch ...; **to frighten sb out of his ~s** jdn zu Tode erschrecken; **to bring sb to his ~s** jdn zur Vernunft *or* Besinnung bringen; **to come to one's ~s** zur Vernunft *or* Besinnung kommen.

3. (*feeling*) Gefühl *nt*. **~ of duty** Pflichtbewußtsein *or* -gefühl *nt*; **he has an exaggerated ~ of his own importance** er nimmt sich selbst übertrieben wichtig; **there's a ~ of impermanence in these buildings** diese Gebäude haben etwas Unbeständiges an sich; **these buildings create a ~ of space** diese Gebäude vermitteln den Eindruck von Weite.

4. (*instinct, appreciation*) Sinn *m*. **his ~ for what is appropriate** sein Gefühl *nt* *or*

Gespür nt dafür, was angebracht ist; ~ of colour/justice Farben-/Gerechtigkeitssinn.

5. (good ~) (common) ~ gesunder Menschenverstand; **he had the (good) ~ to ...** er war so vernünftig or klug or gescheit und ...; **she didn't even have the ~ to take a key** sie war auch noch zu dumm dazu, einen Schlüssel mitzunehmen; **you should have had more ~ than to ...** du hättest vernünftiger sein sollen und nicht ...; **there is no ~/a lot of ~ in that** es hat keinen Sinn, es ist zwecklos/das hat Hand und Fuß, das ist ganz vernünftig; **what's the ~ of or in doing this?** welchen Sinn hat es denn, das zu tun?; **there is no ~ in doing that** es ist zwecklos or sinnlos, das zu tun; **there is no ~ in crying** es hat keinen Sinn zu heulen; **there's some ~ in what he says/ in doing that** was er sagt, ist ganz vernünftig/es wäre ganz vernünftig, das zu tun; **a man of good ~** ein (ganz) vernünftiger Mann; **to talk ~** vernünftig sein; **now you're talking** ~ das läßt sich schon eher hören; **he hasn't the ~ he was born with** er hat nicht für fünf Pfennig Verstand (inf); **to make sb see ~** jdn zur Vernunft bringen.

6. to make ~ (sentence etc) (einen) Sinn ergeben; (be sensible, rational etc) sinnvoll or vernünftig sein, Sinn machen (inf); **it doesn't make ~ doing it that way/to spend all that money** es ist doch Unsinn or unvernünftig, es so zu machen/ soviel Geld auszugeben; **why did he decide that? — I don't know, it doesn't make ~** warum hat er das beschlossen? — ich weiß es nicht, das ist mir unverständlich or ich verstehe das nicht; **it makes good ~** das scheint sehr vernünftig; **it makes good financial ~ to ...** aus finanzieller Sicht gesehen ist es sehr vernünftig, zu ...; **her behaviour doesn't make ~ (to me)** man wird/ich werde aus ihrem Verhalten nicht schlau (inf); **he/his theory doesn't make ~** er/seine Theorie ist völlig unverständlich; **it all makes ~ now** jetzt wird einem alles klar; **to make ~ of** etw verstehen, aus etw schlau werden (inf); **you're not making ~** (in explaining sth, in plans, intentions etc) das ist doch Unsinn; (in behaviour, attitude) ich werde aus Ihnen nicht schlau (inf); **now you're making ~** (in explaining sth) jetzt verstehe ich, was Sie meinen; (in plans, intentions etc) das ist endlich eine vernünftige Idee.

7. (meaning) Sinn m no pl. **in the full ~ of the word** im wahrsten Sinn des Wortes; **it has three distinct ~s** es hat drei verschiedene Bedeutungen; **in what ~ are you using the word?** in welchem Sinn or welcher Bedeutung gebrauchen Sie das Wort?; **he is an amateur in the best ~** er ist Amateur im eigentlichen Sinn des Wortes; **in every ~ of the word** im vollen Bedeutung des Wortes.

8. (way, respect) **in a ~** in gewisser Hinsicht, gewissermaßen; **in every ~** in jeder Hinsicht; **in what ~?** inwiefern?; **there is a ~ in which what he claims is true** in einer Hinsicht hat er mit seiner Behauptung recht.

II vt fühlen, spüren. **I could ~ someone there in the dark** ich fühlte or spürte, daß da jemand in der Dunkelheit war.

senseless ['sɛnslɪs] adj **1.** (unconscious) besinnungslos, bewußtlos. **2.** (stupid) unvernünftig, unsinnig; (futile) waste, discussion sinnlos. **what a ~ thing to do/ say** etc welch ein Unsinn.

senselessly ['sɛnslɪslɪ] adv see adj 2.

senselessness ['sɛnslɪsnɪs] n see adj 2. Unvernunft, Unsinnigkeit f; Sinnlosigkeit f.

sense organ n Sinnesorgan nt.

sensibility [ˌsɛnsɪ'bɪlɪtɪ] n (to beauty etc) Empfindsamkeit f; (artistic ~ also) Sensibilität f; (emotional ~, susceptibility to insult) Empfindlichkeit, Sensibilität f. **sensibilities** Zartgefühl nt; **his ~ of the problems involved/of her feelings** sein (Fein)gefühl für die damit verbundenen Probleme/sein Verständnis für ihre Gefühle; **the body's ~ to touch/cold** die Empfindlichkeit des Körpers für Berührungen/gegen(über) Kälte.

sensible ['sɛnsəbl] adj **1.** vernünftig. **be ~ about it** seien Sie vernünftig; **that's the ~ thing to do** das ist vernünftig.

2. (liter: aware) **to be ~ of sth** sich (dat) einer Sache (gen) bewußt sein.

3. (rare: appreciable) merklich.

sensibleness ['sɛnsəblnɪs] n Vernünftigkeit f.

sensibly ['sɛnsəblɪ] adv vernünftig. **he very ~ ignored the question** er hat die Frage vernünftigerweise ignoriert.

sensitive ['sɛnsɪtɪv] adj **1.** (emotionally) person sensibel, empfindsam; (easily hurt) empfindlich; (understanding) einfühlsam; novel, film, remark einfühlend. **to be ~ about sth** in bezug auf etw (acc) empfindlich sein; **she is very ~ to criticism** sie reagiert sehr empfindlich auf Kritik.

2. (physically) instruments, part of body, leaves, plants empfindlich; (Phot) emulsion, film lichtempfindlich; (delicate) balance, adjustment fein; (fig) topic, issue heikel, prekär. **~ to heat/light** wärme-/lichtempfindlich.

sensitiveness ['sɛnsɪtɪvnɪs], **sensitivity** [ˌsɛnsɪ'tɪvɪtɪ] n see adj **1.** Sensibilität, Empfindsamkeit f; Empfindlichkeit f; Einfühlsamkeit f; Einfühlungsvermögen nt **2.** Empfindlichkeit f; Lichtempfindlichkeit f; Feinheit f; heikle Natur. **~ to heat/ light** Wärme-/Lichtempfindlichkeit f.

sensitize ['sɛnsɪtaɪz] vt (Phot) sensibilisieren.

sensor ['sɛnsər] n Sensor, Fühler m.

sensorimotor ['sɛnsərɪ'məʊtər] adj sensomotorisch.

sensory ['sɛnsərɪ] adj sensorisch; data, organs Sinnes-.

sensual ['sɛnsjʊəl] adj sinnlich, wollüstig (pej); person, life also sinnesfreudig, lustbetont.

sensualism ['sɛnsjʊəlɪzəm] n Sinnlichkeit, Wollüstigkeit (pej) f; (Philos) Sensualismus m.

sensualist ['sɛnsjʊəlɪst] n Genußmensch, sinnlicher Mensch, Lüstling (pej) m; (Philos) Sensualist m.

sensuality [ˌsɛnsjʊ'ælɪtɪ] n Sinnlichkeit,

Wollüstigkeit (*pej*) *f*; (*of person also*) Sinnesfreudigkeit *f*.

sensually ['sensjʊəlɪ] *adv* sinnlich, wollüstig (*pej*).

sensuous *adj*, **~ly** *adv* ['sensjʊəs, -lɪ] sinnlich, sinnenhaft.

sensuousness ['sensjʊəsnɪs] *n* Sinnlichkeit, Sinnenhaftigkeit *f*.

sent [sent] I *pret, ptp of* **send**. II *adj* (*inf*) *look* hingerissen (*inf*).

sentence ['sentəns] I *n* 1. (*Gram*) Satz *m*. ~ **structure** Satzbau *m*; (*of particular* ~) Satzaufbau *m*, Satzstruktur *f*.
   2. (*Jur*) Strafe *f*. **to be under ~ of death** zum Tode verurteilt sein; **the judge gave him a 6-month ~** der Richter verurteilte ihn zu 6 Monaten Haft *or* Freiheitsentzug; **to pass ~ (on sb)** (über jdn) das Urteil verkünden; (*fig*) jdn verurteilen.
   II *vt* (*Jur*) verurteilen. **he was ~d to life imprisonment** er wurde zu lebenslänglichem Freiheitsentzug verurteilt.

sententious *adj*, **~ly** *adv* [sen'tenʃəs, -lɪ] salbungsvoll.

sententiousness [sen'tenʃəsnɪs] *n* **the ~ of the lecture/ speaker** der salbungsvolle Vortrag/Redner.

sentient ['sentɪənt] *adj* empfindungsfähig.

sentiment ['sentɪmənt] *n* 1. (*feeling, emotion*) Gefühl *nt*. 2. (*sentimentality*) Sentimentalität, Rührseligkeit *f*. 3. (*opinion*) Ansicht, Meinung *f*. 4. (*thought behind words or deeds*) Gedanke *m*.

sentimental [ˌsentɪ'mentl] *adj* sentimental; *person, mood also* gefühlvoll; *novel, song, music also* gefühlsselig, kitschig (*pej*), schmalzig (*pej*); *value* Gefühls-. **for ~ reasons** aus Sentimentalität; **a certain ~ attachment** eine gewisse gefühlsmäßige Bindung.

sentimentalism [ˌsentɪ'mentəlɪzəm] *n* Sentimentalität *f*.

sentimentalist [ˌsentɪ'mentəlɪst] *n* Gefühlsmensch *m*, sentimentaler Mensch.

sentimentality [ˌsentɪmen'tælɪtɪ] *n* Sentimentalität *f*.

sentimentalize [ˌsentɪ'mentəlaɪz] I *vt* sentimental *or* gefühlvoll darstellen. II *vi* sentimental sein.

sentimentally [ˌsentɪ'mentəlɪ] *adv* important, attached *etc* gefühlsmäßig; *say, reminisce* sentimental; *sing, play music* gefühlvoll; (*pej*) sentimental, schmalzig.

sentinel ['sentɪnl] *n* Wache *f*. **to stand ~ over sth** (*liter*) über etw (*acc*) wachen *or* Wacht halten.

sentry ['sentrɪ] *n* Wache *f*, Wachtposten *m*. **to be on ~ duty** auf Wache sein; **~ box** Wachhäuschen *nt*.

sep *abbr of* **separate**.

sepal ['sepəl] *n* Kelchblatt *nt*.

separability [ˌseprə'bɪlɪtɪ] *n* Trennbarkeit *f*.

separable ['sepərəbl] *adj* trennbar.

separate ['sepərət] I *adj* 1. getrennt, gesondert (*from* von); *section, piece also* extra *attr inv*; *organization, unit also* eigen *attr*; *two organizations, issues, parts* gesondert *attr*, voneinander getrennt, verschieden *attr*; *provisions, regulations* besondere(r, s) *attr*, separat, gesondert; *beds, rooms, accounts* getrennt; *account, bill, agreement, department* gesondert, extra

attr inv; *entrance, toilet, flat* separat; *treaty, peace* Separat-, Sonder-; *existence* eigen. **that is a ~ question/issue** das ist eine andere Frage, das ist eine Frage für sich; **on two ~ occasions** bei zwei verschiedenen Gelegenheiten; **on a ~ occasion** bei einer anderen Gelegenheit; **there will be ~ discussions on this question** diese Frage wird separat *or* gesondert diskutiert; **a ~ sheet of paper** ein anderes Blatt Papier; (*additional*) ein gesondertes *or* extra Blatt Papier; **this is quite ~ from his job** das hat mit seinem Beruf nichts zu tun; **to keep two things ~** zwei Dinge nicht zusammentun; *questions, issues* zwei Dinge auseinanderhalten.
   2. (*individual*) einzeln. **all the ~ sections/pieces/units/questions** alle einzelnen Abschnitte/Teile/Einheiten/Fragen; **everybody has a ~ cup/task** jeder hat eine Tasse/Aufgabe für sich *or* seine eigene Tasse/Aufgabe.
   II *n* ~s *pl* Röcke, Blusen, Hosen *etc*.
   III ['sepəreɪt] *vt* trennen; (*Chem also*) scheiden; (*milk*) zentrifugieren; (*divide up*) aufteilen (*into* in +*acc*). **to ~ the good from the bad** die Guten von den Schlechten trennen *or* scheiden; **he is ~d from his wife** er lebt von seiner Frau getrennt.
   IV ['sepəreɪt] *vi* sich trennen; (*Chem also*) sich scheiden. **it ~s into four parts** es läßt sich in vier Teile auseinandernehmen; (*fig: problem etc*) es zerfällt in vier Teile.

◆**separate out** I *vt sep* trennen (*from* von), absondern (*from* von), aussondern. II *vi* getrennt werden.

separated ['sepəreɪtɪd] *adj* getrennt; *couple* getrennt lebend *attr*.

separately ['sepərətlɪ] *adv* getrennt, gesondert, separat; *live* getrennt; (*singly*) einzeln.

separateness ['sepərətnɪs] *n* Getrenntheit, Gesondertheit *f*.

separation [ˌsepə'reɪʃən] *n* Trennung *f*; (*Chem also*) Scheidung *f*; (*of rocket etc*) Abtrennung *f* (*from* von).

separatism ['sepərətɪzəm] *n* Separatismus *m*.

separatist ['sepərətɪst] I *adj* separatistisch. II *n* Separatist(in *f*) *m*.

separator ['sepəreɪtəʳ] *n* Separator *m*.

sepia ['siːpjə] I *n* Sepia *f*. II *adj* paint, pigment, drawing Sepia-; (*also* **~-coloured**) sepia(farben).

sepsis ['sepsɪs] *n* Vereiterung *f*.

Sept *abbr of* **September** Sept.

September [sep'tembəʳ] I *n* September *m*. **the first/tenth of ~** der erste/zehnte September; **on ~ 1st/19th** (*written*), **on 1st/19th ~** (*written*), **on the 1st/19th of ~** (*spoken*) am 1./19. September; **~ 3rd, 1979, 3rd ~** 1979 (*on letter*) 3. September 1979; **in ~** im September; **during ~** im September; **every** *or* **each ~** jeden September; **at the beginning/end of ~** Anfang/Ende September; **~ is a pleasant month** der September ist ein angenehmer Monat.
   II *adj attr* September-; *weather, mists etc also* septemberlich.

septennial [sep'tenɪəl] *adj* siebenjährig;

(*every seven years*) alle sieben Jahre statt-
findend, siebenjährlich.

septet [sep'tet] *n* Septett *nt*.

septic ['septɪk] *adj* vereitert, septisch. **the
wound turned** ~ die Wunde eiterte; ~
tank Faulbehälter, Klärbehälter *m*.

septicaemia, (*US*) **septicemia**
[,septɪ'si:mɪə] *n* Vergiftung *f* des Blutes.

septuagenarian [,septjʊədʒɪ'neərɪən] I *adj*
siebzigjährig. II *n* Siebzigjährige(r) *mf*.

septuplet [sep'tju:plɪt] *n* (*baby*) Siebenling
m; (*Mus*) Septimole *f*.

sepulcher *n* (*US*) *see* **sepulchre**.

sepulchral [sɪ'pʌlkrəl] *adj* (*liter*) sepulkral
(*liter*); (*fig*) düster; *voice* Grabes-;
atmosphere Friedhofs-.

sepulchre, (*US*) **sepulcher** ['sepəlkəʳ] *n*
Grabstätte *f*. **the Holy S~** das Heilige
Grab.

sequel ['si:kwəl] *n* Folge *f* (*to* von). **it had a
tragic** ~ es hatte ein tragisches Nachspiel.

sequence ['si:kwəns] *n* 1. (*order*) Folge,
Reihenfolge *f*. ~ **of tenses** Zeitenfolge
f; **in** ~ der Reihe nach; 2. (*things follow-
ing*) Reihe, Folge *f*; (*Mus, Cards, Eccl*)
Sequenz *f*; (*Math*) Reihe *f*. 3. (*Film,
dance* ~) Sequenz *f*.

sequential [sɪ'kwenʃəl] *adj* (*form*) der
Reihe nach, in regelmäßiger Folge; (*fol-
lowing*) folgend. **to be** ~ **to** *or* **upon sth** auf
etw (*acc*) folgen.

sequester [sɪ'kwestəʳ] *vt* 1. (*liter: isolate*)
abkapseln. 2. (*Jur*) *see* **sequestrate**.

sequestered [sɪ'kwestəd] *adj* (*liter*) *village*
abgeschieden; *spot* abgelegen; *life*
zurückgezogen.

sequestrate [sɪ'kwestreɪt] *vt* (*Jur*)
sequestrieren.

sequestration [,si:kwe'streɪʃən] *n* (*Jur*)
Sequestration *f*; (*in bankruptcy case also*)
Zwangsverwaltung *f*.

sequin ['si:kwɪn] *n* Paillette *f*.

sequined ['si:kwɪnd] *adj* mit Pailletten
besetzt.

sequoia [sɪ'kwɔɪə] *n* Mammutbaum *m*.

seraph ['serəf] *n*, *pl* **-s** *or* **-im** Seraph *m*.

seraphic [sə'ræfɪk] *adj* verklärt, verzückt.

seraphim ['serəfɪm] *pl of* **seraph**.

Serb [sɜːb] *n* Serbe *m*, Serbin *f*.

Serbia ['sɜːbɪə] *n* Serbien *nt*.

Serbian ['sɜːbɪən] I *adj* serbisch. II *n*
1. Serbe *m*, Serbin *f*. 2. (*language*) Ser-
bisch *nt*.

Serbo-Croat ['sɜːbəʊ'krəʊæt] *n* (*language*)
Serbokroatisch *nt*. **the** ~**s** *pl* (*people*) die
Serben und Kroaten.

Serbo-Croatian ['sɜːbəʊkrəʊ'eɪʃən] I *adj*
serbokroatisch. II **the** ~**s** *pl* die Serben
und Kroaten.

serenade [,serə'neɪd] I *n* Serenade *f*. II *vt*
ein Ständchen *nt* bringen (+*dat*).

serendipity [,serən'dɪpɪtɪ] *n* Spürsinn *m*
(*fig*), mehr Glück als Verstand.

serene [sə'ri:n] *adj* gelassen; *sea* ruhig; *sky*
heiter, klar. **His S~ Highness** seine
Durchlaucht, Serenissimus.

serenely [sə'ri:nlɪ] *adv* gelassen.

serenity [sɪ'renɪtɪ] *n* Gelassenheit *f*; (*as title:
also* S~) Durchlaucht *f*.

serf [sɜːf] *n* Leibeigene(r) *mf*.

serfdom ['sɜːfdəm] *n* Leibeigenschaft *f*;
(*fig*) Knechtschaft *f*.

serge [sɜːdʒ] *n* Serge, Sersche *f*.

sergeant ['sɑːdʒənt] *n* (*Mil*) Feldwebel *m*;
(*police*) Polizeimeister *m*. ~ **first class**
(*US*) Oberfeldwebel *m*; ~ **major** Ober-
feldwebel *m*.

serg(t) *abbr of* **sergeant**.

serial ['sɪərɪəl] I *adj* Serien-; *novel*
Fortsetzungs-; *story, radio etc programme*
etc in Fortsetzungen; *writer* von Fortset-
zungsromanen; *music* seriell; *computer*
mit Stapelbetrieb. **published in** ~ **form** in
Fortsetzungen veröffentlicht; ~ **number**
fortlaufende Nummer; (*on manufactured
goods*) Fabrikationsnummer *f*; ~ **rights**
Rechte *pl* für die Veröffentlichung in
Fortsetzungen; ~ **processing** (*Compu-
ters*) Stapelbetrieb *m*.

    II *n* (*novel*) Fortsetzungsroman *m*;
(*Rad*) Sendereihe *f* (in Fortsetzungen);
(*TV*) Sendefolge *f*; (*spec: magazine*)
(periodisch erscheinende) Zeitschrift.

serialization [,sɪərɪəlaɪ'zeɪʃən] *n* (*Rad,
TV*) Sendung *f* in Fortsetzungen; (*in
magazines etc*) Fortsetzung(sreihe) *f*;
(*serializing*) Umarbeitung *f* in Fortset-
zungen.

serialize ['sɪərɪəlaɪz] *vt* in Fortsetzungen
veröffentlichen; (*Rad, TV*) in Fortsetzun-
gen senden; (*put into serial form*) in Fort-
setzungen umarbeiten.

serially ['sɪərɪəlɪ] *adv publish, broadcast* in
Fortsetzungen; (*in order*) *number* fort-
laufend; (*Mus*) seriell.

sericulture [,serɪ'kʌltʃəʳ] *n* Seidenraupen-
zucht *f*.

series ['sɪərɪz] *n*, *pl* **-** Serie *f*; (*Rad*) Sen-
dereihe *f*; (*TV*) Sendefolge *f*; (*of books,
lectures etc also, of films, talks, Math,
Mus, Elec*) Reihe *f*; (*of events also, suc-
cession of things*) Reihe, Folge *f*. **a** ~ **of
articles** eine Artikelserie *or* -reihe; **in** ~
der Reihe nach; (*Elec*) in Reihe;
(*Comm*) serienmäßig; *publish* als Serie.

serif ['serɪf] I *n* Serife *f*. II *adj* Serifen-.

serio-comic(al) ['sɪərɪəʊ'kɒmɪk(l)] *adj* halb
ernst, halb heiter.

serious ['sɪərɪəs] *adj* 1. ernst; *person,
manner* (*not frivolous*) ernsthaft; (*sub-
dued*) ernst; *consideration, discussion,
conversation also* ernsthaft; *newspaper,
publication, interest* ernsthaft, seriös;
offer, suggestion ernstgemeint *attr*, ernst
gemeint *pred*, seriös; *doubts also* ernst-
lich, ernsthaft. **to be** ~ **about doing sth** etw
im Ernst tun wollen; **I'm** ~ (**about it**) ich
meine das ernst, das ist mein Ernst; **he is**
~ **about her** er meint es ernst mit ihr; **be**
~ **about your studies** du mußt dein
Studium ernst nehmen; **to give** ~ **thought
to sth** sich (*dat*) etw ernsthaft *or* ernstlich
überlegen; **the** ~ **student of jazz will …**
wer sich ernsthaft mit Jazz beschäftigt,
wird …

    2. (*critical*) *accident, flooding, deficien-
cies, loss* schwer; *mistake, injury, damage
also* schlimm; *problem also* ernst, ernst-
zunehmend *attr*; *illness also, situation*
ernst, schlimm; *patient's condition also*
bedenklich; *threat, shortage, lack* ernst,
ernstlich; *situation, deterioration* bedenk-
lich. **inflation is getting** ~ die Inflation
nimmt ernste Ausmaße an.

seriously [ˈsɪərɪəslɪ] *adv* **1.** ernst; *talk, interested, work* ernsthaft; *(not jokingly)* im Ernst. **to take sb/sth ~** jdn/etw ernst nehmen; **do you ~ want to do that?** wollen Sie das wirklich *or* im Ernst tun?; **~ now/though …** jetzt/aber mal ganz im Ernst …; **he offered it quite ~** er hat das ernstlich angeboten.
2. *wounded, flooded* schwer; *ill also, worried* ernstlich; *damaged, injured also* schlimm; *deteriorate* bedenklich. **he/the take-off went ~ wrong** er hat einen schweren Fehler gemacht/beim Start ist etwas schlimm daneben gegangen; **we are ~ short of water** bei uns herrscht schwerer *or* schlimmer Wassermangel.

seriousness [ˈsɪərɪəsnɪs] *n see adj* **1.** Ernst *m*; Ernsthaftigkeit *f*; Seriosität *f*; Ernstlichkeit *f*. **in all ~** ganz im Ernst.
2. Schwere *f*; Ernst *m*; Bedenklichkeit *f*.

serjeant [ˈsɑːdʒənt] *n see* **sergeant**.

sermon [ˈsɜːmən] *n* (*Eccl*) Predigt *f*; *(homily)* Moralpredigt *f*; *(scolding)* Strafpredigt *f*. **the S~ on the Mount** die Bergpredigt.

sermonize [ˈsɜːmənaɪz] *vi* Vorträge halten; *(reproving)* Moralpredigten halten.

serous [ˈsɪərəs] *adj* serös; *fluid* Serum-.

serpent [ˈsɜːpənt] *n* **1.** *(liter)* Schlange *f (also fig)*. **2.** (*Mus*) Serpent *nt*.

serpentine [ˈsɜːpəntaɪn] *adj lane, river* gewunden, mit vielen Windungen; *road also* kurvenreich.

serrated [seˈreɪtɪd] *adj* gezackt; *leaves also* gesägt. **~ knife** Sägemesser *nt*.

serration [seˈreɪʃən] *n* Zacke *f*; *(edge)* gezackter Rand; *(on knife)* Sägerand *m*; *(of leaves)* gesägter Rand.

serried [ˈserɪd] *adj*: **~ ranks** enggeschlossene Reihen *pl*.

serum [ˈsɪərəm] *n* Serum *nt*.

servant [ˈsɜːvənt] *n (lit, fig)* Diener(in *f*) *m*; *(also ~ girl)* Dienstmädchen *nt*; *(domestic)* Bedienstete(r) *mf*, Dienstbote *m*; *see* **public ~**, **civil ~**.

serve [sɜːv] **I** *vt* **1.** dienen (+*dat*); *(be of use)* dienlich sein (+*dat*), nützen (+*dat*). **he ~d his country/the firm well** er hat sich um sein Land/die Firma verdient gemacht; **if my memory ~s me right** wenn ich mich recht erinnere; **to ~ its/sb's purpose** seinen Zweck erfüllen, jds Zwecken (*dat*) dienen; **it ~s a variety of purposes** es hat viele verschiedene Verwendungsmöglichkeiten; **it ~s no useful purpose** es hat keinen praktischen Wert; **this box has ~d us as a table** diese Kiste hat uns (*dat*) als Tisch gedient; **it has ~d us well** es hat uns gute Dienste geleistet; **his knowledge of history ~d him well** seine Geschichtskenntnisse kamen ihm sehr zugute.
2. *(work out)* abdienen, ableisten; *term of office* durchlaufen; *apprenticeship* durchmachen; *sentence* verbüßen, absitzen (*inf*). **when he ~d his term as Prime Minister** während seiner Amtszeit als Premierminister.
3. *(supply: transport, gas etc)* versorgen.
4. *(in shop)* bedienen. **to ~ sb with 5 kilos of potatoes** jdm 5 kg Kartoffeln bringen *or* geben.

5. *(esp in restaurant) food, drink* servieren; *(bring to table also)* auftragen; *(put on plate)* aufgeben; *guests* bedienen; *(waiter)* bedienen, servieren (+*dat*); *(pour drink for)* einschenken (+*dat*); *wine etc* einschenken; *rations* verteilen (*to* an +*acc*). **dinner is ~d** *(butler)* das Essen *or* es ist aufgetragen; *(hostess)* darf ich zu Tisch bitten?; **"~s three"** *(on packet etc)* „(ergibt) drei Portionen".
6. *Mass, Communion* ministrieren bei.
7. *(Tennis etc) ball* aufschlagen. **he ~d a double fault** er hat einen Doppelfehler gemacht.
8. *(Jur)* zustellen *(on sb* jdm). **to ~ a summons on sb, to ~ sb with a summons** jdn vor Gericht laden; **the landlord ~d notice (to quit) on his tenants** der Vermieter kündigte den Mietern.
9. *(old: treat)* behandeln. **(it) ~s you right!** *(inf)* das geschieht dir (ganz) recht!; **it would have ~d you right if …** *(inf)* es wäre dir ganz recht geschehen, wenn …
10. *(stallion etc)* decken.
II *vi* **1.** dienen. **to ~ on the jury** Geschworene(r) *mf* sein; **to ~ on a committee/the council/in Parliament** einem Ausschuß angehören/im Stadt- *or* Gemeinderat/Parlament sein; **to ~ in an office** ein Amt bekleiden (*rm*) *or* innehaben; **to ~ as chairman** das Amt des Vorsitzenden innehaben.
2. *(Mil)* dienen.
3. *(at table)* aufgeben; *(waiter, butler etc)* servieren *(at table* bei Tisch). **is there anyone serving at this table?** bedient hier jemand?
4. **to ~ as, to ~ for** dienen als; **it will ~ das tut's**; **it ~s to show/explain …** das zeigt/erklärt …; **these facts merely ~ to prove my point** diese Fakten dienen lediglich dazu, mein Argument zu beweisen.
5. *(Eccl)* ministrieren.
6. *(Tennis etc)* aufschlagen.
III *n (Tennis etc)* Aufschlag *m*. **whose ~ is it?** wer hat Aufschlag?

◆**serve out** *vt sep* **1.** *food* ausgeben; *rations etc* vergeben, verteilen. **2.** *(work out) time in army* ableisten; *apprenticeship* beenden, abschließen; *sentence* absitzen.

◆**serve up** *vt sep* **1.** *food* servieren; *rations* verteilen. **you can't ~ this muck** *(inf)* so etwas kann man doch niemandem vorsetzen! **2.** *(inf: present)* servieren *(inf)*; *excuse* auftischen.

server [ˈsɜːvə^r] *n* **1.** *(tray)* Servierbrett *nt*.
2. *(spoon, fork)* Servierlöffel, Vorlegelöffel *m*/-gabel *f*; *(pie ~)* Tortenheber *m*; *(fish ~)* Fischvorlegelöffel *m*. **salad ~s** Salatbesteck *nt*. **3.** *(Tennis)* Aufschläger(in *f*) *m*. **he's a strong ~** er hat einen guten Aufschlag. **4.** *(Eccl)* Ministrant, Meßdiener *m*.

service [ˈsɜːvɪs] **I** *n* **1.** Dienst *m*. **his faithful ~** seine treuen Dienste; **~s to God** Dienst an Gott; **~s to one's country/the Queen** *(soldier etc)* Dienst an seinem Vaterland/für die Königin; **his ~s to industry/the country** *(politician, industrialist)* seine Verdienste in der Industrie/um das Land; **he died in the ~ of his country** er starb in

Pflichterfüllung für sein Vaterland; **he has ten years' ~ behind him** er hat zehn Jahre Dienstzeit hinter sich (*dat*); **to do sb a ~** jdm einen Dienst erweisen; **to do** *or* **see good ~** gute Dienste leisten; **this box did ~ as a table** diese Kiste hat schon als Tisch gedient; **to be of ~** nützlich sein; **to be of ~ to sb** jdm nützen; **to be at sb's ~** jdm zur Verfügung stehen; (*person also*) jdm zu Diensten stehen; **out of ~** außer Betrieb; **to need the ~s of a doctor/lawyer** einen Arzt/Anwalt brauchen, einen Arzt/Anwalt zuziehen müssen; **on Her/His Majesty's ~** (*abbr* **OHMS**) *Aufdruck auf Dienstsachen, Umschlägen von Behörden etc*; ≈ Dienstsache *f*.

2. (*operation*) Betrieb *m*. **to be out of ~** außer Betrieb sein; **to bring sth into ~** etw in Betrieb nehmen

3. (*Mil*) Militärdienst *m*. **to see ~ as a soldier/sailor** beim Militär/in der Marine dienen; **when I was in the ~s** als ich beim Militär war; **the three ~s** die drei Waffengattungen.

4. (*with adj attr: branch, department etc*) -dienst *m*. **telephone ~** Telefondienst *m*; **postal ~** Postwesen *nt*, Postdienst *m*; **medical ~(s)** ärztliche Versorgung.

5. (*to customers*) Service *m*; (*in shop, restaurant etc*) Bedienung *f*.

6. (*bus, train, plane etc*) Bus-/Zug-/Flugverbindung *f*. **there's no ~ to Oban on Sundays** sonntags besteht kein Zug-/Busverkehr nach Oban.

7. (*domestic ~*) Dienst *m*, Stellung *f*. **to be in ~ (with sb)** (bei jdm) in Stellung sein, in jds Dienst (*dat*) stehen; **to go into ~ (with sb)** (bei jdm) in Stellung gehen, in jds Dienst (*acc*) treten.

8. (*Eccl*) Gottesdienst *m*.

9. (*of machines*) Wartung *f*; (*Aut: major ~*) Inspektion *f*. **my car is in for/has had a ~** mein Auto wird/wurde gewartet; mein Auto ist/war zur *or* bei der Inspektion.

10. (*tea or coffee set*) Service *nt*.

11. (*Tennis*) Aufschlag *m*. **to lose one's ~** seinen Aufschlag *or* sein Aufschlagspiel abgeben; **whose ~ is it?** wer hat Aufschlag?, wer schlägt auf?

12. (*Jur*) Zustellung *f*.

13. **~s** *pl* (*~ industries*) Dienstleistungen *pl*; (*gas, electricity, water*) Versorgungsnetz *nt*.

14. (*Mot*) **~s** *pl* Tankstelle und Raststätte (*+pl vb*).

II *vt* **1.** *car, machine* warten. **to send a car to be ~d** ein Auto warten lassen; (*major ~*) ein Auto zur Inspektion geben.

2. *area* bedienen; *committee etc* zuarbeiten (*+dat*).

3. *cow, mare* decken.

serviceability [ˌsɜːvɪsəˈbɪlɪtɪ] *n see adj* Strapazierfähigkeit *f*; Zweckmäßigkeit *f*; Brauchbarkeit *f*.

serviceable [ˈsɜːvɪsəbl] *adj* (*durable, sturdily made*) strapazierfähig; (*practical*) praktisch, zweckmäßig; (*usable*) brauchbar.

service area *n* Tankstelle und Raststätte (*+pl vb*); **service bus** *n* Linienbus *m*; **service charge** *n* Bedienung(sgeld *nt*) *f*; (*of bank*) Bearbeitungsgebühr *f*; **service court** *n* (*Tennis etc*) Aufschlagfeld *nt*; **service department** *n* Kundendienst(abteilung *f*) *m*; **service dress** *n* Dienstkleidung *f*; **service elevator** *n* (*esp US*) Lasten- *or* Warenaufzug *m*; **service engineer** *n* Servicemechaniker *m*; **service entrance** *n* Dienstboteneingang *m*; **service flat** *n* (*Brit*) Appartement *nt* mit vollem Service (*Portier, Hausmeister etc*); **service game** *n* Aufschlagspiel *nt*; **service hatch** *n* Durchreiche *f*; **service industry** *n* Dienstleistungsbranche *f*; **service lift** *n* (*Brit*) Lasten- *or* Warenaufzug *m*; **service load** *n* Nutzlast *f*; **serviceman** *n* Militärangehörige(r) *m*; **service module** *n* (*Space*) Versorgungsteil *nt*; **service road** *n* (*for access*) Zufahrtsstraße *f*; (*for works traffic*) Versorgungsstraße *f*; (*for delivery*) Andienungsstraße *f*; **service station** *n* Tankstelle *f* (*mit Reparaturwerkstatt*); **servicewoman** *n* Militärangehörige *f*.

serviette [ˌsɜːvɪˈet] *n* Serviette *f*. **~ ring** Serviettenring *m*.

servile [ˈsɜːvaɪl] *adj* unterwürfig.

servility [sɜːˈvɪlɪtɪ] *n* Unterwürfigkeit *f*.

serving [ˈsɜːvɪŋ] *n* (*helping of food*) Portion *f*. **~ hatch** Durchreiche *f*; **~ spoon** Vorlegelöffel *m*.

servitude [ˈsɜːvɪtjuːd] *n* Knechtschaft *f*.

servo [ˈsɜːvəʊ] **I** *n*, *pl* **~s** (*inf*) Servomechanismus *m*. **II** *adj attr* Servo-, **~-assisted brakes** Servobremsen *pl*; **~-mechanism** Servomechanismus *m*.

sesame [ˈsesəmɪ] *n* **1.** (*Bot*) Sesam *m*. **2. open ~!** Sesam, öffne dich!

sessile [ˈsesaɪl] *adj* (*Bot*) festgewachsen.

session [ˈseʃən] *n* **1.** (*meeting*) Sitzung *f*; (*Jur, Parl: period*) Sitzungsperiode *f*; (*Parl: term of office*) Legislaturperiode *f*. **to be in ~** eine Sitzung abhalten; (*Jur, Pol*) tagen; **to go into secret ~** eine Geheimsitzung abhalten; **a ~ of talks, negotiations** Gespräche *pl*/Verhandlungen *pl*.

2. (*with psychiatrist etc, period devoted to activity*) Sitzung *f*; (*at doctor's, dentist's*) Behandlung *f*; (*discussion, meeting*) Besprechung *f*. **recording ~** Aufnahme *f*; **we're in for a long ~** das wird lange dauern; **we're going to have a card/manicure etc ~ tonight** (*inf*) heute abend treffen wir uns zum Kartenspielen/zur Maniküre *etc*.

3. (*academic year*) (*Univ*) Studienjahr *nt*; (*Sch*) Schuljahr *nt*; (*term*) Semester/Trimester *nt*; (*esp Sch*) Halbjahr *nt*; (*division of course*) Stunde, Sitzung (*esp Univ*) *f*. **the afternoon ~s begin ... an.** der Nachmittagsunterricht fängt ... an.

sestet [sesˈtet] *n* (*Mus*) Sextett *nt*; (*Poet*) Sestine *f*.

set [set] (*vb: pret, ptp* **~**) **I** *n* **1.** Satz *m*; (*of two*) Paar *nt*; (*of underwear, cutlery, furniture, hairbrushes etc*) Garnitur *f*; (*tea-~ etc*) Service *nt*; (*of tablemats etc*) Set *nt*; (*chess or draughts ~ etc, of knitting needles*) Spiel *nt*; (*chemistry ~ etc*) Bastelkasten *m*; (*painting ~*) Malkasten *m*; (*meccano, construction ~*) Baukasten *m*; (*of books*) (*on one subject*) Reihe, Serie *f*; (*by one author*) gesammelte Ausgabe;

(*gift or presentation* ~) Kassette *f*; (*of rooms*) Zimmerflucht *f*. **a ~ of tools** Werkzeug *nt*; **a ~ of teeth** ein Gebiß *nt*; **a complete ~ of Dickens' novels/the "Times" for 1972** eine Gesamtausgabe von Dickens/eine vollständige Sammlung der „Times" von 1972.

2. (*batch, large number*) Reihe *f*; (*of contradictions also*) Kette *f*.

3. (*group of people*) Kreis *m*; (*pej*) Bande *f*; (*Brit Sch: stream*) Kurs *m*. **the literary ~** die Literaten *pl*; **the golfing ~** die Golffreunde *pl*; **that ~ of people** dieser Personenkreis; **that ~ of idiots** dieser Haufen von Idioten.

4. (*Tennis*) Satz *m*; (*Tabletennis*) Spiel *nt*. **~ point** Set- *or* Satzpunkt *m*.

5. (*Math*) Reihe *f*; (*in set theory*) Menge *f*.

6. (*performance of songs, poems*) Programmnummer *f*.

7. (*Telec, Rad, TV*) Gerät *nt*, Apparat *m*; (*head~*) Paar *nt*. **~ of headphones** Kopfhörer *m*.

8. (*Dancing*) Gruppe *f*. **to make up a ~** eine Gruppe bilden.

9. (*Hunt*) Vorstehen *nt*. **to make a dead ~ at sb** (*dated: try to attract*) sich an jdn ranmachen (*inf*); **to make a dead ~ for sb** (*head for*) sich auf jdn stürzen, auf jdn losstürzen.

10. (*fit of garment*) Sitz *m*; (*position of head, shoulders etc*) Haltung *f*; (*of wind*) Richtung *f*. **the ~ of sb's mouth** jds Mundstellung *f*.

11. (*hair~*) Frisur, Form *f*. **to have a (shampoo and) ~** sich (*dat*) die Haare (waschen und) legen lassen.

12. (*Theat*) Bühnenbild *nt*; (*Film*) Szenenaufbau *m*. **to be on the ~** bei den Dreharbeiten sein.

13. (*US*) *see* **sett**.

II *adj* **1.** *pred* (*ready*) fertig, bereit. **all ~?** alles klar? **to be all ~ for sth** für etw gerüstet *or* auf etw (*acc*) vorbereitet sein; (*mentally prepared*) auf etw (*acc*) eingestellt sein; **to be all ~ to do sth** (*have made all the arrangements*) sich darauf eingerichtet haben, etw zu tun; (*mentally prepared*) fest entschlossen *or* drauf und dran sein, etw zu tun; **we're all ~ to go** wir sind soweit; **with their cameras all ~** mit schußbereiter Kamera.

2. (*rigid*) starr; *face, expression also* unbeweglich; *forms also* fest; *habit, custom* fest; (*prescribed*) festgesetzt, fest; *task* bestimmt; *essay topic* vorgegeben, bestimmt; (*pre-arranged*) *time, place* festgesetzt, bestimmt, ausgemacht (*inf*). **~ book(s)** Pflichtlektüre *f*; **~ menu** Tageskarte *f*; **~ lunch/meal** Tagesgericht *nt*; **~ speech** Standardrede *f*; **~ phrase** starrer Ausdruck; (*idiom*) feststehender Ausdruck; **~ piece** Standardstück *nt*; (*Sch: for exam etc*) Pflichtstück *nt*; (*fireworks*) Feuerwerksstück *nt*; (*attached to frame*) (Feuerwerks)bild *nt*; **to be ~ in one's ways** *or* **habits** in seinen Gewohnheiten festgefahren sein.

3. (*resolved*) entschlossen. **to be (dead) ~ on sth/doing sth** etw auf Biegen oder Brechen haben/tun wollen; **to be (dead) ~ against sth/doing sth/sb doing sth** (*absolut*) gegen etw sein/etw (absolut) nicht tun wollen/(absolut) dagegen sein, daß jd etw tut.

III *vt* **1.** (*put, place*) stellen; (*on its side, flat*) legen; (*deliberately, carefully*) setzen. **he ~ the stones carefully on top of each other** er setzte *or* legte die Steine vorsichtig aufeinander; **to ~ the child in his chair/on his feet** das Kind in sein Stühlchen setzen/auf die Beine stellen; **I ~ him on his way** (*lit*) ich schickte ihn los; (*fig*) ich habe ihm zu einem guten Anfang verholfen; **I ~ him/his books above all others** ich schätze ihn/seine Bücher höher ein als alle anderen.

2. (*regulate, adjust*) einstellen (*at* auf + *acc*); *clock* stellen (*by* nach, *to* auf +*acc*); (*fix*) *trap, snare* aufstellen; (*fig*) stellen (*for sb* jdm). **to be ~ fair** (*barometer*) auf „schön" stehen; (*weather*) beständig *or* freundlich sein; **everything is ~ fair for sth** nichts steht einer Sache (*dat*) im Wege.

3. (*prescribe, impose*) *target, limit etc* festsetzen, festlegen; *task, question* stellen (*sb* jdm); *homework* aufgeben; *exam, exam questions* zusammenstellen; *book for exam* vorschreiben; (*arrange*) *time, date* festsetzen, ausmachen (*inf*), anberaumen (*form*); *place* bestimmen, ausmachen (*inf*); (*establish*) *record* aufstellen; *fashion* bestimmen. **he was supposed to ~ an example (to the others)** er sollte den anderen ein Beispiel geben *or* ein Vorbild sein; **Hamlet is not ~ this year** Hamlet steht dieses Jahr nicht auf dem Lehrplan; **he was ~ a target** ihm wurde ein Soll vorgeschrieben; **to ~ the date (of the wedding)** die Hochzeit festsetzen; **to ~ a value/price on sth** einen Wert/Preis für etw festsetzen; **to ~ a high value on sth** einer Sache (*dat*) großen Wert beimessen, etw hoch bewerten; **to ~ sb a problem** (*lit*) jdm ein Problem aufgeben; (*fig*) jdn vor ein Problem stellen; **the attack was ~ for midnight** der Angriff war für Mitternacht geplant.

4. (*mount*) *gem* fassen (*in* in +*dat*); *piece of jewellery* besetzen (*with* mit); *windowpane* einsetzen (*in* in +*acc*); (*embed firmly*) einlegen (*in* in +*acc*); (*in ground*) einlassen (*in* in +*acc*). **to ~ stones in concrete** Steine einzementieren.

5. *usu pass* **to be ~ in the valley** im Tal liegen; **a house ~ on a hillside** ein am Berghang gelegenes Haus.

6. (*Liter*) **the book *etc* is ~ in Rome** das Buch *etc* spielt in Rom; **she ~ the action in the 16th century/in Vienna** sie verlegte die Handlung in 16. Jahrhundert/nach Wien.

7. (*Med*) *bone* einrichten; *dislocated joint* einrenken.

8. (*lay with cutlery*) *table* decken. **to ~ places for 14** für 14 decken, 14 Gedecke auflegen.

9. (*station*) *guard* aufstellen.

10. (*Typ*) setzen, absetzen (*spec*).

11. *hair* legen, eindrehen.

12. *jam* fest werden *or* gelieren lassen; *dye* fixieren.

13. **to ~ a dog/the police after sb** einen Hund/die Polizei auf jdn ansetzen *or* hetzen.

14. (*Mus*) **to ~ sth to music** etw vertonen.

15. to ~ sth going/in motion etw in Gang/Bewegung bringen; **to ~ sb doing sth** jdn dazu veranlassen, etw zu tun; **to ~ sb laughing** jdn zum Lachen bringen; **that ~ me thinking** das gab mir zu denken; **that ~ me thinking that ...** das ließ mich denken, daß ...; **to ~ people talking** Anlaß zu Gerede geben; **to ~ sb/oneself to doing** or **do sth** jdn etw tun lassen/sich daranmachen, etw zu tun.

16. (*phrases*) *see also other elements* **to ~ a match to sth** ein (brennendes) Streichholz an etw (*acc*) halten, etw anzünden; **to ~ sb free** jdn freilassen; **to ~ sb ashore** jdn an Land setzen; **to ~ sth/things right** etw/die Dinge in Ordnung bringen; **to ~ sb right (about sth)** jdn (in bezug auf etw *acc*) berichtigen.

IV *vi* **1.** (*sun etc*) untergehen. **his star is ~ting** (*fig*) sein Stern ist im Sinken.

2. (*jelly, cement*) hart or fest werden; (*jam also*) gelieren; (*dye*) farbbeständig werden; (*bone*) zusammenwachsen.

3. (*Dancing*) **to ~ to one's partner** sich dem Partner zuwenden.

4. (*Hunt*) vorstehen.

◆**set about** *vi* +*prep obj* **1.** (*begin*) sich machen an (+*acc*), anfangen; (*tackle*) anfassen, anpacken (*inf*), anstellen (*inf*). **to ~ ~ doing sth** (*begin*) sich daranmachen, etw zu tun; **how do I ~ ~ getting a loan?** wie fasse or packe (*inf*) ich es an, ein Darlehen zu bekommen? **2.** (*attack*) herfallen über (+*acc*).

◆**set against** *vt sep* +*prep obj* **1.** (*influence against*) einnehmen gegen; (*cause trouble between*) Zwietracht säen zwischen (+*dat*). **to ~ oneself ~ sth** sich einer Sache (*dat*) entgegenstellen; *see also* **set II 3.**

2. (*balance against*) gegenüberstellen (+*dat*).

◆**set apart** *vt sep* **1.** (*distinguish*) abheben, unterscheiden. **he felt ~ ~ from the other boys** er fühlte, daß er nicht so war wie die anderen Jungen. **2.** (*save*) *money* beiseite legen, auf die Seite legen; *time* einplanen.

◆**set aside** *vt sep* **1.** *work, money* beiseite legen; *time* einplanen; *plans* aufschieben; *differences, quarrels, hostilities* beiseite schieben, begraben; *dislike* vergessen; *mistrust, bitterness* sich freimachen von; *formality* verzichten auf (+*acc*); *rules, protest* übergehen, außer acht lassen.

2. (*Jur*) aufheben; *will* für nichtig or ungültig erklären.

◆**set back** *vt sep* **1.** (*place at a distance*) zurücksetzen. **the house is ~ ~ from the road** das Haus liegt etwas von der Straße ab or liegt nicht direkt an der Straße.

2. (*retard*) verzögern, behindern; (*by a certain length of time*) zurückwerfen.

3. (*inf: cost*) kosten. **the dinner ~ me ~ £15** das Essen hat mich 15 Pfund gekostet.

◆**set down** *vt sep* **1.** (*put down*) *suitcase* absetzen; *passenger also* aussteigen lassen. **2.** (*in writing*) (schriftlich) niederlegen. **3.** (*attribute*) zuschreiben (*to dat*). **4.** (*classify as*) **to ~ sb/sth ~ as sth** jdn/etw für etw halten.

◆**set forth I** *vt sep* (*expound*) *theory, plan*

darlegen. **II** *vi* (*liter*) ausziehen (*old*).

◆**set in I** *vi* (*start*) einsetzen; (*panic*) ausbrechen; (*night*) anbrechen; (*Med: gangrene, complications*) sich einstellen. **II** *vt sep* **1.** (*Typ: indent*) einrücken. **2.** (*Sew*) *sleeve* einsetzen; *pocket* einarbeiten (*into* in +*acc*).

◆**set off I** *vt sep* **1.** (*ignite*) *bomb, firework* losgehen lassen.

2. (*start*) führen zu; *speculation, quarrel* auslösen. **that ~ us all ~ laughing** das brachte uns (*acc*) alle zum Lachen; **to ~ sb ~ on a new line of thought** jdn auf einen neuen Gedanken bringen; **don't ~ him ~!** laß ihn nur nicht damit anfangen!; **that really ~ him ~** daraufhin legte er richtig los or war er nicht mehr zu halten or bremsen (*inf*).

3. (*offset*) **to ~ sth ~ against sth** etw einer Sache (*dat*) gegenüberstellen.

4. (*enhance*) hervorheben. **to ~ sth ~ from sth** etw von etw abheben.

II *vi* (*depart*) sich auf den Weg machen, aufbrechen; (*car, in car etc*) losfahren. **to ~ ~ on a journey** eine Reise antreten; **to ~ ~ for Spain** nach Spanien abfahren; **the police ~ ~ in pursuit** die Polizei nahm die Verfolgung auf.

◆**set on I** *vt sep* +*prep obj dogs* hetzen or ansetzen auf (+*acc*); *see* **eye.** **II** *vi* +*prep obj see* **set upon.**

◆**set out I** *vt sep* (*display*) ausbreiten; (*arrange*) *chess pieces* aufstellen; *printed matter, essay* anordnen, anlegen; (*state*) darlegen, darstellen. **II** *vi* **1.** (*depart*) *see* **set off II. 2.** (*intend*) beabsichtigen, sich (*dat*) vorgenommen haben; (*start*) sich daranmachen.

◆**set to I** *vi* (*start working, fighting*) loslegen (*inf*); (*start eating also*) reinhauen (*inf*). **they ~ ~ and repaired it** sie machten sich an die Arbeit or daran (*inf*) und reparierten es. **II** *vi* +*prep obj* **to ~ ~ ~ work** sich an die Arbeit machen.

◆**set up I** *vi* (*establish oneself*) **to ~ ~ as a doctor** sich als Arzt niederlassen; **to ~ ~ in business** sich ein eigenes Geschäft aufmachen; **to ~ ~ for oneself** sich selbständig machen.

II *vt sep* **1.** (*place in position*) *statue, post* aufstellen; (*assemble, get ready to work*) *tent, stall, apparatus* aufbauen; (*Typ*) einrichten; (*fig: arrange*) *meeting* arrangieren, vereinbaren; *robbery* planen, vorbereiten. **to ~ sth ~ for sb** etw für jdn vorbereiten.

2. (*establish*) gründen; *school, office, control system* einrichten; *inquiry* veranlassen, anordnen; *record* aufstellen. **to ~ sb ~ in business/a flat** jdm zu einem Geschäft verhelfen/jdm eine Wohnung einrichten; **to ~ sb ~ as sth** (es) jdm ermöglichen, etw zu werden; **to ~ oneself ~ as sth** or **to be sth** sich als jd/etw aufspielen; **to be ~ ~ for life** für sein ganzes Leben ausgesorgt haben; **to be well ~ ~** sich gut stehen.

3. (*restore to health*) guttun (+*dat*).

4. (*raise*) *cry, protest, cheer* anstimmen. **to ~ ~ ~ a commotion** allgemeinen Aufruhr auslösen or hervorrufen; (*make noise*) Krach machen.

5. (*cause*) *infection, reaction* auslösen, verursachen.

6. (*inf: frame*) **to ~ sb** ~ jdm etw anhängen.

7. (*inf: rig*) **the fight had been ~** ~ der Kampf war von vornherein eine abgekartete Sache.

◆**set upon** *vi +prep obj* überfallen; (*animal*) anfallen.

set-back ['setbæk] *n* Rückschlag *m*; **set-in** *adj sleeve* eingesetzt; *pocket* eingearbeitet; **set square** *n* Zeichendreieck *nt*.

sett, (*US*) **set** [set] *n* (*badger's den*) Bau *m*.

settee [se'ti:] *n* Couch *f*, Sofa *nt*.

setter ['setə'] *n* **1.** (*type-~*) Setzer(in *f*) *m*. **2.** (*dog*) Setter *m*.

set theory *n* Mengenlehre *f*.

setting ['setɪŋ] *n* **1.** (*of sun, moon*) Untergang *m*.

2. (*background, atmosphere*) Rahmen *m*; (*environment, surroundings*) Umgebung *f*; (*of novel etc*) Schauplatz *m*.

3. (*of jewel*) Fassung *f*.

4. (*place ~*) Gedeck *nt*.

5. (*position on dial etc*) Einstellung *f*.

6. (*musical arrangement*) Vertonung *f*.

7. (*hair*) Legen *nt*. **~ lotion** (Haar)-festiger *m*.

settle[1] ['setl] *n* (Wand)bank *f*.

settle[2] **I** *vt* **1.** (*decide*) entscheiden; (*sort out*) regeln, erledigen; *problem, question, points* klären; *dispute, differences, quarrel* beilegen, schlichten; *doubts* ausräumen, beseitigen; *date, place* vereinbaren, festlegen, ausmachen (*inf*); *venue* festlegen *or* -setzen; *deal* abschließen; *price* sich einigen auf (+*acc*), aushandeln; *terms* aushandeln, vereinbaren. **the result of the game was ~d in the first half** das Ergebnis des Spiels stand schon in der ersten Halbzeit fest; **when my future is ~d** wenn sich meine Zukunft entschieden hat; **to ~ one's affairs** seine Angelegenheiten in Ordnung bringen; **to ~ an estate** (*Jur*) die Verteilung des Nachlasses regeln; **to ~ a case out of court** einen Fall außergerichtlich klären; **that's ~d then** das ist also klar *or* geregelt; **that ~s it** damit wäre der Fall (ja wohl) erledigt; (*angry*) jetzt reicht's.

2. (*pay*) *bill* begleichen, bezahlen; *account* ausgleichen.

3. *sediment* sich setzen lassen; *liquid* sich klären *or* absetzen lassen; (*fig: calm*) *nerves, stomach* beruhigen. **we need rain to ~ the dust** wir brauchen Regen, damit sich der Staub setzt.

4. (*place carefully*) legen; (*in upright position*) stellen; (*make comfortable for sleep etc*) *child, invalid* versorgen; *pillow* zurechtlegen. **to ~ oneself comfortably in an armchair** es sich (*dat*) in einem Sessel bequem machen; **to ~ oneself to doing sth** sich daranmachen, etw zu tun.

5. (*establish*) (*in house*) unterbringen; (*in business also*) etablieren.

6. to ~ sb into a house/job jdm helfen, sich häuslich einzurichten/sich in eine Stellung einzugewöhnen; **we'd just ~d the children into a new school** wir hatten die Kinder gerade in einer neuen Schule gut untergebracht; *see* **~ in II.**

7. (*colonize*) *land* besiedeln; (*set up*) *people* ansiedeln.

8. (*form*) **to ~ money/property on sb** jdm Geld/Besitz überschreiben *or* übertragen; (*in will*) jdm Geld/Besitz vermachen; **to ~ an annuity on sb** für jdn eine Rente aussetzen.

9. (*inf: put an end to*) **I'll soon ~ him** dem werd' ich's geben (*inf*); (*verbally also*) dem werd' ich was erzählen (*inf*); **that ~d him!** da hatte er sein Fett weg (*inf*).

II *vi* **1.** (*put down roots*) seßhaft werden; (*in country, town, profession*) sich niederlassen; (*as settler*) sich ansiedeln; (*in house*) sich häuslich niederlassen, sich einrichten; (*feel at home in house, town, country*) sich einleben (*into* in +*dat*); (*in job, surroundings*) sich eingewöhnen (*into* in +*dat*). **to ~ into a way of life** sich an einen Lebensstil gewöhnen; **to ~ into a habit** sich (*dat*) etw angewöhnen; **as he ~d into middle age** als er älter und reifer wurde.

2. (*become less variable: weather*) beständig werden. **the wind ~d in the east** der Wind kam schließlich aus dem Osten.

3. (*become calm*) (*child, matters, stomach*) sich beruhigen; (*panic, excitement*) sich legen; (*become less excitable or restless*) zur Ruhe kommen, ruhiger werden. **he couldn't ~ to anything** er konnte sich auf nichts konzentrieren.

4. (*come to rest, sit down*) (*person, bird, insect*) sich niederlassen *or* setzen; (*dust*) sich setzen *or* legen; (*sink slowly, subside*) (*building, walls*) sich senken; (*ground, liquid, sediment, coffee grounds*) sich setzen; (*wine*) sich beruhigen. **to ~ comfortably in an armchair** es sich (*dat*) in einem Sessel gemütlich *or* bequem machen; **fog/silence ~d over the city** Nebel/Stille breitete sich über der Stadt aus; **gloom ~d over the meeting** eine bedrückte Stimmung breitete sich in der Versammlung aus.

5. (*Jur*) **to ~ (out of court)** sich vergleichen.

6. (*pay*) bezahlen; *see also* **~ with.**

◆**settle back** *vi* sich (gemütlich) zurücklehnen.

◆**settle down I** *vi* **1.** *see* **settle II 1. it's time he ~d** ~ es ist Zeit, daß er ein geregeltes Leben anfängt *or* zur Ruhe kommt; **to marry and ~** ~ heiraten und seßhaft *or* häuslich werden; **to ~ ~ at school/in a new house/job** sich an einer Schule/in einem Haus einleben/sich in einer Stellung eingewöhnen; **he ought to ~ ~ in a steady job** er sollte sich (*dat*) endlich eine feste Stellung suchen; **~ ~, children!** ruhig, Kinder!

2. *see* **settle II 3.**

3. to ~ ~ to work sich an die Arbeit machen *or* setzen; **to ~ ~ for a chat/for the night** sich zu einem Schwatz (gemütlich) zusammensetzen/sich schlafen legen; **to ~ ~ to watch TV** es sich (*dat*) vor dem Fernseher gemütlich machen.

II *vt sep* **1.** (*calm down*) beruhigen.

2. *baby* hinlegen; *patient* versorgen. **to ~ oneself ~ to work/to finish the job**

sich an die Arbeit machen *or* setzen/ sich daranmachen, die Arbeit fertigzumachen; **the campers ~d themselves ~ for the night** die Zeltenden richteten alles für die Nacht her.

◆**settle for** *vi +prep obj* sich zufriedengeben mit. **I'd ~ ~ a diamond necklace** ich wäre schon mit einem Diamanthalsband zufrieden; **I think I'll ~ ~ this one** ich glaube, ich nehme doch das da; **she won't ~ ~ anything less** mit weniger gibt sie sich nicht zufrieden.

◆**settle in I** *vi* (*in house, town*) sich einleben; (*in job, school*) sich eingewöhnen. **II** *vt sep* **to ~ sb ~** jdm helfen, sich einzuleben/sich einzugewöhnen.

◆**settle on** *or* **upon** *vi +prep obj* sich entscheiden für *or* entschließen zu; (*agree on*) sich einigen auf (*+acc*).

◆**settle up I** *vi* (be)zahlen. **to ~ ~ with sb** (*lit, fig*) mit jdm abrechnen. **II** *vt sep* **bill** bezahlen.

◆**settle with I** *vi +prep obj* (*lit, fig*) abrechnen mit. **II** *vt sep +prep obj* **1.** debt etc abrechnen mit. **to ~ one's account ~ sb** (*lit, fig*) mit jdm abrechnen. **2.** (*come to agreement with*) **to ~ sth ~ sb** sich mit jdm auf etw (*acc*) einigen.

settled ['setld] *adj* weather beständig; *way of life* geregelt; *opinions* fest; *procedure* feststehend, festgelegt. **to be ~** in geregelten Verhältnissen leben, etabliert sein; (*in place*) seßhaft sein; (*have permanent job etc*) festen Fuß gefaßt haben; (*in a house*) sich häuslich niedergelassen haben; (*be less restless*) ruhiger *or* gesetzter sein; **I don't feel very ~ at the moment** ich hänge zur Zeit in der Luft (*inf*).

settlement ['setlmənt] *n* **1.** (*act*) (*deciding*) Entscheidung *f*; (*sorting out*) Regelung, Erledigung *f*; (*of problem, question etc*) Klärung *f*; (*of dispute, differences etc*) Beilegung, Schlichtung *f*; (*of estate*) Regelung *f*; (*of bill, claim*) Bezahlung *f*; (*of account*) Ausgleich *m*; (*contract, agreement etc*) Übereinkunft *f*, Übereinkommen *nt*. **a ~ out of court** (*Jur*) ein außergerichtlicher Vergleich; **to reach a ~** sich einigen, einen Vergleich treffen; **this payment is made in ~ of all claims** mit dieser Zahlung werden alle Forderungen beglichen.

2. (*settling of money*) Übertragung, Überschreibung *f* (*on* auf *+acc*); (*in will also*) Vermächtnis *nt*; (*of annuity, income*) Aussetzung *f*; (*document, agreement*) Schenkungsvertrag *m*.

3. (*of building*) Senkung *f*; (*of sediment*) Absetzen *nt*. **the discoloration is caused by ~ of the powder** die Verfärbung entsteht dadurch, daß sich das Pulver setzt.

4. (*colony, village*) Siedlung, Niederlassung *f*; (*act of settling persons*) Ansiedlung *f*; (*colonization*) Besiedlung *f*.

5. (*US: also ~ house*) (*institution*) Wohlfahrtseinrichtung *f*; (*building*) Gemeindezentrum *nt*.

settler ['setlə'] *n* Siedler(in *f*) *m*.

set-to [ˌset'tuː] *n* (*inf*) Krach *m*, Streiterei *f* (*inf*); **to have a ~ with sb** sich mit jdm in die Wolle kriegen (*inf*); **set-up** *n* **1.** (*inf*)

(*situation*) Zustände, Umstände *pl*; (*way of organizing things*) Organisation *f*, Arrangement *nt*; **it's a funny ~** das sind (vielleicht) komische Zustände!; **what's the ~ here?** wie verhält sich *or* läuft (*inf*) das hier (alles)?; **she didn't quite understand the ~** sie verstand die Sachlage nicht ganz; **2.** (*equipment*) Geräte, Instrumente *pl*; **3.** (*US: for drinks*) Zubehör *nt* für Cocktails *etc*; **4.** (*inf: rigged contest*) abgekartete Sache.

seven ['sevn] **I** *adj* sieben. **he's got the ~-year itch** (*inf*) er ist im verflixten siebenten Jahr; **~-league boots** Siebenmeilenstiefel *pl*. **II** *n* Sieben *f*; *see also* **six.**

sevenfold ['sevnfəʊld] **I** *adj* siebenfach. **II** *adv* um das Siebenfache.

seventeen ['sevn'tiːn] **I** *adj* siebzehn. **II** *n* Siebzehn *f*; *see also* **sixteen.**

seventeenth ['sevn'tiːnθ] **I** *adj* siebzehnte(r, s). **a ~ part** ein Siebzehntel *nt*. **II** *n* (*fraction*) Siebzehntel *nt*; (*of series*) Siebzehnte(r, s).

seventh ['sevnθ] **I** *adj* siebte(r, s). **a ~ part** ein Siebtel *nt*; **S~-day Adventist** Adventist(in *f*) *m* vom Siebenten Tag.

II *n* (*fraction*) Siebtel *nt*; (*in series*) Siebte(r, s); (*Mus*) (*interval*) Septime *f*; (*chord*) Septimenakkord *m*; *see also* **sixth.**

seventhly ['sevnθlɪ] *adv* siebtens.

seventieth ['sevntɪɪθ] **I** *adj* siebzigste(r, s). **II** *n* (*fraction*) Siebzigstel *nt*; (*in series*) Siebzigste(r, s).

seventy ['sevntɪ] **I** *adj* siebzig. **II** *n* Siebzig *f*. **~-eight** Achtundsiebzig *f*; (*record*) Achtundsiebziger(platte) *f*, 78er-Platte *f*.

sever ['sevə'] **I** *vt* (*cut through*) durchtrennen; (*violently*) durchschlagen; (*cut off*) abtrennen; (*violently*) abschlagen; (*fig*) (*break off*) ties, bonds of friendship lösen; relations, links, connections, friendship abbrechen; communications, telephone links unterbrechen; (*divide*) nation, area teilen. **to ~ sb from sb/sth** jdn von jdm/ etw trennen; **to ~ sth from sth** etw von etw abtrennen.

II *vi* (durch)reißen.

several ['sevrəl] **I** *adj* **1.** (*some*) einige, mehrere; (*different, diverse, various*) verschiedene. **I've seen him ~ times/~ times already** ich habe ihn einige Male gesehen/ schon mehrmals *or* mehrere Male gesehen; **there are ~ ways of doing it** das kann man auf mehrere *or* verschiedene Arten machen; **I'll need ~ more** ich brauche noch einige.

2. (*dated: respective*) jeweilig. **they went their ~ ways** jeder ging seinen Weg.

II *pron* einige. **~ of the houses** einige (der) Häuser; **~ of us** einige von uns.

severally ['sevrəlɪ] *adv* einzeln.

severance ['sevərəns] *n see vt* **1.** Durchtrennen *nt*; Durchschlagen *nt*; Abtrennen *nt*; Abschlagen *nt*; Lösen *nt*; Abbruch *m*; Unterbrechung *f*; Teilung *f*; Abschneiden *nt*, Absonderung *f*. **~ pay** eine Abfindung.

severe [sɪ'vɪə'] *adj* (*+er*) (*strict*) person, appearance, style streng; (*harsh*) critic, law, winter also, punishment, competition, test hart; criticism scharf;

reprimand ernst, scharf; *test* hart, schwer; *(serious) expression, crime, warning* ernst; *illness, injury, blow, frost, drought, storm, loss* schwer, schlimm; *pain, storm* stark, heftig; *weather* rauh. **to be ~ with sb** streng mit jdm sein; **to be ~ on sb** hart über jdn urteilen.

severely [sɪˈvɪəlɪ] *adv see adj.* **to be ~ critical of sth** sich äußerst kritisch über etw *(acc)* äußern; **to leave sb/sth ~ alone** sich sehr or schwer vor jdm/etw hüten.

severeness [sɪˈvɪənɪs], **severity** [sɪˈverɪtɪ] *n see adj* Strenge *f*; Härte *f*; Schärfe *f*; Ernst *m*, Schwere *f*; Stärke *f*, Heftigkeit *f*; Rauheit *f*. **the ~ of the cold/drought/frost/loss** die große or schwere Kälte/Dürre/der starke or schwere Frost/der schwere or große or schlimme Verlust; **severities** Härte *f*.

sew [səʊ] *pret* **~ed**, *ptp* **~n** *vti* nähen. **to ~ sth on/down/together** etw an-/auf-/zusammennähen.

◆**sew up** *vt sep* **1.** nähen *(also Med)*; *opening* zunähen. **to ~ sth ~ in sth** etw in etw *(acc)* einnähen.

2. *(fig)* unter Dach und Fach bringen. **we've got the game all ~n** ~ das Spiel ist gelaufen *(inf)*.

sewage [ˈsjuːɪdʒ] *n* Abwasser *nt*. **~ disposal** Abwasserbeseitigung *f*; **~ farm/works** Rieselfeld *nt*/Kläranlage *f*.

sewer¹ [ˈsəʊər] *n* Näher(in *f*) *m*.

sewer² [ˈsjʊər] *n (pipe)* Abwasserleitung *f* or -rohr *nt*; *(main ~)* Abwasserkanal *m*; *(fig) (smelly place)* Kloake *f*; *(evil place)* Sündenpfuhl *m*, Kloake *f (liter)*. **~ gas** Faulschlammgas *nt*; **~ rat** Wanderratte *f*; **he has a mind like a ~** *(inf)* er hat eine schmutzige or dreckige *(inf)* Phantasie.

sewerage [ˈsjʊərɪdʒ] *n* Kanalisation *f*; *(service)* Abwasserbeseitigung *f*; *(sewage)* Abwässer *pl*.

sewing [ˈsəʊɪŋ] *n (activity)* Nähen *nt*; *(piece of work)* Näharbeit *f*. **~ basket** Nähkorb *m*; **~ machine** Nähmaschine *f*.

sewn [səʊn] *ptp of* **sew.**

sex [seks] **I** *n* **1.** *(Biol)* Geschlecht *nt*. **what ~ is the baby?** welches Geschlecht hat das Baby? **2.** *(sexuality)* Sexualität *f*, Sex *m*; *(sexual intercourse)* Sex *(inf)*, Geschlechtsverkehr *(form)* *m*. **to teach pupils (about) ~** Schüler aufklären; **to have ~** (Geschlechts)verkehr haben.

II *adj attr* Geschlechts-; *hormone, organs, drive also, hygiene* Sexual-; *crime* Trieb-, Sexual-; *aids, film, scandal* Sex-.

III *vt* das Geschlecht *(+gen)* bestimmen.

sexagenarian [ˌseksədʒɪˈneərɪən] **I** *adj* sechzigjährig. **II** *n* Sechzigjährige(r) *mf*. **to be a ~** in den Sechzigern sein.

sex appeal *n* Sex-Appeal *m*; **sex discrimination** *n* Diskriminierung *f* auf Grund des Geschlechts.

sexed [sekst] *adj* **to be highly ~** einen starken Geschlechtstrieb haben; *see* **oversexed, undersexed.**

sex education *n* Sexualerziehung *f*; *(Sch also)* Aufklärungsunterricht *m*.

sexily [ˈseksɪlɪ] *adv* aufreizend, sexy *(inf)*.

sexist [ˈseksɪst] **I** *n* Sexist(in *f*) *m*. **II** *adj* sexistisch.

sex kitten *n (inf)* Sexkätzchen *nt (inf)*, Sexmieze *f (inf)*; **sexless** *adj* geschlechtslos; **sex life** *n* Geschlechtsleben *nt*; *(of people also)* Liebesleben *nt*; **sex-linked** *adj* geschlechtsgebunden; **sex maniac** *n (criminal)* Triebverbrecher *or* -täter *m*; **you're a ~** *(inf)* du denkst aber auch nur an Sex.

sexpot [ˈsekspɒt] *n (inf) (woman)* Sexbombe *f (inf)*; **sex symbol** *n* Sexsymbol *nt*.

sextant [ˈsekstənt] *n* Sextant *m*.

sextet(te) [seksˈtet] *n* Sextett *nt*.

sexton [ˈsekstən] *n* Küster *m*.

sextuplet [seksˈtjuːplɪt] *n* Sechsling *m*.

sexual [ˈseksjʊəl] *adj* geschlechtlich; *behaviour, attraction, excitement* sexuell; *intercourse, maturity* Geschlechts-; *crime* Sexual-, Trieb-. **his ~ exploits** seine Liebesabenteuer *pl*; **~ characteristics** Geschlechtsmerkmale *pl*.

sexuality [ˌseksjʊˈælɪtɪ] *n* Sexualität *f*.

sexually [ˈseksjʊəlɪ] *adv* sexuell. **~ mature** geschlechtsreif; **~ transmitted diseases** durch Geschlechtsverkehr übertragene Krankheiten.

sexy [ˈseksɪ] *adj (+er) (inf)* sexy *pred*; *smile, pose also* aufreizend; *joke, film* erotisch. **the sexiest girl in the class** das Mädchen in der Klasse, das am meisten Sex-Appeal hat.

SF *abbr of* **science fiction.**

s.g. *abbr of* **specific gravity.**

sgt *abbr of* **sergeant.**

sh [ʃ] *interj* sch(t).

shabbily [ˈʃæbɪlɪ] *adv (lit, fig)* schäbig.

shabbiness [ˈʃæbɪnɪs] *n (lit, fig)* Schäbigkeit *f*.

shabby [ˈʃæbɪ] *adj (+er) (lit, fig)* schäbig.

shack [ʃæk] **I** *n* Hütte *f*, Schuppen *m*. **II** *vi (inf)* **to ~ up with sb** mit jdm zusammenziehen.

shackle [ˈʃækl] **I** *n* **1.** *usu pl* Kette, Fessel *(also fig) f*.

2. *(Tech)* Schäkel *m*.

II *vt* in Ketten legen. **they were ~d together/to the wall** sie waren aneinandergekettet/an die Wand (ge)kettet; **to ~ oneself with sth** sich mit etw belasten; **to be ~d by sth** *(fig)* an etw *(acc)* gebunden sein; **to be ~d with sth** die Belastung einer Sache *(gen)* haben.

shad [ʃæd] *n* Alse *f*.

shade [ʃeɪd] **I** *n* **1.** Schatten *m*. **30° in the ~** 30 Grad im Schatten; **to give ~** Schatten spenden; **to put** or **cast sb/sth in the ~** *(fig)* jdn/etw in den Schatten stellen.

2. *(lamp~)* (Lampen)schirm *m*; *(eye ~)* Schild *nt*, Schirm *m*; *(esp US: blind)* Jalousie *f*; *(roller blind)* Springrollo *nt*; *(outside house)* Markise *f*. **~s** *(esp US: sunglasses)* Sonnenbrille *f*.

3. *(of colour)* (Farb)ton *m*; *(fig) (of opinion)* Schattierung *f*; *(of meaning)* Nuance *f*. **turquoise is a ~ of blue** Türkis ist ein blauer Farbton; **a new ~ of lipstick** ein neuer Farbton für Lippenstifte; **~-card** Farb(en)probe *f*; **of all ~s and hues** *(lit)* in allen Schattierungen; *(fig)* aller Schattierungen.

4. *(small quantity)* Spur *f*. **it's a ~ long/too long** es ist etwas lang/etwas or eine Spur zu lang.

5. (*liter: ghost*) Schatten *m*. ~s **of Professor Jones!** (*inf*) wie mich das an Professor Jones erinnert!

II *vt* **1.** (*cast shadow on*) Schatten werfen auf (+*acc*), beschatten (*geh*); (*protect from light, sun*) abschirmen; *lamp, window* abdunkeln. **that part is ~d by a tree** der Teil liegt im Schatten eines Baumes; **to be ~d from the sun** im Schatten liegen *or* sein; (*protected against sun*) vor der Sonne geschützt sein; **he ~d his eyes with his hand** er hielt die Hand vor die Augen (, um nicht geblendet zu werden).

2. (*define with lines*) schraffieren; (*for artistic effect*) schattieren. **to ~ sth in** etw ausschraffieren; (*colour in*) etw ausmalen; **to ~ one colour into another** eine Farbe langsam in die andere übergehen lassen.

III *vi* (*lit, fig*) übergehen. **to ~ off** allmählich blasser werden.

shadeless ['ʃeɪdlɪs] *adj* schattenlos.

shadiness ['ʃeɪdɪnɪs] *n* Schattigkeit *f*; (*fig*) Zwielichtigkeit *f*. **they retreated to the ~ of the house** sie zogen sich in den Schatten des Hauses zurück.

shading ['ʃeɪdɪŋ] *n* (*shaded area*) Schraffierung, Schraffur *f*; (*Art*) Schattierung *f*.

shadow ['ʃædəʊ] **I** *n* **1.** (*lit, fig*) Schatten *m* (*also Med, Art*); (*growth of beard*) Anflug *m* von Bartstoppeln; (*fig: threat*) (Be)drohung *f*. **in the ~** im Schatten; **in the ~s** im Dunkel; **the valley of the ~ of death** das finstere Tal des Todes; **sb lives under the ~ of sth** etw liegt *or* lastet wie ein Schatten auf jdm; **he's been living under the ~ of death for 2 years** seit 2 Jahren liegt der Schatten des Todes auf ihm; **to be in sb's ~** (*fig*) in jds Schatten (*dat*) stehen; **to wear oneself to a ~** sich aufreiben, sich zugrunde richten; **to be just a ~ of one's former self** nur noch ein Schatten seiner selbst sein; **a ~ of his former power** ein Abglanz *m* seiner früheren Macht.

2. (*trace*) Spur *f*. **without a ~ of a doubt** ohne den geringsten Zweifel.

3. (*person*) Schatten *m*. **he's his older brother's ~** er folgt seinem älteren Bruder wie ein Schatten; **to put a ~ on sb** jdn beschatten lassen (*inf*).

II *attr* (*Brit Pol*) Schatten-. **the ~ Foreign Secretary** der Außenminister des Schattenkabinetts.

III *vt* **1.** (*darken*) Schatten werfen auf (+*acc*); (*fig*) überschatten. **the room is ~ed by a high wall** das Zimmer liegt im Schatten einer hohen Mauer.

2. (*follow*) beschatten (*inf*).

shadow-boxing ['ʃædəʊ͵bɒksɪŋ] *n* (*lit, fig*) Schattenboxen *nt*; **shadow cabinet** *n* (*Brit*) Schattenkabinett *nt*.

shadowy ['ʃædəʊɪ] *adj* schattig; (*blurred*) *outline, form* schattenhaft, verschwommen; (*vague*) *thought, fear* unbestimmt, vage.

shady ['ʃeɪdɪ] *adj* (+*er*) **1.** *place* schattig; *tree, hat* schattenspendend. **2.** (*inf: of dubious honesty*) zwielichtig. **to be on the ~ side of the law** dunkle Geschäfte treiben; **on the ~ side of forty** (*US inf*) vierzig vorbei (*inf*); **there's something ~**

about it da ist etwas faul dran (*inf*).

shaft [ʃɑːft] *n* **1.** Schaft *m*; (*of tool, golf club etc*) Stiel *m*; (*of cart, carriage*) Deichsel *f*; (*of light*) Strahl *m*; (*Mech*) Welle *f*; (*liter: arrow*) Pfeil *m*; (*liter: spear*) Speer *m*; (*fig: remark*) Spitze *f*. **~s of wit/malice** geistreiche/boshafte Spitzen *pl*. **2.** (*of lift, mine etc*) Schacht *m*.

shag[1] [ʃæg] *n* **1.** (*tobacco*) Shag *m*. **2.** (*of carpet etc*) Flor *m*.

shag[2] *n* (*Orn*) Krähenscharbe *f*.

shag[3] (*sl*) **I** *n* (*intercourse, partner*) Nummer *f* (*sl*). **II** *vti* **1.** (*have sex*) bumsen (*inf*). **2. to be ~ged out** ausgebufft sein (*sl*).

shaggy ['ʃægɪ] *adj* (+*er*) (*long-haired*) zottig; (*unkempt*) zottelig. **~ carpet** zottteliger Teppich; **~ dog story** breitgewalzte Geschichte mit schwacher Pointe.

shagreen [ʃæˈgriːn] *n* Chagrin(leder) *nt*.

Shah [ʃɑː] *n* Schah *m*.

shake [ʃeɪk] (*vb: pret* **shook**, *ptp* **shaken**) **I** *n* **1.** (*act of shaking*) Schütteln *nt*. **to give a rug a ~** einen Läufer ausschütteln; **give the paint a ~** die Farbe (gut) durchschütteln; **to give sb/oneself a good ~** jdn/sich kräftig schütteln; **with a ~ of her head** mit einem Kopfschütteln; **to be all of a ~** (*inf*) am ganzen Körper zittern.

2. (*milk~*) Shake *m*, Mixgetränk *nt*.

3. (*inf: moment*) Minütchen *nt* (*inf*). **in two ~s** (*of a lamb's tail*) in zwei Sekunden; **in half a ~** sofort.

4. to be no great ~s (*inf*) nicht umwerfend sein (*at in* +*dat*).

5. the ~s (*inf*) der Tatterich (*inf*); (*esp with fear*) das Zittern; **he's got the ~s** er hat einen Tatterich (*inf*); (*esp with fear*) er hat das große Zittern (*inf*); (*esp with cold, emotion*) er zittert am ganzen Körper.

II *vt* **1.** schütteln; *building* erschüttern; *cocktail* durchschütteln. **"~ well before using"** „vor Gebrauch gut schütteln"; **to be ~n to pieces** total durchgeschüttelt werden; **she shook the door-handle** sie rüttelte an der Türklinke; **to ~ one's fist at sb** jdm mit der Faust drohen; **to ~ oneself/itself free** sich losmachen; **to ~ hands** sich (*dat*) die Hand geben; (*for longer time, in congratulations etc*) sich (*dat*) die Hand schütteln; **to ~ hands with sb** jdm die Hand geben/schütteln; **I'd like to ~ him by the hand** ihm würde ich gern die Hand schütteln *or* drücken; **English people don't often ~ hands** Engländer geben sich (*dat*) selten die Hand; **to ~ hands** (*to dog*) (gib) Pfötchen; (*to child*) gib mal die Hand; **to ~ a leg** (*inf*) (*hurry*) Dampf machen (*inf*); (*dated: dance*) das Tanzbein schwingen (*dated*).

2. (*weaken*) *faith, foundation of society* erschüttern; *evidence, reputation, courage, resolve* ins Wanken bringen.

3. (*shock, amaze*) erschüttern. **that shook him!** da war er platt (*inf*); **it was a nasty accident, he's still rather badly ~n** es war ein schlimmer Unfall, der Schreck sitzt ihm noch in den Knochen; **she was badly ~n by the news** die Nachricht hatte sie sehr mitgenommen *or* erschüttert; **her nerves are badly ~n** sie ist mit den Nerven am Ende.

4. (*inf*) *see* ~ **off.**

III *vi* wackeln; (*hand, voice*) zittern; (*earth, voice*) beben. **the whole boat shook as the waves hit** das ganze Boot wurde vom Aufprall der Wellen erschüttert; **the trees shook in the wind** die Bäume schwankten im Wind; **to** ~ **like a leaf** zittern wie Espenlaub; **to** ~ **with fear/cold** vor Angst/Kälte zittern; **he was shaking all over** er zitterte am ganzen Körper; **to** ~ **with laughter** sich vor Lachen schütteln; **to** ~ **in one's shoes** (*inf*) das große Zittern kriegen (*inf*); ~!, ~ **on it!** (*inf*) Hand drauf!; ~! (*me too*) da können wir uns ja die Hand reichen!; **they shook on the deal** sie bekräftigten das Geschäft mit Handschlag.

◆**shake down I** *vt sep* **1.** *fruit* herunterschütteln.
2. (*US sl: extort money from*) ausnehmen (*inf*).
3. (*US sl: search*) absuchen, durchsuchen (*for* nach).
II *vi* (*inf*) **1.** (*sleep*) kampieren, sein Lager aufschlagen.
2. (*settle*) (*people*) sich eingewöhnen; (*machinery*) sich einlaufen; (*situation*) sich einspielen.

◆**shake off** *vt sep* dust, snow, pursuer abschütteln; visitor, cold loswerden. **to** ~ **the dust (of a place)** ~ **one's feet** (*fig*) den Staub (eines Ortes) von seinen Schuhen schütteln.

◆**shake out I** *vt sep* **1.** tablecloth, rug ausschütteln; crumbs, creases herausschütteln; (*out of container*) herausschütteln.
2. (*fig: out of complacency etc*) aufrütteln (*of* aus).
II *vi* (*Mil: spread out*) ausschwärmen.

◆**shake up** *vt sep* **1.** bottle, liquid schütteln; pillow aufschütteln. **they were really** ~**n by the rough crossing** sie wurden bei der stürmischen Überfahrt durchgeschüttelt.
2. (*upset*) erschüttern. **he was badly** ~**n by the accident** der Unfall hat ihm einen schweren Schock versetzt; **she's still a bit** ~**n** ~ sie ist immer noch ziemlich mitgenommen.
3. management, recruits auf Zack bringen (*inf*); ideas revidieren.

shakedown ['ʃeɪkdaʊn] **I** *n* (*bed*) Lager, Notbett *nt*; (*US sl: extortion*) Gaunerei *f*; (*US sl: search*) Razzia (*inf*), Durchsuchung *f*.
II *adj* trial, cruise Probe-.

shaken ['ʃeɪkən] *ptp of* **shake.**

shake-out ['ʃeɪkaʊt] *n* (*inf*) Gesundschrumpfung *f* (*inf*).

shaker ['ʃeɪkəʳ] *n* (*cocktail* ~) Mix- *or* Schüttelbecher, Shaker *m*; (*flour/salt* ~) Mehl-/Salzstreuer *m*.

Shakespearean,   Shakespearian [ʃeɪk'spɪərɪən] **I** *adj* Shakespearesch, Shakespearisch; style shakespearesch, shakespearisch; actor Shakespeare-. **II** *n* Shakespeareforscher(in *f*) *m*.

shake-up ['ʃeɪkʌp] *n* (*inf*) (*reorganization*) Umbesetzung *f*. **to give a department** *etc* **a good** ~ (*revitalization*) eine Abteilung *etc* auf Zack bringen (*inf*); (*reorganization*) eine Abteilung *etc* umbesetzen.

shakily ['ʃeɪkɪlɪ] *adv* wackelig; talk, say mit

zitteriger Stimme; walk mit wackeligen Schritten; pour *etc* zitterig.

shakiness ['ʃeɪkɪnɪs] *n see adj* Wackeligkeit *f*; Fragwürdigkeit, Unsicherheit *f*; Zittern, Beben *nt*; Zitterigkeit *f*; Unsicherheit *f*; Holprigkeit *f*. **the** ~ **of their position** ihre wackelige Position.

shaking ['ʃeɪkɪŋ] *n* Zittern *nt*. **to give sb/sth a good** ~ jdn/etw kräftig schütteln; (*fig*) jdn kräftig treten.

shaky ['ʃeɪkɪ] *adj* (+er) chair, position wackelig; evidence fragwürdig, unsicher; voice, hands, writing zitterig; knowledge unsicher, wackelig. **in rather** ~ **French** in ziemlich holprigem Französisch; **to be** ~ **on one's legs** wackelig auf den Beinen sein; **to feel** ~ (*physically*) sich ganz schwach fühlen.

shale [ʃeɪl] *n* Schiefer *m*. ~ **oil** Schieferöl *nt*.

shall [ʃæl] *pret* **should** *modal aux vb* **1.** (*future*) I/we ~ *or* I'll/we'll **go to France this year** ich werde/wir werden dieses Jahr nach Frankreich fahren, ich fahre/wir fahren dieses Jahr nach Frankreich; ~ **do** (*inf*) wird gemacht (*inf*); **no, I** ~ **not** *or* **I shan't/yes, I** ~ – nein, das werde ich nicht tun *or* das tue ich nicht/ jawohl, das werde ich tun *or* das tue ich!
2. (*determination, obligation*) **but I say you** *shall* **do it!** aber ich sage dir, du wirst das machen!; **the court** ~ **rise** das Gericht muß sich erheben; (*command*) erheben Sie sich!; **thou shalt not kill** (*Bibl*) du sollst nicht töten; **I want to go too — and so you** ~ ich will auch mitkommen — aber gewiß doch *or* (*in fairy stories*) es sei!
3. (*in questions, suggestions*) **what** ~ **we do?** was sollen wir machen?, was machen wir?; **let's go in,** ~ **we?** komm, gehen wir hinein!; ~ **I go now?** soll ich jetzt gehen?; **I'll buy 3,** ~ **I?** soll ich 3 kaufen?, ich kaufe 3, oder?

shallot [ʃə'lɒt] *n* Schalotte *f*.

shallow ['ʃæləʊ] **I** *adj* flach; water also seicht; (*fig*) oberflächlich; talk, person, novel seicht, oberflächlich. **in the** ~ **end of the pool** am flachen *or* niedrigen Ende des Beckens. **II** *n* ~**s** *pl* seichte *or* flache Stelle (im Wasser), Untiefe *f*.

shallowness ['ʃæləʊnɪs] *n see adj* Flachheit *f*; Seichtheit *f*; Oberflächlichkeit *f*.

shalt [ʃælt] (*obs*) *2nd pers sing of* **shall.**

sham [ʃæm] **I** *n* **1.** (*pretence*) Heuchelei *f*. **he's not really sorry, it's all a big** ~ es tut ihm nicht wirklich leid, er heuchelt nur *or* das ist geheuchelt; **these discussions are a complete** ~ diese Diskussionen sind eine reine Farce; **this life seemed a** ~ sein Leben erschien ihm als Lug und Trug; **this lighthouse is just a** ~, **built to deceive enemy bombers** dieser Leuchtturm ist nur eine Attrappe, die die feindlichen Bomber täuschen soll.
2. (*person*) Scharlatan, Blender (*inf*) *m*. **you don't really feel anything, you big** ~! du empfindest überhaupt nichts, du Heuchler!
II *adj* diamonds, leather, oak *etc* unecht, imitiert; sympathy, piety, politeness *etc* vorgetäuscht, geheuchelt, gespielt. ~ **battle** Scheingefecht *nt*.

III *vt* vortäuschen, vorgeben; *illness also* simulieren; *emotions* heucheln.

IV *vi* so tun; (*esp with illness*) simulieren; (*with feelings*) heucheln.

shamble [ˈʃæmbl] *vi* trotten; (*people also*) latschen (*inf*). **every morning he ~s in half an hour late** er kommt jeden Morgen eine halbe Stunde zu spät angelatscht (*inf*).

shambles [ˈʃæmblz] *n sing* heilloses Durcheinander. **the room was a ~** im Zimmer herrschte ein heilloses Durcheinander; **the economy/country is in a ~** die Wirtschaft/das Land befindet sich in einem Chaos; **they left the house in a ~** sie hinterließen das Haus wie ein Schlachtfeld; **he made a ~ of that job** da hat er vielleicht einen Mist gebaut! (*inf*).

shame [ʃeɪm] **I** *n* **1.** (*feeling of ~*) Scham *f*; (*cause of ~*) Schande *f*. **he hung his head in ~** er senkte beschämt den Kopf; (*fig*) er schämte sich; **to bring ~ upon sb/oneself** jdm/sich Schande machen; **she is past all** (*sense of*) **~** sie hat jegliches Schamgefühl verloren; **she has no ~, dancing around like that** daß sie sich nicht schämt, so herumzutanzen; **to put sb/sth to ~** (*lit*) jdm/etw Schande machen; (*fig*) jdn/etw in den Schatten stellen; **by working so hard he puts us to ~** er arbeitet so schwer, daß er uns alle beschämt; **to my (eternal) ~** zu meiner (ewigen) Schande; **to cry ~ on sb** sich über jdn entrüsten; **the ~ of it!** was für eine Schande!, diese Schande!; **the street is the ~ of the town** die Straße ist der Schandfleck *or* die Schande dieser Stadt; **have you no ~?** schämst du dich (gar) nicht?; **for ~!** (das ist aber) schade!, wie she **didn't! for ~!** nein! sie sollte sich schämen!/ihr solltet euch schämen!; **~ on you!** du solltest dich schämen!/ihr solltet euch schämen!

2. (*pity*) **it's a ~ you couldn't come** schade, daß du nicht kommen konntest; **what a ~!** (das ist aber) schade!, wie schade!; **what a ~ he ...** schade, daß er ...

II *vt* Schande machen (+*dat*); (*fig: by excelling*) in den Schatten stellen. **he ~d us by working so hard** er hat uns alle durch sein hartes Arbeiten beschämt; **see if you can ~ him into changing his mind** appelliere an sein besseres Ich, dann überlegt er es sich vielleicht anders.

shamefaced [ˈʃeɪmˈfeɪst] *adj*, **~ly** [ˈʃeɪmˈfeɪsɪdlɪ] *adv* betreten.

shamefacedness [ˈʃeɪmˈfeɪstnɪs] *n* Betretenheit *f*.

shameful [ˈʃeɪmfʊl] *adj* schändlich. **another ~ day for the pound** noch ein schmachvoller Tag für das Pfund Sterling; **how ~!** was für eine Schande!; **what ~ prices/behaviour!** diese Preise sind/dieses Benehmen ist eine Schande!

shamefully [ˈʃeɪmfəlɪ] *adv* schändlich. **he is ~ ignorant** es ist eine Schande, wie wenig er weiß.

shamefulness [ˈʃeɪmfʊlnɪs] *n* Ungeheuerlichkeit *f*.

shameless [ˈʃeɪmlɪs] *adj* schamlos. **are you completely ~?** hast du gar kein Schamgefühl?; **he was quite ~ about it** er schämte sich überhaupt nicht; **he was quite ~ about lying to his parents** er belog

seine Eltern schamlos.

shamelessly [ˈʃeɪmlɪslɪ] *adv see adj.*

shamelessness [ˈʃeɪmlɪsnɪs] *n* Schamlosigkeit *f*.

shaming [ˈʃeɪmɪŋ] *adj* beschämend.

shammy (leather) [ˈʃæmɪ(ˈleðəʳ)] *n* Fenster-/Autoleder *nt*.

shampoo [ʃæmˈpuː] **I** *n* (*liquid*) Shampoo(n), Schampun *nt*; (*for hair also*) Haarwaschmittel *nt*; (*act of washing*) Reinigung *f*; (*of hair*) Waschen *nt*. **to have a ~ and set** sich (*dat*) die Haare waschen und legen lassen.

II *vt person* die Haare waschen (+*dat*); *hair* waschen; *carpet, upholstery* reinigen, shampoonieren, schampunieren. **to have one's hair ~ed** sich (*dat*) die Haare waschen lassen.

shamrock [ˈʃæmrɒk] *n* Klee *m*; (*leaf*) Kleeblatt *nt*.

shandy [ˈʃændɪ] *n* Bier *nt* mit Limonade. **lemonade ~** Alsterwasser *nt* (*N Ger*), Radlermaß *nt* (*S Ger*).

shanghai [ʃæŋˈhaɪ] *vt* (*Naut*) schanghaien. **to ~ sb into doing sth** (*fig inf*) jdn zwingen, etw zu tun.

shank [ʃæŋk] *n* **1.** (*part of leg*) (*of person*) Unterschenkel *m*; (*of horse*) Unterarm *m*; (*of beef*) Hachse *f*. **~s** (*inf: legs*) Hachsen *pl* (*inf*); **(to go) on S~s' pony** auf Schusters Rappen (reiten). **2.** (*of anchor, key etc*) Schaft *m*; (*of spoon*) Stiel *m*.

shan't [ʃɑːnt] *contr of* **shall not.** **~!** (*inf*) will nicht! (*inf*).

shantung [ʃænˈtʌŋ] *n* Schantungseide *f*.

shanty¹ [ˈʃæntɪ] *n* (*hut*) Baracke, Hütte *f*. **~ town** Slum(vor)stadt, Bidonville *f*.

shanty² *n* (*Mus*) Seemannslied, Shanty *nt*.

SHAPE [ʃeɪp] *abbr of* **Supreme Headquarters Allied Powers in Europe.**

shape [ʃeɪp] **I** *n* **1.** (*geometrical form, outline*) Form *f*. **what ~ is it?** welche Form hat es?; **it's rectangular** *etc* **in ~** es ist rechteckig *etc*; **that dress hasn't much/has lost its ~** das Kleid hat keine richtige Form/hat seine Form verloren; **she's the right ~ for a model** sie hat die richtige Figur für ein Mannequin; **to hammer metal into ~** Metall zurechthämmern *or* -schlagen; **to knock sth out of ~** etw zerbeulen; **to take ~** (*lit*) Form bekommen; (*fig*) Gestalt annehmen; **a flowerbed in the ~ of a circle** ein Blumenbeet in der Form eines Kreises; **help in the ~ of a cheque** Hilfe in Form eines Schecks; **of all ~s and sizes, of every ~ and size** aller Art, jeder Art, in allen Variationen; **I don't accept gifts in any ~ or form** ich nehme überhaupt keine Geschenke an; **we do not know the ~ of things to come** wir wissen nicht, wie sich die Zukunft gestalten wird; **this may be the ~ of things to come** so könnte das vielleicht in Zukunft sein.

2. (*unidentified figure*) Gestalt *f*; (*object*) Form *f*.

3. (*guise*) Gestalt *f*.

4. (*fig: order, condition*) **in good/bad ~** (*sportsman*) in Form/ nicht in Form; (*mentally, healthwise*) in guter/schlechter Verfassung; (*things*) in gutem/schlechtem Zustand; (*business*) gut/schlecht in Schuß (*inf*), in gutem/schlechtem Zustand; **what**

sort of ~ is your boxer in? wie fit ist Ihr Boxer?; **to get sb/a business into ~** jdn/ein Geschäft *or* Unternehmen auf Vordermann bringen (*inf*); **to get a house into ~** ein Haus in Ordnung bringen; **to get one's affairs into ~** seine Angelegenheiten ordnen.

5. (*mould*) (*for hats*) Hutform *f*; (*for dressmaking*) Schneiderpuppe *f*; (*Cook*) Form *f*; (*for cutting*) Ausstecher *m*.

II *vt* (*lit*) *stone, wood etc* bearbeiten; *clay etc* formen (*into* zu); (*fig*) *character, ideas* formen, prägen; *one's life* gestalten. **he ~d the wood/stone into the desired form** er verlieh dem Holz/ Stein die gewünschte Form; **those who ~ the course of history** die(jenigen), die den Lauf der Geschichte bestimmen; **those who have helped ~ our society** die(jenigen), die unsere Gesellschaft mitgeformt haben; **we must ~ our strategy according to our funds** wir müssen unsere Strategie nach den zur Verfügung stehenden Mitteln ausrichten.

III *vi* (*also ~ up*) sich entwickeln. **to ~ up well** sich gut entwickeln, vielversprechend sein; **things are shaping up well** es sieht sehr gut aus.

shaped [ʃeɪpt] *adj* geformt. **an oddly ~ hat** ein Hut mit einer komischen Form; **~ like a ...** in der Form einer/eines ...

shapeless [ʃeɪplɪs] *adj* formlos; (*ugly*) unförmig.

shapelessly [ʃeɪplɪslɪ] *adv* unförmig.

shapeliness [ʃeɪplɪnɪs] *n* (*of figure*) Wohlproportioniertheit *f*; (*of legs, bust*) Wohlgeformtheit *f*.

shapely [ʃeɪplɪ] *adj* (+*er*) *figure, woman* wohlproportioniert; *legs, bust* wohlgeformt.

shard [ʃɑːd] *n* (Ton)scherbe *f*.

share¹ [ʃeəʳ] **I** *n* **1.** (*portion*) Anteil *m* (*in or of* an +*dat*). **we want fair ~s for all** wir wollen, daß gerecht geteilt wird; **I want my fair ~** ich will meinen (An)teil, ich will, was mir zusteht; **I've had more than my fair ~ of bad luck** ich habe mehr (als mein Teil an) Pech gehabt; **I'll give you a ~ in the profit** ich beteilige Sie am Gewinn; **in equal ~s** zu gleichen Teilen; **your ~ is £5** du bekommst £ 5; du mußt £ 5 bezahlen; **he came in for his full ~ of criticism** er hat sein Teil an Kritik abbekommen; **to go ~s** (*inf*) teilen; **to bear one's ~ of the cost** seinen Anteil an den Kosten tragen; **to take one's ~ of the proceeds/blame** sich (*dat*) seinen Anteil am Gewinn nehmen/sich mitschuldig erklären; **to pay one's ~** seinen (An)teil bezahlen; **to do one's ~** sein(en) Teil *or* das Seine tun *or* beitragen; **to have a ~ in sth** an etw (*dat*) beteiligt sein; **I had no ~ in that** damit hatte ich nichts zu tun.

2. (*Fin*) (*general*) (Geschäfts)anteil *m*; (*in a public limited company*) Aktie *f*. **to hold ~s in a company** (Geschäfts)anteile *pl* an einem Unternehmen besitzen/ Aktien eines Unternehmens besitzen.

II *vt* (*divide*) teilen; (*have in common also*) gemeinsam haben; *responsibility* gemeinsam tragen. **we ~ the same name/ birthday** wir haben den gleichen Namen/ am gleichen Tag Geburtstag; **they ~ a room** sie teilen ein Zimmer, sie haben gemeinsam ein Zimmer *or* ein gemeinsames Zimmer; **I do not ~ that view** diese Ansicht teile ich nicht.

III *vi* **1.** teilen. **children have to learn to ~** Kinder müssen lernen, mit anderen zu teilen; **to ~ and ~ alike** (brüderlich) mit (den) anderen teilen.

2. to ~ in sth sich an etw (*dat*) beteiligen; (*in profit*) an etw (*dat*) beteiligt werden; (*in enthusiasm*) etw teilen; (*in success, sorrow*) an etw (*dat*) Anteil nehmen.

share out *vt sep* verteilen.

share² *n* (*Agr*) (Pflug)schar *f*.

share certificate *n* Aktienzertifikat *nt*; **sharecropper** *n* (*US etc Agr*) (Farm)-pächter *m* (*der Pacht in Form eines Ernteanteils zahlt*); **shareholder** *n* Aktionär(in *f*) *m*; **share index** *n* Aktienindex *m*; **share-out** *n* Verteilung *f*; (*St Ex*) (Dividenden)ausschüttung *f*.

shark [ʃɑːk] *n* **1.** Hai(fisch) *m*. **2.** (*inf: swindler*) Schlitzohr *nt* (*inf*). **loan/ property ~** Kredit-/Grundstückshai *m* (*inf*).

sharp [ʃɑːp] **I** *adj* (+*er*) **1.** *knife, blade etc* scharf; *needle, point etc* spitz.

2. (*clear-cut, not blurred*) *outline, photo, contrast* scharf.

3. (*observant, keen*) *eyes, wits, glance, mind* scharf; *nose* gut, empfindlich; *observation, remark* scharfsinnig, schlau; (*intelligent*) *person* schlau, gewieft, auf Draht (*inf*); *child* schlau, aufgeweckt. **keep a ~ watch for him/the train** paß gut auf, ob du ihn/den Zug siehst.

4. (*sudden, intense*) *whistle, cry* durchdringend, schrill; *drop in prices* steil; *frost* scharf; *shower, desire, pain* heftig; *hunger* nagend (*geh*), groß. **after a short, ~ struggle** nach kurzem, heftigem Kampf; **be ~ about it!** (*inf*) (ein bißchen) dalli! (*inf*), zack, zack! (*inf*).

5. (*acute*) *angle* spitz; *bend, turn by car* scharf.

6. (*pej: cunning*) *person* gerissen, raffiniert, clever (*inf*); *trick etc* raffiniert. **~ practice** unsaubere Geschäfte *pl*; **that was a pretty ~ move** das war ein raffinierter Schachzug.

7. (*harsh, fierce*) *tongue, retort, tone of voice* scharf; *person* schroff; *temper* hitzig. **he has a ~ temper** er ist jähzornig.

8. (*acidic, pungent*) *taste* scharf; *apple* sauer; *wine* herb, sauer (*pej*); (*fig: biting*) *air* schneidend kalt; *wind* also beißend.

9. (*Mus*) *note* (*too high*) zu hoch; (*raised a semitone*) (um einen Halbton) erhöht. **her voice goes ~ on the higher notes** sie singt die höheren Töne zu hoch.

10. (*inf: stylish*) *person, clothes* toll (*inf*), todschick (*inf*); *piece of driving* clever (*inf*).

II *adv* (+*er*) **1.** (*Mus*) zu hoch.

2. (*punctually*) pünktlich, genau. **at 5 o'clock ~** Punkt 5 Uhr.

3. look ~! dalli! (*inf*), zack, zack! (*inf*); **if you don't look ~ ...** wenn du nicht schnell machst ...; **to pull up ~** plötzlich anhalten; **to turn ~ left** scharf nach links abbiegen.

III n (Mus) Kreuz nt. **you played F natural instead of a ~** du hast f statt fis gespielt.

sharp-edged [ˌʃɑːpˈedʒd] adj scharf; piece of furniture etc scharfkantig.

sharpen [ˈʃɑːpən] **I** vt **1.** knife schleifen, schärfen, wetzen; razor wetzen; pencil spitzen; (fig) appetite anregen; wits schärfen; sensation erhöhen. **2.** (by a semitone) (um einen Halbton) erhöhen; (raise pitch) höher singen/spielen/ stimmen. **II** vi **her voice ~s** sie singt zu hoch.

sharpener [ˈʃɑːpnəʳ] n Schleifgerät nt; (in rod shape) Wetzstahl m; (pencil ~) (Bleistift)spitzer m.

sharper [ˈʃɑːpəʳ] n Gauner m; (card ~) Falschspieler m.

sharp-eyed [ˌʃɑːpˈaɪd] adj scharfsichtig; **to be ~** scharfe or gute Augen haben; **sharp-faced** adj spitzschnäuzig; (alert) pfiffig aussehend; **sharp-featured** adj mit scharfen (Gesichts)zügen.

sharpness [ˈʃɑːpnɪs] n see adj **1.** Schärfe f; Spitzheit f.
2. Schärfe f.
3. Schärfe f; Empfindlichkeit f; Scharfsinnigkeit f; Schläue, Gewieftheit (inf) f; Aufgewecktheit f.
4. Schrillheit f; Schärfe f; Heftigkeit f; Größe f.
5. Spitzheit f; Schärfe f.
6. Gerissenheit, Raffiniertheit, Cleverneß (inf) f.
7. Schärfe f; Schroffheit f; Hitzigkeit f.
8. Schärfe f; Säure f; Herbheit, Säure f; schneidende Kälte; Schärfe f. **there is a ~ in the air** es ist sehr frisch.

sharpshooter [ˈʃɑːpˌʃuːtəʳ] n Scharfschütze m; **sharp-sighted** adj see **sharp-eyed**; **sharp-tongued** adj scharfzüngig; **sharp-witted** adj scharfsinnig.

shat [ʃæt] (hum) pret, ptp of **shit**[1].

shatter [ˈʃætəʳ] **I** vt **1.** (lit) zertrümmern, zerschmettern; hopes, dreams zunichte machen; nerves zerrütten. **the blast ~ed all the windows** durch die Explosion zersplitterten alle Fensterscheiben; **to ~ sth against a wall** etw gegen eine Wand schmettern, etw an einer Wand zerschmettern; **his hopes were ~ed** seine Hoffnungen hatten sich zerschlagen.
2. (fig inf: exhaust) erledigen, fertigmachen (inf); (run down mentally) mitnehmen. **she was absolutely ~ed by the divorce proceedings** das Scheidungsverfahren hatte sie schwer mitgenommen.
3. (inf: flabbergast) erschüttern. **I've won the pools? I'm ~ed!** ich habe im Toto gewonnen? ich bin platt! (inf).

II vi zerbrechen, zerspringen; (windscreen) (zer)splittern.

shattering [ˈʃætərɪŋ] adj **1.** blow wuchtig, gewaltig; explosion gewaltig; defeat vernichtend. **it had a ~ effect on the state of the pound** es wirkte sich verheerend auf das Pfund aus.
2. (fig inf: exhausting) erschöpfend, anstrengend; (psychologically) niederschmetternd. **a ~ blow to his ego** ein schwerer Schlag für sein Ich; **the divorce**

was a **~ experience for her** die Scheidung hat sie unheimlich mitgenommen (inf).
3. (inf: flabbergasting) news, realization, ignorance, frankness erschütternd; effect umwerfend (inf). **it must have been absolutely ~ for you to have found out that** ... das war bestimmt entsetzlich für Sie, als Sie erfuhren, daß ...

shatterproof [ˈʃætəpruːf] adj splitterfest or -frei.

shave [ʃeɪv] (vb: pret **~d**, ptp **~d** or **shaven**) **I** n Rasur f. **to have a ~** sich rasieren; (at a barber's) sich rasieren lassen; **this new razor gives you a good ~** dieser neue Rasierapparat rasiert gut; **a close ~** (lit) eine glatte Rasur; **to have a close or narrow ~** (fig) gerade noch or mit knapper Not davonkommen, gerade noch Glück haben; **that was a close ~** das war knapp.

II vt face, legs rasieren; leather (ab)falzen; wood hobeln; (graze) streifen.

III vi (person) sich rasieren; (razor) rasieren, schneiden.

◆**shave off** vt sep beard sich (dat) abrasieren; sb's beard abrasieren; wood abhobeln.

shaven [ˈʃeɪvn] adj head etc rasiert. **~-headed** kahlgeschoren.

shaver [ˈʃeɪvəʳ] n **1.** (razor) Rasierapparat m. **2.** (inf) young ~ junger Bengel (inf); (as address) junger Freund.

shaving [ˈʃeɪvɪŋ] n **1.** Rasieren nt. **2.** ~s pl Späne pl.

shaving in cpds Rasier-; ~ **brush** Rasierpinsel m; ~ **cream** Rasiercreme f; ~ **mug** Rasierschale f; ~ **soap** or **stick** Rasierseife f.

shawl [ʃɔːl] n (round shoulders) (Umhänge)tuch nt; (tailored) Umhang m; (covering head) (Kopf)tuch nt.

she [ʃiː] **I** pron sie; (of boats, cars etc) er/sie/ es. **~ who ...** (liter) diejenige, die ...; **it is ~** (form) sie ist es. **II** n Sie f.

she- pref weiblich. **~-bear** weiblicher Bär, Bärin f.

sheaf [ʃiːf] n, pl **sheaves** (of wheat, corn) Garbe f; (of arrows etc, papers, notes) Bündel nt.

shear [ʃɪəʳ] pret **~ed**, ptp **shorn** **I** vt sheep scheren; wool (ab)scheren; see **shorn**. **II** vi **the bird ~ed through the air** der Vogel segelte durch die Luft; **the motorboat ~ed through the water** das Motorboot durchpflügte das Wasser.

◆**shear off** **I** vt sep sheep's wool abscheren. **the ship had its bows shorn ~ in the collision** beim Zusammenstoß wurde dem Schiff der Bug abrasiert. **II** vi (break off) abbrechen.

shearer [ˈʃɪərəʳ] n (Schaf)scherer m.

shearing [ˈʃɪərɪŋ] n (Schaf)schur f. **~s** Schur- or Scherwolle f.

shearing machine n Schermaschine f.

shears [ʃɪəz] npl (große) Schere f; (for hedges) Heckenschere f; (for metal) Metallschere f.

shearwater [ˈʃɪəwɔːtəʳ] n Sturmtaucher m.

sheath [ʃiːθ] n (for sword etc) Scheide f; (Bot) (Blatt)scheide f; (on cable) Mantel m, Armierung f; (contraceptive) Kondom m or nt; (dress) Futteralkleid nt.

sheathe [ʃiːð] *vt sword* in die Scheide stecken; *claws* einziehen; *cables* armieren. **to ~ sth in metal** etw mit Metall verkleiden.

sheathing [ʃiːðɪŋ] *n* (*on roof, house*) Verkleidung *f*; (*on ship also*) Beschlag *m*; (*with wood*) Verschalung *f*; (*on cables*) Armierung, Bewehrung *f*.

sheath knife *n* Fahrtenmesser *nt*.

sheaves [ʃiːvz] *pl of* **sheaf**.

shebang [ʃəˈbæŋ] *n* (*sl*) **the whole ~** die ganze Chose (*inf*), der ganze Kram (*inf*).

shed[1] [ʃed] *pret, ptp* ~ I *vt* 1. *leaves, hair etc* verlieren; *horns* abwerfen; *clothes* ausziehen, ablegen. **to ~ its skin** sich häuten; **you should ~ a few pounds** Sie sollten ein paar Pfund abnehmen *or* loswerden.

2. *tears, blood* vergießen. **he ~ his blood** sein Blut floß; (*die also*) sein Blut wurde vergossen; **I won't ~ any tears over him** ich weine ihm keine Träne nach.

3. *burden, leader* loswerden; *cares* ablegen; *friend* fallenlassen. **he has now ~ his childish notions** er hat jetzt seine kindischen Vorstellungen abgelegt.

4. *light, perfume* verbreiten. **to ~ light on sth** (*fig*) etw erhellen, Licht auf etw (*acc*) werfen.

II *vi* (*dog, cat etc*) sich haaren.

shed[2] *n* Schuppen *m*; (*industrial also*) Halle *f*; (*cattle* ~) Stall *m*; (*night shelter etc*) Unterstand *m*; *see* **watershed**.

she'd [ʃiːd] *contr of* **she would; she had**.

sheen [ʃiːn] *n* Glanz *m*.

sheep [ʃiːp] *n, pl* - (*lit, fig*) Schaf *nt*. **the vicar and his ~** der Pfarrer und seine Schäfchen; **to count ~** Schäfchen zählen; **to separate the ~ from the goats** (*fig*) die Schafe von den Böcken trennen; **to make ~'s eyes at sb** jdn anhimmeln; **you might as well be hanged for a ~ as a lamb** (*prov*) das macht den Kohl auch nicht mehr fett.

sheep-dip [ʃiːpdɪp] *n* Desinfektionsbad *nt* für Schafe; (*for mange*) Räudebad *nt*; **sheepdog** *nt* Hütehund *m*; **sheepdog trials** *npl* Gehorsamkeits- und Geschicklichkeitsprüfungen *pl* für Hütehunde; **sheep farm** *n* Schaffarm *f*; **sheepfold** *n* Schafhürde *f*.

sheepish [ʃiːpɪʃ] *adj* verlegen. **I felt a bit ~ about it** das war mir ein bißchen peinlich.

sheepishly [ʃiːpɪʃlɪ] *adv* verlegen.

sheep-run [ʃiːprʌn] *n* Schafweide *f*; **sheepshearing** *n* Schafschur *f*; **sheepskin** *n* 1. Schaffell *nt*; ~ (*jacket*) Schaffelljacke *f*; 2. (*US inf: diploma*) Pergament *nt*.

sheer [ʃɪəʳ] I *adj* (+*er*) 1. (*absolute*) rein; *nonsense also* bar, glatt; *madness also* glatt. **by the ~ force of his own muscles** durch bloße Muskelkraft; **by ~ chance** rein zufällig; **by ~ hard work** durch nichts als harte Arbeit; **the ~ impossibility of doing that** die schiere Unmöglichkeit, das zu tun.

2. (*steep*) *cliff, drop* steil, jäh (*geh*). **there is a ~ drop of 200 metres** es fällt 200 Meter steil *or* senkrecht ab.

3. (*of cloth etc*) (hauch)dünn.

II *adv* steil, jäh (*geh*); (*vertically*) senkrecht.

III *vi* (*Naut*) ausscheren.

◆**sheer away** *vi* 1. (*ship, plane*) ausweichen. 2. (*avoid*) **to ~ ~ from sb/sth** jdm/einer Sache ausweichen.

◆**sheer off** *vi* 1. (*ship*) ausscheren. 2. (*person: make off*) sich davonmachen.

sheerness [ʃɪənɪs] *n* (*of cliffs*) Steilheit *f*.

sheet[1] [ʃiːt] *n* 1. (*for bed*) (Bett)laken, Lein- *or* Bettuch *nt*; (*waterproof* ~) Gummidecke *f*; (*for covering furniture*) Tuch *nt*. **between the ~s** (*inf*) im Bett (*inf*); **the furniture was covered with (dust)~s** die Möbel waren verhängt.

2. (*of paper, inf: a newspaper*) Blatt *nt*; (*big, as of wrapping paper, stamps etc, Typ*) Bogen *m*. ~ **of music** Notenblatt *nt*.

3. (*of plywood*) Platte *f*; (*of glass also*) Scheibe *f*; (*of metal also*) Blech *nt*; (*baking* ~) (Back)blech *nt*; (*Geol*) Schicht *f*; (*of water, ice etc*) Fläche *f*; (*of flame*) Flammenmeer *nt*. **a ~ of ice covered the lake** eine Eisschicht bedeckte den See; **the lake, a glasslike ~ of water** der See, eine spiegelblanke Wasserfläche; ~**s of flame leapt from the burning tanker** riesige Flammen schlugen aus dem brennenden Tanker; **the rain was coming down in ~s** es regnete in Strömen.

sheet[2] *n* (*Naut: rope*) Schot, (Segel)leine *f*. ~**s** (*space*) Vorder-/ Achterteil *nt*.

sheet anchor *n* Notanker *m*; (*fig*) Rettungsanker *m*; **sheetbend** *n* Schotstek *m*; **sheet glass** *n* Flach- *or* Scheibenglas *nt*.

sheeting [ʃiːtɪŋ] *n* (*cloth*) Leinen *nt*; (*metal etc*) Verkleidung *f*; (*wood*) Verschalung *f*. **plastic ~** Plastiküberzug *m*/-überzüge *pl*.

sheet lightning *n* Wetterleuchten *nt*; **sheet metal** *n* Walzblech *nt*; **sheet music** *n* Notenblätter *pl*.

sheik(h) [ʃeɪk] *n* Scheich *m*.

sheik(h)dom [ʃeɪkdəm] *n* Scheichtum *nt*.

sheila [ʃiːlə] *n* (*Austral inf*) Biene (*inf*), Puppe (*inf*) *f*.

shekel [ʃekl] *n* Sekel, Schekel *m*. ~**s** (*sl*) Moneten *pl* (*sl*).

sheldrake [ʃeldreɪk] *n* Brandente *f*.

shelf [ʃelf] *n, pl* **shelves** 1. Brett, Bord *nt*; (*for books*) Bücherbrett *or* -bord *nt*. **shelves** (*unit of furniture*) Regal *nt*; **book-** *or* **-shelves** Bücherregal *or* -bord; **to be on the ~** (*girl*) eine alte Jungfer sein, sitzengeblieben sein; (*worker*) zum alten Eisen gehören.

2. (*ledge of rock etc*) (*on rock face*) Gesims *nt*, (Fels-) vorsprung *m*; (*under water*) (Felsen)riff *nt*, Felsbank *f*; (*sandbank*) Sandbank, Untiefe *f*.

shelf mark *n* Standortzeichen *nt*; **shelf room** *n* Platz *m* in den Regalen.

shell [ʃel] I *n* 1. (*of egg, nut, mollusc*) Schale *f*; (*on beach*) Muschel *f*; (*of pea etc*) Hülse *f*; (*of snail*) (Schnecken)haus *nt*; (*of tortoise, turtle, insect*) Panzer *m*; (*pastry* ~) Form *f*. **to come out of one's ~** (*fig*) aus seinem Schneckenhaus kommen, aus sich (*dat*) herausgehen; **to retire into one's ~** (*fig*) sich in sein Schneckenhaus verkriechen; **I'm just an empty ~** (*fig*) ich bin nur noch eine leere Hülse.

2. (*frame*) (*of building*) Mauerwerk *nt*, Mauern *pl*; (*gutted also*) (leere) Schale;

(*unfinished*) Rohbau *m*; (*ruin*) Gemäuer *nt*, Ruine *f*; (*of car*) (*unfinished*) Karosserie *f*; (*gutted*) Wrack *nt*; (*of ship*) Gerippe *nt*, Rumpf *m*; (*gutted*) Wrack *nt*.
   3. (*Mil*) Granate *f*; (*esp US: cartridge*) Patrone *f*.
   4. (*boat*) Rennruderboot *nt*.
   II *vt* **1.** *peas etc* enthülsen; *eggs, nuts* schälen; *egg* abschälen.
   2. (*Mil*) (mit Granaten) beschießen. **the town is still being ~ed** die Stadt steht immer noch unter Beschuß.
◆**shell out** (*inf*) **I** *vt sep* blechen (*inf*). **II** *vi* **to ~ for sth** für etw blechen (*inf*).
she'll [ʃiːl] *contr of* **she will; she shall.**
shellac [ʃə'læk] (*vb: pret, ptp* **~ked**) **I** *n* Schellack *m*. **II** *vt* **1.** (*varnish*) mit Schellack behandeln. **2.** (*US sl: defeat utterly*) in die Pfanne hauen (*sl*); (*beat*) vermöbeln (*inf*).
shellfire [ˈʃelfaɪəʳ] *n* Granatfeuer *nt*; **shellfish** *n* Schaltier(e *pl*) *nt*; (*Cook*) Meeresfrüchte *pl*; **shell-hole** *n* Granattrichter *m*.
shelling [ˈʃelɪŋ] *n* Granatfeuer *nt* (*of auf* +*acc*), Granatbeschuß *m*.
shellproof [ˈʃelpruːf] *adj* bombensicher; **shell shock** *n* Kriegsneurose *f*; **shellshocked** *adj* **to be ~** (*lit*) unter einer Kriegsneurose leiden; (*fig*) verstört sein.
shelter [ˈʃeltəʳ] **I** *n* (*protection*) Schutz *m*; (*place*) Unterstand *m*; (*air-raid ~*) (Luftschutz)keller *or* -bunker *m*; (*bus ~*) Wartehäuschen *nt*; (*mountain ~*) (Berg- *or* Schutz)hütte *f*; (*for the night*) Obdach *nt* (*liter*), Unterkunft *f*. **a night ~ for homeless people** ein Obdachlosenheim *or* -asyl *nt*; **in the ~ of one's home** in der Geborgenheit des Hauses; **under the ~ of the rock** im Schutze des Felsens; **under ~ of night** im Schutze der Nacht; **when the ship reached ~** als das Schiff den sicheren *or* schützenden Hafen erreichte; **to get under ~, to take ~** sich in Sicherheit bringen; (*from rain, hail etc*) sich unterstellen; **to seek ~/to run for ~** Schutz *or* Zuflucht suchen; **to give sb ~** jdn beherbergen; **the peasants offered the guerrillas ~** die Bauern boten den Partisanen Zuflucht.
   II *vt* schützen (*from vor* +*dat*); *criminal* verstecken. **to ~ sb from blame** jdn gegen Vorwürfe in Schutz nehmen; **to ~ sb from harm** jdn vor Schaden bewahren; **the police think he's trying to ~ someone** die Polizei glaubt, daß er jemanden deckt; **parents ~ing their children from harsh reality** Eltern, die ihre Kinder vor der rauhen Wirklichkeit behüten.
   III *vi* **there was nowhere to ~** man konnte nirgends Schutz finden; (*from rain etc*) man konnte sich nirgends unterstellen; **a good place to ~** eine Stelle, wo man gut geschützt ist; **we ~ed in a shop doorway** wir stellten uns in einen Ladeneingang unter; **to ~ behind a friend/ one's reputation** (*fig*) sich hinter einem Freund/seinem Ansehen verstecken.
sheltered [ˈʃeltəd] *adj place* geschützt; *life* behütet. **~ from the wind** windgeschützt; **~ housing** Wohnungen *pl* für Behinderte /Senioren; **~ workshop** Behindertenwerkstatt *f*, beschützende Werkstatt.

shelve [ʃelv] **I** *vi* (*slope*) abfallen. **II** *vt* **1.** *room* mit Regalen versehen, Regale einbauen in (+*acc*). **2.** *problem* aufschieben; *plan, project* ad acta legen.
shelves [ʃelvz] *pl of* **shelf.**
shelving [ˈʃelvɪŋ] *n* Regale *pl*; (*material also*) Bretter *pl*.
shenanigans [ʃəˈnænɪgən(z)] *n pl* (*inf*) (*tomfoolery*) Faxen *pl* (*inf*); (*goings-on*) Dinger *pl* (*inf*).
shepherd [ˈʃepəd] **I** *n* **1.** Schäfer, (Schaf)-hirt *m*. **~ boy** Hütejunge *m*; **the Good S~** der Gute Hirte; **~'s pie** *die Auflauf m aus Hackfleisch und Kartoffelbrei*; **~'s purse** Hirtentäschel(kraut) *nt*. **2.** (*US*) *see* **German ~**. **II** *vt* führen.
shepherdess [ˈʃepədɪs] *n* Schäferin *f*.
sherbet [ˈʃɜːbət] *n* (*powder*) Brausepulver *nt*; (*drink*) Brause *f*, Sorbet(t) *m or nt*; (*US: water ~ ice*) Fruchteis *nt*.
sherd [ʃɜːd] *n see* **shard.**
sheriff [ˈʃerɪf] *n* Sheriff *m*; (*Scot*) Friedensrichter *m*.
sherry [ˈʃerɪ] *n* Sherry *m*.
she's [ʃiːz] *contr of* **she is; she has.**
Shetland Islands [ˈʃetləndˈaɪləndz] *npl* Shetlandinseln *pl*; **Shetland pony** *n* Shetlandpony *nt*; **Shetlands** [ˈʃetləndz] *npl* Shetlandinseln *pl*.
shibboleth [ˈʃɪbəleθ] *n* (*custom*) Gepflogenheit, Konvention *f*; (*catchword*) Losung, Parole *f*.
shield [ʃiːld] **I** *n* (*Mil, Her*) Schild *m*; (*Zool also*) Panzer *m*; (*sporting trophy also*) Trophäe *f*; (*on machine*) Schutzschirm *or* -schild *m*; (*eye~, radiation ~*) Schirm *m*; (*fig*) Schutz *m*. **riot ~** Schutzschild *m*.
   II *vt* schützen (*sb from sth* jdn vor etw *dat*); *industry* absichern, abschirmen. **she tried to ~ him from the truth** sie versuchte, ihm die Wahrheit zu ersparen.
shift [ʃɪft] **I** *n* **1.** (*change*) Änderung *f*; (*in policy, opinion also*) Wandel *m*; (*Ling*) Verschiebung *f*; (*Mus*) Lagenwechsel *m*; (*from one place to another*) Verlegung *f*. **a ~ of scene** ein Szenenwechsel *m*; **a ~ in public opinion** ein Meinungsumschwung *m* in der Bevölkerung; **a ~ of emphasis** eine Gewichtsverlagerung; **a population ~** eine Bevölkerungsverschiebung; **this shows a ~ away from the government** dies läßt eine für die Regierung ungünstige Tendenz erkennen; **a new ~ towards liberalism** ein neuer Trend zum Liberalismus.
   2. (*Aut: gear~*) Schaltung *f*; (*on typewriter: also ~ key*) Umschalttaste *f*. **~ lock** Umschaltfeststeller *m*.
   3. (*period at work, group of workers*) Schicht *f*. **to work in ~s** in Schichten arbeiten; **to do ~ work** Schicht arbeiten.
   4. (*stratagem*) List *f*, Kniff *m*; (*expedient*) Ausweg *m*. **to make ~ with/ without sth** sich mit/ohne etw behelfen.
   5. (*dress*) Hemdkleid *nt*.
   II *vt* **1.** (*move*) (von der Stelle) bewegen; *screw, nail* loskriegen, rauskriegen; *lid* abkriegen; *cork* rauskriegen; *furniture also* verrücken; *head, arm* wegnehmen; (*from one place to another*) verlagern, verschieben; *offices etc* verlegen; *rubble, boulder also* wegräumen. **to ~**

scenery Kulissen schieben; **to ~ one's ground** seinen Standpunkt ändern; **to ~ sb from an opinion** jdn von einer Meinung abbringen; **he stood ~ing his weight from foot to foot** er trat von einem Fuß auf den anderen; **to ~ the blame onto sb else** die Verantwortung auf jd anderen schieben; **~ the table over to the wall** rück den Tisch an die Wand (rüber)!; **can you ~ your car back a bit?** können Sie ein Stück zurücksetzen?; **we'll ~ all this junk up to the attic** wir schaffen das ganze Gerümpel auf den Boden.

2. (*inf: get rid of*) loswerden.

3. (*US Aut*) **to ~ gears** schalten.

4. (*inf*) *food* verputzen (*inf*); *drink* schlucken (*sl*).

III *vi* **1.** (*move*) sich bewegen; (*ballast, cargo, scene*) sich verlagern; (*scene*) wechseln; (*wind*) umspringen; (*from one's opinion*) abgehen. **he ~ed out of the way** er ging aus dem Weg; **he was ~ing about in his chair** er rutschte auf seinem Stuhl hin und her; **~ over, you're taking up too much room** rück mal rüber, du nimmst zuviel Platz weg!; **he refused to ~** (*fig*) er war nicht umzustimmen; **~ing sands** (*Geol*) Flugsand *m*.

2. (*Aut*) schalten.

3. (*inf: move quickly*) (*cars, runners*) flitzen (*inf*), rasen.

4. (*manage*) **to ~ for oneself** sich (*dat*) (selbst) behelfen.

shiftily [ˈʃɪftɪlɪ] *adv see adj* zwielichtig, nicht ganz sauber (*inf*); verstohlen; ausweichend; *behave* verdächtig.

shiftiness [ˈʃɪftɪnɪs] *n see adj* Zwielichtigkeit *f*; Fragwürdigkeit *f*; Verstohlenheit *f*; Ausweichen *nt*. **there was a certain ~ in his manner** sein Verhalten hatte etwas Verdächtiges.

shiftless [ˈʃɪftlɪs] *adj* träge, energielos.

shiftlessness [ˈʃɪftlɪsnɪs] *n* Trägheit, Energielosigkeit *f*.

shifty [ˈʃɪftɪ] *adj* (+*er*) zwielichtig, nicht ganz sauber (*inf*); *person, character also* fragwürdig; *glance* verstohlen; *reply* ausweichend. **there was something ~ about ... mit ...** war etwas faul (*inf*); **a ~ expression came over his face** sein Gesicht nahm einen gerissenen Ausdruck an; **a ~ little man** ein verdächtiger kleiner Kerl.

shillelagh [ʃəˈleɪlə] *n* (*Ir*) (Schlehdorn- *or* Eichen)knüppel *m*.

shilling [ˈʃɪlɪŋ] *n* (*Brit old, Africa etc*) Shilling *m*.

shilly-shally [ˈʃɪlɪˌʃælɪ] *vi* (*inf*) unschlüssig sein. **stop ~ing** laß das Fackeln.

shimmer [ˈʃɪmər] **I** *n* Schimmer *m*. **II** *vi* schimmern.

shin [ʃɪn] **I** *n* Schienbein *nt*; (*of meat*) Hachse *f*. **to kick sb on the ~** jdm *or* jdn vors Schienbein treten. **II** *vi* **to ~ up/down** (geschickt) hinauf-/hinunterklettern.

shinbone [ˈʃɪnbəʊn] *n* Schienbein *nt*.

shindig [ˈʃɪndɪɡ] *n* (*inf*) Remmidemmi *nt* (*inf*).

shine [ʃaɪn] (*vb: pret, ptp* **shone**) **I** *n* Glanz *m*. **to give one's shoes a ~** seine Schuhe polieren *or* blank putzen; **to have a ~** glänzen; **to put a ~ on sth** etw blank polieren; **to take the ~ off sth** (*lit, fig*)

einer Sache (*dat*) den Glanz nehmen; **she's taken a real ~ to my brother** (*inf*) mein Bruder hat es ihr wirklich angetan; *see* **rain.**

II *vt* **1.** *pret, ptp usu* **~d** (*polish: also ~ up*) blank putzen; *shoes also* polieren.

2. (*direct a light*) **to ~ a light on sth** etw beleuchten; **~ the torch this way!** leuchte einmal hierher!; **don't ~ it in my eyes!** blende mich nicht!

III *vi* **1.** leuchten; (*stars, eyes, face also, metal, nose, paint*) glänzen; (*moon, sun, lamp*) scheinen; (*glass*) blitzblank sein.

2. (*fig: excel*) glänzen. **to ~ at/in sth** bei/in etw (*dat*) glänzen; **he doesn't exactly ~ at sports/his work** er ist keine *or* nicht gerade eine Leuchte im Sport/bei der Arbeit.

◆**shine down** *vi* herabscheinen (*on* auf +*acc*).

◆**shine out** *vi* **1.** (*light*) **the light shining ~ from the windows across the lawn** das durch die Fenster auf den Rasen fallende Licht; **a light (suddenly) shone ~ from the darkness** in der Dunkelheit blitzte (plötzlich) ein Licht auf; **the sun shone ~ from behind a cloud** die Sonne schien hinter einer Wolke hervor.

2. (*fig: qualities*) **his courage ~s ~** sein Mut ragt heraus.

shiner [ˈʃaɪnər] *n* (*sl: black eye*) Veilchen *nt* (*sl*).

shingle[1] [ˈʃɪŋɡl] **I** *n* **1.** (*tile*) Schindel *f*; (*US inf: signboard*) Schild *nt*. **to put up one's ~** (*US*) ein Geschäft eröffnen; (*doctor, lawyer*) sich niederlassen.

2. (*hairstyle*) Herrenschnitt, Bubikopf *m*.

II *vt* **1.** *roof etc* mit Schindeln decken.

2. *hair* einen Herrenschnitt *or* Bubikopf machen (+*dat*).

shingle[2] *n, no pl* (*pebbles*) Kiesel *m*, Kieselsteine *pl*; (*~ beach*) Kiesel(strand) *m*.

shingles [ˈʃɪŋɡlz] *n sing* (*Med*) Gürtelrose *f*.

shingly [ˈʃɪŋɡlɪ] *adj beach* steinig, voller Kieselsteine.

shin-guard [ˈʃɪnɡɑːd] *n* Schienbeinschützer *m*.

shining [ˈʃaɪnɪŋ] *adj* (*lit, fig*) leuchtend; *light* strahlend; *eyes also, nose, metal, paint* glänzend; *car* blitzend, blitzblank. **a ~ light** (*fig*) eine Leuchte; **~ white** leuchtend *or* strahlend weiß.

shinty [ˈʃɪntɪ] *n* dem Hockey ähnliches Spiel.

shiny [ˈʃaɪnɪ] *adj* (+*er*) glänzend; *elbows also, trousers also* blank.

ship [ʃɪp] **I** *n* **1.** Schiff *nt*. **on board ~** an Bord; **when my ~ comes in** (*fig*) wenn ich das große Los ziehe.

2. **~'s articles** Heuervertrag *m*, Schiffsartikel *pl*; **~'s biscuit,** (*US*) **~ biscuit** Schiffszwieback *m*; **~'s company** (Schiffs)besatzung *f*; **~'s doctor** Schiffsarzt *m*; **~'s papers** Schiffspapiere *pl*.

3. (*US inf: plane*) Maschine *f*; (*space~*) (Raum)schiff *nt*.

II *vt* **1.** (*take on board*) *goods* an Bord nehmen *or* bringen, laden; *crew, passengers* an Bord nehmen; *mast* setzen. **to ~**

oars die Riemen einlegen; **to ~ water** leck sein.

2. (*transport*) versenden; *coal, grain etc* verfrachten; (*by sea also*) verschiffen.

III *vi* (*take employment*) anheuern.

◆**ship off** *vt sep* versenden; *coal, grain etc* verfrachten; (*by ship also*) verschiffen.

◆**ship out** *vt sep* versenden; *coal, grain etc* verfrachten. **to ~ supplies ~ to sb** jdn (per Schiff) mit Vorräten versorgen.

shipboard ['ʃɪpbɔːd] *n*: **on ~** an Bord; **a ~ romance** eine Romanze auf See; **ship-breaker** *n* Schiffsverschrotter *m*; **ship-builder** *n* Schiffbauer *m*; **a firm of ~s** eine Schiffbaufirma; **shipbuilding** *n* Schiffbau *m*; **shipload** *n* Schiffsladung *f*; **the tourists were arriving by the ~ or in ~s** (*inf*) ganze Schiffsladungen von Touristen kamen an; **shipmate** *n* Schiffskamerad *m*.

shipment ['ʃɪpmənt] *n* Sendung *f*; (*of coal, grain, tractors*) Transport *m*; (*transporting by sea*) Verschiffung *f*; (*taking on board*) Verladen *nt*.

shipowner ['ʃɪpəʊnəʳ] *n* Schiffseigner *m*; (*of many ships*) Reeder *m*.

shipper ['ʃɪpəʳ] *n* (*company*) Speditionsfirma *f*; (*sender*) Absender *m*.

shipping ['ʃɪpɪŋ] **I** *n*, *no pl* **1.** Schiffahrt *f*; (*ships*) Schiffe *pl*. **the Suez Canal has been reopened to ~** der Suezkanal ist wieder für die Schiffahrt geöffnet.

2. (*transportation*) Verschiffung *f*; (*by rail etc*) Versand *m*.

II *adj attr* **~ agent** Reedereivertreter *m*; **~ business** Reederei- *or* Schiffahrtsgeschäft *nt*; **~ clerk** Expedient(in *f*) *m*, Angestellte(r) *mf* in der Versandabteilung; **~ costs** Frachtkosten *pl*; **~ company, ~ line** Schiffahrtsgesellschaft *or* -linie, Reederei *f*; **~ lane** Schiffahrtsstraße *f*; **~ losses** Verluste *pl* von *or* an Schiffen; **~ office** (*agent's office*) Büro *nt* einer Reedereivertretung; (*place where seamen get jobs*) Heuerbüro *nt*; **~ route** Schiffahrtslinie *f*.

shipshape ['ʃɪpʃeɪp] *adj, adv* tipptopp (*inf*); **we'll soon have you ~ again, said the doctor** Sie werden bald wieder auf dem Damm (*inf*) sein, sagte der Arzt; **shipway** *n* (*support for a ship under construction*) Stapel *m*; (*ship canal*) (See)kanal *m*, Schiffahrtsweg *m*; **shipwreck** *n* (*lit, fig*) Schiffbruch *m*; (*fig also*) Scheitern *nt*; **in the ~** bei dem Schiffbruch; **to suffer ~** Schiffbruch erleiden; **II** *vt* (*lit*) schiffbrüchig werden lassen; (*fig*) zum Scheitern bringen, scheitern lassen; **to be ~ed** (*lit*) schiffbrüchig sein; (*fig*) Schiffbruch erleiden, scheitern; **shipwright** *n* Schiffbauer *m*; **shipyard** *n* (Schiffs)werft *f*.

shire ['ʃaɪəʳ] *n* (*Brit old*) Grafschaft *f*. **~ horse** Zugpferd *nt*.

shirk [ʃɜːk] **I** *vt* sich drücken vor (+*dat*), ausweichen (+*dat*). **II** *vi* sich drücken.

shirker ['ʃɜːkəʳ] *n* Drückeberger(in *f*) *m*.

shirking ['ʃɜːkɪŋ] *n* Drückebergerei *f*.

shirr [ʃɜːʳ] *vt* kräuseln.

shirring ['ʃɜːrɪŋ] *n* Kräuselarbeit *f*. **~ elastic** Gummizug *m*.

shirt [ʃɜːt] *n* (*men's*) (Ober)hemd *nt*; (*Ftbl*) Hemd, Trikot *nt*; (*women's: also US* **~**

waist) Hemdbluse *f*. **keep your ~ on** (*inf*) reg dich nicht auf!; **to put one's ~ on a horse** (*inf*) den letzten Pfennig auf ein Pferd setzen; **I'm putting my ~ on him to get the job** (*inf*) ich gehe jede Wette ein, daß er die Stelle bekommt; **to lose the ~ off one's back** (*inf*) alles bis aufs Hemd verlieren (*inf*); **he'd give you the ~ off his back** (*inf*) er würde einem sein letztes Hemd geben; **he'll have the ~ off your back!** (*inf*) er zieht dich aus bis aufs letzte Hemd! (*inf*).

shirt collar *n* Hemdkragen *m*; **shirt-front** *n* Hemdbrust *f*.

shirting ['ʃɜːtɪŋ] *n* Hemdenstoff *m*.

shirt-sleeve ['ʃɜːtsliːv] **I** *adj* hemdsärmelig. **II** *n* **~s** *pl* Hemdsärmel *pl*; **in his/their ~s** in Hemdsärmeln.

shirttail ['ʃɜːtteɪl] *n* Hemd(en)schoß *m*.

shirtwaister ['ʃɜːt,weɪstəʳ], (*US*) **shirtwaist** ['ʃɜːt,weɪst] *n* Hemdblusenkleid *nt*.

shirty ['ʃɜːtɪ] *adj* (+*er*) (*esp Brit inf*) sauer (*inf*), verärgert; (*as characteristic*) griesgrämig (*inf*).

shit¹ [ʃɪt] (*vb: pret, ptp ~ or* (*hum*) **shat**) (*vulg*) **I** *n* **1.** (*excrement*) Scheiße *f* (*sl*). **to have a ~** scheißen (*sl*).

2. (*person*) Arschloch *nt* (*vulg*).

3. (*nonsense*) Scheiße *f* (*sl*), Scheiß *m* (*sl*).

4. **~s** *pl* (*state of fear*) Schiß *m* (*sl*), Muffensausen *nt* (*sl*); **to have/get the ~s** Schiß *or* Muffensausen haben/kriegen (*sl*); **it gives me the ~s** da krieg' ich Schiß (*sl*).

5. **to be up ~ creek** (*without a paddle*) bis zum Hals in der Scheiße sitzen (*vulg*); **to be in the ~** in der Scheiße sitzen (*vulg*).

II *vi* scheißen (*sl*). **to ~ on sb** (*inform*) jdn verpfeifen (*inf*).

III *vr* **to ~ oneself** sich vollscheißen (*vulg*); (*with fear*) sich (*dat*) vor Angst in die Hose scheißen (*sl*).

IV *interj* Scheiße (*sl*).

shit² *n* (*sl: drugs*) Shit *m* (*sl*).

shite [ʃaɪt] *n vir, interj* (*vulg*) *see* **shit¹**.

shitless ['ʃɪtlɪs] *adj*: **to be scared ~** (*vulg*) sich (*dat*) vor Angst in die Hosen scheißen (*sl*).

shitty ['ʃɪtɪ] *adj* (+*er*) (*sl*) beschissen (*sl*), Scheiß- (*sl*).

shiver¹ ['ʃɪvəʳ] **I** *n* **1.** (*of cold*) Schauer *m*; (*of horror also*) Schauder *m*. **a ~ of cold** ein kalter Schauer; **a ~ ran down my spine** es lief mir kalt den Rücken hinunter; **a little ~ of fear ran down my spine** ein Angstschauer überlief mich; **his touch sent ~s down her spine** es durchzuckte sie bei seiner Berührung.

2. (*fig*) **to get/have the ~s** eine Gänsehaut kriegen/haben.

II *vi* zittern (*with* vor +*dat*); (*with fear also*) schaudern.

shiver² *n* Splitter *m*, Scherbe *f*. **II** *vti* zersplittern, zerbrechen.

shivery ['ʃɪvərɪ] *adj* **to feel ~** frösteln; **she's a ~ person** sie friert leicht.

shoal¹ [ʃəʊl] *n* (*shallow place*) Untiefe *f*; (*sandbank*) Sandbank *f*.

shoal² *n* (*of fish*) Schwarm *m*. **in ~s** (*letters, applications etc*) massenweise, in Massen; (*people*) in hellen Scharen; **~s of applica-**

tions Unmengen *pl* von Bewerbungen.

shock¹ [ʃɒk] **I** *n* **1.** (*of explosion, impact*) Wucht *f*; (*of earthquake*) (Erd)stoß *m*.

2. (*Elec*) Schlag *m*; (*Med*) (Elektro)-schock *m*. **to get a** ~ einen Schlag bekommen.

3. (*emotional disturbance*) Schock, Schlag *m*; (*state*) Schock(zustand) *m*. **to suffer from** ~ einen Schock (erlitten) haben; **to be in (a state of)** ~ unter Schock stehen, sich in einem Schockzustand befinden; **rabbits can die of** ~ für ein *or* bei einem Kaninchen kann ein Schock tödlich sein; **a** ~ **to one's system** ein Kreislaufschock; **it comes as a** ~ **to hear that ...** mit Bestürzung höre ich/hören wir, daß ...; **it was a** ~ **to me** es war ein Schock *or* ein (harter) Schlag für mich; **to give sb a** ~ jdn erschrecken; **it gave me a nasty** ~ es hat mir einen bösen Schreck(en) eingejagt; **to get the** ~ **of one's life** den Schock seines Lebens kriegen; **I got the** ~ **of my life when I heard ...** ich dachte, mich trifft der Schlag (*inf*), als ich hörte ...; **he is in for a** ~! (*inf*) der wird sich wundern (*inf*).

II *vt* (*affect emotionally*) erschüttern, bestürzen; (*make indignant*) schockieren, empören. **to be** ~**ed by sth** über etw (*acc*) erschüttert *or* bestürzt sein; (*morally*) über etw (*acc*) schockiert *or* empört sein; **I was** ~**ed to hear the news** *or* **at the news** ich war bestürzt über die Nachricht, die Nachricht bestürzte mich; **to** ~ **sb into doing sth** jdm eine solche Angst einjagen, daß er etw tut/unternimmt *etc*; **to** ~ **sb into acting/out of his lethargy** jdn zum Handeln/aus seiner Lethargie aufrütteln.

III *vi* (*film, writer etc*) schockieren, schocken (*inf*).

shock² *n* (*Agr*) Garbenbündel *nt*, Hocke *f*.

shock³ *n* (*also* ~ **of hair**) (Haar)schopf *m*.

shock absorber [ˈʃɒkəbˌzɔːbəʳ] *n* Stoßdämpfer *m*.

shocked [ʃɒkt] *adj* erschüttert, bestürzt; (*indignant, outraged*) schockiert, empört; (*amazed*) geschockt (*inf*). **to be** ~ (*Med*) unter Schock stehen, in einem Schockzustand sein; **the patient is badly** ~ der Patient hat einen schweren Schock.

shocker [ˈʃɒkəʳ] *n* (*inf*) Reißer (*inf*), Schocker (*inf*) *m*. **he told me a** ~ **about conditions in jail** er erzählte mir eine Schauergeschichte über die Zustände im Gefängnis; **it's a** ~ das haut einen um (*inf*); **I have a** ~ **of a cold** ich habe eine grausige (*inf*) *or* entsetzliche Erkältung; **he's a** ~ er ist ein ganz Schlimmer (*hum*); **he's a** ~ **for drink/women** er ist vielleicht ein Schluckspecht (*inf*)/Weiberheld (*inf*).

shockheaded [ˈʃɒkˌhedɪd] *adj*: **to be** ~ ein Struwwelpeter sein (*inf*).

shocking [ˈʃɒkɪŋ] *adj* **1.** *news, report* erschütternd, schockierend. ~ **pink** knallrosa (*inf*), pink (*Fashion*).

2. (*very bad*) entsetzlich, furchtbar. **what a** ~ **thing to say/way to behave!** wie kann man bloß so etwas Schreckliches sagen/wie kann man sich bloß so schrecklich benehmen!

shockingly [ˈʃɒkɪŋlɪ] *adv* **1.** (*badly*) schrecklich, furchtbar. **to behave** ~ **(towards sb)** sich (jdm gegenüber) haar-

sträubend *or* miserabel benehmen. **2.** (*extremely*) entsetzlich, schrecklich.

shockproof [ˈʃɒkpruːf] *adj* stoßfest *or* -sicher; **shock tactics** *npl* (*Mil*) Stoß- *or* Durchbruchstaktik *f*; (*fig*) Schocktherapie *f*; **shock therapy** *or* **treatment** *n* Schocktherapie *or* -behandlung *f*; **shock troops** *npl* Stoßtruppen *pl*; **shock wave** *n* (*lit*) Druckwelle *f*; (*fig*) Erschütterung *f*, Schock *m*.

shod [ʃɒd] *pret, ptp of* **shoe**.

shoddily [ˈʃɒdɪlɪ] *adv* schäbig.

shoddiness [ˈʃɒdɪnɪs] *n* Schäbigkeit *f*; (*of work*) Schludrigkeit *f*; (*of goods also*) Minderwertigkeit *f*.

shoddy [ˈʃɒdɪ] **I** *adj* (+*er*) schäbig; *work* schludrig; *goods also* minderwertig. **II** *n* (*cloth*) Shoddy *nt or m*.

shoe [ʃuː] (*vb: pret, ptp* **shod**) **I** *n* **1.** Schuh *m*. **I wouldn't like to be in his** ~**s** ich möchte nicht in seiner Haut stecken; **to put oneself in sb's** ~**s** sich in jds Lage (*acc*) versetzen; **to step into** *or* **fill sb's** ~**s** an jds Stelle (*acc*) treten *or* rücken.

2. (*horse*~) (Huf)eisen *nt*.

3. (*brake* ~) Bremsschuh *m*.

4. (*for electric power cable*) (Gleit)schuh *m*; (*for mast*) Schuh *m*; (*on sledge*) Beschlag *m*.

II *vt horse* beschlagen. **to be well-shod** (*of person*) gut beschuht sein (*hum, geh*).

shoeblack [ˈʃuːblæk] *n* Schuhputzer *m*; **shoebrush** *n* Schuhbürste *f*; **shoehorn** *n* Schuhanzieher *or* -löffel *m*; **shoelace** *n* Schnürsenkel *m*; **shoe leather** *n* Schuhleder *nt*; **save** ~ **by taking the bus** fahr mit dem Bus und schone deine Schuhsohlen; **shoemaker** *n* Schuhmacher, Schuster *m*; **shoemender** *n* (Flick)schuster *m*; **shoe polish** *n* Schuhcreme *f*; **shoeshine** *n* (*US*) Schuh(e)putzen *nt*; **to have a** ~ sich (*dat*) die Schuhe putzen lassen; **shoeshine boy** *n* Schuhputzer *m*; **shoeshop** *n* Schuhgeschäft *nt*; **shoestring** *n* **1.** (*US: shoelace*) Schnürsenkel *m*, Schnürband *nt*; **2.** (*fig*) **to live on a** ~ von der Hand in den Mund leben; **to do sth on a** ~ etw mit ein paar Pfennigen *or* Mark tun; **the project is run on a** ~ das Projekt wird mit ganz wenig Geld finanziert; **shoetree** *n* (Schuh)spanner *m*.

shone [ʃɒn] *pret, ptp of* **shine**.

shoo [ʃuː] **I** *interj* sch; (*to dog etc*) pfui; (*to child*) husch. **II** *vt* **to** ~ **sb away** jdn ver- *or* wegscheuchen.

shook¹ [ʃuk] *pret of* **shake**.

shook² *n* (*of corn*) Garbenbündel *nt*, Hocke *f*.

shoot [ʃuːt] (*vb: pret, ptp* **shot**) **I** *n* **1.** (*Bot*) Trieb *m*; (*sprouting from seed, potato etc also*) Keim *m*; (*out of ground: of bushes, trees*) Schößling, Schoß *m*; (*young branch*) Reis *nt*.

2. (*hunting expedition*) Jagd *f*; (~*ing party*) Jagdgesellschaft *f*; (*competition*) (Wett)schießen *nt*; (*land*) (Jagd)revier *nt*, Jagd *f*.

II *vt* **1.** (*Mil etc*) schießen; *bullet, gun* abfeuern.

2. *person, animal* (*hit*) anschießen; (*wound seriously*) niederschießen; (*kill*) erschießen. **to** ~ **sb dead** jdn erschießen;

he shot himself er hat sich erschossen; **he accidentally shot himself in the foot** er schoß sich (*dat*) versehentlich in den Fuß; **the bird had been shot through the wing** dem Vogel war ein Flügel durchschossen worden; **he was fatally shot in the neck** ihn traf ein tödlicher Genickschuß; **you'll get shot for doing that!** (*fig inf*) das kann dich Kopf und Kragen kosten! (*inf*); **people have been shot for less!** (*hum inf*) es sind schon Leute für weniger an den Galgen gekommen! (*inf*).

3. (*throw, propel*) schleudern. **to ~ a question at sb** eine Frage auf jdn abfeuern; **to ~ a glance at sb, to ~ sb a glance** jdm einen (schnellen) Blick zuwerfen; **to ~ a line** (*inf*) aufschneiden, sich wichtig tun (*to sb* bei jdm).

4. to ~ the bolt den Riegel vorlegen; **to ~ one's bolt** (*fig*) sein Pulver verschießen; **to ~ the rapids** über die Stromschnellen jagen; **to ~ the lights** eine Ampel (bei Rot) überfahren.

5. (*Sport*) schießen; *ball also* (*with foot*) schlagen; (*US sl: play*) craps, pool spielen. **to ~ dice** würfeln.

6. (*Phot*) film, scene drehen; *snapshot* schießen; *subject* aufnehmen.

7. (*sl: inject*) drug schießen (*sl*), drücken (*sl*).

III *vi* **1.** schießen; (*as hunter*) jagen. **to ~ to kill** gezielt schießen; (*police*) einen gezielten Todesschuß/gezielte Todesschüsse abgeben; **don't ~!** nicht schießen!; **stop or I'll ~!** stehenbleiben, oder ich schieße!; **to ~ at sb/sth** auf jdn/ etw schießen; **to ~ from the hip** aus der Hüfte schießen; **~!** (*fig inf*) schieß los!

2. (*move rapidly*) schießen (*inf*). **to ~ ahead/into the lead** an die Spitze vorpreschen; **he shot ahead of the other boys in maths** er ließ die anderen Jungen in Mathe weit hinter sich (*dat*); **he shot down the stairs** er schoß or jagte die Treppe hinunter; **to ~ by** *or* **past** vorbeischießen *or* -jagen; **to ~ in** (he)reingeschossen kommen.

3. (*Sport*) schießen. **to ~ at goal** aufs Tor schießen.

4. (*pain*) **the pain shot up his leg** der Schmerz durchzuckte sein Bein; **~ing pains** stechende Schmerzen *pl*.

5. (*Bot*) treiben.

6. (*Film*) drehen.

◆**shoot away I** *vi* **1.** (*move rapidly*) davonschießen, losjagen. **2.** (*shoot continuously*) schießen. **~ ~!** (*fig inf*) schieß los! **II** *vt sep* wegschießen.

◆**shoot down** *vt sep* plane abschießen; (*fig inf*) person fertigmachen (*inf*); *suggestion* abschmettern (*inf*); *argument* in der Luft zerreißen (*inf*). **the plane was shot ~ in flames** die Maschine wurde in Brand geschossen und stürzte ab.

◆**shoot off I** *vi* **1.** davonschießen, losjagen. **2.** (*sl: ejaculate*) abspritzen (*vulg*). **II** *vt sep* abschießen; *gun etc also* abfeuern. **to ~ one's mouth ~** (*sl*) (*indiscreetly*) tratschen (*inf*); (*boastfully*) das Maul aufreißen (*sl*).

◆**shoot out I** *vi* (*emerge swiftly*) herausschießen (*of* aus).

II *vt sep* **1.** (*put out swiftly*) hand etc blitzschnell ausstrecken; *tongue etc* hervor- or herausschnellen (lassen); (*inf: eject*) an die Luft setzen (*inf*), raussetzen (*inf*). **they were shot ~ of the car** sie wurden aus dem Auto geschleudert.

2. to ~ it sich (*dat*) ein (Feuer) gefecht liefern; **nobody dared to ~ it ~ with Bad Jake** keiner wagte es, sich mit Bad Jake zu schießen (*inf*).

◆**shoot up I** *vi* (hand, prices, temperature) in die Höhe schnellen; (*grow rapidly*) (children, plant) in die Höhe schießen; (new towns, buildings etc) aus dem Boden schießen.

II *vt sep* **1. to ~ ~ a town** (*inf*) in einer Stadt herumballern (*inf*) or -knallen (*inf*); **the aerodrome was shot ~** das Flugfeld wurde heftig beschossen; **he was badly shot ~ in the war** er ist im Krieg übel zusammengeschossen worden.

2. *drug* drücken (*sl*).

shooter ['ʃuːtə^r] *n* (*sl: gun*) Ballermann *m* (*sl*).

shooting ['ʃuːtɪŋ] *n* **1.** (*shots*) Schießen *nt*; (*by artillery*) Feuer *nt*. **was there any ~?** gab es Schießereien?

2. (*murder, execution*) Erschießung *f*. **there was a ~ last night** gestern nacht ist jemand erschossen worden; **the police are investigating the ~** die Polizei untersucht den Mord.

3. (*Sport: Ftbl etc, with guns*) Schießen *nt*; (*Hunt*) Jagen *nt*, Jagd *f*; (~ *rights*) Jagdrecht(e *pl*) *nt*; (*land*) Jagd *f*, Jagdrevier *nt*. **there is good ~ in Scotland** in Schottland kann man gut jagen; **to go ~** auf die Jagd gehen; **good ~!** Weidmannsheil!

4. (*Film*) Drehen *nt*. **~ script** Drehplan *m*; **~ was interrupted** die Dreharbeiten wurden unterbrochen.

shooting box *n* Jagdhütte *f*; **shooting brake** *n* (*Aut*) Kombiwagen *m*; **shooting club** *n* Schießklub *m*; **shooting gallery** *n* Schießstand *m*, Schießbude *f*; **shooting iron** *n* (*US sl*) Schießeisen *nt* (*sl*), **shooting jacket** *n* Jagdrock *m*; **shooting lodge** *n* see **shooting box**; **shooting match** *n* Wett- or Preisschießen *nt*; **the whole ~** (*inf*) der ganze Laden (*inf*); **shooting party** *n* Jagdgesellschaft *f*; **shooting range** *n* Schießplatz *m*; **shooting star** *n* Sternschnuppe *f*; **shooting stick** *n* Jagdstuhl *m*.

shootout ['ʃuːtaʊt] *n* Schießerei *f*.

shop [ʃɒp] **I** *n* **1.** Geschäft *nt*, Laden *m*; (*esp Brit: large store*) Kaufhaus *nt*. **I have to go to the ~s** ich muß einkaufen gehen; **to set up ~** ein Geschäft or einen Laden eröffnen; **all over the ~** (*inf*) in der ganzen Gegend herum (*inf*); **to talk ~** über die or von der Arbeit reden; (*of professional people also*) fachsimpeln.

2. (*work~*) Werkstatt *f*; (*workers*) Arbeiter *pl*, Arbeiterschaft *f*.

II *vi* einkaufen, Einkäufe machen. **to go ~ping** einkaufen gehen; **we usually spend Saturday mornings ~ping** Samstagvormittag gehen wir immer einkaufen; **~ at Macfarlane's!** kaufen Sie bei Macfarlane!; **to ~ for fish** Fisch kaufen gehen.

III *vt* (*Brit sl*) **to ~ sb (to sb)** jdn (bei jdm) verpfeifen (*inf*).

◆**shop around** *vi* (*lit, fig*) sich umsehen (*for* nach).

shop assistant *n* (*Brit*) Verkäufer(in *f*) *m*; **shopbreaker** *n* Einbrecher *m*; **shopbreaking** *n* Ladeneinbruch *m*; **shopfitter** *n* Geschäftsausstatter *m*; **shopfittings** *npl* Ladeneinrichtungen *pl*; **shop floor** *n* **1.** (*place*) Produktionsstätte *f*; (*for heavier work*) Werkstatt *f*; **the manager's son started off working on the ~** der Sohn des Direktors hat (ganz unten) in der Fabrik *or* Produktion angefangen; **on the ~** in der Werkstatt *etc*; bei *or* unter den Arbeitern; **2.** (*workers*) Arbeiter *pl*, Leute *pl* in der Produktion; **shop front** *n* Ladenfassade *f*; **shopgirl** *n* (*Brit*) Ladenmädchen *nt*; **shop hours** *npl* Öffnungszeiten *pl*; **shopkeeper** *n* Geschäfts- *or* Ladeninhaber *m*; **a nation of ~** ein Krämervolk *nt*; **shoplifter** *n* Ladendieb(in *f*) *m*; **shoplifting** *n* Ladendiebstahl *m*.

shopper ['ʃɒpəʳ] *n* Käufer(in *f*) *m*. **the streets were thronged with ~s** in den Straßen drängten sich die Kauflustigen.

shopping ['ʃɒpɪŋ] *n* (*act*) Einkaufen *nt*; (*goods bought*) Sachen *pl*. **she had her ~ in a plastic bag** sie hatte ihre Einkäufe in einer Plastiktüte; **to do one's ~** einkaufen, Einkäufe machen.

shopping bag *n* Einkaufstasche *f*; **shopping basket** *n* Einkaufskorb *m*; **shopping cart** *n* Einkaufswagen *m*; **shopping centre**, (*US*) **shopping center** *n* Einkaufszentrum *nt*; **shopping list** *n* Einkaufszettel *m*; **shopping spree** *n* Einkaufsbummel *m*; **shopping street** *n* Einkaufsstraße *f*.

shop-soiled ['ʃɒpsɔɪld] *adj* clothes, furniture, wallpaper angestaubt, angeschmutzt; goods, material leicht angestoßen *or* beschädigt; **shop steward** *n* (gewerkschaftlicher) Vertrauensmann (*im Betrieb*); **shop talk** *n* Reden *nt* über die Arbeit; (*of professional people also*) Fachsimpelei *f*; **shopwalker** *n* (*Brit*) Aufsichtsperson (*form*), Aufsicht *f*; **shop window** *n* (*lit, fig*) Schaufenster *nt*; (*glass also*) Schaufensterscheibe *f*; **shopworn** *adj* goods, furniture etc leicht beschädigt.

shore¹ [ʃɔːʳ] *n* **1.** (*sea ~, lake ~*) Ufer, Gestade (*liter*) *nt*; (*beach*) Strand *m*. **he returned to his native ~s** er kehrte zurück zu heimatlichen Gefilden; **no invader has since set foot on these ~s** seitdem hat kein Eroberer mehr diesen Boden betreten.

2. (*land*) Land *nt*. **on ~** an Land.

shore² **I** *n* (*Min, Naut*) Stützbalken *m*, Strebe(balken *m*) *f*. **II** *vt* (*also ~ up*) (ab)stützen; (*fig*) stützen.

shore dinner *n* (*US*) Meeresfrüchte *pl*; **shore leave** *n* (*Naut*) Landurlaub *m*; **shoreline** *n* Wasserlinie, Uferlinie *f*; **shore pass** *n* (*Naut*) Landurlaubsschein *m*; **shore patrol** *n* (*US*) Küstenstreife, Küstenpatrouille *f* (*der US-Marine*); **shoreward(s)** **I** *adj* wind See-; **in a ~ direction** in Richtung Küste *or* Land, landwärts; **II** *adv* landwärts, zum Land (hin).

shorn [ʃɔːn] **I** *ptp of* **shear**. **II** *adj* **1. to be ~**

of sth einer Sache (*gen*) entkleidet sein. **2.** *sheep* geschoren; *head also* kahlgeschoren. **her ~ locks** ihr kurzgeschorenes Haar.

short [ʃɔːt] **I** *adj* (+*er*) **1.** kurz; *steps also, person* klein; *waist* (*of dress*) hoch. **a ~ way off** nicht weit entfernt; **to be in ~ trousers** in kurzen Hosen herumlaufen; (*fig*) ein kleiner Junge sein; **to have/get sb by the ~ and curlies** (*inf*) jdn am Wickel haben/kriegen (*inf*); **a ~ time ago** vor kurzer Zeit, vor kurzem; **in a ~ time** *or* **while** in Kürze, in kurzer Zeit; **time is getting/is ~** die Zeit wird/ist knapp; **to take the ~ view** die Sache auf kurze Sicht betrachten; **in ~ order** (*US inf*) sofort; **~ drink** Kurze(r) (*inf*), Schnaps *m*.

2. (*Ling*) *vowel, syllable* kurz; (*unstressed*) unbetont.

3. (*brief*) kurz. **~ and sweet** schön kurz, kurz und ergreifend (*iro*); **in ~** kurz gesagt; **she's called Pat for ~** sie wird kurz *or* einfach Pat genannt; **Pat is ~ for Patricia** Pat steht für *or* ist die Kurzform von Patricia.

4. (*curt*) *reply* knapp; (*rude*) barsch, schroff; *manner, person* schroff, kurz angebunden (*inf*). **to have a ~ temper** unbeherrscht sein; **to be ~ with sb** jdn schroff behandeln, kurz angebunden sein.

5. (*insufficient*) zuwenig *inv*; *rations* knapp. **to be in ~ supply** knapp sein; (*Comm*) beschränkt lieferbar sein; **to be ~ (in ~ supply)** knapp sein; (*shot, throw*) zu kurz sein, nicht weit genug sein; **we are (five/£3) ~**, **we are ~ (of five/£3)** wir haben (fünf/£ 3) zu wenig, uns (*dat*) fehlen fünf/ £ 3; **it's five/£3 ~** es fehlen fünf/£ 3; **we are ~ of books/staff** wir haben zu wenig Bücher/Personal; **we are not ~ of volunteers** wir haben genug Freiwillige, uns fehlt es nicht an Freiwilligen; **to be ~ of time** wenig Zeit haben; **I'm a bit ~ (of cash)** (*inf*) ich bin etwas knapp bei Kasse (*inf*); **we are £2,000 ~ of our target** wir liegen £ 2.000 unter unserem Ziel; **we are not far ~ of our destination now** wir sind nicht mehr weit von unserem Ziel entfernt; **not far/much ~ of £100** nicht viel weniger als £ 100, beinahe £ 100, knapp unter £ 100; **to be ~ on experience/examples** wenig Erfahrung/Beispiele haben; **to give sb ~ change** jdm zuwenig herausgeben *or* zu wenig Wechselgeld geben; *see* measure.

6. (*Fin*) *sale* ohne Deckung, ungedeckt. **~ stock** auf Baisse gekaufte Aktien.

7. *pastry* mürbe.

II *adv* **1.** (*below the expected amount*) **to fall ~** (*arrow etc*) zu kurz landen; (*shot*) zu kurz sein; (*supplies etc*) nicht ausreichen; **that's where the book falls ~** daran fehlt es dem Buch; **to fall ~ of sth** etw nicht erreichen; *of expectations* etw nicht erfüllen; **it fell 10 metres ~ of the target** es fehlten 10 Meter zum Ziel, es war 10 Meter zu kurz; **it falls far ~ of what we require** das bleibt weit hinter unseren Bedürfnissen zurück; (*in quantity*) das bleibt weit unter unseren Bedürfnissen; **to go ~ (of money/food etc)** zuwenig (Geld/ zu essen *etc*) haben; **they never let the**

children go ~ sie ließen es den Kindern an nichts fehlen; **we are running** ~ **(of petrol/ supplies/time)** wir haben nicht mehr viel (Benzin/Vorräte/Zeit); **I'm running** ~ **of ideas** mir gehen die Ideen aus; **my patience is running** ~ meine Geduld ist bald zu Ende; **sugar/petrol is running** ~ Zucker/Benzin ist knapp; **to sell sb** ~ (*in shop*) jdm zuwenig geben; (*betray, cheat*) jdn betrügen; **to sell** ~ (*Fin*) ungedeckt *or* ohne Deckung verkaufen.
2. (*abruptly, suddenly*) plötzlich, abrupt. **to pull up** *or* **stop** ~ (*while driving*) plötzlich *or* abrupt anhalten; (*while walking also*) plötzlich *or* abrupt stehenbleiben; **to stop** ~ (*while talking*) sich plötzlich *or* unvermittelt unterbrechen; **to stop a conversation** ~ eine Unterhaltung plötzlich *or* unvermittelt abbrechen; **to stop sb** ~ jdn unterbrechen; **I'd stop** ~ *or* **at murder** vor Mord würde ich haltmachen; **he stopped** ~ **of actually calling me a liar** er ging nicht soweit, mich tatsächlich einen Lügner zu nennen; **to be caught** ~ (*inf*) (*unprepared*) überrascht werden; (*without money, supplies*) zu knapp (dran) sein; (*need the toilet*) dringend mal müssen (*inf*); **to catch sb** ~ (*inf*) jdn in einer Verlegenheit antreffen; **to be caught** ~ **by sth** auf etw (*acc*) nicht vorbereitet sein.
3. ~ **of** (*except*) außer (+*dat*); **it is nothing** ~ **of robbery** das ist glatter Diebstahl; **nothing** ~ **of a revolution can ...** nur eine Revolution kann ...; **it's little** ~ **of madness** das grenzt an Wahnsinn; **it's little** ~ **of suicide** das kommt ja Selbstmord gleich; **I don't see what you can do** ~ **of asking him yourself** ich sehe keine andere Möglichkeit, außer daß *or* als daß Sie ihn selbst fragen.
III *n* (~ *circuit*) Kurzschluß, Kurze(r) (*inf*) *m*; (*inf:* ~ *drink*) Kurze(r) *m* (*inf*); (*inf:* ~ *film*) Kurzfilm *m; see* long².
IV *vt* (*Elec*) kurzschließen.
V *vi* (*Elec*) einen Kurzschluß haben.
shortage [ˈʃɔːtɪdʒ] *n* (*of goods, objects*) Knappheit *f no pl* (*of* an +*dat*); (*of people*) Mangel *m no pl* (*of* an +*dat*). **the housing** ~ **of staff** ein Mangel *m* an Arbeitskräften, Personalmangel *m*; **there is no** ~ **of advice/ water/money** es fehlt nicht an guten Ratschlägen/Wasser/Geld.
shortbread [ˈʃɔːtbred] *n* Shortbread *nt*, ≈ Butterkeks *m;* **shortcake** *n* (*Brit: short bread*) Butterkeks *m;* (*US: sponge*) Biskuittörtchen *nt;* **short-change** *vt* **to** ~ **sb** (*lit*) jdm zuwenig Wechselgeld geben, jdm zuwenig herausgeben; (*fig inf*) jdn übers Ohr hauen (*inf*); **short-circuit** I *n* Kurzschluß *m;* II *vt* kurzschließen; (*fig: bypass*) umgehen; III *vi* einen Kurzschluß haben; **shortcoming** *n* (*esp pl*) Mangel *m;* (*of person*) Fehler *m;* **shortcrust** *n* (*also* **shortcrust pastry**) Mürbeteig *m;* **short cut** *n* Abkürzung *f;* (*fig*) Schnellverfahren *nt;* (*easy solution*) Patentlösung *f;* **there's no** ~ **to success** der Erfolg fällt einem nicht in den Schoß; **short-dated** *adj* (*Fin*) stock kurzfristig.
shorten [ˈʃɔːtn] I *vt* **1.** verkürzen; *dress,*

rope kürzer machen, kürzen; *book, programme, letter, syllabus etc* kürzen; *odds* verringern; *sail* reffen. **2.** *pastry* Fett beigeben (+*dat*). II *vi* (*evenings, days*) kürzer werden; (*odds*) sich verringern.
shortening [ˈʃɔːtnɪŋ] *n* (Back)fett *nt.*
shortfall [ˈʃɔːtfɔːl] *n* Defizit *nt;* **short-haired** *adj* kurzhaarig; **shorthand** *n* Kurzschrift, Stenographie *f;* **in** ~ in Kurzschrift; **to take sth down in** ~ etw stenographieren; **short-handed** *adj* **to be** ~ zu wenig Personal haben; **shorthand typist** *n* Stenotypist(in *f*) *m;* **short haul** *n* Nahtransport *m;* **short-haul jet** *n* Kurzstreckenflugzeug *nt;* **shorthorn** *n* Kurzhornrind, Shorthorn *nt;* **shorthorn cattle** Kurzhornrinder *pl.*
shortie [ˈʃɔːtɪ] *n* **1.** (*inf: also* ~ **nightie**) Shorty *nt*, kurzes Nachthemd. **2.** *see* **shorty.**
shortish [ˈʃɔːtɪʃ] *adj* ziemlich kurz; (*scarce*) ziemlich knapp.
short list *n* (*esp Brit*) Auswahlliste *f;* **to be on the** ~ in der engeren Wahl sein; **shortlist** *vt* (*esp Brit*) **to** ~ **sb** jdn in die engere Wahl nehmen *or* ziehen; **short-lived** *adj* (*lit, fig*) kurzlebig; *protests, attempts* nicht lange andauernd; **to be** ~ (*success, happiness*) von kurzer Dauer sein.
shortly [ˈʃɔːtlɪ] *adv* **1.** (*soon*) bald, in Kürze; *after, before, afterwards* kurz. **2.** (*briefly*) kurz. **3.** (*curtly*) barsch.
shortness [ˈʃɔːtnɪs] *n* **1.** Kürze *f;* (*of person*) Kleinheit *f.* ~ *of sight/breath* Kurzsichtigkeit/Kurzatmigkeit *f.* **2.** (*curtness*) Schroffheit, Barschheit *f.* **3.** (*of supplies, money*) Knappheit *f.*
short-order [ˈʃɔːtˌɔːdəʳ] *adj* (*US*) *dishes* Schnell-; *cook* im Schnellimbiß; **short pastry** *n* Mürbeteig *m;* **short-range** *adj gun* Nahkampf-; *missile, aircraft* Kurzstrecken-; (*fig*) *plans* kurzfristig; ~ **weather forecast** Wetterbericht *m* für die nächsten Tage.
shorts [ʃɔːts] *npl* **1.** (*short trousers*) Shorts *pl*, kurze Hose (*n pl*). **2.** (*esp US: underpants*) Unterhose *f.*
short-sighted *adj*, **short-sightedly** *adv* [ˌʃɔːtˈsaɪtɪd, -lɪ] (*lit, fig*) kurzsichtig; **short-sightedness** *n* (*lit, fig*) Kurzsichtigkeit *f;* **short-sleeved** *adj* kurzärmelig; **short-staffed** *adj* **to be** ~ zu wenig Personal haben; **short story** *n* Kurzgeschichte, Short story, Erzählung *f;* **a** ~ **writer** ein Kurzgeschichtenautor *m;* **short-tempered** *adj* (*in general*) unbeherrscht; (*in a bad temper*) gereizt; **to be** ~ **with sb** mit jdm ungeduldig sein; **short-temperedly** *adv* unbeherrscht; *reply* unwirsch, ungeduldig; **short term** *n* **for the** ~ auf kurze Frist gesehen; *plans for the* ~ kurzfristige Pläne; **in the** ~ auf kurze Sicht; **short-term** *adj* kurzfristig; **short time** *n* Kurzarbeit *f;* **to be on** ~, **to work** ~ kurzarbeiten, Kurzarbeit haben; **short ton** *n* Tonne von 2000 Pounds ≐ 907,18 kg; **short-waisted** *adj person* mit kurzer Taille; *coat* hochtailliert; **to be** ~ eine kurze/hohe Taille haben; **shortwave** I *n* (*also* ~ **radio**) Kurzwelle *f;* II *adj transmission* auf Kurzwelle; **a** ~ **radio** ein Kurzwellenempfän-

ger *m*; **short-winded** *adj* (*breathless*) kurzatmig.

shorty ['ʃɔːtɪ] *n* (*inf*) Kleine(r) *mf*, Knirps *m* (*inf*).

shot¹ [ʃɒt] **I** *pret, ptp of* **shoot**.

II *n* **1.** (*from gun, bow etc*) Schuß *m*. **to fire** *or* **take a ~ at sb/sth** einen Schuß auf jdn/etw abfeuern *or* abgeben; **a ~ across the bows** (*lit, fig*) ein Schuß vor den Bug; **to exchange ~s** sich (*dat*) einen Schußwechsel liefern; **to call the ~s** (*fig sl*) das Sagen haben (*inf*).
  2. (*projectile*) Kugel *f*; (*no pl: lead ~*) Schrot(kugeln *pl*) *m*.
  3. (*person*) Schütze *m*; *see* **big ~**.
  4. (*attempt*) Versuch *m*. **at the first ~** beim ersten Versuch, auf Anhieb; **to make** *or* **take** *or* **have a ~** (**at it**) (*try*) es (mal) versuchen; (*guess*) (auf gut Glück) raten; **it's your ~** du bist dran.
  5. (*space-~*) (Raum)flug *m*; (*launch*) Start *m*.
  6. (*inf: quickly*) **like a ~ run away, be off** wie der Blitz (*inf*); **do sth** sofort; **agree** sofort, ohne zu überlegen.
  7. (*injection*) Spritze *f*; (*immunization*) Impfung *f*; (*of alcohol*) Schuß *m*. **to give sb/sth a ~ in the arm** (*fig*) jdm/einer Sache eine Vitaminspritze geben.
  8. (*Phot*) Aufnahme *f*. **out of ~** nicht im Bild.
  9. (*Sport*) (*Ftbl, Hockey etc*) Schuß *m*; (*throw*) Wurf *m*; (*Tennis, Golf*) Schlag *m*. **to take a ~ at goal** aufs Tor schießen.
  10. (*~-putting*) the ~ (*discipline*) Kugelstoßen *nt*; (*weight*) die Kugel; **to put the ~** kugelstoßen.

shot² *adj* **1.** (*variegated*) durchzogen, durchschossen (*with* mit); **silk** eingeschossen, changierend. **2.** (*inf: rid*) **to be/get ~ of sb/sth** jdn/etw los sein/loswerden.

shotgun ['ʃɒtgʌn] *n* Schrotflinte *f*; **shotgun wedding** *n* Mußheirat *f*; **shot-put** *n* (*event*) Kugelstoßen *nt*; (*throw*) Wurf, Stoß *m*; **shot-putter** *n* Kugelstoßer(in *f*) *m*.

should [ʃʊd] *pret of* **shall**, *modal aux vb* **1.** (*expressing duty, advisability, command*) **I/you/he/we/you/they ~ do that** ich sollte/du solltest/er sollte/wir sollten/ihr solltet/sie sollten das tun; **you ~n't do that** Sie sollten das nicht tun; **I ~ have done it** ich hätte es tun sollen *or* müssen; **I ~n't have done it** ich hätte es nicht tun sollen *or* dürfen; **which is as it ~ be** und so soll(te) es auch sein; **he ~ know that it's wrong to lie** er sollte *or* müßte wissen, daß man nicht lügen darf; **you really ~ see that film** den Film sollten *or* müssen Sie wirklich sehen; **was it a good film? — I ~ think it was** war der Film gut? — und ob; **he's coming to apologize — I ~ think so** er will sich entschuldigen — das möchte ich auch meinen *or* hoffen; **... and I ~ know** ... und ich müßte es ja wissen; **how ~ I know?** woher soll ich das wissen?
  2. (*expressing probability*) **he ~ be there by now** er müßte eigentlich schon da sein; **they ~ arrive tomorrow** sie müßten morgen ankommen; **this ~ be enough** das müßte eigentlich reichen; **this book ~**

help you dieses Buch wird Ihnen bestimmt helfen; **this ~ be good!** (*inf*) das wird bestimmt gut!
  3. (*in tentative statements*) **I ~n't like to say** das möchte ich nicht gern sagen; **I ~ think there were about 40** ich würde etwa 40 schätzen; **~ I open the window?** soll ich das Fenster aufmachen?; **I ~ like to know** ich wüßte gern, ich möchte gern wissen; **I ~ like to apply for the job** ich würde mich gern um die Stelle bewerben; **thanks, I ~ like to** danke, gern.
  4. (*expressing surprise*) **who ~ I see/~ it be but Anne!** und wen sehe ich/und wer war's? Anne!; **why ~ he want to know/do that?** warum will er das wohl wissen/machen?; **why ~ he have done it, if ...?** warum hat er es dann gemacht, wenn ...?
  5. (*subjunc, cond*) **I/you/he/we/you/they ~ go if ...** ich würde/du würdest/er würde/wir würden/ihr würdet/sie würden gehen, wenn ...; **we ~ have come if ...** wir wären gekommen, wenn ...; **I ~ not have come if ...** ich wäre nicht gekommen, wenn ...; **it seems unbelievable that he ~ have failed/be so young** es scheint unglaublich, daß er versagt hat/so jung ist; **I don't know why he ~ behave so strangely** ich weiß nicht, warum er sich so eigenartig benimmt; **if they ~ send for me** wenn *or* falls sie nach mir schicken sollten; **if he ~ come, ~ he come** falls er kommen sollte, sollte er kommen; **~ it not be true** sollte das nicht wahr sein; **I ~n't be surprised if he comes** *or* **came** *or* **were to come** ich wäre nicht *or* keineswegs überrascht, wenn er kommen würde *or* käme; **I ~n't (do it) if I were you** ich würde das an Ihrer Stelle nicht tun; **I ~n't worry about it** ich würde mir darüber keine Gedanken machen; **unless he ~ change his mind** falls er es sich (*dat*) nicht anders überlegt.

shoulder ['ʃəʊldə^r] **I** *n* **1.** (*of person, animal*) Schulter *f*; (*of bird*) Schultergürtel *m*; (*of meat*) Bug *m*; (*of pork*) Schulter *f*, Schulterstück *nt*; (*of garment*) Schulter-(partie) *f*. **to shrug one's ~s** mit den Schultern *or* Achseln zucken; **to have broad ~s** (*lit*) breite Schultern haben; (*fig also*) einen breiten Rücken *or* Buckel (*inf*) haben; **to put one's ~ to the wheel** (*fig*) sich ins Zeug legen; **to cry** *or* **weep on sb's ~** sich an jds Brust (*dat*) ausweinen; **a ~ to cry on** jemand, bei dem man sich ausweinen kann; **~ to ~** Schulter an Schulter.
  2. (*of mountain*) Schulter *f*; (*of road*) Seitenstreifen *m*, Bankett *nt*; (*of vase, bottle*) Ausbuchtung *f*.

II *vt* **1.** schultern, auf die Schulter nehmen; (*fig*) **responsibilities, blame, task** auf sich (*acc*) nehmen; **expense** tragen. **~ arms!** (*Mil*) das Gewehr über! **the fans ~ed him off the pitch** die Fans trugen ihn auf den Schultern vom Platz.
  2. (*push*) (mit der Schulter) stoßen. **to ~ sb aside** (*lit*) jdn zur Seite stoßen; (*fig*) jdn beiseite drängen; **to ~ one's way through (the crowd)** sich durch die Menge drängen *or* boxen.

shoulder bag *n* Umhängetasche *f*; **shoulder blade** *n* Schulterblatt *nt*; **shoulder flash** *n* (*Mil*) Dienstgradabzeichen, Schulterstück *nt*; **shoulder-high** *adv* **to carry sb** ~ jdn auf den Schultern tragen; **to stand** ~ **to sb** jdm bis an die Schultern reichen; **shoulder-length** *adj* hair schulterlang; **shoulder loop** *n* Dienstgradabzeichen *nt*; **shoulder pad** *n* Schulterpolster *nt*; **shoulder strap** *n* (*Mil*) Schulterklappe *f*; (*of dress*) Träger *m*; (*of satchel, bag etc*) (Schulter)riemen *m*.

shouldn't [ˈʃʊdnt] *contr of* **should not**.

shout [ʃaʊt] **I** *n* Ruf, Schrei *m*. **a** ~ **of protest/joy/pain** ein Protestruf *m*/ Freuden-/Schmerzensschrei *m*; **a** ~ **of excitement** ein aufgeregter Schrei; ~**s of applause/laughter** Beifallsrufe *pl*/Lachsalven *pl*, brüllendes Gelächter; **to give a** ~ einen Schrei ausstoßen; **to give sb a** ~ jdn rufen; **give me a** ~ **when you're ready** (*inf*) sag Bescheid, wenn du fertig bist; **his voice rose to a** ~ seine Stimme steigerte sich bis zum Brüllen.

II *vt* schreien; (*call*) rufen; *order* brüllen; *protest, disapproval etc* laut (stark) kundtun. **to** ~ **abuse at sb** jdn (laut) beschimpfen; **to** ~ **a warning to sb** jdm eine Warnung zurufen.

III *vi* (*call out*) rufen; (*very loudly*) schreien; (*angrily, commanding*) brüllen. **to** ~ **for sb/sth** nach jdm/etw rufen *or* schreien; **she** ~**ed for Jane to come** sie rief, Jane solle kommen; **to** ~ **at sb** (mit jdm) schreien; (*abusively*) jdn anschreien *or* anbrüllen; **don't** ~**!** schrei nicht (so)!; **to** ~ **to sb** jdm zurufen; **to** ~ **for help** um Hilfe rufen; **to** ~ **for joy** einen Freudenschrei/ Freudenschreie ausstoßen; **to** ~ **with laughter** vor Lachen brüllen; **it was nothing to** ~ **about** (*inf*) es war nicht unwerfend.

IV *vr* **to** ~ **oneself hoarse/silly** sich heiser/krumm und dusselig (*inf*) schreien.

◆**shout down** *vt sep* person niederbrüllen; *play* ausbuhen.

◆**shout out I** *vi* einen Schrei ausstoßen; (*in pain, rage, protest*) aufschreien. **to** ~ **in delight** Freudenrufe/einen Freudenruf ausstoßen; ~ ~ **when you're ready** ruf, wenn du fertig bist. **II** *vt sep* ausrufen; *order* brüllen.

shouting [ˈʃaʊtɪŋ] *n* (*act*) Schreien *nt*; (*sound*) Geschrei *nt*. **it's all over bar the** ~ (*inf*) es ist so gut wie gelaufen (*inf*).

shove [ʃʌv] **I** *n* Schubs(er) (*inf*), Stoß *m*. **to give sb a** ~ jdn schubsen (*inf*) *or* stoßen; **to give sth a** ~ etw rücken; *door* gegen etw stoßen; *ball* etw anstoßen; *car* etw anschieben.

II *vt* **1.** (*push*) schieben; (*with one short push*) stoßen, schubsen (*inf*); (*jostle*) drängen. **stop shoving me** hör auf zu drängeln *or* mich zu schubsen (*inf*); **to** ~ **sb against a wall** jdn gegen die Wand drücken; **to** ~ **sb off the pavement** jdn vom Bürgersteig herunterschubsen (*inf*); jdn vom Bürgersteig herunterdrängen.

2. (*inf: put*) **to** ~ **sth on(to) sth** etw auf etw (*acc*) werfen (*inf*); **to** ~ **sth in(to) sth/ between sth** etw in etw (*acc*)/zwischen etw (*acc*) stecken; **he** ~**d his head through the window** er steckte den Kopf durchs Fenster; **he** ~**d a book into my hand** er drückte

mir ein Buch in die Hand.

III *vi* stoßen; (*to move sth*) schieben; (*jostle*) drängeln.

◆**shove about** *or* **around** *vt sep* (*inf*) herumschieben.

◆**shove away** *vt sep* (*inf*) wegstoßen, wegschubsen (*inf*).

◆**shove back** *vt sep* (*inf*) chair etc zurückschieben; *sb, plate* zurückstoßen, zurückschubsen (*inf*); (*replace*) zurücktun; (*into pocket etc*) wieder hineinstecken.

◆**shove down** *vt sep* (*inf*) (*put*) hinlegen; (*write*) hinschmieren (*inf*), aufschreiben.

◆**shove off I** *vi* (*Naut*) vom Ufer abstoßen. **II** *vi* **1.** (*in boat*) ablegen. **2.** (*inf: leave*) abschieben (*inf*).

◆**shove on** *vt sep* (*inf*) coat anziehen; *hat* aufsetzen; *record* auflegen.

◆**shove out** *vt sep* boat abstoßen; *person* rausschmeißen (*inf*).

◆**shove over** (*inf*) **I** *vt sep* rüberwerfen (*inf*). **II** *vi* (*also* **shove up**) rutschen.

shove-halfpenny [ˈʃʌvˈheɪpnɪ] *n* Spiel, bei dem Münzen in auf einer Platte vorgezeichnete Felder gestoßen werden.

shovel [ˈʃʌvl] **I** *n* Schaufel *f*; (*with long handle also*) Schippe *f*; (*on power-*~) Löffel *m*; (*power-*~) Löffelbagger *m*. **a** ~ **of coal** eine Schaufel Kohle.

II *vt* schaufeln; *coal, snow also* schippen; *path* schaufeln. **to** ~ **a path clear of snow** einen Pfad vom Schnee freischaufeln.

shovelful [ˈʃʌvlfʊl] *n* Schaufel *f*. **a** ~ **of coal** eine Schaufel Kohle; **they dug up** ~ **of potatoes** sie gruben schaufelweise *or* haufenweise Kartoffeln aus.

show [ʃəʊ] (*vb: pret* ~**ed**, *ptp* **shown**) **I** *n* **1.** (*display*) **the dahlias make a fine** ~ **this year** die Dahlien sind dieses Jahr eine Pracht; ~ **of force** Machtdemonstration *f*; ~ **of hands** Handzeichen, Hand(er)heben *nt*.

2. (*outward appearance*) Schau *f*; (*trace*) Spur *f*; (*of hatred, affection*) Kundgebung *f*. **it's just for** ~ das ist nur zur Schau da; (*pretence*) das ist nur Schau (*inf*); **to do sth for** ~ etw tun, um Eindruck zu schinden (*inf*) *or* zu machen; **to make a great** ~ **of being impressed/overworked/pleased** sich (*dat*) ganz den Anschein geben, beeindruckt/überarbeitet/erfreut zu sein; **to make a great** ~ **of resistance/sympathy** ganz Ablehnung/Mitleid sein; **without any** ~ **of emotion** ohne irgendwelche Gefühle zu zeigen.

3. (*exhibition*) Ausstellung *f*. **dog/ fashion** ~ Hunde-/Modenschau *f*; **to be on** ~ ausgestellt *or* zu sehen sein.

4. (*Theat*) Aufführung *f*; (*TV, variety or pop* ~) Show *f*; (*Rad*) Sendung *f*; (*Film*) Vorstellung *f*. **to go to a** ~ ins Theater gehen; **the** ~ **must go on** es muß trotz allem weitergehen; **on with the** ~**!** anfangen!; (*continue*) weitermachen!; **to stop the** ~ (*lit*) die Aufführung unterbrechen; (*fig*) alle plötzlich innehalten lassen.

5. (*esp Brit inf*) (*jolly*) **good** ~**!** ausgezeichnet!, bravo!; **bad** ~**!** schwaches Bild (*inf*); (*what a pity*) so ein Pech!; **to put up a good/poor** ~ eine gute/schwache Leistung zeigen; **it's a pretty poor** ~ **when**

... das ist vielleicht traurig *or* ein schwaches Bild (*inf*), wenn ...

6. (*inf: undertaking, organization*) Laden *m* (*inf*). **he runs the ~** er schmeißt hier den Laden (*inf*); **to give the (whole) ~ away** alles verraten.

II *vt* **1.** zeigen; (*at exhibition also*) ausstellen; (*demonstrate*) *dog also* vorführen; *slides, film also* vorführen; *passport, ticket* vorzeigen. **to ~ sb sth, to ~ sth to sb** jdm etw zeigen; **~ me how to do it** zeigen Sie mir, wie man das macht; **it's been ~n on television** das kam im Fernsehen; **the film was first ~n in 1978** der Film wurde 1978 uraufgeführt; **to ~ one's face** sich zeigen; **he had nothing to ~ for it** er hatte am Ende nichts vorzuweisen; **there was nothing to ~ for it** man/er *etc* hatte immer noch nichts vorzuweisen; **he has nothing to ~ for all his effort** seine ganze Mühe hat nichts gebracht; **I'll ~ him!** (*inf*) dem werd' ich's zeigen! (*inf*).

2. (*register*) (an)zeigen; *loss, profit* haben, verzeichnen; *rise in numbers* aufzeigen; (*thermometer, speedometer*) stehen auf (+*dat*); (*calendar*) zeigen. **it ~s that ...** es zeigt, daß ...; **as ~n in the illustration/diagram** wie in der Illustration/Skizze dargestellt; **the roads are ~n in red** die Straßen sind rot (eingezeichnet); **the dial will ~ red if ...** der Zeiger zeigt auf Rot, wenn ...

3. (*indicate*) zeigen; (*prove*) beweisen; *kindness, favour* erweisen; *courage also, loyalty, taste, tact, intelligence* beweisen; *respect* bezeigen; *proof* erbringen. **to ~ one's gratitude** sich dankbar zeigen; **this ~s him to be a thief** das zeigt/beweist, daß er ein Dieb ist; **I hope I have ~n how silly it is** ich habe hoffentlich (auf)gezeigt, wie dumm das ist; **it all *or* just goes to ~ that ...** das zeigt doch nur, daß ...

4. (*reveal*) zeigen. **that dress ~s her bra** bei dem Kleid sieht man ihren BH; **it ~ed signs of having been used** man sah, daß es gebraucht worden war; **to ~ signs of wear/tiredness** Abnutzungserscheinungen *pl*/Ermüdungserscheinungen *pl* zeigen; **~ a leg!** (*inf*) raus aus den Federn! (*inf*); **she's beginning to ~ her age** man sieht ihr allmählich ihr Alter an; **the carpet ~s the dirt** auf dem Teppich sieht man den Schmutz.

5. (*direct*) zeigen. **to ~ sb the way** jdm den Weg zeigen; **to ~ sb in/out** jdn hereinbringen/hinausbringen *or* -begleiten; **to ~ sb out of/into a room** jdn hinausbegleiten, jdn aus dem Zimmer begleiten/jdn hereinbringen, jdn ins Zimmer bringen; **to ~ sb to his seat/to the door** jdn an seinen Platz/an die *or* zur Tür bringen; **to ~ sb over *or* round the house** jdm das (ganze) Haus zeigen.

III *vi* **1.** (*be visible*) zu sehen sein, sichtbar sein; (*petticoat etc*) vorsehen, rausgucken (*inf*); (*film*) gezeigt werden, laufen; (*exhibit: artist*) ausstellen. **the dirt doesn't ~** man sieht den Schmutz nicht; **his anger ~ed in his eyes** man sah ihm den Ärger an den Augen an; **don't let your anger ~** lassen Sie sich (*dat*) den Ärger nicht anmerken!; **his bad leg ~s when he**

walks beim Gehen merkt man, daß er ein schlimmes Bein hat; **it only ~s when ...** (*be visible*) man sieht es nur, wenn ...; (*be noticed*) man merkt es nur, wenn ...; **to ~ through** durchkommen; **he didn't ~** (*inf*) er hat sich nicht blicken lassen (*inf*).

2. (*prove*) **it just goes to ~!** da sieht man's mal wieder!

3. (*Horse-racing*) sich plazieren.

IV *vr* **to ~ oneself** sich blicken lassen (*inf*); **to ~ oneself (to be) incompetent** sich (als) unfähig erweisen; **he ~ed himself to be a coward** es zeigte sich, daß er ein Feigling war; **it ~s itself in his speech** das merkt man an seiner Sprache.

◆**show off** **I** *vi* angeben (*to, in front of* vor +*dat*).

II *vt sep* **1.** (*flaunt*) *knowledge, medal* angeben mit; *new car, son* vorführen (*to sb* jdm); *wealth* protzen mit (*inf*).

2. (*enhance*) *beauty, picture etc* hervorheben; *figure also* betonen. **to ~ sth ~ to advantage** etw vorteilhaft wirken lassen; **the dress ~s her ~ to advantage** das Kleid ist sehr vorteilhaft für sie.

◆**show up** **I** *vi* **1.** (*be seen*) zu sehen *or* zu erkennen sein; (*stand out*) hervorstechen. **the stain ~s ~** man sieht den Fleck; **the tower ~ed ~ clearly against the sky** der Turm zeichnete sich deutlich gegen den Himmel ab; **to ~ ~ well/badly** (*fig*) eine gute/schlechte Figur machen.

2. (*inf: turn up*) auftauchen.

II *vt sep* **1.** (*highlight*) (deutlich) erkennen lassen.

2. (*reveal*) *flaws, bad condition, errors* zum Vorschein bringen; *sb's character, intentions* deutlich zeigen; *impostor* entlarven; *fraud* aufdecken; *person* bloßstellen; (*shame*) blamieren. **his bad manners ~ his parents ~** mit seinen schlechten Manieren blamiert er seine Eltern.

3. (*direct*) heraufbringen.

show biz *n* (*inf*) *see* **show business**; **show boat** *n* (*esp US*) Dampfer *m*, auf dem eine Schauspieltruppe *etc* Vorstellungen gibt; **show business** *n* Showbusineß, Showgeschäft, Schaugeschäft *nt*; **showcase** *n* Schaukasten *m*, Vitrine *f*; (*fig*) Schaufenster *nt*; **showdown** *n* (*inf*) Kraftprobe, Machtprobe *f*, Showdown (*sl*) *m*; **to have a ~ with sb** sich mit jdm auseinandersetzen.

shower [ˈʃaʊəʳ] **I** *n* **1.** (*of rain etc*) Schauer *m*; (*of arrows, stones, blows, bullets etc*) Hagel *m*; (*of curses, questions*) Schwall *m*. **a ~ of sparks** ein Funkenregen *m*; **~ of water** Dusche *f*, Wasserstrahl *m*.

2. (*~ bath*) Dusche *f*; (*device also*) Brause *f*. **to take *or* have a ~** duschen.

3. (*Brit fig inf*) Blödmänner *pl* (*inf*). **what a ~!** so ein lausiges Volk! (*inf*).

4. (*US inf: party*) Party, auf der jeder ein Geschenk für den Ehrengast mitbringt.

II *vt* **to ~ sb with sth, to ~ sth on sb** *curses* etw auf jdn niederregnen lassen; *blows* etw auf jdn niederprasseln *or* niederhageln lassen; *honours, presents* jdn mit etw überschütten *or* überhäufen; **the broken pipe ~ed water on the passers-by** das Wasser aus dem kaputten Rohr besprizte die Passanten; **to ~ abuse on sb**, **to ~ sb with abuse** einen Schwall von Beschimpfungen gegen jdn loslassen.

III *vi* **1.** (*wash*) duschen, brausen.

2. (*descend: also ~ down*) niedergehen auf (+*acc*).

shower bath *n* Dusche *f*; **shower cabinet** *n* Duschkabine *f*; **shower cap** *n* Duschhaube *f*; **shower curtain** *n* Duschvorhang *m*; **showerproof** *adj* regenfest.

showery ['ʃaʊərɪ] *adj* regnerisch.

showgirl ['ʃəʊgɜːl] *n* Revuegirl *nt*; **showground** *n* Ausstellungsgelände *nt*; (*for circus*) Zirkusgelände *nt*; **show house** *n* Musterhaus *nt*.

showily ['ʃəʊɪlɪ] *adv* protzig; *furnished also, produced* bombastisch; *behave* theatralisch. **~ dressed** aufgeputzt.

showiness ['ʃəʊɪnɪs] *n see adj* Protzigkeit *f* (*inf*); auffallende Art; Aufgeputztheit *f*; theatralische Art; bombastische Art; Auffälligkeit *f*; Effekthascherei *f*.

showing ['ʃəʊɪŋ] *n* **1.** (*exhibition*) Ausstellung *f*.

2. (*performance*) Aufführung *f*; (*of film*) Vorstellung *f*; (*of programme*) Ausstrahlung *f*.

3. (*standard of performance*) Leistung *f*. **to make a good/ poor ~** eine gute/ schwache Leistung zeigen; **on his present ~** mit seinen jetzigen Leistungen; **on the present ~** so, wie die Dinge zur Zeit stehen.

4. on his own ~ nach eigenen Angaben.

showing-off ['ʃəʊɪŋ'ɒf] *n* Angeberei *f*.

show-jumper ['ʃəʊdʒʌmpəʳ] *n* Springreiter(in *f*) *m*; **show-jumping** *n* Springen, Springreiten *nt*.

showman ['ʃəʊmən] *n, pl* **-men** [-mən] Showman *m*; (*fig*) Schauspieler *m*.

showmanship ['ʃəʊmənʃɪp] *n* (*skill*) (*of person*) Talent *nt* für effektvolle Darbietung; (*of act*) effektvolle Darbietung; (*fig*) Talent *nt*, sich in Szene zu setzen; **he knows nothing about ~** er hat keine Ahnung, wie man etwas effektvoll darbietet *or* in Szene setzt; **it's nothing but ~** das ist reine Schau *or* Effekthascherei.

shown [ʃəʊn] *ptp of* **show**.

show-off ['ʃəʊɒf] *n* (*inf*) Angeber(in *f*) *m*; **showpiece** *n* Schaustück *nt*; (*fine example*) Paradestück *nt*; **showplace** *n* (*tourist attraction*) Sehenswürdigkeit *f*; **showroom** *n* Ausstellungsraum *m*; **in ~ condition** in makellosem Zustand; **showstopper** *n* (*inf*) Publikumshit *m* (*inf*); (*fig*) Clou *m* des Abends/der Party *etc*; **show trial** *n* Schauprozeß *m*.

showy ['ʃəʊɪ] *adj* (+*er*) protzig; *person* auffallend; (*as regards clothes*) protzig angezogen; *manner* theatralisch; *ceremony also, decor* bombastisch; *colour* grell, auffällig; *production* bombastisch, auf Schau (*inf*) *or* Effekte gemacht.

shrank [ʃræŋk] *pret of* **shrink**.

shrapnel ['ʃræpnl] *n* Schrapnell *nt*.

shred [ʃred] **I** *n* (*scrap*) Fetzen *m*; (*of paper also*) Schnipsel, Schnippel (*inf*) *m*; (*of vegetable, meat*) Stückchen *nt*; (*fig*) Spur *f*; (*of truth*) Fünkchen *nt*. **~ of cloth** Stofffetzen *m*; **not a ~ of evidence** keinerlei

Beweis; **without a ~ of clothing** on splitter(faser)nackt; **to be** *or* **hang in ~s** zerfetzt sein; **her dress hung in ~s** ihr Kleid hing ihr in Fetzen vom Leib; **his reputation was in ~s** sein (guter) Ruf war ruiniert; **to tear sth to ~s** etw in Stücke reißen; (*fig*) etw verreißen; *argument* etw total zerpflücken; **to tear sb to ~s** keinen guten Faden an jdm lassen.

II *vt* **1.** *food* zerkleinern, schnitzeln; (*grate*) *carrots* raspeln; *cabbage* hobeln; *paper* zerstückeln, schnitzeln; (*in shredder*) in den Papierwolf geben.

2. (*tear*) in kleine Stücke reißen; (*with claws*) zerfetzen.

shredder ['ʃredəʳ] *n* Zerkleinerungsmaschine *f*; (*grater*) Reibe *f*; (*in electric mixer*) Gemüseschneider *m*; (*for waste paper*) Papierwolf, Reißwolf *m*.

shredding machine ['ʃredɪŋməʃiːn] *n* Zerkleinerungsmaschine *f*; (*for wastepaper*) Papierwolf, Reißwolf *m*.

shrew [ʃruː] *n* Spitzmaus *f*; (*fig*) Xanthippe *f*.

shrewd [ʃruːd] *adj* (+*er*) *person* gewitzt, klug, clever (*inf*); *businessman also, plan, move* clever (*inf*), raffiniert, geschickt; *investment, argument* taktisch geschickt, klug; *assessment, observer* scharf, genau; *smile* verschmitzt, wissend; *eyes* schlau; *mind* scharf; *glance* durchdringend, prüfend. **I can make a ~ guess** ich kann ja mal raten; **that was a ~ guess** das war gut geraten; **I have a ~ idea that ...** ich habe so das bestimmte Gefühl, daß ...; **I have a ~ idea of what he'll say** ich kann mir gut denken, was er sagen wird; **to have a ~ understanding of sth** in bezug auf etw (*acc*) Durchblick haben.

shrewdly ['ʃruːdlɪ] *adv* geschickt, clever (*inf*). **he ~ guessed that/what ...** er hat gut geraten, daß/was ...; **~, he decided ...** gewitzt *or* clever (*inf*) wie er ist, hat er beschlossen ...

shrewdness ['ʃruːdnɪs] *n see adj* Gewitztheit, Klugheit *f*; Cleverneß (*inf*), Raffiniertheit, Geschicktheit *f*; Klugheit *f*; Schärfe, Genauigkeit *f*; Verschmitztheit *f*; Schläue *f*; Schärfe *f*; durchdringende Art; (*of guess*) Treffsicherheit *f*.

shrewish ['ʃruːɪʃ] *adj* zänkisch, giftig.

shrewishly ['ʃruːɪʃlɪ] *adv* giftig.

shrewishness ['ʃruːɪʃnɪs] *n* Boshaftigkeit, Giftigkeit *f*.

shriek [ʃriːk] **I** *n* (schriller) Schrei; (*of whistle*) schriller Ton; (*of brakes, hinges*) Quietschen *nt no pl*. **a ~ of pain/horror** ein Schmerzens-/Schreckensschrei *m*; **~s of laughter** kreischendes Lachen.

II *vt* kreischen, schreien. **to ~ abuse at sb** jdn ankeifen.

III *vi* aufschreien. **to ~ at sb** jdn ankreischen; **to ~ with pain** vor Schmerz aufschreien; **to ~ with laughter** vor Lachen quietschen; **to ~ out** aufschreien, einen Schrei ausstoßen.

shrift [ʃrɪft] *n* **to give sb/sth short ~** jdn/etw kurz abfertigen.

shrike [ʃraɪk] *n* Würger *m*.

shrill [ʃrɪl] **I** *adj* (+*er*) schrill; *criticism, speech* scharf. **II** *vi* schrillen. **III** *vt* kreischen, schrill schreien.

shrillness [ˈʃrɪlnɪs] n Schrillheit f.

shrilly [ˈʃrɪlɪ] adv schrill.

shrimp [ʃrɪmp] **I** n Garnele, Krevette f. that ~ **of a child** der kleine Steppke (inf). **II** vi **to go** ~**ing** auf Krevetten- or Garnelenfang gehen; ~**ing net** Reuse f (für den Garnelenfang).

shrine [ʃraɪn] n Schrein m; (sacred place also) heilige Stätte, Heiligtum nt; (tomb) Grab nt, Grabstätte f; (chapel) Grabkapelle f; (altar) Grabaltar m. **to worship at sb's** ~ (fig inf) jdm zu Füßen liegen.

shrink [ʃrɪŋk] (vb: pret **shrank**, ptp **shrunk**) **I** vt eingehen or einlaufen lassen. **the fabric is shrunk before it is used** der Stoff wird vor Gebrauch gewaschen, damit er danach nicht mehr einläuft; **to** ~ **a part on** (Tech) ein Teil aufschrumpfen.

II vi **1.** (get smaller) kleiner werden, schrumpfen; (clothes etc) eingehen, einlaufen; (metal etc) sich zusammenziehen, schrumpfen; (wood) schwinden; (fig) (popularity) abnehmen, schwinden; (trade) zurückgehen. **to** ~ **away to nothing** auf ein Nichts zusammenschrumpfen; **a** ~**ing violet** (fig) ein schüchternes Pflänzchen; ~**-proof/-resistant** nicht einlaufend.

2. (fig: recoil) zurückschrecken. **to** ~ **from doing/saying sth** davor zurückschrecken, etw zu tun/sich davor scheuen, etw zu sagen; **to** ~ **from the truth** vor der Wahrheit die Augen verschließen; **to** ~ **back** zurückweichen; **to** ~ **away from sb** vor jdm zurückweichen.

III n (sl) Klapsdoktor (inf), Pyschater (inf) m.

shrinkage [ˈʃrɪŋkɪdʒ] n (of material, clothes) Einlaufen, Eingehen nt; (of wood) Schwund m; (of metal) Schrumpfung f; (fig: of tourism, economic growth etc) Schrumpfung f, Rückgang m; (Comm) Schwund m, Einbußen pl. **you'd better buy extra material to allow for** ~ kaufen Sie lieber mehr von dem Stoff, falls er noch eingeht.

shrink-wrap [ˈʃrɪŋkræp] vt einschweißen.

shrive [ʃraɪv] pret **shrove**, ptp **shriven** vt die Beichte abnehmen (+dat).

shrivel [ˈʃrɪvl] **I** vt plants (frost, dryness) welk werden lassen; (heat) austrocknen; skin, fruit runzlig werden lassen; nylon zusammenschrumpfen lassen.

II vi kleiner werden, schrumpfen; (balloon) zusammenschrumpfen; (plants) welk werden; (through heat) austrocknen; (fruit, skin) runzlig werden; (nylon) zusammenschrumpfen; (worries, problems) sich verflüchtigen. **a** ~**(l)ed old lady** eine kleine, vertrocknete alte Dame.

◆**shrivel away** vi zusammenschrumpfen; (leaves) verwelken, vertrocknen; (nylon) zusammenschmelzen; (worries, problems) sich in Luft auflösen.

◆**shrivel up** vt sep see **shrivel I.**

II vi **1.** see **shrivel II.**

2. (fig: become timid) **I just want to** ~ ~ **when he looks at me like that** wenn er mich so ansieht, möchte ich am liebsten im den Boden versinken.

shriven [ˈʃrɪvn] ptp of **shrive.**

shroud [ʃraʊd] **I** n **1.** Leichentuch, Totenhemd nt.

2. (fig) Schleier m.

3. ~**s** pl (Naut) Wanten pl.

II vt **1.** (lit) in ein Leichentuch hüllen.

2. (fig) hüllen. **the whole thing is** ~**ed in mystery** die ganze Angelegenheit ist von einem Geheimnis umgeben.

shrove [ʃrəʊv] pret of **shrive.**

Shrovetide [ˈʃrəʊvtaɪd] n Fastnacht f (die drei Tage vor Aschermittwoch).

Shrove Tuesday n Faschingsdienstag (S Ger), Fastnachtsdienstag m.

shrub [ʃrʌb] n Busch, Strauch m.

shrubbery [ˈʃrʌbərɪ] n (shrub bed) Strauchrabatte f; (shrubs) Büsche, Sträucher pl, Buschwerk nt. **the ball got lost in the** ~ der Ball ging im Gebüsch verloren.

shrug [ʃrʌg] **I** n Achselzucken nt no pl. **to give a** ~ die or mit den Schultern or Achseln zucken; **a** ~ **of despair** ein verzweifeltes Achselzucken. **II** vt shoulders zucken (mit). **she** ~**ged herself out of the coat** sie schüttelte den Mantel ab.

◆**shrug off** vt sep mit einem Achselzucken abtun; coat abschütteln.

shrunk [ʃrʌŋk] ptp of **shrink.**

shrunken [ˈʃrʌŋkən] adj (ein)geschrumpft; old person geschrumpft; profits, savings zusammengeschrumpft. ~ **head** Schrumpfkopf m.

shuck [ʃʌk] (US) **I** n Schale f; (of corn, peas) Hülse f. **II** vt **1.** schälen; peas enthülsen. **2.** (inf) **he** ~**ed his jacket** er warf seine Jacke ab.

shucks [ʃʌks] interj (US) verflixt, Mist (inf); (rubbish) Unsinn, Quatsch (inf).

shudder [ˈʃʌdər] **I** n Schauer, Schauder m. **to give a** ~ (person) sich schütteln, erschaudern (geh); (ground) beben; **she gave a** ~ **of revulsion** sie schüttelte sich vor Ekel; **a** ~ **ran through her/his body** ein Schauer überlief sie; **she realized with a** ~ **that …** schaudernd erkannte sie, daß …; **a** ~ **of fear/cold** ein Angst-/Kälteschauer; **with a** ~ **of anticipation/pleasure** zitternd or bebend vor Erwartung/Freude; **a** ~ **went through the building as the heavy lorry passed by** das Gebäude bebte, als der schwere Lastwagen vorbeifuhr; **with a** ~ **the old car moved into second gear** der alte Wagen vibrierte, als der zweite Gang eingelegt wurde; **that gives me the** ~**s** (inf) da läuft's mir kalt den Buckel runter (inf); **he gives me the** ~**s** (inf) er ist mir unheimlich.

II vi (person) schaudern, schauern; (house, ground) beben, zittern; (car, train) rütteln, geschüttelt werden. **her whole body was** ~**ing** sie zitterte am ganzen Körper; **the train** ~**ed to a halt** der Zug kam rüttelnd zum Stehen; **I** ~ **to think** mir graut, wenn ich nur daran denke.

shudderingly [ˈʃʌdərɪŋlɪ] adv (with fear etc) schaudernd; (with cold) zitternd.

shuffle [ˈʃʌfl] **I** n **1.** Schlurfen nt no pl. **to walk with a** ~ schlurfen.

2. (dance) Shuffle m.

3. (Cards) **to give the cards a** ~ die Karten mischen.

4. (change round) Umstellung f; (of jobs) Umbesetzung f. **the latest** ~ **in the cabinet** die letzte Kabinettsumbildung.

II *vt* **1.** **he ~d his feet as he walked** er schlurfte beim Gehen; **he sat there shuffling his feet** er saß da und scharrte mit den Füßen.

2. *cards* mischen. **he ~d the papers on his desk** er durchwühlte die Papiere auf seinem Schreibtisch.

3. *(fig: change round) cabinet* umbilden; *jobs* umbesetzen. **top men are ~d around quite often** die Männer an der Spitze werden oft von einem Ressort ins andere versetzt.

III *vi* **1.** *(walk)* schlurfen. **the dancers ~d round on the floor** die Tänzer schoben sich über die Tanzfläche; **he just ~s through life** er läßt sich einfach treiben.

2. *(Cards)* mischen.

◆**shuffle off** *vt sep skin, dress* abstreifen; *worries, fear* ablegen; *responsibility* abwälzen, abschieben *(onto auf +acc)*.

shuffling [ˈʃʌflɪŋ] *adj steps* schlurfend.

shun [ʃʌn] *vt* meiden; *publicity, light* scheuen. **to feel ~ned by the world** sich ausgestoßen fühlen.

shunt [ʃʌnt] **I** *n* Stoß *m*; *(sl: car crash)* Bums *m (inf).* **they gave the waggon a ~ into the siding** sie schoben *or* rangierten den Waggon auf das Abstellgleis; **to give sth a ~** etw anstoßen, einer Sache *(dat)* einen Stoß geben.

II *vt* **1.** *(Rail)* rangieren, verschieben. **they ~ed the train off the main line** sie schoben den Zug auf ein Nebengleis.

2. *(inf) person* schieben; *(out of the way)* abschieben. **to ~ sb to and fro** jdn herumschubsen *(inf).*

3. *(sl) car* einen Unfall bauen mit *(sl).*

III *vi (Rail) (train)* rangiert *or* verschoben werden; *(person)* rangieren. **a line of trucks ~ed past** eine Reihe Güterwagen schob sich vorbei.

shunter [ˈʃʌntəʳ] *n (Rail)* Rangierer *m.*

shunting [ˈʃʌntɪŋ] *n (Rail)* Rangieren *nt.* **~ engine** Rangierlokomotive *f*; **~ yard** Rangier- *or* Verschiebebahnhof *m.*

shush [ʃʊʃ] **I** *interj* pst, sch. **II** *vt* beruhigen, zum Schweigen bringen. **III** *vi* still sein. **oh ~, will you!** sei doch still!, pst!

shut [ʃʌt] *(vb: pret, ptp ~)* **I** *vt* **1.** zumachen; *box, door, book, shop, office also, sportsground* schließen; *penknife, book, wallet also* zuklappen. **they ~ the office at 6.00** das Büro wird um 18⁰⁰ geschlossen; **the strike ~ the factory for a week** der Streik legte die Fabrik für eine Woche still; **they ~ the tennis courts to the public during the tournament** während des Turniers sind die Tennisplätze für die Öffentlichkeit geschlossen; **~ your eyes** mach die Augen zu; **to ~ one's ears to sth** vor etw *(dat)* die Ohren verschließen; **to ~ one's mind to sth** sich einer Sache *(dat)* verschließen; **~ your mouth** *(sl) or* **face** *(sl)* halt's Maul! *(sl).*

2. **to ~ sb/sth in(to) sth** jdn/etw in etw *(dat)* einschließen; **to ~ one's fingers in the door** sich *(dat)* die Finger in der Tür einklemmen.

II *vi (door, window, box)* schließen, zugehen; *(shop, factory)* schließen, geschlossen werden, zumachen *(inf);* *(sportsground)* geschlossen werden. **the**

suitcase just won't ~ der Koffer will einfach nicht zugehen; **it ~s very easily** es läßt sich ganz leicht schließen *or* zumachen; **when do the shops ~?** wann machen die Geschäfte zu? *(inf).*

III *adj* geschlossen, zu *pred (inf).* **sorry sir, we're ~** wir haben leider geschlossen; **the door swung ~** die Tür schlug zu; **to find the door ~** vor verschlossener Tür stehen; **~ in his own little world** abgekapselt in seiner eigenen kleinen Welt; **his mind is ~ to anything new** er verschließt sich allem Neuen.

◆**shut away** *vt sep (put away)* wegschließen; *(in sth)* einschließen *(in in +dat); (keep locked away) books, papers etc* aufbewahren; *(safely)* verwahren; *persons* verborgen halten. **to keep sb ~ ~ from sth** jdn von etw fernhalten; **he was ~ ~ in a mental hospital** er wurde in eine Nervenklinik gesteckt.

◆**shut down I** *vt sep shop, factory* zumachen *(inf),* schließen. **Heathrow is completely ~ ~** Heathrow ist zu.

II *vi (shop, factory etc)* zumachen *(inf),* schließen. **the television service ~s ~ at midnight** um Mitternacht ist Sendeschluß im Fernsehen.

◆**shut in** *vt sep* einschließen *(also fig),* einsperren *(inf) (prep obj, -to in +dat).*

◆**shut off I** *vt sep* **1.** *gas, water, electricity* abstellen; *light, engine* ab- *or* ausschalten; *street* (ab)sperren.

2. *(isolate)* abtrennen. **I feel ~ ~ from my friends/civilization** ich komme mir von meinen Freunden/der Zivilisation abgeschnitten vor; **they tried to ~ their daughter ~ from the evil things in life** sie versuchten, ihre Tochter von allem Bösen fernzuhalten.

II *vi* abschalten.

◆**shut out** *vt sep* **1.** *person, oneself* aussperren *(of aus); view* versperren; *light* nicht hereinlassen *(of in +acc).* **she closed the door to ~ ~ the noise/draught** sie schloß die Tür, damit kein Lärm hereinkam/ damit es nicht zog.

2. *(fig) foreign competition* ausschalten; *memory* loswerden, unterdrücken. **I can't ~ her ~ of my life** ich kann sie nicht von meinem Leben ausschließen; **the censors' attempts to ~ ~ all news from abroad** die Versuche der Zensoren, sämtliche Nachrichten aus dem Ausland zu unterdrücken.

3. *(US Sport) opponent* nicht zum Zuge kommen lassen. **they ~ the opponents ~ with two hits** sie schalteten ihre Gegner mit zwei Treffern aus; **they ~ them ~ 1–0** sie warfen sie mit 1:0 aus dem Rennen.

◆**shut to** *vt sep* ganz *or* richtig zumachen; *(not quite closed)* anlehnen. **the door wasn't ~ ~** die Tür war nicht ganz zu.

◆**shut up I** *vt sep* **1.** *house* verschließen. **to ~ ~ shop** *(lit)* das Geschäft schließen; *(fig)* Feierabend machen *(inf).*

2. *(imprison)* einsperren. **you can't spend your whole life ~ ~ in libraries** Sie können sich doch nicht Ihr ganzes Leben in Bibliotheken vergraben.

3. *(inf: silence)* zum Schweigen bringen. **that'll soon ~ him ~** das wird ihm schon den Mund stopfen (inf); **every time I try to say something she tries to** ~ **me** ~ jedes Mal, wenn ich etwas sagen will, fährt sie mir über den Mund.

II vi (inf) den Mund (inf) or die Klappe (sl) halten.

shutdown ['ʃʌtdaʊn] n Stillegung f; (TV, Rad) Sendeschluß m; **shut-eye** n (inf) Schlaf m; **shut-in I** adj **1.** (US) ans Haus/ans Bett gefesselt; **2. a** ~ **feeling** ein Gefühl des Eingeschlossenseins; **II** n (US) **he is a** ~ er ist ans Haus/ans Bett gefesselt; **shut-off I** n (of gas, water) Abstellen nt; **we regret the temporary water** ~ **yesterday** wir bedauern, daß wir gestern vorübergehend das Wasser abstellen mußten; **II** adj **1. a** ~ **feeling** ein Gefühl des Abgeschlossenseins or Abgeschnittenseins; **2.** ~ **switch** (of electricity, engine) Hauptschalter m.

shutter ['ʃʌtəʳ] **I** n (Fenster)laden m; (Phot) Verschluß m. **to put up the** ~s (lit) die (Fenster)läden zumachen; (fig) den Laden dichtmachen (inf); ~ **release** (Phot) Auslöser m. **II** vt the ~ed **windows of the old mansion** die geschlossenen (Fenster)läden der alten Villa; ~ **the windows** mach die (Fenster)läden zu; **a** ~**ed look** ein verschlossener Blick.

shuttle ['ʃʌtl] **I** n **1.** (of loom, sewing machine) Schiffchen nt.
2. Pendelverkehr m; (plane, train etc) Pendelflugzeug nt/ -zug m etc; (space ~) Raumtransporter m.
II vt passengers, goods hin- und hertransportieren. **to** ~ **sb about** jdn herumschieben; **the form was** ~d **about between different departments** das Formular wurde in den verschiedenen Abteilungen herumgereicht.
III vi (people) pendeln; (goods) hin- und hertransportiert werden; (forms) herumgereicht werden.

shuttlecock ['ʃʌtlkɒk] n Federball m; **shuttle service** n Pendelverkehr m.

shy[1] [ʃaɪ] **I** adj (+er) **1.** schüchtern; smile also, animal scheu. **to be** ~ **of/with sb** Hemmungen vor/gegenüber jdm haben; **to be** ~ **of doing sth** Hemmungen haben, etw zu tun; **to feel** ~ schüchtern sein; **to make sb** ~ jdn verschüchtern.
2. (esp US inf: short) **we're 3** ~ wir haben 3 Dollar zuwenig.
II vi (horse) scheuen (at vor +dat).

◆**shy away** vi (horse) zurückscheuen; (person) zurückweichen. **to** ~ ~ **from sb/ sth** vor jdm zurückweichen/vor etw (dat) zurückschrecken; **he shies** ~ **from accepting responsibilities** er scheut sich, Verantwortung zu übernehmen.

shy[2] n (throw) Wurf m. **to have** or **take a** ~ **at sth** nach etw werfen; **to have a** ~ **at sth** (fig) sich an etw (dat) versuchen; **to have a** ~ **at doing sth** etw zu tun versuchen. **II** vt werfen.

Shylock ['ʃaɪlɒk] n (fig) (mean person) Geizhals m.

shyly ['ʃaɪlɪ] adv see adj.

shyness ['ʃaɪnɪs] n Schüchternheit f; (esp of animals) Scheu f. **his** ~ **of meeting people/of strangers** seine Scheu, andere Leute kennenzulernen/vor Fremden.

shyster ['ʃaɪstəʳ] n (US sl) Gauner m; (lawyer) Rechtsverdreher m (inf).

Siam [saɪˈæm] n Siam nt.

Siamese [ˌsaɪəˈmiːz] **I** adj siamesisch. ~ **cat** Siamkatze f, siamesische Katze; ~ **twins** siamesische Zwillinge pl. **II** n **1.** Siamese m, Siamesin f. **2.** (language) Siamesisch nt. **3.** (cat) Siamkatze f, siamesische Katze.

Siberia [saɪˈbɪərɪə] n Sibirien nt.

Siberian [saɪˈbɪərɪən] **I** adj sibirisch. **II** n Sibirier(in f) m.

sibilant ['sɪbɪlənt] **I** adj zischend; hiss scharf; (Phon) Zisch-, gezischt. **II** n (Phon) Zischlaut m.

sibling ['sɪblɪŋ] n Geschwister nt (form).

sibyl ['sɪbɪl] n (lit) Sibylle f; (fig) Prophetin f, Weissagerin f.

sic [sɪk] adv sic.

Sicilian [sɪˈsɪlɪən] **I** adj sizilianisch. **II** n **1.** Sizilianer(in f) m. **2.** (dialect) Sizilianisch nt.

Sicily ['sɪsɪlɪ] n Sizilien nt.

sick [sɪk] **I** n (vomit) Erbrochene(s) nt.
II adj (+er) **1.** (ill) krank (also fig). **the** ~ **die Kranken** pl; **to be** (off) ~ (wegen Krankheit) fehlen; **to fall** or **go** or **take** or **be taken** ~ krank werden.
2. (vomiting or about to vomit) **to be** ~ brechen, sich übergeben, kotzen (sl); (esp cat, baby, patient) spucken; **he was** ~ **all over the carpet** er hat den ganzen Teppich vollgespuckt or vollgekotzt (sl); **I think I'm going to be** ~ ich glaube, ich muß brechen or mich übergeben (form) or kotzen (sl); **that smell/that food makes me** ~ bei dem Geruch/von dem Essen wird mir übel or schlecht; **to make sb** ~ (fig inf) jdn (ganz) krank machen (inf); **it makes you** ~ **the way he's always right** es ist zum Weinen or zum Kotzen (sl), daß er immer recht hat; **to be** ~ **at sth** (fig) (disgusted) von etw angewidert sein; (upset) wegen etw geknickt sein; ~ **with envy** grün vor Neid.
3. (inf: fed up) **to be** ~ **of doing sth** es satt haben, etw zu tun; **I'm** ~ **and tired of it** ich habe davon die Nase (gestrichen) voll (inf), ich habe es gründlich satt.
4. (inf) geschmacklos; joke also übel, makaber; person abartig, pervers. ~ **humour** schwarzer Humor; **he has a** ~ **mind** er ist abartig.

sick bag n Spucktüte f; **sick bay** n Krankenrevier nt; **sick-bed** n Krankenlager nt.

´sicken ['sɪkn] **I** vt (turn sb's stomach) anekeln, anwidern; (upset greatly) erschüttern, krank machen (inf); (disgust) anwidern. **the sight of blood** ~s **me** wenn ich Blut sehe, wird mir übel; **it** ~s **me the way he treats her** es macht mich krank, wie er sie behandelt (inf); **doesn't it** ~ **you?** das ist doch unerträglich or zum Kotzen (sl).
II vi **1.** (feel ill) **to** ~ **at sth** sich vor etw (dat) ekeln.
2. (become ill) krank werden. **he's definitely** ~**ing for something** er wird bestimmt krank; **you must be** ~**ing for something** (lit, iro) ist mit dir was nicht in Ordnung?; **he's** ~**ing for measles** bei ihm sind

die Masern im Anzug.

3. to ~ of sth einer Sache (gen) müde (geh) werden or sein, etw satt haben; **to ~ of doing sth** es müde werden, etw zu tun.

sickening ['sɪknɪŋ] adj (lit) ekelerregend; smell, sight also widerlich, ekelhaft; (upsetting) entsetzlich, erschütternd; (disgusting, annoying) ekelhaft, zum Kotzen (sl); treatment abscheulich; delays, price increase unerträglich.

sickeningly ['sɪknɪŋlɪ] adv (lit) ekelerregend; (fig) unerträglich. **his English is ~ good** es ist schon unerträglich, wie gut sein Englisch ist; **we had all that ~ good weather during the exams** es war richtig gemein, daß wir ausgerechnet während des Examens so schönes Wetter hatten.

sick headache n ≈ Migräne(anfall m) f.

sickle ['sɪkl] n Sichel f. **~-cell anaemia** Sichelzellenanämie f.

sick-leave ['sɪkliːv] n **to be on ~** krank geschrieben sein; **employees are allowed six weeks' ~ per year** Angestellte dürfen insgesamt sechs Wochen pro Jahr wegen Krankheit fehlen; **he has three months' ~ because of his accident** wegen seines Unfalls hat er drei Monate Genesungsurlaub; **he only gets two weeks' paid ~** im Krankheitsfall wird sein Gehalt nur zwei Wochen weitergezahlt.

sickliness ['sɪklɪnɪs] n see adj Kränklichkeit f; Blässe f; Widerlichkeit, Ekelhaftigkeit f; Mattheit f; Schwachheit f.

sick-list ['sɪklɪst] n (because of illness) Krankenliste f; (because of injury) Verletztenliste f. **to be on/off the ~** (Mil, Sport) auf der/nicht mehr auf der Kranken-/Verletztenliste stehen; (inf) (wegen Krankheit) fehlen/wieder im Einsatz sein (inf).

sickly ['sɪklɪ] adj (+er) person, appearance kränklich; complexion, light blaß; smell, taste, food, sentimentality, colour widerlich, ekelhaft; smile matt; grin schwach; climate ungesund. **~ sweet smell** unangenehm süßer Geruch; **~ sweet smile** übersüßes or zuckersüßes Lächeln.

sick-making ['sɪkmeɪkɪŋ] adj (inf) gräßlich (inf).

sickness ['sɪknɪs] n (Med) Krankheit f (also fig); (nausea) Übelkeit f; (vomiting) Erbrechen nt; (of joke, book, film) Geschmacklosigkeit f. **the ~ of his mind** seine Abartigkeit f; **~ benefit** Krankengeld nt.

sick-pay ['sɪkpeɪ] n Bezahlung f im Krankheitsfall; **sick-room** n Krankenzimmer nt.

side [saɪd] **I** n **1.** (wall, vertical surface) (of car, box, hole, ditch) Seite f; (of cave, artillery trench, mining shaft, boat, caravan) Wand f; (of cliff, mountain) Hang m.

2. (flat surface, line) (of triangle, cube, coin, paper, material, record) Seite f. **this ~ up!** (on parcel etc) oben!; **right/ wrong ~** (of cloth) rechte/linke Seite; **this sock is right/wrong ~ out** dieser Strumpf ist rechts/links (herum).

3. (edge) Rand m. **at the ~ of the road** am Straßenrand; **at or on the ~ of his plate** auf dem Tellerrand.

4. (not back or front, area to one ~) Seite f. **by/at the ~ of sth** seitlich von etw; **the destroyer rammed the ~ of the boat** der Zerstörer rammte das Boot seitlich; **to drive on the left ~ of the road** auf der linken Straßenseite fahren; **the path goes down the ~ of the house** der Weg führt seitlich am Haus entlang; **it's this/the other ~ of London** (out of town) es ist auf dieser/auf der anderen Seite Londons; (in town) es ist in diesem Teil/am anderen Ende von London; **the south/respectable ~ of Glasgow** der Süden/der vornehme Teil Glasgows; **the debit/credit ~ of an account** die Soll-/Habenseite eines Kontos; **the enemy attacked them on or from all ~s** der Feind griff sie von allen Seiten an; **this statement was attacked on or from all ~s** diese Behauptung wurde von allen angegriffen; **he stood or moved to one ~** er trat zur Seite; **the car moved to one ~ of the road and stopped** der Wagen fuhr seitlich heran und hielt; **he stood to one ~ and did nothing** (lit) er stand daneben und tat nichts; (fig) er hielt sich raus; **to put sth on one ~** etw beiseite or auf die Seite legen; (shopkeeper) etw zurücklegen; **I'll put that question on one ~** ich werde diese Frage vorerst zurückstellen; **to take sb to or on one ~** jdn beiseite nehmen; **just this ~ of the boundary** (lit) (noch) diesseits der Grenze; (fig) gerade an der Grenze; **just this ~ of respectability** gerade noch annehmbar; **just this ~ of the line between sanity and madness** gerade an der Grenze zum Wahnsinn; **on the other ~ of death/the boundary** nach dem Tod/jenseits der Grenze; **with one's head on one ~** mit zur Seite geneigtem Kopf.

5. to be on the safe ~ sichergehen; **we'll take an extra £50 just to be on the safe ~** wir werden vorsichtshalber or für alle Fälle 50 Pfund mehr mitnehmen; **to get/ stay on the right ~ of sb** jdn für sich einnehmen/es (sich dat) mit jdm nicht verderben; **to get on the wrong ~ of sb** es (sich dat) mit jdm verderben; **to be on the right/wrong ~ of 40** noch nicht/über 40 sein; **on the right ~ of the law** auf dem Boden des Gesetzes; **to make a bit (of money) on the ~** (inf) sich (dat) etwas nebenher or nebenbei verdienen (inf); **to have a bit on the ~** (inf) einen Seitensprung machen; (for longer) noch nebenher etwas laufen haben (inf).

6. (of person, Anat) Seite f. **~ of bacon** Speckseite f; **by sb's ~** neben jdm; **~ by ~** nebeneinander, Seite an Seite; **to stand/ sit ~ by ~ with sb** direkt neben jdm stehen/sitzen.

7. (branch) (of family) Seite f; (of business, school) Zweig m. **the Catholic/ intellectual ~ of the family** der katholische Teil/die Intelligenz der Familie; **on one's father's/mother's ~** väterlicherseits/ mütterlicherseits.

8. (aspect) Seite f. **there are always two ~s to every story** alles hat seine zwei Seiten; **let's hear your ~ of the story** erzählen Sie mal Ihre Version (der Geschichte); **to hear both ~s of the question** bei einer Frage beide Seiten (an)-

hören; **the bright/seamy** ~ **of life** die Sonnen-/Schattenseite des Lebens; **to look on the bright** ~ (*be optimistic*) zuversichtlich sein; (*look on the positive* ~) etw von der positiven Seite betrachten; **you don't know his cruel** ~ Sie kennen ihn nicht von seiner grausamen Seite.

9. (a bit) on the large/high/formal *etc* ~ etwas groß/hoch/förmlich *etc*; (*for somebody*) etwas zu groß/hoch/förmlich *etc*; **he errs on the** ~ **of over-generosity** er ist eher etwas zu großzügig.

10. (*opposing team*) (*Sport, in quiz*) Mannschaft *f*; (*fig*) Seite *f*. **there are two** ~**s in the dispute** in dem Streit stehen sich zwei Parteien gegenüber; **with a few concessions on the government** ~ mit einigen Zugeständnissen von seiten der Regierung; **to change** ~**s** sich auf die andere Seite schlagen; (*Sport*) die Seiten wechseln; **to take** ~**s** parteiisch sein; **to take** ~**s with sb** für jdn Partei ergreifen; **he's on our** ~ er steht auf unserer Seite; **whose** ~ **are you on?** (*supporting team*) für wen sind Sie?; (*playing for team*) bei wem spielen Sie mit?; (*in argument*) zu wem halten Sie eigentlich?

11. (*dated inf: superiority*) **to put on** ~ sich aufplustern.

II *adj attr* (*on one* ~) *window, door, entrance, road, street* Seiten-; (*not main*) *entrance, room, door, road, street, job* Neben-; (*to one* ~) *punch* seitlich, Seiten-.

III *vi* **to** ~ **with/against sb** jds Partei (*acc*)/Partei gegen jdn ergreifen.

side arm *n* an der Seite getragene Waffe; (*sword etc*) Seitenwaffe *f*; **sideboard** *n* Anrichte *f*, Sideboard *nt*; **sideboards**, **sideburns** *npl* Koteletten *pl*; (*longer*) Backenbart *m*; **sidecar** *n* Beiwagen *m*; (*esp Sport*) Seitenwagen *m*; **side-dish** *n* Beilage *f*; **side drum** *n* kleine Trommel; **side effect** *n* Nebenwirkung *f*; **side elevation** *n* Seitenansicht *f*, Seitenriß *m*; **side issue** *n* Randproblem *nt*; **that's just a** ~ das ist Nebensache; **sidekick** *n* (*esp US inf*) Kumpan (*inf*), Kumpel (*inf*); (*assistant*) Handlanger *m* (*pej*); **the rancher and his** ~**s** der Farmer und seine Leute; **sidelight** *n* (*Aut*) Parklicht *nt*, Parkleuchte *f*; (*incorporated in headlight*) Standlicht *nt*; **that was an interesting** ~ **on his character** das warf ein neues Licht auf seinen Charakter; **sideline** *n* (*extra business*) Nebenerwerb *m*; **to do sth as a** ~ etw nebenher *or* nebenbei tun; **sidelines** *npl* Seitenlinien *pl*; **the trainer sat at the** ~ der Trainer saß am Spielfeldrand; **to keep to the** ~ (*fig*) im Hintergrund bleiben; **to be** *or* **stand** *or* **sit on the** ~ (*fig*) unbeteiligter Außenstehender *or* Zuschauer sein; **sidelong** *adj, adv glance* Seiten-; (*surreptitious*) verstohlen, versteckt; **to give sb a** ~ **glance, to glance** ~ **at sb** jdn kurz aus den Augenwinkeln anblicken; **side-saddle I** *n* Damensattel *m*; **II** *adv* **to ride** ~ im Damensattel *or* Damensitz reiten; **side salad** *n* Salat *m* (als Beilage); **side show** *n* Nebenvorstellung *f*; (*exhibition*) Sonderausstellung *f*; **side slip** *n* (*Aviat*) Slippen *nt*, Seitenrutsch *m*.

sidesman ['saɪdzmən] *n, pl* **-men** [-mən] ≈ (ehrenamtlicher) Kirchendiener.

side-splitting ['saɪdsplɪtɪŋ] *adj* urkomisch, zum Totlachen (*inf*); **side-step I** *n* Schritt *m* zur Seite; (*dancing*) Seitenschritt *m*; (*Sport*) Ausfallschritt *m*; (*fig: dodge*) Ausweichmanöver *nt*; **II** *vt tackle, punch* (seitwärts) ausweichen (+*dat*); *person* ausweichen (+*dat*); (*fig*) ausweichen (+*dat*), umgehen; **III** *vi* (seitwärts *or* zur Seite) ausweichen; (*fig*) ausweichen, ausweichende Antworten geben; **side street** *n* Seitenstraße *f*; **sidestroke** *n* Seitenschwimmen *nt*; **to do the** ~ seitenschwimmen; **sideswipe** *n* Puff *m* (*inf*); (*fig*) Seitenhieb *m* (*at* gegen); **to take a** ~ **at sb** (*lit*) jdm einen Puff geben; (*verbally*) jdm einen Seitenhieb versetzen; **side table** *n* Beistelltisch *m*; **sidetrack I** *n* (*esp US*) *see* **siding**; **II** *vt* ablenken; **I got** ~**ed onto something else** ich wurde durch irgend etwas abgelenkt; (*from topic*) ich wurde irgendwie vom Thema abgebracht *or* auf ein anderes Thema gebracht; **side view** *n* Seitenansicht *f*; **to have a** ~ **of sth** etw von der Seite sehen; **sidewalk** *n* (*US*) Bürgersteig, Gehsteig *m*, Trottoir (*S Ger*) *nt*; **side wall** *n* Seitenwand *f*; **sideward** *adj see* **sidewards I**; **sidewards, sideways I** *adj movement* zur Seite; *glance* von der Seite; **to give sb/sth a** ~ **glance** jdn/etw von der Seite ansehen; **II** *adv move* zur Seite, seitwärts; *look at sb* von der Seite; **it goes in** ~ es geht seitwärts hinein; **sideways on** seitlich (*to sth* zu etw); **side whiskers** *npl* Backenbart *m*; **side wind** *n* Seitenwind *m*; **sidewinder** *n* (*US: blow*) Haken *m*.

siding ['saɪdɪŋ] *n* Rangiergleis *nt*; (*dead end*) Abstellgleis *nt*.

sidle ['saɪdl] *vi* (sich) schleichen. **to** ~ **away** (sich) wegschleichen; **he must have** ~**d off** er muß sich verdrückt haben (*inf*); **to** ~ **up to sb** sich an jdn heranschleichen.

siege [siːdʒ] *n* (*of town*) Belagerung *f*; (*by police*) Umstellung *f*. **to lay** ~ **to a town/a house** eine Stadt/ein Haus belagern/umstellen.

sienna [sɪ'enə] **I** *n* (*earth*) Sienaerde *f*; (*colour*) Ockergelb *nt*. **raw** ~ Ockergelb *nt*; **burnt** ~ gebrannte Siena. **II** *adj* ockergelb. **raw** ~ ockergelb; **burnt** ~ siena (braun), rotbraun.

sierra [sɪ'erə] *n* Sierra *f*.

Sierra Leone [sɪ'erəlɪ'əʊn] *n* Sierra Leone *f*.

siesta [sɪ'estə] *n* Siesta *f*. **to have** *or* **take a** ~ Siesta halten *or* machen.

sieve [sɪv] **I** *n* Sieb *nt*. **to have a memory like a** ~ (*inf*) ein Gedächtnis wie ein Sieb haben (*inf*). **II** *vt see* **sift I 1.**

sift [sɪft] **I** *vt* **1.** sieben; *coal* schütteln. ~ **the sugar onto the cake** den Kuchen mit Zucker besieben.

2. (*fig*) (*search*) sichten, durchgehen; (*separate*) trennen.

II *vi* (*fig*) sieben. **to** ~ **through the evidence** das Beweismaterial durchgehen; **a** ~**ing process** ein Siebeverfahren *nt*.

◆**sift out** *vt sep* **1.** *stones, seed, wheat* aussieben. **2.** (*fig*) herausfinden, herauskristallisieren; (*eliminate*) absondern; *applicants* aussieben.

sifter ['sɪftəʳ] n Mehl-/Zuckerstreuer m.

sigh [saɪ] **I** n (of person) Seufzer m; (of wind) (murmur) Säuseln nt no pl; (moan) Seufzen nt no pl (liter). **a ~ of relief** ein Seufzer der Erleichterung; see **breathe**.

II vti seufzen; (wind) (murmur) säuseln; (moan) seufzen (liter). **to ~ with relief** erleichtert aufatmen; **to ~ for sb/sth** sich nach jdm/etw sehnen.

sighing ['saɪɪŋ] n see vti Seufzen nt; Säuseln nt; Seufzen nt (liter).

sight [saɪt] **I** n **1.** (faculty) Sehvermögen nt. **the gift of ~** die Gabe des Sehens; **long/short ~** Weit-/Kurzsichtigkeit f; **to have long/short ~** weit-/kurzsichtig sein; **to lose/regain one's ~** sein Augenlicht verlieren/wiedergewinnen; **he has very good ~** er sieht sehr gut; **~ is the most valuable sense** das Auge ist das wertvollste Sinnesorgan.

2. (glimpse, seeing) **it was my first ~ of Paris** das war das erste, was ich von Paris gesehen habe; **to hate sb at first ~ or on ~** jdn vom ersten Augenblick an nicht leiden können; **at first ~ it seemed easy** auf den ersten Blick erschien es einfach; **to shoot at or on ~** sofort schießen; **to translate at or on ~** vom Blatt übersetzen; **he played the music by or at ~** er hat von Blatt gespielt; **love at first ~** Liebe auf den ersten Blick; **at the ~ of the police they ran away** als sie die Polizei sahen, rannten sie weg; **to know sb by ~** jdn vom Sehen kennen; **to catch ~ of sb/sth** jdn/etw entdecken or erblicken; **don't let me catch ~ of you with her again** ich möchte dich nicht noch einmal mit ihr erwischen; **to get or have a ~ of sb/sth** jdn/etw zu sehen or zu Gesicht bekommen; **to lose ~ of sb/sth** (lit, fig) jdn/etw aus den Augen verlieren; **don't lose ~ of the fact that …** Sie dürfen nicht außer acht lassen, daß …; **payable at ~** (Comm) zahlbar bei Sicht; **30 days' ~** (Comm) 30 Tage nach Sicht; **~ unseen** (Comm) unbesehen, ohne Besicht (form); see **second ~**.

3. (sth seen) Anblick m. **the ~ of blood/her makes me sick** wenn ich Blut/sie sehe, wird mir übel; **that is the most beautiful ~ I've ever seen** das ist das Schönste, was ich je gesehen habe; **I hate or can't bear the ~ of him/his greasy hair** ich kann ihn (einfach) nicht ausstehen/ich finde seine fettigen Haare widerlich; **to be a ~ to see or behold** ein herrlicher Anblick sein; (funny) ein Bild or Anblick für die Götter sein (inf); **what a horrible ~!** das sieht ja furchtbar aus!; **it was a ~ for sore eyes** es war eine wahre Augenweide; **you're a ~ for sore eyes** es ist schön, dich zu sehen.

4. (inf) **to be or look a ~** (funny) zum Schreien aussehen (inf); (horrible) fürchterlich aussehen; **he looks a ~** der sieht vielleicht aus (inf).

5. (range of vision) Sicht f. **to be in or within ~** in Sicht or in Sichtweite sein; **we are in ~ of victory** unser Sieg liegt in greifbarer Nähe; **at last we were in ~ of land** endlich war Land in Sicht; **to keep sb in ~** jdn im Auge behalten; **to keep out of ~** sich verborgen halten; **to keep sb/sth out of ~** jdn/etw nicht sehen lassen; **keep out of**

my ~! laß dich bloß bei mir nicht mehr sehen or blicken; **to be out of or lost to ~** nicht mehr zu sehen sein, außer Sicht sein; **the minute I was out of ~ of the school/the headmaster** sobald ich von der Schule aus nicht mehr zu sehen war/sobald mich der Rektor nicht mehr sehen konnte; **somewhere out of ~ a cat was mewing** irgendwo miaute eine (unsichtbare) Katze; **don't let the children out of your ~** laß die Kinder nicht aus den Augen; **the first time I let him out of my ~ he was almost run over** als ich einmal nicht auf ihn aufpaßte, wurde er fast überfahren; **to drop out of (sb's) ~** langsam verschwinden, (jds Blick dat) entschwinden (geh); **to be lost to ~** nicht mehr zu sehen sein; **out of ~, out of mind** (Prov) aus den Augen, aus dem Sinn (Prov).

6. (fig: opinion) **in sb's ~** in jds Augen (dat); **in the ~ of God** vor Gott.

7. usu pl (of city etc) Sehenswürdigkeit f. **to see the ~s of a town** etc eine Stadt etc besichtigen.

8. (on gun, telescope etc) Visiereinrichtung f; (on gun also) Visier nt. **to set one's ~s too high** (fig) seine Ziele zu hoch stecken; **to lower one's ~s** (fig) seine Ansprüche herunterschrauben; **to set one's ~s on sth** (fig) ein Auge auf etw (acc) werfen; **to have sb/sth in one's ~s** (fig) jdn/etw im Fadenkreuz haben.

9. (aim, observation) **to take a ~ with a gun** etc **at sth** etw mit einem Gewehr etc anvisieren.

10. (inf) **not by a long ~** bei weitem nicht; **we're not finished yet, not by a long ~** wir sind noch lange nicht fertig; **a better/ cheaper** einiges besser/billiger; **he's a damn ~ cleverer than you think** er ist ein ganzes Ende gescheiter als du meinst (inf).

11. (sl) **out of ~** sagenhaft (sl).

II vt **1.** (see) sichten (also Mil); person ausmachen.

2. gun (provide with ~s) mit Visier versehen; (adjust ~s) richten.

sight bill n Sichtwechsel m.

sighted ['saɪtɪd] adj sehend.

sighting ['saɪtɪŋ] n Sichten nt. **another ~ of the monster was reported** das Ungeheuer soll erneut gesehen or gesichtet worden sein.

sightless ['saɪtlɪs] adj blind. **worms are completely ~** Würmer können überhaupt nicht sehen; **with ~ eyes** mit blicklosen (geh) or toten Augen.

sightlessness ['saɪtlɪsnɪs] n Blindheit f.

sightly ['saɪtlɪ] adj (+ er) ansehnlich.

sight-read ['saɪtriːd] vti irreg vom Blatt spielen/lesen/singen; **sight screen** n (Cricket) Sichtblende f hinter dem Tor; **sightseeing I** n Besichtigungen pl; **I hate ~** ich hasse Sightseeing; **~ in Ruritania** eine Rundreise durch Ruritanien; (list of sights) Sehenswürdigkeiten pl von Ruritanien; **to go ~** auf Besichtigungstour gehen; **II** adj **~ tour** Rundreise f; (in town) (Stadt)rundfahrt f; **sightseer** n Tourist(in f) m.

sign [saɪn] **I** n **1.** (with hand etc) Zeichen nt. **to give sb a ~** jdm ein Zeichen geben; **to**

make a ~ to sb jdm ein Zeichen machen *or* geben; **he gave** *or* **made me a ~** to stay er gab mir durch ein Zeichen zu verstehen, ich solle bleiben; **he made a rude ~** er machte eine unverschämte Geste. **2.** (*indication, Med*) Anzeichen *nt* (*of* für, *gen*); (*evidence*) Zeichen *nt* (*of* von, *gen*); (*trace*) Spur *f*. **a sure/good/bad ~** ein sicheres/gutes/schlechtes Zeichen; **it's a ~ of the times** es ist ein Zeichen unserer Zeit; **it's a ~ of the true expert** daran erkennt man den wahren Experten; **at the slightest/first ~ of disagreement** beim geringsten/ersten Anzeichen von Uneinigkeit; **there is no ~ of their agreeing** nichts deutet darauf hin, daß sie zustimmen werden; **to show ~s of sth** Anzeichen von etw erkennen lassen; **he shows ~s of doing it** es sieht so aus, als ob er es tun würde; **the rain showed no ~s of stopping** nichts deutete darauf hin, daß der Regen aufhören würde; **there was no ~ of life in the village** es gab keine Spur *or* kein Anzeichen von Leben im Dorf; **there was no ~ of him/ the book anywhere** von ihm/von dem Buch war keine Spur zu sehen; **is there any ~ of him yet?** ist er schon zu sehen?
3. (*road~, inn ~, shop ~*) Schild *nt*.
4. (*written symbol*) Zeichen *nt*; (*Astron*) (Stern- *or* Tierkreis)zeichen *nt*.
II *vt* **1. to ~ one's name** unterschreiben; **to ~ one's name in a book** sich in ein Buch eintragen; **he ~s himself J.G. Jones** er unterschreibt mit J.G. Jones.
2. *letter, contract, cheque* unterschreiben, unterzeichnen (*form*); *picture, book* signieren. **to ~ the guest book** sich ins Gästebuch eintragen; **to ~ the register** sich eintragen; **~ed and sealed** (unterschrieben und) besiegelt; **~ ed copy** handsigniertes Exemplar.
III *vi* **1.** (*signal*) **to ~ to sb to do sth** jdm Zeichen/ein Zeichen geben, etw zu tun, jdm bedeuten, etw zu tun (*geh*).
2. (*with signature*) unterschreiben.
◆**sign away** *vt sep* verzichten auf (+*acc*). **she felt she was ~ing ~ her life** sie hatte den Eindruck, ihr Leben abzuschreiben.
◆**sign for** *vi* +*prep obj* den Empfang (+*gen*) bestätigen.
◆**sign in I** *vt sep person* eintragen. **to ~ sb ~ at a club** jdn als Gast in einen Klub mitnehmen. **II** *vi* sich eintragen.
◆**sign off** *vi* (*Rad, TV*) sich verabschieden; (*in letter*) Schluß machen.
◆**sign on I** *vt sep see* **sign up I. II** *vi* **1.** *see* **sign up II. 2.** (*for unemployment benefit etc*) (*apply*) beantragen (*for acc*); (*register regularly*) sich melden. **3.** (*disc jockey etc*) sich melden.
sign out I *vi* sich austragen. **to ~ ~ of a hotel** (aus einem Hotel) abreisen. **II** *vt sep* austragen.
◆**sign over** *vt sep* überschreiben (*to sb* jdm).
◆**sign up I** *vt sep* (*employ, enlist*) verpflichten; *workers, employees* anstellen; *mercenaries* anwerben; *sailors* anheuern. **II** *vi* sich verpflichten; (*mercenaries*) sich melden (*with* zu); (*employees, players also*) unterschreiben; (*sailors*) anheuern;

(*for evening class etc*) sich einschreiben.
signal¹ [ˈsɪgnl] **I** *n* **1.** (*sign*) Zeichen *nt*; (*as part of code*) Signal *nt*; (*message*) Nachricht *f*. **engaged** *or* **busy** (*US*) **~** (*Telec*) Besetztzeichen *nt*; **to give the ~ for sth** das Zeichen/Signal zu etw geben; **to make a ~ to sb** jdm ein Zeichen geben.
2. (*apparatus, Rail*) Signal *nt*. **the ~ is at red** das Signal steht auf Rot.
3. (*Telec*) Signal *nt*.
4. (*Brit Mil*) **S~s** ≃ Fernmelder *pl*, Angehörige *pl* der britischen Fernmeldetruppe Royal Corps of Signals.
II *vt* **1.** (*indicate*) anzeigen; *arrival*, (*fig*) *future event, spring etc* ankündigen. **to ~ sb to do sth** jdm ein/das Zeichen geben, etw zu tun; **to ~ a turn to the right/left** nach rechts/links anzeigen; **he ~led that he was going to turn left** er zeigte an, daß er (nach) links abbiegen wollte; **the train was ~led onto another line** der Zug wurde durch Signale auf ein anderes Gleis gewiesen *or* geleitet; **the green light ~led the train on** das grüne Licht gab dem Zug freie Fahrt.
2. *message* signalisieren.
III *vi* Zeichen/ein Zeichen geben. **he ~led to the waiter** er winkte dem Ober; **he ~led for his bill** er winkte zum Zeichen, daß er zahlen wollte; **the driver didn't ~** der Fahrer hat kein Zeichen gegeben *or* hat nicht angezeigt; **the general ~led for reinforcements** der General forderte Verstärkung an.
signal² *adj attr* (*liter*) *victory, courage* beachtlich, bemerkenswert; *failure, stupidity* eklatant (*geh*).
signal box *n* Stellwerk *nt*; **signal flag** *n* Signalflagge *f*.
signalize [ˈsɪgnəlaɪz] *vt* kennzeichnen.
signal lamp *n* Signallampe *f*.
signaller [ˈsɪgnələʳ] *n* (*Mil*) Fernmelder, Funker *m*.
signalling [ˈsɪgnəlɪŋ] *n* (*Mil*) Nachrichtenübermittlung *f*.
signally [ˈsɪgnəlɪ] *adv* (*liter*) *see adj.*
signalman [ˈsɪgnəlmən] *n* (*Rail*) Stellwerkswärter *m*; (*Mil*) Fernmelder, Funker *m*; **signal red** *adj* signalrot.
signatory [ˈsɪgnətərɪ] **I** *adj* Signatar-. **II** *n* Unterzeichnete(r) *mf* (*form*), Signatar *m* (*form*). **the signatories of** *or* **to the EEC treaty** die Signatarstaaten des EWG-Abkommens.
signature [ˈsɪgnətʃəʳ] *n* **1.** Unterschrift *f*; (*of artist*) Signatur *f*. **2.** (*Mus*) Vorzeichnung *f*. **~ tune** (*Brit*) Erkennungsmelodie *f*.
signboard [ˈsaɪnbɔːd] *n* Schild *nt*; (*hoarding*) Anschlagtafel *f*.
signer [ˈsaɪnəʳ] *n* Unterzeichner *m*.
signet ring [ˈsɪgnɪtˌrɪŋ] *n* Siegelring *m*.
significance [sɪgˈnɪfɪkəns] *n* Bedeutung *f*; (*of action also*) Tragweite *f*; (*of one special event also*) Wichtigkeit *f*. **what is the ~ of this?** was bedeutet das?, welche Bedeutung hat das?; **of no ~** belanglos, bedeutungslos; **to attach great ~ to sth** einer Sache (*dat*) große Bedeutung beimessen; **he attaches great ~ to us arriving on time** er legt großen Wert darauf, daß wir pünktlich sind.
significant [sɪgˈnɪfɪkənt] *adj* (*considerable*,

having consequence) bedeutend; (*important*) wichtig; (*meaningful*) bedeutungsvoll; *look* vielsagend, bedeutsam. **is it of any ~ interest?** ist das von wesentlichem Interesse?; **it is ~ that ...** es ist bezeichnend, daß ...; **to be ~ to** *or* **for sth** eine bedeutende *or* wichtige Rolle in etw (*dat*) spielen; **he wondered whether her glance was ~** er fragte sich, ob ihr Blick etwas zu bedeuten habe; **to be ~ of sth** (*liter*) ein (An)zeichen für etw sein.

significantly [sɪgˈnɪfɪkəntlɪ] *adv* (*considerably*) bedeutend; (*meaningfully*) bedeutungsvoll; *look* vielsagend, bedeutsam. **it is not ~ different** da besteht kein wesentlicher Unterschied; **~ enough, they both had the same name** bezeichnenderweise trugen sie beide denselben Namen.

signification [ˌsɪgnɪfɪˈkeɪʃən] *n* 1. (*meaning*) Sinn *m*, Bedeutung *f*. 2. (*indication*) Bezeichnung *f*. **he gave us no ~ of what he was going to do** er machte uns gegenüber keine Andeutung, was er tun würde; **a ~ of one's intentions** eine Absichtsbekundung *or* -erklärung.

signify [ˈsɪgnɪfaɪ] I *vt* 1. (*mean*) bedeuten. 2. (*indicate*) andeuten, erkennen lassen; (*person also*) zu erkennen geben. II *vi* (*dated*) **it/he doesn't ~** das/er spielt keine Rolle.

sign language *n* Zeichensprache *f*; **sign painter** *n* Plakat- *or* Schildermaler *m*; **signpost** I *n* Wegweiser *m*; II *vt* *way* beschildern; *diversion, special route* ausschildern; **signposting** *n* Beschilderung *f*; (*of special route, diversion*) Ausschilderung *f*; **signwriter** *n* Schriften- *or* Schildermaler *m*.

silage [ˈsaɪlɪdʒ] *n* Silage *f*, Silofutter *nt*.

silence [ˈsaɪləns] I *n* Stille *f*; (*quietness also*) Ruhe *f*; (*absence of talk also, of letters etc*) Schweigen *nt*; (*on a particular subject*) (Still)schweigen *nt*. **~!** Ruhe!; **in ~** still; (*not talking also*) schweigend; **there was ~** alles war still; **there was a short ~** es herrschte für kurze Zeit Stille; **the conversation was full of awkward ~s** die Unterhaltung kam immer wieder ins Stocken; **radio ~** (*Mil*) Funkstille *f*; **to break the/one's ~** die Stille durchbrechen/ sein Schweigen brechen.

II *vt* (*lit, fig*) zum Schweigen bringen.

silencer [ˈsaɪlənsə[r]] *n* (*on gun, Brit: on car*) Schalldämpfer *m*; (*whole fitting on car*) Auspufftopf *m*.

silent [ˈsaɪlənt] *adj* still; (*not talking also*) schweigsam; *engine, machine etc* (*running quietly*) ruhig; *agreement, disapproval* (still)schweigend *attr*. **~ movie/letter** Stummfilm *m*/stummer Buchstabe; **~ partner** (*US*) stiller Teilhaber *or* Gesellschafter; **the ~ majority** die schweigende Mehrheit; **to be ~ (about sth)** (über etw *acc*) schweigen; **to keep** *or* **remain ~** still sein *or* bleiben, sich still verhalten; (*about sth*) nichts sagen, sich nicht äußern; **everyone kept ~** keiner sagte etwas; **be ~!** sei/seid still!; **to become ~** still werden; (*people also, guns*) verstummen.

silently [ˈsaɪləntlɪ] *adv* lautlos; (*without talking*) schweigend; (*with little noise*) leise.

silhouette [ˌsɪluˈet] I *n* Silhouette *f*; (*picture*) Schattenriß, Scherenschnitt *m*. II *vt* **to be ~d against sth** sich (als Silhouette) gegen *or* von etw abzeichnen.

silica [ˈsɪlɪkə] *n* Kieselerde *f*. **~ gel** Kieselgel *nt*.

silicate [ˈsɪlɪkɪt] *n* Silikat, Silicat *nt*.

siliceous [sɪˈlɪʃəs] *adj* kiesig, Kies-.

silicon [ˈsɪlɪkən] *n* (*abbr* Si) Silicium *nt*. **~ chip** Siliciumchip *nt* *or* -scheibe *f*.

silicone [ˈsɪlɪkəʊn] *n* Silikon *nt*. **~ treatment** Silikonbehandlung *f*.

silicosis [ˌsɪlɪˈkəʊsɪs] *n* (*Med*) Staublunge *f*.

silk [sɪlk] I *n* 1. Seide *f*; (*~ dress*) Seidene(s), Seidenkleid *nt*. **dressed in ~s and satins** in Samt und Seide (gekleidet).

2. (*Brit Jur*) (*barrister*) Kronanwalt *m*; (*gown*) Seidengewand *nt*. **to take ~** Kronanwalt werden.

3. **~s** *pl* (*racing colours*) (Renn)farben *pl*.

II *adj* Seiden-, seiden. **the dress is ~** das Kleid ist aus Seide.

silken [ˈsɪlkən] *adj* (*old: of silk*) seiden; (*like silk also*) seidig; *manner* glatt; *voice* (bedrohlich) sanft.

silk hat *n* Zylinder *m*.

silkiness [ˈsɪlkɪnɪs] *n* (*appearance*) seidiger Glanz; (*feeling*) seidige Weichheit; (*of voice*) Sanftheit *f*; (*of manner*) Glätte *f*.

silk moth *n* Seidenspinner *m*; **silk screen** *n* Seidensieb *nt*; (*also ~ printing*) Seidensiebdruck *m*; **silk stocking** *n* Seidenstrumpf *m*; **silk-stocking** *adj* (*US*) vornehm; **silkworm** *n* Seidenraupe *f*.

silky [ˈsɪlkɪ] *adj* (+*er*) seidig; *voice* samtig; *manner* glatt.

sill [sɪl] *n* Sims *m* *or* *nt*; (*window~*) (Fenster)sims *m* *or* *nt*; (*esp of wood*) Fensterbrett *nt*; (*door~*) Schwelle *f*; (*on car*) Türleiste *f*.

sillabub *n* *see* **syllabub**.

silliness [ˈsɪlɪnɪs] *n* Albernheit *f*. **no ~ while we're out, children!** macht keine Dummheiten, wenn wir nicht da sind!

silly [ˈsɪlɪ] I *adj* (+*er*) albern, dumm, doof (*inf*). **~ season** närrische Zeit; (*Press*) Sauregurkenzeit *f*; **you ~ child!** du Kindskopf!; **don't be ~** (*do ~ things*) mach keinen Quatsch (*inf*); (*say ~ things*) red keinen Unsinn; (*ask ~ questions*) frag nicht so dumm; **that was ~ of you, that was a ~ thing to do** das war dumm (von dir); **I've done a ~ thing and come without the key** ich war so dumm, ohne Schlüssel zu kommen; **I feel ~ in this hat** mit diesem Hut komme ich mir albern *or* lächerlich vor; **to make sb look ~** jdn lächerlich machen; **that remark of yours made him look/left him looking a bit ~** nach dieser Bemerkung von dir stand er ziemlich dumm da; **to knock sb ~** jdn windelweich schlagen (*inf*).

II *n* (*Brit: also* **~-billy**) Dussel *m* (*inf*). **don't be such a ~** sei nicht albern.

silo [ˈsaɪləʊ] *n*, *pl* **~s** Silo *nt*; (*for missile*) unterirdische Startrampe.

silt [sɪlt] I *n* Schwemmsand *m*; (*river mud*) Schlick *m*. II *vt* (*also ~ up*) mit Schlick/ Schwemmsand füllen. III *vi* (*also ~ up*) verschlammen.

Silurian [saɪˈljuːrɪən] *adj* (*Geol*) silurisch, Silur-.

silver [ˈsɪlvəʳ] **I** *n* **1.** (*abbr* **Ag**: *metal*) Silber *nt*.
2. (*coins*) Silber(geld) *nt*, Silbermünzen *pl*. **£10** in ~ £ 10 in Silber.
3. (*tableware, articles*) Silber *nt*.
II *adj* Silber-, silbern. **to be born with a ~ spoon in one's mouth** (*prov*) mit einem silbernen Löffel im Mund geboren sein (*prov*).
III *vt* metal, mirror versilbern. **old age had ~ed his hair** das Alter hatte sein Haar silbergrau werden lassen.

silver birch *n* Weißbirke *f*; **silver fir** *n* Weiß- *or* Silbertanne *f*; **silverfish** *n* Silberfischchen *nt*; **silver foil** *n* (*kitchen foil*) Alu(minium)folie *f*; (*silver paper*) Silberpapier *nt*; **silver fox** *n* Silberfuchs *m*; **silver-grey** *adj* silbergrau; *hair* silberweiß; **silver-haired** *adj* silberhaarig; **he is ~** er hat silberweißes Haar.

silveriness [ˈsɪlvərɪnɪs] *n* silbriger Schimmer; (*of sound, voice*) silberheller Klang.

silver jubilee *n* 25jähriges Jubiläum; **silver nitrate** *n* Silbernitrat *nt*; **silver paper** *n* Silberpapier *nt*; **silver plate** *n* (*plating*) Silberauflage, Versilberung *f*; (*articles*) versilberte Sachen *pl*; **is that ~?** ist das versilbert?; **silver-plate** *vt* versilbern; **silverplating** *n* Versilberung *f*; (*layer also*) Silberauflage *f*; **silver screen** *n* Leinwand *f*; **silverside** *n* (*Cook*) quergeschnittenes Stück aus der Rindskeule; **silversmith** *n* Silberschmied *m*; **~'s (shop)** *n* Silberschmiede *f*; **silver standard** *n* Silberstandard *m*; **silver-tongued** *adj* (*liter*) wort- *or* redegewandt; **silverware** *n* Silber(zeug *inf*) *nt*; (*in shop also*) Silberwaren *pl*; **silver wedding** *n* Silberhochzeit *f*.

silvery [ˈsɪlvərɪ] *adj* silbern, silbrig; *sound, voice* silberhell.

simian [ˈsɪmɪən] **I** *adj* (*form*) der Affen; *appearance* affenartig. **II** *n* Affe *m*.

similar [ˈsɪmɪləʳ] *adj* ähnlich (*also Math*); *amount, size* fast *or* ungefähr gleich. **this is ~ to what happened before** etwas Ähnliches ist schon einmal geschehen; **she and her sister are very ~**, **she is very ~ to her sister** ihre Schwester und sie sind sich sehr ähnlich, sie ähnelt ihrer Schwester sehr; **the two sisters are very ~ in appearance/character** die beiden Schwestern ähneln sich äußerlich/charakterlich sehr; **~ in size** ungefähr *or* fast gleich groß; **in a ~ way** ähnlich; (*likewise*) genauso, ebenso.

similarity [ˌsɪmɪˈlærɪtɪ] *n* Ähnlichkeit *f* (*to* mit).

similarly [ˈsɪmɪləlɪ] *adv* ähnlich; (*equally*) genauso, ebenso.

simile [ˈsɪmɪlɪ] *n* Gleichnis *nt*.

similitude [sɪˈmɪlɪtjuːd] *n* (*liter*) Ähnlichkeit *f*.

simmer [ˈsɪməʳ] **I** *n* **to be on the ~** (*Cook*) simmern, sieden; (*fig*) (*with rage*) kochen (*inf*); (*with excitement*) fiebern; **on the ~** es kochte in ihm; **to keep sb/sth on the ~** (*lit*) etw (weiter)simmern *or* -sieden lassen; (*fig*) jdn/etw nicht zur Ruhe kommen lassen.

II *vt* simmern *or* sieden lassen.
III *vi* simmern, sieden; (*fig*) (*with rage*) kochen (*inf*); (*with excitement*) fiebern.
◆**simmer down** *vi* sich beruhigen, sich abregen (*inf*).

simnel cake [ˈsɪmnlkeɪk] *n* (*Brit*) marzipanüberzogener Früchtekuchen.

simonize ® [ˈsaɪmənaɪz] *vt* polieren.

simper [ˈsɪmpəʳ] **I** *n* **she said with a ~** sagte sie affektiert. **II** *vi* (*smile*) geziert *or* albern lächeln; (*talk*) säuseln. **III** *vt* säuseln.

simpering [ˈsɪmpərɪŋ] *adj* geziert, albern.

simperingly [ˈsɪmpərɪŋlɪ] *adv* geziert, albern; *talk* säuselnd.

simple [ˈsɪmpl] *adj* (+*er*) **1.** (*easy, not complicated, Math, Med, Gram*) einfach; (*Fin*) *interest also* gewöhnlich. **~ time** (*Mus*) gerader Takt; **it's as ~ as ABC** das ist kinderleicht, das ist ein Kinderspiel.
2. (*plain, not elaborate*) *decor, dress also* schlicht. **the ~ fact** *or* **truth is ...** es ist einfach so, daß ...
3. (*unsophisticated, unworldly*) einfach, schlicht. **I'm a ~ soul** ich bin (nur) ein einfacher Mensch.
4. (*foolish, mentally deficient*) einfältig.

simple-minded [ˌsɪmplˈmaɪndɪd] *adj* einfältig; **simple-mindedness** *n* Einfältigkeit, Einfalt *f*.

simpleton [ˈsɪmpltən] *n* Einfaltspinsel *m*.

simplex [ˈsɪmpleks] *n* (*Ling*) Simplex *nt*.

simplicity [sɪmˈplɪsɪtɪ] *n* **1.** Einfachheit *f*; (*unworldliness, lack of sophistication, of decor, dress also*) Schlichtheit *f*. **it's ~ itself** ist das Einfachste, das ist die einfachste Sache der Welt.
2. (*foolishness*) Einfalt, Einfältigkeit *f*.

simplifiable [ˈsɪmplɪfaɪəbl] *adj* zu vereinfachend *attr*, zu vereinfachen *pred*, simplifizierbar.

simplification [ˌsɪmplɪfɪˈkeɪʃən] *n* Vereinfachung, Simplifizierung *f*.

simplify [ˈsɪmplɪfaɪ] *vt* vereinfachen, simplifizieren.

simplistic [sɪmˈplɪstɪk] *adj* simpel, simplistisch (*geh*).

simply [ˈsɪmplɪ] *adv* einfach; (*merely*) nur, bloß.

simulate [ˈsɪmjʊleɪt] *vt* **1.** (*feign*) *amazement, emotions* vortäuschen; *enthusiasm also* spielen; *illness* simulieren. **to ~ (the appearance of) sth** (*material*) etw imitieren; (*animal, person*) sich als etw tarnen; **~d leather/sheepskin** Lederimitation *f*/falsches Schafsfell.
2. (*reproduce*) *conditions, environment* simulieren.

simulation [ˌsɪmjʊˈleɪʃən] *n* **1.** Vortäuschung *f*; (*simulated appearance*) Imitation *f*; (*of animals*) Tarnung *f*. **his ~ of epilepsy** seine simulierte Epilepsie.
2. (*reproduction*) Simulation *f*.

simulator [ˈsɪmjʊleɪtəʳ] *n* Simulator *m*.

simultaneity [ˌsɪməltəˈnɪətɪ] *n* Gleichzeitigkeit, Simultan(e)ität *f* (*geh*) *f*.

simultaneous [ˌsɪməlˈteɪnɪəs] *adj* gleichzeitig, simultan (*geh*). **~ equations** (*Math*) Simultangleichungen *pl*; **~ translation** Simultanübersetzung *f*.

simultaneously [ˌsɪməlˈteɪnɪəslɪ] *adv* gleichzeitig, zur gleicher Zeit, simultan (*geh*).

sin [sɪn] **I** n (Rel, fig) Sünde f. **to live in** ~ (inf) in wilder Ehe leben; (Rel) in Sünde leben; **is that your work/family? — yes for my** ~s (hum) haben Sie das gemacht/ist das Ihre Familie? — ja, leider; **to cover a multitude of** ~s (hum) viele Schandtaten verdecken; **this hat is covering a multitude of** ~s, **she said** (hum) aber fragen Sie bloß nicht, wie es unter dem Hut aussieht!, sagte sie.

II vi sündigen (against gegen, an +dat); sich versündigen (against an +dat); (against principles, standards etc) verstoßen (gegen). **he was more** ~**ned against than** ~**ning** er hat mehr Unrecht erlitten als begangen.

Sinai ['saɪnɪaɪ] n Sinai m. ~ **Peninsula** Sinaihalbinsel f; **Mount** ~ der Berg Sinai.

since [sɪns] **I** adv (in the meantime) inzwischen; (up to now) seitdem. **ever** ~ seither; **a long time** ~, **long** ~ schon lange; **he died long** ~ er ist schon lange tot; **not long** ~ erst vor kurzem.

II prep seit. **ever** ~ **1900** (schon) seit 1900; **he had been living there** ~ **1900** er lebte da schon seit 1900; **I've been coming here** ~ **1972** ich komme schon seit 1972 hierher; **how long is it** ~ **the accident?** wie lange ist der Unfall schon her?

III conj **1.** (time) seit(dem). **ever** ~ **I've known him** seit(dem) ich ihn kenne. **2.** (because) da.

sincere [sɪn'sɪə^r] adj aufrichtig, lauter (liter); person also offen; intention also ernst, ehrlich. **a** ~ **friend** ein wahrer Freund; **it is our** ~ **hope that ...** wir hoffen aufrichtig, daß ...

sincerely [sɪn'sɪəlɪ] adv see adj aufrichtig; offen; ernsthaft. **yours** ~ mit freundlichen Grüßen, hochachtungsvoll (form).

sincerity [sɪn'serɪtɪ] n see adj Aufrichtigkeit, Lauterkeit (liter) f; Offenheit f; Ernsthaftigkeit f. **in all** ~ in aller Offenheit; **I was acting in all** ~ **when ...** ich habe es ganz aufrichtig or ehrlich gemeint, als ...

sine [saɪn] n (Math) Sinus m.

sinecure ['saɪnkjʊə^r] n Pfründe, Sinekure (geh) f. **this job is no** ~! diese Arbeit ist kein Ruheposten.

sine die [,saɪnɪ'daɪ:, 'sɪ:neɪ'dɪ:eɪ] adv **to adjourn** ~ auf unbestimmte Zeit vertagen.

sine qua non [,sɪnɪkwɑ:'nəʊn] n unerläßliche Voraussetzung, Conditio sine qua non f (to, for für).

sinew ['sɪnju:] n Sehne f. ~**s** pl (fig) Kräfte pl, Stärke f.

sinewy ['sɪnjʊɪ] adj sehnig; (fig) plant, tree knorrig; prose style kraftvoll, kernig.

sinfonia [sɪn'fəʊnɪə] n (symphony) Sinfonie, Symphonie f; (overture) Opernsinfonia f; (orchestra) Sinfonie- or Symphonieorchester nt, Sinfoniker, Symphoniker pl.

sinfonietta [,sɪnfəʊnɪ'etə] n (music) Sinfonietta f; (orchestra) kleines Sinfonie- or Symphonieorchester.

sinful ['sɪnfʊl] adj sündig; person, act, thought also sündhaft (geh). **it is** ~ **to ...** es ist eine Sünde, zu ...

sinfully ['sɪnfəlɪ] adv sündig, sündhaft (geh).

sinfulness ['sɪnfʊlnɪs] n Sündigkeit, Sündhaftigkeit (geh) f.

sing [sɪŋ] (vb: pret **sang**, ptp **sung**) **I** n **to have a (good)** ~ (tüchtig) singen; **I used to go there for a** ~ ich ging immer zum Singen hin.

II vt singen. **to** ~ **a child to sleep** ein Kind in den Schlaf singen; **to** ~ **the praises of sb/sth** ein Loblied auf jdn/etw singen.

III vi singen; (ears) dröhnen; (kettle) summen.

◆**sing along** vi mitsingen.

◆**sing away I** vi (person, bird) (ununterbrochen) singen; (kettle) summen; (to oneself) vor sich (acc) hin trällern. **II** vt sep troubles fortsingen.

◆**sing of** vi +prep obj singen von (poet), besingen.

◆**sing out I** vi **1.** (sing loudly) (person, bird) laut or aus voller Kehle singen; (voice) erklingen; (kettle) summen. **2.** (inf: shout) schreien (inf). **II** vt sep words, tune singen, hervorbringen; (shout out) (mit singender Stimme) ausrufen.

◆**sing up** vi lauter singen.

singable ['sɪŋəbl] adj sangbar (geh). **that tune is (not/very)** ~ diese Melodie läßt sich (nicht/sehr) gut singen.

Singapore [,sɪŋə'pɔ:^r] n Singapur nt.

singe [sɪndʒ] **I** vt sengen; clothes also versengen; (slightly) ansengen; hair-ends, poultry also absengen. **II** vi versengt/angesengt werden, sengen. **III** n (on clothes etc) versengte/angesengte Stelle.

singer ['sɪŋə^r] n Sänger(in f) m.

Singhalese [,sɪŋgə'li:z] **I** adj singhalesisch. **II** n **1.** Singhalese m, Singhalesin f. **2.** (language) Singhalesisch nt.

singing ['sɪŋɪŋ] n Singen nt; (of person, bird also) Gesang m; (in the ears) Dröhnen nt; (of kettle) Summen nt. **he teaches** ~ er gibt Sing- or Gesangstunden, er gibt Singen (inf); **do you like my** ~? gefällt dir, wie ich singe?, gefällt dir mein Gesang?

singing lesson n Sing- or Gesangstunde f; **singing voice** n Singstimme f.

single ['sɪŋgl] **I** adj **1.** (one only) einzige(r, s). **not a** ~ **one spoke up** nicht ein einziger äußerte sich dazu; **every** ~ **day was precious** jeder (einzelne) Tag war kostbar; **I've missed the bus every** ~ **day this week** diese Woche habe ich jeden Tag den Bus verpaßt; **every** ~ **book I looked at** (aber auch) jedes Buch, das ich mir ansah; **with a** ~ **voice they cried out for reform** wie mit einer Stimme riefen sie nach Reformen; **not a** ~ **thing** überhaupt nichts.

2. (not double etc) einzeln; bed, room Einzel-; (Typ), carburettor, (Brit) ticket einfach.

3. (not married) unverheiratet, ledig. ~ **people** Ledige, Unverheiratete pl; **I'm a** ~ **man/girl** ich bin ledig; ~ **parents** alleinerziehende Eltern; ~ **parent family** Eineltern(teil)familie f.

II n **1.** (Cricket) Schlag m für einen Lauf; (Baseball) Lauf m zum ersten Mal; (Golf) Zweier m.

2. (ticket) Einzelfahrschein m; (Rail also) Einzelfahrkarte f; (room) Einzelzimmer *nt*; (*record*) Single *f*; (*bank note*) Ein-pfund-/-dollarschein *m*. **a** ~**/two** ~**s to X** einmal/ zweimal einfach nach X.

3. (*unmarried person*) Single *m*. ~**s holiday/apartment** Urlaub *m*/Wohnung *f* für Singles; ~**s bar** Singles-Bar *f*.

◆**single out** *vt sep* (*choose*) auswählen; *victim, prey* sich (*dat*) herausgreifen; (*distinguish, set apart*) herausheben (*from* über +*acc*). **to** ~ **sb** ~ **for special attention** jdm besondere Aufmerksamkeit zuteil werden lassen; **he always gets** ~**d** ~ **for all the worst jobs** er wird immer zu den schlimmsten Arbeiten herangezogen; **you couldn't** ~ **any one pupil** ~ **as the best** es wäre unmöglich, einen einzelnen Schüler als den besten hinzustellen.

single-action [ˌsɪŋgl'ækʃn] *adj rifle* Einzelfeuer-; **single-barrelled** [ˌsɪŋgl'bærld] *adj gun* mit einem Lauf; **single-breasted** *adj jacket* einreihig; ~ **suit** Einreiher *m*; **single-cell(ed)** *adj* (*Biol*) einzellig; **single-chamber** *adj* (*Pol*) Einkammer-; **single combat** *n* Nah- *or* Einzelkampf *m*; (*esp of knights etc*) Kampf *m* Mann gegen Mann, Zweikampf *m*; **single cream** *n* Sahne *f* (*mit geringem Fettgehalt*); **single-decker** *n* einstöckiger Omnibus/einstöckige Straßenbahn, Eindecker *m*; **single-engined** *adj plane* einmotorig; **single-entry book-keeping** *n* einfache Buchführung; **single file** *n* in ~ im Gänsemarsch; **single-handed** **i** *adj* (*ganz*) allein (*after noun*); *achievement* allein *or* ohne (fremde) Hilfe vollbracht; *arrest* allein *or* ohne (fremde) Hilfe durchgeführt; *struggle* einsam; **II** *adv* (*also* **single-handedly**) ohne Hilfe, im Alleingang; **to sail** ~ **round the world** ganz allein *or* als Einhandsegler um die Welt fahren; **single-lens-reflex (camera)** *n* (einäugige) Spiegelreflexkamera; **single-line** *adj* eingleisig; *railway also, traffic* einspurig; **single-masted** *adj ship* einmastig; ~ **ship** Einmaster *m*; **single-minded** *adj* zielbewußt, zielstrebig, beharrlich; *devotion* unbeirrbar; **his** ~ **pursuit of money** sein ausschließlich auf Geld gerichtetes Streben; **single-mindedness** *n* Zielstrebigkeit, Beharrlichkeit *f; see adj* Unbeirrbarkeit *f*.

singleness [ˈsɪŋglnɪs] *n* ~ **of purpose** Zielstrebigkeit *f*; **his** ~ **of purpose caused him to neglect his family** er ging so vollkommen in der Sache auf, daß er seine Familie vernachlässigte.

single-party [ˌsɪŋgl'pɑːtɪ] *adj* Einparteien-; **single-phase** *adj* einphasig, Einphasen-.

singles [ˈsɪŋglz] *n sing or pl* (*Sport*) Einzel *nt*. **the** ~ **finals** das Finale im Einzel.

single-seater [ˈsɪŋgl'siːtər] *n* Einsitzer *m*.

singlet [ˈsɪŋglɪt] *n* (*Brit*) (*Sport*) ärmelloses Trikot; (*underclothing*) (ärmelloses) Unterhemd, Trikothemd *nt*.

singleton [ˈsɪŋgltən] *n* (*Cards*) Single *nt* (*einzige Karte einer Farbe*).

single-tongue [ˌsɪŋgl'tʌŋ] *vti* mit einfachem Zungenschlag spielen; **single-tonguing** *n* der einzelne Zungenschlag; **single-track** *adj* einspurig; (*Rail also*) eingleisig.

singly [ˈsɪŋglɪ] *adv* einzeln; (*solely*) einzig, nur.

singsong [ˈsɪŋsɒŋ] **I** *adj* **the** ~ **Welsh accent** der walisische Singsang; **his** ~ **voice** mit *or* in seinem Singsang. **II** *n* Liedersingen *nt no indef art, no pl*. **we often have a** ~ **down the pub** in der Wirtschaft singen wir oft zusammen.

singular [ˈsɪŋgjulər] **I** *adj* **1.** (*Gram*) im Singular, singularisch (*form*). **a** ~ **noun** ein Substantiv im Singular, ein im Singular stehendes Substantiv.

2. (*odd*) sonderbar, eigenartig.

3. (*outstanding*) einzigartig, einmalig. **II** *n* Singular *m*. **in the** ~ im Singular.

singularity [ˌsɪŋgjuˈlærɪtɪ] *n* (*oddity*) Sonderbarkeit, Eigenartigkeit *f*.

singularly [ˈsɪŋgjuləlɪ] *adv* **1.** außerordentlich. **2.** (*dated: strangely*) sonderbar.

Sinhalese [sɪnhəˈliːz] *see* **Singhalese**.

sinister [ˈsɪnɪstər] *adj* **1.** unheimlich; *person, night, scheme also* finster; *music, look also* düster; *atmosphere, meaning also* unheilverkündend; *fate* böse. **2.** (*Her*) linke(r, s).

sink[1] [sɪŋk] *pret* **sank**, *ptp* **sunk** **I** *vt* **1.** *ship* versenken.

2. (*fig: ruin*) *theory* zerstören; *hopes also* zunichte machen. **now we're sunk!** (*inf*) jetzt sind wir geliefert (*inf*).

3. *shaft* senken, teufen (*spec*); *hole* ausheben. **to** ~ **a post in the ground** einen Pfosten in den Boden einlassen; **they sank a pipe under the riverbed** sie versenkten ein Rohr unter dem Flußbett; *see* **well**[1].

4. (*inf*) *drink* hinunterschütten (*inf*), hinunterspülen (*inf*).

5. *teeth, claws* schlagen. **I'd like to** ~ **my teeth into a juicy steak** ich möchte in ein saftiges Steak reinbeißen (*inf*).

6. *differences* begraben.

7. to ~ **money in sth** Geld in etw (*acc*) stecken.

8. *golf ball* einlochen; *billiard ball* in das Loch treiben.

9. (*lower*) *eyes, voice, value of currency* senken. **he sank his hands deep in his pockets** er vergrub die Hände in der Tasche; **he sank his head in his hands** er stützte den Kopf auf die Hände.

10. to be sunk in thought in Gedanken versunken sein; **to be sunk in a book** in ein Buch vertieft sein; **sunk in depression** völlig deprimiert; **to be sunk in debt** tief in Schulden stecken.

II *vi* **1.** untergehen; (*ship also*) sinken. **to** ~ **to the bottom** auf den Grund sinken; **he was left to** ~ **or swim** (*fig*) er war ganz auf sich allein angewiesen.

2. (*go down, subside*) sinken; (*sun also*) versinken; (*voice*) sich senken; (*building, land etc*) sich senken, absinken. **he sank up to his knees in the mud** er sank bis zu den Knien im Schlamm ein; **to** ~ **(down) into a chair/ back into the cushions** in einen Sessel (nieder)sinken/in die Kissen versinken; **the flames sank lower and lower** das Feuer fiel immer mehr in sich zusammen; **the record has sunk to the bottom of the charts** die Platte ist ans Ende der Liste gerutscht; **to** ~ **to one's knees** auf die Knie sinken; **to** ~ **out of sight** vor jds Augen (*dat*) versinken; **to** ~ **into a deep sleep/a depression** in tiefen Schlaf/in

in Schwermut versinken; **my spirits** or **my heart sank at the sight of the work** beim Anblick der Arbeit verließ mich der Mut; **with ~ing heart** mutlos; **the sick man is ~ing fast** der Kranke verfällt zusehends.
3. (*deteriorate, lessen: output, shares, standards*) sinken. **to ~ into insignificance** zur Bedeutungslosigkeit herabsinken.

◆**sink away** *vi* (*seabed, ground*) abfallen.

◆**sink in** I *vi* **1.** (*into mud etc*) einsinken (*prep obj, -to* in +*acc*).
2. (*inf: be understood*) kapiert werden (*inf*). **it's only just sunk ~ that it really did happen** ich kapiere/er kapiert *etc* erst jetzt, daß das tatsächlich passiert ist (*inf*); **repeat each line so that the words ~ ~** wiederhole jede Zeile, damit du's dir merkst (*inf*).
II *vt sep stakes, pylons etc* einlassen (*prep obj, -to* in +*acc*).

sink² *n* Ausguß *m*; (*in kitchen also*) Spülbecken *nt*. **~ unit** Spültisch *m*, Spüle *f*; **~ of iniquity** Sündenpfuhl *m*, Stätte *f* des Lasters; *see* **kitchen ~**.

sinker ['sɪŋkəʳ] *n* (*Fishing*) Senker, Grundsucher *m*.

sinking ['sɪŋkɪŋ] I *n* (*of ship*) Untergang *m*; (*deliberately*) Versenkung *f*; (*of shaft*) Senken, Abteufen (*spec*) *nt*; (*of well*) Bohren *nt*. II *adj* **~ feeling** flaues Gefühl (im Magen) (*inf*); **I got that horrible ~ feeling when I realized ...** mir wurde ganz anders, als ich erkannte ...; **~ fund** Tilgungsfonds *m*.

sinless ['sɪnlɪs] *adj person* ohne Sünde, frei von Sünde; *life also* sündenfrei.

sinner ['sɪnəʳ] *n* Sünder(in *f*) *m*.

Sino- ['saɪnəʊ-] *pref* chinesisch-, Sino-.

sinologist [ˌsaɪˈnɒlədʒɪst] *n* Sinologe *m*, Sinologin *f*.

sinology [ˌsaɪˈnɒlədʒɪ] *n* Sinologie *f*.

sinuosity [ˌsɪnjʊˈɒsɪtɪ] *n* (*liter*) Schlangenbewegungen *pl*; (*of river*) Windungen *pl*; (*fig*) Gewundenheit *f*.

sinuous ['sɪnjʊəs] *adj* (*lit, fig*) gewunden; *motion of snake* schlängelnd *attr*; *dancing etc* geschmeidig, schlangenartig.

sinuously ['sɪnjʊəslɪ] *adv see adj*.

sinus ['saɪnəs] *n* (*Anat*) Sinus *m* (*spec*); (*in head*) (Nasen)nebenhöhle, Stirnhöhle *f*.

sinusitis [ˌsaɪnəˈsaɪtɪs] *n* Stirnhöhlenkatarrh *m*, Sinusitis *f*.

Sioux [su:] I *n* Sioux *mf*. II *adj* Sioux-, der Sioux.

sip [sɪp] I *n* Schluck *m*; (*very small*) Schlückchen *nt*. II *vt* in kleinen Schlucken trinken; (*suspiciously, daintily*) nippen an (+*dat*); (*savour*) schlürfen. III *vi* **to ~ at sth** an etw (*dat*) nippen.

siphon ['saɪfən] I *n* Heber *m*; (*soda ~*) Siphon *m*. II *vt* absaugen; (*into tank*) (mit einem Heber) umfüllen.

◆**siphon off** *vt sep* **1.** (*lit*) abziehen, absaugen; *petrol* abzapfen; (*into container*) (mit einem Heber) umfüllen *or* abfüllen.
2. (*fig*) *staff, money* abziehen; *profits* abschöpfen.

◆**siphon out** *vt sep liquid* mit einem Heber herausleiten.

sir [sɜːʳ] *n* **1.** (*in direct address*) mein Herr

(*form*), Herr X. **no, ~** nein(, Herr X); (*Mil*) nein, Herr Leutnant/General *etc*; **S~** (*to editor of paper*) wird nicht übersetzt; **Dear S~ (or Madam), ...** sehr geehrte (Damen und) Herren!
2. (*knight etc*) **S~** Sir *m*.
3. (*Sch sl: teacher*) er (*Sch sl*). **I'll tell ~** ich sag's ihm.

sire ['saɪəʳ] I *n* **1.** (*Zool*) Vater(tier *nt*) *m*; (*stallion also*) Deck- *or* Zuchthengst, Beschäler (*form*) *m*.
2. (*old: to monarch etc*) **S~** Majestät *f*, Sire *m*.
3. (*old, poet: father, forebear*) Erzeuger, Ahn *m*. **~ of a great nation** Vater *m* einer großen Nation.
II *vt* zeugen. **the horse A, ~d by B** Pferd A, Vater B.

siren ['saɪərən] *n* (*all senses*) Sirene *f*.

sirloin ['sɜːlɔɪn] *n* Filet *nt*.

sirocco [sɪˈrɒkəʊ] *n*, *pl* **~s** Schirokko *m*.

sirup *n* (*US*) *see* **syrup**.

sis [sɪs] *n* (*inf*) Schwesterherz *nt* (*inf*).

sisal ['saɪsəl] *n* Sisal *m*.

sissified ['sɪsɪfaɪd] *adj* weibisch.

sissy ['sɪsɪ] I *n* Waschlappen *m* (*inf*), Memme *f*. II *adj* weibisch.

sister ['sɪstəʳ] *n* **1.** Schwester *f*; (*in trade union*) Kollegin *f*; (*ship*) Schwesterschiff *nt*. **to be the ~ of sb** jds Schwester sein.
2. (*nun*) (Ordens)schwester *f*; (*before name*) Schwester *f*. **3.** (*Brit: senior nurse*) Oberschwester *f*.

sisterhood ['sɪstəhʊd] *n* **1.** Schwesterschaft *f*. **she emphasized the ~ of women all over the world** sie betonte, daß alle Frauen der ganzen Welt Schwestern seien. **2.** (*Eccl*) Schwesternorden *m*. **3.** (*association of women*) Frauenvereinigung *f*.

sister *in cpds* Schwester-; **sister-in-law**, *pl* **sisters-in-law** Schwägerin *f*.

sisterly ['sɪstəlɪ] *adj* schwesterlich.

Sistine ['sɪstiːn] *adj* Sixtinisch.

Sisyphus ['sɪsɪfəs] *n* Sisyphus *m*.

sit [sɪt] (*vb: pret, ptp* **sat**) I *vi* **1.** (*be ~ting*) sitzen (*in/on* in/auf +*dat*); (*~ down*) sich setzen (*in/on* in/auf +*acc*). **~!** (*to dog*) sitz!; **a place to ~** ein Sitzplatz *m*; **~ by/with me** setz dich zu mir/neben mich; **to ~ for a painter** für einen Maler Modell sitzen; **to ~ for an exam** eine Prüfung ablegen (*form*) *or* machen; **to be ~ting pretty** (*fig inf*) gut dastehen (*inf*); **he's ~ting pretty for the directorship** der Direktorsposten ist ihm so gut wie sicher; **don't just ~ there, do something!** sitz nicht nur tatenlos da (herum), tu (endlich) was!
2. (*assembly*) tagen; (*have a seat*) einen Sitz haben. **he ~s for Liverpool** (*Brit Parl*) er ist der Abgeordnete für Liverpool; **to ~ in parliament/on a committee** einen Sitz im Parlament haben/in einem Ausschuß sitzen.
3. (*object: be placed, rest*) stehen. **the car sat in the garage** das Auto stand in der Garage; **the parcel is ~ting in the hall** das Päckchen liegt im Flur; **this food's heavy on the stomach** dieses Essen liegt schwer im Magen; **the cares ~ heavy on his brow** (*liter*) die Sorgen lasten schwer auf ihm.
4. (*bird: hatch*) sitzen, brüten. **the hen is ~ting on two eggs** das Huhn brütet zwei

Eier aus, das Huhn sitzt auf zwei Eiern.
5. (*fig: clothes*) sitzen (*on sb* bei jdm).
6. (*inf*) *see* **babysit** .

II *vt* **1.** setzen (*in* in +*acc, on* auf +*acc*); (*place*) *object* stellen. **to ~ a child on one's knees** sich (*dat*) ein Kind auf die Knie setzen; **the table/car ~s 5 people** an dem Tisch/in dem Auto haben 5 Leute Platz.
2. *horse* sitzen auf (+*dat*). **to ~ a horse well** gut zu Pferde sitzen.
3. *exam* ablegen (*form*), machen.

III *vr* **to ~ oneself down** sich gemütlich niederlassen *or* hinsetzen.

IV *n* **to have a ~** sitzen.

◆**sit about** *or* **around** *vi* herumsitzen.

◆**sit back** *vi* (*lit, fig*) sich zurücklehnen; (*fig: do nothing, not take action*) die Hände in den Schoß legen.

◆**sit down** *vi* **1.** sich (hin)setzen. **to ~ ~ in a chair** sich auf einen Stuhl setzen. **2.** (*fig*) **to take sth ~ting ~** etw einfach hinnehmen.

◆**sit in** *vi* **1.** (*demonstrators*) ein Sit-in machen *or* veranstalten. **2.** (*take place of*) **to ~ ~ (for sb)** jdn vertreten. **3.** (*attend as visitor*) dabeisein, dabeisitzen (*on sth* bei etw). **4.** (*stay in*) zu Hause sitzen.

◆**sit on I** *vi* (*continue sitting*) sitzen bleiben.
II *vi +prep obj* **1.** *committee, panel, jury* sitzen in (+*dat*). **I was asked to ~ ~ the committee** man bat mich, Mitglied des Ausschusses zu werden.
2. (*not deal with*) sitzen auf (+*dat*).
3. (*inf: suppress*) *idea, invention, product* unterdrücken, nicht hochkommen lassen; *person* einen Dämpfer aufsetzen (+*dat*) (*inf*). **to get sat ~** eins draufkriegen (*inf*).

◆**sit out I** *vi* draußen sitzen. **II** *vt sep* **1.** (*stay to end*) *play, film, meeting* bis zum Schluß *or* Ende (sitzen)bleiben bei, bis zum Schluß *or* Ende durch- *or* aushalten (*pej*); *storm* auf das Ende (+*gen*) warten. **2.** *dance* auslassen.

◆**sit through** *vi +prep obj* durchhalten, aushalten (*pej*).

◆**sit up I** *vi* **1.** (*be sitting upright*) aufrecht sitzen; (*action*) sich aufrichten, sich aufsetzen. **to ~ ~ (and beg)** (*dog etc*) Männchen machen (*inf*).
2. (*sit straight*) aufrecht *or* gerade sitzen. **~ ~!** setz dich gerade hin!, sitz gerade!; **to make sb ~ ~ (and take notice)** (*fig inf*) jdn aufhorchen lassen.
3. (*not go to bed*) aufbleiben, aufsitzen (*dated*). **she sat ~ with the sick child** sie wachte bei dem kranken Kind; **to ~ ~ for sb** aufbleiben und auf jdn warten.
4. **to ~ ~ ~ to table** sich an den Tisch setzen.
II *vt sep* aufrichten, aufsetzen; *doll also, baby* hinsetzen.

◆**sit upon** *vi +prep obj see* **sit on II**.

sitar [sɪ'tɑːʳ] *n* Sitar *m*.

sit-down ['sɪtdaʊn] **I** *n* (*inf: rest*) Verschnaufpause *f* (*inf*). **II** *attr* **to have a ~ strike** einen Sitzstreik machen.

site [saɪt] **I** *n* **1.** Stelle *f*, Platz *m*; (*Med: of infection*) Stelle *f*.
2. (*Archeol*) Stätte *f*.
3. (*building ~*) (Bau)gelände *nt*, Bau-

stelle *f*. **missile ~** Raketenbasis *f*; **~ foreman** Polier *m*; **~ office** (Büro *nt* der) Bauleitung *f*.
4. (*camping ~*) Campingplatz *m*.
II *vt* legen, anlegen. **to be ~d** liegen, (gelegen) sein.

sit-in ['sɪtɪn] *n* Sit-in *nt*. **to hold** *or* **stage a ~** ein Sit-in veranstalten.

siting ['saɪtɪŋ] *n* Legen *nt*. **the ~ of new industries away from London is being encouraged** man fördert die Errichtung neuer Betriebe außerhalb Londons; **the ~ of the town here was a mistake** es war ein Fehler, die Stadt hierher zu legen.

sitter ['sɪtəʳ] *n* (*Art*) Modell *nt*; (*baby-~*) Babysitter *m*; (*bird*) brütender Vogel; (*Sport sl*) todsicherer Ball (*inf*).

sitting ['sɪtɪŋ] **I** *adj* sitzend; *bird* brütend; *conference* tagend, in Sitzung. **~ and standing room** Sitz- und Stehplätze *pl*.
II *n* (*of committee, parliament, for portrait*) Sitzung *f*. **they have two ~s for lunch** sie servieren das Mittagessen in zwei Schüben; **the first ~ for lunch is at 12 o'clock** die erste Mittagessenszeit ist um 12 Uhr; **at one ~** (*fig*) auf einmal.

sitting duck *n* (*fig*) leichte Beute; **sitting member** *n* (*Brit Parl*) (derzeitiger) Abgeordneter, (derzeitige) Abgeordnete; **sitting room** *n* (*lounge*) Wohnzimmer *nt*; (*in guest house etc*) Aufenthaltsraum *m*; **sitting tenant** *n* (derzeitiger) Mieter.

situate ['sɪtjʊeɪt] *vt* legen.

situated ['sɪtjʊeɪtɪd] *adj* gelegen; *person* (*financially*) gestellt, situiert (*geh*). **it is ~ in the High Street** es liegt an der Hauptstraße; **a pleasantly ~ house** ein schön gelegenes Haus, ein Haus in angenehmer Lage; **how are you ~ (for money)?** wie sind Sie finanziell gestellt?, wie ist Ihre finanzielle Lage?

situation [ˌsɪtjʊ'eɪʃən] *n* **1.** (*state of affairs*) Lage, Situation *f*; (*financial, marital etc*) Lage *f*, Verhältnisse *pl*; (*in play, novel*) Situation *f*.
2. (*of house etc*) Lage *f*.
3. (*job*) Stelle *f*. **"~s vacant/wanted"** „Stellenangebote/Stellengesuche".

sit-up ['sɪtʌp] *n* (*Sport*) **to do a ~** sich aus der Rückenlage aufsetzen.

sitz bath ['zɪtsbɑːθ] *n* Sitzbadewanne *f*.

six [sɪks] **I** *adj* sechs. **she is ~ (years old)** sie ist sechs (Jahre alt); **at (the age of) ~** im Alter von sechs Jahren, mit sechs Jahren; **it's ~ (o'clock)** es ist sechs (Uhr); **there are ~ of us** wir sind sechs; **it cost ~ pounds** es kostete sechs Pfund; **~ and a half/ quarter** sechseinhalb/sechseinviertel; **in ~ -eight time** (*Mus*) im Sechsachteltakt; **to be ~ foot under** (*hum*) sich (*dat*) die Radieschen von unten besehen (*hum*); **it's ~ of one and half a dozen of the other** (*inf*) das ist Jacke wie Hose (*inf*), das ist gehupft wie gesprungen (*inf*).

II *n* **1.** (*Math, figure, round, tram*) Sechs *f*; (*bus*) Sechser *m*. **~ and a half/quarter** Sechseinhalb/-einviertel *f*.
2. (*Cards, on dice, Golf*) Sechs *f*; (*Cricket also*) Sechserschlag *m*; (*team of ~ also*) Sechsermannschaft *f*. **to divide sth into ~** etw in sechs Teile teilen; **we divided up into ~es** wir teilten uns in Sechsergrup-

pen auf; **they are sold in** ~**es** sie werden in Sechserpackungen verkauft; **to be at** ~**es and sevens** (*things*) wie Kraut und Rüben durcheinanderliegen (*inf*); (*person*) völlig durcheinander sein; **to knock sb for** ~ (*inf*) jdn umhauen.

sixfold ['sɪksfəʊld] **I** *adj* sechsfach; **I** *adv* um das Sechsfache; **six-footer** *n* **to be a** ~ über 1,80 (*gesprochen:* einsachtzig) sein; **six hundred I** *adj* sechshundert; **II** *n* Sechshundert *f*.

sixish ['sɪksɪʃ] *adj* um sechs herum.

six million *adj*, *n* sechs Millionen; **sixpack** *n* Sechserpackung *f*; **sixpence** *n* (*old: coin*) Sixpencestück *nt*; **sixpenny I** *adj* für Sixpence; **II** *n* (*fare*) Fahrkarte für Sixpence; (*stamp*) Sixpence-Marke *f*; **six-shooter** *n* (*inf*) sechsschüssiger Revolver.

sixteen ['sɪks'tiːn] **I** *adj* sechzehn. **II** *n* Sechzehn *f*.

sixteenth ['sɪks'tiːnθ] **I** *adj* sechzehnte(r, s). **a** ~ **part** ein Sechzehntel *nt*; **a** ~ **note** (*esp US Mus*) eine Sechzehntelnote, ein Sechzehntel *nt*. **II** *n* **1.** (*fraction*) Sechzehntel *nt*; (*in series*) Sechzehnte(r, s). **2.** (*date*) **the** ~ der Sechzehnte.

sixth [sɪksθ] **I** *adj* sechste(r, s). **a** ~ **part** ein Sechstel *nt*; **he was** *or* **came** ~ er wurde Sechster; **he/it was** ~ **from the end/left** er/ es war der/das Sechste von hinten/von links.

II *n* **1.** (*fraction*) Sechstel *nt*; (*in series*) Sechste(r, s).

2. (*date*) **the** ~ der Sechste; **on the** ~ am Sechsten; **the** ~ **of September** der sechste September.

3. (*Mus*) (*interval*) Sexte *f*; (*chord*) Sextakkord *m*.

4. (*Brit*) *see* ~ **form**.

III *adv* **he did it** ~ (*the* ~ *person to do it*) er hat es als Sechster gemacht; (*the* ~ *thing he did*) er hat es als sechstes *or* an sechster Stelle gemacht.

sixth form *n* (*Brit*) Abschlußklasse, ≃ Prima *f*; **sixth-former** *n* (*Brit*) Schüler(in *f*) *m* der Abschlußklasse, ≃ Primaner(in *f*) *m*.

sixthly ['sɪksθlɪ] *adv* sechstens, als sechstes.

six thousand I *adj* sechstausend. **II** *n* Sechstausend *f*.

sixth sense *n* sechster Sinn.

sixtieth ['sɪkstɪɪθ] **I** *adj* sechzigste(r, s). **a** ~ **part** ein Sechzigstel *nt*. **II** *n* (*fraction*) Sechzigstel *nt*; (*in series*) Sechzigste(r, s).

sixty ['sɪkstɪ] **I** *adj* sechzig. **II** *n* Sechzig *f*. **the sixties** die sechziger Jahre; **to be in one's sixties** zwischen sechzig und siebzig sein; **to be in one's late/early sixties** Ende/ Anfang sechzig sein; *see also* **six**.

sixty-fourth note ['sɪkstɪ'fɔːθ-] *n* (*esp US Mus*) Vierundsechzigstel(note *f*) *nt*; **sixty-four thousand dollar question** *n* (*hum*) Zehntausendmarkfrage *f* (*hum*).

sixtyish ['sɪkstɪɪʃ] *adj* um die Sechzig (*inf*), ungefähr sechzig.

sixty-one ['sɪkstɪ'wʌn] **I** *adj* einundsechzig. **II** *n* Einundsechzig *f*.

six-year-old ['sɪksjɪə‚əʊld] **I** *adj* sechsjährig *attr*, sechs Jahre alt *pred*; **war** schon sechs Jahre dauernd. **II** *n* Sechsjährige(r) *mf*.

sizable *adj see* **sizeable**.

size¹ [saɪz] **I** *n* (*all senses*) Größe *f*; (*of*

problem, operation also) Ausmaß *nt*. **collar/hip/waist** ~ Kragen-/Hüft-/Taillenweite *f*; **it's the** ~ **of a brick** es ist so groß wie ein Ziegelstein; **he's about your** ~ er ist ungefähr so groß wie du; **what** ~ **is it?** wie groß ist es?; (*clothes, shoes, gloves etc*) welche Größe ist es?; **it's quite a** ~ es ist ziemlich groß; **it's two** ~**s too big** es ist zwei Nummern zu groß; **to cut sth to** ~ etw auf die richtige Größe zurechtschneiden; **that's about the** ~ **of it** (*inf*) ja, so ungefähr kann man es sagen.

II *vt* größenmäßig ordnen.

◆**size up** *vt sep* abschätzen. **I can't quite** ~ **him** ~ ich werde aus ihm nicht schlau.

size² **I** *n* (*Grundier*)leim *m*. **II** *vt* grundieren.

sizeable ['saɪzəbl] *adj* ziemlich groß, größer; *car, estate, jewel also* ansehnlich; *sum, problem, difference also* beträchtlich.

sizeably ['saɪzəblɪ] *adv* beträchtlich.

sizzle ['sɪzl] **I** *vi* brutzeln. **II** *n* Brutzeln *nt*.

sizzling ['sɪzlɪŋ] **I** *adj* fat, bacon brutzelnd. **II** *adv*: ~ **hot** kochend heiß; **it was a** ~ **hot day** (*inf*) es war knallheiß (*inf*).

skate¹ [skeɪt] *n* (*fish*) Rochen *m*.

skate² **I** *n* (*shoe*) Schlittschuh *m*; (*blade*) Kufe *f*. **put** *or* **get your** ~**s on** (*fig inf*) mach/macht mal ein bißchen dalli! (*inf*).

II *vi* eislaufen, Schlittschuh laufen; (*figure-*~) eislaufen, Eiskunstlauf machen; (*roller-*~) Rollschuh laufen. **he** ~**d across the pond** er lief (auf Schlittschuhen) über den Teich; **it went skating across the room** (*fig*) es rutschte durch das Zimmer.

◆**skate over** *or* **round** *vi* +*prep obj* links liegenlassen; *difficulty, problem* einfach übergehen.

skateboard ['skeɪtbɔːd] *n* Skateboard, Rollbrett *nt*.

skateboarding ['skeɪtbɔːdɪŋ] *n* Skateboardfahren *nt*.

skater ['skeɪtə^r] *n* (*ice*~) Eisläufer(in *f*), Schlittschuhläufer(in *f*) *m*; (*figure-*~) Eiskunstläufer(in *f*) *m*; (*roller-*~) Rollschuhläufer(in *f*) *m*.

skating ['skeɪtɪŋ] *n* (*ice*~) Eislauf, Schlittschuhlauf *m*; (*figure-*~) Eiskunstlauf *m*; (*roller-*~) Rollschuhlauf *m*.

skating *in cpds* Eislauf-; Rollschuh-; ~ **rink** *n* Eisbahn/ Rollschuhbahn *f*.

skedaddle [skɪ'dædl] *vi* (*Brit inf*) Reißaus nehmen (*inf*), türmen (*inf*). ~! weg mit dir/euch!, verzieh dich/verzieht euch!

skein [skeɪn] *n* (*of wool etc*) Strang *m*; (*of geese*) Schwarm *m*; (*of evidence, lies etc*) Geflecht *nt*.

skeletal ['skelɪtl] *adj* Skelett-; *person* bis aufs Skelett abgemagert; *appearance* wie ein Skelett; *shapes of trees etc* skelettartig.

skeleton ['skelɪtn] **I** *n* (*lit, fig*) Skelett *nt*; (*esp of ship*) Gerippe *nt*. **a** ~ **in one's cupboard** ein dunkler Punkt (in der Familiengeschichte); (*of public figure*) eine Leiche im Keller.

II *adj* *plan, outline etc* provisorisch; *staff, service etc* Not-. ~ **key** Dietrich, Nachschlüssel *m*.

skeptic *etc* (*US*) *see* **sceptic** *etc*.

sketch [sketʃ] **I** *n* (*Art, Liter*) Skizze *f*; (*Mus*)

Impression f; (*Theat*) Sketch m; (*draft, design also*) Entwurf m. **II** vt (*lit, fig*) skizzieren. **II** vi Skizzen machen.

◆**sketch in** vt sep (*draw*) (grob) einzeichnen; (*verbally*) umreißen.

◆**sketch out** vt sep (*draw*) grob skizzieren; (*outline also*) umreißen.

sketch-book ['sketʃbʊk] n Skizzenbuch nt.

sketchily ['sketʃɪlɪ] adv flüchtig, oberflächlich.

sketchiness ['sketʃɪnɪs] n Flüchtigkeit, Oberflächlichkeit f; (*insufficiency*) Unzulänglichkeit f.

sketching ['sketʃɪŋ] n (*Art*) Skizzenzeichnen nt.

sketch-map ['sketʃˌmæp] n Kartenskizze f; **sketch-pad** n Skizzenblock m.

sketchy ['sketʃɪ] adj (+er) (*inadequate*) knowledge, plan, work, account flüchtig, oberflächlich; (*incomplete*) account, record bruchstückhaft.

skew [skju:] **I** n on the ~ schief; (*on the diagonal*) schräg.

II adj (*lit, fig*) schief; (*diagonal*) schräg. **~-whiff** (*lit, fig*) (wind)schief.

III vt (*turn round*) umdrehen; (*make crooked*) krümmen; (*fig: distort*) verzerren.

IV vi the car ~ed off the road der Wagen kam von der Straße ab; the road ~s to the right die Straße biegt nach rechts ab; he ~ed round er drehte sich um.

skewbald ['skju:bɔ:ld] **I** n Schecke mf. **II** adj gescheckt, scheckig.

skewer ['skjʊəʳ] **I** n Spieß m. **II** vt aufspießen.

ski [ski:] **I** n Ski, Schi m; (*Aviat*) Kufe f. **II** vi Ski laufen or fahren. they ~ed down the slope/over the hill sie fuhren (auf ihren Skiern) den Hang hinunter/sie liefen (mit ihren Skiern) über den Hügel.

ski in cpds Ski-, Schi-; **ski-bob** n Skibob m; **ski boot** n Skistiefel or -schuh m.

skid [skɪd] **I** n 1. (*sliding movement*) (*Aut etc*) Schleudern nt. to steer into/against a ~ mitsteuern/gegensteuern; to go into a ~ ins Schleudern geraten or kommen; to correct or get out of a ~ das Fahrzeug abfangen or wieder in seine Gewalt bekommen.

2. (*on wheel*) Rolle f.

3. (*runner*) Gleiter m; (*of plane, sledge etc*) Gleitkufe f.

4. ~s pl (*fig*) he was on or hit the ~s (*US inf*) es ging abwärts mit ihm; to put the ~s under sb/sb's plans (*inf*) jdn/jds Pläne zu Fall bringen, jdm die Suppe versalzen (*inf*).

II vi (*car, objects*) schleudern; (*person*) ausrutschen. to ~ across the floor über den Boden rutschen or schlittern; the car ~ded into a tree der Wagen schleuderte gegen einen Baum.

skidmark ['skɪdmɑ:k] n Reifenspur f; (*from braking*) Bremsspur f; **skidpan** n Schleuderstrecke f; **skid row** n (*esp US inf*) Kaschemmen- und) Pennergegend f (*inf*); he ended up in ~ er ist als Penner geendet (*inf*).

skier ['ski:əʳ] n Skiläufer(in f), Skifahrer(in f) m.

skiff [skɪf] n Skiff nt; (*Sport*) Einer m.

skiffle ['skɪfl] n Skiffle m.

skiing ['ski:ɪŋ] n Skilaufen, Skifahren nt.

ski-jump ['ski:dʒʌmp] n (*action*) Skisprung m; (*place*) Sprungschanze f; **ski-jumping** n Skispringen nt.

skilful, (*US*) **skillful** ['skɪlfʊl] adj geschickt; piano-playing etc also gewandt; sculpture, painting etc kunstvoll.

skilfully, (*US*) **skillfully** ['skɪlfəlɪ] adv see adj.

skilfulness, (*US*) **skillfulness** ['skɪlfʊlnɪs] n see skill 1.

ski-lift ['ski:lɪft] n Skilift m.

skill [skɪl] n 1. no pl (*skilfulness*) Geschick nt, Geschicklichkeit f; (*of sculptor etc*) Kunst(fertigkeit) f. his ~ at billiards/in persuading people sein Geschick beim Billard/sein Geschick or seine Fähigkeit, andere zu überreden.

2. (*acquired technique*) Fertigkeit f; (*ability*) Fähigkeit f. to learn new ~s etwas Neues lernen.

skilled [skɪld] adj (*skilful*) geschickt, gewandt (*at* in +dat); (*trained*) ausgebildet, Fach-; (*requiring skill*) Fach-, fachmännisch. he's ~ in persuading people er versteht es, andere zu überreden; a man ~ in diplomacy ein geschickter Diplomat.

skillet ['skɪlɪt] n Bratpfanne f.

skillful etc (*US*) see skilful etc.

skim [skɪm] **I** vt 1. (*remove floating matter*) abschöpfen; milk entrahmen. ~med or (*US*) ~ milk Magermilch f.

2. (*pass low over*) streifen or streichen über (+acc); (*fig: touch on*) berühren. he ~med stones across the surface of the water er ließ Steine übers Wasser hüpfen or springen; he ~med his hat across the room er schleuderte seinen Hut quer durchs Zimmer.

3. (*read quickly*) überfliegen.

II vi (*across, over* über +acc) (*move quickly*) fliegen; (*aircraft also*) rasch gleiten; (*stones*) springen, hüpfen.

◆**skim off** vt sep abschöpfen; (*fig*) absahnen. to ~ the cream ~ the milk die Milch entrahmen. **II** vi (*birds*) davonfliegen; (*person*) lossausen.

◆**skim through** vi +prep obj book etc überfliegen.

skimmer ['skɪməʳ] n 1. Schaumlöffel m. 2. (*Orn*) Scherenschnabel m.

skimp [skɪmp] **I** vt food, material sparen an (+dat), knausern mit; work hudeln bei (*inf*), nachlässig erledigen; details zu kurz kommen lassen. **II** vi sparen (*on* an +dat), knausern (*on* mit).

skimpily ['skɪmpɪlɪ] adv dürftig; live, eat also kärglich; dressed spärlich.

skimpy ['skɪmpɪ] adj (+er) dürftig; meal, existence also kärglich; clothes knapp. to be ~ with sth mit etw sparsam sein.

skin [skɪn] **I** n 1. Haut f. to be soaked to the ~ bis auf die Haut naß sein; he's nothing but ~ and bone(s) nowadays er ist nur noch Haut und Knochen; that's no ~ off my nose (*inf*) das juckt mich nicht (*inf*); all men/women are brothers/sisters under the ~ im Grunde sind alle Menschen gleich; to save one's own ~ die eigene Haut retten; to jump out of one's

~ (*inf*) erschreckt hochfahren; **to get under sb's ~** (*inf*) (*irritate*) jdm auf die Nerven gehen (*inf*); (*fascinate*) (*music, voice*) jdm unter die Haut gehen; (*person*) jdn faszinieren; **I've got you under my ~** du hast mir's angetan; **to have a thick/thin ~** (*fig*) ein dickes Fell (*inf*)/eine dünne Haut haben; **by the ~ of one's teeth** (*inf*) mit knapper Not, mit Ach und Krach (*inf*).

2. (*hide*) Haut *f*; (*fur*) Fell *nt*; (*of small animals also*) Balg *m*.

3. (*oilskins*) Ölhaut *f*, Ölzeug *nt*.

4. (*for wine etc*) Schlauch *m*.

5. (*of fruit etc*) Schale *f*; (*of grape, tomato also*) Haut *f*.

6. (*on sausage etc*) Haut *f*, Darm *m*.

7. (*on milk etc*) Haut *f*.

8. (*for duplicating*) Matrize *f*.

II *vt animal* abziehen; *fruit* schälen; *grapes, tomatoes* enthäuten. **to ~ sb alive** (*inf*) jdm den Kopf abreißen (*hum inf*).

skin-deep ['skɪndiːp] *adj see* **beauty**; **skin disease** *n* Hautkrankheit *f*; **skin-diver** *n* Sporttaucher(in *f*) *m*; **skin-diving** *n* Sporttauchen *nt*; **skin-flick** *n* (*inf*) Pornofilm *m*; **skinflint** *n* (*inf*) Geizkragen *m* (*inf*).

skinful ['skɪnful] *n* (*inf*) **to have had a ~** einen sitzen haben (*inf*).

skin game *n* (*US inf*) Schwindel *m*; **skin graft** *n* Hauttransplantation *or* -verpflanzung *f*; **skinhead** *n* (*Brit inf*) (kurzgeschorener) Rowdy; **skinless** *adj sausage* ohne Haut *or* Darm.

skinner ['skɪnə^r] *n* (*removing skins*) Abdecker *m*; (*preparing skins*) Gerber *m*.

skinny ['skɪnɪ] *adj* (+*er*) (*inf*) *person, legs, arms* dünn; *sweater* eng anliegend *attr*, hauteng.

skinny-dip ['skɪnɪdɪp] *vi* (*inf*) im Adams-/Evaskostüm baden (*hum*); **skinny-rib** *adj sweater* Rippen-.

skint [skɪnt] *adj* (*Brit inf*) **to be ~** pleite *or* blank sein (*inf*).

skin test *n* Hauttest *m*; **skin-tight** *adj* hauteng.

skip[1] [skɪp] **I** *n* (kleiner) Sprung, Hüpfer *m*; (*in dancing*) Hüpfschritt *m*.

II *vi* **1.** hüpfen; (*jump, gambol*) springen; (*with rope*) seilhüpfen, seilspringen. **she was ~ping** (*with rope*) sie sprang Seil.

2. (*from subject to subject*) springen.

3. (*inf: abscond, flee*) abhauen (*inf*).

III *vt* **1.** (*omit, miss*) *school, church etc* schwänzen (*inf*); *passage, chapter etc* überspringen, auslassen. **my heart ~ped a beat** mein Herzschlag setzte für eine Sekunde aus; **to ~ lunch** das Mittagessen ausfallen lassen; **~ it!** ist ja auch egal!

2. (*US*) **to ~ rope** seilhüpfen, seilspringen.

3. (*US inf*) **to ~ town** aus der Stadt verschwinden (*inf*).

◆**skip about** *vi* (*lit*) herumhüpfen; (*fig: author, speaker*) springen.

◆**skip across** *vi* (*inf*) rüberspritzen (*inf*), rüberspringen (*inf*). **we ~ped ~ to Paris** wir machten eine Spritztour nach Paris (*inf*).

◆**skip off** *vi* (*inf*) abhauen (*inf*).

◆**skip over I** *vi* (*inf*) *see* **skip across**. **II** *vi* +*prep obj* (*pass over*) überspringen.

◆**skip through** *vi* +*prep obj book* durchblättern.

skip[2] *n* (*Build*) Container *m*, Bauschuttmulde *f* (*form*); (*Min*) Förderkorb *m*.

skip[3] *n* (*Sport*) Kapitän *m*.

ski pants *npl* Skihose(n *pl*) *f*; **skiplane** *n* Flugzeug *nt* mit Schneekufen; **ski pole** *n see* **ski stick**.

skipper ['skɪpə^r] **I** *n* Kapitän *m*. **II** *vt* anführen. **the team was ~ed by X** Kapitän der Mannschaft war X.

skipping ['skɪpɪŋ] *n* Seilhüpfen, Seilspringen *nt*. **~ rope** Hüpf- *or* Sprungseil *nt*.

skirmish ['skɜːmɪʃ] **I** *n* (*Mil*) Gefecht *nt*, Plänkelei *f*; (*scrap, fig*) Zusammenstoß *m*. **II** *vi* (*Mil*) kämpfen; (*scrap, fig*) zusammenstoßen.

skirmisher ['skɜːmɪʃə^r] *n* Kämpfende(r) *m*.

skirt [skɜːt] **I** *n* **1.** Rock *m*; (*of jacket, coat*) Schoß *m*. **2.** (*sl: woman*) Weibse *f* (*sl*). **a bit or piece of ~** ein Weibsstück *nt* (*sl*). **II** *vt* (*also* ~ **(a)round**) umgehen; (*encircle*) umgeben.

skirting (board) ['skɜːtɪŋ(ˌbɔːd)] *n* (*Brit*) Fuß- *or* Scheuerleiste, Lambrie (*dial*) *f*.

ski-run ['skiːrʌn] *n* Skipiste *f*; **ski school** *n* Skischule *f*; **ski stick** *n* Skistock *m*.

skit [skɪt] *n* (satirischer) Sketch (*on* über +*acc*), Parodie *f* (*on gen*).

ski tow *n* Schlepplift *m*.

skitter ['skɪtə^r] *vi* rutschen.

skittish ['skɪtɪʃ] *adj* (*playful*) übermütig, schelmisch; (*flirtatious*) *woman* neckisch, kokett; (*nervous*) *horse* unruhig.

skittishly ['skɪtɪʃlɪ] *adv see adj*.

skittishness ['skɪtɪʃnɪs] *n see adj* Übermütigkeit *f*, Übermut *m*; Neckereien *pl*; Unruhe, Nervosität *f*.

skittle ['skɪtl] *n* (*Brit*) Kegel *m*. **to play ~s** kegeln; ~ **alley** Kegelbahn *f*.

skive [skaɪv] (*Brit sl*) **I** *n* **to be on the ~** blaumachen (*inf*); (*from school etc*) schwänzen (*inf*). **II** *vi* blaumachen (*inf*); (*from school etc*) schwänzen (*inf*).

◆**skive off** *vi* (*Brit sl*) sich abseilen (*sl*), sich drücken (*inf*).

skiver ['skaɪvə^r] *n* (*Brit sl*) fauler Bruder (*inf*), faule Schwester (*inf*).

skivvy ['skɪvɪ] *n* (*Brit inf*) Dienstmagd *f*.

skua ['skjuːə] *n* Skua *f*, Große Raubmöwe.

skulduggery [skʌl'dʌgərɪ] *n* (*inf*) üble Tricks *pl* (*inf*).

skulk [skʌlk] *vi* (*move*) schleichen, sich stehlen; (*lurk*) sich herumdrücken.

◆**skulk off** *vi* sich davonschleichen, sich davonstehlen.

skull [skʌl] *n* Schädel *m*. ~ **and crossbones** Totenkopf *m*; ~**cap** Scheitelkäppchen *nt*.

skunk [skʌŋk] *n* Skunk *m*, Stinktier *nt*; (*inf: person*) Schweinehund *m*.

sky [skaɪ] *n* Himmel *m*. **under the open ~** unter freiem Himmel; **in the ~** am Himmel; **the ~'s the limit!** nach oben sind keine Grenzen gesetzt; **to praise or extol sb to the skies** jdn in den Himmel heben, jdn über den grünen Klee loben (*inf*).

sky blue *n* strahlendes Blau; **sky-blue** *adj* strahlend blau; **skydiving** *n* Fallschirmspringen *nt*.

Skye terrier ['skaɪˌtɛrɪə^r] *n* Skye-Terrier *m*.

sky-high ['skaɪ'haɪ] **I** *adj prices* schwindelnd

hoch; **II** *adv* zum Himmel; **to blow a bridge ~** (*inf*) eine Brücke in die Luft sprengen (*inf*); **to blow a theory ~** (*inf*) eine Theorie zum Einsturz bringen; **skyjack I** *vt* entführen; **II** *n* Flugzeugentführung *f*; **skyjacker** *n* Luftpirat(in *f*), Flugzeugentführer(in *f*) *m*; **skylark I** *n* Feldlerche *f*; **II** *vi* (*inf*) (*frolic*) tollen; (*fool around*) blödeln (*inf*); **skylarking** *n* (*inf*) Tollen *nt*; (*fooling around*) Blödelei *f* (*inf*); **skylight** *n* Oberlicht *nt*; (*in roof also*) Dachfenster *nt*; **skyline** *n* (*horizon*) Horizont *m*; (*of building, hills etc*) Silhouette *f*; (*of city*) Skyline, Silhouette *f*; **sky pilot** *n* (*sl*) Schwarzrock *m* (*inf*); **skyrocket I** *n* (Feuerwerks)rakete *f*; **II** *vi* (*prices, expenses*) in die Höhe schießen; **he ~ed to fame** er wurde mit einem Schlag berühmt; **III** *vt* in die Höhe schießen lassen; **the novel ~ed its author to fame** der Roman machte den Autor mit einem Schlag berühmt; **skyscraper** *n* Wolkenkratzer *m*.

skyward(s) ['skaɪwəd(z)] **I** *adj* zum *or* gen (*geh*) Himmel gerichtet. **II** *adv* zum *or* gen (*geh*) Himmel.

sky-writing ['skaɪˌraɪtɪŋ] *n* Himmelsschrift *f*.

slab [slæb] *n* (*of wood etc*) Tafel *f*; (*of stone, concrete etc*) Platte *f*; (*in mortuary*) Tisch *m*; (*slice*) dicke Scheibe; (*of cake, bread*) großes Stück; (*of chocolate*) Tafel *f*.

slack [slæk] **I** *adj* (+*er*) **1.** (*not tight*) locker.
2. (*lazy*) bequem, träge; *student* verbummelt; (*negligent*) nachlässig, schlampig (*inf*). **they are very ~ about renewing contracts** das Erneuern der Verträge wird sehr nachlässig gehandhabt.
3. (*not busy*) (*Comm*) *market* flau; *period, season also* ruhig. **business is ~** das Geschäft geht schlecht.
4. (*slow*) *water* träge; *wind* flau.
II *n* **1.** (*of rope etc*) durchhängendes Teil (des Seils/Segels *etc*), Lose(s) *nt* (*spec*). **to take up the ~ (on a rope/sail)** ein Seil/Segel straffen *or* spannen; **there is too much ~** das Seil/Segel hängt zu sehr durch; **to take up the ~ in the economy** die brachliegenden Kräfte (der Wirtschaft) nutzen.
2. (*coal*) Grus *m*.
III *vi* bummeln.

◆**slack off** *vi see* **slacken off 2**.

slacken ['slækn] **I** *vt* **1.** (*loosen*) lockern.
2. (*reduce*) vermindern, verringern. **to ~ speed** langsamer werden, die Geschwindigkeit verlangsamen.
II *vi* **1.** (*become loose*) sich lockern.
2. (*speed*) sich verringern; (*rate of development*) sich verlangsamen; (*wind, demand, market*) abflauen, nachlassen.

◆**slacken off** *vi* **1.** (*diminish*) nachlassen; (*wind, trade also*) abflauen; (*work, trade*) abnehmen. **2.** (*person: relax*) nachlassen; (*for health reasons*) sich schonen.

◆**slacken up** *vi see* **slacken off 2**.

slackening ['slæknɪŋ] *n* (*loosening*) Lockern *nt*; (*reduction*) Abnahme *f*; (*of rate of development, speed*) Verlangsamung *f*; (*of wind, efforts, market*) Abflauen *nt*. **there is no ~ off in the demand** die Nachfrage ist nicht zurückgegangen.

slacker ['slækə^r] *n* Bummelant *m*.

slackly ['slæklɪ] *adv hold* locker; *hang* lose.

slackness ['slæknɪs] *n* (*of rope, reins*) Schlaffheit *f*, Durchhängen *nt*; (*of business, market etc*) Flaute *f*; (*laziness*) Bummelei *f*; (*negligence*) Nachlässigkeit, Schlampigkeit (*inf*) *f*.

slacks [slæks] *npl* Hose *f*.

slag [slæg] *n* **1.** Schlacke *f*. **~ heap** Schlackenhalde *f*. **2.** (*sl: woman*) Schlampe *f* (*inf*).

slain [sleɪn] *ptp of* **slay**.

slake [sleɪk] *vt* **1.** (*liter: quench*) stillen. **2.** *lime* löschen. **~d lime** gelöschter Kalk, Löschkalk *m*.

slalom ['slɑːləm] *n* Slalom *m*.

slam [slæm] **I** *n* **1.** (*of door etc*) Zuschlagen, Zuknallen *nt no pl*; (*of fist etc*) Aufschlagen *nt no pl*. **with a ~** mit voller Wucht.
2. (*Cards*) Schlemm *m*. **little** *or* **small ~** Klein-Schlemm *m*.
II *vt* **1.** (*close violently*) zuschlagen, zuknallen. **to ~ the door** (*lit, fig*) die Tür zuschlagen; **to ~ sth shut** etw zuknallen; **to ~ the door in sb's face** jdm die Tür vor der Nase zumachen.
2. (*inf: put, throw etc with force*) knallen (*inf*). **to ~ the brakes on** (*inf*) auf die Bremse latschen (*inf*).
3. (*inf: defeat*) vernichtend schlagen.
4. (*inf: criticize harshly*) verreißen; *person* herunterputzen (*inf*).
III *vi* (*door, window*) zuschlagen, zuknallen.

◆**slam down** *vt sep* (*put down violently*) hinknallen (*inf*); *phone* aufknallen (*inf*); *window* zuknallen. **to ~ sth ~ on the table** etw auf den Tisch knallen.

slander ['slɑːndə^r] **I** *n* Verleumdung *f*. **II** *vt* verleumden.

slanderer ['slɑːndərə^r] *n* Verleumder(in *f*) *m*.

slanderous ['slɑːndərəs] *adj* verleumderisch.

slang [slæŋ] **I** *n* Slang *m*; (*army ~, schoolboy ~ etc*) Jargon *m*. **thieves' ~** Gaunersprache *f*, Rotwelsch *nt*; **gipsy ~** Zigeunersprache *f*. **II** *adj* Slang-. **III** *vt* (*inf: esp Brit*) **to ~ sb/sth** jdn beschimpfen/über etw (*acc*) schimpfen; **~ing match** Wettschimpfen *nt*.

slangy *adj* (+*er*), **slangily** *adv* ['slæŋɪ, -lɪ] salopp.

slant [slɑːnt] **I** *n* **1.** Neigung, Schräge *f*. **to be on the ~** sich neigen, schräg sein; **his handwriting has a definite ~ to the right/left** er schreibt stark nach rechts/links.
2. (*fig*) (*bias, leaning*) Tendenz, Neigung *f*; (*point of view*) Anstrich *m*. **these newspapers have a right-wing ~** diese Zeitungen sind rechts gerichtet; **to get a ~ on sth** sich (*dat*) einen Eindruck von etw verschaffen; **~-eyed** mit schräggestellten Augen.
II *vt* verschieben; *report* färben. **the book is ~ed towards women** das Buch ist auf Frauen ausgerichtet.
III *vi* (*road*) sich neigen. **the light ~ed in at the window** das Licht fiel durch das Fenster herein; **her eyes ~ up at the corners** ihre Augen sind schräggestellt.

slanted ['slɑːntɪd] *adj* (*fig*) gefärbt.

slanting ['slɑːntɪŋ] *adj* schräg.

slap [slæp] **I** *n* Schlag, Klaps *m*. **to give sb a ~** jdm einen Klaps geben; **a ~ in the face** (*lit, fig*) ein Schlag ins Gesicht; (*lit also*) eine Ohrfeige; **to give sb a ~ on the back** jdm (anerkennend) auf den Rücken klopfen; (*fig*) jdn loben; **~ and tickle** (*hum inf*) Balgerei (*inf*), Kalberei (*inf*) *f*.

II *adv* direkt.

III *vt* **1.** schlagen. **to ~ sb's face** jdn ohrfeigen, jdm ins Gesicht schlagen; **to ~ sb on the back** jdm auf den Rücken klopfen.

2. (*put noisily*) knallen (*on(to)* auf +*acc*).

3. (*inf: put carelessly*) **a piece of cheese ~ped between two slices of bread** ein Stück Käse zwischen zwei Scheiben Brot geklatscht (*inf*).

◆**slap down** *vt sep* (*inf*) **1.** (*put down*) hinknallen. **2.** (*fig*) **to ~ sb ~** jdm eins aufs Dach *or* auf den Deckel geben (*inf*).

◆**slap on** *vt sep* (*inf*) **1.** (*apply carelessly*) paint, make-up draufklatschen (*inf*). **2.** (*put on top*) draufklatschen (*inf*); (*fig*) tax, money draufhauen (*inf*).

slap-bang ['slæp'bæŋ] *adv* (*inf*) mit Karacho (*inf*); **it was ~ in the middle** es war genau in der Mitte; **slapdash** *adj* flüchtig, schludrig (*pej*); **slap-happy** *adj* unbekümmert; **slapjack** *n* (*US*) ≈ Pfannkuchen *m*; **slapstick** *n* Klamauk *m* (*inf*); **~ comedy** Slapstick *m*; **slap-up** *adj* (*inf*) super *pred*, Super- (*inf*); **meal** mit allem Drum und Dran (*inf*).

slash [slæʃ] **I** *n* **1.** (*action*) Streich *m*; (*wound*) Schnitt *m*; (*made with sword etc also*) Schmiß *m*.

2. (*Sew*) Schlitz *m*.

3. (*sl*) **to go for/have a ~** schiffen gehen (*sl*)/schiffen (*sl*).

II *vt* **1.** (*cut*) zerfetzen; *face also* aufschlitzen; *undergrowth* abhauen, wegschlagen; (*with sword*) hauen auf (+*acc*). **to ~ sth to ribbons** etw zerfetzen.

2. (*strike*) schlagen, einschlagen auf (+*acc*).

3. (*inf: reduce drastically*) price radikal herabsetzen; *estimate, budget* zusammenstreichen (*inf*).

4. (*Sew*) mit Schlitzen versehen. **~ed sleeves** Schlitzärmel *pl*.

III *vi* **to ~ at sb/sth** nach jdm/etw schlagen.

◆**slash off** *vt sep* abschlagen. **to ~ £100 ~ the budget** £ 100 aus dem Etat streichen.

slashing ['slæʃɪŋ] *adj* blow zerschmetternd; *attack also* scharf; *criticism* vernichtend.

slat [slæt] *n* Leiste *f*; (*wooden also*) Latte *f*; (*in grid etc*) Stab *m*.

slate [sleɪt] **I** *n* **1.** (*rock*) Schiefer *m*; (*roof ~*) Schieferplatte *f*; (*writing ~*) (Schiefer)tafel *f*. **~ quarry** Schieferbruch *m*; **put it on the ~** (*inf*) schreiben Sie es mir an; **to have a clean ~** (*fig*) eine reine Weste haben; **to wipe the ~ clean** (*fig*) reinen Tisch machen.

2. (*US Pol*) (Kandidaten)liste *f*.

II *adj* Schiefer-, schief(e)rig.

III *vt* **1.** roof (mit Schiefer) decken.

2. (*US*) (*propose*) vorschlagen; (*schedule*) ansetzen.

3. (*inf: criticize harshly*) *play, performance* verreißen (*inf*); *person* zusammenstauchen (*inf*).

slate-blue [ˌsleɪt'bluː] *adj* blaugrau; **slate-coloured** *adj* schiefergrau, schieferfarben; **slate-grey** *adj* schiefergrau; **slate pencil** *n* Griffel *m*.

slater ['sleɪtər] *n* Dachdecker *m*.

slating ['sleɪtɪŋ] *n* (*inf*) Verriß *m*. **to give sb a ~** jdn zusammenstauchen (*inf*); **to get a ~** zusammengestaucht werden (*inf*); (*play, performance etc*) verrissen werden.

slatted ['slætɪd] *adj see* **slat** aus Leisten/Latten/Stäben bestehend. **a ~ fence** ein Lattenzaun *m*.

slattern ['slætən] *n* Schlampe *f*.

slatternly ['slætənlɪ] *adj* liederlich, schlampig.

slaty ['sleɪtɪ] *adj* material schief(e)rig; (*in colour*) schieferfarben.

slaughter ['slɔːtər] **I** *n* (*of animals*) Schlachten *nt no pl*; (*of persons*) Gemetzel, Abschlachten (*liter*) *nt no pl*. **the ~ on the roads** das Massensterben auf den Straßen.

II *vt* schlachten; *persons* (*lit*) abschlachten; (*fig*) fertigmachen (*inf*).

slaughterer ['slɔːtərər] *n* (*lit*) Schlachter *m*; (*fig*) Schlächter *m*.

slaughterhouse ['slɔːtəhaus] *n* Schlachthof *m or* -haus *nt*.

Slav [slɑːv] **I** *adj* slawisch. **II** *n* Slawe *m*, Slawin *f*.

slave [sleɪv] **I** *n* Sklave *m*, Sklavin *f*. **to be a ~ to sb/sth** jds Sklave sein/Sklave von etw sein. **II** *vi* sich abplagen, schuften (*inf*). **to ~ (away) at sth** sich mit etw herumschlagen; **to ~ over a hot stove** (den ganzen Tag) am Herd stehen.

slave driver *n* (*lit, fig*) Sklaventreiber *m*; **slave labour** *n* **1.** (*work*) Sklavenarbeit *f*; **2.** (*work force*) Sklaven *pl*.

slaver[1] ['sleɪvər] *n* (*ship*) Sklavenschiff *nt*; (*person*) Sklavenhändler *m*.

slaver[2] ['slævər] **I** *vi* speicheln (*geh*), geifern. **the dog ~ed at the mouth** der Hund hatte Schaum vor dem Maul; **he began to ~ at the thought of food** bei dem Gedanken ans Essen lief ihm das Wasser im Munde zusammen. **II** *n* Speichel, Geifer *m*.

slavery ['sleɪvərɪ] *n* Sklaverei *f*; (*condition*) Sklavenleben *nt*; (*fig: addiction*) sklavische Abhängigkeit (*to* von).

slave-ship ['sleɪvʃɪp] *n* Sklavenschiff *nt*; **slave-trade** *n* Sklavenhandel *m*; **slave-trader** *n see* **slaver**[1].

Slavic ['slɑːvɪk] **I** *adj* slawisch. **II** *n* das Slawische.

slavish *adj*, **~ly** *adv* ['sleɪvɪʃ, -lɪ] slawisch.

slavishness ['sleɪvɪʃnɪs] *n* sklavische Abhängigkeit; (*submissiveness*) Unterwürfigkeit *f*.

Slavonic [sləˈvɒnɪk] **I** *adj* slawisch. **II** *n* das Slawische.

slaw [slɔː] *n* (*US*) Krautsalat *m*.

slay [sleɪ] *pret* **slew**, *ptp* **slain** *vt* erschlagen; (*with gun etc*) ermorden. **he really ~s me** (*inf*) ich könnte mich über ihn totlachen (*inf*).

slayer ['sleɪər] *n* (*liter*) Mörder *m*.

sleazy ['sliːzɪ] *adj* (+*er*) (*inf*) schäbig.

sled [sled], **sledge** [sledʒ] I *n* Schlitten *m*.
II *vi* Schlitten fahren.

sledge(hammer) ['sledʒ(ˌhæməʳ)] *n* Vor-schlaghammer *m*.

sleek [sliːk] I *adj* (+*er*) hair, fur, animal geschmeidig, glatt; (*of general appearance*) gepflegt; car also schnittig, elegant; behaviour aalglatt (*pej*), glatt. II *vt* glätten; (*cat*) lecken. **to ~ one's hair down/back** sich (*dat*) die Haare glätten *or* zurechtstreichen/zurückstreichen.

sleekness ['sliːknɪs] *n see adj* Geschmeidig-keit *f*; Gepflegtheit *f*; Schnittigkeit, Eleganz *f*; aalglatte Art (*pej*), Glätte *f*.

sleep [sliːp] (*vb: pret, ptp* **slept**) I *n* Schlaf *m*. **to go to ~** (*person, limb*), **to drop off to ~** (*person*) einschlafen; **I couldn't get to ~ last night** ich konnte letzte Nacht nicht einschlafen; **try and get some ~** versuche, etwas zu schlafen; **to have a ~** (etwas) schlafen; **to have a good night's ~** sich richtig ausschlafen, richtig schlafen; **to put sb to ~** (*person, cocoa etc*) jdn zum Schlafen bringen; (*drug*) jdn einschläfern; **to put an animal to ~** (*euph*) ein Tier einschläfern; **that film sent me to ~** bei dem Film bin ich eingeschlafen; **to walk/talk in one's ~** schlafwandeln/im Schlaf sprechen.

II *vt* **1. to ~ the hours away** vor sich hin dösen (*inf*); (*all day*) den ganzen Tag verschlafen.
2. unterbringen. **the house ~s 10** in dem Haus können 10 Leute übernachten.

III *vi* schlafen. **to ~ like a log** *or* **top** *or* **baby** wie ein Klotz *or* wie ein Murmeltier *or* unschuldig wie ein Kind schlafen; **to ~ late** lange schlafen.

◆**sleep around** *vi* (*inf*) mit jedem schlafen (*inf*).

◆**sleep in** *vi* **1.** ausschlafen; (*inf: oversleep*) verschlafen. **2.** (*live in*) im Hause wohnen.

◆**sleep off** *vt sep* (*inf*) hangover etc ausschlafen. **to ~ it ~** seinen Rausch ausschlafen; **cold etc** sich gesund schlafen; **to ~ ~ one's lunch** ein Verdauungsschläfchen *nt* halten.

◆**sleep on** I *vi* (*continue sleeping*) weiter-schlafen. II *vi +prep obj* problem etc überschlafen. **let's ~ ~ it** schlafen wir erst einmal darüber.

◆**sleep out** *vi* **1.** (*in open air*) draußen *or* im Freien schlafen. **2.** (*hotel staff: live out*) außer Haus wohnen.

◆**sleep through** I *vi* durchschlafen. II *vi + prep obj* weiterschlafen bei. **to ~ ~ the alarm (clock)** den Wecker verschlafen.

◆**sleep together** *vi* zusammen schlafen.

◆**sleep with** *vi +prep obj* schlafen mit.

sleeper ['sliːpəʳ] *n* **1.** (*person*) Schlafende(r) *mf*, Schläfer(in *f*) *m*. **to be a heavy/light ~** einen festen/leichten Schlaf haben.
2. (*Brit Rail: on track*) Schwelle *f*.
3. (*Rail*) (*train*) Schlafwagenzug *m*; (*coach*) Schlafwagen *m*; (*berth*) Platz *m* im Schlafwagen.
4. (*earring*) einfacher Ohrring, der das Zuwachsen des Loches im Ohrläppchen verhindern soll.

sleepily ['sliːpɪlɪ] *adv see adj 1*.

sleepiness ['sliːpɪnɪs] *n see adj* **1.** Müdig-keit, Schläfrigkeit *f*; Verschlafenheit *f*.
2. Lahmheit (*inf*), Müdigkeit *f*; Verschlafenheit *f*; Einschläfernde(s) *nt*; Schläfrigkeit *f*.

sleeping ['sliːpɪŋ] I *adj* schlafend. **S~ Beauty** Dornröschen *nt*; **let ~ dogs lie** (*Prov*) schlafende Hunde soll man nicht wecken (*Prov*). II *n* Schlafen *nt*. **between ~ and waking** zwischen Schlaf und Wachen.

sleeping bag *n* Schlafsack *m*; **sleeping car** *n* Schlafwagen *m*; **sleeping draught** *n* Schlaftrunk *m*; **sleeping partner** *n* (*Brit*) stiller Teilhaber *or* Gesellschafter; **sleeping pill** *n* Schlaftablette *f*; **sleeping quarters** *npl* Schlafräume *pl*; Schlafsaal *m*; **sleeping sickness** *n* Schlaf-krankheit *f*.

sleepless ['sliːplɪs] *adj* schlaflos.

sleeplessness ['sliːplɪsnɪs] *n* Schlaflosig-keit *f*.

sleepwalk ['sliːpwɔːlk] *vi* schlafwandeln; **he was ~ing** er hat *or* ist geschlafwandelt; **sleepwalker** *n* Schlafwandler(in *f*) *m*; **sleepwalking** I *n* Schlafwandeln *nt*; II *attr* schlafwandlerisch.

sleepy ['sliːpɪ] *adj* (+*er*) **1.** (*drowsy*) per-son, voice etc müde, schläfrig; (*not yet awake*) verschlafen. **to be/look ~** müde sein/aussehen.
2. (*inactive*) person lahm (*inf*), müde; place, atmosphere verschlafen; climate schläfrig machend; afternoons schläfrig.

sleepyhead ['sliːpɪhed] *n* (*inf*) Schlafmütze *f*.

sleet [sliːt] I *n* Schneeregen *m*. II *vi* **it was ~ing** es gab Schneeregen.

sleeve [sliːv] *n* **1.** (*on garment*) Ärmel *m*. **to roll up one's ~s** (*lit*) sich (*dat*) die Ärmel hochkrempeln; (*fig*) die Ärmel aufkrempeln (*inf*); **to have sth/a card up one's ~** (*fig inf*) etw/etwas in petto haben *or* auf Lager haben.
2. (*for record, on book*) Hülle *f*.
3. (*Tech*) Muffe, Manschette *f*.

sleeveless ['sliːvlɪs] *adj* ärmellos.

sleigh [sleɪ] *n* (Pferde)schlitten *m*. **~ ride** Schlittenfahrt *f*.

sleighing ['sleɪɪŋ] *n* Schlittenfahren *nt*.

sleight [slaɪt] *n*: **~ of hand** Fingerfertigkeit *f*; **by ~ of hand** durch Taschen-spielertricks.

slender ['slendəʳ] *adj* schlank; hand, waist also schmal; resources, income knapp, mager; chance, hope schwach, gering; ex-cuse dürftig, schwach.

slenderize ['slendəraɪz] *vt* (*US*) schlank machen.

slenderly ['slendəlɪ] *adv*: **~ built** *or* **made** schlank.

slenderness ['slendənɪs] *n see adj* Schlank-heit *f*; Schmalheit *f*; Schwäche *f*; Dürftig-keit *f*.

slept [slept] *pret, ptp of* **sleep**.

sleuth [sluːθ] (*inf*) I *n* Spürhund *m* (*inf*). II *vi* Detektiv spielen.

slew¹, (*US*) **slue** [sluː] (*also* **~ round**) I *vt* crane, lorry (herum)schwenken; head drehen. **to ~ sth to the left** etw nach links schwenken. II *vi* (herum)schwenken.

slew² (*US inf: also* **slue**) *n* Haufen *m* (*inf*).

slew[3] *pret of* **slay.**

slewed [slu:d] *adj pred* (*sl*) voll (*inf*), besoffen (*sl*). **to get ~** sich vollaufen lassen (*sl*).

slice [slaɪs] **I** *n* **1.** Scheibe *f*; (*of bread also*) Schnitte *f*.
2. (*fig: portion*) (*of population, profits*) Teil *m*; (*of land*) Stück *nt*. **a ~ of life in contemporary Paris** ein Ausschnitt aus dem Leben im heutigen Paris; **that was a ~ of luck!** das war ein glücklicher Zufall.
3. (*esp Brit: food server*) Wender *m*. **cake ~** Tortenheber *m*.
4. (*Sport*) angeschnittener Ball. **to put a bit of ~ on the ball** den Ball etwas anschneiden.
II *vt* **1.** durchschneiden; *bread, meat etc* (in Scheiben) schneiden. **to ~ sth in two** etw in zwei Teile schneiden.
2. *ball* (an)schneiden.
III *vi* **1.** schneiden. **to ~ through sth** etw durchschneiden.
2. (*Sport*) schneiden.

◆**slice off** *vt sep* abschneiden. **he ~d ~ the top of his egg** er köpfte sein Ei (*inf*).

◆**slice up** *vt sep* (ganz) in Scheiben schneiden; *bread, meat, sausage also* aufschneiden; (*divide*) aufteilen.

sliced [slaɪst] *adj* (in Scheiben) geschnitten; *loaf, bread, sausage* (auf)geschnitten.

slicer ['slaɪsə'] *n* (*cheese-~, cucumber-~ etc*) Hobel *m*; (*machine*) (*bread-~*) Brot(schneide)maschine *f*, Brotschneider *m*; (*bacon-~*) ≃ Wurstschneidemaschine *f*.

slick [slɪk] **I** *adj* (*+er*) **1.** (*usu pej: clever, smart*) gewieft (*inf*), clever (*inf*); *answer, solution* glatt; *show, performance, translation, style* glatt, professionell. **a ~ customer** ein ganz gewiefter Kerl (*inf*); **he's a ~ operator** er geht raffiniert vor.
2. *hair* geschniegelt.
3. (*US: slippery*) glatt, schlüpfrig.
II *n* **1.** (*oil~*) (Öl)teppich *m*, Schlick *nt*.
2. (*US inf: glossy magazine*) Hochglanzmagazin *nt*.
3. (*racing tyre*) Slick *m* (*inf*).

◆**slick back** *vt sep* **to ~ one's hair** ~ sich (*dat*) die Haare anklatschen (*inf*); **the ~ed ~ hairstyles of the 50s** die geschniegelten Frisuren der 50er Jahre.

slicker ['slɪkə'] *n* (*US*) **1.** (*coat*) Regenjacke *f*. **2.** (*inf: swindler*) Gauner (*inf*), Ganove (*inf*) *m*. **3.** *see* **city ~.**

slickly ['slɪklɪ] *adv* (*inf*) *see adj 1*.

slickness ['slɪknɪs] *n* (*inf*) *see adj* **1.** Gewieftheit (*inf*), Cleverneß (*inf*) *f*. **2.** (*appearance*) geschniegeltes Aussehen.

slide [slaɪd] (*vb: pret, ptp* **slid** [slɪd]) **I** *n* **1.** (*place for sliding, chute*) Rutschbahn *f*; (*in playground, for logs etc*) Rutsche *f*.
2. (*fig: fall, drop*) Abfall *m*. **the ~ in share prices** der Preisrutsch bei den Aktien; **his slow ~ into dishonesty** sein langsamer Abstieg in die Unehrlichkeit.
3. (*land~*) Rutsch *m*.
4. (*of trombone*) Zug *m*; (*sequence of notes*) Schleifer *m*.
5. (*Tech: part*) gleitendes Teil, Schlitten *m*.
6. (*esp Brit: for hair*) Spange *f*.
7. (*Phot*) Dia, Diapositiv (*form*) *nt*; (*microscope ~*) Objektträger *m*.

II *vt* (*push*) schieben; (*slip*) gleiten lassen. **to ~ the top (back) onto a box** den Deckel auf eine Kiste zurückschieben; **to ~ the drawer (back) into place** die Schublade (wieder) zurück- *or* zuschieben.

III *vi* **1.** rutschen; (*deliberately also*) schlittern. **to ~ down the banisters** das Treppengeländer hinunterrutschen; **suddenly it all slid into place** plötzlich paßte alles zusammen.
2. (*move smoothly: machine part etc*) sich schieben lassen. **it slid into its place** es glitt *or* rutschte an die richtige Stelle.
3. (*person*) schleichen. **he slid into the room** er kam ins Zimmer geschlichen; **he slid off into the dark** er verschwand in der Dunkelheit.
4. (*fig*) **the days slid by** *or* past die Tage schwanden dahin (*geh*); **to let sth ~** etw schleifen lassen, etw vernachlässigen.

slide control *n* Schieberegler *m*; **slide fastener** *n* (*US*) Reißverschluß *m*; **slide film** *n* Diafilm *m*; **slide projector** *n* Diaprojektor *m*; **slide rule** *n* Rechenschieber, Rechenstab (*form*) *m*.

sliding ['slaɪdɪŋ] *adj part* gleitend; *door, roof, seat* Schiebe-; *seat* (*in rowing boat*) Roll-. **~ scale** gleitende Skala.

slight [slaɪt] **I** *adj* (*+er*) **1.** *person, build* zierlich.
2. (*small, trivial*) leicht; *improvement also, change, possibility* geringfügig; *importance, intelligence* gering; *error also* klein; *pain also* schwach; *acquaintance* flüchtig. **to a ~ extent** in geringem Maße; **just the ~est bit short** ein ganz kleines bißchen zu kurz; **the ~est optimism/ criticism/possibility** das gering(fügig)ste Zeichen von Optimismus/die geringste Kritik/die allergeringste Möglichkeit; **he takes offence at the ~est thing** er ist wegen jeder kleinsten Kleinigkeit gleich beleidigt; **I haven't the ~est idea** ich habe nicht die geringste *or* leiseste (*inf*) Ahnung; **not in the ~est** nicht im geringsten; **without the ~est difficulty** ohne die kleinste *or* mindeste Schwierigkeit.
II *n* (*affront*) Affront *m* (*on gegen*). **a ~ on one's/sb's character** eine persönliche Kränkung *or* Beleidigung.
III *vt* (*offend*) kränken, beleidigen; (*ignore*) ignorieren. **to feel ~ed** gekränkt *or* beleidigt sein.

slighting ['slaɪtɪŋ] *adj* (*offensive*) kränkend; (*disparaging*) *behaviour* geringschätzig; *remark* abschätzig, abfällig.

slightingly ['slaɪtɪŋlɪ] *adv speak* abschätzig, abfällig; *treat* geringschätzig.

slightly ['slaɪtlɪ] *adv* **1.** **~ built** *or* made *person* zierlich. **2.** (*to a slight extent*) etwas, ein klein(es) bißchen; *know* flüchtig; *smell* leicht, etwas.

slightness ['slaɪtnɪs] *n* **1.** (*of person, build*) Zierlichkeit *f*. **2.** (*triviality*) Geringfügigkeit *f*; (*of acquaintance*) Flüchtigkeit *f*.

slim [slɪm] **I** *adj* (*+er*) **1.** *ankle, waist etc* schmal; *volume* schmal, dünn.
2. *resources, profits* mager; *excuse, hope also* schwach; *chances* gering. **II** *vi* abnehmen. **III** *vt* (*also ~* **down**) schlank(er) machen; (*fig*) *demands etc* schrumpfen.

slime [slaɪm] *n* Schleim *m*. **trail of ~** Schleimspur *f*.

sliminess ['slaɪmɪnɪs] *n see adj* Schleimigkeit *f*; Glitschigkeit *f*; Schmierigkeit *f*; Schleimigkeit *f*; Öligkeit *f*.

slimmer ['slɪmə^r] *n* Kalorienzähler(in *f*) *m* (*hum*). **special meals for ~s** spezielle Gerichte für Leute, die abnehmen wollen.

slimming ['slɪmɪŋ] **I** *adj* schlankmachend *attr*. **to be on a ~ diet** eine Schlankheitskur machen; **~ club** Diätklub, Schlankheitsklub *m*; **~ foods** kalorienarme Nahrungsmittel *pl*. **II** *n* Abnehmen *nt*.

slimness ['slɪmnɪs] *n see adj* **1.** Schlankheit *f*; Schmalheit *f*, Dünne *f*. **2.** Magerkeit *f*.

slimy ['slaɪmɪ] *adj* (+*er*) *liquid, secretion, deposit* schleimig; *stone, wall* glitschig; *hands* schmierig; (*fig*) schleimig; *smile, person also* ölig.

sling [slɪŋ] (*vb: pret, ptp* **slung**) **I** *n* **1.** (*Med*) Schlinge *f*. **to have one's arm in a ~** den Arm in der Schlinge tragen.
2. (*for hoisting*) Schlinge, Schlaufe *f*; (*for rifle*) (Trag)riemen *m*; (*for baby*) (Baby)tragetuch *nt*, (Baby)trageschlinge *f*.
3. (*weapon*) Schleuder *f*.
II *vt* **1.** (*throw*) schleudern; (*inf*) schmeißen (*inf*). **to ~ sth over to sb** (*inf*) jdm etw zuschmeißen (*inf*); **he slung his coat over his arm/the box onto his back** er warf sich (*dat*) den Mantel über den Arm/ die Kiste auf den Rücken; **to ~ one's hook** (*fig inf*) Leine ziehen (*inf*).
2. (*hoist with a ~*) in einer Schlinge hochziehen.
3. (*hang*) aufhängen.
◆**sling out** *vt sep* (*inf*) rausschmeißen (*inf*).

slingback ['slɪŋbæk] **I** *adj* **~ shoes** Slingpumps *pl*; (*sandals*) Sandaletten *pl*; **II** *n* **~s** Slings, Slingpumps *pl*; **sling bag** *n* (*US*) Schultertasche *f*; **slingshot** *n* (*US*) (Stein)schleuder *f*.

slink [slɪŋk] *pret, ptp* **slunk** *vi* schleichen. **to ~ away** *or* **off** sich davonschleichen; **to ~ along the wall** sich an die Wand entlangdrücken; **to ~ off with one's tail between one's legs** (*fig inf*) mit eingezogenem Schwanz abziehen (*inf*).

slinky *adj* (+*er*), **slinkily** *adv* ['slɪŋkɪ, -lɪ] (*inf*) aufreizend; *walk etc also* katzenhaft.

slip [slɪp] **I** *n* **1.** (*slide*) **she broke her leg after a ~ on the icy road** sie rutschte auf der eisigen Straße aus und brach sich das Bein.
2. (*mistake*) Ausrutscher, Patzer *m*. **to make a ~** sich vertun (*inf*); **a ~ of the pen/ tongue** ein Schreibfehler *m*/Versprecher *m*; **it was just a ~ of the pen** da habe ich mich nur verschrieben; **there's many a ~** ('**twixt cup and lip**) (*Prov*) man soll den Tag nicht vor dem Abend loben (*Prov*).
3. to give sb the ~ jdm entwischen.
4. (*pillow~*) Kissenbezug *m*.
5. (*undergarment*) Unterrock *m*. **waist ~** Halbunterrock *m*; **full-length ~** Unterkleid *nt*.
6. (*of paper*) Zettel *m*. **~s of paper** Zettel *pl*; **withdrawal ~** Auszahlungsschein *m*; **sales ~** Kassenzettel *m*.
7. (*person*) **a (mere) ~ of a girl** (*slightly*

built) ein zierliches Persönchen; (*young*) eine halbe Portion (*inf*).
8. (*Hort*) (*for planting*) Steckling *m*; (*for grafting*) Reis *nt*.
9. (*Cricket*) (*position/area*) Position *f*/ Gebiet *nt* neben dem Torwächter; (*fielder*) Eckmann *m*.
10. ~s *pl* (*Theat*) Bühnenloge *f*.
11. (*Pottery*) geschlämmter Ton.
12. (*Aviat: side-~*) Schlipp *m*.
II *vt* **1.** schieben; (*slide*) gleiten *or* rutschen lassen. **to ~ sth across to sb** jdm etw zuschieben; (*unobtrusively*) jdm etw zuschmuggeln; **she ~ped the dress over her head** sie streifte sich (*dat*) das Kleid über den Kopf; **to ~ one's arm round sb's waist** jdm den Arm um die Taille legen; **to ~ one over on sb** (*inf*) jdn reinlegen (*inf*).
2. (*escape from*) sich losreißen von. **to ~ anchor** (*Naut*) den Anker kappen (*form*); **it/his birthday ~ped my mind** *or* **memory** ich habe es/seinen Geburtstag vergessen *or* verschwitzt (*inf*); **it ~ped my notice** es ist mir entgangen.
3. (*loose*) losmachen.
4. (*Med*) **to ~ a disc** sich (*dat*) einen Bandscheibenschaden zuziehen; **a ~ped disc** ein Bandscheibenschaden *m*.
5. (*Aut*) *clutch* schleifen lassen.
6. to ~ a stitch eine Masche (ungestrickt) abheben.
III *vi* **1.** (*person*) (aus)rutschen; (*feet, tyres*) (weg)rutschen; (*become loose: knot, nut*) sich lösen; (*Aut: clutch*) schleifen. **the knife ~ped** das Messer rutschte ab; **it ~ped from her hand** es rutschte ihr aus der Hand; **the secret ~ped out before he realized** one der sich's versah, war ihm das Geheimnis herausgerutscht; **a few errors have ~ped into the text** in den Text haben sich ein paar Fehler eingeschlichen; **the beads ~ped through my fingers** die Perlen glitten durch meine Finger; **money ~s through her fingers** das Geld zerrinnt ihr in den Händen; **suddenly everything ~ped into place** plötzlich paßte alles zusammen.
2. (*move quickly*) schlüpfen; (*move smoothly*) rutschen. **I'll ~ round to the shop** ich spring' schnell zum Laden.
3. to let (**it**) **~ that ...** fallenlassen, daß ...; **to let a secret/chance ~** ein Geheimnis ausplaudern/eine Gelegenheit vorübergehen lassen; **the police let the thief ~ through their fingers** die Polizei ließ sich (*dat*) den Dieb in letzter Minute durch die Finger schlüpfen.
4. (*decline: standards, morals etc*) fallen. **you're ~ping!** (*inf*) du läßt nach (*inf*).
◆**slip away** *vi* sich wegschleichen, sich wegstehlen; (*time*) verstreichen, vergehen; (*chances*) (allmählich) schwinden; (*opportunity*) dahinschwinden.
◆**slip back** *vi* **1.** (*return unobtrusively*) unbemerkt zurückgehen; (*quickly*) schnell zurückgehen. **2.** (*deteriorate*) (*production*) zurückgehen; (*patient*) einen Rückfall haben.
◆**slip by** *vi* (*pass unobtrusively*) (*person*) sich vorbeischleichen *or* vorbeischmuggeln (*prep obj* an +*dat*); (*mistake*) durch-

gehen; (*years*) verfliegen.

◆**slip down** *vi* (*fall*) ausrutschen, ausgleiten; (*go down*) hinunterlaufen. **this wine ~s ~ easily** dieser Wein rutscht so schön (die Kehle hinunter) (*inf*).

◆**slip in** I *vi* (*enter unobtrusively*) (sich) hineinschleichen; (*burglar also, mistake*) sich einschleichen.

II *vt sep* (*mention casually*) einfließen lassen. **to ~ the clutch ~** die Kupplung schleifen lassen; **to ~ sth ~to sb's pocket** jdm etw in die Tasche gleiten lassen; **she ~ped the car ~to first gear** sie legte den ersten Gang ein.

◆**slip off** I *vi* sich wegschleichen, sich wegstehlen. II *vt sep clothes* ausziehen, abstreifen, schlüpfen aus.

◆**slip on** *vt sep* schlüpfen in (*+acc*); *dress, gloves also* überstreifen; *ring* aufziehen; *lid* drauftun (*prep obj auf +acc*).

◆**slip out** *vi* 1. (*leave unobtrusively*) kurz weggehen *or* rausgehen. 2. (*be revealed*) herauskommen.

◆**slip past** *vi see* **slip by.**

◆**slip up** *vi* (*inf: err*) sich vertun (*inf*), (einen) Schnitzer machen (*over, in* bei). **you really ~ped ~ there!** da hast du der wirklich Murks gemacht (*inf*); **he usually ~s ~ on spelling** meistens stolpert er über die Rechtschreibung (*inf*).

slip case *n* Schuber *m*; **slipcover** *n* (*esp US*) Schonbezug *m*; **slipknot** *n* Schlippstek *m* (*spec*); **slip-ons** *npl* (*also* **slip-on shoes**) Slipper *pl*; (*for women also*) Trotteurs *pl*; **slipover** *n* Pullunder *m*.

slippage [ˈslɪpɪdʒ] *n* 1. (*Mech*) Schlupf *m*, Spiel *nt*. 2. (*fig*) Rückstand *m*.

slipper [ˈslɪpəʳ] *n* (*bedroom ~*) Pantoffel, Hausschuh *m*; (*dancing ~*) Pumps, Slipper *m*.

slipperiness [ˈslɪpərɪnɪs] *n see adj* 1. Schlüpfrigkeit *f*; Glätte *f*; Glitschigkeit *f*. 2. Glätte *f*, aalglatte Art.

slippery [ˈslɪpərɪ] *adj* 1. schlüpfrig; *rope, road, ground* glatt, rutschig; *fish also* glitschig. **to be on ~ ground** (*fig*) sich auf unsicherem Boden bewegen.

2. (*pej inf*) *person* glatt, windig (*inf*). **a ~ customer** ein aalglatter Kerl (*inf*); **he's as ~ as they come** *or* **as an eel** er ist aalglatt; **it's a ~ slope** das ist ein gefährlicher Weg.

slippy [ˈslɪpɪ] *adj* (*+ er*) (*inf*) 1. (*slippery*) glatt. 2. (*esp Brit*) **to be** *or* **look ~** einen Zahn zulegen (*inf*) (*about sth* bei etw).

slip-road [ˈslɪprəʊd] *n* (*Brit*) Zufahrtsstraße *f*; (*for entering motorway*) (Autobahn)-auffahrt *f*; (*for leaving motorway*) (Autobahn)ausfahrt *f*.

slipshod [ˈslɪpʃɒd] *adj* schludrig.

slipstream [ˈslɪpstriːm] *n* (*Aviat*) Sog *m*; (*Aut*) Windschatten *m*; **slip-up** *n* Schnitzer *m*; (*more serious*) Patzer *m*; **there's been a ~ somewhere** da muß irgend etwas schiefgelaufen sein; **slipway** *n* (*Aut*) Ablaufbahn, Gleitbahn *f*.

slit [slɪt] (*vb: pret, ptp ~*) I *n* Schlitz *m*; (*in castle wall also*) Schießscharte *f*. II *vt* (auf)schlitzen. **to ~ sb's throat** jdm die Kehle aufschlitzen.

slither [ˈslɪðəʳ] *vi* rutschen; (*snake*) gleiten.

slit trench *n* Splittergraben *m*.

sliver [ˈslɪvəʳ] *n* (*of wood, glass etc*) Splitter *m*; (*thin slice*) Scheibchen *nt*.

slob [slɒb] *n* (*inf*) (*man*) Dreckschwein *nt* (*sl*); (*woman*) Schlampe *f* (*inf*).

slobber [ˈslɒbəʳ] I *n* Sabber *m* (*inf*). II *vi* sabbern, sabbeln (*also fig*); (*dog*) geifern. **to ~ over sb** (*fig inf*) von jdm schwärmen; (*kiss*) jdn abküssen; **to ~ over sth** (*fig inf*) etw anschmachten; (*dirty old man etc*) sich an etw (*dat*) aufgeilen (*sl*).

sloe [sləʊ] *n* (*fruit*) Schlehe *f*; (*tree*) Schlehdorn *m*. **~-gin** Schlehdornschnaps *m*; **~-eyed** *person* dunkeläugig.

slog [slɒg] (*inf*) I *n* 1. (*effort*) Schinderei, Plackerei *f* (*inf*).

2. (*stroke*) wuchtiger Schlag. **to take a ~ at sb/sth** auf jdn/etw (ein)dreschen.

II *vt ball* dreschen (*inf*); *opponent* hart schlagen *or* treffen.

III *vi* 1. **to ~ at sth** (*hit*) auf etw (*acc*) (ein)dreschen (*inf*); (*work*) an etw (*dat*) schuften (*inf*); **to ~ away (at sth)** sich (mit etw) abrackern.

2. (*walk*) **to ~ on/along** sich weiter-/dahinschleppen.

slogan [ˈsləʊgən] *n* Slogan *m*; (*motto*) Motto *nt*, Wahlspruch *m*; (*political also*) Schlagwort *nt*, Parole *f*. **advertising ~** Werbeslogan, Werbespruch *m*.

slogger [ˈslɒgəʳ] *n* (*inf*) Arbeitstier *nt*.

sloop [sluːp] *n* Slup, Schlup *f*.

slop [slɒp] (*inf*) I *vi* 1. (*spill*) (über)schwappen. **to ~ over (into sth)** überschwappen (in *+acc*).

2. (*splash*) **to ~ about** herumschwappen.

3. **to ~ about** (*fig inf: in slippers etc*) herumschlurfen.

II *vt* (*spill*) verschütten; (*pour out*) schütten.

III *n* 1. (*inf: sentimental*) rührseliges Zeug, Schmalz *m*.

2. (*food: also* ~s) Schlabber *m* (*inf*).

3. *usu pl* (*waste*) Schmutzwasser, Abwasser *nt*; (*swill*) Schweinetrank *m*. **~ pail** Eimer für Schmutzwasser.

slop basin, slop bowl *n* Abgußschale *f* (*Teil des Teeservice, in das Teereste gegossen werden*).

slope [sləʊp] I *n* 1. (*angle*) Neigung *f*; (*downwards also*) Gefälle *nt*; (*of roof also*) Schräge *f*.

2. (*sloping ground*) (Ab)hang *m*. **on a ~** am Hang; **halfway up the ~** auf halber Höhe; **he broke his leg on the (ski) ~s** er hat sich das Bein auf der Piste gebrochen.

3. (*Mil*) **with his rifle at the ~** mit geschultertem Gewehr.

II *vt* neigen, schräg (an)legen. **~ arms!** (*Mil*) schultert Gewehr!

III *vi* 1. geneigt sein; (*road, garden, floor*) sich neigen. **the picture is sloping to the left/right** das Bild hängt schief; **his handwriting ~s to the left** seine Handschrift ist nach links geneigt.

2. (*inf: move casually*) schlendern (*inf*).

◆**slope away** *vi* 1. abfallen. 2. (*slip away*) abziehen (*inf*).

◆**slope down** *vi* sich neigen, abfallen.

◆**slope off** *vi* abziehen (*inf*).

◆**slope up** *vi* 1. (*road etc*) ansteigen. 2. (*person*) herschlendern. **to ~ ~ to sb** auf jdn zuschlendern.

sloping ['sləʊpɪŋ] *adj hill, road (upwards)* ansteigend; *(downwards)* abfallend; *roof, floor* schräg, geneigt; *shoulders* abfallend; *garden etc* am Hang; *(not aligned)* schief.

sloppily ['slɒpɪlɪ] *adv see adj 1.*

sloppiness ['slɒpɪnɪs] *n see adj 1.* Schlampigkeit *f (inf)*; Nachlässigkeit, Schlud(e)-rigkeit *(inf) f.* **2.** Rührseligkeit *f.* **3.** Schlabberigkeit *f (inf).*

sloppy ['slɒpɪ] *adj (+er)* **1.** *(inf: careless)* schlampig *(inf); work also* nachlässig, schlud(e)rig *(inf).* ~ **joe** *(pullover)* Schlabberpullover *m (inf).*
2. *(inf: sentimental)* rührselig; *film, novel also* schmalzig.
3. *(inf) liquid* schlabberig *(inf).*

slosh [slɒʃ] *(inf)* I *vt* **1.** *(Brit: hit) person* eine schmieren *(+dat) (inf); ball* dreschen *(+dat).* **2.** *(splash)* klatschen. **don't ~ the milk about** schwapp nicht so mit der Milch herum. II *vi to* ~ *(about) (children)* (herum)planschen; *(water)* (herum)-schwappen.

sloshed [slɒʃt] *adj pred (esp Brit sl)* blau *(inf)*, voll *(sl).* **to get** ~ sich besaufen *(inf).*

slot [slɒt] *n (opening)* Schlitz *m; (groove)* Rille *f; (inf: place)* Plätzchen *nt (inf); (TV inf)* (gewohnte) Sendezeit. ~ **machine** Münzautomat *m; (for gambling)* Spielautomat *m;* ~ **meter** Münzzähler *m.*
◆**slot in** *vt sep* hineinstecken. **to** ~ **sth** ~**to sth** etw in etw *(acc)* stecken; **to** ~ **sb** ~**to the firm** jdn in der Firma unterbringen; **to** ~ ~ **commercials** Werbespots einbauen; **to** ~ **people/jobs** ~**to a scale** Leute/Arbeiten in eine Skala einordnen.
II *vi* sich einfügen lassen. **suddenly everything** ~**ted** ~**to place** plötzlich paßte alles zusammen.
◆**slot together** I *vi (parts, object)* sich zusammenfügen lassen; *(fig: pieces of mystery etc)* sich zusammenfügen, zusammenpassen. II *vt sep parts, object* zusammenfügen.

sloth [sləʊθ] *n* **1.** *(laziness)* Trägheit, Faulheit *f.* **2.** *(Zool)* Faultier *nt.*

slothful ['sləʊθfʊl] *adj* faul; *person, life also* träge.

slothfully ['sləʊθfəlɪ] *adv see adj.*

slothfulness ['sləʊθfʊlnɪs] *n* Trägheit, Faulheit *f.*

slouch [slaʊtʃ] I *n* **1.** *(posture)* krumme Haltung; *(of shoulders)* Hängen *nt; (gait)* latschiger Gang *(inf).* **to walk with a** ~ latschen, latschig gehen *(inf);* ~ **hat** Schlapphut *m.*
2. *(inf: incompetent or lazy person)* Niete *f (inf).* **to be no** ~ **at sth** etw ganz schön gut können *(inf).*
II *vi (stand, sit)* herumhängen, sich lümmeln *(inf); (move)* latschen. **to** ~ **off** davonzockeln *(inf);* **he sat** ~**ed on a chair** er hing auf einem Stuhl.

slough¹ [slaʊ] *n (liter)* Morast *m; (swamp also)* Sumpf *m (also fig liter).*

slough² [slʌf] I *n (Zool)* abgestreifte Haut; *(Med)* Schorf *m.* II *vt (snake) skin* abstreifen. **it** ~**s (off) its skin** sie häutet sich.
◆**slough off** *vt sep habits, cares* abwerfen, abschütteln.

Slovak ['sləʊvæk] I *adj* slowakisch. II *n* **1.** Slowake *m,* Slowakin *f.* **2.** *(language)* Slowakisch *nt.*

Slovakia [sləʊ'vækɪə] *n* die Slowakei.

sloven ['slʌvn] *n* Schlampe *f (pej inf); (man)* Schlamper *m (inf).*

Slovene ['sləʊviːn], **Slovenian** [sləʊ'viːnɪən] I *adj* slowenisch. II *n* **1.** Slowene *m,* Slowenin *f,* Slowenier(in *f) m.* **2.** *(language)* Slowenisch *nt.*

slovenliness ['slʌvnlɪnɪs] *n* Schlampigkeit *f; (of person, work also)* Schlud(e)rigkeit *f (inf).*

slovenly ['slʌvnlɪ] *adj* schlud(e)rig *(inf)*, schlampig *(inf); appearance, person also* verlottert *(inf).*

slow [sləʊ] I *adj (+er)* **1.** langsam. **it's** ~ **work** das braucht seine Zeit; **he is a** ~ **worker/learner/reader** er arbeitet/ lernt/ liest langsam; **it was** ~ **going** es ging nur langsam voran; **to get off to a** ~ **start** *(race)* schlecht vom Start kommen; *(project)* nur langsam in Gang kommen; **to be** ~/**not to be** ~ **to do sth** sich *(dat)* mit etw Zeit lassen/etw prompt erledigen; **he is** ~ **to make up his mind/**~ **to anger** er braucht lange, um sich zu entscheiden/er wird nicht so leicht wütend; **they were** ~ **to act** sie ließen sich *(dat)* Zeit; **to be (20 minutes)** ~ *(clock)* (20 Minuten) nachgehen.
2. *(stupid) person* langsam, begriffsstutzig; *see* **uptake.**
3. *(dull) person, place, event* langweilig; *(Comm)* flau.
4. *(~ing down movement) surface, track, pitch* langsam; *(because of rain etc)* schwer; *(~-burning) fire* langsam brennend. **bake in a** ~ **oven** bei schwacher Hitze backen.
II *adv (+er)* langsam. **to go** ~ *(driver)* langsam fahren; *(workers)* einen Bummelstreik machen; ~**-spoken** langsam sprechend; ~ *(on sign)* langsam fahren.
III *vi to* ~ **(to a stop/standstill)** langsam zum Halten/zum Stillstand kommen.
IV *vt* verlangsamen. **he** ~**ed his horse to a walk** er ließ sein Pferd langsamer gehen.
◆**slow down** *or* **up** I *vi* sich verlangsamen; *(drive/walk)* langsamer fahren/gehen; *(worker)* langsamer arbeiten; *(inflation)* abnehmen. **my mind has** ~**ed** ~ ich werde immer langsamer im Denken.
II *vt sep (lit)* verlangsamen; *engine* drosseln; *machine* herunterschalten; *(fig) programme, project* verzögern, verlangsamen. **to** ~ ~ **the car** langsamer fahren; **you just** ~ **me** — du hältst mich nur auf.

slowcoach ['sləʊkəʊtʃ] *n (Brit inf)* Langweiler *m; (mentally)* Transuse *f (inf);* **slowdown** *n* **1.** *(slowing)* Verlangsamung *f (in, of gen);* **2.** *(US: go-slow)* Bummelstreik *m;* **slow film** *n* unempfindlicher Film; **slow fuse** *n* Zündschnur *f;* **slow handclap** *n* rhythmisches Klatschen *(zum Zeichen des Protests);* **to give sb the/a** ~ durch Klatschen gegen jdn protestieren.

slowly ['sləʊlɪ] *adv* langsam.

slow march *n* Trauermarsch *m;* **slow motion** *n* Zeitlupe *f;* **in** ~ in Zeitlupe; **slow-moving** *adj* sich (nur) langsam

bewegend; *traffic* kriechend; *plot* langat-
mig.
slowness ['sləʊnɪs] *n see adj* **1.** Langsam-
keit *f*. **their ~ to act** ihr Zaudern.
2. Begriffsstutzigkeit *f*. **~ of mind**
Begriffsstutzigkeit *f*. **3.** Lahmheit, Lang-
weiligkeit *f*; Flaute *f*. **4.** Langsamkeit *f*;
Schwere *f*.
slow poison *n* schleichendes Gift; **slow-
poke** *n* (*US inf*) *see* **slowcoach**; **slow
train** *n* (*Brit*) Personenzug, Bummelzug
(*inf*) *m*; **slow-witted** *adj* begriffsstutzig,
schwer von Begriff; **slowworm** *n* Blind-
schleiche *f*.
sludge [slʌdʒ] *n* Schlamm, Matsch (*inf*) *m*;
(*sediment*) schmieriger Satz.
slue *n, vti* (*US*) *see* **slew¹**, **slew²**.
slug¹ [slʌg] *n* Nacktschnecke *f*.
slug² **1.** (*bullet*) Kugel *f*. **2.** (*Typ*) (*piece of
metal*) Reglette *f*; (*line*) (Setzmaschinen)-
zeile *f*. **3.** (*inf*) **a ~ of whisky** ein Schluck
m Whisky.
slug³ (*inf: hit*) **I** *vt* (eine) knallen (+*dat*)
(*inf*). **II** *n* gehöriger *or* tüchtiger Schlag
(*inf*). **to give sb a ~** jdm eine knallen (*inf*).
sluggard ['slʌgəd] *n* Faulpelz *m*.
sluggardly ['slʌgədlɪ] *adj* faul, träge.
sluggish ['slʌgɪʃ] *adj* (*indolent, Med*) träge;
engine, car lahm, langsam; *temperament*
phlegmatisch; *steps* schwerfällig; *business*
flau; *market* flau, lustlos.
sluggishly ['slʌgɪʃlɪ] *adv* träge; *walk also*
schwerfällig; (*Comm*) flau, lustlos.
sluggishness ['slʌgɪʃnɪs] *n see adj* Trägheit
f; Lahmheit *f*; Phlegma *nt*; Schwerfällig-
keit *f*. **the ~ of the market/business** die
Flaute am Markt/die geschäftliche Flaute.
sluice [sluːs] **I** *n* Schleuse *f*; (*Min*) (Wasch)-
rinne *f*. **to give the car/wall a ~ down**
Wasser über das Auto/gegen die Wand
schütten; (*with hose*) das Auto/die Wand
abspritzen. **II** *vt ore* waschen. **to ~ sth
(down)** etw abspritzen. **III** *vi* **to ~ out**
herausschießen.
sluice gate *n* Schleusentor *nt*.
slum [slʌm] **I** *n* (*usu pl: area*) Slum *m*,
Elendsviertel *nt*; (*house*) Elendsquartier
nt. **to live in the ~s** im Slum *or* in den
Slums leben; **~ schools/children** Schulen
pl in den Slums/Slumkinder *pl*; **~
clearance** ≈ (Stadt)sanierung *f*; **~ dweller**
Slumbewohner(in *f*) *m*.
II *vi* (*also* **go ~ming**) sich unters
gemeine Volk mischen.
III *vti* (*inf: also → it*) primitiv leben. **we
don't often see you round here — I'm ~
ming it** du läßt dich doch sonst kaum hier
sehen! — ich will mich eben mal unters
gemeine Volk mischen.
slumber ['slʌmbə'] (*liter*) **I** *n* Schlummer
(*geh*), Schlaf *m*. **~s** Schlummer *m*,
Träume *pl*; (*fig: intellectual etc*) Dorn-
röschenschlaf *m*. **II** *vi* schlummern (*geh*);
(*fig also*) im Dornröschenschlaf liegen.
slumb(e)rous ['slʌmb(ə)rəs] *adj* (*liter*)
(*sleepy*) schläfrig; (*inducing sleep*) ein-
schläfernd, einlullend.
slump [slʌmp] **I** *n* (*in gen*) (*in numbers,
popularity, morale etc*) (plötzliche) Ab-
nahme; (*in production, sales*) Rückgang
m; (*state*) Tiefstand *m*; (*Fin*) Sturz *m*,
Baisse *f* (*spec*); (*of prices*) plötzliches Ab-

sinken. **~ in prices** Preissturz *m* (*of* bei);
the 1929 S~ die Weltwirtschaftskrise von
1929.
II *vi* **1.** (*Fin, Comm*) (*prices*) stürzen,
fallen; (*sales, production*) plötzlich
zurückgehen; (*fig: morale etc*) sinken.
2. (*sink*) fallen, sinken. **to ~ into a chair**
sich in einen Sessel fallen *or* plumpsen (*inf*)
lassen; **he was ~ed over the wheel/on the
floor** er war über dem Steuer
zusammengesackt/er lag in sich (*dat*)
zusammengesunken auf dem Fußboden.
slung [slʌŋ] *pret, ptp of* **sling**.
slunk [slʌŋk] *pret, ptp of* **slink**.
slur [slɜː'] **I** *n* **1.** Makel, Schandfleck *m*;
(*insult*) Beleidigung *f*. **to cast a ~ on sb/sth**
jdn/etw in schlechtem Licht erscheinen
lassen; (*person*) jdn/etw verunglimpfen.
2. (*Mus*) (*mark*) Bindebogen *m*; (*notes*)
Bindung *f*.
3. to speak with a ~ unartikuliert
sprechen.
II *vt* **1.** (*pronounce indistinctly*) undeut-
lich artikulieren; *words, syllable* (halb)
verschlucken, verschleifen.
2. (*Mus*) binden.
◆**slur over** *vi* +*prep obj* hinweggehen über
(+*acc*).
slurp [slɜːp] *vti* (*inf*) schlürfen. **II** *n* Schlür-
fen *nt*. **to drink sth with a ~** etw schlürfen.
slurred [slɜːd] *adj* undeutlich; (*Mus*) *note*
gebunden.
slush [slʌʃ] *n* (*watery snow*) (Schnee)-
matsch *m*; (*mud*) Matsch, Morast *m*; (*inf:
sentimental nonsense*) Kitsch *m*. **~ fund**
Schmiergelder *pl*, Schmiergeldfonds *m*.
slushy ['slʌʃɪ] *adj* (+*er*) *snow, mud, path*
matschig; *mud, path also* morastig; (*inf:
sentimental*) kitschig.
slut [slʌt] *n* (liederliche) Schlampe.
sluttish ['slʌtɪʃ] *adj* liederlich.
sly [slaɪ] **I** *adj* (+*er*) schlau, gerissen; *per-
son, look also* verschlagen; (*artful*) *look,
wink* verschmitzt; *humour* versteckt.
II *n* **on the ~** heimlich, still und leise
(*hum*), ganz heimlich.
slyly ['slaɪlɪ] *adv see adj*.
slyness ['slaɪnɪs] *n see adj* Schlauheit,
Gerissenheit *f*; Verschlagenheit *f*; Ver-
schmitztheit *f*; Verstecktheit *f*.
smack¹ [smæk] **I** *n* (*taste*) (leichter)
Geschmack (*of* nach), Spur *f* (*of* von);
(*smell*) (leichter) Geruch (*of* nach),
Hauch *m* (*of* von); (*fig*) Spur *f* (*of* von).
II *vi* **to ~ of** (*taste*) leicht schmecken nach;
(*smell*) leicht riechen nach; (*fig*) riechen
nach.
smack² **I** *n* (klatschender) Schlag; (*slap
also*) fester Klaps; (*sound*) Klatschen *nt*.
to give a child/the ball a (hard) ~ einem
Kind eine knallen (*inf*)/(fest) auf den Ball
dreschen (*inf*); **a ~ in the eye** (*fig*) ein
Schlag ins Gesicht; **to have a ~ at sth** (*esp
Brit fig inf*) an etw (*acc*) rangehen (*inf*),
etw mal probieren (*inf*); **to have a ~ at the
title/record** einen Anlauf auf den Titel/
Rekord machen.
II *vt* (*slap*) knallen (*inf*). **to ~ a child/
one's thigh** einem Kind eine runterhauen
(*inf*)/sich (*dat*) auf den Schenkel klat-
schen; **I'll ~ your bottom,** ich versohl' dir
gleich den Hintern! (*inf*); *see* **lip**.

III adv (inf) direkt. **he kissed her ~ on the lips** er gab ihr einen Schmatzer (inf).
smack³ n (Naut) Schmack(e) f.
smacker ['smækə'] n (inf) **1.** (kiss) Schmatzer m (inf). **2.** (blow) Klaps m. **3.** (money) Pfund nt; Dollar m.
smacking ['smækɪŋ] n Tracht f Prügel. **to give sb a good ~** jdn tüchtig verdreschen.
small [smɔːl] **I** adj (+er) **1.** klein; supply, stock also gering; waist schmal; (not much) reason, desire wenig, gering; letter Klein-; (humble) voice kleinlaut. **the ~est possible number of books** so wenig Bücher wie möglich; **to have a ~ appetite/be a ~ eater** wenig Appetit haben/kein großer Esser sein; **~ capitals** Kapitälchen pl; **to feel/look ~** (fig) sich (ganz) klein (und häßlich) vorkommen/schlecht aussehen or dastehen; **he/it made me feel/look pretty ~** da kam ich mir ziemlich klein vor/da sah ich ziemlich schlecht aus.
2. (unimportant, minor) klein; present, sum also bescheiden; importance, consequence gering. **a few ~ matters/problems** ein paar Kleinigkeiten; **to help/contribute in a ~ way** bescheidene Hilfe/einen bescheidenen Beitrag leisten; **to start in a ~ way** klein anfangen.
3. (fig: mean, petty) person kleinlich.
II n **1. the ~ of the back** das Kreuz.
2. ~s pl (Brit inf) Unterwäsche f.
III adv **to chop sth up ~** etw kleinhacken.
small ad n (Brit) Kleinanzeige f; **small arms** npl Handfeuerwaffen pl; **small beer** n: **he's very ~** (inf) er ist ein kleiner Fisch (inf); **small change** n Kleingeld nt; **small fry** npl see **fry¹**; **smallholder** n Kleinbauer m; **smallholding** n kleiner Landbesitz; **small hours** npl früher Morgen; **in the ~** in den frühen Morgenstunden; **small intestine** n Dünndarm m.
smallish ['smɔːlɪʃ] adj (eher) kleiner. **he is ~** er ist eher klein.
small-minded [ˌsmɔːlˈmaɪndɪd] adj person, attitude engstirnig; **small-mindedness** n Engstirnigkeit f.
smallness ['smɔːlnɪs] n Kleinheit f; (of waist) Schmalheit f; (of sum, present) Bescheidenheit f; (pettiness) Kleinlichkeit f. **surprised at the ~ of his stock/appetite/success/voice** erstaunt, wie klein sein Lager/schmal sein Appetit/gering sein Erfolg/kleinlaut seine Stimme war.
smallpox ['smɔːlpɒks] n Pocken pl; **smallpox vaccination** n Pockenimpfung f; **the small print** n das Kleingedruckte; **small-scale** adj map, model in verkleinertem Maßstab; project kleinangelegt; war begrenzt; **small screen** n (TV) **on the ~** auf dem Bildschirm; **smalltalk** n oberflächliche Konversation, Smalltalk m; **she has no ~** oberflächliche or höfliche Konversation liegt ihr nicht; **small-time** adj (inf) mickerig (inf), armselig; crook klein; politician Schmalspur-.
smarm [smɑːm] (Brit inf) **I** vt **to ~ one's hair down** sich (dat) das Haar anklatschen (inf). **II** vi **to ~ all over sb** sich an jdn heranschmeißen (inf); **to ~ one's way into sb's confidence** sich in jds Vertrauen (acc) einschleichen.

smarmy ['smɑːmɪ] adj (+er) (Brit inf) kriecherisch (pej); voice einschmeichelnd.
smart [smɑːt] **I** adj (+er) **1.** schick; person, clothes, car also flott; society fein; (not shabby also) appearance gepflegt. **a ~-looking girl/garden** ein flott aussehendes Mädchen/ein gepflegter Garten; **the ~ set** die Schickeria (inf).
2. (bright, clever) clever (inf), schlau, gewitzt; thief, trick also raffiniert; young people also hell (inf); (pej) person, answer superklug, neunmalklug (pej inf). **to get ~** (US inf) sich am Riemen reißen (inf); (get cheeky) frech kommen (with dat); **don't be so ~** (to child) sei nicht so vorlaut.
3. (quick) (blitz)schnell; pace, work rasch, flott (inf); work also flink, fix (inf). **and look ~ (about it)!** und zwar ein bißchen fix or plötzlich! (inf).
II n Schmerz m (also fig); (of ointment, from wound also) Brennen nt.
III vi brennen. **it will make your mouth/cut ~** es wird (dir) im Mund/in der Wunde brennen; **to ~ under sth** (fig) unter etw (dat) leiden; **his injured vanity still ~ed** er spürte immer noch den Schmerz gekränkter Eitelkeit; **to ~ from sth** (from blow etc) von etw brennen; (fig) unter etw (dat) leiden.
smart-aleck ['smɑːtælɪk] (inf) **I** n Schlauberger (inf), Besserwisser m; **II** adj remarks besserwisserisch, superschlau (inf); **smart ass** n (sl) Klugscheißer m (sl); **II** adj klugscheißerisch (sl).
smarten ['smɑːtn] (also ~ up) **I** vt house, room herausputzen; appearance (her) richten, aufmöbeln (inf). **to ~ oneself up** (dress up) sich in Schale werfen (inf); (generally improve appearance) mehr Wert auf sein Äußeres legen; **you'd better ~ up your ideas** (inf) du solltest dich am Riemen reißen (inf).
II vi (dress up) sich in Schale werfen (inf); (improve appearance) sich herausmachen; (pace) schneller or flotter (inf) werden. **he's ~ed up in his ideas/appearance** seine Ansichten haben/sein Aussehen hat sich gemacht.
smartly ['smɑːtlɪ] adv see adj **1.** schick; dress also flott. **2.** clever, schlau, gewitzt; (pej) superschlau (inf). **3.** (blitz)schnell; fix (inf); walk rasch.
smartness ['smɑːtnɪs] n **1.** see adj **1.** Schick m; Feinheit f; Gepflegtheit f.
2. (brightness, cleverness) Cleverneß (inf), Schlauheit, Gewitztheit f; (of thief, trick) Raffiniertheit f; (pej) (of person) Besserwisserei f (pej); (of answer) Vorwitzigkeit f.
3. see adj **3.** Schnelligkeit, Fixheit (inf) f; Raschheit f; Flinkheit, Fixheit (inf) f.
smash [smæʃ] **I** vt **1.** (break into pieces) zerschlagen; window also einschlagen. **I ~ed my glasses** ich habe mir die Brille zerschlagen or kaputtgeschlagen.
2. (defeat or destroy) zerschlagen; rebellion, revolution also niederschlagen; fascism, the enemy also, opponent zerschmettern; record haushoch schlagen; business ruinieren.

3. (*strike, also Tennis*) schmettern. **he ~ed his fist into his face** er schlug ihm mit der Faust ins Gesicht; **to ~ one's way into a building** gewaltsam in ein Gebäude eindringen.

II *vi* 1. (*break*) zerschlagen, zerbrechen. **it ~ed into a thousand pieces** es (zer)sprang in tausend Stücke.

2. (*crash*) prallen. **the car ~ed into the wall** das Auto krachte gegen die Mauer; **the plane ~ed into the houses** das Flugzeug raste in eine Häusergruppe; **the ship ~ed onto the rocks** das Schiff prallte gegen die Felsen.

3. (*Fin inf*) bankrott gehen, kaputtgehen (*inf*).

III *n* 1. (*noise*) Scheppern *nt*; (*of waves*) Klatschen *nt*. **there was a ~** es hat gekracht *or* (*of broken glass*) gescheppert.

2. (*collision*) Unfall *m*; (*with another vehicle also*) Zusammenstoß *m*. **rail ~** Zugunglück *nt*.

3. (*blow*) Schlag *m*; (*Tennis*) Smash, Schmetterball *m*. **to give sb a ~ on the nose** jdm auf die Nase schlagen.

4. (*Fin inf*) (finanzieller) Zusammenbruch, Pleite *f* (*inf*).

IV *adv* (*inf*) mit Karacho (*inf*). **to go or run ~ into sth** mit Karacho gegen etw (*acc*) fahren/stoßen *etc* (*inf*).

◆**smash in** *vt sep* einschlagen. **the firemen had to ~ their way** ~ die Feuerwehrleute mußten gewaltsam eindringen; **to ~ sb's face ~** (*sl*) jdm die Schnauze einschlagen (*sl*).

◆**smash up** *vt sep* zertrümmern; *face* übel zurichten; *car* kaputtfahren. **II** *vi* kaputtgehen.

smash-and-grab (raid) [ˌsmæʃənˈgræb (reɪd)] *n* Schaufenstereinbruch *m*.

smashed [smæʃt] *adj pred* (*sl: drunk*) stockvoll (*sl*).

smasher [ˈsmæʃəʳ] *n* (*esp Brit inf*) toller Typ (*inf*); (*woman also*) Klasseweib *nt* (*inf*). **to be a ~** eine Wucht (*inf*) *or* (*ganz große*) Klasse sein (*inf*).

smash hit *n* (*inf*) Superhit *m* (*inf*). **her new boyfriend was a ~ with her family** ihr neuer Freund kam bei ihrer Familie unwahrscheinlich gut an (*inf*).

smashing [ˈsmæʃɪŋ] *adj* (*esp Brit inf*) klasse *inv*, Klasse *pred*, dufte (*all inf*).

smash-up [ˈsmæʃʌp] *n* (*Aut, Rail*) übler Unfall; (*with another vehicle also*) Karambolage *f*; (*Fin inf*) Pleite *f*.

smattering [ˈsmætərɪŋ] *n* **a ~ of French** ein paar Brocken Französisch.

smear [smɪəʳ] **I** *n* verschmierter Fleck; (*fig*) Beschmutzung, Verleumdung *f*; (*Med*) Abstrich *m*. **he had ~s of blood/grease on his hands** er hatte blut-/fettbeschmierte Hände; **this left a ~ on his name** das hinterließ einen Fleck auf seinem Namen; **~ campaign** Verleumdungskampagne *f*; **~-test** (*Med*) Abstrich *m*.

II *vt* 1. schmieren; (*spread*) verschmieren; (*mark, make dirty*) beschmieren; *face, body* einschmieren. **to ~ grease over sth** Fett auf etw (*acc*) schmieren; **don't ~ the paint** verschmiere die Farbe nicht!

2. (*fig*) *person* verunglimpfen; *sb's reputation* beschmutzen, besudeln.

III *vi* (*glass*) verschmieren; (*print*) verschmiert, verwischt werden; (*biro*) schmieren; (*paint, ink*) verlaufen.

smeary [ˈsmɪərɪ] *adj* (+*er*) *glass* verschmiert; *clothes* schmierig; (*likely to smear*) *paint, ink* schmierend.

smell [smel] (*vb: pret, ptp ~ed or* **smelt**) **I** *n* (*sense of ~, odour*) Geruch *m*; (*unpleasant also*) Gestank *m*; (*fragrant also*) Duft *m*. **it has a nice ~** es riecht gut *or* angenehm; **there's a funny ~ in here** hier riecht es komisch; **to have or take a ~ at sth** an etw (*acc*) riechen *or* (*dog etc*) schnuppern.

II *vt* 1. riechen. **can or do you ~ burning?** riechst du, daß etwas brennt *or* (*Cook*) anbrennt?; **just ~ this meat** riech mal an diesem Fleisch!

2. (*fig*) *danger, treason* wittern. **to ~ trouble** Ärger *or* Stunk (*inf*) kommen sehen; **aha, I can ~ a rat** (*inf*) da scheint mir doch etwas faul zu sein!

III *vi* riechen; (*unpleasantly also*) stinken; (*fragrantly also*) duften. **that ~s!** (*lit, fig*) das stinkt!; **to ~ of sth** (*lit, fig*) nach etw riechen; **to ~ at sth** an etw (*dat*) riechen *or* (*dog etc*) schnuppern; **his breath ~s** er riecht aus dem Mund.

◆**smell out** *vt sep* 1. *rabbit, traitor etc* aufspüren; *plot* aufdecken. 2. **these onions are ~ing the house ~!** die Zwiebeln verpesten das ganze Haus!

smelling bottle [ˈsmelɪŋˌbɒtl] *n* Riechfläschchen *nt* **smelling salts** *npl* Riechsalz *nt*.

smelly [ˈsmelɪ] *adj* (+*er*) übelriechend, stinkend. **it's ~ in here** hier drin stinkt es; **you've got ~ feet** deine Füße stinken.

smelt¹ [smelt] *pret, ptp of* **smell**.

smelt² *vt ore* schmelzen; (*refine*) verhütten.

smelt³ *n, pl* **~(s)** (*fish*) Stint *m*.

smelter [ˈsmeltəʳ] *n* (*furnace*) Schmelzhütte, Schmelzerei *f*; (*person*) Schmelzer *m*.

smile [smaɪl] **I** *n* Lächeln *nt*. **there was a sarcastic ~ on his face** ein sarkastisches Lächeln ging über sein Gesicht; **to be all ~s** übers ganze Gesicht strahlen; **to give sb a ~** jdm zulächeln; **come on, give me a ~** lach doch mal!; **take that ~ off your face!** hör auf, so zu grinsen!

II *vi* lächeln. **we tried to make the baby ~** wir versuchten, das Baby zum Lachen zu bringen; **come on, ~** lach mal!; **he's always smiling** er lacht immer; **he kept smiling through all his troubles** trotz aller Schwierigkeiten ließ er den Kopf nicht hängen; **to ~ at sb** jdn anlächeln; (*cheerful person*) jdn anlachen; **to ~ at sth** über etw (*acc*) lächeln; **to ~ with joy/happiness** *etc* vor Freude/Glück *etc* strahlen; **fortune ~d on him** (*liter*) ihm lachte das Glück.

III *vt* **she ~d her thanks** sie lächelte dankbar.

smiling *adj*, **~ly** *adv* [ˈsmaɪlɪŋ, -lɪ] lächelnd.

smirch [smɜːtʃ] (*liter*) **I** *n* Schmutz- *or* Schandfleck, Makel (*geh*) *m*. **II** *vt* beflecken (*liter*), besudeln (*geh*).

smirk [smɜːk] **I** *n* Grinsen *nt*. **II** *vi* grinsen, süffisant lächeln.

smite [smaɪt] *pret* **smote**, *ptp* **smitten** *vt* (*old, liter*) schlagen. **he smote off his head**

er schlug *or* hieb (*old, liter*) ihm den Kopf ab.

smith [smɪθ] *n* Schmied *m*.

smithereens [ˌsmɪðə'riːnz] *npl* **to smash sth to** ~ etw in tausend Stücke schlagen; **in** ~ in tausend Stücken.

smithy ['smɪðɪ] *n* Schmiede *f*.

smitten ['smɪtn] I *ptp of* **smite**.

     II *adj* **to be** ~ **with the plague/remorse/ fear** von der Pest heimgesucht/von Reue/ Angst geplagt werden; **he's really** ~ **with her** (*inf*) er ist wirklich vernarrt in sie; **he's really** ~ **this time** (*inf*) diesmal hat's ihn erwischt (*inf*).

smock [smɒk] I *n* Kittel *m*; (*as top*) Hänger *m*. II *vt* smoken.

smocking ['smɒkɪŋ] *n* Smokarbeit *f*.

smog [smɒg] *n* Smog *m*.

smoke [sməʊk] I *n* 1. Rauch *m*. **there's no** ~ **without fire** (*prov*) kein Rauch ohne Flamme (*prov*); **to go up in** ~ in Rauch (und Flammen) aufgehen; (*fig*) sich in Wohlgefallen auflösen; (*inf: get angry*) in die Luft gehen (*inf*).

     2. (*cigarette etc*) was zu rauchen (*inf*). **it's a nice** ~, **this tobacco** dieser Tabak raucht sich gut; ~s (*inf*) Glimmstengel *pl* (*dated inf*).

     3. (*act*) **to have a** ~ eine rauchen; **I'm dying for a** ~ ich muß unbedingt eine rauchen.

     II *vt* 1. *tobacco* rauchen.

     2. *bacon, fish etc* räuchern.

     III *vi* rauchen; (*oil-lamp etc*) qualmen. **to** ~ **like a chimney** wie ein Schlot rauchen.

◆**smoke out** *vt sep* ausräuchern; (*fill with smoke*) einräuchern, einnebeln (*inf*).

smoke-bomb ['sməʊkbɒm] *n* Rauchbombe *f*.

smoked [sməʊkt] *adj bacon, fish* geräuchert, Räucher-. ~ **glass** Rauchglas *nt*; ~ **glasses** Gläser *pl* aus Rauchglas.

smoke-dried ['sməʊkdraɪd] *adj* geräuchert.

smokeless ['sməʊklɪs] *adj zone* rauchfrei; *fuel* rauchlos.

smoker ['sməʊkə^r] *n* 1. (*person*) Raucher(in *f*) *m*. **to be a heavy** ~ stark rauchen, starker Raucher sein; ~'**s cough** Raucherhusten *m*. 2. (*Rail*) Raucher(abteil *nt*) *m*. 3. (*entertainment*) Herrenabend *m*.

smoke-ring ['sməʊkrɪŋ] *n* (Rauch)ring *m*; **smokeroom** *n* Rauchsalon *m*, Rauchzimmer *nt*; **smokescreen** *n* Nebelwand *f*, Rauchvorhang *m*; (*fig*) Deckmantel, Vorwand *m*; **his answer was just a** ~ seine Antwort war nur ein Ablenkungsmanöver; **smoke signal** *n* Rauchzeichen *nt*; **smokestack** *n* Schornstein *m*; (*on factory also*) Schlot *m*.

smoking ['sməʊkɪŋ] I *adj* rauchend. II *n* Rauchen *nt*. "**no** ~" ,,Rauchen verboten".

smoking compartment, (*US*) **smoking car** *n* Raucherabteil *nt*; **smoking jacket** *n* Rauchjacke, Hausjacke *f*.

smoky ['sməʊkɪ] *adj* (+*er*) *chimney, fire* rauchend; *room, atmosphere* verraucht; (*stained by smoke*) verräuchert; (*like smoke*) *flavour* rauchig; *colour* rauchfarben. ~ **blue** rauchblau.

smolder *vi* (*US*) *see* **smoulder**.

smooch [smuːtʃ] (*inf*) I *vi* knutschen (*inf*). II *n* **to have a** ~ rumknutschen (*inf*).

smoochy ['smuːtʃɪ] *adj* (+*er*) (*inf*) *music, record* Knutsch- (*inf*), zum Knutschen (*inf*); romantisch.

smooth [smuːð] I *adj* (+*er*) 1. (*in texture, surface etc*) glatt; *sea also* ruhig; *road, surface also* eben; *outline* sanft; *skin also, hair* weich. **as** ~ **as silk** weich wie Seide, seidenweich; **as** ~ **as glass** spiegelglatt; **worn** ~ **steps** glattgetreten; *knife* abgeschliffen; *type* abgefahren; **this razor gives you a really** ~ **shave** dieser Apparat rasiert wirklich sanft.

     2. (*in consistency*) *paste* sämig; *sauce* glatt.

     3. *motion, flight, crossing* ruhig; *gearchange* weich, leicht; *take-off, landing* glatt; *breathing* gleichmäßig. **he is a very** ~ **driver** er ist ein sehr angenehmer, ruhiger Fahrer.

     4. (*trouble-free*) *transition, functioning* reibungslos, glatt. **we want the move to the new offices to be as** ~ **as possible** wir wollen, daß der Umzug in die neuen Büroräume so reibungslos wie möglich verläuft.

     5. (*not harsh in taste*) *whisky* weich.

     6. *style of writing* glatt, flüssig; *voice* sanft; *diction* flüssig, geschliffen.

     7. (*polite, often pej*) *manners, diplomat, salesman* glatt; *person also* aalglatt (*pej*); *manners also* geschliffen; (*unruffled*) kühl, cool (*inf*). **to be a** ~ **talker** schönreden können; **a** ~ **operator** ein Schlawiner (*inf*) *m*.

     8. (*inf*) *restaurant, furniture, car, person* gepflegt.

     9. (*Tennis*) glatt.

     II *n* **to give sth a** ~ etw glattstreichen; *see* **rough III**.

     III *vt surface* glätten, glatt machen; *dress, hair* glätten, glattstreichen; *wood* glatthobeln; (*fig*) *feelings* besänftigen, beruhigen. **to** ~ **the way for sb** jdm den Weg ebnen.

◆**smooth away** *vt sep* glätten; (*fig*) *fears* besänftigen.

◆**smooth back** *vt sep hair* zurückstreichen.

◆**smooth down** *vt sep* glatt machen; *feathers, hair, dress* glattstreichen; (*fig*) *person, feelings* besänftigen, beschwichtigen. **to** ~ **things** → die Wogen glätten. II *vi* (*fig*) sich beruhigen.

◆**smooth out** *vt sep* (*make smooth*) *crease, surface* glätten; (*fig*) *difficulty* ausräumen, aus dem Weg räumen.

◆**smooth over** *vt sep* (*fig*) *quarrel* in Ordnung bringen, geradebiegen (*inf*). **to** ~ **things** → die Sache geradebiegen (*inf*).

smoothly ['smuːðlɪ] *adv* 1. *shave* sanft.

     2. *land* weich; *change gear* weich, leicht; *drive* ruhig; *fit* genau.

     3. (*without problems*) **to go** ~ glatt über die Bühne gehen; ~ **running organization** reibungslos laufende Organisation.

     4. ~ **flowing prose** flüssige Prosa; **the music passes** ~ **from one mood to another** die Musik fließt unmerklich von einer Stimmung in die andere über.

5. *talk* schön; *behave* aalglatt *(pej).* **he handled the situation very ~** er hat die Lage sehr kühl gemeistert.

smoothness ['smu:ðnɪs] *n see adj* **1.** Glätte *f;* Ruhe *f;* Ebenheit *f;* Sanftheit *f;* Weichheit *f.* **it has the ~ of silk** es ist seidenweich. **2.** Sämigkeit *f;* Glätte *f.* **3.** Ruhe *f;* Weichheit *f;* Glätte *f;* Gleichmäßigkeit *f; (of fit)* Genauigkeit *f.* **4.** Reibungslosigkeit *f.* **5.** Weichheit *f.* **6.** Flüssigkeit *f;* Sanftheit *f.* **7.** Glätte *f;* (aal)glatte Art *f.*

smooth-spoken,   smooth-tongued ['smu:ð'spəʊkən, -'tʌŋd] *adj (pej)* schönredend *(pej),* schönrednerisch *(pej).*

smoothy ['smu:ðɪ] *n (inf)* Lackaffe *m (pej inf).*

smote [sməʊt] *pret of* **smite.**

smother ['smʌðər] **I** *vt* **1.** *(stifle) person, fire, criticism* ersticken; *(fig) criticism also, yawn, sob, laughter* unterdrücken. **to ~ sb with affection** jdn mit seiner Liebe erdrücken.

2. *(cover)* bedecken, überschütten. **fruit ~ed in cream** Obst, das in Sahne schwimmt; **~ed in dust** völlig eingestaubt; **she ~ed his face in kisses** sie bedeckte *or* übersäte sein Gesicht mit Küssen.

II *vi* ersticken.

smoulder, *(US)* **smolder** ['sməʊldər] *vi (lit, fig)* glimmen, schwelen. **his eyes were ~ing with anger/passion** seine Augen glühten vor Zorn/Leidenschaft; **~ing hatred** glimmender *or* schwelender Haß.

smudge [smʌdʒ] **I** *n* **1.** Fleck *m; (of ink)* Klecks *m.* **2.** *(US: fire)* (qualmendes) Feuer *(gegen Insekten).*

II *vt ink, lipstick, paint* verwischen. **he had chocolate ~d all over his face** er hatte sich *(dat)* das ganze Gesicht mit Schokolade vollgeschmiert.

III *vi* verlaufen, verschmieren.

smudgy ['smʌdʒɪ] *adj (+er)* verschmiert; *outline* verwischt, verschwommen.

smug [smʌg] *adj (+er)* selbstgefällig; *grin, remark also* süffisant.

smuggle ['smʌgl] *vti (lit, fig)* schmuggeln. **to ~ sb/sth in** jdn/etw einschmuggeln, jdn einschleusen; **to ~ sb/sth out** jdn/etw herausschmuggeln, jdn herausschleusen.

smuggler ['smʌglər] *n* Schmuggler(in *f*) *m.*

smuggling ['smʌglɪŋ] *n* Schmuggel *m.*

smugly ['smʌglɪ] *adv see adj.*

smugness ['smʌgnɪs] *n* Selbstgefälligkeit *f.*

smut [smʌt] *n* **1.** *(piece of dirt)* Rußflocke *f.* **there's a ~ on your nose/in your eye** du hast da was an der Nase/im Auge; **~s from the stove** Ruß *m* aus dem Ofen. **2.** *(fig)* Schmutz *m.* **to talk ~** Schweinereien erzählen. **3.** *(Bot)* Brand *m.*

smuttiness ['smʌtɪnɪs] *n (fig)* Schmutz *m; (of joke, language)* Anstößigkeit, Unflätigkeit *f.*

smutty ['smʌtɪ] *adj (+er) (lit, fig)* schmutzig.

snack [snæk] *n* Kleinigkeit *f* (zu essen), Imbiß *m.* **to have a ~** eine Kleinigkeit essen; **~ bar** Imbißstube *f;* **for us lunch is just a ~** mittags essen wir nicht viel.

snaffle¹ ['snæfl] *n (also ~-bit)* Trense *f.*

snaffle² *vt (Brit inf)* sich *(dat)* unter den Nagel reißen *(inf).*

◆snaffle up *vt sep (Brit inf) bargain* wegschnappen *(inf).*

snafu [snæ'fu:] *(US sl)* **I** *n* Schlamassel *m (inf).* **II** *vt* total durcheinanderbringen.

snag [snæg] **I** *n* **1.** *(hidden difficulty)* Haken *m,* Schwierigkeit *f.* **there's a ~** die Sache hat einen Haken; **what's the ~?** was ist das Problem?; **to run into** *or* **hit a ~** in Schwierigkeiten *(acc)* kommen.

2. *(in clothes etc)* gezogener Faden. **3.** *(in water)* Baumstumpf *m.*

II *vt* sich *(dat)* einen Faden ziehen.

III *vi* Fäden ziehen.

snail [sneɪl] *n* Schnecke *f.* **edible ~** Weinbergschnecke *f;* **at a ~'s pace** im Schneckentempo.

snake [sneɪk] **I** *n* Schlange *f.* **a ~ in the grass** *(fig) (woman)* eine listige Schlange; *(man)* ein heimtückischer Kerl. **II** *vi* sich schlängeln.

snakebite ['sneɪkbaɪt] *n* Schlangenbiß *m;* **snake charmer** *n* Schlangenbeschwörer *m;* **snakeskin** *n* Schlangenhaut *f; (leather)* Schlangenleder *nt;* **II** *adj* Schlangenleder-, aus Schlangenleder.

snaky ['sneɪkɪ] *adj (+ er)* windings schläng(e)lig; *movements* schlangenartig.

snap [snæp] **I** *n* **1.** *(sound)* Schnappen *nt; (with fingers)* Schnippen, Schnalzen *nt; (of sth breaking)* Knacken *nt; (click)* Klicken *nt; (of whip)* Knall *m.* **the dog made a ~ at the biscuit** der Hund schnappte nach dem Keks.

2. *(fastener)* Druckknopf *m.* **3.** *(Phot)* Schnappschuß *m.* **4.** *(Cards)* ≈ Schnipp-Schnapp *nt.* **5.** *(inf: vigour)* Schwung *m.* **put a bit of ~ into it** mach ein bißchen zackig! *(inf).* **6.** *(biscuit)* Plätzchen *nt.* **7.** **cold ~** Kälteeinbruch *m.*

II *adj attr* plötzlich, spontan, Blitz-. **~ vote** Blitzabstimmung *f;* **~ decision** plötzlicher Entschluß.

III *adv* **to go ~** schnapp/knack(s)/klick machen.

IV *interj* **I bought a green one — ~!** *(inf)* ich hab' mir ein grünes gekauft — (ätsch,) ich auch!

V *vt* **1.** *fingers* schnipsen *or* schnalzen mit; *whip* knallen mit. **to ~ a book shut** ein Buch zuklappen; **he ~ped the lid down** er ließ den Deckel runterklappen; **to ~ sth into place** etw einschnappen lassen; **to ~ one's fingers at sb/sth** *(fig)* auf jdn/etw pfeifen *(inf).*

2. *(break)* zerbrechen, entzweibrechen; *bone* brechen.

3. *(also ~ out)* **to ~ an order** bellend etwas befehlen; **to ~ a few words at the children** sie pfiff die Kinder an.

4. *(Phot)* knipsen.

VI *vi* **1.** *(click)* (zu)schnappen, einschnappen; *(crack, break)* entzweibrechen, zerbrechen; *(of whip)* knallen. **to ~ shut** zuschnappen; **my patience finally ~ped** dann ist mir aber der Geduldsfaden gerissen.

2. *(speak sharply)* bellen *(inf),* schnappen *(inf).* **to ~ at sb** jdn anpfeifen *or* anschnauzen *(inf).*

3. (*of dog, fish etc, fig*) schnappen (*at* nach). **to ~ at the opportunity** die Gelegenheit beim Schopf packen.

4. **to ~ to attention** Haltung annehmen; **~ to it!** mach 'n bißchen zackig! (*inf*).

5. (*inf: crack up*) durchdrehen (*inf*). **something ~ped (in him)** da hat (bei ihm) etwas ausgehakt (*inf*).

◆**snap off I** *vt sep* (*break off*) abbrechen; (*bite off*) abbeißen. **to ~ sb's head ~** (*fig inf*) jdm ins Gesicht springen (*inf*). **II** *vi* (*break off*) abbrechen.

◆**snap out I** *vt sep order* brüllen, bellen. **II** *vi* **to ~ ~ of sth** sich aus etw (*dat*) herausreißen, mit etw Schluß machen; **~ ~ of it!** reiß dich zusammen *or* am Riemen! (*inf*); (*cheer up*) Kopf hoch!

◆**snap up** *vt sep* (*lit, fig*) wegschnappen.

snapdragon ['snæpˌdrægən] *n* Löwenmaul *nt*; **snap-fastener** *n* Druckknopf *m*.

snappish ['snæpɪʃ] *adj* (*lit, fig*) bissig.

snappishness ['snæpɪʃnɪs] *n* (*lit, fig*) Bissigkeit *f*.

snappy ['snæpɪ] *adj* (*+er*) 1. (*inf: quick*) flott (*inf*), zackig (*inf*). **and be ~ about it!, and make it ~!** und zwar ein bißchen flott *or* zackig! (*inf*). 2. (*lit, fig*) *dog, person* bissig. 3. (*inf*) *translation* kurz und treffend; *phrase* zündend.

snap ring *n* Karabinerhaken *m*; **snapshot** *n* Schnappschuß *m*.

snare¹ [snɛəʳ] **I** *n* (*lit, fig: trap*) Falle *f*; (*fig also*) Fallstrick *m*. **II** *vt* (*lit, fig*) (ein)-fangen.

snare² *n* 1. (*of drum*) Schnarrsaite *f*. 2. (*also ~ drum*) kleine Trommel.

snarl¹ [snɑːl] **I** *n* Knurren *nt no pl.* ..., **he said with a ~** ..., sagte er knurrend. **II** *vi* knurren. **to ~ at sb** jdn anknurren.

snarl² **I** *n* (*in wool*) Knoten *m*, verheddertе Stelle. **II** *vt wool* verheddern.

◆**snarl up** (*inf*) **I** *vt sep traffic, system* durcheinanderbringen; *plan also* vermasseln (*sl*). **traffic always gets ~ed ~ at the bridge** an der Brücke ist der Verkehr immer chaotisch.

II *vi* (*traffic*) chaotische Formen annehmen.

snarl-up ['snɑːlʌp] *n* (*inf*) (*in traffic*) (Verkehrs)chaos *nt*; (*in system, on switchboard etc*) Kuddelmuddel *nt* (*inf*). **~s** ein großes Kuddelmuddel (*inf*).

snatch [snætʃ] **I** *n* 1. (*act*) Griff *m*. **to make a ~ at sth** nach etw greifen; (*animal*) nach etw schnappen.

2. (*Brit inf*) (*robbery*) Raub *m*; (*kidnapping*) Entführung *f*.

3. (*snippet*) Stück *nt*, Brocken *m*; (*of conversation also*) Fetzen *m*; (*of music*) ein paar Takte. **to do sth in ~es** etw in Etappen tun.

4. (*Weightlifting*) Reißen *nt*.

5. (*US sl: female genitals*) Möse *f* (*vulg*).

II *vt* 1. (*grab*) greifen. **to ~ sth from sb** jdm etw entreißen; **to ~ hold of sth** nach etw greifen, etw packen; **to ~ sth out of sb's hand** jdm etw aus der Hand reißen.

2. *some sleep etc* ergattern. **to ~ a quick meal** schnell etwas essen; **to ~ an opportunity** eine Gelegenheit ergreifen *or* beim Schopf packen; **he ~ed a kiss while she**

wasn't looking als sie gerade wegsah, stahl er ihr schnell einen Kuß.

3. (*Brit inf*) (*steal*) *money* klauen (*inf*); *handbag* aus der Hand reißen; (*kidnap*) entführen.

III *vi* greifen (*at* nach). **don't ~!** nicht grapschen! (*inf*); **to ~ at an opportunity** eine Gelegenheit ergreifen.

◆**snatch away** *vt sep* wegreißen (*sth from sb* jdm etw). **death ~ed him ~ from us** der Tod hat ihn uns (*dat*) entrissen.

◆**snatch up** *vt sep* schnappen. **the mother ~ed her child ~** die Mutter riß ihr Kind an sich (*acc*).

snazzy *adj* (*+er*), **snazzily** *adv* ['snæzɪ, -lɪ] (*sl*) flott, schnieke (*inf*).

sneak [sniːk] **I** *n* Schleicher *m*; (*Sch sl*) Petze(r) *mf* (*Sch sl*). **~ preview** (*of film etc*) Vorschau *f*; (*of new car etc*) Vorbesichtigung *f*; **~ thief** Langfinger (*inf*), Einschleichdieb *m*.

II *vt* **he ~ed a cake off the counter** er klaute *or* klemmte einen Kuchen vom Tresen (*inf*); **to ~ sth into a room** etw in ein Zimmer schmuggeln; **to ~ a look at sb/ sth** verstohlen auf jdn/etw schielen.

III *vi* 1. **to ~ about** herumschleichen; **to ~ away** *or* **off** sich wegschleichen *or* -stehlen; **to ~ in** sich einschleichen; **to ~ past sb** (sich) an jdm vorbeischleichen.

2. (*Sch sl: tell tales*) petzen (*inf*). **to ~ on sb** jdn verpetzen (*inf*).

sneakers ['sniːkəz] *npl* (*esp US*) Freizeitschuhe, Leisetreter (*hum*) *pl*.

sneaking ['sniːkɪŋ] *adj attr* geheim *attr*; *suspicion also* leise.

sneaky ['sniːkɪ] *adj* (*+er*) (*inf*) raffiniert.

sneer [snɪəʳ] **I** *n* (*expression*) spöttisches *or* höhnisches Lächeln; (*remark*) spöttische *or* höhnische Bemerkung.

II *vi* spotten; (*look sneering*) spöttisch *or* höhnisch grinsen. **adolescents often ~ at what they cannot understand** Jugendliche spotten oft über das, was sie nicht verstehen können; **to ~ at sb** jdn verhöhnen; (*facially also*) jdn auslachen.

sneerer ['snɪərəʳ] *n* Spötter *m*.

sneering *adj*, **~ly** *adv* ['snɪərɪŋ, -lɪ] höhnisch, spöttisch.

sneeze [sniːz] **I** *n* Nieser *m*. **~s** Niesen *nt*. **II** *vi* niesen. **not to be ~d at** nicht zu verachten.

snick [snɪk] **I** *n* (*small cut*) Kerbe *f*. **II** *vt* (*with razor*) schneiden; (*with knife*) schnitzen; (*with tweezers*) zupfen; (*Cricket*) *ball* mit Kante schlagen.

snicker ['snɪkəʳ] *n, vi see* **snigger**.

snide [snaɪd] *adj* (*inf*) abfällig.

sniff [snɪf] **I** *n* Schniefen *nt no pl* (*inf*); (*disdainful*) Naserümpfen *nt no pl*; (*of dog*) Schnüffeln *nt no pl*. **we never got a ~ of the vodka** wir durften noch nicht einmal an dem Wodka riechen; **one ~ of the cyanide and ...** einmal an dem Zyankali gerochen, und ...; **have a ~ at this** riech mal hieran.

II *vt* (*test by smelling*) riechen, schnuppern an (*+dat*) (*inf*); *smelling salts* einziehen; *glue* einatmen, schnüffeln (*inf*); *snuff* schnupfen; (*fig: detect*) wittern, riechen. **the dogs ~ed each other** die Hunde beschnupperten sich; **~ these flowers** riech mal an den Blumen.

III vi (person) schniefen (inf); (dog) schnüffeln, schnuppern. **to ~ at sth** (lit) an etw (dat) schnuppern; (fig) die Nase über etw (acc) rümpfen; **not to be ~ed at** nicht zu verachten.

◆**sniff out** vt sep (lit, fig) aufspüren; crime, plot aufdecken.

sniffle ['snɪfl] n, vi see **snuffle**.

sniffy ['snɪfɪ] adj (+er) (inf) (disdainful) naserümpfend; (put out) verschnupft, eingeschnappt (inf).

snifter ['snɪftə'] n (dated inf) **to have a ~** einen Kurzen trinken or nehmen (inf).

snigger ['snɪgə'] **I** n Kichern, Gekicher nt. **to give a ~** loskichern. **II** vi kichern (at, about wegen).

snip [snɪp] **I** n **1.** (cut, cutting action) Schnitt m; (sound) Schnipsen, Klappern nt no pl.
2. (of cloth) Stück nt; (of paper) Schnipsel, Schnippel (inf) m or nt; (from newspaper) Ausschnitt m.
3. (esp Brit inf: bargain) Geschäft nt, günstiger Kauf.
4. (US inf: insignificant person) Würstchen nt (pej inf).
II vt schnippeln (inf). **to ~ sth off** etw abschnippeln (inf).
III vi **to ~ at** schnippeln an (+dat) (inf).

snipe [snaɪp] **I** n, pl- (Orn) Schnepfe f. **II** vi **to ~ at sb** (lit, fig) aus dem Hinterhalt auf jdn schießen.

sniper ['snaɪpə'] n Heckenschütze m.

snippet ['snɪpɪt] n Stückchen nt; (of paper also) Schnipsel m or nt; (of information) (Bruch)stück nt. **~s of a conversation** Gesprächsfetzen pl.

snitch [snɪtʃ] (sl) **I** vt klauen (inf). **II** vi **to ~ on sb** über jdn klatschen.

snivel ['snɪvl] vi heulen, flennen (inf).

snivelling ['snɪvlɪŋ] **I** adj heulend, flennend (inf). **II** n Geheul(e), Geflenne (inf) nt.

snob [snɒb] n Snob m.

snobbery ['snɒbərɪ] n Snobismus m.

snobbish adj, **-ly** adv ['snɒbɪʃ, -lɪ] snobistisch, versnobt (inf).

snobbishness ['snɒbɪʃnɪs] n Snobismus m.

snog [snɒg] (Brit sl) **I** n Knutscherei f (inf). **to have a ~ with sb** mit jdm rumknutschen (inf). **II** vi rumknutschen (inf).

snood [snu:d] n Haarnetz nt.

snook [snu:k] n see **cock II 2**.

snooker ['snu:kə'] **I** n Snooker nt. **II** vt **to ~ sb** jdn sperren; **to be ~ed** (fig inf) ganz schön alt aussehen (inf).

snoop [snu:p] **I** n **1.** see **snooper**. **2.** (act) **I'll have a ~ around** ich gucke mich mal (ein bißchen) um. **II** vi schnüffeln. **to ~ about** or **around** herumschnüffeln.

snooper ['snu:pə'] n Schnüffler(in f) m.

snootily ['snu:tɪlɪ] adv (inf) hochnäsig.

snooty ['snu:tɪ] adj (+er) (inf) hochnäsig.

snooze [snu:z] **I** n Schläfchen, Nickerchen nt. **to have a ~** ein Schläfchen machen. **II** vi dösen, ein Nickerchen machen.

snore [snɔ:'] **I** n Schnarchen nt no pl. **II** vi schnarchen.

snorer ['snɔ:rə'] n Schnarcher(in f) m.

snoring ['snɔ:rɪŋ] n Schnarchen nt.

snorkel ['snɔ:kl] **I** n Schnorchel m. **II** vi schnorcheln.

snort [snɔ:t] **I** n Schnauben nt no pl; (of

boar) Grunzen nt no pl; (of person also) Prusten nt no pl. **he gave a ~ of contempt/ rage/laughter** er schnaubte verächtlich/ vor Wut/er prustete los.
II vti schnauben; (boar) grunzen; (person also) prusten.

snorter ['snɔ:tə'] n **1.** (Brit sl) schwierige Kiste (sl), hartes Ding (sl). **2.** (dated inf: drink) Kurze(r) m (inf).

snot [snɒt] n (inf) Rotz m (inf).

snotty ['snɒtɪ] adj (+er) (inf) **1.** handkerchief, nose Rotz- (inf); child rotznäsig (inf). **~-nosed** rotznäsig (inf). **2.** (fig: snooty) rotzig (sl), pampig (inf).

snout [snaʊt] n **1.** (of animal) Schnauze f; (of pig also, of insect) Rüssel m; (inf: of person) Rüssel (inf), Zinken (inf) m. **2.** (sl: informer) Spitzel m. **3.** (Brit sl: tobacco) Knaster m (inf).

snow [snəʊ] **I** n **1.** (also sl: cocaine or heroin) Schnee m; (~fall) Schneefall m. **the heavy ~s last winter** die heftigen Schneefälle im letzten Winter; **as white as ~** schneeweiß, blütenweiß; **as pure as the driven ~** engelrein.
2. (TV) Geflimmer nt, Schnee m.
II vi schneien.

◆**snow in** vt sep (usu pass) **to be or get ~ed ~** einschneien; **we are ~ed ~** wir sind eingeschneit.

◆**snow off** vt sep (usu pass) **to be ~ed ~** wegen Schnee or ausfallen.

◆**snow under** vt sep (inf: usu pass) **to be ~ed ~** (with work) reichlich eingedeckt sein; (with requests) überhäuft werden.

◆**snow up** vt sep (usu pass) see **snow in**.

snowball ['snəʊbɔ:l] **I** n Schneeball m; (drink) Snowball m; **II** vt Schneebälle werfen auf (+acc); **III** vi eskalieren; **opposition to the referendum just ~ed** die Opposition gegen die Volksabstimmung wuchs lawinenartig an; **snowball effect** n Schneeballeffekt m; **snow-blind** adj schneeblind; **snowbound** adj eingeschneit; **snow-capped** adj schneebedeckt; **snow chains** npl Schneeketten pl; **snow-clad** (poet), **snow-covered** adj verschneit; **snowdrift** n Schneewehe f; **snowdrop** n Schneeglöckchen nt; **snowfall** n Schneefall m; **snowfield** n Schneefeld nt; **snowflake** n Schneeflocke f; **snow-in-summer** n (Bot) Hornkraut nt; **snow leopard** n Schneeleopard m; **snow line** n Schneegrenze f; **snowman** n Schneemann m; see **abominable**; **snowmobile** n (US) Schneemobil nt; **snowplough**, (US) **snowplow** n (also Ski) Schneepflug m; **snowshed** n (US) Schneedach nt; **snowshoe** n Schneeschuh m; **snowslide** n (US) Schneerutsch m; **snowstorm** n Schneesturm m; **snowsuit** n (US) gefütterter Overall; **Snow White** n Schneewittchen nt; **snow-white** adj schneeweiß; hair also schlohweiß.

snowy ['snəʊɪ] adj (+er) **1.** weather, region schneereich; hills verschneit. **it was very ~ yesterday** gestern hat es viel geschneit. **2.** (white as snow) schneeweiß.

snub [snʌb] **I** n Brüskierung f. **to give sb a ~** jdn brüskieren, jdn vor den Kopf stoßen; *subordinate, pupil etc (verbally)* jdm über den Mund fahren; **to get a ~ from sb** von jdm brüskiert or vor den Kopf gestoßen werden.

II vt **1.** *person* brüskieren, vor den Kopf stoßen; *subordinate, pupil (verbally)* über den Mund fahren (+dat); *suggestion, proposal* kurz abtun.

2. *(ignore, not greet)* schneiden.

snub nose n Stupsnase f; **snub-nosed** adj stumpfnasig; *person also* stupsnasig.

snuff [snʌf] **I** n Schnupftabak m. **to take ~** schnupfen. **II** vt *candle (extinguish: also ~ out)* auslöschen; *(trim wick)* putzen, schneuzen *(old)*; *(fig) revolt* ersticken; *hopes* zunichte machen, zerschlagen. **to ~ it** *(Brit sl: die)* abkratzen *(sl)*.

snuff box n Schnupftabakdose f.

snuffer [ˈsnʌfəʳ] n Kerzenlöscher m. **~s, a pair of ~s** Lichtputzschere f.

snuffle [ˈsnʌfl] **I** n Schniefen nt no pl. **II** vi *(person, animal)* schnüffeln; *(with cold, from crying also)* schniefen *(inf)*.

snug [snʌg] **I** adj (+er) *(cosy, comfortable)* behaglich, gemütlich; *(cosy and warm) bed, garment, room etc* mollig warm, behaglich warm; *(sheltered) spot, harbour* geschützt; *(close-fitting)* gutsitzend attr; *(tight)* eng; *income* ganz annehmbar or passabel, hübsch *(inf)*. **to be ~ in bed/in one's sleeping bag** es im Bett/Schlafsack mollig or behaglich warm haben; **it was a ~ fit with 6 of us in the car** wir paßten zu sechst noch gerade in den Wagen.

II n *(Brit: in pub)* kleines Nebenzimmer.

snuggle [ˈsnʌgl] **I** vi sich schmiegen, sich kuscheln. **to ~ down in bed** sich ins Bett kuscheln; **to ~ up (to sb)** sich (an jdn) anschmiegen or ankuscheln; **I like to ~ up with a book** ich mache es mir gern mit einem Buch gemütlich.

II vt an sich (acc) schmiegen.

snugly [ˈsnʌglɪ] adv *(cosily)* gemütlich, behaglich. **~ tucked in, ~ tucked up (in bed)** mollig warm eingepackt (im Bett); **it fits ~** es paßt wie angegossen.

snugness [ˈsnʌgnɪs] n see adj Behaglichkeit, Gemütlichkeit f; mollige or behagliche Wärme; Geschütztheit f; guter Sitz.

So abbr of **south** S.

so [səʊ] **I** adv **1.** so. **~ much tea/ ~ many flies** so viel Tee/so viele Fliegen; **he was ~ stupid (that)** er war so or dermaßen or derart dumm(, daß); **he's ~ quick I can't keep up with him** er ist so schnell, daß ich nicht mithalten kann; **not ~ ... as** nicht so ... wie; **he is not ~ fast a runner as you** er ist kein so schneller Läufer wie Sie, er kann nicht so schnell laufen wie Sie; **I am not ~ stupid as to believe that** so dumm bin ich nicht, daß ich das glaube(n würde); **he was ~ stupid as to tell her** er war so dumm und hat es ihr gesagt; **would you be ~ kind as to open the door?** wären Sie bitte so freundlich und würden die Tür öffnen?; **he's not been ~ well recently** in letzter Zeit geht es ihm nicht so sonderlich; **how are things? — not ~ bad!** wie geht's? — nicht schlecht!; **not ~ as you'd**

notice aber das fällt kaum auf.

2. *(emphatic) glad, sorry, sure, rich, hurt* so; *pleased, relieved, hope, wish* sehr; *love* so sehr; *hate* so sehr, derart. **that's ~ true** das ist ja so wahr, das ist wirklich wahr; **I'm ~ very tired** ich bin ja so müde; **it's not ~ very difficult** es ist gar nicht so schwer; **it would be ~ much better/nicer etc** es wäre soviel besser/netter etc; **~ much the better/worse (for sb)** um so besser/schlechter (für jdn).

3. *(replacing longer sentence)* das, es. **I hope ~** hoffentlich; *(emphatic)* das hoffe ich doch sehr; **I think ~** ich glaube schon; **I never said ~** das habe ich nie gesagt; **I told you ~** ich habe es dir doch or ja gesagt; **why should I do it? — because I say ~** warum muß ich das tun? — weil ich es sage, darum; **I didn't say ~** das habe ich nicht gesagt; **can I go/will you do it? — I suppose ~** darf ich gehen/machen Sie es? — na ja, meinetwegen; **is that right/can I do it like that? — I suppose ~** stimmt das/ kann ich es so machen? — ich glaube schon; **~ I believe** ja, ich glaube schon; **~ I see** ja, das sehe ich; **please, do ~** bitte (, tun Sie es ruhig); **perhaps ~** vielleicht; **it may be ~** es kann schon sein; **~ be it** nun gut; **if ~** wenn ja; **he said he would finish it this week, and ~ he did** er hat gesagt, er würde es diese Woche fertigmachen, und das hat er auch (gemacht); **how or why ~?** wieso or warum das?; **or ~ they say** oder so heißt es jedenfalls; **he's a millionaire, or ~ he says** er ist Millionär, zumindest or jedenfalls behauptet er das; **it is ~!** *(contradiction)* doch!; **I can ~!** *(contradiction)* und ob (ich das kann)!, doch!; **I didn't say that — you did ~** das habe ich nicht gesagt — doch, das hast du (sehr wohl gesagt)!; **that is ~** das stimmt; **if that's ~** wenn das stimmt; **he's coming by plane — is that ~?** er kommt mit dem Flugzeug — ach so, ja?, tatsächlich?; **you're a fool — is that ~?** du bist ein Idiot — ach, wirklich?; **... — ~ it is/I have/he did etc** ... — (ja) tatsächlich; **it was terrible — ~ it was** es war furchtbar — ja, wirklich; **he's a nice chap — ~ he is** er ist ein netter Kerl — ja, wirklich or ja, das ist er auch.

4. *(thus, in this way)* so. **perhaps it was better — ~ vielleicht war es auch besser so; ~ it was that ...** so kam es, daß ...; **and ~ it was** und so war es auch; **by ~ doing he has ...** dadurch hat er ..., indem er das tat, hat er ...; **bother them! he exclaimed, and ~ saying walked out** zum Kuckuck! rief er, und damit ging er hinaus; **... and ~ to bed ...** und dann ins Bett.

5. *(unspecified amount)* **how high is it? — oh, about ~ high** *(accompanied by gesture)* wie hoch ist das? — oh, ungefähr so; **~ much per head** soviel pro Kopf; **they looked like ~ many gypsies** sie sahen wie so viele andere Zigeuner auch aus; **how long will it take? — a week or ~** wie lange dauert das? — ungefähr eine Woche, so eine Woche; **50 or ~** etwa 50.

6. *(likewise)* auch. **~ am/would/do/ could etc I** ich auch; **he's wrong and ~ are you** ihr irrt euch beide; **as A is to B, ~ D is to E** A verhält sich zu B wie D zu E.

7. he walked past and didn't ~ much as look at me er ging vorbei, ohne mich auch nur anzusehen; **he didn't say ~ much as thank you** er hat nicht einmal danke gesagt; **I haven't ~ much as a penny** ich habe keinen Pfennig; **~ much for him/his help** (*inf*) das war ja wohl nichts mit ihm! (*inf*)/schöne Hilfe! (*inf*); **~ much for his promises/fine words** und er hat solche Versprechungen gemacht/so große Töne gespuckt (*inf*).

II *conj* **1.** (*expressing purpose*) damit. **~ (that) you don't have to do it again** damit Sie es nicht noch einmal machen müssen; **we hurried ~ as not to be late** wir haben uns beeilt, um nicht zu spät zu kommen.

2. (*expressing result, therefore*) also. **it rained (and) ~ we couldn't go out** es regnete, also konnten wir nicht weggehen; **he was standing in the doorway ~ (that) no-one could get past** er stand in der Tür, so daß niemand vorbei konnte; **I told him to leave and ~ he did** ich habe ihm gesagt, er solle gehen, und das hat er auch getan; **~ I told him he could get lost** da habe ich ihm gesagt, er kann *or* könnte mir den Buckel runterrutschen; **the roads are busy ~ be careful** es ist viel Verkehr, also fahre vorsichtig; **~, far from helping us, he ...** nicht nur, daß er uns nicht geholfen hat, sondern ...; **~ you see ...** wie du siehst, ...

3. (*in questions, exclamations*) also. **~ you're Spanish/ leaving?** Sie sind also Spanier/Sie gehen also?; **~ that's his wife/the reason!** das ist also seine Frau/der Grund!; **~ you *did* do it!** du hast es also doch gemacht!; **~ there you are!** hier steckst du also!; **what do we do now?** und was machen wir jetzt?; **~ (what)?** (*inf*) (na) und?; **~ what if you don't do it?** (*inf*) (na) und wenn du's nicht machst?; **I'm not going, ~ there!** (*inf*) ich geh' nicht, fertig, aus!

soak [səʊk] **I** *vt* **1.** (*wet*) durchnässen. **to be/ get ~ed** patschnaß *or* völlig durchnäßt sein/werden; **to be ~ed to the skin, to be ~ed through** bis auf die Haut *or* völlig durchnäßt sein.

2. (*steep*) einweichen (*in* in +*dat*). **a town ~ed in history** eine geschichtsträchtige Stadt; **to ~ oneself in sth** (*fig*) sich in etw (*acc*) vertiefen.

3. (*inf*) *the rich etc* schröpfen. **to ~ sb for sth** jdn um etw angehen.

II *vi* **1.** (*steep*) **leave it to ~** weichen Sie es ein; (*in dye*) lassen Sie die Farbe einziehen; **to ~ in a bath** sich einweichen (*inf*).

2. (*penetrate*) **rain has ~ed through the ceiling** der Regen ist durch die Decke gesickert; **the coffee was ~ing into the carpet** der Kaffee saugte sich in den Teppich.

III *n* **1.** (*act of soaking*) **give the washing a good ~** lassen Sie die Wäsche gut einweichen; **the garden needs a ~** der Garten muß gründlich bewässert werden.

2. (*inf: drunkard*) Schluckbruder (*inf*), Säufer(in *f*) *m*.

◆**soak in** *vi* (*stain, dye etc*) einziehen. **to leave sth to ~** ~ etw einziehen lassen; **I just hope that it has ~ed ~** (*fig*) ich hoffe nur, daß er/sie *etc* das kapiert hat (*inf*).

◆**soak off I** *vt sep* ablösen. **II** *vi* sich (ab)lösen (*prep obj* von).

◆**soak out I** *vt sep mark, stain* durch Einweichen entfernen. **II** *vi* beim Einweichen herausgehen.

◆**soak up** *vt sep liquid* aufsaugen; *sunshine* genießen; *alcohol* in sich (*acc*) hineinkippen; *sound* schlucken; (*fig*) in sich (*acc*) hineinsaugen; *information* aufsaugen.

soaking ['səʊkɪŋ] **I** *adj person* klitschnaß, patschnaß; *object* also triefend.

II *adv* **~ wet** triefend naß, klitschnaß; **a ~ wet day** ein völlig verregneter Tag.

III *n* (*steeping*) Einweichen *nt* no indef art. **to get a ~** patschnaß werden; **to give sth a ~** etw einweichen.

so-and-so ['səʊənsəʊ] *n* (*inf*) **1.** (*unspecified person*) Soundso *no art.* **2.** (*pej*) **he's a real/an old ~** das ist ein gemeiner Kerl; **you old ~** du bist vielleicht eine/ einer.

soap [səʊp] **I** *n* (*substance*) Seife *f*. **II** *vt* einseifen, abseifen.

soapbox ['səʊpbɒks] *n* (*lit: packing case*) Seifenkiste *f*; (*fig: platform*) Apfelsinenkiste *f*; (*as cart*) Seifenkiste *f*; **to get up on one's ~** (*fig*) Volksreden halten; **soap derby** *n* Seifenkistenrennen *nt*; **soap-bubble** *n* Seifenblase *f*; **soapdish** *n* Seifenschale *f*; **soapflakes** *npl* Seifenflocken *pl*; **soap opera** *n* (*TV, Rad inf*) rührseliges (Familien)drama, Seifenoper *f*; **soap powder** *n* Seifenpulver *nt*; **soapstone** *n* Speckstein *m*; **soapsuds** *npl* Seifenschaum *m*.

soapy ['səʊpɪ] *adj* (+*er*) seifig.

soar [sɔːʳ] *vi* **1.** (*rise: also* **~ up**) aufsteigen; (*bird also*) sich in die Lüfte schwingen. **to ~ (up) into the sky** zum Himmel steigen.

2. (*fig*) (*building, tower*) hochragen; (*price, cost, profit*) hochschnellen; (*ambition, popularity, reputation, hopes*) einen Aufschwung nehmen; (*morale, spirits*) einen Aufschwung bekommen.

soaring ['sɔːrɪŋ] *adj bird, plane* aufsteigend, in die Luft steigend; *tower* hoch aufragend; *imagination, ideas, ambition* hochfliegend; *popularity, reputation* schnell zunehmend; *prices* in die Höhe schnellend; *inflation* unaufhaltsam; *pride, hopes* wachsend.

sob [sɒb] **I** *n* Schluchzer *m*, Schluchzen *nt* no pl. **to give a ~** (auf)schluchzen; **..., he said with a ~** ..., sagte er schluchzend. **II** *vi* schluchzen (*with* vor +*dat*). **~, ~** (*inf*) schluchz-schluchz. **III** *vt* schluchzen.

◆**sob out** *vt sep information* schluchzend hervorstoßen; *story* schluchzend erzählen. **to ~ one's heart out** sich (*dat*) die Seele aus dem Leib weinen.

sobbing ['sɒbɪŋ] **I** *n* Schluchzen *nt*. **II** *adj* schluchzend.

sober ['səʊbəʳ] *adj* **1.** (*not drunk*) nüchtern. **to be as ~ as a judge** stocknüchtern sein (*inf*).

2. (*sedate, serious*) *life, expression, mood, occasion* ernst; *person also* solide; (*sensible, moderate*)*opinion, judgement* vernünftig; *assessment, statement, advice, facts* nüchtern.

3. (*not bright or showy*) schlicht, dezent; *colour* gedeckt.

◆**sober down** *vi* ruhiger werden.

◆**sober up I** *vt sep* (*lit*) nüchtern machen; (*fig*) zur Vernunft bringen. **II** *vi* (*lit*) nüchtern werden; (*fig*) ruhiger werden; (*after laughing etc*) sich beruhigen.

soberly ['səʊbəlɪ] *adv* nüchtern; *behave* vernünftig; *dress, furnish* schlicht, dezent.

sober-minded ['səʊbə'maɪndɪd] *adj* nüchtern, vernünftig.

soberness ['səʊbənɪs] *n see* **sobriety.**

sobriety [sə'braɪɪtɪ] *n* **1.** (*not being drunk*) Nüchternheit *f*. **2.** (*seriousness, sedateness*) Solidität *f*; (*of dress etc*) Schlichtheit, Dezentheit *f*; (*of colour*) Gedecktheit *f*.

sobriquet ['səʊbrɪkeɪ], **soubriquet** *n* Spitzname *m*.

sob-sister ['sɒbˌsɪstəʳ] *n* (*esp US inf*) Briefkastentante *f* (*inf*); **sob-story** *n* (*inf*) rührselige Geschichte (*inf*); **sob-stuff** *n* (*inf*) Schmalz *m* (*inf*); (*book, film*) Tränendrüsendrücker *m* (*inf*); (*heart-rending tale*) todtraurige Geschichte (*inf*).

Soc *abbr of* **Socialist** Soz.

so-called ['səʊ'kɔːld] *adj* sogenannt; (*supposed*) angeblich.

soccer ['sɒkəʳ] *n* Fußball *m*. ~ **player** Fußballer, Fußballspieler(in *f*) *m*.

sociability [ˌsəʊʃə'bɪlɪtɪ] *n* Geselligkeit *f*.

sociable ['səʊʃəbl] *adj* (*gregarious*) gesellig; (*friendly*) freundlich. **... just to be ~** ..., man möchte sich ja nicht ausschließen; **I'm not feeling very ~ today** mir ist heute nicht nach Geselligkeit.

sociably ['səʊʃəblɪ] *adv invite, say* freundlich. **he didn't behave very ~** er war nicht gerade umgänglich.

social ['səʊʃəl] **I** *adj* **1.** (*relating to community, Admin, Pol*) sozial; *history, reform, legislation, policy* Sozial-; *evils* der Gesellschaft; *order, system, realism* Gesellschafts-, Sozial-; *structure, development, conditions also* gesellschaftlich. **the ~ services** die Sozialeinrichtungen *pl*; **the ~ contract** (*Hist*) der Gesellschaftsvertrag; (*Brit Pol*) das Tarifabkommen; **to suffer from ~ deprivation** sozial benachteiligt sein.

2. *engagements, pleasures, ambitions, life, equal, superior* gesellschaftlich; *behaviour* in Gesellschaft; *distinctions, advancement, rank, status also* sozial. ~ **class** gesellschaftliche Klasse, Gesellschaftsklasse *f*; ~ **climber** Emporkömmling *m* (*pej*), sozialer Aufsteiger; **to be sb's ~ inferior/superior** gesellschaftlich unter/über jdm stehen; **a room for ~ functions** ein Gesellschaftsraum *m*; (*larger*) ein Saal *m* für Gesellschaften; **there isn't much ~ life around here** hier in der Gegend wird gesellschaftlich nicht viel geboten; **how's your ~ life these days?** (*inf*) und was treibst du so privat? (*inf*).

3. (*gregarious*) *evening, person* gesellig; (*living in groups*) *animals, ants etc* gesellig lebend, sozial. **man is a ~ animal** der Mensch ist ein Gesellschaftswesen.

II *n* Gesellschaftsabend *m*.

social anthropology *n* Sozialanthropologie *f*; **social club** *n* Verein *m*, Klub *m* für geselliges Beisammensein; **social column** *n* Gesellschaftsspalte *f*; **social democrat** *n* Sozialdemokrat(in *f*) *m*; **social democratic** *adj* sozialdemokratisch; **social disease** *n* **1.** (*euph: VD*) Geschlechtskrankheit *f*; **2.** (*caused by social conditions*) Volksseuche *f*; **social insurance** *n* Sozialversicherung *f*.

socialism ['səʊʃəlɪzəm] *n* Sozialismus *m*.

socialist ['səʊʃəlɪst] **I** *adj* sozialistisch. **II** *n* Sozialist(in *f*) *m*.

socialistic [ˌsəʊʃə'lɪstɪk] *adj* (*esp pej*) sozialistisch angehaucht.

socialite ['səʊʃəlaɪt] *n* (*inf*) Angehörige(r) *mf* der Schickeria *or* der feinen Gesellschaft; (*man also*) Salonlöwe *m* (*inf*).

socialization [ˌsəʊʃəlaɪ'zeɪʃən] *n* (*Pol*) Vergesellschaftung, Sozialisierung *f*; (*Sociol, Psych*) Sozialisation *f*.

socialize ['səʊʃəlaɪz] **I** *vt* sozialisieren; *means of production* vergesellschaften.

II *vi* **to ~ with sb** (*meet socially*) mit jdm gesellschaftlich verkehren; (*chat to*) sich mit jdm unterhalten; **I don't ~ much these days** ich komme zur Zeit nicht viel unter die Leute; **she ~s a lot** sie hat ein reges gesellschaftliches Leben.

socially ['səʊʃəlɪ] *adv see adj* **1.** gesellschaftlich, aus sozialer Sicht; *deprived, structured etc* sozial. **2.** gesellschaftlich; *meet* privat.

social science *n* Sozialwissenschaft *f*; **social scientist** *n* Sozialwissenschaftler(in *f*) *m*; **social secretary** *n* persönlicher Sekretär, persönliche Sekretärin; (*of club*) Veranstaltungsklubwart *m*; **social security** *n* Sozialunterstützung *f*; (~ *office*) Sozialamt *nt*; **to be on ~** Sozialhilfeempfänger sein; **social welfare** *n* soziales Wohl; **social work** *n* Sozialarbeit *f*; **social worker** *n* Sozialarbeiter(in *f*) *m*.

societal [sə'saɪətl] *adj* gesellschaftlich.

society [sə'saɪətɪ] *n* **1.** (*social community*) die Gesellschaft. **modern industrial ~** die moderne Industriegesellschaft.

2. (*company*) Gesellschaft *f*. **I enjoy her ~** ich bin gerne in ihrer Gesellschaft.

3. (*high* ~) die Gesellschaft. **London ~** die Londoner Gesellschaft, die gesellschaftlichen Kreise Londons.

4. (*club, organization*) Verein *m*; (*learned, Comm*) Gesellschaft *f*; (*debating, history, dramatic etc*) (*Sch*) Arbeitsgemeinschaft *f*; (*Univ*) Klub *m*. **S~ for the Prevention of Cruelty to Animals/Children** Tierschutzverein *m*/Kinderschutzbund *m*; **charitable ~** Wohltätigkeitsverein *m*; **cooperative ~** Genossenschaft *f*.

society *in cpds* Gesellschafts-; ~ **column** Gesellschaftsspalte *f*; ~ **wedding** Hochzeit *f* in den besseren Kreisen.

socio- [ˌsəʊsɪəʊ-] *pref* sozio-. ~**economic** sozioökonomisch; ~**linguistics** Soziolinguistik *f*.

sociological *adj*, ~**ly** *adv* [ˌsəʊsɪə'lɒdʒɪkəl, -ɪ] soziologisch.

sociologist [ˌsəʊsɪ'ɒlədʒɪst] *n* Soziologe *m*, Soziologin *f*.

sociology [ˌsəʊsɪ'ɒlədʒɪ] *n* Soziologie *f*.

sociopolitical [ˌsəʊsɪəʊpə'lɪtɪkəl] *adj* sozialpolitisch.

sock¹ [sɒk] *n* Socke *f*, Socken *m* (*inf*);

(*knee-length*) Kniestrumpf *m*; (*insole*) Einlegesohle *f*; (*wind* ~) Wind- *or* Luftsack *m*. **to pull one's ~s up** (*inf*) sich am Riemen reißen (*inf*); **put a ~ in it!** (*Brit inf*) hör auf!

sock² I *n* (*inf*) Schlag *m* (mit der Faust). **to give sb a ~ on the jaw/in the eye** jdm eine aufs Kinn/aufs Auge verpassen (*inf*).
II *vt* **1.** (*inf: hit*) hauen (*inf*). **~ him one!** knall ihm eine! (*inf*), hau ihm eine rein! (*sl*); **he ~ed her right in the eye** er verpaßte ihr eine aufs Auge (*inf*).
2. (*sl*) ~ **it to me** dreh/dreht auf (*sl*).

socket ['sɒkɪt] *n* **1.** (*of eye*) Augenhöhle *f*; (*of joint*) Gelenkpfanne *f*; (*of tooth*) Zahnhöhle *f*. **to pull sb's arm out of its ~** jdm den Arm auskugeln. **2.** (*Elec*) Steckdose *f*; (*for lightbulb*) Fassung *f*; (*Mech*) Sockel *m*, Fassung *f*.

Socrates ['sɒkrəti:z] *n* Sokrates *m*.

Socratic [sɒ'krætɪk] *adj* sokratisch.

sod¹ [sɒd] *n* (*turf*) Grassode *f*. **beneath the ~** (*liter*) unter dem grünen Rasen (*liter*).

sod² (*Brit sl*) **I** *n* (*mean, nasty*) Sau *f* (*sl*). **the poor ~s** die armen Schweine (*inf*). **II** *vt* **~ it!** verdammte Scheiße! (*sl*); **~ him/you** der kann/du kannst mich mal (am Arsch lecken *vulg*)! (*sl*).

◆**sod off** *vi* (*Brit sl*) Leine ziehen (*sl*).

soda ['səʊdə] *n* **1.** (*Chem*) Soda *nt*; (*sodium oxide*) Natriumoxyd *nt*; (*caustic* ~) Ätznatron *nt*. **2.** (*drink*) Soda(wasser) *nt*.

soda biscuit, (*US*) **soda cracker** *n* Cracker *m*; **soda bread** *n* mit Backpulver gebackenes Brot; **soda crystals** *npl* (Wasch)soda *nt*; **soda-fountain** *n* (*US: café*) Erfrischungshalle *f*; **soda pop** *n* (*US*) Limonade, Brause *f*; **soda siphon** *n* Siphon *m*; **soda-water** *n* Sodawasser *nt*.

sodden ['sɒdn] *adj* durchnäßt, triefnaß; *ground* durchnäßt, durchweicht. **to be ~ with drink** sinnlos betrunken sein.

sodding ['sɒdɪŋ] *adj* (*Brit sl*) verflucht (*inf*), Scheiß- (*sl*).

sodium ['səʊdɪəm] *n* (*abbr* Na) Natrium *nt*.

sodium bicarbonate *n* Natron *nt*, doppeltkohlensaures Natrium; **sodium carbonate** *n* Natriumkarbonat, Soda *nt*; **sodium chloride** *n* Natriumchlorid, Kochsalz *nt*; **sodium hydroxide** *n* Natriumhydroxid, Ätznatron *nt*; **sodium nitrate** *n* Natriumnitrat *nt*.

sodomite ['sɒdəmaɪt] *n* jd, der Analverkehr betreibt, Päderast *m*.

sodomy ['sɒdəmɪ] *n* Analverkehr *m*.

sofa ['səʊfə] *n* Sofa *nt*, Couch *f*. **~ bed** Schlafcouch *f*.

Sofia ['səʊfjə] *n* Sofia *nt*.

soft [sɒft] *adj* (+*er*) **1.** weich; *meat* zart; (*pej: flabby*) *muscle* schlaff. **a photo taken in ~ focus** ein Foto mit weichen Kontrasten; **~-focus lens** Weichzeichner *m*; **a book in ~ covers** ein kartoniertes Buch; **~ cheese** Weichkäse *m*.
2. (*smooth*) *skin* zart; *surface* glatt; *material, velvet* weich; *hair* seidig. **as ~ as silk** seidenweich.
3. (*gentle, not harsh*) sanft; (*subdued*) *light, sound* also, *music* gedämpft; (*not loud*) *rain, breeze, tap, pressure* also leicht; *steps* leicht, leise; *heart* weich.

4. (*Ling*) *consonant* weich.
5. (*weak*) *character, government* schwach; *treatment* nachsichtig; (*lenient*) *teacher, parent* nachsichtig, gutmütig; *judge, punishment* mild(e). **to be ~ with** *or* **on sb** jdm gegenüber nachgiebig sein.
6. (*not tough*) verweichlicht. **he thinks it's ~ for a boy to play the violin** er hält es für unmännlich, wenn ein Junge Geige spielt.
7. (*easy*) *job, life* bequem. **that's a ~ option** das ist der Weg des geringsten Widerstandes.
8. *currency* weich.
9. *drink* alkoholfrei; *drug, pornography* weich.
10. (*inf: foolish*) doof (*inf*), nicht ganz richtig im Kopf (*inf*). **he's ~ (in the head)** er ist nicht ganz richtig im Kopf (*inf*); **you must be ~!** du spinnst wohl! (*inf*).
11. (*inf: feeling affection*) **to be ~ on sb** für jdn schwärmen; **to have a ~ spot for sb** eine Schwäche für jdn haben.

softball ['sɒftbɔ:l] *n* (*US*) Softball *m*; **soft-boiled** *adj* *egg* weich(gekocht); **soft-centred** *adj* mit Cremefüllung.

soften ['sɒfn] **I** *vt* weich machen; *water* also enthärten; *light, sound, colour* dämpfen; *effect, sb's anger, reaction, impression* mildern; *outline* weicher machen; *resistance* schwächen; *person* verweichlichen. **to ~ the blow** (*fig*) den Schock mildern.
II *vi* (*material, person, heart*) weich werden; (*voice, look*) sanft werden; (*anger, resistance*) nachlassen; (*outlines*) weicher werden.

◆**soften up I** *vt sep* **1.** weich machen.
2. (*fig*) *person, opposition* milde stimmen; (*by flattery etc*) schmeicheln (+*dat*); *customer* kaufwillig stimmen; (*by bullying*) einschüchtern, weichmachen; *enemy, resistance* zermürben; *enemy position* schwächen.
II *vi* (*material*) weich werden; (*person, attitude*) nachgiebiger werden. **to ~ ~ on sb** jdm gegenüber nachgiebig werden.

softener ['sɒfnər] *n* Weichmacher *m*; (*for water* also) Enthärtungsmittel *nt*; (*fabric* ~) Weichspüler *m*, Weichspülmittel *nt*.

softening ['sɒfnɪŋ] *n* **1.** *see vt* Weichmachen *nt*; Enthärten *nt*; Dämpfen *nt*; Mildern *nt*; Weichermachen *nt*; Schwächung *f*; Verweichlichung *f*.
2. *see vi* Erweichen *nt*; Nachlassen *nt*; Weicherwerden *nt*. **~ of the brain** (*Med*) Gehirnerweichung *f*; **there has been a ~ of his attitude** er ist nachgiebiger geworden.

soft-footed [,sɒft'fʊtɪd] *adj* *tiger, person* auf leisen Sohlen schleichend *attr*; *tread* leise, lautlos; **to be ~** leise gehen; **soft fruit** *n* Beerenobst *nt*; **soft furnishings** *npl* (*Brit*) Vorhänge, Teppiche, Kissen *etc*; **soft-headed** *adj* (*inf*) doof (*inf*); **soft-hearted** *adj* weichherzig.

softie ['sɒftɪ] *n* (*inf*) (*too tender-hearted*) gutmütiger Trottel (*inf*); (*sentimental*) sentimentaler Typ (*inf*); (*effeminate, cowardly*) Weichling *m* (*inf*).

softly ['sɒftlɪ] *adv* **1.** (*gently, tenderly*) sanft; (*not loud*) *rain, blow* leicht, sacht. **her hair falls ~ round her shoulders** ihr Haar fällt weich auf die Schultern;

2. (*leniently*) nachsichtig.

softness ['sɒftnɪs] *n see adj* **1.** Weichheit *f*; Zartheit *f*; Schlaffheit *f*.

2. Zartheit *f*; Glätte *f*; Weichheit *f*; Seidigkeit *f*.

3. Sanftheit *f*; Gedämpftheit *f*; leiser Klang; Leichtheit *f*; Weichheit *f*.

4. Weichheit *f*.

5. Schwäche *f*; Nachsichtigkeit *f*; Nachsichtigkeit, Gutmütigkeit *f*; Milde *f*.

6. Verweichlichung *f*.

7. Bequemlichkeit *f*.

8. Weichheit *f*.

soft palate *n* weicher Gaumen; **soft-pedal** **I** *vt* (*Mus*) *note, passage* mit Dämpfer spielen; (*fig inf*) *demands etc* herunterschrauben; **II** *vi* zurückstecken; **soft sell** *n* Softsell *m*, weiche Verkaufstaktik; **he's a master of the ~** er kann die Leute auf sanfte Art or auf die sanfte Tour (*inf*) überreden; **soft-shelled** *adj* weichschalig; **soft-soap** (*fig*) **I** *n* Schmeichelei *f*; **II** *vt* einseifen (*inf*), um den Bart gehen (+*dat*); **they ~ed him into doing it** sie sind ihm so lange um den Bart gegangen, bis er es getan hat (*inf*); **soft-spoken** *adj person* leise sprechend *attr*; **to be ~** leise sprechen; **soft toy** *n* Stofftier *nt*; **soft verges** *npl* nicht befahrbare Bankette; (*on sign*) Seitenstreifen nicht befahrbar; **software** *n* Software *f*; **soft wood** *n* Weichholz *nt*.

softy *n* (*inf*) *see* **softie**.

sogginess ['sɒgɪnɪs] *n see adj* triefende Nässe; Aufgeweichtheit *f*; Matschigkeit *f* (*inf*); Klitschigkeit *f*.

soggy ['sɒgɪ] *adj* (+*er*) durchnäßt, triefnaß; *soil* durchweicht; *food* matschig (*inf*); *cake, bread* klitschig, matschig (*inf*).

soi-disant [ˌswɑːdiːˈzãː] *adj* sogenannt, angeblich.

soigné ['swɑːnjeɪ] *adj* gepflegt.

soil¹ [sɔɪl] *n* (*earth, ground*) Erde *f*, Erdreich *nt*, Boden *m*. **native/foreign/British ~** heimatlicher/fremder/britischer Boden, heimatliche/fremde britische Erde; **the ~** (*fig: farmland*) die Scholle; **a man of the ~** ein mit der Scholle verwachsener Mensch.

soil² **I** *vt* (*lit*) beschmutzen, schmutzig machen; (*fig*) *reputation* beschmutzen, beflecken; *honour* beflecken; *oneself* besudeln; *minds* verderben. **the baby has ~ed its nappy** der Säugling hat eine schmutzige Windel.

II *vi* schmutzig werden, verschmutzen.

soiled [sɔɪld] *adj* schmutzig, verschmutzt; *sanitary towel* gebraucht. **~ linen** Schmutzwäsche *f*.

soil-pipe ['sɔɪlpaɪp] *n* Abflußrohr *nt*.

soirée ['swɑːreɪ] *n* (*form*) Soirée *f* (*geh*).

sojourn ['sɒdʒɜːn] **I** *n* (*liter*) Aufenthalt *m*; (*place*) Aufenthaltsort *m*. **II** *vi* (ver)weilen (*liter*) (*in* in +*dat*).

solace ['sɒlɪs] **I** *n* Trost *m*. **II** *vt* trösten.

solar ['səʊlə^r] *adj* Sonnen-, Solar-. **~ battery** Sonnen- or Solarbatterie *f*; **~ cell** Solarzelle *f*; **~ constant** Solarkonstante *f*; **~ eclipse** Sonnenfinsternis *f*; **~ energy** Sonnenenergie *f*; **~ heat** Sonnenwärme *f*; **~ panel** Sonnenkollektor *m*; **~ plexus** Solarplexus *m* (*spec*), Magengrube *f*; **~**

system Sonnensystem *nt*.

solarium [səʊˈlɛərɪəm] *n, pl* **solaria** [səʊˈlɛərɪə] Solarium *nt*.

sold [səʊld] *pret, ptp of* **sell**.

solder ['səʊldə^r] **I** *n* Lötmittel, Lötzinn *nt*. **II** *vt* löten; (*~ together*) verlöten. **~ed joint** Lötstelle *f*.

soldering-iron ['səʊldərɪŋˈaɪən] *n* Lötkolben *m*.

soldier ['səʊldʒə^r] **I** *n* **1.** Soldat *m*. **~ of fortune** Söldner *m*; **to play (at) ~s** Soldaten or Krieg spielen; **old ~** altgedienter Soldat; (*fig*) alter Kämpe; **old ~s never die(,they only fade away)** (*prov*) manche Leute sind nicht totzukriegen (*inf*).

2. (*Zool*) Soldat *m*.

II *vi* Soldat sein, (in der Armee) dienen. **after 6 years' ~ing** nach 6 Jahren Dienst in der Armee; **tired of ~ing** des Soldatenlebens müde.

◆**soldier on** *vi* unermüdlich weitermachen. **two of them ~ed ~ to the top** zwei kämpften sich bis zum Gipfel vor.

soldierly ['səʊldʒəlɪ] *adj* soldatisch.

soldiery ['səʊldʒərɪ] *n* Soldaten *pl*.

sole¹ [səʊl] **I** *n* Sohle *f*. **II** *vt* besohlen.

sole² *n* (*fish*) Seezunge *f*.

sole³ *adj* einzig; *heir also, agency* Allein-; *rights* alleinig.

solecism ['sɒlɪsɪzəm] *n* (*linguistic*) Solözismus (*geh*), Fehler *m*; (*in behaviour etc*) Fauxpas *m*.

solely ['səʊllɪ] *adv* (einzig und) allein, nur. **he is ~ responsible** er allein trägt die Verantwortung; **~ because of this ...** nur or allein deswegen ...

solemn ['sɒləm] *adj* feierlich; *face, mood, music also, person, plea, warning* ernst; *prose also, architecture* ehrwürdig, erhaben; *promise, duty, oath* heilig; (*drab*) *colour* trist. **I give you my ~ assurance** ich verspreche es hoch und heilig.

solemnity [səˈlemnɪtɪ] *n see adj* Feierlichkeit *f*; Ernst *m*; Ehrwürdigkeit, Erhabenheit *f*; heiliger Ernst; Tristheit *f*.

solemnization [ˌsɒləmnaɪˈzeɪʃən] *n* feierlicher Vollzug.

solemnize ['sɒləmnaɪz] *vt* feierlich begehen; *marriage* (feierlich) vollziehen.

solemnly ['sɒləmlɪ] *adv* feierlich; *walk* gemessenen Schrittes; *look, warn, plead* ernst; *promise* hoch und heilig; *swear* bei allem, was einem heilig ist.

solenoid ['səʊlənɔɪd] *n* Magnetspule *f*.

solicit [səˈlɪsɪt] **I** *vt support etc* erbitten, bitten um; *person* anflehen, inständig bitten; *votes* werben; (*prostitute*) ansprechen. **to ~ sb for sth, to ~ sth of sb** jdn um etw bitten, etw von jdm erbitten; **to ~ custom/trade** um Kunden werben.

II *vi* (*prostitute*) Kunden anwerben, zur Unzucht auffordern (*form*). **~ing** Aufforderung *f* zur Unzucht.

solicitation [səˌlɪsɪˈteɪʃən] *n* (*form*) Flehen *nt no pl* (*geh*).

solicitor [səˈlɪsɪtə^r] *n* (*Jur*) (*Brit*) Rechtsanwalt *m*/-anwältin *f* (*der/die nicht vor Gericht plädiert*); (*US*) Justizbeamte(r) *m*/ -beamtin *f*. **S~ General** (*Brit*) zweiter Kronanwalt; (*US*) ≈ Generalstaatsanwalt *m*.

solicitous [səˈlɪsɪtəs] *adj* (*form*) (*con-*

cerned) besorgt (*about* um); (*eager*)
dienstbeflissen. **to be ~ to do sth** eifrig
darauf bedacht sein, etw zu tun.
solicitude [sə'lısıtju:d] *n see adj* (*form*)
Besorgtheit *f*; Dienstbeflissenheit *f*.
solid ['sɒlıd] **I** *adj* **1.** (*firm, not liquid*) *fuel,
food, substance* fest. **~ frozen** hartgefroren
m; **to be frozen** ~ hartgefroren sein; **to be
stuck** ~ festsitzen; **when the glue is** ~
wenn der Klebstoff fest (geworden) ist; ~
figure (*Geometry*) Körper *m*; ~ **geometry**
Raumlehre *f*.
2. (*pure, not hollow, not broken*) *block,
gold, oak, rock* massiv; *matter* fest; *crowd
etc* dicht; *stretch, row, line* ununter-
brochen; *queue, line of people etc*
geschlossen; *week* ganz. ~ **ball/tyre** Voll-
gummiball *m*/-reifen *m*; **the square was
packed** ~ **with cars** die Autos standen
dicht an dicht auf dem Platz; **the garden
was a ~ mass of colour** der Garten war ein
einziges Farbenmeer; **it will take a ~
week's work** dazu braucht man eine volle
or ganze Arbeitswoche; **they worked for
two ~ days** *or* **for two days** ~ sie haben
zwei Tage ununterbrochen gearbeitet, sie
haben zwei volle Tage gearbeitet; **he was
6 ft of ~ muscle** er war 2 Meter groß und
bestand nur aus Muskeln; **a man of ~
build** ein kräftig gebauter Mann.
3. (*stable, secure*) *bridge, house, car*
stabil; *furniture also, piece of work,
character* solide; *foundations also,* (*lit,
fig*) *ground* fest; *business, firm* gesund,
solide, reell. **he's a good ~ bloke** er ist ein
verläßlicher Kerl.
4. *reason, argument* handfest, stichhal-
tig; *grounds* gut, fundiert. **it makes ~ good
sense** das leuchtet durchaus ein.
5. (*unanimous*) *vote* einstimmig; *sup-
port* voll, geschlossen. **to be ~ on sth**
(*accept/reject*) etw einstimmig *or*
geschlossen annehmen/ablehnen; **we are
~ behind you/that proposal** wir stehen
voll und ganz hinter Ihnen/diesem Vor-
schlag; **Newtown/he is ~ for Labour** New-
town wählt fast ausschließlich Labour/er
ist überzeugter Labour-Anhänger.
6. (*valuable, substantial*) *education,
knowledge, grounding* solide; *relationship*
stabil; *meal* kräftig, nahrhaft.
II *n* **1.** fester Stoff. ~**s und liquids** feste
und flüssige Stoffe *pl*; (*Sci*) Festkörper
und Flüssigkeiten *pl*.
2. (*Geometry*) Körper *m*.
3. (*usu pl: food*) feste Nahrung *no pl*.
solidarity [ˌsɒlı'dærıtı] *n* Solidarität *f*.
solid fuel *n* fester Brennstoff; (*for rockets*)
Feststoff *m*.
solidification [sə‚lıdıfı'keıʃən] *n see vi* Fest-
werden *nt*, Verfestigung *f*; Erstarrung *f*;
Erhärtung *f*; Gerinnung *f*; Festigung *f*.
solidify [sə'lıdıfaı] **I** *vi* fest werden, (*planet,
lava etc*) erstarren; (*metal also*) hart wer-
den; (*blood*) gerinnen; (*fig: support*) sich
festigen. **II** *vt see vi* fest werden lassen;
erstarren lassen; hart werden lassen;
gerinnen lassen; festigen.
solidity [sə'lıdıtı] *n see adj* **1.** Festigkeit *f*.
2. Massivität *f*; Festigkeit *f*; Dichtheit *f*.
3. Stabilität *f*; solide Art; Festigkeit *f*;
Solidheit *f*.

4. Handfestigkeit, Stichhaltigkeit *f*;
Fundiertheit *f*.
5. Einstimmigkeit *f*; Geschlossenheit *f*.
6. Solidheit *f*; Stabilität *f*; Kräftigkeit *f*.
solidly ['sɒlıdlı] *adv* **1.** (*firmly*) *stuck,
secured* fest. ~ **built** *house* fest *or* solide
gebaut; *person* kräftig *or* massiv gebaut.
2. *reasoned, argued* stichhaltig.
3. (*uninterruptedly*) ununterbrochen.
4. (*unanimous*) *vote* einstimmig; *sup-
port* geschlossen. **to be ~ behind sb**
geschlossen hinter jdm stehen.
solid-state ['sɒlıd'steıt] *adj* Festkörper-;
(*Elec*) Halbleiter-.
soliloquize [sə'lılǝkwaız] **I** *vi* monologisie-
ren; (*talk to oneself*) Selbstgespräche füh-
ren. **II** *vt* zu sich selbst sagen.
soliloquy [sə'lılǝkwı] *n* Monolog *m* (*also
Theat*), Zwiegespräch *nt* mit sich selbst.
solitaire [ˌsɒlı'tɛǝr] *n* (*game*) Solitär *nt*;
(*gem*) Solitär *m*.
solitary ['sɒlıtrı] **I** *adj* **1.** (*alone, secluded*)
life, person einsam; *place also* abgelegen,
abgeschieden. **a few ~ houses** ein paar
einzelne *or* vereinzelte Häuser; **do you
enjoy this ~ life?** gefällt Ihnen das Leben
so allein?; **a ~ person** ein Einzelgänger *m*;
in ~ confinement in Einzelhaft.
2. (*sole*) *case, example* einzig. **not a ~
one** kein einziger.
II *n* (~ *confinement*) Einzelhaft *f*.
solitude ['sɒlıtju:d] *n* Einsamkeit *f*; (*of
place also*) Abgelegenheit, Ab-
geschiedenheit *f*.
solo ['sǝulǝu] **I** *n, pl* ~**s** Solo *nt*. **II** *adj flight*
Allein-; *violinist, violin* Solo-. **III** *adv*
solo. **to fly** ~ einen Alleinflug machen.
soloist ['sǝulǝuıst] *n* Solist(in *f*) *m*.
Solomon ['sɒlǝmǝn] *n* Salomo(n) *m*. **the ~
Islands** die Salomonen *pl*.
solstice ['sɒlstıs] *n* Sonnenwende *f*.
solubility [ˌsɒljʊ'bılıtı] *n see adj* **1.** Löslich-
keit *f*. **2.** Lösbarkeit *f*.
soluble ['sɒljʊbl] *adj* **1.** löslich, auflösbar. ~
in water wasserlöslich. **2.** *problem* lösbar.
solution [sǝ'lu:ʃǝn] *n* **1.** Lösung *f* (*to gen*);
(*of crime*) Aufklärung *f*. **a problem inca-
pable of** ~ ein unlösbares Problem.
2. (*Chem*) (*liquid*) Lösung *f*; (*act*)
Auflösen *nt*.
solvable ['sɒlvǝbl] *adj see* **soluble.**
solve [sɒlv] *vt problem, equation* lösen;
mystery enträtseln; *crime, murder* auf-
klären. **that question remains to be ~d**
diese Frage muß noch geklärt werden.
solvency ['sɒlvǝnsı] *n* (*Fin*) Zahlungsfähig-
keit, Solvenz *f*.
solvent ['sɒlvǝnt] **I** *adj* **1.** (*Chem*) lösend;
agent Lösungs-. **2.** (*Fin*) zahlungsfähig,
solvent. **II** *n* (*Chem*) Lösungsmittel *nt*.
Som *abbr of* Somerset.
somatic [sǝʊ'mætık] *adj* somatisch.
sombre, (*US*) **somber** ['sɒmbǝr] *adj*
1. (*dark*) dunkel; (*gloomy*) düster.
2. *mood, prospect* trüb, düster; *face* dü-
ster; *person* düster, finster; *music* trist,
trauervoll.
sombrely, (*US*) **somberly** ['sɒmbǝlı] *adv
see adj.*
sombreness, (*US*) **somberness** ['sɒmbǝnıs]
n see adj **1.** Dunkelheit *f*; Düsterkeit *f*.
2. Trübheit, Düsterkeit *f*; Düsterkeit *f*;

finsteres *or* düsteres Wesen; trauervoller *or* trister Klang.

some [sʌm] **I** *adj* **1.** (*with plural nouns*) einige; (*a few, emphatic*) ein paar; (*any: in "if" clauses, questions*) *meist nicht übersetzt.* **did you bring ~ records?** hast du Schallplatten mitgebracht?; **~ records of mine** einige meiner Platten; **would you like ~ more biscuits?** möchten Sie noch (ein paar) Kekse?; **take ~ nuts** nehmen Sie sich (*dat*) doch (ein paar) Nüsse; **~ suggestions, please!** Vorschläge bitte!

2. (*with singular nouns*) etwas, *meist nicht übersetzt;* (*a little, emph*) etwas, ein bißchen. **there's ~ ink on your shirt** Sie haben Tinte auf dem Hemd; **would you like ~ cheese?** möchten Sie (etwas) Käse?; **~ more (tea)?** noch etwas (Tee)?; **leave ~ cake for me** laß mir ein bißchen *or* etwas Kuchen übrig; **did she give you ~ money/sugar?** hat sie Ihnen Geld/Zucker gegeben?; **well yes, it was ~ help** es war eine gewisse Hilfe; **we played ~ golf** wir haben ein bißchen Golf gespielt.

3. (*certain, in contrast*) manche(r, s). **~ people say ...** manche Leute sagen ...; **~ people just don't care** es gibt Leute, denen ist das einfach egal; **there are ~ things you just don't say** es gibt (gewisse *or* manche) Dinge, die man einfach nicht sagt; **~ work can be rewarding** manche Arbeit ist sehr lohnend; **in ~ ways** in gewisser Weise; **to ~ extent** in gewissem Maße.

4. (*vague, indeterminate*) irgendein. **~ book/man or other** irgendein Buch/Mann; **~ woman rang up** da hat eine Frau angerufen; **~ idiot of a driver** irgend so ein Idiot von (einem) Autofahrer; **in ~ way or another** irgendwie; **or ~ such** oder so etwas ähnliches; **or ~ such name** oder so ein ähnlicher Name; **(at) ~ time before midnight/last week** irgendwann vor Mitternacht/letzte Woche; **~ time or other** irgendwann einmal; **~ other time** ein andermal; **~ day** eines Tages; **~ day next week** irgendwann nächste Woche.

5. (*intensifier*) ziemlich; (*in exclamations*) vielleicht ein (*inf*). **it took ~ courage** dazu brauchte man schon (einigen) *or* ziemlichen Mut; **(that was) ~ argument/party!** das war vielleicht ein Streit/eine Party! (*inf*); **this might take ~ time** das könnte einige Zeit dauern; **quite ~ time** ganz schön lange (*inf*), ziemlich lange; **it's ~ distance from the house** es ist ziemlich weit vom Haus entfernt.

6. (*iro*) vielleicht ein (*inf*). **~ experts!** das sind vielleicht Experten! (*inf*); **~ help you are/this is** du bist/das ist mir vielleicht eine Hilfe (*inf*); **~ people!** Leute gibt's!

II *pron* **1.** (**~** *people*) einige; (*certain people*) manche; (*in "if" clauses, questions*) welche. **~ ..., others ...** manche ..., andere ...; **~ of my friends** einige *or* manche meiner Freunde; **there are still ~ who will never understand** es gibt immer noch Leute *or* welche, die das nicht begreifen werden; **~ of them were late** einige kamen zu spät.

2. (*referring to plural nouns*) (*a few*) einige; (*certain ones*) manche; (*in "if" clauses, questions*) welche. **~ of these**

books einige dieser Bücher; **~ of them have been sold** einige sind verkauft worden; **they're lovely, try ~** die schmecken gut, probieren Sie mal; **I've still got ~** ich habe noch welche; **he took ~** er hat welche genommen; **would you like ~?** möchten Sie welche?

3. (*referring to singular nouns*) (*a little*) etwas; (*a certain amount, in contrast*) manches; (*in "if" clauses, questions*) welche(r, s). **here is the milk, if you feel thirsty drink ~** hier ist die Milch, wenn du Durst hast, trinke etwas; **I drank ~ of the milk** ich habe (etwas) von der Milch getrunken; **have ~!** nehmen Sie sich (*dat*), bedienen Sie sich; **it's good cake, would you like ~?** das ist ein guter Kuchen, möchten Sie welchen?; **try ~ of this cake** probieren Sie doch mal diesen Kuchen; **would you like ~ money/tea? — no, I've got ~** möchten Sie Geld/Tee? — nein, ich habe Geld/ich habe noch; **~ of it had been eaten** einiges (davon) war gegessen worden; **he only believed/read ~ of it** er hat es nur teilweise geglaubt/gelesen; **~ of his speech was excellent** manches *or* einiges in seiner Rede war ausgezeichnet.

4. this is ~ of the oldest rock in the world dies gehört zum ältesten Gestein der Welt; **~ of the finest poetry in the English language** einige der schönsten Gedichte in der englischen Sprache; **this is ~ of the finest scenery in Scotland** dies ist eine der schönsten Landschaft Schottlands.

III *adv* **1.** ungefähr, etwa, zirka. **~ 20 people** ungefähr 20 Leute; **~ few difficulties** einige Schwierigkeiten.

2. (*US inf*) (*a little*) etwas, ein bißchen; (*a lot*) viel. **I really drank ~ last night** ich habe gestern abend ganz schön was getrunken (*inf*); **that's going ~** das ist ganz schön schnell (*inf*).

somebody [ˈsʌmbədɪ] **I** *pron* jemand; (*dir obj*) jemand(en); (*indir obj*) jemandem. **~ else** jemand anders; **~ or other** irgend jemand; **~ knocked at the door** es klopfte jemand an die Tür; **we need ~ German** wir brauchen einen Deutschen; **everybody needs ~ to talk to** jeder braucht einen, mit dem er sprechen kann; **~ or other** irgend jemand; **you must have seen somebody** Sie müssen doch irgend jemand(en) gesehen haben.

II *n* **to be (a) ~** etwas vorstellen, wer (*inf*) *or* jemand sein; **he thinks he's ~ now** er bildet sich (*dat*) ein, er wäre jetzt jemand *or* wer (*inf*).

somehow [ˈsʌmhaʊ] *adv* irgendwie. **it must be done ~ or other** es muß irgendwie gemacht werden; **~ (or other) I never liked him** irgendwie habe ich ihn nie gemocht *or* leiden können.

someone [ˈsʌmwʌn] *pron see* **somebody I.**

someplace [ˈsʌmpleɪs] *adv* (*US inf*) be irgendwo; *go* irgendwohin.

somersault [ˈsʌməsɔːlt] **I** *n* Purzelbaum *m*; (*Sport, fig*) Salto *m*; (*fig also*) Salto mortale *m*. **to do** *or* **turn a ~** einen Purzelbaum schlagen; (*car*) sich überschlagen, einen Salto machen (*inf*).

II *vi* (*person*) einen Purzelbaum

schlagen; (*Sport*) einen Salto machen; (*car*) sich überschlagen, einen Salto machen (*inf*).

something ['sʌmθɪŋ] **I** *pron* **1.** etwas. ~ **nice/unpleasant/ serious** *etc* etwas Nettes/ Unangenehmes/Ernstes; ~ **or other** irgend etwas, irgendwas; **did you say ~?** hast du (et)was gesagt?; ~ **of the kind** so (et)was (Ähnliches); **there's ~ I don't like about him** irgend etwas *or* irgendwas gefällt mir an ihm nicht; **do you want to make ~ of it?** willst du dich mit mir anlegen? (*inf*); **there's ~ in what you say** an dem, was du sagst, ist (schon) was dran; **well, that's ~** (das ist) immerhin etwas; **he's ~ to do with the Foreign Office** er ist irgendwie beim Außenministerium; **she's called Rachel ~** sie heißt Rachel Soundso *or* Sowieso; **there were thirty ~** es waren etwas über dreißig; **three hundred and ~** dreihundert und ein paar (Zerquetschte *inf*); **we left at five ~** wir sind etwas nach fünf gegangen.

2. (*inf*: ~ *special or unusual*) **it was ~ else** (*US*) *or* **quite ~** das war schon toll (*inf*); **it's ~ to be Prime Minister at 35** es will schon was heißen, mit 35 Premierminister zu sein; **that's really ~** ganz große Klasse! (*inf*).

3. or ~ (*inf*) oder so (was); **are you drunk or ~?** (*inf*) bist du betrunken oder was? (*inf*).

II *n*: **a little ~** eine Kleinigkeit (*als Geschenk*); **a/the certain ~** ein gewisses/ das gewisse Etwas.

III *adv* **1.** ~ **over 200** etwas über 200, etwas mehr als 200; ~ **like 200** ungefähr 200, um die 200 herum; **you look ~ like him** du siehst ihm irgendwie ähnlich; **this is ~ like the one I wanted** so (et)was Ähnliches wollte ich haben; **now that's ~ like a rose!** das nenne ich eine Rose!; **another £500, now that's ~ like it** noch £ 500, und wir kommen der Sache schon näher.

2. it's ~ of a problem das ist schon ein Problem; **I feel ~ of a stranger here** ich fühle mich hier irgendwie fremd; **he's ~ of a musician** er ist ein recht guter Musiker; ~ **of a surprise/ drunkard** eine ziemliche Überraschung,/ein ziemlicher Säufer.

3. (*dial*) **it rained ~ shocking** es hat fürchterlich geregnet.

sometime ['sʌmtaɪm] **I** *adv* irgendwann. ~ **or other it will have to be done** irgendwann muß es gemacht werden; **write to me ~ soon** schreib mir (doch) bald (ein)mal; ~ **before tomorrow** bis morgen, heute noch; ~ **next year** irgendwann nächstes *or* im nächsten Jahr. **II** *adj attr* (*form*) ehemalig, früher, einstig.

sometimes ['sʌmtaɪmz] *adv* manchmal.

someway ['sʌmweɪ] *adv* (*US*) irgendwie.

somewhat ['sʌmwɒt] *adv* ein wenig. **we were more than ~ disappointed** wir waren mehr als enttäuscht; ~ **of a surprise/ disappointment/drunkard** eine ziemliche *or* arge Überraschung/eine arge Enttäuschung/ein arger Trinker.

somewhere ['sʌmweə*r*] *adv* **1.** *be* irgendwo; *go* irgendwohin. ~ **else** irgendwo anders, anderswo; irgendwo andershin, anderswohin; **from ~/~ else** von irgendwo,

irgendwoher/von irgendwo anders, anderswoher; **I left it ~ or other** ich habe es irgendwo liegen-/stehenlassen; **I know ~ where ...** ich weiß, wo ...

2. (*fig*) **the temperature was ~ about 40°C** die Temperatur betrug ungefähr 40°C *or* war um die 40° (*inf*); ~ **about £50** *or* **in the region of £50** um (die) £ 50 herum; **she is ~ in her fifties** sie muß in den Fünfzigern sein.

somnambulism [sɒm'næmbjʊlɪzəm] *n* Nacht- *or* Schlafwandeln *nt*.

somnambulist [sɒm'næmbjʊlɪst] *n* Nacht- *or* Schlafwandler(in *f*) *m*.

somnolence ['sɒmnələns] *n* Schläfrigkeit *f*. **the heavy ~ of this summer's day** die bleierne Schwere dieses Sommertages.

somnolent ['sɒmnələnt] *adj* **1.** (*sleepy*) schläfrig. **2.** (*causing sleep*) einschläfernd.

son [sʌn] *n* (*lit, fig*) Sohn *m*; (*as address*) mein Junge. **S~ of God/Man** Gottes-/ Menschensohn *m*; **he's his father's ~** er ist ganz der Vater; ~ **of a bitch** (*esp US sl*) Scheißkerl *m* (*sl*); (*thing*) Scheißding *nt* (*sl*); ~ **of a gun** (*esp US sl*) Schlawiner *m* (*inf*).

sonar ['səʊnɑ:*r*] *n* Sonar(gerät), Echolot *nt*.

sonata [sə'nɑ:tə] *n* Sonate *f*.

song [sɒŋ] *n* **1.** Lied *nt*; (*modern ballad also*) Chanson *nt*; (*folk~ also, blues-~*) Song *m*. **give us a ~!** sing uns etwas vor!; **to burst into ~** ein Lied anstimmen; **~-and-dance act** Gesangs- und Tanznummer *f*; **S~ of S~s, S~ of Solomon** Lied der Lieder, Hohelied Salomos *nt*.

2. (*singing, bird~*) Gesang *m*.

3. (*fig inf*) **to make a ~-and dance about sth** eine Haupt- und Staatsaktion aus etw machen (*inf*); **to buy sth for a ~** etw für einen Apfel und ein Ei kaufen.

songbird ['sɒŋbɜ:d] *n* Singvogel *m*; **songbook** *n* Liederbuch *nt*; **songless** *adj* bird nicht singend *attr*.

songster ['sɒŋstə*r*] *n* Sänger *m*.

songstress ['sɒŋstrɪs] *n* Sängerin *f*.

song thrush *n* Singdrossel *f*; **songwriter** *n* Texter(in *f*) und Komponist(in *f*) *m*; (*of modern ballads*) Liedermacher(in *f*) *m*.

sonic ['sɒnɪk] *adj* Schall-. ~ **barrier** Schallmauer *f*; ~ **boom** Schallknall, Düsenknall *m*; **was that a ~ boom?** hat da jemand die Schallmauer durchbrochen?; ~ **depth finder** Echolot *nt*.

son-in-law ['sʌnɪnlɔ:] *n, pl* **sons-in-law** Schwiegersohn *m*.

sonnet ['sɒnɪt] *n* Sonett *nt*. ~ **form** Sonettform *f*.

sonny ['sʌnɪ] *n* (*inf*) kleiner Mann. ~ **Jim** (*inf*) mein Junge *m*.

sonority [sə'nɒrɪtɪ] *n* Klangfülle *f*.

sonorous ['sɒnərəs] *adj* volltönend, sonor (*geh*); *language, poem* klangvoll.

sonorously ['sɒnərəslɪ] *adv* volltönend, sonor (*geh*).

sonorousness ['sɒnərəsnɪs] *n* Klangfülle *f*.

soon [su:n] *adv* **1.** (*in a short time from now*) bald; (*early*) früh; (*quickly*) schnell. **it will ~ be Christmas** bald ist Weihnachten; ~ **after his death** kurz nach seinem Tode; ~ **afterwards** kurz *or* bald danach; **how ~ can you be ready?** wann kannst du fertig sein?; **how ~ is the next perform-**

ance? wann fängt die nächste Vorstellung an?; **we got there too ~** wir kamen zu früh an; **all too ~** viel zu schnell; **we were none too ~** wir kamen gerade rechtzeitig; **as ~** as sobald; **as ~ as possible** so schnell wie möglich; **as ~ as you like** wann du willst!

2. I would ~ not go (*prefer not to*) ich würde lieber nicht gehen; (*don't mind*) es ist mir egal, wenn ich nicht gehe; **I would as ~ you didn't tell him** es wäre mir lieber, wenn du es ihm nicht erzählen würdest.

sooner ['suːnə^r] *adv* **1.** (*time*) früher, eher. **~ or later** früher oder später; **the ~ the better** je eher or früher, desto besser; **no ~ had we arrived than ...** wir waren gerade or kaum angekommen, da ...; **no ~ said than done** gesagt, getan.

2. (*preference*) lieber. **I would ~ not do it** ich würde es lieber nicht tun; **which would you ~?** was möchtest du lieber?

soot [sʊt] *n* Ruß *m*. **black as ~** rußschwarz.

soothe [suːð] **I** *vt* beruhigen; *pain* lindern, mildern. **II** *vi* beruhigen; (*relieve pain*) lindern.

soothing ['suːðɪŋ] *adj* beruhigend, besänftigend; (*pain-relieving*) schmerzlindernd; *massage* wohltuend; *bath* entspannend.

soothingly ['suːðɪŋlɪ] *adv see adj* beruhigend, besänftigend; schmerzlindernd; wohltuend. **she rubbed his bruised arm ~** sie rieb ihm den Arm, um den Schmerz zu lindern.

soothsayer ['suːθseɪə^r] *n* (*old*) Wahrsager(in *f*) *m*.

sooty ['sʊtɪ] *adj* (*+er*) rußig, Ruß-. **a dull black** ein trübes, rußfarbenes Schwarz.

sop [sɒp] *n* **1.** (*food*) eingetunktes Brotstück.

2. (*to pacify*) Beschwichtigung(smittel *nt*) *f*. **as a ~ to his pride** als Trost(, um seinen Stolz nicht zu verletzen).

♦**sop up** *vt sep gravy etc* aufnehmen.

sophism ['sɒfɪzəm] *n* Sophismus *m*.

sophist ['sɒfɪst] *n* Sophist(in *f*) *m*.

sophistic(al) [sə'fɪstɪk(əl)] *adj* sophistisch.

sophisticate [sə'fɪstɪkɪt] *n* **the ~s who haunt the fashionable restaurants** die Schickeria, die sich in den richtigen Restaurants zeigt.

sophisticated [sə'fɪstɪkeɪtɪd] *adj* **1.** (*worldly, cultivated*) kultiviert; *manners, taste also* verfeinert; *cabaret act, audience also* anspruchsvoll, niveauvoll; *person, restaurant also, hairdo* gepflegt, elegant; *dress* raffiniert, schick. **she's a very ~ young lady considering she's only twelve** für eine Zwölfjährige ist sie schon sehr weit; **she thinks she looks more ~ with a cigarette-holder** sie glaubt, mit einer Zigarettenspitze interessanter auszusehen.

2. (*complex, advanced*) hochentwickelt; *electronics, techniques also* raffiniert; *method also* durchdacht; *device also* ausgeklügelt.

3. (*subtle, refined*) subtil; *mind also* differenziert; *prose, style also* anspruchsvoll; *discussion* von or auf hohem Niveau, anspruchsvoll; *plan, plot* ausgeklügelt, raffiniert; *system, approach* differenziert, komplex. **the conversation was a bit too ~ for me** mir war die Unterhaltung etwas zu hochgestochen.

sophistication [sə,fɪstɪ'keɪʃən] *n see adj* **1.** Kultiviertheit *f*; Verfeinerung *f*; hohes Niveau; Gepflegtheit, Eleganz *f*; Raffiniertheit *f*, Schick *m*.

2. hoher Entwicklungsstand or -grad; Raffiniertheit *f*; Durchdachtheit *f*; Ausgeklügeltheit *f*.

3. Subtilität *f*; Differenziertheit *f*; hohe Ansprüche; hohes Niveau; Ausgeklügeltheit, Raffiniertheit *f*; Differenziertheit, Komplexheit *f*.

sophistry ['sɒfɪstrɪ] *n* Sophisterei *f*.

sophomore ['sɒfəmɔː^r] *n* (*US*) Student(in *f*) *m* im 2. Jahr.

soporific [,sɒpə'rɪfɪk] **I** *adj* einschläfernd. **II** *n* (*drug*) Schlafmittel *nt*.

sopping ['sɒpɪŋ] *adj* (*also* ~ **wet**) durchnäßt, triefend; *person* klitschnaß.

soppy ['sɒpɪ] *adj* (*+er*) (*inf*) (*sentimental*) *book, song* schmalzig (*inf*); *person* sentimental; *look* schmachtend; (*effeminate*) weibisch.

soprano [sə'prɑːnəʊ] **I** *n*, *no pl* ~**s** Sopran *m*; (*person also*) Sopranist(in *f*) *m*; (*voice also*) Sopranstimme *f*; (*part*) Sopran(partie *f*) *m*. **II** *adj* Sopran-. **~ saxophone** Sopransaxophon *nt*. **III** *adv* im Sopran.

sorbet ['sɔːbeɪ] *n* Fruchteis *nt*.

sorcerer ['sɔːsərə^r] *n* Hexenmeister.

sorceress ['sɔːsəres] *n* Hexe *f*.

sorcery ['sɔːsərɪ] *n* Hexerei *f*.

sordid ['sɔːdɪd] *adj* eklig; *place, room also* verkommen, heruntergekommen; *motive* schmutzig, niedrig, gemein; *conditions, life, story* elend, erbärmlich; *crime* gemein. **he considers it ~ to discuss money** er hält es für unfein, über Geld zu sprechen.

sordidness ['sɔːdɪdnɪs] *n see adj* Ekligkeit *f*; Verkommenheit *f*; Schmutzigkeit, Niedrigkeit, Gemeinheit *f*; Elend *nt*, Erbärmlichkeit *f*; Gemeinheit *f*.

sore [sɔː^r] **I** *adj* (*+er*) **1.** (*hurting*) weh, schlimm (*inf*); (*inflamed*) wund, entzündet. **to have a ~ throat** Halsschmerzen haben; **my eyes are ~** mir tun die Augen weh; **I'm ~ all over** mir tut alles weh; **where are you ~?** wo tut es (dir/Ihnen) weh?, was tut (dir/Ihnen) weh?

2. (*fig*) **a ~ point** ein wunder Punkt; **a ~ subject** ein heikles Thema.

3. (*inf: angry, upset*) verärgert, sauer (*inf*) (*about sth* über etw (*acc*), *at sb* über jdn).

4. (*great*) **to be in ~ need of sth** etw unbedingt or dringend brauchen.

II *adv* (*obs: greatly*) arg (*old*), gar sehr (*obs*).

III *n* (*Med*) wunde Stelle; (*caused by friction*) wund(gescheuert)e Stelle.

sorehead ['sɔːhed] *n* (*US sl*) Brummbär *m* (*inf*).

sorely ['sɔːlɪ] *adv tempted* sehr, arg (*S Ger, Aus, Sw*); *needed* dringend; *missed* schmerzlich; (*liter*) *afflicted, troubled, offended* zutiefst; *wounded* schwer. **he has been ~ tried** seine Geduld wurde auf eine sehr harte Probe gestellt.

soreness ['sɔːnɪs] *n* **1.** (*ache*) Schmerz *m*; (*rawness*) Wundsein *nt*. **2.** (*inf: anger*) Verärgerung *f* (*at über* +*acc*).

sorghum ['sɔ:gəm] n Sorghum nt.

sororicide [sə'rɒrɪsaɪd] n Schwestermord m; (person) Schwestermörder(in f) m.

sorority [sə'rɒrɪtɪ] n (US Univ) Studentinnenvereinigung f.

sorrel ['sɒrəl] I n 1. (Bot) großer Sauerampfer; (wood-~) Sauerklee m. 2. (horse) Fuchs m. II adj horse rotbraun.

sorrow ['sɒrəʊ] I n (no pl: sadness) Traurigkeit f; (no pl: grief) Trauer f, Kummer m; (trouble, care) Sorge, Kümmernis f; (affliction, suffering) Leiden nt. more in ~ than in anger eher aus Betrübnis als aus Zorn; to my (great) ~ zu meinem größten Kummer; a feeling of ~ ein Gefühl von Traurigkeit; to drown one's ~s seine Sorgen ertränken; the ~s of the war years/their race das Leid der Kriegsjahre/die Leiden ihres Volkes.

II vi sich grämen (geh) (at, for, over über +acc).

sorrowful adj, ~ly adv ['sɒrəʊfʊl, -fəlɪ] traurig.

sorry ['sɒrɪ] adj (+er) 1. pred (sad) traurig. I was ~ to hear that es tat mir leid, das zu hören or hören zu müssen; we were ~ to hear about your mother's death es tat uns leid, daß deine Mutter gestorben ist; he wasn't in the least bit ~ das machte ihm überhaupt nichts aus; I can't say I'm ~ he lost es tut mir wirklich nicht leid, daß er verloren hat; I'm not ~ I did it es tut mir nicht leid, es getan zu haben; this work is no good, I'm ~ to say diese Arbeit taugt nichts, das muß ich leider sagen; to be or feel ~ for sb/oneself jdn/sich selbst bemitleiden; I feel ~ for the child das Kind tut mir leid; I'm only ~ I didn't do it sooner es tut mir nur leid, daß ich es nicht eher getan habe; don't feel ~ for me, I don't need your pity! du brauchst mich nicht zu bedauern, kein Mitleid, bitte!; you'll be ~ for this! das wird dir noch leid tun!

2. (in apologizing, repentant) ~! Entschuldigung!, Verzeihung!; I'm/he's ~ es tut mir/ihm leid; I'm so ~! entschuldige(n Sie) bitte!; (iro) tut mir leid!; can you lend me £5? — ~ kannst du mir £ 5 leihen? — bedaure, leider nicht; ~? (pardon) wie bitte?; to say ~ (to sb for sth) sich (bei jdm für etw) entschuldigen; I'm ~ to hurt you es tut mir leid, daß ich dir weh tun muß; I'm ~ but ... (es) tut mir leid, aber ...; I'm ~ about that vase/your dog es tut mir leid um die Vase/um Ihren Hund; I'm ~ about Thursday, but I can't make it es tut mir leid mit Donnerstag, aber ich kann nicht; I'm ~ about (what happened on) Thursday es tut mir leid wegen Donnerstag.

3. (pitiful) condition, plight traurig; sight, figure also jämmerlich; excuse faul.

sort [sɔ:t] I n 1. (kind) Art f; (species, type, model also) Sorte f. a ~ of eine Art (+nom), so ein/so eine, so 'n/so 'ne (inf); this ~ of house diese Art Haus, so ein Haus; an odd ~ of novel ein komischer Roman; I felt a ~ of shame ich schämte mich irgendwie; the Mambo is a ~ of dance der Mambo ist eine Art Tanz; a ~ of silly smile so ein or so 'n (inf) albernes Grinsen; what ~ of was für ein; what ~ of man is he? was für ein Mensch ist er?; he's

not the ~ of man to do that er ist nicht der Mensch, der das täte; this ~ of thing so etwas; all ~s of things alles mögliche; people of all ~s alle möglichen Leute; he's a painter of a ~ or of ~s er ist Maler, sozusagen; it's coffee of a ~ or of ~s das ist Kaffee oder so etwas ähnliches; perfect of its ~ vollkommen in seiner Art; something of the ~ (irgend) so (et)was; he's some ~ of administrator er hat irgendwie in der Verwaltung zu tun; he's got some ~ of job with ... er hat irgendeinen Job bei ...; nothing of the ~! von wegen!; that's the ~ of person I am ich bin nun mal so!; I'm not that ~ of girl ich bin nicht so eine.

2. (person) he's a good ~ er ist ein prima Kerl; she sounds a good ~ sie scheint in Ordnung zu sein; he's not my ~ er ist nicht mein Typ; I don't trust his ~ solchen Leuten traue ich nicht; I know your ~ euch Brüder kenn' ich! (inf); your ~ never did any good du und deinesgleichen, ihr habt noch nie etwas zustande gebracht; it takes all ~s (to make a world) es gibt so 'ne und solche.

3. to be out of ~s nicht ganz auf der Höhe or dem Posten (inf) sein.

II adv ~ of (inf) irgendwie; is it tiring? — ~ of ist das anstrengend? — irgendwie schon; aren't you pleased? — ~ of freust du dich nicht? — doch, eigentlich schon; is this how he did it? — well, ~ of hat er das so gemacht? — ja, so ungefähr.

III vt sortieren.

IV vi to ~ through sth etw durchsehen.

♦**sort out** vt sep 1. (arrange) sortieren, ordnen; (select) aussortieren, aussuchen. to ~ sth ~ from sth etw von etw trennen; to ~ red apples ~ from green ones rote und grüne Äpfel aussortieren.

2. (straighten out) muddle in Ordnung bringen; problem lösen; situation klären. the problem will ~ itself ~ das Problem wird sich von selbst lösen or erledigen; to ~ oneself ~ zur Ruhe kommen, sich (dat) über sich (acc) selbst klar werden; you must come and visit us in the new house once we've ~ed ourselves ~ or once we're ~ed wenn wir uns in dem neuen Haus erst mal richtig eingerichtet haben, mußt du uns unbedingt besuchen.

3. (inf) to ~ sb ~ sich (dat) jdn vorknöpfen (inf) or kaufen (sl).

sorter ['sɔ:tər] n (person) Sortierer(in f) m; (machine) Sortiermaschine f; (Post: person) Briefverteiler(in f) m.

sortie ['sɔ:tɪ] n (Mil) Ausfall m; (Aviat) (Einzel)einsatz, Feindflug m. a ~ into town/literary criticism ein Ausflug or Abstecher m in die Stadt/Literaturkritik.

sorting office ['sɔ:tɪŋ'ɒfɪs] n Sortierstelle f.

SOS n SOS nt.

so-so ['səʊ'səʊ] adj pred, adv (inf) soso, so la la.

sot [sɒt] n (pej) Säufer m.

sottish ['sɒtɪʃ] adj dem Trunk ergeben; grin benebelt.

sotto voce ['sɒtəʊ'vəʊtʃɪ] adv leise; (conspiratorial) mit unterdrückter Stimme; (Mus) sotto voce.

sou [su:] n (inf) I haven't a ~ ich habe keinen Pfennig.

soubriquet ['su:brɪkeɪ] *n see* **sobriquet.**

Soudanese *adj, n see* **Sudanese.**

souffle ['su:fleɪ] *n* Soufflé *nt.*

sough [sau] (*liter*) **I** *n* Rauschen *nt.* **II** *vi* (*wind*) rauschen.

sought [sɔ:t] *pret, ptp of* **seek.**

sought-after ['sɔ:tɑ:ftər] *adj* begehrt. **much ~** vielbegehrt; *rare object* gesucht.

soul [səʊl] *n* **1.** Seele *f.* **(God) bless my ~!** meiner Treu (*dated*), na so was!; **All S~s' Day** Allerheiligen *nt*; **God rest his ~!** Gott hab ihn selig!; *see* **body 1.**

2. (*inner being*) Innerste(s), Wesen *nt.* **he loved her with all his heart and with all his ~** er liebte sie mit jeder Faser seines Herzens; **the priest urged them to search their ~s** der Priester drängte sie, ihr Gewissen zu erforschen; **a little humility is good for the ~** ein bißchen Bescheidenheit tut der Seele gut; **she felt a stirring in her ~** sie war im Innersten *or* bis ins Innerste aufgewühlt; **the ~ of the city has been destroyed by modernization** durch die Modernisierung ist die Stadt in ihrem innersten Wesen zerstört worden; **at least the old slum had ~** der alte Slum hatte wenigstens (noch) Herz; **the music lacks ~** der Musik fehlt echter Ausdruck; **freedom is the ~ of democracy** Freiheit ist das Wesen der Demokratie.

3. (*finer feelings*) Herz, Gefühl *nt.* **a musician of considerable technical skill, but lacking ~** ein Musiker von beachtlichem technischem Können, aber ohne echtes Gefühl; **you've got to have ~** (*US sl*) du mußt Feeling haben (*sl*); **~ brother/ sister** Bruder/Schwester; **he's a ~ brother** er ist einer von uns.

4. (*person*) Seele *f.* **3,000 ~s** 3.000 Seelen (*geh*); **poor ~!** (*inf*) Ärmste(r)!; **he's a good ~** er ist ein guter Mensch; **she's a simple ~** sie hat ein schlichtes Gemüt; **not a ~** keine Menschenseele; **the ship was lost with all ~s** das Schiff ging mit (der ganzen Besatzung und) allen Passagieren unter.

5. he's the ~ of generosity/discretion er ist die Großzügigkeit/Diskretion in Person.

6. (*music*) Soul *m.*

soul-destroying ['səʊldɪˌstrɔɪɪŋ] *adj* geisttötend; *factory work etc* nervtötend.

soulful ['səʊlfʊl] *adj look* seelenvoll; *person* gefühlvoll; *song also* inbrünstig.

soulfully ['səʊlfəlɪ] *adv see adj.*

soulless ['səʊllɪs] *adj person* seelenlos; *work also* eintönig.

soul mate *n* Seelenfreund *m*; **soul music** *n* Soul *m*; **soul-searching** *n* Gewissensprüfung *f.*

sound¹ [saund] **I** *adj* (+*er*) **1.** (*in good condition*) *person, animal, tree* gesund; *constitution, lungs also* kräftig; *condition also, building, chassis, appliance* einwandfrei. **to be as ~ as a bell** kerngesund sein; **to be of ~ mind** (*esp Jur*) klarem Verstand sein, im Vollbesitz seiner geistigen Kräfte sein (*Jur*).

2. (*valid, good, dependable*) solide; *business also* gesund; *argument, analysis also* vernünftig, fundiert; *scholarship also* gründlich; *economy, currency also* stabil;

person, goal-keeper verläßlich; *idea* gesund, vernünftig; *move* vernünftig; *advice* wertvoll, vernünftig. **he's ~ on financial policy** er hat gründliche Kenntnisse in der Finanzpolitik; **a ~ scholar** ein ernstzunehmender Gelehrter; **that's ~ sense** das ist vernünftig.

3. (*thorough*) gründlich, solide; *beating* gehörig; *defeat* vernichtend.

4. (*Jur*) *decision* rechtmäßig; *claim also* berechtigt.

5. (*deep*) *sleep* tief, fest **I'm a very ~ sleeper** ich schlafe sehr tief *or* fest.

II *adv* (+*er*) **to be ~ asleep** fest schlafen.

sound² **I** *n* **1.** (*noise*) Geräusch *nt*; (*Ling*) Laut *m*; (*Phys*) Schall *m*; (*Mus, of instruments*) Klang *m*; (*verbal, TV, Rad, Film*) Ton *m.* **don't make a ~** still!; **the speed of ~** (die) Schallgeschwindigkeit; **within ~ of** in Hörweite (+*gen*); **to the ~(s) of the national anthem** zu den Klängen der Nationalhymne; **French has a soft ~** die französische Sprache hat einen weichen Klang; **would you still recognize the ~ of Karin's voice?** würdest du Karins Stimme immer noch erkennen?; **not a ~ was to be heard** man hörte keinen Ton; **~s/the ~ of laughter** Gelächter *nt*; **we heard the ~ of voices on the terrace** wir hörten Stimmen auf der Terrasse; **vowel ~** Vokallaut *m*; **~ and fury** leerer Schall.

2. (*impression*) **I don't like the ~ of it** das klingt gar nicht gut; **from the ~ of it he had a hard time** es hört sich so an *or* klingt, als sei es ihm schlecht gegangen; **his remarks had a familiar ~** seine Bemerkungen klangen vertraut.

II *vt* **1.** (*produce ~ from*) **~ your horn** hupen!; **the trumpeter ~ed a high note** der Trompeter spielte einen hohen Ton; **to ~ the alarm** Alarm schlagen; (*mechanism*) die Alarmanlage auslösen; **to ~ the retreat** zum Rückzug blasen; **to ~ the "r" in "cover"** das ,,r" in ,,cover" aussprechen; **I think we need to ~ a note of warning** ich finde, wir sollten eine vorsichtige Warnung aussprechen.

2. (*test by tapping, Med*) abklopfen.

III *vi* **1.** (*emit ~*) erklingen, ertönen. **feet ~ed in the corridor** im Flur waren Schritte zu hören; **a gun ~ed a long way off** in der Ferne hörte man einen Schuß.

2. (*give aural impression*) klingen, sich anhören. **it ~s hollow** es klingt hohl; **the children ~ happy** es hört sich so an, als ob die Kinder ganz lustig sind; **he ~s angry** es hört sich so an, als wäre er wütend; **he ~s French (to me)** er hört sich (für mich) wie ein Franzose an; **it ~s like Spanish to me** ich finde, das klingt wie Spanisch *or* hört sich wie Spanisch an.

3. (*seem*) sich anhören. **that ~s very odd** das hört sich sehr seltsam an; **he ~s like a nice man** er scheint ein netter Mensch zu sein; **it ~s like a sensible idea** das klingt ganz vernünftig; **how does it ~ to you?** wie findest du das?

◆**sound off** *vi* (*inf*) sich verbreiten *or* auslassen (*about* über +*acc*). **don't listen to him, he's just ~ing** hör nicht auf ihn, er spielt sich nur auf!

sound³ *vt* (*Naut*) loten, ausloten; (*Met*) messen. **~ing line** Lot, Senkblei *nt*; **to ~ sb (out) about** *or* **on sth** jdn vorsichtig ausfragen, bei jdm auf den Busch klopfen (*inf*).

◆**sound out** *vt sep person* aushorchen, ausfragen; *intentions, opinions* herausfinden, herausbekommen.

sound⁴ *n* (*Geog*) Meerenge *f*, Sund *m*.

sound archives *npl* Tonarchiv *nt*; **sound barrier** *n* Schallmauer *f*; **sound-board** *n see* **sounding board 1.**; **sound-box** *n* (*Mus*) Schallkörper, Schallkasten *m*; **sound effects** *npl* Toneffekte *pl*; **sound engineer** *n* Toningenieur(in *f*) *m*; **sound-hole** *n* Schalloch *nt*.

sounding [ˈsaʊndɪŋ] *n* (*Naut*) Loten *nt*, Peilung *f*. **to take ~s** (*lit*) Lotungen vornehmen; (*fig*) sondieren.

sounding-board [ˈsaʊndɪŋˌbɔːd] *n* **1.** (*on instrument*) Resonanzboden *m*; (*over platform etc*) Schalldeckel *m*. **2.** (*fig*) Resonanzboden *m*. **he used the committee as a ~ for his ideas** er benutzte den Ausschuß, um die Wirkung seiner Vorschläge zu sondieren.

soundless [ˈsaʊndlɪs] *adj* lautlos.

soundlessly [ˈsaʊndlɪslɪ] *adv* lautlos.

soundly [ˈsaʊndlɪ] *adv built, made* solide; *argue, reason, invest also* vernünftig; *thrash* tüchtig, gehörig; *train* gründlich. **our team was ~ beaten** unsere Mannschaft wurde eindeutig *or* klar geschlagen; **to sleep ~** tief und fest schlafen.

soundness [ˈsaʊndnɪs] *n* **1.** (*good condition*) gesunder Zustand; (*of building, chassis, appliance*) guter Zustand.
2. (*validity, dependability*) Solidität *f*; (*of argument, analysis also*) Vernünftigkeit, Fundiertheit *f*; (*of scholarship*) Gründlichkeit *f*; (*of economy, currency also*) Stabilität *f*; (*of idea, advice, move, policy*) Vernünftigkeit *f*; (*of person, goalkeeper*) Verläßlichkeit *f*.
3. (*thoroughness*) Gründlichkeit *f*.
4. (*Jur: of decision, claim*) Rechtmäßigkeit *f*.
5. (*of sleep*) Tiefe *f*.

sound-proof [ˈsaʊndpruːf] **I** *adj* schalldicht; **II** *vt* schalldicht machen, gegen Schall isolieren; **sound-proofing** *n* Schallisolierung *f*; **sound radio** *n* Rundfunk, Hörfunk *m*; **sound recording** *n* Tonaufnahme, Tonaufzeichnung *f*; **sound shift** *n* Lautverschiebung *f*; **sound-track** *n* Tonspur *f*; (*sound, recording*) Ton *m*; Filmmusik *f*; **sound-wave** *n* Schallwelle *f*.

soup [suːp] *n* Suppe *f*. **to be in the ~** (*inf*) in der Tinte *or* Patsche sitzen (*inf*).

◆**soup up** *vt sep* (*inf*) *car, engine* (hoch)-frisieren (*inf*).

soupçon [ˈsuːpsɔ̃ː] *n* (*of spice etc*) Spur *f*; (*of irony etc*) Anflug *m*; (*of melancholy also*) Hauch *m*.

soup-kitchen [ˈsuːpˌkɪtʃɪn] *n* Volksküche *f*; (*for disaster area etc*) Feldküche *f*; **soup-plate** *n* Suppenteller *m*, tiefer Teller; **soup spoon** *n* Suppenlöffel *m*; **soup tureen** *n* Suppenterrine *f*.

sour [ˈsaʊəʳ] **I** *adj* (+*er*) **1.** *fruit, soil* sauer; *wine, vinegar* säuerlich.
2. (*bad*) *milk* sauer; *smell also* streng, säuerlich. **to go** *or* **turn ~** (*lit*) sauer werden; **to go** *or* **turn ~ (on sb)** (*fig*) (*relationship, marriage*) jdn anöden; (*plan, investment*) sich als Fehlschlag erweisen.
3. (*fig*) *person* verdrießlich, griesgrämig; *expression also* sauer; *remark* bissig. **it's just ~ grapes** die Trauben sind sauer *or* hängen zu hoch.
II *vt milk* sauer *or* dick werden lassen; *person* verdrießlich *or* griesgrämig machen; *soil* sauer *or* kalkarm machen.
III *vi* (*milk*) sauer *or* dick werden; (*person*)verbittern, griesgrämig werden; (*soil*) sauer *or* kalkarm werden. **his character had ~ed** er war verbittert.

source [sɔːs] *n* (*of river, light information*) Quelle *f*; (*of troubles, problems etc*) Ursache *f*, Ursprung *m*. **a ~ of vitamin C** ein Vitamin-C-Spender *m*; **they tried to trace the ~ of the gas leak** sie versuchten, das Leck in der Gasleitung ausfindig zu machen; **he is a ~ of embarrassment to us** er bringt uns ständig in Verlegenheit; **~ of supply** Bezugsquelle *f*; **to have its ~ in sth** seine Ursache *or* seinen Ursprung in etw (*dat*) haben; **at ~** (*Tax*) unmittelbar, direkt; **these rumours must be stopped at ~** diese Gerüchte darf man gar nicht erst aufkommen lassen; **~s** (*in book etc*) Quellen, Literaturangaben *pl*; **from reliable ~s** aus zuverlässiger Quelle.

source material *n* Quellenmaterial *nt*.

sourdough [ˈsaʊədəʊ] *n* (*esp US*) Sauerteig *m*.

sour(ed) cream [ˈsaʊə(d)ˈkriːm] *n* saure Sahne, Sauerrahm *m*.

sourly [ˈsaʊəlɪ] *adv* (*fig*) *see adj* **3.**

sourness [ˈsaʊənɪs] *n* (*of lemon, milk*) saurer Geschmack; (*of wine, vinegar also, of smell*) Säuerlichkeit *f*; (*of soil*) saure Beschaffenheit *f*; (*fig*) (*of person, expression*) Verdrießlichkeit, Griesgrämigkeit, Verbitterung *f*; (*of remark*) Bissigkeit *f*.

sourpuss [ˈsaʊəpʊs] *n* (*inf*) Miesepeter *m* (*inf*); (*woman*) miesepetrige Frau/miesepetriges Mädchen (*inf*).

souse [saʊs] *vt* **1.** (*cover with water etc*) naß machen; *fire* löschen. **he ~d himself with water** er übergoß sich mit Wasser.
2. (*pickle*) *fish* einlegen, marinieren.
3. to be/get ~d (*sl*) sternhagelvoll sein (*inf*)/sich vollaufen lassen (*sl*).

soutane [suːˈtæn] *n* (*Eccl*) Soutane *f*.

south [saʊθ] **I** *n* Süden *m*. **in the ~ of** im Süden +*gen*; **to the ~ of** im Süden *or* südlich von; **from the ~** aus dem Süden; (*wind*) aus Süden; **to veer to the ~** in südliche Richtung *or* nach Süden drehen; **the wind is in the ~** es ist Südwind; **the S~ of France** Südfrankreich *nt*.
II *adj* südlich, Süd-; (*in names*) Süd-.
III *adv* im Süden; (*towards the ~*) nach Süden. **to be further ~** weiter im Süden *or* weiter südlich sein; **~ of** südlich von, im Süden von.

south *in cpds* Süd-; **South Africa** *n* Südafrika *nt*; **South African I** *adj* südafrikanisch; **II** *n* Südafrikaner(in *f*) *m*; **South America** *n* Südamerika *nt*; **South American I** *adj* südamerikanisch; **II** *n*

Südamerikaner(in f) m; **southbound** adj (in) Richtung Süden; **South Carolina** n (abbr SC) Südkarolina nt; **South Dakota** n (abbr SD) Süddakota nt; **south-east** I n Südosten, Südost (esp Naut) m; II adj südöstlich; (in names) Südost-; ~ **wind** Südost(wind) m, Wind m aus Südost or südöstlicher Richtung; III adv nach Südosten; ~ **of** südöstlich von; **south-easter, sou'-easter** n (esp Naut) Südostwind, Südost m; **south-easterly** I adj direction südöstlich; wind also aus Südost; II n (wind) Südostwind m; **south-eastern** adj südöstlich, im Südosten; **the ~ States** die Südoststaaten pl; **south-eastward(s)** adv nach Südosten; (Met, Naut also) südostwärts.

southerly ['sʌðəlɪ] I adj südlich. II adv nach Süden. III n Südwind m.

southern ['sʌðən] adj südlich; (in names) Süd-; (Mediterranean) südländisch. ~ **people** Südländer pl; S~ **Cross** Kreuz des Südens nt; ~ **lights** Südlicht nt; S~ **Africa** das südliche Afrika; S~ **Europe** Südeuropa nt; S~ **Ireland** (Süd)irland nt; S~ **States** (US) Südstaaten pl.

southerner ['sʌðənə'] n Bewohner(in f) m des Südens; Süngeländer(in f) m/-deutsche(r) mf etc; (from the Mediterranean) Südländer(in f) m; (US) Südstaatler(in f) m.

southernmost ['sʌðənməust] adj südlichste(r, s).

South Korea n Südkorea nt; **South Korean** I adj südkoreanisch; II n Südkoreaner(in f) m; **southpaw** n (Boxing) Linkshänder, Rechtsausleger m; **South Pole** n Südpol m; **South Sea Islands** npl Südseeinseln pl; **south-south-east** I n Südsüdosten, Südsüdost (esp Naut) m; II adj Südsüdost-, südsüdöstlich; III adv nach Südsüdost(en); **south-south-west** I n Südsüdwesten, Südsüdwest (esp Naut) m; II adj Südsüdwest-, südsüdwestlich; III adv nach Südsüdwest(en); **South Vietnam** n Südvietnam nt; **southward(s)** I adj südlich; II adv nach Süden, südwärts; **south-west** I n Südwesten, Südwest (esp Naut) m; II adj Südwest-, südwestlich; wind aus südwestlicher Richtung, Südwest-; III adv nach Südwest(en); ~ **of** südwestlich von; **south-wester** n (esp Naut) Südwest(wind) m; **south-westerly** adj südwestlich, Südwest-; wind aus südwestlicher Richtung; **south-western** adj südwestlich, Südwest-; **south-westward(s)** adv nach Südwesten.

souvenir [,suːvə'nɪə'] n Andenken, Souvenir nt (of an +acc).

sou'wester [sau'westə'] n 1. (hat) Südwester m. 2. (Naut: wind) Südwest(wind) m.

sovereign ['sɒvrɪn] I n (monarch) Souverän m, Herrscher(in f) m; (Brit old: coin) 20-Shilling-Münze f.
II adj 1. (supreme) höchste(r, s), oberste(r, s); state, power souverän; contempt tiefste(r, s), äußerste(r, s). **the ~ power of the Pope** die Oberhoheit or Suprematie des Papstes.
2. ~ **cure** (lit, fig) Allheilmittel nt.

sovereignty ['sɒvrəntɪ] n Oberhoheit, Oberherrschaft f; (right of self-determination) Souveränität f. **the ~ of papal decrees** die unumschränkte Gültigkeit der päpstlichen Erlasse.

soviet ['səʊvɪət] I n Sowjet m. **the S~s** (people) die Sowjets. II adj attr sowjetisch, Sowjet-. ~ **citizen** Sowjetbürger(in f) m.

sovietize ['səʊvɪətaɪz] vt sowjetisieren.

sovietologist [,səʊvɪə'tɒlədʒɪst] n Sowjetologe m, Sowjetologin f.

Soviet Russia n Sowjetrußland nt; **Soviet Union** n Sowjetunion f.

sow¹ [səʊ] pret ~**ed**, ptp ~**n** or ~**ed** vt 1. corn, plants säen; seed aussäen; (Mil) mine legen. **to ~ the garden with grass** im Garten Gras (aus)säen; **to ~ a field with seed** auf einem Feld säen; **this field has been ~n with barley** auf diesem Feld ist Gerste gesät.
2. (fig) **to ~ (the seeds of) hatred/discord/rebellion** Haß/ Zwietracht säen; Aufruhr stiften, die Saat des Hasses/ Aufruhrs/der Zwietracht säen (liter); **as you ~ so shall you reap** (Prov) was der Mensch säet, das wird er ernten (Prov).

sow² [saʊ] n 1. (pig) Sau f; (of wild boar) (Wild)sau f; (of badger) Dächsin f. 2. (Tech) (block of iron) Massel f; (channel) Masselgraben m.

sower ['səʊə'] n (person) Säer(in f), Sämann m; (machine) Sämaschine f. **a ~ of discord/rebellion** ein Mensch, der Zwietracht sät/Aufruhr stiftet.

sowing ['səʊɪŋ] n (action) Säen nt, Aussaat f; (quantity sown) Saat f. **the ~ of a field** die Aussaat auf einem Feld.

sown [səʊn] ptp of **sow¹**.

sox [sɒks] npl (US Comm sl) = **socks**.

soya ['sɔɪə], (US) **soy** [sɔɪ] n Soja f. ~ **bean** Sojabohne f; ~ **flour** Sojamehl nt; ~ **sauce** Sojasoße f.

sozzled ['sɒzld] adj (Brit inf) **to be ~** angetütert sein (N Ger inf), einen sitzen haben (inf); **to get ~** beschwipst werden.

spa [spɑː] n (town) (Heil- or Mineral)bad nt, (Bade)kurort m; (spring) (Heil- or Mineral)quelle f.

space [speɪs] I n 1. Raum m (also Phys); (outer ~ also) der Weltraum, das Weltall. **time and ~** Zeit und Raum; **to stare into ~** ins Leere starren; see **outer**.
2. no pl (room) Platz, Raum m; (Typ) (between letters) Spatien pl; (between lines) Durchschuß m. **to take up a lot of ~** viel Platz brauchen; **to clear/leave some ~ for sb/sth** für jdn/etw Platz schaffen/lassen; **to buy/sell ~** (Press) Platz für Anzeigen kaufen/verkaufen; (TV) Sendezeit kaufen/verkaufen; **parking ~** Platz m zum Parken.
3. (gap, empty area) Platz m no art; (between objects, words, lines) Zwischenraum m; (Mus: on stave) Zwischenraum m; (parking ~) Lücke f. **to leave a ~ for sb/sth** für jdn Platz lassen/für etw Platz (frei)lassen; **there was a (blank) ~ at the end of the document** am Ende des Dokuments war Platz gelassen; **please answer in the ~ provided** bitte an der dafür vorgesehenen Stelle beantworten; **indent the first line a few ~s** rücken Sie die erste Zeile ein paar Stellen ein; **the wide open**

~s das weite, offene Land.

4. (*Typ: piece of metal*) (*between words*) Spatienkeil *m*; (*between lines*) Reglette *f*.

5. (*of time*) Zeitraum *m*. **in a short ~ of time** in kurzer Zeit; **in the ~ of one hour/ three generations** innerhalb einer Stunde/ in drei Generationen; **for a ~** eine Weile.

II *vt* (*also* **~ out**) in Abständen verteilen; *chairs also* in Abständen aufstellen; *seedlings also* in Abständen setzen; *visits* verteilen; *words* Zwischen (+*dat*):raum *or* Abstand lassen zwischen (+*dat*); (*Typ*) spatiieren (*spec*). **~ them out more, ~ them further out** *or* **further apart** lassen Sie etwas mehr Zwischenraum *or* Abstand (dazwischen); **houses ~d (out) along the road** Häuser, die sich entlang der Straße verteilen; **well ~d-out houses** genügend weit auseinander gebaute Häuser; **to ~ payments** nach und nach zahlen; **to ~ the family/children (out)** in vernünftige (Zeit)abständen Kinder bekommen; **their children are well ~d out** ihr Kinder sind genügend weit auseinander; *see* **spaced-out**.

space *in cpds* (Welt)raum-; **space age** *n* (Welt)raumzeitalter *nt*; **space-age** *adj attr* (Welt)raumzeitalters; **space-bar** *n* (*Typ*) Leertaste *f*; **space capsule** *n* (Welt)raumkapsel *f*; **spacecraft** *n* Raumfahrzeug *nt*; (*unmanned*) Raumkörper *m*.

spaced-out ['speist'aut] *adj* (*sl*) high (*sl*).

space fiction *n* Zukunftsromane *pl* über den Weltraum; **space flight** *n* Weltraumflug *m*; **space heater** *n* (*esp US*) Heizgerät *nt*; **space helmet** *n* Astronautenhelm *m*; **space lab(oratory)** *n* Weltraumlabor *nt*; **spaceman** *n* (Welt)raumfahrer *m*; **space platform** *n* Raumstation *f*; **spaceport** *n* Raumflugzentrum *nt*; **space probe** *n* Raumsonde *f*; **space programme** *n* Raumfahrtprogramm *n*.

spacer ['speisə^r] *n see* **space-bar**.

space rocket *n* Weltraumrakete *f*; **space-saving** *adj* equipment, gadget platzsparend; *furniture also* raumsparend; **a ~ kitchen** eine Küche, in der der Platz voll ausgenutzt wird; **spaceship** *n* Raumschiff *nt*; **space shot** *n* (*launching*) Abschuss *m* eines Raumfahrzeugs/-körpers; (*flight*) Raumflug *m*; **space shuttle** *n* Raumfähre *f*, Raumtransporter *m*; **space sickness** *n* Weltraumkrankheit *f*; **space station** *n* (Welt)raumstation *f*; **space suit** *n* Raumanzug *m*; **space-time (continuum)** *n* Raum-Zeit-Kontinuum *nt*; **space travel** *n* die Raumfahrt; **space vehicle** *n* Raumfahrzeug *nt*; **space walk I** *n* Weltraumspaziergang *m*; **II** *vi* im Weltraum spazierengehen; **space-woman** *n* (Welt)raumfahrerin *f*; **space writer** *n* (*Press*) Korrespondent(in), *der/ die nach Länge der Artikel bezahlt wird*.

spacing ['speisiŋ] *n* Abstände *pl*; (*between two objects*) Abstand *m*; (*also* **~ out**) Verteilung *f*; (*of payments*) Verteilung *f* über längere Zeit. **single/double ~** (*Typ*) einzeiliger/zweizeiliger Abstand.

spacious ['speiʃəs] *adj* geräumig; *garden, park* weitläufig.

spaciousness ['speiʃəsnis] *n see adj* Geräumigkeit *f*; Weitläufigkeit *f*.

spade [speid] *n* **1.** (*tool*) Spaten *m*; (*children's ~*) Schaufel *f*. **to call a ~ a ~** (*prov*) das Kind beim Namen nennen (*prov*). **2.** (*Cards*) Pik *nt*. **the Queen/two of S~s** die Pik-Dame/Pik-Zwei; **to play in ~s** Pik spielen; **~s are trumps** Pik ist Trumpf. **3.** (*pej sl*) Nigger *m* (*pej sl*).

spadeful ['speidful] *n* **a ~ of earth** ein Spaten *m or* eine Schaufel (voll) Erde; **by the ~** spaten- *or* schaufelweise.

spadework ['speidwə:k] *n* Vorarbeit *f*.

spaghetti [spə'geti] *n* Spaghetti *pl*. **~ western** (*inf*) Italowestern *m*.

Spain [spein] *n* Spanien *nt*.

spake [speik] (*obs*) *pret of* **speak**.

spam ® [spæm] *n* Frühstücksfleisch *nt*.

span¹ [spæn] **I** *n* **1.** (*of hand*) Spanne *f*; (*wing~, of bridge etc*) Spannweite *f*; (*arch of bridge*) (Brücken)bogen *m*. **a single-~ bridge** eine eingespannte Bogenbrücke.

2. (*time ~*) Zeitspanne *f*, Zeitraum *m*; (*of memory*) Gedächtnisspanne *f*; (*of attention*) Konzentrationsspanne *f*; (*range*) Umfang *m*. **within his ~** zu seinen Lebzeiten; **for a brief ~** eine kurze Zeit lang.

3. (*of oxen*) Gespann *nt*.

4. (*old: measurement*) Spanne *f*.

II *vt* (*rope, rainbow*) sich spannen über (+*acc*); (*bridge also*) überspannen; (*plank*) führen über (+*acc*); (*Mus*) *octave etc* greifen; (*encircle*) umfassen; (*in time*) sich erstrecken über (+*acc*), umfassen. **to ~ a river with a bridge** eine Brücke über einen Fluß führen *or* bauen.

span² (*old*) *pret of* **spin**.

spangle ['spæŋgl] **I** *n* Paillette *f*. **II** *vt* mit Pailletten besetzen. **~d with stars/flowers** mit Sternen/Blumen übersät.

Spaniard ['spænjəd] *n* Spanier(in *f*) *m*.

spaniel ['spænjəl] *n* Spaniel *m*.

Spanish ['spæniʃ] **I** *adj* spanisch. **the ~** die Spanier *pl*. **II** *n* (*language*) Spanisch *nt*.

Spanish America *n die spanischsprachigen Länder Mittel- und Südamerikas*; **Spanish-American I** *n* spanischsprachiger Lateinamerikaner, spanischsprachige Lateinamerikanerin; (*in US*) spanischstämmiger Amerikaner, spanischstämmige Amerikanerin; **II** *adj* spanisch-amerikanisch; **Spanishchestnut** *n* Edelkastanie *f*; **Spanish Main** *n* Karibik *f*; **Spanish moss** *n* (*US*) Spanisches Moos, Greisenbart *m*; **Spanish omelette** *n* Omelett *nt* mit Piment, Paprika und Tomaten; **Spanish onion** *n* Gemüsezwiebel *f*.

spank [spæŋk] **I** *n* Klaps *m*. **to give sb a ~** jdm einen Klaps geben; (*spanking*) jdm den Hintern versohlen. **II** *vt* versohlen. **to ~ sb's bottom** jdm den Hintern versohlen. **III** *vi* **to ~ along** dahinjagen, dahinrasen.

spanker ['spæŋkə^r] *n* (*Naut: sail*) Besan *m*. **a real ~** (*blow*) ein Schlag, der nicht von Pappe war (*inf*).

spanking ['spæŋkiŋ] **I** *n* Tracht *f* Prügel. **to give sb a ~** jdm eine Tracht Prügel verpassen, jdm den Hintern versohlen. **II** *adj pace* scharf, schnell. **III** *adv* (*dated inf: exceedingly*) **we had a ~ good time** wir haben uns blendend amüsiert.

spanner ['spænər] *n* (*Brit*) Schrauben-
schlüssel *m*. **to put** *or* **throw a** ~ **in the
works** (*fig*) jdm Knüppel *or* einen Knüp-
pel zwischen die Beine werfen.

span roof *n* Satteldach *nt*.

spar[1] [spɑːr] *n* (*Naut*) Spiere *f*.

spar[2] *vi* (*Boxing*) ein Sparring *nt* machen;
(*fig*) sich kabbeln (*inf*) (*about* um).

spar[3] *n* (*Miner*) Spat *m*.

spare [speər] **I** *adj* **1.** den/die/das man nicht
braucht, übrig *pred*; (*surplus*) überzählig,
übrig *pred*; *bed*, *room* Gäste-; (*replace-
ment*) *part etc* Ersatz-. **have you any** ~
string? hast du (einen) Bindfaden für
mich?; **I can give you a racket/ pencil, I
have a** ~ **one** ich kann dir einen Schläger/
Bleistift geben, ich habe noch einen *or* ich
habe einen übrig; **it's all the** ~ **cash I have**
mehr Bargeld habe ich nicht übrig; **if you
have any** ~ **cash** wenn Sie Geld übrig
haben; **when you have a few** ~ **minutes** *or*
a few minutes ~ wenn Sie mal ein paar
freie Minuten haben *or* ein paar Minuten
übrig haben; **we have two** ~ **seats** wir
haben zwei Plätze übrig; **there are two
seats (going)** ~ es sind noch zwei Plätze
frei; *see also cpds*.
2. (*thin*) hager; (*meagre*) dürftig.
3. to go ~ durchdrehen (*inf*).
II *n* Ersatzteil *nt*.
III *vt* **1.** *usu neg* (*grudge, use sparingly*)
sparen mit; *expense, pains, effort*
scheuen. **don't** ~ **the horses** schone die
Pferde nicht; **no expense** ~**d** es wurden
keine Kosten gescheut; **she doesn't** ~ **her-
self** sie schont sich nicht; **he never** ~**d him-
self in the service of his country** er setzte
sich selbstlos für sein Land ein; ~ **the rod
and spoil the child** (*Prov*) wer mit der
Rute spart, verzieht das Kind (*Prov*).
2. (*give*) *money etc* übrig haben; *space,
room also* frei haben; *time* (übrig) haben.
to ~ **sb sth** jdm etw überlassen *or* geben;
money jdm etw geben; **can you** ~ **the time
to do it?** haben Sie Zeit, das zu machen?;
I can ~ **you five minutes** ich habe fünf
Minuten Zeit für Sie (übrig); **can you** ~ **a
penny for a poor old man?** haben Sie einen
Groschen für einen armen alten Mann?;
there is none to ~ es ist keine(r, s) übrig;
there are three to ~ es sind drei übrig *or*
überzählig; **there's enough and to** ~ es ist
mehr als genug da; **to have a few minutes/
hours to** ~ ein paar Minuten/Stunden Zeit
haben; **I got to the theatre/airport with
two minutes to** ~ ich war zwei Minuten
vor Beginn der Vorstellung im Theater/
vor Abflug am Flughafen.
3. (*do without*) *person, object* entbeh-
ren, verzichten auf (+*acc*). **I can't** ~ **him/
it** ich kann ihn/es nicht entbehren, ich
kann auf ihn/es nicht verzichten, ich
brauche ihn/es unbedingt; **can you** ~ **this
for a moment?** brauchst du das gerade?; **if
you can** ~ **it** wenn Sie es nicht brauchen;
to ~ **a thought for sb/sth** an jdn/etw den-
ken.
4. (*show mercy to*) verschonen; (*refrain
from upsetting*) *sb, sb's feelings* schonen.
the plague/soldiers ~**d no-one** die Pest
verschonte/die Soldaten verschonten

keinen; **if we're** ~**d** wenn wir (dann) noch
leben.
5. (*save*) **to** ~ **sb/oneself sth** jdm/sich
etw ersparen; ~ **me the details** verschone
mich mit den Einzelheiten.

sparely ['speərlɪ] *adv* ~ **built** schlank
gebaut.

spare part *n* Ersatzteil *nt*; **sparerib** *n* Ripp-
chen *nt*, Spare Rib *no art*; **spare room** *n*
Gästezimmer *nt*; **spare time I** *n* (*leisure
time*) Freizeit *f*; **II** *adj attr* Freizeit-; **spare
tyre** *n* Ersatzreifen *m*; (*fig inf*) Pölster-
chen *pl*, Rettungsring *m*; **spare wheel** *n*
Ersatzrad *nt*.

sparing ['speərɪŋ] *adj* sparsam. **to be** ~ **of
(one's) praise/one's time** mit Lob/seiner
Zeit geizen, mit seiner Zeit knausern; **to
be** ~ **of words** nicht viel sagen, wortkarg
sein.

sparingly ['speərɪŋlɪ] *adv* sparsam; *spend,
drink, eat* in Maßen.

spark [spɑːk] **I** *n* **1.** (*from fire, Elec*) Funke
m; (*fig: glimmer*) Fünkchen *nt*, Funke(n)
m. **not a** ~ **of life** kein Fünkchen Leben,
kein Lebensfunke; **a** ~ **of interest** ein
Fünkchen *or* Funke(n) Interesse; **when
the** ~**s start to fly** (*fig*) wenn die Funken
anfangen zu fliegen.
2. (*dated inf: person*) Stutzer *m* (*dated*).
a bright ~ (*iro*) ein Intelligenzbolzen *m*
(*iro*); (*clumsy*) ein Tolpatsch *m*.
II *vt* (*also* ~ **off**) entzünden; *explosion*
verursachen; (*fig*) auslösen; *quarrel also*
entfachen, auslösen; *interest, enthusiasm*
wecken, anfachen.
III *vi* Funken sprühen; (*Elec*) zünden.

spark coil *n* Zündspule *f*; **spark gap** *n*
Funkenstrecke *f*.

spark(ing) plug ['spɑːk(ɪŋ)'plʌg] *n* Zünd-
kerze *f*.

sparkle ['spɑːkl] **I** *n* Funkeln, Glitzern *nt*;
(*of eyes*) Funkeln *nt*. **he has no** *or* **lacks** ~
ihm fehlt der (rechte) Schwung.
II *vi* funkeln, glitzern; (*eyes*) blitzen,
funkeln (*with* vor +*dat*); (*fig: person*) vor
Leben(sfreude) sprühen; (*with intel-
ligence, wit etc*) brillieren. **her eyes** ~**d
with intelligence** ihre Augen blitzten vor
Gescheitheit; **his conversation** ~**d** (*with
wit*) seine Unterhaltung sprühte vor
Geist.

sparkler ['spɑːklər] *n* **1.** (*firework*) Wunder-
kerze *f*. **2.** (*inf: diamond*) Klunker *m*
(*inf*).

sparkling ['spɑːklɪŋ] *adj* lights glänzend,
funkelnd; *eyes* funkelnd; *wit* sprühend;
(*lively*) *person* vor Leben sprühend;
(*witty*) *person, speech, conversation* vor
Geist sprühend; (*bubbling*) *lemonade etc*
perlend; *wine* perlend, moussierend. ~
wine (*as type*) Schaumwein *m*.

spark plug *n* *see* **spark(ing) plug.**

sparring match ['spɑːrɪŋ-] *n* (*lit*) Sparring-
kampf *m*; (*fig*) (Wort)geplänkel, Wort-
gefecht *nt*; **sparring partner** *n* (*lit*) Spar-
ringpartner *m*; (*fig also*) Kontrahent(in *f*)
m.

sparrow ['spærəʊ] *n* Sperling, Spatz *m*.
house ~ Haussperling.

sparrowhawk ['spærəʊhɔːk] *n* (*European*)
Sperber *m*; (*N American*) amerikanischer
Falke.

sparse [spɑːs] *adj* (+*er*) spärlich; *covering, vegetation also,* population dünn; *furnishings also* dürftig; (*infrequent*) *references also* rar.

sparsely ['spɑːslɪ] *adv* spärlich; *wooded also,* populated dünn; *furnished also* dürftig. **a hillside ~ covered with trees** ein Hang mit spärlichem Baumwuchs.

sparseness ['spɑːsnɪs] *n* Spärlichkeit *f*; (*of furnishings also*) Dürftigkeit *f*; (*of population*) geringe Dichte.

Spartan ['spɑːtən] **I** *adj* (*fig:* **s**~) spartanisch. **II** *n* Spartaner(in *f*) *m*.

spasm ['spæzəm] *n* (*Med*) Krampf, Spasmus (*spec*) *m*; (*of asthma, coughing, fig*) Anfall *m*. **~s of coughing** krampfartige Hustenanfälle *pl*; **there was a (sudden) ~ of activity** es entwickelte sich (plötzlich) fieberhafte Aktivität; **to work in ~s** sporadisch arbeiten.

spasmodic [spæz'mɒdɪk] *adj* (*Med*) krampfartig, spasmisch, spasmodisch (*spec*); (*fig: occasional*) sporadisch; *growth* schubweise. **his generosity was ~** er hatte Anfälle von Großzügigkeit.

spasmodically [spæz'mɒdɪkəlɪ] *adv* (*Med*) krampfartig; (*fig*) sporadisch, hin und wieder; *grow* in Schüben, schubweise.

spastic ['spæstɪk] **I** *adj* spastisch; (*fig sl*) schwach (*inf*). **II** *n* Spastiker(in *f*) *m*.

spasticity [spæ'stɪsɪtɪ] *n* spastische Lähmung.

spat¹ [spæt] **I** *n* (*of oyster etc*) Muschellaich *m*. **II** *vi* (*oyster etc*) laichen.

spat² *n* Halbgamasche *f*.

spat³ (*US inf*) **I** *n* (*quarrel*) Knatsch *m* (*inf*). **II** *vi* (*quarrel*) zanken, streiten.

spat⁴ *pret, ptp of* **spit**¹.

spate [speɪt] *n* (*of river*) Hochwasser *nt*; (*fig*) (*of letters, orders etc*) Flut *f*; (*of burglaries, accidents*) Serie *f*; (*of words, abuse*) Schwall *m*. **the river is in (full) ~** der Fluß führt Hochwasser; **a ~ of excited talk** aufgeregtes Stimmengewirr; **a ~ of work** ein Arbeitsandrang *m*.

spatial ['speɪʃəl] *adj* räumlich. **~ sense** räumliches Vorstellungsvermögen.

spatially ['speɪʃəlɪ] *adv* räumlich.

spatio-temporal ['speɪʃɪəʊ'tempərəl] *adj* räumlich-zeitlich, Raum-Zeit-.

spatter ['spætəʳ] **I** *vt* bespritzen. **to ~ water over sb, to ~ sb with water** jdn naß spritzen; **a wall ~ed with blood** eine blutbespritzte Wand.
II *vi* **to ~ over sth** etw vollspritzen.
III *n* (*mark*) Spritzer *pl*; (*sound: of rain*) Klatschen *nt*. **a ~ of applause** kurzer Beifall.

spatula ['spætjʊlə] *n* Spachtel *m*; (*Med*) Spatel *m*.

spavin ['spævɪn] *n* Spat *m*.

spavined ['spævɪnd] *adj horse* spatkrank.

spawn [spɔːn] **I** *n* **1.** (*of fish, shellfish, frogs*) Laich *m*. **2.** (*of mushrooms*) Fadengeflecht, Myzelium (*spec*) *nt*. **II** *vi* laichen. **III** *vt* (*fig*) hervorbringen, erzeugen. **bad living conditions ~ crime** schlechte Wohnverhältnisse sind Brutstätten des Verbrechens.

spay [speɪ] *vt cat* sterilisieren.

speak [spiːk] *pret* **spoke** *or* (*obs*) **spake**, *ptp* **spoken** *or* (*obs*) **spoke I** *vt* **1.** (*utter*) sagen; *one's thoughts* aussprechen, äußern; *one's lines* aufsagen. **to ~ one's mind** seine Meinung sagen; **nobody spoke a word** niemand sagte ein Wort, keiner sagte etwas; **his eyes spoke his love** sein Blick verriet seine Liebe; *see* **volume**.
2. *language* sprechen. **English spoken here** hier wird Englisch gesprochen.
II *vi* **1.** (*talk, be on ~ing terms*) sprechen, reden (*about* über +*acc*, von); (*converse*) reden, sich unterhalten (*with* mit); (*fig: guns, drums*) sprechen, ertönen. **to ~ to** *or* (*esp US*) **with sb** mit jdm sprechen *or* reden; **to ~ in a whisper** flüstern; **we don't ~ (to one another)** wir reden *or* sprechen nicht miteinander; **she never spoke to me again** seitdem hat sie nie wieder mit mir geredet *or* gesprochen; **to ~ to oneself** Selbstgespräche führen; **I'll ~ to him about it** (*euph: admonish*) ich werde ein Wörtchen mit ihm reden; **~ when you're spoken to** antworte, wenn man mit dir redet *or* spricht; **I don't know him to ~ to** ich kenne ihn nicht näher *or* nur vom Sehen; **music ~s directly to the soul** Musik spricht die Seele an; **~ing of dictionaries ...** da *or* wo wir gerade von Wörterbüchern sprechen ..., apropos Wörterbücher ...; **not to ~ of ...** ganz zu schweigen von ...; **it's nothing to ~ of** es ist nicht weiter erwähnenswert, es ist nichts weiter; **no money/ trees** *etc* **to ~ of** so gut wie kein Geld/keine Bäume *etc*; **to ~ well of sb/sth** jdn/etw loben, (nur) Gutes über jdn/etw sagen; **he is well spoken of** er genießt große Achtung; **so to ~** sozusagen, eigentlich; **roughly ~ing** grob gesagt; **strictly ~ing** genau genommen; **legally/biologically ~ing** rechtlich/ biologisch gesehen; **generally ~ing** im allgemeinen; **~ing personally ...** wenn Sie mich fragen ..., was mich betrifft ...; **~ing as a member of the club I have ...** als Mitglied des Vereins habe ich ...; **to ~ down to sb** jdn von oben herab behandeln.
2. (*make a speech*) reden (*on* zu), sprechen (*on* zu); (*give one's opinion*) sich äußern (*on, to* zu). **to ~ in public** in der Öffentlichkeit reden; **to ~ in the debate** in der Debatte das Wort ergreifen; **to ask sb to ~** jdm das Wort erteilen; **Mr X will ~ next** als nächster wird Herr X sprechen *or* hat Herr X das Wort.
3. (*Telec*) **~ing!** am Apparat!; **Jones ~ing!** (hier) Jones!; **who is that ~ing?** wer ist da, bitte?; (*on extension phone, in office*) wer ist am Apparat?
4. (*fig: suggest*) zeugen (*of* von).
◆**speak against** *vi + prep obj* (*in debate*) sprechen gegen, sich aussprechen gegen; (*criticize*) etwas sagen gegen, kritisieren.
◆**speak for** *vi + prep obj* **1.** (*in debate*) unterstützen.
2. **to ~ ~ sb** (*on behalf of*) in jds Namen (*dat*) sprechen; (*in favour of*) sich für jdn verwenden, ein gutes Wort für jdn einlegen; **he ~s ~ the miners/delegation** er ist der Sprecher der Bergleute/ Abordnung; **I know I ~ ~ all of us** ich bin sicher, daß ich im Namen aller spreche; **~ing ~ myself ...** was mich angeht ...; **let her ~** ~ **herself** laß sie selbst reden; **~ ~**

yourself! (*I don't agree*) das meinst auch nur du!; (*don't include me*) du vielleicht!; **I can ~** ~ **his honesty** ich kann mich für seine Ehrlichkeit verbürgen; **that ~s well ~ him** das spricht für ihn; **to ~ well/badly ~ sth** ein Beweis *m*/nicht gerade ein Beweis *m* für etw sein.

3. to ~ ~ **itself** (*be obvious*) für sich sprechen, alles sagen.

4. to be spoken ~ (*dated: girl*) versprochen sein (*old*), vergeben sein (*hum*).

◆**speak out** *vi* (*audibly*) deutlich sprechen; (*give one's opinion*) seine Meinung deutlich vertreten. **to ~** ~ **in favour of sth** etw eintreten; **to ~** ~ **against sth** sich gegen etw aussprechen.

◆**speak up** *vi* **1.** (*raise one's voice*) lauter sprechen *or* reden; (*talk loudly*) laut (und verständlich) sprechen *or* reden. **~** ~**!** sprich lauter!; **if you want anything ~** ~ sag, wenn du etwas willst.

2. (*fig*) seine Meinung sagen *or* äußern. **don't be afraid to ~** ~ sagen Sie ruhig Ihre Meinung, äußern Sie sich ruhig; **to ~** ~ **for sb/sth** für jdn/etw eintreten; **what's wrong?** ~ ~**!** was ist los? heraus mit der Sprache!

speakeasy ['spiːkiːzɪ] *n* (*US*) Mondscheinkneipe *f* (*inf*) (*Lokal, in dem während der Prohibition Alkohol ausgeschenkt wurde*).

speaker ['spiːkəʳ] *n* **1.** (*of language*) Sprecher *m*. **all ~s of German** alle, die Deutsch sprechen, alle Deutschsprechenden; (*native ~s also*) alle Deutschsprachigen; **are you an English-~?** ist Englisch Ihre Muttersprache?

2. Sprecher(in *f*) *m*; (*in discussion also, in lecture, public ~*) Redner(in *f*) *m*. **the last** *or* **previous ~** der Vorredner; **he's a good/poor ~** er ist ein guter/schlechter Redner.

3. (*loud~, in record-player*) Lautsprecher *m*; (*on hi-fi etc*) Box *f*.

4. (*Parl*) S~ Sprecher *m*; **Mr S~** Herr Vorsitzender.

speaking ['spiːkɪŋ] I *n* (*act of ~*) Sprechen *nt*; (*speeches*) Reden *pl*. **the art of ~** die Redekunst. II *adj attr* **doll** sprechend, Mama- (*inf*); (*fig*) *likeness* verblüffend. **~ voice** Sprechstimme *f*; **to be within ~ distance** nahe genug sein, daß man sich verständigen kann.

speaking clock *n* (*Brit*) telefonische Zeitansage; **speaking terms** *npl* **to be on ~ with sb** mit jdm sprechen *or* reden; **speaking tube** *n* Sprachrohr *nt*.

spear [spɪəʳ] I *n* Speer *m*; (*leaf*) Lanzettenblatt *nt*; (*of grass*) Halm *m*; (*of grain*) Keim *m*. **~s of broccoli/asparagus** Brokkoliköpfe *pl*/Stangen *pl* Spargel.

II *vt* aufspießen; (*wound, kill*) durchbohren; (*catch with ~*) mit Speeren fangen. **he ~ed the meat with** *or* **onto his fork** er spießte das Fleisch auf die Gabel.

spearhead ['spɪəhed] I *n* (*of spear*) Speerspitze *f*; (*Mil*) Angriffsspitze *f*; (*fig: person, thing*) Bahnbrecher *m* (*of* für); II *vt* (*lit, fig*) anführen; **spearman** *n* Speerträger *m*; **spearmint** *n* (*plant, flavour*) Grüne Minze; **~ chewing gum** Spearmint-Kaugummi *m*.

spec [spek] *n* (*inf*) **on ~** auf Verdacht, auf gut Glück.

special ['speʃəl] I *adj* **1.** besondere(r, s); (*specific*) *purpose, use, person, date also* bestimmt, speziell; (*exceptional*) *friend, favour, occasion also* speziell. **I have no ~ person in mind** ich habe eigentlich an niemanden Bestimmtes gedacht; **nothing ~** nichts Besonderes; **he expects ~ treatment** er will besonders behandelt werden, er will eine Extrawurst gebraten haben (*inf*); **you're extra ~!** (*inf*) du bist was ganz Besonderes! (*inf*); **what's so ~ about her/the house?** was ist denn an ihr/an dem Haus so besonders?; **what's so ~ about that?** na und? (*inf*), das ist doch nichts Besonderes!; **I do that my own ~ way** ich mache das ganz auf meine (eigene) Weise; **it's my ~ chair** das ist *mein* Stuhl; **everyone has his ~ place** jeder hat seinen eigenen Platz; **to feel ~** sich als etwas ganz Besonderes vorkommen; **make him feel ~** seien Sie besonders nett zu ihm.

2. (*out of the ordinary*) *permission, fund, supplement, edition, (Pol) powers, legislation* Sonder-; *arrangement, wish, order also* besondere(r, s). **~ feature** (*Press*) Sonderartikel *m*.

3. (*specialized*) Spezial-.

4. (*inf: separate*) gesondert.

II *n* (*constable*) Hilfspolizist(in *f*) *m*; (*TV, Rad*) Sonderprogramm *nt*; (*train*) Sonderzug *m*; (*Cook*) Tagesgericht *nt*; (*edition*) Sonder- *or* Extraausgabe *f*. **chef's ~** Spezialität *f* des Küchenchefs.

special agent *n* (*spy*) Agent(in *f*) *m*; **Special Branch** *n* (*Brit*) Sicherheitspolizei *f*, Sicherheitsdienst *m*; **special case** *n* (*also Jur*) Sonderfall *m*; **special constable** *n* Hilfspolizist *m*; **special correspondent** *n* (*Press*) Sonderberichterstatter(in *f*) *m*; **special delivery** *n* Eilzustellung *f*; **by ~** durch Eilzustellung, durch Eilboten (*inf*); **special drawing rights** *npl* Sonderziehungsrechte *pl*; **special edition** *n* Sonderausgabe *f*; **special effects** *npl* Tricks *pl*; **special investigator** *n* Sonderbeauftragte(r) *mf*, Untersuchungsbeamte(r) *m*.

specialism ['speʃəlɪzəm] *n* (*specializing*) Spezialisierung *f*; (*special subject*) Spezialgebiet *nt*.

specialist ['speʃəlɪst] I *n* Fachmann *m* (*in* für); (*Med*) Spezialist(in *f*) *m*, Facharzt *m*/-ärztin *f*. **a ~ in tropical diseases** ein Facharzt für Tropenkrankheiten.

II *adj attr knowledge, dictionary* Fach-. **it's ~ work** dazu braucht man einen Fachmann.

speciality [ˌspeʃɪ'ælɪtɪ], (*US*) **specialty** ['speʃəltɪ] *n* Spezialität *f*; (*subject also*) Spezialgebiet *nt*. **to make a ~ of sth** sich auf etw (*acc*) spezialisieren; **a ~ of the house** eine Spezialität des Hauses.

specialization [ˌspeʃəlaɪ'zeɪʃən] *n* Spezialisierung *f* (*in* auf +*acc*); (*special subject*) Spezialgebiet *nt*.

specialize ['speʃəlaɪz] I *vi* sich spezialisieren (*in* auf +*acc*). II *vt* **the species/tail has been ~d** die Art/der Schwanz hat sich gesondert entwickelt.

specialized ['speʃəlaɪzd] *adj* spezialisiert. **a**

~ knowledge of biology Fachkenntnisse *pl* in Biologie.

special licence *n* (*Brit*) (Ehe)dispens *f* (*des Bischofs or Canterbury*).

specially ['speʃəlɪ] *adv* besonders; (*specifically*) extra; (*for a particular purpose*) speziell, extra. **a ~ difficult task** eine besonders schwierige Aufgabe; **I had it ~ made** ich habe es extra machen lassen; **a book ~ written for the competition** ein Buch, das speziell für den Wettbewerb geschrieben wurde; **he brought it ~ for me** er hat es extra *or* eigens für mich gebracht; **don't go to the post office ~/~ for me** gehen Sie deswegen/meinetwegen nicht extra zur Post.

special messenger *n* Expreßbote *m*; (*Mil*) Kurier *m*; **special offer** *n* Sonderangebot *nt*; **special pleading** *n* (*Jur*) Beibringung *f* neuen Beweismaterials; (*fig*) Berufung *f* auf einen Sonderfall; **~ is no use** (*fig*) es hilft nichts, zu sagen, daß das in einem Ausnahmefall ist; **special prosecutor** *n* (*US*) Sonderstaatsanwalt *m*; **special school** *n* Sonderschule *f*; (*for physically handicapped*) Behindertenschule *f*.

specialty ['speʃəltɪ] *n* (*US*) *see* **speciality**.

specie ['spiːʃiː] *n, no pl* Hartgeld, Münzgeld *nt*. **payment in ~** Zahlung in Hartgeld.

species ['spiːʃiːz] *n, pl* - Art *f*; (*Biol also*) Spezies *f*. **the human ~** der Mensch.

specific [spə'sɪfɪk] **I** *adj* **1.** (*definite*) bestimmt, speziell; (*precise*) *statement, instructions* genau; *example* ganz bestimmt. **can you be a bit more ~?** können Sie sich etwas genauer äußern?
2. (*Biol, Chem, Phys, Med*) spezifisch. **~ gravity** spezifisches Gewicht, Wichte *f*.
II ~ s (*old Med*) Spezifikum *nt*.
2. ~s *pl* nähere *or* genauere Einzelheiten *pl*.

specifically [spə'sɪfɪkəlɪ] *adv* *warn, order, state, mention* ausdrücklich; (*specially*) *designed, request* speziell; (*precisely*) genau.

specification [ˌspesɪfɪ'keɪʃən] *n* **1.** (*specifying*) Angabe *f*. **his ideas need more ~** seine Ideen müssen noch genauer ausgeführt werden.
2. (*detailed statement*) (*of requirements*) genaue Angabe, Aufstellung *f*; (*for patent*) (genaue) Beschreibung *f*; (*design*) (*for car, machine*) (detaillierter) Entwurf; (*for building*) Bauplan *m*. **~s** *pl* genaue Angaben *pl*; (*of car, machine*) technische Daten *or* Angaben *pl*; (*of new building*) Raum- und Materialangaben *pl*, Baubeschreibung *f*, Baubeschrieb *m*; **the new ~ includes …** (*model*) die neue Ausführung hat auch …
3. (*stipulation*) Bedingung *f*; (*for building*) Bestimmung, Vorschrift *f*.

specify ['spesɪfaɪ] **I** *vt* angeben; (*list individually or in detail*) spezifizieren, (einzeln) aufführen; (*stipulate*) vorschreiben; (*blueprint, contract etc*) vorsehen. **in the order specified** in der angegebenen *or* vorgeschriebenen Reihenfolge; **to ~ how to do it** genauer *or* näher ausführen, wie es gemacht werden soll.
II *vi* genaue Angaben machen. **unless**

otherwise specified wenn nicht anders angegeben.

specimen ['spesɪmɪn] **I** *n* Exemplar *nt*; (*of urine, blood etc*) Probe *f*; (*sample*) Muster *nt*. **a beautiful** *or* **fine ~** ein Prachtexemplar *nt*; **if that's a ~ of your work/ intelligence** wenn das eine Probe deines Könnens/deiner Intelligenz ist; **he's an odd ~** (*inf*) er ist ein komischer Kauz (*inf*); **you're a pretty poor ~** (*inf*) du hast ja nicht viel zu bieten (*inf*).
II *adj attr page* Probe-. **a ~ copy** ein Beleg- *or* Probeexemplar *nt*; **a ~ signature** eine Unterschriftenprobe.

specious ['spiːʃəs] *adj argument, proposal* vordergründig bestechend; *excuse* vordergründig, fadenscheinig; *claim* unfundiert, fadenscheinig; *charm, phrases* leer.

speciousness ['spiːʃəsnɪs] *n see adj* Vordergründigkeit *f*; Fadenscheinigkeit *f*; Unfundiertheit *f*; Hohlheit *f*.

speck [spek] **I** *n* Fleck *m*; (*of blood, paint, mud also*) Spritzer *m*; (*of dust*) Körnchen *nt*; (*of soot*) Flocke *f*, Flöckchen *nt*; (*of gold, colour etc*) Sprenkel *m*; (*small portion*) (*of drink etc*) Tropfen *m*, Tröpfchen *nt*; (*of sugar, butter*) kleines bißchen; (*fig: of truth, confidence*) Fünkchen, Quentchen *nt*. **a ~ on the horizon** ein Punkt *m or* Pünktchen *nt* am Horizont.
II *vt* **to be ~ed with black** schwarze Fleckchen haben; (*bird, eyes etc*) schwarz gesprenkelt sein; **his face was ~ed with dust/dirt** er hatte Staub-/Schmutzflecken im Gesicht; **to be ~ed with blood** blutbespritzt sein.

speckle ['spekl] **I** *n* Sprenkel, Tupfer, Tupfen *m*. **II** *vt* sprenkeln. **to be ~d with sth** mit etw gesprenkelt sein.

specs [speks] *npl* (*inf*) Brille *f*.

spectacle ['spektəkl] *n* **1.** (*show*) Schauspiel *nt*. **a sad/ridiculous ~** ein trauriger/ lächerlicher Anblick; **to make a ~ of oneself** unangenehm auffallen. **2. ~s** *pl* (*also* **pair of ~s**) Brille *f*.

spectacle case *n* Brillenetui *nt*.

spectacled ['spektəkld] *adj* bebrillt; (*Zool*) Brillen-, brillenähnlich gezeichnet.

spectacular [spek'tækjʊləʳ] **I** *adj* sensationell; *improvement, success also* spektakulär; *race, finish, jump, fall also* atemberaubend. **II** *n* (*Theat*) Show *f*.

spectacularly [spek'tækjʊləlɪ] *adv* sensationell; *improve, fail also* spektakulär.

spectator [spek'teɪtəʳ] *n* Zuschauer (in *f*) *m*. **~ sport** Publikumssport *m*.

specter *n* (*US*) *see* **spectre**.

spectra ['spektrə] *pl of* **spectrum**.

spectral ['spektrəl] *adj* **1.** (*of ghosts*) geisterhaft, gespenstisch. **2.** (*of the spectrum*) spektral, Spektral-.

spectre, (*US*) **specter** ['spektəʳ] *n* Gespenst *nt*; (*fig*) (Schreck)gespenst *nt*. **the ~ of a woman in white** die Erscheinung einer Frau in Weiß.

spectroscope ['spektrəʊskəʊp] *n* Spektroskop *nt*.

spectroscopic [ˌspektrəʊ'skɒpɪk] *adj* spektroskopisch; *analysis* Spektral-.

spectrum ['spektrəm] *n, pl* **spectra** Spektrum *nt*; (*fig: range also*) Palette, Skala *f*. **~ analysis** Spektralanalyse *f*.

specula ['spekjʊlə] pl of **speculum**.

speculate ['spekjʊleɪt] vi **1.** (meditate, ponder) (nach)grübeln, nachdenken (on über +acc); (conjecture) Vermutungen anstellen, spekulieren (about, on über +acc). I ~ **that** ... ich vermute, daß ... **2.** (Fin) spekulieren (in mit, on an +dat).

speculation [,spekjʊ'leɪʃən] n (all senses) Spekulation f (on über +acc); (guesswork also) Vermutung f. **it is the subject of much** ~ darüber sind viele Spekulationen or Vermutungen angestellt worden; **it's pure** ~ das ist reine Vermutung; **to buy sth as a** ~ etw als Spekulationsobjekt kaufen.

speculative ['spekjʊlətɪv] adj **1.** spekulativ (esp Philos); approach, suggestions, ideas rein theoretisch; mind also, expression, look grüblerisch. **2.** (Fin) Spekulations-. ~ **builder** Bauspekulant m; ~ **building** Bauspekulation f; **a** ~ **building** ein Beispiel von Bauspekulation.

speculatively ['spekjʊlətɪvlɪ] adv spekulativ, theoretisch; look, say grüblerisch. **to invest** ~ **in sth** mit etw spekulieren.

speculator ['spekjʊleɪtəʳ] n Spekulant(in f) m.

speculum ['spekjʊləm] n, pl **specula** (Med) Spekulum nt; (in telescope) Metallspiegel m.

sped [sped] pret, ptp of **speed**.

speech [spiːtʃ] n **1.** no pl (faculty of ~) Sprache f; (act of speaking) Sprechen nt; (manner of speaking) Sprechweise f. **to be slow of** ~ langsam sprechen; **his** ~ **was very indistinct** er sprach sehr undeutlich; **he expresses himself better in** ~ **than in writing** er drückt sich mündlich besser aus als schriftlich; **to burst into** ~ in einen Redeschwall ausbrechen; **to lose/recover the power of** ~ die Sprache or Sprechfähigkeit verlieren/zurückgewinnen; ~ **is silver, silence is golden** (Prov) Reden ist Silber, Schweigen ist Gold (Prov); **freedom of** ~ Redefreiheit f.
2. (language) Sprache f.
3. (oration, Theat) Rede f (on, about über +acc); (address also) Ansprache f; (in court) Plädoyer nt. **to give or make a** ~ eine Rede halten; **the actor had three** ~**es** der Schauspieler hat dreimal gesprochen; **the chairman invited** ~**es from the floor** der Vorsitzende forderte das Publikum zu Meinungsäußerungen auf; **the** ~ **from the throne** die Thronrede.
4. (Brit Gram) **direct/indirect** or **reported** ~ direkte/indirekte Rede.
5. (US Sch, Univ: study of ~) Sprechkunde f.

speech community n Sprachgemeinschaft f; **speech day** n (Brit) Schulfeier f; **speech defect** n Sprachfehler m.

speechify ['spiːtʃɪfaɪ] vi salbadern, Volksreden halten.

speechifying ['spiːtʃɪfaɪɪŋ] n Volksreden pl, Schwätzerei f.

speechless ['spiːtʃlɪs] adj **1.** (at a loss for words) sprachlos (with vor); anger stumm. **his remark left me** ~ seine Bemerkung machte mich sprachlos or verschlug mir die Sprache.
2. (lit: dumb) stumm. **to be** ~ nicht sprechen können.

speechlessly ['spiːtʃlɪslɪ] adv wortlos; (from surprise, shock etc) sprachlos.

speechlessness ['spiːtʃlɪsnɪs] n **1.** Sprachlosigkeit f. **2.** (lit) Stummheit f; (loss of speech) Sprachverlust m.

speechmaking ['spiːtʃ,meɪkɪŋ] n (making speeches) Redenhalten nt; (pej: speechifying) Schwätzerei f; Gelabere nt (inf); **speech sound** n Sprachlaut m; **speech therapist** n Sprachtherapeut(in f), Logopäde m, Logopädin f; **speech therapy** n Sprachtherapie f; (treatment) logopädische Behandlung; Logopädie f; **speech writer** n Verfasser(in f) m von Reden.

speed [spiːd] (vb: pret, ptp **sped** or ~**ed**) I n **1.** Geschwindigkeit f; (fast ~ also) Schnelligkeit f; (of moving object or person also) Tempo nt. **at** ~ äußerst schnell; **at a high/ low** ~ mit hoher/niedriger Geschwindigkeit; **at full or top** ~ mit Höchstgeschwindigkeit; **at a** ~ **of 50 mph** mit einer Geschwindigkeit or einem Tempo von 50 Meilen pro Stunde; **the** ~ **of light/sound** die Lichtgeschwindigkeit/ Schallgeschwindigkeit; **at the** ~ **of light** mit Lichtgeschwindigkeit; **walking/ reading** ~ Schrittempo nt/Lesegeschwindigkeit f; **to pick up or gather** ~ beschleunigen, schneller werden; (fig) (development) sich beschleunigen; (person) schneller werden; **to lose** ~ (an) Geschwindigkeit verlieren; **what** ~ **were you doing?** wie schnell sind Sie gefahren?; **her typing/shorthand** ~ **is good** sie kann schnell maschineschreiben/stenographieren; **what is her typing/shorthand** ~? wieviele Anschläge/Silben (pro Minute) schreibt sie?; **with all possible** ~ so schnell wie möglich; **with such** ~ so schnell; **full** ~ **ahead!** (Naut) volle Kraft voraus!
2. (Aut, Tech: gear) Gang m. **three-**~ **bicycle** Fahrrad mit Dreigangschaltung; **a three-**~ **gear** ein Dreigangetriebe nt.
3. (Phot) (film ~) Lichtempfindlichkeit f; (shutter ~) Belichtungszeit f.
4. (sl: drug) Speed nt (sl), Schnellmacher m (sl).
II vt to ~ **sb on his way** (person) jdn verabschieden; (iro) jdn hinauskomplimentieren; (good wishes etc) jdn auf seinem Weg begleiten.
III vi **1.** pret, ptp **sped** (move quickly) jagen, flitzen; (arrow) sausen, flitzen. **the years sped by** die Jahre verflogen or vergingen wie im Fluge; **God** ~ (old) Gott mit dir (old).
2. pret, ptp ~**ed** (Aut: exceed ~ limit) zu schnell fahren, die Geschwindigkeitsbegrenzung überschreiten.

◆**speed along** pret, ptp ~**ed** or **sped** — I vt sep work etc beschleunigen. II vi entlangjagen or -flitzen (+prep obj acc); (work) vorangehen.

◆**speed off** pret, ptp ~**ed** or **sped** ~ vi davonjagen; (car also) davonbrausen; (person also) davonflitzen.

◆**speed up** pret, ptp ~**ed** ~ I vi (car, driver etc) beschleunigen; (person) Tempo zulegen, schneller machen; (work, production etc) schneller werden.
II vt sep beschleunigen; person

antreiben, auf Trab bringen (*inf*); *research also* vorantreiben. **tell her to ~** ~ **that coffee** (*inf*) sag ihr, sie soll sich mit dem Kaffee beeilen.

speedboat ['spi:dbəʊt] *n* Renn- *or* Schnellboot *nt*.

speeder ['spi:də^r] *n* Temposünder(in *f*) *m* (*inf*), Raser *m* (*inf*).

speedily ['spi:dɪlɪ] *adv* schnell; *reply, return* prompt.

speediness ['spi:dɪnɪs] *n* Schnelligkeit *f*.

speeding ['spi:dɪŋ] *n* Geschwindigkeitsüberschreitung *f*.

speed limit *n* Geschwindigkeitsbegrenzung *f*; **a 30 mph ~** eine Geschwindigkeitsbegrenzung von 50 km/h; (*inf: area*) eine Strecke mit einer Geschwindigkeitsbegrenzung von 50 km/h; **speed merchant** *n* (*inf*) Raser (*inf*), Todesfahrer(in *f*) (*inf*) *m*.

speedo ['spi:dəʊ] *n*, *pl* **~s** (*Brit inf*) Tacho *m* (*inf*).

speedometer [spɪ'dɒmɪtə^r] *n* Geschwindigkeitsmesser, Tachometer *m*.

speed-read ['spi:dri:d] *vti irreg* nach der Schnellesemethode lesen.

speed trap *n* Radarfalle *f* (*inf*); **speed-up** *n* (*inf*) schnelleres Tempo (*inf*) (*in bei*), Beschleunigung *f* (*in gen*); (*in research*) Vorantreiben *nt* (*in gen*); (*in rate of inflation*) Steigerung *f* (*in gen*); **speedway** *n* **1.** (*Sport*) Speedwayrennen *nt*; (*track*) Speedway- *or* Aschenrennbahn *f*; **2.** (*US*) (*race-track*) Rennstrecke *f*; (*expressway*) Schnellstraße *f*; **speedwell** *n* (*Bot*) Ehrenpreis *m or nt*, Veronika *f*; **speedwriting** *n* Schnellschreiben *nt*.

speedy ['spi:dɪ] *adj* (+*er*) schnell; *answer, service also* prompt; *remedy* schnell wirkend.

speleology [ˌspi:lɪ'ɒlədʒɪ] *n* Höhlenkunde, Speläologie (*spec*) *f*.

spell¹ [spel] *n* (*lit, fig*) Zauber *m*; (*incantation*) Zauberspruch *m*. **to be under a ~** (*lit*) unter einem Zauber stehen, verzaubert *or* verhext sein; (*fig*) wie verzaubert sein; **to put a ~ on sb, to cast a ~ over sb, to put sb under a ~** (*lit*) jdn verzaubern *or* verhexen; (*fig*) jdn in seinen Bann ziehen, jdn verzaubern; **to be under sb's ~** (*fig*) in jds Bann (*dat*) stehen; **to break the ~** (*lit, fig*) den Bann brechen, den Zauber lösen.

spell² I *n* (*period*) Weile *f*, Weilchen *nt*. **for a ~** eine Weile, eine Zeitlang; **cold/hot ~** Kälte-/Hitzewelle *f*; **dizzy ~** Schwächeanfall *m*; **a short ~ of sunny weather** eine kurze Schönwetterperiode; **he did** *or* **had a ~ in prison** er hat eine Zeitlang (im Gefängnis) gesessen; **to take a ~ at the wheel** eine Zeitlang *or* ein Weilchen das Steuer übernehmen; **they're going through a bad ~** sie machen eine schwierige Zeit durch.

II *vt* **to ~ sb** (**at sth**) jdn (bei etw) ablösen.

spell³ *pret, ptp* **~ed** *or* **spelt** I *vi* (*in writing*) (orthographisch) richtig schreiben; (*aloud*) buchstabieren. **she can't ~** sie kann keine Rechtschreibung.

II *vt* **1.** schreiben; (*aloud*) buchstabieren. **how do you ~ "onyx"?** wie schreibt man ,,Onyx"?; **how do you ~**

your name? wie schreibt sie Ihr Name?, wie schreiben Sie sich?; **what do these letters ~?** welches Wort ergeben diese Buchstaben?

2. (*denote*) bedeuten. **it ~s disaster** (**for us**) das bedeutet Unglück (für uns).

◆**spell out** *vt sep* (*spell aloud*) buchstabieren; (*read slowly*) entziffern; (*explain*) verdeutlichen, klarmachen. **to ~ sth ~ for sb** jdm etw klarmachen; **do I have to ~ it ~ for you?** (*inf*) muß ich noch deutlicher werden?

spellbinder ['spelbaɪndə^r] *n* fesselnder Redner/Schauspieler/ Sänger; (*film*) fesselnder Film, Knüller *m* (*inf*). **to be a ~** das Publikum fesseln.

spellbound ['spelbaʊnd] *adj, adv* (*fig*) wie verzaubert, gebannt; (*lit*) *princess, castle* verzaubert. **to hold sb ~** jdn fesseln; (*person also*) jdn in seinen Bann schlagen.

speller ['spelə^r] *n* **to be a good/bad ~** in Rechtschreibung gut/schlecht sein.

spelling ['spelɪŋ] *n* Rechtschreibung, Orthographie *f*; (*of a word*) Schreibweise *f*; (*activity*) Rechtschreiben *nt*; (*Sch: lesson*) Rechtschreibunterricht *m*. **the correct ~ is ...** die richtige Schreibweise ist ...

spelling bee *n* (*Sch*) Buchstabierwettbewerb *m*; **spelling book** *n* Fibel *f*; **spelling mistake** *n* (Recht)schreibfehler *m*, orthographischer Fehler; **spelling pronunciation** *n* buchstabengetreue Aussprache.

spelt¹ [spelt] *n* (*Bot*) Spelz(weizen), Dinkel *m*.

spelt² *pret, ptp of* **spell³**.

spend [spend] *pret, ptp* **spent** I *vt* **1.** (*use*) *money* ausgeben (*on* für); *energy, strength* verbrauchen; *time* brauchen. **I've spent all my energy/strength** ich habe meine ganze Energie/Kraft aufgebraucht; **we spent a lot of time in useless discussion** wir haben sehr viel Zeit mit nutzlosen Diskussionen vertan; **I've spent three hours on this job/journey** ich habe drei Stunden für diese Arbeit/Reise gebraucht; **time well spent** sinnvoll verwendete Zeit; *see* **penny**.

2. (*pass*) *time, holiday, evening etc* verbringen. **he ~s all his spare time on his car/with his friends** er verbringt jede freie Minute in seinem Auto/mit seinen Freunden; **I ~ my weekends sleeping** ich verschlafe meine Wochenenden; **he ~s his time reading** er verbringt seine Zeit mit Lesen.

3. to ~ money/time/effort on sth (*devote to*) Geld/Zeit/Mühe für etw aufbringen *or* in etw (*acc*) investieren.

4. (*exhaust*) **to have spent itself** (*anger, fury*) sich erschöpft *or* gelegt haben.

II *vi* Geld ausgeben.

spender ['spendə^r] *n* **he is a big/free ~** bei ihm sitzt das Geld locker; **the Arabs are the big ~s nowadays** heutzutage haben die Araber das große Geld; **the last of the big ~s** (*iro*) ein echter Großkapitalist (*hum*).

spending ['spendɪŋ] *n*, *no pl* Ausgaben *pl*. **government ~ cuts** Kürzungen im Etat.

spending money *n* Taschengeld *nt*; **spending power** *n* Kaufkraft *f*; **spending spree** *n* Großeinkauf *m*; **to go on a ~**

groß einkaufen, viel Geld ausgeben.
spendthrift [ˈspendθrɪft] **I** adj verschwen-
derisch. **II** n Verschwender(in f) m.
spent [spent] **I** pret, ptp of **spend**.
    II adj ammunition, cartridge, match
verbraucht; bullets also verschossen; per-
son erschöpft. **to be/look** ~ erschöpft sein/
aussehen; (prematurely aged) müde und
verbraucht sein/aussehen; **as a poet he was
~ at 25** mit 25 war seine dichterische
Schaffenskraft verbraucht; **to be a ~ force**
nichts mehr zu sagen haben; (movement)
sich totgelaufen haben; (ideology) keine
Zugkraft mehr haben.
sperm [spɜːm] n Samenfaden m, Sper-
matozoon, Spermium nt; (fluid) Samen-
flüssigkeit f, Sperma nt.
spermaceti [ˌspɜːməˈsetɪ] n Spermazet,
Walrat nt.
spermatic [spɜːˈmætɪk] adj Samen-.
spermatozoon [ˌspɜːmætəʊˈzəʊɒn] n, pl
spermatozoa [ˌspɜːmætəˈzəʊə] Sper-
matozoon, Spermium nt.
spermicide [ˈspɜːmɪsaɪd] n Spermizid nt.
sperm oil n Walratöl nt; **sperm whale** n
Pottwal m.
spew [spjuː] **I** vi **1.** (sl: vomit) brechen,
spucken.
    2. (flow: also ~ **forth** (form) or **out**) sich
ergießen (geh); (liquid also) hervor-
sprudeln. **flames/water ~ed out of or from
the cave** Flammen schlugen or züngelten
aus der Höhle hervor/ Wasser sprudelte
aus der Höhle hervor
    II vt **1.** (also ~ **up**) (sl: vomit) er-
brechen, ausspucken; blood spucken,
speien.
    2. (fig: also ~ **out**) flames spucken,
speien; lava also auswerfen; waste water
etc ablassen. **the popular press ~s out lies**
die Boulevardpresse überschüttet ihre
Leser mit Lügen.
sphagnum [ˈsfægnəm] n Torf- or Bleich-
moos nt.
sphere [sfɪəʳ] n **1.** Kugel f; (heavenly ~)
Gestirn nt (geh); (old Astron) Sphäre f
(old). **to be a ~** kugelförmig sein.
    2. (fig) Sphäre, Welt f; (of person, per-
sonal experience) Bereich m; (of knowl-
edge etc) Gebiet, Feld nt; (social etc
circle) Kreis m. **in the ~ of politics/poetry**
in der Sphäre or Welt der Politik/Welt der
Dichtung; **his ~ of interest/influence** sein
Interessen-/Einflußbereich; ~ **of activity**
(job, specialism) Wirkungskreis m; **that's
outside my ~** das geht über meinen
Horizont; (not my responsibility) das ist
nicht mein Gebiet.
spherical [ˈsferɪkəl] adj (in shape) kugelför-
mig, (kugel)rund; (Math, Astron)
sphärisch.
spheroid [ˈsfɪərɔɪd] n (Geometry) Rota-
tionsellipsoid nt.
sphincter [ˈsfɪŋktəʳ] n (Anat) Schließmus-
kel, Sphinkter (spec) m.
sphinx [sfɪŋks] n Sphinx f.
sphinx-like [ˈsfɪŋkslaɪk] adj sphinxhaft.
spice [spaɪs] **I** n **1.** Gewürz nt. ~ **rack**
Gewürzbord or -regal nt; **mixed ~**
Gewürzmischung f.
    2. (fig) Würze f; (trace: of irony,
humour) Anflug, Hauch m. **the ~ of life**

die Würze des Lebens; **stories with some
~** pikante Geschichten pl.
    II vt (lit, fig) würzen. **a highly ~d ac-
count** (fig) ein reichlich ausgeschmückter
Bericht.
spiciness [ˈspaɪsɪnɪs] n (quality) Würzig-
keit, Würze f; (taste) Würze f; (fig) Pikan-
terie f. **because of its ~** weil das so stark
gewürzt ist.
spick-and-span [ˈspɪkənˈspæn] adj house
etc blitzsauber. **to look ~** (person) wie
aus dem Ei gepellt aussehen; (house)
blitzsauber sein.
spicy [ˈspaɪsɪ] adj (+er) würzig; sauce, food
also stark gewürzt; (fig) story etc pikant.
spider [ˈspaɪdəʳ] n Spinne f. ~'s **web** Spinn-
webe f, Spinnengewebe, Spinnennetz nt.
spider crab n Spinnenkrabbe f or -krebs
m; **spiderman** n (inf) **1.** (building wor-
ker) Gerüstbauer m; **2.** (steeplejack)
Schornsteinarbeiter m; **spider monkey** n
Klammeraffe m; **spiderweb** n (US)
Spinnwebe f, Spinnengewebe, Spinnen-
netz nt.
spidery [ˈspaɪdərɪ] adj writing krakelig; out-
line, drawing, pattern fein, spinnwebartig;
limbs etc spinnenhaft.
spiel [ʃpiːl] n (inf) Sermon m (inf), Blabla
nt (inf); (tall story, excuse) Geschichte f
(inf).
spigot [ˈspɪɡət] n (on cask) Spund, Zapfen
m; (in tap) Abschlußkörper m; (US:
faucet) Hahn m.
spike [spaɪk] **I** n **1.** (on wall, railing etc)
Spitze f; (nail) Nagel m; (on plant)
Stachel m; (on helmet, shield) Spitze f;
(on shoe, tyre etc) Spike m; (for letters,
wastepaper etc) Dorn m. ~ **heel** Pfen-
nigabsatz m; see also **spikes**.
    2. (Bot) Ähre f.
    II vt **1.** aufspießen; (with weapon also)
durchbohren. **the editor ~d the story**
(Press) der Redakteur ließ die Story in
einer Schublade verschwinden.
    2. (fig: frustrate) rumours den Boden
entziehen (+dat). **to ~ sb's guns** (inf) jdm
den Wind aus den Segeln nehmen.
    3. (US: lace) drink einen Schuß zuset-
zen (+dat). ~d **with rum** mit einem
Schuß Rum.
spiked [spaɪkt] adj shoe mit Spikes; drink
mit Schuß.
spikes [spaɪks] npl (inf: running shoes)
Spikes pl.
spiky [ˈspaɪkɪ] adj (+er) **1.** (having spikes)
railings, top of wall mit Metallspitzen;
bush, animal stach(e)lig; branch dornig.
    2. (like spikes) grass spitz, stach(e)lig;
flower mit spitzen Blütenblättern; plant
spitzblättrig; leaf spitz; writing steil.
    3. (fig) person empfindlich, leicht ein-
geschnappt (inf).
spill¹ [spɪl] (vb: pret, ptp ~**ed** or **spilt**) **I** vt
(fall) Sturz m. **to have a ~** stürzen.
    II vt **1.** verschütten; liquid also, blood
vergießen. **to ~ the beans (to sb)** (inf)
(jdm gegenüber) nicht dichthalten (inf);
to ~ the beans about sth etw ausplaudern.
    2. (horse) abwerfen. **the lorry ~ed its
load onto the road** die Ladung fiel vom
Lastwagen herunter auf die Straße.
    III vi verschüttet werden; (large

quantity) sich ergießen; (*tears*) strömen, laufen; (*fig: people*) strömen. **the milk ~ed all over the carpet** die Milch war auf dem ganzen Teppich verschüttet.

◆**spill out I** *vi* (*of* aus) (*liquid*) herausschwappen; (*grain*) herausrieseln; (*money, jewels*) herausfallen; (*fig: people*) (heraus)strömen. **clothes were ~ing ~ of the drawer** Kleidungsstücke quollen aus der Schublade hervor.

II *vt sep* ausschütten; (*by accident also*) verschütten; *liquid also* vergießen.

◆**spill over** *vi* (*liquid*) überlaufen; (*grain etc, assembly*) überquellen; (*fig*) (*population*) sich ausbreiten (*into* auf +*acc*); (*meeting*) sich hinziehen (*into* bis in +*acc*).

spill² *n* (*of wood*) (Kien)span *m*; (*of paper*) Fidibus *m*.

spillage ['spɪlɪdʒ] *n* (*act*) Verschütten *nt*; (*of liquid also*) Vergießen *nt*; (*quantity*) verschüttete Menge, Spillage *f* (*Comm*). **the ~ amounted to …** es waren … verschüttet worden.

spillikin ['spɪlɪkɪn] *n* **1.** (*old: spill*) Kienspan *m*. **2. ~s** *pl* (*game*) Mikado *nt*.

spill-over ['spɪləʊvəʳ] *n* Überschuß *m*. **~ population** überquellende Bevölkerung.

spillway ['spɪlweɪ] *n* Überlaufrinne *f*.

spilt [spɪlt] *pret, ptp of* **spill¹**.

spin [spɪn] (*vb: pret* **span** *or* (*old*) **span**, *ptp* **spun**) **I** *n* **1.** (*revolution*) Drehung *f*; (*washing machine programme*) Schleudern *nt no pl.* **to give sth a ~** etw (schnell) drehen; *spinning top* etw treiben; (*in washing machine etc*) etw schleudern; **to give sth a long/short ~** (*in washing machine*) etw lange/kurz schleudern; **to be in a (flat) ~** (*fig inf*) am Rotieren sein (*inf*) (*about* wegen); **to send sb into a (flat) ~** (*fig inf*) jdn zum Rotieren bringen (*inf*).

2. (*on ball*) Dreh, Drall *m*; (*Billiards*) Effet *m*. **to put a ~ on the ball** dem Ball einen Drall/Effet geben; (*with racquet*) den Ball anschneiden.

3. (*Aviat*) Trudeln *nt no pl.* **to go into a ~** zu trudeln anfangen.

4. (*dated: trip*) Spritztour *f*.

II *vt* **1.** spinnen; *see* **yarn**.

2. (*turn*) *wheel* drehen; (*fast*) herumwirbeln; *top* tanzen lassen, treiben; (*in washing machine*) schleudern; (*toss*) *ball, coin* (hoch)werfen; (*Sport*) *ball* einen Drall/Effet geben (+*dat*); (*with racquet*) (an)schneiden.

III *vi* **1.** spinnen.

2. (*revolve*) sich drehen; (*fast*) (herum)wirbeln; (*plane etc*) trudeln; (*in washing machine*) schleudern. **to ~ round and round** sich im Kreis drehen; (*dancer*) im Kreis herumwirbeln; **the ball spun into the air/past him** der Ball flog wirbelnd in die Luft/an ihm vorbei; **the car spun out of control** der Wagen begann, sich unkontrollierbar zu drehen; **to send sb/sth ~ning** jdn/etw umwerfen; **my head is ~ing** mir dreht sich alles; **the wine makes my head ~** von dem Wein dreht sich mir alles.

◆**spin along** *vi* (*move quickly*) (dahin)rasen, (dahin)sausen.

◆**spin out** *vt sep* (*inf*) *money, food* strecken

(*inf*); *holiday, meeting* in die Länge ziehen; *story* ausspinnen.

◆**spin round I** *vi* (*revolve*) sich drehen; (*very fast*) (herum)wirbeln; (*in surprise*) herumwirbeln. **II** *vt sep* (schnell) drehen; (*very fast*) herumwirbeln.

spinach ['spɪnɪdʒ] *n* Spinat *m*.

spinal ['spaɪnl] *adj vertebrae* Rücken-; *injury, muscle* Rückgrat-, spinal (*spec*); *nerves, anaesthesia* Rückenmark(s)-. **~ column** Wirbelsäule *f*; **~ cord** Rückenmark *nt*.

spindle ['spɪndl] *n* (*for spinning, Mech*) Spindel *f*.

spindly ['spɪndlɪ] *adj* (+*er*) *legs, arms, plant* spindeldürr (*inf*); *chairs* zierlich.

spin-drier, spin-dryer ['spɪndraɪəʳ] *n* (*Brit*) (Wäsche)schleuder *f*; **spindrift** *n* Gischt *f*; **spin-dry** *vti* schleudern.

spine [spaɪn] *n* **1.** (*Anat*) Rückgrat *nt*; (*of book*) (Buch)rücken *m*; (*of mountain range*) (Gebirgs)grat *m*. **2.** (*spike*) Stachel *m*; (*of plant also*) Dorn *m*.

spine-chiller ['spaɪntʃɪləʳ] *n* (*inf*) Gruselgeschichte *f*; Gruselfilm *m*; **spine-chilling** *adj* (*inf*) schaurig, gruselig; *noise also* unheimlich.

spineless ['spaɪnlɪs] *adj* **1.** (*Anat*) wirbellos; (*fig*) *person* ohne Rückgrat; *compromise, refusal* feige. **don't be so ~** beweisen Sie mal, daß Sie Rückgrat haben! **2.** (*Zool*) ohne Stacheln, stachellos; (*Bot also*) ohne Dornen, dornenlos.

spinelessly ['spaɪnlɪslɪ] *adv* (*fig*) feige.

spinet [spɪ'net] *n* **1.** (*Hist*) Spinett *nt*. **2.** (*US*) Kleinklavier *nt*.

spinnaker ['spɪnəkəʳ] *n* (*Naut*) Spinnaker *m*.

spinner ['spɪnəʳ] *n* **1.** (*of cloth*) Spinner(in *f*) *m*. **2.** (*inf*) *see* **spin-drier**. **3.** (*Fishing*) Spinnköder *m*.

spinney ['spɪnɪ] *n* (*esp Brit*) Dickicht *nt*.

spinning ['spɪnɪŋ] *n* Spinnen *nt*.

spinning *in cpds* Spinn-; **spinning jenny** *n* Jenny-Maschine *f*; **spinning top** *n* Kreisel *m*; **spinning wheel** *n* Spinnrad *nt*; **spinning works** *n sing or pl* Spinnerei, Spinnstoffabrik *f*.

spin-off ['spɪnɒf] *n* (*side-product*) Nebenprodukt *nt*.

spinster ['spɪnstəʳ] *n* Unverheiratete, Ledige *f*; (*pej*) alte Jungfer (*pej*). **Mary Jones, ~** die ledige Mary Jones; **to be a ~** unverheiratet *or* ledig sein.

spinsterhood ['spɪnstəhʊd] *n* Ehelosigkeit *f*, Jungfernstand *m* (*old*). **she preferred ~** sie wollte lieber unverheiratet bleiben.

spinsterish ['spɪnstərɪʃ] *adj* (*pej*) altjüngferlich (*pej*).

spiny ['spaɪnɪ] *adj* (+*er*) stach(e)lig, Stachel-; *plant also* dornig. **~ lobster** (*Zool*) Languste *f*, Stachelhummer *m*.

spiracle ['spaɪərəkl] *n* (*of shark, ray etc*) Atemloch *nt*; (*of insect also*) Stigma *nt* (*spec*); (*of whale, dolphin*) Spritzloch *nt*.

spiral ['spaɪərəl] **I** *adj* spiralförmig, spiralig; *shell also* gewunden; *nebula, spring* Spiral-; *movement, descent* in Spiralen. **~ staircase** Wendeltreppe *f*.

II *n* (*lit, fig*) Spirale *f*. **price/inflationary ~** Preis-/Inflationsspirale *f*.

III *vi* (*also* ~ **up**) sich (hoch)winden; (*smoke also, missile etc*) spiralförmig *or* in einer Spirale aufsteigen; (*plane, bird also*) sich in die Höhe schrauben; (*prices*) (nach oben) klettern.

◆**spiral down** *vi* spiralförmig *or* in einer Spirale herunterkommen; (*staircase also*) sich abwärts winden; (*plane also*) sich herunterschrauben.

spirally ['spaɪərəlɪ] *adv* in einer Spirale, spiralförmig.

spire [spaɪəʳ] *n* (*of church*) Turmspitze *f*, Turm *m*.

spirit ['spɪrɪt] **I** *n* **1.** (*soul*) Geist *m*. **the life of the** ~ das Seelenleben; **I'll be with you in** ~ im Geiste werde ich bei euch sein; **the** ~ **is willing (but the flesh is weak)** der Geist ist willig (, aber das Fleisch ist schwach).

2. (*supernatural being, ghost*) Geist *m*.

3. (*leading person*) (*of age, movement etc*) Geist *m*; (*of party, enterprise also*) Kopf *m*.

4. *no pl* (*courage*) Mut, Schneid *m*; (*vitality, enthusiasm*) Elan, Schwung *m*. **the** ~ **of a lion** das Herz eines Löwen; **a man of** ~ (*courageous*) ein mutiger Mensch; **a horse with plenty of** ~ ein feuriges Pferd; **to break sb's** ~ jdn *or* jds Mut brechen; **to sing/reply with** ~ mit Inbrunst singen/mutig antworten.

5. (*mental attitude: of country, group of people, doctrine, reform etc*) Geist *m*; (*mood*) Stimmung *f*. **pioneering/ team/ community** ~ Pionier-/Mannschaftsgeist *m*/Gemeinschaftssinn *m*; **Christmas** ~ (*Rel*) weihnachtlicher Geist; (*mood*) weihnachtliche Stimmung; **a** ~ **of optimism/despair/rebellion** eine optimistische/verzweifelte/rebellische Stimmung; **to do sth in a** ~ **of optimism/ humility** etw voll Optimismus/voller Demut tun; **in a** ~ **of forgiveness/revenge** aus einer vergebenden/rachsüchtigen Stimmung heraus; **Christian** ~ Christlichkeit; **the** ~ **of the age** der Zeitgeist; **he has the right** ~ er hat die richtige Einstellung; **to enter into the** ~ **of sth** bei etw mitmachen *or* dabeisein; **when the** ~ **moves him** wenn es ihn überkommt; **that's the** ~! (*inf*) so ist's recht! (*inf*).

6. *no pl* (*intention*) Geist *m*. **the** ~ **of the law** der Geist *or* Sinn des Gesetzes; **to take sth in the right/wrong** ~ etw richtig/ falsch auffassen; **to take sth in the** ~ **in which it was meant/ given** etw so nehmen, wie es gemeint war.

7. ~**s** *pl* (*state of mind*) Stimmung, Laune *f*; (*courage*) Mut *m*; **to be in good/ bad/out of** ~**s** guter/schlechter Laune/ niedergeschlagen sein; **to keep up one's** ~**s** den Mut nicht verlieren; **my** ~**s rose/ fell** ich bekam (neuen) Mut/mir sank der Mut; **to raise sb's** ~**s** jdn aufmuntern; **to revive sb's** ~**s** jds Lebensgeister wiedererwecken.

8. ~**s** *pl* (*alcohol*) Branntwein *m*, Spirituosen, geistige Getränke *pl*; **raw** ~**s** reiner Alkohol.

9. (*Chem*) Spiritus *m*. ~**s of ammonia** Salmiakgeist *m*; ~**(s) of turpentine** Terpentinöl *nt*.

II *vt* **to** ~ **sb/sth away** *or* **off** jdn/etw verschwinden lassen *or* wegzaubern; **to** ~ **sb out of a room** *etc* jdn aus einem Zimmer *etc* wegzaubern.

spirited ['spɪrɪtɪd] *adj* temperamentvoll; *horse also* feurig; *book, performance* lebendig; (*courageous*) *person, reply, attack, attempt etc* beherzt, mutig.

spiritedly ['spɪrɪtɪdlɪ] *adv see adj*.

spiritedness ['spɪrɪtɪdnɪs] *n see adj* Temperament *nt*; Feurigkeit *f*; Lebendigkeit *f*; Beherztheit *f*, Mut *m*.

spirit gum *n* Mastix(gummi) *m*; **spirit lamp** *n* Petroleumlampe *f*; **spiritless** *adj* *person, performance, book* saft- und kraftlos; *agreement, acceptance, reply* lustlos; *animal* brav, lahm (*inf*); **spirit level** *n* Wasserwaage *f*; **spirit stove** *n* Spirituskocher *m*.

spiritual ['spɪrɪtjʊəl] **I** *adj* geistig; *expression* vergeistigt; (*Eccl*) geistlich. ~ **life** Seelenleben *nt*; **my** ~ **home** meine geistige Heimat; **Lords** ~ geistliche Lords (im Oberhaus). **II** *n* (*Mus*) Spiritual *nt*.

spiritualism ['spɪrɪtjʊəlɪzəm] *n* Spiritismus *m*.

spiritualist ['spɪrɪtjʊəlɪst] *n* Spiritist(in *f*) *m*.

spirituality [ˌspɪrɪtjʊˈælɪtɪ] *n see adj* Geistigkeit *f*; Vergeistigung *f*.

spiritually ['spɪrɪtjʊəlɪ] *adv* geistig.

spirituous ['spɪrɪtjʊəs] *adj* (*form*) alkoholisch, spirituos (*rare*).

spit¹ [spɪt] (*vb: pret, ptp* **spat**) **I** *n* **1.** (*action*) (Aus)spucken *nt*; (*saliva*) Spucke *f*. **to have a** ~ ausspucken; **to give sth a bit of** ~ **and polish** (*inf*) etw wienern (*inf*); **it needs a bit of** ~ **and polish** (*inf*) es müßte einmal tüchtig gewienert werden (*inf*).

2. (*inf: image*) *see* **spitting image**.

II *vt* spucken, speien (*geh*); *curses* ausstoßen (*at* gegen).

III *vi* spucken, speien (*geh*); (*fat*) spritzen; (*fire*) zischen; (*person: verbally, cat*) fauchen, zischen. **to** ~ **at sb** jdn anspucken jdn anfauchen, jdn anzischen; **to** ~ **in sb's face/eye** jdm ins Gesicht spucken; (*fig*) auf jdn pfeifen (*inf*); **it is** ~**ting (with rain)** es tröpfelt.

◆**spit out** *vt sep* ausspucken, ausspeien (*geh*); *words* ausstoßen. ~ **it** ~! (*fig inf*) spuck's aus! (*inf*), heraus mit der Sprache!

spit² [spɪt] *n* **1.** (*Cook*) (Brat)spieß *m*. **on the** ~ am Spieß. **2.** (*of land*) Landzunge *f*. **II** *vt meat* (auf)spießen.

spite [spaɪt] **I** *n* **1.** (*ill will*) Boshaftigkeit, Gehässigkeit *f*. **to do sth out of** *or* **from** ~ etw aus reiner Boshaftigkeit tun.

2. in ~ **of** (*despite*) trotz (+*gen*); **it was a success/we went in** ~ **of him** es war dennoch ein Erfolg/wir gingen dennoch; **he did it in** ~ **of himself** er konnte nicht anders; **in** ~ **of the fact that he ...** obwohl er ...; **in** ~ **of that I'll still go** ich gehe trotzdem.

II *vt* ärgern. **she just does it to** ~ **me** sie tut es nur mir zum Trotz.

spiteful ['spaɪtfʊl] *adj* boshaft, gemein; (*gloating also*) schadenfroh, gehässig.

spitefully ['spaɪtfəlɪ] *adv see adj*.

spitefulness ['spaɪtfʊlnɪs] n Boshaftigkeit, Gemeinheit f; (gloating) Schadenfreude, Gehässigkeit f.

spitfire ['spɪtfaɪər] n feuerspeiender Drache; (woman also) Giftnudel f (inf).

spitting image ['spɪtɪŋ'ɪmɪdʒ] n (inf) Ebenbild nt. **to be the ~ of sb** jdm wie aus dem Gesicht geschnitten sein, jdm zum Verwechseln ähnlich sehen.

spittle ['spɪtl] n Speichel m, Spucke f.

spittoon [spɪ'tu:n] n Spucknapf m.

spiv [spɪv] n (Brit sl) schmieriger Typ (sl).

splash [splæʃ] I n 1. (spray) Spritzen nt no pl; (noise) Platschen nt no pl, Platscher m (inf). **he dived in with a ~** es spritzte/platschte, als er hineinsprang; **it made a great ~ as it hit the water** das Wasser spritzte nach allen Seiten, als es hineinfiel; (noise) es fiel laut platschend ins Wasser; **to make a ~** (fig) Furore machen; (news) wie eine Bombe einschlagen.
  2. (sth ~ed) Spritzer m; (in drink etc also) Schuß m; (of colour, light) Tupfen m; (patch) Fleck m.
  II vt 1. water etc spritzen; (pour) gießen; person, object bespritzen. **to ~ sb with water, to ~ water over sb** jdn mit Wasser bespritzen; **to ~ paint on sth** etw mit Farbe bespritzen; (with brush) Farbe auf etw (acc) klatschen (inf); **to ~ one's way through a stream** platschend einen Bach durchqueren.
  2. (Press inf) groß rausbringen(inf).
  III vi (liquid) spritzen; (rain, waves) klatschen; (tears) tropfen; (when diving, walking etc) platschen; (when playing) planschen.

◆**splash about** I vi herumspritzen; (in water) herumplanschen; (while walking) herumplatschen. II vt sep water herumspritzen mit; (fig inf) money um sich werfen mit (inf); story groß aufziehen.

◆**splash down** vi 1. (Space) wassern.
  2. (rain) herunterrinnen (prep obj an + dat).

◆**splash out** vi (inf) tüchtig in die Tasche greifen (inf); (on reception, giving presents etc) sich nicht lumpen lassen (inf). **to ~ on sth** sich (dat) etw spendieren (inf).

splashback, splashboard ['splæʃbæk, -bɔ:d] n Spritzschutz m; **splashdown** n (Space) Wasserung f; **splash guard** n (US Aut) Schmutzfänger m.

splat [splæt] I n Platschen nt. II adv **to go ~ into sth** gegen etw platschen.

splatter ['splætər] I n Spritzen nt no pl; (of rain) Prasseln nt no pl; (sth ~ed) Fleck m; (of ink, paint etc) Klecks m; (Art: ~ technique) Spritztechnik f.
  II vi spritzen; (rain also) prasseln; (ink, paint also) klecksen.
  III vt bespritzen; (with ink, paint etc) beklecksen. **to ~ mud over sb** jdn mit Schlamm bespritzen.

splay [spleɪ] I vt 1. (spread out) legs, fingers, toes spreizen; feet nach außen stellen. **the wheels are ~ed** die Räder stehen nach außen, die Räder haben negativen Sturz.
  2. (Tech) pipe weiten; window frame ausschrägen.

II vi nach außen gehen; (table, pillars also) sich nach außen biegen; (window frame) ausgeschrägt sein. **he lay ~ed out on the ground** er lag auf der Erde und hatte alle viere von sich gestreckt.
  III n (Archit) Ausschrägung f.

splayfoot ['spleɪfʊt] n nach außen gestellter Fuß; **splay footed** adj mit nach außen gestellten Füßen; **to be ~** nach außen gehen.

spleen [spli:n] n (Anat) Milz f; (fig) Zorn m, Rage f. **to vent one's ~** seinem Ärger Luft machen; **to vent one's ~ on sb** seine Wut an jdm auslassen.

splendid ['splendɪd] adj 1. (magnificent) clothes, sunset, music herrlich; occasion, scale, villain großartig. 2. (excellent) hervorragend; rider etc, chance, idea, amusement glänzend, ausgezeichnet; joke also herrlich. **that's (simply) ~!** (das ist ja) ausgezeichnet!

splendidly ['splendɪdlɪ] adv 1. (magnificently) herrlich. 2. (excellently) hervorragend, glänzend, ausgezeichnet.

splendour, (US) **splendor** ['splendər] n Pracht f no pl; (of music, achievement) Großartigkeit f. **the ~ of his victory** sein ruhmreicher Sieg.

splenetic [splɪ'netɪk] adj 1. (Anat) Milz-. 2. (liter: peevish) unwirsch.

splice [splaɪs] I n Verbindung f; (of ropes also) Spleiß m (spec); (of tapes, film also) Klebung f; (of wood also) Fuge f. II vt ropes spleißen (spec); tapes, film (zusammen)kleben; pieces of wood etc verfugen. **to get ~d** (inf) sich verehelichen (hum).

splint [splɪnt] I n Schiene f. **to put a ~ on sb/sth** jdn/etw schienen; **to be in ~s** geschient sein. II vt schienen.

splinter ['splɪntər] I n Splitter m. II vt (zer)splittern; (with axe) wood zerhacken; (fig: party) spalten. III vi (zer)splittern; (fig: party) sich spalten. **to ~ off** absplittern; (fig) sich abspalten.

splinter group n Splittergruppe f; **splinterproof** adj splitterfrei.

splintery ['splɪntərɪ] adj splitt(e)rig.

split [splɪt] (vb: pret, ptp **~**) I n 1. Riß m (in in +dat); (in wall, rock, wood also) Spalt m (in in +dat).
  2. (fig: division) Bruch m (in in +dat), Entzweiung f (+gen); (Pol, Eccl) Spaltung f (in gen). **there is a ~ in the party over ...** die Partei ist in der Frage (+gen) ... gespalten; **there is a three-way ~ in the party over ...** die Partei zerfällt in der Frage (+gen) ... in drei Lager, die Partei ist in der Frage (+gen) ... dreigeteilt; **a three-way ~ of the profits** eine Drittelung des Gewinns; **I want my ~** (inf) ich will meinen Schnitt (inf).
  3. (distinction: in meaning) Aufteilung f.
  4. pl **the ~s** Spagat m; **to do the ~s** (einen) Spagat machen.
  5. (inf: sweet) (also **banana ~**) (Bananen-)Split m. **jam/ cream ~** mit Marmelade/Sahne gefülltes Gebäckstück.
  6. (esp US: bottle) kleine Flasche.
  II adj gespalten (on, over in +dat).
  III vt 1. (cleave) (zer)teilen; wood also,

atom spalten; *stone* zerbrechen; *fabric, garment* zerreißen, zerschlitzen; *seam* aufplatzen lassen. **the sea had ~ the ship in two** in dem Sturm zerbrach das Schiff in zwei Teile; **I ~ the seam** die Naht ist (auf)-geplatzt; **to ~ hairs** (*inf*) Haarspalterei treiben (*inf*); **to ~ one's sides (laughing)** (*inf*) vor Lachen fast platzen (*inf*); **to ~ sth open** etw aufbrechen; **his lip had been ~ open** seine Lippe war aufgeplatzt.

2. (*divide*) spalten; (*share*) *work, costs etc* (sich *dat*) teilen. **to ~ sth into three parts** etw in drei Teile aufteilen; **to ~ the vote** die Abstimmung zum Scheitern bringen; **a party ~ three ways** eine in drei Lager gespaltene Partei; **to ~ one's vote** *or* (*US*) **ticket** panaschieren; **they ~ the profit three ways** sie haben den Gewinn gedrittelt *or* in drei Teile geteilt; **to ~ the difference** (*fig: in argument etc*) sich auf halbem Wege einigen; (*lit: with money etc*) sich (*dat*) die Differenz teilen.

IV *vi* **1.** (*wood, stone*) (entzwei)-brechen; (*hair*) sich spalten; (*trousers, seam etc*) (*fabric*) zerreißen; (*ship*) auseinanderbrechen. **to ~ open** aufplatzen, aufbrechen; **to ~ at the seams** (*lit*) an den Nähten aufplatzen; (*fig*) aus allen *or* den Nähten platzen; **my head is ~ting** (*fig*) mir platzt der Kopf.

2. (*divide*) sich teilen; (*people*) sich aufteilen; (*Pol, church*) sich spalten (*on, over* wegen).

3. (*sl: leave*) abhauen (*inf*).

4. (*inf: tell tales*) **to ~ on sb** jdn verpfeifen (*inf*).

◆**split off I** *vt sep* abtrennen (*prep obj* von); (*with axe also*) abspalten (*prep obj* von); (*break*) abbrechen (*prep obj* von). **II** *vi* abbrechen; (*rock also*) sich lösen; (*fig*)ʳ sich trennen (*from* von).

◆**split up I** *vt sep* money, work (auf)teilen; *meanings* aufteilen; *party, organization* spalten; *meeting* ein Ende machen (+ *dat*); *two people* trennen; *crowd* zerstreuen. **II** *vi* zerbrechen; (*divide*) sich teilen; (*meeting, crowd*) sich spalten; (*partners*) sich voneinander trennen.

split decision *n* (*Boxing*) nicht einstimmige Entscheidung; **split ends** *npl* gespaltene Haarspitzen *pl*, Spliß *m*; **split infinitive** *n* (*Gram*) getrennter Infinitiv; **split-level** *adj* (*Archit*) mit Zwischenstock; **~ cooker** Herdkombination, bei der Koch- und Backteil getrennt und in Sichthöhe sind; **split peas** *npl* getrocknete (halbe) Erbsen *pl*; **split personality** *n* (*Psych*) gespaltene Persönlichkeit; **split pin** *n* (*cotter pin*) Splint *m*; (*on envelope*) Musterklammer *f*; **split second I** *n* Bruchteil *m* einer Sekunde; **in a ~** in Sekundenschnelle; **II** *adj* **split-second timing** Abstimmung *f* auf die Sekunde; (*of actor*) Gefühl *nt* für den richtigen Moment.

splitting ['splɪtɪŋ] **I** *n* Zerteilung *f*; (*of wood*) Spalten *nt*. **the ~ of the atom** die Kernspaltung. **II** *adj* *headache* rasend, heftig. **there was a ~ sound** (*of wood*) es klang, als ob etwas zerbräche; (*of cloth*) es klang, als ob etwas zerrisse.

split-up ['splɪtʌp] *n* (*of friends*) Bruch *m* (*of*

zwischen +*dat*); (*of partners*) Trennung *f* (*of gen*); (*of party*) Spaltung *f* (*of gen*).

splodge [splɒdʒ], **splotch** [splɒtʃ] **I** *n* Fleck, Klecks *m*; (*of cream etc*) Klacks *m*. **II** *vt* *clothes* bespritzen; (*with paint, ink also*) beklecksen; *mud* spritzen; *paint* klecksen.

splurge [splɜːdʒ] *n* (*inf*) (*shopping spree*) Kauforgie *f* (*pej inf*). **I felt like a ~** ich wollte mir was leisten; **to go on a ~** groß einkaufen gehen; **a big publicity ~** eine groß aufgemachte Werbekampagne.

◆**splurge out on** *vi* +*prep obj* (*inf*) sich in Unkosten stürzen mit.

splutter ['splʌtəʳ] **I** *n* (*of engine*) Stottern *nt*; (*of fire*) Zischen *nt*; (*of sausages*) Zischen *nt*; (*talking*) Prusten *nt no pl*.

II *vi* (*person*) (*spit*) prusten, spucken; (*stutter*) stottern; (*engine*) stottern; (*fire, lamp, fat*) zischen; (*sausages*) brutzeln, zischen.

III *vt* (hervor)stoßen. **that's not true, he ~ed** das ist nicht wahr, platzte er los.

spoil [spɔɪl] (*vb: pret, ptp* **~ed** *or* **spoilt**) **I** *n* usu pl Beute *f no pl*; (*fig: profits also*) Gewinn *m*. **the ~s of war**/**office** Kriegsbeute *f*/Amtsausbeute *f*; **~s system** (*US Pol*) Ämterpatronage, Filzokratie (*inf*) *f*.

II *vt* **1.** (*ruin, detract from*) verderben; *view also, town, looks etc* verschandeln; *peace of mind* zerstören; *life* ruinieren; *ballot papers* ungültig machen. **to ~ sb's fun** jdm den Spaß verderben; **if you eat now you'll ~ your lunch** wenn du jetzt etwas ißt, verdirbst du dir den Appetit fürs Mittagessen.

2. *person* verwöhnen; *children also* verziehen. **to ~ sb for sth** (*inf*) jdn für etw verderben.

III *vt* (*food*) verderben. **to be ~ing for trouble**/**a fight** Ärger/ Streit suchen.

spoiler ['spɔɪləʳ] *n* (*Aut*) Spoiler *m*.

spoilsport ['spɔɪlspɔːt] *n* (*inf*) Spielverderber *m* (*inf*).

spoilt [spɔɪlt] **I** *pret, ptp of* **spoil**. **II** *adj* *child* verwöhnt, verzogen; *meal* verdorben.

spoke¹ [spəʊk] *n* Speiche *f*. **to put a ~ in sb's wheel** (*inf*) jdm Knüppel zwischen die Beine werfen (*inf*).

spoke² *pret of* **speak**.

spoken ['spəʊkən] **I** *ptp of* **speak**. **II** *adj* *language* gesprochen. **his ~ English is better than ...** er spricht Englisch besser als ...

spokesman ['spəʊksmən] *n, pl* **-men** [-mən] Sprecher *m*; **spokesperson** ['spəʊkspɜːsən] *n* Sprecher(in *f*) *m*; **spokeswoman** ['spəʊkswʊmən] *n, pl* **-women** [-wɪmɪn] Sprecherin *f*.

spoliation [ˌspəʊlɪ'eɪʃən] *n* (*liter*) Plünderung *f*.

sponge [spʌndʒ] **I** *n* **1.** Schwamm *m*.

2. (*sponging*) **to give sth a ~** *floor* etw aufwischen; *car* etw waschen; *walls* etw abwaschen; *table* etw abwischen; **to give sb a ~** jdn kurz (ab)waschen.

3. (*Cook*) (*also* **~ cake**) Rührkuchen *m*; (*fatless*) Biskuit(kuchen) *m*; (**~ mixture**) Rührteig *m*; Biskuitmasse *f*. **jam ~** Biskuit(kuchen) mit Marmeladenfüllung.

II *vt* **1.** (*clean*) abwischen; *wound* abtupfen.

2. (*inf: scrounge*) schnorren (*inf*).

◆**sponge down** *vt sep person* (schnell) waschen; *walls also* abwaschen; *horse* abreiben.

◆**sponge off** *vt sep stain, liquid* abwischen.

◆**sponge off** *or* **on** *vi +prep obj* (*inf*) **to ~ ~ sb** jdm auf der Tasche liegen (*inf*).

◆**sponge out** *vt sep* (*remove*) *stain* herausreiben, herausmachen; (*clean out*) *drawer* auswaschen; *wound* austupfen.

◆**sponge up** *vt sep* aufwischen.

sponge bag *n* (*Brit*) Waschbeutel, Kulturbeutel *m*; **sponge bath** *n* (*esp US*) **to give sb a ~** jdn (gründlich) waschen; **sponge cake** *n* Rührkuchen *m*; (*fatless*) Biskuit(kuchen) *m*; **sponge pudding** *n* Mehlpudding *m*.

sponger [ˈspʌndʒəʳ] *n* (*inf*) Schmarotzer, Schnorrer (*inf*) *m*.

sponginess [ˈspʌndʒɪnɪs] *n see adj* Nachgiebigkeit, Weichheit *f*; Lockerheit *f*; Schwammigkeit *f*.

spongy [ˈspʌndʒɪ] *adj* (*+er*) nachgiebig, weich; (*light*) *pudding* locker; *skin etc* schwammig.

sponsor [ˈspɒnsəʳ] **I** *n* **1.** Förderer *m*, Förderin *f*; (*for membership*) Bürge *m*, Bürgin *f*; (*for event*) Schirmherr(in *f*) *m*; (*Rad, TV, Sport etc*) Geldgeber(in *f*), Sponsor(in *f*) *m*; (*for fund-raising*) Spender(in *f*) *m*; (*Parl: of bill*) Befürworter(in *f*) *m*. **to stand ~ for sb** jdn fördern; für jdn bürgen.

2. (*godparent*) Pate *m*, Patin *f*.

II *vt* **1.** unterstützen; (*financially also*) fördern; *event also* die Schirmherrschaft (*+gen*) übernehmen; *future member* bürgen für; *membership, bill* befürworten, empfehlen; (*Rad, TV, Sport etc*) *programme* finanzieren. **he ~ed him at 5p a mile** er verpflichtete sich, ihm 5 Pence pro Meile zu geben.

2. (*as godparent*) die Patenschaft (*+gen*) übernehmen.

sponsored [ˈspɒnsəd] *adj* (*for charity etc*) *walk, silence etc:* zur Geldbeschaffung abgehalten, wobei die Leistung pro Einheit vom Spender mit einem abgemachten Einsatz honoriert wird.

sponsorship [ˈspɒnsəʃɪp] *n see vt* **1.** Unterstützung *f*; Förderung *f*; Schirmherrschaft *f*; Bürgschaft *f*; Befürwortung, Empfehlung *f*; Finanzierung *f*. **he got into the club under my ~** durch meine Empfehlung kam er in den Klub. **2.** Patenschaft *f*.

spontaneity [ˌspɒntəˈneɪətɪ] *n see adj* Spontaneität *f*; Ungezwungenheit *f*.

spontaneous [spɒnˈteɪnɪəs] *adj* spontan; *style* ungezwungen. **~ combustion** Selbstentzündung *f*.

spontaneously [spɒnˈteɪnɪəslɪ] *adv* spontan; (*voluntarily also*) von sich aus.

spoof [spu:f] (*inf*) **I** *n* **1.** (*parody*) Parodie *f* (*of* auf *+acc*). **2.** (*hoax*) Ulk (*inf*), (April)scherz (*inf*) *m*. **II** *adj attr poem, programme etc* parodiert; *version* verballhornt. **III** *vt* (*parody*) *novel* parodieren; *poem also* verballhornen.

spook [spu:k] *n* (*inf*) Gespenst *nt*.

spooky [ˈspu:kɪ] *adj* (*+er*) **1.** gespenstisch, gruselig (*inf*). **2.** (*esp US: strange*) sonderbar.

spool [spu:l] *n* (*Phot, on sewing machine*) Spule *f*; (*on fishing line*) Rolle *f*; (*for thread*) (Garn)rolle *f*; (*of thread*) Rolle *f*.

spoon [spu:n] **I** *n* Löffel *m*; **II** *vt* löffeln.

◆**spoon out** *vt sep* (löffelweise) ausschöpfen.

◆**spoon up** *vt sep* löffeln; (*eat up*) auslöffeln; *spillage* auflöffeln.

spoonbill [ˈspu:nbɪl] *n* Löffler, Löffelreiher *m*.

spoonerism [ˈspu:nərɪzəm] *n* lustiger Versprecher, Dreckfuhler *m* (*hum inf*).

spoon-feed [ˈspu:nfi:d] *vt irreg baby, invalid* füttern; (*fig*) (*do thinking for*) gängeln; (*supply with*) füttern (*inf*).

spoonful [ˈspu:nful] *n* Löffel *m*. **a ~ of soup** ein Löffel Suppe.

sporadic [spəˈrædɪk] *adj* sporadisch; (*occasional also*) gelegentlich. **we heard ~ gun-fire** wir hörten gelegentlich Schüsse.

sporadically [spəˈrædɪkəlɪ] *adv see adj*.

spore [spɔ:ʳ] *n* Spore *f*.

sporran [ˈspɒrən] *n* (*über dem Schottenrock getragene*) Felltasche.

sport [spɔ:t] **I** *n* **1.** (*games collectively*) Sport *m no pl*; (*type of ~*) Sportart *f*. **to be good at ~(s)** gut im Sport sein, sportlich sein.

2. **~s** *pl* (*also* **~s meeting**) Sportveranstaltung *f*.

3. (*amusement*) Spaß *m*. **to do sth for/in ~** etw zum Spaß tun.

4. (*inf: person*) feiner *or* anständiger Kerl (*inf*); (*Austral*) Junge *m*. **to be a (good) ~** alles mitmachen; **they are such good ~s** mit ihnen kann man Pferde stehlen (*inf*); **be a ~!** sei kein Spielverderber!, sei nicht so! (*inf*).

5. (*Biol, Zool*) Spielart, Abart *f*.

II *vt tie, dress* anhaben; (*show off*) *ring etc* protzen mit; *black eye* herumlaufen mit (*inf*).

III *vi* (*frolic*) (herum)tollen; (*kitten*) (herum)spielen.

IV *adj attr* (*US*) *see* **sports**.

sporting [ˈspɔ:tɪŋ] *adj* **1.** *person, interests* sportlich; *equipment also* Sports-; *dog, gun* Jagd-. **~ events** Wettkämpfe *pl*; **a great ~ man** ein großer Sportsmann.

2. (*sportsmanlike*) sportlich; *spirit also* Sports-; (*fig*) *offer, solution* fair; (*decent*) anständig. **it's ~ of you to …** es ist anständig von dir, zu …; **to give sb a ~ chance** jdm eine faire Chance geben.

sporting editor *n* (*US*) Sportredakteur(in *f*) *m*.

sportingly [ˈspɔ:tɪŋlɪ] *adv* fair; (*decently*) anständig. **he ~ gave his opponent a start** er gab seinem Gegner fairerweise einen Vorsprung.

sportive *adj*, **~ly** *adv* [ˈspɔ:tɪv, -lɪ] (*liter*) fidel, launig (*liter*).

sports, (*US also*) **sport** *in cpds* Sport-; **sports car** *n* Sportwagen *m*; **sportscast** *n* Sportübertragung *or* -sendung *f*; **sportscaster**, **sports commentator** *n* Sportreporter(in *f*), (*Sport*)kommentator(in *f*) *m*; **sports coat** *n see* **sports jacket**; **sports day** *n* (*Brit*) (Schul)sportfest *nt*; **sports department** *n* Sportabteilung *f*; **sports editor** *n* Sportredakteur(in *f*) *m*; **sports field, sports ground** *n* Sportplatz *m*; **sports jacket** *n* Sportjackett *nt*, Sakko *m or nt*; **sportsman** [-mən] *n* (*player*) Sportler *m*; (*good ~*) anständiger *or* feiner Kerl (*inf*); (*hunter*) Jäger *m*; **sportsmanlike** [-mənlaɪk] *adj* sportlich; (*fig*) *behaviour, act etc* fair; **sportsmanship** [-mənʃɪp] *n* (*skill*) Sportlichkeit *f*; (*fairness also*) sportliches Verhalten, Fairneß *f*; **sports page** *n* Sportseite *f*; **sportswear** *n* (*for sport*) Sportkleidung *f*; (*leisure wear*) Freizeitkleidung *f*; **sportswoman** *n* Sportlerin *f*; **sports writer** *n* Sportjournalist(in *f*) *m*.

sporty [ˈspɔːtɪ] *adj* (*+er*) (*inf*) **1.** *person* sportbegeistert, sportlich; *clothes* sportlich. **2.** (*jaunty*) flott.

spot [spɒt] **I** *n* **1.** (*dot*) Tupfen, Punkt *m*; (*on dice*) Punkt *m*; (*Zool, Bot also, stain, on fruit*) Fleck *m*; (*fig: on reputation, good name*) Makel *m* (*on* an *+dat*). **a dress with** ~s ein getupftes *or* gepunktetes Kleid; ~s **of blood/grease** Blutflecken *pl*/ Fettflecken *pl*; ~s **of ink** Tintenkleckse *or* -flecke *pl*; **to knock** ~s **off sb/sth** (*fig inf*) jdn/etw in den Schatten stellen, jdn in die Tasche stecken (*inf*); **to have** ~s **before one's eyes** Sternchen sehen.

2. (*Med etc*) Fleck *m*; (*pimple*) Pickel *m*; (*place*) Stelle *f*. **to break** *or* **come out in** ~s Flecken/Pickel bekommen.

3. (*place*) Stelle *f*; (*point*) Punkt *m*. **this is the** ~ **where Rizzio was murdered** an dieser Stelle ist Rizzio ermordet worden; **a pleasant** ~ ein schönes Fleckchen (*inf*); **on the** ~ (*at the scene*) an Ort und Stelle; (*at once*) auf der Stelle, sofort; **our man on the** ~ unser Mann am Ort (des Geschehens) *or* vor Ort; **on-the-**~ **inquiry/investigation** (*at the scene*) Untersuchung *f* an Ort und Stelle; (*immediate*) sofortige Untersuchung; **an on-the-**~ **report/broadcast** ein Bericht vom Ort des Geschehens.

4. (*Brit inf: small quantity*) **a/the** ~ **of** ein/das bißchen; **we had a** ~ **of rain/a few** ~s **of rain** wir hatten ein paar Tropfen Regen; **there was a** ~ **of trouble/bother** es gab etwas Ärger; **why don't you do a** ~ **of work?** warum arbeiten Sie nicht mal ein bißchen?

5. (*fig: characteristic*) Punkt *m*, Stelle *f*. **weak** ~ schwache Stelle.

6. (*difficulty*) Klemme *f*. **to be in a** (**tight**) ~ *or* **on the** ~ in der Klemme sitzen (*inf*), in Schwulitäten sein (*inf*); **to put sb in a** *or* **on the** ~ jdn in Verlegenheit *or* Schwulitäten (*inf*) bringen.

7. (*in show*) Nummer *f*; (*Rad, TV*) (ein paar Minuten) Sendezeit *f*; (*for advertisement*) Werbespot *m*; (*announcement*) Kurzmeldung *f*. **he's got a** ~ **in that show** er tritt in dieser Show auf; **a three-minute TV** ~ drei Minuten Sendezeit im Fernsehen; **ein dreiminütiger Werbespot im Fernsehen.**

8. ~s *pl* (*Comm*) Lokowaren (*spec*), sofort lieferbare Waren *pl*.

9. (*Billiards*) (*on table*) Marke *f*; (*also* ~ **ball**) Spielball *m*.

10. (*esp Theat, inf: spotlight*) Scheinwerfer *m*.

II *vt* **1.** (*notice, see*) entdecken, sehen; (*pick out*) erkennen; (*find*) *mistake, bargain* finden; (*Mil: pinpoint*) ausmachen. **to** ~ **a winner** (*lit, fig*) richtig tippen (*inf*); **train/plane** ~**ting** Hobby, das darin besteht, möglichst viele verschiedene Zug-/Flugzeugtypen zu sehen und zu notieren.

2. (*stain*) bespritzen. **blue material** ~**ted with white** blauer Stoff mit weißen Tupfen.

3. (*Billiards*) *ball* auf die Marke(n) setzen.

III *vi* **1.** **it's** ~**ting (with rain)** es tröpfelt.

2. (*stain*) Flecken bekommen, schmutzen.

spot cash *n* sofortige Bezahlung; **spot check** *n* Stichprobe *f*; **spot-check** *vt* stichprobenweise untersuchen (*for* auf *+acc*); *motorists* Stichproben machen bei (*for* in bezug auf *+acc*); **spot goods** *npl* sofort lieferbare Waren, Lokowaren (*spec*) *pl*; **spot height** *n* Höhenangabe *f*.

spotless [ˈspɒtlɪs] *adj person, house, clothes* tadellos *or* makellos sauber, pikobello (*inf*); (*fig*) *reputation* makellos, untadelig. ~ **white** strahlend weiß.

spotlessly [ˈspɒtlɪslɪ] *adv*: ~ **clean** blitzsauber.

spotlessness [ˈspɒtlɪsnɪs] *n* (*of person, house etc*) tadellose *or* makellose Sauberkeit; (*fig: of reputation*) Makellosigkeit, Untadeligkeit *f*.

spotlight [ˈspɒtlaɪt] (*vb: pret, ptp* **spotlighted**) **I** *n* (*lamp*) Scheinwerfer *m*; (*light*) Scheinwerferlicht, Rampenlicht (*also fig*) *nt*; (*on car etc*) Suchscheinwerfer *m*; **to be in the** ~ (*lit*) im Scheinwerferlicht *or* Rampenlicht stehen; (*fig*) im Rampenlicht der Öffentlichkeit stehen; **to turn the** ~ **on sb/sth** (*lit*) die Scheinwerfer auf jdn/etw richten; (*fig*) die Aufmerksamkeit auf jdn/etw lenken; **II** *vt* anstrahlen; (*fig*) aufmerksam machen auf (*+acc*);

spot market *n* Kassamarkt *m*; **spot-on** *adj* (*Brit inf*) *answer, analysis* exakt, haarscharf richtig (*inf*); ~! richtig!, genau!; **spot remover** *n* Fleck(en)entferner *m*; **spot survey** *n* Stichprobenuntersuchung *f*.

spotted [ˈspɒtɪd] *adj* gefleckt; (*with dots*) getüpfelt; *material* getüpfelt, getupft; (*marked, stained*) fleckig.

spotted dick *n* (*Brit*) ≈ Kochpudding *m* mit Rosinen; **spotted hyena** *n* Tüpfelhyäne *f*.

spotter [ˈspɒtə^r] *n* **1.** (*Aviat: also* ~ **plane**) Aufklärer *m*; *see* trainspotter. **2.** (*US inf: detective*) Detektiv *m*.

spottiness [ˈspɒtɪnɪs] *n* (*Med*) Fleckigkeit *f*, Flecken *pl*, fleckige Haut; (*pimples*) Pickel *pl*, pickelige Haut.

spotty [ˈspɒtɪ] *adj* (*+er*) (*stained*) fleckig; (*Med*) fleckig, voller Flecken; (*pimply*) pick(e)lig, voller Pickel.

spot-weld [ˈspɒtweld] *vti* punktschweißen.

spouse [spaʊs] *n* (*form*) Gemahl(in *f*) *m* (*geh*), Gatte *m*, Gattin *f* (*all form*).

spout [spaʊt] **I** *n* **1.** Ausguß *m*, Tülle *f*; (*on teapot, cup also*) Schnabel *m*; (*of jug, kettle also*) Schnauze *f*; (*on gargoyle, guttering*) Speirohr *nt*; (*on pump, tap*)

Ausflußrohr *nt*; (*on pipe*) Ausfluß *m*; (*on watering can*) Rohr *nt*. **up the ~** (*sl*) im Eimer (*sl*); **she is up the ~** (*sl: pregnant*) sie hat's erwischt (*inf*).

2. (*of whale: also ~-hole*) Spritzloch, Atemloch *nt*.

3. (*jet of water etc*) Fontäne *f*; (*Met: water-~*) Wasserhose *f*.

II *vt* **1.** (*gush*) (*fountain etc*) (heraus)-spritzen; (*whale also*) ausstoßen; (*lava, gargoyle*) speien.

2. (*inf: declaim*) vom Stapel lassen (*inf*), loslassen (*at sb* auf jdn) (*inf*); *words* hervorsprudeln; (*words* herunterrasseln (*inf*); *nonsense* von sich geben.

III *vi* **1.** (*water, fountain etc, whale*) spritzen (*from* aus); (*gargoyle*) speien. **to ~ out (of sth)** (aus etw) hervorspritzen; (*lava*) (aus etw) ausgespien werden; **to ~ up (from sth)** (aus etw) hochspritzen *or* herausschießen.

2. (*fig inf: declaim*) palavern (*inf*), salbadern (*pej*). **to ~ about sth** über etw (*acc*) salbadern.

sprain [spreɪn] **I** *n* Verstauchung *f*. **II** *vt* verstauchen. **to ~ one's wrist/ankle** sich (*dat*) das Handgelenk/den Fuß verstauchen.

sprang [spræŋ] *pret of* **spring**.

sprat [spræt] *n* Sprotte *f*.

sprawl [sprɔːl] **I** *n* (*posture*) Lümmeln (*inf*), Flegeln (*inf*) *nt no pl*; (*mass: of buildings, town etc*) Ausbreitung *f*. **in the urban ~** in der riesigen Stadtlandschaft.

II *vi* (*person*) (*fall*) der Länge nach hinfallen; (*lounge*) (herum)lümmeln (*inf*), sich hinflegeln; (*plant, town*) (wild) wuchern. **he was ~ing (out) on the floor/in a chair** er lag ausgestreckt auf dem Fußboden/er hatte sich in einem Sessel breitgemacht, **to send sb ~ing** jdn zu Boden werfen, jdn der Länge nach umwerfen.

III *vt* **to be ~ed over sth/on sth** (*body*) ausgestreckt auf etw (*dat*) liegen; **his legs were ~ed over the arm of the chair** seine Beine hingen zwanglos über der Sessellehne.

sprawling ['sprɔːlɪŋ] *adj city, suburbs* wildwuchernd; *figure* hingeflegelt; *body* ausgestreckt; *handwriting* riesig.

spray¹ [spreɪ] *n* (*bouquet*) Strauß *m*; (*buttonhole*) Ansteckblume *f*; (*shoot, twig*) Zweig *m*; (*brooch*) Brosche *f* (*in Form eines Sträußchens*).

spray² **I** *n* **1.** Sprühnebel, Sprühregen *m*; (*of sea*) Gischt *m*. **the ~ from the lorries makes it difficult to see** die Lastwagen spritzen so, daß man kaum etwas sehen kann.

2. (*implement*) Sprühdose, Sprühflasche *f*; (*insecticide ~, for irrigation*) Spritze *f*, Sprühgerät *nt*; (*scent ~*) Zerstäuber *m*; (*on shower*) Brause(kopf *m*) *f*.

3. (*Med, hair-~ etc*) Spray *m or nt*.

4. (*act of ~ing*) (Be)sprühen *nt*. **to give sth a ~** etw besprühen; (*with paint, insecticide*) etw spritzen; (*with hair-~ etc*) etw sprayen.

II *vt plants, insects etc* besprühen; *garden, crops* (*with paint, insecticide*) sprit-

zen; *hair* sprayen; *room* aussprühen; *water, paint, foam* sprühen, spritzen; *perfume* zerstäuben, (ver)sprühen. **to ~ insecticide on plants** Pflanzen (mit Insektenmittel) spritzen; **to ~ sth with water/bullets** etw mit Wasser besprühen/mit Kugeln übersäen.

III *vi* sprühen; (*water, mud*) spritzen. **to ~ out** heraussprühen/ -spritzen.

sprayer ['spreɪəʳ] *n see* **spray² I 3**.

spray-gun ['spreɪgʌn] *n* Spritzpistole *f*.

spread [spred] (*vb: pret, ptp ~*) **I** *n* **1.** (*of wings*) Spannweite, Flügelspanne *f*; (*range*) (*of marks*) Verteilung, Streuung *f*; (*of prices*) Spanne *f*; (*of ideas, interests*) Spektrum *nt*; (*distribution of wealth*) Verteilung *f*; (*scope: of theory, ideas*) Umfang *m*. **middle-age ~** Fülligkeit *f*, Altersspeck *m* (*inf*).

2. (*growth*) Ausbreitung, Verbreitung *f*; (*spatial*) Ausdehnung *f*.

3. (*inf: of food etc*) Festessen *nt*, Festschmaus *m*. **that was an excellent ~** das war prima, was du *etc* da aufgetischt hast.

4. (*cover*) Decke *f*.

5. (*for bread*) (Brot)aufstrich *m*. **anchovy ~** Sardellenpaste *f*; **cheese ~** Streichkäse *m*.

6. (*Press, Typ: two pages*) Doppelseite *f*. **a full-page/double ~** ein ganz-/zweiseitiger Bericht; (*advertisement*) eine ganz-/zweiseitige Anzeige.

II *vt* **1.** (*open or lay out: also ~ out*) *rug, nets, hay, wings* ausbreiten; *fan* öffnen; *arms also* ausstrecken; *goods also* auslegen; *hands, legs* spreizen. **the peacock ~ its tail** der Pfau schlug ein Rad; **he was lying with his arms and legs ~ out** er lag mit ausgestreckten Armen und Beinen da; **the fields were ~ (out) below us** die Felder breiteten sich unter uns aus; **the view which was ~ before us** die Sicht, die sich uns bot; **the yacht ~ its sails** die Segel des Bootes blähten sich.

2. *bread, canvas, surface* bestreichen; *butter, paint etc* (ver- *or* auf)streichen; *table* decken. **~ the paint evenly** verteilen Sie die Farbe gleichmäßig; **he ~ the plaster over the wall** er verstrich den Gips auf der Wand; **to ~ a cloth/blanket on sth, to ~ sth with a cloth/blanket** ein Tuch/eine Decke über etw (*acc*) breiten *or* auf etw (*dat*) ausbreiten.

3. (*distribute: also ~ out*) *forces, writing, objects, payments* verteilen; *sand, fertilizer also, muck* streuen; (*in time*) verteilen (*over* über +*acc*). **our resources are ~ very thin** unsere Mittel sind maximal beansprucht.

4. (*disseminate*) *news, panic, disease, smell* verbreiten; *rumour also* ausstreuen. **I'll ~ the news to everyone in the office** ich werde es allen im Büro mitteilen.

III *vi* **1.** (*extend*) (*spatially*) sich erstrecken, sich ausdehnen (*over, across* über +*acc*); (*with movement*) (*weeds, liquid, fire, smile, industry*) sich ausbreiten (*over, across* über +*acc*); (*towns, settlements*) sich ausdehnen; (*knowledge, fear etc, smell*) sich verbreiten; (*disease, trouble, fire*) sich verbreiten, um sich greifen. **to ~ to sth** etw erreichen; (*disease* *etc*) auf etw (*acc*) übergreifen; **to ~ into sth** sich in etw (*acc*) erstrecken; (*in time*) sich bis in etw (*acc*) erstrecken; **under the ~ing trees** unter den ausladenden Bäumen; **he's worried about his ~ing waistline** (*inf*) er macht sich Sorgen, weil er in die Breite geht (*inf*).

2. (*butter etc*) sich streichen *or* schmieren (*inf*) lassen.

IV *vr* **to ~ oneself** (*physically*) sich ausstrecken; (*~ one's things*) sich ausbreiten; (*in speech, writing*) sich verbreiten.

◆**spread about** *or* **around** *vt sep* news, rumours, disease verbreiten, unters Volk bringen (*inf*); toys, seeds etc verstreuen.

◆**spread out** *or* see **spread 1., 3.**
II *vi* **1.** (*countryside*) sich ausdehnen.
2. (*troops, runners*) sich verteilen.

spread-eagle ['spred,i:gl] *vt* **to be** *or* **lie ~d** mit ausgestreckten Armen und Beinen daliegen, alle viere von sich (*dat*) strecken (*inf*).

spreader ['spredəʳ] *n* Spachtel *m*; (*for butter etc*) Messer *nt*.

spree [spri:] *n* **spending** *or* **shopping** *or* **buying ~** Großeinkauf *m*; **drinking/gambling ~** Zech-/Spieltour *f* (*inf*); **to be/go (out) on a ~** (*drinking*) eine Zechtour machen; (*gambling*) auf Spieltour sein/gehen; (*spending*) groß einkaufen/groß einkaufen gehen.

sprig [sprig] *n* Zweig *m*. **embroidered with ~s of flowers** mit Blütenzweigen bestickt.

sprightliness ['spraitlinis] *n see adj* Munterkeit, Lebhaftigkeit *f*, Schwung *m*; Rüstigkeit *f*; Leichtigkeit *f*.

sprightly ['spraitli] *adj* (*+er*) person, tune munter, lebhaft; old person rüstig; walk leicht, schwungvoll.

spring [sprɪŋ] (*vb: pret* **sprang** *or* (*US*) **sprung**, *ptp* **sprung**) **I** *n* **1.** (*lit, fig liter: source*) Quelle *f*. **~s** (*fig liter: origins*) Ursprung *m*.

2. (*season*) Frühling *m*, Frühjahr *nt*, Lenz *m* (*poet*). **in (the) ~** im Frühling, im Frühjahr; **~ is in the air** der Frühling liegt in der Luft.

3. (*leap*) Sprung, Satz *m*. **in one ~** mit einem Sprung *or* Satz; **to make a ~ at sb/ sth** sich auf jdn/etw stürzen.

4. (*Mech*) Feder *f*; (*in mattress, seat etc also*) Sprungfeder *f*. **~s** (*Aut*) Federung *f*.

5. *no pl* (*bounciness*) (*of chair*) Federung *f*; (*of wood, grass etc*) Nachgiebigkeit, Elastizität *f*. **the floor has no/a good ~** der Boden federt nicht/federt gut; **to walk with a ~ in one's step** mit federnden Schritten gehen; **the news put a new ~ into his step** die Nachricht beflügelte seine Schritte.

II *adj attr* **1.** (*seasonal*) Frühlings-.

2. (*with springs*) gefedert; mattress Federkern-.

III *vt* **1.** (*leap over*) überspringen, springen über (*+acc*).

2. (*put springs in*) federn.

3. (*cause to operate*) auslösen; mine *also* explodieren lassen; lock, mousetrap *etc* zuschnappen lassen. **to ~ a leak** (*pipe*) (plötzlich) undicht werden; (*ship*) (plötzlich) ein Leck bekommen; **to ~ sth on sb**

(*fig*) idea, decision jdn mit etw konfrontieren; **to ~ a piece of news on sb** jdn mit einer Neuigkeit überraschen; **to ~ a surprise on sb** jdn völlig überraschen.

4. (*sl: free*) rausholen (*inf*).

IV *vi* **1.** (*leap*) springen; (*be activated*) ausgelöst werden; (*mousetrap*) zuschnappen. **to ~ at sb** jdn anspringen; **to ~ out at sb** auf jdn losspringen; **to ~ open** aufspringen; **to be poised to ~** (*lit, fig*) sprungbereit sein; **to ~ to one's feet** aufspringen; **to ~ out of bed** aus dem Bett hüpfen; **tears sprang to her eyes** ihr schossen die Tränen in die Augen; **his hand sprang to his gun** er griff (schnell) zur Waffe; **to ~ into action** aktiv werden; (*police, fire brigade etc*) in Aktion treten; **to ~ to attention** (*Mil*) Haltung annehmen; **to ~ to arms** zu den Waffen eilen; **to ~ into view** plötzlich in Sicht kommen; **to ~ to mind** einem einfallen; **to ~ to sb's aid/defence** jdm zu Hilfe eilen; **he sprang to fame** er wurde plötzlich berühmt; **to ~ (in)to life** (plötzlich) lebendig werden; **the old man/the debate sprang (in)to life** es kam plötzlich Leben in den alten Mann/in die Debatte.

2. (*issue: also* **~ forth**) (*liter*) (*water, blood*) (hervor)quellen (*from* aus); (*fire, sparks*) sprühen (*from* aus); (*shoot*) (hervor)sprießen (*from* aus); (*from family etc*) abstammen (*from* von); (*fig*) (*idea*) entstehen (*from* aus); (*interest, irritability etc*) herrühren (*from* von). **where did you ~ from?** (*inf*) wo kommst du denn her?; **to ~ into existence** (plötzlich *or* rasch) entstehen.

◆**spring back** *vi* (*person*) zurückspringen; (*in fear*) zurückschrecken; (*object*) zurückschnellen.

◆**spring up** *vi* (*plant*) hervorsprießen; (*weeds*) aus dem Boden schießen; (*person*) hoch- *or* aufspringen; (*wind*) aufkommen; (*building, settlement*) aus dem Boden schießen; (*fig*) (*suspicion, friendship*) erwachen, (plötzlich) entstehen; (*firm, magazine*) (plötzlich) entstehen; (*problem, rumour*) auftauchen.

spring-back file ['sprɪŋbæk-] *n* (*Brit*) Klemmhefter *m*; **spring balance** *n* Federwaage *f*; **spring binder** *n* Klemmhefter *m*; **springboard** *n* (*lit, fig*) Sprungbrett *nt*.

springbok ['sprɪŋbɒk] *n* Springbock *m*.

spring chicken *n* Stubenküken *nt*; **he's no ~** (*fig inf*) er ist nicht mehr feucht hinter den Ohren (*inf*); **spring-clean I** *vt* gründlich putzen; **to ~ a house** (in einem Haus) Frühjahrsputz machen; **II** *vi* Frühjahrsputz machen; **spring-cleaning** *n* Frühjahrsputz *m*; **spring fever** *n* **1.** (*energetic feeling*) Frühlingsgefühle *pl*. **it must be ~!** es muß am Frühling liegen! **2.** (*lassitude*) Frühjahrsmüdigkeit *f*.

springiness ['sprɪŋɪnɪs] *n* Elastizität *f*; (*of turf, wood, grass, track also*) Nachgiebigkeit *f*; (*of springboard also*) Sprungkraft *f*; (*of bed*) Federung *f*.

springless ['sprɪŋlɪs] *adj* ungefedert; **spring-like** *adj* frühlingshaft; **spring-loaded** *adj* mit einer Sprungfeder; **spring onion** *n* Frühlingszwiebel *f*; **spring tide** *n* **1.** Springflut *f*; **2.** (*poet:*

springtime) Lenz *m* (*poet*); **springtime** *n* Frühling(szeit *f*) *m*, Frühjahr *nt*; (*fig*) Frühling, Lenz (*poet*) *m*; **spring water** *n* Quellwasser *nt*; **spring wheat** *n* Sommerweizen *m*.

springy ['sprɪŋɪ] *adj* (+*er*) *step* federnd; *plank, turf, grass also* nachgiebig, elastisch; *rubber, wood, plastic etc, hair* elastisch; *bed* weich gefedert.

sprinkle ['sprɪŋkl] **I** *vt water* sprenkeln, sprengen; *lawn, plant,* (*with holy water*) besprengen; *salt, dust, sugar etc* streuen; *dish, cake* bestreuen. **a rose ~d with dew** eine taubenetzte Rose; **a lawn ~d with daisies** ein mit Gänseblümchen durchzogener Rasen; **his hair was ~d with grey** sein Haar war grau meliert; **pubs are ~d about over the town** man findet Gasthäuser über die ganze Stadt verstreut; **~d with quotations** mit Zitaten durchsetzt.

II *n* (*of liquid, vinegar*) ein paar Spritzer; (*of salt etc*) Prise *f*. **a ~ of rain** ein paar Regentropfen; **he gave the roses a ~ with the hose** er besprühte *or* besprengte die Rosen mit dem Schlauch.

sprinkler ['sprɪŋklə^r] *n* **1.** (*Hort, Agr*) Berieselungsapparat, Sprinkler *m*; (*in garden also*) (Rasen)sprenger *m*; (*for fire-fighting*) Sprinkler *m*; (*on watering can etc*) Sprenger, Gießkannenkopf *m*; (*on shower*) Brause *f*; (*sugar ~*) Streudose *f*, Streuer *m*. **2.** (*Eccl*) Weihwasserwedel *m*.

sprinkler head *n* Sprinkler *m*; (*on watering can*) Sprenger, Gießkannenkopf *m*; (*on shower*) Brause *f*; **sprinkler system** *n* Berieselungsanlage *f*; (*for fire-fighting also*) Sprinkleranlage *f*.

sprinkling ['sprɪŋklɪŋ] *n* (*of rain, dew etc*) ein paar Tropfen; (*of sugar etc*) Prise *f*; (*fig*) (*of humour, comedy etc*) Anflug *m*; (*of common sense*) Spur *f*. **there was a ~ of grey in his hair** ein paar graue Fäden durchzogen sein Haar; **there was a ~ of young people** es waren ein paar vereinzelte junge Leute da; **to give sth a ~** (*with water*) etw besprengen *or* besprenkeln.

sprint [sprɪnt] **I** *n* Lauf *m*; (*race*) Sprint *m*; (*burst of speed*) Spurt, Sprint *m*. **the 100-m ~** der 100-m-Lauf; **to put on a ~** einen Sprint *or* Spurt vorlegen, sprinten, spurten; **he made a ~ for the bus** er sprintete *or* spurtete zum Bus; **a ~ finish** ein Endspurt *m*.

II *vi* (*in race*) sprinten; (*dash*) rennen; (*for train etc also*) spurten.

sprinter ['sprɪntə^r] *n* Kurzstreckenläufer(in *f*), Sprinter(in *f*) *m*.

sprit [sprɪt] *n* Spriet *m*.

sprite [spraɪt] *n* Kobold *m*. **water/wood ~** Wasser-/Waldgeist *m*.

spritsail ['sprɪtsəl] *n* Sprietsegel *nt*.

spritzer ['sprɪtsə^r] *n* (*US*) Weinschorle *f*.

sprocket ['sprɒkɪt] *n* **1.** (*tooth*) Zahn *m*. **2.** (~ *wheel*) Kettenrad *nt*; (*on bicycle*) Kettenzahnrad *nt*, Zahnkranz *m*; (*Film*) Greifer *m*.

sprout [spraʊt] **I** *n* **1.** (*shoot*) (*of plant*) Trieb *m*; (*of tree also*) Schoß, Schößling, Sproß *m*; (*from seed*) Keim *m*.

2. (*Brussels ~*) (Rosenkohl)röschen *nt*. **~s** *pl* Rosenkohl *m*.

II *vt leaves, buds, shoots etc* treiben;

horns etc entwickeln; *seeds, wheat etc* keimen lassen; (*inf*) *beard* sich (*dat*) wachsen lassen. **the town is ~ing new buildings** in der Stadt sprießen neue Gebäude hervor; **he suddenly started ~ing hairs on his chest** er bekam plötzlich Haare auf der Brust.

III *vi* **1.** (*grow*) wachsen, sprießen; (*seed, wheat etc*) keimen; (*potatoes, trees etc*) Triebe bekommen.

2. (*lit, fig: also ~ up*) (*plants, weeds*) emporschießen, sprießen; (*new sects, new buildings*) wie die Pilze aus dem Boden schießen.

spruce[1] [spruːs] *n* (*also ~ fir*) Fichte *f*.

spruce[2] *adj* (+*er*) *person, appearance* proper, gepflegt; *men's clothes* flott; *women, children, women's clothes, appearance* adrett; *building* schmuck; *lawn, flower beds* gepflegt. **he was looking very ~** er sah geschniegelt und gebügelt aus.

◆**spruce up** *vt sep child* herausputzen, schniegeln (*inf*); *house, garden* auf Vordermann bringen (*inf*). **to ~ oneself** ~ (*in general*) sein Äußeres pflegen; (*get dressed up*) sich in Schale werfen; (*woman*) sich schön- *or* zurechtmachen; **all ~d ~ children, men** geschniegelt und gestriegelt; *women* schön zurechtgemacht; *house* auf Hochglanz.

sprucely ['spruːslɪ] *adv dressed* (*man*) flott; (*woman, child*) adrett; *painted, decorated etc* schmuck; *laid out* sauber und ordentlich. **~ kept gardens** gepflegte Gärten.

spruceness ['spruːsnɪs] *n see adj* Gepflegtheit *f*; Flottheit *f*; Adrettheit *f*; Schmuckheit *f*; Gepflegtheit *f*.

sprung [sprʌŋ] **I** *ptp of* **spring**. **II** *adj* gefedert.

spry [spraɪ] *adj* rüstig.

spud [spʌd] *n* (*inf: potato*) Kartoffel *f*. **~-bashing** (*Brit Mil sl*) Küchendienst *m*.

spume [spjuːm] *n* (*liter*) Gischt *m*.

spun [spʌn] **I** *pret, ptp of* **spin**. **II** *adj gold, silver, silk* gesponnen. **~ sugar** (*candyfloss*) Zuckerwatte *f*.

spunk [spʌŋk] *n* **1.** (*inf*) Mumm *m* (*inf*), Courage *f*. **2.** (*Brit sl: semen*) Soße *f* (*sl*).

spunky ['spʌŋkɪ] *adj* (+*er*) couragiert.

spur [spɜː^r] **I** *n* **1.** Sporn *m*; (*fig*) Ansporn, Antrieb *m* (*to* für). **he urged the horse on with his ~s** er gab dem Pferd die Sporen; **to win** *or* **gain one's ~s** (*fig*) sich (*dat*) die Sporen verdienen; **this was a new ~ to his ambition** das gab seinem Ehrgeiz neuen Antrieb *or* Ansporn.

2. on the ~ of the moment ganz spontan; **a ~-of-the-moment decision** ein spontaner Entschluß.

3. (*Geol*) Vorsprung *m*.

4. (*Zool*) Sporn *m*.

5. (*Rail*) Nebengleis, Rangiergleis *nt*.

II *vt* **1.** die Sporen geben (+*dat*).

2. (*urge on: also ~ on*) (vorwärts)treiben, vorantreiben; (*fig*) anspornen.

III *vi* (*also ~ on*) galoppieren, sprengen.

spurge [spɜːdʒ] *n* (*Bot*) Wolfsmilch *f*. **~ laurel** Lorbeer-Seidelbast *m*.

spurious ['spjʊərɪəs] *adj claim, claimant* unberechtigt; *document, account* falsch; *anger, interest, affection* nicht echt.

spuriousness ['spjʊərɪəsnɪs] *n see adj* mangelnde Berechtigung/Echtheit.

spurn [spɜːn] vt verschmähen.

spurred [spɜːd] adj gespornt.

spurt [spɜːt] **I** n **1.** (flow) Strahl m. ~s of flame Stichflammen.
2. (burst of speed) Spurt m. **a final** ~ (lit, fig) ein Endspurt m; **to put a** ~ **on** (lit, fig) einen Spurt vorlegen; **there was a** ~ **of activity** es brach plötzlich Aktivität aus; **in a sudden** ~ **of energy** in einer plötzlichen Energiewandlung.
II vi **1.** (gush: also ~ **out**) (heraus)-spritzen (from aus).
2. (run) spurten.
III vt **the wound** ~ed **blood** aus der Wunde spritzte Blut.

spur wheel n Stirnrad nt.

sputnik ['spʊtnɪk] n Sputnik m.

sputter ['spʌtəʳ] vi zischen; (in frying pan) brutzeln; (fat) spritzen; (engine) stottern; (in speech) sich eifern (about über + acc). **he was** ~**ing with rage** er geiferte (vor Zorn); **the candle** ~ed **out** die Kerze ging flackernd aus.

sputum ['spjuːtəm] n (Med) Auswurf m.

spy [spaɪ] **I** n Spion(in f) m; (police ~) Spitzel m.
II vt sehen, erspähen (geh). **I** ~ **with my little eye something** ... ≈ ich sehe was, was du nicht siehst, und ...
III vi spionieren, Spionage treiben. **to** ~ **into sth** in etw (dat) herumspionieren; **to** ~ **on sb** jdn bespitzeln; **on neighbours** jdm nachspionieren.
◆**spy out** vt sep ausfindig machen. **to** ~ ~ **the land** (Mil) die Gegend auskundschaften; (fig) die Lage peilen.

spy glass n Fernglas nt; **spy hole** n Guckloch nt, Spion m; **spy plane** n Spionageflugzeug nt; **spy story** n Spionagegeschichte f.

sq abbr of **square** ~ **m** qm, m².

squab [skwɒb] n **1.** (Orn) Jungtaube f.
2. (Aut) Bank f.

squabble ['skwɒbl] **I** n Zank, Streit m. ~s Zankereien, Streitigkeiten pl. **II** vi (sich) zanken, (sich) streiten (about, over um).

squabbling ['skwɒblɪŋ] n Zankerei, Streiterei f.

squad [skwɒd] n (Mil) Korporalschaft f; (special unit of police etc) Kommando nt; (police department) Dezernat nt; (of workmen) Trupp m; (Sport, fig) Mannschaft f. ~ **car** n Streifenwagen m.

squadron ['skwɒdrən] n (of cavalry) Schwadron f; (Aviat) Staffel f; (Naut) Geschwader nt.

squadron leader n (Brit Aviat) Luftwaffenmajor m.

squalid ['skwɒlɪd] adj room, house schmutzig und verwahrlost; existence, conditions elend, erbärmlich; motive, deed, idea etc gemein, niederträchtig; dispute, gossip entwürdigend; affair schmutzig.

squalidly ['skwɒlɪdlɪ] adv live in elenden or erbärmlichen Verhältnissen; behave, treat sb gemein, niederträchtig.

squall [skwɔːl] **I** n **1.** (storm) Bö(e) f; (fig) Gewitter nt, Sturm m. **2.** (cry) Schrei m.
II vi schreien.

squally ['skwɔːlɪ] adj (+er) stürmisch; wind also böig.

squalor ['skwɒləʳ] n Schmutz m; (moral ~) Verkommenheit f. **the** ~ **of the conditions** die elenden or erbärmlichen Verhältnisse; **to live in** ~ in unbeschreiblichen Zuständen leben.

squander ['skwɒndəʳ] vt verschwenden, vergeuden (on an +acc); inheritance, fortune also durchbringen (on mit); opportunity vertun.

square [skwɛəʳ] **I** n **1.** (shape, Geometry, on graph paper) Quadrat nt. **a 6 metre** ~ 6 Meter im Quadrat.
2. (piece of material, paper etc) Quadrat, Viereck nt; (on chessboard) Feld nt; (on paper) Kästchen, Karo nt; (in crossword) Kästchen nt; (check on material etc) Karo nt; (head~) Kopftuch nt. **cut it in** ~s schneiden Sie es quadratisch or in Quadrate zu; **cut out a 6 cm** ~ schneiden Sie ein Quadrat or Viereck 6 cm × 6 cm aus; **to go back to** ~ **one, to start (again) from** ~ **one** (fig) noch einmal von vorne anfangen; **we're back to** ~ **one** jetzt sind wir wieder da, wo wir angefangen haben.
3. (in town) Platz m; (US: of houses) Block m; (Mil: barrack ~) (Kasernen)-platz m.
4. (Math) Quadrat(zahl f) nt. **the** ~ **of 3 is 9** 3 hoch 2 ist 9, 3 (im) Quadrat ist 9.
5. (Tech) Winkel(maß nt) m; (set ~) Zeichendreieck nt; (T-~) Reißschiene f. **to be out of** ~ schief or nicht rechtwinklig sein; **to cut sth on the** ~ etw rechtwinklig schneiden; **to be on the** ~ (fig inf: above board) in Ordnung sein.
6. (Mil: battle formation) Karree nt.
7. (inf: old-fashioned person) Spießer m (inf). **to be a** ~ von (vor)gestern sein.
II adj (+er) **1.** (in shape) quadratisch; picture, lawn etc also, nib viereckig; file Vierkant-; block of wood etc vierkantig. **to be a** ~ **peg in a round hole** am falschen Platz sein.
2. (forming right angle) angle recht; corner rechtwinklig; bracket, shoulder eckig; chin, jaw kantig, eckig; build vierschrötig.
3. (Math) Quadrat-. **3** ~ **kilometres** 3 Quadratkilometer; **3 metres** ~ 3 Meter im Quadrat.
4. attr meal anständig, ordentlich.
5. (fair) deal gerecht, fair; dealings, game, person ehrlich. **to give sb a** ~ **deal** jdn gerecht or fair behandeln.
6. (fig: even) **to be** ~ (accounts etc) in Ordnung sein; **to get** ~ **with sb** mit jdm abrechnen; **we are (all)** ~ (Sport) wir stehen beide/alle gleich; (fig) jetzt sind wir quitt.
7. (inf: old-fashioned) überholt, verstaubt; person, ideas spießig (inf); fashion also passé. **he's** ~ er ist von (vor)gestern.
III adv (+er) **1.** (at right angles) rechtwinklig. ~ **with sth** im rechten Winkel or senkrecht zu etw.
2. (directly) direkt, genau.
3. (honestly) ehrlich, fair; see **fair**¹.
IV vt **1.** (make ~) quadratisch machen; (make a right angle) rechtwinklig machen. **to** ~ **one's shoulders** die Schul-

tern straffen; **to ~ a block of wood/stone** (*cut ~*) einen Holzklotz vierkantig zuschneiden/einen Steinblock vierkantig behauen; **to try to ~ the circle** die Quadratur des Kreises versuchen.

2. (*Math*) *number* quadrieren. **3 ~d is 9** 3 hoch 2 *or* 3 (im) Quadrat ist 9.

3. (*adjust*) *debts* begleichen; *creditors* abrechnen mit; (*reconcile*) in Einklang bringen. **to ~ one's accounts** abrechnen (*with* mit); **I'll ~ it with the porter** (*inf*) ich mache das mit dem Portier ab (*inf*).

4. (*inf: bribe*) schmieren (*inf*).

V *vi* übereinstimmen.

◆**square off I** *vt sep* **1.** (*make square*) *corner* rechtwinklig machen. **2.** (*draw squares on*) in Quadrate einteilen. **II** *vi* (*esp US*) in Kampfstellung gehen.

◆**square up** *vi* **1.** in Kampfstellung gehen. **to ~ ~ to sb** sich vor jdm aufpflanzen (*inf*); (*boxer*) vor jdm in Kampfstellung gehen; (*fig*) jdm die Stirn bieten. **to ~ ~ to sth** sich einer Sache (*dat*) stellen.

2. (*lit, fig: settle*) abrechnen.

square-bashing [ˈskweəˌbæʃɪŋ] *n* (*Brit Mil sl*) Drill *m*; **square-built** *adj* stämmig *or* breit gebaut; *man* vierschrötig; *house* quadratisch gebaut.

squared [skweəd] *adj paper* kariert.

square dance *n* Square dance *m*; **square knot** *n* (*US*) Kreuzknoten *m*.

squarely [ˈskweəlɪ] *adv* **1.** (*directly*) direkt, genau; (*fig: firmly*) fest. **2.** (*honestly*) ehrlich; (*fairly*) gerecht, fair. **to deal ~ with sb** jdn gerecht *or* fair behandeln. **3.** ~ **built** stämmig *or* breit gebaut.

square measure *n* Flächenmaß *nt*; **square number** *n* Quadratzahl *f*; **square-rigged** *adj* vollgetakelt; **square root** *n* Quadratwurzel *f*, zweite Wurzel; **square sail** *n* Rahsegel *nt*; **square shooter** *n* (*US inf*) ehrlicher Kerl (*inf*); **square-shouldered** *adj* mit eckigen Schultern; **square-toed** *adj shoes* mit breiter Kappe.

squash¹ [skwɒʃ] **I** *n* **1.** (*Brit*) (*fruit concentrate*) Fruchtsaftkonzentrat, Squash *nt*; (*drink*) Fruchtsaft *m*. **a glass of orange ~** ein Glas (verdünnter) Orangensaft.

2. (*crowd*) (Menschen)menge *f*; (*crush*) Gedränge *nt*. **it's a bit of a ~** es ist ziemlich eng.

II *vt* **1.** (*also ~ up*) zerdrücken, zerquetschen; *box etc* zusammendrücken. **to be ~ed to a pulp** zu Brei gequetscht *or* zerquetscht werden.

2. (*fig inf*) (*silence*) *person* über den Mund fahren (+*dat*); (*quash*) *protest, argument* vom Tisch fegen (*inf*). **I felt completely ~ed** ich kam mir ganz klein und häßlich vor (*inf*).

3. (*squeeze*) quetschen. **to ~ sb/sth in** jdn einquetschen/etw hineinquetschen; **to be ~ed together** eng zusammengepreßt *or* -gequetscht sein.

III *vi* **1.** (*get ~ed*) zerdrückt *or* zerquetscht werden.

2. (*squeeze*) sich quetschen. **to ~ in** sich hinein-/ hereinquetschen; **could you ~ up?** könnt ihr etwas zusammenrücken?; (*one person*) kannst du dich etwas kleiner machen?

squash² *n or* (*Sport: also ~ racquets or*

(*US*) **rackets**) Squash, Squash-Racket *nt*.

squash³ *n, no pl* (*US*) (Pâtisson-)Kürbis *m*.

squashy [ˈskwɒʃɪ] *adj* (+*er*) matschig; *cushion* weich.

squat [skwɒt] **I** *adj* (+*er*) gedrungen, kompakt; *chair* niedrig; *figure, person* gedrungen.

II *vi* **1.** (*person, animal*) hocken.

2. (*also ~ down*) sich (hin)hocken.

3. (*on land*) sich (illegal) ansiedeln. **to ~ (in a house)** ein Haus besetzt haben; **they are not tenants, they're just ~ting** das sind keine Mieter, das sind Hausbesetzer.

III *n* (*inf: place*) Unterschlupf *m* (*für Hausbesetzer*).

squatter [ˈskwɒtər] *n* (*on land*) Squatter *m*, illegaler Siedler; (*in house*) Hausbesetzer *m*.

squaw [skwɔ:] *n* Squaw *f*.

squawk [skwɔ:k] **I** *n* heiserer Schrei; (*fig inf: complaint*) Protest *m*. **he let out a ~** er kreischte auf; **the ~s of the hens** das aufgeregte Gackern der Hühner. **II** *vi* (*bird, person*) schreien, kreischen; (*fig inf: complain*) protestieren.

squeak [skwi:k] **I** *n* (*of hinge, wheel etc, shoe, pen*) Quietschen *nt no pl*; (*of person*) Quiekser *m*; (*of small animal*) Quieken *nt no pl*; (*of mouse, bird*) Piepsen *nt no pl*; (*fig inf: sound*) Pieps (*inf*), Mucks (*inf*) *m*. **she gave a ~ of surprise/ delight** sie quiekste überrascht/entzückt; **the door opened with a ~** die Tür ging quietschend auf; *see* **narrow**.

II *vi* (*door, hinge, shoes etc*) quietschen; (*person*) quieksen; (*small animal*) quieken; (*mouse, bird*) piepsen.

III *vt* quieksen.

squeaky [ˈskwi:kɪ] *adj* (+*er*) quietschend; *voice* piepsig.

squeal [skwi:l] **I** *n* Schrei *m*; (*of person, tyre, brakes*) Kreischen *nt no pl*; (*of protest*) (Auf)schrei *m*; (*of pig*) Quieken *nt no pl*. **with a ~ of brakes/tyres** mit kreischenden Bremsen/Reifen; **~s of protest** Protestgeschrei *nt*; **~s/ a ~ of laughter** schrilles Gelächter.

II *vi* **1.** schreien, kreischen; (*brakes, tyres*) kreischen, quietschen; (*pig, puppy*) quieksen; (*fig inf*) jammern. **to ~ with pain/pleasure/laughter** vor Schmerz aufheulen *or* kreischen/vor Vergnügen quietschen/laut auflachen.

2. (*inf: confess, inform*) (*criminal*) singen (*sl*) (*to* bei); (*schoolboy etc*) petzen (*inf*) (*to* bei).

III *vt* schreien, kreischen.

squeamish [ˈskwi:mɪʃ] *adj person* (*easily nauseated*) empfindlich, heikel (*dial*); (*easily shocked*) zartbesaitet, empfindlich. **I felt a bit ~** (*sick*) mir war leicht übel; **it gave me a ~ feeling in my stomach** mein Magen revoltierte; **I'm not ~** (*not easily nauseated*) mir wird nicht so schnell schlecht *or* übel; (*not easily shocked*) ich bin nicht so zartbesaitet *or* empfindlich; (*not nervous about doing unpleasant things*) ich bin ja nicht zimperlich; **don't be so ~** sei nicht so zimperlich; **this book is not for the ~** das Buch ist nichts für zarte Gemüter.

squeamishness ['skwi:mɪʃnɪs] n (nausea) Übelkeit f; (disgust) Ekel m; (prudishness) Zimperlichkeit f. **a feeling of ~** leichte Übelkeit; **you have to overcome your ~** (prudishness, reluctance) Sie dürfen nicht so zimperlich sein; (disgust) Sie müssen Ihren Ekel überwinden; **I feel a certain ~ when I see blood/porn films** wenn ich Blut sehe, wird mir schlecht or übel/Pornofilmen gegenüber bin ich empfindlich.

squeegee [ˌskwiː'dʒiː] n (Gummi)wischer m; (Phot) Rollenquetscher m.

squeeze [skwiːz] **I** n **1.** (act of squeezing) Drücken, Pressen nt no pl; (hug) Umarmung f; (of hand) Händedruck m; (in bus etc) Gedränge nt. **to give sth a ~** etw drücken, etw pressen; lemon, sponge etw ausdrücken; **to give sb/sb's hand a ~** jdn an sich (acc) drücken/jdm die Hand drücken; **it was a terrible** or **tight ~** es war fürchterlich eng; **we are in a tight ~** (inf: in difficulty) wir sind in der Klemme (inf).
2. (amount) Spritzer m. **put a ~ of toothpaste on the brush** drücken Sie etwas Zahnpasta auf die Bürste.
3. (credit ~) Kreditbeschränkung f.
4. to put the ~ on sb (inf) jdm die Daumenschrauben ansetzen (inf).
II vt drücken; sponge, tube ausdrücken; orange auspressen, ausquetschen; (squash) person, hand einquetschen. **to ~ clothes into a case** Kleider in einen Koffer zwängen; **to ~ out water/juice** Wasser/Saft herauspressen (from aus); **he ~d the trigger** er drückte ab; **to ~ sth dry** (lit) etw auswringen; (fig) das Letzte aus etw herausholen; **to ~ sb dry** (fig) jdn ausbluten; **to ~ money/information** etc **out of sb** Geld/Informationen etc aus jdm herausquetschen; **to be ~d to death** erdrückt werden; **I'll see if we can ~ you in** vielleicht können wir Sie noch unterbringen.
III vi **you'll get through if you ~** wenn du dich klein machst, kommst du durch; **to ~ in/out** sich hinein-/hinausdrängen; **to ~ past sb** sich an jdm vorbeidrücken; **to ~ into the bus** sich in den Bus hineinzwängen; **to ~ through a crowd/hole/underneath a fence** sich durch eine Menge/ein Loch zwängen/sich unter einen Zaun durchzwängen; **you'll have to ~ up a bit** Sie müssen ein bißchen zusammenrücken.

squeezer ['skwiːzəʳ] n Presse f.

squelch [skwelʧ] **I** n glucksendes or quatschendes (inf) Geräusch. **I heard the ~ of his footsteps in the mud** ich hörte, wie es quatschend (inf) or platschend durch den Schlamm lief; **the tomato hit the floor with a ~** die Tomate schlug mit einem satten Platsch auf den Boden auf.
II vt **to ~ one's way through sth** durch etw p(l)atschen.
III vi patschen, platschen; (shoes, mud) quatschen. **water ~ed in his boots** das Wasser gluckste or quatschte in seinen Stiefeln.

squib [skwɪb] n (firework) Knallfrosch m; see **damp**.

squid [skwɪd] n Tintenfisch m.

squiffy ['skwɪfɪ] adj (+er) (Brit inf) angesäuselt (inf).

squiggle ['skwɪgl] **I** n Schnörkel m. **II** vt **to ~ a line under sth** eine Wellenlinie unter etw (acc) machen.

squiggly ['skwɪglɪ] adj (+er) schnörkelig.

squint [skwɪnt] **I** n **1.** (Med) Schielen nt no pl, Silberblick m (inf). **to have a ~** leicht schielen, einen Silberblick haben (inf); **he has a terrible ~ in his left eye** er schielt furchtbar auf dem linken Auge.
2. (inf) (look) Blick m; (sidelong glance) Seitenblick m. **to have** or **take a ~ at sb/sth** einen Blick auf jdn/etw werfen; (obliquely) jdn/etw von der Seite ansehen, nach jdm/etw schielen.
II vi schielen; (in strong light etc) blinzeln; (inf: look also) linsen (inf). **to ~ at sb/sth** nach jdm/etw schielen; (quickly) einen kurzen Blick auf jdn/etw werfen.
III adj (crooked) schief.

squint-eyed ['skwɪnt'aɪd] adj person schielend attr; look schräg, schief. **to be ~** schielen.

squire ['skwaɪəʳ] **I** n **1.** (esp Brit: landowner) Gutsherr, ≃ Junker (Hist) m. **right, ~** (Brit sl) in Ordnung, Chef (inf).
2. (Hist: knight's attendant) Knappe m.
3. (dated: escort) Kavalier m (dated).
II vt (dated) begleiten.

squirearchy ['skwaɪərɑːkɪ] n Gutsbesitzer pl, ≃ Landjunkertum nt (Hist).

squirm [skwɜːm] **I** n Winden nt. **to give a ~** sich winden.
II vi sich winden; (in distaste) schaudern; (with embarrassment) sich (drehen und) winden; (from discomfort) hin und her rutschen. **blood/her poetry makes me ~** wenn ich Blut sehe,/bei ihren Gedichten dreht sich in mir alles herum; **spiders make me ~** vor Spinnen graust es mir.

squirrel ['skwɪrəl] **I** n Eichhörnchen nt.
II adj attr coat, fur Eichhörnchen-.

squirt [skwɜːt] **I** n **1.** Spritzer m. **2.** (implement) Spritze f. **3.** (pej inf: person) Fatzke m (inf); (small) Pimpf m (inf). **II** vt liquid spritzen; object, person bespritzen. **III** vi spritzen.

squishy ['skwɪʃɪ] adj (+er) (inf) matschig (inf); fruit also zermatscht (inf).

Sri Lanka [ˌsriː'læŋkə] n Sri Lanka nt.

Sri Lankan [ˌsriː'læŋkən] **I** adj srilankisch.
II n Srilanker(in f) m.

SS abbr of **steamship**.

SSE abbr of **south-south-east** SSO.

SSW abbr of **south-south-west** SSW.

St. abbr of **1. Street** Str. **2. Saint** hl., St. **3. Strait**.

st abbr of **stone(s)**.

stab [stæb] **I** n **1.** (with knife etc, wound, of pain) Stich m. **~ wound** Stichwunde f; **to feel a ~ of pain** einen stechenden Schmerz empfinden; **to feel a ~ of conscience/guilt/remorse** ein schlechtes Gewissen haben, Gewissensbisse haben; **he felt a ~ of grief/ pity** er empfand Kummer/ Mitleid; **a ~ in the back** (fig) ein Dolchstoß m.
2. (inf: try) Versuch m. **to have a ~ at sth** etw probieren.

II *vt person* einen Stich versetzen (+ *dat*); (*several times*) einstechen auf (+ *acc*); (*wound seriously*) niederstechen; *food* durchstechen; **to ~ sb (to death)** jdn erstechen; (*with dagger also*) jdn erdolchen; **to ~ sb with a knife, to ~ a knife into sb** jdn mit einem Messerstich/mit Messerstichen verletzen; **he was ~bed through the arm/heart** er hatte eine Stichwunde am Arm/der Stich traf ihn ins Herz; **to ~ a knife/fork into sth** ein Messer in etw (*acc*) hineinstoßen/mit einer Gabel in etw (*acc*) hineinstechen; **to ~ sb in the back** (*lit*) jdm in den Rücken stechen; (*fig*) jdm in den Rücken fallen; **he ~bed the air with his fork** er fuchtelte mit der Gabel in der Luft herum (*inf*).

III *vi* **to ~ at sb/sth** (*with knife etc*) nach jdm/etw stechen; (*with finger*) auf jdn/etw zeigen.

stabbing ['stæbɪŋ] **I** *n* Messerstecherei *f*. **II** *adj pain* stechend.

stability [stə'bɪlɪtɪ] *n* Stabilität *f*; (*of relationship also, of job*) Beständigkeit, Dauerhaftigkeit *f*. (mental) ~ (seelische) Ausgeglichenheit, innere Festigkeit.

stabilization [ˌsteɪbəlaɪˈzeɪʃən] *n* Stabilisierung *f*.

stabilize ['steɪbəlaɪz] **I** *vt* (*Fin, Naut, Aviat*) stabilisieren. **II** *vi* sich stabilisieren.

stabilizer ['steɪbəlaɪzər] *n* (*Naut, Chem*) Stabilisator *m*; (*Aviat*) Stabilisierungsfläche *f*; (*US Aviat*) Höhenflosse *f*; (*on bicycle*) Stützrad *nt*.

stable[1] ['steɪbl] *adj* (+*er*) stabil; *ladder, structure also* sicher; *relationship also, job* beständig, dauerhaft; *character* gefestigt. **mentally ~** ausgeglichen, innerlich gefestigt.

stable[2] **I** *n* (*building*) Stall *m*; (*group of racehorses*) (Renn)stall *m*. **riding ~s** Reitstall *m*; **it's no good locking the ~ door after the horse has bolted** (*prov*) jetzt ist die Katze schon den Bach hinab (*inf*).

II *vt* (*put in ~*) in den Stall bringen; (*keep in ~*) im Stall halten.

stableboy,   stable-lad,   stableman ['steɪblbɔɪ, -læd, -mən] *n* Stallbursche, Stallknecht *m*; (*young man also*) Stalljunge *m*.

stabling ['steɪblɪŋ] *n* Stallungen, Ställe *pl*.

staccato [stə'kɑːtəʊ] *adj, adv* (*Mus*) staccato, stakkato; (*fig*) abgehackt.

stack [stæk] **I** *n* **1.** (*pile*) Haufen *m*; (*neatly piled*) Stoß, Stapel *m*; (*of hay also*) Schober *m*; (*of rifles*) Pyramide *f*. **to be in the ~** (*Aviat*) kreisen, Warteschleifen ziehen (*over* über +*dat*).

2. (*inf: lots*) Haufen *m* (*inf*). **we have ~s of time/helpers** *etc* wir haben jede Menge (*inf*) Zeit/Hilfskräfte *etc*.

3. (*in library: also* ~s) Magazin *nt*.

4. *see* **chimneystack, smokestack.**

5. (*Geol*) Felssäule *f*.

II *vt* **1.** stapeln. **to ~ up** aufstapeln.

2. (*Aviat*) **incoming planes had to be ~ed** ankommende Maschinen mußten kreisen *or* Warteschleifen ziehen.

3. (*US Cards*) packen, *beim Mischen betrügen*. **the cards** *or* **odds are ~ed against us** (*fig*) wir haben keine großen Chancen.

III *vi* sich stapeln lassen.

stacked [stækt] *adj* (*sl*) **to be (well)** ~ Holz vor der Hütte haben (*inf*).

stadium ['steɪdɪəm] *n, pl* **stadia** ['steɪdɪə] *or* **-s** Stadion *nt*.

staff [stɑːf] **I** *n* **1.** (*personnel*) Personal *nt*; (*Sch, Univ*) Lehrpersonal *nt*, Lehrkörper *m* (*form*); (*of one department, on one project*) Mitarbeiterstab *m*. **the ~ wear red uniforms** das Personal trägt rote Uniformen; **all the ~ are behind this idea** die ganze Belegschaft *or* (*Sch, Univ*) das ganze Kollegium steht hinter diesem Vorschlag; **a large ~** viel Personal/ein großer Mitarbeiterstab; **we don't have enough ~ to complete the project** wir haben nicht genügend Mitarbeiter, um das Projekt zu beenden; **editorial ~** Redaktion *f*, Redaktionsstab *m*; **administrative ~** Verwaltungsstab *m*, Verwaltungspersonal *nt*; **a member of ~** ein Mitarbeiter *m*; (*Sch*) ein Kollege *m*; **my fellow members of ~** meine Kollegen; **to be on the ~** zum Personal/Kollegium/ Mitarbeiterstab gehören; **are you ~?** (*inf*) arbeiten Sie hier?; **he joined the** *or* **our ~ in 1976** er arbeitet seit 1976 bei uns; **he has left our ~** er arbeitet nicht mehr hier.

2. *pl* **-s** *or* (*old*) **staves** (*stick, symbol of authority*) Stab *m*; (*flag~*) Stock *m*; (*fig liter: support*) Stütze *f*. **the ~ of life** das wichtigste Nahrungsmittel.

3. (*Mil: general* ~) Stab *m*.

4. *pl* **staves** (*Mus*) Notenlinien *pl*, Notensystem *nt*.

II *vt department* Mitarbeiter finden für; *hospital, shop, hotel* mit Personal besetzen, Personal finden für; *school* mit Lehrpersonal besetzen. **to be well ~ed** gut besetzt sein, ausreichend Personal haben; **the kitchens are ~ed by foreigners** das Küchenpersonal besteht aus Ausländern.

staff college *n* Generalstabsakademie *f*.

staffer ['stɑːfər] *n* (*Press inf*) ständiger Mitarbeiter, ständige Mitarbeiterin.

staffing ['stɑːfɪŋ] *n* Stellenbesetzung *f*.

staff nurse *n* (*Brit*) (voll)ausgebildete Krankenschwester, Vollschwester *f* (*inf*); **staff   officer**   *n*   Stabsoffizier   *m*; **staffroom** *n* Lehrerzimmer *nt*.

Staffs *abbr of* **Staffordshire.**

stag [stæg] **I** *n* **1.** (*Zool*) (*deer*) Hirsch *m*; (*male animal*) Bock, Bulle *m*. **2.** (*Brit Fin*) Spekulant *m* (*der junge Aktien aufkauft*). **3.** (*inf*) Mann, der solo ist (*inf*). **II** *adj* Herren-, nur für Männer. **III** *adv* **to go ~** solo ausgehen (*inf*).

stag beetle *n* Hirschkäfer *m*.

stage [steɪdʒ] **I** *n* **1.** (*Theat, fig*) Bühne *f*. **the ~** (*profession*) das Theater, die Bühne; **to be on/go on/leave the ~** (*as career*) beim Theater sein/zum Theater gehen/das Theater verlassen; **to go on ~** (*actor*) die Bühne betreten; (*play*) anfangen; **to come off ~, to leave the ~** von der Bühne abtreten; **to put a play on the ~** ein Stück aufführen *or* auf die Bühne bringen; **to write for the ~** Theater- *or* Bühnenstücke schreiben; **to adapt a novel for the ~** einen Roman fürs Theater bearbeiten; **the ~ was set** (*lit*) das Bühnenbild war aufgebaut; (*fig*) alles war vorbereitet; **the ~ was set for a confrontation** die Situation war reif für eine Auseinandersetzung.

2. (*platform in hall*) Podium *nt*.

3. (*period*) Stadium *nt*; (*of disease, process also, of operation, development*) Phase *f*. **at this ~ such a thing is/was impossible** zum gegenwärtigen Zeitpunkt ist das/zum damaligen Zeitpunkt war das unmöglich; **at this ~ in the game** (*fig*) zu diesem Zeitpunkt; **in the early/final ~(s)** im Anfangs-/ Endstadium; **at an early ~ in its history** ganz zu Anfang seiner Geschichte; **what ~ is your thesis at?** wie weit sind Sie mit Ihrer Dissertation?; **we have reached a ~ where ...** wir sind an einem Punkt angelangt, wo ...; **the child has reached the talking ~** das Kind ist jetzt im Alter, wo es zu reden anfängt; **to go through a difficult ~** eine schwierige Phase durchmachen; **to be at the experimental ~** im Versuchsstadium sein.

4. (*part of journey, race etc*) Abschnitt *m*, Etappe *f*; (*fare~*) Teilstrecke, Fahrzone *f*; (*actual bus stop*) Zahlgrenze *f*. **in or by (easy) ~s** (*lit*) etappenweise; (*fig also*) Schritt für Schritt.

5. (*section of rocket*) Stufe *f*. **a three-~ rocket** eine dreistufige Rakete.

6. (*old inf: ~coach*) Postkutsche *f*.

II *vt play* aufführen, auf die Bühne bringen; (*fig*) *accident, scene etc* inszenieren; *welcome* arrangieren; *demonstration, strike etc* inszenieren, veranstalten. **to ~ a recovery/comeback** sich erholen/sein Comeback machen.

stage box *n* Bühnen- *or* Proszeniumsloge *f*; **stagecoach** *n* Postkutsche *f*; **stagecraft** *n* dramaturgisches Können; (*of actor*) schauspielerisches Können; **stage direction** *n* Bühnen- *or* Regieanweisung *f*; **stage door** *n* Bühneneingang *m*; **stage effect** *n* Bühneneffekt *m*; **stage fright** *n* Lampenfieber *nt*; **stage hand** *n* Bühnenarbeiter(in *f*) *m*; **stagemanage** *vt* (*lit*) Inspizient sein bei; (*fig*) *demonstration, argument* inszenieren; **stage manager** *n* Inspizient *m*; **stage name** *n* Künstlername *m*.

stager ['steɪdʒəʳ] *n:* **old ~** alter Hase (*inf*).

stage-struck ['steɪdʒstrʌk] *adj* theaterbesessen; **stage whisper** *n* Bühnenflüstern *nt*; **to say sth in a ~** etw hörbar flüstern

stagey *adj see* **stagy**.

stagflation [stæg'fleɪʃn] *n* (*Econ*) Stagflation *f*.

stagger ['stægəʳ] **I** *vi* schwanken, taumeln; (*because of illness, weakness*) wanken; (*drunkenly*) torkeln.

II *vt* **1.** (*fig: amaze*) (*news, events etc*) den Atem verschlagen (+*dat*), umhauen (*inf*). **he was ~ed to hear of his promotion** die Nachricht von seiner Beförderung verschlug ihm die Sprache.

2. *hours, holidays* staffeln, stufen; *seats, spokes* versetzt anordnen, versetzen.

III *n* Taumeln *nt*. **to give a ~** taumeln, schwanken; **with a ~** taumelnd, schwankend; **~s** (*of horses*) (Dumm)koller *m*.

staggered ['stægəd] *adj* **1.** (*amazed*) ver-

blüfft, platt (*inf*). **2.** *working hours etc* gestaffelt, gestuft. **they work ~ hours** ihre Arbeitszeit ist gestaffelt; **a ~ junction** eine Kreuzung mit versetzten Straßen.

staggering ['stægərɪŋ] *adj* **1. to give sb a ~ blow** (*lit*) jdm einen Schlag versetzen, der ihn taumeln läßt; (*fig*) jdm einen harten *or* schweren Schlag versetzen.

2. (*amazing*) atemberaubend, umwerfend (*inf*); *news, beauty also* umwerfend.

staggeringly ['stægərɪŋlɪ] *adv* (*amazingly*) umwerfend (*inf*), erstaunlich.

staghound ['stæghaʊnd] *n* (*für die Hirschjagd bestimmter*) Jagdhund; **stag hunt, stag hunting** *n* Hirschjagd *f*.

stagily ['steɪdʒɪlɪ] *adv dressed, made up* auffallend.

staginess ['steɪdʒɪnɪs] *n* auffällige Art.

staging ['steɪdʒɪŋ] *n* **1.** (*production*) Inszenieren *nt*; (*scenery etc*) Inszenierung *f*. **2.** (*stage*) Bühne *f*.

stagnancy ['stægnənsɪ] *n* Stagnieren *nt*; (*of trade also*) Stagnation *f*, Stocken *nt*.

stagnant ['stægnənt] *adj* (*not moving*) *air, water* stehend *attr*, gestaut; (*foul, stale*) *water* abgestanden; *air* verbraucht; *trade* stagnierend, stockend; *mind* träge.

stagnate [stæg'neɪt] *vi* (*not circulate*) stagnieren; (*become foul*) (*water*) abstehen; (*air*) verbraucht werden; (*trade*) stagnieren, stocken; (*person*) verdummen; (*mind*) einrosten.

stagnation [stæg'neɪʃən] *n* (*of water*) Stagnieren *nt*; (*of air*) Stau *m*; (*of trade also*) Stagnation *f*, Stocken *nt*; (*of person*) Verdummung *f*; (*of mind*) Verlangsamung *f*.

stag night *n* Saufabend *m* (*inf*) des Bräutigams mit seinen Kumpeln; **stag party** *n* **1.** Herrenabend *m*; **2.** *see* **stag night**.

stagy ['steɪdʒɪ] *adj* (+*er*) theatralisch; *appearance* auffallend.

staid [steɪd] *adj* (+*er*) seriös, gesetzt; *answer* bedächtig; *colour* gedeckt.

staidly ['steɪdlɪ] *adv* gesetzt; *answer* in seiner *etc* gesetzten Art; *dressed* gedeckt.

staidness ['steɪdnɪs] *n* Gesetztheit *f*.

stain [steɪn] **I** *n* **1.** (*lit*) Fleck *m*; (*fig also*) Makel *m*. **a blood/mud ~** ein Blutfleck *m*/ Schlammspritzer *m*; **~ remover** Fleckenentferner *m*; **without a ~ on his character** ohne (einen) Makel.

2. (*colorant*) (Ein)färbemittel *nt*; (*wood~*) Beize *f*.

II *vt* beflecken; (*colour*) einfärben; (*with wood~*) beizen.

III *vi* **1.** (*leave a ~*) Flecken hinterlassen *or* geben (*inf*).

2. (*become ~ed*) fleckig werden, Flecken bekommen.

stained [steɪnd] *adj dress, floor* fleckig, befleckt (*geh*); *glass* bunt, bemalt; *reputation* befleckt. **~-glass window** farbiges Glasfenster; **~ with blood** blutbefleckt.

stainless ['steɪnlɪs] *adj* **1.** (*character*) tadellos.

2. (*rust-resistant*) rostfrei. **~ steel** rostfreier (Edel)stahl; (*esp for dishes, cutlery also*) Cromargan ® *nt*; **"~ steel"** ,,rostfrei"; **~ steel cutlery** rostfreies Besteck, Cromarganbesteck ® *nt*.

stair [steəʳ] *n* **1.** (*step*) Stufe *f*. **2.** *usu pl* (*~way*) Treppe *f*. **at the top of the ~s** oben

stair carpet n Treppenläufer m; **staircase** n Treppe f; (stairway) Treppenhaus nt; **stair rod** n Teppichstab m; **stairway** n Treppenhaus nt; **stairwell** n Treppenauge nt.

stake [steɪk] **I** n 1. (post) Pfosten, Pfahl m; (for vampires) Pfahl m; (for plant) Stange f; (for animal) Pflock m.

2. (place of execution) Scheiterhaufen m. **to die at the ~** auf dem Scheiterhaufen sterben, verbrannt werden.

3. (bet) Einsatz m; (financial interest) Anteil m. **to be at ~** auf dem Spiel stehen; **he has a lot at ~** er hat viel zu verlieren; **to have a ~ in sth** in business einen Anteil an etw (dat) haben; in the future von etw betroffen werden; **he has a big ~ in the success of the plan** für ihn hängt viel vom Erfolg des Planes ab; **that's precisely the issue at ~** genau darum geht es; **the issue at ~ is not ...** es steht nicht zur Debatte, ob ...

4. ~s pl (prize) Gewinn m; **the Newmarket ~s** der Große Preis von Newmarket.

II vt 1. animal anpflocken.

2. (also ~ up) plant hochbinden; fence abstützen.

3. (bet, risk) setzen (on auf +acc); (esp US: back financially) finanziell unterstützen. **to ~ one's life/reputation on sth** seine Hand für etw ins Feuer legen/sein Wort für etw verpfänden; **to ~ a/one's claim to sth** sich (dat) ein Anrecht auf etw (acc) sichern.

◆**stake off** or **out** vt sep land abstecken.
◆**stake out** vt sep (US sl) place umstellen; person überwachen.

stalactite ['stæləktaɪt] n Stalaktit m.
stalagmite ['stæləgmaɪt] n Stalagmit m.
stale [steɪl] adj (+er) 1. (old, musty) alt; cake also trocken; bread, biscuit also altbacken; (in taste, smell also) muffig; drink abgestanden; air verbraucht.

2. (fig) news veraltet; joke abgedroschen; athlete, pianist etc ausgepumpt, verbraucht. **to be ~** (person) alles nur noch routinemäßig machen.

stalemate ['steɪlmeɪt] **I** n (Chess) Patt nt; (fig) Patt(situation f) nt, Sackgasse f. **to reach ~** (lit) ein Patt erreichen; (fig) in eine Sackgasse geraten; **to end in (a) ~** (lit) mit (einem) Patt enden, patt enden; (fig) in einer Sackgasse enden.

II vt (Chess) patt setzen; (fig) matt setzen; negotiations zum Stillstand bringen.

staleness ['steɪlnɪs] n 1. (lit) (of beer, water etc) Abgestandenheit f; (of bread, biscuit) Altbackenheit f; (of taste, smell) Muffigkeit f. **the ~ of the air made them sleepy** die verbrauchte Luft machte sie schläfrig.

2. (fig) (of joke) Abgedroschenheit f. **the ~ of the news** die veraltete Nachricht.

stalk¹ [stɔːk] **I** vt game sich anpirschen an (+acc); person sich anschleichen an (+acc); (animal) beschleichen, sich heranschleichen an (+acc). **II** vi 1. (walk haughtily) stolzieren. 2. (Hunt) pirschen. **to go ~ing** auf die Pirsch gehen.

stalk² n (of plant, leaf) Stiel m; (cabbage ~) Strunk m. **his eyes came out on ~s**

(inf) er bekam Stielaugen (inf).

stalker ['stɔːkəʳ] n Pirschjäger(in f) m.
stalking-horse ['stɔːkɪŋhɔːs] n (fig) (person) Strohmann m; (pretext) Vorwand m.
stall [stɔːl] **I** n 1. (in stable) Box, Bucht f; (old: stable) Stall m.

2. (at market etc) Stand m.

3. ~s pl (Brit Theat, Film) Parkett nt; **in the ~s** im Parkett.

4. (Eccl) Kirchenstuhl m. ~s Chorgestühl nt.

5. (Aviat) überzogener Flug. **to do a ~ turn** (Aviat) ein Flugzeug auffangen und neu starten.

II vt 1. horse, cow einstellen.

2. (Aut) abwürgen; (Aviat) überziehen.

3. (also ~ off) person hinhalten; decision hinauszögern.

III vi 1. (engine) absterben; (Aviat) überziehen.

2. (delay) Zeit schinden (inf). **stop ~ing!** hören Sie auf auszuweichen or drum herumzureden (inf)!; **to ~ for time** versuchen, Zeit zu gewinnen or zu schinden (inf).

stallion ['stæljən] n Hengst m; (for breeding) Zuchthengst m.
stalwart ['stɔːlwət] **I** adj 1. (in spirit) treu, unentwegt; supporter also getreu; belief unerschütterlich. 2. (in build) kräftig, robust. **II** n (supporter) (getreuer) Anhänger.
stalwartly ['stɔːlwətlɪ] adv fight, oppose tapfer, unentwegt; support treu; believe unerschütterlich; push also kräftig.
stamen ['steɪmen] n Staubgefäß nt.
stamina ['stæmɪnə] n Stehvermögen, Durchhaltevermögen nt.
stammer ['stæməʳ] **I** n Stottern nt. **to speak with a ~** stottern; **he has a bad ~** er stottert stark. **II** vt (also ~ out) stammeln. **III** vi stottern.
stammerer ['stæmərəʳ] n Stotterer m, Stotterin f.
stammering ['stæmərɪŋ] **I** adj excuse, apology gestammelt; person stammelnd. **II** n (act) Stottern, Stammeln nt; (stammered speech) Gestotter(e), Gestammel(e) nt.
stammeringly ['stæmərɪŋlɪ] adv stammelnd, stotternd.
stamp [stæmp] **I** n 1. (postage ~) (Brief)marke f, (Post)wertzeichen nt (form); (insurance ~, revenue ~ etc) Marke f; (trading ~) (Rabatt)marke f; (charity ~, airmail ~, sticker) Aufkleber m. **to collect (postage) ~s** Briefmarken sammeln.

2. (rubber ~, impression) Stempel m.

3. (fig) **a man of his ~** ein Mann seines Schlags; **to bear the ~ of the expert/of authenticity** den Stempel des Experten/die Züge der Echtheit tragen.

II vt 1. **to ~ one's foot** (mit dem Fuß) (auf)stampfen; **to ~ the ground** (mit dem Fuß/den Füßen) auf den Boden stampfen.

2. (put postage ~ on) frankieren. **a ~ed addressed envelope** ein frankierter Rückumschlag.

3. paper, document etc (with rubber ~) stempeln; (with embossing machine) prägen; name, pattern aufstempeln; aufprägen (on auf +acc); (fig) ausweisen (as als). **the leader has ~ed his personality on**

the party der Vorsitzende hat der Partei seinen Stempel aufgeprägt.

III vi (*walk*) sta(m)pfen, trampeln; (*disapprovingly, in dancing*) (mit dem Fuß) (auf)stampfen; (*horse*) aufstampfen. he was ~ing about the house er trampelte im Haus herum; to ~ in/out hinein-/hinausstapfen.

◆**stamp on I** vt sep pattern, design aufprägen. to ~ a pattern ~ sth auf etw (*acc*) ein Muster (auf)prägen; to be ~ed ~ sb's memory sich jdm eingeprägt haben. **II** vi +prep obj treten auf (+*acc*).

◆**stamp out I** vt sep **1.** fire austreten; (*fig: eradicate*) epidemic, crime ausrotten; opposition unterdrücken, zunichte machen; trouble niederschlagen; rebels unschädlich machen. **2.** (*punch or cut out*) pattern, shape ausstanzen. **3.** rhythm (mit)-stampfen. **II** vi heraustrampeln, heraussta(m)pfen.

stamp album n Briefmarkenalbum nt; **stamp collecting** n Briefmarkensammeln nt; **stamp collection** n Briefmarkensammlung f; **stamp collector** n Briefmarkensammler(in f) m; **stamp dealer** n Briefmarkenhändler(in f) m; **stamp duty** n (Stempel)gebühr f.

stampede [stæm'pi:d] **I** n (*of horses, cattle*) wilde Flucht; (*of people*) Massenandrang, Massenansturm m (on auf +*acc*); (*to escape*) wilde or panikartige Flucht.

II vt cattle, horses, crowd in (wilde or helle) Panik versetzen. to ~ sb into doing sth (*fig*) jdn dazu drängen, etw zu tun.

III vi durchgehen; (*crowd*) losstürmen (for auf +*acc*).

stamping ground ['stæmpɪŋˌɡraʊnd] n his old ~s seine alten Jagdgründe; it's the ~ of a lot of students es ist der Treff(punkt) vieler Studenten.

stamp machine n Briefmarkenautomat m.

stance [stæns] n (*posture, Sport*) Haltung f; (*mental attitude also*) Einstellung f; (*Cricket, Golf etc also*) Stand m. to take up a ~ (*lit*) in Stellung gehen; (*fig*) eine Haltung einnehmen.

stand [stænd] (vb: pret, ptp **stood**) **I** n **1.** (*position*) Platz, Standort m; (*fig*) Standpunkt m, Einstellung f (on zu). my ~ is that ... ich stehe auf dem Standpunkt, daß ..., ich vertrete die Einstellung, daß ...; to take a firm ~ einen festen Standpunkt vertreten (on zu).

2. (*Mil*) (*resistance*) Widerstand m; (*battle*) Gefecht nt. to make a ~ (*lit, fig*) sich widersetzen, Widerstand leisten.

3. (*taxi* ~) Stand m.

4. (*Theat*) Gastspiel nt; (*of pop group etc*) Konzert nt.

5. (*furniture, music* ~) Ständer m.

6. (*market stall etc*) Stand m.

7. (*band*~) Podium nt.

8. (*Sport*) Tribüne f; (*US Jur*) Zeugenstand m. (we sat) in the ~ (wir saßen) auf der Tribüne; to take the ~ (*Jur*) in den Zeugenstand treten.

II vt **1.** (*place*) stellen; see stead, head.

2. (*withstand*) pressure, close examination etc (*object*) standhalten (+*dat*); (*person*) gewachsen sein (+*dat*); test bestehen; climate vertragen; heat, noise

ertragen, aushalten; loss, cost verkraften.

3. (*inf: put up with*) person, noise, interruptions etc aushalten. I can't ~ him/it (*don't like*) ich kann ihn nicht leiden or ausstehen/ich kann das nicht ausstehen or vertragen; I can't ~ being kept waiting ich kann es nicht leiden or ausstehen, wenn man mich warten läßt.

4. (*inf: treat*) to ~ sb a drink/a meal jdm einen Drink/ein Essen spendieren.

III vi **1.** (*be upright*) stehen; (*get up*) aufstehen. don't just ~ there! stehen Sie nicht nur (dumm) rum! (*inf*); to ~ still stillstehen; we stood talking wir standen da und unterhielten uns; ~ and deliver! (*old, hum*) anhalten, her mit dem Zeug! (*inf*).

2. (*measure*) (*person*) groß sein; (*tree etc*) hoch sein.

3. (*be situated*) stehen.

4. (*remain unchanged*) stehen; (*fig*) bestehen (bleiben).

5. to ~ as a candidate kandidieren.

6. (*continue to be valid*) (*offer, promise*) gelten; (*argument, objection, contract also*) gültig bleiben; (*decision, record, account*) stehen. the theory ~s or falls by this damit steht und fällt die Theorie.

7. (*thermometer, record*) stehen (at auf +*dat*); (*sales*) liegen (at bei).

8. (*fig: be in a position*) we ~ to lose/gain a lot wir laufen Gefahr, eine Menge zu verlieren/wir können sehr viel gewinnen; what do we ~ to gain by it? was springt für uns dabei heraus?

9. (*fig: be placed*) I'd like to know where I ~ (with him) ich möchte wissen, woran ich (bei ihm) bin; where do you ~ with him? wie stehen Sie sich mit ihm?; as things ~ nach Lage der Dinge; as it ~s so wie die Sache aussieht; to ~ alone (be best) unerreicht sein.

10. (*fig: be, continue to be*) to ~ firm or fast festbleiben; to ~ in need of help Hilfe brauchen; to ~ together zusammenhalten; to ~ (as) security for sb für jdn bürgen or Bürge sein; nothing now ~s between us es steht nichts mehr zwischen uns; see also other elements.

◆**stand about** or **around** vi herumstehen.

◆**stand apart** vi (*lit*) abseits stehen; (*fig*) sich fernhalten.

◆**stand aside** vi (*lit*) zur Seite treten; (*fig*) (*withdraw*) zurücktreten; (*play no part*) (tatenlos) danebenstehen.

◆**stand back** vi (*move back*) zurücktreten; (*be situated at a distance*) zurückstehen, abliegen, zurückliegen; (*fig*) (*distance oneself*) Abstand nehmen; (*play no part*) (tatenlos) danebenstehen.

◆**stand by I** vi **1.** (*remain uninvolved*) (unbeteiligt) danebenstehen. **2.** (*be on alert*) sich bereithalten. to ~ ~ for further news auf weitere Nachrichten warten. **II** vi +prep obj to ~ ~ a promise/sb ein Versprechen/zu jdm halten.

◆**stand down** vi **1.** (*retire, withdraw*) verzichten. **2.** (*Jur*) den Zeugenstand verlassen. **3.** (*Mil*) aufgelöst werden.

◆**stand for** vi +prep obj **1.** (*be candidate for*) kandidieren für, sich zur Wahl stellen für. to ~ ~ (the post of) chairman für den

Posten des Vorsitzenden kandidieren; **to ~ ~ election** (in einer Wahl) kandidieren, sich zur Wahl stellen; **to ~ ~ election to sth** für etw kandidieren; **she is ~ing ~ election to Parliament** sie kandidiert in den Parlamentswahlen.

2. (*be abbreviation for, represent*) stehen für, bedeuten.

3. (*put up with*) hinnehmen, sich (*dat*) gefallen lassen.

◆**stand in** *vi* einspringen.

◆**stand off** *vi* (*Naut*) seewärts anliegen.

◆**stand out** *vi* **1.** (*project*) hervorstehen; (*land, balcony*) herausragen.

2. (*contrast, be noticeable*) hervorstechen, auffallen. **to ~ ~ against sth** sich gegen etw or von etw abheben; **to ~ ~ from the others** hervorstechen, auffallen.

3. (*hold out*) **to ~ ~ against sth** weiterhin gegen etw Widerstand leisten; **to ~ ~ for sth** auf etw (*acc*) bestehen.

◆**stand over** **I** *vi* (*work, project*) liegenbleiben. **to let sth ~** ~ etw liegenlassen. **II** *vi +prep obj* (*supervise*) auf die Finger sehen (+*dat*).

◆**stand to** *vi* (*Mil*) in Bereitschaft or in Waffen stehen.

◆**stand up** **I** *vi* **1.** (*get up*) aufstehen; (*be standing*) stehen. **~ ~ straight!** stell dich gerade hin!; **to ~ ~ and be counted** sich zu seiner Meinung bekennen.

2. (*be valid*) (*argument*) überzeugen; (*Jur*) bestehen.

3. to ~ ~ for sb/sth für jdn/etw eintreten; **to ~ ~ to sth** to test, pressure (*object*) einer Sache (*dat*) standhalten; (*person*) einer Sache (*dat*) gewachsen sein; *to hard wear* etw vertragen; **to ~ ~ to sb** sich jdm gegenüber behaupten.

II *vt sep* **1.** (*put upright*) hinstellen.

2. (*inf*) boyfriend etc versetzen.

standard ['stændəd] **I** *n* **1.** (*average, established norm*) Norm *f*; (*criterion*) Maßstab *m*. **to set a good ~** Maßstäbe setzen; **to be above/below ~** über/unter der Norm sein or liegen; **to be up to ~** den Anforderungen genügen.

2. *usu pl* (*moral ~s*) (sittliche) Maßstäbe *pl*. **his** (**moral**) **~s are abysmally low** er hat eine erschreckend niedrige Moral; **to conform to society's ~s** den Wertvorstellungen der Gesellschaft entsprechen; **he sets himself very high ~s** er stellt hohe Anforderungen an sich (*acc*) selbst.

3. (*degree, level*) Niveau *nt*. **~ of living** Lebensstandard *m*; **first-year university ~** Wissensstand *m* des ersten Studienjahrs; **of high/low ~** von hohem/niedrigem Niveau.

4. (*Measurement*) (Maß)einheit *f*, Standard *m*; (*monetary ~*) (Währungs)standard *m*.

5. (*flag*) Flagge, Fahne *f*; (*on car*) Stander *m*; (*royal ~*) (königliche) Standarte *f*.

6. (*pole*) Mast *m*.

7. (*Hort*) (Hoch)stamm *m*. **~ rose** Stammrose *f*.

II *adj* **1.** (*usual, customary*) üblich; (*Comm also*) handelsüblich; *model, price, practice, reply* Standard-; *size, measure* Normal-; (*average*) *performance, work* Durchschnitts-, durch-

schnittlich; (*widely referred to*) *author, reference book* Standard-; (*generally established as a measure*) *weight, size* Norm-; *conditions, pressure, temperature, time* Normal-; *gauge* Regel-, Normal-. **such requirements are not ~** solche Forderungen sind nicht die Norm or Regel.

2. (*Ling*) (allgemein) gebräuchlich. **~ English** korrektes Englisch; **~ German** Hochdeutsch *nt*.

standard-bearer ['stændəd,bɛərə(r)] *n* Fahnenträger(in *f*) *m*.

standardization [,stændədar'zeɪʃən] *n* *see* *vt* Vereinheitlichung *f*; Normung, Standardisierung *f*.

standardize ['stændədaɪz] *vt* education, style, approach vereinheitlichen; format, sizes etc normen, standardisieren.

standard-lamp ['stændəd'læmp] *n* Stehlampe *f*.

stand-by ['stændbaɪ] **I** *n* **1.** (*person*) Ersatz, Ersatzmann *m*; (*Sport also*) Ersatz- or Auswechselspieler(in *f*) *m*; (*thing*) Reserve *f*; (*Aviat*) (*plane*) Entlastungsflugzeug *nt*; (*ticket*) Standby-Ticket *nt*; (*passenger*) Passagier, der mit einem Standby-Ticket reist.

2. (*state of readiness*) **on ~** in Bereitschaft; (*ready for action*) in Einsatzbereitschaft; **to be on 24-hour ~** 24 Stunden Bereitschaftsdienst haben.

II *adj attr* troops, player, generator Reserve-, Ersatz-; (*Aviat*) *plane* Entlastungs-; *passenger, ticket* Standby-.

standee [stæn'di:] *n* (*esp US*) jd, der steht or einen Stehplatz hat.

stand-in ['stændɪn] *n* (*Film, Theat*) Ersatz *m*.

standing ['stændɪŋ] **I** *n* **1.** (*social*) Rang *m*, (gesellschaftliche) Stellung; (*professional*) Position *f*; (*financial*) (finanzielle) Verhältnisse *pl*; (*repute*) Ruf *m*, Ansehen *nt*. **of high ~** von hohem Rang; (*repute*) von hohem Ansehen; **a man of some ~** ein angesehener Mann; **to be in good ~ with sb** gute Beziehungen zu jdm haben.

2. (*duration*) Dauer *f*. **a treaty/her husband of only six months' ~** ein Vertrag, der erst seit sechs Monaten besteht/ihr Mann, mit dem sie erst seit sechs Monaten verheiratet ist; **of long ~** alt, langjährig; *relationship, agreement etc also* von langer Dauer.

II *adj attr* **1.** (*established, permanent*) ständig; rule, custom bestehend; army also stehend. **it's a ~ joke** es ist schon ein Witz geworden; **to pay sth by ~ order** etw per Dauerauftrag bezahlen; **~ committee** ständiger Ausschuß; **the ~ orders of an association** die Geschäftsordnung einer Gesellschaft.

2. (*from a standstill*) aus dem Stand; (*not sitting*) ticket Stehplatz-; (*erect*) corn auf dem Halm stehend; stone (aufrecht) stehend. **~ room only** nur Stehplätze; **to give sb a ~ ovation** jdm im Stehen Beifall klatschen or Ovationen darbringen.

stand-offish [,stænd'ɒfɪʃ] *adj*, **stand-offishly** [-lɪ] *adv* (*inf*) hochnäsig; **stand pipe** *n* Steigrohr *nt*; **standpoint** *n* Standpunkt *m*; **standstill** *n* Stillstand *m*; **to be at a ~** (*plane, train*) stehen; (*machines,* *traffic*) stillstehen; (*trade, factory, production*) ruhen; **to bring production to a ~** die Produktion lahmlegen *or* zum Erliegen bringen; **to come to a ~** (*person*) stehenbleiben, anhalten; (*vehicle*) zum Stehen kommen, anhalten; (*traffic, machines*) zum Stillstand kommen; (*industry etc*) zum Erliegen kommen; **stand-up** *adj attr* buffet, collar Steh-; *meal* im Stehen; **~ fight** Schlägerei *f*.

stank [stæŋk] *pret of* **stink**.

stannic ['stænɪk] *adj* Zinn-.

stanza ['stænzə] *n* Strophe *f*.

staple¹ ['steɪpl] **I** *n* Klammer *f*; (*for paper*) Heftklammer *f*; (*for wires, cables etc*) Krampe *f*. **II** *vt* heften; *wire* mit Krampen befestigen.

staple² **I** *adj* diet, food Grund-, Haupt-; *product, topic* Haupt-. **II** *n* **1.** (*main product*) Hauptartikel *m*; (*main element*) Ausgangsmaterial *nt*; (*main food*) Hauptnahrungsmittel *nt*. **2.** (*of cotton*) Rohbaumwolle *f*; (*of wool*) Rohwolle *f*.

stapler ['steɪplə'] *n* Heftmaschine *f*.

star [stɑːʳ] **I** *n* **1.** Stern *m*; (*asterisk also, Sch*) Sternchen *nt*. **the S~s and Stripes** das Sternenbanner; **you can thank your lucky ~s that** ... Sie können von Glück sagen, daß ...; **it's all in the ~s** es steht (alles) in den Sternen; **to see ~s** Sterne sehen.

2. (*person*) Star *m*.

II *adj attr* attraction Haupt-; *performer, pupil, player* Star-.

III *vt* **1.** (*mark with ~s*) mit einem Stern/mit Sternen versehen; (*fig: scatter*) besäen *or* übersäen.

2. (*Film etc*) **to ~ sb** (*film*) jdn in der Hauptrolle zeigen; **a film ~ring Greta Garbo** ein Film mit Greta Garbo (in der Hauptrolle).

IV *vi* (*Film etc*) die Hauptrolle spielen.

star billing *n* **to get ~** auf Plakaten groß herausgestellt werden; **starboard I** *n* Steuerbord *nt*; **to ~** (*direction*) (nach) Steuerbord; (*place*) (in) Steuerbord; **II** *adj* Steuerbord-; **III** *adv* (nach) Steuerbord.

starch [stɑːtʃ] **I** *n* Stärke *f*. **II** *vt* stärken.

starchily ['stɑːtʃɪlɪ] *adv* (*fig*) steif.

starchy ['stɑːtʃɪ] *adj* (+er) stärkehaltig; (*fig*) steif.

star-crossed ['stɑːkrɒst] *adj* **they were ~ lovers** ihre Liebe stand unter einem Unstern.

stardom ['stɑːdəm] *n* Berühmtheit *f*, Ruhm *m*.

stare [steəʳ] **I** *n* (starrer) Blick. **to give sb a ~** jdn anstarren.

II *vt* **the answer/his guilt was staring us in the face** die Antwort/seine Schuld lag klar auf der Hand.

III *vi* (*vacantly etc*) (vor sich hin) starren; (*cow, madman*) stieren, glotzen (*inf*); (*in surprise*) große Augen machen; (*eyes*) weit aufgerissen sein. **it's rude to ~** es ist unhöflich, andere Leute anzustarren; **to ~ at sb/sth** jdn/etw anstarren; (*cow, madman also*) jdn/etw anstieren *or* anglotzen (*inf*); **to ~ at sb in horror/amusement/disbelief** *etc* jdn entsetzt/verblüfft/ungläubig *etc* anstarren.

◆**stare out** *or* **down** *vt sep* **they were trying**

to ~ each other ~ sie versuchten, sich so lange gegenseitig anzustarren, bis einer aufgab; **I bet I can ~ you ~** wetten, daß du zuerst wegguckst (*inf*).

starfish ['stɑːfɪʃ] *n* Seestern *m*; **stargazer** *n* (*hum inf*) Sterngucker *m* (*hum inf*).

staring ['steərɪŋ] *adj* starrend *attr*. **~ eyes** starrer Blick.

stark [stɑːk] **I** *adj* (+er) realism, contrast, ignorance, poverty kraß; *reality, poverty also, white, truth, terror* nackt; *clothing, simplicity* schlicht; *madness* schier, rein, hell; *landscape, cliffs, branches* nackt, kahl; *light, bulb* grell; *colour* eintönig; (*glaring*) grell; *black* trist; *silhouette* hart.

II *adv* **~ raving** *or* **staring mad** (*inf*) total verrückt (*inf*); **~ naked** splitternackt.

starkers ['stɑːkəz] *adj pred* (*inf*) im Adamskostüm/Evaskostüm (*hum*).

starkly ['stɑːklɪ] *adv lit* grell; *described* kraß, schonungslos. **~ dressed in black** in tristes Schwarz gekleidet; **trees ~ silhouetted against the sky** Bäume, die sich hart gegen den Himmel abhoben.

starkness ['stɑːknɪs] *n* (*of clothing*) Schlichtheit *f*; (*of colour*) Eintönigkeit *f*; (*glaring*) Grellheit *f*; (*of truth, contrast*) Härte, Krassheit *f*; (*of landscape*) Nacktheit, Kahlheit *f*.

starless ['stɑːlɪs] *adj* sternenlos.

starlet ['stɑːlɪt] *n* (Film)sternchen *nt*.

starlight ['stɑːlaɪt] *n* Sternenlicht *nt*.

starling ['stɑːlɪŋ] *n* Star *m*.

starlit ['stɑːlɪt] *adj* sky, night stern(en)klar; *woods, hills* von Sternen beschienen.

starred [stɑːd] *adj* mit (einem) Sternchen bezeichnet.

starriness ['stɑːrɪnɪs] *n* (*of night, sky*) Stern(en)klarheit *f*; (*of eyes*) Leuchten, Strahlen *nt*. **the ~ of the sky** der stern(en)klare Himmel.

starry ['stɑːrɪ] *adj* (+er) night sternklar; *sky* Sternen-; *eyes* strahlend, leuchtend.

starry-eyed ['stɑːrɪ'aɪd] *adj* idealist romantisch, blauäugig; (*naively trusting*) arglos, blauäugig. **to go all ~** glänzende Augen kriegen.

star shell *n* Leuchtkugel *f*, Leuchtgeschoß *nt*; **star-spangled** *adj* **1.** (*liter*) sky stern(en)übersät (*liter*); **2. The ~ Banner** das Sternenbanner; **star-studded** *adj* **1.** (*liter*) night stern(en)klar, voller Sterne; *sky also* stern(en)übersät (*liter*); **2.** (*fig*) **~ cast** Starbesetzung *f*.

start¹ [stɑːt] **I** *n* (*fright etc*) Zusammenfahren *nt*; Auffahren, Aufschrecken *nt*; (*of horse*) Scheuen *nt*. **to give a ~** zusammenfahren; auffahren, aufschrecken; scheuen; **to give sb a ~** jdn erschrecken, jdm einen Schreck(en) einjagen; **to wake with a ~** aus dem Schlaf hochschrecken; **he looked up with a ~** er blickte erschreckt hoch.

II *vi* **1.** aufschrecken, hochschrecken; zusammenfahren. **to ~ from one's chair/out of one's sleep** aus dem Stuhl hochfahren/aus dem Schlaf hochschrecken.

2. tears **~ed to his eyes** Tränen traten ihm in die Augen; **his eyes were ~ing out of his head** die Augen traten ihm fast aus dem Kopf.

III *vt* *pheasant etc* aufscheuchen (*from aus*).

start² **I** *n* **1.** (*beginning*) Beginn, Anfang *m*; (*departure*) Aufbruch *m*; (*of race*) Start *m*; (*of rumour, trouble, journey*) Ausgangspunkt *m*. **at the ~** am Anfang, zu Beginn; (*Sport*) am Start; **we are at the ~ of something big** wir stehen am Anfang *or* Beginn einer großen Entwicklung; **for a ~** (*to begin with*) fürs erste; (*firstly*) zunächst einmal; **from the ~** von Anfang an; **from ~ to finish** von Anfang bis Ende, von vorn bis hinten (*inf*); **to get off to a good** *or* **flying ~** gut vom Start wegkommen; (*fig*) (*person*) die richtige Starthilfe bekommen; (*project, business*) sich gut anlassen; **to get sb/sth off to a good ~** jdm einen guten Start verschaffen/etw gut anlaufen lassen; **to give sb a (good) ~ in life** jdm eine (gute) Starthilfe geben; **to make a ~ (on sth)** (mit etw) anfangen; **to make an early ~/a ~ for home** frühzeitig aufbrechen/sich auf den Heimweg machen; **to make a fresh** *or* **new ~ (in life)** (noch einmal) von vorn anfangen. **2.** (*advantage, Sport*) Vorsprung *m* (*over* vor +*dat*).

II *vt* **1.** (*begin*) anfangen mit; *argument, career, new life, negotiations* beginnen, anfangen; *new job, journey* antreten. **to ~ work** anfangen zu arbeiten; **he ~ed life as a miner** er hat als Bergmann angefangen; **don't ~ that again!** fang nicht schon wieder (damit) an!; **to ~ smoking** das *or* mit dem Rauchen anfangen.

2. (*runners*) starten zu; (*cause to begin*) *runners, race* starten; *train* abfahren lassen; *rumour* im Umlauf setzen; *conversation* anfangen, anknüpfen; *fight* anfangen; *blaze, collapse, chain reaction* auslösen; *coal fire etc* anzünden; (*arsonist*) legen; (*found*) *enterprise, newspaper* gründen, starten (*inf*). **to ~ sb thinking/on a subject** jdn nachdenklich machen/jdn auf ein Thema bringen; **to ~ sb in business/on a career** jdm zu einem Start im Geschäftsleben/zu einer Karriere verhelfen; **the discovery ~ed a new line of research** mit der Entdeckung kam eine neue Forschungsrichtung in Gang; **look what you've ~ed now!** da hast du was Schönes angefangen! (*inf*).

3. *car* starten; *engine also* anlassen; *clock* in Gang setzen; *machine, motor also* anwerfen.

4. to ~ a horse in a race eine Nennung für ein Pferd abgeben.

III *vi* (*begin*) anfangen, beginnen; (*car, engine*) anspringen, starten; (*plane*) starten; (*move off*) anfahren; (*bus, train*) abfahren; (*boat*) ablegen; (*rumour*) in Umlauf kommen; (*violins, cellos etc*) einsetzen. **~ing from Tuesday** ab Dienstag; **to ~ for home** (nach Hause) aufbrechen, sich auf den Heimweg machen; **to ~ for work** zur Arbeit gehen/fahren; **to ~ for London** nach London losfahren; **to ~ (off) with** (*adv*) (*firstly*) erstens, erst einmal; (*at the beginning*) zunächst; **what shall we have to ~ (off) with?** was nehmen wir als Vorspeise?; **to ~ after sb** jdn verfolgen; **to get ~ed** anfangen; (*on journey*) aufbrechen;

he finds it difficult to get ~ed in the morning er kommt morgens nur schwer in Schwung *or* Gang; **to ~ on a task/journey** sich an eine Aufgabe/auf eine Reise machen; **to ~ talking** *or* **to talk** zu sprechen beginnen *or* anfangen; **he ~ed by saying ...** er sagte zunächst ...; **don't you ~!** fang du nicht auch noch an!

◆start back *vi* sich auf den Rückweg machen. **we ~ed ~ for home** wir machten uns auf den Heimweg; **the rocket ~ed ~ to earth** die Rakete trat die Rückreise zur Erde an.

◆start in *vi* (*inf*) **1.** (*begin to scold*) vom Leder ziehen (*inf*) (*on sb* gegen jdn). **2. to ~ ~ on sth** sich an etw (*acc*) machen.

◆start off I *vi* (*begin*) anfangen; (*begin moving: person*) losgehen; (*on journey*) aufbrechen; (*run*) loslaufen; (*drive*) losfahren; (*esp Sport*) starten; (*begin talking etc*) anfangen, loslegen (*inf*) (*on* mit). **to ~ ~ with** (*adv*) *see* **start²** III.

II *vt sep* *sth* anfangen. **to ~ sb ~** (*talking*) jdm das Stichwort geben; **to ~ the baby ~** (*crying*) das Baby zum Schreien bringen; **whatever you do, don't ~ her ~** sieh bloß zu, daß sie nicht damit anfängt; **to ~ sb ~ on sth/doing sth** jdn auf etw (*acc*) bringen/jdn dazu bringen, etw zu tun; **I'll play a few bars to ~ ~ you ~** ich spiele ein paar Takte, um Sie einzustimmen.

◆start out *vi* (*begin*) (zunächst) beginnen *or* anfangen; (*begin a journey*) aufbrechen (*for* nach). **we ~ed ~ on a long journey/new enterprise** wir machten uns auf eine lange Reise/an ein neues Unternehmen.

◆start over *vi* (*US*) noch (ein)mal von vorn anfangen.

◆start up I *vi* **1.** (*move suddenly*) **a rabbit ~d ~ out of the undergrowth** ein Kaninchen schoß aus dem Unterholz hervor; **he ~ed ~ in bed at the noise** bei dem Geräusch schreckte er im Bett hoch.

2. (*begin: music etc*) anfangen; (*machine*) angehen (*inf*), in Gang kommen; (*motor*) anspringen; (*siren*) losheulen. **when I ~ed ~ in business** als ich als Geschäftsmann anfing; **he ~ed ~ by himself when he was 21** er machte sich mit 21 selbständig.

II *vt sep* **1.** (*cause to function*) anmachen (*inf*), in Gang bringen; *engine also* anlassen, starten.

2. (*begin*) eröffnen; *business also* anfangen; *conversation* anfangen; (*amongst other people*) in Gang bringen.

starter ['staːtəʳ] *n* **1.** (*Sport*) Starter(in *f*) *m* (*also horse*); (*competitor*) Teilnehmer(in *f*) *m*; (*runner also*) Läufer(in *f*) *m* am Start. **to be under ~'s orders** auf das Startkommando warten.

2. (*Aut etc: self-~*) Starter, Anlasser *m*.

3. (*inf: person*) **to be a late ~ in the presidential race/with girls** sich erst spät an den Präsidentschaftswahlen beteiligen/ein Spätzünder sein, was Mädchen betrifft (*inf*).

4. (*inf: first course*) Vorspeise *f*.

5. for ~s (*sl*) für den Anfang (*inf*).

starting ['staːtɪŋ] *in cpds* (*Sport*) *line, post* Start-; **starting block** *n* Startblock *m*;

starting gate *n* Startmaschine *f*; **starting grid** *n* Start(platz) *m*; **starting gun** *n* Startpistole *f*; **starting handle** *n* Anlasserkurbel *f*; **starting point** *n* (*lit, fig*) Ausgangspunkt *m*; **starting post** *n* Startpflock *m*; **starting price** *n* (*Horseracing*) letzter Kurs vor dem Start.

startle ['stɑːtl] I *vt* erschrecken; *animal also* aufschrecken. **I was ~d to see how old he looked** ich stellte entsetzt fest, wie alt er aussah. II *vi* **she ~s easily** sie ist sehr schreckhaft.

startling ['stɑːtlɪŋ] *adj news* überraschend; (*bad*) alarmierend, bestürzend; *coincidence, resemblance* erstaunlich, überraschend; *colour, originality* aufregend, erregend; *dress* aufregend; *discovery* aufregend, sensationell.

startlingly ['stɑːtlɪŋlɪ] *adv simple* überraschend; *loud* erschreckend; *alike* erstaunlich, überraschend; *dressed* aufregend. **nothing ~ new/original** nichts besonders *or* allzu Neues/Originelles.

star turn *n* Sensation, Hauptattraktion *f*.

starvation [stɑːˈveɪʃən] *n* (*act*) Hungern *nt*; (*of besieged people*) Aushungern *nt*; (*condition*) Hunger *m*. **to die of ~** verhungern; **to live on a ~ diet** Hunger leiden; **the prisoners were kept on a ~ diet for months** man ließ die Gefangenen monatelang fast verhungern; **to go on a ~ diet** (*hum*) eine Hungerkur machen; **~ wages** Hungerlohn *m*, Hungerlöhne *pl*.

starve [stɑːv] I *vt* **1.** (*deprive of food*) hungern lassen; (*also ~ out*) aushungern; (*kill: also ~ to death*) verhungern lassen. **to ~ oneself** hungern; **he ~d his way through college** er hat sich (*dat*) das Studium am Mund abgespart.

2. (*fig*) **to ~ sb of sth** jdm etw vorenthalten *or* verweigern; **to be ~d of capital/graduates** an akutem Kapital-/Akademikermangel leiden; **to be ~d of affection** zuwenig Zuneigung erfahren.

II *vi* hungern; (*die: also ~ to death*) verhungern. **I'm simply starving!** (*inf*) ich sterbe vor Hunger! (*inf*); **you must be starving!** du mußt doch halb verhungert sein! (*inf*); **to ~ for sth** (*fig*) nach etw hungern.

◆**starve out** *vt sep garrison etc* aushungern.

starving ['stɑːvɪŋ] *adj* (*lit*) hungernd *attr*; (*fig*) hungrig.

stash [stæʃ] *vt* (*also ~ away*) (*sl*) *loot* verschwinden lassen (*inf*), bunkern (*sl*); *money* beiseite schaffen.

stasis ['steɪsɪs] *n* Stauung, Stase (*spec*) *f*; (*Liter*) Stillstand *m*.

state [steɪt] I *n* **1.** (*condition*) Zustand *m*. **~ of health/mind/war/siege** Gesundheits-/ Geistes-/Kriegs-/Belagerungszustand *m*; **widowed/married/single ~** Witwer- *or* Witwen-/Ehe-/Ledigenstand *m*; **to be in a ~ of grace/ weightlessness** im Stand der Gnade sein/sich im Zustand der Schwerelosigkeit befinden; **the ~ of the nation** die Lage der Nation; **the present ~ of the economy** die gegenwärtige Wirtschaftslage; **in a liquid/solid ~** im flüssigen/festen Zustand, in flüssigem/ festem Zustand; **where animals live in their natural ~** wo Tiere im Naturzustand

leben; **in a good/bad ~** in gutem/ schlechtem Zustand; **he's in no (fit) ~/~ of mind to do that** er ist nicht in dem (richtigen) Zustand dafür *or* dazu; **what a ~ of affairs!** was sind das für Zustände!; **look at the ~ of your hands!** guck dir bloß mal deine Hände an!; **the room was in a terrible ~** im Zimmer herrschte ein fürchterliches Durcheinander.

2. (*inf: anxiety*) **to get into a ~ (about sth)** (*inf*) wegen etw durchdrehen (*inf*); **to be in a great ~** (*inf*) in heller Aufregung *or* ganz durchgedreht (*inf*) sein.

3. (*rank*) Stand, Rang *m*. **~ of bishop** Bischofswürde *f*.

4. (*pomp*) Aufwand, Pomp *m*. **to be received in great ~** mit großem Staat empfangen werden; **to travel in ~** aufwendig *or* pompös reisen; **to lie in ~** (feierlich) aufgebahrt sein.

5. (*Pol*) Staat *m*; (*federal ~*) (Bundes)- staat *m*; (*in BRD, Austria*) (Bundes)land *nt*. **the S~s** die (Vereinigten) Staaten; **the S~ of Florida** der Staat Florida; **a ~ within a ~** ein Staat im Staate; **affairs of ~** Staatsangelegenheiten *pl*.

II *vt* darlegen, vortragen; *name, price, amount* nennen, angeben; *purpose* angeben. **to ~ that ...** feststellen *or* erklären, daß ...; **to ~ one's case** seine Sache vortragen; **it must be clearly ~d in the records ...** es muß aus den Akten einwandfrei hervorgehen, ...; **to ~ the case for the prosecution** (*Jur*) die Anklage vortragen; **the theme is ~d in the first few bars** das Thema wird in den ersten paar Takten vorgestellt; **unless otherwise ~d** wenn nicht ausdrücklich anders festgestellt.

state *in cpds* Staats-; *control also, industry* staatlich; (*US etc*) des Bundes- *or* Einzelstaates, bundesstaatlich; (*ceremonial*) Staats-; **state-aided** *adj school, project* staatlich gefördert; **state bank** *n* Staatsbank *f*; **statecraft** *n* die Staatskunst.

stated ['steɪtɪd] *adj* **1.** (*declared*) *sum, date* angegeben, genannt; *limits* bestimmt. **2.** (*fixed, regular*) *times, amount* festgesetzt). **at the ~ intervals** in den festgelegten Abständen; **on the ~ date** *or* **the date ~** zum festgesetzten Termin.

State Department *n* (*US*) Außenministerium *nt*; **state education** *n* staatliche Erziehung; (*system*) staatliches Bildungswesen.

statehood ['steɪthʊd] *n* Eigenstaatlichkeit *f*. **to achieve ~** ein eigener *or* selbständiger Staat werden.

statehouse ['steɪthaʊs] *n* (*US*) Parlamentsgebäude, Kapitol *nt*; **stateless** *adj* staatenlos; **~ person** Staatenlose(r) *mf*.

stateliness ['steɪtlɪnɪs] *n see adj* Würde *f*; Gemessenheit *f*; Pracht *f*.

stately ['steɪtlɪ] *adj* (+*er*) *person, bearing* würdevoll; *pace, walk* gemessen; *palace, tree* prächtig. **~ home** herrschaftliches Anwesen, Schloß *nt*.

statement ['steɪtmənt] *n* **1.** (*putting forward: of thesis etc*) Darstellung *f*; (*of problem also*) Darlegung *f*. **a clear ~ of the facts** eine klare Feststellung der Tatsachen.

2. (*that said*) Feststellung *f*; (*claim*) Behauptung *f*; (*Mus: of theme*) Vorstellen *nt*; (*official, Government* ~) Erklärung, Stellungnahme *f*; (*in court, to police*) Aussage *f*; (*written*) Protokoll *nt*, Aussage *f*. **to make a ~ to the press** eine Presseerklärung abgeben.

3. (*Philos*) Behauptung, These *f*; (*Logic*) Satz *m*; (*Gram*) Feststellung *f*.

4. (*Fin*) (*tradesman's*) Rechnung *f*; (*also* bank ~) Auszug *m*.

state occasion *n* Staatsanlaß *m*, Staatsfeierlichkeit *f*; **state-owned** *adj* staatseigen; **state registered nurse** *n* staatlich anerkannte Krankenschwester; **stateroom** *n* (*Naut*) Kabine *f*; (*US Rail*) Privat(schlafwagen)abteil *nt*; **state school** *n* öffentliche Schule; **state secret** *n* Staatsgeheimnis *nt*; **State's evidence** *n* (*US*) Aussage *f* eines Kronzeugen; **to turn ~** als Kronzeuge auftreten; **stateside** (*US inf*) **I** *adj* in den Staaten (*inf*); *newspaper* aus den Staaten (*inf*); **II** *adv* heim, nach Hause.

statesman ['steɪtsmən] *n, pl* **-men** [-mən] Staatsmann *m*; **statesmanlike** ['steɪtsmənlaɪk] *adj* staatsmännisch; **statesmanship** ['steɪtsmənʃɪp] *n* Staatskunst *f*. **skills of ~** staatsmännische Fähigkeiten *pl*.

state trooper *n* (*US*) Bundespolizist *m*; **state visit** *n* Staatsbesuch *m*; **statewide** *adj* (*US*) im ganzen Bundesstaat, landesweit.

static ['stætɪk] **I** *adj* **1.** (*Phys*) statisch.

2. (*not moving or changing*) konstant; (*stationary*) feststehend *attr*; *condition, society* statisch. **their relationship became ~** ihre Beziehung stagnierte *or* trat auf der Stelle.

II *n* (*Phys*) Reibungselektrizität *f*; (*Rad also*) atmosphärische Störungen *pl*.

statics ['stætɪks] *n sing* Statik *f*.

station ['steɪʃən] **I** *n* **1.** Station *f*; (*police ~, fire ~*) Wache *f*; (*space ~*) (Raum)-station *f*; (*US: gas ~*) Tankstelle *f*. **work ~** (*in office*) Position *f*, Platz *m*; (*in factory*) Station *f*.

2. (*railway ~, bus ~*) Bahnhof *m*; (*stop*) Station *f*.

3. (*Mil: post*) Stellung *f*, Posten *m*. **frontier/naval ~** Grenzstellung *f*/ Flottenstützpunkt *m*.

4. (*esp Austral: ranch*) Farm *f*. **sheep/ cattle ~** Schafs-/ Rinderzuchtfarm *f*.

5. (*Rad, TV*) Sender *m*, Sendestation *f*; (*channel*) Sender *m*.

6. (*position*) Platz *m*. **to take up one's ~** seinen Platz einnehmen; **the S~s of the Cross** die Stationen *pl* des Kreuzwegs.

7. (*rank*) Stand, Rang *m*. **~ in life** Stellung *f* (im Leben), Rang *m*; **to marry below/above one's ~** nicht standesgemäß/ über seinen Stand heiraten; **ideas above his ~** Ideen, die jemandem aus seinem Stand gar nicht zukommen.

II *vt* (auf)stellen, postieren; (*Mil*) stationieren.

station agent *n* (*US*) *see* **station-master**.

stationary ['steɪʃənərɪ] *adj* (*not moving*) *car* parkend *attr*; haltend *attr*; (*not movable*) fest(stehend *attr*). **to be ~** (*vehicles*) stehen; (*traffic, fig*) stillstehen; **to remain ~** sich nicht bewegen; (*traffic*) stillstehen; **he never remains ~ for long** er bleibt nirgendwo lange.

stationer ['steɪʃənəʳ] *n* Schreibwarenhändler *m*. **~'s (shop)** Schreibwarenhandlung *f*.

stationery ['steɪʃənərɪ] *n* Briefpapier *nt*; (*writing materials*) Schreibwaren *pl*. **office ~** Büromaterial *nt*.

station house *n* (*US: police*) (Polizei)-wache *f*, (Polizei)revier *nt*; **station-master** *n* Bahnhofsvorsteher *m*; **station police** *n* Bahnpolizei *f*; **station selector** *n* (*Rad*) Sendereinstellung *f*; **station wagon** *n* Kombi(wagen) *m*.

statistic [stə'tɪstɪk] *n* Statistik *f*.

statistical *adj*, ~ **ly** *adv* [stə'tɪstɪkəl, -ɪ] statistisch.

statistician [ˌstætɪ'stɪʃən] *n* Statistiker(in *f*) *m*.

statistics [stə'tɪstɪks] *n* **1.** *sing* Statistik *f*.

2. *pl* (*data*) Statistiken *pl*; *see* **vital**.

stator ['steɪtəʳ] *n* (*Elec*) Stator *m*.

statuary ['stætjʊərɪ] (*form*) **I** *adj* statuarisch (*geh*). **~ art** Plastik *f*. **II** *n* (*Art*) Plastik, Bildhauerei *f*; (*statues*) Plastiken, Statuen *pl*.

statue ['stætju:] *n* Statue *f*, Standbild *nt*. **S~ of Liberty** Freiheitsstatue *f*.

statuesque [ˌstætjʊ'esk] *adj* standbildhaft, statuesk (*liter*). **a woman of ~ proportions/beauty** eine Frau mit klassischen Maßen/von klassischer Schönheit.

statuette [ˌstætjʊ'et] *n* Statuette *f*.

stature ['stætʃəʳ] *n* **1.** Wuchs *m*; (*esp of man*) Statur *f*. **2.** (*fig*) Format *nt*.

status ['steɪtəs] *n* Stellung *f*; (*legal ~, social ~ also*) Status *m*. **equal ~** Gleichstellung *f*; **marital ~** Familienstand *m*; **many people who merely desire ~** viele Menschen, die bloß nach Prestige streben; **unsupported statements have no ~ in law** unbewiesene Behauptungen sind rechtlich irrelevant.

status-conscious ['steɪtəsˌkɒnʃəs] *adj* statusbewußt.

status quo ['steɪtəs'kwəʊ] *n* Status quo *m*.

status symbol *n* Statussymbol *nt*.

statute ['stætju:t] *n* Gesetz *nt*; (*of organization*) Satzung *f*, Statut *nt*. **by ~** gesetzlich; statutarisch, satzungsgemäß.

statute book *n* Gesetzbuch *nt*; **statute law** *n* Gesetzesrecht, Statute Law *nt*; **statute mile** *n* britische Meile.

statutory ['stætjʊtərɪ] *adj* gesetzlich; *quarantine* gesetzlich vorgeschrieben; (*in organization*) satzungsgemäß, statutarisch; *right also* verbrieft; *punishment* (vom Gesetz) vorgesehen. **~ rape** Vergewaltigung *f*; **this is ~** das ist Gesetz.

staunch¹ [stɔ:ntʃ] *adj* (**+er**) *Catholic, loyalist* überzeugt; *Republican also* loyal; *member, supporter* ergeben, getreu; *support* standhaft, zuverlässig. **to be ~ in one's belief** fest *or* unerschütterlich im Glauben sein.

staunch² *vt flow* stauen; *bleeding* stillen.

staunchly ['stɔ:ntʃlɪ] *adv* treu, standhaft.

staunchness ['stɔ:ntʃnɪs] *n see adj* Überzeugung *f*; Loyalität *f*; Treue *f*; Standhaftigkeit *f*.

stave [steɪv] *n* **1.** (*of barrel*) (Faß)daube *f*; (*rung*) (Leiter)sprosse *f*; (*stick*) Knüppel *m*. **2.** (*Mus: staff*) Notenlinien *pl*. **3.** (*Liter: stanza*) Strophe *f*, Vers *m*.

◆**stave in** *pret, ptp* ~**d** *or* **stove in** I *vt sep* eindrücken; *head* einschlagen. II *vi* eingedrückt werden.

◆**stave off** *vt sep* **1.** *attack* zurückschlagen; *crisis, cold* abwehren; *hunger* lindern. **2.** (*delay*) *person* hinhalten; *crisis* hinausschieben.

staves [steɪvz] *pl of* **staff** I **2., 4.**

stay [steɪ] I *n* **1.** Aufenthalt *m*. **come for a longer** ~ **next year** komm nächstes Jahr für länger; **a short** ~ **in hospital** ein kurzer Krankenhausaufenthalt.
 2. (*Jur*) Aussetzung *f*. ~ **of execution** Aussetzung *f*, Vollstreckungsaufschub *m*; (*fig*) Galgenfrist *f*; (*of death penalty*) Hinrichtungsaufschub *m*.
 II *vt* **1.** (*old, liter: stop*) Einhalt gebieten (+*dat*) (*geh*); *hunger* stillen. **to** ~ **one's/ sb's hand** sich/jdn zurückhalten.
 2. (*Jur*) *order, sentence* aussetzen.
 3. to ~ **the course** (*lit, fig*) durchhalten.
 III *vi* **1.** (*remain*) bleiben. **to** ~ **for or to supper** zum Abendessen bleiben; **to have come to** ~ (*fashion etc*) sich halten; **has unemployment come to** ~? ist die Arbeitslosigkeit nun ein Dauerzustand?; **if it** ~**s fine** wenn es schön bleibt; ~ **with it!** nicht aufgeben!
 2. (*reside*) wohnen; (*at youth-hostel etc*) übernachten. **to** ~ **at a hotel** im Hotel wohnen *or* übernachten; **I** ~**ed in Italy for a few weeks** ich habe mich ein paar Wochen in Italien aufgehalten; **where are you** ~**ing?** wo wohnen Sie?; **he is** ~**ing at Chequers for the weekend** er verbringt das Wochenende in Chequers; **he went to** ~ **in the country for a while** er ist für einige Zeit aufs Land gefahren; **we would** ~ **at a different resort each year** wir waren jedes Jahr an einem anderen Urlaubsort; **my brother came to** ~ **for a week** mein Bruder ist für eine Woche gekommen; **my brother came to** ~ mein Bruder ist zu Besuch gekommen.
 3. (*old: wait*) ~! stehenbleiben!

◆**stay away** *vi* (*from* von) wegbleiben; (*from person*) sich fernhalten. **to** ~ ~ **from a girl** von einem Mädchen die Finger lassen; **he can't** ~ ~ **from the pub** ihn zieht es immer wieder in die Wirtschaft.

◆**stay behind** *vi* zurückbleiben; (*Sch: as punishment*) nachsitzen. **I** ~**ed** ~ **after the party** ich blieb nach der Party noch da.

◆**stay down** *vi* (*keep down*) unten bleiben; (*Sch*) wiederholen.

◆**stay in** *vi* (*at home*) zu Hause bleiben; (*in position, in book etc*) drinbleiben; (*Sch*) nachsitzen.

◆**stay off** I *vi* **1.** (*rain*) ausbleiben. **2.** (*from work etc*) zu Hause bleiben. II *vi +prep obj* **1.** (*not go on*) nicht betreten. **2. to** ~ ~ **work/ school** nicht zur Arbeit/Schule gehen; **to** ~ ~ **the bottle** (*inf*) die Flasche nicht anrühren (*inf*).

◆**stay on** *vi* (*lid etc*) draufbleiben; (*light*) anbleiben; (*people*) (noch) bleiben. **he** ~**ed** ~ **for another year** er blieb noch ein Jahr; **to** ~ ~ **at school/as manager** (in der

Schule) weitermachen/(weiterhin) Geschäftsführer bleiben.

◆**stay out** *vi* draußen bleiben; (*on strike*) weiterstreiken; (*not come home*) wegbleiben. **to** ~ **of sth** sich aus etw heraushalten; **he never managed to** ~ ~ **of trouble** er war dauernd in Schwierigkeiten; **you** ~ ~ **of this!** halt du dich da raus!

◆**stay up** *vi* **1.** (*person*) aufbleiben. **don't** ~ ~ **for me!** bleib nicht meinetwegen auf!
 2. (*tent, fence, pole*) stehen bleiben; (*picture, decorations*) hängen bleiben; (*swimmer*) oben bleiben; (*roof*) draufbleiben. **his trousers won't** ~ ~ seine Hosen rutschen immer.
 3. (*at university*) (an der Uni) bleiben.
 4. he's still ~**ing** ~ **with the front runners** er liegt immer noch auf gleicher Höhe mit den Läufern an der Spitze.

stay² *n* (*guy-rope*) Stütztau, Halteseil *nt*; (*Naut*) Stag *nt*. **the** ~ **of one's old age** (*fig*) die Stütze seines Alters; ~**s** *pl* (*old: corsets*) Korsett *nt*.

stay-at-home ['steɪəthəʊm] I *n* Stubenhocker *m*. II *adj* pej stubenhockerisch.

stayer ['steɪə'] *n* (*horse*) Steher *m*; (*person*) beständiger *or* ausdauernder Mensch.

staying power ['steɪŋ‚paʊə'] *n* Stehvermögen, Durchhaltevermögen *nt*, Ausdauer *f*.

St Bernard [sənt'bɜːnəd] *n* Bernhardiner *m*.

STD (*Brit Telec*) *abbr of* **subscriber trunk dialling** der Selbstwählfernverkehr, der Selbstwählferndienst. ~ **number/ code** Vorwahl(nummer) *f*.

stead [sted] *n* **in his** ~ an seiner Stelle *or* Statt (*liter, form*); **to stand sb in good** ~ jdm zugute *or* zustatten kommen.

steadfast ['stedfɑːst] *adj* fest; *look also* unverwandt; *person, refusal also* standhaft; *person also, belief* unerschütterlich.

steadfastly ['stedfɑːstlɪ] *adv see adj.*

steadfastness ['stedfɑːstnɪs] *n see adj* Festigkeit *f*; Unverwandtheit *f*; Standhaftigkeit *f*; Unerschütterlichkeit *f*.

steadily ['stedɪlɪ] *adv* **1.** (*firmly*) ruhig; *balanced* fest; *gaze* fest, unverwandt. **2.** (*constantly*) ständig; *rain* ununterbrochen. **3.** (*reliably*) zuverlässig, solide.

steadiness ['stedɪnɪs] *n* (*stability*) Festigkeit *f*; (*of hand, eye*) Ruhe *f*; (*regularity*) Stetigkeit *f*; (*of gaze also*) Unverwandtheit *f*; (*of character*) Zuverlässigkeit, Solidität *f*.

steady ['stedɪ] I *adj* (+*er*) **1.** (*firm, not wobbling*) *hand, nerves, eye* ruhig; *gaze* fest, unverwandt. **with a** ~ **hand** mit ruhiger Hand; ~ **on one's legs/feet** fest *or* sicher auf den Beinen; **to hold sth** ~ etw ruhig halten; *ladder* etw festhalten; **the chair is not very** ~ der Stuhl ist wacklig.
 2. (*constant*) *wind, progress, demand etc* ständig, stet (*geh*); *drizzle* ununterbrochen; *temperature* beständig. **at a** ~ **pace/70** in gleichmäßigem Tempo/ständig mit 70.
 3. (*reliable, regular*) *worker* zuverlässig, solide.
 4. *job, boyfriend* fest.
 II *adv* ~! (*carefully, gently*) vorsichtig!;

(*Naut*) Kurs halten!; ~ (**on**)! immer mit der Ruhe! (*inf*), sachte! (*inf*); **to go ~ (with sb)** (*inf*) mit jdm (fest) gehen (*inf*); **they're going ~** (*inf*) sie gehen fest miteinander.

III *n* (*inf*) fester Freund (*inf*), feste Freundin (*inf*).

IV *vt plane, boat* wieder ins Gleichgewicht bringen; (*stabilize*) *nerves, person* beruhigen; (*in character*) ausgleichen.

V *vi* sich beruhigen; (*person: also* ~ **up**) ruhig(er) werden.

steak [steɪk] *n* Steak *nt*; (*of fish*) Filet *nt*. **a ham/bacon ~** eine Scheibe gebackener Schinken/Speck; **~ and kidney pie** Fleischpastete *f* mit Nieren; **~ dinner** Steak-Menü *nt*; **~house** Steakhouse *nt*; **~ tartare** Tatarbeefsteak *nt*.

steal [stiːl] (*vb: pret* **stole**, *ptp* **stolen**) **I** *vt object, idea, kiss, heart* stehlen. **to ~ sth from sb** jdm etw stehlen; **he's had his car stolen again** sein Auto ist wieder gestohlen worden; **to ~ sb's girlfriend** jdm die Freundin ausspannen (*inf*); **to ~ the show/sb's thunder/a march on sb** die Schau stehlen/jdm den Wind aus den Segeln nehmen/jdm zuvorkommen; **the baby stole all the attention** das Kind zog die ganze Aufmerksamkeit auf sich; **to ~ a glance at sb** verstohlen zu jdm hinschauen.

II *vi* **1.** stehlen.

2. (*move quietly etc*) sich stehlen, (sich) schleichen. **to ~ away or off/into a room** sich weg- or davonstehlen/sich in ein Zimmer stehlen; **to ~ about/up on sb** herumschleichen/sich an jdn heranschleichen; **old age was ~ing up on her** das Alter machte sich allmählich bei ihr bemerkbar; **the mood/feeling which was ~ing over the country** die Stimmung, die sich allmählich im Land verbreitete; **to ~ home** (*Baseball*) ungehindert zur Ausgangsbase vorrücken.

III *n* (*US inf: bargain*) Geschenk *nt* (*inf*). **it's a ~!** das ist (ja) geschenkt! (*inf*).

stealth [stelθ] *n* List *f*; (*of fox also*) Schläue *f*.

stealthily [ˈstelθɪlɪ] *adv* verstohlen.

stealthiness [ˈstelθɪnɪs] *n* Verstohlenheit *f*.

stealthy [ˈstelθɪ] *adj* (+*er*) verstohlen; *footsteps* verhalten.

steam [stiːm] **I** *n* Dampf *m*; (*from swamp also*) Dunst *m*. **the windows were covered with** ~ die Fensterscheiben waren beschlagen; **driven by** ~ dampfgetrieben; **full** ~ **ahead!** (*Naut*) volle Kraft voraus!; **to get up** ~ (*lit*) feuern; (*fig*) in Schwung kommen; **to let off** ~ (*lit, fig*) Dampf ablassen; **to run out of** ~ (*lit*) Dampf verlieren; (*fig*) Schwung verlieren; **he ran out of** ~ ihm ist die Puste ausgegangen (*inf*); **the project has run out of** ~ aus der Sache ist der Dampf raus (*inf*); **the ship went on under its own** ~ das Schiff fuhr mit eigener Kraft weiter; **under one's own** ~ (*fig*) allein, ohne Hilfe.

II *vt* dämpfen; *food also* dünsten. **to ~ open an envelope** einen Briefumschlag über Dampf öffnen; **~ed pudding** Kochpudding *m*.

III *vi* **1.** (*give off* ~) dampfen.

2. (*move*) dampfen. **we were ~ing along at 12 knots** wir fuhren mit 12 Knoten; **the ship ~ed into the harbour** das Schiff kam in den Hafen gefahren; **the train ~ed out** der Zug dampfte ab; **the runner came ~ing round the last bend** (*inf*) der Läufer kam mit Volldampf um die letzte Kurve (*inf*).

◆**steam ahead** *vi* (*inf: project, work*) gut vorankommen.

◆**steam off I** *vt sep stamp* über Dampf ablösen; *dirt* über Dampf entfernen; *excess flab* sich (*dat*) abschwitzen. **II** *vi* abfahren; (*train also*) losdampfen.

◆**steam over** *vi* (*window*) beschlagen.

◆**steam up I** *vt sep window* beschlagen lassen. **to be/get (all) ~ed ~** (*ganz*) beschlagen sein/(ganz) beschlagen; (*fig inf*) sich aufregen, hochgehen (*inf*). **II** *vi* beschlagen.

steamboat [ˈstiːmbəʊt] *n* Dampfschiff *nt*, Dampfer *m*; **steam-driven** *adj* mit Dampfantrieb, dampfgetrieben; **steam engine** *n* Dampflok *f*; (*stationary*) Dampfmaschine *f*.

steamer [ˈstiːməʳ] *n* (*ship*) Dampfer *m*; (*Cook*) Dampf(koch)topf *m*.

steamhammer [ˈstiːmˌhæməʳ] *n* Dampfhammer *m*; **steam iron** *n* Dampfbügeleisen *nt*; **steamroller** *n* Dampfwalze *f*; **II** *vt road* glattwalzen; **to ~ a bill through parliament** (*fig*) ein Gesetz im Parlament durchpeitschen; **III** *adj* ~ **tactics** Holzhammermethode *f* (*inf*); **steam room** *n* Saunaraum *m*; (*in Turkish bath*) Dampfraum *m*; **steamship** *n* Dampfschiff *nt*, Dampfer *m*; **steamship line** *n* Schifffahrtslinie, Dampferlinie *f*; **steam shovel** *n* Löffelbagger *m*; **steam turbine** *n* Dampfturbine *f*.

steamy [ˈstiːmɪ] *adj* (+*er*) dampfig, dunstig; *jungle, swamp* dunstig; *room, atmosphere* dampfig, voll Dampf; *window, mirror* beschlagen.

steed [stiːd] *n* (*liter*) Roß *nt*.

steel [stiːl] **I** *n* Stahl *m*; (*sharpener*) Wetzstahl *m*; (*for striking spark*) Feuerstahl *m*. **a man of** ~ ein stahlharter Mann; **as hard as** ~ stahlhart, so hart wie Stahl.

II *adj attr* Stahl-.

III *vt* **to ~ oneself** sich wappnen (*for* gegen); (*physically*) sich stählen (*for* für); **to ~ oneself to do sth** allen Mut zusammennehmen, um etw zu tun; **he had ~ed himself/his heart against her/their suffering** er hatte sich gegen sie/ihre Not innerlich hart gemacht; **he ~ed his troops for the battle** er machte seine Truppe Mut für den Kampf; (*physically*) er stählte seine Truppe für den Kampf.

steel *in cpds* Stahl-, stahl-; **steel band** *n* Band aus der Karibik, die Schlaginstrumente aus Metall benutzt; **steel-clad** *adj* stahlgepanzert; **steel grey I** *n* Stahlgrau *nt*; **II** *adj* stahlgrau; **steel guitar** *n* Hawaiigitarre *f*; **steel mill** *n* Stahlwalzwerk *nt*; **steel-plated** *adj* Stahlüberzug; (*for protection*) stahlgepanzert; **steel wool** *n* Stahlwolle *f*; **steel worker** *n* (Eisen- und) Stahlarbeiter *m*; **steelworks** *n sing or pl* Stahlwerk *nt*.

steely [ˈstiːlɪ] *adj* (+*er*) *grip* stahlhart;

smile, expression hart; *gaze* hart, stählern; *determination* eisern; *blue* Stahl-.

steel yard *n* Handwaage *f.*

steep[1] [sti:p] *adj* (+*er*) **1.** steil. **it's a ~ climb** es geht steil hinauf; **there's been a ~ drop in the value of the pound** das Pfund ist stark gefallen.

2. (*fig inf*) *demand* unverschämt; *price also, bill* gepfeffert (*inf*), gesalzen (*inf*). **that's pretty ~!** das ist allerhand!; **it's a bit ~ that ...** es ist ein starkes Stück, daß ...

steep[2] **I** *vt* **1.** (*in liquid*) eintauchen; (*in marinade, dye*) ziehen lassen; *dried food, washing* einweichen.

2. (*fig*) **to be ~ed in sth** von etw durchdrungen sein; **~ed in history** geschichtsträchtig; **~ed in ignorance/vice/prejudice** durch und durch unwissend/verdorben/ voreingenommen; **a scholar ~ed in the classics** ein Gelehrter, der sich in die Klassiker versenkt hat.

II *vi* **to leave sth to ~** etw einweichen; (*in marinade, dye*) etw ziehen lassen.

steepen [ˈstiːpən] **I** *vt* steiler machen. **II** *vi* steiler werden.

steeple [ˈstiːpl] *n* Kirchturm *m.*

steeplechase [ˈstiːplˌtʃeɪs] *n* (*for horses*) Jagdrennen, Hindernisrennen *nt*; (*for runners*) Hindernislauf *m*; **steeplechaser** *n* (*horse*) Steepler *m*; (*jockey*) Reiter(in *f*) *m* in einem Jagdrennen; (*runner*) Hindernisläufer(in *f*) *m*; **steeplejack** *n* Turmarbeiter *m.*

steeply [ˈstiːplɪ] *adv* steil.

steepness [ˈstiːpnɪs] *n* **1.** Steile, Steilheit *f.* **2.** (*fig inf*) Unverschämtheit *f.*

steer[1] [stɪəʳ] **I** *vt* (*lit, fig*) lenken; *car also, ship* steuern; *person also* lotsen. **to ~ a course for sth** (*Naut*) auf etw (*acc*) Kurs halten; (*fig*) auf etw (*acc*) zusteuern; **this car is easy to ~** der Wagen läßt sich leicht lenken.

II *vi* (*in car*) lenken; (*in ship*) steuern. **to ~ due north** Kurs nach Norden halten; **~ left a bit** lenken *or* (*in ship*) steuern Sie etwas nach links; **to ~ for sth** auf etw (*acc*) zuhalten; (*Naut*) etw ansteuern, auf etw (*acc*) Kurs halten; (*fig*) auf etw (*acc*) zusteuern; *see* **clear**.

steer[2] *n* junger Ochse.

steerage [ˈstɪərɪdʒ] *n* Zwischendeck *nt.*

steerageway [ˈstɪərɪdʒweɪ] *n* Steuerkraft *f.*

steering [ˈstɪərɪŋ] *n* (*in car etc*) Lenkung *f*; (*Naut*) Steuerung *f.*

steering column *n* Lenksäule *f*; **steering committee** *n* vorbereitender Ausschuß; **steering gear** *n* (*of plane*) Leitwerk *nt*; (*of boat*) Ruderanlage *f*; (*of car*) Lenkung *f*; **steering lock** *n* Lenkradschloß *nt*; **steering wheel** *n* Steuer(rad) *nt*; (*of car also*) Lenkrad *nt.*

steersman [ˈstɪəzmən] *n, pl* **-men** [-mən] Steuermann *m.*

stein [ʃtaɪn] *n* Maßkrug *m.*

stele [ˈstiːlɪ] *n* (*Archeol*) Stele *f.*

stellar [ˈsteləʳ] *adj* stellar.

stem [stem] **I** *n* **1.** (*of plant*) Stiel *m*; (*of woody plant, shrub*) Stamm *m*; (*of grain*) Halm *m*; (*fig: of family tree*) Hauptlinie *f.*

2. (*of glass*) Stiel *m*; (*of pipe*) Hals *m*; (*Mus: of note*) (Noten)hals *m*; (*in watch*) Welle *f*; (*of thermometer*) Röhre *f.*

3. (*of word*) Stamm *m.*

4. (*Naut*) Vordersteven *m.* **from ~ to stern** von vorne bis achtern.

II *vt* (*check, stop*) aufhalten; *flood* eindämmen; *bleeding* zum Stillstand bringen; *flow of words* Einhalt gebieten (+*dat*).

III *vi* **to ~ from sth** (*result from*) von etw kommen, von etw herrühren; (*have as origin*) aus etw (her)stammen, auf etw (*acc*) zurückgehen; **what does this increase in inflation ~ from?** welche Ursachen hat diese Zunahme der Inflation?

stemmed [stemd] *adj* Stiel-.

stem-turn [ˈstemtɜːn] *n* Stemmbogen *m.*

stench [stentʃ] *n* Gestank *m.* **~ trap** Geruchsverschluß *m.*

stencil [ˈstensl] **I** *n* Schablone *f*; (*Printing: for duplicating*) Matrize *f.* **II** *vt* mit Schablonen zeichnen; auf Matrize schreiben.

sten gun [ˈstenɡʌn] *n* (*Mil*) leichtes Maschinengewehr.

stenographer [steˈnɒɡrəfəʳ] *n* (*form*) Stenograph(in *f*) *m.*

stenography [steˈnɒɡrəfɪ] *n* (*form*) Stenographie *f.*

stentorian [stenˈtɔːrɪən] *adj* schallend; *voice* Stentor- (*geh*).

step [step] **I** *n* **1.** (*pace, in dancing*) Schritt *m*; (*sound of ~ also*) Tritt *m.* **to take a ~** einen Schritt machen; **~ by ~** (*lit, fig*) Schritt für Schritt; **we followed his ~s in the snow** wir folgten seinen Fußstapfen im Schnee; **to follow in sb's ~s** in jds Fußstapfen (*acc*) treten; **he watched my every ~** (*fig*) er beobachtete mich auf Schritt und Tritt; **to watch one's ~** achtgeben; (*fig also*) sich vorsehen.

2. to be in ~ (*lit*) im Gleichschritt *or* Tritt sein (*with* mit); (*in dancing*) im Takt sein (*with* mit); (*fig*) im Gleichklang sein (*with* mit); **to be out of ~** (*lit*) nicht im Tritt *or* im gleichen Schritt sein (*with* mit); (*in dancing*) nicht im gleichen Takt sein (*with* wie); (*fig*) nicht im Gleichklang sein (*with* mit); **to get out of ~** (*lit*) aus dem Schritt *or* Tritt kommen; (*in dancing*) aus dem Takt kommen; (*fig*) von der gemeinsamen Linie abkommen; **to keep in/break ~** (*lit*) Tritt halten/aus dem Tritt kommen; (*fig*) Schritt halten/aus dem Schritt kommen; **to fall into ~** (*lit*) in Gleichschritt fallen (*with* mit); (*fig*) in den gleichen Takt kommen (*with* wie).

3. (*distance*) **it's (quite) a good ~ (to the village)** es ist ein ziemlich weiter Weg (bis zum Dorf); **it's only a few ~s** es sind nur ein paar Schritte.

4. (*move*) Schritt *m*; (*measure also*) Maßnahme *f.* **the first ~ is to form a committee** als erstes muß ein Ausschuß gebildet werden; **it's a great ~ forward** es ist ein großer Schritt nach vorn; **that would be a ~ back/in the right direction for him** das wäre für ihn ein Rückschritt/ ein Schritt in die richtige Richtung; **to take ~s to do sth** Maßnahmen ergreifen, (um) etw zu tun; **to take legal ~s** gerichtlich vorgehen.

5. (*in process, experiment*) Abschnitt *m*, Stufe *f*; (*in learning*) Lernschritt *m.*

6. (*stair, fig: in scale, hierarchy*) Stufe *f.*

~s (*outdoors*) Treppe *f*; **mind the ~** Vorsicht Stufe.

7. ~s *pl* (*~-ladder: also* **pair of ~s**) Tritt- *or* Stufenleiter *f*.

II *vt* **1.** (*old*) *dance* tanzen.

2. (*arrange in ~s*) terrassenförmig anlegen, abstufen.

3. ~ two paces to the left treten Sie zwei Schritte nach links.

III *vi* gehen. **to ~ into/out of sth** *house, room, puddle* in etw (*acc*)/aus etw treten; *train, dress* in etw (*acc*)/aus etw steigen; **to ~ on(to) sth** *plane, train* in etw (*acc*) steigen; *platform, ladder* auf etw (*acc*) steigen; **to ~ on sth** *object, toy* auf etw (*acc*) treten; **to ~ over sb/sth** über jdn/etw steigen; **please mind where you ~** geben Sie acht, wo Sie hintreten; **~ this way, please** hier entlang, bitte!; **he ~ped into the road** er trat auf die Straße; **he ~ped into his father's job/shoes** er übernahm die Stelle seines Vaters; **to ~ inside** herein-/hineintreten; **to ~ outside** heraus-/hinaustreten; (*for fight*) (mal eben) vor die Tür gehen; **just ~ outside a moment** kommen/gehen Sie einen Moment hinaus; **~ on it!** mach mal ein bißchen (schneller)! (*inf*); (*in car*) gib Gas!

◆**step aside** *vi* **1.** (*lit*) zur Seite treten. **2.** (*fig*) Platz machen.

◆**step back** *vi* **1.** (*lit*) zurücktreten. **2.** (*fig*) **to ~ ~ from sth** von etw Abstand gewinnen; **let us ~ ~ into the 18th century** versetzen wir uns einmal ins 18. Jahrhundert zurück.

◆**step down** *vi* **1.** (*lit*) herab-/hinabsteigen. **2.** (*fig*) **to ~ ~ in favour of sb** *or* **for sb** jdm Platz machen, zu jds Gunsten zurücktreten. **3.** (*resign*) zurücktreten.

◆**step forward** *vi* vortreten, nach vorne treten; (*fig*) sich melden.

◆**step in** *vi* **1.** (*lit*) eintreten (*-to, +prep obj* in +*acc*). **2.** (*fig*) eingreifen, einschreiten; (*interferingly*) dazwischenkommen.

◆**step off** **I** *vi* +*prep obj* (*off bus, plane, boat*) aussteigen (*prep obj* aus). **to ~ ~ the pavement** vom Bürgersteig treten. **II** *vi* (*begin to march*) losmarschieren.

◆**step out** **I** *vt sep* (*measure*) abschreiten. **II** *vi* **1.** (*go out*) hinausgehen. **2.** (*walk briskly*) zügig *or* schnell gehen, forsch ausschreiten (*liter*); (*speed up*) schneller gehen.

◆**step up** **I** *vt sep* steigern; *efforts also, security arrangements, campaign* verstärken; *volume, number* erhöhen.

II *vi* **1.** (*come forward*) vortreten. **to ~ ~ to sb** auf jdn zugehen/zukommen; **~ ~, ladies and gentlemen** treten Sie näher, meine Damen und Herren; **he ~ped ~ onto the stage** er trat auf die Bühne; **he ~ped ~ another rung** er stieg eine Sprosse höher.

2. (*increase*) zunehmen; (*rate, pressure*) ansteigen.

step- *pref brother, mother etc* Stief-.

step-down ['step'daun] *adj* (*Elec*) heruntertransformierend.

Stephen ['sti:vn] *n* Stephan *m*.

step-ladder ['step,lædər] *n* Stufenleiter, Trittleiter *f*.

steppe [step] *n* Steppe *f*.

stepping stone ['stepɪŋ,stəʊn] *n* (Tritt)-stein *m*; (*fig*) Sprungbrett *nt*.

step-up ['step'ʌp] **I** *n* (*inf: increase*) Anstieg *m*, Zunahme *f* (*in gen*). **II** *adj* (*Elec*) herauftransformierend.

stereo ['sterɪəʊ] **I** *n*, *pl* ~s Stereo *nt*; (*record-player*) Stereoanlage *f*. **in/on ~** in Stereo/auf einem Stereogerät. **II** *adj* Stereo-.

stereophonic [,sterɪəʊ'fɒnɪk] *adj* stereophon.

stereophony [sterɪ'ɒfənɪ] *n* Stereophonie *f*, Raumklang *m*.

stereoscope ['sterɪəʊ,skəʊp] *n* Stereoskop *nt*.

stereoscopic [,sterɪəʊ'skɒpɪk] *adj* stereoskop(isch); *film, screen also* 3-D-.

stereotype ['sterɪə,taɪp] **I** *n* **1.** (*fig*) Klischee(vorstellung *f*), Stereotyp *nt*; (*~ character*) stereotype Figur. **the ~ of the Englishman** der typische Engländer.

2. (*Typ*) (*plate*) Stereotypplatte *f*; (*process*) Plattendruck *m*.

II *attr* stereotyp; *ideas, thinking also* klischeehaft.

III *vt* **1.** (*fig: character*) klischeehaft *or* als Typ zeichnen *or* darstellen. **the plot of the Western has become ~d** die Handlung des Western ist zu einem Klischee geworden; **I don't like being ~d** ich lasse mich nicht gern in ein Klischee zwängen.

2. (*Typ*) stereotypieren.

stereotyped ['sterɪə,taɪpt] *adj see* **stereotype II.**

sterile ['steraɪl] *adj* **1.** *animal, soil* unfruchtbar; *person also* steril; (*fig: fruitless also*) ergebnislos, nutzlos. **2.** (*germ-free*) steril, keimfrei; (*fig*) steril.

sterility [ste'rɪlɪtɪ] *n see adj* **1.** Unfruchtbarkeit *f*; Sterilität *f*; Ergebnislosigkeit, Nutzlosigkeit *f*. **2.** Sterilität *f*.

sterilization [,sterɪlaɪ'zeɪʃən] *n* Sterilisierung, Sterilisation *f*.

sterilize ['sterɪlaɪz] *vt* sterilisieren.

sterilizer ['sterɪlaɪzər] *n* Sterilisator *m*.

sterling ['stɜ:lɪŋ] **I** *adj* **1.** (*Fin*) Sterling-. **in pounds ~** in Pfund Sterling; **~ area** Sterlingländer *pl*.

2. (*fig*) gediegen; *character* lauter.

3. ~ silver Sterlingsilber *nt*.

II *n* **1.** *no art* (*money*) das Pfund Sterling, das englische Pfund. **in ~** in Pfund Sterling.

2. (*silver*) (Sterling)silber *nt*.

stern[1] [stɜ:n] *n* (*Naut*) Heck *nt*; (*fig hum: of person*) Hinterteil *nt*. **the ~ of the ship** das Achterschiff.

stern[2] *adj* (+*er*) (*strict*) streng; *words also, character, warning* ernst. **with a ~ face** mit strenger Miene; **made of ~er stuff** aus härterem Holz geschnitzt.

sternly ['stɜ:nlɪ] *adv see adj*.

sternmost ['stɜ:nməʊst] *adj* achterste(r, s).

sternness ['stɜ:nnɪs] *n see adj* Strenge *f*; Ernst *m*.

sternum ['stɜ:nəm] *n* Brustbein *nt*.

steroid ['stɪərɔɪd] *n* Steroid *nt*.

stertorous ['stɜ:tərəs] *adj* (*liter*) *breathing* röchelnd, rasselnd.

stet [stet] (*Typ*) **I** *interj* stehenlassen (*drei Punkte unter falscher Korrektur*). **II** *vt* die Korrektur (+*gen*) rückgängig machen.

stethoscope [ˈsteθəskəʊp] *n* Stethoskop *nt*.

stetson [ˈstetsən] *n* Stetson, Texashut *m*.

stevedore [ˈstiːvɪdɔːʳ] *n* Stauer, Schauermann *m*.

Steven [ˈstiːvn] *n* Stefan *m*.

stew [stjuː] **I** *n* **1.** Eintopf(gericht *nt*) *m*.
  2. (*inf*) **to be in a ~ (about sth)** (über etw (*acc*) or wegen etw) (ganz) aufgeregt sein.
  II *vt* **1.** *meat* schmoren; *fruit* dünsten. **~ed apples** Apfelkompott *nt*; **the tea was ~ed** der Tee war bitter geworden.
  2. to be/get ~ed (*sl: drunk*) voll sein (*inf*)/sich vollaufen lassen (*inf*).
  III *vi* (*meat*) schmoren; (*fruit*) dünsten; (*inf: tea*) bitter werden. **to let sb ~ (in his/her own juice)** jdn (im eigenen Saft) schmoren lassen.

steward [ˈstjuːəd] *n* Steward *m*; (*on estate etc*) Verwalter *m*; (*at dance, meeting*) Ordner *m*; (*shop* ~) (gewerkschaftlicher) Vertrauensmann (im Betrieb).

stewardess [ˌstjuːəˈdes] *n* Stewardeß *f*.

stewardship [ˈstjuːədʃɪp] *n* Verwaltung *f*; (*rank, duties*) Verwalteramt *nt*.

stewing [ˈstjuːɪŋ]: **stewing pan** *n* Kasserolle *f*, Bratentopf *m*; **stewing steak** *n* Rindfleisch *nt* für Eintopf.

stick[1] [stɪk] **I** *n* **1.** Stock *m*; (*twig*) Zweig *m*; (*conductor's baton*) Taktstock *m*; (*hockey* ~) Schläger *m*; (*drum*~) Schlegel *m*. **to give sb the ~, to take the ~ to sb** jdm eine Tracht Prügel geben; **to give sb/sth (a lot of) ~** (*inf: criticize*) jdn/etw heruntermachen (*inf*); **to take (a lot of) ~** (*inf*) viel einstecken (müssen); **just a few ~s of furniture** nur ein paar Möbelstücke; **they adopted the policy of the big ~** sie holten den großen Knüppel raus (*inf*); **to get hold of the wrong end of the ~** (*fig inf*) etw falsch verstehen.
  2. (*of sealing wax, celery, rhubarb, dynamite*) Stange *f*; (*of chalk, shaving soap*) Stück *nt*; (*Aviat: joy*~) Steuerknüppel *m*; (*of bombs*) Bombenladung *f* für Reihenabwurf; (*Typ*) Winkelhaken *m*. **a ~ deodorant** ein Deodorant-Stift *m*; **a ~ of rock** eine Zuckerstange.
  3. (*inf: person*) Kerl *m* (*inf*). **he's a funny old ~** er ist ein komischer Kauz.
  4. **the ~s** (*Horse-racing inf*) die Hürden *pl*.
  5. in the ~s (*esp US: backwoods*) in der hintersten or finstersten Provinz.
  II *vt plants* stützen.

stick[2] *pret, ptp* **stuck I** *vt* **1.** (*with glue etc*) kleben. **to ~ a stamp on sth** eine Briefmarke auf etw (*acc*) kleben; **please ~ the posters to the walls with pins not sellotape** bitte die Poster mit Stecknadeln und nicht mit Tesafilm an den Wänden befestigen; **to ~ the blame on sb** jdm die Schuld zuschieben.
  2. (*pin*) stecken. **he stuck a badge on his lapel** er steckte sich (*dat*) ein Abzeichen ans Revers.
  3. (*jab*) *knife, sword etc* stoßen. **he stuck a knife through her arm** er stieß ihr ein Messer in den Arm; *see also* ~ **in**.
  4. *pig* (ab)stechen. **he stuck him with his bayonet** er spießte ihn mit dem Bajonett auf.
  5. (*inf: place, put*) tun (*inf*); (*in sth*

also) stecken (*inf*). **~ it on the shelf** tu's ins *or* aufs Regal; **he stuck his head round the corner** er steckte seinen Kopf um die Ecke; **to ~ one's hat on** sich (*dat*) den Hut aufsetzen; **he stuck a drink in my hand and a record on the turntable** er drückte mir ein Glas in die Hand und legte eine Platte auf; **I'll tell him where he can ~ his complaint in a minute!** (*sl*) die Beschwerde kann er sich (*dat*) wohin stecken (*inf*); **if he doesn't want it he can ~ it** (*sl*) wenn er nicht will, dann hat er halt Pech gehabt (*inf*).
  6. (*decorate: with pearls*) besetzen.
  7. (*esp Brit inf: tolerate*) aushalten; *pace, pressure of work* durchhalten. **I can't ~ him/that** ich kann ihn/das nicht ausstehen (*inf*).
  8. to ~ sb with sth (*inf: lumber*) jdm etw aufladen or aufhalsen (*inf*); (*with bill*) jdm etw andrehen.
  II *vi* **1.** (*glue, burr etc*) kleben (*to* an + *dat*). **you'll never make it ~!** damit kommen Sie nie durch!; **how do they hope to make the charge ~?** wie wollen sie das (je) beweisen?; **the name seems to have stuck** der Name scheint ihm/ihr geblieben zu sein.
  2. (*become caught, wedged etc*) steckenbleiben; (*drawer, window*) klemmen; *see* **stuck**.
  3. (*sth pointed*) stecken (*in* in + *dat*). **it stuck in my foot** das ist mir im Fuß steckengeblieben.
  4. (*Cards*) halten.
  5. (*project*) **his toes are ~ing through his socks** seine Zehen kommen durch die Socken; **we could see Manfred's head ~ing over the wall** wir sahen Manfreds Kopf über die Mauer gucken (*inf*).
  6. (*stay*) bleiben; (*slander*) haftenbleiben. **to ~ in sb's mind** jdm im Gedächtnis bleiben; **to make sth ~ in one's mind** sich (*dat*) etw einprägen.

◆**stick around** *vi* (*inf*) hier-/dableiben. **~ ~!** wart's ab!

◆**stick at** *vi +prep obj* **1.** (*persist*) bleiben an (+*dat*) (*inf*). **to ~ ~ it** dranbleiben (*inf*). **2.** (*stop at*) zurückschrecken vor (+*dat*). **he will ~ ~ nothing** er macht vor nichts halt.

◆**stick by** *vi +prep obj sb* halten zu; *promise* stehen zu.

◆**stick down** *vt sep* **1.** (*glue*) ankleben; *envelope* zukleben. **2.** (*inf*) (*put down*) abstellen; (*write down*) aufschreiben.

◆**stick in** *vt sep* **1.** *stamps* etc einkleben.
  2. hineinstecken; *knife etc* einstechen. **to ~ sth ~(to) sth** etw in etw (*acc*) stecken; (*prick*) *knife, pin etc* mit etw in etw (*acc*) stechen; **he stuck his knife ~(to) the table** er stieß das Messer in den Tisch; **she stuck a knife ~(to) him** sie stieß ihm ein Messer in den Leib.
  II *vi* (*knife, arrow*) stecken(bleiben).

◆**stick on I** *vt sep* **1.** *label, cover* aufkleben (*prep obj* auf +*acc*). **2.** (*add*) *money* draufschlagen; (*prep obj*) aufschlagen auf (+*acc*). **II** *vi* **1.** (*label etc*) kleben, haften (*prep obj* an +*dat*). **2.** (*inf: on horse*) oben bleiben.

◆**stick out I** *vi* vorstehen (*of* aus); (*ears,*

hair) abstehen; (*fig: be noticeable*) auffallen. **his head was ~ing ~ of the turret** sein Kopf sah aus dem Turm vor. **II** *vt sep* hinaus-/herausstrecken.

◆**stick out for** *vi +prep obj* sich stark machen für.

◆**stick to** *vi +prep obj* **1.** bleiben bei; (*remain faithful to*) *principles etc* treu bleiben (+*dat*).

    2. the photographers stuck ~ her wherever she went die Fotografen hefteten sich ihr überall an die Fersen.

    3. (*persist with*) *task* bleiben an (+*dat*).

◆**stick together** *vi* zusammenkleben; (*fig: partners etc*) zusammenhalten.

◆**stick up I** *vt sep* **1.** (*with tape etc*) zukleben.

    2. (*inf: raise*) **~ 'em ~!** Hände hoch!; **three pupils stuck ~ their hands** drei Schüler meldeten sich.

    3. (*inf: rob*) *bank* überfallen.

    4. (*inf*) **don't ~ your nose ~ at my cooking** rümpf bloß nicht die Nase über meine Kochkünste.

    II *vi* (*nail etc*) vorstehen; (*hair*) abstehen; (*collar*) hochstehen.

◆**stick up for** *vi +prep obj sb, one's principles* eintreten für. **to ~ ~ ~ oneself** sich behaupten

◆**stick with** *vi +prep obj* bleiben bei; (*remain loyal to*) halten zu; **the leaders** mithalten mit.

sticker ['stɪkəʳ] *n* **1.** (*label*) Aufkleber *m*; (*price ~*) Klebeschildchen *nt*. **2.** (*inf: determined person*) **he's a ~** er ist zäh.

stickiness ['stɪkɪnɪs] *n* (*lit*) Klebrigkeit *f*; (*of atmosphere, weather*) Schwüle *f*; (*of air*) Stickigkeit *f*. **the ~ of the situation** die heikle Situation.

sticking plaster ['stɪkɪŋ-] *n* (*Brit*) Heftpflaster *m*; **sticking point** *n* **you can push her so far, then she reaches her ~** man kann sie bis zu einem gewissen Punkt überreden, dann macht sie einfach nicht mehr mit.

stick insect *n* Gespenstheuschrecke *f*.

stick-in-the-mud ['stɪkɪnðəˌmʌd] (*inf*) **I** *n* Muffel *m* (*inf*). **II** *adj* rückständig; *parents etc* also muffelig (*inf*).

stickleback ['stɪklbæk] *n* Stichling *m*.

stickler ['stɪkləʳ] *n* **to be a ~ for sth** es mit etw peinlich genau nehmen.

stick-on ['stɪkɒn] *adj label* (Auf)klebe-; **stick pin** *n* (*US*) Krawattennadel *f*; **stick-up** *n* (*inf*) Überfall *m*.

sticky ['stɪkɪ] *adj* (+*er*) **1.** klebrig; *label* Klebe-; *paint* feucht; *atmosphere, weather* schwül; *air* stickig; (*sweaty*) *hands* feucht, verschwitzt. **~ tape** Klebeband *nt*.

    2. (*fig inf*) *problem, person* schwierig; *situation, moment* heikel. **he was a bit ~ about it** er hat dabei Schwierigkeiten gemacht; **to come to a ~ end** ein böses Ende nehmen; **to be on a ~ wicket** in der Klemme sein; **he's got ~ fingers** (*fig*) er hat lange Finger (*inf*).

stiff [stɪf] **I** *adj* (+*er*) **1.** steif; *corpse* also starr; *brush* hart; *dough, paste* fest.

    2. *resistance, drink, dose* stark; *fight* zäh, hart; *competition* hart; *breeze* steif; *climb, test* schwierig; *examination, task* schwer, schwierig; *penalty, punishment*

schwer; *price, demand* hoch. **that's a bit ~** das ist ganz schön happig (*inf*).

    II *adv* steif.

    III *n* (*sl*) Leiche *f*.

stiffen ['stɪfn] (*also ~ up*) **I** *vt* steif machen; *shirt etc* stärken, steifen; (*disease*) *limb* steif werden lassen; *resistance etc* verstärken. **II** *vi* steif werden; (*fig: resistance*) sich verhärten; (*breeze*) auffrischen. **when I said this she ~ed (up)** als ich das sagte, wurde sie ganz starr.

stiffener ['stɪfnəʳ] *n* (*for collar*) Kragenstäbchen *nt*; (*starch etc*) Stärke *f*.

stiffening ['stɪfnɪŋ] *n* Einlage *f*.

stiffly ['stɪflɪ] *adv* steif.

stiff-necked ['stɪf'nekt] *adj* (*fig*) halsstarrig.

stiffness ['stɪfnɪs] *n see adj* **1.** Steifheit *f*; Starre *f*; Härte *f*; Festigkeit *f*. **2.** Stärke *f*; Zähigkeit *f*; Härte *f*; Steifheit *f*; Schwierigkeit *f*; Schwere *f*; Höhe *f*.

stifle ['staɪfl] **I** *vt* (*suffocate*) ersticken; (*fig*) unterdrücken. **II** *vi* ersticken.

stifling ['staɪflɪŋ] *adj* **1.** *fumes, smoke* erstickend; *heat* drückend. **it's ~ in here** es ist ja zum Ersticken hier drin (*inf*).

    2. (*fig*) beengend.

stigma ['stɪgmə] *n* **1.** *pl* **-s** (*mark of shame*) Brandmal, Stigma *nt*. **2.** *pl* **-ta** [stɪg'mɑːtə] Wundmal *nt*; (*Rel*) Stigmatisierung *f*. **3.** *pl* **-s** (*Bot*) Narbe *f*, Stigma *nt*.

stigmatize ['stɪgmətaɪz] *vt* **1.** (*Rel*) stigmatisieren. **2. to ~ sb as sth** jdn als etw brandmarken.

stile [staɪl] *n* (*Zaun*)übertritt *m*.

stiletto [stɪ'letəʊ] *n, pl* **-s 1.** (*knife*) Stilett *nt*. **2.** (*also ~ heel*) Bleistift- *or* Pfennigabsatz, Stiletto-Absatz *m*. **3.** (*also ~-heeled shoe*) Schuh *m* mit Bleistift- *or* Pfennigabsatz.

still¹ [stɪl] **I** *adj, adv* (+*er*) **1.** (*motionless*) bewegungslos; *person* also reglos; *sea, waters* ruhig. **to keep ~** stillhalten, sich nicht bewegen; **to hold sth ~** etw ruhig *or* still halten; **to be ~** (*vehicle, measuring needle etc*) stillstehen; **to lie ~** still *or* reglos daliegen; **to stand/sit ~** still stehen/ sitzen; **my heart stood ~** mir stockte das Herz; **~ waters run deep** (*Prov*) stille Wasser sind tief (*Prov*).

    2. (*quiet, calm*) still. **a ~ small voice** ein leises Stimmchen.

    II *adj wine* nicht moussierend; *drink* ohne Kohlensäure. **a ~ photograph** ein Standfoto *nt*.

    III *n* **1.** Stille *f*. **in the ~ of the night** in der Stille der Nacht.

    2. (*Film*) Standfoto *nt*.

    IV *vt* (*liter*) (*calm*) beruhigen; *anger* besänftigen; *sounds* zum Verstummen bringen; *passion, pain* abklingen lassen, stillen. **in order to ~ the waves/wind** damit sich die Wogen glätten/der Wind abflaut; **to ~ sb's fear** jdm die Furcht nehmen.

still² [stɪl] **I** *adv* **1.** (*temporal*) noch; (*for emphasis, in exasperation, used on its own*) immer noch; (*in negative sentences*) noch immer, immer noch; (*now as in the past*) nach wie vor. **she is ~ in the office** sie ist noch im Büro; (*with emphasis*) sie ist immer noch im Büro; **do you mean you ~ don't believe me?** willst du damit sagen, daß du mir immer noch nicht *or* noch immer nicht glaubst?; **it ~ hasn't come** es ist immer noch nicht gekommen; **will you ~ be here at 6?** bist du um 6 noch da?; **there will ~ be objections, no matter ...** es wird nach wie vor *or* auch weiterhin Einwände geben, egal ...

2. (*nevertheless, all the same*) trotzdem. **~, it was worth it** es hat sich trotzdem gelohnt; **~, he's not a bad person** na ja, er ist eigentlich kein schlechter Mensch; **~, he is my brother** er ist trotz allem mein Bruder; **rich but ~ not happy** reich und doch nicht glücklich; **~, what can you expect?** was kann man auch anderes erwarten?

3. (*with comp*) noch. **better ~, do it this way** oder noch besser, mach es so; **~ more (so) because ...** und um so mehr, als ..., und um so mehr, weil ...

II *conj* (und) dennoch.

still³ *n* Destillierapparat *m*; (*small distillery*) Brennerei *f*.

stillbirth ['stɪlbɜːθ] *n* Totgeburt *f*; **stillborn** *adj* (*lit, fig*) totgeboren *attr*; **the child was ~** das Kind war eine Totgeburt, das Kind kam tot zur Welt; **still life** *n*, *pl* **still lifes** Stilleben *nt*; **still-life** *adj attr* **a ~ picture/composition** ein Stilleben *nt*.

stillness ['stɪlnɪs] *n* **1.** (*motionlessness*) Unbewegtheit *f*; (*of person*) Reglosigkeit *f*. **2.** (*quietness*) Stille, Ruhe *f*.

stillroom ['stɪlruːm] *n* (*pantry*) Vorratskammer *f*.

stilt [stɪlt] *n* Stelze *f*; (*Archit*) Pfahl *m*. **a house built on ~s** ein Pfahlbau *m*.

stilted *adj*, **~ly** *adv* ['stɪltɪd, -lɪ] gestelzt, gespreizt, geschraubt.

stiltedness ['stɪltɪdnɪs] *n* Gestelztheit, Gespreiztheit, Geschraubtheit *f*.

stimulant ['stɪmjʊlənt] **I** *n* Stimulans, Anregungsmittel *nt*; (*fig*) Ansporn *m*. **II** *adj* anregend, belebend.

stimulate ['stɪmjʊleɪt] *vt* **1.** (*excite*) *body, circulation, mind* anregen; (*cold shower, coffee etc*) *sb* beleben; (*Med also*) stimulieren; *nerve* reizen; (*sexually*) erregen, stimulieren; (*fig*) *person* animieren, anspornen; (*mentally, intellectually*) stimulieren; *sb's interest* erregen. **to ~ sb to do sth** jdn anspornen *or* dazu animieren, etw zu tun. **2.** (*increase*) *economy, sales etc* ankurbeln; (*incite*) *response* hervorrufen; *criticism* anregen zu.

stimulating ['stɪmjʊleɪtɪŋ] *adj* anregend; *drug also* stimulierend; *bath, shower, walk, music* belebend; *prospect* ermunternd, animierend, beflügelnd; *experience* (*physically*) erfrischend, ermunternd; (*mentally*) stimulierend.

stimulation [ˌstɪmjʊˈleɪʃən] *n* **1.** (*act*) (*physical, mental*) Anregung *f*; (*from shower, walk etc*) belebende Wirkung; (*Med also*) Stimulation *f*; (*sexual*) Stimulieren, Erregen *nt*; (*state*) Angeregtheit, Erregung *f*; (*sexual*) Erregung *f*; (*fig: incentive*) Anreiz, Ansporn *m*; (*intellectual*) Stimulation *f*. **2.** (*of economy, sales etc*) Ankurbelung *f* (*to gen*); (*of criticism*) Anregung *f* (*of* zu); (*of response*) Hervorrufen *nt*.

stimulative ['stɪmjʊlətɪv] *adj* anregend,

belebend; (*esp Physiol*) stimulierend.

stimulus ['stɪmjʊləs] *n*, *pl* **stimuli** ['stɪmjʊlaɪ] Anreiz, Ansporn *m*; (*inspiration*) Anregung *f*, Stimulus *m*; (*Physiol*) Reiz *m*; (*Psych*) Stimulus *m*. **under the ~ of their encouragement** angespornt von ihrer Ermunterung; **it gave the trade new ~** das hat dem Handel neuen Aufschwung gegeben.

stimy *vt see* **stymie.**

sting [stɪŋ] (*vb: pret, ptp* **stung**) **I** *n* **1.** (*Zool, Bot: organ*) (*of insect*) Stachel *m*; (*of jellyfish*) Brennfaden *m*; (*of nettle*) Brennhaar *nt*. **2.** (*of insect*) (*act, wound*) Stich *m*; (*of nettle, jellyfish*) (*act*) Brennen *nt*; (*wound*) Quaddel *f*. **3.** (*pain*) (*from needle etc*) Stechen *nt*, stechender Schmerz; (*of antiseptic, ointment, from nettle etc*) Brennen *nt*; (*of whip*) brennender Schmerz. **there might be a bit of a ~** das brennt jetzt vielleicht ein bißchen; **we felt the ~ of the hail on our faces** wir spürten den Hagel wie Nadeln im Gesicht. **4.** (*fig*) (*of remark, irony*) Stachel *m*; (*of attack, criticism etc*) Schärfe *f*. **a ~ of remorse** Gewissensbisse *pl*; **a ~ of regret** schmerzliches Bedauern; **to take the ~ out of sth** etw entschärfen; (*out of remark, criticism also*) einer Sache (*dat*) den Stachel nehmen; **to have a ~ in its tail** (*story, film*) ein unerwartet fatales Ende nehmen; (*remark*) gesalzen sein.

II *vt* **1.** (*insect*) stechen; (*jellyfish*) verbrennen. **she was stung by the nettles** sie hat sich an den Nesseln verbrannt. **2.** **the hail stung our faces** der Hagel stach uns wie mit Nadeln im Gesicht. **3.** (*comments, sarcasm etc*) treffen, schmerzen; (*remorse, conscience*) quälen. **to ~ sb into doing sth** jdn antreiben, etw zu tun; **he was stung into replying** er ließ sich dazu hinreißen zu antworten; **to ~ sb into action** jdn aktiv werden lassen. **4.** (*inf*) **to ~ sb for sth** jdn bei etw ausnehmen (*inf*) *or* schröpfen (*inf*); **could I ~ you for a fiver?** kann ich dir einen Fünfer abknöpfen? (*inf*).

III *vi* **1.** (*insect*) stechen; (*nettle, jellyfish etc*) brennen; (*burn: eyes, cut, ointment etc*) brennen. **smoke makes your eyes ~** Rauch brennt in den Augen. **2.** (*hail etc*) wie mit Nadeln stechen. **3.** (*comments, sarcasm etc*) schmerzen.

stingily ['stɪndʒɪlɪ] *adv* (*inf*) knauserig (*inf*).

stinginess ['stɪndʒɪnɪs] *n* (*inf*) *see adj* Geiz *m*, Knauserigkeit (*inf*), Knickerigkeit (*inf*) *f*; Schäbigkeit, Popeligkeit (*inf*) *f*.

stinging ['stɪŋɪŋ] *adj pain* stechend; *cut, ointment* brennend.

stinging nettle *n* Brennessel *f*.

stingray ['stɪŋreɪ] *n* Stachelrochen *m*.

stingy ['stɪndʒɪ] *adj* (+*er*) (*inf*) *person* geizig, knauserig (*inf*), knickerig (*inf*); *sum, portion, donation* schäbig, popelig (*inf*). **to be ~ with sth** mit etw knausern.

stink [stɪŋk] (*vb: pret* **stank**, *ptp* **stunk**) **I** *n* **1.** Gestank *m* (*of* nach); (*fig: of corruption etc*) (Ge)ruch *m*. **2.** (*inf: fuss, scandal*) Knatsch (*inf*), Stunk (*inf*) *m*. **to kick up** *or* **make** *or* **create**

a ~ **Stunk machen** (*inf*).

II *vi* **1.** stinken. **it ~s to high heaven** das stinkt zum Himmel (*inf*).

2. (*fig inf: be bad*) sauschlecht *or* miserabel sein (*inf*). **the idea ~s** das ist eine sauschlechte *or* miserable Idee (*inf*); **the whole business ~s** die ganze Sache stinkt (*inf*).

◆**stink out** *vt sep* **1.** (*inf*) room verstänkern (*inf*). **2.** fox etc ausräuchern.

◆**stink up** *vt sep* (*inf*) room verstänkern (*inf*).

stink bomb *n* Stinkbombe *f*.

stinker ['stɪŋkə'] *n* (*inf*) (*person*) Ekel *nt*, Fiesling *m* (*sl*); (*problem, question*) harter Brocken, harte Nuß; (*letter*) gesalzener *or* geharnischter Brief. **that problem/meeting was a ~** das war ein ganz verzwicktes (*inf*) Problem/eine äußerst schwierige Besprechung.

stinking ['stɪŋkɪŋ] **I** *adj* **1.** (*lit*) stinkend. **2.** (*inf*) beschissen (*sl*). **what a ~ thing to do** so was Fieses (*sl*). **II** *adv* (*inf*) ~ **rich** stinkreich (*inf*); **~ awful** sauschlecht (*inf*).

stint [stɪnt] **I** *n* **1.** (*allotted amount of work*) Arbeit, Aufgabe *f*; (*share*) Anteil *m*, Teil *nt or m* (*of an* +*dat*). **to do one's ~** (*daily work*) seine Arbeit leisten *or* tun; (*one's share*) sein(en) Teil beitragen *or* tun; **my ~ was from 3 to 6/lasted two hours** ich war von 3 bis 6/zwei Stunden lang dran; **he has done his ~ of washing up/at the wheel** er hat seinen (An)teil am Abwaschen geleistet/er ist lange genug gefahren; **that was a long ~** das hat vielleicht lange gedauert!; **I've finished my ~ for today** für heute habe ich genug getan; **he does a ~ in the gym/at the typewriter every day** er betätigt sich jeden Tag eine Weile in der Turnhalle/an der Schreibmaschine.

2. without ~ ohne Einschränkung.

II *vt* sparen mit, knausern mit. **to ~ sb of sth** jdm gegenüber mit etw knausern; *of praise, reward* jdm etw vorenthalten; **to ~ oneself (of sth)** sich (mit etw) einschränken, an sich (*dat*) sparen.

III *vi* **to ~ on sth** mit etw sparen *or* knausern.

stipend ['staɪpend] *n* (*for official, clergyman*) Gehalt *nt*; (*liter: for scholar etc*) Stipendium *nt*.

stipendiary [staɪ'pendɪərɪ] *adj official, magistrate, duty* nicht ehrenamtlich. **~ allowance** Gehalt *nt*, Bezüge *pl*.

stipulate ['stɪpjʊleɪt] *vt* **1.** (*make a condition*) zur Auflage machen, verlangen. **2.** *delivery date, amount, price* festsetzen, sich (*dat*) ausbedingen; *size, quantity* vorschreiben, festsetzen; *conditions* stellen, fordern, stipulieren (*geh*).

stipulation [ˌstɪpjʊ'leɪʃən] *n* **1.** (*condition*) Auflage *f*. **with** *or* **on the ~ that ...** unter der Bedingung *or* mit der Auflage, daß ... **2.** *see vt* **2.** Festsetzung, Ausbedingung *f*; Festsetzung *f*; Stellen, Fordern *nt*, Stipulation *f* (*geh*).

stir [stɜː'] **I** *n* **1.** Rühren *nt*. **to give sth a ~** etw rühren; *tea etc* etw umrühren.

2. (*fig: excitement*) Aufruhr *m*. **to cause** *or* **create** *or* **make a ~** Aufsehen erregen.

II *vt* **1.** *tea, paint, soup* umrühren; *cake mixture* rühren. ~ **sugar into the mixture**

den Zucker darunterrühren; **he sat there thoughtfully ~ring his tea** er saß da und rührte gedankenverloren in seinem Tee.

2. (*move*) bewegen; *limbs* rühren; *water, waves* kräuseln. **come on, ~ yourself** *or* **your stumps, we're late** (*inf*) komm, beweg dich, wir sind ohnehin schon spät dran; **if you want to pass the exam you'd better ~ yourself** wenn du die Prüfung bestehen willst, solltest du dich besser dranhalten (*inf*).

3. (*fig*) *emotions* aufwühlen; *passion* wachrufen; *imagination* anregen; *curiosity* anstacheln, erregen; *blood* in Wallung versetzen; (*incite*) *person* anstacheln; (*move*) *person, heart* rühren, bewegen. **to ~ sb to do sth** jdn bewegen, etw zu tun; (*incite*) jdn dazu anstacheln, etw zu tun; **to ~ sb into action** jdn zum Handeln bewegen; **we were all ~red by the speech** wir waren alle von der Rede tief bewegt.

III *vi* sich regen; (*person also*) sich rühren; (*leaves, curtains, animal etc*) sich bewegen; (*emotion*) wachwerden.

◆**stir up** *vt sep* **1.** *liquid, mixture* umrühren; *cream* rühren, schlagen; *mud* aufwühlen.

2. (*fig*) *curiosity, attention, anger* erregen; *imagination* anregen; *memories, the past* wachrufen; *opposition, discord* entfachen, erzeugen; *hatred* schüren; *revolution, revolt* anzetteln; *mob* aufstacheln; *lazy person* aufrütteln. **to ~ ~ trouble** Unruhe stiften; **to ~ sb ~ to sth/to do sth** jdn zu etw anstacheln/jdn dazu anstacheln, etw zu tun; **he's always trying to ~ things ~ among the workers** er versucht immer, die Arbeiter aufzuhetzen.

stirrer ['stɜːrə'] *n* (*inf: trouble-maker*) Scharfmacher(in *f*) *m* (*inf*).

stirring ['stɜːrɪŋ] *adj speech, music, scene, poetry* bewegend; (*stronger*) aufwühlend; *days, times* bewegt.

stirrup ['stɪrəp] *n* Steigbügel *m* (*also Anat*).

stirrup cup *n* Abschiedstrunk *m*; **stirrup pump** *n* Handspritze *f*.

stitch [stɪtʃ] **I** *n* **1.** Stich *m*; (*in knitting etc*) Masche *f*; (*kind of ~*) (*in knitting etc*) Muster *nt*; (*in embroidery*) Stichart *f*. **to put a few ~es in sth** etw mit ein paar Stichen nähen; **he had to have ~es** er mußte genäht werden; **he needed ~es in his arm** sein Arm mußte genäht werden; **to have the ~es taken out** die Fäden gezogen bekommen; **a ~ in time saves nine** (*Prov*) was du heute kannst besorgen, das verschiebe nie auf morgen (*Prov*).

2. (*inf: piece of clothing*) **she hadn't a ~ on** sie war splitter(faser)nackt (*inf*); **I haven't a ~ to wear** ich habe überhaupt nichts anzuziehen.

3. (*pain*) Seitenstiche *pl*.

4. to be in ~es (*inf: from laughing*) sich schieflachen (*inf*); **the story had us all in ~es** wir haben uns alle darüber schiefgelacht (*inf*).

II *vt* (*Sew, Med*) nähen; *book* heften, broschieren; (*mend*) *hole, tear* zunähen, stopfen; (*embroider*) sticken.

III *vi* nähen (*at* an +*dat*); (*embroider*) sticken (*at* an +*dat*).

◆**stitch down** *vt sep* festnähen.

◆**stitch on** *vt sep* aufnähen; *button* annähen.

◆**stitch up** *vt sep seam, wound, patient* nähen; *(mend) hole etc* zunähen, stopfen; *(sew up) hem* hochnähen.

stitching ['stɪtʃɪŋ] *n (seam)* Naht *f*; *(ornamental)* Zierstiche *pl*, Ziernaht *f*; *(embroidery)* Stickerei *f*; *(of book)* Broschur *f*.

stoat [stəʊt] *n* Wiesel *nt*.

stock [stɒk] **I** *n* **1.** *(supply)* Vorrat *m (of an +dat)*; *(Comm)* Bestand *m (of an +dat)*. **~ of knowledge/information** Wissensschatz *m*/Informationsmaterial *nt*; **to get** *or* **lay in a ~ of wood/candles** *etc* sich *(dat)* einen Holzvorrat/Kerzenvorrat *etc* anlegen; **to have sth in ~** etw vorrätig haben; **to be in ~**/**out of ~** vorrätig/nicht vorrätig sein; **to keep sth in ~** etw auf Vorrat haben; **to get sth from ~** etw vom Lager holen; **to take ~** *(Comm)* Inventur machen; **to take ~ of sb** jdn abschätzen; **to take ~** *(fig)* Bilanz ziehen; **to take ~ of sth** sich *(dat)* klarwerden über etw *(acc)*, sich *(dat)* von etw ein Bild machen; *of one's life* Bilanz aus etw *(dat)* ziehen; **surplus ~** Überschuß *m*; **the ~ was auctioned** die Bestände wurden versteigert.

2. *(live~)* Viehbestand *m*. **some good ~** schönes Vieh.

3. *(Cook)* Brühe *f*.

4. *(Fin) (capital raised by company)* Anleihekapital, Aktienkapital *nt*; *(shares held by investor)* Anteil *m*; *(government ~)* Staatsanleihe *f*. **to have** *or* **hold ~ in oil companies** Ölaktien haben; **~s and shares** (Aktien und) Wertpapiere *pl*, Effekten *pl*; **his ~ is going up/is falling** *(fig)* sein Kurswert steigt/fällt; **she puts great ~ in what you say** *(fig)* sie mißt allem, was Sie sagen, große Bedeutung bei.

5. *(Hort) (of tree, plant)* Stamm *m*; *(of vine, rose)* Stock *m*; *(for grafting onto)* Wildling *m*, Unterlage *f*; *(for supplying grafts)* das Edelreis liefernde Pflanze.

6. *(Bot)* Levkoje *f*.

7. *(tribe, race etc)* Stamm *m*; *(descent)* Abstammung, Herkunft *f*; *(Ling)* (Sprach)familie, (Sprach)gruppe *f*. **to be** *or* **come of good ~** guter Herkunft sein; **to be from good farming ~** aus einer alten Bauernfamilie stammen.

8. *(handle)* Griff *m*; *(of rifle)* Schaft *m*.

9. to be on the ~s *(ship)* im Bau sein; *(book etc)* in Arbeit sein.

10. ~s *pl (Hist: for punishment)* Stock *m*.

11. *(neckcloth)* Halsbinde *f*.

12. *(Rail)* rollendes Material.

13. *(esp US Theat)* **to play in summer ~** bei den Sommeraufführungen mitwirken; **this play is in their ~** dieses Stück gehört zu ihrem Repertoire.

II *adj attr (Comm) size etc* Standard-; *model* Serien-; *(fig) phrase, remark, response etc* Standard-, stereotyp.

III *vt* **1.** *(shop etc) goods* führen.

2. *(provide with ~) cupboard* füllen; *shop also, library* ausstatten; *pond, river* (mit Fischen) besetzen; *farm* mit einem Viehbestand versehen.

◆**stock up I** *vi* sich eindecken *(on* mit*)*; *(squirrel etc)* einen Vorrat anlegen.

II *vt sep shop, larder etc* auffüllen; *library* anreichern; *farm* den Viehbestand *(+gen)* vergrößern; *lake, river* den Fischbestand vergrößern in *(+dat)*.

stockade [stɒ'keɪd] *n (fence)* Palisade(nzaun *m*) *f*; *(area)* Einfriedung, Umzäunung *f*.

stockbreeder ['stɒk,briːdə'] *n* Viehzüchter *m*; **stockbreeding** *n* Viehzucht *f*; **stockbroker** *n* Börsenmakler *m*; **the ~ belt** ≃ die reichen Villenvororte *pl*; **stockbroking** *n* Effektenhandel, Wertpapierhandel *m*; **stock car** *n* **1.** *(for racing)* Stock Car *nt (frisierter, verstärkter Serienwagen)*; **2.** *(US Rail: cattle truck)* Viehwaggon, Viehwagen *m*; **stock-car racing** *n* Stock-Car-Rennen *nt*; **stock character** *n (Theat)* Typ *m* (im Rollenfach); **stock company** *n* **1.** *(Fin)* Aktiengesellschaft *f*; **2.** *(US Theat)* Repertoiretheater *nt*; **stock cube** *n* Brüh- *or* Suppenwürfel *m*; **stock exchange** *n* Börse *f*; **stock farmer** *n* Viehhalter *m*; **stock fish** *n* Stockfisch *m*; **stockholder** *n* Aktionär(in *f*) *m*.

Stockholm ['stɒkhəʊm] *n* Stockholm *nt*.

stockily ['stɒkɪlɪ] *adv* **~ built** stämmig.

stockiness ['stɒkɪnɪs] *n* Stämmigkeit *f*.

stockinet(te) [,stɒkɪ'net] *n* (Baumwoll)trikot *m*.

stocking ['stɒkɪŋ] *n* Strumpf *m*; *(knee-length)* Kniestrumpf *m*; *(of horse)* Fessel *f*. **in one's ~(ed) feet** in Strümpfen.

stocking stitch *n* glatt rechts gestricktes Muster.

stock-in-trade [,stɒkɪn'treɪd] *n (tools, materials, fig)* Handwerkszeug *nt*. **that joke is part of his ~** den Witz hat er ständig auf Lager.

stockist ['stɒkɪst] *n (Brit)* (Fach)händler *m*.

stockjobber ['stɒk,dʒɒbə'] *n (Brit)* Börsenhändler *m*; *(US pej)* Börsenjobber, Börsenspekulant *m*; **stock list** *n* **1.** *(Comm)* Warenliste *f*; **2.** *(Fin)* Börsenzettel *m*; **stockman** *n* **1.** *(US, Austral)* Viehzüchter *m*; *(farmhand)* Farmarbeiter *m*; **2.** *(US: in shop etc)* Lagerist, Lagerverwalter *m*; **stock market** *n* Börse(nmarkt *m*) *f*; **stockpile I** *n* Vorrat *m (of an +dat)*; *(of weapons)* Lager *nt*; **the nuclear ~** das Atomwaffenlager, das Kernwaffenarsenal; **II** *vt* Vorräte an *(+dat)* ... anlegen; *(pej)* horten; **to ~ weapons** Waffenlager *or* Waffenarsenale anlegen; **stock play** *n (Theat)* gängiges Repertoirestück; **stock prices** *npl (St Ex)* Börsenkurse, Effektenkurse *pl*; **stock room** *n* Lager(raum *m*) *nt*; **stock-still** *adj, adv* **to be/ stand ~** stockstill stehen/stehen; **stocktaking** *n* Inventur *f*; *(fig)* Bestandsaufnahme *f*.

stocky ['stɒkɪ] *adj (+er)* stämmig.

stockyard ['stɒkjɑːd] *n* Viehhof, Schlachthof *m*.

stodge [stɒdʒ] *n (inf)* Pampe *f (inf)*.

stodgy ['stɒdʒɪ] *adj (+er) food* pampig *(inf)*, schwer; *style* schwerfällig; *subject* trocken; *book* schwer verdaulich; *person* langweilig, fad.

stoic ['stəʊɪk] *(Philos:* S~*)* **I** *n* Stoiker *m*. **II** *adj* stoisch.

stoical *adj*, **~ly** *adv* ['stəʊɪkəl, -ɪ] stoisch.

stoicism ['stəʊɪsɪzəm] *n (Philos:* S~*)*

Stoizismus *m*; (*fig*) stoische Ruhe,
Gelassenheit *f*, Gleichmut *m*.

stoke [stəʊk] *vt furnace* (be)heizen,
beschicken (*spec*); *fire*, (*fig*) schüren.

◆**stoke up I** *vt sep furnace* (be)heizen,
beschicken (*spec*); *fire* schüren. **II** *vi* (*eat*)
sich satt essen; (*drink*) tanken (*inf*).

stokehold ['stəʊkhəʊld] *n* (*Naut*) Heiz-
raum *m*; **stokehole** *n* **1.** (*Naut*) Heizraum
m; **2.** (*in furnace*) Schürloch *nt*.

stoker ['stəʊkəʳ] *n* Heizer *m*; (*device*)
Beschickungsanlage *f*.

stole¹ [stəʊl] *n* Stola *f*.

stole² *pret of* **steal.**

stolen ['stəʊlən] **I** *ptp of* **steal. II** *adj* gestoh-
len; *pleasures* heimlich. ~ **goods** Diebes-
gut *nt*; **to receive** ~ **goods** Hehler sein;
receiving ~ **goods** Hehlerei *f*.

stolid ['stɒlɪd] *adj person* phlegmatisch, stur
(*pej*); *indifference* stumpf; *determination,
silence* beharrlich, stur (*pej*).

stolidly ['stɒlɪdlɪ] *adv* phlegmatisch, stur
(*pej*); *remain silent, work* beharrlich, stur
(*pej*).

stolidness ['stɒlɪdnɪs] *n see adj* Phlegma
nt, Sturheit *f* (*pej*); Stumpfheit *f*; Beharr-
lichkeit *f*. **the ~ of his manner** sein Phleg-
ma *nt*, seine sture Art (*pej*).

stomach ['stʌmək] **I** *n* (*abdomen*) Magen
m; (*belly, paunch*) Bauch *m*; (*fig: ap-
petite*) Lust *f* (*for* auf +*acc*), Interesse *nt*
(*for* an +*dat*). **hold your ~ in** zieh den
Bauch ein!; **to have a pain in one's ~**
Magen-/Bauchschmerzen haben; **to hit sb
in the ~** jdn in die Magengrube/
Bauchgegend schlagen *or* (*bullet etc*) tref-
fen; **on an empty ~** *drink, take medicine
etc* auf leeren *or* nüchternen Magen; **on an
empty/full ~** *swim, drive etc* mit leerem *or*
nüchternem/vollem Magen; **I have no ~
for that** das ist mir zuwider; *for party,
journey etc* mir ist nicht danach (zumute),
ich habe keine Lust dazu; **he doesn't have
the ~ for it** (*guts*) dazu hat er nicht den
Mumm (*inf*).

II *vt* (*inf*) *behaviour, cruelty* vertragen;
person, film, music etc ausstehen.

stomach *in cpds* Magen-; **stomach-ache** *n*
Magenschmerzen *pl*; **stomach-pump** *n*
Magenpumpe *f*; **stomach upset** *n*
Magenverstimmung *f*.

stomp [stɒmp] *vi* stapfen.

stone [stəʊn] **I** *n* **1.** Stein *m*. **a heart of** ~ ein
Herz aus Stein; **a** ~'**s throw from the sta-
tion** nur einen Steinwurf *or* Katzensprung
vom Bahnhof entfernt; **within a** ~'**s throw
of success** kurz vor dem Erfolg; **to leave no
~ unturned** nichts unversucht lassen; **to
have a** ~ **in one's kidney/gall-bladder**
einen Nieren-/Gallenstein haben.

2. (*Brit: weight*) britische Gewichtsein-
heit = 6.35 kg.

II *adj* Stein-, aus Stein.

III *vt* **1.** (*throw ~s at*) mit Steinen
bewerfen; (*kill*) steinigen. ~ **the crows!**
(*Brit sl*) jetzt brat mir einer einen Storch!
(*inf*).

2. *fruit* entsteinen.

3. (*sl*) **to be ~d (out of one's mind)** (*on
drugs*) (total) weg (*inf*) *or* stoned (*sl*) sein;
(*drunk*) mächtig unter Strom stehen (*sl*).

Stone Age *n* Steinzeit *f*; **stone-blind** *adj*

stockblind (*inf*); **stone-broke** *adj* (*US
inf*) *see* **stony-broke**; **stone-cold I** *adj*
eiskalt; **II** *adv* ~ **sober** stocknüchtern
(*inf*); **stone-dead** *adj* mausetot (*inf*); **to
kill sb/sth** ~ jdm/einer Sache den Garaus
machen (*inf*); **stone-deaf** *adj* stocktaub
(*inf*); **stonemason** *n* Steinmetz *m*; **stone
pit, stone quarry** *n* Steinbruch *m*;
stonewall *vi* (*fig: esp Parl*) obstruieren;
(*in answering questions*) ausweichen;
(*Sport*) mauern (*sl*); **stoneware I** *n* Stein-
gut *nt*; **II** *adj attr* Steingut-; **stonework** *n*
Mauerwerk *nt*.

stonily ['stəʊnɪlɪ] *adv* (*fig*) mit steinerner
Miene, starr.

stoniness ['stəʊnɪnɪs] *n* (*of ground etc*)
Steinigkeit *f*; (*fig: of look etc*) Ver-
steinertheit *f*.

stony ['stəʊnɪ] *adj* (+*er*) *ground, path,
beach* steinig; *substance, texture* steinar-
tig; (*fig*) *glance, silence, heart* steinern;
person, welcome kalt.

stony-broke ['stəʊnɪ'brəʊk] *adj* (*Brit inf*)
völlig abgebrannt (*inf*), total blank *or*
pleite (*inf*); **stony-faced** ['stəʊnɪ'feɪst]
adj (*solemn*) ernst; (*impassive*) mit
steinerner Miene.

stood [stʊd] *pret, ptp of* **stand.**

stooge [stu:dʒ] *n* (*inf*) Handlanger *m*;
(*comedian's* ~) Stichwortgeber *m*.

stook [stu:k] *n* Hocke *f*.

stool [stu:l] *n* **1.** (*seat*) Hocker *m*; (*foot* ~,
kitchen ~, *milking* ~ *also*) Schemel *m*;
(*folding*) Stuhl *m*. **to fall between two ~s**
sich zwischen zwei Stühle setzen; (*be
neither one thing nor the other*) weder dem
einen noch dem anderen gerecht werden.
2. (*esp Med: faeces*) Stuhl *m*.

stool pigeon *n* **1.** (*lit, fig: decoy*) Lockvogel
m. **2.** (*inf: informer*) Spitzel *m* (*inf*).

stoop¹ [stu:p] **I** *n* Gebeugtheit *f*; (*deform-
ity*) krummer Rücken, Buckel *m*. **to walk
with a** ~ gebeugt gehen.

II *vt* beugen; *head* (*to avoid sth*) ein-
ziehen.

III *vi* sich beugen *or* neigen (*over* über
+*acc*); (*also* ~ **down**) sich bücken; (*have
a* ~, *walk with a* ~) gebeugt gehen. ~**ing
shoulders** krumme Schultern *pl*; **to ~ to
sth/to doing sth** (*fig*) sich zu etw
herablassen *or* hergeben/sich dazu
herablassen *or* hergeben, etw zu tun.

stoop² *n* (*US*) Treppe *f*.

stop [stɒp] **I** *n* **1.** (*act of* ~*ping*) Halt *m*,
Stoppen *nt*. **the signal is at** ~ das Signal
steht auf Halt *or* Stop; **to be at a** ~ still-
stehen; **to bring sth to a** ~ (*lit*) etw anhal-
ten *or* stoppen, etw zum Stehen bringen;
traffic etw zum Erliegen bringen; (*fig*)
project, meeting, development einer Sache
(*dat*) ein Ende machen; *conversation* etw
verstummen lassen; **to come to a** ~ (*car,
machine*) anhalten, stoppen; (*traffic*)
stocken; (*fig*) (*meeting, rain*) aufhören;
(*research, project*) eingestellt werden;
(*conversation*) verstummen; **to come to a
dead/sudden** ~ (*vehicle*) abrupt anhalten
or stoppen; (*traffic*) völlig/plötzlich zum
Erliegen kommen; (*rain*) ganz plötzlich
aufhören; (*research, project, meeting*) ein
Ende *nt*/ein abruptes Ende finden; (*con-
versation*) völlig/abrupt verstummen;

when the aircraft has come to a complete ~ wenn die Maschine völlig zum Stillstand gekommen ist; **to make a ~** (*bus, train, tram*) (an)halten; (*plane, ship*) (Zwischen)station machen; **to put a ~ to sth** einer Sache (*dat*) einen Riegel vorschieben.

2. (*stay*) Aufenthalt *m*; (*break*) Pause *f*; (*Aviat: for refuelling etc*) Zwischenlandung *f*. **to have a ~** haltmachen; **we had** *or* **made three ~s** wir haben dreimal haltgemacht; **to work for eight hours without a ~** acht Stunden ohne Unterbrechung arbeiten.

3. (*~ping place*) Station *f*; (*for bus, tram, train*) Haltestelle *f*; (*for ship*) Anlegestelle *f*; (*for plane*) Landeplatz *m*.

4. (*esp Brit: punctuation*) Punkt *m*.

5. (*Mus*) (*of wind instruments*) (Griff)-loch *nt*; (*on organ: also* **~knob**) Registerzug *m*; (*organ pipe*) Register *nt*. **to pull out all the ~s** (*fig*) alle Register ziehen.

6. (*stopper*) (*for door, window*) Sperre *f*; (*on typewriter*) Feststelltaste *f*.

7. (*Phot: f number*) Blende *f*.

8. (*Phon*) Verschlußlaut *m*; (*glottal ~*) Knacklaut *m*.

II *vt* **1.** (*~ when moving*) *person* anhalten; *vehicle, clock also, ball* stoppen; *engine, machine etc* abstellen; *blow* abblocken, auffangen; (*~ from going away, from moving on*) *runaway, thief etc* aufhalten; *attack, enemy, progress* aufhalten, hemmen; *traffic* (*hold up*) aufhalten; (*bring to complete standstill*) zum Stehen *or* Erliegen bringen; (*policeman*) anhalten; (*keep out*) *noise, light* abfangen, auffangen. **~ thief!** haltet den Dieb!; **to ~ a bullet** (*be shot*) eine Kugel verpaßt kriegen (*inf*); **to ~ sb dead** *or* **in his tracks** jdn urplötzlich anhalten lassen; (*in conversation*) jdn plötzlich verstummen lassen; *see* **rot, show.**

2. (*~ from continuing*) *activity, rumour, threat, crime* ein Ende machen *or* setzen (+*dat*); *nonsense, noise* unterbinden; *match, conversation, work* beenden; *development* aufhalten; (*temporarily*) unterbrechen; *flow of blood* stillen, unterbinden; *progress, inflation* aufhalten, hemmen; *speaker, speech* unterbrechen; *production* zum Stillstand bringen; (*temporarily*) unterbrechen. **the referee ~ped play** der Schiedsrichter hat das Spiel abgebrochen; (*temporarily*) der Schiedsrichter hat das Spiel unterbrechen lassen; **this will ~ the pain** das hilft gegen die Schmerzen.

3. (*cease*) aufhören mit; *noise, nonsense also* unterlassen. **to ~ doing sth** aufhören, etw zu tun; **etw nicht mehr tun; she never ~s talking** sie redet ununterbrochen *or* in einer Tour (*inf*); **to ~ smoking** mit dem Rauchen aufhören; (*temporarily*) das Rauchen einstellen; **I'm trying to ~ smoking** ich versuche, das Rauchen aufzugeben *or* nicht mehr zu rauchen; **~ it!** laß das!, hör auf!; **I just can't ~ it** ich kann es nicht lassen.

4. (*suspend*) stoppen; *payments, delivery of goods also, production, activity, fighting* einstellen; *leave, cheque, electric-*

ity, water supply, wages sperren; *privileges* unterbinden; *subsidy, allowances, grant etc* jdm streichen; *battle, negotiations, proceedings* abbrechen; (*cancel*) *subscription* kündigen; (*temporarily*) *delivery, newspaper* abbestellen. **the money was ~ped out of his wages** das Geld wurde von seinem Lohn einbehalten *or* zurückbehalten.

5. (*prevent from happening*) *sth* verhindern; *trouble also* unterbinden; (*prevent from doing*) *sb* abhalten. **to ~ oneself** sich beherrschen, sich zurückhalten, sich bremsen (*inf*); **there's no ~ping him** (*inf*) er ist nicht zu bremsen (*inf*); **there's nothing ~ping you** *or* **to ~ you** es hindert Sie nichts, es hält Sie nichts zurück.

6. (*in participial construction*) **to ~ sb (from) doing sth** jdn davon abhalten *or* (*physically*) daran hindern, etw zu tun; (*put a ~ to*) dafür sorgen, daß jd etw nicht mehr tut *or* daß jd aufhört, etw zu tun; **to ~ sth (from) happening** (*prevent, put a ~ to*) (es) verhindern, daß etw geschieht; **that will ~ it (from) hurting** (*prevent*) dann wird es nicht weh tun; (*put a ~ to*) dann wird es nicht mehr weh tun; **that'll ~ the gas (from) escaping/the pipe (from) leaking** das wird verhindern, daß Gas entweicht/das Rohr leckt; **it will ~ you from worrying/getting wet** dann brauchen Sie sich (*dat*) keine Sorgen zu machen/dann werden Sie nicht naß; **to ~ oneself from doing sth** sich zurückhalten und etw nicht tun.

7. (*block*) verstopfen; (*with cork, bung, cement etc also*) zustopfen (*with* mit); (*fill*) *tooth* plombieren, füllen; (*fig*) *gap* füllen, stopfen; *leak of information* stopfen; (*Mus*) *string* greifen; *finger hole* zuhalten. **to ~ one's ears with one's fingers/cotton wool** sich (*dat*) die Finger in die Ohren stecken/sich (*dat*) die Ohren mit Watte zustopfen.

III *vi* **1.** (*halt*) anhalten; (*train, car also*) halten, stoppen; (*traveller, driver, hiker*) haltmachen; (*pedestrian, clock, watch*) stehenbleiben; (*engine, machine*) nicht mehr laufen. **~!** halt!, stopp!; **~ right there!** halt!, stopp!; **we ~ped for a drink at the pub** wir sind in der Wirtschaft eingekehrt, um etwas zu trinken; **to ~ at nothing (to do sth)** (*fig*) vor nichts haltmachen(, um etw zu tun); **to ~ dead** *or* **in one's tracks** plötzlich *or* abrupt *or* auf der Stelle stehenbleiben; *see* **short.**

2. (*finish, cease*) aufhören; (*pain, headache also*) weggehen; (*heart*) aufhören zu schlagen, stehenbleiben; (*production, payments, delivery*) eingestellt werden; (*programme, show, match, film*) zu Ende sein; (*music, speaker also*) verstummen. **to ~ doing sth** aufhören, etw zu tun, mit etw aufhören; **ask him to ~** sag ihm, er soll aufhören; **I will not ~ until I find him/convince you** ich gebe keine Ruhe, bis ich ihn gefunden habe/dich überzeugt habe; **he would ~ at nothing** er macht vor nichts halt; **if you had ~ped to think** wenn du nur einen Augenblick nachgedacht hättest; **~ to think before you speak** erst denken, dann reden.

3. (*inf: stay*) bleiben (*at* in +*dat, with* bei). **to ~ for** *or* **to supper** zum Abendessen bleiben.

◆**stop away** *vi* (*inf*) wegbleiben. **to ~ ~ from school/the lecture** die Schule/ Vorlesung schwänzen (*inf*).

◆**stop behind** *vi* (*inf*) (noch) dableiben, länger bleiben; (*Sch: as punishment*) nachsitzen.

◆**stop by** *vi* kurz vorbeikommen *or* vorbeischauen.

◆**stop down** *vi* (*Phot*) abblenden, eine niedrigere Blende einstellen.

◆**stop in** *vi* (*inf*) drinbleiben (*inf*); (*Sch: as punishment*) nachsitzen, dableiben.

◆**stop off** *vi* (kurz) haltmachen (*at sb's place* bei jdm); (*on travels also*) Zwischenstation machen (*at* in +*dat*).

◆**stop on** *vi* (*inf*) (noch) dableiben, länger bleiben. **to ~ ~ at school** in der Schule weitermachen.

◆**stop out** *vi* (*inf*) wegbleiben, streiken.

◆**stop over** *vi* kurz haltmachen; (*on travels*) Zwischenstation machen (*in* in + *dat*); (*Aviat*) zwischenlanden.

◆**stop up I** *vt sep* verstopfen; *crack, hole also* zustopfen. **II** *vi* **1.** (*inf: stay up*) aufbleiben. **2.** (*Phot*) eine größere Blende einstellen.

stop button *n* Halteknopf *m*; **stopcock** *n* Absperrhahn *m*; **stopgap** *n* (*thing*) Notbehelf *m*; (*scheme*) Notlösung *f*; (*person*) Lückenbüßer *m*; **~ measure** Überbrückungsmaßnahme *f*; **stop-go** *adj attr* **~ policies** Politik *f* des ewigen Hin und Her; **stoplight** *n* (*brakelight*) Bremslicht, Stopplicht *nt*; (*esp US: traffic light*) rotes Licht; **stopover** *n* Zwischenstation *f*; (*Aviat*) Zwischenlandung *f*; **~ ticket** *n* (*Aviat*) Rundreiseticket *nt*.

stoppage [ˈstɒpɪdʒ] *n* **1.** (*in work, game*) Unterbrechung *f*; (*in traffic*) Stockung *f*; (*in production etc*) (*temporary, because of mechanical problems*) Unterbrechung *f*; (*for longer time, because of strike etc*) Stopp *m*; (*strike*) Streik *m*. **2.** (*of pay, leave, cheque*) Sperrung *f*; (*of delivery, supplies etc*) Stopp *m*; (*deduction*) Abzug *m*. **3.** (*blockage*) Verstopfung *f*, Stau *m*.

stopper [ˈstɒpə] **I** *n* (*plug*) Stöpsel *m*; (*cork also*) Pfropfen *m*. **II** *vt* verstöpseln.

stopping [ˈstɒpɪŋ] *n* **1.** **~ and starting** (*in driving*) stückchenweises Vorwärtskommen, Stop-und Go-Verkehr *m*; (*in work*) ständige Unterbrechungen *pl*. **2.** (*in tooth*) Füllung, Plombe *f*.

stopping place *n* (*of bus, train etc*) Haltestelle *f*; **stopping train** *n* Personenzug *m*.

stop-press [ˈstɒppres] *n* (*esp Brit*) (*space*) Spalte *f* für letzte Meldungen; (*news*) letzte Meldungen *pl*; **stop sign** *n* Stoppschild *nt*; **stopwatch** *n* Stoppuhr *f*.

storage [ˈstɔːrɪdʒ] *n* (*of goods, food*) Lagerung *f*; (*of documents, in household*) Aufbewahrung *f*; (*of water, electricity, data*) Speicherung *f*, Speichern *nt*; (*cost*) Lagergeld *nt*. **to put sth into ~** etw unterstellen *or* (ein)lagern; *see cold* **~**.

storage battery *n* Akkumulator *m*; **storage capacity** *n* (*of computer*) Speicher-

kapazität *f*; **storage charge** *n* Lagergeld *nt*; **storage heater** *n* (Nachtstrom)-speicherofen *m*; **storage space** *n* Lagerraum *m*; (*in house*) Schränke und Abstellräume *pl*; **storage tank** *n* Vorratstank *m*.

store [stɔːʳ] **I** *n* **1.** (*stock*) Vorrat *m* (*of* an + *dat*); (*fig*) Fülle *f*, Schatz, Reichtum *m* (*of* an +*dat*). **~s** *pl* (*supplies*) Vorräte, Bestände *pl*; **to lay** *or* **get in a ~ of food/coal** einen Lebensmittel-/ Kohlenvorrat anlegen; **to have** *or* **keep sth in ~** etw lagern, einen Vorrat von etw haben; (*in shop*) etw auf Lager *or* etw vorrätig haben; **to be in ~ for sb** jdm bevorstehen, auf jdn warten; **to have a surprise in ~ for sb** für jdn eine Überraschung auf Lager haben; **what has the future in ~ for us**? was wird uns (*dat*) die Zukunft bringen?; **to set great/ little ~ by sth** viel/ wenig von etw halten, einer Sache (*dat*) viel/wenig Bedeutung beimessen; **a fine ~ of knowledge** ein großer Wissensschatz, eine große Fülle *or* ein großer Reichtum an Wissen.

2. (*place*) Lager *nt*; (*~house also*) Lagerhaus *nt*, Lagerhalle *f*; (*~room also*) Lagerraum *m*. **to put one's furniture in ~** seine Möbel unterstellen *or* (ein)lagern.

3. (*esp Brit Computers*) (Daten)-speicher *m*.

4. (*large shop, book ~*) Geschäft *nt*; (*department ~*) Kaufhaus, Warenhaus *nt*; (*esp US: shop*) Laden *m*.

II *adj attr* (*US*) *clothes* von der Stange; *bread* aus der Fabrik.

III *vt* lagern; *documents* aufbewahren; *furniture* unterstellen; (*in depository*) einlagern; *information, electricity, heat* speichern; (*in one's memory*) sich (*dat*) merken; (*keep in reserve, collect: also* **up**) Vorräte an (+*dat*) ... anschaffen; (*equip, supply*) *larder etc* auffüllen. **to ~ sth away** etw verwahren; **squirrels ~ away nuts for the winter** Eichhörnchen legen einen Vorrat von Nüssen für den Winter an; **to ~ sth up** einen Vorrat von etw anlegen; (*fig*) etw anstauen; *surprise* etw auf Lager haben.

IV *vi* (*fruit, vegetables*) sich lagern *or* aufbewahren lassen.

storehouse [ˈstɔːhaus] *n* Lager(haus) *nt*; (*fig*) Fundgrube, Schatzkammer *f*; **store keeper** *n* (*in storehouse*) Lagerverwalter *m*; (*esp US: shopkeeper*) Ladenbesitzer (*in f*), Geschäftsinhaber(in *f*) *m*; **storeroom** *n* Lagerraum *m*; (*for food*) Vorratskammer *f*.

storey, (*esp US*) **story** [ˈstɔːrɪ] *n, pl* **-s** *or* (*US*) **stories** Stock(werk *nt*) *m*, Etage *f*. **a nine-~ building** ein neunstöckiges Gebäude, ein Gebäude mit neun Stockwerken *or* Etagen; **he fell from the third-~ window** er fiel aus dem Fenster des dritten *or* (*US*) zweiten Stock(werk)s *or* der dritten *or* (*US*) zweiten Etage.

stork [stɔːk] *n* Storch *m*.

storm [stɔːm] **I** *n* **1.** Unwetter *nt*; (*thunder~*) Gewitter *nt*; (*strong wind*) Sturm *m*. **there is a ~ blowing** es stürmt; **to brave the ~** dem Unwetter/Gewitter/Sturm trotzen; (*fig*) das Gewitter über sich (*acc*) ergehen lassen; **a ~ in a teacup** (*fig*) ein Sturm im Wasserglas.

2. (*fig*) (*of abuse, insults*) Flut *f* (*of* von); (*of applause, indignation, criticism*) Sturm *m* (*of* gen); (*of blows, arrows, missiles*) Hagel *m* (*of* von); (*outcry*) Aufruhr *m.* **~ of protest** Proteststurm *m.*

3. to take sth/sb by ~ (*Mil, fig*) etw/jdn im Sturm erobern.

II *vt* stürmen.

III *vi* **1.** (*talk angrily*) toben, wüten (*at* gegen). **he ~ed on for an hour about the government** er schimpfte eine Stunde lang wütend über die Regierung.

2. (*move violently*) stürmen. **to ~ out of a room** aus einem Zimmer stürmen.

3. (*esp US: Met*) stürmen.

stormbound ['stɔːmbaʊnd] *adj* vom Sturm aufgehalten; **storm centre** *or* (*US*) **center** *n* Sturmzentrum *nt*; (*fig*) (Unruhe)herd *m*; **storm cloud** *n* (*lit, fig*) Gewitterwolke *f*; **storm cone** *n* Sturmkegel *m*; **storm door** *n* äußere Windfangtür; **storm force** *n* Windstärke *f.*

stormily ['stɔːmɪlɪ] *adv* (*lit, fig*) stürmisch; **weep** heftig; **protest, reply, answer, react** hitzig, heftig.

storminess ['stɔːmɪnɪs] *n* (*of reaction, temper, feelings*) Heftigkeit *f.* **the ~ of the weather/sea** das stürmische Wetter/die stürmische See; **the ~ of his reception** sein stürmischer Empfang.

storm lantern *n* Sturmlaterne *f*; **storm petrel** *n* Sturmschwalbe *f*; **storm signal** *n* Sturmsignal *nt*; **storm trooper** *n* (*NS*) SA-Mann *m*; **stormtroopers** *npl* (*fig*) (Sonder)einsatzkommando *nt*; **storm troops** *npl* Sturmtruppe *f*; **storm warning** *n* Sturmwarnung *f*; **storm window** *n* äußeres Doppelfenster.

stormy ['stɔːmɪ] *adj* (*+er*) (*lit, fig*) stürmisch; **discussion** *also*, **temper** hitzig; **protests** heftig.

stormy petrel *n* Sturmschwalbe *f*; (*fig*) Unglücksbote *m.*

story¹ ['stɔːrɪ] *n* **1.** (*tale, account*) Geschichte *f*; (*Liter also*) Erzählung *f*; (*joke*) Witz(geschichte *f*) *m.* **the ~ of her life** ihre Lebensgeschichte; **that's another ~** das ist eine andere Geschichte; **the ~ goes that ...** man erzählt sich, daß ...; **his ~ is that ...** er behauptet, daß ...; **I've heard his ~** ich habe seine Version gehört; **that's not the whole ~** das ist nicht die ganze Wahrheit; **the marks tell their own ~** die Flecke sprechen für sich; **to cut a long ~ short** um es kurz zu machen, kurz und gut; **it's the (same) old ~** es ist das alte Lied; **but it's another ~ now** aber jetzt sieht die Sache anders aus; **that's the ~ of my life** (*inf*) wem sagen Sie das! (*inf*).

2. (*Press*) (*event*) Geschichte *f*; (*newspaper ~*) Artikel *m.* **it'll make a good ~** das gibt einen guten Artikel.

3. (*plot*) Handlung *f.*

4. (*inf: lie*) Märchen *nt.*

story² *n* (*US*) see **storey.**

story-book ['stɔːrɪbʊk] **I** *n* Geschichtenbuch *nt*; **II** *adj attr* **castles, sights etc** märchenhaft; **romance** Märchen-; **~ ending** Ende *nt* wie im Märchen, Happy-End *nt*; **storyline** *n* Handlung *f*; **storyteller** *n*

1. (*narrator*) Geschichtenerzähler(in *f*) *m*; **2.** (*inf: liar*) Lügenbold *m.*

stoup [stuːp] *n* (*Eccl*) Weihwasserbecken *nt.*

stout [staʊt] **I** *adj* (*+er*) **1.** (*corpulent*) korpulent; **woman** *also* füllig; **man** *also* untersetzt.

2. (*strong*) kräftig; **door, rope** *also*, **wall, gate** stark; **shoes** fest; **coat** dick.

3. (*brave*) **heart** tapfer; **fellow, resistance** *also* beherzt, unerschrocken; **refusal, denial** entschieden; **belief** fest.

II *n* Starkbier *nt*; (*sweet ~*) Malzbier *nt.*

stout-hearted *adj*, **~ly** *adv* ['staʊt'hɑːtɪd, -lɪ] tapfer, unerschrocken.

stoutly ['staʊtlɪ] *adv* (*strongly*) **made** solide; (*resolutely*) **resist, defend, fight** tapfer, beherzt; **believe, maintain** fest, steif und fest (*pej*); **resist, refuse, deny** entschieden. **~ built person** stämmig, kräftig (gebaut); **wall, door** stark, kräftig; **house** solide gebaut.

stoutness ['staʊtnɪs] *n see adj* **1.** Korpulenz *f*; Fülligkeit *f*; Untersetztheit *f.* **2.** Kräftigkeit *f*; Stärke *f*; Festigkeit *f*; Dicke *f.* **3.** Tapferkeit *f*; Beherztheit, Mannhaftigkeit (*liter*) *f*; Entschiedenheit *f*; Festigkeit *f.* **the ~ of his resistance** sein tapferer *or* beherzter Widerstand.

stove¹ [staʊv] *pret, ptp of* **stave.**

stove² *n* Ofen *m*; (*for cooking*) Herd *m.* **electric/gas ~** Elektro-/Gasherd *m.*

stovepipe ['staʊvpaɪp] *n* Ofenrohr *nt*; **stovepipe hat** *n* (*esp US inf*) Angströhre *f* (*inf*), Zylinder *m.*

stow [staʊ] *vt* **1.** (*Naut*) **cargo** verladen, (ver)stauen; **ship** (be)laden. **2.** (*put away: also ~ away*) verstauen (*in* in +*dat*). **3.** (*sl: desist*) **~ it!** hör auf!

◆stow away *vi als* blinder Passagier fahren.

stowage ['staʊɪdʒ] *n* (*stowing*) (Be)laden, Stauen *nt*; (*space*) Stauraum *m*; (*charge*) Staugeld *nt*, Staugebühr *f.*

stowaway ['staʊəweɪ] *n* blinder Passagier.

straddle ['strædl] **I** *vt* (*standing*) breitbeinig *or* mit gespreizten Beinen stehen über (+*dat*); (*sitting*) rittlings sitzen auf (+*dat*); (*jumping*) grätschen über (+*acc*); (*fig*) **differences** überbrücken; **two continents** überspannen. **to ~ the border/river** sich über beide Seiten der Grenze/beide Ufer des Flusses erstrecken; **to ~ an issue** (*US inf*) in einer Frage zwischen zwei Lagern schwanken.

II *n* (*Sport*) Grätsche *f*, Grätschsprung *m*; (*in high jump*) Schersprung *m.*

strafe [strɑːf] *vt* unter Beschuß nehmen; (*with machine guns also*) mit Geschützfeuer bestreichen (*spec*); (*with shells also*) mit Granaten bewerfen; (*with bombs*) bombardieren.

straggle ['strægl] *vi* **1.** (*spread untidily*) (*houses, trees*) verstreut liegen; (*hair*) (unordentlich) hängen; (*plant*) (in die Länge) wuchern, in die Höhe schießen. **the town ~s on for miles** die Stadt zieht sich über Meilen hin.

2. to ~ behind zurückbleiben, hinterherzockeln (*inf*); **to ~ along the road** die Straße entlangbummeln *or* -zockeln (*inf*); **to ~ in/out** vereinzelt kommen/gehen.

straggler ['stræglər] *n* Nachzügler *m.*

straggling ['stræglɪŋ] adj 1. *children, cattle etc* weit verteilt; (~ *behind*) zurückgeblieben; *village* sich lang hinziehend; *houses* zerstreut liegend; *group, row of houses* auseinandergezogen. 2. (*inf: also* **straggly**) *hair* unordentlich, zottig; *plant* hochgeschossen.

straight [streɪt] I *adj* (+*er*) 1. *gerade; shot, pass* direkt; *stance, posture also* aufrecht; *hair* glatt; *skirt, trousers* gerade geschnitten. **your tie isn't** ~ deine Krawatte sitzt schief; **the picture isn't** ~ das Bild hängt schief; **your hem isn't** ~ dein Saum zipfelt *or* ist nicht gerade; **to pull sth** ~ etw geradeziehen; **is my hat on** ~? sitzt mein Hut gerade?; **please put the picture** ~ bitte hängen Sie das Bild gerade hin; **hold yourself** ~ gerade!; **as** ~ **as a die** kerzengerade; *road* schnurgerade; (*honest*) grundehrlich; **to keep a** ~ **face**, **to keep one's face** ~ ernst bleiben, das Gesicht nicht verziehen; ~ **left/right** (*Boxing*) gerade Linke/Rechte.
2. (*clear*) *thinking* klar.
3. (*frank*) *answer, talking, question* offen, direkt; *piece of advice* offen, ehrlich; *denial, refusal* direkt, ohne Umschweife; (*honest*) *person, dealings* ehrlich. **to be** ~ **with sb** offen und ehrlich zu jdm sein.
4. (*plain*, ~*forward*) *drink* pur; (*Pol*) *fight* direkt; *yes or no, choice, exam pass* einfach. ~ **A's** glatte Einsen; **to vote the** ~ **ticket** (*US Pol*) seine Stimme einer einzigen Partei (*dat*) geben; **he's a** ~ **Democrat** er ist ein hundertprozentiger Demokrat.
5. (*continuous*) ununterbrochen. ~ **run** (*Cards*) Sequenz *f*; **for the third** ~ **day** (*US*) drei Tage ohne Unterbrechung; **the** ~ **line of succession to the throne** die Thronfolge in der direkten Linie; **our team had ten** ~ **wins** unsere Mannschaft gewann zehnmal hintereinander.
6. (*Theat*) *production* konventionell; *actor* ernsthaft. **a** ~ **play** ein reines Drama.
7. *pred* (*in order*) **to be** (**all**) ~ in Ordnung sein; (*fig: clarified also*) (völlig) geklärt sein; **to put things** ~ (*tidy*) alles in Ordnung bringen; (*clarify*) alles klären; **let's get this** ~ das wollen wir mal klarstellen; **and get this** ~ und damit wir uns richtig verstehen; **to put** *or* **set sb** ~ **about sth** jdm etw klarmachen.
8. (*sl*) (*heterosexual*) normal; (*conventional*) etabliert, spießig (*pej*).

II *adv* 1. *hold, walk, fly, shoot, grow* gerade; *sit up, stand up also* aufrecht; *hit* genau; *leap at, aim for* direkt; *above* genau, direkt; *across* direkt. ~ **through sth** glatt durch etw; **it went** ~ **up in the air** es flog senkrecht in die Luft; **to look** ~ **ahead** geradeaus sehen; **the town lay** ~ **ahead of us** die Stadt lag direkt *or* genau vor uns; **the airport is** ~ **ahead** der Flughafen ist geradeaus; **go** ~ **ahead with your plan** führen Sie Ihren Plan wie vorgesehen durch; **to drive** ~ **on** geradeaus weiterfahren; **he drove** ~ **into a tree** er fuhr direkt *or* voll (*inf*) gegen einen Baum; **the arrow went** ~ **to the target** der

Pfeil traf genau ins Ziel; **to go** ~ (*criminal*) keine krummen Sachen (mehr) machen (*inf*).
2. (*directly*) direkt. **I went** ~ **home** ich ging direkt *or* sofort nach Hause; **to look sb** ~ **in the eye** jdm direkt *or* genau in die Augen sehen.
3. (*immediately*) sofort. ~ **after this** sofort *or* unmittelbar danach; ~ **away** *or* **off** sofort, gleich, auf der Stelle; **to come** ~ **to the point** sofort *or* gleich zur Sache kommen.
4. (*clearly*) *think, see* klar.
5. (*frankly*) offen, rundheraus, ohne Umschweife. ~ **out** (*inf*) unverblümt (*inf*), rundheraus; **to give** *or* **tell sb sth/it** ~ **from the shoulder** jdm etw/es jdm unverblümt *or* ohne Umschweife sagen.
6. (*Theat*) *play, produce* konventionell.
7. *drink* pur.

III *n* 1. (~ *part, on race track*) Gerade *f*; (*road, rail*) gerade Strecke. **the final** ~ die Zielgerade; **to keep sb on the** ~ **and narrow** dafür sorgen, daß jd ehrlich bleibt *or* nicht auf die schiefe Bahn kommt.
2. (~ *line*) Gerade *f*. **to cut sth on the** ~ etw gerade (ab)schneiden; (*cloth*) am Faden(lauf) entlang schneiden.

straight angle *n* gestreckter Winkel, Winkel von 180°; **straightaway** (*US*) I *n* Gerade *f*; (*road, rail*) gerade Strecke; II *adv see* **straight II 3.**; **straight edge** *n* Lineal *nt*.

straighten ['streɪtn] I *vt* 1. (*make straight*) gerademachen; *picture* gerade hinhängen; *road, river* begradigen; *hat* gerade aufsetzen; *tablecloth, sheet, rope, clothes, tie* geradeziehen; *wire* geradebiegen; *one's shoulders* straffen; *hair* glätten.
2. (*tidy*) in Ordnung bringen.
II *vi* (*road, plant etc*) gerade werden; (*hair*) glatt werden; (*person*) sich aufrichten.
III *vr* **to** ~ **oneself** sich aufrichten.
◆**straighten out** I *vt sep* 1. (*make straight*) gerademachen; *road* begradigen; *wire* geradebiegen; *rope* geradeziehen; *hair* glätten.
2. (*put right*) *problem, situation* klären; *one's ideas* ordnen; *one's affairs* in Ordnung bringen; *misunderstanding* (auf)klären; *person* (*by discipline*) auf die richtige Bahn bringen. **to** ~ **oneself** ~ ins richtige Gleis kommen; **the problem will soon** ~ **itself** ~ das Problem wird sich bald von selbst erledigen.
II *vi* (*road etc*) gerade werden; (*hair*) glatt werden.
◆**straighten up** I *vi* sich aufrichten. II *vt sep* 1. (*make straight*) gerademachen; *papers* ordentlich hinlegen; *picture* gerade hinhängen; *hat* gerade aufsetzen; *lines also* begradigen. 2. (*tidy*) in Ordnung bringen, aufräumen.

straightfaced ['streɪt'feɪst] I *adv* ohne die Miene zu verziehen; II *adj* **to be** ~ keine Miene verziehen; **straightforward** *adj* (*honest*) *person* aufrichtig; *explanation, look also* offen, freimütig; (*simple*) *question, problem* einfach; **I'm a** ~ **soldier** ich bin ein einfacher Soldat; **straightforwardly** *adv see adj*; **straightforward-**

ness *n see adj* Aufrichtigkeit *f*; Offenheit, Freimütigkeit *f*; Einfachheit, Klarheit *f*;
straight man *n* (*Theat*) Stichwortgeber *m* für einen Komiker; **straight-out** I *adj* (*esp US inf*) resentment, threat unverblümt (*inf*), offen; *opposition also* kompromißlos; *refusal* glatt (*inf*); **he's a ~ Democrat** er ist durch und durch Demokrat; II *adv see* **straight II 5.**

strain¹ [streɪn] I *n* **1.** (*Mech*) Belastung, Beanspruchung *f*; (*on rope, arch also*) Spannung *f*; (*on beams, floor also*) Druck *m*. **to put a (great) ~ on sth** etw (stark) belasten; **to show signs of ~** Zeichen von Überlastung *or* Überbeanspruchung zeigen; **to take the ~ off sth** etw entlasten.

2. (*fig: mental, economic etc*) Belastung *f* (*on* für); (*effort*) Anstrengung *f*; (*pressure*) (*of job etc also*) Beanspruchung *f* (*of* durch); (*of responsibility*) Last *f*. **to be under a lot of ~** stark beansprucht sein; **to suffer from (nervous) ~** (nervlich) überlastet sein, im Streß sein; **I find her/that a bit of a ~** ich finde sie/das ziemlich anstrengend; **to put a (great) ~ on sb/sth** jdn/etw stark belasten; **to put too great a ~ on sb/sth** jdn/etw überlasten; **to show signs of ~** Zeichen von Überlastung *or* Überanstrengung zeigen; **to take the ~ off sb/sth** jdn/etw entlasten; **to be under ~** großen Belastungen ausgesetzt sein; **the ~ of six hours at the wheel** die Anstrengung, sechs Stunden am Steuer zu sitzen.

3. (*muscle-~*) (Muskel)zerrung *f*; (*on eyes, heart etc*) Überanstrengung *f* (*on gen*). **back-/eye-~** überanstrengter Rücken/überanstrengte Augen *pl*.

4. ~**s** *pl* (*of instrument, tune*) Klänge *pl*; **to the ~s of** zu den Klängen (+*gen*).

II *vt* **1.** (*stretch*) spannen.

2. (*put ~ on*) rope, beams, relationship, faith, budget belasten; nerves, patience *also* strapazieren; (*put too much ~ on*) überlasten; meaning, word dehnen. **it ~s my nerves** das zerrt an meinen Nerven; **to ~ one's ears/eyes to ...** angestrengt lauschen/gucken, um zu ...; **to ~ every nerve** jeden Nerv anspannen; **to ~ oneself** sich anstrengen; (*excessively*) sich überanstrengen; **don't ~ yourself!** (*iro inf*) überanstrenge dich bloß nicht!

3. (*Med*) muscle zerren; ankle, arm verrenken; (*pull*) zerren, ziehen; (*fig: strive*) sich bemühen, streben. **to ~ to do sth** sich anstrengen *or* abmühen, etw zu tun; **to ~ at sth** sich mit etw abmühen; (*pull*) an etw (*dat*) zerren *or* ziehen; **to ~ at the leash** (*dog*) an der Leine zerren; (*fig*) aufmucken, aufmüpfig werden (*inf*); **to ~ after sth** nach etw streben, sich um etw bemühen; **to ~ against sb** sich an jdn drücken; **to ~ against sth** sich gegen etw stemmen.

strain² *n* **1.** (*streak*) Hang, Zug *m*; (*hered-*

itary) Veranlagung *f*. **a ~ of madness** eine Veranlagung zum Wahnsinn.

2. (*style*) Anflug *m*.

3. (*breed*) (*animals*) Rasse *f*; (*of plants*) Sorte *f*; (*of virus etc*) Art *f*.

strained [streɪnd] *adj* **1.** liquids durchgesiebt, durchgeseiht; solids ausgesiebt; vegetables abgegossen.

2. muscle gezerrt; back, eyes überanstrengt, strapaziert. **to have a ~ ankle** sich (*dat*) den Knöchel verrenkt haben.

3. (*unnatural*) expression, performance, style unnatürlich, gekünstelt; laugh, smile, conversation gezwungen; meeting steif; voice, relations, atmosphere, nerves (an)gespannt. **he looked rather ~** er sah ziemlich abgespannt aus.

strainer [ˈstreɪnəʳ] *n* **1.** (*Cook*) Sieb *nt*. **2.** (*Tech*) Filter *m*.

strait [streɪt] *n* **1.** (*Geog*) Meerenge, Straße *f*. **the ~s of Dover/Gibraltar** die Straße von Dover/Gibraltar.

2. ~**s** *pl* (*fig*) Nöte, Schwierigkeiten *pl*; **to be in dire** *or* **desperate ~s** in großen Nöten sein, in einer ernsten Notlage sein.

straitened [ˈstreɪtnd] *adj* means beschränkt; circumstances *also* bescheiden, dürftig.

straitjacket [ˈstreɪtˌdʒækɪt] *n* (*lit, fig*) Zwangsjacke *f*, **strait-laced** [ˈstreɪtˈleɪst] *adj* prüde, puritanisch, spießig (*inf*).

strand¹ [strænd] *n* (*liter: beach*) Gestade *nt* (liter).

II *vt* ship, fish stranden lassen; person (*in place*) verschlagen, geraten lassen; (*without money, help etc*) seinem Schicksal überlassen. **to be ~ed** (ship, fish, shipwrecked person) gestrandet sein; **to be (left) ~ed** (person) festsitzen; (*without money also*) auf dem trockenen sitzen (*inf*); **to leave sb ~ed** jdn seinem Schicksal überlassen.

strand² *n* Strang *m*; (*of hair*) Strähne *f*; (*of thread, wool*) Faden *m*; (*of wire*) Litze *f*; (*of vine etc*) Ranke *f*; (*of beads*) Schnur *f*; (*fig*) (*in melody etc*) Melodienfolge *f*; (*in story*) Handlungsfaden *m*. **a three-~ necklace** eine dreireihige Halskette.

strange [streɪndʒ] *adj* (+*er*) **1.** seltsam, sonderbar, merkwürdig. **he told me the ~st story** er erzählte mir eine sehr seltsame *etc* Geschichte; **by a ~ chance** eigenartigerweise, komischerweise; **~ to say** so seltsam *or* komisch (*inf*) es klingen mag.

2. (*unfamiliar*) country, surroundings, bed fremd; (*unusual, unaccustomed*) work, activity nicht vertraut, ungewohnt. **I felt rather ~ at first** zuerst fühlte ich mich ziemlich fremd; **I feel ~ in a skirt** ich komme mir in einem Rock komisch vor (*inf*); **I am ~ to the work** die Arbeit ist mir fremd *or* ist ungewohnt für mich.

strangely [ˈstreɪndʒlɪ] *adv* (*oddly*) seltsam, sonderbar, merkwürdig; act, behave *also* komisch (*inf*). **~ enough** seltsamerweise, sonderbarerweise, merkwürdigerweise.

strangeness [ˈstreɪndʒnɪs] *n* **1.** (*oddness*) Seltsamkeit, Merkwürdigkeit *f*. **2.** (*unfamiliarity*) Fremdheit *f*; (*of surroundings also, of work, activity*) Unvertrautheit (*of* mit), Ungewohntheit *f*.

stranger [ˈstreɪndʒəʳ] n Fremde(r) mf. **he's
a perfect ~ to me** ich kenne ihn überhaupt
nicht; **I'm a ~ here myself** ich bin selbst
fremd hier; **he is no ~ to London** er kennt
sich in London aus; **he is no ~ to vice** kein
Laster ist ihm fremd; **to be a ~ to this kind
of work** mit dieser Art von Arbeit nicht
vertraut sein; **hullo, ~!** (inf) hallo, lange
nicht gesehen; **S~s' Gallery** (Brit Parl)
Besuchergalerie f.

strangle [ˈstræŋgl] vt (murder) erwürgen,
erdrosseln, strangulieren (form); (fig)
cry, freedom, originality ersticken; im-
pulse, protests abwürgen, ersticken. **a ~d
cry** ein erstickter Schrei.

stranglehold [ˈstræŋglhəʊld] n (lit)
Würgegriff m, Manschette f; (fig) ab-
solute Machtposition (on gegenüber).
they have a ~ on us (fig) sie haben uns in
der Zange.

strangler [ˈstræŋgləʳ] n Würger(in f) m.

strangling [ˈstræŋglɪŋ] n 1. (murder) Mord
m durch Erwürgen. **2.** (act of ~) Erwür-
gen, Erdrosseln nt; (fig) Ersticken nt.

strangulate [ˈstræŋgjʊleɪt] vt (Med) ab-
schnüren, abbinden.

strangulation [ˌstræŋgjʊˈleɪʃ ən] n 1. (being
strangled) Ersticken nt; (act of strangling)
Erwürgen, Erdrosseln nt. **death was due
to ~** der Tod trat durch Ersticken ein.
2. (Med) Abschnürung, Abbindung f.

strap [stræp] I n Riemen m; (for safety
also) Gurt m; (in bus etc also) Schlaufe,
Lasche f; (shoe ~ also) Riemchen nt; (on
ski-pants etc) Steg m; (watch ~) Band nt;
(shoulder ~) Träger m. **to give sb the ~**
jdn verprügeln, jdn züchtigen.

II vt 1. (fasten with ~) festschnallen (to
an +dat). **to ~ sth onto sth** etw auf etw
(acc) schnallen; **he ~ped on his rucksack**
er schnallte sich (dat) den Rucksack auf;
to ~ on one's watch/belt sich (dat) die Uhr
umbinden/sich (dat) den Gürtel um-
schnallen; **to ~ sb/oneself in** (in car, plane)
jdn/sich anschnallen; **to ~ up a suitcase**
einen Koffer zuschnallen.
2. (Med: also ~ up) bandagieren; dress-
ing festkleben.
3. (punish) verprügeln, züchtigen.
4. (US inf) **to be ~ped** (broke) pleite or
blank sein (inf).

strap-hang [ˈstræphæŋ] vi irreg (inf) **I had
to ~** ich mußte stehen; **strap-hanger** n
(inf) Pendler(in f) m; **strapless** adj
trägerlos, schulterfrei.

strapping [ˈstræpɪŋ] adj (inf) stramm;
woman also drall.

Strasbourg [ˈstræzbɜːg] n Straßburg nt.

strata [ˈstrɑːtə] pl of **stratum**.

stratagem [ˈstrætɪdʒəm] n (Mil) Kriegslist
f; (artifice) List f.

strategic [strəˈtiːdʒɪk] adj strategisch; (stra-
tegically important) strategisch wichtig;
(fig also) taktisch.

strategically [strəˈtiːdʒɪkəlɪ] adv
strategisch; (fig also) taktisch. **to be ~
placed** eine strategisch günstige Stellung
haben.

strategist [ˈstrætɪdʒɪst] n Stratege m; (fig
also) Taktiker m.

strategy [ˈstrætɪdʒɪ] n 1. (Mil) Strategie f;
(Sport, fig also) Taktik f. **2.** (art of ~)

(Mil) Feldherrnkunst, Kriegskunst f;
(fig) Taktieren nt.

stratification [ˌstrætɪfɪˈkeɪʃ ən] n (lit, fig)
Schichtung f; (stratifying also) Schichten-
bildung f; (Geol) Stratifikation f.

stratify [ˈstrætɪfaɪ] I vt schichten; (Geol
also) stratifizieren. II vi (Geol) Schichten
bilden, sich aufschichten; (fig) Schichten
herausbilden.

stratosphere [ˈstrætəʊsfɪəʳ] n Stratosphäre
f.

stratospheric [ˌstrætəʊsˈferɪk] adj
stratosphärisch.

stratum [ˈstrɑːtəm] n, pl **strata** (Geol, fig)
Schicht f.

stratus [ˈstrɑːtəs] n (Met) Stratus(wolke f)
m, Schichtwolke f.

straw [strɔː] I n 1. (stalk) Strohhalm m;
(collectively) Stroh nt no pl. **it's the last ~
that breaks the camel's back** (prov) das
ist der Tropfen, der das Faß zum Über-
laufen bringt (Prov); **it's the last** or **final
~!** (inf) das ist der Gipfel! (inf); **it's a ~
in the wind** das ist ein Vorzeichen; **to
clutch** or **grasp at ~s** sich an einen Stroh-
halm klammern; **man of ~** see **straw
man; not worth a ~** (inf) keinen Pfiffer-
ling wert.
2. (drinking ~) Trink- or Strohhalm m.
II adj attr Stroh-; basket aus Stroh.

strawberry [ˈstrɔːbərɪ] n Erdbeere f.

strawberry in cpds Erdbeer-; **strawberry
blonde** I n Rotblonde(r) mf; **she's a ~** sie
hat rotblondes Haar; II adj rotblond;
strawberry mark n (rotes) Muttermal.

straw hat n Strohhut m; **straw man** n
Strohmann m; (in politics) Marionette f;
(set-up opponent) Scheingegner m; **straw
poll, straw vote** n Probeabstimmung f;
(in election) Wählerbefragung f.

stray [streɪ] I vi (also ~ away) sich verirren,
abirren; (also ~ about) (umher)streunen;
(fig: thoughts, speaker) abschweifen. **to ~
(away) from sth** (lit, fig) von etw abkom-
men; **his thoughts ~ed to happier times**
seine Gedanken wanderten or schweiften
zurück zu glücklicheren Zeiten.
II adj child, bullet, cattle verirrt; cat,
dog etc streunend attr; (ownerless) her-
renlos; (isolated) remarks, houses, cus-
tomers, cases vereinzelt; (single) remark,
success einzeln; (occasional) gelegent-
lich; thoughts flüchtig. **a ~ car or two** ein
paar vereinzelte Autos.
III n 1. (dog, cat) streunendes Tier;
(ownerless) herrenloses Tier. see **waif**.
2. **~s** pl (Rad) (atmosphärische)
Störungen pl.

streak [striːk] I n Streifen m; (of light)
Strahl m; (in hair) Strähne f; (of fat also)
Schicht f; (fig) (trace) Spur f; (of jealousy,
meanness etc) Zug m; (of madness,
humour) Anflug m. **~ of lightning** Blitz
(strahl) m; **there was a ~ of blood on his
arm** eine Blutspur zog sich über seinen
Arm; **there is a ~ of Spanish blood in her**
sie hat spanisches Blut in den Adern; **his
~ of luck, his lucky ~** seine Glücks-
strähne; **a winning/losing ~** eine Glücks-
/Pechsträhne.
II vt streifen. **to be ~ed** gestreift sein;
the sky was ~ed with red der Himmel

hatte rote Streifen; **hair** ~**ed with blonde/ grey Haar** mit blonden/grauen Strähnen, graumeliertes Haar; ~**ed with dirt/paint** schmutzverschmiert/mit Farbe beschmiert; ~**ed with tears** tränenverschmiert; **meat** ~**ed with fat** von Fett durchsetztes Fleisch; **rock** ~**ed with quartz** von Quarzadern durchzogener Stein.

III *vi* **1.** (*lightning*) zucken; (*inf: move quickly*) flitzen (*inf*).

2. (*run naked*) blitzen, flitzen.

streaker ['striːkəʳ] *n* Blitzer(in *f*), Flitzer(in *f*) *m*.

streaky ['striːkɪ] *adj* (+*er*) *bacon* durchwachsen; *face* verschmiert; *window, mirror* streifig, verschmiert.

stream [striːm] **I** *n* **1.** (*small river*) Bach *m*, Flüßchen *nt*; (*current*) Strömung *f*. **to go with/against the** ~ (*lit, fig*) mit dem/gegen den Strom schwimmen.

2. (*flow*) (*of liquid, air, people, cars*) Strom *m*; (*of light, tears*) Flut *f*; (*of words, excuses, abuse*) Schwall *m*, Flut *f*. **people were coming out in** ~**s** Menschen strömten heraus; ~ **of consciousness** (*Liter*) Bewußtseinsstrom *m*.

3. (*Brit Sch*) Leistungsgruppe *f*.

4. (*Tech*) **to be/come on** ~ (*oil well*) in Betrieb sein/ genommen werden; (*oil*) fließen/zu fließen anfangen.

II *vt* **1.** (*liter*) **the walls** ~**ed water** von den Wänden rann das Wasser; **his face** ~**ed blood** Blut rann *or* strömte ihm übers Gesicht.

2. (*Brit Sch*) in (Leistungs)gruppen einteilen.

III *vi* **1.** (*flow*) (*liquid*) strömen, fließen, rinnen; (*eyes: because of cold, gas etc*) tränen; (*air, sunlight*) strömen, fluten; (*people, cars etc*) strömen. **the wound was** ~**ing with blood** Blut strömte *or* rann aus der Wunde; **the walls were** ~**ing with water** die Wände trieften vor Nässe; **her eyes/cheeks were** ~**ing with tears** Tränen strömten ihr aus den Augen/ ihre Wangen waren tränenüberströmt.

2. (*wave: flag, hair*) wehen.

◆**stream down** *vi* (*liquid*) in Strömen fließen; (+*prep obj*) herunterströmen; (*cars*) in Strömen herunterfahren; (*hair*) wallend herunterfallen (*prep obj* über + *acc*). **the rain was** ~**ing** es regnete in Strömen; **tears** ~**ed** ~ **her face** Tränen strömten *or* liefen über ihr Gesicht.

◆**stream in** *vi* herein-/hineinströmen.

◆**stream out** *vi* heraus-/hinausströmen (*of* aus); (*liquid also*) herausfließen (*of* aus).

◆**stream past** *vi* vorbeiströmen (*prep obj* an +*dat*); (*cars*) in Strömen vorbeifahren (*prep obj* an +*dat*).

streamer ['striːməʳ] *n* (*flag*) Banner *nt*; (*made of paper*) Papier- *or* Luftschlange *f*; (*made of cloth, as decoration*) Band *nt*. ~ **headline** (*US*) Balkenüberschrift *f*.

streaming ['striːmɪŋ] **I** *n* (*Brit Sch*) Einteilung *f* in Leistungsgruppen.

II *adj nose, windows* triefend; *eyes also* tränend. **I have a** ~ **cold** ich habe einen fürchterlichen Schnupfen.

streamline ['striːmlaɪn] *vt racing car, aeroplane* windschlüpfig machen, Strom-

linienform geben (+*dat*); (*fig*) rationalisieren.

streamlined ['striːmlaɪnd] *adj wing* windschlüpfig; *car, plane also* stromlinienförmig; (*fig*) rationalisiert.

street [striːt] **I** *n* **1.** Straße *f*. **in** *or* **on the** ~ auf der Straße; **to live in** *or* **on a** ~ in einer Straße wohnen; **it's right up my** ~ (*fig inf*) das ist genau mein Fall (*inf*); **to be** ~**s ahead** *of* **or better than sb** (*fig inf*) jdm haushoch überlegen sein (*inf*); ~**s apart** (*fig*) grundverschieden; **to take to the** ~**s** (*demonstrators*) auf die Straße gehen; **to be/go on the** ~**s** (*inf*) auf den Strich gehen (*inf*); **a woman of the** ~**s** ein Mädchen von der Straße, ein Straßenmädchen *nt*; *see* **man.**

2. (*inf: residents*) Straße *f*.

II *adj attr* Straßen-.

streetcar ['striːtkaːʳ] *n* (*US*) Straßenbahn *f*; **street cleaner** *n* (*esp US*) Straßenkehrer(in *f*) *or* -feger(in *f*) *m*; **street fighting** *n* Straßenkämpfe *pl*; **street lamp** *n* Straßenlaterne *f*; **street level** *n* **at** ~ zu ebener Erde; **street light** *n* Straßenlaterne *f*; **street lighting** *n* Straßenbeleuchtung *f*; **street map** *n* Stadtplan, Straßenplan *m*; **street market** *n* Straßenmarkt *m*; **street musician** *n* Straßenmusikant(in *f*) *m*; **street plan** *n* Straßen- *or* Stadtplan *m*; **street sweeper** *n* (*person*) Straßenkehrer(in *f*) *or* -feger(in *f*) *m*; (*machine*) Kehrmaschine *f*; **street theatre** *or* (*US*) **theater** *n* Straßentheater *nt*; **street urchin** *n* Straßen- *or* Gassenjunge *m*; **streetwalker** *n* Prostituierte *f*, Straßenmädchen *nt*.

strength [streŋθ] *n* **1.** (*lit, fig*) Stärke *f*; (*of person, feelings*) Kraft *f*; (*of table, bolt, nail, wall*) Stabilität *f*; (*of material, character also, of conviction, shoes*) Festigkeit *f*; (*of views*) Überzeugtheit *f*; (*of imagination*) Lebhaftigkeit *f*; (*of reason, argument, evidence*) Überzeugungskraft *f*; (*of plea, protest*) Eindringlichkeit *f*; (*of letter*) geharnischte *or* starke Ausdrucksweise; (*of measure*) Drastik *f*. ~ **of character/will** *or* **mind** Charakter-/ Willensstärke *f*; **to increase in** *or* **gain** ~ stärker werden; **on the** ~ **of sth** auf Grund einer Sache (*gen*); **he decided to be a writer on the** ~ **of selling one short story** er beschloß, Schriftsteller zu werden, nachdem er eine einzige Kurzgeschichte verkauft hatte; **his** ~ **failed him** seine Kräfte versagten, ihn verließen die Kräfte; **to save one's** ~ mit seinen Kräften haushalten; **you don't know your own** ~! du weißt gar nicht, wie stark du bist!; **to argue from a position of** ~ von einer starken Position aus argumentieren; **to go from** ~ **to** ~ einen Erfolg nach dem anderen erzielen *or* haben; **he was a great** ~ **to me** er war mir eine große Stütze.

2. (*health*) (*of constitution*) Robustheit, Kräftigkeit *f*; (*of eyes, heart*) Stärke *f*. **the patient is recovering his** ~ der Patient kommt wieder zu Kräften; **when she has her** ~ **back** wenn sie wieder bei Kräften ist.

3. (*of colour*) Kräftigkeit, Intensität *f*; (*of acid, bleach*) Stärke *f*; (*of diluted* *solution*) Konzentration *f*.

 4. (*numbers*) (An)zahl *f*; (*Mil*) Stärke *f*. **to be at full/bring up to** ~ vollzählig sein/ machen; **to be up to/below** ~ (die) volle Stärke/nicht die volle Stärke haben; **to come in** ~ in großer Zahl kommen, zahlreich erscheinen; **the police were there in** ~ ein starkes Polizeiaufgebot war da.

 5. (*of currency*) Stärke *f*; (*of market prices*) Stabilität *f*; (*of economy*) Gesundheit *f*.

strengthen ['streŋθən] **I** *vt* stärken; *material, shoes, building, protest* verstärken; *eyesight* verbessern; *muscles, patient also* kräftigen; *person* (*lit*) Kraft geben (+ *dat*); (*fig*) bestärken;. *currency, market* festigen; *affection also, effect* vergrößern.

 to ~ **sb's hand** (*fig*) jdn bestärken.

 II *vi* stärker werden; (*wind, desire also*) sich verstärken.

strenuous ['strenjuəs] *adj* **1.** (*exhausting*) anstrengend; *march, game also* ermüdend. **2.** (*energetic*) *attempt, supporter, support* unermüdlich, energisch; *attack, effort, denial* hartnäckig; *opposition, conflict, protest* heftig.

strenuously ['strenjuəslɪ] *adv see adj 2*.

strep throat ['strep'θrəʊt] *n* (*esp US inf*) Halsentzündung *f*.

streptococcus [ˌstreptəʊ'kɒkəs] *n*, *pl* **streptococci** [ˌstreptəʊ'kɒksaɪ] Streptokokkus *m*.

stress [stres] **I** *n* **1.** (*strain*) Belastung *f*, Streß *m*; (*Med*) Überlastung *f*, Streß *m*. **the** ~**es and strains of modern life** die Belastungen *or* der Streß des heutigen Lebens; **times of** ~ Krisenzeiten *pl*, Zeiten *pl* großer Belastung; **to be under** ~ großen Belastungen ausgesetzt sein; (*as regards work*) unter Streß stehen, im Streß sein; **to put sb under great** ~ jdn großen Belastungen aussetzen; **to break down under** ~ unter Streß *or* bei Belastung zusammenbrechen.

 2. (*accent*) Betonung *f*, Ton *m*; (*fig: emphasis*) Akzent *m*, (Haupt)gewicht *nt*. **to put** *or* **lay** (**great**) ~ **on sth** großen Wert auf etw (*acc*) legen, einer Sache (*dat*) großes Gewicht beimessen; *fact, detail* etw (besonders) betonen.

 3. (*Mech*) Belastung, Beanspruchung *f*; (*pressure*) Belastung *f*, Druck *m*; (*tension also*) Spannung *f*. **the** ~ **acting on the metal** die Belastung *or* Beanspruchung, der das Metall ausgesetzt ist.

 II *vt* **1.** (*lit, fig: emphasize*) betonen; *innocence also* beteuern; *good manners, subject* großen Wert legen auf (+*acc*); *fact, detail also* hervorheben.

 2. (*Mech*) belasten, beanspruchen.

stressed [strest] *adj* **1.** *syllable, word* betont. **2.** (*under stress*) *person* gestreßt, über(be)lastet.

stress fracture *n* Spannungsriß *m*.

stressful ['stresfʊl] *adj* anstrengend, stark beanspruchend *attr*. **a** ~ **situation** eine angespannte Lage.

stress mark *n* Akzent *m*, Betonungszeichen *nt*.

stretch [stretʃ] **I** *n* **1.** (*act of* ~*ing*) Strecken, Dehnen *nt*. **to have a** ~ sich strecken *or* dehnen; (*person also*) sich recken; **to give**

sth a ~ (*make wider*) etw dehnen; (*make longer also*) etw strecken; **to be at full** ~ (*lit: material*) bis zum äußersten gedehnt sein; (*fig*) (*person*) mit aller Kraft arbeiten; (*factory etc*) auf Hochtouren arbeiten (*inf*); (*engine, production, work*) auf Hochtouren laufen; **by no** ~ **of the imagination** beim besten Willen nicht; **not by a long** ~ bei weitem nicht.

 2. (*elasticity*) Elastizität, Dehnbarkeit *f*. **a fabric with plenty of** ~ ein stark dehnbares *or* sehr elastisches Material.

 3. (*expanse*) (*of road etc*) Strecke *f*, Stück *nt*; (*on racecourse*) Gerade *f*; (*of wood, river, countryside etc*) Stück *nt*; (*of journey*) Abschnitt, Teil *m*. **a straight** ~ **of road** eine gerade Strecke; **that** ~ **of water is called ...** dieser Gewässerlauf heißt ...; **in that** ~ **of the river** in dem Teil des Flusses; **for a long** ~ über eine weite Strecke.

 4. (~ **of time**) Zeit(raum *m* *or* -spanne *f*) *f*. **for a long** ~ **of time** für (eine) lange Zeit, lange Zeit; **for hours at a** ~ stundenlang; **three days at a** ~ drei Tage an einem Stück *or* ohne Unterbrechung; **to do a** ~ (*sl: in prison*) im Knast sein (*sl*).

 II *adj attr* dehnbar, Stretch-; *socks, trousers, track suit etc* Stretch-, ≈ Helanca-®; *esp ski pants* Lastex-.

 III *vt* **1.** (*extend, lengthen*) strecken; (*widen*) *jumper, gloves also, elastic, shoes* dehnen; (*spread*) *wings, blanket etc* ausbreiten; (*tighten*) *rope, canvas* spannen. **to become** ~**ed** ausleiern; **a curtain was** ~**ed across the room** ein Vorhang war quer durchs Zimmer gezogen; **to** ~ **sth tight** etw straffen, etw straffziehen; *cover* etw strammziehen; **to** ~ **one's legs** (*go for a walk*) sich (*dat*) die Beine vertreten (*inf*).

 2. (*make go further*) *meal, money* strecken; (*use fully*) *resources* voll (aus)nutzen; *credit* voll beanspruchen; *athlete, student etc* fordern; *one's abilities* bis zum äußersten fordern. **to be fully** ~**ed** (*person*) voll ausgelastet sein.

 3. (*strain*) *meaning, word* äußerst weit fassen; *truth, law, rules* es nicht so genau nehmen mit, großzügig auslegen. **this clause/law could be** ~**ed to allow ...** diese Klausel/dieses Gesetz könnte so weit gedehnt werden, daß sie/es ... zuläßt; **to** ~ **a point** ein Auge zudrücken, großzügig sein; **that's** ~**ing it too far/a bit (far)** das geht zu weit/fast zu weit.

 IV *vi* (*after sleep etc*) sich strecken, sich dehnen; (*person also*) sich recken; (*be elastic*) sich dehnen, dehnbar sein; (*extend*) (*time, area, authority, influence*) sich erstrecken (*to* bis, *over* über +*acc*); (*be enough: food, money, material*) reichen (*to* für); (*become looser*) weiter werden; (*become longer*) länger werden.

 to ~ **to reach sth** sich recken, um etw zu erreichen; **she** ~**ed up to pick the apple** sie reckte sich, um den Apfel zu pflücken; **he** ~**ed across and touched her cheek** er reichte herüber und berührte ihre Wange; **the fields** ~**ed away into the distance** die Felder dehnten sich bis in die Ferne aus; **the years** ~**ed (out) ahead of him** die Jahre dehnten sich vor ihm aus; **a life of misery**

~ed (out) before her vor ihr breitete sich ein Leben voll Kummer und Leid aus; I can't/my purse won't ~ to that so viel kann ich mir nicht erlauben/das läßt mein Geldbeutel nicht zu.

V vr 1. (after sleep etc) sich strecken or dehnen; (person also) sich recken. 2. (strain oneself) sich verausgaben. if only he'd ~ himself a little wenn er sich nur etwas anstrengen würde.

◆**stretch out** I vt sep arms, wings, blanket ausbreiten; leg, hand ausstrecken; foot vorstrecken; rope spannen; meeting, discussion, essay, story ausdehnen.

II vi sich strecken; (inf: lie down) sich hinlegen; (countryside) sich ausbreiten; (in time) sich erstrecken, sich hinziehen (over über +acc). her arm ~ed ~ sie streckte den Arm aus; he lay ~ed ~ on the bed er lag ausgestreckt auf dem Bett.

stretcher ['stretʃər] n (Med) (Trag)bahre f; (for shoes, gloves) Spanner m; (Art: for canvas) Rahmen m.

stretcher-bearer ['stretʃəˌbɛərər] n Krankenträger m; **stretcher case** n Kranke(r) mf/Verletzte(r) mf, der/die nicht gehen kann; (Mil) Schwerverwundete(r) mf.

stretch mark n Dehnungsstreifen m; (through pregnancy) Schwangerschaftsstreifen m or -narbe f.

stretchy ['stretʃɪ] adj (+er) elastisch, dehnbar.

strew [struː] pret, ptp **strewn** [struːn] or ~ed vt (scatter) verstreuen; flowers, gravel, sand streuen; (cover with) bestreuen. to ~ one's clothes around (the room) seine Kleider im Zimmer verstreuen; dresses were ~n about the room Kleider lagen im ganzen Zimmer verstreut herum; the floor was ~n with ... ... lagen überall auf dem Boden verstreut.

strewth interj (sl) see **struth.**

striated [straɪ'eɪtɪd] adj (form) (striped) gestreift; (furrowed) gefurcht; (Geol) mit Schliffen or Schrammen.

stricken ['strɪkən] I (old) ptp of **strike.**

II adj (liter: wounded) verwundet; (afflicted) leidgeprüft, schwergeprüft attr, schwer geprüft pred; (with grief) schmerzerfüllt, gramgebeugt (liter); (ill) leidend (geh); ship, plane in Not. ~ with guilt/fear etc von Schuld/Angst etc erfüllt, von Angst ergriffen; he gave me a ~ look er sah mich schmerzerfüllt or (with guilt) schuldbewußt an; to be ~ with blindness mit Blindheit geschlagen sein (geh).

strict [strɪkt] adj (+er) 1. (stern, severe) law, parent, principles, judge etc streng; order, ban, discipline also strikt; obedience absolut, strikt; Catholic strenggläubig. 2. (precise) streng; accuracy, neutrality, secrecy also absolut; translation, meaning genau. in the ~ sense of the word genau genommen; in ~ confidence streng vertraulich; there is a ~ time limit on that das ist zeitlich genau begrenzt.

strictly ['strɪktlɪ] adv 1. streng. ~ forbidden streng or strengstens verboten. 2. (precisely) genau; (absolutely) absolut, streng. to be ~ accurate um ganz genau zu sein; ~ in confidence ganz im Vertrauen; ~ confidential streng

vertraulich; ~ speaking genau genommen; not ~ true nicht ganz richtig; ~ between ourselves ganz unter uns (dat).

strictness ['strɪktnɪs] n 1. Strenge f; (of order, discipline also) Striktheit f. 2. (preciseness) Genauigkeit f.

stricture ['strɪktʃər] n 1. usu pl (criticism) (scharfe) Kritik no pl. to make or pass ~s upon sb jdn (scharf) kritisieren. 2. (Med) Verengung, Striktur (spec) f.

stride [straɪd] (vb: pret **strode**, ptp **stridden** ['strɪdn]) I n (step) Schritt m; (gait also) Gang m; (fig) Fortschritt m. to get into one's ~ (fig) in Schwung or in Fahrt kommen; to take sth in one's ~ mit etw spielend fertigwerden; exam, interview etw spielend schaffen; to put sb off his ~ jdn aus dem Konzept bringen; he took the disasters in his ~ die Katastrophen schienen spurlos an ihm vorübergegangen zu sein.

II vi schreiten (geh), mit großen Schritten gehen. to ~ away or off sich mit schnellen Schritten entfernen, davonschreiten (geh); to ~ up to sb (mit großen Schritten) auf jdn zugehen, auf jdn zuschreiten (geh); to ~ up and down auf- und abgehen or -schreiten (geh).

stridency ['straɪdənsɪ] n see adj Schrillheit, Durchdringlichkeit f; Grellheit f; Streitbarkeit f; Schärfe f; Stärke f.

strident ['straɪdənt] adj sound, voice schrill, durchdringend; colour grell; person streitbar; protest, criticism, tone scharf; demand, protest lautstark.

stridently ['straɪdəntlɪ] adv talk etc schrill, durchdringend; object, protest scharf, lautstark; demand, behave lautstark.

strife [straɪf] n Unmut (geh), Unfriede m; (in family, between friends) Zwietracht f (geh). **armed** ~ bewaffneter Konflikt; **internal** ~ innere Kämpfe pl; **civil/industrial** ~ Auseinandersetzungen pl in der Bevölkerung/Arbeitswelt.

strike [straɪk] (vb: pret **struck**, ptp **struck** or (old) **stricken**) I n 1. Streik, Ausstand m. **official/unofficial** ~ offizieller/ wilder Streik; **to be on** ~ streiken, im Ausstand sein; **to be on official/unofficial** ~ offiziell/ wild streiken; **to come out** or **go on** ~ in den Streik or Ausstand treten; **to bring sb out on** ~ jdn zum Streik veranlassen. 2. (discovery of oil, gold etc) Fund m. **a big oil** ~ ein großer Ölfund; **to make a** ~ fündig werden; **to make a lucky** ~ Glück haben, einen Treffer landen (inf). 3. (Baseball) verfehlter Schlag; (Tenpin bowling) alle zehne. **to get a** ~ alle zehne werfen, abräumen (inf). 4. (Fishing) **he got three** ~s drei haben angebissen. 5. (Mil: attack) Angriff m. 6. (act of striking) Schlag m.

II vt 1. (hit) schlagen; door schlagen an or gegen (+acc); nail, table schlagen auf (+acc); metal, hot iron etc hämmern; (stone, blow, bullet etc) treffen; (snake) beißen; (pain) durchzucken, durchfahren; (misfortune, disaster) treffen; (disease) befallen. **to** ~ **one's fist on the table, to** ~ **the table with one's fist** mit der Faust auf den Tisch schlagen; **to** ~ **sb/sth** a blow jdm/einer Sache einen Schlag versetzen; **who struck the first blow?** wer hat zuerst (zu)geschlagen?; **to ~ a blow for sth** (*fig*) eine Lanze für etw brechen; **to ~ a blow (at sth)** (*fig*) einen Schlag (gegen etw) führen; **to be struck by lightning** vom Blitz getroffen werden; **to ~ 38 (per minute)** 38 Ruderschläge (pro Minute) machen.

2. (*collide with, meet*) (*person*) stoßen gegen; (*spade*) stoßen auf (+*acc*); (*car*) fahren gegen; *ground* aufschlagen *or* auftreffen auf (+*acc*); (*ship*) auflaufen auf (+*acc*); (*sound, light*) *ears, eyes* treffen; (*lightning*) *person* treffen; *tree* einschlagen in (+*acc*), treffen. **to ~ one's head against sth** mit dem Kopf gegen etw *or* sich (*dat*) den Kopf an etw (*dat*) stoßen; **to ~ difficulties/obstacles** (*fig*) in Schwierigkeiten geraten/auf Hindernisse stoßen; **a terrible sight struck my eyes** plötzlich sah ich etwas Schreckliches.

3. (*sound*) *instrument* zu spielen anfangen; *chord, note* anschlagen; (*clock*) schlagen. **to ~ the piano/guitar** in die Tasten/Saiten greifen; **to ~ the hour** die volle Stunde schlagen; **that struck a familiar note** das kam mir/ihm *etc* bekannt vor.

4. (*Hort*) *cutting* schneiden; (*plant*) *roots* schlagen.

5. (*occur to*) in den Sinn kommen (+*dat*). **to ~ sb as cold/unlikely** *etc* jdm kalt/unwahrscheinlich *etc* vorkommen; **that ~s me as a good idea** das kommt mir sehr vernünftig vor; **has it ever struck you that ...?** (*occurred to you*) haben Sie je daran gedacht, daß ...?; (*have you noticed*) ist Ihnen je aufgefallen, daß ...?; **it ~s me that ...** (*I have the impression*) ich habe den Eindruck, daß ...; (*I am noticing*) mir fällt auf, daß ...; **it struck me how ...** (*occurred to me*) mir ging plötzlich auf, wie ...; (*I noticed*) mir fiel auf, wie ...; **the funny side of it struck me later** erst später ging mir auf, wie lustig das war; **a thought struck me** mir kam plötzlich ein Gedanke.

6. (*impress*) beeindrucken. **to be struck by sth** von etw beeindruckt sein; **how does it ~ you?** wie finden Sie das?, was halten Sie davon?; **how does she ~ you?** welchen Eindruck haben Sie von ihr?; **she struck me as being very competent** sie machte auf mich einen sehr fähigen Eindruck; *see also* **struck.**

7. (*produce, make*) *coin, medal* prägen; (*fig*) *agreement, truce* sich einigen auf (+*acc*), aushandeln. **to ~ a light/match** Feuer machen/ein Streichholz anzünden; **to ~ sparks from sth** Funken aus etw schlagen; **to be struck blind/deaf/dumb** blind/taub/stumm werden; **to ~ fear** *or* **terror into sb's/sb's heart** jdn mit Angst *or* Schrecken erfüllen; **~ a light!** (*sl*) ach du grüne Neune! (*inf*).

8. (*find*) *gold, oil, correct path* finden, stoßen auf (+*acc*). **to ~ it rich** das große Geld machen; *see* **oil.**

9. (*make*) *path* hauen.

10. (*take down*) *camp, tent* abbrechen; (*Naut*) *flag, sail* einholen, streichen; *mast* kappen, umlegen; (*Theat*) *set* abbauen.

11. (*remove*) streichen. **to be struck** *or* (*US*) **stricken from a list** von einer Liste gestrichen werden.

III *vi* **1.** (*hit*) treffen; (*lightning*) einschlagen; (*snake*) zubeißen; (*tiger*) die Beute schlagen; (*attack, Mil etc*) zuschlagen, angreifen; (*disease*) zuschlagen; (*panic*) ausbrechen. **to ~ against sth** gegen etw stoßen; **to ~ at sb/sth** (*lit*) nach jdm/etw schlagen; (*fig: at democracy, existence*) an etw (*dat*) rütteln; **they struck at his weakest point** sie trafen ihn an seinem wundesten Punkt; **they were within striking distance of the enemy camp/success** das feindliche Lager/der Erfolg war in greifbarer Nähe; **we're waiting for the blow to ~** wir warten darauf, daß es uns trifft.

2. (*clock*) schlagen. **when midnight ~s** wenn es Mitternacht schlägt.

3. (*workers*) streiken.

4. (*match*) zünden, angehen.

5. (*Naut: run aground*) auflaufen (*on* auf +*acc*).

6. (*Fishing*) anbeißen.

7. inspiration struck er/sie *etc* hatte eine Eingebung; **to ~ on a new idea** eine neue Idee haben, auf eine neue Idee kommen.

8. (*take root*) Wurzeln schlagen.

9. (*go in a certain direction*) **to ~ across country** querfeldein gehen; **to ~ into the woods** sich in die Wälder schlagen; **to ~ right/left** sich nach rechts/links wenden; (*road*) nach rechts/links abbiegen; **the sun struck through the mist** die Sonne brach durch den Dunst.

◆**strike back I** *vi* zurückschlagen; (*fig also*) sich wehren, sich zur Wehr setzen. **to ~ ~ at sb** jds Angriff (*acc*) erwidern; (*fig*) sich gegen jdn wehren *or* zur Wehr setzen. **II** *vt sep* zurückschlagen.

◆**strike down** *vt sep* niederschlagen; (*God*) *enemies* vernichten; (*fig*) zu Fall bringen. **to be struck ~** niedergeschlagen werden; (*by illness*) getroffen werden; (*by blow*) zu Boden gestreckt werden; **he was struck ~ in his prime** er wurde in seiner Blüte dahingerafft.

◆**strike in** *vi* (*inf: interrupt*) sich einmischen, dazwischenplatzen (*inf*).

◆**strike off I** *vt sep* **1.** (*cut off*) abschlagen.

2. (*remove*) (*from list*) (aus)streichen; *solicitor* die Lizenz entziehen (+*dat*); *doctor* die Zulassung entziehen (+*dat*); (*from price*) abziehen (*prep obj* von). **to be struck ~** (*Med, Jur*) die Zulassung verlieren.

3. (*print*) drucken. **to ~ ~ a proof** einen Bürstenabzug machen.

II *vi* (*set off*) gehen; (*road etc also*) abbiegen.

◆**strike out I** *vi* **1.** (*hit out*) schlagen. **to ~ ~ wildly** wild um sich schlagen; **to ~ ~ at sb** (*lit, fig*) jdn angreifen *or* attackieren.

2. (*change direction*) zuhalten (*for, towards* auf +*acc*); (*set out*) sich aufmachen, losziehen (*inf*) (*for* zu). **to ~ ~ for home** sich auf den Heimweg machen; **to ~ ~ on one's own** (*lit*) allein losziehen; (*fig*) eigene Wege gehen.

3. (*Baseball*) „aus" sein.

II *vt sep* (aus)streichen.

◆**strike through** vt sep durchstreichen.

◆**strike up I** vi (band etc) einsetzen, anfangen (zu spielen). **II** vt insep 1. (band) tune anstimmen. 2. friendship schließen, anknüpfen; conversation anfangen.

strike action n Streikmaßnahmen pl; **strike ballot** n Urabstimmung f; **strike-bound** adj bestreikt, vom Streik betroffen; **strikebreaker** n Streikbrecher m; **strikebreaking** n Streikbruch m; **strike call** n Aufruf m zum Streik; **strike force** n (Mil) Kampftruppe f; **strike fund** n Streikkasse f; **strike-leader** n Streikführer m; **strike pay** n Streikgeld(er pl) nt.

striker ['straɪkəʳ] n 1. (worker) Streikende(r), Ausständige(r) mf. 2. (Ftbl) Stürmer m.

striking ['straɪkɪŋ] adj 1. (arresting) auffallend, bemerkenswert; difference verblüffend, erstaunlich; appearance, beauty eindrucksvoll. **a ~ example of sth** ein hervorragendes Beispiel für etw.
  2. attr worker streikend.
  3. attr clock mit Schlagwerk. ~ **mechanism** Schlagwerk nt.

strikingly ['straɪkɪŋlɪ] adv see adj 1.

string [strɪŋ] (vb: pret, ptp **strung**) **I** n 1. (pl rare: cord) Schnur, Kordel f, Bindfaden m; (on apron etc) Band nt; (on anorak, belt) Kordel f; (of puppet) Faden m, Schnur f, Draht m. **to have sb on a** ~ (fig inf) jdn am Gängelband haben (inf); **to pull** ~s (fig inf) Fäden ziehen, Beziehungen spielen lassen; **without** ~s, **with no** ~s **attached** ohne Bedingungen; **he wants a girlfriend but no** ~s **attached** er möchte eine Freundin, will sich aber in keiner Weise gebunden fühlen.
  2. (row) (of beads, onions etc) Schnur f; (of racehorses etc) Reihe f; (of people) Schlange f; (of vehicles) Kette, Schlange f; (fig: series) Reihe f; (of lies, curses) Haufen m, Serie f.
  3. (of musical instrument, tennis racquet etc) Saite f; (of bow) Sehne f. **the ~s** pl (instruments) die Streichinstrumente pl; (players) die Streicher pl; **he plays in the** ~s er ist Streicher, er gehört zu den Streichern; **a twelve-~ guitar** eine zwölfsaitige Gitarre; **to have two** ~s **or a second** ~ **or more than one** ~ **to one's bow** zwei or mehrere Eisen im Feuer haben.
  4. (Bot) Faden m.
  II vt 1. (put on ~) aufreihen, auffädeln, aufziehen. **to** ~ **objects/sentences** etc **together** Gegenstände zusammenbinden/ Sätze etc aneinanderreihen; **she can't even** ~ **two sentences together** sie bringt keinen vernünftigen Satz zusammen.
  2. violin etc, tennis racquet (mit Saiten) bespannen, besaiten; bow spannen.
  3. beans abfasern, (die) Fäden (+gen) abziehen.
  4. (space out) aufreihen. **they strung lights in the trees** sie haben Lampen in die Bäume gehängt.

◆**string along I** (inf) **I** vt sep **to** ~ **sb** ~ jdn hinhalten. **II** vi (go along, play along with) sich anschließen (with dat).

◆**string out I** vi sich verteilen. **II** vt sep lanterns, washing aufhängen; guards, posts verteilen.

◆**string up** vt sep 1. (suspend with string) aufhängen; (inf: hang) aufknüpfen (inf).
  2. (excite) **to be strung** ~ aufgeregt sein.

string bag n (esp Brit) Einkaufsnetz nt; **string band** n Streichorchester nt; **string bass** n Kontrabaß m; **string bean** n (esp US) (bean) grüne Bohne; (fig: person) Bohnenstange f (hum inf).

stringed [strɪŋd] adj instrument Saiten-; (played with bow also) Streich-.

stringency ['strɪndʒənsɪ] n see adj Strenge f; Härte f; Schärfe f. **economic** ~ strenge Sparmaßnahmen pl.

stringent ['strɪndʒənt] adj standards, laws, discipline streng; rules, testing, training etc also hart; measures also schärfste(r, s), energisch; market gedrückt. ~ **economies** schärfste Sparmaßnahmen pl.

stringently ['strɪndʒəntlɪ] adv control streng; enforce, train also hart; deal with schärfstens, energisch; economize eisern.

string instrument n Saiteninstrument nt; (played with bow also) Streichinstrument nt; **string-puller** n Drahtzieher m; **string-pulling** n Spielenlassen nt von Beziehungen; **string quartet** n Streichquartett nt; **string vest** n Netzhemd nt.

stringy ['strɪŋɪ] adj (+er) meat sehnig, zäh, faserig; vegetable faserig, voller Fäden; person sehnig; plant, seaweed, root lang und dünn. **the cheese goes** ~ **when it melts** der Käse zieht beim Schmelzen Fäden.

strip [strɪp] **I** n 1. (narrow piece) Streifen m; (of land also) Schmales) Stück; (of metal) Band nt; see comic, tear off.
  2. (Brit Sport) Trikot nt, Dreß m.
  3. (inf: air~) Start-und-Lande-Bahn f.
  4. (inf: ~tease) **to do a** ~ strippen (inf).
  II vt 1. (remove clothes etc from) person ausziehen; bed abziehen; wall (remove paint from) abkratzen; (remove paper from) die Tapeten abziehen von; wallpaper abziehen; (remove contents from) ausräumen. **to** ~ **sb naked** or **to the skin** jdn bis auf die Haut or nackt ausziehen; **to** ~ **a room of all its pictures** alle Bilder aus einem Zimmer entfernen; **to** ~ **sth from** or **off sth** etw von etw entfernen; **the wind** ~ped **the leaves from** or **off the trees** der Wind wehte die Blätter von den Bäumen; **to** ~ **the bark from the trees** Bäume schälen or entrinden; **to** ~ **sth away** (lit, fig) etw wegnehmen, etw entfernen; ~ped **of sth** ohne etw.
  2. (fig: deprive) berauben (of gen); honours, title also entkleiden (geh) (of gen). **he was** ~ped **of his titles** seine Titel wurden ihm aberkannt.
  3. (Tech) (damage) gear kaputtmachen (inf), beschädigen; screw überdrehen; (dismantle) engine, car, gun auseinandernehmen, zerlegen. **to** ~ **the thread (off a screw)** eine Schraube überdrehen.
  III vi (remove clothes) sich ausziehen; (at doctor's) sich freimachen; (perform ~tease) strippen (inf). **to** ~ **naked** sich bis auf die Haut or ganz ausziehen; **to** ~ **to the waist** den Oberkörper freimachen; ~ped **to the waist** mit nacktem Oberkörper.

◆**strip down** vt sep engine auseinandernehmen, zerlegen.

◆**strip off** I *vt sep clothes* ausziehen; *berries, leaves* abmachen (*prep obj* von); (*wind*) herunterwehen (*prep obj* von); *paper* abziehen (*prep obj* von); *buttons, ornaments* entfernen, abmachen (*prep obj* von); *fruit skin, bark* abschälen (*prep obj* von).

II *vi* 1. (*take one's clothes off*) sich ausziehen; (*at doctor's*) sich freimachen; (*in striptease*) strippen (*inf*).
2. (*bark*) sich abschälen lassen; (*paper*) sich abziehen lassen.

strip cartoon *n* Comic(strip) *m*; **strip club** *n* Striptease-Club *m*; **strip cropping** *n* Streifenpflanzung *f*.

stripe [straɪp] *n* 1. Streifen *m*.
2. (*Mil*) (Ärmel)streifen, Winkel *m*. **to gain** *or* **get/lose one's ~s** befördert/ degradiert werden.
3. (*US: kind*) (*of politics*) Färbung, Richtung *f*; (*of character, opinion*) Art *f*, Schlag *m*.
4. **~s** *pl* (*US inf: prison uniform*) Sträflingsanzug *m* (*inf*).

striped [straɪpt] *adj* gestreift, Streifen-. **~ with** ... mit ... Streifen; **to be ~ with grey** graue Streifen haben, grau gestreift sein.

strip light *n* (*esp Brit*) Neonröhre *f*; **strip lighting** *n* (*esp Brit*) Neonlicht *nt*.

stripling ['strɪplɪŋ] *n* (*liter*) Bürschchen *nt*; (*pej also*) Grünschnabel *m*.

strip mill *n* Walzwerk *nt*; **strip mining** *n* (*esp US*) Abbau *m* über Tage.

stripper ['strɪpəʳ] *n* 1. (*performer*) Stripper(in *f*), Stripteasetänzer(in *f*) *m*.
2. (*paint~*) Farbentferner *m*; (*wallpaper ~*) Tapetenlöser *m*.

strip poker *n* Strip-Poker *nt*; **strip show** *n* Striptease(schau *or* -show *f*) *m or nt*; **striptease** I *n* Striptease *m or nt*; **to do a ~** Striptease machen; II *adj attr* Striptease-.

stripy ['straɪpɪ] *adj* (+*er*) (*inf*) gestreift.

strive [straɪv] *pret* **strove**, *ptp* **striven** ['strɪvn] *vi* (*exert oneself*) sich bemühen; (*fight*) kämpfen. **to do sth** bestrebt *or* bemüht sein, etw zu tun; **to ~ for** *or* (*old*) **after sth** etw anstreben, nach etw streben; **to ~ against sth** gegen etw (an)- kämpfen; **to ~ with sb/sth** mit jdm/etw ringen *or* kämpfen.

strobe [strəʊb] I *adj* stroboskopisch. II *n* strohoskopische Beleuchtung.

stroboscope ['strəʊbəskəʊp] *n* Stroboskop *nt*.

strode [strəʊd] *pret of* **stride.**

stroke [strəʊk] I *n* 1. (*blow*) Schlag, Hieb *m*. **a ~ of lightning** ein Blitz(schlag) *m*.
2. (*Cricket, Golf, Rowing, Tennis*) Schlag *m*; (*Billiards*) Stoß *m*; (*Swimming*) (*movement*) Zug *m*; (*type of ~*) Stil *m*. **to put sb off his ~** (*fig*) jdn aus dem Takt *or* Konzept bringen.
3. (*Rowing: person*) Schlagmann *m*.
4. (*of pen, brush etc*) Strich *m*; (*fig*) (*of work*) Schlag *m*; (*in diplomacy, business*) Schachzug *m*. **he doesn't do a ~ (of work)** er tut keinen Schlag (*inf*), er rührt keinen Finger (*inf*); **a ~ of genius** ein genialer Einfall; **a ~ of luck** ein Glücksfall *m*; **we had a ~ of luck** wir hatten Glück; **with one**

~ of the pen (*lit, fig*) mit einem Feder- strich; **at a** *or* **one ~** mit einem Schlag.
5. (*of clock*) Schlag *m*. **on the ~ of twelve** Punkt zwölf (Uhr).
6. (*of piston*) Hub *m*. **two-~ engine** Zweitaktmotor *m*.
7. (*Med*) Schlag *m*. **to have a ~** einen Schlag(anfall) bekommen.
8. (*caress*) Streicheln *nt no pl*. **to give sb/ sth a ~** jdn/etw streicheln; **with gentle ~s** mit sanftem Streicheln.

II *vt* 1. streicheln. **he ~d his chin** er strich sich (*dat*) übers Kinn.
2. **to ~ a boat (to victory)** als Schlag- mann (ein Boot zum Sieg) rudern.

stroke play *n* (*Golf*) Zählspiel *nt*.

stroll [strəʊl] I *n* Spaziergang, Bummel *m*. **to go for** *or* **have** *or* **take a ~** einen Spazier- gang *or* Bummel machen.

II *vi* spazieren, bummeln. **to ~ along/ around** herumspazieren *or* -bummeln *or* -schlendern; **to ~ along the road** die Straße entlangspazieren *or* -bummeln *or* -schlendern; **to ~ around the town** durch die Stadt bummeln; **to ~ up to sb** auf jdn zuschlendern; **to ~ in(to the room)** (ins Zimmer) herein-/hineinspazieren; **to ~ out (of the room)** (aus dem Zimmer) hinaus-/ herausspazieren; **to ~ up and down (the road)** die Straße auf und ab spazieren *or* bummeln *or* schlendern.

stroller ['strəʊləʳ] *n* 1. (*walker*) Spaziergän- ger(in *f*) *m*. 2. (*esp US: push-chair*) Sport- wagen *m*.

strolling ['strəʊlɪŋ] *adj attr actor, minstrel* fahrend.

strong [strɒŋ] I *adj* (+*er*) 1. stark; (*physi- cally*) *person, material, kick, hands, grip also, voice* kräftig; *table, bolt, nail, wall* stabil, solide; *shoes* fest; (*strongly marked*) *features* ausgeprägt.
2. (*healthy*) kräftig; *person, con- stitution also* robust; *teeth also, eyes, eye- sight, heart, nerves* gut. **when you're ~ again** wenn Sie wieder bei Kräften sind; **he's getting ~er every day** er wird mit jedem Tag wieder kräftiger.
3. (*powerful, effective*) stark; *character, conviction, views* fest; *country* mächtig; *candidate, case* aussichtsreich; *influence, temptation* groß, stark; *reason, argument, evidence* überzeugend; *protest, plea* ener- gisch; *measure* drastisch; *letter* geharnischt, in starken Worten abgefaßt; (*Liter*) *plot, sequence, passage* gut, stark (*sl*). **to have ~ feelings/views about sth** in bezug auf etw stark engagiert sein; **I didn't know you had such ~ feelings about it** ich habe nicht gewußt, daß Ihnen so viel daran liegt *or* daß Ihnen das so viel bedeutet; (*against it*) ich habe nicht gewußt, daß Sie so dagegen sind; **she has very ~ feelings about him** sie hat sehr viel für ihn übrig; (*as candidate etc*) sie hält sehr viel von ihm; (*against him*) sie ist vollkommen gegen ihn; **to have ~ feelings for** *or* **about sth** eine starke Bindung zu etw (*acc*) haben; **he rules (his country) with a ~ hand** er regiert (sein Land) mit starker Hand; **his ~ point** seine Stärke; **to protest in ~ terms** energisch protestieren.
4. (*in numbers*) stark. **a group 20 ~** eine

20 Mann starke Gruppe.

5. (*capable*) gut, stark (*inf*). **he is ~ in/ on sth** etw ist seine Stärke *or* starke Seite.

6. (*enthusiastic, committed*) begeistert; *supporter, Catholic, socialist* überzeugt; *belief, faith* unerschütterlich, stark.

7. *food, smell, perfume etc* stark; (*pungent, unpleasant*) *smell, taste* streng; (*of butter*) ranzig; *colour, light* kräftig; *acid, bleach* stark; *solution* konzentriert. **a ~ drink/whisky** ein steifer Drink/ein starker Whisky; **~ meat** (*fig*) starker Tobak (*inf*).

8. *accent, verb, rhyme* stark; *syllable etc* betont.

9. (*Fin*) *market, economy* gesund; *price* stabil; *currency also* stark.

II *adv* (+*er*) **1.** (*inf*) **to be going ~** (*old person, thing*) gut in Schuß sein (*inf*); (*runner*) gut in Form sein; (*party, rehearsals*) in Schwung sein (*inf*); **that's coming** *or* **going it a bit ~!** das ist ein starkes Stück!

2. (*Fin*) in einer starken Position.

strong-arm ['strɒŋɑːm] (*inf*) **I** *adj tactics etc* brutal, Gewalt-; **~ man** Schläger *m*; **II** *vt* (*esp US*) (*beat up*) zusammenschlagen; (*intimidate*) unter Druck setzen; **strong-box** *n* (Geld)kassette *f*; **strong breeze** *n* (*Met*) starke Winde *pl*, Windstärke 6; **strong gale** *n* (*Met*) Windstärke 9; **stronghold** *n* (*castle, fortress*) Festung *f*; (*town etc*) Stützpunkt *m*; (*fig*) Hochburg *f*.

strongly ['strɒŋlɪ] *adv* **1.** (*physically*) stark; *kick, grip, shine* kräftig; *fight, attack* heftig, energisch; *built, made* solide, stabil; *built* (*person*) kräftig; *marked* stark.

2. (*mentally*) *influence, suspect, tempt* stark; *desire also* heftig; *interest also* brennend; *believe* fest. **to feel very ~ about sth/ sb** *see* **to have strong feelings about sth/sb.**

3. (*powerfully*) stark; *protest, defend* heftig, energisch; *plead* inständig; *support* kräftig; *sense* zutiefst; *answer, worded in* starken Worten. **he spoke ~ against it** er sprach sich entschieden dagegen aus; **I ~ advise you ...** ich möchte Ihnen dringend(st) raten ...

strongman ['strɒŋmæn] *n, pl* **-men** [-men] (*lit, fig*) starker Mann; **strong-minded** *adj*, **~ly** *adv* ['strɒŋ'maɪndɪd, -lɪ] willensstark; **strong-mindedness** *n* Willensstärke *f*; **strong point** *n* Stärke *f*; **strongroom** *n* Tresorraum *m*, Stahlkammer *f*; **strong-willed** ['strɒŋ'wɪld] *adj* willensstark, entschlossen; (*pej*) eigensinnig, trotzig.

strontium ['strɒntɪəm] *n* (*abbr* **Sr**) Strontium *nt*.

strop [strɒp] **I** *n* Streichriemen *m*. **II** *vt* abziehen.

strophe ['strəʊfɪ] *n* Strophe *f*.

stroppy ['strɒpɪ] *adj* (+*er*) (*Brit inf*) fuchtig (*inf*); *answer, children* pampig (*inf*).

strove [strəʊv] *pret of* **strive.**

struck [strʌk] **I** *pret, ptp of* **strike.**

II *adj* **1.** *pred* **to be ~ with sb/sth** (*impressed*) von jdm/etw begeistert *or* angetan sein; **to be ~ on sb/sth** (*keen*) auf jdn/etw stehen (*inf*), auf jdn/etw versessen sein.

2. (*US attr*) (*striking*) *workers*

streikend; *factory, employers* vom Streik betroffen, bestreikt.

structural ['strʌktʃərəl] *adj* **1.** (*relating to structure*) strukturell; (*of building*) *alterations, damage, requirements* baulich; *fault, defect* Konstruktions-; *material, element, part* Bau-; *weight* Konstruktions-; (*fig*) Struktur-. **the bridge suffered ~ damage** die Struktur der Brücke wurde beschädigt.

2. (*weight-bearing*) *wall, beam* tragend; (*fig: essential*) essentiell, notwendig.

structural engineering *n* Bautechnik *f*; **structural formula** *n* (*Chem*) Strukturformel *f*.

structuralism ['strʌktʃərəlɪzəm] *n* der Strukturalismus.

structuralist ['strʌktʃərəlɪst] **I** *n* Strukturalist(in *f*) *m*. **II** *adj attr* strukturalistisch.

structurally ['strʌktʃərəlɪ] *adv* strukturell. **~ the novel is excellent** vom Aufbau her ist der Roman ausgezeichnet; **~ sound** sicher; **~ the building is in good condition** von der Bausubstanz her ist das Haus in gutem Zustand.

structure ['strʌktʃəʳ] **I** *n* **1.** (*organization*) Struktur *f*; (*Sociol also*) Aufbau *m*; (*Ling also*) Bau *m*; (*Liter*) Aufbau *m*; (*Tech: of bridge, car etc*) Konstruktion *f*. **bone ~** Knochenbau *m*.

2. (*thing constructed*) Konstruktion *f*; (*building also*) Gebäude *nt*.

II *vt* strukturieren; *essay, argument* aufbauen, gliedern; *layout, life* gestalten. **highly ~d society** stark gegliedert; *novel etc* sorgfältig (auf)gebaut *or* gegliedert.

struggle ['strʌgl] **I** *n* (*lit, fig*) Kampf *m* (*for* um); (*fig: effort*) Anstrengung *f*. **without a ~** kampflos; **you won't succeed without a ~** ohne Anstrengung wird Ihnen das nicht gelingen; **to put up a ~** sich wehren; **the ~ for survival/existence/to feed her seven children** der Überlebenskampf/der Daseinskampf/ der Kampf, ihre sieben Kinder zu ernähren; **it is/was a ~** es ist/ war mühsam.

II *vi* **1.** (*contend*) kämpfen; (*in self-defence*) sich wehren; (*writhe*) sich winden; (*financially*) in Schwierigkeiten sein, krebsen (*inf*); (*fig: strive*) sich sehr bemühen *or* anstrengen, sich abmühen. **to ~ to do sth** sich sehr anstrengen, etw zu tun; **to ~ for sth** um etw kämpfen, sich um etw bemühen; **to ~ against sb/sth** gegen jdn/etw kämpfen; **to ~ with sb** mit jdm kämpfen; **to ~ with sth** *with problem, difficulty* sich mit etw herumschlagen; *with language, subject, homework* sich mit etw abmühen; *with doubts, one's conscience* mit etw ringen; **can you manage? — I'm struggling** schaffst du's? — mit Müh und Not; **he was struggling to make ends meet** er hatte seine liebe Not durchzukommen.

2. (*move with difficulty*) sich quälen. **to ~ to one's feet** mühsam aufstehen *or* auf die Beine kommen, sich aufrappeln (*inf*); **to ~ on** (*lit*) sich weiterkämpfen; (*fig*) weiterkämpfen; **to ~ along/through** (*lit, fig*) sich durchschlagen *or* -kämpfen.

struggling ['strʌglɪŋ] *adj artist etc* am Hungertuch nagend.

strum [strʌm] **I** vt tune klimpern; guitar klimpern auf (+dat). **II** vi klimpern (on auf +dat).

strumpet ['strʌmpɪt] n (old) Hure, Dirne f.

strung [strʌŋ] pret, ptp of **string**.

strut[1] [strʌt] **I** vi stolzieren. **to ~ about (the yard)** (auf dem Hof) herumstolzieren; **to ~ past** vorbeistolzieren. **II** n angeberischer Gang, Stolzieren nt.

strut[2] n (horizontal) Strebe f; (sloping also) Stütze f; (vertical) Pfeiler m.

struth [struːθ] interj (sl) heiliger Strohsack (inf).

strychnine ['strɪkniːn] n Strychnin nt.

stub [stʌb] **I** n (of candle, pencil, tail) Stummel m; (of cigarette also) Kippe f; (of cheque, ticket) Abschnitt m; (of tree) Stumpf m. **~-axle** n Achsschenkel m.

    II vt **to ~ one's toe** (on or against sth) mit dem Zeh an or gegen etw stoßen; **to ~ out a cigarette** eine Zigarette ausdrücken.

stubble ['stʌbl] n, no pl Stoppeln pl. **a field of ~** ein Stoppelfeld nt.

stubbly ['stʌblɪ] adj (+er) field Stoppel-; chin, beard also stoppelig.

stubborn ['stʌbən] adj **1.** (obstinate) person, insistence stur; animal also, child störrisch. **to be ~ about sth** stur auf etw (dat) beharren. **2.** refusal, resistance, campaign etc hartnäckig. **3.** lock, material widerspenstig; weeds, cough hartnäckig.

stubbornly ['stʌbənlɪ] adv see adj.

stubbornness ['stʌbənnɪs] n see adj **1.** Sturheit f; störrische Art. **2.** Hartnäckigkeit f. **3.** Widerspenstigkeit f; Hartnäckigkeit f.

stubby ['stʌbɪ] adj (+er) revolver etc kurz; tail stummelig; pencil, vase kurz und dick; person gedrungen; legs kurz und stämmig. **~ fingers** Wurstfinger pl (inf).

stucco ['stʌkəʊ] **I** n, pl ~(e)s Stuck m; (also ~ work) Stuckarbeit, Stukkatur f. **II** adj attr Stuck-. **III** vt mit Stuck verzieren.

stuck [stʌk] **I** pret, ptp of **stick**[2].

    II adj **1.** (baffled) (on, over mit) **to be ~** nicht klarkommen, nicht zurechtkommen; **to get ~** nicht weiterkommen. **2.** (inf) **he/she is ~ for sth** ihm/ihr fehlt etw; **I'm a bit ~ for cash** ich bin ein bißchen knapp bei Kasse. **3.** (inf) **to get ~ into sb/sth** jdn richtig in die Mangel nehmen (inf)/sich in etw (acc) richtig reinknien (inf); **Stephen got ~ into his steak** Stephen nahm sein Steak in Angriff; **get ~ in!** schlagt zu! (inf). **4.** (inf: infatuated) **to be ~ on sb** in jdn verknallt sein (inf). **5.** (inf) **to be ~ with sb/sth** mit jdm/etw dasitzen, jdn/etw am Hals haben (inf).

stuck-up ['stʌk'ʌp] adj (inf) person, attitude, voice hochnäsig. **to be ~ about sth** sich (dat) viel auf etw (acc) einbilden.

stud[1] [stʌd] **I** n **1.** (nail) Beschlagnagel m; (decorative) Ziernagel m; (on boots) Stollen m. **reflector ~** Katzenauge nt. **2.** (collar ~) Kragenknopf m. **3.** (earring) Ohrstecker m.

    II vt (usu pass) übersäen; (with jewels) (dicht) besetzen.

stud[2] n (group of horses) (for breeding) Gestüt nt, Zucht f; (for racing etc) Stall

m; (stallion) (Zucht)hengst m; (sl: man) Sexprotz m (inf). **the stallion is at ~** der Hengst wird zur Zucht benutzt; **to put to ~** zu Zuchtzwecken verwenden.

student ['stjuːdənt] **I** n (Univ) Student(in f) m, Studierende(r) mf; (esp US: at school, night school) Schüler(in f) m. **he is a ~ of human nature** er studiert die menschliche Natur; **he is a ~ of French** or **a French ~** (Univ) er studiert Französisch; (Sch) er lernt Französisch; **medical/law ~s** Medizin-/Jurastudenten pl.

    II adj attr Studenten-; activities also, protest movement studentisch. **~ driver** (US) Fahrschüler(in f) m.

studentship ['stjuːdntʃɪp] n (Brit: grant) Stipendium nt; **student teacher** n Referendar(in f) m; **student union** n **1.** (organization) Studentenvereinigung f; **2.** (building) Gebäude nt der Studentenvereinigung.

stud farm n Gestüt nt; **stud horse** n Zuchthengst m.

studied ['stʌdɪd] **I** pret, ptp of **study**. **II** adj (carefully considered) reply (gut) durchdacht, wohlüberlegt; simplicity bewußt, ausgesucht; prose, style kunstvoll; (deliberate) berechnet; calm, politeness gewollt; insult beabsichtigt, bewußt; avoidance sorgfältig; pose einstudiert.

studio ['stjuːdɪəʊ] n, pl ~s (all senses) Studio nt; (of painter, photographer also) Atelier nt; (broadcasting ~ also) Senderaum m.

studio audience n Publikum nt im Studio; **studio couch** n Schlafcouch f.

studious ['stjuːdɪəs] adj person fleißig, eifrig; life, habits gelehrsam; pupil also, turn of mind lernbegierig; attention, piece of work, research gewissenhaft, sorgfältig; avoidance gezielt, sorgsam; politeness bewußt; effort eifrig, beflissen (geh). **a ~ atmosphere** eine eifrige Lernatmosphäre.

studiously ['stjuːdɪəslɪ] adv fleißig, eifrig; (painstakingly) sorgsam, sorgfältig; polite bewußt; avoid gezielt, sorgsam; (deliberate) absichtlich, bewußt. **he is not ~ inclined** er hat keinen Hang zum Studieren.

studiousness ['stjuːdɪəsnɪs] n see adj Lerneifer, Fleiß m; Gelehrsamkeit f; Lernbegierde f; Gewissenhaftigkeit, Sorgfältigkeit f; Gezieltheit f; Bewußtheit f; Eifer m.

study ['stʌdɪ] n **1.** (studying, branch of ~) (esp Univ) Studium nt; (at school) Lernen nt; (of situation, evidence, case) Untersuchung f; (of nature) Beobachtung f. **the ~ of cancer** die Krebsforschung; **the ~ of Chinese** das Chinesischstudium; **African studies** (Univ) Afrikanistik f; **to make a ~ of sth** etw untersuchen; (academic) etw studieren; **to spend one's time in ~** seine Zeit mit Studieren/Lernen verbringen; **during my studies** während meines Studiums; **his face was a ~** (inf) sein Gesicht hättest du/hättet ihr sehen müssen.

    2. (piece of work) Studie f (of über + acc); (Art, Phot) Studie f (of gen); (Liter, Sociol also) Untersuchung f (of über + acc); (Mus) Etüde f.

3. (*room*) Arbeitszimmer *nt*.

II *vt* studieren; (*Sch*) lernen; *nature also, stars* beobachten; *author, particular tune, text etc* sich befassen mit; (*research into*) erforschen; (*examine also*) untersuchen; *clue, evidence* prüfen.

III *vi* studieren; (*esp Sch*) lernen. **to ~ to be a teacher/doctor** ein Lehrerstudium/ Medizinstudium machen; **to ~ for an exam** sich auf eine Prüfung vorbereiten, für eine Prüfung lernen; **he has to ~ a lot** er muß viel lernen; **to ~ under sb** bei jdm studieren.

study group *n* Arbeitsgruppe *or* -gemeinschaft *f*.

stuff [stʌf] **I** *n* **1**. Zeug *nt*. **green/sweet** *etc* **~** Grünzeug *nt*/süßes *etc* Zeug; **the ~ that heroes/dreams are made of** der Stoff, aus dem Helden gemacht sind/die Träume sind; **show him what kind of ~ you're made of** zeig ihm, aus welchem Holz du geschnitzt bist; **there was a lot of rough ~** es ging ziemlich rauh zu; **there is some good ~ in that book** in dem Buch stecken ein paar gute Sachen; **it's poor/ good ~** das ist schlecht/gut; **this tea/book is strong ~** der Tee ist ziemlich stark/das Buch ist starker Tobak; **he brought me some ~ to read/to pass the time with** er hat mir etwas zum Lesen/zur Unterhaltung mitgebracht; **books and ~** Bücher und so (*inf*); **and ~ like that und so was** (*inf*); **all that ~ about how he wants to help us** all das Gerede, daß er uns helfen will; **~ and nonsense** Quatsch (*inf*), Blödsinn *m*.

2. (*inf*) **she's a nice bit of ~** die ist nicht ohne (*inf*); **a drop of the hard ~** ein Schluck von dem scharfen Zeug; **that's the ~ (to give the troops)** so ist's richtig!, weiter so!; **to do one's ~** seine Nummer abziehen (*inf*); **go on, do your ~!** nun mach mal *or* doch! (*inf*); **to know one's ~** wissen, wovon man redet, sich auskennen; *see* hot ~.

3. (*possessions*) Zeug *nt*, Sachen *pl*.

4. (*sl: drugs*) Stoff *m* (*inf*).

5. (*old: cloth*) Material *nt*, Stoff *m*.

II *vt* **1.** (*fill*) *container, room, person* vollstopfen; *hole* zustopfen, verstopfen; *contents, object, books* (hinein)stopfen (*into* in +*acc*); (*into envelope*) stecken (*into* in +*acc*). **to ~ sth away** etw wegstecken; **he ~ed it away in his pocket** er stopfte es in seine Tasche; **he ~ed some money into my hand** er drückte mir Geld in die Hand; **to ~ one's fingers into one's ears** sich (*dat*) die Finger in die Ohren stecken; **to ~ sb's/one's head with nonsense** jdm/sich den Kopf mit Unsinn vollstopfen; **to be ~ed up (with a cold)** verschnupft sein, eine verstopfte Nase haben.

2. (*Cook*) füllen.

3. *cushion etc* füllen; *toy also* (aus)-stopfen; (*in taxidermy*) ausstopfen. **a ~ed toy** ein Stofftier *nt*.

4. (*sl*) **~ it** (*be quiet*) halt's Maul!, Schnauze! (*sl*); **get ~ed!** du kannst mich mal (*sl*)!; **I told him to ~ it** *or* **to get ~ed** ich habe ihm gesagt, er kann mich mal (*sl*); **you can ~ your money/advice** *etc* du kannst dein blödes Geld *etc* behalten

(*inf*)/du kannst dir deinen Rat schenken; **~ him!** der kann mich mal! (*sl*).

III *vi* (*inf: eat*) sich vollstopfen (*inf*).

IV *vr* **to ~ oneself (with food)** sich (mit Essen) vollstopfen (*inf*).

stuffed shirt [stʌft ˈʃɜːt] *n* (*inf*) Stockfisch *m* (*inf*).

stuffily [ˈstʌfɪlɪ] *adv* (*narrow-mindedly*) spießig; (*prudishly*) prüde; (*stiffly*) steif, gezwungen; (*dully*) langweilig.

stuffiness [ˈstʌfɪnɪs] *n see adj* **1.** Stickigkeit, Dumpfheit *f*. **2.** Spießigkeit *f*; Prüderie, Zimperlichkeit *f*. **3.** Steifheit *f*; Gezwungenheit *f*; Langweiligkeit, Fadheit *f*.

stuffing [ˈstʌfɪŋ] *n* (*of pillow, quilt, Cook*) Füllung *f*; (*of furniture*) Polstermaterial *nt*; (*in taxidermy, toys*) Füllmaterial, Stopfmaterial *nt*. **he's got no ~** (*fig*) er hat keinen Mumm (in den Knochen) (*inf*); **to knock** *or* **take the ~ out of sb** (*inf*) jdn fertigmachen (*inf*), jdn schaffen (*inf*).

stuffy [ˈstʌfɪ] *adj* (+*er*) **1.** *room, atmosphere* stickig, dumpf. **2.** (*narrow-minded*) spießig; (*prudish*) prüde, zimperlich. **3.** (*stiff*) steif; *atmosphere also* gezwungen; (*dull*) langweilig, öde, fad.

stultify [ˈstʌltɪfaɪ] **I** *vt* lähmen; *mind, person* verkümmern *or* verdummen lassen. **II** *vi* verkümmern, verdummen.

stultifying [ˈstʌltɪfaɪɪŋ] *adj* lähmend; *boredom, inactivity also* abstumpfend. **to have a ~ effect on sb/sb's mind** jdn verkümmern lassen.

stumble [ˈstʌmbl] **I** *n* Stolpern *nt no pl, no indef art*; (*in speech etc*) Stocken *nt no pl, no indef art*.

II *vi* (*lit, fig*) stolpern; (*in speech*) stocken. **to ~ against sth** gegen etw stoßen; **to ~ on sth** (*lit*) über etw (*acc*) stolpern; (*fig*) auf etw (*acc*) stoßen; **he ~d through his speech** stockend *or* holperig hielt er seine Rede.

stumbling-block [ˈstʌmblɪŋˈblɒk] *n* (*fig*) Hürde *f*, Hindernis, Problem *nt*. **to be a ~ to sth** einer Sache (*dat*) im Weg stehen.

stump [stʌmp] **I** *n* **1.** (*of tree, limb*) Stumpf *m*; (*of tooth, candle also, of pencil, tail, cigar*) Stummel *m*; (*Cricket*) Stab *m*. **to stir one's ~s** (*inf*) sich rühren, sich regen.

2. (*US Pol: platform*) Rednertribüne *f*. **~ speaker** Wahlredner(in *f*) *m*.

II *vt* **1.** (*Cricket*) (*durch Umwerfen der Stäbe*) ausschalten.

2. (*fig inf*) **you've got me ~ed** da bin ich überfragt; **I'm ~ed, that's got me ~ed** ich bin mit meiner Weisheit *or* meinem Latein am Ende (*inf*); **to be ~ed for an answer** um eine Antwort verlegen sein.

3. (*US Pol*) **to ~ the country** Wahl-(kampf)reisen durch das Land machen.

III *vi* (*inf*) stapfen. **to ~ along/about** entlang-/herumstapfen; **to ~ up to sb** auf jdn zustapfen.

◆**stump up** (*Brit inf*) **I** *vt insep* springen lassen (*inf*). **II** *vi* blechen (*inf*).

stumpy [ˈstʌmpɪ] *adj* (+*er*) *pencil, candle* stummelig (*inf*), kurz; *person* stämmig, untersetzt; *tree* klein und gedrungen; *legs* kurz. **a ~ tail** ein Stummelschwanz *m*.

stun [stʌn] *vt* (*make unconscious*) betäuben; (*noise also, daze*) benommen machen; (*fig*) (*shock*) fassungslos machen; (*amaze*) erstaunen, verblüffen. **he was ~ned by the news** (*bad news*) er war über die Nachricht fassungslos *or* wie gelähmt; (*good news*) die Nachricht hat ihn überwältigt; **he was ~ned by his good fortune** er war sprachlos über sein Glück.

stung [stʌŋ] *pret, ptp of* **sting**.

stunk [stʌŋk] *ptp of* **stink**.

stunned [stʌnd] *adj* (*unconscious*) betäubt; (*dazed*) benommen; (*fig*) (*shocked*) fassungslos; (*amazed*) sprachlos.

stunner ['stʌnə'] *n* (*inf*) (*thing*) Wucht *f* (*inf*); (*woman*) tolle Frau, tolles Weib (*inf*); (*man*) toller Mann *or* Kerl (*inf*).

stunning ['stʌnɪŋ] *adj* (*lit*) *blow* wuchtig, betäubend; (*fig*) *news, dress, girl etc* phantastisch, toll (*inf*), atemberaubend; *shock* überwältigend.

stunningly ['stʌnɪŋlɪ] *adv* phantastisch.

stunt[1] [stʌnt] *n* Kunststück *nt*, Nummer *f*; (*publicity* ~, *trick*) Gag *m*; (*Aviat*) Kunststück *nt*. **to do ~s** (*be ~man*) ein Stuntman sein, doubeln; **he does most of his own ~s** gefährliche Szenen spielt er meist selbst.

stunt[2] *vt* (*lit, fig*) *growth, development* hemmen; *trees, mind etc* verkümmern lassen.

stunted ['stʌntɪd] *adj plant, mind* verkümmert; *child* unterentwickelt. **his ~ growth** seine Verwachsenheit.

stunt flying *n* Kunstflug *m*; **stuntman** *n* Stuntman *m*, Double *nt*.

stupefaction [ˌstjuːpɪˈfækʃən] *n* Verblüffung *f*.

stupefy ['stjuːpɪfaɪ] *vt* benommen machen; (*fig: amaze, surprise*) verblüffen.

stupefying ['stjuːpɪfaɪɪŋ] *adj* betäubend; (*fig: amazing*) verblüffend.

stupendous [stjuːˈpendəs] *adj* phantastisch; *effort* enorm.

stupendously [stjuːˈpendəslɪ] *adv see adj.*

stupid ['stjuːpɪd] **I** *adj* **1.** dumm; (*foolish also, boring*) blöd(e) (*inf*). **don't be ~** sei nicht so blöd (*inf*); **I've done a ~ thing** ich habe etwas ganz Dummes *or* Blödes (*inf*) gemacht; **take that ~ look off your face** guck nicht so dumm *or* blöd (*inf*)!; **what was ~ of you, that was a ~ thing to do** das war dumm (von dir).
 2. (*stupefied*) benommen, benebelt. **to drink oneself ~** sich sinnlos betrinken.
 II *adv* (*inf*) **to talk ~** Quatsch reden (*inf*); **to act ~** sich dumm stellen.
 III *n* (*inf: person*) Blödmann *m* (*inf*).

stupidity [stjuːˈpɪdɪtɪ] *n* Dummheit *f*; (*silliness also*) Blödheit *f* (*inf*). **of all the ~!** so was Dummes!

stupidly ['stjuːpɪdlɪ] *adv* (*unintelligently*) dumm; (*foolishly also*) blöd (*inf*). **~ I'd forgotten my keys** dummerweise hatte ich meine Schlüssel vergessen; **he ~ refused** er war so dumm *or* blöd (*inf*) abzulehnen.

stupor ['stjuːpə'] *n* Benommenheit *f*. **he lay/ sat there in a ~** er lag/saß benommen *or* apathisch *or* teilnahmslos da; **to be in a drunken ~** sinnlos betrunken sein.

sturdily ['stɜːdɪlɪ] *adv* **1.** stabil. **~ built** *person* kräftig *or* stämmig gebaut; *chair, ship etc* stabil gebaut. **2.** (*fig*) *see adj 2.*

sturdiness ['stɜːdɪnɪs] *n see adj* **1.** Kräftigkeit, Stämmigkeit *f*; Kräftigkeit, Robustheit *f*; Stabilität *f*. **2.** Unerschüt-

terlichkeit, Standhaftigkeit *f*.

sturdy ['stɜːdɪ] *adj* (+*er*) **1.** *person, body, plant* kräftig, stämmig; *material* kräftig, robust; *building, ship, car* stabil. **2.** (*fig*) *opposition* unerschütterlich, standhaft.

sturgeon ['stɜːdʒən] *n* Stör *m*.

stutter ['stʌtə'] **I** *n* (*of person, engine*) Stottern *nt no pl*; (*of guns*) Trommeln *nt*. **he has a bad ~** er stottert sehr; **to say sth with a ~** etw stotternd sagen, etw stottern.
 II *vti* stottern. **he was ~ing with rage** er stotterte vor Wut; **she ~ed (out) an apology** sie entschuldigte sich stotternd.

stutterer ['stʌtərə'] *n* Stotterer *m*, Stotterin *f*.

stuttering ['stʌtərɪŋ] *n* Stottern *nt*.

sty [staɪ] *n* (*lit, fig*) Schweinestall *m*.

sty(e) [staɪ] *n* (*Med*) Gerstenkorn *nt*.

style [staɪl] **I** *n* **1.** (*Art, Mus, Liter, personal etc*) Stil *m*. **~ of painting** Malstil *m*; **the ~ of his writing** sein Stil *m*; **a poem in the Romantic ~** ein Gedicht im Stil der Romantik; **in his own inimitable ~** (*iro*) in seiner unnachahmlichen Art *or* Manier, auf die ihm typische Art; **flattering people is not his ~** es ist nicht seine Art zu schmeicheln; **that's the ~** (*inf*) so ist's richtig.
 2. (*elegance*) Stil *m*. **the man has (real) ~** der Mann hat Klasse *or* Format; **in ~** stilvoll; **to do things in ~** alles im großen Stil tun; **to celebrate in ~** groß feiern.
 3. (*sort, type*) Art *f*. **a new ~ of house/ car etc** ein neuer Haus-/Autotyp etc; **just the ~ of book/car I like** ein Buch/Auto, wie es mir gefällt.
 4. (*Fashion*) Stil *m no pl*, Mode *f*; (*cut*) Schnitt *m*; (*hair~*) Frisur *f*. **these coats are available in two ~s** diese Mäntel gibt es in zwei verschiedenen Schnittarten *or* Macharten; **all the latest ~s** die neue(ste) Mode, Mode im neue(ste)n Stil; **the latest ~s in shoes** die neue(ste)n Schuhmoden.
 5. (*address*) Anrede *f*; (*title*) Titel *m*.
 6. (*Bot*) Griffel *m*.
 II *vt* **1.** (*designate*) nennen.
 2. (*design*) entwerfen; *clothes, interior etc also* gestalten; *hair* schneiden und frisieren. **a smartly ~d dress** ein elegant geschnittenes Kleid; **it is ~d for comfort not elegance** es ist auf Bequemlichkeit und nicht Eleganz zugeschnitten.

-style *adj suf* nach … Art, auf (+*acc*) … Art. **American-~ fried chicken** Brathähnchen nach amerikanischer Art; **cowboy-~** auf Cowboyart, nach Art der Cowboys; **Swedish-~ furniture** Möbel im schwedischen Stil; **the old-~ cricketer** der Cricketspieler der alten Schule.

stylebook ['staɪlbʊk] *n* (*Typ*) Stilvorschriften *pl*; (*Fashion*) Modeheft *nt*; (*for hair~styles*) Frisurenheft *nt*.

styli ['staɪlaɪ] *pl of* **stylus**.

styling ['staɪlɪŋ] *n* (*of car etc*) Design *nt*; (*of dress*) Machart *f*, Schnitt *m*; (*of hair*) Schnitt *m*.

stylish ['staɪlɪʃ] *adj person* elegant; *car, hotel, district also* vornehm; *furnishings* stilvoll; (*fashionable*) modisch; *wedding* großen Stils; *way of life* großartig, im großen Stil.

stylishly ['staɪlɪʃlɪ] *adv* elegant; *furnished*

stilvoll; (*fashionably*) modisch; *live* im großen Stil; *travel* mit allem Komfort.

stylishness [ˈstaɪlɪʃnɪs] *n see adj* Eleganz *f*; Vornehmheit *f*; stilvolle Art; modische Finesse; großangelegter Stil.

stylist [ˈstaɪlɪst] *n* 1. (*Fashion*) Modeschöpfer(in *f*) *m*; (*hair~*) Friseur *m*, Friseuse *f*, Coiffeur *m* (*geh*), Coiffeuse *f* (*geh*). 2. (*Liter, Sport*) Stilist(in *f*) *m*.

stylistic [staɪˈlɪstɪk] *adj* stilistisch. *~ device* Stilmittel *nt*.

stylistically [staɪˈlɪstɪkəlɪ] *adv see adj*.

stylistics [staɪˈlɪstɪks] *n sing* Stilistik *f*.

stylize [ˈstaɪlaɪz] *vt* stilisieren.

stylus [ˈstaɪləs] *n, pl* **styli** 1. (*on record-player*) Nadel *f*. 2. (*writing instrument*) Griffel, Stilus (*Hist*) *m*.

stymie [ˈstaɪmɪ] *vt* (*fig inf*) matt setzen (*inf*). **to be ~d** aufgeschmissen sein (*inf*).

styptic [ˈstɪptɪk] I *n* blutstillendes Mittel. II *adj pencil* Blutstill-, Alaun-.

suave *adj*, **~ly** *adv* [ˈswɑːv, -lɪ] umgänglich, weltmännisch, aalglatt (*pej*).

suaveness [ˈswɑːvnɪs], **suavity** [ˈswɑːvɪtɪ] *n* Umgänglichkeit, Gewandtheit *f*, aalglatte Art (*pej*).

sub [sʌb] *abbr of* 1. **sub-edit, sub-editor.** 2. **submarine.** 3. **subscription.** 4. **substitute.** 5. (*US*) **subway**.

sub- *pref* (*under, subordinate, inferior*) Unter-, unter-; (*esp with foreign words*) Sub-, sub-. **~alpine** subalpin.

subaltern [ˈsʌbltən] *n* (*Brit Mil*) Subalternoffizier *m*.

subarctic [ˌsʌbˈɑːktɪk] *adj* subarktisch. **subatomic** *adj particle* subatomar; **subbasement** *n* Kellergeschoß *nt*; **subclass** *n* Unterabteilung *f*; **subclassify** *vti* unterteilen; **subcommittee** *n* Unterausschuß *m*; **subconscious** I *adj* unterbewußt; II *n* the ~ das Unterbewußtsein; **in his** ~ im Unterbewußtsein; **subconsciously** *adv* im Unterbewußtsein; **subcontinent** *n* Subkontinent *m*; **subcontract** I *vt* (*vertraglich*) weitervergeben (*to an* +*acc*); II *n* Nebenvertrag, Untervertrag *m*; **subcontractor** *n* Subunternehmer *m*; **subculture** *n* Subkultur *f*; **subcutaneous** *adj* subkutan; **subdivide** I *vt* unterteilen; II *vi* sich aufteilen; **subdivision** *n* (*act*) Unterteilung *f*; (*subgroup*) Unterabteilung *f*; **subdominant** I *n* Subdominante *f*; II *attr chord* Subdominant-.

subdue [səbˈdjuː] *vt rebels, country* unterwerfen; *rioters* überwältigen; *wilderness* besiegen; (*make submissive*) gehorsam *or* fügsam *or* gefügig machen; (*fig*) *anger, desire* unterdrücken, zähmen; *noise, light, high spirits* dämpfen; *animals, children* bändigen; *pain* lindern.

subdued [səbˈdjuːd] *adj* (*quiet*) *colour, lighting, voice* gedämpft; *manner, person* ruhig, still; *mood, atmosphere* gedrückt; (*submissive*) *voice, manner, person* fügsam, gehorsam, gefügig; (*repressed*) *feelings, excitement* unterdrückt.

sub-edit [ˌsʌbˈedɪt] *vti* (*esp Brit*) redigieren; **sub-editor** *n* (*esp Brit*) Redakteur(in *f*) *m*; **subgroup** *n* Unterabteilung *f*; **subhead** (*inf*), **subheading** *n* Untertitel *m*;

subhuman *adj treatment etc* unmenschlich; **they were treated as if they were ~** sie wurden behandelt, als seien sie Untermenschen.

subject [ˈsʌbdʒɪkt] I *n* 1. (*Pol*) Staatsbürger(in *f*) *m*; (*of king etc*) Untertan *m*, Untertanin *f*. 2. (*Gram*) Subjekt *nt*. 3. (*topic, Mus*) Thema *nt*. **he paints urban ~s** er malt städtische Motive; **to change the ~** das Thema wechseln; **on the ~ of ...** zum Thema (+*gen*) ...; **while we're on the ~** da wir gerade beim Thema sind; **while we're on the ~ of mushrooms** wo wir gerade von Pilzen reden, apropos Pilze; **that's off the ~** das gehört nicht zum Thema. 4. (*discipline*) (*Sch, Univ*) Fach *nt*; (*specialist ~*) (Spezial)gebiet *nt*. 5. (*reason*) Grund, Anlaß *m* (*for* zu). 6. (*object*) Gegenstand *m* (*of gen*); (*in experiment*) (*person*) Versuchsperson *f*, Versuchsobjekt *nt*; (*animal*) Versuchstier, Versuchsobjekt *nt*; (*esp Med: for treatment*) Typ *m*. **he is the ~ of much criticism** er wird stark kritisiert, er ist Gegenstand häufiger Kritik; **he's a good ~ for treatment by hypnosis** er läßt sich gut hypnotisch behandeln; **he's a good ~ for research into hypnosis** an ihm läßt sich Hypnose gut studieren; **the survey team asked 100 ~s** die Meinungsforscher befragten 100 Personen. 7. (*Philos: ego*) Subjekt, Ich *nt*.

II *adj* 1. (*conquered*) unterworfen. 2. ~ **to** (*under the control of*) unterworfen (+*dat*); **provinces ~ to foreign rule** Provinzen unter Fremdherrschaft; **to be ~ to sth** *to law, constant change, sb's will* einer Sache (*dat*) unterworfen sein; *to illness* für etw anfällig sein; *to consent, approval* von etw abhängig sein; **northbound trains are ~ to delays** bei Zügen in Richtung Norden muß mit Verspätung gerechnet werden; **prices/opening times are ~ to change** *or* **alteration** Preisänderungen sind vorbehalten/bezüglich Öffnungszeiten sind Änderungen vorbehalten; **all these plans are ~ to last minute changes** all diese Pläne können in letzter Minute noch geändert werden; ~ **to flooding** überschwemmungsgefährdet; ~ **to correction** vorbehaltlich Änderungen; ~ **to confirmation in writing** vorausgesetzt, es wird schriftlich bestätigt.

III [səbˈdʒekt] *vt* 1. (*subjugate*) unterwerfen; *terrorists, guerrillas* zerschlagen. 2. **to ~ sb to sth** *to questioning, analysis, treatment* jdn einer Sache (*dat*) unterziehen; *to test also* jdn einer Sache (*dat*) unterwerfen; *to torture, suffering, heat, criticism* jdn einer Sache (*dat*) aussetzen; **to ~ sb to insults** jdn beschimpfen.

IV [səbˈdʒekt] *vr* **to ~ oneself to sth** *to insults, suffering* etw hinnehmen; *to criticism, ridicule* sich einer Sache (*dat*) aussetzen; *to examination, test, questioning* sich einer Sache (*dat*) unterziehen.

subject catalogue *n* Schlagwortkatalog *m*; **subject heading** *n* Überschrift *f*; (*in index*) Rubrik *f*; **subject index** *n* Sachregister *nt*.

subjection [səb'dʒekʃən] *n* **1.** (*state*) Abhängigkeit *f*. **to bring a people into** ~ ein Volk unterwerfen; **to hold** *or* **keep a people in** ~ ein Volk unterdrücken. **2.** (*act*) Unterwerfung *f*; (*of terrorists, guerrillas etc*) Zerschlagung *f*. **3. the** ~ **of sb to sth** *see* **subject III 2.**

subjective [səb'dʒektɪv] *adj* **1.** subjektiv. **2.** (*Gram*) ~ **case** Nominativ *m*.

subjectively [səb'dʒektɪvlɪ] *adv* subjektiv.

subjectivism [səb'dʒektɪvɪzəm] *n* Subjektivismus *m*.

subjectivity [ˌsʌbdʒek'tɪvɪtɪ] *n* Subjektivität *f*.

subject-matter ['sʌbdʒɪkt'mætəʳ] *n* (*theme*) Stoff *m*; (*content*) Inhalt *m*.

sub judice [ˌsʌb'dju:dɪsɪ] *adj* **to be** ~ verhandelt werden.

subjugate ['sʌbdʒʊgeɪt] *vt* unterwerfen, unterjochen.

subjugation [ˌsʌbdʒʊ'geɪʃən] *n* Unterwerfung, Unterjochung *f*.

subjunctive [səb'dʒʌŋktɪv] **I** *adj* konjunktivisch. **a/the** ~ **verb/the** ~ **mood** der Konjunktiv; ~ **form** Konjunktiv(form *f*) *m*. **II** *n* (*mood, verb*) Konjunktiv *m*.

sublease [ˌsʌb'li:s] **I** *n* (*contract*) (*on farm etc*) Unterpachtvertrag *m* (*on* für); (*on house etc*) Untermietvertrag *m* (*on* für); **II** *vt* land unter- *or* weiterverpachten (*to* an +*acc*); house unter- *or* weitervermieten (*to* an +*acc*); **she has** ~**d the flat from the tenants** sie hat die Wohnung in Untermiete; **sublet** pret, ptp — I *vt* house, room unter- *or* weitervermieten (*to* an +*acc*); **II** *vi* untervermieten; **subletting** *n* Untervermietung *f*; **sub-lieutenant** *n* (*esp Brit*) Leutnant *m* zur See.

sublimate ['sʌblɪmeɪt] **I** *n* (*Chem*) Sublimat *nt*. **II** *vt* (*Chem, Psych*) sublimieren.

sublimation [ˌsʌblɪ'meɪʃən] *n* Sublimierung *f*.

sublime [sə'blaɪm] *adj* **1.** poetry, beauty, scenery erhaben; thoughts, feelings also sublim; achievement, courage, genius also überragend. **that's going from the** ~ **to the ridiculous** (*inf*) das nenne ich tief sinken (*inf*). **2.** (*iro: extreme*) chaos, ignorance vollendet; impertinence, confidence also unglaublich, hanebüchen; indifference also, contempt souverän.

sublimely [sə'blaɪmlɪ] *adv* erhaben; unaware, ignorant ergreifend (*iro*), vollkommen; foolish, drunk unglaublich. ~ **beautiful** von erhabener Schönheit; ~ **contemptuous/indifferent he** ... mit souveräner Verachtung/Gleichgültigkeit ... er ...

subliminal [ˌsʌb'lɪmɪnl] *adj* (*Psych*) unterschwellig.

submachine gun [ˌsʌbmə'ʃi:n'gʌn] *n* Maschinenpistole *f*.

submarine ['sʌbməˌri:n] **I** *n* Unterseeboot, U-Boot *nt*. **II** *adj* life, equipment, cable unterseeisch, submarin.

submerge [səb'mɜ:dʒ] **I** *vt* untertauchen; (*flood*) überschwemmen. **to** ~ **sth in water** etw in Wasser (ein)tauchen; **the house was completely** ~**d** das Hausstand völlig unter Wasser. **II** *vi* (*diver, submarine*) tauchen.

submerged [səb'mɜ:dʒd] *adj* rocks unter Wasser; wreck gesunken; city versunken. **she is** ~ **in work** sie erstickt in Arbeit.

submersible [smɜ:'səbl] **I** *adj* versenkbar; submarine tauchfähig. **II** *n* Tauchboot *nt*.

submersion [səb'mɜ:ʃən] *n* Untertauchen *nt*; (*of submarine*) Tauchen *nt*; (*by flood*) Überschwemmung *f*. ~ **in liquid** Eintauchen *nt* in Flüssigkeit.

submission [səb'mɪʃən] *n* **1.** (*yielding*) Unterwerfung *f* (*to* unter +*acc*); (*submissiveness*) Gehorsam *m*; (*Sport*) Aufgabe *f*. **to force sb into** ~ jdn zwingen, sich zu ergeben; **to starve sb into** ~ jdn aushungern. **2.** (*presentation*) Eingabe *f*; (*documents submitted*) Vorlage *f*. **his** ~ **to the appeals tribunal** seine Berufung. **3.** (*contention*) Einwurf *m* (*to* gegenüber). **it is our** ~ **that ...** wir behaupten, daß ...

submissive [səb'mɪsɪv] *adj* demütig, gehorsam, unterwürfig (*pej*) (*to* gegenüber). ~ **to authority** autoritätsgläubig.

submissively [səb'mɪsɪvlɪ] *adv see adj*.

submissiveness [səb'mɪsɪvnɪs] *n* Demut *f*, Gehorsam *m*, Unterwürfigkeit *f* (*pej*) (*to* gegenüber).

submit [səb'mɪt] **I** *vt* **1.** (*put forward*) vorlegen (*to* dat); application, claim etc einreichen (*to* bei). **to** ~ **that ...** (*esp Jur*) behaupten, daß ... **2.** (*refer to*) verweisen an (+*acc*). **to** ~ **sth to scrutiny/tests** etc etw einer Prüfung/ Tests (*dat*) etc unterziehen; **to** ~ **sth to heat/ cold** etc etw der Hitze/Kälte (*dat*) etc aussetzen. **II** *vi* (*yield*) sich beugen, nachgeben; (*Mil*) sich ergeben (*to* dat); (*Sport*) aufgeben. **to** ~ **to sth** to sb's orders, judgement, God's will sich einer Sache (*dat*) beugen *or* unterwerfen; to humiliations, indignity sich (*dat*) etw gefallen lassen, etw erdulden; to demands, threats, pressure einer Sache (*dat*) nachgeben; to separation etw auf sich (*acc*) nehmen; **to** ~ **to blackmail/questioning** sich erpressen/verhören lassen. **III** *vr* **to** ~ **oneself to sth** to examination, operation, questioning etc sich einer Sache (*dat*) unterziehen.

subnormal [ˌsʌb'nɔ:məl] *adj* intelligence, temperature unterdurchschnittlich; person minderbegabt; (*inf*) schwachsinnig.

subordinate [sə'bɔ:dnɪt] **I** *adj* officer rangniedriger; rank, position. ~ (*secondary*) importance untergeordnet. ~ **clause** (*Gram*) Nebensatz *m*; **to be** ~ **to sb/sth** jdm/einer Sache untergeordnet sein. **II** *n* Untergebene(r) *mf*. **III** [sə'bɔ:dɪneɪt] *vt* unterordnen (*to* dat). **subordinating conjunction** unterordnende Konjunktion.

subordination [səˌbɔ:dɪ'neɪʃən] *n* (*subjection*) Unterordnung *f* (*to* unter +*acc*).

suborn [sʌ'bɔ:n] *vt* (*Jur*) witness beeinflussen.

sub-plot ['sʌbˌplɒt] *n* Nebenhandlung *f*.

subpoena [səb'pi:nə] (*Jur*) **I** *n* Vorladung *f*. **to serve a** ~ **on sb** jdn vorladen. **II** *vt* witness vorladen. **he was** ~**ed to give evidence**

er wurde als Zeuge vorgeladen.

subpolar [ˌsʌbˈpəʊləʳ] *adj* subpolar; **subpost office** *n* (*Brit*) Poststelle, Posthalterei (*dated*) *f*.

subscribe [səbˈskraɪb] **I** *vt money* zeichnen (*form*); (*to appeal*) spenden (*to* für). **to ~ one's signature** *or* **name to a document** (*form*) ein Dokument (unter)zeichnen.
II *vi* **1.** (*contribute, promise to contribute*) spenden, geben (*to dat*). **to ~ to an appeal** sich an einer Spendenaktion beteiligen; **to ~ to** *or* (*form*) **for a gift** sich an einem Geschenk beteiligen; **to ~ for a book** ein Buch vorbestellen; **to ~ for shares in a company** Aktien einer Gesellschaft zeichnen.
2. to ~ to a magazine *etc* eine Zeitschrift *etc* abonnieren.
3. (*support*) **to ~ to sth** *to proposal* etw gutheißen, etw billigen; *to opinion, theory* sich einer Sache (*dat*) anschließen.

subscriber [səbˈskraɪbəʳ] *n* (*to paper*) Abonnent(in *f*) *m*; (*to fund*) Spender(in *f*), *m*; (*Telec*) Teilnehmer(in *f*) *m*; (*to opinion*) Befürworter(in *f*) *m*; (*of shares*) Zeichner *m*. ~ **trunk dialling** (*Brit*) der Selbstwählferndienst.

subscription [səbˈskrɪpʃən] *n* Subskription (*form*), Zeichnung (*form*) *f*; (*money subscribed*) Beitrag *m*; (*to newspaper, concert etc*) Abonnement *nt* (*to gen*). **to take out a ~ to sth** etw abonnieren; **by public ~** mit Hilfe von *or* durch Spenden; **by ~** durch Subskription(en *pl*) *f*.

subscription rate *n* Abonnements- *or* Bezugspreis *m*.

subsection [ˈsʌbˌsekʃən] *n* Unterabteilung *f*; (*Jur*) Paragraph *m*.

subsequent [ˈsʌbsɪkwənt] *adj* (nach)-folgend, anschließend; (*in time*) später. **~ to** (*form*) im Anschluß at (+*acc*).

subsequently [ˈsʌbsɪkwəntlɪ] *adv* (*afterwards*) später, anschließend; (*from that time also*) von da an.

subserve [səbˈsɜːv] *vt* (*form*) dienen (+*dat*), dienlich *or* förderlich sein (+*dat*).

subservience [səbˈsɜːvɪəns] *n* (*pej*) Unterwürfigkeit *f* (*to* gegenüber); (*form*) Unterworfenheit *f* (*to* unter +*acc*).

subservient [səbˈsɜːvɪənt] *adj* (*pej*) unterwürfig (*to* gegenüber); (*form*) unterworfen (*to* dat).

subserviently [ˌsʌbˈsɜːvɪəntlɪ] *adv* unterwürfig.

subset [ˈsʌbˌset] *n* (*Math*) Teilmenge *f*.

subside [səbˈsaɪd] *vi* **1.** (*flood, river*) sinken; (*land, building, road*) sich senken.
2. (*storm, wind*) abflauen, nachlassen, sich legen; (*anger, excitement, laughter, noise also*) abklingen; (*fever*) sinken.

subsidence [səbˈsaɪdəns] *n* Senkung *f*. **there's a lot of ~ in the area** in der Gegend senkt sich das Erdreich.

subsidiary [səbˈsɪdɪərɪ] **I** *adj role, interest, subject* Neben-; *company* Tochter-. **to be ~ to sth** einer Sache (*dat*) untergeordnet sein; **my role is ~** ich spiele eine Nebenrolle. **II** *n* Tochtergesellschaft *f*.

subsidize [ˈsʌbsɪdaɪz] *vt company etc*, (*inf*) *sb's habits* subventionieren; (*inf*) *person* unterstützen.

subsidy [ˈsʌbsɪdɪ] *n* Subvention *f*. **there is a**

~ on butter Butter wird subventioniert; **rent ~** Wohnungsbeihilfe *f*; **housing subsidies** (*for building, renovation etc*) Wohnungsbaubeihilfen *pl*.

subsist [səbˈsɪst] *vi* (*form*) sich ernähren, leben (*on* von).

subsistence [səbˈsɪstəns] *n* (*living*) Leben *nt* (*on* von); (*means of ~*) Existenz *f*, (Lebens)unterhalt *m*. **enough for ~** genug zum (Über)leben; **~ on £11 is impossible** es ist unmöglich, von £11 zu leben; **rice is their chief means of ~** sie ernähren sich hauptsächlich von Reis.

subsistence allowance *n* Unterhaltszuschuß *m*; **subsistence farming** *n* Subsistenzwirtschaft *f*; **subsistence level** *n* Existenzminimum *nt*; **at ~** auf dem Existenzminimum; **subsistence wage** *n* Minimallohn *m*.

subsoil [ˈsʌbsɔɪl] *n* Untergrund *m*; **subsonic** *adj* Unterschall-; **subspecies** *n* Unterart, Subspezies *f*.

substance [ˈsʌbstəns] *n* **1.** Substanz, Materie *f*, Stoff *m*. **what is this ~?** was ist das für eine Substanz?; **he rubbed a yellow ~ on the wound** er strich eine gelbe Masse auf die Wunde.
2. *no pl* (*subject matter*) Substanz *f*, Gehalt *m*; (*essence*) Kern *m*. **in ~** im wesentlichen, im großen und ganzen.
3. *no pl* (*weight, importance*) Gewicht *nt*. **the book/argument lacks ~** das Buch hat keine Substanz/das Argument hat keine Durchschlagskraft; **there is some ~ in his claim** seine Behauptung ist nicht unfundiert.
4. *no pl* **a man of ~** ein vermögender Mann.

substandard [ˌsʌbˈstændəd] *adj work, goods* minderwertig; *quality also, housing, achievement* unzulänglich; (*Ling*) nicht korrekt.

substantial [səbˈstænʃəl] *adj* **1.** *meal, person, cloth* kräftig; *furniture also, building, firm* solide; *rope also* stark; *book* umfangreich.
2. (*considerable*) *income, loss, gain, amount* beträchtlich, erheblich; *sum also* namhaft; *part, majority, contribution, improvement also* wesentlich, bedeutend; (*rich*) vermögend, kapitalkräftig.
3. (*weighty, important*) bedeutend; *proof, argument* überzeugend, stichhaltig; *difference* wesentlich, bedeutend.
4. (*real, material*) körperlich, wesenhaft.

substantially [səbˈstænʃəlɪ] *adv* **1.** (*solidly*) solide; (*considerably*) erheblich, beträchtlich, wesentlich. **~ built house** solide gebaut; *person* kräftig gebaut.
2. (*essentially, basically*) im wesentlichen.

substantiate [səbˈstænʃɪeɪt] *vt* erhärten, untermauern.

substantiation [səbˌstænʃɪˈeɪʃən] *n* Erhärtung, Untermauerung *f*. **in ~ of** zur Erhärtung (+*gen*).

substantival [ˌsʌbstənˈtaɪvəl] *adj* (*Gram*) substantivisch, Substantiv-.

substantive [ˈsʌbstəntɪv] **I** *adj* **1.** *evidence, argument, reason* überzeugend, stichhaltig. **2.** (*considerable*) *contribution, improvement, progress* beträchtlich, wesentlich, bedeutend. **3.** ~ **motion** endgültige Formulierung des Antrags. **4.** (*Gram*) *see* **substantival**. **II** *n* (*Gram*) Substantiv, Hauptwort *nt*.

substantivize [ˈsʌbstəntɪˌvaɪz] *vt* substantivieren.

substation [ˈsʌbˌsteɪʃən] *n* (*Elec*) Umspann(ungs)werk *nt*.

substitute [ˈsʌbstɪtjuːt] **I** *n* Ersatz *m no pl*; (*representative also*) Vertretung *f*; (*male person also*) Ersatzmann *m*; (*Sport*) Ersatzspieler(in *f*), Auswechselspieler(in *f*) *m*. **to find a** ~ **for** jdn Ersatz finden; **to use sth as a** ~ etw als Ersatz benutzen; **coffee** ~ Kaffee-Ersatz *m*.

II *adj attr* Ersatz—.

III *vt* **to** ~ **A for B** B durch A ersetzen; (*Sport also*) B gegen A austauschen *or* auswechseln; ~ **3 for X** setze für X 3 ein, substituiere 3 für X.

IV *vi* **to** ~ **for sb/sth** jdn vertreten, für jdn einspringen/etw ersetzen.

substitution [ˌsʌbstɪˈtjuːʃən] *n* Ersetzen *nt* (*of X for Y* von Y durch X); (*Sport*) Austausch *m* (*of X for Y* von Y gegen X); (*Math*) Substitution *f*, Einsetzen *nt* (*of X for Y* von X für Y). **the** ~ **of margarine for butter** die Verwendung von Margarine statt Butter.

substratum [ˈsʌbˌstraːtəm] *n*, *pl* **substrata** [ˈsʌbˌstraːtə] Substrat *nt*; (*Geol*) Untergrund *m*; (*Sociol*) Substratum *nt*.

substructure [ˈsʌbˌstrʌktʃəʳ] *n* Unterbau *m*; (*fig also*) Grundlage *f*; (*Build*) Fundament *nt*; (*of bridge*) Widerlager *nt*.

subsume [səbˈsjuːm] *vt* **to** ~ **sth under sth** etw unter etw (*acc*) zusammenfassen.

sub-teen [ˈsʌbˈtiːn] *n* (*esp US*) Schulkind *nt*.

sub-teenage [ˈsʌbˈtiːneɪdʒ] *adj attr* (*esp US*) Schulkinder—.

subtenancy [ˌsʌbˈtenənsɪ] *n* **during his** ~ **of the flat/farm** während er Untermieter in der Wohnung/Unterpächter des Bauernhofes war.

subtenant [ˌsʌbˈtenənt] *n* (*of flat etc*) Untermieter(in *f*) *m*; (*of land*) Unterpächter(in *f*) *m*.

subtend [səbˈtend] *vt* gegenüberliegen (+ *dat*).

subterfuge [ˈsʌbtəfjuːdʒ] *n* (*trickery*) Täuschung, List *f*; (*trick*) Trick *m*, List *f*.

subterranean [ˌsʌbtəˈreɪnɪən] *adj* unterirdisch.

subtitle [ˈsʌbˌtaɪtl] **I** *n* Untertitel *m* (*also Film*). **II** *vt* film mit Untertiteln versehen; *book etc* einen Untertitel geben (+ *dat*). **the film is** ~**d in English** der Film hat englische Untertitel; **the book is** ~**d** ... das Buch hat den Untertitel ...

subtle [ˈsʌtl] *adj* **1.** (*delicate, gentle*) fein; *irony, distinction also* subtil; *perfume, flavour also* zart; *hint, allusion* zart, leise; *charm* leise, unaufdringlich.

2. (*ingenious, not obvious*) *remark, argument, point* scharfsinnig, spitzfindig; *design, construction, proof* raffiniert, fein ausgetüftelt (*inf*). **he has a very** ~ **mind** er ist ein sehr subtiler Denker; **be** ~ **about it** gehen Sie mit Zartgefühl vor.

3. (*quick at seeing distinctions*) fein; *observer also* aufmerksam; *critic also* subtil.

subtlety [ˈsʌtltɪ] *n see adj* **1.** Feinheit *f*; Sub-

tilität *f*; Zartheit *f*; Unaufdringlichkeit *f*.

2. Scharfsinn(igkeit *f*) *m*, Spitzfindigkeit *f*; Raffiniertheit *f*. **his methods lack** ~ seinen Methoden fehlt (*die*) Finesse *or* Subtilität; ~ **is wasted on him** feine Andeutungen nützen bei ihm nichts.

3. Feinheit *f*; Aufmerksamkeit *f*; Subtilität *f*.

subtly [ˈsʌtlɪ] *adv* fein; *flavoured also* delikat; *argue, reply* scharfsinnig, subtil; *analyse, think* scharfsinnig; *achieve one's ends* auf raffinierte Weise. ~ **different** auf subtile Weise verschieden *or* unterschiedlich; **he** ~ **suggested** er schlug geschickt vor; **his mind works very** ~ er ist ein sehr subtiler Denker.

subtotal [ˈsʌbˌtəʊtl] *n* Zwischen- *or* Teilsumme *f*, Zwischen- *or* Teilergebnis *nt*.

subtract [səbˈtrækt] *vti* abziehen, subtrahieren (*from* von).

subtraction [səbˈtrækʃən] *n* Subtraktion *f*; (*act also*) Abziehen *nt*.

subtrahend [ˈsʌbtrəˌhend] *n* (*Math form*) Subtrahend *m*.

subtropical [ˌsʌbˈtrɒpɪkəl] *adj* subtropisch.

subtype [ˈsʌbˌtaɪp] *n* Unterart *f*.

suburb [ˈsʌbɜːb] *n* Vorort *m*.

suburban [səˈbɜːbən] *adj* Vorort-; *area also* vorstädtisch; (*pej*) spießig, kleinbürgerlich. ~ **line** (*Rail*) Vorortbahn *f*.

suburbia [səˈbɜːbɪə] *n* (*usu pej*) die Vororte *pl*. **to live in** ~ am Stadtrand wohnen; **that's typical of** ~**!** typisch Spießbürger!

subvention [səbˈvenʃən] *n* Subvention *f*.

subversion [səbˈvɜːʃən] *n*, *no pl* Subversion *f*; (*of rights, freedom etc*) Untergrabung, Unterminierung *f*. **the US was accused of** ~ **in Chile** die USA wurden subversiver *or* umstürzlerischer Tätigkeiten in Chile beschuldigt.

subversive [səbˈvɜːsɪv] **I** *adj* subversiv, umstürzlerisch. ~ **elements** subversive Elemente *or* Kräfte *pl*. **II** *n* Umstürzler(in *f*) *m*, Subversive(r) *mf*.

subvert [səbˈvɜːt] *vt government* zu stürzen versuchen; *faith, morals etc* untergraben, unterminieren; *person* zum Umsturz anstacheln.

subway [ˈsʌbweɪ] *n* Unterführung *f*; (*for cars also*) Tunnel *m*; (*US Rail*) U-Bahn *f*.

subzero [ˈsʌbˈzɪərəʊ] *adj temperature* unter Null, unter dem Nullpunkt.

succeed [səkˈsiːd] **I** *vi* **1.** (*be successful*) (*person*) erfolgreich sein, Erfolg haben; (*plan etc also*) gelingen. **to** ~ **in business/ in a plan** geschäftlich/mit einem Plan erfolgreich sein; **I** ~**ed in doing it** es gelang mir, es zu tun; **you'll only** ~ **in making things worse** damit erreichst du nur, daß alles noch schlimmer wird; **nothing** ~**s like success** (*prov*) nichts ist so erfolgreich wie der Erfolg; **if at first you don't** ~**(, try, try, try again)** (*Prov*) wirf die Flinte nicht gleich ins Korn (*prov*).

2. (*come next*) **to** ~ **to an office** in einem Amt nachfolgen; **he** ~**ed to his father's position** er wurde (der) Nachfolger seines Vaters; **to** ~ **to the throne** die Thronfolge antreten; **to** ~ **to an estate** einen Besitz erben.

II *vt* (*come after, take the place of*) folgen (+ *dat*), folgen auf (+ *acc*); (*person*

also) Nachfolger(in *f*) *m* werden (+*gen*).
to ~ sb in a post/in office jds Nachfolger werden, jds Stelle (*acc*) übernehmen/jdm im Amt nachfolgen.

succeeding [sək'si:dɪŋ] *adj* folgend. ~ **generations** spätere Generationen *pl*.

success [sək'ses] *n* Erfolg *m*. **without ~** ohne Erfolg, erfolglos; **wishing you every ~ in your exams/new career** mit besten Wünschen für eine erfolgreiche Prüfung/ viel Erfolg im neuen Beruf; **to make a ~ of sth** mit *or* bei etw Erfolg haben, mit *or* bei etw erfolgreich sein; **they made a ~ of their marriage** ihre Ehe war ein Erfolg; **to be a ~ with sb** bei jdm ankommen; **the plan was a ~** der Plan war erfolgreich *or* ein voller Erfolg; **to meet with ~** Erfolg haben, erfolgreich sein; **~ story** Erfolgsstory *f*; (*person*) Erfolg *m*.

successful [sək'sesfʊl] *adj* erfolgreich. **to be ~** erfolgreich sein, Erfolg haben (*in* mit, bei); **to be entirely ~** ein voller Erfolg sein; **I was ~ in doing it** es gelang mir, es zu tun.

successfully [sək'sesfəlɪ] *adv* erfolgreich, mit Erfolg.

succession [sək'seʃ*ə*n] *n* **1.** Folge, Serie *f*; (*with no intervening period*) (Aufeinander)folge, Kette *f*. **a ~ of visitors** eine Kette *or* Serie von Besuchern; **life is a ~ of joys and sorrows** das Leben ist in steter Wechsel von Kummer und Freude; **in ~** nacheinander, hintereinander; **in quick** *or* **rapid ~** in rascher Folge, schnell hintereinander.
2. (*to post*) Nachfolge *f*; (*to throne*) Thronfolge *f*; (*to title, estate*) Erbfolge *f*. **his ~ to the office/title/throne** seine Amtsübernahme/seine Übernahme des Titels/seine Thronbesteigung; **in ~ to sb** als jds Nachfolger(in *f*) *m*; **fourth in ~ to the throne** an vierter Stelle in der Thronfolge.

succession state *n* Nachfolgestaat *m*.

successive [sək'sesɪv] *adj* aufeinanderfolgend *attr*. **4 ~ days** 4 Tage nacheinander *or* hintereinander, 4 aufeinanderfolgende Tage; **he was sacked from 3 ~ jobs** er wurde nacheinander *or* hintereinander aus 3 verschiedenen Stellen hinausgeworfen.

successively [sək'sesɪvlɪ] *adv* nacheinander, hintereinander.

successor [sək'sesə^r] *n* Nachfolger(in *f*) *m* (*to* gen); (*to throne*) Thronfolger(in *f*) *m*.

succinct [sək'sɪŋkt] *adj* knapp, kurz und bündig *pred*.

succinctly [sək'sɪŋktlɪ] *adv* kurz und bündig, in kurzen *or* knappen Worten *or* Zügen; (*write*) in knappem *or* gedrängtem Stil. **as he very ~ put it** wie er so treffend bemerkte.

succinctness [sək'sɪŋktnɪs] *n* Knappheit, Kürze *f*. **with great ~** kurz und bündig, in kurzen Worten; (*write*) in knappem Stil.

succour, (*US*) **succor** ['sʌkə^r] (*liter*) **I** *n* Beistand *m*. **II** *vt* beistehen (+*dat*).

succulence ['sʌkjʊləns] *n* Saftigkeit *f*.

succulent ['sʌkjʊlənt] **I** *adj peach, steak* saftig; (*Bot*) *plant, stem* fleischig. **II** *n* (*Bot*) Fettpflanze *f*.

succumb [sə'kʌm] *vi* erliegen (*to dat*); (*to*

threats) sich beugen (*to dat*).

such [sʌtʃ] **I** *adj* **1.** (*of that kind*) solche(r, s). **~ a person** so *or* solch ein Mensch, ein solcher Mensch; **~ a book** so ein Buch, ein solches Buch; **~ people/ books** solche Leute/ Bücher; **many/few/all ~ people/books** viele/wenige/all solche Leute/Bücher; **~ a thing** so etwas, so was (*inf*); **there's ~ a thing as divorce** es gibt so etwas wie eine Scheidung; **I said no ~ thing** das habe ich nie gesagt; **no ~ thing** nichts dergleichen; **I'll/you'll do no ~ thing** ich werde mich/du wirst dich hüten; **there's no ~ thing as a unicorn** so etwas wie ein Einhorn gibt es nicht; **... or some ~ idea** ... oder so etwas, ... oder so was in der Richtung (*inf*); **... oder so ähnlich; ... or some ~ name/place** ... oder so (ähnlich); **he was ~ a one/just ~ another** er war einer von ihnen/auch (so) einer; **in ~ a case** in einem solchen Fall; **men/books ~ as these, ~ men/books as these** Männer/ Bücher wie diese, solche Männer/Bücher; **writers ~ as Agatha Christie, ~ writers as Agatha Christie** (solche) Schriftsteller wie Agatha Christie; **he's not ~ a fool as you think** er ist nicht so dumm, wie Sie denken; **I'm not ~ a fool as to believe that** *or* **that I'd believe that** ich bin nicht so dumm *or* kein solcher Dummkopf, daß ich das glaube; **only ~ a fool as John would do that** nur (solch) ein Dummkopf wie John würde das tun; **~ people as attended** die(jenigen), die anwesend waren; **I'll give you ~ books/money as I have** was ich an Büchern/Geld habe, gebe ich Ihnen.
2. (*so much, so great etc*) (*with uncountable nouns*) solche(r, s); (*with countable nouns also*) so, solch, derartige(r, s). **he's ~ a liar** er ist so *or* solch ein Lügner, er ist ein derartiger *or* solcher Lügner; **he did it in ~ a way that ...** er machte es so, daß ...; **~ wealth/beauty!** welch (ein) Reichtum/ welche Schönheit!; **he's always in ~ a hurry** er hat es immer so eilig.
3. *pred* **his surprise was ~ that ...**, **~ was his surprise that ...** seine Überraschung war so groß, daß ..., er war so überrascht, daß ...; **his manner was ~ that ...** er benahm sich so, daß ...
4. *see* **such-and-such.**

II *adv* so, solch (*geh*). **it's ~ a long time ago** es ist so lange her.

III *pron* **rabbits and hares and ~** Kaninchen, Hasen und dergleichen; **~ being the case ...** in diesem Fall ...; **~ is not the case** dies ist nicht der Fall; **~ is life!** so ist das Leben!; **as ~** an sich; **~ as?** (wie) zum Beispiel?; **~ as it is, so wie es nun mal ist; the food, ~ as there was of it ...** was an Essen da war, ...

such-and-such ['sʌtʃ*ə*n'sʌtʃ] (*inf*) **I** *adj* **~ a time/town** die und die Zeit/Stadt. **II** *n* so etwas; (*person*) Soundso *m or art*.

suchlike ['sʌtʃlaɪk] (*inf*) **I** *adj* solche. **II** *pron* dergleichen.

suck [sʌk] **I** *n* **to have** *or* **take a ~** (*at straw*) saugen, ziehen (*at an* +*dat*); (*at lemonade etc*) nuckeln (*inf*), ziehen (*at an* +*dat*); (*at lollipop*) lutschen (*at an* +*dat*).
II *vt* saugen; *breast, straw* saugen an (+ *dat*); *sweet, pastille* lutschen; *lollipop* lut-

schen an (+*dat*); *thumb* lutschen *or* nukkeln (*inf*) an (+*dat*). **to ~ the juice out of or from sth** den Saft aus etw heraussaugen; **to ~ sb dry** (*fig*) jdn bis aufs Blut aussaugen; **don't teach your grandmother to ~ eggs** (*prov*) da will das Ei wieder klüger sein als die Henne (*prov*).

III *vi* (*at* an +*dat*) saugen; (*at bottle also, at dummy*) nuckeln (*inf*); (*at lollipop*) lutschen (*at thumb*) lutschen, nuckeln (*inf*); (*at pipe, at straw, through straw*) ziehen. **he always makes a ~ing noise when he eats his soup** er schlürft seine Suppe immer.

◆**suck down** *vt sep* hinunterziehen.

◆**suck in** *vt sep* liquid, dust aufsaugen; air (*ventilator*) ansaugen; (*person*) in tiefen Zügen einatmen; *cheeks* einziehen; (*fig*) knowledge, facts (in sich *acc*) aufsaugen.

◆**suck off** *vt sep* (*vulg*) **to ~ sb ~** jdm einen (ab)lutschen (*vulg*).

◆**suck under** *vt sep* hinunterziehen; (*completely*) verschlingen.

◆**suck up I** *vt sep* liquid, dust aufsaugen. **the child ~ed ~ his milk** das Kind trank seine Milch (mit einem Strohhalm) aus. **II** *vi* (*inf*) **to ~ ~ to sb** jdm schöntun (*inf*).

sucker [ˈsʌkəʳ] *n* **1.** (*rubber ~, Zool*) Saugnapf *m*; (*Bot*) unterirdischer Ausläufer; (*on creeper*) Häkchen *nt*.

2. (*US inf: lollipop*) Lutscher *m*. **all-day ~** Dauerlutscher *m*.

3. (*sl: fool*) Trottel m (*inf*). **to be a ~ for sth** (immer) auf etw (*acc*) hereinfallen; **to be had for a ~** zum Narren gehalten werden; **he's looking for some ~ who'll lend him £20** er sucht einen Dummen, der ihm £ 20 leiht.

sucking-pig [ˈsʌkɪŋˌpɪg] *n* Spanferkel *nt*.

suckle [ˈsʌkl] **I** *vt* child stillen; *animal* säugen. **II** *vi* saugen, trinken.

suckling [ˈsʌklɪŋ] *n* (*old*) Säugling *m*; (*animal*) Jungtier *nt*. **out of the mouths of babes and ~s** (*Bibl*) aus dem Mund von Kindern und Säuglingen; (*fig*) Kindermund tut Wahrheit kund (*Prov*).

sucrose [ˈsuːkrəʊz] *n* Saccharose *f*, pflanzlicher Zucker.

suction [ˈsʌkʃən] *n* Saugwirkung *f*; (*caused by air or water currents*) Sog *m*. **~-pump** Saugpumpe *f*.

Sudan [suˈdɑːn] *n* (the) ~ der Sudan.

Sudanese [ˌsuːdəˈniːz] **I** *adj* sudanesisch, sudanisch. **II** *n* Sudanese *m*, Sudanesin *f*, Sudaner(in *f*) *m*.

sudden [ˈsʌdn] **I** *adj* plötzlich; *movement also* jäh, abrupt; *drop, silence also* jäh; (*unexpected*) bend, change of direction unerwartet. **~ death (play-off)** Stich- *or* Entscheidungskampf *m*; (*Ftbl*) Elfmeterschießen *nt*.

II *n* **all of a ~** (ganz) plötzlich, urplötzlich (*inf*).

suddenly [ˈsʌdnlɪ] *adv* plötzlich; *move also* jäh, abrupt.

suddenness [ˈsʌdnɪs] *n* Plötzlichkeit *f*; (*of movement also*) Jäheit, Abruptheit *f*.

suds [sʌdz] *npl* Seifenwasser *nt or* -lauge *f*; (*lather*) (Seifen)schaum *m*; (*US sl: beer*) Bier *nt*.

sue [suː] **I** *vt* **1.** (*Jur*) verklagen, (gerichtlich) belangen. **to ~ sb for sth** jdn auf etw (*acc*) *or* wegen etw verklagen; **to ~ sb for divorce** gegen jdn die Scheidung einreichen; **to ~ sb for damages** jdn auf Schadenersatz verklagen.

2. (*liter: ask*) bitten, anflehen (*for* um).

II *vi* **1.** (*Jur*) klagen, einen Prozeß anstrengen, Klage erheben. **to ~ for divorce** die Scheidung einreichen.

2. (*liter*) **to ~ for peace/mercy** um Frieden/Gnade bitten.

suede [sweɪd] **I** *n* Wildleder *nt*; (*soft, fine also*) Veloursleder *nt*. **II** *adj* shoes, boots Wildleder-, aus Wildleder; (*of finer quality*) gloves, coat etc also Veloursleder-, aus Veloursleder.

suet [ˈsʊɪt] *n* Nierenfett *nt*, Nierentalg *m*.

Suez [ˈsuːɪz] *n* Sues, Suez *nt*. **~ Canal** Sueskanal, Suezkanal *m*.

Suff *abbr of* **Suffolk**.

suffer [ˈsʌfəʳ] **I** *vt* **1.** (*undergo, be subjected to*) pain, loss, setback erleiden; *hardship also, hunger* leiden; *headache, stress, effects etc* leiden unter *or* an (+*dat*); *shock* haben. **to ~ defeat** eine Niederlage erleiden; **the pound ~ed further losses** das Pfund mußte weitere Einbußen hinnehmen.

2. (*tolerate*) dulden, ertragen. **he doesn't ~ fools gladly** Dummheit ist ihm ein Greuel.

3. (*liter: allow*) zulassen, dulden. **to ~ sth to be done** zulassen *or* dulden, daß etw geschieht; **~ the little children to come unto me** (*Bibl*) lasset die Kindlein zu mir kommen (*Bibl*).

II *vi* (*physically, mentally, fig*) leiden (*from* unter +*dat, from illness* an +*dat*); (*as punishment, in hell etc*) büßen. **he's still ~ing from the effects** er leidet immer noch an *or* unter den Folgen; **he was ~ing from shock** er hatte einen Schock (erlitten); **your health/work will ~** deine Gesundheit/Arbeit wird darunter leiden; **the runners are clearly ~ing in this heat** die Hitze macht den Läufern sichtlich zu schaffen; **how I ~ed!** was ich alles durchgemacht habe!; **you'll ~ for this!** das wirst du büßen!; **we will see that you don't ~ by the changes** wir werden zusehen, daß Ihnen aus den Umstellungen keine Nachteile entstehen.

sufferance [ˈsʌfərəns] *n* Duldung *f*. **on ~** (nur *or* stillschweigend) geduldet.

sufferer [ˈsʌfərəʳ] *n* (*Med*) Leidende(r) *mf* (*from* an +*dat*). **diabetes ~s** Diabeteskranke, an Diabetes Leidende *pl*; **he's been a ~ from arthritis for several years** er leidet seit mehreren Jahren an Arthritis; **my fellow ~s at the concert** meine Leidensgenossen bei dem Konzert.

suffering [ˈsʌfərɪŋ] *n* Leiden *nt*; (*hardship, deprivation*) Leid *nt no pl*.

suffice [səˈfaɪs] (*form*) **I** *vi* genügen, (aus)reichen. **II** *vt* genügen (+*dat*) (*geh*); *sb also* zufriedenstellen. **~ it to say ...** es reicht wohl, wenn ich sage, ...

sufficiency [səˈfɪʃənsɪ] *n* (*adequacy*) Hinlänglichkeit *f*. **to have a ~** genügend haben.

sufficient [səˈfɪʃənt] *adj* genügend, ausreichend, genug *inv*; *maturity, temperature* genügend *attr*, ausreichend; *reason, condition, explanation, translation* hinreichend. **is that ~ reason for his dismissal?** ist das Grund genug *or* ein ausreichender Grund, ihn zu entlassen?; **to be ~** genügen, ausreichen, genug sein.

sufficiently [sə'fɪʃəntlɪ] *adv* genug. **~ good/ warm** *etc* gut/ warm *etc* genug *pred*, genügend *or* ausreichend gut/warm *etc*; **a ~ large number** eine ausreichend große Anzahl; **it's not ~ cooked** es ist nicht gar.

suffix ['sʌfɪks] **I** *n* (*Ling*) Suffix *nt*, Nachsilbe *f*; (*in code etc*) Zusatz *m*. **II** *vt* anfügen, anhängen (*to an* +*acc*).

suffocate ['sʌfəkeɪt] *vti* (*lit, fig*) ersticken. **this existence/he is suffocating me** dieses Leben/er erdrückt mich; **he felt ~d in that environment** er hatte das Gefühl, in dieser Umgebung zu ersticken; **he was ~d by the smoke** er erstickte am Rauch.

suffocating ['sʌfəkeɪtɪŋ] *adj* (*lit*) erstickend *attr*; (*fig also*) erdrückend *attr*; *heat* drückend *attr*, brütend *attr*.

suffocation [ˌsʌfə'keɪʃən] *n* (*lit, fig*) Ersticken *nt*.

suffrage ['sʌfrɪdʒ] *n* Wahl- *or* Stimmrecht *nt*; (*form: vote*) Stimme *f*. **universal ~** das allgemeine Wahlrecht; **female ~** das Frauenstimmrecht.

suffragette [ˌsʌfrə'dʒet] *n* Suffragette *f*.

suffuse [sə'fjuːz] *vt* erfüllen; (*light*) durchfluten. **~d with light** in Licht getaucht, lichtdurchflutet (*geh*); **eyes ~d with tears** Augen voller Tränen, tränenerfüllte Augen; **a blush ~d her face** Schamröte *or* (eine) Röte überzog ihr Gesicht.

sugar ['ʃʊgə'] **I** *n* **1.** Zucker *m*. **2.** (*inf: term of affection*) (meine) Süße, (mein) Süßer *m*, Schätzchen *nt* (*all inf*). **II** *vt* zuckern, süßen; (*fig*) *criticism etc* mildern.

sugar *in cpds* Zucker-; **sugar beet** *n* Zuckerrübe *f*; **sugar bowl** *n* Zuckerdose *f*; **sugar candy** *n* Kandis(zucker) *m*; (*US: sweet*) Bonbon *nt or m*; **sugar cane** *n* Zuckerrohr *nt*; **sugar-coated** *adj* mit Zucker überzogen; **sugar-daddy** *n* (*inf*) **she's looking for a ~** sie sucht einen alten Knacker, der sie aushält (*inf*); **sugar diabetes** *n* Zuckerkrankheit *f*, Diabetes *m* (*spec*), Zucker *m* (*inf*).

sugared ['ʃʊgəd] *adj* gezuckert; *almonds* Zucker-; *words* (honig)süß.

sugar loaf *n* Zuckerhut *m*; **sugar maple** *n* Zuckerahorn *m*; **sugarplum** *n* Bonbon *nt or m*, Süßigkeit *f*.

sugary ['ʃʊgərɪ] *adj taste* süß; (*full of sugar*) zuckerig; (*fig*) süßlich.

suggest [sə'dʒest] **I** *vt* **1.** (*propose*) *candidate, place etc* vorschlagen; *plan, idea also* anregen. **I ~ that we go, I ~ going** ich schlage vor, zu gehen *or* (daß) wir gehen; **what do you ~ we do?** was schlagen Sie vor?; **are you ~ing I should tell a deliberate lie?** soll das heißen, daß ich bewußt lügen soll?

2. (*put forward for consideration*) *explanation, theory* nahelegen, vorbringen. **I ~ (to you) that ...** (*esp Jur*) ich möchte (Ihnen) nahelegen, daß ...

3. (*insinuate, hint at*) andeuten; (*unpleasantly*) unterstellen. **what are you try-**

ing to ~? worauf wollen Sie hinaus?, was wollen Sie damit sagen?; **I'm not trying to ~ that he's lying** ich will damit nicht unterstellen *or* sagen, daß er lügt.

4. (*indicate: facts, data, sb's action*) andeuten, hindeuten auf (+*acc*); (*evoke*) (*music, poem*) denken lassen an (+*acc*); (*symbolism, colours*) andeuten.

5. (*Psych*) **to ~ sth to sb** jdm etw suggerieren.

II *vr* (*idea, thought, plan*) sich aufdrängen, sich anbieten, naheliegen.

suggestibility [səˌdʒestɪ'bɪlɪtɪ] *n* Beeinflußbarkeit *f*.

suggestible [sə'dʒestɪbl] *adj person* beeinflußbar.

suggestion [sə'dʒestʃən] *n* **1.** (*proposal, recommendation*) Vorschlag *m*, Anregung *f*. **my ~ is that ...** mein Vorschlag lautet ..., ich schlage vor, daß ...; **following your ~** auf Ihren Vorschlag *or* Ihre Anregung hin; **Rome was your ~** Rom war deine Idee; **John was his ~ as candidate** er schlug John als Kandidaten vor; **I'm open to ~s** Vorschläge sind *or* jeder Vorschlag ist willkommen.

2. (*theory, explanation*) Vermutung *f*. **he made the ~ that ...** er äußerte die Vermutung, daß ...

3. (*insinuation, hint*) Andeutung, Anspielung *f*; (*unpleasant*) Unterstellung *f*. **I resent that ~** ich weise diese Unterstellung zurück; **I intended no ~ that ...** ich wollte damit nicht andeuten *or* unterstellen, daß ...; **there is no ~ that he was involved** (*nobody is suggesting it*) niemand deutet an *or* unterstellt, daß er beteiligt war; (*no indication*) es gibt keinen Hinweis darauf *or* Anhaltspunkt dafür, daß er beteiligt war.

4. (*trace*) Spur *f*. **with a ~ of irony in his voice** mit einer Spur *or* einem Anflug von Ironie in der Stimme.

5. (*impression*) Eindruck *m*, Vorstellung *f*.

6. (*also* **indecent ~**) unsittlicher Antrag.

7. (*Psych*) Suggestion *f*.

suggestions-box [sə'dʒestʃənzˌbɒks] *n* Kasten *m* für Verbesserungsvorschläge.

suggestive [sə'dʒestɪv] *adj* **1. to be ~ of sth** an etw (*acc*) denken lassen; (*create impression of*) den Eindruck von etw erwecken *or* vermitteln; (*be indicative of*) auf etw (*acc*) hindeuten.

2. (*Psych*) suggestiv, Suggestiv-.

3. (*indecent*) *joke, remark etc* zweideutig, anzüglich; *movements, gesture* aufreizend.

suggestively [sə'dʒestɪvlɪ] *adv* vielsagend, anzüglich; *move, dance* aufreizend.

suggestiveness [sə'dʒestɪvnɪs] *n* Zweideutigkeit, Anzüglichkeit *f*. **the ~ of her dancing** ihr aufreizendes Tanzen.

suicidal [ˌsʊɪ'saɪdl] *adj* selbstmörderisch. **that would be ~** das wäre glatter Selbstmord; **to have ~ tendencies** zum Selbstmord neigen; **I feel ~ this morning** ich möchte heute morgen am liebsten sterben.

suicide ['sʊɪsaɪd] *n* Selbstmord, Freitod (*euph*), Suizid (*spec*) *m*; (*person*) Selbstmörder(in f), Suizidär(in f) (spec) m. **to commit** ~ Selbstmord begehen; **to contemplate** ~ sich mit Selbstmordgedanken tragen; ~ **attempt** or **bid** Selbstmordversuch m; ~ **pact** Selbstmordabkommen nt; ~ **squad** Selbstmorddezernat nt.

sui generis [ˌsuːaɪˈdʒenərɪs] adj sui generis (geh), einzig(artig).

suit [suːt] **I** n **1.** Anzug m; (woman's) Kostüm nt. ~ **of clothes** Garnitur f (Kleider); ~ **of armour** Rüstung f.

2. (Jur) Prozeß m, Verfahren nt. **to bring a** ~ **(against sb for sth)** (wegen etw gegen jdn) Klage erheben or einen Prozeß anstrengen.

3. (Cards) Farbe f. **short** ~ kurze Farbe; **long/strong** ~ lange/starke Farbe; (fig) starke Seite, Stärke f; **to follow** ~ (lit) Farbe bedienen; (fig) jds Beispiel (dat) folgen.

4. (old, liter: in marriage) Werbung f.

5. (form: request) Anliegen nt (form), Bitte f. **to press one's** ~ seinem Anliegen or seiner Bitte Nachdruck verleihen.

II vt **1.** (be convenient, pleasing to) (arrangement, date, price) passen (+dat); (climate, food) bekommen (+dat); (occupation, job) gefallen (+dat). ~**s me!** (inf) ist mir recht (inf), mir soll's recht sein (inf); **that** ~**s me fine!** (inf) das ist mir recht; **that would** ~ **me nicely** (time, arrangement) das würde mir gut (in den Kram inf) passen; (house, job etc) das wäre genau das richtige für mich.

2. (be suitable, right for) geeignet sein für. **he is very well** ~**ed to the job** er eignet sich sehr gut für die Stelle; **he is not** ~**ed to be** or **for a doctor** er eignet sich nicht zum Arzt; **they are well** ~**ed (to each other)** sie passen gut zusammen.

3. (clothes, hairstyle) (gut) stehen (+dat), passen zu. **you** ~ **a beard** ein Bart steht dir gut; **such behaviour hardly** ~**s you** so ein Benehmen steht dir nicht an.

4. (adapt) anpassen (to dat). **he makes the music** ~ **the mood of the poem** er stimmt die Musik auf die Stimmung des Gedichts ab.

5. (please) gefallen (+dat), zufriedenstellen. **you can't** ~ **everybody** man kann es nicht jedem recht machen; **we try to** ~ **every taste** wir versuchen, etwas für jeden Geschmack zu finden.

III vr **he** ~**s himself** er tut, was er will or was ihm paßt; ~ **yourself!** wie du willst!, mach, was du willst!; **I like to be able to** ~ **myself** ich möchte gern tun und lassen können, was ich will.

IV vi (be suitable) passen.

suitability [ˌsuːtəˈbɪlɪtɪ] n Angemessenheit f; (of person for job) Eignung f. **they discussed his** ~ **as a husband for their daughter** sie diskutierten darüber, ob er sich als Ehemann für ihre Tochter eignete; **the** ~ **of a film for children** ob ein Film für Kinder geeignet ist.

suitable [ˈsuːtəbl] adj geeignet, passend; (socially, culturally appropriate to the occasion) angemessen. **to be** ~ **for sb** (date, place) jdm passen; (film, job) für jdn geeignet sein; (hairstyle, clothes) das richtige für jdn sein; **to be** ~ **for sth** für etw

geeignet sein, sich für etw eignen; (socially appropriate) einer Sache (dat) angemessen sein; **the most** ~ **man for the job** der am besten geeignete Mann für den Posten; **would** ~ **8 o'clock be a** ~ **time?** würde Ihnen etc 8 Uhr passen?, wäre Ihnen etc 8 Uhr recht?; **Tuesday is the most** ~ **day** Dienstag ist der günstigste or beste Tag; **she's not** ~ **for him** sie paßt nicht zu ihm; **she's not a** ~ **person to have care of children** sie eignet sich nicht zur Betreuung von Kindern.

suitably [ˈsuːtəblɪ] adv angemessen; behave also, apologize geziemend (geh), wie es sich gehört. **he was** ~ **impressed** er war geziemend beeindruckt; **a** ~ **elegant room** ein Raum von angemessener Eleganz.

suitcase [ˈsuːtˌkeɪs] n Koffer m. **to live out of a** ~ aus dem Koffer leben.

suite [swiːt] n (of retainers) Gefolge nt; (of furniture) Garnitur f; (chairs and sofa) Sitzgarnitur f; (of rooms) Suite, Zimmerflucht f; (Mus) Suite f. **bedroom** ~ Schlafzimmergarnitur or -einrichtung f.

suiting [ˈsuːtɪŋ] n (fabric) Anzugstoff m.

suitor [ˈsuːtəʳ] n **1.** (old: of woman) Freier m (old). **2.** (Jur) Kläger(in f) m.

sulfa etc (US) see **sulpha** etc.

sulk [sʌlk] **I** vi schmollen, eingeschnappt sein, beleidigt sein. **II** n Schmollen nt. **to have a** ~/**the** ~**s** schmollen; **to go into a** ~ einschnappen.

sulkily [ˈsʌlkɪlɪ] adv see adj.

sulkiness [ˈsʌlkɪnɪs] n Schmollen nt. **the** ~ **of his expression** sein eingeschnappter or schmollender Gesichtsausdruck.

sulky¹ [ˈsʌlkɪ] adj (+er) answer eingeschnappt, beleidigt; person, expression also schmollend.

sulky² n (Sport) Sulky nt.

sullen [ˈsʌlən] adj **1.** (morose) mürrisch, mißmutig, verdrießlich. **2.** (liter) landscape, sky etc düster, finster.

sullenly [ˈsʌlənlɪ] adv see adj **1.**

sullenness [ˈsʌlənnɪs] n see adj **1.** Mißmutigkeit, Verdrießlichkeit f. **2.** (liter) Düsterkeit f.

sully [ˈsʌlɪ] vt reputation besudeln.

sulpha, (US) **sulfa** [ˈsʌlfə] adj ~ **drug** Sulfonamid nt.

sulphate, (US) **sulfate** [ˈsʌlfeɪt] n Sulfat nt, schwefelsaures Salz. **copper** ~ Kupfersulfat or -vitriol nt.

sulphide, (US) **sulfide** [ˈsʌlfaɪd] n Sulfid nt.

sulphite, (US) **sulfite** [ˈsʌlfaɪt] n Sulfit nt.

sulphonamide, (US) **sulfonamide** [sʌlˈfɒnəmaɪd] n Sulfonamid nt.

sulphur, (US) **sulfur** [ˈsʌlfəʳ] n (abbr S) Schwefel m. ~ **dioxide** Schwefeldioxid nt.

sulphureous, (US) **sulfureous** [sʌlˈfjʊərɪəs] adj see **sulphurous**.

sulphuretted, (US) **sulfuretted** [ˈsʌlfjʊˌretɪd] adj geschwefelt. ~ **hydrogen** Schwefelwasserstoff m.

sulphuric, (US) **sulfuric** [sʌlˈfjʊərɪk] adj Schwefel-. ~ **acid** Schwefelsäure f.

sulphurize, (US) **sulfurize** [ˈsʌlfjʊˌraɪz] vt schwefeln.

sulphurous, (US) **sulfurous** [ˈsʌlfərəs] adj schwefelig, Schwefel-, schwefelhaltig. ~ **acid** schwefelige Säure.

sultan [ˈsʌltən] n Sultan m.

sultana [sʌlˈtɑːnə] *n* **1.** (*person*) Sultanin *f*.
2. (*fruit*) Sultanine *f*.
sultanate [ˈsʌltənɪt] *n* Sultanat *nt*.
sultriness [ˈsʌltrɪnɪs] *n* (*lit*) Schwüle *f*; (*fig*)
Heißblütigkeit *f*; (*of look*) Glut *f*.
sultry [ˈsʌltrɪ] *adj* *weather, atmosphere*
schwül; *woman* heißblütig, temperament-
voll; *beauty, look* glutvoll, schwül (*liter*).
sum [sʌm] *n* **1.** (*total*) Summe *f*. **that was the
~ (total) of his achievements** das war alles,
was er geschafft hatte.
2. (*of money*) Betrag *m*, Summe *f*.
3. (*esp Brit: calculation*) Rechenauf-
gabe *f*. **to do ~s (in one's head)** (im Kopf)
rechnen; **I was bad at ~s** ich war schlecht
im Rechnen.
4. (*essence*) **in ~** mit einem Wort,
zusammengefaßt.
◆**sum up** *vt sep* **1.** (*review, summarize*)
zusammenfassen.
2. (*evaluate rapidly*) ab- *or* einschätzen,
taxieren. **she ~med me ~ at a glance** sie
taxierte mich mit einem Blick.
II *vi* (*also Jur*) zusammenfassen,
resümieren. **to ~ ~ , we can say that ...**
zusammenfassend *or* als Resümee kön-
nen wir feststellen, daß ...; **the judge
hasn't ~med ~ yet** der Richter hat sein
Resümee noch nicht gegeben.
sumac(h) [ˈsuːmæk] *n* Sumach, Gerber-
strauch *m*; (*preparation*) Schmack *m*.
Sumatra [suːˈmɑːtrə] *n* Sumatra *nt*.
Sumatran [suːˈmɑːtrən] **I** *adj* von/aus
Sumatra. **II** *n* Bewohner(in *f*) *m* von
Sumatra.
Sumerian [suːˈmɪərɪən] **I** *adj* sumerisch.
II *n* Sumerer(in *f*) *m*; (*language*)
Sumerisch *nt*.
summarily [ˈsʌmərɪlɪ] *adv* (*briefly*) knapp,
kurzgefaßt; (*fast, without ceremony*) ohne
viel Federlesen(s); (*Jur*) *punish, try* sum-
marisch; *read* flüchtig, kursorisch (*geh*).
summarize [ˈsʌməraɪz] *vt* zusammen-
fassen.
summary [ˈsʌmərɪ] **I** *n* Zusammenfassung
f; (*Sci also*) Abriß *m*. **~ of contents** In-
haltsangabe *f*.
II *adj* **1.** (*brief*) *account* knapp,
gedrängt, kurzgefaßt.
2. (*fast, without ceremony*) *treatment*
kurz, knapp; *perusal* flüchtig; (*Jur*) *trial,
punishment* summarisch; *dismissal* frist-
los. **the court dealt out ~ justice** das
Gericht sprach Recht im Schnellverfah-
ren; **~ offence** (*Jur*) ≈ Übertretung *f*.
summation [sʌˈmeɪʃən] *n* (*act*) Addition *f*;
(*total*) Summe *f*; (*summary*) Zusammen-
fassung *f*; (*US Jur*) Plädoyers *pl*. **in ~**
zusammenfassend.
summer [ˈsʌməʳ] **I** *n* Sommer *m*. **in (the) ~**
im Sommer; **two ~s ago** im Sommer vor
zwei Jahren; **a ~'s day** ein Sommertag *m*.
II *adj attr* Sommer-. **~ resort** Ferien- *or*
Urlaubsort *m* (für die Sommersaison).
III *vi* den Sommer verbringen; (*birds
also*) übersommern.
summerhouse [ˈsʌməhaʊs] *n* Gartenhaus
nt, (Garten)laube *f*.
summersault *n, vi* see **somersault**.
summertime [ˈsʌmətaɪm] *n* Sommer(zeit
f) *m*; (*daylight-saving time*) Sommerzeit
f; **summerweight** *adj suit* Sommer-.

summery [ˈsʌmərɪ] *adj* sommerlich.
summing-up [ˈsʌmɪŋˈʌp] *n* (*Jur*) Resümee
nt.
summit [ˈsʌmɪt] **I** *n* (*lit*) Gipfel *m*; (*fig also*)
Höhepunkt *m*; (**~ conference**) Gipfel-
(konferenz *f*) *m*. **II** *adj attr* Gipfel-.
summon [ˈsʌmən] *vt* **1.** *servant etc* (herbei)-
rufen, kommen lassen, herbeizitieren;
police, fire brigade etc (herbei)rufen; *help*
holen; *meeting, Parliament* einberufen. **to
~ sb to do sth** (*order*) jdn auffordern, etw
zu tun; **the King ~ed his ministers** der
König rief seine Minister zusammen; **to be
~ed into sb's presence** zu jdm befohlen
or zitiert (*iro*) werden; **a bell ~ed
them to their work** eine Glocke rief sie
zur Arbeit.
2. (*Jur*) vorladen. **~ the next wit-
ness!** rufen Sie den nächsten Zeugen
(auf)!
◆**summon up** *vt sep courage* zusammen-
nehmen; *strength* aufbieten; *enthusiasm,
energy* aufbieten, aufbringen. **~ing ~ all
his strength he lifted it up** unter Auf-
bietung aller Kräfte hob er es hoch.
summons [ˈsʌmənz] **I** *n* **1.** (*Jur*) Vorladung
f. **to take out a ~ against sb** jdn vorladen
lassen, vor ein Gericht laden.
2. (*order to appear etc*) Aufruf *m*, Auf-
forderung *f*. **he received a ~ from the boss**
er wurde zum Chef gerufen.
II *vt* (*Jur*) vorladen.
sump [sʌmp] *n* (*Brit Aut*) Ölwanne *f*; (*Min*)
Sumpf *m*.
sumptuary [ˈsʌmptjʊərɪ] *adj* *law*
Aufwands-, Luxus-.
sumptuous [ˈsʌmptjʊəs] *adj* (*splendid*)
luxuriös; (*costly*) aufwendig, kostspielig;
food etc üppig, verschwenderisch.
sumptuously [ˈsʌmptjʊəslɪ] *adv see adj*.
sumptuousness [ˈsʌmptjʊəsnɪs] *n see adj*
Luxus *m*; Aufwand *m*, Kostspieligkeit *f*;
Üppigkeit *f*.
Sun *abbr of* **Sunday** So.
sun [sʌn] **I** *n* Sonne *f*. **I've got the ~ in my
eyes** die Sonne scheint mir in die Augen *or*
blendet mich; **he was up with the ~** er
stand in aller Frühe auf; **to have a touch of
the ~** einen Sonnenstich haben (*also fig*);
you've caught the ~ dich hat die Sonne
erwischt; **he's tried everything under the
~** er hat alles Menschenmögliche ver-
sucht; **nothing under the ~ would help
him** nichts auf Erden konnte ihm helfen;
nobody under the ~ would agree to that
kein Mensch würde dem zustimmen; **a
place in the ~** (*fig*) ein Platz an der Sonne;
there's nothing new under the ~ (*Prov*) es
ist alles schon einmal dagewesen (*prov*).
II *vt* der Sonne aussetzen.
III *vr* sich sonnen.
sun-baked [ˈsʌnbeɪkt] *adj* ausgedörrt; **sun
bath** *n* Sonnenbad *nt*; **sunbathe** *vi* in der
Sonne liegen, sonnenbaden; **sunbather** *n*
Sonnenanbeter(in *f*) *m* (*hum*); **all the ~s
in the park** all die Leute, die sich im Park
sonnen *or* die im Park in der Sonne liegen;
sunbathing *n* Sonnenbaden *nt*; **sun-
beam** *n* Sonnenstrahl *m*; **sun blind** *n*
(*awning*) Markise *f*; (*venetian blind*)
Jalousie *f*; **sunburn** *n* Bräune *f*; (*painful*)
Sonnenbrand *m*; **sunburnt** *adj* son-

nengebräunt, sonnenverbrannt; *(painfully)* von der Sonne verbrannt; **to get** ~ braun werden; (einen) Sonnenbrand bekommen; **sunburst** *n* 1. *(US)* plötzlicher Sonnenschein; 2. *(pattern)* Sonnenrad *nt.*

sundae ['sʌndeɪ] *n* Eisbecher *m.*

Sunday ['sʌndɪ] I *n* Sonntag *m.* **a month of** ~**s** *(inf)* ewig (lange), eine Ewigkeit; **never in a month of** ~**s** *(inf)* nie im Leben; *see also* **Tuesday.**

II *adj attr* Sonntags-. ~ **best** Sonntagskleider *pl*, Sonntagsstaat *m (old, hum);* ~ **school** Sonntagsschule *f;* ~ **driver** Sonntagsfahrer(in *f*) *m.*

sun deck *n* Sonnendeck *nt.*

sunder ['sʌndəʳ] *(liter)* I *vt* brechen; *chains* sprengen; *(fig)* connection abbrechen. II *vi* brechen; *(fig)* sich trennen.

sundew ['sʌndjuː] *n (Bot)* Sonnentau *m;* **sundial** *n* Sonnenuhr *f;* **sundown** *n* Sonnenuntergang *m;* **at/before** ~ bei/vor Sonnenuntergang; **sundowner** *n* 1. *(Austral inf: tramp)* Penner *(inf)*, Vagabund *m;* 2. *(drink)* Abendtrunk *m;* **sundress** *n* leichtes Sonnenkleid.

sundry ['sʌndrɪ] I *adj* verschiedene. II *pron* **all and** ~ jedermann. III *n* **sundries** *pl* Verschiedenes *(+sing vb).*

sunfast ['sʌnfɑːst] *adj (esp US)* lichtecht; **sunflower** *n* Sonnenblume *f.*

sung [sʌŋ] *ptp of* **sing.**

sunglasses ['sʌnˌɡlɑːsɪz] *npl* Sonnenbrille *f;* **sun-god** *n* Sonnengott *m;* **sun hat** *n* Sonnenhut *m.*

sunk [sʌŋk] *ptp of* **sink¹.**

sunken ['sʌŋkən] *adj wreck, ship* gesunken, versunken; *treasure* versenkt; *garden* tiefliegend *attr; bath* eingelassen; *cheeks* eingefallen, hohl; *eyes* eingesunken.

sun lamp *n* Höhensonne *f;* **sunless** *adj garden* ohne Sonne; *room also* dunkel; *day also* trübe; **sunlight** *n* Sonnenlicht *nt;* **in the** ~ in der Sonne, im Sonnenlicht; **sunlit** *adj room* sonnig; *fields etc also* sonnenbeschienen; **sun lounge** *n* Wintergarten *m,* Glasveranda *f.*

sunnily ['sʌnɪlɪ] *adv* heiter; *smile also* sonnig.

sunny ['sʌnɪ] *adj (+er) place, room, day etc* sonnig; *(fig) smile, disposition also,* answer, face* heiter. ~ **intervals** *(Met)* Aufheiterungen *pl;* **on the** ~ **side of the house** auf der Sonnenseite (des Hauses); ~**-side up** nur auf einer Seite gebraten; **the outlook is** ~ *(Met)* die Wetteraussichten sind gut; *(fig)* die Aussichten sind rosig; **to look on the** ~ **side (of things)** die Dinge von der angenehmen Seite nehmen; **to be on the** ~ **side of forty** noch nicht vierzig sein.

sun parlor *n (US)* Wintergarten *m,* Glasveranda *f;* **sun porch** *n* Veranda *f;* **sunray** I *n* Sonnenstrahl *m;* II *adj attr* ~ **lamp** Höhensonne *f;* ~ **treatment** Ultraviolett-/Infrarot(strahlen)behandlung *f;* **sunrise** *n* Sonnenaufgang *m;* **at** ~ bei Sonnenaufgang; **sunroof** *n (of car)* Schiebedach *nt;* *(of hotel etc)* Sonnenterrasse *f;* **sunset** *n* Sonnenuntergang *m;* **at** ~ bei Sonnenuntergang; **sunshade** *n (lady's, over table)* Sonnenschirm *m; (awning)* Markise, Sonnenblende *f;* **sunshine** *n* 1. Sonnenschein

m; **hours of** ~ Sonnenstunden *pl;* **a daily average of 5 hours'** ~ durchschnittlich 5 Stunden Sonne täglich; 2. *(inf: person)* mein Lieber, meine Liebe; **sunshine roof** *n* Schiebedach *nt;* **sunstroke** *n* Sonnenstich *m;* **to get** ~ einen Sonnenstich bekommen; **suntan** *n* Sonnenbräune *f;* **to get a** ~ braun werden; ~ **lotion/oil** Sonnenöl *nt;* **suntanned** *adj* braungebrannt; **suntrap** *n* sonniges Eckchen; **sun-up** *n* Sonnenaufgang *m;* **at** ~ bei Sonnenaufgang.

sup [sʌp] I *vt (esp N Engl, Scot)* trinken. II *vi (old: dine)* zu Abend essen. III *n (drink)* Schluck *m.*

◆**sup up** *vti sep (esp N Engl, Scot)* austrinken.

super¹ ['suːpəʳ] *adj (inf)* phantastisch, sagenhaft, klasse *inv (inf).*

super² *n* 1. *(inf: abbr of* **superintendent***)* Aufseher(in *f*) *m;* *(of police)* ≃ Kommissar(in *f*) *m.* 2. *(Theat, Film: abbr of* **supernumerary** *)* Statist(in *f*) *m.*

super- *pref* super-, Super-.

superable ['suːpərəbl] *adj* überwindbar.

superabundance [ˌsuːpərə'bʌndəns] *n (of* an +dat*)* großer Reichtum; *(excessive amount)* Überfluß, Überschuß *m; (of enthusiasm)* Überschwang *m.*

superabundant [ˌsuːpərə'bʌndənt] *adj* überreichlich; *enthusiasm* überströmend.

superannuate [ˌsuːpə'rænjʊeɪt] *vt* pensionieren, in den Ruhestand versetzen.

superannuated [ˌsuːpə'rænjʊeɪtɪd] *adj* pensioniert, im Ruhestand; *(fig inf)* veraltet, überholt.

superannuation [ˌsuːpəˌrænjʊ'eɪʃən] *n (act)* Pensionierung *f,* *(state)* Pension *f,* Ruhestand *m; (pension)* Rente *f; (for civil servants, teachers)* Ruhegehalt *nt (form).* ~ **contribution** Beitrag *m* zur Altersversicherung.

superb [suː'pɜːb] *adj* großartig; *engineering, design, painting also* meisterhaft; *quality, food also* vorzüglich.

superbly [suː'pɜːblɪ] *adv see adj.* ~ **fit/self-confident** ungemein fit/selbstbewußt.

superbness [suː'pɜːbnɪs] *n see adj* Großartigkeit *f;* Vorzüglichkeit *f.*

supercargo ['suːpəˌkɑːɡəʊ] *n, pl* ~**es** Frachtaufseher *m.*

supercharged ['suːpəˌtʃɑːdʒd] *adj gas* vorverdichtet; *engine* aufgeladen; *(fig) atmosphere* gereizt.

supercharger ['suːpəˌtʃɑːdʒəʳ] *n* Lader *m.*

supercilious *adj,* ~**ly** *adv* [ˌsuːpə'sɪlɪəs, -lɪ] hochnäsig.

superciliousness [ˌsuːpə'sɪlɪəsnɪs] *n* Hochnäsigkeit *f.*

supercool [ˌsuːpə'kuːl] *vt* unterkühlen.

super-duper ['suːpə'duːpəʳ] *adj (hum inf)* ganz toll *(inf).*

superego [ˌsuːpə'riːɡəʊ] *n, pl* ~**s** Über-Ich *nt.*

supererogation ['suːpərˌerə'ɡeɪʃən] *n (form)* Mehrleistung, *f, (Eccl)* freiwillige Gebete *pl;* gute Werke *pl.*

superficial [ˌsuːpə'fɪʃl] *adj* oberflächlich; *characteristics, resemblance* äußerlich; *measurements* Oberflächen-.

superficiality ['suːpəˌfɪʃɪ'ælɪtɪ] *n see adj* Oberflächlichkeit *f;* Äußerlichkeit *f.*

superficially [ˌsuːpəˈfɪʃəlɪ] adv see adj.

superfine [ˈsuːpəfaɪn] adj (esp Comm) quality, goods hochfein, superfein (inf); (pej) distinction übertrieben fein.

superfluity [ˌsuːpəˈfluːɪtɪ] n Überfluß m.

superfluous [sʊˈpɜːfluəs] adj überflüssig; style verschwenderisch. **it is ~ to say ...** es erübrigt sich, zu sagen ...

superfluously [sʊˈpɜːfluəslɪ] adv see adj.

superheat [ˌsuːpəˈhiːt] vt überhitzen;

superhighway n (US) ≈ Autobahn f;

superhuman adj übermenschlich.

superimpose [ˌsuːpərɪmˈpəʊz] vt **to ~ sth on sth** etw auf etw (acc) legen; (Phot) etw über etw (acc) photographieren; (Film) etw über etw (acc) filmen; (Geol) etw über etw (acc) lagern; (fig) etw mit etw überlagern; **by superimposing one image on another** indem man zwei Bilder aufeinanderlegt; **the images became ~d** die Bilder hatten sich überlagert.

superintend [ˌsuːpərɪnˈtend] vt beaufsichtigen, überwachen.

superintendence [ˌsuːpərɪnˈtendəns] n (Ober)aufsicht f.

superintendent [ˌsuːpərɪnˈtendənt] n Aufsicht f; (in swimming-pool) Bademeister m; (in park also) Parkwächter m; (of hostel, Sunday school etc) Leiter(in f) m; (of police) (Brit) ≈ Kommissar(in f) m; (US) ≈ Polizeipräsident m.

superior [sʊˈpɪərɪəʳ] **I** adj **1.** (better) quality, equipment besser (to als); intellect, ability, skill, technique überlegen (to sb/sth jdm/einer Sache).
2. (excellent) work(manship), technique großartig, hervorragend; craftsman ausgezeichnet; intellect überragend. **goods of ~** quality, **~ quality goods** Waren pl bester Qualität.
3. (higher in rank etc) höher. **~ officer** Vorgesetzte(r) mf; **~ court** höheres Gericht; **to be ~ to sb/sth** jdm/einer Sache übergeordnet sein, höher stehen als jd/ etw.
4. (greater) überlegen (to sb/sth jdm/ einer Sache); forces also stärker (to als); strength also größer (to als).
5. (snobbish) person, manner überheblich; tone, smile also überlegen; (smart) restaurant, clientele fein, vornehm.
6. (Typ) figure, letter hochgestellt. **~ number** Hochzahl f.
II n **1.** (in rank) Vorgesetzte(r) mf.
2. (in ability) Überlegene(r) mf. **to be sb's ~** jdm überlegen sein.
3. (Eccl) **Father/Mother S~** Vater Superior/Mutter Superiorin or Oberin.
4. (Typ) (figure) hochgestellte Zahl, Hochzahl f; (letter) hochgestellter Buchstabe.

superiority [sʊˌpɪərɪˈɒrɪtɪ] n **1.** (of cloth etc) bessere Qualität; (of technique, ability etc) Überlegenheit f. **its ~ as a holiday resort** seine bessere Klasse als Ferienort.
2. (excellence) Großartigkeit f; (of intellect) überragende Eigenschaft.
3. (in rank) höhere Stellung.
4. (in numbers etc) Überlegenheit f.
5. (conceitedness) Überheblichkeit f; (of tone, smile also) Überlegenheit f.

superlative [sʊˈpɜːlətɪv] **I** adj (excellent) überragend, unübertrefflich; happiness größte(r, s), höchste(r, s); indifference höchste(r, s); (Gram) superlativisch, im Superlativ; (exaggerated) style überschwenglich. **II** n Superlativ m.

superlatively [sʊˈpɜːlətɪvlɪ] adv (excellently) überragend, unübertrefflich; happy, fit höchst.

superman [ˈsuːpəmæn] n, pl **-men** [-men] Übermensch m. **S~** (in comics) Supermann m.

supermarket [ˈsuːpəˌmɑːkɪt] n Supermarkt m.

supernatural [ˌsuːpəˈnætʃərəl] adj übernatürlich. **the ~** das Übernatürliche.

supernormal [ˌsuːpəˈnɔːməl] adj übermenschlich.

supernumerary [ˌsuːpəˈnjuːmərərɪ] **I** adj zusätzlich; (superfluous) überzählig. **II** n Zusatzperson f, Supernumerar m (form); (Theat, Film) Statist(in f) m.

superpower [ˈsuːpəˌpaʊəʳ] n (Pol) Supermacht f.

supersede [ˌsuːpəˈsiːd] vt ablösen; person, belief also an die Stelle treten von. **old, ~d ideas** alte, überholte Ideen.

supersensitive [ˌsuːpəˈsensɪtɪv] adj hochempfindlich; person überempfindlich.

supersonic [ˌsuːpəˈsɒnɪk] adj Überschall-. **~ travel** Reisen nt mit Überschallgeschwindigkeit.

superstar [ˈsuːpəˌstɑːʳ] n (Super)star m.

superstition [ˌsuːpəˈstɪʃən] n Aberglaube m no pl. **this is a ~** das ist Aberglaube.

superstitious adj, **-ly** adv [ˌsuːpəˈstɪʃəs, -lɪ] abergläubisch.

superstitiousness [ˌsuːpəˈstɪʃəsnɪs] n Aberglaube m, Abergläubigkeit f.

superstratum [ˌsuːpəˈstrɑːtəm] n, pl **-strata** [-ˈstrɑːtə] (Geol) obere Schicht; (Ling) Superstrat nt.

superstructure [ˈsuːpəˌstrʌktʃəʳ] n Überbau m; (of ship) Aufbauten pl.

supertanker [ˈsuːpəˌtæŋkəʳ] n Super- or Riesentanker m.

supertax [ˈsuːpəˌtæks] n Höchststeuer f.

supervene [ˌsuːpəˈviːn] vi dazwischenkommen, hinzukommen.

supervise [ˈsuːpəvaɪz] **I** vt beaufsichtigen; work also überwachen. **II** vi Aufsicht führen, die Aufsicht haben.

supervision [ˌsuːpəˈvɪʒən] n Aufsicht f; (action) Beaufsichtigung f; (of work) Überwachung, Beaufsichtigung f. **under the ~ of** unter der Aufsicht von.

supervisor [ˈsuːpəvaɪzəʳ] n (of work) Aufseher(in f) m, Aufsicht f; (of research) Leiter(in f) m; (Brit Univ) ≈ Tutor(in f) m; (for PhD) Doktorvater m.

supervisory [ˈsuːpəvaɪzərɪ] adj role beaufsichtigend, überwachend. **in his ~ capacity** in seiner Eigenschaft als Aufsichtsperson.

supine [ˈsuːpaɪn] **I** adj zurückliegend attr; (fig liter) lethargy träge, gleichgültig. **to be/lie ~** auf dem Rücken liegen. **II** n (Gram) Supinum nt.

supper [ˈsʌpəʳ] n (evening meal) Abendessen, Abendbrot, Abendmahl (liter) nt; (late evening snack) (später) Imbiß m. **they were at ~** sie waren beim Abendessen; **to have ~** zu Abend essen.

supper club n (US) Luxusnachtklub m; **suppertime** n Abendessenszeit, Abendbrotzeit f; **at** ~ zur Abendbrotzeit; **when is** ~ wann wird zu Abend gegessen?

supplant [sə'plɑːnt] vt ablösen, ersetzen; (forcibly) verdrängen; (by ruse) rival ausstechen.

supple ['sʌpl] adj (+er) body, material etc geschmeidig, elastisch; shoes weich; mind, intellect beweglich, flexibel.

supplement ['sʌplɪmənt] I n 1. Ergänzung f (to gen); (of book) Ergänzungsband m (to zu); (food ~) Zusatz m; (at end of book) Anhang m. **a** ~ **to his income** eine Aufbesserung seines Einkommens; **family income** ~s Kindergeld nt.
2. (colour ~ etc) Beilage f, Magazin nt.
II ['sʌplɪment] vt ergänzen; income also aufbessern.

supplementary [ˌsʌplɪ'mentərɪ] adj zusätzlich, ergänzend; volume, report also Zusatz-, Ergänzungs-, Supplement-. ~ **angle** Supplement- or Ergänzungswinkel m; ~ **benefit** (Brit) Sozialhilfe f.

suppleness ['sʌplnɪs] n see adj Geschmeidigkeit, Elastizität f; Weichheit f; Beweglichkeit, Flexibilität f.

suppliant ['sʌplɪənt], **supplicant** ['sʌplɪkənt] I adj flehend attr. II n Flehende(r) mf, Bittsteller(in f) m.

supplicate ['sʌplɪkeɪt] vt (form) flehen.

supplication [ˌsʌplɪ'keɪʃən] n Flehen nt no pl.

supplier [sə'plaɪər] n (Comm) Lieferant(in f) m.

supply [sə'plaɪ] I n 1. (supplying) Versorgung f; (Comm: delivery) Lieferung f (to an +acc); (Econ) Angebot nt. **electricity** ~ Stromversorgung f; **the** ~ **of blood to the brain** die Versorgung des Gehirns mit Blut; ~ **and demand** Angebot und Nachfrage (+pl vb).
2. (what is supplied) Lieferung f. **to cut off the** ~ (of gas, water etc) das Gas/Wasser abstellen; **our wholesaler has cut off our** ~ (of goods, paper etc) unser Großhändler hat die Lieferungen eingestellt; **where does the badger get its food** ~? woher bekommt der Dachs seine Nahrung?
3. (stock) Vorrat m. **supplies** pl (food) Vorräte pl; (for expedition also, for journey) Proviant m; **a good** ~ **of coal** ein guter Kohlenvorrat; **to get** or **lay in supplies** or **a** ~ **of sich** (dat) einen Vorrat an (+dat) anlegen or zulegen; **a month's** ~ ein Monatsbedarf m; **to be in short** ~ knapp sein; **fresh supplies** (Mil) Nachschub m; **office supplies** Bürobedarf m, Büromaterial nt; **medical supplies** Arzneimittel pl; (including bandages) Ärztebedarf m.
4. (~ teacher) Aushilfslehrer(in f) m. **to be on** ~ aushilfsweise unterrichten.
5. (Parl) (Militär- und Verwaltungs)-etat m.
II vt 1. material, food, tools etc sorgen für; (deliver) goods liefern; clue, evidence, gas, electricity liefern; (put at sb's disposal) stellen.
2. (with mit) person, army, city versorgen; (Comm) beliefern. **she supplies the humour in the office** sie sorgt für (den) Humor im Büro; **we were not supplied with a radio** wir hatten/bekamen kein Radio.
3. (satisfy, make good) need befriedigen; want, deficiency abhelfen (+dat); (Comm) demand decken.

supply base n Vorratslager nt; **supply depot** n Versorgungslager nt; **supply industry** n Zulieferungsindustrie f; **supply lines, supply routes** npl (Mil, fig) Versorgungslinien pl; **supply ship** n Versorgungsschiff nt; **supply teacher** n Aushilfslehrer(in f) m.

support [sə'pɔːt] I n 1. (lit) Stütze f. **to give** ~ **to sb/sth** jdn/etw stützen; **the ceiling will need some kind of** ~ die Decke muß irgendwie abgestützt werden; **the bridge** ~s die Stützpfeiler pl der Brücke; **to lean on sb for** ~ sich auf jdn stützen.
2. (fig) (no pl: moral, financial backing) Unterstützung f; (person) Stütze f. **in** ~ **of** zur Unterstützung (+gen); **in** ~ **of an allegation** zur Untermauerung or Stützung einer Behauptung; **to speak in** ~ **of a candidate** einen Kandidaten unterstützen; **to depend on sb for financial** ~ auf jds finanzielle Unterstützung angewiesen sein.
II attr (Mil) troops, vessel etc Hilfs-.
III vt 1. (lit) stützen; (Tech also) abstützen; (bear the weight of) tragen.
2. (fig) unterstützen; plan, motion, sb's application also befürworten; party, cause also eintreten für; (give moral ~ to also) beistehen (+dat), Rückhalt geben (+dat); (corroborate) claim, theory erhärten, untermauern; (financially) family unterhalten; party, orchestra finanziell unterstützen. **he** ~**s Arsenal** er ist Arsenal-Anhänger m; **which team do you** ~? für welche Mannschaft bist du?; **without his family to** ~ **him** ohne die Unterstützung seiner Familie; **Burton and Taylor,** ~**ed by X and Y** Burton und Taylor, mit X und Y in den Nebenrollen.
3. (endure) dulden, ertragen.
IV vr (physically) sich stützen (on auf +acc); (financially) seinen Unterhalt (selbst) bestreiten.

supportable [sə'pɔːtəbl] adj erträglich.

supporter [sə'pɔːtər] n Anhänger(in f) m; (of theory, cause, opinion also) Befürworter(in f) m; (Sport also) Fan m.

supporting [sə'pɔːtɪŋ] adj film Vor-; part, role Neben-. **with full** ~ **cast/programme** mit vielen anderen (bedeutenden) Darstellern/mit vollem Nebenprogramm.

supportive [sə'pɔːtɪv] adj stützend attr. **if his parents had been more** ~ wenn seine Eltern ihn mehr gestützt hätten.

suppose [sə'pəʊz] vt 1. (imagine) sich (dat) vorstellen; (assume, postulate also) annehmen. **let us** ~ **that X equals 3** angenommen, X sei gleich 3; **even supposing it were** or **was true** (sogar) angenommen, daß es wahr ist, angenommen, es sei wahr; see also **supposing**.
2. (believe, think) annehmen, denken. **I** ~ **he'll come** ich nehme an, (daß) er kommt, er wird wohl or vermutlich kom-

men; **I don't ~ he'll come** ich glaube kaum, daß er kommt; **I ~ he won't come** ich denke, er wird nicht kommen, er wird wohl nicht kommen; **I ~ that's the best thing, that's the best thing, I ~** das ist *or* wäre vermutlich das Beste; **you're coming, I ~?** ich nehme an, du kommst?; **I don't ~ you could lend me a pound?** Sie könnten mir nicht zufällig ein Pfund leihen?; **will he be coming? — I ~ so** kommt er? — ich denke *or* glaube schon; **don't you agree with me? — I ~ so** bist du da nicht meiner Meinung? — na ja, schon; **I don't ~ so** ich glaube kaum; **isn't he coming? — I ~ not** kommt er nicht? — ich glaube kaum, wohl kaum; **so you see, it can't be true — I ~ not** da siehst du selbst, es kann nicht stimmen — du wirst wohl recht haben; **he can't very well refuse, can he? — I ~ not** er kann wohl kaum ablehnen, oder? — eigentlich nicht *or* kaum; **he is generally ~d to be rich** er gilt als reich; **he's ~d to be coming** er soll (angeblich) kommen; **and he's ~d to be an expert!** und der soll (angeblich) (ein) Experte sein!

3. (*modal use in pass: ought*) **to be ~d to do sth** etw tun sollen; **he's the one who's ~d to do it** er müßte es eigentlich tun; **you're ~d to be in bed** du solltest eigentlich im Bett sein, du gehörst eigentlich ins Bett; **you're not ~d to (do that)** das darfst du nicht tun; **I am ~d to start work here today** ich soll hier heute anfangen; **you're ~d to report to the police** Sie müssen sich bei der Polizei melden.

4. (*in imper: I suggest*) **~ we have a go?** warum versuchen wir es nicht einmal?; **~ we buy it?** wie wäre es, wenn wir es kaufen?; **~ you have a wash?** wie wär's, wenn du dich mal wäschst?

5. (*presuppose*) voraussetzen.

supposed [sə'pəuzd] *adj* vermutet; *date of birth, site of temple, author* mutmaßlich.
supposedly [sə'pəuzɪdlɪ] *adv* angeblich. **the atom was ~ indivisible** das Atom galt als unteilbar.
supposing [sə'pəuzɪŋ] *conj* angenommen. **but ~ ...** aber wenn ...; **~ he can't do it?** und wenn er es nicht schafft?; **always ~ ...** immer unter der Annahme, daß ...
supposition [ˌsʌpə'zɪʃən] *n* (*no pl: hypothesizing*) Mutmaßung, Spekulation *f*; (*thing supposed*) Annahme *f*. **based on (a) pure ~** auf reiner Spekulation beruhend; **acting on the ~ that you are right** vorausgesetzt, daß Sie recht haben.
suppository [sə'pozɪtərɪ] *n* Zäpfchen *nt*.
suppress [sə'pres] *vt* **1.** unterdrücken. **2.** (*Elec*) entstören.
suppression [sə'preʃən] *n* **1.** Unterdrückung *f*. **2.** (*Elec*) Entstörung *f*.
suppressive [sə'presɪv] *adj* Unterdrückungs-, repressiv.
suppressor [sə'presəʳ] *n* (*Elec*) Entstörungselement *nt*.
suppurate ['sʌpjuəreɪt] *vi* eitern.
suppuration [ˌsʌpjuə'reɪʃən] *n* Eiterung *f*.
supra- ['su:prə-] *pref* über-; (*esp with foreign words*) supra-. **~national** überstaatlich, supra- *or* übernational.

supremacy [su'preməsɪ] *n* Vormachtstellung *f*; (*Pol, Eccl, fig*) Supremat *nt or m*. **air/naval ~** Luft-/Seeherrschaft *f*.
supreme [su'pri:m] **I** *adj* **1.** (*highest in authority*) höchste(r, s); *court, Soviet* oberste(r, s). **S~ Being** Höchstes Wesen; **S~ Commander** Oberbefehlshaber *m*.

2. (*ultimate*) **to make the ~ sacrifice** das höchste Opfer bringen; **the ~ moment of the opera** der Höhepunkt der Oper.

3. (*very great*) *courage, indifference etc* äußerste(r, s), größte(r, s).

II *adv* **to rule** *or* **reign ~** (*monarch*) absolut herrschen; (*champion, justice*) unangefochten herrschen; (*silence*) überall herrschen.
supremely [su'pri:mlɪ] *adv* confident, selfsatisfied, indifferent zutiefst.
Supt *abbr of* **Superintendent.**
surcharge ['sɜːtʃɑːdʒ] *n* Zuschlag *m*; (*postal*) Nachporto, Strafporto (*inf*) *nt*. **for a small ~** gegen einen geringen Aufschlag. **II** *vt* Zuschlag erheben auf (+*acc*).
surd [sɜːd] *n* (*Math*) irrationaler Ausdruck.
sure [ʃuəʳ] **I** *adj* (+*er*) **1.** (*reliable, steady, safe*) *hand, touch, movement, footing* sicher; *criterion, proof, facts also* eindeutig; *method also, remedy, friend* zuverlässig, verläßlich.

2. (*definite*) sicher. **it is ~ that he will come** es ist sicher, daß er kommt, er kommt ganz bestimmt; **it's ~ to rain** es regnet ganz bestimmt; **be ~ to tell me/to turn the gas off** sag mir auf jeden Fall Bescheid/dreh ganz bestimmt das Gas ab; **be ~ to go and see her** du mußt sie unbedingt besuchen; **you're ~ of a good meal/of success** ein gutes Essen/der Erfolg ist Ihnen sicher; **I want to be ~ of seeing him** ich möchte ihn auf jeden Fall sehen; **to make ~** (*check*) nachsehen, kontrollieren; **make ~ you get the leads the right way round** achten Sie darauf, daß die Kabel richtig herum sind; **make ~ you take your keys** denk daran, deine Schlüssel mitzunehmen; **it's best to make ~** sich ist sicher; **to make ~ of one's facts** sich der Fakten (*gen*) versichern; **to make ~ of a seat** sich (*dat*) einen Platz sichern; **~ thing!** (*esp US inf*) klare Sache! (*inf*); **he's a ~ thing for president** (*esp US inf*) er ist ein todsicherer Tip für die Präsidentschaft; **I'll find out for ~** ich werde das genau herausfinden; **do you know for ~?** wissen Sie das ganz sicher?; **to be ~!** Mensch!, tatsächlich!

3. (*positive, convinced*) sicher. **I'm perfectly ~** ich bin (mir da) ganz sicher; **to be ~ about sth** sich (*dat*) einer Sache (*gen*) sicher sein; **I'm not so ~ about that** da bin ich nicht so sicher; **to be ~ of one's facts** seiner *or* der Fakten sicher sein; **to be ~ of oneself** sich (*dat*) seiner Sache sicher sein; (*generally self-confident*) selbstsicher sein; **I'm ~ I don't know, I don't know, I'm ~** ich habe keine Ahnung; **I'm not ~ how/why ...** ich bin (mir) nicht sicher *or* ich weiß nicht genau, wie/warum ...

II *adv* **1.** **will you do it? — ~!** machst du das? — klar! (*inf*); **that meat was ~ tough** *or* **~ was tough** das Fleisch war vielleicht zäh!

2. and ~ enough he did come und er ist tatsächlich gekommen; he'll come ~ enough er kommt ganz bestimmt, er kommt schon.

3. as ~ as sure can be (inf), as ~ as I'm standing here (inf) garantiert, todsicher.

sure-fire [ˌʃʊəˈfaɪər] adj (inf) todsicher (inf); **sure-footed** adj (tritt)sicher.

surely [ˈʃʊəlɪ] adv 1. bestimmt, sicher. ~ you don't mean it? das meinen Sie doch bestimmt or sicher nicht (so)?; ~ he's come(, hasn't he?) er ist doch bestimmt gekommen(, oder?); ~ he hasn't come (, has he?) er ist doch bestimmt or sicher nicht gekommen(, oder?); ~ not! das kann doch nicht stimmen!; ~ someone must know the answer irgend jemand muß doch die Antwort wissen; I can't — oh, ~ you can ich kann (es) nicht — aber sicher kannst du das!; but ~ you can't expect us to believe that Sie können doch wohl nicht erwarten, daß wir das glauben!; ~ if a = b, then c must ... also, wenn a = b ist, dann muß c doch sicherlich ...

2. (esp US: gladly) gern, mit Vergnügen.

3. (with certainty) zweifellos.

sureness [ˈʃʊənɪs] n 1. (positiveness, conviction) Überzeugung, Sicherheit f. 2. (reliability, steadiness, sure-footedness) Sicherheit f; (of method, cure) Verläßlichkeit, Zuverlässigkeit f; (of sb's judgement also) Untrüglichkeit f.

surety [ˈʃʊərətɪ] n (sum) Bürgschaft, Sicherheit f; (person) Bürge m. to go or stand ~ for sb für jdn bürgen; he was granted bail in his own ~ of £50 er wurde gegen Hinterlegung einer Kaution von £50 auf freien Fuß gesetzt.

surf [sɜːf] I n Brandung f. II vi surfen.

surface [ˈsɜːfɪs] I n 1. (lit, fig) Oberfläche f; (of road) Decke f, Belag m. on the ~ it seems that ... oberflächlich sieht es so aus, als ...; on the ~ he is friendly enough nach außen hin ist er sehr freundlich.

2. (Math: of cube etc) Fläche f; (area also) Flächeninhalt m.

3. (Min) at/on/up to the ~ über Tage.

4. (Aviat) Tragfläche f.

II adj attr 1. oberflächlich; measurements, hardening Oberflächen-.

2. (not by air) travel auf dem Land-/ Seeweg.

3. (Min) worker, job über Tage.

III vt 1. road mit einem Belag versehen; wall verblenden.

2. submarine auftauchen lassen.

IV vi (lit, fig) auftauchen.

surface area n Fläche f; (Math) Flächeninhalt m; **surface dressing** n (on roads) (method) Straßenreparatur f mit Rollsplitt; (material) Rollsplitt m; **surface mail** n Post f auf dem Land-/Seeweg; by ~ auf dem Land-/Seeweg; **surface noise** n Rauschen nt; **surface structure** n (Ling) Oberflächenstruktur f; **surface tension** n Oberflächenspannung f; **surface-to-air** adj attr missile Boden-Luft-; **surface-to-surface** adj attr missile Boden-Boden-; **surface vessel** n Schiff nt (im Gegensatz zu Unterseeboot).

surfacing [ˈsɜːfɪsɪŋ] n what did they use as ~

for the roads/ walls? was für ein Material wurde für den Straßenbelag/als Wandbelag verwendet?

surfboard [ˈsɜːfbɔːd] n Surfbrett nt.

surfeit [ˈsɜːfɪt] I n Übermaß, Zuviel nt (of an +dat). II vt sb, oneself übersättigen, überfüttern (on, with mit).

surfer [ˈsɜːfər] n Surfer(in f) m; Wellenreiter(in f) m.

surfing [ˈsɜːfɪŋ], **surfriding** [ˈsɜːfraɪdɪŋ] n Surfen nt; Wellenreiten nt.

surge [sɜːdʒ] I n (of sea) Wogen nt; (of floodwater) Schwall m. a ~ of people eine wogende Menschenmenge; there was a ~ of sympathy for him es gab eine Sympathiewelle für ihn; he felt a ~ of rage er fühlte, wie die Wut in ihm aufstieg.

II vi (sea) branden; (floods, river) anschwellen. blood ~d into her face ihr schoß das Blut ins Gesicht; they ~d towards/ (a)round him sie drängten auf ihn zu, sie umdrängten ihn/sie wogten um ihn (liter); people ~d in/out eine Menschenmenge flutete herein/heraus; to ~ ahead vorpreschen.

surgeon [ˈsɜːdʒən] n Chirurg(in f) m; (Mil) Stabsarzt m/-ärztin f; (Naut) Marinearzt m/-ärztin f; see dental, veterinary.

surgery [ˈsɜːdʒərɪ] n 1. Chirurgie f. to have ~ operiert werden; to need (heart) ~ (am Herzen) operiert werden müssen; to undergo major heart ~ sich einer größeren Herzoperation unterziehen; ~ is the only solution nur ein operativer Eingriff kann helfen, Operieren ist die einzige Lösung; a fine piece of ~ eine großartige chirurgische Leistung.

2. (Brit) (room) Sprechzimmer nt ; (consultation) Sprechstunde f. ~ hours Sprechstunden pl.

surgical [ˈsɜːdʒɪkəl] adj treatment operativ; procedures, technique, instrument chirurgisch; training, skill Chirurgen-, eines Chirurgen. ~ appliance Stützapparat m; (false limb) Prothese f; ~ boot orthopädischer Schuh; ~ spirit Wundbenzin nt; ~ ward chirurgische Station, Chirurgie f (inf).

surgically [ˈsɜːdʒɪkəlɪ] adv treat, remove operativ. ~, we have advanced a long way wir haben in der Chirurgie große Fortschritte gemacht.

surging [ˈsɜːdʒɪŋ] adj water, corn, crowd wogend. a ~ flood of emotion eine Woge des Gefühls.

surliness [ˈsɜːlɪnɪs] n Verdrießlichkeit, Mürrischkeit, Mißmutigkeit f.

surly [ˈsɜːlɪ] adj (+er) verdrießlich, mürrisch, mißmutig.

surmise [ˈsɜːmaɪz] I n Vermutung, Mutmaßung f. II [sɜːˈmaɪz] vt vermuten, mutmaßen.

surmount [sɜːˈmaʊnt] vt 1. difficulty, obstacle überwinden. 2. (esp Archit, Her etc) ~ed by sth von or mit etw gekrönt.

surmountable [sɜːˈmaʊntəbl] adj überwindlich, zu überwinden.

surname [ˈsɜːneɪm] n Nachname, Familienname m. what is his ~? wie heißt er mit Nachnamen?

surpass [sɜːˈpɑːs] I vt 1. (be better than) übertreffen. 2. (exceed) comprehension hinausgehen über (+acc). **II** vr sich selbst übertreffen.

surpassing [sɜːˈpɑːsɪŋ] adj (liter) beauty unvergleichlich.

surplice [ˈsɜːpləs] n Chorrock m, Chorhemd nt.

surplus [ˈsɜːpləs] **I** n Überschuß m (of an + dat). **a balance of trade** ~ ein Überschuß m in der Handelsbilanz.

II adj überschüssig; (of countable objects) überzählig. ~ **value** Mehrwert m; **Army** ~ **goods** Stegwaren pl; **Army** ~ **anoraks** Anoraks pl aus Armeerestbeständen; **sale of** ~ **stock** Verkauf m von Lagerbeständen; **have you any** ~ **sheets I could borrow?** hast du Laken übrig, die ich mir borgen könnte?

surprise [səˈpraɪz] **I** n Überraschung f. **in** ~ voller Überraschung, überrascht; **much to my** ~, **to my great** ~ zu meiner großen Überraschung; **with a look of** ~ mit überraschtem Gesicht; **it was a** ~ (**for** or **to me**) **to find that ...** ich war überrascht, als ich entdeckte, daß ...; **what a** ~! was für eine Überraschung!; **to give sb a** ~ jdn überraschen; **to take sb by** ~ jdn überraschen; ~, ~! (iro) was du nicht sagst!

II attr attack, defeat, visit, decision Überraschungs-; parcel, gift, phone call überraschend.

III vt überraschen; (catch unawares also) army, sentry überrumpeln; thief (auf frischer Tat) ertappen. **you** ~ **me!** (also iro) das überrascht mich!; **it** ~**s me to hear that** ich bin überrascht, das zu hören; **I wouldn't be** ~**d if ...** es würde mich nicht wundern, wenn ...; **don't be** ~**d if he refuses** wundern Sie sich nicht, wenn er ablehnt; **I'm** ~**d at** or **by his ignorance** ich bin überrascht über seine Unkenntnis; **I'm** ~**d you didn't think of that** es wundert mich, daß du nicht daran gedacht hast; **go on,** ~ **me!** ich lass' mich überraschen.

surprising [səˈpraɪzɪŋ] adj überraschend, erstaunlich. **it's hardly** ~ **he said no** es ist kaum verwunderlich, daß er nein gesagt hat.

surprisingly [səˈpraɪzɪŋlɪ] adv see adj. ~ (**enough**), **he was right** er hatte erstaunlicherweise recht; **and then** ~ **he left** und dann ist er zu unserer/ihrer etc Überraschung gegangen.

surreal [səˈrɪəl] adj unwirklich.

surrealism [səˈrɪəlɪzəm] n Surrealismus m.

surrealist [səˈrɪəlɪst] **I** adj surrealistisch. **II** n Surrealist(in f) m.

surrealistic [səˌrɪəˈlɪstɪk] adj surrealistisch.

surrender [səˈrendəʳ] **I** vi sich ergeben (to dat); (to police) sich stellen (to dat).

II vt (Mil) übergeben; goods, firearms also ausliefern, herausgeben; insurance policy einlösen; lease kündigen; claim, right, hope aufgeben.

III vr **to** ~ **oneself to sth** sich einer Sache (dat) hingeben; **to fate** sich in etw (acc) ergeben.

IV n **1.** Kapitulation f (to vor +dat). **because of the gunman's quick** ~ weil der Schütze sich so schnell ergab.

2. see vt Übergabe f (to an +acc); Auslieferung, Aushändigung f (to an +acc); Einlösen nt; Kündigung f; Aufgabe,

Preisgabe f. ~ **value** (Insur) Rückgabe- or Rückkaufswert m.

surreptitious [ˌsʌrəpˈtɪʃəs] adj heimlich; whisper, glance, kiss also verstohlen.

surreptitiously [ˌsʌrəpˈtɪʃəslɪ] adv see adj.

surrey [ˈsʌrɪ] n (US) zweisitzige Kutsche.

surrogate [ˈsʌrəgɪt] **I** n (substitute) Ersatz m, Surrogat m (geh); (Brit Eccl) ≈ Weihbischof m. **II** attr Ersatz-; (Eccl) Weih-.

surround [səˈraʊnd] **I** n Umrandung f; (floor round carpet) Ränder pl. **II** vt umgeben; (Mil) umstellen, umzingeln.

surrounding [səˈraʊndɪŋ] adj umliegend. **in the** ~ **countryside** in der Umgebung or Umgegend; **in the** ~ **darkness** in der Dunkelheit, die mich/ihn etc umgab.

surroundings [səˈraʊndɪŋz] npl Umgebung f.

surtax [ˈsɜːtæks] n Steuerzuschlag m.

surveillance [sɜːˈveɪləns] n Überwachung, Observation (form) f. **to be under** ~ überwacht werden; **to keep sb under** ~ jdn überwachen or observieren (form).

survey [ˈsɜːveɪ] **I** n **1.** (Surv) (of land, coast) Vermessung f; (report) (Vermessungs)gutachten nt; (of house) Begutachtung f; (report) Gutachten nt. **they are doing a** ~ **for a new motorway** sie machen die Vermessungsarbeiten für eine neue Autobahn; **to have a** ~ **done on a house** ein Gutachten über ein Haus erstellen lassen.

2. (comprehensive look, review) (of surroundings, countryside) Musterung f (of gen), Überblick m (of über +acc); (of subject, development) Überblick m.

3. (inquiry) Untersuchung f (of, on über +acc); (by opinion poll etc) Umfrage f (of, on über +acc).

II [sɜːˈveɪ] vt **1.** (look at) countryside, view, scene, person, crowd, prospects, plans betrachten, sich (dat) ansehen; (appraisingly also) begutachten; person, goods, crowd mustern.

2. (study) prospects, plans, developments untersuchen; institutions einer Prüfung (gen) unterziehen; (take general view of) events, trends einen Überblick geben über (+acc).

3. (Surv) site, land vermessen; building inspizieren.

surveying [sɜːˈveɪɪŋ] n **1.** see vt 3. Vermessung f; Inspektion f. **2.** (profession) Landvermessung f; (of buildings) Inspektion f von Gebäuden.

surveyor [səˈveɪəʳ] n (land ~) Landvermesser(in f) m; (building ~) Bauinspektor(in f), Baugutachter(in f) m.

survival [səˈvaɪvəl] n **1.** Überleben nt; (of species also) Fortbestand m; (of customs, usages) Weiterleben nt. **the** ~ **of the fittest** das Überleben der Stärkeren; **his** ~ **as prime minister seems unlikely** es ist unwahrscheinlich, daß er sich als Premierminister halten kann; ~ **kit** Überlebensausrüstung f.

2. (relic) Überbleibsel nt (of, from aus).

survive [səˈvaɪv] **I** vi (person, animal etc) überleben, am Leben bleiben; (in job) sich halten (können); (house, treasures, book, play) erhalten bleiben; (custom, religion) weiterleben, fortbestehen. **only five copies** ~ **or have** ~**d** nur fünf Exemplare sind erhalten; **you'll ~** (*iro*) das wirst du schon überleben!

II *vt* überleben; (*house, objects*) *fire, flood etc* überstehen; (*inf*) *heat, boredom etc* aushalten. **to ~ the ages** die Jahrhunderte überdauern.

survivor [sə'vaɪvə^r] *n* Überlebende(r) *mf*; (*Jur*) Hinterbliebene(r) *mf*.

susceptibility [sə,septə'bɪlɪtɪ] *n* 1. *no pl see adj* 1. Beeindruckbarkeit *f*. **~ to sth** Empfindlichkeit *f* für etw; Ausgesetztsein *nt* gegenüber etw; Anfälligkeit *f* für etw; **their ~ to trickery** ihre Gutgläubigkeit; **~ to pain/treatment** Schmerzempfindlichkeit *f*/Behandelbarkeit *f*; **~ to unkind remarks** Empfindlichkeit *f* in bezug auf unfreundliche Bemerkungen; **his ~ to her tears/pleas** daß er sich durch ihre Tränen/ Bitten erweichen läßt/ließ.

2. susceptibilities *pl* (*sensibilities*) Feingefühl *nt*.

susceptible [sə'septəbl] *adj* 1. (*impressionable*) beeindruckbar, leicht zu beeindrucken *pred*. **~ to sth** *to charms, flattery etc* für etw empfänglich; *to kindness, suggestion, influence etc* einer Sache (*dat*) zugänglich; *to attack* einer Sache (*dat*) ausgesetzt; *to rheumatism, colds* für etw anfällig; **to be ~ to trickery** sich leicht täuschen lassen, gutgläubig sein; **~ to pain/treatment** schmerzempfindlich/ behandelbar; **he's very ~ to remarks about his big nose** er reagiert sehr empfindlich auf Anspielungen auf seine große Nase; **he was ~ to her tears/pleas** er ließ sich von ihren Tränen/Bitten erweichen.

2. (*form*) **to be ~ of proof/ corroboration/change** *etc* beweisbar/ untermauerbar/änderbar *etc* sein.

suspect ['sʌspekt] **I** *adj* verdächtig, suspekt.

II *n* Verdächtige(r) *mf*.

III [sə'spekt] *vt* 1. *person* verdächtigen (*of sth* einer Sache *gen*), in Verdacht haben; *plot, swindle* vermuten, ahnen, argwöhnen (*geh*). **I ~ her of having stolen it** ich habe sie im Verdacht *or* ich verdächtige sie, es gestohlen zu haben; **he is ~ed of being a member of this sect** er steht im Verdacht *or* man verdächtigt ihn, Mitglied dieser Sekte zu sein; **he ~s nothing** er ahnt nichts; **does he ~ anything?** hat er Verdacht geschöpft?

2. (*doubt*) *truth* bezweifeln, anzweifeln; *motive* argwöhnisch sein gegenüber.

3. (*think likely*) vermuten. **I ~ed as much** das habe ich doch vermutet *or* geahnt; **a ~ed case of measles, a case of ~ed measles** ein Fall, bei dem der Verdacht auf Masern besteht.

IV [sə'spekt] *vi* einen Verdacht haben.

suspend [sə'spend] *vt* 1. (*hang*) (auf)hängen (*from* an +*dat*); (*Chem*) suspendieren. **to be ~ed in sth** in etw (*dat*) hängen; in etw (*dat*) suspendiert sein; **to hang ~ed from sth/in sth** von/in etw hängen.

2. (*stop, defer*) *publication, payment* (zeitweilig) einstellen; *judgement* aufschieben, aussetzen; *sentence* zur Bewährung aussetzen.

3. *person* suspendieren; *member, pupil,*

student zeitweilig ausschließen; (*Sport*) sperren; *licence* zeitweilig einziehen; *law, privileges* aussetzen.

suspender [sə'spendə^r] *n usu pl* 1. (*Brit*) (*for stockings*) Strumpfhalter, Straps *m*; (*for socks*) Sockenhalter *m*. **~ belt** Strumpf(halter)gürtel *m*. **2.** (*US*) **~s** *pl* Hosenträger *pl*.

suspense [sə'spens] *n* 1. (*in book, film etc*) Spannung *f*. **the ~ is killing me** ich bin gespannt wie ein Regenschirm (*hum inf*); **to keep sb in ~** jdn in Spannung halten, jdn auf die Folter spannen (*inf*); **to wait in ~** gespannt *or* voller Spannung warten.

2. (*form*) **to be in ~** (*question, matter*) unentschieden *or* in der Schwebe sein.

suspension [sə'spenʃən] *n* 1. *see* **suspend 2.** zeitweilige Einstellung; Aufschub *m*, Aussetzung *f*; Aussetzung *f* (zur Bewährung).

2. *see* **suspend 3.** Suspendierung *f*; zeitweiliger Ausschluß; Sperrung *f*; zeitweiliger Einzug; Aussetzen *nt*.

3. (*Aut*) Federung *f*; (*of wheels*) Aufhängung *f*.

4. (*Chem*) Suspension *f*.

5. (*Mus*) **to be in ~** suspendiert sein, gehalten werden.

suspension bridge *n* Hängebrücke *f*; **suspension point** *n* (*Typ*) Auslassungspunkt *m*.

suspensory [sə'spensərɪ] *adj* *ligament, muscle* Aufhänge-; *bandage* Schlingen-.

suspicion [sə'spɪʃən] *n* 1. Verdacht, Argwohn (*geh*) *m no pl*. **to arouse sb's ~s** jds Verdacht *or* Argwohn (*geh*) erregen; **I have a ~ that ...** ich habe den Verdacht *or* das Gefühl, daß ...; **to have one's ~s about sth** seine Zweifel bezüglich einer Sache (*gen*) haben; **I was right in my ~s** mein Verdacht hat sich bestätigt; **to be above (all)/under ~** über jeden Verdacht erhaben sein/ unter Verdacht stehen; **to arrest sb on ~/on ~ of murder** jdn wegen Tatverdachts/Mordverdachts festnehmen; **~ fell on him** der Verdacht fiel auf ihn; **to view sb/sth with ~** jdn/etw argwöhnisch *or* mißtrauisch betrachten.

2. (*trace, touch*) Hauch *m*, Spur *f*.

suspicious [sə'spɪʃəs] *adj* 1. (*feeling suspicion*) argwöhnisch, mißtrauisch (*of* gegenüber). **you have a ~ mind** Sie sind aber mißtrauisch; **to be ~ about sth** etw mit Mißtrauen betrachten. **2.** (*causing suspicion*) verdächtig; *actions also* verdachterregend *attr*.

suspiciously [sə'spɪʃəslɪ] *adv see adj* 1. argwöhnisch, mißtrauisch. **2.** verdächtig. **it looks ~ like measles to me** das sieht mir verdächtig nach Masern aus.

suspiciousness [sə'spɪʃəsnɪs] *n see adj* 1. Verdacht, Argwohn (*geh*) *m*. **2.** Verdächtigkeit *f*.

suss [sʌs] *vt* (*Brit inf*) 1. (*suspect*) *plan* kommen hinter (+*acc*) (*inf*).

2. to ~ sb out jdm auf den Zahn fühlen (*inf*); **I can't ~ him out** bei ihm blicke ich nicht durch (*inf*); **I've got him ~ed (out)** ich habe ihn durchschaut; **to ~ sth out** etw herausbekommen; **to ~ things out** die Lage peilen (*inf*).

sustain [sə'steɪn] *vt* 1. (*support*) *load,*

weight aushalten, tragen; *life* erhalten; *family* unterhalten; *charity* unterstützen; (*nourish*) *body* bei Kräften halten. **not enough to** ~ **life** nicht genug zum Leben; **his support** ~**ed her in her hour of need** seine Hilfe gab ihr Kraft in der Stunde der Not (*liter*).

2. (*keep going, maintain*) *pretence, argument, theory* aufrechterhalten; *effort also* nicht nachlassen in (+*dat*); (*Mus*) *note* (aus)halten; (*Theat*) *accent, characterization* durchhalten; (*Jur*) *objection* stattgeben (+*dat*).

3. *injury, damage, loss* erleiden. **to** ~ **an attack** angegriffen werden.

sustained [səˈsteɪnd] *adj effort etc* ausdauernd; *applause also* anhaltend; (*Mus*) *note* (aus)gehalten.

sustaining [səˈsteɪnɪŋ] *adj food* nahrhaft, kräftig. ~ **pedal** (*Mus*) Fortepedal *nt*; ~ **program** (*US Rad, TV*) nichtkommerzielle Sendung.

sustenance [ˈsʌstɪnəns] *n* (*food and drink*) Nahrung *f*; (*nutritive quality*) Nährwert *m*. **to get one's** ~ **from sth** sich von etw ernähren.

suture [ˈsuːtʃər] (*Med*) **I** *n* Naht *f*. **II** *vt* (ver)nähen.

svelte [svelt] *adj* (*slender*) grazil; (*sophisticated*) vornehm, elegant.

SW *abbr of* **1. South-West** SW. **2. short wave** KW.

swab [swɒb] **I** *n* **1.** (*Med*) Tupfer *m*; (*specimen*) Abstrich *m*. **to take a** ~ einen Abstrich machen. **2.** (*Naut*) Mop *m*. **II** *vt* **1.** (*Med*) *wound etc* (ab)tupfen. **2.** (*Naut: also* ~ **down**) wischen.

Swabia [ˈsweɪbɪə] *n* Schwaben *nt*.

swaddle [ˈswɒdl] *vt baby* wickeln (*in* in + *acc*). **swaddling clothes** (*esp Bibl*) Windeln *pl*.

swag [swæg] *n* (*inf*) Beute *f*.

swagger [ˈswægər] **I** *n* (*gait*) Stolzieren *nt*; (*behaviour*) Angeberei, Großtuerei *f*. **to walk with a** ~ stolzieren.

II *vi* **1.** stolzieren.

2. (*boast, act boastfully*) angeben.

swaggering [ˈswægərɪŋ] **I** *adj* **1.** *gait, manner* forsch. **2.** (*boastful*) großtuerisch, angeberisch. **II** *n* Großtuerei, Angeberei *f*. **his** ~ **about** sein Herumstolzieren *nt*.

swagger-stick [ˈswægəstɪk] *n* Offiziersstöckchen *nt*.

swain [sweɪn] *n* (*old*) (*suitor*) Freier *m*; (*lad*) Bursch(e) *m*.

swallow[1] [ˈswɒləʊ] **I** *n* Schluck *m*. **after several** ~**s** nachdem er *etc* ein paarmal geschluckt hatte.

II *vt food, drink* (hinunter)schlucken; (*fig*) *story, evidence, insult* schlucken. **to** ~ **one's pride** seinen Stolz schlucken; **to** ~ **sth whole** (*fig*) etw ohne weiteres schlucken; **that's a bit hard to** ~ das glaubt ja kein Mensch (*inf*); **to** ~ **one's words** (*speak indistinctly*) seine Worte verschlucken; (*remain silent*) hinunterschlucken, was er/sie *etc* sagen wollte; (*retract*) seine Worte zurücknehmen.

III *vi* schlucken. **to** ~ **hard** (*fig*) kräftig schlucken.

◆**swallow down** *vt sep* hinunterschlucken.
◆**swallow up** *vt sep* (*fig*) verschlingen. **the** mist/darkness seemed to ~ them ~ der Nebel/die Dunkelheit schien sie zu verschlucken; **I wished the ground would open and** ~ **me** ich könnte vor Scham in den Boden versinken.

swallow[2] *n* (*bird*) Schwalbe *f*. **one** ~ **doesn't make a summer** (*Prov*) eine Schwalbe macht noch keinen Sommer (*Prov*).

swallow-dive [ˈswɒləʊˌdaɪv] *n* Schwalbensprung *m*; **swallow-tail** *n* (*butterfly*) Schwalbenschwanz *m*.

swam [swæm] *pret of* **swim.**

swamp [swɒmp] **I** *n* Sumpf *m*. **II** *vt* unter Wasser setzen, überschwemmen; (*fig: overwhelm*) überschwemmen.

swamp buggy *n* Sumpffahrzeug *nt*; **swamp fever** *n* Sumpffieber *nt*; **swampland** *n* Sumpf(land *nt*) *m*.

swampy [ˈswɒmpɪ] *adj* (+*er*) sumpfig. **to become** ~ versumpfen.

swan [swɒn] **I** *n* Schwan *m*. ~ **-dive** (*US*) Schwalbensprung *m*. **II** *vi* (*inf*) **to** ~ **off** abziehen (*inf*); **to** ~ **around New York** in New York herumziehen (*inf*).

swank [swæŋk] (*inf*) **I** *n* **1.** (*boastfulness*) Angabe, Protzerei (*inf*) *f*; (*ostentation also*) Schau *f* (*inf*). **2.** (*person*) Angeber(in *f*) *m*. **II** *vi* angeben (*about* mit).

swanky [ˈswæŋkɪ] *adj* (+*er*) (*inf*) *manner, words* großspurig; *car etc* protzig (*inf*).

swannery [ˈswɒnərɪ] *n* Schwanenteich *m*.

swansdown [ˈswɒnzˌdaʊn] *n* (*feathers*) Schwanendaunen *pl*; (*fabric*) wolliges Material.

swansong [ˈswɒnsɒŋ] *n* (*fig*) Schwanengesang *m*.

swap [swɒp] **I** *n* Tausch, Tauschhandel *m*. **to do a** ~ (**with sb**) (mit jdm) tauschen.

II *vt stamps, cars, houses etc* tauschen; *stories, reminiscences* austauschen. **to** ~ **sth for sth** etw für etw eintauschen; **to** ~ **places with sb** mit jdm tauschen.

III *vi* tauschen.

SWAPO [ˈswæpəʊ] *abbr of* **South West African People's Organization** SWAPO *f* (*südwestafrikanische Befreiungsbewegung*).

sward [swɔːd] *n* (*obs, poet*) Rasen *m*.

swarm [swɔːm] **I** *n* (*of insects, birds*) Schwarm *m*; (*of people also*) Schar *f*.

II *vi* (*bees, flies, people*) schwärmen. **the place was** ~**ing with insects/people** es wimmelte von Insekten/Leuten; **tourists were** ~**ing everywhere** es wimmelte überall von Touristen

◆**swarm up** *vi* +*prep obj* hinauf- *or* hochklettern.

swarthiness [ˈswɔːðɪnɪs] *n* (*of skin*) Dunkelheit *f*; (*of person also*) Dunkelhäutigkeit *f*, dunkle Farbe.

swarthy [ˈswɔːðɪ] *adj* (+*er*) *skin* dunkel; *person also* dunkelhäutig.

swash [swɒʃ] *vti* schwappen.

swashbuckler [ˈswɒʃˌbʌklər] *n* verwegener Kerl.

swashbuckling [ˈswɒʃˌbʌklɪŋ] *adj person, manner* verwegen.

swastika [ˈswɒstɪkə] *n* Hakenkreuz *nt*; (*religious symbol also*) Swastika *f*.

swat [swɒt] **I** *vt fly* totschlagen; *table* schlagen auf (+*acc*). **II** *vi* **to** ~ **at a fly** nach einer Fliege schlagen. **III** *n*

1. (*blow*) Schlag *m.* **2.** (*fly* ~) Fliegen-klatsche *f.*

swatch [swɒtʃ] *n* (Textil)muster *nt*; (*collection of samples*) Musterbuch *nt.*

swath [swɔːθ], **swathe** [sweɪð] *n* Schwade *f.* **to cut a** ~ **through sth** eine Bahn durch etw schneiden.

swathe [sweɪð] *vt* wickeln (*in* in +*acc*); (*in bandages also*) umwickeln (*in* mit). **to** ~ **oneself in sth** sich in etw (*acc*) einwickeln *or* einhüllen, etw um sich wickeln.

swatter [ˈswɒtəʳ] *n* (*fly* ~) Fliegenklatsche *f.*

sway [sweɪ] **I** *n* **1.** (*movement*) *see vi* Sich-wiegen *nt*; Schwingen *nt*; Schwanken *nt*; Schaukeln *nt*; Wackeln *nt*; Schwenken *nt*. **the bridge has quite a** ~ die Brücke schwankt beträchtlich.

2. (*influence, rule*) Macht *f* (*over* über +*acc*). **to bring sb/a people under one's** ~ jdn seinem Willen/ein Volk seiner Macht unterwerfen; **to hold** ~ **over sb/a nation** jdn/ein Volk in seiner Macht haben.

II *vi* (*trees*) sich wiegen; (*hanging object*) schwingen; (*building, mast, bridge etc, unsteady person*) schwanken; (*train, boat*) schaukeln; (*hips*) wackeln; (*fig*) schwenken. **the ladder** ~**ed away from the wall** die Leiter bewegte sich von der Mauer weg; **she** ~**s as she walks** sie wiegt beim Gehen die Hüften; **public opinion** ~**ed over to the conservatives** die öffentliche Meinung schwenkte zu den Konservativen über; **to** ~ **between two alternatives** zwischen zwei Alternativen schwanken.

III *vt* **1.** schwenken; (*wind*) hin und her bewegen.

2. (*influence*) beeinflussen; (*change sb's mind*) umstimmen.

swear [sweəʳ] (*vb: pret* **swore**, *ptp* **sworn**) **I** *vt* **1.** *allegiance, love, revenge* schwören; *oath also* leisten, ablegen. **I** ~ **it!** ich kann das beschwören!

2. (*Jur*) *witness, jury* vereidigen. **to** ~ **sb to secrecy** jdn schwören lassen, daß er nichts verrät.

II *vi* **1.** (*use solemn oath*) schwören. **to** ~ **on the Bible** auf die Bibel schwören; **to** ~ **to sth** etw beschwören, einen Eid auf etw (*acc*) ablegen; **to** ~ **blind that ...** (*inf*) Stein und Bein schwören, daß ... (*inf*).

2. (*use swearwords*) fluchen (*about* über +*acc*). **to** ~ **at sb/sth** jdn/etw beschimpfen.

III *n* **to have a (good)** ~ (*tüchtig*) fluchen.

◆**swear by** *vi +prep obj* (*inf*) schwören auf (+*acc*).

◆**swear in** *vt sep* vereidigen.

◆**swear off** *vi +prep obj* (*inf*) abschwören (+*dat*).

swearing [ˈsweərɪŋ] *n* Fluchen *nt.*

swearing-in [ˌsweərɪŋˈɪn] *n* Vereidigung *f.*

swearword [ˈsweəˌwɜːd] *n* Fluch, Kraftausdruck *m.*

sweat [swet] **I** *n* **1.** Schweiß *m no pl*; (*on walls*) (Kondens)wasser *nt*. **drops/beads of** ~ Schweißtropfen *pl*/-perlen *pl*; **his face was running with** ~ der Schweiß rann ihm von der Stirn; **all of a** ~ schweißgebadet; **by the** ~ **of one's brow** (*fig*) im Schweiße

seines Angesichts (*liter*); **to be in a** ~ (*lit, fig inf*) schwitzen; **to get into a** ~ **about sth** (*fig*) wegen etw ins Schwitzen geraten *or* kommen; **no** ~ (*inf*) kein Problem; **the walls are running with** ~ die Wände schwitzen; *see* **cold.**

2. (*inf: work*) **what a** ~ **that was!** das war eine Heidenarbeit! (*inf*); **that's too much** ~ **for me** das ist mir zu anstrengend.

II *vi* (*person, animal, wall*) schwitzen (*with* vor +*dat*); (*fig inf*) (*work hard*) sich abrackern (*inf*) (*over* mit); (*worry*) zittern, schwitzen (*inf*) (*with* vor +*dat*).

III *vt horse, athlete* schwitzen lassen; (*pej*) *worker* für einen Hungerlohn arbeiten lassen; *recruit* schleifen (*inf*). **to** ~ **blood** (*with worry*) Blut und Wasser schwitzen; (*with effort, work*) sich abrackern (*inf*).

◆**sweat out** *vt sep* **1.** *illness, fever* heraus-schwitzen. **2. to** ~ **it** ~ (*fig inf*) durchhalten; (*sit and wait*) abwarten.

sweatband [ˈswetˌbænd] *n* Schweißband *nt.*

sweated [ˈswetɪd] *adj worker* völlig unterbezahlt, ausgebeutet; *goods* für einen Hungerlohn hergestellt. ~ **labour** billige Arbeitskräfte *pl.*

sweater [ˈswetəʳ] *n* Pullover *m.*

sweat gland *n* Schweißdrüse *f*; **sweatshirt** *n* Sweatshirt *nt*; (*Sport*) Trainingspullover *m*; **sweatshop** *n* (*pej, hum inf*) Ausbeuterbetrieb *m* (*pej*).

sweaty [ˈswetɪ] *adj* (+*er*) *hands* schweißig; *feet, smell also* Schweiß-; *brow* schweißbedeckt; *body, person, socks* verschwitzt; *weather, day, work* zum Schwitzen. **digging is** ~ **work** beim Graben kommt man leicht ins Schwitzen.

swede [swiːd] *n* (*Brit*) Kohlrübe, Steckrübe *f.*

Swede [swiːd] *n* Schwede *m*, Schwedin *f.*

Sweden [ˈswiːdn] *n* Schweden *nt.*

Swedish [ˈswiːdɪʃ] **I** *adj* schwedisch. **II** *n* Schwedisch *nt.*

sweep [swiːp] (*vb: pret, ptp* **swept**) **I** *n* **1. to give the floor a** ~ den Boden kehren *or* fegen.

2. (*chimney* ~) Schornsteinfeger *m.*

3. (*of arm, pendulum*) Schwung *m*; (*of sword also*) Streich *m*; (*of dress*) Rauschen *nt no pl*; (*of oars*) Durchziehen *nt no pl*; (*of light, radar*) Strahl *m.* **at** *or* **in one** ~ (*fig*) auf einen Schwung; **the police made a** ~ **of the district** die Polizei hat die Gegend abgesucht; **to make a clean** ~ (*fig*) gründlich aufräumen *or* Ordnung schaffen; **the Russians made a clean** ~ **of the athletic events** die Russen haben beim Leichtathletikkampf tüchtig abgeräumt (*inf*).

4. (*range*) Bereich *m*; (*of gun also*) Schußbereich *m.*

5. (*curve, line*) (*of road, river*) Bogen *m*; (*of facade, contour, hair*) Schwung *m.* **the** ~ **of the plains** die Weite der Ebene.

6. *see* **sweepstake.**

II *vt* **1.** *floor, street, chimney* kehren, fegen; *room also* auskehren, ausfegen; *dust, snow* wegfegen. **to** ~ **a passage through the snow** einen Weg durch den Schnee bahnen; **to** ~ **sth under the carpet**

(fig) etw unter den Teppich kehren.
 2. *(scan, move searchingly over)* ab-
suchen *(for* nach); *(lights also, bullets)*
streichen über (+*acc*); *minefield* durch-
kämmen; *mines* räumen. **to ~ a channel
clear of mines** einen Kanal von Minen
säubern; **the fleet swept the seas in search
of ...** die Flotte durchkämmte die Meere
auf der Suche nach ...
 3. *(move quickly over)* *(wind, skirt)*
fegen über (+*acc*); *(waves)* deck, sand etc
überrollen, überschwemmen; *(glance)*
gleiten über (+*acc*); *(fig)* *(wave of
protest, violence, fashion)* überrollen;
(disease) um sich greifen in (+*dat*).
 4. *(remove with ~ing movement)*
(wave) spülen, schwemmen; *(current)*
reißen; *(wind)* fegen; *person* reißen. **to ~
sth off the table/onto the floor/into a bag**
etw vom Tisch/zu Boden fegen/etw in eine
Tasche raffen; **the crowd swept him into
the square** er wurde von der Menge zum
Platz hin mitgerissen; **he swept the ob-
stacles from his path** er stieß die Hinder-
nisse aus dem Weg; **the army swept the
enemy before them** die Armee jagte die
feindlichen Truppen vor sich her.
 5. *(triumph)* große Triumphe feiern in
(+*dat*). **to ~ the polls** *(Pol)* die Wahlen
haushoch gewinnen; **to ~ all before one**
(fig) alle in die Tasche stecken *(inf)*; **to ~
the board** *(fig)* alle Preise/Medaillen
gewinnen, abräumen *(inf)*.
 III *vi* **1.** *(with broom)* kehren, fegen.
 2. *(move)* *(person)* rauschen; *(vehicle,
plane)* *(quickly)* schießen; *(majestically)*
gleiten; *(skier)* fegen; *(road, river)* in
weitem Bogen führen. **panic/the disease
swept through Europe** Panik/die Krank-
heit griff in Europa um sich *or* breitete
sich in Europa aus; **the tornado swept
across the fields** der Wirbelsturm fegte
über die Felder.
 ◆**sweep along I** *vi* dahin- *or* entlang-
rauschen; *(majestically)* dahin- *or* ent-
langgleiten. **II** *vt sep (lit, fig)* mitreißen.
 ◆**sweep aside** *vt sep (lit, fig)* wegfegen,
beiseite fegen.
 ◆**sweep away I** *vi see* **sweep off. II** *vt sep*
dust, leaves etc wegfegen; *(storm also,
avalanche)* wegreißen; *(flood etc)* weg-
spülen, wegschwemmen; *(fig)* *old laws*
aufräumen mit; *work, accomplishments*
zunichte machen.
 ◆**sweep down I** *vi* hinunter-/herunter-
rauschen; *(car, plane)* hinunter-/herun-
terschießen; *(majestically)* hinunter-/
heruntergleiten; *(road, hill)* in sanftem
Bogen abfallen. **to ~ on sb** sich auf jdn
stürzen, über jdn herfallen.
 II *vt sep* abkehren, abfegen.
 ◆**sweep off I** *vi* davonrauschen; *(car,
plane)* davonschießen; *(majestically)*
davongleiten; *(skier)* davonfegen.
 II *vt sep vase, clock* hinunter-/herunter-
fegen. **to ~ sb ~ somewhere** jdn ir-
gendwohin entführen; **the children were
swept ~ to bed** die Kinder wurden
schleunigst ins Bett gesteckt *(inf)* *or*
geschickt; **to ~ sb ~ his/her feet** *(lit)* jdn
umreißen; *(fig)* *audience* jdn begeistern;
he swept her ~ her feet sie hat sich Hals

über Kopf in ihn verliebt *(inf)*.
 ◆**sweep out I** *vi* hinaus-/herausrauschen;
(car) hinaus-/ herausschießen; *(majesti-
cally)* hinaus-/herausgleiten. **to ~ ~ of a
room** aus einem Zimmer rauschen. **II** *vt
sep room* auskehren, ausfegen; *dust*
hinaus-/herauskehren *or* -fegen.
 ◆**sweep up I** *vi* **1.** *(with broom)* zusam-
menkehren *or* -fegen. **to ~ ~ after sb**
hinter jdm herfegen.
 2. *(move)* **he swept ~ to me** er rauschte
auf mich zu; **the car swept ~ to the house**
der Wagen rollte aufs Haus zu; **she swept
~ in a Rolls-Royce** sie rollte in einem
Rolls-Royce vor; **a broad driveway ~s ~
to the manor** ein breiter Zufahrtsweg
schwingt sich zum Herrenhaus hinauf.
 II *vt sep* zusammenkehren *or* -fegen;
(collect up) *objects* zusammenraffen; *per-
son* hochreißen; *hair* hochbinden.

sweepback ['swiːpˌbæk] *n (Aviat)* Pfeil-
form *f*.

sweeper ['swiːpə^r] *n* **1.** *(road ~)* Straßen-
kehrer(in *f*) *or* -feger(in *f*) *m*; *(machine)*
Kehrmaschine *f*; *(carpet ~)* Teppichkeh-
rer *m*. **2.** *(Ftbl)* Ausputzer *m*.

sweep hand *n* Sekundenzeiger *m*.

sweeping ['swiːpɪŋ] *adj* **1.** *gesture* weit
ausholend; *stroke also* mächtig; *bow,
curtsey, lines* schwungvoll; *glance*
streifend. **the steady ~ movement of his
oars** das gleichmäßige Durchziehen der
Ruder.
 2. *(fig)* *change, reduction* radikal, dra-
stisch; *statement* pauschal; *victory* über-
ragend, glänzend.

sweepingly ['swiːpɪŋlɪ] *adv* *gesture*
schwungvoll; *speak* verallgemeinernd;
condemn in Bausch und Bogen.

sweepings ['swiːpɪŋz] *npl* Kehricht, Dreck
m; *(fig: of society etc)* Abschaum *m*.

sweepstake ['swiːpˌsteɪk] *n (race)* Rennen
nt, in dem die Pferdebesitzer alle Einsätze
machen; *(prize)* aus allen Einsätzen gebil-
deter Preis; *(lottery)* Wette, bei der die
Preise aus den Einsätzen gebildet werden.

sweet [swiːt] **I** *adj (+er)* **1.** süß. **to like ~
things** gern Süßes essen; **to have a ~ tooth**
gern Süßes essen, naschhaft sein.
 2. *(fresh)* *food, water* frisch; *soil* nicht
sauer; *(fragrant)* *smell* süß.
 3. *(fig)* süß; *(kind also)* lieb. **that's very
~ of you** das ist sehr lieb von dir; **to be ~
on sb** *(dated inf)* in jdn vernarrt sein; **to
keep sb ~** *(inf)* jdn bei Laune halten; **suc-
cess was doubly ~ to him** er genoß den
Erfolg doppelt; **once he caught the ~ smell
of success** als erst der Erfolg lockte; **in his
own ~ way** *(iro)* auf seine unübertroffene
Art; **~ Fanny Adams** *or* **FA** *(sl)* nix *(inf)*,
nicht die Bohne *(sl)*.
 II *n* **1.** *(Brit: candy)* Bonbon *nt*.
 2. *(Brit: dessert)* Nachtisch *m*, Dessert
nt. **for ~** zum *or* als Nachtisch *or* Dessert.
 3. **yes, (my) ~** *(inf)* ja, (mein) Schätz-
chen *or* Liebling.
 4. ~s *pl (fig: pleasures)* **once he had
tasted the ~s of success** nachdem er ein-
mal erfahren hatte, wie süß der Erfolg
sein kann.

sweet-and-sour ['swiːtən'saʊə^r] *adj*
süßsauer; **sweetbread** *n* Bries *nt*;

sweet-brier n Weinrose f; **sweet chest-nut** n Edelkastanie f; **sweet corn** n Mais m.

sweeten ['swi:tn] **I** vt coffee, sauce süßen; air, breath reinigen; (fig) temper bessern; task versüßen. **to ~ sb** (inf) jdn gnädig stimmen; (sl: bribe) jdn schmieren (inf). **II** vi (temper) sich bessern; (person) gute Laune bekommen.

sweetener ['swi:tnə^r] n (Cook) Süßungsmittel nt; (artificial) Süßstoff m; (sl: bribe) Schmiergeld nt (inf).

sweetening ['swi:tnɪŋ] n (Cook) Süßungsmittel nt; (artificial) Süßstoff m.

sweetheart ['swi:t,hɑ:t] n Schatz m, Liebste(r) mf.

sweetie ['swi:tɪ] n **1.** (inf: also ~-pie) yes, ~ ja, Schatzi (inf) or Süße(r); **she's/he's a ~** sie/er ist ein Engel or ist süß (inf). **2.** (baby-talk, Scot: candy) Bonbon m.

sweetish ['swi:tɪʃ] adj taste, smell süßlich.

sweetly ['swi:tlɪ] adv sing, play süß; smile also, answer lieb. **the engine was running ~** der Motor lief prächtig gelaufen.

sweetmeat ['swi:tmi:t] n (old) Leckerei f; **sweet-natured** adj lieb.

sweetness ['swi:tnɪs] n (lit) Süßigkeit, Süße f; (fig) Süße f; (of smile, nature) Liebenswürdigkeit f; (of person) liebe Art; (freshness) (of food, water) Frische f; (of air, breath) Reinheit, Frische f. **now all is ~ and light** (usu iro) nun herrscht eitel Freude und Sonnenschein.

sweet pea n Gartenwicke f; **sweet potato** n Süßkartoffel, Batate f; **sweet-scented** adj süß duftend; **sweet-shop** n (Brit) Süßwarenladen m or -geschäft nt; **sweet-smelling** adj süß riechend; **sweet-talk** (inf) **I** n süße Worte pl; **II** vt **to ~ sb into doing sth** jdn mit süßen Worten dazu bringen, etw zu tun; **sweet-tempered** adj verträglich; **sweet william** n Bartnelke f.

swell [swel] (vb: pret ~ed, ptp **swollen** or ~ed) **I** n **1.** (of sea) Wogen nt no pl; (wave) Woge f. **there was a heavy ~** es herrschte hoher Seegang or schwere See. **2.** (dated inf) (stylish person) feine Dame, feiner Herr; (important person) hohes Tier; (of high society) Größe f. **3.** (Mus) (sound) Crescendo nt mit gleich anschließendem Decrescendo; (control, knob) Schweller m; (mechanism) Schwellwerk nt.

II adj (inf) **1.** (dated: stylish) fein, vornehm; house, restaurant also nobel (inf). **2.** (esp US: excellent) klasse (inf).

III vt ankle, river, sound etc anschwellen lassen; stomach (auf)blähen; wood (auf)quellen; sail blähen; numbers, population anwachsen lassen; sales steigern. **to be swollen with pride/rage** stolzgeschwellt sein/vor Wut (beinahe) platzen; **your praise will only ~ her head** dein Lob wird ihr nur zu Kopf steigen.

IV vi **1.** (ankle, arm, eye etc: also ~ up) (an)schwellen; (balloon, air bed, tyre) sich füllen. **to ~ (up) with rage/pride** vor Wut rot anlaufen/vor Stolz anschwellen; **the childrens' bellies had swollen with hunger** die Bäuche der Kinder waren vom Hunger (auf)gebläht. **2.** (river, lake, sound etc) anschwellen;

(cheers also) anwachsen; (sails: also ~ out) sich blähen; (wood) quellen; (in size, number: population, debt etc) anwachsen. **to ~ into a crowd** sich zu einer Menschenmenge auswachsen; **the cheers ~ed to a roar** der Jubel schwoll zu einem Begeisterungssturm an; see also **swollen**.

swell-box ['swel,bɒks] n (Mus) Schwellwerk nt; **swellhead** n (esp US inf) aufgeblasener Typ (inf); **swell-headed** ['swel,hedɪd] adj (inf) aufgeblasen (inf).

swelling ['swelɪŋ] **I** n **1.** Verdickung f; (Med) Schwellung f. **2.** (act) see vi Anschwellen nt; Anwachsen nt; Blähen nt; Quellen nt.

II adj attr ankle etc (an)schwellend; sails gebläht; sound anschwellend; numbers steigend, anwachsend, zunehmend; line, curve geschwungen. **the ~ curve of her bosom** die Wölbung ihrer Brüste.

swelter ['sweltə^r] vi (vor Hitze) vergehen, verschmachten (inf).

sweltering ['sweltərɪŋ] adj day, weather glühend heiß; heat glühend. **it's ~ in here** (inf) hier verschmachtet man ja! (inf).

swept [swept] pret, ptp of **sweep**.

sweptback ['swept,bæk] adj wing Delta-, Dreieck-; **sweptwing** adj aircraft mit Delta- or Dreieckflügeln.

swerve [swɜ:v] **I** n Bogen m; (of road, coastline also) Schwenkung f; (of car etc also) Schlenker m (inf); (spin on ball) Effet m. **with a ~ he avoided his opponent** er wich seinem Gegner mit einer geschickten Bewegung aus; **to put a ~ on the ball** einen Ball anschneiden; **to make a ~** (lit) see vi.

II vi einen Bogen machen; (car, driver) ausschwenken; (boxer) ausweichen; (horse) ausbrechen; (ball also) im Bogen fliegen; (fig) (from truth) abweichen; (from chosen path) abschwenken. **to ~ round sth** einen Bogen um etw machen; **the road ~s (round) to the right** die Straße schwenkt nach rechts; **he ~d in in front of me** er schwenkte plötzlich vor mir ein.

III vt car etc herumreißen; ball anschneiden.

swift [swɪft] **I** adj (+er) schnell; movement, steps also flink; reaction, reply also, revenge prompt; runner also flink, flott; pace flott, rasch. **to be ~ to do sth** etw schnell tun. **II** n (bird) Mauersegler m.

swiftly ['swɪftlɪ] adv see adj.

swiftness ['swɪftnɪs] n see adj Schnelligkeit f; Flinkheit f; Promptheit f; Flottheit f; Raschheit f.

swig [swɪg] (inf) **I** n Schluck m. **to have** or **take a ~ of beer/at** or **from a bottle** einen Schluck Bier/aus einer Flasche nehmen; **to down a drink in one ~** das Glas in einem Zug leeren.

II vt (also ~ down) herunterkippen (inf). **to sit ~ging beer all evening** den ganzen Abend ein Bier nach dem anderen runterkippen (inf).

swill [swɪl] **I** n **1.** (animal food) (Schweine)futter nt; (garbage, slops) (solid) Abfälle pl; (liquid) Spülicht, Schmutzwasser nt; (fig pej) (Schweine)fraß m (inf); (liquid) Abwaschwasser nt (inf), Brühe f (inf). **2.** (cleaning) see vt **1.** Auswaschen nt; Ausschwenken nt; Abspülen nt; Waschen *nt.* **to give sth a ~ (out/down)** *see vt 1.*

II *vt* **1.** (*also* **~ out**) auswaschen; *cup, dish* ausschwenken. **to ~ sth down** etw abspülen; *floor* etw waschen.

2. (*inf*) *beer etc* kippen (*inf*). **he ~ed it down with beer** er hat es mit Bier runtergespült (*inf*).

swim [swɪm] (*vb: pret* **swam**, *ptp* **swum**) **I** *n* **1.** **after a 2 km ~** nachdem ich *etc* 2 km geschwommen bin/war; **it's a long ~** es ist weit (zu schwimmen); **that was a nice ~** das (Schwimmen) hat Spaß gemacht!; **I like** *or* **enjoy a ~** ich gehe gern (mal) schwimmen, ich schwimme gern (mal); **to have a ~** schwimmen.

2. (*inf*) **to be in the/out of the ~** up to date/nicht mehr up to date sein; (*socially active*) mitmischen (*inf*)/den Anschluß verloren haben; **to keep sb in the ~** jdn auf dem laufenden halten.

II *vt* schwimmen; *river, Channel* durchschwimmen.

III *vi* (*all senses*) schwimmen. **to ~ back** zurückschwimmen; **we shall have to ~ for it** wir werden schwimmen müssen; **the room swam before my eyes** das Zimmer verschwamm vor meinen Augen; **my head is ~ming** mir dreht sich alles.

swimmer ['swɪmər] *n* Schwimmer(in *f*) *m*.

swimming ['swɪmɪŋ] **I** *n* Schwimmen *nt*. **do you like ~?** schwimmen Sie gern? **II** *adj* (*for ~*) Schwimm-; (*dizzy*) *feeling* schwummrig (*inf*).

swimming bath *n usu pl see* **swimming pool**; **swimming cap** *n* Badekappe, Bademütze *f*; **swimming costume** *n* Badeanzug *m*.

swimmingly ['swɪmɪŋlɪ] *adv* (*inf*) glänzend.

swimming pool *n* Schwimmbad *nt*, Badeanstalt *f* (*form*); (*indoor also*) Hallenbad *nt*; **swimming ring** *n* Schwimmring *m*; **swimming trunks** *npl* Badehose *f*.

swimsuit ['swɪmsuːt] *n* Badeanzug *m*.

swindle ['swɪndl] **I** *n* Schwindel, Betrug *m*. **it's a ~!** das ist (reiner) Schwindel!

II *vt person* beschwindeln, betrügen. **to ~ sb out of sth** (*take from*) jdm etw abschwindeln *or* abgaunern (*inf*); (*withhold from*) jdn um etw beschwindeln *or* betrügen; **to ~ sth out of sb** jdm etw abschwindeln *or* abgaunern (*inf*).

swindler ['swɪndlər] *n* Schwindler(in *f*), Gauner(in *f*) (*inf*) *m*.

swine [swaɪn] *n* **1.** *pl* **-** (*old, form*) Schwein *nt*. **2.** *pl* **-s** (*pej inf*) (*man*) (gemeiner) Hund (*inf*); (*woman*) gemeine Sau (*sl*). **this translation is a ~** diese Übersetzung ist wirklich gemein (*inf*).

swine fever *n* Schweinepest *f*; **swineherd** *n* (*old*) Schweinehirt *m*.

swing [swɪŋ] (*vb: pret, ptp* **swung**) **I** *n* **1.** (*movement*) Schwung *m*; (*to and fro*) Schwingen *nt*; (*of needle*) Ausschlag *m*; (*distance*) Ausschlag, Schwung(weite *f*) *m*; (*Boxing etc: blow*) Schwinger *m*; (*Golf, Skiing etc*) Schwung *m*; (*fig, Pol*) (Meinungs)umschwung *m*. **to take a ~ at sb** nach jdm schlagen; **the golfer took a big ~ at the ball** der Golfer holte weit aus und schlug den Ball.

2. (*rhythm*) Schwung *m*; (*kind of music,*

dance) Swing *m*. **a tune with a ~** eine Melodie mit Schwung; **they swayed to the ~ of the music** sie bewegten sich im Rhythmus *or* im Takt der Musik; **to walk with a ~** schwungvoll gehen; **to go with a ~** (*fig*) ein voller Erfolg sein (*inf*); **to be in full ~** voll im Gang sein; **to get into the ~ of things** (*inf*) reinkommen (*inf*).

3. (*seat for ~ing*) Schaukel *f*. **to give sb a ~** jdn anstoßen *or* anschubsen (*inf*); **to have a ~** schaukeln; **what you gain on the ~s (you lose on the roundabouts)** (*prov*) was man auf der einen Seite gewinnt, verliert man auf der anderen Seite.

4. (*esp US: scope, freedom*) **he gave his imagination full ~** er ließ seiner Phantasie (*dat*) freien Lauf; **he was given full ~ to make decisions** man hat ihm bei allen Entscheidungen freie Hand gelassen.

II *vt* **1.** schwingen; (*to and fro*) hin und her schwingen; (*on swing, hammock*) schaukeln; *arms, legs* (*vigorously*) schwingen (mit); (*dangle*) baumeln mit; *propeller* einen Schwung geben (+*dat*). **to ~ a child** ein Kind schaukeln; **to ~ one's hips** sich in den Hüften wiegen; **to ~ the lead** (*Brit inf*) sich drücken (*inf*); *see* **cat**.

2. (*move*) **he swung his axe at the tree/at me** er schwang die Axt gegen den Baum/gegen mich; **he swung his racket at the ball** er holte mit dem Schläger aus; **to ~ a door open/shut** eine Tür aufstoßen/zustoßen; **he swung the case (up) onto his shoulder** er schwang sich (*dat*) die Kiste auf die Schulter; **he swung himself over the wall/up into the saddle** er schwang sich über die Mauer/in den Sattel.

3. (*influence*) *election, decision, voters* beeinflussen; *opinion* umschlagen lassen; *person* umstimmen, herumkriegen (*inf*). **what swung it for me was the fact that ...** (*inf*) was dann letzten Endes den Ausschlag gegeben hat, war, daß ...; **to ~ it (so that ...)** (*inf*) es so drehen *or* deichseln (*inf*) (, daß ...); **he managed to ~ it in our favour** es gelang ihm, es zu unseren Gunsten zu drehen; **he managed to ~ the deal** (*inf*) er hat das Geschäft gemacht (*inf*).

4. (*Mus*) *tune* (*arrange*) Schwung geben (+*dat*); (*play*) schwungvoll spielen.

5. (*turn: also* **~ round**) *plane, car* herumschwenken.

III *vi* **1.** schwingen; (*to and fro*) (hin und her) schwingen; (*hanging object also*) pendeln; (*pivot*) sich drehen; (*on swing*) schaukeln; (*arms, legs: dangle*) baumeln. **he was left ~ing by his hands** er hing *or* (*dangerously*) baumelte nur noch an den Händen; **the boat was ~ing at anchor** das Boot lag schaukelnd vor Anker; **he swung at me with his axe** er schwang die Axt gegen mich; **the golfer swung at the ball** der Golfer holte aus.

2. (*move: into saddle, along rope etc*) sich schwingen. **to ~ open/shut** aufschwingen/zuschlagen; **the car swung into the square** der Wagen schwenkte auf den Platz ein; **opinion/the party has swung to the right** die Meinung/die Partei hat einen Rechtsschwenk gemacht.

3. (*music, tune*) Schwung haben. **London really swung in the sixties** in den sechziger Jahren war in London schwer was los (*inf*).

4. (*inf: be hanged*) **he'll ~ for it** dafür wird er baumeln (*inf*).

◆**swing across** *vi* hinüber-/herüberschwingen; (*hand-over-hand*) sich hinüber-/herüberhangeln; (+*prep obj*) schwingen über (+*acc*); (*person, animal*) sich schwingen über (+*acc*); (*hand-over-hand*) sich hangeln über (+*acc*).

◆**swing back** I *vi* zurückschwingen; (*opinion*) zurückschlagen. II *vt sep* zurückschwingen; *opinion* zurückschlagen lassen.

◆**swing round** I *vi* (*person*) sich umdrehen; (*car, ship, plane, crane*) herumschwenken; (*needle*) ausschlagen; (*fig: voters, opinion*) umschwenken. **he has swung ~ in favour of the idea** er hat sich doch noch für diese Idee entschieden.

II *vt sep* herumschwenken; *voters* umstimmen; *opinion* umschlagen lassen.

◆**swing to** *vi* (*door*) zuschlagen.

swing band *n* (*Mus*) Swingband *f*; **swingboat** *n* Schiffschaukel *f*; **swing bridge** *n* Drehbrücke *f*; **swing-door** *n* (*Brit*) Pendeltür *f*.

swingeing ['swɪndʒɪŋ] *adj* (*Brit*) *blow* hart; *attack* scharf; *defeat* vernichtend; *taxation, increases* extrem hoch; *cuts* extrem.

swinger ['swɪŋəʳ] *n* (*inf*) lockerer Typ (*sl*).

swinging ['swɪŋɪŋ] *adj* *step* schwungvoll; *movement* schaukelnd; *music* schwungvoll, swingend; (*fig inf*) *person* locker (*sl*). ~ **door** (*US*) Pendeltür *f*; **London was a ~ place then** in London war damals wirklich was los (*inf*); **the ~ sixties** die flotten sechziger Jahre, die ,,swinging sixties" (*sl*).

swing-wing ['swɪŋ'wɪŋ] *adj aircraft* mit ausfahrbaren Tragflächenteilen.

swinish ['swaɪnɪʃ] *adj* (*fig*) gemein.

swipe [swaɪp] I *n* (*blow*) Schlag *m*. **to take** *or* **make a ~ at sb/sth** nach jdm/etw schlagen. II *vt* 1. *person, ball etc* schlagen. **he ~d the wasp with the towel** er schlug mit dem Handtuch auf die Wespe. 2. (*inf: to steal*) mopsen (*inf*), klauen (*inf*). III *vi* **to ~ at sb/sth** nach jdm/etw schlagen.

swirl [swɜːl] I *n* Wirbel *m*; (*whorl in pattern also*) Spirale *f*. **the ~ of the dancers' skirts** die wirbelnden Röcke der Tänzerinnen.

II *vt* wirbeln. **to ~ sth along/away** *etc* (*river*) etw wirbelnd mitreißen/etw wegwirbeln.

III *vi* wirbeln. **to ~ around** herumwirbeln.

swish [swɪʃ] I *n see vi* Zischen, Sausen *nt*; Rascheln *nt*; Rauschen *nt*; Zischen, Pfeifen *nt*; Wischen *nt*.

II *adj* (+*er*) (*esp Brit inf: smart*) (tod)schick.

III *vt cane* sausen lassen; *tail* schlagen mit; *skirt* rauschen mit; *water* schwenken. **she ~ed water round the bowl** sie schwenkte die Schüssel mit Wasser aus.

IV *vi* (*whip, cane*) zischen, sausen; (*grass*) rascheln; (*skirts*) rauschen, rascheln; (*water*) rauschen; (*tyres*) pfeifen; (*windscreen wipers*) wischen.

Swiss [swɪs] I *adj* Schweizer, schweizerisch. **the ~-German part of Switzerland** die deutsche Schweiz; ~ **cheese** Schweizer

Käse; ~ **roll** Biskuitrolle *f*; **the/a ~ Guard** die Schweizergarde/ein Schweizer *m*.

II *n* Schweizer(in *f*) *m*. **the ~** *pl* die Schweizer *pl*; ~ **French/ German** (*person*) Welsch-/Deutschschweizer(in *f*) *m*; (*language*) Schweizer Französisch *nt*/Schweizerdeutsch, Schwyzerdütsch *nt*.

switch [swɪtʃ] I *n* 1. (*Elec etc*) Schalter *m*.

2. (*US Rail*) Weiche *f*.

3. (*change*) Wechsel *m*; (*in plans, policies*) Änderung, Umstellung *f* (*in gen*); (*in opinion*) Änderung *f* (*in gen*); (*exchange*) Tausch *m*. **to do** *or* **make a ~** tauschen.

4. (*stick, cane*) Rute, Gerte *f*; (*riding-whip*) Gerte *f*.

5. (*of hair*) falscher Zopf.

II *vt* 1. (*change, alter*) wechseln; *direction, plans* ändern; *allegiance* übertragen (*to* auf +*acc*); *attention, conversation* lenken (*to* auf +*acc*).

2. (*move*) *production* verlegen; *object* umstellen.

3. (*exchange*) tauschen; (*transpose: also* ~ **over,** ~ **round**) *objects, letters in word, figures in column* vertauschen. I ~**ed hats with him** ich tauschte meinen Hut mit ihm; **we** ~**ed hats** wir tauschten die Hüte; **to** ~ **A for B** A für *or* gegen B (ein)tauschen; **to** ~ **A and B** (**over**) A und B vertauschen.

4. (*Elec*) (um)schalten. ~ **the radio to another programme** schalten Sie auf ein anderes Radioprogramm um.

5. *tail, cane* schlagen mit. **he** ~**ed the rope out of my hands** er wand mir das Seil aus der Hand.

6. (*esp US Rail*) rangieren.

III *vi* 1. (*change: also* ~ **over**) (über)wechseln (*to* zu); (*Elec, TV, Rad*) umschalten (*to* auf +*acc*); (*exchange: also* ~ **round,** ~ **over**) tauschen. **to** ~ (**over**) **from Y to Z** von Y auf Z (*acc*) (über)wechseln; **we've** ~**ed** (**over**) **to gas** wir haben auf Gas umgestellt; **the wind** ~**ed to the east** der Wind hat (sich) nach Osten gedreht; **he** ~**ed to another line of attack** er wechselte seine Angriffstaktik.

2. (*Rail*) rangieren.

◆**switch back** I *vi* (*to original plan, product, allegiance etc*) zum Alten zurückkehren; (*Elec, Rad, TV*) zurückschalten (*to* zu).

II *vt sep heater, cooker* zurückschalten (*to* auf +*acc*). **to** ~ **the light** ~ **on** das Licht wieder anschalten.

◆**switch off** I *vt sep* 1. *light* ausschalten; *radio, TV, machine also; engine* abschalten; *gas, water supply* abstellen. **the oven** ~**s itself** ~ der Backofen schaltet sich selbsttätig ab *or* aus.

2. (*inf*) **that/he** ~**es me right** ~ dabei/bei ihm schalte ich gleich ab (*inf*).

II *vi* 1. *see vt* 1. ausschalten; abschalten; abstellen. **the TV won't** ~ ~ der Fernseher läßt sich nicht ausschalten.

2. (*inf: person*) abschalten.

◆**switch on** I *vt sep* 1. *gas, water* anstellen; *machine, radio, TV also, light* einschalten, anschalten; *engine also* anlassen.

2. (*sl*) *person* (*interest*) munter machen,

begeistern; (*emotionally, by drugs*) antur-
nen (*sl*), high machen (*sl*); (*sexually*) auf
Touren bringen (*inf*). ~**ed** ~begeistert;
(*emotionally, on drugs*) high (*sl*); (*sex-
ually*) auf Touren (*inf*); (*up-to-date*) in (*sl*);
to be ~ed ~ to jazz auf Jazz stehen (*inf*).
   II *vi see vt 1.* anstellen; einschalten, an-
schalten; anlassen. **the cooker will ~ ~ at
10** der Herd schaltet sich um 10 Uhr ein *or*
an; **the record-player won't ~ ~** der Plat-
tenspieler läßt sich nicht einschalten.

◆**switch over I** *vi see* **switch III 1. II** *vt sep*
1. *see* **switch II 2. 2.** (*TV, Rad*) **to ~ the
programme** ~ auf ein anderes Programm
umschalten.

◆**switch round I** *vt sep* (*swap round*) ver-
tauschen; (*rearrange*) umstellen. **II** *vi see*
switch III 1.

◆**switch through** *vt sep* (*Telec*) durch-
stellen (*to* zu), verbinden (*to* mit).

switchback ['swɪtʃbæk] *n* Berg- und Tal-
bahn *f*; (*Brit: roller-coaster also*) Achter-
bahn *f*; **switchblade** *n* (*US*) Schnapp-
messer *nt*; **switchboard** *n* (*Telec*)
(*exchange*) Vermittlung *f*; (*in office etc*)
Zentrale *f*; (*actual panel, Elec*) Schalttafel
f; **switchboard operator** *n* (*in office*)
Telephonist(in *f*) *m*; **switch-man** *n* (*US
Rail*) Weichensteller *m*; **switch-over** *n*
Wechsel *m* (*to* auf +*acc*, zu); (*exchange*)
Tausch *m*; (*of letters, figures etc*) Ver-
tauschung *f*; **switch-round** *n* Tausch *m*;
(*of letters, figures etc*) Vertauschung *f*;
(*rearrangement*) Umstellen *nt*; **switch-
yard** *n* (*US Rail*) Rangierbahnhof, Ver-
schiebebahnhof *m*.

Switzerland ['swɪtsələnd] *n* die Schweiz. **to
~ in** die Schweiz; **French-/German-/
Italian-speaking ~** die französische/die
deutsch-/italienischsprachige Schweiz.

swivel ['swɪvl] **I** *n* Drehgelenk *nt*. **II** *attr*
Dreh-. **III** *vt* (*also ~ round*) (herum)-
drehen. **IV** *vi* (*also ~ round*) sich drehen;
(*person*) sich herumdrehen.

swizz [swɪz], **swizzle** ['swɪzl] *n* (*Brit inf*)
(*swindle*) Bauernfängerei *f* (*inf*); (*disap-
pointment*) Gemeinheit *f* (*inf*).

swizzle-stick ['swɪzlstɪk] *n* Sektquirl *m*.

swollen ['swəʊlən] **I** *ptp of* **swell.**
   II *adj* ankle, face, glands etc (an)-
geschwollen; *stomach* aufgedunsen,
aufgebläht; *wood* verquollen, gequollen;
sails gebläht; *river* angeschwollen, ange-
stiegen; *numbers* (an)gestiegen,
angewachsen. **her eyes were ~ with tears**
ihre Augen waren verweint; **he has a ~
head** (*fig*) er ist so aufgeblasen.

swollen-headed ['swəʊlən'hedɪd] *adj*
aufgeblasen (*inf*); **swollen-headedness**
n Aufgeblasenheit *f* (*inf*).

swoon [swuːn] **I** *n* (*old*) Ohnmacht *f*.
   II *vi* (*old: faint*) in Ohnmacht fallen,
ohnmächtig werden; (*fig: over pop star
etc*) beinahe ohnmächtig werden (*over sb/
sth* wegen jdm/einer Sache).

swoop [swuːp] **I** *vi* (*lit: also ~ down*) (*bird*)
herabstoßen, niederstoßen (*on* auf +
acc); (*plane*) einen Sturzflug machen;
(*fig*) (*police*) einen Überraschungsangriff
machen (*on* auf +*acc*) *or* landen (*inf*) (*on*
bei); (*person*) sich stürzen (*on* auf +*acc*).
   II *n* (*bird, plane*) Sturzflug *m*; (*by

police) Razzia *f* (*on* in +*dat*, *on sb* bei
jdm). **to make a ~** (*bird*) herabstoßen (*on*
auf +*acc*); **at one (fell) ~** auf einen Schlag.

swoosh [swuːʃ] **I** *vi* rauschen; (*air*)
brausen; (*tyres in rain etc*) pfeifen, sirren;
(*skirts, curtains*) rauschen. **II** *n see vi*
Rauschen *nt*; Brausen *nt*; Pfeifen, Sirren
nt; Rauschen *nt*.

swop *n, vti see* **swap.**

sword [sɔːd] *n* Schwert *nt*. **to cross ~s with
sb** (*lit, fig*) mit jdm die Klinge(n) kreuzen;
those that live by the ~ die by the ~
(*prov*) wer das Schwert ergreift, der soll
durchs Schwert umkommen.

sword *in cpds* Schwert-; **swordbearer** *n*
Schwertträger *m*; **sword-cane** *n* Stock-
degen *m*; **sword-dance** *n* Schwert(er)-
tanz *m*; **swordfish** *n* Schwertfisch *m*;
swordplay *n* (Schwert)fechten *nt*;
sword-point *n* **at ~** mit vorgehaltener
Klinge.

swordsman ['sɔːdzmən] *n, pl* **-men** [-mən]
Schwertkämpfer *m*; (*fencer*) Fechter *m*.

swordsmanship ['sɔːdzmənʃɪp] *n* Fecht-
kunst *f*.

swordstick ['sɔːdstɪk] *n* Stockdegen *m*;
sword-swallower *n* Schwertschlucker
m.

swore [swɔːʳ] *pret of* **swear.**

sworn [swɔːn] **I** *ptp of* **swear. II** *adj enemy*
eingeschworen; *friend also* verschworen;
(*Jur*) *evidence, statement* beschworen,
eidlich, unter Eid.

swot [swɒt] (*Brit inf*) **I** *vti* büffeln (*inf*),
pauken (*inf*). **to ~ up (on) one's maths**
Mathe pauken (*inf*); **to ~ at sth** etw
pauken (*inf*) *or* büffeln (*inf*). **II** *n* (*pej*)
person Streber(in *f*) *m*.

swotting ['swɒtɪŋ] *n* (*Brit inf*) Büffeln (*inf*),
Pauken (*inf*) *nt*. **to do some ~** büffeln
(*inf*), pauken (*inf*).

swum [swʌm] *ptp of* **swim.**

swung [swʌŋ] **I** *pret, ptp of* **swing. II** *adj*
(*Typ*) **~ dash** Tilde *f*.

sycamore ['sɪkəmɔːʳ] *n* Bergahorn *m*; (*US:
plane tree*) nordamerikanische Platane;
(*wood*) Ahorn *m*.

sycophancy ['sɪkəfənsɪ] *n* Kriecherei,
Speichelleckerei *f* (*inf*).

sycophant ['sɪkəfənt] *n* Kriecher,
Speichellecker *m* (*inf*).

sycophantic [ˌsɪkə'fæntɪk] *adj* kriecherisch
(*inf*), unterwürfig.

syllabic [sɪ'læbɪk] *adj* silbisch, Silben-.

syllable ['sɪləbl] *n* Silbe *f*. **a two-~(d) word**
ein zweisilbiges Wort; **did he tell you any-
thing about it?** — **not a ~** hat er dir etwas
darüber gesagt? — nein, kein Wort; **in
words of one ~** (*hum*) in einfachen Wor-
ten.

syllabub ['sɪləbʌb] *n* (*dessert*) Obstspeise *f*
mit Sahne.

syllabus ['sɪləbəs] *n, pl* **-es** *or* **syllabi**
['sɪləbaɪ] (*Sch, Univ*) Lehrplan *m*; (*of club
etc*) Programm *nt*.

syllogism ['sɪlədʒɪzəm] *n* Syllogismus *m*.

syllogistic [ˌsɪlə'dʒɪstɪk] *adj* syllogistisch.

syllogize ['sɪlədʒaɪz] *vi* syllogistisch fol-
gern.

sylph [sɪlf] *n* (*Myth*) Sylphe *mf*; (*fig: girl*)
Sylphide, Nymphe *f*.

sylphid ['sɪlfɪd] *n* Sylphide *f*.

sylphlike ['sɪlf‚laɪk] adj figure etc grazil, sylphidenhaft.

sylvan, silvan ['sɪlvən] adj (liter) Wald-; shade, goddess also des Waldes; surroundings waldig.

symbiosis [‚sɪmbɪ'əʊsɪs] n Symbiose f.

symbiotic [‚sɪmbɪ'ɒtɪk] adj symbiotisch.

symbol ['sɪmbəl] n Symbol, Zeichen nt (of für).

symbolic(al) [sɪm'bɒlɪk(əl)] adj symbolisch (of für). **to be ~ of sth** etw symbolisieren, ein Symbol für etw sein; **~ logic** mathematische Logik.

symbolically [sɪm'bɒlɪkəlɪ] adv see adj.

symbolism ['sɪmbəlɪzəm] n Symbolik f; (Art, Liter: movement) Symbolismus m.

symbolist ['sɪmbəlɪst] I n Symbolist(in f) m. II adj symbolistisch.

symbolization [‚sɪmbəlaɪ'zeɪʃən] n Symbolisierung f.

symbolize ['sɪmbəlaɪz] vt symbolisieren.

symmetrical adj, **~ly** adv [sɪ'metrɪkəl, -ɪ] symmetrisch.

symmetry ['sɪmɪtrɪ] n Symmetrie f.

sympathetic [‚sɪmpə'θetɪk] adj 1. (showing pity) mitfühlend, teilnahmsvoll; (understanding) verständnisvoll; (well-disposed) wohlwollend, wohlgesonnen (geh); look, smile verbindlich, freundlich. **to be or feel ~ to(wards) sb** mit jdm mitfühlen; jdm Verständnis entgegenbringen, für jdn Verständnis haben; `mit jdm sympathisieren; **he was most ~ when I told him all my troubles** er zeigte sehr viel Mitgefühl für all meine Sorgen; **a ~ ear** ein offenes Ohr.
2. (likeable) sympathisch.
3. (Physiol, Phys) sympathisch. **~ vibration** Mitschwingung f; **~ string** mitschwingende Saite, Bordunsaite f; **~ magic** Sympathiezauber m.

sympathetically [‚sɪmpə'θetɪkəlɪ] adv (showing pity) mitfühlend; (with understanding) verständnisvoll; (well-disposed) wohlwollend. **to respond/vibrate ~** (Phys etc) mitreagieren/mitschwingen.

sympathize ['sɪmpəθaɪz] vi (feel compassion) mitfühlen, Mitleid haben (with mit); (understand) Verständnis haben (with für); (agree) sympathisieren (with mit) (esp Pol); (express sympathy) sein Mitgefühl aussprechen; (on bereavement) sein Beileid aussprechen. **to ~ with sb over sth** (feel sorry) mit jdm in einer Sache mitfühlen können; **to ~ with sb's views** jds Ansichten teilen; **to ~ with sb's troubles** mit jdm mitfühlen; **I really do ~** (have pity) das tut mir wirklich leid; (understand your feelings) ich habe wirklich vollstes Verständnis; **to ~ with sb in his bereavement/grief** jds Verlust/Schmerz teilen; (express sympathy) jdm sein Beileid/Mitgefühl aussprechen.

sympathizer ['sɪmpəθaɪzəʳ] n Mitfühlende(r) mf; (at death also) Kondolierende(r) mf; (with cause) Sympathisant(in f) m.

sympathy ['sɪmpəθɪ] n 1. (pity, compassion) Mitgefühl, Mitleid nt (for mit); (at death) Beileid nt. **to feel or have ~ for sb** Mitgefühl or Mitleid mit jdm haben; **a letter of ~** ein mitfühlender Brief, ein

Beileidsbrief m; **you have our deepest or heartfelt ~ or sympathies** wir fühlen mit Ihnen; (unser) aufrichtiges or herzliches Beileid; **my sympathies are with her family** mir tut ihre Familie leid; **to express one's ~** sein Mitgefühl aussprechen; sein Beileid aussprechen.
2. (understanding) Verständnis nt; (fellow-feeling, agreement) Sympathie f. **to be in/out of ~ with sb/sth** mit jdm/etw einhergehen/nicht einhergehen; **the sympathies of the crowd were with him** (in match, discussion) die Zuschauer waren auf seiner Seite; **he has Democratic sympathies** er sympathisiert mit or seine Sympathien gehören den Demokraten; **politically there wasn't much ~ between them** sie verstanden sich politisch nicht gut; **to come out or strike in ~** (Ind) in Sympathiestreik treten; **to resonate/vibrate in ~** mitklingen/mitschwingen; **~ strike** Sympathiestreik m.

symphonic [sɪm'fɒnɪk] adj symphonisch, sinfonisch.

symphony ['sɪmfənɪ] n Symphonie, Sinfonie f. **~ orchestra** Symphonie- or Sinfonieorchester nt; **the London S~** (inf) or **S~ Orchestra** die Londoner Symphoniker pl.

symposium [sɪm'pəʊzɪəm] n, pl **-s** or **symposia** [sɪm'pəʊzɪə] Symposium, Symposion nt.

symptom ['sɪmptəm] n Symptom nt.

symptomatic [‚sɪmptə'mætɪk] adj symptomatisch (of für).

synagogue ['sɪnəgɒg] n Synagoge f.

sync [sɪŋk] n (Film, TV, Computers inf) abbr of **synchronization**. **in/out of ~** synchron/nicht synchron.

synchromesh ['sɪŋkrəʊ‚meʃ] n Synchrongetriebe nt.

synchronic [sɪŋ'krɒnɪk] adj (Ling) synchronisch.

synchronization [‚sɪŋkrənaɪ'zeɪʃən] n 1. see vt Abstimmung f; Synchronisation f; Gleichstellung f. 2. see vi Synchronisation f; Gleichgehen nt; Zusammenfall m, gleichzeitiger Ablauf; Übereinstimmung f.

synchronize ['sɪŋkrənaɪz] I vt abstimmen (with auf +acc); two actions, movements aufeinander abstimmen; (Film) synchronisieren (with mit); clocks gleichstellen (with mit). **~ your watches!** Uhrenvergleich!
II vi (Film) synchron sein (with mit); (clocks) gleichgehen; (actions) zusammenfallen, gleichzeitig ablaufen (with mit); (movements) in Übereinstimmung sein (with mit).

synchronous ['sɪŋkrənəs] adj gleichzeitig; events also zeitlich parallel.

syncopate ['sɪŋkəpeɪt] vt (Mus) synkopieren; (Ling also) zusammenziehen.

syncopation [‚sɪŋkə'peɪʃən] n Synkope f; (act) Synkopierung f.

syncope ['sɪŋkəpɪ] n Synkope f.

syndicalism ['sɪndɪkəlɪzəm] n Syndikalismus m.

syndicate ['sɪndɪkɪt] I n Interessengemeinschaft f; (for gambling) Wettgemeinschaft f; (Comm) Syndikat nt, Verband *m; (Press)* (Presse)zentrale *f; (crime ~)* Ring *m*.

II ['sındıkeıt] *vt (Press)* an mehrere Zeitungen verkaufen. **there are several ~d articles in this newspaper** mehrere Artikel dieser Zeitung stammen aus einer Pressezentrale.

syndrome ['sındrəum] *n (Med)* Syndrom *nt; (fig, Sociol)* Phänomen *nt*.

synod ['sınəd] *n* Synode *f*.

synonym ['sınənım] *n* Synonym *nt*.

synonymous [sı'nɒnıməs] *adj* synonym, synonymisch. **her name was ~ with sex** ihr Name war gleichbedeutend mit Sex.

synonymy [sı'nɒnəmı] *n* Synonymik *f*.

synopsis [sı'nɒpsıs] *n, pl* **synopses** [sı'nɒpsi:z] Abriß *m* der Handlung; *(of article, book)* Zusammenfassung *f*.

synoptic [sı'nɒptık] *adj* zusammenfassend. **~ view** Überblick *m*, Übersicht *f*; **S~ Gospels** die Evangelien des Markus, Matthäus und Lukas; **~ chart** *(Met)* synoptische Karte.

syntactic(al) [sın'tæktık(əl)] *adj* syntaktisch.

syntax ['sıntæks] *n* Syntax *f; (of sentence also)* Satzbau *m*.

synthesis ['sınθəsıs] *n, pl* **syntheses** ['sınθəsi:z] Synthese *f; (artificial production also)* Synthetisieren *nt*.

synthesize ['sınθəsaız] *vt* synthetisieren; *speech* synthetisch bilden; *theories etc* zusammenfassen.

synthesizer ['sınθəˌsaızə^r] *n (Mus)* Synthesizer *m*.

synthetic [sın'θetık] **I** *adj* **1.** synthetisch; *fibre, silk* Kunst-. **~ smile** künstliches *or* gekünsteltes Lächeln. **2.** *(Ling, Philos)* synthetisch. **II** *n* Kunststoff *m*.

synthetically [sın'θetıkəlı] *adv* synthetisch, künstlich; *(fig) smile* gekünstelt.

syphilis ['sıfılıs] *n* Syphilis *f*.

syphilitic [ˌsıfı'lıtık] **I** *adj* syphilitisch. **II** *n* Syphilitiker(in *f*) *m*.

syphon *n see* **siphon**.

Syria ['sırıə] *n* Syrien *nt*.

Syrian ['sırıən] **I** *adj* syrisch. **II** *n* Syr(i)er(in *f*) *m*.

syringe [sı'rındʒ] **I** *n (Med)* Spritze *f; (garden ~ also)* Spritzgerät *nt*. **II** *vt (Med)* (aus)spülen.

syrup, *(US also)* **sirup** ['sırəp] *n* Sirup *m; (preservative also)* Saft *m*. **cough ~** *(Med)* Hustensaft *or* -sirup *m*.

syrupy, *(US also)* **sirupy** ['sırəpı] *adj* sirupartig, sirupähnlich; *(pej) smile, voice* zucker- *or* honigsüß; *(sentimental) voice, song* schmalzig.

system ['sıstəm] *n* **1.** System *nt*. **new teaching ~s** neue Lehrmethoden *pl*; **the democratic ~ of government** das demokratische (Regierungs)system; **there's no ~ in his work** er hat kein System bei seiner Arbeit.

2. *(working whole)* System *nt*. **digestive ~** Verdauungsapparat *m*; **respiratory ~** Atmungsapparat *m*; **it's bad for the ~** das ist ungesund; **to pass through the ~** den Körper auf natürlichem Wege verlassen; **to be absorbed into the ~** aufgenommen werden; **it was a shock to his ~** er hatte schwer damit zu schaffen; **to get sth out of one's ~** *(fig inf)* sich *(dat)* etw von der Seele schaffen, etw loswerden *(inf)*; **it's all ~s go!** *(inf)* jetzt heißt es: volle Kraft voraus!

3. *(established authority)* **the ~** das System.

systematic [ˌsıstə'mætık] *adj* systematisch; *liar, cruelty* ständig. **he works in a ~ way** er arbeitet mit System.

systematically [ˌsıstə'mætıkəlı] *adv see adj*.

systematization [ˌsıstəmətaı'zeıʃən] *n* Systematisierung *f*.

systematize ['sıstəmətaız] *vt* systematisieren.

systemic *adj* [sı'sti:mık] systemisch.

systems analysis *n* Systemanalyse *f*; **systems analyst** *n* Systemanalytiker(in *f*) *m*.

systole ['sıstəlı] *n (Physiol)* Systole *f*.

T

T, t [tiː] n T, t nt. **it suits him to a T** es ist genau das richtige für ihn; **that's him/it to a T** das ist er, wie er leibt und lebt/genau so ist es; **he got him to a T** er hat ihn haargenau getroffen.

TA (Brit) abbr of **Territorial Army**.

ta [taː] interj (Brit inf) danke.

tab¹ [tæb] n **1.** (loop on coat etc) Aufhänger m; (on back of boot, book) Schlaufe f; (fastener on coat etc) Riegel m; (name ~) (of owner) Namensschild nt; (of maker) Etikett nt; (on collar) Verschluß(riegel) m; (Mil) Spiegel m; (on shoulder, pocket) Klappe, Patte f; (on filing cards) Reiter m. **to keep ~s on sb/sth** (inf) jdn/etw genau im Auge behalten.
2. (Aviat) Klappe f.
3. (US inf: bill) Rechnung f.

tab² (inf) abbr of **tabulator**.

tabasco [təˈbæskəʊ] n Tabasco(soße f) m.

tabby [ˈtæbɪ] n **1.** (also ~ **cat**) getigerte Katze; (female cat) (weibliche) Katze.
2. (inf: old maid) Tantchen nt (inf).

tabernacle [ˈtæbənækl] n (church) Gotteshaus nt; (receptacle) Tabernakel m or nt. **the T~** (Bibl) die Stiftshütte.

table [ˈteɪbl] I n **1.** Tisch m; (banquet ~) Tafel f. **at the ~** am Tisch; **at ~** (form) bei Tisch; **to sit down to or at ~** sich zu Tisch setzen; **to drink sb under the ~** jdn unter den Tisch trinken; **the motion is on the ~** (Brit Parl) der Antrag liegt vor or ist eingebracht; **on the ~** (US: postponed) zurückgestellt, aufgeschoben; **to turn the ~s (on sb)** (gegenüber jdm) den Spieß umdrehen or umkehren.
2. (people at a ~) Tisch m, Tischrunde f. **the whole ~ laughed** der ganze Tisch or die ganze Runde lachte.
3. (of figures, prices etc, Sport) Tabelle f; (log ~) Logarithmentafel f. **(multiplication) ~s** Einmaleins nt; (up to 10) kleines Einmaleins; (from 11 to 20) großes Einmaleins; **~ of contents** Inhaltsverzeichnis nt; **~ of fares** Preistabelle f.
4. (Bibl: tablet) Tafel f.
5. (Geog) **water ~** Grundwasserspiegel m.
6. (~land) Tafelland, Plateau nt, Hochebene f.
II vt **1.** motion einbringen.
2. (US: postpone) bill zurückstellen.
3. (put in tabular form) tabellarisieren (form), in einer Tabelle zusammenstellen.

tableau [ˈtæbləʊ] n, pl **-s** or **-x** [ˈtæbləʊ(z)] (Art, Theat) Tableau nt; (fig) Bild nt, Szene f.

tablecloth [ˈteɪblklɒθ] n Tischdecke f or -tuch nt; **table d'hôte** [ˌtaːblˈdəʊt] n Tagesmenü ·or -gedeck nt; **table lamp** n Tischlampe f; **tableland** n Tafelland, Plateau nt, Hochebene f; **table licence** n Schankerlaubnis f

bei Abgabe von Speisen; **table linen** n, no pl Tischwäsche f; **table manners** npl Tischmanieren pl; **table mat** n Untersetzer m; (of cloth) Set nt; **Table Mountain** n Tafelberg m; **table napkin** n Serviette f; **table salt** n Tafelsalz nt; **tablespoon** n Eßlöffel m; **tablespoonful** n Eßlöffel(voll) m.

tablet [ˈtæblɪt] n **1.** (Pharm) Tablette f.
2. (of paper) Block m; (of wax, clay) Täfelchen nt; (of soap) Stückchen nt.
3. (on wall etc) Tafel, Platte f.

table talk n, no pl Tischgespräch nt; **table tennis** n Tischtennis nt; **table top** n Tischplatte f; **tableware** n no pl Tisch- or Tafelgeschirr nt und -besteck nt; **table water** n Tafelwasser nt; **table wine** n Tisch- or Tafelwein m.

tabloid [ˈtæblɔɪd] n (also ~ **newspaper**) bebilderte, kleinformatige Zeitung; (pej) Boulevardzeitung f, Revolverblatt nt (inf). **~ journalism** Sensations- or Boulevardpresse f.

taboo, tabu [təˈbuː] I n Tabu nt. **to be under a ~** tabu sein, unter einem Tabu stehen. II adj tabu. **~ words** Tabuwörter pl. III vt für tabu erklären, tabui(sier)eren.

tabo(u)ret [ˈtæbuːreɪ] n (Sew) Stickrahmen m.

tabu n, adj, vt see **taboo**.

tabular [ˈtæbjʊlər] adj tabellenförmig, Tabellen-, tabellarisch.

tabulate [ˈtæbjʊleɪt] vt tabellarisch aufzeichnen or darstellen, tabellarisieren.

tabulation [ˌtæbjʊˈleɪʃən] n tabellarische Aufstellung, Tabellarisierung f.

tabulator [ˈtæbjʊleɪtə] n (on typewriter) Tabulator m.

tachograph [ˈtækəʊgraːf] n Fahrtenschreiber, Tachograph m.

tachometer [tæˈkɒmɪtə] n Drehzahlmesser m.

tacit adj, **~ly** adv [ˈtæsɪt, -lɪ] stillschweigend.

taciturn [ˈtæsɪtɜːn] adj schweigsam, wortkarg.

taciturnity [ˌtæsɪˈtɜːnɪtɪ] n Schweigsamkeit, Wortkargheit f.

tack¹ [tæk] I n **1.** (nail) kleiner Nagel; (with small head also) Stift m; (for shoes) Täcks m; (esp US: drawing pin) Reiß- or Heftzwecke f, Reißnagel m.
2. (Brit Sew) Heftstich m.
3. (Naut: course) Schlag m; (fig) Richtung f, Weg m. **to be on the port/starboard ~** auf Backbord-/Steuerbordbug segeln; **they are on a new/different ~** (fig) sie haben eine neue/andere Richtung eingeschlagen.
4. (Naut: zigzag) Aufkreuzen nt. **to make a ~ towards land** landwärts kreuzen.
5. (for horse) Sattel- und Zaumzeug nt.
II vt **1.** (with nail) annageln (to an +dat

or acc); (*with clip, pin*) feststecken (*to an +dat*). **2.** (*Brit Sew*) heften.

III *vi* **1.** (*Naut*) aufkreuzen. **to ~ to port** mit Backbordbug kreuzen. **2.** (*Brit Sew*) heften.

◆**tack about** *vi* (*Naut*) wenden.

◆**tack down** *vt sep* festnageln; (*Brit Sew*) festheften.

◆**tack on** *vt sep* annageln (*-to* an *+acc or dat*); (*with drawing pin*) anstecken (*-to* an *+acc or dat*); (*with clips*) anheften, anstecken (*-to* an *+acc or dat*); (*Sew*) anheften; (*fig*) anhängen (*-to dat*).

◆**tack together** *vt sep* (*with nails*) zusammennageln; (*with clips*) zusammenstecken or -heften; (*Sew*) zusammenheften.

◆**tack up** *vt sep* (*Brit*) hem heften.

tack² *n* (*Naut: biscuits*) Schiffszwieback *m*.

tacking ['tækɪŋ] *n* **1.** (*Brit Sew*) Heften *nt*. **2.** (*Naut*) Aufkreuzen *nt*.

tackle ['tækl] **I** *n* **1.** (*lifting gear*) Flaschenzug *m*; (*Naut*) Talje *f*, Zugwinde *f*. **2.** (*Naut: rigging*) Tauwerk *nt*. **3.** (*equipment*) Ausrüstung *f*, Zeug *nt* (*inf*). **fishing ~** Angelausrüstung *f or* -zeug *nt* (*inf*); **shaving ~** Rasierzeug *nt*. **4.** (*Sport*) Angriff *m*, Tackling *nt*.

II *vt* **1.** (*physically, Sport*) angreifen, angehen (*geh*); (*Rugby*) fassen; *thief also* sich stürzen auf (*+acc*); (*verbally*) zur Rede stellen (*about* wegen).

2. (*undertake*) *job* in Angriff nehmen; *new challenge* sich versuchen an (*+dat*); *problem* angehen, anpacken (*inf*); (*manage to cope with*) bewältigen, fertig werden mit. **could you ~ another ice cream?** (*inf*) schaffst du noch ein Eis? (*inf*); **I don't know how to ~ it** ich weiß nicht, wie ich es anfangen soll.

III *vi* angreifen.

tacky¹ ['tækɪ] *adj* (*+er*) klebrig. **the paint is still ~** die Farbe klebt noch.

tacky² *adj* (*+er*) (*US inf*) verlottert (*inf*); (*cheap*) billig.

tact [tækt] *n, no pl* Takt *m*.

tactful *adj*, **~ly** *adv* ['tæktfʊl, -fəlɪ] taktvoll.

tactfulness ['tæktfʊlnɪs] *n* Takt *m*; (*of person*) Feingefühl *nt*.

tactic ['tæktɪk] *n* Taktik *f*.

tactical *adj*, **~ly** *adv* ['tæktɪkəl, -ɪ] (*Mil, fig*) taktisch.

tactician [tæk'tɪʃən] *n* (*Mil, fig*) Taktiker(in *f*) *m*.

tactics ['tæktɪks] *n sing* (*art, science*) (*Mil*) Taktik *f*; (*fig also*) Taktiken *pl*.

tactile ['tæktaɪl] *adj* Tast-, taktil (*spec*); (*tangible*) greifbar, fühlbar.

tactless *adj*, **~ly** *adv* ['tæktlɪs, -lɪ] taktlos.

tactlessness ['tæktlɪsnɪs] *n* Taktlosigkeit *f*.

tactual ['tæktjʊəl] *adj* taktil (*spec*).

tactually ['tæktjʊəlɪ] *adv* (*by touch*) durch Berühren *or* Fühlen.

tadpole ['tædpəʊl] *n* Kaulquappe *f*.

taffeta ['tæfɪtə] *n* Taft *m*.

Taffy ['tæfɪ] *n* (*inf*) Waliser *m*.

taffy ['tæfɪ] *n* (*US*) Toffee *nt*.

tag [tæg] **I** *n* **1.** (*label*) Schild(chen) *nt*; (*on clothes*) (*maker's name*) Etikett *nt*; (*owner's name*) Namensschild(chen) *nt*; (*loop*) Aufhänger *m*. **the cattle had metal ~s in their ears** die Rinder hatten Blech-

marken in den Ohren.

2. (*hackneyed phrase*) stehende Redensart.

3. (*Gram: question ~*) Bestätigungsfrage *f*.

4. (*game*) Fangen *nt*.

II *vt* **1.** *specimen* mit Schildchen versehen; *cattle* (mit Blechmarke) zeichnen; *garment, goods* etikettieren; (*with price*) auszeichnen; (*with owner's name*) (mit Namensschildchen) zeichnen; *suitcase* mit einem Anhänger versehen.

2. (*US Mot inf*) einen Strafzettel verpassen (*+dat*).

III *vi* **to ~ behind** *or* **after sb** hinter jdm hertrotten *or* -zockeln (*inf*).

◆**tag along** *vi* (*unwillingly, unwanted*) mittrotten (*inf*) *or* -zockeln (*inf*). **to ~ ~ behind sb** hinter jdm herzockeln (*inf*) *or* -trotten (*inf*); **why don't you ~ ~?** (*inf*) warum kommst *or* gehst du nicht mit?

◆**tag around with** *vi* +*prep obj* (*inf*) immer zusammensein mit; (*unwanted, unwillingly*) mittrotten *or* -zockeln mit (*inf*).

◆**tag on I** *vi* sich anhängen (*to* an *+acc*). **II** *vt sep* (*attach*) anhängen (*to* an *+acc*), befestigen (*to* an *+dat*); (*add as afterthought*) anhängen (*to* an *+acc*).

◆**tag together** *vt sep* (*fasten*) zusammenheften.

tag end *n see* **tag end**; **tag question** *n* Bestätigungsfrage *f*.

Tahiti [tɑː'hiːtɪ] *n* Tahiti *nt*.

Tahitian [tɑː'hiːʃən] **I** *adj* tahitisch. **II** *n* **1.** Tahitianer(in *f*) *m*. **2.** (*language*) Tahitisch *nt*.

tail [teɪl] **I** *n* **1.** (*of animal*) Schwanz *m*; (*of horse also*) Schweif *m* (*liter*); (*hum inf: of person*) Hinterteil *nt* (*inf*), Allerwerteste(r) *m* (*hum inf*). **with his ~ between his legs** (*fig*) wie ein geprügelter Hund, mit eingezogenem Schwanz (*inf*); **to turn ~** ausreißen, die Flucht ergreifen; **he was right on my ~** er saß mir direkt im Nacken.

2. (*of aeroplane, kite, procession, list*) Schwanz *m*; (*of comet*) Schweif *m*; (*of shirt*) Zipfel *m*; (*of jacket, coat*) Schoß *m*; (*of letter*) Schleife *f*; (*Mus: of note*) Notenhals *m*.

3. (*inf: person following sb*) Schatten (*inf*), Beschatter(in *f*) *m* (*inf*). **to put a ~ on sb** jdn beschatten lassen.

4. (*sl*) **a nice piece of ~** ein dufter Arsch (*sl*).

5. ~s (*on coin*) Rück- *or* Zahlseite *f*; **~s I win!** bei Zahl gewinne ich; **it came down ~s** die Zahl kam nach oben.

6. ~s *pl* (*jacket*) Frack, Schwalbenschwanz (*inf*) *m*.

II *vt* **1.** *person, suspect* beschatten (*inf*); (*on one journey*) folgen (*+dat*). **2.** *see* **top¹**.

◆**tail after** *vi* +*prep obj* hinterherzockeln (*+dat*) (*inf*).

◆**tail away** *vi see* **tail off 1**.

◆**tail back** *vi* (*traffic*) sich gestaut haben.

◆**tail off** *vi* **1.** (*diminish*) abnehmen, schrumpfen; (*interest*) abflauen, abnehmen, schwinden; (*sounds*) sich verlieren, schwächer werden; (*sentence*) mittendrin abbrechen. **his voice ~ed ~ into silence** seine Stimme wurde immer schwächer, bis sie schließlich verstummte.

2. (*deteriorate*) sich verschlechtern, nachlassen. **the article ~ed ~ into a jumble of figures** der Artikel war zum Schluß nur noch ein Gewirr von Zahlen.

tailback ['teɪlbæk] n Rückstau m; **tailboard** n Ladeklappe f; **tail coat** n Frack m; **tail end** n Ende nt; (*of procession also*) Schwanz m (*inf*); **to come in at the ~** (*of discussion etc*) erst am Ende dazukommen; (*of race*) den Schwanz bilden; **tailfin** n (*Aut*) Heckflosse f; **tailgate** I n (*of car*) Hecktür f; (*of lorry*) Ladeklappe f; II vi (*inf*) zu dicht auffahren, schieben (*inf*); **tail gun** n Heckkanone f; **tail gunner** n Heckschütze m; **tailless** adj schwanzlos; **tail-light** n (*Aut*) Rücklicht nt.

tailor ['teɪlə'] I n Schneider m. **~'s dummy** (*lit*) Schneiderpuppe f; (*fig inf*) Ölgötze m (*inf*).

II vt **1.** *dress etc* schneidern. **the dress was ~ed to reveal her figure** das Kleid war so geschnitten, daß es ihre Figur betonte.

2. (*fig*) *plans, insurance, holiday* zuschneiden (*to* auf +*acc*); *products, salary structure* abstimmen (*to* auf +*acc*). **~ed to meet his needs** auf seine Bedürfnisse abgestimmt.

tailored ['teɪləd] adj (*classically styled*) klassisch; (*made by tailor*) vom Schneider gemacht.

tailoring ['teɪlərɪŋ] n Verarbeitung f; (*profession*) Schneiderei f. **this is a nice bit of ~** das ist sehr gut gearbeitet.

tailor-made ['teɪlə'meɪd] adj **1.** maßgeschneidert, nach Maß gearbeitet. **~ suit/costume** Maßanzug m/Schneiderkostüm nt.

2. (*fig*) *role* zugeschnitten (*for* auf +*acc*). **the job was ~ for him** die Stelle war ihm wie auf den Leib geschnitten.

tail piece n **1.** Anhang m, Anhängsel nt (*inf*); **2.** (*Aviat*) Heck nt; **3.** (*on violin*) Saitenhalter m; **4.** (*Typ*) Schlußvignette f; **tailpipe** n (*US*) Auspuffrohr nt; **tailplane** n (*Aviat*) Höhenleitwerk nt; **tail side** n (*of coin*) Zahlseite f; **tail skid** n **1.** (*Aviat*) Schwanzsporn m; **2.** (*Aut*) Schleudern nt no pl der Hinterräder; **to go into a ~** mit den Hinterrädern herumrutschen or schleudern; **tailspin** n (*Aviat*) Trudeln nt; **tail wheel** n (*Aviat*) Spornrad nt; **tailwind** n Rückenwind m.

taint [teɪnt] I n **1.** (*lit: of food etc*) Stich m.

2. (*fig*) (*blemish*) Makel m; (*trace*) Spur f. **a ~ of madness** eine Anlage zum Irrsinn; **a nasty ~ of fascism** ein übler faschistischer Beigeschmack.

II vt **1.** *food* verderben. **to become ~ed** schlecht werden, verderben.

2. *air, atmosphere* verderben, verpesten.

3. (*fig*) *reputation* beflecken, beschmutzen. **to be ~ed with sth** mit etw belastet or behaftet sein.

take [teɪk] (*vb: pret* **took**, *ptp* **taken**) I vt **1.** (*remove, steal*) nehmen; (*~ away with one*) mitnehmen; (*remove from its place*) wegnehmen. **to ~ sth from a drawer** etw aus einer Schublade nehmen; **to ~ sth**

from sb jdm etw wegnehmen; **that man has ~n my wallet** der Mann hat mir meine Brieftasche weggenommen or gestohlen.

2. (*carry, transport, accompany*) bringen; (*~ along with one*) person, things mitnehmen. **I'll ~ you to the station** ich bringe Sie zum Bahnhof; **I'll ~ you (with me) to the party** ich nehme dich zur Party mit; **let me ~ your case** komm, ich nehme or trage deinen Koffer; **you can't ~ it with you when you're dead** wenn du tot bist, nützt es dir auch nichts mehr; **to ~ sb/the dog for a walk** mit jdm spazierengehen or einen Spaziergang machen/den Hund ausführen; **to ~ sb to the cinema** (*treat*) jdn ins Kino einladen; (*~ along with one*) mit jdm ins Kino gehen; **I'll ~ you for a meal** ich lade Sie zum Essen ein; **this road will ~ you to Paris** diese Straße führt or geht nach Paris; **if it won't ~ you out of your way** wenn es kein Umweg für Sie ist; **what ~s you to London this time?** was führt Sie diesmal nach London?; **his ability took him to the top of his profession** seine Begabung brachte ihn in seinem Beruf bis an die Spitze.

3. (*get hold of, seize*) nehmen. **to ~ sb's arm/hand** jds Arm/Hand nehmen; **to ~ sb by the throat** jdn am Kragen (*inf*) or an der Kehle packen; **to ~ a knife by the handle** ein Messer am Griff (an)fassen or beim Griff nehmen; **~ three eggs** (*Cook*) man nehme drei Eier; **how does that ~ you?** (*inf*) wie finden Sie das?; *see* bait.

4. (*capture*) *person* fassen, fangen, festnehmen; *animal* fangen; *town, country etc* einnehmen, erobern; *ship* kapern; (*Chess etc*) schlagen, nehmen; (*Cards*) stechen. **to ~ sb prisoner** jdn gefangennehmen.

5. (*accept, receive*) nehmen; *job, dye, perm* annehmen; *command, lead, second position, role* übernehmen. **~ that!** da!; (*hold that*) halt mal!; **I won't ~ less than £200** ich verkaufe es nicht unter £ 200; **she took paying guests** sie vermietete Zimmer an Gäste; **to ~ things as they come** die Dinge nehmen, wie sie kommen; **to ~ a bet** eine Wette annehmen; **~ it from me!** das können Sie mir glauben; **(you can) ~ it or leave it** ja oder nein, (ganz wie Sie wollen); **I can ~ it or leave it** ich mache mir nicht besonders viel daraus; **he took the blow on his left arm** der Schlag traf ihn am linken Arm; (*in defence*) er wehrte den Schlag mit dem linken Arm ab; **to ~ sb into partnership/the business** jdn zu seinem Partner machen/jdn ins Geschäft aufnehmen; **do you ~ me/my meaning?** verstehen Sie mich/,was ich meine?; **he ~s (private) pupils** er gibt (Privat)stunden.

6. (*get for oneself*) sich (*dat*) nehmen; (*purchase, rent*) nehmen. **~ a seat/chair!** nehmen Sie Platz!, setzen Sie sich doch!; **this seat is ~n** dieser Platz ist besetzt; **I'll ~ a pound of apples** ich nehme ein Pfund Äpfel; **I think I'll ~ the steak** ich glaube, ich nehme das Steak; **to ~ a wife** (*old*) sich (*dat*) eine Frau nehmen (*old*); **he took her** (*sexually*) er nahm sie; **~ your partners for a waltz** führen Sie Ihre Partnerinnen zum Walzer.

7. (*buy regularly*) *newspaper etc* immer

nehmen *or* kaufen, bekommen; (*on subscription*) beziehen, bekommen.

8. (*gain, obtain*) *prize, honours etc* bekommen; *game, match* gewinnen; (*Comm*) *£500* einnehmen.

9. *exam* machen, ablegen; *driving test* machen. **to ~ a PhD** promovieren, den Doktor machen (*inf*); **he took his degree in 1965** er hat 1965 Examen gemacht *or* sein Examen abgelegt.

10. (*teach*) *lesson* halten, geben; *subject* unterrichten, geben; *class* unterrichten, nehmen. **he ~s 25 classes a week** er hat *or* gibt 25 Wochenstunden; **who ~s you for Latin?** bei wem habt ihr Latein?, wer unterrichtet *or* gibt bei euch Latein?

11. (*study, learn*) *course, French* machen; (*as optional subject*) wählen; *lessons, private tuition* nehmen).

12. (*conduct, run*) *census, poll* durchführen; *church service* (ab)halten. **to ~ (the chair at) a meeting** den Vorsitz bei einer Versammlung führen; **he ~s a scout troop in the evenings** abends hat er eine Pfadfindergruppe.

13. (*go on*) *walk, stroll* machen; *trip also* unternehmen.

14. (*consume*) *drink, food* zu sich (*dat*) nehmen; *drugs, pill, medicine* nehmen; (*on directions for use*) einnehmen. **they took coffee on the veranda** sie tranken den Kaffee auf der Veranda; **I always ~ coffee in the morning** morgens trinke ich immer Kaffee; **not to be ~n (internally)** (*Med*) nur zur äußeren Anwendung.

15. (*Film*) *scene* drehen; (*Phot*) *photo* machen. **he took the whole group** er nahm die ganze Gruppe auf; *see* **photograph.**

16. (*write down, record*) *letter, dictation* aufnehmen; *address, details, particulars* (sich *dat*) aufschreiben, (sich *dat*) notieren. **to ~ notes** sich (*dat*) Notizen machen; *see* **minute¹.**

17. (*measure*) *temperature, pulse* messen. **to ~ sb's measurements** bei jdm Maß nehmen; **to ~ the measurements of a room** ein Zimmer ausmessen; **to ~ sb's temperature/pulse** jds Temperatur *or* bei jdm Fieber/den Puls messen.

18. (*put up with*) sich (*dat*) gefallen lassen; (*endure, stand up to*) (*person*) *alcohol, climate* vertragen; *long journey* aushalten; *emotional experience, shock* fertig werden mit, verkraften; (*thing*) aushalten. **I can ~ it** ich kann's verkraften, ich werde damit fertig; **I just can't ~ any more/it any more** ich bin am Ende/das halte ich nicht mehr aus.

19. (*respond to, regard*) *news, blow* aufnehmen, reagieren auf (+*acc*); *person* nehmen. **she knows how to ~ him** sie versteht es, ihn von der richtigen Seite zu nehmen; **she took his death very badly** sein Tod hat sie sehr mitgenommen.

20. (*understand, interpret*) auffassen, verstehen. **how am I meant to ~ that?** wie soll ich das auffassen *or* verstehen?; **she took what he said as a compliment** sie hat das, was er sagte, als Kompliment aufgefaßt.

21. (*assume*) annehmen. **to ~ sb/sth for** *or* **to be ...** jdn/etw für ... halten; **what do you ~ me for?** wofür hältst du mich eigentlich?; **I ~ it you don't want to come** ich nehme an, du willst nicht mitkommen, du willst wohl nicht mitkommen.

22. (*consider*) *case, example* nehmen. **~ (the case of) England in the 17th century** nehmen Sie zum Beispiel England im 17. Jahrhundert.

23. (*extract*) entnehmen (*from dat*). **he ~s his examples from real life** seine Beispiele sind aus dem Leben gegriffen.

24. (*require*) brauchen; *clothes size* haben. **it ~s five hours/men ...** man braucht *or* benötigt fünf Stunden/Leute ...; **it took him** *or* **he took two hours to write a page** er brauchte zwei Stunden, um eine Seite zu schreiben; **the journey ~s 3 hours** die Fahrt dauert 3 Stunden; **the wound took five weeks to heal** es dauerte fünf Wochen, bis die Wunde verheilt war; **it took a lot of courage/intelligence** dazu gehörte viel Mut/Intelligenz; **it ~s two to quarrel** (*prov*) zu einem Streit gehören immer zwei; **it ~s more than that to make me angry** deswegen werde ich noch lange nicht wütend; **it ~s time** es braucht (seine) Zeit, es dauert (eine Weile); **it took a long time** es hat lange gedauert; **it took me a long time** ich habe lange gebraucht; **that'll ~ some explaining** das wird schwer zu erklären sein; **she's got what it ~s** (*inf*) sie ist nicht ohne (*inf*), die bringt's (*sl*); **(is capable also)** sie kann was (*inf*); **it's a difficult job but he's got what it ~s** (*inf*) es ist eine schwierige Arbeit, aber er hat der Zeug dazu.

25. (*support*) *weight* aushalten; (*have capacity or room for*) *50 people, 200 books* Platz haben für; *5 gallons* fassen. **the road can ~ 3,500 cars an hour** die Straße bewältigt eine Verkehrsdichte von 3.500 Autos pro Stunde; **the bridge can only ~ five tons** die Brücke hat eine Höchstbelastung von fünf Tonnen.

26. *taxi, train* nehmen, fahren mit; *motorway, country roads* nehmen, fahren auf (+*dat*); *wrong road* nehmen. **to ~ the plane/next plane** fliegen/das nächste Flugzeug nehmen; **we took a wrong turning** wir sind falsch abgebogen.

27. (*negotiate*) *obstacle* nehmen; *hurdle, fence also* überspringen; *bend, corner* (*person*) nehmen; (*car*) fahren um; (*Ski also*) fahren; *hill* hinauffahren.

28. (*sing, dance, play etc*) **let's ~ it from the beginning of Act 2** fangen wir mit dem Anfang vom zweiten Akt an; **let's ~ that scene again** die Szene machen wir noch einmal; **the director took her through her lines** der Regisseur ging die Rolle mit ihr durch.

29. (*Math: subtract*) abziehen (*from* von).

30. (*Gram*) stehen mit; (*preposition*) *case* gebraucht werden mit, haben (*inf*). **verbs that ~ "haben"** Verben, die mit „haben" konjugiert werden; **this word ~s the accent on the first syllable** dieses Wort wird auf der ersten Silbe betont.

31. to be ~n sick *or* **ill** krank werden; **she has been ~n ill with pneumonia** sie hat eine Lungenentzündung bekommen.

32. *to be* ~**n** *with sb/sth* (*attracted by*) von jdm/etw angetan sein.

33. *in phrases see other element* **to ~ sb by surprise** jdn überraschen; **to ~ one's time** sich (*dat*) Zeit lassen (*over* mit); **to ~ a bath** baden, ein Bad nehmen (*form*); **to ~ a holiday** Urlaub machen; **to ~ one's holidays** seinen Urlaub nehmen.

II *vi* **1.** (*fire*) angehen; (*dye, perm, graft*) angenommen werden; (*vaccination*) anschlagen; (*plant*) anwachsen; (*seeds*) kommen; (*fish: bite*) anbeißen.

2. (*fig*) (*gimmick*) ankommen (*inf*); (*novel, idea also*) Anklang finden.

3. **she took ill** (*inf*) sie wurde krank.

4. (*detract*) **that doesn't ~ from his merit** das tut seinen Verdiensten keinen Abbruch, das schmälert seine Verdienste nicht; **that ~s from its usefulness/ attraction** das vermindert den Gebrauchswert/die Anziehungskraft.

III *n* **1.** (*Film*) Aufnahme *f*. **after several ~s they ...** nachdem sie die Szene mehrmals gedreht hatten, ... sie ....

2. (*Hunt*) Beute *f*; (*Fishing*) Fang *m*.

3. (*US inf: takings*) Einnahmen *pl*.

◆**take aback** *vt sep* überraschen. **I was completely ~n** ~ ich war völlig perplex.

◆**take after** *vi* +*prep obj* nachschlagen (+*dat*); (*in looks*) ähneln (+*dat*).

◆**take along** *vt sep* mitnehmen.

◆**take apart** *vt sep* auseinandernehmen; (*dismantle also*) zerlegen; (*fig inf*) *person, team etc* auseinandernehmen (*sl*).

◆**take around** *vt sep* mitnehmen; (*show around*) herumführen.

◆**take aside** *vt sep* beiseite nehmen.

◆**take away I** *vi* **to ~** ~ **from sth** etw schmälern; *worth* mindern, verringern; *pleasure, fun etc also* beeinträchtigen.

II *vt sep* **1.** (*subtract*) abziehen. **6 ~ ~ 2** 6 weniger 2.

2. (*remove*) *child, thing, privilege* wegnehmen (*from sb* jdm); (*from school etc*) nehmen (*from* aus); (*lead, transport, carry away*) weg- or fortbringen (*from* von); *prisoner* abführen (*to* in +*acc*). **to ~ sb/sth ~ (with one)** jdn/etw mitnehmen; **to ~ ~ sb's pain/pleasure/freedom** *etc* jdm die Schmerzen/ Freude/Freiheit *etc* nehmen; **they've come to ~ him** ~ sie sind da, um ihn abzuholen.

3. *food* mitnehmen. **pizza to ~** ~ Pizza zum Mitnehmen.

4. **from the 15th bar, ~ it** ~! noch mal von Takt 15, los!

◆**take back** *vt sep* **1.** (*reclaim, get back*) sich (*dat*) zurückgeben lassen; *toy etc* wieder wegnehmen; (*fig: retract*) *threat, statement* zurücknehmen.

2. (*return*) zurückbringen. **he took us ~ (home)** er brachte uns (nach Hause) zurück, er brachte uns wieder heim.

3. (*agree to receive again*) *thing* zurücknehmen; *employee* wieder einstellen; *husband* wieder aufnehmen; *boyfriend* wieder gehen mit; *tenant* wieder vermieten an (+*acc*).

4. (*remind*) **this photograph/that ~s me ~** dieses Foto/das ruft Erinnerungen wach; **that ~s me ~ fifteen years** das erinnert mich an die Zeit vor fünfzehn Jahren.

◆**take down** *vt sep* **1.** (*lit*) (*off high shelf etc*) herunternehmen; *curtains, picture* abhängen; *decorations* abnehmen; *Christmas cards* wegräumen *flag* einholen. **to ~ one's/sb's trousers** ~ seine/jdm die Hose herunterlassen.

2. (*dismantle*) *scaffolding etc* abbauen; *railing, gate* entfernen.

3. (*write down*) (sich *dat*) notieren or aufschreiben; *notes* (sich *dat*) machen; *letter* aufnehmen; *speech, lecture* mitschreiben. **anything you say will be ~n ~ and ...** alles, was Sie sagen, wird festgehalten und ...; ~ **this** ~ **please** notieren Sie bitte, bitte schreiben Sie.

4. (*humble*) einen Dämpfer geben (+*dat*); *see* peg.

◆**take home** *vt insep* £100 *per week* netto verdienen or bekommen.

◆**take in** *vt sep* **1.** (*bring in*) *thing, person* hinein-/ hereinbringen or -nehmen; *harvest* einbringen, bergen (*esp DDR*). **when are you taking the car** ~ **(to the garage)**? wann bringen Sie das Auto in die Werkstatt?

2. (*receive in one's home*) *refugee* (bei sich) aufnehmen, beherbergen; *child, stray dog* zu sich nehmen, ins Haus nehmen; (*for payment*) *student* (Zimmer) vermieten an (+*acc*). **she ~s ~ lodgers** sie vermietet (Zimmer).

3. (*receive*) *money* einnehmen. **to ~ ~ laundry/sewing** Wasch-/Näharbeiten übernehmen.

4. (*make narrower*) *dress* enger machen. **to ~ ~ sail** die Segel reffen.

5. (*usu insep: include, cover*) einschließen. **the lecture took ~ all the more recent developments** der Vortrag berücksichtigte auch alle neueren Entwicklungen.

6. (*note visually*) *surroundings, contents, occupants* wahrnehmen, registrieren (*inf*); *area, room* überblicken; (*grasp, understand*) *meaning, lecture, difficult subject* begreifen; *impressions, sights etc* aufnehmen; *situation* erfassen. **the children were taking it all** ~ die Kinder haben alles mitbekommen; **his death was so sudden that she couldn't** ~ **it** ~ sein Tod kam so plötzlich, daß sie es gar nicht fassen konnte.

7. (*deceive*) hereinlegen. **to be ~n ~ by sb/sth** auf jdn/etw hereinfallen; **to be ~n** ~ **by appearances** sich vom äußeren Schein täuschen lassen; **you won't ~ him** ~ **with that** darauf fällt er nicht herein.

8. (*go to*) *film, party, town* (noch) mitnehmen (*inf*).

◆**take off I** *vi* **1.** (*plane, passengers*) starten, abfliegen; (*plane: leave the ground*) abheben; (*Sport*) abspringen; (*fig*) (*project, sales*) anlaufen; (*film, product*) ankommen.

2. (*inf: leave*) sich davonmachen (*inf*).

II *vt sep* **1.** (*remove, cut off: person*) abmachen (*prep obj* von); *beard, hat, lid* abnehmen (*prep obj* von); *tablecloth, bedspread* herunternehmen, entfernen (*prep obj* von); *pillowcases etc* abziehen (*prep obj* von); *coat, gloves etc* (sich *dat*) ausziehen; *leg, limb* abnehmen, amputieren; *play* absetzen; *food from menu, train, bus* streichen (*prep obj* von); *service, tax* abschaffen; (*remove from duty, job*) *detective, journalist etc* abziehen (*prep obj* von); *waitress, driver* ablösen. **to ~ sth ~ sb** jdm etw abnehmen; **the sun will ~ the paint ~ the wood** von der Sonne geht *or* blättert die Farbe ab; **to ~ the receiver ~ (the hook)** den Hörer abnehmen, den Hörer von der Gabel nehmen; **he/she took her dress ~** er zog ihr das Kleid aus/sie zog ihr Kleid *or* (*sich dat*) das Kleid aus; **would you like to ~ your coat ~?** möchten Sie ablegen?; **he had two inches ~n ~ (his hair)** er hat sich (*dat*) die Haare 5 cm kürzer schneiden lassen; **the 5 o'clock train has been ~n ~ today/for the summer** der 5-Uhr-Zug ist heute ausgefallen/wurde den Sommer über (vom Fahrplan) gestrichen.

2. (*deduct*) abziehen (*prep obj* von); (*from price*) 5%, 50p nachlassen. **he took 50p ~ (the price)** er hat 50 Pence nachgelassen.

3. (*lead away, go away with*) mitnehmen; (*under arrest etc*) abführen. **he was ~n ~ to hospital** er wurde ins Krankenhaus gebracht; **to ~ oneself ~** (*inf*) sich auf den Weg machen.

4. (*from ship, wreck*) von Bord holen; (+*prep obj*) holen von; (*from island, mountain*) herunterholen (*prep obj* von).

5. (*have free*) *week, Monday* frei nehmen. **to ~ time/a day ~ work** sich (*dat*) frei nehmen/einen Tag freimachen.

6. (*imitate*) nachmachen, nachahmen.

7. +*prep obj* (*in phrases*) **to ~ sb's mind** *or* **thoughts ~ sth** jdn von etw ablenken; **to ~ the weight ~ one's feet** seine Beine ausruhen; **to ~ sb/sth ~ sb's hands** jdm jdn/etw abnehmen; **to ~ years/ten years ~ sb** jdn um Jahre/zehn Jahre verjüngen.

◆**take on I** *vi* **1.** (*inf: become upset*) sich aufregen.

2. (*become popular: song, fashion etc*) sich durchsetzen.

II *vt sep* **1.** (*undertake*) *job, work* an- *or* übernehmen; *responsibility* auf sich (*acc*) nehmen *or* laden, übernehmen; *sick person, backward child* sich annehmen (+*gen*); *bet* annehmen. **when he married her he took ~ more than he bargained for** als er sie heiratete, hat er sich (*dat*) mehr aufgeladen *or* aufgebürdet, als er gedacht hatte; **he took ~ the fund-raising** er hat es übernommen, das Geld aufzutreiben.

2. (*Sport etc: accept as opponent*) antreten gegen; *union, shop steward* sich anlegen mit. **I'll ~ you ~ at tennis** ich werde gegen Sie im Tennis antreten; **I bet you £50 — OK, I'll ~ you ~** ich wette mit Ihnen um 50 Pfund — gut, die Wette gilt.

3. (*employ*) einstellen, anstellen; *apprentice* annehmen.

4. (*take aboard*) (*coach, train etc*) *passengers* einsteigen lassen; (*plane, ship*) an Bord nehmen; *cargo, stores* (über)nehmen, laden; *fuel* tanken.

5. (*assume*) *colour, aspect, expression* bekommen, annehmen. **his face took ~ a greenish tinge** sein Gesicht verfärbte sich grün *or* bekam einen grünen Schimmer;

he took ~ an air of importance er gab sich (*dat*) eine gewichtige Miene.

◆**take out** *vt sep* **1.** (*bring or carry out*) (hinaus)bringen (*of* aus); (*out of house etc also*) nach draußen bringen; (*out of garage*) *car* hinaus-/herausfahren (*of* aus); (*for drive etc*) *car, boat* wegfahren mit. **the children were ~n ~ of the city** die Kinder wurden aus der Stadt gebracht; **the current took the boat ~ to sea** die Strömung trieb das Boot aufs Meer hinaus.

2. (*to theatre etc*) ausgehen mit, ausführen. **to ~ the children/dog ~ (for a walk)** mit den Kindern/dem Hund spazierengehen; **to ~ sb ~ for a drive** mit jdm eine Autofahrt machen; **to ~ sb ~ to** *or* **for dinner/to the cinema** jdn zum Essen/ins Kino einladen *or* ausführen; **he has been taking her ~ for several months** er geht schon seit einigen Monaten mit ihr.

3. (*pull out, extract*) herausnehmen; (*out of pocket, bag, cupboard etc also*) herausholen; *tooth* also ziehen; *appendix etc* herausnehmen, entfernen; *nail, screw* herausziehen (*of* aus). **to ~ sth ~ of** *or* **from sth** etw aus etw (heraus)nehmen/-holen; **~ your hands ~ of your pockets** nimm die Hände aus der Tasche.

4. (*cause to disappear*) *stain* entfernen (*from* aus).

5. (*withdraw from bank etc*) abheben.

6. (*deduct*) **~ it ~ of the housekeeping** nimm es vom Haushaltsgeld.

7. (*procure*) *insurance* abschließen. **to ~ ~ a subscription for sth** etw abonnieren; **to ~ ~ a patent on sth** etw patentieren lassen; **to ~ ~ a summons against sb** jdn vorladen lassen; **to ~ ~ a licence for sth** eine Lizenz für etw erwerben.

8. **to ~ sb ~ of himself** jdn auf andere Gedanken bringen.

9. (*inf*) **to ~ sth ~ on sb** etw an jdm auslassen (*inf*) *or* abreagieren (*inf*); **to ~ it ~ on sb** sich an jdm abreagieren.

10. (*tire*) **to ~ it/a lot ~ of sb** jdn ziemlich/sehr schlauchen (*inf*).

11. (*Mil, fig: Sport*) außer Gefecht setzen; *village* angreifen.

12. (*US*) *see* **take away II 3.**

◆**take over I** *vi* (*assume government*) an die Macht kommen; (*military junta etc*) die Macht ergreifen; (*party*) an die Regierung kommen; (*new boss etc*) die Leitung übernehmen; (*in a place: tourists, guests etc*) sich breitmachen (*inf*). **to ~ ~ (from sb)** jdn ablösen; **can you ~ ~?** können Sie mich/ihn *etc* ablösen?; **the next shift ~s ~ at 6 o'clock** die nächste Schicht übernimmt um 6 Uhr.

II *vt sep* **1.** (*take control or possession of*) übernehmen. **tourists ~ Edinburgh ~ in the summer** im Sommer machen sich die Touristen in Edinburgh breit (*inf*); **she took ~ the whole show** (*inf*) sie riß das Regiment an sich.

2. (*escort or carry across*) *person* hinüberbringen; (+*prep obj*) bringen über (+*acc*); (*to visit town, people etc*) mitnehmen (*to* nach, *to sb* zu jdm).

3. **to ~ sb ~ sth** (*show round*) jdn durch etw führen, jdm etw zeigen; (*tell about*)

facts etw mit jdm durchgehen.
◆**take round** *vt sep* **1. I'll** ~ **it** ~ **(to her place** *or* **to her)** ich bringe es zu ihr.
　2. (*show round*) führen (*prep obj* durch).
◆**take to** *vi* +*prep obj* **1.** (*form liking for*) *person* mögen, sympathisch finden. **sb** ~**s** ~ **a game/subject/place** ein Spiel/ Fach/ Ort sagt jdm zu; **the children soon took** ~ **their new surroundings** den Kindern gefiel es bald in der neuen Umgebung; **I don't know how she'll** ~ ~ **him/it** ich weiß nicht, wie sie auf ihn/darauf reagieren wird; **I don't** ~ **kindly** ~ **that/you doing that** ich kann das nicht leiden/es nicht leiden, wenn Sie das tun.
　2. (*form habit of*) **to** ~ ~ **doing sth** anfangen, etw zu tun; **to** ~ ~ **drink** zu trinken anfangen, sich (*dat*) das Trinken angewöhnen.
　3. (*escape to*) *woods, hills* sich flüchten *or* zurückziehen in (+*acc*). **to** ~ ~ **the boats** sich in die Boote retten; **to** ~ ~ **one's bed** sich ins Bett legen; *see* **heel**[1].
◆**take up I** *vi* (*continue*) (*person*) weitermachen. **chapter 3** ~**s** ~ **where chapter 1 left off** das dritte Kapitel schließt thematisch ans erste an.
　II *vt sep* **1.** (*raise, lift*) aufnehmen; *carpet, floor-boards* hochnehmen; *road* aufreißen; *dress* kürzer machen, kürzen; *pen* zur Hand nehmen, greifen zu. ~ ~ **your bed and walk** (*Bibl*) nimm dein Bett und wandle.
　2. (*lead or carry upstairs etc*) *invalid, child, thing* hinauf-/ heraufbringen; *visitor* (mit) hinauf-/heraufnehmen.
　3. (*vehicles*) *passengers* mitnehmen.
　4. (*occupy*) *time, attention* beanspruchen; *space* einnehmen.
　5. (*absorb*) (in sich *acc*) aufnehmen; *liquids also* aufsaugen.
　6. *matter, point* (*raise*) besprechen, zur Sprache bringen; (*go into*) eingehen auf (+*acc*). **I'll** ~ ~ **that** ~ **with the headmaster** das werde ich mit dem Rektor besprechen; **I'd like to** ~ ~ **the point you made earlier on** ich möchte auf das eingehen, was Sie vorhin sagten.
　7. (*start doing as hobby*) *photography, archaeology* zu seinem Hobby machen; *a hobby* sich (*dat*) zulegen; *a language* (anfangen zu) lernen. **to** ~ ~ **painting/ pottery/the guitar** anfangen zu malen/zu töpfern/Gitarre zu spielen.
　8. (*adopt*) *cause* sich einsetzen für, verfechten; *idea* aufgreifen; *case* sich annehmen (+*gen*). **to** ~ ~ **an attitude** eine Haltung einnehmen; **to** ~ ~ **a position** (*lit*) eine Stellung einnehmen; (*fig*) eine Haltung einnehmen.
　9. (*accept*) *challenge, invitation* annehmen; *suggestion also* aufgreifen.
　10. (*start*) *job, employment* annehmen; *new job, post* antreten; *one's duties* übernehmen; *career* einschlagen. **he left to** ~ ~ **a job as a headmaster** er ist gegangen, um eine Stelle als Schulleiter zu übernehmen; **to** ~ ~ **residence** sich niederlassen (*at, in* in +*dat*); (*in house*) einziehen (*in* in +*acc*); (*sovereign etc*) Residenz beziehen (*in* in +*dat*).
　13. (*continue*) *story* aufnehmen; *con-*

versation fortfahren mit, weiterführen; (*join in*) *chorus, chant* einstimmen in (+*acc*). **the crowd took** ~ **the cry** die Menge nahm den Schrei auf.
　14. to ~ **sb** ~ **on an invitation/offer** von jds Einladung/ Angebot Gebrauch machen; **to** ~ **sb** ~ **on a promise/boast** jdn beim Wort nehmen; **I'll** ~ **you** ~ **on that** ich werde davon Gebrauch machen; (*on promise etc*) ich nehme Sie beim Wort.
　15. (*question, argue with*) **I would like to** ~ **you** ~ **there** *or* **on that** ich möchte gern etwas dazu sagen; **to** ~ **sb** ~ **short** jdm das Wort abschneiden.
　16. (*Fin*) **to** ~ ~ **an option** Bezugsrecht ausüben; **to** ~ ~ **a bill** einen Wechsel einlösen; **to** ~ ~ **shares** Aktien beziehen.
　17. *collection* durchführen.
　18. to be ~**n** ~ **with sb/sth** (*involved with*) mit jdm/etw sehr beschäftigt sein; (*busy with also*) von jdm/etw sehr beansprucht werden.
◆**take upon** *vt* +*prep obj* **he took that job** ~ **himself** er hat das völlig ungebeten getan; **he took it** ~ **himself to answer for me** er meinte, er müsse für mich antworten.
◆**take up with** *vi* +*prep obj person* sich anfreunden mit. **to** ~ ~ ~ **bad company** in schlechte Gesellschaft geraten.
take-away ['teɪkəweɪ] (*esp Brit*) **I** *n* **1.** (*meal*) Speisen *pl* zum Mitnehmen; **let's get a** ~ wir können uns ja etwas (zu essen) holen *or* mitnehmen; **2.** (*restaurant*) Imbißstube *f*/Restaurant *nt* für Außer-Haus-Verkauf; **II** *adj attr* Außer-Haus-; **the** ~ **menu is quite different** für Gerichte zum Mitnehmen gibt es eine ganz andere Speisekarte; **take-home pay** *n* Nettolohn *m*; **take-in** *n* (*inf*) Schwindel *m*.
taken ['teɪkən] *ptp of* **take**.
take-off ['teɪkɒf] *n* **1.** (*Aviat*) Start, Abflug *m*; (*moment of leaving ground also*) Abheben *nt*; (*Sport*) Absprung *m*; (*place*) Absprungstelle *f or* -brett *nt*; **the plane was ready for** ~ das Flugzeug war startbereit *or* flugklar; **at the moment of** ~ beim Abheben; **to be cleared for** ~ Starterlaubnis haben/bekommen; **2.** (*imitation*) Parodie, Nachahmung *f*; **to do a** ~ **of sb** jdn nachahmen *or* nachmachen (*inf*); **take-over** *n* (*Fin, Comm*) Übernahme *f*; **take-over bid** *n* Übernahmeangebot *nt*.
taker ['teɪkə] *n* (*Betting*) Wettende(r) *mf*; (*at auction: fig*) Interessent(in *f*) *m*. **any** ~**s?** wer wettet?; (*at auction*) wer bietet?; (*fig*) wer ist daran interessiert?
take-up ['teɪkʌp] *n* **1.** Inanspruchnahme *f*. **2.** (*Tech: of tape etc*) Aufwickeln, Aufspulen *nt*.
taking ['teɪkɪŋ] **I** *n* **1. it's yours for the** ~ das können Sie (umsonst) haben.
　2. ~**s** *pl* (*Comm*) Einnahmen *pl*.
　3. (*Mil: of town*) Einnahme *f*.
　II *adj manners, ways* einnehmend, gewinnend; *person* sympathisch, anziehend.
talc [tælk] **I** *n* (*also* talcum ['tælkəm]) **1.** Talk *m*. **2.** (*also* **talcum powder**) Talkumpuder *m*; (*perfumed also*) (Körper)-puder *m*. **II** *vt* pudern.
tale [teɪl] *n* **1.** Geschichte *f*; (*Liter*) Erzäh-

lung f. **fairy ~** Märchen nt; **T~s of King Arthur** Artussagen pl; **he had quite a ~ to tell** er hatte einiges zu erzählen; **I bet he/ that bed could tell a ~ or two** (inf) der/das Bett könnte bestimmt so einiges erzählen; **it tells its own ~** das spricht für sich; **thereby hangs a ~** das ist eine lange/hübsche/ pikante etc Geschichte.

2. to tell ~s petzen (inf) (to dat); (dated: fib) flunkern; **to tell ~s out of school** (inf) aus der Schule plaudern; **to tell ~s about sb** jdn verpetzen (inf) (to bei).

talent ['tælənt] n **1.** Begabung f, Talent nt. **to have a ~ for drawing/mathematics** Begabung zum Zeichnen/für Mathematik haben; **a painter of great ~** ein hochbegabter or sehr talentierter Maler.

2. (talented people) Talente pl.

3. (inf) (girls) Miezen (inf), Bräute (sl) pl; (boys) Typen (sl), Jungs (inf) pl. **they went to inspect the local ~** sie zogen los, um zu sehen, wie die Miezen etc dort waren.

4. (Hist) Talent nt.

talented ['tæləntɪd] adj person begabt, talentiert.

talent scout, talent spotter n Talentsucher m. **they send ~s round** sie schicken (ihre) Leute auf Talent- or Nachwuchssuche.

taleteller ['teɪltelər] n (Sch) Petzer(in f) m (inf); **taletelling** n (Sch) Petzerei f (inf).

talisman ['tælɪzmən] n, pl **-s** Talisman m.

talk [tɔːk] I n **1.** Gespräch nt (also Pol); (conversation also) Unterhaltung f; (private also) Unterredung f; (heart-to-heart also) Aussprache f. **to have a ~** ein Gespräch führen/sich unterhalten/eine Unterredung haben/sich aussprechen (with sb about sth mit jdm über etw acc); **could I have a ~ with you?** könnte ich Sie mal sprechen?; **to hold or have ~s** Gespräche führen; **to have a friendly ~ with sb** sich mit jdm nett unterhalten, mit jdm plaudern; (giving advice, warning) mit jdm (mal) in aller Freundschaft reden; **I have enjoyed our ~** ich habe mich gern mit Ihnen unterhalten.

2. no pl (~ing) Reden nt, Rederei f; (rumour) Gerede nt. **he's all ~** er ist ein fürchterlicher Schwätzer; (and no action) der führt bloß große Reden; **there is some ~ of his returning** es heißt, er kommt zurück; **it's the ~ of the town** es ist Stadtgespräch.

3. (lecture) Vortrag m. **to give a ~** einen Vortrag halten (on über +acc); **a series of ~s** eine Vortragsreihe.

II vi **1.** sprechen, reden (of von, about über +acc); (have conversation also) sich unterhalten (of, about über +acc); (bird, doll, child) sprechen. **to ~ to or with** (esp US) **sb** mit jdm sprechen or reden (about über +acc); (converse also) sich mit jdm unterhalten (about über +acc); (reprimand also) mit jdm ein ernstes Wort reden; **could I ~ to Mr Smith please?** kann ich bitte Herrn Smith sprechen?; **don't ~ silly!** (inf) red keinen Stuß! (inf), red nicht so blöd (daher) (inf); **it's easy or all right for you to ~** (inf) du hast gut reden (inf); **don't (you) ~ to me like that!** wie redest du denn mit mir?; **who do you think you're**

~ing to? was meinst du denn, wen du vor dir hast?; **that's no way to ~ to your parents** so redet man doch nicht mit seinen Eltern!; **he sat there without ~ing** er saß da und sagte kein Wort; **~ to me!** erzähl mir was!; **to get/be ~ing to sb** mit jdm ins Gespräch kommen/im Gespräch sein; **I'm not ~ing to you** (we're on bad terms) mit dir spreche or rede ich nicht mehr; (I mean somebody else) ich spreche nicht mit dir; **he knows/doesn't know what he's ~ing about** er hat (davon) ziemlich Ahnung (inf)/(doch) überhaupt keine Ahnung; **you can or should ~!** (inf) du kannst gerade reden!; **to keep sb ~ing** jdn (mit einem Gespräch) hinhalten; **to ~ to oneself** Selbstgespräche führen; **today I'm going to ~ about impressionism** heute möchte ich über den Impressionismus sprechen or reden; **now you're ~ing!** das läßt sich schon eher hören!

2. (mention) sprechen, reden. **he's been ~ing of going abroad** er hat davon gesprochen or geredet, daß er ins Ausland fahren will; **~ing of salaries/films ...** da or wo (inf) wir gerade von Gehältern/Filmen sprechen ...; **~ about impertinence/ rude!** so was von Frechheit/unverschämt!

3. (chatter) reden, schwatzen. **stop ~ing!** sei/seid ruhig!

4. (gossip) reden, klatschen. **everyone was ~ing about them** sie waren in aller Munde; (because of scandal also) alle haben über sie geredet; **to get oneself ~ed about** von sich reden machen; (because of scandal) ins Gerede kommen.

5. (reveal secret) reden. **the spy refused to ~** der Spion schwieg beharrlich or weigerte sich zu reden; **to make sb ~** jdn zum Reden bringen.

III vt **1.** (speak) a language, slang sprechen; nonsense reden. **~ sense!** red keinen solchen Unsinn!

2. (discuss) politics, cricket, business reden über (+acc) or von, sich unterhalten über (+acc). **we have to ~ business for a while** wir müssen mal kurz etwas Geschäftliches besprechen; **now you're ~ing business** das läßt sich schon eher hören; see **shop**.

3. (persuade) **to ~ sb/oneself into doing sth** jdn überreden or jdn/sich dazu bringen, etw zu tun; (against better judgement) jdm/sich einreden, daß man etw tut; **he ~ed himself into believing she was unfaithful** er hat sich eingeredet, sie sei ihm nicht treu; **to ~ sb out of sth** jdm etw ausreden.

4. (achieve by ~ing) **he ~ed himself out of that job** durch sein Reden hat er sich (dat) diese Stelle verscherzt; **you won't be able to ~ your way out of this** jetzt können Sie sich nicht mehr herausreden; **he ~ed himself out of trouble** er redete sich (geschickt) heraus; **he ~ed himself into this situation** er hat sich selbst durch sein Reden in diese Lage gebracht.

5. to ~ **oneself hoarse** sich heiser reden.

◆**talk at** vi +prep obj person einreden auf (+acc).

◆**talk away** I vi ununterbrochen reden, schwatzen. **we ~ed for hours** wir haben uns stundenlang unterhalten; **may I talk to you for a minute? — certainly, ~ ~!** kann ich Sie einen Augenblick sprechen? — natürlich, schießen Sie los! (*inf*).

II *vt sep* **1.** (*spend talking*) im Gespräch verbringen. **we ~ed the evening ~** wir haben den ganzen Abend lang geredet. **2.** *debts, problems etc* wegdiskutieren.

◆**talk back** *vi* (*be cheeky*) frech antworten (*to sb* jdm).

◆**talk down I** *vi* **to ~ ~ to sb** mit jdm herablassend or von oben herab reden.

   II *vt sep* **1.** (*reduce to silence*) über den Haufen reden (*inf*), niederreden.

   2. (*Aviat*) *pilot, plane* zur Landung einweisen.

◆**talk on** *vi* weiterreden. **they ~ed ~ and on** sie redeten und redeten.

◆**talk out** *vt sep* **1.** (*discuss*) *problems, differences* ausdiskutieren. **2.** (*Parl*) **to ~ ~ a bill** der rechtzeitige Verabschiedung eines Gesetzes verschleppen.

◆**talk over** *vt sep* **1.** *question, problem* bereden (*inf*), besprechen. **let's ~ it ~ quietly** wir wollen jetzt einmal in aller Ruhe darüber reden. **2.** (*persuade*) *see* **talk round I.**

◆**talk round I** *vt always separate* umstimmen. **I ~ed her ~ to my way of thinking** ich habe sie zu meiner Anschauung bekehrt. **II** *vi* +*prep obj* *problem, subject* herumreden um.

talkative ['tɔ:kətɪv] *adj person* gesprächig, redselig.

talkativeness ['tɔ:kətɪvnɪs] *n* Gesprächigkeit, Redseligkeit *f*.

talkback ['tɔ:kbæk] *n* (*device*) Gegensprechanlage *f*; (*talking*) Anweisungen *pl* im Hintergrund.

talked-of ['tɔ:ktɒv] *adj*: **much ~** berühmt; *plans* also vielbesprochen.

talker ['tɔ:kə^r] *n* Redner *m*. **the parrot was a good ~** der Papagei konnte gut sprechen; **he's just a ~** er ist ein Schwätzer.

talkie ['tɔ:kɪ] *n* (*dated inf*) Tonfilm *m*.

talking ['tɔ:kɪŋ] *n* Reden, Sprechen *nt*. **no ~ please!** bitte Ruhe!, Sprechen verboten!; **I'll let you do the ~** ich überlasse das Reden Ihnen.

talking doll *n* sprechende Puppe, Sprechpuppe *f*; **talking picture** *n* (*old*) Tonfilm *m*; **talking point** *n* Gesprächsthema *nt*; **talking-to** (*inf*) Standpauke *f* (*inf*); **to give sb a good ~** jdm eine Standpauke halten (*inf*).

talk show *n* Talkshow *f*.

tall [tɔ:l] *adj* (+*er*) **1.** *person* groß, lang (*inf*). **how ~ are you?** wie groß sind Sie?; **he is 1 m 80 ~** er ist 1,80 m groß; **how ~ he is growing!** wie groß er wird!; **to feel ten foot** *or* **feet ~** (*inf*) riesig stolz sein (*inf*). **2.** *building, tree, grass* hoch; *mast* also lang. **~ ship** Klipper *m*. **3.** (*inf*) **that's a ~ order** das ist ganz schön viel verlangt; (*indignant also*) das ist eine Zumutung; **a ~ story** ein Märchen *nt* (*inf*).

tallboy ['tɔ:lbɔɪ] *n* (*Brit*) hohe Schlafzimmerkommode.

tallish ['tɔ:lɪʃ] *adj person* ziemlich groß; *building* ziemlich hoch.

tallness ['tɔ:lnɪs] *n see adj* **1.** Größe, Länge (*inf*) *f*. **2.** Höhe *f*; Länge *f*.

tallow ['tæləʊ] *n* Talg, Unschlitt (*old*) *m*. **~ candle** Talglicht *nt*.

tallowy ['tæləʊɪ] *adj* talgig.

tally ['tælɪ] **I** *n* **1.** (*Hist: stick*) Kerbholz *nt*. **2.** (*count, account*) **to keep a ~ of** Buch führen über (+*acc*). **3.** (*result of counting, number*) (An)zahl *f*. **what's the ~?** wieviel ist/sind es? **II** *vi* übereinstimmen; (*reports etc also*) sich decken. **they don't ~** sie stimmen nicht (miteinander) überein. **III** *vt* (*also* **~ up**) zusammenrechnen *or* -zählen.

tally-ho ['tælɪ'həʊ] **I** *interj* halali. **II** *n*, *pl* **~s** Halali *nt*.

Talmud ['tælmʊd] *n* Talmud *m*.

talon ['tælən] *n* Kralle, Klaue *f*; (*fig: of person*) Kralle *f*.

tamable *adj see* **tameable.**

tamarind ['tæmərɪnd] *n* Tamarinde *f*; (*tree also*) Tamarindenbaum *m*.

tamarisk ['tæmərɪsk] *n* Tamariske *f*.

tambour ['tæm,bʊə^r] *n* **1.** (*old Mus*) Trommel *f*. **2.** (*on desk etc*) Rouleau, Rollo *nt*.

tambourine [,tæmbə'ri:n] *n* Tamburin *nt*.

tame [teɪm] **I** *adj* (+*er*) **1.** *animal, person* zahm. **the village has its own ~ novelist** (*hum*) der Ort hat seinen dorfeigenen Schriftsteller (*inf*).

   2. (*dull*) *person, life, adventure etc* lahm (*inf*); *story, film, amount, criticism, joke, shot, tennis service etc also* zahm.

   II *vt animal, person* zähmen, bändigen; *passion* (be)zähmen, zügeln; *garden* unter Kontrolle bringen.

tameable ['teɪməbl] *adj* zähmbar.

tamely ['teɪmlɪ] *adv see adj* **1.** zahm. **2.** lahm (*inf*); zahm.

tameness ['teɪmnɪs] *n see adj* **1.** Zahmheit *f*. **2.** Lahmheit *f* (*inf*); Zahmheit *f*.

tamer ['teɪmə^r] *n* (*of animals*) Bändiger, Dompteur *m*.

taming ['teɪmɪŋ] *n* Zähmung, Bändigung *f*. **"The T~ of the Shrew"** „Der Widerspenstigen Zähmung".

tamp [tæmp] *vt* **1.** (*block up*) drill hole etc (ver)stopfen. **2.** (*ram down*) earth (fest)stampfen.

tamper ['tæmpə^r] *n* (*for soil etc*) Stampfer *m*; (*for tobacco*) Stopfer *m*.

◆**tamper with** *vi* +*prep obj* herumhantieren an (+*dat*); (*with evil intent*) sich (*dat*) zu schaffen machen an (+*dat*); (*plan, schedule*) herumpfuschen an (+*dat*) (*inf*); *document* verfälschen; (*Jur*) *witness* beeinflussen; (*bribe*) bestechen. **the car had been ~ed ~** jemand hatte sich am Auto zu schaffen gemacht.

tampon ['tæmpən] *n* Tampon *m*.

tan [tæn] **I** *n* **1.** (*suntan*) Bräune *f*. **to get a ~** braun werden. **2.** (*colour*) Hellbraun *nt*.

   II *adj* hellbraun.

   III *vt* **1.** *skins* gerben. **to ~ sb's hide** (*fig inf*) jdm das Fell gerben. **2.** (*sun*) *face, body etc* bräunen, braun werden lassen.

   IV *vi* braun werden. **she ~s easily** sie wird schnell braun.

tandem ['tændəm] **I** *n* (*cycle*) Tandem *nt*. **the horses were in ~** die Pferde liefen hintereinander im Gespann; **in ~** (*fig*)

zusammen. **II** adv hintereinander im Ge-
spann.

tang [tæŋ] n (smell) scharfer Geruch;
(taste) starker Geschmack. **the fish has a
salty ~** der Fisch schmeckt salzig.

tangent ['tændʒənt] n (Math) Tangente f.
to go or **fly off at a ~** (fig) (plötzlich) vom
Thema abkommen or abschweifen.

tangential [tæn'dʒənʃəl] adj (Math) tan-
gential. **this is merely ~ to the problem**
dies berührt das Problem nur am Rande.

tangerine [ˌtændʒə'riːn] **I** n (also **~ orange**)
Mandarine f. **II** adj (in colour) stark
orange, rötlich orange.

tangibility [ˌtændʒɪ'bɪlɪtɪ] n Greifbarkeit f.
tangible ['tændʒəbl] adj 1. (lit) greifbar,
berührbar. 2. (fig) result greifbar; proof
also handfest, handgreiflich; assets hand-
fest, real.

tangibly ['tændʒəblɪ] adv greifbar. **he would
prefer to be rewarded more ~** ihm wäre
etwas Handfesteres als Belohnung lieber.

Tangier(s) [tæn'dʒɪə(z)] n Tanger nt.

tangle ['tæŋgl] **I** n 1. (lit) Gewirr nt. **the
string was in a ~** die Schnur hatte sich
verheddert; **the ~s in her hair** ihr verhed-
dertes Haar; **to get into a ~** sich verhed-
dern.

2. (fig: muddle) Wirrwarr m, Durch-
einander nt. **to get into a ~** sich verhed-
dern; **I'm in such a ~ with my tax forms**
ich komme bei meinen Steuerformularen
überhaupt nicht klar; **an emotional ~** eine
Verstrickung der Gefühle.

3. (fig: trouble) Ärger m, Schwierig-
keiten pl. **he got into a ~ with the police** er
hat Schwierigkeiten mit der Polizei
gehabt.

II vt (lit, fig) verwirren, durcheinander-
bringen; wool, string also verheddern;
hair durcheinanderbringen. **to get ~d** (lit,
fig) sich verheddern; (ropes) sich ver-
knoten; **a ~d web** ein Gespinst nt.

◆**tangle up** vt sep (lit, fig) verwirren,
durcheinanderbringen; wool, string also
verheddern. **to get ~d** durcheinander-
geraten; (wool etc also) sich verheddern;
(ropes) sich verknoten; (person) (in talk-
ing, explaining etc) sich verstricken or
verheddern; (become involved) ver-
wickelt or verstrickt werden; **she got ~d ~
with a married man** sie hat sich mit einem
verheirateten Mann eingelassen.

◆**tangle with** vi +prep obj (inf) aneinan-
dergeraten mit. **I'm not tangling ~ him**
mit ihm laß ich mich (doch) nicht ein.

tango ['tæŋgəʊ] **I** n, pl **~s** Tango m. **II** vi
Tango tanzen.

tangy ['tæŋɪ] adj (+er) taste scharf, streng;
smell also durchdringend.

tank [tæŋk] n 1. (container) Tank m; (for
water also) Wasserspeicher m; (of boiler
also) Kessel m; (Naut: for water supply)
Kessel m; (in submarines) Tauchtank m;
(Rail: in engine) Kessel m; (for diver:
oxygen ~) Flasche f; (Phot) Wanne f. **fill
up the ~, please** (Aut) volltanken, bitte.

2. (Mil) Panzer, Tank m.

3. (US sl) Knast m (sl).

◆**tank up** vi 1. (ship, plane) auftanken;
(car, driver also) volltanken. 2. (Brit sl:
get drunk) sich vollaufen lassen (sl). **II** vt

sep 1. ship, plane auftanken; car also voll-
tanken. 2. (Brit sl) **to get/be ~ed ~** sich
vollaufen lassen (sl) (on mit)/voll sein.

tankard ['tæŋkəd] n Humpen m; (for beer
also) Seidel nt.

tank car n (Rail) Kesselwagen m.

tanker ['tæŋkə'] n 1. (boat) Tanker m,
Tankschiff nt. **~ terminal** Ölhafen m.
2. (vehicle) Tankwagen m.

tank farm n (US) Tanklager nt.

tankful ['tæŋkful] n 1. Tank(voll) m.
2. (Brit sl: drink) **he's had a ~** der ist total
voll (inf).

tanktop ['tæŋktɒp] n Pullunder m; **tank
town** n (US) Wasser(auffüll)station f;
(fig) Kuhnest nt (inf); **tank trap** n Pan-
zersperre f; **tank wagon** n (Rail) Kessel-
wagen m.

tanned [tænd] adj 1. person braun(ge-
brannt). 2. skins gegerbt.

tanner¹ ['tænə'] n Gerber m.

tanner² n (old Brit inf) Sixpence m.

tannery ['tænərɪ] n Gerberei f.

tannin ['tænɪn] n Tannin f.

tanning ['tænɪŋ] n 1. (of hides) Gerben nt;
(craft) Gerberei f. 2. (punishment) Tracht
f Prügel.

Tannoy ® ['tænɔɪ] n Lautsprecheranlage f.
over or **on the ~** über den Lautsprecher.

tantalize ['tæntəlaɪz] vt reizen; (torment
also) quälen.

tantalizing ['tæntəlaɪzɪŋ] adj smell,
promise, blouse verlockend, verfüh-
rerisch; behaviour also aufreizend. **it is ~
to think that ...** es ist zum Verrücktwer-
den, zu denken, daß ... (inf).

tantalizingly ['tæntəlaɪzɪŋlɪ] adv ver-
lockend, verführerisch. **success was ~
near** der Erfolg schien zum Greifen nahe.

tantalum ['tæntələm] n (abbr **Ta**) Tantal
nt.

tantamount ['tæntəmaʊnt] adj: **to be ~ to
sth** einer Sache (dat) gleichkommen, auf
etw (acc) hinauslaufen.

Tanzania [ˌtænzə'nɪə] n Tansania nt.

Tanzanian [ˌtænzə'nɪən] **I** adj tansanisch.
II n Tansanier(in f) m.

tap¹ [tæp] **I** n (esp Brit) Hahn m. **don't leave
the ~s running** laß das Wasser nicht
laufen!; **on ~** (lit: beer etc) vom Faß;
(fig) zur Hand; **he has plenty of ideas on ~**
er hat immer Ideen auf Lager (inf).

II vt 1. cask, barrel anzapfen, an-
stechen; tree anzapfen. **to ~ a pine for
resin** einer Kiefer (dat) Harz abzapfen.

2. (fig) resources erschließen. **to ~ an
electric current** eine Stromleitung anzap-
fen; **to ~ telephone wires** Telephonleitun-
gen anzapfen; **the wires are ~ped here** die
Leitung hier wird abgehört; **to ~ sb for
money/a loan** (inf) jdn anzapfen (inf), jdn
anpumpen (inf); **he tried to ~ me for in-
formation** er wollte mich aushorchen.

tap² n 1. (light knock) Klopfen nt.

2. (light touch) Klaps m, leichter
Schlag. **to give sb a ~ on the shoulder** jdn
or jdm auf die Schulter klopfen.

3. **~s sing** or pl (Mil) Zapfenstreich m.

II vt klopfen. **he ~ped me on the**

shoulder er klopfte mir auf die Schulter; **he ~ped his foot impatiently** er klopfte ungeduldig mit dem Fuß auf den Boden.
III *vi* klopfen. **to ~ on** *or* **at the door** leise anklopfen; **she sat ~ping away at the typewriter** sie klapperte an der Schreibmaschine herum.
◆**tap out** *vt sep* **1.** *pipe* ausklopfen. **2.** *rhythm* klopfen. **to ~ ~ a message (in Morse)** eine Nachricht morsen.
tap-dance ['tæpdɑːns] **I** *n* Steptanz *m*; **II** *vi* steppen.
tape [teɪp] **I** *n* **1.** Band *nt*; *(sticky paper)* Klebeband *nt*; *(Sellotape etc)* Kleb(e)streifen, Tesafilm ® *m*; *(ticker-~, computer ~ etc)* Lochstreifen *m*; *(Sport)* Zielband *nt.* **the message was coming through on the ~** die Nachricht kam über den Fernschreiber; **to break** *or* **breast the ~** *(Sport)* durchs Ziel gehen.
2. *(magnetic)* (Ton)band, Magnetband *nt.* **on ~** auf Band; **to put** *or* **get sth on ~** etw auf Band aufnehmen.
II *vt* **1.** *parcel* (mit Kleb(e)streifen/-band) zukleben. **to ~ together two documents** zwei Dokumente mit Kleb(e)streifen/-band zusammenkleben.
2. *(~-record)* *song, message* (auf Band) aufnehmen.
3. *(inf)* **I've got the situation ~d** ich habe die Sache im Griff *(inf)*; **I've got him ~d** ich kenne mich mit ihm aus.
◆**tape down** *vt sep* festkleben.
◆**tape on** *vt sep* ankleben *or* -heften. **to ~ sth ~(to)** sth etw auf etw *(acc)* kleben.
◆**tape up** *vt sep* *sth broken* mit Kleb(e)streifen/-band zusammenkleben; *parcel* mit Kleb(e)streifen/-band verkleben; *gap, windows, mouth* zukleben.
tape cassette *n* Tonbandkassette *f*; **tape deck** *n* Tapedeck *nt*; **tape measure** *n* Maßband, Bandmaß *nt.*
taper ['teɪpə'] **I** *n* *(candle)* (dünne) Kerze.
II *vt* *end of plank, stick etc* zuspitzen; *edge* abschrägen; *hair* spitz zuschneiden; *pair of trousers* (nach unten) verengen.
III *vi* sich zuspitzen; *(tower, vase also)* sich verjüngen; *(trousers)* nach unten enger werden; *(hair)* (im Nacken) spitz zulaufen. **to ~ to a point** spitz zulaufen.
◆**taper off** *vi* **1.** spitz zulaufen, sich zuspitzen; *(tower also, vase)* sich verjüngen; *(road, trousers)* sich verengen.
2. *(fig: decrease gradually)* langsam aufhören; *(numbers)* langsam zurückgehen; *(production)* langsam auslaufen.
II *vt sep* *edge* abschrägen; *end of plank, stick etc* zuspitzen; *(fig)* *production* zurückschrauben; *(bring to an end)* langsam auslaufen lassen.
tape reader *n* *(Computers)* Lochstreifenleser *m*; **tape-record** *vt auf Band aufnehmen; **tape-recorder** *n* Tonbandgerät *nt*; **tape-recording** *n* Bandaufnahme *f.*
tapered ['teɪpəd] *adj* spitz zulaufend. **~ trousers** Hosen, die unten enger werden.
tapering ['teɪpərɪŋ] *adj* spitz zulaufend.
tapestry ['tæpɪstrɪ] *n* Wand- *or* Bildteppich *m*; *(fabric)* Gobelin *m.* **the chairs were upholstered in ~** die Stühle hatten Gobelinbezüge; **~-making, ~-weaving** Tapisserie *f.*

tapeworm ['teɪpwɜːm] *n* Bandwurm *m.*
tapioca [ˌtæpɪ'əʊkə] *n* Tapioka *f.*
tapir ['teɪpə'] *n* Tapir *m.*
tappet ['tæpɪt] *n* *(Aut)* Stößel *m.*
taproom ['tæpruːm] *n* Schankstube *f*; **taproot** *n* *(Bot)* Pfahlwurzel *f.*
tap water *n* Leitungswasser *nt.*
tar[1] [tɑː'] **I** *n* Teer *m.* **II** *vt* *road, fence* teeren. **they are all ~red with the same brush** *(fig)* sie sind alle vom gleichen Schlag; **to ~ and feather sb** jdn teeren und federn.
tar[2] *n* *(old Naut sl)* Seemann *m.*
tarantella [ˌtærən'telə] *n* Tarantella *f.*
tarantula [tə'ræntjʊlə] *n* Tarantel *f.*
tarbrush ['tɑːbrʌʃ] *n*: **a touch of the ~** *(hum inf)* schwarzes Blut.
tardily ['tɑːdɪlɪ] *adv see adj* **1.** (reichlich) spät. **2.** zu spät.
tardiness ['tɑːdɪnɪs] *n* **1.** *(of person)* Säumigkeit *f (geh).* **the ~ of his reply/offer** *etc* seine reichlich späte Antwort/sein reichlich spätes Angebot *etc*; **2.** *(US: lateness)* Zuspätkommen *nt*; *(of train etc)* Verspätung *f.*
tardy ['tɑːdɪ] *adj (+er)* **1.** *(belated)* *reply, arrival, offer to help* (reichlich) spät; *person* säumig *(geh).* **to be ~ in doing sth** etw erst reichlich spät tun.
2. *(US: late)* **to be ~** *(person)* zu spät kommen; *(train etc)* Verspätung haben; **the train was ~ in arriving at New York** der Zug kam mit Verspätung (in New York) an.
tare[1] [tɛə'] *n* *(Bot)* Wicke *f.*
tare[2] *n* *(Comm)* Tara *f*; *(of vehicle)* Leergewicht *nt.*
target ['tɑːgɪt] *n* **1.** *(person, object, Mil)* Ziel *nt*; *(Sport: board)* Ziel- *or* Schießscheibe *f*; *(fig: of joke, criticism etc)* Zielscheibe *f.* **his shot was off/on ~** *(Mil)* sein Schuß ist daneben gegangen/hat getroffen; *(Ftbl etc)* sein Schuß war ungenau/sehr genau; **Apollo III is on ~ for the moon** Apollo III ist auf direktem Kurs zum Mond.
2. *(objective, goal)* Ziel *nt*; *(in production)* (Plan)soll *nt.* **industrial production ~** Produktionssoll *nt no pl*; **production is above/on/below ~** das Produktionssoll ist überschritten/erfüllt/nicht erfüllt; **we set ourselves the ~ of £10,000** wir haben uns £ 10.000 zum Ziel gesetzt.
target area *n* Zielbereich *m*, Zielgebiet *nt*; **target date** *n* angestrebter Termin; **target practice** *n* *(Mil)* Zielschießen *nt.*
tariff ['tærɪf] **I** *n* **1.** (Gebühren)tarif *m*; *(in hotels)* Preisverzeichnis *nt*, Preisliste *f.* **2.** *(Econ: tax)* Zoll *m*; *(table)* Zolltarif *m.* **II** *attr (Econ)* **~ reform** Zolltarifreform *f*; *(Hist)* Einführung *f* von Schutzzöllen; **~ walls** Zollschranken *pl.*
tarmac ['tɑːmæk] **I** *n* **1.** Makadam *m*; *(generally)* Asphalt *m.* **2.** *(esp Brit Aviat)* Rollfeld *nt.* **II** *vt* *road (generally)* asphaltieren.
tarmacadam [ˌtɑːmə'kædəm] *n* Makadam *m.*
tarn [tɑːn] *n* kleiner Berg- *or* Gebirgssee.
tarnish ['tɑːnɪʃ] **I** *vt* **1.** *metal* stumpf werden lassen. **the silver was ~ed by exposure to air** das Silber war an der Luft angelaufen.
2. *(fig)* *reputation, glory* beflecken; *ideals*

trüben, den Glanz nehmen (+*dat*). **II** *vi* (*metal*) anlaufen. **III** *n* Beschlag *m*. **to prevent ~ das Anlaufen verhindern**.

tarot card ['tærəʊkɑːd] *n* Tarockkarte *f*.

tar paper *n* (*US*) Dachpappe, Teerpappe *f*.

tarpaulin [tɑː'pɔːlɪn] *n* **1**. (*waterproof sheet*) Plane *f*; (*Naut*) Persenning *f*. **2**. ~s *pl* (*clothes*) Ölzeug *nt*.

tarragon ['tærəgən] *n* Estragon *m*.

tarry[1] ['tɑːrɪ] *adj* teerig.

tarry[2] [tærɪ] *vi* (*old, liter*) **1**. (*remain*) verweilen (*old, liter*). **2**. (*delay*) säumen (*old, liter*), zögern.

tart[1] [tɑːt] *adj* (+*er*) **1**. *flavour, wine* herb, sauer (*pej*); *fruit* sauer. **2**. (*fig*) *remark, manner* scharf; *humour* beißend; *person* schroff.

tart[2] *n* (*Cook*) Obstkuchen *m*, Obsttorte *f*; (*individual*) Obsttörtchen *nt*.

tart[3] *n* (*inf*) (*prostitute*) Nutte *f* (*sl*); (*loose woman*) Flittchen *nt* (*pej*); (*pej: woman*) Schachtel *f* (*inf*).

◆**tart up** *vt sep* (*esp Brit inf*) aufmachen (*inf*); *oneself* auftakeln (*inf*), aufdonnern (*inf*). **there she was, all ~ed** = da stand sie, aufgetakelt wie eine Fregatte (*inf*).

tartan ['tɑːtən] **I** *n* (*pattern*) Schottenkaro *nt*; (*material*) Schottenstoff *m*. **what ~ are you?** welches Clan-Muster tragen Sie? **II** *adj skirt* im Schottenkaro *or* -muster.

tartar ['tɑːtəʳ] *n* (*of wine*) Weinstein *m*; (*in kettle*) Kesselstein *m*; (*on teeth*) Zahnstein *m*.

Tartar ['tɑːtəʳ] *n* Tatar *m*. **t~** (*fig*) Tyrann *m*; **to catch a ~** (*fig*) sich (*dat*) etwas Übles einhandeln.

tartaric [tɑː'tærɪk] *adj* ~ **acid** Weinsäure *f*.

tartar sauce *n* = Remouladensoße *f*.

tartly ['tɑːtlɪ] *adv speak* scharf.

tartness ['tɑːtnɪs] *n see adj* **1**. Herbheit, Säure (*pej*) *f*; Säure *f*. **2**. Schärfe *f*; Beißende(s) *nt*; Schroffheit *f*.

task [tɑːsk] **I** *n* Aufgabe *f*. **to set** *or* **give sb a ~** jdm eine Aufgabe stellen *or* geben; **it is the ~ of the politician to ...** es ist Aufgabe des Politikers zu ...; **to take sb to ~** jdn ins Gebet nehmen, sich (*dat*) jdn vornehmen (*inf*) (*for, about* wegen). **II** *vt see* **tax II 2**.

task force *n* Sondereinheit, Spezialeinheit *f*; **taskmaster** *n* (strenger) Arbeitgeber.

Tasmania [tæz'meɪnɪə] *n* Tasmanien *nt*.

Tasmanian [tæz'meɪnɪən] **I** *adj* tasmanisch. **II** *n* Tasmanier(in *f*) *m*.

Tasman Sea ['tæzmən'siː] *n* Tasmansee *f*.

tassel ['tæsəl] *n* Quaste, Troddel *f*.

taste [teɪst] **I** *n* **1**. (*sense*) Geschmack(sinn) *m*. **the organ of ~** das Geschmacksorgan; **to be sweet to the ~** süß schmecken, einen süßen Geschmack haben.

2. (*flavour*) Geschmack *m*. **I don't like the ~ of it** das schmeckt mir nicht; **her cooking has no ~** ihr Essen schmeckt nach nichts; **a ~ of onions** ein Zwiebelgeschmack *m*; **to leave a bad ~ in the mouth** (*lit, fig*) einen üblen Nachgeschmack hinterlassen.

3. (*small amount*) Kostprobe *f*, Versucherchen *nt* (*inf*); (*fig: as an example*) Kostprobe *f* (*of sth in the future*) Vorgeschmack *m*. **would you like some? — just a ~** möchten Sie etwas? — nur eine

Idee; **to have a ~ (of sth)** (*lit*) (etw) probieren *or* kosten; (*fig*) eine Kostprobe (von etw) bekommen; (*of sth to come*) einen Vorgeschmack (von etw) haben; **two years in the army will give him a ~ of discipline** zwei Jahre bei der Armee werden ihm zeigen *or* ihn spüren lassen, was Disziplin ist; **a ~ of what was to come** ein Vorgeschmack dessen, was noch kommen sollte.

4. (*liking*) Geschmack *m no pl*. **to have a ~ for sth** eine Vorliebe für etw haben; **it's an acquired ~** das ist etwas für Kenner; **she has expensive ~s in hats** was Hüte anbelangt, hat sie einen teuren Geschmack; **my ~ in music has changed over the years** mein musikalischer Geschmack hat sich mit der Zeit geändert; **to be to sb's ~** nach jds Geschmack sein; **it is a matter of ~** das ist Geschmack(s)sache; **there is no accounting for ~s** über Geschmack läßt sich (nicht) streiten; **~s differ** die Geschmäcker sind verschieden; **sweeten to ~** (*Cook*) nach Geschmack *or* Bedarf süßen.

5. (*discernment*) Geschmack *m*. **she has very good ~ in furniture** was Möbel anbelangt, hat sie einen sehr guten Geschmack; **a man of ~** ein Mann mit Geschmack; **in good/bad ~** geschmackvoll/geschmacklos; **to be in doubtful ~** von zweifelhaftem Geschmack zeugen.

II *vt* **1**. (*perceive flavour of*) schmecken; *blood* lecken. **I can't ~ anything** ich schmecke überhaupt nichts; **once you've ~d real champagne** wenn Sie einmal echten Sekt getrunken haben; **I've never ~d caviar** ich habe noch nie Kaviar gekostet (*geh*) *or* gegessen; **wait till you ~ this** warten Sie mal, bis Sie das probiert haben; **he hadn't ~d food for a week** er hatte seit einer Woche nichts zu sich genommen.

2. (*take a little*) versuchen, probieren, kosten.

3. (*test*) *wine* verkosten; *food products* probieren; (*official*) prüfen. **~ the sauce before adding salt** schmecken Sie die Soße ab, bevor Sie Salz beigeben.

4. (*fig*) *power, freedom* erfahren, erleben. **once the canary had ~d freedom ...** als der Kanarienvogel erst einmal Geschmack an der Freiheit gefunden hatte ...

III *vi* schmecken. **to ~ good** *or* **nice** (gut) schmecken; **it ~s all right to me** ich schmecke nichts; (*I like it*) ich finde, das schmeckt nicht schlecht; **to ~ of sth** nach etw schmecken.

taste bud *n* Geschmacksknospe *f*.

tasteful *adj*, ~**ly** *adv* ['teɪstful, -fəlɪ] geschmackvoll.

tastefulness ['teɪstfʊlnɪs] *n* guter Geschmack.

tasteless ['teɪstlɪs] *adj* geschmacklos; *food also* fade; *joke also* abgeschmackt.

tastelessly ['teɪstlɪslɪ] *adv see adj*.

tastelessness ['teɪstlɪsnɪs] *n see adj* Geschmacklosigkeit *f*; Fadheit *f*; Abgeschmacktheit *f*.

taster ['teɪstəʳ] *n* (*of wine*) Prüfer, Probierer *m*; (*of tea*) Schmecker *m*; (*of tobacco*) Prüfer *m*; (*as bodyguard*) Vorkoster *m*.

tastily ['teɪstɪlɪ] *adv see adj.*
tastiness ['teɪstɪnɪs] *n* Schmackhaftigkeit *f.*
tasty ['teɪstɪ] *adj (+er) dish* schmackhaft.
tat *n see* tit².
ta-ta ['tæ'tɑ:] *interj (Brit inf)* tschüs *(inf).*
tattered ['tætəd] *adj clothes, person* zerlumpt; *book, sheet* zerfleddert, zerfetzt; *(fig) pride, reputation* angeschlagen.
tatters ['tætəz] *npl* Lumpen, Fetzen *pl.* **to be in ~** in Fetzen sein *or* hängen; **his reputation/pride was in ~** sein Ruf/Stolz war sehr angeschlagen.
tattily ['tætɪlɪ] *adv (inf) see adj.*
tattiness ['tætɪnɪs] *n (inf) see adj* Schmuddeligkeit *f*; Schäbigkeit *f.*
tatting ['tætɪŋ] *n* Okki- *or* Schiffchenspitze, Frivolitätenarbeit *f.*
tattle ['tætl] **I** *vi* tratschen *(inf),* klatschen. **II** *n* Geschwätz, Gerede *nt.* **office ~** Büroklatsch *or* -tratsch *(inf) m.*
tattler ['tætləʳ] *n* Klatschmaul *nt (pej sl).*
tattoo¹ [tə'tu:] **I** *vt* tätowieren. **II** *n* Tätowierung *f.*
tattoo² *n* **1.** *(military pageant)* Musikparade *f.* **2.** *(Mil: on drum or bugle)* Zapfenstreich *m.* **to beat** *or* **sound the ~** den Zapfenstreich blasen; **to beat a ~ on the table** *(with fingers)* auf den Tisch trommeln.
tatty ['tætɪ] *adj (+er) (inf)* schmuddelig; *clothes* schäbig.
taught [tɔːt] *pret, ptp of* **teach.**
taunt [tɔːnt] **I** *n* Spöttelei *f,* höhnische Bemerkung. **he paid no attention to their ~s of "traitor"** er kümmerte sich nicht darum, daß sie ihn als Verräter verhöhnten. **II** *vt person* verspotten, aufziehen *(inf) (about* wegen). **to ~ sb with cowardice** jdm höhnisch *or* spöttisch Feigheit vorwerfen.
taunting ['tɔːntɪŋ] *adj* höhnisch, spöttisch.
tauntingly ['tɔːntɪŋlɪ] *adv see adj.*
Taurean [tɔː'riːən] **I** *adj* Stier-. **II** *n* Stier *m.*
Taurus ['tɔːrəs] *n (Astron, Astrol)* Stier *m.*
taut [tɔːt] *adj (+er)* **1.** *rope* straff (gespannt); *muscles* stramm, gestrafft. **2.** *(fig: tense) nerves, situation* (an)gespannt. **3.** *(fig: precise, economical) style, prose* knapp.
tauten ['tɔːtn] **I** *vt rope* spannen, straff anziehen, straffen; *sail* straffen. **II** *vi* sich spannen *or* straffen, straff werden.
tautly ['tɔːtlɪ] *adv see adj.*
tautness ['tɔːtnɪs] *n (of skin, rope)* Straffheit *f*; *(of muscles)* Strammheit *f*; *(fig) (of atmosphere)* Gespanntheit *f*; *(of nerves)* Anspannung *f*; *(of style)* Knappheit *f.*
tautological [ˌtɔːtə'lɒdʒɪkəl], **tautologous** [tɔː'tɒləgəs] *adj* tautologisch, doppelt gemoppelt *(inf).*
tautology [tɔː'tɒlədʒɪ] *n* Tautologie *f,* weißer Schimmel *(inf).*
tavern ['tævən] *n (old)* Taverne, Schenke *(old) f.*
tawdrily ['tɔːdrɪlɪ] *adv* billig und geschmacklos, **~ dressed** aufgedonnert.
tawdriness ['tɔːdrɪnɪs] *n (of jewellery, decorations etc)* ordinäre Protzigkeit.
tawdry ['tɔːdrɪ] *adj (+er) clothes* billig und geschmacklos; *hat, jewellery, splendour, decorations* ordinär; *person, appearance* aufgedonnert. **a ~ little dress** *(inf)* ein

knalliges Fähnchen *(inf),* ein knalliger Fummel *(inf);* **all this cheap and ~ jewellery** all dieser billige Flitterkram.
tawny ['tɔːnɪ] *adj (+er)* gelbbraun, goldbraun. **~ port** Tawny-Portwein *m;* **~ owl** Waldkauz *m;* (*in Brownies)* Helferin *f* der Wichtelmutter.
tax [tæks] **I** *n* **1.** *(Fin, Econ)* Steuer *f;* *(on a company's profit)* Abgabe *f;* *(import ~)* Gebühr *f.* **before/after ~** brutto/netto, vor/nach Abzug der Steuern; **that's done for ~ purposes** das wird aus steuerlichen Gründen getan; **free of ~** steuer-/abgaben-/ gebührenfrei; **to put a ~ on sb/sth** jdn/etw besteuern, jdn/etw mit einer Steuer belegen; **the heavy ~ on the rich** die hohe Besteuerung der Reichen; **the ~ on alcohol/cars** etc die Getränke-/Kraftfahrzeugsteuer etc. **2.** *(fig)* Belastung *f (on sth gen, on sb* für jdn).
II *vt* **1.** *(Fin, Econ)* besteuern; *goods also* mit einer Steuer belegen; *country* mit Steuern belegen. **this government is going to ~ us all out of existence** diese Regierung zieht uns den letzten Pfennig aus der Tasche *(inf).* **2.** *(fig) brain, imagination* strapazieren; *one's patience, nerves also* auf eine harte Probe stellen; *strength* stark beanspruchen; *savings, resources* angreifen **3.** *(accuse)* **to ~ sb with sth** jdn einer Sache *(gen)* beschuldigen *or* bezichtigen *or* zeihen *(liter);* **to ~ sb with having lied** jdn einer Lüge zeihen *(liter).*
taxable ['tæksəbl] *adj person* steuerpflichtig; *income also* (be)steuerbar *(form);* *goods* besteuert, abgabenpflichtig.
tax *in cpds* Steuer-; **~ allowance** Steuervergünstigung *f;* *(tax-free income)* Steuerfreibetrag *m.*
taxation [tæk'seɪʃən] *n* Besteuerung *f;* *(taxes also)* Steuern *pl.* **money acquired from ~** Steuereinnahmen *or* -einkünfte *pl;* **exempt from ~** nicht besteuert; *goods, income also* steuerfrei; **subject to ~** steuerpflichtig.
tax avoidance *n* Steuerumgehung *f;* **tax bracket** *n* Steuergruppe *or* -klasse *f;* **tax collecting** *n* Steuereinziehung *f;* **tax collector** *n* Finanz- *or* Steuerbeamte(r) *m;* *(Bibl, Hist)* Zöllner *m;* **tax-deductible** *adj* (von der Steuer) absetzbar; *mortgage* steuerbegünstigt; **tax-dodger** *n* Steuerhinterzieher *m;* *(who goes abroad)* Steuerflüchtling *m;* **tax evasion** *n* Steuerhinterziehung *f;* *(by going abroad)* Steuerflucht *f;* **tax-exempt** *adj (US) person* steuerbefreit; *business* abgabenfrei; *income* steuerfrei; **tax exile** *n* Steuerexil *nt;* **tax form** *n* Steuerformular *nt;* **tax-free** *adj, adv* steuer-/abgabenfrei; **tax haven** *n* Steuerparadies *nt.*
taxi ['tæksɪ] **I** *n* Taxi *nt,* Taxe *f.* **to go by ~** mit dem Taxi *or* der Taxe fahren. **II** *vi (Aviat)* rollen. **the plane ~ed to a halt** das Flugzeug rollte aus.
taxicab ['tæksɪkæb] *n* Taxi *nt,* (Auto)taxe, Kraftdroschke *(form) f;* **taxi dancer** *n (US)* Tanzdame *f,* Taxigirl *nt.*
taxidermist ['tæksɪdɜːmɪst] *n* Präparator, Tierausstopfer *m.*

taxidermy ['tæksɪdɜːmɪ] n Taxidermie f.

taxi-driver ['tæksɪdraɪvə'] n Taxifahrer(in f), Taxichauffeur m; **taxi meter** n Fahrpreisanzeiger, Taxameter (form) m; **taxi plane** n (US) Lufttaxi nt; **taxi rank, taxi stand** n Taxistand m.

taxman ['tæksmæn] n Steuer- or Finanzbeamte(r) m. **the ~ gets 35%** das Finanzamt bekommt 35%.

taxonomy [tæk'sɒnəmɪ] n Taxonomie f.

taxpayer ['tæks‚peɪə'] n Steuerzahler m; **tax rebate** n Steuervergütung or -rückzahlung f; **tax relief** n Steuervergünstigung f; **tax return** n Steuererklärung f.

TB abbr of **tuberculosis** Tb, Tbc f.

T-bar ['tiːbɑː'] n Bügel m; (lift) Schlepplift m.

T-bone steak ['tiːbəʊn'steɪk] n T-bone-Steak nt.

tbs(p) abbr of **tablespoonful(s), tablespoon(s)** Eßl.

tea [tiː] n **1.** (substance, drink) Tee m. **to make (the) ~** (den) Tee machen; **a cup of ~** eine Tasse Tee; **not for all the ~ in China** nicht um alles Gold der Welt.
2. (also **~ plant**) Tee(strauch) m.
3. ≃ Kaffee und Kuchen; (meal) Abendbrot nt. **we have ~ at five** wir essen um 5 Uhr Abendbrot or zu Abend.
4. (infusion of herbs etc) Tee m.

tea bag n Tee- or Aufgußbeutel m; **tea ball** n (esp US) Tee-Ei nt; **tea biscuit** n Butterkeks m; **tea biscuits** npl Teegebäck nt; **teaboy** n Stift m; **tea break** n Pause f; **tea caddy** n Teebüchse or -dose f; (dispenser) Teespender m; **teacake** n Rosinenbrötchen nt; **tea cart** n (US) Tee- or Servierwagen m.

teach [tiːtʃ] (vb: pret, ptp **taught**) **I** vt subject, person unterrichten, lehren (geh); animal abrichten. **to ~ sth to sb** jdm etw beibringen; (teacher) jdn in etw (dat) unterrichten, jdm Unterricht in etw (dat) geben; **to ~ sb to do sth** jdm beibringen, etw zu tun; **this accident taught me to be careful** durch diesen Unfall habe ich gelernt, vorsichtiger zu sein; **to ~ sb how to do sth** jdm zeigen, wie man etw macht, jdm etw beibringen; **he ~es French** er unterrichtet or gibt (inf) or lehrt (geh) Französisch; **who taught you to drive?** bei wem haben Sie Fahren gelernt?; **to ~ school** (US) Lehrer(in) sein/ werden; **to ~ oneself sth** sich (dat) etw beibringen; **let that ~ you not to ...** laß dir das eine Lehre sein und ...nicht; **that'll ~ him a thing or two!** da werden ihm die Augen aufgehen, da wird er erst mal sehen (inf); **that'll ~ him!** das hat er nun davon!; **that'll ~ you to break the speed limit** das hast du (nun) davon, daß du die Geschwindigkeitsbegrenzung überschritten hast; **you can't ~ him anything about that** darüber können Sie ihm nichts Neues mehr erzählen.
II vi unterrichten, Unterricht geben. **he wants to ~** er möchte Lehrer werden; **he can't ~** (not allowed) er darf nicht unterrichten; (no ability) er gibt keinen guten Unterricht.
III n (sl: teacher: as address) Herr/Frau X.

teachability [‚tiːtʃə'bɪlɪtɪ] n (of pupil) Lernfähigkeit f; (of subject) Lehrbarkeit f.

teachable ['tiːtʃəbl] adj animal, child lernfähig.

teacher ['tiːtʃə'] n Lehrer(in f) m. **university ~s** Hochschullehrer pl, Lehrkräfte pl an (den) Universitäten (form); **~s of English, English ~s** Englischlehrer pl; **she is a German ~** sie ist Deutschlehrerin.

teacher-training ['tiːtʃə'treɪnɪŋ] n Lehrer(aus)bildung f; (for primary teachers) Studium nt or Ausbildung f an einer/der pädagogischen Hochschule; (for secondary teachers) Referendarausbildung f. **~ certificate** or **qualification** (document) Zeugnis nt über die Prüfung für das Lehramt; **~ college** (for primary teachers) pädagogische Hochschule; (for secondary teachers) Studienseminar nt.

tea-chest ['tiːtʃest] n Kiste f.

teach-in ['tiːtʃɪn] n Teach-in nt.

teaching ['tiːtʃɪŋ] n **1.** das Unterrichten or Lehren (geh); (as profession) der Lehrberuf. **to take up ~** den Lehrberuf ergreifen (form), Lehrer werden; **she enjoys ~** sie unterrichtet gern; **he is no good at ~** er ist kein guter Lehrer.
2. (doctrine: also **~s**) Lehre f. **his ~ on this subject was somewhat vague** seine Ausführungen zu diesem Thema waren ziemlich vage.

teaching aid n Lehr- or Unterrichtsmittel nt; **teaching hospital** n Ausbildungskrankenhaus nt; **teaching machine** n Lernmaschine f, Lehrmittel nt für den programmierten Unterricht; **teaching profession** n Lehrberuf m; (all teachers) Lehrer pl; **teaching staff** n Lehrerkollegium nt, Lehrkörper m (form).

tea cloth n Geschirrtuch nt; **tea cosy** n Teewärmer m; **teacup** n **1.** Teetasse f; see **storm 1 1.**; **2.** (also **teacupful**) Tasse f (voll); **tea garden** n Gartencafé nt; **teahouse** n Teehaus nt.

teak [tiːk] n (wood) Teak(holz) nt; (tree) Teakbaum m.

tea lady n Frau, die in Büros etc für die Angestellten Tee zubereitet; **tea-leaf** n Teeblatt nt; see **read[1] 2.**

team [tiːm] **I** n **1.** Team nt; (Sport also) Mannschaft f. **football ~** Fußballmannschaft or -elf f; **they make a good ~** sie sind ein gutes Team or (two also) Gespann, sie arbeiten gut zusammen; **a ~ of scientists** eine Gruppe or ein Team nt von Wissenschaftlern.
2. (of horses, oxen etc) Gespann nt.
II vt horses, oxen zusammenspannen; (fig) zusammentun.

♦**team up** vi (people) sich zusammentun (with mit); (join group) sich anschließen (with sb jdm). **I see that John and Mary have ~ed ~** John und Mary gehen jetzt (anscheinend) miteinander (inf).

team effort n Teamarbeit f; **team game** n Mannschaftsspiel nt; **team-mate** n Mannschaftskamerad m; **team spirit** n Gemeinschaftsgeist m; (Sport) Mannschaftsgeist m.

teamster ['tiːmstə'] n **1.** (US: truck driver) Lastwagenfahrer, LKW-Fahrer m.

2. (*old Agr*) Fuhrmann *m*.

teamwork [ˈtiːmwɜːk] *n* Gemeinschaftsarbeit, Teamarbeit *f*, Teamwork *nt*.

tea party *n* Teegesellschaft *f*; **teapot** *n* Teekanne *f*.

tear¹ [tɛəʳ] (*vb: pret* **tore**, *ptp* **torn**) **I** *vt* **1.** *material, paper, dress* zerreißen; *flesh* verletzen, aufreißen; *hole* reißen. **the nail tore a gash in his arm** er hat sich (*dat*) an dem Nagel eine tiefe Wunde am Arm beigebracht; **to ~ sth in two** etw (in zwei Stücke *or* Hälften) zerreißen, etw in der Mitte durchreißen; **to ~ sth to pieces** etw in Stücke reißen; **the critics tore the play to pieces** die Kritiker haben das Stück total verrissen; **to ~ sth open** etw aufreißen; **that's torn it!** (*fig inf*) das hat alles verdorben!

　　2. (*pull away*) reißen. **to ~ one's hair (out)** sich (*dat*) die Haare raufen.

　　3. (*fig: usu pass*) **a country torn by war** ein vom Krieg zerrissenes Land; **to be torn between two things/people** zwischen zwei Dingen/Menschen hin und her gerissen sein; **she was completely torn** sie war innerlich zerrissen.

II *vi* **1.** (*material etc*) (zer)reißen. **her coat tore on a nail** sie zerriß sich (*dat*) den Mantel an einem Nagel; **~ along the dotted line** an der gestrichelten Linie abtrennen.

　　2. (*move quickly*) rasen. **to ~ past** vorbeirasen.

III *n* (*in material etc*) Riß *m*.

◆**tear along** *vi* entlangrasen.

◆**tear apart** *vt sep place, house* völlig durcheinanderbringen; *meat, flesh, zebra, country* zerreißen.

◆**tear at** *vi +prep obj* zerren an (+*dat*). **the thorns tore ~ her hands** die Dornen zerkratzten ihr die Hände; **the waves tore ~ the cliffs** die Wellen peitschten gegen die Klippen.

◆**tear away I** *vi* davonrasen.

II *vt sep wrapping* abreißen, wegreißen (*from* von). **if you can ~ yourself ~ from the paper** wenn du dich von der Zeitung losreißen kannst; **if you can ~ him ~ from the party** wenn du ihn von der Party wegkriegen *or* loseisen kannst (*inf*).

◆**tear down I** *vi* hinunter-/herunterrasen (*prep obj acc*). **II** *vt sep poster* herunterreißen; *house* abreißen, abbrechen.

◆**tear into** *vi +prep obj* **1.** (*shell, rocket*) ein Loch reißen in (+*acc*); (*animals*) *deer etc* zerfleischen; *meat* sich hermachen über (+*acc*); (*person*) sich hermachen über (+*acc*); (*saw*) sich fressen durch.

　　2. (*attack physically*) herfallen über (+*acc*).

　　3. (*attack verbally*) abkanzeln, zur Schnecke machen (*inf*); (*critic*) keinen guten Faden lassen an (+*dat*).

◆**tear off I** *vi* **1.** wegrasen. **he tore ~ down the street** er raste die Straße hinunter.

　　2. the carbon ~s = die Durchschrift läßt sich abtrennen.

II *vt sep label, wrapping, calendar leaf* abreißen; *cover* wegreißen; *clothes* herunterreißen. **please ~ ~ this part and complete** bitte hier abtrennen und ausfüllen; **he tore a strip ~ me** (*inf*), **he tore me ~ a**

strip (*inf*) er hat mich zur Minna *or* Schnecke gemacht (*inf*).

◆**tear out I** *vi* heraus-/hinausrasen, wegrasen. **he tore ~ through the front door** er raste *or* rannte zur Vordertür hinaus. **II** *vt sep* (her)ausreißen (*of* aus). **the tree was torn ~ by the roots** der Baum wurde entwurzelt.

◆**tear up I** *vi* angerast kommen. **he tore ~ the hill/road** er raste den Berg hinauf/die Straße entlang.

II *vt sep* **1.** *paper etc* zerreißen.

　　2. (*fig*) *contract, agreement* zerreißen.

　　3. (*pull from ground*) *post, stake, plant* (her)ausreißen.

　　4. (*break surface of*) *ground* aufwühlen; *road* aufreißen.

tear² [tɪəʳ] *n* Träne *f*. **in ~s** in Tränen aufgelöst; **there were ~s in her eyes** ihr standen Tränen in den Augen; **the news brought ~s to her eyes** als sie das hörte, stiegen ihr die Tränen in die Augen; **you are bringing ~s to my eyes** (*iro*) mir kommen die Tränen (*iro*); **the ~s were running down her cheeks** ihr Gesicht war tränenüberströmt; **to laugh till the ~s come** Tränen lachen; **to weep ~s of joy** Freudentränen weinen *or* vergießen.

tearaway [ˈtɛərəweɪ] *n* (*inf*) Rabauke *m* (*inf*).

tear drop [ˈtɪədrɒp] *n* Träne *f*.

tearful [ˈtɪəfʊl] *adj look* tränenfeucht; *face* tränenüberströmt.

tearfully [ˈtɪəfəlɪ] *adv look* mit Tränen in den Augen; *say* unter Tränen.

teargas [ˈtɪəgæs] *n* Tränengas *nt*.

tearing [ˈtɛərɪŋ] *adj* (*inf*): **to be in a ~ hurry** es fürchterlich *or* schrecklich eilig haben.

tear-jerker [ˈtɪəˌdʒɜːkəʳ] *n* (*inf*) Tränendrüsendrücker *m* (*inf*); **to be a ~** auf die Tränendrüsen drücken (*inf*); **tear-jerking** *adj* (*inf*) der/die/das auf die Tränendrüsen drückt (*inf*).

tearoff [ˈtɛərɒf] *adj sheet, form* zum Abtrennen *or* Abreißen. **~ calendar** Abreißkalender *m*.

tearoom [ˈtiːruːm] *n* Teestube *f*, Café *nt*; **tea-rose** *n* Teerose *f*.

tear-stained [ˈtɪəsteɪnd] *adj face* verweint, verheult (*pej inf*), tränenverschmiert; *pillow, handkerchief* naßgeweint.

tease [tiːz] **I** *vt* **1.** *person* necken; *animal* reizen; (*make fun of, because of stutter etc*) aufziehen; hänseln (*about* wegen); (*pull leg, have on*) auf den Arm nehmen (*inf*), veralbern (*inf*).

　　2. *see* **tease out 1**.

　　3. (*raise nap on*) *cloth* kämmen.

　　4. (*backcomb*) *hair* toupieren.

　　5. (*ease gently*) **he ~d the red into the pocket/the rope through the crack** er manipulierte die rote Kugel ins Loch/schob das Seil geschickt durch den Spalt.

II *vi* **1.** **give it back to her, don't ~** gib es ihr zurück und neck sie nicht; **I'm only teasing** ich mache nur Spaß.

　　2. (*joke*) Spaß machen.

III *n* (*inf: person*) Schäker(in *f*) *m* (*inf*). **he's a real ~** ihm sitzt der Schalk im Nacken (*hum*); **she's just a ~** sie foppt einen nur.

◆**tease out** *vt sep* **1.** *fibres* kardieren, kar-

den; *wool* krempeln, kämmen; *flax* hecheln; *tangles* auskämmen.
2. (*fig*) *significant factors etc* herausdestillieren. **to ~ sth ~ of sth** etw aus etw herauspusseln (*inf*); **he managed to ~ the information ~ of her** er hat ihr die Auskunft abgelockt.

teasel ['tiːzl] *n* **1.** (*Bot*) Karde *f.* **2.** (*Tech*) Karde, Krempel *f.*

teaser ['tiːzəʳ] *n* **1.** (*difficult question*) harte Nuß (*inf*); (*riddle*) Denksportaufgabe, Knacknuß (*inf*) *f.* **2.** (*person*) Schelm, Schäker(in *f*) (*inf*) *m.* **he's a real ~** ihm sitzt der Schalk im Nacken; **she's just a ~** sie foppt einen nur.

tea service, tea set *n* Teeservice *nt*; **tea shop** *n* Teestube *f.*

teasing ['tiːzɪŋ] **I** *adj voice, manner* neckend; (*making fun*) hänselnd. **II** *n see vt 1.* Neckerei *f*; Quälerei *f*; Hänselei *f*; Veralbern *nt.*

teasingly ['tiːzɪŋlɪ] *adv see adj.*

teaspoon ['tiːspuːn] *n* **1.** Teelöffel *m*; **2.** (*also* **teaspoonful**) Teelöffel *m* (voll); **tea strainer** *n* Teesieb *nt.*

teat [tiːt] *n* (*of animal*) Zitze *f*; (*of woman*) Brustwarze *f*; (*Brit: on baby's bottle*) (Gummi)sauger *m.*

tea table *n* **to lay the ~** den Tisch zum Tee/ fürs Abendessen decken; **at the ~** beim Tee/Abendessen; **teatime** *n* **we'll talk about it at ~** wir werden uns beim Tee/ Abendessen darüber unterhalten; **tea towel** *n* Geschirrtuch *nt*; **tea tray** *n* Tablett, Teebrett *nt*; **tea trolley** *n* Tee- or Servierwagen *m*; **tea urn** *n* Teemaschine *f*; **tea-wagon** *n* (*US*) Tee- or Servierwagen *m.*

teazel *n see* **teasel.**

tech [tek] (*Brit*) *abbr of* **technical college.**

technetium [tek'niːʃɪəm] *n* (*abbr* **Tc**) Technetium *nt.*

technical ['teknɪkəl] *adj* **1.** (*concerning technology and technique*) technisch. **~ school** Fachschule *f.*
2. (*of particular branch*) fachlich, Fach-; *adviser, journal, dictionary* Fach-; *problems, vocabulary* fachspezifisch; *details* formal. **~ term** Fachausdruck, Terminus technicus(*geh*) *m*; **~ terminology** Fachsprache *f*; **~ question** (*Jur*) Verfahrensfrage *f*; **for ~ reasons** (*Jur*) aus verfahrenstechnischen Gründen; **the book is a bit too ~ for me** in dem Buch sind mir zu viele Fachausdrücke; **am I getting too ~ for you?** benutze ich zu viele Fachausdrücke?; **a 2L 54, if you want to be ~** ein 2L 54, um den Fachausdruck zu gebrauchen;

technicality [,teknɪ'kælɪtɪ] *n* **1.** *no pl* **the ~ of the language/terms** die Fülle von Fachausdrücken; **the ~ of his style** (*complex style*) die formale Komplexität seines Stils; (*technical terms*) sein Fachjargon *m* (*pej*), seine Fachterminologie.
2. (*technical detail, difficulty*) technische Einzelheit; (*fig, Jur*) Formsache *f.* **because of a ~** auf Grund einer Formsache; **that's just a ~** das ist bloß ein Detail.

technical knockout *n* (*Boxing*) technischer K.o.

technically ['teknɪkəlɪ] *adv* **1.** technisch. **2.** (*concerned with specialist field*) vom Fachlichen her gesehen. **he spoke very ~** er benutzte sehr viele Fachausdrücke. **3.** (*strictly speaking*) **~ you're right** genau genommen haben Sie recht.

technical offence *n* Verstoß *m*; **technical sergeant** *n* (*US*) Oberfeldwebel *m.*

technician [tek'nɪʃən] *n* Techniker(in *f*) *m*; (*skilled worker*) Facharbeiter(in *f*) *m.*

Technicolor ® ['teknɪkʌləʳ] *n* Technicolor *nt.*

technique [tek'niːk] *n* Technik *f*; (*method*) Methode *f.*

technocracy [tek'nɒkrəsɪ] *n* Technokratie *f.*

technocrat ['teknəʊkræt] *n* Technokrat(in *f*) *m.*

technocratic [,teknəʊ'krætɪk] *adj* technokratisch.

technological [,teknə'lɒdʒɪkəl] *adj* technologisch; *details, information* technisch.

technologist [tek'nɒlədʒɪst] *n* Technologe *m*, Technologin *f.*

technology [tek'nɒlədʒɪ] *n* Technologie *f.* **the ~ of printing** die Technik des Druckens, die Drucktechnik; **University/ College of T~** Technische Universität/ Fachschule; **the age of ~** das technische Zeitalter, das Zeitalter der Technik.

Ted [ted] *n dim of* **Edward.**

Teddy ['tedɪ] *n dim of* **Edward.**

teddy (bear) ['tedɪ(,beəʳ)] *n* Teddy(bär) *m.*

teddy boy *n* Halbstarke(r) *m*; (*referring to style of dress*) Teddy-Boy *m.*

tedious ['tiːdɪəs] *adj* langweilig, öde.

tediously ['tiːdɪəslɪ] *adv* langweilig.

tediousness ['tiːdɪəsnɪs] *n* Lang(e)weile *f.*

tedium ['tiːdɪəm] *n* Lang(e)weile *f.*

tee¹ [tiː] (*Golf*) **I** *n* Tee *nt.* **II** *vt ball* auf das Tee legen.
♦**tee off** *vi* einen Ball vom (ersten) Abschlag spielen.
♦**tee up I** *vi* den Ball auf das Tee legen, aufteen (*spec*). **II** *vt sep* auf das Tee legen.

tee² *n see* **T.**

teem [tiːm] *vi* **1.** (*with people, insects etc*) wimmeln (*with* von); (*with mistakes, information etc*) strotzen (*with* vor). **he/his mind was ~ing with ideas** er strotzte nur so von Ideen.
2. (*of rain: pour*) **it's ~ing (down)** es regnet *or* gießt (*inf*) in Strömen.

teeming ['tiːmɪŋ] *adj* **1.** *streets* von Menschen wimmelnd; *crowd* wuselnd. **2.** (*pouring*) *rain* strömend.

teenage ['tiːn,eɪdʒ] *adj* Jugend-, Teenager-; *child, son* halbwüchsig.

teenager ['tiːn,eɪdʒəʳ] *n* Junge *m*/Mädchen *nt* im Teenageralter; (*esp girl*) Teenager *m.* **~s** Teenager *pl*; **now that you're a ~ ...** jetzt, wo du 13 (Jahre alt) bist ...

teens [tiːnz] *npl* **1.** Teenageralter *nt.* **to be in/reach one's ~** im Teenageralter sein/ins Teenageralter kommen; **he is barely out of/still in his ~** er ist knapp über/noch keine zwanzig (Jahre alt). **2.** (*inf: teenagers*) Teenager *pl.*

teeny-bopper ['tiːnɪ,bɒpəʳ] *n* Teenager *m*; (*girl also*) Pipimädchen *nt* (*pej inf*).

teeny(weeny) ['tiːnɪ('wiːnɪ)] *adj* (*inf*) winzig (klein), klitzeklein (*inf*). **just a ~ drop**

nur ein ganz klein wenig.

tee-shirt *n see* **T-shirt.**

teeter ['tiːtəʳ] *vi* **1.** taumeln, schwanken. **to ~ on the brink** *or* **edge of sth** (*lit*) am Rand von etw taumeln; (*fig*) am Rand von etw sein. **2.** (*US: seesaw*) wippen, schaukeln.

teeth [tiːθ] *pl of* **tooth.**

teethe [tiːð] *vi* zahnen.

teething ['tiːðɪŋ] *n* Zahnen *nt.*

teething ring *n* Beißring *m*; **teething troubles** *npl* (*fig*) Kinderkrankheiten *pl.*

teetotal ['tiː'təʊtl] *adj person* abstinent; *party etc* ohne Alkohol. **to be ~** (*grundsätzlich*) keinen Alkohol trinken, abstinent sein.

teetotaler *n* (*US*) *see* **teetotaller.**

teetotalism ['tiː'təʊtəlɪzəm] *n* Abstinenz *f.*

teetotaller, (*US*) **teetotaler** ['tiː'təʊtləʳ] *n* Abstinenzler(in *f*), Nichttrinker(in *f*) *m.*

Teflon ® ['teflɒn] *n* Teflon ® *nt.*

tel *abbr of* **telephone (number)** Tel.

telecast ['telɪkɑːst] **I** *n* Fernsehsendung *f.* **II** *vt irreg* im Fernsehen übertragen *or* senden.

telecaster ['telɪkɑːstəʳ] *n* Fernsehjournalist(in *f*) *m.*

telecommunications [ˌtelɪkəˌmjuːnɪˈkeɪʃənz] *n* **1.** *pl* Fernmeldewesen *nt.* **2.** *sing* (*science*) Fernmeldetechnik *f.*

telegram ['telɪɡræm] **I** *n* Telegramm *nt.* **II** *vti* telegraphieren.

telegrammatic [ˌtelɪɡrəˈmætɪk] *adj* im Telegrammstil.

telegraph ['telɪɡrɑːf] **I** *n* **1.** (*apparatus*) Telegraph *m.*

2. (*message*) Telegramm *nt.*

II *vt* telegraphisch übermitteln; *message also* telegraphieren; *person* telegraphieren (+*dat*).

III *vi* telegraphieren.

telegraphic [ˌtelɪˈɡræfɪk] *adj* telegraphisch; *address, style* Telegramm-.

telegraphist [tɪˈleɡrəfɪst] *n* Telegraphist(in *f*) *m.*

telegraph pole *n* Telegraphenmast *m or* -stange *f*; **telegraph wire** *n* Telegraphendraht *m or* -leitung *f*; (*under ground*) Telegraphenkabel *nt.*

telegraphy [tɪˈleɡrəfɪ] *n* Telegraphie *f.*

telekinesis [ˌtelɪkɪˈniːsɪs] *n* Telekinese *f.*

telemeter ['telɪmiːtəʳ] *n* Entfernungsmesser *m*, Telemeter *nt.*

telemetry [teˈlemɪtrɪ] *n* Telemetrie, Fernmessung *f.*

telepathic [ˌtelɪˈpæθɪk] *adj* telepathisch. **you must be ~!** du mußt ja ein Hellseher sein!

telepathically [ˌtelɪˈpæθɪkəlɪ] *adv see adj.*

telepathist [tɪˈlepəθɪst] *n* Telepath(in *f*) *m*; (*believer in telepathy*) Telepathiegläubige(r) *mf.*

telepathy [tɪˈlepəθɪ] *n* Telepathie *f.*

telephone ['telɪfəʊn] **I** *n* Telefon *nt*, Fernsprecher (*form*) *m*; (*apparatus also*) Telefonapparat, Fernsprechapparat (*form*) *m*. **there's somebody on the ~ for you, you're wanted on the ~** Sie werden am Telefon verlangt; **are you on the ~?**, **have you got a ~?** haben Sie Telefon?; (*can you be reached by ~*) sind Sie telefonisch zu erreichen?; **he's on the ~** (*is using the ~*)

er telefoniert gerade; (*wants to speak to you*) er ist am Telefon; **by ~** telefonisch; **I've just been/I'll get on the ~ to him** ich habe eben mit ihm telefoniert/ich werde ihn anrufen; **we arranged it by ~** *or* **over the ~** wir haben es telefonisch vereinbart

II *vt* anrufen; *message, reply* telefonisch mitteilen *or* übermitteln. **would you ~ the office to say ...** würden Sie im Büro *or* das Büro anrufen und sagen ...

III *vi* anrufen, telefonieren; (*make ~ call*) telefonieren. **to ~ for an ambulance/ a taxi** einen Krankenwagen/ein Taxi rufen.

◆**telephone back** *etc vti* (*vt: always separate*) *see* **phone back** *etc.*

telephone *in cpds* Telefon-, Fernsprech- (*form*); **telephone answering device** *or* **machine** *n* Anrufbeantworter *m*; **telephone-book** *n see* **telephone directory**; **telephone booth** *or* **box** *n* Telefonzelle, Fernsprechzelle *f*; **telephone call** *n* Telefongespräch *nt*, Telefonanruf *m*; **telephone directory** *n* Telefonbuch, Fernsprechbuch *nt*; **telephone exchange** *n* Fernsprechamt *nt*, Vermittlungsstelle *f* (*form*); **telephone kiosk** *n* Telefonzelle, Sprechzelle (*form*) *f*; **telephone line** *n* Fernsprechleitung, (Telefon)leitung *f*; **telephone message** *n* telefonische Nachricht; **telephone number** *n* Telefonnummer, Rufnummer (*form*), Fernsprechnummer (*form*) *f*; **telephone operator** *n* (*esp US*) Telefonist(in *f*) *m.*

telephonic [ˌtelɪˈfɒnɪk] *adj* telefonisch, Telefon-.

telephonically [ˌtelɪˈfɒnɪkəlɪ] *adv* fernsprechtechnisch; (*by telephone*) telefonisch.

telephonist [tɪˈlefənɪst] *n* Telefonist(in *f*) *m.*

telephony [tɪˈlefənɪ] *n* Fernsprechwesen *nt.*

telephotograph [ˌtelɪˈfəʊtəɡrɑːf] *n* (*Telec*) durch Bildtelegraphie übertragenes Photo.

telephoto (lens) [ˌtelɪˌfəʊtəʊ('lenz)] *n* Teleobjektiv *nt.*

teleprinter ['telɪˌprɪntəʳ] *n* Fernschreiber *m.*

teleprompter ® ['telɪˌprɒmptəʳ] *n* Teleprompter *m.*

telerecord [ˌtelɪrɪˈkɔːd] *vt* fürs Fernsehen aufzeichnen.

telerecording [ˌtelɪrɪˈkɔːdɪŋ] *n* Fernsehaufzeichnung *f.*

telescope ['telɪskəʊp] **I** *n* Teleskop, Fernrohr *nt.*

II *vi* (*also* **~ together**) (*train carriages*) sich ineinanderschieben; (*aerial, umbrella*) sich ineinanderschieben lassen.

III *vt* (*also* **~ together**) ineinanderschieben; *umbrella, aerial* zusammenschieben; (*fig*) komprimieren.

telescopic [ˌtelɪˈskɒpɪk] *adj aerial etc* ausziehbar, zusammenschiebbar; *view* teleskopisch. **~ lens** Fernrohrlinse *f*; **~ sight** Zielfernrohr *nt*; **~ umbrella** Taschenschirm, Knirps ® *m.*

teletype ® ['telɪtaɪp] *n* (*US*) (*apparatus*) Fernschreiber *m*; (*message*) Fernschreiben, Telex *nt.*

teletypewriter [ˌtelɪˈtaɪpraɪtəʳ] *n* (*US*) Fernschreiber *m.*

televise ['telɪvaɪz] *vt* (im Fernsehen) senden *or* übertragen.

television ['telɪˌvɪʒən] *n* Fernsehen *nt*; (*set*) Fernseher, Fernsehapparat *m*. **to watch ~** fernsehen; **to be on ~** im Fernsehen kommen; **what's on ~ tonight?** was gibt es heute abend im Fernsehen?; **jobs in ~** Stellen *pl* beim Fernsehen.

television *in cpds* Fernseh-; **~ camera** Fernsehkamera *f*; **~ screen** Bildschirm *m*, Mattscheibe *f* (*inf*); **~ set** Fernsehapparat *m*, Fernsehgerät *nt*, Fernseher *m*; **~ studio** Fernsehstudio *nt*; **~ viewer** Fernsehzuschauer(in *f*) *m*.

telex ['teleks] **I** *n* (*message*) Fernschreiben, Telex *nt*; (*machine*) Fernschreiber *m*. **~ link** Telexanschluß *m*. **II** *vt message* über Fernschreiber *or* fernschriftlich mitteilen; *person* ein Fernschreiben *or* Telex schicken (+*dat*).

tell [tel] *pret, ptp* **told I** *vt* **1.** (*relate*) *story, experiences, adventures* erzählen (*sb sth, sth to sb* jdm etw *acc*); (*inform, say, announce*) sagen (*sb sth* jdm etw *acc*). **to ~ lies/tales/fortunes** lügen/petzen (*inf*)/wahrsagen; **to ~ the future** wahrsagen, die Zukunft deuten; **to ~ a secret** ein Geheimnis ausplaudern; **to ~ sb a secret** jdm ein Geheimnis anvertrauen *or* (*give away*) verraten; **to ~ sb about** *or* **of sth** jdm von etw erzählen; **I told my friend/boss about what had happened** ich erzählte meinem Freund/berichtete meinem Chef, was geschehen war; **... or so I've been told** ... so hat man es mir jedenfalls gesagt *or* erzählt; **I can't ~ you how pleased I am** ich kann Ihnen gar nicht sagen, wie sehr ich mich freue; **who told you that?** wer hat Ihnen denn das erzählt *or* gesagt?; **you can't ~ her anything** (*she can't keep a secret*) man kann ihr (aber auch) nichts sagen *or* anvertrauen; (*she's a know-all*) sie läßt sich (*dat*) nichts sagen; **to ~ sb the way** jdm den Weg sagen; **don't let me have to ~ you that again** ich will dir das nicht noch einmal sagen müssen; **(I'll) ~ you what, let's go to the cinema** weißt du was, gehen wir doch ins Kino!; **don't~ me you can't come!** sagen Sie bloß nicht, daß Sie nicht kommen können!; **it was cold, I can ~ you** ich kann dir sagen, das war vielleicht kalt!; **I told you so** ich habe es (dir) ja gesagt; **~ me another!** nicht möglich!, wer's glaubt! (*inf*); **that ~s me a lot** das sagt mir allerlei; **no words could ~ how sad she was** es läßt sich nicht mit Worten sagen, wie traurig sie war.

2. (*distinguish, discern*) erkennen. **to ~ the time** die Uhr kennen; **to ~ the difference** den Unterschied sehen/ fühlen/ schmecken *etc*; **you can ~ that he's clever/a foreigner/getting worried** man sieht *or* merkt, daß er intelligent ist/Ausländer ist/ sich Sorgen macht; **we couldn't ~ much from his letter** wir konnten aus seinem Brief nicht viel entnehmen; **you can't ~ whether it's moving** man kann nicht sagen *or* sehen, ob es sich bewegt; **to ~ sb/sth by sth** jdn/etw an etw (*dat*) erkennen; **I can't ~ butter from margarine** ich kann Butter nicht von Margarine unterscheiden; **to ~**

right from wrong wissen, was Recht und Unrecht ist, Recht von Unrecht unterscheiden; *see* **apart**.

3. (*know, be sure*) wissen. **how can/ could I ~ that?** wie soll ich das wissen?/ wie hätte ich das wissen können?; **how can I ~ that/whether he will do it?** wie kann ich sicher sein, daß er es tut?/wie kann ich sagen *or* wissen, ob er es tut?

4. (*order*) sagen (*sb* jdm). **we were told to bring sandwiches with us** es wurde uns gesagt, daß wir belegte Brote mitbringen sollten; **~ him to stop singing** sagen Sie ihm, er soll aufhören zu singen; **don't you ~ me what to do!** Sie haben mir nicht zu sagen, was ich tun soll!; **I told you not to do that** ich habe dir doch gesagt, du sollst das nicht tun!; **do as** *or* **what you are told!** tu, was man dir sagt!

II *vi* +*indir obj* es sagen (+*dat*). **I won't ~ you again** ich sage es dir nicht noch einmal; **you know what? — don't ~ me, let me guess** weißt du was? — sag's mir nicht, laß mich raten; **she wouldn't be told** sie hat sich (ja) nichts sagen lassen; **you're ~ing me!** das kann man wohl sagen!, wem sagen Sie das!

III *vi* **1.** (*discern, be sure*) wissen. **who can ~?** wer weiß?; **how can I ~?** (*how should I know*) woher soll ich das wissen?; **no-one can/could ~** niemand kann/konnte das sagen, das weiß/wußte keiner; **you never can ~, you can never ~** man kann nie wissen.

2. (*talk, ~ tales of*) sprechen. **that would be ~ing!** das kann ich nicht verraten; **promise you won't ~** du mußt versprechen, daß du nichts sagst; **his cruelty hurt me more than words can ~** seine Grausamkeit hat mich mehr verletzt, als ich mit Worten ausdrücken kann.

3. (*have effect*) sich bemerkbar machen. **his age told against him** (*in applying for job*) sein Alter war ein Nachteil für ihn; (*in competition*) sein Alter machte sich bemerkbar; **character always ~s in the end** zum Schluß schlägt doch die Veranlagung durch; **a boxer who makes every punch ~** ein Boxer, bei dem jeder Schlag sitzt.

◆**tell off** *vt sep* **1.** (*inf: scold*) schimpfen, schelten (*for* wegen). **he told me ~ for being late** er schimpfte (mich aus), weil ich zu spät kam. **2.** (*Mil etc*) abkommandieren (*for* zu).

◆**tell on** *vi* +*prep obj* **1.** (*inf: inform on*) verpetzen (*inf*). **2.** (*have a bad effect on*) sich bemerkbar machen bei.

teller ['telə^r] *n* **1.** (*in bank*) Kassierer(in *f*) *m*. **2.** (*vote counter*) Stimmenauszähler(in *f*) *m*. **3.** (*of story*) Erzähler(in *f*) *m*.

telling ['telɪŋ] **I** *adj* (*effective*) wirkungsvoll; *blow* (*lit, fig*) empfindlich; (*revealing*) aufschlußreich; *blush* verräterisch.

II *n* **1.** (*narration*) Erzählen *nt*. **it loses in the ~** das kann man gar nicht so schön erzählen.

2. **there is no ~ what he may do** man kann nicht sagen *or* wissen, was er tut; **there's no ~** das läßt sich nicht sagen.

telling-off ['telɪŋ'ɒf] *n* (*inf*) Standpauke *f* (*inf*). **to give sb a good ~** jdn kräftig aus-

schimpfen, jdm eine (kräftige) Stand-
pauke halten (inf).

telltale ['telteɪl] **I** n **1.** Petzer m, Petze f.
2. (Tech) Kontrolllicht nt, Kontrollampe
f. **II** adj attr verräterisch.

tellurium [te'lʊərɪəm] n (abbr Te) Tellur
nt.

telly ['telɪ] n (Brit inf) Fernseher m, Röhre
f (inf). **on** ~ im Fernsehen; **to watch** ~
fernsehen; see also **television**.

temerity [tɪ'merɪtɪ] n Kühnheit, Uner-
hörtheit (pej) f.

temp¹ abbr of **1. temporary. 2. tem-
perature** Temp.

temp² [temp] (Brit) **I** n Aushilfssekretärin f.
II vi als Aushilfssekretärin arbeiten.

temper ['tempə'] **I** n **1.** (disposition) Wesen,
Naturell nt; (angry mood) Wut f. ~
tantrum Wutanfall m; **to be in a** ~/**good/
bad** ~ wütend sein/guter/schlechter
Laune sein; **she's got a quick/terrible/foul/
vicious** ~ sie kann sehr jähzornig sein/
unangenehm/ausfallend/tückisch werden;
what a ~ **that child has!** was dieses Kind
für Wutanfälle hat!; **to be in a** ~/**bad** ~
with sb auf jdn wütend sein; **to lose one's**
~ die Beherrschung verlieren (with sb bei
jdm); **to keep one's** ~ sich beherrschen
(with sb bei jdm); ~, ~! aber, aber, wer
wird denn gleich so zornig werden!; **to fly
into a** ~ einen Wutanfall bekommen; **a fit
of** ~ ein Wutanfall m; **to put sb into a** ~,
to get sb's ~ **up** jdn zur Weißglut bringen,
jdn wütend machen.

2. (of metal) Härte(grad m) f.

II vt **1.** metal tempern.

2. (fig) action, passion mäßigen; criti-
cism mildern. **to** ~ **justice with mercy** bei
aller Gerechtigkeit Milde walten lassen.

tempera ['tempərə] n Temperafarbe f.

temperament ['tempərəmənt] n **1.** (dis-
position) Veranlagung f; (of race) Tem-
perament nt. **his** ~ **isn't suited to that job**
er ist von seiner Veranlagung her nicht für
diese Stelle geeignet; **he has an artistic** ~
er ist eine Künstlernatur; **their** ~**s are
quite different** sie sind völlig unterschied-
lich veranlagt; **he has a happy** ~ er hat ein
fröhliches Wesen or Naturell.

2. (no art: temper, excitability) Tem-
perament nt.

temperamental [ˌtempərə'mentl] adj
1. temperamentvoll, launenhaft (pej).
2. machine, car launisch (hum). **to be** ~
Mucken haben (inf), launisch sein (hum).
3. (caused by temperament) inability,
unsuitability veranlagungsmäßig; laziness
etc angeboren.

temperamentally [ˌtempərə'mentəlɪ] adv
1. behave etc temperamentvoll, launen-
haft (pej). **2.** (of machine, car) launisch
(hum). **3.** (as regards disposition) charak-
terlich, veranlagungsmäßig.

temperance ['tempərəns] n **1.** (moderation)
Mäßigung f; (in speech etc also) Zurück-
haltung f; (in eating, drinking also)
Maßhalten nt. **2.** (teetotalism) Enthalt-
samkeit, Abstinenz f.

temperate ['tempərɪt] adj **1.** person, lan-
guage gemäßigt; (in eating, demands)
maßvoll. **2.** climate, zone gemäßigt.

temperature ['temprɪtʃə'] n Temperatur f;

(Med: above normal ~ also) Fieber nt.
water boils at a ~ **of 100°C** Wasser kocht
bei einer Temperatur von 100°C; **to take
sb's** ~ jds Temperatur messen, bei jdm
Fieber messen; **he has a** ~ /**a slight/high** ~
er hat Fieber/erhöhte Temperatur/hohes
Fieber; **his** ~ **is high, he's running a high**
~ er hat hohes Fieber; **he has a** ~ **of 39°C**
er hat 39° Fieber; **his** ~ **is 37°/39°** seine
Temperatur ist 37°/39°, er hat 39° Fieber.

temperature chart n (Med) Fiebertabelle
f; (curve of graph) Fieberkurve f.

tempered ['tempəd] adj steel gehärtet,
Temper- (spec).

tempest ['tempɪst] n (liter) Sturm m (also
fig), Unwetter nt.

tempestuous [ˌtem'pestjʊəs] adj **1.** (lit
liter) winds stürmisch; sea also tobend,
aufgewühlt. **2.** (fig) stürmisch; argument,
rage heftig; speech leidenschaftlich.

tempestuously [ˌtem'pestjʊəslɪ] adv (lit
liter, fig) heftig.

tempestuousness [ˌtem'pestjʊəsnɪs] n (lit
liter, fig) Heftigkeit f; (of sea)
Aufgewühltheit f.

template, templet ['templɪt] n Schablone f.

temple¹ ['templ] n (Rel) Tempel m.

temple² n (Anat) Schläfe f.

tempo ['tempəʊ] n pl ~**s** or (Mus) **tempi**
['tempiː] (Mus, fig) Tempo nt.

temporal ['tempərəl] adj **1.** zeitlich; (Gram)
Zeit-, temporal. **2.** (Rel) weltlich.
3. (Anat) Schläfen-.

temporarily ['tempərərɪlɪ] adv vorüber-
gehend, für einige Zeit.

temporariness ['tempərərɪnɪs] n vorüber-
gehender Charakter.

temporary ['tempərərɪ] **I** adj vorüber-
gehend; job also für kurze Zeit, befristet;
arrangement also, method, building, road
surface provisorisch; powers also zeit-
weilig, befristet. **our new secretary is only**
~ unsere neue Sekretärin ist nur vorüber-
gehend or für einige Zeit hier. **II** n
Aushilfe, Aushilfskraft f.

temporize ['tempəraɪz] vi (delay) aus-
weichen (um Zeit zu gewinnen), Ver-
zögerungstaktiken anwenden. **to** ~ **with
sb** jdn hinhalten.

tempt [tempt] vt **1.** in Versuchung führen;
(successfully) verführen, verleiten. **to** ~
sb to do or **into doing sth** jdn dazu ver-
leiten or verführen or dazu bringen, etw
zu tun; **don't** ~ **me** bring or führ mich
nicht in Versuchung!; **I am very** ~**ed to
accept** ich bin sehr versucht anzunehmen;
may I ~ **you to a little more wine?** kann ich
Sie noch zu etwas Wein überreden?; **no,
I won't be** ~**ed!** nein, ich bleibe hart; **to** ~
fate or **providence** (fig) sein Schicksal
herausfordern; (in words) den Teufel an
die Wand malen.

2. (Rel) in Versuchung führen.

temptation [temp'teɪʃən] n Versuchung
(also Rel), Verlockung f. **to put** ~ **in sb's
way** jdn in Versuchung führen; **lead us not
into** ~ (Bibl) führe uns nicht in Ver-
suchung (Bibl); **to yield** or **give way to** ~
der Versuchung erliegen.

tempter ['temptə'] n Versucher, Verführer
m. **the T**~ (Rel) der Versucher.

tempting adj, ~**ly** adv ['temptɪŋ, -lɪ] ver-

lockend, verführerisch.
temptress ['temptrɪs] n Verführerin f.
temp work n Zeitarbeit f.
ten [ten] **I** adj zehn. the T~ **Commandments**
die Zehn Gebote; ~ **to one he won't come**
(ich wette) zehn gegen or zu eins, daß er
nicht kommt; **nine out of ~ people would
agree with you** neun von zehn Leuten wür-
den Ihnen zustimmen.
   II n Zehn f. ~**s** (Math) Zehner pl; **to
count in** ~**s** in Zehnern zählen; **you can
only buy them in** ~**s** man kann sie nur in
Zehnerpackungen kaufen; see also **six**.
tenability [,tenə'bɪlɪtɪ] n see adj 1. Haltbar-
keit f; Vertretbarkeit f.
tenable ['tenəbl] adj **1.** (Mil) position halt-
bar; (fig) opinion, theory also vertretbar.
   2. pred **a post ~ for two years** eine auf zwei
Jahre befristete Stelle.
tenacious [tɪ'neɪʃəs] adj zäh, hartnäckig;
character, person also beharrlich; mem-
ory unschlagbar. **he was ~ in the defence
of his principles** er verteidigte hartnäckig
or eisern seine Prinzipien; **inflation/the
disease had a ~ hold on ...** die Inflation/
Seuche hielt ... in eisernem Griff.
tenaciously [tɪ'neɪʃəslɪ] adv zäh, hart-
näckig. **she held ~ to her principles** sie
hielt zäh an ihren Prinzipien fest; **the dog
held on ~ to the bone** der Hund hielt den
Knochen zäh fest.
tenacity [tɪ'næsɪtɪ] n Zähigkeit, Hart-
näckigkeit f; Beharrlichkeit f. **the ~ of his
grip** sein eiserner Griff.
tenancy ['tenənsɪ] n **right/conditions/
problems of ~** Mietrecht nt/-bedingungen
pl/-probleme pl; (of farm) Pachtrecht nt/
-bedingungen pl/-probleme pl; **if ~ can be
established** (form) wenn ein Miet-/Pacht-
verhältnis nt nachgewiesen werden kann;
during his ~ während er (dort) Mieter/
Pächter ist/war.
tenant ['tenənt] **I** n Mieter(in f) m; (of
farm) Pächter(in f) m. ~ **farmer** Pächter
m. **II** vt (form) house zur Miete wohnen in
(+dat); premises gemietet haben; farm in
Pacht haben.
tenantry ['tenəntrɪ] n, no pl (of estate)
Pächter pl; (of building, premises) Mieter
pl. **the law of ~** das Mietrecht; (of farm)
das Pachtrecht.
tend¹ [tend] vt sich kümmern um; sheep
hüten; sick person pflegen; land bestellen;
machine bedienen.
tend² vi **1. to ~ to be/do sth** (have a habit of
being/doing sth) gewöhnlich or gern etw
sein/tun; (person also) dazu neigen or ten-
dieren, etw zu sein/tun; **the lever ~s to
stick** der Hebel bleibt oft hängen; **I ~ to
believe him** ich neige or tendiere dazu,
ihm zu glauben; **that would ~ to suggest
that ...** das würde gewissermaßen darauf
hindeuten, daß ...
   2. to ~ towards (be directed, lead) (line)
führen or streben (geh) nach; (measures,
actions etc) führen zu, anstreben; (in-
cline) (person, views, designs etc) neigen
or tendieren or eine Tendenz haben zu;
(prices, colours) tendieren or eine Ten-
denz haben zu; **prices are ~ing upwards**
die Preise tendieren nach oben or haben

eine steigende Tendenz; **his opinion is
~ing in our direction** seine Meinung ten-
diert in unsere Richtung.
tendency ['tendənsɪ] n Tendenz f (geh);
(physical predisposition) Neigung f. **artis-
tic tendencies** künstlerische Neigungen pl;
to have a ~ to be/do sth gern or gewöhn-
lich etw sein/tun; (person, style of writing
also) dazu neigen or tendieren, etw zu
sein/zu tun; **he had an annoying ~ to for-
get things** er hatte die ärgerliche
Angewohnheit, alles zu vergessen; **there
is a ~ for business to improve in autumn**
gewöhnlich nehmen die Geschäfte im
Herbst einen Aufschwung; **a strong up-
ward ~** (St Ex) eine stark steigende Ten-
denz.
tendentious adj, ~**ly** adv [ten'denʃəs, -lɪ]
tendenziös.
tendentiousness [ten'denʃəsnɪs] n tenden-
ziöse Färbung.
tender¹ ['tendə'] n **1.** Hüter(in f) m; (of sick
person) Pfleger(in f) m. **machine ~**
Maschinenwart m. **2.** (Naut, Rail) Tender
m.
tender² **I** vt money, services (an)bieten,
geben; thanks aussprechen; resignation
einreichen.
   II vi (Comm) sich bewerben (for um).
   III n **1.** (Comm) Angebot nt. **to invite** ~**s
for a job** Angebote pl für eine Arbeit ein-
holen; **to put work out to ~** Arbeiten aus-
schreiben; **to make** or put in or send in **a ~
for sth** ein Angebot or eine Submissions-
offerte (form) für etw einreichen.
   2. (Fin) legal ~ gesetzliches Zahlungs-
mittel.
tender³ adj **1.** (sore, easily hurt) spot, bruise
empfindlich; skin, plant also zart; (fig)
subject heikel. **a child of ~ years/age** ein
Kind im zarten Alter; **my arm still feels ~
(to the touch)** mein Arm ist noch sehr
empfindlich.
   2. meat zart.
   3. (affectionate) person, voice, look
zärtlich, liebevoll; memories lieb, zärt-
lich; heart gut. **in sb's ~ care** in jds Obhut;
to leave sb to sb's ~ mercies (iro) jdn jds
liebevollen Händen anvertrauen.
tenderfoot ['tendəfut] n, pl ~**s** n Neuling
m; **tender-hearted** adj gutherzig.
tenderize ['tendəraɪz] vt meat zart or weich
machen; (by beating) klopfen.
tenderizer ['tendəraɪzə'] n Mürbesalz nt.
tenderloin ['tendə,lɔɪn] n Lendenstück nt.
tenderly ['tendəlɪ] adv zärtlich, liebevoll.
tenderness ['tendənɪs] n see adj **1.** Emp-
findlichkeit f; Zartheit f. **2.** Zartheit f.
3. Zärtlichkeit f; Güte f.
tendon ['tendən] n Sehne f.
tendril ['tendrɪl] n Ranke f; (of hair) Rin-
gellocke f.
tenement ['tenɪmənt] n **1.** (also ~ **house**)
Mietshaus m; Mietskaserne f (pej).
2. (Jur) Mietbesitz m; (farm) Pachtbesitz
m.
Tenerife [,tenə'riːf] n Teneriffa nt.
tenet ['tenət] n Lehrsatz m; (Rel) Glaubens-
satz m.
tenfold ['tenfəʊld] **I** adj zehnfach. **II** adv
zehnfach, um das Zehnfache. **increase ~**
sich verzehnfachen.

ten-gallon hat ['tengæln'hæt] *n* Cowboy-hut *m*.

tenner ['tenə'] *n* (*inf*) Zehner *m* (*inf*).

Tennessee [,tenə'si:] *n* (*abbr* **Tenn, TN**) Tennessee *nt*.

tennis ['tenɪs] *n* Tennis *nt*.

tennis *in cpds* Tennis-; ~ **club** Tennisclub *or* -verein *m*; ~ **court** Tennisplatz *m*; ~ **elbow** (*Med*) Tennisarm *m*.

tennish ['tenɪʃ] *adj* um zehn herum (*inf*).

tennis racket, tennis racquet *n* Tennis-schläger *m*.

tenon ['tenən] *n* Zapfen *m*.

tenor ['tenə'] **I** *n* **1.** (*voice*) Tenor(stimme *f*) *m*; (*person*) Tenor *m*. **2.** (*purport*) Tenor *m*; (*of theory*) Tendenz *f*; (*general nature*) (*of life*) Stil *m*; (*of events*) (Ver)-lauf *m*. **II** *adj* (*Mus*) *part, voice* Tenor-.

tenpence ['tenpəns] *n* zehn Pence; **ten pence, a tenpenny piece** *n* ein Zehn-pencestück *nt*; **tenpin bowling,** (*US*) **tenpins** *n* Bowling *nt*.

tense¹ [tens] *n* (*Gram*) Zeit *f*, Tempus *nt*. **present/past/future** ~ Gegenwart *f*/ Vergangenheit *f*/Zukunft *f*.

tense² **I** *adj* (+er) *rope* gespannt, straff; *muscles* (an)gespannt; *person, ex-pression, bearing* (*through stress, worry etc*) angespannt; (*through nervousness, fear etc*) verkrampft; *voice* nervös; *silence, atmosphere* gespannt; (*thrilling*) *scene* spannungsgeladen. **I've been feeling rather ~ all day** ich bin schon den ganzen Tag so nervös; **things are getting rather ~** die Lage wird gespannter. **II** *vt* anspannen. **III** *vi* sich (an)spannen, sich straffen.

tensely ['tenslɪ] *adv* (*lit*) *stretch* straff; (*fig*) *listen* angespannt; *speak, wait* (*nervously*) nervös; (*excitedly*) gespannt.

tenseness ['tensnɪs] *n see adj* Gespannt-heit, Straffheit *f*; (An)gespanntheit *f*; Angespanntheit *f*; Verkrampftheit *f*; Ner-vosität *f*; Gespanntheit *f*; Spannung(s-geladenheit) *f*.

tensile ['tensaɪl] *adj* dehnbar, spannbar. ~ **strength** *or* **stress** Zugfestigkeit *f*.

tension ['tenʃən] *n* **1.** (*lit*) Spannung *f*; (*of muscle*) Anspannung *f*; (*Knitting*) Festig-keit *f*; (*Sew*) Spannung *f*. **to check the ~** die Spannung prüfen; (*Knitting*) eine Maschenprobe machen. **2.** (*nervous strain*) nervliche Belastung, Anspannung *f*. **3.** (*in relationship*) Spannungen *pl*.

tensor (muscle) ['tensɔ:'-] *n* Tensor *m*.

tent [tent] *n* Zelt *nt*. ~ **peg** Zeltpflock, Hering *m*; ~ **pole** Zeltstange *f*.

tentacle ['tentəkl] *n* (*Zool*) Tentakel *m or nt* (*spec*); (*of octopus etc also*) Fangarm *m*; (*of snail also*) Fühler *m*; (*fig*) Klaue *f*.

tentative ['tentətɪv] *adj* (*not definite, provisional*) vorläufig; *offer* unverbind-lich; (*hesitant*) *player, movement* vor-sichtig; *conclusion, suggestion* vorsichtig, zögernd. **this proposal** *or* **suggestion is only ~** das ist ja nur ein Vorschlag.

tentatively ['tentətɪvlɪ] *adv see adj*. **he ~ suggested a weekend in Brighton** er machte den Vorschlag, eventuell ein Wochenende in Brighton zu verbringen.

tenterhooks ['tentəhʊks] *npl*: **to be on ~** wie auf glühenden Kohlen sitzen (*inf*); **to**

keep sb on ~ jdn zappeln lassen.

tenth [tenθ] **I** *adj* (*in series*) zehnte(r, s). **a ~ part** ein Zehntel *nt*. **II** *n* (*fraction*) Zehntel *nt*; (*in series*) Zehnte(r, s); (*Mus*) Dezime *f*; *see also* **sixth.**

tenthly ['tenθlɪ] *adv* zehntens.

tenuous ['tenjuəs] *adj* **1.** (*lit*) *thread etc* dünn, fein; *cobweb* zart, fein; *air* dünn; *gas* flüchtig. **2.** (*fig*) *connection, distinc-tion* schwach; *argument, evidence also* wenig stichhaltig. **he kept a ~ grip on life** er hatte nur noch einen schwachen Lebenswillen.

tenuousness ['tenjuəsnɪs] *n see adj* **1.** Dünne, Feinheit *f*; Zartheit, Feinheit *f*; Dünne *f*; Flüchtigkeit *f*. **2.** Schwäche *f*; mangelnde Stichhaltigkeit.

tenure ['tenjuə'] *n* **1.** (*holding of office*) Anstellung *f*; (*period of office*) Amtszeit *f*. **2.** (*of property*) **during his ~ of the house/farm** während er das Haus/die Farm innehat(te) (*geh*); **laws governing land ~** Landpachtgesetze *pl*.

tepee ['ti:pi:] *n* Tipi *nt*.

tepid ['tepɪd] *adj* (*lit, fig*) lau(warm).

tepidity [te'pɪdɪtɪ], **tepidness** ['tepɪdnɪs] *n* (*lit, fig*) Lauheit *f*.

terbium ['tɜ:bɪəm] *n* (*abbr* **Tb**) Terbium *nt*.

tercentenary [,tɜ:sen'ti:nərɪ] **I** *n* (*anniversary*) dreihundertster Jahrestag; (*celebration*) Dreihundertjahrfeier *f*, dreihundertjähriges Jubiläum. **II** *attr* für den dreihundertsten Jahrestag; *celebra-tions also* Dreihundertjahr-.

tercet ['tɜ:sɪt] *n* (*Poet*) Terzine *f*; (*Mus*) Triole *f*.

term [tɜ:m] **I** *n* **1.** (*period of time*) Dauer *f*, Zeitraum *m*; (*of contract*) Laufzeit *f*; (*limit*) Frist *f*. ~ **of government/office** Regierungszeit *f*/Amtsdauer *or* -zeit *f*; ~ **of imprisonment** Gefängnisstrafe *f*; ~ **of service** (*Mil*) Militärdienst(zeit *f*) *m*; **elec-ted for a three-year ~** auf *or* für drei Jahre gewählt; **the contract is nearing its ~** der Vertrag läuft bald ab; **in the long/short ~** auf lange/kurze Sicht; **at ~** (*Fin*) bei Fäl-ligkeit; (*Med*) zur rechten Zeit.

2. (*Sch*) (*three in one year*) Trimester *nt*; (*four in one year*) Vierteljahr, Quartal *nt*; (*two in one year*) Halbjahr *nt*; (*Univ*) Semester *nt*. **end-of-~ exam** Examen *nt* am Ende eines Trimesters *etc*; **during** *or* **in ~(-time)** während der Schulzeit; (*Univ*) während des Semesters; **out of ~ (-time)** in den Ferien.

3. (*expression*) Ausdruck *m*. **in plain** *or* **simple ~s** in einfachen Worten; **technical ~s** Fachausdrücke *pl*; **a legal ~** ein juri-stischer (Fach)ausdruck *or* Terminus (*geh*); **he spoke of her in the most flatter-ing ~s** er äußerte sich sehr schmeichelhaft über sie; **a contradiction in ~s** ein Wider-spruch in sich.

4. (*Math, Logic*) Term *m*. ~ **in parentheses** Klammerausdruck *m*; **to ex-press one thing in ~s of another** eine Sache mit einer anderen erklären; **in ~s of money/time** geldlich *or* finanziell/zeitlich; **in ~s of energy/planning** energiemäßig/ planerisch.

5. ~**s** *pl* (*conditions*) Bedingungen *pl*; ~**s of surrender/service/sale/payment**

Kapitulations-/Arbeits-/Verkaufs-/ Zahlungsbedingungen pl; ~s of reference (of committee etc) Aufgabenbereich m; (of thesis etc) Themenbereich m; to buy sth on credit/easy ~s etw auf Kredit/auf Raten kaufen; the hotel offered reduced ~s in winter das Hotel bot ermäßigte Winterpreise an; on what ~s? zu welchen Bedingungen?; not on any ~s unter gar keinen Umständen; to accept sb on his own ~s jdn nehmen, wie er ist; to come to ~s (with sb) sich (mit jdm) einigen; to come to ~s with sth sich mit etw abfinden. **6.** ~s pl (relations) to be on good/bad/ friendly/neighbourly ~s with sb gut/nicht (gut) mit jdm auskommen/auf freundschaftlichem/gutnachbarlichem Fuß mit jdm stehen; they are not on speaking ~s sie reden nicht miteinander.

II vt nennen, bezeichnen.

terminal ['tɜ:mɪnl] **I** adj rhyme, syllable, station End-; accounts, report, exams (Ab)-schluß-; (Elec) voltage Klemmen-; (Med: fatal) cancer, patient unheilbar. ~ ward Sterbestation f.

II n **1.** (Rail) Endbahnhof m; (of tramway, buses) Endstation f; (airport ~, container ~) Terminal m or nt. **2.** (Elec) Pol m; (Computers) Terminal nt.

terminate ['tɜ:mɪneɪt] **I** vt beenden, beschließen; contract, lease etc lösen; pregnancy unterbrechen; friendship beenden. **II** vi enden; (contract, lease) ablaufen.

termination [,tɜ:mɪ'neɪʃən] n **1.** Ende nt; (bringing to an end) Beendigung f; (of contract, lease etc) (expiry) Ablauf m, Erlöschen nt; (cancellation) Lösung f. ~ of pregnancy Schwangerschaftsabbruch m. **2.** (Gram) Endung f.

terminological [,tɜ:mɪnə'lɒdʒɪkəl] adj terminologisch.

terminology [,tɜ:mɪ'nɒlədʒɪ] n Terminologie f. all the technical ~ in the article all die Fachausdrücke in dem Artikel.

terminus ['tɜ:mɪnəs] n (Rail, Bus) Endstation f.

termite ['tɜ:maɪt] n Termite f.

tern [tɜ:n] n (Zool) Seeschwalbe f.

ternary ['tɜ:nərɪ] adj ternär.

terrace ['terəs] **I** n **1.** (patio) Terrasse f. **2.** (on hillside) Terrasse f. ~ cultivation Terrassenfeldbau m. **3.** ~s pl (Sport) Ränge pl. **4.** (row of houses) Häuserreihe f; (as street name) ≃ Weg m. **5.** (US Aut) Grünstreifen m. **II** vt garden, hill in Terrassen or stufenförmig anlegen.

terraced ['terəst] adj **1.** hillside etc terrassenförmig or stufenförmig angelegt. **2.** ~ house (Brit) Reihenhaus nt.

terracotta ['terə'kɒtə] **I** n Terrakotta f. **II** attr Terrakotta-, aus Terrakotta.

terra firma ['terə'fɜ:mə] n fester Boden. to be on ~ again wieder festen Boden unter den Füßen haben.

terrain [te'reɪn] n Terrain (esp Mil), Gelände nt; (fig) Boden m.

terrapin ['terəpɪn] n Sumpfschildkröte f.

terrestrial [tɪ'restrɪəl] **I** adj **1.** (of land) plants, animals Land-, auf dem Land

lebend. **2.** (of the planet Earth) terrestrisch, irdisch. ~ globe Erdball, Globus m. **3.** (wordly) problems irdisch, weltlich. **II** n Erdbewohner(in f) m.

terrible ['terəbl] adj schrecklich, furchtbar. he is ~ at golf er spielt schrecklich or furchtbar schlecht Golf (inf).

terribleness ['terəblnɪs] n Schrecklichkeit, Fürchterlichkeit f.

terribly ['terəblɪ] adv see adj.

terrier ['terɪəʳ] n Terrier m.

terrific [tə'rɪfɪk] adj shame, nuisance, shock unheimlich (inf); person, success, idea, party also sagenhaft (sl), speed, heat, strength, generosity unwahrscheinlich (inf).

terrifically [tə'rɪfɪkəlɪ] adv (inf) (very) unheimlich (inf); (very well) unheimlich (gut) (inf).

terrify ['terɪfaɪ] vt (person) fürchterliche or schreckliche Angst machen or einjagen (+dat), in Angst or Schrecken versetzen. flying/my driving terrifies him er hat schreckliche Angst vor dem Fliegen/, wenn ich fahre; to be terrified of sth vor etw schreckliche Angst haben; he was terrified when/in case ... er hatte fürchterliche Angst, als .../davor, daß ...; he was terrified by the ghost story die Geistergeschichte hat ihm schreckliche Angst eingejagt (inf); a terrified look ein angstvoller Blick.

terrifying ['terɪfaɪɪŋ] adj film, story grauenerregend; thought, sight entsetzlich; speed furchterregend.

terrifyingly ['terɪfaɪɪŋlɪ] adv entsetzlich. he came ~ close to disaster er kam dem Unheil schrecklich nahe.

territorial [,terɪ'tɔ:rɪəl] **I** adj territorial, Gebiets-; (Zool) Revier-; instincts territorial. ~ sovereignty Gebietshoheit f; ~ possessions Territorialbesitz m; ~ rights Hoheitsrechte pl; ~ limit Hoheitsgrenze f; ~ waters Hoheitsgewässer pl; T~ Army Territorialheer nt.

II n T~ Soldat m der Heimatschutztruppe; the T~s die Heimatschutztruppe.

territory ['terɪtərɪ] n (Staats)gebiet, Territorium nt; (in US, Austral) Territorium nt; (of animals) Revier, Territorium nt; (Comm: of agent etc) Bezirk m; (fig) Revier, Gebiet nt.

terror ['terəʳ] n **1.** no pl (great fear) panische Angst (of vor +dat). in ~ in panischer Angst; reign of ~ (Hist, fig) Terror- or Schreckensherrschaft f; the IRA ~ der IRA-Terror. **2.** (cause of ~, terrible event) Schrecken m. he was the ~ of the other boys er terrorisierte die anderen Jungen. **3.** (inf) (person) Teufel m; (child) Plage f. he's a ~ for punctuality er ist fürchterlich pedantisch in bezug auf Pünktlichkeit; a ~ with the ladies ein Weiberheld m (inf).

terrorism ['terərɪzəm] n Terrorismus m; (acts of ~) Terror m.

terrorist ['terərɪst] **I** n Terrorist(in f) m. **II** attr Terror-.

terrorize ['terəraɪz] vt terrorisieren.

terror-stricken, terror-struck [,terə'strɪkən, -'strʌk] adj starr vor Schreck(en).

terry cloth ['terɪ'klɒθ] *or* **towelling** [-'taʊəlɪŋ] *n* Frottee *nt or* m.

terse [tɜːs] *adj* (+*er*) knapp. **he was very ~** er war sehr kurz angebunden.

tersely ['tɜːslɪ] *adv* knapp, kurz; *say, answer* kurz (angebunden). **to dismiss sth ~** etw kurzerhand verwerfen.

terseness ['tɜːsnɪs] *n* Knappheit *f*; (*of reply also, person*) Kürze, Bündigkeit *f*.

tertiary ['tɜːʃərɪ] *adj* tertiär; *colour* Misch-. **T~ period** (*Geol*) Tertiär *nt*; **~ burns** Verbrennungen *pl* dritten Grades.

Terylene ® ['terəliːn] *n* Terylen(e) *nt*, ≃ Trevira ®, Diolen ® *nt*.

test [test] **I** *n* **1.** (*Sch*) Klassenarbeit *f*; (*Univ*) Klausur *f*; (*short*) Kurzarbeit *f*, Test *m*; (*intelligence ~, psychological ~ etc*) Test *m*; (*driving ~*) (Fahr)prüfung *f*. **he gave them a vocabulary ~** er ließ eine Vokabel- *or* Wörterarbeit schreiben; (*orally*) er hat sie Vokabeln abgefragt; **to pass the ~ of public acceptability** von der Öffentlichkeit gutgeheißen werden; **to put sb/sth to the ~** jdn/etw auf die Probe stellen; **to stand the ~** die Probe bestehen; **their marriage didn't stand up to the ~ of separation** ihre Ehe hat die Trennung nicht verkraftet; **to stand the ~ of time** die Zeit überdauern; **that was a real ~ of character/his endurance** das war eine wirkliche Charakterprüfung/Belastungsprobe für ihn. **2.** (*on vehicle, product, weapon etc*) Test *m*; (*check*) Kontrolle *f*; (*on road also*) Testfahrt *f*; (*in air also*) Testflug *m*. **3.** (*chemical ~*) Test *m*, Untersuchung *f*. **a skin ~** ein Hauttest *m*; **to do a ~ for sugar/starch** einen Zuckertest/Stärketest machen, eine Untersuchung auf Zucker/ Stärke machen. **4.** (*Brit*) *see* **match.**

II *vt* **1.** (*examine, check*) testen, prüfen; (*Sch*) *pupil* prüfen; (*orally*) abfragen; *person* (*with psychological ~s*), *intelligence* testen; (*fig*) auf die Probe stellen. **the teacher ~ed them on that chapter** der Lehrer fragte sie das Kapitel ab; **to ~ sb for a job** jds Eignung für eine Stelle prüfen *or* testen; **to ~ sb/sth for accuracy** jdn/etw auf Genauigkeit prüfen; **I just wanted to ~ your reaction** ich wollte nur mal sehen, wie du reagierst. **2.** (*chemically*) *gold* prüfen; *water, contents of stomach etc* untersuchen. **to ~ sth for sugar** etw auf seinen Zuckergehalt untersuchen; **the blood samples were sent for ~ing** *or* **to be ~ed** die Blutproben wurden zur Untersuchung geschickt.

III *vi* Tests/einen Test machen; (*chemically also*) untersuchen (*for* auf +*acc*). **~ing, ~ing one, two!** eins, zwei; **we are ~ing for a gas leak** wir überprüfen die Leitung auf eine undichte Stelle.

◆**test out** *vt sep* ausprobieren (*on* bei *or* an +*dat*).

testament ['testəmənt] *n* **1.** (*old*) Testament *nt*, letzter Wille. **2.** (*Bibl*) **Old/New T~** Altes/Neues Testament.

testamentary [ˌtestə'mentərɪ] *adj* testamentarisch.

testator [te'steɪtər] *n* Erblasser *m*.

testatrix [te'steɪtrɪks] *n* Erblasserin *f*.

test ban *n* Versuchsverbot *nt*; **test ban treaty** *n* Teststoppabkommen *nt*; **test bed** *n* Prüfstand *m*; **test card** *n* (*TV*) Testbild *nt*; **test case** *n* Musterfall *m*; **test drive** *n* Probefahrt *f*; **test-drive** *vt irreg car* probefahren.

tester ['testər] *n* (*of product etc*) Prüfer(in *f*) *m*; (*machine*) Prüfgerät *nt*.

testes ['testiːz] *npl* Testikel, Hoden *pl*.

test flight *n* Test- *or* Probeflug *m*.

testicle ['testɪkl] *n* Testikel, Hoden *m*.

testify ['testɪfaɪ] **I** *vt* to ~ **that ...** (*Jur*) bezeugen, daß ...

II *vi* (*Jur*) eine Zeugenaussage machen, aussagen. **to ~ against/in favour of sb** gegen/für jdn aussagen; **to ~ to sth** (*speak for*) etw bezeugen (*also Jur*); (*be sign of*) *sincerity, efforts etc* von etw zeugen.

testily ['testɪlɪ] *adv see adj.*

testimonial [ˌtestɪ'məʊnɪəl] *n* **1.** (*character recommendation*) Referenz *f*. **2.** (*gift*) Geschenk *nt* als Zeichen der Anerkennung *or* Wertschätzung (*geh*).

testimony ['testɪmənɪ] *n* Aussage *f*. **he gave his ~** er machte seine Aussage; **to bear ~ to sth** etw bezeugen.

testiness ['testɪnɪs] *n* Gereiztheit *f*.

testing ['testɪŋ] **I** *adj* hart. **I had a ~ time** es war hart (für mich). **II** *n* Erprobung *f*, Testen *nt*.

testing ground *n* Test- *or* Versuchsgebiet *nt*; (*fig*) Versuchsfeld *nt*.

test match *n* (*Brit*) Testmatch *nt or* m.

testosterone [te'stɒstərəʊn] *n* Testosteron *nt*.

test paper *n* (*Sch*) Klassenarbeit *f*; (*Chem*) Reagenzpapier *nt*; **test pattern** *n* (*US*) *see* **test card**; **test piece** *n* (*of handwork*) Prüfungsstück *nt*; (*Mus*) Stück *nt* zum Vorspielen; **test pilot** *n* Testpilot *m*; **test range** *n* Erprobungsgebiet *nt*; **test tube** *n* Reagenzglas *nt*; **test-tube baby** *n* Kind *nt* aus der Retorte, Retortenbaby *nt*.

testy ['testɪ] *adj* (+*er*) unwirsch, gereizt.

tetanus ['tetənəs] *n* Wundstarrkrampf, Tetanus *m*. **anti-~ vaccine/vaccination** Tetanusimpfstoff *m*/Tetanusimpfung *f*.

tetchily ['tetʃɪlɪ] *adv see adj.*

tetchiness ['tetʃɪnɪs] *n see adj* Gereiztheit *f*; Reizbarkeit *f*.

tetchy, techy ['tetʃɪ] *adj* (+*er*) (*on particular occasion*) gereizt; (*as general characteristic*) reizbar.

tête-à-tête ['teɪtə:'teɪt] **I** *adj, adv* unter vier Augen. **II** *n* Tête-à-tête *nt*.

tether ['teðər] **I** *n* (*lit*) Strick *m*; (*chain*) Kette *f*. **to be at the end of one's ~** (*fig inf*) am Ende sein (*inf*). **II** *vt* (*also ~ up*) *animal* an- *or* festbinden.

tetrahedron [ˌtetrə'hiːdrən] *n* Tetraeder *nt*.

Teuton ['tjuːtɒn] *n* Teutone *m*, Teutonin *f*.

Teutonic [tjʊ'tɒnɪk] *adj* (*Hist, hum*) teutonisch.

Texan ['teksən] **I** *n* Texaner(in *f*) *m*. **II** *adj* texanisch.

Texas ['teksəs] *n* (*abbr* **Tex, TX**) Texas *nt*.

text [tekst] *n* **1.** Text *m*; (*of document also*) Wortlaut, Inhalt *m*. **to restore a ~** den Originaltext wiederherstellen. **2.** (*of sermon*) Text *m*.

textbook ['tekstbʊk] *n* Lehrbuch *nt*. **~ case** Paradefall *m*.

textile ['tekstaɪl] **I** *adj* Textil-, textil. **II** *n* Stoff *m*. ~**s** Textilien, Textilwaren *pl*.

textual ['tekstjʊəl] *adj* Text-.

texture ['tekstʃəʳ] *n* (stoffliche) Beschaffenheit, Textur *f*; (*of dough also*) Konsistenz *f*; (*of food*) Substanz, Textur *f*; (*of material, paper*) Griff *m* und Struktur, Textur *f*; (*of minerals also, fig: of music, poetry etc*) Gestalt *f*. **the** ~ **of velvet** wie sich Samt anfühlt.

textured ['tekstʃəd] *adj* strukturiert, texturiert (*form*); **paint** Struktur-.

TGWU *abbr of* **Transport and General Workers' Union** ≃ ÖTV *f*.

Thai [taɪ] **I** *adj* thailändisch; (*Ling*) T(h)ai-. **II** *n* **1.** Thailänder(in *f*) *m*, Thai *mf*. **2.** (*language*) Thai *nt*; (*language family*) Tai *nt*.

Thailand ['taɪlænd] *n* Thailand *nt*.

thalidomide [θə'lɪdəʊmaɪd] *n* Contergan ®, Thalidomid *nt*. ~ **baby** Contergankind *nt*.

thallium ['θælɪəm] *n* (*abbr* **Tl**) Thallium *nt*.

Thames [temz] *n* Themse *f*. **he'll never set the** ~ **on fire** er hat das Pulver auch nicht erfunden.

than [ðæn, *weak form* ðən] *conj* als. **I'd rather do anything** ~ **that** das wäre das letzte, was ich tun wollte; **no sooner had I sat down** ~ **he began to talk** kaum hatte ich mich hingesetzt, als er auch schon anfing zu reden; **who better to help us** ~ **he?** wer könnte uns besser helfen als er?; **the whole story was nothing more** ~ **a lie** die ganze Geschichte war nichts als eine (einzige) Lüge; *see* **more, other I 3., rather.**

thank [θæŋk] *vt* **1.** danken (+*dat*), sich bedanken bei. **I'll never be able to** ~ **him (enough) for what he has done** ich kann ihm nie genug dafür danken, was er für mich getan hat; **I don't know how to** ~ **you** ich weiß nicht, wie ich Ihnen danken soll

2. (*phrases*) **he won't** ~ **you for it** er wird es Ihnen nicht danken; **he has his brother/he only has himself to** ~ **for this** das hat er seinem Bruder/sich selbst zu verdanken.

3. ~ **you** danke (schön); ~ **you very much** vielen Dank; **no,** ~ **you/yes,** ~ **you** nein, danke/ja, bitte *or* danke; ~ **you for coming — not at all,** ~ **you!** vielen Dank, daß Sie gekommen sind — ich danke *Ihnen, ich* habe zu danken; ~ **you for the present** vielen Dank für Ihr Geschenk; ~ **you for nothing** (*iro*) ich danke (bestens)!; **to say** ~ **you** danke sagen (*to sb* jdm), sich bedanken (*to* bei).

4. ~ **goodness** *or* **heavens** *or* **God** (*inf*) Gott sei Dank! (*inf*).

thankful ['θæŋkfʊl] *adj* dankbar (*to sb* jdm). **I'm only** ~ **that it didn't happen** ich bin bloß froh, daß es nicht passiert ist.

thankfully ['θæŋkfəlɪ] *adv* dankbar, voller Dankbarkeit. ~**, no real harm has been done** zum Glück ist kein wirklicher Schaden entstanden.

thankfulness ['θæŋkfʊlnɪs] *n* Dankbarkeit *f*.

thankless ['θæŋklɪs] *adj* undankbar. **a** ~ **task** eine undankbare Aufgabe.

thanks [θæŋks] **I** *npl* **1.** Dank *m*. **to accept sth with** ~ **etw** dankend *or* mit Dank an-

nehmen; **and that's all the** ~ **I get** und das ist jetzt der Dank dafür; **to give** ~ **to God** Gott danksagen *or* Dank sagen; ~ **be to God** (*Eccl*) Dank sei Gott.

2. ~ **to** wegen (+*gen*); (*with positive cause also*) dank (+*gen*); ~ **to his coming early everything was finished on time** weil er so früh kam, wurde alles rechtzeitig fertig; **it's all** ~ **to you that we're so late** bloß deinetwegen kommen wir so spät; **it was no** ~ **to him that ...** ich hatte/wir hatten *etc* es nicht ihm zu verdanken, daß ...

II *interj* (*inf*) danke (*for* für). **many** ~ vielen *or* herzlichen Dank (*for* für); ~ **a lot** *or* **a million** vielen *or* tausend Dank; (*iro*) (na,) vielen Dank (*inf*); **will you have some more? — no** ~/**yes,** ~ **etwas mehr?** — nein/ja, danke.

thanksgiving ['θæŋks,gɪvɪŋ] *n* **1.** Dankbarkeit *f*. **2.** (*US*) **T**~ (**Day**) Thanksgiving Day *m*.

thank-you ['θæŋkju:] **I** *n* Dankeschön *nt*. **he grabbed the book without even a** ~ er riß das Buch ohne ein Dankeschön *nt or* ohne ein Wort *nt* des Dankes an sich. **II** *attr letter* Dank-.

that¹ [ðæt, *weak form* ðət] **I** *dem pron, pl* **those 1.** das. **what is** ~? was ist das?; **they all say** ~ das sagen alle; ~ **is Joe** (over there) das (dort) ist Joe; **who is** ~? wer ist das?; **who is** ~ **speaking?** wer spricht (denn) da?; (*on phone*) wer ist am Apparat?; ~**'s what I say** *or* **think too** das finde ich auch; ... ~**'s what I say** *or* **think** das ist jedenfalls meine Meinung; **she's not as stupid as all** ~ so dumm ist sie nun auch (wieder) nicht; **I didn't think she'd get/be as angry as** ~ ich hätte nicht gedacht, daß sie sich so ärgern würde; ... **and all** ~ ... und so (*inf*); **like** ~ so; **with luck/weather/talent like** ~ ... mit solchem *or* so einem (*inf*) Glück/Wetter/Talent ...; ~**'s got** ~/**him out of the way** so, das wäre geschafft/so, den wären wir los; ~ **is** (**to say**) das heißt; **there,** ~**'s** ~ so, das wär's; **you can't go and** ~**'s** ~ du darfst nicht gehen, und damit hat sich's *or* und damit basta (*inf*); **well,** ~**'s** ~ **then** das wär's dann also; **so** ~ **was** ~ damit hatte sich's; ~**'s it!** das ist es!; (*the right way*) gut so!, richtig!; (*finished*) so, das wär's!; (*the last straw*) jetzt reicht's!

2. (*after prep*) **after/before/below/over** ~ danach/ davor/darunter/darüber; **and ... at** ~ und dabei ...; (*on top of that*) und außerdem ...; **you can get it in any supermarket and quite cheaply at** ~ man kann es in jedem Supermarkt, und zwar ganz billig, bekommen; **what do you mean by** ~? (*not understanding*) was wollen Sie damit sagen?; (*amazed, annoyed*) was soll (denn) das heißen?; **as for** ~ was das betrifft *or* angeht; **if things have** *or* **it has come to** ~ wenn es (schon) so weit gekommen ist; **with** ~ **she got up and left/burst into tears** damit stand sie auf und ging/brach sie in Tränen aus.

3. (*opposed to "this" and "these"*) (da), jenes (*old, geh*). **I prefer this to** ~ dies ist mir lieber als das (da); ~**'s the one I like, not this one** das (dort) mag ich, nicht dies (hier).

4. (*followed by rel pron*) **this theory is different from ~ which ...** diese Theorie unterscheidet sich von derjenigen, die ...; **~ which we call ...** das, was wir ... nennen.

II *dem adj*, *pl* **those 1.** der/die/das, jene(r, s). **what was ~ noise?** was war das für ein Geräusch?; **~ child/dog!** dieses Kind/dieser Hund!; **I only saw him on ~ one occasion** ich habe ihn nur bei dieser einen Gelegenheit gesehen; **they agreed on ~ point** alle waren sich in dem Punkt einig; **I like ~ one** ich mag das da.
2. (*in opposition to this*) der/die/das. **I'd like ~ one, not this one** ich möchte das da, nicht dies hier; **she was rushing this way and ~** sie rannte hierhin und dorthin.
3. (*with poss*) **~ dog of yours!** Ihr Hund!, dieser Hund von Ihnen! (*inf*); **what about ~ plan of yours now?** was ist denn nun mit Ihrem Plan?

III *dem adv* (*inf*) so. **he was at least ~ much taller than me** er war mindestens (um) soviel größer als ich; **it's not ~ good/cold** *etc* **so** gut/kalt *etc* ist es auch wieder nicht.

that² *rel pron* **1.** der/die/das; die. **all/nothing/everything** *etc* **~ ...** alles/nichts/alles *etc*, was ...; **the best/cheapest** *etc* **~ ...** das Beste/Billigste *etc*, das *or* was ...; **fool ~ I am** ich Idiot; **the girl ~ I told you about** das Mädchen, von dem ich Ihnen erzählt habe; **no-one has come ~ I know of** soviel ich weiß, ist niemand gekommen.
2. (*with expressions of time*) **the minute ~ he came the phone rang** genau in dem Augenblick, als er kam, klingelte das Telefon.

that³ *conj* **1.** daß. **~ he should behave like this is quite incredible** daß er sich so benehmen kann, ist kaum zu glauben; **she promised ~ she would come** sie versprach zu kommen; **he said ~ it was wrong** er sagte, es sei *or* wäre (*inf*) falsch, er sagte, daß es falsch sei *or* wäre (*inf*); **not ~ I want to do it** nicht (etwa), daß ich das tun wollte; *see* **so.**
2. (*in exclamations*) **~ things** *or* **it should come to this!** daß es soweit kommen konnte!

thatch [θæt ʃ] **I** *n* **1.** (*material*) (*straw*) Stroh *nt*; (*reed*) Reet *nt*; (*roof*) Strohdach *nt*; Reetdach *nt*. **2.** (*inf: hair*) Mähne *f*. **II** *vt* *roof* mit Stroh/Reet decken.

thatched [θætʃt] *adj* *roof* (*with straw*) Stroh-; (*with reed*) Reet-; *cottage* mit Stroh-/Reetdach, stroh-/reetgedeckt.

thatcher [ˈθætʃər] *n* Dachdecker *m*.

thatching [ˈθætʃɪŋ] *n* (*act, skill*) Stroh-/Reetdachdecken *nt*; (*roofing*) Stroh-/Reetdach *nt*.

thaw [θɔː] **I** *vt* auftauen (lassen); *ice, snow also* tauen lassen; (*make warm*) *person, hands* aufwärmen; (*fig: make friendly*) *person* auftauen *or* warm werden lassen; *relations* entspannen.
II *vi* (*lit, fig*) auftauen; (*ice, snow*) tauen; (*person: become warmer also*) sich aufwärmen. **it was ~ing** es taut.
III *n* (*lit, fig*) Tauwetter *nt*.
◆**thaw out I** *vi* (*lit, fig*) auftauen. **II** *vt sep* (*lit*) *frozen food etc* auftauen (lassen); *per-*

son, hands aufwärmen; (*fig*) *person* aus der Reserve locken. **it took several whiskies to ~ him ~** (*inf*) er brauchte mehrere Whiskys, bis er auftaute *or* warm wurde.

the [ðə, *before vowels* ðiː] **I** *def art* **1.** der/die/das. **in ~ room** im *or* in dem Zimmer; **on ~ edge** am *or* an dem Rand; **he went up on ~ stage** er ging aufs *or* auf das Podium; **to play ~ piano/guitar** Klavier/Gitarre spielen; **all ~ windows** alle die *or* alle Fenster; **have you invited ~ Browns?** haben Sie die Browns *or* (*with children*) die Familie Brown eingeladen?; **in ~ 20s** in den zwanziger Jahren; **Henry ~ Eighth** Heinrich der Achte; **how's ~ leg/wife?** (*inf*) wie geht's dem Bein/Ihrer Frau?
2. (*with adj used as n*) das; die; (*with comp or superl*) die. **~ Good** das Gute; **~ poor/rich** die Armen *pl*/Reichen *pl*; **translated from ~ German** aus dem Deutschen übersetzt; **she was ~ prettier/prettiest** sie war die hübschere/hübscheste.
3. (*denoting whole class*) der/die/das. **~ elephant is in danger of extinction** der Elefant ist vom Aussterben bedroht.
4. (*distributive use*) **twenty pence ~ pound** zwanzig Pence das *or* pro Pfund; **by ~ hour** pro Stunde; **the car does thirty miles to ~ gallon** das Auto braucht eine Gallone auf dreißig Meilen.
5. [ðiː] (*stressed*) der/die/das. **it's ~ restaurant in this part of town** das ist *das* Restaurant in diesem Stadtteil.

II *adv* (*with comp adj or adv*) **all ~ more/better/harder** um so mehr/besser/schwieriger; **~ more he has ~ more he wants** je mehr er hat, desto mehr will er; **(all) ~ more so because ...** um so mehr, als ...; *see* **better², worse.**

theatre, (*US*) **theater** [ˈθɪətər] *n* **1.** Theater *nt*; (*esp in names, ~ company also*) Bühne *f*. **to go to the ~** ins Theater gehen; **what's on at the ~?** was wird im Theater gegeben?
2. *no pl* (*theatrical business, drama*) Theater *nt*. **he's always been keen on (the) ~** er war schon immer theaterbegeistert; **he has been in (the) ~ all his life** er war sein Leben lang beim Theater.
3. (*Brit: operating ~*) Operationssaal *m*.
4. (*scene of events*) Schauplatz *m*.

theatre company *n* Theaterensemble *nt*, (*touring*) Schauspiel- *or* Theatertruppe *f*;
theatre critic *n* Theaterkritiker(in *f*) *m*;
theatregoer *n* Theaterbesucher(in *f*) *m*;
theatre nurse *n* (*Brit Med*) Operationsschwester *f*.

theatrical [θɪˈætrɪkəl] **I** *adj* **1.** Theater-; *company also* Schauspiel-; *experience also* schauspielerisch.
2. (*pej*) *behaviour etc* theatralisch.
II *n* **~s** *pl* Theaterspielen *nt*; **most people have taken part in ~s** die meisten Menschen haben schon mal Theater gespielt.

theatricality [ˌθɪætrɪˈkælɪtɪ] *n* theatralische Art.

theatrically [θɪˈætrɪkəlɪ] *adv* **1.** schauspielerisch. **2.** (*pej*) *behave, speak* theatralisch.

thee [ðiː] *pron* (*old, dial: objective case of*

thou) (*dir obj, with prep +acc*) Euch (*obs*), Dich (*also Eccl*); (*indir obj, with prep +dat*) Euch (*obs*), Dir (*also Eccl*). **God be with ~** Gott sei mit Dir; **for ~ and thine** für Dich und die Deinen.

theft [θeft] *n* Diebstahl *m*.

their [ðɛəʳ] *poss adj* **1.** ihr. **2.** (*inf: belonging to him or her*) seine(r, s). **everyone knows ~ rights nowadays** jeder kennt heutzutage seine Rechte; *see also* **my 1**.

theirs [ðɛəz] *poss pron* **1.** ihre(r, s). **2.** (*inf: belonging to him or her*) seine(r, s). **~ is not to reason why** es ist nicht an ihnen, zu fragen; **~ is a wretched life** sie führen ein elendes Leben; **~ is the Kingdom of Heaven** ihrer ist das Himmelreich.

theism [ˈθiːɪzəm] *n* Theismus *m*.

theist [ˈθiːɪst] *n* Theist(in *f*) *m*.

theistic [θiːˈɪstɪk] *adj* theistisch.

them [ðem, *weak form* ðəm] **I** *pers pron pl* **1.** (*dir obj, with prep +acc*) sie; (*indir obj, with prep +dat*) ihnen. **both/neither of ~ saw me** beide haben/keiner von beiden hat mich gesehen; **give me a few of ~** geben Sie mir ein paar davon; **none of ~** keiner/ keinen (von ihnen); **he's one of ~** das ist einer von ihnen; (*homosexual*) er ist andersrum (*inf*).
2. (*emph*) sie. **~ and us** (*inf*) sie *or* die (*inf*) und wir; **it's ~** sie sind's; **it's ~ who did it** sie *or* die haben es gemacht.
II *adj* (*incorrect*) diese.

thematic *adj*, **~ally** *adv* [θɪˈmætɪk, -əlɪ] thematisch.

theme [θiːm] *n* **1.** (*subject*) Thema *nt*. **2.** (*US Sch: essay*) Aufsatz *m*. **3.** (*Mus*) Thema *nt*; Leitmotiv *nt*; (*Film, TV*) Melodie *f* (*from aus*).

theme music *n* (*Film*) Titelmusik *f*; (*TV*) Erkennungsmelodie *f*; **theme song** *n* (*Film*) Titelsong *m*; (*TV*) Erkennungssong *m*; (*of opera*) Leitmotiv *m*; **theme tune** *n see* **theme music.**

themselves [ðəmˈselvz] *pers pron pl* **1.** (*reflexive*) sich. **2.** (*emph*) selbst. **the figures ~** die Zahlen selbst *or* an sich; *see also* **myself.**

then [ðen] **I** *adv* **1.** (*next, afterwards*) dann. **and ~ what happened?** und was geschah dann?
2. (*at this particular time*) da; (*in those days also*) damals. **it was ~ 8 o'clock** da war es 8 Uhr; **I was/will be on holiday ~** ich war da (gerade) in Urlaub/werde da in Urlaub sein; **he did it ~ and there** *or* **there and ~** er hat es auf der Stelle getan.
3. (*after prep*) **from ~ on(wards)** von da an; **before ~** vorher, zuvor; **but they had gone by ~** aber da waren sie schon weg; **we'll be ready by ~** bis dahin sind wir fertig; **since ~** seitdem, seit der Zeit; **between now and ~** bis dahin; (**up) until ~** **I had never tried it** bis dahin hatte ich es nie versucht.
4. (*in that case*) dann. **I don't want that — ~ what do you want?** ich will das nicht — was willst du denn?; **what are you going to do, ~?** was wollen Sie dann tun?; **but ~ that means that …** das bedeutet ja aber dann, daß …; **all right, ~** also *or* dann meinetwegen; **so it's true** — dann ist es (also) wahr, es ist also wahr; **(so) I was**

right ~ ich hatte also recht; **you don't want it ~?** Sie wollen es also nicht? **where is it ~?** wo ist es denn?
5. (*furthermore, and also*) dann, außerdem. **(and) ~ there's my aunt** und dann ist da noch meine Tante; **but ~ … also …** aber … auch; **but ~ he's my son** aber er ist (eben) auch mein Sohn.
6. (*phrases*) **now ~, what's the matter?** na, was ist denn los?; **come on ~** nun komm doch.
II *adj attr* damalig. **the ~ Prime Minister** der damalige Premierminister.

thence [ðens] *adv* **1.** (*old: from that place*) von dannen (*old*), von dort *or* da (weg).
2. (*old: from that time*) **which dated from ~** was aus der (damaligen) Zeit stammt.

theocracy [θɪˈɒkrəsɪ] *n* Theokratie *f*.

theocratic [θɪəˈkrætɪk] *adj* theokratisch.

theodolite [θɪˈɒdəlaɪt] *n* Theodolit *m*.

theologian [θɪəˈləʊdʒɪən] *n* Theologe *m*, Theologin *f*.

theological [θɪəˈlɒdʒɪkəl] *adj* theologisch. **~ college** Priesterseminar *nt*; **~ student** Theologiestudent(in *f*) *m*.

theology [θɪˈɒlədʒɪ] *n* Theologie *f*.

theorem [ˈθɪərəm] *n* Satz *m* (*also Math*), Theorem *nt* (*geh, spec*).

theoretic(al) [θɪəˈretɪk(əl)] *adj* theoretisch.

theoretically [θɪəˈretɪkəlɪ] *adv* theoretisch.

theoretician [θɪərəˈtɪʃən], **theorist** [ˈθɪərɪst] *n* Theoretiker(in *f*) *m*.

theorize [ˈθɪəraɪz] *vi* theoretisieren.

theorizer [ˈθɪəraɪzəʳ] *n* Theoretiker(in *f*) *m*.

theory [ˈθɪərɪ] *n* Theorie *f*. **in ~** theoretisch, in der Theorie; **~ of colour/evolution** Farben-/Evolutionslehre *or* -theorie *f*; **he has a ~ that …** er hat die Theorie, daß …; **well, it's a ~** das ist eine Möglichkeit.

theosophical [θɪəˈsɒfɪkəl] *adj* theosophisch.

theosophist [θɪˈɒsəfɪst] *n* Theosoph(in *f*) *m*.

theosophy [θɪˈɒsəfɪ] *n* Theosophie *f*.

therapeutic(al) [ˌθerəˈpjuːtɪk(əl)] *adj* therapeutisch. **to be ~** therapeutisch wirken.

therapeutics [ˌθerəˈpjuːtɪks] *n sing* Therapeutik *f*.

therapist [ˈθerəpɪst] *n* Therapeut(in *f*) *m*.

therapy [ˈθerəpɪ] *n* Therapie *f*.

there [ðɛəʳ] **I** *adv* **1.** dort, da; (*with movement*) dorthin, dahin. **look, ~'s Joe/~'s Joe coming** guck mal, da ist/kommt Joe; **it's under/over/in ~** es liegt dort *or* da drunter/drüben/drin; **let's stop ~** hören wir doch da auf; (*travelling*) halten wir doch da *or* dort an; **~ and back** hin und zurück; **so ~ we were** da waren wir nun also.
2. (*fig: on this point*) da. **~ you are wrong** da irren Sie sich; **you've got me ~** da bin ich überfragt; **I've got you ~** da *or* jetzt habe ich Sie.
3. (*in phrases*) **~ is/are** es *or* da ist/sind; (*~ exists/exist also*) es gibt; **~ were three of us** wir waren zu dritt; **~ is a mouse in the room** da ist eine Maus im Zimmer; **~ was once a castle here** hier war *or* stand einmal eine Burg; **~ is a chair in the corner** in der Ecke steht ein Stuhl; **~ is dancing afterwards** danach ist Tanz *or* wird getanzt; **~'s a book I want to read** da ist ein Buch,

das ich lesen möchte; **is ~ any wine left?** — **well,** ~ **was it such Wein da?** — gerade war noch welcher da; ~ **isn't any food/time/point, is ~?** — yes — **is** es gibt wohl nichts zu essen/dazu haben wir wohl keine Zeit/das hat wohl keinen Sinn, oder? — doch!; ~ **seems to be no-one at home** es scheint keiner zu Hause zu sein; **how many mistakes were ~?** wie viele Fehler waren es?; **is ~ any beer?** ist Bier da?; **afterwards ~ was coffee** anschließend gab es Kaffee; ~ **comes a time when ...** es kommt eine Zeit, wo ...; ~ **being no alternative solution** da es keine andere Lösung gibt/gab; ~ **will be an opportunity for shopping** es wird Gelegenheit zum Einkaufen geben; **God said:** ~ **be light, and** ~ **was light** und Gott sprach: es werde Licht! und es ward Licht! ~ **you go again** (inf) jetzt geht's schon wieder los; ~'**s gratitude for you!** (iro) da haben Sie Ihren Dank!; **now ~'s a good idea!** (das ist) eine gute Idee!; ~ **you are** (giving sb sth) hier (, bitte)!; (on finding sb) da sind Sie ja!; ~ **you** or **we are, you see, I knew he'd say that** na, sehen Sie, ich habe es ja gewußt, daß er das sagen würde; **wait, I'll help you ...** ~ **you are!** warten Sie, ich helfe Ihnen, ... so(, das wär's)!; **you press the switch and** ~ **you are!** Sie brauchen nur den Schalter zu drücken, das ist alles.

II interj ~! ~! na, na!; **stop crying now,** ~'**s a good boy** hör auf zu weinen, na komm; **drop it,** ~'**s a good dog** laß das fallen, komm, sei brav; **hey, you** ~! (inf) he, Sie da!; **hurry up** ~ (inf) Beeilung!, Tempo, Tempo! (inf); **make way** ~ Platz da!, machen Sie mal Platz!; ~ **take this to your mother** da, bring das deiner Mutter; ~! **I knew it would break!** da! ich hab's ja gewußt, daß es kaputt gehen würde!

thereabouts [ˌðɛərəˈbaʊts] adv **1.** (place) dort in der Nähe, dort irgendwo. **2.** (quantity, degree) **five pounds/fifteen or** ~ so um die fünf Pfund/fünfzehn (herum).

thereafter [ˌðɛərˈɑːftəʳ] adv (form) danach.

thereby [ˌðɛəˈbaɪ] adv dadurch, damit. **and** ~ **hangs a tale** und da gibt es eine Geschichte dazu.

therefore [ˈðɛəfɔːʳ] adv deshalb, daher; (as logical consequence) also. **so** ~ **I was wrong** ich hatte also unrecht; **we can deduce,** ~, **that ...** wir können also or daher folgern, daß ....

therein [ˌðɛərˈɪn] adv (form) **1.** (in that particular) darin, in dieser Hinsicht. **2.** (in that place) darin, dort.

thereof [ˌðɛərˈɒv] adv (form) davon. **this town and the citizens** ~ diese Stadt und deren Bürger.

thereon [ˌðɛərˈɒn] adv (form) (on that) darauf; (on that subject) darüber.

there's [ðɛəz] contr of **there is; there has.**

thereupon [ˌðɛərəˈpɒn] adv **1.** (then, at that point) darauf(hin). **2.** (form: on that subject) darüber; (on that) darauf.

therewith [ˌðɛərˈwɪθ] adv (form) **1.** (with that) damit. **2.** (thereupon) darauf.

therm [θɜːm] n (Brit) 100.000 Wärmeeinheiten (≃ 10⁸ Joules).

thermal [ˈθɜːməl] I adj **1.** (Phys) capacity, unit Wärme-; mass, neutron, reactor, equilibrium thermisch. **2.** thermal. ~ **springs** Thermalquellen pl; ~ **baths** Thermalbäder pl. II n (Aviat, Met) Thermik f.

thermic [ˈθɜːmɪk] adj thermisch.

thermionic [ˌθɜːmɪˈɒnɪk] adj thermionisch, glühelektrisch.

thermodynamic [ˌθɜːməʊdaɪˈnæmɪk] adj thermodynamisch; **thermodynamics** npl Thermodynamik f; **thermoelectric** adj thermoelektrisch; **thermoelectricity** n Thermoelektrizität f.

thermometer [θəˈmɒmɪtəʳ] n Thermometer nt.

thermonuclear [ˌθɜːməʊˈnjuːklɪəʳ] adj thermonuklear, Fusions-; **thermopile** [ˈθɜːməʊpaɪl] n Thermosäule f; **thermoplastic** [ˌθɜːməʊˈplæstɪk] I adj thermoplastisch; II n Thermoplast m.

thermos ® [ˈθɜːmɒs] n (also ~ **flask** or **bottle** US) Thermosflasche f.

thermostat [ˈθɜːməstæt] n Thermostat m.

thermostatic [ˌθɜːməˈstætɪk] adj thermostatisch.

thermostatically [ˌθɜːməˈstætɪkəlɪ] adv thermostatisch.

these [ðiːz] adj, pron diese; see **this.**

thesis [ˈθiːsɪs] n, pl **theses** [ˈθiːsiːz] **1.** (argument) These f. **2.** (Univ) (for PhD) Dissertation, Doktorarbeit (inf) f; (for diploma) Diplomarbeit f.

they [ðeɪ] pers pron pl **1.** sie. ~ **are very good people** es sind sehr gute Leute; **it is** ~ (form) sie sind es; ~ **who** diejenigen, die or welche, wer (+sing vb). **2.** (people in general) ~ **say that ...** man sagt, daß ...; ~ **are going to build a new road** man wird or sie wollen eine neue Straße bauen. **3.** (inf) **if anyone looks at this closely,** ~ **will notice ...** wenn sich das jemand näher ansieht, wird er bemerken ...

they'd [ðeɪd] contr of **they had; they would.**

they'd've [ˈðeɪdəv] contr of **they would have.**

they'll [ðeɪl] contr of **they will.**

they're [ðeəʳ] contr of **they are.**

they've [ðeɪv] contr of **they have.**

thiamine [ˈθaɪəmiːn] n Thiamin nt.

thick [θɪk] I adj (+er) **1.** dick; wall, thread, legs, arms also stark. **a wall three feet** ~ eine drei Fuß dicke or starke Wand; **to give sb a** ~ **ear** (inf) jdm ein paar hinter die Ohren hauen (inf); **the shelves were** ~ **with dust** auf den Regalen lag dick der Staub; **to have a** ~ **head** einen dicken Kopf haben (inf). **2.** hair, fog, smoke, dicht; forest, hedge, beard dicht; liquid, sauce, syrup etc dick(flüssig); mud dick; darkness tief; crowd dicht(gedrängt); air schlecht, dick (inf); accent stark, breit. **they are** ~/**not exactly** ~ **on the ground** (inf) die gibt es wie Sand am Meer (inf)/die sind dünn gesät; **his voice was** ~ **with a cold/emotion/fear/drink** er sprach mit belegter/bewegter/angstvoller Stimme/schwerer Zunge; **the air is pretty** ~ **in here** hier ist sehr schlechte Luft. **3.** (inf: stupid) person dumm, doof (inf).

4. (*inf: intimate*) **to be very ~ with sb** mit jdm eine dicke Freundschaft haben (*inf*).

5. (*inf: much*) **that's a bit ~!** das ist ein starkes Stück (*inf*).

II *n* **1. in the ~ of the crowd/the fight/it** mitten in der Menge/im Kampf/mittendrin; **he likes to be in the ~ of things** er ist gern bei allem voll dabei; **to stay with sb/stick together through ~ and thin** mit jdm/zusammen durch dick und dünn gehen.

2. (*of finger, leg*) dickste Stelle. **the ~ of the calf** die Wade.

III *adv* (*+er*) spread, lie, cut dick; grow dicht. **the snow lay ~** es lag eine dichte Schneedecke; **his blows fell ~ and fast** seine Schläge prasselten nieder; **they are falling ~ and fast** sie fallen um wie die Fliegen (*inf*); **to lay it on ~** (*inf*) (zu) dick auftragen (*inf*).

thicken ['θɪkən] **I** *vt* sauce etc eindicken. **II** *vi* **1.** dicker werden; (*fog, hair also, crowd, forest*) dichter werden; (*smoke, fog also, darkness*) sich verdichten; (*sauce*) dick werden. **2.** (*fig: plot, mystery*) immer verwickelter or undurchsichtiger werden. **aha, the plot ~s!** aha, jetzt wird's interessant!

thickener ['θɪkənəʳ], **thickening** ['θɪkənɪŋ] *n* (*for sauces*) Bindemittel *nt*.

thicket ['θɪkɪt] *n* Dickicht *nt*.

thick-head ['θɪkhed] *n* (*inf*) Dummkopf *m*; **thick-headed** *adj* (*inf*) dumm, doof (*inf*); **thick-headedness** *n* (*inf*) Dummheit, Doofheit (*inf*) *f*; **thick-lipped** *adj* mit dicken or wulstigen Lippen.

thickly ['θɪklɪ] *adv* **1.** spread, paint, cut dick; populated, crowded, wooded dicht. **2.** snow was falling ~ dichter Schnee fiel; **the ~ falling snow** der dicht fallende Schnee. **3.** speak (*with a cold*) mit belegter Stimme; (*with drink*) mit schwerer Zunge; (*with emotion*) bewegt; (*with fear*) angstvoll.

thickness ['θɪknɪs] *n* see adj **1.** Dicke *f*; Stärke *f*.

2. Dicke, Dichte *f*; Dichte *f*; Dickflüssigkeit *f*; Dichte *f*; Stärke *f*. **the ~ of his lips** seine dicken or wulstigen Lippen; **the ~ of his voice** (*through cold*) seine belegte Stimme; (*through drink*) seine schwere Zunge; (*through emotion*) seine bewegte Stimme; (*through fear*) seine bebende Stimme; **the ~ of the air** die schlechte or verbrauchte Luft; **it is sold in three different ~es** es wird in drei verschiedenen Dicken or Stärken verkauft. **3.** Dummheit, Doofheit (*inf*) *f*. **4.** (*layer*) Lage, Schicht *f*.

thick-set ['θɪkset] *adj* gedrungen; hedge dicht; **thick-skinned** *adj* (*lit*) dickhäutig; (*fig*) dickfellig.

thief [θi:f] *n*, *pl* **thieves** [θi:vz] Dieb(in *f*) *m*. **to set a ~ to catch a ~** (*prov*) einen vom Fach benutzen; **to be as thick as thieves** dicke Freunde sein (*inf*).

thieve [θi:v] *vti* stehlen.

thieving ['θi:vɪŋ] **I** *adj* jackdaw diebisch. **a ~ disposition** ein Hang *m* zum Stehlen; **this ~ lot** (*inf*) diese Räuberbande (*inf*). **II** *n* (*thefts*) Stehlen *nt*, Diebstähle *pl*.

thievish ['θi:vɪʃ] *adj* diebisch *attr*.

thievishness ['θi:vɪʃnɪs] *n* diebische Art.

thigh [θaɪ] *n* (Ober)schenkel *m*.

thigh bone *n* Oberschenkelknochen *m*; **thigh-length** *adj* boots übers Knie reichend.

thimble ['θɪmbl] *n* Fingerhut *m*.

thimbleful ['θɪmblfʊl] *n* (*fig*) Fingerhut(voll) *m*.

thin [θɪn] **I** *adj* (*+er*) **1.** (*not thick*) paper, slice, string, wall, blood dünn; dress, material also leicht; liquid dünn(flüssig); (*narrow*) line also, column schmal.

2. (*not fat*) dünn.

3. (*sparse*) hair, grass dünn, schütter; vegetation gering, spärlich, kümmerlich (*pej*); population, crowd klein, kümmerlich (*pej*). **he's a bit ~ on top** bei ihm lichtet es sich oben schon ein wenig; **to be ~ on the ground** (*fig*) dünn gesät sein.

4. (*not dense*) fog leicht; air dünn. **to vanish into ~ air** (*fig*) sich in Luft auflösen.

5. (*fig: weak, poor*) voice, smile schwach, dünn; excuse schwach, fadenscheinig; disguise, story-line schwach.

II *adv* (*+er*) spread, cut dünn; lie dünn, spärlich.

III *vt* paint, sauce verdünnen; trees lichten; hair ausdünnen; population verringern; blood dünner werden lassen.

IV *vi* (*fog, crowd*) sich lichten; (*hair also*) schütter werden.

◆**thin down I** *vi* dünner werden; (*person also*) abnehmen, schlanker werden. **II** *vt sep* paint, sauce verdünnen.

◆**thin out I** *vi* (*fog*) sich lichten, schwächer werden; (*crowd*) kleiner werden; (*audience*) sich lichten; (*hair*) sich lichten, schütter werden. **the houses started ~ning ~** die Häuser wurden immer spärlicher. **II** *vt sep* hair ausdünnen; seedlings also verziehen; forest lichten; population verkleinern.

thine [θaɪn] (*old, dial*) **I** poss pron der/die/das deine. **for thee and ~** für Dich und die Deinen; see **mine**[1]. **II** poss adj (*only before vowel*) Euer/Eure/Euer (*obs*), Dein/Deine/Dein (*also Eccl*).

thing [θɪŋ] *n* **1.** (*any material object*) Ding *nt*. **a ~ of beauty/ great value** etwas Schönes/etwas sehr Wertvolles; **she likes sweet ~s** sie mag Süßes or süße Sachen; **what's that ~?** was ist das?; **I don't have a ~ to wear** ich habe nichts zum Anziehen.

2. (*clothes, equipment, belongings*) ~s *pl* Sachen *pl*; **have you got your swimming ~s?** hast du dein Badezeug or deine Badesachen dabei?

3. (*non material: affair, subject*) Sache *f*. **you know, it's a funny ~** wissen Sie, es ist schon seltsam; **the odd/best ~ about it is ...** das Seltsame/Beste daran ist, ...; **it's a good ~ I came** nur gut, daß ich gekommen bin; **he's on to** or **onto a good ~** (*inf*) er hat da was Gutes aufgetan (*inf*); **he's got a good ~ going there** (*inf*) der hat da was Gutes laufen (*inf*); **what a (silly) ~ to do** wie kann man nur so was (Dummes) tun!; **there is one/another ~ I want to ask you** eines/und noch etwas möchte ich Sie fragen; **and there's another ~, why didn't you ...?** und noch etwas, warum haben Sie nicht ...?; **I must be hearing/seeing ~s!** ich glaube, ich höre/sehe nicht richtig; **all the ~s I meant to say/do** alles, was ich sagen/ tun wollte; **to expect great ~s of sb/sth** Großes or große Dinge von jdm/etw erwarten; **I must think ~s over** ich muß mir die Sache aus überlegen; **~s are going from bad to worse** es wird immer schlimmer; **as ~s are ...** so wie die Dinge im Moment liegen; **how are ~s with you?** wie geht's (bei) Ihnen?; **it's bad enough as ~s are** es ist schon schlimm genug; **~s aren't what they used to be** es ist alles nicht mehr so wie früher; **to talk of one ~ and another** von diesem und jenem reden; **it's been one ~ after the other going wrong** es kam eins zum anderen; **(what) with one ~ and another I haven't had time to do it yet** ich bin einfach noch nicht dazu gekommen; **it's neither one ~ nor the other** es ist weder das eine noch das andere; **for one ~ it doesn't make sense** erst einmal ergibt das überhaupt keinen Sinn; **to see/ understand/know not a ~** (absolut) nichts sehen/verstehen/wissen; **to tell sb a ~ or two** jdm einiges erzählen; **he knows a ~ or two about cars** er kennt sich mit Autos aus; **it's just one of those ~s** so was kommt eben vor (*inf*); **she was all ~s to all men** sie war der Wunschtraum aller Männer; *see* **teach.**

4. (*person, animal*) Ding *nt.* **poor little ~** das arme (kleine) Ding!; **you poor ~!** du Arme(r)!; **she's a funny old ~** sie ist ein komisches altes Haus (*inf*); **lucky ~!** die *or* der Glückliche/du Glückliche(r).

5. (*what is suitable, best*) **that's just the ~ for me** das ist genau das richtige für mich; **that's not the ~ to do** so was macht *or* tut man nicht; **the latest ~ in ties** der letzte Schrei in der Krawattenmode; **the ~ to do now would be ...** was wir jetzt machen sollten, wäre ...; **it's the usual ~ to apologize** normalerweise entschuldigt man sich.

6. (*in phrases*) **I'll do that first ~ in the morning** ich werde das gleich *or* als erstes morgen früh tun; **I'll do it first ~** ich werde das zuerst *or* als erstes tun; **last ~ at night** vor dem Schlafengehen; **painting is his ~** das Malen liegt ihm (*inf*); **the ~ is to know when ...** man muß wissen, wann ...; **yes, but the ~ is ...** ja, aber ...; **the ~ is we haven't got enough money** die Sache ist die, wir haben nicht genug Geld; **to do one's own ~** (*sl*) tun, was man will; **when Jimi Hendrix starts doing his ~** (*sl*) wenn Jimi Hendrix seine Schau abzieht (*sl*); **she's got this ~ about Sartre/dogs** (*inf*) (*can't stand*) sie kann Sartre/Hunde einfach nicht ausstehen; (*is fascinated by*) sie hat einen richtigen Sartre-/ Hundefimmel (*inf*); **he's got this ~ about her** (*inf*) (*can't stand*) er kann sie nicht ausstehen; (*is infatuated*) er ist verrückt nach ihr.

7. (*all*) **~s** German/mechanical alles Deutsche/Mechanische.

8. (*inf: for forgotten name of person*) Dings(bums) *mf* (*inf*).

thingummybob ['θɪŋəmɪˌbɒb], **thinga-**

majig ['θɪŋəmɪˌdʒɪg], **thingummy** ['θɪŋəmɪ] *n* Dings, Dingsbums, Dingsda *nt or* (*for people*) *mf* (*all inf*).

think [θɪŋk] (*vb: pret, ptp* **thought**) **I** *vi* denken. **to ~ to oneself** sich (*dat*) denken; **I was just sitting there ~ing to myself** ich saß so in Gedanken da; **~ before you speak/act** denk nach *or* überleg, bevor du sprichst/handelst; **do animals ~?** können Tiere denken?; **to act without ~ing** unüberlegt handeln; (*stupidly also*) unbedacht handeln; **~ again!** denk noch mal nach; **so you ~ I'll give you the money?** well, you'd better ~ again! du denkst also, ich gebe dir das Geld? das hast du dir (wohl) gedacht!; **to ~ in French** französisch *or* in Französisch denken; **it makes you ~** es macht *or* stimmt einen nachdenklich; **I need time to ~** ich brauche Zeit zum Nachdenken; **it's so noisy you can't hear yourself ~** bei so einem Lärm kann doch kein Mensch denken; **now let me ~** laß (mich) mal überlegen *or* nachdenken; **it's a good idea, don't you ~?** es ist eine gute Idee, findest *or* meinst du nicht auch?; **I ~ so** ich denke *or* glaube (schon); **I ~ so too** das meine *or* denke ich auch; **I don't ~ so/I shouldn't ~ so/I ~ not** ich denke *or* glaube nicht; **I should ~ so/not!** das will ich (aber) auch gemeint haben/das will ich auch nicht hoffen; **just ~, you too could be rich** stell dir vor *or* denk dir nur, auch du könntest reich sein; **~! denk mal nach!; where was it? ~, man, ~!** wo war es?, denk doch mal nach!; **listen, I've been ~ing, ...** hör mal, ich habe mir überlegt ...; **sorry, I just wasn't ~ing** Entschuldigung, da habe ich geschlafen (*inf*); **you just didn't ~, did you?** da hast du dir nichts gedacht, oder?; **you just don't ~, do you?** (*about other people*) du denkst auch immer nur an dich; (*about consequences*) was denkst du dir eigentlich?; *see* **big.**

II *vt* **1.** denken; (*be of opinion also*) glauben, meinen. **I ~ it's too late** ich glaube, es ist zu spät; **I ~ I can do it** ich glaube *or* denke, daß ich es schaffen kann; **well, I think it was there!** nun, ich glaube zumindest, daß es da war!; **and what do you ~? asked the interviewer** und was meinen Sie?, fragte der Interviewer; **you never know what he's ~ing** ich weiß nie, was er (sich) denkt; **I ~ you'd better go/accept/be careful** ich denke, Sie gehen jetzt besser/Sie stimmen lieber zu/Sie wären besser vorsichtig; **I ~ he'll understand** ich denke, er wird das verstehen; **well, I think he'll understand** na ja, ich nehme zumindest an, daß er das verstehen wird; **I wasn't even ~ing it** daran habe ich nicht einmal gedacht; **one would have thought you could have been more punctual** man könnte eigentlich erwarten, daß Sie etwas pünktlicher kommen; **I wouldn't have thought you would do such a thing** ich hätte nie gedacht *or* geglaubt, daß Sie so etwas tun würden; **what do you ~ I should do?** was, glauben Sie, soll ich tun?, was soll ich Ihrer Meinung nach tun?; **well, what do you ~, shall we leave now?** nun, was meinst du, sollen wir jetzt gehen?; **I ~ I'll go for a walk** ich glaube, ich mache einen Spaziergang; **do you ~ you can manage?** glauben Sie, daß Sie es schaffen?

2. (*consider*) **you must ~ me very rude** Sie müssen mich für sehr unhöflich halten; **he ~s he's intelligent, he ~s himself intelligent** er hält sich für intelligent, er meint, er ist *or* sei intelligent; **they are thought to be rich** man hält sie für reich; **I wouldn't have thought it possible** das hätte ich nicht für möglich gehalten.

3. (*imagine*) sich (*dat*) denken, sich (*dat*) vorstellen. **I don't know what to ~** ich weiß nicht, was ich davon halten soll; **that's what you ~!** denkste! (*inf*); **that's what he ~s** hat der eine Ahnung! (*inf*); **who do you ~ you are!** für wen hältst du dich eigentlich?, wofür hältst du dich eigentlich?; **I can't ~ what he means!** ich kann mir (gar) nicht denken, was er meint; (*iro also*) was er damit bloß meinen kann *or* meint?; **anyone would ~ he was dying** man könnte beinahe glauben, er läge im Sterben; **one *or* you would ~ they'd already met** man könnte (geradezu) glauben *or* denken, sie seien alte Bekannte; **who would have thought it?** wer hätte das gedacht?; **to ~ that she's only ten!** wenn man bedenkt *or* sich (*dat*) vorstellt, daß sie erst zehn ist.

4. (*reflect*) **to ~ how to do sth** sich (*dat*) überlegen, wie man etw macht; **I was ~ing (to myself) how ill he looked** ich dachte mir (im Stillen), daß er sehr krank aussah; **I never thought to ask you** ich habe gar nicht daran gedacht, Sie zu fragen.

5. (*expect, intend: often neg or interrog*) **I didn't ~ to see you here** ich hätte nicht gedacht *or* erwartet, Sie hier zu treffen *or* daß ich Sie hier treffen würde; **I thought as much/I thought so** das habe ich mir schon gedacht.

6. to ~ one's way out of a difficulty sich (*dat*) einen Ausweg aus einer Schwierigkeit überlegen.

III *n* **have a ~ about it and let me know** denken Sie mal darüber nach *or* überlegen Sie es sich (*dat*) einmal, und geben Sie mir dann Bescheid; **to have a good/quiet ~** gründlich/in aller Ruhe nachdenken; **you've got another ~ coming** (*inf*) da irrst du dich aber gewaltig (*inf*).

◆**think about** *vi +prep obj* **1.** (*reflect on*) *idea, suggestion* nachdenken über (+*acc*). **OK, I'll ~** ~ it okay, ich überlege es mir; **what are you ~ing ~?** woran denken Sie gerade?; **it's worth ~ing ~** das ist überlegenswert, das wäre zu überlegen; **to ~ twice ~ sth** sich (*dat*) etw zweimal überlegen; **that'll give him something to ~ ~** das wird ihn zu denken geben.

2. (*in progressive tenses: half intend to*) daran denken, vorhaben. **I was ~ing ~ coming to see you** ich habe vorgehabt *or* daran gedacht, Sie zu besuchen; **he was ~ing ~ suicide** er hat daran gedacht, Selbstmord zu begehen.

3. *see* **think of** 1., 2., 3.

◆**think ahead** *vi* vorausdenken; (*anticipate: driver etc*) Voraussicht walten lassen.

◆**think back** *vi* sich zurückversetzen (*to* in +*acc*).

◆**think of** *vi +prep obj* **1.** (*consider, give attention to*) denken an (+*acc*). **I've enough things to ~ ~ as it is** ich habe sowieso schon den Kopf voll *or* genug um die Ohren (*inf*); **he has his family to ~ ~** er muß an seine Familie denken; **he ~s ~ nobody but himself** er denkt bloß an sich; **what am I ~ing ~!** (*inf*) was habe ich mir da(bei) bloß gedacht?

2. (*remember*) denken an (+*acc*). **will you ~ ~ me sometimes?** wirst du manchmal an mich denken?; **I can't ~ ~ her name** ich komme nicht auf ihren Namen.

3. (*imagine*) sich (*dat*) vorstellen, bedenken, sich (*dat*) denken. **and to ~ ~ her going there alone!** und wenn man bedenkt *or* sich (*dat*) vorstellt, daß sie ganz allein dorthin gehen will/geht/ging; **~ ~ the cost of all that!** stell dir bloß vor *or* denk dir bloß, was das alles kostet.

4. (*entertain possibility of*) **she'd never ~ ~ getting married** sie denkt gar nicht daran zu heiraten; **he'd never ~ ~ such a thing** so etwas würde ihm nicht im Traum einfallen; **would you ~ ~ lowering the price a little?** würden Sie unter Umständen den Preis etwas ermäßigen?

5. (*devise, suggest*) *solution, idea, scheme* sich (*dat*) ausdenken. **who thought ~ that idea/plan?** wer ist auf diese Idee gekommen *or* verfallen/wer hat sich diesen Plan ausgedacht?; **shoes for dogs! what will they ~ ~ next!** Schuhe für Hunde! was sie sich wohl (nächstens) noch alles einfallen lassen!

6. (*have opinion of*) halten von. **what do you ~ ~ it/him?** was halten Sie davon/von ihm?; **to ~ well *or* highly ~ sb/sth** viel von jdm/etw halten; **to ~ little *or* not to ~ much ~ sb/sth** wenig *or* nicht viel von jdm/etw halten; **I told him what I thought ~ him** ich habe ihm gründlich die Meinung gesagt; **he is very well thought ~ in his own town** in seiner Heimatstadt hält man große Stücke auf ihn.

◆**think out** *vt sep plan* durchdenken; (*come up with*) *solution* sich (*dat*) ausdenken. **a person who likes to ~ things ~ for himself** ein Mensch, der sich (*dat*) seine eigene Meinung bildet.

◆**think over** *vt sep offer, suggestion* nachdenken über (+*acc*), sich (*dat*) überlegen.

◆**think through** *vt sep* (gründlich) durchdenken.

◆**think up** *vt sep* sich (*dat*) ausdenken. **who thought ~ that idea?** wer ist auf die Idee gekommen?

thinkable ['θɪŋkəbl] *adj* denkbar.

thinker ['θɪŋkə'] *n* Denker(in *f*) *m*.

thinking ['θɪŋkɪŋ] **I** *adj* denkend. **he's not really a ~ man, he prefers action** er ist kein Denker, sondern ein Macher; **all ~ men will agree with me** alle vernünftigen Menschen werden mit mir übereinstimmen.

II *n* **to do some hard ~ about a question** sich (*dat*) etwas gründlich überlegen, etwas genau durchdenken; **to my way of ~**

meiner Meinung nach; **this calls for some quick** ~ hier muß eine schnelle Lösung gefunden werden.

thin-lipped ['θɪnlɪpt] *adj* dünnlippig; *smile* dünn.

thinly ['θɪnlɪ] *adv* **1.** (*in thin slices or layers*) dünn. **2.** (*sparsely*) dünn; *wooded* spärlich. **3.** (*lightly*) *clad* leicht, dünn. **4.** (*fig*) *veiled, disguised* kaum, dürftig; *smile* schwach.

thinner ['θɪnəʳ] *n* Verdünner *m*, Verdünnungsmittel *nt*.

thinness ['θɪnnɪs] *n* **1.** Dünnheit, Dünnigkeit *f*; (*of dress, material*) Leichtheit *f*; (*of liquid*) Dünnflüssigkeit *f*; (*of paper, line, thread*) Feinheit *f*; (*of column of print*) geringe Breite.

2. (*of person*) Magerkeit *f*.

3. (*sparseness*) **the** ~ **of his hair/the grass/wood/population** *etc* sein schütterer *or* spärlicher Haarwuchs/das spärlich wachsende Gras/die lichte Bewaldung/die geringe Bevölkerungsdichte *etc*.

4. (*lack of density: of air*) Dünnheit *f*.

5. (*fig*) (*of voice, smile*) Schwachheit *f*; (*of excuse, disguise, plot*) Dürftigkeit *f*.

thin-skinned ['θɪnskɪnd] *adj* (*fig*) empfindlich, dünnhäutig.

third [θɜːd] **I** *adj* **1.** (*in series*) dritte(r, s). **she was** *or* **came** ~ **in her class/in the race** sie war die Drittbeste in der Klasse/sie machte *or* belegte den dritten Platz beim Rennen; ~ **time lucky** beim dritten Anlauf gelingt's!

2. (*of fraction*) **a** ~ **part** ein Drittel *nt*.

II *n* **1.** (*of series*) Dritte(r, s); (*fraction*) Drittel *nt*.

2. (*Mus*) Terz *f*.

3. (*Aut:* ~ *gear*) dritter Gang; *see also* **sixth.**

third-class [ˌθɜːd'klɑːs] **I** *adv* dritter Klasse; **II** *adj* (*lit*) dritter Klasse; (*fig*) drittklassig; **third degree** *n* **to give sb the** ~ (*lit*) (beim Verhör) Stufe drei einschalten; (*fig*) jdn in die Zange nehmen; **third-degree burns** *npl* (*Med*) Verbrennungen *pl* dritten Grades.

thirdly ['θɜːdlɪ] *adv* drittens.

third party *n* Dritte(r) *m*, dritte Person; **third-party I** *adj attr* Haftpflicht-; **II** *adv* **to be insured** ~ in einer Haftpflichtversicherung sein, haftpflichtversichert sein; **third person** *adj* in der dritten Person; **third-rate** *adj* drittklassig, drittrangig; **Third World I** *n* Dritte Welt; **II** *attr* der Dritten Welt.

thirst [θɜːst] **I** *n* Durst *m*. ~ **for knowledge/ revenge/adventure/love** Wissensdurst *m*/ Rachsucht *f*/Abenteuerlust *f*/Liebeshunger *m*; **to die of** ~ verdursten.

II *vi* **1.** (*old*) **I** ~ es dürstet mich.

2. (*fig*) **to** ~ **for revenge/knowledge** *etc* nach Rache/Wissen *etc* dürsten; **the plants were** ~**ing for rain** die Pflanzen dürsteten nach Regen.

thirstily ['θɜːstɪlɪ] *adv* (*lit*) durstig; (*fig*) begierig.

thirsty ['θɜːstɪ] *adj* (+*er*) **1.** durstig. **to be/ feel** ~ Durst haben; **it made me** ~ das machte mich durstig *or* mir Durst; ~ **for praise/love/affection/revenge/knowledge/ blood** begierig auf Lob/nach Liebe/

Zuneigung/Rache/Wissen/Blut dürstend.

2. (*causing thirst*) **it's** ~ **work** diese Arbeit macht durstig.

thirteen ['θɜː'tiːn] **I** *adj* dreizehn. **II** *n* Dreizehn *f*.

thirteenth ['θɜː'tiːnθ] **I** *adj* (*in series*) dreizehnte(r, s). **a** ~ **part** ein Dreizehntel *nt*. **II** *n* (*in series*) Dreizehnte(r, s); (*fraction*) Dreizehntel *nt*; *see also* **sixth.**

thirtieth ['θɜːtɪɪθ] **I** *adj* (*in series*) dreißigste(r, s). **a** ~ **part** ein Dreißigstel *nt*. **II** *n* (*in series*) Dreißigste(r, s); (*fraction*) Dreißigstel *nt*; *see also* **sixth.**

thirty ['θɜːtɪ] **I** *adj* dreißig. ~-**one/-two** ein-/zweiundreißig. **II** *n* Dreißig *f*. **the thirties** (*time*) die dreißiger Jahre; **one's thirties** (*age*) die Dreißiger; *see also* **sixty.**

this [ðɪs] **I** *dem pron, pl* **these** dies, das. **what is** ~? was ist das (hier)?; **who is** ~? wer ist das?; ~ **is John** das *or* dies ist John; **these are my children** das *or* dies sind meine Kinder; ~ **is where I live** hier wohne ich; ~ **is what he showed me** dies *or* das (hier) hat er mir gezeigt; **do you like** ~? gefällt dir das?; ~ **is to certify that ...** hiermit wird bestätigt, daß ...; **under/in front of/against** *etc* ~ darunter/davor/ dagegen *etc*; **it ought to have been done before** ~ es hätte schon vorher getan werden sollen; **with** ~ **he left us** damit *or* mit diesen Worten verließ er uns; **what's all** ~? was soll das?; ~ **and that** mancherlei; **we were talking of** ~ **and that** wir haben von diesem und jenem *or* über dies und das geredet; ~, **that and the other** alles mögliche; **will you take** ~ **or that?** nehmen Sie dieses hier oder das da?; **it was like** ~ es war so; **but** ~ **is May** aber wir haben *or* es ist doch Mai!; **and now** ~! und jetzt (auch noch) dies *or* das!; ~ **is Mary (speaking)** hier (ist) Mary; ~ **is what I mean!** das meine ich (ja!); ~ **is it!** (*now*) jetzt!; (*showing sth*) das da!, das ist er/sie/ es!; (*exactly*) genau!

II *dem adj, pl* **these** diese(r, s). ~ **week/ month/year** diese Woche/diesen Monat/ dieses Jahr; ~ **evening** heute abend; ~ **day week/fortnight** (heute) in einer Woche/in vierzehn Tagen; ~ **time last week** letzte Woche um diese Zeit; ~ **coming week** jetzt die (kommende) Woche; ~ **time** diesmal, dieses Mal; **these days** heutzutage; **all** ~ **talk** dieses ganze Gerede, all das *or* dies Gerede; **to run** ~ **way and that** hin und her rennen; ~ **boy of yours!** also, Ihr Junge!; **I met** ~ **guy who , ...** (*inf*) ich habe (so) einen getroffen, der ...

III *dem adv* so. **it was** ~ **long** es war so lang; ~ **far** (*time*) bis jetzt; (*place*) so weit, bis hierher.

thistle ['θɪsl] *n* Distel *f*.

thistledown ['θɪsldaʊn] *n* Distelwolle *f*. **as light as** ~ federleicht.

thither ['ðɪðəʳ] *adv* (*old*) dorthin, dahin; *see* **hither.**

tho' [ðəʊ] *abbr* for **though.**

thong [θɒŋ] *n* (*of whip*) Peitschenschnur *f*, Peitschenriemen *m*; (*fastening*) Lederriemen *m*.

thoracic [θɔːˈræsɪk] *adj* Brust-, thorakal (*spec*).

thorax ['θɔːræks] *n* Brustkorb, Brustka-
sten, Thorax (*spec*) *m*.

thorium ['θɔːrɪəm] *n* (*abbr* Th) Thorium *nt*.

thorn [θɔːn] *n* Dorn *m*; (*shrub*) Dornbusch,
Dornenstrauch *m*. **to be a ~ in sb's flesh**
or **side** (*fig*) jdm ein Dorn im Auge sein.

thorny ['θɔːnɪ] *adj* (+*er*) (*lit*) dornig, dor-
nenreich; (*fig*) haarig.

thorough ['θʌrə] *adj* gründlich; *knowledge
also* umfassend, solide; *contempt also*
bodenlos; *success* voll, durchschlagend;
fool, rascal ausgemacht. **she's/it's a ~
nuisance** sie ist wirklich eine Plage/das ist
wirklich lästig.

thoroughbred ['θʌrəbred] **I** *n* reinrassiges
Tier; (*horse*) Vollblut(pferd) *nt*, Voll-
blüter *m*; **II** *adj* reinrassig; *horse* Vollblut-,
vollblütig; *dog* Rasse-; **thoroughfare** *n*
Durchfahrts- *or* Durchgangsstraße *f*;
thoroughgoing *adj changes* gründlich;
revision grundlegend, tiefgreifend;
measure, reform durchgreifend.

thoroughly ['θʌrəlɪ] *adv* **1.** gründlich, von
Grund auf.
   2. (*extremely*) durch und durch, von
Grund auf. **a ~ nasty person** ein Scheusal
durch und durch; **I'm ~ ashamed** ich
schäme mich zutiefst, ich bin zutiefst
beschämt.

thoroughness ['θʌrənɪs] *n* Gründlichkeit,
Sorgfältigkeit, Sorgfalt *f*; (*of knowledge
also*) Umfang *m*, Solidität *f*.

those [ðəʊz] *pl of* **that I** *dem pron* das (da)
sing. **what are ~?** was ist das (denn) da?,
was sind das für Dinger? (*inf*); **whose are
~?** wem gehören diese da?; **~ are the
girls/my suggestions** das (da) *or* dies(es)
sind die Mädchen/das *or* dies sind meine
Vorschläge; **~ are the ones I like** das da *or*
diese dort mag ich; **~ who want to go, may**
wer möchte, kann gehen, diejenigen, die
gehen möchten, können das tun (*form*);
there are ~ who say ... einige sagen ...
   II *dem adj* diese *or* die (da), jene (*old,
liter*). **what are ~ men doing?** was machen
diese Männer da?; **on ~ two occasions** bei
diesen beiden Gelegenheiten; **it was just
one of ~ days/things** das war wieder so ein
Tag/so eine Sache; **he is one of ~ people
who ...** er ist einer von den Leuten *or* von
denjenigen, die ...; **~ dogs/sons of yours!**
also, diese Hunde/deine Söhne!

thou [ðaʊ] *pers pron* (*old*) (*to friend, servant
etc*) Er/Sie (*obs*); (*to stranger*) Ihr (*obs*);
(*Rel*) Du; (*Brit: dial*) du.

though [ðəʊ] **I** *conj* **1.** (*in spite of the fact
that*) obwohl, obgleich, obschon. **even ~**
obwohl *etc*; **~ poor she is generous** obwohl
etc sie arm ist, ist sie großzügig; **strange ~
it may seem ...** so seltsam es auch scheinen
mag ...
   2. *see* **as.**
   II *adv* **1.** (*nevertheless*) doch. **he didn't/
did do it ~** er hat es aber (doch) nicht/aber
doch gemacht; **I'm sure he didn't do it ~**
ich bin aber sicher, daß er es nicht
gemacht hat; **nice day — rather windy ~**
schönes Wetter! — aber ziemlich windig!
   2. (*really*) **but will he ~?** tatsächlich?,
wirklich?
   3. (*inf*) **hot, isn't it? — isn't it ~!** warm,
was? — allerdings!

thought [θɔːt] **I** *pret, ptp of* **think.**
   II *n* **1.** *no pl* (*act or process of thinking*)
Denken *nt*. **~ process** Denkprozeß *m*; **to
spend hours in ~** stundenlang in Gedan-
ken (vertieft) sein; **to be lost in ~** in
Gedanken sein.
   2. (*idea, opinion*) Gedanke *m*;
(*sudden*) Einfall *m*. **she hasn't a ~ in her
head** sie hat nichts im Hirn *or* Kopf; **the
~s of Chairman Mao** die Gedanken *pl* des
Vorsitzenden Mao; **he didn't express any
~s on the matter** er hat keine Ansichten
zu diesem Thema geäußert; **that's a ~!**
(*amazing*) man stelle sich das mal vor!;
(*problem to be considered*) das ist wahr!;
(*good idea*) das ist eine (gute) Idee *or* ein
guter Gedanke *or* Einfall; **what a ~!** was
für ein Gedanke *or* eine Vorstellung; **a ~
has just occurred to me, I've just had a ~**
(*inf*) mir ist gerade ein Gedanke gekom-
men, mir ist gerade etwas eingefallen;
don't give it another ~ machen Sie sich
(*dat*) keine Gedanken darüber; (*forget it*)
denken Sie nicht mehr daran; **on second
~s** wenn man sich das noch mal überlegt;
his one ~ was ... sein einziger Gedanke
war ...; **it's the ~ that counts, not how
much you spend** es kommt nur auf die
Idee an, nicht auf den Preis; **to collect
one's ~s** sich sammeln, seine Gedanken
zusammennehmen; **her ~s were
elsewhere** sie war in Gedanken woanders;
the mere *or* **very ~ of it** der bloße
Gedanke (daran), die bloße Vorstellung.
   3. *no pl* (*body of ideas*) Denken *nt*.
modern ~ das moderne Denken, das
Denken der Moderne.
   4. *no pl* (*care, consideration*) Nachden-
ken *nt*, Überlegung *f*. **to give some ~ to sth**
sich (*dat*) Gedanken über etw (*acc*)
machen, etw bedenken *or* überlegen;
after much ~ nach langer Überlegung *or*
langem Überlegen; **without ~ for sb/
oneself/sth** ohne an jdn/sich selbst/etw zu
denken; **he has no ~ for his parents' feel-
ings** er nimmt keine Rücksicht auf die
Gefühle seiner Eltern; **I never gave it a
moment's ~** ich habe mir nie darüber
Gedanken gemacht.
   5. **a ~** (*a little*) etwas.

thoughtful ['θɔːtfʊl] *adj* **1.** (*full of thought*)
expression, person nachdenklich, gedan-
kenvoll, grüblerisch; *remark, analysis,
book* gut durchdacht, wohlüberlegt;
present gut ausgedacht.
   2. (*considerate*) rücksichtsvoll; (*atten-
tive, helpful*) aufmerksam. **it was very ~
of you to ...** es war sehr aufmerksam von
Ihnen, zu ...

thoughtfully ['θɔːtfəlɪ] *adv* **1.** *say, look*
nachdenklich.
   2. (*with much thought*) mit viel Über-
legung.
   3. (*considerately*) rücksichtsvoll; (*atten-
tively, helpfully*) aufmerksam. **she ~
provided rugs** sie war so aufmerksam,
Decken bereitzustellen.

thoughtfulness ['θɔːtfʊlnɪs] *n* **1.** (*of ex-
pression, person*) Nachdenklichkeit *f*; (*of
remark, analysis*) Tiefgang *m*. **the ~ of
her present** der Gedanke, der hinter
ihrem Geschenk steckt/ steckte.

2. (*consideration*) Rücksicht(nahme) *f*; (*attentiveness, helpfulness*) Aufmerksamkeit *f*. **his ~ of** *or* **for/towards his parents** seine Aufmerksamkeit/Rücksichtnahme seinen Eltern gegenüber.

thoughtless ['θɔ:tlɪs] *adj* **1.** (*without reflection*) gedankenlos, unüberlegt, unbesonnen. **~ of the danger, he leapt** ungeachtet der Gefahr sprang er.

2. (*inconsiderate*) *person* gedankenlos, rücksichtslos; (*inattentive, unhelpful*) gedankenlos, unachtsam.

thoughtlessly ['θɔ:tlɪslɪ] *adv* **1.** (*without reflection*) gedankenlos, unüberlegt. **he had ~ taken the key with him** er hatte aus Gedankenlosigkeit den Schlüssel mitgenommen. **2.** *see adj 2.*

thoughtlessness ['θɔ:tlɪsnɪs] *n* **1.** (*lack of reflection*) Gedankenlosigkeit, Unüberlegtheit *f*. **2.** *see adj 2.* Gedankenlosigkeit, Rücksichtslosigkeit *f*; Gedankenlosigkeit, Unaufmerksamkeit *f*.

thought-reader ['θɔ:t,ri:dəʳ] *n* Gedankenleser(in *f*) *m*; **thought-reading** *n* Gedankenlesen *nt*; **thought transference** *n* Gedankenübertragung *f*.

thousand ['θaʊzənd] **I** *adj* tausend. **a ~/two ~** (ein)tausend/zweitausend; **a ~ times** tausendmal; **a ~ and one/two** tausend-(und)eins/tausend(und)zwei; **I died a ~ deaths** (*inf*) (*embarrassed*) ich wäre fast in den Boden versunken; (*afraid*) ich habe tausend Ängste ausgestanden; **I have a ~ and one (different) things to do** (*inf*) ich habe tausend Dinge zu tun.

II *n* Tausend *nt.* **the ~s** (*Math*) die Tausender *pl*; **there were ~s of people present** es waren Tausende (von Menschen) anwesend; **the year three ~** das Jahr dreitausend; **people arrived in their ~s** die Menschen kamen zu Tausenden.

thousandfold ['θaʊzəndfəʊld] (*liter*) **I** *adj* tausendfach. **II** *adv* tausendfach, tausendfältig.

thousandth ['θaʊzənθ] **I** *adj* (*in series*) tausendste(r, s). **a** *or* **one ~ part** ein Tausendstel *nt.* **II** *n* (*in series*) Tausendste(r, s); (*fraction*) Tausendstel *nt*; *see also* **sixth.**

thrash [θræʃ] **I** *vt* **1.** (*beat*) verprügeln, verdreschen; *donkey etc* einschlagen auf (+*acc*). **to ~ the life out of sb** jdn grün und blau schlagen.

2. (*Sport inf*) *opponent* (vernichtend) schlagen.

3. (*move wildly*) *arms* schlagen mit, fuchteln mit; *legs* strampeln mit. **he ~ed his arms (about) angrily** er schlug wütend (mit den Armen) um sich.

4. (*Agr*) *see* **thresh.**

II *vi* **to ~ about** *or* **around** um sich schlagen; (*in bed*) sich herumwerfen; (*fish*) zappeln.

◆**thrash out** *vt sep problem* ausdiskutieren.

thrashing ['θræʃɪŋ] *n* **1.** (*beating*) Prügel, Schläge *pl*, Dresche *f* (*inf*). **to give sb a good ~** jdm eine ordentliche Tracht Prügel verpassen. **2.** (*Sport inf*) komplette Niederlage. **to give sb a ~** jdn vernichtend schlagen.

thread [θred] **I** *n* **1.** (*of cotton, wool etc*)

Faden *m*; (*Sew also*) Garn *nt*; (*strong ~*) Zwirn *m.* **to hang by a ~** (*fig*) an einem (seidenen *or* dünnen) Faden hängen.

2. (*fig: of story*) (roter) Faden. **he lost the ~ of what he was saying** er hat den Faden verloren; **to pick up the ~s of one's story/a conversation** den (roten) Faden/den Gesprächsfaden wiederaufnehmen.

3. (*Tech: of screw*) Gewinde *nt.*

4. (*fig: thin line: of light*) Strahl, Streifen *m.*

II *vt* **1.** *needle* einfädeln; *beads* aufreihen, auffädeln (*on* auf +*acc*); *necklace* aufziehen. **~ed with silver** von Silber-(fäden) durchzogen.

2. to ~ one's way through the crowd/trees *etc* sich durch die Menge/zwischen den Bäumen *etc* hindurchschlängeln.

3. (*Tech*) *screw* mit einem Gewinde versehen.

III *vi* **he ~ed through the crowd** er schlängelte sich durch die Menge (hindurch).

threadbare ['θredbeəʳ] *adj* abgewetzt, fadenscheinig; *clothes also* abgetragen; *carpet also* abgelaufen; *argument* fadenscheinig.

thread mark *n* Silberfaden *m* (*in Banknoten*).

threat [θret] *n* **1.** Drohung *f.* **is that a ~?** soll das eine Drohung sein?; **is that a ~ or a promise?** soll das eine Strafe oder eine Belohnung sein?; **to make a ~** drohen, eine Androhung machen (*against sb* jdm); **under ~ of sth** unter Androhung von etw.

2. (*danger*) Bedrohung (*to* gen), Gefahr (*to* für) *f.* **this war is a ~ to civilization** dieser Krieg stellt eine Gefahr für die *or* eine Bedrohung der Zivilisation dar.

threaten ['θretn] **I** *vt* **1.** *person* bedrohen, drohen (+*dat*); *revenge, violence* androhen, drohen mit. **to ~ to do sth** (an)drohen, etw zu tun; **to ~ sb with sth** jdm etw androhen, jdm mit etw drohen.

2. (*put in danger*) bedrohen, gefährden. **the rain ~ed to spoil the harvest** der Regen drohte die Ernte zu zerstören.

3. (*Met: give warning of*) **it's ~ing to rain** es sieht (bedrohlich) nach Regen aus.

II *vi* (*danger, storm etc*) drohen, im Anzug sein.

threatening ['θretnɪŋ] *adj tone, gesture, voice* drohend; *weather, clouds also* bedrohlich. **a ~ letter** ein Drohbrief *m.*

threateningly ['θretnɪŋlɪ] *adv* drohend.

three [θri:] **I** *adj* drei. **II** *n* (*figure, tram, Cards*) Drei *f.* **~'s a crowd** drei Leute sind schon zuviel, bei dreien ist einer zuviel; *see also* **six.**

three-act play ['θri:ˌækt'pleɪ] *n* Dreiakter *m*; **three-colour(ed)** *adj* (*Phot*) Dreifarben-; **three-cornered** *adj* dreieckig; **three-D I** *n* **to be in ~** dreidimensional sein; **II** *adj* (*also* **three-dimensional**) dreidimensional; **threefold** *adj, adv* dreifach; **three-legged** *adj* dreibeinig; **three-master** *n* Dreimaster *m*; **threepenny** ['θrepənɪ] *attr zu* or *für den* Pence; *stamp also* Dreipence-; **threepenny bit** *or* **piece** *n* (*Brit old*) Dreipennystück *nt*; **threepenny opera** *n* Dreigroschenoper *f*; **three-phase** *adj* (*Elec*) Dreiphasen-;

three-piece suit n (man's) Anzug m mit Weste; (lady's) dreiteiliges Ensemble; **three-piece suite** n dreiteilige Polster- or Sitzgarnitur; **three-ply I** n (wool) Dreifachwolle f; (wood) dreischichtiges Spanholz; **II** attr wool dreifach, Dreifach-; wood dreischichtig; **three-point landing** n (Aviat) Dreipunktlandung f; **three-point turn** n (Aut) volle Kehrtwende (bei der man zurücksetzen muß); **three-quarter I** n (Sport) Dreiviertelspieler m; **II** attr dreiviertel; **three quarters I** n Dreiviertel nt; **II** adv dreiviertel, zu drei Vierteln; **threescore** adj sechzig; **threesome** n Trio nt, Dreiergruppe f; (Golf) Dreier m; **in a ~** zu dritt; **three-stage** adj dreistufig; **~ rocket** Dreistufenrakete f; **three-wheeler** n (Aut) dreirädriges Auto; (tricycle) Dreirad nt.

thresh [θreʃ] vti dreschen.

thresher [ˈθreʃəʳ] n **1.** (Agr: machine) Dreschmaschine f; (person) Drescher(in f) m. **2.** (~ shark) Drescherhai m.

threshing [ˈθreʃɪŋ] n Dreschen nt. **~ floor** Dreschboden m, Tenne f; **~ machine** Dreschmaschine f.

threshold [ˈθreʃhəʊld] n (lit, fig, Psych) Schwelle f; (of door also) (Tür)schwelle f. **on the ~** an der Schwelle; **we are on the ~ of a great discovery** wir stehen unmittelbar vor or an der Schwelle zu einer großen Entdeckung; **the ~ of consciousness** die Bewußtseinsschwelle; **to have a high/low pain ~** eine hohe/niedrige Schmerzschwelle haben.

threw [θruː] pret of **throw**.

thrice [θraɪs] adv (old) dreimal.

thrift [θrɪft] n Sparsamkeit f.

thriftily [ˈθrɪftɪlɪ] adv **1.** sparsam, wirtschaftlich, haushälterisch. **2.** (US) **his business is doing ~** sein Geschäft floriert.

thriftiness [ˈθrɪftɪnɪs] n **1.** Sparsamkeit, Wirtschaftlichkeit f. **2.** (US: prosperity) Gedeihen nt.

thriftless [ˈθrɪftlɪs] adj verschwenderisch.

thriftlessness [ˈθrɪftlɪsnɪs] n Verschwendung(ssucht) f.

thrifty [ˈθrɪftɪ] adj (+er) **1.** (careful, economical) sparsam, wirtschaftlich, haushälterisch. **2.** (US: thriving) blühend.

thrill [θrɪl] **I** n Erregung f. **all the ~s and spills of the circus** all die Sensationen und der Nervenkitzel des Zirkus; **the ~ of her touch** der erregende Reiz ihrer Berührung; **a ~ of joy/horror** eine freudige Erregung/ein Entsetzensschauder m; **it gave me quite a~**, **it was quite a ~ for me** es war ein richtiges Erlebnis; **what a ~!** wie aufregend!; **he gets a ~ out of hunting** Jagen hat für ihn einen ganz besonderen Reiz; **that's how he gets his ~s** das erregt ihn; **this will give you the ~ of a lifetime** das wird das Erlebnis deines Lebens (sein). **II** vt person (story, crimes) mitreißen, fesseln, packen; (experience) eine Sensation sein für; (sb's touch, voice etc) freudig erzittern lassen; (sexually) erregen. **the thought of going to America ~ed her** der Gedanke an eine Amerikareise versetzte sie in freudige Erregung; **to be ~ed to bits** (inf) sich freuen wie ein

Kind; (child esp) ganz aus dem Häuschen sein vor Freude. **III** vi **she ~ed at the sound of his voice** ein freudiger Schauer durchlief sie, als sie seine Stimme hörte.

thriller [ˈθrɪləʳ] n Reißer m (inf); (whodunnit) Krimi m.

thrilling [ˈθrɪlɪŋ] adj aufregend; book, film spannend, fesselnd; sensation überwältigend, hinreißend; music hinreißend, mitreißend; experience überwältigend, umwerfend (inf); (sexually) erregend. **we had a ~ time** es war richtig aufregend.

thrillingly [ˈθrɪlɪŋlɪ] adv spannungsgeladen. **~ new** aufregend neu.

thrive [θraɪv] pret **throve** (old) or **~d**, ptp **thriven** [ˈθrɪvən] (old) or **~d** vi (in good health: animal, plant) (gut) gedeihen; (child also) sich gut or prächtig entwickeln; (do well) (business) blühen, florieren; (businessman) erfolgreich sein.

◆**thrive on** vi +prep obj **the baby ~s on milk** mit Milch gedeiht das Baby prächtig; **he ~s on criticism/praise** Kritik/Lob bringt ihn erst zur vollen Entfaltung; **like it? I ~ ~ it** ob mir das gefällt? ich brauche das.

thriving [ˈθraɪvɪŋ] adj **1.** plant prächtig gedeihend, kräftig; person blühend; child gut gedeihend. **he's ~!** ihm geht's prächtig!; (child) er blüht und gedeiht! **2.** business florierend, blühend, gutgehend; businessman erfolgreich.

thro' [θruː] abbr of **through**.

throat [θrəʊt] n (external) Kehle f; (internal also) Rachen m. **to grab sb by the ~** jdn bei or an der Kehle or Gurgel packen; **to cut sb's/one's ~** jdm/sich die Kehle or Gurgel durchschneiden; **to cut one's own ~** (fig) sich (dat) selbst das Wasser abgraben; **I've a fishbone stuck in my ~** mir ist eine Gräte im Hals steckengeblieben; **the doctor looked down her ~** der Arzt sah ihr in den Hals; **cancer of the ~** Kehlkopfkrebs m; **to clear one's ~** sich räuspern; **to thrust** or **ram** or **force one's ideas down sb's ~** (inf) jdm seine eigenen Ideen aufzwingen; **the words stuck in my ~** die Worte blieben mir im Halse stecken; **it sticks in my ~** (fig) das geht mir gegen den Strich (inf); **~ microphone** Kehlkopfmikrophon nt.

throaty adj (+er), **throatily** adv [ˈθrəʊtɪ, -lɪ] kehlig, rauh.

throb [θrɒb] **I** vi (engine) klopfen, hämmern; (drums, gunfire) dröhnen; (heart, pulse) pochen, klopfen; (painfully: cut, wound) pochen, pulsieren, klopfen; (very strongly) hämmern; (fig: with life, activity) pulsieren (with +dat, mit). **his heart ~bed with joy** sein Herz klopfte vor Freude; **my head is ~bing** ich habe rasende Kopfschmerzen.

II n (engine) Klopfen, Hämmern nt; (drums, gunfire) Dröhnen nt; (heart, pulse, wound) Klopfen, Pochen nt; Hämmern nt.

throbbing [ˈθrɒbɪŋ] n see vi Klopfen, Hämmern nt; Dröhnen nt; Pochen, Klopfen nt; Pochen, Klopfen nt; Hämmern nt.

throes [θrəʊz] npl **1.** **the ~ of childbirth** die (Geburts)wehen pl; **in the ~ of death** im Todeskampf; **to be in its final ~** (fig) in den letzten Zügen liegen.

2. (*fig*) Wirren *pl*. **we are in the ~ of moving** wir stecken mitten im Umzug.

thrombosis [θrɒmˈbəʊsɪs] *n* Thrombose *f*.

thrombus [ˈθrɒmbəs] *n* Thrombus (*form*), Blutpfropf *m*.

throne [θrəʊn] **I** *n* Thron *m*; (*Eccl*) Stuhl *m*. **to come to the ~** den Thron besteigen; **the powers of the ~** die Macht der Krone; **II** *vt* (**he is**) **~d in glory** (*Eccl*) er sitzet *or* thronet in Herrlichkeit.

throneroom [ˈθrəʊnruːm] *n* Thronsaal *m*; (*hum*) Klo *nt* (*inf*).

throng [θrɒŋ] **I** *n* (*of people*) Scharen *pl* von Menschen, Menschenmenge *f*; (*of angels*) Heerschar *f*.

II *vi* sich drängen. **to ~ round sb/sth** sich um jdn/etw drängen *or* scharen; **hundreds of people ~ed round** Hunderte von Leuten strömten herbei.

III *vt* belagern. **people ~ed the streets** die Menschen drängten sich in den Straßen; **to be ~ed with** wimmeln von *or* mit.

throttle [ˈθrɒtl] **I** *vt* **1.** erdrosseln, erwürgen.

2. (*fig*) *feelings* ersticken, unterdrücken; *opposition* ersticken, unterbinden. **to ~ the press** die Presse knebeln.

3. (*Tech*) *see* **back.**

II *n* **1.** (*on engine*) Drossel *f*; (*Aut etc*) (*lever*) Gashebel *m*; (*valve*) Drosselklappe *f*. **at full ~** mit Vollgas; **to open/close the ~** die Drossel öffnen/schließen; (*Aut etc*) Gas geben/zurücknehmen.

2. (*hum: throat*) Kehle *f*.

◆**throttle back** *or* **down I** *vt sep* drosseln. **II** *vi* Gas zurücknehmen, den Motor drosseln.

through, (*US*) **thru** [θruː] **I** *prep* **1.** (*place*) durch. **he got/ couldn't get ~ the hedge** er schlüpfte durch die Hecke (hindurch)/er konnte nicht durch die Hecke durchkommen *or* (hin)durchschlüpfen; **to listen ~ the door** durch die (geschlossene) Tür mithören, lauschen; **he was shot ~ the head** er bekam einen Kopfschuß; **he went right ~ the red lights** er ist bei Rot einfach durchgefahren; **he has come ~ many hardships** er hat viel Schweres durchgemacht; **to be halfway ~ a book** ein Buch halb *or* zur Hälfte durchhaben (*inf*); *see vbs.*

2. (*time*) **all ~ his life** sein ganzes Leben lang; **he won't live ~ the night** er wird die Nacht nicht überleben; **he worked ~ the night** er hat die Nacht durchgearbeitet; **he slept ~ the film** er hat den ganzen Film über *or* hindurch *or* lang geschlafen; **all ~ the autumn** den ganzen Herbst über *or* hindurch.

3. (*US: up to and including*) bis (einschließlich). **Monday ~ Friday** von Montag bis (einschließlich) Freitag.

4. (*means, agency*) durch. **~ the post** mit der *or* per Post; **it happened ~ no fault of mine** es geschah nicht durch meine Schuld; **absent ~ illness** abwesend wegen Krankheit; **~ neglect** durch Nachlässigkeit; **to act ~ fear** aus Angst handeln.

II *adv* (*time, place*) durch. **he's a gentleman/liar ~ and ~** er ist durch und durch ein Gentleman/verlogen; **to sleep**

all night ~ die ganze Nacht durchschlafen; **did you stay right ~?** sind Sie bis zum Schluß geblieben?; **he knew all ~ what I was getting at** er wußte die ganze Zeit (über), worauf ich hinauswollte; **to let sb ~** jdn durchlassen; **to be wet ~** durch und durch *or* bis auf die Haut naß sein; **to read sth ~** etw durchlesen; **the train goes ~ to Berlin** der Zug fährt bis nach Berlin durch; *see vbs.*

III *adj pred* **1.** (*finished*) **to be ~ with sb/ sth** mit jdm/etw fertig sein (*inf*); **we're ~** (*have finished relationship*) es ist (alles) aus zwischen uns; (*have finished job*) wir sind fertig; **I'm ~ with him** der ist für mich gestorben *or* erledigt, ich bin fertig mit ihm (*all inf*); **I'm ~ with that kind of work** ich habe genug von dieser Arbeit.

2. (*Brit Telec*) **to be ~** (**to sb/London**) mit jdm/London verbunden sein; **to get ~** (**to sb/London**) zu jdm/nach London durchkommen; **you're ~, caller** Ihre Verbindung!, Ihr Gespräch!

through coach *n* (*Rail*) Kurswagen *m* (*for* nach); (*bus*) direkte Busverbindung; **through flight** *n* Direktflug *m*.

throughout [θruːˈaʊt] **I** *prep* **1.** (*place*) überall in (+*dat*). **~ the country/world** im ganzen Land/in der ganzen Welt.

2. (*time*) den ganzen/die/das ganze … hindurch *or* über. **~ the war** den ganzen Krieg hindurch *or* über; **~ his life** sein ganzes Leben lang.

II *adv* **1.** (*in every part*) **the house is carpeted ~** das Haus ist ganz *or* überall mit Teppichboden ausgelegt; **a block of flats with water and gas ~** ein Wohnblock mit Wasser und Gas in allen Wohnungen.

2. (*time*) die ganze Zeit über.

throughput [ˈθruːpʊt] *n* (*Ind*) Durchsatz *m*; (*of computer*) Leistung *f*; **through ticket** *n* **can I get a ~ to London?** kann ich bis London durchlösen?; **through traffic** *n* Durchgangsverkehr *m*; **through train** *n* durchgehender Zug; **throughway** *n* (*US*) Schnellstraße *f*.

throve [θrəʊv] (*old*) *pret of* **thrive.**

throw [θrəʊ] (*vb: pret* **threw,** *ptp* **thrown**) **I** *n* (*of ball, javelin, dice*) Wurf *m*. **it's your ~** du bist dran; **have another ~** werfen Sie noch einmal; **to lose a ~** (*dice*) den Wurf verlieren; **a 30-metre ~** ein Dreißigmeterwurf *m*.

II *vt* **1.** *ball, stone* werfen; *water* schütten. **to ~ the dice/a six** würfeln/eine Sechs würfeln; **to ~ sth to sb** jdm etw zuwerfen; **~ me those keys** werfen Sie mir die Schlüssel herüber; **to ~ sth at sb** etw nach jdm werfen; *mud, paint etc* jdn mit etw bewerfen; **to ~ a ball 20 metres** einen Ball 20 Meter weit werfen; **to ~ sth across the room** etw (quer) durchs Zimmer werfen; **he threw himself to the floor** er warf sich auf den Boden *or* zu Boden; **to ~ oneself at sb** (*physically*) sich auf jdn werfen *or* stürzen; (*fig*) sich jdm an den Hals werfen *or* schmeißen (*inf*); **to ~ one's voice** seine Stimme zum Tragen bringen.

2. (*send to ground*) *rider* abwerfen; *opponent* zu Boden werfen *or* bringen. **to be ~n from the saddle** aus dem Sattel geworfen werden.

3. (*put hastily*) werfen. **to ~ a coat over sb** jdm einen Mantel überwerfen.

4. (*fig: cast*) werfen. **to ~ a glance at sb/ sth** einen Blick auf jdn/etw werfen; **to ~ an angry look at sb/sth** jdm/einer Sache einen wütenden Blick zuwerfen; **to ~ light** Licht geben; **to ~ sb/the dogs off the scent** *or* **trail** jdn abschütteln *or* abhängen/ die Hunde von der Spur abbringen; **to ~ sb into prison** jdn ins Gefängnis werfen; **to ~ the blame on sb** jdm die Schuld zuschieben *or* in die Schuhe schieben.

5. *switch, lever* betätigen.

6. (*inf: disconcert*) aus dem Konzept bringen.

7. *party* geben, schmeißen (*inf*).

8. *fit* bekommen, kriegen (*inf*).

9. *vase* töpfern, drehen; *silk* zwirnen.

10. (*snake*) **to ~ its skin** sich häuten.

11. (*animal: give birth to*) werfen.

III *vi* werfen; (~ *dice*) würfeln.

◆**throw about** *or* **around** *vt always separate* **1.** (*scatter*) verstreuen; (*fig*) *money* um sich werfen mit.

2. (*toss*) herumwerfen; *one's arms* fuchteln mit; *one's legs* strampeln mit. **to ~ oneself ~** (*in bed, on floor*) sich hin und her werfen, (*wrestler etc*) sich nach allen Richtungen fallen lassen; **to ~ a ball ~** ein bißchen Ball spielen.

◆**throw away** *vt sep* **1.** (*discard*) *rubbish* wegwerfen.

2. (*waste*) verschenken; *money* verschwenden (*on sth* auf *or* für etw, *on sb* an jdn), vergeuden (*on sth* für etw, *on sb* an jdn). **you are ~ing yourself ~ on him** Sie sind zu schade für ihn.

3. (*say casually*) *remark* nebenbei machen, beiläufig sagen.

◆**throw back I** *vi* (*Biol*) **a type which ~s ~ to an earlier species** ein Typ, der Merkmale einer früheren Art aufweist.

II *vt sep* **1.** (*send back*) *ball* zurückwerfen; *enemy* zurückdrängen.

2. (*backwards*) *head, bedclothes* zurückwerfen; *curtains* aufreißen. **to ~ oneself ~** zurückweichen.

3. (*fig*) **to be ~n ~ upon sth** auf etw (*acc*) wieder angewiesen sein, auf etw (*acc*) zurückgreifen müssen; **the crisis threw them ~ on their own resources** durch die Krise waren sie wieder auf sich selbst angewiesen.

4. I don't want you ~ing that ~ at me ich möchte nicht, daß du mir meine eigenen Worte/Taten wieder vorhältst.

◆**throw down** *vt sep* (*from a roof, the stairs etc*) herunterwerfen. **~ ~ your guns!** werfen Sie die Waffen weg!; **to ~ oneself ~** sich zu Boden werfen, sich niederwerfen; **it's ~ing it ~** (*inf: raining*) es gießt (in Strömen).

◆**throw in** *vt sep* **1.** *extra* (gratis) dazugeben. **with a tour of London ~n ~** mit einer Gratistour durch London dabei.

2. (*Sport*) *ball* einwerfen.

3. (*fig*) **to ~ ~ one's hand** aufgeben, sich geschlagen geben; **to ~ ~ the sponge** *or* **towel** das Handtuch werfen (*inf*).

4. (*say casually*) *remark* einwerfen (*to* in +*acc*).

◆**throw off** *vt sep* **1.** (*get rid of*) *clothes* ab-

werfen; *disguise, habits* ablegen; *pursuer* abschütteln; *cold* loswerden; *the yoke of tyranny* abwerfen, abschütteln. **2.** (*emit*) *sparks, smell* abgeben, von sich geben.

◆**throw on** *vt sep clothes* sich (*dat*) überwerfen.

◆**throw open** *vt sep* **1.** *door, window* aufreißen. **2.** *stately home etc* (öffentlich) zugänglich machen (*to* für). **membership was ~n ~ to the public** die Mitgliedschaft wurde für jedermann freigegeben.

◆**throw out** *vt sep* **1.** (*discard*) *rubbish etc* wegwerfen.

2. (*reject*) verwerfen.

3. *person* hinauswerfen, rauswerfen (*inf*) (*of* aus). **to be ~n ~ of work** entlassen werden.

4. (*utter*) *hint* machen; *idea* äußern. **to ~ ~ a challenge (to sb)** jdn herausfordern.

5. (*plant*) *suckers, shoots* treiben; (*fire etc*) *heat* abgeben.

6. *one's chest* herausdrücken.

7. (*make wrong*) *calculations etc* über den Haufen werfen (*inf*), durcheinanderbringen.

◆**throw over** *vt sep plan* über den Haufen werfen (*inf*); *girlfriend* sitzenlassen (*for* wegen).

◆**throw together** *vt sep* **1.** (*put hastily together*) *ingredients* zusammenwerfen; *clothes* zusammenpacken; (*make quickly*) hinhauen; *essay* hinhauen (*inf*).

2. (*bring together*) *people* (*fate etc*) zusammenführen; (*friends etc*) zusammenbringen.

◆**throw up I** *vi* sich übergeben, brechen. **it makes you want to ~ ~** da kann einem schlecht werden.

II *vt sep* **1.** *ball, hands* hochwerfen.

2. (*abandon*) *job* aufgeben; *opportunity etc* verschenken. **I feel like ~ing everything ~** ich würde am liebsten alles hinwerfen (*inf*).

3. (*vomit up*) von sich (*dat*) geben.

4. (*produce*) hervorbringen. **the meeting threw ~ several good ideas** bei der Versammlung kamen ein paar gute Ideen zutage.

throwaway ['θrəʊəweɪ] *adj* **1.** (*casual*) *remark* nebenbei gemacht; *style* unaufdringlich, leger; **2.** *wrapping, packet* Wegwerf-, zum Wegwerfen; *bottle also* Einweg-; **3.** (*cheap*) ~ *prices* Schleuderpreise *pl*; **throw-back** *n* **1.** his height/ selfishness is a ~ to an earlier generation in ihm schlägt die Größe/ Selbstsucht seiner Vorfahren wieder durch; **2.** (*fig*) Rückkehr (*to* zu), (*fig*) Neubelebung (*to gen*) *f*, Rückgriff *m* (*to* auf +*acc*).

thrower ['θrəʊəʳ] *n* Werfer(in *f*) *m*. **he's not a very good ~** er kann nicht sehr gut werfen.

throw-in ['θrəʊɪn] *n* (*Sport*) Einwurf *m*.

thrown [θrəʊn] *ptp of* **throw.**

thru *prep, adv, adj* (*US*) = **through.**

thrum [θrʌm] **I** *vt guitar* klimpern auf (+*dat*), schlagen; *tune* klimpern. **he ~med the desk with his fingers** *or* **~med his fingers on the desk** er trommelte mit seinen Fingern auf der Schreibtischplatte.

 II *vi* (*on guitar*) klimpern.

thrush[1] [θrʌʃ] *n* (*Orn*) Drossel *f*.

thrush[2] *n* (*Med*) Soor *m* (*spec*), Schwämmchen *nt*; (*of vagina*) Pilzkrankheit *f*; (*Vet: in horses*) Strahlfäule *f*.

thrust [θrʌst] (*vb: pret, ptp ~*) **I** *n* **1.** Stoß *m*; (*of knife also*) Stich *m*; (*fig: of intellect*) Stoßkraft *f*.

 2. (*Tech*) Druckkraft *f*; (*in rocket, turbine*) Schub(kraft *f*) *m*, Triebkraft *f*. ~ **bearing** Drucklager *nt*.

 3. (*Mil: also ~ forward*) Vorstoß *m*.

 II *vt* **1.** (*push, drive*) stoßen. **the tree ~ its branches upward** der Baum streckte seine Äste in den Himmel; **to ~ sb into a room** jdn in ein Zimmer stoßen; **to ~ one's hands into one's pockets** die Hände in die Tasche stecken *or* stopfen (*inf*); **she ~ her books into the box** sie stopfte ihre Bücher in die Kiste.

 2. (*fig*) **to ~ oneself (up)on sb** sich jdm aufdrängen; **I had the job ~ upon me** die Arbeit wurde mir aufgedrängt; **to ~ one's way through a crowd** sich durch die Menge drängen.

 III *vi* stoßen (*at* nach); (*with knife*) stechen (*at* nach); (*Fencing*) einen Ausfall machen, ausfallen (*at* gegen).

◆**thrust aside** *vt sep* wegstoßen, beiseite schieben; *person also* beiseite *or* zur Seite drängen; (*fig*) *objection* zurückweisen.

◆**thrust forward** *vt sep* **to ~ oneself** (*lit*) sich nach vorne durchdrängeln; (*fig*) sich einsetzen; (*pej*) sich in den Vordergrund drängen.

◆**thrust out** *vt sep leg* ausstrecken; *hand also* hinstrecken; *head, breasts* vorstrecken; *chest* herausdrücken, wölben. **she ~ her head ~ (of the window)** sie streckte den Kopf (zum Fenster) hinaus.

◆**thrust past** *vi* sich vorbeidrängen (*prep obj* an +*dat*).

thrustful ['θrʌstfʊl], **thrusting** *adj person, behaviour* energisch, zielstrebig, resolut; (*pej*) (etwas) zu zielstrebig.

thrustfulness ['θrʌstfʊlnɪs] *n* energische Art, Zielstrebigkeit, Resolutheit *f*; (*pej*) (etwas) zu große Zielstrebigkeit.

thrusting ['θrʌstɪŋ] *adj see* **thrustful**.

thruway ['θruːweɪ] *n* (*US*) Schnellstraße *f*.

thud [θʌd] **I** *n* dumpfes Geräusch. **the ~ of his footsteps** seine dumpfen Schritte; **he fell to the ground with a ~** er fiel mit einem dumpfen Aufschlag zu Boden.

 II *vi* dumpf aufschlagen; (*move heavily*) stampfen. **the blow ~ded against his chin** dumpf klatschte der Schlag gegen sein Kinn; **a ~ding noise** ein dumpfes Geräusch; **with ~ding heart** mit pochendem Herzen.

thug [θʌɡ] *n* Schläger(typ) *m*.

thulium ['θjuːlɪəm] *n* (*abbr* **Tm**) Thulium *nt*.

thumb [θʌm] **I** *n* Daumen *m*. **to be under sb's ~** unter jds Pantoffel (*dat*) *or* Fuchtel (*dat*) stehen; **she has him under her ~** sie hat ihn unter ihrer Fuchtel; **to be all ~s** zwei linke Hände haben; **he gave me the ~s up/down** er gab mir durch ein Zeichen mit dem Daumen zu verstehen, daß alles in Ordnung war/ daß etwas nicht stimmte; **it sticks out like a sore ~** das springt einem direkt ins Auge; **he sticks out like a sore ~**

(*doesn't fit*) er ist auffallend anders.

 II *vt* **1.** (*inf*) **to ~ a ride** *or* **lift** per Anhalter fahren.

 2. to ~ one's nose at sb/sth jdm/einer Sache eine lange Nase machen; (*fig*) auf jdn/etw pfeifen.

 3. a well ~ed book ein Buch mit abgegriffenen Seiten.

◆**thumb through** *vi +prep obj book* durchblättern; *card index* durchgehen, durchsehen.

thumb index *n* Daumenregister *nt*, Daumenindex *m*; **thumbnail** *n* Daumennagel *m*; ~ **sketch** (*drawing*) kleine Skizze; (*description*) kurze Skizze; **thumb print** *n* Daumenabdruck *m*; **thumb-screw** *n* (*Tech*) Flügelschraube *f*; (*torture*) Daumenschraube *f*; **thumbtack** *n* (*US*) Reißnagel *m*, Reiß- *or* Heftzwecke *f*.

thump [θʌmp] **I** *n* (*blow*) Schlag *m*; (*noise*) (dumpfes) Krachen, Bums *m* (*inf*). **the bus gave the car such a ~ ...** der Bus gab dem Auto einen solchen Stoß ...

 II *vt table* klopfen *or* schlagen auf (+ *acc*); *door* klopfen *or* schlagen an (+*acc*); (*repeatedly*) trommeln auf/an (+*acc*); (*accidentally*) *one's head* sich (*dat*) anschlagen *or* anhauen (*inf*). **he ~ed the box down on my desk** er knallte die Schachtel auf meinen Tisch; **the prisoners started ~ing their stools on the floor** die Gefangenen schlugen mit ihren Hockern auf den Boden; **I'll ~ you (one) if you don't shut up** (*inf*) wenn du nicht gleich den Mund hältst, knallt's (*inf*).

 III *vi* (*person*) schlagen (*on the door/ table* gegen *or* an die Tür/auf den Tisch); (*heart*) heftig schlagen *or* pochen; (*move heavily*) stapfen; (*object: fall loudly*) plumpsen (*inf*).

◆**thump out** *vt sep tune* hämmern.

thumping ['θʌmpɪŋ] *adj* (*also ~ great*) (*inf*) kolossal, enorm.

thunder ['θʌndə'] **I** *n* **1.** Donner *m*. **a long roll of ~** ein langer rollender Donner, ein langes Donnergrollen; **there was ~ and lightning** es donnerte und blitzte; **there is ~ in the air** es liegt ein Gewitter *nt* in der Luft.

 2. (*fig*) (*of applause*) Sturm *m*; (*of cannons*) Donnern, Dröhnen *nt*; (*of waves*) Tosen *nt*. **he was greeted with a ~ of applause** er wurde mit donnerndem Applaus *or* einem Beifallssturm begrüßt.

 II *vi* (*lit, fig*) donnern; (*guns, hooves also*) dröhnen; (*waves, sea*) tosen, brausen; (*applause also*) brausen. **the horses came ~ing up to the gate** die Pferde kamen aufs Tor zugeprescht; **the senator ~ed against them** der Senator wetterte gegen sie.

 III *vt* (*shout*) brüllen, donnern, mit Donnerstimme brüllen.

◆**thunder out** **I** *vt sep order* mit donnernder Stimme geben. **II** *vi* (*guns*) losdonnern. **his voice ~ed ~** er donnerte los.

◆**thunder past** *vi* (*train, traffic*) vorbeidonnern.

thunderbolt ['θʌndəbəʊlt] *n* (*lit*) Blitz *m*, Blitz und Donner; **the news came as something of a ~** (*fig*) die Nachricht schlug wie

der Blitz ein; **thunderclap** n Donner-
schlag m.
thunderer ['θʌndərər] n: the T~ (Myth) der
Blitzeschleuderer.
thundering ['θʌndərɪŋ] adj (inf) verteufelt
(inf), verflixt (inf).
thunderous ['θʌndərəs] adj stürmisch;
applause also, voice donnernd.
thunderstorm ['θʌndəstɔːm] n Gewitter nt;
thunderstruck adj (fig) wie vom Donner
gerührt.
thundery ['θʌndərɪ] adj weather gewitterig.
Thurs abbr of **Thursday** Do.
Thursday ['θɜːzdɪ] n Donnerstag m; see
also **Tuesday**.
thus [ðʌs] adv 1. (in this way) so, auf diese
Art. **you must hold it ~** Sie müssen das so
halten; **~ it was that ...** so kam es, daß ...
  2. (consequently) folglich, somit.
  3. (+ptp or adj) reassured, encouraged
etc solchermaßen (geh). **~ far** so weit.
thwack [θwæk] I n (blow) Schlag m;
(noise) Klatschen nt, Bums m (inf). **she
gave her head a nasty ~ on the table** sie hat
sich den Kopf ziemlich übel am Tisch
angeschlagen (inf).
  II vt schlagen; (waves) klatschen gegen.
he ~ed his cane on the table er ließ seinen
Stock auf den Tisch heruntersausen.
  III vi schlagen (against gegen); (waves,
cane) klatschen.
thwart[1] [θwɔːt] vt vereiteln; plan also durch-
kreuzen; robbery, attack also verhindern;
person einen Strich durch die Rechnung
machen (+dat). **to ~ sb in sth** jdm etw
vereiteln; **to be ~ed at every turn** überall
auf Hindernisse stoßen; **~ed!** wieder
nichts!
thwart[2] n (Naut) Ruderbank, Ducht f.
thy [ðaɪ] poss adj (old, dial) (before vowel
thine) Euer/ Euer/Euer (obs); (dial, to
God) Dein/Deine/Dein.
thyme [taɪm] n Thymian m.
thyroid ['θaɪrɔɪd] I n (also ~ **gland**) Schild-
drüse f. II adj Schilddrüsen-.
thyself [ðaɪ'self] pers pron (old, dial) 1. (re-
flexive, dat also, with prep +acc) Euch
(obs); (dial, to God) Dich; (indir obj, with
prep +dat) Euch (obs); (dial, to God)
Dir.
  2. (emph) Ihr selbst (obs); Du selbst
(obs); (acc) Euch selbst (obs); Dich
selbst; (dat) Ihnen selbst (obs); Dir selbst.
tiara [tɪ'ɑːrə] n Diadem nt; (of pope) Tiara
f.
Tiber ['taɪbər] n Tiber m.
Tibet [tɪ'bet] n Tibet nt.
Tibetan [tɪ'betən] I adj tibetanisch, tibe-
tisch. II n 1. Tibeter(in f), Tibetaner(in
f) m. 2. (language) Tibetisch nt.
tic [tɪk] n (Med) Tick m, nervöses Zucken.
tich, titch [tɪtʃ] n (inf) Knirps m. **hey, ~!**
he, Kleine(r)!
tichy, titchy ['tɪtʃɪ] adj (+er) (inf: also ~
little) person winzig, knirpsig (inf); things
klitzeklein (inf), winzig.
tick[1] [tɪk] I n 1. (of clock etc) Ticken nt.
  2. (inf: moment) Augenblick m,
Sekunde f, Minütchen nt (inf). **half a ~**
eine Sekunde; **are you ready yet? — half
a ~ or two ~s!** bist du schon fertig? —
sofort or noch eine Sekunde.

3. (mark) Häkchen nt, Haken m. **to put
a ~ against a name/an answer** einen
Namen/eine Antwort abhaken.
  II vi 1. (clock) ticken. **the minutes ~ed
by** or past/away die Minuten vergingen.
  2. (inf) **what makes him ~?** was geht in
ihm vor?
  III vt name, answer abhaken.
◆**tick off** vt sep 1. name etc abhaken. 2. (inf:
scold) ausschimpfen (inf), anpfeifen
(inf). **he got ~ed ~ for doing it** er wurde
angepfiffen (inf) or er bekam einen Rüffel
or Anpfiff (inf), weil er das getan hat.
◆**tick over** vi 1. (idle: engine) im Leerlauf
sein. **the engine is ~ing ~ nicely** der
Motor läuft ganz gut or ruhig. 2. (fig: busi-
ness etc) ganz ordentlich laufen; (pej) auf
Sparflamme sein (inf). **to keep things
~ing ~** die Sache in Gang halten.
tick[2] n (Zool) Zecke f.
tick[3] n (Brit sl): **on ~** auf Pump (inf).
tick[4] n (Tex: cover) (for mattress) Matrat-
zenbezug m; (for pillow etc) Inlett nt.
ticker ['tɪkər] n 1. (inf: heart) Pumpe f (sl).
  2. (sl: watch) Zwiebel f (sl).
ticker tape n Lochstreifen m. **~ welcome/
parade** Konfettibegrüßung f/Konfet-
tiparade f.
ticket ['tɪkɪt] n 1. (rail) Fahrkarte f; (bus)
Fahrschein m; (plane ~) Ticket nt, Flug-
karte f, Flugschein m; (Theat, for football
match etc) (Eintritts)karte f; (cloakroom)
Garderobenmarke f; (library) ≈ Buchzet-
tel m; (for dry cleaners, cobbler etc) Ab-
schnitt, Zettel m; (luggage office)
(Gepäck)schein m; (raffle ~) Los nt;
(price ~) Preisschild nt; (for car park)
Parkschein, Parkzettel (inf) m.
  2. (US Pol) Wahlliste f. **he's running on
the Democratic ~** er kandidiert für die
Demokratische Partei; see **split, straight**.
  3. (Jur) Strafzettel m. **to give sb a ~** jdm
einen Strafzettel geben or verpassen (inf).
  4. (dated Brit inf) **that's the ~!** das ist
famos! (dated inf).
ticket agency n (Theat) Vorverkaufsstelle
f; (Rail) Verkaufsstelle f; **ticket
collector** n (Rail) (on train) Schaffner(in
f) m; (in station) Bahnsteigschaffner(in f),
Fahrkartenkontrolleur m; **ticketholder** n
(Theat etc) jd, der eine Eintrittskarte hat;
~s only through this door (Theat etc) Ein-
gang nur für Besucher mit Eintrittskar-
ten; **ticket inspector** n (Fahrkarten)kon-
trolleur m; **ticket machine** n Fahr-
scheinautomat m; **ticket office** n (Rail)
Fahrkartenschalter m, Fahrkartenaus-
gabe f; (Theat) Kasse f; **ticket window** n
(Rail) (Fahrkarten)schalter m; (Theat)
Kasse f.
ticking ['tɪkɪŋ] n 1. (for mattress) Matrat-
zendrell m; (for pillows etc) Inlett nt.
  2. (of clock) Ticken nt.
ticking-off ['tɪkɪŋ'ɒf] n (inf) Rüffel, Anpfiff
(inf) m. **he needs a good ~** dem muß man
mal den Marsch blasen (inf).
tickle ['tɪkl] I vt 1. kitzeln. **to ~ sb's toes** jdn
an den Zehen kitzeln; **this wool ~s my
skin** diese Wolle kratzt or juckt (auf der
Haut).
  2. (fig inf) person (please) schmeicheln
(+dat) und freuen; (amuse) belustigen,

amüsieren. **to feel/be ~d** sich gebauchpin-
selt fühlen (inf); **that story really ~d me**
diese Geschichte fand ich wirklich köst-
lich; **to be ~d pink** or **to death** sich wie ein
Schneekönig freuen (inf); see **fancy**.

II vi kitzeln; (wool) kratzen, jucken.
stop it, you're tickling aufhören, das kit-
zelt; **my ear is tickling** mein Ohr juckt.

III n Kitzeln nt. **he gave the baby a little
~** er kitzelte das Baby ein bißchen; **to
have a ~ in one's throat** einen Hustenreiz
haben.

tickler ['tɪklər] n (inf) kitz(e)lige
Angelegenheit, kitz(e)liges Problem. **this
problem is a bit of a ~** dieses Problem ist
ziemlich kitz(e)lig.

ticklish ['tɪklɪʃ] adj (lit) person kitz(e)lig;
(fig) situation kitz(e)lig, heikel.

tick-tack ['tɪktæk] n Zeichensprache f der
Buchmacher; **tick-tack man** n Buch-
machergehilfe m; **tick-tack-toe** n (US)
Kreuzchen-und-Kringelspiel nt; **tick-
tock** n (sound) tick-tack; (baby-talk:
clock) Ticktack f.

tidal ['taɪdl] adj river, harbour Tide-. **~
wave** (lit) Flutwelle f.

tidbit ['tɪdbɪt] n (US) see **titbit**.

tiddler ['tɪdlər] n (Brit) **1.** (fish) winziger
Fisch. **2.** (inf: child) Knirps m. **she teaches
~s** sie unterrichtet die ganz Kleinen.

tiddly ['tɪdlɪ] adj (+er) (inf) **1.** (tiny) winzig,
klitzeklein (inf). **a ~ little scratch** ein klit-
zekleiner (inf) or winzig kleiner Kratzer.
2. (tipsy) angesäuselt (inf), beschwipst.
she gets ~ on half a glass of sherry sie
bekommt von einem halben Glas Sherry
schon einen Schwips.

tiddlywinks ['tɪdlɪwɪŋks] n Floh(hüpf)spiel
nt. **to play ~** Flohhüpfen spielen.

tide [taɪd] n **1.** (lit) Gezeiten pl, Tide
(N Ger) f. **(at) high/low ~** (bei) Hoch-
wasser nt or Flut f/Niedrigwasser nt or
Ebbe f; **we'll sail on the next ~** wir fahren
mit der nächsten Flut; **the ~ is in/out** es
ist Flut/Ebbe or Hochwasser (form)/
Niedrigwasser (form); **the ~ comes in
very far/fast** die Flut kommt sehr weit
herein/schnell; **stranded by the ~** in der
Ebbe gestrandet.
2. (fig: trend) **the ~ of history** der Lauf
der Geschichte; **the ~ of public opinion**
der Trend der öffentlichen Meinung; **car-
ried away by the ~ of events** vom Strom
der Ereignisse mitgerissen; **to go** or **swim
against/with the ~** gegen den/mit dem
Strom schwimmen; see **turn, time**.
3. (old: time) Zeit f.

◆**tide over** vt always separate **that will ~ me
~ until tomorrow** damit werde ich bis
morgen auskommen; **is that enough to ~
you ~?** reicht Ihnen das vorläufig?

tide gate n Seeschleuse f; **tideland** n (US)
Watt nt; **tidemark** n Flutmarke f; (man-
made) Pegelstand m; (hum: on neck, in
bath) schwarzer Rand; **tide race** n
Gezeitenstrom m; **tidewater** n Flut f;
(US: lowlands) Watt nt; **tideway** n Priel
m.

tidily ['taɪdɪlɪ] adv ordentlich.

tidiness ['taɪdɪnɪs] n see adj Ordentlichkeit
f; Sauberkeit f; Gepflegtheit f.

tidings ['taɪdɪŋz] npl (old, liter) Kunde (old,

liter), Botschaft (liter), Nachricht f.

tidy ['taɪdɪ] **I** adj (+er) **1.** (orderly) ordent-
lich; (with ~ habits also) sauber; ap-
pearance also gepflegt; room also auf-
geräumt. **she has very ~ habits** sie ist ein
sehr ordentlicher or ordnungsliebender
Mensch; **to keep sth ~** etw in Ordnung
halten; **to get a room ~** ein Zimmer
aufräumen; **to have a ~ mind** klar or
logisch denken.
2. (inf: considerable) ordentlich (inf),
ganz schön (inf). **a ~ sum** eine ordentliche
Stange Geld (inf).

II vt hair in Ordnung bringen; room
also aufräumen.

III n Behälter m.

◆**tidy away** vt sep wegräumen,
aufräumen.

◆**tidy out** vt sep aufräumen, ausmisten
(inf).

◆**tidy up I** vi **1.** (clear away) aufräumen,
Ordnung machen. **2.** (clean oneself) sich
zurechtmachen. **II** vt sep books, room
aufräumen, in Ordnung bringen; piece of
work in Ordnung bringen. **to ~ oneself ~**
sich zurechtmachen.

tie [taɪ] **I** n **1.** (also esp US: neck~) Krawatte
f, Schlips m, Binder m (dated form).
2. (Archit, Build) (also ~ beam) Bin-
derbalken, Bundbalken m; (~ piece)
Stichbalken m; (Mus) Haltebogen m; (US
Rail) Schwelle f; (cord) Schnur f.
3. (fig: bond) Band nt (liter),
Beziehung, (Ver)bindung f. **~s of friend-
ship** freundschaftliche Beziehungen or
Bande (liter) pl; **the blood ~** Blutsbande
pl; **business ~s** Geschäftsverbindungen
pl; **family ~s** familiäre Bindungen pl.
4. (hindrance) Belastung f. **family ~s**
familiäre Bindungen or Fesseln pl; **I don't
want any ~s** ich will keine Bindung, ich
will mich nicht gebunden fühlen.
5. (Sport etc: result of match) Unent-
schieden nt; (match, competition ending
in draw) unentschiedenes Spiel. **the
match ended in a ~** das Spiel endete mit
einem Unentschieden; **there was a ~ for
second place** es gab zwei zweite Plätze.
6. (esp Ftbl: match) Spiel nt.

II vt **1.** (fasten) binden (to an +acc),
befestigen (to an +dat). **~ the string
round the tree** binde die Schnur um den
Baum; **my hands are ~d** (fig) mir sind die
Hände gebunden.
2. (knot) shoelace, tie, ribbon binden.
to ~ a knot in sth einen Knoten in etw
(acc) machen; **to ~ a bow in a ribbon** or a
ribbon in a bow ein Band zu einer Schleife
binden.
3. (fig: unite, link) verbinden.
4. (restrict) person binden (to an +acc).
are we ~d to this plan? sind wir an diesen
Plan gebunden?
5. (Sport) **the match was ~d** das Spiel
ging unentschieden aus.

III vi **1.** (ribbon etc) **it won't ~ properly**
es läßt sich nicht richtig binden; **it ~s at
the back** es wird hinten (zu)gebunden.
2. (Sport) unentschieden spielen; (in
competition, vote) gleich stehen. **they ~d
for first place** (Sport, competition) sie teil-
ten sich den ersten Platz; (Sch) sie waren

(mit den gleichen Noten) die Klassenbesten.

◆**tie back** *vt sep* zurückbinden.

◆**tie down** *vt sep* **1.** (*lit*) festbinden (*to an* +*dat*); *huts, tents* verankern (*to in* +*dat*); *horse* fesseln.

2. (*fig: restrict*) binden (*to an* +*acc*); *meaning* genau bestimmen. ~**d** ~ **to one's duties** durch seine Pflichten gebunden; **to** ~ **oneself** ~ **to doing sth** sich verpflichten, etw zu tun; **marriage/owning property** ~**s you** ~ durch die Ehe/Eigentum ist man gebunden; **she's very** ~**d** ~ **because of the children, the children** ~ **her** ~ **a lot** durch die Kinder ist sie sehr gebunden.

◆**tie in I** *vi* dazu passen. **to** ~ ~ **with sth** zu etw passen, dazu passen; **it all** ~**s** ~ das paßt alles zusammen; **II** *vt sep plans* verbinden, in Einklang bringen.

◆**tie on** *vt sep* anbinden, festbinden. **to** ~ **sth** ~**(to) sth** etw an etw (*dat*) anbinden.

◆**tie up I** *vi* **1.** now it all ~**s** ~ jetzt paßt alles zusammen; **it all** ~**s** ~ **with his marital problems** das hängt alles mit seinen Eheproblemen zusammen.

2. (*Naut*) festmachen.

II *vt sep* **1.** *parcel* verschnüren; *shoelaces* binden.

2. *boat* festmachen; *animal* festbinden, anbinden (*to an* +*dat*); *prisoner, hands etc* fesseln.

3. (*settle*) *deal, arrangements etc* unter Dach und Fach bringen. **to** ~ ~ **a few loose ends (of sth)** (bei einer Sache) ein paar Lücken schließen.

4. (*Fin*) *capital* (fest) anlegen, festlegen.

5. (*link*) **to be** ~**d** ~ **with sth** mit etw zusammenhängen; **are you still** ~**d** ~ **with that firm?** haben Sie noch Verbindungen zu der Firma?

6. (*keep busy*) beschäftigen; *machines* auslasten. **he's** ~**d** ~ **all tomorrow** er ist morgen den ganzen Tag beschäftigt.

7. (*obstruct, hinder*) *production etc* stillegen.

tie breaker *n* (*Tennis*) Tiebreak *m*; **tie clip** *n* Krawattennadel *f*.

tied cottage [ˌtaɪdˈkɒtɪdʒ] *n* (*Brit*) Gesindehaus *nt*; **tied house** *n* (*Brit*) Brauereigaststätte *f*, brauereieigene Gaststätte.

tie-in [ˈtaɪɪn] **I** *n* **1.** (*connection, relationship*) Verbindung, Beziehung *f*, Zusammenhang *m*; **2.** (*US: sale*) Kopplungsgeschäft *nt*; **II** *attr* ~ **sale** (*US*) Kopplungsgeschäft *nt*; **tie line** *n* (*Telec*) Direktverbindung *f*; **tie-on** *adj attr* Anhänge-, zum Anbinden or Anhängen; **tie pin** *n* Krawatten- or Schlipsnadel *f*.

tier [tɪəʳ] *n* **1.** (*of cake*) Etage, Stufe *f*; (*of amphitheatre*) Reihe *f*; (*Theat, of stadium*) Rang *m*; (*fig: in hierarchy, system etc*) Stufe *f*, Rang *m*. **a cake with three** ~**s** ein dreistöckiger Kuchen; **to arrange sth in** ~**s** etw stufenförmig aufbauen; **to rise in** ~**s** stufenförmig nach oben führen.

tiered [tɪəd] *adj* gestuft.

tie rod *n* (*Aut*) Lenkspurstange *f*; **tie-up** *n* **1.** (*connection*) Verbindung *f*; **2.** (*US: stoppage*) Stillstand *m*.

tiff [tɪf] *n* (*inf*) Krach *m* (*inf*). **he's had a** ~

with his girlfriend er hat mit seiner Freundin Krach gehabt (*inf*).

tiger [ˈtaɪɡəʳ] *n* Tiger *m*.

tiger lily *n* Tigerlilie *f*; **tiger moth** *n* Bärenspinner *m*; **tiger shark** *n* Tigerhai *m*.

tight [taɪt] **I** *adj* (+*er*) **1.** (*close-fitting*) *clothes* eng; *join* dicht.

2. (*stiff, difficult to move*) *screw, bolt* festsitzend, unbeweglich. **the tap/cork/ screw/bolt is (too)** ~ der Hahn ist zu fest zu/der Korken/die Schraube/der Bolzen sitzt fest.

3. (*firm*) *screw* fest angezogen; *tap, window* dicht; *lid, embrace* fest; *control, discipline* streng; *organization* straff. **to keep a** ~ **hold on sth** (*lit*) etw gut festhalten; **to keep a** ~ **hold on the reins** (*fig*) die Zügel fest in der Hand haben.

4. (*taut*) *rope, skin* straff; *knot* fest (angezogen). **she wears her hair in a** ~ **bun** sie trägt ihr Haar in einem festen Knoten; **a** ~ **feeling in the chest** ein beengtes Gefühl in der Brust.

5. (*leaving little space*) eng; *weave also* dicht. **things are getting rather** ~ **in this office** es wird ziemlich eng im Büro.

6. (*leaving little time*) *timing etc* knapp; *schedule* knapp bemessen. **4 o'clock is making it a bit** ~ **for me** 4 Uhr ist ein bißchen knapp für mich.

7. (*difficult*) *situation* schwierig. **in a** ~ **corner** or **spot** (*fig*) in der Klemme (*inf*); **things are getting a bit** ~ **for him round here** es wird langsam brenzlig für ihn (*inf*).

8. (*close*) *race, match* knapp.

9. (*Fin*) *money* knapp.

10. (*inf: miserly*) knick(e)rig (*inf*).

11. (*inf: drunk*) voll (*sl*), blau (*inf*).

II *adv* (+*er*) *hold, shut, screw, fasten* fest; *stretch* straff. **the suitcase/train was packed** ~ **with …** der Koffer/Zug war vollgestopft mit … or prallvoll/gerammelt voll von … (*inf*); **he kept his mouth shut** ~ er schwieg eisern; (*at dentist etc*) er hielt den Mund fest geschlossen; **to hold sb/sth** ~ jdn/etw fest halten; **to do sth up** ~ etw festmachen or gut befestigen; **sleep** ~! schlaf(t) gut!; **hold** ~! festhalten!; **to sit** ~ sich nicht rühren.

III *adj suf* -dicht. **water-**~/**air**~ wasser-/ luftdicht.

tighten [ˈtaɪtn] (*also* ~ **up**) **I** *vt* **1.** *knot* fester machen, anziehen; *screw* anziehen; (*retighten*) nachziehen; *rope* straffen, anziehen; (*stretch tighter*) straffer spannen. **to** ~ **the steering in a car** die Lenkung an einem Auto nachziehen.

2. *restrictions* verschärfen; *see* **belt**.

II *vi* (*rope*) sich spannen, sich straffen; (*knot*) sich zusammenziehen. **whenever he's angry his mouth** ~**s** immer wenn er wütend ist, wird sein Mund schmal und verkniffen.

◆**tighten up I** *vi* **1.** *see* **tighten II. 2.** (*in discipline*) strenger werden, härter durchgreifen. **they've** ~**ed** ~ **on security** sie haben die Sicherheitsvorkehrungen verschärft. **II** *vt sep* **1.** *see* **tighten I 1. 2.** *organization, procedure* straffen; *discipline, controls* verschärfen.

tight-fisted [ˈtaɪtˈfɪstɪd] *adj* knauserig, knickerig (*inf*); **tight-fitting** *adj* eng anliegend; **tight-knit** adj community eng miteinander verbunden or verwachsen; **tight-lipped** adj (lit) schmallippig; (silent) verschwiegen, verschlossen.

tightness ['taɪtnɪs] n see adj **1.** enges Anliegen; Dichtheit f.
2. Festsitzen nt, Unbeweglichkeit f.
3. fester Sitz; Dichtheit f; Strenge f; Straffheit f. **the ~ of his embrace** seine feste Umarmung.
4. Straffheit f; Festigkeit f.
5. Enge f; Dichte f.
6. Knappheit f.
7. Schwierigkeit f.
8. Knappheit f.
9. Knappheit f.
10. Knick(e)rigkeit f (inf), Geiz m.
11. Besoffenheit f (sl).

tightrope ['taɪtrəup] n Seil nt. **to walk a ~** (fig) einen Balanceakt vollführen; **~ act** (lit, fig) Balanceakt m; **~ walker** Seiltänzer(in f) m.

tights [taɪts] npl (esp Brit) Strumpfhose f. **a pair of ~** eine Strumpfhose.

tightwad ['taɪtwɒd] n (US) Geizhals.

tigress ['taɪgrɪs] n Tigerin f.

tilde ['tɪldɪ] n Tilde f.

tile [taɪl] **I** n (on roof) (Dach)ziegel m; (ceramic ~) Fliese f; (on wall also) Kachel f; (lino ~, cork ~, polystyrene ~ etc) Platte, Fliese f; (carpet ~) (Teppich)fliese f. **to have a night on the ~s** (inf) einen draufmachen (inf).
II vt roof (mit Ziegeln) decken; floor mit Fliesen/Platten auslegen; wall kacheln; mit Platten bedecken; bathroom kacheln, Fliesen anbringen in (+dat). **~d** roof Ziegel-.

tiling ['taɪlɪŋ] n **1.** (action) (of roof) (Dach)decken nt; (of floor) Fliesenlegen nt; (of wall) Kacheln nt; Belegen nt mit Platten.
2. (tiled surface) (on roof) Ziegel pl; (on floor) Fliesen pl; Platten pl; (on wall) Kacheln, Fliesen pl; Platten pl.

till¹ [tɪl] prep, conj see **until.**

till² n (cash-register) Kasse f; (drawer) (in bank) Geldkasse f, Geldkasten m; (in shop) Ladenkasse f. **to be caught with one's hand in the ~** (fig) beim Griff in die Kasse ertappt werden.

till³ vt (Agr) bestellen.

tillage ['tɪlɪdʒ] n (act) Bestellen nt; (land) bestelltes Land.

tiller¹ ['tɪlər] n (Naut) Ruderpinne f.

tiller² n (Agr) Landmann m (old). **~ of the soil** (liter) Ackersmann (old); Bebauer m der Scholle (liter).

tilt [tɪlt] **I** n **1.** (slope) Neigung f. **the sideways ~ of his head** seine schräge Kopfhaltung; **if you increase the (angle of) ~ of the conveyor belt ...** wenn Sie das Fließband schräger stellen ...; (sideways also) wenn Sie das Fließband weiter kippen ...; **to have a ~** sich neigen.
2. (Hist: tournament) Turnier nt; (thrust) Stoß m. **to have a ~ at sb/sth** (fig) jdn/etw aufs Korn nehmen; see **full.**
II vt kippen, schräg stellen; head (seitwärts) neigen.
III vi **1.** (slant) sich neigen. **this part of the machine ~s** dieser Teil der Maschine läßt sich kippen; **sit properly on your**

chair, don't ~ sitz anständig auf dem Stuhl und schaukle nicht dauernd!
2. (fig) **to ~ at sb/sth** jdn/etw attackieren; see **windmill.**

◆**tilt back I** vi sich nach hinten neigen. **he ~ed ~ in his chair** er kippte mit seinem Stuhl nach hinten. **II** vt sep nach hinten neigen; chair also, machine part nach hinten kippen.

◆**tilt forward I** vi sich nach vorne neigen; machine part nach vorn kippen. **he ~ed ~ in his chair** er lehnte sich mit seinem Stuhl vor. **II** vt sep nach vorne neigen; chair also, machine part nach vorne kippen.

◆**tilt over I** vi (lean) sich neigen; (fall) (um)kippen. **II** vt sep (slant) neigen, schräg stellen; barrel, chair kippen.

◆**tilt up I** vi nach oben kippen. **the back of the lorry ~s** die Ladefläche des Lastwagens kippt. **II** vt sep bottle kippen; kaleidoscope schräg nach oben halten.

Tim [tɪm] n abbr of **Timothy**; (Brit Telec) der Zeitservice.

timber ['tɪmbər] **I** n **1.** Holz nt; (for building also) Bauholz nt; (land planted with trees) (Nutz)wald m. **to put land under ~** Land mit Bäumen bepflanzen; **standing ~** Nutzwald m; **~!** Baum fällt!
2. (beam) Balken m; (Naut also) Spant nt.
3. (Hunt) (Holz)zäune und -gatter pl.
4. (esp US: character) **a man of presidential ~** ein Mann, der das Zeug zum Präsidenten hat.
II vt house mit Fachwerk versehen; gallery (in mine) abstützen, verzimmern.

timbered ['tɪmbəd] adj house Fachwerk-; land Wald-.

timbering ['tɪmbərɪŋ] n (inside house) Gebälk, Balkenwerk nt; (outside house) Fachwerk nt; (Naut) Spanten pl; (Min) Stützbalken pl; (material) (Bau)holz nt.

timberland ['tɪmbəlænd] n (US) Waldland nt; **timber line** n Baumgrenze f; **timber mill** n Sägemühle f, Sägewerk nt; **timber wolf** n Timberwolf m; **timberwork** n (beams) Gebälk, Balkenwerk nt; (timber framing) Fachwerk nt; **timber yard** n Holzlager nt.

timbre ['tɪmbər] n Timbre nt; (Phon) Tonqualität f.

time [taɪm] **I** n **1.** Zeit f. **how ~ flies!** wie die Zeit vergeht!; **only ~ will tell whether ...** es muß sich erst herausstellen, ob ...; **it takes ~ to do that** das erfordert or braucht (seine) Zeit; **to take (one's) ~ (over sth)** sich (dat) (bei etw) Zeit lassen; **it took me all my ~ to finish** ich bin gerade noch fertig geworden; **in (the course of) ~** mit der Zeit; **in (next to or less than) no ~** im Nu, im Handumdrehen; **at this (present) point or moment in ~** zu diesem or zum gegenwärtigen Zeitpunkt; **to have a lot of/no ~ for sb/sth** viel/keine Zeit für jdn/etw haben; (fig: be for/against) viel/nichts für jdn/etw übrig haben; **to find/make ~ (for sb/sth)** Zeit finden/sich (dat) Zeit für jdn/etw) nehmen; **to have ~ on one's hands** viel freie Zeit haben; **my ~ is my own** ich kann frei über meine Zeit verfügen; **in one's own/the company's ~** in or während der Freizeit/Arbeitszeit; **to be in good ~**

rechtzeitig dran sein; **don't rush, do it in your own** ~ nur keine Hast, tun Sie es, wie Sie es können; **he'll let you know in his own good** ~ er wird Ihnen Bescheid sagen, wenn er soweit ist; **all in good** ~ alles zu seiner Zeit; ~ **is money** (*prov*) Zeit ist Geld (*prov*); ~ **and tide wait for no man** (*Prov*) das Rad der Zeit hält niemand auf (*Prov*); **(for) a long/short** ~ lange/kurz; **it's a long** ~ **(since)** es ist schon lange her(, seit); **what a (long)** ~ **you have been!** du hast (aber) lange gebraucht!; **a short** ~ **later/ago** kurz darauf/vor kurzem; **in a short** ~ **they were all gone** nach kurzer Zeit waren alle gegangen; **for some** ~ **past** seit einiger Zeit; **all the** ~ die ganze Zeit; **in two weeks'** ~ in zwei Wochen; **for a** ~ eine Zeitlang; **for the** ~ **being** (*provisionally*) vorläufig; (*temporarily*) vorübergehend; **to do** ~ (*inf: in prison*) sitzen (*inf*).

2. (*of clock, moment, season*) **what** ~ **is it?, what's the** ~? wie spät ist es?, wieviel Uhr ist es?; **what** ~ **do you make it?** wie spät haben Sie's?; **my watch keeps good** ~ meine Uhr geht genau; **to tell the** ~ (*person*) die Uhr kennen; (*instrument*) die Uhrzeit anzeigen; **can you tell the** ~? kennst du die Uhr?; **the** ~ **is 2.30** es ist 2³⁰, die Zeit: 2³⁰; **what was his** ~? (*in race*) welche Zeit hatte er?; **the winning** ~ **was** ... die Zeit des Siegers war ...; **it's** ~ **(for me/us** *etc*) **to go, it's** ~ **I was/we were** *etc* **going, it's** ~ **I/we** *etc* **went** es wird Zeit, daß ich gehe/wir gehen *etc*; **on** ~/**ahead of** ~/**behind** ~ pünktlich/zu früh/zu spät; **we are ahead of** ~/**behind** ~ wir sind früh/spät dran; **we're/the project is ahead of** ~/**behind** ~ wir sind/das Projekt ist dem Zeitplan voraus/zeitlich im Rückstand; **to make good** ~ gut *or* schnell vorankommen; **the trains are on** ~ *or* **running to** ~ die Züge fahren pünktlich; **to be in** ~ **for sth** rechtzeitig zu etw kommen; **it's about** ~ **he was here** es wird langsam Zeit, daß er kommt; **it's** ~ **for tea** es ist Teezeit; **(and) about** ~ **too!** das wird aber auch Zeit!; **at all** ~s jederzeit, immer; **at any** ~ **during the day** zu jeder Tageszeit; **not at this** ~ **of night!** nicht zu dieser nachtschlafenen Stunde!; **to pass the** ~ **of day (with sb)** (mit jdm) über Belanglosigkeiten reden; **I wouldn't even give him the** ~ **of day** ich würde ihm nicht einmal guten Tag sagen; ~ **gentlemen please!** Feierabend! (*inf*); **there's a** ~ **and a place for everything** alles zu seiner Zeit; **this is hardly the** ~ **or the place to** ... dies ist wohl kaum die rechte Zeit oder der rechte Ort, um ...; **this is no** ~ **for quarrelling** *or* **to quarrel** jetzt ist nicht die Zeit, sich zu streiten; **well, this is a fine** ~ **to tell me that** (*iro*) Sie haben sich (*dat*) wahrhaftig eine gute Zeit ausgesucht, um mir das zu sagen; **there are** ~**s when** ... es gibt Augenblicke, wo *or* da (*geh*) ...; **at the** *or* **that** ~ damals, zu der Zeit, seinerzeit; **at this (particular)** ~, **at the present** ~ zur Zeit; **at one** ~ früher, einmal; **at any/no** ~ jederzeit/niemals; **come (at) any** ~ du kannst jederzeit kommen; **at the same** ~ (*lit*) gleichzeitig; **sometimes** ... **(at) other**

~**s** ... **(manch)mal** ..., **(manch)mal** ...; **it was hard, but at the same** ~ **you could have tried** es war schwierig, aber Sie hätten es trotzdem versuchen können; **at** ~**s** manchmal; **at various** ~**s in the past** schon verschiedene Male *or* verschiedentlich; **by the** ~ **it had finished** als es zu Ende war; **by that** ~ **we knew/we'll know** da *or* inzwischen wußten wir es/dann *or* bis dahin wissen wir es; **by this** ~ inzwischen; **by this** ~ **next year/tomorrow** nächstes Jahr/morgen um diese Zeit; **between** ~**s** (*inf*) zwischendurch; **from** ~ **to** ~ dann und wann, von Zeit zu Zeit; **from that** ~ **on** von der Zeit an, von da an; **since that** ~ seit der Zeit; **until such** ~ **as** ... so lange bis ...; **this** ~ **of the day/year** diese Tages-/Jahreszeit; **at this** ~ **of the week/month** zu diesem Zeitpunkt der Woche/des Monats; **this** ~ **last year/week** letztes Jahr/letzte Woche um diese Zeit; **now's the** ~ **to do it** jetzt ist der richtige Zeitpunkt *or* die richtige Zeit, es zu tun; **to die before one's** ~ zu früh sterben; **when the** ~ **comes** wenn es soweit ist; **the** ~ **has come (to do sth)** es ist an der Zeit(, etw zu tun); **when her** ~ **comes** (*of pregnant woman*) wenn ihre Zeit kommt; **when your** ~ **comes to be the leader** wenn Sie an der Reihe sind, die Führung zu übernehmen; **my** ~ **is (almost) up** meine *or* die Zeit ist (gleich) um; (*fig: life*) meine Zeit ist gekommen.

3. (*occasion*) **this** ~ diesmal, dieses Mal; **(the) next** ~ nächstes Mal, das nächste Mal; **(the) next** ~ **I see you** wenn ich dich nächstes Mal *or* das nächste Mal sehe; **(the) last** ~ letztes Mal, das letzte Mal; **(the) last** ~ **he was here** letztes Mal *or* das letzte Mal, als er hier war; **every** *or* **each** ~ ... jedesmal, wenn ...; **many a** ~, **many** ~**s** viele Male; **many's the** ~ **I have heard him say** ... ich habe ihn schon oft sagen hören ...; **for the last** ~ zum letzten Mal; **and he's not very bright at the best of** ~**s** und er ist ohnehin *or* sowieso nicht sehr intelligent; **the** ~ **before** das letzte *or* vorige Mal; **the** ~ **before last** das vorletzte Mal; ~ **and (~) again,** ~ **after** ~ immer wieder, wieder und wieder (*geh*); **they came in one/ three** *etc* **at a** ~ sie kamen einzeln/immer zu dritt *etc* herein; **four at a** ~ vier auf einmal; **for weeks at a** ~ wochenlang; **he pays me £10 a** ~ er zahlt mir jedesmal £ 10; **rides on the roundabout cost 10p a** ~ eine Fahrt auf dem Karussell kostet 10 Pence; **I've told you a dozen** ~**s** ich habe dir schon x-mal gesagt.

4. (*multiplication*) **2** ~**s 3 is 6** 2 mal 3 ist 6; **it was ten** ~**s as big as** *or* **ten** ~**s the size of** ... es war zehnmal so groß wie ...

5. (*rate*) **Sunday is (paid) double** ~/~ **and a half** Sonntage werden doppelt bezahlt, sonntags gibt es 100% Zuschlag *or* 200%/sonntags gibt es 50% Zuschlag *or* 150%.

6. (*era*) **in Victorian** ~**s** im Viktorianischen Zeitalter; **in olden** ~**s** in alten Zeiten; **in my** ~ zu meiner Zeit; ~ **was when** ... es gab Zeiten, da ...; **he is ahead of** *or* **before his** ~ er ist seiner Zeit (weit) voraus; **to be behind the** ~**s** rückständig sein, hinter dem Mond leben (*inf*); (*outdated knowledge*) nicht auf dem laufenden sein; **to keep up with the** ~s mit der Zeit gehen; (*keep in touch*) auf dem laufenden bleiben; ~s **are hard** die Zeiten sind hart *or* schwer; ~s **change** die Zeiten ändern sich; ~s **are changing** es kommen andere Zeiten; ~s **are changing for the better/worse** es kommen bessere/ schlechtere Zeiten.

7. (*experience*) **we had a good** ~ es war (sehr) schön, es hat uns (*dat*) gut gefallen; **he doesn't look as though he's having a good** ~ es scheint ihm hier nicht besonders gut zu gefallen; **have a good** ~! viel Vergnügen *or* Spaß!; **to have the** ~ **of one's life** eine herrliche Zeit verbringen, sich glänzend amüsieren; **what a** ~ **we had** *or* **that was!** das war eine Zeit!; **what** ~s **we had!, what** ~s **they were!** das waren (noch) Zeiten!; **to have an easy/a hard** ~ es leicht/schwer haben; **was it difficult? — no, we had an easy** ~ **(of it)** war es schwierig? — nein, (es war) ganz leicht; **he didn't have an easy** ~ **of it in the operating theatre** er war im Operationssaal schlimm dran; **to have a bad/rough** ~ viel mitmachen; **I've been having a bad** ~ **with my ulcer** mein Magengeschwür hat mir schwer zu schaffen gemacht; **the goal-keeper had a rough** ~ der Torwart hatte schwer zu kämpfen; **to show sb a good** ~ jdn ausführen; **she'll give you a good** ~ **for £30** bei ihr kannst du dich für £ 30 amüsieren; **to give sb a bad/ rough** *etc* ~ **(of it)** jdm das Leben schwermachen; **a good** ~ **girl** ein lebenslustiges Mädchen, ein vergnügungssüchtiges Mädchen (*pej*).

8. (*rhythm*) Takt *m*. **(to be) in** ~ **(with)** im Takt (sein) (mit); **(to be/get) out of** ~ aus dem Takt (sein/kommen); **you're singing out of** ~ **(with the others)** du singst nicht im Takt (mit den anderen); **3/4** ~ Dreivierteltakt *m*; **to keep** ~ (*beat* ~) den Takt angeben *or* schlagen; (*keep in* ~) (den) Takt halten.

II *vt* **1.** (*choose* ~ *of*) **to** ~ **sth perfectly** genau den richtigen Zeitpunkt für etw wählen; **he** ~d **his arrival to coincide with ...** er legte seine Ankunft so, daß sie mit ... zusammenfiel; **you** ~d **that well** du hast dir den richtigen Zeitpunkt (dafür) ausgesucht; **the bomb is** ~d **to explode at ...** die Bombe ist so eingestellt, daß sie um ... explodiert.

2. (*with stop-watch etc*) stoppen; *speed also* messen. **to** ~ **sb (over 1000 metres)** jdn (auf 1000 Meter) stoppen; jds Zeit (auf *or* über 1000 Meter) nehmen; ~ **how long it takes you,** ~ **yourself** sieh auf die Uhr, wie lange du brauchst; (*with stop-watch*) stopp, wie lange du brauchst; **to** ~ **an egg** auf die Uhr sehen, wenn man ein Ei kocht; **a computer that** ~s **its operator** ein Computer, der die Zeit mißt, die sein Operator braucht.

time-and-motion expert [ˌtaɪmənˈməʊʃn-] *n* Fachmann *m* für Zeitstudien, ≈ REFA-Fachmann *m*; **time-and-motion study** *n* Zeitstudie, Bewegungsstudie *f*; **time bomb** *n* (*lit, fig*) Zeitbombe *f*; **time capsule** *n* Kassette *f* mit Zeitdokumentationen; **timecard** *n* (*for workers*) Stech-

karte *f*; (*US: timetable*) Fahrplan *m*; **time check** *n* (*general*) Zeitkontrolle *f*; (*Rad, TV*) Zeitvergleich *m*; **time clock** *n* Stechuhr *f*; **time-consuming** *adj* zeitraubend; **time exposure** *n* Langzeitbelichtung *f*; (*photograph*) Langzeitaufnahme *f*; **time fuse** *or* (*US*) **fuze** *n* Zeitzünder *m*; **time-honoured** *or* (*US*) **-honored** *adj* althergebracht, altehrwürdig; **timekeeper** *n* (*Sport*) Zeitnehmer *m*; **this watch/ employee is a good/bad** ~ diese Uhr geht richtig *or* genau/nicht richtig/dieser Angestellte erfüllt immer/nie das Zeitsoll; **time-lag** *n* Zeitdifferenz *f*; (*delay*) Zeitverschiebung *f*; **cultural/technical** ~ Unterschied *m* in der kulturellen/technischen Entwicklung; **time-lapse** *adj* Zeitraffer-.

timeless [ˈtaɪmlɪs] *adj* zeitlos; (*everlasting*) immerwährend.

timelessly [ˈtaɪmlɪslɪ] *adv* zeitlos; (*eternally*) immerfort.

timelessness [ˈtaɪmlɪsnɪs] *n* Zeitlosigkeit *f*; (*eternal nature*) Unvergänglichkeit *f*.

time limit *n* zeitliche Begrenzung; (*for the completion of a job*) Frist *f*. **to put a** ~ **on sth** etw befristen.

timeliness [ˈtaɪmlɪnɪs] *n* Rechtzeitigkeit *f*. **the** ~ **of his warning soon became apparent** man merkte bald, daß seine Warnung genau zum richtigen Zeitpunkt erfolgt war.

time lock *n* Zeitschloß *nt*.

timely [ˈtaɪmlɪ] *adj* rechtzeitig. **a** ~ **piece of advice** ein Rat zur rechten Zeit; **that was very** ~ das war genau zur rechten Zeit.

time machine *n* Zeitmaschine *f*; **time-out** *n* (*US*) **1.** (*Ftbl, Basketball*) Auszeit *f*; **2.** (*break*) **to take** ~ Pause machen; **timepiece** *n* Uhr *f*, Chronometer *nt* (*geh*).

timer [ˈtaɪmər] *n* Zeitmesser *m*; (*switch*) Schaltuhr *f*; (*person*) Zeitnehmer *m*.

timesaving [ˈtaɪmˌseɪvɪŋ] *adj* zeitsparend; **timeserver** *n* Opportunist, Gesinnungslump (*inf*) *m* (*pej*); **timeserving I** *n* Opportunismus *m*, Gesinnungslumperei (*inf*) *f* (*pej*); **II** *adj* opportunistisch; **time sharing** *n* Teilnehmer-Rechensystem, Time-sharing *nt*; **time sheet** *n* Stundenzettel *m*, Arbeitszeit-Kontrolliste *f* (*form*); **time signal** *n* Zeitzeichen *nt*; **time span** *n* Zeitspanne *f*; **time switch** *n* Schaltuhr *f*, Zeitschalter *m*; **timetable** *n* (*transport*) Fahrplan *m*; (*Brit Sch*) Stundenplan *m*; **to have a busy** ~ ein volles Programm haben; **what's on the** ~? was steht auf dem Programm?; **timeworn** *adj* stones verwittert; (*through use*) abgetreten; *cliché, joke* abgedroschen; **time zone** *n* Zeitzone *f*.

timid [ˈtɪmɪd] *adj* scheu, ängstlich; *person, behaviour, words also* schüchtern.

timidity [tɪˈmɪdɪtɪ], **timidness** [ˈtɪmɪdnɪs] *n* see *adj* Scheu, Ängstlichkeit *f*; Schüchternheit *f*.

timidly [ˈtɪmɪdlɪ] *adv* see *adj*.

timing [ˈtaɪmɪŋ] *n* **1.** (*choice of time*) Wahl *f* des richtigen Zeitpunkts (*of* für), Timing *nt*; (*Tennis, Ftbl also*) (Ball)berechnung *f*. **it's all a question of** ~ es ist eine Frage (der Wahl) des richtigen Zeitpunkts *or* des Timings; **perfect ~, I'd just opened a bottle** ihr kommt gerade richtig, ich habe eben eine Flasche aufgemacht; **what's the ~ for this job?** wie sieht der Zeitplan für diese Arbeit aus?; **the actors' ~ was terrible** die Schauspieler zeigten erbärmliche Synchronisierung; **the dancer showed a good sense of ~** der Tänzer bewies ein gutes Gefühl fürs Timing.

2. (*Aut*) (*mechanism*) Steuerung *f*; (*adjustment*) Einstellung *f*. **~ mechanism** Steuermechanismus *m*.

3. (*measuring of time*) Zeitnahme, Zeitmessung *f* (*of bei*); (*of race, runners etc*) Stoppen *nt*. **regular ~ of the factory workers** regelmäßige Zeitkontrollen bei den Fabrikarbeitern.

timorous ['tɪmərəs] *adj* furchtsam, ängstlich, scheu.

Timothy ['tɪməθɪ] *n* (*Bibl*) Timotheus *m*.

tin [tɪn] **I** *n* **1.** Blech *nt*; (*Chem: metal, abbr* Sn) Zinn *nt*.

2. (*esp Brit: can*) Dose, Büchse *f*. **a ~ of beans/biscuits** eine Dose *or* Büchse Bohnen/eine Dose Kekse.

II *vt* **1.** (*coat with ~*) verzinnen.

2. (*esp Brit: can*) in Dosen konservieren.

tin can *n* **1.** (*Brit*) (Blech)dose, (Blech)büchse *f*. **2.** (*US Naut sl: destroyer*) Zerstörer *m*.

tincture ['tɪŋktʃər] **I** *n* **1.** (*Pharm, Her*) Tinktur *f*. **~ of iodine** Jodtinktur *f*. **2.** (*fig: tinge*) Spur, Andeutung *f*. **II** *vt* views, opinions einen Anstrich *or* Beigeschmack geben (+ *dat*) (*with* von). **to be ~d with sth** einen Anstrich *or* Beigeschmack von etw haben.

tinder ['tɪndər] *n* Zunder *m*. **~box** Zunderbüchse *f*.

tinfoil ['tɪnfɔɪl] *n* Stanniol(papier) *nt*; (*aluminium foil*) Aluminiumfolie *f*.

ting [tɪŋ] **I** *vt* bell läuten. **to ~ the bell** klingeln; **he ~ed his knife against the glass, he ~ed the glass with his knife** er schlug mit dem Messer an das Glas, daß es klirrte. **II** *vi* (*bell*) klingen. **III** *n* Klingen *nt*. **to give the bell a (quick) ~** (kurz) klingeln.

ting-a-ling ['tɪŋə'lɪŋ] *interj* kling(e)ling.

tinge [tɪndʒ] **I** *n* **1.** (*of colour*) Hauch *m*, Spur *f*. **a ~ of red** ein (leichter) Rotstich.

2. (*fig: hint, trace*) Spur *f*; (*of sadness also*) Anflug *m*.

II *vt* **1.** (*colour*) (leicht) tönen.

2. (*fig*) **to ~ sth with sth** einer Sache (*dat*) eine Spur von etw geben; **~d with ...** mit einer Spur von ...

tingle ['tɪŋgl] **I** *vi* prickeln, kribbeln (*inf*) (*with* vor +*dat*); (*with blows*) leicht brennen (*with* von). **... makes your mouth ~ with freshness** ... gibt Ihrem Mund prickelnde Frische; **to ~ with excitement** ganz kribbelig sein (*inf*).

II *n see vi* Prickeln, Kribbeln (*inf*) *nt*; leichtes Brennen. **she felt a ~ of excitement** sie war ganz kribbelig (*inf*).

tingling ['tɪŋglɪŋ] **I** *n see vi* Prickeln, Kribbeln (*inf*) *nt*; leichtes Brennen. **II** *adj* (*with cold, freshness, excitement*) prickelnd; (*with blows*) brennend.

tingly ['tɪŋglɪ] *adj* prickelnd. **my arm feels (all) ~** ich habe ein prickelndes Gefühl im

Arm, mein Arm kribbelt (*inf*); **I feel ~ all over** es kribbelt mich überall; (*with excitement*) es prickelt mir unter der Haut, ich bin ganz kribbelig (*inf*).

tin god *n* (*fig*) Bonze *m*; (*idol*) Abgott, Götze *m*; **tin hat** *n* (*inf*) Stahlhelm *m*, steifer Hut (*inf*); **tinhorn** *n* (*US sl*) Angeber *m* (*inf*).

tinker ['tɪŋkər] **I** *n* Kesselflicker *m*. **you little ~!** (*inf*) du kleiner Stromer *or* Zigeuner! (*inf*); **not to give a ~'s curse** *or* **cuss** *or* **damn about sb/sth** (*inf*) sich einen feuchten Kehricht um jdn/etw scheren (*inf*); **not to be worth a ~'s curse** *or* **cuss** *or* **damn** (*inf*) keinen Pfifferling wert sein (*inf*); (*person*) keinen Schuß Pulver wert sein (*inf*).

II *vi* **1.** (*also ~ about*) herumbasteln (*with, on* an +*dat*).

2. (*unskilfully*) **to ~ with sth** an etw (*dat*) herumpfuschen.

tinkle ['tɪŋkl] **I** *vt* zum Klingen bringen. **he ~d the bell** er klingelte (mit der Glocke).

II *vi* (*bells etc*) klingen, bimmeln (*inf*); (*on piano*) klimpern; (*breaking glass*) klirren.

III *n* Klingen, Bimmeln (*inf*) *nt no pl*; (*of breaking glass*) Klirren *nt no pl*. **to give sb a ~** (*Brit inf: on telephone*) jdn anbimmeln (*inf*).

tinkling ['tɪŋklɪŋ] **I** *n* (*of bells etc*) Klingen, Bimmeln (*inf*) *nt*; (*of piano*) Klimpern *nt*; (*of broken glass*) Klirren *nt*. **II** *adj see n* klingend, bimmelnd (*inf*); klimpernd; klirrend.

tin lizzie *n* (*inf: car*) Klapperkiste *f*; **tin mine** *n* Zinnmine *f*, Zinnbergwerk *nt*.

tinned [tɪnd] *adj* (*esp Brit*) Dosen-, Büchsen-.

tinny ['tɪnɪ] *adj* (+*er*) sound blechern; instrument blechern klingend; taste nach Blech; (*pej*) typewriter etc schäbig. **these cars are so ~** diese Autos bestehen fast nur aus Blech.

tin-opener ['tɪn,əʊpnər] *n* (*esp Brit*) Dosen- *or* Büchsenöffner *m*; **tin pan alley** *n* die Schlagerindustrie; (*district*) das Zentrum der Schlagerindustrie; **tin plate** *n* Zinnblech *nt*; **tin-plate** *vt* verzinnen; **tin-pot** *adj* (*Brit inf*) mickrig (*inf*).

tinsel ['tɪnsəl] *n* **1.** (*foil*) Girlanden *pl* aus Rauschgold etc; (*on dress*) Lamé *nt*.

2. (*fig*) Talmi *nt* (*pej*), Tand *m* (*geh*).

tinsmith ['tɪnsmɪθ] *n* Blechschmied *m*; **tin soldier** *n* Zinnsoldat *m*.

tint [tɪnt] **I** *n* Ton *m*; (*product for hair*) Tönung(smittel *nt*) *f*. **~s of autumn/ purple** Herbst-/Violettöne *pl*. **II** *vt* tönen.

tintack ['tɪntæk] *n* Tapeziernagel *m*.

tiny ['taɪnɪ] *adj* (+*er*) winzig, sehr klein; *baby, child* sehr *or* ganz klein. **~ little** winzig klein; **a ~ mind** (*pej*) ein winziger Verstand, ein Zwergenverstand *m*.

tip¹ [tɪp] **I** *n* Spitze *f*; (*of cigarette*) Filter *m*; (*inf: cigarette*) Filter(zigarette) *f*. **to stand on the ~ of one's toes** auf Zehenspitzen stehen; **it's on the ~ of my tongue** es liegt mir auf der Zunge; **it's just the ~ of the iceberg** (*fig*) das ist nur die Spitze des Eisbergs; *see* fingertip, wingtip.

II *vt* (*put ~ on*) **to ~ sth with copper/ steel** etc etw mit einer Kupfer-/Stahlspitze versehen; **copper/steel** ~**ped** mit Kupfer-/ Stahlspitze; ~**ped** (*cigarette*) mit Filter, Filter-.

tip² I *n* 1. (*gratuity*) Trinkgeld *nt*. **£100 a week, plus** ~**s** £ 100 pro Woche, plus Trinkgeld(er); **10p is sufficient as a** ~ 10 Pence Trinkgeld reichen.

2. (*warning*) Wink, Tip *m*; (*advice*) Tip, Hinweis, Ratschlag *m*; (*Racing*) Tip *m*. **if you take my** ~ wenn Sie meinen Tip *or* Wink beachten.

3. (*tap*) **to give the ball a** ~ den Ball nur antippen; **to give a glass a** ~ **with one's finger** ein Glas mit dem Finger antippen, mit dem Finger an ein Glas tippen.

II *vt* 1. (*give gratuity to*) Trinkgeld geben (+*dat*). **to** ~ **sb £1** jdm £ 1 Trinkgeld geben.

2. (*Racing*) tippen auf (+*acc*), setzen auf (+*acc*). **he** ~**ped Red Rum for the 3.30** er setzte *or* tippte im 3³⁰ Rennen auf Red Rum; **you** ~**ped a winner** (*lit, fig*) da hast du auf das richtige Pferd gesetzt; **Paul is** ~**ped for the job** Paul ist der Favorit für diese Stelle.

3. (*tap*) (*with fingers*) tippen *or* schnipsen an (+*acc*); (*with bat, racket*) antippen. **to** ~ **one's hat (to sb)** an den Hut tippen.

III *vi* **Americans** ~ **better** Amerikaner geben mehr Trinkgeld.

◆**tip off** *vt sep* einen Tip *or* Wink geben (+*dat*) (*about* über +*acc*). **he** ~**ped** ~ **the police as to her whereabouts** er verriet der Polizei, wo sie war.

tip³ I *vt* (*tilt, incline*) kippen; (*overturn*) umkippen; (*pour*) *liquid* kippen, schütten; (*empty*) *load, sand, rubbish* schütten; *books, clothes etc* kippen. **to** ~ **sth backwards/forwards** etw nach hinten/ vorne kippen *or* neigen *or* legen; **he** ~**s the scales at 70kg** er bringt 70 kg auf die Waage; **it** ~**ped the scales in his favour** (*fig*) das hat für ihn den Ausschlag gegeben; ~ **the case upside down** dreh die Kiste um, stell die Kiste auf den Kopf; **to** ~ **sb off his chair** jdn vom Stuhl kippen.

II *vi* (*incline*) kippen; (*dump rubbish*) Schutt abladen. **the boat** ~**ped to and fro** das Boot schaukelte auf und ab; **"no** ~ **ping", "**~**ping prohibited"** „Schutt abladen verboten".

III *n* 1. (*Brit*) (*for rubbish*) Schuttabladeplatz, Müllplatz *m*; (*for coal*) Halde *f*; (*inf: untidy place*) Saustall *m* (*inf*).

2. **to give sth a** ~ etw (um)kippen.

◆**tip back** I *vi* (*chair, person, mirror*) nach hinten (weg)kippen. II *vt sep* nach hinten kippen; *person* nach hinten legen.

◆**tip out** I *vt sep* auskippen; *liquid, sand also* ausschütten; *load, objects, rubbish* abladen, ausleeren. **they** ~**ped him** ~ **of bed** sie kippten ihn aus dem Bett. II *vi* herauskippen; (*liquid*) herauslaufen; (*sand*) herausrutschen; (*load, objects, rubbish also*) herausfallen.

◆**tip over** *vti sep* (*overturn*) umkippen.

◆**tip up** *vti sep* (*tilt*) kippen; (*overturn*) umkippen; (*folding seat*) hochklappen.

tip-off ['tɪpɒf] *n* (*inf*) Tip, Wink *m*.

tipper ['tɪpə'] *n* 1. (*also* ~ **lorry** (*Brit*), ~ **truck**) Kipplaster, Kipper *m*. 2. (*person*)

he's a generous ~ er gibt großzügig Trinkgeld *or* großzügige Trinkgelder.

tipple ['tɪpl] (*inf*) I *n* **he enjoys a** ~ er trinkt ganz gerne mal einen; **gin is his** ~ er trinkt am liebsten Gin. II *vi* (*ganz schön*) süffeln (*inf*), picheln (*inf*).

tippler ['tɪplə'] *n* (*inf*) Schluckspecht *m* (*inf*).

tipsily ['tɪpsɪlɪ] *adv* beschwipst.

tipsiness ['tɪpsɪnɪs] *n* Beschwipstheit *f*.

tipster ['tɪpstə'] *n* jd, der bei Pferderennen *Wettips verkauft*.

tipsy ['tɪpsɪ] *adj* (+*er*) beschwipst, angesäuselt (*inf*). ~ **cake** mit Alkohol getränkter Kuchen.

tiptoe ['tɪptəʊ] I *vi* auf Zehenspitzen gehen; II *n* **on** ~ auf Zehenspitzen; **tiptop** [,tɪp'tɒp] *adj* (*inf: first-rate*) tipp-topp (*inf*) *pred*, erstklassig, Spitzen-, Top-; **tip-up lorry** (*Brit*), **tip-up truck** *n* Kipplaster, Kipper *m*; **tip-up seat** *n* Klappsitz *m*.

tirade [taɪ'reɪd] *n* Schimpfkanonade *f*.

Tirana [tɪ'rɑːnə] *n* Tirana *nt*.

tire¹ [taɪə'] I *vt* ermüden, müde machen.

II *vi* 1. (*become fatigued*) ermüden, müde werden.

2. (*become bored*) **to** ~ **of sb/sth** jdn/etw satt haben, jds/einer Sache (*gen*) müde (*geh*) *or* überdrüssig (*geh*) werden.

◆**tire out** *vt sep* (*völlig*) erschöpfen.

tire² *n* (*US*) *see* **tyre**.

tired ['taɪəd] *adj* 1. (*fatigued*) müde; *cliché* abgegriffen. ~ **out** völlig erschöpft.

2. **to be** ~ **of sb/sth** jds/einer Sache (*gen*) müde *or* überdrüssig sein (*geh*), jdn/ etw leid sein *or* satt haben; **to get** ~ **of sb/ sth** jdn/etw satt bekommen; **I'm** ~ **of telling you** ich habe es satt, dir das zu sagen; **you make me** ~! du regst mich auf!

tiredly ['taɪədlɪ] *adv* müde; *say also* mit müder Stimme.

tiredness ['taɪədnɪs] *n* Müdigkeit *f*.

tireless ['taɪəlɪs] *adj* unermüdlich; *patience also* unerschöpflich.

tirelessly ['taɪəlɪslɪ] *adv see adj* unermüdlich; unerschöpflich.

tirelessness ['taɪəlɪsnɪs] *n* Unermüdlichkeit *f*.

tiresome ['taɪəsəm] *adj* (*irritating*) lästig, leidig; (*boring*) fade, langweilig.

tiresomeness ['taɪəsəmnɪs] *n see adj* Lästigkeit, Leidigkeit *f*; Fadheit *f*.

tiring ['taɪərɪŋ] *adj* anstrengend, ermüdend. **looking after 6 children under 5 is** ~ es ist sehr anstrengend *or* es macht (einen) sehr müde, auf 6 Kinder unter 5 Jahren aufzupassen; **this is** ~ **work/a** ~ **job** diese Arbeit ist anstrengend.

tiro *n see* **tyro**.

Tirol *n see* **Tyrol**.

'tis [tɪz] (*Poet, dial*) *contr of* **it is** es ist.

tissue ['tɪʃuː] *n* 1. (*Anat, Bot, fig*) Gewebe *nt*. ~ **culture** Gewebekultur *f*; ~ **cell** Gewebe- *or* Gewebszelle *f*; **a** ~ **of lies** ein Lügengewebe, ein Lügengespinst *nt*. 2. (*handkerchief*) Papier(taschen)tuch *nt*. 3. (*also* ~ **paper**) Seidenpapier *nt*.

tit¹ [tɪt] *n* (*bird*) Meise *f*.

tit² *n*: ~ **for tat** wie du mir, so ich dir, Auge um Auge(, Zahn um Zahn).

tit³ *n* (*sl*) (*breast*) Titte *f* (*sl*); (*person*) (blöde) Sau *f* (*sl*).

titanium [tɪ'teɪnɪəm] *n (abbr* Ti) Titan *nt*.

titbit ['tɪtbɪt] *n (esp Brit)* Leckerbissen *m*.

tithe [taɪð] *n usu pl* Zehnte(r) *m*.

titillate ['tɪtɪleɪt] *vt person, senses* anregen, angenehm erregen; *interest* erregen. **it ~s the palate** es kitzelt den Gaumen.

titillation [ˌtɪtɪ'leɪʃən] *n see vt* Anregung *f*, angenehme Erregung; Erregen *nt*. **such ~ is not for the serious-minded** solcher Kitzel ist nichts für ernsthafte Menschen.

titivate ['tɪtɪveɪt] *(old, hum)* **I** *vi* sich feinmachen. **II** *vt oneself, hair etc, restaurant* herausputzen, verschönern.

titivation [ˌtɪtɪ'veɪʃən] *n (old, hum)* Verschönerung *f*.

title ['taɪtl] *n* **1.** Titel *m (also Sport)*; *(of chapter)* Überschrift *f*; *(Film)* Untertitel *m*; *(form of address)* Anrede *f*. **2.** *(Jur) (right)* (Rechts)anspruch *(to auf +acc)*, Titel *(spec)* m; *(document)* Eigentumsurkunde *f*.

titled ['taɪtld] *adj person, classes* mit (Adels)titel. **is he ~?** hat er einen Titel?

title deed *n* Eigentumsurkunde *f*; **title holder** *n (Sport)* Titelträger(in*f*), Titelinhaber(in*f*) *m*; **title page** *n (Typ)* Titelseite *f*; **title role** *n (Theat, Film)* Titelrolle *f*.

titmouse ['tɪtmaʊs] *n* Meise *f*.

titrate ['taɪtreɪt] *vt (Chem)* titrieren.

titter ['tɪtər] **I** *vi* kichern. **II** *n* Kichern, Gekicher *nt*.

tittle-tattle ['tɪtlˌtætl] **I** *n* Geschwätz *nt*; *(gossip also)* Klatsch, Tratsch *(inf)* *m*. **II** *vi see n* quatschen, schwatzen; klatschen, tratschen *(inf)*.

titular ['tɪtjʊlər] *adj* **1.** *possessions* zum Titel gehörend. **2.** *(without real authority)* nominell, Titular-.

tizzy ['tɪzɪ], **tizwoz** ['tɪzwɒz] *n (inf)* **to be in/ get into a ~** höchst aufgeregt sein/sich schrecklich aufregen.

T-junction ['tiːˌdʒʌŋkʃən] *n* T-Kreuzung *f*.

TNT *abbr of* **trinitrotoluene** TNT *nt*.

to [tuː] **I** *prep* **1.** *(in direction of, towards)* zu. **to go ~** the station zum Bahnhof gehen/ fahren; **to go ~ the doctor's/green-grocer's** *etc* zum Arzt/Gemüsehändler *etc* gehen; **to go ~ the theatre/cinema** *etc* ins Theater/Kino *etc* gehen; **to go ~ France/ London** nach Frankreich/London gehen/ fahren; **to go ~ Switzerland** in die Schweiz gehen/fahren; **to go ~ school** zur *or* in die Schule gehen; **to go ~ bed** ins *or* zu Bett gehen; **~ the left** nach links; **~ the west** nach Westen; **to fall ~ the ground** auf den *or* zu Boden fallen; **hold it ~ the light** halte es gegen das Licht.

2. *(as far as, until)* bis. **to count (up) ~ 20** bis 20 zählen; **there were (from) 40 ~ 60 people** es waren 40 bis 60 Leute da; **it's 90 kms ~ Paris** nach Paris sind es 90 km; **it's correct ~ a millimetre** es stimmt bis auf den Millimeter; **8 years ago ~ the day** auf den Tag genau vor 8 Jahren; **~ this day** bis auf den heutigen Tag; **they perished ~ a man** sie kamen alle bis auf den letzten Mann ums Leben.

3. *(+indir obj)* **to give sth ~ sb** jdm etw geben; **a present from me ~ you** ein Geschenk für dich von mir *or* von mir an

dich; **who did you give it ~?, ~ who(m) did you give it?** wem haben Sie es gegeben?; **I said ~ myself** ich habe mir gesagt; **he was muttering/singing ~ himself** er murmelte/sang vor sich hin; **what is it ~ you?** was geht dich das an?; **he is kind ~ everyone** er ist zu allen freundlich; **it's a great help ~ me** das ist eine große Hilfe für mich; **he has been a good friend ~ us** er war uns *(dat)* ein guter Freund; **to address sth ~ sb** etw an jdn adressieren; **"To …"** *(on envelope etc)* „An *(+acc)* …"; **welcome ~ you all** seid alle willkommen; **to pray ~ God** zu Gott beten.

4. *(in toasts)* auf *(+acc)*. **to drink ~ sb** jdm zutrinken; **to drink ~ sb's health** auf jds Wohl *(acc)* trinken.

5. *(next ~, with position)* **bumper ~ bumper** Stoßstange an Stoßstange; **close ~ sb/sth** nahe bei jdm/etw; **at right angles/ parallel ~ the wall** im rechten Winkel/ parallel zur Wand; **~ the west (of)/the left (of)** westlich/links (von).

6. *(with expressions of time)* vor. **20 (minutes) ~ 2** 20 (Minuten) vor 2; **at (a) quarter ~ 2** um Viertel vor 2; **it was five ~ when we arrived** es war fünf vor, als wir ankamen.

7. *(in relation ~)* **A is ~ B as C is ~ D** A verhält sich zu B wie C zu D; **3 ~ the 4th** *(Math)* 3 hoch 4; **by a majority of 10 ~ 7** mit einer Mehrheit von 10 zu 7; **they won by 4 goals ~ 2** sie haben mit 4:2 *(spoken:* vier zu zwei) Toren gewonnen.

8. *(per)* pro; *(in recipes, when mixing)* auf *(+acc)*. **one person ~ a room** eine Person pro Zimmer; **200 people ~ the square km** 200 Einwohner pro Quadratkilometer.

9. *(in comparison ~)* **inferior/superior ~** schlechter/besser als, unter-/überlegen *(+dat)*.

10. *(concerning)* **what do you say ~ the idea?** was hältst du von der Idee?; **what would you say ~ a beer?** was hältst du von einem Bier?; **there's nothing ~ it** *(it's very easy)* es ist nichts dabei; **that's all there is ~ it** das ist alles; **~ repairing cooker £10** *(Comm)* (für) Reparatur eines Herdes £ 10.

11. *(according ~)* **~ the best of my knowledge** nach bestem Wissen; **~ all appearances** allem Anschein nach; **it's not ~ my taste** das ist nicht nach meinem Geschmack.

12. *(accompanied by)* **to sing ~ the guitar** zur Gitarre singen; **to sing sth ~ the tune of …** etw nach der Melodie von … singen; **to dance ~ a tune/an orchestra** zu einer Melodie/den Klängen *or* der Musik eines Orchesters tanzen.

13. *(of)* **ambassador ~ America/the King of France** Botschafter in Amerika/ am Hofe des Königs von Frankreich; **secretary ~ the director** Sekretärin des Direktors.

14. *(producing)* **~ my delight** zu meiner Freude; **~ everyone's surprise** zu jedermanns Überraschung.

15. *(secure ~)* **he nailed it ~ the wall/ floor** *etc* er nagelte es an die Wand/auf den Boden *etc*; **they tied him ~ the tree** sie

banden ihn am Baum fest; **they held him
~ the ground** sie hielten ihn am Boden.
  16. (*in*) **I have never been ~ Brussels/
India** ich war noch nie in Brüssel/Indien.
  II (*in infin*) **1. ~ begin ~ do sth** anfan-
gen, etw zu tun; **he decided ~ come** er
beschloß zu kommen; **I want ~ do it** ich
will es tun; **I want him ~ do it** ich will, daß
er es tut.
  2. (*in order ~*) **to eat ~ live** essen, um
zu leben; **I did it ~ help you** ich tat es, um
dir zu helfen.
  3. (*until*) **he lived ~ be 100** er wurde 100
Jahre alt; **the firm grew ~ be the biggest
in the world** die Firma wurde zur größten
der Welt.
  4. (*infin as prp*) **~ see him now, one
would never think ...** wenn man ihn jetzt
sähe, würde man nicht glauben, ...; **~ be
honest, ...** ehrlich gesagt, ...; **~ tell the
truth, ...** um ehrlich zu sein, ...; **~ get to
the point, ...** um zur Sache zu kommen,
...; **well, not ~ exaggerate ...** ohne zu
übertreiben, ...
  5. (*qualifying noun or pronoun*) **he is
not the sort ~ do that** er ist nicht der Typ,
der das täte *or* der Typ dazu; **I have done
nothing ~ deserve this** ich habe nichts
getan, womit ich das verdient hätte; **who is
he ~ order you around?** wer ist er denn,
daß er dich so herumkommandiert?; **he
was the first ~ arrive** er kam als erster an,
er war der erste; **the ankam; who was the
last ~ see her?** wer hat sie zuletzt
gesehen?; **there's no-one ~ help us** es ist
niemand da, der uns helfen könnte; **what
is there ~ do here?** was gibt es hier zu
tun?; **now is the time ~ do it** jetzt ist die
(beste) Zeit, es zu tun *or* dazu; **the book is
still ~ be written** das Buch muß noch
geschrieben werden; **he's a big boy ~ be
still in short trousers** er ist so ein großer
Junge und trägt noch kurze Hosen; **I ar-
rived ~ find she had gone** als ich ankam,
war sie weg; **it disappeared, never ~ be
found again** es verschwand und wurde nie
wieder gefunden.
  6. (*adj +to +infin*) **to be ready ~ do sth**
(*willing*) bereit sein, etw zu tun; **it's hard
~ understand/accept** es ist schwer zu
verstehen/es ist schwer, sich damit ab-
zufinden; **it's impossible ~ believe** das
kann man einfach nicht glauben; **is it good
~ eat?** schmeckt es gut?; **too young ~
marry** zu jung zum Heiraten.
  7. (*omitting verb*) **I don't want ~** ich
will nicht; **I'll try ~** ich werde es ver-
suchen; **you have ~** du mußt; **I should love
~** sehr gerne; **I should love ~ but ...** ich
würde gerne, aber ...; **we didn't want ~
but we were forced ~** wir wollten nicht,
aber wir waren dazu gezwungen; **I inten-
ded ~ do it, but I forgot (~)** ich wollte es
tun, aber ich habe es vergessen; **it would
be silly not ~** es wäre dumm, es nicht zu
tun; **he often does things one doesn't ex-
pect him ~** er macht oft Dinge, die man
nicht von ihm erwartet.
  III *adj* (*slightly ajar*) **door** angelehnt;
(*shut*) zu.
  IV *adv* **~ and fro** hin und her; *walk* auf
und ab.

toad [təʊd] *n* Kröte *f*; (*fig: repulsive per-
son*) Ekel *nt*.
toad-in-the-hole ['təʊdɪnðə'həʊl] *n* *in
Pfannkuchenteig gebackene Würste.*
toadstool ['təʊdstuːl] *n* (*nicht eßbarer*)
Pilz. **poisonous ~** Giftpilz *m*.
toady ['təʊdɪ] **I** *n* (*pej*) Kriecher,
Speichellecker *m*; radfahren (*pej
inf*). **to ~ to sb** vor jdm kriechen.
to-and-fro ['tuːən'frəʊ] *n* Hin und Her *nt*.
toast[1] [təʊst] **I** *n* **a piece of ~** ein
Toast *m*, eine Scheibe Toast; **on ~** auf
Toast; **as warm as ~** (*fig*) mollig warm; **~
rack** Toastständer *m*.
  II *vt bread* toasten; (*on open fire*) rö-
sten. **~ed teacakes** getoastete Rosinen-
brötchen; **~ed cheese** überbackener
Käsetoast; **to ~ one's feet by the fire** sich
(*dat*) die Füße am Feuer wärmen.
  III *vi* (*bread etc*) sich toasten/rösten
lassen; (*inf: person*) braten (*inf*).
toast[2] **I** *n* **1.** Toast, Trinkspruch *m*. **to drink
a ~ to sb** auf jdn trinken; **to propose a ~**
einen Toast *or* Trinkspruch ausbringen
(*to* auf +*acc*); **they raised their glasses in
a ~** sie hoben ihre Gläser (*to* um auf
(+*acc*) zu trinken).
  2. she was the ~ of the town sie war der
gefeierte Star der Stadt.
  II *vt* **to ~ sb/sth** auf jds Wohl *or* jdn/etw
trinken; **we ~ed the victory in champagne**
wir haben unseren Sieg mit Champagner
gefeiert *or* begossen (*inf*); **as a girl, she
was much ~ed for her beauty** als Mädchen
war sie eine gefeierte Schönheit.
toaster ['təʊstəʳ] *n* Toaster *m*.
toasting fork ['təʊstɪŋfɔːk] *n* Gabel *f* zum
Brotrösten.
toastmaster ['təʊstˌmɑːstəʳ] *n* jd, der bei
*Diners Toasts ankündigt oder ausbringt
und Tischreden ansagt.*
tobacco [tə'bækəʊ] *n, pl* **~(e)s** Tabak *m*.
tobacconist [tə'bækənɪst] *n* Tabak(wa-
ren)händler *m*; (*shop*) Tabak(waren)laden
m. **at the ~'s (shop)** im Tabak(wa-
ren)laden.
to-be [tə'biː] *adj* zukünftig. **the mother-/
bride-/husband-~** die werdende Mutter/
zukünftige Braut/der zukünftige Mann.
toboggan [tə'bɒgən] **I** *n* Schlitten, Ro-
del(schlitten) *m*. **~ run** Schlitten- *or*
Rodelbahn *f*. **II** *vi* Schlitten fahren,
rodeln. **to go ~ing** Schlitten fahren,
rodeln.
today [tə'deɪ] *adv, n* **1.** heute. **a week/
fortnight ~** heute in einer Woche/zwei
Wochen; **he's been here a week ~** heute ist
er eine Woche da; **a year ago ~** heute vor
einem Jahr; **~ is Monday** heute ist Mon-
tag; **from ~** von heute an, vom heutigen
Tag an, ab heute; **~'s paper/news** die
heutige Zeitung/ heutigen Nachrichten,
die Zeitung/Nachrichten von heute; **~'s
rate** (*Fin*) der Tageskurs; **here ~ and gone
tomorrow** (*fig*) heute hier und morgen da.
  2. (*these days*) heutzutage. **the cinema
~** das Kino (von) heute; **the world/youth/
writers of ~** die Welt/Jugend/Schrift-
steller von heute; **~'s world/youth** die
heutige Welt/Jugend, die Welt/Jugend
von heute.
toddle ['tɒdl] **I** *vi* **1.** wackeln. **the little boy**

~d into the room der kleine Junge kam ins Zimmer gewackelt. **2.** (*inf*) (*walk*) gehen; (*leave: also ~ off*) abzwitschern (*inf*).

II *n* (*inf*) **to go for a ~** an die Luft gehen.

toddler ['tɒdlə'] *n* Kleinkind *nt*.

toddy ['tɒdɪ] *n* Grog *m*.

to-do [tə'duː] *n*, *pl* **~s** (*inf*) Theater (*inf*), Gedöns (*inf*) *nt*. **to make a ~** ein Theater *or* Gedöns machen (*inf*); **what a ~!** so ein Theater! (*inf*); **what's all the ~?** was soll denn das ganze Theater *or* Getue *or* Gedöns? (*inf*).

toe [təʊ] **I** *n* **1.** (*on foot*) Zehe *f*, Zeh *m*. **to tread** *or* **step on sb's ~s** (*lit*) jdm auf die Zehen treten; (*fig*) jdm ins Handwerk pfuschen (*inf*); **to be on one's ~s** (*fig*) auf Zack sein (*inf*); **to keep sb on his ~s** (*fig*) jdn auf Zack halten (*inf*).

2. (*of sock, shoe*) Spitze *f*.

II *vt* (*fig*) **to ~ the line** sich einfügen, spuren (*inf*); **to ~ the party line** (*Pol*) sich nach der Parteilinie richten.

toe-dance ['təʊdæns] *vi* (*US*) auf den Spitzen tanzen; **toehold** *n* Halt *m* für die Fußspitzen; (*fig*) Einstieg *m*; **toe-in** *n* Vorlauf *m*; **toenail** *n* Zehennagel *m*.

toff [tɒf] *n* (*Brit inf*) feiner Pinkel (*inf*).

toffee ['tɒfɪ] *n* (*substance*) (Sahne)karamel *m*; (*sweet*) Toffee *nt*, (weiches) Karamelbonbon. **he can't sing for ~** (*inf*) er kann überhaupt nicht *or* nicht die Bohne (*inf*) singen.

toffee apple *n* kandierter Apfel; **toffee-nosed** *adj* (*Brit inf*) eingebildet, hochnäsig.

toga ['təʊgə] *n* Toga *f*.

together [tə'geðə'] *adv* **1.** zusammen. **to do sth ~** etw zusammen tun; (*with one another*) discuss, play, dance etc also etw miteinander tun; (*jointly*) try, achieve sth, do research etc also etw gemeinsam tun; **to sit/stand** etc ~ zusammen *or* beieinander sitzen/stehen *etc*; **to be ~/all ~** (*people*) (alle) zusammen *or* beieinander *or* beisammen sein; **to tie/fit/glue etc two things ~** zwei Dinge zusammenbinden/-setzen/-kleben *etc*; **we're in this ~** wir hängen da beide/alle zusammen *or* miteinander drin (*inf*); **just you and me ~** nur wir beide zusammen; **that makes £15 all ~** das macht insgesamt *or* (alles) zusammen £ 15.

2. (*at the same time*) zusammen. **all ~ now** jetzt alle zusammen; **you're not ~** (*Mus*) ihr seid im Takt auseinander.

3. (*continuously*) **for hours ~** stundenlang; **can't you sit still for two minutes ~!** kannst du nicht mal zwei Minuten (lang) still sitzen?

togetherness [tə'geðənɪs] *n* (*physical*) Beisammensein *nt*; (*mental, emotional*) Zusammengehörigkeit *f*.

toggle ['tɒgl] *n* Knebel *m*; (*on clothes*) Knebelknopf *m*; (*on tent*) Seilzug *m*. **~ switch** Kipp(hebel)schalter *m*.

Togo ['təʊgəʊ] *n* Togo *nt*.

togs [tɒgz] *npl* (*inf*) Sachen, Klamotten *pl* (*inf*), Zeug *nt*. **his swimming ~** sein Badezeug, seine Badesachen (*inf*).

◆**tog up** *vt sep* (*inf*) **to ~ oneself ~, to get ~ged ~** sich in Schale werfen (*inf*); (*for*

climbing, tennis etc) seine Kluft anlegen; **she was all ~ged** ~ sie hatte sich in Schale geworfen (*inf*); (*for climbing, tennis etc*) sie hatte ihre Kluft an.

toil [tɔɪl] **I** *vi* **1.** (*liter: work*) sich plagen, sich abmühen (*at, over* mit). **2.** (*move with effort*) sich schleppen. **to ~ up a hill** sich einen Berg hinaufschleppen. **II** *n* (*liter: work*) Mühe, Plage (*geh*) *f*. **after months of ~** nach monatelanger Mühe *or* Plage.

toilet ['tɔɪlɪt] *n* **1.** (*lavatory*) Toilette *f*, Klosett *nt* (*dated*). **to go to the ~** auf die Toilette gehen; **she's in the ~/~s** sie sitzt auf *or* in der Toilette; **to put sth down the ~** etw in die Toilette werfen.

2. (*old*) Toilette *f* (*geh*).

toilet *in cpds* Toiletten-; **toilet bag** *or* **toilet case** *n* Kulturbeutel *m*, Toilettentasche *f*; **toilet paper** *n* Toilettenpapier *nt*; **toilet requisites** *npl* Toilettenartikel *pl*.

toiletries ['tɔɪlɪtrɪz] *npl* Toilettenartikel *pl*.

toilet roll *n* Rolle *f* Toilettenpapier; **toilet seat** *n* Toilettensitz *m*, Brille *f* (*inf*); **toilet set** *n* (*brush and comb*) Toilettengarnitur *f*; (*bathroom set*) Badezimmergarnitur *f*; **toilet soap** *n* Toilettenseife *f*; **toilet training** *n* Erziehung *f* zur Sauberkeit; **has he started his ~ yet?** geht er schon auf den Topf?; **toilet water** *n* Toilette(n)wasser, Eau de Toilette *nt*.

to-ing and fro-ing ['tuːɪŋən'frəʊɪŋ] *n* Hin und Her *nt*.

token ['təʊkən] **I** *n* **1.** (*sign*) Zeichen *nt*. **as a ~ of/in ~ of** als *or* zum Zeichen (+*gen*); **by the same ~** ebenso; (*with neg*) aber auch; **... then by the same ~ you can't object to ...** dann können Sie aber auch nichts gegen ... einwenden.

2. (*counter: for gambling, jukebox etc*) Marke *f*.

3. (*voucher, gift ~*) Gutschein *m*.

II *attr* Schein-, pro forma. **it was just a ~ offer** das hat er/sie *etc* nur pro forma *or* nur so zum Schein angeboten; **~ payment** symbolische Bezahlung; **~ resistance** Scheinwiderstand *m*; **~ strike** Warnstreik *m*.

Tokyo ['təʊkɪəʊ] *n* Tokio *nt*.

told [təʊld] *pret, ptp of* **tell**. **there were 50 people there all ~** es waren insgesamt *or* alles in allem 50 Leute da.

tolerable ['tɒlərəbl] *adj* (*lit*) pain, noise level etc erträglich; (*fig: not too bad also*) annehmbar, leidlich, passabel (*inf*).

tolerably ['tɒlərəblɪ] *adv* ziemlich. **~ well** ganz leidlich *or* annehmbar, ziemlich gut.

tolerance ['tɒlərəns] *n* **1.** Toleranz, Duldsamkeit *f* (*of, for, towards* gegenüber); (*towards children, one's juniors*) Nachsicht *f* (*of* mit). **racial ~** Toleranz in Rassenfragen; **I have no ~ for such behaviour** für solch ein Benehmen habe ich kein Verständnis.

2. (*Med, Tech*) Toleranz *f*. **to work to fine ~s** mit kleinen Toleranzen arbeiten.

tolerant ['tɒlərənt] *adj* (*of, towards, with* gegenüber) tolerant (*also Tech*), duldsam; (*towards children, one's juniors*) nachsichtig. **the Lord is ~ of our mistakes** der Herr sieht uns unsere Schwächen nach.

tolerantly ['tɒlərəntlɪ] *adv see adj.*

tolerate ['tɒləreɪt] *vt* **1.** *pain, noise, weather etc* ertragen.

2. *person* dulden, tolerieren; *behaviour, injustice etc also* sich (*dat*) gefallen lassen, hinnehmen. **are we to ~ this?** müssen wir uns (*dat*) das gefallen lassen?; **it is not to be ~d** so etwas kann man nicht dulden *or* hinnehmen; **I won't ~ this disobedience!** ich dulde diesen Ungehorsam nicht!

toleration [ˌtɒlə'reɪʃən] *n* Dulden, Tolerieren *nt.*

toll[1] [təʊl] **I** *vti* läuten. **for whom the bell ~s** wem die Stunde schlägt. **II** *n* Läuten *nt*; (*single stroke*) Glockenschlag *m.*

toll[2] *n* **1.** (*tax*) Maut *f* (*esp Aus*); (*bridge ~, road ~ also*) Zoll *m*, Benutzungsgebühr, Brücken-/Autobahngebühr *f*; (*US Telec*) (Fernsprech)gebühr *f.*

2. (*deaths, loss etc*) **the ~ on the roads** die Zahl der Verkehrsopfer; **the ~ of the floods continues to rise** (*in terms of people*) die Zahl der Opfer der Flutkatastrophe steigt ständig weiter; (*in terms of property*) das Ausmaß der Flutschäden wird immer größer.

toll bridge *n* gebührenpflichtige Brücke, Mautbrücke *f* (*esp Aus*); **toll call** *n* (*US*) Ferngespräch *nt*; **toll-free call** *n* (*US*) gebührenfreier Anruf; **tollgate** *n* Schlagbaum *m*, Mautschranke *f* (*esp Aus*); **tollhouse** *n* Mauthaus *nt* (*esp Aus*).

tolling ['təʊlɪŋ] *n, no pl* Läuten *nt.*

tollkeeper ['təʊlkiːpə'] *n* Mautner *m* (*esp Aus*); **toll road** *n* Mautstraße *f* (*esp Aus*), gebührenpflichtige Straße.

Tom [tɒm] *n dim of* **Thomas. any ~, Dick or Harry** (*inf*) jeder x-beliebige; **you don't have to invite every ~, Dick and Harry** (*inf*) du brauchst ja nicht gerade Hinz und Kunz *or* Krethi und Plethi einzuladen (*inf*); **~ Thumb** der Däumling.

tom [tɒm] *n* (*cat*) Kater *m.*

tomahawk ['tɒməhɔːk] *n* Tomahawk *m.*

tomato [tə'mɑːtəʊ, (*US*) tə'meɪtəʊ] *n, pl* **~es** Tomate *f.*

tomato *in cpds* Tomaten-; **~ juice** Tomatensaft *m*; **~ ketchup** (Tomaten)ketchup *m or nt*; **~ sauce** Tomatensoße *f*; (*ketchup*) (Tomaten)ketchup *m or nt.*

tomb [tuːm] *n* (*grave*) Grab *nt*; (*building*) Grabmal *nt.*

tombola [tɒm'bəʊlə] *n* Tombola *f.*

tomboy ['tɒmbɔɪ] *n* Wildfang *m.*

tombstone ['tuːmstəʊn] *n* Grabstein *m.*

tomcat ['tɒmkæt] *n* Kater *m.*

tome [təʊm] *n* dickes Buch, Wälzer *m* (*inf*).

tomfool ['tɒm'fuːl] **I** *n* Blödian *m.* **II** *adj attr* blöd(sinnig).

tomfoolery [tɒm'fuːlərɪ] *n* Blödsinn, Unsinn *m.*

Tommy ['tɒmɪ] *n dim of* **Thomas**; (*Mil sl*) Tommy *m* (*sl*).

Tommy gun *n* Maschinenpistole *f.*

tomorrow [tə'mɒrəʊ] *adv, n* morgen. **~ week, a week/fortnight ~** morgen in einer Woche/zwei Wochen; **he'll have been here a week ~** morgen ist er eine Woche da; **a year ago ~** morgen vor einem Jahr; **the day after ~** übermorgen; **~ morning** morgen früh; **(as) from ~** ab morgen, von

morgen an; **see you ~!** bis morgen!; **~'s paper** die morgige Zeitung, die Zeitung von morgen; **the article will be in ~'s paper** der Artikel wird morgen in der Zeitung sein; **~ is another day** (*prov*) morgen ist auch noch ein Tag (*prov*); **~ may never come** wer weiß, was morgen ist; **~ never comes** (*prov*) es heißt immer ,,morgen, morgen, nur nicht heute''; **who knows what ~ will bring?** wer weiß, was das Morgen bringt?; **the science of ~** die Wissenschaft von morgen.

tomtit ['tɒmtɪt] *n* (Blau)meise *f*; **tom-tom** *n* Tamtam *nt.*

ton [tʌn] *n* **1.** Tonne *f.* **she/it weighs a ~** (*fig inf*) sie/das wiegt ja eine Tonne.

2. ~s *pl* (*inf: lots*) jede Menge (*inf*); **to have ~s of time/ friends/money** *etc* jede Menge (*inf*) *or* massenhaft (*inf*) Zeit/ Freunde/Geld *etc* haben.

3. (*sl: of speed*) **to do a** *or* **the ~** mit hundertsechzig Sachen fahren (*inf*).

tonal ['təʊnl] *adj* klanglich, Klang-; (*Mus*) (*regarding form*) tonal; (*Art*) farblich.

tonality [təʊ'nælɪtɪ] *n* (*Mus*) Tonalität *f*; (*of voice*) Klang *m*; (*of poem*) Tonart *f*; (*of painting*) Farbkomposition *f.*

tone [təʊn] **I** *n* **1.** (*of sound*) (~ *of voice, Phon*) Ton *m*; (*quality of sound also*) Klang *m.* **she spoke in soft ~s** sie sprach in sanftem Ton; **... he said in a friendly ~ ...** sagte er in freundlichem Ton; **I don't like your ~ (of voice)** mir gefällt dein Ton nicht; **don't speak to me in that ~ (of voice)** in diesem Ton kannst du mir nicht reden.

2. (*of colour*) (Farb)ton *m.*

3. (*fig: mood, character*) Ton *m.* **what was the ~ of his letter?** wie war denn der Ton seines Briefes?; **the new people have lowered/raised the ~ of the neighbourhood** die neuen Leute haben dem Ansehen *or* Ruf des Viertels geschadet/das Ansehen *or* den Ruf des Viertels verbessert.

4. (*Mus*) Ton *m*; (*US: note*) Note *f.*

5. (*Physiol*) Tonus *m* (*spec*). **to keep one's ~** sich fit halten.

II *vt* (*Phot: tint*) einfärben, tonen (*spec*).

III *vi* (*colours*) (im Farbton) harmonieren.

◆**tone down** *vt sep* (*lit, fig*) abmildern; *colour also* abschwächen; *criticism also, language, demands* mäßigen.

◆**tone in** *vi* (im Farbton) harmonieren.

◆**tone up** *vt sep muscles* kräftigen; *person* in Form bringen. **cycling keeps you ~d ~** Radfahren hält einen in Form.

tone arm *n* (*US*) Tonarm *m*; **tone control** *n* Klangfarbeneinstellung, Tonblende *f*; **tone-deaf** *adj* nicht in der Lage, Tonhöhen zu unterscheiden.

toneless ['təʊnlɪs] *adj voice, answer* tonlos; *music* eintönig; *colour* stumpf.

tonelessly ['təʊnlɪslɪ] *adv reply* tonlos; *sing* eintönig.

tongs [tɒŋz] *npl* Zange *f*; (*curling ~*) (*Hist*) Brennschere *f*; (*electric*) Lockenstab *m.* **a pair of ~** eine Zange.

tongue [tʌŋ] **I** *n* **1.** Zunge *f.* **to put or stick one's ~ out at sb** jdm die Zunge herausstrecken; **to lose/find one's ~** (*fig*) die Sprache verlieren/wiederfinden; **to hold one's ~** den Mund halten; **~ in cheek** witzelnd; **is that ~ in cheek or are you serious?** ist das nur Spaß *or* machst du nur Spaß/ist das ironisch gemeint oder ist das dein Ernst?; **to have a ready/sharp ~** schlagfertig sein, nicht auf den Mund gefallen sein/eine scharfe Zunge haben; **keep a civil ~ in your head!** werden Sie nicht ausfallend!; **I can't get my ~ round it** dabei breche ich mir fast die Zunge ab; *see* **slip, tip**[1].

  2. (*liter: language*) Sprache *f*; (*old, Bibl*) Zunge *f*. **the gift of ~s** (*Bibl*) die Gabe, in fremden Zungen zu reden.

  3. (*of shoe*) Zunge, Lasche *f*; (*of bell*) Klöppel *m*; (*of land*) (Land)zunge *f*; (*of wood*) Spund, Zapfen *m*.

  II *vt* (*Mus*) *note* (mit der Zunge) stoßen.

tongue-and-groove joint [ˌtʌŋənˈgruːv-] *n* Anschlitzzunge, Spundung *f*; **tongue-in-cheek** *adj attr remark* witzelnd; **tongue-tied** *adj* **to be ~** keinen Ton herausbringen; **she sat there ~** sie saß da und brachte keinen Ton heraus; **tongue twister** *n* Zungenbrecher *m*.

tonguing [ˈtʌŋɪŋ] *n* (*Mus*) Zungenschlag *m*.

tonic [ˈtɒnɪk] I *n* **1.** (*Med*) Tonikum *nt*; (*hair ~*) Haarwasser *nt*; (*skin ~*) Lotion *f*. **it was a real ~ to see him again** (*fig*) es hat richtig gutgetan, ihn wiederzusehen.

  2. ~ (**water**) Tonic(water) *nt*; **gin and ~** Gin (mit) Tonic.

  3. (*Mus*) Tonika *f*, Grundton *m*. ~ **solfa** Solmisation *f*.

  II *adj* **1.** (*Med*) stärkend, kräftigend, tonisch (*spec*). ~ **wine** Stärkungswein *m*.

  2. (*Phon*) *syllable* Ton-; *stress* tontragend.

tonicity [tɒˈnɪsɪtɪ] *n* (*of muscles*) Tonus (*spec*), Spannungszustand *m*.

tonight [təˈnaɪt] I *adv* (*this evening*) heute abend; (*during the coming night*) heute nacht. **see you ~!** bis heute abend!

  II *n* (*this evening*) der heutige Abend; (*the coming night*) die heutige Nacht. **~'s party** die Party heute abend; **I'm looking forward to ~** ich freue mich auf heute abend *or* auf den heutigen Abend; **~ is a night I'll remember all my life** an den heutigen Abend/an heute nacht werde ich mich mein ganzes Leben lang erinnern; **~'s weather: ~ will be clear but cold** das Wetter heute nacht: heute nacht wird es klar, aber kalt sein; **~'s paper** die heutige Abendzeitung, die Abendzeitung von heute.

tonnage [ˈtʌnɪdʒ] *n* Tonnage *f*.

tonne [tʌn] *n* Tonne *f*.

tonsil [ˈtɒnsl] *n* Mandel, Tonsille (*spec*) *f*. **to have one's ~s out** sich (*dat*) die Mandeln herausnehmen lassen.

tonsillectomy [ˌtɒnsɪˈlektəmɪ] *n* Mandeloperation, Tonsillektomie (*spec*) *f*.

tonsillitis [ˌtɒnsɪˈlaɪtɪs] *n* Mandelentzündung, Tonsillitis (*spec*) *f*.

tonsure [ˈtɒnʃər] I *n* Tonsur *f*. II *vt* scheren, die Tonsur erteilen (+*dat*) (*spec*).

too [tuː] *adv* **1.** (+*adj or adv*) zu. **that's ~/**

not ~ difficult a question to answer diese Frage ist zu/nicht zu schwer zu beantworten; ~ **much/many** zuviel *inv*/zu viele; *too* **much/ many** *zu* viel/*zu* viele; **he's had ~ much to drink** er hat zuviel getrunken; **you can have ~ much of a good thing** allzuviel ist ungesund (*prov*); **it's ~ much for her** es ist zuviel für sie; **don't worry ~ much** mach dir nicht zuviel Sorgen; ~ **much!** (*sl*) dufte!, Klasse! (*sl*); ~ **right!** (*inf*) das kannste laut sagen (*inf*).

  2. (*very*) zu. **all ~ ...** allzu ...; **only ~ ...** nur zu ...; **none ~ ...** gar nicht ..., keineswegs ...; **not ~ /not any ~ ...** nicht zu/ allzu ...; **he wasn't ~ interested** er war nicht allzu interessiert; **I'm not/none ~ sure** ich bin nicht ganz/gar nicht *or* keineswegs sicher; (**that's**) ~ **kind of you** (*iro*) (das ist) wirklich zu nett von Ihnen; **none/ all ~ soon** keineswegs zu/allzu früh.

  3. (*also*) auch. *he* **can swim ~**, **he ~ can swim** er kann *auch* schwimmen, auch *er* kann schwimmen; **he can swim ~ or kann** auch schwimmen, schwimmen kann er auch.

  4. (*moreover, into the bargain*) auch noch. **it was really cheap, and it works ~!** es war wirklich billig, und es funktioniert sogar *or* auch noch!

took [tʊk] *pret of* **take**.

tool [tuːl] I *n* **1.** Werkzeug *nt*; (*gardening ~*) (Garten)gerät *nt*. ~**s** Werkzeuge *pl*; (*set*) Werkzeug *nt*; **that's one of the ~s of the trade** das gehört zum Handwerkszeug; **to have the ~s for the job** das richtige *or* nötige Werkzeug haben; *see* **down**[1].

  2. (*fig: person*) Werkzeug *nt*.

  3. (*sl: penis*) Ding *nt* (*inf*).

  II *vt book, leather* punzen.

◆**tool up** *vt sep factory* (mit Maschinen) ausrüsten.

toolbag [ˈtuːlbæg] *n* Werkzeugtasche *f*; **toolbox, tool chest** *n* Werkzeugkasten *m*.

tooling [ˈtuːlɪŋ] *n* Punzarbeit *f*.

tool kit *n* Werkzeug(ausrüstung *f*) *nt*; **toolshed** *n* Geräteschuppen *m*.

toot [tuːt] I *vt* **to ~ a horn** auf dem Horn blasen *or* (*child's trumpet*) tuten; (*in car, on bicycle*) auf die Hupe drücken, hupen; **to ~ a whistle** auf der Pfeife blasen.

  II *vi* (*in car, on bicycle*) hupen; (*train*) pfeifen; (*ship*) tuten.

  III *n* (*in car, on bicycle*) Hupen *nt*; (*of train*) Pfiff *m*, Pfeifsignal *nt*. **give a quick ~** (*on car*) drück mal kurz auf die Hupe.

tooth [tuːθ] *n*, *pl* **teeth** **1.** (*of person, animal*) Zahn *m*. **to have a ~ out/filled** sich (*dat*) einen Zahn ziehen/plombieren lassen; **to get one's teeth into sth** (*lit*) etw zwischen die Zähne bekommen; (*fig*) sich in etw (*dat*) festbeißen; **to be armed to the teeth** bis an die Zähne bewaffnet sein; **to show one's teeth** die Zähne zeigen (*also fig*) *or* fletschen; **to fight ~ and nail** bis aufs Blut kämpfen; **in the teeth of the wind/all opposition** gegen den Wind/ ungeachtet allen Widerstands; **to lie in one's teeth** das Blaue vom Himmel herunterlügen; **I'm fed up to the (back) teeth with that** (*inf*) *or* **sick to the (back) teeth of that** (*inf*) ich habe die Nase gestrichen voll davon (*inf*), es hängt mir zum Hals heraus

(*inf*); **I'd give my back** *or* **eye teeth for that**
ich würde viel darum geben; **to kick sb** *or*
give sb a kick in the teeth (*fig*) jdn vor den
Kopf stoßen.

2. (*of zip, wheel etc*) Zahn *m*; (*small
also*) Zähnchen *nt*; (*of comb, rake also*)
Zinke *f*.

tooth *in cpds* Zahn-; **toothache** *n* Zahnweh
nt, Zahnschmerzen *pl*; **toothbrush** *n*
Zahnbürste *f*.

toothed [tu:θt] *adj* gezahnt, mit Zähnen.

toothless [ˈtu:θlɪs] *adj* zahnlos; **toothpaste**
n Zahnpasta *or* -creme *f*; **toothpick** *n*
Zahnstocher *m*; **tooth powder** *n* Zahn-
pulver *nt*; **toothsome** *adj* schmackhaft,
wohlschmeckend.

toothy [ˈtu:θɪ] *adj* (+*er*) **she's a bit** ~ sie hat
ein ziemliches Pferdegebiß (*pej inf*); **he
gave me a** ~ **smile** er lachte mich an und
zeigte dabei seine Zähne/Zahnlücken.

tootle [ˈtu:tl] (*inf*) **I** *vi* **1.** (*on whistle etc also:
~ away*) vor sich hin dudeln (*inf*).

2. (*drive*) juckeln (*inf*); (*go*) trotten,
zotteln. **I'll just** ~ (**down**) **to the shops** ich
geh' bloß mal eben (runter) einkaufen.

II *vt whistle etc* (he)rumdudeln auf
(+*dat*). **he** ~**d the car horn** er hupte mehr-
mals.

III *n* **to give a** ~ **on the car horn/a whis-
tle** hupen/auf einer Flöte herumdudeln.

◆**tootle along** *vi* (*dated inf*) dahinzuckeln
(*inf*). **I'd better** ~ ~ **now** ich zottele jetzt
mal lieber ab (*inf*).

top¹ [tɒp] **I** *n* **1.** (*highest part*) oberer Teil;
(*of spire, pyramid, cone etc, fig: of league,
company etc*) Spitze *f*; (*of mountain*) Gip-
fel *m*; (*of tree*) Krone, Spitze *f*; (*of pine
tree*) Wipfel *m*, Spitze *f*; (*of branch*)
oberes Ende; (*of wave*) Kamm *m*; (*of car-
rots, radishes*) Ende *nt*; (*leafy part*) Kraut
nt; (*detachable part of cupboard etc*) Auf-
satz *m*; (*head end*) (*of table, bed, sheet*)
Kopfende *nt*, oberes Ende; (*of road,
beach*) oberes Ende. **which is the** ~? wo
ist oben?; **the** ~ **of the tree/page/list/wall**
etc **is ...** der Baum/die Seite/Liste/Wand
etc ist oben ...; **the** ~ **of the milk** die
Rahmschicht (auf der Milch); **at the** ~
oben; **at the** ~ **of the page/list/league/pile/
stairs/wall/hill/tree** *etc* oben auf der Seite/
Liste/in der Tabelle/im Stapel/an der
Treppe/Wand/am Berg/Baum *etc*; **at the**
~ **of the table/road** am oberen Ende des
Tisches/der Straße; **to be (at the)** ~ **of the
class** Klassenbeste(r) *or* -erste(r) sein,
der/die Beste in der Klasse sein; **to come
out at the** ~ **of the list** Erste(r) sein; **near
the** ~ (ziemlich) weit oben; **he looked over
the** ~ **of his spectacles** er sah über den
Brillenrand (hinweg); **he curled his fin-
gers over the** ~ **of the window** er klam-
merte sich mit den Fingern an den oberen
Fensterrand; **she fell from the** ~ **of the
stairs to the bottom** sie fiel die ganze
Treppe von oben bis unten hinunter; **five
lines from the** ~ in der fünften Zeile von
oben; **from** ~ **to toe** von Kopf bis Fuß;
from ~ **to bottom** von oben bis unten; **to
scream at the** ~ **of one's voice** aus vollem
Hals *or* aus Leibeskräften brüllen; **to be at
the** ~ **of the ladder** *or* **the tree** (*fig*) auf
dem Gipfel (des Erfolgs) sein; **go to the** ~

of the class (*inf*) du bist gar nicht so
dumm!; **he's over the** ~ er ist auf dem
absteigenden Ast; **he's over the** ~ **with
happiness** er ist ganz außer sich vor Glück;
~ **of the pops** (*record*) Spitzenreiter *m* (in
der Hitparade); **the** ~ **of the morning to
you!** (*Ir*) grüß Gott! (*S Ger, Aus*),
(schönen) guten Morgen!; *see* **bill³**.

2. (*upper surface*) Oberfläche *f*. **to be on**
~ oben sein *or* liegen; (*fig*) obenauf sein;
it was on ~ **of/on the** ~ **of the cupboard/
pile** *etc* es war auf/oben auf dem Schrank/
Stapel *etc*; **to go up on** ~ (*on boat*) an
Deck gehen; **seats on** ~! (*in bus*) oben
sind noch Sitzplätze!; **to see London from
the** ~ **of a bus** London vom Oberdeck
eines Busses aus sehen; **on** ~ **of** (*in
addition to*) zusätzlich zu; **things are get-
ting on** ~ **of me** die Dinge wachsen mir
über den Kopf; **then, on** ~ **of all that ...**
und dann, um das Maß vollzumachen ...;
and, on ~ **of that ...** und zusätzlich, und
außerdem; **he didn't see it until he was
right on** ~ **of it** er sah es erst, als er ganz
nah dran war; **he felt he was on** ~ **of the
situation** er hatte das Gefühl, die Situa-
tion im Griff *or* unter Kontrolle zu haben;
to come out on ~ sich durchsetzen; (*over
rival*) die Oberhand gewinnen; **to be on
the** ~ **of one's form** in Höchstform sein; **to
talk off the** ~ **of one's head** (*inf*) nur so
daherreden.

3. (*inf: of body*) Oberkörper *m*. **to blow
one's** ~ aus der Haut fahren (*inf*).

4. (*working surface*) Arbeitsfläche *f*.

5. (*bikini* ~) Oberteil *nt*; (*blouse also*)
Top *nt*.

6. (*lid*) (*of jar, suitcase*) Deckel *m*; (*of
beer bottle also*) Kronkorken *m*; (*of pen*)
Hülle *f*; (*of car*) Dach *nt*. **hard/soft** ~
Hardtop *nt*/Weichverdeck *nt*.

7. (*Aut:* ~ *gear*) höchster Gang. **in** ~ im
vierten/fünften, im höchsten Gang.

8. (*inf: big* ~) Großzelt, Zirkuszelt *nt*.

9. (*inf*) **to be (the)** ~**s** Klasse *or* Spitze
sein (*inf*).

10. (*Naut*) Mars *m*.

II *adj* (*upper*) obere(r, s); (*highest*)
oberste(r, s); *branches, note, honours,
price* höchste(r, s); (*best*) *driver, athlete,
competitor, job* Spitzen-; *pupil, school,
marks* beste(r, s); *entertainer, manage-
ment* Top-. ~ **prices** Höchstpreise *pl*; **on
the** ~ **floor** im obersten Stockwerk; **the** ~
right-hand corner die obere rechte Ecke;
he's out of the ~ **drawer** (*fig*) er gehört zu
den oberen Zehntausend; **the car has a** ~
speed of 120 das Auto hat eine Höchst-
geschwindigkeit von 120; **at** ~ **speed** mit
Höchstgeschwindigkeit; **in** ~ **form** in
Höchstform; **to be** ~ (*Sch*) Beste(r) *or*
Erste(r) sein; **the** ~ **men in the party/
government/firm** die Parteispitze/
Führungsspitze in der Regierung/des
Unternehmens; **the newspaper for** ~
people die Zeitung für Führungskräfte;
the ~ **people** (*in a company*) die Leute an
der Spitze; (*in society*) die oberen Zehn-
tausend.

III *adv* **to come** ~ (*Sch*) Beste(r) sein.

IV *vt* **1.** (*cover, cap*) bedecken. ~**ped by
a dome** gekrönt von einer Kuppel; **fruit**

~ped with cream Obst mit Sahne darauf.
2. (*reach ~ of*) **just as the car/he ~ped the hill** gerade, als das Auto/er oben auf dem Berg angekommen war.
3. (*be at ~ of*) **his name ~ped the list** sein Name stand ganz oben auf der Liste or an der Spitze der Liste; *see* bill[3].
4. (*be higher than, fig: surpass*) übersteigen. **and to ~ it all …** (*inf*) und um das Maß vollzumachen …
5. to ~ a tree/radish/carrot die Spitze eines Baumes/das Ende eines Rettichs/einer Mohrrübe abschneiden; **to ~ and tail gooseberries** Stachelbeeren putzen.

◆**top off** *vt sep* abrunden.

◆**top out** *vt sep* **to ~ ~ a building** den letzten Stein legen; **~ping ~ ceremony** ≃ Richtfest *nt*.

◆**top up** *vt sep* glass, battery, tank auffüllen. **to ~ the oil** Öl nachfüllen; **can I ~ you ~ ?** (*inf*) darf ich dir nachschenken?

top² *n* Kreisel *m*. **to sleep like a ~** wie ein Murmeltier schlafen.

topaz ['təʊpæz] *n* Topas *m*.

topcoat ['tɒpkəʊt] *n* **1.** (*overcoat*) Mantel *m*; (*for men also*) Überzieher *m*; **2.** (*coat of paint*) Deckanstrich *m*, letzter Anstrich; **top copy** *n* Original *nt*; **top dog** *n* (*fig*) **he always has to be ~** er muß immer das Sagen haben.

topee, topi ['təʊpiː] *n* Tropenhelm *m*.

top-fermented [,tɒpfə'mentɪd] *adj* obergärig; **top-flight** *adj* Spitzen-, erstklassig; **top gear** *n* höchster Gang; **to be in ~** (*lit*) im höchsten Gang or im vierten/fünften (Gang) sein; (*fig*) auf Hochtouren sein; **top hat** *n* Zylinder *m*; **top-hatted** [tɒp'hætɪd] *adj* mit Zylinder; **top-heavy** *adj* (*lit, fig*) kopflastig; **she's a bit ~** (*hum inf*) sie hat einen ziemlichen Vorbau (*inf*).

topic ['tɒpɪk] *n* Thema *nt*. **~ of conversation** Gesprächsthema *nt*.

topical ['tɒpɪkəl] *adj* **1.** *problem, speech, event* aktuell. **he made a few ~ remarks** er ging kurz auf aktuelle Geschehnisse ein. **2.** (*according to subject*) index Sach-.

topicality [,tɒpɪ'kælɪtɪ] *n* (*of problem, event*) Aktualität *f*.

topically ['tɒpɪkəlɪ] *adv* **1.** aktuell. **2.** (*according to subject*) nach Sachgebieten.

topknot ['tɒpnɒt] *n* Dutt *m*; **topless** *adj* (*mit*) oben ohne, Oben-ohne-; **top-level** *adj* Spitzen-; **topmast** *n* (*Naut*) Toppmast *m*, Marsstenge *f*; **topmost** *adj* oberste(r, s); **the ~ room in the house** das Zimmer unter dem Dach; **top-notch** *adj* (*inf*) eins a (*dated inf*), prächtig.

topographer [tə'pɒgrəfəʳ] *n* Topograph(in *f*), Vermessungsingenieur(in *f*) *m*.

topographic(al) [,tɒpə'græfɪk(əl)] *adj* topographisch.

topography [tə'pɒgrəfɪ] *n* Topographie *f*.

topple ['tɒpl] **I** *vi* wackeln; (*fall*) fallen; (*fig: from power*) gestürzt werden. **II** *vt* umwerfen; (*from a height*) hinunterkippen or -werfen; (*fig*) government etc stürzen. **to ~ sb from power** jdn stürzen.

◆**topple down** *vi* umfallen; (*thing also*) umkippen; (*group of objects*) runterpurzeln; (*from chair, top of stairs etc*) herun-

terfallen; (+*prep obj*) hinunterfallen.

◆**topple over** *vi* schwanken und fallen (*prep obj* über +*acc*).

top-ranking ['tɒp,ræŋkɪŋ] *adj* von hohem Rang; *civil servant, officer also* hohe(r); *personality* hochgestellt; *author, singer* Spitzen-; **topsail** ['tɒpsl] *n* (*Naut*) Marssegel *nt*; **top-secret** ['tɒp'siːkrɪt] *adj* streng geheim; **topside** *n* (*of beef*) Oberschale *f*; **topsoil** *n* (*Agr*) Ackerkrume *f*; **topspin** *n* Topspin *m*.

topsy-turvy ['tɒpsɪ'tɜːvɪ] (*inf*) **I** *adj* (*lit*) (*upside down*) umgedreht; (*in disorder*) kunterbunt durcheinander *pred*; (*fig*) auf den Kopf gestellt. **it's a ~ world** es ist eine verkehrte Welt.
II *adv* **to turn sth ~** (*lit, fig*) etw auf den Kopf stellen; *room, house also* etw völlig durcheinanderbringen; *plans* etw über den Haufen werfen.

top-up ['tɒpʌp] *n* (*inf*) **the battery/oil needs a ~** die Batterie muß aufgefüllt/es muß Öl nachgefüllt werden; **would you like a ~?** darf man dir noch nachschenken?

tor [tɔːʳ] *n* (*esp in names*) Berg *m*.

torch [tɔːtʃ] *n* (*lit*) *fig*) Fackel *f*; (*Brit: flashlamp*) Taschenlampe *f*; (*blowlamp*) Schweißbrenner *m*. **to carry a ~ for sb** nach jdm schmachten.

torchbearer ['tɔːtʃbeərəʳ] *n* (*lit*) Fackelträger *m*; (*fig also*) Herold *m*.

tore [tɔːʳ] *pret of* **tear**[1].

toreador ['tɒrɪədɔːʳ] *n* Torero *m*.

torment ['tɔːment] **I** *n* Qual *f*; (*inf: person*) Quälgeist *m*. **to be in ~, to suffer ~(s)** Qualen leiden. **II** [tɔː'ment] *vt* quälen; (*annoy, tease*) plagen. **~ed by remorse** von Reue gequält or geplagt.

tormentor [tɔː'mentəʳ] *n* Peiniger(in *f*) *m*.

torn [tɔːn] *ptp of* **tear**[1].

tornado [tɔː'neɪdəʊ] *n*, *pl* ~es Tornado *m*.

torpedo [tɔː'piːdəʊ] **I** *n*, *pl* ~es Torpedo *m*. **~ boat** Torpedoboot *nt*; **~ tube** Torpedoausstoßrohr *nt*. **II** *vt* torpedieren.

torpid ['tɔːpɪd] *adj* (*lethargic*) träge; (*apathetic*) abgestumpft; (*Zool*) torpid.

torpidity [tɔː'pɪdɪtɪ], **torpor** ['tɔːpəʳ] *n see* **adj** Trägheit *f*; Abgestumpftheit *f*; Torpidität *f* (*Med, Zool*).

torque [tɔːk] *n* (*Mech*) Drehmoment *nt*.

torrent ['tɒrənt] *n* (*river*) reißender Strom; (*fig*) (*of lava*) Strom *m*; (*of words, insults*) Sturzbach, Schwall *m*, Flut *f*. **the rain came down in ~s** der Regen kam in wahren Sturzbächen herunter; **a ~ of abuse** ein Schwall von Beschimpfungen.

torrential [tɒ'renʃəl] *adj* rain sintflutartig.

torrid ['tɒrɪd] *adj* (*lit, fig*) heiß; *heat, air, sun* sengend.

torsion ['tɔːʃən] *n* Drehung, Torsion (*spec*) *f*. **degree of ~** Drehbeanspruchung, Torsionsschwingung (*spec*) *f*.

torso ['tɔːsəʊ] *n*, *pl* ~s *or* **torsi** ['tɔːsɪ] Körper *m*; (*Art*) Torso *m*.

tort [tɔːt] *n* (*Jur*) Delikt *nt*.

tortoise ['tɔːtəs] *n* Schildkröte *f*.

tortoiseshell ['tɔːtəsʃel] *n* **1.** Schildpatt *m*; (*esp for spectacle frames*) Horn *nt*. **2.** (*also* **~ cat**) Schildpattkatze *f*.

tortuous ['tɔːtjʊəs] *adj* (*lit*) path gewunden; (*fig*) verwickelt; *methods also, person* umständlich.

torture ['tɔːtʃər] I n Folter f; (fig) Qual f. ~ **chamber** Folterkammer f; **instrument of** ~ Folterwerkzeug nt; **it was sheer ~!** (inf) es war eine wahre Qual or Folter.
  II vt 1. (lit) foltern.
  2. (fig: torment) quälen.
  3. (fig: distort) verzerren; language vergewaltigen.

torturer ['tɔːtʃərər] n (lit) Folterknecht m; (fig: tormentor) Peiniger(in f) m.

Tory ['tɔːrɪ] (Brit Pol) I n Tory m. II adj konservativ, Tory-.

Toryism ['tɔːrɪɪzəm] n (Brit Pol) Konservativismus m.

toss [tɒs] I n 1. (throw) Wurf m. **to take a ~** (from horse) abgeworfen werden; **with a proud ~ of her head** mit einer stolzen Kopfbewegung.
  2. (of coin) Münzwurf m. **to win/lose the ~** (esp Sport) die Seitenwahl gewinnen/verlieren.
  II vt 1. (throw) ball werfen; salad anmachen; pancake wenden (durch Hochwerfen); rider abwerfen. **to ~ sth to sb** jdm etw zuwerfen; **~ it over!** wirf es herüber, schmeiß mal her (inf); **to ~ sth aside/(up) into the air** etw zur Seite werfen/hochwerfen or in die Luft werfen; **to ~ sb aside** jdn fallenlassen; **~ing the caber** Baumstammwerfen nt; **to be ~ed by a bull/ horse** auf die Hörner genommen werden/vom Pferd (ab)geworfen werden.
  2. (move: wind) schütteln, zerren an (+ dat). **the boat, ~ed (about) by the waves ...** das Boot, von den Wellen hin und her geworfen, ...; **to ~ (back) one's head** den Kopf zurückwerfen or hochwerfen.
  3. **to ~ a coin** eine Münze (zum Losen) hochwerfen; **we settled it by ~ing a coin** wir haben eine Münze hochgeworfen und es ausgeknobelt; **to ~ sb for sth** mit jdm (durch Münzenwerfen) um etw knobeln.
  III vi 1. (ship) rollen; (corn also) wogen; (plumes) flattern. **to ~ and turn (in bed)** sich (im Bett) hin und her wälzen or hin und her werfen; see pitch².
  2. (with coin) (durch Münzenwerfen) knobeln. **to ~ for sth** um etw knobeln.

◆**toss about** I vi sich heftig hin und her bewegen; (person) sich hin und her werfen. II vt sep (move) hin und her schütteln, durchschütteln; boat schaukeln lassen; (throw) ball herumwerfen; (fig) ideas zur Debatte stellen.

◆**toss away** vt sep wegwerfen.

◆**toss back** vt sep head zurückwerfen, hochwerfen; drink (runter)kippen (inf).

◆**toss off** I vt sep 1. drink hinunterstürzen, (runter)kippen (inf). 2. (inf: produce quickly) essay hinhauen (inf); remark hinwerfen. 3. (sl: masturbate) einen runterholen (+ dat) (sl). II vi (sl) sich (dat) einen runterholen (sl).

◆**toss out** vt sep rubbish wegschmeißen (inf) or -werfen; person hinauswerfen, rausschmeißen (inf).

◆**toss up** I vi knobeln (for um). II vt sep werfen. **to ~ sth ~ (into the air)** etw hochwerfen, etw in die Luft werfen.

toss-up ['tɒsʌp] n (lit) Knobeln nt durch Münzenwerfen. **it was a ~ whether ...** (inf) es war völlig offen, ob ...

tot [tɒt] n 1. (child: also tiny ~) Steppke (inf), Knirps (inf) m. 2. (esp Brit: of alcohol) Schlückchen nt.

◆**tot up** vt sep (esp Brit inf) zusammenzählen or -rechnen.

total ['təʊtl] I adj (complete) völlig, absolut; (comprising the whole) sum, loss, number Gesamt-; war, eclipse total; disaster absolut, total. **the ~ effect of all this worry was ...** im Endeffekt haben seine Sorgen bewirkt, daß ...; **to be in ~ ignorance (of sth)** (von etw) überhaupt nichts wissen; **it's a ~ waste of time** das ist absolute or totale Zeitverschwendung; **the silence was ~** es herrschte völlige Stille.
  II n Gesamtmenge f; (money, figures) Endsumme f. **a ~ of 50 people** insgesamt 50 Leute; see grand, sum.
  III vt 1. (amount to) sich belaufen auf (+acc).
  2. (add: also ~ up) zusammenzählen or -rechnen.

totalitarian [,təʊtælɪ'teərɪən] adj totalitär.

totalitarianism [,təʊtælɪ'teərɪənɪzəm] n Totalitarismus m.

totality [təʊ'tælɪtɪ] n Gesamtheit, Totalität (esp Philos) f; (Astron) totale Finsternis.

totally ['təʊtəlɪ] adv völlig, total.

tote¹ [təʊt] n (inf) **the ~** der Totalisator.

tote² vt (inf: carry) sth heavy schleppen; gun bei sich haben. **to ~ sth around** etw herumschleppen.

tote bag n (US) (Einkaufs)tasche f.

totem ['təʊtəm] n Totem nt.

totem pole n Totempfahl m.

totter ['tɒtər] vi 1. (wobble before falling) wanken, schwanken; (stagger) taumeln, unsicher gehen; (old man, baby) tapsen; (invalid) schwanken, taumeln.
  2. (fig) schwanken; (economy) kränkeln. **the country was ~ing on the brink of war** das Land befand sich am Rande eines Krieges.

tottering ['tɒtərɪŋ] adj schwankend, wankend; person also taumelnd; regime bröckelig; economy kränklich.

tottery ['tɒtərɪ] adj wack(e)lig; person tatterig. **~ old man** ein Tattergreis m (inf).

toucan ['tuːkən] n Tukan, Pfefferfresser m.

touch [tʌtʃ] I n 1. (sense of ~) (Tast)gefühl nt. **to be cold/soft to the ~, to have a cold/soft ~** sich kalt/weich anfühlen.
  2. (act of ~ing) Berühren nt, Berührung f; (of pianist, typist, piano, typewriter) Anschlag m. **I felt a ~ on my arm** ich spürte, daß jd/etw meinen Arm berührte; **she thrilled to his ~** es durchzuckte sie, als er sie berührte; **it opens at a ~** es öffnet sich auf Fingerdruck or auf leichten Druck; **the wheel responds to the slightest ~** das Lenkrad reagiert sofort; **braille is read by ~** Blindenschrift wird durch Abtasten gelesen.
  3. (skill) Hand f; (style also) Stil m. **it has the ~ of genius/the professional ~** es hat etwas Geniales/Professionelles or einen genialen/professionellen Anstrich; **he's losing his ~** er wird langsam alt; **to have the right ~ with sb/sth** mit jdm/etw umgehen können; **a personal ~** eine persönliche Note.

4. (*stroke*) (*Art*) Strich *m*; (*fig*) Einfall *m*. **a nice ~** eine hübsche Note; (*gesture*) eine nette Geste; **it was a nice ~ inviting them** es war nett, sie einzuladen; **to put the final** *or* **finishing ~es to sth** letzte Hand an etw (*acc*) legen, einer Sache (*dat*) den letzten Schliff geben; **the house lacks a woman's ~** es fehlt eine Frau im Haus.

5. (*small quantity*) Spur *f*; (*of irony, sadness etc also*) Anflug *m*. **a ~ of flu/fever** eine leichte Grippe/leichtes Fieber; **a ~ of spring** ein Hauch *m* (von) Frühling; **he gave the horse a ~ of the whip** er ließ das Pferd die Peitsche fühlen *or* spüren.

6. (*communication*) **to be in** (**constant**) **~ with sb** mit jdm in (ständiger) Verbindung stehen; **they were in ~ with us yesterday** sie haben sich gestern mit uns in Verbindung gesetzt; **to be/keep in ~ with** (**political**) **developments** (politisch) auf dem laufenden sein/bleiben; **I'll be in ~!** ich lasse von mir hören!, ich melde mich!; **keep in ~!** laß/laßt wieder einmal von dir/euch hören!; **to be completely out of ~** (**with sth**) (in bezug auf etw *acc*) überhaupt nicht auf dem laufenden sein; **you can get in ~ with me at this number** Sie können mich unter dieser Nummer erreichen; **you ought to get in ~ with the police** Sie sollten sich mit der Polizei in Verbindung setzen; **to lose ~** (**with sb/sth**) den Kontakt (zu jdm) verlieren/(in bezug auf etw *acc*) nicht mehr auf dem laufenden sein; **I'll put you in ~ with Mr Brown** ich werde Sie mit Herrn Brown in Verbindung bringen.

7. (*Ftbl*) Aus *nt*; (*Rugby also*) Mark *f*. **in ~** im Aus; in der Mark; **to kick for ~** (*Rugby*) in die Mark schlagen.

8. (*sl*) **to make a ~** Geld schnorren (*inf*); **to be an easy** *or* **soft ~** leicht anzupumpen (*inf*) *or* anzuzapfen (*inf*) sein.

II *vt* **1.** (*be in or make contact with*) berühren; (*get hold of also*) anfassen; (*press lightly also*) piano keys, brake, leicht drücken; (*strike lightly*) harp strings streichen über (+*acc*); (*brush against*) streifen. **to ~ glasses** anstoßen; **don't ~ that!** faß das nicht an!; **the speedometer needle ~ed 100** die Tachonadel ging auf 100.

2. (*lay hands on*) anrühren, anfassen. **the police/tax authorities can't ~ me** die Polizei/das Finanzamt kann mir nichts anhaben; **the paintings weren't ~ed by the fire** die Gemälde blieben vom Feuer verschont.

3. *food, drink* anrühren; *capital also* herankommen an (+*acc*) (*inf*); (*use*) antasten. **I haven't ~ed the piano for months** ich habe seit Monaten nicht mehr Klavier gespielt.

4. (*equal*) herankommen an (+*acc*), erreichen. **there's nothing to ~ hot lemon for a cold** bei einer Erkältung geht nichts über heiße Zitrone.

5. (*deal with*) *problem etc* anrühren. **everything he ~es turns to gold** ihm gelingt einfach alles; **I wouldn't ~ those shares** ich würde meine Finger von den

Aktien lassen; **an ordinary detergent won't ~ dirt like that** ein normales Reinigungsmittel wird mit diesem Schmutz nicht fertig; **I couldn't ~ the third question** mit der dritten Frage konnte ich nichts anfangen; **I asked them not to ~ my desk** ich bat darum, nicht an meinen Schreibtisch zu gehen.

6. (*concern*) berühren, betreffen.

7. (*move emotionally*) rühren, bewegen; (*affect*) berühren; (*wound*) *pride* treffen.

8. to ~ sb for a loan/£10 (*sl*) jdn um einen Kredit angehen/jdn um £ 10 anpumpen (*inf*).

III *vi* (*come into contact*) sich berühren; (*estates etc: be adjacent also*) aneinanderstoßen, aneinandergrenzen. **don't ~!** Finger weg!; **"please do not ~"** „bitte nicht berühren".

◆**touch at** *vi* +*prep obj* (*Naut*) anlaufen.

◆**touch down I** *vi* **1.** (*Aviat, Space*) aufsetzen. **2.** (*Rugby, US Ftbl*) einen Versuch erzielen. **II** *vt sep* ball niederlegen.

◆**touch in** *vt sep* details, shading etc einfügen.

◆**touch off** *vt sep* explosion, argument etc auslösen.

◆**touch up** *vt sep* **1.** colour auffrischen; make-up also frisch machen; picture, paintwork also ausbessern; photo retuschieren; essay, article ausbessern. **2.** (*inf*) woman, man betatschen (*inf*), befummeln (*sl*).

◆**touch** (**up**)**on** *vi* +*prep obj subject* kurz berühren, antippen. **but he barely ~ed the question** aber er hat die Frage kaum berührt.

touch-and-go [ˈtʌtʃənˈɡəʊ] *adj* **to be ~** riskant *or* prekär sein; **it's ~ whether …** es steht auf des Messers Schneide, ob …; **it's ~ if we'll make it** es ist noch vollkommen offen, ob wir es schaffen; **after his operation it was ~** nach der Operation hing sein Leben an einem Faden.

touchdown [ˈtʌtʃdaʊn] *n* **1.** (*Aviat, Space*) Aufsetzen *nt*. **2.** (*Rugby, US Ftbl*) Versuch *m* (*Niederlegen des Balles im Malfeld des Gegners*).

touché [tuːˈʃeɪ] *interj* (*Fencing*) Treffer; (*fig inf*) eins zu null für dich (*inf*).

touched [tʌtʃt] *adj pred* **1.** (*moved*) gerührt, bewegt. **2. to be a bit ~** (*inf: mad*) einen leichten Stich haben (*inf*).

touch football *n* (*US*) sanftere Art des Football, bei der der Gegner berührt wird, anstatt zu Fall gebracht zu werden.

touchiness [ˈtʌtʃɪnɪs] *n* Empfindlichkeit *f* (*on in bezug auf* +*acc*); (*irritability also*) leichte Reizbarkeit.

touching [ˈtʌtʃɪŋ] **I** *adj* rührend, bewegend. **II** *prep* (*form*) bezüglich (+*gen*).

touchingly [ˈtʌtʃɪŋlɪ] *adv* rührend.

touch judge *n* (*Rugby*) Seitenrichter *m*; **touchline** *n* (*Sport*) Seitenlinie, Auslinie *f*; **touchpaper** *n* Zündpapier *nt*; **touchstone** *n* (*fig*) Prüfstein *m*; **touch-type** *vti* blindschreiben; **touch-typing** *n* Blindschreiben *nt*; **touch-up paint** *n* Tupflack *m*.

touchy [ˈtʌtʃɪ] *adj* (+*er*) empfindlich (*about in bezug auf* +*acc*); (*irritable also*) leicht reizbar; *subject* heikel, kitzlig (*inf*).

tough [tʌf] **I** *adj* (+*er*) **1.** zäh; *resistant* widerstandsfähig; *cloth* strapazierfähig; (*towards others*) hart, knallhart (*inf*); *bargaining, negotiator, opponent, fight, struggle, lesson* hart; *district, city* hart, rauh. **as ~ as leather** zäh wie Leder (*inf*); **he'll get over it, he's pretty ~** er wird schon darüber hinwegkommen, er ist hart im Nehmen (*inf*); **to get ~ (with sb)** (*physically*) grob werden (mit jdm *or* gegen jdn), handgreiflich werden (gegen jdn); (*fig*) hart durchgreifen (gegen jdn); **~ guy** (*inf*) (knall)harter Kerl *or* Bursche (*inf*). **2.** (*difficult*) *task, problem* hart; *journey* strapaziös, anstrengend. **it was ~ going** (*lit, fig*) es war eine Strapaze *or* ein Schlauch *m* (*inf*); **to have a ~ time of it** nichts zu lachen haben. **3.** (*strict*) *policy, controls* hart. **4.** (*inf*) hart. **that's pretty ~!** das ist ganz schön hart!; **it was ~ on the others** das war hart für die andern; **~ (luck)!** Pech!

II *n* (*inf*) Schlägertyp *m* (*pej inf*), (knall)harter Bursche (*inf*).

III *adv* (+*er*) (*inf*) **to treat sb ~** jdn hart rannehmen.

toughen [ˈtʌfn] **I** *vt* **1.** *glass, metal* härten. **2.** (*fig*) *person* zäh *or* hart machen; (*physically also*) abhärten; *laws* verschärfen. **II** *vi* (*glass, metal*) hart werden; (*meat*) zäh werden; (*attitude*) sich verhärten.

◆**toughen up I** *vt sep person* hart *or* zäh machen, stählen (*geh*); *muscles* trainieren; *sportsman also* fit machen; *regulations* verschärfen. **II** *vi* hart *or* zäh werden; (*attitude*) sich verhärten. **to ~ ~ on sb/sth** härter gegen jdn/etw vorgehen.

toughie [ˈtʌfɪ] *n* (*inf*) (*person*) (*ruffian*) Rauhbein *nt* (*inf*); (*child*) Rabauke *m* (*inf*); (*problem, question*) harte Nuß.

toughly [ˈtʌflɪ] *adv made* robust; *built also* stabil; *worded* geharnischt; *say* fest. **to bring sb up ~** jdn zur Härte erziehen; **to behave ~** (*like a tough guy*) den harten Mann spielen *or* markieren (*inf*); (*decisively*) hart auftreten.

toughness [ˈtʌfnɪs] *n see adj* **1.** (*of meat etc*) Zähheit *f*; (*of person*) Zähigkeit *f*; Widerstandsfähigkeit *f*; Strapazierfähigkeit *f*; Härte *f*; Rauheit *f*. **2.** (*difficulty*) Schwierigkeit *f*; (*of journey*) Strapazen *pl* **3.** Härte *f*.

toupee [ˈtuːpeɪ] *n* Toupet *nt*.

tour [tʊəʳ] **I** *n* **1.** (*journey, walking ~ etc*) Tour *f*; (*by bus, car etc also*) Fahrt, Reise *f*; (*of town, building, exhibition etc*) Rundgang *m* (*of* durch); (*also guided ~*) Führung *f* (*of* durch); (*by bus*) Rundfahrt *f* (*of* durch). **to go on Scotland** auf eine Schottlandreise gehen/eine Schottlandreise machen. **2.** (*also ~ of inspection*) Runde *f* (*of* durch); (*on foot also*) Rundgang *m* (*of* durch). **he had a 3-year ~ (of duty) in East Africa** er wurde für drei Jahre nach Ostafrika versetzt; **to make a ~ of the site/ border posts** einen Rundgang durch das Gelände/eine Runde bei den Grenzposten machen. **3.** (*Theat*) Gastspielreise, Tournee *f* (*of*

durch); (*Sport*) Tournee *f*. **to go/be on ~** auf Gastspielreise *or* Tournee gehen/ sein.

II *vt* **1.** *country, district etc* fahren durch; (*on foot*) ziehen durch (*inf*); (*travel around also*) bereisen, eine Reise *or* Tour machen durch. **2.** (*visit*) *town, building, exhibition* einen Rundgang machen durch, besichtigen; (*by bus etc*) eine Rundfahrt machen durch. **3.** (*Theat*) eine Gastspielreise *or* Tournee machen durch; (*Sport*) eine Tournee machen durch.

III *vi* **1.** (*on holiday*) eine Reise *or* Tour *or* Fahrt machen; (*on foot also*) ziehen. **we're ~ing (around)** wir reisen herum; **to go ~ing** Touren/eine Tour machen. **2.** (*Theat*) eine Gastspielreise *or* Tournee machen; (*Sport*) eine Tournee machen. **to go/be ~ing** (*Theat*) auf Gastspielreise *or* Tournee gehen/sein; (*Sport*) auf Tournee gehen/sein.

tour de force [ˈtʊədəˈfɔːs] *n* Glanzleistung *f*.

touring [ˈtʊərɪŋ] *n* (Herum)reisen, (Herum)fahren *nt*.

touring company *n* (*Theat*) Tourneetheater *nt*; **touring party** *n* Reisegruppe *f*; **touring team** *n* Gastmannschaft *f*.

tourism [ˈtʊərɪzəm] *n* Fremdenverkehr, Tourismus *m*.

tourist [ˈtʊərɪst] **I** *n* (*person*) Tourist(in *f*) *m*, Fremde(r) *mf*; (*Sport*) Gast *m*; (*~ class*) Touristenklasse *f*. **to travel ~** in der Touristenklasse reisen.

II *attr class, hotel, shop* Touristen-; *guide* Fremden-; *bureau, office, industry* Fremdenverkehrs-. **~ season** Reisesaison *or* -zeit *f*; **~ trade** Fremdenverkehrsgewerbe *nt*; **~ traffic** Reiseverkehr *m*.

touristy [ˈtʊərɪstɪ] *adj* (*pej*) auf Tourismus getrimmt; *resorts, shops, souvenirs* für Touristen.

tournament [ˈtʊənəmənt] *n* (*Sport etc, also Hist*) Turnier *nt*.

tourniquet [ˈtʊənɪkeɪ] *n* Aderpresse *f*, Tourniquet *nt* (*spec*).

tour operator *n* Reiseveranstalter *m*.

tousle [ˈtaʊzl] *vt hair* zerzausen; (*affectionately also*) zausen.

tousled [ˈtaʊzld] *adj hair* zerzaust, wuschelig (*inf*).

tout [taʊt] (*inf*) **I** *n* (*tipster*) Wettberater *m*; (*esp Brit: spy*) Schnüffler (*inf*), Spion (*inf*) *m*; (*ticket ~*) (Karten)schwarzhändler *m*; (*for business*) Kundenfänger, Schlepper (*sl*) *m*.

II *vt* (*Racing*) *horse* als Favorit angeben, als heißen Tip nennen; (*spy*) *stables* ausspionieren (*inf*); *horse* herumschnüffeln bei (*inf*); (*sell: also ~ around*) *information* anbieten; *tickets* anbieten, schwarz verkaufen (*inf*); *goods* (den Leuten) aufschwatzen (*inf*); *ideas* propagieren.

III *vi* (*Racing*) (*offer tips*) Wetttips (gegen Honorar) verteilen; (*spy*) herumspionieren, herumschnüffeln (*inf*). **to ~ for business/customers** (aufdringlich) Reklame machen/auf Kundenfang sein (*inf*), Kunden schleppen (*sl*).

tow [təʊ] **I** *n* **to take a car/yacht in** ~ ein Auto abschleppen/eine Jacht schleppen *or* ins Schlepptau nehmen; **to give sb/a car a** ~ (*in car*) jdn/ein Auto abschleppen; (*to start*) jdn/ein Auto anschleppen; **to give sb/a yacht a** ~ jdn/eine Jacht schleppen *or* ins Schlepptau nehmen; **do you want a** ~? soll ich Sie abschleppen/anschleppen?; **"on** ~" ≃ „Fahrzeug wird abgeschleppt"; **in** ~ (*fig*) im Schlepptau.

II *vt boat, glider* schleppen; *car also* abschleppen; (*to start*) anschleppen; *trailer* ziehen. **he was** ~**ing a huge dog behind him** er zog *or* schleifte einen riesigen Hund hinter sich (*dat*) her.

♦**tow away** *vt sep car* (gebührenpflichtig) abschleppen.

towage ['təʊidʒ] *n* **1.** (*of ships*) Bugsieren, Schleppen *nt*; (*of cars*) Abschleppen *nt*. **2.** (*fee*) (*for ships*) Schlepp- *or* Bugsiergebühr *f*; (*for cars*) Abschleppgebühr *f*. ~ **charges** (*for ships*) Schlepp- *or* Bugsiergebühren *pl*; (*for cars*) Abschleppgebühren, Abschleppkosten *pl*.

toward [tə'wɔːd] *adj* (*form: favourable*) angemessen.

toward(s) [tə'wɔːd(z)] *prep* **1.** (*in direction of*) (*with verbs of motion*) auf (+*acc*) ... zu. **they walked** ~ **the town** sie gingen auf die Stadt zu; **we sailed** ~ **China** wir segelten in Richtung China; **it's further north,** ~ **Dortmund** es liegt weiter im Norden, Richtung Dortmund; ~ **the south** nach *or* gen (*liter*) Süden; **he turned** ~ **her** er wandte sich ihr zu; **with his back** ~ **the wall** mit dem Rücken zur Wand; **a hotel facing** ~ **the sea** ein Hotel mit Blick aufs Meer; **they are working** ~ **a solution** sie arbeiten auf eine Lösung hin; **the latest move went a long way** ~ **solving the problem** die letzte Maßnahme trug beträchtlich zur Lösung des Problems bei; ~ **a better understanding of ...** zum besseren Verständnis von ...

2. (*in relation to*) ... (*dat*) gegenüber. **what are your feelings** ~ **him?** was empfinden Sie ihm gegenüber *or* für ihn?

3. ~ **ten o'clock** gegen zehn Uhr; ~ **the end of the 60's/the year** gegen Ende des sechziger Jahre/des Jahres.

tow-bar ['təʊbɑːʳ] *n* Anhängerkupplung *f*; **towboat** *n* Schleppschiff *nt*, Schlepper *m*; **tow-car** *n* (*US*) Abschleppwagen *m*.

towel ['taʊəl] **I** *n* Handtuch *nt*. ~ **rail** Handtuchhalter *m*; *see* **throw in. II** *vt* (mit einem Handtuch) (ab)trocknen.

♦**towel down** *vt sep* (ab)trocknen, trockenreiben.

towelling ['taʊəliŋ] *n* Frottee(stoff) *m*.

tower ['taʊəʳ] **I** *n* **1.** Turm *m*. **2.** (*fig: person*) **a** ~ **of strength** eine Stütze, ein starker (Rück)halt. **II** *vi* ragen. **the buildings** ~ **into the sky** die Gebäude ragen in den Himmel.

♦**tower above** *or* **over** *vi* +*prep obj* **1.** (*buildings etc*) emporragen über (+*acc*). **2.** (*lit, fig: people*) überragen.

♦**tower up** *vi* hinaufragen, emporragen.

tower block *n* Hochhaus *nt*.

towering ['taʊəriŋ] *adj* **1.** *building* hochragend, alles überragend; *mountain*

(steil) aufragend; *tree* hochgewachsen. **the boy stood before the** ~ **figure of the headmaster** der Schüler stand vor der hoch aufragenden Gestalt des Direktors.

2. (*fig*) **a** ~ **rage** eine rasende *or* unbändige Wut; **one of the** ~ **giants of literature** eine der einsamen Größen der Literatur.

towline ['təʊlain] *n* (*Aut*) Abschleppseil *nt*; (*Naut, for glider*) Schleppseil *nt*.

town [taʊn] *n* **1.** Stadt *f*. **the** ~ **of Brighton** (die Stadt) Brighton; **to go into** *or* **down** ~ in die Stadt gehen; **to live in** ~ in der Stadt wohnen; **guess who's in** ~? raten Sie mal, wer zur Zeit hier (in der Stadt) ist?; **he's out of** ~ er ist nicht in der Stadt, er ist außerhalb; **to have a night on the** ~ (*inf*) die Nacht durchmachen (*inf*), einen draufmachen (*sl*); **it's all over** ~ **now that he has ...** es hat sich herumgesprochen, daß er ...; **to go to** ~ **on sth** (*fig inf*) (*go to great trouble with*) sich (*dat*) bei etw einen abbrechen (*inf*); (*to please*) sich bei etw ins Zeug legen; (*exaggerate*) etw übertreiben.

2. (*Brit: London*) **to go up to** ~ nach London gehen *or* fahren; **he is out of** ~ er ist nicht in London.

town centre *n* Stadtmitte *f*, (Stadt)zentrum, Stadtinnere(s) *nt*; **town clerk** *n* Stadtdirektor, Stadtschreiber (*old, Sw*) *m*; (*of bigger town*) Oberstadtdirektor *m*; **town council** *n* Stadtrat *m*; **town councillor** *n* Stadtrat *m*, Stadträtin *f*; **town crier** *n* Ausrufer *m*.

town gas *n* Stadtgas *nt*; **town hall** *n* Rathaus *nt*; **town house** *n* Stadthaus *nt*, Haus *nt* in der Stadt; (*type of house*) Wohnhaus *nt*; (*US*) Reihenhaus *nt*; **town planner** *n* Stadt- *or* Städteplaner *m*; **town planning** *n* Stadtplanung, Städteplanung *f*; **townscape** *n* Stadtbild *nt or* -landschaft *f*; (*Art*) Stadtansicht *f*.

townsfolk ['taʊnzfəʊk] *npl* Städter, Stadtmenschen *pl*, Stadtbevölkerung *f*; (*citizens*) Bürger *pl*.

township ['taʊnʃip] *n* (Stadt)gemeinde *f*; (*US*) Verwaltungsbezirk *m*; (*US Surv*) 6 Meilen großes Gebiet.

townsman ['taʊnzmən] *n* Städter, Stadtmensch *m*; (*citizen*) Bürger *m*; **my fellow** ~ meine (lieben) Mitbürger; **townspeople** *npl* Städter, Stadtmenschen *pl*; (*citizens*) Bürger *pl*; **townswoman** *n* Bürgerin *f*.

towpath ['təʊpɑːθ] *n* Treidelpfad *m*; **towplane** *n* Schleppflugzeug *nt*; **towrope** *n* *see* **towline**; **tow start** *n* (*Aut*) Anschleppen *nt*; **to give sb a** ~ jdn anschleppen; **tow-truck** *n* (*US*) Abschleppwagen *m*.

toxaemia, (*US*) **toxemia** [tɒk'siːmiə] *n* Blutvergiftung, Sepsis (*spec*) *f*.

toxic ['tɒksik] *adj* giftig, Gift-, toxisch.

toxicity [tɒk'sisiti] *n* Giftigkeit *f*, Giftgehalt *m*.

toxicological [ˌtɒksikə'lɒdʒikəl] *adj* toxikologisch.

toxicology [ˌtɒksi'kɒlədʒi] *n* Toxikologie *f*.

toxin ['tɒksin] *n* Gift(stoff *m*), Toxin *nt*.

toy [tɔi] **I** *n* Spielzeug *nt*. ~**s** Spielsachen *pl*, Spielzeug *nt*; (*in shops also*) Spielwaren *pl*.

II *vi* **to** ~ **with an object/idea** *etc* mit

einer Sache/Idee *etc* spielen; **to ~ with one's food** mit dem Essen (herum)spielen.

toy *in cpds* gun, car, soldier Spielzeug-; **~ dog** Zwerghund *m*; (*of material*) Stoffhund *m*; **~shop** Spielwarenladen *m*.

trace¹ [treɪs] **I** *n* **1.** (*sign*) Spur *f*. **there's no ~ of it** keine Spur davon; **to vanish without ~** spurlos verschwinden; **to lose ~ of sb/sth** jdn/etw aus den Augen verlieren.

2. (*small amount: of poison*) Spur *f*; (*of spice also*) Idee *f*; (*of irony etc also*) Hauch *m*.

II *vt* **1.** (*draw*) zeichnen; (*copy*) nachziehen, nachzeichnen; (*with tracing paper*) durchpausen, durchzeichnen. **he ~d his name in the sand** er malte seinen Namen in den Sand.

2. (*follow trail of*) trail, progress, developments verfolgen; steps folgen (+*dat*). **she was ~d to a house in Soho** ihre Spur führte zu einem Haus in Soho.

3. (*find*) ausfindig machen, auffinden.

◆**trace back I** *vi* zurückgehen (*to* auf +*acc*).

II *vt sep* descent zurückverfolgen; rumour auf seinen Ursprung zurückverfolgen; neurosis etc zurückführen (*to* auf +*acc*). **he can ~ his family ~ to Henry VIII** seine Familie läßt sich bis zu Heinrich VIII. zurückverfolgen; **we ~d the rumour ~ to one of the secretaries** wir fanden heraus, daß das Gerücht von einer der Sekretärinnen in die Welt gesetzt worden war.

◆**trace out** *vt sep* (*copy*) nachzeichnen; (*with tracing paper*) durchpausen (*onto* auf +*acc*); (*draw*) zeichnen. **we ~d ~ the route on the map** wir zeichneten die Route auf der Karte ein.

trace² *n* (*of harness*) Zuggurt, Zugriemen *m*; *see* **kick over.**

traceable ['treɪsəbl] *adj* **1.** (*can be found*) auffindbar. **2. a characteristic ~ through the centuries** eine Eigenschaft, die sich durch viele Jahrhunderte hindurch zurückverfolgen läßt.

trace element *n* Spurenelement *nt*.

tracer ['treɪsəʳ] *n* **1.** (*Mil: also ~ bullet*) Leuchtspurgeschoß *nt*. **2.** (*Med*) Isotopenindikator *m*. **3.** (*enquiry form*) Suchzettel, Laufzettel *m*.

tracheotomy [ˌtrækɪˈɒtəmɪ] *n* Luftröhrenschnitt *m*.

trachoma [trəˈkəʊmə] *n* Körnerkrankheit *f*, (hartnäckige) Bindehautentzündung.

tracing ['treɪsɪŋ] *n* (*drawing*) Durchpausen, Durchzeichnen *nt*; (*result*) Pause *f*. **~ paper** Pauspapier *nt*.

track [træk] **I** *n* **1.** (*trail*) Fährte, Spur *f*; (*of tyres*) (Fahr)spur *f*. **to be on sb's ~** jdm auf der Spur sein; **you can't expect to keep ~ of your friends if you never write to them** du kannst nicht erwarten, Kontakt zu deinen Freunden zu behalten, wenn du nie schreibst; **to keep ~ of sb/sth** (*watch, follow*) jdn/etw im Auge behalten; situation also etw verfolgen; (*keep up to date with*) über jdn/etw auf dem laufenden bleiben; **I can't keep ~ of his movements** or **him** ich weiß nie, wo er sich gerade aufhält; **how do you keep ~ of the time without a watch?** wie können Sie wissen,

wie spät es ist, wenn Sie keine Uhr haben?; **the Americans kept ~ of the Russian moon-rocket** die Amerikaner verfolgten die Bahn der sowjetischen Mondrakete; **to lose ~ of sb/sth** (*lose contact with, lose sight of*) jdn/etw aus den Augen verlieren; (*lose count of, be confused about*) über Leute/etw den Überblick verlieren; (*not be up to date with*) über jdn/etw nicht mehr auf dem laufenden sein; **he/I lost ~ of what he was saying** er hat den Faden verloren/ich habe nicht (mehr) mitbekommen, was er gesagt hat.

2. (*fig*) **we must be making ~s** (*inf*) wir müssen uns auf die Socken (*inf*) or auf den Weg machen; **he stopped dead in his ~s** er blieb abrupt stehen; **to cover (up) one's ~s** seine Spuren verwischen.

3. (*path*) Weg, Pfad *m*. **off the ~** (*fig*) abwegig; **to be on the right/wrong ~** (*fig*) auf der richtigen/falschen Spur sein, auf dem richtigen Weg/Holzweg (*inf*) sein.

4. (*course*) (*of hurricane*) Weg *m*; (*of comet*) (Lauf)bahn *f*; (*of rocket*) Bahn *f*.

5. (*Rail*) Gleise *pl*; (*US: platform*) Bahnsteig *m*. **a new section of ~** eine neue (Gleis)strecke; **the ~ to Paisley** die (Bahn)strecke nach Paisley; **"keep off the ~"** Betreten der Gleise verboten; **to leave the ~(s)** entgleisen; **to be born on the wrong side of the ~s** (*US fig*) aus niedrigem Milieu stammen.

6. (*Sport*) Rennbahn *f*; (*Athletics*) Bahn *f*; (*Motorsport*) Piste, Bahn *f*; (*circuit*) Rennstrecke *f*; (*Cycling*) Radrennbahn *f*.

7. (*on tape*) Spur *f*; (*on record: song etc*) Stück *nt*. **four-~ tape-recorder** Vierspurgerät *nt*.

8. (*also* **caterpillar ~**) Raupenkette *f*.

9. (*Aut: between wheels*) Spur(weite) *f*.

II *vt* **1.** (*follow*) person, animal verfolgen; (*Space*) rocket die Flugbahn (+*gen*) verfolgen.

2. (*US*) **the children ~ed dirt all over the carpet** die Kinder hinterließen überall auf dem Teppich Schmutzspuren.

III *vi* **1.** (*follow trail*) Fährten lesen.

2. (*Aut*) spurgenau laufen.

3. (*Film, TV*) fahren.

4. (*move: hurricane etc*) ziehen; (*stylus*) sich bewegen.

◆**track down** *vt sep* aufspüren (*to* in +*dat*); thing aufstöbern, finden; reference, source of infection ausfindig machen.

◆**track in** *vi* (*Film, TV*) heranfahren (*on* an +*acc*).

track-and-field [ˌtrækənˈfiːld] *adj* Leichtathletik-; **track athletics** *n sing* Laufdisziplinen *pl*.

tracked [trækt] *adj* vehicle Ketten-, Raupen-.

tracker ['trækəʳ] *n* (*Indian etc*) Fährtenleser *m*; (*Hunt*) Tracker *m*. **~ dog** Spürhund *m*.

track event *n* Laufwettbewerb *m*.

tracking ['trækɪŋ] *n* Verfolgen *nt*. **~ station** Bodenstation *f*.

trackless ['træklɪs] *adj* **1.** vehicle ohne Ketten; **2.** forest weglos; snow ohne Spuren, unbetreten; **track maintenance** *n* (*Rail*) Streckenwartung *f*; **track meeting** or **meet** (*US*) *n* Leichtathletikwettbewerb or

-wettkampf m; **track race** n Rennen nt;
(*Motorsport, Athletics also*) Lauf m;
track racing n Laufwettbewerb m;
(*Motorsport*) Rennen nt; (*Cycling*)
Radrennen nt; **track record** n (*fig*)
what's his ~ ? was hat er vorzuweisen?;
track shoe n Rennschuh m; **tracksuit** n
Trainingsanzug m; **trackwalker** n (*US*)
Streckenläufer m.

tract¹ [trækt] n 1. (*of land*) Gebiet nt. **narrow** ~ Streifen m. 2. (*respiratory*) Wege
pl; (*digestive*) Trakt m.

tract² n Traktat nt, Schrift f.

tractability [træktə'bɪlɪtɪ] n *see adj* Formbarkeit, Bearbeitbarkeit f; Fügsamkeit,
Lenkbarkeit f.

tractable ['træktəbl] *adj* (*lit*) *metal etc* leicht
zu bearbeiten, formbar; (*fig*) *child,
animal, disposition* fügsam, lenkbar.

traction ['trækʃən] n Zugkraft, Ziehkraft,
Zugleistung f; (*of wheels*) Bodenhaftung
f; (*Med*) Streckverband m. **in** ~ im
Streckverband; ~ **engine** Zugmaschine f.

tractor ['træktəʳ] n 1. Traktor, Trecker m,
Zugmaschine f. ~ **driver** Traktorfahrer-
(in f), Traktorist(in f) m. 2. (*of truck*)
Sattelschlepper m.

trade [treɪd] I n 1. (*commerce*) Handel m,
Gewerbe nt (*hotel* ~, *catering* ~)
Gewerbe nt; (*turnover: of shop, hotel etc*)
die Geschäfte pl. **he used to be in** ~ er war
Geschäftsmann; **how's** ~? wie gehen die
Geschäfte?; **to do** ~ **with sb** mit jdm Handel treiben; **to do a good** ~ gute Geschäfte
machen; ~ **was good last summer** im letzten Sommer waren die Geschäfte gut; **to
do a brisk** ~ **in sth** einen reißenden Absatz
an etw (*dat*) haben.

2. (*line of business*) Branche f,
Geschäftszweig m. **he's in the wool** ~ er ist
in der Wollbranche, er ist im Wollhandel
tätig; **he's in the** ~ er ist in der Branche,
er ist vom Fach; **as we call it in the** ~ wie
es in unserer Branche heißt.

3. (*job*) Handwerk nt. **he's a bricklayer
by** ~ er ist Maurer von Beruf; **a lawyer by**
~ (*hum*) ein gelernter Rechtsanwalt
(*hum*); **every man to his** ~ Schuster, bleib
bei deinem Leisten (*prov*); **what's your**
~? was machen Sie beruflich?

4. (*people*) Geschäftsleute pl, Branche
f.

5. (*exchange*) Tausch(geschäft nt *or*
-handel m) m.

6. **the T**~**s** pl (*Geog*) der Passat.

II vt tauschen. **to** ~ **sth for sth else** etw
gegen etw anderes (ein)tauschen; **to** ~
secrets Geheimnisse austauschen.

III vi 1. (*Comm*) Handel treiben, handeln. **to** ~ **in sth** mit etw handeln; **to** ~
with sb mit jdm Geschäfte machen *or*
Handel treiben.

2. (*US inf*) einkaufen (*at* bei).

◆**trade in** vt *sep* in Zahlung geben (*for* für).

◆**trade (up)on** vi +*prep obj* ausnützen.

trade directory n Branchenverzeichnis,
Firmenverzeichnis nt; **trade discount** n
Händlerrabatt m; **trade fair** n Handelsmesse f; **trade figures** npl Handelsziffern pl; **trade gap** n Außenhandelsdefizit
nt; **trade-in** n Altgerät nt; (*car*) in Zahlung gegebenes Auto; **we will take your**

old car as a ~ wir nehmen Ihren alten
Wagen in Zahlung; II *attr* ~ **value**
Gebrauchtwert m; **they don't give very
good** ~ **terms** sie bezahlen nicht sehr viel
für Altgeräte/Gebrauchtwagen; **trade-
mark** n (*lit*) Warenzeichen nt; **honesty
was his** ~ er war für seine Ehrlichkeit bekannt; **trade name** n Handelsname m; **trade price** n Großhandelspreis
m.

trader ['treɪdəʳ] n 1. (*person*) Händler m.
2. (*ship*) Handelsschiff nt.

trade route n Handelsweg m, Handelsstraße f.

trade school n Gewerbe- *or* Berufsschule
f; **trade secret** n (*lit, fig*) Betriebsgeheimnis nt.

tradesman ['treɪdzmən] n (*delivery man*)
Lieferant m; (*shopkeeper*) Händler,
Ladenbesitzer m; (*plumber, electrician
etc*) Handwerker m; ~**'s entrance**
Lieferanteneingang m; **tradespeople** npl
Geschäftsleute, Händler pl; **trades
union** n *see* **trade union**; **Trades Union
Congress** (britischer) Gewerkschaftsbund.

trade union n Gewerkschaft f; **trade
unionism** n Gewerkschaftsbewegung f;
trade unionist n Gewerkschaft(l)er(in f)
m; **trade wind** n Passat m.

trading ['treɪdɪŋ] n Handel m, Handeln nt
(*in* mit).

trading *in cpds* Handels-; ~ **estate**
Industriegelände nt; ~ **licence** Gewerbeerlaubnis f, Gewerbeschein m; ~ **stamp**
Rabattmarke f.

tradition [trə'dɪʃən] n Tradition f. **according to** ~ **he** ..., ~ **has it that he** ... es ist
überliefert, daß er ...; **there is a** ~ **in the
village that Queen Mary slept here** im
Dorf erzählt man sich, daß Königin Maria
dort übernachtet hat; **in the French** ~ in
der französischen Tradition); **in the best** ~
nach bester Tradition.

traditional [trə'dɪʃənl] *adj* traditionell;
story, custom also alt; *virtues also* überkommen; *jazz* Old-time-, traditional. **it's**
~ **for us to spend New Year's Day at my
mother's** es ist bei uns so üblich *or*
Brauch, daß wir den Neujahrstag bei
meiner Mutter verbringen.

traditionalism [trə'dɪʃnəlɪzəm] n Festhalten nt am Alten, Traditionalismus m.

traditionalist [trə'dɪʃnəlɪst] **I** n
Traditionalist(in f) m. **II** *adj* traditionsgebunden, an Traditionen hängend *or*
festhaltend.

traditionally [trə'dɪʃnəlɪ] *adv* traditionell;
(*customarily*) üblicherweise, normalerweise. ~ **New Year's day is a holiday** der
Neujahrstag ist schon immer ein Feiertag
gewesen; **turkey is** ~ **eaten at Christmas**
es ist Tradition *or* ein Brauch, Weihnachten Truthahn zu essen.

traffic ['træfɪk] (*vb: pret, ptp* ~**ked**) **I** n
1. Verkehr m; (*Aviat*) Flug- *or* Luftverkehr m. **a policeman was directing** ~ ein
Polizist regelte den Verkehr; ~ **coming
into London is advised to avoid Putney
Bridge** Fahrern in Richtung Innenstadt
London wird empfohlen, Putney Bridge
zu meiden.

2. (*business: of port, airport*) Umschlag
m. **~ in steel** Stahlumschlag *m*; **freight ~**
Frachtumschlag *m*.

3. (*usu pej: trading*) Handel *m* (*in* mit);
(*in drugs also*) Dealen *nt* (*in* mit); (*in
pornography*) Vertrieb *m* (*in* von); (*in il-
legal alcohol*) Schieberei *f* (*in* von).

II *vi* (*usu pej*) handeln (*in* mit); (*in
drugs also*) dealen (*in* mit); (*in
pornography*) vertreiben (*in acc*); (*in il-
legal alcohol*) verschieben (*in acc*).

trafficator ['træfɪkeɪtəʳ] *n* (Fahrt)-
richtungsanzeiger *m* (*form*).

traffic *in cpds* Verkehrs-; **traffic circle** *n*
(*US*) Kreisverkehr *m*; **traffic control
tower** *n* (*Aviat*) Kontrollturm, Tower *m*;
traffic cop *n* (*US inf*) Verkehrspolizist
m; **traffic diversion** *n* Umleitung *f*; **traf-
fic hold-up** *n see* **traffic jam**; **traffic
indicator** *n* (Fahrt)richtungsanzeiger *m*
(*form*); (*flashing*) Blinker *m*; **traffic
island** *n* Verkehrsinsel *f*; **traffic jam** *n*
Verkehrsstockung *or* -stauung *f*.

trafficker ['træfɪkəʳ] *n* (*usu pej*) Händler,
Schieber (*pej*) *m*; (*in drugs also*) Dealer
m.

trafficking ['træfɪkɪŋ] *n* Handel *m* (*in* mit);
(*in drugs also*) Dealen *nt* (*in* mit); (*in il-
legal alcohol*) Schieberei *f* (*in* mit); (*in
pornography*) Vertrieb *m* (*in* von).

traffic lights *npl* Verkehrsampel *f*; **traffic
police** *npl* Verkehrspolizei *f*; **traffic
policeman** *n* Verkehrspolizist *m*; **traffic
signals** *npl see* **traffic lights**; **traffic
warden** *n* ≈ Verkehrspolizist *m* ohne
polizeiliche Befugnisse; (*woman*) ≈
Politesse *f*.

tragedian [trə'dʒiːdɪən] *n* (*writer*)
Tragiker, Tragödiendichter *m*; (*actor*)
Tragöde *m* (*geh*), Darsteller *m* tragischer
Rollen.

tragedienne [trə‚dʒiːdɪ'en] *n* (*actress*)
Tragödin (*geh*), Darstellerin *f* tragischer
Rollen.

tragedy ['trædʒɪdɪ] *n* (*tragic incident*)
Tragödie *f*; (*Theat also*) Trauerspiel *nt*;
(*no pl: tragicalness*) Tragische(s) *nt*. **it
often acts in** ~ er tritt oft in Tragödien auf;
six killed in holiday crash ~ tragischer Ur-
laubsunfall forderte sechs Todesopfer;
the ~ of it is that ... das Tragische daran
ist, daß ...; **it is a ~ that ...** es ist (wirklich)
tragisch *or* ein Unglück, daß ...

tragic ['trædʒɪk] *adj* tragisch.

tragically ['trædʒɪkəlɪ] *adv* ~, **he was killed
before he ...** tragischerweise kam er ums
Leben, bevor er ...; **don't take it too** ~!
nehmen Sie es nicht zu tragisch!

tragicomedy ['trædʒɪ'kɒmɪdɪ] *n*
Tragikomödie *f*.

tragicomic ['trædʒɪ'kɒmɪk] *adj*
tragikomisch.

trail [treɪl] **I** *n* **1.** Spur *f*; (*of meteor*)
Schwanz, Schweif *m*. ~ **of blood** Blutspur
f; ~ **of smoke/dust** Rauchfahne *f*/
Staubwolke *f*; **the hurricane left a** ~ **of
destruction** der Hurrikan hinterließ eine
Spur der Verwüstung.

2. (*track*) Fährte, Spur *f*. **hot on the** ~
dicht auf den Fersen; **the police are on his**
~ die Polizei ist ihm auf der Spur.

3. (*path*) Weg, Pfad *m*; (*nature* ~ *etc*)

(Wander)weg *m*.

II *vt* **1.** (*follow*) *person* folgen (+*dat*),
verfolgen. **to ~ an animal** ein Tier *or* die
Spur eines Tieres verfolgen.

2. (*drag*) schleppen, schleifen. **the bird
~ed its broken wing** der Vogel zog seinen
gebrochenen Flügel nach.

3. (*US: tow*) ziehen, schleppen.

III *vi* **1.** (*on floor*) schleifen.

2. (*plant*) sich ranken. **with ivy ~ing
round the windows** mit efeuumrankten
Fenstern.

3. (*walk*) zuckeln, trotten.

4. (*be behind: in competition etc*) weit
zurückliegen, hinterherhinken; (*Sport*)
weit zurückgefallen sein. **our team is ~ing
at the bottom of the league** unsere Mann-
schaft rangiert in der Tabelle unter „fer-
ner liefen" *or* auf den letzten Plätzen.

◆**trail along I** *vi* entlangzuckeln. **the child
~ed ~ behind his mother** das Kind trot-
tete *or* zuckelte hinter der Mutter her.

II *vt* entlangschleppen *or* -schleifen. **the
child ~ed his coat ~ behind him** das Kind
schleifte *or* schleppte seinen Mantel hin-
ter sich (*dat*) her.

◆**trail away** *or* **off** *vi* (*voice*) sich verlieren
(*into* in +*dat*), verhallen. **his voice ~ed off
into silence** er verstummte.

◆**trail behind I** *vi* hinterhertrotten *or*
-zuckeln (+*prep obj* hinter +*dat*); (*in
competition etc*) zurückgefallen sein
(+*prep obj* hinter +*acc*). **II** *vt sep* hinter
sich (*dat*) herziehen.

trailblazer ['treɪl‚bleɪzəʳ] *n* (*fig*) Weg-
bereiter, Bahnbrecher *m*.

trailer ['treɪləʳ] *n* **1.** (*Aut*) Anhänger *m*; (*esp
US: of lorry*) Sattelauflieger *m*. **2.** (*US*)
Wohnwagen, Caravan *m*. ~ **camp** Platz *m*
für Wohnwagen **3.** (*Bot*) Hängepflanze *f*.
4. (*Film, TV*) Vorschau *f*.

train¹ [treɪn] *n* **1.** (*Rail*) Zug *m*. **to go/travel
by** ~ mit dem Zug *or* der (Eisen)bahn
fahren/reisen; **a** ~ **journey** eine Bahn- *or*
Zugfahrt; **to take** *or* **catch** *or* **get the 11
o'clock** ~ den Elfuhrzug nehmen; **to
change** ~**s** umsteigen; **on the** ~ im Zug.

2. (*line*) Kolonne *f*; (*of people*)
Schlange *f*; (*of camels*) Karawane *f*;
(*retinue*) Gefolge *nt*. **in his** ~ in seinem
Gefolge; **the war brought famine in its** ~
der Krieg brachte eine Hungersnot mit
sich.

3. (*of events*) Folge, Kette *f*. **he inter-
rupted my** ~ **of thought** er unterbrach
meinen Gedankengang.

4. (*of dress*) Schleppe *f*.

train² **I** *vt* **1.** ausbilden; *child* erziehen;
apprentice, new employee also unterrich-
ten, unterweisen; *animal* abrichten,
dressieren; *mind* schulen; (*Sport*)
trainieren. **to ~ sb as sth** jdn als *or* zu etw
ausbilden; **to ~ oneself to do sth** sich dazu
erziehen, etw zu tun; **to ~ a child to be
polite** ein Kind zur Höflichkeit erziehen;
to ~ an animal to do sth ein Tier dazu
abrichten, etw zu tun; **she has her dog/
husband** (*hum*) **well ~ed** sie hat ihren
Hund/Mann (*hum*) gut erzogen.

2. (*aim*) *gun, telescope* richten (*on* auf
+*acc*).

3. *plant* wachsen lassen (*over* über

+*acc*). **she ~ed her roses along/up the trellis** sie ließ ihre Rosen am Gitter entlang-/ hochwachsen.
   II *vi* **1.** (*esp Sport*) trainieren (*for* für).
   2. (*study*) ausgebildet werden. **he ~ed as a teacher** er ist ausgebildeter Lehrer; **where did you ~?** wo haben Sie Ihre Ausbildung erhalten?
◆**train up** *vt sep* heranbilden (*to* zu); *team* trainieren.

trainbearer [ˈtreɪnˌbɛərər] *n* Schleppenträger(in *f*) *m*; **train driver** *n* Zug- *or* Lokführer(in *f*) *m*.

trained [treɪnd] *adj worker* gelernt, Fach-; *nurse*, *teacher* ausgebildet; *animal* dressiert; *dog* abgerichtet, dressiert; *mind*, *ear* geschult; *eye* geübt, geschult; *voice* ausgebildet. **a well-~ child** ein gutgerzogenes Kind.

trainee [treɪˈniː] *n* Auszubildende(r) *mf*; (*in office*, *shop etc*) Anlernling *m*; (*academic*, *technical*) Praktikant(in *f*) *m*; (*nurse*) Krankenpflegeschüler(in *f*) *m*, Schwesternschülerin *f*; (*management*) Trainee *mf*. **I am a ~** ich bin *or* befinde mich in der Ausbildung.

trainee manager *n* Management-Trainee *mf*; **trainee mechanic** *n* Schlosserlehrling *m*; **trainee nurse** *n* Krankenpflegeschüler(in *f*) *m*, Schwesternschülerin *f*; **trainee teacher** *n* (*in primary school*) ≃ Praktikant(in *f*) *m*; (*in secondary school*) ≃ Referendar(in *f*) *m*.

trainer [ˈtreɪnər] *n* (*Sport*, *of racehorse*) Trainer *m*; (*of animals*) Dresseur *m*; (*in circus*) Dompteur *m*, Dompteuse *f*.

train ferry *n* Eisenbahnfähre *f*.

training [ˈtreɪnɪŋ] *n* **1.** Ausbildung *f* (*also Mil*); (*of staff*) Schulung *f*; (*of animal*) Dressur *f*, Abrichten *nt*. **it's good ~ for the mind** es ist eine gute Denkschulung.
   2. (*Sport*) Training *nt*. **to be in ~** im Training stehen *or* sein, trainieren; (*be fit*) gut in Form *or* fit *or* durchtrainiert sein; **to be out of ~** nicht in Form sein, aus dem Training sein; **to go into ~** das Training beginnen, anfangen zu trainieren.

training camp *n* Trainingslager *or* -camp *nt*; **training centre** *n* Lehr- *or* Ausbildungszentrum *nt*; **training college** *n* (*for teachers*) Pädagogische Hochschule; **training manual** *n* Lehrbuch *nt*; **training scheme** *n* Ausbildungsweg *m or* -programm *nt*; **training ship** *n* Schulschiff *nt*.

trainload [ˈtreɪnləʊd] *n* (*of goods*) Zugladung *f*; **~s of holidaymakers** ganze Züge voller Urlauber; **soldiers were sent there by the ~** ganze Zugladungen Soldaten wurden hingeschickt; **trainman** *n* (*US*) Eisenbahner *m*; (*brakeman*) Bremser *m*; **train oil** *n* Tran *m*; **train service** *n* Zugverkehr *m*; (*between two places*) (Eisen)bahnverbindung *f*; **train set** *n* (Spielzeug)eisenbahn *f*; **trainsick** *adj* **he gets ~** ihm wird beim Zugfahren schlecht *or* übel; **trainsickness** *n* **I've never suffered from ~** mir ist beim Zugfahren noch nie schlecht *or* übel geworden; **trainspotter** *n* Eisenbahnfan *m*.

traipse [treɪps] (*inf*) **I** *vi* latschen (*inf*). **to ~ round the shops** in den Geschäften rum-

latschen (*inf*). **II** *n* **it's a long ~** da muß man lange latschen (*inf*).

trait [treɪt, treɪ] *n* Eigenschaft *f*; (*of particular person also*) Charakter- *or* Wesenszug *m*.

traitor [ˈtreɪtər] *n* Verräter *m*. **to be a ~ to one's country** sein Vaterland verraten; **to turn ~** zum Verräter werden.

traitorous [ˈtreɪtərəs] *adj behaviour*, *action* verräterisch; *coward also* treulos.

traitorously [ˈtreɪtərəslɪ] *adv* verräterisch, in verräterischer Weise.

traitress [ˈtreɪtrɪs] *n* Verräterin *f*.

trajectory [trəˈdʒektərɪ] *n* Flugbahn *f*.

tram [træm] *n* **1.** (*Brit*) Straßenbahn, Tram(bahn) (*S Ger*, *Sw*, *Aus*) *f*. **to go by/take the ~** mit der Straßenbahn fahren/die Straßenbahn nehmen.
   2. (*Min*) Grubenbahn *f*.

tramcar [ˈtræmkɑːr] *n* Straßenbahn *f*; (*single car*) Straßenbahnwagen *m*; **tram line** *n* (*track*) Straßenbahnschiene *f*; (*route*) Straßenbahnlinie *f*; **tramlines** *npl* (*Tennis*) Linien *pl* des Doppelspielfelds.

trammel [ˈtræməl] **I** *vt* einengen. **to feel ~led by sth** sich durch etw behindert *or* eingeengt fühlen. **II** *n* **~s** *pl* Fesseln *pl*.

tramp [træmp] **I** *vi* **1.** (*walk heavily*, *trudge*) stapfen, mit schweren Schritten gehen, stampfen. **the soldiers ~ed along for hours** die Soldaten marschierten stundenlang (mit schweren Schritten); **I've been ~ing round town all day** ich bin den ganzen Tag in der Stadt herumgestiefelt (*inf*); **they ~ed about in the garden** sie trampelten *or* stapften im Garten herum.
   2. (*hike*) marschieren, wandern; (*as vagabond*) umherziehen. **to ~ across the hills** über die Berge marschieren.
   II *vt* **1.** (*spread by walking*) herumtreten. **don't ~ that mud into the carpet** tritt den Dreck nicht in den Teppich.
   2. (*walk*) *streets* latschen durch (*inf*).
   III *n* **1.** (*vagabond*) Landstreicher(in *f*) *m*; (*in town*) Stadtstreicher(in *f*) *m*.
   2. (*sound*) Stapfen *nt*.
   3. (*walk*) Wanderung *f*. **it's a long ~** ist ein weiter Weg.
   4. (*Naut*) Trampdampfer *m*.
   5. (*inf: loose woman*) Flittchen *nt* (*pej*).
◆**tramp down** *vt sep* feststampfen, festtreten; *corn*, *flowers etc* platt treten, niedertrampeln.
◆**tramp in** *vt sep* festtreten, in den Boden treten.

trample [ˈtræmpl] **I** *vt* niedertrampeln, niedertreten, zertrampeln. **to ~ sth underfoot** auf etw (*dat*) herumtrampeln; **he was ~d to death by a bull** er wurde von einem Bullen zu Tode getrampelt; **to ~ sth into the ground** etw in den Boden treten *or* trampeln.
   II *vi* stapfen, trampeln. **he lets his wife ~ all over him** (*fig*) er läßt sich (*dat*) von seiner Frau auf dem Kopf herumtanzen.
   III *n* Getrampel, Trampeln *nt*.
◆**trample about** *vi* herumtrampeln.
◆**trample down** *vt sep* heruntertreten, niedertreten.
◆**trample on** *vi* +*prep obj* herumtreten auf (+*dat*). **several children were ~d ~ by people escaping from the fire** mehrere

Kinder wurden getreten, als sich die Leute vor dem Feuer retteten; **to ~ ~ everybody/sb** (fig) über Leichen gehen/ jdn herumschikanieren; **to ~ ~ sb's feelings** (fig) jds Gefühle mit Füßen treten.

trampoline ['træmpəlɪn] n Trampolin nt.

tramp steamer n Trampdampfer m.

tramride ['træmraɪd] n Straßenbahnfahrt f; **tramway** n Straßenbahn f; (route) Straßenbahnstrecke f.

trance [trɑːns] n Trance f; (Med) tiefe Bewußtlosigkeit. **to go into a ~** in Trance verfallen; **to put sb into a ~** jdn in Trance versetzen; **she's been going about in a ~ for the past few days** die letzten paar Tage ist sie wie in Trance or im Tran (inf) durch die Gegend gelaufen.

tranquil ['træŋkwɪl] adj ruhig, friedlich, still; life friedlich, ohne Aufregung; mind ruhig, gelassen; music ruhig, sanft; person ruhig, gelassen, ausgeglichen.

tranquillity, (US) **tranquility** [træŋ'kwɪlɪtɪ] n see adj Ruhe, Friedlichkeit, Stille f; Friede m; Ruhe, Gelassenheit f; Sanftheit f; Ruhe, Gelassenheit, Ausgeglichenheit f. **the ~ of the home** die friedliche Atmosphäre des Hauses.

tranquillize, (US) **tranquilize** ['træŋkwɪlaɪz] vt beruhigen. **tranquillizing dart** Betäubungspfeil m.

tranquillizer, (US) **tranquilizer** ['træŋkwɪlaɪzə'] n Beruhigungstablette f; Beruhigungsmittel nt.

tranquilly ['træŋkwɪlɪ] adv see adj.

trans- [trænz-] pref trans-, Trans-.

transact [træn'zækt] vt abwickeln; business also abschließen, durchführen; deal abschließen. **to ~ business with sb** Geschäfte mit jdm abschließen.

transaction [træn'zækʃən] n **1.** (act) see vt Abwicklung f; Abschluß m, Durchführung f; Abschluß m. **~ of business** Geschäftsbetrieb m; **the bank will be closed for the ~ of business at 3 p.m.** die Bank hat or ist ab 15⁰⁰ Uhr geschlossen.
2. (piece of business) Geschäft nt; (Fin, St Ex) Transaktion f.
3. **~s** pl (of society) Sitzungsbericht m.

transalpine ['trænz'ælpaɪn] adj transalpin.

transatlantic ['trænzət'læntɪk] adj journey, phone call transatlantisch, Transatlantik-; customs auf der anderen Seite (des Atlantiks); cousins, accent amerikanisch; (for Americans) britisch.

transceiver ['træn'siːvə'] n Sender-Empfänger m, Sende-Empfangsgerät nt.

transcend [træn'send] vt übersteigen, überschreiten, hinausgehen über (+acc); (Philos) transzendieren.

transcendence [træn'sendəns], **transcendency** [træn'sendənsɪ] n Erhabenheit f; (Philos) Transzendenz f.

transcendent [træn'sendənt] adj (Philos) transzendent; (supreme) hervorragend, alles übersteigend, überragend.

transcendental [,trænsen'dentl] adj überirdisch; (Philos) transzendental; vision transzendierend. **an almost ~ experience** eine fast transzendentale Erfahrung; **~ meditation** transzendentale Meditation; **~ number** (Math) transzendente Zahl, Transzendente f.

transcendentalism [,trænsen'dentəlɪzəm] n transzendentale Philosophie, Transzendentalismus m.

transcontinental ['trænz,kɒntɪ'nentl] adj transkontinental.

transcribe [træn'skraɪb] vt manuscripts abschreiben, transkribieren; (from shorthand) (in Langschrift) übertragen; speech, proceedings etc niederschreiben, mitschreiben; (Mus) transkribieren.

transcript ['trænskrɪpt] n **1.** (of court proceedings) Protokoll nt; (of tapes) Niederschrift f; (copy) Kopie, Abschrift f. **2.** (US: academic record) Abschrift f (Studienunterlagen).

transcription [træn'skrɪpʃən] n (Mus, Phon) Transkription f; (copy, of shorthand notes) Abschrift f; (act) Abschrift f, Abschreiben nt; (of speech, proceedings) Niederschrift f, Protokoll nt; (Rad, TV: recording) Aufnahme f. **phonetic ~** Lautschrift f, phonetische (Um)schrift.

trans-European ['trænz,jʊərə'piːən] adj railway Trans-Europ(a)-; journey quer durch Europa.

transfer [træns'fɜː'] **I** vt übertragen (to auf +acc); prisoner überführen (to in +acc), verlegen (to nach); premises, soldiers verlegen (to in +acc, to town nach); (soldier, employee) versetzen (to in +acc, to town, country nach); (Sport) player transferieren (to zu), abgeben (to an +acc); (Fin) funds, money überweisen (to auf +acc), transferieren (to nach); account verlegen; stocks transferieren (to an +acc); (Jur) property übertragen, überschreiben (to auf +acc); right übertragen (to auf +acc), abtreten (to an +acc). **he ~red the bigger engine into his old car** er baute den größeren Motor in sein altes Auto ein; **he ~red his capital into gold shares** er investierte sein Kapital in Goldaktien, er legte sein Kapital in Goldaktien an; **he ~red the money from the box to his pocket** er nahm das Geld aus der Schachtel und steckte es in die Tasche; **she ~red her affections to another man** sie schenkte ihre Zuneigung einem anderen.

II vi **1.** überwechseln (to zu); (to new system, working conditions) umstellen (to auf +acc). **he can easily ~ from one language to another** er kann leicht von einer Sprache auf eine andere überwechseln or umschalten.
2. (Fin) umsteigen (into auf +acc). **just before the crash he ~red into government bonds** gerade rechtzeitig vor dem Zusammenbruch stieg er auf Regierungsanleihen um.
3. (in travelling) umsteigen (to in +acc); (Univ) das Studienfach wechseln, umsatteln (inf) (from ... to von ... auf +acc).

III ['trænsfɜː'] n **1.** see vt Übertragung f; Überführung f, Verlegung f; Verlegung f; Versetzung f; Transfer, Wechsel m; Überweisung f; Verlegung f; Transfer m; Übertragung, Überschreibung f; Übertragung, Abtretung f. **he asked for a ~** (soldier, employee) er bat um Versetzung; (footballer) er bat, auf die Transferliste gesetzt zu werden.

2. (person ~red) he's a ~ from another regiment/Chelsea er ist von einem anderen Regiment hierher versetzt or verlegt worden/er ist von Chelsea gekommen. 3. (picture) Abziehbild nt. 4. (in travelling) Umsteigen nt. 5. (~ ticket) Umsteige(fahr)karte f.

transferable [træns'fɜːrəbl] adj übertragbar; money, stocks transferierbar.

transference ['trænsfərəns] n 1. (Psych) Übertragung f. 2. (Fin) (of holdings, real estate) Übertragung, Überschreibung f (to sb auf jdn); (of money) Transfer m.

transfer fee n (Ftbl) Transfersumme f; **transfer list** n (Ftbl) Transferliste f; **transfer ticket** n Umsteige(fahr)karte f.

transfiguration [ˌtrænsfɪgə'reɪʃən] n 1. Verklärtheit f; (transformation) Wandel m, Wandlung f. 2. (Rel) Verklärung Jesu, Transfiguration f.

transfigure [træns'fɪgər] vt verklären; (transform) verwandeln.

transfix [træns'fɪks] vt 1. (fix) annageln, feststecken (to an +acc); butterflies aufspießen. 2. (fig) to be or stand ~ed with horror starr vor Entsetzen sein.

transform [træns'fɔːm] vt umwandeln, umformen, umgestalten (into zu); ideas, views (von Grund auf) verändern; person verwandeln; caterpillar verwandeln; (Phys) umwandeln, verwandeln (into in +acc); (Elec) (um)wandeln, umformen (into in +acc), transformieren (into in +acc). the old house was ~ed into three luxury flats das alte Haus wurde in drei Luxuswohnungen umgebaut; when she came out of the beauty parlour she was ~ed als sie aus dem Schönheitssalon kam, sah sie wie umgewandelt aus.

transformation [ˌtrænsfə'meɪʃən] n Umwandlung, Umgestaltung, Umformung f; (of ideas, views etc) (grundlegende) Veränderung; (of person also) (grundlegende) Verwandlung; (of person, caterpillar etc) Verwandlung f; (Phys) Umwandlung f; (Elec) Umwandlung, Umformung, Transformation f; (Ling) Umformung, Transformation f. ~ scene (Theat) Verwandlungsszene f.

transformational [ˌtrænsfə'meɪʃənl] adj (Ling) grammar, rules Transformations-.

transformer [træns'fɔːmər] n (Elec) Transformator m.

transfuse [træns'fjuːz] vt (Med) blood übertragen; (fig) erfüllen, durchdringen.

transfusion [træns'fjuːʒən] n (also blood ~) Blutübertragung, Transfusion f. to give sb a ~ jdm eine Blutübertragung or Transfusion geben; (blood) ~ service Blutspendedienst m; a ~ of public money into ... eine Finanzspritze aus öffentlichen Geldern für ...

transgress [træns'gres] I vt standards verstoßen gegen, verletzen; law also überschreiten. II vi sündigen.

transgression [træns'greʃən] n 1. (of law) Verstoß m, Verletzung, Überschreitung f. 2. (sin) Sünde f, Verstoß m.

transgressor [træns'gresər] n Missetäter(in f) m; (sinner) Sünder(in f) m.

tranship [træn'ʃɪp] vt umladen, umschlagen.

transhipment [træn'ʃɪpmənt] n Umladung f.

transience ['trænzɪəns], **transiency** ['trænzɪənsɪ] n (of life) Kürze, Vergänglichkeit f; (of grief, joy) Kurzlebigkeit, Vergänglichkeit f; (of interest) Kurzlebigkeit, Flüchtigkeit f.

transient ['trænzɪənt] I adj 1. life kurz; grief, joy kurzlebig, vergänglich; interest kurzlebig, flüchtig, vorübergehend. 2. (US) ~ population nichtansässiger Teil der Bevölkerung eines Ortes. II n (US) Durchreisende(r) mf.

transistor [træn'zɪstər] n 1. (Elec) Transistor m. 2. (also ~ radio) Transistorradio, Kofferradio nt, Transistor m (inf).

transistorize [træn'zɪstəraɪz] vt transistorisieren, transistorieren.

transit ['trænzɪt] n Durchfahrt f, Transit m (esp DDR); (of goods) Transport m. the books were damaged in ~ die Bücher wurden auf dem Transport beschädigt; passengers in ~ for New York Transitreisende nach New York.

transit camp n Durchgangslager nt.

transition [træn'zɪʃən] n Übergang m (from ... to von ... zu); (of weather) Wechsel, Umschwung m; (Mus) (act) Übergang m; (passage) Überleitung f. period of ~ Übergangsperiode or -zeit f; ~ element (Chem) Übergangselement nt.

transitional [træn'zɪʃənl] adj Übergangs-.

transitive ['trænzɪtɪv] adj transitiv.

transitively ['trænzɪtɪvlɪ] adv transitiv.

transitivity [ˌtrænzɪ'tɪvɪtɪ] n transitive Eigenschaft or Funktion.

transit lounge n Transitraum m.

transitory ['trænzɪtərɪ] adj life kurz; grief, joy kurzlebig, vergänglich, vorübergehend; interest kurzlebig, flüchtig.

transit passenger n Durchgangsreisende(r), Transitreisende(r) mf; **transit visa** n Durchreisevisum, Transitvisum nt.

translatable [trænz'leɪtəbl] adj übersetzbar.

translate [trænz'leɪt] I vt 1. übersetzen; work of literature also übertragen. to ~ a text from German (in)to English einen Text aus dem Deutschen ins Englische übersetzen; it is ~d as ... es wird mit ... übersetzt. 2. to ~ words into action Worte in die Tat umsetzen. II vi übersetzen. his novels ~ well (into English) seine Romane lassen sich gut (ins Englische) übersetzen or übertragen.

translation [trænz'leɪʃən] n (act, translated work) Übersetzung f (from aus); (of work of literature also) Übertragung f. to do a ~ of sth von etw eine Übersetzung machen or anfertigen; it loses in ~ es verliert bei der Übersetzung.

translator [trænz'leɪtər] n Übersetzer(in f) m.

transliterate [trænz'lɪtəreɪt] vt transliterieren.

transliteration [ˌtrænzlɪtə'reɪʃən] n Transliteration f.

translucence [trænz'luːsns], **translucency** [trænz'luːsnsɪ] n Lichtdurchlässigkeit, Durchsichtigkeit f.

translucent [trænz'lu:snt], **translucid** [trænz'lu:sɪd] *adj* glass *etc* lichtdurchlässig; *skin* durchsichtig. ~ **glass** Milchglas *nt*.

transmigrate [ˌtrænzmaɪ'greɪt] *vi* (*Rel*) wiedergeboren werden.

transmigration [ˌtrænzmaɪ'greɪʃən] *n* (*Rel*) (Seelen)wanderung, Transmigration (*spec*) *f*. **the ~ of souls** die Seelenwanderung.

transmissible [trænz'mɪsəbl] *adj* übertragbar.

transmission [trænz'mɪʃən] *n* 1. (*transmitting*) Übertragung *f*; (*through heredity*) Vererbung *f*; (*of news*) Übermittlung *f*; (*of heat*) Leitung *f*; (*programme also*) Sendung *f*. 2. (*Aut*) Getriebe *nt*. ~ **shaft** Kardanwelle *f*.

transmit [trænz'mɪt] I *vt* (*convey*) *message* übermitteln; *sound waves* übertragen; *information, knowledge* ver- *or* übermitteln; *illness* übertragen; (*by heredity*) vererben; *heat etc* leiten; *radio/TV programme* übertragen, senden.
II *vi* senden, Programme ausstrahlen.

transmitter [trænz'mɪtə'] *n* (*Tech*) Sender *m*; (*in telephone*) Mikrophon *nt*.

transmitting [trænz'mɪtɪŋ]: ~ **set** *n* Sender *m*; ~ **station** *n* (*of broadcasting company*) Sendestation *f*; (*general also*) Sendestelle *f*.

transmutable [trænz'mju:təbl] *adj* verwandelbar.

transmutation [ˌtrænzmju:'teɪʃən] *n* Verwandlung, Umwandlung *f*; (*Biol*) Umbildung, Transmutation *f*.

transmute [trænz'mju:t] *vt* umwandeln, verwandeln (*into* in +*acc*); *metal* verwandeln (*into* in +*acc*).

transoceanic [ˌtrænzəʊʃi:'ænɪk] *adj* Übersee-; *countries* transozeanisch; *migration* über den Ozean.

transpacific [ˌtrænzpə'sɪfɪk] *adj* über den Pazifik; *countries* jenseits des Pazifik.

transparency [træns'pærənsɪ] *n* 1. Transparenz, Durchsichtigkeit *f*. 2. (*of lies, excuses etc*) Durchschaubarkeit *f*. 3. (*Phot*) Dia(positiv) *nt*. **colour ~** Farbdia *nt*.

transparent [træns'pærənt] *adj* 1. durchsichtig, lichtdurchlässig, transparent; *blouse* durchsichtig.
2. (*fig: obvious*) *lie, intentions* durchschaubar, durchsichtig; *personality* durchschaubar; *guilt, meaning* klar, eindeutig, offensichtlich. **it became ~ that ...** es wurde offensichtlich, daß ..., **you're so ~** du bist so leicht zu durchschauen.

transparently [træns'pærəntlɪ] *adv* *lie* durchschaubar, offensichtlich, offenkundig. **it was ~ obvious that ...** es war so offensichtlich *or* klar zu erkennen, daß ...

transpiration [ˌtrænspɪ'reɪʃən] *n* (*Anat*) Schweißabsonderung, Transpiration *f*; (*Bot*) Transpiration, Ausdunstung *f*.

transpire [træn'spaɪə'] I *vi* 1. (*become known*) bekannt werden; (*slowly*) durchsickern, ruchbar werden (*geh*).
2. (*happen*) passieren (*inf*). **new developments had ~d** es hatten sich neue Entwicklungen ergeben *or* angebahnt.
3. (*Anat*) schwitzen, transpirieren (*geh*); (*Bot*) Feuchtigkeit abgeben *or* verdunsten, transpirieren (*spec*).
II *vt* (*Bot*) *moisture* verdunsten.

transplant [træns'plɑ:nt] I *vt* 1. (*Hort*) umpflanzen, umsetzen, verpflanzen.
2. (*Med*) verpflanzen, transplantieren (*spec*).
3. (*fig*) *people* verpflanzen.
II ['trɑ:nsplɑ:nt] *n* (*operation*) Verpflanzung, Transplantation *f*; (*organ*) Transplantat *nt*, transplantiertes *or* verpflanztes Organ. **to have a ~** sich einer Organverpflanzung unterziehen.

transplantation [ˌtrænsplɑ:n'teɪʃən] *n* (*Hort*) Umpflanzung, Verpflanzung *f*; (*Med*) Transplantation, Verpflanzung *f*.

transpolar [trænz'pəʊlə'] *adj* über den (Nord-/Süd)pol *or* das Polargebiet, Transpolar-. **the ~ route** die Polroute.

transport ['trænspɔ:t] I *n* 1. (*of goods*) Transport *m*, Beförderung *f*; (*of troops*) Transport *m*. **road ~** Straßentransport *m*; **rail ~** Beförderung *or* Transport per Bahn, (Eisen)bahntransport *m*; **Ministry of T~** Verkehrsministerium *nt*.
2. (*vehicle*) **have you got your own ~?** hast du einen fahrbaren Untersatz? (*inf*), bist du motorisiert?; **public ~** öffentliche Verkehrsmittel *pl*; **what are we going to do about ~?** wie lösen wir die Transportfrage?; ~ **will be provided** für An- und Abfahrt wird gesorgt.
3. (*Mil*) (*ship*) (Truppen)transporter *m*; (*plane*) Transportflugzeug *nt*.
4. (*US: shipment*) (Schiffs)fracht, Ladung *f*.
5. (*liter*) ~ **of delight/joy** freudige Entzückung *or* (*Rel*) Entrückung (*liter*); **it sent her into ~s of delight** es erfüllte sie mit freudigem Entzücken (*liter*).
II [træn'spɔ:t] *vt* 1. *goods* befördern, transportieren; *people* befördern.
2. (*Hist*) *convict* deportieren.
3. (*liter*) **to be ~ed with joy** freudig entzückt sein (*liter*).

transportable [træn'spɔ:təbl] *adj* transportabel, transportierbar.

transportation [ˌtrænspɔ:'teɪʃən] *n* 1. Beförderung *f*, Transport *m*; (*means*) Beförderungsmittel *nt*; (*public*) Verkehrsmittel *nt*; (*cost*) Transport- *or* Beförderungskosten *pl*. **Department of T~** (*US*) Verkehrsministerium *nt*. 2. (*Hist: of criminal*) Deportation *f*.

transport café *n* (*Brit*) Fernfahrerlokal *nt*.

transporter [træn'spɔ:tə'] *n* (*car* ~) Transporter *m*; (~ *crane*) Verladebrücke *f*; (*in factory*) Transportband *nt*.

transport line *n* (*in factory*) Transportband *nt*; **transport plane** *n* Transportflugzeug *nt*; **transport ship** *n* (Truppen)transporter *m*; **transport system** *n* Verkehrswesen *nt*.

transpose [træns'pəʊz] *vt* vertauschen, umstellen; (*Mus*) transponieren.

transposition [ˌtrænspə'zɪʃən] *n* Umstellung, Vertauschung *f*; (*Mus*) Transponierung *f*.

transsexual [træns'seksjʊəl] *n* Transsexuelle(r) *mf*.

transship [træns'ʃɪp] *vt see* **tranship**.

transshipment [træns'ʃɪpmənt] *n see* **transhipment**.

transubstantiate [ˌtrænsəbˈstænʃɪeɪt] *vt* (*Rel*) verwandeln.

transubstantiation [ˈtrænsəbˌstænʃɪˈeɪʃən] *n* (*Rel*) Wandlung, Transsubstantiation (*spec*) *f*.

transverse [ˈtrænzvɜːs] *adj beam, bar, section* Quer-; *muscles* transversal; *position* horizontal; *engine* querstehend.

transversely [trænzˈvɜːslɪ] *adv* quer; *divided* diagonal.

transvestism [trænzˈvestɪzəm] *n* Transves(ti)tismus *m*.

transvestite [trænzˈvestaɪt] *n* Transvestit *m*.

trap [træp] **I** *n* **1.** (*for animal, fig*) Falle *f*. **to set** *or* **lay a ~ for an animal** eine Falle für ein Tier (auf)stellen; **to set a ~ for sb** (*fig*) jdm eine Falle stellen; **be careful of this question, there is a ~ in it** paß bei dieser Frage auf, da ist ein Haken dabei; **to be caught in a ~** in der Falle sitzen; **to fall into a ~** in die Falle gehen.
   2. (*in greyhound racing*) Box *f*; (*shooting*) Wurftaubenanlage, Wurfmaschine *f*.
   3. (*in drainpipe*) Siphon, Geruchsverschluß *m*.
   4. (*vehicle*) zweirädriger Pferdewagen.
   5. (*also* **~door**) Falltür *f*; (*Theat*) Versenkung *f*.
   6. (*sl: mouth*) Klappe (*inf*), Fresse (*sl*) *f*. **shut your ~!** (halt die) Klappe! (*inf*), halt die Fresse (*sl*).
   II *vt* **1.** *animal* (mit einer Falle) fangen.
   2. (*fig*) *person* in die Falle locken. **he realized he was ~ped** er merkte, daß er in der Falle saß; **to ~ sb into saying sth** jdn dazu bringen, etw zu sagen; **she ~ped him into marriage** sie hat ihn geködert (*inf*), sie hat ihn ins Netz gelockt.
   3. (*block off, leave no way of escape*) in die Enge treiben. **the miners are ~ped** die Bergleute sind eingeschlossen; **to be ~ped in the snow** im Schnee festsitzen; **he feels ~ped in suburbia/his marriage** er empfindet die Vorstadt/seine Ehe als Gefängnis; **I get this ~ped feeling** ich fühle mich wie gefangen *or* im Gefängnis *or* eingeschlossen; **my arm was ~ped behind my back** mein Arm war hinter meinem Rücken eingeklemmt.
   4. (*catch*) (*Sport*) *ball* stoppen. **to ~ one's finger/one's foot in the door** sich (*dat*) den Finger/Fuß in der Tür einklemmen.
   III *vi* (*trapper*) Trapper sein.

trapdoor [ˈtræpˈdɔːʳ] *n* Falltür *f*; (*Theat*) Versenkung *f*.

trapeze [trəˈpiːz] *n* (*in circus*) Trapez *nt*. ~ **artist** Trapezkünstler(in *f*) *m*.

trapezium [trəˈpiːzɪəm] *n* (*Brit*) Trapez *nt*; (*US*) Trapezoid *nt*.

trapezoid [ˈtræpɪzɔɪd] *n* (*Brit*) Trapezoid *nt*; (*US*) Trapez *nt*.

trapper [ˈtræpəʳ] *n* Fallensteller, Trapper *m*.

trappings [ˈtræpɪŋz] *npl* **1.** (*of admiral, chieftain etc*) Rangabzeichen *pl*; (*of horse*) Schmuck *m*.
   2. (*fig*) äußere Aufmachung, äußeres Drum und Dran (*inf*). ~ **of office** Amtsinsignien *pl*; **shorn of all its ~** aller Ausschmückungen entkleidet.

trap-shooting [ˈtræpˌʃuːtɪŋ] *n* Wurftaubenschießen *nt*.

trash [træʃ] *n* **1.** (*US: refuse*) Abfall *m*.
   2. (*goods*) Schund, Ramsch *m* (*inf*), billiges Zeug; (*book, play etc*) Schund *m* (*inf*); (*pop group etc*) Mist *m* (*inf*). **don't talk ~** red kein Blech (*sl*) *or* nicht so einen Quatsch (*inf*).
   3. (*pej inf: people*) Gesindel, Pack *nt* (*pej*). ~ **like her** Gesindel wie sie; **she/he is ~** sie/er taugt nichts; *see* **white ~**.

trash-can [ˈtræʃkæn] *n* (*US*) Abfalleimer *m*.

trashy [ˈtræʃɪ] *adj* (+*er*) *goods* minderwertig, wertlos; *novel, play* Schund- (*inf*), minderwertig. **clothes for teenagers are often ~** Teenagerkleidung ist oft Schund (*inf*) *or* billiges Zeug.

trauma [ˈtrɔːmə] *n* (*Psych*) Trauma *nt*, seelischer Schock.

traumatic [trɔːˈmætɪk] *adj* traumatisch.

travail [ˈtræveɪl] **I** *n usu pl* (*toils*) Mühen *pl*. **after all the ~s of Watergate** nach den schweren Belastungen durch die Watergate-Affäre. **II** *vi* (*old, liter: toil*) sich plagen (*old*).

travel [ˈtrævl] **I** *vi* **1.** (*make a journey*) reisen. **they have ~led a lot** sie sind viel gereist; **he ~s to work by car** er fährt mit dem Auto zur Arbeit; **she is ~ling to London tomorrow** sie fährt morgen nach London; **they have ~led a long way** sie haben eine weite Reise *or* lange Fahrt hinter sich (*dat*); (*fig*) sie haben es weit gebracht (im Leben); **they ~led for 300 kms** sie fuhren 300 km; **to ~ round the world** eine Reise um die Welt machen.
   2. (*go, move*) sich bewegen; (*sound, light*) sich fortpflanzen. **light ~s at … die** Lichtgeschwindigkeit beträgt …; **we were ~ling at 80 kph** wir fuhren 80 km/h; **the parts ~ along the conveyor belt** die Teile werden vom Förderband weiterbefördert; **the electricity ~s along the wire** der Strom fließt durch den Draht.
   3. (*Comm*) Vertreter sein. **he ~s for a Berlin insurance firm** er reist für eine *or* ist Vertreter einer Berliner Versicherungsgesellschaft; **he ~s in ladies' underwear** er reist in Damenunterwäsche.
   4. (*wine etc*) **some wines do not ~ well** manche Weine vertragen den Transport nicht.
   5. (*pass*) **his eye ~led over the scene** seine Augen wanderten über die Szene.
   6. (*Tech*) sich hin- und herbewegen. **as the piston ~s from A to B** während sich der Kolben von A nach B bewegt; **it doesn't ~ freely** es bewegt sich schwer.
   7. (*Basketball*) einen Schrittfehler machen.
   II *vt area* bereisen; *distance* zurücklegen, fahren; *route* fahren.
   III *n* **1.** *no pl* Reisen *nt*. ~ **was difficult in the 18th century** im 18. Jahrhundert war das Reisen beschwerlich.
   2. **~s** *pl* (*in country*) Reisen *pl*; (*hum: in town, building*) Ausflüge, Gänge *pl*; **if you meet him on your ~s** wenn Sie ihm auf einer Ihrer Reisen begegnen.
   3. (*Tech*) Weg *m*; (*of instrument's*

needle etc) Ausschlag *m*; (*of piston*) Hub *m*.

travel agency *n* Reisebüro *nt*; **travel agent** *n* Reisebürokaufmann *m*; (*of package tours*) Reiseveranstalter *m*; **travel agent's** *n* Reisebüro *nt*; **travel brochure** *n* Reiseprospekt *m*; **travel bureau** *n* Reisebüro *nt*.

travelled, (*US*) **traveled** ['trævld] *adj* well-~ *person* weitgereist *attr*, weit gereist *pred*; *route* vielbefahren *attr*, viel befahren *pred*; **widely** ~ weitgereist *attr*, weit gereist *pred*.

traveller, (*US*) **traveler** ['trævlə^r] *n* **1.** Reisende(r) *mf*. **I am a very poor** *or* **bad** ~ ich vertrage das Reisen nicht. **2.** (*also* **commercial** ~) Vertreter, (Handels)-reisende(r) *m*. **a** ~ **in toys** ein (Handels)-vertreter für Spielsachen.

traveller's cheque, (*US*) **traveler's check** *n* Reisescheck, Travellerscheck *m*.

travelling, (*US*) **traveling** ['trævlɪŋ] *n* Reisen *nt*. **I hate** ~ ich reise sehr ungern, ich hasse das Reisen.

travelling bag *n* Reisetasche *f*; **travelling circus** *n* Wanderzirkus *m*; **travelling clock** *n* Reisewecker *m*; **travelling crane** *n* Lauf- *or* Rollkran *m*; **travelling exhibition** *n* Wanderausstellung *f*; **travelling expenses** *npl* Reisekosten *pl*; (*on business*) Reisespesen *pl*; **travelling rug** *n* Reisedecke *f*; **travelling salesman** *n* Vertreter, Handelsreisende(r) *m*.

travelogue, (*US*) **travelog** ['trævəlɒg] *n* (*film*) filmischer Reisebericht; (*slides*) Lichtbildervortrag *m* (über eine Reise); (*lecture*) Reisebericht *m*.

travel-sick ['trævlsɪk] *adj* reisekrank; **travel-sickness** *n* Reisekrankheit *f*.

traverse ['trævɜːs] **I** *vt* **1.** (*cross*) *land* durchqueren; (*river also*) durchfließen; (*bridge, person*) *water* überqueren.

2. (*cross and recross*) **the searchlight** ~**d the sky** der Suchscheinwerfer leuchtete den Himmel ab.

3. (*extend over*) *period* überdauern.

4. (*Mountaineering*) *ice, slope* queren, traversieren.

II *vi* (*Mountaineering, Ski*) sich quer zum Hang bewegen, (den Hang/die Wand *etc*) traversieren.

III *n* (*on mountain*) (*movement*) Queren, Traversieren *nt*; (*place*) Quergang *m*; (*Archit*) Querbalken *m*.

travesty ['trævɪstɪ] **I** *n* (*Liter*) Travestie *f*. **a** ~ **of justice** ein Hohn *m* auf die Gerechtigkeit; **the elections were a** ~ die Wahlen waren ein Hohn *m* *or* eine Farce; **the ageing actress was only a** ~ **of her former self** die alternde Schauspielerin war nur noch eine Karikatur ihrer selbst.

II *vt* ins Lächerliche ziehen, travestieren (*esp Liter*).

trawl [trɔːl] **I** *n* (*also* ~ **net**) Schleppnetz, Trawl *nt*; (*US*: ~ **line**) Grundleine *f*.

II *vi* mit dem Schleppnetz fischen; (*US*) mit einer Grundleine fischen.

III *vt* *fish* mit dem Schleppnetz fangen. **they** ~**ed the sea-bottom** sie fischten mit Schleppnetzen auf dem Meeresboden.

trawler ['trɔːlə^r] *n* (*boat*) Fischdampfer, Trawler *m*.

trawling ['trɔːlɪŋ] *n* Dampfer- *or* Trawl-fischerei *f*.

tray [treɪ] *n* Tablett *nt*; (*tea-*~) Teebrett, Servierbrett *nt*; (*of cakes*) (*small*) Platte *f*; (*big*) Brett *nt*; (*for display*) Auslagekästchen *nt*; (*baking* ~) (Back)blech *nt*; (*for pencils etc*) (Feder)schale *f*; (*for papers, mail*) Ablage(korb *m*) *f*; (*of street vendor etc*) Bauchladen *m*; (*drawer*) (Schub)fach *nt*; (*in suitcase, trunk*) Einsatz *m*; (*Phot, ice* ~) Schale *f*; (*for ash*) Kasten *m*.

treacherous ['tretʃərəs] *adj* **1.** *person, action* verräterisch. **2.** (*unreliable*) trügerisch, irreführend; *memory* trügerisch. **3.** (*dangerous*) tückisch; *corner also* gefährlich; *ice* trügerisch.

treacherously ['tretʃərəslɪ] *adv see adj* **1.** verräterisch, in verräterischer Weise.

2. trügerisch, irreführend.

3. *sharp corner, icy* *or* *wet road* tückisch. **rocks hidden** ~ **beneath the surface** Felsen, die gefährlich dicht unter der Wasseroberfläche liegen; **in** ~ **bad conditions** unter gefährlich schlechten Bedingungen.

treacherousness ['tretʃərəsnɪs] *n see adj* **1. the** ~ **of these generals** diese verräterischen Generäle. **2.** (*of memory etc*) Unzuverlässigkeit *f*. **3.** Tücke, Gefährlichkeit *f*. **because of the** ~ **of the snow** wegen der trügerischen Schneeverhältnisse.

treachery ['tretʃərɪ] *n* Verrat *m*; (*of weather*) Tücke *f*. **an act of** ~ Verrat, eine verräterische Tat.

treacle ['triːkl] *n* (*Brit*) Sirup *m*. **a voice like** ~ eine zucker- *or* honigsüße Stimme.

treacly ['triːklɪ] *adj* (+*er*) (*lit*) sirupartig; (*fig*) *voice, smile* honig- *or* zuckersüß; *song, sentiment* schmalzig.

tread [tred] (*vb: pret* **trod,** *ptp* **trodden**) **I** *n* **1.** (*act*) **over the years the** ~ **of feet has worn the steps away** über die Jahre sind die Stufen völlig ausgetreten worden.

2. (*gait, noise*) Schritt, Tritt *m*. **I could hear his** ~ **on the stairs** ich konnte seine Schritte auf der Treppe hören.

3. (*of stair*) Stufe *f*.

4. (*of shoe, tyre*) Profil *nt*, Lauffläche *f*.

II *vi* **1.** (*walk*) gehen.

2. (*bring foot down*) treten (*on* auf +*acc*). **mind you don't** ~ **on it!** passen Sie auf, daß Sie nicht darauftreten!; **will you** ~ **on that cigarette-end?** könnten Sie den Zigarettenstummel austreten?; **he trod on my foot** er trat mir auf den Fuß; **to** ~ **on sb's heels** (*lit*) jdm auf die Fersen treten; (*fig*) an jds Fersen (*dat*) hängen; **to** ~ **softly** *or* **lightly** leise *or* leicht auftreten; **to** ~ **carefully** (*lit*) vorsichtig gehen; (*fig*) vorsichtig vorgehen; **to** ~ **in sb's footsteps** (*fig*) in jds Fuß(s)tapfen treten; *see* **air.**

III *vt* *path* (*make*) treten; (*follow*) gehen. **he's** ~**ing the same path as his father** (*fig*) er hat den gleichen Weg wie sein Vater eingeschlagen; **it got trodden underfoot** es wurde zertreten; **to** ~ **grapes** Trauben stampfen; **he trod his cigarette into the sand** er trat seine Zigarette im Sand aus; **to** ~ **water** Wasser treten.

◆**tread down** *vt sep* festtreten.

◆**tread in** *vt sep* festtreten.

◆**tread out** *vt sep fire, cigarette* austreten.

treadle ['tredl] **I** *n (of sewing machine)* Tret-
kurbel *f*, Pedal *nt*; *(of lathe also)*
Fußhebel *m*. **II** *vi* treten.

treadmill ['tredmɪl] *n (lit)* Tretwerk *nt*;
(fig) Tretmühle *f*.

treason ['triːzn] *n* Verrat *m (to* an *+dat).* **an
act of ~** Verrat *m.*

treasonable ['triːzənəbl], **treasonous**
['triːzənəs] *adj* verräterisch.

treasure ['treʒər] **I** *n (lit)* Schatz *m*; *(fig
also)* Kostbarkeit *f; (dear person)* Schatz
m. **many ~s of modern art** viele moderne
Kunstschätze; **she's a real ~** sie ist eine
Perle *or* ein Juwel *nt*.

   II *vt* (hoch)schätzen, zu schätzen
wissen. **I shall always ~ this memory** ich
werde das immer in lieber Erinnerung
behalten.

◆**treasure up** *vt sep* horten, ansammeln,
anhäufen; *(in memory)* aufbewahren. **he
~d ~ the money for future use** er legte das
Geld für die Zukunft zurück.

treasure house *n (lit)* Schatzkammer *f*; **a ~
of knowledge** eine Fundgrube des
Wissens; **treasure hunt** *n* Schatzsuche *f.*

treasurer ['treʒərər] *n (of club)* Kassen-
wart, Kassenverwalter(in *f*) *m; (city ~)*
Stadtkämmerer *m; (of business)* Leiter *m*
der Finanzabteilung; *(of king)* Schatz-
meister *m.*

treasure trove *n* Schatzfund *m*; *(place
where treasures are found)* Fundgrube *f.*

treasury ['treʒərɪ] *n* **1.** *(Pol)* **T~**, *(US also)*
T~ Department Finanzministerium *nt*;
First Lord of the T~ *(Brit)* der Premier-
minister. **2.** *(of society)* Kasse *f*. **3.** *(an-
thology)* Schatzkästlein *nt*, Schatzgrube *f.*

Treasury bench *n (Brit)* Regierungsbank *f*
(im Parlament); **Treasury bill** *n* kurzfri-
stiger Schatzwechsel; **Treasury note** *n*
(US) Schatzschein *m or* -anweisung *f or*
-wechsel *m.*

treat [triːt] **I** *vt* **1.** *(behave towards)* person,
animal behandeln; *(handle)* books behan-
deln, umgehen mit.

   2. *(consider)* betrachten *(as* als). **you
should ~ your work more seriously** Sie
sollten Ihre Arbeit ernster nehmen.

   3. *(Med)* behandeln. **which doctor is
~ing you?** bei welchem Arzt sind Sie in
Behandlung?, welcher Arzt behandelt
Sie?; **the doctor is ~ing him for nervous
exhaustion** er ist wegen Nervenüberla-
stung in Behandlung.

   4. *(process)* behandeln *(with* mit);
leather bearbeiten, behandeln *(with* mit);
sewage klären; *wastepaper* verarbeiten.

   5. *subject* behandeln; *(scientifically,
philosophically also)* abhandeln.

   6. *(pay for, give)* einladen. **to ~ sb to sth**
jdn zu etw einladen, jdm etw spendieren;
to drink, ice-cream also jdm etw aus-
geben; **I'm ~ing you** ich lade Sie ein; **to ~
oneself to sth** sich *(dat)* etw gönnen; **he
~ed his wife to a weekend in Paris** er spen-
dierte seiner Frau ein Wochenende in
Paris; **he ~ed us to a display of his temper**
(iro) er gab uns *(dat)* eine Kostprobe
seiner Launenhaftigkeit.

   II *vi (deal)* **to ~ with sb for sth** mit jdm

über etw *(acc)* Verhandlungen führen;
the general decided to ~ for peace der
General entschloß sich, Friedensverhand-
lungen zu führen.

   III *n* **1.** besondere Freude. **well, folks,
tomorrow we're going on our Christmas ~**
also Leute, morgen machen wir unsere
Weihnachtsfeier *(inf)*; **I thought I'd give
myself a ~** ich dachte, ich gönne mir mal
etwas; **it's my ~** das geht auf meine Ko-
sten *or* Rechnung, ich lasse Sie ein; **I want
to give them a ~** ich möchte ihnen eine
besondere Freude machen, ich möchte
ihnen etwas Gutes tun; **our uncle's ~ was
to give us tickets for the cinema** unser
Onkel hat uns *(dat)* Kinokarten spendiert;
that was a ~! das war ein Genuß!; **it's a ~
in store** das ist etwas, worauf wir uns noch
freuen können; **this time you can carry the
bags as a ~!** *(iro)* dieses Mal darfst du
ausnahmsweise die Taschen tragen; **it's a
(real) ~ to see you again** was für eine
Freude, Sie mal wiederzusehen!

   2. *(inf)* **it's coming on a ~** es macht sich
prima *(inf).*

◆**treat of** *vi +prep obj (form)* handeln von,
behandeln.

treatise ['triːtɪz] *n* Abhandlung *f (on* über
+acc).

treatment ['triːtmənt] *n* **1.** *(of person,
animal)* Behandlung *f*; *(of books etc also)*
Umgang *m (of* mit). **their ~ of foreigners**
ihre Art, Ausländer zu behandeln; **to give
sb the ~** *(inf: violently, sexually)* es jdm
ordentlich besorgen *(inf)*; **he went for a
two-day interview, they really gave him
the ~** *(inf)* bei seinem zweitägigen Ein-
stellungsgespräch wurde er ganz schön in
die Mangel genommen *(inf)*; **when the
foreign delegates visited the factory, they
were given the full ~** *(inf)* als die auslän-
dischen Delegierten die Firma besichtig-
ten, wurde ein enormes Tamtam gemacht
(inf) or eine große Schau abgezogen *(sl).*

   2. *(Med)* Behandlung *f*. **there are many
~s for rheumatism** es gibt viele Behand-
lungsarten *or* Heilverfahren für
Rheumatismus; **to be having ~ for sth**
wegen etw in Behandlung sein.

   3. *(processing)* Behandlung *f*; *(of
leather also)* Bearbeitung *f*; *(of sewage)*
Klärung *f*; *(of wastepaper)* Verarbeitung
f.

   4. *(of subject)* Behandlung *f.*

treaty ['triːtɪ] *n* Vertrag *m*. **~ port** Vertrags-
hafen *m.*

treble¹ ['trebl] **I** *adj* dreifach. **his mortgage
repayments are in ~ figures** seine
Hypothekenraten erreichen dreistellige
Summen.

   II *adv* **they had ~ our numbers** sie
waren dreimal so viele wie wir; **clothes are
~ the price** Kleider kosten dreimal soviel.

   III *vt* verdreifachen.

   IV *vi* sich verdreifachen.

   V *n (on dartboard etc)* Dreifache(s) *nt.*

treble² ['trebl] **I** *n (Mus) (boy's voice)* Knaben-
sopran *m*; *(highest part)* Oberstimme *f*;
(of piano) Diskant *m*; *(child's speaking
voice)* Diskantstimme *f.*

   II *adj voice* Knabensopran-; *part*
Oberstimmen-; *(of piano, children speak-*

ing) Diskant-. **~ clef** Violinschlüssel *m*; **~ recorder** Altflöte *f*; **~ instrument** Instrument *nt* für die oberen Stimmlagen.

trebly ['treblɪ] *adv* dreifach.

tree [triː] **I** *n* **1.** Baum *m*. **an oak/a cherry ~** eine Eiche/ein Kirschbaum *m*; **rose ~** Rosenstämmchen *nt*; **~ of knowledge** Baum der Erkenntnis; **~ of life** Baum des Lebens; **money doesn't/good teachers don't grow on ~s** das Geld fällt/gute Lehrer fallen nicht vom Himmel; **to be up a ~** *(inf)* in der Patsche *or* Tinte *or* Klemme sitzen *(inf)*; **he's at the top of the ~** *(fig inf)* er ist ganz oben (an der Spitze).
   2. *(family ~)* Stammbaum *m*.
   3. *(shoe-~)* Spanner, Leisten *m*.
   4. *(Rel: cross)* Kreuz *nt*.
   II *vt* auf einen Baum jagen *or* treiben.

tree *in cpds* Baum-; **~-covered** baumbestanden; **~ frog** Laub- *or* Baumfrosch *m*; **~less** baumlos; **~-lined** baumbestanden, von Bäumen gesäumt *(geh)*; **~top** Baumkrone *f*, Wipfel *m*; **~ trunk** Baumstamm *m*.

trefoil ['trefɔɪl] *n (Bot)* Klee *m*; *(symbol of Girl Guide movement)* Kleeblatt *nt*; *(Archit)* Dreipaß *m*.

trek [trek] **I** *vi* trecken; *(inf)* latschen *(inf)*. **they ~ked across the desert** sie zogen durch die Wüste; **I had to ~ up to the top floor** ich mußte bis ins oberste Stockwerk latschen *(inf)*. **II** *n* Treck, Zug *m*; *(inf)* anstrengender Weg *or* Marsch.

trellis ['trelɪs] **I** *n* Gitter *nt*; *(for plants also)* Spalier *nt*. **~-work** Gitterwerk *nt*. **II** *vt (furnish with ~)* mit einem Gitter *or* Spalier versehen; *vines etc* am Spalier ziehen.

tremble ['trembl] **I** *vi (person, hand etc)* zittern *(with vor)*; *(voice also)* beben *(with vor)*; *(ground, building)* beben, zittern. **I ~ to think what** *or* **at the thought of what might have happened** mir wird angst *or* ich zittere, wenn ich daran denke, was hätte geschehen können; **to ~ for sb's safety/the future** um jds Sicherheit/die Zukunft zittern *or* bangen.
   II *n* Zittern, Beben *nt*. **to be all of a ~** *(inf)* am ganzen Körper zittern.

trembling ['tremblɪŋ] **I** *adj hands* zitternd; *voice also* bebend. **II** *n see vi* Zittern *nt*; Beben *nt*; *see* fear I 1.

tremendous [trɪ'mendəs] *adj* **1.** gewaltig, enorm; *difference also* riesengroß; *size, number, crowd also* riesig; *storm, explosion also* ungeheuer stark; *success* Riesen-, enorm, unglaublich. **he's a ~ eater** er ißt unglaublich viel.
   2. *(very good)* klasse, prima, toll *(all inf)*. **we had a ~ time** wir haben uns prima *or* ganz toll amüsiert; **he's a ~ person** er ist ein toller Mensch, er ist klasse *or* prima.

tremendously [trɪ'mendəslɪ] *adv* sehr; *fat, tall, long etc also* enorm; *relieved, upset, grateful, dangerous also* ungeheuer, äußerst; *pretty also* äußerst; *intelligent, difficult also* enorm, äußerst. **they enjoyed themselves ~** sie haben sich prächtig *or* prima *or* ausgezeichnet amüsiert *(all inf)*.

tremor ['tremər] *n* Zittern, Beben *nt*; *(Med)* Tremor *m*; *(of emotion)* Zittern, Zucken *nt*; *(earth ~)* Beben *nt*, Erschüt-

terung *f*. **a ~ of fear** ein Schaudern *nt*; **without a ~** völlig ruhig, unbewegt.

tremulous ['tremjuləs] *adj (trembling) voice* zitternd, bebend; *hand* zitternd; *(timid) smile, person* zaghaft, schüchtern.

tremulously ['tremjuləslɪ] *adv* zaghaft, ängstlich.

trench [trentʃ] **I** *n* Graben *m*; *(Mil)* Schützengraben *m*. **in the ~es** *(Mil)* im Schützengraben; **~ warfare** Stellungskrieg, Grabenkrieg *m*. **II** *vt* Gräben ziehen in *(+dat)*; *(Mil)* Schützengräben ausheben in *(+dat)*.

trenchancy ['trentʃənsɪ] *n see adj* Treffsicherheit *f*; Prägnanz *f*; Bissigkeit *f*; Pointiertheit *f*; Schärfe *f*.

trenchant ['trentʃənt] *adj language* treffsicher; *style* prägnant; *satire* beißend; *speech* pointiert; *wit, criticism* scharf.

trenchantly ['trentʃəntlɪ] *adv see adj*. **he made his point ~** er argumentierte sicher.

trench coat *n* Trenchcoat, Regenmantel *m*.

trend [trend] **I** *n* **1.** *(tendency)* Tendenz, Richtung *f*, Trend *m*. **the ~ towards violence** der Trend *or* die Tendenz zur Gewalttätigkeit; **upward ~** steigende Tendenz, Aufwärtstrend *m*; **the downward ~ in the birth rate** die Rückläufigkeit *or* der Abwärtstrend der Geburtenrate; **to set a ~** eine neue Richtung setzen, richtungweisend sein.
   2. *(fashion)* Mode *f*, Trend *m*. **that is the ~/the latest ~ among young people** das ist bei jungen Leuten jetzt Mode/der letzte Schrei *(inf)*; **to follow a ~** einem Trend folgen; *(fashion)* eine Mode mitmachen.
   3. *(Geog)* Verlauf *m*.
   II *vi* verlaufen *(towards* nach). **the direction in which events are ~ing** die Richtung, die die Dinge nehmen.

trendily ['trendɪlɪ] *adv* modern. **to dress ~** sich nach der neuesten Mode kleiden.

trendy ['trendɪ] **I** *adj (+er)* modern, in *pred (inf)*. **to be ~** als schick gelten, große Mode sein; **a pub where all the ~ people go** eine Kneipe, in der sich die Schickeria trifft; **this is a ~ pub** diese Kneipe ist zur Zeit in *(inf)*.
   II *n (inf)* **the trendies** die Schickeria *sing*; **he looks a real ~** der macht vielleicht auf modern!

trepidation [ˌtrepɪ'deɪʃən] *n* Bangigkeit, Beklommenheit, Ängstlichkeit *f*. **full of ~ he knocked on the door** voll ängstlicher Erwartung klopfte er an die Tür; **a look of ~** ein banger *or* beunruhigter *or* ängstlicher Blick; **a feeling of ~** ein beklommenes Gefühl, ein Gefühl der Bangigkeit.

trespass ['trespəs] **I** *vi* **1.** *(on property)* unbefugt betreten *(on sth* etw *acc)*. **"no ~ing"** „Betreten verboten".
   2. to ~ (up)on sb's rights/area of responsibility in jds Rechte/Verantwortungsbereich *(acc)* eingreifen; **to ~ (up)on sb's privacy** jds Privatsphäre verletzen; **to ~ (up)on sb's kindness/time** jds Freundlichkeit/Zeit überbeanspruchen.
   3. *(Eccl)* **as we forgive them that ~ against us** wie wir vergeben unseren Schuldigern.

II n 1. (Jur) Hausfriedensbruch m.
2. (Eccl) forgive us our ~es vergib uns unsere Schuld.

trespasser ['trespəsə^r] n Unbefugte(r) mf. "~s will be prosecuted" „widerrechtliches Betreten wird strafrechtlich verfolgt"; the farmer found a ~ on his land der Bauer fand einen Eindringling auf seinem Land.

trestle ['tresl] n (Auflage)bock m.

trestle bridge n Bockbrücke f; **trestle table** n auf Böcken stehender Tisch; (decorator's) Tapeziertisch m.

trews [tru:z] npl (Scot) enganliegende Hose im Schottenkaro; (inf: trousers) Hose f. a pair of ~ eine Hose.

triad ['traɪəd] n Triade, Trias f; (Mus) Dreiklang m; (Chem) dreiwertiges Element.

trial ['traɪəl] n 1. (Jur) (Gerichts)verfahren nt, Prozeß m; (actual hearing) (Gerichts)-verhandlung f. to be on ~ for theft des Diebstahls angeklagt sein, wegen Diebstahls unter Anklage stehen; to be on ~ for one's life wegen eines mit Todesstrafe bedrohten Verbrechens angeklagt sein or unter Anklage stehen; at the ~ bei or während der Verhandlung; to bring sb to ~ jdn vor Gericht stellen, jdm den Prozeß machen; the case comes up for ~ next month der Fall wird nächsten Monat verhandelt; please don't feel you are on ~, we're just asking a few questions betrachten Sie sich bitte nicht als Angeklagten, wir wollen Ihnen nur ein paar Fragen stellen.
2. (test) Versuch m, Probe, Erprobung f. ~s (of machine, aeroplane) Test(s pl) m, (Über)prüfung f; (Sport) Qualifikationsspiel nt; horse ~s Querfeldeinrennen nt; to give sth a ~ etw ausprobieren; to take sth on ~ etw zur Probe or Prüfung or etw probeweise nehmen; to put sb/sth to the ~ jdn/etw testen or auf die Probe stellen; the new clerk is on ~ der neue Büroangestellte ist auf Probe eingestellt; ~ of strength Kraftprobe f; by ~ and error durch Ausprobieren.
3. (hardship) Widrigkeit, Unannehmlichkeit f; (nuisance) Plage f, Problem nt (to für). he's a ~ to his mother er macht seiner Mutter viel Kummer; ~s and tribulations Aufregungen, Schwierigkeiten pl.

trial flight n Testflug m; **trial marriage** n Ehe f auf Probe; **trial offer** n Einführungsangebot nt; **trial period** n (for people) Probezeit f; (for goods) Zeit, die man etw zur Probe or Prüfung hat; **trial run** n Generalprobe f; (with car etc) Versuchsfahrt, Probefahrt f; (of machine) Probelauf m.

triangle ['traɪæŋgl] n Dreieck nt; (set square) (Zeichen)dreieck nt; (Mus) Triangel m; (fig: relationship) Dreiecksbeziehung f.

triangular [traɪˈæŋgjʊlə^r] adj (Math) dreieckig. ~ relationship Dreiecksverhältnis nt.

tribal ['traɪbəl] adj customs, dance, life Stammes-. Celtic society was basically ~ die Gesellschaftsordnung der Kelten war stammesgebunden.

tribalism ['traɪbəlɪzəm] n Stammesstruktur f.

tribe [traɪb] n 1. Stamm m; (Bot, Zool) Gattung f. 2. (fig inf) Korona f (inf).

tribesman ['traɪbzmən] n, pl -men [-mən] Stammesangehörige(r) m.

tribulation [ˌtrɪbjʊˈleɪʃən] n Kummer m no pl. ~s Sorgen pl; (less serious) Kümmernisse pl; to bear one's ~s bravely sein Leid tapfer tragen; that is the least of our ~s das ist unsere geringste Sorge.

tribunal [traɪˈbjuːnl] n Gericht(shof m) nt; (inquiry) Untersuchungsausschuß m; (held by revolutionaries etc) Tribunal nt. before the ~ of public opinion (fig) vor dem Tribunal der öffentlichen Meinung.

tribune[1] ['trɪbjuːn] n (Hist) (Volks)tribun m.

tribune[2] n (platform) Tribüne f.

tributary ['trɪbjʊtərɪ] I adj state tributpflichtig; river Neben-. II n (state) tributpflichtiger Staat; (river) Nebenfluß m.

tribute ['trɪbjuːt] n 1. (Hist: payment) Tribut m.
2. (admiration) Tribut m. to pay ~ to sb/sth jdm/einer Sache (den schuldigen) Tribut zollen; they stood in silent ~ to him sie zollten ihm (stehend) ihren stillen Tribut; after her performance ~s came flooding in nach ihrer Vorstellung wurde sie mit Ehrungen or Zeichen der Hochachtung überschüttet; ~s have been coming in from all over the world for the new champion aus der ganzen Welt kamen Zeichen der Anerkennung für den neuen Champion; a floral ~ Blumen als Zeichen der Hochachtung/Anerkennung/des Dankes; to be a ~ to one's parents/school seinen Eltern/seiner Schule (alle) Ehre machen.

trice [traɪs] n: in a ~ im Handumdrehen.

Tricel ® ['traɪsel] n Tricel nt.

triceps ['traɪseps] n, pl -(es) Trizeps m.

trichina [trɪˈkaɪnə] n, pl -e [-iː] Trichine f.

trichinosis [trɪkɪˈnəʊsɪs] n Trichinenkrankheit, Trichinose f.

trick [trɪk] I n 1. (ruse) Trick m. to get sth by a ~ etw durch einen Trick or eine List bekommen; be careful, it's a ~ paß auf, das ist eine Falle!; he knows a ~ or two (inf) der kennt sich aus, der weiß, wie der Hase läuft; he never misses a ~ er läßt sich (dat) nichts entgehen; he knows all the ~s of the trade er ist ein alter Hase; (is crafty) er ist mit allen Wassern gewaschen; he is full of ~s (child, footballer etc) er steckt voller Tricks; (salesman, politician etc) er hat es faustdick hinter den Ohren (inf); it's a ~ of the light da täuscht das Licht.
2. (mischief) Streich m. to play a ~ on sb jdm einen Streich spielen; the car started playing ~s again der Wagen fängt wieder an zu mucken (inf); unless my eyes are playing ~s on or with me wenn meine Augen mich nicht täuschen; a dirty ~ ein ganz gemeiner Trick; he's up to his (old) ~s again jetzt macht er wieder seine (alten) Mätzchen (inf); how's ~s? (inf) wie geht's?
3. (skilful act) Kunststück nt. once you

get the ~ of adjusting it wenn du einmal den Dreh *or* Trick heraushast, wie man das einstellt; **that should do the ~** (*inf*) das müßte eigentlich hinhauen (*inf*).
4. (*habit*) Eigenart *f.* **to have a ~ of doing sth** die Eigenart haben, etw zu tun; **history has a ~ of repeating itself** die Geschichte hat die merkwürdige Eigenschaft, sich immer zu wiederholen.
5. (*Cards*) Stich *m.* **to take a ~** einen Stich machen.
6. (*sl: of prostitute*) Nummer *f* (*sl*).
II *attr cigar* Scherz-; *spider, glass* als Scherzartikel.
III *vt* mit einem Trick betrügen, hereinlegen (*inf*). **I've been ~ed!** ich bin hereingelegt *or* übers Ohr gehauen (*inf*) worden!; **to ~ sb into doing sth** jdn (mit einem Trick *or* mit List) dazu bringen, etw zu tun; **to ~ sb out of sth** jdn um etw prellen, jdm etw abtricksen (*inf*).
◆**trick out** *vt sep* herausputzen. **~ed ~ in her Sunday best/all her finery** in ihrem Sonntagsstaat/in vollem Staat.
trick cyclist *n* Kunstradfahrer(in *f*) *m*; (*fig inf*) Püschater *m* (*hum*).
trickery ['trɪkərɪ] *n* Tricks *pl* (*inf*). **a piece of ~** ein Trick *m*; **another piece of his ~** wieder einer seiner Tricks; **legal ~** Rechtsverdrehung *f*; **that's just verbal ~** das ist bloß ein raffinierter Trick mit Worten.
trickiness ['trɪkɪnɪs] *n* **1.** (*difficulty*) Schwierigkeit *f*; (*fiddliness also*) Kniffligkeit *f.* **2.** (*of situation*) Schwierigkeit, Kitzligkeit (*inf*) *f.* **the ~ of the present industrial situation …** die augenblicklich heikle *or* kitzlige (*inf*) Tarifsituation …
3. (*slyness*) Durchtriebenheit, Gerissenheit *f.*
trickle ['trɪkl] **I** *vi* **1.** (*liquid*) tröpfeln, tropfen. **tears ~d down her cheeks** Tränen kullerten ihr über die Wangen; **the rain ~d down his neck** der Regen tropfte ihm in den Kragen; **the sand ~d through his fingers** der Sand rieselte ihm durch die Finger; **the waves broke and ~d back over the pebbles** die Wellen brachen sich und rieselten über die Kiesel zurück.
2. (*fig*) **people/escapees began to ~ in/out/back** die Leute/ Flüchtlinge begannen, vereinzelt herein-/hinaus-/zurückzukommen; **the ball ~d into the net** der Ball trudelte (langsam) ins Netz; **reports/ donations are beginning to ~ in** so langsam trudeln die Berichte/Spenden ein.
II *vt liquid* tröpfeln, träufeln, tropfenweise gießen.
III *n* **1.** (*of liquid*) Tröpfeln *nt*; (*stream*) Rinnsal *nt.*
2. (*fig*) **a constant ~ of people gradually filled the lecture hall** der Hörsaal füllte sich langsam aber stetig mit Leuten; **news reports from the occupied country have dwindled to a mere ~** Meldungen aus dem besetzten Land kommen *or* (*secretively*) sickern nur noch ganz selten durch; **profits have been reduced/arms deliveries have shrunk to a ~** die Gewinne/Waffenlieferungen sind spärlich geworden.
trick photography *n* Trickfotografie *f*; **trick question** *n* Fangfrage *f.*

trickster ['trɪkstə] *n* Schwindler, Betrüger *m.*
tricky ['trɪkɪ] *adj* (+*er*) **1.** (*difficult*) schwierig; (*fiddly also*) knifflig. **he is a very ~ person to get on with** es ist äußerst schwierig, mit ihm auszukommen. **2.** (*requiring tact*) *situation, problem* heikel, kitzlig. **3.** (*sly, crafty*) *person, plan* durchtrieben, gerissen; *question* Fang-, gemein.
tricolour, (*US*) **tricolor** ['trɪkələ] *n* Trikolore *f.*
tricorn ['traɪkɔːn] *n* Dreispitz *m.*
tricycle ['traɪsɪkl] *n* Dreirad *nt.*
trident ['traɪdənt] *n* Dreizack *m.*
tried [traɪd] *adj* erprobt, bewährt.
triennial [traɪ'enɪəl] *adj* (*lasting 3 years*) dreijährig; (*every 3 years*) dreijährlich, alle drei Jahre stattfindend.
triennially [traɪ'enɪəlɪ] *adv* alle drei Jahre, dreijährlich.
triennium [traɪ'enɪəm] *n* Zeitraum *m* von drei Jahren.
trier ['traɪə] *n*: **to be a ~** sich (*dat*) (ernsthaft) Mühe geben.
trifle ['traɪfl] *n* **1.** Kleinigkeit *f*; (*trivial matter also*) Lappalie (*inf*), Nichtigkeit *f.* **the merest ~ upsets her** die geringste *or* kleinste Kleinigkeit regt sie auf.
2. (*small amount*) Kleinigkeit *f.* **have some more cake — just a ~, thank you** noch etwas Kuchen? — bloß ein ganz kleines Stückchen, bitte; **a ~ hot/small** *etc* ein bißchen heiß/klein *etc*; **a ~ too …** ein wenig *or* eine Spur zu …
3. (*Cook*) Trifle *m.*
◆**trifle away** *vt sep* vergeuden.
◆**trifle with** *vi* +*prep obj* **1.** *person* zu leicht nehmen; *affections* spielen mit. **he is not a person to be ~d** mit ihm ist nicht zu spaßen. **2.** *one's food* spielen mit, herumstochern in (+*dat*).
trifling ['traɪflɪŋ] *adj* unbedeutend, geringfügig.
trigger ['trɪgə] **I** *n* (*of gun*) Abzug(shahn), Drücker (*inf*) *m*; (*of cine-camera, machine*) Auslöser *m*; (*Elec*) Trigger *m.* **to pull the ~** abdrücken; **to be quick on the ~** schnell abdrücken.
II *vt* (*also ~ off*) auslösen.
trigger finger *n* Zeigefinger *m*; **my ~'s itching** es juckt mich abzudrücken; **trigger grip** *n* Pistolengriff *m*; **trigger guard** *n* Abzugsbügel *m*; **trigger-happy** *adj* (*inf*) schießfreudig (*inf*), schießwütig (*pej*); (*hum*) *photographer* knipswütig (*inf*).
trigonometric(al) [ˌtrɪgənə'metrɪk(əl)] *adj* trigonometrisch.
trigonometry [ˌtrɪgə'nɒmɪtrɪ] *n* Trigonometrie *f.*
trihedron [ˌtraɪ'hiːdrən] *n* Dreiflächner *m*, Trieder *nt.*
trike [traɪk] *n* (*inf*) *abbr of* **tricycle.**
trilateral [ˌtraɪ'lætərəl] *adj* dreiseitig; *conference, agreement also* Dreier-.
trilby ['trɪlbɪ] *n* (*also ~ hat*) weicher Filzhut.
trilingual [ˌtraɪ'lɪŋgwəl] *adj* dreisprachig.
trill [trɪl] **I** *n* **1.** (*of bird*) Trillern *nt*; (*of voice*) Tremolo *nt.*
2. (*Mus*) Triller *m.*
3. (*Phon*) Rollen *nt*, rollende Aussprache.

II vt **1.** (*birds*) trillern, tirilieren (*geh*); (*person*) trällern.

2. (*Mus*) *note* trillern.

3. (*Phon*) *consonant* rollen, rollend aussprechen.

III vi **1.** (*bird*) trillern, tirilieren (*geh*); (*person*) trällern.

2. (*Mus*) trillern.

trillion ['trɪljən] n (*Brit*) Trillion f; (*US*) Billion f.

trilogy ['trɪlədʒɪ] n Trilogie f.

trim [trɪm] **I** adj (+er) sauber; *appearance also* adrett; *hair, haircut* gepflegt. **he keeps his lawn/garden/house very ~** sein Rasen/Garten/Haus ist immer sehr gepflegt; **she has a ~ little figure** sie hat ein niedliches Figürchen.

II n **1.** (*condition*) Zustand m, Verfassung f; (*fitness*) Form f. **in good ~** (*house, car etc*) in gutem Zustand; (*person*) gut in Form; **financially in good ~** finanziell in guter Verfassung; **to get things into ~** Ordnung machen or schaffen; **to get into ~** sich trimmen or in Form bringen; **in fighting ~** kampfbereit.

2. (*inf*) **to give sth a ~** etw schneiden; (*tree, hedge, beard also*) etw stutzen; **your hair needs a ~** du mußt dir die Haare etwas nachschneiden lassen.

3. (*Aut*) (*outside*) Zierleisten pl; (*inside*) Innenausstattung f.

4. (*Naut*) Trimm m, Gleichgewichtslage f. **in/out of ~** (*ship*) in/nicht in Trimm or Gleichgewichtslage.

5. (*Aviat*) Trimm(lage f) m, Fluglage f.

III vt **1.** (*cut*) *hair* nachschneiden; *beard, hedge, branch* stutzen; *dog* trimmen; *wick, roses* beschneiden; *piece of wood* zurechtschneiden/-sägen/-hobeln.

2. (*fig: cut down*) *budget, essay* kürzen.

3. (*decorate*) *dress* besetzen; *Christmas tree* schmücken.

4. *boat, plane* trimmen; *sails* richtig stellen.

5. (*US inf*) (*defeat*) schlagen; (*cheat*) übers Ohr hauen (*inf*).

◆**trim away** vt sep weg- or abschneiden; *details etc* entfernen.

◆**trim back** vt sep *hedge, roses* zurückschneiden.

◆**trim down** vt sep *wick, budget* kürzen (*to* auf +*acc*); *essay also, hedge* stutzen; *roses* zurückschneiden. **to ~ ~ one's/sb's/sb's figure** etwas für seine/jds Figur tun.

◆**trim off** vt sep *bits of beard, ends of branch* abschneiden; *rough edges* abschneiden/-sägen/-hobeln/-feilen.

◆**trim up** vt sep *beard* stutzen.

trimester [trɪˈmestə] n Trimester nt.

trimming ['trɪmɪŋ] n **1.** *on clothes* Besatz m. **~s** Verzierung(en pl) f.

2. **~s** pl (*cuttings*) Abfälle pl; (*of paper also*) (Papier)schnitzel, Schnipsel (*inf*) pl.

3. **~s** pl (*accessories*) Zubehör nt; **the car costs £10,000 with all the ~s** das Auto kostet £ 10.000 mit allen Extras or mit allem Zubehör; **roast beef with all the ~s** Roastbeef mit allem Drum und Dran (*inf*).

trimness ['trɪmnɪs] n (*of hair, lawn etc*) Gepflegtheit f, gepflegtes Aussehen; (*of figure*) Schlankheit f.

Trinidad ['trɪnɪdæd] n Trinidad nt.

trinitrotoluene [traɪˌnaɪtrəʊˈtɒljuːiːn] n Trinitrotoluol nt.

Trinity ['trɪnɪtɪ] n **1.** Trinität, Dreieinigkeit, Dreifaltigkeit f. **~ Sunday** Trinitatis Dreieinigkeitsfest, Dreifaltigkeitsfest nt.

2. (**~ term**) Sommertrimester nt.

trinket ['trɪŋkɪt] n Schmuckstück nt; (*ornament*) Schmuckgegenstand m. **~ box** Schmuckkästchen nt; **the little ~s hanging from her bracelet** die kleinen Anhänger an ihrem Armband.

trinomial [traɪˈnəʊmɪəl] **I** adj trinomisch, dreigliedrig. **II** n Trinom nt.

trio ['triːəʊ] n, pl **~s** Trio nt.

trip [trɪp] **I** n **1.** (*journey*) Reise f; (*excursion*) Ausflug m, Tour f; (*shorter also*) Trip m. **let's go for a ~ to the seaside** machen wir doch einen Ausflug ans Meer!, fahren wir doch ans Meer!; **that's his fifth ~ to the bathroom already!** er geht jetzt schon zum fünften Mal auf die Toilette!; **he is away on a ~/a ~ to Canada** er ist verreist or auf Reisen/macht zur Zeit eine Reise nach Kanada; **to take a ~** eine Reise machen, verreisen.

2. (*sl: on drugs*) Trip m (*sl*). **to go on a ~** auf einen Trip or die Reise gehen (*sl*).

3. (*stumble*) Stolpern m. **that was a nasty ~** da sind Sie aber übel gestolpert.

4. (*esp Sport*) Beinstellen nt. **it was a ~** man hat ihm ein Bein gestellt.

5. (*mistake*) Fehler m.

6. (*Mech*) Auslösung f.

II vi **1.** (*stumble*) stolpern (*on, over* über +*acc*).

2. (*fig*) *see* **trip up I 2.**

3. (*skip*) trippeln. **to ~ in/out** hinein-/hinaustrippeln; **a phrase which ~s off the tongue** ein Ausdruck, der einem leicht von der Zunge geht.

III vt **1.** (*make fall*) stolpern lassen; (*deliberately also*) ein Bein stellen (+*dat*). **I was ~ped** jemand hat mir ein Bein gestellt; (*fig*) *see* **trip up II 2.**

2. (*Mech*) *lever* betätigen; *mechanism* auslösen.

3. (*old: dance*) tanzen. **to ~ the light fantastic** (*hum*) das Tanzbein schwingen.

◆**trip over** vi stolpern (+*prep obj* über +*acc*).

◆**trip up** **I** vi **1.** stolpern.

2. (*fig*) sich vertun.

II vt sep **1.** (*make fall*) stolpern lassen; (*deliberately also*) zu Fall bringen.

2. (*fig: cause to make a mistake*) eine Falle stellen (+*dat*), aufs Glatteis führen. **question six was a very tricky one and it managed to ~ most of the candidates** die sechste Frage war sehr verzwickt, und die meisten Prüflinge sind auch tatsächlich über sie gestolpert.

tripartite [ˌtraɪˈpɑːtaɪt] adj *agreement, talks* dreiseitig; *division* Drei-.

tripe [traɪp] n **1.** (*Cook*) Kaldaunen, Kutteln (*S Ger, Aus, Sw*) pl. **2.** (*fig inf*) Quatsch, Stuß (*inf*) m.

triplane ['traɪpleɪn] n Dreidecker m.

triple ['trɪpl] **I** adj dreifach. **~ jump** Dreisprung m.

II adv dreimal soviel. **it's ~ the distance** es ist dreimal so weit; **at ~ the speed** mit dreifacher Geschwindigkeit; **it costs ~ what it used to es** kostet dreimal soviel wie früher, es kostet das Dreifache von früher.

III n Dreifache(s) nt.

IV vt verdreifachen.

V vi sich verdreifachen.

triplet ['trɪplɪt] n **1.** (baby) Drilling m. **2.** (Mus) Triole f; (Poet) Dreireim m.

triple time n (Mus) Dreiertakt m.

triplex ® ['trɪpleks] n Verbundglas nt.

triplicate ['trɪplɪkɪt] **I** n: **in ~** in dreifacher Ausfertigung. **II** adj in dreifacher Ausfertigung. **III** ['trɪplɪkeɪt] vt document dreifach or in drei Exemplaren ausfertigen.

triply ['trɪplɪ] adv dreimal. **~ expensive** dreimal so teuer.

tripod ['traɪpɒd] n (Phot) Stativ nt; (Hist) Dreifuß m.

tripper ['trɪpər] n Ausflügler(in f) m.

tripping ['trɪpɪŋ] adj **1.** walk trippelnd; notes perlend; metre fließend. **2.** (Mech) **~ device** Auslösemechanismus m.

triptych ['trɪptɪk] n Triptychon nt.

tripwire ['trɪpwaɪər] n Stolperdraht m.

trisect [traɪ'sekt] vt in drei Teile teilen, dreiteilen; angle in drei gleiche Teile teilen.

trisection [traɪ'sekʃən] n Dreiteilung f; (of angle) Einteilung f in drei gleiche Teile.

trisyllabic ['traɪsɪˈlæbɪk] adj dreisilbig.

trisyllable [ˌtraɪˈsɪləbl] n dreisilbiges Wort.

trite [traɪt] adj (+er) (trivial, banal) banal, nichtssagend; (hackneyed) abgedroschen.

tritely ['traɪtlɪ] adv see adj. **to talk ~** banales/abgedroschenes Zeug reden, Phrasen dreschen.

triteness ['traɪtnɪs] n see adj Banalität f; Abgedroschenheit f. **his conversation was notable for its ~** seine Unterhaltung war bemerkenswert banal or nichtssagend.

tritium ['trɪtɪəm] n Tritium nt.

triumph ['traɪʌmf] **I** n **1.** Triumph m. **in ~** triumphierend, im Triumph; **shouts of ~** Triumphgeschrei pl; **to win or score a ~ over sb/sth** einen Triumph über jdn/etw erzielen.

2. (Hist: procession) Triumphzug m.

II vi den Sieg davontragen (over über + acc). **to ~ over sb/sth** über jdn/etw triumphieren; **we've made it! he ~ed** wir haben's geschafft! triumphierte er.

triumphal [traɪˈʌmfəl] adj triumphal. **~ arch** Triumphbogen m.

triumphant [traɪˈʌmfənt] adj (victorious) siegreich; (rejoicing) triumphierend; moment triumphal. **to be ~ (over sth)** triumphieren (over über +acc); **he was ~ in his success** er jubelte triumphierend or triumphierte über seinen Erfolg; **his book was a ~ success** sein Buch war ein triumphaler Erfolg or ein Triumph; **in our ~ hour** in unserer Stunde des Triumphs.

triumphantly [traɪˈʌmfəntlɪ] adv triumphierend. **it was a ~ successful expedition** die Expedition war ein triumphaler Erfolg.

trivalent [ˌtraɪˈveɪlənt] adj (Chem) dreiwertig.

trivia ['trɪvɪə] npl triviales Zeug. **the ~ of daily life** die Trivialitäten des täglichen Lebens.

trivial ['trɪvɪəl] adj **1.** trivial; objection, loss, details, matters also geringfügig, belanglos. **look, your health is not something ~** hör mal, mit der Gesundheit ist nicht zu spaßen!; **the ~ round** das triviale Einerlei. **2.** person oberflächlich.

triviality [ˌtrɪvɪˈælɪtɪ] n see adj 1. Trivialität f; Geringfügigkeit, Belanglosigkeit f.

trivialize ['trɪvɪəlaɪz] vt trivialisieren.

trochaic [trɒˈkeɪɪk] adj trochäisch.

trochee ['trəʊkiː] n Trochäus m.

trod [trɒd] pret of **tread**.

trodden ['trɒdn] ptp of **tread**.

troglodyte ['trɒɡlədaɪt] n Höhlenbewohner m; (fig: recluse) Einsiedler m.

troika ['trɔɪkə] n Troika f.

Trojan ['trəʊdʒən] **I** n (Hist) Trojaner(in f), Troer(in f) m. **to work like a ~** wie ein Pferd arbeiten. **II** adj trojanisch; (fig) übermenschlich. **~ Horse** (lit, fig) Trojanisches Pferd; **~ War** Trojanischer Krieg.

troll[1] ['trəʊl] n (Myth) Troll m.

troll[2] vi (inf: walk) laufen.

trolley ['trɒlɪ] n **1.** (cart) (four wheels) Handwagen m; (in supermarket) Einkaufswagen m; (in station) Gepäckwagen m; (for passengers) Kofferkuli m; (two wheels) (for golf clubs) Caddy m; (in station, factory etc) Sackkarre f.

2. (tea-~) Teewagen m.

3. (Rail) Lore f, Förderkarren m; (hand-driven) Draisine f.

4. (Elec) (~ pole) Kontaktarm m, Stromabnehmerstange f; (~-wheel) Kontaktrolle f, Rollenstromabnehmer m.

5. (~-bus or -car (US)) see **trolleybus, trolley-car.**

trolleybus ['trɒlɪbʌs] n Obus, Oberleitungsomnibus (form), Trolleybus (dated) m; **trolley-car** n (US) Straßenbahn f; **trolley pole** n Kontaktarm m, Stromabnehmerstange f.

trollop ['trɒləp] n (dated: prostitute) leichtes Mädchen, (pej) Schlampe f.

trombone [trɒmˈbəʊn] n (Mus) Posaune f.

trombonist [trɒmˈbəʊnɪst] n Posaunist m.

troop [truːp] **I** n **1.** (Mil: of cavalry) Trupp m; (unit) Schwadron f.

2. (Mil) **~s** pl Truppen pl; **a dozen of our best ~s** zwölf unserer besten Soldaten; **200 ~s** 200 Soldaten.

3. (of scouts) Stamm m.

4. (of people) Horde (pej), Schar f.

II vi **to ~ out/in** hinaus-/hineinströmen; **to ~ upstairs** nach oben strömen; **to ~ past sth** an etw (dat) vorbeiziehen; **to ~ away or off** abziehen (inf); **to ~ up** herbeiströmen.

III vt (Mil) **to ~ the colours** die Fahnenparade abhalten; **the ~ing of the colours** die Fahnenparade.

troop-carrier ['truːpˌkærɪər] n (vehicle) Truppentransporter m.

trooper ['truːpər] n (Mil) berittener Soldat, Kavallerist m; (US: state ~) Polizist m. **to swear like a ~** wie ein Kutscher fluchen.

trophy ['trəʊfɪ] n (Hunt, Mil, Sport) Trophäe f.

tropic ['trɒpɪk] n **1.** Wendekreis m. **T~ of**

Cancer/Capricorn Wendekreis des Krebses/Steinbocks. **2. ~s** *pl* Tropen *pl*.

tropical ['trɒpɪkəl] *adj* tropisch, Tropen-. **~ medicine/diseases** Tropenmedizin *f*/ Tropenkrankheiten *pl*.

tropism ['trəʊpɪzəm] *n* (*Biol*) Tropismus *m*.

trot [trɒt] **I** *n* **1.** (*pace*) Trab *m*. **to go at a ~** traben; **to go for a ~** einen Ausritt machen; **I've been on the ~ all day** (*fig inf*) ich bin schon den ganzen Tag auf Trab.

2. (*inf*) **for five days on the ~** fünf Tage lang in einer Tour.

3. (*inf: diarrhoea*) **the ~s** die Renneritis (*hum inf*).

II *vi* (*horse, person*) traben; (*pony*) zockeln; (*small child*) trippeln. **he ~ted obediently round the shops after her** er zottelte folgsam hinter ihr her durch die Geschäfte.

III *vt horse* traben lassen.

◆**trot along** *vi see* **trot II** traben; zockeln; trippeln; (*go away*) abmarschieren. **to ~ behind sb** hinter jdm hertraben *etc*.

◆**trot away** *or* **off** *vi see* **trot II** davon- *or* wegtraben; davon-*or* wegzockeln; davon-*or* wegtrippeln.

◆**trot out I** *vi see* **trot II** hinaus-/ heraustraben; hinaus-/ herauszockeln; hinaus-/heraustrippeln. **II** *vt sep excuses, theories, names, list* aufwarten mit.

◆**trot over** *or* **round** *vi* (*go quickly*) hinüberlaufen. **to ~ ~ to the grocer's** zum Kaufmann laufen.

trotter¹ ['trɒtər] *n* (*horse*) Traber *m*.

trotter² *n* (*of animal*) Fuß *m*. **pigs' ~s** (*Cook*) Schweinsfüße *pl*.

trouble ['trʌbl] **I** *n* **1.** Schwierigkeiten *pl*; (*bothersome also*) Ärger *m*. **did you have any ~ (in) getting it?** hatten Sie Schwierigkeiten, es zu bekommen?; **to be in ~** in Schwierigkeiten sein; **to be in ~ with sb** mit jdm Schwierigkeiten *or* Ärger haben; **to get into ~** in Schwierigkeiten geraten; (*with authority*) Schwierigkeiten *or* Ärger bekommen (*with* mit); **to get sb into ~** jdn in Schwierigkeiten bringen (*with* mit); **to get a girl into ~** (*euph*) ein Mädchen ins Unglück bringen; **to get out of/sb out of ~** aus den Schwierigkeiten herauskommen/ jdm aus seinen Schwierigkeiten heraushelfen; **to keep** *or* **stay out of ~** nicht in Schwierigkeiten kommen, sauber bleiben (*inf*); **the children are never out of ~** die Kinder stellen dauernd etwas an; **to make ~** (*cause a row etc*) Krach schlagen (*inf*), Ärger machen; **to make ~ (for sb/ oneself)** (*with authority*) jdn/sich selbst in Schwierigkeiten bringen; **that's/you're asking for ~** das kann ja nicht gutgehen; **are you looking for ~?** Sie wollen wohl Ärger?; **there'll be ~ if he finds out** wenn er das erfährt, gibt's Ärger *or* Trouble (*inf*); **here comes ~** (*inf*) jetzt geht es los! (*inf*), jetzt gibt es Ärger *or* Trouble! (*inf*); **what's the ~?** was ist los?; (*to sick person*) wo fehlt's?; **the ~ is that ... das ist das Problem, daß ...; **that's the ~** das ist das Problem; **family/money ~s** Familien-/ Geldsorgen *pl*.

2. (*bother, effort*) Mühe *f*. **it's no ~ (at all)!** das mache ich doch gern; **thank you** — (*it was*) **no ~** vielen Dank — (das ist) gern geschehen; **it's not worth the ~** das ist nicht der Mühe wert; **nothing is too much ~ for her** nichts ist ihr zuviel; **to go to the ~ (of doing sth), to take the ~** (to do sth) sich (*dat*) die Mühe machen(, etw zu tun); **to go to/to take a lot of ~** (over *or* with sth) **sich** (*dat*) (mit etw) viel Mühe geben; **he went to enormous ~ to get it for me** er hat alles nur Erdenkliche getan, um mir das zu besorgen; **to put sb to the ~ of doing sth** jdn bemühen, etw zu tun; **to put sb to a lot of ~** jdm viel Mühe machen.

3. (*nuisance*) **to be (a ~ to sb)** (jdm) Mühe machen; (*dependent person also*) (jdm) zur Last fallen; **the child is a ~ to his parents** das Kind macht seinen Eltern nur Sorgen.

4. (*Med: illness*) Leiden *nt*; (*fig*) Schaden *m*. **heart/back ~** Herz-/Rückenleiden *nt*; **my back is giving me ~** mein Rücken macht mir zu schaffen; **engine ~** (ein) Motorschaden *m*.

5. (*unrest, upheaval*) Unruhe *f*. **labour ~s** Arbeiterunruhen *pl*; **there's ~ at the factory/in Iran** in der Fabrik/im Iran herrscht Unruhe; **he caused/made ~ between them** er hat Unruhe zwischen ihnen gestiftet; *see* **stir up.**

II *vt* **1.** (*worry*) beunruhigen; (*disturb, grieve*) bekümmern. **to be ~d by sth** wegen etw besorgt *or* beunruhigt/ bekümmert sein; **his eyes ~ him** seine Augen machen ihm zu schaffen.

2. (*bother*) bemühen, belästigen. **I'm sorry to ~ you, but could you tell me if ...** entschuldigen Sie die Störung, aber könnten Sie mir sagen, ...; **may I ~ you for a light?** darf ich Sie um Feuer bemühen?; **I shan't ~ you with the details** ich werde Ihnen die Einzelheiten ersparen; **I'll ~ you to remember who you're speaking to!** (*iro*) würden Sie bitte daran denken, mit wem Sie sprechen!

3. (*take the trouble*) **to ~ to do sth** sich bemühen, etw zu tun; **please don't ~ yourself** bitte bemühen Sie sich nicht; **if you had ~d to ask, you might have found out the truth** wenn du dir die Mühe gemacht und gefragt hättest, hättest du wahrscheinlich die Wahrheit erfahren; **oh, don't ~ to apologize!** (*iro*) bemüh dich nicht, dich zu entschuldigen!

III *vi* sich bemühen.

troubled ['trʌbld] *adj person, look* unruhig, beunruhigt; (*grieved*) bekümmert; *times* unruhig; *water* aufgewühlt. **the ~ waters of industrial relations** die gestörte Beziehung zwischen Arbeitgebern und Arbeitnehmern; *see* **oil.**

trouble-free ['trʌbl,fri:] *adj period, process, car* problemlos; *relationship also* reibungslos; *area* ruhig; *machine* störungsfrei; **troublemaker** *n* Tunichtgut *m*; (*deliberate*) Unruhestifter(in *f*) *m*; **troubleshooter** *n* Störungssucher(in *f*) *m*; (*Pol, Ind: mediator*) Vermittler(in *f*) *m*; **troublesome** *adj* (*bothersome*) lästig; *person, problem* schwierig; **don't be ~!** sei nicht so schwierig!; **trouble spot** *n* Unruheherd *m*; (*in system*) Störung *f*.

trough [trɒf] *n* **1.** (*container*) Trog *m*. **drink-**

ing ~ Wassertrog *m*. **2.** (*depression*) Furche, Rille *f*; (*between waves, on graph*) Tal *nt*; (*Met*) Trog *m*. ~ **of depression** Tiefdrucktrog *m*.

trounce [traʊns] *vt* verprügeln; (*Sport*) vernichtend schlagen.

trouncing ['traʊnsɪŋ] *n* Prügel *pl* (*also Sport*). **to give sb a** ~ jdm Prügel verpassen.

troupe [truːp] *n* (*Theat*) Truppe *f*.

trouper ['truːpəʳ] *n* (*Theat*) Mime *m*, Mimin *f* (*dated*). **an old** ~ (*fig*) ein alter Hase; **a good** ~ (*fig*) ein treuer Mitarbeiter.

trouser clip ['traʊzəˌklɪp] *n* Hosenklammer *f*; **trouser leg** *n* Hosenbein *nt*; **trouser press** *n* Hosenpresse *f*.

trousers ['traʊzəz] *npl* (*esp Brit: also pair of* ~) Hose *f*. **she was wearing** ~ sie hatte Hosen *or* eine Hose an; **to wear the** ~ (*fig inf*) die Hosen anhaben (*inf*).

trouser-suit ['traʊzəˌsuːt] *n* (*Brit*) Hosenanzug *m*.

trousseau ['truːsəʊ] *n* Aussteuer *f*.

trout [traʊt] *n* Forelle *f*.

trove [trəʊv] *n see* **treasure** ~.

trowel ['traʊəl] *n* Kelle *f*. **to lay sth on with a** ~ (*inf*) bei etw dick auftragen (*inf*).

Troy [trɔɪ] *n* (*Hist*) Troja *nt*; *see* **Helen.**

troy [trɔɪ] *n* (*also* ~ **weight**) Troygewicht *nt*.

truancy ['truːənsɪ] *n* (Schule)schwänzen *nt*, unentschuldigtes Fehlen (in der Schule) (*form*), (Schul)schwänzerei *f* (*inf*).

truant ['truːənt] *n* (Schul)schwänzer(in *f*) *m*. **to play** ~ (**from sth**) (bei etw) unentschuldigt fehlen, (etw) schwänzen (*inf*).

truce [truːs] *n* (*Mil, fig*) Waffenstillstand *m*; (*Mil: interrupting fighting*) Waffenruhe *f*. ~! Friede!

truck¹ [trʌk] **I** *n* **1.** (*Rail*) Güterwagen *m*. **2.** (*barrow*) Karren, Wagen *m*; (*for luggage*) Gepäckkarren *m*; (*motorized*) Elektrokarren *m*. **3.** (*lorry*) Last(kraft)-wagen *m*; (*van, pick-up*) Lieferwagen *m*. **II** *vt* (*US*) transportieren, spedieren. **III** *vi* (*US*) Lastwagen fahren.

truck² *n* **1.** (*fig: dealings*) **to have no** ~ **with sb/sth** mit jdm/etw nichts zu tun haben. **2.** (*US*) (*garden produce*) (für den Verkauf angebautes) Gemüse.

truckage ['trʌkɪdʒ] *n* (*US: transport*) Transport *m*, Spedition *f*; (*charge*) Transportkosten *pl*. ~ **company** Spedition(sfirma) *f*, Transportunternehmen *nt*.

truck driver *n* Lastwagenfahrer(in *f*) *m*.

trucker ['trʌkəʳ] *n* (*US*) **1.** (*truck-driver*) Lastwagenfahrer(in *f*) *m*; (*haulage contractor*) Spediteur *m*. **2.** (*farmer*) Gemüsegärtner(in *f*) *m*.

truck farm *n* (*US*) Gemüseanbaubetrieb *m*, Gemüsefarm *f*; **truck farmer** *n* (*US*) Gemüsegärtner(in *f*), Gemüseanbauer(in *f*) *m*.

trucking ['trʌkɪŋ] *n* (*US*) Spedition *f*, Transport *m*.

truckload ['trʌkləʊd] *n* Wagenladung *f*; **they came by the** ~ sie kamen in ganzen Wagenladungen; **truckman** *n* Lastwagenfahrer *m*.

truculence ['trʌkjʊləns] *n* Trotzigkeit, Aufsässigkeit *f*.

truculent ['trʌkjʊlənt] *adj* trotzig, aufsässig.

trudge [trʌdʒ] **I** *vi* **to** ~ **in/out/along** *etc*

hinein-/hinaus-/ entlangtrotten *etc*; **to** ~ **through the mud** durch den Matsch stapfen; **we** ~**d round the shops** wir sind durch die Geschäfte getrottet. **II** *vt streets, town* trotten durch; (*looking for sth*) abklappern. **III** *n* mühseliger Marsch.

true [truː] **I** *adj* (+*er*) **1.** (*not false*) *story, news, rumour, statement* wahr. **to come** ~ (*dream, wishes*) Wirklichkeit werden, wahr werden; (*prophecy*) sich verwirklichen; (*fears*) sich bewahrheiten; **it is** ~ **that ...** es stimmt, daß ..., es ist wahr *or* richtig, daß ...; **that's** ~ das stimmt, das ist wahr; **can it be** ~ (**that he didn't know**)? kann es stimmen *or* sein(, daß er das nicht wußte)?; **the same is** *or* **holds** ~ **for ...** dasselbe gilt auch für ..., dasselbe trifft auch auf ... (*acc*) zu; ~! richtig!; **too** ~! wie wahr!; **that's wrong!** — ~, **but ...** das ist falsch! — stimmt *or* richtig, aber ...

2. (*accurate*) *description, report, account* wahrheitsgetreu; *likeness* (lebens)getreu; *copy* getreu.

3. (*real, genuine*) *feeling, friendship, friend, Christian, heir, opinion* wahr, echt; *reason* wirklich; *leather, antique* echt. **the frog is not a** ~ **reptile** der Frosch ist kein echtes Reptil; ~ **love** die wahre Liebe; (*person*) Schatz *m*, Herzallerliebste(r) *mf* (*old*); **the path of** ~ **love ne'er did run smooth** (*prov*) die Pfade der Liebe sind gewunden; **what is the** ~ **situation?** wie verhält es sich wirklich?; **the one** ~ **God** der einzige wahre Gott.

4. (*faithful*) *friend, follower* treu. **to be** ~ **to sb** jdm treu sein/bleiben; **to be** ~ **to one's word** (treu) zu seinem Wort stehen, seinem Wort treu bleiben; ~ **to life** lebensnah; (*Art*) lebensecht; **the horse ran** ~ **to form** das Pferd lief erwartungsgemäß; ~ **to type** erwartungsgemäß; (*Bot*) artgetreu.

5. *wall, surface* gerade; *join* genau; *circle* rund; (*Mus*) *note* rein.

6. (*Phys*) tatsächlich. ~ **North** der eigentliche *or* tatsächliche *or* geographische Norden.

II *n* **out of** ~ *upright, beam, wheels* schief; *join* verschoben.

III *adv* (+*er*) *aim* genau; *sing* richtig.

◆**true up** *vt sep machinery* genau einstellen; *beam* genau ausrichten; *wheel* einrichten. **to** ~ ~ **the edges of the planks** die Bretterkanten plan machen.

true blue I *adj* waschecht (*inf*), echt; **II** *n* (*Brit: Tory*) echter Tory; **true-born** *adj* echt, gebürtig; (*legitimate*) rechtmäßig; **true-bred** *adj* wahr, echt; *cattle* reinrassig.

truffle ['trʌfl] *n* Trüffel *f or m*.

truism ['truːɪzəm] *n* (*obvious truth*) Binsenwahrheit *f*; (*platitude*) Platitüde *f*, Gemeinplatz *m*.

truly ['truːlɪ] *adv* **1.** (*truthfully, genuinely*) wirklich, wahrhaftig. (**really and**) ~? wirklich und wahrhaftig?; **he did it,** ~ — **he did!** er hat es wirklich und wahrhaftig getan!; **a** ~ **great writer** ein wirklich *or* wahrhaft großer Schriftsteller; *see* **well²**.

2. (*faithfully*) *serve, love* treu; *reflect* wahrheitsgetreu.

trump [trʌmp] **I** n (*Cards, fig*) Trumpf m;
(*dated inf: person*) prima Kerl (*dated inf*).
spades are ~s Pik ist Trumpf; **what's ~s?**
was ist Trumpf?; **to hold all the ~s** (*fig*)
alle Trümpfe in der Hand halten; **~ card**
(*Cards*) Trumpf(karte f) m; (*fig*) Trumpf
m; **to play one's ~ card** (*lit, fig*) seinen
Trumpf ausspielen; **to turn up ~s** (*inf*)
alles rausreißen (*inf*).
II vt (*Cards, fig*) übertrumpfen.
◆**trump up** vt sep erfinden.
trumpery ['trʌmpərɪ] **I** n Plunder m no pl;
(*ornaments*) Kitsch m; (*jewellery*) Flit-
terkram m; (*nonsense*) Unsinn m. **II** adj
billig; *ornaments also* kitschig.
trumpet ['trʌmpɪt] **I** n **1.** (*Mus*) Trompete
f. **~ major** Stabstrompeter m; *see* **blow**².
2. (*noise of elephant*) Trompeten nt.
3. (*of flower*) Trompete f; (*hearing ~*)
Hörrohr m; (*speaking ~*) Sprachrohr,
Megaphon nt; *see* **ear-trumpet**.
II vt (*rare: also ~* **forth**) hinaustrom-
peten.
III vi (*elephant*) trompeten.
trumpeter ['trʌmpɪtər] n Trompeter(in f) m.
trumpeting ['trʌmpɪtɪŋ] n (*of elephant*)
Trompeten nt.
truncate [trʌŋ'keɪt] **I** vt kürzen, be-
schneiden; *tree* stutzen. **II** ['trʌŋkeɪt] adj
cone stumpf; *leaf* abgestumpft.
truncated [trʌŋ'keɪtɪd] adj *tree* gestutzt; *ar-
ticle, speech* gekürzt; *cone* stumpf; *leaf*
abgestumpft.
truncation [trʌŋ'keɪʃən] n *see vt* Kürzung,
Beschneidung f; Stutzung f.
truncheon ['trʌntʃən] n (Gummi)knüppel
m; (*esp of riot police*) Schlagstock m.
trundle ['trʌndl] **I** vt (*push*) rollen; (*pull*)
ziehen. **II** vi **to ~ in/along/down** hinein-/
entlang-/hinunterzockeln; (*clatter*) hin-
ein-/entlang-/hinunterrumpeln.
trunk [trʌŋk] n **1.** (*of tree*) Stamm m; (*of
body*) Rumpf m.
2. (*of elephant*) Rüssel m.
3. (*case*) Überseekoffer, Schrankkoffer
m; (*US Aut*) Kofferraum m.
4. **~s** pl (*for swimming*) Badehose f;
(*for sport*) Shorts pl; (*dated Brit: under-
wear*) Unterhose f; **a pair of ~s** eine
Badehose/(ein Paar) Shorts/eine Unter-
hose.
trunk call n (*Brit Telec*) Ferngespräch nt;
trunk line n (*Rail*) Hauptstrecke f;
(*Telec*) Fernleitung f; **trunk road** n (*Brit*)
Fernstraße f.
truss [trʌs] **I** n **1.** (*Brit: bundle*) Bündel nt.
2. (*Build*) (*of bridge*) Fachwerk nt; (*of
roof*) Gesparre nt; (*single beam*) Dach-
sparren m; (*vertical*) Dachbalken m.
3. (*Med*) Bruchband nt.
II vt **1.** (*tie*) hay bündeln.
2. (*Cook*) chicken etc dressieren.
3. (*Build*) (ab)stützen.
◆**truss up** vt sep (*Cook*) chicken etc
dressieren; (*inf*) person fesseln.
trust [trʌst] **I** n **1.** (*confidence, reliance*)
Vertrauen nt (*in* zu). **I have every ~ in him**
ich habe volles Vertrauen zu ihm; **to put**
or **place one's ~ in sb** Vertrauen in jdn
setzen; **to take sth on** ~etw einfach
glauben; **to give sb sth on** ~ (*without pay-
ment*) jdm etw im guten Glauben geben.

2. (*charge*) Verantwortung f. **to commit
sth to *or* place sth in sb's ~** jdm etw an-
vertrauen.
3. (*Jur, Fin*) Treuhand(schaft) f; (*pro-
perty*) Treuhandeigentum nt; (*charitable
fund*) Fonds m, Stiftung f. **to hold sth in ~
for sb** etw für jdn treuhänderisch verwal-
ten; **all his money was tied up in a ~** sein
ganzes Geld wurde treuhänderisch ver-
waltet; **~ fund** Treuhandvermögen nt;
Stiftungsgelder pl; **~ territory** (*Pol*)
Treuhandgebiet nt.
4. (*Comm: also ~* **company**) Trust m.
II vi **1.** (*have confidence in*) trauen
(+dat); person also vertrauen (+dat);
words glauben. **to ~ sb to do sth** (*believe
him honest etc*) jdm vertrauen, daß er etw
tut; (*believe him capable*) jdm zutrauen,
daß er etw tut; **don't you ~ me?** vertraust
du mir nicht?; **to ~ sb with sth, to ~ sth to
sb** jdm etw anvertrauen; **I don't ~ her
with her boyfriend** ich traue ihr und ihrem
Freund nicht; **can he be ~ed not to lose it?**
kann man sich darauf verlassen, daß er es
nicht verliert?; **he's not a man to be ~ed**
man kann ihm nicht trauen; **you can't ~ a
word he says** man kann ihm kein Wort
glauben; **I wouldn't ~ him (any) farther
than I can throw him** (*inf*) ich traue ihm
nicht über den Weg (*inf*).
2. (*iro inf*) **~ you/him!** typisch!; **~ him
to break it!** er muß es natürlich kaputt-
machen.
3. (*hope*) hoffen. **I ~ not** hoffentlich
nicht, ich hoffe nicht; **you're going to help,
I ~** du wirst doch hoffentlich mithelfen.
III vi **1.** (*have confidence*) vertrauen. **to
~ in sb** auf jdn vertrauen.
2. (*rely on*) **to ~ to sth** sich auf etw
(acc) verlassen, auf etw (acc) vertrauen;
to ~ to luck *or* chance sich auf sein Glück
verlassen.
trusted ['trʌstɪd] adj method bewährt;
friend, servant getreu.
trustee [trʌs'tiː] n **1.** (*of estate*) Treuhän-
der(in f) m, Vermögensverwalter(in f) m.
2. (*of institution*) Kurator, Verwalter
m. **~s** Vorstand m; **T~ Savings Bank** ≈
Sparkasse f.
trusteeship [trʌs'tiːʃɪp] n **1.** Treuhand-
schaft f. **2.** (*of a territory*) Treuhandschaft
f, Mandat nt. **3.** (*also ~* **territory**)
Treuhandgebiet, Mandat(sgebiet) nt.
trustful ['trʌstfʊl] adj look, expression
vertrauensvoll; *person also* gutgläubig.
trustfully ['trʌstfəlɪ] adv vertrauensvoll.
trusting ['trʌstɪŋ] adj see **trustful**.
trustworthiness ['trʌst,wɜːðɪnɪs] n see adj
Vertrauenswürdigkeit f; Glaubhaftigkeit,
Glaubwürdigkeit f.
trustworthy ['trʌst,wɜːðɪ] adj person
vertrauenswürdig; *statement, account*
glaubhaft, glaubwürdig.
trusty ['trʌstɪ] adj (+er) (liter, hum) getreu.
truth [truːθ] n, pl **-s** [truːðz] **1.** no pl Wahr-
heit f. **you must always tell the ~** du mußt
immer die Wahrheit sagen; **to tell the ~
...,** **~ to tell ...** um ehrlich zu sein ..., **the
~ of it** *or* **the matter is that ...** die Wahr-
heit ist, daß ..., **in Wahrheit ...; there's no
~** *or* **not a word of ~ in what he says** es ist
kein Wort wahr von dem, was er sagt;

there's some ~ in that da ist etwas Wahres dran (*inf*); the ~, the whole ~ and nothing but the ~ (*Jur*) die Wahrheit, die reine Wahrheit und nichts als die Wahrheit; in ~ in Wahrheit, in Wirklichkeit; ~ will out (*prov*) die Sonne wird es an den Tag bringen (*prov*); ~ drug *or* serum Wahrheitsdroge *f*; ~ value (*Logic*) Wahrheitswert *m*.

  2. (*belief, fact*) Wahrheit *f*. I told him a few ~s about his behaviour ich habe ihm mal gesagt, was ich von seinem Benehmen halte; *see* home ~.

truthful ['truːθfʊl] *adj* person ehrlich; *statement* ehrlich, wahrheitsgetreu. to be ~ about it ehrlich sein.

truthfully ['truːθfʊlɪ] *adv* ehrlich; *answer, say also, explain* wahrheitsgemäß.

truthfulness ['truːθfʊlnɪs] *n* Ehrlichkeit, Aufrichtigkeit *f*; (*of statement*) Wahrheit *f*.

try [traɪ] I *n* 1. (*attempt*) Versuch *m*. to have a ~ es versuchen; to have a ~ at doing sth (sich daran) versuchen, etw zu tun, (es) probieren, etw zu tun; have another ~ (at it) versuch's noch mal; to have a ~ for sth sich um etw bemühen; I'll give it a ~ (*will attempt it*) ich werde es mal versuchen; (*will test it out*) ich werde es ausprobieren; I'll give him a ~ ich werde ihm eine Chance geben; it was a good ~ das war schon ganz gut; it's worth a ~ es ist einen Versuch wert; can I have a ~ at your bicycle? kann ich mal dein Rad ausprobieren?

  2. (*Rugby*) Versuch *m*. to score a ~ einen Versuch erzielen.

  II *vt* 1. (*attempt*) versuchen. you have only tried two questions (*inf*) du hast nur zwei Fragen zu beantworten versucht; to ~ one's hardest *or* one's best sein Bestes tun *or* versuchen; do ~ to understand bitte versuche doch zu verstehen!; I've given up ~ing to help him ich habe es aufgegeben, ihm helfen zu wollen; the sun's ~ing to come out es sieht so aus, als wollte die Sonne rauskommen; to ~ one's hand at sth etw probieren; I'll ~ anything once ich probiere alles einmal; just you ~ it! (*dare*) versuch's bloß!

  2. (~ out) new detergent, bicycle etc ausprobieren; *job applicant* eine Chance geben (+*dat*), es versuchen mit (*inf*); (~ it with) glue, aspirin es versuchen mit; (~ to buy or get sth at) newsagent, next door es versuchen (bei); (~ to open) door, window ausprobieren. I can't shut this case ——~ sitting on it ich kriege diesen Koffer nicht zu — setz dich doch mal drauf! (*inf*); I've tried everything ich habe alles versucht *or* probiert; ~ whether ... probieren Sie, ob ...; ~ this for size probieren Sie mal, ob dieser/diese *etc* paßt; (*fig inf*) wie wär's denn damit? (*inf*); to ~ one's hand at sth sich an etw (*dat*) versuchen; to ~ one's strength seine Kraft erproben.

  3. (*sample, taste*) beer, olives probieren.

  4. (*test*) courage, patience auf die Probe stellen; (*strain*) eyes anstrengen. he was tried and found wanting (*liter*) er wurde gewogen und zu leicht befunden; (**just**) ~

me! (*inf*) wetten?, wetten, daß?; tried and tested (*Comm*) erprobt, bewährt; this product was tried and tested in our laboratories dieses Produkt ist in unseren Labors getestet und geprüft worden; they have been sorely tried sie sind schwer geprüft (worden); these things are sent to ~ us ja, ja, das Leben ist nicht so einfach.

  5. (*Jur*) person vor Gericht *or* unter Anklage stellen; *case* verhandeln. he is being tried for theft er steht wegen Diebstahls vor Gericht.

  III *vi* versuchen. ~ and arrive on time versuch mal, pünktlich zu sein; ~ as he might, he didn't succeed sosehr er es auch versuchte, er schaffte es einfach nicht; he wasn't even ~ing er hat sich (*dat*) überhaupt keine Mühe gegeben; you can't say I didn't ~ du kannst nicht sagen, ich hätte es nicht versucht.

◆**try for** *vi +prep obj* sich bemühen um.

◆**try on** *vt sep* 1. clothes anprobieren; hat aufprobieren.

  2. (*fig inf*) to ~ it ~ with sb probieren, wie weit man bei jdm gehen kann, jdn provozieren; he's ~ing it ~ er probiert, wie weit er gehen *or* es treiben kann; don't you ~ it ~ with me, I'm not taking any excuses versuch nicht, mir etwas vorzumachen, ich dulde keine Ausreden.

◆**try out** *vt sep* ausprobieren (on bei, an +*dat*); *person* eine Chance geben (+*dat*), einen Versuch machen mit.

◆**try out for** *vi +prep obj* two of their players are ~ing ~ ~ Arsenal zwei ihrer Spieler versuchen sich bei Arsenal.

◆**try over** *vt sep* (*Mus*) proben.

trying ['traɪɪŋ] *adj* schwierig, anstrengend; *work, day, time* anstrengend, aufreibend; *experience* schwer. they've had a ~ time of it recently sie haben es in letzter Zeit sehr schwer gehabt; how ~! wie ärgerlich!

try-on ['traɪɒn] *n* (*inf*) do you think he'll do what he threatened? — no, it was just a ~ glaubst du, er wird seine Drohung wahr machen? — nein, er wollte uns nur auf den Arm nehmen (*inf*); **tryout** ['traɪaʊt] *n* (*of car*) Probefahrt *f*; (*Ftbl*) Probespiel *nt*; (*of applicant*) Probezeit *f*; (*of actor*) Probevortrag *m*; to give sb/sth a ~ jdm eine Chance geben/ etw ausprobieren.

tsar [zɑːr] *n* Zar *m*.

tsarina [zɑːˈriːnə] *n* Zarin *f*.

tsarist ['zɑːrɪst] I *n* Zarist *m*. II *adj* zaristisch.

tsetse (fly) ['tsetsɪ('flaɪ)] *n* Tsetsefliege *f*.

T-shirt ['tiːʃɜːt] *n* T-Shirt *nt*.

tsp(s) *abbr of* **teaspoonful(s), teaspoon(s)** Teel.

T-square ['tiːskweər] *n* Reißschiene *f*.

TU (*Brit*) *abbr of* **Trade Union** Gew.

tub [tʌb] *n* 1. Kübel *m*; (*for rainwater*) Tonne, Traufe *f*; (*for washing*) Zuber, Bottich, Trog *m*; (*of ice-cream, margarine*) Becher *m*. 2. (*inf: bath* ~) Wanne *f*. 3. (*inf: boat*) Kahn *m*.

tuba ['tjuːbə] *n* Tuba *f*.

tubby ['tʌbɪ] *adj* (+*er*) (*inf*) dick; *woman* mollig, rundlich; *child* pummelig, kugelrund; *man* rundlich.

tube [tjuːb] n 1. (*pipe*) Rohr nt; (*of rubber, plastic*) Schlauch m; (*speaking* ~) Sprachrohr nt; (*torpedo* ~) (Torpedo)rohr nt.
2. (*container*) (*of toothpaste, paint, glue*) Tube f; (*of sweets*) Röhrchen nt.
3. (*London underground*) U-Bahn f. **to travel by** ~ mit der U-Bahn fahren; ~ **station** U-Bahnstation f; ~ **train** U-Bahnzug m.
4. (*Elec, TV, US Rad*) Röhre f. **the** ~ (*US inf*) die Röhre (*inf*).
5. (*Anat*) Röhre f; (*Fallopian*) Eileiter m. **the bronchial** ~s die Bronchien pl.

tubeless [tjuːblɪs] adj tyre schlauchlos.

tuber [tjuːbəʳ] n (*Bot*) Knolle f.

tubercle [tjuːbɜːkl] n (*Bot*) Knoten m, Knötchen nt; (*Med also*) Tuberkel m.

tubercular [tjʊˈbɜːkjʊləʳ] adj tuberkulös.

tuberculin [tjʊˈbɜːkjʊlɪn] n Tuberkulin nt.

tuberculosis [tjʊˌbɜːkjʊˈləʊsɪs] n Tuberkulose f.

tuberculous [tjʊˈbɜːkjʊləs] adj tuberkulös.

tubing [tjuːbɪŋ] n Schlauch m.

tubular [tjuːbjʊləʳ] adj röhrenförmig, Röhren-.

TUC abbr of **Trades Union Congress.**

tuck [tʌk] I n 1. (*Sew*) Saum m; (*ornamental*) Biese f. **to put a** ~ **in sth** einen Saum in etw (*acc*) nähen.
2. (*Sch sl: food*) Süßigkeiten pl.
II vt 1. (*put*) stecken. **he** ~ed his umbrella under his arm er steckte or klemmte (*inf*) sich (*dat*) den Regenschirm unter den Arm; **the bird's head was** ~ed **under its wing** der Vogel hatte den Kopf unter den Flügel gesteckt; **he** ~ed his coat **round the shivering child** er legte seinen Mantel fest um das frierende Kind; **she sat with her feet** ~ed **under her** sie saß mit untergeschlagenen Beinen da.
2. (*Sew*) Biesen steppen in (+acc). **a** ~ed bodice ein Oberteil mit Biesen.
III vi **your bag will** ~ **under the seat** du kannst deine Tasche unter dem Sitz verstauen.

◆**tuck away** vt sep 1. (*hide*) wegstecken. **the hut is** ~ed ~ **among the trees** die Hütte liegt versteckt zwischen den Bäumen.
2. (*inf: eat*) **he can certainly** ~ **it** ~! er kann ganz schön was wegputzen (*inf*).

◆**tuck in** vi (*inf*) zulangen, reinhauen (*inf*). ~ ~! langt zu!, haut rein! (*inf*); **to** ~ ~**to sth** sich (*dat*) etw schmecken lassen.
II vt sep 1. flap etc hineinstecken, reinstecken (*inf*); sheet also an den Seiten feststecken. **to** ~ **one's shirt** ~**(to) one's trousers, to** ~ **one's shirt** ~ das Hemd in die Hose stecken.
2. **to** ~ **sb** ~ jdn zudecken; **to** ~ **sb** ~**to bed** jdn ins Bett stecken.

◆**tuck up** vt sep 1. skirt, hem hochnehmen; sleeve hochkrempeln; legs unterschlagen.
2. **to** ~ **sb** ~ (**in bed**) jdn zudecken.

Tudor [tjuːdəʳ] I adj Tudor-. II n Tudor mf.

Tue(s) abbr of **Tuesday** Di.

Tuesday [tjuːzdɪ] n Dienstag m. **on** ~ (am) Dienstag; **on** ~s, **on a** ~ dienstags, an Dienstagen (*form*); **I met her on a** ~ ich habe sie an einem Dienstag kennengelernt; **on** ~ **morning/evening** (am) Dienstag morgen/abend, am Dienstagmorgen/-abend; **on** ~ **mornings/**

evenings dienstags or Dienstag morgens/abends; **I'll never forget that** ~ **evening** diesen Dienstagabend werde ich nie vergessen; **last/next/this** ~ Dienstag letzter/nächster/dieser Woche, letzten/nächsten/diesen Dienstag; **a year (ago) last/next** ~ letzten/nächsten Dienstag vor einem Jahr; ~'s **newspaper** die Zeitung vom Dienstag; **our** ~ **meeting** (*this week*) unser Treffen am Dienstag; (*every week*) unser dienstägliches Treffen, unser Dienstagstreffen.

tuft [tʌft] n Büschel nt. **a** ~ **of hair/feathers** ein Haarbüschel nt/Federbusch m.

tufted [tʌftɪd] adj bird Hauben-; species (*Orn*) mit Federbusch; (*Bot*) büschelförmig. ~ **duck** Reiherente f.

tug [tʌg] I vt zerren, ziehen; vessel (ab)schleppen. **she** ~ged his sleeve sie zog an seinem Ärmel.
II vi ziehen, zerren (at an +dat); see **heartstrings.**
III n 1. (*pull*) **to give sth a** ~ an etw (*dat*) ziehen; **I felt a** ~ **on my sleeve** ich spürte, wie mich jemand am Ärmel zog; **parting with it was quite a** ~ es fiel mir etc sehr schwer, mich etc davon zu trennen; ~ **of war** (*Sport, fig*) Tauziehen nt.
2. (*boat*) Schleppkahn m.

tuition [tjʊˈɪʃən] n Unterricht m. **extra** ~ Nachhilfeunterricht.

tulip [tjuːlɪp] n Tulpe f.

tulle [tjuːl] n Tüll m.

tumble [tʌmbl] I n 1. (*fall*) Sturz m. **to have a** ~ stürzen; **to have a** ~ **in the hay** (*euph*) sich lieben; **to take a** ~ stürzen, straucheln; (*fig*) fallen; **his pride has taken a** ~ sein Stolz ist verletzt worden.
2. (*mess*) Durcheinander nt, Unordnung f. **in a** ~ völlig durcheinander.
II vi 1. (*fall*) straucheln, (hin)fallen; (*move quickly*) stürzen; (*fig: prices*) fallen. **he** ~d off his bicycle er stürzte vom Fahrrad; **the children** ~d up the stairs die Kinder stürzten die Treppe hinauf; **to** ~ **over sth** über etw (*acc*) fallen or stolpern.
2. (*inf: realize*) **to** ~ **to sth** etw kapieren (*inf*); **at last he** ~d **to it** endlich ist der Groschen gefallen (*inf*).
3. (*gymnast*) Bodenakrobatik machen.
III vt (*make fall*) stoßen; (*make untidy*) hair zerzausen, durcheinanderbringen.

◆**tumble about** vi durcheinanderpurzeln; (*children, kittens etc*) herumpurzeln.

◆**tumble down** vi 1. (*fall down*) (*person*) hinfallen, stürzen; (*object*) hinunter-/herunterfallen; (*building*) einstürzen. **to** ~ ~ **the stairs** die Treppe hinunter-/herunterfallen. 2. (*move quickly*) **they came tumbling** ~ **the stairs** sie kamen die Treppe heruntergestürzt.

◆**tumble in** vi (*come in*) hereinpurzeln.

◆**tumble out** vi (*go out*) heraus-/hinauspurzeln.

◆**tumble over** vi umfallen, umkippen.

tumbledown [tʌmbldaʊn] adj verfallen, baufällig; **tumble-drier** n Trockenautomat, Heißlufttrockner m.

tumbler [tʌmbləʳ] n 1. (*glass*) (Becher)glas nt, Tumbler m. 2. (*in lock*) Zuhaltung f. 3. (*acrobat*) Bodenakrobat m. 4. (*toy*) Stehaufmännchen m. 5. (*tumble drier*)

Trockenautomat *m*. **6.** (*Orn*) Tümmler *m*.

tumbleweed ['tʌmbl.wi:d] *n* (*US*) Steppenläufer *m* or -hexe *f*.

tumescence [tju:'mesns] *n* (*form*) Schwellung *f*.

tumescent [tju:'mesnt] *adj* (*form*) anschwellend.

tumid ['tju:mɪd] *adj* (*Med*) geschwollen; (*fig*) *style, speech* schwülstig; *style also* geschwollen.

tummy ['tʌmɪ] *n* (*inf*) Bauch *m*, Bäuchlein *nt* (*baby-talk*). **she is getting a bit of a** ~ sie bekommt langsam einen Bauch; **those green apples will give you** (**a**) ~ **ache** von diesen grünen Äpfeln kriegst du Bauchschmerzen *or* Bauchweh.

tumour, (*US*) **tumor** ['tju:mə'] *n* Geschwulst *f*, Tumor *m*. **a** ~ **on the brain**, **a brain** ~ ein Gehirntumor *m*.

tumult ['tju:mʌlt] *n* **1.** (*uproar*) Tumult *m*. **the** ~ **of battle** das Schlachtgetümmel. **2.** (*emotional*) **his mind was in a** ~ sein Inneres befand sich in Aufruhr; **a** ~ **of rage/emotion/weeping** ein Wut-/Gefühls-/Tränenausbruch *m*.

tumultuous [tju:'mʌltjʊəs] *adj* tumultartig, stürmisch; *applause* stürmisch. **they gave him a** ~ **welcome** sie begrüßten ihn stürmisch; **a** ~ **sea** stürmische See.

tumultuously [tju:'mʌltjʊəslɪ] *adv* stürmisch.

tumulus ['tju:mjʊləs] *n* Tumulus, Grabhügel *m*.

tuna (fish) ['tju:nə('fɪʃ)] *n* Thunfisch *m*.

tundra ['tʌndrə] *n* Tundra *f*.

tune [tju:n] **I** *n* **1.** (*melody*) Melodie *f*. **sung to the** ~ **of …** gesungen nach der Melodie (von) …; **give us a** ~! spiel uns was vor!; **to change one's** ~ (*fig*) seine Meinung ändern; **he changed his** ~ **as soon as he heard that troublemakers would be fired** sein Verhalten änderte sich (schlagartig), als er hörte, daß Unruhestifter entlassen würden; **to the** ~ **of £100** in Höhe von £ 100.
2. (*pitch*) **to sing in** ~/**out of** ~ richtig/falsch singen; **the piano is out of** ~ das Klavier ist verstimmt; **to go out of** ~ (*instrument*) sich verstimmen; (*singer*) anfangen, falsch zu singen; **to be in/out of** ~ **with sb/sth** (*fig*) mit jdm/etw harmonieren/nicht harmonieren; **he felt out of** ~ **with his new environment** er fühlte sich in seiner neuen Umgebung fehl am Platze.
3. (*Aut*) **the carburettor is out of** ~ der Vergaser ist falsch eingestellt.
II *vt* **1.** (*Mus*) *instrument* stimmen.
2. (*Rad*) einstellen. **you are** ~**d to the BBC World Service** Sie hören den *or* hier ist der BBC World Service.
3. (*Aut*) *engine, carburettor* einstellen.

♦**tune in I** *vi* (*Rad*) einschalten. **to** ~ ~ **to Radio London** Radio London einschalten *or* hören. **II** *vt sep radio* einschalten (*to acc*). **you are** ~**d** ~ **to Radio 2** Sie hören *or* hier ist Radio 2.

♦**tune up I** *vi* (*Mus*) (sein Instrument/die Instrumente) stimmen. **II** *vt sep* (*Aut*) *engine* tunen.

tuneful *adj*, ~**ly** *adv* ['tju:nfʊl, -fəlɪ] melodisch.

tunefulness ['tju:nfʊlnɪs] *n* Melodik *f*.

tuneless *adj*, ~**ly** *adv* ['tju:nlɪs, -lɪ] unmelodisch.

tuner ['tju:nə'] *n* **1.** (*Mus*) Stimmer *m*. **2.** (*Rad etc*) (*part of set*) Empfangsteil *nt*; (*separate set*) Empfänger, Tuner *m*.

tune-up ['tju:nʌp] *n* (*Aut*) **the car needs/has had a** ~ das Auto muß getunt werden/ist getunt worden.

tungsten ['tʌŋstən] *n* (*abbr* **W**) Wolfram *nt*. ~ **lamp/steel** Wolframlampe *f*/-stahl *m*.

tunic ['tju:nɪk] *n* Kasack *m*, Hemdbluse *f*; (*of uniform*) Uniformrock *m*; (*of school uniform*) Kittel *m*; (*in ancient Greece*) Chiton *m*; (*in ancient Rome*) Tunika *f*.

tuning ['tju:nɪŋ] *n* **1.** (*Mus*) Stimmen *nt*. ~**-fork** Stimmgabel *f*.
2. (*Rad*) Einstellen *nt*. **it takes a lot of** ~ **to find the right station** man muß lange suchen, bis man den richtigen Sender gefunden hat; ~ **knob** Stationswahlknopf *m*.
3. (*Aut*) Einstellen *nt*. **all the engine needed was a little** ~ der Motor mußte nur richtig eingestellt werden.

Tunisia [tju:'nɪzɪə] *n* Tunesien *nt*.

Tunisian [tju:'nɪzɪən] **I** *n* Tunesier(in *f*) *m*. **II** *adj* tunesisch.

tunnel ['tʌnl] **I** *n* Tunnel *m*; (*under road, railway also*) Unterführung *f*; (*Min*) Stollen *m*. ~ **vision** (*Med*) Gesichtsfeldeinengung *f*.
II *vi* (*into* in +*acc*, *through* durch) einen Tunnel bauen; (*rabbit*) einen Bau graben; (*mole*) Gänge graben.
III *vt* **they** ~**led a road through the mountain** sie bauten einen Straßentunnel durch den Berg; **to** ~ **one's way through sth** sich durch etw hindurchgraben.

tunny (fish) ['tʌnɪ('fɪʃ)] *n* Thunfisch *m*.

tuppence ['tʌpəns] *n* zwei Pence. **I don't care** ~ das interessiert mich nicht für fünf Pfennig (*inf*).

tuppenny ['tʌpənɪ] *adj* für zwei Pence; *stamp, piece etc* Zweipence-. **we took a** ~ **bus ride into the centre of town** wir fuhren für zwei Pence mit dem Bus in die Innenstadt; ~ **bit** Zweipencestück *nt*.

tuppenny-ha'penny ['tʌpnɪ'heɪpnɪ] *adj* (*Brit inf*) lächerlich.

turban ['tɜ:bən] *n* Turban *m*.

turbid ['tɜ:bɪd] *adj* **1.** *liquid* trübe, schmutzig. ~ **clouds of smoke** dicke Rauchwolken. **2.** (*fig: confused*) verworren.

turbidity [tɜ:'bɪdɪtɪ] *n* **1.** Trübheit, Schmutzigkeit *f*. **2.** Verworrenheit *f*.

turbine ['tɜ:baɪn] *n* Turbine *f*.

turbocar ['tɜ:bəʊ,kɑ:'] *n* (*Aut*) Turbo *m*.

turbojet ['tɜ:bəʊ'dʒet] *n* (*engine*) Turbotriebwerk *nt*; (*aircraft*) Düsenflugzeug *nt*, Turbojet *m*.

turboprop ['tɜ:bəʊ'prɒp] *n* (*engine*) Propellerturbine *f*; (*aircraft*) Turbo-Prop-Flugzeug *nt*.

turbot ['tɜ:bət] *n* Steinbutt *m*.

turbulence ['tɜ:bjʊləns] *n* (*of person, crowd*) Ungestüm *nt*, Wildheit *f*; (*of emotions*) Aufgewühltheit *f*; (*of career, period*) Turbulenz *f*. **air** ~ Turbulenz *f*; **the** ~ **of the water** das stürmische Wasser.

turbulent ['tɜ:bjʊlənt] *adj* stürmisch; *person, crowd* ungestüm, wild; *emotions* *also* aufgewühlt; *career, period also* turbulent.

turd [tɜːd] *n* (*vulg*) **1.** Kacke *f no pl* (*sl*). **2.** (*pej: person*) Scheißkerl *m* (*sl*).

tureen [təˈriːn] *n* (Suppen)terrine *f*.

turf [tɜːf] **I** *n, pl* **-s** *or* **turves 1.** (*no pl: lawn*) Rasen *m*; (*no pl: squares of grass*) Soden *pl*; (*square of grass*) Sode *f*. **2.** (*no pl: peat*) Torf(soden *pl*) *m*; (*square of peat*) Torfsode *f*. to cut ~(s) Torf(soden) stechen. **3.** (*Sport*) the T~ die (Pferde)rennbahn; **all his life he was a devotee of the T~** sein Leben galt dem Pferderennsport; ~ **accountant** Buchmacher *m*. **II** *vt* **1.** he ~ed the garden er verlegte (Gras)soden im Garten. **2.** (*inf*) to ~ sb down the stairs/up to bed jdn die Treppe hinunterscheuchen (*inf*)/ ins Bett scheuchen (*inf*); to ~ sth into the corner/up in the attic etw in die Ecke/auf den Dachboden werfen.
◆turf out *vt sep* (*inf*) *person* rauswerfen, rausschmeißen (*inf*); *plan* umschmeißen (*inf*), verwerfen; *suggestions* abtun; (*throw away*) wegschmeißen (*inf*).
◆turf over *vt sep* **1.** *garden* mit (Gras)soden bedecken. **2.** (*inf: throw over*) rüberwerfen (*inf*) (*to sb* jdm).

turgid [ˈtɜːdʒɪd] *adj* (*swollen*) (an)geschwollen; (*fig*) *style* schwülstig.

turgidity [tɜːˈdʒɪdɪtɪ] *n see adj* Schwellung *f*; Schwülstigkeit *f*.

Turk [tɜːk] *n* Türke *m*, Türkin *f*.

Turkey [ˈtɜːkɪ] *n* die Türkei.

turkey [ˈtɜːkɪ] *n* **1.** Truthahn *m*/-henne *f*, Pute(r) *mf* (*esp Cook*). **2.** to talk ~ (*US inf*) Tacheles reden (*inf*); *see* cold ~.

turkey buzzard *n* Truthahngeier *m*; **turkeycock** *n* Truthahn, Puter (*esp Cook*) *m*.

Turkish [ˈtɜːkɪʃ] **I** *adj* türkisch. ~ **towel** Frotteehandtuch *nt*. **II** *n* (*language*) Türkisch *nt*.

turmeric [ˈtɜːmərɪk] *n* Kurkuma, Gelbwurz(el) *f*.

turmoil [ˈtɜːmɔɪl] *n* Aufruhr *m*; (*confusion*) Durcheinander *nt*. he was glad to escape from the ~ of politics er war froh, daß er sich aus der Hektik der Politik zurückziehen konnte; everything is in a ~ alles ist in Aufruhr; her mind was in a ~ sie war völlig verwirrt.

turn [tɜːn] **I** *n* **1.** (*movement*) Drehung *f*. six ~s of the wheel sechs Umdrehungen des Rades; give the handle another ~ dreh den Griff noch einmal herum; done to a ~ (*Cook*) genau richtig. **2.** (*change of direction*) (*in road*) Kurve *f*; (*Sport*) Wende *f*. to make a ~ to the left nach links einbiegen; (*driver, car also, road*) nach links abbiegen; (*road*) eine Linkskurve machen; take the left-hand ~ biegen Sie links ab; to make a ~ to port (*Naut*) nach Backbord abdrehen; "no left ~", „Linksabbiegen verboten"; the Canadian swimmer made the better ~ der kanadische Schwimmer wendete besser; he gets his horse to make a very tight ~ er wendet sein Pferd sehr eng; watch out for that sudden ~ in the road paß auf, die Straße macht eine scharfe Kurve; the ~ of the tide der Gezeitenwechsel; the tide is

on the ~ (*lit*) die Ebbe/Flut setzt ein, die See ist im Stau (*spec*); (*fig*) es tritt eine Wende ein; the milk/meat is on the ~ die Milch/das Fleisch hat einen Stich; at the ~ of the century um die Jahrhundertwende; the ~ of the year die Jahreswende, der Jahreswechsel; at every ~ (*fig*) auf Schritt und Tritt; things took a ~ for the worse/ the better das Blatt wendete sich zum Guten/zum Schlechten; things took a new ~ die Dinge nahmen eine neue Wendung; I'm very upset by the ~ of events ich bin über den Verlauf der Dinge sehr beunruhigt; events took a tragic ~ die Dinge nahmen einen tragischen *or* verhängnisvollen Verlauf. **3.** (*in game, queue, series*) in ~ der Reihe nach; out of ~ außer der Reihe; it's your ~ du bist an der Reihe *or* dran; it's your ~ to do the washing-up du bist mit (dem) Abwaschen an der Reihe *or* dran; now it's his ~ to be jealous jetzt ist er zur Abwechslung eifersüchtig; whose ~ is it? wer ist an der Reihe *or* dran?; it's my ~ next ich komme als nächste(r) an die Reihe *or* dran; wait your ~ warten Sie, bis Sie an der Reihe sind; to miss a ~ eine Runde aussetzen; your ~ will come du kommst auch noch mal dran; my secretary was speaking out of ~ es stand meiner Sekretärin nicht zu, sich darüber zu äußern; sorry, have I spoken out of ~? Entschuldigung, habe ich etwas Falsches gesagt?; ~ and ~ about abwechselnd; in ~, by ~s abwechselnd; they was confident then depressed by ~s sie war abwechselnd zuversichtlich und deprimiert; to take ~s at doing sth, to take it in ~(s) to do sth etw abwechselnd tun; take it in ~s! wechselt euch ab!; to take ~s at the wheel sich am Steuer *or* beim Fahren abwechseln; to take a ~ at the wheel (für eine Weile) das Steuer übernehmen. **4.** (*service*) to do sb a good/bad ~ jdm einen guten/ schlechten Dienst erweisen; one good ~ deserves another (*Prov*) eine Hand wäscht die andere (*prov*). **5.** (*tendency, talent*) Hang *m*, Neigung *f*. to have a mathematical ~ of mind mathematisch begabt sein; a melancholy ~ of mind ein Hang zur Melancholie. **6.** (*Med inf*) he had one of his ~s last night er hatte letzte Nacht wieder einen Anfall; you/it gave me quite a ~ du hast/es hat mir einen schönen Schrecken eingejagt. **7.** (*Theat*) Nummer *f*. they got him to do a ~ at the party sie brachten ihn dazu, auf der Party etwas zum besten zu geben. **8.** (*purpose*) it will serve my ~ das ist für meine Zwecke gerade richtig; we'll throw these old carpets away once they've served their ~ wir werfen diese alten Teppiche weg, wenn sie ihren Zweck erfüllt *or* wenn sie abgenutzt sind. **9.** (*walk, stroll*) to take a ~ in the park eine Runde durch den Park machen. **10.** ~ of phrase Ausdrucksweise *f*; to have a good ~ of speed (*car*) sehr schnell fahren; (*horse, athlete*) sehr schnell sein. **II** *vt* **1.** (*revolve*) *knob, key, screw, steering wheel* drehen. to ~ the key in the lock den Schlüssel im Schloß herum-drehen; **what ~s the wheel?** wie wird das Rad angetrieben?; **he ~ed the wheel sharply** er riß das Steuer herum.

2. he ~ed his head towards me er wandte mir den Kopf zu; **he ~ed his back to the wall** er kehrte den Rücken zur Wand; **success has ~ed his head** der Erfolg ist ihm zu Kopf gestiegen; **she seems to have ~ed his head** sie scheint ihm den Kopf verdreht zu haben; **she can still ~ a few heads** die Leute schauen sich immer noch nach ihr um; **to ~ sb's brain** jds Sinne *or* Geist verwirren; **as soon as his back is ~ed** sobald er den Rücken kehrt; **the sight of all that food quite ~ed my stomach** beim Anblick des vielen Essens drehte sich mir regelrecht der Magen um; **without ~ing a hair** ohne mit der Wimper zu zucken; **he can ~ his hand to anything** er kann alles, er ist sehr geschickt; **she ~ed her hand to cooking** sie versuchte sich im Kochen.

3. (~ *over*) *mattress, collar hay* wenden; *record* umdrehen; *page* umblättern.

4. (*change position of, ~ round*) *car, lorry* wenden; *chair, picture etc* um-drehen.

5. (*direct*) **~ one's thoughts/attention to sth** seine Gedanken/Aufmerksamkeit einer Sache (*dat*) zuwenden; **to ~ one's steps homeward** seine Schritte heimwärts lenken (*liter, hum*); **to ~ a gun on sb** ein Gewehr auf jdn richten; **the police ~ed the hoses on the demonstrators** die Polizei richtete die Wasserwerfer auf die Demon-stranten.

6. (*pass*) **he is** *or* **has ~ed forty** er hat die Vierzig überschritten; **it is** *or* **has ~ed 2 o'clock** es ist 2 Uhr vorbei.

7. the car ~ed the corner das Auto bog um die Ecke; **to have ~ed the corner** (*fig*) über den Berg sein.

8. (*transform, make become*) verwan-deln (*in(to)* in +*acc*). **the play was ~ed into a film** das Stück wurde verfilmt; **to ~ verse into prose** Lyrik in Prosa übertragen; **to ~ English expressions into German** aus englischen Ausdrücken deutsche machen; **the shock ~ed his hair grey overnight** durch den Schock bekam er über Nacht graue Haare; **the smoke ~ed the walls black** der Rauch schwärzte die Wände; **to ~ the lights low** das Licht herunterdrehen; **this hot weather has ~ed the milk (sour)** bei dieser Hitze ist die Milch sauer geworden.

9. (*deflect*) **nothing will ~ him from his purpose** nichts wird ihn von seinem Vor-haben abbringen.

10. (*shape*) *wood* drechseln; *metal, pot* drehen. **a well-~ed sentence/leg** ein gut-formulierter Satz/wohlgeformtes Bein.

11. (*set*) **to ~ a boat adrift** ein Boot losmachen und treiben lassen; **to ~ sb loose** jdn loslassen *or* laufen lassen; **just ~ John loose in a library and he'll be quite happy** John braucht du nur in eine Bibliothek zu setzen, dann ist er ganz zufrieden.

III *vi* **1.** (*revolve, move round*) *key, screw, wheel* sich drehen. **the world ~s**

on its axis die Erde dreht sich um ihre Achse; **he ~ed to me and smiled** er drehte sich mir zu und lächelte; **this tap won't ~** dieser Hahn läßt sich nicht drehen; **to ~ upside down** umkippen; **my head is ~ing** in meinem Kopf dreht sich alles; **his stomach ~ed at the sight** bei dem Anblick drehte sich ihm der Magen um.

2. (*change direction*) (*to one side*) (*person, car*) abbiegen; (*plane, boat*) abdre-hen; (~ *around*) wenden; (*person: on the spot*) sich umdrehen; (*wind*) drehen. **to ~ and go back** umkehren; **until the tide ~s** bis zum Gezeitenwechsel; **to ~ left** links abbiegen; **left ~!** (*Mil*) linksum!; **our luck ~ed** das Blatt hat sich gewendet.

3. (*go*) **to ~ to sb/sth** sich an jdn wenden/sich einer Sache (*dat*) zuwenden; **after her death, he ~ed to his books for comfort** nach ihrem Tod suchte er Trost bei seinen Büchern; **this job would make anyone ~ to drink!** bei dieser Arbeit muß man ja zum Trinker werden!; **our thoughts ~ to those who ...** wir gedenken derer, die ...; **the conversation ~ed to the accident** man kam auf den Unfall zu sprechen; **I don't know which way** *or* **where to ~ for help/ money** ich weiß nicht, an wen ich mich um Hilfe wenden kann/ wen ich um Geld bitten kann; **I don't know which way to ~** ich weiß nicht, was ich machen soll.

4. (*leaves*) sich (ver)färben; (*milk*) sauer werden; (*meat*) schlecht werden; (*weather*) umschlagen. **to ~ into sth** sich in etw (*acc*) verwandeln; (*develop into*) sich zu etw entwickeln; **their short holiday ~ed into a three-month visit** aus ihrem Kurzurlaub wurde ein Aufenthalt von drei Monaten; **to ~ to stone** zu Stein wer-den.

5. (*become*) werden. **to ~ traitor** zum Verräter werden; **XY, an actor ~ed direc-tor, ...** der Regisseur XY, ein ehemaliger Schauspieler, ...; **he began to ~ awkward** er wurde unangenehm *or* ungemütlich; **to ~ red** (*leaves etc*) sich rot färben; (*person: blush*) rot werden; (*traffic lights*) auf Rot umspringen; **his hair is ~ing grey** sein Haar wird grau; **he has** *or* **is just ~ed 18** er ist gerade 18 geworden.

◆**turn about I** *vi* (*person*) sich umdrehen; (*car, boat, driver etc*) wenden.
   II *vt sep car* wenden.

◆**turn against I** *vi* +*prep obj* sich wenden gegen. **II** *vt sep +prep obj* **they ~ed him ~ his parents** sie brachten ihn gegen seine Eltern auf.

◆**turn around I** *vt sep* **1.** *see* **turn about II.**
   2. (*factory, docks*) *ship etc* abfertigen; *goods* fertigstellen. **II** *vi* +*prep obj corner* biegen um. **III** *vi see* **turn about I. the wheel ~s around on its axis** das Rad dreht sich um seine Achse.

◆**turn aside I** *vi* sich abwenden (*from* von).
   II *vt sep* abwenden.

◆**turn away I** *vi* sich abwenden. **II** *vt sep* **1.** (*move*) *head, eyes, gun* abwenden.
   2. (*send away*) *person* wegschicken, ab-weisen; *business* zurückweisen, ablehnen.

◆**turn back I** *vi* **1.** (*traveller*) zurückgehen, umkehren; (*aeroplane*) umkehren; (*look* *back*) sich umdrehen. **we can't ~ ~ now, there can be no ~ing ~ now** (*fig*) jetzt gibt es kein Zurück mehr.

2. (*in book*) **to ~ ~ to page 100** auf Seite 100 zurückblättern.

II *vt sep* **1.** (*fold*) *bedclothes* zurück- *or* aufschlagen; *corner* umknicken; *hem* umschlagen.

2. (*send back*) *person* zurückschicken. **they were ~ed ~ at the frontier** sie wurden an der Grenze zurückgewiesen.

3. *clock* zurückstellen; (*fig*) zurückdrehen. **to ~ the clock ~ fifty years** die Uhr um fünfzig Jahre zurückdrehen.

◆**turn down I** *vt sep* **1.** (*fold down*) *bedclothes* aufschlagen; *collar, brim* herunterklappen; *corner of a page* umknicken.

2. *gas, heat* herunterdrehen, kleiner stellen; *volume, radio, television* leiser stellen; *lights* herunterdrehen.

3. (*refuse*) *candidate, novel etc* ablehnen; *offer also* zurückweisen; *suitor* abweisen.

4. *card* verdeckt hin- *or* ablegen.

II *vi +prep obj* **he ~ed ~ a side street** er bog in eine Seitenstraße ab.

◆**turn in I** *vi* **1. her toes ~ ~ when she walks** sie läuft nach innen.

2. (*drive in*) **the car ~ed ~ at the top of the drive** das Auto bog in die Einfahrt ein.

3. (*inf: go to bed*) sich hinhauen (*inf*).

4. to ~ ~ on oneself sich in sich (*acc*) selbst zurückziehen.

II *vt sep* **1. she ~ed ~ her toes as she walked** sie lief nach innen.

2. (*inf: to police*) **to ~ sb ~** jdn anzeigen *or* verpfeifen (*inf*).

3. (*inf: give back*) *equipment* zurückgeben *or* -bringen; *weapons* (*to police*) abgeben (*to* bei).

4. (*exchange*) eintauschen (*for* gegen).

5. (*Brit sl*) **~ it ~!** jetzt mach aber mal einen Punkt! (*sl*).

◆**turn into** *vti +prep obj see* **turn II 8., III 4.**

◆**turn off I** *vi* abbiegen (*for* nach, *prep obj* von).

II *vt sep* **1.** *light* ausdrehen, ausmachen (*inf*); *gas, radio also* abdrehen; *tap* zudrehen; *TV programme* abschalten; *water, electricity, engine, machine* abstellen.

2. (*sl*) **to ~ sb ~** (*disgust*) jdn anwidern; (*put off*) jdm die Lust verderben *or* nehmen; **when they mentioned the price that ~ed me right ~** als sie den Preis nannten, war für mich der Kuchen gegessen (*sl*); **this town really ~s me ~** diese Stadt stinkt mir (*sl*).

◆**turn on I** *vi* (*Rad, TV*) **we ~ed ~ at 8 o'clock** wir haben um 8 Uhr eingeschaltet.

II *vt sep* **1.** *gas, heat* anstellen, anmachen (*inf*); *radio, television, the news also* einschalten; *light* einschalten, andrehen, anmachen (*inf*); *central heating* aufdrehen; *bath water* einlaufen lassen; *engine, machine* anstellen. **to ~ ~ the charm** seinen (ganzen) Charme spielen lassen.

2. (*sl: with drugs*) anturnen (*sl*).

3. (*sl: appeal to: music, novel etc*) **sth ~s sb ~** jd steht auf etw (*acc*) (*sl*), jd findet etw Spitze (*sl*), jd fährt auf etw (*acc*) voll

ab (*sl*); **whatever ~s you ~** wenn du das gut findest (*inf*); **he/it doesn't ~ me ~** er/ das läßt mich kalt (*also sexually*).

4. (*sl: sexually*) scharf machen (*sl*), anmachen (*sl*). **she really ~s me ~** auf sie kann ich voll abfahren (*sl*).

III *vi +prep obj* **1.** (*~ against*) sich wenden gegen; (*attack*) angreifen.

2. (*depend on*) abhängen von.

◆**turn out I** *vi* **1.** (*appear, attend*) erscheinen, kommen.

2. (*firemen, police*) ausrücken; (*doctor*) einen Krankenbesuch machen.

3. (*point*) **his toes ~ ~** er läuft nach außen.

4. the car ~ed ~ of the drive das Auto bog aus der Einfahrt.

5. (*transpire*) sich herausstellen. **he ~ed ~ to be the murderer himself** es stellte sich heraus, daß er selbst der Mörder war.

6. (*develop, progress*) sich entwickeln, sich machen (*inf*). **how did it ~ ~?** (*what happened*) was ist daraus geworden?; (*cake etc*) wie ist er *etc* geworden?; **as it ~ed ~** wie sich herausstellte; **everything will ~ ~ all right** es wird sich schon alles ergeben.

II *vt sep* **1.** *light* ausmachen; *gas also* abstellen.

2. he ~s his toes ~ er läuft nach außen.

3. (*produce*) produzieren; *novel etc* schreiben. **the college ~s ~ good teachers** das College bringt gute Lehrer hervor.

4. (*expel*) vertreiben (*of* aus), hinauswerfen (*inf*) (*of* aus); *tenant* kündigen (+*dat*), auf die Straße setzen (*inf*).

5. (*Cook: tip out*) *cake* stürzen. **he ~ed the photos ~ of the box** er kippte die Fotos aus der Schachtel.

6. (*empty*) *pockets* (aus)leeren.

7. (*clean*) gründlich saubermachen.

8. *guard* antreten lassen.

9. (*usu pass: dress*) **well ~ed~** gut gekleidet *or* ausstaffiert; *troops* tadellos, geschniegelt und gestriegelt (*inf*).

◆**turn over I** *vi* **1.** (*person*) sich umdrehen; (*car, plane etc*) sich überschlagen; (*boat*) umkippen, kentern; (*stomach*) sich umdrehen.

2. (*with pages*) **please ~ ~** bitte wenden.

3. (*Aut: engine*) laufen. **with the engine ~ing ~** mit laufendem Motor.

II *vt sep* **1.** umdrehen; (*turn upside down*) umkippen; *page* umblättern; *soil* umgraben; *mattress, steak* wenden. **he ~ed the car ~** er überschlug sich (mit dem Auto); **the police ~ed the whole place ~** (*search*) die Polizei durchsuchte das ganze Haus *etc*; **to ~ an idea ~ in one's mind** eine Idee überdenken, sich (*dat*) eine Idee durch den Kopf gehen lassen.

2. (*hand over*) übergeben (*to dat*).

3. (*Comm*) *goods* umsetzen. **to ~ ~ £500 a week** einen Umsatz von £ 500 in der Woche haben; **how much do you ~ ~ per week?** welchen Umsatz haben Sie pro Woche?

4. (*Aut*) *engine* laufen lassen.

◆**turn round I** *vi* **1.** (*face other way*) sich umdrehen; (*go back*) umkehren.

2. (*inf*) **one day she'll just ~ ~ and leave**

you eines Tages wird sie dich ganz einfach verlassen; **he just ~ed ~ and hit him** er drehte sich einfach um und schlug ihn.

II *vi +prep obj* **we ~ed ~ the corner** wir bogen um die Ecke; **the earth ~s ~ the sun** die Erde dreht sich um die Sonne.

III *vt sep* **1.** *head* drehen; *box* umdrehen. **~ the picture ~ the other way** dreh das Bild andersherum.

2. *(factory, docks etc) ship* abfertigen; *goods* fertigstellen.

◆**turn to** I *vi (get busy)* sich an die Arbeit machen. **II** *vi +prep obj* **1. to ~ ~ sb/sth** see **turn III 3. 2.** *(get busy)* **after a short rest, they ~ed ~ their work again** nach einer kurzen Pause machten sie sich wieder an die Arbeit.

◆**turn up** I *vi* **1.** *(arrive)* erscheinen, auftauchen *(inf)*. **I was afraid you wouldn't ~ ~** ich hatte Angst, du würdest nicht kommen; **two years later he ~ed ~ in London** zwei Jahre später tauchte er in London auf.

2. *(be found)* sich (an)finden, (wieder) auftauchen *(inf)*; *(smaller things also)* zum Vorschein kommen.

3. *(happen)* **something is sure to ~ ~** irgend etwas tut sich *or* passiert schon; **things have a habit of ~ing ~** irgendwie findet sich alles.

4. *(point up)* **his nose ~s ~** er hat eine Himmelfahrts- *(inf) or* Stupsnase; **a ~ed-~ nose** eine Himmelfahrts- *(inf) or* Stupsnase; **to ~ ~ at the ends** sich an den Enden hochbiegen.

II *vt sep* **1.** *(fold) collar* hochklappen; *sleeve* aufrollen, aufkrempeln *(inf)*; *hem* umnähen. **to ~ ~ one's nose at sth** *(fig)* die Nase über etw *(acc)* rümpfen.

2. *heat, gas* aufdrehen, höher drehen; *radio* lauter drehen; *volume* aufdrehen; *light* heller machen.

3. *(fluid)* finden, entdecken. **to ~ ~ some information** Informationen auftreiben, an Informationen kommen.

4. *soil* umpflügen.

5. *(Brit sl)* **~ it ~!** Mensch, hör auf damit! *(inf)*.

turnabout ['tɜːnəbaʊt, -əraʊnd] *n* Kehrtwendung *f*; **turncoat** *n* Abtrünnige(r), Überläufer *m*.

turner ['tɜːnəʳ] *n (of metal)* Dreher *m*; *(of wood)* Drechsler *m*.

turning ['tɜːnɪŋ] *n* **1.** *(in road)* Abzweigung *f*. **take the second ~ on the left** nimm die zweite Abfahrt links; **it's a long road that has no ~** *(prov)* nichts dauert ewig. **2.** *(Tech) (of metal)* Drehen *nt*; *(of wood)* Drechseln *nt*.

turning circle *n (Aut)* Wendekreis *m*; **turning lathe** *n* Drehbank *f*; **turning point** *n* Wendepunkt *m*.

turnip ['tɜːnɪp] *n* Rübe *f*; *(swede)* Steckrübe *f*.

turn-off ['tɜːnɒf] *n* Abzweigung *f*; *(on motorway)* Abfahrt, Ausfahrt *f*.

turnout ['tɜːnaʊt] *n* **1.** *(attendance)* Teilnahme, Beteiligung *f*. **in spite of the rain there was a good/big ~ for the match** trotz des Regens war das Spiel gut besucht.

2. *(clean-out)* **she gave the room a thorough ~** sie machte den Raum gründlich sauber.

3. *(Comm: output)* Produktion *f*.

4. *(dress)* Aufmachung *f*.

turnover ['tɜːn‚əʊvəʳ] *n (total business)* Umsatz *m*; *(Comm, Fin: of capital)* Umlauf *m*; *(Comm: of stock)* (Lager)umschlag *m*; *(of staff)* Personalwechsel *m*, Fluktuation *f*.

turnpike ['tɜːnpaɪk] *n (Brit Hist)* Mautschranke *f*; *(US)* gebührenpflichtige Autobahn; **turnstile** *n* Drehkreuz *nt*; **turntable** *n* Drehscheibe *f*; *(on record player)* Plattenteller *m*; **turn-up** *n* **1.** *(Brit: on trousers)* Aufschlag *m*; **2.** *(inf: event)* **that was a ~ for the book** das war eine (echte) Überraschung, das war (vielleicht) ein Ding *(inf)*.

turpentine ['tɜːpəntaɪn] *n* Terpentin(öl) *nt*.

turps [tɜːps] *n sing (inf) abbr of* **turpentine.**

turquoise ['tɜːkwɔɪz] **I** *n* **1.** *(gem)* Türkis *m*. **2.** *(colour)* Türkis *nt*. **II** *adj* türkis-(farben).

turret ['tʌrɪt] *n (Archit)* Mauer- *or* Eckturm *m*; *(on tank)* Turm *m*; *(on ship)* Gefechtsturm *m*. **~ gun** Turmgeschütz *nt*.

turtle ['tɜːtl] *n* (Wasser)schildkröte *f*; *(US also)* (Land)schildkröte *f*. **to turn ~** kentern; *see* **mock ~ soup.**

turtle-dove ['tɜːtldʌv] *n (lit, fig inf)* Turteltaube *f*; **turtle-neck (pullover)** *n* Schildkrötenkragenpullover *m*.

turves [tɜːvz] *pl of* **turf.**

Tuscan ['tʌskən] **I** *adj* toskanisch. **II** *n* **1.** Toskaner(in *f*) *m*. **2.** *(language)* Toskanisch *nt*.

Tuscany ['tʌskənɪ] *n* die Toskana.

tush [tʌʃ] *interj (dated)* pah, bah.

tusk [tʌsk] *n (of elephant)* Stoßzahn *m*; *(of walrus)* Eckzahn *m*; *(of boar)* Hauer *m*.

tusker ['tʌskəʳ] *n* Elefantenbulle *m*; *(boar)* Keiler *m*.

tussle ['tʌsl] **I** *n (lit, fig)* Gerangel *nt*. **II** *vi* sich rangeln *(with sb for sth* mit jdm um etw)*.

tussock ['tʌsək] *n* (Gras)büschel *nt*.

tut [tʌt] *interj, vti see* **tut-tut.**

tutelage ['tjuːtɪlɪdʒ] *n (form)* **1.** *(teaching)* Führung, Anleitung *f*. **the students made good progress under his able ~** bei diesem guten Unterricht machten die Schüler große Fortschritte. **2.** *(guardianship)* Vormundschaft *f*.

tutor ['tjuːtəʳ] **I** *n* **1.** *(private teacher)* Privat- *or* Hauslehrer *m*.

2. *(Brit Univ)* Tutor *m*.

II *vt (as private teacher)* privat unterrichten; *(give extra lessons to)* Nachhilfe-(unterricht) geben *(+dat)*. **to ~ sb in Latin** jdm Privatunterricht/Nachhilfe in Latein geben.

tutorial [tjuːˈtɔːrɪəl] **I** *n (Brit Univ)* Kolloquium *nt*. **II** *adj duties* Tutoren-. **the ~ system** das Tutorensystem.

tut-tut ['tʌt'tʌt] **I** *interj (in disapproval)* na, na, aber, aber. **II** *vi* **she ~ted in disapproval** na, na! *or* aber, aber!, sagte sie mißbilligend. **III** *vt idea* mißbilligen.

tutu ['tuːtuː] *n (Ballet)* Tutu, Ballettröckchen *nt*.

tuxedo [tʌkˈsiːdəʊ] *n (US)* Smoking *m*.

TV *n (inf) abbr of* **television** Fernsehen *nt*; *(set)* Fernseher *m (inf)*. **on ~** im Fernsehen; **a ~ programme** eine Fernsehsendung; **a ~ personality** ein Fernsehstar *m*; **~ dinner** (*US*) Fertigmahlzeit *f*; *see also* **television.**

twaddle ['twɒdl] *n* (*inf*) Geschwätz *nt*, dummes Zeug (*inf*).

twain [tweɪn] *n* (*old*) zwei. **in ~** entzwei (*old*); **and ne'er the ~ shall meet** ... sie werden nie zueinanderfinden.

twang [twæŋ] **I** *n* **1.** (*of wire, guitar string*) Doing *nt*; (*of rubber band, bowstring*) scharfer Ton. **2.** (*of voice*) Näseln *nt*, näselnder Tonfall. **to speak with a ~** mit näselndem Tonfall *or* einem Näseln sprechen.
II *vt* zupfen; *guitar, banjo also* klimpern auf (+*dat*).
III *vi* **1.** einen scharfen Ton von sich geben; (*rubber band*) pitschen (*inf*). **2. to ~ on a guitar** *etc* auf einer Gitarre *etc* herumklimpern.

twangy ['twæŋɪ] *adj* (+*er*) *voice* näselnd; *guitar etc* Klimper-.

tweak [twiːk] **I** *vt* **1.** kneifen. **she ~ed back the curtain** sie schob den Vorhang etwas zur Seite; **to ~ sb's ear** jdn am Ohr ziehen; **to ~ sth off/out** jdn etw abkneifen/auszupfen. **2.** (*sl*) *engine* hochfrisieren (*sl*).
II *n*: **to give sth a ~** an etw (*dat*) (herum)- zupfen; **to give sb's ear/nose a ~** jdn am Ohr/an der Nase ziehen.

twee [twiː] *adj* (+*er*) (*inf*) niedlich, putzig (*inf*); *manner* geziert; *clothes* niedlich; *description* verniedlichend.

tweed [twiːd] **I** *n* **1.** (*cloth*) Tweed *m*. **2. ~s** *pl* (*clothes*) Tweedkleidung *f*, Tweedsachen *pl*. **II** *adj* Tweed-.

Tweedledum [ˌtwiːdl'dʌm] *n* **the twins were as alike as ~ and Tweedledee** die Zwillinge glichen sich wie ein Ei dem anderen.

tweedy ['twiːdɪ] *adj* (+*er*) *material* Tweed-, tweedartig.

tweet [twiːt] *n* (*of birds*) Ziepen, Piepsen *nt no pl*.

tweeter ['twiːtər] *n* Hochtonlautsprecher *m*.

tweezers ['twiːzəz] *npl* (*also* **pair of ~**) Pinzette *f*.

twelfth [twelfθ] **I** *adj* zwölfte(r, s). **a ~ part** ein Zwölftel *nt*; **~ man** (*Cricket*) zwölfter Mann; **T~ Night** Dreikönige; (*evening*) Dreikönigsabend *m*. **II** *n* (*in series*) Zwölfte(r, s); (*fraction*) Zwölftel *nt*; *see also* **sixth.**

twelve [twelv] **I** *adj* zwölf. **~ noon** zwölf Uhr (mittags). **II** *n* Zwölf *f*; *see also* **six.**

twelve-mile limit [ˌtwelvmaɪl'lɪmɪt] *n* Zwölfmeilenzone *f*; **twelve-tone** *adj* (*Mus*) Zwölfton-.

twentieth ['twentɪθ] **I** *adj* zwanzigste(r, s). **a ~ part** ein Zwanzigstel *nt*. **II** *n* (*in series*) Zwanzigste(r, s); (*fraction*) Zwanzigstel *nt*; *see also* **sixth.**

twenty ['twentɪ] **I** *adj* zwanzig. **II** *n* Zwanzig *f*; (*banknote*) Zwanziger *m*; *see also* **six.**

twentyfold ['twentɪfəʊld] *adj, adv* (*old*) zwanzigfach.

twerp [twɜːp] *n* (*sl*) Hohlkopf *m* (*sl*).

twice [twaɪs] *adv* zweimal. **~ as much/many** doppelt *or* zweimal soviel/so viele; **~ as long as** ... doppelt *or* zweimal so lange wie ...; **at ~ the speed of sound, at a speed ~ that of sound** mit doppelter Schallge-

schwindigkeit; **she is ~ your age** sie ist doppelt so alt wie du; **~ 2 is 4** zweimal 2 ist 4; **~ weekly, ~ a week** zweimal wöchentlich, zweimal in der *or* pro Woche; **a ~-weekly newspaper** eine Zeitung, die zweimal wöchentlich erscheint; **he didn't need to be asked ~** da brauchte man ihn nicht zweimal zu fragen; **he's ~ the man John is** er steckt John in die Tasche (*inf*); **I'd think ~ before trusting him with it** ihm würde ich das nicht so ohne weiteres anvertrauen.

twiddle ['twɪdl] **I** *vt* herumdrehen an (+*dat*). **she ~d the pencil in her fingers** sie drehte den Bleistift zwischen den Fingern; **to ~ one's thumbs** (*lit, fig*) Däumchen drehen.
II *vi* **to ~ with a knob** an einem Knopf herumdrehen.
III *n* **he gave the knob a ~** er drehte den Knopf herum.

twig[1] [twɪg] *n* (*thin branch*) Zweig *m*.

twig[2] (*Brit inf*) **I** *vt* (*realize*) mitkriegen (*inf*), mitbekommen. **when she saw his face, she ~ged his secret** als sie sein Gesicht sah, erriet sie sein Geheimnis (*inf*); **he's ~ged it** er hat's kapiert (*inf*). **II** *vi* schalten, es mitkriegen *or* -bekommen (*all inf*). **to ~ to sth** etw mitkriegen (*inf*) *or* mitbekommen (*inf*).

twilight ['twaɪlaɪt] *n* (*time*) Dämmerung *f*; (*semi-darkness also*) Dämmer- *or* Zwielicht *nt*. **at ~** in der Dämmerung; **~ sleep** (*Med*) Dämmerschlaf *m*; **the ~ of the gods** die Götterdämmerung; **the ~ of western civilization** der Herbst (*liter*) der westlichen Zivilisation; **the ~ of his life, his ~ years** sein Lebensabend.

twill [twɪl] *n* (*Tex*) Köper *m*.

twin [twɪn] **I** *n* Zwilling *m*; (*of vase, object*) Gegenstück, Pendant *nt*. **her ~** ihre Zwillingsschwester/ihr Zwillingsbruder *m*.
II *adj attr* Zwillings-; (*fig*) genau gleiche(r, s).
III *vt* *town* verschwistern. **Oxford was ~ned with Bonn** Oxford und Bonn wurden zu Partnerstädten.

twin beds *npl* zwei (gleiche) Einzelbetten; **twin brother** *n* Zwillingsbruder *m*; **twin carburettors** *npl* Doppelvergaser *m*; **twin-cylinder engine** *n* Zweizylinder- (motor) *m*.

twine [twaɪn] **I** *n* Schnur *f*, Bindfaden *m*. **II** *vt* winden. **to ~ one's arms round sb** seine Arme um jdn schlingen. **III** *vi* sich winden; (*plants also*) sich ranken. **to ~ around sth** sich um etw winden/ ranken.

twin-engined [ˌtwɪn'endʒɪnd] *adj* zweimotorig.

twinge [twɪndʒ] *n* (*of pain*) Zucken *nt*, leichtes Stechen. **a ~ of toothache/pain** leicht stechende Zahnschmerzen/ein zuckender Schmerz; **my back still gives me the occasional ~** ich spüre gelegentlich noch ein Stechen im Rücken; **a ~ of conscience/remorse** Gewissensbisse *pl*.

twining ['twaɪnɪŋ] *adj* *plant* rankend, Kletter-.

twinkle ['twɪŋkl] **I** *vi* (*stars*) funkeln, flimmern, glitzern; (*eyes*) blitzen, funkeln. **her feet ~d across the stage** sie bewegte

sich leichtfüßig über die Bühne.
 II **n 1.** Funkeln, Flimmern, Glitzern *nt.*
there was a ~/a mischievous ~ in her eyes
man sah den Schalk in ihren Augen/ihre
Augen blitzten übermütig.
 2. (*instant*) **in a ~** sofort.
twinkling ['twɪŋklɪŋ] *n* **in the ~ of an eye** im
Nu, im Handumdrehen.
twin propellers *npl* Doppelschiffsschraube
f; **twinset** *n* Twinset *nt;* **twin sister** *n*
Zwillingsschwester *f;* **twin-tone horn** *n*
Zweiklanghorn *nt;* **twin town** *n* Partner-
stadt *f;* **twin-tub (washing-machine)** *n*
Waschmaschine *f* mit getrennter
Schleuder.
twirl [twɜːl] **I** *vt* (herum)wirbeln; *skirt*
herumwirbeln; *moustache* zwirbeln. **he
~ed his partner round the dance-floor** er
wirbelte seine Partnerin übers Parkett.
 II *vi* wirbeln. **the skater ~ed round on
the ice** der Eiskunstläufer wirbelte über
das Eis.
 III *n* Wirbel *m;* (*in dance*) Drehung *f;*
(*of moustache*) hochstehende *or* hochge-
zwirbelte Spitze; (*in writing*) Schnörkel
m. **to give a knob/one's moustache a ~**
einen Knopf herumdrehen/ seinen
Schnurrbart zwirbeln; **he gave his partner
a ~** er wirbelte seine Partnerin herum.
twirp [twɜːp] *n* (*sl*) *see* **twerp.**
twist [twist] **I** *n* **1.** (*action*) **to give sth a ~** etw
(herum)drehen; **to give sb's arm a ~** jdm
den Arm verdrehen *or* umdrehen; **to give
one's ankle a ~** sich (*dat*) den Fuß
vertreten; **with a quick ~ of the hand** mit
einer schnellen Handbewegung.
 2. (*bend*) Kurve, Biegung *f;* (*fig: in
story etc*) Wendung *f.* **the road is full of
~s and turns** die Straße hat viele Biegun-
gen und Windungen; **his character has a
peculiar ~ in it** er hat irgendwie einen
seltsamen Charakter.
 3. (*coiled shape*) **salt in little ~s of paper**
in kleine Papierstückchen eingewickeltes
Salz; **~s of thread** Garnknäuel *nt.*
 4. (*type of yarn*) Twist *m,* Stopfgarn *nt.*
 5. (*Brit inf*) **to be/go round the ~** ver-
rückt sein/werden; **it's driving me round
the ~!** das macht mich wahnsinnig!
 6. (*dance*) Twist *m.* **to do the ~** Twist
tanzen, twisten.
 7. (*on ball*) Drall *m;* (*esp Billiards*)
Effet *m or nt.* **to give a ~ to or put a ~ on
a ball** einem Ball einen Drall geben.
 II *vt* **1.** (*wind, turn*) drehen; (*coil*)
wickeln (*into* zu +*dat*). **to ~ flowers into
a garland** Blumen zu einer Girlande bin-
den; **to ~ the top off a jar/the cap off a tube
of toothpaste** den Deckel von einem Glas/
den Verschluß von einer Zahnpastatube
abdrehen; **to ~ sth round sth** etw um etw
(*acc*) wickeln; *see* **finger.**
 2. (*bend, distort*) *rod, key* verbiegen;
part of body verdrehen; (*fig*) *meaning,
words* verdrehen, entstellen. **to ~ sth out
of shape** etw verbiegen; **to ~ sb's arm**
(*lit*) jdm den Arm verdrehen; **I'll do it if
you ~ my arm** (*fig*) bevor ich mich
schlagen lasse (*hum*); **to ~ one's ankle**
sich (*dat*) den Fuß vertreten; **his face was
~ed with pain** sein Gesicht war verzerrt
vor Schmerz *or* schmerzverzerrt.

 3. *ball* einen Drall geben (+*dat*). **she
somehow managed to ~ the red around
the black** sie hat es irgendwie geschafft,
die rote an der schwarzen Kugel vor-
beizumanövrieren.
 III *vi* **1.** sich drehen; (*smoke*) sich krin-
geln *or* ringeln; (*plant*) sich winden *or* ran-
ken; (*road, river, person: wriggle*) sich
winden. **the kite-strings have ~ed round
the pole** die Drachenschnüre haben sich
um den Pfahl verwickelt.
 2. (*dance*) Twist tanzen, twisten.
 3. (*Cards*) aufnehmen und ablegen.
◆**twist about** *or* **around I** *vi* sich (her-
umdrehen; (*road, river*) (*wind its way*)
sich dahinschlängeln; (*be twisty*) gewun-
den sein. **he ~ed about in pain** er wand *or*
krümmte sich vor Schmerzen. **II** *vt sep see*
twist round.
◆**twist off I** *vi* **the top ~s ~** der Deckel läßt
sich abschrauben *or* ist abschraubbar. **II** *vt
sep* abdrehen; *lid* abschrauben.
◆**twist out I** *vi* **to ~ ~ of sb's grasp** sich jds
Griff (*dat*) entwinden. **II** *vt sep* heraus-
drehen.
◆**twist round I** *vi* sich umdrehen; (*road
etc*) eine Biegung machen. **II** *vt sep head,
chair* herumdrehen. **she ~ed her hand-
kerchief ~ in her fingers** sie drehte ihr
Taschentuch zwischen den Fingern.
◆**twist up I** *vi* (*rope etc*) sich verdrehen;
(*smoke*) in Kringeln hochsteigen; (*per-
son: with pain etc*) sich winden *or* krüm-
men. **II** *vt sep* (*ropes, wires*) verwickeln.
twisted ['twɪstɪd] *adj* **1.** *wires, rope* (zusam-
men)gedreht; (*bent*) verbogen. **2.** *ankle*
verrenkt. **3.** (*fig*) *mind, logic* verdreht.
 4. (*inf: dishonest*) unredlich.
twister ['twɪstə'] *n* **1.** (*Brit pej: person*)
Gauner, Halunke *m.* **2.** (*Brit*) (*question*)
harte Nuß (*inf*); (*problem*) harter
Brocken (*inf*). **3.** (*US inf: tornado*) Wir-
belsturm, Tornado *m.* **4.** (*dancer*)
Twisttänzer(in *f*) *m.*
twisty ['twɪstɪ] *adj* (+*er*) *road* kurvenreich.
twit [twit] **I** *vt* **to ~ sb (about sth)** jdn (mit *or*
wegen etw) aufziehen *or* hochnehmen.
 II *n* (*Brit inf: person*) Trottel *m* (*inf*).
twitch [twitʃ] **I** *n* **1.** (*tic*) Zucken *nt;* (*in-
dividual spasm*) Zuckung *f.* **to give a ~**
zucken.
 2. (*pull*) Ruck *m* (*of an* +*dat*). **to give
sth a ~** an etw (*dat*) rucken.
 II *vi* (*face, muscles*) zucken. **the cat's
nose ~ed when I brought in the fish** die
Katze schnupperte, als ich den Fisch
hereinbrachte.
 III *vt* **1.** *tail, ears* zucken mit.
 2. (*pull*) zupfen. **he ~ed the letter from
her hands** er schnappte ihr den Brief aus
den Händen.
twitter ['twɪtə'] **I** *vi* (*lit, fig*) zwitschern. **II** *vt*
zwitschern. **III** *n* **1.** (*of birds*) Zwitschern,
Gezwitscher *nt.* **2.** (*inf*) **to be all of a ~, to
be in a ~** ganz aufgeregt *or* aufgelöst sein.
twittery ['twɪtərɪ] *adj attr* zwitschernd.
twittish ['twɪtɪʃ] *adj* **1.** (*Brit inf: stupid*)
hirnlos (*inf*). **2.** (*teasing*) hänselnd.
two [tuː] **I** *adj* zwei. **to break/cut sth in ~** etw
in zwei Teile brechen/schneiden; **~ by ~,
in ~s** zwei und zwei, zu zweit, zu zweien;
in ~s and threes immer zwei oder drei

(Leute) auf einmal; **to put ~ and ~ together** (*fig*) seine Schlüsse ziehen, sich (*dat*) seinen Vers darauf machen; **to put ~ and ~ together and make five** einen falschen Schluß ziehen; **~'s company, three's a crowd** ein dritter stört nur; **~ can play at that game** (*inf*) den Spieß kann man auch umdrehen; *see also* **six**.

II *n* Zwei *f*. **just the ~ of us/them** nur wir beide/die beiden.

two-bit ['tuːbɪt] *adj* (*US inf*) mies (*inf*); **two-by-four I** *n* (*wood*) ein Stück Holz mit den Ausmaßen zwei auf vier Inches; **II** *adj* (*esp US inf*) (*small*) *apartment* Kasten-, Schachtel-; (*petty*) *life, job* nullachtfünf-zehn (*inf*); **two-cylinder** *adj* Zweizylinder-; **two-dimensional** *adj* zweidimensional; **two-edged** *adj* **1.** (*lit*) zweischneidig, doppelschneidig; **2.** (*fig*) zweideutig; *argument also* zweischneidig; **two-faced** *adj* (*lit*) doppelgesichtig; (*fig*) falsch; **two-fisted** *adj* **1. a ~ boxer** ein Boxer, der mit beiden Fäusten gleich gut boxen kann; **2.** (*US sl*) knallhart; **twofold I** *adj* zweifach, doppelt; **a ~ increase** ein Anstieg um das Doppelte; **the advantages of this method are ~** diese Methode hat einen doppelten *or* zweifachen Vorteil; **II** *adv* **to increase ~** um das Doppelte steigern; **two-four time** *n* (*Mus*) Zweivierteltakt *m*; **two-handed** *adj* **a ~ sword** ein Zweihänder *m*; **a ~ saw** eine Säge mit zwei Griffen; **two-legged** *adj* zweibeinig; **a ~ animal** ein Zweibeiner *m*; **two-party system** *n* Zweiparteiensystem *nt*; **twopence** *n* see **tuppence**; **two pence** *n* zwei Pence; **~ piece/stamp** Zweipencestück *nt*/Zweipencemarke *f*; **twopenny** ['tʌpənɪ] *adj* see **tuppenny**; **two-phase** *adj* (*Elec*) Zweiphasen-; **two-piece I** *adj* zweiteilig; **II** *n* (*suit*) Zweiteiler *m*; (*swimming costume*) zweiteiliger Badeanzug; **two-pin plug** *n* Stecker *m* mit zwei Kontakten; **two-ply** *adj* *wool* zweifädig; *wood* aus zwei Lagen *or* Schichten bestehend; *tissue* zweilagig; **two-seater** *n* (*car, plane*) Zweisitzer *m*; **twosome** *n* **1.** (*people*) Paar, Pärchen *nt*; **to go out in a ~** zu zweit *or* zu zweien ausgehen; **2.** (*game*) **to have a ~ at golf/tennis** zu zweit Golf/Tennis spielen; **to play a ~** zu zweit spielen; **two-star** *adj* *hotel etc* Zweisterne-; **~ petrol** (*Brit*) Normalbenzin *nt*; **a ~ general** (*US*) ein Zweisternegeneral *m*; **twostep** *n* Twostep *m*; **two-storey** *adj* zweistöckig; **two-stroke I** *adj* Zweitakt-; **II** *n* Zweitakter *m*; (*fuel*) Zweitaktgemisch *nt*. **two-time** (*inf*) *boyfriend, accomplice* betrügen; **the crooks realized that he was ~ them** die Ganoven merkten, daß er ein doppeltes Spiel spielte *or* trieb; **two-timer** *n* (*inf*) falscher Hund (*inf*); **two-timing** *adj* (*inf*) falsch; **two-tone** *adj* (*in colour*) zweifarbig; (*in sound*) Zweiklang-; **two-up two-down** *n* (*Brit inf*) kleines Reihenhäuschen; **two-way** *adj* **~ (radio)** Funksprechgerät *nt*; **~ communications** (*Telec*) Sprechverkehr *m* in beiden Richtungen; **~ street** Straße *f* mit Gegenverkehr *or* mit Verkehr in beiden Richtungen; **~ switch/**adaptor Wechselschalter *m*/Doppelstecker *m*; **~ traffic** Gegenverkehr *m*, Verkehr *m* in beiden Richtungen; **two-wheeler (bike)** *n* Zweirad, Fahrrad *nt*.

tycoon [taɪ'kuːn] *n* Magnat, Gigant *m*. **business ~/oil ~** Industrie-/Olmagnat *m*.

tympanic [tɪm'pænɪk] *adj* (*Anat*) Mittelohr-.

tympanum ['tɪmpənəm] *n* (*Anat*) (*membrane*) Trommelfell *nt*; (*middle ear*) Mittelohr *nt*; (*Archit*) Tympanon *nt*.

typal ['taɪpl] *adj* artspezifisch.

type[1] [taɪp] **I** *n* **1.** (*kind*) Art *f*; (*of produce, plant also*) Sorte *f*; (*esp of people; character*) Typ, Typus *m*. **different ~s of cows/roses** verschiedene Arten von Rindern/Rosensorten *or* -arten *pl*; **what ~ of car is it?** was für ein Auto(typ) ist das?; **the very latest ~ of hi-fi** das allerneuste Hi-Fi-Gerät; **she has her own particular ~ of charm** sie hat ihren ganz besonderen Charme; **gruyere-~ cheese** eine Art Schweizer Käse; **most of the characters are recognizable ~s** die meisten Charaktere lassen sich einem bestimmten Typ zuordnen; **they're totally different ~s of person** sie sind vom Typ her völlig verschieden, sie sind völlig verschiedene Typen; **I object to that ~ of behaviour** ich protestiere gegen ein solches Benehmen; **it's not my ~ of film** diese Art Film gefällt mir nicht; **he's not my ~** er ist nicht mein Typ; **she's my ~ of girl** sie ist mein Typ; **he's not the ~ to hit a lady** er ist nicht der Typ *or* Mensch, der eine Frau schlägt.

  2. (*inf: man*) Typ *m*.

  II *vt* bestimmen.

type[2] **I** *n* (*Typ*) Type *f*. **small ~** kleine Buchstaben, Gemeine (*spec*) *pl*; **to set ~** setzen; **in ~** (*typed*) maschinegeschrieben, getippt (*inf*); (*set*) gesetzt, gedruckt; **to set sth up in ~** etw setzen; **in italic ~** kursiv.

  II *vt* tippen, (mit der Maschine) schreiben.

  III *vi* maschineschreiben, tippen (*inf*).

◆**type out** *vt sep copy, letter* schreiben, tippen (*inf*); *error* ausixen.

◆**type up** *vt sep* auf der Maschine zusammenschreiben.

type-cast ['taɪpkɑːst] *vt irreg* (*Theat*) (auf eine bestimmte Rolle) festlegen; **to be ~ as a villain** auf die Rolle des Schurken festgelegt werden; **typeface** *n* Schrift *f*; **typescript** *n* mit Maschine geschriebenes Manuskript, Typoskript *nt* (*geh*); **to be in ~** mit Maschine geschrieben sein; **typesetter** *n* (*person*) Schriftsetzer(in *f*) *m*; (*machine*) Setzmaschine *f*; **type size** *n* Schriftgröße *f*.

typewrite ['taɪpraɪt] *irreg* **I** *vi* maschineschreiben, tippen (*inf*). **II** *vt* (mit der Maschine) schreiben, tippen (*inf*).

typewriter ['taɪpˌraɪtə[r]] *n* Schreibmaschine *f*. **~ ribbon** Farbband *nt*.

typewriting ['taɪpˌraɪtɪŋ] *n see* **typing**.

typewritten ['taɪpˌrɪtn] *adj* maschinegeschrieben, getippt.

typhoid ['taɪfɔɪd] *n* (*also ~ fever*) Typhus *m*. **~ injection** Typhusimpfung *f*.

typhoon [taɪ'fuːn] *n* Taifun *m*.

typhus ['taɪfəs] *n* Fleckfieber *nt*, Flecktyphus *m*.

typical ['tɪpɪkəl] *adj* typisch (*of* für). **a ~ English town** eine typisch englische Stadt; **that's ~ of him** das ist typisch für ihn; **isn't that ~!** ist das nicht wieder mal typisch!

typically ['tɪpɪkəlɪ] *adv see adj.* **~, he did nothing but complain about the food** bezeichnenderweise hat er sich ständig über das Essen beschwert.

typify ['tɪpɪfaɪ] *vt* bezeichnend sein für. **he typifies the reserved Englishman** er verkörpert (genau) den Typ des zurückhaltenden Engländers.

typing ['taɪpɪŋ] **I** *n* Maschineschreiben, Tippen (*inf*) *nt.* **his ~ isn't very good** er kann nicht besonders gut maschineschreiben.
  II *attr* Schreibmaschinen-. **~ error** Tippfehler *m*; **~ pool** Schreibzentrale *f*; **~ speed** Schreibgeschwindigkeit *f*.

typist ['taɪpɪst] *n* (*professional*) Schreibkraft *f*, Stenotypist(in *f*) *m*, Tippse *f* (*pej inf*). **he couldn't find a ~ for his thesis** er konnte niemanden finden, der ihm seine Doktorarbeit tippte.

typographer [taɪ'pɒgrəfə^r] *n* Typograph *m*.

typographic(al) [ˌtaɪpə'græfɪk(əl)] *adj* typographisch. **~ error** Druckfehler *m*.

typography [taɪ'pɒgrəfɪ] *n* Typographie *f*; (*subject also*) Buchdruckerkunst *f*.

typological [ˌtaɪpə'lɒdʒɪkəl] *adj* typologisch.

typology [taɪ'pɒlədʒɪ] *n* Typologie *f*.

tyrannic(al) *adj*, **tyrannically** *adv* [tɪ'rænɪk(əl), tɪ'rænɪkəlɪ] tyrannisch.

tyrannize ['tɪrənaɪz] **I** *vt* (*lit, fig*) tyrannisieren. **II** *vi* eine Tyrannenherrschaft ausüben. **to ~ over sb** (*lit, fig*) jdn tyrannisieren.

tyrannosaurus [tɪˌrænə'sɔːrəs] *n* Tyrannosaurus *m*.

tyrannous ['tɪrənəs] *adj* tyrannisch.

tyranny ['tɪrənɪ] *n* (*lit, fig*) Tyrannei, Tyrannenherrschaft *f*. **he ruled by ~** er führte eine Tyrannenherrschaft.

tyrant ['taɪərənt] *n* (*lit, fig*) Tyrann *m*.

tyre (*US*) **tire** [taɪə^r] *n* Reifen *m*. **to have a burst ~** einen geplatzten Reifen haben. **tyre gauge** *n* Reifendruckmesser *m*; **tyre lever** *n* Montiereisen *nt*; **tyre pressure** *n* Reifendruck *m*.

tyro ['taɪərəʊ] (*US*) *n, pl* **~s** Anfänger(in *f*) *m*. **a ~ skier** *etc* ein Anfänger beim *or* im Skilaufen *etc*.

Tyrol [tɪ'rəʊl] *n* **the ~** Tirol *nt*.

Tyrolean ['tɪrəlɪən], **Tyrolese** [tɪrə'liːz] **I** *adj* Tiroler. **~ hat** Tirolerhut *m*. **II** *n* Tiroler(in *f*) *m*.

Tyrrhenian Sea [tɪ'riːnɪən'siː] *n* Tyrrhenisches Meer.

tzar *etc see* **tsar** *etc*.

tzetze (fly) *n see* **tsetse (fly)**.

U

U, u [juː] I n 1. U, u nt. 2. (*Brit Film*) jugendfreier Film. II *adj* (*Brit: upper class*) *charakteristisch für die Gewohnheiten, Sprechweise etc der Oberschicht*, vornehm.

UAR *abbr of* **United Arab Republic.**

U-bend ['juːbend] n (*in pipe*) U-Bogen m; (*in road*) Haarnadelkurve f.

ubiquitous [juːˈbɪkwɪtəs] *adj* allgegenwärtig. **sandstone is ~ in this district** Sandstein ist in dieser Gegend überall zu finden.

ubiquity [juːˈbɪkwɪtɪ] n Allgegenwart f; (*prevalence*) weite Verbreitung.

U-boat ['juːbəʊt] n U-Boot nt.

UCCA ['ʌkə] (*Brit*) *abbr of* **Universities Central Council on Admissions** *zentrale Vergabestelle von Studienplätzen.*

udder ['ʌdəʳ] n Euter nt.

UDI *abbr of* **Unilateral Declaration of Independence.**

UDR *abbr of* **Ulster Defence Regiment.**

UFO ['juːfəʊ] *abbr of* **unidentified flying object** Ufo, UFO nt.

Uganda [juːˈgændə] n Uganda nt.

Ugandan [juˈgændən] I *adj* ugandisch. II n Ugander(in f) m.

ugh [ɜːh] *interj* i, igitt.

ugli (fruit) ['ʌglɪ(fruːt)] n Kreuzung f aus Grapefruit, Apfelsine und Mandarine.

uglify ['ʌglɪfaɪ] vt verunstalten.

ugliness ['ʌglɪnɪs] n Häßlichkeit f; (*of news*) Unerfreulichkeit f; (*of wound*) übler Zustand; (*of situation*) Ekelhaftigkeit f; (*of crime*) Gemeinheit f; (*of vice*) Häßlichkeit, Garstigkeit f.

ugly ['ʌglɪ] *adj* (+er) 1. (*not pretty*) häßlich. **as ~ as sin** häßlich wie die Sünde or Nacht; ~ **duckling** (*fig*) häßliches Entlein.
     2. (*unpleasant, nasty*) übel; *news, wound also* schlimm; *rumour, scenes, crime, clouds also* häßlich; *mood, situation, scenes also* ekelhaft; *crime also* gemein; *vice also* häßlich, garstig; *sky* bedrohlich. **an ~ customer** ein übler Kunde; **to cut up** or **turn ~** (*inf*) gemein or fies werden (*inf*).

UHF *abbr of* **ultra-high frequency** Dezimeterwellen pl, UHF.

UK *abbr of* **United Kingdom.**

Ukraine [juːˈkreɪn] n **the ~** die Ukraine.

Ukrainian [juːˈkreɪnɪən] I *adj* ukrainisch. II n 1. Ukrainer(in f) m. 2. (*language*) Ukrainisch nt.

ukulele, ukelele [ˌjuːkəˈleɪlɪ] n Ukulele f.

ulcer ['ʌlsəʳ] n (*Med*) Geschwür nt; (*stomach ~*) Magengeschwür nt; (*fig*) Übel nt.

ulcerate ['ʌlsəreɪt] I vt *stomach* ein Geschwür verursachen in (+dat); *skin* Geschwür verursachen auf (+dat); *wound* eitern lassen. II vi (*stomach*) ein Geschwür bilden or bekommen; (*skin*)

geschwürig werden; (*wound*) eitern.

ulcerated ['ʌlsəreɪtɪd] *adj* geschwürig; *wound* vereitert. **an ~ stomach** ein Magengeschwür nt.

ulceration [ˌʌlsəˈreɪʃən] n (*process*) Geschwürbildung f; (*of wound*) Vereiterung f; (*state*) Geschwüre pl; Vereiterung f.

ulcerous ['ʌlsərəs] *adj* geschwürig; *wound* vereitert; (*causing ulcers*) geschwürbildend. **this ~ growth of nationalism** (*fig*) diese krebsartige Ausbreitung des Nationalismus.

ullage ['ʌlɪdʒ] n Leckage f, Flüssigkeitsschwund m.

ulna ['ʌlnə] n, pl **~e** ['ʌlniː] or **~s** (*Anat*) Elle f.

Ulster ['ʌlstəʳ] n Ulster nt. **U~man/woman** Mann m/Frau f aus Ulster, Einwohner(in f) m von Ulster.

ult [ʌlt] *abbr of* **ultimo.**

ulterior [ʌlˈtɪərɪəʳ] *adj* 1. ~ **motive** Hintergedanke m; **I have no ~ motive(s) in doing that** ich tue das ganz ohne Hintergedanken. 2. (*rare: lying beyond*) jenseitig.

ultimata [ˌʌltɪˈmeɪtə] pl of **ultimatum.**

ultimate ['ʌltɪmɪt] I *adj* 1. (*final*) letzte(r, s); *destiny, solution, decision* endgültig; *result* endgültig, End-; *outcome, aim* End-; *control* oberste(r, s); *authority* höchste(r, s); *beneficiary* eigentlich. **he came to the ~ conclusion that ...** er kam schließlich zur Einsicht, daß ...; **what is your ~ ambition in life?** was streben Sie letzten Endes or letztlich im Leben an?
     2. (*that cannot be improved on*) vollendet, perfekt, in höchster Vollendung. **the ~ insult** der Gipfel der Beleidigung; **the ~ deterrent** (*Mil*) das endgültige Abschreckungsmittel; (*fig*) die äußerste Abschreckungsmaßnahme; **the ~ weapon** (*Mil*) die Superwaffe; (*fig*) das letzte und äußerste Mittel; **death is the ~ sacrifice** der Tod ist das allergrößte Opfer.
     3. (*basic*) *principle* grundlegend, Grund-; *constituents* Grund-, unteilbar; *cause* eigentlich; *explanation* grundsätzlich; *truth* letzte(r, s).
     4. (*furthest*) entfernteste(r, s); *boundary of universe* äußerste(r, s); *ancestors* früheste(r, s). **the ~ origins of man** die frühesten Ursprünge des Menschen.
     II n Nonplusultra nt. **that is the ~ in comfort** das ist Superkomfort or das Höchste an Komfort.

ultimately ['ʌltɪmɪtlɪ] *adv* (*in the end*) letztlich, letzten Endes; (*eventually*) schließlich; (*fundamentally*) im Grunde genommen, letztlich. **it's ~ your decision** im Grunde genommen or letztlich müssen Sie das entscheiden.

ultimatum [ˌʌltɪˈmeɪtəm] n, pl **-s** or **ultimata** (*Mil, fig*) Ultimatum nt. **to deliver an ~ to sb** jdm ein Ultimatum stellen.

ultimo [ˈʌltɪməʊ] *adv* (*Comm*) des letzten *or* vorigen Monats.

ultra- [ˈʌltrə-] *pref* ultra-; **ultrafashionable** *adj* ultramodern, supermodisch; **ultra-high frequency** I *n* Dezimeterwellen *pl*; II *adj* Dezimeterwellen-; **ultramarine** I *n* Ultramarin *nt*; II *adj* ultramarin(blau); **ultramodern** *adj* ultra- *or* hypermodern; **ultramontane** *adj* (*Eccl*) ultramontan; **ultrashort wave** *n* Ultrakurzwelle *f*; **ultrasound** *n* (*US Med*) Ultraschallaufnahme *f*; **ultraviolet** *adj* ultraviolett.

Ulysses [juːˈlɪsiːz] *n* Odysseus *m*.

um [əm] *interj* äh; (*in decision, answering*) hm.

umbel [ˈʌmbəl] *n* Dolde *f*.

umber [ˈʌmbəʳ] I *n* (*earth*) Umbraerde *f*; (*pigment: also raw* ~) Umbra *f*, Umber *m*. **burnt** ~ gebrannte Umbra. II *adj* umbrabraun.

umbilical [ʌmˈbɪlɪkəl] I *adj* Nabel-. II *n* (*also* ~ **cord**) 1. (*Anat*) Nabelschnur *f*. 2. (*Space*) Kabelschlauch *m*; (*to astronaut also*) Nabelschnur *f*.

umbilicus [ʌmbɪˈlaɪkəs] *n* (*spec*) Nabel *m*.

umbra [ˈʌmbrə] *n*, *pl* ~**e** [ˈʌmbriː] *or* ~**s** (*Astron*) (*shadow*) Kernschatten *m*; (*in sunspot*) Umbra *f*.

umbrage [ˈʌmbrɪdʒ] *n* **to take** ~ **at sth** an etw (*dat*) Anstoß nehmen; **he took** ~ er nahm daran Anstoß.

umbrella [ʌmˈbrelə] *n* (Regen)schirm *m*; (*sun* ~) (Sonnen)schirm *m*; (*Mil: air* ~) (*for ground troops*) Abschirmung *f*, Luftschirm *m*; (*for plane*) Jagdschutz *m*. **collapsible** *or* **telescopic** ~ Taschen- *or* Faltschirm, Knirps ® *m*; **under the** ~ **of** (*fig*) unter der Kontrolle von.

umbrella organization *n* Dachorganisation *f*.

umlaut [ˈʊmlaʊt] *n* (*sign*) Umlautpunkte *pl*; (*sound change*) Umlaut *m*. **a** ~ ä [ɛ:].

umpire [ˈʌmpaɪəʳ] I *n* Schiedsrichter(in *f*) *m*; (*fig*) Unparteiische(r) *mf*. **to act as** ~ (*lit*) als Schiedsrichter fungieren, Schiedsrichter sein; (*fig*) schlichten.
II *vt* (*Sport*) als Schiedsrichter fungieren bei, Schiedsrichter sein bei, schiedsrichtern bei; (*fig*) schlichten.
III *vi* (*in* bei) Schiedsrichter sein, schiedsrichtern.

umpteen [ˈʌmpˈtiːn] *adj* (*inf*) zig (*inf*), x (*inf*). **I've told you** ~ **times** ich habe dir zigmal *or* x-mal gesagt (*inf*).

umpteenth [ˈʌmpˈtiːnθ] *adj* (*inf*) x-te(r, s). **for the** ~ **time** zum x-ten Mal.

UN *abbr of* **United Nations** UNO *f*, UN *pl*. ~ **troops** UNO-Truppen *pl*.

un- [ʌn-] *pref* (*before adj, adv*) un-, nicht; (*before n*) Un-.

unabashed [ʌnəˈbæʃt] *adj* (*not ashamed, embarrassed*) dreist, unverfroren; (*not overawed*) unbeeindruckt.

unabated [ʌnəˈbeɪtɪd] *adj* unvermindert. **the rain/storm continued** ~ der Regen/ Sturm ließ nicht nach.

unable [ʌnˈeɪbl] *adj pred* **to be** ~ **to do sth** etw nicht tun können, außerstande sein, etw zu tun. .

unabridged [ʌnəˈbrɪdʒd] *adj* ungekürzt.

unacceptable [ʌnəkˈseptəbl] *adj plans, terms* unannehmbar; *excuse, offer,*

behaviour nicht akzeptabel; *standard, unemployment level, working conditions* nicht tragbar, untragbar. **it's quite** ~ **that we should be expected to …** es kann doch nicht von uns verlangt werden, daß …; **it's quite** ~ **for young children to …** es kann nicht zugelassen werden, daß kleine Kinder …; **the** ~ **face of capitalism** die Kehrseite des Kapitalismus.

unacceptably [ʌnəkˈseptɪblɪ] *adv* untragbar. **he suggested, quite** ~**, that …** er schlug vor, was völlig unakzeptabel war, daß …

unaccommodating [ʌnəˈkɒmədeɪtɪŋ] *adj* ungefällig; *attitude* unnachgiebig.

unaccompanied [ʌnəˈkʌmpənɪd] *adj person, child, singing* ohne Begleitung; *instrument* Solo-. ~ **luggage** aufgegebenes Reisegepäck.

unaccountable [ʌnəˈkaʊntəbl] *adj* unerklärlich; *phenomenon also* unerklärbar.

unaccountably [ʌnəˈkaʊntəblɪ] *adv* unerklärlicherweise; *disappear* auf unerkliche Weise.

unaccounted for [ʌnəˈkaʊntɪdˈfɔːʳ] *adj* ungeklärt. **£30 is still** ~ es ist noch ungeklärt, wo die £ 30 geblieben sind; **three of the passengers are still** ~ drei Passagiere werden noch vermißt.

unaccustomed [ʌnəˈkʌstəmd] *adj* 1. (*unusual*) ungewohnt.
2. (*of person: unused*) **to be** ~ **to sth** etw nicht gewohnt sein, an etw (*acc*) nicht gewöhnt sein; **to be** ~ **to doing sth** es nicht gewohnt sein *or* nicht daran gewöhnt sein, etw zu tun; ~ **as I am to public speaking …** ich bin kein großer Redner, aber …

unacknowledged [ʌnəkˈnɒlɪdʒd] *adj letter* unbeantwortet; *mistake* uneingestanden; *champion* verkannt. **to leave a letter** ~ den Empfang eines Briefes nicht bestätigen; **to go** ~ nicht anerkannt werden; **the letter went** ~ der Empfang des Briefes wurde nicht bestätigt.

unacquainted [ʌnəˈkweɪntɪd] *adj pred* **to be** ~ **with the facts** mit den Tatsachen nicht vertraut sein; **I'm not** ~ **with the facts** die Tatsachen sind mir nicht gänzlich fremd; **they're still** ~ sie kennen sich noch immer nicht.

unadaptable [ʌnəˈdæptəbl] *adj* nicht anpassungsfähig, nicht flexibel. **to be** ~ **to sth** sich an etw (*acc*) nicht anpassen können.

unadorned [ʌnəˈdɔːnd] *adj* schlicht; *woman's beauty* natürlich; *truth* ungeschminkt.

unadulterated [ʌnəˈdʌltəreɪtɪd] *adj* 1. unverfälscht, rein; *wine* rein, ungepanscht; (*hum*) *whisky* unverdünnt. ~ **by foreign influences** durch fremde Einflüsse nicht verfälscht.
2. (*fig*) *nonsense* schier; *bliss* ungetrübt. **this is** ~ **filth** das ist der reinste Schmutz.

unadventurous [ʌnədˈventʃərəs] *adj time, life* wenig abenteuerlich, ereignislos; *tastes* hausbacken, bieder; *style, theatrical production, football* einfallslos; *person* wenig unternehmungslustig. **where food is concerned he is very** ~ in bezug aufs Essen ist er nicht experimentierfreudig.

unadventurously [ʌnədˈventʃərəslɪ] *adv*

directed einfallslos; *dressed, decorated* bieder, hausbacken. **rather ~ they chose Tenerife again** einfallslos *or* wenig abenteuerlich, wie sie sind, haben sie sich wieder für Teneriffa entschieden; **to eat ~** in bezug aufs Essen nicht experimentierfreudig sein.

unadvisable [ˌʌnəd'vaɪzəbl] *adj* unratsam, nicht ratsam.

unaesthetic, *(US)* **unesthetic** [ˌʌniːsˈθetɪk] *adj* unästhetisch.

unaffected [ˌʌnəˈfektɪd] *adj* **1.** *(sincere)* ungekünstelt, natürlich, unaffektiert; *pleasure, gratitude* echt.
2. *(not damaged)* nicht angegriffen *(also Med)*, nicht in Mitleidenschaft gezogen, nicht beeinträchtigt; *(not influenced)* unbeeinflußt, nicht beeinflußt; *(not involved)* nicht betroffen; *(unmoved)* ungerührt, unbewegt. **our plans were ~ by the strike** unsere Pläne wurden vom Streik nicht betroffen; **he remained quite ~ by all the noise** der Lärm berührte *or* störte ihn überhaupt nicht.

unaffectedly [ˌʌnəˈfektɪdlɪ] *adv (sincerely)* ungeziert, natürlich; *say* unaffektiert. **she was ~ pleased** ihre Freude war echt.

unaffectedness [ˌʌnəˈfektɪdnɪs] *n (sincerity)* Ungeziertheit, Natürlichkeit, Unaffektiertheit *f*; *(of joy etc)* Aufrichtigkeit *f*.

unafraid [ˌʌnəˈfreɪd] *adj* unerschrocken, furchtlos. **to be ~ of sb/sth** vor jdm/etw keine Angst haben.

unaided [ʌnˈeɪdɪd] **I** *adv* ohne fremde Hilfe. **to do sth ~** etw allein *or* ohne fremde Hilfe tun. **II** *adj* **his own ~ work** seine eigene Arbeit; **by my own ~ efforts** ganz. ohne fremde Hilfe; **~ by sb/sth** ohne jds Hilfe/ohne Zuhilfenahme von etw.

unaired [ʌnˈeəd] *adj* ungelüftet.

unalike [ˌʌnəˈlaɪk] *adj pred* unähnlich, ungleich. **the two children are so ~** die beiden Kinder sind so verschieden.

unallocated [ʌnˈæləkeɪtɪd] *adj funds* nicht zugewiesen *or* zugeteilt. **~ tickets** Karten im freien Verkauf.

unalloyed [ˌʌnəˈlɔɪd] *adj usu attr happiness* ungetrübt.

unalterable [ʌnˈɒltərəbl] *adj intention, decision* unabänderlich; *laws* unveränderlich.

unalterably [ʌnˈɒltərəblɪ] *adv* unveränderlich.

unaltered [ʌnˈɒltəd] *adj* unverändert.

unambiguous *adj*, **~ly** *adv* [ˌʌnæmˈbɪɡjʊəs, -lɪ] eindeutig, unzweideutig.

unambitious [ˌʌnæmˈbɪʃəs] *adj person, plan* nicht ehrgeizig (genug); *theatrical production* anspruchslos.

unamenable [ˌʌnəˈmiːnəbl] *adj* unzugänglich *(to dat)*. **he is ~ to persuasion** er läßt sich nicht überreden; **~ to medical treatment** auf ärztliche Behandlung nicht ansprechend.

un-American [ˌʌnəˈmerɪkən] *adj* unamerikanisch. **~ activities** unamerikanische Umtriebe *pl*.

unamused [ˌʌnəˈmjuːzd] *adj laugh* gezwungen, unfroh. **the dirty story left her ~** sie fand die schmutzige Geschichte überhaupt nicht lustig.

unanimity [ˌjuːnəˈnɪmɪtɪ] *n see adj* Einmütigkeit *f*; Einstimmigkeit *f*.

unanimous [juːˈnænɪməs] *adj* einmütig; *decision also, (Jur)* einstimmig. **we were ~ in thinking …** wir waren einmütig der Ansicht …; **they were ~ in their condemnation of him** sie haben ihn einmütig verdammt; **by a ~ vote** einstimmig.

unanimously [juːˈnænɪməslɪ] *adv* einstimmig, einmütig; *vote* einstimmig.

unannounced [ˌʌnəˈnaʊnst] *adj, adv* unangemeldet.

unanswerable [ʌnˈɑːnsərəbl] *adj question* nicht zu beantworten *pred*, nicht zu beantwortend *attr*; *argument, case* zwingend, unwiderlegbar. **that remark is ~** darauf läßt sich nichts erwidern.

unanswered [ʌnˈɑːnsəd] *adj* unbeantwortet.

unapologetic [ˌʌnəˌpɒləˈdʒetɪk] *adj* unverfroren, dreist. **he was so ~ about it** es schien ihn überhaupt nicht zu kümmern.

unappealable [ˌʌnəˈpiːləbl] *adj (Jur)* nicht berufungsfähig.

unappealing [ˌʌnəˈpiːlɪŋ] *adj* nicht ansprechend, nicht reizvoll; *person also* unansehnlich; *prospect, sight* nicht verlockend.

unappeased [ˌʌnəˈpiːzd] *adj appetite, lust* unbefriedigt; *hunger, thirst* ungestillt.

unappetizing [ʌnˈæpɪtaɪzɪŋ] *adj* unappetitlich; *prospect, thought* wenig verlockend.

unappreciated [ˌʌnəˈpriːʃɪeɪtɪd] *adj* nicht geschätzt *or* gewürdigt. **she felt she was ~ by him** sie hatte den Eindruck, daß er sie nicht zu schätzen wußte.

unappreciative [ˌʌnəˈpriːʃɪətɪv] *adj* undankbar; *audience* verständnislos. **to be ~ of sth** etw nicht zu würdigen wissen.

unapproachable [ˌʌnəˈprəʊtʃəbl] *adj place* unzugänglich; *person also* unnahbar. **~ except by air** nur aus der Luft zu erreichen.

unapt [ʌnˈæpt] *adj (inappropriate)* unpassend, unangebracht.

unarguable [ʌnˈɑːɡjuəbl] *adj theory etc* nicht vertretbar.

unarguably [ʌnˈɑːɡjuəblɪ] *adv* unbestreitbar, zweifellos.

unargued [ʌnˈɑːɡjuːd] *adj (without argumentation)* unbegründet; *(undisputed)* unangefochten, unbestritten. **the point was left ~** dieser Punkt wurde nicht begründet; *(undiscussed)* dieser Punkt wurde nicht erörtert.

unarm [ʌnˈɑːm] *vt see* **disarm**.

unarmed [ʌnˈɑːmd] *adj* unbewaffnet. **~ combat** Nahkampf *m* ohne Waffe.

unashamed [ˌʌnəˈʃeɪmd] *adj* schamlos. **naked but ~** nackt aber ohne Scham; **his ~ conservatism** sein unverhohlener Konservatismus; **he was quite ~ about it** er schämte sich dessen überhaupt nicht.

unashamedly [ˌʌnəˈʃeɪmɪdlɪ] *adv* unverschämt; *say, admit* ohne Scham; *in favour of, partisan* ganz offen, unverhohlen. **he's ~ proud of …** er macht kein Hehl daraus, wie stolz er auf … ist; **they are ~ in love** sie schämen sich ihrer Liebe nicht.

unasked [ʌnˈɑːskt] *adj (unrequested)* unaufgefordert, ungefragt, ungebeten;

(*uninvited*) un(ein)geladen, ungebeten.

unasked-for [ʌnˈɑːsktfɔːʳ] *adj* ungewünscht, unwillkommen.

unassailable [ˌʌnəˈseɪləbl] *adj* unangreifbar; *fortress* uneinnehmbar, unbezwingbar; *position, reputation* unantastbar, unanfechtbar; *conviction* unerschütterlich; *argument* unwiderlegbar, unanfechtbar, zwingend. **he is quite ~ on that point** in diesem Punkt kann er nicht widerlegt werden.

unassisted [ˌʌnəˈsɪstɪd] *adj, adv see* **unaided.**

unassuming [ˌʌnəˈsjuːmɪŋ] *adj* bescheiden.

unattached [ˌʌnəˈtætʃt] *adj* **1.** (*not fastened*) unbefestigt; (*Mil*) keinem Regiment/keiner Einheit *etc* zugeteilt; (*US*) *athlete* ohne Vereinszugehörigkeit. **~ vote** Wechselwähler *m*.
2. (*emotionally*) ungebunden. **she's worried about being still ~** sie macht sich Sorgen, weil sie immer noch keinen Partner gefunden hat.

unattainability [ˈʌnəˌteɪnəˈbɪlɪtɪ] *n* Unerreichbarkeit *f*.

unattainable [ˌʌnəˈteɪnəbl] *adj* unerreichbar.

unattended [ˌʌnəˈtendɪd] *adj* **1.** (*not looked after*) *children* unbeaufsichtigt; *car park, car, luggage* unbewacht; *wound, patient* unbehandelt, nicht behandelt; *shop* ohne Bedienung; *customer* nicht bedient; *business* unerledigt. **to leave sb/sth ~** *children, car, luggage* jdn/etw unbeaufsichtigt/unbewacht lassen; *shop* etw unbeaufsichtigt lassen; **to leave sb/sth ~ (to)** *guests, wound* sich nicht um jdn/etw kümmern; *work* etw liegenlassen, etw nicht erledigen; *patient, wound* jdn/etw nicht behandeln; *customer* jdn nicht bedienen; **to be** *or* **go ~ to** (*wound, injury*) nicht behandelt werden; (*car, fault*) nicht repariert werden; (*customer*) nicht bedient werden; (*work*) nicht erledigt sein/werden.
2. (*not escorted*) ohne Begleitung (*by gen*), unbegleitet.

unattractive [ˌʌnəˈtræktɪv] *adj sight, place* unschön, wenig reizvoll; *offer* unattraktiv, uninteressant, nicht verlockend; *trait, scar* unschön, abstoßend; *character* unsympathisch; *woman* unattraktiv. **he's ~ to women** Frauen finden ihn nicht attraktiv *or* anziehend.

unattractiveness [ˌʌnəˈtræktɪvnɪs] *n* Unschönheit *f*; (*of woman*) geringe Attraktivität. **the ~ of the offer** das unattraktive Angebot; **the ~ of his character** sein unsympathischer Charakter.

unauthenticated [ˌʌnɔːˈθentɪkeɪtɪd] *adj* unverbürgt; *document* unbeglaubigt.

unauthorized [ʌnˈɔːθəraɪzd] *adj* unbefugt, unberechtigt. **no entry for ~ persons** Zutritt für Unbefugte verboten!

unavailable [ˌʌnəˈveɪləbl] *adj* nicht erhältlich; *person* nicht zu erreichen *pred*; *library book* nicht verfügbar.

unavailing [ˌʌnəˈveɪlɪŋ] *adj* vergeblich, umsonst *pred*.

unavailingly [ˌʌnəˈveɪlɪŋlɪ] *adv* vergeblich.

unavenged [ˌʌnəˈvendʒd] *adj* ungerächt.

unavoidable [ˌʌnəˈvɔɪdəbl] *adj* unvermeidlich, unvermeidbar; *conclusion* zwangsläufig, unausweichlich.

unavoidably [ˌʌnəˈvɔɪdəblɪ] *adv* notgedrungen. **to be ~ detained** verhindert sein.

unaware [ˌʌnəˈweəʳ] *adj pred* **to be ~ of sth** sich (*dat*) einer Sache (*gen*) nicht bewußt sein; **I was ~ of his presence** ich hatte nicht bemerkt, daß er da war; **I was ~ that he was interested** es war mir nicht bewußt, daß er (daran) interessiert war; **I was ~ of the fact that you knew** es war mir nicht bewußt *or* ich wußte nicht, daß Sie Bescheid wußten; **not ~ of sth** sich (*dat*) einer Sache (*gen*) durchaus bewußt; **I was not ~ that ...** es war mir durchaus bewußt *or* klar, daß ...; **he's so ~** er weiß überhaupt nicht Bescheid.

unawares [ˌʌnəˈweəz] *adv* (*by surprise*) unerwartet; (*accidentally*) unbeabsichtigt, versehentlich; (*without knowing*) unwissentlich. **to catch** *or* **take sb all ~** jdn überraschen.

unbalance [ʌnˈbæləns] *vt* (*physically, mentally*) aus dem Gleichgewicht bringen; *painting* das Gleichgewicht (+*gen*) stören. **to ~ sb's mind** jdn um den Verstand bringen.

unbalanced [ʌnˈbælənst] *adj* **1.** *painting* unausgewogen; *diet also, report, view of life* einseitig; *ship etc* nicht im Gleichgewicht.
2. (*also* **mentally ~**) (*deranged, mad*) irre, verrückt; (*slightly crazy*) nicht ganz normal. **is he a bit ~?** ist er nicht ganz normal *or* nicht ganz richtig im Kopf?
3. *account* nicht saldiert *or* ausgeglichen.

unbar [ʌnˈbɑːʳ] *vt* aufsperren.

unbearable [ʌnˈbeərəbl] *adj* unerträglich.

unbearably [ʌnˈbeərəblɪ] *adv see adj.* **almost ~ beautiful** überwältigend *or* hinreißend schön, fast zu schön.

unbeatable [ʌnˈbiːtəbl] *adj* unschlagbar; *army also* unbesiegbar; *record also* nicht zu überbieten *pred*, nicht zu überbietend *attr*; *offer, price also* unübertrefflich.

unbeaten [ʌnˈbiːtn] *adj* ungeschlagen; *army also* unbesiegt; *record* ungebrochen.

unbecoming [ˌʌnbɪˈkʌmɪŋ] *adj* **1.** *behaviour, language etc* unschicklich, unziemlich (*geh*). **conduct ~ to a gentleman** ein Benehmen, das sich für einen Herrn nicht schickt.
2. (*unflattering*) *clothes* unvorteilhaft; *facial hair* unschön.

unbeknown(st) [ˌʌnbɪˈnəʊn(st)] *adv* ohne daß es jemand wußte. **~ to me/his father** ohne mein Wissen/ohne Wissen seines Vaters.

unbelief [ˌʌnbɪˈliːf] *n* Ungläubigkeit *f*. **a look of ~** ein ungläubiger Blick; **in ~** ungläubig.

unbelievable [ˌʌnbɪˈliːvəbl] *adj* unglaublich; (*inf*) (*bad*) unglaublich; (*good*) sagenhaft (*inf*).

unbelievably [ˌʌnbɪˈliːvəblɪ] *adv* unglaublich.

unbeliever [ˌʌnbɪˈliːvəʳ] *n* Ungläubige(r) *mf*.

unbelieving *adj,* **~ly** *adv* [ˌʌnbɪˈliːvɪŋ, -lɪ] ungläubig.

unbend [ʌn'bend] *irreg* **I** *vt (straighten)*
metal etc geradebiegen; *arms* strecken.
   II *vi (person: relax)* aus sich heraus-
gehen; *(straighten body)* sich aufrichten;
sich gerade hinlegen.

unbending [ʌn'bendɪŋ] *adj person, attitude*
unnachgiebig; *determination* unbeugsam.

unbias(s)ed [ʌn'baɪəst] *adj* unvorein-
genommen.

unbidden [ʌn'bɪdn] *adj (form)* ungebeten;
(not ordered also) unaufgefordert; *(unin-
vited also)* ungeladen. **to do sth** ~ etw
unaufgefordert tun.

unbind [ʌn'baɪnd] *vt irreg (free) prisoner*
losbinden, befreien; *(untie) hair* lösen;
(unbandage) den Verband ablösen von.

unbleached [ʌn'bli:tʃt] *adj* ungebleicht.

unblemished [ʌn'blemɪʃt] *adj (lit, fig)*
makellos; *reputation also* unbescholten;
skin also tadellos. **their relationship was ~
by quarrels** kein Streit hatte je ihre
Beziehung getrübt.

unblinking [ʌn'blɪŋkɪŋ] *adj look* unver-
wandt; *eyes* starr.

unblock [ʌn'blɒk] *vt* frei machen; *sink, pipe*
die Verstopfung in (+*dat*) beseitigen;
chimney ausputzen.

unblushing [ʌn'blʌʃɪŋ] *adj* schamlos; *liar
also* unverschämt. **he's quite ~ about it** er
schämt sich kein bißchen.

unblushingly [ʌn'blʌʃɪŋlɪ] *adv* ohne sich zu
schämen, frech.

unbolt [ʌn'bəʊlt] *vt* aufriegeln. **he left the
door ~ed** er verriegelte die Tür nicht.

unborn [ʌn'bɔːn] *adj* ungeboren. **gener-
ations yet ~** kommende Generationen.

unbosom [ʌn'bʊzəm] *vt feelings* offen-
baren, enthüllen *(to sb* jdm). **to ~ oneself
to sb** jdm sein Herz ausschütten.

unbound [ʌn'baʊnd] *adj* **1.** *(not tied) hair*
gelöst; *prisoner* losgekettet, von den
Fesseln befreit. **Prometheus ~** der
befreite Prometheus. **2.** *book* ungebun-
den.

unbounded [ʌn'baʊndɪd] *adj* grenzenlos;
(fig also) unermeßlich, unendlich.

unbowed [ʌn'baʊd] *adj (fig)* ungebeugt;
pride ungebeugt. **with head ~** mit hocher-
hobenem Kopf; **he was ~ by misfortune**
sein Unglück hatte ihn nicht gebrochen.

unbreakable [ʌn'breɪkəbl] *adj glass, toy*
unzerbrechlich; *record* nicht zu brechen
pred; *rule* unumstößlich, feststehend *attr*;
promise, silence unverbrüchlich. **an ~
habit** eine Angewohnheit, die man nicht
loswerden *or* ablegen kann.

unbribable [ʌn'braɪbəbl] *adj* unbestechlich.

unbridled [ʌn'braɪdld] *adj lust, passion*
ungezügelt, zügellos; *anger* hemmungs-
los; *tongue* lose; *capitalism* ungehemmt.

un-British [ʌn'brɪtɪʃ] *adj* unbritisch.

unbroken [ʌn'brəʊkən] *adj* **1.** *(intact)*
unbeschädigt; *crockery also* nicht zer-
brochen, unzerbrochen; *seal* nicht er-
brochen; *heart, promise* nicht gebrochen.
   2. *(continuous)* ununterbrochen; *silence
also* ungebrochen; *(Mil) ranks* ge-
schlossen; *line of descent* direkt. **an ~
night's sleep** eine ungestörte Nacht.
   3. *(unbeaten) record* ungebrochen,
unüberboten.
   4. *horse* nicht zugeritten; *pride*

ungebeugt. **his spirit remained ~** er war
ungebrochen.
   5. *voice* nicht gebrochen. **boys with ~
voices** Jungen vor dem Stimmbruch.

unbuckle [ʌn'bʌkl] *vt* aufschnallen.

unburden [ʌn'bɜːdn] *vt (liter: unload)*
abladen; *(fig) conscience, heart* erleich-
tern. **to ~ oneself/one's heart/one's soul to
sb** jdm sein Herz ausschütten; **to ~ oneself
of sth** *(lit liter)* etw abladen, sich von etw
befreien; *(fig) sich (dat)* etw von der Seele
reden; *of anxiety, guilt* sich von etw
befreien *or* losmachen; *of sins* etw offen-
baren *or* gestehen.

unbusinesslike [ʌn'bɪznəslaɪk] *adj*
unsystematisch. **it's very ~ to keep all
your correspondence in cardboard boxes**
es ist äußerst unordentlich, die ganze Kor-
respondenz in Kartons aufzubewahren; **in
spite of his ~ appearance ...** obwohl er gar
nicht wie ein Geschäftsmann aussieht ...

unbutton [ʌn'bʌtn] *vt* aufknöpfen.

uncalled-for [ʌn'kɔːldfɔː^r] *adj (unjustified)*
criticism ungerechtfertigt; *(unnecessary)*
unnötig; *(rude) remark* ungebührlich,
deplaciert. **that was quite ~** das war nun
wirklich nicht nötig *or* nett.

uncannily [ʌn'kænɪlɪ] *adv see adj.* **his
guesses are ~ accurate** es ist unheimlich,
wie genau er alles errät.

uncanny [ʌn'kænɪ] *adj* unheimlich. **it's
quite ~** das ist geradezu unheimlich.

uncared-for [ʌn'keədfɔː^r] *adj garden, hands*
ungepflegt; *child* vernachlässigt, ver-
wahrlost.

uncaring [ʌn'keərɪŋ] *adj* gleichgültig, teil-
nahmslos; *parents* lieblos.

uncarpeted [ʌn'kɑːpɪtɪd] *adj* ohne Tep-
pich, nicht ausgelegt.

uncatalogued [ʌn'kætəlɒgd] *adj* nicht
katalogisiert.

unceasing *adj*, **~ly** *adv* [ʌn'siːsɪŋ, -lɪ]
unaufhörlich.

uncensored [ʌn'sensəd] *adj film, version*
unzensiert; *(unblamed) remark* unge-
tadelt, ungerügt.

unceremonious [ˌʌnserɪ'məʊnɪəs] *adj*
1. *(abrupt, rude) dismissal* brüsk, barsch;
reply unverbrämt, unverblümt; *behaviour*
ungehobelt, ruppig; *exit, departure* über-
stürzt; *haste* unfein, unfeierlich. **the
rather ~ treatment we got** so kurz, wie wir
abgefertigt wurden; **he responded with an
~ punch on the nose** als Antwort hat er
ihm *etc* kurzerhand *or* ohne viel Feder-
lesens einen Schlag auf die Nase versetzt.
   2. *(informal, simple)* zwanglos, form-
los. **he greeted me with an ~ "hi"** er
begrüßte mich mit einem formlosen *or*
saloppen *or* lässigen „hallo".

unceremoniously [ˌʌnserɪ'məʊnɪəslɪ] *adv*
1. *(abruptly, rudely)* ohne Umschweife,
kurzerhand. **2.** zwanglos, formlos.

uncertain [ʌn'sɜːtn] *adj* **1.** *(unsure, un-
steady)* unsicher; *light* undeutlich,
schwach. **to be ~ whether** sich (*dat*) nicht
sicher sein, ob; **to be ~ of *or* about sth** sich
(*dat*) einer Sache (*gen*) nicht sicher sein.
   2. *(unknown) date, result* ungewiß;
origins unbestimmt. **a woman of ~ age**
(hum) eine Frau von unbestimmtem Alter.
   3. *(unreliable) weather, prices* unbe-

ständig; *temper* unberechenbar; *judgement* unverläßlich, unzuverlässig.

4. (*unclear*) vage. **in no ~ terms** klar und deutlich, unzweideutig.

uncertainly [ʌnˈsɜːtnlɪ] *adv say* unbestimmt; *look, move* unsicher.

uncertainty [ʌnˈsɜːtntɪ] *n* (*state*) Ungewißheit *f*; (*indefiniteness*) Unbestimmtheit *f*; (*doubt*) Zweifel *m*, Unsicherheit *f*. **~ principle** (*Phys*) Ungenauigkeits- *or* Unschärferelation *f*; **in order to remove any ~** um alle eventuellen Unklarheiten zu beseitigen; **there is still some ~ as to whether ...** es besteht noch Ungewißheit, ob ...

unchain [ʌnˈtʃeɪn] *vt dog, prisoner* losketten, losbinden; (*+gen*) lösen; (*fig liter: free*) befreien, erlösen; *heart* freigeben.

unchallengeable [ʌnˈtʃælɪndʒəbl] *adj* unerschütterlich, unanfechtbar; *proof also* unwiderlegbar.

unchallenged [ʌnˈtʃælɪndʒd] *adj* unbestritten, unangefochten; (*Jur*) *juryman* nicht abgelehnt; *evidence* nicht angefochten, unangefochten. **to go ~** (*Mil*) ohne Anruf passieren; **we passed the sentry ~** die Wache ließ uns ohne Anruf passieren; **I cannot let that remark go ~** diese Bemerkung kann ich nicht unwidersprochen hinnehmen.

unchanged [ʌnˈtʃeɪndʒd] *adj* unverändert.

unchanging [ʌnˈtʃeɪndʒɪŋ] *adj* unveränderlich.

uncharacteristic [ˌʌnkærəktəˈrɪstɪk] *adj* uncharakteristisch, untypisch (*of* für). **such rudeness is ~ of him** es ist gar nicht seine Art, so unhöflich zu sein.

uncharitable [ʌnˈtʃærɪtəbl] *adj* hartherzig; *remark* unfreundlich, nicht nett, lieblos; *view* unbarmherzig, herzlos; *criticism* schonungslos, unbarmherzig. **it was most ~ of you to ...** es war wirklich nicht nett, daß Sie ...

uncharted [ʌnˈtʃɑːtɪd] *adj* (*not explored*) unerforscht, unergründet; (*not on map*) nicht verzeichnet *or* eingezeichnet.

unchaste [ʌnˈtʃeɪst] *adj* unzüchtig; *thoughts, actions* unkeusch; *life, wife* untugendhaft.

unchecked [ʌnˈtʃekt] *adj* 1. (*unrestrained*) ungehemmt, unkontrolliert; *advance* ungehindert; *anger* hemmungslos, ungezügelt. **to go ~** (*abuse*) geduldet werden; (*advance*) nicht gehindert werden; (*inflation*) nicht eingedämmt *or* aufgehalten werden; **if the epidemic goes ~** wenn der Epidemie nicht Einhalt geboten wird.

2. (*not verified*) ungeprüft.

unchivalrous [ʌnˈʃɪvəlrəs] *adj* unritterlich; *remark* ungalant.

unchristian [ʌnˈkrɪstjən] *adj* unchristlich. **at an ~ hour** (*inf*) zu unchristlicher Zeit.

uncircumcised [ʌnˈsɜːkəmsaɪzd] *adj* unbeschnitten.

uncivil [ʌnˈsɪvɪl] *adj* unhöflich.

uncivilized [ʌnˈsɪvɪlaɪzd] *adj country, tribe, behaviour* unzivilisiert; (*inf*) *habit* barbarisch.

unclaimed [ʌnˈkleɪmd] *adj prize* nicht abgeholt; *property also* herrenlos; *right* nicht geltend gemacht; *social security etc*

nicht beansprucht.

unclasp [ʌnˈklɑːsp] *vt necklace* lösen; *cloak* öffnen, aufhaken; *hands* voneinander lösen. **he ~ed her hand** er löste ihre Hand.

unclassified [ʌnˈklæsɪfaɪd] *adj* 1. (*not arranged*) nicht klassifiziert *or* eingeordnet.

2. (*not secret*) nicht geheim.

uncle [ˈʌŋkl] *n* Onkel *m*. **U~ Sam** Uncle *or* Onkel Sam; **to say** *or* **cry ~** (*US*) aufgeben; *see* **Dutch.**

unclean [ʌnˈkliːn] *adj* unsauber (*also Bibl*); (*Rel*) *animal* unrein; *thoughts* unkeusch; (*fig: contaminated*) schmutzig.

unclear [ʌnˈklɪəʳ] *adj* unklar; *essay etc* undurchsichtig. **to be ~ about sth** sich (*dat*) über etw (*acc*) im unklaren *or* nicht im klaren sein.

unclog [ʌnˈklɒg] *vt pipe, drain* die Verstopfung in (*+dat*) beseitigen; *wheel* befreien.

unclothed [ʌnˈkləʊðd] *adj* unbekleidet.

unclouded [ʌnˈklaʊdɪd] *adj sky* unbewölkt; (*fig*) *happiness, vision, mind* ungetrübt; *mind* klar.

uncluttered [ʌnˈklʌtəd] *adj* schlicht, einfach; *desk, room* nicht überfüllt *or* überladen. **a mind ~ by excess information** ein von überflüssigem Wissen freier *or* unbelasteter Kopf.

uncoil [ʌnˈkɔɪl] **I** *vt* abwickeln.

II *vir* (*snake*) sich langsam strecken; (*person*) sich ausstrecken; (*wire etc*) sich abwickeln, sich abspulen.

uncollected [ˌʌnkəˈlektɪd] *adj tax* nicht eingezogen; *fare* nicht kassiert, unkassiert.

uncoloured, (*US*) **uncolored** [ʌnˈkʌləd] *adj* (*colourless*) farblos; (*white*) weiß; (*fig: unprejudiced*) nicht gefärbt; *judgement* unparteiisch. **his judgement was ~ by ...** sein Urteil war nicht durch ... gefärbt.

uncombed [ʌnˈkəʊmd] *adj* ungekämmt.

uncomfortable [ʌnˈkʌmfətəbl] *adj* 1. unbequem; *chair, position also* ungemütlich. **I feel ~ sitting like this** es ist unbequem, so zu sitzen; **I feel ~ on this bed** ich finde das Bett nicht bequem; **I feel ~ in this jacket** in dieser Jacke fühle ich mich nicht wohl; **it feels ~** es ist unbequem.

2. (*uneasy*) *feeling* unangenehm, ungut; *silence* (*awkward*) peinlich; (*nerveracking*) beklemmend. **to feel ~** sich unbehaglich *or* sich nicht wohl fühlen; **I felt ~ about it** ich hatte ein ungutes Gefühl dabei, mir war nicht wohl dabei; **he was ~ in that job** er fühlte sich in dieser Stelle nicht wohl.

3. (*unpleasant*) *time, position* unerfreulich. **we could make things ~ for you** (*euph*) wir können ungemütlich werden.

uncomfortably [ʌnˈkʌmfətəblɪ] *adv* 1. unbequem. 2. (*uneasily*) unbehaglich, unruhig. 3. (*unpleasantly*) unangenehm. **I became ~ aware of having insulted him** es wurde mir peinlich bewußt, daß ich ihn beleidigt hatte.

uncommitted [ˌʌnkəˈmɪtɪd] *adj* nicht engagiert; *party, country* neutral. **we want to remain ~ till we get a full report** wir wollen uns nicht festlegen, bevor wir nicht einen ausführlichen Bericht haben; **~ to** nicht festgelegt auf (*+acc*).

uncommon [ʌn'kɒmən] *adj* 1. (*unusual*) ungewöhnlich. **it is not ~ for her to be late** es ist nichts Ungewöhnliches, daß sie zu spät kommt; **a not ~ occurrence** eine häufige Erscheinung. 2. (*outstanding*) außergewöhnlich.

uncommonly [ʌn'kɒmənlɪ] *adv* 1. (*unusually*) ungewöhnlich. 2. (*exceptionally*) außergewöhnlich. **that's ~ civil of you** (*dated*) das ist äußerst freundlich von Ihnen.

uncommunicative [ˌʌnkə'mjuːnɪkətɪv] *adj* (*by nature*) verschlossen, wortkarg; (*temporarily*) schweigsam.

uncompetitive [ˌʌnkəm'petɪtɪv] *adj* *industry* nicht wettbewerbsfähig, wettbewerbsunfähig; *price* nicht marktgerecht.

uncomplaining [ˌʌnkəm'pleɪnɪŋ] *adj* duldsam. **with ~ patience** klaglos.

uncomplainingly [ˌʌnkəm'pleɪnɪŋlɪ] *adv* geduldig, klaglos.

uncompleted [ˌʌnkəm'pliːtɪd] *adj* unbeendet, unvollendet.

uncomplicated [ʌn'kɒmplɪkeɪtɪd] *adj* unkompliziert.

uncomplimentary [ˌʌnkɒmplɪ'mentərɪ] *adj* unschmeichelhaft. **to be ~ about sb/sth** sich nicht sehr schmeichelhaft über jdn/etw äußern.

uncomprehending *adj*, **~ly** *adv* [ˌʌnkɒmprɪ'hendɪŋ, -lɪ] verständnislos.

uncompromising [ʌn'kɒmprəmaɪzɪŋ] *adj* kompromißlos; *dedication, honesty* rückhaltlos; *commitment* hundertprozentig.

uncompromisingly [ʌn'kɒmprəmaɪzɪŋlɪ] *adv* unerbittlich; *frank* rückhaltlos, völlig; *committed* hundertprozentig.

unconcealed [ˌʌnkən'siːld] *adj joy, delight etc* offen, unverhüllt; *hatred, distaste etc also* unverhohlen.

unconcern [ˌʌnkən'sɜːn] *n* (*lack of worry*) Unbesorgtheit, Unbekümmertheit *f*; (*indifference*) Gleichgültigkeit *f*.

unconcerned [ˌʌnkən'sɜːnd] *adj* 1. (*unworried*) unbekümmert; (*indifferent*) gleichgültig. **to be ~ about sth** sich nicht um etw kümmern; **how could he be so ~ about her safety/the problem?** wie konnte ihm ihre Sicherheit/das Problem so egal *or* gleichgültig sein?
2. (*not involved*) unbeteiligt (*in* an +*dat*).

unconcernedly [ˌʌnkən'sɜːnɪdlɪ] *adv* unbekümmert; (*indifferently*) gleichgültig.

unconditional [ˌʌnkən'dɪʃənl] *adj* vorbehaltlos. **~ surrender** bedingungslose Kapitulation.

unconditionally [ˌʌnkən'dɪʃnəlɪ] *adv offer, agree* vorbehaltlos; *surrender* bedingungslos.

unconditioned [ˌʌnkən'dɪʃənd] *adj* (*Psych*) nicht konditioniert.

unconfirmed [ˌʌnkən'fɜːmd] *adj* unbestätigt.

uncongenial [ˌʌnkən'dʒiːnɪəl] *adj person* unliebenswürdig, nicht einnehmend; *work, surroundings* unerfreulich. **he finds this place ~** dieser Ort entspricht ihm *or* seinem Wesen nicht.

unconnected [ˌʌnkə'nektɪd] *adj* 1. (*un-*

related) nicht miteinander in Beziehung stehend *attr*. **the two events are ~** es besteht keine Beziehung zwischen den beiden Ereignissen; **his illness is ~ with that accident** es besteht keine Beziehung zwischen seiner Krankheit und diesem Unfall.
2. (*incoherent*) zusammenhanglos, unzusammenhängend.

unconquerable [ʌn'kɒŋkərəbl] *adj army* unbesiegbar; *peak* unbezwinglich, unerreichbar; *spirit* unbezwinglich, unbezwingbar; *courage* unbezähmbar.

unconquered [ʌn'kɒŋkəd] *adj army* unbesiegt; *mountain* unbezwungen; *courage, spirit* ungebrochen. **large parts of Britain remained ~** weite Teile Großbritanniens wurden nicht erobert.

unconscious [ʌn'kɒnʃəs] **I** *adj* 1. (*Med*) bewußtlos. **the blow knocked him ~** durch den Schlag wurde er bewußtlos.
2. *pred* (*unaware*) **to be ~ of sth** sich (*dat*) einer Sache (*gen*) nicht bewußt sein; **I was ~ of the fact that ...** ich *or* es war mir nicht bewußt, daß ...
3. (*unintentional*) *insult, allusion etc* unbewußt, unbeabsichtigt; *blunder* ungewollt, unbeabsichtigt; *humour* unfreiwillig. **she was the ~ cause for his unhappiness** ohne es zu wissen, wurde sie zur Ursache seines Unglücks.
4. (*Psych*) unbewußt. **the ~ mind** das Unbewußte.
II *n* (*Psych*) **the ~** das Unbewußte.

unconsciously [ʌn'kɒnʃəslɪ] *adv* unbewußt. **an ~ funny remark** eine ungewollt lustige Bemerkung.

unconsciousness [ʌn'kɒnʃəsnɪs] *n* 1. (*Med*) Bewußtlosigkeit *f*. 2. (*unawareness*) mangelndes Bewußtsein. **his ~ of the real situation** seine Unkenntnis der tatsächlichen Lage. 3. (*of insult etc*) Ungewolltheit *f*; (*of humour*) Unfreiwilligkeit *f*.

unconsecrated [ʌn'kɒnsɪkreɪtɪd] *adj* (*Rel*) ungeweiht.

unconsidered [ˌʌnkən'sɪdəd] *adj fact etc* unberücksichtigt; (*rash*) *action etc* unbedacht, unüberlegt.

unconstitutional [ˌʌnkɒnstɪ'tjuːʃənl] *adj* verfassungswidrig.

unconstitutionally [ˌʌnkɒnstɪ'tjuːʃnəlɪ] *adv* verfassungswidrig.

unconstructive [ˌʌnkən'strʌktɪv] *adj* nicht konstruktiv. **this is one of the most ~ suggestions I've ever heard** einen so wenig konstruktiven Vorschlag habe ich noch nie gehört.

unconsummated [ʌn'kɒnsjumeɪtɪd] *adj* unvollzogen.

uncontaminated [ˌʌnkən'tæmɪneɪtɪd] *adj* nicht verseucht; *people* (*by disease*) nicht angesteckt; (*fig*) unverdorben.

uncontested [ˌʌnkən'testɪd] *adj* unbestritten; *election, seat etc* ohne Gegenkandidat. **the election/seat/district was ~ by the Liberals** die Liberalen stellten in der Wahl/für das Mandat/in dem Wahlkreis keinen Kandidaten auf; **the championship went ~ for many years** der Meisterschaftstitel wurde jahrelang nicht angefochten.

uncontrollable [ˌʌnkən'trəʊləbl] *adj* unkontrollierbar; *child* nicht zu bändigend *attr*, nicht zu bändigen *pred; horse, dog* nicht unter Kontrolle zu bringen *pred; desire, urge* unbezwinglich, unwiderstehlich; *(physical)* unkontrollierbar; *twitch* unkontrolliert; *laughter, mirth* unbezähmbar. **the epidemic is now** ~ die Epidemie ist nicht mehr unter Kontrolle zu bekommen; **to become** ~ außer Kontrolle geraten; **to have an** ~ **temper** unbeherrscht sein.

uncontrollably [ˌʌnkən'trəʊləblɪ] *adv* unkontrollierbar; *weep* hemmungslos; *laugh* unkontrolliert.

uncontrolled [ˌʌnkən'trəʊld] *adj* ungehindert; *dogs, children* unbeaufsichtigt; *laughter* unkontrolliert; *weeping* hemmungslos, haltlos. **if inflation is allowed to go** ~ wenn die Inflation nicht unter Kontrolle gebracht wird.

uncontroversial [ˌʌnkɒntrə'vɜːʃəl] *adv* unverfänglich.

unconventional *adj*, ~**ly** *adv* [ˌʌnkən'venʃənl, -əlɪ] unkonventionell.

unconversant [ˌʌnkən'vɜːsnt] *adj* **to be** ~ **with sth** mit etw nicht vertraut sein.

unconvinced [ˌʌnkən'vɪnst] *adj* nicht überzeugt *(of* von); *look* wenig überzeugt. **his arguments leave me** ~ seine Argumente überzeugen mich nicht; **I remain** ~ ich bin noch immer nicht überzeugt.

unconvincing [ˌʌnkən'vɪnsɪŋ] *adj* nicht überzeugend. **rather** ~ wenig überzeugend.

unconvincingly [ˌʌnkən'vɪnsɪŋlɪ] *adv* wenig überzeugend.

uncooked [ʌn'kʊkt] *adj* ungekocht, roh.

uncooperative [ˌʌnkəʊ'ɒpərətɪv] *adj* *attitude* stur, wenig entgegenkommend; *witness, colleague* wenig hilfreich, nicht hilfsbereit. **the government office remained** ~ das Regierungsamt war auch weiterhin nicht zur Kooperation bereit; **if the prisoner is still** ~ wenn sich der Gefangene weiterhin weigert, mit uns zusammenzuarbeiten; **why are you being so** ~? warum helfen Sie denn nicht mit?; **an** ~ **partner** ein Partner, der nicht mitmacht; **they didn't exactly go on strike, they just became** ~ sie haben nicht gerade gestreikt, sie haben nur auf stur geschaltet.

uncooperatively [ˌʌnkəʊ'ɒpərətɪvlɪ] *adv* wenig entgegenkommend; *say* wenig hilfreich.

uncoordinated [ˌʌnkəʊ'ɔːdɪneɪtɪd] *adj* unkoordiniert.

uncork [ʌn'kɔːk] *vt bottle* entkorken.

uncorroborated [ˌʌnkə'rɒbəreɪtɪd] *adj* unbestätigt; *evidence* nicht bekräftigt.

uncorrupted [ˌʌnkə'rʌptɪd] *adj* unverdorben, nicht korrumpiert; *person also* rechtschaffen.

uncountable [ʌn'kaʊntəbl] *adj (Gram)* unzählbar.

uncounted [ʌn'kaʊntɪd] *adj (innumerable)* unzählig.

uncouple [ʌn'kʌpl] *vt train, trailer* abkuppeln, abkoppeln.

uncouth [ʌn'kuːθ] *adj person* ungehobelt, ordinär; *behaviour* unflätig, ungehobelt; *manners* ungeschliffen, ungehobelt; *expression, word* unflätig, unfein.

uncover [ʌn'kʌvəʳ] **I** *vt* **1.** *(remove cover from)* aufdecken; *head* entblößen *(liter)*. **the men** ~**ed their heads** die Männer nahmen ihre Hüte ab. **2.** *scandal* aufdecken; *plot* aufdecken; *ancient ruins* zum Vorschein bringen. **II** *vi (form: remove hat)* die Kopfbedeckung abnehmen.

uncritical [ʌn'krɪtɪkəl] *adj* unkritisch *(of, about* in bezug auf +*acc).*

uncrossed [ʌn'krɒst] *adj legs* nicht übereinandergeschlagen *or* gekreuzt; *(Brit) cheque* nicht gekreuzt, Bar-.

uncrushable [ʌn'krʌʃəbl] *adj dress* knitterfrei; *carton* Hart-.

unction ['ʌŋkʃən] *n* **1.** *(Rel: anointing)* Salbung, Ölung *f.* **extreme** ~ Letzte Ölung. **2.** *(insincere fervour)* unechtes Pathos.

unctuous *adj*, ~**ly** *adv* ['ʌŋktjʊəs, -lɪ] salbungsvoll.

unctuousness ['ʌŋktjʊəsnɪs] *n* salbungsvolle Art; *(of speech)* falsches Pathos. **the** ~ **of his voice/manner** seine salbungsvolle Stimme/Art.

uncultivated [ʌn'kʌltɪveɪtɪd] *adj land* unkultiviert, unbebaut; *person, behaviour* unkultiviert; *mind* nicht ausgebildet. **a potential but as yet** ~ **talent** ein potentielles aber noch brachliegendes Talent.

uncultured [ʌn'kʌltʃəd] *adj person, mind* ungebildet; *behaviour* unkultiviert, unzivilisiert.

uncurl [ʌn'kɜːl] *vt* auseinanderrollen. **to** ~ **oneself** sich strecken; **she** ~**ed herself from the chair** sie löste sich aus ihrer zusammengerollten Stellung im Sessel. **II** *vi* glatt werden; *(cat, snake)* sich langsam strecken; *(person)* sich ausstrecken.

uncut [ʌn'kʌt] *adj* **1.** ungeschnitten; *ham, untrimmed pages* nicht aufgeschnitten; *diamond* ungeschliffen, Roh-; *stone, rock* unbehauen; *lawn* nicht gemäht. **a** ~ **rug** ein Schlingenteppich. **2.** *film, play, novel* ungekürzt.

undamaged [ʌn'dæmɪdʒd] *adj* unbeschädigt; *(fig) reputation* makellos.

undated [ʌn'deɪtɪd] *adj* undatiert.

undaunted [ʌn'dɔːntɪd] *adj (not discouraged)* nicht entmutigt, unverzagt; *(fearless)* unerschrocken; *courage* unerschütterlich. ~ **by these threats ...** nicht eingeschüchtert von diesen Drohungen ...

undecided [ˌʌndɪ'saɪdɪd] *adj* **1.** *person* unentschlossen. **to be** ~ **about sth** sich *(dat)* über etw *(acc)* im unklaren sein. **2.** *question* unentschieden. **what are we going to do? — I don't know, it's** ~ was sollen wir tun? — ich weiß nicht, das steht noch nicht fest.

undecipherable [ˌʌndɪ'saɪfərəbl] *adj handwriting* unleserlich, schwer zu entziffernd *attr; code, signs* nicht entzifferbar.

undeclared [ˌʌndɪ'kleəd] *adj love* heimlich, unerklärt; *war* unerklärt; *interest* uneingestanden; *(Customs) goods* nicht deklariert.

undefeated [ˌʌndɪ'fiːtɪd] *adj army, team* unbesiegt; *spirit* ungebrochen.

undefendable [ˌʌndɪ'fendəbl] *adj (Mil) coast, frontier* schwer zu verteidigend *attr*, schwer zu verteidigen *pred.*

undefined [ˌʌndɪ'faɪnd] *adj* undefiniert, nicht definiert; *(vague)* undefinierbar.

undemanding [ˌʌndɪˈmɑːndɪŋ] *adj* anspruchslos; *task* wenig fordernd. **this job is so** ~ dieser Job fordert mich überhaupt nicht.

undemocratic *adj*, **~ally** *adv* [ˌʌndəˈkrætɪk, -əlɪ] undemokratisch.

undemonstrative [ˌʌndɪˈmɒnstrətɪv] *adj* reserviert, zurückhaltend. **a fairly ~ race** ein Volk, das seine Gefühle wenig zeigt.

undeniable [ˌʌndɪˈnaɪəbl] *adj* unbestreitbar, unleugbar. **it is ~ that ...** es läßt sich nicht bestreiten *or* leugnen, daß ...

undeniably [ˌʌndɪˈnaɪəblɪ] *adv* zweifelsohne, zweifellos; *successful, proud* unbestreitbar.

undenominational [ˌʌndɪnɒmɪˈneɪʃənl] *adj* interkonfessionell. **~ school** Simultan- *or* Gemeinschaftsschule *f.*

undependable [ˌʌndɪˈpendəbl] *adj* unzuverlässig.

under [ˈʌndəʳ] **I** *prep* **1.** *(beneath)* *(place)* unter (+*dat*); *(direction)* unter (+*acc*). ~ **it** darunter; **to come up from ~ the bed** unter dem Bett hervorkommen; **it's ~ there** es ist da drunter *(inf)*; ~ **barley** mit Gerste bebaut.
2. *(less than)* unter (+*dat*); *(of price etc also)* weniger als. **there were ~ 50 of them** es waren weniger als *or* unter 50.
3. *(subordinate to, ~ influence of etc)* unter (+*dat*). **he had 50 men ~ him** er hatte 50 Männer unter sich; **who were you ~?** *(Univ)* bei wem haben Sie studiert?; *(Mil)* unter wem haben Sie gedient?; **he was born ~ Virgo** *(Astrol)* er wurde im Zeichen der Jungfrau geboren; **he died ~ the anaesthetic** er starb in der Narkose; **you're ~ a misapprehension** Sie befinden sich im Irrtum; ~ **construction** im Bau; **the matter ~ discussion** der Diskussionsgegenstand; **to be ~ treatment** *(Med)* in Behandlung sein; **to be ~ the doctor** in (ärztlicher) Behandlung sein; **it's classified ~ history** es ist unter „Geschichte" eingeordnet; ~ **sentence of death** zum Tode verurteilt; ~ **penalty of death** unter Androhung der Todesstrafe; ~ **an assumed name** unter falschem Namen; **the house is ~ threat of demolition** das Haus ist vom Abbruch bedroht.
4. *(according to)* nach, gemäß, laut *(all +dat)*. ~ **his will** in seinem Testament.
II *adv* **1.** *(beneath)* unten; *(unconscious)* bewußtlos. **he came to the fence and crawled ~** er kam zum Zaun und kroch darunter durch; **to go ~** untergehen.
2. *(less)* darunter.

under- *pref* **1.** *(in rank)* Unter-, Hilfs-. **for the ~-twelves/-eighteens/-forties** für Kinder unter zwölf/Jugendliche unter achtzehn/Leute unter vierzig. **2.** *(insufficiently)* zuwenig, ungenügend.

underachieve [ˌʌndərəˈtʃiːv] *vi* hinter den Erwartungen zurückbleiben; **underachiever** *n* **Johnny is an ~** Johnnys Leistungen bleiben hinter den Erwartungen zurück; **underact** *vti* betont zurückhaltend spielen; *(pej)* schwach spielen; **under-age** *adj attr* minderjährig; ~ **drinking** Alkoholgenuß *m* Minderjähriger; *see also* **age**; **underarm I** *adj* **1.** *hair, perspiration* Unterarm-; *seam* Ärmel-;

2. *throw* von unten; ~ **serve** *(Tennis)* Aufschlag *m* von unten; **II** *adv* *throw* von unten; **to serve ~** *(Tennis)* von unten aufschlagen; **underbelly** *n* *(Zool, fig: of plane)* Bauch *m*; **underbid** *vt irreg* *(Comm, Bridge)* unterbieten; **underbrush** [ˈʌndəbrʌʃ] *n see* **undergrowth**; **underbuy** *vi irreg* zuwenig kaufen; **undercarriage** [ˈʌndəˌkærɪdʒ] *n* *(Aviat)* Fahrwerk, Fahrgestell *nt*; **undercharge I** *vt* zuwenig berechnen; **II** *vt* zuwenig berechnen *(sb* jdm); **underclothes** [ˈʌndəkləʊðz] *npl*, **underclothing** [ˈʌndəˌkləʊðɪŋ] *n* Unterwäsche *f*; **undercoat** [ˈʌndəkəʊt] *n* *(paint)* Grundierfarbe *f*; *(coat)* Grundierung *f*; *(US Aut)* Unterbodenschutz *m*; **undercook** *vt* nicht durchgaren; *(accidentally also)* nicht lange genug kochen; **undercover** *adj* *agent* Geheim-; *deal also* geheim; **he did ~ work for the police** er arbeitete insgeheim für die Polizei; **undercurrent** [ˈʌndəˌkʌrənt] *n* *(lit, fig)* Unterströmung *f*; *(in speech, attitude)* Unterton *m*; **undercut** *vt irreg competitor* (im Preis) unterbieten; **underdeveloped** *adj* unterentwickelt; *resources* ungenutzt; **underdog** [ˈʌndədɒg] *n* *(in society)* Schwächere(r), Benachteiligte(r) *m*; *(in game also)* sicherer Verlierer; **underdone** *adj* nicht gar; *(deliberately)* steak nicht durchgebraten; **underdressed** *adj* **to be ~** *(too lightly)* zu leicht angezogen sein; *(not formally enough)* zu einfach angezogen sein; **underemployed** *adj* nicht ausgelastet; *person also* unterbeschäftigt; *plant, equipment also* nicht voll (aus)genutzt; **underemployment** *n* *(of person, plant also)* mangelnde Auslastung; *(of abilities, plant also)* mangelnde Ausnutzung; **underestimate** [ˌʌndərˈestɪmeɪt] **I** *vt cost, person* unterschätzen; [ˌʌndərˈestɪmət] **II** *n* Unterschätzung *f*; **underestimation** *n* Unterschätzung *f*; **underexpose** *vt* *(Phot)* unterbelichten; **underexposed** *adj* *(Phot)* unterbelichtet; **underexposure** *n* *(Phot)* Unterbelichtung *f*; *(fig)* Mangel *m* an Publizität; **underfed** *adj* unterernährt; **underfeed** *vt irreg* zuwenig zu essen geben (+*dat*); *animals* zuwenig füttern; **underfelt** [ˈʌndəfelt] *n* Filzunterlage *f*; **underfloor heating** *n* Fußbodenheizung *f*; **underfoot** *adv* am Boden; **it is wet ~** der Boden ist naß; **to trample sb/sth ~** *(lit, fig)* auf jdm/etw herumtrampeln; **to have the children ~ all day** die Kinder den ganzen Tag um die Beine haben; **undergarment** [ˈʌndəˌgɑːmənt] *n* Unterkleid *nt*; **~s** Unterkleidung *f*; **undergo** *vt irreg suffering* durchmachen, mitmachen; *change also* erleben; *test, treatment, (Med) operation* sich unterziehen (+*dat*); *(machine) test* unterzogen werden (+*dat*); **to ~ experiences** Erlebnisse haben; **she has undergone a lot** sie hat viel durchgemacht; **undergrad** *(inf)*, **undergraduate I** *n* Student(in *f*) *m*; **II** *attr* Studenten-; ~ **student** Student(in *f*) *m*.

underground [ˈʌndəgraʊnd] **I** *adj* **1.** *explosion, lake, cave, passage* unterirdisch; *(Min)* Untertage-. ~ **cable** Erdkabel *nt*; ~

railway Untergrundbahn f.
2. (fig) press, movement Untergrund-.
II adv 1. unterirdisch; (Min) unter
Tage. 3 m ~ 3 m unter der Erde. 2. (fig)
to go ~ untertauchen.
III n 1. (Brit Rail) U-Bahn.
2. (movement) Untergrundbewegung f;
(sub-culture) Underground m.

undergrowth ['ʌndəgrəυθ] n Gestrüpp,
Gebüsch nt; (under trees) Unterholz nt;
underhand [ʌndə'hænd] I adj 1. (sly)
hinterhältig; 2. (Sport) see **underarm**;
II adv (Sport) see **underarm**; **underlay**
['ʌndəleɪ] n Unterlage f; **underlie** vt irreg
(lit) liegen unter (+dat); (fig: be basis for
or cause of) zugrunde liegen (+ dat);
underline vt (lit, fig) unterstreichen.

underling ['ʌndəlɪŋ] n (pej) Untergebe-
ne(r) mf; Befehlsempfänger(in f) m (pej).

underlining ['ʌndə'laɪnɪŋ] n Unter-
streichung f; **with red** ~ rot unterstrichen;
why all this ~? warum ist so viel unter-
strichen?; **underlying** adj 1. soil, rocks
tieferliegend; 2. cause eigentlich; (deeper
also) tiefer; problem zugrundeliegend;
honesty, strength grundlegend; **the** ~
cause of all this was all dem zugrunde
liegt; **a certain** ~ **sense of tragedy** eine
gewisse unterschwellige Tragik; **under-
manned** adj unterbemannt; **underman-
ning** n Personalmangel m, Personal-
knappheit f; (deliberate) Unterbesetzung
f; (Mil, of police force etc) Unterbeman-
nung f; **undermentioned** adj unten-
genannt, untenerwähnt; **undermine** vt
1. (tunnel under) unterhöhlen; (Mil)
unterminieren; (weaken) schwächen;
2. (fig: weaken) authority, confidence
unterminieren, untergraben; health an-
greifen; **undermost** ['ʌndəməυst] adj
unterste(r, s).

underneath [ʌndə'ni:θ] I prep (place)
unter (+dat); (direction) unter (+acc). ~
it came from ~ **the table** es
kam unter dem Tisch hervor; **from** ~ **the
trees it seems** ... unter den Bäumen
scheint es ... II adv darunter. **the ones** ~
die darunter. III n Unterseite f.

undernourished [ʌndə'nʌrɪʃt] adj unter-
ernährt; **undernourishment** n Unterer-
nährung f; **underpaid** adj unterbezahlt;
underpants ['ʌndəpænts] npl Unter-
hose(n pl) f; **a pair of** ~ eine Unter-
hose, ein Paar Unterhosen; **underpass**
['ʌndəpɑːs] n Unterführung f; **underpay**
vt irreg unterbezahlen; **underpayment** n
zu geringe Bezahlung, Unterbezahlung f;
underpin vt (Archit) wall, building
untermauern; (fig) argument, claim
untermauern; economy etc stützen;
underplay vt 1. (Cards) hand nicht voll
ausspielen; **to** ~ **one's hand** (fig) nicht alle
Trümpfe ausspielen; 2. (Theat) role
zurückhaltend spielen; 3. (keep low key)
role etc sich zurückhalten in (+dat);
underpopulated adj unterbevölkert;
underprice vt zu billig or unter Preis
anbieten; **to be** ~**d** zu billig gehandelt
werden; **underprivileged** adj unter-
privilegiert; **the** ~ die Unterprivilegierten
pl; **underproduce** vi zuwenig
produzieren; **underproduction** n Unter-

produktion f; **underqualified** adj unter-
qualifiziert; **underrate** vt (underestimate)
danger, chance, opponent, person unter-
schätzen; (undervalue) qualities unter-
bewerten; **underrepresented** adj
unterrepräsentiert; **underscore** vt see
underline; **undersea** ['ʌndəsiː] adj
diving, exploration, equipment
Unterwasser-; **underseal** ['ʌndəsiːl] (Brit
Aut) I n Unterbodenschutz m; II vt mit
Unterbodenschutz versehen; **I must have
my car** ~**ed** ich muß Unterbodenschutz
machen lassen; **undersecretary** n
1. (also Parliamentary U~) (Parlamen-
tarischer) Staatssekretär; 2. Permanent
U~ Ständiger Unterstaatssekretär; **un-
dersell** vt irreg 1. (sell at lower price) com-
petitor unterbieten; goods unter Preis ver-
kaufen, verschleudern; 2. (not publicize)
nicht gut verkaufen; (as advertising
technique) nicht anpreisen; **he tends to** ~
himself/his ideas er kann sich/ seine Ideen
normalerweise nicht verkaufen; **under-
sexed** adj **to be** ~ einen unterentwickel-
ten Geschlechtstrieb haben (form), nicht
viel für Sex übrig haben; **undershirt**
['ʌndəʃɜːt] n (US) Unterhemd nt; **under-
shoot** irreg I vi (Aviat, missile) zu früh
landen; II vt **to** ~ **the runway** vor der
Landebahn aufsetzen; **to** ~ **the target** das
Ziel nicht erreichen; **undershorts**
['ʌndəʃɔːts] npl (US) Unterhose(n pl) f;
underside ['ʌndəsaɪd] n Unterseite f;
undersigned adj (form) unterzeichnet;
we the ~ wir, die Unterzeichneten;
undersized adj klein; (less than proper
size) zu klein; (pej) person also zu kurz
geraten (hum); **underskirt** ['ʌndəskɜːt] n
Unterrock m; **underspend** vi irreg zu
wenig ausgeben; **understaffed** adj office
unterbesetzt.

understand [ʌndə'stænd] pret, ptp **under-
stood** I vt 1. language, painting, state-
ment, speaker verstehen; action, event,
person, difficulty also begreifen. **I don't** ~
Russian ich verstehe or kann kein
Russisch; **I can't** ~ **his agreeing to do it** ich
kann nicht verstehen or es ist mir
unbegreiflich, warum er sich dazu bereit
erklärt hat; **but** ~ **this!** aber eins sollte klar
sein; **what do you** ~ **by "pragmatism"?**
was verstehen Sie unter ,,Pragmatis-
mus"?

2. (comprehend sympathetically) chil-
dren, people, animals, doubts, fears ver-
stehen. **to** ~ **one another** sich verstehen.

3. (believe) **I** ~ **that you are going to
Australia** ich höre, Sie gehen nach
Australien; **I** ~ **that you've already met
her** Sie haben sich, soviel ich weiß, schon
kennengelernt; **I understood that he was
abroad** ich dachte, er sei im Ausland; **am
I/are we to** ~ **that ...?** soll das etwa
heißen, daß ...?; **did I** ~ **him to say that
...?** habe ich richtig verstanden, daß er
sagte, ...?; **but I understood her to say that
she agreed** aber soweit ich sie verstanden
habe, hat sie zugestimmt; **I understood we
were to have been consulted!** ich dachte,
wir sollten dazu befragt werden; **to give sb
to** ~ **that ...** jdm zu verstehen geben, daß
...; **it is understood that he has gone**

abroad es heißt *or* es wird angenommen, daß er ins Ausland gegangen ist; **I understood from his speech that ...** ich schloß aus *or* entnahm seiner Rede (*dat*), daß ...; **what do you ~ from his remarks?** wie verstehen Sie seine Bemerkungen?
 4. (*Gram: supply*) *word* sich (*dat*) denken, (im stillen) ergänzen.
 II *vi* **1.** verstehen. **~?** verstanden?; **you don't ~!** du verstehst mich nicht!; **but you don't ~, I must have the money now** aber verstehen Sie doch, ich brauche das Geld jetzt!; **I quite ~** ich verstehe schon.
 2. so **I ~** es scheint so; **he was, I ~, a widower** wie ich hörte, war er Witwer.

understandable [ˌʌndəˈstændəbl] *adj* **1.** (*intelligible*) verständlich. **2.** (*reasonable, natural*) verständlich, begreiflich.

understandably [ˌʌndəˈstændəblɪ] *adv* verständlicherweise, begreiflicherweise.

understanding [ˌʌndəˈstændɪŋ] **I** *adj* verständnisvoll. **he asked me to be ~** er bat mich, Verständnis zu haben.
 II *n* **1.** (*intelligence*) Auffassungsgabe *f*; (*knowledge*) Kenntnisse *pl*; (*comprehension, sympathy*) Verständnis *nt*. **her ~ of children** ihr Verständnis *nt* für Kinder; **because of his complete lack of ~ for the problems** da ihm jedes Verständnis für die Probleme fehlte; **my ~ of the situation is that ...** ich verstehe die Situation so, daß ...; **his behaviour is beyond human ~** sein Verhalten ist absolut unbegreiflich; **it was my ~ that ...** ich nahm an *or* war der Meinung, daß ...; **he has a good ~ of the problem** er kennt sich mit dem Problem gut aus; **to promote international ~** um die internationale Verständigung zu fördern.
 2. (*agreement*) Abmachung, Vereinbarung, Übereinkunft *f*. **to come to** *or* **reach an ~ with sb** eine Abmachung *or* Vereinbarung mit jdm treffen; **Susie and I have an ~** Susie und ich haben unsere Abmachung.
 3. (*assumption*) Voraussetzung *f*. **on the ~ that ...** unter der Voraussetzung, daß ...; **on this ~** unter dieser Voraussetzung.

understandingly [ˌʌndəˈstændɪŋlɪ] *adv* verständnisvoll.

understate [ˌʌndəˈsteɪt] *vt* untertreiben.

understatement [ˈʌndəˌsteɪtmənt] *n* Untertreibung *f*, Understatement *nt*.

understood [ˌʌndəˈstʊd] **I** *pret, ptp of* **understand**.
 II *adj* **1.** (*clear*) klar. **to make oneself ~** sich verständlich machen; **do I make myself ~?** ist das klar?; **I wish it to be ~ that ...** ich möchte klarstellen, daß ...; **~?** klar?; **~!** gut!
 2. (*agreed*) **~ conditions** stillschweigende Bedingungen *pl*; **it was ~ between them that ...** sie hatten eine stillschweigende Vereinbarung, daß ...; **I thought that was ~!** ich dachte, das sei klar.
 3. (*believed*) angenommen, geglaubt. **he is ~ to have left** es heißt, daß er gegangen ist; **it is ~ that ...** es heißt *or* man hört, daß ...; **he let it be ~ that ...** er gab zu verstehen, daß ...
 4. (*Gram: pred*) ausgelassen.

understudy [ˈʌndəˌstʌdɪ] (*Theat*) **I** *n* zweite Besetzung; (*fig*) Stellvertreter(in *f*) *m*.
 II *vt* zweite Besetzung sein für.

undertake [ˌʌndəˈteɪk] *pret* **undertook** [ˌʌndəˈtʊk], *ptp* **undertaken** [ˌʌndəˈteɪkn] *vt* **1.** *job, duty, responsibility* übernehmen; *risk* eingehen, auf sich (*acc*) nehmen. **he undertook to be our guide** er übernahm es, unser Führer zu sein.
 2. (*agree, promise*) sich verpflichten; (*guarantee*) garantieren.

undertaker [ˈʌndəˌteɪkəʳ] *n* (*esp Brit*) (Leichen)bestatter *m*; Bestattungs- *or* Beerdigungsinstitut *nt*.

undertaking [ˌʌndəˈteɪkɪŋ] *n* **1.** (*enterprise*) Unternehmen *nt*; (*Comm: project also*) Projekt *nt*.
 2. (*promise*) Zusicherung *f*, Wort *nt*. **I give you my solemn ~ that I will never do it again** ich verpflichte mich feierlich, es nie wieder zu tun; **I can give no such ~** das kann ich nicht versprechen.
 3. (*funeral business*) Bestattungsgewerbe *nt*.

under-the-counter [ˌʌndəðəˈkaʊntəʳ] *adj*, *adv see* **counter** Schleich-; **undertone** [ˈʌndətəʊn] *n* **1.** (*of voice*) **in an ~** mit gedämpfter Stimme; **2.** (*fig: of criticism, discontent*) Unterton *m*; **an ~ of racialism** ein rassistischer Unterton; **undertook** *pret of* **undertake**; **undertow** [ˈʌndətəʊ] *n* Unterströmung *f*; **undervalue** *vt antique, artist* unterbewerten, unterschätzen; (*price too low*) zu niedrig schätzen *or* veranschlagen; *person* zu wenig schätzen; **underwater I** *adj diving, exploration* Unterwasser-; **II** *adv* unter Wasser; **underwear** [ˈʌndəwɛəʳ] *n* Unterwäsche *f*; **underweight** *adj* untergewichtig; **to be ~ (2 kg)** ~ (2 kg) Untergewicht haben; **underworld** [ˈʌndəwɜːld] *n* (*criminals, Myth*) Unterwelt *f*; **underwrite** [ˈʌndəraɪt] *vt irreg* (*finance*) *company, loss, project* tragen, garantieren; (*guarantee*) insurance policy garantieren, bürgen für; (*insure*) *shipping* versichern; (*St Ex*) *shares* zeichnen; (*fig: agree to*) *policies etc* billigen; **underwriter** [ˈʌndəˌraɪtəʳ] *n* (*Insur*) Versicherer, Versicherungsgeber *m*.

undeserved [ˌʌndɪˈzɜːvd] *adj* unverdient.

undeservedly [ˌʌndɪˈzɜːvɪdlɪ] *adv* unverdient(ermaßen).

undeserving [ˌʌndɪˈzɜːvɪŋ] *adj person, cause* unwürdig. **to be ~ of sth** (*form*) einer Sache (*gen*) unwürdig sein (*form*).

undesirability [ˌʌndɪzaɪərəˈbɪlɪtɪ] *n see adj* **1.** Unerwünschtheit *f*. **because of the general ~ of the site** da der Bauplatz durchweg nur Nachteile hat. **2.** Übelkeit *f*.

undesirable [ˌʌndɪˈzaɪərəbl] **I** *adj* **1.** *policy, effect* unerwünscht. **~ alien** unerwünschter Ausländer, unerwünschte Ausländerin; **they consider her fiancé ~** sie glauben, daß ihr Verlobter keine wünschenswerte Partie ist; **it is ~ that ...** es wäre höchst unerwünscht, wenn ...
 2. *influence, characters, area* übel. **he's just generally ~** er ist ganz einfach ein übler Kerl.
 II *n* (*person*) unerfreuliches Element;

(*foreigner*) unerwünschtes Element.

undetected [ˌʌndɪˈtektɪd] *adj* unentdeckt. **to go/remain** ~ nicht entdeckt werden/unentdeckt bleiben.

undetermined [ˌʌndɪˈtɜːmɪnd] *adj* (*indefinite*) unbestimmt; (*unknown also*) ungewiß; (*unsure*) *person* unentschlossen, unschlüssig.

undeterred [ˌʌndɪˈtɜːd] *adj* keineswegs entmutigt. **to carry on** ~ unverzagt weitermachen; **the teams were** ~ **by the weather** das Wetter schreckte die Mannschaften nicht ab.

undeveloped [ˌʌndɪˈveləpt] *adj* unentwickelt; *land, resources* ungenutzt.

undeviating [ʌnˈdiːvɪeɪtɪŋ] *adj* (*straight*) *line* gerade; (*fig: unchanging*) *route, path* direkt; *fairness, determination* unbeirrbar; *accuracy* unfehlbar.

undiagnosed [ˌʌndaɪəgˈnəʊzd] *adj disease* unerkannt.

undies [ˈʌndɪz] *npl* (*inf*) (Unter)wäsche *f*.

undifferentiated [ˌʌndɪfəˈrenʃɪeɪtɪd] *adj* undifferenziert.

undigested [ˌʌndaɪˈdʒestɪd] *adj* (*lit, fig*) unverdaut.

undignified [ʌnˈdɪgnɪfaɪd] *adj* *person, behaviour* würdelos; (*inelegant*) *way of sitting etc* unelegant. **he was never afraid of appearing** ~ er hatte keine Angst, seine Würde zu verlieren.

undiluted [ˌʌndaɪˈluːtɪd] *adj* unverdünnt; (*fig*) *truth, version* unverfälscht; *pleasure* rein, voll.

undiminished [ˌʌndɪˈmɪnɪʃt] *adj* *enthusiasm* unvermindert; *strength, courage also* unbeeinträchtigt.

undiplomatic *adj*, ~**ally** *adv* [ˌʌndɪpləˈmætɪk, -əlɪ] undiplomatisch.

undiscerning [ˌʌndɪˈsɜːnɪŋ] *adj reader, palate* anspruchslos; *critic* unbedarft.

undischarged [ˌʌndɪsˈtʃɑːdʒd] *adj* 1. (*Fin*) *debt* unbezahlt, unbeglichen; *bankrupt* nicht entlastet. 2. *cargo* nicht abgeladen; *gun* nicht abgefeuert.

undisciplined [ʌnˈdɪsɪplɪnd] *adj mind, person* undiszipliniert; *imagination* zügellos; *hair* ungebändigt.

undisclosed [ˌʌndɪsˈkləʊzd] *adj secret* (bisher) unaufgedeckt; *details etc also* geheimgehalten.

undiscovered [ˌʌndɪsˈkʌvəd] *adj* unentdeckt.

undiscriminating [ˌʌndɪsˈkrɪmɪneɪtɪŋ] *adj see* **undiscerning**.

undisguised [ˌʌndɪsˈgaɪzd] *adj* ungetarnt; (*fig*) *truth* unverhüllt; *dislike, affection* unverhohlen.

undismayed [ˌʌndɪsˈmeɪd] *adj* ungerührt.

undisputed [ˌʌndɪsˈpjuːtɪd] *adj* unbestritten.

undistinguished [ˌʌndɪsˈtɪŋgwɪʃt] *adj performance* (mittel)mäßig; *appearance* durchschnittlich.

undisturbed [ˌʌndɪsˈtɜːbd] *adj* 1. (*untouched*) *papers, dust* unberührt; (*uninterrupted*) *person, sleep, quiet etc* ungestört. 2. (*unworried*) unbeirrbar.

undivided [ˌʌndɪˈvaɪdɪd] *adj country*, (*fig*) *opinion, attention* ungeteilt; *support* voll; *loyalty* absolut.

undo [ʌnˈduː] *irreg* **I** *vt* 1. (*unfasten*) auf-

machen; *button, dress, zip, parcel also* öffnen; *shoelace, knot also* lösen; *knitting also* aufziehen; *sewing also* auftrennen. **will you** ~ **me?** (*inf*) kannst du mir den Reißverschluß/die Knöpfe *etc* aufmachen?

2. (*reverse*) *mischief, wrong* ungeschehen machen; *work* zunichte machen, ruinieren.

II *vi* aufgehen.

undock [ʌnˈdɒk] (*Space*) **I** *vt* entkoppeln. **II** *vi* sich trennen.

undoing [ʌnˈduːɪŋ] *n* Verderben *nt*.

undomesticated [ˌʌndəˈmestɪkeɪtɪd] *adj animal, pet* nicht ans Haus gewöhnt; *woman, husband* nicht häuslich.

undone [ʌnˈdʌn] *adj* 1. (*unfastened*) offen. **to come** ~ aufgehen. 2. (*neglected*) *task* unerledigt; *work also* ungetan.

undoubted [ʌnˈdaʊtɪd] *adj* unbestritten; *success also* unzweifelhaft.

undoubtedly [ʌnˈdaʊtɪdlɪ] *adv* zweifellos, ohne Zweifel.

undramatic [ˌʌndrəˈmætɪk] *adj* undramatisch.

undreamed-of [ʌnˈdriːmdɒv], **undreamt-of** [ʌnˈdremtɒv] *adj* ungeahnt. **in their time this was** ~ zu ihrer Zeit hätte man sich das nie träumen lassen.

undress [ʌnˈdres] **I** *vt* ausziehen. **to get** ~**ed** sich ausziehen. **II** *vi* sich ausziehen. **III** *n*: **in a state of** ~ halb bekleidet.

undressed [ʌnˈdrest] *adj* 1. *person* (still) (noch) nicht angezogen; (*already*) (schon) ausgezogen. 2. *leather* ungegerbt; *wood* unbehandelt, frisch; *stone* ungeschliffen; (*Cook*) *salad* nicht angemacht; *wound* unverbunden.

undrinkable [ʌnˈdrɪŋkəbl] *adj* ungenießbar.

undue [ʌnˈdjuː] *adj* (*excessive*) übertrieben, übermäßig; (*improper*) ungebührlich.

undulate [ˈʌndjʊleɪt] *vi* (*sea, corn*) wogen; (*path, river, snake*) sich schlängeln; (*hills*) sich in sanften Wellenlinien erstrecken; (*hair*) wallen.

undulating [ˈʌndjʊleɪtɪŋ] *adj movement, line* Wellen-; *waves, sea* wogend; *hair* wallend; *countryside* hügelig; *hills* sanft; *hips* wiegend.

undulation [ˌʌndjʊˈleɪʃən] *n* (*of waves, countryside*) Auf und Ab *nt*; (*of snake, single movement*) Windung *f*, schlängelnde Bewegung; (*curve*) Rundung *f*.

unduly [ʌnˈdjuːlɪ] *adv* übermäßig, übertrieben; *optimistic* zu; *punished* unangemessen *or* übermäßig streng. **you're worrying** ~ Sie machen sich (*dat*) unnötige Sorgen.

undutiful [ʌnˈdjuːtɪfʊl] *adj* pflichtvergessen; *child* ungehorsam.

undying [ʌnˈdaɪɪŋ] *adj love* unsterblich, ewig; *fame also* unvergänglich.

unearned [ʌnˈɜːnd] *adj* 1. *increment* unverdient. ~ **income** Kapitaleinkommen *nt*. 2. (*undeserved*) unverdient.

unearth [ʌnˈɜːθ] *vt* ausgraben; (*fig*) *book etc* aufstöbern; *information, evidence* zutage bringen, ausfindig machen.

unearthly [ʌnˈɜːθlɪ] *adj* (*eerie*) *calm* gespenstisch, unheimlich; *scream* schauerlich, unheimlich; *beauty* überirdisch. **at**

the ~ hour of 5 o'clock (*inf*) zu nachtschlafender Stunde um 5 Uhr.

uneasily [ʌn'iːzɪlɪ] *adv* *sit* unbehaglich; *smile, listen, speak etc also* beklommen, unsicher; *sleep* unruhig. **to be ~ balanced/poised** sehr prekär sein/sehr wack(e)lig stehen.

uneasiness [ʌn'iːzɪnɪs] *n see adj* Unruhe *f*; Unbehaglichkeit, Beklommenheit *f*; Unsicherheit, Wack(e)ligkeit *f* (*inf*); (*of person*) Beklommenheit *f*; Unruhe *f*. **a certain ~ of mind** ein gewisses Unbehagen.

uneasy [ʌn'iːzɪ] *adj* (*uncomfortable*) *sleep, night* unruhig; *conscience* schlecht; (*worried*) *laugh, look, (awkward) silence, atmosphere* unbehaglich, beklommen; *behaviour* unsicher; *peace, balance* unsicher, prekär, wack(e)lig (*inf*); (*worrying*) *suspicion, feeling* beunruhigend, beklemmend, unangenehm. **to be ~** (*person*) (*ill at ease*) beklommen sein; (*worried*) beunruhigt sein; **I am ~ about it** mir ist nicht wohl dabei; **to make sb ~** jdn beunruhigen, jdn unruhig machen; **I have an ~ feeling that ...** ich habe das ungute *or* unangenehme Gefühl, daß ...; **to grow** *or* **become ~ about sth** sich über etw (*acc*) beunruhigen; **his conscience was ~** er hatte ein schlechtes Gewissen.

uneaten [ʌn'iːtn] *adj* nicht gegessen. **he left the frogs' legs ~** er ließ die Froschschenkel auf dem Teller.

uneconomic [ʌnˌiːkə'nɒmɪk] *adj* unwirtschaftlich, unökonomisch.

uneconomical [ʌnˌiːkə'nɒmɪkəl] *adj* unwirtschaftlich, unökonomisch; *style of running* unökonomisch; *person* verschwenderisch. **to be ~ with sth** verschwenderisch mit etw umgehen.

unedifying [ʌn'edɪfaɪɪŋ] *adj* unerbaulich.

uneducated [ʌn'edjʊkeɪtɪd] *adj* *person* ungebildet; *speech, handwriting also* unkultiviert; *style also* ungeschliffen.

unemotional [ʌnɪ'məʊʃənl] *adj* *person, character* nüchtern; (*without passion*) leidenschaftslos, kühl (*pej*); *reaction, description also* unbewegt. **try and stay ~** versuchen Sie, nüchtern und sachlich zu bleiben.

unemotionally [ʌnɪ'məʊʃnəlɪ] *adv* unbewegt, kühl (*pej*); *say, describe also* nüchtern.

unemployable [ʌnɪm'plɔɪəbl] *adj* *person* als Arbeitskraft nicht brauchbar; (*because of illness*) arbeitsunfähig.

unemployed [ʌnɪm'plɔɪd] *adj* *person* arbeitslos, erwerbslos; (*unused*) *machinery* ungenutzt; (*Fin*) *capital* tot, brachliegend. **the ~** *pl* die Arbeitslosen, die Erwerbslosen *pl*.

unemployment [ʌnɪm'plɔɪmənt] **I** *n* Arbeitslosigkeit, Erwerbslosigkeit *f*. **~ has risen this month** die Arbeitslosenziffer ist diesen Monat gestiegen. **II** *attr* **~ benefit** (*Brit*) *or* **compensation** (*US*) Arbeitslosenunterstützung *f*; **~ figures** Arbeitslosenziffer *f*; **~ rate** Arbeitslosenquote *f*.

unending [ʌn'endɪŋ] *adj* (*everlasting*) ewig, nie endend *attr*; *stream* endlos; (*incessant*) endlos, unaufhörlich. **it seems ~** es scheint nicht enden zu wollen.

unendurable [ʌnɪn'djʊərəbl] *adj* unerträglich.

unenforceable [ʌnɪn'fɔːsɪbl] *adj* *law* nicht durchsetzbar; *policy* undurchführbar.

un-English [ʌn'ɪŋglɪʃ] *adj* unenglisch.

unenlightened [ʌnɪn'laɪtnd] *adj* **1.** (*uninformed*) *reader, listener* uneingeweiht. **to leave sb ~** jdn im dunkeln lassen. **2.** *age, country, person* rückständig; (*prejudiced*) intolerant.

unenterprising [ʌn'entəpraɪzɪŋ] *adj* *person, policy* ohne Unternehmungsgeist, hausbacken (*inf*). **it was very ~ of them to turn it down** daß sie es abgelehnt haben, beweist, wie wenig Unternehmungsgeist sie haben.

unenthusiastic [ʌnɪnθuːzɪ'æstɪk] *adj* kühl, wenig begeistert. **he was ~ about it** er war wenig begeistert davon.

unenthusiastically [ʌnɪnθuːzɪ'æstɪkəlɪ] *adv* wenig begeistert, ohne Begeisterung.

unenviable [ʌn'envɪəbl] *adj* *position, task* wenig beneidenswert.

unequal [ʌn'iːkwəl] *adj* ungleich; *standard, quality* unterschiedlich, ungleichförmig; *work* unausgeglichen. **~ in length** unterschiedlich *or* verschieden *or* ungleich lang; **to be ~ to a task** einer Aufgabe (*dat*) nicht gewachsen sein; **to be ~ to doing sth** unfähig *or* nicht fähig sein, etw zu tun.

unequalled, (*US also*) **unequaled** [ʌn'iːkwəld] *adj* unübertroffen; *skill, record, civilization also* unerreicht; *beauty also, stupidity, ignorance* beispiellos, ohnegleichen (*after noun*). **he is ~ by any other player** kein anderer Spieler kommt ihm gleich.

unequally [ʌn'iːkwəlɪ] *adv* ungleichmäßig.

unequivocal [ʌnɪ'kwɪvəkəl] *adj* unmißverständlich, eindeutig; *answer also* unzweideutig. **he was quite ~ about it** er sagte es ganz unmißverständlich.

unequivocally [ʌnɪ'kwɪvəkəlɪ] *adv see adj.*

unerring [ʌn'ɜːrɪŋ] *adj* *judgement, eye, accuracy* unfehlbar; *instinct* untrüglich; *aim, blow* treffsicher.

unerringly [ʌn'ɜːrɪŋlɪ] *adv see adj.*

UNESCO [juː'neskəʊ] *abbr of* **United Nations Educational, Scientific and Cultural Organization** UNESCO *f*.

unesthetic *adj* (*US*) *see* **unaesthetic**.

unethical [ʌn'eθɪkəl] *adj* unmoralisch; (*in more serious matters*) unethisch. **it's ~ for a doctor to do that** es verstößt gegen das Berufsethos, wenn ein Arzt das macht.

uneven [ʌn'iːvən] *adj* **1.** (*not level*) *surface* uneben; (*irregular*) *line* ungerade; *thickness* ungleich; *pulse, breathing* unregelmäßig; *voice* unsicher, schwankend; *colour, distribution* ungleichmäßig; *quality* unterschiedlich; *temper* unausgeglichen.

2. *number* ungerade.

unevenly [ʌn'iːvənlɪ] *adv see adj 1.* **the teams were ~ matched** die Mannschaften waren sehr ungleich.

unevenness [ʌn'iːvənnɪs] *n see adj 1.* Unebenheit *f*; Ungeradheit *f*; Ungleichheit *f*; Unregelmäßigkeit *f*; Unsicherheit *f*; Ungleichmäßigkeit *f*; Unterschiedlichkeit *f*; Unausgeglichenheit *f*.

uneventful [ˌʌnɪˈventfʊl] *adj day, meeting* ereignislos; *career* wenig bewegt; *life also* ruhig, eintönig (*pej*).

uneventfully [ˌʌnɪˈventfəlɪ] *adv* ereignislos.

unexampled [ˌʌnɪgˈzɑːmpld] *adj* beispiellos, unvergleichlich.

unexceptionable [ˌʌnɪkˈsepʃnəbl] *adj* einwandfrei; *person* solide.

unexceptional [ˌʌnɪkˈsepʃənl] *adj* durchschnittlich.

unexciting [ˌʌnɪkˈsaɪtɪŋ] *adj time* nicht besonders aufregend. **not ~** nicht gerade eintönig; **how ~!** wie langweilig!

unexpected [ˌʌnɪkˈspektɪd] *adj* unerwartet; *arrival, result, development also* unvorhergesehen. **this is an ~ pleasure** (*also iro*) welch eine Überraschung!; **the role of the ~ in this novel** der Überraschungseffekt in diesem Roman.

unexpectedly [ˌʌnɪkˈspektɪdlɪ] *adv* unerwartet; *arrive, happen also* plötzlich, unvorhergesehen. **but then, ~** aber dann, wie aus heiterem Himmel, ...

unexplainable [ˌʌnɪkˈspleɪnəbl] *adj* unerklärlich.

unexplained [ˌʌnɪkˈspleɪnd] *adj* (*not cleared up*) *phenomenon* nicht geklärt, ungeklärt; *mystery* unaufgeklärt; *lateness, absence* unbegründet. **a few ~ technical terms** einige unerklärte Fachausdrücke; **there are some things that must go ~** einige Dinge können nicht erklärt werden; **his actions remain ~** für seine Handlungen gibt es immer noch keine Erklärung.

unexploited [ˌʌnɪkˈsplɔɪtɪd] *adj resources* ungenutzt; *talent also* brachliegend *attr*; *minerals also* unausgebeutet.

unexplored [ˌʌnɪkˈsplɔːd] *adj mystery* unerforscht; *territory also* unerschlossen.

unexposed [ˌʌnɪkˈspəʊzd] *adj* 1. (*hidden*) *villain* nicht entlarvt; *crime* unaufgedeckt. 2. (*Phot*) *film* unbelichtet.

unexpressed [ˌʌnɪkˈsprest] *adj sorrow* unausgesprochen; *wish also* ungeäußert.

unexpressive [ˌʌnɪkˈspresɪv] *adj style, eyes* ausdruckslos.

unexpurgated [ʌnˈekspɜːgeɪtɪd] *adj book* ungekürzt.

unfailing [ʌnˈfeɪlɪŋ] *adj zeal, interest, source* unerschöpflich; *optimism, humour also* unbezwinglich; *supply also* endlos; *remedy* unfehlbar; *friend* treu.

unfailingly [ʌnˈfeɪlɪŋlɪ] *adv* immer, stets.

unfair [ʌnˈfɛəʳ] *adj* unfair; *decision, method, remark, criticism also* ungerecht; (*Comm*) *competition also* unlauter. **to be ~ to sb** jdm gegenüber unfair sein.

unfairly [ʌnˈfɛəlɪ] *adv* unfair; *treat, criticize etc also* ungerecht; *accuse, punish* zu Unrecht. **he was, I thought, ~ dismissed** er ist, meiner Meinung nach, unfairerweise *or* ungerechterweise *or* zu Unrecht entlassen worden.

unfairness [ʌnˈfɛənɪs] *n* Ungerechtigkeit *f*.

unfaithful [ʌnˈfeɪθfʊl] *adj* 1. *wife, husband, lover* untreu; *friend, servant* treulos. **to be ~ to sb** jdm untreu sein. 2. (*inaccurate*) *translation, description* ungenau.

unfaithfulness [ʌnˈfeɪθfʊlnɪs] *n see adj* 1. Untreue *f*; Treulosigkeit *f*. 2. Ungenauigkeit *f*.

unfaltering [ʌnˈfɔːltərɪŋ] *adj step, voice* fest; *courage* unerschütterlich.

unfalteringly [ʌnˈfɔːltərɪŋlɪ] *adv walk* mit festen Schritten; *say* mit fester Stimme.

unfamiliar [ˌʌnfəˈmɪljəʳ] *adj* 1. (*strange, unknown*) *experience, taste, sight* ungewohnt; *surroundings also, subject, person* fremd, unbekannt. **it is ~ to me** es ist ungewohnt für mich; es ist mir fremd *or* unbekannt.
   2. (*unacquainted*) **to be ~ with sth** etw nicht kennen, mit etw nicht vertraut sein; **I am not ~ with Greek/that problem** Griechisch/das Problem ist mir nicht gänzlich unbekannt.

unfamiliarity [ˌʌnfəmɪliˈærɪtɪ] *n see adj* 1. Ungewohntheit *f*; Fremdheit *f*; Unbekanntheit *f*.
   2. **his ~ with economics** sein Mangel an ökonomischem Wissen; **because of my ~ with ...** wegen meiner mangelnden Kenntnisse (*+gen*) ... *or* Vertrautheit mit ...

unfashionable [ʌnˈfæʃnəbl] *adj* unmodern; *district* wenig gefragt; *hotel, habit, subject* nicht in Mode. **science became ~** Naturwissenschaft geriet aus der Mode.

unfashionably [ʌnˈfæʃnəblɪ] *adv dressed* unmodern; *strict etc* altmodisch.

unfasten [ʌnˈfɑːsn] **I** *vt* aufmachen; *string, belt also* losmachen; (*detach*) *tag, dog, horse etc* losbinden; *hair, bonds* lösen. **II** *vi* aufgehen. **how does this dress ~?** wie macht man das Kleid auf?

unfathomable [ʌnˈfæðəməbl] *adj* unergründlich.

unfathomed [ʌnˈfæðəmd] *adj* (*lit, fig*) unergründet.

unfavourable, (*US*) **unfavorable** [ʌnˈfeɪvərəbl] *adj outlook, weather, moment, result* ungünstig; *conditions, circumstances also, wind* widrig; *impression also, opinion, reaction* negativ; *reply* ablehnend, negativ; *trade balance* passiv.

unfavourably, (*US*) **unfavorably** [ʌnˈfeɪvərəblɪ] *adv see adj* ungünstig; negativ; ablehnend, negativ. **to look ~ on sth** einer Sache (*dat*) ablehnend gegenüberstehen; **to speak ~ of sth** etw negativ beurteilen; **to be ~ impressed by sth** einen negativen *or* keinen guten Eindruck von etw bekommen.

unfeeling [ʌnˈfiːlɪŋ] *adj* gefühllos; *response, reply also* herzlos; *look* ungerührt; (*without sensation also*) empfindungslos.

unfeelingly [ʌnˈfiːlɪŋlɪ] *adv* gefühllos, herzlos; *look, listen* ungerührt.

unfeigned [ʌnˈfeɪnd] *adj* aufrichtig, echt.

unfilled [ʌnˈfɪld] *adj* ungefüllt; *job* offen, unbesetzt; *order book* un(aus)gefüllt. **~ vacancies** offene Stellen *pl*.

unfinished [ʌnˈfɪnɪʃt] *adj* 1. (*incomplete*) unfertig; *work of art* unvollendet; *business* unerledigt. **Schubert's U~** Schuberts Unvollendete. 2. (*Tech*) unbearbeitet; *cloth* Natur-. **~ product** Rohprodukt *nt*.

unfit [ʌnˈfɪt] *adj* 1. (*unsuitable*) *person, thing* ungeeignet, untauglich; (*incompetent*) unfähig. **~ to drive** fahruntüchtig; **he is ~ to be a lawyer/for teaching** er hat nicht das Zeug zum Juristen/Lehrer; **this is ~ for publication** das kann nicht veröffentlicht werden; **~ to eat** ungenießbar; **road ~ for**

lorries für Lastkraftwagen nicht geeignete Straße; ~ **to plead** (*Jur*) nicht zurechnungsfähig.

2. (*Sport: injured*) nicht fit; (*in health also*) schlecht in Form, unfit. ~ (**for military service**) untauglich; **to be ~ for work** arbeitsunfähig sein.

unfitness [ʌnˈfɪtnɪs] *n* **1.** (*unsuitableness*) mangelnde Eignung, Untauglichkeit *f*; (*incompetence*) Unfähigkeit *f*. **2.** (*unhealthiness*) mangelnde Fitneß; (*for military service*) Untauglichkeit *f*.

unfitted [ʌnˈfɪtɪd] *adj* ungeeignet, untauglich (*for, to* für).

unfitting [ʌnˈfɪtɪŋ] *adj language, behaviour* unpassend, unschicklich. **how ~ that one so talented should** ... wie unfaßbar, daß ein so begabter Mensch ... sollte.

unfittingly [ʌnˈfɪtɪŋlɪ] *adv behave* unpassend, unschicklich; *dressed* unpassend.

unflagging [ʌnˈflægɪŋ] *adj person, zeal, patience* unermüdlich, unentwegt; *enthusiasm* unerschöpflich; *devotion, interest* unverändert stark.

unflaggingly [ʌnˈflægɪŋlɪ] *adv work, serve* unentwegt, unermüdlich.

unflappable [ʌnˈflæpəbl] *adj* (*inf*) unerschütterlich, nicht aus der Ruhe zu bringend *attr*. **to be ~** die Ruhe selbst sein, die Ruhe weghaben (*inf*).

unflattering [ʌnˈflætərɪŋ] *adj portrait, comments* wenig schmeichelhaft; *dress, hairstyle, light also* unvorteilhaft.

unfledged [ʌnˈfledʒd] *adj bird* (noch) nicht flügge; (*fig*) unerfahren. **an ~ youth** ein Grünschnabel *m*.

unflinching [ʌnˈflɪntʃɪŋ] *adj* unerschrocken; *determination* unbeirrbar. **with ~ courage** unverzagt.

unflinchingly [ʌnˈflɪntʃɪŋlɪ] *adv* unerschrocken.

unfold [ʌnˈfəʊld] **I** *vt* **1.** *paper, cloth* auseinanderfalten, entfalten; (*spread out*) *map also, wings* ausbreiten; *arms* lösen; *chair, table* aufklappen.

2. (*fig*) *story* entwickeln (*to* vor +*dat*); *plans, ideas also* entfalten, darlegen (*to dat*); *secret* enthüllen, eröffnen.

II *vi* (*story, plot*) sich abwickeln; *truth* an den Tag kommen, sich herausstellen; (*view, personality, flower*) sich entfalten; (*countryside*) sich ausbreiten.

unforced [ʌnˈfɔːst] *adj* ungezwungen.

unforeseeable [ʌnfɔːˈsiːəbl] *adj* unvorhersehbar.

unforeseen [ʌnfɔːˈsiːn] *adj* unvorhergesehen, unerwartet.

unforgettable [ʌnfəˈgetəbl] *adj* unvergeßlich.

unforgivable [ʌnfəˈgɪvəbl] *adj* unverzeihlich.

unforgivably [ʌnfəˈgɪvəblɪ] *adv* unverzeihlich. **he said, quite ~, that** ... er sagte, und das war einfach unverzeihlich, daß ...

unforgiving [ʌnfəˈgɪvɪŋ] *adj* unversöhnlich.

unformed [ʌnˈfɔːmd] *adj* (*unshaped*) *clay, foetus* ungeformt; (*undeveloped*) *character, idea* unfertig.

unforthcoming [ʌnfɔːθˈkʌmɪŋ] *adj person* nicht sehr mitteilsam; *reply* wenig auf-

schlußreich. **to be ~ about sth** sich nicht zu etw äußern wollen.

unfortunate [ʌnˈfɔːtʃnɪt] **I** *adj* unglücklich; *person* glücklos; *day, event, error* unglückselig; *turn of phrase* ungeschickt; *time* ungünstig. **to be ~** (*person*) Pech haben; **to be ~ in life/in love** kein Glück im Leben haben/Pech *or* kein Glück in der Liebe haben; **it is most ~ that** ... es ist höchst bedauerlich, daß ...; **how very ~** (**for you**) welch ein Pech; **it was ~ that he hadn't been informed** ihm ist bedauerlicherweise nicht Bescheid gesagt worden; **the ~ Mr Brown** der arme Herr Brown.

II *n* Arme(r), Unglückliche(r) *mf*.

unfortunately [ʌnˈfɔːtʃnɪtlɪ] *adv* leider; *chosen* unglücklich; *worded* ungeschickt.

unfounded [ʌnˈfaʊndɪd] *adj* unbegründet, nicht fundiert; *suspicion also* grundlos; *rumour also, allegations* aus der Luft gegriffen.

unfreeze [ʌnˈfriːz] *irreg* **I** *vt* **1.** auftauen. **2.** (*Fin*) *wages, prices* freigeben. **II** *vi* auftauen.

unfrequented [ʌnfrɪˈkwentɪd] *adj* einsam; (*without traffic*) *road* unbefahren. **the place is ~ except for** ... der Ort wird nur von ... besucht.

unfriendliness [ʌnˈfrendlɪnɪs] *n see adj* Unfreundlichkeit *f*; Feindseligkeit *f*; Unwirtlichkeit *f*.

unfriendly [ʌnˈfrendlɪ] *adj* unfreundlich (*to sb* zu jdn); (*hostile also*) *natives, country, act* feindselig; *territory* unwirtlich.

unfrozen [ʌnˈfrəʊzn] *adj food* ungefroren.

unfruitful [ʌnˈfruːtfʊl] *adj soil, woman, discussion* unfruchtbar; *attempt* fruchtlos.

unfulfilled [ʌnfʊlˈfɪld] *adj* unerfüllt; *person* unausgefüllt.

unfunny [ʌnˈfʌnɪ] *adj* (*inf*) (gar) nicht komisch. **distinctly ~** alles andere als komisch.

unfurl [ʌnˈfɜːl] **I** *vt flag* aufrollen; *sail* losmachen; (*peacock*) *tail* entfalten. **II** *vi* sich entfalten; (*flag, sails also*) sich aufrollen.

unfurnished [ʌnˈfɜːnɪʃt] *adj* unmöbliert.

ungainly [ʌnˈgeɪnlɪ] *adj animal, movement* linkisch, staksig; *appearance* unelegant, unansehnlich, unschön; *posture* ungraziös, unschön.

ungentlemanly [ʌnˈdʒentlmənlɪ] *adj* unfein; (*impolite*) unhöflich. **it is ~ to do so** das gehört sich nicht für einen Gentleman.

unglazed [ʌnˈgleɪzd] *adj window* unverglast; *pottery* unglasiert; *photograph* nicht satiniert.

ungodliness [ʌnˈgɒdlɪnɪs] *n* Gottlosigkeit *f*.

ungodly [ʌnˈgɒdlɪ] **I** *adj* gottlos; (*inf*) *noise, hour* unchristlich (*inf*). **an ~ noise** ein Heidenlärm *m* (*inf*). **II** *n the ~ pl* die Gottlosen *pl*.

ungovernable [ʌnˈgʌvənəbl] *adj* **1.** *desire* unbezähmbar; *passion also* zügellos; *temper* unbeherrscht. **2.** *country, people* unlenkbar, nicht zu regieren *pred*.

ungraceful [ʌnˈgreɪsfʊl] *adj* nicht anmutig; *movement* plump, ungelenk; (*of girl also*), *dancer* ungraziös; *behaviour* unfein.

ungracefully [ʌnˈgreɪsfəlɪ] *adv see adj*.

ungracious [ʌnˈgreɪʃəs] *adj* unhöflich;

(gruff) *grunt, refusal* schroff; *answer* rüde.

ungraciously [ʌnˈgreɪʃəslɪ] *adv see adj.*

ungrammatical [ˌʌngrəˈmætɪkəl] *adj* ungrammatisch, grammatikalisch falsch. **she does tend to be ~ at times** sie drückt sich manchmal grammatikalisch falsch aus.

ungrammatically [ˌʌngrəˈmætɪkəlɪ] *adv see adj.*

ungrateful *adj*, **~ly** *adv* [ʌnˈgreɪtfʊl, -fəlɪ] undankbar *(to* gegenüber).

ungrudging [ʌnˈgrʌdʒɪŋ] *adj help, support* bereitwillig; *admiration* neidlos; *(generous) person, contribution* großzügig; *praise, gratitude* von ganzem Herzen kommend *attr.* **he gave his ~ consent** er stimmte bereitwillig zu; **he was ~ in his praise** er hat mit dem Lob nicht gespart.

ungrudgingly [ʌnˈgrʌdʒɪŋlɪ] *adv help, support, consent* bereitwillig; *admire, praise* von ganzem Herzen; *give, contribute* großzügig.

unguarded [ʌnˈgɑːdɪd] *adj* **1.** *(defended)* unbewacht. **2.** *(fig: careless)* unvorsichtig, unachtsam. **to have ~ conversations** sich sorglos unterhalten; **in an ~ moment he ...** als er einen Augenblick nicht aufpaßte *or* sich nicht vorsah, ... er ...

unguent [ˈʌŋgwənt] *n* Salbe *f.*

ungulate [ˈʌŋgjʊleɪt] **I** *n* Huftier *nt.* **II** *adj* Huftier-; *creatures* mit Hufen.

unhampered [ʌnˈhæmpəd] *adj* ungehindert. **~ by clothes/regulations** ohne hemmende Kleidung/ohne den Zwang von Bestimmungen.

unhappily [ʌnˈhæpɪlɪ] *adv (unfortunately)* leider, unglücklicherweise; *(miserably)* unglücklich.

unhappiness [ʌnˈhæpɪnɪs] *n* Traurigkeit *f*; *(discontent)* Unzufriedenheit *f (with* mit). **this is a source of much ~ to me** das macht mich ganz unglücklich.

unhappy [ʌnˈhæpɪ] *adj (+er)* **1.** *(sad)* unglücklich; *look, voice also* traurig; *state of affairs* bedauerlich, traurig.
2. *(not pleased)* unzufrieden *(about* mit), nicht glücklich *(about* über *+acc)*; *(uneasy)* unwohl. **if you feel ~ about it** wenn Sie darüber nicht glücklich sind; *(worried)* wenn Ihnen dabei nicht wohl ist; **I feel ~ about letting him go** ich lasse ihn nur ungern gehen.
3. *(unfortunate) coincidence, day, match, phrasing* unglücklich; *person* glücklos. **an ~ choice/colour scheme** keine gute Wahl/Farbzusammenstellung.

unharmed [ʌnˈhɑːmd] *adj person* unverletzt; *thing* unbeschädigt; *reputation* ungeschädigt; *beauty* nicht beeinträchtigt. **to be ~ by sth** durch etw nicht gelitten haben.

unharness [ʌnˈhɑːnɪs] *vt horse* abschirren; *(from carriage)* abspannen.

unhealthy [ʌnˈhelθɪ] *adj* **1.** *person* nicht gesund; *climate, place, life complexion,* ungesund; *(inf) car* nicht in Ordnung. **2.** *curiosity, interest* krankhaft; *influence, magazine* schädlich, schlecht. **3.** *(inf: dangerous)* ungesund *(inf)*, gefährlich.

unheard [ʌnˈhɜːd] *adj* ungehört; *(fig) voice* unbeachtet. **to condemn sb ~** jdn verurteilen, ohne ihn angehört zu haben.

unheard-of [ʌnˈhɜːdɒv] *adj (unknown)* gänzlich unbekannt; *(unprecedented)* einmalig; *(outrageous)* unerhört.

unheeded [ʌnˈhiːdɪd] *adj* unbeachtet. **to go ~** keine Beachtung finden, auf taube Ohren stoßen.

unheeding [ʌnˈhiːdɪŋ] *adj (not attending)* unbekümmert; *(not caring also)* gleichgültig, achtlos.

unhelpful [ʌnˈhelpfʊl] *adj person* nicht hilfreich; *advice, book* nutzlos, wenig hilfreich. **that was very ~ of you** das war wirklich keine Hilfe.

unhelpfully [ʌnˈhelpfəlɪ] *adv* wenig hilfreich.

unhesitating [ʌnˈhezɪteɪtɪŋ] *adj (immediate) answer, offer* prompt, unverzüglich; *help also, generosity* bereitwillig; *(steady) steps, progress* stet; *(undoubting) answer* fest. **he was ~ in his support** er half, ohne zu zögern.

unhesitatingly [ʌnˈhezɪteɪtɪŋlɪ] *adv* ohne Zögern, ohne zu zögern; *(undoubtingly also)* ohne zu zweifeln.

unhindered [ʌnˈhɪndəd] *adj (by clothes, luggage etc)* unbehindert, nicht behindert; *(by regulations)* ungehindert, nicht gehindert; *(by distraction)* ungestört. **~ by luggage** ohne hinderndes Gepäck; **to make ~ progress towards sth** ungehindert auf etw *(acc)* zusteuern.

unhinge [ʌnˈhɪndʒ] *vt* **to ~ sb/sb's mind** jdn aus der Bahn werfen, jdn völlig verstören; **his mind was ~d** er hatte den Verstand verloren.

unhitch [ʌnˈhɪtʃ] *vt horse (from post)* losbinden; *(from wagon)* ausspannen; *caravan, engine* abkoppeln.

unholy [ʌnˈhəʊlɪ] *adj (+er) (Rel) place* ungeweiht; *spirits* böse; *(inf: reprehensible) delight* diebisch *(inf)*; *alliance, combination* übel; *(inf: awful) mess* heillos; *noise, hour* christlich *(inf)*.

unhook [ʌnˈhʊk] **I** *vt latch, gate* loshaken; *dress* aufhaken; *(take from hook) picture* abhaken; *(free)* losmachen. **II** *vi* sich aufhaken lassen.

unhoped-for [ʌnˈhəʊptfɔːʳ] *adj* unverhofft.

unhorse [ʌnˈhɔːs] *vt rider* abwerfen.

unhurried [ʌnˈhʌrɪd] *adj pace, person* gelassen; *steps, movement* gemächlich; *meal, journey, life* geruhsam.

unhurriedly [ʌnˈhʌrɪdlɪ] *adv* gemächlich, in aller Ruhe.

unhurt [ʌnˈhɜːt] *adj* unverletzt.

unhygienic [ˌʌnhaɪˈdʒiːnɪk] *adj* unhygienisch.

uni- [ˈjuːnɪ-] *pref* ein-. **~cameral** Einkammer-; **~cellular** einzellig.

UNICEF [ˈjuːnɪsef] *abbr of* **United Nations International Children's Emergency Fund** UNICEF *f*, Weltkinderhilfswerk *nt* der UNO.

unicorn [ˈjuːnɪkɔːn] *n* Einhorn *nt.*

unidentifiable [ˌʌnaɪˈdentɪfaɪəbl] *adj* unidentifizierbar.

unidentified [ˌʌnaɪˈdentɪfaɪd] *adj* unbekannt; *body* nicht identifiziert; *belongings* herrenlos. **~ flying object** unbekanntes Flugobjekt.

unification [ˌjuːnɪfɪˈkeɪʃən] *n* Einigung *f*; *(of system)* Vereinheitlichung *f.*

uniform [ˈjuːnɪfɔːm] **I** adj **1.** (unvarying) length, colour, tax einheitlich; treatment also gleich; temperature also, pace gleichmäßig, gleichbleibend attr; (lacking variation) life gleichförmig, eintönig (pej); thinking gleichartig, gleichförmig, uniform (pej); scenery einförmig, eintönig (pej). **these houses are so** ~ die Häuser gleichen sich alle so. **2.** (Mil, Sch etc) Uniform-. **II** n Uniform f. **in/out of** ~ in Uniform/in Zivil, ohne Uniform.

uniformed [ˈjuːnɪfɔːmd] adj uniformiert.

uniformity [ˌjuːnɪˈfɔːmɪtɪ] n see adj 1. Einheitlichkeit f; Gleichheit f; Gleichmäßigkeit f; Gleichförmigkeit, Eintönigkeit (pej) f; Gleichartigkeit, Gleichförmigkeit, Uniformität (pej) f; Einförmigkeit, Eintönigkeit (pej) f.

uniformly [ˈjuːnɪfɔːmlɪ] adv measure, paint, tax einheitlich; heat gleichmäßig; treat gleich; (pej) einförmig (pej); think uniform (pej).

unify [ˈjuːnɪfaɪ] vt einigen, einen (geh); theories, systems vereinheitlichen.

unilateral [ˌjuːnɪˈlætərəl] adj (Jur) einseitig; (Pol also) unilateral. ~ **declaration of independence** einseitige Unabhängigkeitserklärung.

unilaterally [ˌjuːnɪˈlætərəlɪ] adv einseitig.

unimaginable [ˌʌnɪˈmædʒɪnəbl] adj unvorstellbar.

unimaginative [ˌʌnɪˈmædʒɪnətɪv] adj phantasielos, einfallslos; remark, book geistlos, phantasielos.

unimaginatively [ˌʌnɪˈmædʒɪnətɪvlɪ] adv see adj.

unimpaired [ˌʌnɪmˈpɛəd] adj quality, prestige unbeeinträchtigt; health unvermindert. **to be** ~ nicht gelitten haben.

unimpeachable [ˌʌnɪmˈpiːtʃəbl] adj reputation, conduct untadelig; proof, honesty unanfechtbar; source absolut zuverlässig.

unimpeded [ˌʌnɪmˈpiːdɪd] adj ungehindert; (by distraction also) ungestört.

unimportant [ˌʌnɪmˈpɔːtənt] adj unwichtig, unbedeutend; detail also unwesentlich.

unimposing [ˌʌnɪmˈpəʊzɪŋ] adj unscheinbar; building also wenig imponierend.

unimpressed [ˌʌnɪmˈprest] adj unbeeindruckt, nicht beeindruckt. **I was** ~ **by his story** seine Geschichte hat mich überhaupt nicht beeindruckt.

unimpressive [ˌʌnɪmˈpresɪv] adj wenig beeindruckend; person also unscheinbar; argument, performance also, speaker wenig überzeugend.

uninfluenced [ʌnˈɪnflʊənst] adj unbeeinflußt.

uninfluential [ˌʌnɪnflʊˈenʃəl] adj ohne Einfluß.

uninformative [ˌʌnɪnˈfɔːmətɪv] adj person wenig mitteilsam; document ohne Informationsgehalt.

uninformed [ˌʌnɪnˈfɔːmd] adj (not knowing) nicht informiert or unterrichtet (about über +acc); (ignorant also) unwissend; criticism blindwütig. **to be** ~ **about sth** über etw (acc) nicht Bescheid wissen; **to keep sb** ~ jdn im dunkeln lassen.

uninhabitable [ˌʌnɪnˈhæbɪtəbl] adj unbewohnbar.

uninhabited [ˌʌnɪnˈhæbɪtɪd] adj unbewohnt.

uninhibited [ˌʌnɪnˈhɪbɪtɪd] adj person frei von Hemmungen, ohne Hemmungen; greed, laughter hemmungslos.

uninitiated [ˌʌnɪˈnɪʃɪeɪtɪd] **I** adj nicht eingeweiht. ~ **members of a tribe** nicht initiierte Mitglieder eines Stammes. **II** n **the** ~ pl Nichteingeweihte pl; **for the** ~ **that may seem strange** Nichteingeweihten mag das merkwürdig vorkommen.

uninjured [ʌnˈɪndʒəd] adj person unverletzt; soldier also nicht verwundet; reputation ungeschädigt, nicht beeinträchtigt.

uninspired [ˌʌnɪnˈspaɪəd] adj person, teacher, performance phantasielos, ideenlos, einfallslos; lecture, book einfallslos; translation einfallslos, schwach.

uninspiring [ˌʌnɪnˈspaɪərɪŋ] adj trocken; suggestion, idea nicht gerade aufregend.

unintelligent [ˌʌnɪnˈtelɪdʒənt] adj person, remark unintelligent, (etwas) dumm; approach, action unklug, ungeschickt. **not** ~ eigentlich ganz intelligent.

unintelligibility [ˌʌnɪnˌtelɪdʒɪˈbɪlɪtɪ] n Unverständlichkeit f.

unintelligible [ˌʌnɪnˈtelɪdʒɪbl] adj person nicht zu verstehen pred; speech, writing unverständlich.

unintelligibly [ˌʌnɪnˈtelɪdʒɪblɪ] adv unverständlich.

unintended [ˌʌnɪnˈtendɪd], **unintentional** [ˌʌnɪnˈtenʃənl] adj unbeabsichtigt, unabsichtlich; joke also unfreiwillig.

unintentionally [ˌʌnɪnˈtenʃnəlɪ] adv unabsichtlich, unbeabsichtigt, ohne Absicht; funny unfreiwillig.

uninterested [ʌnˈɪntrɪstɪd] adj desinteressiert, interessenlos. **to be** ~ **in sth** an etw (dat) nicht interessiert sein.

uninteresting [ʌnˈɪntrɪstɪŋ] adj uninteressant.

uninterrupted [ˌʌnɪntəˈrʌptɪd] adj (continuous) ununterbrochen, kontinuierlich; (undisturbed) rest ungestört.

uninterruptedly [ˌʌnɪntəˈrʌptɪdlɪ] adv see adj.

uninvited [ˌʌnɪnˈvaɪtɪd] adj ungebeten.

uninviting [ˌʌnɪnˈvaɪtɪŋ] adj appearance, atmosphere nicht (gerade) einladend; prospect nicht (gerade) verlockend; smell, food, sight unappetitlich.

union [ˈjuːnjən] **I** n **1.** Vereinigung, Verbindung f; (uniting also) Zusammenschluß m; (Pol also) Union f. **the U**~ (US) die Vereinigten Staaten; (in civil war) die Unionsstaaten pl; **state of the U**~ **message** (US) ≈ Bericht m zur Lage der Nation; ~ **of Soviet Socialist Republics** Union f der Sozialistischen Sowjetrepubliken. **2.** (trade ~) Gewerkschaft f. **3.** (association) Vereinigung f; (customs ~) Union f; (postal ~) Postverein m; (students' ~ also) Studentenclub m (also building). **4.** (harmony) Eintracht, Harmonie f. **5.** (form: marriage) Verbindung f. **6.** (Tech) Verbindung f. ~ **joint** Anschlußstück, Verbindungsstück nt.

7. (*Math*) Vereinigung(smenge) *f*.
II *adj attr* (*trade* ~) Gewerkschafts-.

unionism ['ju:njənɪzəm] *n* **1.** (*trade* ~) Gewerkschaftswesen *nt*. **2.** (*Pol*) Einigungsbewegung *f*. U~ (*Brit*) Unionismus *m*, unionistische Bewegung.

unionist ['ju:njənɪst] **I** *n* **1.** (*trade* ~) Gewerkschaftler(in *f*) *m*. **2.** (*Pol*) Unionist(in *f*), Unionsanhänger(in *f*) *m*. **Ulster** U~ Ulster Unionist *m*. **II** *adj* **1.** (*trade* ~) gewerkschaftlich. **2.** (*Pol*) Unions-. U~ **MP** (*Ir*) Unionistischer Abgeordneter.

unionize ['ju:njənaɪz] **I** *vt* gewerkschaftlich organisieren. **II** *vi* sich gewerkschaftlich organisieren.

Union Jack *n* Union Jack *m*; **union shop** *n* gewerkschaftspflichtiger Betrieb; **union suit** *n* (*US*) lange Hemdhose.

unique [ju:'ni:k] *adj* einzig *attr*; (*outstanding*) einzigartig, einmalig (*inf*); (*Math*) eindeutig. **you are not** ~ **in that** da bist du nicht der/die einzige; **such cases are, of course, not** ~ **to Britain** solche Fälle sind natürlich nicht nur auf Großbritannien beschränkt.

uniquely [ju:'ni:klɪ] *adv* (*solely*) einzig und allein, nur; (*outstandingly*) einmalig (*inf*), unübertrefflich. ~ **suited** außergewöhnlich geeignet.

uniqueness [ju:'ni:knɪs] *n* Einmaligkeit, Einzigartigkeit *f*.

unisex ['ju:nɪseks] *adj* Unisex-, unisex.

unison ['ju:nɪzn] *n* (*Mus*) Gleichklang, Einklang *m* (*also fig*). **in** ~ unisono (*geh*), einstimmig; ~ **singing** einstimmiger Gesang; **to be in** ~ (**with sth**) übereinstimmen (mit etw); **to act in** ~ **with sb** (*fig*) in Übereinstimmung mit jdm handeln.

unit ['ju:nɪt] *n* **1.** (*entity, Mil*) Einheit *f*; (*set of equipment also*) Anlage *f*. **camera/X-ray** ~ Kameraeinheit/Röntgenanlage *f*. **2.** (*section*) Einheit *f*; (*of furniture*) Element *nt*; (*of machine also*) Element, Teil *nt*; (*of organization also*) Abteilung *f*. **generative** ~ Aggregat *nt*; **compressor** ~ Kompressor *m*; **power** ~ Aggregat *nt*; (*of a rocket*) Triebwerk *nt*; **where did you get those** ~**s in your bedroom?** wo haben Sie die Anbauelemente in Ihrem Schlafzimmer her?; **the new research** ~ die neue Forschungsgruppe; **the family as the basic** ~ die Familie als Grundelement. **3.** (*measure*) Einheit *f*. ~ **of account/length** Rechnungs-/ Längeneinheit *f*; **monetary** ~ Währungseinheit *f*. **4.** (*Math*) Einer *m*. **tens and** ~**s** Zehner und Einer *pl*.

unitary ['ju:nɪtərɪ] *adj* **1.** (*used as a unit*) Einheits-. ~ **weight** Gewichtseinheit *f*. **2.** (*unified*) einheitlich.

unite [ju:'naɪt] **I** *vt* (*join, also form: marry*) vereinigen, verbinden; *party, country* (*treaty etc*) (ver)einigen, zusammenschließen; (*emotions, ties, loyalties*) (ver)einen. **the common interests which** ~ **us** die gemeinsamen Interessen, die uns verbinden.
II *vi* sich zusammenschließen, sich vereinigen. **to** ~ **in doing sth** gemeinsam etw tun; **workers of the world,** ~**!** Proletarier aller Länder, vereinigt euch!

united [ju:'naɪtɪd] *adj* verbunden; *family, group, people, nation, front* geschlossen; *people, nation* einig; *efforts* vereint. ~ **we stand, divided we fall** (*prov*) Einigkeit macht stark (*Prov*); **to present a** ~ **front** eine geschlossene Front bieten.

United Arab Republic *n* Vereinigte Arabische Republik; **United Kingdom** *n* Vereinigtes Königreich (Großbritannien und Nordirland); **United Nations (Organization)** *n* Vereinte Nationen *pl*; **United States (of America)** *npl* Vereinigte Staaten *pl* (von Amerika).

unity ['ju:nɪtɪ] *n* **1.** (*oneness, Liter*) Einheit *f*; (*harmony*) Einmütigkeit, Einigkeit *f*; (*of a novel, painting etc*) Einheitlichkeit, Geschlossenheit *f*. ~ **is strength** Einigkeit macht stark (*Prov*).
2. (*Math*) Einheit *f*; (*one*) Eins *f*; (*in set theory*) neutrales Element.

universal [ˌju:nɪ'vɜ:səl] **I** *adj* **1.** *phenomenon, applicability, remedy* universal, universell; *language, genius, remedy also* Universal-; (*prevailing everywhere also*) *custom, game* allgemein *or* überall verbreitet; (*applying to all also*) *truth, rule* allgemein gültig; (*general*) *approval, peace* allgemein. ~ **remedy** Allheilmittel *nt*; **to be a** ~ **favourite** überall beliebt sein; ~ **peace** Weltfrieden *m*.
2. (*Logic*) universal, universell, allgemein.
II *n* (*Philos*) Allgemeinbegriff *m*; (*Logic*: ~ *proposition*) Universalaussage *f*. **the** ~ das Allgemeine; **the various** ~**s of human research** die verschiedenen Grundelemente der menschlichen Gesellschaft.

universality [ˌju:nɪvɜ:'sælɪtɪ] *n* Universalität *f*; (*of person also*) Vielseitigkeit *f*; (*prevalence also*) allgemeine Verbreitung; (*general applicability*) Allgemeingültigkeit *f*.

universally [ˌju:nɪ'vɜ:səlɪ] *adv* allgemein.

universe ['ju:nɪvɜ:s] *n* **1.** (*cosmos*) (Welt)-all, Universum *nt*; (*galaxy*) Sternsystem *nt*; (*world*) Welt *f*. **2.** (*Logic*) ~ **of discourse** Gesamtheit *f* aller Gegenstände der Abhandlung.

university [ˌju:nɪ'vɜ:sɪtɪ] **I** *n* Universität *f*. **the** ~ **of life** die Schule des Lebens; **what is his** ~? wo studiert er?; **to be at** ~/**to go to** ~ studieren; **to go to London** U~ in London studieren.
II *adj attr town, library, bookshop* Universitäts-; *qualifications, education also* akademisch. ~ **man** Akademiker *m*; ~ **teacher** Hochschullehrer *m*.

unjust [ʌn'dʒʌst] *adj* ungerecht (*to* gegen).

unjustifiable [ʌn'dʒʌstɪfaɪəbl] *adj* nicht zu rechtfertigen *pred or* rechtfertigend *attr*.

unjustifiably [ʌn'dʒʌstɪfaɪəblɪ] *adv expensive, severe, critical* ungerechtfertigt; *rude* unnötig; *criticize, dismiss, praise* zu Unrecht. **he acted quite** ~ er hat ungerechtfertigt *or* ohne Rechtfertigung gehandelt.

unjustified [ʌn'dʒʌstɪfaɪd] *adj* ungerechtfertigt. **to be** ~ **in thinking that ...** zu Unrecht denken, daß ...; ~ **lines** (*Typ*) Flattersatz *m*.

unjustly [ʌn'dʒʌstlɪ] *adv* zu Unrecht; *judge, treat* ungerecht.

unjustness [ʌn'dʒʌstnɪs] n Ungerechtigkeit f.

unkempt [ʌn'kempt] adj hair ungekämmt; appearance, garden etc ungepflegt, vernachlässigt.

unkind [ʌn'kaɪnd] adj (+er) person, remark, action (not nice) unfreundlich, nicht nett; (cruel) lieblos, gemein; remark also spitz; (harsh) climate, country, substance, action schlecht (to für). **don't be (so) ~**! das ist aber gar nicht nett (von dir)!; **to be ~ to animals** nicht gut zu Tieren sein; **~ to the skin** nicht hautfreundlich; **fate has been ~ to him** das Schicksal hat ihn unfreundlich behandelt; **it would be ~ not to tell him the truth** es wäre gemein, ihm nicht die Wahrheit zu sagen.

unkindly [ʌn'kaɪndlɪ] adv unfreundlich, nicht nett; (cruelly) lieblos, gemein. **how ~ fate had treated her** wie grausam das Schicksal ihr mitgespielt hatte; **don't take it ~ if ...** nimm es nicht übel, wenn ...; **to take ~ to sth** etw übelnehmen.

unkindness [ʌn'kaɪndnɪs] n Unfreundlichkeit f; (cruelty) Lieblosigkeit, Gemeinheit f. **to do sb an ~** jdm Unrecht tun; **the ~ of the weather/terrain** das schlechte Wetter/das schwierige Gelände.

unknot [ʌn'nɒt] vt aufknoten, entknoten.

unknowable [ʌn'nəʊəbl] I adj truths unbegreiflich, unfaßbar; person verschlossen. II n the U~ das Unfaßbare.

unknowing [ʌn'nəʊɪŋ] adj agent, cause unwissentlich, ohne es zu wissen. **he was the ~ cause of ...** er war unwissentlich or ohne es zu wissen die Ursache für ...

unknowingly [ʌn'nəʊɪŋlɪ] adv unwissentlich, ohne es zu wissen.

unknown [ʌn'nəʊn] I adj unbekannt. **~ quantity** unbekannte Größe; (Math) Unbekannte f; **the ~ soldier or warrior** der Unbekannte Soldat; **~ territory** (lit, fig) Neuland nt; **to be ~ to sb** (feeling, territory) jdm fremd sein; **it's ~ for him to get up for breakfast** man ist es von ihm gar nicht gewohnt, daß er zum Frühstück aufsteht; **this substance is ~ to science** diese Substanz ist der Wissenschaft nicht bekannt; see **person**.

II n (person) Unbekannte(r) mf; (factor, Math) Unbekannte f; (territory) unerforschtes Gebiet, Neuland nt. **the ~** das Unbekannte; **a voyage into the ~** (lit, fig) eine Fahrt ins Ungewisse.

III adv **~ to me** etc ohne daß ich etc es wußte.

unlace [ʌn'leɪs] vt aufbinden, aufschnüren.

unladylike [ʌn'leɪdɪlaɪk] adj undamenhaft, nicht damenhaft.

unlamented [ˌʌnlə'mentɪd] adj death, loss unbeklagt, unbeweint.

unlawful [ʌn'lɔːfʊl] adj gesetzwidrig; means, assembly ungesetzlich, illegal; wedding ungültig.

unlawfully [ʌn'lɔːfəlɪ] adv gesetzwidrig, illegal; married ungültig.

unleaded [ˌʌn'ledɪd] adj fuel (US) bleifrei.

unlearn [ʌn'lɜːn] vt irreg sich (dat) abgewöhnen; habit also ablegen.

unleash [ʌn'liːʃ] vt dog von der Leine

lassen; (fig) (cause) anger, war entfesseln, auslösen. **he ~ed his fury on his wife** er ließ seine Frau seinen Zorn spüren.

unleavened [ʌn'levnd] adj bread ungesäuert.

unless [ən'les] conj es sei denn; (at beginning of sentence) wenn ... nicht, sofern ... nicht. **don't do it ~ I tell you to** mach das nicht, es sei denn, ich sage es dir; **~ I tell you to, don't do it** sofern or wenn ich es dir nicht sage, mach das nicht; **~ I am mistaken ...** wenn or falls ich mich nicht irre ...; **~ otherwise stated** sofern nicht anders angezeigt or angegeben.

unlettered [ʌn'letəd] adj ungebildet; (illiterate) analphabetisch attr.

unlicensed [ʌn'laɪsənst] adj (having no licence) car, dog, TV nicht angemeldet; premises ohne Lizenz or (Schank-)konzession; (unauthorized) unbefugt, unberechtigt. **people with ~ TV/radio sets** Schwarzseher pl/Schwarzhörer pl (inf).

unlike [ʌn'laɪk] I adj unähnlich, nicht ähnlich; poles ungleich, gegensätzlich.

II prep 1. im Gegensatz zu (dat), anders als.

2. (uncharacteristic of) **to be quite ~ sb** jdm (gar) nicht ähnlich sein; (behaviour also) überhaupt nicht zu jdm passen; **how ~ him not to have told us** das sieht ihm gar nicht ähnlich, daß er uns nichts gesagt hat.

3. (not resembling) **this photograph is quite ~ her** dieses Photo sieht ihr gar nicht ähnlich.

unlikelihood [ʌn'laɪklɪhʊd], **unlikeliness** [ʌn'laɪklɪnɪs] n Unwahrscheinlichkeit f. **despite the ~ of success** obwohl der Erfolg unwahrscheinlich war.

unlikely [ʌn'laɪklɪ] adj (+er) happening, outcome unwahrscheinlich; explanation also unglaubwürdig; (odd also) clothes merkwürdig, komisch. **it is (most) ~/not ~ that ...** es ist (höchst) unwahrscheinlich/es kann durchaus sein, daß ...; **she is ~ to come** sie kommt höchstwahrscheinlich nicht; **it looks an ~ place for mushrooms** es sieht mir nicht nach der geeigneten Stelle für Pilze aus; **he's an ~ choice/he's ~ to be chosen** es ist unwahrscheinlich, daß er gewählt wird; **in the ~ event that it does happen** im unwahrscheinlichen Fall, daß das geschieht.

unlimited [ʌn'lɪmɪtɪd] adj wealth, time unbegrenzt; power also schrankenlos; patience unendlich; **~ company** (Fin) Gesellschaft f mit unbeschränkter Haftung.

unlined [ʌn'laɪnd] adj paper unliniert; face faltenlos; dress ungefüttert.

unlisted [ʌn'lɪstɪd] adj phone number, company, items nicht verzeichnet; name nicht aufgeführt.

unlit [ˌʌn'lɪt] adj road unbeleuchtet; lamp nicht angezündet.

unload [ʌn'ləʊd] I vt 1. ship, gun entladen; car also, boot, luggage ausladen; truck, luggage abladen; cargo löschen. 2. (inf: get rid of) (Fin) shares abstoßen; furniture, children, problems abladen (on(to) bei); job, problem abwälzen (on(to) auf + acc). II vi (ship) löschen; (truck) abladen.

unlock [ʌnˈlɒk] *vt door etc* aufschließen; (*fig*) *heart, secret* offenbaren. **the door is ~ed** die Tür ist nicht abgeschlossen.

unlooked-for [ʌnˈlʊktʃɔːʳ] *adj* unerwartet, unvorhergesehen; (*welcome also*) unverhofft.

unloved [ʌnˈlʌvd] *adj* ungeliebt.

unloving [ʌnˈlʌvɪŋ] *adj person, home* lieblos, kalt.

unluckily [ʌnˈlʌkɪlɪ] *adv* zum Pech, zum Unglück. **~ for him** zu seinem Pech; **the day started ~** der Tag hat schlecht angefangen.

unlucky [ʌnˈlʌkɪ] *adj* (*+er*) **1.** *person* unglückselig. **~ wretch** Unglücksrabe, Pechvogel *m*; **he's always ~** er ist vom Pech verfolgt; **to be ~** Pech haben; (*not succeed*) keinen Erfolg haben; **~ in love** unglücklich verliebt; **it was ~ for her that she was seen** Pech für sie, daß man sie gesehen hat; **how ~ for you!** was für ein Pech!; **he was ~ enough to meet her** er hatte das Pech, sie zu treffen.
   2. *object, action, place* unglückselig; *coincidence, event also, choice* unglücklich; *day also* Unglücks-; *moment also* ungünstig, schlecht gewählt. **to be ~** Unglück *or* Pech bringen; **London has been an ~ place for me** London hat mir nur Pech gebracht; **broken mirrors are ~** zerbrochene Spiegel bringen Unglück; **it's not through any fault of yours, it's just ~** es ist nicht dein Fehler, es ist nur Pech.

unmade [ʌnˈmeɪd] *adj bed* ungemacht.

unman [ʌnˈmæn] *vt* schwach werden lassen; (*make lose courage*) entmutigen.

unmanageable [ʌnˈmænɪdʒəbl] *adj* (*unwieldy*) *vehicle, boat* schwer zu handhaben *or* manövrieren; *parcel, size* unhandlich; (*uncontrollable*) *animal, person, hair, child* widerspenstig, nicht zu bändigen; *situation* unkontrollierbar.

unmanly [ʌnˈmænlɪ] *adj tears, behaviour* unmännlich; (*cowardly*) feige; (*effeminate*) weibisch.

unmanned [ʌnˈmænd] *adj* (*not requiring crew*) *level crossing, space flight* unbemannt; (*lacking crew*) *telephone exchange, lighthouse* unbesetzt.

unmannerly [ʌnˈmænəlɪ] *adj* ungesittet; *child also* ungezogen; *behaviour* ungehörig; (*at table also*) unmanierlich. **it is ~ to ...** es gehört sich nicht, zu ...

unmarked [ʌnˈmɑːkt] *adj* **1.** (*unstained*) ohne Flecken *or* Spuren, fleckenlos; (*without marking*) *face* ungezeichnet (*also fig*); *banknotes also* unmarkiert; *linen* nicht gezeichnet; *boxes, crates, suitcases etc* ohne Namen *or* Adresse; *police car* nicht gekennzeichnet. **to leave sb ~** spurlos an jdm vorübergehen.
   2. (*Sport*) *player* ungedeckt.
   3. (*Sch*) *papers* unkorrigiert.
   4. (*unnoticed*) unbemerkt.
   5. (*Ling*) unmarkiert.

unmarketable [ʌnˈmɑːkɪtəbl] *adj* unverkäuflich, schlecht zu verkaufen.

unmarriageable [ʌnˈmærɪdʒəbl] *adj* nicht zu verheiraten *pred*.

unmarried [ʌnˈmærɪd] *adj* unverheiratet. **~ mother** ledige Mutter.

unmask [ʌnˈmɑːsk] **I** *vt* (*lit*) demaskieren;

(*fig*) entlarven. **II** *vi* die Maske abnehmen, sich demaskieren.

unmatched [ʌnˈmætʃt] *adj* unübertrefflich, einmalig, unübertroffen (*for* in bezug auf *+acc*). **the scenery is ~ anywhere in the world** die Landschaft sucht (in der Welt) ihresgleichen; **to be ~ for beauty/chivalry** alle anderen an Schönheit/Ritterlichkeit übertreffen.

unmentionable [ʌnˈmenʃnəbl] **I** *adj* tabu *pred*; *word also* unaussprechlich. **to be ~** tabu sein; **to be an ~ topic** (als Thema) tabu sein. **II** *n*: **the ~s** (*hum inf*) die Unaussprechlichen *pl* (*hum inf*).

unmerciful *adj*, **~ly** *adv* [ʌnˈmɜːsɪfʊl, -flɪ] unbarmherzig, erbarmungslos.

unmerited [ʌnˈmerɪtɪd] *adj* unverdient.

unmindful [ʌnˈmaɪndfʊl] *adj* **to be ~ of sth** nicht auf etw (*acc*) achten, etw nicht beachten; **I was not ~ of your needs** ich stand Ihren Bedürfnissen nicht gleichgültig gegenüber.

unmistak(e)able [ˌʌnmɪˈsteɪkəbl] *adj* unverkennbar; (*visually*) nicht zu verwechseln. **he is ~ in his green suit** in seinem grünen Anzug ist er nicht zu verwechseln.

unmistak(e)ably [ˌʌnmɪˈsteɪkəblɪ] *adv* zweifelsohne (*geh*), unverkennbar.

unmitigated [ʌnˈmɪtɪgeɪtɪd] *adj* (*not lessened*) *wrath, severity* ungemildert; (*inf: complete*) *disaster* vollkommen, total; *rubbish* komplett (*inf*); *liar, rogue also* Erz- (*inf*).

unmixed [ʌnˈmɪkst] *adj blood* unvermischt; *pleasure* ungetrübt, rein.

unmolested [ˌʌnməˈlestɪd] *adj* (*unattacked*) unbelästigt; (*undisturbed*) in Frieden.

unmoor [ʌnˈmuːəʳ] *vti* losmachen.

unmotivated [ʌnˈməʊtɪveɪtɪd] *adj* unmotiviert; *attack also* grundlos, sinnlos.

unmounted [ʌnˈmaʊntɪd] *adj rider* unberitten; (*thrown from horse*) abgeworfen; *gem* ungefaßt; *gun* nicht fest montiert; *picture* (*not on mount*) nicht aufgezogen; (*not in album*) lose.

unmourned [ʌnˈmɔːnd] *adj* unbeweint; *death also* unbeklagt. **an ~ tyrant** ein Tyrann, dem niemand nachtrauert.

unmoved [ʌnˈmuːvd] *adj person* ungerührt. **they were ~ by his playing** sein Spiel(en) ergriff sie nicht; **it leaves me ~** das (be)rührt mich nicht; **he remained ~ by her pleas** ihr Flehen ließ ihn kalt.

unmusical [ʌnˈmjuːzɪkəl] *adj person* unmusikalisch; *sound* unmelodisch.

unnamed [ʌnˈneɪmd] *adj* (*nameless*) namenlos; (*anonymous*) ungenannt.

unnatural [ʌnˈnætʃrəl] *adj* unnatürlich; (*abnormal also*) *relationship, crime* nicht normal *pred*, widernatürlich, wider die Natur *pred*. **it is ~ for him to be so rude** normalerweise ist er nicht so grob; **it's not ~ to be upset** es ist nur natürlich, daß bestürzt zu sein.

unnaturally [ʌnˈnætʃrəlɪ] *adv* unnatürlich; (*extraordinarily also*) *loud, anxious* ungewöhnlich. **not ~, we were worried** es war nur normal *or* natürlich, daß wir uns Sorgen machten.

unnecessarily [ʌnˈnesɪsərɪlɪ] *adv* unnötigerweise; *strict, serious* unnötig, übertrieben.

unnecessary [ʌn'nesɪsərɪ] *adj* unnötig; *(not requisite)* nicht notwendig *or* nötig; *(superfluous also)* überflüssig. **no, you needn't bother thanks, that's quite ~** nein, machen Sie sich keine Umstände, das ist wirklich nicht nötig; **really, that was quite ~ of you!** also, das war wirklich überflüssig!

unnerve [ʌn'nɜːv] *vt* entnerven; *(gradually)* zermürben; *(discourage)* speaker entmutigen. **~d by their reaction** durch ihre Reaktion aus der Ruhe gebracht.

unnerving [ʌn'nɜːvɪŋ] *adj* experience entnervend; *silence also* zermürbend; *(discouraging also)* entmutigend.

unnoticed [ʌn'nəʊtɪst] *adj* unbemerkt. **to go** *or* **pass ~** unbemerkt bleiben.

unnumbered [ʌn'nʌmbəd] *adj* **1.** *(countless)* unzählig, zahllos. **2.** *(not numbered)* nicht numeriert; *house also* ohne Nummer.

UNO *abbr of* **United Nations Organization** UNO *f.*

unobjectionable [ˌʌnəb'dʒekʃnəbl] *adj* einwandfrei. **as a person he is ~ enough** man kann nichts gegen ihn einwenden.

unobservant [ˌʌnəb'zɜːvənt] *adj* unaufmerksam. **to be ~** ein schlechter Beobachter sein; **how ~ of me** wie unaufmerksam (von mir).

unobserved [ˌʌnəb'zɜːvd] *adj (not seen)* unbemerkt; *(not celebrated)* nicht (mehr) eingehalten *or* beachtet.

unobstructed [ˌʌnəb'strʌktɪd] *adj* view ungehindert; *pipe* frei, unverstopft; *path, road* frei, unversperrt.

unobtainable [ˌʌnəb'teɪnəbl] *adj* nicht erhältlich, nicht zu bekommen. **number ~** *(Telec)* kein Anschluß unter dieser Nummer.

unobtrusive *adj,* **~ly** *adv* [ˌʌnəb'truːsɪv, -lɪ] unauffällig.

unoccupied [ʌn'ɒkjʊpaɪd] *adj* person unbeschäftigt; *house* leerstehend, unbewohnt; *seat* leer; *(Mil)* zone unbesetzt.

unofficial [ˌʌnə'fɪʃəl] *adj* inoffiziell; *(unconfirmed also)* information nicht amtlich. **to take ~ action** *(Ind)* inoffiziell streiken; **in an ~ capacity** inoffiziell.

unofficially [ˌʌnə'fɪʃəlɪ] *adv* inoffiziell.

unopened [ʌn'əʊpənd] *adj* ungeöffnet.

unopposed [ˌʌnə'pəʊzd] *adj* **they marched on ~** sie marschierten weiter, ohne auf Widerstand zu treffen; **~ by the committee** ohne Widerspruch seitens des Ausschusses; **to be returned ~** *(Pol)* ohne Gegenstimmen gewählt werden.

unorganized [ʌn'ɔːgənaɪzd] *adj* unsystematisch; *essay also* konfus; *person also* unmethodisch; *life* ungeregelt; *(Ind)* nicht (gewerkschaftlich) organisiert.

unoriginal [ˌʌnə'rɪdʒɪnəl] *adj* wenig originell.

unorthodox [ʌn'ɔːθədɒks] *adj* unkonventionell, unorthodox.

unpack [ʌn'pæk] *vti* auspacken.

unpaid [ʌn'peɪd] *adj* unbezahlt.

unpalatable [ʌn'pælɪtəbl] *adj* food, drink ungenießbar; *(fig)* fact, truth, mixture schwer zu verdauen. **he finds the truth ~** die Wahrheit schmeckt ihm nicht.

unparalleled [ʌn'pærəleld] *adj* einmalig, beispiellos; *(unprecedented also)* noch nie dagewesen. **an ~ success** ein Erfolg ohnegleichen.

unpardonable [ʌn'pɑːdnəbl] *adj* unverzeihlich.

unparliamentary [ˌʌnpɑːlə'mentərɪ] *adj* behaviour, language nicht parlamentsfähig, der Würde des Parlamentes nicht entsprechend; *procedure* unparlamentarisch.

unpatriotic [ˌʌnpætrɪ'ɒtɪk] *adj* unpatriotisch.

unperceptive [ˌʌnpə'septɪv] *adj* unaufmerksam.

unperson ['ʌnpɜːsən] *n (Pol)* Unperson *f.*

unperturbable [ˌʌnpə'tɜːbəbl] *adj* nicht aus der Ruhe zu bringen *pred or* bringend *attr.*

unperturbed [ˌʌnpə'tɜːbd] *adj* nicht beunruhigt *(by* von, durch*),* gelassen.

unpick [ʌn'pɪk] *vt* auftrennen.

unpin [ʌn'pɪn] *vt* dress, hair die Nadeln entfernen aus; *notice* abnehmen.

unplaced [ʌn'pleɪst] *adj (Sport)* nicht plaziert. **to be ~** sich nicht plaziert haben.

unplanned [ʌn'plænd] *adj* ungeplant, nicht geplant.

unplayable [ʌn'pleɪəbl] *adj* unspielbar; *pitch* unbespielbar.

unpleasant [ʌn'pleznt] *adj* unangenehm; *person, smile, remark* unliebenswürdig, unfreundlich; *experience, situation also* unerfreulich.

unpleasantly [ʌn'plezntlɪ] *adv* reply unliebenswürdig, unfreundlich; *warm, smell* unangenehm. **he was getting ~ close to the truth** es war unangenehm, wie nah er an der Wahrheit war.

unpleasantness [ʌn'plezntnɪs] *n* **1.** *(quality) see adj* Unangenehmheit *f;* Unfreundlichkeit *f;* Unerfreulichkeit *f.* **2.** *(bad feeling, quarrel)* Unstimmigkeit *f.*

unplug [ʌn'plʌg] *vt* radio, lamp den Stecker herausziehen von.

unplumbed [ʌn'plʌmd] *adj* unergründet.

unpolished [ʌn'pɒlɪʃt] *adj* **1.** unpoliert; *stone* ungeschliffen. **2.** *(fig)* person, manners ungeschliffen, ungehobelt; *performance* unausgefeilt; *style, language* holprig, unausgefeilt.

unpolluted [ˌʌnpə'luːtɪd] *adj* sauber, unverschmutzt.

unpopular [ʌn'pɒpjʊləʳ] *adj* person unbeliebt *(with sb* bei jdm*); (for particular reason also)* unpopulär; *decision, move* unpopulär. **to make oneself ~** sich unbeliebt machen; **I'm ~ with him just now** zur Zeit bin ich bei ihm nicht gut angeschrieben *(inf).*

unpopularity [ˌʌnpɒpjʊ'lærɪtɪ] *n* Unbeliebtheit *f; (of decision, move)* Unpopularität *f,* geringe Popularität.

unpractical [ʌn'præktɪkəl] *adj* unpraktisch.

unpractised, *(US)* **unpracticed** [ʌn'præktɪst] *adj* ungeübt.

unprecedented [ʌn'presɪdəntɪd] *adj* noch nie dagewesen; *success also* beispiellos, ohnegleichen *(after n); profit, step* unerhört. **this event is ~** dieses Ereignis ist bisher einmalig.

unpredictable [ˌʌnprɪ'dɪktəbl] *adj* unvorhersehbar; *result* nicht vorherzusagen *pred or* vorherzusagend *attr*; *behaviour, person, weather* unberechenbar.

unprejudiced [ʌn'predʒʊdɪst] *adj* (*impartial*) objektiv, unparteiisch; (*not having prejudices*) vorurteilslos.

unpremeditated [ˌʌnprɪ'medɪteɪtɪd] *adj* unüberlegt; *crime* nicht vorsätzlich.

unprepared [ˌʌnprɪ'pɛəd] *adj* **1.** nicht vorbereitet; *person also* unvorbereitet. **to be ~ for sth** für etw nicht vorbereitet sein; (*be surprised*) auf etw (*acc*) nicht vorbereitet *or* gefaßt sein; **you've caught me ~** darauf bin ich nicht vorbereitet. **2.** (*improvised*) unvorbereitet.

unprepossessing [ˌʌnpriːpə'zesɪŋ] *adj* wenig gewinnend, wenig einnehmend.

unpresentable [ˌʌnprɪ'zentəbl] *adj* (*in appearance*) nicht präsentabel; *clothes also* unansehnlich; (*socially*) nicht gesellschaftsfähig. **so ~** so wenig präsentabel; **most of his friends are completely ~** mit den meisten seiner Freunde kann man sich in der Öffentlichkeit nicht blicken lassen.

unpretentious [ˌʌnprɪ'tenʃəs] *adj* schlicht, bescheiden; *person, manner also* natürlich; *house, meal etc also* einfach; *style, book* einfach, nicht schwülstig.

unpretentiously [ˌʌnprɪ'tenʃəslɪ] *adv* schlicht, bescheiden, einfach; *speak* natürlich; *write* in einfachen Worten.

unpriced [ʌn'praɪst] *adj* ohne Preisschild, nicht ausgezeichnet.

unprincipled [ʌn'prɪnsɪpld] *adj* skrupellos; *person also* charakterlos.

unprintable [ʌn'prɪntəbl] *adj* nicht druckfähig. **his answer was ~** seine Antwort war nicht druckreif.

unproductive [ˌʌnprə'dʌktɪv] *adj* *capital* nicht gewinnbringend, keinen Gewinn bringend; *soil* unfruchtbar, ertragsarm; *discussion, meeting* unproduktiv.

unprofessional [ˌʌnprə'feʃənl] *adj* *conduct* berufswidrig; (*amateur*) *language* unprofessionell; *work* unfachmännisch, laienhaft, stümperhaft. **it's ~ to ...** es ziemt sich nicht, zu ...

unprofitable [ʌn'prɒfɪtəbl] *adj* (*financially*) keinen Profit bringend *or* abwerfend, wenig einträglich; *mine etc* unrentabel; (*fig*) nutzlos, sinnlos. **the company was ~** die Firma machte keinen Profit; **we spent an ~ hour** wir haben eine Stunde verplempert.

unpromising [ʌn'prɒmɪsɪŋ] *adj* nicht sehr vielversprechend; *start also* nicht sehr erfolgversprechend, wenig erfolgversprechend. **to look ~** nicht sehr hoffnungsvoll *or* gut aussehen; (*weather*) nichts Gutes versprechen.

unprompted [ʌn'prɒmptɪd] *adj* spontan. **~ by me** unaufgefordert; **his invitation was quite ~** seine Einladung kam ganz aus freien Stücken; **I'd rather he answered the questions ~** es wäre mir lieber, wenn er ohne Vorsagen antwortete.

unpronounceable [ˌʌnprə'naʊnsɪbl] *adj* unaussprechlich.

unpropitious [ˌʌnprə'pɪʃəs] *adj* *omen* schlecht, ungünstig; *moment* ungünstig, ungeeignet.

unprotected [ˌʌnprə'tektɪd] *adj* ohne Schutz, schutzlos; *machine* ungeschützt; (*by insurance*) ohne Versicherungsschutz; (*Mil*) *building etc* ungeschützt. **~ by** nicht geschützt durch.

unproved [ʌn'pruːvd] *adj* nicht bewiesen, unbewiesen. **he's still ~ as a minister** als Minister muß er sich erst noch bewähren; **his courage was ~** er mußte seinen Mut erst noch beweisen.

unprovided-for [ˌʌnprə'vaɪdɪdfɔː^r] *adj* **1.** (*lacking*) unversorgt. **he died and left his children ~** er starb, ohne für seine Kinder gesorgt zu haben. **2.** (*not anticipated*) **that eventuality was ~** auf dieses Ereignis war man nicht eingerichtet.

unprovoked [ˌʌnprə'vəʊkt] *adj* ohne Anlaß, grundlos.

unpublished [ʌn'pʌblɪʃt] *adj* unveröffentlicht.

unpunctual [ʌn'pʌŋktjʊəl] *adj* unpünktlich.

unpunctuality [ˌʌnpʌŋktjʊ'ælɪtɪ] *n* Unpünktlichkeit *f*.

unpunished [ʌn'pʌnɪʃt] *adj* unbestraft. **to go ~** ohne Strafe bleiben; **if this goes ~ ...** wenn das nicht bestraft wird ...

unqualified [ʌn'kwɒlɪfaɪd] *adj* **1.** unqualifiziert. **to be ~** nicht qualifiziert sein. **2.** (*absolute*) *delight, praise, acceptance* uneingeschränkt; *denial* vollständig; *success* voll(ständig); (*inf*) *idiot, liar* ausgesprochen. **3.** (*Gram*) nicht bestimmt.

unquenchable [ʌn'kwentʃəbl] *adj* *fire* unlöschbar; *thirst, desire* unstillbar.

unquestionable [ʌn'kwestʃənəbl] *adj* *authority* unbestritten, unangefochten; *evidence, fact* unbezweifelbar; *sincerity, honesty* fraglos. **a man of ~ honesty** ein zweifellos ehrlicher Mann; **his honesty is ~** seine Ehrlichkeit steht außer Frage.

unquestionably [ʌn'kwestʃənəblɪ] *adv* fraglos, zweifellos.

unquestioned [ʌn'kwestʃənd] *adj* unbestritten. **I can't let that statement pass ~** ich kann diese Behauptung nicht fraglos hinnehmen; **to be ~** (*honesty etc*) außer Frage stehen; (*social order etc*) nicht in Frage gestellt werden.

unquestioning [ʌn'kwestʃənɪŋ] *adj* bedingungslos; *belief, faith also* blind.

unquestioningly [ʌn'kwestʃənɪŋlɪ] *adv* *accept* blind, ohne zu fragen.

unquote [ʌn'kwəʊt] *vi* (*imper only*) Ende des Zitats.

unravel [ʌn'rævəl] **I** *vt* *knitting* aufziehen; (*lit, fig: untangle*) entwirren; *mystery* lösen. **II** *vi* (*knitting*) sich aufziehen; (*fig*) sich entwirren; (*mystery*) sich lösen.

unread [ʌn'red] *adj* *book* ungelesen; *person* wenig belesen.

unreadable [ʌn'riːdəbl] *adj* *writing* unleserlich; *book* schwer zu lesen *pred*, schwer lesbar.

unready [ʌn'redɪ] *adj* (noch) nicht fertig. **~ to do sth** nicht bereit, etw zu tun; **he was ~ for what happened next** er war nicht auf das eingestellt was dann kam.

unreal [ʌn'rɪəl] *adj* unwirklich.

unrealistic [ˌʌnrɪə'lɪstɪk] *adj* unrealistisch.

unreality [ˌʌnrɪ'ælɪtɪ] *n* Unwirklichkeit *f*.

there is an air of ~ about it es hat etwas Unwirkliches an sich; **the deserted castle gave me a sense of ~** das verlassene Schloß hatte für mich etwas Unwirkliches an sich; **extreme exhaustion gives a feeling of ~** extreme Erschöpfung läßt alles unwirklich erscheinen.

unrealized [ʌnˈrɪəlaɪzd] *adj* unverwirklicht; *(Fin) assets* unverwertet; *profit* nicht realisiert.

unreasonable [ʌnˈriːznəbl] *adj demand, price etc* unzumutbar, übertrieben; *person* uneinsichtig; *(showing lack of sense)* unvernünftig. **to be ~ about sth** *(not be understanding)* kein Verständnis für etw zeigen; *(be overdemanding)* in bezug auf etw *(acc)* zuviel verlangen; **it is ~ to ...** es ist zuviel verlangt, zu ...; **it is ~ to expect children to keep quiet** man kann doch von Kindern nicht verlangen, ruhig zu sein; **that's not ~, is it?** das ist doch nicht zuviel verlangt, oder?; **you are being very ~!** das ist wirklich zuviel verlangt!; **an ~ length of time** übermäßig *or* übertrieben lange; **at this ~ hour** zu dieser unzumutbaren Zeit.

unreasonableness [ʌnˈriːznəblnɪs] *n (of demands etc)* Unzumutbarkeit, Übermäßigkeit *f; (of person)* Uneinsichtigkeit *f.* **I hadn't reckoned with his ~** ich hatte nicht damit gerechnet, daß er so uneinsichtig sein würde.

unreasonably [ʌnˈriːznəblɪ] *adv long, slow, high, strict* übermäßig, übertrieben. **he argued, quite ~ I think, that we should have known** er sagte, meiner Meinung nach ungerechtfertigterweise, daß wir das hätten wissen müssen.

unreasoning [ʌnˈriːznɪŋ] *adj person* kopflos, unvernünftig; *action, fear, hatred* blind, unsinnig.

unreceptive [ʌnrɪˈseptɪv] *adj* unempfänglich *(to* für*); audience also* unaufgeschlossen.

unrecognizable [ʌnˈrekəgnaɪzəbl] *adj* nicht wiederzuerkennen *pred or* wiederzuerkennend *attr.* **he was totally ~ in his disguise** er war in seiner Verkleidung nicht zu erkennen.

unrecognized [ʌnˈrekəgnaɪzd] *adj (not noticed) person, danger, value* unerkannt; *(not acknowledged) government, record* nicht anerkannt; *genius, talent* ungewürdigt, unerkannt. **his achievements went ~** seine Leistungen fanden keine Anerkennung *or* wurden nicht gewürdigt.

unrecorded [ʌnrɪˈkɔːdɪd] *adj* nicht aufgenommen; *(Rad, TV) programme* nicht aufgezeichnet; *(in documents)* nicht schriftlich erfaßt *or* festgehalten. **to go ~** nicht aufgenommen/festgehalten werden.

unredeemed [ʌnrɪˈdiːmd] *adj* 1. *sinner* unerlöst. **a life/person of ~ wickedness** ein durch und durch schlechtes Leben/ schlechter Mensch; **~ by** nicht ausgeglichen *or* wettgemacht durch. 2. *bill, (from pawn)* uneingelöst; *mortgage, debt* ungetilgt.

unreel [ʌnˈriːl] **I** *vt* abspulen, abwickeln. **II** *vi* sich abspulen, sich abwickeln.

unrefined [ʌnrɪˈfaɪnd] *adj* 1. *petroleum, sugar, metal* raffiniert. 2. *person* unkultiviert; *manners also* unfein.

unreflecting [ʌnrɪˈflektɪŋ] *adj person* gedankenlos, unbedacht; *act, haste* unbesonnen; *emotion* unreflektiert.

unregarded [ʌnrɪˈgɑːdɪd] *adj* unbeachtet, nicht beachtet. **to go ~** unbeachtet bleiben; **to be ~** nicht beachtet werden.

unregistered [ʌnˈredʒɪstəd] *adj birth* nicht gemeldet; *car* nicht angemeldet; *voter* nicht (im Wählerverzeichnis) eingetragen; *trademark* nicht gesetzlich geschützt; *letter* nicht eingeschrieben; *lawyer, doctor, taxi* nicht zugelassen.

unregretted [ʌnrɪˈgretɪd] *adj absence, death* nicht bedauert; *person* nicht vermißt; *words* nicht bereut.

unregulated [ʌnˈregjʊleɪtɪd] *adj* unkontrolliert.

unrehearsed [ʌnrɪˈhɜːst] *adj (Theat etc)* nicht geprobt; *cast* schlecht eingespielt; *(spontaneous) incident* spontan.

unrelated [ʌnrɪˈleɪtɪd] *adj (unconnected)* ohne Beziehung *(to zu); (by family)* nicht verwandt. **~ to reality** wirklichkeitsfremd; **the two events are ~/are not ~** die beiden Ereignisse stehen in keinem Zusammenhang miteinander/sind nicht gänzlich ohne Zusammenhang.

unrelenting [ʌnrɪˈlentɪŋ] *adj pressure* unablässig; *opposition* unerbittlich; *determination* hartnäckig; *pace, severity* unvermindert; *attack, struggle* unerbittlich, unvermindert; *rain* anhaltend *attr; (not merciful) person, heat* unbarmherzig. **we must be ~ in our struggle** wir müssen unablässig weiterkämpfen.

unreliability [ˈʌnrɪlaɪəˈbɪlɪtɪ] *n* Unzuverlässigkeit *f.*

unreliable [ʌnrɪˈlaɪəbl] *adj* unzuverlässig.

unrelieved [ʌnrɪˈliːvd] *adj pain* ungehindert, ungemindert; *gloom, anguish* ungemindert; *mediocrity* unverändert, gleichbleibend *attr; grey* einheitlich, durch nichts aufgelockert; *sameness* eintönig, einförmig; *monotony, boredom* tödlich. **the atmosphere was one of ~ gloom** es herrschte eine ausgesprochen gedrückte *or* niedergeschlagene Stimmung.

unremarkable [ʌnrɪˈmɑːkəbl] *adj* wenig bemerkenswert.

unremarked [ʌnrɪˈmɑːkt] *adj* unbemerkt. **to go ~** unbemerkt bleiben.

unremitting [ʌnrɪˈmɪtɪŋ] *adj efforts, toil* unaufhörlich, unablässig; *zeal* unermüdlich; *hatred* unversöhnlich.

unremittingly [ʌnrɪˈmɪtɪŋlɪ] *adv* unaufhörlich, ohne Unterlaß; *strive* unermüdlich.

unremunerative [ʌnrɪˈmjuːnərətɪv] *adj* nicht lohnend, nicht einträglich.

unrepeatable [ʌnrɪˈpiːtəbl] *adj* 1. *words, views* nicht wiederholbar. 2. *offer* einmalig.

unrepentant [ʌnrɪˈpentənt] *adj* nicht reuig, nicht reumütig, reu(e)los. **he is ~ about it** er bereut es nicht.

unreported [ʌnrɪˈpɔːtɪd] *adj events* nicht berichtet. **to go ~** nicht berichtet werden.

unrepresentative [ʌnreprɪˈzentətɪv] *adj (Pol) government* nicht frei gewählt; *(untypical)* nicht repräsentativ *(of* für*).* **the Party is ~ of the people** die Partei repräsentiert das Volk nicht.

unrepresented [ˌʌnreprɪ'zentɪd] *adj* nicht vertreten.

unrequited [ˌʌnrɪ'kwaɪtɪd] *adj love* unerwidert, unglücklich.

unreserved [ˌʌnrɪ'zɜ:vd] *adj* 1. (*frank*) *person* nicht reserviert, offen. **he's quite ~ about his feelings** er zeigt seine Gefühle ganz offen. 2. (*complete*) *approval* uneingeschränkt. 3. (*not booked*) nicht reserviert.

unreservedly [ˌʌnrɪ'zɜ:vɪdlɪ] *adv speak* freimütig, offen; *approve, believe, trust* uneingeschränkt; *sob* rückhaltlos.

unresisting [ˌʌnrɪ'zɪstɪŋ] *adj* widerstandslos, keinen Widerstand leistend *attr*. **I pushed open the ~ door** ich stieß die Tür auf, die ohne weiteres nachgab.

unresolved [ˌʌnrɪ'zɒlvd] *adj* 1. *difficulty, problem* ungelöst. 2. (*uncertain*) *person* unschlüssig. **he is still ~ as to what to do** er ist sich (*dat*) noch (darüber) unschlüssig, was er tun soll.

unresponsive [ˌʌnrɪ'spɒnsɪv] *adj* (*physically*) nicht reagierend *attr*; (*emotionally, intellectually*) gleichgültig, unempfänglich. **to be ~** nicht reagieren (*to* auf +*acc*); (*to advances, pleas, request also*) nicht empfänglich sein (*to* für); **an ~ audience** ein Publikum, das nicht mitgeht *or* nicht reagiert; **I suggested it but he was fairly ~** ich habe es vorgeschlagen, aber er zeigte sich nicht sehr interessiert; **still heavily sedated and totally ~** unter starkem Drogeneinfluß und völlig teilnahmslos.

unrest [ʌn'rest] *n* Unruhen *pl*; (*discontent*) Unzufriedenheit *f*. **there was ~ among the workers** die Arbeiter waren unzufrieden.

unresting [ʌn'restɪŋ] *adj efforts* unermüdlich.

unrestrained [ˌʌnrɪ'streɪnd] *adj* uneingeschränkt, unkontrolliert; *feelings* offen, ungehemmt; *joy, enthusiasm, atmosphere* ungezügelt; *language, behaviour* ausfallend, unbeherrscht.

unrestricted [ˌʌnrɪ'strɪktɪd] *adj power, use, growth* unbeschränkt; *access* ungehindert.

unrevealed [ˌʌnrɪ'vi:ld] *adj facts* nicht veröffentlicht.

unrewarded [ˌʌnrɪ'wɔ:dɪd] *adj* unbelohnt. **to go ~** unbelohnt bleiben; (*not gain recognition*) keine Anerkennung finden; **his efforts were ~ by any success** seine Bemühungen waren nicht von Erfolg gekrönt.

unrewarding [ˌʌnrɪ'wɔ:dɪŋ] *adj work* undankbar; (*financially*) wenig einträglich. **further study of this book would be ~** es würde sich nicht lohnen, das Buch weiterzulesen.

unrighteous [ʌn'raɪtʃəs] *adj* (*Rel*) sündig.

unripe [ʌn'raɪp] *adj* unreif.

unrivalled, (*US*) **unrivaled** [ʌn'raɪvəld] *adj* unerreicht, unübertroffen. **~ in** *or* **for quality** von unübertroffener Qualität.

unroll [ʌn'rəʊl] **I** *vt carpet, map* aufrollen; (*fig*) *story also* darlegen, schildern. **II** *vi* (*carpet etc*) sich aufrollen; (*fig*) (*plot*) sich abwickeln; (*landscape*) sich ausbreiten.

unromantic [ˌʌnrə'mæntɪk] *adj* unromantisch.

unruffled [ʌn'rʌfld] *adj person* gelassen; *sea* ruhig, unbewegt; *hair* ordentlich, unzerzaust; *calm* unerschütterlich. **she was quite ~** sie blieb ruhig und gelassen.

unruliness [ʌn'ru:lɪnɪs] *n* Wildheit, Ungebärdigkeit *f*.

unruly [ʌn'ru:lɪ] *adj* (+*er*) *child, behaviour* wild, ungebärdig; *hair* widerspenstig.

unsaddle [ʌn'sædl] *vt horse* absatteln; *rider* abwerfen.

unsafe [ʌn'seɪf] *adj ladder, machine, car, person* nicht sicher; (*dangerous*) *journey, toy, wiring* gefährlich. **this is ~ to eat/drink** das ist nicht genießbar/trinkbar; **to feel ~** sich nicht sicher fühlen.

unsaid [ʌn'sed] *adj* ungesagt, unausgesprochen. **to leave sth ~** etw unausgesprochen lassen; **it's best left ~** das bleibt besser ungesagt.

unsalaried [ʌn'sælərɪd] *adj* ehrenamtlich.

unsaleable [ʌn'seɪləbl] *adj* unverkäuflich. **to be ~** sich nicht verkaufen lassen.

unsalted [ʌn'sɔ:ltɪd] *adj* ungesalzen.

unsanitary [ʌn'sænɪtrɪ] *adj* unhygienisch.

unsatisfactoriness [ˌʌnsætɪs'fæktərɪnɪs] *n* (*of service, hotel, work*) Unzulänglichkeit *f*. **the ~ of these results/such a solution** solch unbefriedigende Resultate *pl*/eine so unbefriedigende Lösung; **because of his ~ he was not kept on** da er nicht den Erwartungen entsprach, behielt man ihn nicht; **the ~ of our profit margin** die nicht ausreichende Gewinnspanne.

unsatisfactory [ˌʌnsætɪs'fæktərɪ] *adj* unbefriedigend; *result also* nicht zufriedenstellend; *profits, figures, percentage* nicht ausreichend; *service, hotel* unzulänglich, schlecht; (*Sch*) mangelhaft; ungenügend. **he was ~** er entsprach nicht den Erwartungen; **this is highly** *or* **most ~** das läßt sehr zu wünschen übrig.

unsatisfied [ʌn'sætɪsfaɪd] *adj person* nicht zufrieden, unzufrieden; (*not fulfilled*) unbefriedigt, nicht zufrieden; (*not convinced*) nicht überzeugt; *appetite, desire, need* unbefriedigt; *curiosity* unbefriedigt, ungestillt. **the book's ending left us ~** wir fanden den Schluß des Buches unbefriedigend; **a job that leaves him ~** eine Arbeit, die ihn nicht befriedigt.

unsatisfying [ʌn'sætɪsfaɪŋ] *adj* unbefriedigend; *meal* unzureichend, nicht sättigend.

unsaturated [ʌn'sætʃəreɪtɪd] *adj* (*Chem*) ungesättigt.

unsavoury, (*US*) **unsavory** [ʌn'seɪvərɪ] *adj* 1. (*tasteless*) *food* fade, geschmacklos. 2. (*unpleasant*) *smell, sight* widerwärtig, widerlich, unappetitlich; *appearance* (*repulsive*) abstoßend, widerwärtig; (*dishonest, shady etc*) fragwürdig; *subject, details, rumours* unerfreulich, unersprießlich; *joke* unfein; *district* übel, fragwürdig; *characters* zwielichtig, übel; *reputation* zweifelhaft, schlecht.

unsay [ʌn'seɪ] *vt irreg* ungesagt machen.

unscalable [ʌn'skeɪləbl] *adj* unbezwingbar.

unscaled [ʌn'skeɪld] *adj heights* unbezwungen.

unscarred [ʌn'skɑ:d] *adj* (*fig*) nicht gezeichnet.

unscathed [ʌn'skeɪðd] *adj* (*lit*) unverletzt,

unversehrt; (by war etc) unverwundet;
(fig) unbeschadet; relationship heil. **to
escape** ~ (fig) ungeschoren davonkom-
men.

unscented [ʌn'sentɪd] adj ohne Duftstoffe.

unscheduled [ʌn'ʃedjuːld] adj stop, flight
etc außerfahrplanmäßig; meeting außer-
planmäßig.

unscholarly [ʌn'skɒləlɪ] adj work,
approach unwissenschaftlich; person
unakademisch; (not learned) ungelehrt.

unschooled [ʌn'skuːld] adj ungebildet,
ohne Schulbildung; talent unausgebildet.
to be ~ **in** nichts wissen über (+acc).

unscientific [ˌʌnsaɪən'tɪfɪk] adj unwissen-
schaftlich.

unscramble [ʌn'skræmbl] vt entwirren;
(Telec) message entschlüsseln.

unscratched [ʌn'skrætʃt] adj nicht zer-
kratzt; record ohne Kratzer; (unhurt)
heil, ungeschoren.

unscreened [ʌn'skriːnd] adj 1. film nicht
gezeigt, unaufgeführt. **many films remain**
~ viele Filme werden nie gezeigt or
bleiben unaufgeführt. 2. (not protected)
door, window offen, nicht abgeschirmt.
3. (not inspected) (by security) nicht über-
prüft; (for disease) nicht untersucht.

unscrew [ʌn'skruː] I vt (loosen) los-
schrauben; plate, lid also abschrauben. **to
come** ~**ed** sich lösen. II vi sich los- or ab-
schrauben lassen; (become loose) sich
lösen.

unscripted [ʌn'skrɪptɪd] adj improvisiert.

unscrupulous [ʌn'skruːpjʊləs] adj person,
behaviour skrupellos, gewissenlos. **he is** ~
about money er ist skrupellos or gewissen-
los, wenn es um Geld geht.

unscrupulously [ʌn'skruːpjʊləslɪ] adv see
adj.

unscrupulousness [ʌn'skruːpjʊləsnɪs] n
Skrupellosigkeit, Gewissenlosigkeit f.

unseal [ʌn'siːl] vt öffnen; (remove wax seal
also) entsiegeln.

unsealed [ʌn'siːld] adj see vt offen, unver-
schlossen; unversiegelt.

unseasonable [ʌn'siːznəbl] adj nicht der
Jahreszeit entsprechend attr. **the weather
is** ~ das Wetter entspricht nicht der Jah-
reszeit.

unseasonably [ʌn'siːznəblɪ] adv (für die
Jahreszeit) ungewöhnlich.

unseasoned [ʌn'siːznd] adj timber nicht
abgelagert; food ungewürzt; (fig: inex-
perienced) troops unerfahren, unerprobt.

unseat [ʌn'siːt] vt rider abwerfen; (from of-
fice) seines Amtes entheben.

unsecured [ˌʌnsɪ'kjʊəd] adj (Fin) loan,
bond ohne Sicherheiten.

unseeded [ʌn'siːdɪd] adj unplaziert.

unseeing [ʌn'siːɪŋ] adj (lit, fig) blind; gaze
leer. **to stare at sb with** ~ **eyes** jdn mit
leerem Blick anstarren.

unseemliness [ʌn'siːmlɪnɪs] n Unschick-
lichkeit, Ungebührlichkeit f.

unseemly [ʌn'siːmlɪ] adj unschicklich,
ungebührlich.

unseen [ʌn'siːn] adj ungesehen; (invisible)
unsichtbar; (unobserved) escape
unbemerkt. ~ (translation) (esp Brit Sch,
Univ) unvorbereitete Herübersetzung.

unselfconscious adj, ~**ly** adv

[ˌʌnself'kɒnʃəs, -lɪ] unbefangen.

unselfconsciousness [ˌʌnself'kɒnʃənɪs]
n Unbefangenheit f.

unselfish adj, ~**ly** adv [ʌn'selfɪʃ, -lɪ]
uneigennützig, selbstlos.

unselfishness [ʌn'selfɪʃnɪs] n Uneigennüt-
zigkeit, Selbstlosigkeit f.

unsentimental [ˌʌnsentɪ'mentl] adj un-
sentimental.

unserviceable [ʌn'sɜːvɪsəbl] adj unbrauch-
bar.

unsettle [ʌn'setl] vt 1. durcheinanderbrin-
gen; (throw off balance, confuse) aus dem
Gleichgewicht bringen; (agitate, upset)
aufregen; (disturb emotionally) ver-
stören; animal, (news) beunruhigen;
(defeat, failure, criticism) verunsichern;
faith erschüttern. 2. foundations erschüt-
tern.

unsettled [ʌn'setld] adj 1. (unpaid)
unbezahlt, unbeglichen; (undecided)
question ungeklärt, offen; future unbe-
stimmt, ungewiß, in der Schwebe. **to be in
an** ~ **state of mind** mit sich selbst nicht
eins sein; **he was** ~ **in his mind about what
to do** er war sich (dat) nicht schlüssig, was
er tun sollte.
2. (changeable) weather, (Fin) market
unbeständig, veränderlich; (Pol) con-
ditions also unsicher; life, character un-
stet, unruhig. **to be** ~ durcheinander sein;
(thrown off balance) aus dem Gleis
geworfen sein; (emotionally disturbed)
verstört sein; **to feel** ~ sich nicht wohl füh-
len.
3. (unpopulated) territory unbesiedelt.

unsettling [ʌn'setlɪŋ] adj change, pace of
life, travelling aufreibend; time also
aufregend; defeat, knowledge verun-
sichernd; news beunruhigend. **to have an**
~ **effect on sb** jdn aus dem Gleis werfen;
(defeat, failure also) jdn verunsichern; on
children also jdn verstören.

unshackle [ʌn'ʃækl] vt prisoner befreien;
(fig also) von seinen Fesseln befreien.

unshakeable [ʌn'ʃeɪkəbl] adj unerschüt-
terlich.

unshaken [ʌn'ʃeɪkən] adj unerschüttert. **he
was** ~ **by the accident** der Unfall erschüt-
terte ihn nicht.

unshaven [ʌn'ʃeɪvn] adj unrasiert;
(bearded) bärtig.

unsheathe [ʌn'ʃiːð] vt sword (aus der
Scheide) ziehen.

unshed [ʌn'ʃed] adj tears ungeweint.

unship [ʌn'ʃɪp] vt cargo löschen, ausladen,
entladen; tiller, oars abnehmen; mast
abbauen.

unshockable [ʌn'ʃɒkəbl] adj durch nichts
zu schockieren pred.

unshod [ʌn'ʃɒd] adj horse unbeschlagen;
person barfuß, ohne Schuhe. **with** ~ **feet**
barfuß, mit nackten Füßen.

unshrinkable [ʌn'ʃrɪŋkəbl] adj fabric nicht
einlaufend attr.

unshrinking [ʌn'ʃrɪŋkɪŋ] adj unverzagt,
furchtlos, fest.

unsightliness [ʌn'saɪtlɪnɪs] n see adj Unan-
sehnlichkeit f; Häßlichkeit f.

unsightly [ʌn'saɪtlɪ] adj unansehnlich;
(stronger) häßlich.

unsigned [ʌn'saɪnd] adj painting unsigniert;

letter nicht unterzeichnet, nicht unterschrieben.

unsinkable [ʌnˈsɪŋkəbl] *adj* unsinkbar; *battleship* unversenkbar.

unskilful, *(US also)* **unskillful** [ʌnˈskɪlfʊl] *adj (inexpert)* ungeschickt; *(clumsy also)* unbeholfen.

unskilfully, *(US also)* **unskillfully** [ʌnˈskɪlfəlɪ] *adv see adj.*

unskilfulness, *(US also)* **unskillfulness** [ʌnˈskɪlfʊlnɪs] *n see adj* Ungeschicklichkeit *f,* Mangel *m* an Geschick; Unbeholfenheit *f.*

unskilled [ʌnˈskɪld] *adj* **1.** *work, worker* ungelernt. **the ~** *pl* die ungelernten Arbeiter, die Hilfsarbeiter *pl.* **2.** *(inexperienced)* ungeübt, unerfahren.

unskillful *etc (US) see* **unskilful** *etc.*

unslept-in [ʌnˈsleptɪn] *adj* unberührt.

unsociability [ʌnˌsəʊʃəˈbɪlɪtɪ] *n* Ungeselligkeit *f.*

unsociable [ʌnˈsəʊʃəbl] *adj* ungesellig.

unsocial [ʌnˈsəʊʃəl] *adj* **to work ~ hours** außerhalb der normalen Arbeitszeiten arbeiten; **at this ~ hour** zu so nachtschlafender Zeit.

unsold [ʌnˈsəʊld] *adj* unverkauft.

unsolicited [ˌʌnsəˈlɪsɪtɪd] *adj* unerbeten; *manuscript* nicht angefordert.

unsolved [ʌnˈsɒlvd] *adj* ungelöst; *mystery also, crime* unaufgeklärt.

unsophisticated [ˌʌnsəˈfɪstɪkeɪtɪd] *adj (simple) person* einfach; *style also* natürlich, simpel *(pej)*; *film, machine also* unkompliziert; *technique also* simpel; *(naïve)* naiv, simpel; *(undiscriminating)* unkritisch. **the ~** *pl* das einfache Volk.

unsought [ʌnˈsɔːt] *adj* unaufgefordert; *(unwanted)* unerwünscht. **his help was ~** seine Hilfe kam unaufgefordert.

unsound [ʌnˈsaʊnd] *adj* **1.** *heart, teeth* krank; *health* angegriffen; *timber* morsch; *construction, design* unsolide; *foundations, finances* unsicher, schwach. **the ship was quite ~** das Schiff war überhaupt nicht seetüchtig.

2. *argument* nicht stichhaltig, anfechtbar; *advice* unvernünftig; *judgement* unzuverlässig; *doctrine* unvertretbar; *policy, move* unklug. **of ~ mind** *(Jur)* unzurechnungsfähig; **politically ~** *person* politisch unzuverlässig; *policy* politisch unklug; **~ banking procedures** heikle Bankgeschäfte *pl;* **the company is ~** die Firma steht auf schwachen Füßen; **I'm ~ on French grammar** ich bin unsicher in französischer Grammatik; **his views on this are ~** seine Ansichten sind nicht vertretbar.

unsoundness [ʌnˈsaʊndnɪs] *n see adj* **1.** Krankheit *f;* Angegriffenheit *f;* Morschheit *f;* unsolide Bauweise; Unsicherheit, Schwäche *f.*

2. geringe Stichhaltigkeit, Anfechtbarkeit *f;* Unvernünftigkeit *f;* Unzuverlässigkeit *f;* Unvertretbarkeit *f;* mangelnde Klugheit. **~ of mind** *(Jur)* Unzurechnungsfähigkeit *f;* **political ~** politische Unzuverlässigkeit; politische Unklugheit.

unsparing [ʌnˈspeərɪŋ] *adj* **1.** *(lavish)* großzügig, verschwenderisch, nicht kleinlich. **to be ~ with sth** mit etw nicht geizen; **to be ~ in one's efforts** keine Kosten und

Mühen scheuen. **2.** *(unmerciful) criticism* schonungslos.

unsparingly [ʌnˈspeərɪŋlɪ] *adv see adj* **1.** großzügig, verschwenderisch. **to work ~ for sth** unermüdlich für etw arbeiten; **he gave his time ~** er opferte unendlich viel Zeit. **2.** schonungslos.

unspeakable [ʌnˈspiːkəbl] *adj* unbeschreiblich. **their ~ trade** ihr abscheuliches Geschäft.

unspeakably [ʌnˈspiːkəblɪ] *adv* unbeschreiblich, unsagbar.

unspecified [ʌnˈspesɪfaɪd] *adj time, amount* nicht spezifiziert, nicht genau angegeben.

unspectacular [ˌʌnspekˈtækjʊləʳ] *adj* wenig eindrucksvoll; *career* wenig aufsehenerregend. **the team won by an ~ 2-1** die Mannschaft gewann wenig eindrucksvoll mit 2:1.

unspent [ʌnˈspent] *adj money* nicht ausgegeben; *energy* nicht verbraucht. **I got back with 50p ~** ich kam mit 50 Pence in der Tasche zurück.

unspoiled [ʌnˈspɔɪld], **unspoilt** [ʌnˈspɔɪlt] *adj person, fruit* unverdorben; *goods* unbeschädigt; *child* nicht verwöhnt.

unspoken [ʌnˈspəʊkən] *adj words, thought* unausgesprochen; *agreement, consent* stillschweigend.

unsporting [ʌnˈspɔːtɪŋ], **unsportsmanlike** [ʌnˈspɔːtsmənlaɪk] *adj conduct, person* unsportlich, unfair.

unstable [ʌnˈsteɪbl] *adj structure* nicht *or* wenig stabil; *foundations, area* unsicher; *weather* unbeständig; *economy* unsicher, schwankend; *(Chem, Phys)* instabil; *(mentally)* labil.

unstamped [ʌnˈstæmpt] *adj letter* unfrankiert; *document, passport* ungestempelt.

unstatesmanlike [ʌnˈsteɪtsmənlaɪk] *adj* unstaatsmännisch.

unsteadily [ʌnˈstedɪlɪ] *adv see adj.*

unsteadiness [ʌnˈstedɪnɪs] *n see adj* Unsicherheit *f;* Wack(e)ligkeit *f;* Flackern *nt;* Schwanken *nt;* Unregelmäßigkeit *f.*

unsteady [ʌnˈstedɪ] **I** *adj hand* unsicher; *ladder* wack(e)lig; *flame* unruhig, flackernd; *voice, enonomy* schwankend; *growth* unregelmäßig. **to be ~ on one's feet** unsicher auf den Beinen sein; **the £ is still ~** das Pfund schwankt noch.

II *vt* durcheinanderbringen; *(stronger)* aus dem Gleichgewicht bringen.

unstick [ʌnˈstɪk] *vt irreg* lösen, losmachen; *see also* **unstuck.**

unstinted [ʌnˈstɪntɪd] *adj praise* uneingeschränkt, vorbehaltlos; *generosity, devotion, efforts* unbegrenzt.

unstinting [ʌnˈstɪntɪŋ] *adj person* großzügig; *kindness, generosity* uneingeschränkt, unbegrenzt; *support* uneingeschränkt, vorbehaltlos. **to be ~ in one's efforts/praise** keine Kosten und Mühen scheuen/uneingeschränkt loben; **to be ~ of one's time** unendlich viel Zeit opfern.

unstintingly [ʌnˈstɪntɪŋlɪ] *adv* großzügig; *generous* unendlich; *work, labour* unermüdlich; *donate, contribute time or money* verschwenderisch; *praise* uneingeschränkt, vorbehaltlos.

unstitch [ʌnˈstɪtʃ] *vt seam* auftrennen; *zip* heraustrennen. **to come ~ed** aufgehen.

unstop [ʌn'stɒp] *vt* sink, drain freimachen; *bottle* öffnen, aufmachen.

unstoppable [ʌn'stɒpəbl] *adj* nicht aufzuhalten *pred*.

unstrap [ʌn'stræp] *vt* case etc aufschnallen.

unstressed [ʌn'strest] *adj* (*Phon*) unbetont.

unstructured [ʌn'strʌktʃəd] *adj* unstrukturiert, nicht strukturiert.

unstrung [ʌn'strʌŋ] *adj* **1.** *person* demoralisiert, entnervt; *nerves* zerrüttet. **2.** *violin* unbesaitet.

unstuck [ʌn'stʌk] *adj* to come ~ (*stamp, notice*) sich lösen; (*inf*) (*plan*) schiefgehen (*inf*); (*speaker, actor*) steckenbleiben; (*in exam*) ins Schwimmen geraten; **the pay policy seems to have come ~** die Lohnpolitik scheint langsam aus dem Gleis zu kommen; **where they came ~ was ...** sie sind daran gescheitert, daß ...

unstudied [ʌn'stʌdɪd] *adj* grace etc ungekünstelt, natürlich.

unsubstantial [ʌnsəb'stænʃəl] *adj* (*flimsy*) *structure* leicht, dürftig; (*immaterial*) *ghost* körperlos, wesenlos; *meal* leicht; *evidence, proof* nicht überzeugend, nicht schlagkräftig; *claim* ungerechtfertigt. **the boat seemed almost ~ in the mist** das Boot erschien im Dunst schemenhaft.

unsubstantiated [ʌnsəb'stænʃɪeɪtɪd] *adj* accusation, testimony, rumour unbegründet. **his claim was ~ by any evidence** seine Behauptung wurde durch keinerlei Indizien erhärtet.

unsubtle [ʌn'sʌtl] *adj* plump. **how ~ can you get!** plumper geht's nicht!

unsuccessful [ʌnsək'sesfʊl] *adj* negotiations, venture, visit, meeting, person etc erfolglos, ergebnislos; *writer, painter* erfolglos, ohne Erfolg; *candidate* abgewiesen; *attempt* vergeblich; *marriage, outcome* unglücklich. **to be ~ in doing sth** keinen Erfolg damit haben, etw zu tun; **I tried to persuade him but was ~** ich habe versucht, ihn zu überreden, hatte aber keinen Erfolg; **he is ~ in everything he does** nichts gelingt ihm; **he is ~ with women** er hat kein Glück or keinen Erfolg bei Frauen.

unsuccessfully [ʌnsək'sesfəlɪ] *adv* erfolglos; *try* vergeblich; *apply* ohne Erfolg, vergebens.

unsuitability [ʌnsuːtə'bɪlɪtɪ] *n* see *adj* Unangebrachtheit *f*; Ungeeignetsein *nt*. **his ~ for the job** seine mangelnde Eignung für die Stelle; **I commented on the ~ of his clothes/language** ich machte eine Bemerkung über seine unpassende Kleidung/ seine unangebrachte Ausdrucksweise.

unsuitable [ʌn'suːtəbl] *adj* unpassend; *language, attitude also* unangebracht; *moment, clothes, colour also* ungeeignet. **this film is ~ for children** dieser Film ist für Kinder ungeeignet or nicht geeignet; **he's ~ for the post** er ist für die Stelle nicht geeignet; **she is ~ for him** sie ist nicht die Richtige für ihn; **we're ~ for each other** wir passen nicht zusammen.

unsuitably [ʌn'suːtəblɪ] *adv* dressed (*for weather conditions*) unzweckmäßig; (*for occasion*) unpassend; *designed* schlecht,

ungeeignet. **they are ~ matched** sie passen nicht zusammen.

unsuited [ʌn'suːtɪd] *adj* to be ~ for or to sth für etw ungeeignet or untauglich sein; **to be ~ to do sth** sich nicht dazu eignen or nicht dazu taugen, etw zu tun; **to be ~ to sb** nicht zu jdm passen; **they are ~ (to each other)** sie passen nicht zusammen.

unsung [ʌn'sʌŋ] *adj* heroes, deeds unbesungen.

unsupported [ʌnsə'pɔːtɪd] *adj* roof, person ungestützt, ohne Stütze; *troops* ohne Unterstützung; *mother* alleinstehend; *family* ohne Unterhalt; *claim, theory* ohne Beweise, nicht auf Fakten gestützt; *statement* unbestätigt, durch nichts gestützt. **should the bank leave us financially ~** sollte die Bank uns finanziell nicht absichern or nicht unter die Arme greifen; **the candidate/motion was ~** der Kandidat/ Antrag fand keine Unterstützung.

unsure [ʌn'ʃʊəʳ] *adj* person unsicher; (*unreliable*) *method also* unzuverlässig. **to be ~ of oneself** unsicher sein; **to be ~ (of sth)** sich (*dat*) (einer Sache gen) nicht sicher sein; **I'm ~ of him** ich bin mir bei ihm nicht sicher.

unsurpassed [ʌnsə'pɑːst] *adj* unübertroffen. **to be ~ by anybody** von niemandem übertroffen werden.

unsuspected [ʌnsə'spektɪd] *adj* presence nicht vermutet, unvermutet; *consequences* unerwartet, ungeahnt; *oilfields, coal deposits, causes* unvermutet; *wealth* ungeahnt. **to be ~** (*person*) nicht unter Verdacht stehen.

unsuspecting *adj*, **~ly** *adv* [ʌnsə'spektɪŋ, -lɪ] ahnungslos, nichtsahnend.

unsuspicious [ʌnsə'spɪʃəs] *adj* (*feeling no suspicion*) arglos; (*causing no suspicion*) unverdächtig, harmlos.

unsweetened [ʌn'swiːtnd] *adj* ungesüßt.

unswerving [ʌn'swɜːvɪŋ] *adj* resolve, loyalty unerschütterlich, unbeirrbar.

unswervingly [ʌn'swɜːvɪŋlɪ] *adv* to be ~ loyal to sb jdm unerschütterlich or unbeirrbar treu sein; **to hold ~ to one's course** unbeirrbar seinen Weg gehen.

unsymmetrical [ʌnsɪ'metrɪkəl] *adj* unsymmetrisch.

unsympathetic [ʌnsɪmpə'θetɪk] *adj* **1.** (*unfeeling*) gefühllos, wenig mitfühlend; *reaction, attitude, response* ablehnend, abweisend. **I am not ~ to your request** ich stehe Ihrer Bitte nicht ablehnend gegenüber. **2.** (*unlikeable*) unsympathisch.

unsympathetically [ʌnsɪmpə'θetɪkəlɪ] *adv* ohne Mitgefühl; *say also* gefühllos, hart.

unsystematic *adj*, **~ally** *adv* [ʌnsɪstɪ'mætɪk, -lɪ] planlos, unsystematisch, ohne System.

untainted [ʌn'teɪntɪd] *adj* einwandfrei, tadellos; *food also, person, mind* unverdorben; *reputation also* makellos.

untam(e)able [ʌn'teɪməbl] *adj* animal unzähmbar; (*fig*) unbezähmbar, nicht zu bändigen *pred*.

untamed [ʌn'teɪmd] *adj* animal ungezähmt; *jungle* wild; *person, pride* ungebändigt; *temper* ungezügelt.

untangle [ʌn'tæŋgl] *vt* (*lit, fig*) entwirren.

untapped [ʌn'tæpt] *adj barrel* unangezapft; *resources also, source of wealth, talent* ungenutzt.

untarnished [ʌn'tɑːnɪʃt] *adj* makellos; *silver also* nicht angelaufen; (*fig*) *name also* einwandfrei, unbefleckt (*liter*).

untasted [ʌn'teɪstɪd] *adj* (*lit, fig*) ungekostet; *food also* unberührt. **the pleasures he had left** ~ die Freuden, die er nicht gekostet hatte.

untaught [ʌn'tɔːt] *adj* (*not trained*) *person* nicht ausgebildet; *ability* angeboren; *behaviour* natürlich. **basic skills which go** ~ **in our schools** Grundfähigkeiten, die in unseren Schulen nicht vermittelt werden.

untaxed [ʌn'tækst] *adj goods, income* steuerfrei, unbesteuert; *car* unversteuert.

unteachable [ʌn'tiːtʃəbl] *adj person* unbelehrbar; *subject* nicht lehrbar. **it is** ~ **at this level** auf diesem Niveau kann man es nicht lehren.

untempered [ʌn'tempəd] *adj steel* ungehärtet, unvergütet; *rage* ungemildert. **justice** ~ **by mercy** Gerechtigkeit, die durch keinerlei Gnade gemildert wird/wurde.

untenable [ʌn'tenəbl] *adj* unhaltbar.

untenanted [ʌn'tenəntɪd] *adj house* unbewohnt, leer.

untended [ʌn'tendɪd] *adj patient* unbehütet, unbewacht; *garden* vernachlässigt, ungepflegt.

untested [ʌn'testɪd] *adj person* unerprobt; *theory, product also* ungetestet, ungeprüft. ~ **players** Spieler, die sich noch nicht bewährt haben.

unthinkable [ʌn'θɪŋkəbl] *adj* undenkbar, unvorstellbar; (*Philos*) undenkbar; (*too horrible*) unvorstellbar.

unthinking [ʌn'θɪŋkɪŋ] *adj* (*thoughtless, unintentional*) unbedacht, gedankenlos; (*uncritical*) bedenkenlos, blind.

unthinkingly [ʌn'θɪŋkɪŋlɪ] *adv see adj*.

unthought-out [ˌʌnθɔːt'aʊt] *adj* nicht (gut) durchdacht, unausgegoren (*inf*).

untidily [ʌn'taɪdɪlɪ] *adv see adj*.

untidiness [ʌn'taɪdɪnɪs] *n* (*of room*) Unordnung, Unaufgeräumtheit *f*; (*of person, dress*) Unordentlichkeit *f*.

untidy [ʌn'taɪdɪ] *adj* (*+er*) unordentlich.

untie [ʌn'taɪ] *vt knot* lösen; *string, tie, shoelaces also* aufbinden; *parcel* aufknoten; *person, animal, hands* losbinden.

until [ən'tɪl] I *prep* 1. bis. **from morning** ~ **night** von morgens bis abends; ~ **now** bis jetzt; ~ **then** bis dahin.

2. **not** ~ (*in future*) nicht vor (*+dat*); (*in past*) erst; **I didn't leave him** ~ **the following day** ich habe ihn erst am folgenden Tag verlassen, ich bin bis zum nächsten Tag bei ihm geblieben; **the work was not begun** ~ **1970** die Arbeiten wurden erst 1970 begonnen; **I had heard nothing of it** ~ **five minutes ago** bis vor fünf Minuten wußte ich (noch) nichts davon, ich habe erst vor fünf Minuten davon gehört.

II *conj* 1. bis. **wait** ~ **I come** warten Sie, bis ich komme.

2. **not** ~ (*in future*) nicht bevor, erst wenn; (*in past*) nicht bis, erst als; **he won't come** ~ **you invite him** er kommt erst, wenn Sie ihn einladen; **they did nothing** ~ **we came** bis wir kamen, taten sie nichts;

they didn't start ~ **we came** sie fingen erst an, als wir da waren, sie fingen nicht an, bevor wir da waren.

untimeliness [ʌn'taɪmlɪnɪs] *n* (*of death*) Vorzeitigkeit *f*; (*of end also*) Verfrühtheit *f*. **because of the** ~ **of his arrival/this development** weil er/diese Entwicklung zur falschen Zeit kam.

untimely [ʌn'taɪmlɪ] *adj* (*premature*) *death* vorzeitig; *end also* verfrüht; (*inopportune*) *moment* unpassend, ungelegen; *development, occurrence* unpassend, ungelegen; *shower, remark* zur falschen Zeit. **his arrival was most** ~ seine Ankunft kam sehr ungelegen.

untiring [ʌn'taɪərɪŋ] *adj work, effort* unermüdlich. **to be** ~ **in one's efforts** unermüdliche Anstrengungen machen.

untiringly [ʌn'taɪərɪŋlɪ] *adv* unermüdlich.

unto [ʌntʊ] *prep* (*old, liter*) *see* **to**.

untold [ʌn'təʊld] *adj story* nicht erzählt, nicht berichtet; *secret* ungelüftet; *wealth* unermeßlich; *agony, delights* unsäglich; *stars etc* ungezählt, unzählig, zahllos. **this story is better left** ~ über diese Geschichte schweigt man besser; **he died with his secret still** ~ er nahm sein Geheimnis mit ins Grab; ~ **thousands** unzählig viele.

untouchable [ʌn'tʌtʃəbl] I *adj* unberührbar. II *n* Unberührbare(r) *mf*.

untouched [ʌn'tʌtʃt] *adj* 1. (*unhandled*) unangetastet; *bottle, box of sweets etc also* nicht angebrochen; (*unmentioned*) nicht erwähnt. ~ **by human hand** nicht von Menschenhand berührt; **he left his meal** ~ er ließ sein Essen unberührt stehen.

2. (*unharmed*) heil, unversehrt; (*unaffected*) unberührt; (*unmoved*) ungerührt, unbewegt, unbeeindruckt.

untoward [ˌʌntə'wɔːd] *adj* (*unfortunate*) *event* unglücklich, bedauerlich; (*unseemly*) unpassend, ungehörig. **nothing** ~ **had happened** es war kein Unheil geschehen.

untrained [ʌn'treɪnd] *adj person, teacher* unausgebildet; *voice* ungeschult; *animal* undressiert. **to the** ~ **ear/eye** dem ungeschulten Ohr/Auge.

untravelled, (US) untraveled [ʌn'trævld] *adj road* unbefahren; *person* nicht weitgereist, nicht weit herumgekommen.

untreated [ʌn'triːtɪd] *adj* unbehandelt.

untried [ʌn'traɪd] *adj* 1. (*not tested*) *person* unerprobt; *product, method also* ungetestet; (*not attempted*) unversucht.

2. (*Jur*) *case* nicht verhandelt; *person* nicht vor Gericht gestellt. **the case is still** ~ der Fall ist noch nicht verhandelt worden; **the offender can remain** ~ **for months** der Rechtsbrecher wird zuweilen erst nach Monaten vor Gericht gestellt.

untrodden [ʌn'trɒdn] *adj path* verlassen; *snow* unberührt. ~ **paths** (*fig*) neue Wege.

untroubled [ʌn'trʌbld] *adj period, ghost* friedlich, ruhig; *person also* ungestört; *smile also* unbeschwert. **to be** ~ **by the news** eine Nachricht gleichmütig hinnehmen; **the children seemed** ~ **by the heat** die Hitze schien den Kindern nichts anzuhaben *or* auszumachen.

untrue [ʌn'truː] *adj* 1. (*false*) unwahr, falsch; (*Tech*) *reading, instrument* inkorrekt, ungenau. **2.** (*unfaithful*) *person* untreu. **to be ~ to sb** jdm untreu sein.

untrustworthy [ʌn'trʌst͵wɜ:ðɪ] *adj* (*not reliable*) *source, book, person* unzuverlässig; (*not worthy of confidence*) *person* nicht vertrauenswürdig.

untruth [ʌn'tru:θ] *n* Unwahrheit *f*.

untruthful [ʌn'tru:θful] *adj statement* unwahr; *person* unaufrichtig.

untruthfully [ʌn'tru:θfəlɪ] *adv* fälschlich. **he said, quite ~, that ...** er sagte, und das war nicht die Wahrheit, daß ...

untruthfulness [ʌn'tru:θfulnɪs] *n see adj* Unwahrheit *f*; Unaufrichtigkeit *f*.

unturned [ʌn'tɜ:nd] *adj see* **stone**.

untutored [ʌn'tju:təd] *adj* ungeschult.

untypical [ʌn'tɪpɪkl] *adj* untypisch (*of* für).

unusable [ʌn'ju:zəbl] *adj* unbrauchbar.

unused¹ [ʌn'ju:zd] *adj* (*new*) unbenutzt, ungebraucht; (*not made use of*) ungenutzt; (*no longer used*) nicht mehr benutzt *or* gebraucht.

unused² [ʌn'ju:st] *adj* **to be ~ to sth** nicht an etw (*acc*) gewöhnt sein, etw (*acc*) nicht gewohnt sein; **to be ~ to doing sth** nicht daran gewöhnt sein *or* es nicht gewohnt sein, etw zu tun.

unusual [ʌn'ju:ʒʊəl] *adj* (*uncommon*) ungewöhnlich; (*exceptional*) außergewöhnlich. **it's ~ for him to be late** er kommt normalerweise nicht zu spät; **how ~!** das kommt selten vor; (*iro*) welch' Wunder!; **that's ~ for him** das ist sonst nicht seine Art; **how do you like my new hat? — well, it's ~** wie gefällt Ihnen mein neuer Hut? — na, es ist mal was anderes.

unusually [ʌn'ju:ʒʊəlɪ] *adv see adj.* **most ~, he was late** ganz gegen jede Gewohnheit kam er zu spät.

unutterable [ʌn'ʌtərəbl] *adj joy, longing, sadness* unsäglich, unbeschreiblich; (*inf also*) riesig, Riesen-.

unutterably [ʌn'ʌtərəblɪ] *adv* unsäglich, unbeschreiblich.

unvaried [ʌn'veərɪd] *adj* unverändert; (*pej*) eintönig.

unvarnished [ʌn'vɑ:nɪʃt] *adj wood* ungefirnißt, unlackiert; (*fig*) *truth* ungeschminkt.

unvarying [ʌn'veərɪŋ] *adj* gleichbleibend, unveränderlich.

unveil [ʌn'veɪl] **I** *vt statue, painting, plan* enthüllen; (*Comm*) *car* vorstellen; *face* entschleiern. **women mustn't go ~ed** Frauen dürfen nicht unverschleiert gehen. **II** *vi* sich entschleiern, den Schleier fallenlassen.

unveiling [ʌn'veɪlɪŋ] *n* (*lit, fig*) Enthüllung *f*. **~ ceremony** Enthüllung *f*.

unventilated [ʌn'ventɪleɪtɪd] *adj* ungelüftet, nicht ventiliert.

unverifiable [ʌn'verɪfaɪəbl] *adj* nicht beweisbar, unverifizierbar (*geh*).

unverified [ʌn'verɪfaɪd] *adj* unbewiesen.

unversed [ʌn'vɜ:st] *adj*: **~ in** nicht vertraut mit, unbewandert in (*+dat*).

unvisited [ʌn'vɪzɪtɪd] *adj* nicht besucht.

unvoiced [ʌn'vɔɪst] *adj* **1.** unausgesprochen. **2.** (*Phon*) stimmlos.

unwanted [ʌn'wɒntɪd] *adj* unerwünscht. **sometimes you make me feel ~** manchmal komme ich mir richtig unerwünscht vor.

unwarily [ʌn'weərɪlɪ] *adv see adj.*

unwariness [ʌn'weərɪnɪs] *n* Unvorsichtigkeit, Unbesonnenheit, Unachtsamkeit *f*.

unwarrantable [ʌn'wɒrəntəbl] *adj* nicht zu rechtfertigen *pred or* rechtfertigend *attr*.

unwarranted [ʌn'wɒrəntɪd] *adj* ungerechtfertigt.

unwary [ʌn'weərɪ] *adj* unvorsichtig, unbesonnen, unachtsam.

unwashed [ʌn'wɒʃt] *adj* ungewaschen; *dishes* ungespült. **the great ~** *pl* (*hum*) der Pöbel.

unwavering [ʌn'weɪvərɪŋ] *adj faith, resolve* unerschütterlich; *gaze* fest, unbewegt; *course* beharrlich.

unwaveringly [ʌn'weɪvərɪŋlɪ] *adv see adj.*

unwearable [ʌn'weərəbl] *adj* **it's ~** das kann man nicht tragen.

unwearied [ʌn'wɪərɪd], **unwearying** [ʌn'wɪərɪŋ] *adj* unermüdlich.

unwelcome [ʌn'welkəm] *adj visitor* unwillkommen; *news, memories* unerfreulich, unangenehm. **the money was not ~** das Geld war höchst willkommen.

unwelcoming [ʌn'welkəmɪŋ] *adj manner* abweisend, unfreundlich; *host also* ungastlich.

unwell [ʌn'wel] *adj pred* unwohl, nicht wohl. **to be** *or* **feel (a little) ~** sich nicht (recht) wohl fühlen; **I am afraid he's rather ~ today** es geht ihm heute leider gar nicht gut.

unwholesome [ʌn'həʊlsəm] *adj* ungesund; *influence* ungut, verderblich; *appearance, character* schmierig; *food* minderwertig; *jokes* schmutzig. **they are rather ~ company for her** sie sind nicht gerade ein guter Umgang für sie.

unwholesomeness [ʌn'həʊlsəmnɪs] *n see adj* Ungesundheit *f*; Verderblichkeit *f*; Schmierigkeit *f*; Minderwertigkeit *f*; Schmutzigkeit *f*.

unwieldy [ʌn'wi:ldɪ] *adj tool* unhandlich; *object also* sperrig; (*clumsy*) *body* schwerfällig, unbeholfen.

unwilling [ʌn'wɪlɪŋ] *adj helper, admiration, pupil* widerwillig; *accomplice* unfreiwillig. **to be ~ to do sth** nicht bereit *or* gewillt *or* willens (*geh*) sein, etw zu tun; **to be ~ for sb to do sth** nicht wollen, daß jd etw tut.

unwillingly [ʌn'wɪlɪŋlɪ] *adv* widerwillig.

unwillingness [ʌn'wɪlɪŋnɪs] *n see adj* Widerwilligkeit *f*; Unfreiwilligkeit *f*. **their ~ to compromise** ihre mangelnde Kompromißbereitschaft.

unwind [ʌn'waɪnd] *irreg* **I** *vt thread, film, tape* abwickeln; (*untangle*) entwirren. **II** *vi* **1.** sich abwickeln; (*fig: story, plot*) sich entwickeln, sich entfalten. **2.** (*inf: relax*) abschalten (*inf*).

unwise [ʌn'waɪz] *adj* unklug. **they were ~ enough to believe him** sie waren so töricht, ihm das zu glauben.

unwisely [ʌn'waɪzlɪ] *adv see adj.* **rather ~ the Government agreed** die Regierung hat unklugerweise zugestimmt.

unwished-for [ʌn'wɪʃtfɔ:ʳ] *adj* unerwünscht.

unwitting [ʌn'wɪtɪŋ] *adj accomplice* unbewußt, unwissentlich; *action also* unabsichtlich; *victim* ahnungslos. **he was**

the ~ cause of the argument er war unbewußt die Ursache des Streits, er war, ohne es zu wissen, die Ursache des Streits.

unwittingly [ʌnˈwɪtɪŋlɪ] *adv* **I agreed, all ~, to take part** ich erklärte mich völlig ahnungslos dazu bereit mitzumachen.

unwonted [ʌnˈwəʊntɪd] *adj* ungewohnt. **at this ~ hour!** zu dieser unchristlichen Zeit!

unwontedly [ʌnˈwəʊntɪdlɪ] *adv* ungewöhnlich.

unworkable [ʌnˈwɜːkəbl] *adj* undurchführbar; (*Min*) *mine* nicht abbaubar.

unworldliness [ʌnˈwɜːldlɪnɪs] *n see adj* Weltabgewandtheit *f*; Weltfremdheit *f*.

unworldly [ʌnˈwɜːldlɪ] *adj life* weltabgewandt; (*naïve*) weltfremd.

unworn [ʌnˈwɔːn] *adj* (*new*) ungetragen.

unworried [ʌnˈwʌrɪd] *adj* unbekümmert, sorglos. **he was quite ~ by my criticism** meine Kritik (be)kümmerte ihn überhaupt nicht.

unworthily [ʌnˈwɜːðɪlɪ] *adv* unwürdig.

unworthiness [ʌnˈwɜːðɪnɪs] *n* Unwürdigkeit *f*.

unworthy [ʌnˈwɜːðɪ] *adj person* nicht wert (*of gen*); *conduct also* nicht würdig, unwürdig (*of gen*). **to be ~ to do sth** (es) nicht wert sein, etw zu tun; **to be ~ of an honour** einer Ehre (*gen*) nicht wert sein (*geh*); **this is ~ of you** das ist unter deiner Würde; **it is ~ of our attention** das verdient unsere Aufmerksamkeit nicht; **it was ~ of you not to accept their kind offer** es war nicht anständig von dir, ihren freundlichen Vorschlag nicht anzunehmen.

unwrap [ʌnˈræp] *vt* auspacken, auswickeln.

unwritten [ʌnˈrɪtn] *adj story, book, constitution* ungeschrieben; *agreement* stillschweigend. **~ law** (*Jur*, *fig*) ungeschriebenes Gesetz.

unyielding [ʌnˈjiːldɪŋ] *adj substance* unnachgiebig; (*fig*) *person, demand also, resistance* hart.

unzip [ʌnˈzɪp] **I** *vt zip* aufmachen; *dress, case* den Reißverschluß aufmachen an (+ *dat*). **would you please ~ me?** kannst du bitte mir den Reißverschluß aufmachen? **II** *vi* (*zip*) aufgehen, sich öffnen. **this dress won't ~** der Reißverschluß an dem Kleid geht nicht auf.

up [ʌp] **I** *adv* **1.** (*in high or higher position*) oben; (*to higher position*) nach oben. **~ there** dort oben, droben (*liter, S Ger*); **~ here on the roof** hier oben auf dem Dach; **on your way ~** (*to see us/them*) auf dem Weg (zu uns/ihnen) herauf/hinauf; **to throw sth ~** etw hochwerfen; **to stop halfway ~** auf halber Höhe anhalten; (*in standing up*) auf halbem Weg einhalten; **we were 6,000 m ~ when ... up** wir waren 6.000 m hoch, als ...; **5 floors ~** 5 Stockwerke hoch; **they were ~ above** sie waren hoch oben; **I looked ~ above** ich schaute nach oben; **this side ~** oben!, (diese Seite) oben!; **a little further ~** ein bißchen weiter oben; **to go a little further ~** ein bißchen höher (hinauf)gehen; **from ~ on the hill** vom Berg oben; **~ on top (of the cupboard)** ganz oben (auf dem Schrank); **~ in the mountains/sky** oben *or* droben (*liter, S Ger*) in den Bergen/am Himmel,

in den Bergen/am Himmel oben *or* droben (*liter, S Ger*); **the temperature was ~ in the thirties** die Temperatur war in den dreißig; **the sun/moon is ~** die Sonne/der Mond ist aufgegangen; **the tide is ~** es ist Flut, die Flut ist da; **the wind is ~** der Wind hat aufgefrischt; **with his collar ~** mit hochgeschlagenem Kragen; **the road is ~** die Straße ist aufgegraben; **to be ~ among *or* with the leaders** vorn bei den Führenden sein; **to move ~ into the lead** nach vorn an die Spitze kommen; **~ and away the balloon sailed** der Ballon stieg auf und schwebte davon; **then ~ jumps Richard and says ...** und dann springt Richard auf und sagt ...; **come on, ~, that's my chair!** komm, auf mit dir, das ist mein Stuhl!; **~! he shouted to his horse** spring! schrie er seinem Pferd zu; **~ with the Liberals!** hoch die Liberalen!

2. (*installed, built*) **to be ~** (*building*) stehen; (*tent also*) aufgeschlagen sein; (*scaffolding*) aufgestellt sein; (*notice*) hängen, angeschlagen sein; (*picture*) hängen, aufgehängt sein; (*shutters*) zu sein; (*shelves, wallpaper, curtains, pictures*) hängen; **they're putting ~ a new cinema** sie bauen ein neues Kino; **stick the notice ~ here** häng den Anschlag hier hin.

3. (*not in bed*) auf. **~ (with you)!** auf mit dir!, raus aus dem Bett (*inf*); **to get ~** aufstehen; **to be ~ and about** auf sein; (*after illness also*) auf den Beinen sein; **she was ~ all night with him** (*looking after*) sie war seinetwegen die ganze Nacht auf.

4. (*geographically*) (*north of speaker*) oben; (*of students*) am Studienort. **~ in Inverness** in Inverness oben, oben in Inverness; **we are going ~ to Aberdeen** wir fahren nach Aberdeen (hinauf); **to be/go ~ north** im Norden sein/in den Norden fahren; **~ from the country** vom Lande; **on my way ~ to York/ London** auf dem Weg nach York/London; **we're ~ for the day** wir sind (nur) für heute hier; **to go ~ to Cambridge** (zum Studium) nach Cambridge gehen; **he was ~ at Oxford in 1972** er hat 1972 in Oxford studiert; **the students are only ~ for half the year** die Studenten sind nur die Hälfte des Jahres am Studienort; **he was ~ at Susie's place** er war bei Susie zu Hause.

5. (*in price, value*) gestiegen (*on* gegenüber). **potatoes are ~ again** die Kartoffelpreise sind wieder gestiegen; **my shares are ~ 10p** meine Aktien sind um 10 Pence gestiegen.

6. (*in score*) **to be 3 goals ~** mit 3 Toren führen *or* vorn liegen (*on* gegenüber); **the score was 9 ~** (*US*) es stand 9 beide; **we were £100 ~ on the deal** wir haben bei dem Geschäft £ 100 gemacht; **to be one ~ on sb** jdm um einen Schritt voraus sein.

7. (*upwards*) **from £2 ~** von £ 2 (an) aufwärts, ab £ 2; **from the age of 13 ~** ab (dem Alter von) 13 Jahren, von 13 Jahren aufwärts; **~ to £10** bis zu £ 10.

8. (*inf: wrong*) **what's ~?** was ist los?; **what's ~ with him?** was ist mit dem los?; **there's something ~** (*wrong*) da stimmt irgend etwas nicht; (*happening*) da ist irgend etwas im Gange.

9. (*knowledgeable*) firm, beschlagen (*in*, *on* in +*dat*). **he's well ~ in** *or* **on foreign affairs** in Auslandsfragen kennt er sich aus *or* ist er firm.

10. (*finished*) **time's ~** deine Zeit ist um *or* zu Ende; **our holiday is nearly ~** unser Urlaub ist fast zu Ende *or* vorüber; **to eat/use sth ~** etw aufessen/aufbrauchen; **it's all ~ with him** (*inf*) es ist aus mit ihm (*inf*), es ist mit ihm zu Ende.

11. to be ~ for sale/discussion zu verkaufen sein/zur Diskussion stehen; **to be ~ for election** (*candidate*) zur Wahl aufgestellt sein; (*candidates*) zur Wahl stehen; **the matter is ~ before the committee** die Sache ist vor dem Ausschuß; **the boys were ~ before the headmaster** die Jungen sind vor den Direktor zitiert worden; **to be ~ for trial** vor Gericht stehen; **to be ~ before the Court/before Judge X** (*case*) verhandelt werden/von Richter X verhandelt werden; (*person*) vor Gericht/Richter X stehen.

12. (*as far as*) bis. **to go/march** *etc* **~ to sb** auf jdn zugehen/-marschieren *etc*; **~ to now/here** bis jetzt/hier; **to count ~ to 100** bis 100 zählen; **it holds ~ to 8** es faßt bis zu 8; **I'm ~ to here in work** ich stecke bis hier in Arbeit; **what page are you ~ to?** bis zu welcher Seite bist du gekommen?

13. ~ to (*inf: doing*) **what's he ~ to?** (*actually doing*) was macht er da?; (*planning etc*) was hat er vor?; (*suspiciously*) was führt er im Schilde?; **what have you been ~ to?** was hast du angestellt?; **what are you ~ to with that?** was hast du damit vor?; **he's ~ to no good** er führt nichts Gutes im Schilde; **I'm sure he's ~ to something** ich bin sicher, er hat etwas vor *or* (*sth suspicious*) führt irgend etwas im Schilde; (*child*) ich bin sicher, er stellt irgend etwas an; **what does he think he's ~ to?** was soll das eigentlich?

14. ~ to (*equal to*) **I don't feel ~ to it** ich fühle mich dem nicht gewachsen; (*not well enough*) ich fühle mich nicht wohl genug dazu; **he's not/it isn't ~ to much** mit ihm/damit ist nicht viel los (*inf*); **is he ~ to advanced work/the heavier weights?** schafft er anspruchsvollere Arbeit/schwerere Gewichte?; **it isn't ~ to his usual standard** das ist nicht sein sonstiges Niveau.

15. ~ to (*depending on*) **it's ~ to us to help him** wir sollten ihm helfen; **if it was ~ to me** wenn es nach mir ginge; **it's ~ to you whether you go or not** es liegt an *or* bei dir *or* es bleibt dir überlassen, ob du gehst oder nicht; **I'd like to accept, but it isn't ~ to me** ich würde gerne annehmen, aber ich habe da nicht zu bestimmen *or* das hängt nicht von mir ab; **shall I take it?** — **that's entirely ~ to you** soll ich es nehmen? — das müssen Sie selbst wissen; **what colour shall I choose?** — **~ to you** welche Farbe soll ich nehmen? — das ist deine Entscheidung.

16. ~ to (*duty of*) **it's ~ to the government to put this right** es ist Sache der Regierung, das richtigzustellen.

17. ~ and down auf und ab; **to walk ~ and down** auf und ab gehen; **to bounce ~**

and down hochfedern, auf und ab hüpfen; **he's been ~ and down all evening** (*from seat*) er hat den ganzen Abend keine Minute stillgesessen; (*on stairs*) er ist den ganzen Abend die Treppe rauf und runter gerannt; **she's still a bit ~ and down** es geht ihr immer noch mal besser, mal schlechter.

18. it was ~ against the wall es war an die Wand gelehnt; **put it ~ against the wall** lehne es an die Wand; **to be ~ against a difficulty/an opponent** einem Problem/Gegner gegenüberstehen; **I fully realize what I'm ~ against** mir ist völlig klar, womit ich es hier zu tun habe.

II *prep* down *or* (+*dat*); (*with movement*) hinauf (+*acc*). **further ~ the page** weiter oben auf der Seite; **to live/go ~ the hill** am Berg wohnen/den Berg hinaufgehen; **they live further ~ the hill/street** sie wohnen weiter oben am Berg/weiter die Straße entlang; **~ the road from me** (von mir) die Straße entlang; **he went off ~ the road** er ging (weg) die Straße hinauf; **he hid it ~ the chimney** er versteckte es (oben) im Kamin; **what? you have to put it ~ your nose!** was? in die Nase soll man sich das tun?; **the water goes ~ this pipe** das Wasser geht durch dieses Rohr; **~ one's sleeve/a tube** (*position*) im Ärmel/in einer Röhre; (*motion*) in den Ärmel/in eine Röhre; **as I travel ~ and down the country** wenn ich so durchs Land reise; **I've been ~ and down the stairs all night** ich bin in der Nacht immer nur die Treppe rauf und runter gerannt; **let's go ~ the pub/~ Johnny's place** (*inf*) gehen wir doch zur Kneipe/zu Johnny (*inf*).

III *n* **1. ~s and downs** gute und schlechte Zeiten *pl*; (*of life*) Höhen und Tiefen *pl*; **they have their ~s and downs** bei ihnen gibt es auch gute und schlechte Zeiten.

2. to be on the ~ and ~ (*inf: improving*) auf dem aufsteigenden Ast sein (*inf*); (*sl: honest, straight*) (*person*) keine krummen Touren machen (*sl*); (*offer*) sauber sein (*sl*).

IV *adj* (*going up*) escalator nach oben; (*Rail*) train, line zur nächsten größeren Stadt. **platform 14 is the ~ platform** auf Bahnsteig 14 fahren die Züge nach London *etc*.

V *vt* (*inf*) price, offer hinaufsetzen; production ankurbeln; bet erhöhen (*to* auf +*acc*).

VI *vi* (*inf*) **she ~ped and hit him** sie knallte ihm ganz plötzlich eine (*inf*); **he ~ped and ran** er rannte ganz plötzlich davon.

up-and-coming [ˈʌpənˈkʌmɪŋ] *adj* aufstrebend.

up-and-under [ˈʌpənˈʌndəʳ] *n* (*Rugby*) hohe Selbstvorlage.

upbeat [ˈʌpbiːt] **I** *n* (*Mus*) Auftakt *m*. **II** *adj* (*inf*) (*cheerful*) fröhlich; (*optimistic*) optimistisch.

up-bow [ˈʌpbəʊ] *n* Aufstrich *m*.

upbraid [ʌpˈbreɪd] *vt* rügen. **to ~ sb for doing sth** jdn dafür rügen, daß er etw getan hat.

upbringing ['ʌpbrɪŋɪŋ] *n* Erziehung *f*; (*manners also*) Kinderstube *f*. **to have a good** ~ eine gute Kinderstube haben.

up-country ['ʌp'kʌntrɪ] **I** *adv* landeinwärts. **II** *adj* person im Landesinnern.

up-current ['ʌpkʌrənt] *n* (*Aviat*) Aufwind *m*, Aufströmung *f*.

update [ʌp'deɪt] *vt* auf den neuesten Stand bringen.

up-draught, (*US*) **up-draft** ['ʌpdrɑːft] *n* Zug *m*; (*Aviat*) Aufwind *m*.

up-end [ʌp'end] *vt* box, sofa hochkant stellen; person, animal umdrehen.

upgrade ['ʌp'greɪd] **I** *n* **1**. (*US*) Steigung *f*. **2**. (*fig*) **to be on the** ~ sich auf dem aufsteigenden Ast befinden. **II** [ʌp'greɪd] *vt* employee befördern; job anheben; product verbessern.

upheaval [ʌp'hiːvəl] *n* (*Geol*) Aufwölbung, Erhebung *f*; (*fig*) Aufruhr *m*. **emotional** ~ Aufruhr *m* der Gefühle; **social/political** ~**s** soziale/politische Umwälzungen *pl*.

uphill ['ʌp'hɪl] **I** *adv* bergauf. **to go** ~ bergauf gehen, steigen; (*road also*) bergauf führen; (*car*) Berge/den Berg hinauffahren. **II** *adj* road bergauf (führend); (*fig*) work, struggle mühsam, mühselig. **it's** ~ **all the way** (*lit*) es geht die ganze Strecke bergauf; (*fig*) es ist ein harter Kampf.

uphold [ʌp'həʊld] *vt irreg* (*sustain*) tradition, honour wahren; the law hüten; (*support*) person, decision, objection (unter)stützen; (*Jur*) verdict bestätigen.

upholder [ʌp'həʊldər] *n* Wahrer *m*; (*supporter*) Verteidiger *m*.

upholster [ʌp'həʊlstər] *vt* chair etc polstern; (*cover*) beziehen. ~**ed** Polster-; **well-**~**ed** (*hum inf*) gut gepolstert (*hum inf*).

upholsterer [ʌp'həʊlstərər] *n* Polsterer *m*.

upholstery [ʌp'həʊlstərɪ] *n* (*padding and springs*) Polsterung *f*; (*cover*) Bezug *m*; (*trade*) Polsterei *f*; (*skill*) das Polstern.

upkeep ['ʌpkiːp] *n* Unterhalt *m*; (*cost*) Unterhaltskosten *pl*; (*maintenance*) Instandhaltung *f*; Instandhaltungskosten *pl*.

upland ['ʌplənd] **I** *n* (*usu pl*) Hochland *nt no pl*. **II** *adj* Hochland-.

uplift ['ʌplɪft] **I** *n* **1**. (*exaltation*) Erhebung *f*; (*moral inspiration*) Erbauung *f*. **to give sb spiritual** ~ jdn erbauen. **2**. ~**bra** Stützbüstenhalter *m*. **II** [ʌp'lɪft] *vt* **1**. spirit, voice erheben. **to feel** ~**ed** sich erbaut fühlen. **2**. (*Scot: collect*) abholen.

up-market ['ʌp'mɑːkɪt] **I** *adj* anspruchsvoll. **II** *adv* sell an anspruchsvollere Kunden.

upmost ['ʌpməʊst] *adj, adv see* **uppermost**.

upon [ə'pɒn] *prep see* **on**.

upper ['ʌpər] **I** *adj* **1**. obere(r, s); lip, arm, jaw, deck Ober-. **temperatures in the** ~ **thirties** Temperaturen hoch in den dreißig; **the** ~ **reaches of the Thames** der Oberlauf der Themse; **U**~ **Egypt/the** ~ **Loire** Oberägypten *nt*/die obere Loire; **U**~ **Rhine** Hochrhein *m*; ~ **storey** (*of house*) oberes Stockwerk; **he's a bit lacking in the** ~ **storey** (*inf*) er ist ein bißchen schwach im Oberstübchen. **2**. (*in importance, rank*) höhere(r, s), obere(r, s). **the** ~ **ranks of the Civil Service** das gehobene Beamtentum; **in the** ~ **income bracket** in der oberen Einkom-

mensklasse; ~ **school** Oberschule *f*; **U**~ **House** (*Parl*) Oberhaus *nt*; *see* **hand I 11**. **II** *n* **1**. ~**s** *pl* (*of shoe*) Obermaterial *nt*; **to be on one's** ~**s** auf den Hund gekommen sein. **2**. (*sl: drug*) Aufputschmittel *nt*.

upper case *n* (*Typ*) (*also* **upper-case letter**) Großbuchstabe, Versal (*spec*) *m*; **upper class** *n* obere Klasse, Oberschicht *f*; **the** ~**es** die Oberschicht; **upper-class** *adj* accent, district, person vornehm, fein; sport, expression, attitude der Oberschicht; **to be** ~ (*person*) zur Oberschicht gehören; **upperclassman** *n* (*US*) Mitglied *nt* einer High School oder eines College; **upper crust** *n* (*inf*) obere Zehntausend *pl* (*inf*); **upper-crust** *adj* (*inf*) (*schrecklich*) vornehm (*inf*); **uppercut** *n* Aufwärtshaken, Uppercut *m*; **uppermost** **I** *adj* oberste(r, s); (*fig*) ambition größte(r, s), höchste(r, s); **it's quite obvious what is** ~ **in your mind** es ist ziemlich klar, wo deine Prioritäten liegen; **II** *adv* face/the blue side ~ mit dem Gesicht/der blauen Seite nach oben.

uppish ['ʌpɪʃ], **uppity** ['ʌpɪtɪ] *adj* (*inf: arrogant*) hochnäsig (*inf*), hochmütig (*inf*); woman also schnippisch. **to get** ~ **with sb** jdm gegenüber frech or anmaßend werden, jdm frech kommen.

upright ['ʌpraɪt] **I** *adj* **1**. (*erect*) aufrecht; (*vertical*) post senkrecht. ~ **piano** Klavier *nt*; ~ **chair** Stuhl *m*. **2**. (*fig: honest*) person, character aufrecht, rechtschaffen. **II** *adv* (*erect*) aufrecht, gerade; (*vertical*) senkrecht. **to hold oneself** ~ sich gerade halten. **III** *n* **1**. (*post*) Pfosten *m*. **2**. (*piano*) Klavier *nt*.

uprightly ['ʌp̩raɪtlɪ] *adv* aufrecht, rechtschaffen.

uprightness ['ʌp̩raɪtnɪs] *n* Rechtschaffenheit *f*.

uprising ['ʌpraɪzɪŋ] *n* Aufstand *m*, Erhebung *f*.

upriver ['ʌp'rɪvər] *adv* **2 miles** ~ **from Fen Ditton** 2 Meilen flußaufwärts von Fen Ditton.

uproar ['ʌprɔːr] *n* Aufruhr, Tumult *m*. **he tried to make himself heard above the** ~ er versuchte, sich über den Lärm or Spektakel (*inf*) hinweg verständlich zu machen; **the whole place was in** ~ der ganze Saal/das ganze Haus etc war in Aufruhr.

uproarious [ʌp'rɔːrɪəs] *adj* meeting tumultartig; crowd lärmend; laughter brüllend; success, welcome überwältigend, spektakulär; (*very funny*) joke wahnsinnig komisch, zum Schreien pred. **in** ~ **spirits** in überschäumender Stimmung.

uproariously [ʌp'rɔːrɪəslɪ] *adv* lärmend; laugh brüllend.

uproot [ʌp'ruːt] *vt* plant entwurzeln; (*fig: eradicate*) evil ausmerzen. ~**ed by the war** durch den Krieg entwurzelt; **he** ~**ed his whole family and moved to New York** er riß seine Familie aus ihrer gewohnten Umgebung und zog nach New York.

upsadaisy ['ʌpsə͵deɪzɪ] *interj* (*inf*) hoppla.

upset [ʌp'set] (*vb: pret, ptp* ~) **I** *vt* **1**. (*knock over*) umstoßen, umwerfen; boat umkippen, zum Kentern bringen; (*spill also*) umleeren. **she ~ the milk all over the best carpet** sie stieß die Milch um, und alles lief auf den guten Teppich.

2. (*make sad: news, death*) bestürzen, erschüttern, mitnehmen (*inf*); (*question, insolence etc*) aus der Fassung bringen; (*divorce, experience, accident etc*) mitnehmen (*inf*); (*distress, excite*) patient, parent etc aufregen; (*offend: unkind behaviour, words etc*) verletzen, weh tun (+*dat*); (*annoy*) ärgern. **you shouldn't have said/done that, now you've ~ her** das hätten Sie nicht sagen/tun sollen, jetzt regt sie sich auf *or* (*is offended*) jetzt ist sie beleidigt; **don't ~ yourself** regen Sie sich nicht auf; **I don't know what's ~ him** ich weiß nicht, was er hat.

3. (*disorganize*) *calculations, balance etc* durcheinanderbringen; *plan, timetable also* umwerfen. **that's ~ my theory** das hat meine Theorie umgestoßen.

4. (*make ill*) **the rich food ~ his stomach** das schwere Essen ist ihm nicht bekommen; **to ~ one's stomach** sich (*dat*) den Magen verderben.

II *vi* umkippen.

III *adj* **1.** (*about divorce, accident, rebuff, dismissal etc*) mitgenommen (*inf*); (*about death, bad news etc*) bestürzt (*about* über +*acc*); (*sad*) betrübt, geknickt (*inf*) (*about* über +*acc*); (*distressed, worried*) aufgeregt (*about* wegen); (*baby, child* durcheinander *pred*; (*annoyed*) ärgerlich, aufgebracht (*about* über +*acc*); (*hurt*) gekränkt, verletzt (*about* über + *acc*). **she was pretty ~ about it** das ist ihr ziemlich nahegegangen, das hat sie ziemlich mitgenommen (*inf*); (*distressed, worried*) sie hat sich deswegen ziemlich aufgeregt; (*annoyed*) das hat sie ziemlich geärgert; (*hurt*) das hat sie ziemlich gekränkt *or* verletzt; **don't look so ~, they'll come back** guck doch nicht so traurig, sie kommen ja zurück; **would you be ~ if I decided not to go after all?** wärst du traurig *or* würdest du's tragisch nehmen, wenn ich doch nicht ginge?; **I'd be very ~ if ...** ich wäre sehr traurig *or* betrübt wenn ...; **to get ~** sich aufregen (*about* über +*acc*); (*hurt*) gekränkt *or* verletzt werden; **don't get ~ about it, you'll find another** nimm das doch nicht so tragisch, du findest bestimmt einen anderen; **she's ~ because she wasn't invited** sie ist gekränkt *or* eingeschnappt (*inf*), weil sie nicht eingeladen wurde.

2. [ˈʌpset] *stomach* verstimmt, verdorben *attr*. **to have an ~ stomach** eine Magenverstimmung haben.

IV [ˈʌpset] *n* **1.** (*disturbance*) Störung *f*; (*emotional*) Aufregung *f*; (*inf: quarrel*) Verstimmung *f*, Ärger *m*; (*unexpected defeat etc*) unliebsame *or* böse Überraschung. **I don't want to cause any ~s in your work** ich möchte bei Ihrer Arbeit kein Durcheinander verursachen; **children don't like ~s in their routine** Kinder mögen es nicht, wenn man ihre Routine durcheinanderbringt; **he's had a bit of an ~** er ist etwas mitgenommen (*inf*).

2. (*of stomach*) Magenverstimmung *f*.

upsetting [ʌpˈsetɪŋ] *adj* (*saddening*)

traurig; (*stronger*) bestürzend; (*disturbing*) *changes* störend; *situation* unangenehm, schwierig; (*offending*) beleidigend, verletzend; (*annoying*) ärgerlich. **that must have been very ~ for you** das war bestimmt nicht einfach für Sie; (*annoying*) das muß sehr ärgerlich für Sie gewesen sein; **she found this experience/his language most ~** diese Erfahrung hat sie sehr mitgenommen (*inf*), diese Erfahrung ist ihr sehr nahe gegangen/sie hat sich sehr über seine Ausdrucksweise erregt; **the divorce/the change was very ~ for the child** das Kind hat unter der Scheidung/dem Wechsel sehr gelitten; **he mustn't have any more ~ experiences** es darf nichts mehr passieren, was ihn aufregt.

upshot [ˈʌpʃɒt] *n* (*result*) Ergebnis *nt*. **the ~ of it all was that ...** es lief darauf hinaus, daß ...; **in the ~** letzten Endes.

upside down [ˈʌpsaɪdˈdaʊn] **I** *adv* verkehrt herum. **to turn sth ~** (*lit*) etw umdrehen; (*fig*) etw auf den Kopf stellen (*inf*).

II *adj* **in an ~ position** verkehrt herum; **to be ~** (*picture*) verkehrt herum hängen; (*world*) kopfstehen.

upstage [ʌpˈsteɪdʒ] **I** *adv* (*Theat*) im Hintergrund der Bühne; (*with movement*) in den Hintergrund der Bühne. **II** *adj* blasiert, hochnäsig (*with* gegenüber). **III** *vt* **to ~ sb** (*Theat*) jdn zwingen, dem Publikum den Rücken zuzukehren; (*fig*) jdm die Schau stehlen (*inf*).

upstairs [ʌpˈsteəz] **I** *adv* oben; (*with movement*) nach oben. **to kick sb ~** (*fig*) jdn wegloben; **may I go ~?** (*euph*) kann ich mal aufs Örtchen?; **he hasn't got much ~** (*inf*) er ist ein bißchen schwach im Oberstübchen (*inf*). **II** *adj window* im oberen Stock(werk); *room also* obere(r, s). **III** *n* oberes Stockwerk.

upstanding [ʌpˈstændɪŋ] *adj* **1.** (*strong*) kräftig; (*honourable*) rechtschaffen. **2.** (*Jur, form*) **to be ~** stehen; **gentlemen, please be ~ for the toast** (meine Herren,) bitte erheben Sie sich zum Toast; **the court will be ~** bitte erheben Sie sich.

upstart [ˈʌpstɑːt] **I** *n* Emporkömmling *m*. **II** *adj behaviour* eines Emporkömmlings. **these ~ courtiers** diese höfischen Emporkömmlinge, diese Emporkömmlinge *pl* bei Hof.

upstate [ˈʌpsteɪt] (*US*) **I** *adj* im Norden (des Bundesstaates). **to live in ~ New York** im Norden des Staates New York wohnen. **II** *adv* im Norden (des Bundesstaates); (*with movement*) in den Norden (des Bundesstaates).

upstream [ˈʌpstriːm] *adv* flußaufwärts.

upstretched [ʌpˈstretʃt] *adj hands* ausgestreckt; *neck* gereckt.

upstroke [ˈʌpstrəʊk] *n* (*of pen*) Aufstrich *m*; (*of piston*) aufgehender Hub, Aufwärtsgang *m*.

upsurge [ˈʌpsɜːdʒ] *n* Zunahme, Eskalation (*pej*) *f*. **she felt an ~ of affection/hatred/revulsion** sie fühlte Zuneigung/Haß/Ekel in sich (*dat*) aufwallen.

upswept [ʌpˈswept] *adj hair* hoch- *or* zurückgebürstet.

upswing [ˈʌpswɪŋ] *n* (*lit, fig*) Aufschwung

m; (*Sport*) Ausholen *nt no pl.*

upsy-daisy ['ʌpsəˌdeɪzɪ] *see* **upsadaisy.**

uptake ['ʌpteɪk] *n* (*inf*): **to be quick/slow on the ~** schnell verstehen/schwer *or* langsam von Begriff sein (*inf*).

upthrust ['ʌpθrʌst] *n* (*upward movement*) Aufwärtsdruck *m*; (*Geol*) Hebung *f*.

uptight ['ʌp'taɪt] *adj* (*sl*) (*nervous*) nervös; (*inhibited*) verklemmt (*inf*); (*angry*) sauer (*sl*); *voice* gepreßt; *expression* verkrampft, verkniffen. **to get ~** (*about sth*) sich (wegen etw) aufregen; (auf etw *acc*) verklemmt reagieren (*inf*); (wegen etw) sauer werden (*sl*); **he's pretty ~ about these things** der sieht so was ziemlich eng (*sl*); **no need to get ~ about it!** nun mach dir mal keinen! (*sl*).

up-to-date ['ʌptə'deɪt] *adj* auf dem neusten Stand; *fashion also, book, news* aktuell; *person, method, technique also* up to date *pred* (*inf*). **her clothes are always ~** sie ist immer nach der neusten Mode gekleidet; **to keep ~ with the fashions/ news** mit der Mode/den Nachrichten auf dem laufenden bleiben; **would you bring me ~ on developments?** würden Sie mich über den neusten Stand der Dinge informieren?

up-to-the-minute ['ʌptəðə'mɪnɪt] *adj news, reports* allerneuste(r, s), allerletzte(r, s); *style also* hochmodern. **her clothes are ~** ihre Kleider sind immer der allerletzte Schrei.

uptown ['ʌptaʊn] (*US*) **I** *adj* (*in Northern part of town*) im Norden (der Stadt); (*in residential area*) im Villenviertel. **II** *adv* im Norden der Stadt; im Villenviertel; (*with movement*) in den Norden der Stadt; ins Villenviertel. **III** *n* Villenviertel *nt.*

upturn [ʌp'tɜːn] **I** *vt* umdrehen. **II** ['ʌptɜːn] *n* (*fig: improvement*) Aufschwung *m.*

upturned [ʌp'tɜːnd] *adj box etc* umgedreht; *face* nach oben gewandt. **~ nose** Stupsnase, Himmelfahrtsnase (*inf*) *f.*

upward ['ʌpwəd] **I** *adj* Aufwärts-, nach oben; *glance* nach oben. **~ mobility** (*Sociol*) soziale Aufstiegsmöglichkeiten *pl.*

II *adv* (*also ~s*) **1.** *move* aufwärts, nach oben. **to look ~** hochsehen, nach oben sehen; *face* ~ mit dem Gesicht nach oben.

2. (*with numbers*) *prices from 50p* **~** Preise von 50 Pence an, Preise ab 50 Pence; **from childhood ~** von Kind auf *or* an, von Kindheit an; **and ~** und darüber; **~ of 3000** über 3000.

upwind ['ʌpwɪnd] *adj, adv* **to be/stand ~ of sb** gegen den Wind zu jdm sein/stehen.

Ural ['juːrəl] *n* **the ~** (*river*) der Ural; **the ~ Mountains, the ~s** das Uralgebirge, der Ural.

uranium [juə'reɪnɪəm] *n* (*abbr* U) Uran *nt.*

Uranus [juə'reɪnəs] *n* (*Astron*) Uranus *m.*

urban ['ɜːbən] *adj* städtisch; *life also* in der Stadt. **~ guerilla** Stadtguerilla *m*; **~ warfare** Stadtguerilla *f.*

urbane [ɜː'beɪn] *adj person, manner, style* weltmännisch, gewandt; (*civil*) höflich; *manner, words* verbindlich.

urbanely [ɜː'beɪnlɪ] *adv see adj.*

urbanity [ɜː'bænɪtɪ] *n see adj* weltmännische Art, Gewandtheit *f*; Höflichkeit *f*; Verbindlichkeit *f.*

urbanization [ˌɜːbənaɪ'zeɪʃən] *n* Urbanisierung, Verstädterung (*pej*) *f.*

urbanize ['ɜːbənaɪz] *vt* urbanisieren, verstädtern (*pej*).

urchin ['ɜːtʃɪn] *n* Gassenkind *nt*; (*mischievous*) Range *f*; *see sea ~.*

urethra [juə'riːθrə] *n* Harnröhre *f.*

urge [ɜːdʒ] **I** *n* (*need*) Verlangen, Bedürfnis *nt*; (*drive*) Drang *m no pl*; (*physical, sexual*) Trieb *m*. **to feel an ~ to do sth** das Bedürfnis verspüren, etw zu tun; **to feel the ~ to win** unbedingt gewinnen wollen; **I resisted the ~ (to contradict him)** ich habe mich beherrscht (und ihm nicht widersprochen); **creative ~s** Schaffensdrang *m*, Kreativität *f*; **come and stay with us if you get the ~** (*inf*) komm uns besuchen, wenn du Lust hast.

II *vt* **1.** (*try to persuade*) *sb* eindringlich bitten. **to ~ sb to do sth** (*plead with*) jdn eindringlich bitten, etw zu tun; (*earnestly recommend*) darauf dringen, daß jd etw tut; **he needed no urging** sie ließ sich nicht lange bitten; **do it now! he ~d** tun Sie's jetzt!, drängte er.

2. (*advocate*) *measure etc, caution, acceptance* drängen auf (+*acc*). **to ~ that sth should be done** darauf drängen, daß etw getan wird; **to ~ the need for sth (on sb)** (jdm gegenüber) die Notwendigkeit einer Sache (*gen*) nachdrücklich betonen; **to ~ sth upon sb** jdm etw eindringlich nahelegen.

4. (*press*) *claim* betonen; *argument* vorbringen, anführen.

◆urge on *vt sep* (*lit*) *horse, person, troops* antreiben, vorwärtstreiben; (*fig*) *team, workers* antreiben (*to* zu); *team* antreiben.

urgency ['ɜːdʒənsɪ] *n* Dringlichkeit *f*; (*of tone of voice, pleas also*) Eindringlichkeit *f*. **a matter of ~** dringend; **there's no ~** es eilt nicht, das hat keine Eile; **there was a note of ~ in his voice** es klang sehr dringend; **his statement lacked ~** seinen Worten fehlte der Nachdruck; **the ~ of his step** seine eiligen Schritte.

urgent ['ɜːdʒənt] *adj* **1.** dringend; *letter, parcel* Eil-. **is it ~?** (*important*) ist es dringend?; (*needing speed*) eilt es?; **to be in ~ need of medical attention** dringend ärztliche Hilfe benötigen.

2. (*insistent*) *tone, plea* dringend, dringlich; (*hurrying*) *steps* eilig. **he was very ~ about the need for swift action** er betonte nachdrücklich, wie notwendig schnelles Handeln sei.

urgently ['ɜːdʒəntlɪ] *adv required* dringend; *requested also* dringlich; *talk* eindringlich. **he is ~ in need of help** er braucht dringend Hilfe.

uric ['juərɪk] *adj* Harn-, Urin-. **~ acid** Harnsäure *f.*

urinal ['juərɪnl] *n* (*room*) Pissoir *nt*; (*vessel*) Urinal *nt*; (*for patient*) Urinflasche *f.*

urinary ['juərɪnərɪ] *adj* Harn-, Urin-; *tract, organs* Harn-.

urinate ['juərɪneɪt] *vi* Wasser lassen, urinieren (*geh*), harnen (*spec*).

urine ['juərɪn] *n* Urin, Harn *m.*

urn [ɜːn] *n* **1.** Urne *f*. **2.** (*also tea ~, coffee ~*) Tee-/ Kaffeemaschine *f.*

urogenital [ˌjuərəʊ'dʒenɪtl] *adj* urogenital.

urologist [jʊəˈrɒlədʒɪst] *n* Urologe *m*, Urologin *f*.

urology [jʊəˈrɒlədʒɪ] *n* Urologie *f*.

Uruguay [ˈjʊərəgwaɪ] *n* Uruguay *nt*.

Uruguayan [ˌjʊərəˈgwaɪən] **I** *n* (*person*) Uruguayer(in *f*) *m*. **II** *adj* uruguayisch.

US *abbr of* **United States** US *pl*.

us [ʌs] *pers pron* **1.** (*dir and indir obj*) uns. **give it (to)** ~ gib es uns; **who, ~?** wer, wir?; **younger than** ~ jünger als wir; **it's** ~ wir sind's; **he is one of** ~ er gehört zu uns, er ist einer von uns; **this table shows** ~ **the tides** auf dieser Tafel sieht man die Gezeiten; ~ **and them** wir und die.
2. (*inf*) (*me*) (*dir obj*) mich; (*indir obj*) mir; (*pl subj*) wir. **give** ~ **a look** laß mal sehen; ~ **English** wir Engländer.

USA *abbr of* **United States of America** USA *pl*; **United States Army.**

usable [ˈjuːzəbl] *adj* verwendbar; *suggestion, ideas* brauchbar.

USAF *abbr of* **United States Air Force.**

usage [ˈjuːzɪdʒ] *n* **1.** (*treatment, handling*) Behandlung *f*. **it's had some rough** ~ es ist ziemlich unsanft behandelt worden.
2. (*custom, practice*) Brauch *m*, Sitte *f*, Usus *m* (*geh*). **it's common** ~ es ist allgemein üblich *or* Sitte *or* Brauch; **the ~s of society** die gesellschaftlichen Gepflogenheiten.
3. (*Ling: use, way of using*) Gebrauch *m no pl*, Anwendung *f*. **words in common** ~ allgemein gebräuchliche Wörter *pl*; **it's common in Northern** ~ es ist im Norden allgemein gebräuchlich; **it's not an acceptable** ~ so darf das nicht gebraucht werden.

use¹ [juːz] **I** *vt* **1.** benutzen, benützen (*S Ger*); (*utilize*) *dictionary, means, tools, object, materials also, sb's suggestion, idea* verwenden; *word, literary style* gebrauchen, verwenden, benutzen; *swear words* gebrauchen, benutzen; *brains, intelligence also* gebrauchen; *method, system, technique, therapy, force, trickery* anwenden; *one's abilities, powers of persuasion, one's strength* aufwenden, anwenden; *tact, care* walten lassen; *drugs* einnehmen. ~ **only in emergencies** nur im Notfall gebrauchen *or* benutzen; **what's this ~d for?** wofür wird das benutzt *or* gebraucht?; **to** ~ **sth for sth** etw zu etw verwenden; **he ~d it as a spoon** er hat es als Löffel benutzt *or* verwendet; **he ~d a lot of money/time to get it finished** er hat viel Geld/Zeit darauf verwendet, es fertigzubekommen; **the police ~d truncheons** die Polizei setzte Schlagstöcke ein; **what did you** ~ **the money for?** wofür haben Sie das Geld benutzt *or* verwendet *or* gebraucht?; **what sort of toothpaste/petrol do you** ~**?** welche Zahnpasta benutzen *or* verwenden Sie/welches Benzin verwenden Sie?, mit welchem Benzin fahren Sie?; **what sort of fuel does this rocket** ~**?** welcher Treibstoff wird für diese Rakete verwendet?; *ointment to be* ~**d sparingly** Salbe nur sparsam verwenden *or* anwenden; **why don't you** ~ **a hammer?** warum nehmen Sie nicht einen Hammer dazu?; **to** ~ **sb's name** jds Namen verwenden *or* benutzen; (*as*

reference) jds Namen angeben, sich auf jdn berufen; **we can** ~ **the extra staff to do this** dafür können wir das übrige Personal einsetzen *or* verwenden.
2. (*make use of, exploit*) *information, one's training, talents, resources, chances, opportunity* (aus)nutzen, (aus)nützen (*S Ger*); *advantage* nutzen; *waste products* nutzen, verwerten. **not ~d to capacity** nicht voll genutzt; **you can** ~ **the leftovers to make a soup** Sie können die Reste zu einer Suppe verwerten.
3. (*inf*) **I could** ~ **a ...** ich könnte einen/eine/ein ... (ge)brauchen; **I could** ~ **a drink** ich könnte etwas zu trinken (ge)brauchen *or* vertragen (*inf*); **it could** ~ **a bit of paint** das könnte ein bißchen Farbe vertragen.
4. (~ *up, consume*) verbrauchen. **this car ~s too much petrol** dieses Auto verbraucht zuviel Benzin.
5. (*obs, liter: treat*) behandeln; (*cruelly, ill etc also*) mitspielen (+*dat*). **how has the world been using you?** (*not obs, liter*) wie geht's, wie steht's?
6. (*pej: exploit*) ausnutzen. **I feel (I've just been) ~d** ich habe das Gefühl, man hat mich ausgenutzt; (*sexually*) ich komme mir mißbraucht vor.

II [juːs] *n* **1.** (*employment*) Verwendung *f*; (*of materials, tools, means, dictionary also*) Benutzung *f*; (*operation: of machines etc*) Benutzung *f*; (*working with: of dictionary, calculator etc*) Gebrauch *m*; (*of word, style also, of swearwords, arms, intelligence*) Gebrauch *m*; (*of method, system, technique, therapy, force, one's strength, powers of persuasion*) Anwendung *f*; (*of personnel, truncheons etc*) Verwendung *f*, Einsatz *m*; (*of drugs*) Einnahme *f*. **the** ~ **of a calculator to solve ...** die Verwendung eines Rechners, um ... zu lösen; **directions for** ~ Gebrauchsanweisung *f*; **for the** ~ **of** für; **for** ~ **in case of emergency** für Notfälle; **for external** ~ äußerlich anzuwenden, zur äußerlichen Anwendung; **ready for** ~ gebrauchsfertig; (*machine*) einsatzbereit; **worn with** ~ abgenutzt; **to make** ~ **of sth** von etw Gebrauch machen, etw benutzen; **in** ~/**out of** ~ in *or* im/außer Gebrauch; (*machines also*) in/außer Betrieb; **to be in daily** ~/**no longer in** ~ täglich/nicht mehr benutzt *or* verwendet *or* gebraucht werden; **to come into** ~ in Gebrauch kommen; **to go** *or* **fall out of** ~ nicht mehr benutzt *or* verwendet *or* gebraucht werden.
2. (*exploitation, making* ~ *of*) Nutzung *f*; (*of waste products, left-overs etc*) Verwertung *f*. **to make** ~ **of sth** etw nutzen; **to put sth to** ~/**good** ~ etw benutzen/etw ausnutzen *or* gut nutzen; **to make good/bad** ~ **of sth** etw gut/schlecht nutzen.
3. (*way of using*) Verwendung *f*. **to learn the** ~ **of sth** lernen, wie etw verwendet *or* benutzt *or* gebraucht wird; **it has many ~s** es ist vielseitig verwendbar; **to find a** ~ **for sth** für etw Verwendung finden; **to have no** ~ **for** (*lit, fig*) nicht gebrauchen können, keine Verwendung haben für; **to have no further** ~ **for sth**

keine Verwendung mehr haben für etw.

4. (*usefulness*) Nutzen *m*. **to be of ~ to sb/for doing sth** für jdn von Nutzen sein *or* nützlich sein/nützlich sein, um etw zu tun; **this is no ~ any more** das taugt nichts mehr, das ist zu nichts mehr zu gebrauchen; **does it have a ~ in our society?** ist es für unsere Gesellschaft von Nutzen?; **is this (of) any ~ to you?** können Sie das brauchen?, können Sie damit was anfangen?; **he/that has his/its ~s** er/das ist ganz nützlich; **you're no ~ to me if you can't spell** du nützt mir nichts, wenn du keine Rechtschreibung kannst; **he's no ~ as a goalkeeper** er taugt nicht als Torhüter, er ist als Torhüter nicht zu gebrauchen; **can I be of any ~?** kann ich irgendwie behilflich sein?; **a lot of ~ that will be to you!** (*inf*) da hast du aber was davon (*inf*); **this is no ~, we must start work** so hat das keinen Zweck *or* Sinn, wir müssen etwas tun; **it's no ~ you** *or* **your protesting** es hat keinen Sinn *or* Zweck *or* es nützt nichts, wenn *or* daß du protestierst; **what's the ~ of telling him?** was nützt es, wenn man es ihm sagt?; **what's the ~ in trying/going?** wozu überhaupt versuchen/gehen?; **it's no ~** es hat keinen Zweck; **ah, what's the ~!** ach, was soll's!

5. (*right*) Nutznießung *f* (*Jur*). **to have the ~ of the gardens/a car/money** die Gartenanlagen/einen Wagen benutzen können/über einen Wagen/Geld verfügen (können); **to give sb the ~ of sth** jdn etw benutzen lassen; (*of car also, of money*) jdm etw zur Verfügung stellen; **to have lost the ~ of one's arm** seinen Arm nicht mehr gebrauchen *or* benutzen können; **have you lost the ~ of your legs?** (*hum*) hast du das Gehen verlernt?

6. (*custom*) Brauch, Usus (*geh*) *m*.

7. (*Eccl*) Brauch *m*. **in the Roman ~** nach römisch-katholischem Brauch.

◆**use up** *vt sep food, objects, one's strength* verbrauchen; (*finish also*) aufbrauchen; *scraps, leftovers etc* verwerten. **the butter is all ~d ~** die Butter ist alle (*inf*) *or* aufgebraucht; **I feel completely ~d ~** ich fühle mich völlig ausgelaugt; **all his energy was ~d ~** all seine Energie war verbraucht.

use² [ju:s] *v aux as in:* **I didn't ~ to like it** *see* **used²**.

used¹ [ju:zd] *adj clothes, car etc* gebraucht; *towel etc* benutzt; *stamp* gestempelt.

used² [ju:st] *v aux only in past* **I ~ to swim every day** ich bin früher täglich geschwommen, ich pflegte täglich zu schwimmen (*geh*); **I ~ not to smoke, I didn't use to smoke** ich habe früher nicht geraucht, ich pflegte nicht zu rauchen (*geh*); **what ~ he to do** *or* **what did he use to do on Sundays?** was hat er früher *or* sonst sonntags getan?; **he ~ to play golf, didn't he?** er hat doch früher *or* mal Golf gespielt, nicht wahr?; **I don't now but I ~ to** früher schon, jetzt nicht mehr!; **there ~ to be a field here** hier war (früher) einmal ein Feld; **things aren't what they ~ to be** es ist alles nicht mehr (so) wie früher; **life is more hectic than it ~ to be** das Leben ist hektischer als früher.

used³ [ju:st] *adj* **to be ~ to sth** an etw (*acc*) gewöhnt sein, etw gewöhnt sein; **to be ~ to doing sth** daran gewöhnt sein *or* es gewohnt sein, etw zu tun; **I'm not ~ to it** ich bin das nicht gewohnt; **to get ~ to sth/doing sth** sich an etw (*acc*) gewöhnen/ sich daran gewöhnen, etw zu tun; **you might as well get ~ to it!** (*inf*) daran wirst du dich gewöhnen müssen!

useful [ˈjuːsfʊl] *adj* **1.** nützlich; *person, citizen, contribution, addition also* wertvoll; *contribution, hint also* brauchbar; (*handy*) *tool, person, language also* praktisch; *size* zweckmäßig; *discussion* fruchtbar; *life, employment* nutzbringend. **to make oneself ~** sich nützlich machen; **he wants to be ~ to others** er möchte anderen nützen; **thank you, you've been very ~** vielen Dank, Sie haben mir/uns *etc* sehr geholfen; **is that ~ information?** nützt diese Information etwas?; **to come in ~** sich als nützlich erweisen; **that's ~!** (*iro*) das nützt uns was!; **he's a ~ man to know** es ist sehr nützlich, ihn zu kennen; **that advice was most ~ to me** der Rat hat mir sehr genützt; **that's a ~ thing to know** es ist gut, das zu wissen; **I'm sure he'll be ~ to you** ich bin sicher, daß er für Sie von Nutzen sein wird *or* Ihnen nützlich sein kann; **it has a ~ life of 10 years** es hat eine Nutzungsdauer von 10 Jahren.

2. (*inf: capable*) *player* brauchbar, fähig; (*creditable*) *score* wertvoll. **he's quite ~ with a gun/his fists** er kann ziemlich gut mit der Pistole/seinen Fäusten umgehen.

usefully [ˈjuːsfəlɪ] *adv employed, spend time* nutzbringend. **you could ~ come along** es wäre von Nutzen, wenn Sie kämen; **is there anything I can ~ do?** kann ich mich irgendwie nützlich machen?

usefulness [ˈjuːsfʊlnɪs] *n see adj* Nützlichkeit *f*; Wert *m*; Brauchbarkeit *f*; Zweckmäßigkeit *f*; Fruchtbarkeit *f*; Nutzen *m*; *see* **outlive**.

useless [ˈjuːslɪs] *adj* **1.** nutzlos; (*unusable*) unbrauchbar; *advice, suggestion also* unbrauchbar, unnütz; *person also* zu nichts nütze; *remedy also* unwirksam, wirkungslos. **he's full of ~ information** er steckt voller nutzloser Informationen; **he's ~ as a goalkeeper** er ist als Torwart nicht zu gebrauchen, er taugt nichts als Torwart; **you're just ~!** du bist auch zu nichts zu gebrauchen; **I'm ~ at languages** Sprachen kann ich überhaupt nicht.

2. (*pointless*) zwecklos, sinnlos.

uselessly [ˈjuːslɪslɪ] *adv* nutzlos.

uselessness [ˈjuːslɪsnɪs] *n see adj* **1.** Nutzlosigkeit *f*; Unbrauchbarkeit *f*; Unwirksamkeit *f*. **2.** Zwecklosigkeit, Sinnlosigkeit *f*.

user [ˈjuːzəʳ] *n* Benutzer(in *f*) *m*. **he's a ~ of heroin** er nimmt Heroin.

U-shaped [ˈjuːʃeɪpt] *adj* U-förmig.

usher [ˈʌʃəʳ] **I** *n* (*Theat, at wedding etc*) Platzanweiser *m*; (*Jur*) Gerichtsdiener *m*. **II** *vt* **to ~ sb into a room/to his seat** jdn in ein Zimmer/zu seinem Sitz bringen.

◆**usher in** *vt sep people* hinein-/hereinführen *or* -bringen *or* -geleiten (*geh*). **to ~ ~ a new era** ein neues Zeitalter einleiten.

usherette [ˌʌʃəˈret] *n* Platzanweiserin *f*.

USN *abbr of* **United States Navy**.

USSR *abbr of* **Union of Soviet Socialist Republics** UdSSR *f*.

usual [ˈjuːʒʊəl] **I** *adj* (*customary*) üblich; (*normal also*) gewöhnlich, normal. **beer is his ~ drink** er trinkt gewöhnlich *or* normalerweise Bier; **when shall I come? — oh, the ~ time** wann soll ich kommen? —oh, wie üblich *or* immer *or* zur üblichen Zeit; **as is ~ on these occasions** wie (es) bei derartigen Gelegenheiten üblich (ist); **as is ~ with second-hand cars** wie gewöhnlich bei Gebrauchtwagen; **it's the ~ thing nowadays** das ist heute so üblich; **with his ~ tact** (*iro*) taktvoll wie immer, mit dem ihm eigenen Takt; **it's ~ to ask first** normalerweise fragt man erst; **as ~, as per ~** (*inf*) wie üblich, wie gewöhnlich; **business as ~** normaler Betrieb; (*in shop*) Verkauf geht weiter; **later/less/more than ~** später/weniger/mehr als sonst; **it's not ~ for him to be late** er kommt gewöhnlich *or* normalerweise nicht zu spät.

II *n* (*inf*) der/die/das Übliche. **the ~ please!** (*drink*) dasselbe wie immer, bitte!; **a pint of the ~** eine Halbe, wie immer; **what's his ~?** (*drink*) was trinkt er gewöhnlich?; **what sort of mood was he in? — the ~** wie war er gelaunt? — wie üblich.

usually [ˈjuːʒʊəlɪ] *adv* gewöhnlich, normalerweise. **more than ~ careful/drunk** noch vorsichtiger/betrunkener als sonst; **is he ~ so rude?** ist er sonst auch so unhöflich?; **he's ~ early, but ...** er kommt sonst *or* meist *or* normalerweise früh, aber ...; **I can ~ manage two hours in the evening** ich schaffe meist(ens) *or* normalerweise zwei Stunden pro Abend.

usurer [ˈjuːʒərə^r] *n* Wucherer *m*.

usurious [juːˈzjʊərɪəs] *adj* wucherisch; *interest also* Wucher-.

usurp [juːˈzɜːp] *vt* sich (*dat*) widerrechtlich aneignen, usurpieren (*geh*); *power, title, inheritance also* an sich (*acc*) reißen; *throne* sich bemächtigen (+*gen*) (*geh*); *role* sich (*dat*) anmaßen; *person* verdrängen. **he ~ed his father/his father's throne** er hat seinen Vater verdrängt/er hat seinem Vater den Thron geraubt; **she has ~ed his wife's place** sie hat seine Frau von ihrem Platz verdrängt.

usurpation [ˌjuːzɜːˈpeɪʃən] *n* Usurpation *f* (*geh*); (*of power also*) widerrechtliche Übernahme; (*of title, inheritance*) widerrechtliche Aneignung.

usurper [juːˈzɜːpə^r] *n* unrechtmäßiger Machthaber, Usurpator *m* (*geh*); (*fig*) Eindringling *m*. **the ~ of the throne/his father's throne** der Thronräuber/der unrechtmäßige Nachfolger seines Vaters auf dem Thron.

usury [ˈjuːʒʊrɪ] *n* Wucher *m*. **to practise ~** Wucher treiben.

Utah [ˈjuːtaː] *n* (*abbr* **UH, UT**) Utah *nt*.

utensil [juːˈtensl] *n* Gerät, Utensil *nt*.

uterine [ˈjuːtəraɪn] *adj* (*Anat*) uterin.

uterus [ˈjuːtərəs] *n* Gebärmutter *f*, Uterus *m* (*spec*).

utilitarian [ˌjuːtɪlɪˈtɛərɪən] **I** *adj* auf Nützlichkeit ausgerichtet; *qualities* nützlich, praktisch; (*Philos*) utilitaristisch. **II** *n* (*Philos*) Utilitarist, Utilitarier *m*.

utilitarianism [ˌjuːtɪlɪˈtɛərɪənɪzəm] *n* (*Philos*) Utilitarismus *m*.

utility [juːˈtɪlɪtɪ] **I** *n* **1.** (*usefulness*) Nützlichkeit *f*, Nutzen *m*.

2. public ~ (*company*) Versorgungsbetrieb *m*; (*service*) Leistung *f* der Versorgungsbetriebe; **the utilities** versorgungswirtschaftliche Einrichtungen *pl*.

II *adj* *goods, vehicle* Gebrauchs-. **~ man** (*US*) Mädchen *nt* für alles (*inf*); **~ room** Allzweckraum *m*.

utilization [ˌjuːtɪlaɪˈzeɪʃən] *n see vt* Verwendung *f*; Benutzung *f*; Nutzung *f*; Verwertung *f*.

utilize [ˈjuːtɪlaɪz] *vt* verwenden; *situation, time* (be)nutzen; (*take advantage of*) *opportunity, talent* nutzen; (*to make sth new*) *waste paper, old wool etc* verwerten.

utmost [ˈʌtməʊst] **I** *adj* **1.** (*greatest*) *ease, danger* größte(r, s), höchste(r, s); *caution also* äußerste(r, s); *candour* größte(r, s), äußerste(r, s). **they used their ~ skill** sie taten ihr Äußerstes; **with the ~ speed/care** so schnell/sorgfältig wie nur möglich; **it is of the ~ importance that ...** es ist äußerst wichtig, daß ...

2. (*furthest*) äußerste(r, s).

II *n* **to do/try one's ~** sein möglichstes *or* Bestes tun; **that is the ~ I can do** mehr kann ich wirklich nicht tun; **that is the ~ that can be said of her/it** das ist das Höchste, was man über sie/dazu sagen kann; **to the ~ of one's ability** so gut man nur kann; **he tried my patience to the ~** er strapazierte meine Geduld aufs äußerste; **one should enjoy life/oneself to the ~** man sollte das Leben in vollen Zügen genießen/sich amüsieren, so gut man nur kann.

Utopia [juːˈtəʊpɪə] *n* Utopia *nt*.

Utopian [juːˈtəʊpɪən] **I** *adj* utopisch, utopistisch (*pej*). **II** *n* Utopist(in *f*) *m*.

utter¹ [ˈʌtə^r] *adj* total, vollkommen; *rogue, drunkard* unverbesserlich, Erz-. **what ~ nonsense!** so ein totaler Blödsinn! (*inf*).

utter² *vt* **1.** von sich (*dat*) geben; *word* sagen; *word of complaint* äußern; *cry, sigh, threat* ausstoßen; *libel* verbreiten. **2.** (*form*) *forged money* in Umlauf bringen; *cheque* ausstellen.

utterance [ˈʌtərəns] *n* **1.** (*sth said*) Äußerung *f*. **the child's first ~s** die ersten Worte des Kindes; **his last ~** seine letzten Worte; **his recent ~s in the press** seine jüngsten Presseäußerungen.

2. (*act of speaking*) Sprechen *nt*. **upon her dying father's ~ of her name** als ihr sterbender Vater ihren Namen nannte.

utterly [ˈʌtəlɪ] *adv* total, völlig; *depraved also, despise* zutiefst. **~ beautiful** ausgesprochen schön.

uttermost [ˈʌtəməʊst] *n, adj see* **utmost**.

U-turn [ˈjuːtɜːn] *n* (*lit, fig*) Wende *f*. **no ~s** Wenden verboten!; **the government has done a ~ over pensions** die Rentenpolitik der Regierung hat sich um 180 Grad gedreht.

uvula [ˈjuːvjələ] *n* Zäpfchen *nt*, Uvula *f*.

uvular [ˈjuːvjələ^r] **I** *adj* uvular. **the ~ R** das Zäpfchen-R. **II** *n* Zäpfchenlaut, Uvular *m*.

V

V, v [viː] *n* V, v *nt*.

V, v *abbr of* **verse(s)** V; **volt(s)** V; **vide** v; **versus**.

VA (*US*) *abbr of* **Veterans (of Vietnam) Administration**.

vac [væk] *n* (*Univ inf*) Semesterferien *pl*.

vacancy ['veɪkənsɪ] *n* **1.** (*emptiness*) Leere *f*; (*of look also*) Ausdruckslosigkeit *f*; (*of post*) Unbesetztsein, Freisein *nt*.
2. (*in boarding house*) (freies) Zimmer. **have you any vacancies for August?** haben Sie im August noch Zimmer frei?; **"no vacancies"** „belegt".
3. (*job*) offene *or* freie Stelle; (*at university*) Vakanz *f*, unbesetzte Stelle. **we have a ~ in our personnel department** in unserer Personalabteilung ist eine Stelle zu vergeben; **to fill a ~** eine Stelle besetzen; **vacancies** Stellenangebote, offene Stellen.

vacant ['veɪkənt] *adj* **1.** *post* frei, offen; (*Univ*) unbesetzt, vakant; *WC, seat, hotel room* frei; *chair* unbesetzt; *house, room* unbewohnt, leerstehend; *lot* unbebaut, frei. **the house has been ~ for two months** das Haus steht seit zwei Monaten leer; **with ~ possession** (*Jur*) bezugsfertig; **to become** *or* **fall ~** frei werden.
2. (*empty*) *days* unausgefüllt, lang. **the ~ future stretched before him** die Zukunft lag leer vor ihm.
3. *mind, stare* leer.

vacantly ['veɪkəntlɪ] *adv* (*stupidly*) blöde; (*dreamily*) abwesend. **he gazed ~ at me** er sah mich mit leerem Blick an.

vacate [və'keɪt] *vt seat* frei machen; *post* aufgeben; *presidency etc* niederlegen; *house, room* räumen.

vacation [və'keɪʃən] **I** *n* **1.** (*Univ*) Semesterferien *pl*; (*Jur*) Gerichtsferien *pl*.
2. (*US*) Ferien *pl*, Urlaub *m*. **on ~** im *or* auf Urlaub; **to take a ~** Urlaub machen; **where are you going for your ~?** wohin fahren Sie in Urlaub?, wo machen Sie Urlaub; **to go on ~** auf Urlaub *or* in die Ferien gehen.
3. *see* **vacate** Aufgabe *f*; Niederlegung *f*; Räumung *f*.
II *vi* (*US*) Urlaub *or* Ferien machen.

vacation course *n* Ferienkurs *m*.

vacationer [veɪ'keɪʃənəʳ], **vacationist** [veɪ'keɪʃənɪst] *n* (*US*) Urlauber(in *f*) *m*.

vacation trip *n* (Ferien)reise *f*.

vaccinate ['væksɪneɪt] *vt* impfen.

vaccination [,væksɪ'neɪʃən] *n* (Schutz)-impfung *f*. **have you had your ~ yet?** sind Sie schon geimpft?

vaccine ['væksiːn] *n* Impfstoff *m*.

vacillate ['væsɪleɪt] *vi* (*lit, fig*) schwanken.

vacillating ['væsɪleɪtɪŋ] *adj* (*fig*) schwankend, unschlüssig, unentschlossen.

vacillation [,væsɪ'leɪʃən] *n* Schwanken *nt*; (*fig also*) Unentschlossenheit, Unschlüssigkeit *f*.

vacua ['vækjʊə] *pl of* **vacuum**.

vacuity [væ'kjuːɪtɪ] *n* (*liter*) (*lack of intelligence*) Geistlosigkeit *f*; (*emptiness*) Leere *f*. **vacuities** (*inane remarks*) Plattheiten, Platitüden *pl*.

vacuous ['vækjʊəs] *adj eyes, face, stare* ausdruckslos, leer; *remarks* nichtssagend.

vacuum ['vækjəm] *n, pl* **-s** *or* **vacua** (*form*) **I** *n* (*Phys, fig*) (luft)leerer Raum, Vakuum *nt*. **II** *vt carpet* saugen.

vacuum bottle *n* (*US*) *see* **vacuum flask**;
vacuum brake *n* Unterdruckbremse *f*;
vacuum cleaner *n* Staubsauger *m*;
vacuum flask *n* Thermosflasche *f*;
vacuum-packed *adj* vakuumverpackt;
vacuum pump *n* Vakuum- *or* Aussaugepumpe *f*; **vacuum tube** *n* Vakuumröhre *f*.

Vaduz [fa'dʊts] *n* Vaduz *nt*.

vagabond ['vægəbɒnd] **I** *n* Vagabund, Landstreicher(in *f*) *m*. **II** *adj* vagabundenhaft; *life* unstet, Vagabunden-; *person* umherziehend; *thoughts* (ab)schweifend.

vagary ['veɪgərɪ] *n usu pl* Laune *f*; (*strange idea*) verrückter Einfall. **the vagaries of life** die Wechselfälle des Lebens.

vagina [və'dʒaɪnə] *n* Scheide, Vagina *f*.

vaginal [və'dʒaɪnl] *adj* vaginal, Scheiden-.

vagrancy ['veɪgrənsɪ] *n* Landstreichertum *nt*, Land-/Stadtstreicherei *f* (*also Jur*).

vagrant ['veɪgrənt] **I** *n* Land-/Stadtstreicher(in *f*) *m*. **II** *adj person* umherziehend; *life* unstet, nomadenhaft.

vague [veɪg] *adj* (+*er*) **1.** (*not clear*) vage, unbestimmt; *outline, shape* verschwommen; *photograph* unscharf, verschwommen; *report, question* vage, ungenau; *murmur* dumpf, undeutlich. **I haven't the ~st idea** ich habe nicht die leiseste Ahnung; **there's a ~ resemblance** es besteht eine entfernte Ähnlichkeit; **I had a ~ idea she would come** ich hatte so eine (dunkle) Ahnung, daß sie kommen würde; **I am still very ~ on this theory** die Theorie ist mir noch nicht sehr klar; **he was ~ about the time of his arrival** er äußerte sich nur vage *or* unbestimmt über seine Ankunftszeit.
2. (*absent-minded*) geistesabwesend, zerstreut. **to have a ~ look in one's eyes** einen verständnislosen/abwesenden Gesichtsausdruck haben.

vaguely ['veɪglɪ] *adv* vage; *remember also* dunkel; *speak also* unbestimmt; *understand* ungefähr, in etwa. **to look ~ at sb** jdn verständnislos ansehen; **they're ~ similar** sie haben eine entfernte Ähnlichkeit; **it's only ~ like yours** es ist nur ungefähr wie deines; **it's ~ blue** es ist bläulich; **there's something ~ sinister about it** es hat so etwas Düsteres an sich.

vagueness ['veɪgnɪs] *n* **1.** Unbestimmtheit, Vagheit *f*; (*of outline, shape*) Verschwommenheit *f*; (*of report, question*)

Vagheit, Ungenauigkeit *f*. **the ~ of the resemblance** die entfernte Ähnlichkeit; **his ~ on Dutch politics** seine lückenhafte *or* wenig fundierte Kenntnis der holländischen Politik. **2.** (*absent-mindedness*) Geistesabwesenheit, Zerstreutheit *f*. **the ~ of her look** ihr verwirrter *or* verständnisloser/ abwesender Blick.

vain [veɪn] *adj* **1.** (*+er*) (*about looks*) eitel; (*about qualities also*) eingebildet. **he's very ~ about his musical abilities** er bildet sich (*dat*) auf sein musikalisches Können viel ein; **he is ~ about his appearance** er ist eitel. **2.** (*useless, empty*) eitel (*liter*); *attempt also* vergeblich; *pleasures, promises, words also* leer; *hope also* töricht. **in ~** umsonst, vergeblich, vergebens (*geh*). **3. to take God's name in ~** den Namen Gottes mißbrauchen, Gott lästern; **was someone taking my name in ~?** (*hum*) hat da wieder jemand von mir geredet? **4.** (*liter: worthless*) eitel (*liter*).

vainglorious [veɪn'glɔ:rɪəs] *adj* (*old*) *person* dünkelhaft; *talk* prahlerisch; *spectacle* pompös, bombastisch.

vainly ['veɪnlɪ] *adv* **1.** (*to no effect*) vergeblich, vergebens. **2.** (*conceitedly*) (*about looks*) eitel; (*about qualities also*) eingebildet.

valance ['væləns] *n* (*round bed frame*) Volant *m*; (*on window*) Querbehang *m*, Schabracke *f*; (*wooden*) Blende *f*.

vale [veɪl] *n* (*liter*) Tal *nt*.

valediction [ˌvælɪ'dɪkʃən] *n* **1.** (*form*) (*act*) Abschied(nehmen *nt*) *m*; (*words*) Abschiedsworte *pl*; (*speech*) Abschiedsrede *f*. **2.** (*US Sch*) Abschiedsrede *f*.

valedictory [ˌvælɪ'dɪktərɪ] **I** *adj* (*form*) Abschieds-. **II** *n* (*US Sch*) *see* **valediction 2.**

valence ['veɪləns], **valency** ['veɪlənsɪ] *n* (*Chem*) Wertigkeit, Valenz *f*; (*Ling*) Valenz *f*.

valency bond *n* kovalente Bindung.

valentine ['væləntaɪn] *n* **1.** (*person*) Freund(in *f*) *m*, dem/der man am Valentinstag einen Gruß schickt. **St V~'s Day** Valentinstag *m*. **2.** ~ (*card*) Valentinskarte *f*.

valerian [və'lɪərɪən] *n* Baldrian *m*.

valet ['vælɪt] *n* Kammerdiener *m*. **~ service** Reinigungsdienst *m*.

valetudinarian [ˌvælɪˌtju:dɪ'neərɪən] **I** *n* kränkelnde Person; (*health fiend*) Gesundheitsfanatiker(in *f*) *m*. **II** *adj* (*sickly*) kränklich, kränkelnd; *person* sehr um seine Gesundheit besorgt; *habits, attitude* gesundheitsbewußt.

valiant ['væljənt] *adj* **1.** (*liter*) *soldier, deed* tapfer, kühn (*geh*). **2. he made a ~ effort to save him** er unternahm einen kühnen Versuch, ihn zu retten; **she made a ~ effort to smile** sie versuchte tapfer zu lächeln.

valiantly ['væljəntlɪ] *adv* **1.** (*liter*) mutig, tapfer. **2. he ~ said he would help out** er sagte großzügig seine Hilfe zu.

valid ['vælɪd] *adj* **1.** *ticket, passport* gültig; (*Jur*) *document, marriage* (rechts)gültig; *contract* bindend, rechtsgültig; *claim* berechtigt, begründet. **2.** *argument, reasoning* stichhaltig; *excuse, reason* triftig, einleuchtend; *objection* berechtigt, begründet. **is it ~ to assume this?** ist es zulässig, das anzunehmen?; **that's a very ~ point** das ist ein sehr wertvoller Hinweis.

validate ['vælɪdeɪt] *vt document* (*check validity*) für gültig erklären; (*with stamp, sign*) (rechts)gültig machen; *claim* bestätigen; *theory* bestätigen, beweisen; (*Jur*) Rechtskraft verleihen (+*dat*).

validation [ˌvælɪ'deɪʃən] *n* (*of document*) Gültigkeitserklärung *f*; (*of claim*) Bestätigung *f*; (*of theory*) Beweis *m*.

validity [və'lɪdɪtɪ] *n* **1.** (*Jur etc: of document*) (Rechts)gültigkeit *f*; (*of ticket etc*) Gültigkeit *f*; (*of claim*) Berechtigung *f*. **2.** (*of argument*) Stichhaltigkeit *f*; (*of excuse etc*) Triftigkeit *f*. **the ~ of your objection** Ihr berechtigter *or* begründeter Einwand; **we discussed the ~ of merging these two cinematic styles** wir diskutierten, ob es zulässig ist, diese beiden Filmstile zu mischen.

valise [və'li:z] *n* Reisetasche *f*.

valley ['vælɪ] *n* Tal *nt*; (*big and flat*) Niederung *f*. **to go up/down the ~** talaufwärts/talabwärts gehen/fließen *etc*; **the Upper Rhine ~** die Oberrheinische Tiefebene.

valor *n* (*US*) *see* **valour.**

valorous ['vælərəs] *adj* (*liter*) heldenmütig (*liter*), tapfer.

valour, (*US*) **valor** ['vælər] *n* (*liter*) Heldenmut *m* (*liter*), Tapferkeit *f*.

valuable ['væljʊəbl] **I** *adj* **1.** *jewel* wertvoll; *time, oxygen* kostbar. **2.** (*useful*) *help, advice also* nützlich. **II** *n* ~**s** *pl* Wertsachen, Wertgegenstände *pl*.

valuation ['væljʊ'eɪʃən] *n* (*act*) Schätzung *f*; (*fig: of person's character*) Einschätzung *f*; (*value decided upon*) Schätzwert *m*, Schätzung *f*; (*fig*) Beurteilung *f*. **what's your ~ of him?** wie schätzen Sie ihn ein?; **we shouldn't take him at his own ~** wir sollten seine Selbsteinschätzung nicht einfach übernehmen.

value ['vælju] **I** *n* **1.** Wert *m*; (*usefulness*) Nutzen *m*. **to be of ~** Wert/Nutzen haben, wertvoll/nützlich sein; **her education has been of no ~ to her** ihre Ausbildung hat ihr nichts genützt; **to put a ~ on sth** etw schätzen *or* bewerten; (*on leisure etc*) einer Sache (*dat*) (hohen) Wert beimessen; **to put too high a ~ on sth** etw zu hoch schätzen *or* bewerten; (*on leisure etc*) etw überbewerten; **he attaches no/ great ~ to it** er legt keinen/ großen Wert darauf, ihm liegt nicht/sehr viel daran; **of little ~** nicht sehr wertvoll/nützlich; **of no ~** wertlos/nutzlos; **of great ~** sehr wertvoll. **2.** (*in money*) Wert *m*. **what's the ~ of your house?** wieviel ist Ihr Haus wert?; **gain/lose (in) ~** im Wert steigen/fallen; **increase in/loss of ~** Wertzuwachs *m*/ Wertminderung *f*, Wertverlust *m*; **it's good ~** es ist preisgünstig; **in our shop you get ~ for money** in unserem Geschäft bekommen Sie etwas für Ihr Geld (*inf*); **lazy employees don't give you ~ for money** faule Angestellte sind ihr Geld nicht wert;

goods to the ~ of £100 Waren im Wert von £ 100; **they put a ~ of £50 on it** sie haben es auf £ 50 geschätzt.
  3. **~s** *pl* (*moral standards*) (sittliche) Werte *pl*, Wertwelt *f*.
  4. (*Math*) (Zahlen)wert *m*; (*Mus*) (Zeit- *or* Noten)wert *m*, Dauer *f*; (*Phon*) (Laut)wert *m*; (*of colour*) Farbwert *m*. **what exactly is the ~ of this word in the poem?** welchen Stellenwert hat dieses Wort innerhalb des Gedichtes?
  II *vt* **1.** *house, jewels* (ab)schätzen. **the property was ~ed at £10,000** das Grundstück wurde auf £ 10 000 geschätzt.
  2. *friendship, person* (wert)schätzen, (hoch)achten; *opinion, advice* schätzen; *comforts, liberty, independence* schätzen, Wert legen auf (+*acc*). **I ~ it (highly)** ich weiß es zu schätzen; **if you ~ my opinion ...** wenn Sie Wert auf meine Meinung · legen ...; **if you ~ your life, you'll stay away** bleiben Sie weg, wenn Ihnen Ihr Leben lieb ist.

value-added tax [ˌvæljuːˈædidtæks] *n* (*Brit*) Mehrwertsteuer *f*.

valued [ˈvæljuːd] *adj friend* (hoch)geschätzt, lieb.

value judgement *n* Werturteil *nt*; **valueless** *adj* wertlos; (*useless also*) nutzlos, unnütz; *judgement* wertfrei.

valuer [ˈvæljuər] *n* Schätzer *m*.

valve [vælv] *n* (*Anat*) Klappe *f*; (*Tech, on musical instrument*) Ventil *nt*; (*in pipe system*) Absperrhahn *m*; (*Rad, TV*) Röhre *f*. **inlet/outlet ~** Einlaß-/Auslaßventil *nt*.

valvular [ˈvælvjulər] *adj* (*Tech*) Ventil-; (*shaped like valve*) ventilartig; (*Med*) Klappen-.

vamoose [vəˈmuːs] *vi* (*US sl*) abhauen (*inf*), abzischen (*sl*).

vamp[1] [væmp] **I** *n* (*woman*) Vamp *m*. **II** *vt* **she's been ~ing him all the time** sie hat die ganze Zeit ihre Reize bei ihm spielen lassen. **III** *vi* den Vamp spielen.

vamp[2] **I** *n* **1.** (*of shoe: upper*) Oberleder *nt*. **2.** (*Mus*) Improvisation *f*. **II** *vt* **1.** (*repair*) flicken. **2.** (*Mus*) *accompaniment* improvisieren. **III** *vi* (*Mus*) improvisieren, aus dem Stegreif spielen.

◆**vamp up** *vt sep* aufmotzen (*sl*).

vampire [ˈvæmpaɪər] *n* (*lit, fig*) Vampir *m*. **~ bat** Vampir *m*.

van[1] [væn] *n* **1.** (*Brit Aut*) Liefer- *or* Kastenwagen, Transporter *m*. **2.** (*Rail*) Waggon, Wagen *m*. **3.** (*inf: caravan*) (Wohn)wagen *m*. **gipsy's ~** Zigeunerwagen *m*.

van[2] *n abbr of* **vanguard.**

van[3] *n abbr of* **advantage** (*Tennis inf*) Vorteil *m*. **~ in/out** Vorteil auf (*inf*)/rück (*inf*).

vanadium [vəˈneɪdɪəm] *n* (*abbr* V) Vanadin *nt*.

vandal [ˈvændəl] *n* (*fig*) Rowdy, Demolierer (*inf*) *m*; (*Hist*) Vandale *m*. **it was damaged by ~s** es ist mutwillig beschädigt worden.

vandalism [ˈvændəlɪzəm] *n* Vandalismus *m*, blinde Zerstörungswut; (*Jur*) mutwillige Beschädigung (fremden Eigentums). **destroyed by acts of ~** mutwillig zerstört/beschädigt.

vandalize [ˈvændəlaɪz] *vt painting* mut-

willig zerstören/beschädigen; *building* verwüsten; (*wreck*) demolieren.

vane [veɪn] *n* (*also* **weather ~**) Wetterfahne *f*, Wetterhahn *m*; (*of windmill*) Flügel *m*; (*of propeller*) Flügel *m*, Blatt *nt*; (*of turbine*) (Leit)schaufel *f*.

vanguard [ˈvænɡɑːd] *n* (*Mil, Naut*) Vorhut *f*; (*fig also*) Spitze, Führung *f*. **in the ~ of progress** an der Spitze des Fortschritts.

vanilla [vəˈnɪlə] **I** *n* Vanille *f*. **II** *adj* *icecream, flavour* Vanille-.

vanish [ˈvænɪʃ] *vi* verschwinden, entschwinden (*liter*); (*traces also*) sich verlieren; (*fears*) sich legen; (*hopes*) schwinden; (*become extinct*) untergehen; *see* **thin 4.**

vanishing act [ˈvænɪʃɪŋ-] *n see* **vanishing trick; vanishing cream** *n* (Haut)pflegecreme, Tages-/Nachtcreme *f*; **vanishing point** *n* (*Math*) Fluchtpunkt *m*; (*fig*) Nullpunkt *m*; **vanishing trick** *n* **he did a ~ with it** er hat es weggezaubert; **every time he's needed he does his ~** (*inf*) jedesmal, wenn man ihn braucht, verdrückt er sich (*inf*).

vanity [ˈvænɪtɪ] *n* **1.** (*concerning looks*) Eitelkeit *f*; (*concerning own value*) Einbildung, Eingebildetheit *f*.
  2. (*worthlessness: of life, pleasures*) Nichtigkeit, Hohlheit *f*; (*of words*) Hohlheit *f*; (*of efforts*) Vergeblichkeit *f*. **the ~ of all his hopes/promises** all seine törichten Hoffnungen/leeren Versprechungen.
  3. (*US*) Frisiertisch *m*.

vanity case *n* Kosmetikkoffer *m*.

vanquish [ˈvæŋkwɪʃ] *vt* (*liter*) *enemy, fears* bezwingen (*geh*).

vantage ground *n* (*Mil*) günstige (Ausgangs)stellung; **vantage point** *n* (*Mil*) (günstiger) Aussichtspunkt; **our window is a good ~ for watching the procession** von unserem Fenster aus hat man einen guten Blick auf die Prozession.

vapid [ˈvæpɪd] *adj* (*liter*) *conversation, remark* nichtssagend, geistlos; *smile* (*insincere*) leer; (*bored*) matt; *style* kraftlos; *beer, taste* schal.

vapidity [væˈpɪdɪtɪ] *n* (*liter*) *see adj* Geistlosigkeit *f*; Ausdruckslosigkeit *f*; Mattheit *f*; Kraftlosigkeit *f no pl*; Schalheit *f*.

vapor *etc* (*US*) *see* **vapour** *etc*.

vaporization [ˌveɪpəraɪˈzeɪʃən] *n* (*by boiling etc*) Verdampfung *f*; (*natural*) Verdunstung *f*.

vaporize [ˈveɪpəraɪz] **I** *vt* (*by boiling etc*) verdampfen; (*naturally*) verdunsten lassen. **II** *vi see vt* verdampfen; verdunsten.

vaporizer [ˈveɪpəraɪzər] *n* Verdampfer, Verdampfapparat *m*; (*for perfume*) Zerstäuber *m*.

vaporous [ˈveɪpərəs] *adj* **1.** (*like vapour*) dampf-/gasförmig; (*full of vapour*) dunstig; (*of vapour*) Dunst-. **~ gases round the planet** nebelartige Gase um den Planeten. **2.** (*liter: fanciful*) nebulös.

vapour, (*US*) **vapor** [ˈveɪpər] *n* Dunst *m*; (*Phys also*) Gas *nt*; (*steamy*) Dampf *m*. **~ trail** Kondensstreifen *m*.

variability [ˌveərɪəˈbɪlɪtɪ] *n see adj* **1.** Veränderlichkeit *f*; Variabilität *f*; Unbeständigkeit, Wechselhaftigkeit *f*; (*of costs*) Schwankung(en *pl*), Unbeständigkeit *f*;

(of work) unterschiedliche Qualität.
2. Regulierbarkeit *f.*

variable ['vɛərɪəbl] **I** *adj* **1.** *(likely to vary)* *(Math)* veränderlich, variabel; *(Biol)* variabel; *weather, mood* unbeständig, wechselhaft. **~ winds** wechselnde Winde *pl*; **certain costs will always remain ~** bestimmte Kosten werden immer schwanken *or* variabel bleiben; **his work is very ~** er arbeitet sehr unterschiedlich.
2. *speed* regulierbar; *salary level* flexibel; **the height of the seat is ~** die Höhe des Sitzes kann reguliert werden.
II *n (Chem, Math, Phys)* Veränderliche, Variable *f*; *(fig)* veränderliche Größe, Variable *f.*

variance ['vɛərɪəns] *n* **1.** **to be at ~ with sb** anderer Meinung sein als jd *(about* hinsichtlich *+gen)*; **this is at ~ with what he said earlier** dies stimmt nicht mit dem überein, was er vorher gesagt hat.
2. *(difference)* Unterschied *m.* **the predictable ~ between the two sets of figures** die vorhersehbare Abweichung der beiden Zahlenreihen (voneinander).

variant ['vɛərɪənt] **I** *n* Variante *f.* **a spelling ~** eine Schreibvariante. **II** *adj* **1.** *(alternative)* andere(r, s). **there are two ~ spellings** es gibt zwei verschiedene Schreibweisen. **2.** *(liter: diverse)* verschieden, unterschiedlich.

variation [ˌvɛərɪ'eɪʃən] *n* **1.** *(varying)* Veränderung *f*; *(Sci)* Variation *f*; *(Met)* Schwankung *f*, Wechsel *m*; *(of temperature)* Unterschiede *pl*, Schwankung(en *pl*) *f*; *(of prices)* Schwankung *f.* **there's been a lot of ~ in the standard recently** in letzter Zeit war das Niveau sehr unterschiedlich; **these figures are subject to seasonal ~** diese Zahlen sind saisonbedingten Schwankungen unterworfen; **~ in opinions/ views** unterschiedliche Auffassungen/Ansichten.
2. *(Mus)* Variation *f.* **~s on a theme** Thema mit Variationen; Variationen zu einem *or* über ein Thema.
3. *(different form)* Variation, Variante *f*; *(Biol)* Variante *f.* **this is a ~ on that** das ist eine Variation *or* Abänderung dessen *or* davon; **a new ~ in the design** eine neue Variation des Musters.

varicoloured, *(US)* **varicolored** ['vɛərɪˌkʌləd] *adj* mehrfarbig.

varicose ['vɛərɪkəʊs] *adj:* **~ veins** Krampfadern *pl.*

varied ['vɛərɪd] *adj* unterschiedlich; *career, life* bewegt; *selection* reichhaltig. **a ~ group of people** eine gemischte Gruppe; **a ~ collection of records** eine vielseitige *or* sehr gemischte Plattensammlung.

variegated ['vɛərɪɡeɪtɪd] *adj* buntscheckig; *(Bot)* geflammt, panaschiert.

variegation [ˌvɛərɪ'ɡeɪʃən] *n* Buntscheckigkeit *f*; *(Bot)* Panaschierung *f.*

variety [və'raɪətɪ] *n* **1.** *(diversity)* Abwechslung *f.* **to give** *or* **add ~ to sth** Abwechslung in etw *(acc)* bringen; **a job with a lot of ~** eine sehr abwechslungsreiche Arbeit; **~ is the spice of life** *(prov)* öfter mal was Neues *(inf)*, variatio delectat *(geh).*
2. *(assortment)* Vielfalt *f*; *(Comm)* Auswahl *f (of* an *+dat).* **that's quite a ~**

for one company das ist ein ziemlich breites Spektrum für eine (einzige) Firma; **in a great ~ of ways** auf die verschiedensten Arten *pl*; **in a ~ of colours** in den verschiedensten Farben *pl*; **for a ~ of reasons** aus verschiedenen *or* mehreren Gründen *pl*; **for a great ~ of reasons** aus vielen verschiedenen Gründen *pl*; **a large ~ of birds** eine Vielfalt an Vogelarten; **you meet a great ~ of people at this hotel** in diesem Hotel können Sie die verschiedensten Leute treffen.
3. *(Biol, Bot: species)* Art *f.*
4. *(type)* Art *f*; *(of cigarette, potato)* Sorte *f*; *(of car, chair)* Modell *nt.* **a new ~ of tulip** eine neue Tulpensorte.
5. *(esp Brit Theat)* Varieté *nt.*

variety act *n* Varieténummer *f*; **variety artist** *n* Varietékünstler(in *f*) *m*; **variety show** *n (Theat)* Varietévorführung *f*; *(TV)* Fernsehshow *f*; *(Rad, TV)* Unterhaltungssendung *f*; **variety theatre** *n* Varietétheater *nt.*

variform ['vɛərɪfɔːm] *adj* vielgestaltig.

variola [və'raɪələ] *n (Med)* Pocken *pl.*

various ['vɛərɪəs] *adj* **1.** *(different)* verschieden. **2.** *(several)* mehrere, verschiedene.

variously ['vɛərɪəslɪ] *adv* **1.** unterschiedlich. **the news was ~ reported in the papers** die Nachricht wurde in den Zeitungen unterschiedlich wiedergegeben. **2.** verschiedentlich. **he has been ~ described as a rogue and a charmer** er wurde verschiedentlich ein Schlitzohr und Charmeur genannt.

varmint ['vɑːmɪnt] *n* **1.** *(dial, esp US)* Schurke *m.* **2.** *(animal)* Schädling *m.*

varnish ['vɑːnɪʃ] **I** *n (lit)* Lack *m*; *(on pottery)* Glasur *f*; *(fig)* Politur *f.* **II** *vt* lackieren; *painting* firnissen; *pottery* glasieren; *(fig) truth, facts* beschönigen.

varsity ['vɑːsɪtɪ] *n (Univ inf)* Uni *f (inf)*; *(US also* **~ team)** Schul-/ Uniauswahl *f.*

vary ['vɛərɪ] **I** *vi* **1.** *(diverge, differ)* sich unterscheiden, abweichen *(from* von). **opinions ~ on this point** in diesem Punkt gehen die Meinungen auseinander; **witnesses ~ about the time** die Zeugen machen unterschiedliche Zeitangaben.
2. *(be different)* unterschiedlich sein. **the price varies from shop to shop** der Preis ist von Geschäft zu Geschäft verschieden; **it varies** es ist unterschiedlich, das ist verschieden.
3. *(change, fluctuate)* sich (ver)ändern; *(pressure, prices)* schwanken. **prices that ~ with the season** saisonbedingte Preise *pl*; **to ~ with the weather** sich nach dem Wetter richten.
II *vt (alter)* verändern, abwandeln; *(give variety)* abwechslungsreich(er) gestalten, variieren.

varying ['vɛərɪɪŋ] *adj (changing)* veränderlich; *(different)* unterschiedlich. **our different results were due to ~ conditions** unsere verschiedenen Resultate beruhen auf unterschiedlichen Voraussetzungen; **the ~ weather conditions here** die veränderlichen Wetterverhältnisse hier; **with ~ degrees of success** mit unterschiedlichem Erfolg *m.*

vascular ['væskjʊlə^r] adj vaskulär.

vase [vɑːz, (US) veɪz] n Vase f.

vasectomy [væˈsektəmɪ] n Vasektomie f (spec), Sterilisation f (des Mannes).

vaseline ® ['væsɪliːn] n Vaseline f.

vassal ['væsəl] I n (lit, fig) Vasall m. II adj vasallisch, Vasallen-.

vast [vɑːst] adj (+er) gewaltig, riesig; area also weit, ausgedehnt; bulk also riesengroß; sums of money, success also Riesen-; difference also riesengroß; knowledge enorm; majority überwältigend; wealth, powers also unermeßlich. **a ~ expanse** eine weite Ebene; **the ~ expanse of the ocean** die unermeßliche Weite des Ozeans; **to a ~ extent** in sehr hohem Maße.

vastly ['vɑːstlɪ] adv erheblich, wesentlich, bedeutend; grateful überaus, äußerst. **I was ~ amused at his remark** ich habe mich über seine Bemerkung köstlich amüsiert; **he is ~ superior to her** er ist ihr haushoch überlegen.

vastness ['vɑːstnɪs] n (of size) riesiges or gewaltiges Ausmaß, riesige Größe; (of distance) ungeheures Ausmaß; (of ocean, plane, area) riesige Weite; (of sums of money) ungeheure Höhe; (of success) Ausmaß nt; (of difference) Größe f; (of knowledge, wealth) gewaltiger Umfang.

vat [væt] n Faß nt; (without lid) Bottich m.

VAT ['viːeɪ'tiː, væt] (Brit) abbr of **value-added tax** Mehrwertsteuer f, MwSt.

Vatican ['vætɪkən] n Vatikan m. **the ~ Council** das Vatikanische Konzil; **~ City** Vatikanstadt f.

vaudeville ['vɔːdəvɪl] n (US) Varieté nt.

vaudeville show n Varieté(vorführung f) nt.

vault¹ [vɔːlt] n **1.** (cellar) (Keller)gewölbe nt; (tomb) Gruft f; (in bank) Tresor(raum) m. **in the ~s** im Gewölbe etc. **2.** (Archit) Gewölbe nt.

vault² I n Sprung m; (scissors) Schersprung m; (legs behind) Flanke f; (legs through arms) Hocke f; (legs apart) Grätsche f.
II vi springen; einen Schersprung/eine Flanke/eine Hocke/ eine Grätsche machen. **to ~ into the saddle** sich in den Sattel schwingen.
III vt springen über (+acc); einen Schersprung/eine Flanke/eine Hocke/ eine Grätsche machen über (+acc).

vaulted ['vɔːltɪd] adj (Archit) gewölbt.

vaulting ['vɔːltɪŋ] n (Archit) Wölbung f.

vaulting horse n (in gym) Pferd nt.

vaunt [vɔːnt] I vt rühmen, preisen (geh). much-~ed vielgepriesen. II n Loblied nt.

VC abbr of **Victoria Cross** (Mil) Viktoriakreuz nt (höchste britische Tapferkeitsauszeichnung).

VD abbr of **venereal disease** Geschlechtskrankheit f.

VDU abbr of **visual display unit**.

veal [viːl] n Kalbfleisch nt. **~ cutlet** Kalbsschnitzel nt.

vector ['vektə^r] n (Math, Aviat) Vektor m; (Biol) Träger m.

vector in cpds (Math) Vektor(en)-.

vectorial [vek'tɔːrɪəl] adj vektoriell.

V-E Day n Tag m des Sieges in Europa im 2. Weltkrieg.

veer [vɪə^r] I vi (wind) (sich) drehen (im Uhrzeigersinn) (to nach); (ship) abdrehen; (car) ausscheren; (load) scharf abbiegen, abknicken. **the ship ~ed round** das Schiff drehte ab; **to ~ off course** vom Kurs abkommen; **it ~s from one extreme to the other** es schwankt zwischen zwei Extremen; **he ~s from one extreme to the other** er fällt von einem Extrem ins andere; **he ~ed off** or **away from his subject** er kam (völlig) vom Thema ab; **the road ~ed to the left** die Straße machte eine scharfe Linkskurve; **the car ~ed off the road** das Auto kam von der Straße ab; **the driver was forced to ~ sharply** der Fahrer mußte plötzlich das Steuer herumreißen; **the racing car skidded and ~ed right round** der Rennwagen kam ins Schleudern und drehte sich um die eigene Achse.
II n (of wind) Drehung f; (of ship, fig: in policy) Kurswechsel m; (of car) Ausscheren nt; (of road) Knick m. **with a sudden ~ the car left the road** das Auto scherte plötzlich aus und kam von der Straße ab; **a ~ to the left politically** ein politischer Ruck nach links.

♦**veer (a)round** vt sep car herumreißen; (by 180°) wenden. **he ~ed the ship ~ to avoid the rocks** er schwenkte ab, um den Felsen auszuweichen.

vegetable ['vedʒɪtəbl] n **1.** Gemüse nt. **with fresh ~s** mit frischem Gemüse; (on menu) mit frischen Gemüsen; **what ~s do you grow in your garden?** welche Gemüsesorten hast du in deinem Garten?; **cabbage is a ~** Kohl ist eine Gemüsepflanze.
2. (generic term: plant) Pflanze f.
3. he's just a ~ er vegetiert nur dahin or vor sich hin.

vegetable dish n (to eat) Gemüsegericht nt; (bowl) Gemüseschüssel f; **vegetable garden** n Gemüsegarten m; **vegetable kingdom** n Pflanzenreich nt; **vegetable marrow** n Gartenkürbis m; **vegetable matter** n pflanzliche Stoffe pl; **vegetable oil** n pflanzliches Öl; (Cook) Pflanzenöl nt; **vegetable soup** n Gemüsesuppe f.

vegetarian [ˌvedʒɪ'teərɪən] I n Vegetarier(in f) m. II adj vegetarisch.

vegetarianism [ˌvedʒɪ'teərɪənɪzəm] n Vegetarismus m.

vegetate ['vedʒɪteɪt] vi **1.** wachsen. **2.** (fig) dahinvegetieren.

vegetation [ˌvedʒɪ'teɪʃən] n **1.** Vegetation f. **2.** (wasting away) (of sick people) Dahinvegetieren nt; (of mind) Verödung, Verarmung f.

vegetative ['vedʒɪtətɪv] adj (Bot) vegetativ.

vehemence ['viːɪməns] n Vehemenz f (geh); (of actions, feelings also) Heftigkeit f; (of love, hatred also) Leidenschaftlichkeit f; (of protests also) Schärfe, Heftigkeit f.

vehement ['viːɪmənt] adj vehement (geh); feelings, speech also leidenschaftlich; attack also heftig, scharf; desire, dislike, opposition also heftig, stark.

vehemently ['viːɪməntlɪ] adv vehement (geh), heftig; love, hate also leidenschaftlich; protest also heftig, mit aller Schärfe.

vehicle ['viːɪkl] n Fahrzeug nt; (Pharm)

Vehikel *nt*, Trägersubstanz *f*; (*Art*) Lösungsmittel *nt*; (*fig: medium*) Mittel, Vehikel (*geh*) *nt*. **this paper is a ~ of right-wing opinions** diese Zeitung ist ein Sprachrohr *nt* der Rechten; **language is the ~ of thought** die Sprache ist das Medium des Denkens.

vehicular [vɪˈhɪkjʊlə^r] *adj* Fahrzeug-.

veil [veɪl] **I** *n* Schleier *m*. **to take the ~** den Schleier nehmen, ins Kloster gehen; **to draw a ~ over sth** den Schleier des Vergessens über etw (*acc*) breiten; **under a ~ of secrecy** unter dem Mantel der Verschwiegenheit.
II *vt* **1.** verschleiern.
2. (*fig*) *facts* verschleiern; *truth also* verheimlichen; *feelings* verbergen. **the clouds ~ed the moon** die Wolken verhüllten *or* verdeckten den Mond; **the town was ~ed by mist** die Stadt lag in Nebel gehüllt.

veiled [veɪld] *adj reference* versteckt; *face* verschleiert.

veiling [ˈveɪlɪŋ] *n* Schleier *m*; (*fig*) (*of facts*) Verschleierung *f*.

vein [veɪn] *n* **1.** (*Anat, Bot, Min*) Ader *f*. **~s and arteries** Venen und Arterien *pl*; **there is a ~ of truth in what he says** es ist eine Spur von Wahrheit in dem, was er sagt; **an artistic ~** eine künstlerische Ader; **there's a ~ of spitefulness in his character** er hat einen gehässigen Zug in seinem Charakter.
2. (*fig: mood*) Stimmung, Laune *f*. **in a humorous ~** in lustiger Stimmung; **to be in the ~ for sth** zu etw aufgelegt sein; **in the same ~** in derselben Art.

veined [veɪnd] *adj* geädert; *hand* mit hervortretenden Adern.

velar [ˈviːlə^r] **I** *adj* velar. **II** *n* Velar(laut) *m*.

veld, veldt [velt] *n* (*in South Africa*) Steppe *f*.

vellum [ˈveləm] *n* Pergament *nt*.

vellum binding *n* Pergamenteinband *m*;
vellum paper *n* Pergamentpapier *nt*.

velocity [vəˈlɒsɪtɪ] *n* Geschwindigkeit *f*.

velour(s) [vəˈluə^r] *n* Velours *m*.

velvet [ˈvelvɪt] **I** *n* Samt *m*. **like ~** wie Samt, samtig. **II** *adj dress, jacket* Samt-; *skin, feel* samtweich, samten (*geh*). **the ~ touch of his hand** seine sanften Hände.

velveteen [ˈvelvɪtiːn] *n* Veloursamt *m*.

velvety [ˈvelvɪtɪ] *adj* samtig.

venal [ˈviːnl] *adj* (*liter*) *person* käuflich, feil (*liter*); *practices* korrupt. **out of ~ interests** aus eigennützigen Motiven.

venality [viːˈnælɪtɪ] *n* (*liter*) *see adj* Käuflichkeit *f*; Korruption *f*; eigennützige Motive *pl*.

vend [vend] *vt* verkaufen.

vendetta [venˈdetə] *n* Fehde *f*; (*in family*) Blutrache *f*; (*of gangsters*) Vendetta *f*. **to carry on a ~ against sb** sich mit jdm bekriegen/an jdm Blutrache üben.

vending machine [ˈvendɪŋməˈʃiːn] *n* (Verkaufs)automat *m*.

vendor [ˈvendɔː^r] *n* (*esp Jur*) Verkäufer *m*. **newspaper ~** Zeitungsverkäufer *m*; **street ~** Straßenhändler *m*.

veneer [vəˈnɪə^r] **I** *n* (*lit*) Furnier *nt*; (*fig*) Politur *f*. **it's just a ~** es ist nur Politur *or* schöner Schein; **the way he behaved presented a ~ of refinement** nach außen

hin machte er einen sehr kultivierten Eindruck.
II *vt wood* furnieren.

venerable [ˈvenərəbl] *adj* ehrwürdig.

venerate [ˈvenəreɪt] *vt* verehren, hochachten; *sb's memory* ehren. **his memory was highly ~d** sein Andenken wurde sehr in Ehren gehalten.

veneration [ˌvenəˈreɪʃən] *n* Bewunderung, Verehrung *f* (*of* für); (*of idols*) Verehrung *f*; (*of traditions*) Ehrfurcht *f* (*of* vor + *dat*). **to hold sb/sb's memory in ~** jdn hochachten *or* verehren/jds Andenken in Ehren halten.

venereal [vɪˈnɪərɪəl] *adj* venerisch. **~ disease** Geschlechtskrankheit *f*.

Venetian [vɪˈniːʃən] **I** *adj* venezianisch. **~ blind** Jalousie *f*; **~ glass** venezianisches Glas. **II** *n* Venezianer(in *f*) *m*.

Venezuela [ˌveneˈzweɪlə] *n* Venezuela *nt*.

Venezuelan [ˌveneˈzweɪlən] **I** *adj* venezolanisch. **II** *n* Venezolaner(in *f*) *m*.

vengeance [ˈvendʒəns] *n* **1.** Rache *f*. **to take ~ (up)on sb** Vergeltung an jdm üben.
2. (*inf*) **with a ~** gewaltig (*inf*); **to work with a ~** hart *or* mächtig (*inf*) arbeiten.

vengeful [ˈvendʒfʊl] *adj* rachsüchtig.

venial [ˈviːnɪəl] *adj* verzeihlich, entschuldbar. **~ sin** lässliche Sünde.

veniality [ˌviːnɪˈælɪtɪ] *n* Entschuldbarkeit *f*; (*of sin*) Lässlichkeit *f*.

Venice [ˈvenɪs] *n* Venedig *nt*.

venison [ˈvenɪsən] *n* Reh(fleisch) *nt*.

venom [ˈvenəm] *n* (*lit*) Gift *nt*; (*fig*) Boshheit, Gehässigkeit *f*. **he spoke with real ~ in his voice** er sprach mit haßerfüllter Stimme; **she spat her ~ at him** sie giftete ihn wütend an; **his pen, dipped in ~** seine giftige Feder.

venomous [ˈvenəməs] *adj* (*lit, fig*) giftig; *snake* Gift-; *tone also* gehässig; *tongue also* scharf, böse; *sarcasm* beißend.

venomously [ˈvenəməslɪ] *adv* (*fig*) boshaft; *look, say* giftig.

venous [ˈviːnəs] *adj* (*form*) (*Anat*) venös; (*Bot*) geädert.

vent [vent] **I** *n* (*for gas, liquid*) Öffnung *f*; (*in chimney*) Abzug *m*; (*in barrel*) Spundloch *nt*; (*in coat*) Schlitz *m*; (*for feelings*) Ventil *m*. **inlet/outlet ~** Belüftungs-/ Entlüftungsöffnung *f*; **to give ~ to sth** (*fig*) einer Sache (*dat*) Ausdruck verleihen; **to give ~ to one's feelings** seinen Gefühlen freien Lauf lassen; **to give ~ to one's anger** seinem Ärger Luft machen.
II *vt feelings*, abreagieren (*on* an + *dat*).

ventilate [ˈventɪleɪt] *vt* **1.** (*control air flow*) belüften; (*let fresh air in*) lüften. **2.** *blood* Sauerstoff zuführen (+*dat*), mit Sauerstoff versorgen. **3.** (*fig*) *grievance* vorbringen. **4.** (*fig*) *question, issue* erörtern; *opinion, view* äußern, kundtun.

ventilation [ˌventɪˈleɪʃən] *n* **1.** (*control of air flow*) Belüftung, Ventilation *f*; (*letting fresh air in*) Lüften *nt*. **~ shaft** Luftschacht *m*; **there's very poor ~ in here** die Belüftung dieses Raumes ist schrecklich.
2. (*of blood*) Sauerstoffzufuhr *f*.
3. (*of grievance*) Vorbringen *nt*.
4. (*of question, issue*) Erörterung *f*; (*of opinion, view*) Äußerung *f*.

ventilator [ˈventɪleɪtə^r] *n* Ventilator *m*.

ventricle ['ventrɪkəl] *n* Kammer *f*, Ventrikel *m (form)*.

ventriloquism [ven'trɪləkwɪzəm] *n* Bauchredekunst *f*, Bauchreden *nt*.

ventriloquist [ven'trɪləkwɪst] *n* Bauchredner(in *f*) *m*.

ventriloquy [ven'trɪləkwɪ] *n* Bauchredekunst *f*, Bauchreden *nt*.

venture ['ventʃəʳ] **I** *n* Unternehmung *f*, Unternehmen, Unterfangen *nt*. **mountain-climbing is his latest ~** seit neuestem hat er sich aufs Bergsteigen verlegt; **a new ~ in publishing** ein neuer verlegerischer Versuch, ein neues verlegerisches Experiment; **his first ~ at novel-writing** sein erster Versuch, Romane zu schreiben; **our greatest ~ in the field of space exploration** unser bedeutendstes Projekt auf dem Gebiet der Raumforschung; **his purchase of stocks was his first ~ into the world of finance** mit dem Erwerb von Aktien wagte er sich zum erstenmal in die Finanzwelt; **his early ~s into crime were successful** seine frühen kriminellen Abenteuer waren erfolgreich; **rowing the Atlantic alone was quite a ~** allein über den Atlantik zu rudern, war ein ziemlich gewagtes Abenteuer; **the astronauts on their ~ into the unknown** die Astronauten auf ihrer abenteuerlichen Reise ins Unbekannte.

II *vt* **1.** *life, reputation* aufs Spiel setzen; *money also* riskieren (*on* bei). **nothing ~d nothing gained** (*Prov*) wer wagt, gewinnt (*Prov*).

2. *guess, explanation, statement* wagen; *opinion* zu äußern wagen. **if I may ~ an opinion** wenn ich mir erlauben darf, meine Meinung zu sagen; **in his latest article he ~s an explanation of the phenomenon** in seinem letzten Artikel versucht er, eine Erklärung des Phänomens zu geben; **I ~ to add that ...** ich wage sogar zu behaupten, daß ...

III *vi* sich wagen. **to ~ out of doors** sich vor die Tür wagen; **they lost money when they ~d into book publishing** sie verloren Geld bei ihrem Versuch, Bücher zu verlegen; **the company ~d into a new field** die Firma wagte sich in ein neues Gebiet vor.

◆**venture forth** (*liter*) *or* **out** *vi* sich hinauswagen. **the soldiers ~d ~ to find the enemy** die Soldaten wagten sich vor, um den Feind ausfindig zu machen; **the astronauts ~d ~ into the unknown** die Astronauten wagten sich ins Unbekannte; **we ~d ~ on this intellectual enterprise** wir wagten uns an dieses intellektuelle Unterfangen heran.

◆**venture on** *vi* +*prep obj* sich wagen an (+*acc*). **they ~d ~ a programme of reform** sie wagten sich an ein Reformprogramm heran; **the Prime Minister ~d ~ a statement of the position** der Premier hatte den Mut, eine Erklärung zur Lage abzugeben; **when we first ~d ~ this voyage of scientific discovery** als wir uns zum ersten Mal auf wissenschaftliches Neuland wagten.

venturesome ['ventʃəsəm] *adj person, action* abenteuerlich.

venue ['venjuː] *n* (*meeting place*) Treffpunkt *m*; (*Sport*) Austragungsort *m*; (*Jur*) Verhandlungsort *m*.

Venus ['viːnəs] *n* Venus *f*. **~'s-flytrap** Venusfliegenfalle *f*.

Venusian [və'njuːʃən] **I** *n* Bewohner(in *f*) *m* der Venus. **II** *adj* Venus-.

veracious [və'reɪʃəs] *adj person* ehrlich, aufrichtig; *report* wahrheitsgemäß.

veracity [və'ræsɪtɪ] *n* (*of person*) Ehrlichkeit, Aufrichtigkeit *f*; (*of report, evidence*) Wahrheit, Richtigkeit *f*.

veranda(h) [və'rændə] *n* Veranda *f*.

verb [vɜːb] *n* Verb, Zeitwort, Verbum *nt*.

verbal ['vɜːbəl] *adj* **1.** (*spoken*) *statement, confession* mündlich; *agreement also* verbal. **2.** (*of words*) *error, skills, distinction* sprachlich. **~ memory** Wortgedächtnis *nt*. **3.** (*literal*) *translation* wörtlich. **4.** (*Gram*) verbal. **~ noun** Verbalsubstantiv *nt*.

verbalize ['vɜːbəlaɪz] *vt* **1.** (*put into words*) ausdrücken, in Worte fassen. **2.** (*Gram*) verbal ausdrücken.

verbally ['vɜːbəlɪ] *adv* **1.** (*spoken*) mündlich, verbal. **2.** (*as a verb*) verbal.

verbatim [vɜː'beɪtɪm] **I** *adj* wörtlich. **II** *adv* wortwörtlich.

verbena [vɜː'biːnə] *n* Eisenkraut *nt*.

verbiage ['vɜːbɪɪdʒ] *n* Wortwust *m*, Wortfülle *f*, Blabla *nt* (*inf*). **there's too much ~ in this report** dieser Bericht ist zu umständlich geschrieben.

verbose [vɜː'bəʊs] *adj* wortreich, langatmig, weitschweifig.

verbosely [vɜː'bəʊslɪ] *adv* langatmig.

verbosity [vɜː'bɒsɪtɪ] *n* Langatmigkeit *f*.

verdant ['vɜːdənt] *adj* (*liter*) grün.

verdict ['vɜːdɪkt] *n* **1.** (*Jur*) Urteil *nt*. **~ of guilty/not guilty** Schuldspruch *m*/Freispruch *m*; **what's the ~?** wie lautet das Urteil?; *see* return.

2. (*of doctor*) Urteil *nt*; (*of electors*) Entscheidung *f*, Votum *nt*. **what's your ~ on this wine?** wie beurteilst du diesen Wein?; **to give one's ~ about** *or* **on sth** sein Urteil über etw (*acc*) abgeben.

verdigris ['vɜːdɪɡriːs] *n* Grünspan *m*.

verdure ['vɜːdjʊəʳ] *n* (*liter*) (*colour*) sattes Grün; (*vegetation*) reiche Flora (*geh*).

verge [vɜːdʒ] *n* (*lit, fig*) Rand *m*. "**keep off the ~**" „Bankette *or* Seitenstreifen nicht befahrbar"; **to be on the ~ of ruin** am Rande des Ruins stehen; **to be on the ~ of a nervous breakdown** am Rande eines Nervenzusammenbruchs sein; **to be on the ~ of a discovery** kurz vor einer Entdeckung stehen; **to be on the ~ of tears** den Tränen nahe sein; **to be on the ~ of doing sth** im Begriff sein, etw zu tun.

◆**verge on** *vi* +*prep obj* (*ideas, actions*) grenzen an (*acc*). **he's verging ~ bankruptcy** er steht kurz vor dem Bankrott; **she is verging ~ fifty** sie geht auf die Fünfzig zu; **she was verging ~ madness** sie stand am Rande des Wahnsinns.

verger ['vɜːdʒəʳ] *n* (*Eccl*) Küster *m*.

verifiable ['verɪfaɪəbl] *adj* nachweisbar, nachprüfbar, verifizierbar.

verification [,verɪfɪ'keɪʃən] *n* (*check*) Überprüfung *f*; (*confirmation*) Bestätigung, Verifikation (*geh*) *f*; (*proof*) Nachweis *m*. **this completes the ~ of the truth of the complaint** damit ist die Berechtigung der

Beschwerde endgültig nachgewiesen.

verify ['verɪfaɪ] vt **1.** (check up) (über)prüfen; (confirm) bestätigen, beglaubigen; theory beweisen, verifizieren (geh). **2.** suspicions, fears bestätigen.

verily ['verɪlɪ] adv (obs) wahrlich (obs), fürwahr (obs).

verisimilitude [,verɪsɪ'mɪlɪtjuːd] n (form) Wahrhaftigkeit (liter), Echtheit f; (of theory) Plausibilität, Evidenz (liter) f.

veritable ['verɪtəbl] adj genius wahr. a ~ miracle das reinste Wunder.

veritably ['verɪtəblɪ] adv (liter) in der Tat.

verity ['verɪtɪ] n (liter) Wahrheit f.

vermicelli [,vɜːmɪ'selɪ] n Fadennudeln, Suppennudeln pl.

vermicide ['vɜːmɪsaɪd] n Wurmmittel nt.

vermifuge ['vɜːmɪfjuːdʒ] n Wurmmittel nt.

vermilion [və'mɪljən] I n Zinnoberrot nt. II adj zinnoberrot.

vermin ['vɜːmɪn] n, no pl **1.** (animal) Schädling m. **2.** (insects) Ungeziefer nt. **3.** (pej: people) Pack, Ungeziefer nt.

verminous ['vɜːmɪnəs] adj people, clothes voller Ungeziefer.

Vermont [vɜː'mɒnt] n (abbr **Vt, VT**) Vermont nt.

vermouth ['vɜːməθ] n Wermut m.

vernacular [və'nækjʊləʳ] I n **1.** (dialect) Mundart f; (not Latin, not official language) Landessprache f. this word has now come into the ~ dieses Wort ist jetzt in die Alltagssprache eingegangen. **2.** (jargon) Fachsprache f or -jargon m. **3.** (hum: strong language) deftige Sprache. please excuse the ~ entschuldigen Sie bitte, daß ich mich so drastisch ausdrücke. II adj ~ newspaper Zeitung f in der regionalen Landessprache; ~ poet Mundartdichter m.

vernal ['vɜːnl] adj equinox, (liter) flowers Frühlings-.

veronica [və'rɒnɪkə] n (Bot) Ehrenpreis m or nt, Veronika f.

versatile ['vɜːsətaɪl] adj vielseitig. he has a very ~ mind er ist geistig sehr flexibel.

versatility [,vɜːsə'tɪlɪtɪ] n see adj Vielseitigkeit f; Flexibilität f.

verse [vɜːs] n **1.** (stanza) Strophe f. a ~ from "The Tempest" ein Vers m aus dem „Sturm". **2.** no pl (poetry) Poesie, Dichtung f. in ~ in Versform; ~ drama Versdrama nt. **3.** (of Bible, Koran) Vers m.

versed [vɜːst] adj (also well ~) bewandert, beschlagen (in in +dat). he's well ~ in the art of self-defence er beherrscht die Kunst der Selbstverteidigung; I'm not very well ~ in ... ich verstehe nicht viel or habe wenig Ahnung von ...

versification [,vɜːsɪfɪ'keɪʃən] n (act) Versbildung f; (style) Versform f; (rules) Verskunst f.

versify ['vɜːsɪfaɪ] I vt in Versform bringen. II vi Verse schmieden (pej), dichten.

version ['vɜːʃən] n **1.** (account: of event, of facts) Version, Darstellung f. **2.** (variant) Version f; (of text also) Fassung f; (of car) Modell nt, Typ m. **3.** (translation) Übersetzung f.

verso ['vɜːsəʊ] n, pl ~s Rückseite f.

versus ['vɜːsəs] prep gegen (+acc).

vertebra ['vɜːtɪbrə] n, pl ~e ['vɜːtɪbriː] Rückenwirbel m.

vertebral ['vɜːtɪbrəl] adj (form) Wirbel-. ~ column Wirbelsäule f.

vertebrate ['vɜːtɪbrət] I n Wirbeltier nt. II adj Wirbel-.

vertex ['vɜːteks] n, pl vertices Scheitel(punkt) m.

vertical ['vɜːtɪkəl] I adj line senkrecht, vertikal. ~ cliffs senkrecht abfallende Klippen; ~ take-off aircraft Senkrechtstarter m. II n (line) Vertikale, Senkrechte f. to be off the or out of the ~ nicht im Lot stehen.

vertically ['vɜːtɪkəlɪ] adv senkrecht, vertikal.

vertices ['vɜːtɪsiːz] pl of **vertex**.

vertiginous [vɜː'tɪdʒɪnəs] adj (liter) heights schwindelerregend, schwindelnd (geh).

vertigo ['vɜːtɪgəʊ] n, pl ~s Schwindel m; (Med) Gleichgewichtsstörung f. he suffers from ~ ihm wird leicht schwindlig; (Med) er leidet an Gleichgewichtsstörungen pl.

verve [vɜːv] n Schwung m; (of person, team also) Elan m; (of play, performance also) Ausdruckskraft, Verve (geh) f.

very ['verɪ] I adv **1.** (extremely) sehr. it's ~ well written es ist sehr gut geschrieben; that's not ~ funny das ist überhaupt nicht lustig; it's ~ possible es ist durchaus or (sehr) gut möglich; ~ probably höchstwahrscheinlich; he is so ~ lazy er ist so faul; how ~ odd wie eigenartig; V~ Important Person prominente Persönlichkeit; ~ little sehr wenig. **2.** (absolutely) aller-. ~ best quality allerbeste Qualität; ~ last/first allerletzte(r, s)/allererste(r, s); she is the ~ cleverest in the class sie ist die Klassenbeste; at the ~ latest allerspätestens; this is the ~ last time I'll warn you ich warne dich jetzt zum allerletzten Mal; to do one's ~ best sein Äußerstes tun; this is the ~ best das ist das Allerbeste; at the ~ most/least allerhöchstens/allerwenigstens. **3.** ~ much sehr; thank you ~ much vielen Dank; I liked it ~ much es hat mir sehr gut gefallen; ~ much bigger sehr viel größer; he is ~ much the more intelligent er ist bei weitem der Intelligentere; he doesn't work ~ much er arbeitet nicht sehr viel; ~ much so sehr (sogar). **4.** (for emphasis) he fell ill and died the ~ same day er wurde krank und starb noch am selben Tag; he died the ~ same day as Kennedy er starb genau am selben Tag wie Kennedy; the ~ same hat genau der gleiche Hut; we met again the ~ next day wir trafen uns am nächsten or folgenden Tag schon wieder; the ~ next day he walked under a bus schon einen Tag später kam er unter einen Bus; what he predicted happened the ~ next week was er vorhersagte, trat in der Woche darauf tatsächlich ein; my ~ own car mein eigenes Auto; a house of your ~ own ein eigenes Häuschen. **5.** ~ well, if that's what you want nun gut, wenn du das willst; ~ good, sir geht in Ordnung, mein Herr. II adj **1.** (precise, exact) genau. that ~

day/moment genau an diesem Tag/in diesem Augenblick; **in the ~ centre of the picture** genau in der Mitte des Bildes; **at the ~ heart of the organization** direkt im Zentrum der Organisation; **a man in the ~ prime of life** ein Mann im besten Alter; **on the ~ spot where ...** genau an der Stelle, wo ...; **those were his ~ words** genau das waren seine Worte; **you are the ~ person I want to speak to** mit *Ihnen* wollte ich sprechen; **the ~ thing/man I need** genau das, was ich brauche/genau der Mann, den ich brauche; **the ~ thing!** genau das richtige!

2. (*extreme*) äußerste(r, s). **in the ~ beginning** ganz am Anfang; **at the ~ end** ganz am Ende; **at the ~ back/front** ganz hinten/vorn(e); **to the ~ end of his life** bis an sein Lebensende; **in the ~ depths of the sea/forest** in den Tiefen des Meeres/im tiefsten Wald.

3. (*mere*) **the ~ thought of it** allein schon der Gedanke daran, der bloße Gedanke daran; **the ~ idea!** nein, so etwas!

Very ® ['vɪərɪ] *adj* (*Mil*) **~ light** Leuchtkugel *f*.

very high frequency *n* Ultrakurzwelle *f*.

vesicle ['vesɪkl] *n* Bläschen *nt*.

vespers ['vespəz] *npl* Vesper *f*.

vessel ['vesl] *n* **1.** (*Naut*) Schiff *nt*. **2.** (*form: receptacle*) Gefäß *nt*. **drinking ~** Trinkgefäß *nt*. **3.** (*Anat, Bot*) Gefäß *nt*.

vest¹ [vest] *n* **1.** (*Brit*) Unterhemd *nt*. **2.** (*US*) Weste *f*. **~-pocket** *adj* (*US*) Taschen-, im Westentaschenformat.

vest² *vt* (*form*) **to ~ sb with sth, to ~ sth in sb** jdm etw verleihen; **Congress is ~ed with the power to declare war** der Kongreß verfügt über das Recht, den Krieg zu erklären; **he has ~ed interests in the oil business** er ist (finanziell) am Ölgeschäft beteiligt; **he has a ~ed interest in the play** (*fig*) er hat ein persönliches Interesse an dem Stück.

vestal ['vestl] **I** *adj* vestalisch. **~ virgin** Vestalin *f*. **II** *n* Vestalin *f*.

vestibule ['vestɪbjuːl] *n* **1.** (*of house*) Vorhalle *f*, Vestibül *nt* (*dated*); (*of hotel*) Halle *f*, Foyer *nt*; (*of church*) Vorhalle *f*. **2.** (*Anat*) Vorhof *m*.

vestige ['vestɪdʒ] *n* **1.** Spur *f*. **the ~ of a** moustache der Anflug eines Schnurrbarts; **there is not a ~ of truth in what he says** es ist kein Körnchen Wahrheit an dem, was er sagt. **2.** (*Anat*) Rudiment *nt*.

vestigial [ve'stɪdʒɪəl] *adj* spurenhaft; *moustache, growth* spärlich; (*Anat*) rudimentär. **the ~ remains of the old city walls** die Spuren *or* die rudimentären Reste der alten Stadtmauer; **the ~ remains of their love affair** die kümmerlichen Überreste ihrer Liebschaft.

vestment ['vestmənt] *n* **1.** (*of priest*) Ornat *m*, Gewand *nt*. **2.** (*ceremonial robe*) Robe *f*, Ornat *m*.

vestry ['vestrɪ] *n* Sakristei *f*.

Vesuvius [vɪ'suːvɪəs] *n* der Vesuv.

vet [vet] **I** *n abbr of* **veterinary surgeon, veterinarian** Tierarzt *m*/-ärztin *f*. **II** *vt* überprüfen.

vetch [vetʃ] *n* Wicke *f*.

veteran ['vetərən] *n* (*Mil, fig*) Veteran(in *f*) *m*. **a ~ teacher/ golfer** ein (alt)erfahrener Lehrer/Golfspieler; **she's a ~ campaigner for women's rights** sie ist eine Veteranin der Frauenbewegung; **~ car** Oldtimer *m*, Schnauferl *nt* (*inf*).

veterinarian [ˌvetərɪ'neərɪən] *n* (*US*) Tierarzt *m*/-ärztin *f*.

veterinary ['vetərɪnərɪ] *adj* *medicine, science* Veterinär-; *training* tierärztlich. **~ surgeon** Tierarzt *m*/-ärztin *f*.

veto ['viːtəʊ] **I** *n, pl* **~es** Veto *nt*. **power of ~** Vetorecht *nt*; **to have a ~** das Vetorecht haben; **to use one's ~** von seinem Vetorecht Gebrauch machen. **II** *vt* sein Veto einlegen gegen.

vex [veks] *vt* **1.** (*annoy*) ärgern, irritieren; *animals* quälen. **to be ~ed with sb** mit jdm böse sein, auf jdn ärgerlich sein; **to be ~ed about sth** sich über etw (*acc*) ärgern; **to be/ get ~ed** ärgerlich *or* wütend sein/werden; **a problem which has been ~ing me** ein Problem, das mir keine Ruhe läßt. **2.** (*afflict*) plagen, bedrücken.

vexation [vek'seɪʃən] *n* **1.** (*state*) Ärger *m*; (*act*) Verärgerung *f*, Ärgern *nt*; (*of animal*) Quälen *nt*, Quälerei *f*. **2.** (*affliction*) Bedrückung *f*; (*cause*) Plage *f*. **3.** (*thing*) Ärgernis *nt*.

vexatious [vek'seɪʃəs] *adj* **1.** ärgerlich; *regulations, headache* lästig; *child* unausstehlich. **2.** (*Jur*) schikanös.

vexed [vekst] *adj* **1.** (*annoyed*) verärgert. **2.** *question* vieldiskutiert, schwierig.

vexing ['veksɪŋ] *adj* ärgerlich, irritierend; *problem* verzwickt.

VHF *abbr of* **very high frequency** UKW.

via ['vaɪə] *prep* über (+*acc*); (*with town names also*) via. **they got in ~ the window** sie kamen durchs Fenster herein.

viability [ˌvaɪə'bɪlɪtɪ] *n* **1.** (*of life forms*) Lebensfähigkeit *f*. **2.** (*of plan, project*) Durchführbarkeit, Realisierbarkeit *f*; (*of firm*) Rentabilität *f*.

viable ['vaɪəbl] *adj* **1.** *plant, foetus* lebensfähig. **2.** *company* rentabel; *economy* lebensfähig; *suggestion* brauchbar; *scheme, plan* durchführbar, realisierbar. **is this newly created state ~?** ist dieser neuentstandene Staat lebens- *or* existenzfähig?

viaduct ['vaɪədʌkt] *n* Viadukt *m*.

vial ['vaɪəl] *n* Fläschchen, Gefäß *nt*.

vibes [vaɪbz] *npl* **1.** Vibraphon *nt*. **2.** (*sl*) *see* **vibration 2.**

vibrancy ['vaɪbrənsɪ] *n see adj* Dynamik *f*; voller Klang, Sonorität *f*.

vibrant ['vaɪbrənt] *adj* *personality etc* dynamisch; *voice* volltönend, sonor. **the ~ life of the city** das pulsierende Leben der Großstadt.

vibraphone ['vaɪbrəfəʊn] *n* Vibraphon *nt*.

vibrate [vaɪ'breɪt] **I** *vi* (*lit, fig*) zittern, beben (*with* vor +*dat*); (*machine, string, air*) vibrieren; (*notes*) schwingen. **the painting ~s with life** das Bild bebt *or* sprüht vor Leben; **the city centre ~s with activity** im Stadtzentrum pulsiert das Leben; **the town was vibrating with excitement**

Aufregung hatte die Stadt ergriffen.
II *vt* zum Vibrieren bringen; *string* zum
Schwingen bringen. **they study the way the
machine ~s the body** sie untersuchen, wie
die Maschine den Körper erschüttert.

vibration [vaɪˈbreɪʃ ən] *n* **1.** (*of string, sound
waves*) Schwingung *f*; (*of machine*)
Vibrieren *nt*; (*of voice, ground*) Beben *nt*.
the ~s the body undergoes when one flies
die Erschütterung, der der Körper beim
Fliegen ausgesetzt ist.
2. (*sl: usu pl*) **what sort of ~s do you get
from him?** wie wirkt er auf dich?; **I get
good ~s from this music** diese Musik
bringt mich auf Touren; **this town is giving
me bad ~s** diese Stadt macht mich ganz
fertig (*inf*).

vibrator [vaɪˈbreɪtə r] *n* Vibrator *m*.

vibratory [ˈvaɪbrətərɪ] *adj* vibrierend,
Vibrations-.

vicar [ˈvɪkə r] *n* Pfarrer *m*. **good evening, ~**
guten Abend, Herr Pfarrer.

vicarage [ˈvɪkərɪdʒ] *n* Pfarrhaus *nt*.

vicarious [vɪˈkeərɪəs] *adj* **1.** *pleasure, enjoy-
ment* indirekt, mittelbar, nachempfun-
den; *experience* ersatzweise, Ersatz-. ~
sexual thrill Ersatzbefriedigung *f*; **the ~
thrill he gets out of watching ski-jumping**
der Nervenkitzel, den er hat, wenn er
beim Skispringen zusieht.
2. *authority, suffering* stellvertretend.

vicariously [vɪˈkeərɪəslɪ] *adv* indirekt, mit-
telbar. **I can appreciate the island's beauty
~ through your writing** Ihre
Beschreibung läßt mich die Schönheit der
Insel nachempfinden.

vicariousness [vɪˈkeərɪəsnɪs] *n* Indirekt-
heit, Mittelbarkeit *f*.

vice¹ [vaɪs] *n* Laster *nt*; (*of horse*) Unart,
Untugend *f*, Mucken *pl* (*inf*). **his main ~
is laziness** sein größter Fehler ist die Faul-
heit; **you don't smoke or drink, don't you
have any ~s?** (*hum*) Sie rauchen nicht, Sie
trinken nicht, haben Sie denn gar kein
Laster? (*hum*); **a life of ~** ein Lasterleben
nt; ~ **squad** Sittenpolizei *f*.

vice², (*US*) **vise** *n* Schraubstock *m*. **to have/
hold sth in a ~-like grip** etw fest umklam-
mern; (*between legs, under arm*) etw fest
einklemmen.

vice- *pref* ~-**admiral** Vizeadmiral *m*; ~
-**chairman** stellvertretender Vorsitzen-
der; ~-**chairmanship** stellvertretender
Vorsitz; ~-**chancellor** (*Univ*) ≈ Rektor
m; ~-**consul** Vizekonsul *m*; ~-**presidency**
Vizepräsidentschaft *f*; ~-**president** Vize-
präsident *m*; ~-**regent** Vizeregent *m*, stell-
vertretender Regent; ~-**roy** Vizekönig *m*.

vice versa [ˈvaɪsɪˈvɜːsə] *adv* umgekehrt.

vicinity [vɪˈsɪnɪtɪ] *n* **1.** Umgebung *f*. **in the ~**
in der Nähe (*of* von, *gen*); **in the im-
mediate ~** in unmittelbarer Umgebung;
in the ~ of £500 um die £ 500 (herum).
2. (*closeness*) Nähe *f*.

vicious [ˈvɪʃəs] *adj* **1.** gemein, boshaft;
remark also gehässig; *look* boshaft, böse.
2. *habit* lasterhaft.
3. *animal* bösartig; *dog* bissig; *blow,
kick* brutal; *criminal* brutal, abgefeimt;
murder grauenhaft, brutal.
4. (*inf: strong, nasty*) *headache* fies
(*inf*), gemein (*inf*).

5. ~ **circle** Teufelskreis, Circulus
vitiosus (*geh*) *m*.

viciously [ˈvɪʃəslɪ] *adv see adj 1., 3.*
1. gemein, boshaft; gehässig; böse.
2. bösartig; brutal; auf grauenhafte Art,
brutal. **the dog attacked him ~** der Hund
fiel wütend über ihn her.

viciousness [ˈvɪʃəsnɪs] *n see adj* **1.** Ge-
meinheit, Boshaftigkeit *f*; Gehässigkeit *f*;
Boshaftigkeit *f*. **2.** Lasterhaftigkeit *f*.
3. Bösartigkeit *f*; Bissigkeit *f*; Brutalität
f; Grauenhaftigkeit *f*.

vicissitude [vɪˈsɪsɪtjuːd] *n usu pl* Wandel
m. **the ~s of life** die Launen des Schick-
sals, die Wechselfälle des Lebens; **the ~s
of war/business** die Wirren des Krieges/
das Auf und Ab im Geschäftsleben.

victim [ˈvɪktɪm] *n* Opfer *nt*. **he was the ~ of
a practical joke** ihm wurde ein Streich ge-
spielt; **to be the ~ of sb's sarcasm** eine
Zielscheibe für jds Sarkasmus sein; **the
hawk flew off with its ~ in its claws** der
Falke flog mit seiner Beute in den Klauen
davon; **to fall (a) ~ to sth** einer Sache
(*dat*) zum Opfer fallen; **to fall ~ to sb's
charms** jds Charme (*dat*) erliegen; **the
whole of the region fell ~ to the drought**
die ganze Gegend wurde ein Opfer der
Dürre.

victimization [ˌvɪktɪmaɪˈzeɪʃ ən] *n see vt*
ungerechte Behandlung; Schikanierung *f*.

victimize [ˈvɪktɪmaɪz] *vt* ungerecht behan-
deln; (*pick on*) schikanieren. **she feels ~d**
sie fühlt sich ungerecht behandelt.

victor [ˈvɪktə r] *n* Sieger *m*.

Victoria Cross [vɪkˈtɔːrɪəˈkrɒs] *n* (*Brit*)
Viktoriakreuz *nt* (*höchste britische Tap-
ferkeitsauszeichnung*).

Victorian [vɪkˈtɔːrɪən] **I** *n* Viktorianer(in *f*)
m. **II** *adj* viktorianisch; (*fig*) (sitten)-
streng.

Victoriana [vɪkˌtɔːrɪˈɑːnə] *n* viktorianische
Antiquitäten *pl*.

victorious [vɪkˈtɔːrɪəs] *adj army* siegreich;
smile triumphierend, siegesbewußt. **to be
~ over sb/sth** jdn/etw besiegen; **to be ~ in
the struggle against ...** siegen *or* den Sieg
davontragen im Kampf gegen ...

victoriously [vɪkˈtɔːrɪəslɪ] *adv* siegreich, als
Sieger.

victory [ˈvɪktərɪ] *n* Sieg *m*. **to gain** *or* **win a
~ over sb/sth** einen Sieg über jdn/etw er-
ringen, jdn/etw besiegen; **his final ~ over
his fear** die endgültige Überwindung
seiner Angst.

victual [ˈvɪtl] (*form*) **I** *vt army, troop* ver-
pflegen, verproviantieren. **II** *vi* sich ver-
pflegen *or* verproviantieren.

victualler [ˈvɪtlə r] *n* Lebensmittelhändler
m.

victuals [ˈvɪtlz] *npl* Lebensmittel *pl*; (*for
journey*) Proviant *m*, Verpflegung *f*.

vide [ˈvaɪdɪ] *imper* (*form, Jur*) siehe, vide
(*liter*).

videlicet [vɪˈdiːlɪset] *adv* (*abbr* **viz**) näm-
lich.

video [ˈvɪdɪəʊ] *n, pl* ~**s 1.** Video *nt*. **2.** (*US:
television*) Fernsehen *nt*. **on ~** im Fern-
sehen.

video *in cpds* Video-; **video camera** *n*
Videokamera *f*; **video cassette** *n* Video-
kassette *f*; **video cassette recorder** *n*

Videokassettenrecorder m; **video disc** n Bildplatte f; **video film** n Videofilm m; **videophone** n Bild- or Videotelefon nt; **video recording** n Videoaufnahme f; **video set** n Videogerät nt; **video-tape I** n Videoband nt; **II** vt (auf Videoband) aufzeichnen; **video-tape library** n Videothek f; **videotex** n Videotext m.

vie [vaɪ] vi wetteifern; (*Comm*) konkurrieren. **to ~ with sb for sth** mit jdm um etw wetteifern; **they are vying for the championship** sie kämpfen um die Meisterschaft.

Vienna [vɪ'enə] **I** n Wien nt. **II** adj Wiener.

Viennese [ˌvɪə'niːz] **I** adj wienerisch. **II** n Wiener(in f) m.

Vietnam [ˌvjet'næm] n Vietnam m.

Vietnamese [ˌvjetnə'miːz] **I** adj vietnamesisch. **II** n 1. Vietnamese m, Vietnamesin f. 2. (*language*) Vietnamesisch nt.

view [vjuː] **I** n 1. (*range of vision*) Sicht f. **in full ~ of thousands of people** vor den Augen von Tausenden von Menschen; **the magician placed the box in full ~ of the audience** der Zauberer stellte die Kiste so auf, daß das ganze Publikum sie sehen konnte; **the ship came into ~** das Schiff kam in Sicht; **to keep sth in ~** etw im Auge behalten; **to go out of ~** außer Sicht kommen, verschwinden; **the house is within ~ of the sea** vom Haus aus ist das Meer zu sehen; **the house is exposed to ~ from passing trains** das Haus kann von vorbeifahrenden Zügen aus eingesehen werden; **hidden from ~** verborgen, versteckt; **the house is hidden from ~ from the main road** das Haut ist von der Hauptstraße aus nicht zu sehen; **on ~** (*for purchasing*) zur Ansicht; (*of exhibits*) ausgestellt; **the house will be on ~ tomorrow** das Haus kann morgen besichtigt werden.

2. (*prospect, sight*) Aussicht f. **there is a splendid ~ from here/from the top** von hier/von der Spitze hat man einen herrlichen Blick or eine wunderschöne Aussicht; **a ~ over ...** ein Blick über (+acc); **a good ~ of the sea** ein schöner Blick auf das Meer; **a room with a ~** ein Zimmer mit schöner Aussicht; **I only got a side ~ of his head** ich habe seinen Kopf nur im Profil gesehen.

3. (*photograph etc*) Ansicht f. **I want to take a ~ of the forest** ich möchte eine Aufnahme vom Wald machen.

4. (*opinion*) Ansicht, Meinung f. **in my ~** meiner Ansicht or Meinung nach; **to have** or **hold ~s on sth** Ansichten über etw (acc) haben; **what are his ~s on this problem?** was meint er zu diesem Problem?; **do you have any special ~s on the matter?** haben Sie eine besondere Meinung zu dieser Sache?; **to take the ~ that ...** die Ansicht vertreten, daß ...; **to take a dim** (inf) or **poor ~ of sb's conduct** jds Verhalten mißbilligen.

5. (*mental survey*) **an idealistic ~ of the world** eine idealistische Welt(an)sicht; **a general** or **overall ~ of a problem** ein allgemeiner or umfassender Überblick über ein Problem; **a clear ~ of the facts** eine klare Übersicht über die Fakten; **in ~ of** wegen (+gen), angesichts (+gen).

6. (*intention, plan*) Absicht f. **to have sth in ~** etw beabsichtigen; **with a ~ to doing sth** mit der Absicht, etw zu tun; **with this in ~** im Hinblick darauf; **he has the holidays in ~ when he says ...** er denkt an die Ferien, wenn er sagt ...

II vt 1. (*see*) betrachten.
2. (*examine*) house besichtigen.
3. (*consider*) problem etc sehen.
III vi (*watch television*) fernsehen.

viewer ['vjuːə^r] n 1. (TV) Zuschauer(in f) m. 2. (*for slides*) Dia- or Bildbetrachter, Gucki (inf) m.

view-finder ['vjuːˌfaɪndə^r] n Sucher m.

viewing ['vjuːɪŋ] n 1. (*of house, at auction etc*) Besichtigung f.
2. (TV) Fernsehen nt. **9 o'clock is peak ~ time** neun Uhr ist (die) Haupteinschaltzeit; **this programme will be given another ~ next week** dieses Programm wird nächste Woche wiederholt.

viewpoint ['vjuːpɔɪnt] n Standpunkt m. **from the ~ of economic growth** unter dem Gesichtspunkt des Wirtschaftswachstums; **to see sth from sb's ~** etw aus jds Sicht (dat) sehen.

vigil ['vɪdʒɪl] n 1. (Nacht)wache f. **to keep ~ over sb** bei jdm wachen; **the dog kept ~ over his injured master** der Hund hielt bei seinem verletzten Herrn Wache; **her long ~s at his bedside** ihr langes Wachen an seinem Krankenbett.
2. (Rel) Vigil, Nachtwache f.

vigilance ['vɪdʒɪləns] n Wachsamkeit f. **no move escaped their ~** keine Bewegung entging ihrem wachsamen Auge; **~ committee** Bürgerwehr f, Selbstschutzkomitee nt.

vigilant ['vɪdʒɪlənt] adj wachsam.

vigilante [ˌvɪdʒɪ'læntɪ] **I** n Mitglied nt einer Selbstschutzorganisation. **the ~s** die Bürgerwehr, der Selbstschutz. **II** adj attr Bürgerwehr-, Selbstschutz-.

vigilantly ['vɪdʒɪləntlɪ] adv aufmerksam; patrol wachsam.

vignette [vɪ'njet] n Vignette f; (*character sketch*) Skizze f.

vigor n (US) see **vigour**.

vigorous ['vɪgərəs] adj kräftig; prose, tune kraftvoll; protest, denial, measures, exercises energisch; walk forsch, flott; nod eifrig, heftig; match, player dynamisch; speech feurig; debater leidenschaftlich.

vigorously ['vɪgərəslɪ] adv see adj

vigour, (US) **vigor** ['vɪgə^r] n Kraft, Energie f; (*of protest, denial*) Heftigkeit f; (*of exercises*) Energie f; (*of player*) Dynamik f; (*of speech, debater*) Leidenschaftlichkeit f; (*of prose*) Ausdruckskraft f. **bodily/sexual/youthful ~** körperliche/sexuelle/jugendliche Spannkraft; **to speak with ~** mit Nachdruck sprechen; **the debate was conducted with ~** die Debatte verlief sehr lebhaft; **all the ~ has gone out of the undertaking** das Unternehmen hat jeglichen Schwung verloren.

Viking ['vaɪkɪŋ] **I** n Wikinger m. **II** adj ship Wikinger-.

vile [vaɪl] adj (+ er) abscheulich; mood, smell, habit also übel; thoughts also gemein; language also unflätig; weather, food also scheußlich, widerlich. **that was**

a ~ thing to say es war eine Gemeinheit, so etwas zu sagen.

vilely ['vaɪlɪ] adv abscheulich, scheußlich.

vileness ['vaɪlnɪs] n Abscheulichkeit f; (of thoughts) Niederträchtigkeit f; (of smell) Widerwärtigkeit f; (of language also) Unflätigkeit f; (of weather) Scheußlichkeit f. **the ~ of his mood** seine Übellaunigkeit.

vilification [ˌvɪlɪfɪ'keɪʃən] n Diffamierung f, Verleumdung f.

vilify ['vɪlɪfaɪ] vt diffamieren, verleumden.

villa ['vɪlə] n Villa f.

village ['vɪlɪdʒ] n Dorf nt.

village in cpds Dorf-; ~ **green** Dorfwiese f; ~ **idiot** Dorftrottel m (inf).

villager ['vɪlɪdʒəʳ] n Dörfler(in f), Dorfbewohner(in f) (also Admin).

villain ['vɪlən] n 1. (scoundrel) Schurke m; (sl: criminal) Verbrecher, Ganove (inf) m. 2. (in drama, novel) Bösewicht m. 3. (inf: rascal) Bengel m. **he's the ~ of the piece** er ist der Übeltäter.

villainous ['vɪlənəs] adj 1. böse; deed niederträchtig, gemein. 2. (inf: bad) scheußlich.

villainously ['vɪlənəslɪ] adv smile hämisch. **he ~ murdered his brothers** in seiner Niedertracht ermordete er seine Brüder.

villainy ['vɪlənɪ] n Gemeinheit, Niederträchtigkeit f.

vim [vɪm] n (inf) Schwung m. **full of ~ and vigour** voller Schwung und Elan.

vinaigrette [ˌvɪnɪ'gret] n Vinaigrette f (Cook); (for salad) Salatsoße f.

vindicate ['vɪndɪkeɪt] vt 1. opinion, action rechtfertigen. 2. (clear from suspicion etc) rehabilitieren.

vindication [ˌvɪndɪ'keɪʃən] n 1. Rechtfertigung f. **in ~ of** zur Rechtfertigung (+gen). 2. Rehabilitation f.

vindictive [vɪn'dɪktɪv] adj speech, person rachsüchtig; mood nachtragend, unversöhnlich. **he is not a ~ person** er ist nicht nachtragend; **corporal punishment can make pupils feel ~ towards the teacher** die Prügelstrafe kann die Schüler gegen den Lehrer aufbringen; **insecure people often feel ~** unsichere Menschen sind oft voller Ressentiments.

vindictively [vɪn'dɪktɪvlɪ] adv see adj.

vindictiveness [vɪn'dɪktɪvnɪs] n Rachsucht f; (of mood) Unversöhnlichkeit f.

vine [vaɪn] n 1. (grapevine) Rebe, Weinrebe f. 2. (similar plant) Rebengewächs nt. ~ **dresser** Winzer(in f) m.

vinegar ['vɪnɪgəʳ] n Essig m.

vinegary ['vɪnɪgərɪ] adj (lit, fig) säuerlich; taste also Essig-.

vine grower n Weinbauer m; **vinegrowing district** n Weingegend f, (Wein)anbaugebiet nt; **vine harvest** n Weinlese, Weinernte f; **vine leaf** n Rebenblatt nt; **vineyard** ['vɪnjəd] n Weinberg m.

vintage ['vɪntɪdʒ] I n 1. (given year) (of wine, fig) Jahrgang m; (of car) Baujahr nt.
2. (wine of particular year) **the 1972 ~** der Jahrgang 1972, der 72er.
3. (harvesting, season) Weinlese f.
II adj attr (old) uralt; (high quality) glänzend, hervorragend. **this typewriter is**

a ~ **model** diese Schreibmaschine hat Museumswert; **a ~ performance from Humphrey Bogart** eine einmalige künstlerische Leistung Humphrey Bogarts.

vintage car n Vorkriegsmodell, Vintage-Car nt; **vintage port** n Vintage-Port m, schwerer Port eines besonderen Jahrgangs; **vintage wine** n edler Wein; **vintage year** n: **a ~ for wine** ein besonders gutes Weinjahr; **it was a ~ for plays** in diesem Jahr wurden viele hervorragende Stücke aufgeführt.

vintner ['vɪntnəʳ] n Weinhändler m.

vinyl ['vaɪnɪl] n Vinyl nt.

viol ['vaɪəl] n Viola f.

viola¹ [vɪ'əʊlə] n (Mus) Bratsche f.

viola² ['vaɪəʊlə] n (Bot) Veilchen nt

viola da gamba [vɪ'əʊlədə'gæmbə] n Gambe f.

violate ['vaɪəleɪt] vt 1. treaty, promise brechen; (partially) verletzen; law, rule, moral code verletzen, verstoßen gegen; rights verletzen; truth vergewaltigen.
2. (disturb) holy place entweihen, schänden; peacefulness stören. **to ~ sb's privacy** in jds Privatsphäre eindringen; **it's violating a person's privacy to ...** es ist ein Eingriff in jemandes Privatsphäre, wenn man ...; **the new buildings ~ the landscape** die Neubauten verunstalten or verschandeln die Landschaft.
3. (rape) vergewaltigen, schänden.

violation [ˌvaɪə'leɪʃən] n 1. (of law) Übertretung (of gen), Verletzung f (of gen), Verstoß m (of gegen); (of rule) Verstoß m (of gegen); (of rights) Verletzung f; (of truth) Verletzung f. **a ~ of a treaty** ein Vertragsbruch m; (partial) eine Vertragsverletzung; **traffic ~** Verkehrsvergehen nt; **he did this in ~ of the conditions agreed** er verstieß damit gegen die Vereinbarungen.
2. (of holy place) Entweihung, Schändung f; (of peacefulness) Störung f; (of privacy) Eingriff m (of in +acc). **that building is a ~ of the old city** dieses Gebäude ist eine Verunstaltung or Verschandelung der Altstadt.
3. (rape) Vergewaltigung, Schändung f.

violator ['vaɪəleɪtəʳ] n (of treaty) Vertragsbrüchige(r) mf; (of laws) Gesetzesübertreter m; (of holy place) Schänder, Entheirer m; (of woman) Schänder m. **the ~ of these rules ...** wer gegen diese Regeln verstößt, ...

violence ['vaɪələns] n 1. (forcefulness, strength) Heftigkeit f; (of protest also) Schärfe f; (of speech also) Leidenschaftlichkeit f. **the ~ of the contrast** der krasse Gegensatz; **the ~ of his temper** seine Jähzornigkeit.
2. (brutality) Gewalt f; (of people) Gewalttätigkeit f; (of actions) Brutalität f. **the ~ of his nature** seine gewalttätige Art; **crime of ~** Gewaltverbrechen nt; **act of ~** Gewalttat f; **robbery with ~** Raubüberfall m; **to use ~ against sb** Gewalt gegen jdn anwenden; **was there any ~?** kam es zu Gewalttätigkeiten?
3. (fig) **to do ~ to sth** etw entstellen; **it does ~ to common sense** das vergewaltigt den gesunden Menschenverstand.

violent ['vaɪələnt] *adj person, nature, action* brutal, gewalttätig; *blush* heftig, tief; *wind, storm* heftig, stark, gewaltig; *feeling, affair, speech* leidenschaftlich; *dislike, attack, blow* heftig; *death* gewaltsam; *(severe) contrast* kraß; *pain* heftig, stark; *colour* grell. **to have a ~ temper** jähzornig sein; **to be in a ~ temper** toben; **to get ~** gewalttätig werden; **by ~ means** (*open sth*) mit Gewalt(anwendung); (*persuade*) unter Gewaltanwendung.

violently ['vaɪələntlɪ] *adv kick, beat, attack* brutal; *blush* tief, heftig; *speak* heftig, leidenschaftlich; *fall in love* unsterblich. **the two colours clash ~** die beiden Farben bilden einen krassen Gegensatz; **they have quite ~ opposed temperaments** sie haben völlig unvereinbare Temperamente.

violet ['vaɪəlɪt] **I** *n* (*Bot*) Veilchen *nt*; (*colour*) Violett *nt*. **II** *adj* violett.

violin [ˌvaɪə'lɪn] *n* Geige, Violine *f*; (*player*) Geiger(in *f*), Geigenspieler(in *f*) *m*. **~ case** Geigenkasten *m*; **~ concerto** Violinkonzert *nt*; **~ sonata** Violinsonate *f*.

violinist [ˌvaɪə'lɪnɪst] *n* Geiger(in *f*), Violinist(in *f*) *m*.

violoncello [ˌvaɪələn't ʃeləu] *n*, *pl* **~s** (*form*) Violoncello *nt*.

VIP *n* prominente Persönlichkeit, VIP *m*. **we gave him ~ treatment** wir haben ihn als Ehrengast behandelt; **~ lounge** VIP-Halle *f*.

viper ['vaɪpəʳ] *n* (*Zool*) Viper *f*; (*fig*) Schlange *f*.

viperish ['vaɪpərɪ ʃ] *adj* (*fig*) giftig.

virago [vɪ'rɑ:gəu] *n*, *pl* **~(e)s** Xanthippe *f*.

viral ['vaɪərəl] *adj* Virus-.

virgin ['vɜ:dʒɪn] **I** *n* Jungfrau *f*. **the (Blessed) V~** (*Rel*) die (heilige) Jungfrau Maria; **he's still a ~** er ist noch unschuldig.
II *adj daughter* jungfräulich, unberührt; (*fig*) *forest, land* unberührt; *freshness* rein; *snow* jungfräulich, unberührt. **~ birth** unbefleckte Empfängnis; (*Biol*) Jungfernzeugung *f*; **the V~ Isles** die Jungferninseln *pl*.

virginal ['vɜ:dʒɪnl] **I** *adj* jungfräulich. **II** *npl* (*Mus*) Tafelklavier *nt*.

Virginia [və'dʒɪnjə] *n* (*state, abbr* **Va, VA**) Virginia *nt*; (*tobacco*) Virginia *m*. **~ creeper** wilder Wein, Jungfernrebe *f*; **~ tobacco** Virginiatabak *m*.

Virginian [və'dʒɪnjən] **I** *n* Einwohner(in *f*) *m* von Virginia, Virginier(in *f*) *m*. **II** *adj* Virginia-.

virginity [vɜ:'dʒɪnɪtɪ] *n* Unschuld *f*; (*of girls also*) Jungfräulichkeit *f*.

Virgo ['vɜ:gəu] (*Astrol*) **I** *n*, *pl* **~s** Jungfrau *f*. **II** *adj* **~ characteristics** Eigenschaften der Jungfrau(menschen).

virile ['vɪraɪl] *adj* (*lit*) männlich; (*fig*) ausdrucksvoll, kraftvoll.

virility [vɪ'rɪlɪtɪ] *n* (*lit*) Männlichkeit *f*; (*sexual power*) Potenz *f*; (*fig*) Ausdruckskraft *f*. **political ~** politische Potenz.

virologist [ˌvaɪə'rolədʒɪst] *n* Virologe *m*, Virologin *f*, Virusforscher(in *f*) *m*.

virology [ˌvaɪə'rolədʒɪ] *n* Virologie, Virusforschung *f*.

virtual ['vɜ:tjuəl] *adj attr* **1. he is the ~ leader** er ist quasi der Führer *or* der eigentliche

Führer, praktisch ist er der Führer; **it was a ~ admission of guilt** es war so gut wie *or* praktisch ein Schuldgeständnis *nt*; **this reply is a ~ insult** diese Antwort ist geradezu eine Beleidigung.
2. (*Phys*) virtuell.

virtually ['vɜ:tjuəlɪ] *adv* praktisch; *blind, lost also* fast, nahezu, mehr oder weniger. **yes, ~** ja, fast, ja so gut wie; **it was ~ a disaster** das war geradezu *or* direkt eine Katastrophe; **to be ~ certain** sich (*dat*) so gut wie sicher sein.

virtue ['vɜ:tju:] *n* **1.** (*moral quality*) Tugend *f*. **to make a ~ of necessity** aus der Not eine Tugend machen; **a life of ~** ein tugendhaftes Leben.
2. (*chastity*) Keuschheit, Tugendhaftigkeit *f*. **a woman of easy ~** (*euph*) ein leichtes Mädchen.
3. (*advantage, point*) Vorteil *m*. **there is no ~ in doing that** es scheint nicht sehr zweckmäßig, das zu tun.
4. (*healing power*) Heilkraft *f*. **in** *or* **by ~ of** aufgrund (*+gen*); **in** *or* **by ~ of the authority/power** *etc* **vested in me** kraft meiner Autorität/Macht *etc* (*form*).

virtuosity [ˌvɜ:tju'osɪtɪ] *n* Virtuosität *f*.

virtuoso [ˌvɜ:tju'əuzəu] **I** *n*, *pl* **~s** (*esp Mus*) Virtuose *m*. **II** *adj performance* meisterhaft, virtuos.

virtuous *adj*, **~ly** *adv* ['vɜ:tjuəs, -lɪ] tugendhaft, tugendsam.

virulence ['vɪrʊləns] *n* **1.** (*Med*) Heftigkeit, Bösartigkeit *f*; (*of poison*) Stärke *f*. **2.** (*fig*) Schärfe, Virulenz (*geh*) *f*.

virulent ['vɪrʊlənt] *adj* **1.** (*Med*) bösartig; *poison* stark, tödlich. **2.** (*fig*) geharnischt, scharf, virulent (*geh*).

virulently ['vɪrʊləntlɪ] *adv* (*fig*) scharf.

virus ['vaɪərəs] *n* **1.** (*Med*) Virus, Erreger *m*. **polio ~** Polioerreger *m*; **~ disease** Viruskrankheit *f*. **2.** (*fig*) Geschwür *nt*.

visa ['vi:zə], (*US*) **visé** [*vi*] *n* Visum *nt*; (*stamp also*) Sichtvermerk *m*. **II** *vt* ein Visum ausstellen (*+dat*). **to get a passport ~ed** einen Sichtvermerk in den Paß bekommen.

visage ['vɪzɪdʒ] *n* (*liter*) Antlitz *nt* (*liter*).

vis-à-vis ['vi:zævi:] **I** *prep* in Anbetracht (*+gen*). **II** *adv* gegenüber.

viscera ['vɪsərə] *npl* innere Organe *pl*; (*in abdomen*) Eingeweide *pl*.

visceral ['vɪsərəl] *adj* viszeral (*spec*); (*of intestines also*) Eingeweide-.

viscid ['vɪsɪd] *adj* (*form*) zähflüssig; (*Bot*) klebrig.

viscose ['vɪskəus] *n* Viskose *f*.

viscosity [vɪs'kosɪtɪ] *n* Zähflüssigkeit *f*; (*Phys*) Viskosität *f*.

viscount ['vaɪkaunt] *n* Viscount *m*.

viscountcy ['vaɪkauntsɪ], **viscounty** *n* Rang *m* des Viscounts.

viscountess ['vaɪkauntɪs] *n* Viscountess *f*.

viscounty ['vaɪkauntɪ] *n see* **viscountcy.**

viscous ['vɪskəs] *adj* (*form*) zähflüssig; (*Phys*) viskos.

vise [vaɪs] *n* (*US*) *see* **vice²**.

visé ['vi:zeɪ] (*US*) *see* **visa.**

visibility [ˌvɪzɪ'bɪlɪtɪ] *n* **1.** Sichtbarkeit *f*. **2.** (*Met*) Sichtweite *f*. **poor/good ~** schlechte/gute Sicht; **low ~** geringe Sichtweite; **~ is down to only 100 metres** die

Sichtweite beträgt nur 100 Meter.

visible ['vɪzəbl] *adj* **1.** sichtbar. ~ **to the naked eye** mit dem bloßen Auge zu erkennen; **it wasn't ~ in the fog** es war im Nebel nicht zu erkennen. **2.** (*obvious*) sichtlich. **with no ~ means of support** (*Jur*) ohne bekannte Einkommensquellen *pl.*

visibly ['vɪzəblɪ] *adv* sichtbar, sichtlich; *deteriorate, decay* zusehends.

Visigoth ['vɪzɪgɒθ] *n* Westgote *m.*

vision ['vɪʒən] *n* **1.** (*power of sight*) Sehvermögen *nt.* **within/outside the range of ~** in/außer Sichtweite; *see* field. **2.** (*foresight*) Weitblick *m.* **3.** (*in dream, trance*) Vision *f*, Gesicht *nt* (*liter*). **4.** (*image*) Vorstellung *f.* **Orwell's ~ of the future** Orwells Zukunftsvision *f.* **5. to have ~s of wealth** von Reichtum träumen. **I had ~s of having to walk all the way home** (*inf*) ich sah mich im Geiste schon den ganzen Weg nach Hause laufen.

visionary ['vɪʒənərɪ] **I** *adj* (*impractical*) unrealistisch; (*of visions*) vorhersehend; (*unreal*) eingebildet. **II** *n* Visionär, Seher (*geh*) *m*; (*pej*) Phantast *m.*

visit ['vɪzɪt] **I** *n* **1.** Besuch *m*; (*of doctor*) Hausbesuch *m*; (*of inspector*) Kontrolle *f.* **to pay sb/sth a ~** jdm/einer Sache einen Besuch abstatten (*form*), jdn/etw besuchen; **to pay a ~** (*euph*) mal verschwinden (müssen); **give us a ~ some time** besuchen Sie uns (doch) mal; **he went on a two-day ~ to Paris** er fuhr für zwei Tage nach Paris; **we're expecting a ~ from the police any day** wir rechnen jeden Tag mit dem Besuch der Polizei. **2.** (*stay*) Aufenthalt, Besuch *m.* **to be on a ~ to London** zu einem Besuch in London sein; **to be on a private/official ~** inoffiziell/offiziell da sein.

II *vt* **1.** *person, the sick, museum* besuchen. **2.** (*go and stay*) besuchen. **3.** (*inspect*) inspizieren, besichtigen, besuchen. **to ~ the scene of the crime** (*Jur*) den Tatort besichtigen. **4.** (*Bibl*) *sins* heimsuchen (*upon* an +*dat*, über +*acc*).

III *vi* **1.** einen Besuch machen. **come and ~ some time** komm mich mal besuchen; **I'm only ~ing here** ich bin nur auf Besuch hier. **2.** (*US inf: chat*) schwatzen.

visitation [ˌvɪzɪˈteɪʃən] *n* **1.** (*form: visit*) (*by official*) Besichtigung *f*, Besuch *m*; (*by ghost*) Erscheinung *f.* **after another ~ from the mother-in-law** (*hum*) nachdem uns die Schwiegermutter wieder einmal heimgesucht hatte. **2.** (*Rel*) **the V~** Mariä Heimsuchung *f.* **3.** (*Rel: affliction*) Heimsuchung *f.* **a ~ for their sins** die Strafe für ihre Sünden.

visiting ['vɪzɪtɪŋ] *n* Besuche *pl.*

visiting card *n* (*Brit*) Visitenkarte *f*; **visiting hours** *npl* Besuchszeiten *pl*; **visiting professor** *n* Gastprofessor *m*; **the visiting team** die Gäste *pl.*

visitor ['vɪzɪtəʳ] *n* Besucher(in *f*) *m*; (*in hotel*) Gast *m.* **to have ~s** or **a ~** Besuch

haben; **~s' book** Gästebuch *nt.*

visor ['vaɪzəʳ] *n* (*on helmet*) Visier *nt*; (*on cap*) Schirm *m*; (*Aut*) Blende *f.* **sun ~** Schild, Schirm *m*; (*Aut*) Sonnenblende *f.*

vista ['vɪstə] *n* **1.** (*view*) Aussicht *f*, Blick *m.* **2.** (*of past*) Bild *nt*; (*of future*) Aussicht (*of* auf +*acc*), Perspektive (*of* von) *f.*

visual ['vɪzjʊəl] *adj field, nerve* Seh-; *memory, impression* visuell. **~ aids** Anschauungsmaterial *nt*; **~ display unit** Sichtgerät *nt*, Bildschirm *m.*

visualize ['vɪzjʊəlaɪz] *vt* **1.** (*see in mind*) sich (*dat*) vorstellen. **2.** (*foresee*) erwarten. **we do not ~ many changes** wir rechnen nicht mit großen Veränderungen; **he ~s some changes** (*intends*) er hat einige Veränderungen im Auge; **that's not how I'd ~d things** so hatte ich mir das nicht vorgestellt.

visually ['vɪzjʊəlɪ] *adv* visuell. **~, the film is good entertainment** von der Aufmachung her ist der Film sehr unterhaltend; **I remember things ~** ich habe ein visuelles Gedächtnis.

vital ['vaɪtl] **I** *adj* **1.** (*of life*) vital, Lebens-; (*necessary for life*) lebenswichtig. **~ force** Lebenskraft *f*; **~ organs** lebenswichtige Organe *pl*; **~ parts** wichtige Teile *pl*; **~ statistics** Bevölkerungsstatistik *f*; (*inf: of woman*) Maße *pl.* **2.** (*essential*) unerläßlich. **of ~ importance** von größter Wichtigkeit; **this is ~** das ist unbedingt notwendig; **your support is ~** to us wir brauchen unbedingt ihre Unterstützung; **it's ~ that this is finished by Tuesday** das muß bis Dienstag unbedingt fertig sein. **3.** (*critical*) *error* schwerwiegend; *problem* Kern-. **at the ~ moment** im kritischen *or* entscheidenden Moment. **4.** (*lively*) *person* vital; *artistic style also* lebendig.

II *n* **the ~s** die lebenswichtigen Organe *pl*; (*hum: genitals*) die edlen Teile *pl.*

vitality [vaɪˈtælɪtɪ] *n* (*energy*) Energie *f*, Leben *nt*, Vitalität *f*; (*of prose, language*) Lebendigkeit, Vitalität *f*; (*of companies, new state*) Dynamik *f*; (*durability*) Beständigkeit *f.*

vitalize ['vaɪtəlaɪz] *vt* beleben.

vitally ['vaɪtlɪ] *adv important* äußerst, ungeheuer. **he writes freshly and ~** er schreibt einen frischen und lebendigen *or* kraftvollen Stil.

vitamin ['vɪtəmɪn] *n* Vitamin *nt.* **~ A** Vitamin A; **with added ~s** mit Vitaminen angereichert.

vitamin deficiency *n* Vitaminmangel *m*; **vitamin pills** *npl* Vitamintabletten *pl.*

vitiate ['vɪʃɪeɪt] *vt* **1.** (*spoil*) *air, blood* verunreinigen. **2.** (*Jur etc: invalidate*) ungültig machen; *thesis* widerlegen.

viticulture ['vɪtɪkʌltʃəʳ] *n* Weinbau *m.*

vitreous ['vɪtrɪəs] *adj* Glas-. **~ china** Porzellanemail *nt*; **~ enamel** Glasemail *nt.*

vitrifaction [ˌvɪtrɪˈfækʃən], **vitrification** [ˌvɪtrɪfɪˈkeɪʃən] *n* Verglasung, Frittung *f.*

vitrify ['vɪtrɪfaɪ] **I** *vt* zu Glas schmelzen, verglasen. **II** *vi* verglasen, fritten.

vitriol ['vɪtrɪəl] *n* (*Chem*) (*salt*) Sulfat, Vitriol *nt*; (*acid*) Schwefelsäure *f*; (*fig*) Bissigkeit, Bosheit *f.*

vitriolic [ˌvɪtrɪˈɒlɪk] *adj* Vitriol-; *(fig) remark* beißend, haßerfüllt; *criticism* ätzend, beißend; *attack, speech* haßerfüllt.

vituperate [vɪˈtjuːpəreɪt] *vi (against acc)* schmähen *(geh)*, verunglimpfen.

vituperation [vɪˌtjuːpəˈreɪʃən] *n (form)* Schmähungen *pl (geh)*.

vituperative [vɪˈtjuːpərətɪv] *adj (form) speech* Schmäh-; *language, criticism* schmähend.

vivacious [vɪˈveɪʃəs] *adj* lebhaft; *character, person also* temperamentvoll; *colour, clothes also* leuchtend bunt; *smile, laugh* munter, aufgeweckt.

vivaciously [vɪˈveɪʃəslɪ] *adv see adj.*

vivaciousness [vɪˈveɪʃəsnɪs] *n* Lebhaftigkeit *f*; *(of smile, laugh)* Munterkeit, Aufgewecktheit *f*.

vivacity [vɪˈvæsɪtɪ] *n* Lebhaftigkeit *f*; *(of style)* Lebendigkeit *f*; *(of smile, laugh)* Munterkeit, Aufgewecktheit *f*.

vivarium [vɪˈveərɪəm] *n* Vivarium *nt*.

viva voce [ˈvaɪvəˈvəʊsɪ] I *adj, adv* mündlich. II *n* mündliche Prüfung.

vivid [ˈvɪvɪd] *adj* 1. *light* hell; *colour* kräftig, leuchtend, lebhaft. **the ~ feathers of the bird** das bunte *or* auffallende Gefieder des Vogels; **a ~ blue dress** ein leuchtendblaues Kleid; **a ~ tie** eine auffällige Krawatte.

2. *(lively) imagination, recollection* lebhaft; *description, metaphor, image* lebendig, anschaulich; *emotions* stark. **the memory of that day is still quite ~** der Tag ist mir noch in lebhafter Erinnerung.

vividly [ˈvɪvɪdlɪ] *adv* 1. *coloured* lebhaft; *shine* hell, leuchtend. **the red stands out ~ against its background** das Rot hebt sich stark vom Hintergrund ab; **a ~ coloured bird** ein buntgefiederter Vogel.

2. *remember* lebhaft; *describe* anschaulich, lebendig.

vividness [ˈvɪvɪdnɪs] *n* 1. *(of colour)* Lebhaftigkeit *f*; *(of light)* Helligkeit *f*. 2. *(of style)* Lebendigkeit *f*; *(of description, metaphor, image also)* Anschaulichkeit *f*; *(of imagination, memory)* Lebhaftigkeit *f*.

vivify [ˈvɪvɪfaɪ] *vt* beleben.

viviparous [vɪˈvɪpərəs] *adj (Zool)* lebendgebärend.

vivisect [ˌvɪvɪˈsekt] *vt* vivisezieren.

vivisection [ˌvɪvɪˈsekʃən] *n* Vivisektion *f*.

vivisectionist [ˌvɪvɪˈsekʃənɪst] *n* Vivisektionist(in *f*) *m*.

vixen [ˈvɪksn] *n (Zool)* Füchsin *f*; *(fig)* zänkisches Weib, Drachen *m (inf)*.

viz [vɪz] *adv* nämlich.

vizier [vɪˈzɪəʳ] *n* Wesir *m*.

V-J Day *n* Tag *m* des Sieges gegen Japan im 2. Weltkrieg.

V-neck [ˈviːnek] *n* spitzer *or* V-Ausschnitt *m*; **V-necked** *adj* spitz ausgeschnitten.

vocabulary [vəʊˈkæbjʊlərɪ] *n* Wortschatz *m*, Vokabular *nt (geh)*; *(in textbook)* Wörterverzeichnis *nt*.

vocal [ˈvəʊkəl] I *adj* 1. Stimm-. **~ cords** Stimmbänder *pl*; **~ music** Vokalmusik *f*; **~ group** Gesangsgruppe *f*.

2. *communication* mündlich.

3. *(voicing one's opinions) group, person* lautstark. **to be/become ~** sich zu Wort melden.

II *n (of pop song)* (gesungener) Schlager; *(in jazz)* Vocal *nt*. **who's doing the ~s for your group now?** wen habt ihr denn jetzt als Sänger?

vocalic [vəʊˈkælɪk] *adj* vokalisch.

vocalist [ˈvəʊkəlɪst] *n* Sänger(in *f*) *m*.

vocalize [ˈvəʊkəlaɪz] *vt* 1. *thoughts* aussprechen, Ausdruck verleihen (+*dat*). 2. *(Phon) consonant* vokalisieren.

vocally [ˈvəʊkəlɪ] *adv* mündlich. **the tune has now been done ~ by ...** die Melodie wurde jetzt auch gesungen von ...

vocation [vəʊˈkeɪʃən] *n* 1. *(Rel etc)* Berufung *f*; *(form: profession)* Beruf *m*. **to have a ~ for teaching** zum Lehrer berufen sein. 2. *(aptitude)* Begabung *f*, Talent *nt*.

vocational [vəʊˈkeɪʃənl] *adj* Berufs-. **~ guidance** Berufsberatung *f*; **~ school** *(US)* ≈ Berufsschule *f*; **~ training** Berufsausbildung *f*.

vocative [ˈvɒkətɪv] *n* Vokativ *m*.

vociferate [vəʊˈsɪfəreɪt] *vti* schreien. **he ~d his grievances** er machte seinem Unmut Luft.

vociferation [vəʊˌsɪfəˈreɪʃən] *n* Geschrei *nt*. **their ~ of their discontent** ihr lautstarker Protest.

vociferous [vəʊˈsɪfərəs] *adj class, audience* laut; *demands, protest* lautstark.

vociferously [vəʊˈsɪfərəslɪ] *adv* lautstark.

vodka [ˈvɒdkə] *n* Wodka *m*.

vogue [vəʊg] *n* Mode *f*. **wigs are the ~ or are in ~ this year** Perücken sind in diesem Jahr (in) Mode; **to come into ~** in Mode kommen; **to go out of ~** aus der Mode kommen.

voice [vɔɪs] I *n* 1. *(faculty of speech, Mus, fig)* Stimme *f*. **to lose one's ~** die Stimme verlieren; **I've lost my ~** ich habe keine Stimme mehr; **she hasn't got much of a ~** sie hat keine besonders gute Stimme; **to be in (good)/poor ~** disponiert/schlecht disponiert sein; **in a deep ~** mit tiefer Stimme; **to like the sound of one's own ~** sich gern(e) reden hören; **his ~ has broken** er hat den Stimmbruch hinter sich; **tenor/bass ~** Tenor *m*/Baß *m*; **a piece for ~ and piano** ein Gesangsstück *nt* mit Klavierbegleitung; **with one ~** einstimmig; **to give ~ to sth** etw aussprechen, einer Sache (*dat*) Ausdruck verleihen.

2. *(fig: say)* **we have a/no ~ in the matter** wir haben in dieser Angelegenheit ein/kein Mitspracherecht *nt*.

3. *(Gram)* Aktionsart *f*, Genus (verbi) *nt*. **the active/passive ~** das Aktiv/Passiv.

4. *(Phon)* Stimmhaftigkeit *f*. **plus ~** stimmhaft.

II *vt* 1. *(express) feelings, opinion* zum Ausdruck bringen.

2. *(Phon)* stimmhaft aussprechen. **~d** stimmhaft.

voice box *n* Kehlkopf *m*; **voiceless** *adj* 1. stumm; 2. *(having no say)* ohne Mitspracherecht *nt*; 3. *(Phon) consonant* stimmlos; **voice-over** *n* Filmkommentar *m*; **voice part** *n* the **~s** *(Mus)* die Singstimmen *pl*; **voice projection** *n* Stimmresonanz *f*; **voice range** *n* Stimmumfang *m*.

void [vɔɪd] I *n (lit, fig)* Leere *f*.

II *adj* **1.** (*empty*) leer. ~ **of hope** bar jeder Hoffnung (*geh*), ohne Hoffnung. **2.** (*Jur*) ungültig, nichtig. **3.** (*useless*) nichtig (*geh*). **you've made all my efforts totally** ~ du hast all meine Bemühungen völlig zunichte gemacht. **III** *vt* **1.** (*Jur*) ungültig machen. **2.** (*form: empty*) *bowels* entleeren.

voile [vɔɪl] *n* Voile, Schleierstoff *m*.

vol *abbr of* **1. volume** Bd. **2.** (*Measure*) **volume** V(ol).

volatile ['vɒlətaɪl] *adj* **1.** (*Chem*) flüchtig. ~ **oils** ätherische Öle *pl.* **2.** *person* (*in moods*) impulsiv; (*in interests*) sprunghaft; *political situation* brisant; (*St Ex*) unbeständig.

volatility [ˌvɒlə'tɪlɪtɪ] *n see adj* **1.** Flüchtigkeit *f.* **2.** Impulsivität *f*; Sprunghaftigkeit *f*; Brisanz *f.*

volatilize [və'lætəlaɪz] **I** *vt* verflüchtigen. **II** *vi* sich verflüchtigen.

vol-au-vent ['vɒləʊvãː:ŋ] *n* (Königin)-pastetchen *nt.*

volcanic [vɒl'kænɪk] *adj* (*lit*) *dust* vulkanisch; *region*, *eruption* Vulkan-; (*fig*) heftig.

volcano [vɒl'keɪnəʊ] *n, pl* ~(e)s Vulkan *m.*

vole [vəʊl] *n* Wühlmaus *f*; (*common* ~) Feldmaus *f.*

Volga ['vɒlgə] *n* Wolga *f.*

volition [və'lɪʃən] *n* Wille *m.* **the power of** ~ Willenskraft, Willensstärke *f*; **of one's own** ~ aus freiem Willen.

volitional [və'lɪʃənl] *adj* Willens-, willentlich.

volley ['vɒlɪ] **I** *n* **1.** (*of shots*) Salve *f*; (*of arrows, stones*) Hagel *m*; (*fig: of insults*) Flut *f*, Hagel *m*; (*of applause*) Sturm *m.* **2.** (*Tennis*) Volley, Flugball *m.* **II** *vt* **to** ~ **a ball** (*Tennis*) einen Ball im Volley spielen, einen Volley spielen. **III** *vi* **1.** (*Mil*) eine Salve abfeuern; (*guns, shots*) (in einer Salve) abgefeuert werden. **2.** einen Volley schlagen.

volleyball ['vɒlɪˌbɔːl] *n* Volleyball *m.*

volt [vəʊlt] *n* Volt *nt.* ~ **meter** Voltmeter *nt.*

voltage ['vəʊltɪdʒ] *n* Spannung *f.* **what** ~ **is this cable?** wieviel Volt hat dieses Kabel?

voltaic [vɒl'teɪɪk] *adj* voltaisch, galvanisch. ~ **cell** galvanisches Element.

volte-face ['vɒlt'faːs] *n* (*fig*) Kehrtwendung *f.* **to do a** ~ sich um 180 Grad drehen.

volubility [ˌvɒljʊ'bɪlɪtɪ] *n* Redseligkeit *f.*

voluble ['vɒljʊbl] *adj speaker* redegewandt, redselig (*pej*); *protest* wortreich.

volubly ['vɒljʊblɪ] *adv* wortreich. **to speak** ~ sehr redselig sein.

volume ['vɒljuːm] *n* **1.** Band *m.* **in six** ~**s** in sechs Bänden; **a six-** ~ **dictionary** ein sechsbändiges Wörterbuch; **to write** ~**s** ganze Bände *pl* schreiben; **that speaks** ~**s** (*fig*) das spricht Bände (*for* für). **2.** (*space occupied by sth*) Volumen *nt*, Rauminhalt *m.* **3.** (*size, amount*) Umfang *m*, Ausmaß *nt* (*of an* + *dat*). **a large** ~ **of sales/business** ein großer Umsatz; **the** ~ **of traffic** das Verkehrsaufkommen; **trade has increased in** ~ das Handelsvolumen hat sich vergrößert. **4.** (*large amount*) ~**s of smoke** Rauch-

schwaden *pl*; ~**s of white silk** Massen *pl* von weißer Seide; **we've** ~**s of work to get through** wir haben noch Berge von Arbeit. **5.** (*sound*) Lautstärke *f.* **turn the** ~ **up/down** (*Rad, TV*) stell (das Gerät) lauter/leiser; ~ **control** (*Rad, TV*) Lautstärkenregler *m.*

volumetric [ˌvɒljʊ'metrɪk] *adj* volumetrisch.

voluminous [və'luːmɪnəs] *adj* voluminös (*geh*); *figure also* üppig; *writings* umfangreich; *dress* wallend.

voluntarily ['vɒləntərɪlɪ] *adv* freiwillig, von sich aus.

voluntary ['vɒləntərɪ] **I** *adj* **1.** *confession* freiwillig. **2.** (*unpaid*) *help, service, work* freiwillig. ~ **worker** freiwilliger Helfer, freiwillige Helferin; (*overseas*) Entwicklungshelfer(in *f*) *m.* **3.** (*supported by charity*) **a** ~ **organization for social work** ein freiwilliger Wohlfahrtsverband. **4.** (*having will*) *movements* willkürlich, willentlich; *crime* vorsätzlich. **man is a** ~ **agent** der Mensch handelt aus freiem Willen. **5.** (*Physiol*) *muscles* willkürlich. **II** *n* (*Eccl, Mus*) Solo *nt.*

volunteer [ˌvɒlən'tɪər] **I** *n* (*also Mil*) Freiwillige(r) *mf.* ~ **army** Freiwilligenheer *nt*; **any** ~**s?** wer meldet sich freiwillig? **II** *vt help, services* anbieten; *suggestion* machen; *information* geben, herausrücken mit (*inf*). **he** ~**ed his brother** (*hum*) er hat seinen Bruder (als Freiwilligen) gemeldet. **III** *vi* **1.** etw freiwillig tun. **to** ~ **for sth** sich freiwillig für etw zur Verfügung stellen; **to** ~ **to do sth** sich anbieten, etw zu tun. **2.** (*Mil*) sich freiwillig melden (*for* zu, *for places* nach).

voluptuary [və'lʌptjʊərɪ] *n* Lüstling *m.*

voluptuous [və'lʌptjʊəs] *adj mouth, woman, movement* sinnlich; *curves* üppig; *body* verlockend; *life* ausschweifend; *kiss* hingebungsvoll.

voluptuously [və'lʌptjʊəslɪ] *adv move* aufreizend, sinnlich; *kiss* hingebungsvoll; *live* ausschweifend.

voluptuousness [və'lʌptjʊəsnɪs] *n see adj* Sinnlichkeit *f*; Üppigkeit *f*; verlockende Formen *pl*; Hingabe *f.*

volute [və'luːt] *n* (*Archit*) Volute *f.*

voluted [və'luːtɪd] *adj* (*Archit*) mit Voluten (versehen).

vomit ['vɒmɪt] **I** *n* Erbrochene(s) *nt*; (*act*) Erbrechen *nt.* **II** *vt* (*lit, fig*) spucken; *food* erbrechen. **III** *vi* sich erbrechen, sich übergeben.

◆**vomit out** *vt sep* (*lit*) erbrechen; (*fig*) *smoke, flames* speien. **II** *vi* (*fig*) **the flames were still** ~**ing** ~ **of the volcano** der Vulkan spie immer noch Feuer.

◆**vomit up** *vt sep food* (wieder) erbrechen.

voodoo ['vuːduː] *n* Voodoo, Wodu *m.*

voodooism ['vuːduːɪzəm] *n* Voodoo- *or* Wodukult *m.*

voracious [və'reɪʃəs] *adj person* gefräßig.

she is a ~ reader sie verschlingt die Bücher geradezu; **to have a ~ appetite** einen Riesenappetit haben.

voraciously [vəˈreɪʃəslɪ] *adv eat* gierig. **to read ~** die Bücher nur so verschlingen.

voracity [vɒˈræsɪtɪ] *n* Gefräßigkeit *f*; *(fig)* Gier *f (for* nach).

vortex [ˈvɔːteks] *n, pl* **~es** *or* **vortices** [ˈvɔːtɪsiːz] *(lit)* Wirbel, Strudel *(also fig) m.*

votary [ˈvəʊtərɪ] *n (Rel)* Geweihte(r) *mf*; *(fig)* Jünger *m.*

vote [vəʊt] **I** *n* **1.** *(expression of opinion)* Stimme *f*; *(act of voting)* Abstimmung, Wahl *f*; *(result)* Abstimmungs- *or* Wahlergebnis *nt.* **to put sth to the ~** über etw *(acc)* abstimmen lassen; **to take a ~ on sth** über etw *(acc)* abstimmen; **the ~ for/against the change surprised him** daß für/gegen den Wechsel gestimmt wurde, erstaunte ihn; **the ~ was 150 to 95** das Abstimmungsergebnis war 150 zu 95; **we would like to offer a ~ of thanks to Mr Smith** wir möchten Mr Smith unseren aufrichtigen Dank aussprechen. **2.** *(~ cast)* Stimme *f.* **to give one's ~ to a party/person** einer Partei/jdm seine Stimme geben; **a photo of the Prime Minister casting his ~** ein Photo des Premierministers bei der Stimmabgabe; **what's your ~?** *(in panel game, competition)* wie lautet Ihr Urteil?; **he won by 22 ~s** er gewann mit einer Mehrheit von 22 Stimmen. **3.** *(Pol: collective)* **the Labour ~** die Labourstimmen *pl.* **4.** *(franchise)* Wahlrecht *nt no pl.* **5.** *(money allotted)* Bewilligung *f.*

II *vt* **1.** *(elect)* wählen. **he was ~d chairman** er wurde zum Vorsitzenden gewählt; **to ~ Labour** Labour wählen. **2.** *(inf: judge)* wählen zu. **the group ~d her the best cook** die Gruppe wählte sie zur besten Köchin; **the panel ~d the record a miss** die Jury erklärte die Platte für einen Mißerfolg; **I ~ we go back** ich schlage vor, daß wir umkehren. **3.** *(approve)* bewilligen.

III *vi (cast one's ~)* wählen. **to ~ for/against** für/gegen stimmen.

◆**vote down** *vt sep* niederstimmen.

◆**vote in** *vt sep law* beschließen; *person* wählen.

◆**vote on** *vi +prep obj* abstimmen über *(+acc).*

◆**vote out** *vt sep* abwählen; *amendment* ablehnen.

voter [ˈvəʊtəʳ] *n* Wähler(in *f*) *m.*

voting [ˈvəʊtɪŋ] *n* Wahl *f.* **which way is the ~ going?** welchen Verlauf nimmt die Wahl?; **~ was high this year** die Wahlbeteiligung war dieses Jahr hoch.

voting booth *n* Wahlkabine *f*; **voting machine** *n (US)* Wahlmaschine *f*; **voting paper** *n* Stimmzettel *m.*

votive [ˈvəʊtɪv] *adj* Votiv-.

vouch [vaʊtʃ] *vi* **to ~ for sb/sth** sich für jdn/etw verbürgen; *(legally)* für jdn/etw bürgen.

voucher [ˈvaʊtʃəʳ] *n* **1.** *(for cash, petrol)* Gutschein *m*; *(for meals also)* Bon *m*; *(cigarette ~)* Coupon *m.* **2.** *(receipt)*

Beleg *m*; *(for debt)* Schuldschein *m.*

vouchsafe [vaʊtʃˈseɪf] *vt (form)* gewähren *(sb* jdm). **to ~ to do sth** die Güte haben *or* geruhen *(geh),* etw zu tun.

vow [vaʊ] **I** *n* Versprechen, Gelöbnis *nt*; *(Rel)* Gelübde *nt.* **lover's ~** Treueschwur *m*; **to make a ~ to do sth** geloben, etw zu tun; **to take one's ~s** sein Gelübde ablegen; **to be under a ~ to do sth** durch ein Versprechen verpflichtet sein, etw zu tun.

II *vt obedience* geloben. **to ~ vengeance on sb** jdm Rache schwören; **he is ~ed to silence** er hat Schweigen gelobt.

vowel [ˈvaʊəl] *n* Vokal, Selbstlaut *m.* **~ system** Vokalismus *m*; **~ sound** Vokal(laut) *m.*

voyage [ˈvɔɪdʒ] **I** *n* **1.** Reise, Fahrt, Seereise *f*; *(Space also)* Flug *m.* **to go on a ~** auf eine Reise *etc* gehen; **to make a ~** eine Reise *etc* machen; **the ~ out** die Hinreise/der Hinflug; **the ~ back** *or* **home** die Rück- *or* Heimreise/der Rückflug. **2.** *(fig)* **~ of discovery** Entdeckungsreise *f.*

II *vi* eine Seereise machen; *(spaceship)* fliegen.

voyager [ˈvɔɪədʒəʳ] *n* Passagier *m*; *(Space)* Raumfahrer *m.*

voyeur [vwaːˈjɜːʳ] *n* Voyeur *m.*

voyeurism [vwaːˈjɜːrɪzəm] *n* Voyeurismus *m*, Voyeurtum *nt.*

VP *abbr of* **vice-president.**

V-shaped [ˈviːˌʃeɪpt] *adj* pfeil-förmig, V-förmig; **V-sign** *n (victory)* Victory-Zeichen *nt*; *(rude)* ≃ Götzgruß *m*; **he gave me the ~** er zeigte mir den Vogel.

VSO *abbr of* **Voluntary Service Overseas** ≃ Deutscher Entwicklungsdienst *(BRD).*

vulcanite [ˈvʌlkənaɪt] *n* Hartgummi *m*, Ebonit *m.*

vulcanization [ˌvʌlkənaɪˈzeɪʃən] *n* Vulkanisierung *f.*

vulcanize [ˈvʌlkənaɪz] *vt* vulkanisieren.

vulgar [ˈvʌlgəʳ] *adj* **1.** *(pej: unrefined)* ordinär, vulgär; *clothes, joke* ordinär; *(tasteless)* geschmacklos. **the ~ herd** der Pöbel *(pej).* **2.** *(old: of the common people)* gemein *(old).* **~ Latin** Vulgärlatein *nt*; **in the ~ tongue** in der Sprache des Volkes. **3.** *(Math)* **~ fraction** gemeiner Bruch.

vulgarism [ˈvʌlgərɪzəm] *n* Gassenausdruck *m*; *(swearword)* vulgärer Ausdruck.

vulgarity [vʌlˈgærɪtɪ] *n* Vulgarität *f*; *(of gesture, joke also)* Anstößigkeit *f*; *(of colour, tie etc)* Geschmacklosigkeit *f.* **the ~ of his behaviour** sein ordinäres Benehmen.

vulgarize [ˈvʌlgəraɪz] *vt* **1.** *(make coarse)* vulgarisieren. **2.** *(popularize)* popularisieren, allgemeinverständlich machen.

vulgarly [ˈvʌlgəlɪ] *adv* **1.** *(coarsely)* vulgär; *dressed* geschmacklos. **2.** *(commonly)* allgemein, gemeinhin.

vulnerability [ˌvʌlnərəˈbɪlɪtɪ] *n see adj* Verwundbarkeit *f*; Verletzlichkeit *f*; Verletzbarkeit *f*; Ungeschütztheit *f.* **the ~ of the young fish to predators** die Wehrlosigkeit der jungen Fische gegen Raubtiere.

vulnerable [ˈvʌlnərəbl] *adj* verwundbar; *(exposed)* verletzlich; *(fig)* verletzbar; *police, troops, fortress* ungeschützt. **the**

skin is ~ **to radiation** die Haut hat keinen
Schutz gegen Radioaktivität; **the turtle on
its back is completely** ~ auf dem Rücken
liegend ist die Schildkröte völlig wehrlos;
to be ~ **to the cold** kälteanfällig sein; **to be**
~ **to temptation** für Versuchungen anfäl-
lig sein; **to be** ~ **to criticism** (*exposed*) der
Kritik ausgesetzt sein; (*sensitive*) keine
Kritik vertragen; **I felt extremely** ~ **in the
discussion** ich kam mir in der Diskussion
völlig wehrlos vor; **the one** ~ **spot in his
armour** die einzige ungeschützte Stelle in

seiner Rüstung; **a** ~ **point in our defences**
ein schwacher *or* wunder Punkt in unserer
Verteidigung; **economically** ~ wirtschaft-
lich wehrlos.

vulpine ['vʌlpaɪn] *adj* schlau, listig.
vulture ['vʌltʃəʳ] *n* (*lit, fig*) Geier *m*.
vulva ['vʌlvə] *n* (weibliche) Scham, Vulva *f*
(*geh*).
V wings ['viːwɪŋz] *npl* pfeilförmige Trag-
flügel *pl*.
vying ['vaɪɪŋ] *n* (Konkurrenz)kampf *m* (*for*
um).

W

W, w ['dʌblju:] *n* W, *w nt.*

W *abbr of* **west** ~.

w *abbr of* **watt(s)** W.

WAAF *abbr of* **Women's Auxiliary Air Force** *weibliche Hilfsluftwaffe.*

Waaf [wæf] *n* (*Brit*) Mitglied *nt* der weiblichen Luftwaffe.

WAC (*US*) *abbr of* **Women's Army Corps** *weibliches Armeekorps nt.*

wacky ['wækɪ] *adj* (+*er*) (*inf*) verrückt (*inf*).

wad [wɒd] **I** *n* **1.** (*compact mass*) Knäuel *m*; (*in gun, cartridge*) Pfropfen *m*; (*of cotton wool etc*) Bausch *m.*

　2. (*of papers, banknotes*) Bündel *nt.* **he's got ~s of money** (*inf*) er hat Geld wie Heu (*inf*).

　II *vt* (*secure, stuff*) stopfen; (*squeeze*) zusammenknüllen; (*Sew*) wattieren. **the glasses must be firmly ~ded down** die Gläser müssen bruchsicher verpackt sein.

wadding ['wɒdɪŋ] *n* (*for packing*) Material *nt* zum Ausstopfen; (*Sew*) Wattierung *f*; (*Med: on plaster*) (Mull)tupfer *m.*

waddle ['wɒdl] **I** *n* Watscheln *nt.* **II** *vi* watscheln.

wade [weɪd] **I** *vt* durchwaten. **II** *vi* waten.

◆**wade in** *vi* **1.** (*lit*) hineinwaten.

　2. (*fig inf*) (*join in a fight, controversy*) sich einmischen (*inf*); (*tackle problem etc*) sich voll reinstürzen *or* -werfen (*inf*), sich hineinknien (*inf*).

◆**wade into** *vi* +*prep obj* (*fig inf: attack*) auf jdn losgehen/etw in Angriff nehmen.

◆**wade through** *vi* +*prep obj* **1.** (*lit*) waten durch. **2.** (*fig*) sich durchkämpfen durch; (*learning sth also*) durchackern.

wader ['weɪdəʳ] *n* **1.** (*Orn*) Watvogel *m.* **2.** ~s *pl* (*boots*) Watstiefel *pl.*

wafer ['weɪfəʳ] *n* **1.** (*biscuit*) Waffel *f.* **a vanilla ~** eine Vanilleeiswaffel. **2.** (*Eccl*) Hostie *f.* **3.** (*silicon* ~) Wafer *m.*

wafer-thin ['weɪfə'θɪn] *adj* hauchdünn.

waffle¹ ['wɒfl] *n* (*Cook*) Waffel *f.* ~ **iron** Waffeleisen *nt.*

waffle² (*Brit inf*) **I** *n* Geschwafel *nt* (*inf*). **II** *vi* (*also* ~ **on**) schwafeln (*inf*).

waft [wɑ:ft] **I** *n* Hauch *m.* **a ~ of smoke/cool air** eine dünne Rauchschwade/ein kühler Lufthauch. **II** *vt* tragen, wehen. **III** *vi* wehen. **a delicious smell ~ed up from the kitchen** ein köstlicher Geruch zog aus der Küche herauf.

wag¹ [wæg] **I** *n* **he admonished me with a ~ of his finger** tadelnd drohte er mir mit dem Finger; **with a ~ of its tail** mit einem Schwanzwedeln.

　II *vt* *tail* wedeln mit; (*bird*) wippen mit. **to ~ one's finger at sb** jdm mit dem Finger drohen.

　III *vi* (*tail*) wedeln; (*of bird*) wippen. **her tongue never stops ~ging** (*inf*) ihr Mundwerk steht keine Sekunde still (*inf*); **as soon as he left the tongues started ~ging** sobald er gegangen war, wurde über ihn geredet *or* fing das Gerede an; **that'll set the tongues ~ging** dann geht das Gerede los.

wag² *n* (*joker*) Witzbold *m* (*inf*).

wage¹ [weɪdʒ] *n usu pl* Lohn *m.*

wage² *vt* *war, campaign* führen. **to ~ war against sth** (*fig*) gegen etw einen Feldzug führen.

wage *in cpds* Lohn-; **wage demand** *n* Lohnforderung *f*; **wage earner** *n* Lohnempfänger *m*; **wage freeze** *n* Lohnstopp *m*; **wage increase** *n* Lohnerhöhung *f*; **wage packet** *n* Lohntüte *f.*

wager ['weɪdʒəʳ] **I** *n* Wette *f* (*on* auf +*acc*). **to lay** *or* **make a ~** eine Wette eingehen *or* abschließen.

　II *vti* wetten (*on* auf +*acc*); *one's honour, life* verpfänden. **I'll ~ you £2 my horse wins** ich wette mit Ihnen um £2, daß mein Pferd gewinnt.

wages ['weɪdʒɪz] *npl* Lohn *m.* **the ~ of sin** die gerechte Strafe, der Sünde Lohn (*old*).

wage scale *n* Lohnskala *f*; **wages clerk** *n* Lohnbuchhalter(in *f*) *m*; **wage worker** *n* (*US*) Lohnempfänger *m.*

waggish ['wægɪʃ] *adj* schalkhaft, schelmisch.

waggishly ['wægɪʃlɪ] *adv* schalkhaft.

waggle ['wægl] **I** *vt* wackeln mit; *tail* wedeln mit; (*bird*) wippen mit. **he ~d his finger at me disapprovingly** er drohte mir mißbilligend mit dem Finger; **he ~d his loose tooth** er wackelte an dem lockeren Zahn.

　II *vi* wackeln; (*tail*) wedeln.

　III *n* **with a ~ of her hips she left the stage** mit den Hüften wackelnd ging sie von der Bühne; **with a ~ of its tail** mit einem Schwanzwedeln.

waggly ['wæglɪ] *adj* (*loose*) wackelig; *hips* wackelnd; *tail* wedelnd.

waggon *n* (*Brit*) *see* **wagon.**

wagon ['wægən] *n* **1.** (*horse-drawn*) Fuhrwerk *nt*, Wagen *m*; (*covered* ~) Planwagen *m*; (*US: delivery truck*) Lieferwagen *m*; (*child's toy cart*) Leiterwagen *m*; (*tea* ~ *etc*) Wagen *m*; (*US inf: police car*) Streifenwagen *m*; (*US inf: for transporting prisoners*) grüne Minna (*inf*); (*Brit sl: car*) Kutsche *f* (*sl*); (*Brit sl: lorry*) Laster *m* (*inf*).

　2. (*Brit Rail*) Waggon *m.*

　3. (*inf*) **I'm on the ~** ich trinke nichts; **to go on the ~** unter die Abstinenzler gehen (*inf*).

wagoner ['wægənəʳ] *n* Fuhrmann *m.*

wagonload ['wægənləʊd] *n* Wagenladung *f*; **books arrived by the ~** ganze Wagenladungen von Büchern kamen an; **wagon train** *n* Zug *m* von Planwagen.

wagtail ['wægteɪl] *n* (*Orn*) Bachstelze *f.*

waif [weɪf] *n* obdachloses *or* herrenloses Kind; (*animal*) herrenloses Tier. **the poor little ~ ...** das arme kleine Ding, hat kein

Zuhause, …; ~s and strays obdachlose or heimatlose Kinder pl.

wail [weɪl] **I** n (of baby) Geschrei nt; (of mourner, music) Klagen nt; (of sirens, wind) Heulen nt; (inf: complaint) Gejammer nt (inf). **a great ~/a ~ of protest went up** es erhob sich lautes Wehklagen/Protestgeheul.

    II vi (baby, child, cat) schreien; (mourner, music) klagen; (sirens, wind) heulen; (inf: complain) jammern (over über + acc).

wainscot [ˈweɪnskət] n, no pl Täfelung f.

wainscot(t)ed [ˈweɪnskɒtɪd] adj holzgetäfelt, paneeliert.

wainscot(t)ing [ˈweɪnskɒtɪŋ] n Täfelung f.

waist [weɪst] n (of body) Taille f; (of violin) Mittelbügel m; (Naut) Mittelteil m. **stripped to the ~** mit nacktem or entblößtem Oberkörper; **too tight round the ~** zu eng in der Taille.

waistband [ˈweɪstbænd] n Rock-/Hosenbund m; **waistcoat** n (Brit) Weste f; **waist-deep** adj hüfthoch, bis zur Taille reichend; **the water was ~** das Wasser reichte bis zur Taille; **we stood ~ in …** wir standen bis zur Hüfte im …

waisted [ˈweɪstɪd] adj clothes tailliert.

waist-high [ˌweɪstˈhaɪ] adj hüfthoch, bis zur Taille reichend; **waistline** n Taille f.

wait [weɪt] **I** vi 1. warten (for auf + acc). **to ~ for sb to do sth** darauf warten, daß jd etw tut; **it was definitely worth ~ing for** es hat sich wirklich gelohnt, darauf zu warten; **that'll be worth ~ing for** (iro) darauf bin ich aber gespannt (inf); **well, what are you ~ing for?** worauf wartest du denn (noch)?; **~ for it, now he's going to get mad** wart's ab, gleich wird er wild (inf); **let him ~!**, **he can ~!** laß ihn warten, soll er warten!, der kann warten!; **can't it ~?** kann das nicht warten?, hat das nicht Zeit?; **this work will have to ~ till later** diese Arbeit muß bis später warten or liegenbleiben; **~ a minute or moment or second** (einen) Augenblick or Moment (mal); **(just) you ~!** warte nur ab!; (threatening) warte nur!; **Mummy, I can't ~** Mami, ich muß dringend mal!; **I can't ~** ich kann's kaum erwarten; (out of curiosity) ich bin gespannt; **I can't ~ to try out my new boat** ich kann es kaum noch erwarten, bis ich mein neues Boot ausprobiere; **I can hardly ~** (usu iro) ich kann es kaum erwarten!; **"repairs while you ~"** ,,Sofortreparaturen", ,,Reparaturschnelldienst"; **~ and see!** warten Sie (es) ab!, abwarten und Tee trinken! (inf); **we'll have to ~ and see how …** wir müssen abwarten, wie …

    2. (US) **to ~ at table** servieren.

    II vt 1. **to ~ one's turn** (ab)warten, bis man an der Reihe ist; **to ~ one's chance/opportunity** auf eine günstige Gelegenheit warten, eine günstige Gelegenheit abwarten.

    2. (US) **to ~ table** servieren, bedienen.

    III n 1. Wartezeit f. **did you have a long ~?** mußten Sie lange warten?

    2. **to lie in ~ for sb/sth** jdm/einer Sache auflauern.

    3. **~s** pl Sternsinger pl.

◆**wait about** or **around** vi warten (for auf + acc).

◆**wait behind** vi zurückbleiben. **to ~ ~ for sb** zurückbleiben und auf jdn warten.

◆**wait in** vi zu Hause bleiben (for wegen).

◆**wait on I** vi (continue to wait) noch (weiter) warten. **II** vi + prep obj 1. (also ~ **upon**) (serve) bedienen. **2.** (US) **to ~ ~ table** servieren, bei Tisch bedienen. **3.** (wait for) warten auf (+ acc).

◆**wait out** vt sep das Ende (+ gen) abwarten.

◆**wait up** vi aufbleiben (for wegen, für).

waiter [ˈweɪtəʳ] n Kellner, Ober m. **~!** (Herr) Ober!

waiting [ˈweɪtɪŋ] n 1. Warten nt. **all this ~ (around)** dieses ewige Warten, diese ewige Warterei (inf); **no ~** Halteverbot nt. 2. (royal service) **those in ~ at the court** … wer bei Hof dient … 3. (by waiter etc) Servieren, Bedienen f.

waiting game n Wartespiel nt; **to play a ~** ein Wartespiel nt spielen; **the negotiations developed into a ~** die Verhandlungen entwickelten sich zu einer Geduldsprobe; **waiting list** n Warteliste f; **waiting room** n Warteraum m; (at doctor's) Wartezimmer nt; (in railway station) Wartesaal m.

waitress [ˈweɪtrɪs] n Kellnerin, Serviererin f. **~!** Fräulein!

waive [weɪv] vt 1. (not insist on) rights, claim verzichten auf (+ acc); principles, rules, age limit etc außer acht lassen. 2. (put aside, dismiss) question, objection abtun.

waiver [ˈweɪvəʳ] n (Jur) Verzicht m (of auf + acc); (document) Verzichterklärung f; (of law, contract, clause) Außerkraftsetzung f.

wake¹ [weɪk] n (Naut) Kielwasser nt. **in the ~ of** (fig) im Gefolge (+ gen); **to follow in sb's ~** in jds Kielwasser segeln; **X follows in the ~ of Y** Y bringt X mit sich; **X brings Y in its ~** X bringt Y mit sich; **with ten children in her ~** (inf) mit zehn Kindern im Schlepptau (inf).

wake² n (esp Ir: over corpse) Totenwache f.

wake³ pret **woke**, ptp **woken** or **~d** **I** vt (auf)wecken; (fig) wecken.

    II vi aufwachen, erwachen (geh). **he woke to find himself in prison** als er aufwachte or erwachte, fand er sich im Gefängnis wieder; **he woke to the sound of birds singing** als er aufwachte, sangen die Vögel; **they woke to their danger too late** (fig) sie haben die Gefahr zu spät erkannt.

◆**wake up I** vi (lit, fig) aufwachen. **he woke ~ to find a burglar in the room** als er aufwachte, war ein Einbrecher im Zimmer; **to ~ ~ to sth** (fig) sich (dat) einer Sache (gen) bewußt werden; **I wish he'd ~ ~ to what's happening** ich wünschte, ihm würde endlich bewußt or aufgehen or klar, was (hier) vor sich geht.

    II vt sep (lit) aufwecken, (fig: rouse from sloth) wach- or aufrütteln. **to ~ sb ~ to sth** (fig) jdm etw klarmachen or bewußt machen or vor Augen führen; **to ~ one's ideas ~** sich zusammenreißen.

wakeful [ˈweɪkfʊl] adj (sleepless) schlaflos; (alert) wachsam.

wakefulness ['weɪkfʊlnɪs] n see adj
Schlaflosigkeit f; Wachsamkeit f.

waken ['weɪkən] I vt (auf)wecken. II vi
(liter, Scot) erwachen (geh), aufwachen.

waker ['weɪkə^r] n to be an early ~ früh auf-
wachen.

waking ['weɪkɪŋ] adj one's ~ hours von früh
bis spät; **thoughts of her filled all his ~
hours** der Gedanke an sie beschäftigte ihn
von früh bis spät; **his ~ hours were spent
...** von früh bis spät beschäftigte er sich
mit ...

Wales [weɪlz] n Wales nt. **Prince of ~** Prinz
m von Wales.

walk [wɔːk] I n 1. (stroll) Spaziergang m;
(hike (Wanderung f; (Sport) Gehen nt;
(competition) Geher-Wettkampf m;
(charity ~) Marsch m (für Wohltätigkeits-
zwecke). **it's only 10 minutes'** ~ es sind
nur 10 Minuten zu Fuß or zu gehen; **it's a
long/short ~ to the shops** etc zu den Läden
etc ist es weit/nicht weit zu Fuß or zu
gehen or zu laufen (inf); **that's quite a ~**
das ist eine ganz schöne Strecke or ganz
schön weit zu Fuß or zu laufen (inf); **he
thinks nothing of a 10 mile ~** 10 Meilen zu
Fuß sind für ihn gar nichts; **to go for** or
have or **take a ~** einen Spaziergang
machen, spazierengehen; **to take sb/the
dog for a ~** mit jdm/dem Hund spazieren-
gehen or einen Spaziergang machen.

2. (gait) Gang m; (of horse also) Gang-
art f. **he slowed his horse to a ~** er brachte
sein Pferd in den Schritt; **he ran for a bit,
then slowed to a ~** er rannte ein Stück und
verfiel dann in ein normales Schritttempo.

3. (path in garden etc) (Park)weg m; (in
hills etc) Weg m.

4. (route) Weg m; (signposted etc)
Wander-/Spazierweg m. **he knows some
good ~s in the Lake District** er kennt ein
paar gute Wandermöglichkeiten or Wan-
derungen im Lake District.

5. ~ **of life** Milieu nt; **people from all
~s of life** Leute aus allen Schichten und
Berufen.

6. (US: Baseball) Walk m, Freibase nt.

II vt 1. (lead) person, horse (spazieren)
führen; dog ausführen; (ride at a ~) im
Schritt gehen lassen. **to ~ sb home/to the
bus** jdn nach Hause/zum Bus bringen; **to
~ sb off his feet/legs** jdn total erschöpfen;
they ~ed me off my feet ich konnte nicht
mehr mitlaufen (inf).

2. distance gehen, laufen. **I've ~ed this
road many times** ich bin diese Straße oft
gegangen.

3. **to ~ the streets** (prostitute) auf den
Strich gehen (inf); (in search of sth) durch
die Straßen irren; (aimlessly) durch die
Straßen streichen; **to ~ the boards**
(Theat) auf den Brettern stehen; **to ~ the
plank** mit verbundenen Augen über eine
Schiffsplanke ins Wasser getrieben werden;
to ~ the wards (Med) famulieren.

4. (US: Baseball) einen Walk or ein
Freibase geben (+dat).

III vi 1. gehen, laufen. **to ~ in one's
sleep** schlaf- or nachtwandeln.

2. (not ride) zu Fuß gehen, laufen (inf);
(stroll) spazierengehen; (hike) wandern.
you can ~ there in 5 minutes da ist man in

or bis dahin sind es 5 Minuten zu Fuß; **to
~ home** nach Hause laufen (inf), zu Fuß
nach Hause gehen; **we were out ~ing
when the telegram arrived** wir waren
gerade spazieren or auf einem Spazier-
gang, als das Telegramm kam.

3. (ghost) umgehen, spuken.

4. (inf: disappear) Beine bekommen
(inf).

◆**walk about** or **around** I vi herumlaufen
(inf). **to ~ sth** um etw herumlaufen
(inf) or -gehen; (in room etc) in etw (dat)
herumlaufen (inf) or -gehen. II vt sep
(lead) person, horse und ab führen;
(ride at a walk) im Schritt gehen lassen.

◆**walk away** vi weg- or davongehen. **he
~ed ~ from the crash unhurt** er ist bei dem
Unfall ohne Verletzungen davongekom-
men; **to ~ ~ with a prize** einen Preis
etc kassieren or einstecken (inf).

◆**walk in** vi herein-/hineinkommen; (cas-
ually) herein-/ hineinspazieren (inf).
"please ~ ~ " „bitte eintreten".

◆**walk into** vi +prep obj room herein-/
hineinkommen in (+acc); person anrem-
peln; wall laufen gegen. **to ~ ~ sb** (meet
unexpectedly) jdm in die Arme laufen,
jdn zufällig treffen; **to ~ ~ a trap** in eine
Falle gehen; **he just ~ed ~ the first job he
applied for** er hat gleich die erste Stelle
bekommen, um die er sich beworben hat;
to ~ right ~ sth (lit) mit voller Wucht
gegen etw rennen; **I didn't know I was
going to ~ ~ an argument** ich wußte
nicht, daß ich hier mitten in einen Streit
hineingeraten würde; **you ~ed right ~
that one, didn't you?** da bist du aber ganz
schön reingefallen (inf).

◆**walk off** I vt sep pounds ablaufen (inf).
**I'm going out to try and ~ ~ this hang-
over** ich gehe jetzt an die Luft, um
meinen Kater loszuwerden; **we ~ed ~ our
lunch with a stroll in the park** nach dem
Mittagessen haben wir einen Verdau-
ungsspaziergang im Park gemacht.

II vi weggehen. **he ~ed ~ in the op-
posite direction** er ging in die andere Rich-
tung davon.

◆**walk off with** vi +prep obj (inf) 1. (take)
(unintentionally) abziehen mit (inf);
(intentionally) abhauen mit (inf). **don't ~
~ ~ the idea that ...** (fig) gehen Sie nicht
weg in dem Glauben, daß ... 2. (win easily)
prize kassieren, einstecken (inf).

◆**walk on** vi 1. +prep obj grass etc
betreten. 2. (continue walking) weiter-
gehen. 3. (Theat) auftreten; (in walk-on
part) auf die Bühne gehen.

◆**walk out** vi 1. (quit) gehen. **to ~ ~ of a
meeting/room** eine Versammlung/einen
Saal verlassen; **to ~ ~ on sb** jdn ver-
lassen; (let down) jdn im Stich lassen;
(abandon) girlfriend etc sitzenlassen (inf);
to ~ ~ on sth aus etw aussteigen (inf).

2. (strike) streiken, in Streik treten.

◆**walk over** vi +prep obj 1. (defeat) in die
Tasche stecken (inf). 2. **to ~ all ~ sb**
(inf) (dominate) jdn unterbuttern (inf);
(treat harshly) jdn fertigmachen (inf); **she
lets her husband ~ all ~ her** sie läßt sich
von ihrem Mann herumschikanieren (inf).

◆**walk through** vi +prep obj 1. (inf: do

easily) exam etc spielend schaffen (*inf*).
2. (*Theat*) *part* durchgehen.

◆**walk up** *vi* **1.** (*go up, ascend*) hinaufgehen. **2.** (*approach*) zugehen (*to* auf + *acc*). **a man ~ed ~ to (to me/her)** ein Mann kam auf mich zu/ging auf sie zu.

walkable ['wɔːkəbl] *adj* **to be ~** sich zu Fuß machen lassen.

walkabout ['wɔːkəˌbaʊt] *n* Rundgang, Walk-about *m*; **the Queen went (on a) ~** die Königin machte einen Walk-about; **walkaway** *n* (*US*) *see* **walkover**.

walker ['wɔːkəʳ] *n* **1.** (*stroller*) Spaziergänger(in *f*) *m*; (*hiker*) Wanderer(in *f*) *m*; (*Sport*) Geher(in *f*) *m*. **to be a fast/slow ~** schnell/langsam gehen. **2.** (*for baby, invalid*) Laufstuhl *m*.

walkie-talkie ['wɔːkɪ'tɔːkɪ] *n* Hand-Funkspruchgerät, Walkie-Talkie *nt*.

walk-in ['wɔːkɪn] **I** *adj* a **~ cupboard** ein begehbarer Einbau- *or* Wandschrank. **II** *n* (*US*) (*cupboard*) *see adj*; (*victory*) spielender Sieg.

walking ['wɔːkɪŋ] **I** *n* Gehen *nt*; (*as recreation*) Spazierengehen *nt*; (*hiking*) Wandern *nt*. **we did a lot of ~ on holiday** in den Ferien sind wir viel gewandert *or* gelaufen.

    II *adj attr encyclopaedia, miracle etc* wandelnd; *doll* Lauf-. **at a ~ pace** im Schritttempo; **it's within ~ distance** dahin kann man laufen *or* zu Fuß gehen.

walking bass *n* einfache, meist aus 2 Tönen bestehende Kontrabaßbegleitung; **walking holiday** *n* Wanderferien *pl*; **walking shoes** *npl* Wanderschuhe *pl*; **walking stick** *n* Spazierstock *m*; **walking tour** *n* Wanderung *f*.

walk-on ['wɔːkɒn] **I** *adj* **1.** *part, role* Statisten-; **2.** (*in transport*) Walk-on-; **II** *n* Statistenrolle *f*; **walkout** *n* (*from conference*) Auszug *m*, demonstratives Verlassen des Saales; (*strike*) Streik *m*; **walkover I** *n* (*Sport*) Walk-over *m*; (*easy victory*) spielender Sieg; (*fig*) Kinderspiel *nt*; **the government had a ~ in the debate** die Regierung hatte leichtes Spiel in der Debatte; **II** *adj attr* **~ victory** spielender Sieg; **walk-up** *n* (*US inf*) (Wohnung/Büro *etc* in einem) Haus *nt* ohne Fahrstuhl *or* Lift; **walkway** *n* Fußweg *m*.

wall [wɔːl] **I** *n* **1.** (*outside*) Mauer *f*; (*inside, of mountain*) Wand *f*. **the Great W~ of China** die Chinesische Mauer; **a ~ of fire** eine Feuerwand; **a ~ of troops** eine Mauer von Soldaten; **~s have ears** die Wände haben Ohren; **to come up against a ~ of prejudice/silence** auf eine Mauer von Vorurteilen/des Schweigens stoßen; **to go up the ~** (*inf*) die Wände rauf- *or* hochgehen (*inf*); **he/his questions drive me up the ~** (*inf*) er/seine Fragerei bringt mich auf die Palme (*inf*); **to go to the ~** (*firm etc*) kaputtgehen (*inf*); *see* **brick ~, back**. **2.** (*Anat*) Wand *f*. **abdominal ~** Bauchdecke *f*.

    II *vt* mit einer Mauer umgeben.

◆**wall about** *vt sep* (*old, liter*) ummauern. **a life so ~ed ~ with prejudice** ein so von Vorurteilen eingeengtes Leben.

◆**wall in** *vt sep* mit einer Mauer *or* von Mauern umgeben. **~ed ~ on all sides by**

bodyguards auf allen Seiten von Leibwächtern abgeriegelt *or* eingeschlossen.

◆**wall off** *vt sep* (*cut off*) durch eine Mauer (ab)trennen; (*separate into different parts*) unterteilen. **the monks ~ed themselves ~ from the outside world** die Mönche riegelten sich hinter ihren Mauern von der Welt ab.

◆**wall round** *vt sep* ummauern.

◆**wall up** *vt sep* zumauern.

wallaby ['wɒləbɪ] *n* Wallaby *nt*.

wall bars *npl* Sprossenwand *f*; **wallboard** *n* (*US*) Sperrholz *nt*; **wall cabinet/ cupboard** *n* Wandschrank *m*; **wall chart** *n* Wandkarte *f*; **wall clock** *n* Wanduhr *f*.

walled [wɔːld] *adj* von Mauern umgeben.

wallet ['wɒlɪt] *n* Brieftasche *f*.

wallflower ['wɔːlˌflaʊəʳ] *n* (*Bot*) Goldlack *m*; (*fig inf*) Mauerblümchen *nt* (*inf*); **wall hanging** *n* Wandbehang, Wandteppich *m*; **wall map** *n* Wandkarte *f*.

Walloon [wɒ'luːn] **I** *n* **1.** Wallone *m*, Wallonin *f*. **2.** (*dialect*) Wallonisch *nt*. **II** *adj* wallonisch.

wallop ['wɒləp] **I** *n* **1.** (*inf: blow*) Schlag *m*. **he fell flat on his face with a ~** mit einem Plumps fiel er auf die Nase (*inf*).

    2. at a fair old ~ (*dated inf*) mit Karacho (*inf*).

    II *vt* (*inf*) (*hit*) schlagen; (*punish*) verdreschen (*inf*), versohlen (*inf*); (*defeat*) in die Pfanne hauen (*sl*). **to ~ sb one/ over the head** jdm eins reinhauen (*inf*)/ eins überziehen.

walloping ['wɒləpɪŋ] (*inf*) **I** *n* Prügel *pl* (*inf*), Abreibung *f* (*inf*); (*defeat*) Schlappe *f*. **to give sb a ~** jdm eine Tracht Prügel geben (*inf*); (*defeat*) jdn fertigmachen (*inf*); **to take a ~** (*defeat*) eine Schlappe erleiden.

    II *adj* (*also ~ great*) riesig; *price* gesalzen (*inf*), saftig (*inf*); *loss, defeat* gewaltig (*inf*); *lie* faustdick (*inf*).

wallow ['wɒləʊ] **I** *n* (*act*) Bad *nt*; (*place*) Suhle *f*. **II** *vi* **1.** (*lit*) (*animal*) sich wälzen, sich suhlen; (*boat*) rollen. **2. to ~ in luxury/self-pity** *etc* im Luxus/Selbstmitleid *etc* schwelgen; **to ~ in money** (*inf*) im Geld schwimmen (*inf*).

◆**wallow about** *or* **around** *vi* sich herumwälzen.

wall painting *n* Wandmalerei *f*; **wallpaper I** *n* Tapete *f*; **II** *vt* tapezieren; **wall socket** *n* Steckdose *f*; **wall-to-wall** *adj* **~ carpeting** Teppichboden, Spannteppich, Ausleg(e)teppich *m*.

walnut ['wɔːlnʌt] *n* (*nut*) Walnuß *f*; (*~ tree*) (Wal)nußbaum *m*; (*wood*) Nußbaum-(holz *nt*) *m*.

walrus ['wɔːlrəs] *n* Walroß *nt*.

waltz [wɔːls] **I** *n* Walzer *m*.

    II *vi* **1.** Walzer tanzen. **they ~ed across the ballroom** sie walzten durch den Ballsaal; **as the couples ~ed by smiling ...** wie *or* als die Paare lächelnd vorbeiwalzten ...

    2. (*inf: move, come etc*) walzen (*inf*). **he came ~ing up** er kam angetanzt (*inf*).

    III *vt* Walzer tanzen mit. **he ~ed her out onto the balcony** er walzte mit ihr auf den Balkon hinaus.

◆**waltz about** *or* **around** *vi* (*inf*) herumtanzen *or* -tänzeln.

◆**waltz in** *vi* (*inf*) hereintanzen (*inf*). **to come ~ing** ~ angetanzt kommen (*inf*).

◆**waltz off** *vi* (*inf*) abtanzen (*inf*).

◆**waltz off with** *vi* +*prep obj* (*inf*) *prizes* abziehen mit.

waltz music *n* Walzermusik *f*; **waltz time** *n* Walzertakt *m*.

wan [wɒn] *adj* (+*er*) bleich; *light, smile, look* matt.

wand [wɒnd] *n* (*magic ~*) Zauberstab *m*; (*of office*) Amtsstab *m*.

wander ['wɒndə'] **I** *n* Spaziergang *m*; (*through town, park also*) Bummel *m*. **I'm going for a ~ round the shops** ich mache einen Ladenbummel.

    II *vt hills, world* durchstreifen (*geh*). **to ~ the streets** durch die Straßen wandern *or* (*looking for sb/sth also*) irren.

    III *vi* **1.** herumlaufen; (*more aimlessly*) umherwandern (*through, along* in +*dat*); (*leisurely*) schlendern; (*to see the shops*) bummeln. **he ~ed over to speak to me** er kam zu mir herüber, um mit mir zu reden; **his hands ~ed over the keys** seine Hände wanderten über die Tasten; **the river ~ed through the valley** der Fluß zog sich durch das Tal; **I enjoy just ~ing around** ich bummele gerne einfach nur herum; **his speech ~ed on and on** seine Rede wollte gar nicht aufhören *or* kein Ende nehmen; **if his hands start ~ing ...** (*hum*) wenn er seine Finger nicht bei sich (*dat*) behalten kann ...

    2. (*go off, stray*) **to ~ from the path** vom Wege *or* Pfad abkommen; **the cattle must not be allowed to ~** das Vieh darf nicht einfach so herumlaufen; **he ~ed too near the edge of the cliff** er geriet zu nahe an den Rand des Abhangs; **the children had ~ed out onto the street** die Kinder waren auf die Straße gelaufen; **the needle tends to ~ a bit** der Zeiger schwankt ein bißchen.

    3. (*fig: thoughts, eye*) schweifen, wandern. **to let one's mind ~** seine Gedanken schweifen lassen; **during the lecture his mind ~ed a bit** während der Vorlesung wanderten seine Gedanken umher *or* schweiften seine Gedanken ab; **the old man's mind is beginning to ~ a bit** der alte Mann wird ein wenig wirr; **to ~ from the straight and narrow** vom Pfad der Tugend abirren *or* abkommen; **to ~ from** *or* **off a point/subject** von einem Punkt/vom Thema abschweifen *or* abkommen.

◆**wander about** *vi* umherziehen, umherwandern.

◆**wander back** *vi* (*cows, strays*) zurückkommen *or* -wandern.

◆**wander in** *vi* ankommen (*inf*), anspazieren (*inf*). **he ~ed ~ to see me this morning** (*inf*) er ist heute morgen bei mir vorbeigekommen.

◆**wander off** *vi* **1.** weggehen, davonziehen (*geh*). **to ~ course** vom Kurs abkommen; **if you ~ ~ you'll get lost** wenn du einfach weggehst, wirst du dich verlaufen; **he ~ed ~ into one of his fantasies** er geriet wieder ins Phantasieren; **he must have ~ed ~ somewhere** er muß (doch) irgendwohin verschwunden sein.

    2. (*inf: leave*) *or* langsam gehen.

wanderer ['wɒndərə'] *n* Wandervogel *m*. **the Masai are ~s** die Massai sind ein Wanderstamm *m*.

wandering ['wɒndərɪŋ] *adj tribesman, refugees* umherziehend; *minstrel* fahrend; *thoughts* (ab)schweifend; *path* gewunden. **the old man's ~ mind** die wirren Gedanken des Alten; **to have ~ hands** (*hum*) seine Finger nicht bei sich (*dat*) behalten können; **the W~ Jew** der Ewige Jude.

wanderings ['wɒndərɪŋz] *npl* Streifzüge, Fahrten *pl*; (*mental*) wirre Gedanken *pl*; (*verbal*) wirres Gerede. **it's time he stopped his ~ and settled down** es wird Zeit, daß er mit dem Herumzigeunern aufhört und seßhaft wird.

wanderlust ['wɒndəlʌst] *n* Fernweh *nt*.

wane [weɪn] **I** *n* **to be on the ~** (*fig*) im Schwinden sein. **II** *vi* (*moon*) abnehmen; (*fig*) (*influence, strength, life, power*) schwinden; (*reputation*) verblassen; (*daylight*) nachlassen.

wangle ['wæŋgl] (*inf*) **I** *n* Schiebung (*inf*), Mauschelei (*inf*) *f*. **I think we can arrange some sort of ~** ich glaube, wir können es so hinbiegen (*inf*) *or* hindrehen (*inf*).

    II *vt job, ticket etc* organisieren (*inf*), verschaffen (*inf*). **to ~ oneself/sb in** sich hineinlavieren *or* -mogeln (*inf*)/jdn reinschleusen (*inf*); **he'll ~ it for you** er wird das schon für dich drehen (*inf*) *or* deichseln (*inf*); **to ~ money/the truth** *etc* **out of sb** jdm Geld abluchsen (*inf*)/die Wahrheit *etc* aus jdm rauskriegen (*inf*); **we ~d an extra week's holiday** wir haben noch eine zusätzliche Woche Urlaub rausgeschlagen (*inf*).

wangler ['wæŋglə'] *n* (*inf*) Schlawiner *m* (*inf*).

wangling ['wæŋglɪŋ] *n* (*inf*) Schiebung *f* (*inf*).

wank [wæŋk] (*sl*) **I** *vi* (*also ~ off*) wichsen (*sl*). **II** *vt* **to ~ sb (off)** jdm einen abwichsen (*sl*) *or* runterholen (*sl*). **III** *n* **to have a ~** sich (*dat*) einen runterholen (*sl*).

wanly ['wɒnlɪ] *adv* matt.

wanness ['wɒnɪs] *n* (*paleness*) Blässe *f*; (*of light*) Mattheit *f*.

want [wɒnt] **I** *n* **1.** (*lack*) Mangel *m* (*of* an + *dat*). **for ~ of** aus Mangel an (+*dat*); **for ~ of anything better** mangels Besserem, in Ermangelung von etwas Besserem *or* eines Besseren; **for ~ of something to do** I **joined a sports club** weil ich nichts zu tun hatte, bin ich einem Sportverein beigetreten; **though it wasn't for ~ of trying** nicht, daß er sich nicht bemüht hätte.

    2. (*poverty*) Not *f*. **to be/live in ~** Not leiden.

    3. (*need*) Bedürfnis *nt*; (*wish*) Wunsch *m*. **my ~s are few** meine Ansprüche *or* Bedürfnisse sind gering, meine Ansprüche sind bescheiden; **the farm supplied all their ~s** der Bauernhof versorgte sie mit allem Nötigen *or* Notwendigen; **this factory supplies all our ~s** diese Fabrik liefert unseren gesamten Bedarf; **to be in ~ of sth** einer Sache (*gen*) bedürfen (*geh*), etw brauchen *or* benötigen; **to be in ~ of help/repair** Hilfe brauchen/reparaturbedürftig sein; **to attend to sb's ~s** sich um jdn kümmern; **it fills a long-felt**

~ es wird einem lange empfundenen Bedürfnis gerecht.

II vt **1.** (wish, desire) wollen; (more polite) mögen. **to ~ to do sth** etw tun wollen; **I ~ you to come here** ich will or möchte, daß du herkommst; **I ~ it done now** ich will or möchte das sofort erledigt haben; **I was ~ing to leave the job next month** ich hätte gerne nächsten Monat mit der Arbeit aufgehört; **what does he ~ with me?** was will er von mir?; **darling, I ~ you** Liebling, ich will dich; **you don't ~ much** (iro) sonst willst du nichts? (iro); **I don't ~ strangers coming in** ich wünsche or möchte nicht, daß Fremde (hier) hereinkommen.

2. (need, require) brauchen. **you ~ to see a doctor/solicitor** Sie sollten zum Arzt/Rechtsanwalt gehen; **you ~ to stop doing that** (inf) du mußt damit aufhören; **he ~s to be more careful** (inf) er sollte etwas vorsichtiger sein; **that's the last thing I ~** (inf) alles, bloß das nicht (inf); **that's all we ~ed!** (iro inf) das hat uns gerade noch gefehlt!; **does my hair ~ cutting?** muß mein Haar geschnitten werden?; **"~ed"** „gesucht"; **he's a ~ed man** er wird (polizeilich) gesucht; **to feel ~ed** das Gefühl haben, gebraucht zu werden; **you're ~ed on the phone** Sie werden am Telefon verlangt or gewünscht.

3. (lack) **he ~s talent/confidence etc** es mangelt (geh) or fehlt ihm an Talent/Selbstvertrauen etc; **all the soup ~s is a little salt** das einzige, was an der Suppe fehlt, ist etwas Salz.

III vi **1.** (wish, desire) wollen; (more polite) mögen. **you can go if you ~ (to)** wenn du willst or möchtest, kannst du gehen; **I don't ~ to** ich will or möchte nicht; **do.as you ~** tu, was du willst.

2. he does not ~ for friends es fehlt or mangelt (geh) ihm nicht an Freunden; **they ~ for nothing** es fehlt or mangelt (geh) ihnen an nichts.

3. (liter: live in poverty) darben (liter).

◆**want in** vi (inf) reinwollen.
◆**want out** vi (inf) rauswollen.

want ad n Kaufgesuch nt.

wanting ['wɒntɪŋ] adj **1.** (lacking, missing) fehlend. **humour is ~ in the novel** diesem Roman fehlt es an Humor; **it's a good novel, but there is something ~** der Roman ist gut, aber irgend etwas fehlt.

2. (deficient, inadequate) **he is ~ in confidence/enterprise etc** es fehlt or mangelt (geh) ihm an Selbstvertrauen/Unternehmungslust etc; **his courage/the new engine was found ~** sein Mut war nicht groß genug/der neue Motor hat sich als unzulänglich erwiesen.

3. (inf: mentally deficient) **he's a bit ~ (up top)** er ist ein bißchen unterbelichtet (inf).

wanton ['wɒntən] **I** adj **1.** (licentious) life liederlich; behaviour, woman also, pleasures schamlos; looks, thoughts lüstern.

2. (wilful) cruelty mutwillig; disregard, negligence sträflich, völlig unverantwortlich; waste sträflich, kriminell (inf). **decorated with ~ extravagance** üppig und

verschwenderisch eingerichtet.

3. (poet: capricious) persons übermütig, mutwillig (poet).

II n (old: immoral woman) Dirne f.

wantonly ['wɒntənlɪ] adv **1.** (immorally) liederlich, schamlos; look lüstern. **2.** (wilfully) mutwillig; neglect also, waste sträflich. **she was ~ extravagant with her husband's money** sie gab das Geld ihres Mannes mit sträflichem Leichtsinn aus.

wantonness ['wɒntənnɪs] n see adj **1.** Liederlichkeit f; Schamlosigkeit f; Lüsternheit f. **2.** Mutwilligkeit f; Sträflichkeit f.

war [wɔːʳ] **I** n Krieg m. **the art of ~** die Kriegskunst; **this is ~!** (fig) das bedeutet Krieg!; **the ~ against poverty/disease** der Kampf gegen die Armut/Krankheit; **~ of nerves** Nervenkrieg; **~ of words** Wortkrieg; **to be at ~** sich im Krieg(szustand) befinden; **to declare ~** den Krieg erklären (on dat); (fig also) den Kampf ansagen (on dat); **to go to ~** (start) (einen) Krieg anfangen (against mit); (declare) den Krieg erklären (against dat); (person) in den Krieg ziehen; **to make or wage ~** Krieg führen (on, against gegen); **he/this car has been in the ~s a bit** er/dieses Auto sieht ziemlich ramponiert (inf) or mitgenommen aus.

II vi sich bekriegen; (fig) ringen (geh) (for um).

war baby n Kriegskind nt.

warble ['wɔːbl] **I** n Trällern nt. **II** vti trällern.

warbler ['wɔːbləʳ] n (Orn) Grasmücke f; (wood ~) Waldsänger m.

war bond n Kriegsanleihe f; **war bride** n Kriegsbraut f; **war clouds** npl **the ~ are gathering** Kriegsgefahr droht; **war correspondent** n Kriegsberichterstatter, Kriegskorrespondent m; **war crime** n Kriegsverbrechen nt; **war criminal** n Kriegsverbrecher m; **war cry** n Kriegsruf m; (fig) Schlachtruf m; **the war cries of the Red Indians** das Kriegsgeheul or Kriegsgeschrei der Indianer.

ward [wɔːd] n **1.** (part of hospital) Station f; (room) (small) (Kranken)zimmer nt; (large) (Kranken)saal m.

2. (Jur: person) Mündel nt. **~ of court** Mündel nt unter Amtsvormundschaft; **to make sb a ~ of court** jdn unter Amtsvormundschaft stellen.

3. (Jur: state) **(to be) in ~** unter Vormundschaft (stehen).

4. (Admin) Stadtbezirk m; (election ~) Wahlbezirk m.

5. (of key) Einschnitt m (im Schlüsselbart); (of lock) Aussparung f, Angriff m.

◆**ward off** vt sep attack, blow, person abwehren; danger also abwenden; depression nicht aufkommen lassen.

war dance n Kriegstanz m.

warden ['wɔːdn] n (of youth hostel) Herbergsvater m, Herbergsmutter f; (game ~) Jagdaufseher m; (traffic ~) ≈ Verkehrspolizist m, ≈ Politesse f; (air-raid ~) Luftschutzwart m; (fire ~) Feuerwart m; (of castle, museum etc) Aufseher m; (head ~) Kustos m; (of port) (Hafen)aufseher m; (of mint) Münzwardein m; (Univ) Heimleiter(in f) m; (of Oxbridge college) Rektor m; (US: of prison)

Gefängnisdirektor m.

warder ['wɔ:dəʳ] n (Brit) Wärter, Aufseher m.

ward heeler n (US Pol sl) Handlanger m (inf).

wardress ['wɔ:drɪs] n (Brit) Wärterin, Aufseherin f.

wardrobe ['wɔ:drəʊb] n 1. (cupboard) (Kleider)schrank m. 2. (clothes) Garderobe f. 3. (Theat) (clothes) Kostüme pl; (room) Kleiderkammer f, Kostümfundus m.

wardrobe mistress n (Theat) Gewandmeisterin f; **wardrobe trunk** n Kleiderkoffer m.

wardroom ['wɔ:dru:m] n (Naut) Offiziersmesse f.

wardship ['wɔ:dʃɪp] n (Jur) Vormundschaft f.

ware [wɛəʳ] n Delft/Derby ~ Delfter/Derby Porzellan nt.

warehouse ['wɛəhaʊs] I n Lager(haus) nt. II vt einlagern.

warehouseman ['wɛəhaʊsmən] n, pl -men [-mən] Lagerarbeiter m.

wares [wɛəz] npl Waren pl.

warfare ['wɔ:fɛəʳ] n Krieg m; (techniques) Kriegskunst f.

war game n Kriegsspiel nt; **war grave** n Kriegsgrab nt; **warhead** n Sprengkopf m; **warhorse** n (lit, fig) Schlachtroß nt.

warily ['wɛərɪlɪ] adv vorsichtig; (suspiciously) mißtrauisch, argwöhnisch. **to tread ~** (lit, fig) sich vorsehen.

wariness ['wɛərɪnɪs] n Vorsicht f; (mistrust) Mißtrauen nt, Argwohn m. **he has a reputation for ~** er gilt als ein vorsichtiger Mann; **the ~ of his reply** die Zurückhaltung, mit der er antwortete; **she had a great ~ of strangers** sie hegte starkes Mißtrauen or großen Argwohn gegen Fremde.

warlike ['wɔ:laɪk] adj kriegerisch; tone, speech militant.

warlord ['wɔ:lɔ:d] n Kriegsherr m.

warm [wɔ:m] I adj (+er) 1. warm. **I am or feel ~** mir ist warm; **come to the fire and get ~** komm ans Feuer und wärm dich; **it's ~ work** moving furniture about beim Möbelumstellen wird einem ganz schön warm or kommt man ins Schwitzen; **to make things ~ for sb** es jdm ungemütlich machen (inf).
2. (in games) **you're getting ~** es wird schon wärmer; **you're very ~!** heiß!
3. (hearty, warm-hearted) person, welcome herzlich, warm.
4. (heated) dispute, words hitzig, heftig.
II n **we were glad to get into the ~** wir waren froh, daß wir ins Warme kamen; **to give sth a ~** etw wärmen.
III vt wärmen. **it ~s my heart to ...** mir wird (es) ganz warm ums Herz, wenn ...
IV vi **the milk was ~ing on the stove** die Milch wurde auf dem Herd angewärmt; **my heart ~ed** mir wurde warm ums Herz; **I/my heart ~ed to him** er wurde mir sympathischer/ich habe mich für ihn erwärmt; **his voice ~ed as he spoke of his family** seine Stimme bekam einen warmen Ton, als er von seiner Familie sprach; **he spoke rather hesitantly at first**

but soon ~ed to his subject anfangs sprach er noch sehr zögernd, doch dann fand er sich in sein Thema hinein; **to ~ to one's work** sich mit seiner Arbeit anfreunden, Gefallen an seiner Arbeit finden.

◆**warm over** vt sep (esp US) aufwärmen.

◆**warm up** I vi (lit, fig) warm werden; (party, game, speaker) in Schwung kommen; (Sport) sich aufwärmen. **things are ~ing** es kommt Schwung in die Sache; (becoming dangerous) es wird allmählich brenzlig or ungemütlich (inf).
II vt sep engine warm werden lassen, warmlaufen lassen; food etc aufwärmen; (fig) party in Schwung bringen; audience in Stimmung bringen.

warm-blooded ['wɔ:m'blʌdɪd] adj warmblütig; (fig) heißblütig. **~ animal** Warmblüter m.

warmer ['wɔ:məʳ] n foot/bottle ~ Fuß-/Flaschenwärmer m.

warm front n (Met) Warm(luft)front f.

warm-hearted ['wɔ:m'hɑ:tɪd] adj person warmherzig; action, gesture großzügig.

warm-heartedness ['wɔ:m'hɑ:tɪdnɪs] n Warmherzigkeit, Herzlichkeit f; (of action, gesture) Großherzigkeit f.

warming pan ['wɔ:mɪŋˌpæn] n Wärmepfanne f.

warmish ['wɔ:mɪʃ] adj ein bißchen warm. **~ weather** ziemlich warmes Wetter.

warmly ['wɔ:mlɪ] adv warm; welcome herzlich; recommend wärmstens. **we ~ welcome it** wir begrüßen es sehr.

warmness ['wɔ:mnɪs] n see **warmth**.

warmonger ['wɔ:ˌmʌŋgəʳ] n Kriegshetzer m; **warmongering** ['wɔ:ˌmʌŋgərɪŋ] I adj kriegshetzerisch; 2 n Kriegshetze f.

warmth [wɔ:mθ] n 1. (lit) Wärme f. 2. (fig) (friendliness of voice, welcome etc) Wärme, Herzlichkeit f; (heatedness) Heftigkeit, Hitzigkeit f.

warm-up ['wɔ:mʌp] n (Sport) Aufwärmen nt; (Mus) Einspielen nt. **the teams had a ~ before the game** die Mannschaften wärmten sich auf vor dem Spiel; **the audience was entertained with a ~ before the TV transmission began** das Publikum wurde vor der Fernsehübertragung in Stimmung gebracht.

warn [wɔ:n] I vt 1. warnen (of, about, against vor +dat); (police, judge etc) verwarnen. **to ~ sb not to do sth** jdn davor warnen, etw zu tun; **be ~ed!** sei gewarnt!, laß dich warnen!; **I'm ~ing you** ich warne dich!; **you have been ~ed!** sag nicht, ich hätte dich nicht gewarnt or es hätte dich niemand gewarnt!
2. (inform) **to ~ sb that ...** jdn darauf aufmerksam machen or darauf hinweisen, daß ...; **her expression ~ed me that she was not enjoying the conversation** ich merkte schon an ihrem Gesichtsausdruck, daß ihr die Unterhaltung nicht gefiel; **you might have ~ed us that you were coming** du hättest uns ruhig vorher wissen lassen können or Bescheid sagen können, daß du kommst.
II vi warnen (of vor +dat).

◆**warn off** vt sep warnen. **to ~ sb ~ doing sth** jdn (davor) warnen, etw zu tun; **I ~ed him ~ my property** ich habe ihn von meinem Grundstück verwiesen; **to ~ sb ~ a subject** jdm von einem Thema abraten; **he sat there shaking his head obviously trying to ~ me** ~ er saß da und schüttelte den Kopf, offensichtlich, um mich davon abzubringen.

warning ['wɔːnɪŋ] **I** n Warnung f; (from police, judge etc) Verwarnung f. **without ~** unerwartet, ohne Vorwarnung; **they had no ~ of the enemy attack** der Feind griff sie ohne Vorwarnung an; **he had plenty of ~** er ist oft or häufig genug gewarnt worden; (early enough) er wußte früh genug Bescheid; **to give sb a ~** jdn warnen; (police, judge etc) jdm eine Verwarnung geben; **let this be a ~ to you/to all those who ...** lassen Sie sich (dat) das eine Warnung sein!, das soll Ihnen eine Warnung sein/allen denjenigen, die ..., soll das eine Warnung sein; **the bell gives ~ or is a ~ that ...** die Klingel zeigt an, daß ...; **they gave us no ~ of their arrival** sie kamen unangekündigt or ohne Vorankündigung; **please give me a few days' ~** bitte sagen or geben Sie mir ein paar Tage vorher Bescheid; **to give sb due ~** (inform) jdm rechtzeitig Bescheid sagen.
II adj Warn-; look, tone warnend. **a ~ sign** ein erstes Anzeichen; (signboard etc) ein Warnzeichen nt/-schild nt.

warningly ['wɔːnɪŋlɪ] adv warnend.

warp [wɔːp] **I** n **1.** (in weaving) Kette f.
2. (in wood etc) Welle f. **the damp has caused a severe ~** durch die Feuchtigkeit hat sich das Holz etc stark verzogen.
3. (towing cable) Schleppleine f.
4. (of mind) hatred of his mother had given his mind an evil ~ der Haß, den er gegen seine Mutter hegte, hatte seinen ganzen Charakter entstellt or verbogen; **the ~ in his personality** das Abartige in seinem Wesen.
II vt wood wellig werden lassen, wellen; character verbiegen, entstellen; judgement verzerren; (Aviat) verwinden.
III vi (wood) sich wellen, sich verziehen, sich werfen.

warpaint ['wɔːpeɪnt] n (lit, fig inf) Kriegsbemalung f; **warpath** n Kriegspfad m; **on the ~** auf dem Kriegspfad.

warped [wɔːpt] adj **1.** (lit) verzogen, wellig.
2. (fig) sense of humour abartig; character also verbogen; judgement verzerrt.

warping ['wɔːpɪŋ] n Krümmung f.

war plane n (US) Kampfflugzeug nt.

warrant ['wɒrənt] **I** n **1.** (Comm) Garantie f; (Mil) Patent nt; (search ~) Durchsuchungsbefehl m; (death ~) Hinrichtungsbefehl m. **a ~ of arrest** ein Haftbefehl m; **there is a ~ out for his arrest** gegen ihn ist Haftbefehl erlassen worden (Jur), er wird steckbrieflich gesucht.
2. (rare) (justification) Berechtigung f; (authority) Befugnis, Ermächtigung f.
II vt **1.** (justify) action etc rechtfertigen. **to ~ sb to do sth** jdn dazu berechtigen, etw zu tun.
2. (merit) verdienen.
3. (dated inf: assure) wetten.
4. (guarantee) gewährleisten. **these goods are ~ed for three months by the manufacturers** für diese Waren über-

nimmt der Hersteller eine Garantie von drei Monaten.

warrantee [ˌwɒrənˈtiː] n Garantieinhaber m.

warrant officer n Rang m zwischen Offizier und Unteroffizier.

warrantor ['wɒrəntɔʳ] n Garantiegeber m.

warranty ['wɒrəntɪ] n (Comm) Garantie f. **it's still under ~** darauf ist noch Garantie.

warren ['wɒrən] n (rabbit ~) Kaninchenbau m; (fig) Labyrinth nt.

warring ['wɔːrɪŋ] adj nations kriegführend; interests, ideologies gegensätzlich; factions sich bekriegend.

warrior ['wɒrɪəʳ] n Krieger m.

Warsaw ['wɔːsɔː] n Warschau nt. **~ Pact** Warschauer Vertrag or Pakt m.

warship ['wɔːʃɪp] n Kriegsschiff nt.

wart [wɔːt] n Warze f. **~s and all** (hum inf) mit allen seinen/ihren etc Fehlern.

wart-hog ['wɔːthɒg] n Warzenschwein nt.

wartime ['wɔːtaɪm] **I** n Kriegszeit f. **in ~** in Kriegszeiten. **II** adj Kriegs-. **in ~ England** in England während des Krieges.

war-weary ['wɔːˌwɪərɪ] adj kriegsmüde; **war widow** n Kriegswitwe f.

wary ['wɛərɪ] adj (+er) vorsichtig; (looking and planning ahead) umsichtig, klug, wachsam; look mißtrauisch, argwöhnisch. **to be ~ of sb/sth** sich vor jdm/einer Sache in acht nehmen; **to be ~ about doing sth** seine Zweifel or Bedenken haben, ob man etw tun soll; **he was ~ about picking up the fireworks** nur mit größter Vorsicht hob er die Feuerwerkskörper auf; **be ~ of talking to strangers** hüte dich davor, mit Fremden zu sprechen.

war zone n Kriegsgebiet nt.

was [wɒz] pret of **be.**

wash [wɒʃ] **I** n **1.** (act of ~ing) sb/sth needs a ~ jd/etw muß gewaschen werden; **to give sb/sth a (good) ~** jdn/etw (gründlich) waschen; **to have a ~** sich waschen.
2. (laundry) Wäsche f. **to be at/in the ~** in der Wäsche sein; **it will all come out in the ~** (fig inf) es wird schon alles rauskommen (inf).
3. (of ship) Kielwasser nt; (Aviat) Luftstrudel m.
4. (lapping) (gentle sound) Geplätscher nt; (of ocean) sanftes Klatschen der Wellen.
5. (mouth~) Mundwasser nt; (liquid remains, also pej) Spülwasser nt. **a coat of blue ~** ein Anstrich m von blauer Tünche.
6. (in painting) a drawing in ink and ~ eine kolorierte Federzeichnung; **a ~ of brown · ink** eine leichte or schwache Tönung mit brauner Tünche.
II vt **1.** waschen; dishes spülen, abwaschen; floor aufwaschen, aufwischen; (parts of) body sich (dat) waschen. **to ~ one's hands** (euph) sich (dat) die Hände waschen (euph); **to ~ one's hands of sb/sth** mit jdm/etw nichts mehr zu tun haben wollen; **to ~ sth clean** etw reinwaschen; **to ~ one's dirty linen in public** (fig) seine schmutzige Wäsche in or vor aller Öffentlichkeit waschen.
2. (sea etc) umspülen; wall, cliffs etc schlagen gegen.

3. (*river, sea: carry*) spülen. **the body was ~ed downstream** die Leiche wurde flußabwärts getrieben; **to ~ ashore** an Land spülen, anschwemmen.

4. the water had ~ed a channel in the rocks das Wasser hatte eine Rinne in die Felsen gefressen.

5. (*paint*) *walls* tünchen; *paper* kolorieren.

III *vi* **1.** (*have a ~*) sich waschen.

2. (*do the laundry etc*) waschen; (*Brit: ~ up*) abwaschen.

3. a material that ~es well/won't ~ ein Stoff, der sich gut wäscht/den man nicht waschen kann; **that excuse won't ~** (*Brit fig inf*) diese Entschuldigung nimmt *or* kauft dir keiner ab! (*inf*).

4. (*sea etc*) schlagen. **the sea ~ed over the promenade** das Meer überspülte die Strandpromenade.

◆**wash away** *vt sep* **1.** (hin)wegspülen. **2.** (*fig*) **to ~ ~ sb's sins** jdn von seinen Sünden reinwaschen.

◆**wash down** *vt sep* **1.** (*clean*) *car, walls, deck* abwaschen. **2.** *meal, food* hinunterspülen, runterspülen (*inf*).

◆**wash off I** *vi* (*stain, dirt*) sich rauswaschen lassen. **most of the pattern has ~ed ~** das Muster ist fast ganz verwaschen. **II** *vt sep* abwaschen. **~ that grease ~ your hands** wasch dir die Schmiere von den Händen!

◆**wash out I** *vi* sich (r)auswaschen lassen. **II** *vt sep* **1.** (*clean*) auswaschen; *mouth* ausspülen. **2.** (*stop, cancel*) *game etc* ins Wasser fallen lassen (*inf*). **the game was ~ed ~** das Spiel fiel buchstäblich ins Wasser (*inf*).

◆**wash over** *vi + prep obj* **all that criticism just seemed to ~ ~ him** die ganze Kritik schien an ihm abzuprallen; **he lets everything just ~ ~ him** er läßt alles einfach ruhig über sich ergehen.

◆**wash up I** *vi* **1.** (*Brit: clean dishes*) abwaschen, (ab)spülen. **2.** (*US: have a wash*) sich waschen. **II** *vt sep* **1.** (*Brit*) *dishes* abwaschen, (ab)spülen. **2.** (*sea etc*) anschwemmen, anspülen. **3.** (*inf: finished*) **that's/we're all ~ed ~** (*fig inf*) das *or* der Film ist gelaufen (*inf*).

washable ['wɒʃəbl] *adj* waschbar; *wallpaper* abwaschbar.

wash-and-wear ['wɒʃən'weəʳ] *adj* *clothing, fabric* bügelfrei; **washbag** *n* (*US*) Kulturbeutel *m*; **wash basin** *n* Waschbecken *nt*; **wash board** *n* Waschbrett *nt*; **wash bowl** *n* Waschschüssel *f*; (*in unit*) Waschbecken *nt*; **wash cloth** *n* (*US*) Waschlappen *m*; **washday** *n* Waschtag *m*.

washed-out ['wɒʃt'aut] *adj* (*inf*) erledigt (*inf*), schlapp (*inf*). **to feel ~** sich wie ausgelaugt fühlen (*inf*); **to look ~** mitgenommen aussehen.

washer ['wɒʃəʳ] *n* **1.** (*Tech*) Dichtung(sring *m*) *f*. **2.** (*clothes* ~) Waschmaschine *f*; (*dish~*) (Geschirr)spülmaschine *f*.

washerwoman ['wɒʃəˌwumən] *n, pl* **-women** [-ˌwɪmɪn] Waschfrau, Wäscherin *f*. **to gossip like a ~** klatschen wie ein Waschweib.

wash house *n* Waschhaus *nt*.

washing ['wɒʃɪŋ] *n* Waschen *nt*; (*clothes*)

Wäsche *f*. **many small boys dislike ~** viele kleine Jungen waschen sich nicht gerne; **to do the ~** Wäsche waschen; **to take in ~** (für Kunden) waschen.

washing day *n see* **washday**; **washing machine** *n* Waschmaschine *f*; **washing powder** *n* Waschpulver *nt*; **washing soda** *n* Bleichsoda *nt*.

Washington ['wɒʃɪŋtən] *n* (*abbr* **Wash, WA**) Washington *nt*.

washing-up [ˌwɒʃɪŋ'ʌp] *n* (*Brit*) Abwasch *m*; **to do the ~** spülen, den Abwasch machen; **washing-up basin** *or* **bowl** *n* Spülschüssel *f*; **washing-up liquid** *n* Spülmittel *nt*.

wash leather *n* Waschleder *nt*; **washout** *n* (*inf*) Reinfall *m* (*inf*); (*person*) Flasche (*inf*), Niete (*inf*) *f*; **wash rag** *n* (*US*) *see* **wash cloth**; **washroom** *n* Waschraum *m*; **wash stand** *n* **1.** Waschbecken *nt*; **2.** (*old*) Waschgestell *nt*; **wash tub** *n* (Wasch)-zuber *m*.

washy ['wɒʃɪ] *adj* wässerig; *see* **wishy-washy**.

wasn't ['wɒznt] *contr of* **was not**.

wasp [wɒsp] *n* Wespe *f*.

WASP [wɒsp] (*US*) *abbr of* **White Anglo-Saxon Protestant** weißer angelsächsischer Protestant.

waspish *adj*, **~ly** *adv* ['wɒspɪʃ, -lɪ] giftig.

wasp-waist [ˈwɒspweɪst] *n* Wespentaille *f*.

wastage ['weɪstɪdʒ] *n* Schwund *m*; (*action*) Verschwendung *f*; (*amount also*) Materialverlust *m*; (*from container also*) Verlust *m*; (*unusable products etc also*) Abfall *m*. **a ~ rate of 10%** eine Verlustquote von 10%; *see* **natural ~**.

waste [weɪst] **I** *adj* (*superfluous*) überschüssig, überflüssig; (*left over*) ungenutzt; *land* brachliegend, ungenutzt. **~ food** Abfall *m*; **~ material/matter** Abfallstoffe *pl*; **to lay ~** verwüsten; **to lie ~** brachliegen.

II *n* **1.** Verschwendung *f*; (*unusable materials*) Abfall *m*. **it's a ~ of time/money** es ist Zeit-/Geldverschwendung; **it's a ~ of your time and mine** das ist nur (eine) Zeitverschwendung für uns beide; **it's a ~ of effort** das ist verschwendete *or* vergeudete Mühe; **a ~ of opportunities** eine nicht wahrgenommene *or* genutzte Chance *or* Gelegenheit; **to go** *or* **run to ~** (*food*) umkommen; (*training, money, land*) ungenutzt sein/ bleiben, brachliegen; (*talent etc*) verkümmern.

2. (~ *material*) Abfallstoffe *pl*; (*in factory*) Schwund *m*; (*rubbish*) Abfall *m*.

3. (*land, expanse*) Wildnis *no pl*, Einöde *f*. **a ~ of snow, a snowy ~** eine Schneewüste.

III *vt* **1.** (*use badly or wrongly*) verschwenden, vergeuden (*on an* +*acc*, für); *food* verschwenden; *life, time* vergeuden, vertun; *opportunity* vertun. **you're wasting your time** das ist reine Zeitverschwendung; **don't ~ my time** stiehl mir nicht meine Zeit; **you didn't ~ much time getting here!** (*inf*) da bist du ja schon, du hast ja nicht gerade getrödelt! (*inf*); **all our efforts were ~d** all unsere Bemühungen waren umsonst *or* vergeblich; **nothing is ~d** es wird nichts verschwendet; **I ~d three**

litres of petrol coming here ... und dafür habe ich drei Liter Benzin verfahren *or* verschwendet; **he didn't ~ any words in telling me ...** ohne viel(e) Worte zu machen *or* zu verlieren, sagte er mir ...; **I wouldn't ~ my breath talking to him** ich würde doch nicht für den meine Spucke vergeuden! (*inf*); **don't ~ your efforts on him** vergeuden Sie keine Mühe mit ihm!; **Beethoven/she is ~d on him** Beethoven/ist an den verschwendet *or* vergeudet/sie ist zu schade für ihn.

2. (*weaken*) auszehren; *strength* aufzehren.

3. (*lay waste*) verwüsten.

IV *vi* (*food*) umkommen; (*skills*) verkümmern; (*body*) verfallen; (*strength, assets*) schwinden. **~ not, want not** (*Prov*) spare in der Zeit, so hast du in der Not (*Prov*).

◆**waste away** *vi* (*physically*) dahinschwinden (*geh*), immer weniger werden. **you're not exactly wasting ~!** (*iro*) du siehst doch aus wie das blühende Leben!

waste-basket, waste-bin ['weɪstˌbɑːskɪt, -bɪn] *n* Papierkorb *m*; **waste disposal** *n* Müllbeseitigung *f*; **waste disposal unit** *n* Müllschlucker *m*.

wasteful ['weɪstfʊl] *adj* verschwenderisch; *method, process* aufwendig, unwirtschaftlich; *expenditure* unnütz. **leaving all the lights on is a ~ habit** es ist Verschwendung, überall Licht brennen zu lassen; **to be ~ with sth** verschwenderisch mit etw umgehen; **this project is ~ of the country's resources** dieses Projekt ist eine unnütze Vergeudung unserer Ressourcen.

wastefully ['weɪstfəlɪ] *adv* verschwenderisch; *organized* unwirtschaftlich.

wastefulness ['weɪstfʊlnɪs] *n* (*of person*) verschwenderische Art; (*in method, organization, of process etc*) Unwirtschaftlichkeit, Aufwendigkeit *f*. **throwing it away is sheer ~** es ist reine Verschwendung, das wegzuwerfen; **sb's ~ with sth/in doing sth** jds verschwenderische Art, mit etw umzugehen/etw zu machen.

wasteland ['weɪstlænd] *n* Ödland *nt*; (*fig*) Einöde *f*; **wastepaper** *n* Papierabfall *m*; (*fig*) Makulatur *f*; **wastepaper basket** *n* (*Brit*) Papierkorb *m*; **waste pipe** *n* Abflußrohr *nt*; **waste product** *n* Abfallprodukt *nt*.

waster ['weɪstə'] *n* **1.** Verschwender(in *f*) *m*. **it's a real time-/ money-~** das ist wirklich Zeit-/Geldverschwendung. **2.** (*good-for-nothing*) Taugenichts *m*.

wasting ['weɪstɪŋ] *adj attr* ~ **disease** Auszehrung *f*; **this is a ~ disease** das ist eine Krankheit, bei der der Körper allmählich verfällt.

wastrel ['weɪstrəl] *n* (*liter*) Prasser *m* (*liter*).

watch¹ [wɒtʃ] *n* (Armband)uhr *f*.

watch² I *n* **1.** (*vigilance*) Wache *f*. **to be on the ~** aufpassen; **to be on the ~ for sb/sth** nach jdm/etw Ausschau halten; **to keep ~** Wache halten; **to keep a close ~ on sb/sth** jdn/etw scharf bewachen; **to keep a close ~ on the time** genau auf die Zeit achten; **to keep ~ over sb/sth** bei jdm/etw wachen *or* Wache halten.

2. (*period of duty, Naut, people*) Wache

f; (*people also*) Wachmannschaft *f*. **to be on ~** Wache haben, auf Wacht sein (*geh*).

II *vt* **1.** (*guard*) aufpassen auf (+*acc*); (*police etc*) überwachen.

2. (*observe*) beobachten; *match* zusehen *or* zuschauen bei; *film, play, programme on TV* sich (*dat*) ansehen. **to ~ TV** fernsehen; **to ~ sb doing sth** jdm zusehen *or* zuschauen *or* sich (*dat*) ansehen, wie jd etw macht; **I'll come and ~ you play** ich komme und sehe dir beim Spielen zu; **he just stood there and ~ed her drown** er stand einfach da und sah zu, wie sie ertrank; **I ~ed her coming down the street** ich habe sie beobachtet, wie *or* als sie die Straße entlang kam; **she has a habit of ~ing my mouth when I speak** sie hat die Angewohnheit, mir auf den Mund zu sehen *or* schauen, wenn ich rede; **let's go and ~ the tennis** gehen wir uns (das) Tennis ansehen; **don't ~ the camera** sehen Sie nicht zur Kamera!; **~ this young actor, he'll be a star** beachten Sie diesen jungen Schauspieler, das wird mal ein Star; **~ the road in front of you** paß auf die Straße auf!, *guck or* achte auf die Straße!; **now ~ this closely** sehen *or* schauen Sie jetzt gut zu!, passen Sie mal genau auf!; **~ this!** paß auf!; **I want everyone to ~ me** ich möchte, daß mir alle zusehen *or* -schauen!, alle mal hersehen *or* -schauen!; **just ~ me!** guck *or* schau mal, wie ich das mache!; **just you ~ me tell him!** na, jetzt kannst du mal sehen, wie ich ihm den Bescheid sage!; **we are being ~ed** wir werden beobachtet; **I just can't stand being ~ed** ich kann es einfach nicht ausstehen, wenn mir ständig einer zusieht; **a ~ed pot never boils** (*Prov*) wenn man daneben steht, kocht das Wasser nie.

3. (*be careful of*) achtgeben *or* aufpassen auf (+*acc*); *expenses* achten auf (+*acc*); *time* achten auf (+*acc*), aufpassen auf (+*acc*). **(you'd better) ~ it!** (*inf*) paß (bloß) auf! (*inf*); **~ yourself** sieh dich vor!; sei vorsichtig!; (*well-wishing*) mach's gut; **~ your manners/language!** bitte benimm dich!/drück dich bitte etwas gepflegter aus!; **~ him, he's crafty** sieh dich vor *or* paß auf, er ist raffiniert!; **~ where you put your feet** paß auf, wo du hintrittst; **~ how you talk to him, he's touchy** sei vorsichtig, wenn du mit ihm sprichst, er ist sehr empfindlich; **~ how you drive, the roads are icy** paß beim Fahren auf *or* fahr vorsichtig, die Straßen sind vereist!; **~ how you go!** mach's gut!; (*on icy surface etc*) paß beim Laufen/Fahren auf!; *see* **step.**

4. *chance* abpassen, abwarten.

III *vi* **1.** (*observe*) zusehen, zuschauen. **to ~ for sb/sth** nach jdm/etw Ausschau halten *or* ausschauen; **they ~ed for a signal from the soldiers** sie warteten auf ein Signal von den Soldaten; **to ~ for sth to happen** darauf warten, daß etw geschieht; **to be ~ing for signs of ...** nach Anzeichen von ... Ausschau halten; **you should ~ for symptoms of ...** du solltest auf ...-symptome achten.

2. (*keep* ~) Wache halten; (*at sickbed also*) wachen. **there are policemen ~ing all round the house** das Haus wird rundherum von Polizisten bewacht.

◆**watch out** vi **1.** (*look carefully*) Ausschau halten (*for sb/sth* nach jdm/etw).
2. (*be careful*) aufpassen, achtgeben (*for* auf +*acc*). **there were hundreds of policemen ~ing ~ for trouble at the football match** bei dem Fußballspiel waren Hunderte von Polizisten, die aufpaßten, daß es nicht zu Zwischenfällen kam; **~~!** Achtung!, Vorsicht!; **you'd better ~ ~!** (*threatening also*) paß bloß auf!, nimm dich in acht!, sieh dich ja vor!

◆**watch over** vi +prep obj wachen über (+ acc).

watchband ['wɒtʃbænd] n (*US*) Uhrarmband nt; **watchcase** n Uhrengehäuse nt; **watch chain** n Uhrkette f; **Watch Committee** n (*Brit*) Aufsichtskommission f; **watchdog** n (*lit*) Wachhund m; (*fig*) Aufpasser (*inf*), Überwachungsbeauftragte(r) m; **government ~** Regierungsbeauftragter zur Überwachung von ...

watcher ['wɒtʃə ʳ] n Schaulustige(r) mf; (*observer*) Beobachter(in f) m.

watchful ['wɒtʃfʊl] adj wachsam. **to be ~ for/against** wachsam Ausschau halten nach/auf der Hut sein vor (+*dat*).

watchfully ['wɒtʃfʊlɪ] adv wachsam. **policemen sat ~ at the back of the hall** ganz hinten im Saal saßen Polizisten, die aufpaßten; **the opposition waited ~ for the Government's next move** die Opposition beobachtete aufmerksam, welchen Schritt die Regierung als nächstes unternehmen würde.

watchfulness ['wɒtʃfʊlnɪs] n Wachsamkeit f.

watch-glass ['wɒtʃɡlɑːs] n Uhrenglas nt.

watching brief ['wɒtʃɪŋ'briːf] n **to hold a ~** eine Kontrollfunktion ausüben.

watchmaker ['wɒtʃˌmeɪkə ʳ] n Uhrmacher m; **watchman** n (*night-watch, in bank, factory etc*) (Nacht)wächter m; **watchnight service** n Jahresschlußmette f; **watchstrap** n Uhrarmband nt; **watch tower** n Wachturm m; **watchword** n (*password, motto*) Parole, Losung f.

water ['wɔːtə ʳ] I n **1.** Wasser nt. **the field is under ~** das Feld steht unter Wasser; **to make ~** (*ship*) lecken.
2. (*sea, of lake etc*) **~s** Gewässer pl; **the ~s of the Rhine** die Wasser des Rheins (*liter*); **by ~** auf dem Wasserweg, zu Wasser (*geh*); **on land and ~** zu Land und zu Wasser; **we spent an afternoon on the ~** wir verbrachten einen Nachmittag auf dem Wasser.
3. (*urine*) Wasser nt. **to make** or **pass ~** Wasser lassen.
4. (*at spa*) **the ~s** die Heilquelle; **to drink** or **take the ~s** eine Kur machen; (*drinking only*) eine Trinkkur machen.
5. (*Med*) **~ on the brain** Wasserkopf m; **~ on the knee** Kniegelenkerguß m.
6. (*toilet* **~**) **rose ~** etc Rosenwasser nt etc.
7. to stay above ~ sich über Wasser halten; **to pour cold ~ on sb's idea** jdm etw miesmachen (*inf*); **to get (oneself) into deep ~(s)** ins Schwimmen kommen; **they got into deep ~ when they tried to meddle in politics** sie begaben sich aufs Glatteis,

als sie versuchten, in der Politik mitzumischen; **of the first ~** erster Güte; **a lot of ~ has flowed under the bridge since then** (*fig*) seitdem ist soviel Wasser den Berg or den Bach hinuntergeflossen; **to hold ~** (*lit*) wasserdicht sein; **that excuse/argument etc won't hold ~** (*inf*) diese Entschuldigung/ dieses Argument etc ist nicht hieb- und stichfest (*inf*); **to be in** or **get into hot ~** (*fig inf*) in Schwierigkeiten or in (des) Teufels Küche (*inf*) sein/ geraten (*over* wegen +*gen*); **to spend money like ~** (*inf*) mit dem Geld nur so um sich werfen (*inf*).

II vt **1.** *garden, roads* sprengen; *lawn also* besprengen; *land, field* bewässern; *plant* (be)gießen.
2. *horses, cattle* tränken.
3. *wine* verwässern, verdünnen.
4. to ~ capital (*Fin*) Aktienkapital verwässern.

III vi **1.** (*mouth*) wässern; (*eye*) tränen. **the smoke made his eyes ~** ihm tränten die Augen vom Rauch; **my mouth ~ed** mir lief das Wasser im Mund zusammen; **to make sb's mouth ~** jdm den Mund wässerig machen.
2. (*animals*) trinken.

◆**water down** vt sep (*lit, fig*) verwässern; (*fig also*) abmildern, abschwächen; *liquids* (mit Wasser) verdünnen.

water beetle n Wasserkäfer m; **water bird** n Wasservogel m; **water biscuit** n ≃ Kräcker m; **water blister** n Wasserblase f; **water boatman** n Rückenschwimmer m; **waterborne** adj **to be ~** (*ship*) auf dem or im Wasser sein; **~ trade** Handel m auf dem Seeweg or Wasserweg, Handelsschiffahrt f; **a ~ disease** eine Krankheit, die durch das Wasser übertragen wird; **water-bottle** n Wasserflasche f; (*for troops, travellers etc*) Feldflasche f; **waterbuck** n Wasserbock m; **water buffalo** n Wasserbüffel m; **water butt** n Regentonne f; **water cannon** n Wasserwerfer m; **water carrier** n Wasserträger(in f) m; **the W~** (*Astrol*) der Wassermann; **water-cart** n Wasserwagen m; (*for roads*) Sprengwagen m; **water closet** n (*abbr* WC) Wasserklosett nt; **watercolour,** (*US*) **watercolor** I n Wasserfarbe, Aquarellfarbe f; (*picture*) Aquarell nt; II attr Aquarell-; **water-cooled** adj wassergekühlt; **water cooler** n Thermoskanister m, isolierter Trinkwasserbehälter/-kanister; **watercourse** n (*stream*) Wasserlauf m; (*bed*) Flußbett nt; (*artificial*) Kanal m; **watercress** n (Brunnen)kresse f; **water-cure** n Wasserkur f; **water diviner** n (Wünschel)rutengänger m; **waterfall** n Wasserfall m; **waterfowl** n Wasservogel m; pl Wassergeflügel nt; **waterfront** I n Hafenviertel nt; **we drove along the ~/down to the ~** wir fuhren am Wasser entlang/hinunter zum Wasser; II attr am Wasser; **a ~ restaurant/a restaurant in the ~ area** ein Restaurant direkt am Hafen or am Wasser/im Hafenviertel; **water-gauge** n (*in tank*) Wasserstandsmesser or -anzeiger m; (*in rivers, lakes etc also*) Pegel m; **water heater** n Heißwassergerät nt; **water hole**

n Wasserloch *nt*; **water-ice** *n* Fruchteis *nt*.

wateriness ['wɔːtərɪnɪs] *n* (*weakness*) Wässerigkeit, Wäßrigkeit *f*; (*of colour*) Blässe *f*.

watering ['wɔːtərɪŋ] *n* (*of land, field*) Bewässern *nt*; (*of garden*) Sprengen *nt*; (*of lawn also*) Besprengen *nt*; (*of plant*) (Be)gießen *nt*.

watering can *n* Gießkanne *f*; **watering place** *n* (*spa*) Kurort *m*; (*seaside resort*) Badeort *m*, Seebad *nt*; (*for animals*) Tränke, Wasserstelle *f*.

water jacket *n* Kühlmantel, Kühlwassermantel *m*; **water jump** *n* Wassergraben *m*; **waterless** *adj* trocken; **a ~ planet** ein Planet ohne Wasser; **water level** *n* Wasserstand *m* (*in engine also*); (*measured level of river, reservoir etc also*) Pegelstand *m*; (*surface of water*) Wasserspiegel *m*; **waterlily** *n* Seerose *f*; **waterline** *n* Wasserlinie *f*; **waterlogged** *adj* **the fields are ~** die Felder stehen unter Wasser; **the ship was completely ~** das Schiff war voll Wasser gelaufen.

Waterloo [ˌwɔːtəˈluː] *n* **to meet one's ~** (*hum*) Schiffbruch erleiden; **with that woman he has finally met his ~** bei dieser Frau hat er sein Waterloo erlebt (*hum*).

water main *n* Haupt(wasser)leitung *f*; (*the actual pipe*) Hauptwasserrohr *nt*; **waterman** *n* Fährmann *m*; **watermark** *n* 1. (*on wall*) Wasserstandsmarke *f*; 2. (*on paper*) Wasserzeichen *nt*; **watermelon** *n* Wassermelone *f*; **water mill** *n* Wassermühle *f*; **water nymph** *n* (Wasser)nixe *f*; **water pipe** *n* Wasserrohr *nt*; (*for smoking*) Wasserpfeife *f*; **water-pistol** *n* Wasserpistole *f*; **water pollution** *n* Wasserverunreinigung *f*; **water-polo** *n* Wasserball *nt*; **water-power** *n* Wasserkraft *f*; **waterproof I** *adj* clothes wasserundurchlässig; roof also, window (wasser)dicht; paint wasserfest; **II** *n* (*esp Brit*) Regenhaut *f*; **III** *vt* wasserundurchlässig machen; material also wasserdicht machen; clothes also imprägnieren; **water rat** *n* Wasserratte *f*; (*US sl*) Hafenstrolch *m* (*inf*); **water-rate** *n* (*Brit*) Wassergeld *nt*; **water-repellent** *adj* wasserabstoßend; **watershed** *n* (*Geol*) Wasserscheide *f*; (*fig*) Wendepunkt *m*; **waterside I** *n* Ufer *nt*; (*at sea*) Strand *m*; **II** *attr* am Wasser wachsend/lebend *etc*; **water-ski I** *n* Wasserski *m*; **II** *vi* wasserschilaufen, Wasserski laufen; **waterskiing** *n* Wasserskilaufen *nt*; **water snake** *n* Wasserschlange *f*; (*in lake*) Seeschlange *f*; **water softener** *n* Wasserenthärter *m*; **water-soluble** *adj* wasserlöslich; **water-spaniel** *n* Wasserspaniel *m*; **water spout** *n* 1. (*Met*) Wasserhose, Trombe *f*; 2. (*pipe*) Regenrinne *f*; **water supply** *n* Wasserversorgung *f*; **watertable** *n* Grundwasserspiegel *m*; **water tank** *n* Wassertank *m*; **watertight** *adj* (*lit*) wasserdicht; (*fig*) agreement, argument, alibi, contract also hieb- und stichfest; **water-tower** *n* Wasserturm *m*; **water vapour** *or* (*US*) **vapor** *n* Wasserdampf *m*; **waterway** *n* Wasserstraße *f*; (*channel*) Fahrrinne *f*;

water-wheel *n* (*Mech*) Wasserrad *nt*; (*Agr*) Wasserschöpfrad *nt*; **water-wings** *npl* Schwimmflügel *pl*; **waterworks** *npl* or sing Wasserwerk *nt*; **to turn on the ~** (*fig inf*) zu heulen anfangen; **to have trouble with one's ~** (*fig inf*) ständig laufen müssen (*inf*).

watery ['wɔːtərɪ] *adj* (*weak*) soup, beer etc wässerig, wäßrig; eye tränend; (*pale*) sky, sun blaß; colour wässerig, wäßrig. **all the sailors went to a ~ grave** alle Seeleute fanden ein feuchtes or nasses Grab.

watt [wɒt] *n* Watt *nt*.

wattage ['wɒtɪdʒ] *n* Wattleistung *f*.

wattle ['wɒtl] *n* 1. (*material*) Flechtwerk *nt*. 2. (*Bot*) australische Akazie. 3. (*Orn*) Kehllappen *m*.

wave [weɪv] **I** *n* 1. (*of water, Phys, Rad, in hair, fig*) Welle *f*; (*of water, hatred, enthusiasm also*) Woge (liter) *f*. **who rules the ~s?** wer beherrscht die Meere?; **a ~ of strikes/enthusiasm** eine Streikwelle/Welle der Begeisterung; **the attacks/attackers came in ~s** die Angriffe/Angreifer kamen in Wellen.

2. (*movement of hand*) **to give sb a ~** jdm (zu)winken; **with a ~ he was gone** er winkte kurz und verschwand; **with a ~ of his hand** mit einer Handbewegung.

II *vt* 1. (*in order to give a sign or greeting*) winken mit (*at, to* sb jdm); (*to ~ about*) schwenken; (*gesticulating, in a dangerous manner*) herumfuchteln mit. **to ~ one's hand to sb** jdm winken; **he ~d a greeting to the crowd** er winkte grüßend der Menge zu; **to ~ sb goodbye/to ~ goodbye to sb** jdm zum Abschied winken; **he ~d his hat (at the passing train)** er schwenkte seinen Hut/er winkte dem vorbeifahrenden Zug mit seinem Hut (zu); **he ~d the ticket under my nose** er fuchtelte mir mit der Karte vor der Nase herum; **she ~d her umbrella threateningly at him** sie schwang drohend ihren Schirm in seine Richtung or nach ihm; **he ~d his stick at the children who were stealing the apples** er drohte den Kindern, die die Äpfel stahlen, mit dem Stock.

2. (*to indicate sb should move*) **the traffic warden ~d the children across the road** der Verkehrspolizist winkte die Kinder über die Straße; **he ~d me over to his table** er winkte mich zu sich an den Tisch; **he ~d me over** er winkte mich zu sich herüber.

3. hair wellen.

III *vi* 1. winken. **to ~ at** or **to** sb jdm winken; (*greeting*) jdm zuwinken.

2. (*flag*) wehen; (*branches*) sich hin und her bewegen; (*corn*) wogen.

3. (*hair*) sich wellen.

◆**wave aside** *vt sep* 1. (*lit*) person auf die Seite or zur Seite winken. 2. (*fig*) person, objection, suggestions etc ab- or zurückweisen; help also ausschlagen.

◆**wave away** *vt sep* abwinken (+*dat*).

◆**wave down** *vt sep* anhalten, stoppen.

◆**wave on** *vt sep* **the policeman ~d us ~** der Polizist winkte uns weiter.

waveband ['weɪvbænd] *n* (*Rad*) Wellenband *nt*; **wavelength** *n* (*Rad*) Wellenlänge *f*; **we're not on the same ~** (*fig*) wir haben nicht dieselbe Wellenlänge.

waver [ˈweɪvəʳ] *vi* **1.** *(quiver)* *(light, flame, eyes)* flackern; *(voice)* zittern. **I knew he was lying because of the way his eyes ~ed away from my face** daran, daß er meinem Blick auswich, sah ich, daß er log.

2. *(weaken)* *(courage, self-assurance)* wanken, ins Wanken geraten; *(courage also)* weichen; *(support)* nachlassen. **the old man's mind was beginning to ~** der alte Mann wurde langsam etwas wirr im Kopf.

3. *(hesitate)* schwanken *(between* zwischen *+dat)*. **if he begins to ~** wenn er ins Schwanken *or* Wanken gerät; **he's ~ing between accepting and ...** er ist sich *(dat)* darüber unschlüssig, ob er annehmen soll oder ...

waverer [ˈweɪvərəʳ] *n* Zauderer *m*.

wavering [ˈweɪvərɪŋ] *adj light, flame* flackernd; *shadow* tanzend; *courage, determination* wankend; *support (hesitating)* `wechselhaft; (decreasing)* nachlassend.

wavy [ˈweɪvɪ] *adj (+er) hair, surface* wellig, gewellt; *design* Wellen-; *(of uneven length)* ungleich. **~ line** Schlangenlinie *f*.

wax¹ [wæks] **I** *n* Wachs *nt*; *(ear ~)* Ohrenschmalz *nt*; *(sealing ~)* Siegellack *m*. **II** *adj* Wachs-. **III** *vt floor, furniture* wachsen; *floor also* bohnern; *moustache* wichsen.

wax² *vi* **1.** *(moon)* zunehmen. **to ~ and wane** *(lit)* ab- und zunehmen; *(fig)* schwanken, kommen und gehen. **2.** *(liter: become)* werden. **to ~ enthusiastic** in Begeisterung geraten.

waxed [wækst] *adj paper* Wachs-; *floor, thread* gewachst; *moustache* gewichst.

wax(ed) paper *n* Wachspapier *nt*.

waxen [ˈwæksən] *adj* **1.** *(old)* wächsern. **2.** *(fig: pale)* wachsbleich, wächsern.

waxing [ˈwæksɪŋ] **I** *adj moon* zunehmend; *enthusiasm etc also* wachsend. **II** *n* Zunehmen *nt*; Wachsen *nt*.

wax work *n* Wachsfigur *f*; **wax works** *n sing or pl* Wachsfigurenkabinett *nt*.

waxy [ˈwæksɪ] *adj (+er)* wächsern.

way [weɪ] **I** *n* **1.** *(road)* Weg *m*. **across *or* over the ~** gegenüber, vis-à-vis; *(motion)* rüber; **W~ of the Cross** Kreuzweg *m*; **to fall by the ~** *(fig)* auf der Strecke bleiben.

2. *(route)* Weg *m*. **the ~ to the station** der Weg zum Bahnhof; **by ~ of** *(via)* über *(+acc)*; **which is the ~ to the town hall, please?** wo geht es hier zum Rathaus, bitte?; **~ in/out** *(also on signs)* Ein-/Ausgang *m*; **please show me the ~ out** bitte zeigen Sie mir, wo es hinausgeht *(inf) or* wie ich hinauskomme; **can you find your own ~ out?** finden Sie selbst hinaus?; **on the ~ out/in** beim Hinaus-/Hereingehen; **to be on the ~ in** *(fig inf)* im Kommen sein; **to be on the ~ out** *(fig inf)* am Verschwinden *or* Aussterben sein; **there's no ~ out** *(fig)* es gibt keinen Ausweg; **~ up/down** Weg nach oben/unten; *(climbing)* Aufstieg/Abstieg *m*; **~ up/back** Hinweg/Rückweg *m*; **prices are on the ~ up/down again** die Preise steigen/fallen; **the shop is on the/your ~** der Laden liegt auf dem/deinem Weg; **is it on the ~?** *(place)* liegt

das auf dem Weg?; *(parcel etc)* ist es unterwegs?; **to stop on the ~** unterwegs anhalten; **on the ~ (here)** auf dem Weg (hierher); **on the ~ to London** auf dem Weg nach London; **you pass it on your ~ home** du kommst auf deinem Nachhauseweg *or* Heimweg daran vorbei; **they're on their ~ now** sie sind jetzt auf dem Weg *or* unterwegs; **he's on the ~ to becoming an alcoholic** er ist dabei *or* auf dem besten Weg, Alkoholiker zu werden; **there's another baby on the ~** da ist wieder ein Kind unterwegs; **if it is out of your ~** wenn es ein Umweg für Sie ist; **we had to go out of our ~** wir mußten einen Umweg machen; **to go out of one's ~ to do sth** *(fig)* sich besonders anstrengen, um etw zu tun; **please, don't go out of your ~ for us** *(fig)* machen Sie sich *(dat)* bitte unsertwegen keine Umstände; **to feel the/one's ~** sich weiter-/vorwärts-/entlangtasten; **to find a ~ in** hineinfinden, hineinkommen, eine Möglichkeit finden hineinzukommen; **can you find your ~ out/home?** finden Sie hinaus/nach Hause?; **I know my ~ about town** ich finde mich in der Stadt zurecht, ich kenne mich in der Stadt aus; **she knows her ~ about** *(fig inf)* sie kennt sich aus, sie weiß Bescheid *(inf)*; **to lose one's ~** sich verlaufen, sich verirren *(geh)*; **to make one's ~ to somewhere** sich an einen Ort *or* irgendwohin bewegen *or* begeben; **can you make your own ~ to the theatre?** kannst du allein zum Theater kommen?; **to make one's ~ home** nach Hause gehen; **to make/fight/push one's ~ through the crowd** sich einen Weg durch die Menge bahnen; **to make one's ~ in the world** seinen Weg machen, sich durchsetzen; **to go one's own ~** *(fig)* eigene Wege gehen; **they went their separate ~s** *(lit, fig)* ihre Wege trennten sich; **to pay one's ~** für sich selbst bezahlen; *(company, project, machine)* sich rentieren; **can the nation pay its ~?** kann das Volk *or* Land für sich selber aufkommen?; **to go down the wrong ~** *(food, drink)* in die falsche Kehle kommen; **to prepare the ~** *(fig)* den Weg bereiten *(for sth/sb* einer Sache)*; **could you see your ~ to lending me a pound?** wäre es Ihnen wohl möglich, mir ein Pfund zu leihen?; **to get under ~** in Gang kommen, losgehen *(inf)*; *(Naut)* Fahrt aufnehmen *or* machen; **to be (well) under ~** im Gang /in vollem Gang sein; *(Naut)* in (voller) Fahrt sein; *(with indication of place)* unterwegs sein; **to lose/gather ~** *(Naut)* Fahrt verlieren/aufnehmen.

3. *(room for movement, path)* Weg *m*. **to bar *or* block the ~** den Weg ab- *or* versperren; **to leave the ~ open** *(fig)* die Möglichkeit offen lassen *(for sth* für etw)*; **to make ~ for sb/sth** *(lit, fig)* jdm/etw Platz machen; **to be/get in sb's/the ~** (jdm) im Weg stehen *or* sein/in den Weg kommen; *(fig)* jdn stören/stören; **get out of the/my ~!** *(geh)* aus dem Weg!, weg da!; **to get sb out of the ~** *(get rid of)* jdn loswerden *(inf)*; *(remove: lit, fig)* jdn aus dem Wege räumen; **to get sth out of the ~** *(work etw hinter sich *(acc)* bringen; *dif-*

ficulties, problems etc etw loswerden (*inf*), etw aus dem Weg räumen, etw beseitigen; **to get sth out of the ~ of sb/sth** jdm etw aus dem Weg räumen/etw aus etw (weg)räumen; **they got the children out of the ~ of the firemen** sie sorgten dafür, daß die Kinder der Feuerwehrleuten nicht im Weg waren; **get those people out of the ~ of the trucks** sieh zu, daß die Leute den Lastwagen Platz machen; **to keep out of sb's/the ~** (*not get in the ~*) jdm nicht in den Weg kommen; (*avoid*) (jdm) aus dem Weg gehen; **keep out of the ~!** weg da!, zurück!; **keep out of my ~!** komm mir nicht mehr über den Weg!; **to keep sb/sth out of the ~ of sb** jdn/etw nicht in jds Nähe *or* Reichweite (*acc*) kommen lassen; **to put difficulties in sb's ~** jdm Hindernisse in den Weg stellen; **to stand in sb's ~** (*lit, fig*) jdm im Weg stehen *or* sein; **now nothing stands in our ~** (*fig*) jetzt steht uns (*dat*) nichts mehr im Weg; **to stand in the ~ of progress** den Fortschritt aufhalten *or* hemmen; **to want sb out of the ~** jdn aus dem Weg haben wollen; **to put sb in the ~ of (doing) sth** (*inf*) jdm zu etw verhelfen/dazu verhelfen, etw zu tun.

4. (*direction*) Richtung *f.* **this ~, please** hier(her) *or* hier entlang, bitte; **he went that ~** er ging dorthin *or* in diese Richtung; **"this ~ for the lions"** „zu den Löwen"; **this ~ and that** hierhin und dorthin; **down our ~** (*inf*) bei uns (in der Nähe); **it's out Windsor ~** es ist *or* liegt in Richtung Windsor; **which ~ are you going?** in welche Richtung *or* wohin gehen Sie?; **which ~** in welche/aus welcher Richtung; **look this ~** schau hierher!; **look both ~s** schau nach beiden Seiten; **she didn't know which ~ to look** (*fig*) sie wußte nicht, wo sie hinschauen *or* -sehen sollte; **to look the other ~** (*fig*) wegschauen *or* -sehen; **this one is better, there are no two ~s about it** (*inf*) dieses hier ist besser, da gibt es gar keinen Zweifel *or* das steht fest; **you're going to bed, there are no two ~s about it** (*inf*) du gehst ins Bett, da gibt es gar nichts *or* und damit basta (*inf*); **it does not matter (to me) one ~ or the other** es macht (mir) so oder so nichts aus, es ist mir gleich; **either ~, we're bound to lose** (so oder so,) wir verlieren auf jeden Fall *or* auf alle Fälle; **if a good job comes my ~** wenn ein guter Job für mich auftaucht; **each ~, both ~s** (*Racing*) auf Sieg und Platz; **we'll split it three/ten ~s** wir werden es dritteln/in zehn Teile (auf)teilen *or* durch zehn teilen; **it's the wrong ~ up** es steht verkehrt herum *or* auf dem Kopf (*inf*); **"this ~ up"** „hier oben"; **it's the other ~ round** es ist (genau) umgekehrt; **put it the right ~ up/the other ~ round** stellen Sie es richtig (herum) hin/andersherum *or* andersrum (*inf*) hin.

5. (*distance*) Weg *m*, Strecke *f.* **it rained all the ~ there** es hat auf der ganzen Strecke *or* die ganze Fahrt (über) geregnet; **I'm behind you all the ~** (*fig*) ich stehe voll (und ganz) hinter Ihnen; **a little/long ~ away** *or* **off** nicht/sehr weit weg *or* entfernt, ein kleines/ganzes *or* gutes Stück

weit weg *or* entfernt; **that's a long ~ away** bis dahin ist es weit *or* (*time*) noch lange; **a long ~ out of town** weit von der Stadt weg; (*live also*) weit draußen, weit außerhalb; (*drive also*) weit raus (*inf*), weit nach draußen; **that's a long ~ back** das war schon vor einer ganzen Weile; **he'll go a long ~** (*fig*) er wird es weit bringen; **to have (still) a long ~ to go** (noch) weit vom Ziel entfernt sein; (*with work*) (noch) bei weitem nicht fertig sein; (*with practice*) (noch) viel vor sich haben; **it should go some/a long ~ towards solving the problem** das sollte *or* müßte bei dem Problem schon etwas/ein gutes Stück weiterhelfen; **a little (of sth) goes a long ~ (with me)** ein kleines bißchen (+*nom*) reicht (mir) sehr lange; **a little kindness goes a long ~** ein bißchen Freundlichkeit hilft viel; **better by a long ~** bei weitem *or* um vieles besser; **not by a long ~** bei weitem nicht.

6. (*method, manners*) Art, Weise *f.* **that's the ~** ja, (so geht das)!, ja, genau!; **do it this ~** machen Sie es so; **do it the ~ I do it** machen Sie es so *or* auf dieselbe Art und Weise wie ich (es mache); **that's not the right ~ to do it** so geht das nicht, so kann man das nicht machen; **do it any ~ you like** machen Sie es, wie Sie wollen; **what's the best ~ to do it?** wie macht man das am besten?; **we have ~s of making you talk** wir haben gewisse Mittel, um Sie zum Reden zu bringen; **I don't like the ~ he's looking at you** ich mag nicht, wie er dich ansieht; **you could tell by the ~ he was dressed** das merkte man schon an seiner Kleidung; **the ~ she walks/ talks** (so) wie sie geht/spricht; **it's just the ~ you said it** du hast es nur so komisch gesagt; **it's not what you do, it's the ~ you do it** es kommt nicht darauf an, was man macht, sondern wie man es macht; **do you remember the ~ it was/we were?** erinnerst du dich noch (daran), wie es war/wie wir damals waren?; **it's not the ~ we do things here so** *or* auf die Art machen wir das hier nicht; **to show sb the ~ to do sth** jdm zeigen, wie *or* auf welche Art und Weise etw gemacht wird; **show me the ~** zeig mir, wie (ich es machen soll); **there's only one ~ to do it properly** man kann das nur so *or* nur auf eine Art und Weise machen; **there is only one ~ to speak to him** man kann mit ihm nur auf (die) eine Art und Weise reden; **the French ~ of doing it** (die Art,) wie man es in Frankreich macht; **the Smith ~** wie es Smith macht/gemacht hat; **why do it the hard ~?** warum es sich (*dat*) schwer machen?; **to learn the hard ~** aus dem eigenen Schaden lernen; **we'll find a ~** wir werden (schon) einen Weg finden; **love will find a ~** die Liebe überwindet jedes Hindernis *or* alle Schwierigkeiten; **I'd rather do it my ~** ich möchte es lieber auf meine (eigene) Art machen; **that's his ~ of saying thank-you** das ist seine Art, sich zu bedanken; **that's no ~ to speak to your mother** so spricht man nicht mit seiner Mutter; **~s and means** Mittel und Wege; **Committee of W~s and Means** Steuerausschuß *m*; **~ of life** Lebensstil *m*; (*of* *nation*) Lebensart *f*; ~ **of thinking** Denk-(ungs)art *f*; **to my** ~ **of thinking** meiner Meinung *or* Auffassung *or* Anschauung nach; **the Eastern** ~ **of looking at things** die östliche Lebensanschauung; **there are many ~s of solving the problem** es gibt viele Wege, das Problem zu lösen; **ha, that's one** ~ **of solving it!** ja, so kann man das auch machen!; **it was this** ~ ... es war so *or* folgendermaßen ...; **that's the** ~ **it goes!** so ist das eben, so ist das nun mal!; **the** ~ **things are** so, wie es ist *or* wie die Dinge liegen; **leave everything the** ~ **it is** laß alles so, wie es ist; **to go on in the same old** ~ wie vorher *or* auf die alte Tour (*inf*) weitermachen; **in one** ~ **or another** so oder so, irgendwie, auf irgendeine Art und Weise; **he had his** ~ **with her** er hat sie genommen; **to get** *or* **have one's (own)** ~ seinen Willen durchsetzen *or* bekommen; **have it your own** ~! wie du willst!; **you can't have it both** ~s du kannst nicht beides haben, beides (zugleich) geht nicht (*inf*); **what a** ~ **to speak!** so spricht man doch nicht!; **what a** ~ **to live/die!** so möchte ich nicht leben/sterben.

7. (*custom, habit*) Art *f*. **the ~s of the Spaniards** die spanische Lebensweise; **the ~s of Providence/God** die Wege der Vorsehung/Gottes; **the** ~ **of the world** der Lauf der Welt *or* der Dinge; **that is our** ~ **with traitors** so machen wir das mit Verrätern; **it is not/only his** ~ **to** ... es ist nicht/eben seine Art, zu ...; **he has a** ~ **with him** er hat so eine (gewisse) Art; **he has a** ~ **with children** er versteht es, mit Kindern umzugehen; **he has his little ~s** er hat so seine Eigenheiten *or* Marotten (*inf*); **to get out of/into the** ~ **of sth** sich (*dat*) etw ab-/angewöhnen.

8. (*respect*) Hinsicht *f*. **in a** ~ in gewisser Hinsicht *or* Weise; **in no** ~ in keiner Weise; **no** ~! nichts drin! (*inf*), ausgeschlossen!; **there's no** ~ **you'll persuade him** auf keinen Fall werden Sie ihn überreden können; **what have you got in the** ~ **of drink/food?** was haben Sie an Getränken *or* zu trinken/an Lebensmitteln *or* zu essen?; **in every possible** ~ auf jede mögliche *or* denkbare Art; **to be better in every possible** ~ in jeder Hinsicht besser sein; **in many/some ~s** in vieler/gewisser Hinsicht; **in a big** ~ (*not petty*) im großen Stil; (*on a large scale*) im großen; **in the** ~ **of business** durch *or* über das Geschäft, geschäftlich; **in a small** ~ in kleinem Ausmaß *or* im Kleinen; **he's not a plumber in the ordinary** ~ er ist kein Klempner im üblichen Sinn; **in the ordinary** ~ **we** ... normalerweise *or* üblicherweise ... wir ...

9. (*state*) Zustand *m*. **he's in a bad** ~ er ist in schlechter Verfassung; **things are in a bad** ~ die Dinge stehen schlecht.

10. (*with by*) **by the** ~ übrigens; **all this is by the** ~ (*irrelevant*) das ist alles Nebensache *or* zweitrangig; (*extra*) das nur nebenher *or* nebenbei; **by** ~ **of an answer/excuse** als Antwort/Entschuldigung; **by** ~ **of illustration** zur Illustration; **he's by** ~ **of being a painter** (*inf*) er ist so'n Maler (*inf*).

11. **~s** *pl* (*Naut: slip*~) Helling, Ablaufbahn *f*.

II *adv* (*inf*) ~ **back/over/up** weit zurück/drüben/oben; ~ **back when** vor langer Zeit, als; **since** ~ **back** seit Urzeiten; **since** ~ **back in 1893** ... schon seit (dem Jahre) 1893 ...; **that was** ~ **back** das ist schon lange her, das war schon vor langer Zeit; **he was** ~ **out with his guess** er hatte weit daneben- *or* vorbeigeraten; **you're** ~ **out if you think** ... da liegst du aber schief (*inf*) *or* da hast du dich aber gewaltig geirrt, wenn du glaubst, ...

waybill ['weɪbɪl] *n* Frachtbrief *m*; **wayfarer** ['weɪˌfɛərəʳ] *n* (*liter*) Wanderer, Wandersmann (*liter*) *m*; **wayfaring** *adj* (*liter*) wandernd, reisend; ~ **man** Wandervogel, Zugvogel *m*; **waylay** *pret, ptp* **waylaid** *vt* (*ambush*) überfallen; (*inf*) abfangen; **I was waylaid by the manager** der Manager hat mich abgefangen; **way-out** *adj* (*sl*) irr(e) (*inf*), extrem (*sl*); **wayside I** *n* (*of path, track*) Wegrand *m*; (*of raod*) Straßenrand *m*; **by the** ~ am Weg(es)-/Straßenrand; **to fall by the** ~ auf der Strecke bleiben; **II** *adj café, inn* am Weg/an der Straße gelegen; **way station** *n* (*US*) Zwischenstation *f*, Kleinbahnhof *m*; **way train** *n* (*US*) Personenzug *m*; **wayward** ['weɪwəd] *adj* (*self-willed*) *child, horse, disposition* eigenwillig, eigensinnig; (*capricious*) *fancy, request, passion* abwegig; (*liter*) *stream, breeze* unberechenbar, launisch (*liter*); **waywardness** *n see adj* Eigenwilligkeit *f*, Eigensinn *m*; Abwegigkeit *f*; Unberechenbarkeit, Launenhaftigkeit (*liter*) *f*.

WC *abbr of* **water closet** WC *nt*.

w/e *abbr of* **weekend**.

we [wi:] *pron* wir. **the Royal** ~ der Pluralis maiestatis, der Majestätsplural; **the editorial** ~ der Autorenplural; (*in narrative*) das Wir des Erzählers.

weak [wi:k] *adj* (+*er*) (*all senses*) schwach; *character* labil; *tea, solution etc* dünn; *stomach* empfindlich. **to go/feel** ~ **at the knees** (*after illness*) sich wackelig fühlen, wackelig *or* schwach auf den Beinen sein (*inf*); (*with fear, excitement etc*) weiche Knie haben/bekommen; **the ~er sex** das schwache Geschlecht; **he must be a bit** ~ **in the head** (*inf*) er ist wohl nicht ganz bei Trost (*inf*); **her maths is** ~ sie ist schwach in Mathematik.

weaken ['wi:kən] **I** *vt* (*lit, fig*) schwächen; *influence also, control, suspicion etc* verringern; *argument also* entkräften; *walls, foundations* angreifen; *hold* lockern.

II *vi* (*lit, fig*) schwächer werden, nachlassen; (*person*) schwach *or* weich werden; (*foundations*) nachgeben; (*defence, strength also*) erlahmen.

weak-kneed ['wi:k'ni:d] *adj* (*after illness*) wackelig auf den Beinen; (*with fear, excitement*) mit weichen Knien; (*fig inf*) schwach, feige.

weakling ['wi:klɪŋ] *n* Schwächling *m*; (*of litter etc*) Schwächste(s) *nt*.

weakly ['wi:klɪ] **I** *adj* (*dated*) schwächlich. **II** *adv* schwach **he** ~ **gave in to their demands** schwach wie er war, ging er gleich auf ihre Forderungen ein.

weak-minded [ˈwiːkˈmaɪndɪd] *adj* **1.** (*fee-ble-minded*) schwachsinnig. **2.** (*weak-willed*) willensschwach.

weakness [ˈwiːknɪs] *n* (*all senses*) Schwäche *f*; (*weak point*) schwacher Punkt. **to have a ~ for sth** für etw eine Schwäche *or* Vorliebe haben.

weak-willed [ˈwiːkˈwɪld] *adj* willensschwach.

weal¹ [wiːl] *n* (*liter*) Wohl *nt*. **the common** *or* **general/public ~** das Wohl der Allgemeinheit, das Allgemeinwohl.

weal² *n* (*welt*) Striemen *m*.

wealth [welθ] *n* **1.** Reichtum *m*; (*private fortune also*) Vermögen *nt*. **~ tax** Vermögenssteuer *f*. **2.** (*fig: abundance*) Fülle *f*.

wealth-creating [ˈwelθkriˈeɪtɪŋ] *adj* vermögensbildend.

wealthily [ˈwelθɪlɪ] *adv* wohlhabend.

wealthiness [ˈwelθɪnɪs] *n* Wohlhabenheit *f*.

wealthy [ˈwelθɪ] *adj* (+*er*) wohlhabend, reich; (*appearance*) wohlhabend; (*having a private fortune also*) vermögend. **the ~** *pl* die Reichen *pl*.

wean [wiːn] *vt baby* entwöhnen. **to ~ sb from sb/sth** jdn einer Person (*gen*)/einer Sache (*gen*) entwöhnen (*geh*).

weaning [ˈwiːnɪŋ] *n* Entwöhnung *f*.

weapon [ˈwepən] *n* (*lit, fig*) Waffe *f*.

weaponry [ˈwepənrɪ] *n* Waffen *pl*.

wear [weər] (*vb: pret* **wore**, *ptp* **worn**) **I** *n* **1.** (*use*) **I've had a lot of/I haven't had much ~ out of** *or* **from this jacket** (*worn it often/not often*) ich habe diese Jacke viel/wenig getragen; (*it wore well/badly*) ich habe diese Jacke lange/nur kurz getragen; **I've had very good ~ from these trousers/this carpet** diese Hosen haben sich sehr gut getragen/dieser Teppich hat sehr lange gehalten; **there isn't much ~/there is still a lot of ~ left in this coat/carpet** dieser Mantel/Teppich hält noch/nicht mehr lange; **this coat will stand any amount of hard ~** dieser Mantel ist sehr strapazierfähig; **for casual/evening/everyday ~** für die Freizeit/den Abend/jeden Tag.

2. (*clothing*) Kleidung *f*.

3. (*damage through use*) Abnutzung *f*, Verschleiß *m*. **~ and tear** Abnutzung *f*, Verschleiß *m*; **she couldn't stand the ~ and tear on her nerves** sie konnte die nervliche Belastung nicht ertragen; **to show signs of ~** (*lit*) anfangen, alt auszusehen; (*fig*) angegriffen aussehen; **to look the worse for ~** mitgenommen aussehen; **I felt a bit the worse for ~** ich fühlte mich etwas angeknackst (*inf*) *or* angegriffen.

II *vt* **1.** *clothing, jewellery, spectacles, beard etc* tragen. **what shall I ~?** was soll ich anziehen?; **I haven't a thing to ~!** ich habe nichts zum Anziehen *or* nichts anzuziehen; **to ~ white/rags etc** Weiß/Lumpen etc tragen, in Weiß/Lumpen etc gehen; **he wore an air of triumph/a serious look (on his face)** er trug eine triumphierende/ernste Miene zur Schau; **he wore a big smile** er strahlte über das ganze Gesicht.

2. (*reduce to a worn condition*) abnutzen; *clothes* abtragen; *sleeve, knee etc* durchwetzen; *velvet etc* blankwetzen;

leather articles abwetzen; *steps* austreten; *tyres* abfahren; *engine* kaputtmachen. **to ~ holes in sth** etw durchwetzen; (*in shoes*) etw durchlaufen; **the carpet has been worn threadbare** der Teppich ist abgewetzt *or* ganz abgelaufen; **to ~ smooth** (*by handling*) abgreifen; (*by walking*) austreten; *pattern* angreifen; *sharp edges* glattmachen; **the rough edges of the table had been worn smooth by years of use** die rauhen Tischkanten hatten sich durch jahrelangen Gebrauch abgeschliffen; **to have been worn smooth** (*by weather*) verwittert sein; (*by sea*) glattgewaschen sein; (*pattern*) abgegriffen sein; **you'll ~ a track in the carpet** (*hum*) du machst noch mal eine richtige Bahn *or* einen Trampelpfad (*inf*) in den Teppich; *see also* **worn**.

3. (*inf: accept, tolerate*) schlucken (*inf*).

III *vi* **1.** (*last*) halten; (*dress, shoes etc also*) sich tragen. **she has worn well** (*inf*) sie hat sich gut gehalten (*inf*); **the theory has worn well** die Theorie hat sich bewährt.

2. (*become worn*) kaputtgehen; (*engine, material also*) sich abnutzen, verbraucht sein; (*tyres also*) abgefahren sein. **the cloth has worn into holes** das Tuch ist ganz zerlumpt *or* zerlöchert; **to ~ smooth** (*by water*) glattgewaschen sein; (*by weather*) verwittern; (*pattern*) abgegriffen sein; **the sharp edges will ~ smooth in time/with use** die scharfen Kanten werden sich mit der Zeit/im Gebrauch abschleifen; **to ~ thin** (*lit*) dünn werden, durchgehen (*inf*); **my patience is ~ing thin** meine Geduld ist langsam erschöpft *or* geht langsam zu Ende; **that excuse is ~ing thin** diese Ausrede ist (doch) schon etwas alt; *see* **shadow**.

3. (*proceed gradually*) **the party etc is ~ing to its end** die Party etc geht dem Ende zu.

◆**wear away I** *vt sep* (*erode*) *steps* austreten; *rock* abschleifen, abtragen; (*from underneath*) aushöhlen; *pattern, inscription* tilgen (*geh*), verwischen; (*fig*) *determination* untergraben; *sb's patience* zehren an (+*dat*). **his illness wore him ~** die Krankheit zehrte an ihm; **he wore his life ~ in a boring job** er vergeudete seine Tage in einem langweiligen Beruf.

II *vi* (*disappear*) (*rocks, rough edges etc*) sich abschleifen; (*inscription*) verwittern; *pattern* verwischen; (*fig: patience, determination*) schwinden.

◆**wear down I** *vt sep* **1.** (*reduce by friction*) abnutzen; *heel* ablaufen, abtreten; *tyre tread* abfahren; *lipstick* verbrauchen; *pencil* verschreiben.

2. (*fig*) *opposition, strength etc* zermürben; *person also* (*make more amenable*) mürbe *or* weich machen (*inf*); (*tire out, depress*) fix und fertig machen (*inf*).

II *vi* sich abnutzen; (*heels*) sich ablaufen *or* abtreten; (*tyre tread*) sich abfahren; (*lipstick etc*) sich verbrauchen; (*pencil*) sich verschreiben.

◆**wear off** *vi* **1.** (*diminish*) nachlassen, sich verlieren. **don't worry, it'll ~!** keine Sorge, das gibt sich. **2.** (*paint*) abgehen; (*plating, gilt*) sich abwetzen.

◆**wear on** *vi* sich hinziehen, sich (da)-hinschleppen; *(year)* voranschreiten. **as the evening/year** *etc* **wore** ~ im Laufe des Abends/Jahres *etc*.

◆**wear out I** *vt sep* **1.** kaputtmachen; *carpet also* abtreten; *clothes, shoes* kaputt-tragen; *record, machinery* abnutzen.
2. *(fig: exhaust) (physically)* erschöp-fen, erledigen *(inf)*; *(mentally)* fertig-machen *(inf)*. **to be worn** ~ erschöpft *or* erledigt sein; *(mentally)* am Ende sein *(inf)*; **to** ~ **oneself** ~ sich überanstrengen, sich kaputtmachen *(inf)*.
II *vi* kaputtgehen; *(clothes, curtains, carpets also)* verschleißen. **his patience is rapidly** ~**ing** ~ seine Geduld erschöpft sich zusehends.

◆**wear through I** *vt sep* durchwetzen; *elbows, trousers also* durchscheuern; *soles of shoes* durchlaufen. **II** *vi* sich durchwet-zen; *(elbows, trousers also)* sich durch-scheuern; *(soles of shoes)* sich durch-laufen.

wearable [ˈwɛərəbl] *adj (not worn out etc)* tragbar. **this young designer's clothes are supremely** ~ die Kleider dieses jungen Modeschöpfers tragen sich ganz aus-gezeichnet.

wearer [ˈwɛərəʳ] *n* Träger(in *f*) *m*. ~ **of spectacles** Brillenträger(in *f*) *m*.

wearily [ˈwɪərɪlɪ] *adv see adj*.

weariness [ˈwɪərɪnɪs] *n see adj 1*. Müdigkeit *f*; Lustlosigkeit *f*; Mattigkeit *f*. **he felt a great** ~ **of life** er empfand großen Lebens-überdruß.

wearing [ˈwɛərɪŋ] *adj* **1.** ~ **apparel** *(form)* (Be)kleidung *f*. **2.** *(exhausting)* anstren-gend; *(boring)* ermüdend.

wearisome [ˈwɪərɪsəm] *adj* ermüdend; *climb etc* beschwerlich; *questions* lästig; *(tedious)* discussion langweilig.

weary [ˈwɪərɪ] **I** *adj (+er)* **1.** *(tired, dispirit-ed)* müde; *(fed up)* lustlos; *smile, groan* matt. **to feel** *or* **be** ~ müde sein; **to be/grow** ~ **of sth** etw leid sein/werden, einer Sache *(gen)* müde sein/werden *(geh)*.
2. *(tiring) wait, routine etc* ermüdend. **for three** ~ **hours** drei endlose Stunden (lang); **five** ~ **miles** fünf lange *or* beschwerliche Meilen.
II *vt* ermüden.
III *vi* **to** ~ **of sth** einer Sache *(gen)* müde *or* überdrüssig werden *(geh)*; **she wearied of being alone** sie wurde es leid *or* müde *(geh) or* überdrüssig *(geh)*, allein zu sein.

weasel [ˈwiːzl] **I** *n* **1.** Wiesel *nt*. **2.** *(US inf: person)* Heimtücker *m*. **II** *vi (esp US inf: be evasive)* schwafeln *(inf)*.

◆**weasel out** *vi (wriggle out)* sich raus-lavieren *(inf) (of* aus).

weaselly [ˈwiːzəlɪ] *adj (inf) appearance* Fuchs-; *(shifty) character* aalglatt.

weather [ˈwɛðəʳ] **I** *n* Wetter *nt*; *(in* ~ *reports)* Wetterlage *f*; *(climate)* Wit-terung *f*. **in cold/wet/this** ~ bei kaltem/ nassem/ diesem Wetter; **what's the** ~ **like?** wie ist das Wetter?; **in all** ~**s** bei jedem Wetter, bei jeder Witterung *(geh)*; **to be** *or* **feel under the** ~ *(inf)* angeschlagen sein *(inf)*; **to make heavy** ~ **of sth** *(inf)* sich mit etw fürchterlich an-

stellen *(inf)*; **to keep a** *or* **one's** ~ **eye open** *(inf)* Ausschau halten *(for* nach).
II *vt* **1.** *(storms, winds etc)* angreifen; *skin* gerben. **the rock had been** ~**ed** der Fels war verwittert.
2. *(expose to* ~*) wood* ablagern.
3. *(survive: also* ~ **out)** *crisis, awkward situation* überstehen. **to** ~ **(out) the storm** abwettern.
III *vi (rock etc)* verwittern; *(skin)* vom Wetter gegerbt sein/ werden; *(paint etc)* verblassen; *(resist exposure to* ~*)* wetter-fest sein; *(become seasoned: wood)* ablagern.

weather *in cpds* Wetter; **weather-beaten** *adj face* vom Wetter gegerbt; *house* ver-wittert; *skin* wettergegerbt; **weather-boarding** *n*, **weatherboards** *npl* Schin-deln *pl*; **weatherbound** *adj boat* auf Grund der schlechten Wetterverhältnisse manövrierunfähig; **weather chart** *n* Wet-terkarte *f*; **weathercock** *n* Wetterhahn *m*.

weathered [ˈwɛðəd] *adj* verwittert; *skin* wettergegerbt.

weather forecast *n* Wettervorhersage *f*.

weathering [ˈwɛðərɪŋ] *n (Geol)* Verwit-terung *f*.

weatherproof [ˈwɛðəpruːf] **I** *adj* wetterfest; **II** *vt* wetterfest machen; **weather report** *n* Wetterbericht *m*; **weather ship** *n* Wetterschiff *nt*; **weather station** *n* Wetterwarte *f*; **weather vane** *n* Wetter-fahne *f*.

weave [wiːv] *(vb: pret* **wove**, *ptp* **woven**) **I** *n (patterns of threads)* Webart *f*; *(loosely/tightly woven fabric)* Gewebe *nt*.
II *vt* **1.** *thread, cloth etc* weben *(into* zu); *cane, flowers, garland* flechten *(into* zu); *web* spinnen. **he wove the threads together** er verwob die Fäden miteinander.
2. *(fig) plot, story* ersinnen, erfinden; *(add into story etc) details, episode* ein-flechten *(into* in +*acc*).
3. *pret also* ~**d** *(wind)* **to** ~ **one's way through the traffic** sich durch den Ver-kehr fädeln *or* schlängeln; **the drunk** ~**d his way down the street** der Betrunkene torkelte die Straße hinunter.
III *vi* **1.** *(lit)* weben.
2. *pret also* ~**d** *(twist and turn)* sich schlängeln; *(drunk)* torkeln. **to** ~ **in and out among** *or* **through the traffic** sich durch den Verkehr schlängeln *or* fädeln.
3. *(inf)* **to get weaving** sich ranhalten *(inf)*; **to get weaving on sth** sich hinter etw *(acc)* klemmen *(inf)*.

weaver [ˈwiːvəʳ] *n* Weber(in *f*) *m*.

weaver bird *n* Webervogel *m*.

weaving [ˈwiːvɪŋ] *n* Weberei *f*; *(as craft)* Webkunst *f*.

web [web] *n* **1.** *(lit, fig)* Netz *nt*; *(of lies also)* Gespinst, Gewebe *nt*. **a** ~ **of snow-covered branches** ein Geflecht *nt* von schneebedeckten Ästen; **a** ~ **of little streets** ein Gewirr *nt* von kleinen Gassen.
2. *(of duck etc)* Schwimmhaut *f*.

webbed [webd] *adj* **1.** *foot, toes* Schwimm-; *animal* mit Schwimmfüßen. **2.** *seats* gurt-bespannt.

webbing [ˈwebɪŋ] *n* Gurte *pl*; *(material)* Gurtband *nt*.

web-footed, web-toed [ˈwebˌfʊtɪd, -təʊd]

adj schwimmfüßig, mit Schwimmfüßen.

Wed *abbr of* **Wednesday** Mittw.

wed [wed] (*old*) *pret, ptp* ~ *or* ~**ded I** *vi* sich vermählen (*form*).

II *vt* **1.** (*bride, bridegroom*) ehelichen (*form*), sich vermählen mit (*form*); (*priest*) vermählen (*form*), trauen.

2. (*fig: combine*) paaren.

3. (*fig*) **to be** ~**ded to sth** (*devoted*) mit etw verheiratet sein; **he's** ~**ded to the view that ...** er ist felsenfest der Ansicht, daß ...

we'd [wi:d] *contr of* **we would; we had.**

wedded ['wedɪd] *adj* **bliss, life** Ehe-; *see* **lawful.**

wedding ['wedɪŋ] *n* **1.** (*ceremony*) Trauung *f;* (*ceremony and festivities*) Hochzeit, Vermählung (*form*) *f;* (*silver, golden etc*) Hochzeit *f.* **to have a registry office/church** ~ sich standesamtlich/kirchlich trauen lassen, standesamtlich/kirchlich heiraten; **to have a quiet** ~ in aller Stille heiraten; **to go to a** ~ zu einer *or* auf eine Hochzeit gehen.

2. (*fig*) Verbindung *f.*

wedding *in cpds* Hochzeits-; ~ **anniversary** Hochzeitstag *m;* ~ **breakfast** Hochzeitsessen *nt;* ~ **cake** Hochzeitskuchen *m;* ~ **day** Hochzeitstag *m;* ~ **dress** Brautkleid, Hochzeitskleid *nt;* ~ **march** Hochzeitsmarsch *m;* ~ **night** Hochzeitsnacht *f;* ~ **present** Hochzeitsgeschenk *nt;* ~ **ring** Trauring, Ehering *m.*

wedge [wedʒ] **I** *n* **1.** (*of wood etc, fig*) Keil *m.* **rubber** ~ Gummibolzen *m;* **it's the thin end of the** ~ so fängt's immer an.

2. (*triangular shape*) (*of cake etc*) Stück *nt;* (*of cheese*) Ecke *f.* **a** ~ **of land** ein keilförmiges Stück Land.

3. (*shoe*) Schuh *m* mit Keilabsatz; (*also* ~ **heel**) Keilabsatz *m.*

II *vt* **1.** (*fix with a* ~) verkeilen, (mit einem Keil) festklemmen. **to** ~ **a window open/shut** ein Fenster festklemmen *or* verkeilen; **try wedging the cracks with newspaper** versuchen Sie, die Spalten mit Zeitungspapier zuzustopfen.

2. (*fig: pack tightly*) **to** ~ **oneself/sth** sich/etw zwängen (*in in* +*acc*); **to be** ~**d between two things/people** zwischen zwei Dingen/Personen eingekeilt *or* eingezwängt sein; **the fat man sat** ~**d in his chair** der dicke Mann saß in seinen Stuhl gezwängt; **we were all** ~**d together in the back of the car** wir saßen alle eingezwängt im Fond des Wagens.

◆**wedge in** *vt sep* (*lit*) *post* festkeilen. **to be** ~**d** ~ (*car, house, person etc*) eingekeilt *or* eingezwängt sein; **he** ~**d himself** ~ **between them** er zwängte sich zwischen sie.

wedge-shaped ['wedʒʃeɪpt] *adj* keilförmig.

wedlock ['wedlɒk] *n* (*form*) Ehe *f.* **to be born out of/in** ~ unehelich/ehelich geboren sein.

Wednesday ['wenzdɪ] *n* Mittwoch *m; see also* **Tuesday.**

wee[1] [wi:] *adj* (+*er*) (*inf*) winzig; (*Scot*) klein. **a** ~ **bit** ein kleines bißchen; ~ (**small**) **hours** frühe Morgenstunden.

wee[2] (*inf*) **I** *n* **to have** *or* **do/need a** ~ Pipi machen/machen müssen (*inf*). **II** *vi* Pipi machen (*inf*).

weed [wi:d] **I** *n* **1.** Unkraut *nt no pl.* **2.** *inf: tobacco*) Kraut *nt* (*inf*). **3.** (*sl: marijuana*) Gras *nt* (*sl*). **4.** (*inf: person*) Schwächling, Kümmerling (*inf*) *m.* **II** *vt* **1.** *also vi* (*lit*) jäten. **2.** (*fig*) *see* **weed out 2.**

◆**weed out** *vt sep* **1.** *plant* ausreißen; *flower-bed* Unkraut jäten in (+*dat*). **2.** (*fig*) aussondern; *poor candidates, lazy pupils also* aussieben.

◆**weed through** *vt sep* durchsortieren.

weeding ['wi:dɪŋ] *n* Unkrautjäten *nt.* **to do some** ~ Unkraut jäten.

weed-killer ['wi:dkɪlə[r]] *n* Unkrautvernichter *m,* Unkrautbekämpfungsmittel *nt.*

weeds [wi:dz] *npl* (*mourning clothes*) Trauerkleider *pl.*

weedy ['wi:dɪ] *adj* (+*er*) **1.** *ground* unkrautbewachsen, voll(er) Unkraut. **2.** (*inf*) *person* (*in appearance*) schmächtig; (*in character*) blutarm.

week [wi:k] *n* Woche *f.* **it'll be ready in a** ~ in drei Woche *or* in acht Tagen ist es fertig; ~ **in,** ~ **out** Woche für Woche; **twice/£15 a** ~ zweimal/£ 15 in der Woche *or* pro Woche *or* die Woche (*inf*); **a** ~ **today, today** *or* **this day** ~ (*dial*) heute in einer Woche *or* in acht Tagen; **tomorrow/Tuesday** ~, **a** ~ **tomorrow/on Tuesday** morgen/Dienstag in einer Woche *or* in acht Tagen; **for** ~**s** wochenlang; **to knock sb into the middle of next** ~ (*inf*) jdn windelweich schlagen (*inf*); **a** ~**'s/a two** ~ **holiday** ein einwöchiger/zweiwöchiger Urlaub; **two** ~**s' holiday** zwei Wochen Ferien; **that is a** ~**'s work** das ist eine Woche Arbeit.

weekday ['wi:kdeɪ] **I** *n* Wochentag *m;* **II** *attr* Wochentags-, Werktags-; **weekend I** *n* Wochenende *nt;* **to go/be away for the** ~ übers *or* am Wochenende verreisen/nicht da sein; **to take a long** ~ ein langes Wochenende machen; **II** *attr* Wochenend-; **III** *vi* **he** ~**s in the country** er verbringt seine Wochenenden auf dem Land.

weekly ['wi:klɪ] **I** *adj* Wochen-; *visit* allwöchentlich. **the** ~ **shopping expedition** der (all)wöchentliche Großeinkauf. **II** *adv* wöchentlich. **III** *n* Wochenzeitschrift *f.*

weeny ['wi:nɪ] *adj* (+*er*) (*inf*) klitzeklein (*inf*), winzig.

weep [wi:p] (*vb: pret, ptp* **wept**) **I** *vi* **1.** weinen (*over über* +*acc*). **to** ~ **for sb/sth** (*because sb/sth is missed*) um jdn/etw weinen; (*out of sympathy*) für jdn/etw weinen; **he wept for his lost youth** er weinte seiner verlorenen Jugend nach; **the child was** ~**ing for his mother** das Kind weinte nach seiner Mutter; **to** ~ **with** *or* **for joy/rage** vor *or* aus Freude/Wut weinen.

2. (*wound, cut etc*) tränen, nässen.

II *vt tears* weinen. **to** ~ **oneself to sleep** sich in den Schlaf weinen.

III *n* **to have a good/little** ~ tüchtig/ein bißchen weinen.

weepie *n* (*inf*) *see* **weepy II.**

weeping ['wi:pɪŋ] **I** *n* Weinen *nt.* **II** *adj* weinend; *wound* tränend.

weeping willow *n* Trauerweide *f.*

weepy ['wi:pɪ] (*inf*) **I** *adj* (+*er*) *person* weinerlich; *film* rührselig. **II** *n* Schmachtfetzen *m* (*inf*).

weevil ['wiːvl] n Rüsselkäfer m.
weft [weft] n Schußfaden m.
weigh [weɪ] **I** vt **1.** goods, person, oneself etc wiegen. **could you ~ these bananas for me?** könnten Sie mir diese Bananen abwiegen or ausweigen?
2. (fig) words, problem, merits etc abwägen. **to ~ sth in one's mind** etw erwägen; **to ~ A against B** A gegen B abwägen, A und B gegeneinander abwägen. **3.** (Naut) **to ~ anchor** den Anker lichten.
II vi **1.** wiegen. **to ~ heavy/light** (scales) zu viel/zu wenig anzeigen; (inf: material) schwer/leicht wiegen. **2.** (fig: be a burden) lasten (on auf + dat). **3.** (fig: be important) gelten. **to ~ with sb** Gewicht bei jdm haben, jdm etwas gelten; **his age ~ed against him** sein Alter wurde gegen ihn in die Waagschale geworfen.
◆**weigh down** vt sep **1.** (bear down with weight) niederbeugen. **the heavy snow ~ed the branches** die schwere Schneelast drückte or bog die Zweige nieder; **a branch ~ed ~ with fruit** ein Ast, der sich unter der Last des Obstes biegt; **she was ~ed ~ with parcels/a heavy suitcase** sie war mit Paketen überladen/der schwere Koffer zog sie fast zu Boden. **2.** (fig) niederdrücken. **to be ~ed ~ with sorrows** von Sorgen niedergedrückt werden, mit Sorgen beladen sein.
◆**weigh in** vi **1.** (Sport) sich (vor dem Kampf/Rennen) wiegen lassen. **he ~ed ~ at 70 kilos** er brachte 70 Kilo auf die Waage. **2.** (at airport) das Gepäck (ab)wiegen lassen. **3.** (fig inf: join in) zu Hilfe kommen (with mit); (interfere) sich einschalten. **II** vt sep luggage wiegen lassen.
◆**weigh out** vt sep abwiegen.
◆**weigh up** vt sep alternatives, situation abwägen; person einschätzen.
weighbridge ['weɪbrɪdʒ] n Brückenwaage f; **weigh-in** n (Sport) Wiegen nt.
weighing machine ['weɪɪŋməʃiːn] n (for people) Personenwaage f; (coin-operated) Münzwaage f, Wiegeautomat m; (for goods) Waage f.
weight [weɪt] **I** n **1.** (heaviness, Phys) Gewicht nt; (Sport, esp Boxing) Gewichtsklasse f, Gewicht nt (inf); (of cloth) Schwere f; (of blow) Wucht f, Heftigkeit f. **3 kilos in ~** 3 Kilo Gewicht, ein Gewicht von 3 Kilo; **the grocer gave me short or light ~** der Kaufmann hat (mir) schlecht or knapp gewogen; **to feel/test the ~ of sth** sehen/probieren, wie schwer etw ist; **the ~ of the snow made the branches break** die Zweige brachen unter der Schneelast; **to gain** or **put on/lose ~** zunehmen/abnehmen; **he carries his ~ well** man sieht ihm sein Gewicht nicht an; **I hope the chair takes my ~** ich hoffe, der Stuhl hält mein Gewicht aus; **he's worth his ~ in gold** er ist Gold(es) wert.
2. (metal ~, unit of ~, heavy object) Gewicht nt; (for weighting down also) Beschwerer m. **~s and measures** Maße und Gewichte (+pl vb); **the doctor warned him not to lift heavy ~s** der Arzt

warnte ihn davor, schwere Lasten zu heben; **she's quite a ~** sie ist ganz schön schwer.
3. (fig: load, burden) Last f. **the ~ of evidence** die Beweislast; **that's a ~ off my mind** mir fällt ein Stein vom Herzen.
4. (fig: importance) Bedeutung f, Gewicht nt. **he/his opinion carries no ~** seine Stimme/Meinung hat kein Gewicht or fällt nicht ins Gewicht; **those arguments carry ~ with the minister/ carry great ~** diesen Argumenten mißt der Minister Gewicht bei/wird großes Gewicht beigemessen; **to add ~ to sth** einer Sache (dat) zusätzliches Gewicht geben or verleihen; **to pull one's ~** seinen Teil dazutun, seinen Beitrag leisten; **to put one's full ~ behind sb/sth** sich mit seinem ganzen Gewicht or mit dem ganzen Gewicht seiner Persönlichkeit für jdn/etw einsetzen; **to throw** or **chuck** (inf) **one's ~ about** seinen Einfluß geltend machen.
II vt **1.** (make heavier, put ~s on) beschweren.
2. (fig: bias) results verfälschen. **to ~ sth in favour of/against sb** etw zugunsten einer Person/gegen jdn beeinflussen; **to ~ sth in favour of/against sth** etw zugunsten einer Sache/gegen etw beeinflussen; **to be ~ed in favour of sb/sth** so angelegt sein, daß es zugunsten einer Person/Sache ist; **to be ~ed against sb/sth** jdn/etw benachteiligen.
◆**weight down** vt sep person (with parcels etc) überladen; corpse beschweren; (fig) belasten, niederdrücken.
weightily ['weɪtɪlɪ] adv gewichtig.
weightiness ['weɪtɪnɪs] n (lit) Gewicht nt; (fig) Gewichtigkeit f; (of responsibility also) Schwere f.
weighting ['weɪtɪŋ] n (Brit: supplement) Zulage f.
weightless ['weɪtlɪs] adj schwerelos; **weightlessness** n Schwerelosigkeit f; **weightlifter** n Gewichtheber m; **weightlifting** n Gewichtheben nt.
weighty ['weɪtɪ] adj (+er) **1.** (lit) schwer. **2.** (fig) gewichtig; (influential) argument also schwerwiegend; (burdensome) responsibility also schwerwiegend, schwer.
weir [wɪər] n **1.** (barrier) Wehr nt. **2.** (fish trap) Fischreuse f.
weird [wɪəd] adj (+er) (uncanny) unheimlich; (inf: odd) seltsam.
weirdie ['wɪədɪ] n (sl) verrückter Typ (inf).
weirdly ['wɪədlɪ] adv see adj.
weirdness ['wɪədnɪs] n (inf: oddness) Seltsamkeit f.
weirdo ['wɪədəʊ] n, pl ~s (sl) verrückter Typ (inf).
welch vi see welsh.
welcome ['welkəm] **I** n Willkommen nt. **to give sb a hearty** or **warm ~** jdm einen herzlichen Empfang bereiten; **what sort of a ~ will this product get from the public?** wie wird das Produkt von der Öffentlichkeit aufgenommen werden?
II adj **1.** (received with pleasure, pleasing) willkommen; visitor also gerngesehen attr; news also angenehm. **the money is very ~ just now** das Geld kommt gerade jetzt sehr gelegen; **to make sb ~**

jdn sehr freundlich aufnehmen *or* empfangen; **to make sb feel ~** jdm das Gefühl geben, ein willkommener *or* gerngesehener Gast zu sein; **I didn't feel very ~ there** ich habe mich dort nicht sehr wohl gefühlt.

2. you're ~! nichts zu danken!, keine Ursache!, bitte sehr!, aber gerne!; *(iro)* von mir aus gerne!, wenn's Ihnen Spaß macht!; **you're ~ to use my room** Sie können gerne mein Zimmer benutzen; **you're ~ to it!** *(lit, iro)* von mir aus herzlich gerne!

III *vt (lit, fig)* begrüßen, willkommen heißen *(geh)*. **they ~d him home with a big party** sie veranstalteten zu seiner Heimkehr ein großes Fest.

IV *interj* **~ home/to Scotland/on board!** herzlich willkommen!, willkommen daheim/in Schottland/an Bord!

welcome-home ['welkəm'həʊm] *adj attr party* Begrüßungs-, Willkommens-.

welcoming ['welkəmɪŋ] *adj* zur Begrüßung; *smile, gesture* einladend. **a ~ cup of tea was on the table for her** eine Tasse Tee stand zu ihrer Begrüßung auf dem Tisch.

weld [weld] **I** *vt* **1.** *(Tech)* schweißen. **to ~ parts together** Teile zusammenschweißen *or* verschweißen; **to ~ sth on** etw anschweißen *(to* an *+acc)*; **~ed joint** Schweißnaht *f.*
2. *(fig: also* **~ together)** zusammenschmieden *(into* zu).
II *vi* sich schweißen lassen.
III *n* Schweißnaht, Schweißstelle *f.*

welder ['weldə'] *n (person)* Schweißer(in *f)* *m*; *(machine)* Schweißapparat *m*, Schweißgerät *nt.*

welding ['weldɪŋ] *n* Schweißen *nt.* **~ torch** Schweißbrenner *m.*

welfare ['welfeə'] *n* **1.** *(well-being)* Wohl, Wohlergehen *n.* **2.** *(~ work, social security)* Fürsorge *f.* **child/social ~** Kinderfürsorge *f/*soziale Fürsorge.

welfare state *n* Wohlfahrtsstaat *m*; **welfare work** *n* Fürsorgearbeit *f*; **welfare worker** *n* Fürsorger(in *f)* *m.*

well¹ [wel] **I** *n* **1.** *(water ~)* Brunnen *m*; *(oil ~)* Ölquelle *f*; *(drilled)* Bohrloch *nt*; *(fig: source)* Quelle *f.* **to drive** *or* **sink a ~** einen Brunnen bohren *or* anlegen *or* graben.
2. *(shaft)* *(for lift)* Schacht *m*; *(for stairs)* Treppenschacht *m*; *(down centre of staircase)* Treppenhaus *nt.*
3. *(of theatre)* Parkett *nt*; *(of auditorium)* ebenerdiger Teil des Zuschauer-/Konferenz-/Versammlungsraums; *(Brit: of court)* Teil des Gerichtssaals, in dem die Rechtsanwälte und Protokollschreiber sitzen.
II *vi* quellen.

◆well up *vi (water, liquid)* emporsteigen, emporquellen; *(fig)* aufsteigen; *(noise)* anschwellen. **tears ~ed ~ in her eyes** Tränen stiegen ihr in die Augen.

well² *comp* **better**, *superl* **best I** *adv* **1.** *(in a good or satisfactory manner)* gut. **the child speaks ~** *(is ~ spoken)* das Kind spricht ordentlich Deutsch/Englisch *or* gutes Deutsch/Englisch; **it is ~ painted** *(portrait)* es ist gut gemalt; *(house, fence)* es ist sauber *or* ordentlich angestrichen;

he did it as ~ as he could/I could have done er machte es so gut er konnte/ ebenso gut, wie ich es hätte machen können; **he's doing ~ at school/in maths** er ist gut *or* er kommt gut voran in der Schule/ in Mathematik; **he did ~ in the maths exam** er hat in der Mathematikprüfung gut abgeschnitten; **his business is doing ~** sein Geschäft geht gut; **mother and child are/ the patient is doing ~** Mutter und Kind/ dem Patienten geht es gut, Mutter und Kind sind/der Patient ist wohlauf; **if you do ~ you'll be promoted** wenn Sie sich bewähren, werden Sie befördert; **you did ~ to help** du tatest gut daran zu helfen, es war gut, daß du geholfen hast; **~ done!** gut gemacht!, bravo!, sehr gut!; **~ played!** gut gespielt!; **to do ~ by sb** *(inf)* jdm gegenüber *or* zu jdm großzügig sein; **everything went ~/quite ~** es ging alles gut *or* glatt *(inf)*/recht gut *or* ganz gut *or* ganz ordentlich.

2. *(favourably, fortunately)* gut. **to speak/think ~ of sb** über jdn Gutes sagen/ Positives denken, von jdm positiv sprechen/ denken; **to be ~ spoken of in certain circles/by one's colleagues** einen guten Ruf in gewissen Kreisen haben/bei seinen Kollegen in gutem Ruf stehen; **to be ~ in with sb** *(inf)* auf gutem Fuß mit jdm stehen; **to marry ~** eine gute Partie machen; **to do ~ out of sth** von etw ganz schön *or* ordentlich profitieren, bei etw gut wegkommen *(inf)*; **you would do ~ to arrive early** Sie täten gut daran, früh zu kommen; **you might as ~ go** du könntest eigentlich gradesogut *or* ebensogut (auch) gehen; **are you coming? — I might as ~** kommst du? — ach, könnte ich eigentlich (auch) *(inf)* *or* ach, warum nicht.

3. *(thoroughly, considerably, to a great degree)* gut, gründlich. **shake the bottle ~** schütteln Sie die Flasche kräftig; *(on medicine)* Flasche kräftig *or* gut schütteln; **we were ~ beaten** wir sind gründlich geschlagen worden; **he could ~ afford it** er konnte es sich *(dat)* sehr wohl leisten; **all** *or* **only too ~** nur (all)zu gut; **~ and truly** (ganz) gründlich; *married, settled in* ganz richtig; *(iro also)* fest; *westernized, conditioned* durch und durch; **he was ~ away** *(inf)* er war in Fahrt *or* Schwung *(inf)*; *(drunk)* er hatte einen sitzen *(inf)*; **he sat ~ forward in his seat** er saß weit vorne auf seinem Sitz; **it was ~ worth the trouble** das hat sich wohl *or* sehr gelohnt; **~ out of sight** ein gutes Stück *or* weit außer Sichtweite; **~ within ...** durchaus in *(+dat)*; **~ past midnight** lange nach Mitternacht; **he's ~ over fifty** er ist einiges *or* weit über fünfzig; **~ over a thousand** weit mehr als *or* weit über tausend.

4. *(probably, reasonably)* ohne weiteres, gut, wohl. **I may ~ be late** es kann leicht *or* wohl *or* ohne weiteres sein, daß ich spät komme; **you may ~ be right** Sie mögen wohl recht haben; **she cried, as ~ she might** sie weinte, und das (auch) mit Grund *or* wozu sie auch allen Grund hatte; **you may ~ ask!** *(iro)* das kann man wohl fragen; **I couldn't very ~ stay** ich konnte schlecht bleiben.

5. (*in addition*) **as** ~ auch; **x as** ~ **as y x** sowohl als auch y, x und auch y; **she sings as** ~ **as dances** sie singt und tanzt auch noch.

II *adj* **1.** (*in good health*) gesund. **get** ~ **soon!** gute Besserung; **I'm very** ~, **thanks** danke, es geht mir sehr gut; **she's not been** ~ **lately** ihr ging es in letzter Zeit (gesundheitlich) gar nicht gut; **I don't feel at all** ~ ich fühle mich gar nicht gut *or* wohl.

2. (*satisfactory, desirable, advantageous*) gut. **all is not** ~ **with him/in the world** mit ihm/mit *or* in der Welt steht es nicht zum besten; **that's all very** ~, **but ...** das ist ja alles schön und gut, aber ...; **if that's the case, (all)** ~ **and good** wenn das der Fall ist, dann soll es mir recht sein; **it's all very** ~ **for you, you don't have to ...** Sie haben gut reden *or* Sie können leicht reden, Sie müssen ja nicht ...; **it would be as** ~ **to ask first** es wäre wohl besser *or* gescheiter (*inf*), sich erst mal zu erkundigen; **it's just as** ~ **he came** es ist (nur *or* schon) gut, daß er gekommen ist; **you're** ~ **out of that** seien Sie froh, daß Sie damit nichts/nichts mehr zu tun haben; **all's** ~ **that ends** ~ Ende gut, alles gut.

III *interj* also; (*expectantly also*) na; (*doubtfully*) na ja. ~ ~!, ~ **I never (did)!** also, so was!, na so was!; ~ **now** also; ~, **it was like this** also, es war so *or* folgendermaßen; ~ **there you are, that proves it!** na bitte *or* also bitte, das beweist es doch; ~, **as I was saying** also, wie (bereits) gesagt; ~ **then** also (gut); (*in question*) na?, nun?, also?; **very** ~ **then!** na gut, also gut!; (*indignantly*) also bitte (sehr).

IV *n* Gute(s) *nt*. **to wish sb** ~ (*in general*) jdm alles Gute wünschen; (*in an attempt, iro*) jdm Glück wünschen (*in bei*); (*be well-disposed to*) jdm gewogen sein.

we'll [wi:l] *contr of* **we shall; we will.**

well *in cpds* gut; **well-adjusted** *adj* (*Psych*) gut angepaßt; **well-advised** *adj* plan, move klug; **to be** ~ **to** ... wohl *or* gut beraten sein *or* gut daran tun, zu ...; **well-aimed** *adj* shot, blow, sarcasm gut- *or* wohlgezielt *attr*; **well-appointed** *adj* gut ausgestattet; **well-balanced** *adj* **1.** person, mind ausgeglichen; **2.** scheme, budget, diet (gut) ausgewogen; **well-behaved** *adj* child artig, wohlerzogen; animal gutererzogen *attr*; **well-being** *n* Wohl, Wohlergehen *nt*; **to have a sense of** ~ (ein Gefühl der) Behaglichkeit *or* Wohligkeit empfinden; **well-born** *adj* aus vornehmer Familie, aus vornehmem Haus; **well-bred** *adj* **1.** (*polite*) person wohlerzogen; manners vornehm, gepflegt; accent distinguiert; **2.** (*of good stock*) animal aus guter Zucht; (*iro*) person aus gutem Stall; **well-built** *adj* house gut *or* solide gebaut; person stämmig, kräftig; **well-chosen** *adj* remarks, words gut *or* glücklich gewählt; **in a few** ~ **words** in wenigen wohlgesetzten Worten; **well-connected** *adj* mit Beziehungen zu *or* in höheren Kreisen; **well-deserved** *adj* wohlverdient; **well-developed** *adj* arm, muscle gutentwickelt *attr*; sense (gut)

ausgeprägt; **well-disposed** *adj* **to be** ~ **towards sb/sth** jdm/einer Sache gewogen sein *or* freundlich gesonnen sein; **well-done** *adj* steak durchgebraten, durch *inv*; **well-dressed** *adj* gut angezogen *or* gekleidet; **well-earned** *adj* wohlverdient; **well-educated** *adj* person gebildet; voice (gut) ausgebildet; **well-equipped** *adj* office, studio gut ausgestattet; expedition, army gut ausgerüstet; **well-established** *adj* practice, custom fest; tradition alt; **well-fed** *adj* wohl- *or* gutgenährt *attr*; **well-founded** *adj* wohlbegründet *attr*; **well-groomed** *adj* gepflegt; **well-head** *n* **1.** (*of spring etc*) Quelle *f*; (*fig*) Ursprung *m*; **2.** (*head of oilwell*) Bohrturm *m*; **well-heeled** *adj* (*inf*) betucht; **well-hung** *adj* meat abgehangen; man gut ausgestattet; **well-informed** *adj* gutinformiert *attr*; sources also wohlunterrichtet *attr*; **to be** ~ **about sb/sth** über jdn/etw gut informiert *or* gut unterrichtet sein.

wellington (boot) ['weliŋtən('bu:t)] *n* (*Brit*) Gummistiefel *m*.

well-kept [,wel'kept] *adj* garden, hair etc gepflegt; secret streng gehütet, gutgewahrt *attr*; **well-known** *adj* place, singer bekannt; fact also wohl- *or* altbekannt; **it's** ~ **that ...** es ist allgemein bekannt, daß ...; **well-loved** *adj* vielgeliebt; **well-mannered** *adj* mit guten Manieren; **to be** ~ gute Manieren haben; **well-matched** *adj* teams, opponents gleich stark; **they're a** ~ **pair** sie passen gut zusammen; **well-meaning** *adj* wohlmeinend *attr*; **well-meant** *adj* action, lie gutgemeint *attr*; **well-nigh** *adv* (*form*) nahezu, beinahe; **well-off** *I adj* **1.** (*affluent*) reich, begütert, gut d(a)ran (*inf*); **2.** pred (*fortunate*) **you don't know when you're** ~ (*inf*) du weißt (ja) nicht, wann es dir gut geht; **II** *n* **the** ~ *pl* die Begüterten *pl*; **well-oiled** *adj* (*inf: drunk*) beduselt (*inf*); **well-preserved** *adj* guterhalten *attr*; person also wohlerhalten *attr*; **well-read** *adj* belesen; **well-spent** *adj* time gut genützt *or* verbracht; money sinnvoll *or* vernünftig ausgegeben *or* verwendet; **well-spoken** *adj* mit gutem Deutsch/Englisch etc; **to be** ~ gutes Deutsch/Englisch etc sprechen; **well-stacked** *adj* (*sl*) woman mit Holz vor der Hütte (*inf*); **well-stocked** *adj* gutbestückt *attr*; **well-timed** *adj* (zeitlich) gut abgepaßt, zeitlich günstig; **that was a** ~ **interruption** die Unterbrechung kam im richtigen Augenblick; **well-to-do** *I adj* wohlhabend, reich; district Reichen-, Vornehmen-; **II** *n* **the** ~ *pl* die Begüterten *pl*; **well-wisher** *n* cards from ~s Briefe von Leuten, die ihm/ihr etc alles Gute wünschten; **"from a** ~**"** „jemand, der es gut mit Ihnen meint"; **well-worn** *adj* garment abgetragen; carpet etc abgelaufen; book abgenützt, abgegriffen; path ausgetreten; saying, subject etc abgedroschen.

Welsh [welʃ] **I** *adj* walisisch. **II** *n* **1.** (*language*) Walisisch *nt*. **2. the** ~ *pl* die Waliser *pl*.

welsh, welch [welʃ] *vi* (*sl*) sich drücken (*on sth* vor etw *dat*) (*inf*); (*bookmaker etc:*

avoid payment) die Gewinne nicht ausbezahlen (*on sb* jdm); (*by disappearing*) mit dem Geld durchgehen (*inf*). **to ~ on sb** jdn (auf)sitzen lassen (*inf*).

Welsh dresser *n* Anrichte *f* mit Tellerbord; **Welshman** *n* Waliser *m*; **Welsh rabbit** *or* **rarebit** *n* überbackene Käseschnitte; **Welshwoman** *n* Waliserin *f*.

welt [welt] *n* **1.** (*of shoe*) Rahmen *m*; (*of pullover*) Bündchen *nt*. **2.** (*weal*) Striemen *m*.

welted ['weltɪd] *adj shoe* randgenäht.

welter ['weltər] (*liter*) **I** *n* Unzahl *f*; (*of blood, cheers*) Meer *nt*; (*of emotions*) Sturm, Tumult *m*; (*of verbiage*) Flut *f*.
   II *vi* (*in mud, blood etc*) sich wälzen. **to ~ in sorrow** sich (rückhaltlos) seinem Schmerz hingeben.

welterweight ['weltəweɪt] *n* Weltergewicht *nt*.

wench [wentʃ] **I** *n* (*old*) Maid *f* (*old*); (*serving ~*) Magd *f*; (*hum*) Frauenzimmer *nt*.
   II *vi* sich mit Mädchen herumtreiben.

wend [wend] *vt* **to ~ one's way home/to the pub** *etc* sich auf den Heimweg/zur Wirtschaft *etc* begeben.

went [went] *pret of* **go.**

wept [wept] *pret, ptp of* **weep.**

were [wɜː] *2nd pers sing, 1st, 2nd, 3rd pers pl pret of* **be.**

we're [wɪə] *contr of* **we are.**

weren't [wɜːnt] *contr of* **were not.**

werewolf ['wɪəwʊlf] *n, pl* **-wolves** Werwolf *m*.

wert [wɜːt] (*old*) *2nd pers sing pret of* **be.**

west [west] **I** *n* **1.** Westen *m*. **in/to the ~** im Westen/nach *or* gen (*liter*) Westen; **to the ~ of** westlich von, im Westen von; **he comes from the ~ (of Ireland)** er kommt aus dem Westen (von Irland); **the wind is blowing from the ~** der Wind kommt von West(en) *or* aus (dem) Westen.
   2. (*western world*) **the ~** *or* **W~** der Westen.
   II *adj* West-, westlich.
   III *adv* **1.** nach Westen, westwärts. **it faces ~** es geht nach Westen; **~ of** westlich von.
   2. to go ~ (*fig inf*) flöten gehen (*sl*); (*to die*) vor die Hunde gehen (*sl*).

west *in cpds* West-; **West Berlin** *n* West-Berlin *nt*; **west-bound** *adj traffic, carriageway* in Richtung Westen; **to be ~** nach Westen unterwegs sein, westwärts reisen *or* fahren.

westerly ['westəlɪ] **I** *adj* westlich. **II** *n* (*wind*) Westwind, West (*poet*) *m*.

western ['westən] **I** *adj* (*all senses*) westlich. **on the W~ front** an der Westfront; **W~ Europe** Westeuropa *nt*. **II** *n* Western *m*.

westerner ['westənə] *n* **1.** (*Pol*) Abendländer(in *f*) *m*. **2.** (*US*) Weststaatler *m*.

westernization [ˌwestənaɪ'zeɪʃən] *n* (*westernizing*) Einführung *f* der westlichen Kultur *or* Zivilisation; (*western character*) westliche Zivilisation *f*; (*pej*) Verwestlichung *f*.

westernize ['westənaɪz] *vt* die westliche Zivilisation/Kultur einführen in (+*dat*); (*pej*) verwestlichen.

westernized ['westənaɪzd] *adj person, culture* vom Westen beeinflußt, westlich ausgerichtet; (*pej*) verwestlicht.

westernmost ['westənməʊst] *adj* westlichste(r, s), am weitesten westlich (gelegen).

West Germany *n* Westdeutschland *nt*, Bundesrepublik *f* (Deutschland); **West Indian I** *adj* westindisch; **II** *n* Westindier(in *f*) *m*; **West Indies** *npl* Westindische Inseln *pl*; **west-north-west** *n* Westnordwest *no art*.

Westphalia [west'feɪlɪə] *n* Westfalen *nt*.

Westphalian [west'feɪlɪən] **I** *adj* westfälisch. **II** *n* Westfale *m*, Westfälin *f*.

west-south-west [ˌwestsaʊθ'west] *n* Westsüdwest *no art*; **West Virginia** *n* (*abbr* **W. Va., WV**) West Virginia; **westward(s)** ['westwəd(z)], **westwardly** [-wədlɪ] **I** *adj* westlich; **in a ~ direction** nach Westen, (in) Richtung Westen; **II** *adv* westwärts, nach Westen.

wet [wet] (*vb: pret, ptp ~ or* **~ted**) **I** *adj* (+*er*) **1.** naß. **to be ~** (*paint, varnish, ink*) naß *or* feucht sein; **to be ~ through** durch und durch naß sein, völlig durchnäßt sein; **"~ paint"** „Vorsicht, frisch gestrichen"; **to get one's feet ~** nasse Füße bekommen, sich (*dat*) nasse Füße holen (*inf*); **to be ~ behind the ears** (*inf*) noch feucht *or* noch nicht trocken hinter den Ohren sein (*inf*).
   2. (*rainy*) naß, feucht; *climate, country* feucht. **the ~ season** die Regenzeit; **in ~ weather** bei nassem Wetter, bei Regenwetter; **it's been ~ all week** es war die ganze Woche (über) regnerisch.
   3. (*allowing alcohol*) *state, city* wo kein Alkoholverbot besteht. **the area is still not ~** in dieser Gegend ist immer noch kein Alkoholausschank (erlaubt).
   4. (*Brit inf: weak, spiritless*) weichlich, lasch. **don't be so ~!** sei nicht so ein *or* kein solcher Waschlappen! (*inf*).
   II *n* **1.** (*moisture*) Feuchtigkeit *f*.
   2. (*rain*) Nässe *f*. **it's out in the ~** es ist draußen im Nassen.
   3. (*inf: ~ season*) Regenzeit *f*.
   4. (*US inf: anti-prohibitionist*) Antiprohibitionist(in *f*) *m*.
   5. (*Brit sl: person*) Waschlappen *m* (*inf*).
   III *vt* naß machen; *lips, washing* befeuchten. **to ~ one's whistle** (*inf*) sich (*dat*) die Kehle anfeuchten (*inf*); **to ~ the bed/one's pants/oneself** das Bett/seine Hosen/sich naß machen, ins Bett/in die Hose(n) machen.

wet-and-dry [ˌwetən'draɪ] **I** *n* Schmirgelpapier *nt*; **II** *vt* (naß)schmirgeln; **wet blanket** *n* (*inf*) Miesmacher(in *f*) *m* (*inf*); **wet cell** *n* Naßelement *nt*; **wet dock** *n* Dock, Flutbecken *nt*; **wet dream** *n* feuchter Traum, kalter Bauer (*sl*).

wether ['weðər] *n* Hammel *m*.

wet-look ['wetlʊk] *adj* Hochglanz-.

wetly ['wetlɪ] *adv* **1.** naß. **2.** (*Brit inf*) weich.

wetness ['wetnɪs] *n* **1.** Nässe *f*; (*of weather also, climate, paint, ink*) Feuchtigkeit *f*.
   2. (*Brit inf*) Weichlichkeit *f*.

wet-nurse ['wetnɜːs] *n* Amme *f*; **wetsuit** *n* Neoprenanzug, Taucheranzug *m*.

wetting ['wetɪŋ] **I** *n* unfreiwillige Dusche (*inf*); (*falling into water*) unfreiwilliges Bad. **to get a ~** klatschnaß werden.
   II *adj* (*Chem*) **~ agent** Netzmittel *nt*.

we've [wiːv] *contr of* **we have.**

WFTU *abbr of* **World Federation of Trade Unions** WGB *m.*

whack [wæk] **I** *n* **1.** *(blow)* (knallender) Schlag. **to give sb/sth a ~** jdm einen Schlag versetzen/auf etw *(acc)* schlagen.

2. *(inf: attempt)* Versuch *m.* **to have a ~ at sth/at doing sth** etw probieren *or* versuchen, sich an etw *(dat)* versuchen.

3. *(inf: share)* (An)teil *m.*

II *vt* **1.** *(hit)* schlagen, hauen *(inf).*

2. *(inf: defeat)* (haushoch) schlagen.

3. *(inf: exhaust)* erschlagen *(inf).*

whacked [wækt] *adj (inf: exhausted)* kaputt *(inf).*

whacking ['wækɪŋ] **I** *adj (Brit inf) lie, defeat, meal* Mords- *(inf).* **a ~ great spider/a ~ big book** ein Mordstrumm *nt (inf)* von einer Spinne/von (einem) Buch.

II *n* **1.** *(beating)* Keile *f (inf).* **to give sb a ~** jdm Keile verpassen *(inf).*

2. *(inf: defeat)* **we got a real ~ from their team** die Mannschaft hat uns richtig in die Pfanne gehauen *(inf).*

whacky *adj (+er) (inf) see* **wacky.**

whale [weɪl] *n* **1.** Wal *m.* **2.** *(inf: exceedingly great, good etc)* **a ~ of** ein Riesen-, ein(e) riesige(r, s); **a ~ of a difference** ein himmelweiter Unterschied; **to have a ~ of a time** sich prima amüsieren.

whalebone ['weɪlbəʊn] *n* Fischbein *nt;* **whale fishing** *n* Wal(fisch)fang *m;* **whale oil** *n* Walöl *nt,* Tran *m.*

whaler ['weɪlə^r] *n (person, ship)* Walfänger *m.*

whaling ['weɪlɪŋ] *n* Wal(fisch)fang *m.* **to go ~** auf Walfang gehen; **~ ship** Walfänger *m,* Walfangboot, Walfangschiff *nt;* **~ station** Walfangstation *f.*

wham [wæm], **whang** [wæŋ] **I** *interj* wumm. **II** *n (blow)* Schlag *m; (bang, thump)* Knall *m.* **III** *vt (hit)* schlagen; *(bang, thump)* knallen. **IV** *vi* knallen. **to ~ into sth** auf etw *(acc)* krachen *(inf).*

wharf [wɔːf] *n, pl -s or* **wharves** [wɔːvz] Kai *m.*

what [wɒt] **I** *pron* **1.** *(interrog)* was. **~ is this called?** wie heißt das?, wie nennt man das?; **~'s the weather like?** wie ist das Wetter?; **~ do 4 and 3 make?** wieviel ist *or* macht 4 und *or* plus 3?; **~ is it now?**, **~ do you want now?** was ist denn?; **~'s that (you/he** *etc* **said)?** *was* hast du/hat er da gerade gesagt?; **~'s that to you?** was geht dich das an?; **~ for?** wozu?, wofür?, für was? *(inf);* **~'s that tool for?** wofür ist das Werkzeug?; **~ are you looking at me like that for?** warum *or* was *(inf)* siehst du mich denn so an?; **~ did you do that for?** warum hast du denn das gemacht?; **~ about ...?** wie wär's mit ...?; **well, ~ about it? are we going?** na, wie ist's, gehen wir?; **you know that pub? — ~ about it?** kennst du die Wirtschaft? — was ist damit?; **~ of** *or* **about it?** na und? *(inf);* **~ if ...?** was ist, wenn ...?; **so ~?** *(inf)* ja *or* na und? **~ does it matter?** was macht das schon?; **~ -d'you(-ma)-call-him/-her/-it** *(inf),* **~ 's-his/-her/-its name** *(inf)* wie heißt er/sie/ es gleich *or* schnell.

2. *(rel)* was. **he knows ~ it is to suffer** er weiß, was leiden heißt *or* ist; **that is not ~**

I asked for danach habe ich nicht gefragt; **that's exactly ~ I want/said** genau das möchte ich/habe ich gesagt; **do you know ~ you are looking for?** weißt du, wonach du suchst?; **come ~ may** komme was wolle; **~ I'd like is a cup of tea** was ich jetzt gerne hätte, (das) wäre ein Tee; **~ with one thing and the other** wie das so ist *or* geht; **and ~'s more** und außerdem, und noch dazu; **he knows ~'s ~** *(inf)* er kennt sich aus, der weiß Bescheid *(inf);* **(I'll) tell you ~** *(inf)* weißt du was?; **and ~ not** *(inf),* **and ~ have you** *(inf)* und was sonst noch (alles), und was weiß ich; **to give sb ~ for** *(inf)* es jdm ordentlich geben *(inf).*

3. *(with vb +prep see also there)* **~ did he agree/object to?** wozu hat er zugestimmt/wogegen *or* gegen was hat er Einwände erhoben?; **he agreed/objected to ~ we suggested** er stimmte unseren Vorschlägen zu/lehnte unsere Vorschläge ab, er lehnte ab, was wir vorschlugen; **he didn't know ~ he was agreeing/objecting to** er wußte nicht, wozu er zustimmte/was er ablehnte.

II *adj* **1.** *(interrog)* welche(r, s), was für (ein/eine) *(inf).* **~ age is he?** wie alt ist er?; **~ good would that be?** *(inf)* wozu sollte das gut sein?; **~ book do you want?** was für ein Buch wollen Sie?; **~ time is it?** wieviel Uhr ist es?, wie spät ist es?

2. *(rel)* der/die/das. **~ little I had** das wenige, das ich hatte; **buy ~ food you like** kauf das Essen, das du willst.

3. *(in set constructions)* **~ sort of** was für ein/eine; **~ else** was noch; **~ more** was mehr.

4. *(in interj: also iro)* was für (ein/eine). **~ a man!** was für ein *or* welch ein *(geh)* Mann!; **~ luck!** welch(es) Glück, was für ein Glück, so ein Glück; **~ a fool I've been/I am!** ich Idiot!

III *interj* was; *(dated: isn't it/he etc also)* wie.

whatever [wɒt'evə^r] **I** *pron* **1.** was (auch) (immer); *(no matter what)* egal was, ganz gleich was. **~ you like** was (immer) du (auch) möchtest; **~ it's called** egal wie es heißt, soll es heißen, wie es will; **... or ~ they're called** ... oder wie sie sonst heißen; **or ~** oder sonst (so) etwas.

2. *(interrog)* was ... wohl; *(impatiently)* was zum Kuckuck *(inf).* **~ do you mean?** was meinst du denn bloß?

II *adj* **1.** egal welche(r, s), welche(r, s) (auch) (immer). **~ book you choose** welches Buch Sie auch wählen; **~ else you do** was immer du *or* egal was du auch sonst machst; **for ~ reasons** aus welchen Gründen auch immer.

2. *(with neg)* überhaupt, absolut. **nothing/no man ~** überhaupt *or* absolut gar nichts/niemand überhaupt; **it's of no use ~** es hat überhaupt *or* absolut keinen Zweck.

3. *(interrog)* **~ reason can he have?** was für einen Grund kann er nur *or* bloß *or* wohl haben?; **~ else will he do?** was wird er nur *or* bloß *or* wohl noch alles machen?

whatnot ['wɒtnɒt] *n (inf)* **1.** *see* **what I 2. 2.** *(thingummyjig)* Dingsbums *(inf),* Dingsda *(inf) nt.*

what's [wɒts] *contr of* **what is; what has.**

whatsit ['wɒtsɪt] *n* (*inf*) Dingsbums (*inf*), Dingsda (*inf*), Dingens (*dial inf*) *nt*.

whatsoever [‚wɒtsəʊ'evəʳ] *pron, adj see* **whatever.**

wheat [wiːt] **I** *n* Weizen *m*. **to separate the ~ from the chaff** die Spreu vom Weizen trennen. **II** *attr* **~ germ** Weizenkeim *m*.

wheaten ['wiːtn] *adj* Weizen-.

wheedle ['wiːdl] *vt* **to ~ sb into doing sth** jdn überreden *or* herumkriegen (*inf*), etw zu tun; **to ~ sth out of sb** jdm etw abschmeicheln.

wheedling ['wiːdlɪŋ] **I** *adj* *tone, voice* schmeichelnd, schmeichlerisch. **II** *n* Schmeicheln *nt*.

wheel [wiːl] **I** *n* **1.** Rad *nt*; (*steering* ~) Lenkrad *nt*; (*Naut*) Steuer(rad) *nt*; (*roulette* ~) Drehscheibe *f*; (*paddle* ~) Schaufelrad *nt*; (*potter's* ~) (Töpfer)scheibe *f*. **at the ~** (*lit*) am Steuer; (*fig also*) am Ruder; **~ of fortune** Glücksrad *nt*; **the ~s of progress** der Fortschritt; (*in history*) die Weiterentwicklung; **the ~s of government/justice** die Mühlen der Regierung/der Gerechtigkeit; **~s within ~s** gewisse Verbindungen.

2. (*Mil*) Schwenkung *f*. **a ~ to the right, a right ~** eine Schwenkung nach rechts, eine Rechtsschwenkung.

II *vt* **1.** (*push*) *bicycle, pram, child* schieben; (*pull*) ziehen; (*invalid*) *wheelchair* fahren. **the cripple ~ed himself into the room** der Krüppel fuhr mit seinem Rollstuhl ins Zimmer.

2. (*cause to turn*) drehen.

III *vi* (*turn*) drehen; (*birds, planes*) kreisen; (*Mil*) schwenken. **to ~ left** nach links schwenken; **left ~!** links schwenkt!

◆**wheel in** *vt sep* **1.** *trolley, invalid* hereinrollen. **2.** (*inf: bring into room*) vorführen (*inf*).

◆**wheel round** *vi* sich (*rasch*) umdrehen; (*troops*) (ab)schwenken.

wheelbarrow ['wiːlˌbærəʊ] *n* Schubkarre *f*, Schubkarren *m*; **wheelbase** *n* Rad(ab)stand *m*; **wheelchair** *n* Rollstuhl *m*.

wheeled [wiːld] *adj* *traffic, transport* auf Rädern; *vehicle* mit Rädern.

wheeler-dealer ['wiːlə'diːləʳ] *n* (*inf*) Schlitzohr *nt* (*inf*), gerissener Kerl; (*in finance also*) Geschäftemacher *m*.

wheelhouse ['wiːlhaʊs] *n* Ruderhaus *nt*.

wheeling and dealing ['wiːlɪŋən'diːlɪŋ] *n* Machenschaften *pl*, Gemauschel *nt* (*inf*); (*in business*) Geschäftemacherei *f*.

wheelwright ['wiːlraɪt] *n* Wagenbauer, Stellmacher *m*.

wheeze [wiːz] **I** *n* **1.** (*of person*) pfeifender Atem *no pl*; (*of machine*) Fauchen *nt no pl*.

2. (*dated inf*) Jokus (*dated*), Scherz *m*. **II** *vt* keuchen. **to ~ out a tune** eine Melodie herauspressen.

III *vi* pfeifend atmen; (*machines, asthmatic*) keuchen.

wheezily ['wiːzɪlɪ] *adv* pfeifend, keuchend.

wheeziness ['wiːzɪnɪs] *n* Keuchen *nt*; (*of breath*) Pfeifen *nt*.

wheezy ['wiːzɪ] *adj* (+*er*) *old man* mit pfeifendem Atem; *breath* pfeifend; *voice, cough, car* keuchend.

whelk [welk] *n* Wellhornschnecke *f*.

whelp [welp] **I** *n* Welpe *m*; (*pej: boy*) Lausbub *m* (*inf*). **II** *vi* werfen, jungen.

when [wen] **I** *adv* **1.** (*at what time*) wann. **since ~ have you been here?** seit wann sind Sie hier?; **say ~!** (*inf*) sag' *or* schrei (*inf*) halt!

2. (*rel*) **on the day ~** an dem Tag, an dem *or* als *or* da (*liter*) *or* wo (*inf*); **at the time ~** zu der Zeit, zu der *or* als *or* da (*liter*) *or* wo (*inf*); **in 1960, up till ~ he ...** im Jahre 1960, bis zu welchem Zeitpunkt er ...; **during the time ~ he was in Germany** während der Zeit, als *or* wo *or* die (*inf*) er in Deutschland war.

II *conj* **1.** wenn; (*with past reference*) als. **you can go ~ I have finished** du kannst gehen, sobald *or* wenn ich fertig bin; **he did it ~ young** er tat es in seiner Jugend.

2. (+*gerund*) beim; (*at or during which time*) wobei. **~ operating the machine** beim Benutzen *or* bei Benutzung der Maschine; **the Prime Minister is coming here in May, ~ he will ...** der Premier kommt im Mai hierher und wird dann ...

3. (*although, whereas*) wo ... doch. **why do you do it that way ~ it would be much easier like this?** warum machst du es denn auf die Art, wo es doch so viel einfacher wäre?

whence [wens] *adv* **1.** (*old, form*) woher, von wannen (*old, liter*). **2.** (*form*) **~ I conclude ...** woraus ich schließe, ...

whenever [wen'evəʳ] *adv* **1.** (*each time*) jedesmal wenn.

2. (*at whatever time*) wann (auch) immer, ganz egal *or* gleich *or* einerlei wann; (*as soon as*) sobald. **I'll visit you ~ you like** ich werde dich besuchen, wann immer du willst; **~ you like!** wann du willst!

3. (*emph*) **~ can he have done it?** wann kann er das nur *or* wohl getan haben?; **~ do I have the time for such things?** wann habe ich schon *or* je Zeit für sowas?; **tomorrow, or ~** (*inf*) morgen, oder wann auch immer *or* sonst irgendwann.

where [wɛəʳ] **I** *adv* wo. **~ (to)** wohin, wo ... hin; **~ (from)** woher, wo ... her; **~ are you going (to)?** wohin gehst du, wo gehst du hin?; **~are you from?** woher kommen Sie, wo kommen Sie her?; **from ~ I'm sitting I can see the church** von meinem Platz aus kann ich die Kirche sehen; **~ should we be if ...?** was wäre nur, wenn ...?; **he doesn't know ~ it's at** (*sl*) der weiß nicht, was läuft (*sl*).

II *conj* wo; (*in the place where*) da, wo ..., an der Stelle, wo ... **go ~ you like** geh, wohin du willst, geh hin, wo du willst; **this is ~ we got out** hier sind wir ausgestiegen; **that's ~ Nelson fell/I used to live/we differ** hier *or* an dieser Stelle fiel Nelson/hier *or* da habe ich (früher) gewohnt/in diesem Punkt haben wir unterschiedliche Ansichten; **we carried on from ~ we left off** wir haben da weitergemacht, wo wir vorher aufgehört haben; **I've read up to ~ the king ...** ich habe bis dahin *or* bis an die Stelle gelesen, wo der König ...; **this is ~ we got to** soweit *or* bis hierhin *or* bis dahin sind wir gekommen; **we succeeded ~ we**

expected to fail wir hatten da Erfolg, wo wir ihn nicht erwartet hatten; **you can trust him ~ money is concerned** Sie können ihm trauen, wo es ums Geld geht; **that's ~ da; that's ~ his strong point is** da liegt seine Stärke.

whereabouts [ˌweərə'bauts] **I** adv wo, in welcher Gegend. **I wonder ~ Martin put it** ich frage mich, wohin Martin es wohl gelegt hat. **II** ['weərəbauts] n sing or pl Verbleib m; (of people also) Aufenthaltsort m.

whereas [weər'æz] conj 1. (whilst) während; (while on the other hand) wohingegen. 2. (esp Jur: considering that) da, in Anbetracht der Tatsache, daß ...

whereat [weər'æt] adv (old) wobei.

whereby [weə'bai] adv (form) **the sign ~ you will recognize him** das Zeichen, an dem or woran Sie ihn erkennen; **the rule ~ it is not allowed** die Vorschrift, laut derer or wonach es verboten ist; **a plan ~ the country can be saved** ein Plan, durch den das Land gerettet werden kann.

wherefore ['weəfɔːr] **I** adv (obs) warum, weswegen. **II** conj (obs) weswegen. **III** n see **why III**.

wherein [weər'in] adv (form) worin.

whereof [weər'ɒv] adv (obs) (about which) worüber; (out of which) woraus; (Jur) dessen.

whereon [weər'ɒn] adv (obs) worauf; (whereupon) woraufhin.

wheresoever [ˌweəsəu'evər] adv (obs) see **wherever**.

wherever [weər'evər] **I** conj 1. (no matter where) egal or einerlei wo, wo (auch) immer.
2. (anywhere, in or to whatever place) wohin. **we'll go ~ you like** wir gehen, wohin Sie wollen; **he comes from Bishopbriggs, ~ that is** er kommt aus Bishopbriggs, wo immer das auch sein mag (geh) or fragen Sie mich nicht, wo das ist.
3. (everywhere) überall wo. **~ you see this sign** überall, wo Sie dieses Zeichen sehen.
II adv wo nur, wo bloß. **~ did you get that hat!** wo hast Sie nur or bloß diesen Hut her?; **in London or Liverpool or ~** in London oder Liverpool oder sonstwo.

wherewithal ['weəwiðɔːl] n nötiges Kleingeld; (implements) Utensilien pl.

wherry ['weri] n (light rowing boat) Ruderkahn m; (Brit: barge) (Fluß)kahn m; (US: scull) Einer m, Skiff nt.

whet [wet] vt knife, scythe wetzen; axe schleifen, schärfen; appetite, curiosity anregen.

whetstone ['wetstəun] n Wetzstein m.

whew [hwuː] interj puh, uff.

whey [wei] n Molke f.

whey-faced ['weifeist] adj (liter) bleichgesichtig (geh).

which [witʃ] **I** adj 1. (interrog) welche(r, s). **~ one?** welche(r, s)?; (of people also) wer?
2. (rel) welche(r, s). **... by ~ time I was asleep** ... und zu dieser Zeit schlief ich (bereits).
II pron 1. (interrog) welche(r, s); (of people also) wer. **~ of the children/books** welches Kind/Buch; **~ is ~?** (of people) wer ist wer?, welche(r) ist welche(r)?; (of things) welche(r, s) ist welche(r, s)?
2. (rel) (with n antecedent) der/die/das, welche(r, s) (geh); (with clause antecedent) was. **the bear ~ I saw** der Bär, den ich sah; **at ~ he remarked ...** woraufhin er bemerkte, ...; **it rained hard, ~ upset her** es regnete stark, was sie aufregte; **~ reminds me ...** dabei fällt mir ein, ...; **after ~ we went to bed** worauf or wonach wir zu Bett gingen; **on the day before/after ~ he left her** an dem Tag, bevor or sie ihn verließ/nachdem er sie verlassen hatte.

whichever [witʃ'evər] **I** adj welche(r, s) auch immer; (no matter which) ganz gleich or egal or einerlei welche(r, s). **II** pron welche(r, s) auch immer. **~ (of you) has the most money** wer immer (von euch) das meiste Geld hat.

whichsoever [ˌwitʃsəu'evər] adj, pron (form) see **whichever**.

whiff [wif] n 1. (puff) Zug m; (wisp) kleine Fahne, Wolke f; (smell) Hauch m; (pleasant) Duft, Hauch m; (fig: trace) Spur f; (of spring) Hauch m, Ahnung f. **to catch a ~ of sth** den Geruch von etw wahrnehmen; **to go out for a ~ of air** hinausgehen, um (etwas) Luft zu schnappen.
2. (small cigar) kleiner Zigarillo.

whiffy ['wifi] adj (+er) (inf) **to be ~** streng riechen.

whig [wig] (Brit Hist) **I** n frühere Bezeichnung für Mitglied der liberalen Partei, Whig m. **II** adj attr Whig-.

while [wail] **I** n 1. Weile f, Weilchen nt (inf). **for a ~** (für) eine Weile, eine Zeitlang; (a short moment) (für) einen Augenblick or Moment; **a good or long ~** eine ganze or lange Weile, eine ganze Zeitlang; **for/after quite a ~** ziemlich or recht lange; **a little or short ~** ein Weilchen (inf), kurze Zeit; **it'll be ready in a short ~** es wird bald fertig sein; **a little/long ~ ago** vor kurzem/vor einer ganzen Weile, vor längerer or langer Zeit; **all the ~** die ganze Zeit (über); **between ~s** (inf) zwischendurch, in der Zwischenzeit.
2. **the ~** (liter) derweil, unterdessen.
3. **to be worth (one's) ~ to ...** sich (für jdn) lohnen, zu ...; **we'll make it worth your ~** es soll ihr Schaden nicht sein.
II conj 1. während; (as long as) solange. **she fell asleep ~ reading** sie schlief beim Lesen ein; **he became famous ~ still young** er wurde berühmt, als er noch jung war; **you must not drink ~ on duty** Sie dürfen im Dienst nicht trinken.
2. (although) **~ one must admit there are difficulties ...** man muß zwar zugeben, daß es Schwierigkeiten gibt, trotzdem ...; **~ the text is not absolutely perfect,**

whether ['weðər] conj ob; (no matter whether) egal or ganz gleich or einerlei, ob. **I am not certain ~ they're coming or not** or **~ or not they're coming** ich bin nicht sicher, ob sie kommen oder nicht; **~ they come or not, we'll go ahead** egal or ganz gleich or einerlei, ob sie kommen oder nicht (kommen), wir fangen (schon mal) an; **he's not sure ~ to go or stay** er weiß nicht, ob er gehen oder bleiben soll.

nevertheless ... obwohl (zwar) der Text nicht einwandfrei ist, ... trotzdem.
3. (*whereas*) während.

◆**while away** *vt sep time* sich (*dat*) vertreiben.

whilst [waɪlst] *conj see* **while II.**

whim [wɪm] *n* Laune *f*. **a passing ~** eine vorübergehende Laune, ein vorübergehender Spleen; **her every ~** jede ihrer Launen; **as the ~ takes me** ganz nach Lust und Laune.

whimper ['wɪmpəʳ] **I** *n* (*of dog*) Winseln *nt no pl*; (*of person*) Wimmern *nt no pl*. **without a ~** ohne einen (Klage)laut. **II** *vti* (*dog*) winseln; (*person*) wimmern.

whimsical ['wɪmzɪkəl] *adj* wunderlich; *look, remark* neckisch; *idea, tale* schnurrig; *decision* seltsam, spinnig (*inf*); *notion* grillenhaft; *ornament* verrückt.

whimsicality [,wɪmzɪ'kælɪtɪ] *n* Wunderlichkeit *f*; (*of behaviour*) Launenhaftigkeit, Grillenhaftigkeit *f*; (*of decision*) Seltsamkeit *f*; (*of mood, tale also*) Grillenhaftigkeit *f*; (*of architecture*) Verrücktheit *f*, Manierismus *m*.

whimsically ['wɪmzɪkəlɪ] *adv look, say* neckisch.

whimsy ['wɪmzɪ] *n* **1.** (*caprice, fancy*) Spleen *m*. **2.** *see* **whimsicality.**

whin [wɪn] *n* (*esp Brit*) Ginster *m*.

whine [waɪn] **I** *n* (*of dog*) Jaulen, Heulen *nt no pl*; (*complaining cry*) Jammern, Gejammer *nt no pl*; (*of child*) Quengelei *f no pl*; (*of siren, jet engine*) Heulen *nt no pl*; (*of bullet*) Pfeifen *nt no pl*.
II *vi* (*dog*) jaulen; (*person: speak, complain*) jammern, klagen; (*child*) quengeln; (*siren, jet engine*) heulen; (*bullet*) pfeifen. **don't come whining to me about it** du brauchst nicht anzukommen und mir was vorzujammern.

whining ['waɪnɪŋ] *n* (*of dog*) Gejaule *nt*; (*of complaining*) Gejammer *nt*.

whinny ['wɪnɪ] **I** *n* Wiehern, Gewieher *nt no pl*. **II** *vi* wiehern.

whip [wɪp] **I** *n* **1.** Peitsche *f*; (*riding ~*) Reitgerte *f*.
2. (*Parl*) (*person*) Einpeitscher, Geschäftsführer *m*; (*call*) Anordnung *f* des Einpeitschers. **three-line ~** Fraktionszwang *m*; **they have put a three-line ~ on the vote** bei der Abstimmung besteht Fraktionszwang; **chief ~** Haupt-Einpeitscher *m*.
II *vt* **1.** (*with whip*) *people* auspeitschen; *horse* peitschen; (*with stick etc*) schlagen. **to ~ sb/sth into shape** (*fig*) jdn/etw zurechtschleifen.
2. (*Cook*) *cream, eggs* schlagen.
3. (*bind*) *seam* umnähen; *stick, rope* umwickeln.
4. (*inf: defeat*) vernichtend schlagen.
5. (*fig: move quickly*) **he ~ped the book off the desk** er schnappte sich (*dat*) das Buch vom Schreibtisch; **he ~ped his hand out of the way** er zog blitzschnell seine Hand weg; **the thief ~ped the jewel into his pocket** der Dieb ließ den Edelstein schnell in seiner Tasche verschwinden; **to ~ sb into hospital** jdn in Windeseile ins Krankenhaus bringen; (*doctor*) jdn schnell ins Krankenhaus einweisen.

6. (*inf: steal*) mitgehen lassen (*inf*).
III *vi* **1. branches ~ped against the window** Äste schlugen gegen das Fenster.
2. (*move quickly*) (*person*) schnell (mal) laufen. **the car ~ped past** das Auto brauste *or* sauste *or* fegte (*inf*) vorbei.

◆**whip away** *vt sep* wegziehen (*from sb* jdm).

◆**whip back** *vi* **1.** (*spring, plank*) zurückschnellen, zurückfedern. **2.** (*inf: go back quickly*) schnell (mal) zurücklaufen.

◆**whip off** *vt sep clothes* herunterreißen; *tablecloth* wegziehen. **a car ~ped him ~ to the airport** ein Auto brachte ihn in Windeseile zum Flugplatz.

◆**whip on** *vt sep* **1.** (*urge on*) *horse* anpeitschen, antreiben; (*fig*) antreiben. **2.** (*put on quickly*) *clothes* sich (*dat*) überwerfen; *lid* schnell drauftun.

◆**whip out** **I** *vt sep gun, pencil, camera etc* zücken. **he ~ped a gun/pencil** *etc* **~ of his pocket** er zog rasch eine Pistole/einen Bleistift *etc* aus der Tasche; **they ~ped ~ his tonsils** (*inf*) sie haben ihm schnell die Mandeln entfernt.
II *vi* (*inf: go out quickly*) schnell (mal) rausgehen (*inf*).

◆**whip round** *vi* **1.** (*inf: move quickly*) **I'll just ~ ~ to the shops/to the butcher** ich werd' schnell mal einkaufen gehen/zum Metzger (rüber)laufen; **he ~ped ~ when he heard ...** er fuhr herum, als er hörte ...; **the car ~ped ~ the corner** das Auto brauste *or* sauste *or* fegte (*inf*) um die Ecke.
2. (*inf: collect money*) zusammenlegen, den Hut herumgehen lassen.

◆**whip up** *vt sep* **1.** (*pick up*) schnappen.
2. (*set in motion*) *horses* antreiben; (*Cook*) *cream* schlagen; *mixture* verrühren; *eggs* verquirlen; (*inf: prepare quickly*) *meal* hinzaubern; (*fig: stir up*) *interest, feeling* anheizen, entfachen; *support* finden, auftreiben (*inf*); *audience, crowd* mitreißen. **I'll just ~ ~ something to eat** ich mach' nur schnell was zu essen; **the sea, ~ped ~ by the wind** das Meer, vom Wind aufgepeitscht.

whipcord ['wɪpkɔːd] *n* (*rope*) Peitschenschnur *f*; (*fabric*) Whipcord *m*; **whip hand** *n* **to have the ~ (over sb)** (über jdn) die Oberhand haben; **whiplash** *n* (Peitschen)riemen *m*; (*Med: also* **~ injury**) Peitschenhiebverletzung *f*.

whipped cream ['wɪpt'kriːm] *n* Schlagsahne *f*, Schlagrahm *m*.

whippersnapper ['wɪpə,snæpəʳ] *n* (*dated*) junger Spund.

whippet ['wɪpɪt] *n* Whippet *m*.

whipping ['wɪpɪŋ] *n* (*beating*) Tracht *f* Prügel; (*inf: defeat*) Niederlage *f*; (*fig: in debate etc*) Pleite *f*. **to give sb a ~** (*lit*) jdm eine Tracht Prügel versetzen; (*with whip*) jdn auspeitschen; (*fig inf*) jdn in die Pfanne hauen (*inf*); **our team/the government got a ~** unsere Mannschaft wurde in die Pfanne gehauen (*inf*)/die Regierung erlebte eine Pleite (*inf*).

whipping boy *n* Prügelknabe *m*; **to use sb as a ~** jdn zum Prügelknaben machen; **whipping cream** *n* Schlagsahne *f*, Schlagrahm *m*; **whipping top** *n* Kreisel *m*.

whippy ['wɪpɪ] *adj cane, fishing rod* biegsam, elastisch, federnd.

whip-round ['wɪpraʊnd] *n (esp Brit inf)* **to have a ~** den Hut herumgehen lassen.

whir [wɜːʳ] *n, vi see* **whirr.**

whirl [wɜːl] **I** *n (spin)* Wirbeln *nt no pl; (of dust, water etc, also fig)* Wirbel *m*. **to give sb/sth a ~** *(lit)* jdn/etw herumwirbeln; *(fig inf: try out)* jdn/etw ausprobieren; **he disappeared in a ~ of dust** er verschwand in einer Staubwolke; **the busy ~ of her social life** der Trubel ihres gesellschaftlichen Lebens; **my head is in a ~** mir schwirrt der Kopf.

II *vt* **1.** *(make turn)* wirbeln. **to ~ sb/sth round** jdn/etw herumwirbeln; **he ~ed his hat round his head** er schwenkte seinen Hut; **he ~ed the water about with his stick** er rührte mit seinem Stock im Wasser herum.

2. *(transport)* eilends wegbringen; *(person)* mit sich nehmen, entführen *(inf)*.

III *vi (spin)* wirbeln; *(water)* strudeln. **to ~ round** herumwirbeln; *(water)* strudeln; *(person: turn round quickly)* herumfahren; **my head is ~ing** mir schwirrt der Kopf; **after a few drinks the room starting ~ing** nach ein paar Gläsern fing der Raum an, sich zu drehen; **they/the countryside ~ed past us** sie wirbelten/die Landschaft flog an uns vorbei.

whirligig ['wɜːlɪgɪg] *n (top)* Kreisel *m; (roundabout)* Karussell, Ringelspiel *nt; (fig)* (ewiges) Wechselspiel *nt*.

whirlpool ['wɜːlpuːl] *n* Strudel *m; (in health club)* ≈ Kneippbecken *nt*.

whirlwind ['wɜːlwɪnd] *n* Wirbelwind *m; (fig)* Trubel, Wirbel *m*. **like a ~** wie der Wirbelwind; **a ~ romance** eine stürmische Romanze.

whirlybird ['wɜːlɪbɜːd] *n (esp US inf)* Hubschrauber *m*.

whirr, whir [wɜːʳ] **I** *n (of wings)* Schwirren *nt; (of wheels, camera, machine) (quiet)* Surren *m; (louder)* Brummen, Dröhnen *nt*. **II** *vi see n* schwirren; surren; brummen, dröhnen.

whisk [wɪsk] **I** *n* **1.** *(fly~)* Wedel *m; (Cook)* Schneebesen *m; (electric)* Rührgerät *nt*. **give the eggs a good ~** schlagen Sie die Eier gut durch.

2. *(movement)* Wischen *nt; (of skirts)* Schwingen *nt*. **with a ~ of his hand/its tail** mit einer schnellen Handbewegung/mit einem Schwanzschlag.

II *vt* **1.** *(Cook)* schlagen; *eggs* verquirlen. **to ~ the eggs into the mixture** die Eier unter die Masse einrühren.

2. the horse ~ed its tail das Pferd schlug mit dem Schwanz.

III *vi (move quickly)* fegen *(inf)*.

◆**whisk away** *vt sep* **1.** *fly, wasp etc* wegscheuchen.

2. *(take away suddenly)* **the magician ~ed ~ the tablecloth** der Zauberer zog das Tischtuch schnell weg; **her mother ~ed the bottle ~ from her just in time** ihre Mutter schnappte *(inf)* or zog ihr die Flasche gerade noch rechtzeitig weg; **he ~ed her ~ to the Bahamas** er entführte sie

auf die Bahamas; **a big black car turned up and ~ed him ~** ein großes schwarzes Auto erschien und sauste *or* brauste mit ihm davon.

◆**whisk off** *vt sep see* **whisk away 2.**

◆**whisk up** *vt sep eggs, mixture etc* schaumig schlagen.

whisker ['wɪskəʳ] *n* Schnurrhaar *nt; (of people)* Barthaar *nt*. **~s** *(moustache)* Schnurrbart *m; (side ~s)* Backenbart *m; (Zool)* Schnurrbart *m*; **to win/miss sth by a ~** etw fast gewinnen/etw um Haaresbreite verpassen.

whiskered ['wɪskəd] *adj* schnurrbärtig.

whiskery ['wɪskərɪ] *adj* behaart, haarig.

whisky, *(US, Ir)* **whiskey** ['wɪskɪ] *n* Whisky *m*. **~ and soda** Whisky (mit) Soda *m*; **two whiskies, please** zwei Whisky, bitte.

whisper ['wɪspəʳ] **I** *n* **1.** Geflüster, Flüstern *nt no pl; (of wind, leaves)* Wispern *nt no pl; (mysterious)* Raunen *nt no pl*. **to speak/say sth in a ~** im Flüsterton sprechen/etw im Flüsterton sagen.

2. *(rumour)* Gerücht *nt*. **have you heard any ~s about who might be promoted?** haben Sie irgendwelche Andeutungen gehört *or* etwas läuten hören *(inf)*, wer befördert werden soll?

II *vt* **1.** flüstern, wispern. **to ~ sth to sb** jdm etw zuflüstern *or* zuwispern; *(secretively)* jdm etw zuraunen; **to ~ a word in(to) sb's ear** *(fig)* jdm einen leisen Tip geben, jdm etw andeuten.

2. *(rumour)* **it's (being) ~ed that ...** es geht das Gerücht *or* es gehen Gerüchte um, daß ..., man munkelt, daß ...

III *vi* flüstern, wispern *(also fig); (poet: wind)* säuseln; *(secretively)* raunen; *(schoolchildren)* tuscheln. **to ~ to sb** jdm zuflüstern/zuwispern/zuraunen; mit jdm tuscheln.

whispering ['wɪspərɪŋ] *n see vi* Flüstern, Geflüster, Wispern *nt no pl;* Säuseln *nt no pl;* Raunen *nt no pl;* Tuscheln, Getuschel *nt no pl; (fig)* Gerede, Gemunkel, Getuschel *nt no pl*.

whispering campaign *n* Verleumdungskampagne *f;* **whispering gallery** *n* Flüstergewölbe *nt or* -galerie *f*.

whist [wɪst] *n* Whist *nt*. **~ drive** Whistrunde *f* mit wechselnden Parteien.

whistle ['wɪsl] **I** *n* **1.** *(sound)* Pfiff *m; (of wind)* Pfeifen *nt; (of kettle)* Pfeifton *m*. **the ~ of the escaping steam** das Pfeifen des ausströmenden Dampfes; **to give a ~** einen Pfiff ausstoßen.

2. *(instrument)* Pfeife *f*. **to blow a/one's ~** pfeifen; *see* **wet.**

II *vt* pfeifen. **to ~ (to) sb to stop** jdn durch einen Pfiff stoppen; **to ~ sb back/over** *etc* jdn zurück-/herüberpfeifen *etc*.

III *vi* pfeifen. **the boys ~d at her** die Jungen pfiffen ihr nach; **the crowd ~d at the referee** die Menge pfiff den Schiedsrichter aus; **he ~d for a taxi** er pfiff ein Taxi heran, er pfiff nach einem Taxi; **the referee ~d for play to stop** der Schiedsrichter pfiff eine Spielunterbrechung; *(at the end)* der Schiedsrichter pfiff das Spiel ab; **he can ~ for it** *(inf)* da kann er lange warten.

whistle-stop ['wɪslstɒp] *(US)* **I** *n* **1.** *(small*

town) Kleinstadt *f*, Nest, Kaff *nt*.
2. (*stop*) kurzer Aufenthalt an einem kleinen Ort; (*fig*) Stippvisite *f*. ~ **tour** (*US Pol*) Wahlreise *f*; (*fig*) Reise *f* mit Kurzaufenthalten an allen Orten. **II** *vi* auf die Dörfer gehen.

whistling kettle ['wɪslɪŋ'ketl] *n* Pfeifkessel *m*.

whit [wɪt] *n* **not a** ~ keine *or* nicht eine Spur; (*of humour*) kein *or* nicht ein Funke(n); (*of truth, common sense*) kein *or* nicht ein Körnchen; **every** ~ **as good** genauso gut, (um) keinen Deut schlechter.

white [waɪt] **I** *adj* (+*er*) weiß; *skin, racially also* hell; (*with fear, anger, exhaustion etc also*) blaß, kreidebleich. **to go** *or* **turn** ~ (*thing*) weiß werden; (*person also*) bleich *or* blaß werden.

II *n* (*colour*) Weiß *nt*; (*person*) Weiße(r) *mf*; (*of egg*) Eiweiß, Klar (*Aus*) *nt*; (*of eye*) Weiße(s) *nt*. ~**s** (*household*) Weißwäsche *f*; (*Sport*) weiße Kleidung.

white ant *n* Termite *f*, weiße Ameise; **whitebait** *n*, *pl* ~ Breitling *m*; **whitebeam** *n* Mehlbeere *f*; **white book** *n* (*US Pol*) Weißbuch *nt*; **whitecap** *n* Welle *f* mit Schaumkronen; **a white Christmas** *n* weiße Weihnacht(en); **white coal** *n* weiße Kohle; **white coffee** *n* (*Brit*) Kaffee *m* mit Milch, Milchkaffee *m*; **white-collar** *adj* ~ **worker** Schreibtischarbeiter *m*; ~ **job** Angestelltenstelle *f*, Schreibtisch- *or* Büroposten *m*; **white corpuscle** *n* weißes Blutkörperchen; **white dwarf** *n* (*Astron*) weißer Zwerg(stern); **white elephant** *n* nutzloser Gegenstand; (*waste of money*) Fehlinvestition *f*; **white elephant stall** *n* Stand *m* mit allerlei Krimskrams; **white ensign** *n* Fahne *f* der Royal Navy; **white feather** *n* weiße Feder (*Zeichen der Feigheit*); **to show the** ~ den Schwanz einziehen; **white fish** *n* Weißfisch *m*; **white flag** *n* (*Mil, fig*) weiße Fahne; **White Friar** *n* Karmeliter *m*; **white gold** *n* Weißgold *nt*; **white-haired** *adj* **1.** weißhaarig; (*blonde*) weißblond, semmelblond; **2.** (*US inf: favourite*) Lieblings-; **Whitehall** *n* (*British government*) Whitehall *nt* (*no art*); **white-headed** *adj* **1.** *see* white-haired; **2.** *gull, eagle* weißköpfig; **white heat** *n* Weißglut *f*; (*fig*) Hitze *f*; (*with enthusiasm*) Feuereifer *m*; **white hope** *n* große *or* einzige Hoffnung; **white horse** *n* **1.** Schimmel *m*; **2.** (*wave*) Welle *f* mit einer Schaumkrone; **white-hot** *adj* weißglühend; (*fig*) brennend, glühend; **the White House** *n* das Weiße Haus; **white lead** *n* Bleiweiß *nt*; **white lie** *n* kleine Unwahrheit, Notlüge *f*; **white light** *n* weißes Licht; **white-lipped** *adj* mit bleichen Lippen, angstbleich; **white magic** *n* weiße Magie; **white man** *n* Weiße(r) *m*; **white meat** *n* helles Fleisch.

whiten ['waɪtn] **I** *vt* weiß machen. **II** *vi* weiß werden.

whiteness ['waɪtnɪs] *n* Weiße *f*; (*of skin*) Helligkeit *f*; (*due to illness etc*) Blässe *f*. **the dazzling** ~ **of ...** das strahlende Weiß des/der ...

whitening ['waɪtnɪŋ] *n* weiße Farbe, Schlämmkreide *f*.

white noise *n* weißes Rauschen; **white-out** *n* starkes Schneegestöber; **white paper** *n* (*Pol*) Weißbuch *nt*; **White Russia** *n* Weißrußland *nt*; **White Russian** *n* Weißrusse *m*, Weißrussin *f*; **white sale** *n* weiße Woche, Ausverkauf *m* von Haus- und Tischwäsche; **white sauce** *n* Mehlsoße *f*, helle Soße; **white slave** *n* weiße Sklavin; **white slave trade** *n* Mädchenhandel *m*; **white spirit** *n* Terpentinersatz *m*; **whitethorn** *n* Weißdorn *m*; **whitethroat** *n* Grasmücke *f*; **white tie** *n* (*tie*) weiße Fliege; (*evening dress*) Frack *m*; **a** ~ **occasion/dinner** eine Veranstaltung/ein Essen mit Frackzwang; **white trash** *n* (*US inf*) weißes Pack; **whitewall** **I** *n* (*tyre*) Weißwandreifen *m*; **II** *adj* Weißwand-; **whitewash** **I** *n* Tünche *f*; (*fig*) Schönfärberei *f*; **II** *vt* *walls* tünchen; (*fig*) schönfärben, beschönigen; *person* reinwaschen; **white wedding** *n* Hochzeit *f* in Weiß; **white whale** *n* Weißwal, Beluga *m*; **white wine** *n* Weißwein *m*; **white woman** *n* Weiße *f*; **whitewood** *adj* ~ **furniture** Möbel *pl* aus hellem Weichholz.

whitey ['waɪtɪ] *n* (*pej inf*) Weiße(r) *mf*.

whither ['wɪðər] *adv* **1.** (*old*) wohin. **2.** (*journalese*) ~ **America/socialism?** Amerika/Sozialismus, wohin? *or* was nun?

whiting [1] ['waɪtɪŋ] *n*, *no pl see* **whitening**.

whiting [2] ['waɪtɪŋ] *n*, *pl* ~ Wittling, Weißfisch *m*.

whitish ['waɪtɪʃ] *adj colour* weißlich.

whitlow ['wɪtləʊ] *n* Nagelbettentzündung *f*.

Whit Monday [‚wɪt'mʌndɪ] *n* Pfingstmontag *m*.

Whitsun ['wɪtsən] **I** *n* Pfingsten *nt*; (*Eccl also*) Pfingstfest *nt*. **II** *attr* Pfingst-.

Whit Sunday [‚wɪt'sʌndɪ] *n* Pfingstsonntag *m*.

Whitsuntide ['wɪtsəntaɪd] *n* Pfingstzeit *f*. **around** ~ um Pfingsten (herum).

whittle ['wɪtl] **I** *vt* schnitzen. **II** *vi* **to** ~ **(away) at sth** an etw (*dat*) (herum)schnippeln *or* -schnitzen *or* -schneiden.

◆**whittle away** *vt sep* **1.** *bark etc* wegschneiden, wegschnitzen.
    2. (*gradually reduce*) allmählich abbauen, nach und nach abbauen; *rights, power etc also* allmählich *or* nach und nach beschneiden *or* stutzen.

◆**whittle down** *vt sep* **1.** *piece of wood* herunterschneiden. **to** ~ ~ **to size** zurechtschneiden, zurechtstutzen.
    2. (*reduce*) kürzen, reduzieren, stutzen; *gap, difference* verringern. **to** ~ **sth** ~ **to sth** etw auf etw (*acc*) reduzieren; **to** ~ **sb** ~ **to size** (*fig*) jdn zurechtstutzen.

whiz(z) [wɪz] **I** *n* **1.** (*of arrow*) Schwirren, Sausen *nt*. **2.** (*US inf*) Kanone *f* (*inf*). **II** *vi* (*arrow*) schwirren, sausen.

whi(z)z-kid ['wɪz‚kɪd] *n* (*inf*) (*in career*) Senkrechtstarter *m*. **financial/publishing** ~ Finanz-/Verlagsgenie *nt or* -größe *f*.

WHO *abbr of* **World Health Organization** WGO, Weltgesundheitsorganisation *f*.

who [huː] *pron* **1.** (*interrog*) wer; (*acc*) wen; (*dat*) wem. **and** ~ **should it be but May?** und wer war's? natürlich May!; ~ **do you think you are?** was glaubst du *or* bildest du dir ein, wer du bist?, für wen hältst du dich eigentlich?; "W~'s W~" „Wer ist Wer"; **you'll soon find out** ~'s ~ **in the**

office Sie werden bald im Büro alle kennenlernen; ~ **are you looking for?** wen suchen Sie?; ~ **did you stay with?** bei wem haben Sie gewohnt?

2. (*rel*) der/die/das, welche(r, s). **any man** ~ ... jeder (Mensch), der ...; **he** ~ **wishes/those** ~ **wish to go** ... wer gehen will ...; (*for pl also*) diejenigen, die gehen wollen ....

whoa [wəʊ] *interj* brr.

who'd [huːd] *contr of* **who had; who would.**

whodun(n)it [huːˈdʌnɪt] *n* (*inf*) Krimi *m* (*bei dem der Täter bis zum Schluß unbekannt ist*).

whoever [huːˈevər] *pron* wer (auch immer); (*acc*) wen (auch immer); (*dat*) wem (auch immer); (*no matter who*) einerlei *or* ganz gleich *or* egal (*inf*) wer/wem/wem. ~ **told you that?** wer hat dir das denn (bloß) gesagt?

whole [həʊl] **I** *adj* (*entire, unbroken, undivided*) ganz; *truth* voll; (*Bibl: well*) heil. **but the** ~ **purpose was to** ... aber der ganze Sinn der Sache *or* aber der Zweck der Übung (*inf*) war, daß ...; **three** ~ **weeks** drei volle *or* ganze Wochen; **the** ~ **lot** das Ganze; (*of people*) alle, der ganze Verein (*inf*); **a** ~ **lot of people** eine ganze Menge Leute; **a** ~ **lot better** (*inf*) ein ganzes Stück besser (*inf*), sehr viel besser; **she is a** ~ **lot of woman** (*esp US inf*) sie ist eine richtige *or* echte Frau; **out of** ~ **cloth** (*US*) von Anfang bis Ende erdichtet; **to our surprise he came back** ~ zu unserer Überraschung kam er heil zurück; **she swallowed it** ~ sie schluckte es ganz *or* unzerkaut (hinunter); **a pig roasted** ~ ein ganzes Schwein im *or* am Stück gebraten.

II *n* Ganze(s) *nt*. **the** ~ **of the month/his savings/London** der ganze Monat/seine gesamten *or* sämtlichen Ersparnisse/ganz London; **nearly the** ~ **of our production** fast unsere gesamte Produktion; **as a a** ~ als Ganzes; **these people, as a** ~, **are** ... diese Leute sind in ihrer Gesamtheit ...; **on the** ~ im großen und ganzen.

wholehearted [ˌhəʊlˈhɑːtɪd] *adj* völlig, uneingeschränkt; ~ **wholehearted congratulations/thanks to X** X (*dat*) gratulieren/danken wir von ganzem Herzen; **whole hog** *n*: **to go the** ~ (*inf*) aufs Ganze gehen; **wholemeal I** *adj* Vollkorn-; **II** *n* feiner Vollkornschrot; **whole milk** *n* Vollmilch *f*; **whole note** *n* (*esp US Mus*) ganze Note; **whole number** *n* ganze Zahl.

wholesale [ˈhəʊlseɪl] **I** *n* Großhandel *m*.

II *adj attr* **1.** (*Comm*) Großhandels-. ~ **dealer** Großhändler, Grossist *m*; ~ **business/trade** Großhandel *m*.

2. (*fig: widespread*) umfassend, massiv; *slaughter, redundancies* Massen-; (*indiscriminate*) wild, generell.

III *adv* **1.** im Großhandel.

2. (*fig*) in Bausch und Bogen; (*in great numbers*) massenhaft; (*without modification*) (so) ohne weiteres.

IV *vt goods* einen Großhandel betreiben mit, Großhändler *or* Grossist sein für.

V *vi* (*item*) einen Großhandelspreis haben (*at* von).

wholesaler [ˈhəʊlseɪlər] *n* Großhändler, Grossist *m*.

wholesome [ˈhəʊlsəm] *adj* gesund.

wholesomeness [ˈhəʊlsəmnɪs] *n* Bekömmlichkeit *f*; (*of appearance*) Gesundheit *f*. **the** ~ **of the air** die gesunde Luft.

whole-wheat [ˈhəʊlwiːt] *n* Voll(korn)weizen *m*.

who'll [huːl] *contr of* **who will; who shall.**

wholly [ˈhəʊlɪ] *adv* völlig, gänzlich.

whom [huːm] *pron* **1.** (*interrog*) (*acc*) wen; (*dat*) wem. **2.** (*rel*) (*acc*) den/die/das; (*dat*) dem/der/dem. ..., **all of** ~ **were drunk** ..., die alle betrunken waren; **none/all of** ~ von denen keine(r, s)/alle.

whom(so)ever [ˌhuːm(səʊ)ˈevər] *pron* (*form*) wen/wem auch immer; (*no matter who*) ganz gleich *or* egal wen/wem.

whoop [huːp] **I** *n* Ruf, Schrei *m*; (*war cry also*) Geschrei, Geheul *nt no pl*. **with a** ~ **of joy** unter Freudengeschrei.

II *vt* **to** ~ **it up** (*inf*) auf die Pauke hauen (*inf*).

III *vi* rufen, schreien; (*with whooping cough*) pfeifen; (*with joy*) jauchzen.

whoopee [ˈwʊpiː] **I** *n* **to make** ~ (*dated inf*) Rabatz machen (*dated inf*). **II** [wʊˈpiː] *interj* hurra, juchhe(i).

whooping cough [ˈhuːpɪŋˌkɒf] *n* Keuchhusten *m*.

whoops [wuːps] *interj* hoppla, huch, hups.

whoosh [wuːʃ] **I** *n* (*of water*) Rauschen *nt*; (*of air*) Zischen *nt*. **II** *vi* rauschen; zischen. **a train** ~**ed past** ein Zug schoß *or* brauste vorbei.

whop [wɒp] *vt* (*sl*) schlagen.

whopper [ˈwɒpər] *n* (*sl*) (*sth big*) Brocken *m* (*inf*); (*lie*) faustdicke Lüge.

whopping [ˈwɒpɪŋ] *adj* (*sl*) Mords- (*inf*), Riesen-.

whore [hɔːr] **I** *n* Hure *f*. **II** *vi* (*also* **to go whoring**) (herum)huren (*sl*).

whorehouse [ˈhɔːhaʊs] *n* Bordell, Freudenhaus *nt*.

whorl [wɜːl] *n* Kringel *m*; (*of shell*) (Spiral)windung *f*; (*Bot*) Quirl, Wirtel *m*; (*of fingerprint*) Wirbel *m*.

whortleberry [ˈwɜːtlbərɪ] *n* Heidelbeere, Blaubeere (*dial*) *f*.

who's [huːz] *contr of* **who has; who is.**

whose [huːz] *poss pron* **1.** (*interrog*) wessen. ~ **is this?** wem gehört das?; ~ **car did you go in?** in wessen Auto sind Sie gefahren? **2.** (*rel*) dessen; (*after f and pl*) deren.

whosoever [ˌhuːsəʊˈevər] *pron* (*old*) *see* **whoever.**

why [waɪ] **I** *adv* warum, weshalb; (*asking for the purpose*) wozu; (*how come that* ...) wieso. ~ **not ask him?** warum fragst du/ fragen wir *etc* ihn nicht?; ~ **do it this way?** warum denn so?; **that's** ~ darum, deshalb, deswegen; **that's exactly** ~ ... genau deshalb *or* deswegen ...

II *interj* ~, **of course, that's right!** ja doch *or* aber sicher, das stimmt so!; ~ **that's easy!** na, das ist doch einfach!; **take the bus!** ~, **it's only a short walk** den Bus nehmen! – ach was, das ist doch nur ein

Katzensprung; ~, **if it isn't Charles!** na so was, das ist doch (der) Charles!; **who did it?** ~ **it's obvious** wer das war? na *or* also, das ist doch klar.

III *n*: **the ~s and (the) wherefores** das Warum und Weshalb.

wick [wɪk] *n* Docht *m*. **to get on sb's ~** *(inf)* jdm auf den Wecker gehen *(inf)*.

wicked ['wɪkɪd] *adj* **1.** *(evil) person etc* böse; *(immoral)* schlecht, gottlos; *(indulging in vices)* lasterhaft. **that was a ~ thing to do** das war aber gemein *or* niederträchtig (von dir/ihm *etc)*; **it's ~ to tease animals/ tell lies/swear** Tiere zu quälen ist gemein/ Lügen/Fluchen ist häßlich.

2. *(vicious)* böse; *weapon* gemein *(inf)*, niederträchtig, heimtückisch; *satire* boshaft; *blow, frost, wind, weather also* gemein *(inf)*. **he/the dog has a ~ temper** er ist unbeherrscht *or* aufbrausend *or* jähzornig/der Hund ist bösartig.

3. *(mischievous) smile, look, grin* frech, boshaft. **you ~ girl, you** du schlimmes Mädchen *or* du freches Stück *(inf)*, (du)!

4. *(inf: scandalous) price etc* hanebüchen *(inf)*, unverschämt. **it's a ~ shame** es ist jammerschade.

wickedly ['wɪkɪdlɪ] *adv see adj* **1.** böse; schlecht, gottlos; lasterhaft. **2.** *cold* gemein. **a ~ accurate satire** eine scharf treffende Satire. **3.** frech. **4.** *(inf)* expensive unverschämt.

wickedness ['wɪkɪdnɪs] *n* **1.** *(of person)* Schlechtigkeit *f*; *(immorality)* Verderbtheit *f*; *(indulgence in vices)* Lasterhaftigkeit *f*. **2.** *see adj* **2.** Bösartigkeit *f*; Bosheit *f*; Gemeinheit *f*. **the ~ of his temper** seine aufbrausende *or* unbeherrschte Art. **3.** *(mischievousness)* Boshaftigkeit, Bosheit *f*. **4.** *(inf: of prices etc)* Unverschämtheit *f*.

wicker ['wɪkə'] **I** *n* Korbgeflecht *nt*. **II** *adj attr* Korb-.

wicker basket *n* (Weiden)korb *m*; **wicker fence** *n* Weidenzaun *m*; **wickerwork** *n* *(activity)* Korbflechten *nt*; *(material)* Korbgeflecht *nt*; *(articles)* Korbwaren *pl*.

wicket ['wɪkɪt] *n* **1.** Gatter *nt*; *(for selling tickets)* Fenster *nt*.

2. *(Cricket) (stumps: also* ~s*)* Mal, Pfostentor *nt*; *(pitch)* Spielbahn *f*. **to take a ~** einen Schlagmann auswerfen; **three ~s fell before lunch** es gab drei Malwürfe vor der Mittagspause; **to keep ~** Torwächter sein *or* machen; *see* **sticky**.

3. *(US: croquet hoop)* Tor *nt*.

wicket-keeper ['wɪkɪt'ki:pə'] *n* *(Cricket)* Torwächter *m*.

widdle ['wɪdl] *(inf)* **I** *vi* pinkeln *(inf)*. **II** *n* **to go for a ~** *(hum)* pinkeln gehen *(inf)*.

wide [waɪd] **I** *(+er) adj* **1.** *road, smile, feet, gap* breit; *skirt, trousers, plain* weit; *eyes* groß. **it is three metres ~** es ist drei Meter breit; *(material)* es liegt drei Meter breit; *(room)* es ist drei Meter in der Breite; **the big ~ world** die (große) weite Welt.

2. *(considerable, comprehensive) difference, variety* groß; *experience, choice* reich, umfangreich; *public, knowledge, range* breit; *interests* vielfältig, breitgefächert *attr*; *coverage of report* umfassend; *network* weitverzweigt *attr*; *cir-*

culation weit, groß; *question* weitreichend. ~ **reading is the best education** viel zu lesen ist die beste Art der Erziehung *or* Bildung.

3. *(missing the target)* daneben *pred*, gefehlt. **you're a bit ~ there** da liegst du etwas daneben; ~ **of the truth** nicht ganz wahrheitsgetreu.

II *adv* **1.** *(extending far)* weit. **they are set ~ apart** sie liegen weit auseinander.

2. *(fully)* weit. **open ~!** bitte weit öffnen; **the general/writer left himself ~ open to attack** der General/Verfasser hat sich (überhaupt) nicht gegen Angriffe abgesichert; **the law is ~ open to criticism/ abuse** das Gesetz bietet viele Ansatzpunkte für Kritik/öffnet dem Mißbrauch Tür und Tor; **the game is still ~ open** der Spielausgang ist noch völlig offen; **to be ~ awake** hellwach sein; *(alert)* wach sein.

3. *(far from the target)* daneben. **to go ~ of sth** über etw *(acc)* hinausgehen, an etw *(dat)* vorbeigehen.

wide-angle (lens) ['waɪdæŋgl'lens] *n* *(Phot)* Weitwinkel(objektiv *nt) m*; **wide-awake** *adj (fully awake)* hellwach; *(alert)* wach; **he has to be ~ to all their dodges** er muß genau aufpassen, daß ihm keiner ihrer Tricks entgeht; **wide-band** *adj (Rad)* Breitband-; **wide boy** *n (Brit inf)* Fuchs *(inf)*, Gauner *m*; **wide-eyed** *adj* mit großen Augen; **in ~ amazement** mit großen, erstaunten Augen.

widely ['waɪdlɪ] *adv* weit; *(by or many people)* weit und breit, überall, allgemein; *differing* völlig. **his remarks were ~ publicized** seine Bemerkungen fanden weite Verbreitung; **the opinion is ~ held** ... es herrscht in weiten Kreisen die Ansicht ...; **he became ~ known as ...** er wurde überall *or* in weiten Kreisen bekannt als ...; **a ~ read student** ein sehr belesener Student.

widen ['waɪdn] **I** *vt road* verbreitern; *passage* erweitern; *knowledge etc* erweitern. **II** *vi* breiter werden; *(interests etc)* sich ausweiten.

◆**widen out** *vi* **1.** *(river, valley etc)* sich erweitern *(into* zu). **2.** *(interests etc)* sich ausweiten.

wideness ['waɪdnɪs] *n* **1.** *(of road, gap)* Breite *f*; *(of skirt)* Weite *f*. **2.** *(of knowledge, coverage, interests)* Breite *f*; *(of variety, choice)* Reichtum *m*.

wide-open ['waɪd'əʊpən] *adj* **1.** *(fully open) door, window* ganz *or* weit *or* sperrangelweit *(inf)* offen; *beak* weit aufgerissen *or* aufgesperrt; **the ~ spaces** die Weite; **2.** *(not decided) match etc* völlig offen; **3.** *(US inf)* wo liberale Gesetze bezüglich Prostitution, Glücksspiele etc herrschen; **wide-ranging** *adj* weitreichend; **widescreen** *adj* Breit(lein)wand-; **widespread** *adj* weitverbreitet *attr*; **to become ~** weite Verbreitung erlangen.

widgeon ['wɪdʒən] *n* Pfeifente *f*.

widow ['wɪdəʊ] **I** *n* **1.** Witwe *f*. **to be left a ~** als Witwe zurückbleiben; ~**'s mite** *(fig)* Schärflein *nt* (der armen Witwe); ~**'s peak** spitzer Haaransatz; ~**'s pension** Witwenrente *f*; **golf ~** *(hum)* Golfwitwe *f*.

2. *(Typ)* Hurenkind *nt*.

II *vt* zur Witwe/zum Witwer machen. **she was twice ~ed** sie ist zweimal verwitwet.

widowed ['wɪdəʊd] *adj* verwitwet.

widower ['wɪdəʊə^r] *n* Witwer *m*.

widowhood ['wɪdəʊhʊd] *n* (*period*) Witwenschaft *f*; (*state also*) Witwentum *nt*; (*rare: of man*) Witwerschaft *f*.

width [wɪdθ] *n* **1.** Breite *f*; (*of trouser legs, skirts etc*) Weite *f*; (*of interests also*) Vielfalt *f*. **six centimetres in ~** sechs Zentimeter breit; **what is the ~ of the material?** wie breit liegt dieser Stoff?

2. (*of material*) Breite *f*. **three ~s of cloth** drei mal die Breite.

widthways ['wɪdθweɪz], **widthwise** ['wɪdθwaɪz] *adv* der Breite nach.

wield [wiːld] *vt* *pen, sword* führen; *axe* schwingen; *power, influence* ausüben, haben. **~ing his sword above his head** das Schwert über seinem Haupte schwingend; **to ~ power over sth** über etw (*acc*) Macht ausüben.

wife [waɪf] *n, pl* **wives** Frau, Gattin (*form*), Gemahlin (*liter, form*) *f*. **the ~** (*inf*) die Frau; **a woman whom he would never make his ~** eine Person, die er niemals zu seiner Frau machen würde.

wifely ['waɪflɪ] *adj* **~ duties** Pflichten *pl* als Ehefrau.

wife-swapping ['waɪfˌswɒpɪŋ] *n* Partnertausch *m*. **~ party** Party *f* mit Partnertausch.

wig [wɪg] *n* Perücke *f*.

wigeon *n* see **widgeon**.

wigging ['wɪgɪŋ] *n* (*dated Brit inf*) Standpauke, Gardinenpredigt *f*. **to give sb a ~** jdm die Leviten lesen (*dated*).

wiggle ['wɪgl] **I** *n* Wackeln *nt no pl*. **give it a ~ and it might come free** wackeln Sie mal daran, dann geht es vielleicht raus; **to get a ~ on** (*inf*) Dampf dahintermachen (*inf*). **II** *vt* wackeln mit; *eyebrows* zucken mit. **she ~d her way through the crowd** sie lavierte sich durch die Menge. **III** *vi* wackeln; (*eyebrows*) zucken.

wiggly ['wɪglɪ] *adj* wackelnd; *line* Schlangen-; (*drawn*) Wellen-; *amateur film etc* wackelig, verwackelt.

wigmaker ['wɪgmeɪkə^r] *n* Perückenmacher(in *f*) *m*.

wigwam ['wɪgwæm] *n* Wigwam *m*.

wilco ['wɪlkəʊ] *interj* (*Mil etc*) wird gemacht, zu Befehl.

wild [waɪld] **I** *adj* (+*er*) **1.** (*not domesticated, not civilized*) wild; *people* unzivilisiert; *garden, wood* verwildert; *flowers* wildwachsend *attr*; (*in meadows*) Wiesen-; (*in fields*) Feld-. **the W~ West** der Wilde Westen; **~ silk** Wildseide *f*; **~ animals** Tiere *pl* in freier Wildbahn; **a seal is a ~ animal** der Seehund ist kein Haustier *or* lebt in freier Wildbahn; **the plant in its ~ state** die Pflanze im Naturzustand.

2. (*stormy*) *weather, wind* rauh, stürmisch; *sea also* wild.

3. (*excited, frantic, unruly, riotous*) wild (*with* vor +*dat*); (*disordered*) *hair also* wirr, unordentlich; *children also, joy, desire* unbändig.

4. (*inf: angry*) wütend (*with, at* mit, auf +*acc*), rasend. **it drives *or* makes me ~**

das macht mich ganz wild *or* rasend; **to get ~** wild werden (*inf*).

5. (*inf: very keen*) **to be ~ on** *or* **about sb/sth** auf jdn/etw wild *or* scharf (*inf*) *or* versessen sein; **to be ~ to do sth** (*esp US*) wild *or* scharf (*inf*) *or* versessen darauf sein, etw zu tun.

6. (*rash, extravagant*) verrückt; *talk, scheme also* unausgegoren; *promise* unüberlegt; *exaggeration* maßlos, wild; *allegation* wild; *fluctuations* stark; *expectations, imagination, dreams* kühn.

7. (*wide of the mark, erratic*) *throw, shot* Fehl-; *spelling* unsicher. **it was just/he had a ~ guess** es war/er hatte nur so (wild) drauflosgeraten.

8. (*Cards*) beliebig verwendbar.

9. (*sl: fantastic, great*) *attr* toll, Klasse-, Spitzen-; *pred* toll, klasse, Spitze (*all inf*).

II *adv* **1.** (*in the natural state*) *grow* wild; *run* frei. **to let one's imagination run ~** seiner Phantasie (*dat*) freien Lauf lassen; **the roses/the children have run ~** die Rosen/die Kinder sind verwildert, die Rosen sind ins Kraut geschossen; **he lets his kids run ~** (*pej*) er läßt seine Kinder auf der Straße aufwachsen; **in the country the kids can run ~** auf dem Land kann man die Kinder einfach laufen lassen.

2. (*without aim*) *shoot* ins Blaue, drauflos; (*off the mark*) *go, throw* daneben.

III *n* Wildnis *f*. **in the ~** in der Wildnis, in freier Wildbahn; **the call of the ~** der Ruf der Wildnis; **the ~s** die Wildnis; **out in the ~s** (*hum: not in the city*) auf dem platten Lande (*inf*), jwd (*inf*); **out in the ~s of Berkshire** im hintersten Berkshire.

wildcat ['waɪldkæt] **I** *n* **1.** (*Zool, inf: woman*) Wildkatze *f*.

2. (*US inf*) (*Comm: risky venture*) gewagte *or* riskante Sache; (*trial oil well*) Probe- *or* Versuchsbohrung *f*.

II *adj attr* (*trial*) Versuchs-, Probe-; (*risky*) riskant, gewagt; (*unofficial*) *company etc* Schwindel-. **~ strike** wilder Streik.

wildebeest ['wɪldɪbiːst] *n* Gnu *nt*.

wilderness ['wɪldənɪs] *n* Wildnis *f*; (*fig*) Wüste *f*. **a voice crying in the ~** die Stimme eines Rufenden in der Wüste.

wild-eyed ['waɪldˌaɪd] *adj person* wild dreinblickend *attr*; *look* wild; **wildfire** *n* **to spread like ~** sich wie ein Lauffeuer ausbreiten; **wildfowl** *n, no pl* Wildgeflügel *nt*; **wild-goose chase** *n* fruchtloses Unterfangen; **to send sb out on a ~** jdn für nichts und wieder nichts losschicken; **wildlife** *n* **1.** die Tierwelt; **~ sanctuary** Wildschutzgebiet, Wildreservat *nt*; **2.** (*sl hum: girls*) Weiber *pl* (*inf*).

wildly ['waɪldlɪ] *adv* **1.** (*violently*) wild, heftig.

2. (*in disorder*) wirr.

3. (*without aim*) wild. **to hit out/shoot ~** wild um sich schlagen/drauflosschießen.

4. (*extravagantly*) *guess* drauflos, ins Blaue hinein; *talk* unausgegoren; *happy* rasend; *exaggerated* stark, maßlos; *wrong, different* total, völlig.

5. (*excitedly, distractedly*) wild.

6. (*riotously*) wild.

wildness ['waɪldnɪs] n **1.** (*rough, uncivilized state*) Wildheit f. **2.** (*of storm etc*) Wildheit, Stärke, Heftigkeit f. the ~ of the weather das rauhe or stürmische Wetter. **3.** (*frenzy, unruliness*) Wildheit f. **4.** (*extravagance*) see adj 6. Unüberlegtheit f; Maßlosigkeit f; Stärke f; Kühnheit f. **5.** (*lack of aim*) Unkontrolliertheit f; (*erratic spelling*) Unsicherheit f.

wild oat n Windhafer m; see oat.

wile [waɪl] n *usu pl* List f, Schliche pl. she used all her ~s sie ließ ihren ganzen or all ihren Charme spielen.

wilful, (US) **willful** ['wɪlfʊl] adj **1.** (*self-willed*) eigensinnig, eigenwillig. **2.** (*deliberate*) *neglect, damage, waste* mutwillig; *murder* vorsätzlich; *disobedience* wissentlich.

wilfully, (US) **willfully** ['wɪlfəlɪ] adv see adj.

wilfulness, (US) **willfulness** ['wɪlfʊlnɪs] n see adj **1.** Eigensinn m, Eigenwilligkeit f. **2.** Mutwilligkeit f; Vorsätzlichkeit f.

wiliness ['waɪlɪnɪs] n Listigkeit, Schläue, Hinterlist (pej) f.

will¹ [wɪl] pret **would** I modal aux vb **1.** (*fut*) werden. I'm sure that he ~ come ich bin sicher, daß er kommt; you ~ come to see us, won't you Sie kommen uns doch besuchen, ja?; I'll be right there komme sofort!, bin gleich da!; I ~ have finished by Tuesday bis Dienstag bin ich fertig; you won't lose it, ~ you? du wirst es doch nicht verlieren, oder?; you won't insist on that, ~ you? — oh yes, I ~ Sie bestehen doch nicht darauf, oder? — o doch!, o ja!

2. (*emphatic, expressing determination, compulsion etc*) I ~ not have it! das dulde ich nicht, das kommt mir nicht in Frage (*inf*); ~ you be quiet! willst du jetzt wohl ruhig sein!, bist du or sei jetzt endlich ruhig!; he says he ~ go and I say he won't er sagt, er geht, und ich sage, er geht nicht.

3. (*expressing willingness, consent etc*) wollen. he won't sign er unterschreibt nicht, er will nicht unterschreiben; if she won't say yes wenn sie nicht ja sagt; he wouldn't help me er wollte or mochte mir nicht helfen; wait a moment, ~ you? warten Sie einen Moment, ja bitte?; (*impatiently*) jetzt warte doch mal einen Moment!; ~ she, won't she ob sie wohl …?

4. (*in questions*) ~ you have some more tea? möchten Sie noch Tee?; ~ you accept these conditions? akzeptieren Sie diese Bedingungen?; won't you take a seat? wollen or möchten Sie sich nicht setzen?; won't you please come home? komm doch bitte nach Hause!; there isn't any tea, ~ coffee do? es ist kein Tee da, darf or kann es auch Kaffee sein?

5. (*insistence*) well, if he ~ drive so fast also, wenn er (eben) unbedingt so schnell fahren muß or fährt; well, if you won't take advice wenn du (eben) keinen Rat annimmst, na dann; .he ~ interrupt all the time er muß ständig dazwischenreden.

6. (*assumption*) he'll be there by now jetzt ist er schon da or dürfte er schon da

sein; was that the door-bell? that ~ be for you hat's geklingelt? — das ist bestimmt für dich or das wird or dürfte für dich sein.

7. (*tendency*) sometimes he ~ sit in his room for hours manchmal sitzt er auch stundenlang in seinem Zimmer; accidents ~ happen Unfälle passieren nun (ein)mal.

8. (*capability*) ~ the engine start now? springt der Motor jetzt an?; the car won't start das Auto springt nicht an or will nicht anspringen; the door won't open die Tür läßt sich nicht öffnen or geht nicht auf (*inf*); the car ~ do up to 120 mph das Auto fährt bis zu 120 mph.

II vi wollen. say what you ~ du kannst sagen or sag, was du willst; as you ~! wie du willst!

will² I n **1.** Wille m. to have a ~ of one's own einen eigenen Willen haben; (*hum*) so seine Mucken haben (*inf*); the ~ to win/live der Wille or das Bestreben, zu gewinnen/zu leben, der Siegeswille/Lebenswille; (to go) against one's/sb's ~ gegen seinen/jds Willen (handeln); at ~ nach Belieben or Lust und Laune; of one's own free ~ aus freien Stücken or freiem Willen; with the best ~ in the world beim or mit (dem) (aller)besten Willen; where there is a ~ there is a way (*Prov*) wo ein Wille ist, ist auch ein Weg (*Prov*); Thy ~ be done Dein Wille geschehe; to work with a ~ mit (Feuer)eifer arbeiten; see goodwill I 2.

2. (*testament*) Letzter Wille, Testament nt. the last ~ and testament of … der Letzte Wille or das Testament des/der …; to make one's ~ sein Testament machen.

II vt **1.** (*old: ordain*) wollen, bestimmen, verfügen (geh).

2. (*urge by willpower*) (durch Willenskraft) erzwingen. to ~ sb to do sth jdn durch die eigene Willensanstrengung dazu bringen, daß er etw tut; he ~ed himself to stay awake/to get better er hat sich (dazu) gezwungen, wach zu bleiben/er hat seine Genesung durch seine Willenskraft erzwungen.

3. (*by testament*) (testamentarisch) vermachen, vererben (sth to sb jdm etw).

III vi wollen. if God ~s so Gott will.

willful etc (US) see **wilful** etc.

William ['wɪljəm] n Wilhelm m.

willies ['wɪlɪz] npl (*inf*) to get the ~ Zustände kriegen (*inf*); it/he gives me the ~ da/bei dem wird mir ganz anders (*inf*).

willing ['wɪlɪŋ] adj **1.** (*prepared*) to be ~ to do sth bereit or gewillt (geh) or willens (*liter, old*) sein, etw zu tun; God ~ so Gott will; he was not ~ for us to go/for this to be done er war nicht gewillt, uns gehen zu lassen/das geschehen zu lassen.

2. (*ready to help, cheerfully ready*) workers, helpers, assistance bereitwillig.

willingly ['wɪlɪŋlɪ] adv bereitwillig, gerne.

willingness ['wɪlɪŋnɪs] n see adj **1.** Bereitschaft f. **2.** Bereitwilligkeit f.

will-o'-the-wisp ['wɪlədə'wɪsp] n Irrlicht nt; (*fig*) Trugbild nt.

willow ['wɪləʊ] n (*also* ~ tree) Weide f, Weidenbaum m; (*wood*) Weidenholz nt; (*twigs*) Weidenruten or -gerten pl.

willowherb [ˈwɪləʊˌhɜːb] *n* Weidenröschen *nt*.

willow pattern I *n* chinesisches Weiden-motiv (*auf Porzellan*). **II** *adj attr* mit chinesischem Weidenmotiv.

willowy [ˈwɪləʊɪ] *adj* gertenschlank.

willpower [ˈwɪlˌpaʊəʳ] *n* Willenskraft *f*.

willy-nilly [ˈwɪlɪˈnɪlɪ] *adv* wohl oder übel, nolens volens.

wilt¹ [wɪlt] (*old*) *2nd pers sing of* **will¹**.

wilt² **I** *vi* **1.** (*flowers*) welken, verwelken, welk werden. **2.** (*person*) matt werden; (*after physical exercise*) schlapp werden; (*enthusiasm, energy*) abflauen. **II** *vt* aus-dörren.

Wilts [wɪlts] *abbr of* **Wiltshire**.

wily [ˈwaɪlɪ] *adj* (+*er*) listig, raffiniert, schlau, hinterlistig (*pej*).

wimple [ˈwɪmpl] *n* Rise *f* (*spec*), Schleier *m*; (*worn by nuns*) (Nonnen)schleier *m*.

win [wɪn] (*vb: pret, ptp* **won**) **I** *n* Sieg *m*. **to have a ~** (*money*) einen Gewinn machen; (*victory*) einen Sieg erzielen; **to play for a ~** auf Sieg spielen.

    II *vt* **1.** *race, prize, battle, election, money, bet, sympathy, support, friends, glory* gewinnen; *reputation* erwerben; *scholarship, contract* bekommen; *victory* erringen. **to ~ sb's heart/love/hand** jds Herz/Liebe/Hand gewinnen; **he tried to ~ her** er versuchte, sie für sich zu gewinnen; **it won him the first prize** es brachte ihm den ersten Preis ein; **to ~ sth from** *or* **off** (*inf*) **sb** jdm etw abgewinnen.

    2. (*obtain, extract*) gewinnen. **land won from the sea** dem Meer abgewonnenes Land.

    3. (*liter: reach with effort*) erreichen.

    III *vi* **1.** gewinnen, siegen. **OK, you ~, I was wrong** okay, du hast gewonnen, ich habe mich geirrt.

    2. (*liter*) **to ~ free** sich freikämpfen, sich befreien.

◆**win back** *vt sep* zurückgewinnen.

◆**win out** *vi* letztlich siegen (*over sb* über jdn), sich durchsetzen (*over sb* jdm gegenüber).

◆**win over** *or* **round** *vt sep* für sich gewin-nen. **it is hard to ~ him** ~ es ist schwer, ihn für uns *or* für unsere Seite zu gewin-nen; **to ~ sb** ~ **to Catholicism/one's own way of thinking** jdn zum Katholizismus/ zur eigenen Denkungsart bekehren; **to ~ sb** ~ **to a plan** jdn für einen Plan gewin-nen.

◆**win through** *vi* (*patient*) durchkommen. **to ~** ~ **to a place** sich zu einem Ort durch-*or* vorkämpfen; **we'll ~** ~ **in the end** wir werden es schon schaffen (*inf*).

wince [wɪns] **I** *n* (Zusammen)zucken *nt*. **ouch, he said with a ~** autsch, sagte er und zuckte zusammen; **to give a ~ (of pain)** (vor Schmerz) zusammenzucken. **II** *vi* zusammenzucken. **without wincing he faced his torturers** er stand seinen Peinigern gegenüber, ohne eine Miene zu verziehen.

winceyette [ˌwɪnsɪˈet] *n* Flanellette *nt*.

winch [wɪntʃ] **I** *n* Winde, Winsch *f*. **II** *vt* winschen.

◆**winch up** *vt sep* hochwinschen.

wind¹ [wɪnd] **I** *n* **1.** Wind *m*. **the ~ is from the east** der Wind kommt aus dem *or* von Osten; **before the ~** (*Naut*) vor dem Wind; **into the ~** (*Naut*) in den Wind; **to sail close to the ~** (*fig*) sich hart an der Grenze des Erlaubten bewegen; (*Naut*) hart am Wind segeln; **(to run) like the ~** (rennen) wie der Wind; **a ~ of change** (*fig*) ein frischer(er) Wind; **there's some-thing in the ~** (irgend) etwas bahnt sich an *or* liegt in der Luft; **to get/have the ~ up** (*inf*) (*nervous*) Angst *or* Schiß (*sl*) kriegen/haben; **to put the ~ up sb** (*inf*) jdm Angst machen; **to see which way the ~ blows** (*fig*) sehen, woher der Wind weht; **to take the ~ out of sb's sails** (*fig*) jdm den Wind aus den Segeln nehmen; **he's full of ~** (*fig*) er macht viel Wind (*inf*).

    2. (*scent*) **to get ~ of sth** (*lit, fig*) von etw Wind bekommen.

    3. (*compass point*) **to the four ~s** in alle (vier) Winde; **to cast** *or* **fling** *or* **throw caution** *etc* **to the ~s** Bedenken *etc* in den Wind schlagen.

    4. (*from bowel, stomach*) Wind *m*, Blähung *f*. **to break ~** einen Wind streichen lassen; **to bring up ~** aufstoßen; (*baby also*) ein Bäuerchen machen.

    5. (*breath*) Atem *m*, Luft *f* (*inf*). **to be short of ~** außer Atem sein; **to get one's ~ back** wieder Luft bekommen *or* zu Atem kommen; **to get one's second ~** den toten Punkt überwunden haben; **he's losing his ~** ihm geht der Atem aus.

    II *vt* **1.** (*knock breathless*) den Atem nehmen (+*dat*). **he was ~ed by the ball** der Ball nahm ihm den Atem.

    2. (*scent*) wittern.

    3. *horses* verschnaufen lassen.

wind² [waɪnd] (*vb: pret, ptp* **wound**) **I** *vt* **1.** (*twist, wrap*) *wool, bandage* wickeln; *turban etc* winden; (*one time around*) win-den; (*on to a reel*) spulen.

    2. (*turn, ~ up*) *handle* kurbeln, drehen; *clock, watch, clockwork toy* aufziehen.

    3. (*proceed by twisting*) **to ~ one's way** sich schlängeln.

    II *vi* **1.** (*river etc*) sich schlängeln.

    2. (*handle, watch*) **which way does it ~?** wierum zieht man es auf/(*handle*) dreht *or* kurbelt man es?; **it won't ~** er/es läßt sich nicht aufziehen/(*handle*) drehen *or* kurbeln.

    III *n* **1. I'll give the clock a ~** ich werde die Uhr aufziehen; **give it one more ~** zieh es noch eine Umdrehung weiter auf; (*handle*) kurbele *or* drehe es noch einmal weiter.

    2. (*bend*) Kehre, Windung *f*.

◆**wind around I** *vt sep* +*prep obj* wickeln um. **to ~ one's arms ~ sb** seine Arme um jdn schlingen *or* winden (*geh*); **to ~ itself ~ sth** sich um etw schlingen.

    II *vi* (*road*) sich winden; +*prep obj* (*road*) sich schlängeln durch; (*proces-sion*) sich winden durch.

◆**wind back** *vt sep* *film* zurückspulen.

◆**wind down I** *vt sep* **1.** *car windows etc* herunterdrehen *or* -kurbeln. **2.** *operations* reduzieren; *production* zurückschrauben. **II** *vi* **1.** (*lose speed: clock*) ablaufen. **2.** (*path etc*) sich hinunterschlängeln.

◆**wind forward** vt sep film weiterspulen.

◆**wind in** vt sep fish einziehen or -holen; rope also aufspulen.

◆**wind on** vt sep film weiterspulen.

◆**wind out** vt sep cable abwickeln.

◆**wind round** vii sep see wind around.

◆**wind up I** vt sep **1.** bucket herauf- or hochholen; car window hinaufkurbeln.
2. clock, mechanism aufziehen. **to be wound ~ about sth** (fig) über etw (acc) or wegen einer Sache (gen) erregt sein.
3. (close, end) meeting, debate, speech beschließen, zu Ende bringen. **he wound ~ the arguments for the government** er faßte die Argumente der Regierung(sseite) zusammen.
4. company auflösen; service, series auslaufen lassen. **to ~ ~ one's affairs** seine Angelegenheiten abwickeln.

II vi **1.** (inf: end up) enden. **to ~ ~ in hospital/Munich** im Krankenhaus/in München landen; **to ~ ~ for the government** die abschließende Rede für die Regierung halten; **to ~ ~ doing sth/broke/with nothing** am Ende etw tun/pleite sein/ohne etwas da stehen; **he'll ~ ~ as director** er wird es noch bis zum Direktor bringen; **we sang a song to ~ ~** zum Schluß sangen wir noch ein Lied.
2. (proceed by twisting) sich hinaufwinden; (road also) sich hinaufschlängeln.

wind ['wɪnd-]: **windbag** n (inf) Schwätzer, Schaumschläger m; **windblown** adj hair, tree windzerzaust; **windbreak** n Windschutz m; **windbreaker** ® n (US) see **windcheater**; **windburn** n Rötung f der Haut auf Grund von Wind; **windcheater** n (Brit) Windjacke or -bluse f; **wind cone** n (Aviat) Wind- or Luftsack m.

winded ['wɪndɪd] adj atemlos, außer Atem.

winder ['waɪndər] n (of watch) Krone f, (Aufzieh)rädchen nt; (of alarm clock, toy etc) Aufziehschraube f.

wind ['wɪnd-]: **windfall** n Fallobst nt; (fig) unverhoffter Glücksfall; **wind gauge** n Wind(stärke)messer m.

windiness ['wɪndɪnɪs] n Wind m. **because of the ~ of the area** wegen des starken Windes in dieser Gegend.

winding ['waɪndɪŋ] **I** adj river gewunden; road also kurvenreich. **II** n **1.** (of road, river) Windung, Kehre f; (fig) Verwicklung f. **2.** (Elec) (coil) Wicklung f; (simple twist) Windung f.

winding sheet n (old) Leichentuch nt; **winding staircase** n Wendeltreppe f; **winding-up** n (of project) Abschluß m; (of company, society) Auflösung f; **winding-up sale** n Räumungsverkauf m.

wind ['wɪnd-]: **wind instrument** n Blasinstrument nt; **windjammer** ['wɪnd,dʒæmər] n Windjammer m.

windlass ['wɪndləs] n (winch) Winde f; (Naut) Ankerwinde f.

wind ['wɪnd-]: **windless** adj windfrei, ohne Wind, windstill; **wind-machine** n Windmaschine f; **windmill** n Windmühle f; (Brit: toy) Windrädchen nt; **to tilt at or fight ~s** (fig) gegen Windmühlen(flügel) kämpfen.

window ['wɪndəʊ] n Fenster nt; (shop ~)

(Schau)fenster nt; (of booking office, bank) Schalter m. **a ~ on the world** (fig) ein Fenster zur Welt.

window box n Blumenkasten m; **window-cleaner** n Fensterputzer m; **window display** n Auslage(n pl), Schaufensterdekoration f; **window-dresser** n (Schaufenster)dekorateur(in f) m; **window-dressing** n Auslagen- or Schaufensterdekoration f; (fig) Schau (inf), Augen(aus)wischerei (pej) f; **window envelope** n Briefumschlag m mit Fenster; **window ledge** n see **windowsill**; **windowpane** n Fensterscheibe f; **window seat** n (in house) Fensterbank f or -sitz m; (Rail etc) Fensterplatz m; **window shade** n (esp US) Springrollo nt; **window-shopper** n jd, der einen Schaufensterbummel macht; **window-shopping** n Schaufensterbummel m; **to go ~ einen Schaufensterbummel machen; **windowsill** n Fensterbank f or -brett nt; (outside also) Fenstersims m.

wind ['wɪnd]: **windpipe** n Luftröhre f; **windproof** adj luftdicht, windundurchlässig; **windscreen**, (US) **windshield** n Windschutzscheibe f; **windscreen** or (US) **windshield wiper** n Scheibenwischer m; **wind section** n (Mus) Bläser pl; **wind sleeve, windsock** n Luft- or Windsack m; **windsurfing** n Windsurfen nt; **windswept** adj plains über den/die/das dem Wind fegt; person, hair (vom Wind) zerzaust; **wind-tunnel** n Windkanal m.

windup ['waɪndʌp] n (US) see **winding-up.**

windward ['wɪndwəd] **I** adj Wind-, dem Wind zugekehrt; direction zum Wind. **II** n Windseite f. **to steer to ~ of an island** auf die Windseite einer Insel zusteuern.

windy ['wɪndɪ] adj (+er) **1.** day, weather, place windig. **2.** (inf: verbose) speech, style langatmig. **a ~ speaker** ein Schwätzer m. **3.** (esp Brit inf: frightened) **to be/get ~** Angst or Schiß (sl) haben/bekommen.

wine [waɪn] **I** n Wein m. **~ and cheese party** Einladung, bei der Wein und Käse gereicht wird; **to put new ~ in old bottles** jungen Wein in alte Schläuche füllen.

II vt **to ~ and dine sb** jdn zu einem guten Abendessen einladen; **he ~d and dined her for months** er hat sie monatelang zum Abendessen ausgeführt.

wine bottle n Weinflasche f; **wine bucket** n Sektkühler m; **wine cellar** n Weinkeller m; **wine-cooler** n Weinkühler m; **wine-glass** n Weinglas nt; **wine-grower** n Winzer, Weinbauer or -gärtner m; **wine-growing I** adj district Wein(an)bau-; **II** n Wein(an)bau m; **wine list** n Weinkarte f; **wine-making** n nichtprofessionelle Herstellung von (Beeren)wein; **wine merchant** n Weinhändler m; **winepress** n Weinpresse, Kelter f.

winery ['waɪnərɪ] n (US) Weingut nt.

wineskin ['waɪnskɪn] n Weinschlauch m; **wine-taster** n Weinverkoster or -prüfer m; **wine-tasting** n Weinprobe f; **wine waiter** n Weinkellner, Getränkekellner m.

wing [wɪŋ] **I** n **1.** (of bird, plane, building, Mil, Pol, Sport) Flügel m; (of chair)

Backe *f*; (*Brit Aut*) Kotflügel *m*. on the ~ im Flug(e); **to take sb under one's ~** (*fig*) jdn unter seine Fittiche nehmen; **to spread one's ~s** (*fig: children*) flügge werden; **to take ~s** (*lit*) davonfliegen; (*project etc*) Auftrieb bekommen; **on the ~s of fantasy** (*liter*) auf den Flügeln *or* Schwingen der Phantasie; **fear/hope lent ~s to his feet** (*liter*) (die) Angst hat ihm Beine gemacht/Hoffnung beflügelte seinen Schritt (*liter*); **do you expect me to grow or sprout ~s?** (*inf*) du glaubst wohl, ich kann fliegen? (*inf*).

  2. (*Aviat: section of air-force*) Geschwader *nt*. ~s *pl* (*pilot's badge*) Pilotenabzeichen *nt*; **to get one's ~s** (*fig*) sich (*dat*) seine Sporen verdienen.

  3. ~s *pl* (*Theat*) Kulisse *f*; **to wait in the ~s** (*lit, fig*) in den Kulissen warten.

  II *vt* **1.** **to ~ one's way** fliegen.

  2. (*fig liter: give ~s to*) beflügeln.

  3. (*graze*) person, bird (mit einem Schuß) streifen.

  III *vi* fliegen.

wing assembly *n* Tragwerk *nt*; **wing-beat** *n* Flügelschlag *m*; **wing-case** *n* Deckflügel, Flügeldecken *pl*; **wing chair** *n* Ohren- *or* Backensessel *m*; **wing collar** *n* Eckenkragen *m*; **wing-commander** *n* (*Brit*) Oberstleutnant *m* (der Luftwaffe).

wingding ['wɪŋˌdɪŋ] *n* (*US sl*) tolle Party (*inf*).

winged [wɪŋd] *adj* **1.** (*Zool, Bot*) mit Flügeln. **2.** (*liter*) sentiments, words geflügelt. **on ~ feet** mit beflügeltem Schritt (*liter*), auf schnellem Fuß.

winger ['wɪŋər] *n* (*Sport*) Flügelspieler(in *f*), Flügelmann *m*.

wing feather *n* Flügelfeder *f*; **wing-forward** (*Rugby*) Flügelstürmer *m* (*im Rugby*); **wingless** *adj* flügellos; **wing nut** *n* Flügelmutter *f*; **wingspan** *n* Flügelspannweite *f*; **wingspread** *n* Spannweite *f*; **wing-three-quarter** *n* (*Rugby*) Dreiviertelspieler *m* auf dem Flügel (*im Rugby*); **wingtip** *n* Flügelspitze *f*.

wink [wɪŋk] **I** *n* **1.** (*with eye*) Zwinkern, Blinzeln *nt*. **to give sb a ~** jdm zuzwinkern *or* zublinzeln; **to tip sb the ~** (*inf*) jdm einen Wink geben; *see* nod.

  2. (*instant*) **I didn't get a ~ of sleep** *or* **I didn't sleep a ~** ich habe kein Auge zugetan.

  II *vt* eye blinzeln, zwinkern mit (+*dat*). **he ~d** a mischievous eye at me er blinzelte *or* zwinkerte mir pfiffig zu.

  III *vi* (*meaningfully*) zwinkern, blinzeln; (*light, star etc*) blinken, funkeln. **to ~ at sb** jdm zuzwinkern *or* zublinzeln; **to ~ at sth** (*inf*) etw geflissentlich übersehen, einfach wegsehen *or* -schauen; **~ing lights** (*Aut*) Blinklichter, Blinker *pl*.

winker ['wɪŋkər] *n* (*Brit Aut inf*) Blinker *m*.

winkle ['wɪŋkl] *n* Strandschnecke *f*.

◆**winkle out** *vt sep* (*inf*) **to ~ sth/sb ~** etw herausklauben *or* (*behind sth*) hervorklauben (*inf*)/jdn loseisen (*inf*); **to ~ sth ~ of sb** etw aus jdm herauskriegen (*inf*).

winkle-pickers ['wɪŋklˌpɪkəz] *npl* (*inf*) spitze Schuhe *pl*.

winner ['wɪnər] *n* (*in race, competition*) Sieger(in *f*) *m*; (*of bet, pools etc*) Gewin-

ner(in *f*) *m*; (*card*) Gewinnkarte *f*; (*Tennis etc: shot*) Schlag, der sitzt, Treffer *m*; (*inf: sth successful*) Renner (*inf*), (Verkaufs)schlager, (Publikums)erfolg *m*. **to be onto a ~** (*inf*) das große Los gezogen haben (*inf*).

winning ['wɪnɪŋ] **I** *adj* **1.** (*successful*) person, entry der/die gewinnt; horse, team siegreich; goal Sieges-; point, stroke (das Spiel) entscheidend. **the ~ time** die beste Zeit; ~ **post** Zielpfosten *m or* -stange *f*; ~ **score** Spielergebnis *nt*. **2.** (*charming*) smile, ways gewinnend, einnehmend. **II** *n* ~s *pl* Gewinn *m*.

winningly ['wɪnɪŋlɪ] *adv* smile gewinnend.

winnow ['wɪnəʊ] *vt corn* worfeln, von der Spreu reinigen; (*fig liter*) sichten.

winnower ['wɪnəʊər], **winnowing machine** ['wɪnəʊɪŋməˈʃiːn] *n* Worfschaufel, Worfelmaschine *f*.

wino ['waɪnəʊ] *n*, *pl* ~**s** (*sl*) Saufbruder *m* (*inf*).

winsome ['wɪnsəm] *adj* child, lass reizend, sympathisch; ways, smile gewinnend.

winter ['wɪntər] **I** *n* (*lit, fig*) Winter *m*.

  II *adj attr* Winter-. ~ **quarters** Winterquartier *nt*; ~ **solstice** Wintersonnenwende *f*; ~ **sports** Wintersport *m*; ~**time** Winter *m*; (*for clocks*) Winterzeit *f*.

  III *vi* überwintern, den Winter verbringen.

  IV *vt* cattle durch den Winter bringen.

winterize ['wɪntəraɪz] *vt* (*US*) winterfest machen.

wint(e)ry ['wɪnt(ə)rɪ] *adj* winterlich; (*fig*) look eisig; smile frostig, kühl.

wintriness ['wɪntrɪnɪs] *n* Winterlichkeit *f*.

wipe [waɪp] **I** *n* Wischen *nt*. **to give sth a ~** etw abwischen.

  II *vt* wischen; floor aufwischen; window überwischen; hands, feet abwischen. **to ~ sb/sth dry/clean** jdn/etw abtrocknen *or* trockenreiben/jdn/etw sauberwischen *or* säubern; **to ~ sth with/on a cloth** etw mit/an einem Tuch abwischen; **to ~ one's brow/eyes/nose** sich (*dat*) die Stirn abwischen/Augen wischen/Nase putzen; **to ~ one's feet** sich (*dat*) die Füße *or* Schuhe abstreifen *or* -wischen *or* -treten; **to ~ oneself** *or* **one's bottom** sich (*dat*) den Hintern *or* sich abputzen; **to ~ the floor with sb** (*fig sl*) jdn fertigmachen (*inf*).

◆**wipe away** *vt sep* (*lit, fig*) wegwischen.

◆**wipe down** *vt sep* abwaschen; (*with dry cloth*) abreiben; window überwischen.

◆**wipe off I** *vt sep* mark weg- *or* abwischen; (*from blackboard also*) ab- *or* auslöschen. ~ **that smile** ~ **your face** (*inf*) hör auf zu grinsen (*inf*); **I'll soon** ~ **that smile** ~ **his face** (*inf*) dem wird bald das Lachen vergehen; **to be ~d** ~ **the map** *or* **the face of the earth** von der Landkarte verschwinden *or* gefegt werden. **II** *vi* sich weg- *or* abwischen lassen.

◆**wipe out** *vt sep* **1.** (*clean*) bath, bowl auswischen. **2.** (*erase*) memory, part of brain, sth on blackboard (aus)löschen; guilt feelings verschwinden lassen. **3.** (*cancel*) debt bereinigen; gain, benefit zunichte machen. **4.** (*destroy*) disease, village, race ausrotten; enemy, battalion aufreiben.

◆**wipe up I** *vt sep* liquid aufwischen, aufputzen (*Sw*); *dishes* abtrocknen. **II** *vi* abtrocknen.

wipe-down ['waɪpdaʊn] *n* Abreibung *f*; **wipe-over** *n* **to give sth a** ~ etw über- *or* abwischen.

wiper ['waɪpəʳ] *n* (Scheiben)wischer *m*. ~ **blades** Wischerblätter *pl*.

wire [waɪəʳ] **I** *n* **1.** Draht *m*; (*for electricity supply*) Leitung *f*; (*insulated flex, for home appliance etc*) Schnur *f*; (*for television*) Fernsehanschluß *m or* -kabel *nt*; (*in circus: high* ~) (Hoch)seil *nt*. **to get in under the** ~ (*US inf*) etwas gerade (eben) noch rechtzeitig *or* mit Hängen und Würgen (*inf*) schaffen; **to pull** ~**s** (*inf*) seinen Einfluß geltend machen, seine Beziehungen spielen lassen.
2. (*Telec*) Telegramm *nt*.
II *vt* **1.** (*put in wiring*) *house* die (elektrischen) Leitungen verlegen in (+*dat*); (*connect to electricity*) (an das Stromnetz) anschließen. **it's all** ~**d (up) for television** Fernsehanschluß *or* die Verkabelung für das Fernsehen ist vorhanden.
2. (*Telec*) telegraphieren, kabeln (*old*).
3. (*fix on* ~) *beads* auf Draht auffädeln; (*fix with* ~) mit Draht zusammen- *or* verbinden.
III *vi* telegraphieren.
◆**wire up** *vt sep lights, battery, speakers* anschließen; *house* elektrische Leitungen *or* den Strom verlegen. **we** ~**d the room** ~ **as a recording studio** wir haben den Raum als Aufnahmestudio eingerichtet.

wire-cutters ['waɪəˌkʌtəz] *npl* Drahtschere *f*; **wire-haired** *adj terrier* drahthaarig, Drahthaar-.

wireless ['waɪəlɪs] (*esp Brit dated*) **I** *n* **1.** (*also* ~ **set**) Radio, Rundfunkgerät *nt*, Radioapparat *m*.
2. (*radio*) Rundfunk *m*; (*also* ~ **telegraphy**) drahtlose Telegraphie; (*also* ~ **telephony**) drahtlose Übertragung, drahtloses Telephon. **to send a message by** ~ eine Botschaft über Funk schicken.
II *vti* funken; *base etc* anfunken.

wireless operator *n* (*on ship, plane*) Funker *m*.

wire netting *n* Maschendraht *m*; **wirephoto** *n* (*method*) Bildtelegraphie *f*; (*picture*) Bildtelegramm *nt*; **wire rope** *n* Drahtseil *nt*; **wire service** *n* (*US*) Nachrichtendienst *m*, Nachrichtenagentur *f*; **wire-tap I** *n* (*device*) Abhörgerät *nt*, Wanze *f*; (*activity*) Abhören *nt*; **II** *vt phone* abhören, anzapfen; *building* abhören in (+*dat*); **wire-tapper** *n* Abhörer *m*; **wire-tapping** *n* Abhören *nt*, Anzapfen *nt* von Leitungen; **wire wheel** *n* Rad *nt* mit Sportfelgen; **wire wool** *n* Stahlwolle *f*; **wireworm** *n* Drahtwurm *m*.

wiring ['waɪərɪŋ] *n* elektrische Leitungen, Stromkabel *pl*.

wiring diagram *n* Schaltplan *m or* -schema *nt*.

wiry ['waɪərɪ] *adj* (+*er*) drahtig; *hair also* borstig.

Wisconsin [wɪs'kɒnsɪn] *n* (*abbr* **Wis, WI**) Wisconsin *nt*; (*river*) Wisconsin *m*.

wisdom ['wɪzdəm] *n* Weisheit *f*; (*prudence*) Einsicht *f*. **to doubt the** ~ **of sth** bezweifeln, ob etw klug *or* sinnvoll ist.

wisdom tooth *n* Weisheitszahn *m*.

wise[1] [waɪz] *adj* (+*er*) weise; (*prudent, sensible*) *move, step etc* klug, gescheit, vernünftig; (*inf: smart*) klug, schlau. **the Three W~ Men** die drei Weisen; **to be** ~ **after the event** hinterher den Schlauen spielen *or* gut reden haben; **I'm none the** ~**r** (*inf*) ich bin nicht klüger als zuvor *or* vorher; **nobody will be any the** ~**r** (*inf*) niemand wird etwas (davon) merken; **you'd be** ~ **to ...** du tätest gut daran, ...; **you'd better get** ~ (*US inf*) nimm endlich Vernunft an; **to get** ~ **to sb/sth** (*inf*) etw spitzkriegen (*inf*), dahinterkommen, wie jd/etw ist; **to be** ~ **to sb/sth** (*inf*) jdn/etw kennen; **he fooled her twice, then she got** ~ **to him** zweimal hat er sie hereingelegt, dann ist sie ihm auf die Schliche gekommen; **to put sb** ~ **to sb/sth** (*inf*) jdn über jdn/etw aufklären (*inf*).
◆**wise up** (*esp US inf*) **I** *vi* **if he doesn't** ~ ~ **soon to what's going on/the need for ...** wenn er nicht bald dahinterkommt *or* ihm nicht bald ein Licht aufgeht (*inf*), was da gespielt wird/ wenn er nicht bald hinter die Notwendigkeit zu ... kommt ...
II *vt sep* aufklären (*inf*) (*to* über +*acc*).

wise[2] *n*, *no pl* (*old*) Weise *f*.

wiseacre ['waɪzˌeɪkəʳ] *n* Besserwisser, Neunmalkluge(r) *m*; **wisecrack** (*esp US*) **I** *n* Witzelei *f*; (*single*) Stichelei *f*; **to make a** ~ (**about sb/sth**) witzeln (über jdn/etw);
II *vti* witzeln; **wise guy** *n* (*esp US inf*) Klugschwätzer (*inf*), Klugscheißer (*sl*) *m*.

wisely ['waɪzlɪ] *adv* weise; (*sensibly*) klugerweise.

wish [wɪʃ] **I** *n* **1.** Wunsch *m* (*for* nach). **your** ~ **is my command** dein Wunsch ist *or* sei mir Befehl; **I have no great** ~ **to see him** ich habe kein Bedürfnis *or* keine große Lust, ihn zu sehen; **to make a** ~ sich (*dat*) etwas wünschen; **you can make three** ~**es** du hast drei Wünsche; **the** ~ **is father to the thought** (*prov*) der Wunsch ist Vater des Gedankens (*prov*); **well, you got your** ~ jetzt hast du ja, was du wolltest.
2. ~**es** *pl* (*in greetings*) **with best** ~**es** mit den besten Wünschen *or* Grüßen, alles Gute; **please give him my good** ~**es** bitte grüßen Sie ihn (vielmals) von mir, bitte richten Sie ihm meine besten Wünsche aus; **he sends his best** ~**es** er läßt (vielmals) grüßen; **a message of good** ~**es** eine Gruß- *or* Glückwunschbotschaft; **best** ~**es for a speedy recovery** viele gute Wünsche *or* alles Gute für eine baldige Genesung.
II *vt* **1.** (*want*) wünschen. **he** ~**es to be alone/to see you immediately** er möchte allein sein/dich sofort sehen; **I** ~ **you to be present** ich wünsche, daß Sie anwesend sind.
2. (*desire, hope, desire sth unlikely*) wünschen, wollen. **I** ~ **the play would begin** ich wünschte *or* wollte, das Stück finge an; **I do** ~ **you'd let me help** ich wünschte *or* wollte, du ließest mich helfen; **how he** ~**ed that his wife was** *or* **were there** wie sehr er sich (*dat*) wünschte, daß seine Frau hier wäre; ~ **we were here** ich wünschte *or* wollte, du wärst hier.
3. (*entertain* ~**es** *towards sb*) wünschen.

to ~ sb well/ill jdm Glück or alles Gute/ Schlechtes or Böses wünschen; to ~ sb good luck/happiness jdm viel Glück or alles Gute/Glück (und Zufriedenheit) wünschen.

4. (*bid, express ~*) wünschen. **to ~ sb a pleasant journey/good morning/a happy Christmas/goodbye** jdm eine gute Reise/ guten Morgen/frohe Weihnachten wünschen/auf Wiedersehen sagen.

5. to ~ a wish sich (*dat*) etwas wünschen; **he ~ed himself anywhere but there** er wünschte sich nur möglichst weit weg.

III *vi* (*make a wish*) sich (*dat*) etwas wünschen. **~ing won't solve the problem** der Wunsch allein wird das Problem nicht lösen; **to ~ upon a star** (*liter*) sich (*dat*) bei einer Sternschnuppe etwas wünschen.

◆**wish away** *vt sep* difficulty weg- *or* fort-wünschen (*inf*).

◆**wish for** *vi* +*prep obj* **to ~ ~ sth** sich (*dat*) etw wünschen; **what more could you ~ ~?** etwas Besseres kann man sich doch gar nicht wünschen; **she had everything she could ~ ~** sie hatte alles, was man sich nur wünschen kann.

◆**wish on** or **upon** *vt sep* +*prep obj* (*inf: foist*) **to ~ sb/sth ~ sb** jdn jdm/jdm etw aufhängen (*inf*); **I would not ~ that/that job ~ my worst enemy!** das/diese Arbeit würde ich meinem ärgsten Feind nicht wünschen.

wishbone ['wɪʃbəʊn] *n* Gabelbein *nt*.

wishful ['wɪʃfʊl] *adj* **that's just ~ thinking** das ist nur Wunschdenken *or* ein frommer Wunsch.

wish-fulfilment ['wɪʃfʊl'fɪlmənt] *n* Wunscherfüllung *f*.

wishing well ['wɪʃɪŋ'wel] *n* Wunschbrunnen *m*.

wishy-washiness ['wɪʃɪ,wɒʃɪnɪs] *n see adj* Labberigkeit, Wäßrigkeit *f*; saft- und kraftlose Art, Farblosigkeit, Laschheit *f*; Verwaschenheit *f*; Schwachheit *f*.

wishy-washy ['wɪʃɪ,wɒʃɪ] *adj* coffee, soup labberig, wäßrig; *person, character* saft- und kraftlos, farblos, lasch; *colour* verwaschen; *argument* schwach (*inf*); *report, story* ungenau, wischiwaschi (*inf*).

wisp [wɪsp] *n* **1.** (*of straw, hair etc*) kleines Büschel; (*of cloud*) Fetzen *m*; (*of smoke*) Fahne *f*, Wölkchen *nt*. **2.** (*person*) elfenhaftes *or* zartes *or* zerbrechliches Geschöpf. **3.** (*trace*) zarte Spur *or* Andeutung; (*fragment*) Hauch *m*.

wispy ['wɪspɪ] *adj* (+*er*) grass dürr, fein; girl zerbrechlich, zart. **~ clouds** Wolkenfetzen *pl*; **~ hair** dünne Haarbüschel.

wisteria [wɪs'tɪərɪə] *n* Glyzinie, Wistarie *f*.

wistful ['wɪstfʊl] *adj* smile, thoughts, mood, eyes wehmütig; *song also* schwermütig.

wistfully ['wɪstfəlɪ] *adv see adj*.

wistfulness ['wɪstfʊlnɪs] *n see adj* Wehmut *f*; Schwermut *f*.

wit¹ [wɪt] *vi* (*old Jur*): **to ~** nämlich, und zwar.

wit² *n* **1.** (*understanding*) Verstand *m*. **a battle of ~s** ein geistiges Kräftemessen; **to be at one's ~s' end** am Ende seiner Weisheit sein, mit seinem Latein am Ende sein (*hum inf*); **I was at my ~s' end for a solution** ich wußte mir keinen Rat *or*

Ausweg mehr *or* mir nicht mehr zu helfen(, wie ich eine Lösung finden könnte); **to drive sb out of his ~s** jdn um seinen Verstand bringen; **to lose one's ~s** den *or* seinen Verstand verlieren; **to collect one's ~s** seine fünf Sinne (wieder) zusammennehmen; **to frighten** *or* **scare sb out of his ~s** jdn zu Tode erschrecken; **to be frightened** *or* **scared out of one's ~s** zu Tode erschreckt sein; **to have** *or* **keep one's ~s about one** seine (fünf) Sinne zusammen- *or* beisammenhalten *or* -haben, einen klaren Kopf haben; **to sharpen one's ~s** seinen Verstand schärfen; **to use one's ~s** seinen Verstand gebrauchen, sein Köpfchen (*inf*) *or* seinen Grips (*inf*) anstrengen; **to live by one's ~s** sich schlau *or* klug durchs Leben schlagen.

2. (*humour, wittiness*) Geist, Witz *m*. **full of ~** geistreich; **to have a ready ~** schlagfertig sein; **there's a lot of ~ in the book** es ist sehr viel Geistreiches in dem Buch.

3. (*person*) geistreicher Kopf.

witch [wɪtʃ] *n* (*lit, fig*) Hexe *f*.

witchcraft ['wɪtʃkrɑːft] *n* Hexerei, Zauberei *f*; **a book on ~** ein Buch über (die) Hexenkunst; **witch doctor** *n* Medizinmann *m*; **witch elm** *n* Bergulme *f*; **witchery** ['wɪtʃərɪ] *n* (*witchcraft*) Hexerei *f*; (*fascination*) Zauber *m*; **witch hazel** *n* (*Bot*) Zaubernuß *f*; (*Med*) Hamamelis *f*; **witch-hunt** *n* (*lit, fig*) Hexenjagd *f*; **witching** *adj*: **the ~ hour** die Geisterstunde.

with [wɪð, wɪθ] *prep* **1.** mit. **are you pleased ~ it?** bist du damit zufrieden?; **bring a book ~ you** bring ein Buch mit; **~ no ...** ohne ...; **to walk ~ a stick** am *or* mit einem Stock gehen; **put it ~ the rest** leg es zu den anderen; **the wind was ~ us** wir hatten den Wind im Rücken, wir fuhren *etc* mit dem Wind; **how are things ~ you?** wie geht's?, wie steht's? (*inf*); *see* **with it.**

2. (*at house of, in company of etc*) bei. **I'll be ~ you in a moment** einen Augenblick, bitte, ich bin gleich da; **10 years ~ the company** 10 Jahre bei *or* in der Firma; **the problem is still ~ us** wir haben immer noch das alte Problem.

3. (*on person, in bag etc*) bei. **I haven't got my cheque book ~ me** ich habe mein Scheckbuch nicht bei mir.

4. (*cause*) vor (+*dat*). **to shiver ~ cold** vor Kälte zittern; **the hills are white ~ snow** die Berge sind weiß vom Schnee; **to be ill ~ measles** die Masern haben, an (den) Masern erkrankt sein.

5. (*in the case of*) bei, mit. **the trouble ~ him is that he ...** die Schwierigkeit bei *or* mit ihm ist (die), daß er ...; **it's a habit ~ him** das ist bei ihm Gewohnheit.

6. (*when sb/sth is*) wo. **you can't go ~ your mother ill in bed** wo deine Mutter krank im Bett liegt, kannst du nicht gehen; **I cannot concentrate ~ all this noise going on** bei diesem Lärm kann ich mich nicht konzentrieren; **~ the window open** bei offenem Fenster.

7. (*in proportion*) mit. **it varies ~ the temperature** es verändert sich je nach Temperatur; **wine improves ~ age** Wein wird mit zunehmendem Alter immer besser; **it gets bigger ~ the heat** in der Wärme wird es immer größer.

8. (*in spite of*) trotz, bei. **~ all his faults** bei allen seinen Fehlern, trotz aller seiner Fehler; **~ the best will in the world** beim allerbesten Willen.

9. (*expressing agreement, on side of*) **I'm ~ you there** (*inf*) da stimme ich dir zu; **is he ~ us or against us?** ist er für oder gegen uns?

10. (*inf: expressing comprehension*) **are you ~ me?** kapierst du? (*inf*), hast du's? (*inf*), kommst du mit? (*inf*); **I'm not ~ you** da komm ich nicht mit (*inf*).

withdraw [wɪθˈdrɔː] *irreg* **I** *vt object, motion, charge* zurückziehen; *troops, team also* abziehen; *ambassador* zurückrufen *or* -beordern; *coins, stamps* einziehen, aus dem Verkehr ziehen; (*from bank*) *money* abheben; *words, comment* zurücknehmen, widerrufen; *privileges* entziehen. **the workers withdrew their labour** die Arbeiter haben ihre Arbeit niedergelegt; **she withdrew her hand from his** sie entzog ihm ihre Hand; **we must ~ our team** wir werden/können unsere Mannschaft nicht antreten lassen.

II *vi* sich zurückziehen; (*Sport also*) zurücktreten (*from* von), nicht antreten (*from* bei); (*move away*) zurücktreten *or* -gehen. **to ~ in favour of sb else** zu Gunsten eines anderen zurücktreten; **to ~ into oneself** sich in sich (*acc*) selber zurückziehen.

withdrawal [wɪθˈdrɔːəl] *n* (*of objects*) Zurückziehen *nt*; (*of ambassador*) Abziehen *nt*; (*of coins, stamps*) Einziehen *nt*; (*of money*) Abheben *nt*; (*of words*) Zurücknehmen *nt*, Zurücknahme *f*; (*of charge*) Zurückziehen *nt*; (*of troops*) Rückzug *m*; (*withdrawing*) Abziehen *nt*; (*in sport*) Abzug *m*; (*from drugs*) Entzug *m*. **to make a ~ from the bank** von einer Bank etwas *or* Geld abheben.

withdrawal slip *n* Rückzahlungsschein *m*; **withdrawal symptoms** *npl* Entzugserscheinungen *pl*.

withdrawn [wɪθˈdrɔːn] *adj person* verschlossen; *manner also* reserviert, zurückhaltend; *life* zurückgezogen.

wither [ˈwɪðəʳ] **I** *vt plants etc* verdörren, austrocknen; (*fig*) zum Schwinden bringen. **to ~ sb with a look** jdn mit einem Blick vernichten. **II** *vi* **1.** verdorren, ausdorren; (*limb*) verkümmern. **2.** (*fig*) welken; (*religion*) dahinschwinden.

◆**wither away** *vi see* **wither II.**
◆**wither up** *vi see* **wither II 1.**

withered [ˈwɪðəd] *adj plant, grass* verdorrt, vertrocknet; *skin* verhutzelt, hutzelig; *limb* verkümmert. **a ~-looking old man** ein verschrumpfter *or* hutzeliger Alter.

withering [ˈwɪðərɪŋ] *adj heat* ausdörrend; *criticism, look, tone* vernichtend.

witheringly [ˈwɪðərɪŋlɪ] *adv say, look* vernichtend.

withers [ˈwɪðəz] *npl* Widerrist *m*.

withhold [wɪθˈhəʊld] *vt irreg* vorenthalten; *truth also* verschweigen; (*refuse*) *consent, help* verweigern, versagen (*geh*). **to ~ sth from sb** jdm etw vorenthalten/

verweigern; **~ing tax** (*US*) (vom Arbeitgeber) einbehaltene Steuer.

within [wɪðˈɪn] **I** *prep* innerhalb (+*gen*); (*temporal also*) binnen (+*gen*), innert (+*gen*) (*Aus, S Ger*). **a voice ~ me said ...** eine Stimme in meinem Inneren *or* in mir sagte ...; **we were/came ~ 100 metres of the summit** wir waren auf den letzten 100 Metern vor dem Gipfel/wir kamen bis auf 100 Meter an den Gipfel heran; **~ his power** in seiner Macht; **to keep ~ the law** sich im Rahmen des Gesetzes bewegen; **to live ~ one's income** im Rahmen seiner finanziellen Möglichkeiten leben.

II *adv* (*old, liter*) innen. **from ~** von drinnen; (*on the inside*) von innen.

with it [ˈwɪðɪt] *adj* (*inf*) **1.** (*attr* with-it) (*up-to-date, trendy*) up to date. **2.** *pred* (*awake, alert*) to be ~ da sein (*inf*).

without [wɪðˈaʊt] **I** *prep* ohne. **~ a tie/passport** ohne Krawatte/(einen) Paß; **~ a friend in the world** ohne einen einzigen Freund; **~ speaking** ohne zu sprechen, wortlos; **~ my noticing it** ohne daß ich es bemerke/bemerkte; **times ~ number** unzählige Male *pl*.

II *adv* (*old, liter*) außen. **from ~** von draußen; (*on the outside*) von außen.

III *adj pred* ohne. **to be ~** etw nicht haben, einer Sache (*gen*) entbehren (*form*); **those who are ~** (*needy*) die Bedürftigen *pl*.

withstand [wɪθˈstænd] *vt irreg cold* standhalten (+*dat*); *enemy, climate, attack, temptation also* trotzen (+*dat*); *persuasion etc* widerstehen (+*dat*).

withy [ˈwɪðɪ] *n* (*willow*) Korbweide *f*; (*twig*) Weide(nrute) *f*.

witless [ˈwɪtlɪs] *adj* (*mentally defective*) schwachsinnig; (*stupid, silly*) dumm, blöd(e) (*inf*); (*lacking wit*) *prose* geistlos.

witlessly [ˈwɪtlɪslɪ] *adv see adj.*

witlessness [ˈwɪtlɪsnɪs] *n see adj* Schwachsinn *m*; Dummheit, Blödheit (*inf*) *f*; Geistlosigkeit *f*.

witness [ˈwɪtnɪs] **I** *n* **1.** (*person: Jur, fig*) Zeuge *m*, Zeugin *f*. **~ for the defence/prosecution** Zeuge/Zeugin der Verteidigung/Anklage; **as God is my ~** Gott sei *or* ist mein Zeuge; **to call sb as a ~** jdn als Zeugen vorladen.

2. (*evidence*) Zeugnis *nt*. **to give ~ for/against sb** Zeugnis ablegen für/gegen jdn, aussagen für/gegen jdn; **to bear ~ to sth** (*lit, fig*) Zeugnis über etw (*acc*) ablegen; (*actions, events also*) von etw zeugen.

II *vt* **1.** (*see*) *accident* Zeuge sein bei *or* (+*gen*); *scenes also* (mit)erleben, mitansehen; *changes* erleben. **the year 1945 ~ed great changes** das Jahr 1945 sah einen großen Wandel.

2. (*testify*) bezeugen. **to call sb to ~ that ...** jdn zum Zeugen dafür rufen, daß ...

3. (*consider as evidence*) denken an (+*acc*), zum Beispiel nehmen. **~ what happened ...** denken Sie nur daran *or* nehmen Sie zum Beispiel, was geschah, als ...; **~ the case of X** denken Sie nur an den Fall X, nehmen Sie nur den Fall X zum Beispiel.

4. (*attest by signature*) bestätigen.

III *vi* (*testify*) bestätigen, bezeugen. **to ~ to sth** etw bestätigen *or* bezeugen; **to ~**

against sb gegen jdn aussagen.
witness box or (US) **stand** n Zeugenbank
f, Zeugenstand m.
wittiness ['wɪtɪnɪs] n Witzigkeit f.
wittingly ['wɪtɪŋlɪ] adv bewußt, absichtlich,
wissentlich (form).
witty ['wɪtɪ] adj (+er) witzig, geistreich.
wives [waɪvz] pl of **wife**.
wizard ['wɪzəd] I n 1. Zauberer, Hexen-
meister m. 2. (inf) Genie nt, Leuchte f
(inf). **a financial ~** ein Finanzgenie nt; **a**
~ at maths ein Mathegenie nt (inf). II adj
(dated Brit inf) prima (inf).
wizardry ['wɪzədrɪ] n (magic) Hexerei,
Zauberei f; (great skill) Zauberkünste pl.
wizened ['wɪznd] adj verhutzelt, ver-
schrumpelt.
wk abbr of **week** Wo.
wkly abbr of **weekly** wö.
WNW abbr of **west-north-west** WNW.
w/o abbr of **without** o.
wobble ['wɒbl] I n Wackeln nt. **there is a**
dangerous ~ in the front wheel das Vor-
derrad hat einen gefährlichen Schlag or
eiert gefährlich.
    II vi wackeln; (tightrope walker, dancer
also, cyclist) schwanken; (voice, hand,
compass needle) zittern; (wheel) eiern
(inf), einen Schlag haben; (chin, jelly etc)
schwabbeln. **he was wobbling like a jelly**
(nervous) er zitterte wie Espenlaub; (fat)
an ihm wabbelte alles.
    III vt rütteln an (+dat), ruckeln an (+
dat), wackeln an (+dat).
wobbly ['wɒblɪ] adj (+er) wackelig; voice,
notes also, hand zitterig, zitternd; jelly
(sch)wabbelig; wheel eiernd. **to feel ~** sich
schwach fühlen, wackelig auf den Beinen
sein (inf).
wodge [wɒdʒ] n (Brit inf) (of cake, plaster
etc) Brocken m; (ball of paper) Knäuel nt
or m; (of cotton wool) Bausch m; (of
documents, papers) Stoß m.
woe [wəʊ] n 1. (liter, hum: sorrow) Jammer
m. **~ (is me)!** Weh mir!; **~ betide him who**
...! wehe dem, der ...!; **a tale of ~** eine
Geschichte des Jammers. 2. (esp pl:
trouble, affliction) Kummer m. **to tell sb**
one's ~s jdm sein Leid klagen.
woebegone ['wəʊbɪˌgɒn] adj kläglich, jäm-
merlich; expression also jammervoll;
voice (weh)klagend, jammernd.
woeful ['wəʊfʊl] adj (sad) traurig; (deplor-
able) neglect also, ignorance bedauerlich.
woefully ['wəʊfəlɪ] adv kläglich, jämmer-
lich; (very) bedauerlich. **he is ~ ignorant**
of ... es ist bestürzend, wie wenig er über
... weiß; **he discovered they were ~ ig-**
norant of ... er stellte zu seiner Bestür-
zung fest, wie wenig sie über ... wußten.
wog [wɒg] n (Brit pej sl) Kaffer m (sl).
woke [wəʊk] pret of **wake**.
woken ['wəʊkn] ptp of **wake**.
wolf [wʊlf] I n, pl **wolves** 1. Wolf m. 2. (fig
inf: womanizer) Don Juan m. 3. (phrases)
a ~ in sheep's clothing ein Wolf im Schafs-
pelz; **to cry ~** blinden Alarm schlagen; **to**
keep the ~ from the door sich über Wasser
halten; **to throw sb to the wolves** jdn den
Wölfen zum Fraß vorwerfen; see **lone**.
    II vt (also **~ down**) food hinunterschlin-
gen.

wolf-cub ['wʊlfkʌb] n (lit) Wolfsjunge(s)
nt; (Brit: boy scout) Wölfling m; **wolf-**
hound n Wolfshund m.
wolfish ['wʊlfɪʃ] adj appetite wie ein Wolf;
hunger Wolfs-.
wolfishly ['wʊlfɪʃlɪ] adv gierig.
wolf-pack ['wʊlfpæk] n Rudel nt Wölfe; (of
submarines) Geschwader nt.
wolfram ['wʊlfrəm] n (abbr W) Wolfram nt.
wolfsbane ['wʊlfsbeɪn] n (Bot) Eisenhut m.
wolf-whistle ['wʊlfˌwɪsl] (inf) I n bewun-
dernder Pfiff. **they gave her a ~** sie pfiffen
ihr nach. II vi nachpfeifen.
wolverine ['wʊlvəriːn] n Vielfraß m.
wolves [wʊlvz] pl of **wolf**.
woman ['wʊmən] I n, pl **women** Frau f,
Frauenzimmer (pej hum) nt; (domestic
help) (Haushalts)hilfe f; (inf: girlfriend)
Mädchen nt; (mistress) Geliebte f, Weib
nt (pej). **a ~'s work is never done** Frauen-
hände ruhen nie; **man that is made of ~**
(Rel) der Mensch, vom Weib geboren;
how like a ~! typisch Frau!; **cleaning ~**
Putzfrau, Reinmachefrau f; **~ is a mys-**
terious creature Frauen sind geheimnis-
volle Wesen; **where's my supper, ~!**
Weib, wo ist das Essen!; **the little ~** (inf:
wife) die or meine Frau; **to run after**
women den Frauen nachrennen; **women's**
rights Frauenrechte pl, die Rechte pl der
Frau; **women's page** Frauenseite f; **that's**
~'s work das ist Frauenarbeit; **women's**
talk Gespräche pl von Frau zu Frau;
women's lib (inf) Frauen(rechts)be-
wegung f; **women's libber** (inf) Frauen-
rechtlerin, Emanze (sl) f; see **old ~**.
    II adj attr **~ doctor** Ärztin f; **~ lawyer**
Anwältin f; **~ teacher** Lehrerin f; **~**
driver Frau f am Steuer.
woman-hater ['wʊmənˌheɪtər] n Frauen-
hasser m; **womanhood** n (women in
general) alle Frauen, die Frauen pl; **to**
reach ~ (zur) Frau werden.
womanish ['wʊmənɪʃ] adj (womanly)
woman fraulich; (pej: effeminate) man
weibisch.
womanize ['wʊmənaɪz] vi hinter den
Frauen her sein. **this womanizing will**
have to stop die Frauengeschichten
müssen aufhören.
womanizer ['wʊmənaɪzər] n Schürzenjäger
m.
womankind ['wʊmənˌkaɪnd] n das wei-
bliche Geschlecht.
womanliness ['wʊmənlɪnɪs] n Weiblichkeit
f.
womanly ['wʊmənlɪ] adj figure, person
fraulich; qualities, virtues weiblich.
womb [wuːm] n (Mutter)schoß, Mutterleib
m, Gebärmutter f (Med); (fig) Schoß m.
it's just a craving to return to the ~ das ist
nur die Sehnsucht nach der Geborgenheit
des Mutterschoßes.
wombat ['wɒmbæt] n Wombat m.
women ['wɪmɪn] pl of **woman**.
womenfolk ['wɪmɪnfəʊk] npl Frauen pl.
won [wʌn] pret, ptp of **win**.
wonder ['wʌndər] I n 1. (feeling) Staunen
nt, Verwunderung f. **in ~** voller Staunen;
to be lost in ~ von Staunen erfüllt sein; **it**
fills one with a sense of ~ es erfüllt einen
mit Erstaunen.

2. (*object or cause of* ~) Wunder *nt*. **the ~ of electricity** das Wunder der Elektrizität; **the seven ~s of the world** die sieben Weltwunder; **the ~ of it was that ...** das Erstaunliche *or* Verblüffende daran war, daß ...; **it is a ~ that ...** es ist ein Wunder, daß ...; **it is no** *or* **little** *or* **small ~** (es ist) kein Wunder, es ist nicht zu verwundern; **no ~ (he refused)!** kein Wunder(, daß er abgelehnt hat)!; **to do** *or* **work ~s** wahre Wunder vollbringen, Wunder wirken; **~s will never cease!** es geschehen noch Zeichen und Wunder!

II *vt* I **~ what he'll do now** ich bin gespannt (*inf*), was er jetzt tun wird; I **~ why he did it** ich möchte (zu gern) wissen *or* ich wüßte (zu) gern, warum er das getan hat; I **~ why!** (*iro*) ich frag mich warum?; I **was ~ing if you'd like to come too** möchten Sie nicht vielleicht auch kommen?; I **was ~ing when you'd realize that** ich habe mich (schon) gefragt, wann du das merkst; I **was ~ing if you could ...** könnten Sie nicht vielleicht ...

III *vi* 1. (*ask oneself, speculate*) **it set me ~ing** es gab mir zu denken; **why do you ask?** — **oh, I was just ~ing** warum fragst du? — ach, nur so; **what will happen next, I ~?** ich frage mich *or* ich bin gespannt, was als nächstes kommt; **what's going to happen next? — I ~!** was kommt als nächstes? — das frage ich mich auch!; I **was ~ing about that** ich habe mir darüber schon Gedanken gemacht, ich habe mich das auch schon gefragt; **I've been ~ing about him as a possibility** ich hatte ihn auch schon als eine Möglichkeit ins Auge gefaßt; I **expect that will be the end of the matter — I ~!** ich denke, damit ist die Angelegenheit erledigt — da habe ich meine Zweifel *or* da bin ich gespannt; **I'm ~ing about going to the cinema** ich habe daran gedacht, vielleicht ins Kino zu gehen; **John, I've been ~ing, is there really any point?** John, ich frage mich, ob es wirklich (einen) Zweck hat; **could you possibly help me, I ~** könnten Sie mir vielleicht helfen.

2. (*be surprised*) sich wundern. I **~ (that) he didn't tell me** es wundert mich, daß er es mir nicht gesagt hat; **to ~ at sth** sich über etw (*acc*) wundern, über etw (*acc*) erstaunt sein; **that's hardly to be ~ed at** das ist kaum verwunderlich; **she'll be married by now, I shouldn't ~** es würde mich nicht wundern, wenn sie inzwischen verheiratet wäre.

wonder *in cpds* Wunder-; **~ drug** Wunderheilmittel *nt*.

wonderful ['wʌndəfʊl] *adj* wunderbar.

wonderfully ['wʌndəfəlɪ] *adv see adj*.

wondering ['wʌndərɪŋ] *adj* (*astonished*) *tone, look* verwundert, erstaunt; (*doubtful*) *fragend.

wonderingly ['wʌndərɪŋlɪ] *adv see adj*.

wonderland ['wʌndəˌlænd] *n* (*fairyland*) Wunderland *nt*; (*wonderful place*) Paradies *nt*.

wonderment ['wʌndəmənt] *n see* **wonder** I 1.

wondrous ['wʌndrəs] (*old, liter*) I *adj* wun-

derbar; *ways also* wundersam. II *adv* wise, *fair* wunderbar.

wondrously ['wʌndrəslɪ] *adv* (*old, liter*) wunderbar. ~ **beautiful** wunderschön.

wonky ['wɒŋkɪ] *adj* (+er) (*Brit inf*) *chair, table, marriage, grammar* wackelig; *machine* nicht (ganz) in Ordnung. **your hat's a bit/your collar's all ~** dein Hut/dein Kragen sitzt ganz schief.

won't [wəʊnt] *contr of* **will not**.

wont [wəʊnt] I *adj* gewohnt. **to be ~ to do sth** gewöhnlich etw tun, etw zu tun pflegen. II *n* (An)gewohnheit *f*. **as is/was his ~** wie er zu tun pflegt/pflegte.

wonted ['wəʊntɪd] *adj* (*liter*) gewohnt.

woo [wu:] *vt* 1. (*dated: court*) *woman* den Hof machen (+*dat*), umwerben; (*fig*) *person* umwerben. 2. (*fig*) *stardom, sleep etc* suchen; *audience etc* für sich zu gewinnen versuchen.

◆**woo away** *vt sep* abwerben.

wood [wʊd] I *n* 1. (*material*) Holz *nt*. **touch ~!** dreimal auf Holz geklopft!

2. (*small forest*) Wald *m*. **~s** Wald *m*; **we're not out of the ~ yet** (*fig*) wir sind noch nicht über den Berg *or* aus dem Schneider (*inf*); **he can't see the ~ for the trees** (*prov*) er sieht den Wald vor (lauter) Bäumen nicht (*prov*).

3. (*sth made of ~*) (*cask*) Holzfaß *nt*; (*Bowls*) Kugel *f*; (*Golf*) Holz *nt*. **whisky matured in the ~** im Holzfaß gereifter Whisky; **beer from the ~** Bier vom Faß; **that was off the ~** (*Tennis*) das war Holz.

4. (*Mus*) **the ~s** *pl* die Holzblasinstrumente, die Holzbläser *pl*.

II *adj attr* 1. (*made of ~*) Holz-.
2. (*living etc in a ~*) Wald-.

wood alcohol *n* Holzgeist *m*; **wood anemone** *n* Buschwindröschen *nt*.

woodbine ['wʊdbaɪn] *n* (*honeysuckle*) Geißblatt *nt*; (*US: Virginia creeper*) wilder Wein, Jungfernrebe *f*.

wood block *n* (*Art*) Holzschnitt *m*; **wood carver** *n* (Holz)schnitzer(in *f*) *m*; **wood carving** *n* (Holz)schnitzerei *f*; **woodchuck** *n* Waldmurmeltier *nt*; **woodcock** *n, no pl* Waldschnepfe *f*; **woodcraft** *n* 1. (*skill at living in forest*) Waldläufertum *nt*; 2. (*skill at woodwork*) Geschick *nt* im Arbeiten mit Holz; **woodcut** *n* Holzschnitt *m*; **woodcutter** *n* 1. Holzfäller *m*; (*of logs*) Holzhacker *m*; 2. (*Art*) Holzschnitzer *m*; **woodcutting** *n* 1. Holzfällen *nt*; (*of logs*) Holzhacken *nt*; 2. (*Art*) Holzschnitzen *nt*; (*item*) Holzplastik *f*, Holzschnitzerei *f*.

wooded ['wʊdɪd] *adj* bewaldet; *countryside also* Wald-.

wooden ['wʊdn] *adj* 1. Holz-. **the ~ horse** das hölzerne Pferd; ~ **leg** Holzbein *nt*; ~ **spoon** (*lit*) Holzlöffel *m*, hölzerner Löffel; (*fig*) Trostpreis *m*. 2. (*fig*) *expression, smile, manner* hölzern; *personality* steif.

wooden-headed ['wʊdn'hedɪd] *adj* dumm.

woodenly ['wʊdnlɪ] *adv* (*fig*) *smile, act, bow* gekünstelt, steif; *stand* wie ein Klotz.

wood-free ['wʊdfriː] *adj* *paper* holzfrei; **woodland** *n* Waldland *nt*, Waldung *f*; **woodlark** *n* Heidelerche *f*; **woodlouse** *n* Bohrassel *f*; **woodman** *n see* **woodsman**; **wood nymph** *n* Waldnymphe *f*;

woodpecker n Specht m; **woodpigeon** n Ringeltaube f; **woodpile** n Holzhaufen m; see **nigger**; **wood pulp** n Holzschliff m; **woodshed** n Holzschuppen m.

woodsman ['wʊdzmən] n, pl **-men** [-mən] Waldläufer m.

woodsy ['wʊdzɪ] adj (+er) (US inf) waldig. ~ **smell** Waldgeruch m.

wood-turning ['wʊd,tɜ:nɪŋ] n Drechslerei f.

woodwind ['wʊdwɪnd] n Holzblasinstrument nt; the **~(s)**, the ~ **section** die Holzbläser pl; **woodwork** n 1. (craft) Tischlerei f; the **boys do ~ on Tuesday afternoons** Dienstags nachmittags beschäftigen sich die Jungen mit Tischlern; **a nice piece of ~** eine schöne Tischlerarbeit; 2. (wooden parts) Holzteile pl; **woodworm** n Holzwurm m.

woody ['wʊdɪ] adj (+er) 1. (wooded) waldig, bewaldet. 2. (like wood in texture) tissue holzig.

woof¹ [wʊf] n (Tex) Schuß m.

woof² I n (of dog) Wuff nt. II vi kläffen. ~, ~! wau, wau!, wuff, wuff!

woofer ['wʊfər] n Tieftöner m.

wool [wʊl] I n 1. Wolle f; (cloth also) Wollstoff m. **all ~, pure ~** reine Wolle; **to pull the ~ over sb's eyes** (inf) jdm Sand in die Augen streuen (inf). 2. (glass ~, wire ~) Wolle f. II adj Woll-.

woolen etc (US) see **woollen** etc.

wool-gathering ['wʊl,gæðərɪŋ] n Träumen nt; **wool-grower** n Schafzüchter m (für Wolle).

woollen, (US) **woolen** ['wʊlən] I adj Woll-; (made of wool also) wollen, aus Wolle. II n ~**s** pl (garments) Wollsachen, Stricksachen pl; (fabrics, blankets) Wollwaren pl.

woolliness, (US) **wooliness** ['wʊlɪnɪs] n Wolligkeit f; (softness also) Flauschigkeit f; (fig: of outline) Verschwommenheit f; (pej: of mind, idea) Verworrenheit f.

woolly, (US) **wooly** ['wʊlɪ] I adj (+er) wollig; (soft also) flauschig; (fig) outline verschwommen; (pej) mind, thinking, idea verworren, wirr. II n (inf: sweater etc) Pulli m (inf). **winter woollies** (esp Brit: sweaters etc) dicke Wollsachen (inf); (esp US: underwear) Wollene pl (inf).

woolsack ['wʊlsæk] n (seat) Wollsack m (Sitz des Lordkanzlers im britischen Oberhaus); (office) Amt nt des Lordkanzlers.

wooziness ['wu:zɪnɪs] n (inf) Benommenheit f.

woozy ['wu:zɪ] adj (+er) (inf) benommen, duselig (inf).

wop [wɒp] n (pej sl) Spaghettifresser (pej sl) m.

Worcs abbr of **Worcestershire.**

word [wɜ:d] I n 1. (unit of language) Wort nt. ~**s** Wörter pl; (meaningful sequence) Worte pl; ~ **order/formation/division** Wortstellung f/Wortbildung f/Silbentrennung f; **foreign** ~**s** Fremdwörter pl; ~ **for** ~ Wort für Wort; (exactly also) wortwörtlich; **cold isn't the** ~ **for it** kalt ist gar kein Ausdruck (dafür); **beyond** ~**s** unbeschreiblich; **too funny for** ~**s** unbeschreiblich komisch; **to put one's**

thoughts into ~**s** seine Gedanken in Worte fassen or kleiden; **"irresponsible" would be a better** ~ **for it** „unverantwortlich" wäre wohl das treffendere Wort dafür; ~**s fail me** mir fehlen die Worte; **in a** ~ mit einem Wort, kurz gesagt; **in so many** ~**s** direkt, ausdrücklich; **in other** ~**s** mit anderen Worten, anders gesagt or ausgedrückt; **the last** ~ (fig) der letzte Schrei (in an +dat); **he had the last** ~ er hatte das letzte Wort; **in the** ~**s of Goethe** mit Goethe gesprochen, um mit Goethe zu sprechen.

2. (remark) Wort nt. ~**s** Worte pl; **a** ~ **of advice** ein Rat(schlag) m; **a** ~ **of encouragement/warning** eine Ermunterung/Warnung; **fine** ~**s** schöne Worte pl; **a man of few** ~**s** ein Mann, der nicht viele Worte macht; **I can't get a** ~ **out of him** ich kann kein Wort aus ihm herausbekommen; **by** ~ **of mouth** durch mündliche Überlieferung; **to say a few** ~**s** ein paar Worte sprechen; **to take sb at his** ~ jdn beim Wort nehmen; **to have a** ~ **with sb** (about sth) mit jdm (über etw) sprechen; (reprimand, discipline) jdn ins Gebet nehmen; (could I have) **a** ~ **in your ear?** kann ich Sie bitte unter vier Augen or allein sprechen?; **you took the** ~**s out of my mouth** du hast mir das Wort aus dem Mund genommen; **I wish you wouldn't put** ~**s into my mouth** ich wünschte, Sie würden mir nicht das Wort im Munde herumdrehen; **to put in** or **say a** (good) ~ **for sb** für jdn ein gutes Wort einlegen; **nobody had a good** ~ **to say for him** niemand wußte etwas Gutes über ihn zu sagen; **without a** ~ ohne ein Wort; **don't say** or **breathe a** ~ **about it** sag aber bitte keinen Ton or kein Sterbenswörtchen (inf) davon.

3. ~**s** pl (quarrel) **to have** ~**s with sb** mit jdm eine Auseinandersetzung haben.

4. ~**s** pl (text, lyrics) Text m.

5. no pl (message, news) Nachricht f. ~ **came/went round that ...** es kam die Nachricht/es ging die Nachricht um, daß ...; **to leave** ~ (with sb/for sb) that ... (bei jdm/für jdn) (die Nachricht) hinterlassen, daß ...; **there's been no** ~ **from the advance party for three days** seit drei Tagen haben wir nicht(s) mehr vom Vorschubtrupp gehört or keine Nachricht mehr vom Vorschubtrupp gehabt; **to send** ~ Nachricht geben; **to send** ~ **to sb** jdn benachrichtigen; **to send sb** ~ **of sth** jdn von etw benachrichtigen; **to spread the** ~ **around** (inf) es allen sagen (inf); **what's the** ~ **on Charlie?** (inf) was gibt's Neues von Charlie?

6. (promise, assurance) Wort nt. ~ **of honour** Ehrenwort nt; **a man of his** ~ ein Mann, der zu seinem Wort steht; **to be as good as one's** ~, **to keep one's** ~ sein Wort halten; **I give you my** ~ ich gebe dir mein (Ehren)wort; **to go back on one's** ~ sein Wort nicht halten; **to break one's** ~ sein Wort brechen; **take my** ~ **for it** verlaß dich drauf, das kannst du mir glauben; **you don't have to take my** ~ **for it** du kannst das ruhig nachprüfen; **it's his** ~ **against mine** Aussage steht gegen

Aussage; **my** ~! meine Güte!

7. (*order*) Wort *nt*; (*also* ~ **of command**) Kommando *nt*, Befehl *m*. **to give the** ~ **(to do sth)** (*Mil*) das Kommando geben(, etw zu tun); **just say the** ~ sag nur ein Wort; **his** ~ **is law here** sein Wort ist hier Gesetz.

8. (*Rel*) Wort *nt*. **the W**~ **of God** das Wort Gottes.

9. (*Computers*) Wort *nt* (*pl:* Wörter).

II *vt* (in Worten) ausdrücken, formulieren, in Worte fassen (*geh*); *letter* formulieren; *speech* abfassen.

word association *n* Wortassoziation *f*; **word-blind** *adj* wortblind; **word game** *n* Buchstabenspiel *nt*.

wordily ['wɜːdɪlɪ] *adv see adj*.

wordiness ['wɜːdɪnɪs] *n* Wortreichtum *m*, Langatmigkeit *f* (*pej*).

wording ['wɜːdɪŋ] *n* Formulierung *f*.

wordless ['wɜːdlɪs] *adj* wortlos; *grief* stumm; **word list** *n* Wortliste *f*; **word order** *n* Satzstellung, Wortstellung *f*; **word-perfect** *adj* sicher im Text; **to be** ~ den Text perfekt beherrschen; **word picture** *n* Bild *nt* (in Worten); **to paint a vivid** ~ **of sth** etw in lebhaften Farben beschreiben; **word processing** *n* Textverarbeitung *f*; **word processor** *n* (*machine*) Text(verarbeitungs)system *nt*, Textverarbeitungsanlage *f*; **word square** *n* magisches Quadrat.

wordy ['wɜːdɪ] *adj* (+*er*) wortreich, langatmig (*pej*).

wore [wɔː'] *pret of* **wear**.

work [wɜːk] **I** *n* **1.** (*toil, labour, task*) Arbeit *f*. **he doesn't like** ~ er arbeitet nicht gern; **that's a good piece of** ~ das ist gute Arbeit; **is this all your own** ~? haben Sie das alles selbst gemacht?; **closed for** ~ **on the roof** wegen (Reparatur)arbeiten am Dach geschlossen; **when** ~ **begins on the new bridge** wenn die Arbeiten an der neuen Brücke anfangen; **to be at** ~ **(on sth)** (an etw *dat*) arbeiten; **there are forces at** ~ **which ...** es sind Kräfte am Werk, die ...; **it's the** ~ **of the devil** das ist Teufelswerk *or* ein Machwerk des Teufels; **to do a good day's** ~ ein schönes Stück Arbeit leisten; **we've a lot of** ~ **to do before this choir can give a concert** wir haben noch viel zu tun, ehe dieser Chor ein Konzert geben kann; **I've been trying to get some** ~ **done** ich habe versucht zu arbeiten; **to put a lot of** ~ **into sth** eine Menge Arbeit in etw (*acc*) stecken; **it's in the** ~**s** (*inf*) es ist in der Mache (*inf*); **to get on with one's** ~ sich (wieder) an die Arbeit machen; **to make short** *or* **quick** ~ **of sb/sth** mit jdm/etw kurzen Prozeß machen; **to make** ~ **for sb** jdm Arbeit machen; **time/the medicine had done its** ~ die Zeit/Arznei hatte ihr Werk vollbracht/ihre Wirkung getan; **it was hard** ~ **for the old car to get up the hill** das alte Auto hatte beim Anstieg schwer zu schaffen.

2. (*employment, job*) Arbeit *f*. **to be (out) at** ~ arbeiten sein; **to go out to** ~ arbeiten gehen; **to be out of/in** ~ arbeitslos sein/eine Stelle haben; **he travels to** ~ **by car** er fährt mit dem Auto zur Arbeit; **how long does it take you to get to** ~? wie

lange brauchst du, um zu deiner Arbeitsstelle zu kommen?; **at** ~ an der Arbeitsstelle, am Arbeitsplatz; **what is your** ~? was tun Sie (beruflich)?; **to put** *or* **throw sb out of** ~ jdn auf die Straße setzen (*inf*); **to put out of** ~ arbeitslos machen, um den Arbeitsplatz bringen; **to be off** ~ (am Arbeitsplatz) fehlen.

3. (*product*) Arbeit *f*; (*Art, Liter*) Werk *nt*. ~ **of art/reference** Kunstwerk *nt*/ Nachschlagewerk *nt*; **a** ~ **of literature** ein literarisches Werk; **a fine piece of** ~ eine schöne Arbeit; **good** ~**s** gute Werke *pl*.

4. ~**s** *pl* (*Mil*) Befestigungen *pl*; **road** ~**s** Baustelle *f*.

5. ~**s** *pl* (*Mech*) Getriebe, Innere(s) *nt*; (*of watch, clock*) Uhrwerk *nt*.

6. ~**s** *sing or pl* (*factory*) Betrieb *m*, Fabrik *f*; **gas** ~**s/steel** ~**s** Gas-/Stahlwerk *nt*; ~**s council** *or* **committee/outing** Betriebsrat *m*/Betriebsausflug *m*.

7. (*inf*) **the** ~**s** *pl* alles Drum und Dran; **to give sb the** ~**s** (*treat harshly*) jdn gehörig in die Mangel nehmen (*inf*); (*treat generously*) jdn nach allen Regeln der Kunst *or* nach Strich und Faden verwöhnen (*inf*); **to get the** ~**s** (*be treated harshly*) gehörig in die Mangel genommen werden (*inf*); (*be treated generously*) nach allen Regeln der Kunst *or* nach Strich und Faden verwöhnt werden (*inf*).

II *vi* **1.** arbeiten (*at an* +*dat*). **to** ~ **towards/for sth** auf etw hin/für etw arbeiten; **to** ~ **for better conditions** *etc* sich für bessere Bedingungen *etc* einsetzen; **to** ~ **against a reform** gegen eine Reform kämpfen; **these factors which** ~ **against us** diese Faktoren, die sich uns entgegenstellen.

2. (*function, operate*) funktionieren; (*marriage, plan also*) klappen (*inf*); (*medicine, spell*) wirken; (*be successful*) klappen (*inf*). **it won't** ~ das klappt nicht; **"not** ~**ing"** (*lift etc*) „außer Betrieb"; **to get sth** ~**ing** etw in Gang bringen; **it** ~**s by** *or* **on electricity** es läuft auf Strom; **it** ~**s both ways** es trifft auch andersherum zu; **but this arrangement will have to** ~ **both ways** aber diese Abmachung muß für beide Seiten gelten.

3. (*yeast*) arbeiten, treiben.

4. (*mouth, face*) zucken; (*jaws*) mahlen.

5. (*move gradually*) **to** ~ **loose/along** sich lockern/sich entlangarbeiten; **to** ~ **round** (*wind, object*) sich langsam drehen (*to* nach); **he** ~**ed round to asking her** er hat sich aufgerafft, sie zu fragen.

III *vt* **1.** (*make* ~) *staff, employees, students* arbeiten lassen, herannehmen (*inf*), schinden (*pej*). **to** ~ **oneself hard/to death** sich nicht schonen/sich zu Tode arbeiten; **he** ~**s himself too hard** er übernimmt sich.

2. (*operate*) *machine* bedienen; *lever, brake* betätigen. **to** ~ **sth by electricity/ hand** etw elektrisch/mit Hand betreiben; **can we** ~ **that trick again?** können wir den Trick noch einmal anbringen?

3. (*bring about*) *change, cure* bewirken, herbeiführen. **to** ~ **mischief** Unheil anrichten; **to** ~ **mischief between friends**

Zwietracht zwischen Freunden säen; **to ~ it (so that ...)** (*inf*) es so deichseln(, daß ...) (*inf*); **to ~ one's passage** seine Überfahrt abarbeiten; **he has managed to ~ his promotion** er hat es geschafft, seine Beförderung durchzukriegen; **surely you can ~ a better deal than that** du kannst doch sicherlich einen besseren Abschluß herausschlagen; *see* **~ up**.

4. (*Sew*) arbeiten; *design etc* sticken.

5. (*shape*) *wood, metal* bearbeiten; *dough, clay also* kneten, durcharbeiten. **he ~ed the clay into a human shape** er formte den Ton zu einer menschlichen Gestalt; **~ the flour in gradually/the ingredients together** mischen Sie das Mehl allmählich unter/die Zutaten.

6. (*exploit*) *mine* ausbeuten, abbauen; *land* bearbeiten; *smallholding* bewirtschaften; (*salesman*) *area* bereisen.

7. (*move gradually*) **to ~ one's hands free** seine Hände freibekommen; **to ~ sth loose** etw losbekommen; **to ~ one's way through a book/Greek grammar** sich durch ein Buch/die griechische Grammatik arbeiten *or* kämpfen; **to ~ one's way to the top/up from nothing/through college** sich nach oben arbeiten *or* kämpfen/sich von ganz unten hocharbeiten/sein Studium selbst *or* durch eigene Arbeit finanzieren; **he ~ed his way across the rock-face/through the tunnel** er überquerte die Felswand/kroch durch den Tunnel; **to ~ oneself into sb's confidence** sich in jds Vertrauen (*acc*) einschleichen.

◆**work away** *vi* vor sich hin arbeiten.

◆**work down** *vi* (*stockings*) (herunter)-rutschen (*inf*).

◆**work in** I *vt sep* **1.** (*rub in*) einarbeiten; *lotion also* einmassieren. **it had ~ed its way right ~** es war (tief) eingedrungen.

2. (*insert*) *bolt etc* einführen.

3. (*in book, speech*) *reference* einbauen, einarbeiten; *jokes* einbauen. **to ~ sth ~to sth** etw in etw (*acc*) einbauen.

4. (*in schedule etc*) einschieben. **to ~ sb ~to a plan** jdn in einen Plan miteinbeziehen.

II *vi* **1.** (*fit in*) passen. **that'll ~ ~ quite well** das paßt ganz gut.

2. (*Ind*) den Arbeitsplatz besetzen.

◆**work off** I *vi* sich losmachen *or* lockern. II *vt sep* *debts, fat* abarbeiten; *energy* loswerden; *feelings* abreagieren (*on* an +*dat*).

◆**work on** I *vi* weiterarbeiten.

II *vt sep* *lid, washer* darauf bringen. **she ~ed her boots ~** sie zwängte sich in ihre Stiefel.

III *vi* +*prep obj* **1.** *car, book, subject, accent* arbeiten an (+*dat*). **who's ~ing ~ this case?** wer bearbeitet diesen Fall?

2. *evidence* ausgehen von; *principle* (*person*) ausgehen von; (*machine*) arbeiten nach. **there are not many clues to ~ ~** es gibt nicht viele Hinweise, auf die man zurückgreifen könnte; **if we ~ ~ the assumption that ...** wenn wir von der Annahme ausgehen, daß ...

3. **we haven't solved it yet but we're still ~ing ~ it** wir haben es noch nicht gelöst,

aber wir sind dabei; **if we ~ ~ him a little longer we might persuade him** wenn wir ihn noch ein Weilchen bearbeiten, können wir ihn vielleicht überreden; **obviously the other side have been ~ing ~ him** ihn hat offensichtlich die Gegenseite in der Mache gehabt (*inf*); **just keep ~ing ~ his basic greed** appellieren Sie nur weiter an seine Habgier.

◆**work out** I *vi* **1.** (*allow solution: puzzle, sum etc*) aufgehen.

2. (*amount to*) **that ~s ~ at £105** das gibt *or* macht £ 105; **it ~s ~ more expensive in the end** am Ende kommt *or* ist es teurer; **how much does that ~ ~ at?** was macht das?

3. (*succeed: plan, marriage, idea*) funktionieren, klappen (*inf*). **things didn't ~ ~ at all well for him** es ist ihm alles schiefgegangen; **how's your new job ~ing ~?** was macht die neue Arbeit?; **I hope it all ~s ~ for you** ich hoffe, daß alles klappt (*inf*) *or* daß dir alles gelingt; **things didn't ~ ~ that way** es kam ganz anders.

4. (*in gym etc*) trainieren.

II *vt sep* **1.** (*solve, calculate*) herausbringen; *code also* brechen; *mathematical problem also* lösen; *problem* fertig werden mit (+*dat*); *sum also* ausrechnen. **you can ~ that ~ for yourself** das kannst du dir (doch) selbst denken; **surely he can manage to ~ things ~ for himself** (*in life*) er kann doch bestimmt allein zurechtkommen; **things will always ~ themselves ~** Probleme lösen sich stets von selbst.

2. (*devise*) *scheme* (sich *dat*) ausdenken; (*in detail*) ausarbeiten.

3. (*understand*) *person* schlau werden aus (+*dat*). **can you ~ ~ where we are on the map?** kannst du herausfinden *or*-bringen, wo wir auf der Karte sind?; **I can't ~ ~ why it went wrong** ich kann nicht verstehen, wieso es nicht geklappt hat.

4. (*complete*) *prison sentence* absitzen. **to ~ ~ one's notice** seine Kündigungsfrist einhalten.

5. (*exhaust*) *mine* ausbeuten, erschöpfen; *minerals* abbauen. **to ~ sth ~ of one's system** (*fig*) mit etw fertigwerden.

6. (*remove*) *nail, tooth etc* (allmählich) herausbringen.

◆**work over** *vt sep* (*inf*) zusammenschlagen.

◆**work through** I *vi* +*prep obj* **1.** (*blade etc*) sich arbeiten durch; (*water*) sickern durch. **2.** (*read through*) sich (durch)-arbeiten *or* (durch)ackern durch. II *vt* +*prep obj* **he ~ed the rope ~ the crack** er führte das Seil durch die Spalte. III *vi* (*come through: benefit, pay rise etc*) durchsickern.

◆**work up** I *vt sep* **1.** (*develop*) *business* zu etwas bringen, entwickeln; *enthusiasm* (*in oneself*) aufbringen; *appetite* sich (*dat*) holen. **to ~ one's way ~ (through the ranks/from the shop floor)** von der Pike auf dienen.

2. *lecture, theme, notes* ausarbeiten.

3. (*stimulate*) *audience* aufstacheln. **to feel/get ~ed ~** aufgeregt sein/sich aufregen; **to ~ oneself ~** sich erhitzen; *see* **frenzy**.

II *vi (skirt etc)* sich hochschieben.

◆**work up to** *vi +prep obj question, proposal etc* zusteuern auf (+*acc*). **I know what you're ~ing ~** → ich weiß, worauf Sie herauswollen; **the music ~s ~ → a tremendous climax** die Musik steigert sich zu einem gewaltigen Höhepunkt.

workable ['wɜːkəbl] *adj mine* abbaufähig; *land* bebaubar; *clay* formbar; *plan* durchführbar.

workaday ['wɜːkədeɪ] *adj* Alltags-.

workaholic [ˌwɜːkə'hɒlɪk] *n (inf)* Arbeitswütige(r), Arbeitssüchtige(r) *mf.*

workbasket ['wɜːkˌbɑːskɪt] *n* Näh- *or* Handarbeitskorb *m*; **workbench** *n* Werkbank *f*; **workbook** *n* Arbeitsheft *nt*; **work camp** *n* Arbeitslager *nt*; **work creation scheme** *n* Arbeitsplatzbeschaffungsprogramm *nt*; **workday** *n (esp. US)* Arbeitstag *m; (day of week)* Werktag *m*.

worker ['wɜːkəʳ] *n* **1.** Arbeiter(in *f*) *m*. **~s' education** Arbeiterbildung *f*; **~ priest** Arbeiterpriester *m; see* **fast¹ I 1. 2.** (*also ~* **ant/bee**) Arbeiterin *f*.

work force *n* Arbeiterschaft *f*; **workhorse** *n (lit, fig)* Arbeitspferd *nt*; **work-in** *n* Work-in *nt.*

working ['wɜːkɪŋ] **I** *adj* **1.** (*engaged in work*) *population* arbeitend, berufstätig; (*Comm*) *partner* aktiv. **~ man** Arbeiter *m*; **I'm a ~ man, I need my rest** ich arbeite den ganzen Tag, ich brauch meine Ruhe; **~ wives** berufstätige Ehefrauen *pl*.
2. (*spent in or used for ~*) *day, week. conditions, clothes* Arbeits-. **~ capital** Betriebskapital *nt*; **~ lunch** Arbeitsessen *nt*; **~ party** (Arbeits)ausschuß *m*.
3. (*provisional*) *hypothesis, drawing, model* Arbeits-; (*sufficient*) *majority* arbeitsfähig, Arbeits-. **in ~ order** in betriebsfähigem Zustand; **~ knowledge** Grundkenntnisse *pl.*
II *n* **1.** (*work*) Arbeiten *nt*, Arbeit *f*. **~ so hard tired him out** er war erschöpft von der harten Arbeit.
2. ~s *pl (way sth works)* Arbeitsweise, Funktionsweise *f*; **~s of fate/the mind** Wege *pl* des Schicksals/Gedankengänge *pl.*
3. ~s *pl (Min)* Schächte, Gänge *pl*; (*of quarry*) Grube *f.*

working class *n* (*also ~* **~es**) Arbeiterklasse *f*.
working-class ['wɜːkɪŋ'klɑːs] *adj* der Arbeiterklasse, Arbeiter-; (*pej*) ordinär, proletenhaft. **to be ~** zur Arbeiterklasse gehören.
working-over ['wɜːkɪŋ'əʊvəʳ] *n (inf)* Abreibung *f (inf).*

work load *n* Arbeit(slast) *f*; **workman** *n* Handwerker *m*; **workmanlike** ['wɜːkmənˌlaɪk] *adj attitude, job* fachmännisch; *product* fachmännisch gearbeitet; **workmanship** ['wɜːkmənʃɪp] *n* Arbeit *f* (-squalität) *f*; **workout** *n (Sport)* Training *nt*; **to have a ~** Übungen machen; (*boxer*) Sparring machen; **work permit** *n* Arbeitserlaubnis *f*; **workroom** *n* Arbeitszimmer *nt*; **workshop** *n* Werkstatt *f*; **a music ~** ein Musikkurs, ein Musik-Workshop *m*; **workshy** *adj* arbeitsscheu; **work study** *n* REFA- *or* Arbeitsstudie *f*;

worktable *n* Arbeitstisch *m*; **work-to-rule** *n* Dienst *m* nach Vorschrift; **work week** *n (esp US)* Arbeitswoche *f.*

world [wɜːld] *n* **1.** Welt *f*. **in the ~** auf der Welt; **all over the ~** auf der ganzen Welt; **he jets/sails** *etc* **all over the ~** er jettet/ segelt *etc* in der Weltgeschichte herum; **it's the same the whole ~ over** *or* **all the ~ over** es ist (doch) überall das Gleiche; **to go/sail round the ~** eine Weltreise machen/rund um die Welt segeln; **to feel** *or* **be on top of the ~** munter und fidel sein; **it's a small ~** die Welt ist klein; **it's not the end of the ~!** (*inf*) deshalb *or* davon geht die Welt nicht unter! (*inf*); **to live in a ~ of one's own** in seiner eigenen (kleinen) Welt leben; **money/love makes the ~ go round** es dreht sich alles um das Geld/die Liebe, Geld regiert die Welt.
2. the New/Old/Third W~ die Neue/ Alte/Dritte Welt; **the business/literary ~** die Geschäftswelt/die literarische Welt; **the animal/vegetable ~** die Tier-/Pflanzenwelt.
3. (*society*) Welt *f*. **man/woman of the ~** Mann *m*/Frau *f* von Welt; **to come** *or* **go down in the ~** herunterkommen; **to go up** *or* **rise in the ~** es (in der Welt) zu etwas bringen; **to set the ~ on fire** die Welt erschüttern; **he had the ~ at his feet** die ganze Welt lag ihm zu Füßen; **to lead the ~ in sth** in etw (*dat*) in der Welt führend sein; **how goes the ~ with you?** wie geht's?, wie steht's?; **all the ~ knows ...** alle Welt *or* jeder weiß ...; **in the eyes of the ~** vor der Welt.
4. (*this life*) Welt *f*. **to come into the ~** zur *or* auf die Welt kommen; **~ without end** (*Eccl*) von Ewigkeit zu Ewigkeit; **to renounce the ~** (*Rel*) der Welt (*dat*) entsagen; **to have the best of both ~s** das eine tun und das andere nicht lassen; **out of this ~** (*sl*) phantastisch; **he is not long for this ~** er steht schon mit einem Fuß im Jenseits; **to bring sb/sth into the ~** jdn zur Welt bringen/etw in die Welt setzen; **to be alone in the ~** allein auf der Welt sein.
5. (*emph*) Welt *f*. **not for (all) the ~** nicht um alles in der Welt; **nothing in the ~** nichts auf der Welt; **what/who in the ~** was/wer in aller Welt; **it did him a ~ of good** es hat ihm (unwahrscheinlich) gut getan; **a ~ of difference** ein himmelweiter Unterschied; **there was a ~ of meaning in his look** sein Blick sprach Bände; **they're ~s apart** sie sind total verschieden; **he looked for all the ~ as if nothing had happened** er sah aus, als wäre überhaupt nichts geschehen; **to think the ~ of sb/sth** große Stücke auf jdn halten/etw über alles stellen.

world *in cpds* Welt-; **World Bank** *n* Weltbank *f*; **world-beater** *n (inf)* **to be a ~** unschlagbar sein; **world champion** *n (Brit)* Weltmeister(in *f*) *m*; **world championship** *n (Brit)* Weltmeisterschaft *f*; **World Court** *n* Weltgerichtshof *m*; **World Cup** *n* Fußballweltmeisterschaft *f; (cup)* Weltpokal *m*; **World Fair** *n* Weltausstellung *f*; **world-famous** *adj* weltberühmt; **world language** *n* Weltsprache *f.*

worldliness ['wɜːldlɪnɪs] n Weltlichkeit f; (of person) weltliche Gesinnung.

worldly ['wɜːldlɪ] adj (+er) weltlich; person weltlich gesinnt. **~-wise** weltklug; ~ **wisdom** Weltklugheit f.

world power n Weltmacht f; **world record** n Weltrekord m; **world record holder** n Weltrekordinhaber(in f) m; **world's champion** n (US) Weltmeister(in f) m; **World's Fair** n (US) Weltausstellung f; **world-shattering** adj welterschütternd, weltbewegend; **world's record** n (US) Weltrekord m; **world war** n Weltkrieg m; **world-weariness** n Lebensmüdigkeit f; **world-weary** adj lebensmüde; **worldwide** adj, adv weltweit.

worm [wɜːm] **I** n **1.** (lit, fig inf) Wurm m; (wood ~) Holzwurm m. **~s** (Med) Würmer pl; **even a ~ will turn** (prov) es geschehen noch Zeichen und Wunder; **to get a ~'s eye view of sth** etw aus der Froschperspektive sehen.
2. (screw) Schnecke f; (thread) Schneckengewinde nt.
II vt **1.** zwängen. **to ~ one's way** or **oneself along/through/into sth** sich an etw (dat) entlangdrücken/durch etw (acc) durchschlängeln or -zwängen/in etw (acc) hinein-zwängen; **to ~ one's way forward** (creep) sich nach vorne schleichen; **to ~ one's way into a position/into sb's confidence/ into a group** sich in eine Stellung/jds Vertrauen/eine Gruppe einschleichen; **to ~ one's way out of a difficulty** sich aus einer schwierigen Lage herauswinden.
2. (extract) **to ~ sth out of sb** jdm etw entlocken.
3. dog eine Wurmkur machen mit.

worm-cast ['wɜːmkɑːst] n vom Regenwurm aufgeworfenes Erdhäufchen f; **worm-eaten** adj wood wurmstichig; cloth von Würmern zerfressen; (fig inf) wurmzerfressen; **worm gear** n Schneckengetriebe nt; **wormhole** n Wurmloch nt; **worm wheel** n Schneckenrad nt; **wormwood** n Wermut m; (fig) Wermutstropfen m.

wormy ['wɜːmɪ] adj (+ er) apple wurmig; wood wurmstichig; dog von Würmern befallen; soil wurmreich.

worn [wɔːn] **I** ptp of **wear**. **II** adj **1.** (~-out) coat abgetragen; book zerlesen; carpet abgetreten; tyre abgefahren. **2.** (weary) smile müde; person angegriffen. **to look ~** (with care/worry) besorgt aussehen.

worn-out adj attr, **worn out** ['wɔːnˌaʊt] adj pred **1.** coat abgetragen; carpet abgetreten; phrase abgedroschen. **2.** (exhausted) person erschöpft, ausgelaugt (inf); horse ausgemergelt.

worried ['wʌrɪd] adj besorgt (about, by wegen); (anxious also) beunruhigt. **to be ~ sick** krank vor Sorge(n) sein (inf).

worriedly ['wʌrɪdlɪ] adv besorgt; (anxiously also) beunruhigt.

worrier ['wʌrɪəʳ] n Pessimist, Schwarzseher m.

worrisome ['wʌrɪsəm] adj beunruhigend, besorgniserregend; (annoying) lästig.

worry ['wʌrɪ] **I** n Sorge f. **I know it's a ~ for you** ich weiß, es macht dir Sorgen; **that's the least of my worries** das macht mir noch am wenigsten Sorgen; **~ beads** Betperlen pl.
II vt **1.** (cause concern) beunruhigen, Sorgen machen (+dat). **it worries me** es macht mir Sorgen; **it's no use just ~ing, do something** es hat keinen Zweck, sich nur den Kopf zu zerbrechen, tu endlich was; **to ~ oneself sick** or **silly/to death** (about or over sth) (inf) sich krank machen/sich umbringen vor Sorge (um or wegen etw) (inf).
2. (bother) stören. **to ~ sb with sth** jdn mit etw stören; **don't ~ me with trivialities** komm mir nicht mit Kleinigkeiten; **to ~ sb for sth/to do sth** jdn um etw plagen/jdn plagen, etw zu tun; **is this man ~ing you, madam?** belästigt Sie dieser Mann?
3. (dog etc) sheep nachstellen (+dat); (bite) reißen; bone (herum)nagen an (+ dat).
III vi sich sorgen, sich (dat) Sorgen or Gedanken machen (about, over um, wegen). **he worries a lot** er macht sich immer soviel Sorgen; **don't ~!, not to ~!** keine Angst or Sorge!; **don't ~, I'll do it** laß mal, das mach ich schon; **he said not to ~** er sagte, wir sollten uns keine Sorgen machen; **don't ~ about letting me know** es macht nichts, wenn du mich nicht benachrichtigen kannst; **you should ~!** (inf) du hast (vielleicht) Sorgen!

worrying ['wʌrɪɪŋ] **I** adj problem beunruhigend, besorgniserregend. **it's very ~** es macht mir große Sorge; **I know it's ~ for you** ich weiß, es macht dir Sorgen.
II n **~ won't help** sich nur Sorgen machen, nützt nichts.

worse [wɜːs] **I** adj, comp of **bad** schlechter; (morally, with bad consequences) schlimmer, ärger. **it gets ~ and ~** es wird immer schlimmer; **the patient is ~ than he was yesterday** dem Patienten geht es schlechter als gestern; **and to make matters ~** und zu allem Übel; **it could have been ~** es hätte schlimmer kommen können; **it's no ~ than I'd expected** es ist nicht ärger or schlimmer, als ich erwartet hatte; **~ luck!** (so ein) Pech!; **it will be the ~ for you** das wird für dich unangenehme Folgen haben; **so much the ~ for him** um so schlimmer; **to be the ~ for drink** betrunken sein; **he's none the ~ for it** er hat sich nichts dabei getan, es ist ihm nichts dabei passiert; **you'll be none the ~ for some work** etwas Arbeit wird dir nicht schaden; **I don't think any the ~ of you for it** ich halte deswegen aber nicht weniger von dir; **~ things happen at sea** (inf) es könnte schlimmer sein.
II adv, comp of **badly** schlechter. **it hurts ~** es tut mehr weh; **to be ~ off than …** schlechter dran sein (inf) or in einer schlechteren Lage sein als …; **I could do a lot ~ than accept their offer** es wäre bestimmt kein Fehler, wenn ich das Angebot annähme.
III n Schlechtere(s) nt; (morally, with regard to consequences) Schlimmere(s) nt. **there is ~ to come** es kommt noch schlimmer; **it's changed for the ~** es hat sich zum Schlechteren gewendet.

worsen ['wɜːsn] **I** vt verschlechtern, schlechter machen. **II** vi sich verschlechtern, schlechter werden.

worship ['wɜːʃɪp] **I** n **1.** (of God, person etc) Verehrung f. **public** ~ Gottesdienst m; **place of** ~ Andachtsstätte f; (non-Christian) Kultstätte f.

2. (Brit: in titles) **Your W~** (to judge) Euer Ehren/Gnaden; (to mayor) (verehrter or sehr geehrter) Herr Bürgermeister.

II vt anbeten. **he ~ped the ground she trod on** er betete den Boden unter ihren Füßen an.

III vi (Rel) den Gottesdienst abhalten.

worshipful ['wɜːʃɪpfʊl] adj **1.** look, gaze verehrend. **2.** (Brit: in titles) sehr verehrt or geehrt.

worshipper ['wɜːʃɪpəʳ] n Kirchgänger(in f) m. ~ **of the sun** Sonnenanbeter(in f) m.

worst [wɜːst] **I** adj, superl of **bad** schlechteste(r, s); (morally, with regard to consequences) schlimmste(r, s). **the ~ possible time** die ungünstigste Zeit.

II adv, superl of **badly** am schlechtesten.

III n **the ~ is over** das Schlimmste or Ärgste ist vorbei; **in the ~ of the winter/ storm** im ärgsten Winter/Sturm; **when the crisis/ storm was at its ~** als die Krise/der Sturm ihren/seinen Höhepunkt erreicht hatte; **at (the)** ~ schlimmstenfalls; **you've never seen him at his ~** er kann noch (viel) schlimmer (sein); **the ~ of it is ...** das Schlimmste daran ist, ...; **if the ~ comes to the ~** wenn alle Stricke reißen (inf); **to get the ~ of it** den kürzeren ziehen.

IV vt enemy, opponent besiegen.

worsted ['wʊstɪd] **I** n (yarn) Kammgarn nt; (cloth also) Kammgarnstoff m. **II** adj Kammgarn-.

worth [wɜːθ] **I** adj **1.** wert. **it's ~ £5** es ist £ 5 wert; **it's not ~ £5** es ist keine £ 5 wert; **what's this ~?** was or wieviel ist das wert?; **it can't be ~ that!** soviel kann es unmöglich wert sein; **it's ~ a great deal to me** es ist mir viel wert; (sentimentally) es bedeutet mir sehr viel; **what's it ~ to me to do that?** (in money) was springt für mich dabei heraus? (inf); (in advantages) was bringt es mir, wenn ich das tue?; **will you do this for me? — what's it ~ to you?** tust du das für mich? — was ist es dir wert?; **he was ~ a million** er besaß eine Million; **he's ~ all his brothers put together** er ist soviel wert wie all seine Brüder zusammen; **for all one is ~** so sehr man nur kann; **to sing/try for all one is ~** aus voller Kehle or vollem Halse singen/ alles in seinen Kräften Stehende versuchen; **for what it's ~, I personally don't think ...** wenn mich einer fragt, ich persönlich glaube nicht, daß ...; **that's my opinion for what it's ~** das ist meine bescheidene Meinung; **it's more than my life/job is ~ to tell you** ich sage es dir nicht, dazu ist mir mein Leben zu lieb/dazu liegt mir zu viel an meiner Stelle.

2. (deserving, meriting) wert. **to be ~ it** sich lohnen; **to be ~ sth** etw wert sein; **it's not ~ it** es lohnt sich nicht; **it's not ~ the trouble** es ist der Mühe nicht wert; **the book is ~ reading** das Buch ist lesenswert;

is there anything ~ seeing in this town? gibt es in dieser Stadt etwas Sehenswertes?; **hardly ~ mentioning** kaum der Rede wert; **it's not ~ having** es ist nichts; **if a thing's ~ doing, it's ~ doing well** wenn schon, denn schon; see **salt I 1.,** while **I 3.**

II n Wert m. **£10's ~ of books** Bücher im Werte von £ 10 or für £ 10; **to show one's true ~ zeigen,** was man wirklich wert ist, seinen wahren Wert zeigen; **to increase in** ~ im Wert steigen; **what's the current ~ of this?** wieviel ist das momentan wert?; see **money.**

worthily ['wɜːðɪlɪ] adv löblich, lobenswert.

worthiness ['wɜːðɪnɪs] n (of charity, cause etc) Wert m; (of person) Ehrenhaftigkeit f.

worthless ['wɜːθlɪs] adj wertlos; person also nichtsnutzig.

worthlessness ['wɜːθlɪsnɪs] n see adj Wertlosigkeit f; Nichtsnutzigkeit f.

worthwhile ['wɜːθ'waɪl] adj lohnend attr. **to be ~** sich lohnen; (worth the trouble also) der Mühe (gen) wert sein; **it's a thoroughly ~ film/book** es lohnt sich wirklich, den Film zu sehen/das Buch zu lesen; **it's hardly ~ (asking him)** es lohnt sich wohl kaum (, ihn zu fragen); see also while **I 3.**

worthy ['wɜːðɪ] **I** adj (+er) **1.** ehrenwert, achtbar; opponent würdig; motive, cause lobenswert, löblich. **my ~ opponent** mein werter Widersacher.

2. pred wert, würdig. ~ **of remark/ mention** bemerkenswert/erwähnenswert; **to be ~ of sb/sth** jds/einer Sache würdig sein (geh); **any journalist ~ of the name** jeder Journalist, der diesen Namen verdient; **this makes him ~ of (our) respect** dafür verdient er unseren Respekt; **he is ~ to be ranked among ...** er ist es wert, zu ... gezählt zu werden.

II n (hum) **the local worthies** die Ortsgrößen pl (hum).

would [wʊd] pret of **will**[1] modal aux vb **1.** (conditional) **if you asked him he ~ do it** wenn du ihn fragtest, würde er es tun; **if you had asked him he ~ have done it** wenn du ihn gefragt hättest, hätte er es getan; **I thought you ~ want to know** ich dachte, du wüßtest es gerne or du würdest es gerne wissen; **who ~ have thought it?** wer hätte das gedacht?; **you ~ think ...** man sollte meinen ...

2. (in indirect speech) **she said she ~ come** sie sagte, sie würde kommen or sie käme; **I said I ~, so I will** ich habe gesagt, ich würde es tun, und ich werde es auch tun.

3. (emph) **you ~ be the one to get hit** typisch, daß ausgerechnet du getroffen worden bist; **I ~n't know** keine Ahnung; **you ~!** das sieht dir ähnlich!; **he ~ have to come right now** ausgerechnet jetzt muß er kommen; **you ~ think of that/say that, ~n't you!** von dir kann man ja nichts anderes erwarten.

4. (insistence) **I warned him, but he ~ do it** ich habe ihn gewarnt, aber er mußte es ja unbedingt or um jeden Preis tun; **he ~n't listen/behave** er wollte partout nicht zuhören/sich partout nicht benehmen.

5. (conjecture) **it ~ seem so** es sieht

wohl so aus; **it ~ have been about 8 o'clock** es war (wohl) so ungefähr 8 Uhr; **what ~ this be?** was ist das wohl?; **you ~n't have a cigarette, ~ you?** Sie hätten nicht zufällig eine Zigarette?

6. (*wish*) möchten. **what ~ you have me do?** was soll ich tun?; **try as he ~** so sehr er es auch versuchte; **~ to God** *or* **heaven he hadn't come** ich wünsche zu Gott, er wäre nicht gekommen.

7. (*in questions*) **~ he come?** würde er vielleicht kommen?; **~ he have come?** wäre er gekommen?; **~ you mind closing the window?** würden Sie bitte das Fenster schließen?; **~ you care for some tea?** hätten Sie gerne etwas Tee?

8. (*habit*) **he ~ paint it each year** er strich es jedes Jahr; **50 years ago the streets ~ be empty on a Sunday** vor 50 Jahren waren sonntags die Straßen immer leer.

would-be ['wʊdbiː] *adj attr* **~ poet/politician** jemand, der gerne (ein) Dichter/(ein) Politiker würde; (*pej*) Möchtegern-Dichter(in *f*) *m*/-Politiker(in *f*) *m*; **with ~ kindness** in wohlgemeinter Absicht.

wouldn't ['wʊdnt] *contr of* **would not.**

wound¹ [wuːnd] **I** *n* (*lit*) Wunde *f*; (*fig also*) Kränkung *f*. **my old war ~** meine alte Kriegsverletzung; **the ~ to his pride** sein verletzter Stolz; *see* **lick.**
II *vt* (*lit*) verwunden, verletzen; (*fig*) verletzen. **the ~ed** *pl* die Verwundeten *pl*; **~ed pride/vanity** verletzter Stolz/ gekränkte Eitelkeit.

wound² [waʊnd] *pret, ptp of* **wind².**

wounding ['wuːndɪŋ] *adj remark, tone* verletzend.

wove [wəʊv] *pret of* **weave.**

woven ['wəʊvən] *ptp of* **weave.**

wow¹ [waʊ] **I** *interj* hui (*inf*), Mann (*inf*), Mensch (*inf*). **II** *n* (*sl*) **it's a ~** das ist Spitze (*inf*) *or* 'ne Wucht (*inf*).

wow² *n* (*on recording*) Jaulen *nt*.

wpm *abbr of* **words per minute** WpM, wpm.

WRAC [ræk] (*Brit*) *abbr of* **Women's Royal Army Corps** *weibliche Truppe der königlichen Armee.*

wrack¹ [ræk] *n* (*Bot*) Tang *m*.

wrack² *n, vt see* **rack¹, rack².**

WRAF [ræf] (*Brit*) *abbr of* **Women's Royal Air Force** *weibliche Abteilung der königlichen Luftwaffe.*

wraith [reɪθ] *n* Gespenst *nt*, Geist *m*.

wraithlike ['reɪθlaɪk] *adj* durchgeistigt, ätherisch.

wrangle ['ræŋgl] **I** *n* Gerangel, Hin und Her *no pl nt*. **II** *vi* streiten, rangeln (*about* um); (*in bargaining*) feilschen.

wrangler ['ræŋglər] *n* (*US*) Cowboy *m*.

wrap [ræp] **I** *n* **1.** (*garment*) Umhangtuch *nt*; (*for child*) Wickeltuch *nt*; (*stole*) Stola *f*; (*cape*) Cape *nt*; (*coat*) Mantel *m*.
2. under ~s (*lit*) verhüllt; (*car, weapon*) getarnt; (*fig*) geheim; **they took the ~s off the new project** sie haben das neue Projekt der öffentlichkeit vorgestellt.
II *vt* **1.** einwickeln; *parcel, present also* verpacken, einpacken, einschlagen; *person* (*for warmth*) einpacken (*inf*). **~ped**

cakes/ bread abgepackte Teilchen/abgepacktes Brot; **to ~ sth round sth** etw um etw wickeln; **he ~ped the car round a lamppost** (*inf*) er hat das Auto um eine Laterne gewickelt (*inf*); **to ~ one's arms round sb** jdn in die Arme schließen.

2. (*fig: envelop*) **to be ~ped in sth** in etw gehüllt sein; **she lay ~ped in his arms** sie lag in seinen Armen; **the project is so ~ped in secrecy** das Projekt ist so vom Schleier des Geheimnisses umhüllt.

◆**wrap up** **I** *vt sep* **1.** (*lit, fig*) einpacken, einwickeln, verpacken. **an expensive deal cunningly ~ped ~ as a bargain** ein teurer Kauf, der geschickt als Sonderangebot getarnt ist/war.
2. (*inf: finalize*) *deal, arrangement* festmachen, unter Dach und Fach bringen.
3. to be ~ped ~ in sb/sth in jdm/etw aufgehen.
II *vi* **1.** (*dress warmly*) sich warm einpacken (*inf*).
2. (*sl: be quiet*) den Mund halten (*inf*).

wrap(a)round, wrapover ['ræpə‚raʊnd, 'ræp‚əʊvər] *adj attr* Wickel-.

wrapper ['ræpər] *n* **1.** Verpackung *f*; (*of sweets*) Papier(chen) *nt*; (*of cigar*) Deckblatt *nt*; (*of book*) (Schutz)umschlag *m*; (*postal*) Streifband *nt*. **2.** (*garment*) leichter Morgenmantel. **3.** (*person: in factory etc*) Packer(in *f*) *m*.

wrapping ['ræpɪŋ] *n* Verpackung *f* (*round gen*, von). **~ paper** Packpapier *nt*; (*decorative*) Geschenkpapier *nt*.

wrath [rɒθ] *n* Zorn *m*; (*liter: of storm*) Wut *f*.

wrathful *adj*, **~ly** *adv* ['rɒθfʊl, -fəlɪ] wutentbrannt, zornentbrannt.

wreak [riːk] *vt destruction* anrichten; *chaos also* stiften; (*liter*) *vengeance* üben (*on* an +*dat*); (*liter*) *punishment* auferlegen (*on dat*); (*liter*) *anger* auslassen (*on* an +*dat*).

wreath [riːθ] *n, pl* **~s** [riːðz] Kranz *m*; (*of smoke etc*) Kringel *m*.

wreathe [riːð] **I** *vt* (*encircle*) (um)winden; (*clouds, mist*) umhüllen; (*entwine*) flechten. **the ivy ~d itself round the pillar** das Efeu rankte sich um die Säule; **a garland ~d the victor's head** ein Kranz (um)krönte das Haupt des Siegers; **his face was ~d in smiles** er strahlte über das ganze Gesicht.
II *vi* **the smoke ~d upwards** der Rauch stieg in Kringeln auf; **to ~ round sth** (*ivy etc*) sich um etw ranken; (*snake*) sich um etw schlängeln *or* ringeln; (*smoke*) sich um etw kringeln *or* kräuseln; (*mist*) um etw wallen.

wreck [rek] **I** *n* **1.** (*Naut*) Schiffbruch *m*; (*~ed ship, car, train*) Wrack *nt*.
2. (*fig*) (*old bicycle, furniture etc*) Trümmerhaufen *m*; (*person*) Wrack *nt*; (*of hopes, life, marriage etc*) Trümmer, Ruinen *pl*. **I'm a ~,** **I feel a ~** ich bin ein (völliges) Wrack; (*exhausted*) ich bin vollkommen fertig *or* erledigt; (*in appearance*) ich sehe verheerend *or* unmöglich aus; *see* **nervous ~.**
II *vt* **1.** *ship, train, plane* zum Wrack machen, einen Totalschaden verursachen an (+*dat*); *car* kaputtfahren (*inf*), zu Schrott fahren (*inf*); *machine, mechanism*

zerstören, kaputtmachen (*inf*); *furniture, house* zerstören; (*person*) zertrümmern, kurz und klein schlagen (*inf*). **to be ~ed** (*Naut*) Schiffbruch erleiden.

2. (*fig*) *hopes, plans, chances* zunichte machen; *marriage* zerrütten; *career, health, sb's life* zerstören, ruinieren; *person* kaputtmachen (*inf*); *party, holiday* verderben.

wreckage ['rekɪdʒ] *n* (*lit, fig: remains*) Trümmer *pl*; (*of ship also*) Wrackteile *pl*; (*washed ashore*) Strandgut *nt*; (*of house, town also*) Ruinen *pl*.

wrecker ['rekər] *n* **1.** (*shipwrecker*) Strandräuber *m* (*der Schiffe durch falsche Lichtsignale zum Stranden bringt*).

2. (*Naut: salvager*) Bergungsarbeiter *m*; (*vessel*) Bergungsschiff *nt*.

3. (*US: breaker, salvager*) Schrotthändler *m*; (*for buildings*) Abbrucharbeiter *m*.

4. (*US: breakdown van*) Abschleppwagen *m*.

wrecking ['rekɪŋ]: **wrecking bar** *n* (*US*) Brechstange *f*; **wrecking service** *n* (*US Aut*) Abschleppdienst *m*.

wren [ren] *n* Zaunkönig *m*.

Wren [ren] *n* (*Brit*) weibliches Mitglied der britischen Marine.

wrench [rentʃ] **I** *n* **1.** (*tug*) Ruck *m*; (*Med*) Verrenkung *f*. **to give sth a ~** einer Sache (*dat*) einen Ruck geben; **he gave his arm/ shoulder a nasty ~** er hat sich (*dat*) den Arm/die Schulter schlimm verrenkt.

2. (*tool*) Schraubenschlüssel *m*.

3. (*fig*) **to be a ~** weh tun; **the ~ of parting** der Trennungsschmerz.

II *vt* **1.** winden. **to ~ sth (away) from sb** jdm etw entwinden; **to ~ a door open** eine Tür aufzwingen; **to ~ a door off its hinges** eine Tür aus den Angeln reißen; **he ~ed the steering wheel round** er riß das Lenkrad herum; **to ~ sb's arm out of its socket** jdm den Arm ausrenken.

2. (*Med*) **to ~ one's ankle/shoulder** sich (*dat*) den Fuß/die Schulter verrenken.

3. (*fig*) reißen. **to ~ sb/sth off his/her/its course** *or* **axis** jdn/etw aus der Bahn werfen.

wrest [rest] *vt* **to ~ sth from sb/sth** jdm/einer Sache etw abringen; (*leadership, title*) jdm etw entreißen; **to ~ sth from sb's grasp** jdm etw entreißen; **to ~ sb/oneself free** jdn/sich losreißen.

wrestle ['resl] **I** *n* Ringkampf *m*. **to have a ~ with sb** mit jdm ringen.

II *vt* ringen mit; (*Sport also*) einen Ringkampf bestreiten gegen. **he ~d the thief to the ground** er brachte *or* zwang den Dieb zu Boden.

III *vi* **1.** (*lit*) ringen (*for* um etw). **2.** (*fig: with problem, conscience etc*) ringen, kämpfen (*with* mit). **the pilot ~d with the controls** der Pilot kämpfte mit den Instrumenten.

wrestler ['reslər] *n* Ringkämpfer *m*; (*modern*) Ringer(in *f*) *m*.

wrestling ['reslɪŋ] *n* Ringen *nt*.

wrestling *in cpds* Ringer-; **~ match** Ringkampf *m*.

wretch [retʃ] *n* **1.** (*miserable*) armer Teufel *or* Schlucker (*inf*). **2.** (*contemptible*)

Wicht, Schuft *m*; (*nuisance*) Blödmann *m* (*inf*); (*child*) Schlingel *m*.

wretched ['retʃɪd] *adj* **1.** elend; *conditions, life, clothing etc also* erbärmlich; (*ill also*) miserabel (*inf*); (*unhappy, depressed*) (*tod*)unglücklich. **I feel ~** (*ill*) mir geht es miserabel (*inf*), ich fühle mich elend.

2. (*very bad*) *housing conditions, weather, novel, player* erbärmlich, miserabel (*inf*); (*inf: damned*) verflixt, elend, Mist- (*inf*). **what a ~ thing to do!** so etwas Schäbiges!; **what ~ luck!** was für ein verflixtes *or* elendes Pech (*inf*).

wretchedly ['retʃɪdlɪ] *adv* **1.** (*in misery*) erbärmlich; *weep, apologize, look* kläglich; (*very badly also*) miserabel (*inf*). **2.** (*inf: extremely*) verflixt (*inf*), verdammt (*inf*).

wretchedness ['retʃɪdnɪs] *n* Erbärmlichkeit *f*; (*of person: misery*) Elend *nt*.

wrick [rɪk] **I** *vt* **to ~ one's neck/shoulder** (*dat*) den Hals/die Schulter ausrenken. **II** *n* **to have a ~ in one's neck** sich (*dat*) den Hals ausgerenkt haben.

wriggle ['rɪgl] **I** *n* Schlängeln *nt no pl*; (*of child, fish*) Zappeln *nt no pl*. **she gave her toes a ~** sie wackelte mit den Zehen; **to move with a series of ~s** sich vorwärtsschlängeln; **with a sensuous ~ she ...** sie räkelte sich sinnlich und ...; **to give a ~** *see* **III** *vi*.

II *vt toes, ears* wackeln mit. **to ~ one's way through sth** sich durch etw (hin)durchwinden *or* -schlängeln.

III *vi* (*also ~ about* *or* *around*) (*worm, snake, eel*) sich winden, zappeln; (*fish*) sich winden, zappeln; (*person*) (*restlessly, excitedly*) zappeln; (*in embarrassment*) sich winden. **to ~ along/down** sich vorwärtsschlängeln/sich nach unten schlängeln; **the fish ~d off the hook** der Fisch wand sich vom Haken; **she managed to ~ free** es gelang ihr, sich loszuwinden; **he ~d through the hole in the hedge** er wand *or* schlängelte sich durch das Loch in der Hecke; **do stop wriggling about** hör endlich mit der Zappelei auf.

◆**wriggle out** *vi* (*lit*) sich herauswinden (*of* aus); (*fig also*) sich herausmanövrieren (*of* aus). **he's ~d (his way) ~ of it** er hat sich gedrückt.

wriggly ['rɪglɪ] *adj* (+*er*) sich windend *attr*, sich krümmend *attr*; *fish, child* zappelnd *attr*.

wring [rɪŋ] (*vb: pret, ptp* **wrung**) **I** *vt* **1.** (*also ~ out*) *clothes, wet rag etc* auswringen, auswinden. **to ~ water out of clothes** (*nasse*) Kleider auswringen *or* auswinden; **do not ~** (*on washing instructions*) nicht wringen.

2. *hands* (*in distress*) ringen. **to ~ a duck's neck** einer Ente (*dat*) den Hals umdrehen; **I could have wrung his neck** ich hätte ihm den Hals *or* Kragen (*inf*) umdrehen können; **he wrung my hand** er schüttelte mir (*kräftig*) die Hand; **to ~ sb's heart** jdm in der Seele weh tun.

3. (*extract*) **to ~ sth out of** *or* **from sb** jdm etw abringen.

II *n* **to give clothes a ~** Kleider auswringen *or* auswinden.

wringer ['rɪŋər] *n* (Wäsche)mangel *f*.

wringing ['rɪŋɪŋ] *adj* (*also ~ wet*) tropfnaß;

person also patschnaß (*inf*).

wrinkle ['rɪŋkl] **I** *n* (*in clothes, paper*) Knitter *m*; (*on face, skin*) Runzel, Falte *f*; (*in stocking*) Falte *f*.

II *vt fabric, paper, surface, sheet* verknittern, verkrumpeln (*inf*); *skin* runzlig *or* faltig machen. **to ~ one's nose/brow** die Nase rümpfen/die Stirne runzeln.

III *vi* (*sheet, material*) (ver)knittern; (*stockings*) Falten schlagen; (*skin etc*) runzlig *or* faltig werden, Runzeln *or* Falten bekommen.

wrinkled ['rɪŋkld] *adj sheet, skirt, paper* zerknittert; *stockings* Ziehharmonika- (*inf*); *skin* runzlig, faltig; *nose* gerümpft; *brow* gerunzelt; *apple, old lady* schrumpelig, verschrumpelt.

wrinkly ['rɪŋklɪ] *adj* (+*er*) schrumpelig; *fabric* zerknittert.

wrist [rɪst] *n* Handgelenk *nt*. **to slash one's ~s** sich (*dat*) die Pulsadern aufschneiden.

wristband ['rɪst͜bænd] *n* Armband *nt*; (*on dress, shirt*) Ärmelbündchen *nt*; (*Sport*) Schweißband *nt*.

wristlet ['rɪslɪt] *n* Armband *nt*.

wrist lock *n* Polizeigriff *m*; **wristwatch** *n* Armbanduhr *f*.

writ [rɪt] *n* **1.** (*Jur*) Verfügung *f*. **~ of attachment** Haft- *or* Verhaftungsbefehl *m*; **~ of execution** Vollstreckungsbefehl *m*; **to issue a ~** eine Verfügung herausgeben; **to issue a ~ against sb** jdn vorladen (*for* wegen). **2.** Holy W~ (*old, form*) Heilige Schrift.

write [raɪt] *pret* **wrote** *or* (*obs*) **writ** [rɪt], *ptp* **written** *or* (*obs*) **writ** [rɪt] **I** *vt* schreiben; *cheque also, copy* ausstellen; *notes sich* (*dat*) aufschreiben, sich (*dat*) machen; *application form* ausfüllen. **he wrote me a letter** er schrieb mir einen Brief; **writ(ten) large** (*fig*) verdeutlicht; (*on a larger scale*) im Großen; **it was written all over his face** es stand ihm im *or* auf dem Gesicht geschrieben; **he had "policeman" written all over him** man sah ihm den Polizisten schon von weitem an.

II *vi* schreiben. **as I ~ ...** während ich dies schreibe, ...; **to ~ to sb** jdm schreiben; **we ~ to each other** wir schreiben uns; **I wrote to him to come** ich habe ihm geschrieben, er solle kommen *or* daß er kommen solle; **that's nothing to ~ home about** (*inf*) das ist nichts Weltbewegendes; **he always wanted to ~** er wollte immer (ein) Schriftsteller werden.

◆**write away** *vi* schreiben. **to ~ ~ for sth** etw anfordern; **he wrote ~ asking for further information** er forderte weitere Information an.

◆**write back** *vi* zurückschreiben, antworten.

◆**write down** *vt sep* (*make a note of*) aufschreiben; (*record, put in writing*) niederschreiben.

◆**write in** *vt sep* **1.** *word, correction etc* hineinschreiben, einfügen (*prep obj* in + *acc*).
2. (*US Pol*) **to ~ sb ~** seine Stimme für jdn abgeben, der nicht in der Liste aufgeführt ist.
3. (*build in*) *condition, provision* aufnehmen. **is there anything written ~**

about that? steht was dazu drin?
II *vi* schreiben (*to* an +*acc*). **to ~ ~ for sth** etw anfordern, um etw schreiben.

◆**write off I** *vi see* **write away**.
◆**write off II** *vt sep*
1. (*write quickly*) (schnell) hinschreiben; *essay, poem* herunterschreiben. **2.** *debt, losses,* (*fig: regard as failure*) abschreiben. **3.** *car etc* (*driver*) zu Schrott fahren; (*insurance company*) als Totalschaden abschreiben.

◆**write out** *vt sep* **1.** (*in full*) *notes* ausarbeiten; *name etc* ausschreiben. **2.** *cheque, prescription* ausstellen. **3.** *actor, character* einen Abgang schaffen (+*dat*). **he's been written ~** ihm wurde ein Abgang aus der Serie geschaffen.

◆**write up** *vt sep notes* ausarbeiten; *report, diary* schreiben; *event* schreiben über (+*acc*); (*review*) *play, film* eine Kritik schreiben über (+*acc*).

write-in ['raɪtɪn] *n* (*US*) Stimmabgabe *f* für einen nicht in der Liste aufgeführten Kandidaten; **write-off** *n* **1.** (*car etc*) Totalschaden *m*; **2.** (*Comm*) Abschreibung *f*.

writer ['raɪtə'] *n* Schreiber(in *f*) *m*; (*of scenario, report etc also*) Autor(in *f*) *m*; (*of TV commercials, subtitles*) Texter(in *f*) *m*; (*of music*) Komponist(in *f*) *m*; (*as profession*) Schriftsteller(in *f*) *m*. **the (present) ~** der Schreiber (dieser Zeilen/dieses Artikels *etc*); **he's a very poor ~** er schreibt sehr schlecht; (*correspondent*) er ist kein großer Briefschreiber; **~'s cramp** Schreibkrampf *m*.

write-up ['raɪtʌp] *n* Pressebericht *m*; (*of play, film*) Kritik *f*.

writhe [raɪð] *vi* sich krümmen, sich winden (*with, in* vor +*dat*). **to make sb ~** (*painfully*) jdn vor Schmerzen zusammenzucken lassen; (*with disgust*) jdm kalte Schauer über den Rücken jagen; (*with embarrassment*) jdn in peinliche Verlegenheit bringen.

writing ['raɪtɪŋ] *n* Schrift *f*; (*act, profession*) Schreiben *nt*; (*inscription*) Inschrift *f*. **at the time of ~** als dies geschrieben wurde; (*in present*) während ich dies schreibe; **in ~** schriftlich; **evidence/permission in ~** schriftliche Beweise/ Genehmigung; **to commit sth to ~** etw schriftlich festhalten; **this is a nice piece of ~** das ist gut geschrieben; **his ~s** seine Werke *or* Schriften; **in sb's own ~** (*not typewritten*) handgeschrieben; (*not written by sb else*) in jds eigener (Hand)schrift (*dat*); **he had seen the ~ on the wall** er hat die Zeichen erkannt.

writing *in cpds* Schreib-; **writing case** *n* Schreibmappe *f*; **writing desk** *n* Schreibtisch *m*, Schreibpult *nt*; **writing pad** *n* Schreib- *or* Notizblock *m*; **writing paper** *n* Schreibpapier *nt*.

written ['rɪtn] **I** *ptp of* **write**. **II** *adj examination, statement, evidence* schriftlich; *language* Schrift-; *word* geschrieben.

WRNS [renz] (*Brit*) *abbr of* **Women's Royal Naval Service** *weibliche Abteilung der königlichen Marine*.

wrong [rɒŋ] **I** *adj* **1.** falsch; (*when choice is given also*) verkehrt. **to be ~** nicht stimmen; (*person*) unrecht haben; (*answer also*) falsch *or* verkehrt sein; (*watch*) falsch gehen; **it's all ~** das ist völlig verkehrt *or* falsch; (*not true*) das stimmt alles nicht; **it's all ~ that I should have to …** das ist doch nicht richtig, daß ich … muß!; **I was ~ about him** ich habe mich in ihm getäuscht *or* geirrt; **you were ~ in thinking he did it** du hast unrecht gehabt, als du dachtest, er sei gewesen; **how ~ can you get!** falscher geht's (wohl) nicht!; **he went in the ~ direction** er ging in die verkehrte *or* falsche Richtung; **this is the ~ train for Bournemouth** dies ist der falsche Zug, wenn Sie nach Bournemouth wollen; **to say/do the ~ thing** das Falsche sagen/tun; **the ~ side of the fabric** die Abseite *or* die linke Seite des Stoffes; **he's got the ~ kind of friends** er hat die falschen Freunde; **you've come to the ~ man** *or* **person/place** da sind Sie an den Falschen/an die Falsche/an die falsche Adresse geraten; **I feel all ~ here** ich fühle mich hier völlig fehl am Platz; **it's the ~ time and the ~ place for that** das ist weder die Zeit noch der Ort dafür; **to do sth the ~ way** etw falsch *or* verkehrt machen.

2. (*morally*) schlecht, unrecht; (*unfair*) ungerecht, unfair. **it's ~ to steal** es ist unrecht zu stehlen, Stehlen ist Unrecht; **that was very ~ of you** das war absolut nicht richtig von dir; **you were ~ to do that** es war nicht richtig *or* recht von dir, das zu tun; **it's ~ of you to laugh** Sie sollten nicht lachen; **what's ~ with a drink now and again?** was ist schon (Schlimmes) dabei, wenn man ab und zu einen trinkt?; **I don't see anything ~ in** *or* **with that** ich kann nichts Falsches daran finden, ich finde nichts daran auszusetzen.

3. *pred* (*amiss*) **something is ~** (irgend) etwas stimmt nicht *or* ist nicht in Ordnung; (*suspiciously*) irgend etwas stimmt da nicht *or* ist da faul (*inf*); **is anything** *or* **something ~?** ist was? (*inf*); **there's nothing ~** (es ist) alles in Ordnung; **what's ~?** was ist los?; **what's ~ with you?** was fehlt Ihnen?; **there's nothing medically ~ with her** medizinisch (gesehen) fehlt ihr nichts; **something's ~ with my watch** mit meiner Uhr stimmt (et)was nicht *or* ist etwas nicht in Ordnung; **to be ~ in the head** (*inf*) nicht ganz richtig im (Oberstübchen) sein (*inf*).

II *adv* falsch. **to get sth ~** sich mit etw vertun; **he got the answer ~** er hat die falsche Antwort gegeben; (*Math*) er hat sich verrechnet; **I think you got things a bit ~** ich glaube, Sie sehen die Sache *or* das nicht ganz richtig; **to get one's sums ~** sich verrechnen; **you've got him ~** (*misunderstood*) Sie haben ihn falsch verstanden; (*he's not like that*) Sie haben sich in ihm getäuscht; **to go ~** (*on route*) falsch gehen/ fahren; (*in calculation*) einen Fehler machen; (*morally*) auf Abwege geraten; (*plan etc*) schiefgehen; (*affair etc*)

schieflaufen; **my washing-machine has gone ~** meine Waschmaschine ist nicht in Ordnung; **you can't go ~** du kannst gar nichts verkehrt machen; **you can't go ~ if you buy him a bottle of whisky** mit einer Flasche Whisky liegst du immer richtig.

III *n* Unrecht *nt no pl.* (**social**) **~s** (soziale) Ungerechtigkeiten *pl*; **to be in the ~** im Unrecht sein; **to put sb in the ~** jdn ins Unrecht setzen; **two ~s don't make a right** Unrecht und Unrecht ergibt noch kein Recht; **to do sb ~** jdm Unrecht tun; **he can do no ~** er macht natürlich immer alles richtig.

IV *vt* **to ~ sb** jdm unrecht tun; **to be ~ed** ungerecht behandelt werden.

wrongdoer ['rɒŋˌduːəʳ] *n* Missetäter(in *f*), Übeltäter(in *f*) *m*.

wrongdoing ['rɒŋˌduːɪŋ] *n* Missetaten *pl*; (*single act*) Missetat, Übeltat *f*.

wrong-foot [ˌrɒŋ'fut] *vt* (*Sport*) auf dem falschen Fuß erwischen.

wrongful ['rɒŋful] *adj* ungerechtfertigt.

wrongfully ['rɒŋfəlɪ] *adv* zu Unrecht.

wrong-headed [ˌrɒŋ'hedɪd] *adj* querköpfig, verbohrt (*about sth* in etw *acc or dat*).

wrong-headedness [ˌrɒŋ'hedɪdnɪs] *n* Verbohrtheit *f*.

wrongly ['rɒŋlɪ] *adv* **1.** (*unjustly, improperly*) unrecht; *punished, accused* zu Unrecht. **2.** (*incorrectly*) falsch, verkehrt; *maintain* zu Unrecht; *believe* fälschlicherweise.

wrongness ['rɒŋnɪs] *n* (*incorrectness*) Unrichtigkeit *f*; (*unfairness*) Ungerechtigkeit *f*. **the ~ of your behaviour** dein falsches Benehmen.

wrote [rəut] *pret of* **write.**

wrought [rɔːt] **I** *vt* **1.** (*obs, liter*) *pret, ptp of* **work.**

2. great changes have been ~ große Veränderungen wurden errungen *or* herbeigeführt; **the accident ~ havoc with his plans** der Unfall durchkreuzte alle seine Pläne; **the storm ~ great destruction** der Sturm richtete große Verheerungen an.

II *adj iron* Schmiede-; *silver* getrieben, gehämmert.

wrought-iron [ˌrɔːt'aɪən] *adj* schmiedeeisern *attr*, aus Schmiedeeisen; **~ gate** schmiedeeisernes Tor; **wrought-up** *adj* **to be ~** aufgelöst sein, außer sich (*dat*) sein.

wrung [rʌŋ] *pret, ptp of* **wring.**

wry [raɪ] *adj* (+ *er*) (*ironical*) ironisch; *joke, sense of humour etc* trocken. **to make** *or* **pull a ~ face** das Gesicht verziehen.

wryly ['raɪlɪ] *adv* ironisch.

WSW *abbr of* **west-south-west** WSW.

wt *abbr of* **weight** Gew.

wych-elm ['wɪtʃ'elm] *n see* **witch elm.**

wych-hazel ['wɪtʃˌheɪzl] *n see* **witch hazel.**

Wyoming [waɪ'əumɪŋ] *n* (*abbr* **Wy(o), WY**) Wyoming *nt.*

X

X, x [eks] *n* 1. X, x *nt.* 2. (*Math, fig: number*) x. **Mr** ~ Herr X; ~ **pounds** x Pfund; ~ **marks the spot** die Stelle ist mit einem Kreuzchen gekennzeichnet. 3. ~**-certificate film** für Jugendliche nicht geeigneter Film.

xenon ['zenɒn] *n* (*abbr* **Xe**) Xenon *nt.*

xenophobia [ˌzenə'fəʊbɪə] *n* Fremdenfeindlichkeit *f*, Fremdenhaß *m*, Xenophobie (*liter*) *f.*

xenophobic [ˌzenə'fəʊbɪk] *adj* fremdenfeindlich, xenophob (*liter*).

Xerox ® ['zɪərɒks] I *n* (*copy*) Xerokopie *f*; (*process*) Xeroxverfahren *nt.* II *vt* xerokopieren, xeroxen (*inf*).

Xmas ['eksməs, 'krɪsməs] *n* = **Christmas** Weihnachten *nt.*

X-ray ['eks'reɪ] I *n* Röntgenstrahl *m*; (*also* ~ **photograph**) Röntgenaufnahme *f or* -bild *nt.* **to take an** ~ **of sth** etw röntgen, eine Röntgenaufnahme von etw machen; **to have an** ~ geröntgt werden; **she's gone in for an** ~ sie ist zum Röntgen gegangen.

    II *vt person, heart* röntgen; *envelope* durchleuchten.

X-ray *in cpds* Röntgen-; **X-ray examination** *n* Röntgenuntersuchung *f*, röntgenologische Untersuchung; **X-ray eyes** *npl* (*fig*) Röntgenaugen *pl.*

xylophone ['zaɪləfəʊn] *n* Xylophon *nt.*

Y

Y, y [waɪ] *n* Y, y *nt*.

yacht [jɒt] I *n* Jacht, Yacht *f*. ~ **race** (Segel)regatta *f*. II *vi* segeln. **to go ~ing** segeln gehen; (*on cruise*) eine Segeltour *or* einen Törn machen.

yachting ['jɒtɪŋ] *n* Segeln *nt*.

yachting cap *n* Seglermütze *f*; **yachting circles** *npl* Seglerkreise *pl*; **yachting cruise** *n* (Segel)kreuzfahrt, Segelreise *f*; **yachting holiday** *n* Segelurlaub *m*; **yachting jacket** *n* Segeljacke *f*.

yachtsman ['jɒtsmən] *n, pl* **-men** [-mən] Segler *m*.

yachtsmanship ['jɒtsmənʃɪp] *n* Segel-kunst *f*.

yackety-yak ['jækɪtɪ'jæk] (*inf*) I *vi* schnat-tern (*inf*), quasseln (*inf*). **listen to those two,** ~ hör dir mal die beiden Schnatter-gänse an (*inf*). II *n* Blabla (*pej inf*), Gequassel (*pej inf*) *nt*.

yah [jɑː] *interj* (*expressing disgust*) uh, igit-tigitt; (*expressing derision*) ätsch, hähä.

yak[1] [jæk] *n* (*Zool*) Jak, Yak, Grunzochse *m*.

yak[2] *vi* (*inf*) schnattern (*inf*), quasseln (*inf*).

Yale lock ® ['jeɪl‚lɒk] *n* Sicherheitsschloß *nt*.

yam [jæm] *n* 1. (*plant*) Yamswurzel *f*. 2. (*US: sweet potato*) Süßkartoffel, Batate *f*.

yammer ['jæmər] *vi* (*inf: moan*) jammern.

yank [jæŋk] I *n* Ruck *m*. **give it a good** ~ zieh mal kräftig dran. II *vt* **to** ~ **sth** mit einem Ruck an etw (*dat*) ziehen; **he** ~**ed the rope free** er riß das Seil los.

◆**yank off** *vt sep* abreißen.

◆**yank out** *vt sep* ausreißen; *tooth* ziehen.

Yank [jæŋk] I *n* Ami (*inf*) *m*. II *adj attr* Ami- (*inf*).

Yankee ['jæŋkɪ] (*inf*) I *n* Yankee (*inf*) *m*; (*Hist auch*) Nordstaatler *m*. II *adj attr* Yankee- (*inf*).

yap [jæp] I *vi* (*dog*) kläffen; (*talk noisily*) quatschen (*inf*), labern (*inf*). **it's been** ~, ~, ~ **all day** von morgen bis abends nur Gequatsche (*inf*). II *n* (*of dog*) Kläffen, Gekläff *nt*; (*inf: of person*) Gequatsche (*inf*), Gelaber (*inf*) *nt*.

yapping ['jæpɪŋ] I *adj dog* kläffend; (*inf*) *women* quatschend (*inf*). II *n see* **yap II.**

yard[1] [jɑːd] *n* 1. (*Measure*) Yard *nt* (0.91 m). **he can't see a** ~ **in front of him** er kann keinen Meter weit sehen; **to buy cloth by the** ~ ≃ Stoff meterweise *or* im Meter kaufen; **he pulled out** ~**s of hand-kerchief** (*inf*) er zog ein riesiges Taschen-tuch hervor (*inf*); **words a** ~ **long** (*inf*) Bandwurmwörter *pl* (*inf*); **to have a face a** ~ **long** (*inf*) ein Gesicht wie drei Tage Regenwetter machen (*inf*); **calculations by the** ~ (*fig*) endlose Zahlenkolonnen *pl*; **he wrote poetry by the** ~ er produzierte Gedichte am Fließband *or*

am laufenden Meter. 2. (*Naut*) Rah *f*.

yard[2] *n* 1. (*of farm, hospital, prison, school, house etc*) Hof *m*. **back** ~ Hinterhof *m*; **in the** ~ auf dem Hof. 2. (*worksite*) Werksgelände *nt*; (*for storage*) Lagerplatz *m*. **builder's** ~ Bauhof *m*; **shipbuilding** ~ Werft *f*; **timber** ~ Holzlager(platz *m*) *nt*; **naval (dock)** ~, (*US*) **navy** ~ Marinewerft *f*; **railway** ~ Rangierbahnhof, Verschiebebahnhof *m*; **goods** ~, (*US*) **freight** ~ Güterbahnhof *m*. 3. **the Y** ~, **Scotland Y** ~ Scotland Yard *m*. 4. (*US: garden*) Garten *m*.

yardage ['jɑːdɪdʒ] *n* Anzahl *f* von Yards, ≃ Meterzahl *f*.

yard-arm ['jɑːdɑːm] *n* (*Naut*) Nock *f*; **to hang sb from the** ~ jdn am Mast aufknüp-fen; **yardstick** *n* 1. (*measuring rod*) Elle *f*; 2. (*fig*) Maßstab *m*.

yarn [jɑːn] I *n* 1. (*Tex*) Garn *nt*. 2. (*tale*) Seemannsgarn *nt*. **to spin a** ~ Seemanns-garn spinnen; **to spin sb a** ~ **about sth** jdm eine Lügengeschichte über etw (*acc*) er-zählen. II *vi* Seemannsgarn spinnen, Geschichten erzählen.

yarrow ['jærəʊ] *n* (*Bot*) (gemeine) Schaf-garbe.

yashmak ['jæʃmæk] *n* Schleier *m* (*von Moslemfrauen*).

yaw [jɔː] I *vi* (*Naut*) gieren, vom Kurs ab-kommen; (*Aviat, Space*) (*off course*) vom Kurs abkommen *or* abweichen; (*about axis*) gieren. **it** ~**ed 20 degrees to port** es gierte um 20 Grad nach Backbord. II *n see vi* Kursabweichung, Gierung *f*, Gieren *nt*; Kursabweichung *f*; Giere *nt*.

yawl [jɔːl] *n* (*Naut*) (*rowing boat*) Beiboot *nt*; (*sailing boat*) (Segel)jolle *f*.

yawn [jɔːn] I *vi* 1. (*person*) gähnen. **to** ~ **with boredom** vor Langeweile gähnen. 2. (*chasm etc*) gähnen. II *vt* gähnen. **to** ~ **one's head off** fürch-terlich gähnen (*inf*). III *n* 1. Gähnen *nt*. **I could tell by your** ~**s ...** an deinem Gähnen konnte ich sehen ...; **to give a** ~ gähnen. 2. (*inf: bore*) **the film was a** ~ **from start to finish** der Film war von Anfang bis Ende zum Gähnen (langweilig); **what a** ~**!** wie langweilig!

yawning ['jɔːnɪŋ] I *adj chasm etc* gähnend. II *n* Gähnen *nt*.

yd *abbr of* **yard(s).**

ye [jiː] (*obs*) I *pers pron* (*nominative*) Ihr (*obs*); (*objective*) Euch (*obs*). ~ **gods!** (*not obs*) allmächtiger Gott! II *def art* = **the.**

yea [jeɪ] I *adv* (*obs*) 1. (*yes*) ja. 2. (*indeed*) fürwahr (*old*). II *n* **the** ~**s and the nays** die Jastimmen und die Neinstimmen.

yeah [jɛə] *adv* (*inf*) ja.

year [jɪəʳ] *n* **1.** Jahr *nt*. last ~ letztes Jahr; this ~ dieses Jahr; every other ~ jedes zweite Jahr; three times a ~ dreimal pro *or* im Jahr; in the ~ 1969 im Jahr(e) 1969; in the ~ of Our Lord 1974 (*form*) im Jahr(e) des Herrn 1974 (*geh*); ~ after ~ Jahr für Jahr; ~ by ~, from ~ to ~ von Jahr zu Jahr; listed ~ by ~ Jahr für Jahr aufgeführt; ~ in, ~ out jahrein, jahraus; all (the) ~ round das ganze Jahr über *or* hindurch; as ~s go by mit den Jahren; ~s (and ~s) ago vor (langen) Jahren; to pay by the ~ jährlich zahlen; a ~ last January (im) Januar vor einem Jahr; it'll be a ~ in *or* next January (*duration*) es wird nächsten Januar ein Jahr sein; (*point in time*) es wird nächsten Januar im Jahr her sein; a ~ from now nächstes Jahr um diese Zeit; a hundred-~-old tree ein hundert Jahre alter Baum, ein hundertjähriger Baum; he is six ~s old er ist sechs Jahre (alt); he is in his fortieth ~ er steht (*geh*) *or* ist im vierzigsten Lebensjahr; it costs £10 a ~ es kostet £ 10 pro *or* im Jahr; he gets £13,000 a ~ er bekommt £ 13.000 jährlich *or* pro Jahr *or* im Jahr; that new hairdo has taken ~s off you diese neue Frisur macht dich um Jahre jünger; it's taken ~s off my life es hat mich Jahre meines Lebens gekostet; it has put ~s on me es hat mich (um) Jahre älter gemacht.

2. (*Univ, Sch, of coin, stamp, wine*) Jahrgang *m*. he is bottom in his ~ (*Univ, Sch*) er ist der Schlechteste seines Jahrgangs *or* in seinem Jahrgang; first-~ student Student(in *f*) *m* im ersten Jahr; she was in my ~ at school sie war im selben Schuljahrgang wie ich.

3. from his earliest ~s von frühester Kindheit an, seit seiner frühesten Kindheit; he looks old for his ~s er sieht älter aus als er ist; young for his ~s jung für sein Alter; well advanced *or* well on in ~s im vorgerückten Alter; to get on in ~s in die Jahre kommen; difference in ~s Altersunterschied *m*.

yearbook ['jɪəbʊk] *n* Jahrbuch *nt*.

yearling ['jɪəlɪŋ] I *n* (*animal*) Jährling *m*; (*racehorse also*) Einjährige(r) *mf*. II *adj* einjährig.

year-long ['jɪə'lɒŋ] *adj* einjährig. a ~ struggle ein Kampf, der ein Jahr dauert/ dauerte; a three-year long fight ein dreijähriger Kampf.

yearly ['jɪəlɪ] I *adj* jährlich. II *adv* jährlich, einmal im Jahr. twice ~ zweimal jährlich *or* im Jahr.

yearn [jɜːn] *vi* sich sehnen (*after, for* nach). to ~ to do sth sich danach sehnen, etw zu tun; to ~ for home sich nach Hause sehnen; to ~ for sb sich nach jdm sehnen.

yearning ['jɜːnɪŋ] I *n* Sehnsucht *f*, Verlangen *nt* (*to do sth* etw zu tun, *for* nach). a ~ for the past die Sehnsucht nach der Vergangenheit. II *adj* sehnsüchtig.

yearningly ['jɜːnɪŋlɪ] *adv* sehnsuchtsvoll, voller Sehnsucht; *gaze also* sehnsüchtig.

year-round ['jɪə'raʊnd] *adj* das ganze Jahr über *or* hindurch.

yeast [jiːst] *n, no pl* Hefe *f*.

yeasty ['jiːstɪ] *adj taste* hefig. the beer's very ~ das Bier schmeckt stark nach Hefe.

yell [jel] I *n* Schrei *m*. to let out *or* give a ~ einen Schrei ausstoßen, schreien; could you give me a ~ when we get there? könnten Sie mir Bescheid sagen *or* mich rufen, wenn wir da sind?; college ~ (*US*) Schlachtruf *m* eines College.

II *vi* (*also* ~ out) schreien, brüllen (*with* vor +*dat*). he ~ed at her er schrie *or* brüllte sie an; just ~ if you need help ruf, wenn du Hilfe brauchst.

III *vt* (*also* ~ out) schreien, brüllen. he ~ed abuse at the teacher er beschimpfte den Lehrer wüst; the sergeant ~ed out my name der Feldwebel brüllte meinen Namen; she ~ed up the stairs that dinner was ready sie rief die Treppe hinauf, daß das Essen fertig sei.

yellow ['jeləʊ] I *adj* (+*er*) **1.** gelb. ~ hair strohblondes *or* gelbblondes Haar; to go *or* turn *or* become ~ gelb werden; (*paper*) vergilben; ~ fever Gelbfieber *nt*; ~ flag, ~ jack (*Naut*) gelbe Flagge, Quarantäneflagge *f*; ~ ochre ockergelb; ~ pages Branchenverzeichnis *nt*, Gelbe Seiten *pl*; the ~ peril die gelbe Gefahr; ~ press Sensationspresse *f*; ~ lines Parkverbot *nt*; double ~ lines Halteverbot *nt*.

2. (*sl: cowardly*) feige.

II *n* (*colour*) Gelb *nt*; (*of egg*) Eigelb *nt*; (*sl: cowardice*) Feigheit *f*.

III *vt* gelb färben. the sunlight had ~ed the pages die Sonne hatte die Seiten vergilben lassen; paper ~ed with age vor Alter vergilbtes Papier.

IV *vi* gelb werden, sich gelb färben; (*corn also*) reifen; (*pages*) vergilben.

yellow-belly ['jeləʊˌbelɪ] *n* (*sl*) Angsthase *m* (*inf*); **yellowhammer** *n* (*Orn*) Goldammer *f*.

yellowish ['jeləʊɪʃ] *adj* gelblich.

yellowness ['jeləʊnɪs] *n, no pl* **1.** Gelb *nt*; (*of skin*) gelbliche Färbung. **2.** (*sl: cowardice*) Feigheit *f*.

yelp [jelp] I *n* (*of animal*) Jaulen *nt no pl*; (*of person*) Aufschrei *m*. to give a ~ (auf)jaulen; (*person*) aufschreien. II *vi* (*animal*) (auf)jaulen; (*person*) aufschreien.

yen¹ [jen] *n* (*Fin*) Yen *m*.

yen² *n* (*inf*) Lust *f* (*for auf* +*acc*). I've always had a ~ to go to Pasadena es hat mich schon immer nach Pasadena gezogen; I had a sudden ~ to do that/for oysters ich hatte plötzlich Lust, das zu machen/auf Austern.

yeoman ['jəʊmən] *n, pl* -men [-mən] **1.** (*Hist: small landowner*) Freibauer *m*. ~ farmer (*Hist*) Freibauer *m*. **2.** Y~ of the Guard königlicher Leibgardist; to do ~ service treue Dienste leisten (*for sb* jdm).

yeomanry ['jəʊmənrɪ] *n* **1.** (*Hist*) Freibauernschaft *f*, Freibauernstand *m*. **2.** (*Mil*) freiwillige Kavallerietruppe.

yep [jep] *adv* (*inf*) ja. is he sure? — ~! ist er sicher? — klar!

yes [jes] I *adv* ja; (*answering neg question*) doch. to say ~ ja sagen; to say ~ to a demand einer Forderung (*dat*) nachkommen; he said ~ to all my questions er hat alle meine Fragen bejaht *or* mit Ja beantwortet; if they say ~ to an increase wenn sie eine Lohnerhöhung bewilligen; I'd say ~ to 35%, no to 32% ich würde 35%

akzeptieren, 32% nicht; **she'll say ~ to anything** sie kann nicht nein sagen; **~ sir!** (*Mil*) jawohl, Herr General/Leutnant *etc*; (*general*) jawohl, mein Herr!; **waiter! — ~ sir?** Herr Ober! — ja, bitte?; **I didn't say that — oh ~, you did** das habe ich nicht gesagt — o doch *or* o ja, das hast du; **~ and no** ja und nein, jein (*inf*).

II *n* Ja *nt*. **he just answered with ~es and noes** er hat einfach mit Ja oder Nein geantwortet.

yes man ['jesmæn] *n*, *pl* **— men** [-men] Jasager *m*.

yesterday ['jestədeɪ] **I** *n* Gestern *nt*. **the fashions of ~** die Mode von gestern; **all our ~s** unsere ganze Vergangenheit.

II *adv* (*lit*, *fig*). **~ morning/afternoon/evening** gestern morgen/nachmittag/abend; **he was at home all (day) ~** er war gestern den ganzen Tag zu Hause; **the day before ~** vorgestern; **a week ago ~** gestern vor einer Woche.

yesteryear ['jestə'jɪəʳ] *n* (*poet*) vergangene Jahre *pl*.

yet [jet] **I** *adv* **1.** (*still*) noch; (*thus far*) bis jetzt, bisher. **they haven't ~ returned** *or* **returned ~** sie sind noch nicht zurückgekommen; **this is his best book ~** das ist sein bisher bestes Buch; **as ~** (*with present tenses*) bis jetzt, bisher; (*with past*) bis dahin; **no, not ~** nein, noch nicht; **I've hardly begun ~** ich habe noch gar nicht richtig angefangen; **not just ~** jetzt noch nicht.

2. (*with interrog: so far, already*) schon. **I wonder if he's come ~** ich frage mich, ob er schon gekommen ist; **do you have to go just ~?** müssen Sie jetzt schon gehen?

3. (*with affirmative: still, remaining*) noch. **they have a few days ~** sie haben noch ein paar Tage; **a ~ to be decided question** eine noch unentschiedene Frage, eine Frage; **I've ~ to learn how to do it** ich muß erst noch lernen, wie man es macht; **and they are doubtless waiting ~** und sie warten zweifellos noch immer.

4. (*with comp: still, even*) noch. **this is ~ more difficult** dies ist (sogar) noch schwieriger; **he wants ~ more money** er will noch mehr Geld.

5. (*in addition*) **(and) ~ again** und wieder, und noch einmal; **and ~ again they rode off** und sie ritten wieder weg; **another arrived and ~ another** es kam noch einer und noch einer.

6. (*with future and conditional: before all is over*) noch. **he may come ~** *or* **~ come** er kann noch kommen; **I may ~ go to Italy** ich fahre vielleicht noch nach Italien; **I'll do it ~** ich schaffe es schon noch.

7. (*liter*) **nor ~** noch; **they didn't come nor ~ write** sie sind weder gekommen, noch haben sie geschrieben.

II *conj* doch, dennoch, trotzdem. **and ~** und doch *or* trotzdem *or* dennoch; **it's strange ~ true** es ist seltsam, aber wahr.

yeti ['jetɪ] *n* Yeti, Schneemensch *m*.

yew [ju:] *n* (*also* **~ tree**) Eibe *f*; (*wood*) Eibe(nholz *nt*) *f*.

Y-fronts ® ['waɪfrʌnts] *npl* (Herren)-unterhose *f*.

≃ DJH.

Yiddish ['jɪdɪʃ] **I** *adj* jiddisch. **II** *n* (*language*) Jiddisch *nt*.

yield [ji:ld] **I** *vt* **1.** (*land*) *fruit*, *crop* hervorbringen; (*tree*) *fruit* tragen; (*mine*, *oil-well*) bringen; (*shares*, *money*) *interest*, *profit* (ein)bringen, abwerfen; *result* (hervor)bringen. **the information ~ed by the poll** die Information, die die Meinungsumfrage ergeben hat; **this ~ed a weekly increase of 20%** das brachte eine wöchentliche Steigerung von 20%.

2. (*surrender*, *concede*) aufgeben. **to ~ sth to sb** etw an jdn abtreten; **to ~ ground to the enemy** vor dem Feind zurückweichen; **to ~ the floor to sb** (*fig*) jdm das Feld überlassen; **to ~ a point to sb** jdm einen Punkt zukommen lassen; (*in competition*) einen Punkt an jdn abgeben; **to ~ concessions** Zugeständnisse machen; **to ~ right of way to sb** (*Mot*) jdm die Vorfahrt gewähren *or* lassen.

II *vi* **1.** (*tree*, *land*) tragen; (*mine*, *oil-well*) Ertrag bringen; (*shares*, *money*) sich verzinsen, Zinsen *or* Profit einbringen *or* abwerfen. **land that ~s well/poorly** Land, das ertragreich ist/das wenig Erträge bringt.

2. (*surrender*, *give way*) **they ~ed to us** (*Mil*) sie haben sich uns (*dat*) ergeben; (*general*) sie haben nachgegeben; **at last she ~ed to him/to his charm** schließlich erlag sie ihm/seinem Charme doch; **to ~ to force/superior forces/superior numbers** (*Mil*) der Gewalt/Übermacht/Überzahl weichen *or* nachgeben; **to ~ to reason** sich der Vernunft beugen; **to ~ to sb's entreaties/threats/argument** jds Bitten (*dat*) nachgeben/ sich jds Drohungen/Argument (*dat*) beugen; **he ~ed to her requests** er gab ihren Bitten nach; **to ~ to temptation** der Versuchung erliegen; **to ~ to one's emotions** seinen Gefühlen nachgeben; **I'll have to ~ to you on that point** in diesem Punkt muß ich Ihnen recht geben.

3. (*give way: branch, beam, rope, floor, ground*) nachgeben. **to ~ under pressure** unter Druck nachgeben; (*fig*) einem Druck weichen.

4. (*Mot*) **to ~ to oncoming traffic** den Gegenverkehr vorbeilassen; **"~"** (*US*, *Ir*) „Vorfahrt achten!"

III *n* (*of land, field, earth, tree*) Ertrag *m*; (*of work also*) Ergebnis *nt*; (*of mine, well*) Ausbeute *f*; (*of industry: amount of goods*) Produktion *f*; (*profit*) Gewinne, Erträge *pl*; (*Fin: of shares, business*) Ertrag, Gewinn *m*. **~ of tax** Steueraufkommen *nt*.

◆**yield up** *vt sep* rights, privileges abtreten, verzichten auf (+*acc*). **to ~ sth to sb** etw an jdn abtreten; **he ~ed ~ his life to the cause** er gab sein Leben für diese Sache; **he ~ed himself ~ to his fate** er ergab sich in sein Schicksal.

yielding ['ji:ldɪŋ] *adj* person nachgiebig; surface, material nachgebend. **the ground is ~** der Boden gibt nach.

yippee [jɪ'pi:] *interj* juchhu, hurra.

YMCA *abbr of* **Young Men's Christian Association** CVJM.

yob(bo) [ˈjɒb(əʊ)] *n* (*Brit inf*) Halbstarke(r), Rowdy *m*.

yodel [ˈjəʊdl] **I** *vti* jodeln. **II** *n* Jodler *m*.

yoga [ˈjəʊgə] *n* Joga, Yoga *m or nt*.

yoghourt, yog(h)urt [ˈjɒgət] *n* Joghurt *m or nt*.

yogi [ˈjəʊgɪ] *n* Jogi, Yogi *m*.

yo-heave-ho [ˈjəʊˈhiːvˈhəʊ] *interj* hauruck.

yoke [jəʊk] **I** *n* **1.** (*for oxen*) Joch *nt*; (*for carrying pails*) (Trag)joch *nt*, Schultertrage *f*.
  2. *pl* **-** (*pair of oxen*) Joch, Gespann *nt*.
  3. (*fig: oppression*) Joch *nt*. **to throw off the ~** das Joch abschütteln.
  4. (*on dress, blouse*) Passe *f*; (*on pullover also*) Joch *nt*.
  II *vt* **1.** (*also* **~ up**) oxen (ins Joch) einspannen. **to ~ oxen to the plough** Ochsen vor den Pflug spannen.
  2. *pieces of machinery* zusammenschließen. **to ~ sth to sth** etw an etw (*acc*) anschließen.
  3. (*fig: join together*) zusammenschließen, vereinen.

yokel [ˈjəʊkəl] *n* (*pej*) Bauerntölpel *m*.

yolk [jəʊk] *n* (*of egg*) Eigelb *nt*.

yonder [ˈjɒndəʳ] (*poet, dial*) **I** *adv* (*over*) ~ dort drüben. **II** *adj* **from ~ house** von dem Haus (dort) drüben.

yoo-hoo [ˈjuːˈhuː] *interj* huhu, hallo.

yore [jɔːʳ] *n* (*obs, liter*) **in days of ~** in alten Zeiten; **men of ~** die Menschen in alten Zeiten; **in the world of ~** in alten *or* längst vergangenen Zeiten; **in the Britain of ~** im Großbritannien längst vergangener Zeiten.

you [juː] *pron* **1.** (*German familiar form, can also be written with a capital in letters*) (*sing*) (*nom*) du; (*acc*) dich; (*dat*) dir; (*pl*) (*nom*) ihr; (*acc, dat*) euch; (*German polite form: sing, pl*) (*nom, acc*) Sie; (*dat*) Ihnen. **all of ~** (*pl*) ihr alle/Sie alle; **I want all of ~** (*sing*) ich will dich ganz; **if I were ~** wenn ich du/Sie wäre, an deiner/eurer/Ihrer Stelle; **~ Germans** ihr Deutschen; **silly old ~** du Dussel (*inf*), du Dumm(er)chen (*inf*); **~ darling** du bist ein Schatz *or* Engel; **is that ~?** bist du's/seid ihr's/sind Sie's?; **it's ~** du bist es/ihr seid's/Sie sind's; **what's the matter? — it's ~ or ~ are** was ist los? — es liegt an dir/euch/Ihnen; **there's a fine house for ~!** das ist mal ein schönes Haus!; **just ~ dare!** trau dich bloß!, untersteh dich!; **sit ~ down** (*hum*) setz dich/setzt euch/setzen Sie sich; **that hat just isn't ~** (*inf*) der Hut paßt einfach nicht zu dir/zu Ihnen.
  2. (*indef*) (*nom*) man; (*acc*) einen; (*dat*) einem. **~ never know, ~ never can tell** man kann nie wissen, man weiß nie; **it's not good for ~** es ist nicht gut.

you-all [ˈjuːɔːl] *pron* (*US inf*) ihr.

you'd [juːd] *contr of* **you would; you had.**

you'd've [ˈjuːdəv] *contr of* **you would have.**

you'll [juːl] *contr of* **you will; you shall.**

young [jʌŋ] **I** *adj* (*+er*) jung; *wine, grass also* neu. **the ~ moon** der Mond im ersten Viertel; **~ people's fashions** Jugendmoden *pl*; **they have a ~ family** sie haben kleine Kinder; **he is ~ at heart** er ist innerlich jung geblieben; **you are only ~ once** man ist *or* du bist nur einmal jung; **you ~ rascal or monkey!** (*inf*) du kleiner Schlingel!; **~ Mr Brown** der junge Herr Brown; **Pitt the Y~er** Pitt der Jüngere; **the night is ~** die Nacht ist (noch) jung; **Y~ America** die Jugend in Amerika, die amerikanische Jugend; **he's a very ~ forty** er ist ein jugendlicher Vierziger.
  II *npl* **1.** (*people*) ~ die Jugend, die jungen Leute; **~ and old** jung und alt; **books for the ~** Jugendbücher *pl*.
  2. (*animals*) Junge *pl*. **with ~** trächtig.

youngish [ˈjʌŋɪʃ] *adj* ziemlich jung.

youngster [ˈjʌŋstəʳ] *n* (*boy*) Junge *m*; (*child*) Kind *nt*. **he's just a ~** er ist eben noch jung *or* ein Kind.

your [jʊəʳ, jɔːʳ, jəəʳ] *poss adj* **1.** (*German familiar form, can also be written with a capital in letters*) (*sing*) dein/deine/dein; (*pl*) euer/eure/euer; (*German polite form: sing, pl*) Ihr/Ihre/Ihr. **~ mother and father** deine/Ihre Mutter und dein/Ihr Vater; **one of ~ friends** einer deiner/Ihrer Freunde, einer von deinen/Ihren Freunden.
  2. (*indef*) sein. **you give him ~ form and he gives you back ~ passport** Sie geben ihm Ihr *or* dies Formular, und dann bekommen Sie Ihren Paß zurück; **the climate here is bad for ~ health** das Klima hier ist ungesund *or* ist nicht gut für die Gesundheit.
  3. (*typical*) der/die/das. **~ typical American** der typische Amerikaner; **~ average Englishman** der durchschnittliche Engländer.

you're [jʊəʳ] *contr of* **you are.**

yours [jʊəz, jɔːz] *poss pron* (*pers*) (*German familiar form, can also be written with a capital in letters*) (*sing*) deiner/deine/deins; (*pl*) eurer/eure/euers; (*German polite form: sing, pl*) Ihrer/Ihre/Ihr(e)s. **this is my book and that is ~** dies ist mein Buch und das (ist) deins/Ihres; **the idea was ~** es war deine/Ihre Idee; **she is a cousin of ~** sie ist eine Kusine von dir; **that is no business of ~** das geht dich/Sie nichts an; **that dog of ~!** dein/Ihr blöder Hund!; **you and ~** du und deine Familie, du und die Deinen (*geh*)/Sie und Ihre Familie, Sie und die Ihren (*geh*); **~** (*in letter-writing*) Ihr/Ihre; **~ faithfully, ~ truly** (*on letter*) mit freundlichem Gruß, mit freundlichen Grüßen, hochachtungsvoll (*form*); **in reply to ~ of the 15th May** (*Comm form*) in Antwort auf Ihr Schreiben vom 15. Mai; **what's ~?** (*to drink*) was möchtest du/was möchten Sie?, was trinkst du/was trinken Sie?; **~ truly** (*inf: I, me*) meine Wenigkeit; **guess who had to do all the dirty work? ~ truly** und wer mußte die Dreckarbeit machen? ich natürlich; **up ~!** (*vulg*) du kannst mich mal (*Br*)

yourself [jəˈself] *pron, pl* **yourselves** **1.** (*reflexive*) (*German familiar form, can also be written with a capital in letters*) (*sing*) (*acc*) dich; (*dat*) dir; (*pl*) euch; (*German polite form: sing, pl*) sich. **have**

you hurt ~**?** hast du dir/haben Sie sich weh getan?; **you never speak about** ~ du redest nie über dich (selbst)/Sie reden nie über sich (selbst).

2. (*emph*) selbst. **you** ~ **told me, you told me** ~ du hast/Sie haben mir selbst gesagt; **you are not quite** ~ **today** du bist heute gar nicht du selbst, du bist/Sie sind heute irgendwie verändert *or* anders; **how's** ~**?** (*inf*) und wie geht's dir/Ihnen?; **you will see for** ~ du wirst/Sie werden selbst sehen; **did you do it by** ~**?** hast du/haben Sie das allein gemacht?

youth [ju:θ] *n* **1.** *no pl* Jugend *f*. **in (the days of) my** ~ in meiner Jugend(zeit); **the town of my** ~ die Stadt *or* Stätte (*hum*) meiner Jugend; **he radiates** ~ er vermittelt den Eindruck von Jugendlichkeit; **she has kept her** ~ sie ist jung geblieben.

2. *pl* **-s** [ju:ðz] (*young man*) junger Mann, Jugendliche(r) *m*. **when he was a** ~ als er ein junger Mann war; **pimply** ~ pickliger Jüngling.

3. ~*pl* (*young men and women*) Jugend *f*; **she likes working with (the)** ~ sie arbeitet gerne mit Jugendlichen; **the** ~ **of the country** die Jugend des Landes; **the** ~ **of today** die Jugend von heute; **the Hitler Y**~ **Movement** die Hitlerjugend; ~ **club** Jugendklub *m*; ~ **hostel** Jugendherberge *f*.

youthful ['ju:θfʊl] *adj* jugendlich. **a** ~ **mis-** take eine Jugendsünde.

youthfulness ['ju:θfʊlnɪs] *n* Jugendlichkeit *f*.

you've [ju:v] *contr of* **you have.**

yowl [jaʊl] **I** *n* (*of person*) Heulen *nt no pl*; (*of dog*) Jaulen *nt no pl*; (*of cat*) klägliches Miauen *no pl*. **II** *vi* (*person*) heulen; (*dog*) jaulen; (*cat*) kläglich miauen.

yo-yo ['jəʊjəʊ] *n, pl* ~**s** Jo-Jo, Yo-Yo *nt*. **I've been going up- and downstairs like a** ~ ich bin wie irre die Treppe rauf- und runtergerannt (*inf*).

yr(s) *abbr of* **1. years. 2. yours.**

Y-shaped ['waɪʃeɪpt] *adj* Y-förmig.

ytterbium [ɪ'tɜ:bjəm] *n* (*abbr* **Yb**) Ytterbium *nt*.

yttrium ['ɪtrɪəm] *n* (*abbr* **Y**) Yttrium *nt*.

yucca ['jʌkə] *n* Yucca, Palmlilie *f*.

Yugoslav ['ju:gəʊ'slɑ:v] **I** *adj* jugoslawisch. **II** *n* Jugoslawe *m*, Jugoslawin *f*.

Yugoslavia ['ju:gəʊ'slɑ:vɪə] *n* Jugoslawien *nt*.

Yugoslavian ['ju:gəʊ'slɑ:vɪən] *adj* jugoslawisch.

yuk [jʌk] *interj* bäh.

yukky ['jʌkɪ] *adj* (+*er*) (*sl*) eklig, fies (*inf*).

yummy ['jʌmɪ] **I** *adj* (+*er*) (*sl*) *food* lecker; *man* toll. **II** *interj* ~**!**, ~ ~**!** lecker!, jamjam (*inf*).

yum yum ['jʌm'jʌm] *interj* lecker, jamjam (*inf*).

YWCA *abbr of* **Young Women's Christian Association** CVJF.

Z

Z, z [(*Brit*) zed, (*US*) ziː] *n* Z, z *nt*.
Zaire [zaːˈiːəʳ] *n* Zaïre, Zaire *nt*.
Zambesi [zæmˈbiːzɪ] *n* Sambesi *m*.
Zambia [ˈzæmbɪə] *n* Sambia *nt*.
zany [ˈzeɪnɪ] I *adj* (+*er*) (*crazy, funny*) *joke, sense of humour* verrückt; *person also* irrsinnig komisch. II *n* (*Theat Hist*) Narr, Hanswurst *m*.
Zanzibar [ˈzænzɪbɑːʳ] *n* Sansibar *nt*.
zap [zæp] (*inf*) I *n* (*energy, pep*) Schwung, Pep (*inf*) *m*. II *interj* zack. III *vt* (*hit*) **to ~ sb** (*one*) jdm eine pfeffern (*inf*).
◆**zap up** *vt sep* (*sl*) aufmotzen (*sl*).
zeal [ziːl] *n, no pl* Eifer *m*. **to work with great ~** mit Feuereifer arbeiten; **he is full of ~ for the cause** er ist mit Feuereifer bei der Sache.
zealot [ˈzelət] *n* Fanatiker(in *f*) *m*. **Z~** (*Hist*) Zelot *m*.
zealotry [ˈzelətrɪ] *n* Fanatismus *m*, blinder Eifer.
zealous [ˈzeləs] *adj student, worker* eifrig, emsig. **~ for sth** eifrig um etw bemüht; **to be ~ to begin/help** erpicht darauf sein, anzufangen/zu helfen; **~ for the cause** für die Sache begeistert; **~ for liberty** freiheitsdurstig; **~ for a change** auf einen Wechsel erpicht.
zealously [ˈzeləslɪ] *adv see adj*.
zebra [ˈzebrə] *n* Zebra *nt*. **~ crossing** (*Brit*) Zebrastreifen *m*.
zenith [ˈzenɪθ] *n* (*Astron, fig*) Zenit *m*.
zeppelin [ˈzeplɪn] *n* Zeppelin *m*.
zero [ˈzɪərəʊ] I *n, pl* ~(**e**)**s** 1. (*figure*) Null *f*; (*point on scale*) Nullpunkt *m*; (*Roulette*) Zero *f*. **15 degrees below ~** 15 Grad unter Null; **the needle is at** *or* **on ~** der Zeiger steht auf Null; **his chances were put at ~** man meinte, seine Aussichten seien gleich Null.
　2. (*fig: nonentity*) Null *f* (*inf*).
　II *adj* **at ~ altitude** (*Aviat*) im Tiefflug; **~ altitude flying** Tiefflug *m*; **~ degrees** null Grad; **~ gravity** Schwerelosigkeit *f*; **at ~ gravity** unter Schwerelosigkeit; **~ hour** (*Mil, fig*) die Stunde X; **~-rated** (*for VAT*) ohne Mehrwertsteuer; **he's getting absolutely ~ satisfaction from it** (*inf*) das bringt ihm überhaupt nichts (*inf*); **she showed ~ interest in him** (*inf*) sie zeigte sich nicht im geringsten an ihm interessiert.
◆**zero in** *vi* (*Mil*) sich einschießen (*on auf* +*acc*). **to ~ ~ on sb/sth** (*fig*) *gang leader, core of problem* jdn/etw einkreisen; *difficulty, topic* sich (*dat*) etw herausgreifen; *opportunity* sich auf etw (*acc*) stürzen; **we're beginning to ~ ~ on the final selection** langsam kommen wir der endgültigen Auswahl näher.
zest [zest] *n* 1. (*enthusiasm*) Begeisterung *f*. **~ for life** Lebensfreude *f*; **he hasn't got much ~** er hat keinen Schwung; **he's lost his old ~** der alte Schwung ist hin (*inf*); **he**

doesn't show much ~ er scheint nicht sehr begeistert zu sein.
　2. (*in style, of food etc*) Pfiff (*inf*), Schwung *m*. **a story full of ~** eine Geschichte mit Schwung; **add ~ to your meals with …!** geben Sie Ihren Gerichten Pfiff mit …! (*inf*).
　3. (*lemon etc peel*) Zitronen-/Orangenschale *f*.
zestful *adj*, **~ly** *adv* [ˈzestfʊl, -fəlɪ] schwungvoll.
Zeus [zjuːs] *n* (*Myth*) Zeus *m*.
zigzag [ˈzɪgzæg] I *n* Zickzack *m* *or nt*. **a pattern of straight lines and ~s** ein Muster aus Geraden und Zickzacklinien.
　II *adj course, line* Zickzack-; *road, path* zickzackförmig. **to steer a ~ course** (*Naut*) Zickzack(kurs) fahren.
　III *adv* zickzackförmig, im Zickzack.
　IV *vi* im Zickzack laufen/fahren *etc*; (*Naut*) Zickzack(kurs) fahren.
Zimbabwe [zɪmˈbɑːbwɪ] *n* Zimbabwe, Simbabwe *nt*.
zinc [zɪŋk] *n* (*abbr* **Zn**) Zink *nt*. **~ ointment** Zinksalbe *f*; **~ oxide** Zinkoxid *nt*.
zing [zɪŋ] (*inf*) I *n* 1. (*noise of bullet etc*) Pfeifen, Zischen *nt*. 2. (*zest*) Pfiff *m* (*inf*). II *vi* (*bullets*) pfeifen, zischen.
zinnia [ˈzɪnɪə] *n* Zinnie *f*.
Zionism [ˈzaɪənɪzəm] *n* Zionismus *m*.
Zionist [ˈzaɪənɪst] I *adj* zionistisch. II *n* Zionist(in *f*) *m*.
ZIP [zɪp] (*US*) *abbr of* **Zone Improvement Plan**. **~ code** PLZ, Postleitzahl *f*.
zip [zɪp] I *n* 1. (*fastener*) Reißverschluß *m*. 2. (*sound of bullet*) Pfeifen, Zischen *nt*. 3. (*inf: energy*) Schwung *m*.
　II *vt* **to ~ a dress/bag** den Reißverschluß eines Kleides/einer Tasche zumachen *or* zuziehen.
　III *vi* (*inf: car, person*) flitzen (*inf*); (*person also*) wetzen (*inf*). **to ~ past/along** *etc* vorbei-/daherflitzen *etc* (*inf*); **he ~ped through his work in no time** er hatte die Arbeit in Null Komma nichts erledigt (*inf*).
◆**zip on** I *vt sep* **he ~ped ~ his special gloves** er zog die Reißverschlüsse seiner Spezialhandschuhe zu. II *vi* **the hood ~s ~to the jacket** die Kapuze wird mit einem Reißverschluß an der Jacke befestigt.
◆**zip up** I *vt sep* **to ~ ~ a dress** den Reißverschluß eines Kleides zumachen; **will you ~ me ~ please?** kannst du mir bitte den Reißverschluß zumachen? II *vi* **the dress ~s ~** das Kleid hat einen Reißverschluß; **it ~s ~ at the back** der Reißverschluß ist hinten.
zip fastener *n* Reißverschluß *m*; **zip gun** *n* (*US*) selbstgebastelte Pistole.
zipper [ˈzɪpəʳ] *n* Reißverschluß *m*.
zippy [ˈzɪpɪ] *adj* (+*er*) (*inf*) flott.
zirconium [zɜːˈkəʊnɪəm] *n* (*abbr* **Zr**) Zirkonium *nt*.

zither ['zɪðəʳ] *n* Zither *f*.
zodiac ['zəʊdɪæk] *n* Tierkreis *m*. **signs of the** ~ Tierkreiszeichen *pl*.
zombie ['zɒmbɪ] *n* **1.** (*lit: revived corpse*) Zombi *m*. **2.** (*fig*) Idiot (*inf*), Schwachkopf (*inf*) *m*. **like a** ~/**like** ~**s** wie im Tran.
zonal ['zəʊnl] *adj* Zonen-, zonal.
zone ['zəʊn] **I** *n* **1.** (*Geog*) Zone *f*.
 2. (*area*) Zone *f*; (*fig also*) Gebiet *nt*. **no-parking** ~ Parkverbot *nt*; **time** ~ Zeitzone *f*; **the English-speaking** ~ der englische Sprachraum.
 3. (*US: postal* ~) Post(zustell)bezirk *m*.
 II *vt* **1.** *town, area* in Zonen aufteilen.
 2. to ~ **a district for industry** einen Bezirk zur Industriezone ernennen.
zoning ['zəʊnɪŋ] *n* **1.** Zoneneinteilung *f*.
 2. the ~ **of this area as ...** die Erklärung dieses Gebietes zum ...
zonked [zɒŋkt] *adj* (*sl*) total ausgeflippt (*sl*); (*tired*) total geschafft (*sl*).
zoo [zuː] *n* Zoo, Tiergarten *m*. ~ **keeper** Tierpfleger(in *f*), Wärter(in *f*) *m*.
zoological [ˌzuːəˈlɒdʒɪkəl] *adj* zoologisch. ~ **gardens** zoologischer Garten.
zoologist [zʊˈɒlədʒɪst] *n* Zoologe *m*, Zoologin *f*.
zoology [zʊˈɒlədʒɪ] *n* Zoologie *f*.
zoom [zuːm] **I** *n* **1.** (*of engine*) Surren *nt*.
 2. (*Aviat: upward flight*) Steilanstieg *m*.
 3. (*Phot: also* ~ **lens**) Zoom(objektiv) *nt*.
 II *vi* **1.** (*engine*) surren.
 2. (*inf*) sausen (*inf*). **we were** ~**ing along at 90** wir sausten mit 90 daher (*inf*); **he** ~**ed through his work** er hat die Arbeit in Null Komma nichts erledigt (*inf*).
 3. (*Aviat: plane, rocket*) steil (auf)steigen. **the rocket** ~**ed up into the sky** die Rakete schoß in den Himmel; **prices have** ~**ed up to a new high** die Preise sind erneut in die Höhe geschnellt.
 III *vt plane* hochziehen *or* hochreißen; *engine* auf Hochtouren laufen lassen.
◆**zoom in** *vi* (*Phot*) zoomen (*sl*), nah herangehen; (*inf: come or go in*) herein-/hineinsausen (*inf*). **to** ~ ~ **on sth** (*Phot*) etw heranholen; ~ ~! (*Phot*) näherfahren!; **he** ~**ed** ~ **on the main point** (*inf*) er kam ohne (viel) Umschweife gleich zum Hauptthema.
◆**zoom out** *vi* (*Phot*) aufziehen; (*inf: go or come out*) hinaus-/ heraussausen (*inf*).
zucchini [zuːˈkiːnɪ] *n* (*US*) Zucchini *pl*.
Zulu ['zuːluː] **I** *adj* Zulu-, der Zulus. **II** *n* **1.** Zulu *m*, Zulufrau *f*. ~**land** Zululand (*old*), Kwazulu *nt*. **2.** (*language*) Zulu *nt*.
zygote ['zaɪgəʊt] *n* (*Biol*) Zygote *f*.

Anhang

Appendix

Unregelmäßige englische Verben

Infinitiv	Präteritum	Partizip Perfekt	Infinitiv	Präteritum	Partizip Perfekt
abide	abode, abided	abode, abided	dream	dreamed, dreamt	dreamed, dreamt
arise	arose	arisen	drink	drank	drunk
awake	awoke	awaked	drive	drove	driven
be	was *sing,* were *pl*	been	dwell	dwelt	dwelt
			eat	ate	eaten
bear	bore	borne	fall	fell	fallen
beat	beat	beaten	feed	fed	fed
become	became	become	feel	felt	felt
beget	begot, (*obs*) begat	begotten	fight	fought	fought
			find	found	found
begin	began	begun	flee	fled	fled
bend	bent	bent	fling	flung	flung
beseech	besought	besought	fly	flew	flown
bet	bet, betted	bet, betted	forbid	forbad(e)	forbidden
bid	bade, bid	bid, bidden	forget	forgot	forgotten
bind	bound	bound	forsake	forsook	forsaken
bite	bit	bitten	freeze	froze	frozen
bleed	bled	bled	get	got	got, (*US*) gotten
blow	blew	blown			
break	broke	broken	gild	gilded	gilded, gilt
breed	bred	bred	gird	girded, girt	girded, girt
bring	brought	brought	give	gave	given
build	built	built	go	went	gone
burn	burned, burnt	burned, burnt	grind	ground	ground
			grow	grew	grown
burst	burst	burst	hang	hung, (*Jur*) hanged	hung, (*Jur*) hanged
buy	bought	bought			
can	could	–	have	had	had
cast	cast	cast	hear	heard	heard
catch	caught	caught	heave	heaved, (*Naut*) hove	heaved, (*Naut*) hove
chide	chid	chidden, chid	hew	hewed	hewed, hewn
choose	chose	chosen	hide	hid	hidden
cleave[1] (*cut*)	clove, cleft	cloven, cleft	hit	hit	hit
			hold	held	held
cleave[2] (*adhere*)	cleaved, clave	cleaved	hurt	hurt	hurt
			keep	kept	kept
cling	clung	clung	kneel	knelt	knelt
come	came	come	know	knew	known
cost	cost, (*Com*) costed	cost, (*Com*) costed	lade	laded	laden
			lay	laid	laid
			lead	led	led
creep	crept	crept	lean	leaned, leant	leaned, leant
cut	cut	cut			
deal	dealt	dealt	leap	leaped, leapt	leaped, leapt
dig	dug	dug	learn	learned, learnt	learned, learnt
do	did	done			
draw	drew	drawn	leave	left	left

Infinitiv	Präteritum	Partizip Perfekt	Infinitiv	Präteritum	Partizip Perfekt
lend	lent	lent	slit	slit	slit
let	let	let	smell	smelled, smelt	smelled, smelt
lie	lay	lain			
light	lit, lighted	lit, lighted	smite	smote	smitten
lose	lost	lost	sow	sowed	sowed, sown
make	made	made	speak	spoke	spoken
may	might	–	speed	speeded, sped	speeded, sped
mean	meant	meant			
meet	met	met	spell	spelled, spelt	spelled, spelt
mow	mowed	mown, mowed	spend	spent	spent
pay	paid	paid	spill	spilled, spilt	spilled, spilt
put	put	put			
quit	quit, quitted	quit, quitted	spin	spun, (old) span	spun
read [ri:d]	read [red]	read [red]	spit	spat	spat
rend	rent	rent	split	split	split
rid	rid	rid	spoil	spoiled, spoilt	spoiled, spoilt
ride	rode	ridden			
ring	rang	rung	spread	spread	spread
rise	rose	risen	spring	sprang	sprung
run	ran	run	stand	stood	stood
saw	sawed	sawed, sawn	stick	stuck	stuck
say	said	said	sting	stung	stung
see	saw	seen	stink	stank	stunk
seek	sought	sought	strew	strewed	strewed, strewn
sell	sold	sold			
send	sent	sent	stride	strode	stridden
set	set	set	strike	struck	struck
sew	sewed	sewed, sewn	string	strung	strung
shake	shook	shaken	strive	strove	striven
shave	shaved	shaved, shaven	swear	swore	sworn
			sweep	swept	swept
stave	stove, staved	stove, staved	swell	swelled	swollen
steal	stole	stolen	swim	swam	swum
shear	sheared	sheared, shorn	swing	swung	swung
			take	took	taken
shed	shed	shed	teach	taught	taught
shine	shone	shone	tear	tore	torn
shit	shit, (hum) shat	shit, (hum) shat	tell	told	told
			think	thought	thought
shoe	shod	shod	thrive	throve, thrived	thriven, thrived
shoot	shot	shot			
show	showed	shown, showed	throw	threw	thrown
			thrust	thrust	thrust
shrink	shrank	shrunk	tread	trod	trodden
shut	shut	shut	wake	woke, waked	woken, waked
sing	sang	sung			
sink	sank	sunk	wear	wore	worn
sit	sat	sat	weave	wove	woven
slay	slew	slain	weep	wept	wept
sleep	slept	slept	win	won	won
slide	slid	slid	wind	wound	wound
sling	slung	slung	wring	wrung	wrung
slink	slunk	slunk	write	wrote	written

Englische Kurzgrammatik

Substantiv (Hauptwort)

Das **Geschlecht** der Substantive stimmt im Englischen mit dem natürlichen Geschlecht überein. Da der Artikel immer gleich ist, erkennt man es nur an dem Pronomen (persönliches Fürwort).

the boy	**he**	er
the lady	**she**	sie
the book	**it**	es

Schiffsnamen sind meist weiblich. Auch Länder, Autos und Flugzeuge werden oft durch den Gebrauch der weiblichen Pronomen personifiziert.

Im **Plural** (Mehrzahl) wird an den Singular (Einzahl) eines Substantivs ein *-s* angehängt. Dieses *s* wird stimmhaft [z] gesprochen nach Vokalen und stimmhaften Konsonanten:

days	[deɪz]	Tage
dogs	[dɒgz]	Hunde
boys	[bɔɪz]	Jungen

und stimmlos nach allen stimmlosen Konsonanten:

books	[bʊks]	Bücher
hats	[hæts]	Hüte

Bei Wörtern, die auf *-ce, -ge, -se, -ze* enden, wird das im Singular stumme *-e* wie [ɪ] ausgesprochen:

pieces	['piːsɪz]	Stücke
sizes	['saɪzɪz]	Größen

Auf einen Zischlaut *(s, ss, sh, ch, x, z)* endende Wörter bekommen *-es* [ɪz] angehängt:

boxes	['bɒksɪz]	Schachteln
bosses	['bɒsɪz]	Chefs

Auslautendes *y*, dem ein Konsonant vorausgeht, wird im Plural zu *-ies* [ɪz]:

lady Dame		ladies ['leɪdɪz]
body Körper		bodies ['bɒdɪz]

auch Wörter, die auf *-o* enden, und einen Konsonanten vorangestellt haben, bekommen oft *-es:*

tomatoes	[təˈmɑːtəʊz]	Tomaten
negroes	[ˈniːgrəʊz]	Neger

Einige auf -*f* oder -*fe* endende Wörter erhalten im Plural die Endung -*ves*:

Singular	Plural
half [hɑːf] Hälfte	halves [hɑːvz] Hälften
knife [naɪf] Messer	knives [naɪvz] Messer
leaf [liːf] Blatt	leaves [liːvz] Blätter
wife [waɪf] Ehefrau	wives [waɪvz] Frauen

Andere ändern ihren Vokal bzw. ihre Vokale:

Singular	Plural
foot [fʊt] Fuß	feet [fiːt] Füße
man [mæn] Mann	men [men] Männer
woman ['wʊmən] Frau	women ['wɪmɪn] Frauen

Unregelmäßige Pluralbildungen und solche auf -*ves*, -*oes* bzw. -*os* sind im Wörterbuchteil angegeben.

Nominativ / Akkusativ / Dativ / Genitiv
(Die vier Fälle)

Nominativ (1. Fall) und Akkusativ (4. Fall) haben dieselbe Form. Der Genitiv (2. Fall) wird meist mit Hilfe von *of,* der Dativ (3. Fall) mit *to* ausgedrückt.

● Der **Dativ** kann auch ohne *to* gebildet werden, wenn das Dativobjekt unbetont ist. Das Dativobjekt steht dann direkt hinter dem Verb:

> He gives the porter the ticket.
> *anstelle von:* He gives the ticket to the porter.

● Im Unterschied zum Deutschen wird auch bei folgenden Ausdrücken die Form des **Genitivs** mit *of* gebraucht:

a cup of coffee	eine Tasse Kaffee
the city of London	die Stadt London
the Isle of Wight	die Insel Wight

● Der **sächsische Genitiv,** der häufig bei Personen und personifizierten Begriffen zur Bezeichnung des Besitzes verwendet wird und vor dem Substantiv steht, das er näher bestimmt, ist ähnlich wie im Deutschen: „Vaters Hut". Er wird im Singular durch Apostroph und *s* gekennzeichnet:

my sister's room	das Zimmer meiner Schwester

und im Plural durch den Apostroph allein:

my sisters' room	das Zimmer meiner Schwestern

Adjektiv (Eigenschaftswort)

Das Adjektiv bleibt nach Geschlecht und Zahl immer unverändert.

Steigerung

Bei der **regelmäßigen Steigerung** erhalten einsilbige Adjektive im Komparativ die Endung -er [əʳ] und im Superlativ -est [ɪst].

great	greater (than)	greatest
groß	größer (als)	am größten

● Bei Adjektiven, die auf -e enden, entfällt bei der Steigerung mit -er, -est ein e: fine, finer, finest.

● Die Endbuchstaben d, g, n und t werden bei der Steigerung mit -er, -est verdoppelt, wenn ihnen ein kurzes, betontes a, e, i oder o vorausgeht: big, bigger, biggest.

Adjektive, die nach diesem Muster gesteigert werden, sind im Wörterbuchteil mit (+ er) gekennzeichnet.

Zwei- und mehrsilbige Adjektive werden im Komparativ mit more [mɔ:] (mehr) und im Superlativ mit most [məʊst] (meist) gesteigert.

difficult	more difficult (than)	most difficult
schwierig	schwieriger (als)	am schwierigsten

Unregelmäßige Steigerung

good	better	best
gut	besser	am besten
bad	worse	worst
schlecht	schlechter	am schlechtesten
much/many	more	most
viel/viele	mehr	am meisten
little	less	least
wenig	weniger	am wenigsten

Unregelmäßige Steigerungsformen sind im Wörterbuchteil angegeben.

Adverb (Umstandswort)

Adverbien werden gebildet, indem man an ein Adjektiv -ly anhängt.

slow	slowly	He speaks slowly.	Er spricht langsam.
quick	quickly	He runs quickly.	Er läuft schnell.

● Ein Sonderfall ist *well,* das Adverb zu *good* (gut).

He speaks English well.	Er spricht gut Englisch.

● Adverbien mit der Endung *-ly* werden mit *more* und *most* gesteigert.

slowly	more slowly	most slowly
langsam	langsamer	am langsamsten

Verb (Zeitwort)

Präsens (Gegenwart)

Infinitiv: (Grundform)		to knock klopfen	to call rufen	to go gehen	to wash waschen	to study studieren
I	(ich)	knock	call	go	wash	study
you	(du, Sie)	knock	call	go	wash	study
he	(er)					
she	(sie)	knocks	calls	goes	washes	studies
it	(es)	[nɒks]	[kɔːlz]	[gəuz]	['wɒʃɪz]	['stʌdɪz]
we	(wir)	knock	call	go	wash	study
you	(ihr, Sie)	knock	call	go	wash	study
they	(sie)	knock	call	go	wash	study

Nur die 3. Person Singular wird verändert.
Das *-s* ist stimmlos nach stimmlosen Konsonanten (*he knocks*) und stimmhaft nach Vokalen (*he goes*) sowie stimmhaften Konsonanten (*he calls*).

Präteritum und Partizip Perfekt
(Vergangenheit und Mittelwort der Vergangenheit)

Die Vergangenheitsform wird gebildet, indem man *-ed* an die Grundform des Verbs anhängt.

Infinitiv: (Grundform)	to open öffnen	to arrive ankommen	to stop anhalten	to carry tragen
I	opened ['əupənd]	arrived [ə'raɪvd]	stopped [stɒpt]	carried ['kærɪd]
you, he, she, it, we, you, they	opened	arrived	stopped	carried

● Bei Verben, die auf *-e* enden, entfällt ein *e:* agreed, arrived.

● Ein auslautendes *-y* verwandelt sich in *-ied*.

● Auslautendes *b, d, g, m, n, p, s, t* wird verdoppelt, wenn es nach kurzem, betontem Vokal steht.

- Bei mehrsilbigen Verben, die auf -*l* enden, wird im britischen Englisch dieses meist verdoppelt: travel, travelled.

- Das Partizip Perfekt ist gleich dem Präteritum:

opened	arrived	stopped	carried
geöffnet	angekommen	angehalten	getragen

Die Formen der **unregelmäßigen Verben** sind im Wörterbuchteil und in einer gesonderten Liste aufgeführt.

Die Hilfsverben (Hilfszeitwörter)

Präsens und Partizip Präsens
(Gegenwart und Mittelwort der Gegenwart)

Infinitiv: (Grundform)	to be sein	to have haben	to do tun, machen
I	am ich bin	have ich habe	do ich tue
you	are du bist; Sie sind	have du hast; Sie haben	do du tust; Sie tun
he, she, it	is er, sie, es ist	has er, sie, es hat	does er, sie, es tut
we	are wir sind	have wir haben	do wir tun
you	are ihr seid; Sie sind	have ihr habt; Sie haben	do ihr tut; Sie tun
they	are sie sind	have sie haben	do sie tun
Partizip:	being seiend	having habend	doing tuend

Im gesprochenen Englisch werden häufig Kurzformen gebraucht:

am	→	'm	I'm
are	→	're	you're
is	→	's	he's
have	→	've	I've
has	→	's	he's

Verneinung	Kurzform
are not	aren't
is not	isn't
have not	haven't
has not	hasn't
do not	don't
does not	doesn't

Präteritum und Partizip Perfekt
(Vergangenheit und Mittelwort der Vergangenheit)

Infinitiv: (Grundform)	to be / sein	to have / haben	to do / tun, machen
I	was / ich war	had / ich hatte	did / ich tat
you	were / du warst; Sie waren	had / du hattest; Sie hatten	did / du tatest; Sie taten
he, she, it	was / er, sie, es war	had / er, sie, es hatte	did / er, sie, es tat
we	were / wir waren	had / wir hatten	did / wir taten
you	were / ihr wart; Sie waren	had / ihr hattet; Sie hatten	did / ihr tatet; Sie taten
they	were / sie waren	had / sie hatten	did / sie taten
Partizip:	been / gewesen	had / gehabt	done / getan
Kurzform:		'd: I'd	
Verneinung:	wasn't / weren't	hadn't	didn't

Perfekt (Vollendete Gegenwart)

Das Perfekt bildet man im Unterschied zum Deutschen immer mit *to have* (haben) + Partizip Perfekt.

I have had	ich habe gehabt
I have been	ich bin gewesen
I have done	ich habe getan
I have called	ich habe gerufen
I have arrived	ich bin angekommen
I have gone	ich bin gegangen

Plusquamperfekt (Vorvergangenheit)

Das Plusquamperfekt wird mit *to have* (haben) + Partizip Perfekt gebildet.

I had had	ich hatte gehabt
I had been	ich war gewesen
I had done	ich hatte getan
I had called	ich hatte gerufen
I had arrived	ich war angekommen
I had gone	ich war gegangen

Unselbständige Hilfsverben

Sie können nicht selbständig auftreten, sondern müssen immer von einem anderen Verb (im Infinitiv ohne *to*) begleitet werden.

I you he, she, it we you they	can können	may mögen, dürfen	shall sollen	will wollen, werden	must müssen
Vernei- nung:	cannot can't	may not mayn't	shall not shan't	will not won't	must not musn't

Diese Verben sind bei allen Personen gleich; die dritte Person Singular hat kein *-s*.

Außer im Präsens (Gegenwart) gibt es diese Verben noch im Präteritum (Vergangenheit). In allen anderen Zeiten und Formen werden sie ersetzt:

Präteritum	Ersatz	
could konnte	to be able (to)	können, imstande sein (zu)
might möchte	to be allowed (to)	mögen, dürfen, können
would würde	to want, to wish (to)	wollen, wünschen
should sollte	to be obliged (to)	verpflichtet sein (zu)

Verneinung:	could not couldn't	might not mightn't	would not wouldn't	should not shouldn't

● Die Formen des Präteritums, die denen des Konditionals gleich sind, findet man oft in Höflichkeitswendungen:

Could you give me . . . ?	Könnten Sie mir . . . geben?
Would you . . ., please?	Würden Sie bitte . . . ?
Would you like . . . ?	Wollen/Möchten Sie . . . ?
I should like	Ich möchte . . . .

Futur und Konditional
(Zukunft und Bedingungsform)

Das Futur wird mit Hilfe von *shall / will* (1. Person Singular und Plural) und *will* in den übrigen Personen und das Konditional mit *should / would* (1. Person Singular und Plural) und *would* in den übrigen Personen gebildet. In der gesprochenen Sprache wird fast nur die Kurzform verwendet.

Futur		Konditional	
I shall / will go	ich werde gehen	I should / would go	ich würde gehen
you will go	du wirst gehen; Sie werden gehen	you would go	du würdest gehen; Sie würden gehen
he, she, it will go	er, sie, es wird gehen	he, she, it would go	er, sie, es würde gehen
we shall / will go	wir werden gehen	we should / would go	wir würden gehen
you will go	ihr werdet gehen; Sie werden gehen	you would go	ihr würdet gehen; Sie würden gehen
they will go	sie werden gehen	they would go	sie würden gehen
Kurzform:	I'll go, you'll go, he'll go, we'll go, you'll go, they'll go	I'd go, you'd go, he'd go, we'd go, you'd go, they'd go	

Frage und Verneinung mit *to do*

Das Hilfsverb *to do* wird zur Bildung der fragenden und der mit *not* verneinten Form der selbständigen Verben verwendet.

Do you speak German?	Sprechen Sie Deutsch?
Does he know?	Weiß er?
Did you call?	Haben Sie gerufen?

I do not (don't) speak German.	Ich spreche nicht Deutsch.
He does not (doesn't) know.	Er weiß nicht.
I did not (didn't) call.	Ich habe nicht gerufen.

Didn't he come?	Ist er nicht gekommen?
Didn't she call?	Hat sie nicht gerufen?

● *to do* wird nicht verwendet in Fragesätzen, in denen ein Fragewort selbst das Subjekt (Satzgegenstand) ist:

Who wrote the letter?	Wer schrieb den Brief?
Which of these trains goes to London?	Welcher dieser Züge fährt nach London?

und auch nicht in Sätzen mit den Hilfsverben:

am, are, is, was, were, can, could, may, might, must, shall, should, will, would

Verlaufsform

Die Verlaufsform wird mit dem Hilfsverb *to be* und dem Partizip Präsens (*-ing*) gebildet. Mit der Verlaufsform wird eine Handlung ausgedrückt, die gerade abläuft, noch andauert, noch nicht abgeschlossen ist, war oder sein wird.

I am working.	Ich arbeite gerade. / Ich bin am Arbeiten.
I was working.	Ich arbeitete (gerade).
I shall be working.	Ich werde arbeiten.
It is raining.	Es regnet.

- Bei Verben, die auf *-e* enden, entfällt das *e:* arrive, arriving.

- Bei Verben, die auf *-ie* enden, verwandelt sich dies in *y:* lie, lying.

- Für die Verdoppelung der Endkonsonanten gelten dieselben Regeln wie zur Bildung des Präteritums: stop, stopping; travel, travelling.

- Die Form *to be going to* bezeichnet die gegenwärtige Gewißheit über eine beabsichtigte Handlung, die in naher Zukunft stattfinden wird.

I am going to go London next week.	Ich werde nächste Woche nach London fahren.
She is going to buy a new dress.	Sie wird ein neues Kleid kaufen.

Gerundium

Das Gerundium (*Verb + -ing*) ist die substantivierte Form des Infinitivs und steht nach Präpositionen. Im Deutschen dagegen steht anstelle des Gerundiums der Infinitiv.

Instead of writing I'd rather go for a walk.	
Anstatt zu schreiben, würde ich lieber spazierengehen.	
He left without giving me his address.	
Er ging, ohne mir seine Adresse zu geben.	

Passiv (Leideform)

Zur Bildung des Passivs verwendet man das Hilfsverb *to be* und das Partizip Perfekt.

I am loved.	Ich werde geliebt.
I was loved.	Ich wurde geliebt.

- von = *by*

written by Dickens	von Dickens geschrieben.

Personalpronomen (Persönliche Fürwörter)

Subjektsfall		Objektsfall	
I	ich	me	mir / mich
you	du; Sie	you	dir / dich; Ihnen / Sie
he	er	him	ihm / ihn
she	sie	her	ihr / sie
it	es	it	ihm / es
we	wir	us	uns / uns
you	ihr; Sie	you	euch / euch; Ihnen / Sie
they	sie	them	ihnen / sie

● Im Objektsfall steht *to* (Dativ), wenn das Pronomen besonders hervorgehoben werden soll:

I gave the book to him.	Ich gab ihm *(betont)* das Buch.
anstatt: I gave him the book.	Ich gab ihm *(unbetont)* das Buch.

Possessivpronomen (Besitzanzeigende Fürwörter)

Das Possessivpronomen ist für Singular und Plural gleich. Es hat adjektivische und substantivische Formen.

Adjektivisch (verbunden)

my	book	mein Buch	my	books	meine Bücher
your	book	dein / Ihr Buch	your	books	deine / Ihre Bücher
his	book	sein Buch	his	books	seine Bücher
her	book	ihr Buch	her	books	ihre Bücher
its	book	sein Buch	its	books	seine Bücher
our	car	unser Auto	our	cars	unsere Autos
your	car	euer / Ihr Auto	your	cars	eure / Ihre Autos
their	car	ihr Auto	their	cars	ihre Autos

Substantivisch (alleinstehend)

mine	meine(r, s) / der, die, das meinige / die meinigen
yours	deine(r, s) / Ihre(r, s); der, die, das deinige / Ihrige; die deinigen / Ihrigen
his	seine(r, s) / der, die, das seinige / die seinigen
hers	ihre(r, s) / der, die, das ihrige / die ihrigen
ours	unsere(r, s) / der, die, das unsrige / die unsrigen
yours	eure(r, s) / Ihre(r, s); der, die, das eurige / Ihrige; die eurigen/Ihrigen
theirs	ihre(r, s) / der, die, das ihrige / die ihrigen

It's not my book. It's yours.	Es ist nicht mein Buch. Es ist deines.

Demonstrativpronomen (Hinweisende Fürwörter)

Singular: **this** dieser, diese, dieses **that** jener, jene, jenes	Plural: **these** diese **those** jene
This is an English book and that is a German book. Dies ist ein Englischbuch, und jenes ist ein Deutschbuch.	
These pictures are nicer than those. Diese Bilder sind schöner als jene.	

Reflexivpronomen (Rückbezügliche Fürwörter)

myself	mich	ourselves	uns
yourself	dich; sich	yourselves	euch; sich
himself	sich	themselves	sich
herself	sich		
itself	sich		

I enjoy myself.	Ich amüsiere mich.
You enjoy yourself.	Du amüsierst dich. / Sie amüsieren sich.
He enjoys himself.	Er amüsiert sich.
She enjoys herself.	Sie amüsiert sich.
We enjoy ourselves.	Wir amüsieren uns.
You enjoy yourselves.	Ihr amüsiert euch. / Sie amüsieren sich.
They enjoy themselves.	Sie amüsieren sich.

Relativpronomen (Bezügliche Fürwörter)

	Personen	Sachen	Personen und Sachen
Nominativ (wer?, was?)	who	which	that
Genitiv (wessen?)	whose	of which	
Dativ (wem?)	to whom	to which	
Akkusativ (wen?, was?)	whom/who	which	that

Das Relativpronomen hat im Singular und im Plural die gleiche Form.

● Im Akkusativ kann *that* auch wegfallen:

> This is the strangest book (that) I have ever read.
> Das ist das merkwürdigste Buch, das ich je gelesen habe.

Interrogativpronomen (Fragewörter)

Substantivisch (alleinstehend)

who?	wer?	Who are you?	Wer sind Sie?
whose?	wessen?	Whose car is this?	Wessen Auto ist das?
whom?/who?	wem/wen?	Who(m) did you help? Who(m) did you see?	Wem hast du geholfen? Wen hast du gesehen?
what?	was?	What is that?	Was ist das?
which?	welche/ welcher/ welches?	Which is the quickest way?	Welches ist der kürzeste Weg?

who / whose / whom fragen nach Personen, *what* nach Sachen und *which* nach Personen oder Sachen aus einer bestimmten Anzahl.

● Präpositionen im Fragesatz werden nachgestellt:

Where do you come from?	woher kommen Sie?
What are you looking for?	wonach suchen Sie?
What do you want this for?	wofür wollen Sie das?
What are you laughing at?	worüber lachen Sie?
Who are you speaking to?	mit wem sprechen Sie?

Adjektivisch (verbunden)

What book?	*Was für ein* Buch?
What English songs?	*Was für* englische Lieder?
Which book?	*Welches* Buch? (von mehreren Büchern)

Die indefiniten Pronomen: *some* und *any*
(unbestimmte Fürwörter)

some / somebody / someone / something

some und seine Zusammensetzungen stehen
1. in bejahenden Sätzen,
2. in Fragesätzen, wenn darauf eine bejahende Antwort erwartet wird.

---

1. I'd like some jam.
   Ich möchte etwas Marmelade.
   Give me some stamps, please.
   Bitte geben Sie mir einige / ein paar Briefmarken.
   Somebody / Someone has stolen my purse.
   Jemand hat meinen Geldbeutel gestohlen.
   I'd like something to drink.
   Ich möchte etwas zu trinken.

2. May I have some more tea, please? – Yes, of course.
   Kann ich noch etwas Tee haben? – Aber selbstverständlich.

---

any / anybody / anyone / anything

any und seine Zusammensetzungen werden verwendet in
1. verneinten Sätzen,
2. in Fragesätzen, auf welche die Antwort ungewiß ist,
3. in Bedingungssätzen.

---

1. I haven't got any friends in London.
   Ich habe keine Freunde in London.

2. Is there anybody / anyone who speaks German?
   Spricht hier jemand Deutsch?
   Have you got any stamps?
   Haben Sie (vielleicht ein paar) Briefmarken?
   Can I do anything for you?
   Kann ich irgend etwas für Sie tun?

3. If I had any stamps I would post the letter.
   Wenn ich (ein paar) Briefmarken hätte, würde ich den Brief einwerfen.

Zahlwörter – numerals

1. Grundzahlen – Cardinal numbers

0 null *nought, cipher, zero*
1 eins *one*
2 zwei *two*
3 drei *three*
4 vier *four*
5 fünf *five*
6 sechs *six*
7 sieben *seven*
8 acht *eight*
9 neun *nine*
10 zehn *ten*
11 elf *eleven*
12 zwölf *twelve*
13 dreizehn *thirteen*
14 vierzehn *fourteen*
15 fünfzehn *fifteen*
16 sechzehn *sixteen*
17 siebzehn *seventeen*
18 achtzehn *eighteen*
19 neunzehn *nineteen*
20 zwanzig *twenty*
21 einundzwanzig *twenty-one*
22 zweiundzwanzig *twenty-two*
23 dreiundzwanzig *twenty-three*
30 dreißig *thirty*
31 einunddreißig *thirty-one*
32 zweiunddreißig *thirty-two*
33 dreiunddreißig *thirty-three*
40 vierzig *forty*
41 einundvierzig *forty-one*
50 fünfzig *fifty*
51 einundfünfzig *fifty-one*
60 sechzig *sixty*
61 einundsechzig *sixty-one*
70 siebzig *seventy*
71 einundsiebzig *seventy-one*
80 achtzig *eighty*
81 einundachtzig *eighty-one*
90 neunzig *ninety*
91 einundneunzig *ninety-one*
100 hundert *one hundred*
101 hundert(und)eins *hundred and one*
102 hundert(und)zwei *hundred and two*
110 hundert(und)zehn *hundred and ten*
200 zweihundert *two hundred*
300 dreihundert *three hundred*
451 vierhundert(und)einundfünfzig *four hundred and fifty-one*
1000 tausend *a (or one) thousand*
2000 zweitausend *two thousand*
10 000 zehntausend *ten thousand*
1 000 000 eine Million *a (or one) million*
2 000 000 zwei Millionen *two million*
1 000 000 000 eine Milliarde (*Brit*) *a (or one) milliard,* (*US*) *billion*
1 000 000 000 000 eine Billion (*Brit*) *a (or one) billion,* (*US*) *trillion*

2. Ordnungszahlen – Ordinal numbers

1. erste *first*
2. zweite *second*
3. dritte *third*
4. vierte *fourth*
5. fünfte *fifth*
6. sechste *sixth*
7. sieb(en)te *seventh*
8. achte *eighth*
9. neunte *ninth*
10. zehnte *tenth*
11. elfte *eleventh*
12. zwölfte *twelfth*
13. dreizehnte *thirteenth*
14. vierzehnte *fourteenth*
15. fünfzehnte *fifteenth*
16. sechzehnte *sixteenth*
17. siebzehnte *seventeenth*
18. achtzehnte *eighteenth*
19. neunzehnte *nineteenth*
20. zwanzigste *twentieth*
21. einundzwanzigste *twenty-first*
22. zweiundzwanzigste *twenty-second*
23. dreiundzwanzigste *twenty-third*

30. dreißigste *thirtieth*
31. einunddreißigste
    thirty-first
40. vierzigste *fortieth*
41. einundvierzigste
    forty-first
50. fünfzigste *fiftieth*
51. einundfünfzigste
    fifty-first
60. sechzigste *sixtieth*
61. einundsechzigste
    sixty-first
70. siebzigste *seventieth*
71. einundsiebzigste
    seventy-first
80. achtzigste *eightieth*
81. einundachtzigste
    eighty-first
90. neunzigste *ninetieth*
100. hundertste
     (one) hundredth

101. hundertunderste
     hundred and first
200. zweihundertste
     two hundredth
300. dreihundertste
     three hundredth
451. vierhundert(und)-
     einundfünfzigste *four
     hundred and fifty first*
1000. tausendste *(one) thousandth*
1100. tausend(und)einhundertste
      *(one) thousand and (one) hun-
      dredth*
2000. zweitausendste
      two thousandth
100 000. einhunderttausendste
         (one) hundred thousandth
1 000 000. millionste
           millionth
10 000 000. zehnmillionste
            ten millionth

3. Bruchzahlen — Fractions

½ ein halb *one (or a) half*
⅓ ein Drittel *one (or a) third*
¼ ein Viertel *one (or a) fourth
   (or a quarter)*
⅕ ein Fünftel *one (or a) fifth*
¹⁄₁₀ ein Zehntel *one (or a) tenth*
¹⁄₁₀₀ ein Hundertstel
      one hundredth
¹⁄₁₀₀₀ ein Tausendstel
       one thousandth
¹⁄₁ ₀₀₀ ₀₀₀ ein Millionstel
         one millionth

⅔ zwei Drittel *two thirds*
¾ drei Viertel
   three fourths, three quarters
⅖ zwei Fünftel *two fifths*
³⁄₁₀ drei Zehntel *three tenths*
1½ anderthalb *one and a half*
2½ zwei(und)einhalb *two and a half*
5⅜ fünf drei achtel
   five and three eighths
1,1 eins Komma eins
    one point one (1.1)

4. Vervielfältigungszahlen — Multiples

einfach *single*
zweifach *double*
dreifach *threefold, treble, triple*
vierfach *fourfold, quadruple*
fünffach *fivefold*
hundertfach *(one) hundredfold*

Maße und Gewichte – Weights and Measures

Längenmaße — Linear measures

1 inch (in) 1"		= 2,54 cm
1 foot (ft) 1'	= 12 inches	= 30,48 cm
1 yard (yd)	= 3 feet	= 91,44 cm
1 furlong (fur)	= 220 yards	= 201,17 m
1 mile (m)	= 1760 yards	= 1,609 km
1 league	= 3 miles	= 4,828 km

Nautische Maße — Nautical measures

1 fathom	= 6 feet	= 1,829 m
1 cable	= 608 feet	= 185,31 m
1 nautical, sea mile	= 10 cables	= 1,852 km
1 sea league	= 3 nautical miles	= 5,550 km

Feldmaße — Surveyors' measures

1 link	= 7,92 inches	= 20,12 cm
1 rod, perch, pole	= 25 links	= 5,029 m
1 chain	= 4 rods	= 20,12 m

Flächenmaße — Square measures

1 square inch		= 6,452 cm²
1 square foot	= 144 sq inches	= 929,029 cm²
1 square yard	= 9 sq feet	= 0,836 m²
1 square rod	= 30,25 sq yards	= 25,29 m²
1 acre	= 4840 sq yards	= 40,47 Ar
1 square mile	= 640 acres	= 2,59 km²

Raummaße — Cubic measures

1 cubic inch		= 16,387 cm³
1 cubic foot	= 1728 cu inches	= 0,028 m³
1 cubic yard	= 27 cu feet	= 0,765 m³
1 register ton	= 100 cu feet	= 2,832 m³

Britische Hohlmaße — Measures of capacity

Flüssigkeitsmaße — Liquid measures of capacity

1 gill		= 0,142 l
1 pint (pt)	= 4 gills	= 0,568 l
1 quart (qt)	= 2 pints	= 1,136 l
1 gallon (gal)	= 4 quarts	= 4,546 l
1 barrel	= (für Öl) 35 gallons	= 159,106 l
	(Bierbrauerei) 36 gallons	= 163,656 l

Trockenmaße — Dry measures of capacity

1 peck	= 2 gallons		= 9,092 l
1 bushel	= 4 pecks		= 36,368 l
1 quarter	= 8 bushels		= 290,935 l

Amerikanische Hohlmaße — Measures of capacity

Flüssigkeitsmaße — Liquid measures of capacity

1 gill			= 0,118 l
1 pint	= 4 gills		= 0,473 l
1 quart	= 2 pints		= 0,946 l
1 gallon	= 4 quarts		= 3,785 l
1 barrel	= *(für Öl)* 42 gallons		= 159,106 l

Handelsgewichte — Avoirdupois weights

1 grain (gr)			= 0,0648 g
1 dram (dr)	= 27,3438 grains		= 1,772 g
1 ounce (oz)	= 16 drams		= 28,35 g
1 pound (lb)	= 16 ounces		= 453,59 g
1 stone	= 14 pounds		= 6,348 kg
1 quarter	= 28 pounds		= 12,701 kg
1 hundredweight (cwt)	= *(Brit long cwt)* 112 pounds		= 50,8 kg
	(US short cwt) 100 pounds		= 45,36 kg
1 ton	= *(Brit long ton)* 20 cwt		= 1016 kg
	(US short ton) 2000 pounds		= 907,185 kg

Temperaturumrechnung — Temperature conversion

Fahrenheit — Celsius		Celsius — Fahrenheit	
°F	°C	°C	°F
0	−17,8	−10	14
32	0	0	32
50	10	10	50
70	21,1	20	68
90	32,2	30	86
98,4	37	37	98,4
212	100	100	212

zur Umrechnung 32 abziehen und mit $\frac{5}{9}$ multiplizieren

zur Umrechnung mit $\frac{9}{5}$ multiplizieren und 32 addieren

subtract 32 and multiply by $\frac{5}{9}$

multiply by $\frac{9}{5}$ and add 32

England
England

Counties (Grafschaften) mit Abkürzung und Hauptstadt
Counties (with abbreviations) and their county towns

County	Abbreviation	County town
Avon		Bristol
Bedfordshire	(Beds)	Bedford
Berkshire	(Berks)	Reading
Buckinghamshire	(Bucks)	Aylesbury
Cambridgeshire	(Cambs)	Cambridge
Cheshire	(Ches)	Chester
Cleveland		Middlesbrough
Cornwall	(Corn)	Truro
Cumbria		Carlisle
Derbyshire	(Derbys)	Matlock
Devon		Exeter
Dorset	(Dors)	Dorchester
Durham	(Dur)	Durham
East Sussex	(E. Sussex)	Lewes
Essex	(Ess)	Chelmsford
Gloucestershire	(Glos)	Gloucester
Greater London		
Greater Manchester		Manchester
Hampshire	(Hants)	Winchester
Hereford & Worcester	(Hereford & Worcs)	Worcester
Hertfordshire	(Herts)	Hertford
Humberside		Hull
Isle of Wight	(I. of Wight)	Newport
Kent		Maidstone
Lancashire	(Lancs)	Preston
Leicestershire	(Leics)	Leicester
Lincolnshire	(Lincs)	Lincoln
Merseyside		Liverpool
Norfolk		Norwich
Northamptonshire	(Northants)	Northampton
Northumberland	(Northd)	Newcastle
North Yorkshire	(N. Yorkshire)	Northallerton
Nottinghamshire	(Notts)	Nottingham
Oxfordshire	(Oxon)	Oxford
Shropshire	(Salop)	Shrewsbury
Somerset	(Som)	Taunton
South Yorkshire	(S. Yorkshire)	Barnsley
Staffordshire	(Staffs)	Stafford
Suffolk	(Suff)	Ipswich
Surrey	(Sy)	Kingston-upon-Thames
Tyne & Wear		Newcastle-upon-Tyne
Warwickshire	(Warks)	Warwick
West Midlands	(W. Midlands)	Birmingham
West Sussex	(W. Sussex)	Chichester
West Yorkshire	(W. Yorks)	Wakefield
Wiltshire	(Wilts)	Trowbridge

Die Vereinigten Staaten von Amerika
The United States of America

Die Bundesstaaten mit Abkürzung, Zipcode
(Postleitkennzeichen) und Hauptstadt
The states (with abbreviations and ZIP code)
and their capitals

Alabama	(Ala.)	AL	Montgomery
Alaska	(Alas.)	AK	Juneau
Arizona	(Ariz.)	AZ	Phoenix
Arkansas	(Ark.)	AR	Little Rock
California	(Cal., Calif.)	CA	Sacramento
Colorado	(Colo.)	CO	Denver
Connecticut	(Conn.)	CT	Hartford
Delaware	(Del.)	DE	Dover
Florida	(Fla.)	FL	Tallahassee
Georgia	(Ga.)	GA	Atlanta
Hawaii		HI	Honolulu
Idaho	(Id., Ida.)	ID	Boise
Illinois	(Ill.)	IL	Springfield
Indiana	(Ind.)	IN	Indianapolis
Iowa	(Ia.)	IA	Des Moines
Kansas	(Kan., Kans.)	KS	Topeka
Kentucky	(Ken., Ky.)	KY	Frankfort
Louisiana	(La.)	LA	Baton Rouge
Maine	(ME)	ME	Augusta
Maryland	(Md.)	MD	Annapolis
Massachusetts	(Mass.)	MA	Boston
Michigan	(Mich.)	MI	Lansing
Minnesota	(Minn.)	MN	St Paul
Mississippi	(Miss.)	MS	Jackson
Missouri	(Mo.)	MO	Jefferson City
Montana	(Mont.)	MT	Helena
Nebraska	(Nebr.)	NB	Lincoln
Nevada	(Nev.)	NV	Carson City
New Hampshire	(N.H.)	NH	Concord
New Jersey	(N.J.)	NJ	Trenton
New Mexico	(N.Mex., N.M.)	NM	Santa Fe
New York	(N.Y.)	NY	Albany
North Carolina	(N.C.)	NC	Raleigh
North Dakota	(N.Dak., N.D.)	ND	Bismarck
Ohio	(OH)	OH	Columbus
Oklahoma	(Okla.)	OK	Oklahoma City
Oregon	(Oreg.)	OR	Salem
Pennsylvania	(Pa., Penn., Penna.)	PA	Harrisburg
Rhode Island	(R.I.)	RI	Providence
South Carolina	(S.C.)	SC	Columbia
South Dakota	(S.D., S.Dak.)	SD	Pierre
Tennessee	(Tenn.)	TN	Nashville
Texas	(Tex.)	TX	Austin
Utah	(Ut.)	UT	Salt Lake City
Vermont	(Vt.)	VT	Montpelier
Virginia	(Va.)	VA	Richmond
Washington	(Wash.)	WA	Olympia
West Virginia	(W.Va.)	WV	Charleston
Wisconsin	(Wis.)	WI	Madison
Wyoming	(Wyo., Wy.)	WY	Cheyenne

Geläufige Vornamen und ihre Kurzformen
Common Forenames and their shortened forms

Frauennamen — Women's names

Ada ['eɪdə]
Agatha ['ægəθə]
Agnes ['ægnɪs]; Aggie ['ægɪ]
Alice ['ælɪs]
Alison ['ælɪsn]
Angela ['ændʒələ]
Ann, Anne [æn]
Annabel ['ænəbel]
Anthea ['ænθɪə]
Audrey ['ɔːdrɪ]
Barbara ['bɑːbrə]; Babs [bæbz]
Beryl ['berəl]
Bess [bes] (from *Elizabeth*)
Betsy ['betsɪ] (from *Elizabeth*)
Betty ['betɪ] (from *Elizabeth*)
Brenda ['brendə]
Bridget ['brɪdʒɪt]
Carol, Carole ['kærəl]
Caroline ['kærəlaɪn]
Carolyn ['kærəlɪn]
Catherine ['kæθrɪn]; Cathy ['kæθɪ]
Cecily ['sesəlɪ]
Celia ['siːlɪə]
Chloe ['kləʊɪ]
Christine ['krɪstiːn]; Chris [krɪs]
Clare [kleər]
Constance ['kɒnstəns]; Connie ['kɒnɪ]
Cynthia ['sɪnθɪə]
Daisy ['deɪzɪ]
Daphne ['dæfnɪ]
Deborah ['debərə]; Debby ['debɪ]
Deirdre ['dɪədrɪ]
Denise [də'niːz]
Diana [daɪ'ænə]
Doreen ['dɔːriːn]
Doris ['dɒrɪs]
Dorothy ['dɒrəθɪ]
Edith ['iːdɪθ]
Eileen ['aɪliːn]
Elaine [ɪ'leɪn]
Eleanor ['elənər]
Eliza [ɪ'laɪzə] (from *Elizabeth*)
Elizabeth [ɪ'lɪzəbəθ]
Ellen ['elən]
Emily ['eməlɪ]
Emma ['emə]
Erica ['erɪkə]
Ethel ['eθl]
Eva ['iːvə]
Eve [iːv]
Evelyn ['iːvlɪn]
Fanny ['fænɪ] (from *Frances*)

Fiona [fɪ'əʊnə]
Flora ['flɔːrə]
Florence ['flɒrəns]
Frances ['frɑːnsɪs, (*US*): 'fræn-]; Fran [fræn]
Geraldine ['dʒerəldiːn]
Gertrude ['gɜːtruːd]; Gertie ['gɜːtɪ]
Gillian ['dʒɪlɪən]; Gill [dʒɪl]
Gladys ['glædɪs]
Grace [greɪs]
Gwendoline ['gwendəlɪn]; Gwen [gwen]
Harriet ['hærɪət]
Hazel ['heɪzl]
Heather ['heðər]
Helen ['helən]
Hilary ['hɪlərɪ]
Irene [aɪə'riːnɪ, (*US*) 'aɪriːn]
Iris ['aɪərɪs]
Isabel, Isobel ['ɪzəbel]
Jane [dʒeɪn]
Janet ['dʒænɪt]
Janice ['dʒænɪs]
Jacqueline ['dʒækəlɪn]; Jackie ['dʒækɪ]
Jean [dʒiːn]
Jennifer ['dʒenɪfər]; Jenny ['dʒenɪ]
Jill [dʒɪl] (from *Gillian*)
Joan [dʒəʊn]
Joanna [dʒəʊ'ænə]
Jocelyn ['dʒɒslɪn]
Josephine ['dʒəʊzəfiːn]; Jo [dʒəʊ]
Joy [dʒɔɪ]
Joyce [dʒɔɪs]
Judith ['dʒuːdɪθ]; Judy ['dʒuːdɪ]
Julia ['dʒuːlɪə]
Julie ['dʒuːlɪ]
Juliet ['dʒuːlɪət]
Karen ['kærən]
Katherine ['kæθrɪn]; Kate [keɪt]; Kathy ['kæθɪ]
Kay [keɪ]
Kitty ['kɪtɪ] (from *Katherine*)
Laura ['lɔːrə]
Lesley ['lezlɪ]
Linda ['lɪndə]
Lisa ['liːsə]; Liza ['laɪzə] (from *Elizabeth*)
Liz [lɪz] (from *Elizabeth*)
Lois ['ləʊɪs]
Lorna ['lɔːnə]
Louise [luː'iːz]
Lucy ['luːsɪ]

Lydia ['lɪdɪə]
Lynn [lɪn]
Mabel ['meɪbl]
Madeleine ['mædəlɪn]
Madge [mædʒ] (from *Margaret*)
Maggie ['mægɪ] (from *Margaret*)
Margaret ['mɑːgrɪt]
Margery ['mɑːdʒərɪ]; Margie ['mɑːdʒɪ]
Marjorie ['mɑːdʒərɪ]
Martha ['mɑːθə]
Maria [mə'rɪə]
Marian, Marion ['mærɪən]
Marie [mə'riː, 'mɑːrɪ]
Marilyn ['mærəlɪn]
Mary ['meərɪ]
Maud [mɔːd]
Maureen ['mɔːriːn]
Mavis ['meɪvɪs]
Meg [meg] (from *Margaret*)
Moira ['mɔɪrə]
Molly ['mɒlɪ] (from *Mary*)
Muriel ['mjʊərɪəl]
Nancy ['nænsɪ]
Nelly ['nelɪ] (from *Eleanor* or
  Helen)
Nora ['nɔːrə]
Olive ['ɒlɪv]
Olivia [ə'lɪvɪə]
Pamela ['pæmələ]; Pam [pæm]
Patricia [pə'trɪʃə]; Pat [pæt]
Paula ['pɔːlə]
Pauline ['pɔːliːn]
Pearl [pɜːl]
Penelope [pə'neləpɪ]; Penny ['penɪ]
Phoebe ['fiːbɪ]

Phyllis ['fɪlɪs]
Polly ['pɒlɪ]
Priscilla [prɪ'sɪlə]
Rachel ['reɪtʃl]
Rosalie ['rəʊzəlɪ]
Rosalind ['rɒzəlɪnd]
Rose [rəʊz]
Rosemary ['rəʊzmərɪ]
Ruth [ruːθ]
Sally ['sælɪ] (from *Sarah*)
Samantha [sə'mænθə]
Sandra ['sɑːndrə, (*US*): 'sæn-]
Sarah ['seərə]
Sharon ['ʃærən]
Shirley ['ʃɜːlɪ]
Sheila ['ʃiːlə]
Stella ['stelə]
Susan ['suːzn]; Sue [suː]; Susie ['suːzɪ]
Suzanne [suː'zæn]
Sylvia, Silvia ['sɪlvɪə]
Teresa, Theresa [tə'riːzə]; Tess [tes];
  Tessa ['tesə]
Tina ['tiːnə] (from *Christina*)
Tracy ['treɪsɪ]
Vanessa [və'nesə]
Vera ['vɪərə]
Victoria [vɪk'tɔːrɪə]; Vicky ['vɪkɪ]
Viola ['vaɪələ]
Violet ['vaɪələt]
Virginia [və'dʒɪnɪə]
Vivien(ne) ['vɪvɪən]
Wendy ['wendɪ]
Yvonne [ɪ'vɒn]
Zoe ['zəʊɪ]

Männernamen — Men's names

Abraham ['eɪbrəhæm]
Adam ['ædəm]
Adrian ['eɪdrɪən]
Alan, Allan, Allen ['ælən]
Albert ['ælbət]; Al [æl]
Alexander [,ælɪg'zɑːndəʳ,
  (*US*): -'zæn-]
Alex ['ælɪks] (from *Alexander*)
Andrew ['ændruː]; Andy ['ændɪ]
Angus ['æŋgəs]
Anthony, Antony ['æntənɪ]
Arthur ['ɑːθəʳ]
Barry ['bærɪ]
Basil ['bæzl]
Benjamin ['bendʒəmɪn]; Ben [ben]
Bernard ['bɜːnəd, (*US*): bər'nɑːrd];
  Bernie ['bɜːnɪ]
Bert [bɜːt] (from *Albert, Gilbert,
  Herbert, Hubert*)
Bill [bɪl] (from *William*)

Bob [bɒb] (from *Robert*)
Brian, Bryan ['braɪən]
Bruce [bruːs]
Cecil ['sesl, (*US*): 'siːsl]
Cedric ['sedrɪk]
Charles [tʃɑːlz]; Chas [tʃæz]
Christian ['krɪstʃən]
Christopher ['krɪstəfəʳ]; Chris [krɪs]
Clifford ['klɪfəd]; Cliff [klɪf]
Clive [klaɪv]
Colin ['kɒlɪn]
Cyril ['sɪrəl]
Daniel ['dænɪəl]; Dan [dæn]
David ['deɪvɪd]; Dave [deɪv]
Dean [diːn]
Dennis, Denis ['denɪs]
Derek ['derɪk]
Desmond ['dezmənd]; Des [dez]
Dick [dɪk] (from *Richard*)
Donald ['dɒnld]; Don [dɒn]

Douglas ['dʌɡləs]; Doug [dʌɡ]
Duncan ['dʌŋkən]
Edgar ['edɡər]
Edward ['edwəd]; Ed [ed]
Enoch ['i:nɒk]
Eric ['erɪk]
Ernest ['ɜ:nɪst]; Ernie ['ɜ:nɪ]
Eugene [ju:'dʒi:n]
Francis ['frɑ:nsɪs, (US): 'fræn-]
Frank [fræŋk]
Frederick ['fredrɪk]; Fred [fred]
Gareth ['ɡærəθ]
Gary ['ɡærɪ]
Gavin ['ɡævɪn]
Geoffrey ['dʒefrɪ]; Geoff [dʒef]
George [dʒɔ:dʒ]
Gerald ['dʒerəld]; Gerry ['dʒerɪ]
Gerard ['dʒerəd]
Gilbert ['ɡɪlbət]
Giles [dʒaɪlz]
Glen [ɡlen]
Godfrey ['ɡɒdfrɪ]
Gordon ['ɡɔ:dn]
Graham ['ɡreɪəm]
Gregory ['ɡreɡərɪ]; Greg [ɡreɡ]
Harold ['hærəld]; Harry ['hærɪ];
  Hal [hæl]
Harvey ['hɑ:vɪ]
Henry ['henrɪ]
Hilary ['hɪlərɪ]
Horace ['hɒrɪs]
Howard ['hauəd]
Hugh [hju:]
Humphrey ['hʌmfrɪ]
Ian ['i:ən]
Isaac ['aɪzək]
Jack [dʒæk] (from John)
Jacob ['dʒeɪkəb]
James [dʒeɪmz]
Jason ['dʒeɪsn]
Jeffrey ['dʒefrɪ]; Jeff [dʒef]
Jeremy ['dʒerəmɪ]; Jerry ['dʒerɪ]
Jerome [dʒə'rəum]
Jim [dʒɪm] (from James)
John [dʒɒn]
Jonathan ['dʒɒnəθən]
Joseph ['dʒəuzɪf]; Jo, Joe [dʒəu]
Joshua ['dʒɒʃuə]
Julian ['dʒu:lɪən]
Justin ['dʒʌstɪn]
Keith [ki:θ]
Kenneth ['kenɪθ]; Ken [ken]
Kevin ['kevɪn]
Laurence, Lawrence ['lɒrəns,
  (US): 'lɔ:rəns]; Larry ['lærɪ]
Leslie ['lezlɪ]; Les [lez]
Lewis ['lu:ɪs]
Lionel ['laɪənl]

Louis ['lu:ɪ, (US): 'lu:ɪs]; Lou [lu:]
Luke [lu:k]
Malcolm ['mælkəm]
Mark [mɑ:k]
Martin ['mɑ:tɪn, (US): -tn]
Matthew ['mæθju:]; Matt [mæt]
Max [mæks]
Michael ['maɪkl]; Mick [mɪk];
  Mike [maɪk]
Miles [maɪlz]
Nathaniel [nə'θænɪəl]; Nat [næt]
Neil [ni:l]
Nicholas ['nɪkələs]; Nick [nɪk]
Nigel ['naɪdʒl]
Norman ['nɔ:mən]
Oliver ['ɒlɪvər]
Patrick ['pætrɪk]; Pat [pæt];
  Paddy ['pædɪ]
Paul [pɔ:l]
Percy ['pɜ:sɪ]
Peter ['pi:tər]; Pete [pi:t]
Philip ['fɪlɪp]; Phil [fɪl]
Quentin ['kwentɪn, (US): -tn]
Ralph [rælf]
Randolph ['rændɒlf]; Randy ['rændɪ]
Raymond ['reɪmənd]; Ray [reɪ]
Reginald ['redʒɪnld]; Reg [redʒ]
Rex [reks]
Richard ['rɪtʃəd]
Robert ['rɒbət]
Robin ['rɒbɪn]
Rodney ['rɒdnɪ]; Rod [rɒd]
Roger ['rɒdʒər]
Ronald ['rɒnld]; Ron [rɒn]
Roy [rɔɪ]
Rudolf ['ru:dɒlf]
Rupert ['ru:pət]
Samuel ['sæmjuəl]; Sam [sæm]
Sandy ['sændɪ] (from Alexander)
Seamus ['ʃeɪməs]
Sean [ʃɔ:n]
Sidney ['sɪdnɪ]; Sid [sɪd]
Simon ['saɪmən]
Stanley ['stænlɪ]; Stan [stæn]
Stephen, Steven ['sti:vn]; Steve [sti:v]
Stewart, Stuart ['stju:ət, (US): 'stu:-]
Ted [ted] (from Edward)
Terence ['terəns]; Terry ['terɪ]
Thomas ['tɒməs]; Tom [tɒm]
Timothy ['tɪməθɪ]; Tim [tɪm]
Toby ['təubɪ]
Tony ['təunɪ] (from Anthony)
Trevor ['trevər]
Victor ['vɪktər]; Vic [vɪk]
Vincent ['vɪnsnt]
Vivian ['vɪvɪən]
Wilfred ['wɪlfrɪd]
William ['wɪlɪəm]; Will [wɪl]

Das englische Alphabet – The English Alphabet

	Aussprache pronunciation	britisch British	amerikanisch American	international international	Luftfahrt aviation	NATO NATO
A	eɪ	Andrew	Abel	Amsterdam	Alfa	Alfa
B	biː	Benjamin	Baker	Baltimore	Bravo	Bravo
C	siː	Charlie	Charlie	Casablanca	Coca	Charlie
D	diː	David	Dog	Danemark	Delta	Delta
E	iː	Edward	Easy	Edison	Echo	Echo
F	ef	Frederick	Fox	Florida	Foxtrot	Foxtrot
G	dʒiː	George	George	Gallipoli	Golf	Golf
H	eɪtʃ	Harry	How	Havana	Hotel	Hotel
I	aɪ	Isaac	Item	Italia	India	India
J	dʒeɪ	Jack	Jig	Jerusalem	Juliet	Juliet
K	keɪ	King	King	Kilogramme	Kilo	Kilo
L	el	Lucy	Love	Liverpool	Lima	Lima
M	em	Mary	Mike	Madagaskar	Metro	Mike
N	en	Nelly	Nan	New York	Nectar	November
O	əʊ	Oliver	Oboe	Oslo	Oscar	Oscar
P	piː	Peter	Peter	Paris	Papa	Papa
Q	kjuː	Queenie	Queen	Quebec	Quebec	Quebec
R	ɑː	Robert	Roger	Roma	Romeo	Romeo
S	es	Sugar	Sugar	Santiago	Sierra	Sierra
T	tiː	Tommy	Tare	Tripoli	Tango	Tango
U	juː	Uncle	Uncle	Upsala	Union	Uniform
V	viː	Victor	Victor	Valencia	Victor	Victor
W	ˈdʌbljuː	William	William	Washington	Whisky	Whisky
X	eks	Xmas	X	Xanthippe	Extra	X-ray
Y	waɪ	Yellow	Yoke	Yokohama	Yankee	Yankee
Z	(Brit) zed, (US) ziː	Zebra	Zebra	Zürich	Zulu	Zulu

Bei der Benutzung des Buchstabieralphabets wird gesagt:
When using the phonetic alphabet one says:

V as in Victor,   bei Funkdurchsagen: V for Victor
                  on radio, telephone:

Abkürzungen   Abbreviations

abbr	Abkürzung	abbreviation	emph	betont	emphatic
acc	Akkusativ	accusative	esp	besonders	especially
adj	Adjektiv	adjective	etw	etwas	something
Admin	Verwaltung	administration	euph	Euphemismus	euphemism
adv	Adverb	adverb	f	Femininum	feminine
Agr	Landwirtschaft	agriculture	fashion	Mode	
Anat	Anatomie	anatomy	fig	figurativ	figurative
Archeol	Archäologie	archaeology	Fin	Finanzen	finance
Archit	Architektur	architecture	Fishing	Fischerei	
art	Artikel	article	Forest	Forstwesen	forestry
Art	Kunst	art	form	förmlich	formal
Astrol	Astrologie	astrology	Ftbl	Fußball	football
Astron	Astronomie	astronomy	geh	gehoben	elevated
attr	attributiv	attributive	gen	Genitiv	genitive
Aus	österreichisch	Austrian	Geog	Geographie	geography
Austral	australisch	Australian	Geol	Geologie	geology
Aut	Kraftfahr-zeugwesen	automo-biles	Gram	Grammatik	grammar
			Her	Heraldik	heraldry
aux	Hilfsverb	auxiliary	Hist	Geschichte	history
Aviat	Luftfahrt	aviation	Hort	Gartenbau	horticulture
baby-talk	Kindersprache		hum	scherzhaft	humorous
Bibl	biblisch	biblical	Hunt	Jagd	hunting
Biol	Biologie	biology	imper	Imperativ	imperative
Bot	Botanik	botany	impers	unpersönlich	impersonal
BRD	Bundesrepu-blik Deutsch-land	Federal Re-public of Germany	Ind	Industrie	industry
			indef	unbestimmt	indefinite
			indir obj	Dativobjekt	indirect ob-ject
Brit	britisch	British			
Build	Hoch- und Tiefbau	building	inf	umgangs-sprachlich	informal
Cards	Kartenspiel		infin	Infinitiv	infinitive
Chem	Chemie	chemistry	insep	untrennbar	inseparable
Chess	Schach		Insur	Versiche-rungswesen	insurance
Comm	Handel	commerce			
comp	Komparativ	comparative	interj	Interjektion	interjection
conj	Konjunktion	conjunction	interrog	interrogativ	interrogative
contr	Zusammen-ziehung	contraction	inv	unveränderlich	invariable
			Ir	irisch	Irish
Cook	Kochen	cooking	iro	ironisch	ironical
cpd	Kompositum	compound	irreg	unregelmäßig	irregular
dat	Dativ	dative	jd, jds	jemand, jeman-	
dated	altmodisch		jdm, jdn	des, jemandem, jemanden	somebody, somebody's
DDR	Deutsche De-mokratische Republik	German De-mocratic Republic	Jur	Rechtswesen	law
			Ling	Sprachwissen-schaft	linguistics
decl	dekliniert	declined			
def	bestimmt	definite	lit	wörtlich	literal
dem	demonstrativ	demonstrative	liter	literarisch	literary
dial	Dialekt	dialect	Liter	Literatur	literature
dim	Verkleinerung	diminutive	m	Maskulinum	masculine
dir obj	Akkusativob-jekt	direct ob-ject	Math	Mathematik	mathematics
			Measure	Maß	
Eccl	kirchlich	ecclesiastic	Mech	Mechanik	mechanics
Econ	Volkswirtschaft	economics	Med	Medizin	medicine
Elec	Elektrizität	electricity	Met	Meteorologie	meteorology